大韓每日申報
대한미일신보

3

1906. 8 ~ 1907. 7

한국학자료원

The Korea Daily News.

全帙目次

The Korean Press Institute

대한매일신보
[大韓每日申報]

1904년부터 국권피탈 때까지 발간되었던 일간신문이다. 2012년 10월 17일 국가등록문화재로 지정되었다.

1904년 2월에 일어난 러일전쟁을 취재하기 위해 한국에 왔던 영국인 배설(裵說, 베델:Ernest Thomas Bethell)이 양기탁(梁起鐸) 등 민족진영 인사들의 도움을 받아 7월 18일에 창간하였다.

《대한매일신보》가 창간되던 무렵은 일본측이 한국 언론에 대해 검열을 실시하고 직접적인 탄압을 가하기 시작한 때였다. 그러나 《대한매일신보》는 발행인이 영국인이었기 때문에 주한 일본 헌병사령부의 검열을 받지 않고 민족진영의 대변자 역할을 다할 수 있었다. 사세(社勢)가 확장되고 독자수도 늘어나면서, 통감부(統監府)가 설치된 이후에는 민족진영의 가장 영향력 있는 대표적인 언론기관이 되었다.

《대한매일신보》는 창간 당시에는 타블로이드판(版) 6페이지로서 그 중에서 2페이지가 한글전용이었고, 4페이지는 영문판이었다. 창간 다음해인 1905년 8월 11일부터는 영문판과 국한문신문을 따로 분리하여 두 가지 신문을 발간하였다. 영문판의 제호는 《The Korea Daily News》였고, 창간 당시는 순한글로 만들었던 국문판은 국한문을 혼용하여 발간하였다. 그러나 국한문판을 이해하지 못하는 독자들을 대상으로 하는 한글전용 신문의 필요성을 다시 느끼게 되어 1907년 5월 23일부터는 따로 한글판을 창간하여 대한매일신보사(社)는 국한문 · 한글 · 영문판 3종의 신문을 발행하였으며, 발행부수도 세 신문을 합쳐 1만 부를 넘어 당시로서는 최대의 신문이 되었다. 논설진으로는 양기탁 외에 박은식(朴殷植) · 신채호(申采浩) 등이 있었다.

이와 같이 큰 영향력을 가진 신문이 일제의 한국침략정책을 정면으로 반박하고 나서자 일제는 이 신문에 대해 여러 가지 탄압을 가하게 되었다. 일본측은 외교경로를 통해 소송을 제기하여 발행인 배설은 1907년과 1908년 2차례에 걸쳐 재판에 회부되었고, 양기탁도 국채보상의연금(國債報償義捐金)을 횡령했다는 혐의로 체포되어 재판에 회부되었으나 무죄로 석방되었다. 배설은 이러한 탄압과 싸우는 가운데 1908년 5월 27일부터 발행인 명의를 영국인 만함(萬咸:Alfred Marnham)으로 바꾸었다.

그러나 1909년 5월 1일 배설이 죽고 난 후, 1910년 6월 1일부터는 발행인이 이장훈(李章薰)으로 바뀌었고, 국권피탈이 되면서 조선 총독부의 기관지로 전락했다.

2012년 10월 17일 국가등록문화재로 지정되었으며, 대한매일신보(2012-1)은 서울 서초구 국립중앙도서관에, 대한매일신보(2012-2)는 서울 종로구 국립고궁박물관에, 대한매일신보(2012-3)은 서울 관악구 서울대 중앙도서관에 각각 소장되어 있다.

대한매일신보 [大韓每日申報] (두산백과 두피디아)

第四卷 第二百八十五號

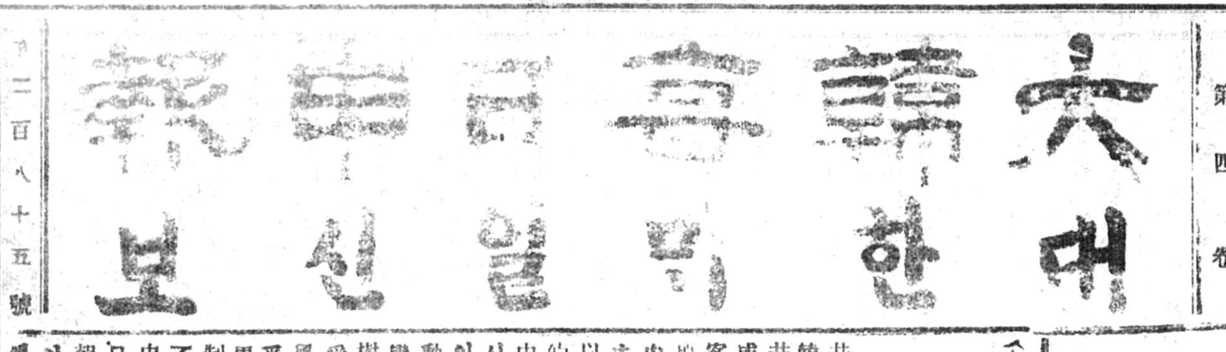

大韓每日申報 대한매일신보

月曜及曆節 歲時日休刊

檀君開國四千二百三十九年
箕子元年三千二十八年
大韓開國五百十五年
日本明治三十九年
淸國光緖三十二年
◉陰曆丙午六月大十二日丁丑

論說

共立協會

共立協會ᄂᆞᆫ美國桑港에住在ᄒᆞᆫ韓國人士가特然히世界列國과共立的思想으로一箇社會를組成ᄒᆞᆫ거시니噫라韓國獨立權이客年十一月十七日夜에遽然隆地러니忽於厥萬里外移住民數中에一條獨立光線이露其端緖ᄒᆞ니豈不異哉아

以此관之컨ᄃᆡ韓國民族의天然的性質을可以想見이오畢竟自由獨立의回復을可以預言ᄒᆞᆯ거시確然ᄒᆞ도다若其民族의原質이不美ᄒᆞ면엇지天涯絶域의勞動資生으로祖國思想이萬折不變ᄒᆞ야自保自全之方針을講究樹立ᄒᆞ리오라人의保護를不受ᄒᆞ리오此內地人民은聞此之風ᄒᆞ고獨不愧乎며獨不奮發乎아

畢竟覺醒振起之日에ᄂᆞᆫ外人의壓制가必將所施之地니리人이豈不爲韓國可憐哉아論以東洋歷史로관之컨ᄃᆡ原來韓國이對彼日本ᄒᆞ면先進文明之國이오本朝五百餘年에禮樂成俗ᄒᆞᆫ民族이니非其原質之美며엇지文明에先進이되며禮義로成俗ᄒᆞ얏스리오

但現時에政治腐敗ᄒᆞ고國勢萎弱ᄒᆞᆷ으로日本이此利機를乘ᄒᆞ여併呑之計를시圖ᄒᆞᄂᆞᆫ데況又政府上幾箇人의奸回不忠으로甘作利用者도有ᄒᆞ며一進會의招勢忘義로樂從倡導者도有ᄒᆞ니日本이於是乎謂韓國民族은籠絡키容易ᄒᆞ다ᄒᆞ며韓國土地를占取키不難ᄒᆞ다ᄒᆞ여貪得方針을一向做去ᄒᆞ나此ᄂᆞᆫ不過臨時方略이오韓國民族의實際性질은尙未深察이로다

彼桑港에住在ᄒᆞᆫ人民으로써관ᄒᆞᆯ지라도當其祖國不幸之秋ᄒᆞ야公使領事의保護가未有ᄒᆞ니自已生命을顧念ᄒᆞᄂᆞᆫ外에ᄂᆞᆫ他事가無ᄒᆞᆯ거날乃能奮發於流離困難之중ᄒᆞ여勞動所得이稍有剩餘ᄒᆞ면학問에從事ᄒᆞᄂᆞᆫ거시一段精神이오祖國國權을回復ᄒᆞᄂᆞᆫ데在ᄒᆞ니此內地人民도斷脫其固陋之風習ᄒᆞ고增長其發達之智識ᄒᆞ여愛國精神이腦中에貫徹ᄒᆞ면엇지獨立回復의期會를不得ᄒᆞ리오

본記者ᄂᆞᆫ對此協會ᄒᆞ여將大世界列國과共立ᄒᆞᆯ目的을得達ᄒᆞᆯ줄노確然深信ᄒᆞ노라

官報

●號外 光武十年七月三十日

◉宮廷錄事

禮式院掌禮卿金思轍謹奏今年春夏雨暘無愆矣粤自去月念後一直亢旱暑氣如焚一[illegible]尙靳言念民事誠爲渴悶趁此圭璧之薦恐不容少緩初次祈祭不卜日陰曆六月十二日三角山木覓山漢江依例設壇下官處誠幹行何如謹上奏

光武十年七月三十日奏

旨依奏

●三千五百十九號 光武十年八月一日

◉宮廷錄事

中樞院副議長李根[illegible]辭職疏

批旨省疏具悉所請의施

慶尙北道관察使李重夏辭職疏

批旨省疏具悉着緖可當再授有以何乃支煩卽爲赴任

以上七月廿八日

◉敍任及辭令

慶尙北道관察使李根湘

解兼任慶尙北道裁判所判事

慶尙北道觀察使李重夏

命兼任慶尙北道裁判所判事

以上七月廿九日

宮內府大臣李根湘

命臨時署理禮式院禮式卿事務

侍從院副卿沈相[illegible]

命奉常司提調

奉常司提調徐相大

命侍從院副卿

宮內府特進官[illegible]

命奉常司提調

以上七月廿七日

咸鏡北道관察府主事[illegible]

尹秉柱

仝

依願免本官

任咸鏡北道관察府主事 田秉稷 申稹休

以上七月廿八日

法律

◉法律第四號

砂鑛採取法

第四條 鐵道軌道道路運河堤塘社寺境內外公園地及建物부터周圍五間以內와墳墓부터周圍三十間以內의場所의在하야ᄂᆞᆫ地表地下를勿論하고其所管官廳의許可或其所有者若關係人의承諾을受치아니면砂鑛을採取하며又採取業을爲하야使用함을得치못함

正當ᄒᆞᆫ理由업시前項의承諾을拒ᄒᆞᆫ때ᄂᆞᆫ採取權者가農商工部大臣의判定을請求함을得함

第五條 砂鑛採取請願의許否에關하야ᄂᆞᆫ鑛業法第七條及第八條規定을준用함

第六條 砂鑛採取權의移轉又抵當權設定에關하야ᄂᆞᆫ鑛業法第十條規定을준用함

第七條 砂鑛採取業의停止取消及危險預防에關하야ᄂᆞᆫ鑛業法第十一條規定을준用함

第八條 砂鑛採取權의消滅에關하야ᄂᆞᆫ鑛業法第十二條規定을준用함

第九條 砂鑛採取業의關하야他人의土地를使用하며又貸借하ᄂᆞᆫ境遇에ᄂᆞᆫ鑛業法第十四條乃至第十七條規定을準用함

第十條 砂鑛採取業의關하ᄂᆞᆫ請願請求又通告를하ᄂᆞᆫ者ᄂᆞᆫ命令所定에從하야手數料를납付ᄒᆞᆷ이可ᄒᆞᆷ 未完

外報

●俄國暴動 倫敦電을據ᄒᆞᆫ則俄國바에스도라오우스구에서軍隊가暴動이起ᄒᆞ야砲兵은士官의此營所를破壞ᄒᆞ고秩序가紊亂ᄒᆞ얏스며暴徒ᄂᆞᆫ五時間後에終乃包圍ᄒᆞ얏고又革命黨委員六十五名을芬蘭에서捕縛ᄒᆞ얏다더라

●新內閣方針 俄都來電을據ᄒᆞᆫ則新首相스도리ㅂ氏ᄂᆞᆫ政府가愼重ᄒᆞ며革命을進行ᄒᆞ야國內에靜穩을圖謀ᄒᆞᆯ지나政府에權力은强硬ᄒᆞ니此를保持ᄒᆞ기를宣言ᄒᆞ얏ᄂᆞᆫᄃᆡ然而首相은旣爲極端된官僚主義에傾ᄒᆞᄂᆞᆫ事實을斷行ᄒᆞᆫ다더라

●反抗宣言 俄國百八十七名의議員은解散後芬蘭에會ᄒᆞ야議長무로무의후도議院의成立을宣告ᄒᆞ고議員은布告를發ᄒᆞ야新議會召集日에至하ᄂᆞᆫ間은國民租稅不납兵役義務拒絶로反抗ᄒᆞ기를勸告ᄒᆞ고又自今政府의爲ᄒᆞᆫ債務ᄂᆞᆫ無效라ᄒᆞ고議會에서此를承諾ᄒᆞᆷ을拒絶ᄒᆞ기로宣言ᄒᆞ얏다더라

●法國撤兵의中止 駐淸法國兵騎步丁兵을京津에若干名만駐屯ᄒᆞ고其他ᄂᆞᆫ總히撤還ᄒᆞ기되얏더니이미歸國ᄒᆞᆯ準備를畢了ᄒᆞ얏다가本國의命令을因ᄒᆞ야駐屯ᄒᆞᄂᆞᆫ데駐淸法國領事館이此事件으로本國에電報ᄒᆞ얏더니本國에셔來八月一日頃에何如間訓令ᄒᆞᆯ意向으로回電ᄒᆞ얏다더라

雜報

●各大臣의聲言 伊藤統監이 自初에上奏하야 義親王殿下도由國케하고李容翊氏도特赦케홀다하더니近日은方針이變하야參政以下各大臣의게暗示하기를該氏等事項이於我何關이며某氏行色은南村淘汰家어華竟所實乃巳니今無營爲라少無關係라고確言하얏다더라

●伊藤의內容 日前伊藤統監이侍從井上氏等과 陛見홀時에統監이獨對하엿는데總理上奏하기를乙未에 明成皇后事變으로致嫉日本하야十餘年以來에韓日兩國交誼가尙有不和하오니爲國不幸이라當此刷新之期하야閔을渙然湯滌하오셔並進文明之域이 天皇陛下之深望이오且外臣之所望이니이다하되 陛下께셔然甚肯而嘉納하오셧다더라

●勸告各大臣 伊藤統監이各大臣을向하야勸告하되兩國大勢가不可以小嫌으로互相妨碍요若不以同情相去면國家에害니諸大臣이屬肩重擔하야皇勳을對襟하고勸告를實行하면國步에이立見實效이니諸公은深諒하라하얏다더라

●警規一定 內部에서現行警察法規大要警察官服務紡必書와及其他警察官必要훈諸法規를左하야各道各署에分發에訓令을發ᄒ야巡檢教習規程을一定케ᄒ얏다더라

●神敎徒殺人 抱川郡上松隅에神籬會를已爲創設而會徒가數百餘名에韓黨行悖가無所不至ᄒ더니乃於月前에所謂該會長朴哥者가其近洞農民一名을捉致ᄒ야何故歐打이든지該民이不勝殘毆而命絶ᄒ얏스나其家親은懼於會勢ᄒ야會長은暗地誘撫ᄒ야終至無事之境이러니此有者之妻가見此憤殺ᄒ고不勝冤痛ᄒ야訴入郡庭而發行官으로乃使하야永平郡守가方張檢驗中이라하니此等敎會는都是悖類之淵藪요侵虐良民之陷阱이라더라

●三氏轉任 法部參書官李冕宇氏는其舍伯李容字氏를出往으로代辭職請願ᄒ얏는데其代에轉任ᄒ고其代에는前檢事試補李源國氏가陞任ᄒ고其代에李哲宇氏로敍任ᄒ다더라

●龍岩港形 龍岩港의來書를見ᄒ즉現今世界의文明富强之國은官民間相合ᄒ야雜技를嚴禁ᄒ야人民의계其自仁義로써教導ᄒ신거시稱謂一等國이라ᄒ야本港에서萬人以外雜技를設立ᄒ야數萬人이會集ᄒ는지數月이된故로近境與列邑人民의敗家蕩產者ㅣ多ᄒ며嚴慶者도有ᄒ니慨歎慨歎이라況日露戰爭後의二千萬同胞가皆困辭濱死中에如此怪惡之事를敢行ᄒ니其景狀을目不忍見ᄒ여貴社에仰告ᄒ오니此事를廣布ᄒ시와他處에나如此之事가無케ᄒ기를希望이라ᄒ얏더라

●霜上加霜 南宋人의傳說을聞ᄒ즉忠淸南道人民等이今番在民에對ᄒ야訛言이沸騰ᄒ니民心에大段恐動ᄒ야與皆渙散之境에至ᄒ며且一進會가外國兵隊를紹介ᄒ야州闕郡하에서一般으로威脅을ᄒ야義兵의干連이有ᄒ다ᄒ며多數히錢穀을勒奪ᄒ니該道情況은慘不忍言이라ᄒ더라

●俄館被拿 老尙宮李氏가有何罪狀인지日兵司令部에서拿去ᄒ얏다더라

●孤兒校 慶尙南道梁山郡居[illegible]秀氏가孤兒를爲ᄒ야學校를創立ᄒ고慈善事業에對ᄒ야[illegible]新貨五十錢으로該校ᄒ얏다더라

●宜規正 務安郡守[illegible]鉉氏가農商工部에報告ᄒ기를本月廿一日에港內[illegible]洞民、ᄒ數千名의聯名訴狀에稱京居李寶發允用代理日本人岡村郞이其所有港內地所外게侵奪近處地區로ᄒ와地稅로每間에以新貨九錢七錢濫徵ᄒ을憾節如民訴ᄒ야若不規正則民難支保ᄒ니查照處辦ᄒ라ᄒ얏다더라

●英款頒附 仁港龍洞에英과[illegible]社는韓國民의殺立殖産으로巳經多年ᄒ얏신ᄃ忽於今年에日人이網以官許ᄒ고此를占奪[illegible]民와德巡查[illegible]允稱氏가理事廳에交涉ᄒ야該社를本港民議所에還何訂故로發播人民이兩氏의게爲交涉ᄒ야民產을保有케ᄒᄂ 食細頒不已ᄒ다더라

●以酒爲政 雲峰郡守李俊氏ᄂ原來目不識丁ᄒ고年又衰頹之人이라內大李址鎔氏의周旋으로該郡守敍任이되야諸般事務ᄂ不任吏胥ᄒ고自巳ᄂ日會飮實務ᄒ야以酒爲政ᄒ니該郡人民은皆陷於苦海中이라ᄒ더라

●[illegible] [illegible]郡人民總代楊議朝黃錫炳이府及內部에請願書

伏以生等의平壤五坊內七八千人民이許蕩久田宅産業ᄒ고性天泣地에寃恨切骨이라歷府部ᄒ야願以交涉이옵기與待至今에香祝大이옵더니忽聞傳閣下ㅣ極力交涉ᄒ시와自日本統監府로有不壤軍用地六萬坪以外還付之音이라ᄒ오미五坊의垂死之民이自聞此澤ᄒ踊躍歡喜ᄒ야以此ㅣ再生之日也ᄒ고起迎生等ᄒ야代表五坊之民而快達蒙福音故로生等이前雖詳陳ᄒ얏이오나今當歸決之際ᄒ야不可不備陳軍用地犯入實況ᄒ와以便交涉上調查案件이옵기玆將地圖ᄒ피與調ᄒ一冊ᄒ야另附別錄ᄒ옵고謹此齊訴ᄒ오니伏願洞燭ᄒ신後六萬坪以外ᄂ亟行撤去ᄒ며國拔標木ᄒ야俾繼ᄒᄂ人口로得保生命케ᄒ심을泮願而祝

✡ ✡ ✡ ✡

●三雜黜會 尹敎求等ㅣ恒兩氏가昨年에崩進敎會를隨挾雜ᄒ타가未被黜會이러니尹敎求氏가敗濫入會케로黜求故로서而許之러니未幾에尹氏가暗與李主憤崔晶在로氣脈會相通ᄒ야任員을擅徵ᄒ고前習을復行코不하되會義가强硬하야不撓不服홈으로會德하야日人片淵琢氏를機關으로使用하야昨日에與入會館하야初無言하고會員을毆打詬辱하야一會를於倒코不호故로尹敎求片淵琢他晶在三人을黜會하얏다라

●郭孝卓異 忠淸北道儒生等이本道忠州郡內山面坎從居正三品郭孝子秀鉉氏의孝行이卓異홈으로感慕ᄒ야本郡外府에情ᄒ表彰을願ᄒ고又自學部에報ᄒ于學禮院ᄒ얏ᄂᄃ孝ᄂ百行之源이라以孝ᄒ君部忠이오以孝臨民卽理라當此擢川人才之時ᄒ야如此懿行卓德之人을必不捨之라고士論이翕然ᄒ다더라

●讀付魚稅 端川郡居金宗憲氏가學部에請願ᄒ되本郡設立日校義金에魚稅를附屬ᄒ야校樣ᄒ擴張ᄒ事ᄂ既有本郡查則即爲照會官니府ᄒ야使之한速措處케ᄒ라ᄒ얏더라

東京電報

●日韓帝 七月廿九日午後四時發
日本帝陛下께서는本日도(廿九日)依例히日曜日을不拘하고午前一時부터山御하야萬機를親裁하셧더라

●[illegible]長會[illegible] 三十日午後二時發
本日午前十時에陸軍大將奧保鞏氏로參謀總長에新補하얏더라

●救恤下賜 仝上
橫濱火災에罹ᄒ罹民의救恤로金七百圓을下賜ᄒ셧더라

●來公 仝上
去二十七日午前에約四十餘名馬賊이老高山附近所를襲ᄒ야巡查一名은死ᄒ고巡捕一名은負傷ᄒ에至ᄒ얏고賊은駐在所에放火를고逃去ᄒ얏고又日人(賣藥人)一名이被殺害ᄒ얏더라

●[illegible] 仝日에裴家屯에서馬賊과山中에서對ᄒ야直時擊退ᄒ고小銃一軍刀一을獲ᄒ얏고又是馬賊ᄂ撲滅ᄒ기爲ᄒ야步兵一中隊를派遣ᄒ얏[다더라]

루터電報

●新聞禁閱 七月廿九日午後四時發
俄國政府ᄂ外國諸新聞에對하야嚴酷ᄒ檢閱ᄒ기로되얏더라

●農民騷擾 上仝
莫斯科에서大攀農民의騷擾가有하얏고又랄쓰크에서ᄂ師隊가農民의게擊退하얏다더라

●革命黨愈熾 上仝
莫斯科附近地點에서革命黨은列車를襲하야陸軍主計官 名을[illegible]라

伯林電報

●카뒷트黨入閣說 三十一日午后四時半發
露國首相은카뒷트黨의首領數名을入閣케ᄒ希望을有ᄒ다더라

論說

養閨義塾연說 (속)

皇祚五百年文明中興의一大票准이되리니貴婦를對하야感嘆不勝홈은不必多論커니와或者는本會를對하야如斯히評論호되우리男子도同胞의敎育程度도 截以此에는新智識新智力으로敎育을홀事이全無하다하니自此試宮興以來迄今十有餘年間에官公私塾이如竹簇出하고如松蔚鬱하야日新新의학文을發達홀다하나비不過普通敎育이未洽하야專門高等의程度를達하랴면從玆以往으로一世紀間을經過하여야可謂男子의敎育을振興홀다하깃거날突然에女子敎育을唱論하리오女子의敎育은一世紀以後에創論하여도晩時之탄이無하다하나我는決斷코不然홀事狀이有하오何故오假使男子의敎育을一世紀以後에擴達하기를待하야女子의敎育을唱導홀것이면至九六十個年을經過하여야男子敎育의並進發達키를期하리니如此히頑惱固陋의慣習된言論을決斷코信聽홀비아니오幾百年을長睡不醒하야外人의譏刺와鄰隣의侮辱을當하며彼現的習慣과姑息的行動을循斷치못하야幾十幾百年을如斯히因循經過하고잘張은조금도變하야思想이頓無하고且又明敏의靈誠이라

大抵敎育이胎敎와家庭敎育과學校敎育과社會敎育四種이有하니胎敎와家庭敎育은敎育의본源이되야그知識의賢哲을從하야幼兒腦髓의精神的敎育을敎授하는바이라女子의敎育을不振하면賢母良妻의姿質이從何而出하며賢母良妻가無하면乃子乃孫의聰明良材를豈可得乎아

是故로其本亂而末治者鮮矣라하신先聖의敎訓을再三念홀바아리오本會에入會하신二百餘員의會員婦人이본會目的을達코저하진대熱性과忍耐力과信仰力을合하여야본會를幾百幾千에乃至億萬에一層更明하會의基礎를扶植하거시니果然此三種智力을有하시오智力을擴充하면無하不成하고所有不能爲之事하나니事無不能이다홈은從倫의格談이라此를往鑑近하야본會目的의與不治홈은貴婦人등의上에擔在하니되고心器의熱血을灌注하야愈久愈篤히發現하며忘心愛國性에在하오天運이循環하고使我大韓으로文明의漸進하고中興之治를錫予하사朝野의外詔를護障하신지라京外愛國憂民之鄕士가到處敎會이日增月盛하야各處聯絡之會가連綿不絶하야生徒가幾千幾萬에達하엿스며至於女子敎育하야는外國婦人이海遠渡하야培材梨花之學校를刱設於貞洞하고招募恤孤矜孺之我邦女子하야熱心敎導하야于今十有餘年에成功하女子生徒가種種有之하되 (未完)

廣告

江原道杆城郡乾鳳寺金寶雲氏가新學問敎育을發達코不熱心으로發揚하야本寺中으로新貫二十元補助하고普通學科之學로支院을設立하고僧侶外靑年子弟를募集하기로가是擴布홈

明進學校 告白

經理院印章僞造하야公文을繕出하는弊가有하다하기로方今搜捕중이나盧或見欺홀야如是內外國人間에或有某件公文이어든先遣本院하야詳知眞僞하고勿爲見欺하되字號與存案不符者는無效홈

經理院庶務課 告白

本人庶兄이改名윤一이悖浪하야産業數年來數萬金을損害于本人而方與雜類로欲僞構稱本人이온즉內外國人은切勿見欺後悔홈

錦州長湍居 黃學一 告白

忠淸北道忠州郡槐山面曉頭里居距二酉軒秀鉉氏前參判秀年氏之長子也師傳公寒齋始微氏之一世孫也文良公福氏十七世孫也欽鉉氏天性孝友凝擢常省之役冬溫而淸之節四自소齡克勤孝于五旬慕父母如一日叫誠孝志也作賞陽三戰之懲聞鶴與鶴及幸之秘於症出門四求之際一位從何自降於庭仍忽斂鶴을下於籬相以爲神而往割寒冰叫取하야首而仰掬歸獻器人曰孝感所致又於前春其親進脚하行하不得每負而遣進於往際或日氣蒸鬱則與其子偶擔轎偕往하登而風焉奴僕雖多未使之誠孝所至神佑患復一日賊黨數十이盃盃之以理則伏하謝曰吾雖迷惑을欲相率而去信其孝爲百行之源而人所易感者乎自洞而面自面而郡咸曰郭孝子郭孝子求之全古日鮮有矣爲設一卓需而饒名曰孝子床而齊聲呈官則關內孝行者是也異島聯飮歎自有褒揚之日事因件呈府而題曰孝爲百行之源也孰人子日用常行當然底道理然而人鮮能久矣嗟此禽生不獨以美於古昌飮歎十林之公議如此幾美之中自有其日孝又府題曰孝行如此極爲欽歎從士林之公議爲轉達褒揚이遂報告于掌禮院則回題曰卓異之行聞甚欽歎爲揚典留待後日事本道士林齋到京城呼吁于掌禮院則題내한뜻孝旌振古尙美之事而世教程式之殊事尙有非敢擬議公議之薦治於選部聖詔累擢欽鉉氏可使不日登用而邦泥古務用棹션於孝子既死之日而曰典禮不知以生存季乎爲用於孝爲之地行其實踐之者尤豈非多士所齋以孝君則忠以孝臨民則忠君而民乃是天下一等之禮院題之所謂한孝旌由於政府諸公其留心焉

忠淸北道儒生 李舜夏 鄭始源等

本場에서秋期學員을募集하니入願學人은陰六月廿日內로來問于本場事

新門外餘洞一百九十二統三戶 試驗場

本社汽船이龍山楊花間에往來홈은已爲廣告이니와漢山江華間도順次來往하오니京鄕僉君子는來問하시압

龍山 汽船會社 大韓社 同所

中署農圃洞初八統二戶의鄭氏가開始人民의注意를本申請張을讚成하야自婚禮와葬禮所를別定하얏사오니僉君子는照亮하시압

廣成義塾에서普通敎育으로多年敎授이더니今番校會를擴張하야徵文義塾으로改定하고中學。高等小學。兩科를設置하얏스니願學諸員은隨科請願하고寺洞廣成義塾으로呈來購홈事

學員募集廣告

試驗課目

中學科 讀書 作文 算術

歷史(本國) 地誌(本國) (四則雜題)

高等小學科 讀書 作文

(國漢文) 算術(加減乘除)

但中學科에는高等小學科卒業人과高等小學科에는尋常小學科卒業人은免試許入홈事

시驗日字는八月二十日

徵文義塾

廣告

民事訴訟代言과刑事辯護及鑑定顧問과諸文案紀草等諸般法律事務를迅速處理홈

漢城西署上油洞二十九統七戶 二層洋屋

辯護士 前檢事 正三品 洪在祺 法律事務所

本號에서梨峴六十七統一戶布木商朴永穆許에六月初十日推次第五百八十一號當錢二千四百九十兩票를遺失하얏사오니內外國人間雜某拾得하와도休紙施行홈

乾泰號棧房

本會社에서燕岐鳥致院에서木浦等地에鐵道敷設을期圖하야光武八年分에政府認許를承하고鳥致院에서江景浦까지는往初測이온바現行實測而全州까지連續할工이오며股金은每株五十圓으로募集하되一株에分定하고十回에分納하오니有志하신僉君子는四大門外停車場으로往臨하시와幾株를認購하시고共濟一大事를爲希

湖南鐵道會社社長 李允用 發起人 徐오

本社支社를會相萬氏가所管하는屛門下冊肆에本報留置所를置하얏사오니僉君子는照亮하시옵

大韓每日申報社 告白

廣告

●刑法大全 一帙定價金 新貨六十錢
牧民心書 一帙 一圜二十五錢
耳談續纂 一冊 七錢五厘
溫故知新堂叢鈔 七錢五厘
父師必讀小學指南 七錢五厘
人工養蠶鑑 一冊 十五錢
萬國地誌 三冊 一圜
農政新書 五十錢
法學通論 一圜
尺牘完編 一圜五十錢
大韓地誌 七十五錢

發賣所 布屛門下金相萬書舖 大韓每日申報社

△이것 보시오 改良廣告▽

前에는理學을不分科目ᄒᆞ고編述ᄒᆞ얏더니第八號부터는一分科식詳細講述ᄒᆞ되爲先物理學講義를專述ᄒᆞᆫ지기로玆에廣告ᄒᆞᆷ

南大門內尙洞數理學雜誌社

●特別社告

本申報社內에特別히附屬品으로活字를更備ᄒᆞ야書籍印刷所를設置ᄒᆞ얏사오니印書를要ᄒᆞ시는僉君子는來臨相議ᄒᆞ시옵

大韓每日申報社 告白

本人이妙方으로香薷를精備하야製造ᄒᆞᆫ靈丹인ᄃᆡ男女老少에無論何症ᄒᆞ고通治ᄒᆞ오며無病時에도服ᄒᆞ면平生외身體가健康ᄒᆞ며[illegible]十歲안에無病ᄒᆞ기를擔保ᄒᆞ오며

●九轉靈砂萬靈丹은痲痺 癡症과中風諸疾과耳目諸病과淋疾에神効ᄒᆞ오

●九轉靈砂保命丹은初生小兒 驚風 痰氣 咳嗽 腹痛諸般과婦人帶下症에 效ᄒᆞ며

●九轉靈砂濟衆丹은酒滯 食滯 血積 吐瀉 霍亂 痢疾 吐血 下血 運氣 時疾 痼症에神効ᄒᆞ오

●九轉靈砂紫金丹은痔漏 瘰癧 上疳瘡 下疳瘡及唐瘡과諸般瘡瘇惡種에無不神効ᄒᆞ오니 僉君子는來問ᄒᆞ시오

內備司前독갑이골上隅第一家 李鍾廷 告白

大韓仁川港 洋行

本社廣告

申報價
一張代金 新貨二錢五厘
一箇月前納 三十錢
三箇月 九十錢
六箇月 一元七十錢
一箇年 三元四十錢
郵稅一部 每箇五厘
一箇月 十五錢

廣告料
四號活字十三字詰
每日每行一寸에新貨[illegible]
(每日每行에大號에[illegible])
一度日에 二圜五十錢
(每日每行圜四五厘에[illegible])
一箇月에
(每日每行圜金一厘에[illegible])
其期限의長短과字行의多少를依ᄒᆞ야會議ᄒᆞᆷ이有ᄒᆞᆷ

◎本社地方各處支店廣告
平壤南山峴日新學校 金興潤
仁川租峴開新冊肆 李東賢
宣川邑橋西 安濬
義州南門外韓西大藥房 張有實
長連邑 金[illegible]
鎭南浦藥洞 金七[illegible]
成興州南社 [illegible]
中和邑 李俊[illegible]
釜山佐川徐藥房 金[illegible]
開城北部梨井里祥洞居培養學校副校長 姜助[illegible]
大丘郡 達城廣文社

發行兼編輯人 英國人[illegible]
發行所 京城北署[illegible]坊[illegible]洞[illegible]
大韓每日申報社

第四卷

大韓每日申報
대한매일신보

第二百八十六號

月曜及慶節 歲時日休刊

檀君開國四千二百三十九年 箕子元年三千二十八年 大韓開國五百十五年 日本明治三十九年 清國光緒三十二年

◉陰曆丙午六月大十三日戊寅

別報

合爾賓報의論日人對付滿洲之方針이如左ᄒᆞ니

東京各元老가對付滿洲之問題를聚議홀ᄉᆡ武臣중幾人은均謂ᄒᆞ되宜於滿洲에駐防軍隊ᄒᆞ며兼設立地方官吏라ᄒᆞ고文臣중幾人은皆以退還軍隊ᄒᆞ고開闢通商口岸으로爲是라ᄒᆞ니因此兩黨이相爭ᄒᆞ야議論이不合ᄒᆞ되其중에留軍隊設官守를左主ᄒᆞᄂᆞᆫ者居多라遂以其會議情形으로呈政府核奪ᄒᆞ니此問題를一時難定ᄒᆞ야暫先簡派總領事官ᄒᆞ야卽作爲監察各國之官員ᄒᆞ고

又日人이擬於南滿洲에開設工商社會ᄒᆞ니其意가蓋欲使華人으로注意於日本之製造貨物ᄒᆞ야以暢銷路也ㅣ니由此而觀컨ᄃᆡ日人이開闢滿洲ᄒᆞ야爲萬國通商口岸ᄂᆞᆫ尚遙遙無期ᄒᆞ고而一時滿洲商權이已全入日人之手라在日人之心에固日以此爲念이나但不知華人이亦念及此否아吾意華人이亦必均知日本製造諸貨之賤下ᄒᆞ리니若使與泰西品貨로同列商品場이면華人이必不購彼ㅣ明矣라

現在朝鮮人民이皆爭購西物ᄒᆞ고莫肯售買日貨ᄒᆞ며此外日本商人이皆係下等社會오粗野無禮ᄒᆞ고奸詐百出인ᄃᆡ華商與西商이雜處其中이면可信日貨之必不易售也라此非特外人言之요卽日人이亦自知之라日來에日本遠東各報訪員이皆極稱日人이但能作小買賣ᄒᆞ고毫無大經營家之魄力이라其所能組織이惟非理髮洗澡所小雜貨及娼寮耳라至娼寮一宗ᄒᆞ야ᄂᆞᆫ無論何國ᄒᆞ고斷不能有過日人이니其善於經營이可謂達於極点이라中國南北各行省과朝鮮全國과及俄之東界에莫不有伊等之足跡ᄒᆞ니噫盛矣라最可怪者ᄂᆞᆫ日本이雖好勇善戰ᄒᆞ야能勝俄國ᄒᆞ얏스나俄國은戰後에仍可取信於歐西諸國ᄒᆞ야極大宗國債를借得ᄒᆞ되毫未費力ᄒᆞ고日本은雖曰戰勝이나其戶部에서國債를籌借홈이久久에未能如願ᄒᆞ니日人이以此로稱爲異事ᄒᆞ야不解其故라ᄒᆞ나此甚易解者ᄂᆞᆫ盖日之銀行이無厚固之基ᄒᆞ야如電如泡ᄒᆞ야旋起旋沒故耳라近來中立으로公論을持ᄒᆞᄂᆞᆫ者ㅣ每言俄之入滿洲也에固甞輸入若干利益이라鎭道以之成立ᄒᆞ고地方以之振興ᄒᆞ고城垣以之典拓ᄒᆞ니如合爾賓이舊爲荒地라가今則竟與大阪埒矣오旅順口青泥窪가何非創置이며他如沿鎭路各站之公主陵、海拉爾、滿洲里等處가皆以僻地로開商埠ᄒᆞ니豈非絕大之膨脹力乎아日人之於滿洲에試問會何利益고不論何處ᄒᆞ고一經日人足跡이면必携妓偕行ᄒᆞ야布滿各地ᄒᆞ니其滯留地之結果가無非使地方으로多長淫風이니德之華人이能不漸漬於奸詐之風이면前途에當有進步耳라ᄒᆞ얏더라

官報

◉三千五百二十號 光武十年八月一日

◉宮廷錄事

嘉禮都監都提調臣閔泳奎謹奏本都監事務浩繁不可無另飭從二品李[illegible]陞差下使之劃期察任何如 奏 光武十年七月廿七日奉旨依奏

◉府 示

法部告示第一號

勅裁ᄒᆞ심을奉ᄒᆞ야八月一日부터特別法院을臨時開廷ᄒᆞᆯ이라特別法院開廷處所ᄂᆞᆫ平理院으로ᄒᆞ야李載規의刑事被告事件을裁判ᄒᆞᆯ터이다

光武十年七月卅一日

法部大臣勳一等李夏榮

◉敍任及辭令

○解軍法會議判士 正領鍾轍熙○命軍法會議判士 叅領趙寧奎 以上七月廿五日○命不動產法調查委員 六品崔秉相 七月廿六日○中樞院贊議徐正淳 內部大臣李址鎔 景孝殿提調李載克 議政府叅政大臣朴齊純 陪從武官長丞東윤 農商工部大臣權重顯 軍部大臣李根澤 命表勳院議定官○任奎章院叅書官 叅尉洪鎭裕○任度支部叅書官 度支部水道局事務官申佑善○任度支部永道局事務官 正三品秦熙晟○度支部主事金泰 沃溝監理金永獻 依願免本官○任度支部主事 閔元植○任沃溝監理 東萊監理李懋榮○任東萊監理 正二品李懋榮 以上七月廿七日○命主殿院卿 叅將梁性煥○前上事金泰翊 前參奉韓南洙 崔演 任度支部主事○任警務顧問巡 李政秀○九品丞奎植 全尹泰榮 任農商工部主事 以上七月廿八日○任奎章院副卿長 侍從武官長 李鍾健○任侍從武官長 陪從武官長丞東윤○任陪從武官長 副將李根澔 以上七月廿九日○依願免本官 江原道觀察府主事權泰駿○任江原道觀察府主事 黃東煥 以上七月卅日

法律

◉法律第四號

砂鑛採取法 令

第十一條 사金채取權者ᄂᆞᆫ채取稅를납付홈이可ᄒᆞᆷ 사錫又사鑛에關하야ᄂᆞᆫ채取稅를課치아니홈

채取稅ᄂᆞᆫ채取許可區一千坪若河床延長每一町의一箇年一圓으로홈但一千坪未滿又一町未滿은一千坪又一町으로홈채取稅ᄂᆞᆫ每年十二月중의當年條를納付홈이可홈但許可其年의原홍者ᄂᆞᆫ月割로即납홈이可홈

既납채取稅ᄂᆞᆫ還付치아니홈

未完

外報

◉露國方針 露國樞密院은詔勅으로써明年三月四日ᄭᆞ지休ᄒᆞ게ᄒᆞ고新內閣에서ᄂᆞᆫ農業問題와農民救濟에關ᄒᆞᆫ布告를發表ᄒᆞᆫ故로今日에至ᄒᆞ기ᄭᆞ지ᄂᆞᆫ騷擾가甚치아니ᄒᆞ고歐洲市場에셔도最初에ᄂᆞᆫ露國證券에對ᄒᆞ야危懼ᄒᆞ더니잇ᄯᆡ니近日에ᄂᆞᆫ安堵ᄒᆞᆫ貌樣이라ᄒᆞ더라

◉德帝忠告 德國의特派ᄒᆞᆫ國政治를考查ᄒᆞᄂᆞᆫ大臣이德京에抵ᄒᆞ야德帝께謁見時에德帝의셔云ᄒᆞ되淸國이若欲自强이면西式을按ᄒᆞ야精兵을訓練ᄒᆞ여憲法을改立지아니ᄒᆞ면大局을保全치못ᄒᆞ리라ᄒᆞ시니大臣이此旨를將ᄒᆞ야政府에達ᄒᆞ얏더라

◉農民宣言 俄國에人心은常히激昂ᄒᆞ야農民은宣言書를發ᄒᆞ야軍隊中의子弟難感ᄒᆞ야呼訴ᄒᆞ되萬若擾亂이起ᄒᆞᄂᆞᆫ가有ᄒᆞ더ᄅᆡ도決코農民의게對ᄒᆞ야ᄂᆞᆫ砲를發치말나ᄒᆞ얏다ᄒᆞ더라

雜報

●滯報何故 各地方에本報沈滯之事는厭已揭載어니와御今各處購覽하는會員이其沈滯之由를拠問詰責이幾日不至하니郵便局에서는何故로如是刱滯하야文明을障碍케하는지非但本社가不勝訝惑이라韓國人士가一般感情이咸有하더라

●極盛問殿 警務使朴承祖氏가元興寺攝理僧의게訓令하되該寺佛像은移置本寺하고各宮位牌는削其字劃而燒火하고僧徒는移住他寺하되陰曆六月十五日로定限以給矣라該寺攝理越海가再昨日內部에請願하기를今此僧徒는渙散하고寺宇는空虛하더인디內下之各樣物品과管理署設置時頒賜한印章을將何以措處하야을지特爲處分하라하얏는디內部에서는往訴于官府하라하얏다더라

●修理費論難 江原觀察使가該府門巡檢廳接所修理費及門廟新築費一百一圓九錢을劃撥하라고內部에請告하얏는디內部에서度支部로照會하고該道觀察使空官俸에留在중에서計減以給하라하얏다더라

●山亭逗留 義親王殿下께서再昨夜에北署청風溪所在金嘉鎭氏亭子에留宿하심으로警務北署에서權任一人日人補佐員二人巡檢四人을派送保護하얏는디同殿下는該亭子에서七週日間을逗留하실預定이라더라

●方議案 合郡問題가停廢한後에地方制度調査所를勿施한다더니政府에서內府와相議하야觀察郡守以下吏輩에月俸을更爲磨鍊하는지라該案件을即方制度調査所에仍付하야三等으로議定提出케하엿더라

●淮倅論警 淮陽郡守尹發榮氏의貪贓二萬四千五百餘兩事로該道觀察使沈相薰氏가定查官報于內部하얏는디內部에서指令하기를該郡守의犯贓이既無的指入已나難以徵贓하야補獎合聽은可謂剝民肥己요卞此新報에旅費收斂을推諉民鎭이나官豈不關이며所謂望位는此是謬例어날何不痛革이며所謂賣鄕은以邑例에認作固有賣買하니無乃傷廉이며立碑斂錢은所謂郡民의樂이나郡守의含默不禁이亦似自安하니右項諸條가節節慨歎이니設辭는當論이라하얏더라

●執謂可者 海州前郡守鄭寅氏는忠州郡守로觀察使署리時不法貪虐으로忠北一境이命今不蘇라하고海州郡守로在任時에도貪虐之說이屢登於館인데今에海州觀察을圖得코저하야使民으로萬人衆을糾聚하야以部에呈하야本觀察을再任하야以副民願하라하얏다더라

●剩餘請付 奇和郡守가學部에報告하기를本郡儒生尹斗熙等이學校를設立云하니本郡所在驛屯土上納剩餘를移照經理院하야使之許給于該學校하야從速設立케하라하얏다더라

●消防預備 主殿院에서宮內所有무조위五坐를警務五署에各一坐式分給하야火災消防을預備케하얏다더라

●函請示明 京城郵便局長池田十三郎氏가內部로公函하기를한城府區域職權이京畿에係關하얏는지한城府尹이京畿觀察指揮下에在한지內部大臣의直隷한는지一般地制를示明하라하얏다더라

●種植擔任 京城理事廳에서漢城府로照會하기를南山松林盜斫은不可不設禁인바南山一帶部에는獎忠壇遞信省所管이오令部統監府의各所屬地와日本公園及民有地를除한外에殘餘部分은京城公園으로內外公衆이一般自由遊覽케하되供爲樹木保存必要하야種植事業에經營及監督을當廳에서一切擔任하야費我便益이不少함으로已有面議에雖有異意이나即行經營하니貴府에서同意示明함을爲要다하얏더라

●海外教育 前領事金聞永氏가上海로前往하얏다하더니李容翊李學均諸氏와海蔘威로同往하야該地에居留하는韓人敎育會를設施하얏다더라

●御前會議定日 政府會議外에各大臣이一週日內에二次式御前會議를開設하기로御定한故로水曜土曜兩日로排定하야昨日水曜日에第一回開會하얏다더라

●政界動靜 近日政界가一變하야各大臣이日間變通한다함으로政府團體가移動이되얏는디朴參政이一靜動事를業已發論한事가有하다더라

●中校可식 平壤觀察府小學校에서夏期放學식驗을經行하얏는디高等科優等은李敬俊玉光淳이오尋常三年優等朴琪鉉이오二學年優等은朴承煥全大均이오一學年優等任錫煥朴乘休이라고學部에報하얏더라

●調査所 土地所管調查를實施할터인디해查案이一二年間에未結이깃는지라調查所를新히定하야政府近地公解를方在修繕中이라더라

●理事部廳의設置 貞洞闕內의議政府를毁撤新築하기로經費四萬元을度支部에請求하얏다더니鐵都監府로設施하얏다더라

●日船擊韓魚의情비 去甲辰年에咸鏡道北靑居金姓人이北魚五百同을日人商船에契約裝載하고行船於威海衛하야逢着俄艦而被沈沒하야船與物이盡入於海底하고其時船中所在韓人三名과日人五六名은仍爲被虜於俄艦타가日俄講和後에始得放還인디至今에日人은該沈沒한船價를비給하라고日本政府에呼訴하고韓人은北魚價를交涉於統監府하야依數推給하라고本政府에呼訴한故로政府에서無所可答이더지回給하기를戰時船舶之措處가載在公法하니待該船之下回發落하라하얏다더라

●無罪横被 豐基郡守李載聲氏가去六月三十日에義兵檄文踏印한事로免本官하얏는디原來檄文에押捺한者는印이아니라郡守圖章인디其偽造함이明確無餘하기로該氏가先次政府에請願하야其暗昧한事를변明하고其偽造한者를跟捕하야正法하게하라하고再次統監府에呈書하야警察支部에說明詳하야無罪한人의계懸名横加함을說明하얏는디其槪意가如左함

該郡之刑匪徒와亦無本人의干섭은擧世共知한바어니와踏印한事는如此히無據黜昧한事가比有乎이오本年六月二十九日에日本憲兵軍曹星川主計等六名과通辯申常德이가何許義兵檄告文一度를持하고調査次로該郡에來抵하야는디其檄內에大將은金源俊이라하고其下에豐基郡守李載聲閣下醴泉郡守金炳驥閣下龍宮郡守張龍煥閣下라列書하고惟獨豐基郡守姓ㅅ下에郡守圖章을踏하야는디該郡原章과相准한즉檄文의踏한圖章은豐基郡守之章六字內에豐基二字가만한不唯하고郡守之章四字만只有한디原章의郡는其右部를邑으로刻하얏거날偽章은右部를阜로刻하얏시며原章의章字는立의下畫이日畫에長하며原章字의日字樣은平方形이어날偽章은環圓形이라彼此相准에邑阜殊長方圓이大不相合하야라人의위造가立即卞明하고其時該憲兵言內에當以此辨明報告하깃다하고後日에證據하기爲하야名片一箇를還下하얏고其後翌日에該道관察府로詳明報來하란訓令이又到하야亦爲據實修報하얏더니調査之前에已因前報免官하얏스며該관察使申泰休氏가殿最時에貶下한지라其貶辭曰事有失錯하니愛而莫助라한지라然則로其失錯한事가何事인지其理由를回示하라하얏더니回覆內에義兵通文踏印事件으로라하니以此一箇虛위之事로一則日本警察이見欺詿誤하얏고二三內部에서見欺誤免하얏고三則관察使가見欺誤貶하얏스니世上天下에寧有是理乎아하얏다라

[illegible]

●謂無技局 本報第二百七十一號欄內에借家技局이라는題下에對하야更聞한즉該洋人家에借住人이技局을設함은初無之事라하더라

詞林

鬪鷄竹 用梅聖俞韵

鳳溪小生

東鷄哭墻垣 相呼即相薄
西鷄凌氣岸 相待如相悍
躑躅共翅大 落羽기粘袴
揮䘁奔距什 催冠殷流盱
佯敗更會合 蚌鷸付今明
不追能개완 燕蟣숵夕朝
狠顧猶附翼 決勝俱勳會
死守不聽喚 堅拒若甦한
一場爲酣戰 讒之修辭出
此時誰解難 識者戒兵亂
只作兒童戲 向聞西塞事
無答勝負筭 因此倍 歎

雜報

●養閨義숙연說 속

本國官民間에女子學校를設立홈은未聞ᄒ야每嘗慚愧러니至於近日ᄒ야ᄂᆞᆫ礡洞에明信女學館을刱設ᄒ고新門外에養閨義숙이有ᄒ며校洞에女學院을設記新建ᄒ고汎華背昌學校에女學科를設立ᄒ얏스니此ㅣ女子教育을勸導ᄒᄂᆞᆫ慶占이라實노우리一千萬姉妹의大慶과大福利를今日에至ᄒ야獲有ᄒ얏도다

大抵本會를特達ᄒᆫ此二大目的이有ᄒ니

一은教育이니教育課ᄂᆞᆫ本會의主旨가되야學齡의適當ᄒᆫ傍園娘은相勸相告ᄒ야學校教育을專力教授케ᄒ야及其成功日에ᄂᆞᆫ賢母良妻의姿質을完備ᄒ야第二世子女의胎教와家庭教育을養修ᄒ며國家의棟樑을作ᄒᆯ거시오中年以上이此貴婦人은本會를贊成ᄒ고園錦를擴張ᄒ야新智識과新學問을講究演述ᄒ야良箴美論을肺腑에銘佩ᄒ며各種圖書의開明上에有益ᄒᆫ諸般雜誌를或譯或著ᄒ야一般女子의聰明을益奬ᄒ야文明國婦人社會되기를期圖ᄒᆯ거시오

二ᄂᆞᆫ女工과ᄂᆞᆫ勸修新學ᄒ며以廣智識ᄒ야實業을發達흠을要홈이니蚕桑織組裁縫其他各種女子의工藝를發達ᄒ야富源을廣흘거시오

三은衛生과이니衛生과ᄂᆞᆫ家庭衛生을注意ᄒ야育兒法과調病術을研究ᄒ야醫科學校를建設ᄒ야看護調病과諸般衛生을一切卒業ᄒ야生命을保護ᄒᆯ지니比喩ᄒ건ᄃᆡ他邦의人口ᄂᆞᆫ漸漸繁昌ᄒ며本邦人口ᄂᆞᆫ年年減縮ᄒᄂᆞ니此를見ᄒ면衛生의決果를貴婦人도容易曉得ᄒᆯ비라何故오他邦國民은衛生의專力을[illegible]寒暑를ᄯᆞ라衣服을適當이ᄒ며運動을自由ᄒ야身體를强健ᄒ며子女를生產ᄒᆯ이育兒法을曉得ᄒᆫ지라天殃之弊가無ᄒ니人口漸殖ᄒᆯ거시오

●維新擴張 鍾路典布慶都家의私立維新學校ᄂᆞᆫ設立이日淺ᄒᆫ야學務가不振흠을嘆惜히녀여主務[illegible]禹澤李根洙崔奭鎬三氏가熱心運動ᄒ야校內에丙班을刱設ᄒ고附屬英語學校를設ᄒ야學務를益加勉勵ᄒᆫ다더라

●憲兵事의今聞 昨日本報擱니에憲兵不法이란題에對ᄒ야更聞ᄒᆫ則憲兵辛元昌이가淸商丕瑞珍과素有面分ᄒ야覓去路에暫時歇脚於丕家러니其翌日에丕哥가路逢辛兵ᄒ야楔家所有麥粉一包를竊去ᄒ얏다ᄒ고橫竪說去에無數詬辱ᄒ거ᄂᆞᆯ辛兵이不勝憤忿ᄒ야引執丕哥ᄒ고帶同청巡査金光玉等三人ᄒ고來到憲兵兩署ᄒ야質査ᄒᆫ즉辛兵이麥粉을竊取ᄒ얏다ᄂᆞᆫ事ᄂᆞᆫ初無理由ᄒᆯ거시平人과닿나白晝大道에服裝ᄒᆫ憲兵이不少ᄒᆫ麥粉包袋를携帶가末由이거날頑彼청人이及其對質之場에語屈無據之致로淸巡査가謝過後에丕瑞珍을加以無禮於官吏之罪로押去ᄒ야治하얏다하며憲兵之雜技와軍物典執은初無之事라하더라

●治道事務의期限 내部에서治道事務를着手ᄒ기爲ᄒ야該局事務官技師와技手等諸氏를各地方으로派遣ᄒᄂᆞᆫ데其區域을分ᄒ고期限을定ᄒ야事務官黃翼淵洪在箕技師金倫求張[illegible]四氏ᄂᆞᆫ木浦至光州公州間과群山至全州公州間과大丘至慶州間과鎭南浦至平壤間의道路改築線測量事業上便宜를設管地方長官과商議妥當케하니期限은三十箇日이오技手金晉錫氏等六人은追後改築線測量事務에從事케하니期限은一百五十三箇日로定하얏다더라

廣告

忠淸北道忠州郡德山面城內里居正三品郭秀鉉氏前參判致年氏之長子也師傅公寬齋始徵氏之七世孫也文良公攔氏十七世孫也秀鉉氏天性孝友灑掃定省之役冬溫夏淸之節已自在[illegible]克勤至于五旬嚴父母如一日彈誠眷志倚閭三載之患聞鸛與鵓及[illegible]之利於症出門四求之際一鵓從何自墜於庭仍忽數[illegible]下於[illegible]以爲神異而往剖寒冰則[illegible]首而仰掬歸獻器人曰誠孝感所致又於前春八[illegible]其親遭脚[illegible]行步不得每負而進遊於庭際或日氣蒸鬱則與其子[illegible]擔轎[illegible]往[illegible]而風焉奴僕雖多未嘗使之[illegible]孝所至神佑患復一日賊黨數十來丕[illegible]之以理則伏[illegible]而曰吾輩誤認矣相率而去信矣孝爲百行之源而人所易感者乎自洞而面自面而郡咸曰郭孝子郭孝子求之今古亦鮮有矣爲設一卓需來餽名曰孝子床 齊聲呈官則郡에서孝行若是卓異曷勝欽歎自本褒揚之日事因性呈府則觀察府에孝者百行之源也爲人子日用常行當然底道理然而人鮮能久矣嗟彼儒生不獨專美於古曷勝欽歎士林之公議如此褒美之典自有其日事又府題니孝行如此더異極爲欽歎從一林之公議로轉報褒揚事遂報告于掌禮院則回題니卓異之行聞甚欽歎俟揚典留待後日事本卅士林이到京城呼籲于掌禮院則題내한擧孝廉居褒陳情振古殉美之事而世級江한程式差殊事城總擬有非敢可擬議優峽公議之蔚治於選部事際兹聖明累申急於擢拔如郭秀鉉氏可使个ㅣ登用而邦俗泥古務用棹설於孝子死之門而曰觀感曰旌典尙不知以生存孝子用於事爲之地俾行其實踐之蹟尤豈非多士所齎鬱處乎以孝事君則忠以孝臨民則忠君而民乃是天下一等之人禮院題之所謂한 孝廉居褒陳情者皆由於此故로諸公은其留心焉

忠淸北道儒生 李象昊 李舜夏 鄭始源等

鎭川梨谷面沙池金奴甲春寓所에斗五升落田二片文卷三張을路上에遺失ᄒ얏스니誰某拾得休紙로施行ᄒᆷ

畓主金舜卿 告白

廣告

●刑法大全 鉄定價金 新貨六十錢
牧民心書一秩一圜二十五錢
耳談續纂一冊 七錢五厘
溫故知新堂叢鈔 七錢五厘
父師必讀小學指南七錢五厘
人工養蠶鑑一冊 十五錢
萬國地誌三冊 一圜
農政新書 五十錢
法學通論 一圜
尺牘完編 一圓五十錢
大韓地誌 七十五錢

發賣所 布屛門下金相萬書舖 大韓每日申報社

△이것보시오改良廣告▽

前에는理學을不分科目ᄒ고雜述을얏더니第八號부터는一分科식詳細譯述ᄒ야爲先物理學講義를續進ᄒ깃기로玆에廣告喜

南大門內尙洞攸聞社雜誌社

●特別社告

本申報社內에特別히附屬品으로活字를更備ᄒ야書籍印刷所를設置ᄒ얏사오니印書를要ᄒ시ᄂ僉君子ᄂ來臨相議ᄒ시읍

大韓每日申報社 告白

◉九轉靈砂ᄂ 人이靜力으로修鍊ᄒ야製造ᄒ藥丹인ᄃ男女老少에無論何症ᄒ고適治ᄒ오며無病時에도服ᄒ면平生의身體가健康ᄒ며小兒ᄂ胸腹ᄒ면十數안에無病ᄒ미을保ᄒ오며

●九轉靈砂萬應丹은癲狂 癎症과中風癎疾과耳目諸病과諸疾에神効ᄒ오

●九轉靈砂保命丹은初生小兒 驚風 積氣 痰嗽 腹痛과般驚과婦人帶下症에도効ᄒ며

●九轉靈砂淸衆丹은酒滯 食滯 血積 吐瀉 霍亂 痢疾 吐血 下血 運氣 時疾 痲疹에神効ᄒ오

●九轉靈砂紫金丹은痔漏 累瘡 上疳瘡 下疳瘡及唐瘡과瘰癧 疥癬諸種에無不神効ᄒ오니 僉君子ᄂ來問ᄒ시오

內需司前독갑이골上隅第一家 李鍾廷 告白

一 鷹票鍊濃煉牛乳

AMERICAN
Gold Seal Brand
Condensed Milk

大韓仁川港

以上三 種은上品으로製造ᄒ야一衛生上에極有益ᄒ니購買人ᄂ

本社廣告

申報價
一張代金 新貨二錢五厘
一箇月前納 三十錢
三箇月 九十錢
六箇月 一元七十錢
一箇年 三元四十錢

廣告料

◉本社地方各處支店廣告

仁川𢗀峴開新冊肆 李
平壤南山峴日新學校 金
宣川邑樞西 安
義州南門外韓西大韓勇盟
長連邑 金
載寧沛葉洞 金
咸興州南社
中和邑
釜山佐川徐■房 金
開城北部梨井里畔洞居培■
校副校長
大丘郡 達城廣文社

發行兼編輯人 英國人 裴說
發行所 京城北署新門內西部■■坊 大韓每日申報社

第四卷　第二百八十七號

月曜及慶節 歲時休日刊

檀君開國四千二百三十九年
箕子元年三千二十八年
大韓開國五百十五年
日本明治三十九年
淸國光緖三十二年
◉陰曆丙午六月大十四日己

論說

韓國實業

伊藤侯가韓國에對ᄒᆞ야新事業을經營ᄒᆞᆫ다ᄒᆞᆷ은所謂有名無實이라韓國과韓國人民의幸福을爲ᄒᆞ야大事를計劃ᄒᆞᄂᆞᆫ듯ᄒᆞ나畢竟은韓國의實業發達ᄒᆞᆯ諸般方法에ᄂᆞᆫ都不注意로다日本이外交上과財政上에韓國을有益ᄒᆞᆫ工課로指敎ᄒᆞᆫ지라至于今日ᄒᆞ야ᄂᆞᆫ韓人들이熱望ᄒᆞ기를何時에나日本이財政을耗損ᄒᆞᄂᆞᆫ代에財政을增殖ᄒᆞᄂᆞᆫ效果를敎授ᄒᆞᆯ지難得聞知ᄒᆞᆷ이라顧以吾輩之所料로ᄂᆞᆫ此等希望이必歸虛地ᄒᆞ지니何則고日本의利益에反抗ᄒᆞᆫ인연由ㅣ라然이나此等希望의何如ᄒᆞᆷ을公布ᄒᆞᄂᆞᆫ되ᄂᆞᆫ利害가無ᄒᆞᆫ듯下面에略陳ᄒᆞ노라

韓國人民이實業國民되기를願ᄒᆞ나니其希望的이如左ᄒᆞ니

第一自國의費用品은自國에서供給ᄒᆞᆯ事

第二自國製造品의輸出者가될事

此等希望이非但有理라亦足贊賞이오且該目的에到達ᄒᆞ기不難ᄒᆞ도다韓人은美術的及製造的性質이固有ᄒᆞ야古代에ᄂᆞᆫ日本人을敎訓ᄒᆞ얏더니過去數百年以來로技術과製造上巧美ᄒᆞᆷ이漸就降衰ᄒᆞᆫ지라當今之時ᄒᆞ여若少加勸奬이면再就發達ᄒᆞᆷ이無容更疑요韓人은勤勉ᄒᆞᄂᆞᆫ國民이라方向만略示ᄒᆞ면今日에日本에仰給ᄒᆞᄂᆞᆫ諸般製造品을自國에서産出케ᄒᆞ기甚易ᄒᆞ리라ᄒᆞ노라今日韓國에需要物品은黃石油燈及琉璃器皿等이니此等物品의原料ᄂᆞᆫ韓國에도日本만치裕足ᄒᆞᆫ지라日本統監閣下여若欲實心做去어던(吾輩之所未信이지마ᄂᆞᆫ)消耗的事業에幾百萬元式費用ᄒᆞᄂᆞᆫ것으로韓國內에서製造業의擴張ᄒᆞ기適ᄒᆞᆷ에向ᄒᆞ야盡力ᄒᆞᆯ지어다

官報

●三千五百二十一號 光武十年八月二日

◉敍任及辭令

○任陸軍監獄署主事 軍部主事安基寅○任軍部主事 九品由雨均 以上七月廿六日○正三品李裕楨 全張麟遠 六品玉東奎 全林炳贊 九品金元濟 全鄭泓林 解宮內府記事員 七月卅日○朴源泰 裴允明 白興基 金昌世 洪鍾大 任度支部技手○朴敎文 南順熙 高海천 九品丁佐鎭 全申卿雨 全李윤能 全朴鉉燦 全李海東 崔永若 全孫漢燮 九品安者英 全金鍾現 金鎭현 金翰卿 九品崔鎭栗 吳致兼 趙章洙 任度支部技手 右ᄂᆞᆫ試員等이本部에試見ᄒᆞ生으로本部에技術練習ᄒᆞᆫ者로技手를敍ᄒᆞᆷ이라○免本官 仁川監獄署主事金仁學 右ᄂᆞᆫ該員을敍任判任官初等 受職ᄒᆞ기로免本官○任仁川監理署主事 仁川監理署主事徐永泰○任東萊監理署主事 請ᄒᆞᆫ○任東萊監理署主事 敎希○任務安監理署主事 李承哲 以上七月三十一日

法律

●法律第四號

砂鑛採取法

第十二條 農商工部大臣이本法又施行細則에違反ᄒᆞ야行ᄒᆞᆫ處分의ᄒᆞ야ᄂᆞᆫ政府ᄂᆞᆫ損害賠償의責에任치아니ᄒᆞᆷ

第十三條 採取權을不有ᄒᆞ고砂鑛을採取ᄒᆞ거나又詐僞의所爲로採取權을得ᄒᆞᆫ者ᄂᆞᆫ五十圜以上五百圜以下罰金에處ᄒᆞ고採取ᄒᆞᆫ砂鑛은入官ᄒᆞᆷ 旣經讓與ᄒᆞ며又消費ᄒᆞᆫ時ᄂᆞᆫ其代金을追徵ᄒᆞᆷ

第三條規定에違背ᄒᆞᆫ者ᄂᆞᆫ二十圜以上百圜以下罰金에處ᄒᆞᆷ

前一項處分은農商工部大臣이行ᄒᆞᆷ

第十四條 宮內府所屬사鑛區ᄂᆞᆫ勅令으로告示ᄒᆞᆷ

宮內府가其所屬사鑛을自行採取ᄒᆞᄂᆞᆫ境遇에ᄂᆞᆫ第八條第十條第十一條의規定을適用치아니ᄒᆞᆷ

宮內府所屬사鑛을採取코ᄌᆞᄒᆞᄂᆞᆫ者에對ᄒᆞ야ᄂᆞᆫ左開規定을適用ᄒᆞᆷ外에本法規定을適用ᄒᆞᆷ

一 第五條境遇에ᄂᆞᆫ農商工部大臣이適當으로認ᄒᆞᄂᆞᆫ者에許可ᄒᆞᆷ

二 第十一條納付金은農商工部大臣을經ᄒᆞ야宮內府에納付ᄒᆞᆷ이可ᄒᆞᆷ

第十五條 本法施行에必要ᄒᆞᆫ命令發布에關ᄒᆞ야ᄂᆞᆫ礦業法第廿六條規定이며本法施行細則規定에依ᄒᆞᆫ處分에關ᄒᆞ야ᄂᆞᆫ礦業法第廿七條規定을準用ᄒᆞᆷ

第十六條 礦業法第廿八條乃至第卅條規定은사鑛採取業에準用ᄒᆞᆷ

附則

第十七條 本令은光武十年九月十五日로브터施行ᄒᆞᆷ

第十八條 本法에抵觸ᄒᆞᄂᆞᆫ法令은廢止ᄒᆞᆷ

光武十年七月二十四日

御押 御璽 奉 勅

議政府參政大臣勳一等朴齊純

農商工部大臣勳一等權重顯

完

外報

●吉林敎育 吉林省에서派送遊學生十九名이來到ᄒᆞ야계條陳이有ᄒᆞ니以宏敎育ᄒᆞ며維新政ᄒᆞ며派遊學ᄒᆞ야以求實際ᄒᆞ며多設講習ᄒᆞ야以識이라云ᄒᆞ얏ᄂᆞᆫ되凡ᄒᆞᆫ條陳이言皆切要ᄒᆞ야吉省維新의이되리라더라

●吉林師範 吉林學堂이面計에未立師範ᄒᆞ니缺點이라總辦黃某가師範生을招選ᄒᆞ고又以不合格者으로一律改修ᄒᆞᆫ다더라

●鎭嶺修築 日人이現在鎭嶺에ᄒᆞ야修築工程이甚多ᄒᆞ고糧草軍火가亦多屯聚於此ᄒᆞ니以鎭嶺이地居衝要ᄒᆞ야較之天昌圖에爲尤重ᄒᆞᆷ이라더라

●英相評論 露國國會에對ᄒᆞᆫ英國首相반나만氏의陳述ᄒᆞᆫ意見에對ᄒᆞ야一般의批評을喚起ᄒᆞᄂᆞᆫ더保守黨의新聞紙에ᄂᆞᆫ此首相의大失策이라評論ᄒᆞ고自由黨의新聞紙에ᄂᆞᆫ首相의大膽ᄒᆞᆫ句語를熱心으로稱揚ᄒᆞ야全世界에廣布ᄒᆞᆫ다ᄒᆞ얏더라

●平和會議 英國首相간베루반나만氏ᄂᆞᆫ倫敦에서萬國平和議員會를開ᄒᆞ얏ᄂᆞᆫ되其說明ᄒᆞᆫ辭意ᄂᆞᆫ平和에關ᄒᆞᆫ帝의가을稱揚ᄒᆞ고露國國會의將來에對ᄒᆞ야萬歲로祝ᄒᆞ얏다ᄒᆞ더라

雜報

●兩察減任　全南觀察李道宰氏와慶北觀察李重夏氏ᄂᆞᆫ辭職遞任ᄒᆞ얏더라

●監獄兼察　警務廳監獄署長金顯承署守長朴鎭英兩氏ᄂᆞᆫ今番失因事件에對ᄒᆞ야並願遞任ᄒᆞ고其代辦事務ᄂᆞᆫ警察課長李憲珪氏가兼察ᄒᆞᆫ다더라

●捕逃施賞　警務廳에서監獄署在逃重犯搜捕ᄒᆞᆫ巡檢等의게對ᄒᆞ야各其賞勞金一圜式ᄊᆞᆨ賞ᄒᆞ얏더라

●特別法院의訓飭　法部에서特別法院檢事李建鎬氏의게訓令ᄒᆞ기를貴報告書를接准ᄒᆞ야醴陽郡正李弼規拘拿ᄒᆞ야院之由於平理院而該案을開定審辦移送來ᄒᆞ라ᄒᆞ얏다더라

●照會減納　農商工部에서地稅課長係是自族改로依例設施別法院之意로已經奏下ᄒᆞ얏쓰니到即特別法院裁判所를另設川郡鏡嶺縣撥ᄒᆞ야度支로照會ᄒᆞ기를軍用鐵道犯人捕役結卜一千六百七十一負一束價錢을所納即減下ᄒᆞ야以免徵收케ᄒᆞ라ᄒᆞ얏다더라

●捕兵押上　原州鎭衛隊兵이江陵等地에서義兵二名을捕捉ᄒᆞ얏ᄂᆞᆫ데昨日에該隊兵五名이該義兵을軍部로押上ᄒᆞ얏더라

●搜訓한數　法部에서監獄署失因에對ᄒᆞ야한城裁判所로訓令ᄒᆞ기를莫重死囚之拘讀을稍能如法ᄒᆞ야牢囚枷鎖ᄒᆞ며審愼監視러면旨意를此案囚之作梗逃逸이리오其涉嫌歎이라當該看守官吏의姓名을另查馳報ᄒᆞ고在逃諸犯은給限責捕ᄒᆞ되如或過限未捕이면該看守官吏等을擬當律處辦報來케ᄒᆞ라ᄒᆞ얏다더라

●栽培費請交　勸業模範技師三浦眞次郎氏가農商工部에公函ᄒᆞ고綿花栽培費八九兩朔條二千二百元을即爲送交ᄒᆞ라ᄒᆞ얏다더라

●觀察과郡守　昨日上午十二時에政府會議를開ᄒᆞ고觀察郡守의任免件도議决ᄒᆞ얏다ᄂᆞᆫ데湖州觀察使ᄂᆞᆫ安岳郡守朴晉陽氏오光州觀察使ᄂᆞᆫ沈相翊氏로大丘觀察使ᄂᆞᆫ金宗漢氏로任命ᄒᆞ고郡守二十三窠를奏下ᄒᆞ얏다더라

●殖産獎勵會請認　南署池洞金明濬氏가人民의財源을養成ᄒᆞ고生産力을發展ᄒᆞ야國家를富强케ᄒᆞᆯ意로殖産獎勵會社를設立ᄒᆞ겟스니認許ᄒᆞ라고農部에請願ᄒᆞ얏ᄂᆞᆫ데其會則과務規를別紙開錄ᄒᆞ며其事務의趣旨와任員의配置가極히宏壯ᄒᆞ더라

●商會長報部　商業會議所議長鄭泰鉉氏가農商工部에報告ᄒᆞ기를合所를舊白木廛都家로買入ᄒᆞ고附屬商品陳列館은以二層洋屋으로建築ᄒᆞᆫ다더라

●掩護難免　平壤觀察府警務와巡檢郭尙郁이가李宗玗의妻를勸奸ᄒᆞ고其家産을奪取ᄒᆞ야仍作巳就ᄒᆞᆫ事로李宗玗이平理院에再三呼寃ᄒᆞ고各新聞揭載가種藉ᄒᆞ더니內部에서該道觀察署理의게訓飭ᄒᆞ기를본府警務署ᄂᆞᆫ尙不一次報部ᄒᆞ고所謂郭尙郁은儼然視務케ᄒᆞ야懇習을隱匿ᄒᆞ니本府ᄂᆞᆫ該犯罪人을掩護ᄒᆞ야官吏體面을損傷ᄒᆞᆫ責任을難免이니該事實을查報ᄒᆞ라ᄒᆞ얏다더라

●孫氏竟死　平理院에宣告를不服ᄒᆞ고監獄署에拘囚ᄒᆞᆫ十一人中에孫聖遠氏ᄂᆞᆫ病死獄舍ᄒᆞ니其屍體之出也에慘酷之況은人不忍見이오其他十人도屬意不服ᄒᆞ고將自斃之境에至ᄒᆞ얏다더라

●匪類自退　日昨본報에揭載ᄒᆞᆫ三耕類會社ᄂᆞᆫ事件에對ᄒᆞ야更聞ᄒᆞᆫ즉當初에務求氏가人民開進을爲ᄒᆞ야頭頭開進教育會를設施ᄒᆞᆫ것인데商業에挾雜으로目的을不遂ᄒᆞ야自退ᄒᆞ얏고更不相關ᄒᆞ기로決心ᄒᆞᆫ다더라

●仁校卒業式　仁川郡光興學校를仁明으로改正ᄒᆞ고紳商之觀察使金命東氏가設立ᄒᆞᆫ것인데該校教師全聖楨氏ᄂᆞᆫ京城學堂卒業生인故로學部에서認許ᄒᆞ고陰五月二十四日에該校日語科第一回卒業禮式을舉行ᄒᆞ얏ᄂᆞᆫ데본郡守黃甯秀氏와一進支會長康秉玉氏와商會長李炳鶴氏와其他各會員과附近紳士가多數來集ᄒᆞ야各色物品을各學徒에게賞與ᄒᆞ고各其學務上勸勉演說ᄒᆞᆫ이該校學徒ᄂᆞᆫ答辭外祝辭ᄒᆞᆫ後爲萬歲를三唱ᄒᆞ고立食禮를行ᄒᆞ얏다더라

●隣卿不許　江華府尹安鼎柱氏가別入侍次로宮內府分付를懇傳ᄒᆞ며시從院에入闕票를請求ᄒᆞ다가院에不聽ᄒᆞᆷ으로不得入闕ᄒᆞ고安尙宮에게請票ᄒᆞ얏다더라

●日巡緊把　貞洞大闕各門을日本巡査가派守事ᄂᆞᆫ世皆所知어니와昨日下午九時以後에ᄂᆞᆫ宮城近處來往人을嚴禁ᄒᆞᄂᆞᆫ데自貞洞으로新門路處를第一緊把ᄒᆞᆫ다더라

●領事撤公館　外部가自在ᄒᆞᆯ時에ᄂᆞᆫ美法德比各公領事交涉公館이一週日內에一二次式頻煩ᄒᆞ더니外部를廢止ᄒᆞ고外交를統監이主管ᄒᆞᆫ다ᄒᆞᆫ昨今兩年間에ᄂᆞᆫ右領事等이統監府와交涉公蹟을一通ᄒᆞ다더라

●廣校放學式　忠北鎭川郡廣明學校校長李相稷氏와副校長南○○兩氏가昨年十月븟터設校ᄒᆞ고子弟를募集ᄒᆞ야勤勤教育ᄒᆞᄂᆞᆫ데日就月將ᄒᆞᆷ이如此盛炎에暫時休學ᄒᆞᆫ다ᄒᆞ고各校學徒를請ᄒᆞ야同樂ᄒᆞ야幾時間을愛國ᄒᆞ여說ᄒᆞ고幾時間은愛國歌를唱和ᄒᆞ얏다더라

●辭任狀　英國公使가歸國ᄒᆞᆫ後에署理領事가視務ᄒᆞ더니콧구스氏가總領事를被任ᄒᆞᆫ지라京城에서視務ᄒᆞ엿더니英國皇帝와日本皇帝가總領事委任狀을御押으로施行ᄒᆞ야統監府에서外部로照會ᄒᆞ얏더라

●兩大不公　今番郡守奏本은依前規例ᄒᆞ야春桂坊久勤과人과內部主事久勤으로叙任ᄒᆞᄂᆞᆫ데十年主事李升采氏ᄂᆞᆫ勿施ᄒᆞ고三年主事權泰煥氏ᄂᆞᆫ農商大臣權重顯氏의子인데엽等ᄒᆞ야延日郡守를叙任ᄒᆞᄂᆞᆫ故로部中一般官吏가權大臣의用私와本部大臣의不公을慨歎ᄒᆞ얏다더라

●廿三窠의郡守　昨日內部에서郡守를奏本ᄒᆞ얏ᄂᆞᆫ데甑山에徐相冕　渭河朴孟成　漆原李紹鎔　結城申致憲　萬頃申履均　郭山李啓爽　延日權泰煥　求禮金大鎬　沃溝黃舍淵　榮川金敎德　永川丁祖學　石城嚴柱宗　連山李鍾國　寧李年夏　草溪李圭煥　金海梁弘默　永春洪昇淵　延豐柳秩　安岳尹奇榮　歸光命鎬　晉州尚閔衍　采東泰尹元求　麗水吳在夔氏等二十三人이더라

✡✡✡

韓國人就擊權氏가旅寓合爾賓ᄒᆞ야當地報館에寄函이如左ᄒᆞ니

敬啓者近奉득貴報의使盲始明ᄒᆞ야如醉方醒ᄒᆞ니頃日鄙音이不存乎心矣라生은即韓國未達之人이라兼以淺才薄識으로易爲猥論이리오

其於본國事에可爲痛哭者ㅣ非止一二也라夫中國之於韓에舊有厚恩數誼矣러니不幸甲午以後에稍相疎遠은勢也라日본이搬移殖民漁鑛產業ᄒᆞ고一切利益을擊皆謀取라가俄日戰後에最所緊重之利權을任意擅行ᄒᆞ되全國臣民이徒陷懶弱ᄒᆞ야不知所爲ᄒᆞ니嘆如之何오爲先中國이莫之省ᄒᆞ거ᄂᆞᆫ況外洋何國이立公保助耶아

彼日본이好與銳步ᄒᆞ야雖曰快進文明이나其勢ㅣ不長은亦所共知也라中國이處亞州大陸ᄒᆞ야土沃人衆은為西諸國이莫不欽稱이라

只以國運不齊ᄒᆞ고民不務본으로滯至此境이나然而近ᄉ香衛爛影에稍稍生明ᄒᆞ니於是乎緊要ᄒᆞ야始旺ᄒᆞ야漸入文明機構ᄒᆞ니

世稱歎熱之期가殆不遠矣라究其理論則松柏晩翠ᄒᆞ고花尙早彫ᄒᆞ니日본도姑誇勢雄ᄒᆞ나終而巳니詎能長ᄒᆞ리오萬滿洲를占ᄒᆞ야略圖長久之基를ᄒᆞ니意在韓國半島之一이라

然而중國이勃然振興之日에必不使日人留跡이오必不假棄韓國也라ᄒᆞ얏더라

[illegible]彼은[illegible]水陸[illegible]에被京之說은初無是事라더라

詞林

洑官行　　南州　鳳栖小生

暮夜囑主吏　時雨에力餧
白日變作帖　天旱에意뇌
不均籍田賦　沾은偏勢苦
思가生眉睫　提解日威脅
逐畝催收租　吏幽斜歸飲
當午別討엽　倖作一場獵
郡朝莫問知　나得任賢能
農夫猶見劫　如治邪父邑

雜報

●養閨義숙연說 속

本邦國民으로論ᄒᆞ면第一早婚ᄒᆞᄂᆞᆫ弊瘼으로生産ᄒᆞᆫ幼兒가强壯치못ᄒᆞ고慈母가哺乳養育ᄒᆞ되衛生에소昧ᄒᆞᆫ지라假使一婦人이十兒를生ᄒᆞᆫ이半數를養成치못ᄒᆞ고或養育ᄒᆞᄂᆞᆫ子女ᄂᆞᆫ寒暑衣食을不均ᄒᆞ야中年天殤之厄이種種有之ᄒᆞ니此를推ᄒᆞ면生産의數爻가漸少ᄒᆞᆷ이아니라

衛生을不知ᄒᆞᆫ緣故로人口의減縮ᄒᆞᆷ을覺悟ᄒᆞᆯ지라엇지生命의大關係가아니리오如斯ᄒᆞᆫ二大要占을實力勤勉ᄒᆞ면文明國婦人의社會組織ᄒᆞ기어렵다稱ᄒᆞ리오歐洲列强의女子敎育이擴進ᄒᆞᆷ은無論이어니와

近日新報揭載ᄒᆞᆫ술述을閱覽ᄒᆞ야도可히東洋의女子敎育이發達됨을推ᄒᆞᆯ깃도다日本은女子의生徒가年年增加ᄒᆞ야十萬餘에達ᄒᆞ얏고且判任官을叙出ᄒᆞᆫ다ᄂᆞᆫ官制를發表ᄒᆞ야爲先遞信의幾百名女子가推選이되얏스며支나ᄂᆞᆫ女子를日本에留學케ᄒᆞ야日本女子敎育家下田歌子의支나卒業女生徒를對ᄒᆞ야

卒業式을行ᄒᆞᆫ時에懇懃ᄒᆞ勉ᄒᆞᄂᆞᆫ辭意가節節有意ᄒᆞ야世界公眼에關케ᄒᆞ더東洋女子의ᄒᆞ運이漸盛ᄒᆞᆷ은빅悅之感을不勝ᄒᆞᆯ지리作之不已ᄒᆞ면乃成君子라운리一下에同胞姊妹ᄂᆞᆫ益加奮厲ᄒᆞ야銳進退의戒를勸ᄒᆞ야愈久愈進ᄒᆞᆫ思想으로一大文明基礎를堅ᄒᆞ며文明社會를堅固히ᄒᆞ야

自暴自棄ᄒᆞ고慵惰無意ᄒᆞᆫ男子로ᄒᆞ야금慚愧心을鼓發ᄒᆞ야二千萬同胞兄弟姊妹가共驅於文明之域ᄒᆞ며使我大韓帝國으로億萬年獨立基礎를泰山磐石가치永遠昇平케ᄒᆞᆯ기를確信希望ᄒᆞ나이다 完

●投函說冤

本女ᄂᆞᆫ麻洞等地에僑居ᄒᆞ고統戶를不錄ᄒᆞ더니本社에셔退却ᄒᆞ다ᄒᆞ시되尾陳事狀은記載ᄒᆞ여주시야舞習眥奸ᄒᆞᆫ厥者의게四萬兩錢을辦容捧上ᄒᆞ깃소厥漢若歛膝自悔心이終無ᄒᆞ면法司로聚事日에統戶數와姓名을詳報ᄒᆞ깃습

本女ᄂᆞᆫ年纔三十이라東顧西瞻에無强近之親ᄒᆞ고之南之北에針線資生이已有年矣半絲半粒을視若奇貨ᄒᆞ며勤儉二字로刻之于心ᄒᆞ야數間草屋에菽水自供이며不多錢兩으로殖利糊餬이더니去四月에方物老姑食糖說을聽ᄒᆞ고千金身을狼許狂한인바厥한이自稱一進會員이며天道敎人으로國事를擔責ᄒᆞ더未幾日ᄒᆞ야我ᄂᆞᆫ法部大臣으로密定ᄒᆞ얏다微微吐膽ᄒᆞ며削髮洋服에共計眼鏡은姑舍ᄒᆞ고年近五十에體富聲雄ᄒᆞ야若張飛風彩而弱膓ᄒᆞᆫ兒가皆無聽信가女子貸四萬兩에男子貸四萬元과不輕이온디厥한이今日用明口曝ᄒᆞ리다ᄒᆞ引萬端에기許給이더니限不報가容或無怪어날本女가失身失錢이是何怪變고所謂蠶網俱失에獨坐仰天ᄒᆞ며實粉老姑를欲迫無路라厥者의姓은柳요居ᄂᆞᆫ德山이요恒言一進本部에有難處則招厥處斷ᄒᆞᆫ다ᄂᆞᆫ디政府大官이라도依例로跨床으로與拍藏打ᄒᆞᆫ다ᄒᆞ옵되다

●閔忠正血竹歌 仁川永化學校生徒

민츙졍공졀ㅅ시에 입던피뭇은옷과피뭇ᄂᆞᆫ칼두엇던방에셔디가낫단말을듯고본학교교ᄉ박룡ᄂᆡ씨가슈반ᄀᆞ지도리ᄂᆞ쥰최영챵양인을ᄃᆞ리고상경식제츙졍공되에가셔자셔히보고오ᄂᆞ히ᄒᆞ엿ᄂᆡᄂᆡ양학도가즉시상경하여츙졍공루되에가본즉과연방ᄉᆞᆫ에마놋코마루우헤사벽ᄒᆞ고사벽우헤각장으로장판ᄒᆞ엿ᄂᆞᆫ데당당한츙졀죽이늠늠이ᄉᆡᆼ혼지라양학도가도라와셔제반학도로더부러본ᄃᆡ로일장셜명하엿더니모든학도가눈물을흘니며츙졀가를지어ᄂᆞᆫ데좌와여ᄒᆞ더라

어희우리학도들아 이ᄂᆡ말ᄉᆞᆷ드러보소 대ᄒᆞᆫ동포합심ᄒᆞ고

민츙졍에공노ᄅᆞ다 리ᄒᆞ쥰

나ᄂᆞᆫ위ᄒᆞ여죽ᄂᆞᆫ죽엄 영광즁에데일일세 영ᄉᆡᆼ일세여ᄉᆡᆼ일세

민츙졍공영ᄉᆡᆼ일세 박슈호

빗나도다빗나도다 졍츙졀ᄀᆡ빗나도다빗나도다

민츙셩공 졀ᄉᆞᄒᆞᆷ은빗나도다

우리동립위ᄒᆞᆷ일세 최영창

보답ᄒᆞ세보답ᄒᆞ세 민츙졍공보답ᄒᆞ세 잇지마세잇지마세

츙의두조잇지마세 김학ᄉᆡᆼ

민츙졍공유셔말씀 우리의죵쉬여두고 문명지화열넌세계말과일파 치ᄒᆞ세 졍슈안

우리더한쳥년들아 깁히든잠얼는ᄭᆡ여 슈화즁에든동포들어셔밧비거져ᄂᆡ세 김분슈

우리들도강병되여 뇌셩갓흔ᄒᆞᆫ호령에 번ᄀᆡ갓치ᄂᆡ다라셔우리나라도아보세 최봉구

우리더하동포형졔 츄호반젼낙ᄉᆞ마오 ᄒᆞᄂᆞ님이도ᄋᆞ심을회복할날갓가와네 리셔경

廣告

●刑法大全 一帙定價金 新貨六十錢
牧民心書 一帙一圜二十五錢
耳談續纂 一冊 七錢五厘
温故知新堂叢鈔 七錢五厘
父師必讀小學指南 七錢五厘
人工養蠶鑑 一冊 十五錢
萬國地誌 三冊 一圜
農政新書 五十錢
法學通論 一圜
尺牘完編 一圜五十錢
大韓地誌 七十五錢

發賣所 布屛門下金相萬書舖 大韓每日申報社

△이것보시오 改良廣告▽

前에논理學을不分科目호고鋪述호얏더니第八號부터는一分科식詳細講解호되爲先物理學講義를出版호깃기로玆에廣告호오

南大門內尙洞 ... 社

印刷

●特別社告

本申報社內에特別히附屬品으로活字를更備호야書籍印刷所를設置호얏사오니印書를要호시는僉君子는來臨相議호시옵

大韓每日申報社 告白

... 藥局에서 ... 조제하야 製造호 ... 丹인바 ... 少時無病時에도服호면平生의 ... 無病호며 ... 十歲안에無病호게 ...

●九轉 ... 丹은 ... 症과中風 ... 疾과 ... 病과 ... 에神效호오

●九轉 ... 丹은 ... 小兒 ... 驚風 ... 腹痛 ... 般 ... 과婦人帶下症에 ... 效호며

●九轉靈砂濟衆丹은酒滯 食滯 血積 吐瀉 霍亂 痢疾 吐血 下血 運氣 時疾 瘧疾에神效호오

●九轉靈砂紫金丹은淋漏 眞 ... 上疳瘡 下疳瘡及唐瘡과 ... 般 ... 症에無不神效호오니 僉君子는來問호시오

內醫司前 ... 第一家 李 ... 告白

一 ... 牛乳
一 ... 牛乳
一 ... 化乳 ...
一 ... 牛 ...
... 牛 ...

大韓仁川港 ... 洋行

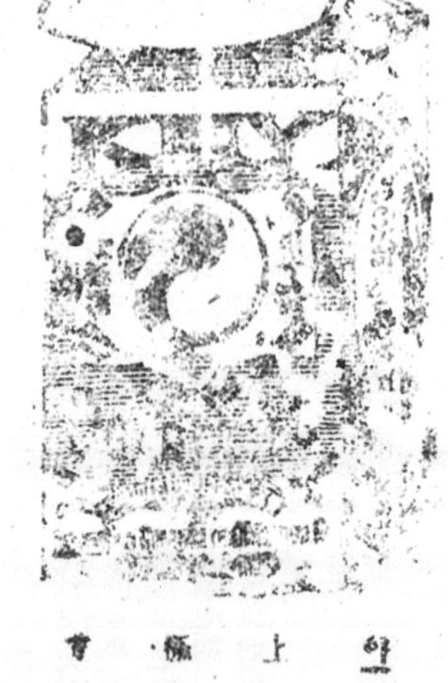

以上三 ... 은上 ... 品으로 ... 製造호 ... 야衛生 ... 上에至 ... 極有益 ... 호니 ... 貴 ... 人 ... 고 ... 에 ... 호옴

本社廣告

中 ... 報 ... 價
一張代金 新貨二錢 ...
一個月前 ... 五十錢
三個月 ... 九十錢
六個月 一圜七十錢
一個年 三圜 ...
郵稅一部 ...
一個月 十 ...

廣告料
四號活字十三字 ...
每日每英尺一寸 ...
(每日發行에 ...)
一個日에 ...
(每日發行 ...)
一個月에 ...
(每日發行 ...)
其期限외長短과 ...
를依호야增減 ...

◎本社地方各處支社

仁川港峴開新册肆
平壤南山峴日新 ...
宣川邑 ... 西
義州南門外 ...
長連邑
鎭南浦築洞
咸興州南社
中和邑
釜山佐川 ...
開城北部梨井 ...
校副校長
大丘郡

發行兼編輯人 ...
發行所
京城北署 ...
大韓每日申報社

第四卷 第二百八十八號

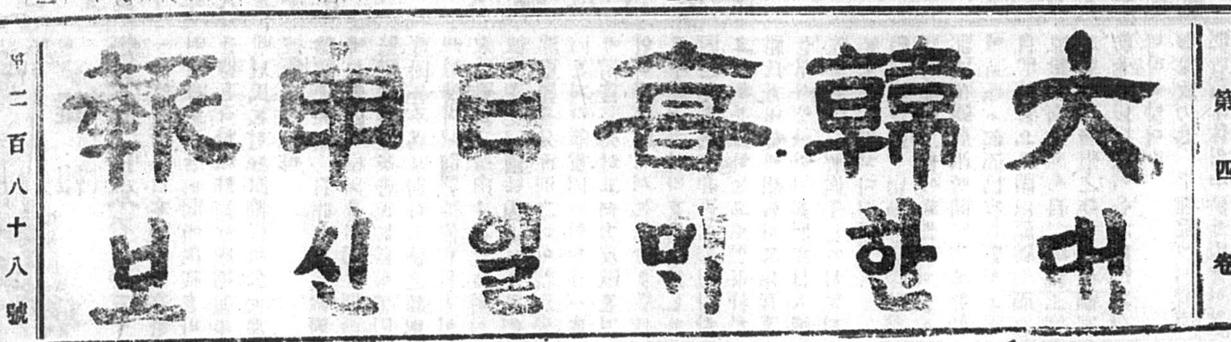

月曜及慶節
歲時日休刊

檀君開國四千二百三十九年
箕子元年三千二十八年
大韓開國五百十五年
日本明治三十九年
清國光緒三十二年
◉陰曆丙午六月大十五日庚辰

論說

噫라內部大臣

嗚呼韓國內에可驚可歎可笑可哭之事가屢見疊出에如環無端ᄒᆞ야使我輩執筆者로每一論評에不禁氣湧如山ᄒᆞ니寧欲擲筆而不言이나此全國內二千萬生靈이何辜于天ᄒᆞ야罹此非常之殃고

代表此二千萬衆ᄒᆞ야鳴其寃恨憤痛之情者는即吾人之公義上不能自已者인셔不得不慷慨연述ᄒᆞ야誅討賣國賊民之徒ᄒᆞ노니質諸神明에可以無愧矣오俟諸萬世에必無異辭矣니吾人이安得以辭其責哉아

蓋韓廷大官之得罪於宗社人民者不一而足이나今不暇瑣述이오至於內大李址鎔氏ᄒᆞ야ᄂᆞᆫ亦可謂非常人物이로다同氏가以皇室懿親으로濫竊權柄ᄒᆞ야濁亂國政이于今多年에惟是賣官賣國ᄒᆞ야肥澤其身家以外에ᄂᆞᆫ更無他事業이라所以로國人之切齒忿罵와各報筆之聲責誅討가無日不集於此人身上ᄒᆞ니苟有一分人心者면其分誼之關係於皇室이何如며責任之綦重於國家가何如며時勢之何如와民情之何如와公議之何如를一或念到에豈不惕然心動ᄒᆞ야萌其悔改之念乎아乃其稔惡이惟日不足ᄒᆞ야憑藉外人에恃如泰山ᄒᆞ고顯其威稜에無所顧畏라

將許多官職之任免ᄒᆞ야作爲自家都估之物ᄒᆞ니每奏本이一下에醜說이狼藉ᄒᆞ야銅臭載路러니至於今番觀察郡守之奏本ᄒᆞ야ᄂᆞᆫ一層輿論이尤甚沸騰이라據其所聞컨ᄃᆡ所謂四色分排니積仕久勤이니ᄒᆞᄂᆞᆫ名色으로藉爲話柄ᄒᆞ고其所薦任은多是自家食口에左右助惡之輩라此其流毒生靈이尤萬萬倍蓰於前者幾次奏本之事로다何以言之오彼多錢足穀之者流ᄂᆞᆫ不過是貪慕官爵之虛榮ᄒᆞ야納其所有之財產者니其慾壑이不甚奢縱ᄒᆞ고其手段이不甚巧譎ᄒᆞ고其勢燄이不甚熾熱ᄒᆞ야雖不識牧民之義務者나其貽害于人民은猶屬淺尠이어니와至若今番觀察郡守之敍任ᄒᆞᆫ者에其幾箇人은俱以內大之食口로其慾壑之奢縱이無饜ᄒᆞ고其手段之巧譎이無變ᄒᆞ고其勢燄之熾熱이無等ᄒᆞ야在於一道則足以亡一道矣오在於一部則足以亡一郡矣니其爲禍害가伊于胡底오

奏本中餘人은莫論ᄒᆞ고□州觀察沈相□氏ᄂᆞᆫ內大之切戚으로曾任地方局長也에官爵居賣의一等駔儈ㅣ라紊亂朝綱ᄒᆞ고權取私利ᄒᆞ야致鉅萬ᄒᆞ얏거날今乃以委之以方面重寄ᄒᆞ니全南生靈之魚肉은現在垂眉矣요東萊郡守尹元求氏ᄂᆞᆫ內大家에最緊切之爪牙로助桀爲虐이러니有甚焉ᄒᆞ야內大之賣官賣爵이一切緣由於此人之手ᄒᆞ니其爲人之奸譎無比은世所通知어날地方에委任此人ᄒᆞ니實不知其釀出何樣禍機也오靈光郡守俞鎭贊氏ᄂᆞᆫ以內大之如彼物衆地大ᄒᆞ고□國重男之雜技親昵으로結爲心腹之交ᄒᆞ야歷典腴邑에肆其貪虐ᄒᆞ야致紳民擾어날不惟免罪라反被榮轉ᄒᆞ니將於此郡之內에復見民擾之起矣라其他諸人之曰誰曰某者도大抵皆不愜公論之人이라朝紙纔出에萬口唾罵ᄒᆞ니嗚呼라內大之毫不念及於民國이如此ᄒᆞ고毫不動心於公議가如此ᄒᆞ야非但不思悛改라增長其惡이愈往愈甚ᄒᆞ니若非此人이면大韓列聖朝五百餘年積累之基業을孰能覆之며二千萬忠愛之民族을孰能戕之리오如同氏者ᄂᆞᆫ亦可謂非常人物이로다

●號外 光武十年八月二日

官報

◉宮廷錄事

掌禮院卿臣金思□謹奏再次婆娑卜日陰曆六月十五日龍山江格子島遊宰臣虔誠設行何如謹上奏 光武十年八月二日奉旨依奏

◉敍任及辭令

●三千五百二十二號 光武十年八月三日

法部協辦金奎熙 任中樞院贊議 具永祖
平理院判事李圭桓
漢城裁判所判事李□相
命兼任特別法院判事
平理院檢事李建鎬
仝 □錫圭
仝 李 儁
命兼任特別法院檢事
以上十月卅一日

部令

●農商工部令第四十三號

鑛業法施行細則

第一條 鑛物者ᄂᆞᆫ金鑛、銀鑛、銅鑛、鉛鑛、錫礦、安質母尼、水銀鑛、亞鉛鑛、鐵鑛、엄鑛、黑鉛、石炭、石油及琉黃을謂홈但사鑛은不在此限

第二條 鑛業法及本令에規定ᄒᆞᆫ鑛業權者의權利義務ᄂᆞᆫ鑛業權에相伴ᄒᆞ야移轉홈 鑛業權者土地所有者又關係人이鑛業法及本令의依ᄒᆞ야行ᄒᆞᄂᆞᆫ一切行爲ᄂᆞᆫ其承繼에對ᄒᆞ야도効力을有홈

第三條 鑛業에關ᄒᆞᆫ請願或請求或通告書又圖面에一定樣式이有ᄒᆞᄂᆞᆫ者ᄂᆞᆫ遵此홈이可홈 未完

外報

●兩帝會見 伯林電을據ᄒᆞᆫ則英國皇帝ᄂᆞᆫ八月旬에海水浴을爲ᄒᆞ야□베리의마린란드에赴往ᄒᆞᆯ실터인ᄃᆡ德國皇帝와會見은必是八月十五日로라인河畔다우나스山中의후리ㅣ드호후에서會見ᄒᆞ실터이라ᄒᆞ엿다더라

●俄帝慰撫 香港電을據ᄒᆞᆫ則俄帝ᄂᆞᆫ軍隊에後援을得ᄒᆞ야革命黨을鎭壓ᄒᆞ엿스나尙國民을慰藉ᄒᆞ기爲ᄒᆞ야一片詔勅을發ᄒᆞ야今後內閣은屬僚派와關係無ᄒᆞᆫ人으로써組織ᄒᆞ깃다ᄂᆞᆫ意를宣言ᄒᆞ얏다더라

●馬賊陰謀 北京電을據ᄒᆞᆫ則馬賊의頭領엔□라稱ᄒᆞᄂᆞᆫ者가數月로滿洲各部에馬賊을糾合ᄒᆞ야日本人을殺害ᄒᆞ고日淸交涉의騷擾를釀ᄒᆞ야漁父의利를占ᄒᆞ기로圖謀ᄒᆞ야親子等을暗擊ᄒᆞᆯ터이ᄃᆡ其端緖로由ᄒᆞ야不日奉天全部에서暴動을起ᄒᆞᆯ計劃이라ᄒᆞ더라

●皇儲冊立 北京電을據ᄒᆞᆫ則淸國出洋大臣이歸京後御前會議를開ᄒᆞᆫ時에皇太子冊立이決定된다ᄂᆞᆫ說이有ᄒᆞ다더라

●兵丁交鬪 今兩省奉街新安縣에駐營ᄒᆞᆫ海軍氏屬下兵隊가與日兵으로因事口角ᄒᆞ야竟被日兵의用砲擊斃ᄒᆞ고又傷及同伴兵一名ᄒᆞ니該營兵이憤懣聚衆ᄒᆞ야又將日兵、名擊斃ᄒᆞ얏다더라

雜報

●公使再來否 去三十一日에發刊ᄒᆞᆫ日本神戶에在ᄒᆞᆫ쪄판크로늬클新聞에掲載ᄒᆞᆫ바를據ᄒᆞᆫ즉漢城駐箚法國總領事벨넌氏ᄂᆞᆫ漢城駐箚代理公使로被任ᄒᆞ얏다더라

●執使失囚 日昨에警務監獄署에서失囚ᄒᆞᆫ根因을得聞ᄒᆞᆫ則該監獄署長金英善氏ᄂᆞᆫ自來로輕囚重囚를不爲區別ᄒᆞ고使之雜處케ᄒᆞ얏더니該署補佐官日人이乘其署長之適由不在之時ᄒᆞ야彼所謂文明國監囚之法으로輕罪重罪를分而別之ᄒᆞ야特別分囚ᄒᆞᆫ지라該重囚等이今在一處에相言將死ᄒᆞ고齊力反獄ᄒᆞᆫ것인ᄃᆡ警務廳에서ᄂᆞᆫ使金英善氏로請願退去ᄒᆞ라ᄒᆞᆫ즉金氏ᄂᆞᆫ此囚之見失은決非吾之罪也라ᄒᆞ고反抗ᄒᆞᆷ을總ᄒᆞᄂᆞᆫ고로警使朴承祖氏가內部에報告ᄒᆞ고免官ᄒᆞᆷ을請ᄒᆞ얏다ᄒᆞ니其所謂日人補佐官은將行解送于日本ᄒᆞᆯᄂᆞᆫ지姑未可知라ᄒᆞ다더라

●三處詔墾 密陽郡守李載鉉氏가農商工部에報告ᄒᆞ기를本郡所在國農沼에開墾ᄒᆞᆯ次로朝廷이請願ᄒᆞ야部而已有訓ᄒᆞ고又自明禮宮으로謂以原屬土而有開墾之飭ᄒᆞ고今自 義親王宮으로亦有開墾之飭ᄒᆞ니部訓宮飭을何以措處이온지以待處分이라ᄒᆞ얏더라

●保放仍逃 平理院에서鐵原郡居黃聖休의申訴를因ᄒᆞ야該郡前郡守高運河氏를拿致審查ᄒᆞ다가證佐人招待間에保放出ᄒᆞ야使之療治暑病이러니高運河氏가乘保逃避ᄒᆞᆫ지라該院에셔即使知家使令으로連日跟探ᄒᆞ야도蹤跡이杳無ᄒᆞ다더라

●義兵說毀 江原道에셔義兵二名을軍部로押上ᄒᆞᆫ事ᄂᆞᆫ已爲揭載ᄒᆞ얏거니와該義兵金河圭金德必等二名을軍部에셔法部로押交ᄒᆞᆫ故로一幷監獄에下囚ᄒᆞ고刑罰待情役報ᄒᆞᆫ다ᄒᆞ고平理院에罰令ᄒᆞᆫ다더라

●評派敎員 春川觀察府公立小學校學徒池寬植金鳳極等이學部에請願ᄒᆞ기를學校之興起ᄂᆞᆫ在於學徒之勤不勤과敎員敎授之勤不勤이어ᄂᆞᆯ本校敎員은昨年陰十二月에上京遞任ᄒᆞᆫ지至今六朔에只有副敎員이나年將七十에有耳聾症ᄒᆞ고且頑固之風은去去益甚ᄒᆞ며敎育上事務ᄂᆞᆫ漸漸懈怠ᄒᆞ니本敎員을從速新任派遣케ᄒᆞ라ᄒᆞ얏다더라

●光武校請願 日本東京光武學校校監李漢卿氏等이學部에總代員을派遣ᄒᆞ야請願ᄒᆞ기를本校에補助金支給事로歷有所請者而尙無如何之措處ᄒᆞ니其助金之支給與否를指明題下ᄒᆞ라ᄒᆞ얏다더라

●忠商渙散 忠州觀察使尹喆圭氏의貪饕之政은各報에歷揭ᄒᆞ얏거니와捧賂於府民ᄒᆞ고忠州境내七處市場을革罷ᄒᆞ고移設於府내에ᄒᆞ니七處場市民商이擧皆蕩產渙散ᄒᆞ야與聲載路ᄒᆞ고商民等이將爲呼冤農部ᄒᆞᆫ다더라

●九倅免官 再昨日政府會議에今番義兵의게軍器與公錢을見失ᄒᆞᆫ守令과褒貶居下ᄒᆞᆫ者를一體免官ᄒᆞ기로ᄒᆞᆫᄃᆡ參政朴齊純氏ᄂᆞᆫ軍器見失ᄒᆞᆫ郡守의게對ᄒᆞ야不無參究之道ᄒᆞ나反對ᄒᆞᆫ大臣이多ᄒᆞᆷ으로不得已從多數ᄒᆞ야爲先決議免官ᄒᆞ얏ᄂᆞᆫᄃᆡ谷城에振玉丹珍에尹宇榮丹陽에金台應德山에兪致稷求禮에金元錫永春에鄭鎬晋延豐에金亨斗鎭城에金在淵驪仁에孫秉秀諸氏더라

●議察承批 京畿觀察李根洪氏가辭職上疏ᄒᆞ얏더니優批를下ᄒᆞ사即爲赴任ᄒᆞ라ᄒᆞ셧시며水原人民等이內部로請願ᄒᆞ기를本使還任이幸副民願이니期於辭職云ᄒᆞ니轉奏 天陛ᄒᆞ고詔飭該使ᄒᆞ야即速赴任케ᄒᆞ라ᄒᆞ얏다더라

●政府反對 前判書金宗漢氏가大丘觀察使를被任ᄒᆞᆫ다더니再昨日政府會席에셔反對者가多ᄒᆞ야中止ᄒᆞ얏다더라

●辨護請認 法部參書官李冕宇氏가所帶職을解免ᄒᆞ고辨護士를請願承認ᄒᆞ얏ᄂᆞᆫᄃᆡ同氏의辨護士事務所ᄂᆞᆫ南署茶洞坊茶洞十七統八戶에設置ᄒᆞ얏다더라

●有勢則免 藍浦郡守徐相[illegible]氏ᄂᆞᆫ內部大臣李址鎔氏妹夫沈相翊氏의미夫이라義兵이突入時에軍器及公錢社米見奪은世所共知인ᄃᆡ今番軍器見失郡守免官時에該郡守ᄂᆞᆫ初不與議ᄒᆞ엿시니李大가미夫를爲ᄒᆞ야不爲請議ᄒᆞ엿다고輿論이大段ᄒᆞ다더라

●禁斫不得 一進會員이義州白馬山城에開墾ᄒᆞᆫ다ᄒᆞ고松楸를斫伐ᄒᆞᄂᆞᆫ故로該郡守鄭運植氏가禁止ᄒᆞᆫ즉一進會員이農商工部許可를經ᄒᆞ얏다ᄒᆞ고强行ᄒᆞᄂᆞᆫ故로不得禁止ᄒᆞ니鄭郡守가其事實을內部에報ᄒᆞ얏다더라

●地段爭交涉 平壤人民等이該郡外城에日本軍用地加占區形을結逕ᄒᆞ야內部에泣訴ᄒᆞᆫ지라近間에該府와統監府가交涉ᄒᆞ야外城加占地段을還讓ᄒᆞᆫ다ᄒᆞ며惟其勸勵ᄒᆞᄂᆞᆫ營舍也、庫也馬廠也鍊武場也ᄂᆞᆫ地址ᄂᆞᆫ此을漸次撤毀ᄒᆞ고一不還付ᄒᆞ니失地失農之民이牢存無處이고控訴無地이오니統監府와更爲交涉ᄒᆞ야讓地訓令을到付該觀察官ᄒᆞ야土地를皆還케ᄒᆞ라ᄒᆞ얏다더라

●監邸自議 再昨日政府會議後에內部臣度支大臣과[illegible]氏가統監官邸에齊往ᄒᆞ야何問題를商議ᄒᆞ고下午十時에의還家ᄒᆞ얏다더라

●御前會議의問題 今日午後四時에各部大臣이御前會議에例御ᄒᆞ시ᄂᆞᆫᄃᆡ議案은三日[illegible]前에內閣會에서議定ᄒᆞᆫ大韓國强會建議로全國民有不勤勵之文券會社認으로防奸事件과法律案未備件을改定ᄒᆞ기로議論ᄒᆞ고他問題도提議ᄒᆞᆫ다더라

●聖意特赦 在逃國事犯을特赦ᄒᆞ여以示朝家更新之意ᄒᆞ자ᄒᆞ고朴參政이兩次奏ᄒᆞ얏ᄂᆞᆫᄃᆡ[illegible]宮兩大臣은極口反對ᄒᆞ더니三昨日御前會議의該案問題ᄂᆞᆫ政府의셔更勿提議ᄒᆞ기로作定ᄒᆞ얏스나 皇上陛下씌옵서ᄂᆞᆫ特赦ᄒᆞ실聖意를下示ᄒᆞ옵셧다더라

●統監遞否 日本統監伊藤侯ᄂᆞᆫ遞歸ᄒᆞ고山縣有朋氏가其代를被任渡韓ᄒᆞᆫ다ᄂᆞᆫ說이浪藉ᄒᆞᆫ데伊藤統監이歸國前諸問題ᄂᆞᆫ皆決預定이라더라

●顧問之故 近來各部의處辦치못ᄒᆞᆫ公事文簿가積置ᄒᆞᆫ理由ᄂᆞᆫ該部顧問官이一一히考覽ᄒᆞᆫ後에야該部大臣이處辦ᄒᆞᄂᆞᆫ故로許多ᄒᆞᆫ文蹟을顧問官이攷覽ᄒᆞᆯ暇隙이無ᄒᆞᆷ으로文簿가自然積滯가된다더라

●義王還宮 昨日午後二時量의義親王殿下씌옵셔寺洞本宮의御臨ᄒᆞ시ᄂᆞᆫᄃᆡ侍衛武官이護衛等節을不辭擧行ᄒᆞᆫ事가有ᄒᆞ여其委折을査實以入ᄒᆞ라고府官의게分付ᄒᆞ옵셧다더라

●義王勅告 淸道郡守金聖基氏ᄂᆞᆫ即義親王殿下妻남인때問殿下씌셔政府의勅告ᄒᆞ시기를金聖基를潘州郡守閔泳采로相換ᄒᆞ라ᄒᆞᆷ으로淸道를陞任ᄒᆞ여閔氏가爲先赴任ᄒᆞ얏더라

●果有良吏 平安北道陽德郡이周年贓官에邑將難支ᄒᆞ더니本郡守丁學秀氏가下車之日의爲獎本先革ᄒᆞ고滯訟者를卽決ᄒᆞ여視民如子ᄒᆞ고居家如氷ᄒᆞ니瘁民回蘇ᄒᆞ고獎局復安이라고該郡人民의稱頌이有ᄒᆞ더라

●冤民申청 禮式院主事李瑛圭氏가向者仁川監理徐丙珪氏의게紙貨二百三十五[illegible]七十三錢을勒爲見奪ᄒᆞᆫ事로推還ᄒᆞ야給ᄒᆞ여呈訴于平理院ᄒᆞ여指令到付ᄒᆞᆫ지가已過六七日의如何之辦明云故로更爲再次願ᄒᆞᆫ다더라

●鄭氏義擧 咸從郡紳士鄭[illegible]民智를開ᄒᆞ야進步를興進ᄒᆞᆯ目的으로自新會를組織ᄒᆞ고靑年學校를設立ᄒᆞ고[illegible]師를延聘ᄒᆞ야新學問[illegible]敎課로靑年子弟를敎授ᄒᆞ[illegible]旺之兆를預占ᄒᆞ깃고且[illegible]鄭參奉濟萬氏ᄂᆞᆫ以不貲之[illegible]으로도財政을擔當ᄒᆞ야學[illegible]無憂고用ᄒᆞ니本邑이偏在海隅ᄒᆞ야土地人民이可謂多ᄒᆞ나義人志士ᄂᆞᆫ繼出於今古ᄒᆞ고文明ᄒᆞᆫ人이亦先於他邑ᄒᆞ니鄭氏의義務와鄭氏의熱心은人人感從ᄒᆞᆯ만ᄒᆞ더라

詞林

閔公血竹歌

君不見湘濱遺恨舜女竹 斑斑淚不勝悲 又不見公安[illegible]萊公竹 折枝成林插地時 相符千載閔公宅 不種綠竹自生奇 忠血精[illegible]能化竹 此心獨有此君知 虛心不是拓兩[illegible] 貞節賢於同日[illegible] 愛君[illegible]衷在 傲雪凌霜綠色遲 公如竹竹如公 劍[illegible]滴滴 竹如公公如竹 四叢八幹秀[illegible]爲誰 公死於義 竹生不差 板[illegible]一色[illegible]宜 山河獨立節 宇宙長生枝 萬年帝國[illegible] 竹色四時也不移 長令志士歌公竹 烈血千秋有所思

[illegible] 崔炳憲

雜報

●陽倅不法　陽城郡道一面飛里居李台燮의寡居ᄒᆞᆫ嫂를該郡吏屬李錫賢이가率其徒黨ᄒᆞ고乘夜突入ᄒᆞ야勒縛以去ᄒᆞᆫ事에對ᄒᆞ야該郡守鄭泰魯氏가錫賢의賂錢千兩을暗受ᄒᆞ고該寡女를勒爲官婢ᄒᆞ기로李台燮이가訴于觀察府ᄒᆞ야對質裁判에李錫賢之劫奪이綻露無餘ᄒᆞ야照律懲役에處ᄒᆞ고台燮의兄嫂는女는無罪로下去ᄒᆞ고李錫賢은訴于平理院ᄒᆞ야二造對質에寡率ᄒᆞ後善爲保存이라ᄒᆞ얏고再照律懲役에處ᄒᆞ얏는ᄃᆡ該郡守는但其賂物을貪ᄒᆞ야不法을恣行ᄒᆞ면서[illegible]郡守가去就之境을當ᄒᆞᆯ지라도李台燮의寡嫂는不可歸正이라ᄒᆞ고[illegible]名爲捉得이면期於物故라ᄒᆞ고又官吏를日日出送ᄒᆞ야該村四五家가無論男女ᄒᆞ고擧皆逃避ᄒᆞ야至於廢農ᄒᆞ야[illegible]法行爲를人皆唾罵ᄒᆞᆫ다더라

●衛生瑣談　[illegible]飛蟲傷人이라는話가如左ᄒᆞ니近來天氣炎熱에有一種飛蟲이絕似小蠅而其身[illegible]毛[illegible]浮水ᄒᆞ야往往人茶[illegible]之盃완之底ᄒᆞ되人不覺察하고掬水飮之ᄒᆞ면入腸에必至有害이라且新汲之水에往往有此蟲이浮於面ᄒᆞᆫ故로近來冷水는決不可飮이라卽將此蟲入水煮沒而其毛不化ᄒᆞ야飮之이終易생길이라有人이誤飮此水ᄒᆞ야有此蟲ᄒᆞ야致得寒熱症候ᄒᆞ고又一人이誤飮此虫入水ᄒᆞ야其毛粘於上ᄒᆞ야次日에卽覺喉間作痒이라가未幾喉腫이遂成難症ᄒᆞ니此皆目擊之事라不可不愼重이라ᄒᆞ얏더라

●投票無證　昨日本報欄內에[illegible]題下에對ᄒᆞ야更聞ᄒᆞᆫ즉老安宮이作故ᄒᆞᆫ지가已經數月에雖無現時官禁之令이나[illegible]自當拘忌로不得入闕ᄒᆞ니[illegible]宮의게讚票之事는尤無證據라ᄒᆞ더라

婦人演說

日昨廿五日下午二点鐘에女子教育會第一回通常會를新門外普光義舍에서開ᄒᆞ얏ᄂᆞᆫᄃᆡ該會副總務金夫人松齊氏가演說은概意가如左ᄒᆞ더라

大抵世間에[illegible]者는明之根本이오教育之基礎는我韓女子가今日所學ᄒᆞ[illegible]國家의事蹟과世界의風俗을아지못ᄒᆞᆷ이可謂一[illegible]祖先을모로는格이며昔者에檀君前君長이無ᄒᆞ야巢居穴處ᄒᆞ고結繩政事ᄒᆞ며[illegible]我國婦人은合力同心ᄒᆞ야[illegible]遵ᄒᆞ기를千萬希望ᄒᆞ오

副會長金夫人[illegible]谷氏의연述은如左ᄒᆞ더라

上古에聖人이出ᄒᆞ사庠序學校를設ᄒᆞ야사람이生ᄒᆞᆫ지八歲가되면다此학에入ᄒᆞ야修齊治平之道를학ᄒᆞ니此道에或明或昧ᄒᆞᆫ지今四千餘年이라現今歐亞列國이書車不同ᄒᆞ고政治各異ᄒᆞ야男女가教育에힘써富强에進ᄒᆞ니우리大韓女子도實心勉力ᄒᆞ야智識을廣ᄒᆞ고開明에나아가前日男子의壓制도免ᄒᆞ려니와우리大韓으로天下에一等國되기를바라나이다

●靑會討論　今土曜日下午八点鐘에皇城基督靑年會에討論會에서百世流芳이勝於一代榮樂이란問題로紳士徐[illegible]李承明盧炳善李僑李昌植[illegible]丙轍諸氏가討論ᄒᆞᆫ다더라

●稅關支署의開始　龍岩浦에一般輸出入者의便利ᄒᆞᆷ을爲ᄒᆞ야義州稅關支署出張所를設ᄒᆞ고八月一日로붓터事務를開始ᄒᆞᆫ다더라

廣告

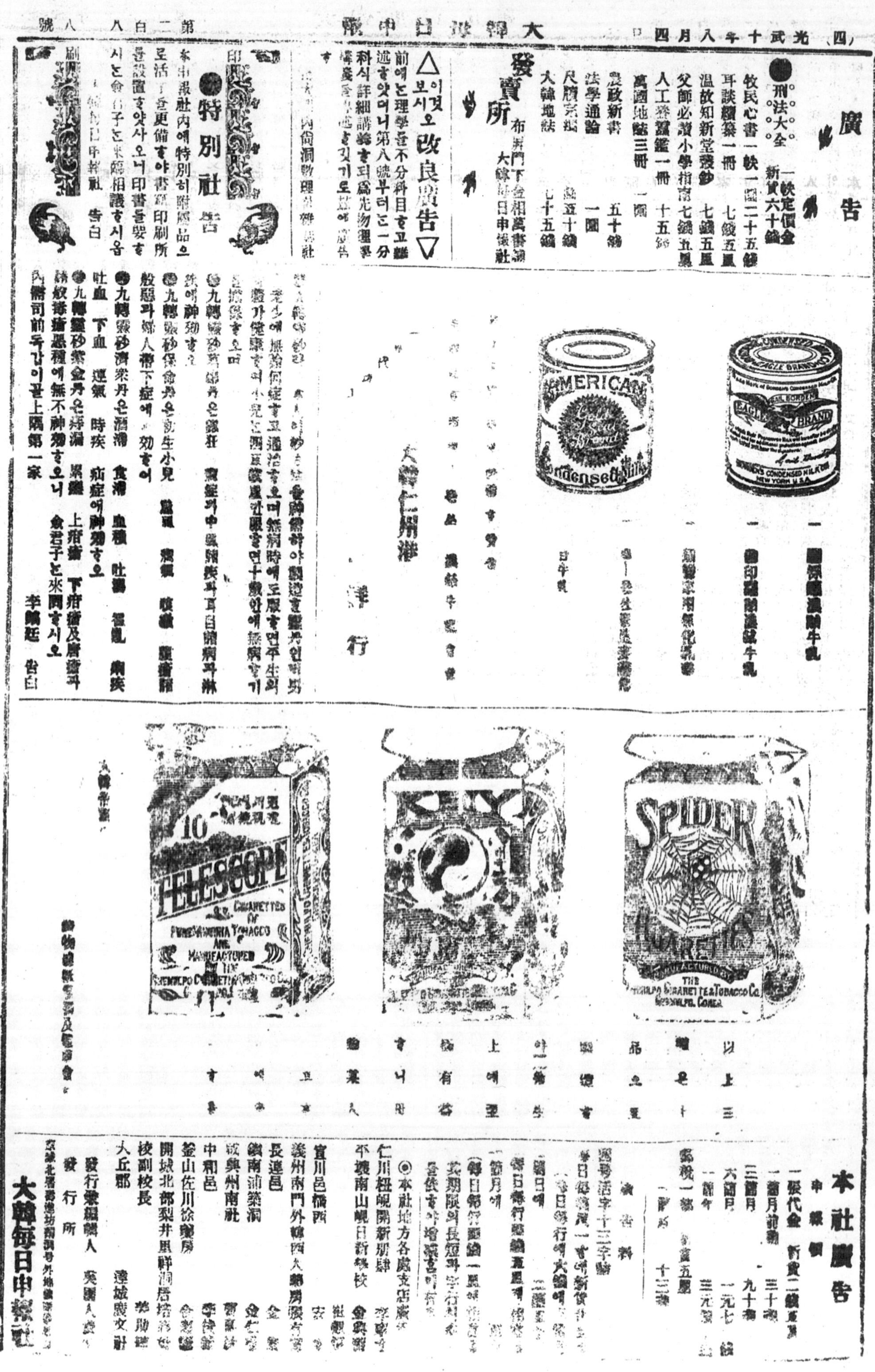

廣告

● 刑法大全 一帙定價金 新貨六十錢

牧民心書 一帙 一圜二十五錢
耳談續纂 一冊 七錢五厘
溫故知新堂叢鈔 七錢五厘
父師必讀小學指南 七錢五厘
人工蠶鑑 一冊 十五錢
萬國地誌 三冊 一圜
農政新書 五十錢
法學通論 一圜
民牘宗編 五十錢
大韓地誌 七十五錢

發賣所 布屛門下金相萬書舖 大韓每日申報社

△이것 보시오 改良廣告▽

前에는理學을不分科目ᄒᆞ고 述ᄒᆞ얏더니第八號부터는一分科식詳細講論ᄒᆞ되爲先物理學 ...

... 內倚洞物理學 ... 社

● 特別社告

本報社內에特別히附屬品으로活字를更備ᄒᆞ야書籍印刷所를設置ᄒᆞ얏사오니印書들要ᄒᆞ시ᄂᆞᆫ僉君子ᄂᆞᆫ來臨相議ᄒᆞ시옵

大韓每日申報社 告白

● 九轉靈砂丸은 ... 神効ᄒᆞ오며
● 九轉靈砂保命丹은 初生小兒 驚風 瘧疾 咳嗽 腹痛 ... 神効ᄒᆞ오
● 九轉靈砂濟衆丹은 酒滯 食滯 血積 吐瀉 霍亂 痢疾 一般懸과 婦人帶下症에 ... 効ᄒᆞ며 吐血 下血 運氣 時疾 病症에神効ᄒᆞ오
● 九轉靈砂紫金丹은 痔漏 累瘻 上疳瘡 下疳瘡及唐瘡과 諸般瘡瘇惡種에無不神効ᄒᆞ오니 僉君子ᄂᆞᆫ來問ᄒᆞ시오

內需司前두갈이골上隅第一家 李鶴延 告白

一 鷹標煉乳牛乳

大韓仁川港 ... 洋行

以上三 ... 品으로 ... 上에 ... 有 ... 諸業人 ...

本社廣告

一張代金 新貨二錢五厘
一箇月前勘 三十錢
三箇月 九十錢
六箇月 一元七十錢
一箇年 三元四十錢
郵稅一部 新貨五厘
一箇月 十三錢

廣告料
四號活字十三字一行
每日每行에 ...
每日每行에大韓에 ...
一箇月에 ...
每日每行五厘 ...
每日每行金 ...
其期限의長短과字行 ...
를依ᄒᆞ야增減홈 ...

◎本社地方各處支店廣告

仁川租峴開新朔肆
平壤南山峴日新學校 金興潤
宣川邑橋西 安 ...
義州南門外韓西大藥房 ...
長湍邑 金 ...
鎭南浦築洞 金 ...
咸興州南社 ...
中和邑 李 ...
釜山佐川徐藥房 ...
開城北部梨井里畔洞居 ...
校副校長 ...
大丘郡 達城廣文社

發行兼編輯人 英國人 裴說
發行所 京城北署洞 ... 大韓每日申報社

光武九年八月十一日 明治三十八年八月十一日 第三種郵便物認可　日曜日　西曆一千九百六年八月五日（一）

第四卷

大韓每日申報
대한매일신보

第二百八十九號

月曜及慶節時日休刊

檀君開國四千二百三十九年
箕子元年三千二十八年
大韓開國五百十五年
日本明治三十九年
清國光緒三十二年
◉陰曆丙午六月大十六日辛巳

論說

戰爭과平和

大抵戰爭과平和는大相不同ᄒᆞᆫ事件이라然이나現今時勢는異於常理ᄒᆞ야日俄戰爭의始와日俄平和의後에時局形便이少無變動ᄒᆞᆫ지라

日본이絶叫ᄒᆞ기를貪欲ᄒᆞᆫ俄國이復讎戰爭을再起ᄒᆞ리라ᄒᆞ면셔所謂平和條約은如斯히不完全無功效ᄒᆞ게締結ᄒᆞ얏스니日本人이韓國及滿洲에셔占得ᄒᆞᆫ地位를不遠間에不得保全ᄒᆞ게되리로다

戰爭과平和가少無異同ᄒᆞᆫ形便이日甚一日ᄒᆞ야至于今日ᄒᆞ야는日本을爲ᄒᆞ야戰時인지平時인지渾難分別이라日本이能히戰징을繼속ᄒᆞ얏슴도外國財政의供給을依賴ᄒᆞᆷ이오土地上及商業上에對ᄒᆞᆫ戰後經營의成敗도外資를專恃ᄒᆞ는ᄃᆡ外國財政家가日本軍費를繼속貸給지아니ᄒᆞᆫ닷ᄃᆡ에戰징도休止ᄒᆞ얏거니와所謂日本의戰後經營도外國資本家가贊助ᄒᆞ지아니ᄒᆞ더이니然則早晩間에日本의經營은財政之絀ᄒᆞᆷ으로徒歸虛弊이오現今處擁ᄒᆞᆫ地位는自已掌握중에財政이豐足ᄒᆞᆫ者의게로自歸ᄒᆞᆯ지라

日本이所謂自國의勢力範圍以內라ᄒᆞ는韓國과滿洲의一部分에商業上經營을外國資本으로擴張ᄒᆞ랴ᄒᆞᆷ同時에何處에셔던지外國과利益을公同히ᄒᆞ는團合組織을厭避ᄒᆞᆷ이分明ᄒᆞᆫ지라日본의政策이成就ᄒᆞᆯ는지除地가無ᄒᆞ게失敗ᄒᆞᆯ는지吾儕는未久即見ᄒᆞᆯ지라

韓國으로日本監督下에셔外資를借入ᄒᆞ게ᄒᆞ는것이韓國이一獨立資格으로經營ᄒᆞ는것보다尤勝ᄒᆞᆫ理由가無ᄒᆞ고且日본의地位가尤極未閒ᄒᆞᆫ滿洲에셔는外資의輸入이萬無其道ᄒᆞ리라ᄒᆞ노라

官報

◉宮廷錄事

◉號外 光武十年八月三日

詔曰明日當親行景孝殿別茶禮矣親任官入參

詔曰明日東宮亦當親行景孝殿別茶禮矣親任官春桂坊入參

以上八月三日

宮內府大臣勳二等臣李根湘謹奏明日出宮門路以何門爲之乎敢奏

光武十年八月二日奉

旨自內爲之

懿孝殿望祭攝行正時子正二刻

八月三日

◉敍任

陞正憲 弘文館學士金鶴鎭

陞從二品 正三品李완

陞正二品 義親王府典簿金鼎柱

陞正三品 醫務官張宇根

陞從一品 金井差備梁文淵

陞正一品 金印差備李錫範

陞正二品 尙傳金鴻定

特陞嘉義 尋常差備朴[illegible]泰

陞正三品 金皿差備朴來錫

陞正二品 絲差備申載鶴

以上七月卄四日

◉三千五百二十三號 光武十年八月四日

◉宮廷錄事

慶尙北道觀察使李重夏辭職疏

批旨省疏具悉所請依施

全羅南道觀察使李道宰辭職疏

批旨省疏具悉所請依施

以上八月一日

◉布達

宮內府官制中改正ᄒᆞᆫ件을左갓치定奪ᄒᆞ이라

光武十年七月卅一日奉

勅 宮內府大臣李根湘

布達第一百三十三號

第二十九條中侍從下五字는九字로第二十三條中禮式官下十四는十三으로第四十六條中審查官下四는三字로改正ᄒᆞᆷ이라

◉敍任及辭令

○經理院技師洪升淵 시從院主事崔형集 依願免本官○正三品丕[illegible]益 今朴勝봉 經理院技師朴鎬業 禮式院禮式官朴基駿 任侍從院侍從○任經理院技師 시從院시從姜雲燮○任시從院主事 制度局主事李敏錫○任制度局主事 主殿院主事金鳳儀○任主殿院主事 六品崔형集○任經理院技手 主殿院警衛局摠巡文弘燮 文啟准 任主殿院警衛局摠巡 研成學校附正尉宋憲冕 全李祖鉉 命休職○시衛第一大隊附參尉金한奎 鎭衛第七大隊附副尉梁在昱 免本職○副尉梁在昱 參尉金한奎 補研成學校附○補시衛第二大隊附參尉洪淳約 以上七月三十一日○任內部治道局技手 九品宋泰昇○依願免本官 忠청北道觀察府主事柳經河○任忠청北道觀察府主事 朴興烈○解全羅北道種痘事務委員 劉泰郡○解平安北道種痘事務委員 李寅熙○解甲山郡種痘支所事務委員 朱東俊○命全羅北道種痘事務委員 李台善○命平安北道種痘事務委員 丕始觀○命甲山郡種痘支所事務委員 劉봉九 以上八月一日

部令

◉農商工部令第四十三號

鑛業法施行細則 令

第四條 鑛業에關ᄒᆞᆫ請願書請求書通告書其他書類及圖面은內國人은農商工部鑛山事務局에提出ᄒᆞ고外人은統監府를經由提出ᄒᆞᆷ이可ᄒᆞᆷ

鑛業法第八條의請願書는農商工部鑛山事務局又統監府에到達ᄒᆞᆫ日을到達日이라ᄒᆞᆷ

第五條 手數料의納付는收入印紙로ᄒᆞᆷ을要ᄒᆞᆷ 但國庫金을處辦ᄒᆞ는銀行又郵便局의換錢證書로代用ᄒᆞᆷ을得ᄒᆞᆷ

第六條 旣納手數料는還付치아니ᄒᆞᆷ 文書又圖面이不完備ᄒᆞᆫ時는農商工部大臣은其修正又補充을命ᄒᆞᆷ이可ᄒᆞᆷ

第七條 國內에居住아니ᄒᆞ는鑛業請願人又鑛業權者若其代理人은假居處를國內에定ᄒᆞ야農商工部大臣의게通告ᄒᆞᆷ이可ᄒᆞᆷ 未完

外報

◉鑛務擴展 滿洲新聞을據ᄒᆞᆫ則熱河地方의金礦은侍郞[illegible]燕謀氏가業已與英商으로訂立合同合辦이러니刻下에礦苗甚旺ᄒᆞ니張侍郞이擬卽前赴광地ᄒᆞ야勘查ᄒᆞᆫ後에添置機械ᄒᆞ고振充辦法ᄒᆞ야利源을開廣ᄒᆞ기로計畫中이라더라

◉匪徒鎭壓 北京電을據ᄒᆞᆫ則駐청各國公使가江西省江[illegible]徽等地匪徒를從速히討伐ᄒᆞ라는通牒을外務部에送致ᄒᆞ야頻仍ᄒᆞᆷ으로外務部에셔各國籍口의憂가生ᄒᆞᆯ가ᄒᆞ야總督巡撫의게嚴命ᄒᆞ얏다더라

◉馬賊討伐 淸國政府에셔直隸總督及奉天將軍과相議ᄒᆞ고馬玉崑氏로東三省軍務委任을任ᄒᆞ야馬賊을討벌케ᄒᆞ기로決定ᄒᆞ고熱河에在ᄒᆞᆫ馬玉崑氏가步兵第十二聯隊를領率ᄒᆞ고出征ᄒᆞ얏다더라

雜報

●義士宮火警 再昨日下午七時頃에寺洞 義親王宮에셔偶然失火ᄒᆞ야急報를因ᄒᆞ야警務署에셔巡檢을多派ᄒᆞ야即爲撲滅後에其根因을査問ᄒᆞᆫ즉積置ᄒᆞᆫ松柴處에燃草火가誤落發火ᄒᆞᆫ이ᄃᆞ다ᄒᆞ나現今에另入査探ᄒᆞᆫ다더라

●醫顧質問 日昨에禮式卿李容泰氏가入闕時에把門巡檢의게門票를趁不出示ᄒᆞᆫ事로平리院에셔拿致審辨ᄒᆞ야無罪放免ᄒᆞᆫ事는已爲揭載ᄒᆞ얏거니와該事件에對ᄒᆞ야今又警務顧問丸山重俊氏가法部로公函ᄒᆞ고質問ᄒᆞ기를該李氏가躬犯法禁이니其例가於法에或有之乎아 郎爲示明ᄒᆞ라ᄒᆞ얏다더라

●慶引禮宴會 昨日에統監府[illegible]景福宮內慶會樓에셔宴會를開ᄒᆞ고統監府官僚二十餘人이參席宴樂ᄒᆞ얏다더라

●挾詐難道 去月十一日에三和港警務署에셔崔永贊家蓮地事에對ᄒᆞ야其隣居趙珍國入家를捉致審査ᄒᆞ라가因其丕姓夫妻之抵賴ᄒᆞ야放免ᄒᆞ얏다고內部에報告ᄒᆞᆫ지라內部에셔指令ᄒᆞ기를丕氏의夫妻가果若有罪면其抵賴를因ᄒᆞ야放免ᄒᆞᆫ法律이亦有ᄒᆞ며且其無辜良民을橫捉濫刑ᄒᆞᆷ을推此可知며且誣告한崔永贊의反坐ᄒᆞᆫ律은胡不執行인지且挾詐不明은難逭其責이라ᄒᆞ얏다더라

●課費經議 議政府移接修理費四百九十一圜九十二錢과治道局建築費九百三十一圜四十錢과農林學校設施費七百六十一圜八十錢과騎兵隊移接修理費五千五百圜을預算金으로支出事로政府에셔經議ᄒᆞ얏더라

●礦廳圖得 趙礪氏가平安道金礦監理를可任ᄒᆞ얏다가已往에無端이解任ᄒᆞᆫ바該監理리가有何利權인지丕氏가報稱千餘元價値를外債으로某華商에게請得ᄒᆞ야經理院卿에게納賂ᄒᆞ고金礦委員을內定ᄒᆞ야平安道로下去ᄒᆞᆫ다는ᄃᆡ此主意는丕鼎允氏稅職을査覺ᄒᆞᆫ다ᄒᆞ더이라ᄒᆞ더라

●四倅免官 昨日內部에셔藍浦郡守徐相喆沔川郡守李鍾永舒川郡守李鍾奭鴻山郡守李丙瓚四氏가軍器見失事로免官ᄒᆞ도다

●決於日人手 日本司令部에셔南山一部를各定所有外에京城公園地로爲定ᄒᆞ고松林盜斫도禁止ᄒᆞᆫ터인ᄃᆡ貴議를不計ᄒᆞ고行將經營ᄒᆞᆯ터이니同意를表示ᄒᆞ라ᄒᆞ고漢城府로照會ᄒᆞᆫ事는已往記載ᄒᆞ얏거니와내부에셔는城府報告를因ᄒᆞ야回飭ᄒᆞᆫ데松林盜斫은另令警務ᄒᆞ야嚴禁ᄒᆞ깃다ᄒᆞ고公園地經營認否은初不擧論ᄒᆞ니南山問題도日人의手下에歸決이된貌樣이라더라

●尸素難免 度支大臣閔泳綺氏는財政主務者로所任이何任이며所事가何事인지財政出入을全然不知ᄒᆞ야已往礦床教習所建築費도幾萬元을度支에셔支出ᄒᆞ얏스되閔度大는落成宴에出席ᄒᆞ야何處財政으로如是壯建乎아ᄒᆞ야戶位로指目ᄒᆞ더니近日各部官吏의陞俸을各其推去ᄒᆞ되已在六月이ᄃᆡ閔大臣은全然不知ᄒᆞ고爲言曰陞俸은不可支撥이라ᄒᆞ고近日에多經費를支撥ᄒᆞ되大臣은追後로生面談去ᄒᆞᆫ故로閔蔵萎으로指名ᄒᆞᆫ다더라

●忠告樹黨 內部協辦崔錫敏氏는該大臣을手上에翫毬로牢籠ᄒᆞ야外忠的手段으로內奸的謫計를使用ᄒᆞ야忠告하기를大臣權下에官吏黜陟은皆是親切之人으로施行ᄒᆞ야政黨을牢固樹立ᄒᆞᆫ는것이外國에政友黨이是也라ᄒᆞᆫ지라故로內部大臣爲辦親切者는並爲任職ᄒᆞᆫ다ᄒᆞ야圜桂洞에賓客이倍加杳至ᄒᆞᆫ다더라

●政府官人의殿最 近日南村政治家에셔韓政府各官正一品으로至正三品勅任官人을如各郡守殿最ᄒᆞ야一一褒貶ᄒᆞ야政界에輪示가되얏다더라

●勢不得免 内部에셔軍器見失ᄒᆞᆫ郡守를免官ᄒᆞᆫ데無勢力者만奏免ᄒᆞ얏다ᄒᆞ고與論이不一ᄒᆞᆫ지라내부大臣도勢不得已ᄒᆞ야徐相喆氏等도免官ᄒᆞ기로宜言ᄒᆞ얏다더라

●森林社更設 龍岩浦近地各島森林을日人이自意斫伐ᄒᆞ다가日前에政府大臣과統監이相議ᄒᆞ야日人의작벌을禁ᄒᆞ고森林會社를更設ᄒᆞ기로預定ᄒᆞ얏다더라

●日本之忠民 義州白馬山城森林우韓百年에養之地로森林茂密이大韓國중에第一이라日本人이原來此를經營코지日久ᄒᆞ야年前부터日人雜黠중에韓國利益의經營者該森林으로써屢屢陳述하더니俄日開戰後에日人이爲先此에着手ᄒᆞ야작벌輸運於滿洲ᄒᆞ얏는데一進會는日人의恣意着手ᄒᆞᆷ을貪擁護ᄒᆞ기爲하야此를작벌ᄒᆞ깃노라고農商工部에認許를청ᄒᆞ얏다ᄒᆞ니此山城은石礪尚峻이라開墾作農之處가아니어날同會가日人을爲ᄒᆞ야如是糊撰코저하니一進會는都是日人에利益이되고本國에損害될事만極力爲之ᄒᆞ니痛歎而歎이라

●管리各島 내部에셔龍川郡으로祕密하기를政府에셔該郡各島를行將管理ᄒᆞᆯ터이니残民의주木과外人의干涉을一切禁斷ᄒᆞ며各島形止를一一査報하라하얏다더라

●元氏義助 二洞龍洞耶蘇教會內에셔靑年子弟를募集ᄒᆞ야教育을設始ᄒᆞᆫ지于今六年에卒業生도有ᄒᆞ나校舍가無ᄒᆞ야甚히困難ᄒᆞ더니該港主事元鼎德氏가教育上注意가素有ᄒᆞᆫ지라該校情形을觀察ᄒᆞ고新貨一百元의補助를特施ᄒᆞ야校舍를建築케ᄒᆞ고學徒를勸勉ᄒᆞ니同氏의義助는國乔紳士의效則이될만ᄒᆞ더라

平安南道平壤外城人民總代
黃錫祺 楊選朝
日本統監府請願文이如左ᄒᆞ니

伏惟閤下來駐弊邦敦睦我國際開導我人民卽其目下擔任而以今日之情覆護弊邦之民必當有於貴國之民何也以弊邦人民之困況有於貴國之民故耳生等所居卽平壤外城之地也

去甲辰六月貴國工兵隊將官劃定軍川鐵道停車場基址而民有二十餘萬坪之地沒入於築堤插票之內民家一百八十餘戶并入毀移之中以其失所傷遑之悲況訴于駐隊將官則使我人民移建家屋於標界之外故依其指揮移築家屋以圖貧接矣至翌年春自鐵道監部加劃五十餘萬坪之地更移二百餘戶之民家則新建家屋又被毀撤再三遷徙之困難不遑枚擧而從來此處寸土如金一農家耕作不過二千坪而七八口可以無飢矣至於今者非但失其樓止而幷其生活命脈一朝斷絕世上天下豈有如是悲慘之情乎

寧死於天災地變及砲火之害則反爲快矣上年十月貴國軍隊之自滿洲凱旋者借住民屋曰明年四月斷當撤歸爲約故民皆確信此言三冬之間准備作農之具就其車場平車停留場馬廠之外如干隙地起耕播種矣

今則砲車場之增設愈廣軍隊之行蹂躪穀苗田畝火爲大道男婦老幼號而歎泣慘何可言哉至其借住之家屋亦被久佔不歸則哀此五坊內七八千生命呼天泣地寃恨切骨屢訴此狀于弊邦政府及內部矣

何幸天之欲活斯民也聞自貴府有平壤軍用地六萬坪以外還付之言揭載各新聞五坊內垂死之民踊躍歡喜以爲此再生日髮所以起送生等代表五坊之民旣已經籲于弊邦政府

此事之處分全在於貴府之矜念民情按行公法故謹將地圖一與調査表一冊另圖別錄敢此仰籲伏願洞燭該地收六萬坪以外還付人民俾保許多生命之地千萬血祝之至

●女子教育의冊子 日昨에新門外養閑義숙에셔女子教育會贊務所會를臨時ᄒᆞ고會長[illegible]贊務所長秦學新總務[illegible]와贊務員池錫永[illegible]李斗鎔崔永年高羲敬[illegible]台煥八人이出席開議ᄒᆞ야女子教育會規則改定件과女子教育發達에必要ᄒᆞᆫ雜誌等을逐月著述刊行ᄒᆞᆯ事를爛議決案ᄒᆞ얏고學校長池錫永氏는三百年前仁德王后殿下께셔小學、五倫行實、內則、明鑑等四冊중으로셔女子教育에必要ᄒᆞᆫ도록簡拔編輯하신內訓이라ᄒᆞ는冊을同氏의遺來ᄒᆞᆫ는冊인바中에셔搜出ᄒᆞ야女子의修身行德과敎育程度에適要ᄒᆞᆫ世特想ᄒᆞ고現今火熱中에亦宜哲勞ᄒᆞ고方在更謄發刊케ᄒᆞ라ᄒᆞᆫ는중이라고說明ᄒᆞ더라더라

報

◎十訴不決

鳳山郡居李召史가本社에再次說寃홈이如左ᄒᆞ니

伏以本人이海州郡居安國西等의게受辱奪財한事에至寃刻骨之境은向籲中洞燭已揭하시와事之顚末을無不皆知悉케하오니伏不勝感賀이오나本人呼訴가自設消로四年呈訴에猶未雪寃하고噫彼시叔嫂西가勸人其庶兄昌鎬하야欲爲刧奪執欠逐出之境故로呼訴該府則反爲贓涿이기往訴平理院이며庶可雪寃일가來訴平理院而初指에는該女가既無七去之犯而緣於시叔間求財不給하야至於逐出하고又不報票錢而使其弟로欲行滅倫之事하니李女之呼寃이極矣오安也之悖習이凶矣라到即押致被告等하야錢與什物은一一推給하고兩安에蔑倫敗法之罪를亦爲擬律徵來라하고其指에는執留狀軸에抑何委折인지鄭重論斷備依前飭火速覈來라하고其後는四次題訓이로되府屬이偏護被告하야終不報明키로暴訴該府不遲之事實則初何心被何心而卒然變事에訟軸셔지執奪하給하다가哀乞伏乞에不得已出給하는지라暗探其更許則被告安國西가京셔留中하야乂何緊蔽於裁長之明眼인지又權勢道하니被告權勢幻弄에裁長之眼이明若관火다는眡此訴가自三月로于今五朔十訴에初不押決하고又推該道이기에訓令은自院押上賣辦이다還랍이오나治法之官은專不見杜伯이雖身死나魂訴亦雪寃之日耶아裁判長李允用氏로言之하면身爲正卿一品에家產이饒富하야世無所羨者는莫非國恩이요裁長之任은全國之重任이라雖些少之訟이라도血誠視務하야毫無民寃에期報國이기셔는不顧身分하고風化所關호刑事을拘於俠私하야推諉不決하야使此青年女子로至於含寃歸泉之境하니此貴報國之本意耶아如此裁長之治蹟世不可無廣布이옵기玆以仰呈하오니幸須揭載新聞上하시와使四海同胞로無不通知而千秋之地를千爲至祝이라하얏더라

廣告

本人庶兄亨一改名윤一悖浪湯產數年來數萬金被害于本人而方與雜類又欲債標徵本人이온주內外國人切勿見欺後悔홈

義州松長面居　黃鄭一　告白

◎呂祖戒淫文曰

人性惟淫難戒人罪惟淫最重世間淫孽不一吾人細爲拈出之見好婦女時時注念刻刻存思廢飲食而形夢寐謂之想淫見好婦女言語輕挑口角引惹諧謔以動心謂之語淫見好婦女有心凝視著意偷睨眼目射而神魂飛謂之視淫見好婦女假托慇懃詐爲周旋飾禮節而圖媚悅謂之意淫凡此之兵雖衽席不交形骸未接而淫心已蕩淫孽已彰比恨無便可入無隙可乘耳陰律實已著之豈得謂無罪哉

玆猶爲未形私押者言之如婦少女貞心未固烈志未堅狂且朝而引暮而誘食物投其所嗜衣飾迎其所好春止笑貌得其歡心心非木石不能無情邪謀一軟苟合遂成於是玷門風壞名節夫恥其爲妻子恥其爲丹翁姑恥其爲媳父母恥其爲女宗族恥其爲本姓婦辱及三宗汙流數代淫罪滔天大地斷難寬縱者也

煢婦孀妻遙遙歲月守節原難或遙逗引捐紅顔於頃刻拒白刃於須臾如此烈膽能有幾人哉月夕花晨較有夫之婦爲易轉不知數載冰心片時掃地新姦艷於蓬夜裂淫罪滔天天地尤難寬縱者也故夫哭於黃泉祖宗髮豎鬼神眦

心漸覺天桃未賦標미將咏或過閨妹處子及笄之年情寶已知慾眴挑斷臂以見貞劃心以示烈如此剛志能有幾人哉隙穴踰墻較已嫁之女爲易動不知一朝失身終身抱恥有犯花燭之宵殊愧負薦之禮琴瑟必乖家門非吉淫罪滔天天地更難寬縱者也至於青衣使婢亦婦人身也勿謂受我豢養宿無妨胥棲紅粉亦婦人身也勿謂受我자財淫然無害雖罪有差等而淫則一也嗚呼世人淫罪易犯即平昔砥礪以道自居以自守以正人君子自命者猝遇邪緣不能定情鮮有不失足汙泥沈身慾海香矣何不一思我之妻妾被人忍淫被人偷睨被人媚悅甚而被人私押我必非常忿怒何手刃其人怒未洩也人之妻妾被我思念피我偷視피我媚悅甚而피我私押人以非常忿怒未思刃以殺我此心此理與我同也是음人妻妾不謂陰律有犯實性命攸關之事也何苦而傾刻之歡情而蹈性命不測之禍哉而況음行淫網絲毫不爽我今夜淫人妻妾而妻妾今夜未必不被人음我今夜음人子女而子女今夜未必不被人음即或不然是天未積怨遲之愈久報之愈烈使世妻妾子女爲妓爲娼者不可知之事矣吁可畏也哉是故不음之人天地重之鬼神敬之不犯陽條不遭陰律婦必貞女必烈其或烈婦必出其門闈戶肅而雌豬讓婦道正而坤儀順子孫之興可立見矣設或不幸而邪緣相遇爲男子閉戶可也學柳下惠坐懷可也學程明道心有無妓可也學謝端明臥而解衣可也要此能堅忍不及亂爲聖爲賢在是矣成仙成佛在是矣世人何不勉而戒之

◎呂祖延壽育子歌

汝欲延生聽我語凡事惺惺須恕已汝欲延生須放生這是循環真道理他若以時爲救他爾若에時天救爾延生子別無方戒殺放生而矣

玉淸子　告白

本港信義社即仲賣商之處所라而人衆屋窄凡於衆會公議之地每多窘塞乃欽幸賴僉君子之厚誼贊成以備百年之容身宏器河海之澤感謝無地謹成諸君子爲先廣佈

新井商店	一百五十元
新居商店	一百五十元
五十井長支店	一百元
濱田商	一百元
齊藤支店	一百元
上田商店	一百元
中俊支店	五十元
馬場商店	五十元
伊藤支店	四十元
鬼頭支店	四十元
河野支店	四十元
伊東商店	二十元
三根廠	六十元
本升東	五十元
天理公司	二十元
慶順和	二十元
聚順號	二十元

三和港信義社　告白

本人子德華字以明年今三十一性素浮蕩長時留城陷於酒色하야濫棄濫價로他錢債物을專事擅用키로玆以廣佈호오니內外國人은財錢及物件上切勿與受見欺호시오

義州松山張禎善　告白

本人의從文亨이性本浮浪ᄒᆞ야符同雜유ᄒᆞ야本人의田本을將欲偸賣ᄒᆞ고又欲出債移徵故로玆에廣告ᄒᆞ오니內外國人은切勿見欺後悔홈

果川南面山本韓文哉告白

본인의셩명도장을양녀취실회일셔실고로조이광고ᄒᆞ오니내외국인은죠량ᄒᆞ시옵

덩위　임쥬신　고빅

學員募集廣告

廣成義塾에서普通教育으로多年教授이더니今番校舍를擴張ᄒᆞ야徵文義塾으로改定ᄒᆞ고中學。高等小學。兩科를設始ᄒᆞ얏스니願學ᄒᆞ는員은隨科案書와眞講狀은寺洞前廣成義塾으로來購ᄒᆞᆯ事

試驗課目

中學科　讀書　作文　算術（四則雜題）
歷史（本國）地誌（本國）
高等小學科　讀書　作文（國漢文）算術（加減乘除）

但中學科에高等小學科卒業人과高等小學科에尋常小學科卒業人은免試許入ᄒᆞᆯ事

시驗日字는八月二十日

徵文義塾

本會社에서燕岐鳥致院에서䓁山木浦等地에鐵道敷設ᄒᆞ기로光武八年分에政府認許를承有ᄒᆞ고鳥致院에서江景浦ㅅ지已往初測이온바現行實測而全州ㅅ지連續起工이오며股金은株式으로募集ᄒᆞ되一株에新貨五十圜으로酌定ᄒᆞ고十回에分ᄒᆞ야收合ᄒᆞ오니有志ᄒᆞ신僉彦子는西大門外停車場越邊本會社로枉臨ᄒᆞ시와幾株間隨力懸錄ᄒᆞ시고共濟一大營業ᄒᆞ심을爲希

湖南鐵道會社長　李允用
發起人　徐오享

廣告

● 刑法大全 一帙定價金 新貨六十錢
牧民心書 一帙 一圜二十五錢
耳談續纂 一冊 七錢五厘
溫故知新堂叢抄 七錢五厘
父師必讀小學指南 七錢五厘
人工養蠶鑑 一冊 十五錢
萬國地誌 三冊 一圜
農政新書 五十錢
法學通論 一圜
尺牘完編 一圜五十錢
大韓地誌 七十五錢

發賣所 布屛門下金相萬書舖 大韓每日申報社

△이것보시오 改良廣告▽

前에는理學을不分科目ᄒᆞ고雜述ᄒᆞ얏더니第八號부터는一分科식詳細講論ᄒᆞ되爲先物理학講義를承ᄒᆞ야玆에廣告ᄒᆞᆷ

南大門內尙洞物理학雜誌社

印刷 ●特別社告

本申報社內에特別히附屬品으로活字를更備ᄒᆞ야書籍印刷所를設置ᄒᆞ얏사오니印刷를要ᄒᆞ시ᄂᆞᆫ僉君子ᄂᆞᆫ來臨相議ᄒᆞ시옵

大韓每日申報社 告白

❀九轉靈砂라 本人이特히金神爐하야製造ᄒᆞᆫ靈丹인ᄃᆡ男女老少에無論何症ᄒᆞ고服用ᄒᆞ오며無病時에도服ᄒᆞ면平生의身體가健康ᄒᆞ며小兒ᄂᆞᆫ一月로몇만服ᄒᆞ면十歲안에無病ᄒᆞ기를擔保ᄒᆞ오며

●九轉靈砂萬應丹은癲狂 驚癎과中風諸疾과耳目諸病과淋疾에神效ᄒᆞ오

●九轉靈砂保命丹은初生小兒 驚風 痢疾 疳疾 腹痛諸般疾과婦人帶下症에ᄂᆞᆫ效ᄒᆞ며

●九轉靈砂濟衆丹은滯 食滯 血積 吐瀉 霍亂 痢疾 吐血 下血 運氣 時疾 癘症에神效ᄒᆞ오

●九轉靈砂紫金丹은痔漏 脫肛 上痔瘡 下痔瘡及唐瘡과梅毒과諸惡瘡에無不神效ᄒᆞ오니 僉君子ᄂᆞᆫ來購ᄒᆞ시오

內需司前두간이판上隅第一家 李鍾鉉 告白

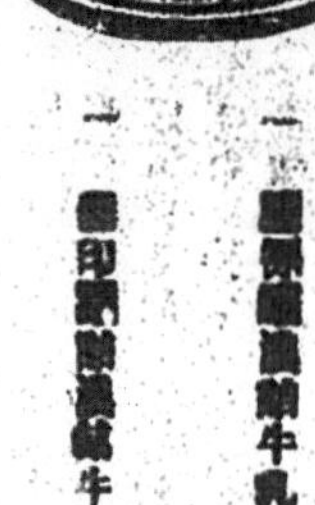

大韓仁川港

洋行

本社廣告

中報價

一張代金 新貨二錢
一箇月前金 三十錢
三箇月 九十錢
六箇月 一元七十錢
一箇年 三元四十錢

郵稅一部 每月……五厘
一箇月 十三錢

廣告料

四號活字十三字詰
每日每段尺一寸에新貨……
(每日每行에大韓……)
一個日에 ……
每日每行四號……
一箇月에 ……
(每日每行四號一厘에……)
其期限의長短과字行의多少를依ᄒᆞ야增減홈이有ᄒᆞ

◎本社地方各處支店廣告

平壤南山峴日新學校 金興……
仁川松峴開新冊肆 李……
義州南門外 ……
宣川邑 ……
長湍邑 ……
鎭南浦築港 金仁……
咸興州南社 ……
中和邑 ……
釜山佐川徐嚮房 ……
開城北部 ……
校副校長 ……
大丘郡 達城廣文社

發行所 京城北署……
發行兼編輯人 英國人……
大韓每日申報社

光武九年八月十一日 明治卅八年八月十一日 第三種郵便物認可 火曜日 西曆一千九百六年八月七日

第四卷 第二百九十號

大韓每日申報
대한매일신보

月曜及慶節 歲時日休刊

檀君開國四千二百三十九年
箕子元年三千二十八年
大韓開國五百十五年
日本明治三十九年
淸國光緒三十二年
◉陰曆丙午六月十八日癸未

論說

痛哭弔韓國之民

噫라吾輩는非有所憾於內部大臣이라豈有私憾於內部大臣이리오마는內部大臣이任觀察郡守調陟之責ᄒ며掌地方行政統轄之權ᄒ니全國生靈之生命機關이專係於내部大臣職權故로吾輩ㅣ每以其關係之倍重으로繼繼警醒이不止一再ᄒ야庶幾改悛者를惟日祈望이더니不惟改悛之無望이라反恃黨援ᄒ고縱恣無憚이愈往益甚ᄒ야到底顚覆宗社ᄒ며滅亡民族而乃已者故로吾輩는不忍袖手越視ᄒ야爲韓國二千萬人民而痛哭一聲ᄒ노니

嗚呼라彼么麼癡의之李址鎔氏는固何足汚筆哉아其所謂皇室懿親이라罔念宗社ᄒ며不恤輿論이라홈은皆以人道而責者也니李址鎔氏는未成人也라焉足以人道而責歟아吾輩之所責은責內部大臣이오不責不人之李氏也니蓋現今國權이墮地ᄒ야財政外交와經濟等諸般權利를皆被奪於統監府ᄒ고所餘者는不過인民之教育이나人民生命財產之保護나出數件而已라當此人民塗炭之日ᄒ야所謂政府當局者가苟有人心者면官汲汲選擇其近民官吏ᄒ야俾擬字牧之任而使此生靈으로得萬一拯救之恩이면인心이猶可鎭定이오國產이不至蕩殘이어날其所叙任者는不過某家之族戚姻아와門生食口와不然이면各大臣協辦之均霑利益件으로各其單食口名色이오僅僅四色分排云者는擇取朝夕調安之丐乞窮鬼若干名ᄒ야冒充於遠惡最小之邑ᄒ고謂之公薦이라ᄒ고不然이면無賴雜류之納賂當購者를稱曰某處所告라ᄒ고不可不施行이라ᄒ야每一奏本之出에萬口嗟罵ᄒ며衆情忿鬱ᄒ야一一翻攄而喧藉焉ᄒ니有一內部大臣而自足亡ᄒ이어날又引出爲狐爲鬼之一崔錫敏ᄒ야擅爲協辦ᄒ고言議計用에吹噓濟惡ᄒ야凡一官一吏之任命을非先經崔氏之認可면不得施用ᄒ니此如秦檜之有萬俟卨ᄒ야可謂禍孼之卵이育膩時而出者라不有此等對手면何以能辦此五百年宗國也耶아嗚呼悲夫라內部大臣과及協辦者는固置之ᄒ고所謂參政大臣은身爲首揆ᄒ야凡於內部奏本之副署이어날亦牽引於自己食口之隆慶ᄒ야不能發一言而矯救ᄒ고任其專橫如此ᄒ면國ᄂ之責이獨擔於內部大臣而已耶아彼監은利韓國之速亡者故로結托如此半生未成底人ᄒ야任其權而獎其腐敗ᄒ야使者流로不得展用於時케ᄒ니統監政略은吾輩之所洞窺者어니와爲參政者는亦未免同惡相濟之誅矣니嗚呼痛哉라韓國之人民이여

官報

◉號外 光武十年八月五日

◉宮廷錄事

詔曰再明日 眞殿茶禮當爲內親行矣勅任官以下秘書監奉常閣入參

詔曰再明日 眞殿茶禮時東宮當日ᄂ行禮矣 材坊相禮使之入參 以上八月五日

禮式院掌禮卿臣金思轍謹奏三大雩祭不卜日陰曆六月十八日雩祀壇山川壇遣宰臣虔誠設行何如謹上 奏

光武十年八月五日奉

旨依奏

◉三千五百二十四號 光武十年八月六日

◉宮廷錄事

京畿觀察使李根洪辭職疏

批旨省疏具悉仍任尤是特眷卿其勿辭卽爲往赴 八月二日

弘文館學士金鶴鎭辭職疏

批旨省疏子稔所請依施

太僕司長尹甲炳辭職疏

批旨省疏子悉所請依施

以上八月三日

◉敍任及辭令

解收租官 正三品李承雨

命收租官 六品洪健夏

以上八月一日

依願免本官 秘書監郎金南齊

任秘書監郎 六品朴海昌

以上八月二日

任農商工部技手 金斗燮

右ᄂ工料卒業人

任農商工部主事 六品李肯在

以上八月三日

部令

◉農商工部令第四十三號

鑛業法施行細則 (續)

礦業청願人又礦業權者若其代理人이不在ᄒ고尙且其代에書類를可히領受ᄒ者이無ᄒ時ᄂ送達을要ᄒᄂ書類의全文又要旨를二日間官報에揭載ᄒ이可ᄒ此境遇에在ᄒ야其終了日로부터十四日을經過ᄒ時ᄂ書類의送達을旣受ᄒ者로認ᄒ

前項의通告가無ᄒ時도亦同ᄒ

第八條 礦業을經營코자ᄒᄂ者ᄂ其청願書에礦區圖及취掘코자ᄒᄂ礦床의關ᄒ說明書를添付ᄒ이可ᄒ但礦物의標品을가지고說明書에代用ᄒ을得ᄒ此境遇의ᄂ청願書到達日노부터十日以內의到達ᄒ을無妨으로ᄒ

礦業청願地를訂正코자ᄒᄂ者ᄂ其請願書에리由書와新舊청願地의關係를明示ᄒ圖面을添付ᄒ이可ᄒ

礦區의合併分割又打止를청코자ᄒᄂ者ᄂ其청願書의리由書와合併分割又訂正을要ᄒᄂ區域의關係를明示ᄒᄂ圖面及礦業許可狀을添付ᄒ이可ᄒ 未完

外報

◉米報所傳 日本의對韓策의關ᄒ야最近著ᄒ紐育紙上에述ᄒ바統監府에服命으로朝廷服御에對ᄒ야米人의評話가有ᄒ니京城의報道를依ᄒ則日本은公力으로

韓國皇帝를宮중에閉居케ᄒ고宮門을嚴重히護衛ᄒ야許可가無ᄒ면官中에出入을得지못ᄒ고

韓皇은日本의宗主權을反코ᄌᄒ고外國에援助를藉ᄒ야此羈絆을脫ᄒ라ᄒ을止치아니ᄒ고米國公使館으로避ᄒ라다가亦其意를得지못ᄒ고又

伊藤統監은

韓皇太子結婚式에經費一百二十萬元支出에셔但一十萬元

에日本皇太子御式時에三十萬元이되얏다고稱ᄒ잇더라

◉周任總辦 北京電을據ᄒ則淸國政府에셔ᄂ袁世凱氏와推擧를依ᄒ야周冕氏를甲龍江商務局總辦으로新任ᄒ야不日赴任ᄒ다더라

◉農作豐饒 歐洲各國의農產物은今年에甚皆良好ᄒ중ᄒ東西兩國은特別히農作의豐饒ᄒ얏다더라

雜報

●閒話恤醒　再昨日南門外里門洞城郭에서群兒가競走ᄒᆞ다가其中十歲兒가失足墮落ᄒᆞ야重傷ᄒᆞᆫ故로把守巡檢이毆兒ᄅᆞᆯ濟衆院으로率去ᄒᆞ야治療ᄒᆞ기ᄅᆞᆯ請ᄒᆞᆫ디該院醫師가診之曰末由治療라ᄒᆞᆷ으로率歸本家ᄒᆞ야與他兒去ᄒᆞ다가聞甚慘酷이오嗟爾兒曹ᄂᆞᆫ如此危地에競走ᄅᆞᆯ愼重愼ᄒᆞᆯ지라

●技師의旅費　農商工部에서平壤義州及大邱等地에農業視察과森林調査次로雇聘ᄒᆞᆫ日本技師以下二人과本部技師一人을派遣ᄒᆞᆫ바其旅費五百四十圓을支出ᄒᆞ라고度支部에請求ᄒᆞ얏다더라

●倉庫移建　漢城共同倉庫株式會社가鍾路에서營業ᄒᆞ더니事務와營業을擴張ᄒᆞ기爲ᄒᆞ야南大門外京釜運輸會社의建築物一切을讓受ᄒᆞ야本月八日에同地로移接ᄒᆞ엿ᄂᆞᆫ디尙且今番에倉庫도增築ᄒᆞ야一層業務를擴張ᄒᆞ야一般商民의荷物을保管ᄒᆞ며同時에金融의便宜를計圖ᄒᆞ고物品擔保도如前貸付ᄒᆞᄂᆞ니諸般便宜를得ᄒᆞᆯ이多大ᄒᆞ다더라

●果川山命耶　日前監獄署罪囚失福이라ᄒᆞᄂᆞᆫ朴承福氏가日前에署長金氏를招言曰君은神託願ᄒᆞᄂᆞᆫ디金氏門에病者假神病이非進也오失職者免官懲罰에可也어날請願이何當고ᄒᆞᆫᄌᆞ朴氏曰爲念君之后日免懲戒ᄒᆞ야如是先勸ᄒᆞ노라金氏曰本使가胡爲循私乎며且署長의進退ᄂᆞᆫ管轄於內部與政府어날ᄂᆞ使가强勸請願은失禮요朴氏曰君何愚昧乎아政府或內部의所用인지丸山이가命我若是言及이라ᄒᆞᆫ니朴氏ᄂᆞᆫ不准失囚之罪ᄒᆞ고用其私人之論計로丸山顧問의命令을濫藉ᄒᆞᆷ이라ᄒᆞ고衆論이藉藉ᄒᆞ더라

●礦弊滋甚　義州郡居耶蘇敎人金時璹氏가本社에寄函이如左ᄒᆞ니본人의田畓과家舍運付ᄒᆞ온디不意今者에日本人三番館二人이各持銃丸ᄒᆞ고通譯本國人鄭天錫黃丁賢이亦帶銃丸同來ᄒᆞ야率鑛軍四五十名ᄒᆞ고向人施威에無難開礦이기欲爲挽止之場에本人父子가被打重傷에不勝威脅ᄒᆞ야更無一言半辭ᄒᆞ고開鑛이于今一朔有餘에田畓受害이不有餘地故로自本洞叩偦가緣由를馳報本郡이러니自郡으로告示禁斷ᄒᆞ오나礦軍輩가視若尋常에反爲加橫이오니不勝抑鬱ᄒᆞ야欲爲呈訴本郡則本郡守가方在病席廢務가于今月餘에無所告處라這間開礦은日日漸加ᄒᆞ이六月青田이一朝赤地라非但今年禾穀被傷이라永棄田畓ᄒᆞ야不可復耕之勢也인즉哀此老少十餘口가擧至餓莩之境이라ᄒᆞ얏더라

●水輪擅設　高陽郡守朴周憲氏가農商工部로報告ᄒᆞ기를本郡幸洲近地盖山邊에日人香村永廉等五人이不有我政府認可ᄒᆞ고謂有統監府承認云而擅設水輪ᄒᆞ니청査照辦理ᄒᆞ라ᄒᆞ얏다더라

●청還地段　一進會員李行敏氏가內部에請願ᄒᆞ기를慶南彦陽郡書記金永愚가該郡守의게嗾囑ᄒᆞ야加川坪週圍四十五里地段을承認渡賣於外人ᄒᆞ얏스니嚴訓該部ᄒᆞ야使之不日退還케ᄒᆞ라ᄒᆞ얏다더라

●光校夏試　西署礪峴私立光興學校에서夏期試驗을經ᄒᆞ얏ᄂᆞᆫ디第一班卒業生申錫萬李快成이오優等河龍吉金裕栢尹昌龍金鳳雲李泰興李辛吉이오二三班優等浪永歡申順萬金奉天李吉龍宋丁龍等七人이오進級生林福興沈春男金光祥李돌現等六十一人인디本校에서紙筆墨等으로優獎施賞ᄒᆞ고本洞居金允鎭氏가洋紙二百幅과鉛筆百餘柄과白紙五束을損助ᄒᆞ고發起人洪淳競氏가精選算術一卷으로卒業生에게特別히賞給ᄒᆞ얏ᄂᆞᆫ디校監李澤應氏가生徒에對ᄒᆞ야勸語를奉ᄒᆞ며晩唸ᄒᆞᆫ후工夫의前進ᄒᆞᆯ志趣를說明ᄒᆞ고敎師송忠源尹淸湧金昌然韓氏ᄂᆞᆫ生徒의目的이爲國主體됨을說明ᄒᆞ고事務員韓某東氏와來賓諸氏가一場勸勉ᄒᆞᆫ후萬歲를三唱ᄒᆞ고因ᄒᆞ야放學ᄒᆞ얏다더라

●金氏設校　壺동居金元會氏가敎育上注意로不憚勞苦ᄒᆞ고補助를請求ᄒᆞ여前東營址에小學校를設立ᄒᆞ고학徒를募集ᄒᆞ여熱心敎導ᄒᆞ기로勉力ᄒᆞ다더라

●公錢見失로奏免　德山郡守以致稷氏가內部에請願ᄒᆞ기를本郡守를以軍器見失事로提職ᄒᆞ政府라ᄒᆞ니本郡이自甲午以後로初無尺銃寸劍이어날有何軍器而見失乎잇가只有銃兩之見奪이니別般査覈ᄒᆞ야亦有一箇軍物之見失者則願當至罪라ᄒᆞ얏ᄂᆞᆫ디內部에서指令ᄒᆞ기를旣以公錢見失事로業經奏免ᄒᆞ얏스니不必如是노노라ᄒᆞ얏더라

●礦察報告　奉化金礦檢察李昇均氏가農商工部로報告ᄒᆞ기를本郡守가捉囚檢察에勒奪金品ᄒᆞ며萬端阻戲ᄒᆞ니移照法部ᄒᆞ야使之拿致照律ᄒᆞ고見奪金一兩三錢九分重과原數之金을自本部로還遣케ᄒᆞ라ᄒᆞ얏다더라

●又贈贓錢　全州郡民文顧周等이該郡守權直相氏의無罪放民을度支와法部間에交涉頻數ᄒᆞᆷ을聞知ᄒᆞ얏ᄂᆞᆫ디又於再昨에羅氏貪贓을秋秋臚列ᄒᆞ야法部에請願ᄒᆞ고贓錢을歸於推下ᄒᆞ여야全州二十萬人命이可以賴活이라ᄒᆞ얏ᄂᆞᆫ디該贓錢이四十七萬六千餘兩이나되더라

●水力電機의敗設　元山監理가該港日본理事의照會를因ᄒᆞ야德源郡守의게訓令ᄒᆞ기를日人大浦俠三郎外四人赤田川上流에水力電氣機械를設ᄒᆞ고該電氣를德源邑里及其各坊里ᄒᆞᆫ더이니認准施行ᄒᆞ라ᄒᆞᆫ지라該郡守權重瓚氏가內部에報告ᄒᆞ기를赤田川은自本郡相距爲二十五里地而敏地에別無民家ᄒᆞ고係是空曠ᄒᆞ야無他貽害之弊니査照ᄒᆞ라ᄒᆞ얏다더라

●李樞撫天　大丘관찰使申泰休氏가在任未幾에李根澔氏勢力으로李根湘氏를叙任ᄒᆞ얏다가其政策이一變ᄒᆞ야達察其李를宮大로移任ᄒᆞ고李重夏氏로叙任ᄒᆞ얏더니李氏가辭遞ᄒᆞᆷ이金宗漢氏로叙任ᄒᆞ라다가金氏가不肯ᄒᆞᆷ이李載崑氏로更任ᄒᆞ야李氏ᄂᆞᆫ方在居憂ᄒᆞ더러不赴ᄒᆞ기로決心ᄒᆞ얏신즉此後任은誰李에歸ᄒᆞᆯᄂᆞᆫ지不知어니와一個李根湘氏勢末로一道方伯을借卿交遞ᄒᆞ야當此多事에宣化無人ᄒᆞ니非但外效이라中央니政을리根澔氏五兄弟가一手販權ᄒᆞᄂᆞᆫ에在ᄒᆞ다ᄒᆞ고世界가共稱ᄒᆞ다더라

●押送馬島　洪州에서押上ᄒᆞᆫ義兵을日憲兵司令部에서日본對馬島로押送ᄒᆞᆫ다ᄂᆞᆫ데其義魁崔益鉉氏와干連의金升旻李應宋氏와義兵召募將林炳瓚氏等도同島로押送ᄒᆞᆫ다더라

●貪察遞免　忠州觀察使尹喆圭氏ᄂᆞᆫ管下各郡에學校를設施ᄒᆞᆫ다藉托ᄒᆞ고民財를勒斂ᄒᆞ므로怨聲이漲天ᄒᆞ더니政府에서ᄂᆞᆫ不可仍實라ᄒᆞ야奉常提調로轉任ᄒᆞ얏다더라

●會勸賣穀　近日日氣가太旱ᄒᆞᆷ이年事가慘凶될다ᄒᆞ야穀價가忽騰ᄒᆞ며五江各旅閣主人은積貫不賣故로巡檢이査實ᄒᆞ이一進會員이齊出ᄒᆞ야確實ᄒᆞᆷ을力勸ᄒᆞ얏다더라

●金倅永眠　義州郡守金璉植氏ᄂᆞᆫ身故ᄒᆞ얏다더라

●訴狀無効　金海郡守리徽善氏ᄂᆞᆫ格外民歎으로今番殿最에貶下ᄒᆞ야免官ᄒᆞᆫ지라리郡守가該明次로관察使丕民㝡氏를平理院에稟訴ᄒᆞ얏스나彼其이有勢家라該訴狀이留中되얏다더라

●流頭相値　前土曜日浦前會議ᄂᆞᆫ流頭公故가相値로야停止ᄒᆞ얏더라

●副理事增置　統監府에서ᄂᆞᆫ勅命을奏承ᄒᆞ야京城及釜港口理事廳에事外에副理事를增置ᄒᆞ기로發表ᄒᆞ얏다더라

●觀察特簡　忠州觀察使에ᄂᆞᆫ贊政金思濬氏를特簡界ᄒᆞ라신魔分이내部大臣의게下ᄒᆞ야셧다더라

●更爲照律　詔勅에依ᄒᆞ야前不示ᄒᆞᆫ事로體判卿趙秉式氏를平理院에서審査ᄒᆞ야照罪放置ᄒᆞ얏더니更爲照律ᄒᆞ야減罪白放ᄒᆞᆷ을論啓ᄒᆞ야詔許ᄒᆞᆫ故로리輿情이[illegible]ᄒᆞ다더라

●南原封庫　南原郡守申鉉均氏ᄂᆞᆫ事務에不勤ᄒᆞ야[illegible]由直ᄒᆞ고[illegible]吏任員은勿論[illegible]察府에서[illegible]實犯이有ᄒᆞ더라[illegible]庫ᄒᆞ고即爲免官ᄒᆞ야被捉支保케ᄒᆞ라고내部에報告ᄒᆞ얏다더라

●동濟학校夏期試驗　同학校等生姜仁善田光玉具宗植安承哲金永昌한文甲班金亨湜리鍾國文尚玉洪淳麟乙班金正澐丕德善崔九鉉리福龍人이더라

雜報

美國大學校에서卒業生李承晩氏가帝國新聞社에來函가如左ᄒᆞ니

相愛ᄒᆞᄂᆞᆫ同胞들에게一次書問도못ᄒᆞᆫ거슨果然暇隙을得지못ᄒᆞᆷ이라辛酸ᄒᆞᆫ事情은一一히言ᄒᆞᆯ거시無ᄒᆞ며夏期放學ᄒᆞᆫ後에學校에서余ᄅᆞᆯ總代로定ᄒᆞ야此處에遣ᄒᆞ기로華盛頓(美京)에서北으로一千一百餘里가되ᄂᆞᆫ노드필드란地에來ᄒᆞ야留宿ᄒᆞᆫ지六日을經ᄒᆞ얏ᄂᆞᆫᄃᆡ此處ᄂᆞᆫ本世界有名ᄒᆞᆫ傳道人무듸先生이居生ᄒᆞ며基業을立ᄒᆞ고近年에作故ᄒᆞᆫ바라山川이秀麗ᄒᆞ야景槪도絕勝ᄒᆞ며宏壯ᄒᆞᆫ學校가洞口內에羅列ᄒᆞᆫ故로教育上이나教會上關係로ᄂᆞᆫ公會가되ᄂᆞᆫ時에ᄂᆞᆫ每常此處로會集ᄒᆞᄂᆞ니此處에會集ᄒᆞᄂᆞᆫ者ᄂᆞᆫ每常其景槪도貪ᄒᆞ거니와더욱그先生의道德을仰慕ᄒᆞ야感動心이自然히發ᄒᆞᄂᆞᆫ故로人皆一次願覽ᄒᆞᄂᆞᆫ지라今番은萬國學徒公會가되ᄂᆞᆫᄃᆡ二十年前에무듸先生이此地에셔始作ᄒᆞ야學徒들의道德上主義를發端ᄒᆞ시미事業이每年進步되야今年에五百餘名學徒가來ᄒᆞ얏스되皆各處에有名ᄒᆞᆫ學校에셔擇代로來ᄒᆞᆫ人이오

世界各國人이舉皆同參ᄒᆞ얏ᄂᆞᆫᄃᆡ其會에大韓人一名이參預ᄒᆞ얏스나亦幸이오다今日此處에獨立名日을紀念ᄒᆞᄂᆞᆫᄃᆡ宏壯ᄒᆞᆫ會堂內에各國旗號ᄂᆞᆫ輝煌燦爛ᄒᆞ고男女三千餘人이各各服色을區別ᄒᆞ야坐定ᄒᆞᆫ後에有名ᄒᆞᆫ演說과愛國歌와萬歲를唱ᄒᆞᄂᆞᆫ聲중에果然精神을추리기難ᄒᆞ더라

各學校를分排ᄒᆞ야發起單子를민들어講壇에셔循序로招進ᄒᆞ야慶祝ᄒᆞ게ᄒᆞᄂᆞᆫᄃᆡ及其東洋人에至ᄒᆞ야ᄂᆞᆫ日本學徒를先唱ᄒᆞ니日本學徒四名이一偏에셔等俟ᄒᆞ다가一齊히起立ᄒᆞ야日本萬歲를唱ᄒᆞ니聽者가皆爲之慶祝ᄒᆞ야答禮ᄒᆞ고其次ᄂᆞᆫ清國學徒를唱ᄒᆞ니清人十六五名이服色을차리고

未完

廣告

本人의先塋이興德郡五台洞에在ᄒᆞᆫ바該郡富豪李鉉昇과權吏朴洪鎭等이自恃富權吏奸ᄒᆞ고本人先塋不盈尺地에兩相埋標事로奔訴府郡이非止一再이고千里裹足에平理院에呼冤ᄒᆞᆫ도亦至數三次ᄒᆞᆫ와其所抑菀은澈天不止라畢竟에李鉉昇이該山地를期於勒佔ᄒᆞᆯ壑慾으로窩賂上京ᄒᆞ야左右圖囑이란消息을本人이探認ᄒᆞ고美洞禹巡檢家에往ᄒᆞ야李鉉昇을訪見詰質이고又逢子松峴朴元三家ᄒᆞ야亦請裁判이러니李鉉昇이自知理屈이던지避身不現故로玆에廣告ᄒᆞ오니本人에抑冤情狀과李鉉昇에非理行爲를上至執法諸公과下至僻鄕庶愚라도俱爲照亮ᄒᆞ심을敬望

古阜 金垂煥 告白

忠清北道提川郡에서志士諸氏가昌明學校를私立刱設ᄒᆞ고青年을熱心教育ᄒᆞᄂᆞᆫᄃᆡ生徒日進ᄒᆞ니確有興旺之望이요教課ᄂᆞᆫ法語와日語와法律理學歷史地誌算術이요補助人員은如左ᄒᆞ더라

本郡守 李瓚永 十圜
正三品 具哲鉉 一百圜
主事 李鍾秀 五十圜
洪範周 十圜
鄭 鐸 一圜
正三品 申鉉哲 二十圜
前承旨 閔泳復 二十圜
金成鎬 十元
進士 李命[illegible] 五元
具然學 十元
金觀鎬 六元
李穠雨 二元
姜泰熙 三元
金鉉[illegible] 一[illegible]
姜順先 二元
安墉觀 二元
金升欽 十元
崔商煥 三元
洪承烈 二元
郭鍾泰 二元
安令錫 三元
李澤雨 五元
李秉洙 三元
李台源 二元
俞教弼 一元
金者英 三元
鄭鶴源 五元
趙炳鼎 三元
崔永基 一圜
金應燮 十五元
池雲韶 七元
安基鉉 五元
安基龍 七元
李應文 二元
李喆雨 四元
進士 徐丙旭 一元
主事 李相翼 [illegible]元
崔昌植 十元

提川郡昌明學校 告白

本郡守秦尙彥氏涖官數朔親民一家治漸有蹟決訟無諱抑强扶弱尙儉遠奢闔境烟月勸業桑麻手額望久口碑傳遐爲宰之道此外無加永永勿遷爲要喜

陰竹 權重萬 告白

日昨本人廣告中白完爀許昨年七月晦於音三萬兩은白某의게詳探則皮某가八月票를白某에게初不淸給ᄒᆞ고白某의게七月票가尙在ᄒᆞ니此七[illegible]票三萬兩은當報條요皮某의게書給ᄒᆞᆫ昨年八月晦三萬兩票를休紙施行ᄒᆞ며天一銀行에所在ᄒᆞᆫ本人於音換票次로申善卿에게兩次書給ᄒᆞᆫ昨年七月票二片과八月票二片을銀行에探問則皮某가初不傳給ᄒᆞ엿스니此昨年七月晦十萬兩票五萬兩丑와同八月晦十萬兩丑五萬兩丑合四片을休紙施行ᄒᆞ오니 照亮ᄒᆞ시옵

銅峴尹相惠 告白

廣告

民事訴訟代言과刑事辯護及鑑定顧問과諸文案起草等諸般法律事務를迅速處理ᄒᆞᆷ

한城南署上油洞二十九統七戶 二層洋屋

辯護士 前檢事 正三品 洪在祺

法律事務所

告白

本港信義社即仲賣商之處所也而人衆屋窄凡於聚會公議之地每多窘塞之歎幸賴僉君子之厚眷贊成以備百年之容身宏器河海之澤感謝無地贊成諸君子爲先廣佈

新井商店 一百五十元
新居商店 一百五十元
五百井長支店 一百元
濱田商 一百元
齊藤支店 一百元
上田商店 一百元
中俊支店 五十元
馬場商店 五十元
伊龍支店 四十元
鬼頭支店 四十元
河野支店 四十元
伊東商店 三十元
三和盛 六十元
泰升東 五十元
天理公司 二十元
慶順和 二十元
聚順德 二十元

三和港信義社 告白

本人予德華字以明年今三十一性素浮蕩長時留城陷於酒色ᄒᆞ야濫票濫債로他錢他物을專事攫用키로玆以廣告ᄒᆞ오니內外國人은財錢及物件上切勿與受見欺ᄒᆞ시오

義州松山張禎善 告白

本人의從[illegible]文亨이性本浮浪ᄒᆞ야符同雜유ᄒᆞ야本人의田畓을將欲僞賣ᄒᆞ고又欲出債移徵故로玆에廣告ᄒᆞ오니內外國人은切勿見欺後悔ᄒᆞᆷ

果川南面山本韓文哉告白

學員募集廣告

廣成義塾에셔普通教育으로多年教授이더니今에校舍를擴張ᄒᆞ야徽文義塾으로改定ᄒᆞ고中學오高等小學오兩科를設ᄒᆞ얏스니願學ᄒᆞᆫ員은兩科에依ᄒᆞ야入學請狀은寺洞前廣成義塾으로來聯ᄒᆞᆷ

試驗課目

中學科 讀書 作文 算術(四則雜題) 歷史(本國) 地誌(本國)

高等小學科 讀書 作文(國漢文) 算術(加減乘除)

但中學科ᄂᆞᆫ高等小學科卒業生이나高等小學科에ᄂᆞᆫ尋常小學科卒業人은免試許入ᄒᆞᆷ

試驗日字ᄂᆞᆫ八月二十日

徽文義塾

本會社에셔群山港에셔全州山木浦等地에鐵道敷設ᄒᆞ기로光武八年分에政府認許ᄅᆞᆯ承ᄒᆞ고鳥致院에서江景浦ᄭᆞ지已往初測이온바現行實測而全州ᄭᆞ지連續起工이오며股金은株式으로募集ᄒᆞᄂᆞᆫᄃᆡ一株에新貨五十圜으로酌定ᄒᆞ고一回에分納ᄒᆞ야收合ᄒᆞ오니有志ᄒᆞ신僉君子ᄂᆞᆫ西大門外停車場越邊本會社로枉臨ᄒᆞ시와幾株를認爲應錄ᄒᆞ시고共濟一大業ᄒᆞ시믈爲希

湖南鐵道會社長 李允用
總代人 徐[illegible]

本人庶兄亨一改名윤一悖浪無産數年來數萬金被害于本人而方與雜類又欲僞構徵[illegible]은不內外國人切勿見欺後悔ᄒᆞᆷ

義州松長面 [illegible] 告白

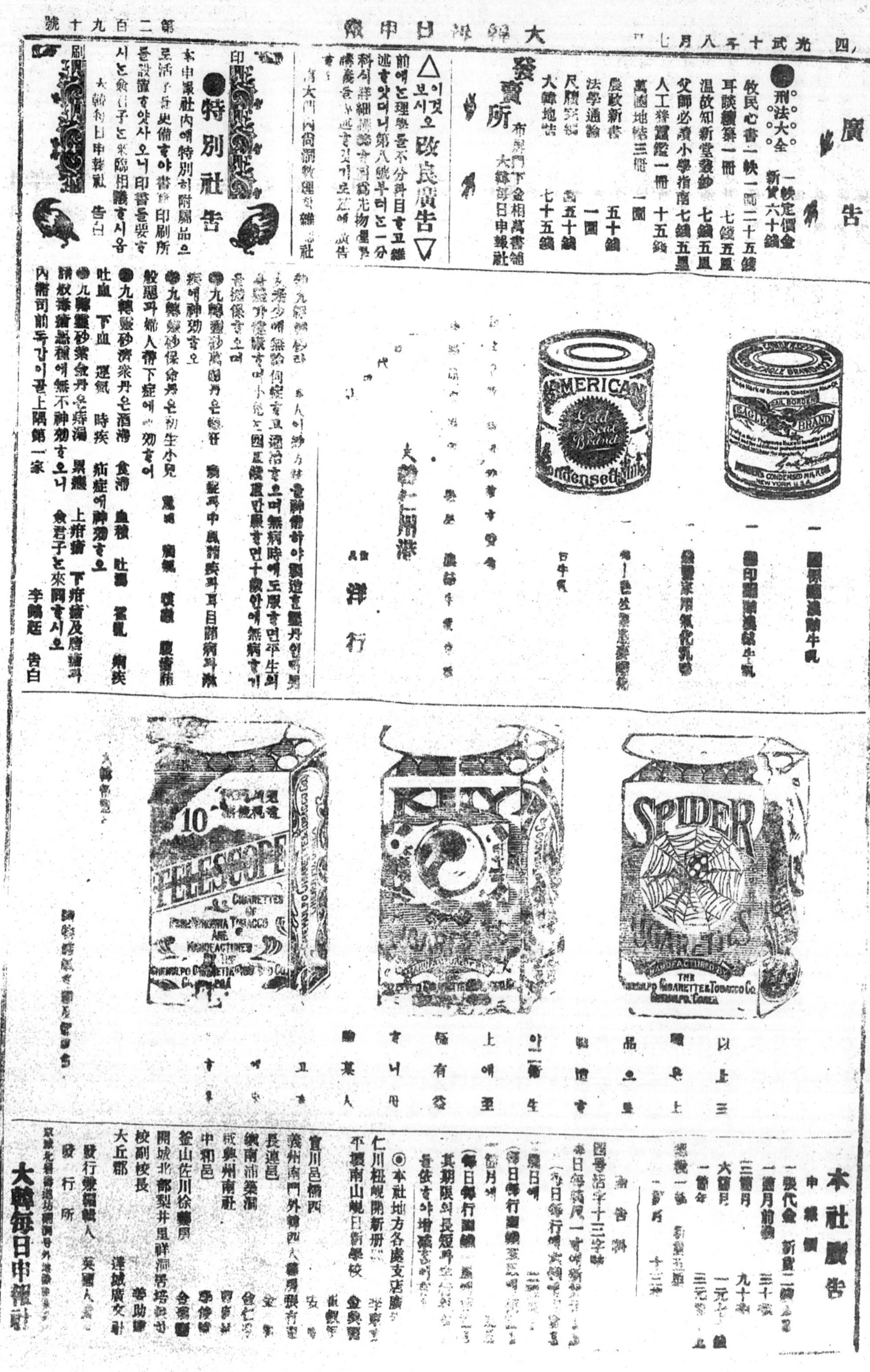

廣告

●刑法大全 一秩定價金 新貨六十錢
牧民心書一秩一圜二十五錢
耳談續纂一冊 七錢五厘
温故知新堂發鈔 七錢五厘
父師必讀小學指南 七錢五厘
人工養蠶鑑一冊 十五錢
萬國地誌三冊 一圜
農政新書 五十錢
法學通論 一圜
尺牘 圜五十錢
大韓地誌 七十五錢

發賣所 布屛門下金相萬書舖 大韓每日申報社

△이것 보시오 改良廣告▽

前에と理學을不分科目ᄒᆞ고繼述ᄒᆞᆫ 第八號부터と一分科식詳細講 …

印 特別社告 刷

本申報社內에特別히附屬品으로活字와 …備ᄒᆞ야書籍印刷所를設置ᄒᆞ얏사오니印書를要ᄒᆞ시と僉君子と來臨相議ᄒᆞ시各

大韓每日申報社 告白

…人이妙方材를神備하야製造ᄒᆞᆫ靈丹인ᄃᆡ男女老少에無論何病ᄒᆞ고通治ᄒᆞ오며無病時에도服ᄒᆞ면平生의身體가健康ᄒᆞ며 …十數안에無病ᄒᆞ기를擔保ᄒᆞ오며

●九轉靈砂 …丹은 … 中風 … 耳目諸病과 … 疾에神効ᄒᆞ오

●九轉靈砂保命丹은初生小兒 … 般惡과婦人帶下症에也効ᄒᆞ며

●九轉靈砂濟衆丹은酒滯 食滯 血積 吐瀉 霍亂 痢疾 吐血 下血 運氣 時疾 痁症에神効ᄒᆞ오

●九轉靈砂業命丹은痔漏 累癧 上痔瘡 下痔瘡及 …痛과 …諸種에無不神効ᄒᆞ오니 僉君子と來問ᄒᆞ시오

內需司前득감이골上隅第一家 李鶴庭 告白

本社廣告

一報代金 新貨二錢五厘
一箇月前納 三十錢
三箇月 九十錢
六箇月 一元七十錢
一箇年 三元五十錢

廣告料 每日每行 …

◉本社地方各處支店廣告

仁川 …

平壤南山峴日新學校

宣川邑 …

義州南門外 …

長連邑

鎭南浦 …

咸興州南社

中和邑

釜山佐川徐 …

開城北部梨井里 …

校副校長

大丘郡 達城廣文社

發行兼編輯人 英國人 …

發行所 …

大韓每日申報社

光武九年八月十一日 明治三十八年八月十一日 第三種郵便物認可 水曜日 西曆一千九百六年八月八日 (一)

第四卷 第二百九十一號

大韓每日申報

대한매일신보

月曜及慶節歲時日休刊

檀君開國四千二百三十九年
箕子元年三千二十八年
大韓開國五百十五年
日本明治三十九年
淸國光緖三十二年
◉陰曆丙午六月大十九日甲申

論說

離湯就火

日本統監伊藤侯가日本에서安壯ᄒᆞᆫ人이못되ᄂᆞᆫ듯ᄒᆞᆫ것이現今에反對黨이夥多ᄒᆞᆫ지라同侯爵은緩和派의首領으로認定인바無上ᄒᆞᆫ勢力이有ᄒᆞᆫ軍人派들은同侯爵에對ᄒᆞ야極不信任이로다

同侯爵이駐韓日本統監으로被任ᄒᆞᆯ時에ᄂᆞᆫ統監이日本皇帝의게直隷ᄒᆞ야韓國에셔日本人事業은擔爲管轄ᄒᆞ게ᄒᆞᆫ것은韓國內의駐在ᄒᆞᆫ日本의文官及軍人團體間에紛爭이起ᄒᆞᆯ幾端을預防ᄒᆞᆷ이라

東來近信을接聞ᄒᆞᆫ즉日本皇帝의勅令으로公布ᄒᆞᆫ기를駐韓日本軍司令官은日本中央政府에對ᄒᆞ야만責任이有ᄒᆞ다ᄒᆞ얏스니是ᄂᆞᆫ統監과分立ᄒᆞᆫ것이니東京에셔伊藤侯의反對黨이韓國事件에對ᄒᆞ야同侯爵의管下로봇터分離ᄒᆞ고ᄌᆞᄒᆞ야事至於此ᄒᆞᆫᄂᆞᆫ一般公衆이推知ᄒᆞᄂᆞᆫ지라

然則伊藤侯가如斯ᄒᆞᆫ無能無力ᄒᆞᆫ地位에仍居ᄒᆞᆯ理由가無ᄒᆞ니遞任ᄒᆞᆯ時에分明ᄒᆞ고交代者ᄂᆞᆫ一軍人이되야同人의指揮下에셔韓國을倂呑ᄒᆞᆯ政策을實行ᄒᆞᆷ을吾輩ᄂᆞᆫ預言不疑ᄒᆞ노라

吾輩ᄂᆞᆫ韓國에셔伊藤侯의管轄權을一直反對ᄒᆞᄂᆞᆫ것은如何ᄒᆞᆫ人物이든지韓國內에셔日本의保護權은無智ᄒᆞ고不正ᄒᆞ며信義에違反ᄒᆞᆷ으로確信ᄒᆞᆷ이어니와若日本人이此處에셔勢力을限死코伸張ᄒᆞ라ᄒᆞᄂᆞᆫ境遇에ᄂᆞᆫ統監될人物은伊藤侯가惟一適者됨이無疑ᄒᆞᆫ것이同侯爵은自己地位에對ᄒᆞ야時勢形便을深量ᄒᆞ야韓國內의物情뿐아니라列强의意思도觀測ᄒᆞᆷ이有ᄒᆞᆫ이라

今日에日本이韓國內에셔軍人으로監督權을掌握케ᄒᆞ면改進開發ᄒᆞᆯ方策은言之無益이리니韓國에셔日本의地位ᄂᆞᆫ將歸泡沫이라伊來에伊藤侯의苦心經營으로無名無能ᄒᆞᆫ自己地位를完全成就ᄒᆞᆷ에幾至ᄒᆞ얏거날未久에他人이交代ᄒᆞ면失敗ᄒᆞᆷ이分明ᄒᆞ려니와日本人의失敗ᄂᆞᆫ吾輩의所望ᄒᆞᄂᆞᆫ所以로吾輩ᄂᆞᆫ伊藤侯의遞職을甚喜ᄒᆞ야酌酒相賀ᄒᆞ리로다

以上에吾輩의推測ᄒᆞᆷ이早晩間에實事가되리니該事之進就를吾輩ᄂᆞᆫ側耳待之ᄒᆞ노라

官報

●號外 光武十年八月六日

◉宮廷錄事

宮內府大臣李根湘謹奏三水雩祭今當爲傳香而見今甘霈旣降將有連注之望在前如此之時有奉稟停止之例何以爲之乎敢奏

光武十年八月六日奉旨旱乾之餘得此甘霈爲民奉欣幸猶未洽是即爲傳香

●三千五百二十五號 光武十年八月七日

◉敍任及辭令

任全羅南道觀察使 奉常司提調沈相[illegible] ○任黃海道觀察使 安岳郡守朴[illegible]陽○法部參書官李冕宇 東萊郡守元有常 청道郡守全聖基 連山郡守朴芝陽 郭山郡守張益厚 依願免本官○石城郡守吳根春 結城郡守金善五 龍川郡守李甲承 榮川郡守金泳運 延日郡守朴珉[illegible] 金海郡守[illegible]徽書 官寧郡守李容敎 機張郡守洪在圭 草溪郡守申泰哲 漆原郡守李裕선 萬頃郡守李健宇 沃溝郡守金鍾[illegible] 長水郡守鄭休鐸 麗水郡守郭慶根 濟州郡守金重基 免本官 右ᄂᆞᆫ各該道觀察使의告兩書를據ᄒᆞᆫ즉該員等이本年度春夏等殿最에治績居下이옵기免本官○咸陽郡守金台[illegible] 右ᄂᆞᆫ該員의報告를據ᄒᆞᆫ즉所謂義兵이猝入本郡ᄒᆞ야破碎庫門ᄒᆞ고所在銃丸藥을幷爲搜去이다等因准査ᄒᆞᆫ則該員이莫重軍物을有此見奪ᄒᆞ니事體所在에不可仍寘기로免本官○泰仁郡守孫秉秀 右ᄂᆞᆫ義兵이突入本郡ᄒᆞ야結錢五百兩과鳥銃十七柄을沒數收去이다等因准査ᄒᆞᆫ즉該員이莫重公貨與軍物을至於見失ᄒᆞ니事體所在에不可仍寘이기로免本官○蔚珍郡守尹宇榮 右匪徒가突入蔚珍郡ᄒᆞ야毁破軍器庫ᄒᆞ고所在軍物을無遺攫取이다等因准査ᄒᆞᆫ즉該員이莫重軍物을至於見失ᄒᆞ니究厥事體에不可仍寘이기로免本官○谷城郡守송振玉 右ᄂᆞᆫ義兵이直入本郡ᄒᆞ야結錢五百二十餘兩과軍器庫現留銃丸藥을沒數收去이다等因准査ᄒᆞᆫ즉該員이莫重公貨與軍物을至於見奪하니事體所在에不可仍寘이기로免本官○德山郡守俞致稷 求禮郡守金元錫 永春郡守趙錫晉 延豊郡守金亨斗 鏡城郡守金在淵 右ᄂᆞᆫ本年度各道春夏等殿最報告書를據ᄒᆞᆫ즉德山郡守俞致稷은克察案近之弊何患泮방爲目ᄒᆞ고求禮郡守金元錫은年紀旣多衰邁政令每少畏闒爲目ᄒᆞ고永春郡守趙錫晉은有限公課斂偷獄匪徒犯地晏然완報爲目ᄒᆞ고延豊郡守金亨斗ᄂᆞᆫ初政昧務委靡吏手爲目ᄒᆞ고鏡城郡守金在淵은舊績推看來効ᄂᆞᆫ期爲目矣라該員等治績을貞寘ᄒᆞ考而留儲ᄒᆞᆷ考ᄒᆞ니其在殿明殿最之下에豈敢若是리오忠청남道觀察使金鉉錫全羅北道觀察使韓鎭昌忠淸北道관察使尹喆圭咸鏡北道관察使任原鎬ᄂᆞᆫ不可無警이니自內部로施以譴責之典ᄒᆞ고德山郡守俞致稷求禮郡守金元錫永春郡守趙錫晉延豊郡守金亨斗鏡城郡守金在淵은免本官 未完

外報

●平和會議 第二回海牙萬國平和會議의趣旨書ᄂᆞᆫ同日본會議의主倡者가된俄國皇帝ᄭᅴ셔發同國이된日본帝國政府에對ᄒᆞ야通牒이有ᄒᆞ얏더라

●貴族逃走 桑港來電을據ᄒᆞᆫ則俄國은到處에生命이不安ᄒᆞᆫ故로貴族의多數ᄂᆞᆫ變裝ᄒᆞ고國外로退出ᄒᆞᄂᆞᆫ이有ᄒᆞ며又婦女及小兒ᄅᆞᆯ外國에送ᄒᆞᆷ이有ᄒᆞ다ᄒᆞ얏더라

●英德溫和 德國新聞紀者一團體가先頃에倫敦을訪問ᄒᆞ니英國에셔ᄂᆞᆫ스틔도氏가委員長으로厚히歡迎會ᄅᆞᆯ開催ᄒᆞ고英國皇帝ᄂᆞᆫ완술宮에셔 行의謁見을賜ᄒᆞ셔ᄂᆞᆫ데從來未曾見ᄒᆞ던特例ᄅᆞᆯ開ᄒᆞ야一般言論社會에도多大ᄒᆞᆫ注意ᄅᆞᆯ興起ᄒᆞ고輿論은此一事로英德兩國間에惡感情을一掃ᄒᆞ고其外交關係에不小ᄒᆞᆫ功果ᄅᆞᆯ收ᄒᆞ기ᄅᆞᆯ期待ᄒᆞᆫ다ᄒᆞ얏더라

●公使忠告 駐청各國公使等이江西浙江安徽等地에匪徒ᄅᆞᆯ速히討滅ᄒᆞ기ᄅᆞᆯ숙숙히忠告ᄒᆞᆫ으로써外部에셔ᄂᆞᆫ此에對ᄒᆞ야 [illegible]

雜報

●押送隱岐 義兵事件으로日本司令部에被拘ᄒᆞᆫ崔益鉉氏以下九人을押送于對馬島라ᄂᆞᆫ事實은更聞ᄒᆞᆫ즉非對馬島오隱岐島라ᄒᆞ며蓋此九人은軍法會議所에서擬以死律ᄒᆞ얏ᄂᆞᆫᄃᆡ伊藤侯曰此雖反對日本者나亦皆愛國之士니殺之不可라ᄒᆞ야仍히流配로決案ᄒᆞ고時局이稍히沈靜ᄒᆞ면卽爲放還ᄒᆞ기로ᄒᆞ얏다더라

●自壞國權 内部大臣은親任官이오관察使ᄂᆞᆫ勅任官이니並是 陛下ᄭᅴ셔親執任免之權이시在ᄒᆞᆫ대近日에ᄂᆡ部大臣이變通ᄒᆞᆫ다ᄒᆞᆷ의李址鎔氏가不念國體ᄒᆞ고秘書官金氏를統監府官人의게派送哀乞ᄒᆞ야姑爲仍任ᄒᆞ얏고또忠州관察使尹喆圭氏後任도統監勸告라ᄒᆞ고成命이되얏다ᄒᆞ니此等權利를統監이不爲奪取라自此讓與ᄒᆞ니國權蔑如를誰怨誰咎요刑法大典國權毁損律에准照ᄒᆞ면合當何辟인지公論이藉藉ᄒᆞ더라

●監府更詰 禮式卿李容泰氏를無罪放免ᄒᆞᆫ事件으로丸山顧問丸山氏가法部에對ᄒᆞ야質問ᄒᆞᆫ事ᄂᆞᆫ已爲揭布어니와昨日統監府에서該事件으로法部에公函ᄒᆞ기를該李員을宣言照律ᄒᆞ고未乃에無罪放免ᄒᆞ얏스니是ᄂᆞᆫ宮禁令會無祗ᄒᆞᆷ이라不勝遺憾이어니와此後로ᄂᆞᆫ宮禁令의實行ᄒᆞᆷ必要를務圖ᄒᆞ야如有此等境遇에ᄂᆞᆫ無蹈今日之事케ᄒᆞ라ᄒᆞ얏다더라

●視學發程 學部에서參與官房事務員廣田直三郞과視學官魚容、吉氏等을江原道等地에派遣ᄒᆞ야學政을規察ᄒᆞᆯ次로昨日에發程ᄒᆞ얏ᄂᆞᆫᄃᆡ抱川郡莘野義숙에校土附屬事로該숙監與校儒間에紛競이多端ᄒᆞᆷ으로該氏等이前往該郡ᄒᆞ야談辦歸正ᄒᆞᆯ預定이라더라

●農部公函 農商工部에서度稅務司目賀田氏의게公函ᄒᆞ기를畧按李殷九의請願ᄒᆞᆫ즉以捕경船一事로照例施行ᄒᆞᆫ事ᄂᆞᆫ業經在案인바該李員將捕鯨船隻並其使用物品ᄒᆞ야久已準備에在侯東萊海關官員의聽准放行ᄒᆞᆷ으로多日洋面에寄泊糜費가實屬不尠이니斯速函飭于該港稅司ᄒᆞ야無碍出帆에免致受累케ᄒᆞ라ᄒᆞ얏다더라

●韓警鳥有 内部에서地方警務를擴張ᄒᆞᆫ다稱ᄒᆞ고日본警部巡檢을多數招聘ᄒᆞ고警務擴張費을多數支出ᄒᆞ며警務官與巡과巡檢略干을試才任職ᄒᆞ야配置於各地ᄒᆞᆫ다고多日喧藉터니韓國警官之시取說은飛去夕陽風ᄒᆞ고日본警吏之赴任은絡繹不絶ᄒᆞ니此是韓國之警察擴張인지日본之警察擴張인지可謂高陽食楊州役이라其云시取之韓國警吏ᄂᆞᆫ將設置于無何有之鄕ᄒᆞ랴ᄂᆞᆫ지姑未可的知이나丸山顧問의議計와大臣之處事ᄂᆞᆫ亦足奉腹一笑라고들ᄒᆞ더라

●律社請願 所謂協律社發起人金東軾摠事務鄭弘栽等이警務廳에請願ᄒᆞ기를본社에서본以有夫妓만許入이더니自今爲始ᄒᆞ야無夫妓도一體許入케ᄒᆞ며본社에從事之妓女ᄂᆞᆫ使持紅兩傘ᄒᆞ고兩傘四方에以泥金으로書票妓字케ᄒᆞ라ᄒᆞᆫ지라警廳에서警務남署에訓飭ᄒᆞ기를妓女輩之異色其傘도猶不成說이온況票示妓字於街路之上ᄒᆞ야駭人耳目乎아此弊陋習은一切禁飭이고至於勸其乘車ᄒᆞ야ᄂᆞᆫ但爲其便利요非其禁制乘轎則乘轎乘車와靑紅其傘은任他自由ᄒᆞ되妓女之有夫無夫ᄂᆞᆫ指何而言인지無論某女ᄒᆞ고非有其願而强使入籙之弊ᄂᆞᆫ到底禁斷ᄒᆞ라ᄒᆞ얏더라

●褒본餘聞 今番觀察郡守奏본의輿論이沸騰ᄒᆞᆫ事實은已爲揭載論評이어니와又有一可笑之事ᄒᆞ니某人이慶尙觀察를圖謀코져ᄒᆞᄂᆞᆫᄃᆡ主務大臣은葉錢千萬兩을出ᄒᆞ라ᄒᆞ고某人은六萬兩以上에ᄂᆞᆫ加納을不爲라ᄒᆞ야無數升降ᄒᆞ다가되지안코某郡守ᄂᆞᆫ現在所持者가無ᄒᆞ야到任後에每朔月俸은一分盈縮업시准納ᄒᆞ기로作定ᄒᆞ고被任이되얏다더라

●漁民呼冤 慶尙南道沿海六郡에魚民等의呼冤이如左ᄒᆞ니海民之魚條가猶野民之田土也요私條ᄂᆞᆫ是私畓也라魚民等이賴以魚條資活이옵더니七年前에被挾雜輩藉托ᄒᆞ야付屬于英親王宮ᄒᆞ고沿海各郡私條四百餘處를白地勒奪故로數千魚民이猝然失業ᄒᆞ야生命을莫保키로呈郡呈府ᄒᆞ고訴營訴部이옵더니天日이照燭ᄒᆞ사去乙巳年에宮内府大臣이旨意를奉承ᄒᆞ시고命쌦別定派員ᄒᆞ야各郡民私條를一一還歸本主ᄒᆞ라ᄒᆞ시니別定代辦前侍從李裕馨氏가初考各人傳來之私劵ᄒᆞ고再閱前統營兵船公案ᄒᆞ야符合者ᄂᆞᆫ底底還歸本主ᄒᆞ야使之復業케ᄒᆞ니歡聲이震天에歌誦 聖德이러니墨痕이未乾ᄒᆞ고紙瘢이未生ᄒᆞ야今年正月日에京居金봉洙爲名者가持經理院訓令而來ᄒᆞ야初無民私條放賣之說矣러니從火約燃ᄒᆞ야經理院에模糊報告曰魚民之習性이漸至頑拒라ᄒᆞ야擁蔽본院ᄒᆞ고雪片其關ᄒᆞ야欲爲勒奪이오니數千魚民이瀕死乃已故로呈于該道觀察府ᄒᆞ고裹足上來ᄒᆞ야呼訴經理院ᄒᆞᆫ다더라

●民口難防 [illegible]州郡人民의投函을據ᄒᆞᆫ則監理署長官及該任의不美之事가 貴報上에前後記載ᄒᆞ거시看何不實인지 [illegible]州內居劉元滓의所暗托 貴報而做出이라指點ᄒᆞ야監理李民溥氏와總巡朴文淵氏가多數巡檢을派送ᄒᆞ야同劉氏를去陰曆廿日에捕縛驅來ᄒᆞ야刑械에縛留ᄒᆞ고監理李氏가與總巡朴氏로同聲威問ᄒᆞ면서無數酷刑ᄒᆞᄂᆞᆫ지라劉氏가僅勵魂魄而所供曰予果有一次寄書而揭載於某報上이나亦有何不實가事實則警廳에執贓鴉烟機具을朴總巡이爲內몰例云云은非但爲邑村共知而亦確聞於該具見奪者許吉孫이오在囚人舊債ᄒᆞᆫ朴總巡이杖推而沒食云은非但爲目擊而亦確聞見者은一不招質而語하고日於見於聞에有証明書之受耶야ᄒᆞ고當以誣告律로報部以爲廢紋이라ᄒᆞ면서且於毒笞十入度에處ᄒᆞ야以四間梏樑으로加之以着架ᄒᆞ고到今거囚之警廳而又被諸巡之肆毒ᄒᆞ야被刑處處에부筋自腐ᄒᆞ야以至虫生ᄒᆞ니同劉氏은必斃乃已어니와義州闔境人은其將何如오姓名이若現露면亦不免劉氏之禍故로茲以逋名이라ᄒᆞ얏더라

●啓字規則 宮內府에서啓字奏請規則을磨鍊ᄒᆞ얏ᄂᆞᆫᄃᆡ啓字ᄂᆞᆫ宮庭及宮ᄂᆡ府에關ᄒᆞᆫ內部事務에對ᄒᆞ야 聖旨를表彰ᄒᆞᄂᆞᆫ草으로施行ᄒᆞᄂᆞᆫᄃᆡ啓字를大小二種으로制定ᄒᆞ되大字ᄂᆞᆫ別單奏변各宮財政文簿及宮廷宮內事務에關ᄒᆞᆫ正式奏본이안인者에適用ᄒᆞ고小字ᄂᆞᆫ奏請事項을修正增補ᄒᆞᆯ時에其個所에適用ᄒᆞᄂᆞᆫᄃᆡ啓字奏請은宮ᄂᆡ大臣及ᄂᆡ大臣外ᄂᆞᆫ不得主管ᄒᆞᆫ다더라

●禮砲臺廢撤 仁川月尾島砲臺ᄂᆞᆫ外交에敬意를表ᄒᆞ야大使等正客이因公來港ᄒᆞᄂᆞᆫ境遇에禮砲를放ᄒᆞ더니外交가付他ᄒᆞᆫ以後에ᄂᆞᆫ不可仍置라ᄒᆞ야統監府命令으로該砲臺ᄂᆞᆫ廢撤ᄒᆞ얏다더라

●以貪免官 松禾郡守吳洞根氏도貪饕不法ᄒᆞ야免官次로觀察府에서政府로直報ᄒᆞ얏더라

●申贓現數 今番에免官ᄒᆞᆫᄂᆞᆫ南原郡守申性均氏ᄂᆞᆫ在任이不過四朔에現贓이葉七萬餘兩으로관察의게執탈이되얏다더라

●會社經始 平安北道沿岸森林會社를政府에서組織ᄒᆞᆫ다ᄂᆞᆫᄃᆡ학部大臣이龍川郡[illegible]島森林이視察ᄒᆞᆫ지라現今度商大臣과학部大臣이面會ᄒᆞ야會社營業을經始ᄒᆞᆫ다더라

●竟被免官 監獄署長金英[illegible]氏ᄂᆞᆫ罪囚를見失ᄒᆞᆫ事件으로[illegible]府에서已經免官ᄒᆞ얏다더라

●國事犯의問題 日前統監邸晚餐會ᄂᆞᆫ義親王ᄂᆡ部大臣軍部大臣等이會同ᄒᆞ야[illegible]의關ᄒᆞᆫ事項의[illegible]題를相議ᄒᆞ얏다더라

●屋價太歇 [illegible]百七十餘間을政府에서[illegible]告ᄒᆞ고放賣ᄒᆞᆫ다더니[illegible]의셔句管ᄒᆞᄂᆞᆫᄃᆡ[illegible]貸五百九十五元의[illegible]즉每間三元角數에不[illegible]

●專用日人 農商工部의[illegible]量衡製所를設施次로[illegible]成ᄒᆞᄂᆞᆫᄃᆡ所長以下技師은日본人으로採用ᄒᆞᆫ다더라

●勳激提議 昨日上午九時의ᄂᆡ部大臣과度支大臣과伊藤統監의勳激을因ᄒᆞ야統監邸의前往ᄒᆞ야何問題를提議ᄒᆞ얏다더라

●模範場設施 農商工部의셔農林種殖模範場을京城附近及大丘平壤附近의設ᄒᆞᆯ次로技師金東完氏가日人技師數三人을率ᄒᆞ고今明間發程ᄒᆞᄂᆞᆫᄃᆡ往還日字ᄂᆞᆫ二十四箇日로預定ᄒᆞ얏다더라

●徵兵令制定 軍制를依外國軍制ᄒᆞ야編成ᄒᆞᆯ次로 勅令을頒布ᄒᆞ신지라軍部의勅令奏本准ᄒᆞ야徵兵令을制定ᄒᆞ얏더라

雜報

美國大學校에서卒業生李承晩氏가帝國新聞社에來書가如左ᄒᆞ니

一偏에在ᄒᆞ다가起立ᄒᆞ야愛國歌를唱하며慶祝ᄒᆞ미聽者가皆悅ᄒᆞ야答禮ᄒᆞᆫ後에大韓學徒라고ᄂᆞᆫ當初에名字가無ᄒᆞ고他學校를呼名ᄒᆞ니此ᄂᆞᆫ國勢도姓名이無ᄒᆞᆫ만ᄒᆞ거니와當初에大韓學徒라ᄂᆞᆫ此國內에서名을看聞치못ᄒᆞᆫ緣故로이죠엽ᄂᆞᆫ줄노想覺ᄒᆞᆷ이러라

四面에서悅樂히慶祝ᄒᆞᄂᆞᆫ中에余ᄂᆞᆫ孤立ᄒᆞ야能忍치못ᄒᆞ야無味ᄒᆞ게起立히서講壇에登ᄒᆞ야請ᄒᆞ기를余ᄂᆞᆫ大韓學徒인ᄃᆡ獨히慶祝ᄒᆞ깃노라ᄒᆞᆫ즉欣然히許諾ᄒᆞ며即時起立ᄒᆞ야會중에크게公布ᄒᆞᄂᆞᆫ지라

余가獨히講壇에升立ᄒᆞ야獨立歌를唱ᄒᆞ고大韓帝國萬萬歲와아미리가萬萬歲를各各三次式크게唱하니滿坐中이一齊히鼓掌하며慶祝하야答禮ᄒᆞᆫ後에모다握手相問하니此時此人의想覺이何如하얏슬거ᄉᆞᆫ余가言ᄒᆞᆯ것이無하거니와人雖半箇라도國을爲하야自巳道理를行하면他人의優待를受하ᄂᆞᆫ것이로다

●金氏義擧 布屋廛下書肆營業하ᄂᆞᆫ金相萬氏가原來家勢가不贍하야賣冊資生하ᄂᆞᆫᄃᆡ國民教育會에서尋常小학八冊을編述하얏스나鋟費를措辦無路하야東閣하얏다ᄂᆞᆫ說을聞하고該會館에來到하야慨然長嘆하며雖某樣周旋이라도一千圜을辦出하야印刷費에應用케하깃다하미該氏에義俠心을人皆歎賞ᄒᆞ더라

●同濟學校賛成文 鳳岡居士李[illegible]

余夸貴學校趣旨書至慈善之業必以醫藥爲本不覺抱書而起舞也於戲我等幸際時上無補佐 聖恩之策下失教育英才之道有志莫遂者久矣觀此同濟학校之設則於我國古未聞今未見者也

盖文筭士大夫家或有之至於醫藥筭術外語非先覺者未能自曉也人於疾癘雖有良醫不知所止問多橫祟從此之後未有不遇之歎衛生之道雖問智於伊呂借謀於良平不外於斯者也

開學不幾日負笈從學者連袂而日進斯校興旺不待識者而熟筭

玆曾非我

聖上愛民如子之恩施民如天地之德然而百千萬事財恒足然後事必成貴校之新設工匠之具日夕之備聞多窘絀可勝歎哉

洪範五行先筭其物大學十章半論其財財不足實非小慮也生本以舌耕餘生心識末 縱有良心頗多窘肺僅以五元銅貨忘略仰補敢沾一毫之責伏願此校期臻興旺講究精工而必至顯明昌頂祝之至

●吾校의預備科 官立중學校에셔高等小學校를卒業ᄒᆞᆫ者와自아니ᄒᆞ고중學校에入學ᄒᆞ기願하ᄂᆞᆫ者를爲ᄒᆞ야該校內에一箇年의預備科를設置ᄒᆞ야中學課程의修業ᄒᆞᆯ만ᄒᆞᆫ資格을養成케ᄒᆞ고生徒ᄂᆞᆫ本月以內로募集試選ᄒᆞᆯ터이라ᄂᆞᆫᄃᆡ該試驗科目은漢文讀書作文國文讀書作文筭術問對오年齡은十五歲以上二十五歲以下로ᄒᆞ고募集廣告ᄂᆞᆫ預備科規則이官報에頒布된後에發表ᄒᆞᆫ다더라

廣告

廣告

●刑法大全 一帙定價金 新貨六十錢
牧民心書一帙 一圜二十五錢
耳談續纂一冊 七錢五厘
温故知新堂叢鈔 七錢五厘
父師必讀小學指南 七錢五厘
人工養蠶鑑一冊 十五錢
萬國地誌三冊 一圜
農政新書 五十錢
法學通論 一圜
尺牘完編 一圜五十錢
大韓地誌 七十五錢

發賣所 布屛門下金相萬書舖 大韓每日申報社

△이것 보시오 改良廣告▽

前에ᄂᆞᆫ理學을不分科目ᄒᆞ고繼述ᄒᆞ얏더니第八號부터ᄂᆞᆫ一分科식詳細講義ᄒᆞ되爲先物理學[illegible]ᄒᆞ기로玆에廣告ᄒᆞ오

[illegible]洞[illegible]雜誌社

●特別社告

本申報社內에特別히附屬品으로活字를更備ᄒᆞ야書籍印刷所를設置ᄒᆞ얏사오니印書를要ᄒᆞ시ᄂᆞᆫ僉君子ᄂᆞᆫ本館相議ᄒᆞ시옵

大韓每日申報社 告白

●九轉靈砂란 [illegible]藥을[illegible]ᄒᆞ야製造ᄒᆞᆫ靈丹인ᄃᆡ男女老少에無論何症ᄒᆞ고通治ᄒᆞ오며無病時에도服ᄒᆞ면平生의身體가健康ᄒᆞ며[illegible]ᄂᆞᆫ[illegible]服ᄒᆞ면十歲안에無病ᄒᆞ기를確保ᄒᆞ오며

●九轉靈砂[illegible]丹은[illegible]癲癎과中風痲痺과耳目諸病과[illegible]疾에神効ᄒᆞ오

●九轉靈砂保命丹은初生小兒[illegible]風 痢疾 咳嗽 腹痛諸般驚과婦人帶下症에神効ᄒᆞ며

●九轉靈砂濟衆丹은酒滯 食滯 血積 吐瀉 霍亂 痢疾 吐血 下血 運氣 時疾 疝症에神効ᄒᆞ오

●九轉靈砂紫金丹은痔漏 累[illegible] 上疳瘡 下疳瘡及唐瘡과諸般瘡瘡惡種에無不神効ᄒᆞ오니 僉君子ᄂᆞᆫ來購ᄒᆞ시오

內需司前두갈이끝上隅第一家 李[illegible]廷 告白

一 [illegible]牛乳
一 [illegible]牛乳
一 [illegible]家用[illegible]乳
[illegible]

仁川港 [illegible]洋行

以上三種은上品으로 [illegible]

本社廣告

中報價
一張代金 新貨二錢五厘
一箇月前金 三十錢
三箇月 九十錢
六箇月 一元七十錢
一箇年 三元四十錢

[illegible]

四號活字十三字[illegible]
每日每行一寸에[illegible]

◎本社地方各處支店廣告
仁川[illegible]新冊[illegible]
平壤南山峴日新學校 金興[illegible]
宣川邑橋西 [illegible]
義州南門外[illegible] [illegible]
長連邑 金[illegible]
鎭南浦築洞 [illegible]
咸興州南社 [illegible]
中和邑 [illegible]
釜山佐川徐藥房 金[illegible]
開城北部梨井里鮮洞居培英[illegible]校副校長 [illegible]
大丘郡 達城廣文社

發行兼編輯人 英國人 [illegible]
發行所 京城北署[illegible]
大韓每日申報社

第四卷 大韓每日申報 대한매일신보 第二百九十二號

月曜及慶節時日休刊

檀君開國四千二百三十九年
箕子元年三千二十八年
大韓開國五百十五年
日本明治三十九年
淸國光緒三十二年
◉陰曆丙午六月大二十日乙酉

寄書

任在美洲ᄒᆞᆫ大韓有志人員이大同教育會를設立ᄒᆞ고본社로向ᄒᆞ야其趣旨를내여同胞에게發佈ᄒᆞ기를爲ᄒᆞ야來函이如左ᄒᆞ니

嗚呼復何喩리오痛極思痛이不如思所以止痛이오欲思所以止痛인ᄃᆡ必先思所以致痛者니曰不外乎不學而已라不學이면不如人이오不如人이면即人奴니今日我大韓人이是也라同胞同胞여倫永世에人奴가되여人下에居ᄒᆞ기를甘心ᄒᆞᄂᆞᆫ가抑或人의학을ᄒᆞ며人의知를知ᄒᆞ야人의奴를免ᄒᆞ고져ᄒᆞᆫ人類가되고ᄌᆞᄒᆞᄂᆞᆫ가同胞同胞여其熟思之ᄒᆞ고遠慮之ᄒᆞ라天을怨치말고人도尤치말지어다孰使之然이며伊誰之故오但當務亟自修ᄒᆞ야我의復生ᄒᆞ고自振ᄒᆞᆯ根基를植立ᄒᆞᄂᆞᆫ것이是所切望이니

我能自修ᄒᆞ야與文明上等人으로併嫡均勢ᄒᆞ면非但我가不肯自爲人奴라即人이不敢待我以로ᄒᆞ더니此固天理所定이오人情이隨以然이니斯吾所謂大韓之致此境은在不學而已라

現今我同胞之住美洲ᄒᆞᆫ有志者가衆議를合ᄒᆞ야大同教育會를加洲諸處에設立ᄒᆞᄂᆞᆫᄃᆡ其宗旨ᄂᆞᆫ人才를培養ᄒᆞ야祖國을救拔ᄒᆞ기爲ᄒᆞ야辦事ᄒᆞᆯ것이라上下同心ᄒᆞ고內外合力ᄒᆞ야大儲巨欵ᄒᆞ고海內에俊秀青年子弟를公選ᄒᆞ야海外教育을運受케ᄒᆞ야以成遠大之器ᄒᆞ야以備國家之用케ᄒᆞ고

또學生을善히保養하며學問의方針을善히指導ᄒᆞ고併譯海外報館ᄒᆞ야一切新智의諸種書籍을刊出ᄒᆞ며或國漢文의新聞을譯佈ᄒᆞ야內外消息을交通ᄒᆞ며東西情形을歷覩케ᄒᆞ야互相裨益ᄒᆞ고增加勉勵ᄒᆞ면庶可爲我韓人自助自修之一大機關矣라此議一發에各處同胞의倡作者가紛紛而來ᄒᆞ야樂輸多金ᄒᆞ니已爲入欵이不少ᄒᆞ고且擬會數月에自會所로以遂其處에將次大興ᄒᆞᆯ兆侯가有ᄒᆞ니於內外之事에何等幸福이리오凡美國人도聞慨嘉之ᄒᆞ야許以誠心力贊者ㅣ多ᄒᆞ니

嗚呼라我能自助ᄒᆞ면天必助之ᄂᆞᆫ運勢昭然이라凡我大韓人士ᄂᆞᆫ無論在外在內ᄒᆞ고上下男婦老幼가宜各出誠力ᄒᆞ야以助成大事ᄒᆞᆯ지어다同胞同胞여回首東天에[illegible]이慘澹ᄒᆞ야非復舊面目이로다嗚咽其何堪이리오

北美諸省大同教育會會員
安定洙　金燦一　枷性存
金宇濟　邊昌洙　金承濟

本記者가對此韓國人十之駐在桑港者하야厚厚히慚愧ᄒᆞ고攢賀ᄒᆞᄂᆞᆫ情을表示ᄒᆞ얏거니와惟其愛國思想과獨立氣槩가奮發於流離困頓之中ᄒᆞ야百難不挫ᄒᆞ고萬折不撓ᄒᆞ야社會를組成ᄒᆞ며學堂을設立ᄒᆞ며新聞을發行ᄒᆞ야아모조록同胞의智識을開發ᄒᆞ야宗國의權力을回復ᄒᆞ기로目的을確立ᄒᆞ야血誠으로做去ᄒᆞ니所以로此港에駐在ᄒᆞᆫ韓人은其數가不滿千人이나名譽之[illegible]ᄂᆞᆫ高出於日人清人之上이라此內地二千萬人衆도發達進取의思想이彼桑港에住在ᄒᆞᆫ人十分一ᄒᆞ면孰敢侮之며孰不畏之리오今此大同教育會之[illegible]立에對하야一般勞動者가皆樂輸捐金ᄒᆞ며美國人士도亦皆誠力贊成ᄒᆞ니其進步發達之實狀을於此可見이니凡厥內地同포도讀此趣旨ᄒᆞ면宜其有感而興起者오亦當有表示其同情之舉라ᄒᆞ노라

官報

●三千五百二十五號　光武十年八月七日

◉敍任及辭令

○任農商工部農務局長　正三品徐丙肅○兼任農商工部礦務局長　鐵道局長崔相敦○農商工部主事李文夏　正三品邊永鎭　任農商工部參書官○任法部參書官　韓城裁判所判事張燾○任安岳郡守　靈光郡守尹喬榮○任靈光郡守　正三品俞鎭贊○任淸道郡守　羅州郡守閔泳采○任求禮郡守　英陵令李大鎬○任東萊郡守　陸軍副領尹元求○任金海郡守　議政府參書官梁弘默○任漆原郡守　시講院시從官李紹鍾○任萬頃郡守　시從院左시御申慶均○任郭山郡守　시從院右시御洪陞憲○任宜寧郡守　正三品李年煕○任榮川郡守　正三品金敎宣○任草溪郡守　正三品沈圭煥○任麗水郡守　六品李在夔○任沃溝郡守　正三品黃會淵○任永春郡守　正三品洪昇淵○任潭山郡守　前議官李錫國○任延日郡守　內部主事權泰煥○任長水郡守　礪山郡守朴奎成○任石城郡守　正三品嚴柱完○任龍川郡守　六品丁相燮○任延豐郡守　正三品柳錫駿　以上八月三日　完

●三千五百卄六號　光武十年八月八日

◉宮廷錄事

禮式院禮式卿李寧泰自劾疏
批省疏具悉所請에何必爲引卿其勿辭行公　八月四日

部令

●內部令第七號

本部所管警務廳及各地方警務署의權任、巡檢、廳員、使隸의旅費支給規程

一　權任、巡檢及廳員使隸가公務를因ᄒᆞ야內國에旅行ᄒᆞᆯ時ᄂᆞᆫ左表를依ᄒᆞ야旅費를支給홈이라

但船車馬費ᄂᆞᆫ臨時認准을得ᄒᆞᆫ者에限ᄒᆞ야支給ᄒᆞᆷ

一　內國旅費支給規程第四條ᄂᆞᆫ此에准用홈이라

名稱	權任	巡檢	廳員	使行隷
滊車及船費	三等實費	仝	仝	仝
車馬費每十里	卄錢	卄錢	卄錢	卄
日當	三十錢	卅錢	三十錢	
宿泊料每一夜	五十錢	五十錢	五十錢	卄錢
食卓料	三十錢	卅錢	三十錢	四十錢

一　本令은頒布日로부터施行ᄒᆞᆷ이라

光武十年七月二十五日　內部大臣李址鎔

外報

●新總督任命　倫敦電音據ᄒᆞᆫ則俄都來電에前極東總司令官리네위치將軍은討伐總督으로被任되야秩序回復을行ᄒᆞ고且皇帝의게忠實ᄒᆞᆫ軍隊를糾合ᄒᆞ야訓練ᄒᆞᆫ다더라

●德國의極東海軍　德國이東亞에排備ᄒᆞᆫ軍艦이裝甲巡洋艦二隻、巡洋艦一隻、砲艦一隻、驅逐艦二隻、河川所用砲艦二隻、通報艦一隻、해오大巡洋艦오가이젠、아우쑤스다號를加ᄒᆞᆫ디인則現時海軍보다勢力이顯著히增加ᄒᆞᆯ지라더라

雜報

●俄將極東觀 렌넨칸푸將軍幕僚某將校가俄國新聞노ー웨위레미야記者의게日俄戰爭에免不得호事를說하야日렘넨칸푸將軍이該記者에日露再戰의불可止호거슨言及하얏스나然하나極東再戰說은猶然有力호意見을不失하얏도다俄國은一인이라도今回講和로써昔時休戰으로知치안는者가無하니현今에日本인銳眼으로俄國의言을詳白호야實로可乘호機會가有하면再次挑戰을不辭호더인데然而謀恰호彼得堡에서는極東의事情을不通하고今日靜寢이他日戰塵이一震호時機인줄을不自홈과如호지라特히日본의注意不怠호거슨日청關係라此關係는彼來大紛雜을釀成호事因이니今에日본은亞細亞侵略에無허其爪牙를남청地方에延及하고청國도亦昇柔順호性을圖하야日본의侵略을不拒하는模樣이오또도로혀日本인과共히我等을對敵코자하며昨今에至하야는청國兵도亦是與不可侮할者이오袁世凱이有意하야萬事를청國에荷擔하얏스니此亦不可慢忽할거시오何如間日청兩國의排外思想은日日增長하야殊혼入地는漸漸暗濟하도다 未完

●政界譏評 每週日에御前會議를二次式開設하야昨年以來久任責成호各部御覽日記에事項을考准호즉政府에서所謂行政은統監府勸告를准行하기에念不及他하야一無自由하고니部에는守令擇差에地方刷新이라하며니褒貶殿最와인民呼訴에郡守免官이一政이오緬以警察擴張하야日本警官雇聘이二政이오學部에는학務를擴張이라하야經費巨額을支出허되官公立學校가反不如有志者之私立學校요度支部는財政整頓이라하나借款大數는消耗에費用하고巨款支出을大臣은莫知허고農商工部는農商工業을官施호다하나五局을設施에外인을雇聘하야官制改定이全然行政이오法部는刑法大全을實准호다하나用法에不明하야各裁判所에서法出入으로翻訟이浩煩에至有刑事拘拿之舉하고軍部에는所謂軍政改良이專事減省兵額하고尉官換隊가一大政이라久任責成에施致改善호案件이一無可擧事라더라

●服色區別 警務監獄署長代辦李憲珪氏가該署押牢等의服色과與平民과有別케하기爲하야其新着上衣는以黑氈爲之하고以紅氈으로繡其監字하야以票獄卒케하얏다더라

●賣買同罪 大丘郡坡底에居生하는金召史가七歲女兒를청人의게捧價五十圓而放賣호는事가綻露되야該金召史는大丘警務署에拘囚호고청人은知機逃躱홈으로現今詗捕중이더라

●詗探姜跡 典饍姜錫鎬氏를詗捉호次로京畿觀察府에서巡檢十一人을龍仁等地에派送호야秘密詗探하되蹤跡을尙未搜得이라더라

●訓報稅額 내部에서各道觀察府로訓令호기를管下各郡에正供及雜稅와僚民所納等事項을一一成冊호야昭詳報來호라호얏다더라

●森林會社로提議 昨日은即水曜日이라各大臣이御前會議를設行호얏는데問題는森林會社設施에關호事項을提議호엿다더라

●函請保護 溫陽溫泉에日人이病療廠를設施호고特派호다호더니統監府에서내部로公函호되該郡에訓令호야保護홈을請호얏다더라

●身名俱戮 日本司令部에波因호金升旻氏에來歷을經聞호즉原來家庭之訓과淵源之受가確有호者라去番登對時에時弊를敷奏之事가有호며且北方에敎育을倡起호事로上奏호야자自를蒙호얏는데一朝에猜忌를被호야術客이라指目호고其處에構납호야此境에至호얏스니或反對日本黨으로被禍호면有無罪間에可以無愧어니와若以術客으로不免其厄이면眞爲冤抑이라其身을可誅언정其名은不當誅也라고호더라

●投印於外人 淸州郡海安里金致信獄事에對하야淸州牧裁判所에서審查호次로該郡守金重培氏와面間各人을行將押上之際에金郡守가擅自越境하야方欲搭乘輪船홈으로使人挽止則六穴砲로欲爲發彈하고該印章은不傳於署理郡하고替給於日인荒川留重郞호지라牧使조鍾桓氏가聞知此事하고印章은該日인에게再三懇請하야繼得推還이다더라

●价倅長逝 价川郡守朴正[illegible]氏는卒以身病으로在任長逝호얏다더라

●何故詗探 前驪州郡守李晙[illegible]氏는有何事案인지水原觀察府警務顧問支部에서巡檢을京城에派送하야四處詗探中이라더라

●總巡免官 咸鏡北道觀察府總巡李圭[illegible]氏는罪人을推捕可는데該罪人에게預先通知하야使之逃躱케호事가이現露하야내部에서免官하얏다더라

●更云交涉 내部에서統監府와交涉하야平壤外城加占地段을還推케하얏다하고李大臣이自語하야其實은尙不還付故로平壤[illegible]가上京하야該事由를내部에進日呼訴하나毫無動念홈으로地方局長鄭鳳時氏가陰曆八月내의는左右間歸決하기로定期하고統監府와更爲交涉한다더라

●家屋分等 日인이家屋基址의等級을分定하얏는데自남大門으로自長洞까지는一等이오自此로芋竹洞까지는二等이오自此로山林洞以下는三等으로作定하야典貿間賭等行錢호다더라

●獄囚剃髮 日前警務監獄署에서監囚一年以上者와懲役諸囚를一體剃髮케하얏는데該罪囚等이皆爲樂從而唯獨一人이勉强剃斷後에擇其所髮之最長者幾許하야緊緊裹實而言曰吾當放釋之日에此髮을奉進于父母前하야以爲今日之紀念이라홈이觀光諸人이視其人則乃是年前始興民擾狀頭成禹卿이라더라

●撤移寬限 統監伊藤侯가내部로照會하고龍山軍用地區域내所有農作物은八月十日내로墳墓는九月十日내로一齊撤去케하되如或過限不移면當自我駐箚軍司令部官憲으로써拌卽撤移호役其役費는請撥於貴政府라하얏는데내部에서는其限日拔迫호즉農作物의撤移는八月三十日로하고墳墓撤移는九月三十日로更定寬限하야俾民展力케하라하얏다더라

●民土비償 統監府에서駐箚軍司令部請求를因호야內部로照會호고溫陽郡溫泉里에療養所基址로劃定호區域을別紙에圖繪送交호니其線內에所有호略干民有田土는早直비償호야俾免民冤케홈이이니餘此諭飭호라호얏는데내部에서는更當發訓該郡이라고答復호얏더라

●餘黨跟捕 所謂셩別入侍等[illegible]人을已爲懲勘호고餘黨崔炳[illegible]周金大鏞李仁淳鄭煥德曹世煥金炳郁張斗煥七人은在逃未捉홈故로方今跟捕中이라더라

●立校方針 城津郡民李觀植氏가學部에請願호기를本郡所在公立小學校에는只有敎員而無一箇學徒之蒙學故로其하校擴張호方針을放飭目仰報호니政爲採用호리라호얏다더라

●請付官費 日本留學生鄭雨植等이留學三四年에囊乏分資호야學費繼紹호니特付官費生호야使無半途之廢케호라호얏다더라

●當推비償 高靈郡守李憲昌이農商工部에呼訴허기를星州郡伽南村後羅山所在本人先塋을近定之地에日人으로島佐次郎이採金하는故로本郡에移葬費를[illegible]日人에게徵給케하얏스되[illegible]郡에招致日人하야移葬費를[illegible]償케호使即비償케하얏다더라

●打殺役夫 [illegible]典洞居朱永明爲名者가[illegible]十二日[illegible]之致로[illegible]山하야負役從事러니[illegible]日에[illegible]인에게[illegible]가[illegible]인[illegible]鐵杖으로[illegible]骨하며[illegible]浪藉[illegible]하니同負[illegible]인[illegible]之歸家[illegible]泉이라亡인之妻與子가[illegible]하니卽時捕捉[illegible]之어니와[illegible]妻與幼子가手撫尸體하며[illegible]埋葬이라고呼天而哭호다더라

詞林

喜雨　南嵩山人

三旬苦旱熱　一雨生秋凉
上天慈衆物　普土沐恩光
庭樹益彫[illegible]　野青蘇萎黃
何必勞祈禱　家家祝歲穰

雜報

●冤鬼哭訴 義州妓女葉梧之冤鬼片白丁之冤鬼等이니以冤鬼等이緖次로冤情을伏陳ᄒᆞ올데小刊梧葉은生於灣ᄒᆞ와入於妓籍에致富가以爲ᄋᆞ萬兩之多이온데惡病이侵身ᄒᆞ야生不如死故로墜井自斃ᄒᆞ야以免病苦이온데總巡朴文淵이가派巡把守에小刊之家屬게며女婿와姪子ᄭᆞ지一切捉囚警署ᄒᆞ고曰命案이라賄賂에家產이怕其ᄒᆞᆫ즉鐵錢千元을賄賂後에야使小刊身體로成殯出葬ᄒᆞ얏사오며小人片白丁之刊ᄂᆞᆫ訴ᄒᆞ옵기ᄂᆞᆫ小人刊의兒孫孫이가[illegible]之下賤으로致富于九六千圓洋이온디라小人之兄이病死後에小人亦身病으로自處이온데總巡朴文淵이가埋葬一朔에掘檢을能行ᄒᆞ고亦曰小人之妻嫂가殺之라ᄒᆞ고多數用刑而不勝懸苦ᄒᆞ야洋錢八百元을叩乞 之給衣弱飯으로遂給ᄒᆞ니淵ᄒᆞ고야小 之屍를更進ᄒᆞ고小人之妻嫂ᄂᆞᆫ偕放免刑ᄒᆞ얏사오니小鬼等이入於閻王殿ᄒᆞ야一女의呼訴를傍聽ᄒᆞ則曰朴文淵之義州에婦妾也라文淵이가自京歸來ᄒᆞ로妾이通奸他人이라日三亂打ᄒᆞ온디라文淵仕進警署後打殺文淵之福具히고偷食鴉片而當日致死나無處呼冤ᄒᆞ야絶ᄒᆞᆫ데[illegible]兒乎妾家을渠自能賣ᄒᆞ야稱曰喪費還葬라故食에以七十老母로於于寒地라稱冤을細細이得聞이오며小刊等이朴文淵을行刺轍讎코져往于警署이온즉七十多箇巡檢輩이羅列에不敢出意空返에忽聞縛打之聲故로擧耳聽之ᄒᆞ오니可憐哉라劉元章이여自監理署로獻杖十七度에肉裂骨露者을元章과文淵은隻者也枷桍周年ᄒᆞ야幾至死境에又以處役十年云ᄒᆞ니豈不冤哉아噫彼文淵이與小刊等으로相逢之日에는可雪一仇이오다且向日灣民呼寃이란中에總巡이得見ᄒᆞ고下有司崔信模을招請에千兩錢을還給ᄒᆞ고勸諭曰二千兩皆捧이라奉稟ᄒᆞ고執綱金永煥을相議後依冤執綱이나去去尤甚이監理署警署가皆聽從永煥獻策ᄒᆞ니乃成風雲的造化也라少刊等生不堪當에紹介ᄒᆞ能적이오니伏願發報廣布라고本社에投書ᄒᆞ얏더라

●(講所盛會)平壤日新學校內에夜學課로法學講習所를設立하고講師는該校教師安秉瓚氏로薦定ᄒᆞᆷ은已記어니와日前에講習員六十餘人이互相親睦ᄒᆞ고講師를接待ᄒᆞ기爲ᄒᆞ야大同江에서船遊ᄒᆞ면서愛國歌와閔忠正公血竹歌를互相唱和ᄒᆞ얏는ᄃᆡ初有盛況을呈ᄒᆞ얏더라

●北校夏試 咸鏡北道觀察府公立小學校에서夏期試驗을經ᄒᆞᆫ後七月廿二日에放學ᄒᆞ얏는ᄃᆡ甲班優等生은崔晳岳李雲穉이오乙班優等生은崔錫峻金河鏞朴時俊이오丙班優等生은李黃龍李沚鵬이오丁班優等生은李鳳孫金龍錫崔天錫이오初入學優等生韓命祿李得孫인ᄃᆡ該校教員金昶淸氏가大韓地圖와罫紙와鉛筆等物로分等施賞ᄒᆞ얏다더라

廣告

本人의先山이在於安山郡谷이온ᄃᆡ崔黍奉光汝가偸賣코져ᄒᆞ오니內外國人은切勿見欺흠
山主 李國鉉 告白

本人이居間皮商輸處에六千兩得債ᄒᆞ엿더니昨年十月分閉市後商業會議所에請願ᄒᆞ와出標濟帳ᄒᆞ야드린詳願書에照載ᄒᆞ야僉位가洞知ᄒᆞ신바天一銀行에一百二十四号一百二十五号二片二十萬兩趙鎭泰處一百二十三号一百五十五号二片十萬兩李吉善處二百十二号二百十三号二片十萬兩張駿遠處二百〇五号二百〇六号二片十萬兩李윤庸處二百十四号一片五萬兩劉한國處二百十一号五萬兩合六十萬兩이라銀行에서昨年自六月로新舊標을出納아니ᄒᆞᆫ故로本人이舊標을未得換來ᄒᆞ고閉市出他가되얏더니今開皮某가遂 身故ᄒᆞ나玆廣佈ᄒᆞ고右開号外標ᄂᆞᆫ休紙施行ᄒᆞ오니內外僉位照亮흠
劉世炳 告白

本人姓名圖章閒失知舊用照亮
宗橋布木廛 魯敬淵 告白

慶尙南道宜寧郡守李容敎氏下車之初에[illegible]察民情實心做治而所謂邑貴捷定條葉四萬兩官廳排斥[illegible]一並勿施設立學校補助葉五百金ᄒᆞ고挾雜十豪輩와官隷出村作弊者嚴禁斷ᄒᆞ니一閤境人民爲支保ᄒᆞ더니上年十月分邑氏因私故ᄒᆞ야有裝束之擧故로一邑居民이[illegible]借寇於觀察府指令內開衆情之所歸와太守之所賢을可知[illegible]有措處矣리니退待向事而今夏不幸遞下一邑老少民이[illegible]三日終不[illegible]仍卽發車故[illegible]呼籲[illegible]不下ᄒᆞ고狀[illegible]不出ᄒᆞ고[illegible]民如[illegible]哺此農節[illegible]民情[illegible]呼訴何處乎民情을若是不察ᄒᆞ오니不勝冤抑ᄒᆞ와玆以廣佈흠
田邦熙 許선 告白

◉民事訴訟代理와刑事辯護及一定法律에關ᄒᆞᆫ事務를迅速處理흠
漢城南署茶洞第十七統八戶
辯護士 正三品 李冕宇
法律事務所
事務員 博士 李肯珠
博士 [illegible]

本人의從[illegible]文[illegible]이性本浮浪ᄒᆞ야符同他人ᄒᆞ야本人의田畓을將欲放賣ᄒᆞ고又欲出債於他故로玆에廣告ᄒᆞ오니內外國人은切勿見欺後悔흠
果川南面山本 韓文植 告白

本人의六寸春一이素以悖類로投入一進會ᄒᆞ야藉其會勢而勒脅本人ᄒᆞ야討索錢財타가盜去本人之田畓執記ᄒᆞ고聲言將欲典食云ᄒᆞ니該執記ᄂᆞᆫ萬無推還之道而其凶肚悖心은無不到ᄒᆞ야玆以廣布ᄒᆞ오니內外僉君子ᄂᆞᆫ無論某事件ᄒᆞ고金春一의做事ᄂᆞᆫ切勿見欺흠
富平우골 金成之 告白

◉八月八日開業廣告

本銀行은今月五日에株主總會를開催ᄒᆞ고重役七員을選定ᄒᆞ고開業日字를定ᄒᆞ얏스되其營業目錄은如左ᄒᆞ오며諸般業務를信實이執行ᄒᆞ깃사오니僉位ᄂᆞᆫ陸續來臨ᄒᆞ시옴

資本金十五萬圓

營業要目
一 儲任置金
一 貸付金及[illegible]
一 割引手票(預滅)
一 有價證券賣買
一 金銀貴品及諸證券保護
一 任置

光武十年八月日
株式會社 韓一銀行
取締役五員
趙秉澤 孫錫[illegible] [illegible]
朴泓鉉 白[illegible] 趙彰[illegible]
監査役二員 [illegible] 成文[illegible]

本人의庶兄[illegible]改名은一悖浪輩產數年來數萬金被害于本人而方與雜類又欲出債稱藉本人이오니內外國人은切勿見欺後悔흠
義州松長面居 黃學一 告白

本會社에서[illegible]山木浦等地에鐵道敷設ᄒᆞ기로光武八年分에政府認許를承有ᄒᆞ고鳥致院에서江景浦ᄭᆞ지已往初測이온바現行實測而全州ᄭᆞ지連續起工이오며股金은株式으로募集ᄒᆞ되一株에新貨五十圓으로定ᄒᆞ고每月分ᄒᆞ야收合ᄒᆞ오니有志ᄒᆞ신僉君子ᄂᆞᆫ兩大門外停車場越邊本會社로枉臨ᄒᆞ시와幾株間請及錄ᄒᆞ시고共濟一大事業ᄒᆞ심을爲希
湖南鐵道會社長 李允用
發起人 徐오淳

本郡守秦尙彥氏治官時朔視民一家治衙有績決訟ᄂᆞᆫ無抑弱[illegible]闔境[illegible]勸業[illegible]手[illegible]久口碑[illegible]之恩此外無加[illegible]永勿[illegible]흠
陰竹[illegible] 告白

●本社支社廣告
中署布屛門下 會相萬捆肆
洞口越便 朱翰榮冊肆
中部農洞初入七 鄭禹澤
十八統第二戶
大韓每日申報社

廣告
民事訴訟代言과刑事辯護及定願問과諸文案起草等諸般法律事務를迅速處理ᄒᆞᆷ
漢城南署上油洞二十九統七戶
二層洋屋
辯護士 前檢事 正三品 洪在祺
法律事務所

廣告

廣告

● 刑法大全 一秩定價金 新貨六十錢

牧民心書一秩 一圜二十五錢
耳談續纂一冊 七錢五里
溫故知新堂㙟鈔 七錢五里
父師必讀小學指南 七錢五里
人工養蠶鑑一冊 十五錢
萬國地誌三冊 一圜
農政新書 五十錢
法學通論 一圜
尺牘完編 一圜五十錢
大韓地誌 七十五錢

發賣所 布屛門下金相萬書舖
大韓每日申報社

△이것보시오 改良廣告▽

前에는理學을不分科目ᄒᆞ고纂述ᄒᆞ얏더니第八號부터는一分科식詳細講義ᄒᆞ되爲先物理學講義를纂述ᄒᆞ깃기로玆에廣告ᄒᆞ오

南大門內尙洞數理學雜誌社

●特別社告

本申報社內에特別히附屬品으로活字를更備ᄒᆞ야書籍印刷所를設置ᄒᆞ얏사오니印書를要ᄒᆞ시는僉君子는來臨相議ᄒᆞ시옵

大韓每日申報社 告白

印刷

● 九轉靈砂라 本人이妙方法을神傳ᄒᆞ야製造ᄒᆞᆫ靈丹인ᄃᆡ男女老少에無論何症ᄒᆞ고通治ᄒᆞ오며無病時에도服ᄒᆞ면平生의[illegible]가健壯ᄒᆞ며小兒는周歲後服ᄒᆞ면十歲안에無病ᄒᆞ기를擔保ᄒᆞ오며

● 九轉靈砂萬[illegible]丹은癲狂 病症과中風諸疾과耳目諸病과淋疾에神效ᄒᆞ오

● 九轉靈砂保命丹은初生小兒 驚風 癎氣 咳嗽 腹痛諸般疾과婦人帶下症에神效ᄒᆞ며

● 九轉靈砂淸袞丹은酒滯 食滯 血積 吐瀉 霍亂 痢疾 吐血 下血 運氣 時疾 病症에神效ᄒᆞ오

● 九轉靈砂紫金丹은痔漏 累[illegible] 上痔瘡 下痔瘡及唐瘡과諸般瘡瘍惡種에無不神效ᄒᆞ오니 僉君子는來問ᄒᆞ시오

內醫司前두간이골上隅第一家 李鶴延 告白

一 [illegible]牛乳
一 [illegible]印[illegible]牛乳
一 [illegible]家用氣化[illegible]
一 [illegible]
[illegible]牛[illegible]

大韓仁川港 [illegible]洋行

以上三種은上品으로製造ᄒᆞᆫ衛生上에至極有益ᄒᆞ니購買ᄒᆞ시ᄂᆞᆫ僉君子ᄂᆞᆫ[illegible]ᄒᆞ시옵

大韓[illegible] [illegible]商會

本社廣告

申報價

一張代金 新貨二錢五厘
一箇月前納 三十錢
三箇月 九十錢
六箇月 一元七十錢
一箇年 三元四十錢
郵稅一部 每一[illegible]五厘
一箇月 十三錢

廣告料

四號活字十三字詰
每日每行尺一寸에新貨[illegible]
(每日每行에大[illegible])
一箇日에 二[illegible]
(每日每行[illegible]五里[illegible])
一箇月에 [illegible]
(每日每行[illegible]一里에[illegible])
其期限의長短과字行의[illegible]을依ᄒᆞ야增減ᄒᆞᆷ이有ᄒᆞᆷ

◎本社地方各處支店廣告

仁川杻峴開新冊肆 李東[illegible]
平壤南山峴日新學校 金[illegible]
宣川邑橋西 [illegible]
義州南門外韓西大藥房 [illegible]
長連邑 [illegible]
鎭南浦藥濶 金仁[illegible]
咸興州南社 [illegible]
中和邑 [illegible]
釜山佐川徐藥房 金[illegible]
開城北部梨井里祥洞居培[illegible]
校副校長 姜助[illegible]
大丘郡 達城廣文社

發行兼編輯人 英國人[illegible]
發行所 京城北署[illegible]坊[illegible]洞[illegible]
大韓每日申報社

第四卷　第二百九十三號

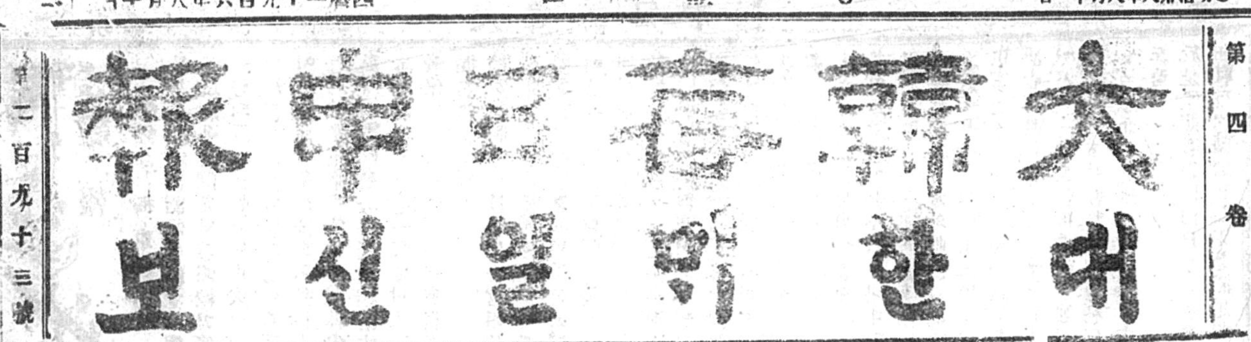

月曜及慶節歲時日休刊

檀君開國四千二百三十九年
箕子元年三千二十八年
大韓開國五百十五年
日本明治三十九年
淸國光緒三十二年
◉陰曆丙午六月大二十一日丙戌

別報

合衆密報에論日本의占據滿洲之實이如左하니

二十世紀에泰西滅亡人國之新法이多避名而取實이라竊嘗細繹中日所訂滿洲新約컨ᄃᆡ在日본에無佔據土地之名而有佔據土地之實하니夫無其名而有其實일ᄉᆡ旣杜吾國之口하고復釋列國之疑라

日本이處分滿洲一案은手段之老날巧가其與無匹哉로다昔俄日和局未結之先에日本이已倡還地取權之議러니不謂至今日에竟見諸實行하야考查事務大員은聯翩而至하고經營實業民黨은接踵而來하야或受政府之命令하며或爲社會所遣하야擧皆屬於滿洲土地上之利權은無不網打盡이라

嗚呼라權利者는土地之精華也니精華去則土地가即爲糟粕이니中國이空擁糟粕之物하고朝野上下가猶從私相告語曰以約文論하면滿洲가猶是中國之滿洲也니日本이在滿洲에不過僅得權利而已라하니曾亦思土地之權利失이면即土地之精華가亡이오土地之精華가亡이면隸於土地之人民이必受天然猛烈之淘汰하야將入於消滅之鄕而其禍必同歸於盡이라

昔의白人之入美洲에紅種土人이聚族而居者ㅣ尙數十萬衆이러니曾幾何年에所剩了餘가僅有十分之一이라日本之經營滿洲에全國이合力하야汲汲皇皇에日不暇給이라吸取滿洲利權之精華하야虎咽狼吞이一擧無餘하리니安有殘瀝點滴之留者하야足以生活土人이리오

夫人民者는充實土地之動物也니我之人民이漸滅이면彼之人民이增加하야鵲巢鳩점으로反主爲賓하야積而久焉에種族이遂易이라不及百年에伊川이其我하야滿洲一隅가將來에必爲日本海外之新闢植民地하리니此即日本無形之점據라況日客이繼居에時虞滋事하면强鄰壓蛇吞勢必不免이니萬一箇人이忿起而相持하면日本이必利用此機하야代平匪亂이라하고派兵抵境하야久不撤防하거시오或人民이知其不敵하고不敢妄動이면日俗詐謀로純用壓力하야激成輕擧하면彼乃蹈隙하야接濟匪徒하고私運軍火하리니其叵測之伎倆이無非煽成禍亂하야乘勢而[illegible]耳라不特此也오滿州權利는日本이已視爲禁臠호ᄃᆡ特迫於各國聲勢하야不敢獨咽하고陽托開放하고陰實自私하야眷眷爭先하니人難染指라

中國은僅擁主權之虛標하니列强이不向日本交涉하고事向중國要求라중國은失主權之實利하고反受主權之實害하니論名義則滿洲土地가猶屬중國이나論事實則滿洲權利가已隸日本이니豈有權利去而土地猶能常保者乎아

向使中日所締新約으로日本이明目張膽하야점據滿洲면中國人이必動魄驚心하야群起挽救하ᄅᆞ시오挽救不及이면猶或作亡羊補牢之擧이어날乃日本이於滿洲에顯避점據之名하고隱規점據之實하야使中國人으로不知亡地失土之痛케하니滿洲는已矣어니와

其爲日本人所垂涎者는在閩浙兩省이라近來日僧이4閩浙하야傳敎가日見其多하니是는埋즉弾於閩浙而暗置觸雷即發이니然後에再試還地取權之術하야以對付閩浙하리,由此觀之컨ᄃᆡ吾國之危險이獨豈滿洲已哉아

官報

●三千五百二十六號　光武十年八月八日

◉敍任及辭令

○主殿院扈衛局局長　시從院시從吳翰泳　七月三十一日○依願免本官　度支部技手許달　八月一日○시從院左시御李容台　平安北道觀察府主事申晩植　依願免본官○命弘文館學士　宮내府特進官남廷哲○命宮내府特進官　從二品李重夏○命奉常司提調　宮내府特進官沈相한○從二品尹甲炳　正三品金영鎭　任시從院시從○正三品李容台　尙方司主事李址善　任시從院左시御○任尙方司主事　崇陵令洪淳필○任崇陵令　敬陵參奉金진洙○任敬陵參奉　九品洪承箕○任英陵令　尙方司主事　金益東○任尙方司主事　經理院主事崔亘鎔○任經理院主事　主殿院警衛局主事尹泰楨○任主殿院警衛局主事　制度局主事崔重植○任制度局主事　主殿院主事張錫奎○任主殿院主事　六品鄭仲永○任洪陵令　洪陵祀丞洪承範○任洪陵祀丞　건陵令조남哲○任건陵令　明陵令金弼鉉○任明陵令　尙方司主事任百璐○任尙方司主事　主殿院電務主事李위濬○任시從院右시御　九品남廷寬○免本官　慶尙北道관察府主事徐丙升　右는該員이職在詞訟課主事하야行爲不正에因事取賄라聽聞浪藉이기是以로免本官○任內部主事　六品金希洙○慶尙北道관察府主事　忠청남道관察府主事陰存억○任忠청남道관察府主事　六品李容瓚○任平安北道관察府主事申一模　以上八月三日○命宮내府特進官　奉常司提調李輔榮○命奉常司提調　忠청北道관察使尹喆圭○依願免兼任禮式院掌禮　秘書監丞閔象鉉○兼任禮式院掌禮　秘書監丞조經○任시講院시從官　敬陵參奉洪承箕○任敬陵參奉　徐明淳○依願免本官　咸鏡남관察府主事남宮鎬○任咸鏡남道관察府主事　梁在鴻　以上八月四日○東萊監理署主事조舜元　沃溝監理署主事金佑經　依願免本官○任東萊리署主事　조志鎬○任沃溝監리署主事高永昊　以上八月六日　完

外報

●叛亂未成　法國電報에云호則구롱스타써도의叛徒는要塞에使役을と工兵及坑夫四百名과水兵二千五百名인ᄃᆡ前者工兵等은士官을已爲殺害하고곤스당징要塞을襲擊하야就眠호포兵을驚케하고士官을捕縛하얏스나意外에砲手는反抗하야叛徒의命을로砲의發射를拒하지라此時의當局의準備가整頓하야可히信賴를만하고大事勢를後에控으로叛徒가抵抗호餘의絶호지라叛徒中逮捕호七名의抗夫는十名殺害호嫌으로軍法會議에附하야即座에砲殺刑에處하얏と되暴動의原因은純然호政治的에關호者이오머라

●出洋大臣上奏　伯林電을據호則淸國出洋大臣戴鴻慈公이立憲制度事를上奏하야曰東西各習俗이有異하고又君臣에關係가不同호故로英德兩國의憲法은效倣키難하니日本의憲法을[illegible]하얏더라

雜報

●俄將極東觀 (속)

於是에記者ᄂᆞᆫ話頭를轉ᄒᆞ야朝鮮現狀을質問ᄒᆞᆫᄃᆡ該將校가答云ᄒᆞ되近者에朝鮮에重大反抗이起ᄒᆞ며日本의煽動力이有ᄒᆞᆷ이오포트마우쓰條約과幷日本의巧妙ᄒᆞᆫ策略에依ᄒᆞ야鷄林半島에셔露國勢力은旣掃蕩落ᄒᆞ고同時에日本은一躍ᄒᆞ야大國을化成ᄒᆞ야漸漸極東에霸權을握ᄒᆞᆷ에至ᄒᆞ얏스며總ᄒᆞ히彼將은老鍊ᄒᆞᆫ外交官과好個軍人으로辯捷에不醉ᄒᆞ야多經驗老成ᄒᆞᆫ者이라云云이며其次에ᄂᆞᆫ極東의將校들은日下에風說이有ᄒᆞᆫ英法俄日의政治的結合에就ᄒᆞ야意見을吐ᄒᆞ야曰만일四國協商이成立되면固然極東에風波가起ᄒᆞᆯ슈ᄂᆞᆫ絶ᄒᆞ다ᄒᆞ나[illegible]日本은非常ᄒᆞᆫ[illegible]ᄒᆞ고容易히不移主義에[illegible]向ᄒᆞᆫ思想이無ᄒᆞ니日本에ᄂᆞᆫ伊藤侯와如ᄒᆞᆫ平和主義의政治家가非不無ᄒᆞ나主戰黨의跋扈之勢ᄂᆞᆫ不可當ᄒᆞᆫ模樣인즉吾等은日本의贈物(戰爭之意)을受ᄒᆞ야畢竟도困窮狼狽ᄒᆞᆷ이無히充分準備를調度ᄒᆞ決心으로如何ᄒᆞᆫ方便을不辭ᄒᆞᆯ거시니一意로目的을達ᄒᆞᄂᆞᆫ日本人은目下에吾邦擾亂을利用ᄒᆞ야慾念을充코ᄌᆞᄒᆞᆷ이無疑ᄒᆞ도다

於是에記者가問曰日本이今回戰징에獲勝ᄒᆞᆫ結果를滿足히여기지안나나彼將校應曰主戰黨의意氣ᄂᆞᆫ甚是凄愴ᄒᆞ야尙就試戰ᄒᆞ야赫赫ᄒᆞᆫ戰징을顯코ᄌᆞ計劃ᄒᆞᄂᆞ니予ᄂᆞᆫ도로혀昨年媾和條約을締結치안코서戰징을繼속지아니ᄒᆞᆫ거슬憾ᄒᆞ며但過去ᄂᆞᆫ불追라現時急務ᄂᆞᆫ西伯利鐵道를複線으로ᄒᆞᆷ에在ᄒᆞ니予ᄂᆞᆫ此를主唱ᄒᆞ야또ᄒᆞᆫ極東의繁榮을遂ᄒᆞᆯ方法인줄노信ᄒᆞ노라ᄒᆞ얏더라 (完)

●社會可歎 昨日大韓日報에[illegible]布ᄒᆞᆫ情形을論ᄒᆞ얏ᄂᆞᆫᄃᆡ韓國人民이移住ᄒᆞᆫ該地ᄂᆞᆫ가六千餘名에達ᄒᆞ지라其[illegible]團體[illegible]一箇國體를成立ᄒᆞᆯ[illegible]議述ᄒᆞ얏고本國[illegible]二字가尙未誕生ᄒᆞ야二千萬同胞에二三人[illegible]不見ᄒᆞ얏다ᄒᆞ얏스니果是韓國現狀에對ᄒᆞ야頂門一針이로다余輩所見으로此內地社會를評論ᄒᆞ면自由活動과一[illegible]舍ᄒᆞ고다만賣國社[illegible]會뿐이니奈何奈何

●擇人耶 內部警務局과警務廳에서警務刷新ᄒᆞᆫ次로警官을擇用ᄒᆞᆫ다더니近觀其擇用者則皆如李政秀氏之類也라同李氏ᄂᆞᆫ文不知天字後股ᄒᆞ고辨不過粗解日語ᄒᆞ야擧昧警務之爲何等事件者를拘於顧問丸山氏之勸告ᄒᆞ야敍任其總巡ᄒᆞ고又將陞差於警務官이라ᄒᆞ니其警務刷新도可知오人才擇用도可知라警務使朴承祖氏ᄂᆞᆫ無足可責이어니와警務局長兪星濬氏의沈默推過가可謂察其職而盡其責行ᄒᆞᄂᆞᆫ지亦所慨然者라ᄒᆞ더라

●醉罵大臣 再昨日下午十時量에園洞李內大家門前으로過去ᄒᆞᄂᆞᆫ康洪彬氏가以其醉語로高聲大呼曰近日所謂大臣宅門前은何如是輝煌고ᄒᆞ며言辭乖當ᄒᆞᆷ으로李內大家隷가出問其語頭ᄒᆞᆫ즉康氏曰世人이皆謂五賊七賊ᄒᆞ되吾則獨不言賊字라ᄒᆞ며橫竪說去라가該坊支所巡檢의게被縛而去ᄒᆞ얏다더라

●鳩山新校 忠淸南道公州郡維鳩鄕에有志紳士가合資設校ᄒᆞ야名曰鳩山학校라ᄒᆞ얏ᄂᆞᆫᄃᆡ發起人은前參判[illegible]觀察[illegible]丞吳鼎幹[illegible]文秀氏오校長은公州觀察使[illegible]金[illegible]氏오[illegible]相禹氏로定ᄒᆞ고[illegible]式을行ᄒᆞ고入學生徒ᄂᆞᆫ三十人이오인次被選者가三十二人인ᄃᆡ學科ᄂᆞᆫ修身倫理國한文讀書作文歷史地誌算術日語體操[illegible]다더라

●兩倅拘拿 前金堤郡守조禮錫前康翎郡守閔泳恪兩氏ᄂᆞᆫ法部에서拘拿奏本을奉旨ᄒᆞ얏ᄂᆞᆫᄃᆡ조禮錫氏ᄂᆞᆫ金堤在任時에重囚逃失ᄒᆞᆫ事件이오閔泳恪氏ᄂᆞᆫ康翎在任時에獄事失檢ᄒᆞᆫ事件이라더라

●請禁刈柴 廟洞居鄭麟采가農商工部에請願ᄒᆞ기를本人의草坪이在於高陽杏洲幾島而一進會員이稱以陳荒地에承認於本部라ᄒᆞ고將欲開墾ᄒᆞ며阻戱刈柴ᄒᆞ니發訓禁戢케ᄒᆞ라ᄒᆞ얏다더라

●官有無証 西署冷洞所在前京畿道京主人都家를養閨義塾에附屬ᄒᆞ야塾舍를擴張케ᄒᆞᆷ으로學部에서該塾長의請願을因ᄒᆞ야漢城府로發訓査覈케ᄒᆞ얏더니漢城府尹朴義秉氏가報告ᄒᆞ기를當初京主人等이買得該家에以爲執務會議之所라가及其京主人革罷之後에轉賣易主가已經多年인즉今此養閨義塾之[illegible]ᄒᆞ야認作官有ᄒᆞᆷ이有何証據인지極涉滋惑이라ᄒᆞ얏다더라

●會議諸件 昨日下午二時에政府의셔會議ᄒᆞ얏ᄂᆞᆫᄃᆡ該議案은農商工部에서提出ᄒᆞᆫ新官制可決實施件과治道線路測量次로日本人技師技手工夫聘雇[illegible]丘平壤群山等地에派送ᄒᆞᆫ旅費支出件과政府參書官洪鍾茂敍任件과軍器見失郡守徐相勛等四人과監獄署長金琪漢免官件이오郡守敍任[illegible]案은初不提議ᄒᆞ얏다더라

●民情可矜 蘇島民人等이[illegible]設[illegible]田土[illegible]閣ᄒᆞ고土價ᄂᆞᆫ無一分[illegible]事件으로學部에[illegible]呼冤[illegible]ᄂᆞᆫ本郡에亦爲[illegible]蘇島民[illegible]去[illegible]訴狀을[illegible]部에서[illegible]이라가始於日昨에往訴于農商工部ᄒᆞ라고題給ᄒᆞ얏다니[illegible]給이何其[illegible]其將推諉於何部일지民情이可憐이라ᄒᆞ더라

●身故執行 金山郡守林承[illegible]氏가京城居金[illegible]玉氏와有何關係이든지金氏身故後에金氏의家産什物을執行ᄒᆞ야公納에充補케ᄒᆞ야달나고度支部에請願ᄒᆞ얏다ᄒᆞ니身在守令ᄒᆞ야莫重公錢을高限內에期於上納이可也어날金氏의게公錢을出給ᄒᆞ야自巳의私慾에充肥코ᄌᆞᄒᆞ나가及其金氏身故後에度支部에督捧充公케ᄒᆞ야달나고請願ᄒᆞ니近者에ᄂᆞᆫ地方官이上납을闕납ᄒᆞ고度支部치안코自巳親切ᄒᆞᆫ人을주어私慾에充코ᄌᆞᄒᆞ다가敗ᄒᆞ면[illegible]額에利益을得ᄒᆞ[illegible]度支部에請願ᄒᆞ야[illegible]公[illegible]充[illegible]ᄒᆞ야달나ᄂᆞᆫ格式이有[illegible]드면[illegible]分[illegible]私利[illegible]가[illegible]달나ᄂᆞᆫ거[illegible]格[illegible]ᄒᆞ[illegible]慣用ᄒᆞᄂᆞᆫ手段이라고ᄒᆞ얏[illegible]

●[illegible]競遞 京畿觀察使[illegible]淡氏ᄂᆞᆫ水原人民等[illegible]期[illegible]議遞[illegible]

●[illegible] [illegible]州[illegible]氏ᄂᆞᆫ牧使[illegible]氏[illegible]으로[illegible]서[illegible]改定ᄒᆞᆫ다더라

●[illegible]用[illegible] 黃州郡에ᄂᆞᆫ日本丁兵이自京來往之際에道路橋梁修改之費와日本守備隊兵之住接處所修繕所入費로나用[illegible]郡公錢否而尙未承撥ᄒᆞᆫ錢이一萬五千二百六十七圜이라ᄒᆞ니韓國財政은竭於日人之接待ᄒᆞ리라더라

●宮屬陶汰 義親王殿下께서宮屬의煩弊ᄒᆞᆷ을厭避ᄒᆞ야授册時붓터除禮ᄒᆞᆷ을上疏ᄒᆞ시미니至今宮屬差知幹以下隷屬等을陶汰ᄒᆞ얏다더라

●只餘一朔條 向日外部廢官時의ᄂᆞᆫ顧問官須知分氏가度支顧問官과交涉ᄒᆞ고三朔月俸을支出ᄒᆞ야解散ᄒᆞᄂᆞᆫ[illegible]以下使令等一年[illegible]部[illegible]聯의서도[illegible]一年[illegible]官을請求ᄒᆞ얏더니[illegible]外部[illegible]

[illegible]

雜報

●南氏貴校　仁川港永化學校之興旺은業已稱賀ᄒᆞ던바어니와該校에셔經費가太半不足ᄒᆞᆷ을每歎不已라本港監理署理南麟熙氏도亦是該校에財政窘絀ᄒᆞᆷ을常切慮ᄒᆞ더니該校之請願을因ᄒᆞ야該署所屬升斛考覈移屬于該校而經費之萬一을補用케ᄒᆞ니該校徒弟들이該氏에게對ᄒᆞ야感謝ᄒᆞᆷ은不必多言이어니와本港有志人士들이該氏의教育上熱心을稱頌ᄒᆞᆷ을莫不感服ᄒᆞᆫ다더라

●西人好義　從來西京人士의許多義擧ᄂᆞᆫ本報에屢已揭載어니와日前聞ᄒᆞᆫ즉平壤日新學校教師安秉瓚氏의父親前議官翼淸氏가日前에有事ᄒᆞ야去ᄒᆞ얏다가回還ᄒᆞᄂᆞᆫ時에西京紳士鮮于彦金義道崔錫煥朴鳳輔吳胤善鄭仁淑金鎭植方鏞柱朴肖益安泰國金尙烈金丙植崔叡恒金壽哲氏等이相議曰安翼淸氏ᄂᆞᆫ忠義之士라其父親이現將回還ᄒᆞᄂᆞᆫ데吾儕가不可無贐行이라ᄒᆞ고錢財與食物을多數擧助ᄒᆞ얏다ᄒᆞ니諸氏等의輕財好義ᄒᆞᄂᆞᆫ心은참可頌ᄒᆞᆯ만ᄒᆞ더라

●大同試驗　平壤大同學校에셔法律課를增設ᄒᆞ고教師ᄂᆞᆫ日人法律學士井上源賢齊藤濱五郎諸氏가熱心教授ᄒᆞᆫ다ᄒᆞᆷ은本報에記載ᄒᆞ얏거니와該校에셔今番[illegible]試驗을經ᄒᆞ고[illegible]

…ᄂᆞᆫ蔡監玉車宗鎬金寬鉉黃錫圭田德龍鮮于翰諸氏라더라

●教師陵松　淨土教會에셔奉恩寺에教會를設置ᄒᆞᆫ다藉稱ᄒᆞ고宣陵靖陵의禁養松楸를恣意斫伐ᄒᆞ되該陵官과山直이此를禁止코져ᄒᆞᆫ則肆威恐嚇ᄒᆞ야斫伐肆行ᄒᆞ니畢竟陵寢所在地에禁養ᄒᆞᄂᆞᆫ것도保存ᄒᆞᆯ기가萬無其望이라더라

●院簿傳掌　通信院을廢止ᄒᆞᆫ지라前後文簿를今才了勘ᄒᆞᄂᆞᆫ데該院一切物品을昨日度支部에셔轉掌ᄒᆞ얏다더라

●四次雩祭　旱餘一雨가尙未解渴故로掌禮院에셔上奏ᄒᆞ고今日第四次祈雨祭를北壇에設行ᄒᆞᄂᆞᆫ데正卿으로祭官을定派ᄒᆞ야虔誠ᄒᆞᆫ다더라

●狂童歸眞　新門外居ᄒᆞᄂᆞᆫ秦光錫의子가年今十七歲라年前에官立小學校에受業ᄒᆞ더니偶然失性ᄒᆞ야醫藥이無效에狂悖가滋甚ᄒᆞ기로其父兄도莫可奈何ᄒᆞ야醫請度外에但叫速死ᄒᆞᆯ뿐더러其隣人街童이見輒指狂ᄒᆞ야容接無處러니普成學校長金重煥氏가其靑年失眞ᄒᆞᆷ을矜惻히여겨該童을該校로招留ᄒᆞ고性質의天然ᄒᆞᆫ理와學問의有益ᄒᆞᆫ言으로撫喩安靜케ᄒᆞ고進退居處를皆定規則ᄒᆞ야不使廢人接話ᄒᆞ며又不許他人嘲戱ᄒᆞ니自此以後로秦童의心志가稍整ᄒᆞ야亂言을不發ᄒᆞ고悖行을不作ᄒᆞ야儼然히眞實ᄒᆞᆫ學徒가되니秦童의父母兄이金重煥氏의教育方針이反狂就[illegible]ᄒᆞᆫ惠澤을感謝ᄒᆞ얏더라隣近老少들도亦一異事라ᄒᆞ더라

廣告

本人姓名圖章遺失知舊間照亮

宗橋布木廛　朴鍾淵　告白

本人이居間皮幣[illegible]卿處에六十萬兩得債ᄒᆞᆫ바去昨年十月分閉市後商業會議所에續顧ᄒᆞ와出帖淸帳ᄒᆞᆷ이온諸顧客에昭載ᄒᆞᆫ바僉位가洞知ᄒᆞ선바天一銀行에一百二十四号一百二、五号二片二十萬兩[illegible]二号一百五十五号二片十萬兩李吉善處二百十二号二百十三号二片十萬兩張駿遠處二百〇五号二百〇六号二片十萬兩李允庸處二百十四号一片五萬兩劉漢國處二百十一号九萬兩合六十萬兩이라銀行에셔昨年自六月로新舊標를出納아니ᄒᆞ기故로本人이舊標를未得換來ᄒᆞ고閉市出他가되얏더니今聞由某가遽爾身死故玆廣佈ᄒᆞ고右開号外標ᄂᆞᆫ休紙施行ᄒᆞ오니內外僉位照亮ᄒᆞᆷ

劉世煥　告白

西署西學峴新作路西邊織組廠에所有織組機械를拍賣ᄒᆞ깃기左開廣告ᄒᆞ오니願買人은陽八月十五日上午十二点에營繕司로來臨ᄒᆞ시오

小布機械五十
大布機械一坐
發動機械一坐
其他附屬物品

營繕司　廣告

本郡守洪在圭氏가今年春戶布錢二千五十二兩을自當上納ᄒᆞ고砲軍을設始ᄒᆞ야村民을安堵ᄒᆞ며學校를擬設ᄒᆞ야補助를捐ᄒᆞ온즉善蹟이昭然ᄒᆞ고民間이無弊ᄒᆞ옵[illegible]新報에不法[illegible]暴動이란何措로揭載ᄒᆞᆫ은未知何許有嫌者의所爲인지果無此事오니僉君子ᄂᆞᆫ勿爲信聽ᄒᆞ오

機張郡　吳在연　鄭琪璜　金奉珪　金守海　吳錫律　告白

前主事金時鏞名字를庸字로改正知舊間照亮

金時庸　告白

前主事金晉鏞之鏞字를庸字로改正ᄒᆞ오니內外國知舊間照亮ᄒᆞ시옵

官費日本留學生金晉庸　告白

草溪郡守申泰哲氏ᄂᆞᆫ在任周年에惠洽政通ᄒᆞ야頌溢闔境이온바客舍頹圮를捐廩千餘金ᄒᆞ야不費民力ᄒᆞ고又復捐廩數百金ᄒᆞ야養士興學ᄒᆞ고堤堰潰退ᄒᆞ야土가多陳廢之境而躬察形便ᄒᆞ고親董其役ᄒᆞ야一一完築ᄒᆞ고民有[illegible]戶則隨惠恤ᄒᆞ야使之結構[illegible]堵ᄒᆞ며諸般施措가[illegible]細至誠愛民이如保赤子이오나今夏殿最의緣何居下이온지一境民情이如幼失乳ᄒᆞ야不謀同聲의齊會邑底ᄒᆞ야連日遮路ᄒᆞ야使不得離鎭이고一邊往訴觀察府則一切防塞의不得呼籲이고裹足千里ᄒᆞ야訴于內部則以無[illegible]으로調而不受ᄒᆞ오니不勝抑冤ᄒᆞ와玆에仰佈ᄒᆞ옵

草溪郡民李宋睿等　告白

西署新門外冷洞居ᄒᆞᄂᆞᆫ前主事金永眞이性本浮浪ᄒᆞ야符同雜類에欺人取物ᄒᆞ며田畓文券을僞造典執ᄒᆞ니內外國人은更勿見欺後悔ᄒᆞᆷ

金錫羲　告白

◎民事訴訟代理와刑事辯護及鑑定一切法律에關ᄒᆞᆫ事務를迅速處理ᄒᆞᆷ

漢城南署茶洞第十七統八戶
辯護士 前檢事 正三品　李冕宇
法律事務所
事務員　博士 李肯洙　吳[illegible]

◎八月八日開業廣告

本銀行은今月五日에株主總會를開催ᄒᆞᆫ後에重役七員을選定ᄒᆞ고開業日字를定ᄒᆞ얏ᄉᆞ오니其營業目錄은如左ᄒᆞ옵고諸般業務를信實히執行ᄒᆞᆯ터이오니僉位ᄂᆞᆫ陸續來議ᄒᆞ시옵

資本金十五萬圜

營業要目
一　貯金
一　貸付金及無期過[illegible]
一　割引手票(預減)
一　有價證券賣買
一　金銀貴屬品及諸證券保護任置

光武十年八月日
株式會社 韓一銀行
取締役五員　趙秉澤　孫錫基　鄭東植　朴瀅鎭　白周鉉　趙彰漢
監査役二員　成文永

[illegible]

◉本社文社廣告◉

中署布屛門下　金相萬冊肆
洞口越便　朱翰榮冊肆
中署農圃初入七十八統第二戶　鄭[illegible]
大韓每日申報社

[illegible]治衛有[illegible]決訟[illegible]外無加永永勿遞爲要ᄒᆞᆷ

陰竹[illegible]　告白

廣告

民事訴訟代言과刑事辯護及鑑定顧問과諸文案起草等諸般法律事務를迅速處理ᄒᆞᆷ

漢城南署上油洞二十九統七戶二層洋屋
辯護士 前檢事 正三品　洪在祺
法律事務所

廣告

發行兼編輯人 [illegible]
發行所 京城[illegible] 大韓每日申報社

第四卷

大韓每日申報
대한매일신보

第二百九十四號

月曜及慶節 歲時日休刊

檀君開國四千二百三十九年
箕子元年三千二十八年
大韓開國五百十五年
日本明治三十九年
淸國光緖三十二年
◎陰曆丙午六月大二十二日丁亥

論說

李氏羣兄弟會社

李氏家族의歷史를說明ᄒᆞ야써讀者諸君의深昧ᄒᆞᆷ심을供ᄒᆞ노라

李根澤氏ᄂᆞᆫ現任軍部大臣이라年前에日본에在ᄒᆞᆫ짜판메일新聞에其時軍部大臣李容翊氏를譏砭ᄒᆞ야曰韓國軍部大臣은自已官職을自己의便私를營圖ᄒᆞᄂᆞᆫ好窠로認做ᄒᆞᆫ다ᄒᆞ얏스니本記者ᄂᆞᆫ今日李根택氏에게對ᄒᆞ야其語를適用ᄒᆞ리로다

李氏群兄弟와日本統監府書記官國分氏間에好好箇一小約을締結ᄒᆞ얏ᄂᆞᆫ딕國分氏ᄂᆞᆫ元來日本에貧賤ᄒᆞᆫ人으로韓國事에能히緊注ᄒᆞᆷ은同氏가多年勤苦를忍ᄒᆞ야韓語와諺譜錄ᄒᆞᆷ인緣故라現今에統監府官吏中에ᄂᆞᆫ韓國事에緊據ᄒᆞᆫ關係가有ᄒᆞᆫ人은國分氏가其人이라

昨年十一月新條約을勒締ᄒᆞᆫ事에도同氏의籌劃을多賴ᄒᆞ얏고當今에日本의陰慝詭譎ᄒᆞᆫ政策을進行ᄒᆞᆷ에도李氏群兄弟와同氏間에關係로好機關을做得ᄒᆞᄂᆞᆫ지라

李氏兄弟會社의社員은五箇人으로成立ᄒᆞ얏ᄂᆞᆫ딕彼五箇人이國分氏의恩덕으로皆占要地ᄒᆞ야一箇ᄂᆞᆫ觀察使요其餘ᄂᆞᆫ中央政府에根據ᄒᆞ얏ᄂᆞᆫ지라就中에極奸極惡ᄒᆞᆫ者ᄂᆞᆫ李根湘氏이니伊藤侯에게奉身랍고ᄒᆞᆯ기를韓皇陛下에行動을伺察ᄒᆞ야意外에播遷ᄒᆞ신을禁束ᄒᆞᆯ것이오且人民間에現政策에對ᄒᆞ야忠言義談으로不滿不平을唱道ᄒᆞᄂᆞᆫ書類ᄂᆞᆫ一切히自意中止ᄒᆞ야韓皇陛下에게到達ᄒᆞ기不得ᄒᆞ게ᄒᆞᆫ다ᄒᆞ야同氏ᄂᆞᆫ韓　皇陛下를監囚ᄒᆞᄂᆞᆫ一영毒ᄒᆞᆫ獄吏로自居ᄒᆞ얏도다

李氏羣兄弟中에一箇도愛國心은分毫라도夢想ᄒᆞᄂᆞᆫ者ㅣ無ᄒᆞ니俄日戰爭以前에ᄂᆞᆫ間路에介立ᄒᆞ야暗暗히觀望ᄒᆞ다가平和ᄒᆞᆫ後에ᄂᆞᆫ國分氏와秘密ᄒᆞᆫ協約을圖成ᄒᆞ얏ᄂᆞᆫ딕國分氏도同社ᄒᆞᆫ利益으로前日貧賤者가猝變ᄒᆞ야一箇富家翁을儼成ᄒᆞᆫ지라伊藤侯가如斯히乖巽ᄒᆞᆫ五箇兄弟의地位에對ᄒᆞ야毫不反對ᄒᆞ야彼輩로韓政府의權利를幾乎盡攬케ᄒᆞ니

此로推觀ᄒᆞ면日本人이自已政策을遂行ᄒᆞ기爲ᄒᆞ야何如ᄒᆞᆫ奸謀鄙行이라도默認暗贊ᄒᆞᆷ이無疑ᄒᆞ도다

乃伯이라ᄒᆞᄂᆞᆫ者(李夫人이라稱ᄒᆞᄂᆞᆫ者)도狐媚蛇毒ᄒᆞᆷ이差勝도無ᄒᆞᆫ지라然則此五兄弟外에如彼ᄒᆞᆫ十五兄弟가若有ᄒᆞ얏스면日本人에게九勝ᄒᆞᆫ機會를與ᄒᆞ얏슬거시오如彼ᄒᆞᆫ一百五十兄弟나一千五百兄弟나或一萬五千兄弟가有ᄒᆞ야던들何如ᄒᆞ얏슬ᄂᆞᆫ지噫噫라참ㅣ然이나此五兄弟會社와國分氏間에成立ᄒᆞᆫ協約은年不可破ᄒᆞᆯ者ㅣ아니라

伊藤侯가遞歸ᄒᆞ고韓國內에서日本軍人社會가用權ᄒᆞᆯ時에ᄂᆞᆫ李氏會社가加藤氏와國分氏와如ᄒᆞᆫ後見人을失ᄒᆞ야該會社ᄂᆞᆫ傾覆ᄒᆞ고該社員五個ᄂᆞᆫ中路丐乞兒를難免ᄒᆞᆯ지라

右陳ᄒᆞᆫ預言이速施ᄒᆞᆯ사록韓國을爲ᄒᆞᆯ던지日本의名譽를爲ᄒᆞ던지今日보다倍勝ᄒᆞ리라ᄒᆞ노라

官報

●三千五百二十七號　光武十年八月九日

◎敍任及辭令

○任結城郡守　洪陵令[illegible]敎憲・八月一日○任慶尙北道觀察使　正二品李載崑　八月四日

○秘書監丞李範世　[illegible]象鉉　依願免本官○義親王府典翰高鼎柱　正三品金鏞관　任秘書監丞○兼任大醫院副卿　秘書監丞鄭鉉　以上八月六日

●雜事

今八月四日自戌時至夜子時月食

今八月六日自卯時至酉時灑雨下雨ᄒᆞᆫ雨器水深一寸一分

仝月仝日自酉時至亥時灑雨下雨ᄒᆞᆫ雨器水深六分

部令

●農商工部令第四十三號

鑛業法施行細則　續

但抵當權의設定이有ᄒᆞᆫ境遇의ᄂᆞᆫ抵當權者의承諾書又此의代用ᄒᆞᆫ文書를添부ᄒᆞᆷ이可ᄒᆞᆷ

第九條　前條청願書ᄂᆞᆫ登記郵便으로提出ᄒᆞᆷ이可ᄒᆞᆷ

第十條　鑛業法第四條但書에依ᄒᆞ야청願地又鑛區의面積百萬坪을超ᄒᆞᄂᆞᆫ時ᄂᆞᆫ청願書에其리由를添付ᄒᆞᆷ이可ᄒᆞᆷ

第十一條　代리人을依ᄒᆞ야請願ᄒᆞᄂᆞᆫ時ᄂᆞᆫ委任狀又其타權限을證明ᄒᆞᄂᆞᆫ文書를添付ᄒᆞᆷ이可ᄒᆞᆷ

第十二條　共同鑛業請願人又共同鑛業權者ᄂᆞᆫ其중一人을選定ᄒᆞ고代表者로ᄒᆞ야農商工部大臣의게通告ᄒᆞᆷ이可ᄒᆞᆷ其通告가無ᄒᆞᆫ時ᄂᆞᆫ農商工部大臣이指定ᄒᆞᆷ

第十三條　共同鑛業청願人又共同鑛業權者가代表者를依ᄒᆞ야鑛業청원의繳還又第八條第二項第三項及廿二條의청원若其繳還又廢業의通告書를提出ᄒᆞᄂᆞᆫ境遇에ᄂᆞᆫ其決議書又此에代用ᄒᆞᄂᆞᆫ文書를添付ᄒᆞᆷ이可ᄒᆞᆷ

第十四條　第八條의請願을提出ᄒᆞᄂᆞᆫ者ᄂᆞᆫ左開手數料를랍付ᄒᆞᆷ이可ᄒᆞᆷ

一 鑛業의청願　百[illegible]

二 鑛業청원地訂正의請願

增區又增減區의청願　五拾圜

減區청願　貳拾圜

三 鑛區의合併分割又訂正청願

增區又增減區청願　五十圜

合併又分割청願　四十圜

減區청願　二十圜　未完

外報

●視察通信　倫敦電을據ᄒᆞᆫ則滿洲에旅行ᄒᆞᄂᆞᆫ타임스新聞의通信員이報告ᄒᆞ야日本及俄國이盟約上義務를遂行ᄒᆞᄂᆞᆫ딕其중困難ᄒᆞᆫ事情은日本人이橫恣의行爲를行ᄒᆞᄂᆞᆫ者가有ᄒᆞ야至此에對ᄒᆞ야비償을得ᄒᆞᆷ이頗히困難ᄒᆞ고日本人來ᄒᆞᄂᆞᆫ중에特히醜業婦가渡來ᄒᆞᆷ이日本의名譽를損傷ᄒᆞ고日本이安東縣의河流에沿ᄒᆞᆫ土地를沒收ᄒᆞ니此ᄂᆞᆫ門戶開放主義를實行치아니ᄒᆞᆷ이라ᄒᆞᆷ이라ᄒᆞ고又曰英國이晏然히傍觀치勿ᄒᆞ고經驗이有ᄒᆞᆫ官吏를奉天에派送ᄒᆞ고且牛莊河流의北方에在ᄒᆞᆫ英國居留地를再次經營ᄒᆞ야ᄒᆞ겟다더라

●軍港經營　俄國에셔合爾賓에在ᄒᆞᆫ經營은戰後非常ᄒᆞᆫ進步를呈ᄒᆞ야單히純全ᄒᆞᆫ俄國式市街를成ᄒᆞᆷ이不足타ᄒᆞ一部의地端에ᄂᆞᆫ堅塞ᄒᆞᆫ建築으로始ᄒᆞ야其他軍事的經營과商業的設備가殆히俄國의理想的經營에關ᄒᆞ야ᄂᆞᆫ俄國官憲은日本에對ᄒᆞ야復讎的權利가된다고公言이有ᄒᆞ다더라

雜報

美師演說

桑港에在ᄒᆞᆫ美國宣敎師지모시부비氏가[illegible]五日에부모인省에셔日人의不義를說明하얏는듸大槪ᄂᆞᆫ韓人이決코容情치안코義를爲ᄒᆞ야死ᄒᆞᄂᆞᆫ人民이어날日本이韓國을强占ᄒᆞᆫ後에欺騙奪取ᄒᆞ고國家와皇帝陛下를苦惱케하얏도다我美國은맛당이人道를爲ᄒᆞ야韓國을援助ᄒᆞᆯ거시라ᄒᆞ야大聲疾呼로演說ᄒᆞ얏다더라

●祝同胞賀意 [illegible]合에셔去七月十四日發行ᄒᆞᆫ新韓國報에本社를對ᄒᆞ야賀同之情을表ᄒᆞᆫ詞意가如左ᄒᆞ니

[illegible]忠誠으로留ᄒᆞᆫ英國博士비셜氏가[illegible]大韓國을爲ᄒᆞ야隨力[illegible]年韓國의獨立이[illegible]國生民이俱亡의關頭에[illegible]憤慨ᄒᆞ야新聞을發行ᄒᆞ니曰大韓日申報라我同胞中에有志君子들이며우噫라[illegible]外國人도吾國을爲ᄒᆞᆷ이如此ᄒᆞ거날況吾韓國人이리오ᄒᆞ고有志諸氏가同氏와合同ᄒᆞ야剛勁ᄒᆞ고正直ᄒᆞᆫ筆로韓國의獨立을回復ᄒᆞ고人民의精神을新鮮케ᄒᆞᆯ方針으로日本의不法을擧ᄒᆞ야記載ᄒᆞ며其效力이必達其目的이라望ᄒᆞᄂᆞᆫ爲ᄒᆞᆷ이리오吾儕ᄂᆞᆫ비셜氏와社員諸氏를對ᄒᆞ야致賀ᄒᆞ오며外洋에在ᄒᆞᆫ同胞들은同報를多多購覽ᄒᆞ면有益이甚多ᄒᆞᆯ줄노認ᄒᆞ노라ᄒᆞ얏더라

●又 一 致 謝 又共立新報에云ᄒᆞ되美國에留ᄒᆞᄂᆞᆫ同胞가[illegible]以後에本國同胞들이셔如彼困難ᄒᆞᆷ에扶助金[illegible]五百元을收ᄒᆞᆫ것스로[illegible]感謝ᄒᆞ오며祖國을向ᄒᆞ야愛慕心이[illegible]ᄒᆞ노라ᄒᆞ얏더라

[illegible]

●本報에已揭이어니와近者[illegible]熱이太甚하야逐日上學에[illegible]闕席者가不過五六人이어날某報에揭載ᄒᆞ되經費를閔氏가自擔하다가四五十名講習生의게補助金四元式請求ᄒᆞᆷ으로一齊解散ᄒᆞ고出席生이七人에不過ᄒᆞᆫ지라同氏가講習生에對하야補助金請求가初無其事ᄯᅥ러自鄕由來擧者ᄂᆞᆫ朝夕之供ᄭᅡ지自擔ᄒᆞ거날此에對하야有始無終之請을加與ᄒᆞᆷ은實히虛[illegible]하더라

●涌□見退 贊務廳에셔監獄署失囚事案으로典長金英善氏ᄂᆞᆫ免官하고[illegible]內部에報告하고看守長朴鎭英氏ᄂᆞᆫ其[illegible]하야依願[illegible]官報에頒布케하라고[illegible]通牒하야[illegible]政府에셔ᄂᆞᆫ該[illegible]犯科則官職之[illegible]之照[illegible]非免官이라[illegible]處分하얏다더라

●英額死出 [illegible]

●한數[illegible] 法部에[illegible]牢囚脫獄矣러니本月二十七日에罪囚十八名이反獄在逃에金鋼模[illegible]因하야共謀反獄之情節을[illegible]發하야隨聞[illegible]置하고待其六穴破入來하야執贓告[illegible]타가[illegible]當諸囚之作梗하야不得遂意하얏스나究其情狀하면合有參[illegible]나本犯重辟에旣係牢囚인즉不敢擅讞이니査照指令하라하얏다더라

●電話試取 宮內府에셔主事를減省次로連日試取하거니와電話課主事도以文字로應試하라하ᄂᆞᆫ지라主事가反對曰諸傑等은電話를打接而已오文字ᄂᆞᆫ本無所用이니打電優劣로取材前에ᄂᆞᆫ不可라하얏다더라

●礦局官制 農商工部에셔再昨日政府會議에礦山局官制를經議裁下하얏ᄂᆞᆫ듸總裁一人事務官二人技手八人主事五人書記四人이오[illegible]官制ᄂᆞᆫ長一人技師二人技手三人[illegible]二人이라더라

●七觀免官 三次[illegible]觀察[illegible]榮氏ᄂᆞᆫ初不待令에以致乘行之[illegible]라하야宮內府에서[illegible]先免本官令法部로[illegible]之意로上奏裁下하얏다더라

●[illegible]奏분分 內部에[illegible]郡守가二十餘窠이[illegible]未充[illegible]ᄒᆞᆫ지라內部大臣이政府에主論하기를今經五日後에야三次分排하야郡守[illegible]에提呈ᄒᆞᆫ다하얏더라

●九察[illegible] 本年[illegible]會修上하얏ᄂᆞᆫ듸各道二十八郡戶籍에戶口가爽實[illegible]지라各該郡守ᄂᆞᆫ[illegible]二週日減俸이고[illegible]該察使ᄂᆞᆫ黃海[illegible]察使[illegible]高永喜大[illegible]觀察[illegible]京畿觀察李根洪忠州觀察尹喆圭公州觀察金嘉鎭全州관察韓鎭昌平壤관察[illegible]春州관察[illegible]寧邊[illegible]觀察李根豐九氏ᄂᆞᆫ[illegible]譴責에處ᄒᆞᆫ다더라

●此必弄奸 鍮洞居朴廷熙가農商工部에請願하기를本人이咸陽郡[illegible]農治에開墾次로已派[illegible]部認許하야方欲開墾이러니何許[illegible]雜輩가稱有[illegible]宮開興公事云故로自郡으로報探于該宮矣러니自宮으로初不相關云이온즉此必中間에挾雜弄奸이니嚴飭禁斷하라하얏다더라

●內大銳挫 內部大臣은近日에何委沂로銳氣가一挫하야動靜이自然無力ᄒᆞᆫ데其根由ᄂᆞᆫ座所에勤ᄒᆞᆷ으로深[illegible]하ᄂᆞᆫ所以라더라

●[illegible]作奸 漢城府에셔[illegible](手數料)을收入하ᄂᆞᆫ것[illegible]府의셔何[illegible]契券奸[illegible]의作奸不少하야[illegible]더라

●[illegible]捕[illegible] 壯洞居徐相[illegible]氏가農商工部의請願하기를本人이[illegible]水原五朶面坊[illegible]名人及日人關口正三郎[illegible]會社[illegible]日本[illegible]習케하라하얏[illegible]라

●[illegible] 三昨日御前會議[illegible]官制의關係를疑[illegible]日御前會의ᄂᆞᆫ再昨[illegible]議의可決ᄒᆞᆫ案件을上奏ᄒᆞ얏다더라

●[illegible]結果 再昨日政府로處分을下하사濟州島流配罪人李世稙을放逐鄕里하라하옵셔더니法部大臣李夏榮氏가政府의反論曰李世稙之爲人이鄕里의放逐하면又有作弊事하야妨害治安이不知其端이니雖有旨意라도不可奉行이라허고閉會ᄒᆞᆫ지라[illegible]此案이結果된다더라

●一進請願 一進會員李恒[illegible]氏ᄂᆞᆫ內部[illegible]하야[illegible]事過[illegible]察申[illegible]休[illegible]下各郡의[illegible]防[illegible]

[illegible]

●[illegible]運動 [illegible]源[illegible]八千元[illegible]運動의[illegible]더라

[illegible]決[illegible]府會議[illegible]決[illegible]ᄂᆞᆫ데[illegible]改正하[illegible]

●相持無効 京城[illegible]水道敷設案을[illegible]日[illegible]會議의[illegible]로可決[illegible]하얏스나[illegible]水道問題ᄂᆞᆫ[illegible]府의[illegible]으로政府의셔[illegible]相持하얏다더라

●農林未決 農商工部의셔擬出ᄒᆞᆫ農林學校ᄂᆞᆫ學部大臣이閣議의不參ᄒᆞᆫ故로不得議決하얏다더라

●主事[illegible]報 [illegible]府[illegible]張斗鉉氏가視[illegible]에勤[illegible]職[illegible]廉[illegible]持身으로[illegible]府觀察使가[illegible]內部[illegible]다더라

社報

慶尙南北道私立各學校臨時事務所趣旨書

今我 國家莫先之務가寔在乎學校敎育上一事而本道事務所之設置于京中者는蓋出於期圖實施之計也라何者오本省이處在嶺外에恬嬉已久하야頑固尤甚인바
皇上陛下게옵셔特爲之愛하사
恩詔을下하시고帑金을賜하사使之作成擴張케하시니凡爲嶠之人士者ㅣ孰不感泣하야思所以對揚萬一哉아對揚之道는不出乎贊之協之하고勸之勉之而今嶠士之在於京者不爲不多언마는
各館其館하고各事其事하야七十八落에不得齊確하니此는非他라無指的團聚之所故耳라身이擔着이無하면不得營爲오心이住定이無하면不得檢束홈과如홈이라
現玆和衷妥議에特設臨時事務所하야日日聚首에實心專力하야各其意見으로提出하야學部에獻議도하며本道에公函도하야承上接下에有如銅之相臨과犀之相照然後에야可以敎事就務矣리니竊願僉君子는萬加倍力에期於克終擴張하야樂答我
聖上남願之盛意를拜手切祝焉이라하얏는디發起人은
盧相祖 柳允植 金進銖 金圭 權重熙 金鼎鎭 李泰宗 許烈 李達源 諸氏더라

●漢江校兄 普成學校長金重煥氏가漢江人民을鼓動하야學校을設立홈은已往揭載하얏거니와其進就의如何는未詳하더니今者該校實況을詳聞홈즉可히傾耳홀만한지라元來漢江居人이商利에從事하야吝嗇하다稱하마하나이더니到今하야는時勢에形便을稍覺하고春間에該洞居人이一齊히各隨其力하야上自五百元으로下至幾十元까지出義하야新貌制로學校三十餘間을擬立하고每朔經用數百元은出席學員이各其月捐金으로支撥使用하고또該校에寄本金으로立하기爲하야日昨에該洞老少가會同하야幾千元을鳩集하얏다하니顧今他校景況으로此校에推見하면可謂萬全不敗라하니한江諸氏를對하야致謝하거니와當初該校擬立의勸勉指導하든金重煥氏의效力이成著하얏더라

●是何虐法 韓國政府에서統監府와礦山條例를會議確定하얏는디慶尙北道星州郡伽南村後雲維山礦長이라稱하고島佐次郎氏는藉其外人에恃其權利하야高靈居李憲昌氏에先塋階下三百年守護之地를山主도不問하고價額도不給하고又無公文而壓制勒奪하기로該山主가往言不可인즉聽若不聞하고礦役을開張하는故로屢呈府郡에至有交涉妥辦之題飭이不止一再나고島가逃躱上京하야不得裁判하고其代理人前田芳椚氏는勞動者를多數聚集하야山麓을穿破無餘하고墳墓를難保하境遇에至하야山主가裁判次로京城에來到하얏즉고島가百般懇言호디現今礦山條例가已定에人民所有地를不買하면不可採掘이니該山價를定額以言하라하기에山主가日貨로打算하야移葬損害는五百元이오新葬處墓地價額은一千五百元이오礦山局內松楸與地價는一千元으로定額하면均平타할즉고島가更言호디我之同事人의게性復論確하야所言額數를無減出給홀터이니幾日만少俟하라하기로信其所言而待之러니擁至數朔에尙有今日明日之言하다가因又逃躱하야下去大丘하얏스니如此無法行포之徒는世所初見이라고人言이浪藉하더라

廣告

◉긴급광고◉ 본소의셔영문주자(식엽、골느는사람숨사인을급급히구허오니한일인군유의커든본사로리외하시옵다만경력인만구허고영어잘하는인은구치안숩

정동한셩판각쇼고빅

本人의六寸浩準이妻以悖類로投入一進會하야藉其會勢而勒脅本人하야討索錢財라가盜去本人之田畓執記하고聲言將欲賣食云하니該執記는萬無推還之道而其凶壯悖心은慮無不到하야玆廣布하오니內外僉君子는無論某事件하고全浩準의做事는切勿見欺홈

富平우골 全浩昌 告白

九品申한均漢字孟字改正知舊間照亮 前叅奉申孟均 告白

本社에株金每株에二十圓이니募集은第一回自今一箇月內에金二圓을收入하며十八圓은九箇月에分하야十回에備納이고社長指定日로次第辦納하되該金은漢城銀行에任置하야該票는來付於本社後株主에게株券狀을換去하게하오니有志君子는株金을隨力入株하시와共濟營業케하시믈爲要

柴炭株式用達會社 告白

本社臨時事務所는中署紳洞三統三戶

前主事金晉鏞之鏞字를庸字로改正하오니內外國知舊間照亮하시옵

官費日本留學生金晉庸 告白

西署西學峴新作路西邊織組廠에所有織組機械를拍賣하깃기左開廣告하오니願買人은陽八月十五日上午十二点에營繕司로來臨하시오

小布機械五十坐
大布機械一坐
發動機械一坐
其他附屬物品

營繕司 廣告

●本社支社廣告●
中署布屛門下 金相萬冊肆
洞口越便 朱翰榮冊肆
中署農圃初入七十八統第二戶 鄭禹澤
大韓每日申報社

西署新門外冷洞居하든前主事金永眞이性本浮浪하야符同雜類에欺人取物하며田畓文卷을僞造典執하니內外國人은更勿見欺後悔홈

金錫義 告白

◉民事訴訟代理와刑事변護及鑑定一切法律에關한事務를迅速處理홈

한城南署茶洞第十七統八戶
변護士 前檢事正三品 李冕宇
法律事務所
事務員 博士 李肯洙 博士 諸東肅

◉八月八日開業廣告

本銀行은今月五日에株主總會를開催後에重役七員을選定하고開業日字를定하얏스되其營業目錄은如左하옵고諸般業務를信實히執行홀터이오니僉位는陸속來議하시옵

資本金十五萬圜

營業要目
一 諸任置金
一 貸付金及無期過越
一 割引手票(預減)
一 有價證券賣買
一 金銀貴屬品及諸證券保護任置

光武十年八月日
株式會社 韓一銀行
取締役五員 趙秉澤 孫錫基 鄭東植 朴泓鎰 白周鉉
監査役二員 趙彰한 成文永

本郡守洪在圭氏가今年春戶布錢二千五十二兩을自當上納하고砲軍을設始하야村民을安堵하며學校를擬建하야補助를優捐하온즉著蹟이昭然하고民間이無擬議하옵는디何許國民新報에不法徵稅며機民詐謀며將有暴動이라한句語로揭載하온未知何許有嫌者의所爲인지果無此事오니僉君子는勿爲信聽하옵

機張郡 吳在연 鄭琪謨 金奉珪 金守海 與鄕律 告白

本會社에서燕岐鳥致院에서群山木浦等地에鐵道敷設하기로光武八年分에政府認許를承有하고鳥致院에서江景浦까지已往初測이온바現行測量而全州까지連續起工이오며股金은株式으로募集하되一株에新貨五十圓으로酌定하고十回에分하야收合하오니有志하신僉君子는西大門外停車場越邊本會社로枉臨하시와幾株間隨力懸錄하시고共濟一大營業하심을爲希

湖南鐵道會社長 李允用
發起人 徐오淳

廣告

民事訴訟代言과刑事辯護及鑑定顧問과諸文案起草等諸般法律事務를迅速處理홈

한城南署上油洞二十九統七戶
二層洋屋
辯護士 前檢事 正三品 洪在祺
法律事務所

廣告

本社廣告

中報價
一張代金 新貨二錢
一個月前期 三十錢
三個月 九十錢
六個月 一元七十錢
一個年 三元[illegible]

廣告料

[illegible]

◉本社地方各處支店廣告

仁川杻峴開新册肆　李[illegible]
平壤南山峴日新學校　金[illegible]
宣川邑橋西　安[illegible]
義州南門外館西大韓書舖　崔[illegible]
長連邑　金[illegible]
鎭南浦藥洞　金[illegible]
咸興州南社　曹[illegible]
中和邑　李[illegible]
釜山佐川徐舞房　金[illegible]
開城北部梨井里祥洞居培新學校副校長　李[illegible]
大丘郡　達城廣文社

發行兼編輯人　英國人 [illegible]
發行所　[illegible]
大韓每日申報社

第四卷　　第二百九十五號

大韓每日申報

대한매일신보

月曜及慶節 歲時日休刊

檀君開國四千二百三十九年
箕子元年三千二十八年
大韓開國五百十五年
日本明治三十九年
清國光緒三十二年
◉陰曆丙午六月大二十三日戊子

論說

間島問題

某英字報에揭載ᄒᆞᆫ바를據ᄒᆞ니 韓國 皇帝陛下ᄭᅦ셔北間島에密使를派遣ᄒᆞ사俄國과聯合ᄒᆞ야該土를管轄ᄒᆞᆯ一箇新政體를組織ᄒᆞᆯ計劃이라ᄒᆞ얏더라

數年前부터交涉問題가되야姑未歸決된此地方은世人이熟知ᄒᆞᄂᆞᆫ者ㅣ少ᄒᆞᆫ지라玆에大略說明ᄒᆞ노니間島ᄂᆞᆫ韓國極北에在ᄒᆞᆫ一廣大地段인ᄃᆡ此를島라命名ᄒᆞᆷ은該地의南方은斗滿江支流로圍繞ᄒᆞ고北方에ᄂᆞᆫ土門江이環流ᄒᆞ야島形을恰成ᄒᆞᆷ이라

該土ᄂᆞᆫ原來韓國領土되얏슴이無疑ᄒᆞ나自古以來로淸國에付屬ᄒᆞ얏던證據ᄂᆞᆫ都無ᄒᆞ니現今ᄭᆞ지라도韓國의所有라ᄒᆞᆷ이正當ᄒᆞᆫ지라年前에韓淸間에該地定界事로平和上으로交涉ᄒᆞ야其間에俄日戰爭의防礙가無ᄒᆞ얏던들早已妥決되얏슬지라戰爭以後에ᄂᆞᆫ該問題가一時沈默되야都不提說ᄒᆞ더니五六朔以前에日本政府의창見된所謂一進會가彼의上典의命令을暗受ᄒᆞ야該地方에獨治政體를組織ᄒᆞ야殖民地를創設ᄒᆞ고ᄌᆞ고韓國政府에强請ᄒᆞᆷ으로該問題에對ᄒᆞ야注目을再次惹起ᄒᆞ얏ᄂᆞᆫᄃᆡ日본이一進會를指使ᄒᆞᆫ主旨ᄂᆞᆫ此問題에對ᄒᆞ야故起爭端ᄒᆞ야此膏腴ᄒᆞᆫ地를畢竟自取ᄒᆞ야假作其主人ᄒᆞ고ᄌᆞᄒᆞᄂᆞᆫ計策인가보더라

內容이如此ᄒᆞᆫᄃᆡ上面에言及ᄒᆞᆫ某英字報ᄂᆞᆫ如彼無稽ᄒᆞᆫ數句說話로揭載ᄒᆞ얏시니若不誤聞이면必非直筆이로다

間島ᄂᆞᆫ將來에有望ᄒᆞᆫ緊要地點이될지라然이나日本은該地에毫末이라도干涉ᄒᆞᆯ權限이無ᄒᆞᆫ지라傍觀ᄒᆞᄂᆞᆫ列强들은日本이長時間을虛費ᄒᆞ야間島의主人이되라고苦心用詐ᄒᆞᄂᆞᆫ것을滋味잇게睥睨ᄒᆞ리라ᄒᆞ노라

官報

●三千五百二十八號 光武十年八月十日

◉宮廷錄事

社稷署提調朴鳳柱辭職䟽
批旨省疏具悉卿其勿辭行公
八月七日
京畿관察使李根澔辭職䟽
批旨省疏具悉皆請申複所辭依施 八月八日

◉敍任及辭令

○任한城裁判所判事 檢事試補李源國○任한城裁判所檢事試補 主事李秀京 以上八月六日○秘書監丞金鐘관 仝高鼎柱 裕康園參奉尹相起 仝忠義金命鉉 依願免本官○命太僕司長시從院시從李愚明○任시從院시從 九品姜한欽○正三品李範世 奉常司副提調李苾和 任秘書監丞○任奉常司副提調 正三品閔象鉉○任裕康園參奉 朴龍鎬○任裕康園忠義 李浚 以上八月七日○免本官 德源監리署主事洪淳復 右ᄂᆞᆫ該員이由限已過의不爲還署이기免本官○龍川監리署主事成煥翼 務安監리署主事劉章寶 依願免本官○任德礦監理署主事 平壤監리署主事丁實燮○任平壤監리署主事 九品徐丙業○任務安監리署主事 九品송元燮○任龍川監리署主事 六品李柱邦○任한城裁判所主事 九品李喆宇 以上八月八日

●三千五百廿九號 光武十年八月十一日

◉敍任及辭令

○解兼任釜山港裁判所判事 東萊前監理李懋榮○解兼任沃溝港裁判所判事 沃溝前監리金敎獻○解兼任全羅南道裁判所判事 全羅南道前관察使李道宰○解兼任黃海道裁判所判事 黃海道前관察使朴鏞和○命兼任釜山港裁判所判事 東萊監리金敎獻○命兼任沃溝港裁判所判事 沃溝監리李懋榮○命兼任全羅南道裁判所판事 全羅남道관察使沈相翊○命兼黃海道裁판所판事 黃海道관察使朴彛陽○免本官 咸鏡北道관察府摠巡李應奎 右ᄂᆞᆫ該員이職在警官ᄒᆞ야罪人逮捕之際에私自觸告ᄒᆞ야以致逃走이기是以로免本官○免本官 三和港警務署摠巡李昌善 右ᄂᆞᆫ三和監리卜鼎相의報告書를據ᄒᆞᆫ즉該員이責在警官ᄒᆞ야巡檢의不法行爲를趁未覺察ᄒᆞ야致有錯誤라ᄒᆞ얏기是以로免本官○任咸鏡北道관察府摠巡 李觀白○任三和港警務署摠巡 崔象鎭 以上八月八日

部令

●農商工部令第四十三號 (續)

鑛業法施行細則

第十五條 第八條의청願에係ᄒᆞᆫ區域외位置形狀이鑛利을害ᄒᆞᆷ으로認ᄒᆞᆫ時ᄂᆞᆫ農商工部大臣은其訂正을命ᄒᆞᆷ이可ᄒᆞᆷ

第十六條 第八條의청願地가他人鑛區에接近ᄒᆞᆫ境遇에在ᄒᆞ야鑛業監督上으로ᄌᆞᆼ間에相當ᄒᆞᆫ距離를置ᄒᆞᆷ必要가有ᄒᆞᆷ으로認ᄒᆞᄂᆞᆫ時ᄂᆞᆫ農商工部大臣은청願地의訂正을命ᄒᆞᆷ을得ᄒᆞᆷ

第十七條 鑛區內에異種礦物이存在ᄒᆞᆷ을發見ᄒᆞᆫ時ᄂᆞᆫ農商工部大臣은鑛權者에對ᄒᆞ야其採掘을命ᄒᆞᆷ을得ᄒᆞᆷ 未完

外報

●俄皇蒙塵 桑港電을據ᄒᆞᆫ則俄國皇帝ᄭᅦ셔本月一日에俄京에셔乘船發行ᄒᆞ셧다더라

●總督被殺 同電을據ᄒᆞᆫ則俄國사마라州督이爆發藥에被害ᄒᆞ얏다더라

●德帝宣言 上海電을據ᄒᆞᆫ則청國西洋考政大臣載澤公은西太后에謁見復命之際에西太后ᄂᆞᆫ巡回諸國帝王의意見을質ᄒᆞᆷ이載澤公은德國皇帝에就ᄒᆞ야左와如히奏上ᄒᆞ얏더라

德國皇帝ᄂᆞᆫ謁見之際에吾等의계語ᄒᆞ되大凡各列强은强大ᄒᆞᆫ軍隊가有ᄒᆞᆫ故로勢强ᄒᆞᆫ지라日本이던지我德國이던지陸軍을學ᄒᆞ야强ᄒᆞᆫ故로청國도ᄯᅩᄒᆞᆫ德國으로셔陸軍敎官을聘用코져ᄒᆞᆯ진ᄃᆡ德國은喜悅ᄒᆞ야有爲ᄒᆞᆫ將校를派遣ᄒᆞᆯ지라日청國에셔德國으로武器彈藥을買코져ᄒᆞᆯ진ᄃᆡ十分便宜를與ᄒᆞ리라云云ᄒᆞ얏더라

●平和會開期 巴里電을據ᄒᆞᆫ則海牙府報道에第二回萬國平和會議ᄂᆞᆫ英美兩國政府의提議를基ᄒᆞ야本年末에開會ᄒᆞ리라ᄒᆞ더라

●喫烟禁止案 近者에英國上議院에提出된少年喫烟禁止法案의內容을聞ᄒᆞᆫ則初犯者에ᄂᆞᆫ罰金五弗再犯者ᄂᆞᆫ金十弗을課ᄒᆞ고三犯者에對ᄒᆞ야ᄂᆞᆫ市民權을剝奪ᄒᆞᆷ이라ᄒᆞᆫᄃᆡ該案이該院委員會를經過ᄒᆞ리라더라

●德國皇孫命名式 伯林電을據ᄒᆞᆫ則德國第一皇孫의命名式을二十七日에擧行ᄒᆞ다더라

雜報

●美日關係 去七月初四日에發行美國紐約時報에云호되日本이韓國 皇帝陛下를宮中에幽囚호고特別히宮廷을把守호야비록高官大臣이라도日本의許可가업스면出入을嚴禁호며日本이宣言호는바는韓國皇帝씌서日本을反對호고他國의救助를秘密히圖謀호기로그리호노라호얏다더라

●後必占基 光州郡社稷壇下麓瞰亭舊址에日本守備隊가開基營建一事로全南觀察使李道宰氏가內部訓飭을因호야查報호얏는디社유는在山頂호고該址는在低麓호야高下懸殊에距離稍遠호더러聞其營搆之意則不過草蓋陰翳에姑爲炎天納凉之所요初非久遠之計라호얏스나安知非日後占基之計歟아호얏더라

●暗祝日後慶節 去七月初四日은美國의獨立慶節인디官廳과各市廛은事務를停止호고慶節을互相慶祝호며當夜에는男女老少가三三五五作伴호야市街에人山人海로聚集호며一邊으로쌕총과화전으로壯觀을供호니此時에美國人과各國人이皆和樂호氣象이融融호디惟獨韓人은悲愴心이感發호야自念하되美國도一百二十年前에는此慶節이無호얏더니今日은如此호慶節이有호니吾儕도日後한陽城에서此慶節의慶祝이有호기를祝手호얏다고호더라

●墓地有請 慶南觀察署理閔丙星氏가內部에報名호되日本人之來住府下者數旣不少호고或有死亡之患則該憲兵曹長柿岡榮作이來請其墓地이나事未前有인즉雖尺寸之地라도府不敢擅許이니查照指令호라호얏더라

●報請恤金 免官된蔚珍郡守尹宇榮氏는陰曆四月에匪徒二百餘名이突入邑中에放火民家호며奪取軍器時에被燒호民家二十四戶는結構不得호야其所棲遑情景은慘不忍見이니該民等의게恤金을優下호라고內部에修報호얏더라

●訓查貪贓 咸南洪原郡守崔恒鏞氏는赴任호지不過五朔에貪虐贓錢은乃至一萬八千餘兩之巨額이라內部에서該道一進支會長金文祥의請願免官홈을因호야該道觀察使의게訓飭호고北青郡守洪祐元氏로差定查官호야其贓錢을條條注錄호야卽爲報來케호라호얏다더라

●請劃冢價 忠州郡公廨는日本守備隊에서盡爲占駐無餘인디今番에日巡查五人이該郡에下去호야居接處所를請求홈으로勢不得已호야邑下民家中擇給인디不得不給價買得이야니該家舍價四千五百兩을不日措劃하라고該郡守가內部에報告호얏다더라

●海南采石 한城苑洞居沈相稷氏는海남郡玉埋山에採石호事로農商工部에請願호얏는디該部에서海南郡에發訓호야隨求幇助에母欠公稅케호다호얏다더라

●日校長遊韓 日本霧島師範學校長이該校徒下餘名을領率渡韓호얏는디[illegible]各學校를遊覽次로昨日入城호얏다더라

●聖旨판付 再昨日法部에서題實僞造罪人洪水杓와强盜金鍾模等四名의絞殺奏本을入呈호얏더니 皇帝陛下씌옵서판付호옵시기를洪永杓는年幼沒覺所致라不無矜恤이니特減三等호야換以流配호라호옵셧다더라

●兩件費支出 農商工部所管農業礦業兩所建築費一萬三千五百十四圜과農林學校設施費七百七十一圜八十錢을度支部에서預備金中支出호얏다더라

●撼巡免官 三和港摠巡李昌彝氏는誤捉良民而鍛鍊호事로內部에서免官호얏더라

●內訓專察 平北관察申泰休氏가各坊里에申飭호야銃鎗設備호事와학校에付屬호얏던各社契錢을民間에還爲播給호事로一進會員이內部에請願禁飭호事已揭昨報어니와內部에서該觀察에게發訓호고其銃鎗設備之리由와社錢還播之委折을條條縷明호라하얏다더라

●俄旗始揭 한城에駐箚호俄國領事플닝쿤氏가駐箚韓國事로日本政府와交涉호는디多月相持호다가認准이되한城으로發向호얏더니已爲入城호야業經接務호얏는지昨日부터貞洞舊俄公館에國旗를始揭호얏스니我國外交가相絕홈을追思호미見者가莫不長歎호더라

●連坐違法 慶北來人의傳說을聞호즉善山郡坪城居前承旨金秉庸氏의堂姪濬容氏가前郡守俞鎭贊氏許에債錢數萬兩을負逋호고臨時逃避호얏는디濬容의妻沈氏는主人保因호고其子婦鄭氏는年纔十六에警務署에牢囚되얏스니如此連坐는章程所無라고호더라

●誤薦有罪 洪原郡守崔恒鏞氏는本是洪原富人으로上京호야內部大臣李址鎔氏家에作客호야用錢如水호다가去五月에洪原郡守를大臣이政府에擔薦호야被任호야錦衣還鄕호얏는데崔氏가到任數朔에專事貪黷호야民間勒奪錢이葉一萬八千餘兩에證執이尙在호다호야一進會地方部摠代李行敏氏가內部에請願호야定查官查實이되는데內相은誤薦律로論罪홀터이라더라

●觀察逃來 忠州觀察尹喆圭氏가稱設한校호고管下各郡富民의게勒斂事는已揭各報어니와觀察使가忽地遞任홀지라尹氏의勒錢도未捧條가有호고束裝호는디忠州境內人民이赴闕欲捉故로尹氏가江華府에서避身호던手段으로身裹女裳호고曉天逃走호야日昨上京호얏다더라

●惜失爪牙 現今政府勢力이李根澔氏兄弟가全權이라李根洪氏는내協이되고趙錫敏氏는警察로出去호게됨으로李너大는如失左右手호야歎惜中이라더라

●將典頒給 軍部에서向日詔勅을奉承호야步兵操典을爲先改良호야大旨만官報에頒布호고操典은各一件式印刷호야各隊에頒給施行홀터이라더라

●假認狀施行 外國에派駐호領事를政府에서叙任호後에駐箚委任狀은皇帝씌서御啣호야駐在國에委送호면當國皇帝게서御啣호야正式國交로准派호는것이自有國章호데韓國外交를日本에付屬호後에此外交事項을日本이專行홈을當호야外各國이正當홈으로姑不認准호얏는지英領事外에昨來호駐國領事도日露兩國正式約章으로不行호고假准狀으로施行이되얏다더라

●主事更試 現今宮內府에서各院司主事를減省次로試取호는디目不識丁之流가多數落第호야減定이太過홈으로主事를額外로更試叙任홀터이라더라

●大會社 政府에서設立호는森林會社를農部大臣이組織호는디該事務에對호야李하大가統監을數次訪問호얏더라

●내協行動 내部協辦崔錫敏氏는本職이變動하는지라再昨日泥峴某處에前往하야哀乞호얏다더라

●規則頒布의定日 近日官報에頒布件이並其統監府政策으로各該顧問官及囑托員이大臣의게提出호는것인디發布가一日만遲滯호면統監府에서直接으로政府에督責홈으로足雖顚地에故로各部規則頒布[illegible]今以來로契約[illegible]日호얏[illegible]

●[illegible] 韓國우리[illegible]에住在[illegible]韓國人[illegible]勸勞[illegible]氏가學生을爲호야[illegible]會員金[illegible]誠[illegible]教授호다더라

詞林

忠正竹詩 尼東散人

有竹有竹何從茁 玉色蒼然君子質 小陵勉賦宗[illegible]栢 [illegible]慈頌[illegible]夷橘 月友要我共作詩 七古隨意無拘律 忠[illegible]殉節又此君 見者縮頸[illegible]凜慄 [illegible]況値天之傾 [illegible]無暇韓爲恤 帝應闕訶碧血埋 故教化兒[illegible]施術 植物中最貴者竹 [illegible]雲幹亭亭出 五百年來獨精神 三千環域共惕怵 [illegible]者竹 屢屢不屈跪我膝 大者偃蹇小孤特 清冷之韻更蕭瑟 本本扶堅獨立固 枝枝勁直葉葉密 한城從古不生竹 [illegible]人矣與居室 嗟乎可歎不敢狎 夢耶是虛還疑實 [illegible]而不[illegible]公心事 上有青天臨白日 其蒞在十而去一 厥苞除三於滿十 乃知精誠無不格 於人可能於天必 隔彼生民蔭啓迪 陪我列聖爲輔弼 回復國權曾不意 煌煌[illegible]垂木天鑵 亦有世間與可韓 墨派淋漓而溢

評曰竹固異哉[illegible]亦奇健可以見作詩者之氣槩

雜報

爲親鳴訴　監獄署在囚한金一濟氏의子東彛가法部에請願한槪意가如左니

伏以吾　聖上之設置法部하시며選任法官하신者는將欲治其有罪而洽施好生之仁德耶아抑欲治其無罪而濫行好殺之虐政耶아

法部之一令과法官之一言에人之生殺이判焉이오人之生殺에國之興亾이係焉이라是以로必待自服納고而乃宣告輕重其罪이거날今之法은果是何法也오本人의父와與同逮十人이既無其罪라

所以不服하고既不服也라所以無啓고之理者而奈何平理院之法外宣告와法外懲役이一向爲懇藉件而下不察人之生殺이오上不念國之興亡也오本人이向

金錫河等으로爲父兄呼訴而以平理院不法之決로幸人之不幸하와不顧公法而退以例題이더니

竟使孫聖源으로斃於獄中하야屍身이出門에見者無不流涕而聲言曰法官之罪也라하니法官인들엇지無耳乎哉리오矧今極熱生病이라呻吟之聲과함領之狀이畢竟餘存十人之命도迫在朝夕이리니다然而後에快於心與이잇가

雲蔽空而日月이不照하고[illegible]法不明而元兇이[illegible]國運耶아家運耶아人理極處에言不知裁이다伏乞更以公法으로明決하시와速出濱死之命爲하라하얏더라

◉民祝其去　西來人의傳說을聞한則平壤郡守李重玉氏는該郡公錢犯逋가幾萬兩에達한지라日入財務官의게百般哀乞한後에所逋를充完次로葉六萬兩을民間에排斂하기로挾雜輩를指使하야通文을發起하얏더니自該郡民會所로此를抵抗하야罪竟勿施가되則計無所施라무심運動의經營이有하야受由上京하얏스니該郡人民이皆曰郡守此行이必有害民肥已之計라大段憂慮하며若其移去他郡하면平民之幸福이라고한다더라

廣告

美國에서新到한各種活動寫眞을本社에서每夜演技하오니僉君子는枉臨하시기企望홈

東大門內電氣會社活動寫眞所

驪州天陽居洪參判家先塋이在於廣州斗尺里而百餘年禁養松楸를楊根居名不知尹哥가本家에서願賣하는貌樣으로僞造牌旨하야方欲偸賣하니內外國人은切勿見欺하옵　洪萬杓告白

中署上漢洞六十統一戶

洪 瑨 杓 家

同濟學校賛成金如左

觀察宋鍾冕　五圜
知事權世煥　仝
知事羅明雍　仝
協辦李熙斗　仝
承旨朴泰秉　仝
從二品李根培　仝
局長崔文植　仝
主事孫昌源　仝
知事洪宅柱　四圜
正領李根澤　三圜
郡守洪泰윤　仝
副卿金教碩　二圜五十戔
姜祉欽　仝
主事趙恒璣　仝
正領金宗源　仝
侍從禹恒鼎　仝
協辦李夏英　二圜
從二品崔錫肇　仝
從二品李鳳翼　仝
課長崔璟亨　仝
正尉李會臣　仝
正三品金永模　仝
正三品文尙賢　仝
郡守安敎煥　仝
參書金鍾濟　仝
正三品崔漢朝　仝
參尉金碩彬　仝
正三品任冕宰　仝
主事崔龍植　仝
進士韓弼夏　仝
崔永哲　仝
六品趙康鎬　仝
參領全在興　一圜五十戔
郡守李載윤　一圜
僉知金基東　仝
同知文健鎬　仝
判書李裕寅　仝
教官洪德起　仝
金在秀　仝
正三品申昌윤　仝
郡守金寗振　仝
卞錫圭　仝
郡守金榮灝　仝
郡守安玘煥　仝
議官李鏞台　仝
議官卞榮圭　仝
議官張亨燮　仝
張基駿　仝
李殷用　仝
知事李用善　仝
同知韓基윤　仝
議官張台鉉　仝
丕弼祥　仝
申國戊　仝
劉한弼　仝
朱源燦　同
參奉李秉斗　同
司果劉永壽　同
侍從崔　淵　同
參奉金德起　同
主事丕榮元　同
正二品河肯一　同
祭書千競植　同
正三品丕性協　同
侍從李吉相　同
丕一顯　同
高永錫　同
議官片容基　同
教官朴基벙　同
主事金台憲　同
議官金益壽　同
劉한國　同
金洙益　同

未完

西署西學峴新作路西邊織組廠에所有織組機械를拍賣홀게기左開廣告하오니願買人은陽八月十五日上午十二点에營繕司로來臨하시오

小布機械五十坐
大布機械一坐
發動機械一坐
其他附屬物品

營繕司　廣告

本局에서使用하는經理局長之章一顆를本月九日下午에見失하얏기該章을更以經理局長章으로改鑄하깃기玆에廣告

軍部經理局　告白

◉民事訴訟代理와刑事변護及鑑定一切法律에關한事務를迅速處理홈

漢城南署茶洞第十七統八戶

변護士 前檢事 正三品　李冕宇

法律事務所

事務員　博士 李肯洙　博士 趙東瀟

◉八月八日開業廣告

本銀行은今月五日에株主總會를開催後에重役七員을選定하고開業日字를定하얏스되其營業目錄은如左하옵고諸般業務를信實이執行할터이오니僉位는陸續來議하시옵

資本金十五萬圜

營業要目

一 諸任置金
一 貸付金及無期過借
一 割引手票(預減)
一 有價証券賣買
一 金銀貴屬品及諸証券保護任置

光武十年八月日

株式會社 韓一銀行

取締役五員　丕秉澤　孫錫基　鄭東植　朴泓鉉　白周鉉　丕彰한

監查役二員　成文永

◉긴급광고◉

본소의셔영문주자(식업 끌느는사람숑사인을급급히구하오니한일인간유의커든본사로티의하시옵다만경력인만구하고영어잘하는인은구치안습

재동한셩판각쇼고빅

◉本社支社廣告◉

中署布屛門下　金相萬冊肆
洞口越便　朱翰榮冊肆
中署廣通橋初入七十八統第二戶　鄭禹澤

大韓每日申報社

本會社에서燕岐鳥致院에서羣山木浦等地에鐵道敷設하기로光武八年分에政府認許를承有한고鳥致院에서江景浦ᄭ지已往初測이온바現行實測而全州ᄭ지連續起工이오며股金은株式으로募集하되一株에新貨五十圜으로酌定하고十回에分하야收合하오니有志하신僉君子는西大門外停車塲越邊本會社로枉臨하시와幾株間隨力懸錄하시고共濟一大營業하심을爲希

湖南鐵道會社長　李允用
發起人　徐오淳

廣告

民事訴訟代言과刑事辯護及鑑定顧問과諸文案起草等諸般法律事務를迅速處理홈

한城南署上油洞二十九統七戶

二層洋屋

辯護士 前檢事 正三品　洪在祺

法律事務所

廣告

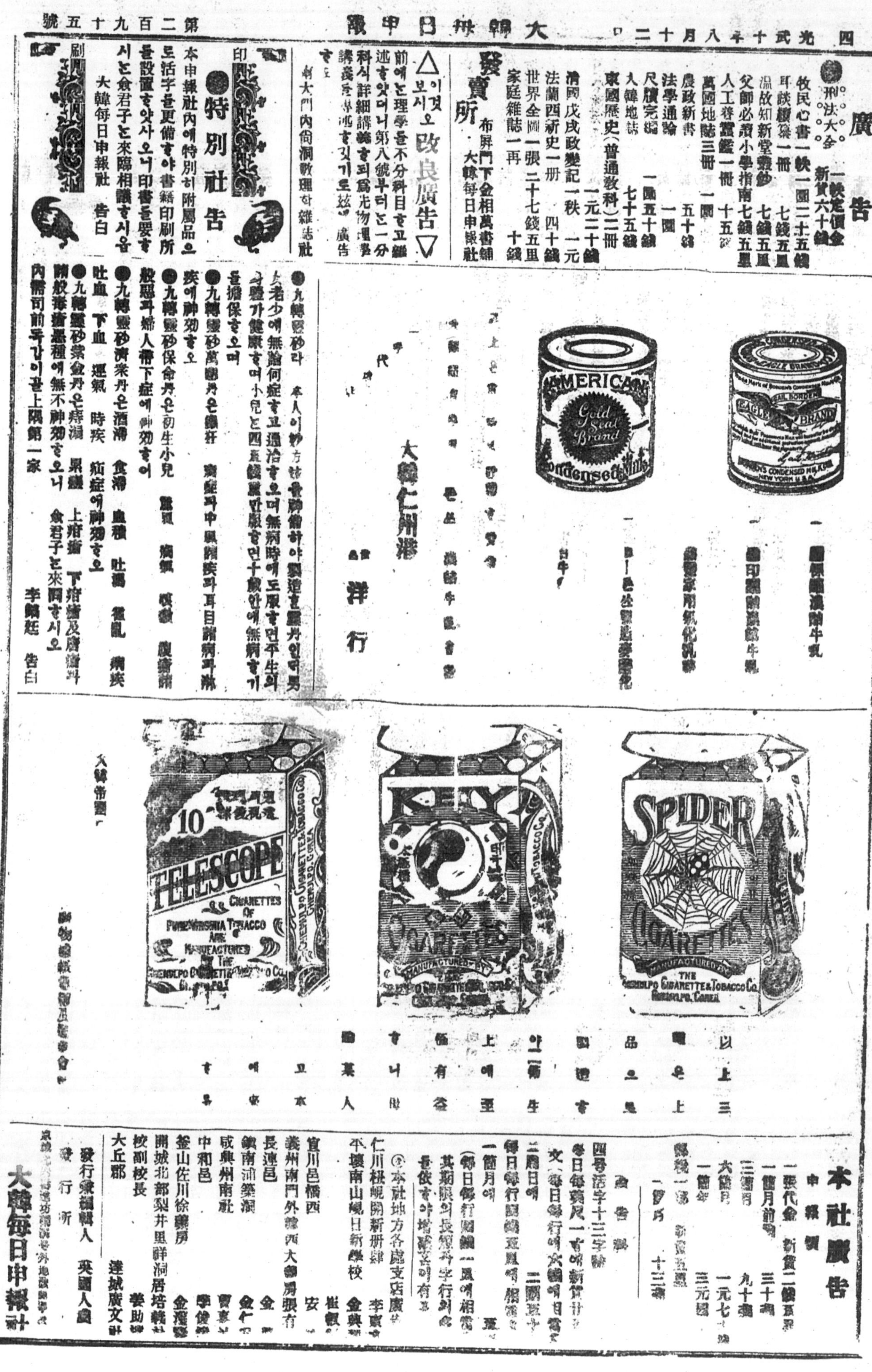

廣告

刑法大全 一秩定價金 新貨六十錢
牧民心書一秩 一圜二十五錢
耳談續纂一冊 七錢五里
温故知新堂雜抄 七錢五里
父師必讀小學指南 七錢五里
人工養蠶鑑一冊 十五錢
萬國地誌三冊 一圜
農政新書 五十錢
法學通論 一圜
尺牘完編 一圜五十錢
大韓地誌 七十五錢
東國歷史(普通教科)二冊 一元二十錢
淸國戊戌政變記一秩 一元
法蘭西新史一冊 四十錢
世界全圖一張 二十七錢五里
家庭雜誌一再 十錢

發賣所 布屛門下金相萬書舖 · 大韓每日申報社

△이것보시오 改良廣告▽

前에と理學을不分科目ᄒᆞ고繼述ᄒᆞ얏더니第八號부터と一分科식詳細講論ᄒᆞ되爲先物理學講義를掲載ᄒᆞ깃기로玆에廣告ᄒᆞ오

新大門內尙洞敎理학雜誌社

特別社告

本申報社內에特別히附屬品으로活字를更備ᄒᆞ야書籍印刷所를設置ᄒᆞ얏사오니印書를要ᄒᆞ시と僉君子と來臨相議ᄒᆞ시옵

大韓每日申報社 告白

●九轉靈砂라 本人이妙方을留神備하야製造ᄒᆞᆫ靈丹인ᄃᆡ男女老少에無論何症ᄒᆞ고通治ᄒᆞ오며無病時에도服ᄒᆞ면平生의身體가健康ᄒᆞ며小兒と四五歲붓터服ᄒᆞ면十歲안에無病ᄒᆞ기를擔保ᄒᆞ오며
●九轉靈砂萬靈丹은鎭肝 癇症과中風瘋疾과耳目諸病과淋疾에神効ᄒᆞ오
●九轉靈砂保命丹은初生小兒 驚風 癎氣 咳嗽 腹痛諸般症과婦人帶下症에神効ᄒᆞ며
●九轉靈砂淸衆丹은酒滯 食滯 血積 吐瀉 霍亂 痢疾 吐血 下血 運氣 時疾 瘧症에神効ᄒᆞ오
●九轉靈砂紫金丹은痔漏 鼠瘻 上瘡瘡 下疳瘡及腐瘡과諸般瘡瘤惡種에無不神効ᄒᆞ오니僉君子と來問ᄒᆞ시오
內需司前동갈이골上限第一家 李鶴廷 告白

大韓仁川港 洋行

以上三種은上品으로製造ᄒᆞ야衛生에至極有益ᄒᆞ니販賣人은本商에來議ᄒᆞ시옴

本社廣告

申報價
一張代金 新貨二錢五里
一箇月前金 三十錢
三箇月 九十錢
六箇月 一元七十錢
一箇年 三元圜
郵稅一張 新貨五里
一箇月 十三錢

廣告料
四號活字十三字詰每日每寸尺一寸에新貨計五十錢(每日發行에六號에日當)
二周日에 二圜五十錢
每日發行同一號에相當
一箇月에 五圜
(每日發行同一號에相當)其期限의長短과字行의多少를依ᄒᆞ야增減이有홈

本社地方各處支店廣告
仁川槇峴開新冊肆 李
平壤南山峴日新學校 金興
宣川邑橋西 崔
義州南門外韓西大藥房服有 安
長連邑 金
鎭南浦藥洞 金仁
咸興州南社 曹
中和邑 李健
釜山佐川徐藥房 金
開城北部梨井里祥洞居培養社
校副校長 姜助
大丘郡 達城廣文社

發行兼編輯人 英國人裵說
發行所 京城
大韓每日申報社

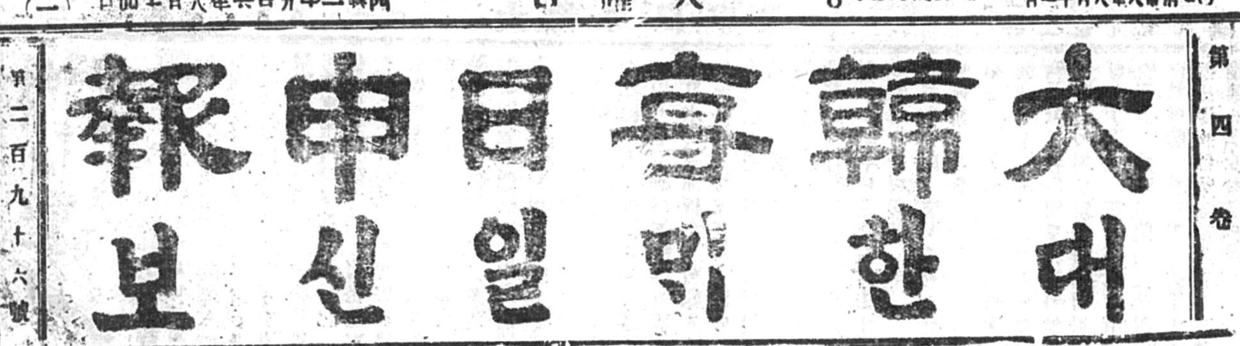

第四卷　大韓每日申報　대한매일신보　第二百九十六號

月曜及慶節歲時日休刊

檀君開國四千二百三十九年 箕子元年三千二十八年 大韓開國五百十五年 日本明治三十九年 淸國光緖三十二年
◉陰曆丙午六月大廿五日庚寅 末伏

論說

日本新聞紙

日本이韓國內에셔日本의行動은世界에對ᄒᆞ야隱諱ᄒᆞ야使人誤眩케ᄒᆞ기를盡力經營ᄒᆞ나니韓國事件에關ᄒᆞᆫ消息은日本新聞을多由ᄒᆞ야傳播ᄒᆞᄂᆞᆫᄃᆡ日本各新聞上에揭載ᄒᆞᆫ것은多有誤聞이오無根無稽之說을故爲造作ᄒᆞ야傳布ᄒᆞᆫ者ㅣ亦有ᄒᆞᆫ지라日本各新聞에揭載ᄒᆞᆫ것을略擧ᄒᆞ노니韓國皇帝陛下ᄭᅴ셔日本의厚意(皇室과國家에向ᄒᆞ야如斯히不正ᄒᆞᆫ行爲를敢行ᄒᆞᆫ厚意인지)를爲ᄒᆞ야伊藤侯의게感謝ᄒᆞᆫ處分을表示ᄒᆞ셧다ᄒᆞ기와一進會派中을進步派이니自由黨이니ᄒᆞ기와其他奸巧細議ᄒᆞᆫ熟계로一世를欺騙ᄒᆞᄂᆞᆫ手段을弄ᄒᆞ고實據가正確ᄒᆞᆫ緊要事件은反爲掩置ᄒᆞᄂᆞᆫ도다

現今에韓國政府에셔統監이提出ᄒᆞᆫ바韓國財政으로釜山에水道를敷設ᄒᆞ라ᄂᆞᆫ議案을商論中이오濟物浦와平壤에水道敷設事ᄂᆞᆫ早已決定ᄒᆞ얏ᄂᆞᆫᄃᆡ此ᄂᆞᆫ無他ㅣ라韓國政府에셔財政을如此消耗ᄒᆞ야罄竭無餘ᄒᆞ고償債無期ᄒᆞ야國庫破產에至ᄒᆞᆫ境遇에ᄂᆞᆫ此等事業이日本人手中에自歸ᄒᆞᆯ것이오其前이라도日本人을爲ᄒᆞ야청潔ᄒᆞᆫ飮料水를供給ᄒᆞᆷ을爲ᄒᆞᆷ이니此事에對ᄒᆞ야伊藤侯ᄂᆞᆫ都不提說ᄒᆞ야守口如甁ᄒᆞ고을孰不反對리오마ᄂᆞᆫ日本에셔治道事件이니埠頭增築事件이니ᄒᆞᄂᆞᆫ諸問題ᄂᆞᆫ日本各新聞上에一不言及이라

頃者에狂愚ᄒᆞᆫ一鄕人이伊藤侯의乘坐ᄒᆞᆫ汽車에投石ᄒᆞᆷ과如ᄒᆞᆫ不足注意ᄒᆞᆯ고關事에至ᄒᆞ야ᄂᆞᆫ即爲揭布ᄒᆞᆯ뿐不是라全世界에電報로傳播ᄒᆞ며其外에韓國皇帝陛下의體面과名譽를損傷ᄒᆞᆫ事件이나日本人以外의外國人에關ᄒᆞᆫ不美ᄒᆞᆫ消息은熱心揭揚ᄒᆞᄂᆞᆫ同時에韓國內에日本人의行動은從中隱蔽ᄒᆞ고或有言及이라도多欠其實이로다

韓國內에셔盛行ᄒᆞᄂᆞᆫ日本人이韓人에對ᄒᆞ야强奪威脅ᄒᆞᄂᆞᆫ諸般賊行은一若不聞ᄒᆞ고現今韓國皇帝ᄭᅴ셔一獄囚와如ᄒᆞ게되셔셔平時에信親ᄒᆞ시던諸人見도不得케ᄒᆞᄂᆞᆫ等事實은是라特加注意ᄒᆞ야諱之祕之ᄒᆞᆷ뿐不是接此事를指揮ᄒᆞᄂᆞᆫ伊藤侯의行動에對ᄒᆞ야若有論難이면說明변答ᄒᆞ고作僞無實ᄒᆞᆫ證據를預備ᄒᆞ얏ᄂᆞᆫ지라

日本統監府에셔來九月一日부터統監府機關으로一新報를發刊ᄒᆞᆫ다ᄒᆞ니統監府에셔彼所入ᄒᆞᆫ新聞記者의게認許供給ᄒᆞᄂᆞᆫ韓國事件에關ᄒᆞᆫ諸般소息은吾輩가將自接濟ᄒᆞ리로다

吾輩ᄂᆞᆫ新聞事件을探知ᄒᆞ기에大段困難ᄒᆞᆫ것을自服ᄒᆞᄂᆞᆫ것이現今에韓政府의各府部院廳은日本人手中에皆歸ᄒᆞ얏스니以上諸處에셔流出ᄒᆞᄂᆞᆫ新聞事件을依賴ᄒᆞ기不能ᄒᆞ더니伊藤侯의機關新報(若非虛言이면)가吾輩의希望的으로供給ᄒᆞ려니와該報上에揭載ᄒᆞᆫ事件이若有不實이면吾輩ᄂᆞᆫ改正ᄒᆞ기에盡力不怠ᄒᆞ야나隣好事業을幇助ᄒᆞ기를預約ᄒᆞ노라

官報

◉號外 光武十年八月十一日

◉宮廷錄事

掌禮院卿臣金思轍謹奏五大享祭不卜日陰曆六月二十四日 宗廟遣重臣虔誠設行何如謹上 奏
光武十年八月十一日奉
旨依奏

◉三千五百三十號 光武十年八月十三日

◉宮廷錄事

詔曰撰者所頒ㅣ兵操典一冊宣爲軍紀之維ㅣ及敎育之順序矣現今宇內軍政日以進步誠不可獨守舊規玆將原書參酌改訂頒示中外軍旅其各欽遵無違勉哉
御押 御璽 光武十年八月三日
議政府參政大臣朴齊純

宮內府大臣臣李根湘謹奏即接 雩祀壇三次祈雨祭獻官李熙斗報告書則以爲陰曆本月十八日雩祀壇三次祈雨祭時大祝奉常司典事李敎榮初不待令使齋郞太僕司主事徐廷弼兼行云矣祀典所重顧何如而大祝初不待令以致兼行之轢挍以事體萬萬駭然宮內府奉常司典事李敎榮爲先免本官令法部照律懲辦不有差祭之兼掌亦不可無警施以譴責之典何如謹上 奏
光武十年八月八日奉
旨依奏

奎章閣學士□□式辭職疏 批旨省疏具悉事遠有不可强而豈揮求休所辭奎章閣學士之任依施 八月九日

勅令

◉勅令第卅七號

農商工部所管園藝模範場官制

第一條 園藝模範場은農商工部大臣의管理에屬ᄒᆞ야園藝改良ᄒᆞᄂᆞᆫ模範을行ᄒᆞᆷ

第二條 園藝模範場에左의職員을置ᄒᆞᆷ

場長一人奏任 技師二人奏任 技手三人判任 書記二人判任

第三條 場長은農務局長으로兼任ᄒᆞ야農商工部大臣의指揮監督을承ᄒᆞ야場中의全般事務를掌理ᄒᆞᆷ

第四條 技師ᄂᆞᆫ上官의指揮를承ᄒᆞ야技術을掌ᄒᆞᆷ

第五條 技手ᄂᆞᆫ上官의指揮를承ᄒᆞ야技術에從事ᄒᆞᆷ

第六條 書記ᄂᆞᆫ上官의指揮를承ᄒᆞ야庶務에從事ᄒᆞᆷ

第七條 現今間에本場職員中에或日本國學術家로招聘ᄒᆞ야其事務를臨時代辦ᄒᆞᆷ도得ᄒᆞᆷ

附則

第八條 本令은九月一日로부터施行ᄒᆞᆷ

光武十年八月九日
御押 御璽 奉 勅
議政府參政大臣朴齊純
農商工部大臣權重顯
度支部大臣閔泳綺

外報

◉首相更迭 倫敦電을據ᄒᆞᆫ則聖彼得堡에셔ᄂᆞᆫ루어써후公爵은本月九日에現首相스도리ㅣ빙氏를代ᄒᆞ야俄國首相의職을辭ᄒᆞᆫ다ᄂᆞᆫᄃᆡ同公爵은自由主義의正見을持ᄒᆞ야農民과同情을有ᄒᆞᆫ人이라더라

◉人種戰爭 同電에云ᄒᆞ되南俄高加索地方에在ᄒᆞᆫ아ㅣ메니야人과韃靼人間에戰爭은數月間繼續ᄒᆞ야極히慘酷ᄒᆞ얏ᄂᆞᆫᄃᆡ시유ㅣ시야市(波斯國境)의一市와ᄒᆞᆷ은全히壞敗에歸ᄒᆞ얏다더라

◉撤兵延期 北京天津에駐屯ᄒᆞᆫ佛軍은本月一日에本國政府에命令을待ᄒᆞ야撤去ᄒᆞ기를決ᄒᆞ얏더니淸國內地各處의匪徒가跳梁을逞ᄒᆞ야宣敎師等의被害가不絶ᄒᆞᆷ으로셔明年까지撤去ᄒᆞ기를延期ᄒᆞ얏다더라

頃日[illegible]上午九時[illegible]에서電車의年前六十餘歲老翁이觸倒하야右脚이折傷되얏倒不省홈으로該地警察署檢이廣之昇送于濟衆院하얏는뒤該老翁은葛月里居李享根이라더라

●趣勢書記 統監府書記官國分氏는久在韓國하야屬日흔[illegible]拔擢이多不하다니將次見遞하얏다더니[illegible]新聞社長菊池氏가被任혼디近日追從客들이忽然斷跡하야菊池氏를訪問하는車馬가頗히繁華하고國分氏의門前은漸至冷落하다더라

●鋸機殺人 龍山의서西强濟가板木을割解하는鋸械를設置하고木材를部板하는뒤韓人役夫一名이木材를搬入하는뒤日人二名이관光하다가猝然히鋸機를運動홈으로韓人役夫가自頭로背以下지截斷所割하야卽刻致命하니日人一名은逃走하고一名은巡查가押去하야警廳하얏다더라

●試取官限 官[illegible]府에서才能이無혼官人은試驗陶汰하고主事三十餘人을以文筆有餘하고時務에熟혼人으로呼應試케하라고各部司로輪牒하얏는데昨日지定限하얏다더라

●兵丁溺水 三昨日의丁兵隊尉官以下兵卒이龍山九流의出住하야船遊하다가一兵丁이不知中溺死하는故로該隊兵丁들能興而退散하얏더라

●船稅旬管 農商工部에서各該觀察使와各港市監理의게發訓하기를通信院에서管理하던船舶海員等에關혼事務는農商工部에移屬인바所有國內船稅事務를幷由本部主管이니轉飭管下各郡하야各該船稅收랍等節을姑依於通信院規定遵辦하되各年度未랍額과本年度稅額을櫛刷랍付所管令庫하고形止를直報本部케하라하얏다더라

●會論貪倅 朔州郡守金윤根氏는剝奪民財하며妨害學校하야其所虐政이去益甚焉이라하야一進會員李行敏氏가其貪贓을閒錄하야내部에請願하고卽行奏免하라하얏다더라

●樵童拾印 再昨日下午五時頃에何許兒童이紅峴中學校뒤에서馬草를刈取하다가某郡印信의盛實혼가방을拾得하야齊洞巡檢支所의任實하얏는뒤當該郡守의不深注意홈을人皆唾罵하더라

●敎民更訴 慶尙北道漆谷尙州星州知禮卌事各郡守가學校設立을藉稱하고該地耶蘇敎會學徒의게例錢을徵捧하며敎民中餘戶를抄出하야學資錢을勒斂하는已揭本報여니와其時耶蘇敎民이內部에呈狀인바自內部로特發嚴訓于該道觀察하야申飭各郡守則尙州漆谷兩郡은所斂錢을還爲出給이되開寧星州知禮는推諉不給하는故로該敎民等이更爲上來하야呼訴內部하얏다더라

●能拔其癖 傳說을聞혼則伊藤統監이內大李址鎔氏의게警告하기를郡守敍任에納賂行實나如아族戚의用私하는事를勿爲하라고하얏다니彼李址鎔氏는幾多年間顯要에在하야賣官鬻財의疹癥이結固하야[illegible]가忿罵하고各報[illegible]若不聞하고恣意爲[illegible]足혼者라伊藤侯의一言이足히其癖을拔去홀는지未可斷言이라고하더라

●投印命關 淸州郡守金寶培氏가與牧使趙鏞[illegible]氏로代理事件에大相不合하야至於決意棄官인바登程時에擬放六穴砲라하고投印於日人荒川云者는其是趙氏의擁護之說이時有이同郡守가決其去就之日에旣非逃竄之蹤인則豈有向人拔砲之事이며印章은送傳于大邱郡守혼文蹟이自在하다고하더라

●技贓減給 仁港裁判所에서賭技罪人의贓贖錢을法部로收聚上納하얏는뒤就中李瑛圭는未拔犯罪에處斷하야笞六十으로詿錄혼지라法部에서該裁判所로訓令하되盖賭技之律은계其所得之財而謂之贓錢이라若日未遂면豈有得財리오此必是賭次로渠帶渠錢而往參技場이라가未及着手而押收者也라以此謂賭得之財而沒入豈無稱寃乎아上來贓贖중五十六元六十五錢만捧留하고其餘額二百四十七元五十六錢은還爲下送하니到卽贓錢四百七十一元五十二錢을充數出給于李瑛圭處이고該領收證을卽爲粘報하라하얏더라

●三氏有志 載寧郡居劉鄕澤氏는有志慷慨之士라一般民智[illegible]開辦하는事에對하야到底熟心혼은晉儕가已所稔知어니와同氏의同志金天雨李範善兩氏도俱以靑年으로國勢의艱棘과民智의蒙昧를大段憂慮하야爲하新聞購覽을向人勸告하야期有擴張之效하기로勉力做去하다니凡此國內人士가擧皆此等思想이有하면開明前進의期[illegible]有라하노라

●巧以撫 黃州郡守朴元敎氏는莅任以後로隊郡擾弄의無非狹雜이오月前에無名錢四萬餘를收斂하니則民莫支保리로該郡[illegible]李兌觀의字春光이가安城門에서共議하고上京呈訴이러니該郡守가李兌觀과安民一名을捉囚嚴杖하며一進會員洪哥가敎囑上送하야李春光等의因[illegible]星訴事는該民이初無於本郡이라고誣揭新聞廣告後에刑法痛忿하야上京呈訴之際에本倅가又送丁成汝하야彌縫爲計홈이丁哥가上京하야二安을誘引甘言曰妥貼下去하면汝族을卽放云則愚昧一人이信其言而私相하고與丁哥로黃金麻洞本家에遇去하야丁哥가將營葉白兩번出求하며主倅이被訴를說明하니以午[illegible]으로四人을等待後錢二十兩卽給曰明當七十兩變通出給云則仍還이라丁成汝가以李益培로變姓名하고呈訴平理院이러니該院官員이查問曰汝實非李益培則是何事耶혼則丁가가發明無路하야只是惶恐萬[illegible]無惜이다오바丁가는仍因하고二安民은大韓日報社後洞李興人家의保囚하온則平리院官員의明查處決은無不欽服이오愚昧二安의被誘反囚는人皆嘲笑이고一進會員洪가로論之하면稱云代表者가內合官長하고外憑會勢하며該弁使隷로公私間에往往에尤甚可笑之事이라고하더라

●地名示明 農商工部의서鑛業條例及區域規則을頒布혼지라統監府의셔니部로公函하기를鑛規를已頒則各官廳所管地三百間니의認許를不得하면不得開鑛이다혼바官廳所禁地名을預先示明하야後無相持之弊케하라혼지라니部의서十三道各관察府로訓令하기를鑛業規則事로統監府와交涉이果係綦重하니陵園殿地位置各官廳名稱地名城堡位置地名社寺社稷廟祭城隍壇祭祭公院影室忠烈祠寺及沼池隄塘所在面里名을調到十日내에詳查註明하야都聚上報하라하얏다더라

●間島視察 政府의셔日人이不動産을查調已久하니와日人내藤氏等三人이日本外務省訓令을携하고北墾島間題로청官稔下登[illegible]하야韓政府와交涉하든바後에該員을一切調查하얏는뒤該島實地를視察次로내藤氏等이今明間該島로發向혼다더라

●韓人委員의中止 政府니의不動産調查所를設施하고日人梅博士의게囑托하야委員을差定하고處所修리費를度支의請議하얏는뒤及其修리하야日人[illegible]處所만占接케하고韓人委員은處所도無흘뿐더러月給을全然不撥故로無俸給無[illegible]하야仕進을중止하얏다더라

[illegible]把守設[illegible]卿[illegible]戒嚴하다더

[illegible]參 防禦[illegible]部로照[illegible]議員[illegible]에潜[illegible]援動[illegible]則[illegible]라

●兩[illegible]樹[illegible]李根湘[illegible]와[illegible]從卿[illegible]鏞[illegible]本是[illegible]預察其[illegible]하다[illegible]某[illegible]李[illegible]兩[illegible]他人의公式上入[illegible]汩[illegible]自己等은無[illegible]出入[illegible]事를操縱[illegible]食口로[illegible]府[illegible]調[illegible]一切[illegible]

●丁數[illegible]工[illegible]敎授[illegible]專門[illegible]人이오工[illegible]專門의學員우二十四人이라校[illegible]가現[illegible]所定하야[illegible]光[illegible]校[illegible]학之[illegible]借居接하더니[illegible]학[illegible]件接[illegible]하야학部[illegible]되洞口[illegible]宗正[illegible]給[illegible]고[illegible]伯[illegible]張志淵鄭[illegible]李相[illegible]金[illegible]集[illegible]

●會[illegible] 普成[illegible]校[illegible]金[illegible]煥氏[illegible]進敎育會에서副會長으로推薦하야[illegible]重煥氏가[illegible]抽[illegible]路다[illegible]고自退하얏다더라

雜報

義州景況 義州郡民의來函이如左ᄒ니

義州ᄂ北韓要占이라日淸戰役과日俄戰爭을遭ᄒ야兵燹之困難은已過之事여니와尙今京義鐵道改築ᄒᄂ役夫徵用에斗不給料ᄒ고各村農民을勒集使用ᄒ므로廢農渙散者無數ᄒ고所謂金礦開業이粉始되야人家基址와正田好畓을無難不掘而掘價도不給ᄒ고及官訴於地主ᄒ되民寃이徹天ᄒ되官不能保全ᄒ며所謂沿江鎭稅ᄂ無理勒捧之弊가近又益多ᄒ야殘民貧困가支撑末由ᄒ미라監理ᄂ雖云使之禁斷이나日本人雜類輩가稱以船稅ᄒ고與本郡鄕長으로協力同事ᄒ야江鎭津渡一條에每年捧稅五六百兩式ᄒᄂ故로該船人等은來往行客에게每人五錢式식받ᄂ船稅ᄂ十五錢二十錢식지勒捧ᄒ야原稅錢을充數ᄒ니行人之困難이莫此爲甚이고所謂衛生方法이라하고日本人이本郡守를協力ᄒ야城村人民에게미戶石炭水石灰一斗式을分給하고價金을勒收ᄒᄂ原價數百圓不及에値로數千圓을收捧ᄒ니人民膏血이如此搾盡ᄒ얏고但區域內에ᄂ該監理李民로氏가自己俸金으로石灰와石炭을自辦買入ᄒ야分給於人民ᄒ故로一般市民이稍稍繁殖ᄒ며白馬山우數萬株森林이倉鬱ᄒ야一邑을擁護ᄒᄂ衛生緊方이여날近日一進會에서藉稱政府訓許ᄒ고無難斫伐ᄒ미一邑境內에便同脫衣破巢之狀態에며所謂鴉片烟吸食人民은原來義州가韓國最先之處故로自來官吏가捉得現行犯者면從其家勢ᄒ야幾千幾萬兩을討食後放免之習은爲一成風이라近日은該郡有志者들이斷烟方으로自誓吸烟之弊ᄒ야斷吸不復者가數朔之內에七十三人이라此由을該監理가內部에報明ᄒ야使之益加擴張케ᄒ되本郡守ᄂ鴉片事로同不絶弄奸이며니以酒色沈溺ᄒ야身命이濱危ᄒ며此邑形便이大略如右ᄒ며惟我生靈之機ᄂ近年耶蘇敎가入昌ᄒ야一郡境內에四五千人에達ᄒᄂ지라一邑男女小中學校에創設者十餘處오又有愛國性이稍任ᄒ人士三百餘人이保民會를組織ᄒ고歐米에文明ᄒᄂ風氣를漸移ᄒ야勇進發達ᄒᄂ氣像이北韓民黨에主占ᄒ을諭ᄒ야近日에會長朴永運氏와總代李我真氏가京城에來由ᄒ며各樣同情社會을訪問하고親睦을敦ᄒ며文明을祭計라近日該監리署도書淫者에게居住을區別하야一處도劃定저ᄒ다니文明進步的狀態를於此可見이라하얏더라

●**支校校長** 玄湖有志韓氏가靑年敎育ᄒ기爲ᄒ야該洞에玄成學校를創設ᄒ미學徒가日日增加ᄒᄂ지라今次秋期開學時에校規課料를更欲擴張ᄒ야普成學校長金重煥氏를該校副校長으로薦聘ᄒ얏다더라

●**共同水道** 釜山日本民團은水道工事에對ᄒ야一百十七萬元資金을日本興業銀行에서借入ᄒ얏고韓國政府ᄂ伊後八個年間에三十九萬元을支出ᄒ야民團과韓國政府間에共同經營으로ᄒ고收入의利益金은各出資額에應ᄒ야配分ᄒ기로協約을成立하얏ᄂ대但韓國政府의出資ᄂ經常歲入으로써ᄒ計劃이라더라

廣告

廣告

●刑法大全 一秩定價金 新貨六十錢
政治原論 一冊 一圓二十五錢
[illegible] 七錢五里
[illegible] 七錢五里
父師必讀小學指南 七錢五里
人工養蠶鑑 一冊 十五錢
萬國地誌三冊 一圓
農政新書 五十錢
法學通論 一圓
民權[illegible] 五十錢
大韓疆域考 七十五錢
東國歷史（普通教科）二冊 一元二十錢
淸國戊戌政變記 一秩 一元
法蘭西新史 一冊 四十錢
世界全圖 一張 二十七錢五里
家庭雜誌 一再 十錢

發賣所 布屛門下金相萬書鋪 大韓每日申報社

△이것 보시오 改良廣告▽

前에ᄂᆞᆫ理化를不分科目ᄒᆞ고繼述ᄒᆞ얏더니第八號부터ᄂᆞᆫ一分科식詳細講解ᄒᆞ되爲先物理學講義를繼述ᄒᆞ깃기로玆에廣告ᄒᆞᆷ

南大門內尙洞 敎育雜誌社

●特別社告

本申報社內에特別히附屬品으로活字를更備ᄒᆞ야書籍印刷所를設置ᄒᆞ얏사오니印書를要ᄒᆞ시ᄂᆞᆫ僉君子ᄂᆞᆫ來臨相議ᄒᆞ시옵

大韓每日申報社 告白

●九轉靈砂라 本人이妙方法을辨備하야靈砂를製ᄒᆞ얏ᄂᆞ니男女老少에無論何症ᄒᆞ고過治ᄒᆞ오며無病時에도服ᄒᆞ면平生의身體가健康ᄒᆞ며小兒ᄂᆞᆫ四五錢重만服ᄒᆞ면十歲안에無病ᄒᆞ기를擔保ᄒᆞ오며
●九轉靈砂萬應丹은癲狂 痲症과中風諸疾과耳目諸病과淋疾에神效ᄒᆞ오
●九轉靈砂保命丹은初生小兒 驚風 痢氣 咳嗽 腹痛 諸般癥과婦人帶下症에神效ᄒᆞ며
●九轉靈砂濟衆丹은酒滯 食滯 血積 吐瀉 霍亂 痢疾 吐血 下血 運氣 時疾 痼症에神效ᄒᆞ오
●九轉靈砂聚斂丹은癆瘵 瘰癧 上痔瘡 下疳瘡及群瘡과諸般痔瘡癎等種에無不神效ᄒᆞ오니 僉君子ᄂᆞᆫ來問ᄒᆞ시오
內需司前독갑이골上隅第一家 李鍾廷 告白

一 [illegible]牛乳
一 [illegible]牛乳
一 [illegible]
一 [illegible]
[illegible]

大韓仁川港 [illegible] 洋行

以上三種은上品으로製造ᄒᆞ야衛生上에至極有益ᄒᆞ니毋論某人ᄒᆞ고本[illegible]에來[illegible]ᄒᆞ옵

大韓帝國仁川[illegible]製造及販賣會社

本社廣告

申報價
一張代金 新貨二錢五里
一箇月 [illegible]
三箇月 九十錢
六箇月 一元七十錢
一箇年 三元四十錢
郵稅 一箇月 十三錢

廣告料
國文活字二十三字를一行으로每日新聞에一行에[illegible]
一箇月에 [illegible]
每日發行할時每行에[illegible]
一箇月에 [illegible]
(每日發行할時一行에[illegible])
其期限의長短과字行의多少를依ᄒᆞ야增減홈이有홈

◎本社地方各處支店廣告
仁川租峴開新冊肆 李[illegible]
平壤南山峴日新學校 金[illegible]
寧川邑橋西 安[illegible]
義州南門外[illegible]西大[illegible] 張[illegible]
長連邑 金[illegible]
鎭南浦[illegible]洞 金[illegible]
咸興州南社 [illegible]
中和邑 李[illegible]
釜山佐川徐[illegible]房 金[illegible]
開城北部梨井里[illegible]洞[illegible] [illegible]
校副校長 [illegible]
大丘郡 達城廣文社

發行兼編輯人 英國人 裵說
發行所 京城北署[illegible]
大韓每日申報

第四卷　第二百九十七號

大韓每日申報
대한매일신보

月曜及慶節歲時日休刊

檀君開國四千二百三十九年
箕子元年三千二十八年
大韓開國五百十五年
日本明治三十九年
淸國光緖三十二年
◉陰曆丙午六月大廿六日辛卯

論說

韓國과日本

루더ㅣ報를據ᄒᆞᆫ則英京타임쓰新報가日本이韓國을征服ᄒᆞᆫ國民으로思想ᄒᆞᆷ이大不可하다고警告ᄒᆞ얏더라

타임쓰新報는伊來多年에英國輿論을代表ᄒᆞᆫ者라고稱ᄒᆞ기不能ᄒᆞᆫ것이常時에排俄友日ᄒᆞ든不適當ᄒᆞᆫ言論을揭載ᄒᆞᆷ이러니今也에如此ᄒᆞᆫ新報가如彼ᄒᆞᆫ尋常警告라도日本에對ᄒᆞ야言及ᄒᆞᆫ것을據ᄒᆞ면若其他公平無私ᄒᆞᆫ新報린들正確히論及ᄒᆞᆫ바ㅣ甚多ᄒᆞ얏슬지라

日本에對ᄒᆞ야警告ᄒᆞᆷ이今猶晩時로다韓國皇帝陛下ᄭ셔와韓國人民들은自國이征服된줄노不認ᄒᆞ거날伊藤侯는現今韓國에奴隷깃튼政府諸大臣을指揮ᄒᆞ야諸般事를自己가提議ᄒᆞ고自己가執行ᄒᆞ야韓國을日本의征服된國民의地位에落下ᄒᆞ는諸般惡계를無遺盡試ᄒᆞ는도다

伊藤侯의改善政策이라는것은于今ᄭ지는治道이니垻頭築이니水道敷設이니礦山條例이니移民條例이니病院撰扱이니及其他諸般事件이皆是攫取占奪ᄒᆞ는階梯를預備ᄒᆞᆷ이라伊藤侯는公明ᄒᆞᆫ演說노處處放論ᄒᆞ면서及其實行ᄒᆞ는事는日本人事業에韓國財政을糜費ᄒᆞ며各處에서韓國人民들이日本人手中에서殘暴를橫被ᄒᆞ고韓國內日本獄中에서韓人들의게惡刑을敢施ᄒᆞ는것은都不注意ᄒᆞ다

韓國皇帝陛下ᄭ셔셔는現今에一獄囚와恰如ᄒᆞ다고可稱ᄒᆞᆯ不啻라陛下는事實上으로正是一重罪囚가되셔셔陛下의行動을不自由ᄒᆞ게ᄒᆞᆷ不啻라酷悖奸妖ᄒᆞᆫ彼日本의厮奴等外에는他人은御前에現影도못ᄒᆞ게ᄒᆞ는지라

日本이韓國內에서韓國을爲ᄒᆞ야諸般實業을勸쟝ᄒᆞ거나開拓ᄒᆞᆫ事에는都不着手ᄒᆞ고現今에日本人이經營ᄒᆞ는諸般計劃이若就成功이면即韓國生命은結果ᄒᆞ는日이라

韓國皇帝陛下ᄭ셔셔는自國事에參涉ᄒᆞ기도不得케ᄒᆞᆯ不啻라陛下의私財ᄭ지日本人이强執其權ᄒᆞ야陛下게는隨用排進ᄒᆞ는ᄃᆡ其用處를必問ᄒᆞ며又其所用을必欲無理減省ᄒᆞ고人民들은各其職業上에政府의保護及勸奬ᄒᆞᆷ은無望ᄒᆞᆯ不啻라反히日本人의反對及防碍가無處無之ᄒᆞ야鑛業을欲開인즉統監府의認許를雖期이오外國에欲往ᄒᆞᆫ즉伊藤侯의同意를必經이라

然則韓國은征服된國民의地位에落下ᄒᆞᆷ이已久ᄒᆞ도다政府는各色으로는韓國人으로組織ᄒᆞᆷ이無疑ᄒᆞ나彼倡優不若之諸大臣은伊藤侯의게適意(保牌當)ᄒᆞ기가日本人內閣보다尤勝ᄒᆞᆫ지라彼輩가昨年十一月十七日에兵威로恐嚇ᄒᆞᆷ을當ᄒᆞ야驚懼所致로新條約에調印ᄒᆞᆷ으로全國人民의憤怒ᄒᆞᆷ을被ᄒᆞ야彼輩의生命을日本人保護下에懸置ᄒᆞ얏스니伊藤侯의意向을少逆이면日本軍警의保護를撤去ᄒᆞᆯ가恐ᄒᆞ야諸般命令을奉之唯謹이로다

以上所陳은韓國의現今眞狀이라如斯ᄒᆞᆫ事狀을英京타임쓰新報가朦昧不聞ᄒᆞ얏스면已矣어니와不然이면日本에對ᄒᆞ야如彼ᄒᆞᆫ尋常警告는一귀戱談과如ᄒᆞᆫ지라然이나由此推觀이면英國內에서一般公衆이現今韓國의眞狀을漸就覺知ᄒᆞ야타임쓰新報도輿論을隨ᄒᆞ야輿論을唱導ᄒᆞᆷ이아니라ᄒᆞ야調를稍變ᄒᆞᆫ것이分明ᄒᆞ도다今에제公의계告ᄒᆞ노니姑ᄭ落ᄒᆞ고自修而俟之ᄒᆞᆯ지어다

官報

●勅令

●三千五百三十號 光武十年八月十三日

◉勅令第卅八號

農商工部所管礦山事務局官制

第一條 礦山事務局은農商工部大臣의管리의屬ᄒᆞ야礦山의關ᄒᆞᆫ一切事務를掌ᄒᆞᆷ

第二條 礦山事務局에左의職員을置ᄒᆞᆷ

總裁 一人
事務官 專任二人 奏任
技手 專任八人 判任
主事 專任五人 判任
書記 專任四人 判任

第三條 總裁는農商工部大臣이兼任ᄒᆞ야所部의職員을監督ᄒᆞ며局務를總리ᄒᆞᆷ

第四條 事務官은總裁의命令을承ᄒᆞ야事務를掌리ᄒᆞᆷ

第五條 技手는上官의指揮를承ᄒᆞ야技術에關ᄒᆞᆫ事務에從事ᄒᆞᆷ

第六條 主事는上官의指揮를承ᄒᆞ야庶務에從事ᄒᆞᆷ

第七條 書記는上官의指揮를承ᄒᆞ야通譯에從事ᄒᆞᆷ

第八條 現今間은本局職員中에或日本國학術家로招聘ᄒᆞ야其事務를臨時代辦ᄒᆞᆷ도得ᄒᆞᆷ

附則

第九條 本令은九月一日로부터施行ᄒᆞᆷ

光武十年八月九日

御押 御璽 奉 勅

議政府參政大臣朴齊純
農商工部大臣權重顯
度支部大臣閔泳綺

◎敍任及辭令

○任議政府參書官 議政府主事洪鍾檍 八月九日○任議政府主事 金相高 八月十日 完

部令

●農商工部令第四十三號

鑛業法施行細則 續

第十八條 礦業청願人又礦業權者가農商工部大臣의게圖面又書類의提出을被命ᄒᆞᆫ時는指定期日內에差出ᄒᆞᆷ이動ᄒᆞᆷ

農業청願人又鑛業權者가農商工部大臣의게實地調査를爲ᄒᆞ야會同을被命ᄒᆞᆫ時는指定期日에會同ᄒᆞᆷ이可ᄒᆞᆷ代理人으로會同케ᄒᆞ는時는委任狀又其他權限을證明ᄒᆞ는文書를携持케ᄒᆞᆷ이可ᄒᆞᆷ 未完

外報

●立憲贊成 北京電을據ᄒᆞᆫ則出洋大臣端方等은五日年又는十年期限으로立憲政治를行ᄒᆞᆯ意見으로上海에歸着ᄒᆞᆫ際에各總督將軍에게其成을求ᄒᆞ얏더니周馥張之洞及兩粵督은皆贊成의旨意로答電ᄒᆞ얏다ᄒᆞ더라

●官制改革 上海電을據ᄒᆞᆫ則청國政府는官制大改革에看手ᄒᆞ엿더인ᄃᆡ北京에總리大臣一人을設ᄒᆞ야八部를統轄ᄒᆞ고禮部와九卿을廢ᄒᆞ고都察院은仍置ᄒᆞ고省巡撫는總督으로改定ᄒᆞ며省에七個의課를設ᄒᆞ고省政을分擔케ᄒᆞᆯ計劃이라더라

●俄國鎭壓策 俄國首相스도루기핀氏는內亂을鎭壓ᄒᆞ기爲ᄒᆞ야將次非常의手段을採用ᄒᆞ리라ᄒᆞᆫ說이有ᄒᆞ지라此를確定ᄒᆞᆫ인지아루로후將軍으로俄都에在ᄒᆞᆫ警務總監을任命ᄒᆞ야全權을與ᄒᆞ얏다더

從의褫又 日昨에侍從院侍從은交迭任す야欽氏と家住남原으로州衛卜術로擅名す던人이라す야遯宮す平職院氏의力에任職す인딕當官禁邇淸之時에亦不悛す謂す고引進術客す시야從班す니果然이면李氏之誤薦과姜氏之冒進이其罪一也라하더라

●電答押移 公州觀察使가內部로報告す기를 城郡에셔義兵이猖獗す避後相當す上호얏기方의衆査인딕衙兵營長이因該隊로營訓す야嚴詰押移す되不可擅便이니即爲賜答す야俾免措擬케す라す얏と딕內部에서該郡營長과協議押移す라す얏다더라

●民情惨惻 內部에셔政府로照會す기를據因統監府公函す온즉依西鐵道業已竣訓諸道す야家屋及耕作物을沒數撤去인바該地人民의惨惻情況은已無可論인즉國本區域에定界以外と家屋及田土를還付該地人民然後에야免棲遑流離이니迅速交涉す統監府す야俾民奠接케す라す얏다더라

●賣家契換給 漢城府尹이日本리로官訓照請求훈因す야內部에貿賣훈거훈と本人近藤正廉外二十四名의所收훈家契二十二枚換給훈로各該家主等의賣買的確훈証明書를帖覈하니查照指令하라하얏더라

●李事更辨 去金曜日本報에揭載된新任撫巡李政秀氏의來歷을更聞훈則原來文字工夫에昔非不足이오外國遊學의所得이不淺훈고더욱教育事業에熟心做去之人이라撫巡之任이不足以盡其才學이거날其目目不識丁이라不知天字左股라훈거슨必是何許人의嫌己之厭으로做出誣說훈야以至騰報훈거시기로玆에更揭훈노라

●全民電報 全州郡民白自由等이該郡守鍊直相氏의事件으로法部에寄電훈기를本郡守에方橫被民訴훈고自平院歷次審判훈야原告自服에昭析無餘어날嗟彼文顯周가因何誣妄인지又呈法部에還官이差晚훈니彼輩叫殺은姑捨훈고一等郡邑敖事務와數萬生靈에依庇가無所훈야知至無那之域이오니見郡守를不日還下送후와以完生靈奠接케す되萬一延拖未頒이면數千洞民人이各其一名式衆ㅎ上京呼訴伏計오니還送與否를回示를伏望이라하얏더라

●新記新校 仁川港商會諸員이教育上熱心으로義捐을鳩合ㅎ야學校를設立훈지라其校務의進就와學徒의盛況은本報에屢屢揄揚ㅎ얏거니와今又米商會社에서簿記夜學會를設施훈고實業의有志者를衆集勸課훈다니此と營業上緊要훈夫라間月에勤苦를經過훈면卒業証書를受훌거시오平生營業의便利를獲得훌리니目下衆頌가不諧勸이라훈로라

●聯羅請願 京居應時模金時肅川郡服尹實柄等이平安北道寧城郡長城面長七里卜村에大훈起훈識鍊圖本을粘連請願於農商工部훈야認許와訓令을待훈얏다더라

●無學不當 三昨日남署明洞初入西洋第三月日本人商店前에서何許人五六人이同行훈と디其中一妙少年이衣服이鮮明훈고擧止가端正이라欲買物品次로入于日人商店則店主日人이突出훈야以水濺之하니衣冠이盡濕이라該少年이歎曰彼一箇商人이無端加辱於我輩훈니是乃國勢微弱之所致로國民이無所受辱훈と시라고痛歎而歸하더라

●國務上問題 今十四日上午九時에伊藤統監이參政以下各大臣을統監本邸로請邀훈야國務上重大問題를提出하야相議하얏다더라

●牧畜場占 皇室牧畜場을平壤에設施훈事는已往記載하얏거니와觀察使李容善氏가政府訓令을奉承훈야牧畜場基址에田畓家屋森林結數를調查훈야政府에報來훈얏는데戶數가三千三百二十九戶오墳墓가九萬八千四百五十八葬內에無主墳이九萬一千八百五十二張이오有主塚이六千六百六張이오森林이二萬八千三百五十四株內에大木이一萬二百三株오中木이一萬一千五百十一株오小木이六千五百四十株오結數가二千六百十八統八十一負六東내에官有結이一百十四結二十二負六束이라더라

●大官葛藤 學部大臣李完用氏가現今各大臣중에는統監府에第一親押히交涉훈는디政界를一動훈야朴參政은學部大臣으로轉送훈고李內大는宮內大臣으로轉補훈고李完用氏가參政에內部大臣을兼任하야中央政府를李根澤氏와並肩盤踞훈고地方政治를伊藤氏와協議改良훈다훈고秘密運動훈다가事不遂成훈고密勿發覺훈지라李학大가朴參政을委訪훈야此是由於統監政策이라하고無數說明하되朴參政은聽而不聞하느此事運動으로近日政府各大臣이又生葛藤하얏다더라

●參政無鳥 各郡守奏任에不美之說이頗多홈으로伊藤侯가內部大臣의게公止의行政을勸告훈얏더니李內大가快諾하고朴參政의公薦으로委請훈지라內部大臣李址鎔氏와協辦崔錫敏氏가日昨에朴參政을訪問하고郡守敍任事를提出하야擔責하는故로朴參政이據理答之曰我는別無公薦之人하고日主務部에셔行政이어날胡爲乎別問題로提出乎아홈의李大權協이無聊退去하얏다더라

●旅費相詰 農林學校를水原邑附近에建築次로入札廣告흐야施行훈더인디所謂稅關公署에서戶擔建築훈다하며日人等이建築의形便을視察次로渠輩가自由性來하고該旅費를農部에請求하는故로該部主務局에서據理辯明하며日人來往水原이本部에少無相關이어날所謂旅費請給이是何無理乎아훈즉該日人等이哀乞曰貴部大事經營에以些少旅費로不可如是斯持라하고萬端求乞하니所謂開明國에如是鄙類가渡韓乎아하고昨日農部에서無數相詰하얏다더라

●勸勿干涉 義親王殿下의名서金思濟氏의觀察使와金學基氏의羅州郡守를勸告하얏다더니統監이勸하기를官職敍任上에更勿干涉하와俾重事體케하라하얏다더라

●以詩紀念 伊藤統監이新條約하든此政府各大臣에게古詩一句式親書揮章하야紀念懸板을製飾中이더라

●港民可哀 平理院長李允用氏가去乙未年分에木浦港阜頭事項을設施次로外部에承認하야別無開港홈으로該認許는自歸勿施하얏는데但以其認許時該港監理地契를照藉하고現今日人을派送하야港內人民을一並逐出故로港民三四十名이上京하야農部商務局에萬端哀乞하되李允用氏의議法으로港民三千餘戶가盡亡乃已니所謂認狀을勿施케하라하니農商大臣은李允用氏의勢力을畏刼하야下去하면自有歸正이라하고該民을曉諭하얏다더라

●條例刊冊 鑛業條例를農商工部에서日前에官報頒布하얏는데以官報로民不可洞悉故로該條例를成冊輪佈하려훈즉鑛山業務局에視務하는日人等이禁止不俑하며日人法學士가行將編冊훈다하니 部에셔據理相詰하야期於更刊을佈훈다더라

●記紐條例 農商工部에셔起案하야灌漑築洑起墾에一項규區別하고委員三人을選定하야部令으로頒布훈다더라

●學校亦付 農商工部所管의農林學校를另施훈故로學部所管農商工學校를農商工部로付屬홀야官制를商工學校로改正훈다더라

●尹氏有子 忠州觀察使尹喆圭氏가人民의訟開를避하야逃來上京훈故로鄰報라各報에의狠毒훈것인뎌同氏의子가其父親의蹤跡을爲訴하야來到훈야의說明其不然하는되至於一場詰鬪之境에達하이라爲子之道에有是也니深甚

●咸倅興學 咸安郡守丁憲燮氏가興學의熱心으로鄕郡의頑固를啓迪하야學校設立에校監周旋하야私立小學校를郡底의設置하고學員을募集하야期有實效케훈리라더라

詞林

閔忠正公血竹詩

美哉四竹古杆抽感慕諸人淚自流八區域內芳名重一片釗頭忠血留枝枝高即通三界葉葉丹忱日萬秋大義明明無白日古之鑑與公儔

十四歲兒 林炳股

社報

●南明學校趣旨書

慶南醴泉郡金塘里私立南明學校校長閔輔鎬와徽氏가敎育에專力으로嶺남頑古之俗을期欲開明ᄒᆞ야前法大李裕寅前承旨○源○前參奉조秉禧前敎官朴○東正三品金薰前主事金斗煥諸氏로組讓ᄒᆞ고規則과趣旨書○○布如左ᄒᆞ니

남明之校者○醴泉之金塘里私立也○○之爲國民者一心敎育幾年生聚下而○○作興則上而○○推可行也○惟此嶺南一省○守舊潮不達時務有或以新學問○說者○相視詭異曰非吾道也非吾道也

噫學者溺於所聞常人安於古俗不知有國民之義務不知有箇人之自由況生存競爭優勝劣敗之世彼○而我暗彼智而我愚則惡得免黑奴紅番之歸哉同志若而人合謀鳩財建築一校名曰南明盖○使嶠南一省漸臻文明之意也○○且○南人士者○試自問今日是何○○○且○是何地也○○培養之澤○正扶植之功實爲國家之根基而値此氣數之大○不思所以○新自○甘心胥溺抑獨何心也

第今日之所云新學問者實舊學問敎人之法○○降○○○未有溫故之工故○無知○之見耳然頑固亦一特性○者此特性而苟能○敎之斯○實有○於○實心則○○○○○○以此○○告我嶠南之人復以南明二字質제學校中從事者勉之勉之

●柴場勒占　東萊港四屛山北麓梨山谷柴草場은即釜山沙중沙下三面居民之所有地로墳墓가累累相望에各有定界而春以折草ᄒᆞ며秋以刈柴ᄒᆞ야數千餘戶가賴此資生ᄒᆞ야守護禁養이五百餘年矣러니挽近以來로本港居留日本人이開設水道於本山下ᄒᆞ고繼欲植木於山上ᄒᆞ야勒占全山에欲充其慾ᄒᆞ야使此三面居民으로塚墓을不得守護케ᄒᆞ며柴草를不得刈取케홈으로該港民人等이不勝抑菀ᄒᆞ야此意로本監理署에屢呈호즉題以退待ᄒᆞ고又訴理事廳에旣被白退ᄒᆞ니哀此殘民이鳴寃無地ᄒᆞ야政府에又爲奔訴ᄒᆞ야統監府와方在交涉중인ᄃᆡ統監府에셔必將有明決이나斷案이無期일가ᄒᆞ야民怨이藉藉ᄒᆞ다더라

●청國報日說　청國某大臣等의唱道ᄒᆞᆫ바를據ᄒᆞᆫ則新事業은着着進步ᄒᆞ야敎育이나殖産이나軍備ᄂᆞᆫ將次未久에整備홀터인ᄃᆡ其時에ᄂᆞᆫ日本과同盟홀必要가無ᄒᆞ되然而日청이同盟ᄒᆞ야東洋에雄ᄒᆞ다云홈은東洋에事情을通치못ᄒᆞᆫ者의言이오杞憂妄想에不過홈뿐이라必竟我國에最히危險ᄒᆞᆫ者ᄂᆞᆫ歐米列國이아니오一葦水를隔ᄒᆞᆫ日本이니吾人不可不此에對ᄒᆞ야어ᄃᆡ々지其侵略을防ᄒᆞᆯ策을講홀것시오吾人은不可不我國을大청國이되ᄂᆞᆫ目的으로ᄡᅥ猛進ᄒᆞ야日本의勢力을傾覆홈은不可不ᄒᆞ다云ᄒᆞ얏더라

廣告

本人의所有仁川港松林洞山阪과土地六萬八千五百十三方米實四界 東李山 西松林路人家 南梅洞路 北李與前沈後處 地段을光武十年二月에松林洞居李聖春處에買收ᄒᆞ야其地契의發給과立表定界ᄒᆞᆷ은本港官民의所共知이오거날今에不良之輩가不正ᄒᆞᆫ手段으로强謀ㅂ否코ᄌᆞᄒᆞ야朝鮮新報에肆然揭布ᄒᆞ니內外國人은此等虛妄行爲人에對ᄒᆞ야特別注意ᄒᆞ심을望ᄒᆞ며玆以廣告홈
京小廣橋居　安重基

美國에셔新到ᄒᆞᆫ各種活動寫眞을本社에셔每夜演技ᄒᆞ오니僉君子ᄂᆞᆫ枉臨ᄒᆞ시기企望홈
東大門內電氣會社活動寫眞所

弊社에셔以港形之凋殘으로講究發達之策ᄒᆞ야本監理에請願ᄒᆞ되萬人契를創設ᄒᆞ면港民이庶免渙散이라ᄒᆞ얏더니監理가特念輿情ᄒᆞ야認許이온바本署例량金幾千兩을監理가本港四里에分給ᄒᆞ고弊社正統의계令飭ᄒᆞ되當初許認萬人契가豈非爲當行底事리오意在港樣之興旺이ᄂᆞᆫ所謂契社例納金은是豈爲官者의所可自飽者哉아另將此金ᄒᆞ야當作港內各洞補弊라ᄒᆞ야使該正統으로均排頒ᄒᆞ케ᄒᆞ오니此非惟吾港民等이監理의德을感頌ᄒᆞ야萬口成碑ᄒᆞ노라
仁川港紳商會社　告白

本社에셔本月十二日에本報事務所를南署竹洞(永禧殿前)八十二統十戶地로移接ᄒᆞ얏오니京鄕諸君子ᄂᆞᆫ以此照亮ᄒᆞ시고寄書와一般書信과一切面議를此所로往復케ᄒᆞ시압
朝陽報社　告

敬告者而今商業을힘쓸時代에文明的通用ᄒᆞᄂᆞᆫ簿記에專昧ᄒᆞᆷ을慨歎이녀여本社에셔商法專業生을敎師로招聘ᄒᆞ고速成簿記夜學會를設立ᄒᆞ옵기玆에廣告ᄒᆞ오니有意入學者ᄂᆞᆫ來議ᄒᆞ심을要
仁川港米商會社
總務　李時永
贊成員　朱明濬　金弘윤　李承根　張世基　沈能炷　金基浩　鄭任洪　張乃興　姜允模　韓禹根　俞鎭億　李晚稙　李重穆

本人六寸喜萬字ᄂᆞᆫ喜一이요喜字ᄂᆞᆫ美卿이라ᄆᆞ弟俱以浮浪으로僞造喬券ᄒᆞ야欲爲偷賣三寸四寸六寸喬ᄒᆞ니內外國人ᄂᆞᆫ照亮勿欺ᄒᆞ심
三寸　石城草亭　朴忠夏
四寸　石城草亭　朴喜民
六寸　恩津鷲巖　朴喜哲　告白

本人名璇奎로光武六年十月十四日敍淸委員時牒紙則正書官田瑚璇字를泌字로誤書이나本院廢止不得正誤則僉君子ᄂᆞᆫ官報中泌字ᄂᆞᆫ本璇字로照亮伏望
北靑金璇奎　告白

本局에서使用ᄒᆞᄂᆞᆫ經理局長之章一顆를本月九日下午에見失ᄒᆞ얏기該章을更以經理局長章으로改鑄ᄒᆞ깃기玆에廣告
軍部經理局　告白

◉民事訴訟代理와刑事辯護及鑑定一切法律에關ᄒᆞᆫ事務를迅速處理홈
漢城南署茶洞第十七統八戶
辯護士 前檢事 正三品　李冕宇
法律事務所
事務員　博士　李肯洙　博士　趙東肅

◉八月八日開業廣告

本銀行은今月五日에株主總會를開催ᄒᆞᆫ後에重役七員을選定ᄒᆞ고開業日字를定ᄒᆞ얏스되其營業目錄은如左ᄒᆞ옵고諸般業務를信實이執行ᄒᆞ리이오니僉位ᄂᆞᆫ陸續來議ᄒᆞ시오

資本金十五萬圜

營業要目
一 諸任置金
一 貸付金及無期過繳
一 割引手票(預減)
一 有價記券賣買
一 金銀貴屬品及諸證券保護任置

光武十年八月日
株式會社 韓一銀行
取締役五員　조秉澤　孫錫基　鄭東植　朴泓鉉　白周鉉
監査役二員　조彰한　成文永

◉긴급광고◉
본소의셔영문주자(식엽)골ᄂᆞᄂᆞᆫ사람솜샤인ᄂᆞᆫ급급히구ᄒᆞ오니한일인군유의ᄂᆞᆫ본사로리의ᄒᆞ시옵다만경력인ᄂᆞᆫ구ᄒᆞ고영어잘ᄒᆞᄂᆞᆫ인은구치안솝
정동하셩관각쇼고빅

●本社支社廣告●
中署布屛門下　金相萬册肆
洞口　朱翰榮册肆
中署寺洞十八統第二戶　鄭禹澤
大韓每日申報社

本會社에셔烏致院에셔群山木浦等地에鐵道敷設ᄒᆞ기로光武八年分에政府認許를承有ᄒᆞ고烏致院에셔江景浦ᄭᆞ지已往初測이온바現行實測而全州ᄭᆞ지連續起工이오며股金은株式으로募集ᄒᆞ되一株에新貨五十圜으로酌定ᄒᆞ고十回에分ᄒᆞ야收合ᄒᆞ오니有志ᄒᆞ신僉君子ᄂᆞᆫ南大門外停車場越邊本會社로枉臨ᄒᆞ시와幾株間隨力懸錄ᄒᆞ시고共濟一大業ᄒᆞ심을爲希
湖南鐵道會社長　李允用
發起人　徐오淳

廣告
民事訴訟代言과刑事辯護及鑑定顧問과諸文案起草等諸般法律事務를迅速處理홈
漢城南署上油洞二十九統七戶二層洋屋
辯護士 前檢事 正三品　洪在祺
法律事務所

廣告

廣告

普通敎科國漢文 東國歷史 一秩二冊定價新貨 一圜十錢
法蘭西新史 一圜四十錢
淸國戊戌政變記一秩 一圜
波蘭末年戰史一冊 三十錢
美國獨立史一冊 三十錢
法國革新戰史一冊 三十錢
大韓輿地圖一張 十七錢五里
世界全圖一張 三十七錢五里
大韓地誌一秩 一圜
牧民心書一秩 一圜二十五錢
萬國地誌一秩 一圜
尺牘完編一秩 一圜五十錢
農政新編一冊 五十錢
法學通論一冊 一圜
溫故知新堂叢抄 七錢五里
父師必讀小學指남 七錢五里
人工養蚕一冊 十五錢
刑法大全一秩 六十錢
家庭雜誌一冊 十錢
進明彙論一秩 三十五錢
交際新禮一秩 三十六錢

發賣所 布屛門下金相萬書鋪 大韓每日申報社

特別社告

本申報社內에特別히附屬品으로活字를更備ㅎ야書籍印刷所를設置ㅎ얏사오니印書를要ㅎ시と僉君子と來臨相議ㅎ시옴

大韓每日申報社 告白

一 鷲牌煉乳 牛乳
一 ……牛乳
一 ……用氣化乳
一 ……
白牛乳

大韓仁川港 ……洋行

●九轉靈砂라 本人이妙方法을研究하야製造흔靈丹인ㄷ男女老少에無論何症ㅎ고通治ㅎ오며無病時에도服ㅎ면平生의身體가健康ㅎ며小兒と四五錢重만服ㅎ면十數朔에無病ㅎ기를擔保ㅎ오며
●九轉靈砂萬應丹은癲狂 癎症과中風諸疾과耳目諸病과淋疾에神効ㅎ오
●九轉靈砂保命丹은初生小兒 驚風 痢疾 咳嗽 腹痛諸般驚과婦人帶下症에神効ㅎ며
●九轉靈砂淸菜丹은酒滯 食滯 血積 吐瀉 霍亂 痢疾 吐血 下血 運氣 時疾 痲症에神効ㅎ오
●九轉靈砂紫金丹은痔漏 梁瘡 上疳瘡 下疳瘡及唐瘡과諸般瘡瘍各種에無不神効ㅎ오니 僉君子と來問ㅎ시오

內needs司前두간이골上輒第一家 李鎬延 告白

以上三品은上等製造ㅎ야各種生上에至極有益ㅎ니母論某人ㅎ고本…

大韓帝國…

本社廣告

申報價
一張代金 新貨二錢五里
一箇月前金 三十錢
三箇月 九十錢
六箇月 一元七十錢
一箇年 三元四十錢
郵稅一部 新貨五里
一箇月 十三錢

廣告料
四號活字十三字詰
每日每英尺一寸에新貨廿五錢
文(每日每行에大韓)에日…
二周日에 二圜五十錢
每日每行에新貨五里에相議
一箇月에 …
(每日每行에新貨一里에相當)
其期限의長短과字行의多少를依ㅎ야增減홈이有홈

◎本社地方各處支店廣告
仁川租峴開新冊肆 李東…
平壤南山峴日新學校 金興…
宣川邑楠西 崔…
義州南門外韓西大藥房 安…
長連邑 金…
鎭南浦藥洞 金仁…
咸興州南社 曺…
中和邑 李…
開城北部梨井里祥洞居培… 金…
釜山佐川徐藥房 金…
校副校長 崔助…
大丘郡 達城廣文社

發行兼編輯人 英國人裵說
發行所 京城北署署達坊…外…
大韓每日申報社

第四卷

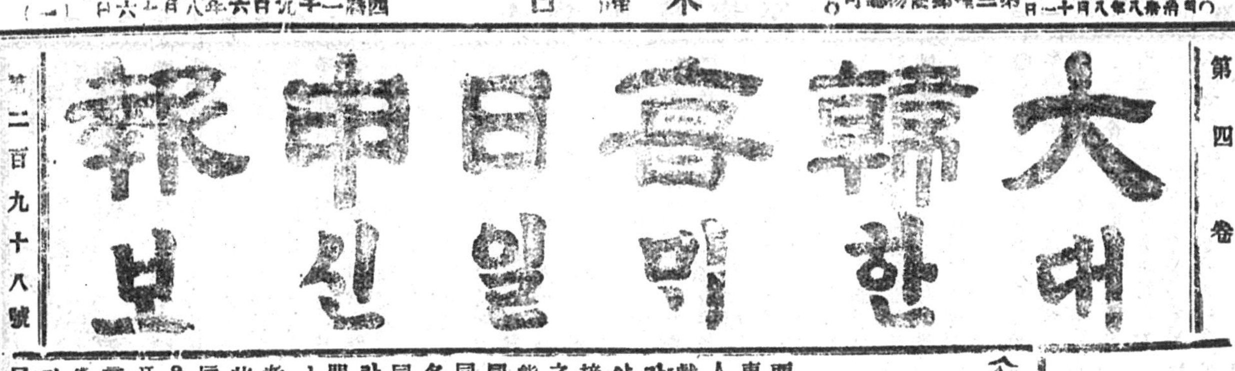

第二百九十八號

月曜及慶節時日休刊

檀君開國四千二百三十九年
箕子元年三千二十八年
大韓開國五百十五年
日本明治三十九年
淸國光緖三十二年
◎陰曆丙午六月大廿七日壬辰

論說

論西班牙王앨픈소氏라

원네스엣가

西班牙都城(마드리드)北部停車場에서一快樂少年이來接本人인바見其動作컨ᄃ悅然若從戲毬場來요衣英人着服에容貌가端嚴ᄒ지라引本人于轎子ᄒ야交錯道路上으로偕行ᄒ셔相接數語하니同少年이幾分光陰之際에十二各異學校의句話를能用ᄒ더라

同夕晚餐之席에셔本人이問于同氏ᄒᄃ公之友人이以西班牙名號로稱公ᄒ니是何緣由耶아同氏答曰余乃西班牙人故也니라本人이聞其言而驚動하야又問曰妙年達識이惟公一人也否ㅣ져答曰否라遊學英國ᄒ如我者十二人이現居都城이니라

此少年은西班牙에莫高貴裔라同氏效則이非特止於英國인줄을余卽探解矣니盖國婚(西班牙王이英國皇家의女婿임을指言ᄒ)親愛ᄂ特別敬意를表示ᄒ而已어니와今此未成西班牙가因此冲君以振興이라全國人民이一般愛戴ᄒ며特兵共化黨도未有不認之以滿足之人이로다

且其權威가赫赫於全國ᄒ理由ᄂ西班牙敎育家를前導ᄒ야恐遵英俄ᄒ에도不在ᄒ며衰弱人民의게不息强力을振起ᄒ의도亦不在ᄒ고惟其行政上大凡도從牛ᄒ이로다

西班牙大臣中一員이有一親切之人이되其人前跡이未可稱以無過여날該大臣이薦入其人於內閣ᄒ기에熱心인바該大臣은優有勢力하야已之所失을足以掩飾하깃ᄂ고로已之所薦이必允許ᄒ줄自信ᄒ얏스니由是觀之컨ᄃ西班牙公務上에腐敗가未至甚著로ᄃ不可謂之甚稀ᄂ果其實情이로다然이나此幼年君主의裁斷은出於非常良好ᄒ야無一言而題旨호ᄃ該大臣은何其失當고ᄒ지라同大臣이强硬請對ᄒ야奏其辭職ᄒᄃ尙且冲君은少無動容ᄒ고正言曰卿之辭職이朕之所望이라ᄒ얏도다

且現今英西間國婚은德國之所不喜라英西好誼가親密莫甚이로ᄃ尙此冲君은强大德國을不欲抵抗ᄒ이顯然ᄒ지라活潑才氣가官民各級에一未有不及之處어나와出聘大使의게도亦及ᄒ얏스니此ᄂ今年德國에有一慶祝禮式ᄒ야歐羅巴에列國帝王이各派代表之席이어날駐箚伯林ᄒ西班牙大使가本國政府에無暇於派員ᄒ을因ᄒ야此禮式을不爲聲明ᄒ얏더니此幼年君主의端緖이卽及於此人使ᄒ야使之還國케ᄒ고其召還理由를官報上에卽速揭載하얏더라

如右事實이現今앨픈소第十三世의西班牙를振興ᄒᄂ要領이어니와且有一說ᄒ니此ᄂ貯水池潰崩之災에此冲君의壯健活潑之氣가尤著ᄒ이라마드리드附近에一貯水池를敷設ᄒ셔事至中途ᄒ야卒然有土崩之災ᄒ야數百役夫를埋葬於其中ᄒ지라此報가聞於闕內어날此妙年君主가卽命駕往赴ᄒ니數千人民이圍立四面ᄒ야各論救濟之策에喧譁紛騰ᄒ야徒費光陰而已라앨픈소王이起立於車輪之上ᄒ야憤怒演說曰若公衆이願救出此難災之人인ᄃ但事喧譁ᄒᄂ것보다善良ᄒ策을速遂ᄒ라하니一般衆民이此暗指之說을履行ᄒ얏더라

大凡帝王은兩箇特異事實以外ᄂ別無興味니特異事實은大事를裁斷ᄒᄂ것과衆民頌謠를得聞ᄒᄂ거시라然이나對此西班牙王ᄒ야ᄂ柴勒之人이其稀ᄒ니何者오盖앨픈소王은年少普通之人이라普通之人이必多居其後ᄒ야各述鄙譽ᄒ야欲圖親密ᄒ거시오且身爲君主矣니一般公衆에셔孤立ᄒ야四面圍繞가禮法儀式而已요每事가全係於執政朝臣으로理由로다然이나尙此冲君은如此固結障碍를破除ᄒ고智明人主되ᄂ實證을自表ᄒ얏도다

官報

●三千五百三十一號 光武十年八月十四日

◎宮廷錄事

宮內府대臣臣李根湘謹奏節接秘書監丞兼徐丙九報告書則以爲北郊四次祈雨祭攝事執事摘奸時執禮秘書監郞朴海昌趁不待令而追後進參於享祀之時云矣摘奸不進與參闕有異然揆以事體不可仍寘補以重譴責何如謹上奏

光武十年八月十日奉旨依奏

◎敍任及辭令

○經理院技師羅在珉 主殿院電務課主事李敬儀 全金致善 全朴榮緖 依願免本官○奉常司副提調洪鍾懋 奉常司典事李載榮 免本官○任經理院技師 經리院支應課長崔璟亨○任經理院支應課長 漢城裁判所檢事崔々鉉○命金章閣學士兼任시講院日講官 宮內府特進官李乾夏

以上八月十日

●號外 光武十年八月十四日

◎宮廷錄事

詔曰薦璧已過五次甘霈尙未優洽言念穡事轉益渴悶 ᄒ別雩祭冊明日遣大臣虔誠設行祭文令文任撰進

八月十四日

外報

●俄政府와革命黨 俄國官報에宣言ᄒ야政府ᄂ十分의兵力을有ᄒ으로ᄡ頑固ᄒ秩序를回復ᄒ기로決心ᄒ얏스니革命黨은再次宣言書를發ᄒ고政府에對ᄒ야强固ᄒ反對ᄂ人民의게勸告ᄒ얏다더라

●淸國憲制 北京電을據ᄒ則袁世凱氏ᄂ將來立憲政治를頒布ᄒ야準備ᄒ기로中央政府에五品以上의官吏로ᄒ야금重要ᄒ政務에參與케ᄒ고此를兩院에基礎로ᄒ며各州縣에紳士紳商及地方官으州縣又ᄂ一省에政務에參預케ᄒ야地方自治의基礎를ᄒ기로上奏ᄒ얏다더라

●法使警告 北京電을法國公使ᄂ外務部에向ᄒ야貴州暴徒ᄂ亂을起ᄒ야敎會堂을破壞ᄒ지라幸히宣敎師ᄂ難을避ᄒ얏스나姑未平定ᄒ얏스니速히討滅ᄒ야交涉을惹치말나고警告ᄒ얏다더라

●革命委員 倫敦電을據ᄒ則俄國革命宣言書에署名ᄒ二百三十名ᄒ前代議士ᄂ不日內告發되리라더라

●法國海軍 巴里新聞에云ᄒ되法國海軍의期ᄒ處ᄂ惟防禦的武器를準備ᄒ면滿足ᄒ리라고主張ᄒ얏더라

●改革準備 北京電을據ᄒ則端方戴鴻慈等은去七日에歸京ᄒ지라 皇帝ᄂ不日노其復命書及意見에就ᄒ야各大官의意見을徵收ᄒ야制度改革의準備를爲ᄒ다더라

雜報

●部隷被拿 昨日上午十時頃에中署警務補佐官一人과憲巡一人이別巡檢三人을帶同ᄒᆞ고內部에前往하야該部에使役ᄒᆞᄂᆞᆫ下隷等을一幷招集庭下ᄒᆞ고呼名點檢에熟察其形貌ᄒᆞ야其中三名을率去ᄒᆞᆷ으로協辦崔錫敏氏가言及於警務顧問部警視ᄒᆞ야探其事由則彼隷等別無罪犯而只因某罪囚에干連ᄒᆞ야暫時鞫査ᄒᆞᆯ事가有ᄒᆞᆷ이라ᄒᆞ더라

●物品製造會社 國民之利益發達由於新知識新製造이라本國이非無土産之美로ᄃᆡ人民이全昧於製造之工ᄒᆞ야日用所需가無非他國物品인즉遺間國民의財産이有害無益ᄒᆞᆫ지라齋洞居金永春等三人이協議ᄒᆞ고組解技術者를募集ᄒᆞ야永登浦附近에土産物品會社를另設ᄒᆞ고外國沙器水筒과其他瓷器等物을模倣ᄒᆞ야製造販賣於內外國人코ᄌᆞᄒᆞᄂᆞᆫ不可無所管部認准이니特爲認許ᄒᆞ라고農商工部에請願ᄒᆞ얏ᄂᆞᆫᄃᆡ稅납은每朔에十圜式例납ᄒᆞᆯ깃다ᄒᆞ얏다ᄒᆞ더라

●應試夥多 警務廳內日語科卒業生中十三人을各地方에以通譯으로派送ᄒᆞ고其代에學徒十三人을昨日募集試取ᄒᆞ얏ᄂᆞᆫᄃᆡ試取에應參ᄒᆞᆫ者의數爻가一百六十餘名에達ᄒᆞ얏다ᄒᆞ니人民의恒産이無ᄒᆞᆷ을可知라ᄒᆞ더라

●一進請査 一進會總代李行緻氏가內部에請願ᄒᆞ되醴泉郡首巡校張胤德이가使其弟張周華로自稱倡義ᄒᆞ고聚黨數百에各持棒杖ᄒᆞ고突入一進會事務所ᄒᆞ야亂打會員에嘔血濱死者二人이오折傷者四人이라煽惑人心하고戕害會員은係是治安妨害者라該兩張을卽爲發訓押上ᄒᆞ야擬律懲勘케ᄒᆞ라ᄒᆞᆫ지라內部에서地方裁判所로訓飭ᄒᆞ야張周華를捉査勘處ᄒᆞ라ᄒᆞ얏다더라

●勸捧請推 義州居田致洛이農商工部에請願ᄒᆞ기를以本郡內江稅事로已爲請願蒙指而所謂捧稅別定丕發允粱庭三等의勸捧稅錢一千八百餘兩과校卒等의足債로見奪ᄒᆞᆫ錢一百二十兩을推給ᄒᆞ라ᄒᆞ얏다더라

●端倅贊校 端川郡維新學校의設立ᄒᆞᆫ事實은本報에已揭어니와該郡有志崔秉珍崔秉善李熙奎三氏가校舍建築에熱心ᄒᆞ다가財政이艱絀ᄒᆞ야殆將中止러니本郡守玄昇奎氏가該校情況에對ᄒᆞ야九例虧貧之歎이有ᄒᆞᆷ을閔念ᄒᆞ야特히葉一百金을爲先捐助ᄒᆞ야功役을完就케ᄒᆞ고且公立勇進一進諸學校에도一例로葉百金式捐補ᄒᆞ야一般教育을勉勵ᄒᆞ야期有蔚興之效케ᄒᆞᆫ다더라

●不娶無關 日前監獄署罪囚創髮ᄒᆞᆫ事ᄂᆞᆫ已揭어니와其罪囚三청洞居名不知童蒙一名은亦以懲役二年囚로將至創髮之境인ᄃᆡ該童祖母가漢裁에呼訴ᄒᆞ기를矣孫兒가尙未娶妻而犯罪處役인바今此未娶前創髮은情所不忍이니特爲寬恕ᄒᆞ라ᄒᆞ얏ᄂᆞᆫᄃᆡ該所에서監獄署로行文ᄒᆞ야該童의頭髮은姑且殘留케ᄒᆞᆫ지라該署長李憲珪氏가徵晒曰頭髮之創不創이何妨於娶不娶乎아ᄒᆞ고一體삭去ᄒᆞᆫ다ᄒᆞ얏더라

●云有質判 慶南沿海各郡漁基事로前報에已揭어니와更聞ᄒᆞᆫ즉該派員金鳳洙의게買得ᄒᆞᆫ漁民等이反有呼冤於經理院ᄒᆞ야已經質判ᄒᆞ얏다더라

●有何可疑 俄領事가來住以後에宮中府中에서何嫌疑事가發生ᄒᆞ얏든지以此釁端이던지宮城에日官憲이加派嚴密ᄒᆞ다더라

●劉氏往日 伊藤侯가國事犯特赦問題를提出ᄒᆞ다가幾許間은永爲寢息ᄒᆞᆫ은世人이皆知ᄒᆞ거니와前協辦劉世南氏가右問題에關ᄒᆞᆫ事項으로日本에前往ᄒᆞ얏다더라

●保民反爲害民 瑞興郡居李同璉等이內部에呼冤ᄒᆞ되大抵銀行設施本意ᄂᆞᆫ富饒人이自願鳩財에通商行貨ᄒᆞ야殖産興業으로實爲國民之利益이니豈不良且美哉리오마ᄂᆞᆫ本郡이處在山峽에本無饒民이어ᄂᆞᆯ自觀察府로銀行株式三百股一萬五千兩을收合上送ᄒᆞ라고訓令이來到ᄒᆞ고巡檢을派送ᄒᆞ야各坊農民에分排督捧ᄒᆞ야民難支保ᄒᆞ니是豈銀行設施之本意乎아嚴辭發訓ᄒᆞ야農民處에督捧金之弊를禁斷ᄒᆞ라ᄒᆞ얏ᄂᆞᆫᄃᆡ內部에서該道觀察使의게發訓ᄒᆞ며其請願書에指令ᄒᆞ기를保民ᄒᆞ라ᄂᆞᆫ事業이反爲害民之機關이니極庸慨歎이라當訓飭該道ᄒᆞ야勿使排斂케ᄒᆞᆯ지라退去安業ᄒᆞ라ᄒᆞ얏더라

✡✡✡

平安北道紳士前參議金禹用前正言申錫厦主事金秉爀等寄函이如左ᄒᆞ니

本道가昨年歉荒之餘에火賊이大熾ᄒᆞ야打家劫村之弊와殺人奪財之患이無日不至러니新觀察申泰休氏가莅任幾日에洞燭民瘼之無餘ᄒᆞ고防戢賊患之要務로飭令於管下各郡ᄒᆞ야每戶에各備木棒木槍ᄒᆞ고十家作統ᄒᆞ고十統에置統長一人하야統長이率一二人ᄒᆞ고每夜에輪番巡警ᄒᆞ되如有賊魁이면前呼後應에隣里共助하야頓絶賊患에一省이賴安하니新觀察之善良政策을家諭戶誦러니料外에一進會員李恒敏이不知本事理由하고輕請內部하얏스니木棒木槍이有何妨害於開明目的乎아事狀與民情이如右하오니即日登刋發布하야使之破惑을爲要

✡✡✡

●自分必落 宮內府各司主事二十餘人을시取하얏ᄂᆞᆫᄃᆡ李官大家額內에서二十六人公薦이先入ᄒᆞ고宮內大臣이시取하얏시니他人이安敢ᄂᆞᆫ被選乎아하고自不應시者가太半이라더라

●帽商稱冤 帽子商金과煥이가陸軍法院에久爲被囚하얏ᄂᆞᆫᄃᆡ其事實인則光武七八兩年度帽子肩章一萬六千件을製造하얏ᄂᆞᆫᄃᆡ幾許ᄂᆞᆫ自被服所로分給各隊이고其餘ᄂᆞᆫ暫時留置矣러ᄂᆡ昨年軍部에서經理課長송文燮氏로定派員調査하더니忽招金民曰其中物價每件에九錢式還랍하라하니其故를問ᄒᆞᆫ즉曰此ᄂᆞᆫ海關稅니不當於汝라하거날金民이答曰此是軍部請員이擦章役에度支로往推하야物件을製造하얏거날무엇을還랍하라하ᄂᆞᆫ요ᄒᆞᆫ則諸員官人이恐嚇하여曰然則往于法院ᄒᆞ야하라하고嚴囚法院後에또留置物件을以價額으로탕하라하고至于今七朔에如前嚴囚하니該金民이不勝冤抑이라고投書가有하더라

●御前會議 昨日各部大臣이統監官邸赴會後에即爲詣闕하야御前會議를開設하얏다더라

●知分者此人 慶尙北道觀察使李載崑氏가遞任하고李根沐氏가其後任을繼ᄒᆞᆯ터인ᄃᆡ其仲氏李根洪氏가其弟의게對하야不可ᄒᆞᆷ을唱하되二兄弟大官이太盛이어늘我ᄂᆞᆫ京畿觀察을遞하고汝가達察을点得ᄒᆞᆫ즉是ᄂᆞᆫ大不可ᄒᆞᆯ것이世人의批評도兄弟會社라ᄒᆞᆷ과又치韓國에觀察과大臣은吾門兄弟外에ᄂᆞᆫ更無可任之人乎아此等理由ᄂᆞᆫ必無ᄒᆞᆯ것이오且以汝之才能이果有吏材則可커니와吾觀汝에似不堪當이니第深思之하라하얏다더라

●尙無聲明 俄領事가來館視務ᄒᆞᆫ즉韓政府에必有聲明ᄒᆞᆯ터인ᄃᆡ統監府에서尙無消息하다더라

●橋梁落成 仁川港에月尾島橋梁을竣工하고鐵道를敷設ᄒᆞᆫ지라來十八日에落成宴에國樂으로會를該島에設施하고各大臣以下協辦局長을請邀하얏다더라

●叙任處分 各部守令數十窠ᄂᆞᆫ所謂公薦을ᄒᆞᆫ다하야尙未叙任ᄒᆞᆫ지라處分너에有闕窠已陰府六月晦日에一叙任하라ᄒᆞᆫ셔더라

●兩灣軍用 統監府에서政府로公文하기를鎭海灣과永興灣에軍用地를畫定收用하야常備軍用所有地를圖形하야聲明하얏다더라

●大官宴樂 數日前에宮大李根湘氏와韓參使和相及氏와前官大李載克氏가漢邑에서宴會을設하고音樂을送奏하얏다하니何此之時에有何樂之事인지抑或有秘密會議要件하야有此宴會인지難測이라하더라

●前說誤矣 去十日本報에揭載內에參將嚴俊源氏가무숨運動으로家娶典償之說은傳之者誤라고ᄒᆞ더라

詞林

閔忠正血竹詩幷小序

余一女子也早失怙恃自襁褓收養於人家故不知父母生卒月日及墓所所在竊恨竊矧自處以此世第一不孝而號第一不孝之女子耶且 閔公爲一忠節第非第一濫事也覺者倘勿掛第二眼是幸詩曰

閔公勁節世難存一死分明國恩報血猶痕今化竹四竿猶二表忠門

嶺南女士裵閣

雜報

安州郡安興學校의寄函이如左ᄒᆞ니

敬啓者本郡安興學校ᄂᆞᆫ舊官劉猛氏가民智發達ᄒᆞ기를爲ᄒᆞ야剏設이半個年餘에成蹟表著ᄂᆞᆫ世所共知라近日本郡所謂士林輩가本校之移付七佛島을還屬鄕校事로金龍田이가往說李養實ᄒᆞ야此島를移付鄕校之經營에浮費가至於萬兩之多則君若先貸則雖是微賤之後裔나本郡儒薦은期於爲之云則平生欽慕儒薦之李也가偏聽金也之言ᄒᆞ고嫌出七千餘兩則金龍田이가使其子성鉉及安淋으로多月留京에挾雜奔競이無所不至ᄒᆞ고甚至於虛設學校에屈聘敎師休職副尉鄭海英氏ᄒᆞ야拖至月餘라가終至未設學校ᄒᆞ고還送敎師之地에使鄭氏로二箇月俸金一百二十元持去云則鄭氏曰吾未敎授學徒之地에月金은不可例捧이오六箇月損害비償과名譽捐害金責田ᄒᆞ니此是儒林之做虛圖奸은同胞之羞恥也오噫彼金龍田李之榮과李養實은妨害敎育ᄒᆞ니可謂我國文明之賊也라茲以仰籲ᄒᆞ오니黨狐之筆로廣布世界ᄒᆞ야使此妨害文明之賊으로縮頭潛跡을伏望홈

●遂民請栽 遂安郡人民의來說을聞ᄒᆞᆫ則本郡守李承仁氏가到任六七朔에巡行坊曲ᄒᆞ야勸勉農業ᄒᆞ며創設學校ᄒᆞ야振起敎育ᄒᆞ며境內民家에有失火之報ᄒᆞ면輒施相恤ᄒᆞᄂᆞᆫ諸般實蹟이洽于民心이어ᄂᆞᆯ該郡一進會員이瓦磨寺柘子木事件에郡守의擬法滋擾ᄒᆞᆷ을含憾ᄒᆞ야虛誣之說로記載於某新聞ᄒᆞᆫ故로本郡人民이一進會와裁判次로多數上京ᄒᆞ얏다고ᄒᆞ더라

●沔民願留 沔川郡守李喬永氏가洪州義擾時에附近邑所有還穀을多發勸封故로本郡還米를絲急分俵次로村間四五十里許에出往ᄒᆞ얏더니義兵數百名이突入郡內ᄒᆞ야捜索軍物인바銃六柄藥丸三十餘發을仍爲見失이나還米二百石을穩保ᄒᆞ기爲ᄒᆞ야如干軍物을被奪ᄒᆞᆷ으로若至免官이면事係抑寃이라고該郡人民等이擧狀願留ᄒᆞᆫ다더라

●敎校試驗 忠州郡私立敦明學校에셔夏期試驗을經ᄒᆞ얏ᄂᆞᆫ되普通甲級最優等生에ᄂᆞᆫ孫達鳳李起完金時鉉朱長龍皮元燮崔相鎬閔喜敎陰世亨李相稷萬昌李皮貞燮申海均趙震貞朱錫均洪祐永辛致祚趙南澤李鍾德李之榮이오乙級最優等生에ᄂᆞᆫ李洪日李璟夏孫聖男趙敏行이오優等生은孫哲俊尹海鎭張榮玉李順快오及第에ᄂᆞᆫ李羲栽羅允謙洪炳彥李義東劉喆俊劉萬用劉漢孫諸氏인되其中各學校總監尹邦鉉氏가最優等生에게扇子白紙鉛筆等賞品으로各其施賞後勸勉ᄒᆞ얏다더라

●自强開會 本月十八日下午二時에大韓自强會에셔通常會를開ᄒᆞ고會務를處理ᄒᆞᆫ後에左開演題로演說ᄒᆞ고傍聽을許ᄒᆞᆫ다더라

義務敎育의本義 大垣丈夫
敎育의利害 林炳恒
學校와社會의關係 沈宜性

●河倅惠政 南來人의傳說을聞ᄒᆞᆫ則河東郡守朴潤晟氏가在任以來로政通人和에闔境이賴安ᄒᆞ고吏民이俱便ᄒᆞ며捐廩設校에熱心敎育ᄒᆞ며稅務에明ᄒᆞ야上納에勤ᄒᆞ야首書記愼瑛재의流來逋欠을不下一杖ᄒᆞ며不撓一族ᄒᆞ고從容施措에另究方策ᄒᆞ야已爲淸帳ᄒᆞ고又加存恤ᄒᆞ니其慈惠之政을民皆稱頌ᄒᆞᆫ다더라

●金氏演兇 月前平理院宣告의處役ᄒᆞᆫ十一人이皆爲不服이라ᄒᆞ더니其中一人孫聖元은先死ᄒᆞ고其餘十人이昨日부터使役ᄒᆞᄂᆞᆫ되九人은就役ᄒᆞ고金錫恒一人은鬱火와痢疾로成一死病인ᄃᆡ面部와肩臂打傷으로役所에驅去ᄒᆞ엿스나喘氣와臂戰ᄒᆞᄂᆞᆫ形狀을目不忍見인바不久亦斃라ᄒᆞ더라

廣告

明禮宮舍音先上納次로梨峴韓聖錫許五千兩又三千兩於音兩片을車基泰가持去而過限未推故勿施次廣告ᄒᆞ오니內外國人은右於音을勿爲干涉見欺홈

廣洞 車元模申星五 告白

시금괄요리집이목욕탕을경결ᄒᆞ게ᄒᆞ와ᄉᆞ오니청군ᄌᆞᄂᆞᆫ죠량ᄒᆞ시옵
내외탕이다잇ᄉᆞᆸᄂᆡ다
시금괄요리집 광고

◉民事訴訟代理와刑事변護及鑑定一切法律에關ᄒᆞᆫ事務를迅速處理홈
漢城南署茶洞第十七統八戶
변護士 前檢事正三品 李冕宇
法律事務所
事務員 傳士 李肯洙
傳士 趙東肅

本人의所有仁川港松林洞山阪과土地六萬八千五百十三方米突四界
東李山 西松林路人家
南梅洞路 北李基前汰路處
地段을光武十年三月에松林洞居李聖春處에買收ᄒᆞ야其地契의發給과立表定界ᄒᆞᆫ事ᄂᆞᆫ本港官民의所共知이온거날今에不良之輩가不正ᄒᆞᆫ手段으로强謀卄呑코ᄌᆞᄒᆞ야朝鮮新報에肆然揭布ᄒᆞ니內外國人은此等萬詐行爲人에對ᄒᆞ야特別注意ᄒᆞ실事로玆以廣告홈
京小廣橋居 安重基

本人六寸喜萬字ᄂᆞᆫ壽一이요喜壽字ᄂᆞᆫ美卿이라兄弟俱以浮浪으로僞造畓券ᄒᆞ야欲爲偷賣三寸四寸六寸畓ᄒᆞ니內外國人ᄂᆞᆫ照亮勿欺ᄒᆞ옵
三寸 石城草亭 朴忠員
四寸 石城草亭 朴喜良
六寸恩津鷲巖朴喜哲 告白

本社이株金每株에二十圓이니募集은第一回自今一箇月內에金二圓을收入ᄒᆞ며十八圓은九箇月에分ᄒᆞ야十回에備納이고社長指定日로次第辦納ᄒᆞ되該金은漢城銀行에任置ᄒᆞ야該票ᄂᆞᆫ來付於本社後株主에게券狀을換去ᄒᆞ게ᄒᆞ오니有志君子ᄂᆞᆫ株金을隨力入株ᄒᆞ시와共濟營業케ᄒᆞ시믈爲要
楽炭 株式用達會社 告白
本社臨時事務所ᄂᆞᆫ中署紬洞三統三戶

◉八月八日開業廣告
本銀行은今月五日에株主總會를開催後에重役七員을選定ᄒᆞ고開業日字를定ᄒᆞ얏ᄉᆞ되其營業目錄은如左ᄒᆞ옵고諸般業務를信實이執行ᄒᆞᆯ터이오니僉位ᄂᆞᆫ陸續來議ᄒᆞ시옵
資本金十五萬圓
營業要目
一 諸任置金
一 貸付金及無期過越
一 割引手票(預減)
一 有價記券賣買
一 金銀貴屬品及諸證券保護任置
光武十年八月日
株式會社 韓一銀行
取締役五員
趙秉澤 孫錫基 鄭東植
朴泓鉉 白周鉉
監査役二員
趙彰漢 成文永

◉긴급광고◉
본소의셔영문주자(식업)골느ᄂᆞᆫ사람ᄉᆞ삼인을급히구ᄒᆞ오니한일인간유의ᄒᆞ거든본사로의하시옵다만경력인구ᄒᆞ고영어잘ᄒᆞᄂᆞᆫ인은구치안ᄉᆞᆸ
정동한셩판각쇼고빅

●本社支社廣告●
中署布屛門下 金相萬冊肆
洞口越便 朱翰榮冊肆
中署農圃初八七十八統第二戶 鄭孝澤
大韓每日申報社

本會社에셔鳥致院에셔群山木浦等地에鐵道敷設ᄒᆞ기로光武八年分에政府認許를承ᄒᆞ고鳥致院에셔江景浦ᄭᆞ지已往初測이온바現行實測而全州ᄭᆞ지連鐵起工이오며股金은株式으로募集ᄒᆞ되一株에額價五十圓으로酌定ᄒᆞ고十回에分ᄒᆞ야收合ᄒᆞ오니有志僉君子ᄂᆞᆫ西大門外停車場越邊本會社로枉臨ᄒᆞ시와幾株間隨力懸錄ᄒᆞ시고共濟一大營業ᄒᆞ심을爲希
湖南鐵道會社長 李允用
發起人 徐오淳

廣告
民事訴訟代言과刑事辯護及鑑定顧問과諸文案起草等諸般法律事務를迅速處理홈
한城南署上油洞二十九號七戶
二層洋屋
辯護士 前檢事 正三品 洪在祺
法律事務所

廣告

本社廣告

申報價
一張代金 新貨二錢五里
一個月前條 三十錢
三個月 九十錢
[illegible] 一元七十[illegible]
[illegible] 三元四[illegible]

[illegible]
一行[illegible] 十三[illegible]

廣告料
國文諺字十三字[illegible]每日每[illegible]一[illegible]新貨[illegible]
文字[illegible]每日每行에[illegible]
[illegible]日에 二[illegible]
每日每行[illegible]五里에[illegible]
一個月에 [illegible]
(每日每行新貨一圓[illegible])
其期限의長短과字行[illegible]을依ᄒᆞ야增減ᄒᆞᆷ이有ᄒᆞᆷ

◉本社地方各處支店處所
仁川相峴開新冊肆 李[illegible]
平壤南山峴日新學校 金[illegible]
宣川邑[illegible]西 [illegible]安[illegible]
義州南門外[illegible]
長連邑 [illegible]
鎭南浦[illegible] [illegible]
咸興州南[illegible] [illegible]
中和邑 [illegible]
釜山佐川[illegible] 金[illegible]
開城北部[illegible]
校副校長 [illegible]
大丘郡 [illegible]

發行兼編輯人 英國人 裵說
發行所 京城[illegible]
大韓每日申報社

第四卷 第二百九十九號

大韓每日申報

대한매일신보

月曜及慶節歲時日休刊

檀君開國四千二百三十九年
箕子元年三千二十八年
大韓開國五百十五年
日本明治三十九年
淸國光緖三十二年
◉陰曆丙午六月大廿八日癸巳

論說

日本商業政策

韓國과滿洲南部內에서居住ᄒᆞᄂᆞᆫ諸人은日本이東洋의霸者가되야戰勝國地位에自居ᄒᆞᄂᆞᆫ것을知之已久ㅣ라然이나其地位에關ᄒᆞᆫ如此緊要變遷에對ᄒᆞ야外國의同意ᄂᆞᆫ姑未確得이오漸就退步로다

英京타임쓰新報通信員모리션博士가戰爭中에韓國에暫時來留ᄒᆞᆫ結果로該新報에韓國事를誤報ᄒᆞ얏스나모리션博士와其人의代表ᄒᆞᆫ新報의排俄友日ᄒᆞᄂᆞᆫ意見으로該政策에如何히던지違反되게變論ᄒᆞᆷ은眞正確實ᄒᆞᆷ이라 初次에모리션博士가滿洲事件에對ᄒᆞ야誤報ᄒᆞᆫ것이東洋에還爲傳播ᄒᆞ니日本에在ᄒᆞᆫ지ᄑᆡᆫ타임쓰新報ᄂᆞᆫ不信者의게向ᄒᆞ야請看此報ᄒᆞ라ᄒᆞ고絶叫ᄒᆞ더니及其正實ᄒᆞᆫ報告가更着ᄒᆞᆷ의지ᄑᆡᆫ타임쓰新報ᄂᆞᆫ還爲悔恨ᄒᆞ야모리션博士와英京타임쓰新報에向ᄒᆞ야歎息不已ᄒᆞ얏더라 모리션博士의報告가顯就符合ᄒᆞ랴면幾年을經過ᄒᆞ려니와韓國에對ᄒᆞ야ᄂᆞᆫ安東縣의閉鎖가最是着眼ᄒᆞᆯ바ㅣ라英京타임쓰通信員은日本이韓國을經ᄒᆞ야滿洲에貨物을無稅輸入ᄒᆞᆫ다ᄒᆞ얏고지ᄑᆡᆫ타임쓰에言論에ᄂᆞᆫ淸國國境에稅關을設置ᄒᆞ기ᄭᆞ지日本은連續히閉鎖ᄒᆞ리라ᄒᆞ얏고吾輩의所聞에ᄂᆞᆫ日本이稅關을大略設置ᄒᆞᆷ에同意ᄒᆞ얏다ᄒᆞ니此에對ᄒᆞ야如何ᄒᆞᆫ計劃이有ᄒᆞᆫ지吾輩ᄂᆞᆫ推想ᄒᆞᆯ지로다 滿洲北部에稅關創設問題를提起ᄒᆞᆷ에關ᄒᆞ야日本이韓國과遼東半島를通過ᄒᆞ야輸入ᄒᆞᆫ自國의貨物에對ᄒᆞ야檢査及抽稅ᄒᆞᆷ을除免ᄒᆞ기를要求ᄒᆞᆫ것이分明ᄒᆞ니此ᄂᆞᆫ即日本이淸國으로ᄒᆞ야금日本에對ᄒᆞ야稅關의實施ᄒᆞᄂᆞᆫ責任을擔負케ᄒᆞ고淸國이滿洲全境을保護ᄒᆞᆷ을擔當ᄒᆞ기ᄭᆞ지日本은滿洲에輸入ᄒᆞᄂᆞᆫ自國物貨에出稅ᄒᆞᆷ을拒絶ᄒᆞ랴ᄂᆞᆫ一箇新事端을惹起ᄒᆞᄂᆞᆫ것이라此ᄂᆞᆫ淸國의事務라日本에ᄂᆞᆫ無關이나現今에着力經營ᄒᆞᄂᆞ니外交上에注意ᄒᆞᄂᆞᆫ諸人은是一着眼ᄒᆞᆯ바ㅣ로다 雖然이나不可不記念ᄒᆞᆯ것은今番戰爭으로ᄒᆞ야日本財政이蕩竭無餘ᄒᆞ야未久에再次戰爭의巨額비債를辦出ᄒᆞ게ᄒᆞᆯ局될너시라ᄒᆞ노라

官報

●三千五百三十二號 光武十年八月十五日

◉敍任及辭令

○舒川郡守李鍾奭 남原郡守申性均 鴻山郡守李丙瓚 藍浦郡守徐相회 沔川郡守李喬永 松禾郡守吳형根 免本官 以上八月九日○依願免本官 黃海道觀察府主事朴世勳○任黃海道觀察府主事 鄭[illegible]은 以上八月十日○任奉常司副提調 正三品張榮漙○任奉常司典事 六品辛洙學 以上八月十一日○兼任禮式院掌禮 奉常司副提調安弼重 八月十二日

●三千五百三十三號 光武十年八月十六日

◉叙任及辭令

○任中樞院贊議 咸鏡남道觀察使朱錫冕○兼任贊謀官 禮式院禮式卿李容泰 以上八月十一日○解臨時署리禮式院禮式卿事務 宮內府大臣李根상 ○任한城裁判所檢事 陸軍法院리事柳東作○度支部主事崔鎭 度支部技手李源綺 依願免本官 以上八月十三日

部令

●農商工部令第四十三號

鑛業法施行細則 續

第十九條 農商工部大臣이第八條의請願을許可ᄒᆞᆷ으로決定ᄒᆞᆫ時ᄂᆞᆫ其意를請願人의게通告ᄒᆞᆷ이可ᄒᆞᆷ

청願人이前項通告를接ᄒᆞᆫ時ᄂᆞᆫ三十日以內에登錄ᄒᆞᆷ을農商工部大臣의게청求ᄒᆞᆷ

前項청願ᄒᆞᄂᆞᆫ者ᄂᆞᆫ청願種類를從ᄒᆞ야第十四條第一號又第三號의金額과同一額의登錄手數料를랍付ᄒᆞᆷ이可ᄒᆞᆷ

청願人이前項手數料를納付ᄒᆞᆫ時ᄂᆞᆫ農商工部大臣은礦業許可狀交付ᄒᆞ며又其訂正을行ᄒᆞᆷ이可ᄒᆞᆷ

第二十條 左開境遇에當ᄒᆞ야ᄂᆞᆫ청願書청求書及通告書를受리치아니ᄒᆞᆷ

一 第八條及第廿二條規定의違背ᄒᆞ야청願書에圖面說明書리由書若承諾書又此에代用ᄒᆞᄂᆞᆫ文書를添書아니ᄒᆞ며又期限內에標品을提出아니ᄒᆞᆫ時

二 第九條規定에違背ᄒᆞ야登記郵便으로提出아니ᄒᆞᆫ時

三 第十條規定에違背ᄒᆞ야리由書를添付아니ᄒᆞᆫ時

四 第十三條規定에違背ᄒᆞ야決議書又此에代用ᄒᆞᄂᆞᆫ文書를添付아니ᄒᆞᄂᆞᆫ時

五 手數料를랍付아니ᄒᆞᄂᆞᆫ時

第廿一條 左開境遇에當ᄒᆞ야ᄂᆞᆫ청願書請求書及通告書를退却ᄒᆞᆷ

一 實地調査에當ᄒᆞ야請願人이其請願에係ᄒᆞᆫ區域을明示치못ᄒᆞ거나又其調査事項에付ᄒᆞ야相當히說明을못ᄒᆞᆫ時

二 請願人의指示ᄒᆞᄂᆞᆫ區域이礦業書에添付ᄒᆞᆫ圖面과著有相違ᄒᆞᆫ時

三 第六條規定에其ᄒᆞᆫ命令期限內에修正若補充을아니ᄒᆞᆫ時 未完

外報

●청國幣制改革 청國出洋大臣等은歸來ᄒᆞ야皇帝씌上奏ᄒᆞ기를金本位制ᄂᆞᆫ目下에金이缺乏ᄒᆞᆫ셔문에此를採用ᄒᆞᆯ슈업다고建言ᄒᆞ얏고로只今은稅務部及財務部에셔ᄂᆞᆫ銀本位制를經續ᄒᆞ기로決定ᄒᆞ얏다더라

●新憲法과西太后 北京通信을據ᄒᆞᆫ則載澤公은歐洲에셔歸朝後에西太后와皇帝씌三回謁見을遂ᄒᆞ야熱心으로立憲政府의樹立과國民議會의開設을奏請ᄒᆞ얏ᄂᆞᆫᄃᆡ西太后도大端히其論旨에動ᄒᆞ야此計畫을頗히熱心으로ᄒᆞᆫ模樣을現ᄒᆞ셧다ᄒᆞ고尙且公의게語ᄒᆞ신太后의希望은出洋大臣의視察ᄒᆞᆫ諸國憲法中에청國人民의게適切ᄒᆞᆫ部分을撰擇ᄒᆞ야憲法을制定ᄒᆞᆯ터이라더라

●自動潛水艇 法國技師과란도氏가發明ᄒᆞᆫ自動潛水艇을近者에地中海造船所에서進水式을擧行ᄒᆞ얏ᄂᆞᆫᄃᆡ該艇을陸地에셔電氣로操縱ᄒᆞ야魚形水雷를任意로發射ᄒᆞᆫ다더라

●土法紛議 德國은土耳其에向ᄒᆞ야써지네야써도[illegible]에關ᄒᆞᆫ土法間紛議에就ᄒᆞ야列强에訴ᄒᆞ야干涉케ᄒᆞᆫ事를警告ᄒᆞᄂᆞᆫ中이라더라

雜報

●移塚從屋 南門外五署梨太院等地에日本軍用地區域內에犯入ᄒᆞᆫ清國人墳墓移轉地劃定ᄒᆞᆫ事를關ᄒᆞ야한城府와駐清領事와日本리事와交涉을因ᄒᆞ야日本軍用地區域內를面積二千七百二十一坪을立票定界ᄒᆞ야俾即移葬케ᄒᆞ고本國人家屋四餘戶移轉地도亦爲交涉劃定ᄒᆞ야使各與接케ᄒᆞ라고니部로報告ᄒᆞ얏더라

●埋在何處 內部에서日本軍司令部照會를因ᄒᆞ야長津郡으로訓令ᄒᆞ기를日俄戰役에日兵一名이被殺於俄兵ᄒᆞ야其屍身이尙在本郡境內라ᄒᆞ니該地洞名里數와區域을圖繪上送ᄒᆞ고該埋地를各別保護케ᄒᆞ되無或만환케ᄒᆞ라ᄒᆞ얏는ᄃᆡ該郡守가報告ᄒᆞ기를甲辰四月俄兵七百餘名이入本郡境ᄒᆞ야韓人四名을殺傷ᄒᆞ며軍器庫에衝火ᄒᆞᆫ後向往江界等地ᄒᆞ고其後五月七月兩朔에俄兵이雖有頻數往來나初無日兵之殺傷故로日兵埋地之何洞何里를未可的知ᄒᆞ야該區域을未能圖畫上送이라ᄒᆞ얏다더라

●魚場付屬 宮內府에서內部로照會ᄒᆞ기를慶南及咸南永興郡鰱魚場全部를附屬義親王宮予管矣라事係地方則自貴部로訓飭各該郡ᄒᆞ라ᄒᆞ얏다더라

●公園監督 漢城府尹朴義秉氏가日本리事의照會를因ᄒᆞ야內部에報告ᄒᆞ기를頃에남山京城公園內所有樹木의盜伐ᄒᆞ는惡習을禁戢保存養植等必要經營及監督을駐京日本리事廳에서擔任ᄒᆞᆫ事에關ᄒᆞ야已爲仰報이온바此에對ᄒᆞ야承訓答復矣러니現又接該리事官牒照則南山北面一帶地京城公園에其經營監督은今後貴警察에서一層注意ᄒᆞᆷ은已無可論이어니와職此之由로當方에셔도同公원規則을設立ᄒᆞ야韓日兩國人을爲ᄒᆞ야남山北面一帶의監督及經營을擔任ᄒᆞ더이라ᄒᆞ얏스니查照辦리ᄒᆞᆫ後即行訓示ᄒᆞ야俾便交涉케ᄒᆞ라ᄒᆞ얏다더라

●警察昧理 再昨日에警務署摠巡一人과日警部一人이別巡檢을帶同ᄒᆞ고內部에前往ᄒᆞ야該部下隷三名을率去ᄒᆞᆫ事는已爲揭載어니와其事實을得聞ᄒᆞᆫ즉日昨夜에麗水郡守朱在夔氏家에賊漢四五名이突至門外ᄒᆞ야叩門請開어날家主가問其來由ᄒᆞᆫ되答云渠等이俱以內部使令으로欲求行下錢而來라ᄒᆞ미無疑開랍ᄒᆞᆫ즉六穴砲與軍刀를拔出示威ᄒᆞ며衣服與哭皿等屬을多數奪去ᄒᆞᆫ지라該摠巡與警部가因此而押致審查라가少無事實ᄒᆞᆷ으로即地放還ᄒᆞ얏다ᄒᆞ니該家主의開門랍賊도誠是可怪之事오該摠巡警部의良民誤捉도亦是妄之事니韓國摠巡은未開於警察로歸之다도日本警部는所謂開明於警察로被屈於他國者도如此昧事ᄒᆞ니失斧與得斧가俱是一般이라ᄒᆞ더라

●義伴回避 義州郡守金璉植氏가身故ᄒᆞᆫ事를已爲揭載ᄒᆞ얏더니其確報를聞ᄒᆞᆫ즉同氏가以暑祟로多日苦痛에幾至死境타가僅以回甦ᄒᆞ얏다더라

●崔氏照律 南門내日本司令部에拘囚ᄒᆞ얏던錢魁崔奎鉉氏는三年拘禁에處ᄒᆞ야軍法會議所에서宣告ᄒᆞ고其以下從人은次第照律ᄒᆞ얏다더라

●閣議諸件 今十七日午前十時에閣議를開設ᄒᆞᆯ次로各部大臣을請邀ᄒᆞ얏는ᄃᆡ議案은農林學校實施件商工學校를改正件有關郡守奏本件인ᄃᆡ會席에서臨時提議ᄒᆞᆯ件이有ᄒᆞ다ᄒᆞ며觀察使도公薦이된다더라

●測量官發程 내部治道局에서治道線路를測量ᄒᆞᆯ더인ᄃᆡ旅費를趂不支發ᄒᆞ는故로尙今延拖ᄒᆞ더니事務官黃翼淵氏가내外技師技手를帶同ᄒᆞ고昨日第一回로發程ᄒᆞ얏다더라

●一譴一罰 平壤境내에日本軍用地段으로ᄂᆞᆫ郡公署及民訴가政府에踏至ᄒᆞᆷ은知了ᄒᆞ거니와내部에서該觀察府에訓令ᄒᆞ야該地段은詳細報來ᄒᆞ라ᄒᆞ얏더니稽緩不報故로觀察李容善氏는譴責ᄒᆞ고該郡守李重玉氏는二週日罰俸ᄒᆞᆫ다더라

●各大入奏 再昨日下午四時에各大臣이詣闕ᄒᆞ야參政大臣은墾島開拓事와觀察擇差事오내部大臣은郡守奏本事오學部大臣은學務擴張事오度支大臣은東萊港水道敷設事오農商大臣은農商工業을擴張事오法部大臣은刑法大全改定事오軍部大臣은步兵操典을新制頒布事에對ᄒᆞ야獨奏或聯奏ᄒᆞ고甘霈가方注ᄒᆞᆷ으로占豐頌을奏ᄒᆞ고退闕ᄒᆞ얏다더라

●軍律改正 日本軍用上妨害ᄒᆞᆫ韓國人民이軍律에照ᄒᆞ야砲殺과監禁에處ᄒᆞᆫ者도不知其數어니와日本에對韓方針이一層變動ᄒᆞ야伊藤統監이政府에交涉ᄒᆞ기를大韓帝國皇室安寧秩序를保護ᄒᆞ고大韓法律을參互ᄒᆞ야軍律을改正ᄒᆞ되死刑은一切廢止ᄒᆞ고犯者ᄂᆞᆫ監禁、放逐、科金、을頒布ᄒᆞ야平和就緖케ᄒᆞ갯다ᄒᆞᆷ으로各大臣이會席에서好生之德을感謝感謝ᄒᆞ얏다더라

●伊藤勸告 再昨日統監官邸에서各大臣을請邀ᄒᆞᆫ事ᄂᆞᆫ已爲記載ᄒᆞ얏거니와現今此時局을當ᄒᆞ야各大臣이勵精圖治ᄂᆞᆫ不惜不究ᄒᆞ고各其官職에權利로互相猜疑ᄒᆞ야共濟國事의國體가缺裂ᄒᆞ야瀾局之慮가不無ᄒᆞᆫ지라伊藤統監이諸大臣에게勸告ᄒᆞ기를往事ᄂᆞᆫ更勿追究어니와從今以後에ᄂᆞᆫ國事를國體共濟ᄒᆞ되邪心을除去ᄒᆞ야以公滅私ᄒᆞ여야民其允懷ᄒᆞ리니益加勉勵ᄒᆞ라ᄒᆞ고勸告가懇切ᄒᆞᆫ지라各大臣이翻然開悟ᄒᆞ고午饌後詣闕陳奏ᄒᆞ얏더라

●宮部葛藤 李學大李軍大가政界變遷을隨處運動ᄒᆞᄂᆞᆫᄃᆡ侍從卿朴鏞和氏座席을還動ᄒᆞ고李내大를轉移케ᄒᆞ다가事又不成ᄒᆞᆫ지라宮中部中이又生葛藤ᄒᆞ야官殿出入의互相側視ᄒᆞᆫ다더라

●族徵不法 竹山郡居柳錫烈氏가再昨年의其同姓之親柳敎先이流離丐乞故로不忍恝視ᄒᆞ야借人挾戶而使之與接이러니同郡居梁聖七爲名人이與敎先으로有何相關이던지柳錫烈處의族徵코ᄌᆞ하야族使李德三하야稱謂忠州長湖院日兵站所巡校ᄒᆞ고來到柳錫烈家ᄒᆞ야其四寸錘烈을捉到菁道ᄒᆞ야足債六百五十兩을討索ᄒᆞ고猶爲不足ᄒᆞ야一千五百兩標를勒捧後의無事放還ᄒᆞ얏다ᄒᆞ나無論公私債ᄒᆞ고族徵이原係法外인ᄃᆡ稱以日兵站所巡校ᄒᆞ고捉去人民ᄒᆞ야討其錢兩이是何處法行悖之習乎아ᄒᆞ더라

●或訊或否 明洞日憲兵司令本部에在囚ᄒᆞᆫ李붕來李敏相金升旻諸氏ᄂᆞᆫ一次刑訊後에監囚而已오李洞司令部에在囚ᄒᆞᆫ閔炯植閔景植兩洪在붕趙南升諸氏ᄂᆞᆫ尙無一審ᄒᆞᆫᄃᆡ其중一洪三閔은身病으로生死를姑未判이라더라

●司令部聲明 日本軍司令部에서軍用上要塞區를鎭海灣永興灣으로定ᄒᆞ고改正ᄒᆞᆫ軍律을施行ᄒᆞ라고訓令ᄒᆞ고政府의聲明ᄒᆞ얏다ᄒᆞ나從今以後로重大問題ᄂᆞᆫ政府의相議도ᄒᆞ고通知도ᄒᆞ야和融辦리ᄒᆞᆫ다더라

●農銀營業成績
本月一日부터三十日에至ᄒᆞᆫ三十一日間에貸出總計金五萬〇六百二十元內手形割引一萬五千四百元內家卷抵當貸出高二萬五千三百六十元인ᄃᆡ內二千元은工業用染織資金에家卷을抵當ᄒᆞ고貸出ᄒᆞ얏스며利子ᄂᆞᆫ三錢ᄂᆞ里의抵利로以ᄒᆞ얏고農業用資金은原來頗故排水ᄒᆞ番事業經營資金에ᄒᆞ고不動產을抵當ᄒᆞ고셔ᄂᆞᆫ僅히六十元이오約束手形이ᄂᆞᆫ日步三錢이오家卷에ᄂᆞᆫ五錢乃至五錢五里의範圍로貸出ᄒᆞ얏더라

●鄕會請願 義州郡白馬山城에前虎賁營으로革罷된鄕會ᄂᆞᆫ十間에有ᄒᆞ야守護ᄒᆞᆫ바一朝年風雨에上傾傍頹ᄒᆞ야不過幾多歲月에將見頹廢之境이라ᄒᆞ야一進會幹事劉載翰氏가學部로보告ᄒᆞ야該鄕會舍를許ᄒᆞ야以爲建設學校ᄒᆞ야開悟入材ᄒᆞ라ᄒᆞ얏더라

詞林

閔忠正血竹歌 吳永錫

閔道忠正閔公第五月旬三見此竹 殉時衣衿置軒房開門四竿滿廣環玕幾十東 嗚呼欽歎爲昭昭自化梳 萬古令名難可掠猗猗綠 碧血爲葉綠綠一一性觀四十一葉拂華星 士女紛紛來相告議城車馬爭馳逐 乃知忠義相感地瑣都親者爲之哭 人生孰無衆彜心記以史筆變而載 願言君子同賞即田眞本淸節顚 不可此世無此君我輩寧爲食無肉 願入處韶諧律呂洋洋樂魂返쳐谷 可以爲箭征不庭倫倫盡已銳氣吾 離離竹實春不枯佇待鳳凰鳴六六黃昏人去鎖空廊枝上月斜春鳥宿 不受塵埃浚寵害始知異於凡草木

雜報

●木浦人民哀冤歌

至冤極痛木民事情 每日申報一四七号 字字귀귀曲盡情景詳分明하다마는 有口無言우리百姓 有誰解冤하여줄고 自初至終이冤情을 大綱이나일너볼가 光武元年丁酉秋에木浦도開港하니 遠近에無依之民 扶老携幼會集하제 明監理秦尙彦氏 憂吾民之無接하야 有主塚五十三과 無主塚百餘塚을 報政府劃下千金給費移葬許居하니 所居에成聚하고 二年에成邑이라 南橋竹洞萬福洞이 次第로成村하제 比之豚柵不遠하나 櫛比한數百戶라 安堵樂業五年後에 意外宮部收稅라고 結稅代로每間五分 愚民을欺誘라가 忽地昨年四月에는 李允用氏基址라고 幹事人을下送하야 瞋監理을利誘하제 一等地五千米突 瓜分其利랍賂하고 賊漢의祭祀하듯 換契을몰니하네 正當한事又계되면 各洞各民知委하여 換契한는前後來歷 昭詳分明曉喩하제 自錄謄案歷制報告萬狀欺出換契하다 近二百塚移葬地와 青山傾戾海鹹地며荆棘蓁蕪怪石丕차 新開拓無結空地 如眶如盂幾片陳田勒奪民土是何心腸 當랑當捧當然하면 何不當年官許出契有田하면有結일세 千口萬辭無證地를 乙未乙巳 十年後에 怨地稱主欺心마소 雪上加害霜民毒計 十二年前自稱認許 一二丈水深漲灘 巨萬金式自備하야 塡漲築室民有地을 資勞動奪何當하오 深山에龍虎又치 外人을指창하여 官契을憑藉하고 我民을驅躅하다 不分稅十倍徵捧每朔每間日貸討索 無恒定日加月增 一年이면無限元을陽稱好言安堵하고 陰動吾民毒稅하다 笑中有刀이光景을割以加鹽못當케소 既登極項三村民과 陷落悲境二千口가一死면都無事라 何憚不言하잔말가 利一害千못하리라失家則失身이라 失身하고得利하면 利潤用이何用이며見利忘義第一인지 驅民陷穽恨永遠가 南橋竹洞萬福洞을委任外人管轄하니 文明國人手端으로 愚吾殘民鉗制하제啞人의冷痛인지 有口無言우리同胞 空使房屋勿論하고每朔每間五六錢式 膏血을自盡하고 皮骨도欲脟이라 此計彼計別凶계도 奪盡告民自盡하면 未盡元命주린鬼神男男女女作隊하야 白日上天訴上帝면 無私禍淫難逃하라귀귀이悲恨事實 木民의冤情이요 字字이惻隱事狀 木民의冤痛이라 木民冤情모르거든 哀冤歌을자세보소

●龍倅治績 龍川郡守鄭薰謨氏가到任以後에儒鄕吏校를皆從公 擇差하며各樣公錢을躬執文簿하야 親捧淸勘하며多年欺錯한邑簿를一一調査釐正하며龍巖港萬人契와賭技約立을告示嚴禁하며浮浪悖類가誘人子弟하야 藉稱日債所負하고害民財產者를痛 嚴杜이고廉潔之操와明察之政이使鄰邑復甦하고病民還蘇라고西來人의傳說이有하더라

●固城設校 固城郡有志紳士鄭泰喆氏가學校를設立하야青年를募集하고日本敎師를延聘하야熱心敎育하는데本道觀察使趙民熙氏와本郡守李普鉉氏가協力贊成함으로生徒가日益增進하고校務가漸就興旺이라더라

●半工理髮 開城南門外居하는韓興植氏는韓人理髮所를新設하고理髮工錢을日人보다半工錢을受하고또한一周日間을不取一分錢하고多數한人員을理髮하얏더니 一府人士가韓氏의利害는不計하고一府人士의經濟上便利함을爲함이라고稱頌不已오各學徒의게는新貨十錢式受하고其外他人은十五錢式受함이或日本人도만히오는고로日人의리髮所는장차廢止가되겟다하니一般同胞가韓氏와갓치하면國內財源이外泄之患이滅하리라도라

●市廛設校 開城남門外魚果廛都家에學校를新設하고經費는魚果廛都中으로擔當하얏다하니如此市廛中諸員의熱心教育은一府人士가無不稱頌하는데其發起人은朴贊昌 朴道俊 朴成德 송光洲 송致壽 송景壽 金弘根 李永壽 金昌烈 송廷淳 金敎運 張子學 申明淑 金昌浩 朴昌浩 申和淑 元漢主諸氏더라

●大韓天一銀行의近況

一時休業中이던同行은整理한後七月一日부터다시營業을繼續함일은一般者에普通하온바오니와其後同行營業及整理의成績우頗히良好圓滿케進就하야能히從來信用을回復하고諸去來가極히頻繁한模樣인데度支部에서도玆에同行의基礎가確定함을認하야去十四日保護資本으로新貨貳拾貳萬五千圜을貸下하엿다하고尙且同行은此際에當하야極히業務를擴張하야各商業家間의去來에는可成的容易懇切을爲旨하고韓日淸의三國을勿論하고確實한事業에向하야汎히便宜로융金融의需用을應할터이라더라

廣告

本人의形姓名章을去五月二十八日에僞造한者有하야發覺되故로本月二十五日以後는方形章을改하얏나니內外國人은以此照亮

開城府 秦柄正

明禮宮畓會音先上納次로裂峴韓聖錫許五千兩又三千兩於音兩片을車基□가持去而過限未推故勿施을廣告하오니內外國人은此於音을勿爲見欺홈

額洞車元模 申晁五 告白

시금골요리집이목욕탕을정결하게하와스오니쳘군자는조량하시옵

내외탕이다잇숩내다

시금골요리집 광고

◉民事訴訟代理와刑事변護及鑑定一切法律에關한事務를迅速處理함

한城南署茶洞第十七統八戶

변護士 前檢事 正三品 李冕宇

法律事務所

事務員 博士 李克洙 博士 趙東肅

◉八月八日開業廣告

本銀行은今月五日에株主總會를開催後에重役七員을選定하고開業日字를定하얏스되其營業目錄은如左하옵고諸般業務를信實이執行할터이오니僉位는陸續來議하시옵

資本金十五萬圜

營業要目

一 特任置金

一 貸付金及無期過越

一 割引手票(預減)

一 有價記券賣買

一 金銀貴屬品及諸證劵保護

一 任置

光武十年八月日

株式會社 韓一銀行

取締役五員 趙秉澤 孫錫基 鄭東植 朴[illegible] 白[illegible]

監査役二員 趙彰漢 成文永

◉긴급광고◉

본소의셔영문주자(식엽 골느는사람숨샤인불금급히구허오니한일인군유의거든본사로리의하시옵다만경력인만구허고영어잘하는인은구치안숩

정동한셩판각쇼고빅

◉本社支社廣告◉

中署布屏門下 金相萬冊肆

洞口越便 朱翰榮冊肆

中署農圃洞初入七十八統二戶 鄭寅澤

大韓每日申報社

本會社에서燕岐鳥致院셔至山木浦等地에鐵道敷設하기로光武八年分에政府認許를承有하고鳥致院에서江景浦까지已往初測이온바現行實測而全州까지連續起工이오며股金은株式으로募集하되一株에新貨五十圜으로酌定하고十回에分하야收合하오니有志하신 僉君子는西大門外停車場越便本會社로枉臨하시와幾株間隨力認錄하시고共濟一大慈業하심을爲希

湖南鐵道會社長 李允用

發起人 徐[illegible]淳

廣告

民事訴訟代言과刑事辯護及鑑定顧問과諸文案起草等諸般法律事務를迅速處理함

한城南署上油洞二十九統七戶

二層洋屋

辯護士 前檢事 正三品 洪在祺

法律事務所

廣告

◉學員募集廣告（第一回）

玆에普成中學校를新設ᄒᆞ고高等普通學術로一般國民을教育코저ᄒᆞ오니將來에實業及實務에從事ᄒᆞ고又ᄂᆞᆫ各種專門學校에入學코저ᄒᆞᄂᆞᆫ靑年有意諸君은早早來學ᄒᆞ오셔中等以上普通知識을全備하심을爲望하옴

本校의完全ᄒᆞᆫ教授準備와眞正ᄒᆞᆫ教育制度를左에列擧ᄒᆞᆷ

一 一般教科書ᄂᆞᆫ總히本校에셔新編準備ᄒᆞᆷ

二 本校의第一主旨ᄂᆞᆫ修身科、作文科、漢文科니倫理學教科書를新撰ᄒᆞ야道德心을培養ᄒᆞ고、作文教科書를新撰ᄒᆞ야文章을規矩로教授ᄒᆞ고漢文教科書를新撰ᄒᆞ야讀書를應用活法으로教授ᄒᆞᆷ

三 理化學及博物學은機械及藥品으로實地試驗을行ᄒᆞ야教授ᄒᆞᆷ

四 唱歌ᄂᆞᆫ軍樂音調로新製教習ᄒᆞᆷ

五 體操及運動은各外國運動式用機具로日常教鍊ᄒᆞᆷ

六 教師ᄂᆞᆫ新舊學問에專能ᄒᆞᆫ諸大方家를延聘ᄒᆞᆷ

●學科目（科目中課程은略之）

修身學、國語、漢文、作文、歷史、地誌、物理及化學、博物學、地文學、法學、數學、圖畫、唱歌、體操、外國語、農業學、商業學、簿記學、

●修業期限

四箇年

●入學年齡

自十五歲以上至二十五歲以下

●入學試驗科目

國漢文讀書及作文、內外國歷史及地誌問對、算術四則以內

●入學試驗日字

九月十五日（陰七月二十七日）

●開學日字

九月十六日

（入學請願書及保証書ᄂᆞᆫ本校用紙를用ᄒᆞᆷ）

光武十年八月十六日

漢城中署礡洞 私立普成中學校

廣告

東國歷史 普通教科國漢文一秩二冊定價新貨 一圜十戔
法蘭西新史 四十錢
淸國戊戌政變記一秩 一圜
波蘭末年戰史一冊 三十錢
美國獨立史一冊 三十錢
法國革新戰史一冊 三十錢
大韓輿地圖一張 十七錢五里
世界全圖一張 三十七錢五里
大韓地誌一秩 七十五錢
牧民心書一秩 一圜二十五錢
萬國地誌一秩 一圜
尺牘完編一秩 一圜五十錢
農政新編一冊 五十錢
法學通論一冊 一圜
溫故知新堂叢抄 七錢五里
父師必讀小學指남 七錢五里
人工養蚕一冊 十五錢
刑法大全一秩 六十錢
家庭雜誌一冊 十錢
進明彙論一秩 二十五錢
交際新禮一秩 十八錢

發賣所 布屛門下金相萬書舖 大韓每日申報社

花春丹은 霍亂 吐瀉 腸痛 滯症 暑症 정忡 神眩 胷鬱 痰盛 醒酒船嚢 咳嗽 口味업ᄂᆞᆫ諸症의神效ᄒᆞᆫ藥이오 此外에도洋炭水解毒藥 唐창 疳氣 蛔虫 寸虫 赤白癩風 藥과東西洋藥이俱俱하고他病隨問도出方하오니僉位ᄂᆞᆫ在議하시옵

皇城校洞石井洞下隅 石泉堂藥局 告白

一 [illegible]煉[illegible]牛乳

一 [illegible]煉[illegible]牛乳

一 [illegible]氣化乳[illegible]

一 [illegible]

[illegible]

大韓仁川港 [illegible]洋行

●九轉靈砂라 本人이妙方法을研究하야製造ᄒᆞᆫ靈丹인ᄃᆡ男女老少에無論何症ᄒᆞ고通治ᄒᆞ오며無病時에도服ᄒᆞ면平生의身體가健康ᄒᆞ며小兒ᄂᆞᆫ四五錢重만服ᄒᆞ면十歲안에無病ᄒᆞ기를擔保ᄒᆞ오며

●九轉靈砂萬應丹은癲狂 [illegible]症과中風[illegible]疾과耳目諸病과淋疾에神効ᄒᆞ오

●九轉靈砂保命丹은初生小兒 [illegible] [illegible] [illegible] [illegible]般疾과婦人帶下症에神効ᄒᆞ며

●九轉靈砂濟衆丹은酒滯 食滯 血積 吐瀉 霍亂 痢疾 吐血 下血 運氣 時疾 痧症에神効ᄒᆞ오

●九轉靈砂紫金丹은痔漏 [illegible] 上痔痛 下痔痛及唐痛과諸般[illegible]痛[illegible]種에無不神効ᄒᆞ오니僉君子ᄂᆞᆫ來問ᄒᆞ시오

內需司前두갈이골上隅第一家 李鵬廷 告白

本社廣告

中報 [illegible]

一張代金 新貨二[illegible]

一箇月前金 三十[illegible]

三箇月 九十[illegible]

六箇月 一元七[illegible]

一箇年 三元[illegible]

[illegible]一[illegible] 新貨五[illegible]

一[illegible] 十三[illegible]

廣告料

[illegible]活字十三字[illegible]

每日每行[illegible]一ᄒᆞ에新[illegible]

文（每日每行에六[illegible]

二箇日에 二[illegible]

每日每行[illegible]五[illegible]

一箇月에 [illegible]

（每日每行[illegible]一[illegible]

其期限의長短과字行의[illegible]

을依ᄒᆞ야增減[illegible]有[illegible]

◉本社地方各處支店廣告

仁川[illegible]峴開新冊肆 李[illegible]

平壤南山峴日新學校 金[illegible]

宣川邑橋西 崔[illegible]

義州南門外韓西大[illegible]有 安[illegible]

長連邑 金[illegible]

鎭南浦藥洞 金仁[illegible]

咸興州南社 [illegible]

中和邑 [illegible]

釜山佐川徐[illegible] 金[illegible]

開城北部[illegible]井[illegible] [illegible]

校洞校長 姜[illegible]

大丘郡 達城廣文社

發行兼編輯人 [illegible]

發行所

京城北署[illegible]坊[illegible]

大韓每日申報社

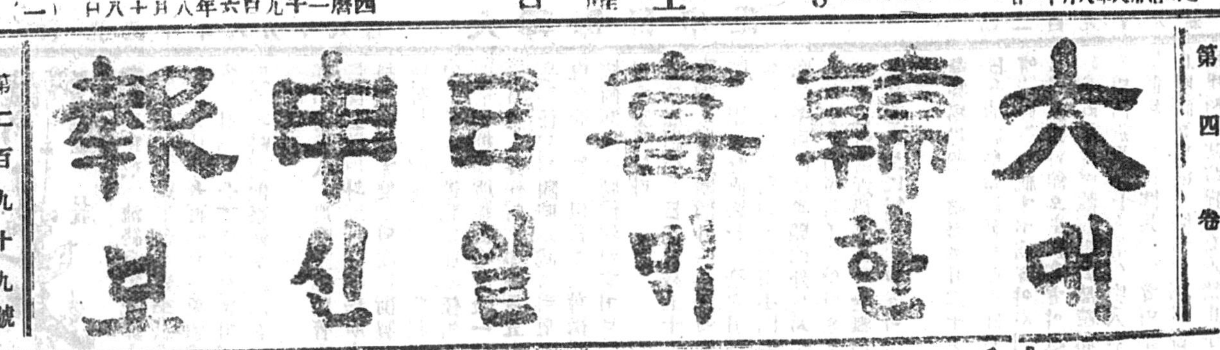

第四卷
大韓每日申報
대한매일신보
第二百九十九號

月曜及慶節歲時日休刊

檀君開國四千二百三十九年
箕子元年三千二十八年
大韓開國五百十五年
日本明治三十九年
淸國光緒三十二年
◉陰曆丙午六月大廿九日甲午

論說

軍令改定

韓國內에서至于今ᄭᆞ지數年施用ᄒᆞ던日本軍司令部의軍令은廢止ᄒᆞ고長谷川大將이一部新軍令을頒佈ᄒᆞ얏ᄂᆞᆫ디該罰款은不甚重酷ᄒᆞ고舊令보다倍加詳明이라馬山浦鎭南浦와永興灣에日本人이要塞를建築ᄒᆞᆫ다ᄂᆞᆫ디該要塞를搭影ᄒᆞ거나該建築工役의景形을記錄ᄒᆞ면最重罰을施用ᄒᆞᆯ터인가보더라此新令은韓國政府의認可를經ᄒᆞ야實施ᄒᆞᆫ다고說明ᄒᆞ얏ᄂᆞᆫ디該目的은韓國皇室의平和를擔任ᄒᆞ고韓國領土를保護ᄒᆞ며國境防禦를擔負ᄒᆞᆫ軍隊를協助ᄒᆞ기爲ᄒᆞᆷ이라ᄒᆞ얏고韓國과締約ᄒᆞᆫ外國臣民과日本海軍은此令에服從치아니ᄒᆞᆯ것이오外他日本人은日本民法과刑法에適用이못될罪犯을犯ᄒᆞᆫ時에ᄂᆞᆫ此新令으로定罰ᄒᆞᆫ다ᄒᆞ니一言而蔽之曰此令은韓國과日本人즁一部分에만適用ᄒᆞ고外國人은無關이로다死刑은廢止ᄒᆞ고其他條欵은四等에分ᄒᆞ얏스니一監禁、二流刑、三笞罰、四罰金이라

罪犯의種目은甚多且長ᄒᆞ나軍用地標木을移轉或拔去ᄒᆞ거나軍事上機密을漏泄ᄒᆞᄂᆞᆫ特別罪犯外에ᄂᆞᆫ普通으로日本軍事上에妨害를貽ᄒᆞᄂᆞᆫ者의게以上新定ᄒᆞᆫ디로懲罰ᄒᆞᆯ지라吾輩ᄂᆞᆫ該軍令의全部譯出ᄒᆞᆫ것을姑未得見ᄒᆞ얏스나然ᄒᆞ나吾輩ᄂᆞᆫ韓國人이該令에拘ᄒᆞ야審判을被ᄒᆞᆯ時에不公平ᄒᆞᆷ이有ᄒᆞ면申訴ᄒᆞᆯ條欵을不置ᄒᆞᆷ을推知ᄒᆞ고嘆惜不已ᄒᆞᄂᆞᆫ것이韓國에駐在ᄒᆞᆫ日本軍이今에ᄂᆞᆫ統監과獨立ᄒᆞ얏스니該兩部間에猜端이滋生ᄒᆞ야韓人이該弊의不公正ᄒᆞᆷ을統監의게申訴ᄒᆞᆯ드라도如何ᄒᆞᆫ救助던지似不可得이라ᄒᆞ노라

官報

●三千五百三十四號　光武十年八月十七日

◉**宮廷錄事**

宮內府大臣臣李根湘謹奏即接主殿院卿梁性煥報告書則以爲本院主事仕進仕退恪勤爲之職務精一之意既歷飭而主事金相元金德柱汗만ᄒᆞᆫ習上官操飭視若弁髦曠仕闕直看作茶飯他寮效顰庶務多滯似此主事不可尋常懲罰而止玆以報告云矣職在主事之責任不勤供仕以至頑習此不可仍置主殿院主事金相元金德柱并施以免本官何如謹上奏
光武十年八月十四日奉
旨依奏

◉**敍任及辭令**

○依願免本官　主殿院電務課技師尹龍植○主殿院主事金相元　仝金德柱　免本官○任主殿院電務課技師　典선司掌선李憙若○任典선司掌선　從二品尹龍植　以上八月十四日

◉**雜事**

今八月十五日自申時至酉時漉雨下雨測雨器小深三分
仝月仝日自戌時至十六日寅時漉雨下雨測雨器水深二寸三分

部令

●農商工部令第四十三號

鑛業法施行細則　續

四第十五條規定의基ᄒᆞᆫ命令限期내의訂正圖를提出아니ᄒᆞᆫ時

五第十六條規定의基ᄒᆞᆫ命令期限내의訂正圖를提出아니ᄒᆞᆫ時

六第十八條第二項規定의依ᄒᆞᆫ命令期日의。同아니ᄒᆞᆫ時

七第十九條의規定ᄒᆞᆫ期限내의登錄手數料를랍付아니ᄒᆞᆫ時

第廿二條　鑛業權을賣買讓與ᄒᆞ며又抵當의供코ᄌᆞᄒᆞᄂᆞᆫ者ᄂᆞᆫ其청願書의鑛業許可狀을添付ᄒᆞᆷ

但抵當權의設定이有ᄒᆞᆫ境遇의ᄂᆞᆫ抵當權者의承諾書又此의代用ᄒᆞᆫ文書를添付ᄒᆞᆷ이可ᄒᆞᆷ

前項請願ᄒᆞᄂᆞᆫ者ᄂᆞᆫ手數料로ᄒᆞ야百圓을랍부ᄒᆞᆷ이可ᄒᆞᆷ

第十九條의規정은本條청願의准用호ᄃᆡ但其登錄手數料ᄂᆞᆫ百圓으로ᄒᆞᆷ

第廿三條　鑛業權을相續ᄒᆞᄂᆞᆫ者ᄂᆞᆫ鑛業許可狀을添附ᄒᆞ야直時農商工部大臣의게通告ᄒᆞᆷ이可ᄒᆞᆷ

前項通告ᄒᆞᄂᆞᆫ者ᄂᆞᆫ登錄手數料로百圓을랍부ᄒᆞᆷ이可ᄒᆞᆷ

第十九條第四項의規정은前項境遇에准用ᄒᆞᆷ

第廿四條　鑛業에關ᄒᆞ야左開請求者ᄂᆞᆫ其種類에從ᄒᆞ야手數料를랍부ᄒᆞᆷ이同ᄒᆞᆷ

一　鑛業許可狀의再交부청求　每一件　二十圓
二　鑛區圖謄本의청求　每一件　三十圓
三　鑛業原簿又鑛區圖閱覽청求　每鑛區每一時間　一圓
四　鑛業原簿謄本交부청求　用紙每一張　二圓
五　鑛業청願地許可地并方別臺帳閱覽청求　每臺帳最小區滿每一時間　十圓

第廿五條　鑛業權者ᄂᆞᆫ每年一月七月兩度에前六箇月間에採掘ᄒᆞᆫ鑛産物의數量販賣額販賣代價行業日數及工數를記載ᄒᆞᆫ明細表를提出ᄒᆞᆷ이可ᄒᆞᆷ

前項表ᄂᆞᆫ鑛業權이消滅ᄒᆞ며移轉ᄒᆞ며又廢業ᄒᆞᄂᆞᆫ境遇에當ᄒᆞ야ᄂᆞᆫ直時提出ᄒᆞᆷ이可ᄒᆞᆷ　未完

外報

●**米國酷暑**　米國大西洋沿岸에ᄂᆞᆫ近來未曾有ᄒᆞᆫ炎熱로써本月七日에紐育에서ᄂᆞᆫ死者가十七人과病者가數百名에達ᄒᆞ야紐育市民數千人이론子아이란도에遊暑ᄒᆞ야夜間이면室內에炎熱堪耐치못ᄒᆞ야各各海岸에랍涼露宿ᄒᆞ얏다더라

●**艦隊直航**　米國大西洋艦隊의演習結了後에부라운少將은最良ᄒᆞᆫ甲裝巡洋艦隊數隻을率ᄒᆞ고途中義務的寄港을廢ᄒᆞ고東洋으로直航ᄒᆞᆫ다고云ᄒᆞᄂᆞᆫ디是ᄂᆞᆫ近來베린子海峽에서日本漁船이海豹를密獵ᄒᆞᄂᆞᆫ原因을偵察ᄒᆞᆷ이라더라

●**兩件歸正**　北京電을據ᄒᆞᆫ즉滿洲問題中安東縣大東溝의開港及稅關設立과淸日合資鴨綠江伐木會社의二件은已爲協商을經ᄒᆞ야章程ᄭᆞ지規定ᄒᆞ얏다다라

●**巨艦製造**　倫敦電을據ᄒᆞᆫ즉俄國海軍擴張計劃中에噸數二萬噸速力二十一節되ᄂᆞᆫ鋼鐵艦數隻을製造ᄒᆞᄂᆞᆫ計劃이有ᄒᆞ다더라

●**溫和方針**　伯林電을據ᄒᆞᆫ즉俄國의溫和自由黨은平和改革新團體를組織케ᄒᆞᆯ事로宣言ᄒᆞᆫ지라此團體ᄂᆞᆫ從來人民의絶對的自由를唱道ᄒᆞᆷ과如ᄒᆞ고急激團體에反ᄒᆞᆫ國會議員으로成立ᄒᆞᄂᆞᆫ者인ᄃᆡ其基礎로ᄒᆞᆷ은立憲帝國을建設ᄒᆞ야國民의게平等의權利를與ᄒᆞ고改革을實行케ᄒᆞᆷ이有ᄒᆞ다더라

雜報

●三氏免戒 流終身定配罪人으로特放還된金在豐李忠求李鍾協氏等은再昨日에免懲戒ᄒᆞ라신詔勅을下ᄒᆞ오셧ᄂᆞᆫᄃᆡ同氏等은將次觀察使로叙用ᄒᆞᆫ다더라

●招聘日人 農商工部所管度量衡製造所와度量衡撿務所官制를編成ᄒᆞ얏ᄂᆞᆫᄃᆡ度量衡製造所職員은所長一技師一並判任이오技手二書記二並判任이오度量衡撿務所職員은所長一事務官一並奏任이오事務員五員은判任이니隨時增減ᄒᆞᆯ터인ᄃᆡ現今間에ᄂᆞᆫ但以日本人學術과技術家로招聘代辦케ᄒᆞ기로決定ᄒᆞ얏다더라

●壞壁赴役 日本步兵五十九聯隊ᄂᆞᆫ光熙門外兩役院에射擊場出入時直路를修築ᄒᆞ기爲ᄒᆞ야三昨日로始ᄒᆞ야南小門城底로부터直抵光熙門外ᄭᆞ지平坦修築ᄒᆞ기에着手ᄒᆞ얏다ᄂᆞᆫᄃᆡ該工役에附近農民等을無價責立ᄒᆞᆷ으로民情이洶洶ᄒᆞ다더라

●宴場起鬨 陰曆本月二十五日은清國皇帝誕日이라再昨日에清館等이慶祝ᄒᆞ기爲ᄒᆞ야南門內華商總會館으로齊會ᄒᆞ야紙砲를放ᄒᆞ며歡聲이自然喧聒ᄒᆞ더니附近居留日人等이突入該宴飮場ᄒᆞ야質問其由ᄒᆞ며禁止喧譁ᄒᆞᆫᄃᆡ清人等이忿然曰吾家에서吾輩喧譁를有誰禁止乎아ᄒᆞᆫ즉該日人이違禁批頰ᄒᆞᄂᆞᆫ지라清人이亦爲毆打逐出ᄒᆞ얏더니該日人이往請日憲兵巡查而來ᄒᆞ야以軍刀背로亂打制止ᄒᆞᆷ으로華商等이大爲忿激ᄒᆞ야亦以木棒等物로拒鬪ᄒᆞ야一塲大風波가起ᄒᆞ얏ᄂᆞᆫᄃᆡ日巡查幾十名이又爲來到ᄒᆞ야當初詰難ᄒᆞ든日人을捕縛而去ᄒᆞ얏다더라

●觸機致命 平壤隆德部九里康時貞家에精米會社를設始ᄒᆞ고精米機械를日人內山으로使之運用ᄒᆞᄂᆞᆫᄃᆡ本月七日下午六時에隣居十一歲女兒가機械運用ᄒᆞᆷ을來玩ᄒᆞ다가衣裳이機械鐵輪에周匝ᄒᆞ야隨輪觸傷에當刻致命ᄒᆞ얏다더라

●偷者無影 咸興에留駐ᄒᆞᄂᆞᆫ美國人일나家에雇傭ᄒᆞ던平壤居安㶅守가紙貨五百元을偸取ᄒᆞ고逃至東萊港ᄒᆞ야留宿於靑樓타가該樓妓女山月로同居爲約ᄒᆞ고該妓의所負債八十七元九錢을報給于靑樓主人ᄒᆞ고偕往于釜山等地ᄒᆞ야居生ᄒᆞᆷ을該美國人이探知ᄒᆞ고來訴于釜山港警務署ᄒᆞ야派巡推捉矣러니安哥守ᄂᆞᆫ出他未捕ᄒᆞ고該妓山月만押來查問ᄒᆞᆫ즉當初安哥가報給樓債而已오無他任實貨物이오隨往未幾에仍爲出他ᄒᆞ야其去處를果是不知云故로該妓女ᄂᆞᆫ還付于靑樓主人ᄒᆞ고其所捧八十七元九錢을還推出給於美國人ᄒᆞ얏다더라

●兩契濟約 統監府에서政府로照會ᄒᆞ야鎭海만과永興만을軍用上要塞地로設備次請求ᄒᆞᆫ事ᄂᆞᆫ已往記載ᄒᆞ얏거니와鎭海만은韓日兩國間에第一要塞地에處ᄒᆞᆫ故로年前에俄國公使가日本을封鎖ᄒᆞᆯ陰策으로該港을開設하ᄌᆞ하든港만이오永興港은浦鹽斯德에俄國軍港과相對하야要塞地로占據ᄒᆞᆯ지라日前統監邸會席에서伊藤氏가好慾으로面請하되右兩만을日本軍港으로作用하기다하ᄂᆞᆫ故로韓大臣이辦理하기를韓國에緊要ᄒᆞᆫ境遇에ᄂᆞᆫ讓還하기로契約을成立ᄒᆞᆫ다더라

●義兵押交 忠南魯城郡에서義兵二名을押上觀察府ᄒᆞ야方欲審查之際에該地日憲兵曹長이押付ᄒᆞ라ᄂᆞᆫ事로交涉事ᄂᆞᆫ已揭前報어니와該義兵二名은卽洪州居蔡敬燾와定州居吳淮相也라今月十四日夜에與其黨派五十名으로閔宗植及朴昌求의指揮를因ᄒᆞ야結城郡葛山里尹滋參家에前往ᄒᆞ야軍用錢十萬兩을討出ᄒᆞ다가事不如意ᄒᆞ미捉其孫尹佑炳ᄒᆞ야將向全州之路에入連山富興里名不知尹氏家ᄒᆞ야暫爲留息타가該郡駐在日兵의게被捉ᄒᆞ고餘衆은各自逃散에不知何落인ᄃᆡ該二名은公州駐在日憲所로押交ᄒᆞ얏다더라

●辛氏烈行 釜山鎭左二里居李善章의年이五十六에無一子ᄒᆞ고只有二箇未成女息而多年積病으로委席苦痛ᄒᆞᄂᆞᆫᄃᆡ其妻辛氏가煎藥供饋와飮食進供와血誠求療ᄒᆞᆷ으로病勢가稍減ᄒᆞ야隣里之人이其至誠을稱賞ᄒᆞ더니有何別症이던지陰五月二十八日別世ᄒᆞ얏ᄂᆞᆫᄃᆡ其妻辛氏가從逝ᄒᆞ얏스니其烈行을人皆欽歎ᄒᆞᆫ다더라

●清民願留 清道郡守金聖基氏가民髮을革祛하고학校를方興하야治蹟이卓冠一道ᄒᆞᆷ은各新聞에屢揭하얏거니와傳印發歸時에男女人民千餘名이遮路挽執하ᄂᆞᆫ故로東軒에留宿하고暮夜抽身하야乘車하ᄂᆞᆫᄃᆡ人民等이攀轅號呼哭故로日憲兵의依賴하야上京하얏다더니該郡儒生이上京하야內部에願留하야期於還任케ᄒᆞᆫ다더라

●玄妻必死 三和港警務署에서良民玄珍國夫妻를賊盜로誤捉ᄒᆞᆫ事件은前號에屢揭어니와趙妻가其酷刑에餘喘으로遍身浮高에呼吸不順ᄒᆞ야命在危境인데自警署로僅以救療費ᄒᆞ고錢一百兩과鷄一首를趙家에給付ᄒᆞ얏고此費ᄂᆞᆫ誤捉巡檢으로分擔ᄒᆞᆫ李根夏等三人에家什을沒入充補而哀彼玄妻ᄂᆞᆫ百藥이無效에必死乃已라나死則必有代死之人이라더라

●免官陋態 各大臣家에初入及復직哀乞하ᄂᆞᆫ者들이先稱抑鬱하더니現今外式上으로人材를擇用ᄒᆞᆫ다하ᄂᆞᆫ지라求仕者等이幸得盤谿하야接見大臣時에該大臣을依例攻擊하야高談峻論하다가下回에ᄂᆞᆫ畢竟官직乞求聲이續出하니可謂鄙陋라하더라

●觀察臟腐 昨日政府會議에郡守奏本은置之하고觀察使부터擬薦上奏ᄒᆞᆫ다더라

●每週一會 政府에서各部請議有無ᄂᆞᆫ勿論하고每週日間에一次式은會議하기로作定하얏다더라

●軍用地調查 平壤에日本軍用地調查事로屢次訓飭하되官民間에相持가되야詳細치못ᄒᆞᆫ故로한城府尹朴義秉氏를調查委員으로差定하야日間出發ᄒᆞᆯ터인ᄃᆡ日本官憲과眼同調查ᄒᆞᆫ後에政府와統監府에서更爲交涉하야地段價를從時更定하야土主에게出給ᄒᆞᆯ터이라더라

●總辦就務 義親王府를本宮內府에仍設하고總辦閔哲勳氏以下가依例就務하ᄂᆞᆫ지라義親王殿下ᄭᅴ서ᄂᆞᆫ宮差知等名色을一切勿施하고一般宮務를總辦이依輿擧行케하옵셧다더라

●隱結附擔 各地方官의月俸은隱結로一般官吏料를不給하니와財政顧問은隱結를一陞고一二三四等으로薄定하얏거니와總하자ᄒᆞᆷ인度大ᄂᆞᆫ俸給을更定役에實施하ᄌᆞ하되三南各道財政顧問補佐官은官吏隱結을遺壓撼하ᄂᆞᆫ중이라더라

●大官被駁 刑法大典國體壞損律에外國人을符同하야官職을圖得하면處絞다하얏ᄂᆞᆫᄃᆡ至今各大臣이他職을圖謀하든지本職에搖動하면依例이統監에게와本部顧問의게哀乞歸正하고또政府會席에서도局長課長을轉任ᄒᆞᆯ境遇에ᄂᆞᆫ所謂大臣이例稱曰此人은統監의親知人、顧問의付托人이라藉托하야大臣부터若是히(귀젼)을쏫으니國體壞損律을實施하면現政府大臣은幷是處絞가正當하다고某某等官吏가論駁ᄒᆞᆷ이某大臣이面如土色하얏ᄂᆞᆫᄃᆡ該官吏ᄂᆞᆫ觀察使로出送ᄒᆞᆯ터이라더라

●監府新聞 統監府機關新聞을來九月一日부터發行하ᄂᆞᆫ데統監府巡查가一般居留民의新聞購覽을調查하야本月十日로例講覽하얏다더라

●錢尙未推 政府에서一千萬元을借款ᄒᆞᆷ의第一次利子ᄂᆞᆫ業已報償하얏스나各項事業을經營而已오姑無實施着手故로該錢은尙不推用하얏다더라

●德風呼冤 西京觀察府主事官朴鶴銓氏ᄂᆞᆫ多年營吏로始當生民이罔有其怨이러니更張以後에圖得平南觀察府主事ᄒᆞ야憑公營私者가揣不當補이더니最於西京豐慶宮營建之時ᄒᆞ야以監董之任으로陽德等郡에材木幾萬本을斫伐ᄒᆞ야使該地人民으로擔負而下ᄒᆞ되至於擔負之雇價ᄒᆞ야도一分錢을初不出給ᄒᆞ고渠自買食故로陽德人民이呼訴于該觀察府ᄒᆞ되每以勢力으로作媒妥帖ᄒᆞ고轉訴京部ᄒᆞ되亦以此術로周旋ᄒᆞ야當時難判이나初不拘囚ᄒᆞ고卽爲保放ᄒᆞ니民情이愈鬱ᄒᆞ야呼冤者至七八人이上來ᄒᆞ얏다더라

詞林

題閔忠正公堂竹　八十翁 尹永求

如何此竹挺房軒不借乾坤雨露恩節節叢叢百烈氣枝枝葉葉英魂從今萬古傳彤管回憶前冬叫玉閽八耋偸生還愧死斜陽痛哭過忠門

雜報

◎校甚於賊　長湍郡來人의傳說을聞ᄒᆞᆫ則該郡守尹宗求氏가衆賊捕官ᄒᆞ야加設巡校五十名ᄒᆞ고其經費ᄂᆞᆫ逐戶分排ᄒᆞ야人民이擔着ᄒᆞᆷ으로不無民冤中에所謂別巡校輩ᄂᆞᆫ皆下等賤惡之輩로投入ᄒᆞᆫ지라藉稱捕賊ᄒᆞ고擔銃帶劍ᄒᆞ야橫行村閭에肆威行悖가爲害不少라一箇賊漢은捕獲ᄒᆞ면無數惡刑ᄒᆞ야幾至死境케ᄒᆞ고更爲嗾囑曰誰某人은汝之同黨이라고口招ᄒᆞ면汝則生矣오汝則不招면卽當打殺이라ᄒᆞᆫ則賊漢이欲免其苦痛ᄒᆞ야知與不知間閭其姓名者ᄂᆞᆫ亂招列擧ᄒᆞᆷ으로曖昧히賊律로受刑者가不少ᄒᆞ며該郡松隅面의一洞에良民十餘名이指囑口招에出ᄒᆞ얏다ᄒᆞ고多數巡校가捕縛驅去ᄒᆞ야棍杖周牢外에諸般惡刑을施ᄒᆞ면서輒以口招ᄒᆞᆫ則其中證拙ᄒᆞᆫ人은誓死不招ᄒᆞᆷ이骨折부裂에至於氣絕ᄒᆞ고虛偸ᄒᆞᆫ人은苦痛을不堪ᄒᆞ야亂招ᄒᆞᄂᆞᆫ지라郡守가始乃疑之ᄒᆞ고別定耳目ᄒᆞ야另查審判ᄒᆞᆫ則果是無罪라卽皆放送ᄒᆞ니郡守가非不欲明察이나如此巡校輩의關束을蹤忽히ᄒᆞᆫ다아니치못ᄒᆞᆯ지라一郡士民이皆曰彼巡校輩를我人民이出貲願給ᄒᆞ고反히此輩의게賊名을被ᄒᆞ야諸般惡刑을受ᄒᆞ얏스니巡校幾漢은一齊打殺ᄒᆞ거나오巡校廳은革罷ᄒᆞ야以安民生케ᄒᆞᆯ次로上部에擧呈ᄒᆞᆫ다더라

◎非以術進　去水曜日本報欄內에術答又薦이라ᄂᆞᆫ題下의對ᄒᆞ야更聞ᄒᆞᆫ則侍從姜漢欽氏ᄂᆞᆫ原來文학之士로所謂相術卜術를全然不知之人인ᄃᆡ以此進身은誤聞之說이라고ᄒᆞ더라

◎釜港民冤　釜山港人民等의傳說을據ᄒᆞᆫ則本港監理李懋榮氏가去甲辰年에莅任ᄒᆞ야曾前에未有ᄒᆞᆫ上尊位를差出ᄒᆞ고港民의賣買上에草家ᄂᆞᆫ每間三兩瓦家ᄂᆞᆫ每間五兩田畓은十二條로勒斂ᄒᆞ야何處所用인지不知ᄒᆞᆫ깃고且港內에 皇室所管牧位田畓二百九十斗落을去年에委員金光奎氏와和同ᄒᆞ야潛行賣渡於外人ᄒᆞ고人民家屋基址八十四斗五升落을又爲潛賣於外人ᄒᆞᆫ故로人民이失所流離ᄒᆞᆫ至冤情狀은嗚冤於 宮內府이온則嚴電壓飭에無非切嚴ᄒᆞ되上府令飭을視若弁髦ᄒᆞ고反히人民을捉囚猛笞ᄒᆞ다가沃溝監理로移任ᄒᆞ니人民의呼訴ᄒᆞ던事件을末由歸正이라고冤聲이藉藉ᄒᆞ더라

◎夫人의卒業還國　前農商局長河相驥氏夫人이美國華盛頓의가서留學ᄒᆞᆫ지十年에高等學校卒業ᄒᆞ고還國ᄒᆞ야東門外本第의住在ᄒᆞᆫᄃᆡ城內外士夫家에서女子敎育을付托ᄒᆞᄂᆞᆫ이가多多ᄒᆞ다더라

廣告

挽近以來에解弛成習하야宮內府判任官중에多有冗濫하니非但有碍於직務上이라緣此而有損於公幣하니此不容不一次리正이기試驗其才하야汰其용員則其代를必以方정之士로試取塡充故로業經定其科目而受薦取才하야今纔擇選半數矣라判任官之資格이未必有重大나其직分之所關이亦係不輕則別開求士之路然後에俊良이畢集故로玆用廣告하오니有志僉君子ᄂᆞᆫ依左開諒시하야各逞其才하야期就登庸하심을望ᄒᆞᆷ

光武十年八月十七日　宮內府

左開

一 處所ᄂᆞᆫ宮內本府로定ᄒᆞᆫ事

一 시取日時ᄂᆞᆫ八月二十二日午前八時로정ᄒᆞᆫ事

一 受單日子ᄂᆞᆫ自八月二十日로至二十一日下午三点鐘으로限ᄒᆞᆫ事

一 시驗人정數ᄂᆞᆫ以二百人으로限하고年齡은自二十歲로至四十歲者로限ᄒᆞᆫ事

一 科目은新학問上에(政治 法律 經濟 語학)四科目중一科目과 楷書 作文 算術 로정ᄒᆞᆫ事

一 願試人의單子ᄂᆞᆫ以請願으로ᄒᆞ되年本居住와(政治 經濟 法律 語학)四科중各有所能을左開懸錄하며姓名章을捺하고薦主를具職姓名懸錄ᄒᆞ되該薦主도姓名章으로捺ᄒᆞᆫ事

一 薦主ᄂᆞᆫ毋論宮중府중하고現帶 勅奏任官間保薦ᄒᆞᆷ을得ᄒᆞᆫ事

一 薦主된官員은一人外에毋得加薦ᄒᆞᆫ事

一 願試人이請願ᄒᆞᆯ際에或過時限이거나又若滿數즉停捧ᄒᆞᆫ事

巨濟郡守尹相佑氏가日兵点地地段價錢三萬七千二百五十四兩者內二分을偷食故로居民四人이爲先漢城府에裁判을請願즉以富로周旋이紛紜ᄒᆞ나点地被逐之民寃이至痛故本國法廷에서若不日內推給則末乃統監府에入呈ᄒᆞ고大聲痛哭ᄒᆞᆯ次로玆先廣佈ᄒᆞᆷ

巨濟居　朴南基等　告白

明禮宮畓會晉先上納次로梨峴韓聖錫許五千兩又三千兩於平兩片을車甚祿가持去而過限未推故勿施次廣告ᄒᆞ오니內外國人은石於晉을勿爲干涉見欺ᄒᆞᆷ

履洞車元模　申星五　告白

本社이株金每株에二十圓이니募集은第一回自今一箇月內에金二圓을收入ᄒᆞ며十八圓은九箇月에分ᄒᆞ야十回에備納이고社長指定日로次第辦納허되該金은漢城銀行에任置ᄒᆞ야該票ᄂᆞᆫ來去ᄒᆞ게ᄒᆞ오니有志君子ᄂᆞᆫ株金을隨力入株ᄒᆞ사와共濟營業케ᄒᆞ시믈爲要

柴炭 株式用達會社 告白

本社臨時事務所ᄂᆞᆫ中署紬洞三統三戶

本人圖形姓名章을去五月二十八日僞造ᄒᆞᆫ者有ᄒᆞ야發覺된故로本月二十五日以後ᄂᆞᆫ方形章을改造矣니內外國人以此照亮

開城府　秦柄正

◎民事訴訟代理와刑事변護及鑑定一切法律에關ᄒᆞᆫ事務를迅速處理ᄒᆞᆷ

한城南署茶洞第十七統八戶

변護士 前檢事 正三品　李冕宇

法律事務所

事務員　博士 李克洙　博士 趙南肅

◎八月八日開業廣告

本銀行은今月五日에株主總會를開催後에重役七員을選定ᄒᆞ고開業日字를定ᄒᆞ얏스되其營業目錄은如左ᄒᆞ옵고諸般業務를信實히執行ᄒᆞ티이오니僉位ᄂᆞᆫ陸續來議ᄒᆞ시옴

資本金十五萬圓

營業要目

一 轉任置金

一 貸付金及無期過貸

一 割引手票(預減)

一 有價記券賣買

一 金銀貴屬品及諸證券保護任置

光武十年八月日

株式會社 韓一銀行

取締役五員　趙秉澤　孫錫基　鄭東植　朴泓鉉　白周鉉

監査役二員　趙彰한　成文永

◎긴 급 광 고◎

본소의셔영문주자(식업)골느ᄂᆞᆫ사람숨사인을급급히구허오니한일인간유의커든본사로리의하시옵다만경력인만구허고영어잘하ᄂᆞᆫ인ᄂᆞᆫ구치안슴

경동하셩판각쇼고빅

◎本社 支社 廣 告◎

中署布屛門下　金相萬冊肆

洞口峴　朱翰榮冊肆

中署典洞初入七十八統第二戶　鄭顯國

大韓每日申報社

本會社에서漆谷郡에致路에서山木浦等地에鐵道敷設ᄒᆞᆯ기로光武八年分에政府認許를承ᄒᆞ고島致路에서江景浦ㅅ지已往初測이온바現在實測而全州ㅅ지連續起工이오며股金은株式으로募集ᄒᆞᆫ되一株에新貨五十圓으로酌定ᄒᆞ고十回에分ᄒᆞ야收合ᄒᆞ오니有志ᄒᆞ신僉君子ᄂᆞᆫ西大門外停車場越邊本會社로枉臨ᄒᆞ시와幾株間隨力懸錄ᄒᆞ시고共濟一大營業ᄒᆞ심을爲希

湖南鐵道會社長　李允用

發起人　徐오淳

廣告

民事訴訟代理와刑事辯護及鑑定顧問과諸文案起草等諸般法律事務를迅速處理ᄒᆞᆷ

한城南署上油洞二十九統七戶二層洋屋

辯護士 前檢事 正三品　洪在祺

法律事務所

廣告

◉學員募集廣告（第一回）

玆에普成中學校를新設ᄒᆞ고高等普通學術로一般國民을敎育코져ᄒᆞ오니將來에實業及實務에從事ᄒᆞ고又ᄂᆞᆫ各種專門學校에入學코져ᄒᆞᄂᆞᆫ青年有意諸君은早早來學ᄒᆞ오셔中等以上普通知識을全備하심을爲望하ᄋᆞᆸ

本校의完全ᄒᆞᆫ敎授準備와眞正ᄒᆞᆫ敎育制度를左에列擧ᄒᆞᆷ

一 一般敎科書ᄂᆞᆫ擬히本校에셔新編準備ᄒᆞᆷ

二 本校의第一主旨ᄂᆞᆫ修身科、作文科、漢文科니倫理學敎科書를新撰ᄒᆞ야道德心을培養ᄒᆞ고、作文敎科書를新撰ᄒᆞ야文章을規矩로敎授ᄒᆞ고漢文敎科書를新撰ᄒᆞ야讀書를應用活法으로敎授ᄒᆞᆷ

三 理化學及博物學은機械及藥品으로實地試驗을行ᄒᆞ야敎授ᄒᆞᆷ

四 唱歌ᄂᆞᆫ軍樂音調로新製敎習ᄒᆞᆷ

五 體操及運動은各外國運動式用機具로日常敎錬ᄒᆞᆷ

六 敎師ᄂᆞᆫ新舊學問에專能ᄒᆞᆫ諸大方家를延聘ᄒᆞᆷ

◉**學科目**（科目中課程은略之）

修身學、國語、漢文、作文、歷史、地誌、物理及化學、博物學、地文學、法學、數學、圖畫、唱歌、體操、外國語、農業學、商業學、簿記學、

◉**修業期限** 四箇年

◉**入學年齡** 自十五歲以上至二十五歲以下

◉**入學試驗科目** 國漢文讀書及作文、內外國歷史及地誌問對、算術四則以內

◉**入學試驗日字** 九月十五日（陰七月二十七日）

◉**開學日字** 九月十六日（入學請願書及保証書ᄂᆞᆫ本校用紙를用ᄒᆞᆷ）

光武十年八月十六日 漢城中署磚洞 私立**普成中學校**

廣告

東國歷史 普通敎科國漢文一秩二冊定價新貨	一圓十戔
法蘭西新史	四十錢
淸國戊戌政變記一秩	一圓
波蘭末年戰史一冊	三十錢
美國獨立史一冊	三十錢
法國革新戰史一冊	三十錢
大韓輿地圖一張	十七錢五里
世界全圖一張	三十七錢五里
大韓地誌一秩	七十五錢
牧民心書一秩	一圓二十五錢
萬國地誌一秩	一圓
尺牘完編一秩	一圓五十錢
農政新編一冊	五十錢
法學通論一冊	一圓
溫故知新堂叢抄	七錢五里
父師必讀小學指남	七錢五里
人工養蚕一冊	十五錢
刑法大全一秩	六十錢
家庭雜誌一冊	十錢
進明彙論一秩	二十五錢
交際新禮一秩	十八錢

發賣所 布屛門下金相萬書舖 大韓每日申報社

花春丹은 霍亂 吐瀉 腹痛 滯症 暑症 정忡 神眩 [illegible] 鬱 痰盛 醒酒船藥 咳嗽 口味업ᄂᆞᆫ諸症의神效ᄒᆞᆫ藥이오 此外에도洋炭水解毒藥 唐창 疳氣 蛔虫 寸虫 赤白癩風 藥과東西洋藥이俱備하고他病도隨問出方하오니 僉位ᄂᆞᆫ在諒하시옵

皇城校洞石井洞下隅 石泉堂藥局 告白

一 [illegible]牛乳

一 [illegible]牛乳

一 [illegible]氣化乳[illegible]

一 [illegible]

AMERICAN Gold Seal Brand Condensed Milk

EAGLE BRAND GAIL BORDEN NEW YORK U.S.A.

大韓仁川港 [illegible] **洋行**

◉九轉靈砂라 本人이妙方法을研究하야製造ᄒᆞᆫ靈丹인ᄃᆡ男女老少에無論何病ᄒᆞ고通治ᄒᆞ오며無病時에도服ᄒᆞ면平生의身體가健康ᄒᆞ며小兒ᄂᆞᆫ四五歲以下服ᄒᆞ면十歲안에無病ᄒᆞ기를擔保ᄒᆞ오며

◉九轉靈砂萬應丹은[illegible]症과中[illegible]痰과각色病과痲疾에神効ᄒᆞ오

◉九轉靈砂保命丹은初生小兒 驚風 癎氣 咳嗽 腹痛 諸般驚과婦人帶下症에神効ᄒᆞ어

◉九轉靈砂濟衆丹은酒滯 食滯 血積 吐瀉 霍亂 痢疾 吐血 下血 運氣 時疾 痢症에神効ᄒᆞ오

◉九轉靈砂紫金丹은痔漏 瘰癧 上疳瘡 下疳瘡及唐瘡과諸般毒瘡惡種에無不神効ᄒᆞ오니 僉君子ᄂᆞᆫ來問ᄒᆞ시오

內需司前독갑이골上隅第一家 李鶴延 告白

本社廣告

中報價

一張代金 新貨二錢五里

一箇月前納 三十錢

三箇月 九十錢

六箇月 一元七十錢

一箇年 三元四十錢

郵稅一部 新貨五里 一箇月 十三錢

廣告料

四號活字十三字詰 每日每行一次에新貨[illegible]

文(每日每行에大號에[illegible])

二回以에 二圜[illegible]

每日每行圜錢五里에[illegible]

一箇月에 [illegible]

(每日每行圜錢一里에相當)

其期限의長短과字行에依ᄒᆞ야增減ᄒᆞᆷ이有ᄒᆞᆷ

◉本社地方各處支店廣告

仁川租峴開新冊肆 李東[illegible]

平壤南山峴日新學校 金興[illegible]

宣川邑橋西 安[illegible]

義州南門外韓西大藥房 張有[illegible]

長連邑 金[illegible]

鎭南浦築洞 金仁[illegible]

咸興州南社 曹[illegible]

中和邑 李[illegible]

釜山佐川徐藥房 金[illegible]

開城北部梨井里群洞廣培學校副校長 [illegible]

大丘郡 達城廣文社

發行兼編輯人 英國人 裵說

發行所 京城北署[illegible] **大韓每日申報社**

第四卷
第三百一號

檀君開國四千二百三十九年
箕子元年三千二十八年
大韓開國五百十五年
日本明治三十九年
淸國光緒三十二年
◉陰曆丙午六月大三十日乙未

月曜及慶節時休日刊

論說

警告韓人之自醒

今有醉人於此ᄒᆞ니精神爲昏蒙沈冥ᄒᆞ고肢體爲委靡顚倒ᄒᆞ야目不覩山岳之形ᄒᆞ고耳不聞雷霆之聲ᄒᆞ니身邊所有之物은盡被他人之攫去라도必不覺知라居其隣里ᄒᆞ야爲其親知者가此人을對ᄒᆞ야급급然淸冷之水로沃盥其面ᄒᆞ며良好之劑로消化其정ᄒᆞ야攪而覺之ᄒᆞ고扶而起之ᄒᆞ면精神爲漸可收拾矣오肢體爲足可振起矣라於是乎自由行動이完全ᄒᆞᆫ醒者의資格을不失ᄒᆞᆯ지니此豈非隣里親知之當行的道理哉아

雖然이나道理上所當爲者를非不知也로되不惟不此之爲라反以毒藥으로愈甚迷亂케ᄒᆞ고欲言則閉而塞之ᄒᆞ며欲起則推而倒之ᄒᆞ야甚至結縛其手足ᄒᆞ고在傍眈眈에俟其自斃ᄂᆞᆫ何也오彼醉人의所有之物을乘時佔奪코져ᄒᆞᄂᆞᆫ計劃으로由ᄒᆞᆷ이라

現今韓國內에伊藤統監의威權과勢力이掀動全國之天地ᄒᆞ며震감半島之山川이라何言不施며何令不行이리오凡係韓人開明哲達上事業에指導啓迪이實爲非難이라不俟幾日에可奏其效어날此를不爲ᄒᆞᆯ뿐不是라反히韓人의精神을迷亂케ᄒᆞ고手足을結縛ᄒᆞᄂᆞᆫ手段으로最先一千萬元借欵의計劃은陷此韓國於債藪之중ᄒᆞ야全國疆土를典執으로畢竟佔有코ᄌᆞᄒᆞᆷ이오牧塲基址의廣占과移民條例와礦山條例와治道와水道敷設等諸般施爲가皆其吸收韓人之膏血ᄒᆞ야不留一毫生脈者也오蹂躪 韓皇陛下之主權ᄒᆞ야略無餘地ᄒᆞ고抑遏一國之公論ᄒᆞ야禁錮益甚ᄒᆞᄂᆞᆫᄃᆡ獨其비護而親昵之者ᄂᆞᆫ政府ㅏ幾箇奴隷之大臣而已니伊藤侯가豈不知此輩가爲伯嚭張松之流리오마ᄂᆞᆫ但其自家利用이無踰於此故也라

然則彼之眈眈注目ᄒᆞ야速其自斃코ᄌᆞᄒᆞᄂᆞᆫ主意所在를三尺童子가亦可識破라然이나彼之行政이壹出於人心之不服者ᄂᆞᆫ惟其佔奪利益之計로不得已爲之者나在於韓人ᄒᆞ야ᄂᆞᆫ反爲其幸ᄒᆞᆫ것이

彼之行政이若果出於慰悅韓國之輿情者면淳古ᄒᆞᆫ韓人이必其眞心으로日本을信服ᄒᆞ깃거날惟其行政이專히人心不服之事만恣行ᄒᆞᄂᆞᆫ故로韓人의自醒自奮ᄒᆞᄂᆞᆫ原因이實由於此라曉天風爽에宿醉가漸醒이면其亦可以收拾振起也夫ㄴ저

官報

◉三千五百三十五號 光武十年八月十八日

◉敍任及辭令

○雲山郡公立小학校敎員李相鳳 江華府公立小學校敎員金演培 務安港公立小學校敎員宋元燮 江西郡公立小學校敎員朴潤亨 外國語학校副敎官玄헌 依願免本官○任外國語학校副敎官 朴成圭○任務安港公立小학校敎員 李思定○任江西郡公立小학校敎員金商학○任江華府公立小학校敎員 鄭重根以上八月十六日

部令

●農商工部令第四十三號

鑛業法施行細則 (續)

第廿六條 鑛業法第十九條第二項에規定ᄒᆞᆫ바礦山物의價格은農商工部大臣이定ᄒᆞᆷ

第廿七條 礦業權者ᄂᆞᆫ每年末에坑內實측圖를製ᄒᆞ야翌年二月을限ᄒᆞ야農商工部大臣의게提出ᄒᆞᆷ이可ᄒᆞᆷ

第廿八條 礦業權者ᄂᆞᆫ礦區所在地에礦業事務所를設ᄒᆞ야礦區圖及坑內實측圖를存置ᄒᆞᆷ이可ᄒᆞᆷ

第廿九條 礦業權者가親히鑛業을管理아니하ᄂᆞᆫ時ᄂᆞᆫ代리人을定ᄒᆞ야雙方이連署ᄒᆞ야農商工部大臣에通告ᄒᆞᆷ이可ᄒᆞᆷ

前項代리人은鑛業權法及本令規定에依ᄒᆞ야鑛業管리에關ᄒᆞ야鑛業權者가行ᄒᆞᆯ一切行爲의委任을受ᄒᆞᆫ者로認ᄒᆞᆷ

但鑛業權者가代리權에制限을加ᄒᆞᄂᆞᆫ時ᄂᆞᆫ直時其意를通告ᄒᆞᆷ이可ᄒᆞᆷ

第卅條 鑛業法第十二條第一號及第四號의境遇外에鑛業權의繳消를當ᄒᆞ며又廢業ᄒᆞᆫ時에其鑛業權에對ᄒᆞ야抵當權을有ᄒᆞᆫ者ᄂᆞᆫ六十日以內에農商工部大臣의게請願ᄒᆞ야其鑛業權을承繼ᄒᆞᆷ을得ᄒᆞᆷ

前項請願書ᄂᆞᆫ手數料로ᄒᆞ야百圓을納付ᄒᆞᆷ이可ᄒᆞᆷ

第十九條第四項의規定은前項境遇에準用ᄒᆞᆷ

第卅一條 廢業其他事由로鑛業權이소滅ᄒᆞᆫ時ᄂᆞᆫ鑛業權者ᄂᆞᆫ直時農商工部大臣의게其旨를通告ᄒᆞ야鑛業許可狀을還링ᄒᆞᆷ이可ᄒᆞᆷ

第卅二條 鑛業法第十四條規定에依ᄒᆞ야他人土地에犯入ᄒᆞ야측量이며調査ᄒᆞ자ᄒᆞᄂᆞᆫ者ᄂᆞᆫ土地名稱地目及其目的을記載ᄒᆞᆫ請求書를提出ᄒᆞᆷ이可ᄒᆞᆷ

前項請求者ᄂᆞᆫ手數料로ᄒᆞ야三十圓을납付ᄒᆞᆷ이可ᄒᆞᆷ

第三十三條 鑛業法第六條第一項及第十九條規定에依ᄒᆞ야農商工部大臣의判定을請求ᄒᆞᄂᆞᆫ者ᄂᆞᆫ其理由를明記ᄒᆞᆫ請求書에詳細ᄒᆞᆫ實측圖其他關係書類를添付ᄒᆞᆷ이可ᄒᆞᆷ

農商工部大臣判定을請求ᄒᆞᄂᆞᆫ者ᄂᆞᆫ手數料로ᄒᆞ야五十圓을납付ᄒᆞᆷ이可ᄒᆞᆷ 未完

外報

●兩帝握手 英國皇帝陛下ᄂᆞᆫ德國에安着ᄒᆞ신故로德國皇帝ᄂᆞᆫ諸皇族과停車場에出迎ᄒᆞ야兩皇帝陛下ㅣ握手禮를行ᄒᆞ옵셔다더라

●俄國經營 俄國에셔日本에讓與ᄒᆞᆫ東淸鐵道를孤立케ᄒᆞ기爲ᄒᆞ야合爾賓에셔長春에至ᄒᆞᄂᆞᆫ鐵道의乘車賃金을增加ᄒᆞ야歐亞에셔來ᄒᆞᄂᆞᆫ乘客及物貨를야금總히海參威로經由케ᄒᆞ라고ᄒᆞ고又西伯利亞鐵道線을複線으로ᄒᆞ고에가메린무루구에서쥬맨을經ᄒᆞ야옴스구에至ᄒᆞᄂᆞᆫ線路를敷設ᄒᆞ야其複線에充ᄒᆞ기로決定ᄒᆞ얏고又滿洲의出入ᄒᆞᄂᆞᆫ物貨를獨점ᄒᆞ기爲ᄒᆞ야北滿洲境界에淸國稅關을設置ᄒᆞᆷ을不肯ᄒᆞᆫ다더라

●俄帝布告 루터電을據ᄒᆞᆫ則俄帝ᄂᆞᆫ十月三十日內로强迫的土地收用法의一部를廢ᄒᆞᄂᆞᆫ事로布告ᄒᆞ얏다더라

●西帝遊獵 同電을據ᄒᆞᆫ則西班牙皇帝ᄂᆞᆫ新后와同ᄒᆞ이蘇格蘭아바진아노후와이유城에셔退留ᄒᆞ야松鷄獵으로遊樂ᄒᆞᆫ다더라

雜報

平壤江東幹原民人黃益田德榮楊明秀等이內部에請願이如左ᄒ니

伏以國은以人民爲本ᄒ고人民은以土地爲生ᄒ는故로國外其土면如魚無水ᄒ야雖欲苟存其一日之命이라도有不可得者矣오天降斯民에欲其併生也故로環球世界에凡邦立國이皆所以奉若天道ᄒ야保其人民之生命者也라若其有國者가不能維持其民命이면是는違背天理ᄒ야國亦不可得以存矣라

本人等所居之土는即檀箕以來四千年世守之疆域也오其生命은我 聖朝休養生息之赤子也라嗚呼라時艱이孔棘에國權이墜地ᄒ야惟玆西民之田土家屋이皆外人의鐵道와軍用地에屬占즁에入ᄒ야扶老携幼ᄒ고棲遑道路者가觸目皆慘이온디忽於今年四月二十日에日本工兵小隊長이平壤郡大同江坊秋鬱美坊栗里坊靑龍坊林原坊柴足坊과江東郡의達坊馬탄坊古邑坊元堂坊과祥原郡풍洞坊等地에長七十里廣六十里範圍內에牧畜場標址立票ᄒ얏는디其標面曰大韓帝室牧場基址라ᄒ고一面에는無許可로田土家屋賣買嚴禁이라ᄒ고一面에는觀察使라書之ᄒ얏스니

抑未知觀察府에서因政府命令而爲之이오나其立標與査品은實自日本理事廳擅行者也라間因報館文字而得聞ᄒ온즉日本統監이我 皇上陛下게兩皇室牧畜場을平壤大同江附近의設置ᄒ기로奏請ᄒ事가有ᄒ다ᄒ얏스니

本人等이竊不勝疑慮恐懼之至이오바大抵牧場基址는海岸或島嶼荒蕪閒曠之地에就ᄒ야設ᄒ깃이온대今乃土地膏沃ᄒ고人戶稠密之處을取用ᄒ야人民을移逐ᄒ고獸類을畜養ᄒ다ᄒ니聖人은貴人而賤畜ᄒ고王者는仁民而愛物이라점養人民之所有ᄒ야規圖牧畜之利益이豈我 皇上陛下之聖意乎잇가噫此區域內에世世居生ᄒ던幾萬生命이一朝에遷失其家屋田土ᄒ니皆是離水之魚라雖欲苟延其一日之命이나豈可得乎잇가我 皇上陛下에至仁聖德으로此을洞燭ᄒ옵시면엇지牧畜을爲ᄒ야赤子을顧念치아니ᄒ옵시며日本統監인들엇지友邦人民에慘酷不忍之政을强行ᄒ올잇가伏願將此事實ᄒ와上奏天陛ᄒ옵시며且交涉于統監府ᄒ야現今牧場基址事件을亟行安帖ᄒ야使此幾萬生靈으로得以安堵資生之地를千萬泣祝

●不願生還 全羅道今番倡義被執於日本司令部ᄒ崔贊政益鉉氏는役三年에處ᄒ고林炳찬은役二年에處ᄒ고高石鎭崔濟학은往復書二度가行具ᄒ에在ᄒ故로役四朔에處ᄒ고金箕述文達煥梁在海趙愚植丕涉善柳海용林顯周羅基德李學吉等은笞一百에放送ᄒ얏는ᄃ受笞得放ᄒ諸氏가竊慕臧洪之同死ᄒ고不願洪皓之生還ᄒ여丈席者先生과同被監禁ᄒ게ᄒ다力爭ᄒ고抵死不出ᄒ즉日兵이既施直刑ᄒ고旋即曳出ᄒ여棄之門外ᄒ니諸氏가義憤이罵激ᄒ여椿창에痛苦를全忘ᄒ고呼泣迎昇ᄒ다더라

●大官下仁 昨日各部大臣協辦이月尾島園遊會에參與次로並下仁川ᄒ얏더라

●十窠難處 現闕ᄒ各觀察郡守의叙任은世人이注目ᄒ는바이라各大官家에所謂求仕者는事事鄙陋ᄒ야一無實材ᄒ고且大臣이本無知鑑ᄒ야不知其材ᄒ니今番觀察郡守는一經叙任ᄒ면左右間世界是非와統監詰責을不免ᄒ지라故로參政大臣이議論ᄒ기를不可輕忽이니知與不知人間에取有名譽者ᄒ야叙任ᄒ자ᄒ는ᄃ內部大臣은限十窠郡守에難處ᄒ別岐가有ᄒ故로郡守는即不爲叙任이라더라

●經費支撥 度支部에서政府에청議ᄒ야不動產調查所經費二萬一千餘元을支撥ᄒ얏더라

●飲料水區域의請願 忠南文義郡西面菜若月山洞里前坪路邊에有淵源ᄒ고其長流之中에有岩口ᄒ야自岩으로酸水가湧出ᄒ야與其長流水로溶溶相流에天產藥水를空然拋棄에莫知需用이慨惜ᄒ다ᄒ야農業合社員金潤赫氏가農商工部에請願ᄒ기를該地가少無關於民人私有及家屋田畓墳墓ᄒ니該區域三十把를認許ᄒ야以爲設法製造而需用於飲料케ᄒ라ᄒ얏다더라

●徵移延期 龍山軍用地에農作物은八月十日內에移置ᄒ고墳墓는九月十日內에移去ᄒ기로漢城府에서已經告示ᄒ얏거니와農物은未熟ᄒ고移限은促急ᄒ야民情이遑遑ᄒ지라政府에셔統監府와交涉ᄒ야農物과墳墓移限二十日을延期ᄒ얏다라

●警廳滅公 監獄署에罪囚十八名이反獄逃走ᄒ事件으로警務廳에셔報告ᄒ야監獄署長金英善氏는免官大로政府에提議ᄒ고當直看守長朴鎭英氏는依願免으로報告ᄒ고權任以下巡檢은一幷罷免ᄒ얏는ᄃ政府에셔金英善氏以下를免官ᄒ려ᄒ즉法部大臣이改聞ᄒ되刑法大全에監獄官吏가罪囚를失捕ᄒ는境遇에는給限捉得ᄒ되百日過限ᄒ면從其罪罰ᄒ다ᄒ얏시니捉限前에不可免官이라ᄒ니所謂警務使朴承祖氏는失囚罪人을給限不捉ᄒ고貪據關代ᄒ야權任巡檢을一幷免官ᄒ얏시니逃罪을何以捉得ᄒ며且日本警視警部巡查部長巡查等七名이同獄視務에警視는政策으로處被罪人十八名을一間에沒囚ᄒ얏다가致此反獄ᄒ고當夜不禁ᄒ니該警視以下도一幷免官照律이可也어ᄂ朴警使는長其上典ᄒ야日人의게關ᄒ事項은初不槪論ᄒ고所謂顧問丸山氏도警長等은即日免官ᄒ라ᄒ고警視以下罪目은初不相關ᄒ고賞罰이分明然後에警察이翻興ᄒ것이며朴警使及丸山顧問之滅公挾私를警吏輩名者가莫不彈服ᄒ다더라

●韓露日關係 日本中央新報에揭載ᄒ論說을譯ᄒ즉云ᄒ얏스되[illegible]委任狀이決定되얏스나韓露關係에在ᄒ條約에協力의關ᄒ야聖彼得堡와東京間에直接爭論이有ᄒ다ᄒ지라日本政府는要求ᄒ기를戰爭之始에日本이韓國에서所得ᄒ同盟條約이韓露間諸般條約을自歸勿施케ᄒ얏다ᄒ면서 韓皇陛下게셔此同盟을自爲不應ᄒ시고此事實의備忘錄이締約列邦에已爲送交된洞知的事實은無所言及ᄒ얏고且日本의確言은露國이與韓國으로既爲交戰이오又韓國은與日本으로既爲同盟이라ᄒ는聽斷에基因ᄒ이라此聽斷은不可爲事實이니露國이與韓國으로曾無交戰이오亦曾無視若仇敵이오反是ᄒ야兩國이恒常嚴爲親密ᄒ얏도다

●防疫教師 昨日弘濟院에서何許洞人이以癘疾로叫苦ᄒ이其妻가閱其苦痛ᄒ야藥所以一種預防으로其夫를出置中에以幅裝頭ᄒ고燃薪藥을投其幅ᄒ니幅이는不知去處ᄒ고其夫는被其爆彈에衣服이燒焚ᄒ야當刻致命이라ᄒ니其妻之預防術질法은何處ᄒ術인지而歎而駭之事이러라

●參政訪問 再昨日朴政參이伊藤統監을訪問ᄒ야鎭海永興에軍港開放事을相議ᄒ얏다더라

●新藥發明 農商洞居ᄒ는鄭馬澤氏가恒常其所注意惟는我同胞가各種창疾에罹ᄒ야終身苦疾이되는거슬嘆惜히녀여有名ᄒ(담)藥을新發明ᄒ야其効果를必奏ᄒ기로到底히神異ᄒ目的에達ᄒ다ᄒ니吾商淫家와課入匠이물은注意ᄒ事이러라

●趙氏奈何 白川郡守趙元重氏는本以文字도閑熟ᄒ고外國語도粗解ᄒ야日語학校教官으로白川郡守를被任ᄒ얏는ᄃ其父性協氏가不勝錢癖ᄒ야該郡公錢을多數挪用ᄒ얏는ᄃ公錢收刷日을當ᄒ야는엇지ᄒ는지ᄒ더라

●贊長特薦 慶尚南北道有志紳士가該道各私立학校를擴張ᄒ기爲ᄒ야臨時事務所를漢城磚洞에設ᄒ고教育方針을硏究ᄒ는ᄃ普成학校長金重煥氏로贊成長을特薦ᄒ얏다더라

●軍港借與 鎭海灣과永興灣을伊藤統監이日本軍港으로請求ᄒ에對ᄒ야政府에셔許與ᄒ事는昨揭ᄒ얏거니와政府에셔上奏ᄒ고鎭海永興兩灣을大韓國軍港으로命名ᄒ야世界에頒布ᄒ後에韓國軍艦擴張前에는日本軍港으로借與ᄒ기로決定ᄒ얏다더라

●三觀察二局長 政府會議에觀察使를公薦敍任ᄒ얏는ᄃ一進副會長尹吉炳氏는忠州觀察使內部地方局長鄭봉時氏는咸興觀察使參將閔[illegible]氏는水原觀察使로被任ᄒ얏고警務局長俞星濬氏는地方局長漢城府參書官金彰漢氏는警務局長을被任ᄒ얏더라

雜報

●普成中學校趣旨書

小學以入德ᄒᆞ고大學以止於至善은古者所以敎人之法也라今之敎者ᄂᆞᆫ酌古而新之ᄒᆞ야補有循序之좀占ᄒᆞ니學界之入而止者ㅣ不由是而進則不能也라譬色이非空氣之媒介則無以感耳目이오源泉이非江河之疏導則末由放四海ᄒᆞᄂᆞ니敎育眞理가苟無從中幹旋之機關이면安能擴充其才而成其完全人格也哉아

我國이比文明列强之敎育이면瞠乎後者久矣라近幾着手於敎育이殆十數年에所施方針思想이黯然啓發於初程者ᄂᆞᆫ有小學校百餘所오超然彷徨於空際者ᄂᆞᆫ有專門數種而所ᄂᆞᆫ中學校ᄂᆞᆫ僅官立一區而已라階ㅣ一線이豈能容今國進步리오是其階級이截然相懸ᄒᆞ야如聲色之無媒介와源泉지無疏導ᄒᆞ니豈非敎育界一大缺占耶아

此ᄂᆞᆫ普成中學校之所由設也라是校也ᄂᆞᆫ下以引小學之步武ᄒᆞ고上以達大學之極度ᄒᆞ야卓爾爲中道立脚占ᄒᆞ니苟有能力者從之則庶其所止者至矣라

嗚呼라國家ᄂᆞᆫ重矣오前程은遠矣라任其重而致于遠者ᄂᆞᆫ果非吾人之職責耶아古語에云行百里者半九十里라ᄒᆞ니半即中也라人界前程은假以萬里指定則入此校者ᄂᆞᆫ已有九十里라豈可與晝地虧貿者로同日而語哉아

今有各種課程이徹上徹下ᄒᆞ야適用無窮者ᄂᆞᆫ另揭廣告而陳其大槪ᄒᆞ니

凡有志于學者ㅣ馳直轡泛虛舟ᄒᆞ야互相勸進을如渴斯汲ᄒᆞ며如饑斯餐ᄒᆞ면

我國獨立精神이徂成一大團體ᄒᆞ야必將輝暎於競爭世界矣라然則其進이奚至吾道而止哉아此又所以開普成專門ᄒᆞ야以俟來者也夫뎌

大丘廣학會吾派送擔代金善久氏請邀尹致昊氏勸勉講論事公函如左

敬啓者鄙等之野昧不振은自訟이久矣라懼夫愈失而終莫能自立하야玆集同志하야名曰廣학會라하고將研究焉講說焉일서人微識淺하야하未知方이라仰慕德望하야本會員金善久로代表委往하오니伏惟閣下不較其人之鄙賤하시고垂憐其情之悶迫하소俯賜光臨하시와俾蒙開牖케하시면不徒鄙等之私幸이라實爲風化之大幸이오니冀有以洞亮

●平察公報　平安南道觀察李容善氏가敎育上에注意ᄒᆞ더니日前학部에報告ᄒᆞ되奬勵敎育ᄒᆞ고振興학校ᄂᆞᆫ朝家之盛典이오國民之義務이온바性在昨年十一月에本府下士人崔叡恒金典淵郭麟勛金宗鎬金壽哲朴尙純安在敎等이慨然有志於敎育ᄒᆞ야發起協議ᄒᆞ고本郡隆興部南山峴日新舊基에設立一하校ᄒᆞ야名稱日新이라ᄒᆞ고募集聰俊子弟ᄒᆞ야敎育有年이옵더니至于今年ᄒᆞ야校務를一層擴張코저ᄒᆞ야改正規則ᄒᆞ고發起諸員이隨力醵金ᄒᆞ야特以積立金五千圜으로存本取息ᄒᆞ야以爲經費之用ᄒᆞ야期圖永久保維ᄒᆞ오며

且其校舍를一新修理ᄒᆞᆫ故로鮮明宏敞ᄒᆞ야足爲학徒之衛生이어며敎料器械를從便準備ᄒᆞ야少無窘跲之歎이옵書籍은本國敎料書外에日本及淸國에셔多數購來ᄒᆞ야方在繙譯중ᄒᆞ오며今春에該校校監崔叡恒金典淵等이上京ᄒᆞ야校長으로正三品張志淵으로薦定ᄒᆞ고敎師ᄂᆞᆫ師範학校卒業生安秉瓚은歷經敎育官에夙有聲譽이옵더니

自其到校以後로嚴立料程ᄒᆞ고熱心敎導ᄒᆞᆫ故로학徒가從以悅服ᄒᆞ야心誠授業ᄒᆞ야其造詣가漸有成就之望이옵고校況이日益興旺ᄒᆞ야聞風入학者逐日加增ᄒᆞ야現今出席生이四十二人에達ᄒᆞ오며또該校內에夜학科로法학講習所를設立ᄒᆞ고二十歲以上人을募集ᄒᆞ야安秉찬이既已法학을卒業ᄒᆞᆫ故로自擔敎授ᄒᆞ야現今講習生이至十六十餘人이오고特念諸生向학之誠ᄒᆞ야雖此庚炎之中이라도不憚勞苦ᄒᆞ고熱心敎授ᄒᆞ야日以繼夜도록孜孜不倦ᄒᆞ오니人皆稱頌이라似此敎師ᄂᆞᆫ罕見노고育上에特異ᄒᆞᆫ功効가有ᄒᆞ오며

該校發起人等은俱是靑年이온더能以啓發國民智識으로爲已任ᄒᆞ야不憚巨欵ᄒᆞ고各盡捐五六百圜ᄒᆞ야設校贊材ᄒᆞ야期圖公益이온즉此雖國民之義務나其在朝家奬勵之義에不可無別般褒賞之典이옵기玆以據實報告ᄒᆞ오며該校規則一件을亦爲賚上ᄒᆞ오니査照後依章程ᄒᆞ야

該員等을幷爲褒賞ᄒᆞ야以示勸奬之意ᄒᆞ시고亦使一般人民으로聊感興起케심을爲望이라ᄒᆞ얏ᄂᆞᆫ데학部에셔宜乎褒奬이라ᄒᆞ더라

廣告

◉八月八日開業廣告

本銀行은今月五日에株主總會를開催後에重役七員을選定ᄒᆞ고開業日字를定ᄒᆞ얏스되其營業目錄은如左ᄒᆞ옵고諸般業務를信實이執行ᄒᆞ겟ᄉᆞ오니僉位ᄂᆞᆫ陸續來議ᄒᆞ시옵

資本金十五萬圜

營業要目

一 諸任置金
一 貸付金及無期過額
一 割引手票(預減)
一 有價記劵賣買
一 金銀貴屬品及諸証劵保護任置

光武十年八月日

株式會社 韓一銀行

取締役五員　趙秉澤　孫錫基　鄭東植　朴泓鉉　白完鉉

監査役二員　趙彰漢　成文永

本人圖形姓名章을去五月二十八日爲盜見失ᄒᆞ야發覺된故로本月二十五日以後ᄂᆞᆫ方形章을改造矣니內外國人以此照亮

開城府 秦柄正

印刷

●特別社告

本申報社內에特別히附屬品으로活字를更備ᄒᆞ야書籍印刷所를設置ᄒᆞ얏사오니印書를要ᄒᆞ시ᄂᆞᆫ僉君子ᄂᆞᆫ來臨相議ᄒᆞ시옵

大韓每日申報社 告白

巨濟郡守尹相佑氏가日兵点地地段價의錢三萬七千二百五十四兩五錢二分을偷食故로居民四人이爲先漢城府에裁判을請願ᄒᆞ되以富로周旋이紛紜ᄒᆞ나点地被係之民實이至痛故로本國法府에셔若不日內推給則末乃統監府에入呈ᄒᆞ고大聲痛哭ᄒᆞ大로玆先廣佈홈

巨濟居 朴南基等 告白

◉民事訴訟代理와刑事辯護及鑑定一切法律에關ᄒᆞᆫ事務를迅速處理홈

漢城南署茶洞第十七統八戶

辯護士 前檢事 正三品 李冕宇

法律事務所

事務員 辯士 李東洙　博士 趙東肅

△이것보시오 改良廣告▽

前에ᄂᆞᆫ理學을不分科目ᄒᆞ고雜述ᄒᆞ얏더니第八號부터ᄂᆞᆫ分科식詳細講義ᄒᆞ되爲先物理學講義를專述ᄒᆞ기로玆에廣告ᄒᆞ오

南大門內尙洞敎理학雜誌社

●本社支社廣告●

中署布屛門下 金相萬冊肆

洞口내便 朱翰榮冊肆

中署農圃初八統七 十八統第二戶 鄭禹澤

大韓每日申報社

本會社에서燕岐鳥致院에셔鞏山木浦等地에鐵道敷設ᄒᆞ기로光武八年分에政府認許를承育ᄒᆞ고鳥致院에서江景浦ᄭᆞ지已往初測이온바現行實測而全州ᄭᆞ지連續起工이오며股金은株式으로募集ᄒᆞ되一株에新貨五十圜으로酌定ᄒᆞ고十回에分ᄒᆞ야收合ᄒᆞ오니有志ᄒᆞ신 僉君子ᄂᆞᆫ西大門外停車場越便本會社로枉臨ᄒᆞ시와幾株間隨力懸錄ᄒᆞ시고共濟一大營業ᄒᆞ심을爲希

湖南鐵道會社長 李允用

發起人 徐오淳

廣告

民事訴訟代言과刑事辯護及鑑定顧問과諸文案起草等諸般法律事務를迅速處理홈

한城南署上油洞二十九統七戶二層洋屋

辯護士 前檢事 正三品 洪在祺

法律事務所

廣告

◉學員募集廣告（第一回）

玆에普成中學校를新設ᄒᆞ고高等普通學術로一般國民을教育코져ᄒᆞ오니將來에實業及實務에從事ᄒᆞ고又ᄂᆞᆫ各種專門學校에入學코져ᄒᆞᄂᆞᆫ青年有意諸君은早早來學ᄒᆞ오셔中等以上普通知識을全備ᄒᆞ심을爲望ᄒᆞ옴

本校의完全ᄒᆞᆫ教授準備와眞正ᄒᆞᆫ教育制度를左에列擧ᄒᆞᆷ

一 一般教科書ᄂᆞᆫ擬히本校에셔新編準備ᄒᆞᆷ

二 本校의第一主旨ᄂᆞᆫ修身科、作文科、漢文科ㅣ니倫理學教科書를新撰ᄒᆞ야道德心을培養ᄒᆞ고、作文教科書를新撰ᄒᆞ야文章을規矩로教授ᄒᆞ고漢文教科書를新撰ᄒᆞ야讀書를應用活法으로教授ᄒᆞᆷ

三 理化學及博物學은機械及藥品으로實地試驗을行ᄒᆞ야教授ᄒᆞᆷ

四 唱歌ᄂᆞᆫ軍樂音調로新製教習ᄒᆞᆷ

五 體操及運動은各外國運動式用機具로日常教鍊ᄒᆞᆷ

六 教師ᄂᆞᆫ新舊學問에專能ᄒᆞᆫ諸大方家를延聘ᄒᆞᆷ

◉學科目 （科目中課程은略之）

修身學、國語、漢文、作文、歷史、地誌、物理及化學、博物學、地文學、法學、數學、圖畫、唱歌、體操、外國語、農業學、商業學、簿記學、

◉修業期限 四箇年

◉入學年齡 自十五歲以上至二十五歲以下

◉入學試驗科目

國漢文讀書及作文、內外國歷史及地誌問對、算術四則以內

◉入學試驗日字 九月十九日（陰七月二十七日）

◉開學日字 九月十六日

（入學請願書及保証書ᄂᆞᆫ本校用紙를用ᄒᆞᆷ）

光武十年八月十六日

漢城中署磚洞 私立普成中學校

廣告

東國歷史 普通教科國漢文 一秩二冊定價新貨 一圓十戔
法蘭西新史 四十錢
清國戊戌政變記一秩 一圓
波蘭末年戰史一冊 三十錢
美國獨立史一冊 三十錢
法國革新戰史一冊 三十錢
大韓輿地圖一張 十七錢五里
世界全圖一張 三十七錢五里
大韓地誌一秩 七十五錢
牧民心書一秩 一圓二十五錢
萬國地誌一秩 一圓
尺牘完編一秩 一圓五十錢
農政新編一冊 五十錢
法學通論一冊 一圓
溫故知新堂叢抄 七錢五里
父師必讀小學指남 七錢五里
人工養蚕一冊 十五錢
刑法大全一秩 六十錢
家庭雜誌一冊 十錢
進明彙論一秩 二十五錢
交際新禮一秩 十八錢

發賣所 布屛門下金相萬書舖 大韓每日申報社

花春丹은 霍亂 吐瀉 腹痛 滯症 暑症 정忡 神眩 胸 鬱 痰盛 醒酒船癡 咳嗽 口昧업ᄂᆞᆫ諸症의神效ᄒᆞᆫ藥이오 此外에도洋炭水解毒藥 唐창 疳氣 蛔虫 寸虫 赤白癩風 藥과東西洋藥이俱備ᄒᆞ고他病도隨問出方ᄒᆞ오니 僉位ᄂᆞᆫ在議ᄒᆞ시옵

皇城校洞石井洞下隅 石泉堂藥局 告白

大韓仁川港 洋行

◉九轉靈砂라 本人이妙方을發明ᄒᆞ야製造ᄒᆞᆫ靈丹인ᄃᆡ男女老少에無論何症ᄒᆞ고適治ᄒᆞ오며無病時에도服ᄒᆞ면平生의身體가健康ᄒᆞ며小兒ᄂᆞᆫ四五錢重만服ᄒᆞ면十歲안에無病ᄒᆞ기를擔保ᄒᆞ오며

◉九轉靈砂萬病丹은癲狂 癎疾과中風諸疾과耳目諸病과淋疾에神効ᄒᆞ오

◉九轉靈砂保命丹은初生小兒 驚氣 痼疾 咳嗽 腹痛諸般症과婦人帶下症에神効ᄒᆞ며

◉九轉靈砂淸衆丹은酒滯 食滯 血積 吐瀉 霍亂 痢疾 吐血 下血 運氣 時疾 痢症에神効ᄒᆞ오

◉九轉靈砂紫金丹은痔漏 累癧 上痔瘡 下痔瘡及唐瘡과諸般瘡惡種에無不神効ᄒᆞ오니 僉君子ᄂᆞᆫ來問ᄒᆞ시오

內需司前곡갈이골上隅第一家 李錫廷 告白

本社廣告

申報價
一張代金 新貨二錢
一箇月前 三十錢
三箇月 九十錢
六箇月 一圓七十錢
一箇年 三圓

廣告料

◉本社地方各處支店廣告

仁川梧峴開新册肆 李
平壤南山峴日新學校 金
宣川邑橋西 崔
義州南門外 有
長連邑 金
鎭南浦藥洞 金仁
咸興州南社
中和邑 李
釜山佐川徐 房 金
開城北部梨井里
校洞校長 姜助
大丘郡 達城廣文社

發行兼編輯人 英國人 裵說

發行所 大韓每日申報社

第四卷 第三百二號

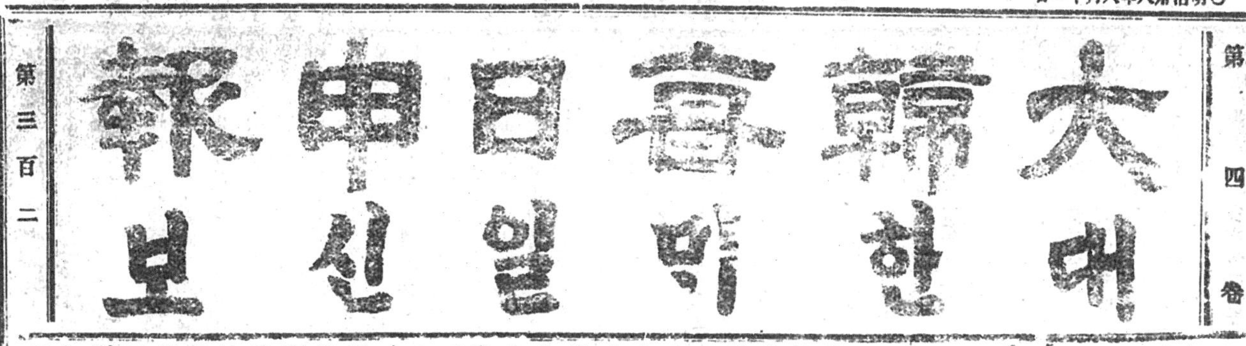

大韓每日申報
대한매일신보

月曜及慶節 歲時休日休刊

檀君開國四千二百三十九年
箕子元年三千二十八年
大韓開國五百十五年
日本明治三十九年
清國光緖三十二年
◉陰曆丙午七月小初二日丁酉

論說

牧場民冤

嗟乎라吾輩가執此報筆而立於韓日兩國之間ᄒᆞ야或懇惻切摯ᄒᆞᆫ婉詞로以ᄒᆞ며或慷慨痛切ᄒᆞᆫ激論으로以ᄒᆞ야滿幅張皇에不自知止者ᄂᆞᆫ何也오蓋亦有不忍之心焉已矣라

今見一箇赤子之匍匐入井者이면自不覺怵惕心動ᄒᆞ야直當急趨救之거든況于此大韓二千萬人民의流離死亡之慘狀을目擊ᄒᆞ고苟非木石心膓이면何忍尋常看過ᄒᆞ고泯默無言哉아

列國이環視에當有公共之評이오皇天이在上에豈無鑑卑之聽가嗚呼라本紙之墨痕이實維韓國人民之血淚也니豈不可以聲言于世界이며呼籲于上天哉아

顧今三千里內居生之民族건ᄃᆡ誰가水火之苦와魚肉之禍를不被ᄒᆞ얏스리오마ᄂᆞᆫ最其尤甚慘毒者ᄂᆞᆫ平安道가是巳라外人의鐵道와軍用地의廣占으로哀此西民이失其家屋田地ᄒᆞ고棲屑哭泣者가相續不絶ᄒᆞᄃᆡ加以牧畜場基址의立標가包含三郡地方ᄒᆞ니該區域範圍內數萬人民의祖先白骨은移埋於何處이며父母妻子ᄂᆞᆫ移接於何地오天乎天乎여胡寧忍斯오

古今天下에犧牲을當ᄒᆞᆫ가爲ᄒᆞ야人民을驅逐ᄒᆞᆷ은今於大韓新歷史上에始見之矣라其名稱은雖曰大韓 皇室牧畜場이라ᄒᆞ나其實은日人의殖民地로預備ᄒᆞᆷ이라

萬若大韓 皇室의利益을爲ᄒᆞᆯ진ᄃᆡ何必大同江附近地를收用ᄒᆞᆯ必要가有ᄒᆞ리오此ᄂᆞᆫ日人이就此平壤要害之地ᄒᆞ야備作其根據之所ᄒᆞ얏슴으로愈欲廣拓其佔有之區域일새大韓 皇室牧場으로虛名을冒稱ᄒᆞ고自己의殖民地로實利를占取ᄒᆞ랴ᄂᆞᆫ計劃이니

哀此數萬人民의生命은皆失巢之鳥오離水之魚라雖欲苟延其一日之命이나豈可得乎아嗚呼라奏求無巳에鄕身이餘幾오鐵路線과軍用地와牧畜場의許多名目이日出不窮ᄒᆞ니果然全韓二千萬人民의生命이畢竟結果之秋也니豈不悲哉며豈不痛哉

官報

●號外 光武十年八月十八日

◎宮廷錄事

詔曰懿孝殿秋享大祭遣大臣攝行 八月十八日

禮式院掌禮卿臣金思轍謹奏五次虔禱後廿滞伊始而別雩祭後繼以끠然終宵至朝水深幾近三寸渴悶之餘庶可周洽言念民事誠甚喜幸雩祭仍爲停止宗廟報謝祭擇日設行而再次虔禱後三日之內亦得寸餘之雨龍山江楮子島報謝祭一體設行何如謹上奏

光武十年八月十七日奉旨依奏

禮式院掌禮卿臣金思轍謹奏 宗廟 社稷龍山江楮子島報謝祭擇日設行事 奏下矣令日官金東杓推擇則陰曆七月初一日爲吉云以此日擧行而 宗廟報謝祭同日秋享入祭兼行祝文措辭添入事分付何如謹上奏 光武十年八月十七日奉旨依奏

●三千五百三十六號 光武十年八月二十日

◎宮廷錄事

詔曰從二品金在豐李忠求李鍾林特免懲戒

光武十年八月十六日

帝室制度局總裁閔丙奭辭職疏

批旨省疏具悉卿其勿辭行公

草土臣朱錫冕辭職疏

批旨省疏具悉亦既有參量不可復此煩提卿其勿辭行公

以上八月十六日

●辭令 漢城府尹朴義秉

命平壤軍用地調査委員

以上八月十六日

部令

●農商工部令第四十三號

鑛業法施行細則 續

農商工部大臣이第一項請求書受理ᄒᆞᆫ時ᄂᆞᆫ對手人의게通告ᄒᆞ야相當ᄒᆞᆫ期日을定ᄒᆞ야辯明書를提出케ᄒᆞᆷ이可ᄒᆞᆷ

對手人의居處가不分明ᄒᆞᆷ으로通告치못ᄒᆞᆫ時ᄂᆞᆫ通告의要旨를三日間官報의揭載ᄒᆞ여期滿日노부터十四日을經過ᄒᆞᆫ時ᄂᆞᆫ通告가有ᄒᆞᆷ으로認ᄒᆞᆷ

對手人이辯明書를提出치아니ᄒᆞᆫ時ᄂᆞᆫ農商工部大臣은請求書만依ᄒᆞ여判定ᄒᆞᆷ을得ᄒᆞᆷ

本條判定을爲ᄒᆞ여實地調査를要ᄒᆞᄂᆞᆫ時ᄂᆞᆫ農商工部大臣은其實費以內負擔을請求人又對手人의게命ᄒᆞᆷ을得ᄒᆞᆷ

判정書의ᄂᆞᆫ理由를備ᄒᆞ여此를請求人及對手人의게交付ᄒᆞᆷ이可ᄒᆞᆷ

第三十四條 第十八條第廿五條第廿七條第廿八條第廿九條第一項第三十一條의規정에違背ᄒᆞᆫ鑛業權者ᄂᆞᆫ五圜以上五十圜以下罰金에處ᄒᆞᆷ前項處分은農商工部大臣이行ᄒᆞᆷ

第三十五條 本令은鑛業法施行日로부터施行ᄒᆞᆷ

光武十年七月十一日

農商工部大臣權重顯

農商工部令第四十四號

移民保護法施行細則

第一條 移民前往의許可를受코ᄌᆞᄒᆞᄂᆞᆫ時ᄂᆞᆫ其前往地名與前往의目的及前往年限을詳記ᄒᆞ여農商工部大臣의게請願ᄒᆞᆷ이可ᄒᆞᆷ

第二條 移民處辦人의依ᄒᆞᄂᆞᆫ移民前往에關ᄒᆞ여ᄂᆞᆫ移民處辦人은前條請願書에聯署ᄒᆞᆷ이可ᄒᆞᆷ移民處辦人에不依ᄒᆞᆫ移民前往의關ᄒᆞ여ᄂᆞᆫ農商工部大臣은其前往의狀況을依ᄒᆞ여前條의請願書에二人以上保證으로聯署케ᄒᆞᆷ도有ᄒᆞᆷ

前項保證人은移民保護法第六條의規정ᄒᆞᆫ移民處辦人의義務를負擔ᄒᆞᆷ

未完

外報

●還幸未定 俄國皇帝及皇室의御族은尙今쓰와루스코여졔로에在ᄒᆞ야形勢가不穩에歸ᄒᆞ기ᄭᆞ지ᄂᆞᆫ御都에不歸ᄒᆞᆯ터이라더라

●立憲制序 上海電을據ᄒᆞᆫ즉淸國立憲制度ᄂᆞᆫ最初直隷省에서模範을示ᄒᆞ고十年後各省에實施ᄒᆞᆫ다라

●長春商況 合衆會報을據ᄒᆞᆫ卽近來寬城子에粗洋布粗布價値가已漸昂貴ᄒᆞ거ᄂᆞᆫ滿陽營口等處의行情이益漲ᄒᆞᆷ을因ᄒᆞᆷ이오此布가係美國貨라曾被抵制ᄒᆞ야不暢進口之故라又兼日人이現在南滿洲ᄒᆞ야百般으로阻礙別國商務ᄒᆞ야專爲銷售日本貨物ᄒᆞ니奉天部營口等地商業이비形蕭索故로北滿洲一帶에銷售西洋各貨가今已多半是改由海參威ᄒᆞ야運載進口ᄒᆞᆫ다더라

雜報

●南滿現狀 遼東報의時評이如左ᄒᆞ니俄日未戰時에西報에屢言ᄒᆞ되俄人이虎踞朝鮮滿洲ᄒᆞ야壓制商民ᄒᆞ니並極力奪용日本ᄒᆞ야使驅俄人出滿洲然後에列國이共享其利益이라ᄒᆞ니故로當時西人이以滿洲利益으로比作釜中烹栗이라人이以手掬之ᄒᆞ면掬栗在手에不勝其熱ᄒᆞ야散之於地ᄒᆞ면他人이檢而食之라ᄒᆞ고又言ᄒᆞ되目擊俄人形狀에儼若以手撲火ᄒᆞ야火未撲滅에徒傷其手라ᄒᆞ고戰事結後에列國이均皆喜悅非常ᄒᆞ야以爲滿洲各埠通商이無人限制ᄒᆞ야可共得利權矣라ᄒᆞ더니不料日人이因戰局完結ᄒᆞ야索取利權이未饜其欲故로起其獨攬利權之心ᄒᆞ야使千數餘窮苦日人으로蜂擁來滿洲ᄒᆞ야把持商務ᄒᆞ고以至修築鐵路僱工에均弗用華人ᄒᆞ니於是各國怨言이蜂起ᄒᆞ야南滿洲商務景況이自俄人去後로反不如初라前俄人在時에ᄂᆞᆫ各埠商務가他未與歐西各國競爭故로近來各國이不以諂言으로媚日人ᄒᆞ고皆以猜猥으로視日人ᄒᆞ니即前與日本親睦之國이라도亦不久에即起反對之心矣라ᄒᆞ얏더라

●商會視察 商業會議所議長郭鍫鈦氏가農商工部에報告ᄒᆞ되本所家屋建築과陳列館設置를幷爲議決而丕彰漢外二名을商工業視察次로日本에派遣ᄒᆞ고ᄌᆞᄒᆞ니統監府에交涉認准케ᄒᆞ라ᄒᆞ얏다더라

●公分費支出 度支部에서比開鑛道公分費三十九圜六錢을依例預備金中에서支出하야農部로移交하얏더라

●竟蒙許遞 慶尙北道觀察使李載崑氏ᄂᆞᆫ期欲遞任ᄒᆞ야屢奏辭職ᄒᆞ더니畢竟許遞되얏더라

●校舍新建 학部에서학務擴張費中에서經費를支出ᄒᆞ야梅洞齋洞貞洞三處학校舊舍를毀撤하고以日本制로校舍를新建하기에着手하얏다더라

●檢査移所의請願 廣濟院에서各賞花室妓女等의梅毒有無를檢査하ᄂᆞᆫ데該妓女의往來非便하다와야賞花室都中으로詩洞에檢察所를設置하고廣濟院醫師를請來診看하기爲하야警務廳에請願하얏다더라

●恤民故로減俸 度支部水道局에서仁川港水道事를測量하야儲水基地를果川郡下北面鼎ノ里擇로定하고該郡에訓令하야該址內에所有ᄒᆞᆫ家屋乃塚墓를詳査報來하야相當給價하고即爲毁役케하라하엿더니民訴가踏至하ᄂᆞᆫ故로爲其民情하야該郡守金東鎰氏가屢次防報하더니度支大臣이內部로照會하고金郡守를減俸에처하라하얏더라

●近日賊警 再昨夜에雙林洞等地에何許賊漢輩가各持銃劍ᄒᆞ고突入橫行ᄒᆞᄂᆞᆫ데連續放銃示威ᄒᆞ며惹鬧ᄒᆞᄂᆞᆫ故로其近洞人民이多數集會ᄒᆞ야極力防禦ᄒᆞᆫ故로幸得無事ᄒᆞ얏ᄂᆞᆫ데近日內로都下賊警이日熾ᄒᆞᆫ다ᄒᆞ니警察官吏ᄂᆞᆫ尤加注意ᄒᆞᆯ일이라더라

●申贓査報 南原郡守申性均氏가貪致으로免官하얏거니와現觀察使韓鎭昌氏가該貪贓을查覈하얏ᄂᆞᆫ데現贓이獲錢一萬六千六百八十兩一錢六里外에紙貨가二十元이더라

●學徒忿菀 學部大臣李完用氏ᄂᆞᆫ日語學校敎官을不以卒業生을叙任하고以額外박成圭氏로叙任ᄒᆞᆫ지라該학校卒業生等이憤鬱하야將欲請願質問于학部라하ᄂᆞᆫ데若如是則吾等卒業生名色은將用於何처이며後進學徒ᄂᆞᆫ又用何처而敎育乎아하며是非紛紜하다더라

●望臺와電線 日本軍隊에서濟州島大靜郡毛瑟峯에望臺를設置하고自沙溪浦로至濟州郡々지百里程途에電線을架設하얏다더라

●社會希望 內部大臣이郡守와警務官을現方擇差하야各社會中으로擇人ᄒᆞᆫ다ᄒᆞᆷ으로各會社中에서有聲稱者ᄂᆞᆫ希望其見用ᄒᆞᆫ다더라

●政令不信 內部에서各地方警察分署配置에對하야該署에服務ᄒᆞᆯ巡檢敎習費를立款支撥하기로行訓ᄒᆞᆫ것인데至今에ᄂᆞᆫ該經費를支出ᄒᆞᆯ道理가無하다하야各該警署經費中으로挪用하라고更爲發訓하얏다하니此等上部命令을何所恃遵而行하리오是亦丸山顧問의政令이라既失其信而何能服人고하더라

●軍隊俱樂部 軍部大臣李根澤氏가主務하고軍紀를團體하기爲하야軍隊俱樂部를訓鍊院에爲先設立하얏ᄂᆞᆫ데副參將以下義捐金이槩算七萬五千圜에達하얏다더라

●港圖送交 伊藤統監의請求로鎭海永興兩灣軍港을日本에讓與ᄒᆞᆫ단말은已往記載하얏거니와去土曜日統監府에서軍港의製度와圖形을各一度式成出하야政府로送交하얏다더라

●月俸定算 內部地方制度調査所에서地方經費를更算하ᄂᆞᆫ데觀察使以下郡守及吏隸月給의舊貨額을新貨額으로定算하얏다더라

●李氏放逐 向日政府會議에쳐分을下하사濟州島流配罪人李世稙氏를放逐鄕里하라신지라法部大臣李夏榮氏가啟議하되李世稙이가日本司令部에相關이有ᄒᆞᆫ즉不可遽放이라ᄒᆞᆫ다더니日昨에 特旨를更下하사不日放逐하라하ᄋᆞᆸ셧다더라

●斷不勒削 政府及各部大小官吏가無不斷髮하얏스되政府參贊李商在氏가尙不斷髮ᄒᆞᆫ지라參政大臣이剃髮ᄒᆞᆷ을勸告하얏더니李參贊이反對曰丙申擾書時에ᄂᆞᆫ一政府가獨爲不髮로是非하더니今以不削으로相請하니何其翻覆乎아하고本職이遞任前에ᄂᆞᆫ斷不爲人勒削이라하얏다더라

●調査案相議 政府內不動產調査所에서昨日第四次開會하얏ᄂᆞᆫ데梅學博士가出席하고各委員調査書를相議ᄒᆞᆫ다더라

●內大行樂 內部大臣李址鎔氏가土曜日이면龍山江亭으로出去閒養하다가月曜日에入來ᄒᆞᆷ은知了하ᄂᆞᆫ바어니와再昨日에ᄂᆞᆫ倡妓를招致하야大劇場을設하고通宵行樂하얏스니可謂無事時代에太平宰相이더라

北民慘狀

咸興郡人民의寃訴가如左ᄒᆞ니大抵覆巢之下에豈有完卵이며亡國之下에豈有逸民이리오만은當此日兵遍滿之時ᄒᆞ야雖無巨樊라도民難支保하올데百般厭制에人生은姑舍ᄒᆞ고木石도難堪이라

黑夜秉燭을過則被奪ᄒᆞ고若無傷敗면自以爲幸ᄒᆞ야沈沈坊曲에顚倒踏泥라가纔過一隅則把守兵이橫銃攔住ᄒᆞ니肝膽이戰도ᄒᆞ고頭髮이欲白ᄒᆞ며治道ᄒᆞᆫ川淸潔等事가非不美擧나然이나道路變遷ᄒᆞ야牛馬가不通ᄒᆞ니

買薪之時여男女荷戴而入ᄒᆞ고家家便所은韓日有別인데日廁이滿溢則大呼主人에毋論男女ᄒᆞ고指棄糞灰ᄒᆞ되如或稍趄면被其毆打ᄒᆞ고騎步兵軍車가絡繹市街ᄒᆞ며行人이避立路左ᄒᆞ야待其過去而行이다가如或幷路則被轢이甚險ᄒᆞ니壯丁은逃走ᄒᆞ고

老弱은顚蹶ᄒᆞᄂᆞᆫ弊가往往有之ᄒᆞ니不知何患之肩落ᄒᆞ야呼吸之間에少不安穩이라此等厭迫은猶或例常이어니와至於人命之死傷ᄒᆞ야ᄂᆞᆫ尤極寒心이라西湖三十里人夫鉄路에被打負傷者 不知其數ᄯᅢ더러騎兵은不分路之闊狹ᄒᆞ고馳馬競走ᄒᆞ니行人이不及回避ᄒᆞ고被其所蹴ᄒᆞ야折傷者은姑舍ᄒᆞ고月前市日에川西社細谷居河姓人이即致蹄下之魂ᄒᆞ니人ᄒᆞ驚歎이라適其時여耶蘇敎人金昌東氏가見此光景ᄒᆞ고不勝悲慘ᄒᆞ야執其騎兵ᄒᆞ고告于司令部라가反爲見逐ᄒᆞ고死者族人이告于顧問官則捉囚告訴者라ᄒᆞ니無處解冤ᄒᆞ고痛哭歸葬ᄒᆞ엿스니天下에豈有如此至賤之國民乎아哀哉라韓民也여ᄒᆞ얏더라

●李塾贊成會 抱川郡李野義塾을該部儒生等의協贊으로敎育의妨害가不少ᄒᆞᆷ으로該會贊成員이今日下午八點鐘에民敎育會館으로贊成會를開하얏ᄂᆞᆫ데贊成員은柳正秀尹致旲閔內과俞承兼李胤鍾張志淵柳瑾李儁梁在謇金相範閔宮善李源競박勝鳳池錫永諸氏等인데合七十三人이더라

●兩氏기付 平壤日新학校贊成員禮式院主事李鍾益氏ᄂᆞᆫ練習帳과鉛筆과空冊等을多數히該校학徒에게기付하얏고또該校贊成員國民敎育會編輯員金相天氏ᄂᆞᆫ新撰小物理學一帙을該校에기付하얏다더라

詞林

感詠 閔忠正軒上竹

欲表先生節 昭然天鑑在
遐軒擧餘新 百世蹤人臣

陽谷朴義用

雜報

●大丘廣學會趣旨
發起人崔六林李一雨尹瑛燮金善久尹弼五李宗勉李快榮金鳳業

吾國之岌岌然垂亡은由乎民智之未開耳라如斯闇昧ᄒᆞ야自棄自愚而已면當此競爭劇烈時代ᄒᆞ야將爲人淩踏ᄒᆞ며爲人奴隷ᄒᆞ야其結果ᄂᆞᆫ必如紅人黑種之駸駸消滅矣리니嗚呼라寧不懼惕者乎아
現今世界列强은皆以硏新學開民智로爲第一急務ᄒᆞ야其注力於敎育者ㅣ可謂至矣라其國內에自京都州府로以曁閭巷坊里ᄒᆞᆫ學校之設이鱗次櫛比ᄒᆞ야多者數百萬이오小猶不下屢萬이며又其小兒之未及學齡者ᄂᆞᆫ有幼稚園ᄒᆞ고其壯年之紳士ᄂᆞᆫ有博物館圖書館博覽會演說會討論會講義會書籍縱覽會新聞縱覽所等各種設備ᄒᆞ야互相講究學術ᄒᆞ며鍊磨智識ᄒᆞ야精益求精에遊藝不輟故로其民智日新ᄒᆞ며國力日進ᄒᆞ야所以致如彼之富强而雄飛於宇內어날
我韓은膠守舊染ᄒᆞ며狃於積弊ᄒᆞ야不思循時變通之義ᄒᆞ고但搜索於訓詁之糟粕ᄒᆞ며或徒尙於無用之詞章ᄒᆞ야畢生兀兀에茫昧世變ᄒᆞ니有何適用於時局이며有何裨益於家國哉아彼ᄂᆞᆫ日究於開明이거날我ᄂᆞᆫ日事於虛文이면是ᄂᆞᆫ彼進而我退也오彼優而我劣也니豈得免優勝而劣敗者歟아
ᄃᆡ此今日ᄒᆞ야如欲扶植獨立之權인ᄃᆡ莫如以敎育으로養成國民之精神이니是以로前後之詔勅이屢降ᄒᆞ시고公私之校會가相望ᄒᆞ야庶幾民智之發達과國步之前進을可期日而待也라雖然이나嶺之風氣가自來閉固ᄒᆞ야拘於舊習에憚於新學ᄒᆞ니譬如重門鎖鑰이猝難破開라若無講論以先之ᄒᆞ며曉解以入之면莫能回心而向學일새
此本會所以設立而欲民廣學者也라所謂新學者ᄂᆞᆫ豈有他事리오只是開發民智와擴張民業이니民智民業이有何反舊乎아惟願僉君子ᄂᆞᆫ互相勸勉ᄒᆞ야日以警世救民之藥石으로砭入人人之腦髓ᄒᆞ야力救獨立之基礎면異日大韓之精神이必將權輿於此會矣리라

●農訓한府　農商工部에서한城府로訓令하기를本年七月二十七日勅令第三十五号로通信院에서管理하든船舶海員等에關ᄒᆞᆫ事務ᄂᆞᆫ農商工部에移屬인바所有國內船稅事務를幷由本部管辦ᄒᆞᆯ지라國內地方各船稅를曾由前通信院派員刷納이더니始自本年하야從前派員等節은一切撤廢하고該稅務ᄂᆞᆫ專委地方規定遵辦인즉貴府所管五署沿江稅務ᄂᆞᆫ理宜委着貴府이기로姑以前通信院規定管船條例一件과船票八百枚를添付訓令하니到須一遵該規하야各該船稅를줄刷랍付所管金庫하되事係正供하니毋庸疎略이며官隷輩之貪緣滋弊於船戶를不可不念이니務圖設法防範하야國課民業이俱免致虧케하라하얏다더라

●呼價六萬　南原郡儒生의寄書를據ᄒᆞᆫ則生은湖南南原地人也라因前官貪政ᄒᆞ야避身上京ᄒᆞ얏삽더니日昨安洞某處에有人이言南原事ᄒᆞ기에傾耳聽之則金寧淳氏라ᄒᆞᄂᆞᆫ人이中樞院議官이라ᄂᆞᆫᄃᆡ李範喬氏를보고外任을公請ᄒᆞᆫ則李曰南原은六萬兩에拍賣ᄒᆞ니有錢이어든買去ᄒᆞ고無錢이어든生意말아ᄒᆞᆫᄃᆡ金氏曰更無道理乎아李氏曰成事後限一朔出次標書給則我當紹介라ᄒᆞ야날金氏曰我寧餓死언졍當此時ᄒᆞ야不敢吞民血而陷罪라ᄒᆞ고落望而還ᄒᆞᆫ것을生이目擊而耳聞ᄒᆞ얏ᄉᆞ오니圖得南原者ᄂᆞᆫ必然六萬兩에買去者也니資本錢은必生徵於郡民則民何而生乎잇가今國大塊ᄂᆞᆫ政府大官이賣於外國ᄒᆞ고鐵路邊漁業邊森林地軍用地로民不聊生而如李氏輩가以賄賂手段으로賣官을又如是ᄒᆞ니此豈獨南原平잇가마ᄂᆞᆫ本郡은果是兩等壽手로民之寄生이只是空殼이온ᄃᆡ又聞李氏言ᄒᆞ고不勝氣塞ᄒᆞ와玆敢錄呈ᄒᆞ오니幸ᄒᆞ揭載貴報ᄒᆞ시와使本郡人民으로或有生脈之路를千萬血祝이라ᄒᆞ얏더라

●地段價代償金　南門外京釜鐵道停車場移轉ᄒᆞᆫ地段代償金二萬四千圜을該鐵道會社로셔支出하기로하얏다고統監府에셔農商工部로照會하얏다더라

廣告

◉八月八日開業廣告
本銀行은今月五日에株主總會를開催後에重役七員을選定ᄒᆞ고開業日字를定ᄒᆞ얏ᄉᆞ되其營業目錄은如左ᄒᆞ옵고諸般業務를信實이執行ᄒᆞᆯ터이오니僉位ᄂᆞᆫ陸今來議ᄒᆞ시옴
資本金十五萬圜
營業要目
諸任置金
貸付金及無期過越
割引手票(預減)
有價證券賣買
金銀貴屬品及諸証券保護
任置
光武十年八月日
株式會社 韓一銀行
取締役五員
趙秉澤　孫錫基　鄭東植
朴泓鉉　白周鉉
監查役二員
趙彰漢
成文永

正三品尹熺在의在字ᄂᆞᆫ成字로改正ᄒᆞᆷ
尹熺成 告白

本人圖形姓名章을去五月二十八日僞造ᄒᆞᆫ者有ᄒᆞ야發覺된故로本月二十五日以後ᄂᆞᆫ方形章을改造矣니內外國人以此照亮
開城府 秦柄正

本人이李舜采氏許推次拾萬兩於昔六月晦日路中遺失ᄒᆞᆺᄉᆞ니內外國誰某拾得休紙施行ᄒᆞᆷ
校洞 吳奉先 告白

●特別社告
本申報社內에特別히附屬品으로活字를更備ᄒᆞ야書籍印刷所를設置ᄒᆞ얏사오니印書를要ᄒᆞ시ᄂᆞᆫ僉君子ᄂᆞᆫ來臨相議ᄒᆞ시옴
大韓每日申報社 告白

◉民事訴訟代辯와刑事辯護及鑑定一切法律에關ᄒᆞᆫ事務를迅速處理ᄒᆞᆷ
漢城南署茶洞第十七統八戶
辯護士 前檢事 正三品 李冕宇
法律事務所
事務員 李心洙 趙東潚

本社이株金每株에二十圓이니募集은第一回自今一箇月內에金一圓을收入ᄒᆞ며十八圓은九箇月에分ᄒᆞ야十回에備納이고社長指定日로次第辦納ᄒᆞ되該金은漢城銀行에任置ᄒᆞ야該票ᄂᆞᆫ來付於本社後株主에矜券狀을換去ᄒᆞ게ᄒᆞ오니有志君子ᄂᆞᆫ株金을隨力入株ᄒᆞ시와共濟營業케ᄒᆞ시믈爲要
柴炭株式用達會社 告白
本社臨時事務所ᄂᆞᆫ中署紬洞三統三戶

△보시기겻오 改良廣告▽
前에ᄂᆞᆫ理學을不分科目ᄒᆞ고講述ᄒᆞ얏더니第八號부터ᄂᆞᆫ分科식詳細講說ᄒᆞ되爲先物理學講義를專述ᄒᆞᆯ기로玆에廣告ᄒᆞ오
南大門內尙洞敎陳하雜誌社

●本社支社廣告●
中署布屛門下 金相萬冊肆
洞口城便 朱翰榮冊肆
中署農圃初入七十八統第二戶 鄭[illegible]澤
大韓每日申報社

本會社에서燕岐鳥致院에서至山木浦等地에鐵道敷設ᄒᆞ기로光武八年分에政府認許를承有ᄒᆞ고鳥致院에서江景浦ᄭᆞ지已往測量이온바現行實測而全州ᄭᆞ지連續起工이오며股金은株式으로募集ᄒᆞ되一株에新貨五十圓으로酌定ᄒᆞ고十回에分ᄒᆞ야收合ᄒᆞ오니有志ᄒᆞ신僉君子ᄂᆞᆫ西大門外停車場越邊本會社로枉臨ᄒᆞ시와幾株間隨力懸錄ᄒᆞ시고共濟一大營業ᄒᆞ심을爲希
湖南鐵道會社長 李允用
發起人 徐오淳

廣告
民事訴訟代言과刑事辯護及鑑定願問과諸文案起草等諸般法律事務를迅速處理ᄒᆞᆷ
漢城南署上油洞二十九統七戶二層洋屋
辯護士 前檢事 正三品 洪在祺
法律事務所

◉學員募集廣告（第一回）

玆에普成中學校를新設ᄒᆞ고高等普通學術로一般國民을教育코저ᄒᆞ오니將來에實業及實務에從事ᄒᆞ고又ᄂᆞᆫ各種專門學校에入學코저ᄒᆞᄂᆞᆫ青年有意諸君은早早來學ᄒᆞ오셔中等以上普通知識을全備ᄒᆞ시심을爲望ᄒᆞ옴

本校의完全ᄒᆞᆫ教授準備와眞正ᄒᆞᆫ教育制度를左에列擧ᄒᆞᆷ

一 一般教科書ᄂᆞᆫ總히本校에셔新編準備ᄒᆞᆷ

二 本校의第一主旨ᄂᆞᆫ修身科、作文科、漢文科니倫理學教科書를新撰ᄒᆞ야道德心을培養ᄒᆞ고、作文教科書를新撰ᄒᆞ야文章을規用ᄒᆞᆯ로教授ᄒᆞ고漢文教科書를新撰ᄒᆞ야讀書를應用活法으로教授ᄒᆞᆷ

三 理化學及博物學은機械及藥品으로實地試驗을行ᄒᆞ야教授ᄒᆞᆷ

四 唱歌ᄂᆞᆫ軍樂音調로新製教習ᄒᆞᆷ

五 體操及運動은各外國運動式用機具로日常教鍊ᄒᆞᆷ

六 教師ᄂᆞᆫ新舊學問에專能ᄒᆞᆫ諸大方家를延聘ᄒᆞᆷ

◉學科目（科目中課程은略之）

修身學、國語、漢文、作文、歷史、地誌、物理及化學、博物學、地文學、法學、數學、圖畫、唱歌、體操、外國語、農業學、商業學、簿記學、

◉修業期限 四個年

◉入學年齡 自十五歲以上至二十五歲以下

◉入學試驗科目

國漢文讀書及作文、內外國歷史及地誌問對、筭術四則以內

◉入學試驗日字 九月十五日（陰七月二十七日）

◉開學日字 九月十六日

（入學請願書及保証書ᄂᆞᆫ本校用紙를用ᄒᆞᆷ）

光武十年八月十六日

漢城中署磚洞 私立普成中學校

廣告

東國歷史 普通教科國漢文 一秩二冊定價新貨 一圓十戔

法蘭西新吏 四十錢

清國戊戌政變記一秩 一圓

波蘭末年戰史一冊 三十錢

美國獨立史一冊 三十錢

法國革新戰史一冊 三十錢

大韓輿地圖一張 十七錢五里

世界全圖一張 三十七錢五里

大韓地誌一秩 七十五錢

牧民心書一秩 一圓二十五錢

萬國地誌一秩 一圓

尺牘完編一秩 一圓五十錢

農政新編一冊 五十錢

法學通論一冊 一圓

温故知新叢抄 七錢五五

父師必讀小學指남 七錢五里

人工養蚕一冊 十五錢

刑法大全一秩 六十錢

家庭雜誌一冊 十錢

進明彙論一秩 二十五錢

交際新禮一秩 十八錢

發賣所 布屛門下金相萬書舖 大韓每日申報社

花春丹은 霍亂 吐瀉 腸痛 滯症 暑症 정忡 眩暈 眩 뻗 鬱 痰盛 醒酒船暈 咳嗽 口味업ᄂᆞᆫ諸症의神效ᄒᆞᆫ藥이오 此外에도洋炭水解毒對 廓창 疳氣 蛔虫 寸虫 赤白癩風 藥과東西洋藥이俱備ᄒᆞ고他病도隨問出方ᄒᆞ오니 僉位ᄂᆞᆫ在議ᄒᆞ시옵

皇城校洞石井洞下隅 石泉堂藥局 告白

大韓仁川港 洋行

◉九轉靈砂라 本人이妙方法을神驗ᄒᆞ야製造ᄒᆞᆫ靈丹인ᄃᆡ男女老少에無論何症ᄒᆞ고通治ᄒᆞ오며無病時에도服ᄒᆞ면平生의身體가健康ᄒᆞ며小兒ᄂᆞᆫ四五歲로만服ᄒᆞ면十歲안에無病ᄒᆞ기를擔保ᄒᆞ오며

◉九轉靈砂萬病丹은癲狂 癎症과中風諸疾과耳目諸病과淋疾에神效ᄒᆞ오

◉九轉靈砂保命丹은初生小兒 驚風 癎氣 痰癖 腹痛諸般惡과婦人帶下症에神効ᄒᆞ며

◉九轉靈砂消米丹은酒滯 食滯 血積 吐瀉 霍亂 痢疾 吐血 下血 逆氣 時疾 痢症에神効ᄒᆞ오

◉九轉靈砂紫金丹은痔漏 瘰癧 上疳瘡 下疳瘡及腐瘡과諸般瘡瘇惡種에無不神効ᄒᆞ오니 僉君子ᄂᆞᆫ來問ᄒᆞ시오

內需司前득갈이골上隅第一家 李鶴延 告白

本社廣告

中報價

一張代金 新貨二錢五里

一個月前貸 三十錢

三個月 九十錢

六個月 一元七十錢

一個年 三元四十錢

郵稅一部 新貨五里

一個月 十三錢

廣告料

國漢文每字十三字難每日每行限一寸에新貨拾五錢

一日에 二圜五十錢

每日每行國漢文一行에 三十錢

一個月에 五圜

（每日每行國漢文一行에新貨）

其期限의長短과字行의多少를依ᄒᆞ야增減홈이有홈

◉本社地方各處支店廣告

平壤南山峴日新學校 金興濟

仁川杻峴開新册肆 李東岳

宣川邑樓西 安濬

義州南門外韓西大藥房 崔觀植

長湍邑 金演

鎭南浦藥洞 金仁西

咸興州南社 曹喜周

中和邑 車俊培

釜山佐川徐藥房 金潤鉉

開城北部梨井里醉潤居培峰部

校洞校長 崔鳳鎭

大丘郡 達城廣文社

發行兼編輯人 英國人裵說

發行所 皇城北署署達坊前洞外國人專用印

大韓每日申報社

第四卷 第三百二號

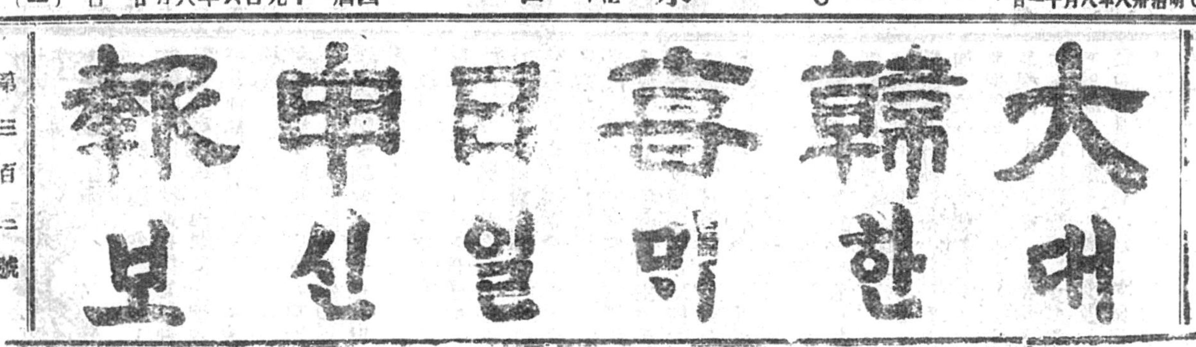

月曜及慶節時日休刊

檀君開國四千二百三十九年
箕子元年三千二十八年
大韓開國五百十五年
日本明治三十九年
淸國光緒三十二年
◉陰曆丙午七月小初三日戊戌

寄書

對韓日新約ᄒᆞ야歎萬國之公法將廢라 湖西散人

公法者ᄂᆞᆫ人類의天然的程度를原因ᄒᆞ며大公底意見을眞集ᄒᆞ야普濟之方針과久安之計策을論定ᄒᆞᆫ거시니實로前而萬古와後而百世와現而全球에所不可無ᄒᆞ며不可易ᄒᆞᆫ成法이니大矣哉라公法之爲世界幸福也여然則其精神의眞髓가何에在ᄒᆞ고以鄙人의淺見으로ᄂᆞᆫ禁絶戰爭ᄒᆞ며維持和局ᄒᆞᄂᆞᆫ數條에不過ᄒᆞᆯ뿐ᄒᆞ니蓋此法이元來荷蘭人惠頓虎가外果魯西亞士數人의게始端ᄒᆞ야幾國之試從을閱ᄒᆞ며幾人之證訂을經ᄒᆞ야至於近世에始得大備而大行ᄒᆞ니自百年以來로弭兵息禍ᄒᆞ며存弱定傾ᄒᆞ야使世界萬國으로日趨文明ᄒᆞ며日進太平ᄒᆞᄂᆞᆫ其功効의實力이甚盛甚大ᄒᆞ니此ᄂᆞᆫ歐美列邦所以藉稱文明而能執牛耳ᄒᆞᆫ者이라然이나以韓日新條約의勒兵脅定ᄒᆞᆫ事로觀ᄒᆞ면今日公法은可謂糊塗而莫可이라ᄒᆞᄂᆞᆫ지佛書無靈이라ᄒᆞᄂᆞᆫ지

按公法條約論에以爲締約ᄒᆞᆯ제或被逼이어나威嚇屬而不自知ᄒᆞᆫ則其人은旣無力代行이니其國이則不任其責이라ᄒᆞ얏고又註에曰雖國主의親筆簽押ᄒᆞᆫ거시라도如係彼人脅迫ᄒᆞ야不得自由ᄒᆞᆫ것신즉其約을亦可廢之라ᄒᆞᄂᆞᆫ明白ᄒᆞᆫ句語가丁寧再確ᄒᆞᆯ뿐이아니라日本도亦公會의參列ᄒᆞᆫ國이라

此等議論을固爲已知之昭晣矣언마ᄂᆞᆫ封豕長蛇之慾이不禁ᄒᆞ야視之若弁髦ᄒᆞ고且所謂宣戰詔勅이란것과韓日議定書라ᄂᆞᆫ것이皆曠過時之陳文이라棄之如遺ᄒᆞ니自馬關條約以後至於今日ᄒᆞ야其設心行事가不過本府의虛喝ᄒᆞᆫ宰臣을欺瞞ᄒᆞ며恐喝ᄒᆞ야其陰謀을逞逐ᄒᆞᆫ主意니

馬關條約도伊藤之所組成이오今番條約도亦伊藤之手에出ᄒᆞ얏신則號稱文明之人도其作事가固如是乎아眞所謂譎詐之態가乃如是者도다輪翼之形과唇齒之勢를同念ᄒᆞ고東洋의將來無窮ᄒᆞᆫ禍端을釀出ᄒᆞ니吾輩伊藤이金注之惑이無ᄒᆞ면無芳之香이有ᄒᆞ다ᄒᆞ노니秦之滅亡이不在於六國未幷之前而在於六國已幷之後ᄒᆞ고隋之傾覆이不在於南北朝未一之前而在於南北朝旣幷之後ᄒᆞ니

此ᄂᆞᆫ吾所以不能保日本之將來安全也요且日本이不但於我韓에背信而已라公法之大義를亦拋棄而不顧ᄒᆞ니此ᄂᆞᆫ五洲公議之所當排也며百世史筆之所當誅也라是而可許면其於公法에何오彼泰西諸國이必竟正大ᄒᆞᆫ擧措가有ᄒᆞ리라고注目ᄒᆞᆫ者已久러니反히該件에對ᄒᆞ야袖手傍觀ᄒᆞ고緘口沈默ᄒᆞ야如何ᄒᆞᆫ影響이漠無ᄒᆞ니未知케라

謂我大韓一區ᄂᆞᆫ蕞爾小島라未足爲關係於世界而然耶아謂日本之詐回無道가不足以屑可否而然耶아謂大韓之政府人民은如扶醉人ᄒᆞ야左扶右顚ᄒᆞ고右扶左顚ᄒᆞ야不可以固植而然耶아謂大韓은自是公法會에不得參列ᄒᆞᆫ國이라不可以公法으로論之而然耶아抑謂日本之於大韓에不過置統監移外交而已오其 皇室也와彊土也와人民也ᄂᆞᆫ固自若而然耶아然則向之所謂公法者ᄂᆞᆫ萬國의公法이아니라乃一二國에所私行ᄒᆞᆫ者며百世에可傳ᄒᆞᆯ것이아니라乃有時而用ᄒᆞ야廢興行을不足恤ᄒᆞᆯ거신가

然則所謂戰時에無公法이란말과野蠻에無公法이란말이眞箇虛言이아닌가然則公法之中에存危滅漢ᄒᆞ며導化番生ᄒᆞᄂᆞᆫ趣旨ᄂᆞᆫ元來全無ᄒᆞᆫ지然則大韓所以公法之大義를牢信ᄒᆞ고與列邦協和ᄒᆞᆫ거시不免痴昧ᄒᆞᆯ일인지然而歐美諸國도其所以不相呑噬者가特히文明相等ᄒᆞ며强弱相匹ᄒᆞ야莫相揃ᄒᆞ며莫相진拉ᄒᆞᆫ故로遂因公法而糊塗之ᄒᆞᄂᆞᆫ거신지

原來此可以滅彼ᄒᆞ며彼可以滅此라도公法之義를畏ᄒᆞ며公法之言을從ᄒᆞ야不爲ᄒᆞᄂᆞᆫ거ᄉᆞᆫ안인가然則泰西에他日競爭之禍가亦將大起而欲復引公法而維持之나疑慮가滋生ᄒᆞ며圭角이漸露ᄒᆞ야不復信從ᄒᆞᆯ거시오或力能維라도不能久遠ᄒᆞᆯ터이니噫라吾懼公法之廢也將無日矣일가ᄒᆞ노라

如其否者면大韓一區의興衰存亡은不足恤也어니와日本之背棄公法을獨不可以問乎아日本之背棄公法은或可容也어니와公法之不待秦皇而自焚을獨不可以匡而救之乎아집屠城ᄒᆞ며懇取邑ᄒᆞ며誅滅國ᄒᆞᄂᆞᆫ것은我東洋의傳來ᄒᆞᄂᆞᆫ春秋大義도亦如是ᄒᆞ오鄙人은實로本國의摧折ᄒᆞᆷ만憂ᄒᆞᆷ이아니라竊爲泰西諸邦而憂之ᄒᆞ며不但泰西의將來流弊를爲ᄒᆞ야憂ᄒᆞᆷ이아니라莫大ᄒᆞᆫ公法이必將化爲烏有ᄒᆞᆯ것을深憂長慮而繼以浩然太息ᄒᆞ야敢供一得之愚於環球之高眼君子ᄒᆞ노니爲楚요非爲歪也라肯加諒恕否乎아

官報

◉三千五百三十七號 光武十年八月二十一日

◉宮廷錄事

宮內府大臣臣李根湘謹奏朝著祈雨祭獻官旣已受香而見今甘霈方霑祭文中似當入得雨之令侍講措辭添入使香室官員急速陪進何如謹上奏 光武十年八月十五日奉旨依奏

草土臣李載崑辭職疏

批旨省疏具悉職殊緊만時有緩今玆方面特기決不可顧私更勿煩提即速登程

八月十七日 未完

外報

◉渡美希望 伯林電을據ᄒᆞᆫ則德國皇帝ᄂᆞᆫ며에ㅣ요ㅣ가ㅣᄒᆞㅣ샤쓰아이순쑤新聞의記者리쓰댈氏와會議ᄒᆞᆫ時에美國을訪問ᄒᆞ고且美國大統領과親交를結ᄒᆞ고ᄌᆞᄒᆞᄂᆞᆫ旨意를熱心으로語ᄒᆞ얏다더라

◉內務設置 北京電을據ᄒᆞᆫ則出洋大臣의上奏ᄒᆞᆫ結果로軍機內閣吏部를合併ᄒᆞ야內務를設置ᄒᆞᆫ다ᄂᆞᆫ說이有ᄒᆞ더라

◉公使祝電 同電을據ᄒᆞᆫ則駐箚歐美各邦ᄒᆞᆫ淸國公使等은外務部에打電ᄒᆞ야淸國萬壽節에祝詞와共히立憲自强策은目下에急務됨을上奏ᄒᆞ얏다더라

◉炎天降雪 日本富士山嶺에連日降雪ᄒᆞ야積雪이一寸七分에及ᄒᆞ얏다더라

◉波蘭騷動 彼得堡電을據ᄒᆞᆫ則波蘭와루스市에서巡檢二十八名이被殺ᄒᆞ얏고못써市도亦不穩ᄒᆞ다더라

◉稅關設置의勸告 駐淸英國公使가本國政府에訓令을受ᄒᆞ야滿洲南北에稅關을設置ᄒᆞᆷ이必要ᄒᆞᆫ줄로청政에勸告ᄒᆞ얏다더다

雜報

●分財遑貪 平壤郡人民의投書를據ᄒᆞᆫ則前郡守金志鵬氏身死後其子聖洙와其孫鎭守아幼弱ᄒᆞ야自失家權에便同主饋無人也라但一子女ᄒᆞᆫ聖洙에繼母가有ᄒᆞᆫ데至貧至陋ᄒᆞᆫ自家親屬과시家親屬雖에數囑을聽하고招子孫後財産分股ᄒᆞ쟈ᄒᆞᆫ즉聖洙가答曰母主宗家에在ᄒᆞ야財産을主管ᄒᆞᆫ즉더러母子間財産分持가不美ᄒᆞ다ᄒᆞᆫ즉其繼母가諸兩家親戚을謀하야其子孫男女를亂打後財産을五分하쟈六分ᄒᆞ쟈行悖之際의本郡守가知之ᄒᆞ야厥魁를捉囚ᄒᆞ얏더니聖洙의繼母同生金禮鎭이가素以伎倆之漢으로觀察使李[illegible]善氏에게圖囑ᄒᆞ기를金聖洙叔姪을捉囚嚴治ᄒᆞ고其財産을六項으로分ᄒᆞ야吾之妹兄에게一分만오게하면其中으로八萬兩을納上ᄒᆞᆫ意로於晉成納則流涎民財ᄒᆞᄂᆞᆫ觀察使가垂涎半空하야是好好라總巡들니라巡檢ᄒᆞᄂᆞ니라吾之加下條ᄂᆞᆫ今有淸帳妙件事라ᄒᆞ고聖洙鄭字을謂之犯於繼母하고捉囚嚴笞ᄒᆞ고錢三萬餘兩을勒奪而放釋後巡査巡檢을多派ᄒᆞ야厥家에所有田畓文券及錢穀金銀을威之脅之沒數히奪出ᄒᆞᆫ後에抽鐵分給ᄒᆞ니ᄒᆞ고六項에分ᄒᆞ야遠親近親一分長孫二分次子一分繼母一分이라ᄒᆞᄂᆞᆫ데此列節이尾ᄂᆞᆫ觀察使督務廳에서隱匿ᄒᆞ고ᄯᅩ절이皮로六에分ᄒᆞ니見者落淚ᄒᆞ고聽者憤歎ᄒᆞᄂᆞᆫ데平壤民會所ᄂᆞᆫ何處所用인지如此不法을規正치못ᄒᆞᆫ다고一般人民이論駁ᄒᆞᆫ다하얏다더라

●二雜逮懲 廣州西部面居柳希在ᄂᆞᆫ本以悍毒挾雜之類로九川面居金允先으로俱ᄉᆞ갈其心이오蜂蠆其毒이라東部面居ᄒᆞᄂᆞᆫ李永九ᄂᆞᆫ八十老翁으로頗有田産이더니柳金二雜이瞰今翁之柔軟良善에有些油膩氣味ᄒᆞ고如蟻蚋之慕乾脯魚骨ᄒᆞ야百般播弄에잡嘴而吮之者數月에傾奪其牛隻ᄒᆞ고勒賣其田土ᄒᆞ야蘇其欺奪이已至萬餘金이라京居某氏가因省楸于該附近地에다가見李翁之喫虧ᄒᆞ고義俠心이不禁奮發ᄒᆞ야乃往見廣尹與秦涿氏ᄒᆞ고陳其冤狀矣러니廣尹이廉知其事實ᄒᆞ고逮捕柳金二雜ᄒᆞ야將擬以當律云ᄒᆞ니覆盆之下에日光이漏照홈과如ᄒᆞ다더라

●自强視察 大韓自强會에서義州와東萊와高靈과南陽四郡에有志團體者들이支會設立ᄒᆞ기를請願ᄒᆞᄂᆞᆫ故로各處를視察ᄒᆞᆫ次로該會長尹致昊氏ᄂᆞᆫ義州로前往ᄒᆞ고高靈과東萊에ᄂᆞᆫ該會總務尹孝定氏오南陽에ᄂᆞᆫ該會評議員金相範氏가前往ᄒᆞᆫ다더라

●認許示明 宮內府에서農商工部에照會ᄒᆞ기를密陽郡所在國農沼土地ᄂᆞᆫ係是明禮宮宮土어날貴部에서何許박가의게認許起擧하얏다하니據何認准인지其事故를示明하라하얏더라

●假稱統監府知委 農商工部에서靑山郡守의게訓令하기를本郡烏土礦은徐午準에게許採하얏ᄂᆞᆫ데該礦區에日人二名이統監府知委를承准이라하고恣意採掘云이기로統監府에交涉探知則初無此等派送之人이라하니到即日本人은該礦區의更勿接踵케하고境外로放出하라하얏다더라

●蚕絲進上 龍山蚕所學員이內外人並하야現額이二十餘人인뒤今夏所織ᄒᆞᆫ蚕絲三櫃를進上次로昨日內部에서入送ᄒᆞᆫ故로該府에서將次大內에奉呈ᄒᆞᆫ다더라

●萬契獎害의論報 仁川港監理署에서萬人契를設하고人民에股本金을鳩聚ᄒᆞᆷ으로無賴輩가因此作奸하야傾家蕩産者有之ᄒᆞᆷ으로該郡守가隨時에게其獎害를說明하고撤罷하기를懇求하되該監理ᄂᆞᆫ聽從치아니ᄒᆞᆷ으로郡守와監理間에葛藤이生出ᄒᆞᆫ지라該道觀察使가其始終契獎를內部에論報하얏다더라

●俄學生視學 俄國卒業生야쓰친기씨가漢城에來留ᄒᆞᆫ지가已踰一朔에各會社會場社不無閱歷ᄒᆞᆫ다ᄂᆞᆫ데昨日학部에前往하야各學校職交及位置와敎師月俸與學生多少를一一錄去하얏다더라

●日人鑿嶺 日人饒山相民이經理院認許를帶持하고載寧郡錦山嶺ᄒᆞ來到하야嶺脈을鑿斷하고鑛石礦을開設하니事甚訝惑이라고該郡守가農商工部에報告하얏다더라

●敎師懇親 各官公私立學校敎育官들이懇親會를設行하고敎育上意見을交換하기로하얏ᄂᆞᆫ데來土曜日에ᄂᆞᆫ爲先淸風溪普明學校로第一回團聚ᄒᆞᆫ다ᄂᆞ라

●再揀擇定日 皇太子妃揀擇日子를退定하엿ᄂᆞᆫ데再揀擇은陰曆七月二十六日이오三揀擇은八月初五日이더라

●測量理由 東署想洞에在ᄒᆞᆫ私立小學校敎師崔章燮의所有ᄒᆞᆫ瓦六間半家屋이入於漢城府칙量中이므로學部에서高等小學校長朴稀祥氏의報告를因하야漢城府로訓令하고其理由를査報하라하얏ᄂᆞᆫ데其事實인즉馬登山一面地段을以大韓赤十字病院建築ᄒᆞᆯ基址로占定하고該地四處內所有家舍와土地幾何와買收價額을照詳報來하라고內部에서訓飭ᄒᆞᆫ故로漢城府에서府員을派送하야與稅關工事部日人과偕往칙量ᄒᆞᆷ이라더라

●軍港址調査 政府에서軍港圖形을粘連하야內部로照會하고該港所管觀察府로訓令하야該港基址를調査報來하라하얏다더라

●遠察有人 慶尙北道觀察使ᄂᆞᆫ政府外事局長韓昌洙氏가被任ᄒᆞᆫ다더라

●軍港事上奏 去土曜日에軍港事件으로關하야 下詢하실次로參政及軍部大臣을召接하옵섯ᄂᆞᆫ데今日頃에閣議하고明日에ᄂᆞᆫ御會하고上奏頒布ᄒᆞᆯ더이라더라

●義王詣內 十九日義親王殿下께옵서詣闕하야宮中府中事를長時間上奏하얏다더라

●奏任試取 宮內府各司主事를方今試取하거니와主事를擇差後에ᄂᆞᆫ奏任官도一變試取히기로預定하얏다더라

●政府平和 各府部院廳中에有權利者ᄂᆞᆫ內部大臣이라ᄒᆞᆫ部大臣이遷轉ᄒᆞᆯ運動으로시用하다가事又不成에互相葛藤하야政府會席이未圓하고臨事決議가自爲缺裂矣러니參政大臣박齊純氏와內部大臣李址鎔氏가勿拘私嫌하고以正公事하쟈하고先唱平和하야政府會議를開設하고地方官을各其大臣이公薦敍任ᄒᆞᆯ터인데次號事ᄂᆞᆫ未料이나今番에ᄂᆞᆫ公道로ᄒᆞᆯ貌樣이라더라

●僞造公文者處役 元山港居崔齊京僞名人은監理署及司令官公文을僞造하야持하고永興郡宜興社居鄭達弘家에前往하야自稱暗行巡檢이라하고錢財를討索ᄒᆞᆷ의鄭達弘이奪其公文而呼訴于監理署하야崔가를捉致照律하야終身懲役에處하얏다더라

●同是日人 現任警務局長金彰한氏ᄂᆞᆫ日本에入籍ᄒᆞᆫ人物인ᄃᆡ日名에安東太郎으로行世하다가韓職을被任ᄒᆞᆫ後에ᄂᆞᆫ門牌及日名을掩跡하얏다허니此人이爲韓國事耶아爲日國事耶아局長도日人이오顧問도日人이니何國을爲ᄒᆞᆫᄂᆞᆫ지全國이注目處이라더라

●警察還府 慶尙南道觀察使[illegible]氏ᄂᆞᆫ內部을圖得次로上京하얏더니運動機關이生病ᄒᆞᆫ지라勢不得已하야二十七日頃에還府ᄒᆞᆫ다더라

●光察의覽表 光州觀察使沈相翊氏ᄂᆞᆫ能知其爲善하고能知其爲惡하ᄂᆞᆫ人物이라光武二年間에年纔十八歲에開明事爲에思想이發生하야一般活版七五六千元에買取하야南門내에서帝國新聞을發行하다가未及百号에不幸失火하야此付灰燼하니民國事의不幸을仰天痛歎하고五年之間에內部參書官局長하야地方官吏의退民官人을長官의게迎合하야一手販賣하더니物換星移하야世事變遷故로法協이一遞에少年亞卿이五年間에舂하다가光察을現任하야日間赴任ᄒᆞᆯ터이니現時代에一手販權은欲行難得이면開明心이更發하야全南一境을活版活動手段을運用ᄒᆞᆯᄂᆞᆫ지行政初手로一覽表를作ᄒᆞᆯ터이라더라

詞林

閔忠正公血竹

亭亭綠竹茁成林知是忠魂在上臨碧血留痕生直幹丹忱衣節有淸陰一葉摘來龍淚下九枝挺出鳳巢深丁寧語同胞者願以公心爲我心

東觀生 田德龍

雜報

●民冤莫伸

三和港紳商會社에셔當港不法官吏에殘虐平民事件은前日에條條陳揭여니와港民死者朴元琰妻가朱之倫處當捧票錢本三千七百兩을稱朱民之家貧難捧ᄒ고只以一千兩推給朴妻後餘本二千七百兩을不由原告諾供ᄒ고

裁判主事申澈秀氏가自意爻票妥債ᄒ야該事案에對ᄒ야申氏가自知誤決ᄒ고捉致朱民而更捧手票ᄒ야給付朴妻ᄒ되朱哥處에票若不捧이면該朱債을吾當代償ᄒ깃노라ᄒ고延拖數旬에終無消息홈으로

朴妻가更訴監署ᄒ즉訴題에待處暑往旻隻在官ᄒ라ᄒᆞᆫ바當捧票ᄂᆞᆫ旣屬休紙之地에據何物而何旻隻在官고ᄒ고朴妻가據此旻單于一進會ᄒ야欲爲質問之際에申氏가欲免其罪던지今月九日에潛跡上京코져曉明出往船頭타가

一進會員에게被拘領署ᄒ야朴妻에票與錢閱歸正後上京ᄒ라ᄒ즉申氏가姑息之答으로此案을旣與紳商會社로妥和라ᄒ고一員을欺而出送後又往船槍타가該박妻가何以知機던지追從呼哭에苦哀冤痛ᄒ며血淚滿襄에呼天叩地ᄒᆞᆷ을申氏가强壓코저使官隷로박妻를結縛執留ᄒ야할時에適會港民趙永泰氏가聞知申員曰此박女之冤을何不歸正而去라가事至此境인지實非官吏之行色이나ᄒ즉

申氏가默然還署ᄒ야박女與趙永泰를捉去而監理號令曰趙哥汝ᄂᆞᆫ有何關於官員之行政善否而論非며박女汝ᄂᆞᆫ如狐女物이有何冤而官員行次에爻像이不肆ᄒ게行惡乎아ᄒ며併捉囚더니俄時ᄒ여丕哥ᄂᆞᆫ自外放送ᄒ고박女ᄂᆞᆫ招入分付曰朱哥에爻丕를出給니更勿施惡於申官ᄒ고汝之冤事ᄂᆞᆫ上訴京部云ᄒ고驅背退送홈으로

朴寡가持其爻票ᄒ고痛哭街路에冤聲漲天ᄒᆞᆫ지라人人憤惋而自成關會ᄒ야朴女之冤痛事由를雪冤以給ᄒ자ᄒ고共同于監理署門前ᄒ야人民中二人이先入告由ᄒ즉監理分付에官民相合歸正이可也니一般民人은入庭ᄒ라홈으로承認齊入ᄒ야問其朴女事則

監理答曰朴女事ᄂᆞᆫ前者紳商會社로質査ᄒ야申主事에不法홈은露出無餘ᄒ니不必追究라判決이誤錯이니該爻周朱票ᄂᆞᆫ還生케ᄒ고朴債ᄂᆞᆫ朱民處의當捧者로證明書를申主事의게닫圖捧給ᄒ기로廢會ᄒ앗더니逃躲云之朱之倫이가其翌日에忽出自現ᄒ야捧謬를官曰朴債가難日當報條나

朴元필生時에以一千兩으로自官妥債ᄒᆞᆫ거슬彼朴女가何人의教囑을甘聽ᄒ고更爲起訟ᄒ야萬民이共同稱冤케ᄒ니招致朴女ᄒ와査實歸正後의反坐之律로處置케ᄒ라ᄂᆞᆫ訴狀을自監署書記所로因主事之指囑ᄒ야裁給ᄒ앗ᄂᆞᆫ더其指令에査實歸正次朴女를招待ᄒ라ᄒ고繼招民擬擬代議人而朴朱對卞之場에朱가之當報ᄂᆞᆫ明確無疑ᄒᆞᆫ더러兼無朴元필生時妥債之證據ᄒ니其挾私之罪ᄂᆞᆫ去益難逭ᄒᆞᆫ지라

朱民이縮首自服ᄒ고該박債二千七百兩을七月 一日無辭辦랍이라ᄒ며當場書標랍官ᄒ앗ᄂᆞᆫ더兼爲自官답바而給付박女ᄒ기로申主事枉法律은如鐵面辦ᄒ여닫나ᄒ고廢會ᄒ앗ᄂᆞᆫ더監理ᄂᆞᆫ同惡相濟ᄒ는該務를執行홈인지申氏의罪를以有謂無로糊撰說明코자홈인지無罪殘民을驅陷不測之地인지今此박女事件에從公代言者五六人을挦謂罪名而暗報于政府及法部而法部諭告ᄂᆞᆫ申主事가上京裁判次로今月十三日에帶持上京이라ᄒ니官民間會辦之事를有何拘忌之嫌而暗報인지此必是一港之民을魚肉에陷入ᄒᆞᆫ計巧也라其若與民裁判則欺君罔民之律은必有所歸라고港民等이裁判코자運動中이라더라

●成歡私立學校 忠南稷山郡成歡에有志紳士들이靑年社會을進遵키爲ᄒ야普通學校을刱設ᄒ고名稱은成歡學校라ᄒ야敎師ᄂᆞᆫ名譽로自願ᄒ고財政은諸員이各自擔當ᄒ야熱心敎育ᄒᆞᆫᄂᆞᆫ더學徒가增進ᄒ야五十餘名의達ᄒ고程度와諸般校務가漸次就緖ᄒ야承認次로學部에請願하얏다더라

●四人擬選 今番郡守에本을公選ᄒᆞᆫ다……거니와嶺南에一窠을給與ᄒ엿더니더該道人在京者金建永金進銖張志淵孫之鉉諸氏을致府에서方在公議中이라더라

◉學員募集廣告（第一回）

玆에普成中學校를新設ᄒᆞ고高等普通學術로一般國民을敎育코져ᄒᆞ오니將來에實業及實務에從事ᄒᆞ고又ᄂᆞᆫ各種專門學校에入學코져ᄒᆞᄂᆞᆫ靑年有意諸君은早早來學ᄒᆞ오셔中等以上普通知識을完備하심을爲望ᄒᆞ옴

本校의完全ᄒᆞᆫ敎授準備와眞正ᄒᆞᆫ敎育制度를左에列擧ᄒᆞᆷ

一　一般敎科書ᄂᆞᆫ擴히本校에셔新編準備ᄒᆞᆷ

二　本校의第一主旨ᄂᆞᆫ修身科、作文科、漢文科니倫理學敎科書를新撰ᄒᆞ야道德心을培養ᄒᆞ고、作文敎科書를新撰ᄒᆞ야文章을規矩로敎授ᄒᆞ고漢文敎科書를新撰ᄒᆞ야讀書를應用活法으로敎授ᄒᆞᆷ

三　理化學及博物學은機械及藥品으로實地試驗을行ᄒᆞ야敎授ᄒᆞᆷ

四　唱歌ᄂᆞᆫ軍樂音調로新製敎習ᄒᆞᆷ

五　體操及運動은各外國運動式用機具로日常敎鍊ᄒᆞᆷ

六　敎師ᄂᆞᆫ新舊學問에專能ᄒᆞᆫ諸大方家를延聘ᄒᆞᆷ

●學科目（科目中課程은略之）

修身學、國語、漢文、作文、歷史、地誌、物理及化學、博物學、地文學、法學、數學、圖畫、唱歌、體操、外國語、農業學、商業學、簿記學、

●修業期限　四個年

●入學年齡　自十五歲以上至二十五歲以下

●入學試驗科目　國漢文讀書及作文、內外國歷史及地誌問對、筭術四則以內

●入學試驗日字　九月十五日（陰七月二十七日）

●開學日字　九月十六日（入學請願書及保証書ᄂᆞᆫ本校用紙를用ᄒᆞᆷ）

光武十年八月十六日

漢城中署磚洞 私立普成中學校

廣告

東國歷史 普通敎科國漢文一秩二冊定價新貨	一圓十戔
法蘭西新史	四十錢
淸國戊戌政變記一秩	一圓
波蘭末年戰史一冊	三十錢
美國獨立史一冊	三十錢
法國革新戰史一冊	三十錢
大韓輿地圖一張	十七錢五里
世界全圖一張	三十七錢五里
大韓地誌一秩	七十五錢
牧民心書一秩	一圓二十五錢
萬國地誌一秩	一圓
尺牘完編一秩	一圓五十錢
農政新編一冊	五十錢
法學通論一冊	一圓
溫故知新堂叢抄	七錢五里
父師必讀小學指남	七錢五里
人工養蚕一冊	十五錢
刑法大全一秩	六十錢
家庭雜誌一冊	十錢
進明彙論一秩	二十五錢
交際新禮一秩	十八錢

發賣所　布屛門下金相萬書舖　大韓每日申報社

花春丹은 霍亂 吐瀉 腸痛 滯症 暑症 정忡 神眩 胃鬱 痰盛 醒酒船虆 咳嗽 口味업ᄂᆞᆫ諸症의神效ᄒᆞᆫ藥이오 此外에도洋炭水解毒藥 府창 疳氣 蛔虫 寸虫 赤白癩風 藥과東西洋藥이俱備하고他病도隨問出方하오니 僉位ᄂᆞᆫ在識하시옴

皇城校洞石井洞下隅　石泉堂藥局 告白

●九轉靈砂라 本人이妙方法을神備하야製造ᄒᆞᆫ靈丹인ᄃᆡ男女老少에無論何症ᄒᆞ고通治ᄒᆞ오며無病時에도服ᄒᆞ면平生의身體가健康ᄒᆞ며小兒ᄂᆞᆫ四五歲가만服ᄒᆞ면十歲안에無病ᄒᆞ게를擁保ᄒᆞ오며

●九轉靈砂萬應丹은癲狂 [illegible]과中風諸疾과耳目病과淋疾에神效ᄒᆞ오

●九轉靈砂保命丹은初生小兒 驚風 瘋氣 喉嚨 腹痛諸般聰과婦人帶下症에神效ᄒᆞ여

●九轉靈砂濟衆丹은酒滯 食滯 血積 吐瀉 霍亂 痢疾 吐血 下血 逆氣 時疾 痛症에神效ᄒᆞ오

●九轉靈砂紫金丹은痔漏 累瀝 上疳瘡 下疳瘡及唐瘡과黴毒疥瘡惡種에無不神效ᄒᆞ오니 僉君子ᄂᆞᆫ來問ᄒᆞ시오

內需司前두갈이골上隅第一家　李鶴廷 告白

大韓仁川港 [illegible] 洋行

本社廣告

申報價

一張代金 新貨二錢五里

一箇月前期 三十錢

三箇月 九十錢

六箇月 一元七十錢

一箇年 三元[illegible]

郵稅一部 新貨五里

一箇月 十三錢

廣告料

國漢活字十三字爲一行 每日每行 [illegible]

◉本社地方各處支店廣告

仁川[illegible]新冊肆 李[illegible]

平壤南山峴日新學校 金[illegible]

宣川邑楠西 崔[illegible]

義州南門外韓西大韓房張有 安[illegible]

長連邑 金[illegible]

鎭南浦築洞 金仁[illegible]

咸興州南社 曺[illegible]

中和邑 車俊培

釜山佐川徐[illegible]房 金[illegible]

開城北部梨井里 [illegible]

校洞校長 姜助[illegible]

大丘郡 達城廣文社

發行兼編輯人 英國人 裵說

發行所 京城北署[illegible] 大韓每日申報社

第四卷 第三百四號

月曜及慶節 歲時日休刊

檀君開國四千二百三十九年
箕子元年三千二十八年
大韓開國五百十五年
日本明治三十九年
淸國光緖三十二年
◎陰曆丙午七月小初四日己亥

論說

警告全韓人士

本報之設立于漢城中央者ㅣ今既有年矣라其間無限호困難을經過호며無數호방독을飽喫호얏스니至于今日호야と足可以有辭於世界萬國호깃이本報의立言措辭가無論於韓於日호고果然一毫愛憎之私가有호가無論政府及社會호고或其扶抑之私가有호가但其天理의鑑明과人道의維持를爲호야或强者의無理橫暴호虐政을駁論호며弱者의無辜被壓호哀情을演述호야抑揚辨論之際詞理가噴放호야或一邊에怒目疾視와又一邊에含憾抱嫌을受호얏스나本記者가受此許多困難호고自初至今에確然無一辭之或撓者と豈有他哉아惟其理直詞正而已矣라奈何로韓國人民이對此本報호야一種訛說이往往而出호니去陰曆三月間에と曰現今俄日이開戰於滿洲之野호야日人之死傷이無數호야頭骨之輸來於各港輪船者ㅣ相續不絕也어날大韓每日申報と胡爲乎出事實을不爲揭載호と요호야曰必是受賂於日人이라호야嘖言이日至호니

如此狂愚無據之言을不足掛齒이기로置之不論이러니至於近日호야又有投書于本社者曰日本統監府의二十萬圜의行賂가有호야本報沈默之態를呈호얏다호니此等狂愚之說을不足介懷어니와所可寒心者と韓國人民의愚昧不明호程度가尙此茫然호도다

統監府에서如此호交涉도必無호거시오本報主意도無論何處하고他人의金力과勢力으로と一種言權을逞其撓奪호者가必無호깃거날如是無情호讒謟가空然聒耳호니不亦可怪哉아

此等無稽之說은足히計較論辨호바無호거니와惟玆大韓國內에購覽本紙호시と僉君子と一切紙面에措辭立言을覽過호면本報主意를足可推測이니何須再言이리오

蔽一言호고本報의目的은惟是大韓國權을回復호고世界人道를維持호기前에と비록萬방이日加호고百毀가交至라도一個筆頭에獨立精神은誰人의게敬奪호理由가確無호니惟願全韓人士と諒之念之어다

官報

●三千五百三十七號 光武十年八月二十一日 續

◎敍任及辭令

○制度局主事全台憲　仝金顯奎　시從院主事卞鍾善　仝李容奭　奎章閣主事徐하輔　仝丕泰오　仝崔英澤　禮式院主事韓聲東　仝李容憲　仝玄暘運　仝李元模　禮式院稽制과主事嚴和永　仝香祀課主事李錫榮　仝張世英　禮式院掌樂과主事南廷逵　仝金윤彬　仝박容○　宗簿司主事박泰秀　仝박容海　仝李舜鎔　仝李鼎薰　敎寧司主事박容奎　太醫院主事박胤錫　內藏司主事金漢永　仝千興植　仝李鍾益　經理院主事魏一鏞　仝尹道植　仝盧仁德　仝尹泰植　仝洪德柱　經理院技手郭亨根　仝金元錫　仝安宗호　奉常司主事박基洪　仝鄭完福　仝張필遠　典션司主事羅孝鎭　仝安永錫　仝박[illegible]泰　尙方司主事金格　仝崔亘澤　主殿院主事박海觀　仝白鴻彬　仝李承鉉　仝嚴柱河　仝崔형集　仝崔南炯　仝高濟翊　主殿院營衛局主事韓大源　主殿院營務課主事박相雨　仝洪義煥　仝李鳳善　仝崔昌善　仝鄭馴永　營繕司主事金弘基　仝吳駿根　營繕司技手全遠弘仝李丙勛　太僕司主事俞복圭　시講院主事具然禎　仝李承鳳　依願免本官　八月十八日○命宮內特進官　正一品李[illegible]冕

八月十七日　完

●三千五百三十八號 光武十年八月二十二日

◎宮廷錄事

軍部大臣陸軍副將臣李根澤謹奏前正尉洪秉華前副尉李承麟前參尉尹濟晉等自法部流配而旣蒙特放前副尉金종鉉被因陸軍法院因　赦蒙放幷特免懲戒前參尉卞永淵金世中自陸軍法院照律免官前副尉李圭祜被因於陸軍法院仍爲逃躲前一等軍司吳錫善各官月俸趁不頒給事並已免官副尉金鍾完由限已過久不還隊事停職而追究情跡俱有可原前正尉權承弼前副尉丕邦顯韓봉錫前參尉李錫東免官俱已年久亦合叙用幷免懲戒何如謹　奏　光武十年八月十七日奉　旨依奏

草土臣李載崑辭職疏

批旨省疏具悉苦請如是切摯所請依施

社稷署提調박鳳柱辭職疏

批旨省疏子悉卿其勿辭行公

以上八月十九日

◎叙任及辭令

○任陸軍法院理事　軍部軍務局軍法課리事조[illegible]청○任軍部軍務局軍法과리事　正三品李起聲　以上八月十八日○任京畿觀察使　從一品閔商鎬○任忠淸北道觀察使　正三品尹吉炳○任咸鏡南道觀察使　內部地方局長鄭봉時○任內部地方局長　내部警務局長俞星濬○任내部警務局長　漢城府參書官金彰한　以上八月十八日○免本官　平壤監리署主事申[illegible]永　右と今平壤監理金應龍의報告書를據호주該員이職務上에每多헌만이옥기飭以務免이오되一樣不悛이다이가是以로免本官○德源免本官　平壤監理署主事徐丙宰○德源監리署主事丁寶燮　徐丙樹　任平壤監리署主事○任德源監리署主事　前主事洪淳珪

以上八月二十日

外報

●會見結果　伯林電을據호則英國皇帝出巡後德國皇帝と宰相비예一로一로公에게電報를發호야英帝와會見은頗히滿足호旨意를報道호얏다더라

●智利地震　倫敦電을據호則南米智利共和國首港우아루싸라이소市에大地震이起호야同市と一部가破壞호고又火災가連起호야通信이困難호情態라하더라

●憲法發布　波斯皇帝と同國內에憲法을發布호기로決定호얏다더라

●鐵道의事變　米國(데기사스)州에在호鐵道에서大事變이起호야負傷호者가五十五名이라더라

●居留地問題　倫敦電을據호則倫敦타임스新聞에北京通信을모리손氏가電報호되滿洲居留地問題가遲延未決호으其責任이滿國政府에在호다호얏다더라

雜報

●郡守十三窠　昨日政府會議에郡守十三窠를奏下ᄒᆞ얏と디价川柳達驛德山洪鍾觀鴻山李中鉉英陽金思重殷仁金潤晶舒川趙秉錫藍浦李哲圭禮山尹榮兌固城蔡龍錫谷城金鍾鉉松禾徐相喆南原朴台榮機張李範佐諸氏더라

●한城裁官吏의增額　漢城裁判所에と民刑事間訴訟判決과凡百事務가去益浩繁ᄒᆞ되以其現額官吏로と左應右酬에萬難做過라ᄒᆞ야該所에셔法部에報告ᄒᆞ고判事四人檢事二人主事六人으로增額設置케ᄒᆞ얏다더라

●仕進時限　內部地方局長俞星濬氏가昨日부터視務ᄒᆞᆷᄋᆡ先部條가一心團體로事務를各盡ᄒᆞ자と意로演說ᄒᆞ얏と디每日仕進에諸條가或先或後ᄒᆞ야有違時間ᄒᆞ니此非徒規定之案亂이라妨碍於公務者亦爲不些ᄒᆞ지니自今以後로と一定時限을ᄒᆞ야每日上午十時에仕進ᄒᆞ되如或過限不進이면罰金으로一分에新貨五錢式定ᄒᆞ야至於幾分幾十分이라도隨其遲緩ᄒᆞ고計其時分ᄒᆞ야毫不容私에務圖一致케ᄒᆞ자ᄒᆞ얏다더라

●法院聲明　統監府에셔法務院을新設ᄒᆞ고司法을實施ᄒᆞᆫ다더니再昨日政府에聲明ᄒᆞ얏다더라

●緣何押囚　振威郡守白南査氏內衛에と有何事端인지京畿觀察府警務補佐官이該郡에前往ᄒᆞ야同郡守內行을押囚ᄒᆞ얏다더라

●民何打兵　昨日下午五時頃에南門內等地에셔緣何事端이던지何許悖民이以鈒刃으로揮打憲兵ᄒᆞ야頭部與左脚가重傷ᄒᆞᆷ으로該民을巡檢이捕縛ᄒᆞ야南署로押付ᄒᆞ얏다더라

●鯨戰鰕死

濟州牧使丕應桓氏의貪虐條件은本報에已揭ᄒᆞ얏거니와今聞ᄒᆞᆫ즉同氏가以爲ᄒᆞ되此十六條之揭於新聞이本郡守金重培氏의指使로本郡留進士金學鉉氏의所爲라ᄒᆞ야巡捉去에朱杖革鞭으로限二時量威之爲之ᄒᆞᆷ而縛之打之日此十六條之揭於新聞이必有暗中指使리ᄒᆞ고革鞭百餘度와周牢七八次에勤捧納其手足ᄒᆞ고搴其圖章ᄒᆞ야勒使捺之然後에以誣告律로報于平理院ᄒᆞ야至有鳴訴라ᄒᆞ니大抵該牧使의貪虐之實이揭于本報者と該郡人民의冤抑으로由ᄒᆞ야遠于本社者도自有其人이라決非此金學鉉之所爲어날該牧使가誣稱以金學鉉之所爲라ᄒᆞ고如是驅刑ᄒᆞ며如是誣辭ᄒᆞᆫ은但以該郡守金重培氏와嫌疑가有ᄒᆞ야郡守의親近之人이라ᄒᆞ고勒加重罰ᄒᆞᆷ이니牧使의貪虐之實은固當有發露之日이어니와同金學鉉氏에 無故被刑ᄒᆞ고至於鳴訴と可謂鯨戰鰕死라自平理院으로洞燭其事實ᄒᆞ야公正決處則幸矣어니와若其該牧使에勢力으로無故良人民이魚網鴻罹之厄을不免케ᄒᆞ면本社에셔此等投書者에姓名을遽然露出ᄒᆞᆷ은規則이無ᄒᆞᆷ으로姑且隱面不發이어니와從當擧其事實ᄒᆞ야

歷言不已에暴白其實ᄒᆞ리니惟願大韓法官은此等貪虐官吏의巧讒手段을明察ᄒᆞ야無罪ᄒᆞᆫ人民에非常ᄒᆞᆫ橫厄을脫免케ᄒᆞ며該牧使에貪虐之實을更加詳覈ᄒᆞ야俾該島人民으로全其生命케ᄒᆞᆯ지어다

✡✡✡

●岡野退韓　務安港漲灘地를李允用氏가占奪事로日人岡野秀三郞氏를代理人으로派送ᄒᆞ야勒奪事로該港人民等이政府及理事廳에呼訴하더니該日人은退韓令으로歸日ᄒᆞ얏다더라

●委員發程　平壤軍用地調査委員朴義秉氏と昨日京義初車에發程ᄒᆞ얏다더라

●聯署上奏　再昨日에參政朴齊純內部大臣李址鎔軍部大臣李根澤三氏가聯署ᄒᆞ야上奏ᄒᆞ기를鎭海永興兩만에關防上必要로軍港을設施ᄒᆞᆷ이何如ᄒᆞ奏ᄒᆞ얏다더라

●高倅報告　高靈郡守莅郡以後에設校形止と一一條報이온바郡有靈新學校이옵고又於十四面에各設學校ᄒᆞ야生徒가至爲五百人이온바冊子에購買가京鄕間에甚艱ᄒᆞ오나學徒에講習을酬應ᄒᆞ기難ᄒᆞ니不勝悶迫이며又自他邑으로購買亦繁이온바本郡居前主事金性濟와幼學金海進李憲昌權坤述表永鶴과前五衛將金秉麟鮮人鳩合資金ᄒᆞ야方設印刷板於本郡ᄒᆞ고各種敎科書를次第刊出ᄒᆞ기로請願ᄒᆞ온바印刷板은大字と木鑄이옵고小字と鐵鑄이옵고紙本은以樹內所產紙로印出ᄒᆞ기酌定ᄒᆞ와玆에報告ᄒᆞ오니 照亮後에即爲認許ᄒᆞ오서俾廣此鄕ᄒᆞ야偏僻敎育之地로학部에報告ᄒᆞ얏다더라

●匡相新校　全北古阜郡에匡和學校를設立ᄒᆞ고教師と日人岡村天瑞氏를雇聘ᄒᆞ야學徒가三十六人에達ᄒᆞ얏と디該郡守鄭龍基氏가六千兩錢을自辦ᄒᆞ야存本取殖ᄒᆞ야敎師月銀每朔三十元과外他應用物品을以資排用ᄒᆞᆫ다더라

●大官相詰　日前에內部大臣軍部大臣에有何事端ᄒᆞ야一場詰駁ᄒᆞ얏다더라

●叅政欠仕　政府叅贊李商在氏と近日寒症呻吟ᄒᆞ야多日欠仕ᄒᆞ얏다더라

✡✡✡

●劉氏得放

義州郡人民의來函이如左ᄒᆞ니敬啓者と劉元章氏가貴申報社에鎭巡朴文淵之不法을投書揭載다고朴氏가監理李民보氏로協商結約ᄒᆞ고巡檢을多派ᄒᆞ야欲捕劉氏ᄒᆞᆯ시同氏と自己에春秋直筆만生覺ᄒᆞ고營業次로龍岩浦에前往이러니本地에元巡巡別等이緊緊結縛이거날悶日吾有何罪며彼或有罪라도實非殺人强盜요必是前日申보上所載니上去載判則已여날如是結縛亂打と警察官吏에於分不可라ᄒᆞ며該巡等이稱爲無難恐喝이라ᄒᆞ고雙雙棒子가如雨셤셤ᄒᆞ야幾至死境인데該龍岩警署에如何嗾囑인지者嚴囚에其所刑刑은目不忍見이러니

再日後에押上本監理署ᄒᆞ야申明上三條가只是某某한之口證이오確無證人名之信章이라ᄒᆞ고嚴杖ᄒᆞ八에若楞嚴囚ᄒᆞ니六月苦熱에一次審囚と實所無罪者之抑鬱인데那當服役이라ᄒᆞ고上府에馳報러니被指令이答五十度에即放ᄒᆞ라ᄒᆞ여시니身爲監理ᄒᆞ야刑律도末ᄒᆞᆫ인지違背律과誣告律을不能自斷ᄒᆞ니可笑者一이오既奉指令則固從令也여날做何凶計인지賊囚ᄒᆞᆫ지一朔이오奉令ᄒᆞᆫ지廿日에終無消息ᄒᆞ니傍視上府之罪는當照何律고滿城人民이所之一觀狀物이러니貴申報는實是鏡鑑이라第二百九十一号中에鬼哭聲과民口難防이라と問題가分明되며彼等之陳荒罪狀이又一添出하니此將奈何오李朴兩氏가罔夜相圖ᄒᆞ고劉氏를招致ᄒᆞ야此等申報가官吏名譽에損害千萬이니永絹前鑑ᄒᆞ라고攷攷勸勉放送ᄒᆞ여스니

當初에劉氏가平理院에呼訴ᄒᆞ야朴氏를押上裁判이라도內大李址鎔氏와本監理의請滿一度며必用水刀여날同心體結된監理營에所謂裁判所라고信之無疑ᄒᆞ얏스니此と劉氏之曖昧어니와李敎得放ᄒᆞ얏기로惟吾人民이幾至死境되얏던劉氏回甦은一口感謝ᄒᆞ와玆以仰告ᄒᆞ오니揭戴보面ᄒᆞ시와二千萬同胞의게共佈ᄒᆞᆷ을爲要라ᄒᆞ얏더라

●金必餓死　金審민에게餓死中氏度大라在任時에江華軍餉米一千石을貸納ᄒᆞ얏と디自度支로該米價를尙未上下ᄒᆞᆷ으로前後呈訴稱冤ᄒᆞᆫ것은已經新聞에도記載ᄒᆞ얏거니와金哥가近來以漢城裁判所에度支大臣으로呈訴ᄒᆞ야判決得訟ᄒᆞ나一錢上下치아니ᄒᆞ고度支と顧問官에게推託ᄒᆞ고顧問官은大臣의게로推託ᄒᆞ야決末을不得ᄒᆞ야金哥と行年七十에負債如山ᄒᆞ야餓死之境이라ᄒᆞ니將次實是下에서나돈을차즐는지

●酷刑質問　警務顧問에셔微上隊兵金烈을捉囚ᄒᆞ얏다가經過五日後憲兵隊로押交ᄒᆞ더라軍部에셔內部로照會ᄒᆞ야該多日拘囚와酷形刑訊ᄒᆞᆷ을質問ᄒᆞ고該越權濫刑ᄒᆞᆫ警官을從重懲勵ᄒᆞ라ᄒᆞ얏슴으로內部에셔警顧에對ᄒᆞ야該兵의有何罪犯으로行何刑訊인지其顚末을詳查速報ᄒᆞ되如或掩護粧撰ᄒᆞ면難免失檢之咎이라ᄒᆞ얏다더라

●觀察擬薦　近日政府에셔觀察使를公望으로選擇ᄒᆞᆯ公議가有ᄒᆞᆷ이尹致昊氏와林炳恒氏와李忠求氏와李鍾林氏와龐俊模氏라と디尹致昊氏と從來聲譽와前蹟이有ᄒᆞ고林炳恒氏と夙히外國에遊학으로抱負가素著ᄒᆞ고李忠求氏と審務使前蹟이有ᄒᆞ다고世人이皆稱ᄒᆞ다더라

雜報

●英語研成社趣旨書

蓋國體之鞏固結實在於社會之發達民智之高明實由乎學問之進就此泰西列國之所以成富强文明而雄視於四海幷駕於六洲者也噫我大韓僻在東亞之一隅自檀箕以來至今四千餘載地三千里之大民有二千萬之衆而政治法律禮樂文物可以爲千古萬國之第一矣夫何挽近以來國步艱虞民志卑陋不能保自主之權無以建獨立之基其故何也此國無定敎民無實學膠守鄙野之習慣而不求自新專事浮靡至於國權之傾頹而不能思挽回之策至於民生之陷溺而不能圖共濟之方言念及此寧不寒心痛歎哉

嗚呼其在萬國未通之時則惟以遺風善政尊尙道德而能成又隆之治也至若今日局見列强環逼乃有虎視鯨呑之勢而不可以詞章却雷電之行不可以刀筆擋砲彈之飛則以前日固守之頑陋豈能挽旣失之自主權利乎古書曰琴瑟不調甚者必解而更張之乃可鼓此眞改良自新之格言也書曰民惟邦本本固邦寧國若無民則國何以爲國民若無國則民何以爲民然則若夫爲民者其視國家如楚漢之興亡秦越之肥瘠不知爲國民之義務而都委天賦自由之良知良能是何以異於泥塑木偶乎

現當競爭之時代革祛舊習欽遵新式者惟一急先務則此誠有志人士奮發激厲之秋也蓋自甲午更張以後依倣列强之美規上自國都下及閭巷創設各種學校敎育人材者迄今十有餘年學務之擴張社會之發達可謂我韓文明之一大進步也噫我本洞旣設數三學校漢文ᄀ敎育日語之講習非不興旺而至於英語科杳乎无聞此亦開進上一欠事矣

何幸本洞居有志朴承烈與數三同志揣度時宜講究方略認給家舍之一區而創設一學社以名之曰英語硏學社此蓋取諸學校與社會之趣旨而然也昔宋有耆英社此乃禮養耆老而已唐有香山社不過酣詠淸談而止矣至若此社外有語學硏究之美擧內有社會團成之奧義比諸漢唐兩社其義務之輕重大小固當何如哉若使諸學員熱心苦誠蓄德潔行能通專門之學而升進高等之科則異日需世之器用實爲國家萬億年基礎之本也且使宇內同胞觀感而興起皆得如此社之團體組織而今日設一校明日設一社校與社發達則此學社之設可以爲文明進步之津筏而亦以爲敎育啓導之指南矣其於國家之政治敎化豈可謂少補也云爾然而顧念情況經費一欵未係不貲有難設立然惟以勇斷銳進之志鳩聚若干金爲先創始後期見來頭之實效也伏願僉君子實心勸勉捐義방助使此學社愈益擴張是所千萬伏祝

●軍港의區域　內部에서鎭海灣永興灣兩處에日本軍港設置ᄒᆞᄂᆞᆫ事件으로統監府에請ᄒᆞᆫ因ᄒᆞ야慶南成鏡南道觀察使의게發訓ᄒᆞ기를該區域附近各郡에酬飭ᄒᆞ야其界境을昭詳錄報ᄒᆞ며標線內所有家屋與山林田地를賣買或典當을嚴禁케ᄒᆞ라ᄒᆞ얏다더라

●照撫慰金　警務使朴承祖氏가該廳解放된官吏의게對ᄒᆞ야慰勞金을支給ᄒᆞᆯ意로已有稟請於內部而尙無如何之措處ᄒᆞᆫ故로又爲報告ᄒᆞ야該慰勞金을度支部에照會撥給케ᄒᆞ라ᄒᆞ얏다더라

◉學員募集廣告（第一回）

玆에普成中學校를新設ᄒᆞ고高等普通學術로一般國民을教育코져ᄒᆞ오니將來에實業及實務에從事ᄒᆞ고又ᄂᆞᆫ各種專門學校에入學코져ᄒᆞᄂᆞᆫ青年有志諸君은早早來學ᄒᆞ오셔中等以上普通知識을全備하심을爲望하옴

本校의完全ᄒᆞᆫ教授準備와眞正ᄒᆞᆫ教育制度를左에列擧ᄒᆞᆷ

一 一般教科書ᄂᆞᆫ擔히本校에셔新編準備ᄒᆞᆷ

二 本校의第一主旨ᄂᆞᆫ修身科、作文科、漢文科니倫理學教科書를新撰ᄒᆞ야道德心을培養ᄒᆞ고、作文教科書를新撰ᄒᆞ야文章을規矩로教授ᄒᆞ고漢文教科書를新撰ᄒᆞ야讀書를應用活法으로教授ᄒᆞᆷ

三 理化學及博物學은機械及藥品으로實地試驗을行ᄒᆞ야教授ᄒᆞᆷ

四 唱歌ᄂᆞᆫ軍樂音調로新製教習ᄒᆞᆷ

五 體操及運動은各外國運動式用機具로日常教鍊ᄒᆞᆷ

六 教師ᄂᆞᆫ新舊學問에專能ᄒᆞᆫ諸大方家를延聘ᄒᆞᆷ

◉學科目（科目中課程은略之）

修身學、國語、漢文、作文、歷史、地誌、物理及化學、博物學、地文學、法學、數學、圖畫、唱歌、體操、外國語、農業學、商業學、簿記學、

◉入學年齡

自十五歲以上至二十五歲以下

◉修業期限

四箇年

◉入學試驗科目

國漢文讀書及作文、內外國歷史及地誌問對、算術四則以內

◉入學試驗日字

九月十五日（陰七月二十七日）

◉開學日字

九月十六日

（入學請願書及保証書ᄂᆞᆫ本校用紙를用ᄒᆞᆷ）

光武十年八月十六日

漢城中署礴洞 私立普成中學校

本社廣告

申報價
一張代金 [illegible]
一箇月 三十錢
三箇月 九十錢
六箇月 一元八十錢
一箇年 三元[illegible]
郵稅一朔 新貨五厘 一箇月 十三錢

廣告料
國漢文[illegible]十三字[illegible]
每日每行[illegible]
一週日에 二圜[illegible]
一箇月에 [illegible]
其期限의長短과字行의多少를依ᄒᆞ야增減ᄒᆞᆷ이有ᄒᆞᆷ

◉本社地方各處支店廣告
仁川租界陽新冊肆 李[illegible]
平壤南山峴日新學校 金[illegible]
宣川邑[illegible] 崔[illegible]
義州南門外韓西大藥房[illegible] 安[illegible]
長連邑 金[illegible]
鎭南浦[illegible] 金仁[illegible]
咸興州南社 [illegible]
中和邑 [illegible]
釜山[illegible] 金[illegible]
開城北部[illegible]
校洞[illegible] 姜助[illegible]
大丘郡 達城廣文社

發行兼編輯人 英國人 [illegible]
發行所 大韓每日申報社

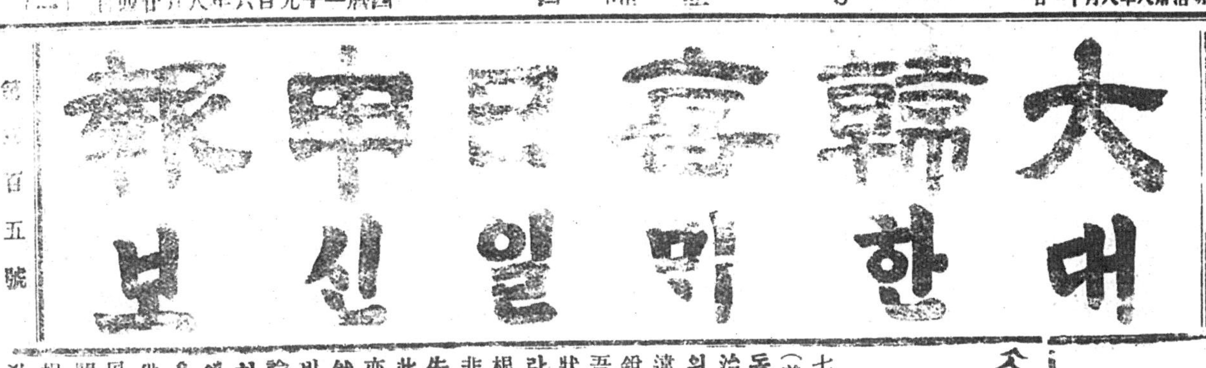

第四卷　第[illegible]百五號

大韓每日申報
대한매일신보

月曜及慶節時日休刊

檀君開國四千二百三十九年
箕子元年三千二十八年
大韓開國五百十五年
日本明治三十九年
淸國光緖三十二年
◉陰曆丙午七月小初五日庚子處暑

論說

韓與日本

七月에刋出ᄒᆞᆫ코레아우리븨우(美國人訖法氏所刊月報)를接독ᄒᆞᆫ즉現今伊藤侯의指揮로制治되ᄂᆞᆫ韓政府에對ᄒᆞ야其事實의批評이適宜相當ᄒᆞᆫ지或은頗達其事實인지第其所道ᄂᆞᆫ十分銳利ᄒᆞ도다

吾儕ᄂᆞᆫ我同業者가恒常中節ᄒᆞᆫ狀態를保守ᄒᆞᄂᆞᆫ거슬信乎ᄒᆞ노라코레아우리븨우記者ᄂᆞᆫ知識의根源을蘊抱ᄒᆞ야日人을反對論非ᄒᆞᆷ에至ᄒᆞ야도中節을能守不失ᄒᆞᆷ을吾儕ᄂᆞᆫ恒常驚歎ᄒᆞ노니此ᄂᆞᆫ吾輩에不能比肩ᄒᆞᆫ바이오亦不能與知ᄒᆞᆫ者로다

然而七月에所刋ᄒᆞᆫ코레아우리븨우報가頗히熱心奮勇으로其論非ᄒᆞᆫ거시甚是强硬ᄒᆞ고緊切히排斥ᄒᆞᆫ지라吾儕ᄂᆞᆫ大韓全境에居留日人이韓人의게迷醉品을從其力所及處ᄒᆞ야多數發賣供給ᄒᆞᄂᆞᆫ慘惻ᄒᆞᆫ事情에就ᄒᆞ야夙已自附已評ᄒᆞ얏거니와因此關連ᄒᆞ야코레아우리븨우報에揭載ᄒᆞ얏스되北方에在ᄒᆞᆫ耶蘇敎病院의셔阿片鹽의癮증으로因ᄒᆞ야毁傷된者三十五名을接受ᄒᆞᆫ것無通告于余ᄒᆞ얏ᄂᆞᆫ딕平壤에居ᄒᆞᄂᆞᆫ웰쓰醫士가으리븨우報에致書ᄒᆞᆷ이如左ᄒᆞ니

阿片을吸食ᄒᆞᆷ으로喘失된阿片鬼던지阿片鹽利用者들은皐皆下流之輩요且豪富家에多有ᄒᆞ거니와彼輩이皮막에揷入ᄒᆞᄂᆞᆫ水喞針을使用ᄒᆞ야每日阿片鹽을由막內에噴入ᄒᆞᄂᆞᆫ지라余가此一箇病者를自任ᄒᆞ야根源的治療方을設立ᄒᆞ얏스니即의드례날닌을良藥으로認用ᄒᆞ야癮根을立即拔去ᄒᆞᆫ지리此藥은阿片鹽利用者에게奇特ᄒᆞᆫ新方으로創用ᄒᆞᆷ의快奏其效ᄒᆞ야去四月間에三十名의治療請求者가有ᄒᆞ니如是許多病者가來到ᄒᆞᆷ의幾箇人은從前我의學生中一人이管理ᄒᆞᄂᆞᆫ病院으로送致ᄒᆞ얏더니ᄯᅩᄒᆞᆫ我의認用ᄒᆞ든同方을用ᄒᆞ야實有好驗ᄒᆞ얏다云云이러라

此阿片鹽과皮막內에揷用水喞針은惟獨日人이供給ᄒᆞ얏더라

으리븨우報에揭載ᄒᆞᆫ바其他大有關係ᄒᆞ고難可論駁ᄒᆞᆯ實事가尙有數種ᄒᆞ나然ᄒᆞ나空欄이無ᄒᆞ야不得張皇說及ᄒᆞ며어니와我同業者가一箇請求件을揭布ᄒᆞ얏ᄂᆞᆫ딕吾輩ᄂᆞᆫ其結果의如何를企望ᄒᆞ노니其書가如左ᄒᆞ더라

吾儕ᄂᆞᆫ日本當局者들이大韓人을正實朋友로待遇ᄒᆞᄂᆞᆫ것을證驗ᄒᆞ기에注意ᄒᆞᆫ바無論何許通告ᄒᆞ고其根筋을熱心經求ᄒᆞ며此外에更且說明ᄒᆞ기ᄂᆞᆫ大韓에關係된事件中에日本이在此施措ᄒᆞᄂᆞᆫ政策에可히攻駁ᄒᆞᆯ만ᄒᆞᆫ句點은或者我輩가拔出ᄒᆞ야如此好箇句點을排除ᄒᆞᆫ을노付度ᄒᆞ면大爲誤解라誰某던지日本이韓國事를措處ᄒᆞᄂᆞᆫ딕抵觸되ᄂᆞᆫ辨明書를公佈ᄒᆞ기爲ᄒᆞ야我輩의게送致ᄒᆞ야試看하면吾儕ᄂᆞᆫ大爲感惠로思料ᄒᆞ노라云云이러라

雖然如此나不足爲美오吾儕ᄂᆞᆫ日人이容此詞求ᄒᆞ야置之度外를不信ᄒᆞ노라不數日에統監府官報機關이刊出이어니와吾儕ᄂᆞᆫ該記者의게忠告ᄒᆞ노니코레아오리븨우報의請求를啓許ᄒᆞ며吾儕가近者에强迫히注意하야揭佈ᄒᆞᄂᆞᆫ反對意想을拋棄케ᄒᆞ고適中ᄒᆞᆫ狀態로ᄒᆞ도록吾儕之前에常揭實事ᄒᆞᄂᆞᆫ거시善莫過於此也라ᄒᆞ노라

官報

●三千五百三十九號　光武十年八月二十三日

◉宮廷錄事

詔曰再三揀擇日子涓定以入

八月廿日

禮式院掌禮卿臣金思轍謹奏再三揀擇日子涓定以入事命下矣吉日令日官金東杓推擇則再揀擇陰曆七月廿六日三揀擇八月初五日爲吉云以此日定行乎敢　奏

光武十年八月廿日奉

旨以此日定行

部令

●農商工部令第四十四號

移民保護法施行細則　續

第三條　移民勞動契約을依ᄒᆞ여前往코ᄌᆞᄒᆞᄂᆞᆫ時ᄂᆞᆫ其청願書에移民보護法第九條의規정ᄒᆞᆫ契約書를添付ᄒᆞᆷ이可ᄒᆞᆷ

農商工部大臣은契約移民을禁止ᄒᆞᄂᆞᆫ國의對ᄒᆞ여ᄂᆞᆫ契約移民의前往을許可치아니ᄒᆞᆷ

第四條　移民處辦人되고ᄌᆞᄒᆞᄂᆞᆫ者ᄂᆞᆫ左開事項을詳記ᄒᆞ야農商工部大臣의게청願ᄒᆞᆷ이可ᄒᆞᆷ

一　營業所
二　營業資本金額
三　營業期間을정ᄒᆞᆫ者ᄂᆞᆫ其期間
四　移民ᄒᆞᆯ土地及其土地의事情
五　移民의目的
六　處辦ᄒᆞᆯ移民의豫정人員
七　移民의前往前後의周旋方法
八　請願者의履歷及財産

會社의地ᄒᆞ여ᄂᆞᆫ會社의資本幷其代表者姓名履歷及財産

前項第二號及第四號乃至第七號에規정ᄒᆞᆫ事項의變更을生ᄒᆞ거나又變更ᄒᆞᆫ時ᄂᆞᆫ前項規정을准ᄒᆞ야更히許可를受ᄒᆞᆷ이可ᄒᆞᆷ

移民處辦人의營業을相續ᄒᆞ거나又讓受코ᄌᆞᄒᆞᄂᆞᆫ者ᄂᆞᆫ本條規정에依ᄒᆞᆷ이可ᄒᆞᆷ

第五條　移民處辦人이代理人을定ᄒᆞ고其許可를受코ᄌᆞᄒᆞᄂᆞᆫ時ᄂᆞᆫ其請願書에代理人의履歷及財産을詳記ᄒᆞᆫ文書를添付ᄒᆞᆷ이可ᄒᆞᆷ　未完

外報

●布哇海溢　桑港電을據ᄒᆞᆫ則布哇에大波濤가襲來ᄒᆞᆷ을因ᄒᆞ야同島沿海地에危害가不少ᄒᆞᆫ고海岸에在ᄒᆞᆫ土人의家屋은多數漂流ᄒᆞ얏스며植民地ᄂᆞᆫ海水에埋沒ᄒᆞ얏다더라

●大統領候補　路透電을據ᄒᆞᆫ則美國下院議長간손氏ᄂᆞᆫ共和黨의大統領候補됨을承諾ᄒᆞ얏다더라

●兩帝歡迎　德國皇帝ᄂᆞᆫ(구론바구)에서英國皇帝와會見ᄒᆞᆫ後에兩帝가自動車로(후리도리스구 소후)에到着ᄒᆞ야午餐ᄒᆞ고馬車로(후리도리스구)皇帝에銅像을觀光ᄒᆞᄂᆞᆫ딕到處에人民에歡迎을受ᄒᆞ고英帝의게ᄂᆞᆫ外務次官소지야루스타네인구소德帝의게ᄂᆞᆫ外部大臣(지루스기)氏가扈從ᄒᆞ얏다더라

●英帝出發　英國皇帝ᄂᆞᆫ(마리엔바스)로向ᄒᆞ야出發ᄒᆞ얏ᄂᆞᆫ딕新聞紙에ᄂᆞᆫ英德兩帝會見ᄒᆞᆫ은政治上에性質이包含ᄒᆞ얏다고揭載ᄒᆞ얏더라

●埃及分割　德國政府ᄂᆞᆫ挑戰的論鋒으로埃及에在ᄒᆞᆫ英國의權威를抗駁ᄒᆞ고埃及에對ᄒᆞ야英德의均等利益을目的으로ᄒᆞ야埃及將來에賠償價格을基礎로삼아英法兩國間에不可不協定ᄒᆞᆯ기를提出ᄒᆞ얏다더라

雜報

●交換無碍 昨年七月舊白銅貨交換할時에甲乙丙三種으로判別交換ᄒᆞᆫ時에對ᄒᆞ야京城商業會議所에서自昨年以來로政府에申請홈이一再에不止ᄒᆞᆫ지라一方으로ᄂᆞᆫ委員을日本에特派ᄒᆞ며或은伊藤統監에게經議ᄒᆞᆫ結果로錢者에租稅金에白銅貨를無碍徵收케ᄒᆞ기로酌定ᄒᆞ얏고今에更聞ᄒᆞᆫ則交換所에셔도無碍交換에方針을取ᄒᆞ고中央金庫에셔도各銀行에對ᄒᆞ야其方針을下示ᄒᆞ얏다더라

●韓一特色 近頃에新起ᄒᆞᆫ韓一銀行에서一般商民의便利와經濟界의調利를圖ᄒᆞ기爲ᄒᆞ야今回住還金貨去來上에白銅貨를無碍領收ᄒᆞ기로決定ᄒᆞ얏다ᄒᆞ니同銀行은他銀行과如히政府의補助監督을不受ᄒᆞᆫ唯一獨立의銀行이라同銀行이如斯ᄒᆞᆫ方便을圖ᄒᆞᆷ은一般商民의利益이夥大ᄒᆞ다더라

●監獄署內藥舖請置 警務監獄署罪囚等의病증診察은其間警察醫士의게依賴ᄒᆞ고藥品은廣濟院에서入用ᄒᆞ더니現今病囚가日日增加ᄒᆞ야每日診察者가十人以上에達ᄒᆞᆫ즉不可不該署內에藥局을設置ᄒᆞ고內部警察醫師高頭爲治로監獄署醫師를兼任視務케ᄒᆞ라고警務使가內部에稟請ᄒᆞ얏더라

●李氏厚誼 前參奉李吉祥氏ᄂᆞᆫ教官李憲氏의게四五朔을受ᄒᆞ다가李憲氏가不幸身死에送葬無計라李吉祥氏가感其師弟之義ᄒᆞ야葬費三千兩을辦給其子ᄒᆞ야使之勸葬케ᄒᆞᆫ故로聞知者莫不義之라ᄒᆞ더라

●無不擅行 학部학政務與官室에서학校規則을來月一日에頒布ᄒᆞᆯ次로該規則을以 勅令案으로起草ᄒᆞ야再昨日부터部議會議에提出ᄒᆞ얏ᄂᆞᆫᄃᆡ該會議席에ᄂᆞᆫ局長以下로參書官主事ᄂᆞᆫ不得參與ᄒᆞ며러該起案중에雖有不善處라도使不能下筆케ᄒᆞᆫ며ᄒᆞ니該規則은頒布日에第當威知어니와參與室日官等之橫恣ᄂᆞᆫ愈往愈甚하야凡百事爲를渠自左之右之하야該部一般官吏ᄂᆞᆫ只得唯命是從이라하더라

●果是賊漢 日昨南門內等地에서以劍揮打憲兵하고被縛於南署巡檢等ᄂᆞᆫ已揭어니와南署에서該漢을捉入取招則渠是賊黨으로亦多同黨이라하야該賊口招로南村等地에서十餘名을逮捕하얏다더라

●觀察固辭 再昨日政府會議에慶北觀察使를以外事局長韓昌洙氏로奏薦코저ᄒᆞᆫ더韓氏가以其不可ᄒᆞᆫ意로固辭ᄒᆞ기를當此政治刷新之日과地方多事之時하야自料才局에不能堪任이니幸勿薦奏하고以他可堪者로極擇公薦하라하얏다더라

●八道關飭 農商工部에서統監府照會를因ᄒᆞ야十三道觀察使에게訓令ᄒᆞ기를礦業及砂礦採取法을業已揭佈하얏슨즉各郡이想應知悉이어니와尺量이或有未詳之慮니依左開翻飭各郡케ᄒᆞ라하얏ᄂᆞᆫᄃᆡ間에라稱ᄒᆞᆷ은常用尺六尺이오町이라稱ᄒᆞᆷ은常用尺三百六十尺이오坪이라稱ᄒᆞᆷ은常用尺六尺平方이오貫이라稱ᄒᆞᆷ은百兩重이오匁라稱ᄒᆞᆷ은一錢重이라하얏더라

●礦技招聘 農商工部에서統監府에照會하기를與部礦山事務局에서招聘ᄒᆞᆫ技術官은貴府에서採用ᄒᆞᆫ더인더預允承諾하라하얏더라

●農商紳府 商業會議所에서商工業을視察次로日本東京에派員ᄒᆞᆫ다ᄂᆞᆫ事ᄂᆞᆫ已載前報어니와農商工部에서該事를因하야統監府로公函하고商業會議所派遣視察之조彰한이抵到貴國之日에各官衙及各團休에標知하야相當便宜에方法을施與케하라하얏다더라

●法大落傷 法部大臣李夏榮氏ᄂᆞᆫ日昨에本第內二層洋屋으로陞降하다가失足落傷하야該部에數日을仕進도못ᄒᆞᆫ다더라

●數會設校 江西郡耶蘇教人金在瓚金基應朴宗治金昌煥金俊民金基煥李民과白舜欽諸氏가教育熱心으로耶蘇教小학校를設立ᄒᆞ얏ᄂᆞᆫᄃᆡ該郡郡守李宇榮氏가原來治蹟도顯著ᄒᆞ고教育을振起ᄒᆞᄂᆞᆫ事業이有ᄒᆞ야人皆稱頌에口碑가喧傳ᄒᆞ더니該校就緒를極力贊成ᄒᆞ야特히該郡大同眎를許給ᄒᆞ고二百金을捐助ᄒᆞ니大小人民이胥皆感悅信服ᄒᆞ야青年子弟를多數勸送ᄒᆞᆷ으로該校前途가大有進就之望이라ᄒᆞ더라

●敗業圮族 南來人에傳說을聞ᄒᆞᆫ則錦山金滯鉉이가酒色雜技에蕩敗世業ᄒᆞ고多犯公逋ᄒᆞ야初囚府獄이라가子婦男妹鄭氏를擔保ᄒᆞ고逃走ᄒᆞᆫ즉妻族沈氏가符同挾雜ᄒᆞ야境內朴乃益尹相泰李[illegible]復朴君玉諸氏名僞造圖章ᄒᆞ야幾千兩式捉囚督捧이고末來五寸叔을誣訴而牢囚監獄이라더라

●한叅陞差 한城府參書官金彰한氏轉任代ᄂᆞᆫ主事金學鉉氏가陞差하얏다더라

●碑頌借示 高陽郡守尹夏榮氏의告示가如左ᄒᆞ니古者에治郡이有可紀之績ᄒᆞ면去後에人民이沒不忘之實心으로立碑頌德이러니挽近以來로貪虐爲政ᄒᆞ야割剝人民이라가至於法院捉囚에或役或笞者도以挾雜手段으로暗囑吏民중의能於挾雜之人ᄒᆞ야使之發通立碑에以爲文其過而眩人耳目ᄒᆞ니此所謂挾雜碑也ㅣ라知郡莅任이今未滿三朔에有立碑建閣之通文故로業已告示ᄒᆞ야嚴禁此弊矣러니今聞此論이尚未止息ᄒᆞ야期欲效挾雜輩立碑之事ᄒᆞ니自顧知郡이日日小心ᄒᆞ야姑不犯科이거날噫此郡民이倣此與하야擠陷知郡於挾雜之案ᄒᆞ며此郡人民도自歸於挾雜之類ᄂᆞᆫ何其不思之甚也오爲知郡者無一政一惠之可紀而但以一片石으로立於萬目所視萬手所指之중ᄒᆞ니雖欲掩其不善이나天鑑神電이在彼孔昭라愚夫愚婦도尚不可欺啊이온況天鑑神明乎아雖知郡遞去之後라도若聞立碑之言이면斷當送人破碑ᄒᆞ야以謝天鑑神電ᄒᆞ리니惟我郡民은以此知悉하라ᄒᆞ얏더라

●會議事件 再昨日下午四時에政府各大臣이御前會議를開設하고軍港를日本에借與ᄒᆞᆫ事를爛商ᄒᆞᆫ後에有治蹟ᄒᆞᆫ各地方官에게宜有褒揚이니其褒揚은加資一階를特敍하자ᄒᆞ고且地方警察를擴張次로經費를立款하고尚不實施則該額를水道工事에挪用하자고하얏다더라

●特赦姑寢 日本에在逃ᄒᆞᆫ國事犯特赦問題가自初統監府說로因來하야大臣會席에서屢次提起하다가一時別運動으로疑息이되얏ᄂᆞᆫᄃᆡ其赦不赦結果ᄂᆞᆫ九月晦內로約定하야若不遵約하면伊藤侯의強硬問題가更起ᄒᆞᆯ터이라더라

●以貪免官 三陟郡守鄭雲梧氏ᄂᆞᆫ貪政으로貶下가되여免本官하얏다더라

●參政正論 現政府各大臣이國家의滅亡은皆置之腦後하고但其私權을競爭하야可謂逐鹿而不見泰山이라惟獨參政朴齊純氏가此를慨歎하야會席에서發言하기를伊藤氏動靜이不過我國을漸就自滅케ᄒᆞᆫ方針으로事事를因循拒過ᄒᆞᆫ쟌不是라所謂政策이徒益紛나而已오無一實施하니吾輩가各其政務를悉力擔着하야以圖共濟하고一毫라도타를依賴말자하얏더라

●色論不滅 機張郡守李範佐氏ᄂᆞᆫ少論便色이라하고曲徑得仕하얏시니便色이不明하다하야北黨에서一場反論이惹러라더라

●曠蕩之恩 政府에서調査하야在囚國事犯의疑惑者를免赦[illegible]戒ᄒᆞᆫ者를上奏하고一並曠蕩戒ᄒᆞ얏다더라

●礦師發程 農商工部에서補在[illegible]部博士ᄂᆞᆫ雲山礦人의金礦을視察ᄒᆞᆯ次로同部技師若干을領率하고今日雲山으로發程ᄒᆞᆫ다더라

●行李嚴禁 郡守가一次新任하면內部使令輩가依例行下錢을新郡守에게來討ᄒᆞᆫ다ᄂᆞᆫ故로大臣이秘密訓令하야使令輩의弊習行下를一切嚴禁하라하얏다더라

●云是公論 昨日에三陟郡守叙任의各部主事參久任者와四色중一人式을薦叙任하얏스니此ᄂᆞᆫ三人의並皆字牧之任에適當ᄒᆞᆯ지ᄂᆞᆫ雖未可信이나已往奏本時와同例라ᄒᆞ니此說은無有貌樣이라더라

●[illegible] 高陽[illegible]山은即王[illegible]之[illegible]都元帥權慄氏의大勝捷之地라山上의有碑石하고其下에有書院하야歲享紀念하야온[illegible]ᄒᆞ야自別하다云하더니近日日人[illegible]名이此地에前往하야山下[illegible]浦를築洑儲水하야杏州前坪에灌漑收稅ᄒᆞᆯ다하고該山一邊를自意毀鑿하는故로洞中에서查實ᄒᆞᆫ즉本無何處認許하고恣意開役하야威脅無雙故로該洞에서本郡에報告하얏더니郡守朴周憲氏ᄂᆞᆫ天眞挾私라日人行事를與較誰何하고山僞도失外無損이라하고一無相關ᄒᆞ고主朴郡守ᄂᆞᆫ有若如無라고民怨이狠藉하더라

報

開城府私立培義學校趣旨書

校長林圭永　校監姜助遠

天佑下民ᄒᆞ사作之君作之師ᄂᆞᆫ此古昔聖賢之教育也오府設學校ᄒᆞ야格致是篤ᄂᆞᆫ此現今諸國之教育也라古今殊宜로規模가雖有異同이나無論何代ᄒᆞ고學校興則其國이興ᄒᆞ고學校廢則其國이亡ᄒᆞ나니此有國以來로興亡之昭鑑也라

凡具圓顱方趾ᄒᆞ야戴上天履下地者가孰不願其國之興而憂其亡哉리오然이나徒有愛國之言而無實用之實이면是ᄂᆞᆫ自知其病ᄒᆞ고不求醫藥者와無異ᄒᆞ지라所謂愛國之實은無他라不過曰設立學校ᄒᆞ야培養人材也니一人이興學則是一人之愛國也오一里興學則是一里之愛國也오一郡이興學則是一郡之愛國也니如是愛國而焉有不振之國乎아今我國家가當天下競爭之秋ᄒᆞ야存亡安危가繫乎一髮ᄒᆞ니必也人人有興學之心ᄒᆞ고家家有入學之舉然後에能存其身保其家而安其國也라須知其然者면

[illegible]爲産석財ᄒᆞ고乞隣求補라도必不可已者ㅣ存焉ᄒᆞ니此培義학校之所由起也라見其經起則皆貧窮無資之人이오問其撫立則爲衣석做而不顧也니究其[illegible]不可念[illegible]不可闕[illegible]야

然이나三代以前은遐足無論ᄒᆞ고居今之世ᄒᆞ야環視五洲컨ᄃᆡ泰西及日本諸國之文明富强이蒸蒸日上ᄒᆞ야竟至於馳騁海陸에雄飛宇內ᄒᆞ니其始ᄂᆞᆫ無過乎培養학校也다萬頃之流가發源濫觴ᄒᆞ고千仞之山이成功一簣ᄒᆞ나니此皆由淺而至深ᄒᆞ고積微而成大也라

今我國家文明之漸이果非我培義學校며富强之基가亦非我培義학校歟아惟我학校가有如此重大之關係ᄒᆞ고有如彼重大之義務ᄒᆞ니豈可斯須置忽ᄒᆞ야不思所以鼓勵維持之方乎아獨力이不足以擧重이오隻行이不足以致遠故로학校之興隆이必有待於有志君子의熱心贊成ᄒᆞ나니孰無愛國誠이며孰無愛國心이리오

惟願僉君子ᄂᆞᆫ特捐義金ᄒᆞ야熱心興학ᄒᆞ야以報我國家ᄅᆞᆯ區區切望

●字典刋將　官立英語學校敎官尹泰憲氏가韓英字典一部ᄅᆞᆯ著作ᄒᆞ얏ᄂᆞᆫᄃᆡ不久에竣功ᄒᆞ야開刋廣布ᄒᆞᆯ다더라

廣告

東幕槐谷居李舜采許七月初十日推次拾萬兩於音一片路中遺失ᄒᆞᆺᄉᆞ니內外國誰某拾得休紙施行ᄒᆞᆷ　校洞　李文餘　告白

本洞居尹圭炳性本浮浪符同雜類大小家田畓僞造文券白般偸賣故茲廣佈內外國人勿爲見欺　魚城得尹面沙洞尹用晉　告白

本郡安林坪陳荒地六十餘石庫人人流涎各欲起墾中星州郡守金輿基氏以金民秀借名得認許狀本郡吏俞강植得認許狀大丘徐相敦氏謂有蚕桑會社認許狀又聞經理院監督劉臣赫氏爲他人周旋以該坪幾石落起墾得認許狀云又聞安東郡居李某方圖認許狀云或曰以　義親王宮訓令屬于　義親王宮而互相紛爭故郡守尹夏榮氏招集鄕中紳士百餘人會議公判而查采本郡數百年文簿量案則安林坪卽五百年驛村而今所謂安林坪陳荒地六十餘石落起墾之處卽是高靈郡公納原額中無麵結四十三結八十九負尙今懸錄于度支部文簿ᄒᆞ야分明的確五百年來官有之驛畓也라郡守卽與紳士決議以驛土更屬經理院當日修報永作官有之物京鄕間奔走之獎一朝寢息高靈郡守奉公之心合有褒揚故玆佈白

高靈人民

金海造　金秉鎭　金永熙　鄭在寅　崔坤述　李寅奎　崔弘錫　郭守常　申晉求　申尙求　朴漢烈　金瞙鉉　李時勳　李在勳　金熹國　朴鳳煥　朴尙馥　金性濟　朴璋夏　俞弼濬　等　告白

本人弟名二緖요初名萬孫인ᄃᆡ性質浮浪ᄒᆞ야不事士農ᄒᆞ고符同雜類ᄒᆞ야出沒京鄕ᄒᆞ면서自手로假標ᄒᆞ고債錢을勒徵於門內ᄒᆞ오니內外國人은切勿見欺ᄒᆞᆷ　斯溪京灘　朴一緖　告白

◎第二期學員增募　本塾에서法學科學員을增募ᄒᆞ오니願學人은本塾에來ᄒᆞ야請願試驗ᄒᆞᆯ事　學科及規則은本塾에來ᄒᆞ야問ᄒᆞᆯ事

(試驗科目)

(國漢文讀書作文)

試驗日字九月七日

陰曆七月十九日

西署英語學校後洞

私立養正義塾　告白

本人이日前에淺車中에서尹主事相健處에推尋條一萬四千兩票를遺失ᄒᆞ얏ᄉᆞ니誰某拾得ᄒᆞ와도休紙施行ᄒᆞᆷ　金永植　告白

本人이歷代先塋在龍仁下葛川이온ᄃᆡ從叔承愚氏가性本浮浪ᄒᆞ야宗家松楸를欲爲斥賣ᄒᆞ오니內外國人은切勿見欺ᄒᆞᆷ　龍仁下葛川宗孫朴在冕　告白

◎民事訴訟代理와刑事辯護及鑑定一切法律에關ᄒᆞᆫ事務를迅速處理ᄒᆞᆷ

漢城南署苧洞第十七統八戶

辯護士 前檢事 正三品　李冕宇

法律事務所

事務員　李[illegible]洙　博士　趙[illegible]

本人圖形姓名章을去五月二十八日僞造ᄒᆞᆫ者有ᄒᆞ야發覺ᄒᆞᆫ故로本月二十五日以後ᄂᆞᆫ方形章을改造矣니內外國人以此照亮

開城府　秦柄正

◎八月八日開業廣告

本銀行은今月五日에株主總會를開催後에重役七員을選定ᄒᆞ고開業日字를定ᄒᆞ얏ᄉᆞ며其營業目錄은如左ᄒᆞ온고諸般業務를信實이執行ᄒᆞᆯ터이오니僉位ᄂᆞᆫ陸續來議ᄒᆞ시옵

資本金十五萬圜

營業要目

一 諸任置金

一 貸付金及無期過額

一 割引手票(預減)

一 有價記券賣買

一 金銀貴屬品及諸証券保護

一 任置

光武十年八月日

株式會社　韓一銀行

取締役五員

趙秉澤　孫錫基　鄭寅植　朴泓鉉　白周鉉　金彰漢

監査役二員

成文永

●特別社告

本申報社內에特別히附屬品으로活字를更備ᄒᆞ야書籍印刷所를設置ᄒᆞ얏사오니印書를要ᄒᆞ시ᄂᆞᆫ僉君子ᄂᆞᆫ來臨相議ᄒᆞ시옵

大韓每日申報社　告白

△이것을보시오　改正廣告▽

前에ᄂᆞᆫ理學를不分科目ᄒᆞ고講述ᄒᆞ얏더니第八號부터ᄂᆞᆫ一分科식詳細講解ᄒᆞ되爲先物理學을講述ᄒᆞ기로茲에廣告ᄒᆞ오

南大門內尙洞敎理학雜誌社

●本社支社廣告●

中署布屛門下　金相萬冊肆

洞口城便　朱翰榮冊肆

中署農圃初八統第二戶　鄭禹澤

大韓每日申報社

本會社에서燕岐鳥致院에서山木浦等地鐵道敷設ᄒᆞ기로光武八年分에政府認許를承ᄒᆞ고鳥致院에서江景浦ᄭᆞ지로往初測이온바現行實測而今州ᄭᆞ지連續起工이오며股金은株式으로募集ᄒᆞ되一株에新貨十圜으로酌定ᄒᆞ고十回에分ᄒᆞ야收合ᄒᆞ오니有志ᄒᆞ신僉君子ᄂᆞᆫ西大門外停車場越邊本會社로枉臨ᄒᆞ시와幾株間隨力懸錄ᄒᆞ시고共濟一大義를爲ᄒᆞ심을爲希

湖南鐵道會社長　李九用

發起人　徐오淳

廣告

民事訴訟代言과刑事辯護及諸定願開와諸文券起草等諸般法律事務를迅速處理ᄒᆞᆷ

漢城南署上油洞二十九統七戶二層洋屋

辯護士 前檢事 正三品　洪在祺

法律事務所

廣告

◉學員募集廣告(第一回)

玆에 普成中學校를 新設하고 高等普通學術로 一般國民을 敎育코져 하오니 將來에 實業及實務에 從事코져 하고 又는 各種專門學校에 入學코져 하는 青年有志諸君은 早早來學하오셔 中學以上 普通知識을 全備하시기 望하옵

本校의 完全한 敎授準備와 眞正한 敎育制度를 左에 列擧함

一 一般敎科書는 據히 本校에셔 新編準備함

二 本校의 第一主旨는 修身科、作文科、漢文科니 倫理學敎科書를 新撰하야 道德心을 培養하고 作文敎科書를 新撰하야 文章을 規範으로 敎授하고 漢文敎科書를 新撰하야 讀書를 應用活法으로 敎授함

三 理化學及博物學은 機械及藥品으로 實地試驗을 行하야 敎授함

四 唱歌는 並樂音調로 新製敎習함

五 體操及運動은 各外國運動式用機具로 日常敎鍊함

六 敎師는 高等學問에 專能한 諸大方家를 延聘함

●學科目 (科目中課程은略之)

修身學、國語、漢文、作文、歷史、地誌、物理及化學、博物學、地文學、法學、數學、圖畫、唱歌、體操、外國語、農業學、商業學、簿記學、

●修業期限 四箇年

●入學年齡 自十五歲以上至二十五歲以下

●入學試驗科目

國漢文讀書及作文、內外國歷史及地誌問對、算術四則以內

●入學試驗日字 九月十五日 (陰七月二十七日)

●開學日字 九月十六日

(入學請願書及保證書는 本校用紙를 用함)

光武十年八月十六日

漢城中署礡洞 私立 普成中學校

廣告

東國歷史 普通敎科國漢文一秩二冊定價新貨 一圓十戔

法蘭西新吏 四十錢

淸國戊戌政變記一秩 一圓

波蘭末年戰史一冊 三十錢

美國獨立史一冊 三十錢

法國革新戰史一冊 三十錢

大韓輿地圖一張 十七錢五里

世界全圖一張 三十七錢五里

大韓地誌一秩 七十五錢

牧民心書一秩 一圓二十五錢

萬國地誌一秩 一圓

尺牘完編一秩 一圓五十錢

農政新編一冊 五十錢

法學通論一冊 一圓

溫故知新堂叢抄 七錢五里

父師必讀小學指남 七錢五里

人工養蚕一冊 十五錢

刑法大全一秩 六十錢

家庭雜誌一冊 十錢

進明彙論一秩 二十五錢

交際新禮一秩 十八錢

發賣所 布屛門下金相萬書舖 大韓每日申報社

花春丹은 霍亂 吐瀉 腸痛 滯症 暑症 정忡 神眩 [illegible] 鬱 痰盛 醒酒船藥 咳嗽 口昧업는 諸症의 神效한 藥이오 此外에도 洋炭水解毒藥 腐창 疳氣 蛔虫 寸虫 赤白癩風 藥과 東西洋藥이 俱備하고 他病도 隨問出方하오니 僉位는 在 議하시옵

皇城校洞石井洞下隅 [illegible]

大韓仁川港 [illegible] 洋行

AMERICAN Condensed Milk

EAGLE BRAND

●九轉靈砂라 本人이 秘方法을 精備하야 製造한 靈丹인데 男女老少에 無論何病하고 適治하오며 無病時에도 服하면 平生의 身體가 健康하며 小兒는 [illegible] 服하면 十歲안에 無病하기를 擔保하오며

●九轉靈砂萬應丹은 [illegible] 病症과 中風 [illegible] 病과 [illegible] 疾에 神效하오

●九轉靈砂保命丹은 初生小兒 驚風 [illegible] 殺蟲과 婦人帶下症에 神效하며

●九轉靈砂齊衆丹은 滯 食滯 血積 吐瀉 霍亂 痢疾 吐血 下血 運氣 時疾 痛症에 神効하오

●九轉靈砂[illegible]丹은 痔漏 [illegible] 上痔瘡 下疳瘡及唐瘡과 諸般毒瘡[illegible]에 無不神效하오니 僉君子는 來問하시오

內醫司前[illegible]이골上隅第一家 李[illegible]廷 告白

本社廣告

申報價

一張代金 新貨二錢五厘

一箇月前納 三十錢

三箇月 九十錢

六箇月 一元七十錢

一箇年 三元[illegible]

廣告料

[illegible]

◉本社地方各處支店廣告

仁川租峴開新冊肆 李東[illegible]

平壤南山峴日新學校 金興[illegible]

[illegible] 崔[illegible]

宣川邑樓西 安[illegible]

義州南門外韓錫大藥房 張[illegible]

長連邑 金[illegible]

鎭南浦藥洞 金仁[illegible]

咸興州南社 曹[illegible]

中和邑 李俊培

釜山佐川徐鳴房 金瀅[illegible]

開城北部梨井里畔洞 [illegible]

校洞校長 姜[illegible]

大丘郡 達城廣文社

發行兼編輯人 英國人 裵說

發行所 京城北署壽進坊[illegible] 大韓每日申報社

第四卷 第三百六號

大韓每日申報
대한매일신보

月曜及慶節 時日休刊

檀君開國四千二百三十九年 箕子元年三千二十八年 大韓開國五百十五年 日本明治三十九年 淸國光緖三十二年 ◉陰曆丙午七月小初六日辛丑

論說

日本之計策

過去六朔間에七萬元價値되ᄂᆞᆫ日本卷烟草를軍用이라稱ᄒᆞ고釜山港으로免稅輸入ᄒᆞ얏ᄂᆞᆫᄃᆡ其間에ᄂᆞᆫ紙面이無暇ᄒᆞ야此事를未得揭載ᄒᆞ엿거니와吾輩ᄂᆞᆫ今에此等事를鳩聚ᄒᆞᄂᆞᆫ중이니待其畢了ᄒᆞ야將爲公布ᄒᆞ깃스나姑先論及ᄒᆞᆯ者ㅣ有ᄒᆞ니

淸物浦에셔輸入이超過ᄒᆞ야釜山보다幾爲倍數ᄒᆞ깃스며日本艦船의寄港ᄒᆞᆷ을歷觀ᄒᆞ면鎭南浦에셔도滿洲로向ᄒᆞᄂᆞᆫ日本貨物을多數輸入ᄒᆞ깃스니此等可驚可怪ᄒᆞᆫ日本의半官的免稅行動이漸漸露顯이로다

軍用上의必要品이라稱ᄒᆞᄂᆞᆫ物品중에도都不必要ᄒᆞᆫ것이甚多ᄒᆞ니卷烟草와切烟草外에도麥酒이나日本酒이나燒酒等이나ᄒᆞᄂᆞᆫ物品은正當ᄒᆞᆫ軍用必要物品이라稱ᄒᆞᄂᆞᆫ지戰爭時에ᄂᆞᆫ軍人의勇氣를添助ᄒᆞᄂᆞᆫ必要物이라或稱ᄒᆞᆯ지어뎡

況今과如ᄒᆞᆫ平和時節에ᄂᆞᆫ軍人이라도自巳의奢侈品으로入用ᄒᆞᄂᆞᆫ酒草等의代價ᄂᆞᆫ關稅ᄭᆞ지併ᄒᆞ야買用ᄒᆞᄂᆞᆫ것이確是適當ᄒᆞᆫ지라

吾輩ᄂᆞᆫ日本商人의悶慾ᄒᆞᆫ性性을熟知ᄒᆞ니以上論及ᄒᆞᆫ免稅輸入ᄒᆞᆫ多數物品은日本人庫間에積貯ᄒᆞ야一分이라도稅金이라고名目은不出ᄒᆞᆷ이無疑ᄒᆞ도다

此에尤爲可驚ᄒᆞᆫ事ㅣ有ᄒᆞ니釜山鎭南浦及淸物浦等地에셔抽稅輸入ᄒᆞᆫ物品을更爲輸出ᄒᆞᆫ境遇에ᄂᆞᆫ前에抽稅ᄒᆞ얏던稅金을還給ᄒᆞ고新義州에셔安東縣地方으로輸出ᄒᆞᄂᆞᆫ物品은前에都不抽稅ᄒᆞᆫ稅額을茲爲還給에야寶寶前에巳有利益이로다

此等奸巧的掠奪的에日本人이一介習性이有ᄒᆞ니

此世界에日本人三名만若遭ᄒᆞ면三人中二人이團合ᄒᆞ야其中一人에向ᄒᆞ야掠奪ᄒᆞᆯ것이오若有一箇白人이在焉이면彼日本人三名이幷力ᄒᆞ야該白人에向ᄒᆞ야掠奪ᄒᆞᆯ것이니現今韓國事에ᄂᆞᆫ其便利ᄒᆞᆷ이尤勝ᄒᆞ게速成을速速히購定ᄒᆞᆫ라何人을爲ᄒᆞᆫ監督ᄒᆞᆷ이列强이均有勢力ᄒᆞᆫ韓國으로無與ᄒᆞᆫ貧困ᄒᆞᆫ狀態에陷ᄒᆞ지用力ᄒᆞᄂᆞᆫ惟一人民은但是日本人이오實地上의[illegible]ᄂᆞᆫ未開設ᄒᆞᆫ此韓國의[illegible]ᄒᆞᆷ은全世界의利益이라日本이韓國을利益ᄒᆞ게ᄒᆞ라고若爲盡力이면是ᄂᆞᆫ日本이甚愚ᄒᆞᆷ이오日本이能ᄒᆞ더라도此韓國에서攫取以去ᄒᆞᆷ을노想像ᄒᆞᄂᆞᆫ것이近理ᄒᆞ되他人의干涉이無ᄒᆞ면日本이大部分을攫去ᄒᆞᆯ것이無疑ᄒᆞ다ᄒᆞ노라

官報

●三千五百三十九號 光武十年八月二十三日 續

◉敍任及辭令

○依願免本官 全羅南道觀察府主事 申昶模○任全羅南道觀察府主事 沈相現 以上八月十八日○依願免本官 시從院시從官 閔吉相○命시講院詹事 秘書監卿 閔京鎬○命秘書監卿 禮式院禮式卿 李容泰○任시講院시從官 禧陵參奉 [illegible] 張禧遠○任[illegible]園○任陵禧參奉 [illegible] 內部治道局技手 金益壽 以上八月廿日 完

●三千五百四十號 光武十年八月二十四日 續

◉宮廷錄事

軍部大臣臣李根澤謹奏陸軍步兵正尉韓性敎全州駐隊中隊長在任時派兵部防趁不一縣行事停職矣追究情形容有可原免懲戒何如謹 奏

光武十年八月十九日奉

旨依奏

議政府參政大臣臣朴齊純內部大臣臣李址鎔軍部大臣臣李根澤謹奏慶尙南道鎭海咸鏡南道永興灣以國防必要劃定相當區域預定軍港何如謹上 奏

光武十年八月廿一日奉

旨依奏

◉敍任及辭令

○前郡守閔鳳基 前시從李範疇 前通譯官全奎基 前司果朴義秉 前參奉張允相 前主簿姜仁必 前主事姜盛馨 前主事鞠基春 免懲戒 右議員等流配蒙宥合有可原故免懲戒 以上八月十六日○洪秉晉 權承弼 任陸軍正尉○李承麟 全香鉉 李圭祜 趙邦顯 韓鳳錫 任副尉○尹濟晉 卞英淵 金世中 李爽東 任參尉○任一等軍司 吳義善 以上八月二十日○命景孝殿提調 秘書監卿李容泰○命秘書監卿 宮內府特進官李愚冕 以上八月廿一日

部令

●農商工部令第四十四號 續

移民保護法施行細則

第六條 移民處辦人은左開事項에對ᄒᆞ야ᄂᆞᆫ其事項이發生後에即時農商工部大臣의게通告ᄒᆞᆷ이可ᄒᆞᆷ

一 開業ᄒᆞᆫ時ᄂᆞᆫ其年月日

二 營業所支店又出張所의設置移轉

三 營業期間의變更

四 會社代表者의變更이有ᄒᆞᆫ時ᄂᆞᆫ其姓名履歷及財産

第七條 移民處辦人의納付ᄒᆞᆫ保証金의全部或一部ᄂᆞᆫ農商工部大臣이適當으로認ᄒᆞᆫ有價證券으로써代用ᄒᆞᆷ을得ᄒᆞ되其有價証券의價格은農商工部大臣이定ᄒᆞᆷ 未完

外報

●巫氏意見 淸國端方戴鴻慈兩出洋大臣이各國의政況을觀察ᄒᆞ고立憲制度를創始ᄒᆞᆷ이必要ᄒᆞᆷ을認ᄒᆞ야遊歷後上海에到着ᄒᆞᆷ이即時各總督及巫將軍에게電報ᄒᆞ야其意見을聞ᄒᆞᆫ則巫將軍의意見은我國의憲政이一日이라도遲延키不可ᄒᆞ되國民의程度가尙此幼稚ᄒᆞ야猝然히行키難ᄒᆞ니十年或十五年을期ᄒᆞ야人心을定ᄒᆞ고其間에教育을擴張ᄒᆞ야風氣를開通ᄒᆞ고獎[illegible]政을改革ᄒᆞ며官制를整理ᄒᆞ야立憲의基礎를鞏固케ᄒᆞ자ᄒᆞ얏다더라

●袁氏入京 北京電을據ᄒᆞᆫ則袁世凱氏ᄂᆞᆫ制度改革의關ᄒᆞ야兩宮께面奏ᄒᆞ기爲ᄒᆞ야不日入京ᄒᆞᆫ다더라

●農民蜂起 倫敦電을據ᄒᆞᆫ則俄國아스[?]간에서多數ᄒᆞᆫ農民이蜂起ᄒᆞ야同地方富豪地主及貴族의所有地를占領ᄒᆞᆫ다더라

●兩帝會見의問題 路透電을據ᄒᆞᆫ則노루도도잇세싸이손ᄭᅩᆺ난其社說을論ᄒᆞ야曰구론벌ᄭᅩᆺ에서英德兩皇帝會見은兩國의人民政府及主權者間關係의發達路의更히一階級을作ᄒᆞ리라云ᄒᆞ야諸種의重大ᄒᆞᆫ政治上問題ᄂᆞᆫ구론벌ᄭᅩᆺ에서隔意가無ᄒᆞ야親睦ᄒᆞᆫ談話間에發言되닛이니吾儕ᄂᆞᆫ此會見에歐洲平和를益鞏ᄒᆞᄂᆞᆫ和氣理로一層鞏固가되리라云ᄒᆞ노라ᄒᆞ얏더라

雜報

●義兵嫌疑의處辦 平理院에셔法部로照會ᄒᆞ기를現有以義兵의嫌疑로被捉ᄒᆞᆫ人犯을審査ᄒᆞᆫ즉所謂義兵將의所被執ᄒᆞ야書寫之任에暫揭ᄒᆞ다가以至被押이라ᄒᆞᆫ則究其情跡에實難擬律이나亦不可全恕ᄒᆞ야玆以質稟ᄒᆞ니査照處辦ᄒᆞ라ᄒᆞ얏더라

●囚徒聯籲 公州府警務署在囚李成伯吳聖烈等七十餘名이法部에聯名籲訴ᄒᆞ되矣等의罪之有無ᄂᆞᆫ已載斷案ᄒᆞ니今此呼訴가極涉無嚴이나矣等之罪名은曰殺獄曰强盜曰掘塚曰挾雜曰橫權諸般罪犯으로論之라도一歲犯之면法難容貸ᄂᆞᆫ雖孩提之童이라도咸知畏避어ᄂᆞᆯ矣等則俱以玉石俱焚으로于今橫罹요不是故犯이나多年牢獄에十生九死之如縷殘喘을奏達天陛ᄒᆞ야更沐王化에各歸本土ᄒᆞ야俾免怨恫之歎케ᄒᆞ라ᄒᆞ얏더라

●續聘契約의照會 學部에셔統監府에照會ᄒᆞ기를英語學校敎師英國人奚來百士의續聘契約을業經議決ᄒᆞᆫ案인바該合同四件을玆將照會ᄒᆞ니轉照該領事館ᄒᆞ와使該員으로署押後俾各存檔케ᄒᆞ고一件은還交ᄒᆞ야以便憑准케ᄒᆞ라ᄒᆞ얏더라

●亦合言薦 近日各郡守叙任에對ᄒᆞ야各部主事中積仕久勤者를公薦ᄒᆞᄂᆞᆫᄃᆡ外各道觀察府主事도積仕久勤에聲譽가素有ᄒᆞᆫ者ᄂᆞᆫ一例로公薦ᄒᆞᄂᆞᆫ거시可ᄒᆞᆯ뿐더러且地方民情에慣熟ᄒᆞᆫ閱歷이有ᄒᆞ니此箇主事中에人望을擇ᄒᆞ면字牧之任에實로適當ᄒᆞ리라고輿論이有ᄒᆞ더라

●夫人在院 尹夫人李淑卿氏ᄂᆞᆫ近來歸國ᄒᆞᆫ尹致旿氏의夫人인ᄃᆡ十餘年을海外에遊學ᄒᆞ다가近日에歸國ᄒᆞ야幼兒의病治療ᄒᆞ기爲ᄒᆞ야日前브터漢城病院에入院ᄒᆞ야잇다ᄒᆞ기로社員이往訪問病ᄒᆞ얏ᄂᆞᆫᄃᆡ其夫人의有志와ᄯᅩᄒᆞᆫ新知識은果然敬仰ᄒᆞᆯ바이多ᄒᆞ다더라

●質函統府 忠淸北道文義郡으境內鐵道犯入田畓을自該郡으로兩次調査ᄒᆞ야民有地價ᄂᆞᆫ或交涉於役所而推來以給ᄒᆞ고或自該所로即給本主ᄒᆞ야已盡究竟이나今春에芙江馬尾浦停車場用地를更爲擴張ᄒᆞ야廣揷標木에標內田畓을使不得耕作ᄒᆞ야諸作之呼訴還至ᄒᆞᆫ의該郡守가又爲交涉于該停車場監督ᄒᆞ야今年만耕食承認이나民有田畓之又被占領者을不齡不徵給該民이오且自龍浦停車場至芙江邊ᄭᆞ지新作大路에犯入田畓이二百七十七斗落이오結卜이四結八十二負이라農商工部에셔該郡公報를因ᄒᆞ야統監府로照會ᄒᆞ고芙江馬尾龍浦等三處加占地段事에對ᄒᆞ야其加用ᄒᆞᆫ理由를即爲示覆ᄒᆞ라ᄒᆞ얏다더라

●禮式院廢止 宮內府에셔官制를改正ᄒᆞ야禮式院은廢止ᄒᆞ고禮式課及掌禮院을更置ᄒᆞ고職員은禮式課長一人奏任或勅任이오禮式官八人奏任이오主事四人判任이오掌禮院에ᄂᆞᆫ卿一人副卿一人이니幷勅任이오課長二人奏任(禮制)(記錄)掌禮五人奏任(二人專任三人兼任) 相禮一人贊儀一人掌儀一人幷奏任이오主事十五人判任이오掌樂提調二人(卿兼任一人不常實之) 樂師長一人奏任樂師二人以下主事三인以下幷判任이더라

●水道立欵問題 仁川港水道經費ᄂᆞᆫ已爲立欵ᄒᆞ얏거니와中壞水道ᄂᆞᆫ尙不立欵ᄒᆞᆫ故로醫樂費중에셔移用ᄒᆞ자ᄂᆞᆫ問題가又起ᄒᆞ얏다더라

●門票勿施 宮內府禮式院을廢止ᄒᆞᄂᆞᆫ故로卿副卿의門票ᄂᆞᆫ奪入ᄒᆞ고禮式官以下門票도勿施가된다더라

●須知分氏不仕 外事局顧問須知分氏ᄂᆞᆫ統監府로即仕ᄒᆞ고本局에ᄂᆞᆫ無事라言ᄒᆞ야一不仕進ᄒᆞᆫ다더라

●統監歸國說 近日에伊藤統監歸國ᄒᆞᆫ다ᄂᆞᆫ說이浪藉ᄒᆞᆫ데其內容을彼邊에探聞ᄒᆞᆫ則此次議會에歸國ᄒᆞᆯ터이라ᄒᆞ고新統監이公薦되ᄂᆞᆫᄃᆡ對馬島舊主宗重望伯爵이首薦되고前大藏大臣渡邊氏가副薦이되얏다더라

●禮式官新任 高義敬氏ᄂᆞᆫ任宮內府禮式課長ᄒᆞ고劉燦氏ᄂᆞᆫ任外事課長ᄒᆞ고金祚鉉尹基益嚴達煥秦亨新高義誠玄百運李弼均趙在升氏等은禮式官을任ᄒᆞ얏더라

●李事干連 濟州島流配罪人李世稙氏를放逐鄕里次로處分이有ᄒᆞ되政府에셔相持ᄒᆞᆫ다더니何以逃躱이던지再昨夜水原安養場에셔日本警察의게被捉ᄒᆞ야罔夜入城ᄒᆞ얏ᄂᆞᆫᄃᆡ此事에干連으로平理院檢事太明軾시從尹甲炳一進會長宋秉畯外數人이警務廳에被捉ᄒᆞ얏다더라

●湖南鐵道問題 湖南鉄道를敷設ᄒᆞᆯ次로徐午淳氏가會社를設施ᄒᆞ고農商工部에許可를經認ᄒᆞ야工事를準備ᄒᆞ되其資本金은四百萬元으로預箅ᄒᆞ야日本人兒玉氏와契約ᄒᆞ되手數料ᄂᆞᆫ二十四萬元으로預定ᄒᆞ야兩者間에不遵ᄒᆞ면依例施行ᄒᆞ기로作定ᄒᆞ얏ᄂᆞᆫᄃᆡ向日統監府에셔農商工部로公函ᄒᆞ기를徐午淳에게認許ᄒᆞᆫ湖南鉄道ᄂᆞᆫ資本無由ᄒᆞ야敷設을不得ᄒᆞ니該認狀을還收ᄒᆞ라ᄒᆞᆫ지라徐氏가統監을訪問ᄒᆞ고鉄道敷設의方便과資金借欵을說明ᄒᆞ얏더니伊藤統監이主唱曰아玉은無錢者니右錢을自此借給ᄒᆞ마ᄒᆞ나手數料預約이有ᄒᆞᆫ故로不可變更이라ᄒᆞ며該社에셔ᄂᆞᆫ實施次로該線路를方在測量중이오股金은八萬股에五元式作股ᄒᆞ야應股者多ᄒᆞᆫ데 皇室에셔近萬股를定下ᄒᆞ신지라借欵金도容易滑帳ᄒᆞ깃다ᄒᆞ더라

●斫松取調 咸興郡에셔橋梁을修築次로利原郡所在松林을斫伐ᄒᆞ얏더니北靑所駐日本長官이該郡守를會見ᄒᆞ고本駐隊에도所用處가有ᄒᆞᆫ境遇의ᄂᆞᆫ該松을斫用ᄒᆞᆯᄂᆞᆫ故로觀察府에報告ᄒᆞ얏더니現今日本駐隊에셔統監의交涉을因ᄒᆞ여內部로照會ᄒᆞ고該松을日隊取調詳査妥協케ᄒᆞ라ᄒᆞ얏더라

●女鬼幾動 陸軍參將金永振氏ᄂᆞᆫ醉醺於色界ᄒᆞ야身恙이種種發作ᄒᆞ니此ᄂᆞᆫ勢所然矣어ᄂᆞᆯ該氏家內에셔ᄂᆞᆫ必是鬼祟라ᄒᆞ야大小兩家에各設經所而盲者十八名分寶ᄒᆞ고連夜誦經에期欲捉鬼除祟이라ᄒᆞ니是乃色祟오的非鬼祟어ᄂᆞᆯ閔氏之委任誦經은爲之寒心이라ᄒᆞ더라

●緩頰無効 日昨에廣州柳金二雜에事件으로因ᄒᆞ야記載ᄒᆞᆫ바이有ᄒᆞᆫ거니와廣州府尹吳泰泳氏가一心秉公ᄒᆞ야良民의殃孽을作ᄒᆞᄂᆞᆫ柳金二雜을期必코照律嚴懲코ᄌᆞᄒᆞ거ᄂᆞᆯ廟洞居沈承旨某氏가府尹을訪ᄒᆞ야柳金二雜을爲ᄒᆞ야頻往說ᄒᆞᄂᆞᆫᄃᆡ府尹은確有心定ᄒᆞ야少不回撓ᄒᆞ고二雜을必寘諸法ᄒᆞ야爲民除害ᄒᆞ려ᄒᆞ으로沈氏의曳衰歷訪이無効에歸ᄒᆞ얏다더라

●不顧僞報 平壤監理署主事申龜永丁寶燮兩氏가監理金應龍氏의無理壓制ᄒᆞᆷ으로聯名辭職請願ᄒᆞ고上京ᄒᆞ야監理獨坐ᄒᆞᆫ事ᄂᆞᆫ已揭前報어니와更聞ᄒᆞᆫ則丁寶燮은元山監理署로移任ᄒᆞ고申龜永은監理가以歸覲請由로僞報政府ᄒᆞ얏다가纔過十餘日에又報政府ᄒᆞ기를申龜永이由限已過에尙不到署ᄒᆞ고職務上多有만환ᄒᆞ니免官ᄒᆞ라ᄒᆞ야仍爲免官ᄒᆞᆫ지라申龜永은不知中에當此免官ᄒᆞ고金監理之設計陷人ᄒᆞᆫ陰險을慨歎莫及ᄒᆞ야雖至裁判之境이라도期於雪冤云ᄒᆞ니有罪者勘律ᄒᆞ고無罪者雪冤은當有司法官之査判이어니와該監理ᄂᆞᆫ行政上事體를不知ᄒᆞ고怙勢恃心만充滿ᄒᆞ야許多罔測之事ᄂᆞᆫ不足盡論이고自辟主事吳春根金性澤은尙不赴任視務者ᄂᆞᆫ赴任之樣으로苟報政府ᄒᆞ야尙今收俸ᄒᆞ고ᄯᅩᄒᆞᆫ會計ᄂᆞᆫ初不任課ᄒᆞ고任在內間ᄒᆞ야一無會計ᄒᆞ고簿子에便爲私産所費ᄒᆞ고因債訟ᄒᆞ야使令房在囚之民을擅上公堂케ᄒᆞ야共與閒談消遣에反使使令으로知使叙隷ᄒᆞᆷ으로使令等이一齊退去ᄒᆞᆫ즉監理가發巡捉致에一名은當場嚴刑ᄒᆞ야負出門外ᄒᆞ고四名은上囚警署ᄒᆞ야將爲懲役云ᄒᆞ니如此鄙悖의行爲ᄂᆞᆫ政府에셔尙猶不知인지至於自辟主事에赴任위錄食等事와瞞報事由ᄒᆞᆫ永請由ᄒᆞᆫ事가已著星顯ᄒᆞᆫ政府라ᄒᆞ니似此監理ᄂᆞᆫ必自政府로査實歸正ᄒᆞᆯ터이와 法大金等報不實律은在所難逭이라고公論이藉藉ᄒᆞ더라

●初不入籍 警察局長金[illegible]氏ᄂᆞᆫ日本으로歸化ᄒᆞ얏다고世人이認知ᄒᆞ더니更聞ᄒᆞᆫ則氏가國事犯疑嫌으로渡日ᄒᆞ야安東太郎으로行世ᄒᆞ다가向者歸國ᄒᆞ야尙불離嫌故로日号門牌이다가免戒復職後에去牌ᄒᆞᆫ故로有此致疑오初不入籍이라더라

詞林

讀每日申報

白隣新譯大滇東剛毅光明秉至公一筆能扶今世義六欄輸送淸人功堪隣島國忠言告若施嚴厲政教隆腦血無端終日熱朝來每午爽淸風

前主事金[illegible]

社報

◉孤兒敎育

夫敎育者는範圍天地ᄒ고發達人類的最大事業이니諸般敎育이何莫非有志者의恐力擔着ᄒ고盡心做去者ㅣ오만은至若孤兒敎育ᄒ야는最是吾人事業上善之尤善者也ㅣ라

哀彼孤兒는墮地以後에旣失父母之鞠育ᄒ고又乏兄弟之歸依ᄒ야一縷殘喘이不能自活인식朝夕에叩人之門ᄒ야乞一匙之飯ᄒ고顚連踣傍ᄒ야向人而乞一文之錢ᄒ니天寒風烈而鶉衣가不能掩其軆ᄒ고年登歲熟而疏食가不能潤其腸이라

兼此之遺業ᄒ고又無家庭之敎育ᄒ니所謂實業上技藝也生無ᄒ며學問上知識也는初辭此輩之想彼到者다平生身世가不過壞夢虫蚯蚓의殘命으로竟不免凍餒而死ᄒ니此非可哀可憐可憫之者乎아

是以로世之慈善君子가視彼孤兒之悽惻情況에는是吾同胞라胡至於此極고ᄒ야於是乎設立孤兒院ᄒ야收聚若輩於院內ᄒ고給其衣食ᄒ야以濟其命ᄒ며授其學科ᄒ야以資其業ᄒ則將死之類가賴以全生ᄒ고無用之民이化爲有用ᄒ니天下之仁心善政이孰有實於此者乎아

故로現世文明之國은莫此孤兒之敎育ᄒ야上自皇室及政府以至一般國民이皆熱心贊成ᄒ야不遺餘力이라日本岡山孤兒院剏報를接見ᄒ則年來補助는不知爲幾千萬元이오但以今年六月合寄付으로略計之라도至於數十萬元이오或樓觀도建築ᄒ고或物品도買付ᄒ야院內各項所用이無不充足ᄒ니國性之開明과人心之團合을於此可見이라現今韓國에孤兒학校는前參奉李恩璿氏의設立ᄒ者인ᄃ此其慈善之擧가固有出於尋常萬萬이라

凡厥同胞가旨其有同情贊成之意矣어날然而半年間補助가不過五六十元이오物品之寄付는絕無其人ᄒ니豈其韓人이獨少慈善之心而然乎아由其民志가不一ᄒ야社會之團體가不成故耳라

學部에서는該校의贊成을不爲ᄒ런不是라反히該校의認許를不肯ᄒ며彼孤兒無知로無端退校者가有ᄒ면該校에서此를禁止ᄒ야달나고警廳에要求ᄒ되警廳官吏가漠然不應ᄒ니然則韓國官人의絕無同胞相愛之念ᄒ고又無民國共濟之想이如此ᄒ니竊恐此等人種은漸就自滅而乃已일가ᄒ노니

幸或反省而改圖ᄒ야惟其民志合과社會團結ᄒ目的에十分注意ᄒ야將來滅種之患을脫免ᄒ을企圖ᄒ지어다

◉兩巡不法　釜港來信을據ᄒ즉釜山港巡檢朴明玉이가藉托警權ᄒ고年來民財剝奪이非止一再이다가事竟綻露에至於罷免인즉生活無計ᄒ야更圖巡檢之計로暗囑該港總巡梁兌煥曰以吾之名으로別巡檢을差出ᄒ면吸鴉烟者幾名을可以當場捉랍이다ᄒ즉梁氏가喜而諾從이라該港商民中徐金兩人을誣以吸鴉ᄒ야卽爲告發捉致ᄒ야牢刑幾次에期欲承服ᄒ되徐金兩人이白晝所無之事로一直發明ᄒ나梁氏가金慾이大熾에不計曲直ᄒ고罰金紙貨六百元式督納ᄒ면서懸刑이備至키로該兩人不耐苦楚ᄒ야百二十元을蕩産辦給ᄒ얏다니無辜之民의게勒加罪名ᄒ야懸刑奪財는法禁이莫嚴이거날朴梁兩官人이凶肚相連ᄒ야此等法外之惡習을肆行不願ᄒ니殘民이何以聊生乎아徐金兩民이將擧訴京司ᄒ야其橫逆을明辨ᄒ다ᄒ니近日警務廳에서는此等不美ᄒ總巡巡檢을這這摘奸痛懲ᄒ야民冤을伸之ᄒ며警權을擴張ᄒ지어다

◉靑會討論　今日土曜下午八点鍾에基督敎靑年會에서人民保護는良法이勝於良醫란問題로討論ᄒ다더라

廣告

本人이社洞崔榮과許紙貨四十元所推於晉을遺失ᄒ엿스오니誰某間拾得ᄒ야도休紙로施行ᄒ시요　申直夫　告白

本洞居尹圭炳性本浮浪符同雜弁大小家田畓造文券百般偸賣故玆廣布內外國人勿爲見欺
魯城得尹面沙洞　尹相晉　告白

本校贊文夜學科第一回卒業式을已經ᄒ온바第二回學員을募集ᄒ오니願學人은九月一日(陰七月十三日)內로本校에來ᄒ야請願應試ᄒ事
學科　日語　算術　地誌　歷史
試驗科目　國漢文讀書作文
私立普成學校長金重煥

獎院에서小學敎課冊과耶蘇敎會冊與地圖와各樣新書를多數發賣ᄒ오니隣近邑有志君子는來臨面議ᄒ심을爲要
義州南門外
韓西書院　張有寬　白

本人弟名二緖요初名萬孫이더性質浮浪ᄒ야不事士農ᄒ고符同雜類ᄒ야出沒京鄕ᄒ면서自手로假標ᄒ고錢錢을勒徵於門內ᄒ오니內外國人은切勿見欺ᄒ
新溪草灘　朴一緖　告白

東幕桃谷居李舜采許七月初十日推次拾萬兩於晉一片路中遺失ᄒ읏스니內外國誰某拾得休紙施行ᄒ
校洞　李文餘　告白

◎第二期學員增募
本塾에서法學科學員을增募ᄒ오니願學人은本塾에來ᄒ야請願應試을事
學科及規則은本塾에來ᄒ야問ᄒ事
(試驗科目)
(國漢文讀書作文)
試驗日字九月七日
陰曆七月十九日
西署英語學校後洞
私立養正義塾告白

印刷　●特別社告
本申報社內에特別히附屬品으로活字를更備ᄒ야書籍印刷所를設置ᄒ얏사오니印書를要ᄒ시는僉君子는來臨相議ᄒ시옵
大韓每日申報社　告白

◉民事訴訟代理와刑事변護及鑑定一切法律에關ᄒ事務를迅速處理ᄒ
한城南署茶洞第十七統八戶
변護士　前檢事　正三品　李冕宇
法律事務所
事務員　博士　李鈷洙　博士　趙東肅

本社이株金每株에二十圓이니募集은第一回　自今一箇月內에金二圓을收入ᄒ며十八圓은九箇月에分ᄒ야十回에備納이고社長指定日로次第掛納하되該金은漢城銀行에任置ᄒ야該票는來付於本社後株主에衿券狀을換去ᄒ게ᄒ오니有志君子는株金을隨力入株ᄒ시와共濟營業케ᄒ시믈爲要
柴炭株式用達會社　告白
本社臨時事務所는中署紬洞三統三戶

●本社支社廣告●
中署布屛門下　金相萬冊肆
洞口郵便　大韓書冊肆
中署農圃初入七十八統第二戶　鄭鳳喜
大韓每日申報社

本會社에서燕岐鳥致院에서群山木浦等地에鐵道敷設ᄒ기로光武八年分에政府認許를承ᄒᄒ고鳥致院에서江景浦ᄭ지已往初測이온바現今實測而全州ᄭ지連續起工이오며股金을株式으로募集ᄒ되一株에新貨五十圓으로酌定ᄒ고一回에分ᄒ야收合ᄒ오니有志ᄒ신僉君子는西大門外停車場越邊本會社로枉臨ᄒ시와幾株間隨力認錄ᄒ시고共濟一大事業ᄒ심을爲希
湖南鐵道會社長　李允用
發起人　徐오淳

廣告
民事訴訟代言과刑事辯護及諸定顧問과諸文案起草等諸般法律事務를迅速處理ᄒ
漢城南署上油洞二十九統七戶
二層洋屋
辯護士　前檢事　正三品　洪在祺
法律事務所

廣告
△이것오보시오　改良廣告△
前에는理學을不分科目ᄒ고與誰을앗더니第八號부터는一分科식詳細講論ᄒ되爲先物理學講義을譯述ᄒ기로玆에廣告ᄒ오
南大門內尙洞勅理학雜誌社

◉學員募集廣告(第一回)

玆에普成中學校를新設ᄒᆞ고高等普通學術로一般國民을教育코져ᄒᆞ오니將次에實業及實務에從事ᄒᆞ고又ᄂᆞᆫ各種專門學校에入學코져ᄒᆞᄂᆞᆫ靑年有志諸君은早早來學ᄒᆞ오셔中等以上普通知識을全備하심을爲望하옴

本校의完全ᄒᆞᆫ教授準備와眞正ᄒᆞᆫ教育制度를左에列擧홈

一 一般教科書ᄂᆞᆫ總히本校에셔新編準備홈

二 本校의第一主旨ᄂᆞᆫ修身科、作文科、漢文科니倫理學教科書를新撰ᄒᆞ야道德心을培養ᄒᆞ고、作文教科書를新撰ᄒᆞ야文章을規則으로教授ᄒᆞ고漢文教科書를新撰ᄒᆞ야讀書를應用活法으로教授홈

三 理化學及博物學은機械及藥品으로實地試驗을行ᄒᆞ야教授홈

四 唱歌ᄂᆞᆫ軍樂音調로新製教習홈

五 體操及運動은各外國運動式用機具로日常教鍊홈

六 教師ᄂᆞᆫ新舊學問에專能ᄒᆞᆫ諸大方家를延聘홈

◉學科目 (科目中課程은略之)

修身學、國語、漢文、作文、歷史、地誌、物理及化學、博物學、地文學、法學、數學、圖畫、唱歌、體操、外國語、農業學、商業學、簿記學、

◉修業期限 四箇年

◉入學年齡 自十五歲以上至二十五歲以下

◉入學試驗科目

國漢文讀書及作文、內外國歷史及地誌問對、算術四則以內

◉入學試驗日字 九月十五日 (陰七月二十七日)

◉開學日字 九月十六日

(入學請願書及保證書ᄂᆞᆫ本校用紙를用홈)

光武十年八月十六日

漢城中署磚洞 私立普成中學校

廣告

東國歷史 普通教科國漢文一秩二册定價新貨 一圜十菚

法蘭西新吏 四十錢

淸國戊戌政變記一秩 一圜

波蘭末年戰史一册 三十錢

美國獨立史一册 三十錢

法國革新戰史一册 三十錢

大韓輿地圖一張 十七錢五里

世界全圖一張 三十七錢五里

大韓地誌一秩 七十五錢

牧民心書一秩 一圓二十五錢

萬國地誌一秩 一圓

尺牘完編一秩 一圓五十錢

農政新編一册 五十錢

法學通論一册 一圓

溫故知新堂叢抄 七錢五里

父師必讀小學指남 七錢五里

人工養蚕一册 十五錢

刑法大全一秩 六十錢

家庭雜誌一册 十錢

進明彙論一秩 二十五錢

交際新禮一秩 十八錢

發賣所 布屛門下金相萬冊舖 大韓每日申報社

花春丹은 霍亂 吐瀉 腹痛 滯症 暑症 정忡 神陸 肾鬱 痰盛 醒酒船䑶 咳嗽 口味업ᄂᆞᆫ諸症의神效ᄒᆞᆫ藥이오 此外에도洋炭水解毒藥 脚창 疳氣 蛔虫 寸虫 赤白癩風 藥과東西洋藥이俱備하고他病도隨問出方하오니 僉位ᄂᆞᆫ在議하시옵

皇城校洞石井洞下隅 石泉堂藥局 告白

[illegible] 洋行

◉九轉靈砂라 本人이砂丁法을[illegible]靈丹인ᄃᆡ男女老少에無論何症ᄒᆞ고通治ᄒᆞ오며無病時에도服ᄒᆞ면平生의身體가健康ᄒᆞ며小兒ᄂᆞᆫ[illegible]服ᄒᆞ면十歲안에無病ᄒᆞ게를擁保ᄒᆞ오며

◉九轉靈砂萬[illegible]丹은[illegible] [illegible]病과[illegible]疾에神効ᄒᆞ오

◉九轉靈砂保命丹은初生小兒 [illegible] [illegible] 咳嗽 [illegible]諸般驚과婦人帶下症에神効ᄒᆞ어

◉九轉靈砂濟衆丹은酒滯 食滯 血積 吐瀉 霍亂 [illegible]疾 吐血 下血 運氣 時疾 痫症에神効ᄒᆞ오

◉九轉靈砂紫金丹은痔漏 [illegible] 上痔瘡 下痔瘡及唐瘡과諸般瘡瘍惡種에無不神効ᄒᆞ오니 僉君子ᄂᆞᆫ來問ᄒᆞ시오

內需司前두간이골上隅第一家 李[illegible] 告白

本社廣告

中[illegible]

一張代金 新貨二錢[illegible]

一箇月前[illegible] 三十[illegible]

三箇月 九十[illegible]

六箇月 一元七[illegible]

一箇年 三元[illegible]

[illegible]一[illegible] 新貨五[illegible]

一[illegible] 十三[illegible]

[illegible]

[illegible]十三字[illegible]

文(每日發行에大韓[illegible])

每日每行[illegible]

一箇月에 [illegible]

(每日每行[illegible])

其期限의長短과字行의多[illegible]를依ᄒᆞ야增減[illegible]

◉本社地方各處支店[illegible]

仁川租峴開新册肆 李東[illegible]

平壤南山峴日新學校 金[illegible]

宣川邑樓西 [illegible]

義州南門外韓國人藥房[illegible] 安[illegible]

長連邑 金[illegible]

鎭南浦築洞 金仁[illegible]

咸興州南社 [illegible]

中和邑 李俊培

釜山佐川徐[illegible] 金[illegible]

開城北部梨井里[illegible] [illegible]

校洞校長 [illegible]

大丘郡 達城廣文社

發行兼編輯人 英國人 [illegible]
發行所 京城北署[illegible]
大韓每日申報社

第四卷

大韓每日申報
대한매일신보

第三百七號

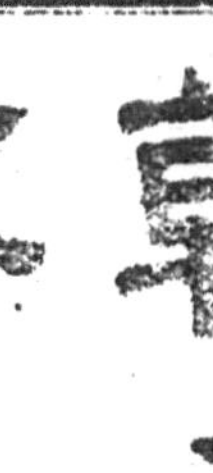

月曜及慶節
歲時日休刊

檀君開國四千二百三十九年
箕子元年三千二十八年
大韓開國五百十五年
日本明治三十九年
淸國光緖三十二年
◉陰曆丙午七月小初七日壬寅

論說

韓俄日三國關係

前日에隨時締結ᄒᆞᆫ韓俄間諸條約이尙今成立ᄒᆞᆫ것인지안인지此ᄂᆞᆫ俄日兩政府의意見이不同ᄒᆞ더라

年前에韓國外務大臣이韓日議定書에調印ᄒᆞᆷ은的確ᄒᆞ나然이나當時에外部大臣이日本의賂物은暗受ᄒᆞ얏다ᄒᆞᆷ은不明ᄒᆞ다ᄒᆞᆯ지라도韓國諸大臣이壓迫困難즁에在ᄒᆞ얏던것은不可隱諱라韓國이當初에ᄂᆞᆫ嚴正즁立을聲明ᄒᆞ얏ᄂᆞᆫ되日本이不滿心을抱ᄒᆞ야當時의事勢ᄂᆞᆫ韓國外部大臣이該議定書에若不調印이면日兵이韓國을敵國으로待遇ᄒᆞ얏슬터이니此로因ᄒᆞ야該議定書에調印ᄒᆞ얏스나調印後에人民의反對가極度에達ᄒᆞ얏스며韓國 皇帝陛下ᄭᅴ셔도卽爲反對ᄒᆞ신지라

所謂議定書ᄂᆞᆫ俄國에ᄂᆞᆫ聲明도無ᄒᆞ얏고俄國이平時에韓國에向ᄒᆞ야親密ᄒᆞᆫ友誼를表示ᄒᆞ야韓國政府ᄂᆞᆫ日本보다俄國을信任ᄒᆞᆷ이倍勝ᄒᆞ얏스니壓制로締結ᄒᆞᆫ條件으로兩國의同意로成立된友誼的條約을兩國의認許도업시無效廢止ᄒᆞᆫ다고布明ᄒᆞᆫ것이反屬無效로다

韓國이該議定書를因ᄒᆞ야得ᄒᆞᆫ바ᄂᆞᆫ日本의兵力攻擊을免避ᄒᆞᆫ것이오俄國이該議定書의締結됨을漠然不知ᄒᆞ야韓國을友國으로待遇치아니ᄒᆞ얏던들該國을爲ᄒᆞ야大不幸ᄒᆞᆫ事ㅣ必有ᄒᆞ얏슬것이며此外에도日本人이俄人을韓國에서逐出ᄒᆞ기不得ᄒᆞ얏슬터이고俄國이北韓地方을攻擊ᄒᆞ야日本이滿洲軍의勢力을減削ᄒᆞ기外에ᄂᆞᆫ干涉ᄒᆞᆯ介가無ᄒᆞ얏슬지라

該議定書에對ᄒᆞ야詐僞가顯出ᄒᆞᆫ것이俄人은北韓에서軍用物品과軍事工役에該價金及雇金을厚給ᄒᆞ얏거날日本人은到處에軍用物品은强定價値로나或無代金으로責供ᄒᆞ며韓人을威脅ᄒᆞ야不適當ᄒᆞᆫ雇價로나或一錢도不給ᄒᆞ고軍用工役에使用ᄒᆞ야戰爭時에ᄂᆞᆫ京城에到着ᄒᆞᆫ所聞은日本人이主管ᄒᆞᆷ을不拘ᄒᆞ고北韓地方에서俄人의不正ᄒᆞᆫ行爲라고傳布ᄒᆞᆷ은細瑣事에止ᄒᆞ얏스나日本人의掠奪的殘暴的行動은全國各處에서連續踵來ᄒᆞ얏도다

該强結條約과其軍力을利用ᄒᆞ야京城에在ᄒᆞᆫ日本官憲은韓國의可憐ᄒᆞᆫ政府를脅制ᄒᆞ야此請彼求가連絡無已ᄒᆞ야期於得諾ᄒᆞ기에靡不用力ᄒᆞ얏스며ᄯᅩ于今日ᄭᆞ지攫奪的手段이極端에未達ᄒᆞ얏ᄂᆞᆫ지馬山浦近地와咸興灣에要塞地의讓許를要求ᄒᆞᄂᆞᆫ지라

兩國間에同盟이라ᄂᆞᆫ것은壓制로締結ᄒᆞᆷ이不當ᄒᆞ며兩國에互有利益케ᄒᆞᄂᆞᆫ것이어날今此韓日同盟은威脅으로成立ᄒᆞ야該利益은日本邊에만都歸ᄒᆞ얏스니由此推測ᄒᆞ면現今駐韓俄國總領뿐닌숙氏ᄂᆞᆫ韓俄條約의價値를保持ᄒᆞᆯ明確ᄒᆞᆫ決心으로韓國을爲ᄒᆞ야表著ᄒᆞᆫ事務를實行ᄒᆞ다고吾輩ᄂᆞᆫ思量ᄒᆞ노라

官報

◉三千五百四十一號 光武十年八月二十五日

◉宮廷錄事

禮式院禮式副卿高義敬辭職疏批旨省疏具悉所辭中副卿之任依施 八月廿二日

◉布達

宮內府官制중改正ᄒᆞᄂᆞᆫ件을左又치定奪ᄒᆞᆷ이라

光武十年八月廿三日奉

勅 宮內府大臣李根湘

◉布達第一百三十五號

宮內府官制중禮式院을廢止ᄒᆞ고第廿六條外事課長奏任下禮式課長兼任六字를刪去ᄒᆞ고同條中에禮式課와第卅三條에掌禮院을更寘ᄒᆞ되其職員及職掌을左又치定ᄒᆞᆷ이라

禮式課 長一人 奏任或勅任

儀式에關ᄒᆞᆫ事務를掌ᄒᆞ고과員을監督ᄒᆞᆷ이라

禮式官 八人 奏任

主事 四人 判任

掌禮院 掌禮院에左又치職員을寘ᄒᆞ야 帝室祭儀典禮及掌樂事를管理ᄒᆞ고主管에屬ᄒᆞᄂᆞᆫ會計를掌ᄒᆞᆷ이라

卿 一人 勅任一二等

職務를總理ᄒᆞ고職員을監督ᄒᆞᆷ

副卿 一人 勅任三等

과長 二人 奏任 稽制 記錄

院務를掌ᄒᆞᆷ이라

掌禮 五人 奏任二人專任 二人兼任

相禮 一人 奏任

贊儀 一人 奏任

掌儀 一人 奏任

主事 十五人 判任

掌樂 二人 卿兼任

提調 一人不常置之

樂師長 一人 奏任

雅俗樂敎授及奏樂을掌理ᄒᆞᆷ이라

樂師 二人以下 判任

主事 三人以下 判任

宮內府官制中官等俸給令改正ᄒᆞᄂᆞᆫ件을左又치定奪ᄒᆞᆷ이라

光武十年八月廿三日奉

勅 宮內府大臣李根湘

◉布達第一百三十六號

宮內府官等俸給令勅任官官等表中各副卿上二等欄內와同俸給表중內藏司長上二級欄內에禮式과長을添入ᄒᆞ고同俸給表중經理院卿次一等至三等欄內에禮式卿及同副卿을刪去ᄒᆞ고奏任官等表及俸給表중祕書官次一等至四等欄內에外事과長禮式과長禮式官을添入ᄒᆞ고同官等俸給表중禮式院禮式과長同禮式官同文祥과長은刪去ᄒᆞ고稽制과長及記錄長과上의同字ᄂᆞᆫ掌禮院으로改正ᄒᆞᆷ이라

外報

◉極東鐵道 俄人이極東에旣히測量을終ᄒᆞ고去年에起工ᄒᆞ라다가戰爭으로ᄒᆞ야一時중止ᄒᆞ얏던東淸鐵道支線은今回着手ᄒᆞ기로決ᄒᆞ고再次庫倫과恰克圖間을竣成ᄒᆞ야청國政府에右布設의許可를要求ᄒᆞ얏ᄂᆞᆫ되恰克圖ᄂᆞᆫ庫倫에서約八百淸里를距ᄒᆞ야人口ᄂᆞᆫ二萬餘인되商業이興旺ᄒᆞ고人文이鮮明ᄒᆞᆫ一都市라俄兵二萬名이常此附近에分駐ᄒᆞ고청兵은此一帶에頗히邊境防衛力이無ᄒᆞ다더라

◉立憲會議 北京電을據ᄒᆞᆫ즉청國에서軍機大臣及出洋考政大臣이政治館에서立憲에關ᄒᆞᆫ大會議를開ᄒᆞ얏ᄂᆞᆫ되憲政은北京을中心으로ᄒᆞ야漸次地方에及ᄒᆞ기로畢定ᄒᆞ얏스니袁總督의上京을俟ᄒᆞ야確定ᄒᆞ기로決定ᄒᆞ얏다더라

◉俄청國境에稅關 北滿洲俄청國境에稅關設置件은청政府에서委員을任命ᄒᆞ야歐米諸國의制度를調査ᄒᆞ야俄청談判ᄒᆞᄂᆞᆫ案에押用ᄒᆞᆫ다더라

◉艦隊增加 美國에서는艦隊의勢力을擴張ᄒᆞ기爲ᄒᆞ야本月內에우에스도우이루기니아號、펜실바니아號、코로라도號、마리런號의裝甲巡洋艦四隻을派送ᄒᆞᆫ다더라

雜報

●地方警官의敍任 再昨日下午에內部에서地方警務官十三人을叙任하고其奏本記를政府로入送하얏다는디 咸北權泰珩 京畿金善源 慶南洪性郁 忠南黃鍾復 江原文圭復 全南李錫元 咸남朴正善 慶北朴奇孝 平北朴承憙 平남金燦淵 忠北金箕炎 全北李惠聰 黃海金相淳諸氏더라

●獸醫路程 農商工部에서聘用獸醫人父청江氏와日本農科大學教授勝島仙之衆과仁田直氏等이自釜山으로元山々지前往하야牛疫流行을預防或醫治하기로日間發程혼다는디農商工部에서所經各郡에發訓하야該氏等一行到着時에各別保護하며牛疫視察調査와其他시藥方法을曉諭民間하야使人民으로切勿疑慮케하라하얏다더라

●朴氏說明 監獄署看守長으로罪囚失捕事에對하야警務使의田私로使之請願退去케하야依願免官된朴鎭英氏가昨日警務廳에前往하야朴警使의게說明하기를以罪囚逃逸事로論之하면其關係가尤重於入直者守長이어날其入直者는依願免하고看守長은論繳免官하얏신즉此是萬萬不當之事이니本人의依免을更以免官케하야以安本人之私心케하라하얏다더라

●勸告法部 統監府에서法部에對하야凡於罪人의處刑홀時와檢驗홀時에來人目前에서行刑하며屋外에露體하야風氣를殘忍酷薄케홈으로風敎上에大有損害홀쑨더러現今文明國에서死刑을廢止하기로倡論하는디인즉貴部에서도此에注意하라하얏다더라

●憲兵獲賊 東小門外敦岩峴居李明奎家에서賊患을被하야家裝什物幾千金價値를見失하얏더니南署憲兵駐隊에서賊漢을捕捉하야李家의見失혼物價七圓二十錢을出給하얏다더라

●治道考量 內部에서治道工事에對하야道路考量次治道局事務官과日人技師를派遣혼事는已揭어니와事務官黃翼淵氏以下技手等三人과日人技師片山松貞氏以下技手等三人과韓人工夫三名日人工夫三名이本月十九日에安港에到着하야考量事務에着手하얏다더라

●兩氏免官 警務廳에被囚혼侍從尹平炳氏는行爲乖當으로免官하얏는디參贊李商在氏도免官혼다더라

●害及白骨 昌原港에서는該港駐鐵道監部에서該境內所在將軍川水源을保護하는用地라하고其區內에所在혼家屋墳墓를來三十日內로嚴飭移徙케하라고監理署로行文하야各該家主與塚主의게申飭撤移홈으로民情이遑급하다더라

●寘責니協 警務廳主事劉世忠氏는素與니協崔錫敏氏로親密혼交誼인디今番地方警務官叙任하는事에對하야劉氏가니協의게公薦叙任홈을屢請혼즉隨口應諾이不啻丁寧터니及其奏本之日에는皆以他인으로塡名혼지라劉氏가不勝其忿하야前往내部而訪見崔氏하고責其失信에一場論駁혼後及其歸來時에自歎道前日大韓每日申報中所記가確有其然혼理由를今始覺知라하고更不相訪홈을矢言하얏다더라

●加藤辭職說 宮내府顧問官加藤增雄氏가不遠間辭職혼다는說이有하더라

●申察審判 申箕善氏가咸興觀察使在任時에定平郡罪인三名을七年懲役에宣告하야法部로報告하고及其執行時에는笞一百에放送혼事件으로平理院에서申氏를拘拿審判하야七年懲役으로照律하야法部로報告하얏다더라

●警廳刑訊 再昨夜에警務廳에서朴警使와丸山顧問이出席하고宋秉畯氏等을刑訊하야一進會員中으로서銃幾柄々지押收하얏다더라

●參贊押囚 李世楨事件이相關이有혼지再昨日下午六時에警務廳에서政府參贊李商在氏를捉囚하야一經訊問하고昨日上午三時에監獄署로下囚하얏다더라

●顧問反對 내部治道局을土木局으로改定次로定制改正請議書를度支大臣의게聯署를請하얏더니財政顧問目賀田氏가反對홈으로改正議案이永爲停止라더라

●漁民呼泣 慶남沿海各郡公私漁礎을自近年으로 英親王宮에서派送官監하야放賣上納하기로海民이冤莫支保러니何幸昨年夏에自 宮내府로奉承旨意하고派送委員하야어礎중公條는査實定稅하야求弊與補公間量宜施措하고民私條는還給民間하라고發訓下送後에隨어民之持民私條文蹟而來訴者하야成給完文使之安業이러니忽自 經理院으로更送派員하야公條外에民私條도勒奪放賣하니어民이更見魚肉之慘이라宮府之還給하는指與訓令이墨痕이未乾하야서經理院의서又復橫침하니어民等이更訴於 宮내府헐지經理院헐지莫知告所하야寃極痛泣혼다더라

●軍用地還附 日本軍司令部의서니部로公函하기를軍用地로指占하얏든鎭山鳳山의唐浦와梨花浦를民間의還附하여使之耕作케혼다는디내部의서該兩郡으로訓令하야使民知悉케하얏다더라

●二雜懸行 加平上坐里居柳東圭와柳仁植이가同郡濟救嶺居金裕鼎으로抑理訴訟하다가金裕鼎이가官府及平理院의請願하야柳自落科혼後로百般挾雜運動矣러니六月廿九日의柳仁植이가率日本人二名과韓人十餘하고來到金裕鼎家하야突入내庭하며毆執家人하야許多悖悪은不可形言之際金裕鼎이가告急於該郡守하야移送官隷하야欲爲捕捉則柳漢諸黨과日인二名이四散逃走하얏는데金裕鼎이가期於雪憤次로各部院에呼訴혼다더라

●善治褒揚의實施 善治守合을特別褒揚次을□前御前會議에上奏혼事는已往記載하얏거니와善治最優等郡守九人을調査하야三人은賞金一百圜三人은加資三인叫等으로施行혼터이라더라

●開尹贊校 開城府士民等이現今教育이時宜을注意하야崧南學校를東西南北四部에設置하고師範科와小學科를分定하야公衆子弟를培養흘터인디教育費는府內士民이多數의捐助를鳩聚하야基礎를鞏固케하미本府尹韓永源氏가到底贊成하야教台總會를組織하고已設新設흔學校를勿論하고該會에셔擔任하야擴張或維持홈이良策이라하고補助百元을最先出給하얏는디士民等이此를悅服하고設會하야諸般事務가就緒된다더라

●緣何退校 山林洞光明學校內에日語夜學科를附設하야학徒가數十人에達하얏는디日語敎師李丙植과乘璟李鍾植諸氏가一時退校혼지라其事由를聞혼즉該校學務員朱興均丕成九諸氏가敎師諸氏로더부러猜忌之端이有홈이라더라

●指生爲死 秘書郎金南齊氏가三角山初次雩祭大祝을行祀後仍爲還第矣러니其翌日某報에揭載되기를三角山雩祭大祝金南齊氏가以不精之致로忽逝라하고又翌日에現帶職을依免하얏다云하니此는何許人이現職遞奪之計로此說을做出하야以至揭載케홈인가하더라

●軍港作線 政府의서軍港作線을明日報官의告示하는디該線내土地買賣讓與借貸는一切嚴禁혼다더라

●宮내府拒 昨日統監府에서宮내府로照會하되兩闕宮闕出入門票를貴府에서句幹하야許多請求의未免煩惱혼더이니自警府로준備門票하야以爲供給이라혼則宮내府의서答照하기를警府의門票가自在하니不宜如是貽惱於貴府이기로不可준施라하얏다더라

●此何惡俗 義州郡來書를據혼則城내無識輩가以其同類五六十名式으로成契于州내者數處而勿論老小인之身死하고其居喪行葬之間에多數契員이一齊會同하야以百般淫聲巧歌로互相唱和하면셔以手舞足蹈로屈伸進退하고加之以木鐸鳴之로爲同樂하야晝夜不撤而喧動天地하니以인之喪葬으로爲第一好風流라且於城내家家의禱神之巫와송經之瞽가其魚肉餅飯을散棄道路에鐘鼓之헌聲이無日無之이되所謂郡守監理及警察爲名者는如聾如啞하야不爲禁止하고惟貪賂上의만其耳目이聰明이라於此於彼의莫非有識者之齒嘆不已라하얏더라

●云無挪用 去十九日雜報欄내의揭載된趙氏奈何라는題下의對하야白川郡守趙元奎氏의父親性協氏가該郡公錢나用은無據之事라고說明이有하더라

雜報

●築垌冤怨　義州郡新浦農民等의寄函을據혼則其槪如左하니

本人等居生之地가處在古津江之沿ㅎ야中有一新浦之通于江者하니卽東坪、北坪、西坪三里農民之數百家의引水耕稼之都水口也라盖寸土如金之地에築垌起墾之利를人人이非不知也로되

於其浦口兩岸에廣置餘坂하고莫敢築垌者는爲其浦ㅣ坦활하야廣受五水라야懸浦之多畓이均蒙灌漑之利故耳라不意今者에一進會員黃巖元李亨烈兩人이謂有農商工部之認許하고立錚築垌於新浦口之餘地하야起墾開畓에塞其咽喉하니

此懸浦數百石落庫引水之畓은必皆枯涸荒廢하리니彼會目的이曰有四大綱領而其一은人民의生命財産을保護라하더니今以黃李兩員之所爲로見之면保護는無望이오貽害莫甚이라本人等이遭此剝斗之害에不勝共憤하야

齊會訴辨에姑禁彼之更築이나亦畏其毒하야不敢犯毁其初築之垅하니此若不毁면水道失舊에新浦農民은莫可資生이라하얏더라

●平民再生　平壤軍用地調査委員朴義秉氏가陰月二十二日第一車에平壤으로下去ㅎ얏는ᄃᆡ外城土民四五百名이停車場에迎接ㅎ고其棲息慘酷之狀을痛哭說明혼즉朴氏가慰撫曰植物上損害는相當計給ㅎ고至於軍用地ㅎ야는區域을作定ㅎ야韓日兩國軍民에便宜居生케ㅎ깃다홈으로一般人民이復生之秋라고自慰自負ㅎ다더라

●汲水不得　西京通信을據혼則平壤外城所謂軍用地內에原居ㅎ人民에飮料水汲井을嚴禁홈으로七八里相距되는大同江을汲取ㅎ는ᄃᆡ困難이莫甚ㅎ야往往有病渴之民이라ㅎ니[illegible]라外城은卽箕聖劃井之地인ᄃᆡ賤地居民이鑿井而飮ㅎ며耕田而食ㅎ야以享其昇平之樂이러니自日俄開戰以後로井水之汲湧을一並痛禁ㅎ니水亦如是거든況其他田地乎아ㅎ야寃聲이彌天혼다더라

●外人評會　合爾賓報를據혼則韓國近日에三會가並立ㅎ니一曰開進會니該會宗旨는永守舊學에反對維新者也오二曰自強會니以敎育實業으로著報演說ㅎ야激發國民思想으로爲目的者也오三曰一進會니專以化韓歸日之政策으로極力運動者也라ㅎ얏더라

慶尙北道大邱府民議所長金光濟氏의警告文이如左

夫國權之確立은在乎民氣之振作ㅎ고國政之澄淸은在乎民智之啓牖ㅎ고牖智之道는在乎講究ㅎ고振氣之策은在乎團結이라所以로東西文明諸國에爲人民者ㅣ各圖自治自强之策ㅎ야或設講所ㅎ고或置役長ㅎ고或選會頭ㅎ야各置演壇於村町縣市ㅎ고編之以名ㅎ며誓之以心ㅎ야愛國底精神과成業底思想으로惟事講討而激烈혼言論은能感發人心하며敏明혼事理는能透達愚迷ㅎ야箇人이各知有國民에義務之關重ㅎ니自可免人之壓侮ㅎ야植其民力而遂其國權이어날

奈之何我韓同胞는恬於舊俗ㅎ야有若依賴而自相暴棄ㅎ니雖云二千萬人衆이나一一離叛에守保失策ㅎ야大勢至此ㅎ니事不寒心哉아顧玆達府는三南要衝이오各國交際에不可無人民會議之所故로

鄙等이業承公認ㅎ야現設民役所於下隅而趣旨則不計老少尊卑ㅎ고糾合一省ㅎ야凡係民事를一心相議ㅎ야冀圖自治之權일시宜先一會而爛商方便이기玆敢輪佈라ㅎ얏더라

●英報의紀滿洲事　泰晤士報에云ㅎ되英國通信員이由滿洲回國ㅎ야南滿洲淸人이受日人欺侮는不堪言狀이오近日南滿洲에遷來혼日人이約千餘名인ᄃᆡ皆是無業流氓不法之輩라ㅎ얏고又云ㅎ되日人이在安東에購買地段ㅎ야以占歐西各國之先着ㅎ고除奪列國商權ㅎ니實於滿洲開埠條約에大有違비라深望國家는勿視緩圖ㅎ고宜速設法ㅎ야保護商權이라ㅎ얏더라

●亦一世變　巷說을聞혼즉當此之時ㅎ야大韓國民된者가誰某던지心事가平隱ㅎ야遊樂을是事ㅎ면可히國民이라謂치못혼지라近日南門外東幕等地에寓人들이各出三四千金ㅎ야宴會를排設ㅎ고妓生과倡夫를聚集ㅎ야宴樂ㅎ고更히繼續ㅎ기로方今周旋인故로此를聞知혼者가一層不平ㅎ야此是逆民이라고指目혼다더라

廣告

◉學員募集廣告（第一回）

玆에普成中學校를新設ᄒᆞ고高等普通學術로一般國民을教育코저ᄒᆞ오니將來에實業及實務에從事ᄒᆞ고又ᄂᆞᆫ各種專門學校에入學코저ᄒᆞᄂᆞᆫ青年有意諸君은早早來學ᄒᆞ오셔中等以上普通知識을全備하심을爲望하옵

本校의完全ᄒᆞᆫ教授準備와眞正ᄒᆞᆫ教育制度를左에列擧ᄒᆞᆷ

一　一般教科書ᄂᆞᆫ擔히本校에서新編準備ᄒᆞᆷ

二　本校의第一主旨ᄂᆞᆫ修身科、作文科、漢文科니倫理學教科書를新撰ᄒᆞ야道德心을培養ᄒᆞ고、作文教科書를新撰ᄒᆞ야文章을規矩로教授ᄒᆞ고漢文教科書를新撰ᄒᆞ야讀書를應用活法으로教授ᄒᆞᆷ

三　理化學及博物學은機械及藥品으로實地試驗을行ᄒᆞ야教授ᄒᆞᆷ

四　唱歌ᄂᆞᆫ軍樂音調로新製教習ᄒᆞᆷ

五　體操及運動은各外國運動式用機具로日常教鍊ᄒᆞᆷ

六　教師ᄂᆞᆫ新舊學問에專能ᄒᆞᆫ諸大方家를延聘ᄒᆞᆷ

●學科目（科目中課程은略之）

修身學、國語、漢文、作文、歷史、地誌、物理及化學、博物學、地文學、法學、數學、圖畫、唱歌、體操、外國語、農業學、商業學、簿記學、

●入學年齡

自十五歲以上至二十五歲以下

●修業期限

四箇年

●入學試驗科目

國漢文讀書及作文、內外國歷史及地誌問對、筭術四則以內

●入學試驗日字

九月十五日（陰七月二十七日）

●開學日字

九月十六日

（入學請願書及保証書ᄂᆞᆫ本校用紙를用ᄒᆞᆷ）

光武十年八月十六日

漢城中署礡洞　私立普成中學校

廣告

東國歷史　普通教科國漢文一秩三册定價新貨	一圜十錢
法蘭西新吏	四十錢
清國戊戌政變記一秩	一圓
波蘭末年戰史一册	三十錢
美國獨立史一册	三十錢
法國革新戰史一册	三十錢
大韓輿地圖一張	十七錢五里
世界全圖一張	三十七錢五里
大韓地誌一秩	七十五錢
牧民心書一秩	一圓二十五錢
萬國地誌一秩	一圓
尺牘完編一秩	一圓五十錢
農政新編一册	五十錢
法學通論一册	一圓
溫故知新裳蓑抄	七錢五里
父師必讀小學指남	七錢五里
人工養蚕一册	十五錢
刑法大全一秩	六十錢
家庭雜誌一册	十錢
進明彙論一秩	二十五錢
交際新禮一秩	十八錢

發賣所　布屛門下金相萬書舖　大韓每日申報社

花春丹은　霍亂　吐瀉　腹痛　滯症　暑症　정忡　神眩　骨鬱　痰盛　醒酒船藥　咳嗽　口味업ᄂᆞᆫ諸症의神效ᄒᆞᆫ藥이오此外에도洋炭水解毒藥　痔氣　蛔虫　寸虫　赤白癩風　藥과東西洋藥이俱備하고他病도隨問出方하오니　僉位ᄂᆞᆫ在識하시옵

皇城校洞石井洞下隅　石泉堂藥局　告白

一　[illegible]牛乳

一　[illegible]牛乳

[illegible]氣化乳[illegible]

[illegible]

大韓仁川港　[illegible]洋行

●九轉靈砂라　本人이妙方을[illegible]야製造ᄒᆞᆫ靈丹인ᄃᆡ男女老少에無論何症ᄒᆞ고通治ᄒᆞ오며無病時에도服ᄒᆞ면平生의身體가健康ᄒᆞ며小兒ᄂᆞᆫ[illegible]면十歲안에無病ᄒᆞ기를擔保ᄒᆞ오며

●九轉靈砂萬[illegible]丹은[illegible]과中[illegible]痰과[illegible]病과[illegible]疾에神効ᄒᆞ오

●九轉靈砂保命丹은初生小兒[illegible]疾에神効ᄒᆞ오

●九轉靈砂濟衆丹은酒滯　食滯　血積　吐[illegible]　霍亂　[illegible]疾　般[illegible]과婦人帶下症에神効ᄒᆞ며

吐血　下血　運氣　時疾　痘症에神効ᄒᆞ오

●九轉靈砂紫金丹은痔漏　[illegible]　上疳瘡　下疳瘡及唐瘡과[illegible]種에無不神効ᄒᆞ오니　僉君子ᄂᆞᆫ來問ᄒᆞ시오

內需司前大뭇가이골上隅第一家　李[illegible]　告白

本社廣告

中[illegible]

一張代金	[illegible]
一箇月前[illegible]	三十[illegible]
三箇月	九十[illegible]
六箇月	一元七十[illegible]
一箇年	三元[illegible]
郵稅一[illegible]	[illegible]五[illegible]
一[illegible]	十二[illegible]

廣告料

四號活字十三字[illegible]每日每[illegible]一寸에新貨[illegible]文（每日每行에大[illegible]）（每日每行[illegible]一[illegible]에[illegible]）其期限의長短과字行의[illegible]를依ᄒᆞ야增減ᄒᆞᆷ이有ᄒᆞᆷ

◉大韓每日申報各處支社廣告

中署布屛門下　金相萬册肆

洞口[illegible]便　朱翰榮册肆

中署農圃初入七十八統第二戶　鄭[illegible]澤

仁川杻峴開新册肆　李東[illegible]

平壤南山峴日新學校　金與[illegible]

宣川邑[illegible]西　安[illegible]

義州南門外韓西大[illegible]房　[illegible]有

長連邑　金[illegible]

[illegible]南浦築洞　金仁[illegible]

咸興州南[illegible]　[illegible]

中和邑　[illegible]俊培

釜山佐川[illegible]房　金[illegible]

開城北部梨井里[illegible]

校副校長　[illegible]

大丘郡　達城廣文[illegible]

發行兼編輯人　英國人[illegible]

發行所　京城北署[illegible]坊[illegible]洞[illegible]外[illegible]

大韓每日申報社

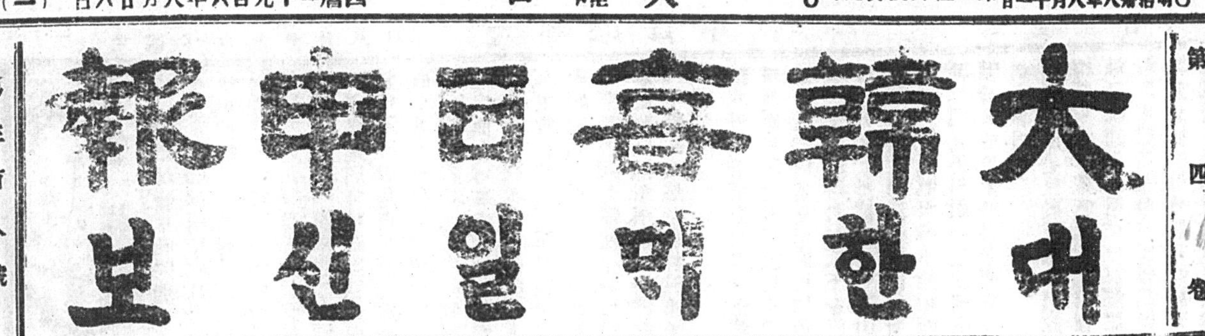

月曜及慶節 歲時日休刊

檀君開國四千二百三十九年
箕子元年三千二十八年
大韓開國五百十五年
日本明治三十九年
淸國光緖三十二年
◉陰曆丙午七月小初九日甲辰

論說

統監과 陛見問題

來月十一日에英國東洋艦隊가濟物浦에來着ᄒᆞᆯ터인ᄃᆡ駐京英國總領事가韓國 皇帝陛下끠該艦隊의司令官海軍副將무아氏의 陛見ᄒᆞᆯ事를日本統監의게紹介홈을函請ᄒᆞ얏ᄉᆞ니是는駐韓外國代表者가日本官憲의게紹介ᄒᆞ야 陛見을請ᄒᆞ는嚆矢ㅣ라此事를先爲實施홈은不願聞不願道也로다列强이其代表者의게統監을紹介ᄒᆞ야 陛見을請求ᄒᆞ라고訓飭ᄒᆞᆯ時에는其代表者는訓飭을奉行ᄒᆞ노라고不得已ᄒᆞ야如何ᄒᆞᆫ 陛見이라도自已의意見에는不欲ᄒᆞ지마는依訓施行ᄒᆞ는지라吾輩는姑未的知이나然이나此 陛見式에統監이同參ᄒᆞᆯ줄노預想이라英國政府는韓國 皇帝陛下끠셔不得不許ᄒᆞ실新例를創行ᄒᆞ니然則韓國 皇帝陛下끠셔는列强과秘密直通ᄒᆞ시기外에는 當身의權利를盡皆剝奪ᄒᆞ는事例를威脅으로認許ᄒᆞ게될지라

韓國 皇帝陛下끠셔陛見ᄒᆞ는障國官人덜은常時에日本의偵察中에在ᄒᆞ야被擊의行動은日本利益에盡皆有害ᄒᆞᆫ줄노思量ᄒᆞ야必有當罰이니然則韓國 皇帝끠셔는現今에一獄囚ㅣ라全世界와相接치도못ᄒᆞ게阻隔ᄒᆞ고 當身의臣子와도對面치못ᄒᆞ게ᄒᆞ야 陛下는帝位에居ᄒᆞ사自國을沒知之貪虐無厭ᄒᆞ는日本人들과腐敗ᄒᆞᆫ韓國官吏들이任意操弄ᄒᆞ는것을觀察ᄒᆞ되兩者中에一者라도避免ᄒᆞᆯ道理가無ᄒᆞ시도다

事勢가如此ᄒᆞᆫ時에 陛見을請求홈은似是不安이니列國과阻絶ᄒᆞ고自心을吐說ᄒᆞ기不能ᄒᆞ신韓國 皇帝陛下는溫順ᄒᆞ시고愁惱ᄒᆞ셔도穩便이나ᄒᆞ시도록置而不關ᄒᆞ는것이豈不大勝이리오

韓國 皇室에羞辱되는此事를停退ᄒᆞᆯ惟一事件은韓國 皇帝陛下끠셔 患候로나或其他事故로因ᄒᆞ야今此有名ᄒᆞᆫ來賓을不得接見ᄒᆞ실뿐이라ᄒᆞ노라

官報

◉三千五百四十一號 光武十年八月二十五日 續

◉敍任及辭令

○依願免本官 制度局秘書官 禮金相允○命宮內府特進官 禮式院掌禮卿 李愚冕○命秘書監卿 景孝殿提調李容泰○命景孝殿提調 正二品金學洙○任制度局參書官 主殿院庶務課長安永基○任主殿院庶務課長 正三品金相允○任谷城郡守 帝室會計審查局審查官金鎭賢○任英陽郡守 英親王府典衛金思重○任麟蹄郡守 議政府主事李晉圭○任舒川郡守 內部主事尼根錫○任尉珍郡守 度支部主事尹榮兌○任德山郡守 軍部主事洪鍾觀○任价川郡守 法部主事柳遠聲○任固城郡守 學部編輯局長蔡範錫○任松禾郡守 農商工部主事徐相喆○任南原郡守 正三品朴台榮○任泰仁郡守 前參書官金潤晶○任鴻山郡守 六品李香鉉○任機張郡守 六品李範佐○任漢城府參書官 漢城府主事金宇鉉 以上八月廿二日○任議政府主事 六品張鴻植 以上八月廿三日 完

部令

◉農商工部令第四十四號 續

移民保護法施行細則

有價證券價格에改定으로保證金額에不足을生ᄒᆞᆫ時는農商工部大臣은期限을定ᄒᆞ야塡補케홈이可홈

前項期間內에不爲塡補ᄒᆞ는時는營業을停止ᄒᆞ거나又許可를撤消홈을得홈

第八條 農商工部大臣이移民處辦人이移民에對ᄒᆞ는義務를履行아니ᄒᆞᆫ줄노認ᄒᆞᆫ時는保證金에서其費用을支撥ᄒᆞ고移民을救助ᄒᆞ거나又歸國케홈을得홈

移民前往地를管轄ᄒᆞ는日本官廳이移民處辦人이移民에對ᄒᆞ는義務를履行아니ᄒᆞᆫ줄노認ᄒᆞ고其費用으로써移民을救助ᄒᆞ거나又歸國케ᄒᆞᆫ時에는農商工部大臣은卽時保證金의셔其費用을當該日本官廳에還付홈이可홈

前項費用還付를爲ᄒᆞ야要ᄒᆞ는費用은保證金의셔支辦홈

第九條 移民處辦人의死亡營業의撤消又其他事由를依ᄒᆞ야營業을廢止ᄒᆞᆫ後라도保證金은農商工部大臣이領置ᄒᆞᆯ必要가有ᄒᆞᆫ줄노認ᄒᆞ는期間은其全部又一部를還付아니홈을得홈

第十條 移民處辦人의營業중又前條의依ᄒᆞ야保證金領實의必要가有ᄒᆞᆫ줄노認ᄒᆞ는期間은移民又其相續人이移民保護法又契約을依ᄒᆞ야有ᄒᆞᆫ權利를執行ᄒᆞᆫ境遇外에는何人이라도保證金에對ᄒᆞ야債權의索還을못홈

第十一條 移民保護法第七條에依ᄒᆞ야任留케ᄒᆞ는代理人又代表者의所在地는農商工部大臣이指定홈 未完

外報

●議事規則 伯林을據ᄒᆞᆫ則俄國內閣은目下國民議會의新議事規則을起草中이라더라

●立憲基礎 淸國北洋大臣袁世凱氏가近者에奏請ᄒᆞ야立憲政治의施行에準備ᄒᆞ기爲ᄒᆞ야中央政府五品以上의官吏로ᄒᆞ야금緊要ᄒᆞᆫ政務에參預케ᄒᆞ야上下議院의基礎를成ᄒᆞ고又各州縣에名望이有ᄒᆞᆫ紳商으로ᄒᆞ야금地方政務에參與케ᄒᆞ야地方自治의基礎를成ᄒᆞ게ᄒᆞ얏다더라

●英報의談滿洲商務 英國及德利美報에揭載인바日本이注意滿洲朝鮮ᄒᆞ야自媾和以後로遠東商務가日漸繁盛홈이日人見之에尤恨不能一口呑盡利權ᄒᆞ고又恐別國이均沾利益이라云ᄒᆞ얏고該報館에셔또遠東訪事消息을接得ᄒᆞ야云ᄒᆞ되滿洲情形은中國이甘心으로將遠東利益ᄒᆞ야讓與日人과彷彿ᄒᆞᆫ지라시觀ᄒᆞ건ᄃᆡ靑泥窪安東各處에開爲商阜가爲日이已多어날何以至今에日商을除ᄒᆞᆫ外에는청無別國商人來此라英國이遠東商의擴張商務는不見ᄒᆞᆯ깃코又商界光景을未悉ᄒᆞ야不能保護自已商權ᄒᆞ니思諒컨ᄃᆡ英日交涉事宜가不日에卽有缺裂之擧라云ᄒᆞ얏더라

●德國農相辭職 伯林電을據ᄒᆞᆫ則것베루스거루히商會에賄賂事件에關係가有ᄒᆞ다는風說로德國農相포도피에루스기氏는遂히辭表를提出ᄒᆞ얏다ᄒᆞ더라

雜報

●崔林發相晤哭別　今番에從軍被林炳瓚兩氏가日人에게被執하야馬島로押去할時에도同時에同被拘囚하다가重耳放還한丸人等과紳士諸百三十餘人이南門外漢東驛에齊往하야痛哭送別하니崔益鉉氏曰請公이不必如是也라吾之當初擧義가非有一分之幸望이라只欲伸大義於天下而已라蓋有一死字而已니雖死라도乃是求仁得仁이라死者도當含笑而入地오生者도當以賀而從喪에지든況始未死乎아諸公은勿如是하야宜貽未死人慚愧也라하고辭色이怡然하며義氣가凜然하야半點도悽然悲然한氣味가업스니諸人이一倍感歎하고一倍痛悶해車塵이不見하니該紳士等이悵然流淚曰昔文信國이國祚를興復코져하다가天下를呼召하다가元軍에被執하야燕山으로驅去하는되謝疊山을所南諸公이勝在異鄕하야不能相面하고都門之外와戰陣之上에或長慟하고或外附하야未聞有一人恢之者러니今崔先生은比於信國하면此爲稍勝이라所望者는晉室이復翻하고漢節이生還하야重整紀綱하고永樹名義하야變辱爲榮하고先도後裔하야長有辭於天下後世를是所願視이라고傳說이有하더라

●警敍不公　十三道警務官을內部大臣과警務顧問이相議敍任言는事는已揭어니와其중三兩人은警務顧警務官으로不勝其任이라하야今春에一時淘汰하고今又敍任하얏스니地方警察은能勝其任乎아하고丸山不公을人皆譏罵하더라

●輪直勿施　侍從卿朴鎔和氏는上奏하고宮內輪直을勿施하얏다더라

●學政束縛　學部에서屢聘한日人等이各學校官制를改定하야日間頒布할다는대其內容을聞흔則學政을束縛하야師範學校는普通學校에學齡은十五歲로하고小學校는普通師範으로하야學齡은十二歲라하니學務의擴張은斷無可望이라하더라

●監督委托　日本에留學生監督韓致愈氏는許遞已久하고尹致昊氏는不赴하는지라該監督事務를日本外務省書記生倉知氏의게依托함으로韓國학生이大有不穩之態히다더라

●蔡代申任　學部編輯局長蔡錫氏代는度支參書官申海永氏가被任하다더라

●水力電機設置　德源港日本理事官이該港監理에게照會하되德源各地方에水力電氣를供給하기로郡赤田川上流에機械를設置하고杆木을排立掛線하깃다하얏는데該監理는農商工部에認許與否를質稟하얏다더라

●官吏增設　平理院에서事務繁劇하고文簿多堆하야現額官吏로는莫可堪任이라하야法部로報告하고官吏를增設케하라하얏는데判事一人檢事二人主事二人雇員延吏使令押牢를幷하야二名式增設케하라하얏다더라

●經用及官制　農商工部에서度支部로照會하기를本部에新設한園藝模範場官員俸給과外國人雇給與各項經費額을預算調製하야別紙에交附하며該場官制를九月一日로부터施行하얏스니該費額을本月內로第外支出하야及時需用케하라하얏다더라

●各部會議　再昨日은卽日曜日인데各部에서는該部一般官吏를會同하야何許事案을決議하얏는지上午十時에仕進하야下午五時에罷會하얏다더라

●訊問秘密　一進會評議長송秉畯氏等이警務廳에被拘한事는已揭어니와同氏等은該廳訊問課內賊囚間에牢囚하얏는데該課長張宇根氏以下總巡與一般韓人은並皆逐送他處하고日警視以下가施刑訊問에事機가一層秘密하다더라

●日人이取貨逃走　本月十二日에平壤居李丙淳外數人과日人門協儀一로作伴至仁港하야日人이詐以砂糖機械買給云하고李丙淳의게紙貨二百九十元을欺取하고被同往于敷島樓하야該日人이從後門逃走한지라李哥는可謂逐鷄狗하더라

●戲場風波　去六月三十日에仁港花開洞乾達牌二十餘名이金額을鳩合하야該港松林洞後山下의서山地都監을排設하얏는대觀光者가八千餘名이라該港에官人과民長尊位等이出面을不顧하고風流場에來參하얏다가海關幇辦李할仁氏와該港民長徐相彬氏가相詰이鬪하야大端不好한光景이有하얏다하니孰是孰非는姑且置하고今日韓臣이豈以演戲爲樂할時代이며如此戲遊之場에는醵金을不惜하고至於公益事業하야는義捐을厥惜하니是는決非國民之義務라하노라

●會議諸件　昨日上午十二時에政府에서會議하얏는데議題案은十三道警務官敍任件과학部編輯局長을申海永으로敍任件과免官郡守免懲戒와[illegible]治罪守褒揚件이오警務顧問에被拿한李商在太明軾兩氏事件도提議하얏다더라

●聖節陳賀儀節　陰曆七月二十五日　萬壽聖節에陳賀儀節은權停例로　處分을下하신지라政府上奏하야文武宗親百官이四品以上은朝服五品以下는黑團領으로伊日巽時에齊和殿에서權停例로參하고表文表裏는各其司官員이躬親進詣하기로磨鍊하얏다더라

●兩察新任　京畿觀察閔商鎬氏는北觀察로轉任하고贊議成岐運氏가京畿觀察로被任하얏더라

●赴任規則　內部에서觀察使牧使府尹郡守警務官摠巡主事赴任規則을改定하얏는데被任한지二週日內에發程하고曾事故와實病한경過의는其證據를確執하야三週日을更由하되若過此限이면免官이라하얏더라

●査則是正　平安北部一進會副會長李未成은관察使申[illegible]氏의强硬政策을大畏하야관察을謀陷하되家家銃鎗은[illegible]等之計라하고且日語學校를廢止하고文明妨害라하고該會機關國民新聞에記載하고內部에誣訴하얏더니及其査實則皆是構誣라더라

●秘通査探　龍川郡守鄭[illegible]氏를該郡居張從植張[illegible]觀李當經氏等이中間盜弄하야剝割誅求하며[illegible]甚焉하야一境人民이將至離散之境이라함으로內部에서鐵山郡守의게秘通하고耳目을別遣하야該倅治政과奸鄕의惡弊를築底查探하야迅速不明케하라하얏다더라

●金氏被囚　李世稙氏가逃躱한時에監獄署長金英善氏家에訪問한故로金英善氏도警務廳에서捉囚하얏다더라

●六人各囚　警務廳에서日前拿致한罪人을各處로分囚하얏는데송秉畯氏는警務本廳에在囚하고金英善氏는西署에在囚하고李世稙氏는南署에在囚하고尹甲炳氏는中署에在囚하고李商在氏는監獄에在囚하고太明軾氏는北署에在囚하얏다더라

●頑固哉此倅　內部에서在京新任郡守에게호速赴任하라고催促訓令急於星火호되淳昌郡守조奎夏氏는赴任郡守가何不擇日平아하며陰曆本月十八日이上官吉日이아니라其內에는不可부任이라고內大에게稟定하다가가被責하얏다하니現今에도此等頑固者가有하야輿論이紛紛하다더라

●會員被議　巷說을聞한즉一進會員崔鶴來氏는他人의妾과倡夫等을招致하야日夜歡樂하니隣居人이寢睡도不成하고該會員數三十名式聚集하면人의田畓이나奪하깃네賣用하깃네하니該會의大綱領이人의妾이나召奪하고倡夫의唱歌나듯고人의田畓이나奪取或賣用하는데勉力하는거시該會의四大綱領인가보다고하더라

●拾得還主　本月初二日에往十里居鄭元根이가紙貨三十우路中에遺失하얏더니東署小籙洞居宋秉赫氏가此를拾得하야還其主하얏스니古人의守物待主之風을於此可見이라하더라

●達城廣文　達城廣文社에서今番에活字數十萬과器械를購得하야各種新籍을印刷할計劃이며또新聞을出刊한다하니嶺南이開明上에先着手함을攅賀하더라

詞林

詠忠正血竹

桂公忠板竹君生天感孤忠特節

旌愧殺幾人新第宅盆花庭草謾

甲榮

十七歲　韓寅敎

報

●通信院廢止의憾

通信機關이國家에如何히關係됨과我國의通信機關　大痴生

通信機關이國家에如何히關係됨을言할진대所謂通信이라함은文字가世에生한根因을溯究하여야其關係의次序와輕重이昭著할지라大抵我人世의百般事物은人類가擬有할時를從하야生한者이아니오人類의經濟的生活이發達되는되로稍稍히生하며又發達된者가何獨通信에然하리오마는大球의東與西를勿論하고人類가太古時代에在하야는莫非野昧한지라生活上慾望과技能이缺乏하야但水草를逐하고禽獸를獵하야其生을以資할싸람인즉衆人相須의事가無하얏더니後來로從하야其智識이稍啓하며生活의程度가進步하야與人의關係가有하며團體의行動을著하니同時에는相關係되는者間에信을通치아니치못할事가不勘할지라故의緩急을隨하야或轉更合憑하며事足을走하야其信을或言語로通하며或文字로達하되此는即通信의始어니와所謂運用하는機關은오작轉便를取할이니故不信實不完全함이煩屑遲延함이何如하고必也敏活할機關을要할지라然함으로京洋에는三代에至하야郵驛이라烽火의制가生하니雖이비록千里의駒를走하야報할지라도遲延의虞는未脫하고烽火는但寇의急함을告할싸람이오何故로急이有할것은報하기不能한者니然則其制가亦前者에比하야優勝할것이無할즉公事아니고私人의事는此로由하야通信을不得할즉此等機關은政府의通信機關이오人民의通信機關은아니라後世의人이오사膝守하고改良發達의策이頓無하얏고西洋에는十八世紀間에郵便이生하야公私의信을藉通하얏스나其規制는全美에不逮한歎이有하며急變하는法은往古에는오작暗号의表示로以하얏고距今三百餘年前時代는望遠鏡을持하고高處에登하야其事狀을形容하야遠方에報告를行하고其後에此法이愈益精巧한境에至하야諸國이共行하나오히려其他迅便한方法이別無하더니

未完

●閔無卒業　內大李址鎔氏가特進官閔泳璘氏를爲하야觀察使一窠를周旋하여주마고相約이有하다가忽然變改하야日前侍從院에서閔氏를對하야曰大監은政府에서停望함에따閔氏曰政府에서我를무삼일로停望하오我는未曾擔外交之責任이라賣國하는卒業이無하다고停望이오未嘗經地方行政이라貪虐民肝하는弊에無하다고停望이오未嘗執銓選之權柄이라守令賣食하는卒業이無하다고停望이오李氏曰大監이我의守令賣食한證據를目覩하얏소閔氏曰此證據는非但我라輿論이라東西列邦이皆所通知하는거시우李氏가更無所答而起라閔氏曰我도錢을給하얏스면觀察을식엿지오하야一場詰駁이大端하얏다함이今之爲大官者는皆其三箇卒業이有하거날閔氏는一箇卒業도無하니好官을無望함이當然하다고公言이藉藉하다더라

●廣智書籍　上海廣智書局에서印行하는各種의科書와東西諸國歷史와政治法律에關한幾百種을韓國有志士金與潤氏가該局에前往하야多數貿來하얏는데平壤大同書觀과京城布廛屛門下金相萬氏冊肆와義州大韓每日申報支店에儲置發售하니凡此國中에有志新學之士는於此求買하오면智識開發에大有便利라하노라

●又一鴻罹　濟州牧趙鍾桓氏의貪虐諸條를揭載함은該郡人民의投書로由하야된거슬該牧使가本郡守金重培氏와嫌隙이有한故로該島進士金鉉氏가本郡守의指使로因하야揭報가되얏다하고金氏를結縛勒招한事는前號에已辨이어니와更聞한則本島民金元俊도亦是指使라하고捉囚累日에萬鞭百餘度와面牢七八次에幾至死境而勒捧供招하얏다하니此亦無端히橫厄을被하야六月炎天에酷受毒刑하야呻吟不起라하더라

◉學員募集廣告(第一回)

玆에普成中學校를新設ᄒᆞ고高等普通學術로一般國民을教育코져ᄒᆞ오니將來에實業及實務에從事ᄒᆞ고又ᄂᆞᆫ各種專門學校에入學코져ᄒᆞᄂᆞᆫ青年有意諸君은早早來學ᄒᆞ오셔中等以上普通知識을全備하심을爲望하옵

本校의完全ᄒᆞᆫ教授準備와眞正ᄒᆞᆫ教育制度를左에列擧ᄒᆞᆷ

一　一般教科書ᄂᆞᆫ擇히本校에셔新編纂備ᄒᆞᆷ

二　本校의第一主旨ᄂᆞᆫ修身科、作文科、漢文科니倫理學教科書를新撰ᄒᆞ야道德心을培養ᄒᆞ고、作文教科書를新撰ᄒᆞ야文章을規矩로教授ᄒᆞ고漢文教科書를新撰ᄒᆞ야讀書를應用活法으로教授ᄒᆞᆷ

三　理化學及博物學은機械及藥品으로實地試驗을行ᄒᆞ야教授ᄒᆞᆷ

四　唱歌ᄂᆞᆫ軍樂音調로新製教習ᄒᆞᆷ

五　體操及運動은各外國運動式用機具로日常教鍊ᄒᆞᆷ

六　教師ᄂᆞᆫ新舊學問에專能ᄒᆞᆫ諸大方家를延聘ᄒᆞᆷ

● **學科目**（科目中課程은略之）

修身學、國語、漢文、作文、歷史、地誌、物理及化學、博物學、地文學、法學、數學、圖畫、唱歌、體操、外國語、農業學、商業學、簿記學、

● **修業期限**　四箇年

● **入學年齡**　自十五歲以上至二十五歲以下

● **入學試驗科目**

國漢文讀書及作文、內外國歷史及地誌問對、算術四則以內

● **入學試驗日字**　九月十九日（除七月二十七日）

● **開學日字**　九月十六日

（入學請願書及保証書ᄂᆞᆫ本校用紙를用ᄒᆞᆷ）

光武十年八月十六日

漢城中署磚洞　私立 普成中學校

廣告

東國歷史　普通教科國漢文一秩二册定價新貸　一圜十錢

法蘭西新史　四十錢

清國戊戌政變記一秩　一圜

波蘭末年戰史一册　三十錢

美國獨立史一册　三十錢

法國革新戰史一册　三十錢

大韓輿地圖一張　十七錢五里

世界全圖一張　三十七錢五里

大韓地誌一秩　七十五錢

牧民心書一秩　一圜二十五錢

萬國地誌一秩　一圜

尺牘完編一秩　一圜五十錢

農政新編一册　五十錢

法學通論一册　一圜

溫故知新堂叢抄　七錢五里

父師必讀小學指남　七錢五里

人工養蠶一册　十五錢

刑法大全一秩　六十錢

家庭雜誌一册　十錢

進明彙論一秩　二十五錢

交際新禮一秩　十八錢

發賣所　布屛門下金相萬書舖　大韓每日申報社

花春丹은　霍亂　吐瀉　腹痛　滯症・暑症　정忡　神眩　鬱　痰　醒酒船藥　咳嗽　口味엄ᄂᆞᆫ諸症의神效ᄒᆞᆫ藥이오　此外에도洋炭水解毒藥　唐창　疳氣　蛔虫　寸虫　赤白癩風　藥과東西洋藥이俱備하고他病도隨問出方하오니　僉位ᄂᆞᆫ在購하시옵

皇城校洞石井洞下隅　石泉堂藥局　告白

AMERICAN Gold Brand Condensed Milk

EAGLE BRAND　BORDEN'S CONDENSED MILK CO.　NEW YORK U.S.A.

●九轉靈砂다　本人이妙方法을精備하야製造ᄒᆞᆫ靈丹인ᄃᆡ男女老少에無論何病ᄒᆞ고換治ᄒᆞ오며無病時에도服ᄒᆞ면平生의身體가健康ᄒᆞ며小兒ᄂᆞᆫ四五錢만服ᄒᆞ면十歲안에無病ᄒᆞ기를擔保ᄒᆞ오며

●九轉靈砂萬病丹은驚狂　寒熱과中風痰과身體痲痺과癨疾에神効ᄒᆞ오

●九轉靈砂保命丹은初生小兒　驚風　疳疾　痰喘　腹痛諸殺風과婦人帶下症에神効ᄒᆞ어

●九轉靈砂濟衆丹은酒滯　食滯　血滯　吐瀉　霍亂　痢疾　吐血　下血　運氣　時疾　瘧症에神効ᄒᆞ오

●九轉靈砂紫金丹은痔漏　瘰癧　上疳瘡　下疳瘡及唐瘡과諸殺毒瘡惡瘡에無不神効ᄒᆞ오니　僉君子ᄂᆞᆫ來問ᄒᆞ시오

內需司前으로가ᄂᆞᆫ길上隅第一家　李敏廷　告白

本社廣告

申報價

一張代金　新貨二錢五里

一箇月前納　三十錢

三箇月　九十錢

六箇月　一元十錢

一箇年　三元[illegible]

郵稅一部　新貨五厘

一箇月　十三錢

廣告料

四号活字十三字每

每日每段一寸에新貨[illegible]

文（每日每行에大韓에[illegible]）

（每日每行圓錢一圓에[illegible]）

其期限의長短과字行의[illegible]를依ᄒᆞ야增減ᄒᆞᆷ이有ᄒᆞᆷ

◉大韓每日申報各處支社廣告

中署布屛門下　金相萬册肆

洞口越便　朱翰榮册肆

中署農商洞初八七十八統第二戶　鄭[illegible]

仁川杻峴開新册肆　李[illegible]

平壤南山峴日新學校　金[illegible]

宣川邑橋西　崔[illegible]

義州南門外橋西大藥房　安[illegible]

長連邑　金[illegible]

鎭南浦藥洞　金[illegible]

咸興州南社　[illegible]

中和邑　李俊培

釜山佐川徐藥房　金[illegible]

開城北部梨井里居培[illegible]　[illegible]

校副校長　姜[illegible]

大丘郡　達城廣文社

發行兼編輯人　英國人[illegible]

發行所　京城[illegible]

大韓每日申報社

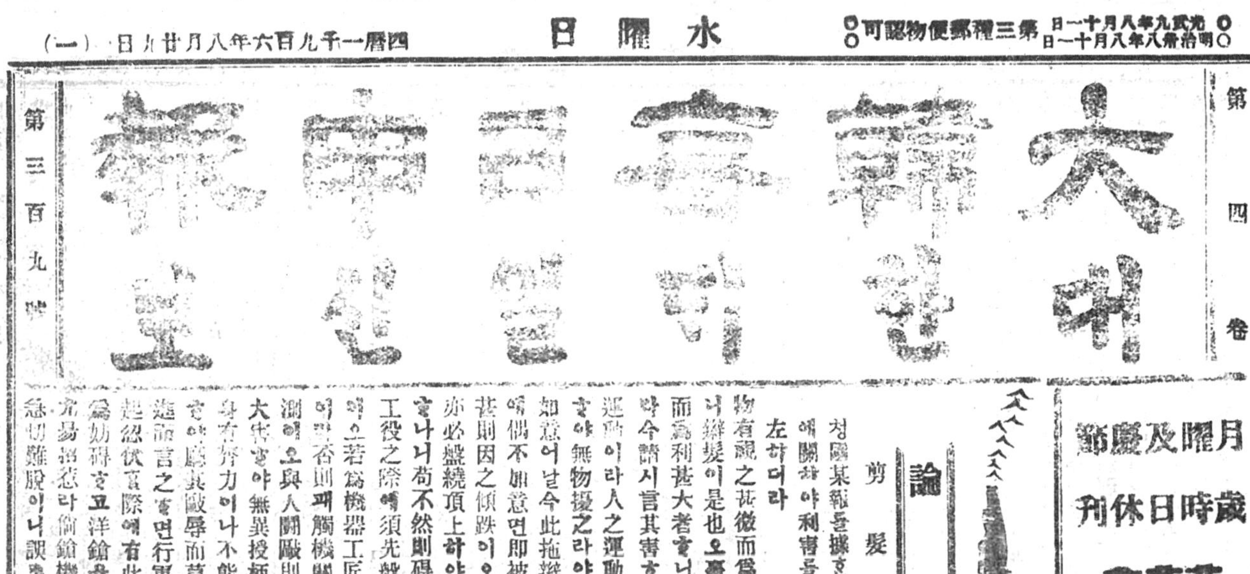

第四卷 第三百九號

大韓每日申報

月曜及慶節歲時日休刊

檀君開國四千二百三十九年
箕子元年三千二十八年
大韓開國五百十五年
日本明治三十九年
淸國光緖三十二年
◉陰曆丙午七月小初十日乙巳

論說

剪髮論

淸國某報를據ᄒᆞᆫ즉剪髮與否에關ᄒᆞ야利害를痛論홈이如左ᄒᆞ더라

物有親之莊嚴而爲害甚鉅者ᄒᆞ니辮髮이是也오事有變之甚易而爲利甚大者ᄒᆞ니剪辮이是也라今請시言其害ᄒᆞ노니一曰碍運動이라人之運動이貴乎靈便ᄒᆞ야無物擾之라야運動이始能如意어날今此拖辮은坐立周旋에偶不加意면即被纏繞ᄒᆞ고甚則因之傾跌이오睡臥時의도亦必盤繞頂上ᄒᆞ야或挽之成髻ᄒᆞ나니苟不然則碍于轉側이오工役之際에須先盤辮而後操作ᄒᆞ니若爲機器工匠則更須加愼이라否則觸機關ᄒᆞ야險且不測이오與人鬪毆則此辮이尤爲大害ᄒᆞ야無異授柄於人ᄒᆞ니縱身有膂力이나不能不受彼挾制ᄒᆞ야聽其毆辱而莫之如何라進而言之ᄒᆞ면行軍布陣ᄒᆞ야忽起戎實際에有此贅物ᄒᆞ야更爲妨碍ᄒᆞ고洋鎗을荷落肩際에尤易爲恙라倘鎗機가被繞ᄒᆞ면急切難脫이니誤事를可勝言哉아騎兵則上下鞍鐙에先須按之腋下ᄒᆞ나니否則乘騎不便ᄒᆞ야種種妨碍ᄒᆞᄂᆞ니行軍에尤甚ᄒᆞ니垂辮臨敵은吾以爲與祖[illegible]也라ᄒᆞ노니此第一害之[illegible]也오

二曰延時刻이라髮[illegible]五日에必需梳櫛이오頭髮至[illegible]ᄒᆞ면十日에必需一剃인대一[illegible]之頃에至少라도小半時요一剃之時에極速이라도二小時[illegible]修飾髮儀ᄒᆞ고加以劉海[illegible]種花樣이면耽延時刻이尤無記[illegible]라遂至臨事必須停候ᄒᆞ고[illegible]을不能延接ᄒᆞ야往往誤大事失友歡ᄒᆞ니此其害之次者也오三曰貽誚辱이라今日地球世界가已成大同ᄒᆞ야自野蠻[illegible]外에ᄂᆞᆫ留髮者가惟朝鮮之舊와中國之辮而已인대朝鮮年少者ᄂᆞᆫ近且盡去其髮矣[illegible]之髮은挽之于上ᄒᆞ니尙[illegible]不雅[illegible]이어니와至中國之辮은拖之于下ᄒᆞ니未免尤爲可厭이라以故로外人見者ㅣ輒呼曰豚尾라ᄒᆞ야過少年則詢其[illegible]爲女ᄒᆞ고街市遊行에兒童[illegible]ᄒᆞ야追逐于後라가捉辮[illegible]恣情侮弄에種種受辱[illegible]初出洋時에皆所親受ㅣ니此其次也오四日害衛生이라髮爲血餘ᄒᆞ야聽其自然則積血이不塞ᄒᆞ면新血이不生ᄒᆞ고血管ᄒᆞ之垢濁이[illegible]而生病이오[illegible]凡人이[illegible]時疾에委頓牀席ᄒᆞ[illegible]久에不行梳理則髮中[illegible]易生虱이라于衛生之道에[illegible]何如[illegible]無論何等衣[illegible]五日汚衣服이라[illegible]實大害未宣ᄒᆞ니此又其次也요[illegible] (未完)

官報

光武十年八月二十七日 號外

◎叙任及辭令

宮內府[illegible] 正二品李[illegible] 從二品[illegible] 式課長 從二[illegible]府外事課長 [illegible]從二品金[illegible] 全李[illegible] 全[illegible] 全尹[illegible] 任掌禮院[illegible]李哲[illegible]○任掌[illegible] 正三品[illegible] 從三品金[illegible]○秘書[illegible] [illegible]關[illegible] 任[illegible]○ 六品[illegible]○ 六品申[illegible]○ 六品[illegible]○

任掌禮院樂師長 從一品金宗南○主殿院電務課技師 從二品白時鏞○六品李瑛奎 全閔肯鎬 全高羲天 九品方敬喜 任宮內府禮式課主事○六品權錫진 全李弼 全金永[illegible] 任掌禮院禮制課主事○全金龍圭 全柳基[illegible] 五品李纘鎬 六品尹衡善 全郭章鉉 五品李寅斗 六品李駿秀 任掌禮院贊唱課主事○任掌禮院香祝課主事 五品康台鉉○任掌禮院圖書課主事 六品朴鏞薰○從一品明憲 正三品金仁吉 任掌禮院樂師○任내部主事 내部技手李鍾冕○李完翼 호 장 任내部主事○依願免本官 江原道관察府主事沈相然○任江原道관察府主事李定烈 ○免本官 京畿種痘事務委員李世增 右ᄂᆞᆫ叙[illegible]이叙任四朔에尙不赴任이기是以免本官○免本官 咸鏡南道種痘事務委員朴應윤 右ᄂᆞᆫ該員이稱以視察ᄒᆞ고濫討各郡ᄒᆞ야許[illegible]行爲乖當이기로以免本官○解京畿種痘事務委員 金[illegible]鉉○解仁川港種痘支所事務委員 李東白○解甲山郡種痘支所事務員 劉鳳示○命京畿種두事務委員 金士珍○命仁川港種두支所事務委員 崔東海○命甲山郡種두支所事務委員 趙[illegible]○命咸鏡남道種두事務委員 金[illegible]○正三○任漢城府主事 內部廣濟院技手李公雨 以上八月廿三日○任내部廣濟院技手 李[illegible]○任軍部主事 軍部技手 [illegible]○任軍部技手 金相益 盧惠彦○任農商工部主事 李[illegible]夏○任法部主事 法部法律起草委員朴[illegible] 以上八月廿四日

外報

◉南滿의關을[illegible] 合爾賓[illegible]에云ᄒᆞ얏스되日人이在南滿洲[illegible]歐洲各國이甚不快意而英美가尤甚[illegible]各新聞社가云ᄒᆞ되日人이[illegible]抵制俄人ᄒᆞ야[illegible]計라ᄒᆞ야[illegible]辭ᄒᆞ더니迄今에在남滿洲日人이[illegible]奪商權[illegible]에讃美日人之[illegible]又現下倫敦日報[illegible]事의[illegible]消息을接得[illegible]人이把持[illegible]ᄒᆞ고[illegible]遠東에在ᄒᆞᆫ英美商人의意見이[illegible]一ᄒᆞ야均[illegible]萬若英美가[illegible]借[illegible]爲ᄒᆞ[illegible]添翼과如ᄒᆞ야[illegible]又借日人以刀ᄒᆞ야使[illegible]還斫英美와如ᄒᆞ다ᄒᆞ얏다ᄒᆞ더라

◉造艦計畫 倫敦[illegible]法國에서[illegible]廿七萬五百五[illegible]磅에[illegible]戰鬪艦十隻과潛航艇五十[illegible]ᄒᆞ고又水雷艇[illegible]造ᄒᆞᆫ다더라

◉戰艦竣成 [illegible]英國最新戰鬪艦[illegible]ᄂᆞᆫ九月[illegible]準備[illegible]ᄒᆞ다[illegible]서傳說이有ᄒᆞ야預定보다[illegible]月前造成홈으로世界[illegible]의未曾有ᄒᆞᆫ事라ᄒᆞ더라

雜報

洪州居前大司成金商悳氏平理院自首待命時陳疏全文如左

伏以臣不幸生遭客冬十月天翻地覆之變不勝憤激直欲自決久矣本四月前叅判臣閔宗植舉義八洪問四月以決一死報國家之意有私函於臣臣洪人耳義不可辭難軀不可苟全故臣乃慷慨許其聯疏臣則未有義兵力量而但決死於義一事而已及其義夜潰散臣亦失身不能死之故卽欲自首法院恭俟 王章則法院徒擁虛名耳臣所執之義寧自經溝瀆決不爲日人司令部之俘虜故姑且東西晦藏則一日苟生有一日之辱一刻苟生有一刻之辱而今又聞魯城等地方有以宗植餘黨刱討人民錢財者云此事似是匪徒之假托義名然宗植與若實有指揮則臣是向日同義者臣於黑昧之間黑白難辨辱上添辱爲日俘虜亦不可自恤也遂因首席薦於平理門外伏乞陛下亟降斧鉞 處分俾臣免致日獄之鬼則非但臣死之榮實爲國體之正豈不幸甚哉

●警廳方針 中署에서視務ᄒᆞᄂᆞᆫ 巡査氏ᄂᆞᆫ更被行悖로譴責及罷停이無期無之ᄒᆞ며丸山顧問이勸告ᄒᆞ야北署警務官을差ᄒᆞ라ᄒᆞ얏스나彼之方針이在於警務擴張ᄒᆞ야北署掌內居民은有何罪焉ᄒᆞ고大端憂慮ᄒᆞᆫ다더라

●李事漏聞 警務顧問丸山氏가拿致ᄒᆞᆫ李氏事를嚴訊ᄒᆞᄂᆞᆫ데其根由를漏聞ᄒᆞᆫ즉李世稙氏가運動ᄒᆞᆫ前事가法館에依賴ᄒᆞ야讓權ᄒᆞ라ᄂᆞᆫ問題가綻露ᄒᆞ야嚴覈중이라더라

●孫氏被拿 再昨日에天道教主孫秉熙氏를警務廳에서拿致ᄒᆞ얏ᄂᆞᆫ데其影響이波及ᄒᆞ야一進會가自爲革罷의張本이라더라

●宮禁嚴明 日前各新聞에軍大奉根源兄弟等이國事ᄂᆞᆫ弄奸ᄒᆞᄂᆞᆫ데李官人가入宮以後에皇上陛下를便是拘束宮中이라ᄒᆞ얏더니李官人가該新聞을上前에頒ᄒᆞ고容喙를明言ᄒᆞᄂᆞᆫ지라陛下曰俄已見矣라卿은自諒爲之ᄒᆞ라ᄒᆞ얏다더라

●强制購報 統監府機關으로京城新報가九月一日부터發行ᄒᆞᄂᆞᆫ데統監府指揮로此亦警察인지警務使가各署에指委ᄒᆞ야各人民處에京城新報購覽與否를逐戶查定ᄒᆞ얏다더라

●農校官制 再昨日政府會議에農商工部所管農林學校官制를議決ᄒᆞ얏ᄂᆞᆫ데長一人이니農務局長이兼任ᄒᆞ고教授五人司議一人教授補二人書記三人이더라

●僞寶僞造者의決配 僞寶僞造罪로政府에宣告ᄒᆞ얏다가特旨로換以流配된洪永杓의配所ᄂᆞᆫ黃州郡鐵島로定ᄒᆞ얏ᄂᆞᆫ데法部에서行將發配次로護送巡檢一人廳使一名을警廳에請派ᄒᆞ얏다더라

●兩大爭權 農商大臣權重顯氏와法部大臣李夏榮氏間에絶影島漲灘地를相持認許ᄒᆞ고互相爭權故로統監府에서政府로照會ᄒᆞ고其如何所有權을示明ᄒᆞ라ᄒᆞ엿더니再昨日政府會席에서農法兩大臣이移時相詰ᄒᆞ되不得辦決ᄒᆞ얏ᄂᆞᆫ데其所有權은農大가似有欠點이라ᄒᆞ더라

●懲丁薙髮 咸南觀察使署理丞秉敎氏가內部에報告ᄒᆞ기를本府警署滯囚丁을嚴察ᄒᆞᆫ則塵垢滿頭에亂髮蓬鬆ᄒᆞ야甚爲衛生之妨害오니爲先薙髮ᄒᆞ고自今爲始ᄒᆞ야凡有就役者어든亦爲一切薙髮ᄒᆞᆷ이何如오ᄒᆞ얏ᄂᆞᆫ데內部에서將次十三道十二港에一體發訓薙髮케ᄒᆞᆫ다더라

●教人所有의調查 天道教代表人金演昌氏가農商工部에對ᄒᆞ야水原郡境內에本教所有地四十一處를立案成給ᄒᆞ라ᄒᆞ고去開請願ᄒᆞᆫ지라該部에서水原郡으로訓令ᄒᆞ기를該教중에有何所有地인지事甚訝惑이니到卽發遣書記ᄒᆞ야眼同該面洞任이一一調查ᄒᆞ야各該地段의所有主姓名을昭詳懸錄ᄒᆞ야期速報來케ᄒᆞ라ᄒᆞ얏다더라

●警署無關 警務廳의셔송秉畯氏等拘囚ᄒᆞᆫ後로其訊問一事에警使以下가初不相關ᄒᆞ거니와該廳門把守도日本巡查二名式替把ᄒᆞ니今日警廳이是韓國警廳인지日本警廳인지着眼難辨이라ᄒᆞ더라

●楚倅拘拿 山郡守趙應顯氏ᄂᆞᆫ該郡丞亨淳獄事檢驗不實事로平理院의셔拘拿ᄒᆞᆫ다ᄒᆞ더라

●旅費立欵 內部에서行政官吏와警務官吏의赴任旅費에對ᄒᆞ야度支部로照會ᄒᆞ고該旅費一萬一千八百五十八圜을斯速立欵ᄒᆞ야俾卽支撥케ᄒᆞ라ᄒᆞ얏다더라

●隨闕塡代 宮內府에서主事시取ᄒᆞᆫ事ᄂᆞᆫ已揭前報어니와其應시人중四十八人을시取ᄒᆞ야三十一人은現闕로敍任塡代ᄒᆞ고十七人은闕後補者로存案ᄒᆞ야隨闕塡代ᄒᆞᆫ다더라

●拾三百圓 昨報에揭載ᄒᆞᆫ송秉畯氏가鄭永根에게失ᄒᆞᆫ紙貨三百圓을拾得還主ᄒᆞ얏ᄂᆞᆫ데白字가脫落ᄒᆞ야三圓이되지라間氏에正直ᄒᆞᆫ行爲ᄂᆞᆫ可히禮義之國에人民이라謂ᄒᆞᆯ지ᄂᆞᆫ故로玆又更揭ᄒᆞ노라

●互相呼冤 慶南沿海各郡에漁民呼冤은向報에已揭어니와又此一郡에呼冤이有ᄒᆞ니本道各郡漁基錢條를甲午以後로自英親宮으로正供收捧이더니今年爲始ᄒᆞ야移屬經理院收刷이온바各郡에民之貫基於專管派員ᄒᆞ야設業生計ᄂᆞᆫ年年正規라本人等이今於經理院派員金鳳洙許에依前例買得設業之際에忽彼巨濟鎭南兩郡吏鄕及雜類가沮戯ᄒᆞ야使本人等으로不得生業케ᄒᆞᆫ다고ᄒᆞ얏다더라

●漁帳承認의照請 義親王府에屬ᄒᆞᆫ慶南加德島至巨濟島沿岸大口魚帳全部를日人香椎源太郞이가滿二十箇年間同義王府에借與ᄒᆞᆷ로許可를受ᄒᆞ야統監府에申出ᄒᆞᆫ故로該府에서ᄂᆞᆫ政府로轉照ᄒᆞ고該魚帳의特權을承認ᄒᆞᆷ바ᄒᆞᆫ지라政府의셔ᄂᆞᆫ又爲附屬書類를農商工部로件交ᄒᆞ고其承認與否를刻卽示明ᄒᆞ라ᄒᆞ얏스ᄂᆞᆫ農部의셔도認許ᄒᆞᆯ必要가無ᄒᆞ다ᄒᆞ얏다더라

●俞薦勿施 今番十三道警務官新任件에對ᄒᆞ야運動費幾萬兩式夻間往來ᄒᆞ얏다ᄒᆞ며皆是前警務局長俞星濬氏在任時에俞氏受薦으로警務顧問及內部大臣과已定處辦ᄒᆞ야現局長金彰한氏가仍爲敍任ᄒᆞ얏다ᄒᆞ기에不勝訝惑ᄒᆞ야詳探其理由則俞氏初定人은並勿施ᄒᆞ고警務使朴承祖氏와警務局長金彰한氏가顧問의계非此人莫可라擔當ᄒᆞ고敍任ᄒᆞ며只總巡도七名을爲先敍任ᄒᆞ얏ᄂᆞᆫ데莫顯乎隱ᄒᆞ야醜說이浪藉ᄒᆞᆫ지라主務局長이大段疑慮ᄒᆞ야皆是顧問의薦任이라ᄒᆞ고推委ᄒᆞᆷ으로奸狀이綻露ᄒᆞ야逐條詰辦이될貌樣이라더라

●開墾地讓渡 英親王府所屬仁川富平兩郡陳荒地開墾特許一事로日本人이該權利를讓渡ᄒᆞ기希望ᄒᆞᄂᆞᆫ意로京城日本理事廳에서統監府로稟請ᄒᆞᆫ지라統監府에서政府로照會ᄒᆞ기를光武九年二月에英親王府에서貫國人李義烈에게開墾特許ᄒᆞᆫ指令及同年二月十日에仁川郡守가日人松田과合同ᄒᆞᆫ工에關ᄒᆞᆫ許可指令이眞確ᄒᆞ다ᄒᆞ니右件이貴政府承認ᄒᆞᆷ인지其如何處를回示ᄒᆞ라ᄒᆞ얏다더라

●兎死狗烹 南村竹洞一進會本部에ᄂᆞᆫ日本巡查가會門을把約ᄒᆞ야出入人을禁止ᄒᆞᆫ다ᄒᆞ니是ᄂᆞᆫ該會를革罷ᄒᆞᆫ張本이라ᄒᆞ며宣言書를頒布ᄒᆞ더니今則日本이事已成矣라狡兎死而走狗烹이固然之勢라ᄒᆞ더라

●必是束縛 京鄕各處私立學校ᄂᆞᆫ有志紳士가熱心敎育ᄒᆞᆷ으로학務가勝於官公ᄒᆞ야長就有望ᄒᆞᆫ지라학部補佐官이私校를從以管轄ᄒᆞᆫ다ᄒᆞ니敎育을發達ᄒᆞᆷ인지阻戯ᄒᆞᆷ인지訝惑이不無ᄒᆞ다더라

●訓禁擅占 警務廳에서各署에訓令ᄒᆞ얏ᄂᆞᆫ데土地森林은乃有國之基本인바挽近法令漸弛ᄒᆞ야貪叨售奸之流가欺公營私ᄒᆞ야勿論官私有ᄒᆞ고立標濫占ᄒᆞ며搆屋起墾ᄒᆞ야潛相行賣ᄒᆞ야弊瘼層生ᄒᆞ니自今以後로官許與否를調查ᄒᆞ야如有擅占之弊어든縱有他府許可라도由本廳認准이어든勿使擅行立標케ᄒᆞ라ᄒᆞ얏다더라

●義兵事件處辦 日本憲兵司令部에서從來捉人處辦이第一次ᄂᆞᆫ洪州義兵事件에崔益鉉氏等案ᄒᆞ고二次에義兵事件에金升旻氏等事件二次에ᄂᆞᆫ聖擧事件閔炯植氏案件이며崔氏等事ᄂᆞᆫ已爲辦決ᄒᆞ야去ᄒᆞᆫ지라第二次金升旻等事를次第判決ᄒᆞᄂᆞᆫ中이라더라

●慰金斬持 日昨에警務使朴承祖氏가政府會席에前往ᄒᆞ야在前警廳의罷官吏의慰勞金을依本廳提議ᄒᆞ야卽爲支出ᄒᆞ라ᄒᆞ얏ᄂᆞᆫ데財政顧問이尙今斬持중이라더라

雜報

●通信院廢止의論
通信機關이國家에如何히關係되랴我國의通信機關 大痴生續

一千七百七十四年에佛國人譔施氏가富冷巨仁氏를繼ᄒᆞ야電氣의理를新發明ᄒᆞᆫᄂᆞᆫ바를益鍊ᄒᆞ고電力으로若干機械를始造ᄒᆞ야爾後로電學이漸漸ᄒᆞ얏스나實用에供치못ᄒᆞ더니

一千八百三十一年에合衆國人毛於西氏가五箇年間辛勤ᄒᆞᆫ研究를經ᄒᆞ야其眞理를精透ᄒᆞ고實用의方法을畢定ᄒᆞ야其政府에申請ᄒᆞ고財力의助를得ᄒᆞ야華盛頓과발되모어府間에陸地電線을架設ᄒᆞ니此ᄂᆞᆫ一千八百四十四年時事오

其後一千八百五十一年에英吉利와佛蘭西間에海底電線을沈架ᄒᆞ야無信이靈通되ᄂᆞᆫ지라歐米列邦이靡然히此를방行ᄒᆞ고此大洋과遠地에縱橫連絡ᄒᆞ야次第로電話法이發明되며電線八荒이門庭과如ᄒᆞᆫ新世界를幻出ᄒᆞ고遞信에郵便의制度가또ᄒᆞᆫ改良되고且蒸氣의船車가生ᄒᆞ매郵便이亦遲와의歎이少ᄒᆞ야大興速大便利의通信機關이世에彰明ᄒᆞ니

於是乎西洋으로自ᄒᆞ야東洋諸國ᄭᆞ지海外에至ᄒᆞ기通ᄒᆞᆷ을始ᄒᆞᆫ者ᄂᆞᆫ此機關을模ᄒᆞ야倂ᄒᆞ고且政府가其[illegible]通信機關을統一ᄒᆞ[illegible]要稱인故로此統一範圍에屬ᄒᆞ나我國事情에關ᄒᆞ야比較的言論을시ᄒᆞ기에ᄂᆞᆫ無要ᄒᆞᆫ故로此의關係ᄂᆞᆫ下에除省ᄒᆞ노라)ᄒᆞ야一官衙를立ᄒᆞ고規則을定ᄒᆞ야公私의各項通信을一切管理ᄒᆞᄂᆞᆫ實務를擔任케ᄒᆞ니亦內閣組織의一部라各般機俱의發備와事務의取扱에至ᄒᆞ야ᄂᆞᆫ或優ᄒᆞᆫ國도有ᄒᆞ고或劣ᄒᆞᆫ國도有ᄒᆞ나此機關으로由生ᄒᆞᄂᆞᆫ關係ᄂᆞᆫ畧同ᄒᆞᆫ지라

大凡政府에內治ᄂᆞᆫ其政令을地方에宣布ᄒᆞ고地方의事情을踈通ᄒᆞ야王化가萬里에均敷ᄒᆞᆷ을惟圖ᄒᆞ고下情이徹의弊를是憚ᄒᆞ나니內治에對ᄒᆞ야도通信機關이無ᄒᆞᆷ이不可ᄒᆞ고況現今은外交의關重ᄒᆞᆷ이內治에可此치못ᄒᆞᆯ時代니外國의强弱虛實等事情과其國外交政畧의變動如何를速急히窺察ᄒᆞ야我ᄂᆞᆫ臨機應變의政策을取ᄒᆞ야 未完

●參贊有人 監獄署에在囚ᄒᆞᆫ丞贊李商在氏ᄂᆞᆫ行將免官하고其代ᄂᆞᆫ李源兢氏가被任ᄒᆞᆫ다하더라

廣告

本人이家舍事로前報의巳爲廣告이거니와北署順化坊梅洞契第七十四統八戶瓦家十四間半을今春에當坪一萬一千兩傳貰入居이더니該文券을遺失故로玆以廣告ᄒᆞ오니內外國人間에誰某拾得ᄒᆞ와도休紙施行ᄒᆞᆷ 崔台浩 告白

●大韓自强會月報
每月一回廿五日發行
定價金一部十五錢

國家의能力은智識發達에在ᄒᆞ고智識發達은國民結合과書籍博覽에在ᄒᆞᆫ지라所以로本會를組織ᄒᆞ고本報를刊行ᄒᆞ야我韓自强을期圖ᄒᆞᆷ은世人의共知ᄒᆞᄂᆞᆫ者어니와本報ᄂᆞᆫ內外國指名학問家의演述과殖產敎育의要素를蒐輯ᄒᆞ고其他時局情形과有理ᄒᆞᆫ鎖談을多載ᄒᆞ야我同胞의自國精神을喚起코ᄌᆞ目的이오니一般同胞도愛ᄒᆞ시ᄂᆞᆫ同情이應不後人ᄒᆞ실지니幸須家家案頭에隨刊對讀하와益加勵進ᄒᆞ시기敬要

漢城中署下漢洞五十八統三戶
帝國雜誌社

高靈安林坪江反泥生處의金民秀가承農部認許ᄒᆞ고星州郡守가助役ᄒᆞ야該洞柳林若干田畓을幷買開墾ᄒᆞᄂᆞᆫ디本郡吏兪疆植이가誣訴沮戲ᄒᆞᄂᆞᆫ것은本倅尹夏榮이가躬審該地ᄒᆞ야兪吏之作奸을論報農部ᄒᆞ고立旨成給後에請以七石落과五千兩錢으로苦懇ᄒᆞᆫ書札이堆案ᄒᆞ되畢理斥之ᄒᆞ얏더니虛慾이無厭ᄒᆞ야百奸을做出ᄒᆞ야還囑兪吏起訟ᄒᆞ고謝報農部에反辭措낭ᄒᆞ야至於托其外人에終未售奸ᄒᆞ니末乃以驛結로構虛擧鐵하되今日經理院으로字號을調查發奸則反受生頻云ᄒᆞ니該倅之反覆弋利와偏詐奸譎은世無更儔러라 尹景浩 告白

◎學徒募集廣告◎
本학校에서來陽九月三日에開學ᄒᆞᆯ터인ᄃᆡ左記科程을敎授ᄒᆞ오니子姪間入학식이고ᄌᆞᄒᆞ시ᄂᆞᆫ이ᄂᆞᆫ前期ᄒᆞ야來議ᄒᆞ시오
科程은英語國文漢文算術地誌歷史習字修身聖書體操오年期ᄂᆞᆫ十歲로十五歲ᄭᆞ지시取ᄒᆞᆯ깃나이다
南大門內尙洞耶蘇敎堂內
攻玉小학校 告白

◎학員募集廣告◎
本院에서九月一日부터新학期를開학ᄒᆞᆯ깃ᄂᆞᆫᄃᆡ第一학年의入학을許ᄒᆞ니願학ᄒᆞᄂᆞᆫ이ᄂᆞᆫ九月四日ᄭᆞ지來시ᄒᆞ오
二年학年의入학코ᄌᆞᄒᆞᄂᆞᆫ이ᄂᆞᆫ一학年의修業者와對等者格되ᄂᆞᆫ이만許ᄒᆞ오
尙洞私立靑年학院 告白

本人의圖章遺失故로以方形改造知舊照亮 唐谷 宋龍憲 告白

西江玄石里晩休亭文卷을見失故로玆廣布하오니內外國人間典執或賣買를切勿看弊하야勿爲後悔ᄒᆞᆷ 朴勝俊 告白

魚聖夏大人前
警者[illegible]之此行萬般誤矣何其不思之[illegible]也聞報之日出自南城仁港歷至皇城未免空還何嗟及矣不可者有三一曰家計二曰身勢三日學業會此三事又欲何求傾肝忠告早速回旆伏望
光武十年七月五日元鳳华拜乞

●特別社告
本申報社內에特別히附屬品으로活字를更備ᄒᆞ야書籍印刷所를設置ᄒᆞ얏사오니印書를要ᄒᆞ시ᄂᆞᆫ僉君子ᄂᆞᆫ來臨相議ᄒᆞ시옵
大韓每日申報社 告白

◎民事訴訟代理와刑事변護及辯明一切法律에關ᄒᆞᆫ事務를迅速處理ᄒᆞᆷ
한城南署茶洞第十七統八戶
변護士 前檢事正三品 李冕宇
法律事務所
事務員 博士 李鋐洙 博士 趙東肅

◎第二期學員增募
本塾에서法學科學員을增募ᄒᆞ오니願學人은本塾에來ᄒᆞ야請願應試ᄒᆞᆯ事
學科及規則은本塾에來ᄒᆞ야問ᄒᆞᆯ事
(試驗科目)
(國漢文讀書作文)
試驗日字九月七日
陰曆七月十九日
西署英語學校後洞
私立養正義塾 告白

本人家에南陽鹽이長在이온ᄃᆡ京江보다鉡石四五角廉價요停車場移卜六錢이니願買僉員은來議ᄒᆞ시옵 仁港沈能德 告白

廣告
民事訴訟代言과刑事辯護及各定顧問과諸文案起草等諸般法律事務를迅速處理ᄒᆞᆷ
한城南署上油洞二十九統七戶
二層洋屋
辯護士 前檢事 正三品 洪在祺
法律事務所

廣告
△이겻보시오改良廣告△
前에ᄂᆞᆫ理學을不分科目ᄒᆞ고一述ᄒᆞ얏더니第八號부터ᄂᆞᆫ一科科식詳細講解ᄒᆞ되爲先物理學講義를專述ᄒᆞ깃기로玆에廣告ᄒᆞ오
南大門內尙洞數理학雜誌社

奬院에서小學敎課冊과耶蘇敎會冊與地圖와各樣新書를多數發賣ᄒᆞ오니隣近邑有志君子ᄂᆞᆫ來臨面議ᄒᆞ심을爲要
義州南門外
韓西書院 張有麗 白

本校贊文夜學科第一回卒業式을已經ᄒᆞ온바第二回學員을募集ᄒᆞ오니願學人은九月一日(陰七月十三日)內로本校에來ᄒᆞ야請願應試ᄒᆞᆷ事
學科 日語 算術 地誌 歷史
試驗科目 國漢文讀書作文
私立普成學校長金重煥

本人의姓名圖章을去六月二十七日에遺失故로玆以仰告ᄒᆞ오니知舊間照亮ᄒᆞ시옵
開城府 南舜九 告白

◉學員募集廣告（第一回）

玆에普成中學校를新設ᄒᆞ고高等普通學術로一般國民을敎育ᄒᆞ고져ᄒᆞ오며將來에實業及實務에從事ᄒᆞ고又ᄂᆞᆫ各種專門學校에入學코져ᄒᆞᄂᆞᆫ靑年有志諸君은早早來學ᄒᆞ오셔中等以上普通知識을完成ᄒᆞ심을爲望ᄒᆞ옴

本校의完全ᄒᆞᆫ敎授準備와眞正ᄒᆞᆫ敎育制度를左에列擧ᄒᆞᆷ

一 一般敎科書ᄂᆞᆫ據ᄒᆞ히本校에셔新編準備ᄒᆞᆷ

二 本校의編[illegible]ᄒᆞᆫ主旨ᄂᆞᆫ修身科、作文科、漢文科니倫理學敎科書를新撰ᄒᆞ야道德心을培養ᄒᆞ고、作文敎科書를新撰ᄒᆞ야文章을應用ᄒᆞ도록敎授ᄒᆞ며漢文敎科書를新撰ᄒᆞ야讀書를應用活法으로敎授ᄒᆞᆷ

三 理化學及博物學은機械及藥品으로實地試驗을行ᄒᆞ야敎授ᄒᆞᆷ

四 唱歌ᄂᆞᆫ軍樂音調로新製敎習ᄒᆞᆷ

五 體操及運動은各外國運動式用機具로日常敎鍊ᄒᆞᆷ

六 敎師ᄂᆞᆫ各學科關에專能ᄒᆞᆫ精大方家를延聘ᄒᆞᆷ

◉學科目（科目中課程은略之）

修身學、國語、漢文、作文、歷史、地誌、物理及化學、博物學、地文學、法學、數學、圖畫、唱歌、體操、外國語、農業學、商業學、簿記學

◉修業期限　四個年

◉入學年齡　自十五歲以上至二十五歲以下

◉入學試驗科目　國漢文讀書及作文、內外國歷史及地誌問對、算術四則以內

◉入學試驗日字　九月十九日（陰七月二十七日）

◉開學日字　九月十六日（入學請願書及保證書ᄂᆞᆫ本校用紙를用ᄒᆞᆷ）

光武十年八月十六日

漢城中署磚洞 私立普成中學校

廣告

東國歷史 普通教科國漢文一秩二册定價新貨	一圓十戔
法蘭西新吏	四十錢
淸國戊戌政變記一秩	一圓
波蘭末年戰史一册	三十錢
美國獨立史一册	三十錢
法國革新戰史一册	三十錢
大韓輿地圖一張	十七錢五里
世界全圖一張	三十七錢五里
大韓地誌一秩	七十五錢
牧民心書一秩	一圓二十五錢
萬國地誌一秩	一圓
尺牘完編一秩	一圓五十錢
農政新編一册	五十錢
法學通論一册	一圓
溫故知新堂叢抄	七錢五里
父師必讀小學指南	七錢五里
人工養蚕一册	十五錢
政治학一秩	二圓六十四錢
家庭雜誌一册	十錢
進明彙論一秩	三十五錢
交際新禮一秩	十八錢

發賣所　布屛門下金相萬冊肆　大韓每日申報社

花春丹은 霍亂 吐瀉 腹痛 滯症 暑症 정忡 神眩 胃鬱 痰盛 醒酒船藥 咳嗽 瘧질 口味업ᄂᆞᆫ諸症의神效ᄒᆞᆫ藥이오 此外에도洋炭水解毒[illegible] 疳창 疳氣 蛔虫 寸虫 赤白던風 藥과東西洋藥이俱備ᄒᆞ고偏病도隨問出方ᄒᆞ오니 僉位ᄂᆞᆫ枉臨ᄒᆞ시옵

皇城校洞石井洞下隅 石泉堂藥局 告白

[illegible]本人이[illegible]ᄒᆞ야[illegible]丹인ᄃᆡ男女老少에無論ᄒᆞ고[illegible]ᄒᆞ오며無病時에도服ᄒᆞ면平生의[illegible]健康ᄒᆞ며[illegible]無病ᄒᆞ기[illegible]ᄒᆞ오며 [illegible]中[illegible]病과[illegible] [illegible]初生小兒[illegible] [illegible]婦人[illegible]下症에[illegible]效ᄒᆞ며 [illegible]丹은[illegible] 吐[illegible] 病疾 吐血 下血 運氣 時疾 [illegible]에[illegible]效ᄒᆞ오 [illegible]上[illegible] 下[illegible]及唐[illegible]에無不[illegible]效ᄒᆞ오니 僉君子ᄂᆞᆫ來購ᄒᆞ시오

內[illegible]司前[illegible]第一家 [illegible] 告白

[illegible]牛乳

[illegible]牛乳

[illegible]

[illegible]仁川港

[illegible]洋行

本社廣告

[illegible]

◉大韓每日申報[illegible]

中署布屛門下 金相萬冊肆

洞口[illegible] 朱翰榮冊肆

中署農圃[illegible]十八統[illegible]二戶 [illegible]

仁川[illegible]新[illegible] 李[illegible]

平壤南山峴日新學校 金[illegible]

宣川邑[illegible] [illegible]

義州南門外[illegible] 安[illegible]

長連邑 金[illegible]

鎭南浦[illegible] 金[illegible]

咸興州南社 [illegible]

中和邑 李俊培

釜山[illegible] 金[illegible]

開城北部梨井里[illegible] [illegible]

校洞校長 姜助[illegible]

大丘郡 [illegible]廣文社

發行兼編輯人 [illegible]

發行所 [illegible]

大韓每日申報社

第四卷

大韓每日申報
대한매일신보

第三百十號

月曜及慶節歲時日休刊

檀君開國四千二百三十九年
箕子元年三千二十八年
大韓開國五百十五年
日本明治三十九年
淸國光緒三十二年
◉陰曆丙午七月小十一日丙午

論說

剪髮論 （淸報續）

凡此五害가皆彰明較著而受其害者가未嘗不經覺察이로ᄃᆡ特以贍循顧忌로莫能毅然去之ᄒᆞ야遂使隱受其害ᄒᆞ니豈不知轉移間에害去而利備라오吾請縷析陳之ᄒᆞ노라

近世之制ᄂᆞᆫ通國이皆兵이라欲振興尙武精神인ᄃᆡ必先去軍事중之首害인則國內之人이皆宜剪髮ᄒᆞ야運動旣靈에自不難鍊成勁旅요工商實業諸界도亦無不可角逐勝場矣니此其利一이오

髮변이一去면無所用其梳櫛이오俟其長而更전이면半月一次에亦復儘足이라且西人전髮에僅費十五分鐘ᄒᆞ니是則一切事宜가俱不至貽誤다况果使事機至急이면則不修飾而往經理라도亦未始不可라中國之髮변은苟不梳不剃면倉卒에偶有要件이라도竟至無以見人과不同ᄒᆞ니此전髮之利二요

近來我華人이易西裝者ㅣ正復不少라其間去변者도有ᄒᆞ며不去변者도亦有之라然이나西人之接待也에於전髮之人에ᄂᆞᆫ異常親密ᄒᆞ고且甚獎重其文明ᄒᆞ되于易裝不剪辮之人에ᄂᆞᆫ非但延待旣薄이라即復時露不滿之意ᄒᆞ니盖哂其非中非西也라故로全國之人이若皆전髮이면不特前此之侮辱을可免이라而當前之敬愛가尤加ᄒᆞ리니其於國際交涉에友睦騰諠가亦非無小補니此其利三이오

西人은每晨에盥必梟沐故로泥垢不生ᄒᆞ고리無이更無從쫅跡이라較之華人의滿頭脂垢를時復搔首爬剔에泥汚隨手墮落者ᄒᆞ면穢潔이何啻天淵이리오不特血管이流通ᄒᆞ야可免滯病이라即人亦當加겸이니此去辮之利ㅣ四요

西人之衣ᄂᆞᆫ惟領袖만常換ᄒᆞ고衣ᄂᆞᆫ歷久如新이라중國之衣所以易汚者ᄂᆞᆫ一由于腦後之辮이오再由ᄒᆞ下裁之拖長이라以此衣經久着이면至月餘에必至汚垢ᄒᆞ야又須添換이라今一剪髮ᄒᆞ면首與自去ᄒᆞ고去髮則必易西服ᄒᆞ야衣弊亦除라衣可經久則不必時時購置新物이니經濟界에又有裨益이니此其去辮之利ㅣ五라夫辮은微物耳로되有之則其害若彼ᄒᆞ고去之則其利又如此라且其剪去之易가僅一手足之勞耳어날亦復何憚而不爲之오

當今之世ᄒᆞ야不當問法之宜變與不變ᄒᆞ고但當論變之利與否와不變之害與否니若此之利害가彰彰然矣라其亟宜更制ᄂᆞᆫ固不待知者也로다

且夫湔除積習야非改易觀聽이면不足以振耳目而厲精神이니此髮一去ᄒᆞ야使海內人民으로煥然爲之一新케ᄒᆞ면凡百新政을皆可實力擧行ᄒᆞ야無觀望不前之弊ᄒᆞ리니將見化頑固爲文明ᄒᆞ야永脫前日之羈絆ᄒᆞ고成自由獨立之基礎者ᄂᆞᆫ皆自此전髮始矣니烏可忽爲微末之事哉아 完

官報

●三千五百四十二號 光武十年八月二十七日

●告 示

慶尙南道鎭海灣과咸鏡南道永興灣을軍港으로豫定하고境界圖面及道守事項은左에告示홈

一 右圖에記ᄒᆞᆫ黑線以內의地域으로써鎭海灣軍港豫定地라홈事

二 軍港預定地域內의셔ᄂᆞᆫ外國人의게土地家屋其他不動産을賣却交換讓與與當又許可업시貸渡홈을嚴禁홈事

（永興만亦同）

光武十年八月廿一日
議政府參政大臣朴齊純

●三千五百四十三號 光武十年八月二十八日

◉宮廷錄事

宮內府大臣李根湘謹奏시從院시從尹甲炳行爲不正施以免本官何如謹上 奏
光武十年八月廿四日奉旨依奏

◉部令

●農商工部令第四十四號

移民保護法施行細則 續

代理人又代表者를任留케ᄒᆞ거나其代理人을解任或死亡ᄒᆞᆫ時ᄂᆞᆫ其姓名及在留地를詳記ᄒᆞ고其事實을農商工部大臣及在留地를管轄ᄒᆞᄂᆞᆫ日本官廳에通告홈이可홈

第十二條 代理人이業務를行ᄒᆞᄂᆞᆫ時ᄂᆞᆫ代理人된許可書를携持홈이可홈

移民處辦人이外國에在留ᄒᆞᄂᆞᆫ者를代理人으로ᄒᆞᄂᆞᆫ時에其許可書가代理人의게到達ᄒᆞ기前에業務를行ᄒᆞ게홈必要가有ᄒᆞᆫ時ᄂᆞᆫ移民處辦人의費用으로써農商工部大臣을經由ᄒᆞ야其在留地方을管轄ᄒᆞᄂᆞᆫ日本官廳에通告홈이可홈

第十三條 移民保護法第九條所揭文書約契에對ᄒᆞ야許可를受코져ᄒᆞᄂᆞᆫ其請願書에契約書의全文并移民을前往케ᄒᆞᄂᆞᆫ土地의槪況을記載ᄒᆞᆫ文書를添付홈이可홈

契約書에ᄂᆞᆫ左開事項을揭載홈을要홈

一 契約期限
二 雇主의姓名住所及勞動의時間及勞銀
三 手數料
四 前往及歸還費用의支辦方法

未完

外報

●日本과俄國革命黨 俄國ᄂᆞᆫ보브렘야新聞을據ᄒᆞᆫ則駐箚日公館書記官明石氏가日本政府의命을受ᄒᆞ야俄國革命團體에若干金額을出給ᄒᆞ얏ᄂᆞᆫᄃᆡ二次輸入ᄒᆞᆫ武器彈藥이外에ᄂᆞᆫ英國及瑞西의寄附金으로써購入홈이라ᄒᆞᆫᄃᆡ其實은日本의寄附으로써購入홈이라ᄒᆞ얏더라

●海軍大演習 德國海軍이來九月八日부터大演習을擧行ᄒᆞᆯ터인ᄃᆡ德帝씌셔도親臨ᄒᆞ시고德國陸軍參謀本部의將校도觀戰ᄒᆞᆫ다더라

●澤公奏請 上海電을據ᄒᆞᆫ則載澤公은立憲制度實施의有益無害ᄒᆞᆫ事와憲制實施에先히滿漢의區別을打破ᄒᆞᆷ이必要ᄒᆞᆷ을上奏ᄒᆞ얏다더라

●御前會議 袁世凱氏ᄂᆞᆫ立憲制度의關ᄒᆞᆫ御下問에對ᄒᆞ야上奏ᄒᆞᆷ이有ᄒᆞᆫ지라兩官은更히出洋大臣、軍機大臣、政務大臣을又集ᄒᆞ야御前會議를開ᄒᆞ얏다더라

●假번被獲 滿洲新聞을據ᄒᆞᆫ則日前에假번者五人이奉天府車站에셔往來間行ᄒᆞ다가俄兵의拿獲을被ᄒᆞ야訊問ᄒᆞᆫ則日本兵丁이合身에來ᄒᆞ야消息을探探ᄒᆞ고併히輿圖를測繪ᄒᆞᆫ者라香菊俄巴理司로押送ᄒᆞ얏더라

雜報

●疫牛斃人 日前에北署外山延禧宮亭子洞居崔延日韓用西丕春植等이隣家疫牛를屠賣ᄒᆞ야洞中幾家가分喫ᄒᆞ고即病者四名이오現今罹病辛苦者三名이라ᄂᆞᆫ디該主居者崔延日韓用西도亦爲致斃ᄒᆞ얏다더라

●海警探査 海州等地에서都賊義兵이라고言騷이種種ᄒᆞ야一般人民이憂懼不穩ᄒᆞᆷ으로該道警務署에서ᄂᆞᆫ巡檢을散派ᄒᆞ야密密探查ᄒᆞᆫ다더라

●滯囚質問 監獄署에滯囚ᄒᆞᆫ平漢兩裁의未決囚가殆至九十餘名인디該署長代辦李憲珪氏가閱其滯獄ᄒᆞ고怪其稀案ᄒᆞ야躬往于裁判所而質問其二三年滯而不決之由ᄒᆞ고說明其速決之情形復歸ᄒᆞ라ᄒᆞ니滯罪囚輩에以未決囚로因至二三年ᄒᆞ얏스니其於辦決之後에ᄂᆞᆫ又將囚幾個年ᄒᆞᄂᆞᆫ지雖輕罪放釋者라도一入於裁判庭ᄒᆞ면二三年禁獄은與皆當之라ᄒᆞ더라

●自矜貽笑 再昨日에遞任觀察使某氏ᄂᆞᆫ安洞權重顯氏家에前往ᄒᆞ야主台를訪問ᄒᆞ고自己의勸績을在時行政上許多長處를誇矜ᄒᆞ며曰近者觀察은皆不如吾之盡善盡美오吾之觀察行政이庶有結果之際에竟乃遞任ᄒᆞ則可惜可惜이라ᄒᆞᆫ이權氏ᄂᆞᆫ外面鼻笑ᄒᆞ고在傍諸人은幾至腰絕之境이라ᄒᆞ더라

●調查員發程 內部警務課長石鎭衡氏ᄂᆞᆫ不動産調查ᄒᆞ기爲ᄒᆞ야日人미博士와日間發程ᄒᆞᆯ다ᄂᆞᆫ디該視察地方은咸鏡南北道와海蔘威等地라더라

●自願就囚 洪州居崔相夏氏가十年受刑으로洪州居前大司成鄭商惠氏라向者閔宗植擧義入洪州役의商惠氏가欲與同殉故同氏가判命從仕이러니今於商惠氏平理院自就囚請命之地의同氏가義不可獨安이라ᄒᆞ야同氏自願就囚ᄒᆞ엿더라

●英報員의探安東 合衆國報를被ᄒᆞᆫ미著名ᄒᆞᆫ英國泰晤士報의訪員馬立雙君이日前에特至安東ᄒᆞ야日人의抑制外洋商務之現象을調查ᄒᆞ니馬君은全球에有名ᄒᆞᆫ著作家라凡有訪稿에過事論斷에極盡抑揚之致ᄒᆞ야所謂揚之則可使上天이오抑之則可使入地者라英國擧動은以泰晤士報로爲耳目ᄒᆞ고泰晤士報ᄂᆞᆫ又以馬君으로爲耳目ᄒᆞ니所以로各國이異常敬畏라此番은爲調查安東商務故로日人이嫉之尤甚이라到阜時에派員往迎ᄒᆞ야遊館授餐에極力承奉ᄒᆞ되馬君이悉行辭謝ᄒᆞ얏대라

●法部平院 監獄署在囚金一濟金錫恒氏等子與弟가法部에聯名請願ᄒᆞ기를所謂署長代辦李憲珪가嚴迫罪囚에加之毒打ᄒᆞ야金錫恒은折肱ᄒᆞ고金一濟等은負傷ᄒᆞ야運動末由어날嚥彼李憲珪ᄂᆞᆫ動員出役에一縷殘喘을難保라ᄒᆞᆫ지라法部에서平理院으로訓飭ᄒᆞ야檢事를派送監獄ᄒᆞ야檢查其事狀에果如狀辭이ᄂᆞᆫ該受傷罪囚等은移送病院ᄒᆞ야使之治療케ᄒᆞ고該李憲珪ᄂᆞᆫ拘拿照律ᄒᆞ라ᄒᆞ얏다더라

●路獄審查 前珍郡居朱斌春ᄂᆞᆫ其祖母獄事에對ᄒᆞ야該道裁判主事權泰駿氏가原犯張普卿에게受賂斂獄이라ᄒᆞ야該道警務署日人補佐官에게呼訴ᄒᆞᆷ으로該警署에서方在審查中이라더라

●訓促還官 昨日內部에서受由上京ᄒᆞ야不爲還官ᄒᆞᆫ郡守를抄出ᄒᆞ야不日還任ᄒᆞ라고輸訓催促ᄒᆞ얏ᄂᆞᆫ디若又遲延이면依規定論勘이라ᄒᆞ얏더라

●陽民塵訴 西京豐慶宮參書官朴鶴鉉氏와金錫英金文俊等이宮役時에陽德郡所有材木數萬株를使民人斫伐運下ᄒᆞ고材木價與輸運費幾十萬兩을皆爲潛食ᄒᆞ고不肯出給人民故로該郡民이壓呈于平理院ᄒᆞ고自該院으로發電于該道觀察府ᄒᆞ야右三人을使之促送對質이되終不來待ᄒᆞ니必其勢力으로以ᄒᆞᆷ인지

●出義設校 林川郡長率里居前主事姜錫箕氏ᄂᆞᆫ本以文翰古家로宗族數十戶가自成一村ᄒᆞ야淸貧樂道ᄒᆞ더니當此之世ᄒᆞ야時局을慨歎ᄒᆞ고教育에奮發ᄒᆞ야略干資金을先自捐出ᄒᆞ고該氏宗中에懇切勸告ᄒᆞ야宗畓一石落을斥賣ᄒᆞ며諸族에醵金을收聚ᄒᆞ야校舍를合力新搆ᄒᆞ고私立天英학校를設施ᄒᆞᄂᆞᆫ디會前師範速成科被選人任書鎬氏가學識이高明ᄒᆞ고志氣淸潔키로姜氏의熱誠을與感ᄒᆞ야不受束脩之例ᄒᆞ고自許敎師之任ᄒᆞ야以日語英語算術과內外國歷史地誌와大韓國文日本假名華英等字作文習字意見問答으로日課를作ᄒᆞ고熱心敎育ᄒᆞ야開學數朔에學徒日進ᄒᆞ야現今五十餘員에至ᄒᆞ고新ᄒᆞᆫ智識이日漸發達ᄒᆞ야蔚有進就之望ᄒᆞ니姜錫箕氏之出力設校와任書鎬氏之熱心敎導ᄂᆞᆫ可謂湖右表準이라令人與感에不勝攢賀ᄒᆞ노라

●商會視察發程 京城商業會議所에서日本各商業視察ᄒᆞ기爲ᄒᆞ야常議員諸彰한氏를選送ᄒᆞᆫ다ᄒᆞᆷ은已揭前報어니와今日京釜第一列車를乘ᄒᆞ고發行ᄒᆞ얏ᄂᆞᆫ디該同行은議員崔慶錫과特別議員徐相潤常談役西原龜三氏로伴行ᄒᆞ얏ᄂᆞᆫ디往返이四週日假量이라더라

●擴巡更選 警務顧問丸山氏가地方警務를擴張ᄒᆞ기에注意ᄒᆞ얏警務官를도已爲擇差ᄒᆞ얏거니와其於擴巡도若非ᄒᆞᆫ熟手段이면不可行政於擴張之初라ᄒᆞ야警務廳에서多年服務ᄒᆞ던擴巡沈正澤鄭寅朝高明煥氏等을揀拔出張케ᄒᆞ얏다더라

●禁獄可冤 昨冬에日人陽上太郞과木村政一等이賭租收捧次로沃溝郡에前料ᄒᆞ야該郡九政里姜明善家庭에被酒突入ᄒᆞ야無禮作弊ᄒᆞᆷ이適其時主人姜明善은出他不在ᄒᆞ고隣居姜允三이가見其行悖에不勝駭惋而禁止則該日人等이非徒不聽順이라反以抹木으로毆打ᄒᆞ미其弟允七今善等이發忿出力ᄒᆞ야縛住其日人陽上太郞ᄒᆞ고以至亂打ᄒᆞ야至有齒牙折傷ᄒᆞᆫ事件으로該港裁判所에서捉致照律ᄒᆞ야姜允七은五箇月監禁에處ᄒᆞ고姜今善은四箇月監禁에處ᄒᆞ얏다ᄒᆞ니該日人等之突入人家內庭ᄒᆞ야逞其無禮而作弊ᄒᆞᆫ律은何處에勘處ᄒᆞᆫᄂᆞᆫ지兩姜의禁獄은極爲冤屈이라ᄒᆞ더라

●建築費請求 法部에서平理院과漢城裁判所를洋屋으로新建築次로經費八萬圓中樞院은美洞前侍從院으로移設次로修理費五千餘元을請求ᄒᆞ야度支部에照會ᄒᆞ얏다더라

●警使自歎 警務廳에捉囚ᄒᆞᆫ獄事가極爲秘密ᄒᆞ야日本補佐官만出席ᄒᆞ야訊問ᄒᆞᄂᆞᆫ지라警務務朴承祖氏가爲言曰身爲警使ᄒᆞ야罪人審問을全不會判ᄒᆞ니於理不當이라該供案을一覽ᄒᆞ즈ᄒᆞ얏더니丸山顧問이反對曰了審後에覽之不晩이라ᄒᆞᆷ이朴使가自歎曰我坐韓國警廳乎아日本警廳乎아ᄒᆞ고相持無益ᄒᆞ얏다더라

●搜刀摘牌 警務補佐審查案으로一進會本部에서短刀十柄도搜去ᄒᆞ얏다ᄒᆞ며一進會本部門牌도摘去ᄒᆞ얏고路上에서會員二人만偶語ᄒᆞ여도日巡查가戒嚴ᄒᆞᆫ다더라

●風波何自 某信을據ᄒᆞᆫ則李世種氏事件이別無大疑인데某大臣이該氏事를運動ᄒᆞ다가事를如意ᄒᆞ고憾其見賣ᄒᆞ야第二國에有第三師別運動이라ᄒᆞ고密告ᄒᆞ야如是風波라더라

●敎人行悖 高陽杏洲盆山東段을日人이本無認許ᄒᆞ고防川儲水人로蹴壅事ᄂᆞᆫ已爲揭載ᄒᆞ얏거니와該洞에서本郡에訴告故로朴郡守가農商工部에轉報ᄒᆞ얏더니指令內에本無認許ᄒᆞ니日人等을即爲逐出ᄒᆞ라ᄒᆞᆫ故로該郡에서派校禁止ᄒᆞ얏더니外城洞居ᄒᆞᄂᆞᆫ天主敎人柳弘植이日人等을符同ᄒᆞ야內城洞에恐갈ᄒᆞ기를洞報事로日人의게將有大事ᄒᆞ리니更報設役케ᄒᆞ라ᄒᆞ며日人을傲屬ᄒᆞ야役費를自洞中徵出ᄒᆞ라ᄒᆞᆷ으로依言更報ᄒᆞ얏다ᄒᆞ니柳哥도韓天化育中一物로行此不法ᄒᆞᄂᆞᆫ지라朴郡守가上府에報告ᄒᆞ야柳哥ᄂᆞᆫ押上嚴懲ᄒᆞ고日人은期於逐出ᄒᆞᆫ다더라

●議案諸件 昨日午後四時에政府大臣以下各大臣이御前會議를開ᄒᆞ얏ᄂᆞᆫ디該議案은日前閣議決案을上奏ᄒᆞ고학部直轄학校職員定員勅令案件과農商工部工藝場을設施ᄒᆞ야日本人工학博士平賀氏를雇聘件과度支顧問指導로自本年十月十五日爲始ᄒᆞ야十三道各郡結稅를支金庫外에郵便支局으로兌換或輸納ᄒᆞ야中央金庫로出入케ᄒᆞᆫ事件과內部에十三道警務署實施件과法部에ᄂᆞᆫ檢事太明軾政府에ᄂᆞᆫ參贊李商在氏等措處件을議定ᄒᆞ얏다더라

雜報

●通信院廢止의感 大痴生 續

政治上及商業上으로我의權利를維持ᄒᆞ며又伸張ᄒᆞ야外交의本義를徹ᄒᆞ며實效를收ᄒᆞᄂᆞᆫ것이可ᄒᆞᆫ則外交本部及駐外代表者間에通信機關의必須됨은勝言키難ᄒᆞ고猶且電信은地方에騷擾가有ᄒᆞᆫ時나邊界에警戒가有ᄒᆞᆫ時나或外國과戰爭이有ᄒᆞᆫ時ᄂᆞᆫ平時에比ᄒᆞ야非常ᄒᆞᆫ關係가有ᄒᆞ니敵의進退動靜과我의勝敗利害를報告ᄒᆞᄂᆞᆫ事及敵의謀猶와我軍의進止를司令ᄒᆞᄂᆞᆫ事가모다其急ᄒᆞᆷ이分時와秒時를爭ᄒᆞᆫ者ㅣ니電信의利用됨이豈前日驛卒과烽火와又치不迅速不分明ᄒᆞᆷ에比ᄒᆞᆯ비리오往昔普佛戰爭時에普軍元師模乙將軍은其私邸에在ᄒᆞ야酒茶를飮ᄒᆞ며朋友를邀談ᄒᆞᄂᆞᆫ際에幾個의電線을憑ᄒᆞ야各軍의長官을指揮ᄒᆞ야世界의未曾有ᄒᆞ던大戰捷을安閒히奏ᄒᆞ야戰爭史에奇蹟이되고武備가有ᄒᆞᆫ邦國은其海陸軍에電信機關이完備ᄒᆞ니益其功效가不少ᄒᆞᆫ故며人民이有ᄒᆞᆫ바通信機關의關係도亦複雜且切ᄒᆞ니名項業務ᄂᆞᆫ商賈者가殷히頻繁ᄒᆞ야各地關係者間에物品의好否와物價의高下와商物의運輸와金融의通否와貨幣의替換ᄒᆞᄂᆞᆫ等事에關ᄒᆞ야通信機關을不須커不能ᄒᆞᆫ지니만일商業者가是가無ᄒᆞ면每事가遲延ᄒᆞ야收得ᄒᆞᄂᆞᆫ利益이資本의利子에優越치못ᄒᆞᆯ虞도無ᄒᆞ고商品需要地에物價를不知ᄒᆞ고進ᄒᆞ다가酷害를被ᄒᆞᆯ慮도有ᄒᆞ고其外償錯되ᄂᆞᆫ事가許多ᄒᆞᆯ지며海外貿易의關係ᄂᆞᆫ內國에比ᄒᆞ야尤重ᄒᆞᆫ것이라其他人民도亦經營ᄒᆞᄂᆞᆫ事가無ᄒᆞᆫ者ᄂᆞᆫ小ᄒᆞ고事가有ᄒᆞᆫ즉通信을아니ᄒᆞ지못ᄒᆞᆯ境遇가多ᄒᆞ며經營ᄒᆞᄂᆞᆫ事가無ᄒᆞᆫ者라도尋常히慶弔를行ᄒᆞᆯ事나安否를通ᄒᆞᆯ事가有ᄒᆞ리니 未完

●昌明學校趣旨書

嗚呼라今日我韓이處於何境이며我民이陷於何地也오爲國民者其各自問自思則咸知其不敎育無학識이所以致此也니苟使爲父兄者로家家而敎之ᄒᆞ고爲子弟者로人人而학之런들現所謂文明富强에自主獨立이天奚獨豐於彼而嗇於我歟아居今之世ᄒᆞ야爲今之計컨ᄃᆡ救國救民이惟有敎育一道뿐이라堤雖僻色이나彬多識時之士ᄒᆞ니畧知其敎育이爲今日急務而況聖天子之詔勅이眷眷於敎育ᄒᆞ시고觀察使之訓飭이殷殷於학校則凡我圜土方趾의戴天履地之倫이야孰不願其國之興而其民之明也哉아是以로同志幾人이規設학校ᄒᆞ고名之曰昌明이라ᄒᆞ니諺에曰衆경은易擧요隻掌이難鳴이라竊望有志君子ᄂᆞᆫ熱心贊成ᄒᆞ야俾此校로日就文明則不惟堤邑之幸이라實爲國民之福이니願我同志ᄂᆞᆫ設法鼓勵ᄒᆞ고極力維持를千萬幸甚이라ᄒᆞ더라

●秘密周旋 軍大李根澤氏가李甲氏紹介的으로日本에在ᄒᆞᆫ朴泳孝氏의게紙貨三千元을換行으로換付ᄒᆞ고李甲氏家에체留ᄒᆞᄂᆞᆫ鄭性玉氏를朴泳孝氏의게로秘密派送하얏다더라

●被拿虛說 昨日雜報欄內에揭載된天道敎主孫秉熙氏를警廳에서拿致之說은更聞ᄒᆞᆫ則確無其實ᄒᆞᆯ쌘더러通世界에敎主ᄂᆞᆫ政界上相關이無ᄒᆞᆫ則警廳의何關이無ᄒᆞᆯ거시오一進會員事件에連累됨과가決無ᄒᆞ다더라

◉學員募集廣告(第一回)

玆에普成中學校를新設ᄒᆞ고高等普通學術로一般國民을教育ᄒᆞ고져ᄒᆞ오니將來에實業及實務에從事ᄒᆞ고又ᄂᆞᆫ各種專門學校에入學코져ᄒᆞᄂᆞᆫ青年有意諸君은早早來學ᄒᆞ오셔中等以上普通知識을全備하심을爲望ᄒᆞᄋᆞᆸ

本校의完全ᄒᆞᆫ教授準備와眞正ᄒᆞᆫ教育制度를左에列擧ᄒᆞᆷ

一 一般教科書ᄂᆞᆫ總히本校에셔新編選備ᄒᆞᆷ

二 本校의第一主旨ᄂᆞᆫ修身科、作文科、漢文科니倫理學教科書를新撰ᄒᆞ야道德心을培養ᄒᆞ고、作文教科書를新撰ᄒᆞ야文章을規用로教授ᄒᆞ고漢文教科書를新撰ᄒᆞ야讀書를應用活法으로教授ᄒᆞᆷ

三 理化學及博物學은機械及藥品으로實地試驗을行ᄒᆞ야教授ᄒᆞᆷ

四 唱歌ᄂᆞᆫ軍樂音調로新製教習ᄒᆞᆷ

五 體操及運動은各外國運動式用機具로日常教鍊ᄒᆞᆷ

六 教師ᄂᆞᆫ新舊學問에專能ᄒᆞᆫ諸大方家를延聘ᄒᆞᆷ

●學科目 (科目中課程은略之)

修身學、國語、漢文、作文、歷史、地誌、物理及化學、博物學、地文學、法學、數學、圖畫、唱歌、體操、外國語、農業學、商業學、簿記學、

●修業期限 四個年

●入學年齡 自十五歲以上至二十五歲以下

●入學試驗科目 國漢文讀書及作文、內外國歷史及地誌問對、算術四則以內

●入學試驗日字 九月十五日 (陰七月二十七日)

●開學日字 九月十六日 (入學請願書及保證書ᄂᆞᆫ本校用紙를用ᄒᆞᆷ)

光武十年八月十六日

漢城中署磚洞 私立普成中學校

廣告

東國歷史 普通教科國漢文一秩二冊定價新貨	一圜十戔
法蘭西新史	四十錢
清國戊戌政變記一秩	一圜
波蘭末年戰史一冊	三十錢
美國獨立史一冊	三十錢
法國革新戰史一冊	三十錢
大韓輿地圖一張	十七錢五里
世界全圖一張	三十七錢五里
大韓地誌一秩	七十五錢
牧民心書一秩	一圜二十五錢
萬國地誌一秩	一圜
尺牘完編一秩	一圜五十錢
農政新編一冊	五十錢
法學通論一冊	一圜
溫故知新堂蒙抄	七錢五里
父師必讀小學指남	七錢五里
人工養蚕一冊	十五錢
政治학一秩	二圜六十四錢
家庭雜誌一冊	十錢
進明彙論一秩	三十五錢
交際新禮一秩	十八錢

發賣所 布屛門下金相萬書舖 大韓每日申報社

花春丹은 霍亂 吐瀉 腹痛 滯症 暑症 정忡 神眩 胸鬱 痰盛 醒酒船橤 咳嗽 瘧질 口味업ᄂᆞᆫ諸症의神效ᄒᆞᆫ藥이오 此外에도洋炭水解毒藥 唐창 疳氣 蛔虫 寸虫 赤白던風 藥과東西洋藥이俱備하고他病도隨問出方하오니 僉位ᄂᆞᆫ枉臨하시옵

皇城校洞石井洞下隅 石泉堂藥局 告白

一 [illegible]濃縮牛乳

一 [illegible]濃縮牛乳

MERICA[illegible] Gold Seal Brand Condensed Milk

EAGLE BRAND GAIL BORDEN BORDEN'S CONDENSED MILK CO. NEW YORK U.S.A.

大韓仁川港 [illegible] 洋行

●九轉靈砂라 本人이妙方으로神術을得ᄒᆞ야製造ᄒᆞᆫ靈丹이온ᄃᆡ男女老少에無論何症ᄒᆞ고通治ᄒᆞ오며無病時에도服ᄒᆞ면平生의身體가健康ᄒᆞ며小兒ᄂᆞᆫ西藏靈丹을服ᄒᆞ면十歲안에無病ᄒᆞ기를擔保ᄒᆞ오며

●九轉靈砂萬病丹은癰疽 癩症과中風諸疾과뫼ᄃᆡᆫ諸病과淋疾에神効ᄒᆞ오

●九轉靈砂保命丹은初生小兒 驚風 喘氣 咳嗽 腹痛諸般惡과婦人帶下症에神効ᄒᆞ며

●九轉靈砂濟衆丹은酒滯 食滯 血積 吐瀉 霍亂 痢疾 吐血 下血 瘴氣 時疾 瘧症에神効ᄒᆞ오

●九轉靈砂紫金丹은痔漏 瘰癧 上疳瘡 下疳瘡及唐瘡과諸般瘡瘇惡種에無不神効ᄒᆞ오니 僉君子ᄂᆞᆫ來問ᄒᆞ시오

內需司前두갈이골上隅第一家 李鶴廷 告白

本社廣告

中報價

一張代金 新貨二錢五里

一箇月前納 三十錢

三箇月 九十錢

六箇月 一元[illegible]

一箇年 三元四十[illegible]

郵稅一朔 新貨五里

一朔 十三錢

廣告料

國漢文活字十三字詰

每日每行에新貨[illegible]

文(每日每行에大韓[illegible])

(每日每行圖鑑一里에[illegible])

其期限의長短과字行의多少를依ᄒᆞ야增減ᄒᆞᆷ이有ᄒᆞᆷ

◉大韓每日申報各處支社廣告

中署布屛門下 金相萬冊肆

洞口越便 朱翰榮冊肆

中署農圃初入七十八統第二戶 鄭禹澤

仁川桎峴開新冊肆 李東[illegible]

平壤南山峴日新學校 金興[illegible]

宣川邑橋西 崔[illegible]

義州南門外韓西大藥房 安[illegible]

長連邑 金[illegible]

鎭南浦藥洞 金仁[illegible]

咸興州南社 曹[illegible]

中和邑 李俊培

釜山佐川徐藥房 金瀅[illegible]

開城北部梨井里幹洞居培[illegible]校副校長 姜助[illegible]

大丘郡 達城廣文社

發行兼編輯人 英國人裵說

發行所 京城北署壽進坊[illegible]

大韓每日申報社

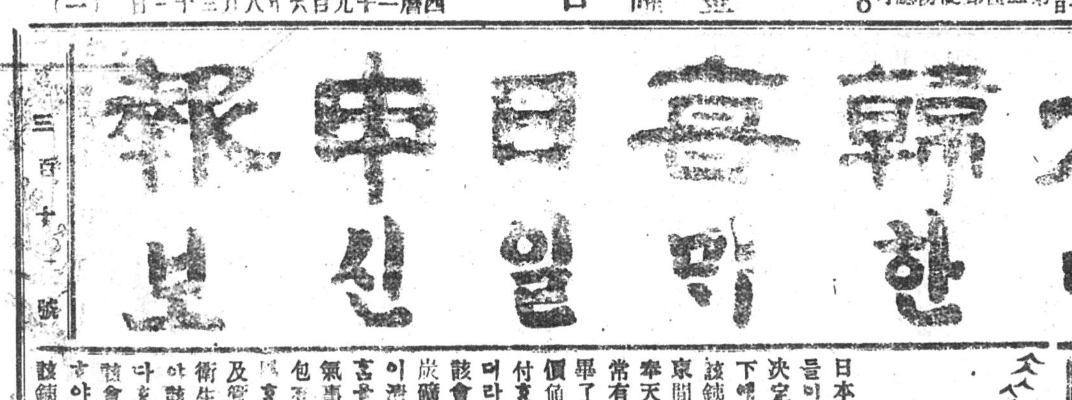

第四卷 第三百十二號

月曜及慶節 歲時日休刊

開國四千二百三十九年 箕子元年三千二十八年 大韓開國五百十五年 日本明治三十九年 淸國光緖三十二年 ◉陰曆丙午七月小十二日丁未

論說

南滿鐵道會社

日本政府와南滿鐵道會社委員들이該鐵道에關意開役方法을決定하얏ᄂᆞᆫᄃᆡ頗有滋味하기로下에揭載하노라

該鐵道ᄂᆞᆫ靑泥窪厚順奉天及安東間에支線을幷하야敷設하고奉天新民屯間線路도日本人이常有鐵道로務設하여該工役이畢了하면適當意時日과適當意價値로條件을付하여淸國에還付하다고日本新聞에論及하얏더라

該會社에서厚順과源台에在意炭礦을開掘한다하니此ᄂᆞᆫ日本이淸國의此事件에對하야反對함을不拘함이오海上輸運과電氣事業과倉庫事務도該方法에包含하얏고該會社에該鐵道의屬意土地에가屋及財産을建築及管理하ᄂᆞᆫ權을付與하얏스며衛生과治道와教育事業을爲하야該地居民의게徵稅함도可하다ᄒᆞ지라

該會社의資金은二億元으로定하야就中半額은日本政府의셔該鐵道財産으로該鐵道附近土地와姑未確定된厚順及源台炭礦을包含하야出付하고其餘半額은淸日人民의應募를許하ᄂᆞᆫᄃᆡ日本政府에서毎年에百에六分邊利를保證한다더라

該會社의셔八千萬元의社債를募集한다ᄂᆞᆫᄃᆡ美國富豪히리민氏와쉬푸氏가應募하기에同意하얏다하며該社債의邊利ᄂᆞᆫ姑無聞焉이나然이나日本政府에서保証할터이오若有必要면該原額金ᄭᆞ지保証할터이며該債金은二十五年內에償還한다ᄂᆞᆫ지라

此會社가卽有利益할ᄂᆞᆫ지無함ᄂᆞᆫ지是一疑点이라該鐵道의運行統計에對하야良好意報告를公布하얏스나然이나히統計중의巨額은日本으로부터多數한視察者와靑泥窪로부터鐵道로滿洲에輸入하ᄂᆞᆫ免稅한日本貨物을輸運함이니牛庄으로부터沿江航行함이會社에나未來에나該鐵道의勁敵이라淸國政府에서滿洲境上에稅關을創設하면靑니窪線路ᄂᆞᆫ히利益을即爲全失할것이오安東奉天間鐵路로通行하ᄂᆞᆫ諸人은히線路로夥多한商品을輸運할줄노未信하ᄂᆞᆫ것이히鐵道의沿邊은山地와人口가稀少한處이甚多함이라

蔽一言하고該會社의前望이似不良好할지라林權助氏ᄂᆞᆫ現今에淸國에서該社資金을募集하ᄂᆞᆫ事로淸國政府와交涉하지마ᄂᆞᆫ淸國政府에서政治上關係로히社에投股하기外에ᄂᆞᆫ好結果를似不成就할것이오極東에서一年에百에六分邊利ᄂᆞᆫ甚是低利ㅣ라此新設之無經歷한會社에서甚難募集이라하노라

官報

●三千五百四十四號 光武十年八月二十九日

◎宮廷錄事

京畿觀察使閔商鎬辭職疏
批旨省疏具悉所請依施
八月二十五日

◎敍任及辭令

○六品韓義容 朴齊彬 任制度局主事○九品金敎熙 嚴允燮 任시從院主事○任奎章閣主事 九品鄭樂鵬○任掌禮院稽制課主事 六品金奎鳳○六品鄭弘烈 九品張世昊 任掌禮院香祀課主事○九品車顯聲 洪日燮 金基賢 任掌禮院掌樂課主事○九品朴叙陽 仝金洛純 任宗簿司主事○任太醫院主事 九品尹泓林○張錫元 韓冕悳 林炳宇 任內藏司主事○任奉常司主事 鄭寅煥○任典선司主事 六品南重燮○六品金鳳洙 九品李贊紹 外國語學校副敎官韓泰源 仝劉泓灦 任主殿院主事○九品任元宰 仝黃潤德 任主殿院事務과主事○六品李泌榮 丕漢禎 任營繕司技手○六品林炳贊 金宇植 任營繕司主事○九品趙性翕 仝朴斗和 任시講院主事○正三品咸仁鶴 九품成樂贊 解經理院文簿整整委員○正三품李承鎔 六품盧仁德 仝尹樂植 九품南廷健 命經理院文簿整整委員○免本官 警務廳監獄署看守長朴鎭英 右ᄂᆞᆫ該員이職在看守하야鎖鑰等節에不能注意하야難免溺職이기是以免本官○依願免本官 忠청北道관察府主事尹炳鉉○任忠청北道관察府主事 六품南廷懿○任慶尙北道觀察府摠巡 警務廳摠巡成건永○任忠청北道관察府摠巡 警務廳摠巡鄭錫朝○任全羅北道觀察府摠巡 警務廳摠巡高明煥○任京畿관察府摠巡 警務廳摠巡沈正澤○任全羅南道관察府摠巡 前摠巡吳東粲○任龍川港摠巡 李英來○任黃海道觀察府摠巡 朴承謙○沈相英 金淸弘 任度支部主事 以上八月廿五日

◎部令

●農商工部令第四十四號 移民保護法施行細則 續

五 前往地의셔周旋方法
六 疾病其他困難한境遇에當하야救助하며又歸國케하ᄂᆞᆫ方法

第十四條 移民處辦人이移民을前往케하ᄂᆞᆫ時ᄂᆞᆫ移民의出發과同時에其姓名을農商工部大臣幷其前往地를管轄하ᄂᆞᆫ日本官廳에通告함이可함

第十五條 移民이他地方日本官廳의管轄區域內로轉住하ᄂᆞᆫ時ᄂᆞᆫ代리人又代表者ᄂᆞᆫ此由를其在留地及轉住地를管轄하ᄂᆞᆫ日本官廳에各別히通告함이可함 (未完)

外報

●俄國教育 俄國의帝國議院에서ᄂᆞᆫ普通教育法案에對하야協議중인ᄃᆡ同案은國庫로부터五百五十萬留를支撥하야학校를建設하고小학教員의俸給을增加한다더라

●法領事喩日人 天津法文報에云하되法人의前任領事者가近由寬城法庫門回津할식路에受日人盤詰欺壓을不可言狀故로法領事가謂하되日本은花無香味하고果無甘汁하고人無仁心이라하얏다더라

●俄艦抵東 聖彼得保軍艦창에서巡洋艦十艘를造就하얏ᄂᆞᆫᄃᆡ擬由火車하야運至極東黑龍江하ᄂᆞᆫᄃᆡ分馳器械를皆拆사하야以便裝運하니不日에可抵極東이라하더라

●鎭壓政策의繼續 倫敦電을據한則俄國內閣이現設法律을改正치아니하고嚴酷히勵行하야內治鎭壓政策을繼續하기로決定하얏다더라

●首相第에爆裂 俄國에서首相스도리핀氏第에爆裂藥을投한者가有하야二十八名이致死하며二十二名이被傷하고首相은無事하얏다더라

雜報

●日官叙勳　日本內閣書記官長柴田家門氏等十八人은韓國經營事務及擬待之勞를表示ᄒᆞ기爲ᄒᆞ야叙勳賜賞ᄒᆞ엿ᄂᆞᆫᄃᆡ日本內閣書記官長柴田家門은勳一等各旭日章이오統監府局長花房直郎印刷局長今能淸昌大藏省煙草專賣局長仁尾惟茂專賣局省臨時局長湘向常明氏等은幷勳二等太極章이오大藏省主稅局長若槻禮次郎氏ᄂᆞᆫ勳一等이오內閣書記官中田敬義書記官河村金五郎氏ᄂᆞᆫ三等各賜八卦章이오大藏省參事官森賢吾大藏省稅關事務員鈴木穆氏ᄂᆞᆫ幷勳四等太極章이오學部顧參與官幣原坦氏ᄂᆞᆫ學務幇助ᄒᆞᆫ効力이有ᄒᆞᆷ으로勳三等太極章을特賜ᄒᆞ읍셔더라

●申氏役三年　平理院在囚前咸興觀察使申箕善氏ᄂᆞᆫ咸興在任時七年役囚啓放事로該院에셔照律報告ᄒᆞᆫ事ᄂᆞᆫ已揭어니와法部에셔該氏를懲役三年에處ᄒᆞ라指令ᄒᆞ얏다더라

●增置立判　法部에셔平北兩裁判告를因ᄒᆞ야度支部로照會ᄒᆞ기를平理院도有官額而無俸給ᄒᆞᆫ判事一人主事一人은俾卽立判又撥ᄒᆞ고한城裁判所增置之判事一人主事一人은待其官制改正ᄒᆞ야亦爲立判케ᄒᆞ라ᄒᆞ얏다더라

●醴陷縱跡　醴泉郡은初無義擾之說이거날本郡一進會長李봉儀裵善浩等이前豐基郡守李轍馨氏를白地謀陷타가奸狀이綻露ᄒᆞ야自洛東日憲兵站所로欲捉懲處則兩人이先機逃躱ᄒᆞ야藏跡京城이리더니有何私嫌ᄒᆞ야本郡居張胤德張朱化等以虛無藉擾之說로騰布各新聞ᄒᆞ고日送一進總代ᄒᆞ야押上懲處之意로請願內部云故로張某兩人이對質公決次로上京逗留ᄒᆞ야一邊으로廣探裵李兩人蹤跡ᄒᆞ고一邊으로請願內部ᄒᆞᆫ다더라

●光武校의請願　日本東京市麴町東光武學校校監李漢卿氏가學部에請願ᄒᆞ기를本校가雖在海外나內地學을亦不得不硏究이기 昭勅二度大韓歷史一秩大韓地誌一秩大韓輿地圖一張을下附하라하얏는ᄃᆡ學部에셔依請願一一撥交ᄒᆞ얏다더라

●懸俗痛禁　三和港摠巡崔象鎭氏가莅任以後에晝夜不分ᄒᆞ고恪勤警察ᄒᆞᄂᆞᆫᄃᆡ自仁川來라ᄒᆞᄂᆞᆫ何許人이關公의畵像이라ᄒᆞ야唐畵을掛ᄒᆞ고年少婦女들을敎囑ᄒᆞ되此畵像을至誠으로致誠ᄒᆞ면無子ᄒᆞᆫ者ᄂᆞᆫ得男ᄒᆞ고貧賤ᄒᆞᆫ者ᄂᆞᆫ富貴ᄒᆞ고有所願者ᄂᆞᆫ成就ᄒᆞᆫ다ᄒᆞ며惑世誣民ᄒᆞ여財産을暗奪ᄒᆞ더니同摠巡警察에綻露되여畵像을燒火ᄒᆞᆷ의港民이大悅ᄒᆞ고또港內에自來怪愚ᄒᆞᆫ風俗이有ᄒᆞ야阜頭廳과閑散廳에셔人이死ᄒᆞ야葬埋ᄒᆞᆯ時에ᄂᆞᆫ死者를擔ᄒᆞ고前後로進退橫行ᄒᆞ며胡笛을吹ᄒᆞ며缶와小皷와鉦을打ᄒᆞ면서얼시구절시구지ᄒᆞ즈됴흘시고ᄒᆞ며蹈舞ᄒᆞᄂᆞᆫ故로外國人이日韓人을人이殉ᄒᆞᆫ거시如彼其樂乎아ᄒᆞ고唾笑ᄒᆞ더니摠巡이此를嚴禁ᄒᆞ고巫女와卜術이百姓의害되ᄂᆞᆫ것을一幷禁戢ᄒᆞᄂᆞᆫ故로港民의幸福이라고稱頌이遠播ᄒᆞ더라

●尹氏呼冤　前主事尹鼎大氏의田畓九日耕을香山郡守申大均氏가遺戒僞券ᄒᆞ야盜賣潛食ᄒᆞ얏ᄂᆞᆫᄃᆡ尹氏가至是裁判所ᄒᆞ야互相裁判之場에申氏ᄂᆞᆫ楯而謨囑延拖ᄒᆞ야經年未斷故로尹氏가又爲擧訴則申氏가謂尹氏言曰吾兩人이爭訟不可ᄒᆞ니私和措處가爲好兩右土地已爲放賣則該土價를以當初所買之數로辦給云故로尹氏가大責申氏曰公之賊心을不可曉測이라年前도該土價를出給爲言이라가欺以不給ᄒᆞ고今又以本價로言之ᄒᆞ니該土時價가今至三倍요且兩年秋收穀이一百四十石이요訴訟費가一萬千餘兩인ᄃᆡ吾則緣此蕩敗無餘而此何不正之說로又敢弄我耶ᄒᆞ고右田畓與秋收租及訟費를一一還推之意로法部에呼訴ᄒᆞ얏다더라

●尹氏恐喝　內部에셔受由在京ᄒᆞᆫ各郡守에게訓令ᄒᆞ야各其姓名下에名章을受ᄒᆞᄂᆞᆫ데申署東谷居ᄒᆞᄂᆞᆫ安岳郡守尹官榮氏ᄂᆞᆫ方在花鬪ᄒᆞ며恐喝使令曰今無間隙ᄒᆞ니不暇捺章이라若爲催促下去ᄒᆞ면當爲辭職請願이니不足畏也라ᄒᆞ니尹倅之不法은推此可知라安得治民고ᄒᆞ야傳說이浪藉ᄒᆞ더라

●奏本請願　在前郡守奏本時에ᄂᆞᆫ各部大臣이公正叙任ᄒᆞ지하야各其部主事中으로考其久勤하야奏本하얏더니見其人物則薦任은公正하나人材ᄂᆞᆫ未必ᄒᆞ거라叅政大臣과內部大臣이公議하고此後郡守ᄂᆞᆫ各社會上有名譽者로서用奏任하야廣探其能否인데今明間에奏本청議가된다더라

●續叙任　京畿觀察使ᄂᆞᆫ成岐運咸北觀察使ᄂᆞᆫ閔商鎬氏로政府에셔 詔勅을書入하얏더니閔氏ᄂᆞᆫ實之하고正三品李源競氏ᄂᆞᆫ叙任하얏다더라

●兩氏辭職　石城郡守嚴柱完氏와智島郡守洪世永氏ᄂᆞᆫ材不能字牧이라하고內部에辭職청願하얏다더라

●嘉禮時經費　宮內府에셔度支部로照會하야 皇太子殿下嘉禮時所入經費七十七萬七千八百七十七元零數를卽爲支撥하라하얏다더라

●工藝場基址　農商工部에셔工藝場을設施하고日本工학博士를雇聘하기로하얏더니工藝場基址ᄂᆞᆫ東村白洞附近을擇定하얏다더라

●日語官吏　各府部廳에稍解日語하ᄂᆞᆫ官吏ᄂᆞᆫ顧問及補佐等을依賴하야該命令은猶恐不及하야施行하며挾雜事ᄂᆞᆫ外國人의指委라하야大臣을광誘하고大臣命令은視若茶飯하야擧皆葛藤이라더라

●委任處分　再昨日御前會議에 處分을又下하사民國事를卿等의게委任責成이니勵精圖治하되人材를擇用하라하옵셧다더라

●果有是否　日本에셔對韓方針이一變하야日本의ᄂᆞᆫ効力하고韓國에ᄂᆞᆫ切惜하든一進會를革罷하고且全國이不服하ᄂᆞᆫ勒約을成ᄒᆞᆫ伊藤侯를召還하니其次에ᄂᆞᆫ現政府大臣을黜出하고新政府를組織하야民心을諭服케ᄒᆞᆯ計策인ᄃᆡ痴彼各大臣이來頭如何를全然未曉하고擬貽終身任職하야一向執迷에專事肥慾하야國破身亡하니反爲可憐이라고物議가波動ᄒᆞᆫ다더라

●干涉設阜　絶影島漲탄地事件을農法兩大기相持不決ᄒᆞᆫ事ᄂᆞᆫ已爲揭載하얏거니와該認許權에相關되ᄂᆞᆫ金聲在等을政府에셔電招하얏ᄂᆞᆫᄃᆡ證人及干連者들合卞하여야歸正이될터인데此皆日人이干섭設阜ᄒᆞᆫ計劃이더라

●내訓各道　昨日내部에셔十三道觀察府로訓令ᄒᆞᆫ槪意를聞ᄒᆞᆫ則一進會所謂摠代가不悛舊惡하야民事를妨害하고公事를干섭하거던隨現捉囚하라하얏다더라

●崔貪不悛　洪原郡守崔恒鏞氏가赴任數朔에虐奪民錢이爲一萬三千餘兩이라一進會員이呈訴于咸興府日人補佐員하야恒鏞氏를卽爲押致하야與民質判ᄒᆞᆫ事ᄂᆞᆫ已揭于各新聞이어니와질判時에該氏가自服伊屈하야該民錢을一一還給于奪來본處之意로僞當自服이러니及其還官之日의右錢出給은姑舍하고反爲挾憾於民하야招致殘民하야威之脅之하야勒受自願敎弊之錢手標하야更報于咸興觀察署理府하야以圖掩跡하ᄂᆞᆫ故로該郡民等은其虐政으로出하야必冒渙散乃已라더라

●復權會　近日南村某某勢力家에셔運動하야國權을回復ᄒᆞᆫ다하고復權會를設施ᄒᆞᆫ다더라

●公倅圖進　公州郡守金甲淳氏ᄂᆞᆫ公州前叔令婦으로目不識丁하고暗昧政務인데前公州觀察使李乾夏氏의愛妾姪이라李氏가其姪의相斯게萬端公論하야公州郡守를叙任하얏더니金郡守가及至到任에官屬이決心曰此世나板無前奴令을何稱業平아하고一不現形하야公事를不得하고日昨上京하얏ᄂᆞᆫᄃᆡ他郡으로轉任하기를運動ᄒᆞᆫ다더라

●李氏無關　昨報에揭載ᄒᆞᆫ秘密周旋이라ᄂᆞᆫ事件에李中氏ᄂᆞᆫ初無相關이라더라

●姓字正誤　昨日本報欄內에自願就囚ᄒᆞᆫ洪州居李相夏氏가十年受학於前大司成金商悳氏인ᄃᆡ金字를以鄭字誤植이기로玆에改正ᄒᆞᆷ

詞林

閔忠正血竹吟

血痕落處竹成林　義膽忠柯貫古今
隙地如絲生直幹　皇天有鑑護淸陰
靑靑外亘凌霜氣　簇簇中含捧日心
膈北悲風寒更烈　警人時作頂門針

汪波生

雜報

●通信院廢止의悳
通信機關이國家에如何
히關係됨과我國의通信
機關　大痴生　續
此等人民이또ᄒᆞᆫ通信機關의關係가無ᄒᆞᆯ뎌ᄒᆞᆷ이不可ᄒᆞᆯ지라是로由하야觀ᄒᆞᆯ지라도通信機關이政府와人民에게幷히緊要ᄒᆞᆫ關係가有ᄒᆞᆷ거니와
日通信事業이發達ᄒᆞᆫ國은通信部에入ᄒᆞ는利益金이甚히巨大ᄒᆞ야國庫殷富의助가되나니此는通信機關에利될ᄲᅮᆫ아니오通信을긔托ᄒᆞ는者에게도亦利가多ᄒᆞ니政府는已往에機關되던郵驛과烽火를廢ᄒᆞ고人民은專足의事가無ᄒᆞ야巨數의金額과多量의勞力을省除ᄒᆞ고오즉少數의金額을費ᄒᆞ야無前便速ᄒᆞᆫ通信을行ᄒᆞ니彼此間에實利買益이如斯ᄒᆞ도다
此機關이國家에若此히甚重潤大ᄒᆞᆫ關係가有ᄒᆞᆷ으로此를掌ᄒᆞ는獨立衙門이有ᄒᆞ고衙門의行政은國家內用主權에屬ᄒᆞᆫ者ㅣ라當局된者는맛당히一切行政을愼重히ᄒᆞ야事業을擴張ᄒᆞᆷ으로써衙門의職權을盡ᄒᆞᆷ이可ᄒᆞ고且通信은公私를勿論ᄒᆞ고秘密을謀ᄒᆞ는것이最重ᄒᆞᆫ要義가되는니[illegible]民漏洩ᄒᆞ는것이有ᄒᆞᆫ가是恐是慮ᄒᆞ야民國의大事를勿誤ᄒᆞᆷ이며特히通信衙門의一切[illegible]當ᄒᆞ며此責任을躬認히幹當ᄒᆞ되不可ᄒᆞᆯ지라然ᄒᆞᆷ이로비록自國의能力으로此機關을掌理키難ᄒᆞᆯ지라도才技가有ᄒᆞᆫ若干外國人을聘傭ᄒᆞ야事務의贊助를備ᄒᆞᆷ은猶可ᄒᆞ되一切其全部를擧ᄒᆞ야盖國에委付ᄒᆞᆷ은진실로不可ᄒᆞ니
益國家라稱ᄒᆞ는者가其國務의一部를讓棄ᄒᆞ면國家의體制를不成ᄒᆞᆯᄲᅮᆫ不啻라通信의秘密을謀ᄒᆞ고信實을圖ᄒᆞᆯ地가無ᄒᆞ야民國大事의失敗되는者가必無ᄒᆞᆷ을難保ᄒᆞ리니此에警省치아니ᄒᆞᆷ이奈何其何ᄒᆞ리오
我國에는郵驛은新羅에始하고烽火는高麗에始ᄒᆞ야我朝에셔도此法을行ᄒᆞ다가開國五百二年에至ᄒᆞ야廢止ᄒᆞ얏는ᄃᆡ開國四百九十一年癸未에日本政府가長崎로부터釜山港ᄭᆞ지海底電線을設ᄒᆞ야彼의重要ᄒᆞᆫ通信을行ᄒᆞ니此는我國境內에電線이有ᄒᆞᆫ嚆矢오四百九十三年乙酉에淸國이仁川으로부터한城을經ᄒᆞ야義州에至토록電線을架設ᄒᆞ고　未完

●質稟　學大
官立日語학校卒業生等이質稟학部大臣書가如左ᄒᆞ니
伏以現今國家急務가莫先乎敎育이오敎育之發達이最貴乎務實이라自朝家로特立本校ᄒᆞ야以圖擴張은固有應時適急之關係故로本校設立之初에另設良規ᄒᆞ야登用에有關이면以本校卒業生으로應시拔尤ᄒᆞ야次第需用이即不易之規요已行之例이오거날日前本校敎官叙任之朴成圭는已非本校之卒業者也라現任之朴成圭가非此莫可而然乎잇가本校之卒業生이不堪需用而然乎잇가違規非例에不勝訝惑이온故로玆에質稟ᄒᆞ오니特垂鑑亮ᄒᆞ시오셔新任之朴員을即爲勿施ᄒᆞ시고以本校卒業生中으로擇取叙用ᄒᆞ오셔一以守本校之規ᄒᆞ며一以爲各校之勸奬ᄒᆞ심을伏望

●崔非會員　日昨本報에一進會員崔鳴來氏가不正ᄒᆞᆫ行爲가有ᄒᆞ다고揭佈ᄒᆞ얏더니更採ᄒᆞᆫ則崔氏가原非會員이라推此而觀ᄒᆞ면其他事件도亦非其實이라하더라

●堂堂乎爲仁　孔德里居前參奉張世憲氏는素以端雅之質로夙有名譽ᄒᆞ야曾爲執綱時에愛人以德ᄒᆞ고處事以義ᄒᆞᆷ으로沿江老幼가無不稱頌ᄒᆞ더니昨年日本軍用鐵路建築時에沿江通衢를한塞ᄒᆞ야各洞絕路에民情嗷嗷이거날右人이歷訴監部ᄒᆞ야使之通路에沿江賴安ᄒᆞ고其時에浙入費屢千金을獨自擔用ᄒᆞ고初無一分排斂於各洞ᄒᆞ니該里人士가欽其實蹟ᄒᆞ야特爲需用之意로聯請政府하얏더라

◉學員募集廣告（第一回）

玆에普成中學校를新設하고高等普通學術로一般國民을敎育코져하오니將來에實業及實務에從事코져하거나文을各種專門學校에入學코져하는靑年有意諸君은早早來學하오셔中等以上普通知識을全備하심을爲望하옴

本校의完全한敎授準備와眞正한敎育制度를左에列擧함

一 一般敎科書는擴히本校에서新編纂備함

二 本校의第一主旨는修身科、作文科、漢文科니倫理學敎科書를新撰하야道德心을培養하고、作文敎科書를新撰하야文章을規矩로敎授하고漢文敎科書를新撰하야讀書를應用活法으로敎授함

三 理化學及博物學은機械及藥品으로實地試驗을行하야敎授함

四 唱歌는軍樂音調로新製敎習함

五 體操及運動은各外國運動式用機具로日常敎練함

六 敎師는新舊學問에專能한諸大方家를延聘함

●**學科目**（科目中課程은略之）

修身學、國語、漢文、作文、歷史、地誌、物理及化學、博物學、地文學、法學、數學、圖畫、唱歌、體操、外國語、農業學、商業學、簿記學

●**修業期限** 四箇年

●**入學年齡** 自十五歲以上至二十五歲以下

●**入學試驗科目** 國漢文讀書及作文、內外國歷史及地誌問對、算術四則以內

●**入學試驗日字** 九月十五日（陰七月二十七日）

●**開學日字** 九月十六日（入學請願書及保証書는本校用紙를用함）

光武十年八月十六日

漢城中署磚洞 私立普成中學校

廣告

東國歷史 普通敎科國漢文一秩二冊定價新貨	一圜十戔
法蘭西新史	四十錢
淸國戊戌政變記一秩	一圜
波蘭末年戰史一冊	三十錢
美國獨立史一冊	三十錢
法國革新戰史一冊	三十錢
大韓輿地圖一張	十七錢五里
世界全圖一張	三十七錢五里
大韓地誌一秩	七十五錢
牧民心書一秩	一圜二十五錢
萬國地誌一秩	一圜
尺牘完編一秩	一圜五十錢
農政新編一冊	五十錢
法學通論一冊	一圜
溫故知新堂叢抄	七錢五里
父師必讀小學指남	七錢五里
人工養蚕一冊	十五錢
政治학一秩	二圜六十四錢
家庭雜誌一冊	十錢
進明彙論一秩	三十五錢
交際新禮一秩	十八錢

發賣所 布屛門下金相萬書舖 大韓每日申報社

花春丹은 霍亂 吐瀉 腹痛 滯症 暑症 정忡 神眩 悒鬱 痰盛 醒酒船藥 咳嗽 痳질 口味업는諸症의神效혼藥이오 此外에도洋炭水解毒 唐창 疳氣 蛔虫 寸虫 赤白뎐風 藥과東西洋藥이俱備하고他病도隨問出方하오니 僉位는枉臨하시옵

皇城校洞石井洞下隅 石泉堂藥局 告白

大韓[illegible]洋行

●九轉靈砂라 本人이妙方으로神備하야製造혼靈丹인디男女老少에無論何病ᄒᆞ고治ᄒᆞ며無病時에도服ᄒᆞ면平生의身體가健康ᄒᆞ며小兒는四五歲丸服ᄒᆞ면十歲안에無病ᄒᆞ기를擔保ᄒᆞ오며

●九轉靈砂萬病丹은癲狂 諸症과中風諸疾과[illegible]病과淋疾에神効ᄒᆞ오

●九轉靈砂保命丹은初生小兒 驚風 [illegible] 腹痛諸般驚과婦人帶下症에神效ᄒᆞ며

●九轉靈砂淸衆丹은酒滯 食滯 血積 吐瀉 霍亂 痢疾 吐血 下血 運氣 時疾 痢症에神効ᄒᆞ오

●九轉靈砂紫金丹은痔漏 瘰癧 上瘡瘍 下瘡瘍及唐瘡과諸般癰瘡惡種에無不神効ᄒᆞ오니 僉君子는來問ᄒᆞ시오

內需司前둑갑이골上隅第一家 李鶴廷 告白

本社廣告

中報價

一張代金	新貨一錢五厘
一箇月前納	三十錢
三箇月	九十錢
六箇月	一元七十錢
一箇年	三元四十錢
郵稅一張	新貨五厘
一箇月	十三錢

廣告料

國文活字十三字詰每日每次에一寸에新貨十五錢 文（每日繼行에大圖에는[illegible]）（每日繼行隔日一里에相議）其期限의長短과字行의多을依ᄒᆞ야增減홈이有홈

◉大韓每日申報各處支社廣告

中署布屛門下 金相萬冊肆
洞口越便 朱翰榮冊肆
中署農圃初八七十八統第二戶 鄭禹澤
仁川杻峴開新冊肆 李東[illegible]
平壤南山峴日新學校 金興[illegible]
宣川邑摘西 安[illegible]
義州南門外韓西大藥房 張有[illegible]
長連邑 金[illegible]
鎭南浦築瀕 金仁[illegible]
咸興州南社 曹喜[illegible]
中和邑 李俊培
釜山佐川徐藥房 金灌[illegible]
開城北部梨井里畔洞居培養社校副校長 姜助[illegible]
大丘郡 達城廣文社

發行兼編輯人 英國人 裵說
發行所 京城北署壽進坊[illegible] 大韓每日申報社

第四卷
第三百十二號

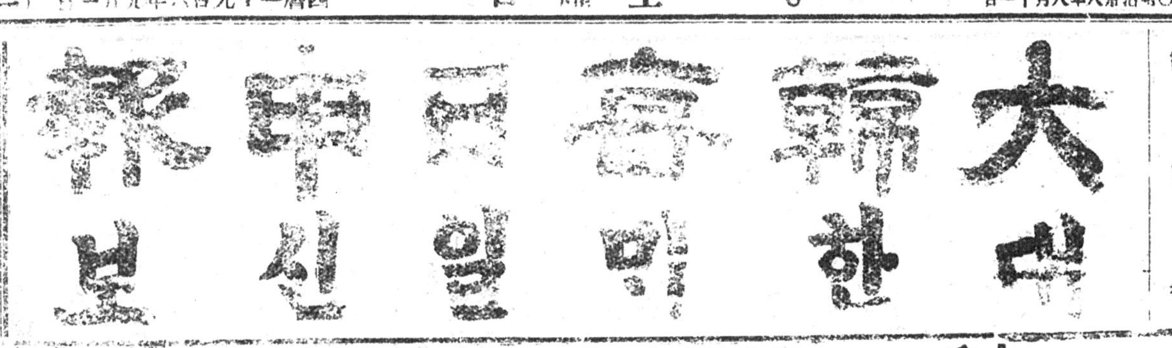

大韓每日申報
대한매일신보

月曜及慶節 歲時日休刊

檀君開國四千二百三十九年
箕子元年三千二十八年
大韓開國五百十五年
日本明治三十九年
淸國光緖三十二年
◉陰曆丙午七月小十三日戊申

論說

무아副將歡迎

本月十一日에仁川港과京城內에서英國支那艦隊의來着홈에對하야日本人이歡迎會를盛大히準備혼다는뒤其招待홀規察官과今番에英國海軍將官과兵卒等의接待를以往에韓國에來하얏든金錢에多有혼히리만氏와쉬프氏와如히同等優待홈이分明하도다

我海軍同盟를吾輩의說明혼을見혼현一場의遊를得홈을노心喜혼깃스나吾輩と此에對하야不可不意見을說明홀지라

吾輩의最不協혼것은日人이韓國에在하야公式上으로나或半公式上으로外人을歡迎홈이不可하니韓國은韓人에一直韓國인즉如此하고아모맛당히韓人의계一任홀이어늘然혼즉彼外部官吏가式과提燈과火戲等으로豫備하야日人을及지못혼나然하나韓人의歡迎은如何혼던지다만文誼와意를表示홈은可어니와日前熱心하는日本人이政策으로[illegible]儀式과는大相[illegible]리라

且我英國을爲하야不好의事도不無혼니吾輩가世界上誇能홀價値가有혼我英國海軍이日人의後를隨行하면서日本에서其縱覽物을作케하고今에又韓國에在하야도如此하면日本人이指導者가될이니九百餘年을西洋에서今上海權을握혼앗던國民으로戲獄이一獅子를前導홈과又치現今日本에서一條繩으로牽引홈을被홈이可홀가

亦曰日本人이韓國內에서公式歡迎을組織홀權利가無홀지라我海軍副將무아氏가此歡迎에對하야籠絡을被하면吾輩와我國臣民의愛國團體는其意氣가頗히沮喪홀을노思惟하노라

若他國에在하면此等事件에對하야共同忿怒를激起홀바이어날韓國에在하야는其人民이從來로此等事를理解치못홈으로吾輩는第一位에[illegible]홈을[illegible]리로다

官報

◉宮廷錄事

◉三千五百四十一號 光武十年八月三十日

宮內府大臣臣李根湘[illegible]奉欽奉 勅醫臣與掌禮院卿李[illegible]愚冕內藏司長李根洙經繕司長南廷奎進詣 璿源殿奉審則[illegible]儀及前退地衣多有[illegible]傷修改之節不容少緩令營繕司斯速舉行而吉日時亦令掌禮院推擇何如謹上奏

光武十年八月廿七日奉旨依奏

掌禮院副卿[illegible]閔[illegible]辭職疏批旨省疏具悉所請依施

八月廿八日

◉敍任及辭令

○[illegible]官 [illegible]谷郡守[illegible]石[illegible]江原道觀察使沈[illegible]의[illegible]害을[illegible]犯[illegible]定査官行査이온바[illegible]五諸般歎[illegible]千排戶가[illegible]이온즉不可[illegible]官○[illegible]本官 [illegible]務[illegible]金[illegible] 右[illegible]守[illegible]鎖鑰[illegible]節[illegible]全不[illegible][illegible]擬[illegible]不能[illegible]理上[illegible]勝이라[illegible]앗슨니免本官○任[illegible]部編輯局長 正三品申海永○解兼任[illegible]部治道局長 [illegible]地方局長[illegible]○兼任[illegible]道局[illegible] 내部[illegible]○任京畿관찰府[illegible]務官 [illegible]廳主事金[illegible]○任[illegible]察府[illegible]務官 六品黃[illegible]○任忠淸北道관찰府[illegible] [illegible]事[illegible]○任[illegible]北道[illegible]務官[illegible]原[illegible]總巡朴[illegible]○任[illegible]南道[illegible]任[illegible]尙남道관찰府總巡[illegible]郡[illegible]全羅[illegible]관찰府[illegible]品[illegible]○任全羅남道관찰府

警務官 正三品李[illegible]元○任江原道관찰府警務官 警務廳[illegible]巡 文[illegible]○任平安남道관찰府警務官 平壤市總巡朴承훈○任平安北道警務官 前總巡[illegible]令[illegible]○任黃海道관찰府警務官 六品金相淳○任咸鏡남道관찰府警務官 前郡守[illegible]九品朴正[illegible]○東萊監[illegible]主[illegible]○任咸鏡北道관찰府警務官 [illegible]德源監[illegible]署主事洪[illegible]依[illegible]免本官○任東萊[illegible]務安[illegible]리署主事朴[illegible]○[illegible]德源監리署主事 二[illegible]權[illegible]○任務安[illegible]前主事 具敎斥○[illegible]前主事洪任三[illegible]主事 八月廿七日○任警務[illegible]主事李用[illegible]○九品[illegible] 今[illegible]李得雨 劉[illegible]源[illegible]洪 [illegible]友植 任警무廳[illegible]巡○任警무廳監獄署看守長[illegible]○任法官養成所[illegible] 九品崔[illegible] 以上八月廿八日

◉部令

◉[illegible]部令第四十四號

[illegible]民保護法施行細則[illegible]

第十六條 移民取扱人은每年六月及十二月에前往者名簿와歸國者名簿及死亡者名簿及移民狀況의關혼報告書를農商工部大臣의게通告홈이可홈

移民의往地에在留하는代理人又代理者는前項時期에其地方의狀況을其地管轄[illegible]하는日本官廳에送告홈이可홈

當該日본官[illegible]은何[illegible]든지必要가有혼時의는代理人或代表者의[illegible]移民의狀況을通[illegible]케홈을得홈

第十七條 第四條[illegible]第二項第六條[illegible]十一條[illegible]二項第十二條第[illegible]項第十四條第十五條第十六條第一項[illegible]의規定又第十六條[illegible]三項의命令에違[illegible]한[illegible]以[illegible]前項[illegible]은[illegible]施行홈

附則

본令은移民保護法施行日로부터施行홈

光武十年七月[illegible]

農商工部大臣[illegible]

外報

◉革命黨宣言 [illegible]革命黨[illegible]央[illegible]員은今後若[illegible]策을變更치아니하면스도리빈氏의邸에서와如히暴行은最極度에達하깃는뒤我黨의組織은完全하야政府가如何히多數의革命黨員을[illegible]지[illegible]計畫을[illegible]하다고宣言하얏더라

◉調査員派遣 淸國政府에서는近近히第二回政[illegible]調査員을東[illegible]派遣[illegible]

◉[illegible]調査 [illegible]務[illegible]의稅[illegible]在[illegible]

雜報

●李逸稙事件 (去月二十八日漢報照謄)

李逸稙이濟州島에流刑에處혼바其流配ᄒᆞᄂᆞᆫ途中에셔逃走ᄒᆞ야京畿利宅에隱匿ᄒᆞ얏다가更히京釜線으로釜山方面으로逃走ᄒᆞ랴다가맛참내警務顧問部에被縛되며

金秉駿太明軾及尹甲炳三人이該事件에關係되야同히警務顧問에被縛혼事實은詳細히探知혼則李逸稙이昨年警務廳에被捉되야監獄署에被囚되엿슬時에巨額借款을擲入ᄒᆞ야署長以下看守押牢等의게ᄭᆞ지貴金을散布ᄒᆞ야獄吏人心을收得ᄒᆞ며一邊으로特赦運動을努力ᄒᆞ얏ᄂᆞᆫᄃᆡ李ᄂᆞᆫ利權三十餘件을外人의게賣渡ᄒᆞᆫ證書에啓字를僞造使用혼罪科로終身流刑에處혼이其配所에龍花ᄒᆞ기前에特赦를蒙코ᄌᆞᄒᆞ야平理院檢事太明軾을籠絡ᄒᆞ며侍從尹甲炳을結托ᄒᆞ야

特赦詔勅을政府에下ᄒᆞ시게運動ᄒᆞ야十分에八九分은效果가有ᄒᆞᆫ줄로信ᄒᆞ고詔勅이下ᄒᆞ기ᄭᆞ지京城에匿處ᄒᆞ얏다가世間에公布된後出現코ᄌᆞᄒᆞᆷ이오李의配所ᄂᆞᆫ確定되야本月十四日에警務廳에셔巡檢二名을附ᄒᆞ야濟州로護送ᄒᆞᆯ셰其護送ᄒᆞ던巡檢이李가如何히瞞ᄒᆞ얏던지巡檢二名은行衛不明ᄒᆞ고李도去處不明ᄒᆞ더니

警務廳에셔極力偵察ᄒᆞ야도不得搜索이러니李ᄂᆞᆫ同夜에侍從尹甲炳의게往ᄒᆞ야其狀을陳說ᄒᆞ고特赦運動이成功되기ᄭᆞ지ᄂᆞᆫ京城에匿處ᄒᆞᆯ터인ᄃᆡ親近人의게依托ᄒᆞᄂᆞᆫ것보다仇敵間에依賴ᄒᆞᆷ이善ᄒᆞ다ᄒᆞ고

同夜에兩人이淸華亭에往ᄒᆞ야金秉駿을相逢ᄒᆞ야其顚末을陳述ᄒᆞ고庇護를請ᄒᆞᆫᄃᆡ金은一箇智者라此를利用ᄒᆞ야何事던지營코ᄌᆞᄒᆞ야이에隱匿ᄒᆞ기를承諾ᄒᆞ고自宅에同歸ᄒᆞ야匿置ᄒᆞᆫ지라

去十九日午後에丸山警務顧問이金秉駿을其官邸에招ᄒᆞ야李의蹤跡을問ᄒᆞᆫᄃᆡ金은無所聞知로라ᄒᆞ고昨年에自己가李를捕縛ᄒᆞᆫ際에効勞가有ᄒᆞᆷ을自贊ᄒᆞ얏ᄂᆞᆫᄃᆡ丸山顧問은部下를督勵ᄒᆞ야金氏居宅을偵察ᄒᆞᆫ즉金이李를自爲藏匿ᄒᆞᆷ이判明ᄒᆞᆷ의直時捕縛코ᄌᆞᄒᆞᆫ즉渠가危機切迫ᄒᆞᆷ을亦知ᄒᆞ고

夜半에李ᄂᆞᆫ急遽出家ᄒᆞ야安城으로向ᄒᆞ다가終是渡邊警部一行의게被縛되고金도同日曉에被捉ᄒᆞ얏스며李逸稙은警務廳問時에昨年就縛以來經過ᄒᆞᆫ一切事實을自白ᄒᆞ야毫無隱諱ᄒᆞ얏다더라

●各校日師 學部의셔學部規則을勅令案으로頒布ᄒᆞ다ᄂᆞᆫ事ᄂᆞᆫ已揭어니와該規則의依ᄒᆞ야各官公私學校의日人教師一名을聘用ᄒᆞ기爲ᄒᆞ야日人二十餘名을又爲屈聘ᄒᆞᆫ다더라

●小山免官 日本憲兵司令官小山正巳氏ᄂᆞᆫ韓人의民刑事를無不干涉ᄒᆞ야怨聲이狼藉ᄒᆞ더니此事의根因인지免官이되얏다더라

●大韓贊成 南村某某六官이國權을回復ᄒᆞ기爲ᄒᆞ야大韓權會를設施ᄒᆞᆫ단말을已往에聞ᄒᆞ얏거니와該會를大東會라命名ᄒᆞ야政府官人도參入ᄒᆞᄂᆞᆫᄃᆡ統監府의셔도贊成ᄒᆞᆫ다ᄒᆞ더라

●鄭氏山亭講習 西署樂善臺洞鄭象煥氏山亭에夜學講習所를設立ᄒᆞ얏ᄂᆞᆫᄃᆡ教師劉泓鍾鄭喜軾兩氏가以日語算術修身等課程으로熱心教授함이生徒가日日增加ᄒᆞ야一所不容云ᄒᆞ니吾儕ᄂᆞᆫ聞甚欣頌ᄒᆞ노라

●編辭糊塗 李世楨氏事件으로參贊金商在檢事太明軾尹甲炳氏等을警務廳에捉囚ᄒᆞᆫ事ᄂᆞᆫ世人이皆知어니와警務使朴承祖氏가昨日의始乃報告于法部ᄒᆞ얏ᄂᆞᆫᄃᆡ但云某某諸人이李世楨案件의所犯이有ᄒᆞ다ᄒᆞ엿ᄉᆞ니捉囚與否와訊問如何ᄂᆞᆫ初不論ᄒᆞ얏스니以其辭로觀之면都是糊塗說去의莫曉其何如意味라ᄒᆞ더라

●雜輩可憎 近日何許挾雜輩가前番地方警務官賣買之說을得聞ᄒᆞ얏던지摠巡作者每四처로廣求ᄒᆞᆫ다ᄂᆞᆫᄃᆡ其呼價ᄂᆞᆫ一窠의新貨一千元이라더라

●義徒都錄 義州監理署에셔稱名義兵者朴㮤來等을捉得ᄒᆞ야取供ᄒᆞᆫ後其供案과倡義通文與都錄一通을法部와內部로上送ᄒᆞ얏ᄂᆞᆫᄃᆡ其都錄의看名ᄒᆞᆫ人額이百餘名이라더라

●漁帳과開墾의更照 政府에셔向因統監府照會ᄒᆞ야義親王府所屬加德巨濟等沿海岸漁帳及義親王府所屬仁川富平陳地開墾認許事로農商工部의對ᄒᆞ야其公認ᄒᆞᆷ을請ᄒᆞᆫ事ᄂᆞᆫ已揭어니와農部의셔答照ᄒᆞ기를該事案이旣自宮內府로附屬于兩親王府인則該部의關係가無ᄒᆞ다ᄒᆞ얏더니昨日政府의셔更照會ᄒᆞ기를該人民의持許權認許ᄂᆞᆫ貴部職權上當然者어날今此言辭ᄂᆞᆫ其職權을損失ᄒᆞᆷ이라該兩件ᄒᆞᆷ已許未許當許不當許를한速示明ᄒᆞ라ᄒᆞ얏다더라

●兩尹查證 內部의셔京畿觀察道의게訓令ᄒᆞ기를帳籍修報가自有定限이어날管下開城江華兩府ᄂᆞᆫ尙不修報ᄒᆞ니苟先報飭이며焉有如是리오該兩府尹은爲先重譴의처ᄒᆞ얏거니와另飭該府ᄒᆞ야한速繕上케ᄒᆞ라ᄒᆞ얏다더라

●愬甲移乙 監獄署在囚金一濟金錫恒氏等을該署長代辦李憲珪氏가縛之打之에折肱脫傷等說로金一濟氏等의子弟들이法部에聯名請願ᄒᆞ고李氏를拘拿審辦케ᄒᆞ라ᄒᆞᆫ事ᄂᆞᆫ已揭前報어니와更據實査更探則李憲珪氏ᄂᆞᆫ當初不知之事오該署에셔員日人等이一般役囚의對ᄒᆞ야使之輪回出役케ᄒᆞᆫᄃᆡ右金一濟金錫恒奇山度氏等은堅拒不從ᄒᆞᆷ으로該補佐員등이獄規를無視라ᄒᆞ야至有縛打之境而肱非折傷이오亦不重傷이니其所謂願法部者ᄂᆞᆫ可謂愬甲移乙之事라ᄒᆞ더라

●認許還收 密陽郡農沼起墾에對ᄒᆞ야農商工部의셔朴廷熙의게認許ᄒᆞᆫ事로 宮內府와農部間의屢回交涉ᄒᆞᆫ事ᄂᆞᆫ已揭어니와該國農沼土地가明禮宮所管이的確ᄒᆞᆫ故로農部의셔朴廷熙의게出給ᄒᆞ얏던開墾認許狀을還收ᄒᆞ얏다더라

●會社靜閑 南門外[illegible]越便의設立之勞動勸業社ᄂᆞᆫ旗竿의勞字旗만飄風而揭ᄒᆞ고役夫一名을使用ᄒᆞᄂᆞᆫ거ᄉᆞᆫ于今未睹ᄒᆞ니此是財政困憫而然인지發起者主務者가疏忽而然인지未能처辦ᄒᆞ고未決每事而然인지及相爭權未暇而然인지相結協助가無影而然인지自仁信支社도各自獨立이니本社ᄂᆞᆫ何之이니ᄒᆞᄂᆞᆫ紛競相鬪중而然인지未能詳知該社之主意的義무나無根之木에何有며無枝之實이安在리오爲其首務者ㅣ公平正直ᄒᆞ면無理之事ᄂᆞᆫ自然退去矣리니何足慮憫哉아其中巨款損害者ᄂᆞᆫ金德勞也오其他主務者ᄂᆞᆫ如榻上坎中蓮之來佛이라고傳說이有ᄒᆞ더라

●觀察의兼金礦監督 忠州觀察使尹吉炳氏ᄂᆞᆫ道內金礦監督ᄭᆞ지任ᄒᆞ야管下各郡金礦을監督ᄒᆞᆫ다더라

●尹未赴任 東萊郡守尹元求氏ᄂᆞᆫ正尉金應冕氏等을制裁嫌疑로警廳의告發ᄒᆞ야名譽損害ᄒᆞᆷ으로正尉等이尹郡守의屈次折脚ᄒᆞ려ᄒᆞᄂᆞᆫ즉定限伸冤ᄒᆞᆷ을哀乞ᄒᆞᄂᆞᆫ故로姑爲恕不決ᄒᆞ얏ᄂᆞᆫᄃᆡ尹氏도此事를尙未歸正ᄒᆞᆷ으로被任三朔에不得赴任이라더라

●加結[illegible] 度支部의셔近日加結問題가又起ᄒᆞ얏ᄂᆞᆫᄃᆡ該部로每結加額을新定으로施行ᄒᆞ기로演鍊中이라ᄒᆞ더라

[illegible]學校教師林[illegible]國[illegible]學部[illegible]政府의[illegible]入ᄒᆞᆫ[illegible]學校를擴張ᄒᆞᆫ[illegible]

●[illegible] 駐韓各領事[illegible]

[illegible]

●[illegible] 前協辦玄映運氏ᄂᆞᆫ[illegible]放以後로仕宦을斷念ᄒᆞ고[illegible]實業에從[illegible]提調를[illegible]ᄒᆞᆫ더 昨日에本社[illegible]

●佛人歸國 現駐韓佛國領事館書記生佛命巨馬與氏의子(一日女)ᄂᆞᆫ生一ᄂᆞᆫ年今十六에日語法語英語ᄂᆞᆫ能解ᄒᆞ나德語ᄂᆞᆫ全然不[illegible]ᄒᆞᆫ故로德國德語학校教師[illegible]某氏의계半年에나受學ᄒᆞ다가假美電氣會社의셔視務ᄒᆞᄂᆞᆫᄃᆡ月給이百餘元이라然而[illegible]地工夫ᄒᆞ기爲ᄒᆞ야請願ᄒᆞ고本國으로歸程ᄒᆞ얏다더라

寄書

◎通信院廢止의感
通信機關이國家에如何히關係됨과我國의通信機關 大痴生 續

開國四百九十五年丁亥에我國이電報局을更히成ᄒᆞ야電報局을設ᄒᆞ고翌年戊子에京釜間電線을架設ᄒᆞ야電報事務를開始ᄒᆞ니此는帝國通信事業의第一着이라其後에他線이次第로架設되고五百二年甲午에日本이軍用을稱ᄒᆞ고京釜間에日本軍用線을架設ᄒᆞ고乙未에日本의用兵의結果로淸國의設ᄒᆞᆫ바仁義線이亦日本所有에歸ᄒᆞ얏더니建陽元年丙申에至ᄒᆞ야日本이但仁義線을我에付還ᄒᆞ거늘이에頹破傷ᄒᆞᆫ線路를修理ᄒᆞ고義州에至ᄒᆞ기ᄭᆞ지沿線各司에官吏를置ᄒᆞ고西關의通信을通ᄒᆞ니玆際에外國電信은義州司에서安東縣청電局에接續ᄒᆞ야越에계ᄒᆞ며我京釜間日本電信局을經ᄒᆞ야通케ᄒᆞ더니

光武三年己亥에淸國電報局과協同ᄒᆞ고義州와安東縣間에電線을連接ᄒᆞ야外國電信의路를開通ᄒᆞ얏더니光武四年庚子에淸匪의絕斷ᄒᆞ미되미自此로外國電信은日本電線을不由ᄒᆞᆫ者ㅣ無ᄒᆞ고且仁川의도日本電信局이有ᄒᆞ미日本의電信事業이優越ᄒᆞᆫ地位를得ᄒᆞ고光武七年癸卯에韓淸에電線을更連코져設備ᄒᆞ다가日露戰爭이起ᄒᆞ미事가遂寢ᄒᆞ나電話는光武六年壬寅에設始ᄒᆞ고電報司官吏가兼ᄒᆞ얏ᄂᆞᆫᄃᆡ漸次擴張ᄒᆞ야漢城人外에電話線이有ᄒᆞ니凡五處리니漢城平壤間線과平壤三和間線이皆日軍用에歸ᄒᆞ다

郵遞는開國四百九十二年甲申에郵程局이有ᄒᆞ다가旋廢ᄒᆞ고五百三年乙未에郵遞司官制를確立ᄒᆞ야爲先京仁間에事務를開ᄒᆞ고其外區域을漸漸擴張ᄒᆞ고光武一年丁酉에委員을美國의送ᄒᆞ야萬國郵遞聯合會에合同ᄒᆞ고外遞를始ᄒᆞ야郵遞事業이有ᄒᆞ미域의達ᄒᆞ얏스나日本人이國內各樞要地에其遞便局이有ᄒᆞ미韓國의郵司는衰退의影響을受ᄒᆞ고日本郵務는其勢力을漸振ᄒᆞ니라開國五百二年以後로通信事務가農商工部에屬ᄒᆞ더니光武四年에至ᄒᆞ야通信院을設立ᄒᆞ고郵遞電報管船等事業을專任責成ᄒᆞ얏스며六年의通信院官制가一層擴張되고兩後로諸事業이漸益增進ᄒᆞ야通信院最後調查를據ᄒᆞᆫ즉國內에郵遞司及領受所가五十八處오(此外에臨時郵遞ᄂᆞᆫ各郡으로皆在)電報司가三十三處오電話所가六處오(電線約一萬韓里)管船廳이二十九處라

然ᄒᆞ나尙通信區域이未齊ᄒᆞᆫ歎이有ᄒᆞ고諸船規模가全美치못ᄒᆞᆫ歎이不無ᄒᆞ되此機關으로由ᄒᆞ야邇來我政府行政上과我人民營業上에至極ᄒᆞᆫ便宜와福利를獲ᄒᆞᆫ것은多言을不復ᄒᆞ지며且光武八年度通信院出入決算에梗槪를記ᄒᆞ건ᄃᆡ收入額은如左ᄒᆞ니

郵遞代金四萬餘元(千以下의數ᄂᆞᆫ未詳)電報收入金十九萬六千七百五十八元九十九錢電話料金七千元船稅二萬三千元이오支出額은如左ᄒᆞ니郵遞事業費十八萬四千七百元電報及電話事業費二十三萬七千七百二十元管船事業費一萬六千五百元이라

然ᄒᆞ나此를細究ᄒᆞ면國家에多大ᄒᆞᆫ經濟가되나니郵遞의落本은十四萬餘元의多에至ᄒᆞ나郵驛烽火等古制를廢ᄒᆞ야此額보다猶多ᄒᆞᆫ田土山林及各項稅金을不耗ᄒᆞᆫ즉 未完

◎考閱事件 政府의셔各府部院廳으로通牒ᄒᆞ기를本府에셔考閱ᄒᆞᆯ事件이有ᄒᆞ니親勅奏判任官의姓名과雇聘ᄒᆞᆫ外國人顧問官補佐官敎師等姓名을三日內상細示明ᄒᆞ라ᄒᆞ얏다더라

◎韓屋將無 漢城郡城內外의貧民等日債幾百幾十圜式家屋으로典執ᄒᆞ고債用時에十一條ᄂᆞᆫ今開通韓處에預先決給ᄒᆞ고利子ᄂᆞᆫ逐朔辦報ᄒᆞ니畢竟難償에至ᄒᆞ기로各洞에日人의典奪家屋이無處無之ᄒᆞ니未久에韓人의家屋은畢無ᄒᆞ리라더라

◎靑會討論 今日十曜下午八点鍾에基督敎靑年會에서人之義務ᄂᆞᆫ勞働이大於勞心이란問題로宏遠紳士崔在睿李尙采金詳演玄은林炳恒張憲植諸氏가討論ᄒᆞᆫ다더라

◉學員募集廣告（第一回）

玆에普成中學校를新設ᄒᆞ고高等普通學術로一般國民을教育코져ᄒᆞ오니將來에實業及實務에從事ᄒᆞ고又ᄂᆞᆫ各種專門學校에入學코져ᄒᆞᄂᆞᆫ青年有志諸君은早早來學ᄒᆞ오셔中等以上普通知識을全備ᄒᆞ심을爲望ᄒᆞᆷ

本校의完全ᄒᆞᆫ教授準備와眞正ᄒᆞᆫ教育制度를左에列擧ᄒᆞᆷ

一 一般教科書ᄂᆞᆫ總히本校에서新編準備ᄒᆞᆷ

二 本校의第一主旨ᄂᆞᆫ修身科、作文科、漢文科니倫理學教科書를新撰ᄒᆞ야道德心을培養ᄒᆞ고、作文教科書를新撰ᄒᆞ야文章을規矩로教授ᄒᆞ고漢文教科書를新撰ᄒᆞ야讀書를應用活法으로教授ᄒᆞᆷ

三 理化學及博物學은機械及標品으로實地試驗을行ᄒᆞ야教授ᄒᆞᆷ

四 唱歌ᄂᆞᆫ軍樂音調로新製教習ᄒᆞᆷ

五 體操及運動은各外國運動式用機具로日常教鍊ᄒᆞᆷ

六 教師ᄂᆞᆫ新舊學問에專能ᄒᆞᆫ諸大方家를延聘ᄒᆞᆷ

●學科目（科目中課程은略之）

修身學、國語、漢文、作文、歷史、地誌、物理及化學、博物學、地文學、法學、數學、圖畫、唱歌、體操、外國語、農業學、商業學、簿記學、

●修業期限 四箇年

●入學年齡 自十五歲以上至二十五歲以下

●入學試驗科目

國漢文讀書及作文、內外國歷史及地誌問對、筭術四則以內

●入學試驗日字 九月十九日（陰七月二十七日）

●開學日字 九月十六日

（入學請願書及保証書ᄂᆞᆫ本校用紙를用ᄒᆞᆷ）

光武十年八月十六日

漢城中署磚洞 私立普成中學校

廣告

東國歷史 普通教科國漢文一秩二冊定價新貨 一圓十戔
法蘭西新史 四十錢
清國戊戌政變記一秩 一圓
波蘭末年戰史一冊 三十錢
美國獨立史一冊 三十錢
法國革新戰史一冊 三十錢
大韓輿地圖一張 十七錢五里
世界全圖一張 三十七錢五里
大韓地誌一秩 七十五錢
牧民心書一秩 一圓二十五錢
萬國地誌一秩 一圓
尺牘完編一秩 一圓五十錢
農政新編一冊 五十錢
法學通論一冊 一圓
溫故知新堂叢抄 七錢五里
父師必讀小學指남 七錢五里
人工養蚕一冊 十五錢
政治학一秩 二圓六十四錢
家庭雜誌一冊 十錢
進明彙論一秩 三十五錢
交際新禮一秩 十八錢

發賣所 布屛門下金相萬書舖 大韓每日申報社

花春丹은 霍亂 吐瀉 腹痛 滯症 暑症 정忡 神眩 胷鬱 痰盛 醒酒船藥 咳嗽 痢질 口味업ᄂᆞᆫ諸症의神效ᄒᆞᆫ藥이오 此外에도洋灰水解毒藥 府창 疳氣 蛔虫 寸虫 赤白던風 藥과東西洋藥이俱備ᄒᆞ고他病도隨問出方ᄒᆞ오니 僉位ᄂᆞᆫ枉臨ᄒᆞ시옵

皇城校洞石井洞下隅 石泉堂藥局 告白

●九轉靈砂라 本人이[illegible]力[illegible]丹인ᄃᆡ男女老少에無論何病ᄒᆞ고[illegible]에至ᄒᆞ던平生의身體가[illegible]十歲이에無病ᄒᆞ기 [illegible]保ᄒᆞ오며

●九轉靈砂[illegible]丹은[illegible]痰에神効ᄒᆞ오

●九轉靈砂保命丹은[illegible]小兒[illegible] 殺蟲과婦人帶下症에神効ᄒᆞ며

●九轉靈砂濟衆丹은[illegible] 吐[illegible] 吐血 下血 運氣 時疾 [illegible]에神効ᄒᆞ오

●九轉靈砂紫金丹은[illegible] 下疳瘡及唐瘡과諸般毒瘡惡種에無不神効ᄒᆞ오니 僉君子ᄂᆞᆫ來問ᄒᆞ시오

內需司前두간이골上隅第一家 李敏延 告白

AMERICAN Condensed Milk

EAGLE BRAND

[illegible]牛乳

[illegible]洋行

本社廣告

[illegible]

◉大韓每日申報各處支社廣告

中署布屛門下 金相萬冊肆
洞口越便 朱翰榮冊肆
中署農圃初入七十八統第二戶 鄭尙澤
仁川松峴開新冊肆 李東[illegible]
平壤南山峴日新學校 金興[illegible]
宣川邑橋西 [illegible]
義州南門外韓西大藥房 安[illegible]
長連邑 金[illegible]
鎭南浦藥洞 金仁[illegible]
咸興州南社 [illegible]
中和邑 李俊培
釜山佐川徐[illegible] 金[illegible]
開城北部梨井里[illegible]洞居培[illegible]校副校長 姜助[illegible]
大丘郡 達城廣文社

發行兼編輯人 [illegible]
發行所 [illegible]
大韓每日申報社

第四卷

大韓每日申報
대한매일신보

第三百十三號

月曜及慶節 歲時日休刊

檀君開國四千二百三十九年
箕子元年三千二十八年
大韓開國五百十五年
日本明治三十九年
淸國光緖三十二年

◎陰曆丙午七月小十四日己酉

別報

遠東報를據ᄒᆞᆫ즉論중東交誼之變狀이如左ᄒᆞ더라

前者華人의抵制美國之說이忽起ᄒᆞ야各地에美貨를禁買ᄒᆞ고且美人이寓居中土에頗有危險之慮ᄒᆞ니環球於此에莫不駭異러니後有識者가謂ᄒᆞ되此非華人의自行起意오必有暗爲之主動力者라ᄒᆞ니

此言出後로遂有留心時事ᄒᆞ야熟悉遠東情形之人이詳加調査ᄒᆞ니繼始暗而爲指明ᄒᆞ야此項抵制가乃日人의所激成者라然이나彼時에以日人이新戰勝於滿洲로環구各國이方相敬畏故로莫敢以此醜事로誣日人이러니

旣而敬畏之心이已漸銷盡에共視遠東政策ᄒᆞ미不特毫無定局이오且爲日人攪亂ᄒᆞ야莫可究其歸宿이라初皆以爲ᄒᆞ되日俄戰後에ᄂᆞᆫ遠東之大局이旣定이라從此로永保和平ᄒᆞ고諸大國之交誼도亦當有勝於前이라ᄒᆞ더니乃不意此等希望이毫未得達其目的이라

朝鮮各埠에近來亂黨이蜂起ᄒᆞ야反對日人은韓國領土와人民之自由를爲欲保全이어날日人이目此愛國之衆爲叛民이라ᄒᆞ야恣肆搜戮ᄒᆞ고

又於遠東半島에派官駐隊ᄒᆞ야視爲已國之州縣ᄒᆞ고復設立民政軍政各署ᄒᆞ야收納滿洲人民各項稅課ᄒᆞ고又實行殖民政策ᄒᆞ야移本國之日人于滿洲ᄒᆞ야極力欺壓滿洲居民ᄒᆞ고

又迫北京政府ᄒᆞ야聘請日員爲顧問官ᄒᆞ야指揮중國政治ᄒᆞ고其在商界중에도亦均有日人ᄒᆞ니伊等이於交涉商務界上에皆極力經營ᄒᆞ야務使日人으로得霑利益ᄒᆞ야使중國으로日趨孱弱而後已러니

所幸은中國이近來에業已識破日本交섭之譎術ᄒᆞ야不受其詐謂ᄒᆞ며不受其籠絡ᄒᆞ고此所以解脫之者ᄒᆞ니駐日使臣이告于北京政府ᄒᆞ야于日人對付滿洲之政策에力圖抵制를請ᄒᆞ고北京政府도現已擬辭退日本顧問官及各軍之教習日員ᄒᆞ고중國之文明人士가悉預戒各社會ᄒᆞ야留意日本政策ᄒᆞ고近來西人이亦皆日人의行爲를極力調査ᄒᆞ니

美 米里阿耳大의所著一書가有ᄒᆞ야日人의經營亞細亞之方針을備紀ᄒᆞ얏ᄂᆞᆫᄃᆡ尤其注重者ᄂᆞᆫ日人이在朝鮮及중國之設施를爲ᄒᆞᆫ지라米里阿耳大의言을據ᄒᆞᆫ즉此十年間에遠東各地의亂丕迭起가莫不經于日人之手라

在중國印行之報도日人所成立가三十有六家인ᄃᆡ日人은固彌縫藏隱ᄒᆞ야號爲中國之報라此各報ᄂᆞᆫ惟激動華人以東方政策ᄒᆞᄃᆡ所以破壞중國者ᄂᆞᆫ皆西人之所爲니其與중國親密ᄒᆞ야可救助중國之危急ᄒᆞ며張大中國之勢力者ᄂᆞᆫ惟一日本而已라ᄒᆞᄒᆞ더니

然이나其究竟은日人이乃極力偏厭중國之勢力ᄒᆞ야使毫不得伸ᄒᆞ고各報에又勸중國ᄒᆞ되宜遣학生于日本游학이라ᄒᆞ니중國이旣信而遣之러니其收場은又何若고此輩遊학之학生이在日時에이爲日人所誘化라此輩至중國에悉厭棄其祖國而但愛日習이라

近來學生중에已有覺悟者故로棄日本而還중土者가頗多ᄒᆞ야悉改其趨向而轉赴泰西遊학者가每一次에三四十人不等云云ᄒᆞ얏더라

該館이중國學生之現情을論ᄒᆞ야頗深慶賀ᄒᆞ얏고倂深願各학生은暫赴泰西遊학ᄒᆞ야以成就美滿之文明ᄒᆞ고不似在日에僅得拾西人之餘唾라且泰西各國은但重實業ᄒᆞ야不似日人의寓敎育于政策이라故로各학生이遊학泰西ᄒᆞ면定能成就實業ᄒᆞ야歸國後에幫政府에助其能力ᄒᆞ야使脫離日本之勢力範圍ᄒᆞ고於國政에成爲自治ᄒᆞ야無需于彼之顧問이니若此則중國이旣受其益이오泰西諸邦이亦與有利焉이오且遠東和平之局을亦可永保矣라ᄒᆞ얏더라

官報

●三千五百四十六號 光武十年八月三十一日

◎敍任及辭令

○六品李容興 九品安宗支 李泰華 鄭昌鎬 命經理院記事員 八月卄八日

●布達

宮內府官制中改正ᄒᆞᄂᆞᆫ件을左又치定홈이라

光武十年八月二十五日奉

勅 宮內府大臣李根湘

布達第一百三十七號

宮內府官制中第卄九條中主事下三字ᄂᆞᆫ五字로第卅一條及第卅四條중主事下四字ᄂᆞᆫ二字로第三十五條中主事下三字ᄂᆞᆫ二字로第三十九條中主事下十五字ᄂᆞᆫ十字로技手下七字ᄂᆞᆫ五字로第四十條第四十一條及第四十二條중主事下四字ᄂᆞᆫ二字로第四十三條中主事下十字ᄂᆞᆫ五字로同 皇宮警衛局主事下八字ᄂᆞᆫ四字로同電務課主事下八字ᄂᆞᆫ六字로第四十五條中主事下三字ᄂᆞᆫ二字로第四十六條중主事下三字ᄂᆞᆫ四字로改正홈이라

◎部令

●內部令第八號

各道觀察使牧使府尹郡守警務官主事總巡赴任에關ᄒᆞᆫ規程

第一條 관察使以下各地方官吏가敍任ᄒᆞᆫ後의ᄂᆡ部에躬進ᄒᆞ야赴任訓令을帶往ᄒᆞ되啓行日字를地方官吏赴任在任給田規則第一條를遵行홀事

外報

●袁氏上奏 北京電을據ᄒᆞᆫ則總督袁世凱氏가淸帝及西太后ᄭᅴ謁見ᄒᆞ고立憲制度에로意見을上奏ᄒᆞ얏더라

●上京勸告 同電을據ᄒᆞᆫ則袁總督이張總督의게電報ᄒᆞ되官制改革이重大ᄒᆞᆫ事인則大會議에參席ᄒᆞ라고勸告ᄒᆞ얏더라

●日美戰爭의預言 彼得堡에셔美國新聞에達ᄒᆞᆫ電報를據ᄒᆞᆫ則俄國노보브렘야新聞이其論評에日美兩國이開戰ᄒᆞᆯ거슬預言ᄒᆞ고又日本人이比律賓島及布哇를奪取ᄒᆞ고가리호루니아를占領ᄒᆞ리라ᄒᆞ얏더라

●黑龍鐵路 俄國에셔各部大臣의所請을允ᄒᆞ야司列金四克으로由ᄒᆞ야伯力의至ᄒᆞᄂᆞᆫ鐵路를修築ᄒᆞ되國帑으로由ᄒᆞ야七十二萬盧布를撥ᄒᆞ고派員이西比利亞에赴ᄒᆞ야鐵路界線과費用을考査ᄒᆞᆫ다더라

●波土議和 土耳其國이波斯로더부러畫界事를因ᄒᆞ야戰端이幾起ᄒᆞ얏ᄂᆞᆫᄃᆡ英俄ᄂᆞᆫ袖手傍觀ᄒᆞ고惟德國이出爲調和ᄒᆞ야波斯를勸ᄒᆞ야土國의게商阜一처를讓與ᄒᆞ라ᄒᆞ니波斯가已經允許라德國도亦可占取權利ᄒᆞᆫ으로泰西報에云ᄒᆞ되德國이嘅犬儒人ᄒᆞ야頗有私己之意라ᄒᆞ얏더라

雜報

●法函統府　統監府에서法部에對하야死刑改善事로勸告혼事는已揭어니와法部에서統監府에答函하기를死刑을公衆面前에서執行홈과死屍를屋外에曝露홈이實로風敎上에傷損不尠이온지라苟於漢城에는雖無是事이나但各地方에는種種有此等弊害하니察其原委혼즉亶由於執刑處所에未備와臨監혼는檢事가無査所以라本大臣이未始不以是爲歎ᄒ야改圖改善之際에荐蒙勸戒ᄒ니不勝感激이온바將此辭意ᄒ야각該地方裁判所에先行訓示ᄒ려니와각地方司法機關과監獄制度에刷新一事은不少ᄒ야기講究方略하야亟圖務施라하얏더라

●內訓各道　內部에서各道觀察使의게訓令ᄒ기를受由過限各郡守는査明ᄒ라ᄒ고已有所飭ᄒ엿이어니와部訓을視若文具ᄒ야尙無報來ᄒ니甚爲慨然이라到則受由離任與過限不還者와未由府認ᄒ고經先離郡者를道道査報이되府無査報而部有入聞이면當該郡守巳矣라責有所歸ᄒ라ᄒ얏더라

●賊奪軍器　東萊港軍器庫에는何許賊漢이破碎庫門ᄒ고該庫所藏大砲等物을沒數搜去ᄒ얏슴으로方在調査중이라더라

●巢匪作挐　懷德郡에는財務顧問補佐官岡崎豐治氏가巡査五人을領率ᄒ고該郡에出張ᄒ얏는더民刑事上訴訟推捉은尙矣勿論하고雖結戶[illegible]督納ᄭ지도率侍之各作人도一一干涉에左之右之하야郡守는不得行一政케ᄒ니以若郡守도는莫可抗拒어니와警務補佐官의指揮를承准ᄒ라는上部指令이無ᄒ故로玆以報告하니査照處辦ᄒ라ᄒ얏다더라

●各倅發程　近日內部地方局長兪星濬氏가地方制度를實行ᄒ기爲ᄒ야各道에發訓ᄒ고受由上京에過限未부하는郡守를定期催促하는事는已揭어니와由是而受由在京者와新除未부之郡守들이次第束裝하고每日內部에其發程을來告ᄒ다더라

●礦局建築　農商工部에서礦山事務局을該部大廳前에二層洋屋制로建築ᄒ次로該工役經費를入札ᄒ야日人工匠중에一萬一百圓에擔任建築ᄒ다더라

●農ᄒ合倂　農商工學校를九月一日부터開학하얏는더農商工部所管農林學校建築前에는京城學堂內에서農業預備科學徒와農商工學內農科學徒를合幷敎授ᄒ다더라

慶尙南道沿海各郡漁民等이投函이如左하니

伏願貴新聞社長閣下은特察屢千萬漁民情狀하시와著述新聞하야政府諸公과義親王宮에서明覺理由하시고屢千萬生靈을無至失業餓死之地千萬泣祝 大抵陸地居民은農業資生하고海隅居民은漁業資生이오바今此日本人香椎源太郞이以一人之私慾으로沿海어基를 義親王宮에締約ᄒ고政府에締約買得하야[illegible]業奪去云ᄒ오니此豈非閣下[illegible]沒先之日乎잇가政府에서曾無許給之條約이라도以日本어民威脅勒奪로我國어民之失業見收가非一非再이거날如或締約放賣면屢千萬生靈을反不如以兵革으로一朝屠殺이와다大抵六條約이라하는거슨日本全國政府之運動이라以壓威力而然이올건과以若一介人香椎源太郞之私慾으로屢千萬生靈을陷之死地가可乎잇가政府諸公도必無是理요且 義親王殿下게옵서十三年을遊覽外國하시다가還國初政에必無締約放賣之理由하오니明日新聞에善爲勸告하시와無至締約成立之地千萬泣祝泣祝하나이다

●統監晩餐　昨日下午四時에統監府의셔參政以下各大臣을請邀하야何問題를提出하고晩餐하얏다하니該問題는詳探更載하깃노라

●不剃許遞　軍部大臣이命令하야本部主事도一體剃髮하라하얏더니主事崔信台氏가請願하기를髮者는國之制也인데本無朝令하고自下斷髮이有礙事體故로自退하니卽爲依免하라함으로卽爲許遞하얏다더라

●慶節休暇　再明日은開國紀元節이라各府部官廳과一般社會의서休暇慶祝혼다더라

●僞浩掀露　義兵을倡起하不하고韓圭卨氏의公函을輪布하든匪徒朴様來를捉得하야義州監理署의셔窮覈혼즉韓參政의書札을僞造혼形跡이掀露無餘하얏다더라

●十三郡守의施賞　參政大臣과度支大臣이上奏하기를挽近各郡稅랍愆滯가便成痼弊하야無邑不然而就중趁限畢랍之郡은可見其恪遵部訓하야實心奉公이니該郡守等은宜分別褒賞而獎勵之라安峽郡郡守李載澈鎭海郡守鄭海八長鬐郡守任昌宰新寧郡守申勝休醴泉郡守金炳埴玄風郡守白南奎은각陞一等하고興海郡守尹奎善鎭川李錄應漆谷崔鉉通江東與영鐸啟陽朴品李德源前郡守李鍾完現任郡守權重璟은由分與賞金事로奉旨依奏하얏다더라

●政府秘密會議　昨日下午一時에政府參政以下각大臣이政府에會同하야秘密會議를開設하얏는데該議案은獄事에關혼듯하더라

●獄案漏聞　今番獄事는某大官이告發하얏는데事案이不明혼故로尙今延拖하다는데不得不質下이된다하며昨日會議에該獄案이結果가된다더라

●尹倅免官　安岳郡守尹주榮氏는內部부任催促訓令에對하야花投에不暇捺章이라하얏다더니內部에서尹郡守를免官次로政府에請議하얏다더라

●調査畢了　內道地方制度調査所의셔調査事項을畢了됨으로昨日의내部大臣以내外國委員이會同하야相議하얏는데該議案을閣議의提出혼다더라

●勅諭大官　再昨日에皇帝陛下의셔宮大李根상侍從卿朴鏞和를對하사嚴重혼勅語로宮禁廓淸을別로關束하시고既而에각部大臣을對하사宮禁肅淸以後의政治制新의如何을下諭하시고施措의實踐을戒飭하셔다더라

●金氏熱心　全命圭氏는日에多年遊학하야新학問이裕餘하야名譽가素著하기로有志靑年이共抱負를欽慕하야종橋李鍾甲氏家에東西語학館을設立하고同氏를名譽敎師로延聘하야夜학으로肄業하는데同氏의不避暑雨하고熱心敎育하는誠意는令人可感이라더라

●善民泣告　善山郡居金議官濬鎔이가前郡守兪鎭贊氏을제結하야換錢一萬圓을乾沒하고削髮하고走허다가兪氏의게被捉되여大丘警務署의拘囚인바自該署로緣何保放이든지逃躱一剛之後의所謂濬鎔之幹事者가噉生肥己之計하야謂以濬鎔之補債하고與誰符同이든지該郡饒戶朴善益李泰復尹性瞻朴君玉等을抄出하야僞造姓名圖章及手票하여幾千幾百圓을惟意公某後의使濬鎔之十二歲稚子로搆諉請願於大丘警務署即自該署로多發廳使하야該民等을捉囚多日에一無覈判하고期欲勒徵허니言念民情에不覺寒心이라若使濬容으로有所掩則不出錄於未逃之前허고奈何猶使於已逃之後乎아不測行爲는推此可悉而苟於幾百饑民의기도横侵이有害더니該郡民心이大有恐懼이라더라

●刈[illegible]　[illegible]을開支間日人의軍用[illegible]占有혼區域附近에[illegible]就其[illegible]熟之粟이不過[illegible]取하야以資[illegible]食하[illegible]이鑑行刈[illegible]하니該地農民男女가望而[illegible]하는景況은慘不忍見이라[illegible]

●급田[illegible]　智島郡守洪[illegible]氏의請願辭職홈은更[illegible]由過限故로幾周日間[illegible]홈이오辭職청[illegible]

●湍郡設校　長湍郡儒生[illegible]郡守尹宗求氏가莅任三朔에政治가淸平하야邑弊民瘼을次第祛하얏고[illegible]者에府郡間開設學校訓[illegible]勅이屢降허시며郡守가[illegible]을對揚허며敎育의注意허여就本郡鄉廳허여學堂을設立허고學徒를募集허야五六十名의[illegible]허엿는더儒生等이公立學校로承認허기爲허여學部의請願홈다더라

詞林

閔公竹

惟公有此竹四幹穿房屋雨露不同天朝廷愧食祿

挽金奉玄寄卒書士

賛兵莫柰士我[illegible]壞會樓未聞金奉玄曾与吾[illegible]春秋　[illegible]松山人

雜報

●通信院廢止의憾
通信機關이國家에如何히關係됨과我國의通信機關　大痴生　續

此表를査홈진뒤郵遞及電報電話ᄂᆞᆫ出八이보다差多ᄒᆞᆫ지라抑國庫에巨利가有ᄒᆞ고또消耗ᄂᆞᆫ郵遞司官吏의俸給과郵物發送ᄒᆞᄂᆞᆫ宿泊費等이니皆我國內에依然히流通홈者오郵遞電報에須要되ᄂᆞᆫ外國物品購入費ᄂᆞᆫ每年一千元內外에在ᄒᆞ나外國人의寄送郵物代金은厥千六에至홈터인즉我國에利가되고電報電話의落本은三萬餘元의達ᄒᆞ야八年度에年奇에新設ᄒᆞᆫ司가幾處오西北境에ᄂᆞᆫ某戰爭을由ᄒᆞ야不通ᄒᆞᄂᆞᆫ司가居多ᄒᆞ고日軍의便宜를與ᄒᆞ기爲ᄒᆞ야修理ᄒᆞᆫ電線이亦不些ᄒᆞᆫ지라然홈으로出ᄒᆞᄂᆞᆫ者ᄂᆞᆫ多ᄒᆞ고入ᄒᆞᄂᆞᆫ者ᄂᆞᆫ小ᄒᆞ야此境에至홈이오且我國官吏의俸給과其餘經費一切本國內[illegible]外國機械品購入費[illegible]六萬元에巨款이되ᄂᆞᆫ[illegible]外國人電報費收入이十萬元에近ᄒᆞᆫ즉我國이外國으로從ᄒᆞ야如許ᄒᆞᆫ利益을收入홈者ᄂᆞᆫ惟一電信이라稱홀도亦可ᄒᆞ니然則我國通信機關도亦公私間에大利大益이有ᄒᆞ도다如新히稍稍進化[illegible]漸次[illegible]婚何ᄒᆞ얏스면[illegible]리오마ᄂᆞᆫ嗚呼昨年四月에郵遞電報電話等通信機關이日本에占取ᄒᆞᆫ비되야郵電兩司의家屋機具谷項設備數百萬元의價値가烏有에歸ᄒᆞ얏스나此ᄂᆞᆫ尙矣오

國家體面의損傷됨은固何如ᄒᆞ며此機關과國家의關係되ᄂᆞᆫ通義와自我管理ᄒᆞ든時前을考ᄒᆞ면事業上及經濟上의如何ᄒᆞᆫ關係가有ᄒᆞᆫ것ᄂᆞᆫ가此를我一般國民이思想의勞를暫費ᄒᆞ면憂憤膽塞의情을不禁ᄒᆞ리로다此에對ᄒᆞ야自反의義를執ᄒᆞ면亦我의過가全無홈은아니라自初我當局者가旅進旅退ᄒᆞ야自家의榮利만圖ᄒᆞ고國家事業에無意ᄒᆞ야規模가弛淆亂ᄒᆞᆫ뎐이오毫髮進就의基을不立홈이是當例어니와邇來通信事業이頗히發展ᄒᆞᆫ境에至홈이亦我當局者의努力ᄒᆞᆫ結果라　未完

◎至急廣告◎

本社에서昨日午後에紙貨幾許를拾得인바誰某든지閒失ᄒᆞ신이ᄂᆞᆫ本社에來ᄒᆞ야證據를詳示ᄒᆞ시면出給ᄒᆞ기삼

平安北道觀察府主事卓璉安基斗李承○諸氏의公函이如左ᄒᆞ니

國民新報第一百六十二号를接見ᄒᆞᆫ즉本道義州郡一進支會長劉承龍이廣告ᄒᆞ기를本郡義成학校에各公土舍音錢을與收租官趙鼎允으로協議貼付ᄒᆞ야[illegible]上納外本道觀察府勒奪肥己條一萬兩중五千兩은付之成川학校ᄒᆞ고五千兩은付之本校矣러니觀察使가莅任初에歆羨一萬兩을威勸督捧ᄒᆞ야다言ᄒᆞ고悖妄이오니

以本事言之면義州公土舍音料一萬兩을自觀察府로依例收入ᄒᆞ야使同府貺이已爲年所矣라觀察使申泰休氏가在任後에謂以該舍音料之自府收用이係是無外라現下各課主事書記與諸般役屬이所游難支ᄒᆞ니以此一萬兩으로略略貼付ᄒᆞ야使之支保가妥當이다

與收租官代理金봉坍으로議定後에各其貼付ᄒᆞ고據此知委於該郡矣러니今此該郡會長爲名者가以觀察使가廢校充私樣으로揭載新聞ᄒᆞ얏ᄉᆞ오니以若年例所捧之一萬兩을損上益下ᄒᆞ야救弊於管內則其廉白也若是而反有此毁言ᄒᆞ오니此所謂指淸謂濁에吹毛覓疵者也라以事言之라도自府例捧者를府內救弊가元元底事요旣與收租官議定之地에一進會가有何可執之端而做出妄言이온지且以付校言之라도該郡舍音料原納外에旣有巨欵之餘剩則以其餘剩으로收入補用이有何不足이며成川학校가何關於州會音而將此補彼乎아一進會之勒稱付校에妄言揭載가誣極可駭라書證反被毁言이不勝憤惋ᄒᆞ야支部會長劉奉基의게質問ᄒᆞᆫ즉該會長도痛其劉承龍之所爲ᄒᆞ야無辭辨答이다[illegible]於[illegible]郡[illegible]이라ᄒᆞ얏더라

●時急希望　有志諸氏가工學兩專門의학校를發起ᄒᆞ야학員을募集ᄒᆞ고熱心教授코져ᄒᆞ나校舍가無ᄒᆞᆫ故로洞口內普光학校放학之暇의數朔을借得ᄒᆞ야暫爲踐修ᄒᆞᄂᆞᆫ데前宗正院直房을許給ᄒᆞ라고宮內府에請願ᄒᆞ얏더니大臣李根湘氏가教育上注意로此를　天陛에上奏ᄒᆞ야校舍를期於認許ᄒᆞ리라고猶起諸員과多數학員이暑刻時急으로齊誠希望ᄒᆞᆫ다더라

◉學員募集廣告（第一回）

玆에普成中學校를新設ᄒᆞ고高等普通學術로一般國民을敎育코져ᄒᆞ오니將來에實業及實務에從事ᄒᆞ고又ᄂᆞᆫ各種專門學校에入學코져ᄒᆞᄂᆞᆫ靑年有意諸君은早早來學ᄒᆞ오셔中等以上普通知識을全備ᄒᆞ심을爲望ᄒᆞᆷ

本校의完全ᄒᆞᆫ敎授準備와眞正ᄒᆞᆫ敎育制度를左에列擧ᄒᆞᆷ

一　一般敎科書ᄂᆞᆫ擔히本校에셔新編準備ᄒᆞᆷ

二　本校의第一主旨ᄂᆞᆫ修身科、作文科、漢文科니倫理學敎科書를新撰ᄒᆞ야道德心을培養ᄒᆞ고、作文敎科書를新撰ᄒᆞ야文章을規矩로敎授ᄒᆞ고漢文敎科書를新撰ᄒᆞ야讀書를應用活法으로敎授ᄒᆞᆷ

三　理化學及博物學은機械及藥品으로實地試驗을行ᄒᆞ야敎授ᄒᆞᆷ

四　唱歌ᄂᆞᆫ軍樂音調로新製敎習ᄒᆞᆷ

五　體操及運動은各外國運動式用機具로日常敎鍊ᄒᆞᆷ

六　敎師ᄂᆞᆫ新舊學問에專能ᄒᆞᆫ諸大方家를延聘ᄒᆞᆷ

●**學科目**（科目中課程은略之）

修身學、國語、漢文、作文、歷史、地誌、物理及化學、博物學、地文學、法學、數學、圖畵、唱歌、體操、外國語、農業學、商業學、簿記學、

●**修業期限**　四箇年

●**入學年齡**　自十七歲以上至二十五歲以下

●**入學試驗科目**

國漢文讀書及作文、內外國歷史及地誌問對、筭術四則以內

●**入學試驗日字**　九月十九日（陰七月二十七日）

●**開學日字**　九月十六日

（入學請願書及保證書ᄂᆞᆫ本校用紙를用ᄒᆞᆷ）

光武十年八月十六日

漢城中署礡洞　私立普成中學校

廣告

東國歷史 普通敎科國漢文一秩二册定價新貨	一圜十錢
法蘭西新史	四十錢
淸國戊戌政變記一秩	一圜
波蘭末年戰史一册	三十錢
美國獨立史一册	三十錢
法國革新戰史一册	三十錢
大韓輿地圖一張	十七錢五里
世界全圖一張	三十七錢五里
大韓地誌一秩	七十五錢
牧民心書一秩	一圜二十五錢
萬國地誌一秩	一圜
尺牘完編一秩	一圜五十錢
農政新編一册	五十錢
法學通論一册	一圜
溫故知新堂叢抄	七錢五里
父師必讀小學指남	七錢五里
人工養蚕一册	十五錢
政治학一秩	二圜六十四錢
家庭雜誌一册	十錢
進明彙論一秩	三十五錢
交際新禮一秩	十八錢

發賣所　布屛門下金相萬書舖　大韓每日申報社

花春丹은　霍亂　吐瀉　腹痛　滯症　暑症　정忡　神眩　胸鬱　痰盛　醒酒船暈　咳嗽　瘧질　口味업ᄂᆞᆫ諸症의神效ᄒᆞᆫ藥이오此外에도洋灰水解毒藥　唐창　疳氣　蛔虫　寸虫　赤白면風藥과東西洋藥이俱備ᄒᆞ고他病도隨問出方ᄒᆞ오니　僉位ᄂᆞᆫ枉臨ᄒᆞ시옵

皇城校洞石井洞下隅　石泉堂藥局　告白

一　[illegible]牛乳

[illegible]牛乳

[illegible]

大韓仁川港　[illegible]洋行

●九轉靈砂ᄂᆞᆫ　本人이[illegible]製造ᄒᆞᆫ靈丹인ᄃᆡ男女老少에無論何症ᄒᆞ고[illegible]ᄒᆞ오며無病時에도服ᄒᆞ면平生의身體가健康ᄒᆞ며小兒ᄂᆞᆫ[illegible]ᄒᆞ면十歲안에無病ᄒᆞ게身體保ᄒᆞ오며

●九轉靈砂萬病丹은[illegible]症과中[illegible]諸病과[illegible]痰에神効ᄒᆞ오

●九轉靈砂保命丹은初生小兒[illegible]　[illegible]　腹痛諸般症과婦人帶下症에神効ᄒᆞ며

●九轉靈砂濟衆丹은酒積　食滯　血積　吐瀉　霍亂　痢疾　吐血　下血　運氣　時疾　痛症에神効ᄒᆞ오

●九轉靈砂救命丹은瘡瘍　[illegible]　上瘡　下疳瘡及唐瘡과諸般雜瘡惡種에無不神効ᄒᆞ오니　僉君子ᄂᆞᆫ來問ᄒᆞ시오

內需司前午가이골上隅第一家　李敬廷　告白

本社廣告

中報價

一張代金　新貨二錢五里

一箇月前報　三十錢

三箇月　九十錢

六箇月　一元七十錢

一箇年　三元四十錢

郵稅一部　新貨五厘

一箇年　十三錢

廣告料

四號活字十三字詰每日每行尺一寸에新貨[illegible]文（每日每行에大韓[illegible]每日每行四號一具에[illegible]）其期限의長短과字行의多少를依ᄒᆞ야增減ᄒᆞᆷ이有ᄒᆞᆷ

◉大韓每日申報各處支社廣告

中署布屛門下洞口越便　金相萬冊肆　朱翰榮冊肆

中署農圃初入七十八統第二戶　鄭[illegible]澤

仁川租峴隅新冊肆　李東[illegible]

平壤南山峴日新學校　金[illegible]

宣川邑橋西　安[illegible]

義州南門外韓西大藥房賬房　崔[illegible]

長連邑　金[illegible]

殷南浦築洞　金[illegible]

成興州南社　曹[illegible]

中和邑　李俊培

釜山佐川徐藥房　金灌[illegible]

開城北部梨井里韓洞居培[illegible]

校副校長　姜助[illegible]

大丘郡　達城廣文社

發行兼編輯人　英國人裵說

發行所　京城北署壽進坊典洞外[illegible]

大韓每日申報社

第四卷

大韓每日申報
대한매일신보

第三百十四號

月曜及慶節歲時日休刊

檀君開國四千二百三十九年
箕子元年三千二十八年
大韓開國五百十五年
日本明治三十九年
清國光緒三十二年
◉陰曆丙午七月小十六日辛亥

論說

韓國內日本

往者宣布ᄒᆞᆫ日本輿論이此國內에或有實行일ᄉᆞ本記者의希望홈이非止於一二次라此國內日本行動上에本報評論이多出於忠勸이요且日本政府에應用된報筆은本人을毁謗ᄒᆞ기에無用利機ᄒᆞ얏스니由是로事實을未自確知ᄒᆞᆫ人士ᄂᆞᆫ本記者의計策任務가常與不利于日本ᄒᆞ야彼之行事를歸之於不美ᄒᆞ기에窮力ᄒᆞᄂᆞᆫ줄種種認解ᄒᆞᄂᆞᆫ도다

本報가日本行事를誹謗홈이間不多이나然이나余今斷言ᄒᆞ노니此ᄂᆞᆫ無事可讚인지實情이라如彼無譽之事를或欲不揭予紙上이나報筆目的이愛ᄒᆞᄂᆞᆫ諸人의게事態의現行實報와局勢에眞實向意를供給ᄒᆞᄂᆞᆫ거시니本記者ㅣ豈不念此目的이리요

日人壓制를恨歎ᄒᆞᄂᆞᆫ韓人呼訴가自四方日至ᄒᆞ니接讀此報에本記者ㅣ日人之占居此國을與韓人共怨은不得已之勢로다吾人이開明政府의成立을每欲歡迎이나現今伊藤侯의政策綱領이使此人民으로彼之規衡을究全服從케홈에不過ᄒᆞ니同侯諸言을有誰能信이리오

現住此地ᄒᆞᄂᆞᆫ日本巡査가不下於千人이라韓國 皇帝가旣被日人監禁矣요度支及稅關이皆在日人掌中矣요且韓民所有가未有不漸歸于日人이며点鑛도較之以日本時分이오停車區域도細之以日本言諸며彼賣淫婦도到處尋常이오彼冒險者도遍滿國中이로다

對此韓國ᄒᆞ야日本政府의强奪壓制가至於大度ᄒᆞᆫ同時에日本人民의一般此行이亦不下於小度ᄒᆞ니諸般事業上에以韓國之費金으로謀利日之策홈이確實其證이라日本政府에ᄂᆞᆫ商議深量之策이或有어니와日人冒險者流ᄂᆞᆫ韓人을刦掠ᄒᆞ야各種所有를奪取ᄒᆞ기에每充其欲이로다本記者ᄂᆞᆫ獨如彼行事ᄒᆞ야强硬非難홀以外에更無他言이니若英國政府가處於日本之位ᄒᆞ엿드리도本報陳言이斷當如此ᄒᆞ리로다

如彼無態를改良ᄒᆞᆯ實證이有면吾人이待其運動ᄒᆞ야協力應助ᄒᆞ려니와以今之勢로ᄂᆞᆫ不好意之人의向余排日之綱이縱有ᄒᆞ더리도當一向做去ᄒᆞ리노라

官報

◉三千五百四十七號 光武十年九月一日

◉敍任及辭令

○任慶尙南道觀察府摠巡 朴致宇○任昌原港摠巡 韓用信○任平安南道관察府摠巡 全泰興 以上八月廿八日○掌禮院副卿 社稷署提調朴鳳柱○命社稷署提調 奉常司提調沈相칙○命奉常司提調 從二品李晩運○依願免本官 奉常司副提調安弼ᄒᆞ○任奉常司 副提調 正三品李相慶○兼任掌禮院掌禮 奉常司副提調閔象鉉○命掌禮院稽制課分主事李康周○任濟州牧主事 李燦儀 以上八月廿九日○任京畿관察使 奎章院贊儀成岐運○任慶尙北道관察使 正三品李源兢 以上八月三十日

◉部令

◉內部令第八號

各道觀察使牧使府尹郡守警務官主事摠巡赴任에關ᄒᆞᆫ規程 續

第二條 觀察使以下各地方官吏가敍任ᄒᆞᆫ後의赴任規則第一條所定行期限을踰越ᄒᆞ야一週日을過ᄒᆞᄂᆞᆫ時ᄂᆞᆫ地方官吏赴任在任給由規則第八條末行을倣ᄒᆞ야論斷ᄒᆞᆯ事

但衆所共知ᄒᆞᄂᆞᆫ事故의ᄂᆞᆫ信實人의保證이나實病이有ᄒᆞᆫ時의ᄂᆞᆫ醫士의診斷書를粘附ᄒᆞ야原定期限日의내部에提呈ᄒᆞ되發行期限은原定期限外에二週日을經過치못ᄒᆞᆯ事

第三條 관察使以下各地方官吏가本規程第一條를違反ᄒᆞ고부任ᄒᆞᆫ者ᄂᆞᆫ부任으로認准치아니ᄒᆞᆯ事

但관察使以下各地方官吏가便道부任ᄒᆞᆯ時의ᄂᆞᆫ此限에不在ᄒᆞᆯ事

第四條 本令은頒布日노부터施行ᄒᆞᆯ事

光武十年八月二十五日

내部大臣李址鎔

◉度支部令第十四號

外國人旅費規程

第一條 公務를因ᄒᆞ야內國을旅行ᄒᆞᄂᆞᆫ外國人은特別契約이有ᄒᆞᆫ者外의ᄂᆞᆫ別表를依ᄒᆞ야直路를從ᄒᆞ야旅費를支給홈이라

第二條 官用船車로旅行ᄒᆞᆯ時ᄂᆞᆫ旅費를支給지아니ᄒᆞ되官給의食卓이無ᄒᆞᆫ時ᄂᆞᆫ食卓料를支給홈이라

第三條 內國의셔부任ᄒᆞᆫ者ᄂᆞᆫ舊任地에셔新任地의至ᄒᆞᄂᆞᆫ滊車費船車馬費에限ᄒᆞ야定額의二倍를支給홈이라

前項의境遇에家族을携伴ᄒᆞᆫ時ᄂᆞᆫ擧其滊車費船費車馬費及宿泊料의實費를支給홈이라

第四條 陸路六十里未滿과滊車二十里未滿과水路二十海里未滿되ᄂᆞᆫ旅行에ᄂᆞᆫ日給을支給홈이라

但公務의必要를因ᄒᆞ야宿泊ᄒᆞᆫ時ᄂᆞᆫ日給及宿料를支給홈이라

第五條 瀑雨와積雪과其他道路險惡을因ᄒᆞ야定額의車馬費로支辦키難ᄒᆞᆫ境遇의ᄂᆞᆫ其實費를支給홈을得홈이라

第六條 政府의셔聘用키爲ᄒᆞ야召喚ᄒᆞᆫ時ᄂᆞᆫ束裝費四百五十圓以내와旅費二百圓以내를支급홈이라

前項境遇의家族을携伴ᄒᆞᆫ時其旅費의實費를支급홈이라

第七條 公務를因ᄒᆞ거나賜暇解職을因ᄒᆞ야即時歸國ᄒᆞᄂᆞᆫ者ᄂᆞᆫ前條에准ᄒᆞ야束裝費及旅費를支급홈이라

但公무를因하야 歸국ᄒᆞᄂᆞᆫ時ᄂᆞᆫ其滯在ᄒᆞᆫ은別노히十五圓以내의日급을지급홈이라

第八條 第六條第一項及第七條但書의境遇ᄂᆞᆫ度지部大臣이其지급을定홈이라 未完

外報

◉袁新機會 北京電을據ᄒᆞᆫ즉袁世凱氏ᄂᆞᆫ八月二十五日에頤和園에셔兩陛下를謁見ᄒᆞ얏ᄂᆞᆫᄃᆡ因히御前會議를開ᄒᆞ고又練兵所에錄ᄒᆞ야중央政府ᄂᆞᆫ勿論ᄒᆞ고地方官制에革新을決行ᄒᆞᆯ터인ᄃᆡ袁氏의滯京ᄒᆞᆯ期限은姑未確定이라더라

◉俄艦巡航 俄國戰鬪艦(스에사ᄅᆡㅣ우이지(와스라ㅣ와)巡洋艦(보가스이ㅣ루)를六箇月間外國海洋에巡航ᄒᆞᆯ目的으로써波羅的海에셔出發ᄒᆞ얏다더라

◉智利震災 今回南米智利의震災ᄂᆞᆫ人命의損傷이三千人이오財產의損害가一千萬元에達ᄒᆞ얏다더라

雜報

●法部來牒　法部에서警務廳에被拘혼政府參贊李商在平理院檢事太田軾前侍從尹甲炳氏等의拘家奏本을奉呈하얏다더라

●出付日巡　義州監理署에서捉囚혼憲兵朴樑來全德元等을日巡查가押上京하次로前往該署하故로該監理가其措處如何를電稟으로質稟혼지라法部에서日巡查의게出付押上케하라하얏다더라

●法協有人　慶尙北道觀察使로新任혼李源兢氏는法部協辦으로轉任혼다더라

●豫備參賊　開城府境內各參圍에는參賊이去益熾盛혼는뒤衣黑者는日人이오衣白者는韓人이라韓日人이合成賊黨하야該守參之五十名兵丁으로는萬可難備라하야日昨桐原警視가警官一人巡查十一名을領率하고當地에出張차로昨日에發程하얏다더라

●蚕所卒業　六月一日龍山夫人會蠶桑所에서卒業式을設行하얏는데會長李內大夫人以下伊夫人과該敎師가臨場하야見習生金瑛煥氏等十八人의게卒業狀을授與하얏는데其중女學生尹氏一名이參榜하얏다더라

●領隊爲員　陸軍參領沈弘澤氏가北靑隊大隊長으로在任時에贪贓事件이有하야陸軍法院에捉囚를被하얏더니沈氏가百般運動하야保放一年에又何凶謀之計로一進會評議員으로出席後에는稱云無罪白放이라하다더라

●一胎三男　安東郡臨安面髙川里居하는柳東鎬의妻金氏가陰曆六月初一日에一胎三男하얏다고該郡守가內部에公報하얏다더라

●過限不赴의免官　內部에서赴任過限郡守를一切免官하는데陸路는每日程八十里式計限하고鐵道沿路郡은鐵道를計程한다더라

●認狀見失　高城郡居張斗萬氏가본郡草幌里葉洑次로農部認許後에業已開役矣러니永平居沈章燮이가該認許狀을偷取하야外國人에放賣하는故로張氏가永平郡에呼訴하다더라

●英艦到泊　陰曆본月廿五日에英國艦長이仁港에到泊하야入城하야統監에指導로海軍將校와依例陛見하다하며韓政府에서園遊會를設行하라고伊藤統監이政府로公文하얏다더라

●把守撤去　一進會본에部派守하얏든日본巡查는日昨에撤去하얏다더라

●支部와巡查廳의設施　大丘觀察府公報를據혼則觀察使申泰休遞任後에觀察使를四五次任免에尙無赴任하니府務가紊亂할더러警務顧問補佐官飯田章氏가지部를宣化堂一隅에設施하더니現今은理事廳世該堂一部에設施하얏다더라

●會長歸京　一進會長李容九氏가義州白馬山城伐木起鬧事로該郡에前往하야逗留하더니宋秉畯氏가被捉以後에會中의多事故로李會長의게電報하야再昨日京義鐵道로上京하는데京會員四十餘人이停車場에서迎接하얏더라

●調查員歸京　漢城府尹朴義秉氏가本職軍用地를調查하야日昨歸京하얏는데內部에서該地段을相當定價하야統監府에更爲交涉한다더라

●閣議諸件　昨日上午十二時에政府에서會議하얏는데該議案은內部에서提出혼地方制度調查案件을實施事와安岳郡守尹奎榮氏를免官事와農商工部에서提出혼度量衡官制施行事와參贊李商在檢事太明軾氏免官事件인데地方制度調查에較正問答혼句節이有혼故로外國人調查委員이會席에入參하얏다더라

●地方制度　地方制度調查案件을得聞혼즉大小郡面積을平均割付하고港監理及郡守를合置府尹하고地方官의月俸을定爲訓鍊하얏다더라

●農학引繼　學部所管農商工학校를改正하야農部所管農林학校로移屬혼다하더니再昨日農林校敎師가該校事務를引繼하얏다더라

●聖節園遊　陰曆본月廿五日萬壽聖節에宮內府의서園遊會를北闕내의設施하고내外國紳士를請邀하는뒤各府部院廳奏任官으로請般接待委員을排定하얏다더라

●寧察上京　寧邊觀察使田泰休氏는再昨日上京하얏다더라

●獄案結果　尹甲炳李商在太明軾氏等은免官하야平理院으로移囚하고李秉畯氏는警廳에서放免하다더다

●封姦被捉　咸鏡南道西法津等地의셔過去日女를永興居申泰前과元山居林禧春等이突出하야路上에서却奸하려다가反爲被捉於該地警署하얏는뒤其被捉根因은日女가被劫當時에以手로爬其面部하야以出其爪하고又以零血로點衣하야使之點檢查出케홈이라더라

◎紀元休刊　本日은開國紀元節인故로慶祝하기爲하야本報를一日休刊喜

●磁器被檢　去月十八日大丘警務署에서高麗磁器四十二個를搜探留置하얏는뒤該緣見혼根因인즉該地支所巡檢看務之時에何許雇軍一名이負擔沙器一負而去故로觀其物形與色則乃是高麗葬墳土중掘出者라問其理由於雇軍則所答내에大丘解西村金正汝가西門내許舜具家에任置라가方欲放賣於日人次로使之搬去라홈으로該沙器는收入警署하고金昌汝는現方譏捕中이라더라

●韓清人相鬪　日昨南門내等地에서韓人一名과清人一名이相爲爭詰하다가淸人이以手拳으로猛打韓人하야鼻部破綻에血流浪籍혼뒤該坊巡檢의게俱爲被引하야入去西署라가即地放送하얏다는뒤韓人은倉洞居申成俊이오淸人은度支顧問官目賀田氏家屬備者라더라

●地方官吏의經費　내部에서各地方觀察府及郡經費에對하야本年度爲始하야無論某事項緊急하고該立欵혼經費外의額一分이라도加用하면非徒減給之不爲라當以證案으로乃至免官케하기로的定하얏다하니各관郡守의注意事이라더라

●氷價超騰　日間風雨에各處外山에冰塊가融解하고且萬壽聖節이不遠혼즉빙水需用가正當其時라하야一駄七八十兩에不過하든빙價가忽然一百五六十兩에遻하얏다더라

●國民非國民　去土曜日國民新報第二欄에宮門把嚴이라는題下에宮門把守는充分遂行하야今의斷行하얏스나或乘挾雜輩가各種手段으로써君主의聰明을蒙蔽홈事가無홈을難保하나然이나嚴嚴케遂行하야通息홈바가無하면早晩間其目的을達하깃노라하야殆히命令辭와ㅅ치揭論하얏스니噫라宮門把守가該報記者의責任이며어날其目的을達하깃노라하는語頭가自己擔責혼事로聲明혼것이오또韓國　皇帝陛下를君主로指名하얏스니是는決코大韓國民의口氣가아니라若該報記者가實非大韓國民이오則是日본國民인덜隣國　皇帝의名稱을無禮히變改홀理由가有홀가蓋同報가始也에一進會機關으로設立하얏다가今日에는專히日본人主管下에歸하얏다하니國民之稱은國民이라謂홈이可홀지若以該報로向屬一進會機關이라하면서　皇帝陛下의敎[illegible]如此하면該報가實是國民之性質者라홀것이오非日人이非一進會所關이오日人의主管인故로措辭가如此라[illegible]지一般公論에[illegible]欸하다더라

●拾債還主　皇城新聞社總務成樂賢氏가昨日上午에[illegible]洞等處上에서[illegible]一塊를拾[illegible]手持[illegible]行[illegible]其貨主之來[illegible]何許人이步[illegible]速到其紙貨所落處하야[illegible]而歸[illegible]成[illegible]其貨主[illegible]許[illegible]的合無[illegible]失貨之由[illegible]致謝[illegible]而接受者[illegible]談貸[illegible]成氏는不[illegible]며其失貨[illegible]孤兒院事務員이라더라

●白夏試　仁川私立日新학校에셔[illegible]뒤卒業生金[illegible]等生二班朴[illegible]班[illegible]等生金[illegible]優等[illegible]兄[illegible]附近洞[illegible]아萬歲를三唱[illegible]賛成員金永[illegible]林泰[illegible]鄕紙盤[illegible]等이愛國歌를三唱後一退日休業會하얏다더라

雜報

◉通信院廢止의憾

通信機關이國家에如何히關係됨과我國의通信機關 (大痴生 續)

然하나韓國에未達ᄒᆞᆫ遺憾의点에到底히無라謂키不得ᄒᆞᆯ지라國庫의金이不敷ᄒᆞ다ᄂᆞᆫ議로郵便의局을當設ᄒᆞᆯ地에遞巡ᄒᆞᄂᆞᆫ郵遞에ᄂᆞᆫ外國과如히小包貯金爲替等規例가未備ᄒᆞ며又ᄂᆞᆫ電信及電話의機械ᄂᆞᆫ國產으로造ᄒᆞᄂᆞᆫ者ㅣ無ᄒᆞ니本國도技能이有ᄒᆞᆫ者가不無ᄒᆞ려니와外國技師를雇ᄒᆞ야셔라도各機械를造用ᄒᆞ면漸漸本國人本國物로만制造ᄒᆞᆯ基礎가確立ᄒᆞᆯ지며

且如斯리做去ᄒᆞ면費ᄂᆞᆫ小ᄒᆞ고事ᄂᆞᆫ速ᄒᆞᆯ지어ᄂᆞᆯ但外國의物만貿ᄒᆞᆫ즉其害ㅣ何如ᄒᆞ리오郵便의行囊과車輛等도亦然ᄒᆞ며將來의官吏될學徒를養成ᄒᆞᄂᆞᆫ郵遞에ᄂᆞᆫ章程과外國地名의若干과英語의初程을敎授ᄒᆞ고電報에ᄂᆞᆫ章程과打報와繹과有名無實ᄒᆞᆫ機械圖說과若干英語를敎授ᄒᆞ니官吏되야凡事에昧塞ᄒᆞᆷ은無疑ᄒᆞ고况電學徒ᄂᆞᆫ電氣를精密히敎授ᄒᆞ야化學의作用과機械의措置方法을覺知케ᄒᆞ고建築事務의若干도學習케ᄒᆞᆷ이好ᄒᆞ거ᄂᆞᆯ皆未遂ᄒᆞ니

大韓帝國興起ᄒᆞᄂᆞᆫ初頭에際ᄒᆞ야凡百이草創[illegible]會見ᄒᆞ기難ᄒᆞᆫ所致나鑿欲을使ᄒᆞᆫ彼ᄂᆞᆫ是로써臆藉ᄒᆞᄂᆞᆫ言柄을作ᄒᆞ도다吁라旣往勿說이어니와來者를可追니鳩居鵲巢의悲運을遭之ᄒᆞ얏ᄂᆞᆫ其日을當ᄒᆞ야已非의往事를徒然히追咎或悔ᄒᆞᆷ도達人의事아니오且鳩居者의心法을度ᄒᆞ야善後의施措ᄂᆞᆫ汝余에歸ᄒᆞ고來運의否泰ᄂᆞᆫ造化翁手段에付ᄒᆞ야今是의道를不求ᄒᆞᆷ은天理와人事의乖戾ᄒᆞᆫ者ᄂᆞᆫ猶計라彼가云ᄒᆞ되韓國이行政上과經濟上으로通信機關을獨力으로經營치못ᄒᆞᆯ것슴으로ᄡᅥ去ᄒᆞ다ᄒᆞ고且秘去ᄒᆞᆫ던其協定書末에曰ᄒᆞ되將來의韓國政府財政이十分餘裕가生ᄒᆞᆫ時에ᄂᆞᆫ兩國政府ㅣ協議ᄒᆞ야通信機關의管理를韓國政府에還付ᄒᆞᆯ事라ᄒᆞ얏스니

未完

◎至急告廣◎

本社에셔昨日午後에紙貨幾許를拾得ᄒᆞᆫ바誰某든지閑失ᄒᆞ신이ᄂᆞᆫ本社에來ᄒᆞ야證據를詳示ᄒᆞ시면出給ᄒᆞ기ᄉᆞᆸ

正三品尹憲燮氏가宮內府에請願이如左ᄒᆞ니

本人이釜山港前洋絶影島下符風浦全部를塡築ᄒᆞ와爲我民翼居之基址ᄒᆞᆯ事로宮內府에請願ᄒᆞ와本年五月十七日에認許를得ᄒᆞ고且承訓令ᄒᆞ와到付該港監理署ᄒᆞ고將爲始役이온바自該署로外部와農商工部兩部訓飭을曾有奉承ᄒᆞ와在署擧行ᄒᆞ야難以取便故로修報于政府ᄒᆞ고留待回飭인則今者宮內府訓飭도第承政府指飭後의即可奉行이다ᄒᆞ이온바査其事實ᄒᆞ온즉光武六年度에朴浩金晟允兩人이該地를私自占有之計로相訟于農部이다가金民之文軸을還爲爻周勿施ᄒᆞ고該地ᄂᆞᆫ屬爲公有이오며其後八年度에金裕稷이請願于外部ᄒᆞ야以浦船會社基址로承認許立標ᄒᆞ얏으나而終未有實施矣라乃於今年一月에金晟允이以其爻周勿施之事로更爲請願于農部ᄒᆞ야稱以鹽田起墾ᄒᆞ고得認可ᄒᆞ야將行築垌이ᄋᆞᆸ더니忽自日人智歧組로無難橫出阻戱而植標인故로自監理署로即爲拔去이온바該地段이一則有金裕稷之外部認許ᄒᆞ고一則有金晟允之農部認許ᄒᆞ고一則有智歧組之作戱ᄒᆞ야相與推납에未定歸決者也라此本以堂堂公有之土로任他紛拏가豈不孟浪乎잇가金裕稷論之則雖曰有外部認許나已過三年而無實施則自歸無效오至於金晟允ᄒᆞᆫ自農部로曾所勿施而再公者를今復許可ᄂᆞᆫ理所不當ᄒᆞ올ᄲᅮᆫ더러該浦ᄂᆞᆫ自前公有之地而只有潮水進退而已어ᄂᆞᆯ網以二世守護之鹽田云而欲私占이尤極無理ᄒᆞ오니兩所請認許ᄂᆞᆫ不足論이올고本人이宮內府에公正ᄒᆞᆫ認허를承有ᄒᆞ고該地를塡築ᄒᆞ미實노近日浦口人民이失接ᄒᆞ야[illegible]ᄒᆞ미矜悶ᄒᆞ오며[illegible]爲其有與居之基址ᄒᆞ옴이라其所緊事이自有항別ᄒᆞ온즉一番人에造鹽田商業에私計ᄂᆞᆫ自可勿施이고爲衆民公益ᄒᆞ야塡築基址ᄂᆞᆫ극官許施이온즉燭亮이신後에兩部認許ᄂᆞᆫ即爲勿施ᄒᆞ시고宮內府認許訓飭을凜遵施行ᄒᆞᆯ事로發訓該監理署ᄒᆞ시와使本人으로始役竣工ᄒᆞ야港內人民이奠接居生之澤을得케ᄒᆞ시믈伏望

◎英語獨學 幼年학校敎官申봉休氏가累月研究ᄒᆞ야英語獨학의一部를著作ᄒᆞ얏ᄂᆞᆫ데資本이無ᄒᆞᆷ으로方今設力鳩合ᄒᆞᄂᆞᆫ中이나萬若此書가刊行되면英語獨학ᄒᆞ기에大段便利ᄒᆞᆯ깃다더라

廣告

本人의姪勉奎가性本浮悖로符同雜類ᄒᆞ야本人의田畓文券을僞造ᄒᆞ야日債九千兩을圖得故로卽訴本郡ᄒᆞ야與日人으로對質僞造分明故로該文券을自本郡覓給ᄒᆞ얏ᄂᆞ나然이나恐有後慮이기玆廣布內外國人切勿見欺홈

沉西 朴봉燮 告白

本人의姓名圖章을遺失ᄒᆞᆫ바某拾得切勿施行홈

金仁基 告白

◉民事訴訟代理와刑事辯護及鑑定一切法律에關ᄒᆞᆫ事務를迅速處理홈

한城南署茶洞第十七統八戶

辯護士正三品 前檢事 李冕宇

法律事務所

事務員 博士 李[illegible]洙 [illegible]

◎[illegible]州郡守金[illegible]根氏治蹟

本郡이僻在千里之遐陬ᄒᆞ야歷經兩國之兵燹ᄒᆞ니邑勢殘廢ᄒᆞ오民難支保어ᄂᆞᆯ何幸福星이照臨ᄒᆞ고陽春이回來ᄒᆞ야亂餘殘民을撈而保障ᄒᆞ고惡頑一進을從此習ᄒᆞ야一境이賴安則內外國人은左開照亮홈

一捐廩而 文廟修葺事

一劃付鄕約契與學契財ᄒᆞ고又圖出義ᄒᆞ야邑底大館兩處에設立학校事

一以饒濟恤ᄒᆞ며聽訟廉明ᄒᆞ고公平用人事

本郡民 朱有남 田永基 等告白

十一歲女兒名占順陰七月十日出門不知去處ᄒᆞ와玆의廣告ᄒᆞ오니惟願 僉君子은隨其所到覓送于本人家ᄒᆞ시면厚謝ᄒᆞᆯ을이다

靑橋五十九統三戶白樂均告白

學員募集告廣

官立中學校를漢城高等學校라改稱ᄒᆞ야豫備科를設置ᄒᆞ고生徒를募集ᄒᆞ시選ᄒᆞᆯ터이니入學志願者ᄂᆞᆫ九月十日月曜(陰曆七月二十二日)以內로稟請書를본校에具呈ᄒᆞ고伊日上午十時에본校로齊赴應試ᄒᆞᆯ事

入學試驗科目

一漢文독書 作文

一國文作文 一算術問對

一日語會話

一稟請書ᄂᆞᆫ學部에購用事

年齡十四歲以上二十歲以下

光武十年九月一日

紅峴前官立中學校

官立漢城高等學校

特別廣告

本申報社內에特別히附屬品으로活字를更備ᄒᆞ야書籍印刷所를設置ᄒᆞ얏사오니印書를要ᄒᆞ시ᄂᆞᆫ僉君子ᄂᆞᆫ來臨相議ᄒᆞ시옵

大韓每日申報社 告白

◎第二期學員增募

本塾에셔英語科學員을增募ᄒᆞ오니願學人은本塾에來ᄒᆞ야請願試驗事

學科及規則은本塾에問ᄒᆞᆯ事

(시驗科目)

(國漢文讀書作文)

試驗日字九月七日

陰曆七月十九日

西署英語學校後洞

私立養正義塾 告白

廣告

民事訴訟代言과刑事辯護及諸定顧問과諸文案起草等諸般法律事務를迅速處理홈

한城南署上油洞二十九統七戶

二層洋屋

辯護士 前檢事 正三品 洪在祺

法律事務所

◉學員募集廣告（第一回）

玆에普成中學校를新設ᄒᆞ고高等普通學術로一般國民을敎育코져ᄒᆞ오니將來에實業及實務에從事ᄒᆞ고又는各種專門學校에入學코져ᄒᆞ는青年有意諸君은早早來學ᄒᆞ오셔中等以上普通知識을全備하심을爲望하옵

本校의完全ᄒᆞᆫ敎授準備와眞正ᄒᆞᆫ敎育制度를左에列擧ᄒᆞᆷ

一 一般敎科書는擔히本校에서新編纂備ᄒᆞᆷ

二 本校의第一主旨는修身科、作文科、漢文科니倫理學敎科書를新撰ᄒᆞ야道德心을培養ᄒᆞ고、作文敎科書를新撰ᄒᆞ야文章을規矩로敎授ᄒᆞ고漢文敎科書를新撰ᄒᆞ야讀書를應用活法으로敎授ᄒᆞᆷ

三 理化學及博物學은機械及藥品으로實地試驗을行ᄒᆞ야敎授ᄒᆞᆷ

四 唱歌는軍樂音調로新製敎習ᄒᆞᆷ

五 體操及運動은各外國運動式用機具로日常敎鍊ᄒᆞᆷ

六 敎師는新舊學問에專能ᄒᆞᆫ諸大方家를延聘ᄒᆞᆷ

●學科目（科目中課程은略之）

修身學、國語、漢文、作文、歷史、地誌、物理及化學、博物學、地文學、法學、數學、圖畫、唱歌、體操、外國語、農業學、商業學、簿記學、

●修業期限 四箇年

●入學年齡 自十五歲以上至二十五歲以下

●入學試驗科目

國漢文讀書及作文、內外國歷史及地誌問對、算術四則以內

●入學試驗日字 九月十九日（陰七月二十七日）

●開學日字 九月十六日

（入學請願書及保證書는本校用紙를用ᄒᆞᆷ）

光武十年八月十六日

漢城中署磚洞 私立普成中學校

廣告

東國歷史 普通敎科國漢文一秩二册定價新貨 一圜十戔
法蘭西新史 四十錢
淸國戊戌政變記一秩 一圜
波蘭末年戰史一册 三十錢
美國獨立史一册 三十錢
法國革新戰史一册 三十錢
大韓輿地圖一張 十七錢五里
世界全圖一張 三十七錢五里
大韓地誌一秩 七十五錢
牧民心書一秩 一圜二十五錢
萬國地誌一秩 一圜
尺牘完編一秩 一圜五十錢
農政新編一册 五十錢
法學通論一册 一圜
溫故知新堂叢抄 七錢五里
父師必讀小學指남 七錢五里
人工養蚕一册 十五錢
政治학一秩 二圜六十四錢
家庭雜誌一册 十錢
進明彙論一秩 三十五錢
交際新禮一秩 十八錢

發賣所 布屛門下金相萬書舖 大韓每日申報社

花春丹은 霍亂 吐瀉 腹痛 滯症 暑症 정忡 神眩 胃鬱 痰盛 醒酒船暈 咳嗽 癖질 口味업는諸症의神效ᄒᆞᆫ藥이오 此外에도洋灰水解毒藥 唐창 疳氣 蛔虫 寸虫 赤白면風 藥과東西洋藥이俱備하고他病도隨問出方하오니 僉位는枉臨하시옵

皇城校洞石井洞下隅 石泉堂藥局 告白

一 萬國[illegible]牛乳

大韓仁川港 [illegible]洋行

●九轉靈砂라 本人이[illegible]精製ᄒᆞᆫ[illegible]丹인데男女老少에無論何症ᄒᆞ고進治ᄒᆞ며無病時에도服ᄒᆞ면平生의身體가健康ᄒᆞ며小兒는[illegible]ᄒᆞ면十歲안에無病ᄒᆞ기를擔保ᄒᆞ오며

●九轉靈砂萬應丹은癲狂 癎症과中風[illegible]病과滯疾에神効ᄒᆞ오

●九轉靈砂保命丹은初生小兒 驚風 [illegible] 般驚과婦人帶下症에神効ᄒᆞ며

●九轉靈砂濟衆丹은酒滯 食滯 血積 吐瀉 霍亂 痢疾 吐血 下血 運氣 時疾 痼症에神効ᄒᆞ오

●九轉靈砂紫金丹은痔漏 累癧 上疳瘡 下疳瘡及唐瘡과諸般瘡瘇惡種에無不神効ᄒᆞ오니 僉君子는來問ᄒᆞ시오

內需司前두간이골上隅第一家 李鍾廷 告白

本社廣告

一 報代金 [illegible]
一 一箇月 三十錢
一 六箇月 九十錢
一 一年 一元七十錢
[illegible] 三元四十[illegible]
郵稅一[illegible] [illegible]五里
一[illegible] 十三[illegible]

廣告料

[illegible]字十三字[illegible]
每日每[illegible]一寸에新貨[illegible]
文（每日發行에大韓[illegible]
（每日發行國[illegible]一里에相當[illegible]
其期限의長短과字行의[illegible]
를依ᄒᆞ야增減홈이有ᄒᆞᆷ

◉大韓每日申報各處支社廣告

中署布屛門下 金相萬冊肆
洞口越便 朱翰榮冊肆
中署農圃初入七十八統第二戶 鄭[illegible]
仁川桂峴開新冊肆 李[illegible]
平壤南山峴日新學校 金[illegible]
宣川邑橋西 崔[illegible]
義州南門外韓西大藥房 安[illegible]
長連邑 全[illegible]
鎭南浦藥洞 金仁[illegible]
咸興州南社 曹喜[illegible]
中和邑 鄭俊培
釜山佐川徐蘭房 金淳[illegible]
開城北部梨井里祥洞居培[illegible]
校副校長 裴助[illegible]
大丘郡 達城廣文社

發行兼編輯人 英國人 [illegible]
發行所 京城北署[illegible] 大韓每日申報社

○光武九年八月十一日 第三種郵便物認可○
○明治卅八年八月十一日

木曜日

西曆一千九百六年九月六日 (一)

第四卷 第二百十[illegible]號

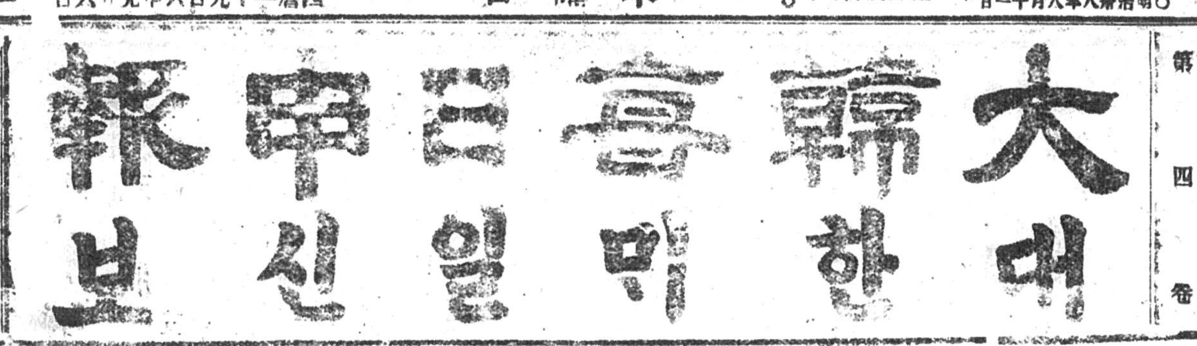

月曜及慶節
歲時休日刊

信曆開國四千二百三十九年
箕子元年三千二十八年
大韓開國五百十五年
日本明治三十九年
淸國光緒三十二年
◉陰曆丙午七月小十八日癸丑

論說

英國海軍聯合과英日同盟 (支那報照謄)

英國이假定敵國의威脅을較計ᄒᆞ야詐僞友邦을深信ᄒᆞ더니及其末也ᄒᆞ야ᄂᆞᆫ其危險을自覺ᄒᆞ니此乃滿足事體로다

海軍聯合會에서演述ᄒᆞᆷ을接ᄒᆞ건ᄃᆡ日本每事를樂從ᄒᆞ던英人의狂癖이점ᄎᆞ落下ᄒᆞᆷ을可悉이니頗有滿足之意라盖其聯合會議ᄂᆞᆫ본年五月十六日에開式ᄒᆞᆫ거시니其顚末一篇을詳写ᄒᆞᆷ이英國前政府가日본友誼를深信ᄒᆞ야極東港灣에서海軍을撤還ᄒᆞᆫ계策이何如ᄒᆞᆫ迷過失인지表示ᄒᆞᄂᆞᆫ도다首席여버프氏가一條皆論을先唱인바此ᄂᆞᆫ現今英國政策의智明에置疑ᄒᆞᄂᆞᆫ거슬著示ᄒᆞ엿스니其如左ᄒᆞᆫ지라

盖我國의對德態度가似甚危險ᄒᆞ니現今各人이德國을視之以敵國ᄒᆞᄂᆞᆫ形跡을表著ᄒᆞᄂᆞᆫ도다然ᄒᆞ나我海軍聯會의成立된幾久間事를回想ᄒᆞ면英國이自設港備ᄒᆞ야敵國으로常視ᄒᆞ던者ᄂᆞᆫ法俄兩强이是也러니至于今日ᄒᆞ야ᄂᆞᆫ英國人民이俄國의自極東被逐을始歎ᄒᆞ며以此結果로歐洲平和가殆至不固ᄒᆞᆷ을始言ᄒᆞᄂᆞᆫ도다

外洋海軍聯合을用力組成ᄒᆞᆫ以三民(同氏의前日上海에行ᄒᆞᆷ을미以存念)가加一層眞正演述을續論ᄒᆞ얏스니此ᄂᆞᆫ我國人民의部分과特其海軍의部分이此痛歎屈辱되ᄂᆞᆫ問題에對ᄒᆞ야不信之心이점長ᄒᆞᄂᆞᆫ거슬細首ᄒᆞᆫ거시라

同氏說話ᄂᆞᆫ極東에居留ᄒᆞᄂᆞᆫ白人의一般存心ᄒᆞᆫ비어니와特其淸國은詐僞小隣이不安ᄒᆞᆫ韓國及臺灣을幷呑ᄒᆞᆷ과如ᄒᆞ히專掠之計를점加中이니此說話를尤可銘心ᄒᆞᆯ비로다滿場이深ᄒᆞᆫ同氏연述의全部를玆에揭載하노니其如左ᄒᆞᆫ지라

然이나吾人이他一强을今可論及이니此ᄂᆞᆫ日本이是也라以余觀之컨ᄃᆡ英國態度가枕日人之股하야垂頭而在睡中이니此ᄂᆞᆫ日本氣力이印度國境을守備ᄒᆞᆷ을關係ᄒᆞᆷ으로日本同盟을熱情希願ᄒᆞᆷ이라本人도此同盟에有何過失인지ᄂᆞᆫ不必探悉이나然이나無論某國ᄒᆞ고自國所有를專恃於他人이면此豈非降衰之道리오 (未完)

官報

●三千五百五十五號 光武十年九月五日

◉宮廷錄事

宮內府大臣臣李根湘謹
奏 即接議政府參政大臣朴齊純照會ᄒᆞᆫ則以爲本月三十日本府與內部以稅課畢納及治績兼優之各郡守特施 恩典事聯署奏請奉 旨特爲加資事 批下而該郡守等品職姓名左開照會照亮欽遵爲要等因矣鎭海郡守鄭海八醴泉郡守金炳학鎭川郡守李錫應叙品奏請上 奏

光武十年八月卅一日奉
旨依奏

帝室會計審查局長臣高永喜謹
奏 向以豊川會社文簿審查事派送本查官朴容奎金鎭賢及技師美國人高仁于平壤郡本社及三登礦煤礦便之查檢文簿摘奸賢地矣該員其查報則礦役形止備置機械及各項用額互有證辯雖以指的就査經費一萬九千一百五十兩及鑛所物種價一千六十兩八錢段非但章程之所無彩數濫錄証甚駭歎ᄒᆞᆫ令勿施還爲徵ᄒᆞ며防護會社以補役用何如
謹上 奏

光武十年九月二日奉
旨依奏

◉敍任及辭令

○陞從二品 正三品醴泉郡守金炳학○陞從二品鎭川郡守李錫應○陞正三品 六品鎭海郡守鄭海八○依願免兼任掌禮院掌禮 秘書監丞丕經九○兼任掌禮院掌禮 秘書監丞李芯和 以上八月卅一日○奉常司副提調張榮淳 仝閔象鉉 依願免本官○正三品金炳億 仝徐丙宣 任奉常司副提調 以上九月二日○前教官支公濂 仝尹定者 任한城師範학校教官○任한城師範학校書記 前書記吳圭命○任한城高等학校教官 前教官李弼善○前教官許燮 仝鄭永彬 任한城高等學校教官○任한城高等학校書記 前書記李允殷○任日語學校教官 前副教官崔在싸○前副교官權寧우 仝柳濟達 任日語학校副教官○前副教官吳圭信 仝柳光烈 任漢語학校教官○任한語학校副教官 前副교官李命七○任한語學校教官 前教官崔永年○前副교官尹泰憲 仝金佑行 任英語學校교官○前副교官鄭▫範 仝安鳴호 崔炳憲 任英語학校교官○前副교官秦 秀 仝柳면 仝崔[illegible]卿 前교官梁在謇 任德語學校교官○前副교官李根호 仝崔鼎夏 任仁川日語學校교官○任仁川日語副교官 副교官徐丙協○前副교官金한箕 仝安于商 前교官經鉉九 任法語學校교官○解兼任咸鏡南道裁判所判事 前觀察使朱錫冕○解兼任京畿裁判所判事 前觀察使李根湊○解兼任慶尙北道裁判所判事 前觀察使李重夏○命兼任咸鏡南道裁判所判事 咸鏡南道觀察使鄭鳳時○命兼任京畿裁判所判事 京畿觀察使成岐運○命兼任慶尙北道裁判所判事 慶尙北道觀察使李濂說
以上九月二日

外報

●政府改制 北京電을據ᄒᆞᆫ則淸國御前會議에서內閣制度를采用ᄒᆞ야總理一人副總리二人各局에大臣一人其下局長數人을置ᄒᆞ고大略日本內閣에組織을倣ᄒᆞ야決定ᄒᆞ얏다더라

●新內閣 同電을據ᄒᆞᆫ則官制改革은日본制度를採用ᄒᆞ야慶親王은總리大臣으로錄公은내務大臣으로徐世昌은司法大臣으로振貝子ᄂᆞᆫ農商務大臣으로任命ᄒᆞ고端方張之洞[illegible]ᄂᆞᆫ樞密院에八ᄒᆞ얏다더라

●立憲上諭 同報를據ᄒᆞᆫ則上諭에曰各國富强의基ᄂᆞᆫ憲法을建ᄒᆞ고公論을採ᄒᆞ야政務를庶民의게決ᄒᆞᆷ에由ᄒᆞᆫ지라今日의時艱을濟ᄒᆞᆷ은立憲政治를布ᄒᆞ고大權을朝廷에統ᄒᆞ하며萬機를公論으로決ᄒᆞᆷ에在ᄒᆞᆫ지라然而民智가未開ᄒᆞ고準備가未整하얏스니今此官制를改革ᄒᆞᆷ으로부터始ᄒᆞ야法律을改ᄒᆞ고敎育財政武備를振興하야各國의政法을斟酌ᄒᆞᆫ憲法을制定ᄒᆞᆷ이可ᄒᆞ고其細節은從後實施하라ᄒᆞ얏다더라

●滿洲大歉 營口以北에大虫災가有ᄒᆞ야二十年來에初有ᄒᆞᆫ凶荒이라더라

雜報

●正式認狀 俄國總領事館繙繹官선고불난의氏가本社에寄函ᄒᆞᆷ이如左ᄒᆞ니 本月一日萬歲報(만사이보)雜錄中에俄伊兩總領事가日本政府의셔假認准狀을受來ᄒᆞ얏다ᄂᆞᆫ事件의對ᄒᆞ야本國總領事불난은氏가說明ᄒᆞ기를他國領事의接受ᄒᆞᆫ認准狀은正假式을未可的知나本總領事ᄂᆞᆫ接受ᄒᆞᆫ認准狀이假式이아니오日本外務大臣과直接으로正式認准狀을接受이다ᄒᆞ와廣布ᄒᆞ기를請ᄒᆞ오며此外本人이已往萬歲報社長의게勸懇ᄒᆞ기를京城內의流傳ᄒᆞᄂᆞᆫ無根虛說을切勿記載가爲好라ᄒᆞ얏삽더니然而該報가如此ᄒᆞᆫ虛誕之說을做言傳播ᄒᆞᄂᆞᆫ지모르나萬歲報ᄂᆞᆫ一向憑信虛詐ᄒᆞ고連訂於報紙上ᄒᆞᄂᆞᆫ고로駐韓本國總領事에對ᄒᆞᆫ誤錄을不可不貴報上에正誤ᄒᆞ여야ᄒᆞᆯ깃기玆以仰請ᄒᆞ오니照諒被註明廣布ᄒᆞ시믈爲要

●天道教와一進會의分離 天道教中央總部에서地方各교人의게公布ᄒᆞᆫ교令의槪意가如左ᄒᆞ니不侫이接于師宗ᄒᆞ야교務是膺터니向自甲辰으로李[illegible]植이糾合民會ᄒᆞ얏스니是ᄂᆞᆫ自교入政也오今年一月에不侫이自日本還ᄒᆞ야設中央總部而執其務ᄒᆞ니是ᄂᆞᆫ교而貳於政也라교與政이不有界分ᄒᆞ야兩途交架면公眼所照에奚所名焉이오自今으로교人은惟교是宗ᄒᆞ야與民會로無相混雜이爲宜라하얏ᄂᆞᆫ데

一 교人이入民會者ᄂᆞᆫ其姓名與入會情由를通知于中央總部ᄒᆞᆷ

一 有교職而入民會者ᄂᆞᆫ不許其兼察교務ᄒᆞᆷ

一 既入民會者ᄂᆞᆫ雖多數聯臂之䕺主라도僞人之교責格ᄲᅮᆫ自持ᄒᆞᆷ

一 교人이入民會하야교規를違戾하ᄂᆞᆫ者ᄂᆞᆫ교憲에擬施ᄒᆞᆷ

●聖節請邀 北闕內에預定하얏든萬壽聖節園遊會ᄂᆞᆫ東闕內로移定하얏ᄂᆞᆫ데伊日請邀ᄂᆞᆫ二千名以外에達ᄒᆞᆫ다더라

●大臣會議 昨日은水曜日이라諸大臣이政府에會同하야地方制度改正案件을初議하고御前에서開會하야爛商公議하얏다더라

●南路永災 南路通신을據ᄒᆞᆫ則上月潦雨에各處損害가夥多ᄒᆞᆫ데公州郡妙論洞은暮夜水至에全村二十餘戶가盡爲漂去하고人命이亦爲渰死하며全義邑官舍與如干公廨外에邑下民屋은沒數浮沈에變作丘墟하고人命은韓人二名과日人一名이渰死하얏다더라

●測量禁斷 徐午淳氏의所設湖南鐵道會社로統監府와政府間에交涉ᄒᆞᆫ事ᄂᆞᆫ已揭前報어니와政府에서該事件에對하야統監府照會를因하야農商工部로照會하고鐵道地段의測量工役을使之禁斷케하얏다더라

●養魚請認 中署校洞居韓秉洙氏等이合資하야楊州郡面公德谷上下處及安谷嶺川近處의天作으로坑澤이有ᄒᆞᆫ데該地에養魚爲業하고稅金은每年新貨五十元式十月內로依例納上하깃스니特爲認許하라고農商工部에請願하얏더라

●白馬其赤 義州郡駐在日本守備隊에서新義州等地의軍行郵遞來往地에橋梁을成築하ᄂᆞᆫ데人夫及鍊物木材等屬을該郡守의게請求하미該郡守金璉植氏가材木은白馬山松木으로爲許給하고鍊物은청國安東縣의셔貿來出給하얏다더라

●乞憐不得 전晉州觀察使曹始永氏가觀察在任時犯逋公錢이數十萬兩인데日전平理院에서拘拿次發訓ᄒᆞᆷ을其子曹相雨氏가聞知하고夜間에該院檢事李建鎬氏家에전往하야以無事妥帖等說로懇乞ᄒᆞᆫ則李檢事가大責하기를不可以私情으로廢棄公法이라하고巡檢을呼하야將欲捕縛之際에曹相雨氏가稱以放溺하고出往庭隅하야所着雙鞋를脫持하고冒死逃走하야不得捕縛하얏다더라

●使役感悅 宮內府에서禮式院使役等을減額ᄒᆞᄂᆞᆫ데以望点으로擇選ᄒᆞ고不選者ᄂᆞᆫ解送ᄒᆞ여ᄒᆞᆫ즉使役等에情形을目不忍見이라該課禮式官들이議論ᄒᆞ여日同僚落仕ᄂᆞᆫ勢不得已로當ᄒᆞ얏스나此輩被削은誠不忍見이라ᄒᆞ고使役의月給을各十元式自當充數ᄒᆞ고有闕勿補ᄒᆞ기로酌定ᄒᆞ고如前擧行케ᄒᆞ니該使役等이不勝感激ᄒᆞ야舞蹈稱頌ᄒᆞ며本社에來ᄒᆞ야諸官員의恩德을感頌而去ᄒᆞ더라

●內外國人同학 南門內양洞私立廣化新숙에日英語를晝夜로分科교授ᄒᆞᆷ은向報에已爲記載어니와該숙에서特別夜ᄒᆞᆨ英語課를設立ᄒᆞ야勿論內外國人ᄒᆞ고從所願교授ᄒᆞᆫ다ᄂᆞᆫ데至於通譯人ᄭᅡ지雇聘ᄒᆞ야說明교授ᄒᆞᄂᆞᆫ故로日淸人間願ᄒᆞᄂᆞᆫ者가日增ᄒᆞ며前敎官金淳鎔氏ᄂᆞᆫ本是韓語卒業生으로敎育에熱心ᄒᆞ야名譽로自願敎授ᄒᆞᆫ다니該校의實地做去가可히廣化의名稱을允副ᄒᆞ리라ᄒᆞ노라

●自動車發明 西署司醞洞籍卄五統七戶居朴榮俊氏ᄂᆞᆫ原來工業에有志ᄒᆞᆫ人士라日前에兩輪自轉車를新式으로發明ᄒᆞ야每日實地로시驗ᄒᆞᄂᆞᆫ데機械가精密ᄒᆞ고運轉이迅速ᄒᆞ다더라

●光南校況 慶尙南道蔚山郡臨江村에光南학校를設立ᄒᆞᆫ지今爲兩載에普通學科가具備ᄒᆞ고高明ᄒᆞᆫ敎師가熱心ᄒᆞ야漸有進就之望인데生徒가雲集ᄒᆞ야幾至校舍不能容之境인바校舍를廣濶新建ᄒᆞ고凡務를一層擴張ᄒᆞᄂᆞᆫ데該郡士林中有志ᄒᆞᆫ朴禎煥氏로校長을推選ᄒᆞ며贊成員十餘人을選擧ᄒᆞ야校務를擔任케ᄒᆞ얏고該郡居金奎瀞氏ᄂᆞᆫ葉錢二千餘兩을義捐ᄒᆞ고本郡守李鎬奭氏ᄂᆞᆫ葉二百兩을特付ᄒᆞ얏ᄂᆞᆫ데其外諸氏도多出義金ᄒᆞ야經費가無損ᄒᆞ니南濱文明이日益蔚興ᄒᆞᆫ다더라

●軍港占地 永興만에日本軍港設始하ᄂᆞᆫ事實으로德源監理가日本要塞司令官居土瀬市氏의照會를因하야安邊德源文川高原永興等各郡守로去月二十四日에日本理事廳으로一齊會同하야其軍港設始의情形을說明하고軍港區域內所有家屋墳墓와人口田畓을調査하야送交하되此是軍事上要務니無或違越하라고연述ᄒᆞᆷ의各郡守가俱以九月晦內調査成冊하야決交하마ᄒᆞ고還歸하얏ᄂᆞᆫ데其중文川郡地界ᄂᆞᆫ不過是六社인데四社半幅員은軍港區域으로犯入되고所存이一社半面積에無過하니文川은無異無郡이라더라

●法制裁判所 法部에서各裁判所로訓令하기를人民罪犯이至于死刑은渠所自速이라存法當行이나言念其幾忍하면未始不矜恤而該罪之執刑於衆目所視와該屍之曝外而不即埋에가非徒人情所不忍이라足爲風교上不美矣니嗣玆以後로死罪執刑에勿煩於衆目하고該屍를即掩埋하야無復籍謬하고以敦風교하라하얏더라

●政府會議 地方制度調査所에서調査ᄒᆞᆫ制度大槪를據ᄒᆞᆫ則犬牙相制하던地方은割付鄰近郡하야以面積과各稅額을郡守를合付하야府尹을更設하되其下에參書官一人通譯一人主事一人을設置ᄒᆞᆷ事와郡守敍任은以銓考施行ᄒᆞᆷ事와平壤에義州에監理ᄂᆞᆫ勿施ᄒᆞᆷ事와觀察使月俸은一百三十三元府尹은一百元郡守ᄂᆞᆫ六十三元으로增加ᄒᆞᆷ事件인데日전閣議에多端未決하얏ᄂᆞᆫ데今明間에更議決定ᄒᆞᆫ다더라

●徐氏被拘 전警務官徐相勛氏ᄂᆞᆫ有何罪犯이던지大[illegible]府警務署에被拘하얏다더라

●增俸事件 地方官月俸增加事件에對하야內部大臣과財政顧問이再昨日下午四時에目賀田本邸에會見하얏다더라

●軍用地段의民寃 咸南軍用地段價事件을該郡에서政府及內部에屢度請訴하되到底無歸決이거니와漢城府에서도一坪에七錢式受去하라ᄒᆞᆷ으로民情이極寃抑하야統監府에도辨訴하고政府에도更訴ᄒᆞᆫ다더라

●儲水所의定界 仁川港水道儲水所를川郡黑石里로指定ᄒᆞᆫ後該郡守金東鎰氏가民情을軫念하야度支部로防報하고他空閑地로定하다가주宥하警이더니其後에該基址에西洋宣교師의所有干涉하야儲水基址ᄂᆞᆫ鷺梁鎭전行宮전으로移定하야家舍數百戶를毁撤하고且行宮도作線이되더니최近에ᄂᆞᆫ先点하얏든黑石里에ᄂᆞᆫ宣교師가立標定界하얏다더라

詞林

賦閔忠正公血竹三絶 汪貞生

閔公忠義血 竹化翠杖杖 節同奔走 爭瞻涕泗垂 勉哉益勉矣 嗟我入韓人 此竹能知否 風霜獨立春 有耳人聞竹 有目人見竹 若無愛國誠 寧不愧于竹

雜報

●通信院廢止의憾

通信機關이國家에如何히關係됨과我國의通信機關

大痴生 續

行政上이라ᄒᆞᆷ은凡百通信事務의處理를謂ᄒᆞᆷ이오經濟上이라ᄒᆞᆷ은營業上에關ᄒᆞ야支出ᄒᆞᆫ經費金이裕綽ᄒᆞᆷ과收入이支出의加多ᄒᆞᆫ等事를謂ᄒᆞᆷ이니僅存ᄒᆞᆫ通信當局者ᄂᆞᆫ急急히精神을두余ᄒᆞ야最先高明ᄒᆞᆫ敎師로ᄡᅥ郵電의官吏될良才를養成ᄒᆞ고各般機械의製造를營作ᄒᆞ며一邊으로其他行政經濟等에關ᄒᆞᆫ一切事를講求不怠ᄒᆞ야所謂獨力經營ᄒᆞᆯ만ᄒᆞᆫ境遇에達ᄒᆞ거던正理로ᄡᅥ其還付ᄒᆞᆷ을懇懇히强求得就ᄒᆞ야前日의禍를轉ᄒᆞ야今日의福을爲ᄒᆞᆷ이可ᄒᆞ고日力量이乏ᄒᆞ야强求를難行ᄒᆞᆯ지라도平講究ᄂᆞᆫ有ᄒᆞ여야假令彼가慈悲의善心이生ᄒᆞ야韓國政府財政이十分餘裕가有ᄒᆞᆷ으로玆에還付ᄒᆞᆫ다ᄒᆞᆯ지라도接受ᄒᆞᆯ人과設備가無ᄒᆞ야不能接受ᄒᆞᄂᆞᆫ境遇에至ᄒᆞ지아니ᄒᆞ리니通信院의責務가豈歇后於前日哉며通信機關은無ᄒᆞ되通信院은置ᄒᆞᆷ은皇上陛下 聖意의攸在ᄒᆞ옵신点이有ᄒᆞᆯ지어늘當局者ᄂᆞᆫ恬然無識히歲月을玩愒ᄒᆞ야光化門前出張所內新建洋屋의巍巍峨峨ᄒᆞᆷ은往來路에尋常히一景의概로認ᄒᆞᄂᆞᆫ듯仕進時에院務煩劇이無ᄒᆞᆷ으로政治社會에希有ᄒᆞᆫ淸福을享ᄒᆞᄂᆞᆫ듯上으로 聖意를不能對揚ᄒᆞ고下으로其義務를不能履行ᄒᆞ니如斯ᄒᆞ고엇지怕一船稅를藉ᄒᆞ야因仍ᄒᆞᆷ을得ᄒᆞ리오今에其廢ᄒᆞᆷ은力키難ᄒᆞ나竊維컨ᄃᆡ我國이明白張膽ᄒᆞ고各項准備를作ᄒᆞ야引還의日을指期ᄒᆞ야도猶不諧ᄒᆞᆯ慮가有ᄒᆞ거든况這間一年에通信院의存續이如彼ᄒᆞ고且今에그나마廢止ᄒᆞ니我ᄂᆞᆫ永히通信事業에留意가無ᄒᆞᆫ듯後日에望이遂無ᄒᆞᆫ憾이有ᄒᆞ도다從今으로通信事業經營의事를掌ᄒᆞᄂᆞᆫ官廳이有ᄒᆞᆫ지不知ᄒᆞ되通信機關係影響을洞察ᄒᆞᄂᆞᆫ지速히各項准備의事를講求ᄒᆞ야引還의策을早定ᄒᆞᆷ을顒望ᄒᆞ며雖我國民이라도此准備에着意ᄒᆞ야期期코通信機關을回復ᄒᆞᄂᆞᆫ他日이有ᄒᆞᆯ기를是勉ᄒᆞ야今日通信院廢止ᄒᆞᆷ에憾ᄒᆞᆷ이無케ᄒᆞᆯ지어다 (完)

●技習可駭 仁川港居ᄒᆞᄂᆞᆫ誰某ᄂᆞᆫ空手入港ᄒᆞ야日收致富ᄒᆞ야現今貲産이累數萬圓이라近日江華人에庄土를與成ᄒᆞᆫ다ᄒᆞ야畓主를屢次招來ᄒᆞ야折價成約ᄒᆞ얏다가一夜之間에雜技所失이累萬元이라고與成을罷議ᄒᆞ라니畓主之徒煩往來에損害不小도必有稱怨이어니와一夜雜技所失如彼ᄒᆞᆫ則可謂大雜技라法司도不能禁止라니富者有權이라其姓名과及其行爲善否를探知ᄒᆞ야셔노라

●老人이畢竟見賣 南山老人亭의放賣事ᄂᆞᆫ前報에記載ᄒᆞ얏거니와近日에傳說을聞ᄒᆞᆫ則日本人木井田太郞氏가何許僞造文券으로老人亭을期於買得ᄒᆞ고今月二十日에永登浦에서越價ᄒᆞᆫ다더라

●英語야학設立 西大門外光興학교長鄭喬氏와교監李澤應氏가학部에請願承認ᄒᆞ야英語야학교를漢城公立小학校에設立하고英語專門科로교授하ᄂᆞᆫᄃᆡ교師ᄂᆞᆫ韓百源金鐙金永極諸氏가擔任하야三昨日에開학하얏ᄂᆞᆫᄃᆡ학徒가爲先十餘人이되고連하야繼續募集ᄒᆞᆫ다더라

廣告

本塾에서陰曆七月二十日부터開學ᄒᆞ엿더니晝夜學員은伊日下午五時에齊會ᄒᆞᆯ事

晝夜學開학員會限二十人增募ᄒᆞ엿더니願학 僉員은來臨問議ᄒᆞᆷ事

日語(의학) 英語(의학) 한語讚학 專門科

夜학特別科에ᄂᆞᆫ通譯人으로說明敎授ᄒᆞ오니日淸人間願ᄒᆞᄂᆞᆫ人은急速來問ᄒᆞᆷ事

(特別月謝金一圜 專門科謝金三十錢)

南門內暘谷四十三統七戶

私立廣化新塾

西署仁達坊社稷洞九十七統九戶瓦家五間草家四間板契七月初還失故將出立旨內外國人照亮

家主金鳳植 告白

●本社特告● 大韓每日申報平壤支社事務를平壤府上水口內金浩淵氏의게轉委ᄒᆞ고光武十年九月一日부터視務케ᄒᆞ오니本申報를愛讀ᄒᆞ시ᄂᆞᆫ僉彦은九月一日以前代金은金與淵의게傳致ᄒᆞ시고以後事ᄂᆞᆫ金浩淵氏와相議ᄒᆞ시ᄋᆞᆷ

大韓每日申報社 白

◎第二期學員增募 本塾에서法學科學員을增募ᄒᆞ오니願學人은本塾에來ᄒᆞ야請願ᄒᆞᆷ事

學科及規則은本塾에來ᄒᆞ야問ᄒᆞᆷ事

(試驗科目)

(國漢文論作文)

試驗日字九月七日

陰曆七月十九日

西署英語學校後洞

私立養正義塾 告白

敬啓者本校에서學員을增募ᄒᆞ오니願학 僉員은本月十日(陰七月二十二日)內로銅峴水下洞야학校로來臨應募ᄒᆞ심을望ᄒᆞᆷ

科目 英語 日語 筭術 地誌 歷史

懿法會夜學校 告白

◎民事訴訟代理와刑事辯護及鑑定一切法律에關ᄒᆞᆫ事務를迅速處理홈

漢城南署茶洞第十七統八戶

辯護士正三品李冕宇

前檢事

法律事務所

事務員 博士李兢洙

博士趙東植

●大韓自强會月報

每月一回廿五日發行

定價金一部十五錢

國家의能力은智識發達에在ᄒᆞ고智識發達은國民結合과書籍閱覽에在ᄒᆞᆫ지라所以로本會를組織ᄒᆞ고本報를刊行ᄒᆞ야我韓自强을期圖ᄒᆞᆷ은世人의共知ᄒᆞᄂᆞᆫ者어니와本報ᄂᆞᆫ內外國指名學問家의演述과殖産敎育의要素를蒐輯ᄒᆞ고其他時局情形과有理ᄒᆞᆫ瑣談을多載ᄒᆞ야我同胞의自國精神을喚起코ᄌᆞᄒᆞᄂᆞᆫ目的이오니一般同胞ᄂᆞᆫ此를愛讀ᄒᆞ실ᄃᆡ幸須家家案頭에備置ᄒᆞ야精讀ᄒᆞ시와益加勵進ᄒᆞ시기敬要

漢城中署上漆洞五十八統三戶

帝國雜誌社

◎物貨大販賣廣告

本人이城津港各國居留地에物貨大販賣所를設施ᄒᆞ고上海香港海蔘威日本各埠에有名ᄒᆞᆫ綢緞洋木等上品物貨를多數貿來ᄒᆞ오니國內紳商諸彦은須至幾萬元이라도信從ᄒᆞ야陰曆八月부터開市ᄒᆞ고廉價放賣ᄒᆞᆯ터이오니或特約購入ᄒᆞ야도益來臨ᄒᆞ시기務望ᄒᆞᆷ

城津港各國居留地

大販賣主人崔鳳俊

◎至急廣告◎

本社에서昨日午後에紙貨幾許를拾得ᄒᆞ얏스니誰某든지閒失ᄒᆞ신이ᄂᆞᆫ本社에來ᄒᆞ야證據를詳示ᄒᆞ시면出급ᄒᆞ기삼

●特別社告

本申報社內에特別히附屬品으로活字를更備ᄒᆞ야本社印刷所를設置ᄒᆞ얏ᄉᆞ오니印刷를要ᄒᆞ시ᄂᆞᆫ僉君子ᄂᆞᆫ來臨相議ᄒᆞ시ᄋᆞᆷ

大韓每日申報社 告白

學員募集廣告

官立中學校를漢城高等學校라改稱ᄒᆞ야豫備科를設置ᄒᆞ고生徒를募集ᄒᆞ야選ᄒᆞᆯ터이니入學志願者ᄂᆞᆫ九月十日月曜(陰曆七月二十二日)以內로願書를本校에呈ᄒᆞ고伊日上午十時에본校로齊赴應試ᄒᆞᆷ事

入學試驗科目

一漢文讀書 作文

一國文作文 一筭術問對

一日語會話 一年齡十四歲以上二十歲以下

稟請書ᄂᆞᆫ學部에購用事

光武十年九月一日

紅峴前官立中學校

官立漢城高等學校

十一歲女兒名占順陰七月十日出門不知去處ᄒᆞ와玆의廣告ᄒᆞ오니惟願 僉君子은瞭其所到覓送于本人家ᄒᆞ시면厚謝ᄒᆞᆷ을이다

靑橋五十九統三戶白樂均 告白

◉學員募集廣告（第一回）

玆에普成中學校를新設ᄒᆞ고高等普通學術로一般國民을敎育코져ᄒᆞ오니將來에實業及實務에從事ᄒᆞ고又ᄂᆞᆫ各種專門學校에入學코져ᄒᆞᄂᆞᆫ靑年有志諸君은早早來學ᄒᆞ오셔中等以上普通知識을全備ᄒᆞ심을爲望ᄒᆞᆷ

本校의完全ᄒᆞᆫ敎授準備와眞正ᄒᆞᆫ敎育制度를左에列擧ᄒᆞᆷ

一 一般敎科書ᄂᆞᆫ擇ᄒᆞ야本校에셔新編準備ᄒᆞᆷ

二 本校의第一主旨ᄂᆞᆫ修身科、作文科、漢文科니倫理學敎科書를新撰ᄒᆞ야德心을培ᄒᆞ고、作文敎科書를新撰ᄒᆞ야文章을[illegible]ᄒᆞᄂᆞᆫ敎授ᄒᆞ고漢文敎科書를新撰ᄒᆞ야讀書를應用活法으로敎授ᄒᆞᆷ

三 理化學及博物學은機械及藥品으로實地試驗을行ᄒᆞ야敎授ᄒᆞᆷ

四 唱歌ᄂᆞᆫ軍樂音調로新體敎習ᄒᆞᆷ

五 體操及運動은各外國運動式用機具로日常敎鍊ᄒᆞᆷ

六 敎師ᄂᆞᆫ新舊學問에專能ᄒᆞᆫ諸大方家를延聘ᄒᆞᆷ

●學科目（科目中課程은略之）

修身學、國語、漢文、作文、歷史、地誌、物理及化學、博物學、地文學、法學、經濟、圖畫、唱歌、體操、外國語、農業學、商業學、簿記學、

●修業期限 四個年

●入學年齡 自十六歲以上至二十五歲以下

●入學試驗科目 國漢文讀書及作文、內外國歷史及地誌問對、筭術四則以內

●入學試驗日字 九月十九日（陰七月二十七日）

●開學日字 九月十六日

（入學請願書及保證書ᄂᆞᆫ本校用紙를用ᄒᆞᆷ）

光武十年八月十六日

漢城中署磚洞 私立普成中學校

廣告

東國歷史 普通敎科國漢文一秩二册定價新貨 一圓十戔

法蘭西新史 四十錢

淸國戊戌政變記一秩 一圓

波蘭末年戰史一册 三十錢

美國獨立史一册 三十錢

法國革新戰史一册 三十錢

大韓輿地圖一張 十七錢五里

世界全圖一張 三十七錢五里

大韓地誌一秩 七十五錢

牧民心書一秩 一圓二十五錢

萬國地誌一秩 一圓

尺牘完編一秩 一圓五十錢

農政新編一册 五十錢

法學通論一册 一圓

溫故知新堂叢抄 七錢五里

父師必讀小學指남 七錢五里

人工養蠶一册 十五錢

政治학一秩 二圓六十四錢

家庭雜誌一册 十錢

進明彙論一秩 三十五錢

交際新禮一秩 十八錢

發賣所 布屛門下金相萬冊肆 大韓每日申報社

花春丹은 霍亂 吐瀉 腹痛
滯症 暑症 정忡 神眩 怔鬱
痰盛 醒酒 眩暈 咳嗽 癖진
口味업ᄂᆞᆫ諸症의神效ᄒᆞᆫ藥이오
此外에도洋灰水解毒 藥 腫창
疳氣 蛔虫 寸虫 赤白면風
藥과東西洋藥이俱備ᄒᆞ고他病
도隨問出方ᄒᆞ오니 僉位ᄂᆞᆫ枉
臨ᄒᆞ시옵

皇城校洞石井洞下隅
石泉堂藥局 告白

[illegible]九轉[illegible]人이[illegible]法[illegible]製造ᄒᆞᆫ[illegible]
大老少에無論何病ᄒᆞ고通治ᄒᆞ오며無病時에도服ᄒᆞ면平生의
身體가健康ᄒᆞ며[illegible]千數百에[illegible]病[illegible]
[illegible]ᄒᆞ오며

●九轉[illegible]丹은[illegible] [illegible]症과中[illegible]
[illegible]效ᄒᆞ오

●九轉[illegible]砂保[illegible]丹은初生小兒 [illegible]
驚[illegible]과婦人帶下症에[illegible]效ᄒᆞ며

●九轉[illegible]砂[illegible]丹은酒滯 食滯 血積 吐[illegible]
吐血 下血 運氣 時疾 痢症에神效ᄒᆞ오

●九轉[illegible]砂[illegible]丹은[illegible] 累[illegible] 上痔瘡 下痔瘡及[illegible]
[illegible]般[illegible]種에無不神效ᄒᆞ오니 僉君子ᄂᆞᆫ來問ᄒᆞ시오

內[illegible]司[illegible]두갈이골上隅第一家 李[illegible] 告白

本社廣告

◉大韓每日申報[illegible]

中署布屛門下 金相萬冊肆

大邱郡

發行所

大韓每日申報社

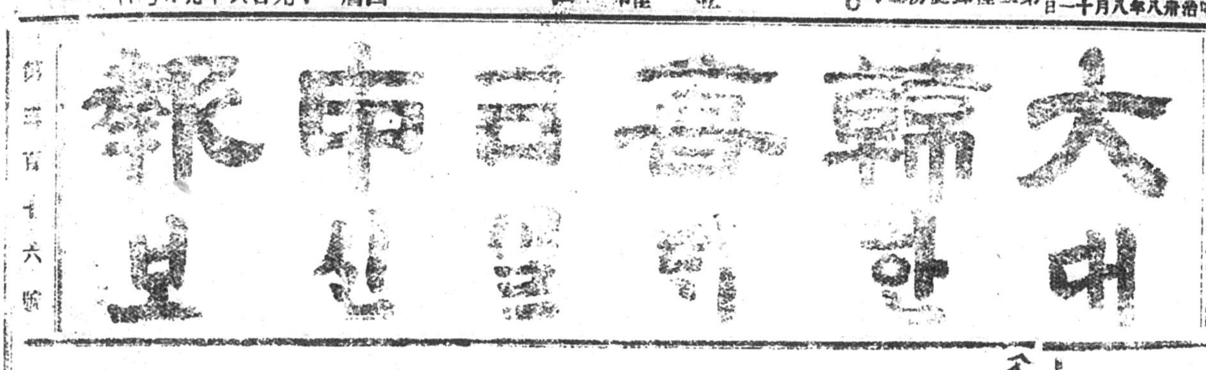

第四卷 第三百十六號

月曜及慶節 歲時日休刊

檀君開國四千二百三十九年
箕子元年三千二十八年
大韓開國五百十五年
日本明治三十九年
淸國光緒三十二年
◉陰曆丙午七月小十九日甲寅

論說

英國海軍聯合과英日同盟 (支那報照謄) 續

印度國境의防守를擔保홈은果其非常機會라日本의對此計劃이維何인지有人必問하려니와果若實行이면此豈非極大者力이리오然이나日本의目的이維何오

本人이此를敢不提論홈은日本同盟을厚愛하는人民思想이瀰漫홈을顧慮홈이오且日本을論述旣畢하면公等이欲作大매일가關念홈이로다蓋日本이重大目的을未有하고는重大責任을不負홀邦國이오且其人民도亦有遠見흐니對英國熱情이據度와不同호지라

誰某든지日本의暫遊홀人士는此를採悉흐나니日本人이不變白人이라但白人의研究力과白人所有에最好品을效用흐고向我深愛는未有하도다與英國同盟이 合於民意홈은此ㅣ日本目的을給助홈이니若察其眞實目的이면亞細亞霸權을欲得홈이라今考所得이已至多大部分이로다推其現態以觀之컨디日本이太平洋優勢를早晩間에取得흐리니其後之事는今不必論及이로디以其優勢로印度保權을擔保홀거시며且太平洋優勢는即地球東半部에優勢니何國이든지如彼勢力을自有면取得印度하기에可有其權有其日홀거시오出於下計라도隨地西强의印度陸軍之力을制服흐리로다

由是로今我海軍聯合을言思到達흐는디로計策을深究홀거시오與日同盟을空相稱揚흐야後日之末免失敗를圖日隨從흐는거시不可흐도다現今陸軍의狀態로는日本同盟이非不必要라可稱이나然이나此를信任홈은不可라特營흐노니

非特止此而已라[illegible]大佛列顚帝國及人民의安全發運을希望흐는人士는世界戰局의風雲變態를暫勿忘忽흐고但國家發運에保持自衛之策인즉各國內國聯을謀[illegible]기에誠心竭力흐지어다[illegible]이喝采흐다此隅에居留흐는數百英人이頗無思想히現行局勢[illegible]今歡心흐야有何好[illegible]於日國임가愛慕흐나니如此人士는此說話를詳守홀지어다

此引用흔話說는日本之仇敵或毁방者나俄國之所使人의記述흔거시아니오特其才智忠愛로有名흔英國一記者의揭載흔거시니吾人은同記者가此誤論協約흐야時念흐는거슬稱許흐노라 完

官報

◉宮廷錄事

勅三千五百五十一號 光武十年九月六日

懿孝殿提調李載克辭職疏
批旨省疏具悉卿其勿辭行公

九月三日
奉常司提調玄暎運辭職疏
批旨省疏具悉不必如是爲引卿其勿辭卽爲受勅

◉敍任及辭令

九月四日
○任[illegible]本官 警務顧問巡查 朴世鉉
周岡○任警務顧問總巡
以上八月三十一日○任農林學校書記 九品升親儀○九品上同璿 尹熙道 任農林學校敎授補 以上九月三日

◉部令

◉度支部令第十四號
外國人旅費規程 令
第九條 解職者는監督長官의[illegible]係의[illegible]及旅行[illegible]지아니홈도有홈이라

	滊車及船비	車馬비每十里	日給	宿泊料	食車
一等月俸二百圓以上	一等	八十錢	二圓	六圓	二圓
二等月俸六十圓以上	一等	五十錢	一圓	四圓	一圓五十錢
三等月俸六十圓未滿	二等	三十錢	五十錢	二圓	七十錢
四等日給一圓五十錢以上	三等	十錢	五十錢	一圓	三十錢
五等日給一圓五十錢未滿	三等	十錢	四十錢	六十錢	二十錢

光武十年八月廿五日

勅令

◉勅令第三十九號
農商工部所管農林學校官制

第一條 農林學校는農商工部大臣의管理에屬흐야農林業에須要흔교育을施行홈

第二條 農林學校에左의職員을置홈

校長 一人 奏任
敎授 專任五人 奏任
司監 一人 奏任或判任
敎授補 專任二人 判任
書記 專任三人 判任

第三條 校長은農務局長이兼任흐야農商工部大臣의指揮監督을承흐야校務를掌理홈

第四條 敎授는上官의指揮를承흐야敎務를掌홈

第五條 司監은敎授와敎授補或書記가兼任흐야上官의命을承흐야生徒의監督을掌홈

第六條 敎授補는上官의指揮를承흐야敎務에從事홈

第七條 書記는上官의指揮를承흐야庶務에從事홈

第八條 現今間은本校職員을[illegible]에成日本國學術者를招聘흐야其學務를囑託홈도得홈

附則

第九條 本令은九月一日로부터施行홈

光武十年八月廿七日
御押 御璽 奉 勅
議政府參政大臣 朴齊純
農商工部大臣 權重顯
度支部大臣 閔泳綺

外報

◉各國聯絡 [illegible]彼得堡電을據흔則[illegible]聯絡一氣흐야[illegible]憲法의準繩을合흐고從今此憲法으로能히圓滿흔目的에達흐리라흐다

◉小村談論 [illegible]日本小村男爵이[illegible]政大臣을對흐야[illegible]的大槪는英日兩國이맛당이端力聯盟흐야[illegible]外人의[illegible]滿生케[illegible]다더라

◉[illegible] [illegible]

雜報

●民可冤 [illegible]州署理李民보氏의行政은ᄒᆞ니今에傳說이不一ᄒᆞ더니今에又所傳을據ᄒᆞᆫ則三件事가有ᄒᆞ더라 該郡古[illegible]面居朴基昌이가以[illegible]事ᄒᆞ去八年ᄒᆞ니年主가告于署理ᄒᆞ되監理가使羅卒一名으로捉致러니基昌이逃去ᄒᆞᆫ뎌羅卒이逃人基昌之兄基鴻之家ᄒᆞ야討其兄債ᄒᆞ되一百四十兩하고十餘日에羅卒이又至基鴻家하야突入內庭하야討食葉三十兩ᄒᆞ고又奪鳥銃一柄而還이러니數日에監理가派送巡檢하야捉致基鴻因之ᄒᆞ니房內又爲葉五十兩이라監理가又使人威脅基鴻ᄒᆞ되必爲賂然後可出이라ᄒᆞ니基鴻이가無可奈何하야葉一千五百兩於晉을來ᄒᆞ하고納給放出ᄒᆞ얏는데臨七月十五日에乃其納給期限이라基鴻이가錢難辦ᄒᆞ야號泣眼腫에目不忍見이라ᄒᆞ며金德元의事件으로巡檢이德元의父永祚의家에至ᄒᆞᆫ則其家가空虛ᄒᆞᆫ지라該洞尊位를結縛毆打하야[illegible]百兩을勸討ᄒᆞ니一里驚惶ᄒᆞ야强盜보담尤甚ᄒᆞ다구人心이嗷嗷라ᄒᆞ고 光化面居張德一이가在家作農ᄒᆞ더니一日에巡檢이來ᄒᆞ야德一을捕縛ᄒᆞ거늘德一이曰何罪오巡檢이曰爾弟德星이爲强盜ᄒᆞᆫ故니라曰眞僞를勿論ᄒᆞ고假使吾弟로竊盜라도何以捕其兄乎아巡檢이曰有拏引狀故也라ᄒᆞ고又捉德星이어늘德一이曰何故로又捉吾弟오曰眞犯者爾弟故也라ᄒᆞ고兄弟二人을驅迫而前이러니中路에서德一은給之得脫ᄒᆞ고德星은捉待ᄒᆞ니監理가該里尊位를面執綱을招ᄒᆞ야勒使報ᄒᆞ고月餘를拘囚ᄒᆞ얏다가畢竟無可奈何ᄒᆞ야答十度ᄒᆞ고放送ᄒᆞ얏다ᄒᆞ더라

●公有地潛賣 武官학校附近에在ᄒᆞᆫ昔龍亭舍를毀撤ᄒᆞᆫ後該基址를武官학校鍊鍊으로占有ᄒᆞ얏더니日昨에該洞居金姓人이淸人의게渡賣ᄒᆞᆫ故로淸人等이該基址에標木을圍立ᄒᆞ는지라武官학校에서其根因을査覈하야該金哥를警務北署로押交하고軍部에報告하얏는데軍部에서또法部로照會하야金哥를押致照律하고公有基址를無得潛賣케ᄒᆞ라하얏다더라

●淸州水災 청州郡에는去月三十一日에晝夜暴雨에川漲邑沈하야漂戶가二百二十七戶오頹戶가一百七十七戶오傷命이十六名이오重傷이五名이라고該道觀察使署理가內部에電報하얏다더라

●師範학校建築 학部에서師範高等학校를新建築하는데該基地는德語학校前으로定하고日本人이都給으로擔着하야本月三日부터始役하얏다더라

●判事擬望 法部에서政府에請議ᄒᆞᆫ바裁判所判事一人主事二人을增置하기로決斷하얏는데昨日法部에서部員會議를開하고한裁判事를公薦하야前檢事金正穆氏로擬望이되얏다더라

●巡檢의壓制 [illegible]民[illegible]巡檢[illegible]壓迫가依勢[illegible]迫人民에尤甚[illegible]論知悉이어[illegible]其不然者則[illegible]命官이오汝爲聽令[illegible]有不滿底意[illegible]도[illegible]罪[illegible]어날唐突抗辨에[illegible]行捕縛ᄒᆞ야示威ᄒᆞ는[illegible]日昨夕에廟洞[illegible]所巡檢[illegible]該坊內에서所謂[illegible]人[illegible]曳去于支所前ᄒᆞ야[illegible]其捉入醫院이라ᄒᆞ며万相踢打에殺伐之聲이四隣人耳目ᄒᆞ야[illegible]人去客이圍立觀光ᄒᆞ야嗟歎不已하니旣爲認之以犯罪者로捕捉이면[illegible]送[illegible]署ᄒᆞ야以法[illegible]治가乃是警察義務어날非特不此之爲라任意踢打에幾至半死鬼ᄒᆞ고觀光人중或有勸告者면呵叱無雙에莫敢誰何ᄒᆞ니可歎可恐之警察이라ᄒᆞ더라

●課科卒業 한城師範학校速成科학員五十人의卒業式을來土曜日下午一時로定하얏는데該宴所는학部內로ᄒᆞᆫ다더라

●威倖請願 全北礪山郡守로平南咸從郡으로轉任ᄒᆞᆫ朴恒來氏는八十餘老母侍下에千餘里遠道에離側奔走키難便이라ᄒᆞ야內部에請願辭職하얏다더라

●森林無認 雲山郡境內에開設金礦은自宮內府로美國人의게認許ᄒᆞᆫ것인ᄃᆡ該礦主美人이稱以金礦特許權內에森林斫伐權이包含ᄒᆞᆫ句語가有ᄒᆞ다하고森林을亂斫ᄒᆞᆷ이該郡守가其事實을農商工部에報告하야農部로서宮內府에照知ᄒᆞᆫ즉森林은初無認許之句語라하얏더라

●日人占江稅 義州郡沿江稅額은原係於給需ᄒᆞ야自經理院派送稅官而收捧輸納者인ᄃᆡ今忽日人이設海關於光城面麻田하고派送任役에逃州經理院則定하며沿江稅額도亦是海稅라하야依前收捧케라고該郡守가農商工部에其理由를質問하얏는ᄃᆡ農部에는該沿江稅額은非所關이라府令하얏다더라

●陳列館通牒 農商工部에서陳列館은年來閉鎖에物品有無를難以知得이러니自數日前으로該館을通牒하고日本 이多數任接하니物品陳列館이變하야人品陳列館이되얏는지捉模不得이라하더라

●光興恢拓 光興학校가樂峴南麓前溫粹會에設立ᄒᆞ얏더니日昨大雨에全部渗漏ᄒᆞ야頹壓을避ᄒᆞ얏는ᄃᆡ專常科徒父兄諸氏가下自一元으로上至十元으로各出義捐ᄒᆞ야校舍를一體修繕中이라니該학徒父兄諸氏의義務的決心을攢頌ᄒᆞ노라

●囑托敎授 法部所管法官養成所官制를向已變更하야兼任敎官을增置ᄒᆞᆫ後法部參書官李晃宇氏로兼任케ᄒᆞ얏더니李氏가參書官辭를任하고辯護士로退去ᄒᆞᆫ즉其兼任敎官의名稱을變하야囑托敎授라稱하고仍以李晃宇氏로敎授케하니官立학校의經費가窘絀ᄒᆞᆷ인지하더라

●청匪掠奪 日昨嘉山郡文島里에는청匪四十五名이擔銃侵入하야掠奪財産하며揮劍放銃하야該洞民중一名은중丸致死하고一名은銃劍을俱被나僅免致命하얏는ᄃᆡ日本守備隊가追捕코져該地에前往하얏스ᄂ該匪逃散에一個도不獲이라더라

●屋稅提議 度支部에서結稅를增加ᄒᆞ다ᄒᆞ더니異議가生ᄒᆞ야增稅는停止ᄒᆞ고家屋稅를增加ᄒᆞ기로提議가되얏다더라

●地方官叙任規程 政府에서地方官叙任하는規程을內部議로初定하는데郡守는判任職任을三年을經ᄒᆞᆫ者오觀察使는職奏任五年을曾經ᄒᆞᆫ者라야任하는데郡守의銓考는內部治制度度支部財政規程法部刑法節制警務章程을能解知得ᄒᆞ여야任命하기로하는데卓異ᄒᆞᆫ人材는不在此限이라하얏더라

●朴倅辭職 大丘郡守署理朴重陽氏가警務事務는日本警務官吏와契約委任하고官屬은依勸告幷減하고實化黨은理事官의게幷爲讓與하엿다더니朴郡守가日本邊에誇其有功하여該政治覽表를某人로逐事報告ᄒᆞᆫ다더라

●規則公布 內部大臣李址鎔氏가郡守叙任規則을政府에提出하고公布하기를今此郡守窠闕로此規則을施行頒布ᄒᆞᆫ後에叙任ᄒᆞᆫ다하는지라郡守圖謀者들이幷皆落膽하엿다더라

●日將叙勳 軍用鐵道를統監府에서句管하야一般事務를引繼ᄒᆞᆫ지라鐵道監部大將山根武亮氏가日間歸國하는故로統監府에서政府로公文하되該少將[illegible]有功[illegible]一等勳章을施[illegible]

[illegible]犯罪ᄒᆞ[illegible]逃躱ᄒᆞᆫ[illegible]ᄒᆞ는것이刑[illegible]人이[illegible]事에參[illegible]事인데警務[illegible]에[illegible]ᄒᆞ고[illegible]無[illegible]法[illegible]무使를免[illegible]拘[illegible]다[illegible]相待ᄒᆞ[illegible]停止[illegible]라

●各[illegible]程 內部에서不赴任[illegible]하고京城[illegible]ᄒᆞ는各郡守[illegible]催促[illegible]去[illegible]故로各道各郡守가[illegible]하얏다더라

●政府反對 已往에는郡守를奏本ᄒᆞᆯ時에政府[illegible]이提議ᄒᆞ야[illegible]며叙任하더니今番改定案에는郡守를依銓考施行하며閣議를不經하고內部에서直行奏ᄒᆞᆫ다ᄒᆞᆷ으로各大臣이[illegible]明記ᄒᆞ얏는該理를以府尹ᄒᆞ야日[illegible]리事件호[illegible]務를妥辦ᄒᆞ되府尹도內部에서구管ᄒᆞ기로ᄒᆞᆫ지라政府에서反對ᄒᆞ기를內部에서外交事項을相關ᄒᆞ면外事局은自然廢止하는것이可타하얏더라

●給由定規 內部에서給由規則을實施하는ᄃᆡ郡守가實行事故ᄒᆞ야保證書와確實ᄒᆞᆫ病하야診斷書가添有ᄒᆞᆫ境遇에는三週日給由ᄒᆞ며該由일이經過ᄒᆞ도록赴任치아니ᄒᆞ면該郡守는依例奏免ᄒᆞᆫ다더라

雜報

●平壤松湖園心契趣旨書

夫教育者는陶化人物之第一機關이라德義上涵養도此에原하며忠愛上奮發도此에由하며一切文明進步의事業이皆從此而出하나니是以로環球之上에號爲文明富强之國이莫不以教育으로爲最緊最切之急務하야在一國에有一國之教育하고在一省에有一省之教育하고在一郡에有一郡之教育하고在一鄉에有一鄉之教育하야里里村村에莫不普하고男女貴賤이無不入학하나也라

惟玆松湖가處在箕城之南하야泉甘土肥에不乏居生之樂하고山明水麗하야實是淸閑之區라聰俊之才와愿慤之質이産於其中者가實不讓於發源之金華也로디교育之方에尙未講焉이라於是村중有志가奮然發慮하야先以殖産之方針으로爲一村公益之資하고特設校舍하야爲羣彥藏修之所하니諸般規則이略已講定하야以圖踐行에期有實效而名曰園心契라旣有是園心之名에其可無園心之實乎아惟我僉員은一層奮勵하고一倍惕厲하야四千年祖國을頂上에高戴하며二千萬同胞와休戚을脊梁에擔着하야務祛畦畛之私議하고期於團結之目的하야殖産之公益이足以敷學校之經費하고교育之效果가足以需國家之用하면此松湖一契가豈不爲一國社會之前茅耶아惟我僉尊은念之哉勉之哉이다

●日人亦稱義士

忠淸南道藍浦郡儒士尹錫봉氏가洪州義兵중에赴하얏다가日兵의被執되야洪州獄에拘囚하얏다가京城司令部에押入하야首尾四十五日에解放하얏는디洪州에再次招辭와日軍司令部拘留한後三次招辭하얏는디據實詳陳하야無一毫隱諱하고言辭直切하며氣容이正肅하야小不挫折하고其間晨夕에每誦經傳中義理文字하고更多吟咏中에三首를傳誦하니如左하니

一房監裏數旬留度厄何時始出頭亂世苟生非智勇丈夫寧死秉春秋四方多十同燕獄一個孤臣獨楚囚險路다來平地福安心以外更何求

國將有事天降人一片孤城欲掃塵何心志士皆同原可笑將軍獨免身不死之前宜守舊若生以後更圖新未伸大義從何訴日夕瞻望聖主眞

頭無冠着身無衣歷考囚人古所稀黃피獄중書自讀蘇郎海上鴈曾歸小丑艱入穴全體僅容鎖尺扉天假餘年生出世一絲垂釣夕陽磯

日人이或稱賢人或稱학者或稱人才라하고且或有書示者曰公等은忠臣義士ㅣ니可敬服이라하니彼此人心秉彝之同을可見이라하더라

●宮監濫下

於義宮庄土가黃海道安岳郡의在하더니昨秋宮監姜潤重氏가下去時의濫下條는上下치勿하라는傳令ㅅ지持去하야濫下記條六千餘兩을上下하고上京한지라該宮堂上李裕鼎氏가此事를聞하고姜潤重이가公作을無難濫下하얏스니不日來로彈핵하라고嚴飭하얏는디該宮의셔는反護姜氏하고欺瞞堂上하야以爲鄕監官이上京還納之意로瞞過云하이汰去한監官이緣何上京乎아雖至百年이라도該鐵上랍次로上京之理는萬無矣리니此는貽害鄕宮만不啻라不顧宮規事體하야堂上命令을視若茶飯하고延拖歲主하야自下勿施之計故로堂上이尤極忿怒하야更爲嚴飭하고期於督捧하야以完宮簿케한다하다더라

●徐恩丕頌

大丘居前侍從徐相夏氏는素有急人之義하야恤窮濟困이稱於遠近하더니就中趙鳳瑞는資本數萬金을徐氏의게請得하야商業을經營하다가不幸狼狽한지라丕氏가自己業도無望함을悲嘆할뿐아니라며옥資本主의게大段貽害함을忿痛하야自然身病이發生하야危독之境에至거날徐氏가罔顧慰解曰人生一世에身外無物이니幸勿以我錢爲憂하고安心善攝하야生命을回生케함을切望하노라하고因하야其債欵을妥貼하니趙氏가深感其德하야身病이遂差하고隕結圖報하기로口不絕頌이라더라

●兩氏義助

전主事崔昌善朴廷□兩氏가孤兒院校舍를贊成하야每朔엽錢一元式을助하마하고一朔도闕치아니하고每月終이면一元式封送한다니兩氏贊助之誠은眞實稱賞하기노라

●朴氏賞餽

再昨日開國紀元節에孤兒학校에서慶祝歌를唱하고一場體操함이觀光者甚多한디前司果朴在淳氏는稱讚不已하고該貨三元을卽出하야果子與果實을買得하야學徒을餽與하얏다더라

廣告

◉學員募集廣告（第一回）

茲에普成中學校를新設호고高等普通學術로一般國民을敎育호되將來에實業及實務에從事호고又는各種專門學校에[illegible]호야[illegible]有志靑年有意諸君은早早來學호오셔中等以上晉[illegible]하시믈務望하옵

本校에셔完全혼敎授準備와眞正혼敎育制度를左에列擧홈

一 各敎科書는擴히本校에셔新編準備홈

二 本校의第一主旨는修身科、作文科、漢文科니倫理學敎科書를新撰호야道德心을培養호고、作文敎科書를新撰호야[illegible]敎授호고漢文敎科書를新撰호야讀書를應用的方法으로敎授홈

三 理化學及博物學은機械及藥品으로實地試驗을施行호야敎授홈

四 唱歌는軍樂音調로新製敎習홈

五 體操及運動은各外國運動式用機具로日常敎鍊홈

六 敎師는新學問에專能혼諸大方家를延聘홈

◉學科目（科目中課程은略之）

修身學、國語、漢文、作文、歷史、地誌、物理及化學、博物學、地文學、[illegible]、[illegible]、圖畫、唱歌、體操、外國語、農業學、商業學、簿記學、

◉修業期限 四個年

◉入學年齡 自十五歲以上至二十五歲以下

◉入學試驗科目 國漢文讀書及作文、內外國歷史及地誌問對、算術四則以內

◉入學試驗日字 九月十九日（陰七月二十七日）

◉開學日字 九月十六日（入學請願書及保證書는本校用紙를用홈）

光武十年八月十六日

漢城中署磚洞 私立普成中學校

廣告

東國歷史 普通敎科國漢文 一秩二册定價新貨 一圜十錢
法蘭西新史 四十錢
淸國戊戌政變記 一秩 [illegible]
波蘭末年戰史 一册 三十錢
美國獨立史 一册 [illegible]
法國革新戰史 一册 二十錢
大韓輿地圖 一張 十七錢五里
世界全圖 一張 三十七錢五里
大韓地誌 一秩 七十五錢
牧民心書 一秩 一圜二十五錢
萬國地誌 一秩 一圜
尺牘完編 一秩 一圜五十錢
農政新編 一册 五十錢
法學通論 一册 一圜
溫故知新堂叢抄 七錢五里
父師必讀小學指南 七錢五里
人工養蠶 一册 十五錢
政治학 一秩 二圜六十四錢
家庭雜誌 一册 十錢
進明彙論 一秩 三十五錢
交際新禮 一秩 十八錢

發賣所 布屛門內金相萬冊肆 大韓每日申報社

花春丹은 霍亂 吐瀉 腹痛 滯症 暑症 정忡 神昏 悒鬱 痰盛 醒酒 船暈 咳嗽 癘질 口味업는諸症의神效혼藥이오 此外에도洋灰水解毒[illegible] 疳氣 蛔虫 寸虫 赤白면風 藥과東西洋藥이俱備하고[illegible] 도隨問出方하오니 僉位는枉臨하시옵

皇城校洞石井洞下隅 石泉堂藥局 告白

◉[illegible] 本人이[illegible]

◉九轉[illegible]丹은[illegible]

◉九轉[illegible]丹은初生小兒[illegible]

◉九轉[illegible]丹은[illegible]食滯 血滯 吐[illegible] 霍亂[illegible]

◉九轉[illegible]丹은[illegible]

[illegible] 內需司前屛門이몬上隅第一家 李[illegible] 告白

一 [illegible]牛乳

大韓[illegible]

本社廣告

[illegible]

◉大韓每日申報支社廣告

中署布屛門下 金相萬冊肆
[illegible]洞口 朱翰榮冊肆
[illegible] 鄭[illegible]
仁川[illegible] 李[illegible]
平壤[illegible] 金[illegible]
宣川邑[illegible] 安[illegible]
義州南門外[illegible]
長湍邑 金一[illegible]
[illegible] 金[illegible]
[illegible]
中和邑 [illegible]
釜山[illegible] [illegible]
開城北部[illegible]
[illegible]校長 [illegible]
大丘郡 達城廣文社

發行兼編輯人 [illegible]
發行所 [illegible]
大韓每日申報社

第四卷　第三百十七號

大韓每日申報
대한매일신보

月曜及慶節歲時日休刊

檀君開國四千二百三十九年
箕子元年三千二十八年
大韓開國五百十五年
日本明治三十九年
淸國光緖三十二年
◉陰曆丙午七月小二十日乙卯白露

論說

格別論述

以平壤地段事實노京城每週報도警論日本ᄒᆞᆫ기를認之以必要ᄒᆞ야論述ᄒᆞ얏스되日本이擅權于此國ᄒᆞᆯ時에確許ᄒᆞᆫ거슬若不踐行ᄒᆞ면列國중에셔享有ᄒᆞᆫ日本슈譽威權을丁寧失棄ᄒᆞ리라ᄒᆞ얏더라

然이나本記者의特顧注意ᄒᆞᄂᆞᆫ거ᄂᆞᆫ非但日本報筆이라特其一般辯士가意思를發言ᄒᆞ얏스되日本之入於戰局은爲韓國利益ᄒᆞᆷ이라該戰役의失敗ᄂᆞᆫ卽韓國의國民權限이全然滅絕되ᄂᆞᆫ意趣라ᄒᆞᆫ거시로다

此意思의虛實은不待智者而可解라日本이戰役結果를成就ᄒᆞᆫ以來로賀言을難陳이니灘態之兎의狡狼之呑을何足慰賀哉아愛ᄒᆞᄂᆞᆫ本報ᄒᆞ시ᄂᆞᆫ公正僉員은暫思ᄒᆞᆯ지어다

若俄國이日本과如히韓國을取得ᄒᆞ얏더리도數萬下等俄人이遍滿于此國全幅ᄒᆞ야國之各種財源을掠取ᄒᆞ며民之各種土地利益을剝奪ᄒᆞ얏깃나뇨不能至於如此ᄒᆞ얏슬줄本記者ᄂᆞᆫ知悉ᄒᆞ노니此ᄂᆞᆫ無他라爲此之行ᄒᆞᆯ如彼多數俄人이未有ᄒᆞᆷ이로다

若其韓國權限의滅絕이爲一問題인ᄃᆡ日本이採用方策보다尤完全尤迅速ᄒᆞᆯ거시未有ᄒᆞ리니以其完全言之면日본이外飭其善ᄒᆞᄂᆞᆫ諸言을陳述ᄒᆞ야列强이不得干涉케毆策ᄒᆞ고以其迅速言之면日本이自國移民을散布四方ᄒᆞ야自國政府奬勵ᄒᆞᄂᆞᆫ거시로다

大韓國民의維支權限을暫思ᄒᆞᆯ진ᄃᆡ外交ᄂᆞᆫ斷絕矣요財政은在日人籠쥬이요居民은多數擅行日兵의威壓을不堪이오警察은借取權下에專在ᄒᆞ고鑛產財源도在日人手中이오森林도被奪矣요自由를唱導ᄒᆞ던지懸行을呼訴ᄒᆞᄂᆞᆫ人士ᄂᆞᆫ每被捉囚ᄒᆞ야普通公正을未得聞焉이며韓國政府의惟一權限은最 腐敗ᄒᆞᆫ略干官人을維支ᄒᆞᆷ에無過ᄒᆞ도다

與我同業人이希望二字를常用ᄒᆞ니日本之占居가今旣二年이라此豈滿足情形이리오至于今日토록日人이韓國土地의價額을經由韓廷官人ᄒᆞ야出給ᄒᆞᆷ으로즁間浪費를未免ᄒᆞ얏스니自此以後로ᄂᆞᆫ有何改良을希望이라ᄒᆞ얏고對其不美移來人民ᄒᆞ야도更加如何嚴束을亦望이라ᄒᆞ얏스니本記者도非不希望이나然이나過去事實을回俱ᄒᆞᆷ이此希望이有何效 일지難信이로다

日本메일新聞社의平壤通信員이採報ᄒᆞ얏스되日本人이同處에셔占取ᄒᆞᆫ土地의代金全額을旣盡出給이라ᄒᆞ얏더니今引日日新報ᄒᆞ야更記ᄒᆞ얏스되日本이戰에購得ᄒᆞᆫ平壤內土地를今自統監府로准適當價額ᄒᆞ야買收ᄒᆞ기를決定ᄒᆞ얏스니此ᄂᆞᆫ本無代金而取用이라가今旣復平和에且欲建設兵營ᄒᆞ야土地所有民의게合宜價額을將給之計라ᄒᆞ얏스니메일新聞社가信任ᄒᆞᆫ該通信員을對ᄒᆞ야吾人이將以何言稱之며且如彼詐僞通信員을收用ᄒᆞᆫ報紙을對ᄒᆞ야將以何言加之耶아

本記者의懇願은惟其公衆이事實을公正히觀察ᄒᆞ야其眞僞를商量ᄒᆞᆯ거시라嚴眼濃霧가除去ᄒᆞᆫ則도로公衆好意가速觸ᄒᆞᆷ을深信ᄒᆞ며日本之對韓方策이因記者一稱ᄒᆞ야得其稱揚ᄒᆞ얏스나此稱揚이有退消之時ᄒᆞᆯ거슬深信ᄒᆞ노라

世界가貴人記者를卸嫉ᄒᆞ야本之實情을採得코져熱心ᄒᆞ나니日本事狀을早速探實ᄒᆞᄂᆞᆫᄃᆡ로全世의好果가關係ᄒᆞ얏도다

官報

●號外　光武十年九月六日

◉宮廷錄事

太醫院口傳　奏曰　眞殿茶禮親行　太子宮　行禮已有成令而見今秋氣ᄎᆡ凉朝候不佳此時　調冒　勞動有非節宣　保嗇之方伏乞　亟寢　成旨千萬顒祝惶恐敢　奏

答曰知道遣領敎事進去舉行勅任官以上奎章閣入參

九月六日

●三千五百五十二號　光武十年九月七日

◉宮廷錄事

詔曰曩有歷渡本邦之日本陸軍大將男爵大島義昌特敍大勳賜李花章陸軍中將眞鍋斌特敍勳一等賜太極章

光武十年八月廿五日

表勳院總裁陸軍副將閔泳徽軍部大臣臣李根澤謹奏陸軍步兵正領尹英烈曾以三南賊捕司令領兵躬巡效績旣多其在勸奬合施褒賞事係　恩典自臣部不敢擅便何以爲之請旨　光武十年九月一日奉旨特爲陞敍

嘉禮都監都提調臣閔泳奎謹奏本都監事務支繁本房諸般事項宜有區別董飭正三品李源昇正三品尹升善六品洪祜逸六品卓熙承監董差下使之專管本房事務剋期董役何如敢　奏

光武十年九月四日奉旨依奏

◉敍任及辭令

○主殿院警衛局主事李明우全金近永　任시從院主事○任帝室會計審査局主事　主殿院警衛局主事崔重植　以上八月廿五日○任陸軍參將　正領尹英烈　九月二日○兼任內大臣秘書官　시從院시從金寧[illegible]　九月三日○依願免本官　[illegible]臨丞李範世○任秘書監丞　從二品李謙來　以上九月四日

外報

●艦隊出發　美國太平洋艦隊의大部隊ᄂᆞᆫ石炭艦二隻과共히東亞로向ᄒᆞ야出發ᄒᆞ얏ᄂᆞᆫᄃᆡ同艦隊에ᄂᆞᆫ(부나운손)少將의旗艦(우에스므우아 지니아(以下)ᄃᆡ리ㅣ란도等四隻의新裝甲巡洋艦인ᄃᆡ此等軍艦은總히同少將의게屬ᄒᆞ얏ᄂᆞᆫᄃᆡ此等新艦은皆排水量이一萬四千噸이오速力이二十四節에巨艦이라더라

●日兵斂跡　合爾賓報를據ᄒᆞᆫ則滿洲懷德縣地方에住存ᄒᆞᆫ日兵數百이淸國常備軍未來之先에ᄂᆞᆫ地方의貽害가有ᄒᆞ더니常備軍駐札以後에ᄂᆞᆫ日兵이其整齊嚴肅을見ᄒᆞ고頗히斂跡ᄒᆞ며或有藉端滋擾者라도常備軍의彈壓懲創을經ᄒᆞ야亦 占甚強暴를不敢肆行ᄒᆞᆫ다ᄒᆞ얏더라

●土蕃衝突　淸國某報를據ᄒᆞᆫ則日人이臺灣番人과衝突ᄒᆞ야死傷이有ᄒᆞ얏ᄂᆞᆫᄃᆡ蓋臺民이日人의蹂躪世不堪ᄒᆞ야戰鬪가起ᄒᆞ얏다더라

●決死團體　俄都에셔ᄂᆞᆫ以死自稱ᄒᆞ고組織ᄒᆞᆫ團體ᄂᆞᆫ近日(스도 리빈)事變에對ᄒᆞ야復讐ᄒᆞᆯ기로警告ᄒᆞ얏다더라

●外相의辭職理由　日本外務大臣林董氏가因病辭職ᄒᆞ고西園寺首相이臨時外務大臣署理를被命ᄒᆞ얏ᄂᆞᆫᄃᆡ林外相의外面은稱病이나其實은滿洲問題及其他事件에關ᄒᆞ야閣僚와意見이不合ᄒᆞᆷ으로辭職ᄒᆞ얏다더라

雜報

●民情愴惻　南門外龍山坊靑坡四契六洞居民等이日본軍用地로犯入ᄒᆞᆫ地段價를한城府에셔[illegible]出給ᄒᆞᆫ다는事에[illegible]ᄒᆞ야[illegible]部에[illegible]ᄒᆞ고從時價出[illegible]ᄒᆞ얏ᄂᆞᆫ데內部에셔題給ᄒᆞ기를愴惻ᄒᆞᆫ景況은極爲可悶이나軍用地段은非但龍山이라各處犯入ᄒᆞᆫ地段을調査幾[illegible]ᄒᆞ야[illegible]한城府로差等이無케ᄒᆞ야分給ᄒᆞᆯ지니한城府指揮를[illegible]ᄒᆞ고본部에勿煩ᄒᆞ라ᄒᆞ얏더라

●[illegible]止無效　高陽谷州等山等[illegible]中村永慶等이水輪機械[illegible]設置ᄒᆞᆷ을該郡守가[illegible]部에[illegible]止ᄒᆞ야[illegible]已操이나外警務廳[illegible]에對ᄒᆞ야其實地利害와[illegible]何를詳探ᄒᆞ기爲ᄒᆞ야[illegible]總巡一人과警務補와[illegible]一人을派送ᄒᆞ야其[illegible]踏[illegible]該郡守朴周慤으로[illegible]禁[illegible]ᄒᆞᆫ事由를質問ᄒᆞ얏더라

●[illegible]役　再昨日法部會議[illegible]事件을更審ᄒᆞ平理院在囚全州郡守權直相氏事案인데該氏는[illegible]者도有ᄒᆞ고重勘이[illegible]者도有ᄒᆞᆷ으로論議持貳ᄒᆞ야[illegible]不決矣러니再昨日法部[illegible]에[illegible]決이되야三年懲役[illegible]하기로하얏다더라

●電線水災　公州觀察使가再昨日內部로電報하기를陰曆본月十二日雨에人命被害와家屋漂頹가無處無之ᄒᆞ야景色이極爲愴滄이나因電郵不通ᄒᆞ야今才報達이라ᄒᆞ얏더라

●果有乘座之區別　昨冬新條約成立以後로各流車乘客에對ᄒᆞ야韓國人은上等을不許ᄒᆞᆫ다ᄒᆞ되其事實이全無ᄒᆞ다고彼邊의說明이有ᄒᆞ얏거니와韓人乘車의不許上等은與論ᄒᆞ고再昨일新門外停車場에셔某某韓士가渡日ᄒᆞ는親舊의餞送을爲ᄒᆞ야南門外停車場ᄭᆞ지同乘ᄒᆞᆯ次로三等車票를買持ᄒᆞ고共上于三等間則掌車일人이他間으로驅逐ᄒᆞᄂᆞᆫ지라其中一人이問其裏許曰以此三等票로乘此三等間이有何違規乎아此間彼間에有何韓일人之分別乎아ᄒᆞᆫ데일人曰果有韓일人乘座之區別이라ᄒᆞ거날其紳士諸氏가不勝忿慨ᄒᆞ야仍別其瀟일之友ᄒᆞ고一同下車ᄒᆞ야嘔氣歸家ᄒᆞ얏다ᄒᆞ니流車의韓일人乘座之分別은本ᄒᆞᆫ가보더라

●照禁森林斫伐　平安北道雲山郡境內美國人金礦認許條約중에森林斫伐權을亦爲締約ᄒᆞ얏다고境內森木을濫斫ᄒᆞᄂᆞᆫ事件으로農部에셔該郡公報를因ᄒᆞ야宮內府外事局에探知ᄒᆞᆫ則初無森林之認許라ᄒᆞᆫ事는已揭昨報어니와昨일農部에셔政府로照會ᄒᆞ고美國領事에게交涉ᄒᆞ야亟行禁戢케ᄒᆞ라ᄒᆞ얏더라

●留학生請願　日본東京私費留학生鄭兩植趙起夏氏等十人이학部에請願ᄒᆞ고官費生幾窠를特爲加設ᄒᆞ야使此有志未就之生으로俾達학問之目的ᄒᆞ고無使功虧一簣之歎케ᄒᆞ라ᄒᆞ얏다더라

●免稅不許　하部에셔徵文義今에所用物品輸入時에轉餉海關ᄒᆞ야使之免稅케ᄒᆞ라고度支部로照會ᄒᆞ얏더니度支部에셔는有稅之物을不可濫行免稅라ᄒᆞ얏다더라

●書房일師　官立한城高等學校에圖畵科를設ᄒᆞ고圖畵敎師를일본에屈聘ᄒᆞ얏ᄂᆞᆫ데該敎師兒島元三郞氏가본月一일부터視務ᄒᆞᆫ다더라

●敎育說明　昨일上午十時에學政囑托俵孫一氏가학部內에셔普通학校敎員들을會集ᄒᆞ고敎育方針과敎授術을說明ᄒᆞ얏다더라

●警顧歸國說　警務顧問丸山氏가韓國地方警察에熟[illegible]인지公心인지警官도許多任免ᄒᆞ며巡檢도許多聘來ᄒᆞ더니其裏由는姑未知나將次歸國ᄒᆞᆫ다더라

●嘉禮退定　皇太子嘉禮를陰曆九月中으로擇定ᄒᆞ얏더니經費가窘絀ᄒᆞ야嘉禮事務가未備ᄒᆞᆷ으로十一月望間으로退定ᄒᆞᆫ다더라

●兩大相持　李世種事件에被捉ᄒᆞᆫ諸氏의告發者問에互相推委가되다ᄒᆞᄂᆞᆫ데近일兩大內大가反目持중이라더라

●警使好問　警務使朴承祖氏는好多聞者라至於미葬請願에도警視에게顧問ᄒᆞ고巡檢一箇請責에도청顧施行ᄒᆞ되丸山顧問에게는不能提議라더라

●兩處問題　再昨일에는警務顧問丸山氏가統監의命令을承准ᄒᆞ야統監官邸에前往ᄒᆞ야何問題의命令을聽從ᄒᆞ얏고三昨일에는軍部大臣李根澔氏가일본軍司令官長谷川氏의招邀를接准ᄒᆞ야司令部에前往ᄒᆞ야何問題을長時間相關ᄒᆞ얏다더라

●地方制度의關係　再昨일오後五時에내部次臣李址鎔氏가統監의청邀를因ᄒᆞ야統監官邸로訪問ᄒᆞ얏ᄂᆞᆫ데該事案은地方制度에關ᄒᆞ야施行與否에關係를示導ᄒᆞᆫ事이라더라

●일敎師配置　十三道觀察府와公立普通학校에ᄂᆞᆫ본년부터일본敎師로配置ᄒᆞ고其他各地普通학校ᄂᆞᆫ來年度로부터配置ᄒᆞ기로預定이라ᄒᆞ니此ᄂᆞᆫ일人의化韓爲일的政策을敎育上에運用ᄒᆞᆷ이니此國내에有識者ᄂᆞᆫ十分注意ᄒᆞ기를切望ᄒᆞ노라

●政府執照勿施　已往外部와監理署에셔外國에出往ᄒᆞᄂᆞᆫ人員에게給ᄒᆞ든執照를統監府와各理事廳에셔施行ᄒᆞᆫ次로統監府에셔政府로照會ᄒᆞ더니政府에셔該執照權을處理ᄒᆞ기다ᄒᆞ고至今ᄭᆞ지相持ᄒᆞ더니再昨일統監府書記官田間恭作氏가政府에前往ᄒᆞ야交涉ᄒᆞ기를該執照權을政府에셔一向相持ᄒᆞ면統監府에셔府令으로頒布ᄒᆞ야施行ᄒᆞ깃다ᄒᆞᄂᆞᆫ지라政府에셔勢無奈何ᄒᆞ야前行執照權은勿施ᄒᆞ기로作定ᄒᆞ고일間告示ᄒᆞᆯ다더라

●湖南鐵道事로農部照會　等因인바此를査ᄒᆞ오니昨年七月二十六日에日本公使林權助公函內에ᄂᆞᆫ政府가此에關ᄒᆞᆫ一定의意見을確立ᄒᆞ기前에ᄂᆞᆫ其布設ᄒᆞᆷ을許可치못ᄒᆞᆯ事로前外部第十號照會가現今在案이오나該會社認許年條와林公使移照日字가自有先後之分ᄲᅮᆫ더러前日貴第一百四十三號照會를接閱ᄒᆞᆫ즉後에ᄂᆞᆫ大臣이統監官邸에躬往ᄒᆞ야該會社가現今에測量事務에着手ᄒᆞ고鐵道敷設도次第起工ᄒᆞᆯ터인즉現今人民의旣得權을繳收ᄒᆞᆷ은不可ᄒᆞ줄노面商ᄒᆞᆫ事도有ᄒᆞ오니以此照亮ᄒᆞ시와不使繳收ᄒᆞᆫ意로作覆ᄒᆞ심을爲要ᄒᆞ다ᄒᆞ얏더라

●釜港牧土事實의續聞　年前成贊政岐運氏　宮內大臣署理時劉達文李圭明爲名者兩人이東萊釜山港所在牧位田畓을稱以陳荒地開墾ᄒᆞ고宮內府에請願承認ᄒᆞ야訓令을圖得ᄒᆞ야東萊郡에到付矣러니該郡守鄭源朝氏가該令許與이거날該文蹟을日본人北村敬介의게鄕葉六萬七千兩으로潛賣渡價ᄒᆞ다가現露되야劉李兩人은尙在囚禁이고

李容翊氏　宮內大臣署理時에該地段契券을出給ᄒᆞ라고訓令이兩次來到어날監理李懋榮氏가民人家屋百餘戶區處無路ᄒᆞ야防報矣러니宮內府에셔來訓을非爲繳上ᄒᆞᆫ役昨年二月에金光奎를牧土査檢委員으로大臣李載克氏가　奏差下送ᄒᆞ되隨所請施行ᄒᆞ야無至生梗ᄒᆞ라고發訓ᄒᆞ고

昨年四月初에內大李址鎔氏가宮大署理時에二百二十七料券을印爲出給ᄒᆞ고其申飭ᄒᆞᆫ다發訓ᄒᆞ미[illegible]訓令ᄒᆞ야同月은公使林權助氏의게로釜山領事館에決着ᄒᆞᆫ[illegible]領ᄒᆞ야[illegible]要請ᄒᆞ야該訓令[illegible]後에即爲繳還ᄒᆞ라ᄒᆞ거날監理가[illegible]日監署所到ᄒᆞᆫ訓令을何以抄去强請乎아領[illegible]日訓令을監理가每錄繳上ᄒᆞ야彼日前으로受害不小故로如是[illegible]청ᄒᆞ니[illegible]施ᄒᆞ라强迫難耐[illegible]五相詰駁다가民人屋은[illegible]置ᄒᆞ고[illegible]契以給ᄒᆞ時[illegible]土委員金光[illegible]가宮內府의[illegible]承奄ᄒᆞ야牧土를照査ᄒᆞ고代土를踏査ᄒᆞ얏더니今年二月에北村代辦人小島에게[illegible]因ᄒᆞ야大臣李載克氏가訓令[illegible]送ᄒᆞ되人民[illegible]爲移住者ᄂᆞᆫ移住[illegible]及移[illegible]를小島[illegible]給[illegible]移居[illegible]欲爲仍居者ᄂᆞᆫ許其仍[illegible]ᄒᆞ야使民無寃케ᄒᆞ고公土ᄂᆞᆫ[illegible]上品으로代立[illegible]八十四와五千落地段을出給[illegible]契券[illegible]ᄒᆞ얏시며理事에[illegible]催促이[illegible]難[illegible]耐故로不得已發契ᄒᆞ고人民의移住費와移住[illegible]原劃給[illegible]附近에移居[illegible]者ᄂᆞᆫ[illegible]永買移居ᄒᆞᆫ人民이八十餘戶요其中日人家屋이二十餘戶라餘存人戶가不滿三十餘戶라더라

詞林

感詠閔忠正公竹

四叢九幹竹下表桂庭心　正氣乾坤大忠江한深　淡霜圖隱節貫일伯忱　千載靑史惟公同古今

錦舘　林光德

雜報

●日人의移民奬勵

朝鮮新聞을據ᄒᆞᆫ則日人이韓國殖民의奬勵ᄒᆞᄂᆞᆫ方針이如左ᄒᆞ니

韓國經營의第一要務ᄂᆞᆫ大和民族을盛히移殖홈의在ᄒᆞᆫ지라然이나客月에當局處韓告를據ᄒᆞᆫ則居留ᄒᆞᄂᆞᆫ者의數ᄂᆞᆫ七萬二千餘人의不過ᄒᆞ니엇지寒心ᄒᆞᆯ바가아니리오韓國의面積은一萬二千四百方里이니實로日本帝國의三分一에相當ᄒᆞᆫ則日本邦口가四千八百萬人의半數인二千四百萬人은快히生活홈을得ᄒᆞᆯ國土라今에韓人의數를一千萬人으로假定ᄒᆞᆫ지라도二千四百萬人의邦人을移住홈을得ᄒᆞᆯ計算이니我邦은一方里에人口密度가一千七百六十五人이니

年々生活이困難程度를增進ᄒᆞᆫ即我國에ᄂᆞᆫ我邦과同一密度々지移殖홈이不及ᄒᆞᆯ지니假令一千四百萬人의二分之一로七百萬人을移出케ᄒᆞᆯ라면年年十萬人式移住케ᄒᆞ야도尚且七十年歲月을虛費ᄒᆞᆯ터이니實로遼遠ᄒᆞ다ᄒᆞᆯ況且ᄒᆞᆫ萬人도尙未滿ᄒᆞᆫ바ᄂᆞᆫ故로今日急務ᄂᆞᆫ我日本人을使韓移住케홈을勸諭ᄒᆞᆷ이在ᄒᆞ다ᄒᆞ노니

即是ᄒᆞᆫ年에少不下二三十萬人의移住民을獎勵機運을作ᄒᆞᆯ지라此方法은當路者들의중너皷무가ᄒᆞᆫ是不少ᄒᆞ거니와我在韓日人도熱誠으로母國에親戚故舊를對ᄒᆞ야韓國에實況을丁寧切實히報道ᄒᆞ야其移住홈을勸諭ᄒᆞ며指導ᄒᆞᄂᆞᆫ더最히多大ᄒᆞᆫ經營을實行홈은實로在留同胞諸君의雙肩에懸ᄒᆞ얏스니諸君은其責任을盡ᄒᆞᄂᆞᆫ手段으로韓國移住ᄒᆞᆯ鼓状을舞振作케홈을望ᄒᆞ노라ᄒᆞ얏더라

本記者ᄂᆞᆫ此報를接讀ᄒᆞᆷ이實로大韓同胞를爲ᄒᆞ야痛哭悲吊를不禁ᄒᆞ기로特此譯載ᄒᆞ노니大韓同胞ᄂᆞᆫ如此히移民易種ᄒᆞ라ᄂᆞᆫ方針을對ᄒᆞ야注意注意大注意ᄒᆞᆯ지어다

●靑會討論　今日土曜下午八点鍾에基督敎靑年會에서求福之方은術數가勝於仁愛란問題로討論ᄒᆞᆫ다더라

●日吸韓產　合爾賓報를據ᄒᆞᆫ則俄曆七月中旬에由日本運至朝鮮貨物價値ᄂᆞᆫ六十萬六千三百九十九元이오運出貨物價値ᄂᆞᆫ十八萬三千七百四十六元이라以此計算ᄒᆞ면朝鮮의商務가入貨多而出貨少ᄒᆞ니合全年計之면漏巵不少矣라現各肆에帳日本이主持朝鮮之商業ᄒᆞ야除日本貨物外에ᄂᆞᆫ不許購別國貨物故로韓人之財產이擧ᄒᆞ日本ᄒᆞ고日本이又恐外人之議其後ᄒᆞ야反以所得之財로歸之朝鮮이라又以此財存之商號로即入於日本商家之手ᄒᆞ니朝鮮商民은皆空名無勢之人이라故로一轉移間에仍盡入日人之手ᄒᆞ니其計亦甚巧라又其最多數借款은盡皆日本警務費用과及建築之經費이고形式上은乃謂朝鮮人民을爲ᄒᆞ야設立學校之費라ᄒᆞ니避名就實이大抵如斯라所謂학校教授之宗旨ᄂᆞᆫ莫非使韓亾韓之하이라該國識者가實以怪異視之ᄒᆞ고目今韓民이彷徨四顧ᄒᆞ야不知所爲라脂膏를日吸日盡ᄒᆞ니盖不可終日矣라ᄒᆞ얏더라

●鄭氏의教育注意　咸陽郡居前觀察使鄭泰鉉氏ᄂᆞᆫ素以名士風度로都下에만遊ᄒᆞᆫ지十年에宦情이淡泊ᄒᆞ고鄉廬에堅臥ᄒᆞ야田土ᄂᆞᆫ親戚에分給ᄒᆞ고米肉은鄉老에饋遺ᄒᆞ야數萬金을周恤上에不惜ᄒᆞᆫ지五六年에更히聖恩을被ᄒᆞ야忠北觀察을被任ᄒᆞ야自家所有穀으로貧民을賑恤ᄒᆞ고風化를整肅ᄒᆞ며權豪를不憚ᄒᆞ다가畢竟經遞가되야浩然歸來에建舍購書ᄒᆞ야育成人才로畢生事業을作ᄒᆞ더니去年新條約時에聞變痛哭ᄒᆞ고病勢가越添ᄒᆞ야奔問을未遂ᄒᆞ고每嘗慨歎曰今日圖報之義務가虛文과徒忿에不在ᄒᆞ다ᄒᆞ고新舍을設置ᄒᆞ며新書를廣求ᄒᆞ야教育의專力으로圖報之務를作ᄒᆞᆫ다더라

廣告

本人에幹事人**魚聖夏**가往留仁港라가去陰六月廿八日에忽不知去處이오니內外國人은錢物間切勿相關ᄒᆞ시요

海州李圭晃　告白

陸軍武官學校學徒募集廣告

本學校學徒五十人을加選ᄒᆞᆯ터이니入학ᄒᆞᆯ기願ᄒᆞᄂᆞᆫ者ᄂᆞᆫ本十月十八日(陰九月一日)內로請願書를本校로來呈ᄒᆞ고來十月二十三日(陰九月六日)에本校로來ᄒᆞ야入학試驗에應ᄒᆞᆯ事

入학試驗科目

一 한文　독書作文　筭術
一 歷史　地誌　外國語학
一 入학年齡十八歲至二十三歲
一 稟請證用紙ᄂᆞᆫ本校로來購ᄒᆞᆯ事

壽洞私立興化學校

本校에서九月十日(陰七月廿二日)에開學ᄒᆞ오니本校學員은伊日上午九時進校上학ᄒᆞᆯ事

△이겻보시오改良廣告△

前에ᄂᆞᆫ理學을不分科目ᄒᆞ고總述ᄒᆞ얏더니今번부터ᄂᆞᆫ一分科식詳細講解ᄒᆞ되爲先物理學講義를口述ᄒᆞᆯ기로玆에廣告ᄒᆞ오

南大門內尙洞數理학雜誌社

本塾에서陰曆七月二十日봇터開學ᄒᆞᆯ터이니晝夜학員은伊日下午五時에齊會ᄒᆞᆯ事

晝夜學問학員을限二十人增募ᄒᆞᆯ터이니願학 僉員은來臨問議ᄒᆞᆷ事

日語晝학
英語夜학　專門科
漢語晝학

夜학特別科에ᄂᆞᆫ通譯人으로親明敎授ᄒᆞᆯ터이니日淸人間願학人은急速來問ᄒᆞᆷ事

(特別科月謝金一圜)
(專門科月謝金三十錢)

南門內陽[illegible]三十三統七戶

私立廣化新塾

●本社特告●

大韓每日申報平壤支社事務를平壤府上水口內金浩淵氏의게轉委ᄒᆞ고光武十年九月一日붓터視務케ᄒᆞ오니本申報를愛독ᄒᆞ시ᄂᆞᆫ僉彥은九月一日以前代金은金興淵의게傳致ᄒᆞ시고以後事ᄂᆞᆫ金浩淵氏와相議ᄒᆞ시옵

大韓每日申報社　白

◎第二期學員增募

本塾에서法學科學員을增募ᄒᆞ오니願學人은本塾에來ᄒᆞ야請願應試ᄒᆞᆯ事

學科及規則은本塾에來ᄒᆞ야問ᄒᆞᆯ事

(시驗科目)
(國漢文讀書作文)

試驗日字九月七日
陰曆七月十九日

西署英語學校後洞

私立養正義塾　告白

敎啓者本학校에서학員을增募ᄒᆞ오니願學 僉員은本月十日(陰七月二十二日)內로銅峴水下洞야학校로來臨願募ᄒᆞ심을望ᄒᆞᆷ

科目　英語　日語　筭術　地誌　歷史

懿法會夜學校　告白

◎民事訴訟代理와刑事辯護及鑑定一切法律에關ᄒᆞᆫ事務를迅速處理ᄒᆞᆷ

漢城南署茶洞第十七統八戶

辯護士前檢事正三品　**李冕宇**

法律事務所

事務員　博士　李兢洙
博士　[illegible]

●特別社告

本申報社內에特別히附屬品으로活字를更鑄ᄒᆞ야書籍印刷所를設置ᄒᆞ얏사오니印書를要ᄒᆞ시ᄂᆞᆫ僉君子ᄂᆞᆫ來議相議ᄒᆞ시옵

印刷

大韓每日申報社　告白

學員募集廣告

官立中學校를[illegible]稱高等學校라改稱ᄒᆞ야豫備科를設置ᄒᆞ고生徒를募集시選ᄒᆞᆯ터이니入學志願者ᄂᆞᆫ九月十日月曜(陰曆七月二十二日)以內로請願書를본校에具呈ᄒᆞ고伊日上午十時에본校로齊赴應試ᄒᆞᆯ事

入學試驗科目

一 漢文독書　作文
一 國文作文　一 筭術問對
一 日語會話　一 年齡十四歲以上二十五歲以下

稟請書ᄂᆞᆫ學部에購用事

光武十年九月一日

紅峴前官立中學校

官立漢城高等學校

十一歲女兒名占順陰七月十日出門不知去處ᄒᆞ와玆의廣告ᄒᆞ오니惟願 僉君子ᄂᆞᆫ隨其所到覓送于本人家ᄒᆞ시면厚謝ᄒᆞᆷ을이다

靑橋五十九統三戶白樂均　告白

◎至急廣告◎

本社에서昨日午後에紙貨幾許를拾得인바雖某도遺失ᄒᆞ신이ᄂᆞᆫ本社에來ᄒᆞ야證據를詳示ᄒᆞᆷ　本申報社

◉學員募集廣告(第一回)

茲에普成中學校를新設ᄒᆞ고高等普通學術로一般國民을敎育코져ᄒᆞ오니將次에實業及實務에從事ᄒᆞ고又ᄂᆞᆫ各種專門學校에入學코져ᄒᆞᄂᆞᆫ青年有意諸君은早早來學ᄒᆞ오셔中等以上普通知識을全備하심을爲望하오

本校의完全ᄒᆞᆫ敎授準備와眞正ᄒᆞᆫ敎育制度를左에列擧ᄒᆞᆷ

一 一般教科書ᄂᆞᆫ應히本校에셔新編準備ᄒᆞᆷ

二 本校의第一主旨ᄂᆞᆫ修身科、作文科、漢文科니倫理學教科書를新撰ᄒᆞ야消德心을培養ᄒᆞ고、作文教科書를新撰ᄒᆞ야文章을規矩로教授ᄒᆞ고漢文教科書를新撰ᄒᆞ야讀書를應用活法으로教授ᄒᆞᆷ

三 理化學及博物學은機械及藥品으로實地試驗을行ᄒᆞ야教授ᄒᆞᆷ

四 唱歌ᄂᆞᆫ軍樂音調로新製教習ᄒᆞᆷ

五 體操及運動은各外國運動式用械具로日常教練ᄒᆞᆷ

六 教師ᄂᆞᆫ新舊學問에專能ᄒᆞᆫ諸大方家를延聘ᄒᆞᆷ

◉學科目 (科目中課程은略之)

修身學、國語、漢文、作文、歷史、地誌、物理及化學、博物學、地文學、法學、數學、圖畫、唱歌、體操、外國語、農業學、商業學、簿記學、

◉修業期限 四個年

◉入學年齡 自十九歲以上至二十五歲以下

◉入學試驗科目 國漢文讀書及作文、內外國歷史及地誌問對、筭術四則以內

◉入學試驗日字 九月十五日(陰七月二十七日)

◉開學日字 九月十六日

(入學請願書及保証書ᄂᆞᆫ本校用紙를用ᄒᆞᆷ)

光武十年八月十六日

漢城中署磚洞 私立普成中學校

廣告

東國歷史 普通教科國漢文一秩二册定價新貨	一圓十戔
法蘭西新史	四十錢
清國戊戌政變記一秩	一圓
波蘭末年戰史一冊	三十錢
美國獨立史一冊	三十錢
法國革新戰史一冊	三十錢
大韓輿地圖一張	十七錢五里
世界全圖一張	三十七錢五里
大韓地誌一秩	七十五錢
牧民心書一秩	一圓二十五錢
萬國地誌一秩	一圓
尺牘完編一秩	一圓五十錢
農政新編一冊	五十錢
法學通論一冊	一圓
溫故知新堂叢抄	七錢五里
父師必讀小學指남	七錢五里
人工養蚕一冊	十五錢
政治학一秩	二圓六十四錢
家庭雜誌一	十錢
進明彙論一秩	三十五錢
交際新禮一秩	十八錢

發賣所 布屛門下金相萬書舖 大韓每日申報社

花春丹은 霍亂 吐瀉 腹痛 滯症 暑症 정忡 神眩 胷鬱 痰盛 醒酒船暈 咳嗽 癨진 口味업ᄂᆞᆫ諸症의神效ᄒᆞᆫ藥이오 此外에도洋灰水解毒藥 唐창 痔氣 蛔虫 寸虫 赤白면風 藥과東西洋藥이俱備하고他病도隨問出方하오니 僉位ᄂᆞᆫ枉臨하시옴

皇城校洞石井洞下隅

石泉堂藥局 告白

AMERICAN Gold Seal Brand Condensed Milk

EAGLE BRAND

[illegible] 牛乳

大韓仁川港 [illegible]洋行

●九韓靈砂라 本人이妙方法을硏究하야製造ᄒᆞᆫ靈丹인ᄃᆡ男女老少에無論何症ᄒᆞ고滋治ᄒᆞ오며無病時에도服ᄒᆞ면平生의身體가健康ᄒᆞ며小兒ᄂᆞᆫ[illegible]服ᄒᆞ면十歲안에無病ᄒᆞ기를擔保ᄒᆞ오며

●九韓靈砂萬[illegible]丹은[illegible] [illegible]과中風諸疾과[illegible]病과[illegible]疾에神効ᄒᆞ오

●九韓靈砂保命丹은初生小兒 驚風 癎氣 咳嗽 腹痛諸般惡과婦人帶下疾에神効ᄒᆞ며

●九韓靈砂濟衆丹은酒滯 食滯 血積 吐瀉 霍亂 痢疾 吐血 下血 運氣 時疾 瘧症에神効ᄒᆞ오

●九韓靈砂紫金丹은[illegible] [illegible] 上疳瘡 下疳瘡及唐瘡과諸般瘡癤癰瘇에無不神効ᄒᆞ오니 僉君子ᄂᆞᆫ來問ᄒᆞ시오

內需司前동갑이골上隅第一家 李鍾廷 告白

本社廣告

申報價

一張代金 新貨二錢五里

一箇月前納 三十錢

三箇月 九十錢

六箇月 一元七十錢

一箇年 三元[illegible]

郵稅一張 新貨五里 (一箇月 十三錢)

廣告料

國漢文每行十三字에

每日每行尺一寸에新貨[illegible]

文(每日每行에大韓[illegible])

(每日每行國漢一里에新貨[illegible])

其期限의長短과字行을

를依ᄒᆞ야增減ᄒᆞᆷ이有

◉大韓每日申報各處支社廣告

中署布屛門下 金相萬冊肆

洞口越便 朱翰榮冊肆

中署農圃初入七十八統第二戶 鄭[illegible]澤

仁川程峴開新冊肆 李[illegible]

平壤南山峴日新學校 金[illegible]

宣川邑橋西 崔[illegible]

義州南門外韓西大藥房 安[illegible]

長連邑 金[illegible]

鎭南浦築洞 金仁[illegible]

咸興州南社 [illegible]

中和邑 [illegible]俊培

釜山佐川徐藥房 金[illegible]

開城北部梨井里祥洞居培材校副校長 姜助[illegible]

大丘郡 達城廣文社

發行兼編輯人 英國人 [illegible]

發行所 京城北署[illegible]

大韓每日申報社

第四卷　大韓每日申報　대한매일신보　第三百十八號

月曜及慶節歲時日休刊

檀君開國四千二百三十九年
箕子元年三千二十八年
大韓開國五百十五年
日本明治三十九年
淸國光緖三十二年
◉陰曆丙午七月小卄一日丙辰

寄書

讀越南史有感　盱衡生

嗟夫嗟夫越南奚至於此此國與我隔遠不相聞聞然念與我同文同種有言及越南者固已神往萬里非遙今因政教不修爲法蘭西呑幷其君爲俘其民魚肉越八日吾國不十年無遺種嗟夫嗟夫何其慘也

原越之亡君暗臣奸國已矣曾誰復怨尤然其民固何罪法人重歛苛征寸草不留錙銖盡奪使全越人民塡于溝壑天日爲愁行路雪涕

夫法人之敗於普其恥其辱擧地球上萬古以來所未有而怵於普威至今四十年不能加一矢惟是比於俄國仰其鼻息自願其國寧不寒心然還不自省以讎普之心轉而肆虐於無罪之越人曾不思夫五十年前法人十萬被殲於黑人耶

天道孔昭逞暴者必亡然法人固不足責而越人之不幸胡至於此余喜讀史者也今又閱至越南亡國史筆悲墨哀心酸膽熱因之而涕淚縱橫熱血更熱又因之而嘆吾生之不辰處此齷齪世界然此還有說焉

今西國有人種異同之說其云黃禍者固畏我亞洲者則法人之丘墟越國或因此起點亦未可知然則爲我亞洲人者固當相保相全匪瑕含垢維持我東亞大洲可也今日是則余有滋惑也向者謂我韓國介在兩强虛醸禍端乃有甲午之役其意豈不曰保全我東方大計遂一擧而震갑北淸世界威聲播於天下榮莫甚焉利亦大矣固當歛威自戢示天下無私可也乃自謂莫敢誰我何淩人旣過卽人亦甚擠人坑塹損人體面支那之弱播於天下先斷我手足豈護我頭面初云警告者乃啓蔑國之狠慾旅順歸俄威海屬英山東隷德諸多險象日出不窮畢竟惹起義和團而中國瓜分之形已成其保全東亞云者泡影風花而日本之力不能穿魯縞也

然黃禍之說遍于天下列强明目張膽思所以抵制之爲日人者固儆懼之不暇還不思維持彌縫而其啓發我韓云者亦不過招人憾情强其所不爲其末也闖入宮廷行其所不可爲之事萬國共라天下指怪異哉盟主事業果如是已耶　未完

官報

◉三千五百五十三號　光武十年九月八日

◉宮廷錄事

詔曰宮順君渡航日本時接伴員以下不可無示意宮內書記官勳二等山內勝明特陞敍勳一等山口縣知事渡邊融特敍勳一等外務大臣秘書官吉田要作特敍勳二等式部官子爵松平賴和特敍勳三等各賜八卦章宮내書記官勳三等栗原廣太特賜太極章主獵官子爵織田信親主獵官小原전吉鍋島精次郎主獵官侯爵伊達宗陳幷特敍勳三等調度局主事齋藤易主獵官子爵岡崎國良松平賴孝幷特敍勳四等山口縣警視勳五等齋藤金祐特陞敍勳四等次侍從男爵勳四等澤宣元各賜太極章선秘勳七等宮川盛太郎馭者勳七等片岡辰吉幷特陞敍勳六等各賜八卦章宮내屬勳六章朝倉義高山下篤信塚田季昌統監府屬勳六等國分哲幷特賜太極章宮내省屬足立大一玉木三郎主獵局屬福田善太郎馭者多賀谷爲治杉澤淺次郎橋本壽幷特敍勳七等各賜太極章

光武十年八月三十一日
表勳院總裁閔泳徽

◉敍任及辭令

○兼任官立한城日語학校長法語학校長師範학校長　학部編輯局長申海永○兼任仁川日語학校長　仁川監理徐丙珪○任官立한城高等학校長　六品學源鎔○任官立한城日語학校敎官　正三品金한奎○正三品李與秀　九品金夏鼎　今宋榮煥○任高等學校敎官○任法語학校敎官　正三品李能和○師範學校敎官　六品李沂○任警務廳監獄署長　總巡李政秀○任警務廳警務官　總巡崔　憲　以上九月三日○任中樞院賛議　正二品李根洪○兼任鑛山事務局總裁　農商工部大臣權重顯　以上九月五日

◉勅令

◉勅令第四十號

학部直轄학校及公立학校官制

第一條　普通학校를除ᄒᆞᆫ外에학部直轄학校ᄂᆞᆫ左와如ᄒᆞᆷ이라

成均館
官立한城師範학校
仝　高等학校
仝　日語학校
仝　한語학校
仝　英語학校
仝　德語학校
仝　法語학校
官立仁川日語학校

第二條　학部直轄普通학校ᄂᆞᆫ학部大臣이告示ᄒᆞᆷ이라

第三條　학部直轄학校及公立학校의左開職員을置ᄒᆞ되成均館及普通학校ᄂᆞᆫ另定ᄒᆞᆫ바에據ᄒᆞᆷ이라

學校長　敎官
副敎官
學監　留宿舍를設置ᄒᆞᆫ학校에限ᄒᆞᆷ이라
書記

第四條　학校長은勅任或奏任이니學部大臣의命을承ᄒᆞ야校務를掌理ᄒᆞ며所屬職員을監督케ᄒᆞᆷ이라　學校長은學部或地方官廳에官員中으로兼任케ᄒᆞ되時宜에依ᄒᆞ야專任學校長을置ᄒᆞᆷ도得ᄒᆞᆷ이라

第五條　敎官은判任이니文員敎育을掌ᄒᆞ되必要ᄒᆞᆫ境遇에ᄂᆞᆫ一學校에三人以下의奏任敎官을置ᄒᆞᆷ도得ᄒᆞᆷ이라　未完

外報

●第二回調査員　北京電을據ᄒᆞᆫ則淸國政府에셔ᄂᆞᆫ御前會議를開ᄒᆞ야出洋ᄒᆞ얏던各大臣의提出ᄒᆞᆫ奏摺와報告書를取決ᄒᆞ고載振貝子倫貝子統朝將軍孫寶琦陝西臬梁昇芬湖北按察使岑春暄(貴州巡무)等第二回政事調査員으로任ᄒᆞ고明春間을期ᄒᆞ야各國에派遣ᄒᆞᆫ다더라

●東京大騷　本月五日에東京市內各處에셔多數暴徒가起ᄒᆞ야電車百餘臺를投石破壞ᄒᆞ얏ᄂᆞᆫ딕電車의乘客中死傷이多ᄒᆞ고警察의戒嚴이重ᄒᆞ얏다더라

●壓迫手段의影響　倫敦電을據ᄒᆞᆫ則俄國政府의壓迫手段이反히現在無政府의狀態를更一層尤甚케ᄒᆞᆯ傾向이有ᄒᆞ고俄國各州에셔來ᄒᆞᆫ滊車ᄂᆞᆫ軍隊의保護를依ᄒᆞ야彼得堡에到着ᄒᆞ얏더라

●英德國交　泰晤士新聞을據ᄒᆞᆫ則英國은德國과衝突ᄒᆞᆯ理由가無ᄒᆞ나佛國과又히親睦ᄒᆞᆷ을得지못ᄒᆞ리다ᄒᆞ더라

雜報

●門票印出 宮內府에서萬壽聖節園遊會에出入ᄒᆞᄂᆞᆫ臨時門票三千餘張을總印出ᄒᆞᄂᆞᆫ中이라더라

●慶祝費內下 今番萬壽聖節에ᄂᆞᆫ各府部院廳과各新聞社會에依例ᄒᆞ야慶祝費를內下ᄒᆞ신다더라

●軍港址調査 內部에서鎭海灣軍港地를爲先調査ᄒᆞᆫ次로巨濟郡守李教承과熊川郡守尹영옥으로調査委員을選定ᄒᆞ고內部主事李□兩氏로委員을擇定ᄒᆞ야日間派送ᄒᆞᆫᄃᆡ鎭海만에도五郡基址가軍港範圍內로犯入ᄒᆞ얏다더라

●建物撤去 學部의셔德語학교前에普成학교를新建築ᄒᆞᆫ다ᄂᆞᆫ事ᄂᆞᆫ已揭어니와該址ᄂᆞᆫ別宮後基로當時熱設基址라ᄒᆞ야宮內府에셔禮部監照合을因ᄒᆞ야학部에移文ᄒᆞ고該營建ᄒᆞᆫ舍를ᄂᆞᆫ撤去ᄒᆞ야無或製礙케ᄒᆞ라ᄒᆞ얏다더라

●學生招引 俄國에派遣ᄒᆞ얏든학徒가韓俄絕交以後에ᄂᆞᆫ政府에서學資金을不給ᄒᆞᆷ으로勢不得已ᄒᆞ야姜漢澤等七人이向日歸國ᄒᆞ야各歸鄕第ᄒᆞ고姜氏ᄂᆞᆫ其妹壻李秉常氏家에姑爲逗留ᄒᆞ더니日前에該務廳에셔姜李兩氏를並爲招引ᄒᆞ야俄國에在ᄒᆞᆫ一般韓人의動靜을一一查問ᄒᆞ다더라

●綿花栽培의視察 農商工部에서農部主事尹柱찬氏를光州羅州務安珍島海南靈巖南平等地에派遣ᄒᆞ야綿花栽培所成績에對ᄒᆞ야其實驗의如何를視察ᄒᆞᆫ次로各該郡에訓飭ᄒᆞ야視察上便利를與케ᄒᆞ라ᄒᆞ얏다더라

●請禁鉛軍 遂安居盧학敏氏等이農商工部에請願ᄒᆞᆫ기를本郡上俭垈ᄂᆞᆫ即孔夫子影幀奉安處而今者鉛軍百餘名이來會開礦于聖廟門前ᄒᆞ니即爲嚴訓禁斷ᄒᆞ라ᄒᆞ얏다더라

●門牌揭付 鏡城觀察府警務署에서ᄂᆞᆫ門牌與洞名牌를製造ᄒᆞ야該郡城내外八洞七百十九戶에逐遣揭付ᄒᆞ얏다더라

●全奸破綻 鏡城郡居全昌勛爲名人은紙貨幾百圜을見失ᄒᆞ고該紙貨를計欲橫徵ᄒᆞ야紙貨五元을隣家庭畔에暗實ᄒᆞ고聲言執贓而興訴라가其奸狀이綻露ᄒᆞ야該五元紙貨도屬公ᄒᆞ얏다더라

●日人被捉 仁川港栗木洞居韓用學等三人이私鑄를購買次로紙貨二百元을先給于日人ᄒᆞ고約條를相定ᄒᆞ얏다가該日人等三名이日巡查의게被捉ᄒᆞ고韓哥等은逃躱ᄒᆞ얏다더라

●調查員發程 政府의셔平安南北道의不動產調查次로委員崔燮相氏와日人山口慶一氏를派遣ᄒᆞ야昨日發程ᄒᆞ얏ᄂᆞᆫᄃᆡ該調查地ᄂᆞᆫ平壤鎭南浦定州宣川新義州龍岩浦義州朔州昌城碧동楚山渭原江界熙川寧邊寧山安州等地라더라

●森林視察 自京城으로至元山平壤所經各郡森林視察次로農商工部의셔日本林학博士川瀨善太郎과統監府屬山根潤一과該部教授補卞國璐氏等三人을使之前往케ᄒᆞᄂᆞᆫᄃᆡ所經各郡에訓飭ᄒᆞ야便利로도指導케ᄒᆞ라ᄒᆞ얏다더라

●內奏難施 內部에셔地方制를改良ᄒᆞ야地方官을銓考施行ᄒᆞ되政府에少無相關ᄒᆞ고내部大臣이專管奏本ᄒᆞᆫ다ᄒᆞᄂᆞᆫ지라政府各大臣이反對ᄒᆞᆫ기를내部專行이非爲不信이나當此改業之時ᄒᆞ야人材를廣求博採이되互相問議ᄒᆞ야皆曰可賢然後에用之어날觀察使가十三人郡守並府尹이三百五十餘人各道警務官十三人警務廳에八人(各道摠巡主事一百三十餘人은勿論)인즉全國治否가在於내部ᄒᆞ니重大之事를一任내部專行이萬萬不可라ᄒᆞᄂᆞᆫ故로該奏案이日前御前會議에도未決ᄒᆞ고政府에셔一向反對ᄒᆞᄂᆞᆫ故로果難實施라더라

●丹倅保放 丹陽郡守朴初陽氏가稱以학校設施ᄒᆞ고民財를勒斂ᄒᆞᆫ事件으로平理院의押上ᄒᆞ야拘囚가되얏더니該鄉은道還出給ᄒᆞ기로ᄒᆞ고保放이되얏다더라

●前摠巡의聯請 前摠巡俞鎭友前議官朴善一氏等七人이內部에聯名請願ᄒᆞᆫ기를本人等이具以甲午被選視務ᄒᆞ던總巡으로或無請願而依免ᄒᆞ고或以議官遞免ᄒᆞ야于今甚屑더니幸於日昨의地方警吏取還時의本人等의履歷書를收入ᄒᆞ기에或有庶幾之望矣러니及見頒布에久勤履歷者無過幾箇오都是額外叙任인즉其意何在오ᄒᆞ얏더라

●稅務官新制 度支部에서各郡租稅를收刷ᄒᆞᆫ次로稅務官을限百名新設ᄒᆞᆫ다ᄂᆞᆫᄃᆡ其一名下에主事二人式付屬ᄒᆞᆫ기로磨鍊중이라더라

●軍大東遊說 軍部大臣李根澤氏ᄂᆞᆫ時機에變遷을因ᄒᆞ야日本에遊覽ᄒᆞᆫ기로作定ᄒᆞᆫ다더라

●領非會員 向日本報의揭載ᄒᆞᆫ領變爲員이란事實을更聞則同氏가自鄉還來가屬耳이고一進會의評議員參名ᄒᆞᆫ事가初無則必是有媢者의搆誣之說로由ᄒᆞ야以至騰報케ᄒᆞᆫ거시라더라

●因火同車 崔贊政益鉉氏의對馬島發行事ᄂᆞᆫ已揭前報어니와陰七月初八日에日兵이同氏를幷與其從事人林炳贊氏로押到于南大門外停車場ᄒᆞ야勒觀火車에其子永祚兄弟와從姪永설과族孫萬植及門徒崔鈴九李承會崔濟泰與林氏子弟等諸人이欲爲同車陪行則日兵이拒之不納ᄒᆞ야不得已暗乘後車ᄒᆞ니一自上車로父子不能相見ᄒᆞ고師弟不能相對러니車行未幾에把守日兵이失火車중ᄒᆞ야避禍後車ᄒᆞᆫ쇠崔氏를爲仍押帶ᄒᆞ니乃是子姪門徒之同車也라始得陪行ᄒᆞ야暮抵釜山港ᄒᆞ야任其日兵而暫歇日店ᄒᆞ고旋載火船ᄒᆞ니火雷一聲의滄海萬里라其子姪及門徒等이望洋而歎이라가呼哭而歸ᄒᆞᆫ쇠時에港有張樂設宴者라가聞之罷樂而相告曰義旗一擧에吾忍爲樂고ᄒᆞ야商務所及港民之男女老少가遮路而泣曰吾輩가俱是海隅民物로雖彼賣國之賊이帶官而過此라도强作迎之儀커든況我二千萬標准이未復國母之讎ᄒᆞ고反受縛致於讎地也에以其無關未邊으로知先一場哭別ᄒᆞ니悠悠蒼天아此何人哉오伏願陪行諸君子ᄂᆞᆫ幸須爲我信宿則少伸我哭別之望ᄒᆞ고且獻尊驪馳之德矣타ᄒᆞ고堅執導前의彷徨불去어날陪行諸이義理相感에불忍恝然ᄒᆞ야爲經一宿ᄒᆞ고朝謝港民曰今國辱이如彼ᄒᆞ고吾免生의禍亂이至此에吾輩가豈可作汗漫逗留耶ᄒᆞ고泣別而歸ᄒᆞ얏다더라

●漁基是非 慶尙各郡에어基事로屢載本報而互相雖賣에莫衷一是인바再聞ᄒᆞᆫ則本年正月에同어基毛藏田을奉旨移付經理院ᄒᆞ고依已例准賣上納事로定送派員發訓ᄒᆞ야各郡어民이依例랍價實得케ᄒᆞᆫ거시라ᄒᆞ니其民願之如何ᄂᆞᆫ隨聞更揭ᄒᆞ깃노라

●各國領事陛見 京城에駐箚ᄒᆞᆫ各國領事가韓皇陛下ᄭᅴ尙今陛見치못ᄒᆞ얏더니來十三日萬壽聖節에伊藤統監長谷川司令官英國支那艦隊司令長官무야中將이謁見ᄒᆞᄂᆞᆫ同時에陛見을賜ᄒᆞ신다더라

●火賊蜂起 光州發電을聞ᄒᆞᆫ則火賊四十五名이興德郡官衙를襲ᄒᆞ야吏員이傷ᄒᆞ고民家의財物을奪取ᄒᆞ야가지고其附近에徘徊ᄒᆞᆫ다ᄂᆞᆫ報告가有ᄒᆞᆷ으로光州警務顧問支部에서補助員一名과巡檢一名을派送ᄒᆞ야事實을由聞ᄒᆞ다더라

●皇室歡迎 韓皇陛下ᄭᅴ셔來十三日午前十時에英國支那艦隊司令官무야中將의謁見을賜ᄒᆞ시ᄂᆞᆫ同日에午饌及水原을景福宮園遊會에招待ᄒᆞ고翌十四日夜에ᄂᆞᆫ晚餐會로招待ᄒᆞ다더라

●師範卒業式 學部에서昨日에漢城師範학교速成科生徒의卒業式을行ᄒᆞ얏ᄂᆞᆫᄃᆡ其卒業生이都合三十一人이오優等生은日語學校卒業生尹相喜氏라더라

●大東協會綱領 李鍾夏諸氏가大東協會를發起ᄒᆞᆫ事ᄂᆞᆫ既揭어니와日昨의內部認可를득ᄒᆞ야事務所를南署上由洞二十七統洞在祖氏法律事務所에設ᄒᆞ얏ᄂᆞᆫᄃᆡ其綱領이如左ᄒᆞ니

一 大韓帝國皇室의尊嚴을保維ᄒᆞ야萬世一統의鴻業을讚揚ᄒᆞᆯ事

二 韓日兩帝國의國是를贊助ᄒᆞ고兩國民의友誼를敦密케ᄒᆞ고韓國國權의鞏固케ᄒᆞ며東洋의平和를永遠維持ᄒᆞᆯ事

三 實業發達을期圖ᄒᆞ며教育及學獎勵ᄒᆞ며政治得失을講究ᄒᆞ며實力을培養ᄒᆞᆯ事

詞林

●閔忠正血竹 竹士 朴海龍

一劍忠臣血結爲竹節節凜凜清風在特然宇宙香

雜報

●巡校不法 載寧郡人民等의 函이 如左ᄒᆞ니

黃海道載寧郡이 邇來에 極弊ᄒᆞᆫ 殘邑인ᄃᆡ 加之에 巡校二十餘名이 無非邑村閒浮浪之徒요 且奴令之子姪族屬也라 一分廉義ᄂᆞᆫ 不顧ᄒᆞ고 專是討虐民間ᄒᆞ기로 爲一能事ᄒᆞᄂᆞᆫᄃᆡ 且以凶險之膓肚로 締結謀殺契ᄒᆞ고 貧富間若有官事挨捉則罪之大小有無ᄂᆞᆫ 且論ᄒᆞ고 當場攫其産若其身ᄒᆞ고 如有所踰之數諾則二十餘漢巡校稱結契者가 一齊突出ᄒᆞ야 毁其家滅其人後에 乃已則大小民人이 見其巡校를 如畏虎狼ᄒᆞ야 該徒中에 或以西求乞이라도 不敢拒絶ᄒᆞ고 以書謫貸라도 不敢却ᄒᆞ야 饒戶ᄂᆞᆫ 避居他郡ᄒᆞ고 貧家ᄂᆞᆫ 離失巢ᄒᆞ야 遠近坊曲이 蕭然殘敗ᄒᆞ야 殆若闘刼之像이더니 際此多月空官ᄒᆞ야 討索之經營이 不滿其慾이던지 本郡餘勿坪屯地에 巡校五六名이 作隊出來ᄒᆞ야 名稱紙物行商이라ᄒᆞ고 每戶에 白紙를 限二十束或三十束式抑勒任給ᄒᆞ고 一束에 不過當文七八兩價値ᄒᆞᄂᆞᆫ거슬 五十兩式에 勒定ᄒᆞ야 二十束에ᄂᆞᆫ 一千兩이요 三十束에ᄂᆞᆫ 一千五百兩이라ᄒᆞ고 勒捧ᄒᆞᆯ 晉ᄒᆞ야 當場督刷가 急於公稅ᄒᆞᆫ즉 衆民이 不耐其苛ᄒᆞ야 舉皆散散渙散之境인ᄃᆡ 該郡守觀察은 聽若不聞ᄒᆞ고 惟不禁戢ᄒᆞ야 哀此幾百生民으로 竟未免該校等手下之鬼ᄒᆞ니 此豈牧民察民之本意乎아 該首巡校安鷹斗와 其次同寮柳同赫朴根倍等五六한을 別般捉上嚴治禁斷後에 本郡巡校二十餘名은 一幷除去ᄒᆞ고 其中에 擇其公廉者數二人ᄒᆞ야 依新章程設置然後에야 民可支保이오니 以此急急勸告于本道觀察使與本郡守ᄒᆞ야 不日禁斷歸正을 伏望이라ᄒᆞ얏더라

●濟牧이 自批其類 濟州牧丕鍾桓氏ᄂᆞᆫ 郡守金重培氏를 私嫌으로 貶下에 置ᄒᆞ고 更히 誣陷ᄒᆞᆫ 陰計로 金郡守가 獄案處辦의 錯誤가 有ᄒᆞᆫ 樣이로 平理院에 報告ᄒᆞᆫ 이 金郡守가 平院에 就囚ᄒᆞ야 覈牧裁判所檢事의 質辦之場에 金氏의 被誣ᄒᆞᆫ 事實이 掀露無餘ᄒᆞᆫ 故로 丕氏가 押上이 되얏다니 可謂自批其類이오 趙氏의 貪虐ᄒᆞᆫ 實은 各新聞에 狼藉인바 今此押上來에 與金氏裁判之日에 計般貪政도 亦當現發ᄒᆞᆯ터인則 비록 某大官의 袖見力이 有ᄒᆞ나 掩諱不得일듯ᄒᆞ더라

●淺倅善政 咸鏡北道慶源郡守金丙倫氏가 到任未幾에 憐民之惠와 聽理之明과 就殺革弊ᄒᆞᆫ 實蹟이 大洽輿情ᄒᆞᆫ 故로 該郡人民이 同氏의 褒美를 爲ᄒᆞ야 其實蹟을 十餘條로 臚列ᄒᆞ야 內部에 報告ᄒᆞᆫ 狀이 有ᄒᆞ다더라

●總代更來 平壤軍用地事件으로 委員朴義秉氏가 下去한時에 外城人民이 幾百名이 將至塡壑ᄒᆞᆫ 慘狀을 告訴ᄒᆞᆫ즉 朴氏가 言ᄒᆞ기를 植物上비 賞은 相當計給ᄒᆞ깃다ᄒᆞᆫᄃᆡ 人民의 言이 若然則現以軍用地로 收用ᄒᆞᆫ 地段은 公土로 姑爲代給ᄒᆞ얏다가 以後에 還推之일에 公土를 還出ᄒᆞᆯ이라ᄒᆞᆫ즉 朴氏의 言이 政府에 經議ᄒᆞ야 歸正ᄒᆞ깃노라ᄒᆞ얏ᄂᆞᆫᄃᆡ 人民總代幾人이 今又上來ᄒᆞ얏다ᄒᆞ더라

●金奸綻露 前主事安廷杓氏가 癸巳年에 其所有四處田土를 義州居金하汶氏의게 典當ᄒᆞ얏다가 甲午六月에 下鄕ᄒᆞ야 先推一處ᄒᆞ고 其餘田을 還推之際에 適値日淸兵擾ᄒᆞ야 各散未勘이라가 安氏가 今夏에 下去ᄒᆞ야 欲爲還推則金氏가 專事推諉故로 呈訴該郡이더니 反以誣訴曰安氏의 族姪이 京居漢城長致三氏에게 永買ᄒᆞ얏ᄂᆞᆫᄃᆡ 其時에 原被告가 同爲居間者라ᄒᆞᆫ 故로 其兒이 將以對卞ᄒᆞ고 趙氏를 往見ᄒᆞ고 質問曰 令監이 此田을 安廷懋에게 買得ᄒᆞ얏소ᄒᆞᆫ즉 答曰 初不買得이라ᄒᆞ고 又問曰 孫金兩人이 居間ᄒᆞᆫ事가 有ᄒᆞ오ᄒᆞᆫ즉 答曰 初無是라 丁寧明言이라ᄒᆞ고 其時證看人이 確言ᄒᆞ니 金氏의 奸狀은 綻露無餘라ᄒᆞ더라

春府歸告 李鳳燦寄書가 本社에 如左ᄒᆞ니

杆城郡退校朴泰俊이가 去壬寅年分에 該郡守申鄭熙氏의 貪虐을 舉職ᄒᆞ야 民擾를 首倡暴動時에 該郡公貨二千四百兩을 爲先奪取浪用ᄒᆞ며 申告書를 遞送ᄒᆞ며 轢蹂躪西鄰村店에 宿泊ᄒᆞᆫ際申介가 屠軍을 募得結縛朴魁ᄒᆞ고 見奪公貨즁九百兩ᄂᆞᆫ 還取ᄒᆞ야 所用次로 餘錢을 領帶發程ᄒᆞ야 麟蹄郡寒溪洞居崔斗極氏가 與申수로 已有前面이더니 及其被逐到隣ᄒᆞ야 暫時往見에 勸送酒盃而已러니 厥後朴魁가 民擾顚末査覈즁에 怨甲移乙ᄒᆞ야 崔氏申수許受囑ᄒᆞ고 募軍을 屢給則受損害金을 當徵於崔라 ᄒᆞᄂᆞᆫ故로 崔氏가 置于春府ᄒᆞ니 查庭無瑕故로 自爲脫白妥案이 今經五載에 朴魁가 惡習을 未改ᄒᆞ고 稱以其時民擾費와 申倅에게 還償見奪ᄒᆞᆫ 公貨九百兩과 募軍에게 被打治療費數千兩을 爲萬餘兩을 徵出於崔氏門中이라ᄒᆞ고 侵虐이 罔有其極이되 時郡守李俊九氏ᄂᆞᆫ 知情而不禁ᄒᆞ미 崔氏一門이 俱以良心郡民으로 傾家破産을 當ᄒᆞᆯ가 懮悒遑遑ᄒᆞ야 朴魁ᄂᆞᆫ 行悖始終을 期於囑圖ᄒᆞ야 上京留ᄒᆞ야 某某權門에 錄紙를 秘呈ᄒᆞᆫ다고ᄒᆞ며라

廣告

典洞官立漢語學校

教官吳圭信柳光烈兩氏가 以名譽로 教育ᄒᆞ기 爲ᄒᆞ야 本校內의 私立夜學을 設ᄒᆞ고 熟心ᄒᆞᄂᆞᆫ바 今秋期學을 開ᄒᆞ고 一層擴張ᄒᆞ기 爲ᄒᆞ야 新학員도 增集ᄒᆞᆫ다ᄒᆞ오니 有志人은 速速入參ᄒᆞ시오

△私立夜學會長 崔興模 告白

●陸軍武官學校學徒募集廣告

本校學徒五十人을 加募ᄒᆞᆯ터이니 入학ᄒᆞ기 願ᄒᆞᄂᆞᆫ 者ᄂᆞᆫ 來十月十八日(陰九月一日)內로 稟請証을 本校로 來呈ᄒᆞ고 來十月二十三日(陰九月六日)에 本校로 來ᄒᆞ야 入학試驗에 應ᄒᆞᆯ事

入학試驗科目

一 한文 독書作文 算術
一 歷史 地誌 外國語학
一 入학年齡十八歲至二十三歲

稟請証用紙ᄂᆞᆫ 本校로 來購ᄒᆞᆯ事

◎民事訴訟代理와 刑事변護及鑑定一切法律에 關ᄒᆞᆫ 事務를 迅速處理ᄒᆞᆷ

漢城南署茶洞第十七統八戶
변護士 前檢事正三品 李冕宇
法律事務所 事務員 博士 李競洙 博士 趙東肅

本人에 幹事人 魚聖夏가 往留仁港라가 去陰六月廿八日에 忽不知去處이오니 內外國人은 錢物關係切勿相關ᄒᆞ시요

海州 李圭昇 告白

本人等이 魚鮮營業發達ᄒᆞ기 志願ᄒᆞᆫ와 有志諸人으로 合資營業ᄒᆞᆯ 意로 農商工部에 請認被蒙ᄒᆞ와 魚業合資用達會社를 刱立ᄒᆞᆫ바 魚業의 從事ᄒᆞ시ᄂᆞᆫ 諸君子로ᄒᆞ야금 益益奮力營業ᄒᆞ기 爲ᄒᆞ야 各種魚鮮賣買上에 由來口文及營業에 關ᄒᆞᆫ 弊害ᄂᆞᆫ 一切廢止ᄒᆞᆯ 意로 如是仰佈ᄒᆞ오니 江湖僉君子ᄂᆞᆫ 照亮ᄒᆞ시믈 伏望

魚鮮合資用達會社 發起人 金憲煥 權寧浩

●本社特告

大韓每日申報平壤支社事務를 平壤府上水口內金浩淵氏의게 轉委ᄒᆞ고 光武十年九月一日부터 視務케ᄒᆞ오니 本申報購覽ᄒᆞ시ᄂᆞᆫ 僉彦은 九月一日以前金은 金興淵의게 傳致ᄒᆞ시고 以後事ᄂᆞᆫ 金浩淵氏와 相議ᄒᆞ시옵

大韓每日申報社 白

鎭山邑內永春堂安支氏가 本報擴張을 爲ᄒᆞ야 支社事務를 擔ᄒᆞ얏사오니 該附近地에 購覽ᄒᆞ실 시ᄂᆞᆫ 僉員은 同支社에 請購ᄒᆞ심

大韓每日申報社

◎第二期學員增募 本塾에서 法學科學員을 增募ᄒᆞ오니 願學人은 本塾에 來ᄒᆞ야 請願試驗을 ᄒᆞ되 學科及規則은 本塾에 來ᄒᆞ야 問ᄒᆞᆯ事

(시驗科目)
(國漢文讀書作文)
試驗日字 九月七日
陰曆七月十九日
西署英語學校後洞
私立養正義塾 告白

●特別社告

本申報社內에 特別히 附屬品으로 活字를 更備ᄒᆞ야 書籍印刷所를 設置ᄒᆞ얏사오니 印刷ᄒᆞᆯ事件이 有ᄒᆞ시ᄂᆞᆫ 僉君子ᄂᆞᆫ 來臨相議ᄒᆞ시옵

大韓每日申報社 告白

◉學員募集廣告（第一回）

玆에本校中學校를新設ᄒᆞ고高等普通學術로一般國民을敎育코져ᄒᆞ오니將來에實業及實務에從事ᄒᆞ고又ᄂᆞᆫ各種專門學校에入學코져ᄒᆞᄂᆞᆫ靑年有志諸君은早早來學ᄒᆞ오셔中等以上普通知識을全備ᄒᆞ심을爲望ᄒᆞ옵

本校의完全ᄒᆞᆫ敎授準備와眞正ᄒᆞᆫ敎育制度를左에列擧ᄒᆞᆷ

一　一般敎科書ᄂᆞᆫ擇ᄒᆞ야本校에셔新得撰備ᄒᆞᆷ

二　本校의第一主旨ᄂᆞᆫ修身科、作文科、漢文科니倫理學敎科書를新撰ᄒᆞ야道德心을培養ᄒᆞ고、作文敎科書를新撰ᄒᆞ야文章을規範ᄒᆞ며敎授ᄒᆞ고漢文敎科書를新撰ᄒᆞ야讀書를應用活法으로敎授ᄒᆞᆷ

三　理化學及博物學은機械及藥品으로實地試驗을行ᄒᆞ야敎授ᄒᆞᆷ

四　唱歌ᄂᆞᆫ軍樂音調로新製敎習ᄒᆞᆷ

五　體操及運動은各外國運動式用機具로日常敎鍊ᄒᆞᆷ

六　敎師ᄂᆞᆫ新舊學問에專能ᄒᆞᆫ諸大方家를延聘ᄒᆞᆷ

◉學科目（科目中課程은略之）

修身學、國語、漢文、作文、歷史、地誌、物理及化學、博物學、地文學、法學、數學、圖畫、唱歌、體操、外國語、農業學、商業學、簿記學、

◉修業期限　四箇年

◉入學年齡　自十五歲以上至二十五歲以下

◉入學試驗科目

國漢文讀書及作文、內外國歷史及地誌問對、算術四則以內

◉入學試驗日字　九月十九日（陰七月二十七日）

◉開學日字　九月十六日

（入學請願書及保證書ᄂᆞᆫ本校用紙를用ᄒᆞᆷ）

光武十年八月十六日

漢城中署磚洞　私立普成中學校

廣告

東國歷史	普通敎科國漢文一秩二冊定價新貨一圜十五
法蘭西新史	四十錢
淸國戊戌政變記一秩	一圓
波蘭末年戰史一冊	三十錢
美國獨立史一冊	三十錢
法國革新戰史一冊	三十錢
大韓輿地圖一張	十七錢五里
世界全圖一張	三十七錢五里
大韓地誌一秩	七十五錢
牧民心書一秩	一圓二十五錢
萬國地誌一秩	一圓
尺牘完編一秩	一圓五十錢
農政新編一冊	五十錢
法學通論一冊	一圓
溫故知新堂叢抄	七錢五里
父師必讀小學指남	七錢五里
人工養蠶一冊	十五錢
政治학一秩	二圓六十四錢
家庭雜誌一	十錢
進明彙論一秩	三十五錢
交際新禮一秩	十八錢

發賣所　布屛門下金相萬書舖　大韓每日申報社

花春丹은　霍亂　吐瀉　腹痛　滯症　暑症　정忡　眩暈　胸膈　痰盛　醒酒船暈　咳嗽　痢질　口味업ᄂᆞᆫ諸症의神效ᄒᆞᆫ藥이오　此外에도洋灰水解毒藥　唐창　疳氣　蛔虫　寸虫　赤白단風　藥과東西洋藥이俱備ᄒᆞ고他病도隨問出方ᄒᆞ오니　僉位ᄂᆞᆫ任購ᄒᆞ시옵

皇城校洞石井洞下隅　石泉堂藥局　告白

一　鷹標罐詰濃結牛乳

一　金印罐詰濃結牛乳

一　無雙家用氣化乳酪

一　쏘ㅣ든쓰製造麥芽化合牛乳

以上은常時에貯積ᄒᆞ얏숩

美國紐育港쏘ㅣ든쓰濃結牛乳會社

一手代理店

大韓仁川港　洋行

◉九轉靈砂라　[illegible]　[illegible]神備ᄒᆞ야製造ᄒᆞᆫ靈丹인ᄃᆡ男女老少에無論何症ᄒᆞ고通治ᄒᆞ오며無病時에도服ᄒᆞ면平生의身體가健康ᄒᆞ며小兒ᄂᆞᆫ匯有[illegible]ᄒᆞ면十歲안에無病ᄒᆞ게善攝保ᄒᆞ오며

◉九轉靈砂萬應丹은癲狂　癎症과中風諸疾과耳目諸病과痰疾에神効ᄒᆞ오

◉九轉靈砂保命丹은初生小兒　驚風　風氣　咳嗽　腹痛諸般과婦人帶下症에神効ᄒᆞ며

◉九轉靈砂濟衆丹은酒滯　食滯　血積　吐瀉　霍亂　痢疾　吐血　下血　運氣　時疾　痲疹에神効ᄒᆞ오

◉九轉靈砂紫金丹은痔漏　腫瘡　上疳瘡　下疳瘡及唐瘡과諸般瘡腫에無不神効ᄒᆞ오니　僉君子ᄂᆞᆫ來問ᄒᆞ시오

內需司前묵감이골上隅第一家　李鶴延　告白

◎本社廣告

申新價

一張代金　新貨二錢五里

一箇月先金　三十錢

三箇月　九十錢

一箇年　一元七十錢

郵稅一部　新貨五里

一箇月　十三錢

一箇年　一元四十錢

廣告料

四号活字十三字詰

每日每英尺一寸에新貨十五錢

（每日每行에六錢에相當ᄒᆞᆷ）

其期限의長短과字數의多少를依ᄒᆞ야增減ᄒᆞᆷ이有ᄒᆞᆷ

◉大韓每日申報各處支社所在

中署布屛門下　金相萬書舖

洞口日[illegible]　朱翰榮冊舖

中署鳥廛初入七十八統第二戶　鄭濟洪

仁川郡[illegible]新冊舖　李[illegible]

平壤南山峴日新學校　金[illegible]

宣川邑橋西　安[illegible]

義州南門外[illegible]　[illegible]

長連邑　[illegible]

載南湖藥局　金[illegible]

[illegible]州南社　[illegible]

中和邑　鄭俊培

釜山佐川徐館　金[illegible]

開城北部梨井里[illegible]　[illegible]

校副校長　姜[illegible]

大丘郡　達城廣文社

發行兼編輯人　英國人　[illegible]

發行所　東城北署壽進坊磚洞号外地法語學校前

大韓每日申報社

第四卷 第三百十九號

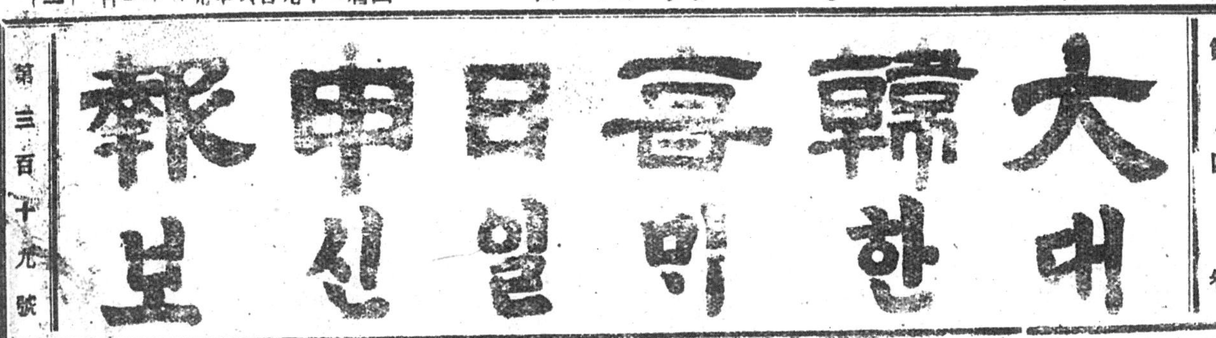

月曜及慶節 歲時日休刊

檀君開國四千二百三十九年
箕子元年三千二十八年
大韓開國五百十五年
日本明治三十九年
淸國光緖三十二年
◉陰曆丙午七月小廿三日午戊

論說

一進會

至于今日ᄒᆞ야ᄂᆞᆫ一進會중에似有憂愁라此會首領이現在拘囚중이니公衆은但聞其漏說이나伊藤侯ᄂᆞᆫ得其確報矣리로다吾人이此會成立을最初得見ᄒᆞᆷ이再昨年八月六日이라發起趣旨를注目ᄒᆞ고該會目的이怪異不確ᄒᆞᆷ을即時指明ᄒᆞ얏스며且其間本紙上에此無譽社會의組織及進行之全部를順次說破ᄒᆞ얏스니當其設立之初ᄒᆞ야此會員이賴其日人助力ᄒᆞᄂᆞᆫ거슬擧證ᄒᆞ얏스며自此以後로不滿於日人ᄒᆞᆫ幾多韓國官人이此會派員을因ᄒᆞ야被其免職ᄒᆞᆫ것과且全國이此會民의게如何受苦ᄒᆞᆷ을揭報ᄒᆞ얏노라

到今ᄒᆞ야ᄂᆞᆫ一進會가似已達目的故로日人의게反受其壓潰ᄒᆞ나니一般韓人의게此將爲一學課요且本記者의預言을應驗ᄒᆞᆷ이니前者本報가一進會를警論ᄒᆞ얏스되日人이該會員을但作利用이라가及其末也ᄒᆞ야ᄂᆞᆫ助力을不給ᄒᆞ야憤怒同胞의게對顧케ᄒᆞᆫ거시必有ᄒᆞᆫ日이라ᄒᆞ얏노라

此乃今日所遇니國內에私決ᄒᆞᆫ事端이必多ᄒᆞᆫ거슨無疑어니와日本報筆은此事端을韓國擾亂의表證으로更記ᄒᆞᆫ거시依例로다

何以觀之런지不可改良ᄒᆞᆫ多端過失을已成ᄒᆞᆫ지라此會趣旨가外飾其善故로有志人士를多數招集ᄒᆞ얏스니如此人士가此會目的이出於忠愛運動ᄒᆞ야韓國利益을專顧ᄒᆞᄂᆞᆫ줄量度ᄒᆞᆷ으로熱心供助ᄒᆞ기에所有錢物을消費ᄒᆞ얏스나竟未免愚迷ᄒᆞᆫ지라該會實情을探解ᄒᆞ고自退ᄒᆞᆷ이已久나家產蕩敗가因人之歎이요

且此會伸張을觀光ᄒᆞᄂᆞᆫ幾人은此會를財政救助로連結ᄒᆞ면後日好運을同沾ᄒᆞᆯ줄量度ᄒᆞᆫ者ㅣ或有ᄒᆞ얏스니如此之人은但其接屬者나一進會員의頗多部分을猶成ᄒᆞᆫ지라此人의失望은日人이將不尋常置之ᄒᆞᆯ거시로다

國內全幅에셔一進會員이殘忍苛虐을施之於隣人ᄒᆞᆷ으로擾亂이起端ᄒᆞ면日人의應助令員之態가如一ᄒᆞ얏거니와或將有反行之動이라

此會員이日本擁護之下에在ᄒᆞᆫ거슬知悉ᄒᆞᆷ으로橫侵强奪을忍受ᄒᆞᆫ人民에到今ᄒᆞ야ᄂᆞᆫ此會員의脫其庇護ᄒᆞᆷ을探解ᄒᆞ얏스니前日被害를或可忘却ᄒᆞᆯ지ᄂᆞᆫ不可期也ㅣ노라

前日事端의更要妥決을聽聞ᄒᆞᆫ거시無疑라略干會民의今受其罰이確然公正이요當然理勢나此際所遇를日本報紙에此國不安之表證으로引記ᄒᆞ야日本管轄之下에緊握韓國之計를尙加ᄒᆞᆯ거슬或將得見ᄒᆞ리로다

官報

●三千五百五十四號 光武十年九月十日

◉宮廷錄事

掌禮院卿李載冕辭職疏批旨省疏具悉所請依施

九月六日

◉叙任及辭令

○前教員朴稀祥 仝柳亨秀 仝金洪秀 仝崔用集 仝金鍾健 任官立校洞普通ᄒᆞᆨ校教員○前教員金敎熙 仝金건稙 仝李潤甲 仝申基德 任官立齊洞普通ᄒᆞᆨ校教員○前教員朴齊賢 仝鄭瑞源 仝丕鍾洛 任官立安洞普通ᄒᆞᆨ校教員○前教員金鎭世 仝金喜湜 仝金鍾喆 任官立養賢洞普通ᄒᆞᆨ校教員○前教員尹貞圭 仝許煥 仝송淳형 仝金榮培 任官立養士洞보通ᄒᆞᆨ校教員○前教員尹輔榮 仝吉昇奎 仝金元祜 仝朴晟根 任官立鑄洞보通ᄒᆞᆨ校教員○前教員金慶淵 仝崔鍾록 仝安鍾烈 仝柳茲驗 任官立水下洞보通ᄒᆞᆨ校教員○前教員金顯龜 仝李東鉉 南明植 任官立貞洞보通ᄒᆞᆨ校教員○前教員李樂遠 仝申鉉鼎 仝丁奎寅 任官立梅洞보通ᄒᆞᆨ校教員○兼任校洞보通ᄒᆞᆨ校長 仝教員朴稀祥○兼任齊洞보通ᄒᆞᆨ校長 仝教員金교熙○兼任安洞보通學校長 仝교員朴齊賢○兼任養賢洞보通ᄒᆞᆨ校長 仝교員金鎭世○兼任養士洞보通ᄒᆞᆨ校長 仝교員許煥○兼任鑄洞보通ᄒᆞᆨ校長 仝교員尹輔榮○兼任水下洞보通學校長 仝교員金慶淵○兼任貞洞보通ᄒᆞᆨ校長 仝교員金顯龜○兼任梅洞보通學校長 仝교員李樂遠 以上九月一日○依願免本官 度支部技手金用漢○免本官 安岳郡守尹斗榮

右ᄂᆞᆫ該員이叙任ᄒᆞᆫ後赴任期限이已過에尙不發行ᄒᆞ니赴任規程第一條部令第八號를依ᄒᆞ야免本官 以上 三日○命宮內府特進官 副將李鳳儀○命掌禮院卿 侍講院詹事閔京鎬○兼任시講院詹事 景孝殿提調李載克○依願免本官 秘書監丞李謙來○任秘書監丞 正三品李恒九○任시從院시從 制度局參書官金圭鎭○任制度局參書官 主殿院電務과技師白時鏞○任主殿院電務課技師 六品鄭駉永 以上九月六日

●勅令

◉勅令第四十號

學部直轄學校及公立학校官制 續

第六條 副教官은判任이니학員教育에從事케ᄒᆞᆷ이라

第七條 학員監은教官과副教官으로兼任케ᄒᆞ야학校長의命을承ᄒᆞ야寄宿舍에關ᄒᆞᆫ事를掌케ᄒᆞᆷ이라

第八條 書記ᄂᆞᆫ判任이니上官의命을承ᄒᆞ야庶務와會計에從事케ᄒᆞᆷ이라

第九條 師範학校에判任教員을置ᄒᆞ야附屬보通학校학徒의교育을掌ᄒᆞ고兼ᄒᆞ야師範학員의實地授業을指導케ᄒᆞᆷ이라 未完

外報

●昌圖以北의支나人 昌圖以北에在ᄒᆞᆫ支나人은俄軍의久駐ᄒᆞᆫ結果로多히俄國과同情을表ᄒᆞ고日本人에對ᄒᆞ야ᄂᆞᆫ輕侮의意가往往히日人에加害ᄒᆞᆫ다더라

●土地分與 伯林電을據ᄒᆞᆫ則俄帝ᄭᅴ셔詔勅으로써耕作地를農民의게分與ᄒᆞᆫ命을ᄂᆞ리엿다ᄒᆞ더라

●寬和手段 俄國首相스트루이핀氏ᄂᆞᆫ來年二月에議會設立ᄒᆞᆯ事를奏請ᄒᆞ고政府ᄂᆞᆫ自由主義의改革을續行ᄒᆞ며猶太人의拘束을解ᄒᆞ야自治制를施行ᄒᆞ고警察을改革ᄒᆞᆫ다더라

●交涉委員 日本政府ᄂᆞᆫ遼陽과鐵嶺의民政署를撤廢ᄒᆞ고目下副領事를右兩地에派遣ᄒᆞ얏ᄂᆞᆫ디奉天將軍도該地에交涉委員을任命ᄒᆞ기로鐵嶺에ᄂᆞᆫ同地期粮捐局委員補用知府舒元道로遼陽에ᄂᆞᆫ補用知縣于沖漢으로派遣交涉케ᄒᆞᆫ다더라

雜錄

●三不知問答

大丘來函

大府에六十九歲翁이有ᄒᆞ니自号를丘翁이라月前에上京하야滄浪子를來見ᄒᆞ고禮畢後에跪而問曰先生은會遊海外ᄒᆞ야各國學問과聞見이有餘ᄒᆞᆯ지라翁의疑晦을解釋케ᄒᆞ소서滄子曰有何學問이리오마ᄂᆞᆫ願聞ᄒᆞ나이다丘翁曰大丘ᄂᆞᆫ原來三南要衝이오嶺南首府라繁華之場이오都會之地故로閭人도多數ᄒᆞ고見事도多端ᄒᆞ되近日形便과如히怪常ᄒᆞᆫ거슨會所未聞인바有不知者三ᄒᆞ니本郡守朴重陽氏가赴任未幾에由한이와官奴輩를郡舍入廳에升坐케ᄒᆞ라ᄒᆞ고朴郡守가出席曰規今擧破門閥ᄒᆞᆫ世界에老兄들은何尙守舊ᄒᆞ야他人의賤待를甘受ᄒᆞᄂᆞᆫ잇가自今以後로無論官民班常ᄒᆞ고如前히賤待ᄒᆞᄂᆞᆫ者가有ᄒᆞ거든來告ᄒᆞ시면斷當嚴懲ᄒᆞ리라ᄒᆞ엿ᄉᆞ니外各國文明ᄒᆞᆫ政界도是爲急務인지一不知也오朴郡守가暫時觀察署理로宣化堂과澄淸閣과其他大廳과房屋을一一히外人의게借與ᄒᆞ엿ᄉᆞ니一道公廨를一郡守로自意私給ᄒᆞᄂᆞᆫ지二不知也오民事에對ᄒᆞ야每曰非我所關이라往呈于觀察ᄒᆞ라我ᄂᆞᆫ外交만擔任ᄒᆞ얏다ᄒᆞ야晝夜로日本人家에常在ᄒᆞ니近日觀察郡守의責任規則을改定ᄒᆞ얏ᄂᆞᆫ지三不知也라然則朴重陽氏를自政府로日語能通ᄒᆞ고外規의達鍊ᄒᆞᆫ人材라ᄒᆞ야選用ᄒᆞ얏거늘吏民間에怨聲이如此浪藉ᄒᆞ니此是救民ᄒᆞᆯ擇人이오殺民ᄒᆞᆯ擇人이오願先生은詳敎ᄒᆞ소서

滄子曰是何言也오外各國에도尊卑貴賤上下가더욱分明ᄒᆞ고但ᄒᆞᆫ間이有ᄒᆞᆫ人은地閥不計ᄒᆞ야上等으로待遇ᄒᆞ며雖一草一土라도外國의讓與ᄒᆞᆯ理由가決코無ᄒᆞ거든况莫重公廨乎며地方官의職任은治民인ᄃᆡ外交가何關이며또外人의게阿諂ᄒᆞᄂᆞᆫ것은何謂外交乎아僕은外國에遊覽ᄒᆞᆫ時의此等政略을未見ᄒᆞ얏더니日本에가서卒業ᄒᆞᆫ人은近日의아마도別樣학問이新出ᄒᆞ얏나보오相笑而罷ᄒᆞ얏더라

●嬰感未赴 光州관察使沈相翊氏ᄂᆞᆫ近日感氣彌留로方在叫苦중인ᄃᆡ晦初間赴任키難ᄒᆞ다더라

●兩大反目 內部大臣과軍部大臣이私嫌으로互相反目하야不肯一席하더니軍大가被屈하야聲렴이一半減각ᄒᆞᆷ의毁言日至하야漸至孤立이라더라

●慾浪未息 副議長李根호氏가農商工部大臣을運動하다가三兄弟大臣이太爲不상이라하야중止하얏시나宦海慾浪이尙今未息이라더라

●泰擧驗民 南來人의傳說을聞ᄒᆞᆫ즉泰仁郡守孫秉秀氏가不意免官을當ᄒᆞᆷ의邑村士民이同氏의行政上惠澤을感銘ᄒᆞ야一朝遞失에歎惜을不堪ᄒᆞ야不期而會ᄒᆞ여官門을固住ᄒᆞ고晝宵守直ᄒᆞᄂᆞᆫ고로본郡守가無數曉喩ᄒᆞ되一向不退ᄒᆞ고甚至揮淚不散ᄒᆞᆫ다더라

●警務講求 昨日內部警務局內에各地方에派駐ᄒᆞᆫ警務官總巡을會同하고一般警務上必要事務을爛商講求에各言其方針하ᄂᆞᆫᄃᆡ日間催促赴任ᄒᆞᆫ다더라

●교土飭付 南陽郡守方한德氏가본郡교土를半付於普興學교事로儒生朴貞彬等의稟目을據하야학部에報告하얏더니학部에서指令하기를교土가雖云聖廟祭田이나其본意則士林留宿講習之資이거날挽近士習懈弛하야留齋講習之例ᄂᆞᆫ廢止已久하야絃誦之聲이寂然未聞하니孰不慨歎이리오現今設교育이即居齋講習之例인則士林之교其子姪에有何妨害이며以享祀論之라도內部로自有例劃인즉隨其不足하야若干補用이면小無不贍之需이고現以所有田土를折半移付於普興학교則鄉교중에雖有設교라도亦爲贍足하리니曉飭士林하야田土ᄂᆞᆫ依前飭半付케하라하얏다더라

●韓人買辱 廉洞等地에何許日人이空氣銃射的營業을하ᄂᆞᆫ데其近동浮浪之類가連夜會集하야銃射을시하ᄂᆞᆫ데日前의何許韓인이所持銀時表를與當하고銃射라가空手歸去하며損害를受ᄒᆞᆫ者가不知其數하며隣洞居金泰淳氏를空然毆打하고金潤培氏ᄂᆞᆫ日女의게打傾을被하야一場惹鬧가起하얏ᄂᆞᆫ데韓人의下等待遇ᄂᆞᆫ可謂自取이라더라

●府尹實施 各港監理를府尹으로改定하야郡守行政을兼察케ᄒᆞᆫ다ᄂᆞᆫ事ᄂᆞᆫ已揭어니와其案件이實施될터인지府尹下에參書官一人主事幾人式을設置ᄒᆞᆫ다더라

●逃兵討財 平壤徵上隊兵丁李仁瓚金鍾錫等三名이逃脫하ᄂᆞᆫ故로江原道平康郡甑山坐居民尹東洙를討索錢財次로結縛押去하다가伊川邑에來하야該郡巡교가捕捉하라ᄒᆞᆫ즉其중一名은以銃示威而逃去하고李金二名은被縛하야將次軍部로押上ᄒᆞᆫ다더라

●月俸增加 內部에서觀察郡守의月俸을俱以一二三等으로磨鍊하야觀察使ᄂᆞᆫ一百元以上으로郡守ᄂᆞᆫ五十元一依等級케俸하ᄂᆞᆫ데方將記草중이라더라

●賊入警家 再昨日下오二時量에南署巡檢李顯昌氏家에賊한이突入하야如干些少什物을奪取以去하얏ᄂᆞᆫ데同巡檢은본以極貧故로僅僅得生者인데値此賊劫하야掃蕩無餘하니其情狀이甚히矜惻하다더라

●參政訪問統監 再昨日曜日上오九時에參政大臣朴齊純氏가伊藤統監을訪問하야政界方針에變動與否를長時談話하얏다더리

●政府會議의實施 向日御前會議에도內部提出議案중에各郡橫入區域을割付近郡件과觀察府及各港府에參書官繙譯官及主事三人을設置件과觀察郡守의月俸을改定件과前府尹은改稱郡守件은初議可決ᄒᆞ얏고地方官叙任을銓考施行은反對가並起ᄒᆞ야否決이되얏다ᄂᆞᆫᄃᆡ昨日上오十二時政府會議에도依此施行이라더라

●奏任未參 萬壽聖節園遊會에政府에서數千名以上請邀ᄒᆞᆫ事ᄂᆞᆫ記載하얏거니와政府에서니外國親勅奏任官은依例請帖하얏거니와日本人에ᄂᆞᆫ各處에許多ᄒᆞᆫ巡査ᄭᆞ지一齊請요ᄒᆞ고韓國各府部院廳에判任官은一切不청ᄒᆞᆫ지라政界輿論이大有拂鬱ᄒᆞ여國權及廉恥上關係도奏任官도不爲進參ᄒᆞ고在家慶祝ᄒᆞ기로相議중이라더라

●園遊會預筭 今番萬壽聖節園遊會에內外國人請邀數가二千名에達하얏ᄂᆞᆫᄃᆡ該宴會費ᄂᆞᆫ新貨二千五百圜을預筭하얏더라

●電飭查報 今番大雨에南道一境은舉皆渰沒하야漂戶가萬餘戶오渰死가一千餘名이라ᄂᆞᆫᄃᆡ詳查報來가姑無ᄒᆞᆫ지라ᄂᆡ部에서該道觀察府로電飭하야戶口損害를不日상查報告하라ᄒᆞ얏다더라

●政會意見不一 昨日政府會議에內部提出案件에對하야各部大臣이各其意見書를袖出하야所論이不一ᄒᆞᆫ지라會席에衝突이有하야事不穩定이라ᄒᆞ니後報에更載허기노라

●學生放還 학生姜한락氏의寄函이如左ᄒᆞ니

日昨貴報雜報欄內에학生拘引題下에姜李兩氏를警廳에서幷爲招引ᄒᆞ야俄國에在ᄒᆞᆫ一般韓人의動靜을一一查問이라ᄒᆞ얏고萬歲報六十四號雜報欄內에도亦然하고皇城新聞二千二百七十七號에도亦然ᄒᆞ고又同新聞二八〇號의도其辭意가模糊ᄒᆞ야俄國關係가不小ᄒᆞᆯ然ᄒᆞ야본人에關係가不小ᄒᆞᆯ로以上數語로辨明ᄒᆞ오리다大抵본人이該處의韓人動靜을何知며李氏가ᄒᆞ徒ᄒᆞᆷ에何關이리오本月六日上午七時量에初面不知南署警務官金相翊氏가本人을來訪ᄒᆞ야露國形便을詳問ᄒᆞ기에此問題에疑訝不無ᄒᆞ야金氏다려何等形便을指示ᄒᆞ라ᄒᆞ오ᄒᆞᆫ즉金氏가即時紙筆로써본學徒等의前後事狀을細細詳問이기疑懼ᄒᆞᆫ거시小無ᄒᆞ야一一應問이러니下午九時量에본人의게警務廳補佐官단오氏와總巡尹炳喜氏等이如何控罪狀을不帶ᄒᆞ고來ᄒᆞ야본人과李敎常과其他본處來留人의書物及書信等物을採查後一一取帶ᄒᆞ고본兩人을警廳으로帶去監囚ᄒᆞ고翌日十時頃의訊問에應ᄒᆞ얏ᄂᆞᆫᄃᆡ該訊問事狀은檢閱事에所關이기不敢說去요同日下오六時量에放送ᄒᆞ얏스니這間如何ᄒᆞᆫ險害者가有ᄒᆞ야假告ᄒᆞ얏ᄂᆞᆫ지不知ᄒᆞ거니와본人에對ᄒᆞ여ᄂᆞᆫ一晝夜間留 的自由를損케外에ᄂᆞᆫ他意가無ᄒᆞ오니貴報에揷載辨明을望ᄒᆞ노라ᄒᆞ얏더라

寄書

讀越南史有感（續）　盱衡生

夫我韓五百年來偏安一隅無預人事丸沈對關僅保生息乃豐臣氏無故興師破人宗廟掘人陵寢鷄林之冤血川漲西京之耳塚山高殘人以逞自謂豪雄吾未知韓人有何開罪致此慘禍乃因之而明社亾淸人來韓鬪則一倒一顚無復振作而至於今日矣試問殘韓害明究有何益于日耶因是之故

卽今韓淸人雖無能與日本爲仇而壬辰之事便成千古斷案初非韓淸仇日而日本公然招仇成讐試思往事孰是孰非必有辦之者且以今日言之舊恨未消新怨又作甲午甲辰以來開發我韓云者煩碎苛刻打樸無激朝令暮改瞬息千變莫究端倪使我韓積疑生忿自哀怨人還不思撫安保全而乃傲慢自大視人如無目空天下氣雄萬夫奪我全國虐我萬姓其跡所到

婦孺駭散其畜所及鷄犬不遺使全韓數千萬人民聞聲相惡見形牛嗔有死之心而無生之樂將與越南人不十年而俱無遺類此固我全韓士扶植備立者耶將室欺小神目如電弱固可凌天道好還何不思之耶今東亞分崩莫可收拾爲盟主者當戰兢自持維持大勢可也

分而一時之强壯我族類以招外侮支나分裂則日本之所得不過二省而西人各擁要害又欲肆其東封日本豈能永享榮利且韓國則固已亡矣無能爲力而世事多故一時難作吾恐韓淸奔走四方爲列强之前驅將與日本爲難當其時也

列强豈顧區區盟約獨與日本曬比捨此百年大計耶省眼欲穿日望我東方有事何不思之甚耶吾恐日本倂韓國裂支나固屬稱快一時而未知何以善後此非只爲韓淸憂竊爲日本當事者懼也遂東還附足爲日本戒如還不深省韓淸亡而日本隨之矣戒之戒之且瞽告我韓同胞法人之幾越爲異種故也

日人之殘我欲效其嚬而舉我東亞大洲盡屬於西人計矣嗚呼人固有先死何足惜然惟願小須臾無死정開雙眼韓청去後佇看日人之獨享榮利然後死可也（完）

雜報

●慶祝盛況　開城교育總會에서開國紀 節慶祝ᄒ기爲ᄒ야本府內各學校학徒ᄅ聯合ᄒ고本府尹과一府士民을請邀ᄒ야敬德宮에會集ᄒ얏ᄂᆞᆫ데本宮은我 太祖高皇帝化家爲國ᄒ신舊基로 肅廟朝에서竪碑建閣ᄒ시고卄年에 皇上陛下ᄭᅴ옵서會禮院修理ᄒ사一新改觀ᄒ시니實是我國人民의羹墻瞻仰之地라當日會合ᄒᆫ학徒ᄂᆞᆫ公立小學校에四 名이오開城학堂에七 名이오培義학校에八十名이오京義숙에三十八名이오司令部夜학校에四十名이오普昌학校에六十八名이오善竹학堂에二十名合三百五十六人이라各학교가太極國旗를高揭ᄒ고 宮庭에次第而進ᄒ야七行으로班次를成立ᄒ니儀容이整肅ᄒ고步趨가閒雅ᄒ야活潑的氣像과和悅的意味가可嘉可掬이라各학徒가慶祝歌를齊唱ᄒᆫ後에一般官民數千餘人이齊呼萬歲ᄒ니聲動天地에擧是春風和氣中이라本府尹韓永源氏와교育總會長李健赫氏가各학徒를對ᄒ야愛國性과勸학辭로一場演說ᄒ고下午四時에閉會ᄒ얏ᄂᆞᆫ데此府에五百餘年初有ᄒᆫ盛況이라교觀光者無不興感ᄒ야愛國思想이一倍激發ᄒ니吾儕ᄂᆞᆫ開城士民을爲ᄒ야讚賀不已ᄒ노라

廣告

◉學員募集廣告（第一回）

玆에普成中學校를新設ᄒᆞ고高等普通學術로一般國民을敎育ᄒᆞ코져ᄒᆞ오니將來에實業及實務에從事ᄒᆞ고又ᄂᆞᆫ各種專門學校에入學코져ᄒᆞᄂᆞᆫ靑年有志諸君은早早來學ᄒᆞ오셔中等以上普通知識을全備하심을爲望ᄒᆞ오며

本校의完全ᄒᆞᆫ敎授準備와眞正ᄒᆞᆫ敎育制度를左에列擧ᄒᆞᆷ

一 一般敎科書ᄂᆞᆫ擴히本校에서新編纂備ᄒᆞᆷ

二 本校의第一主旨ᄂᆞᆫ修身科、作文科、漢文科니倫理學敎科書를新撰ᄒᆞ야道德心을培養ᄒᆞ고、作文敎科書를新撰ᄒᆞ야文章을規矩로敎授ᄒᆞ고漢文敎科書를新撰ᄒᆞ야讀書를應用活法으로敎授ᄒᆞᆷ

三 理化學及博物學은機械及藥品으로實地試驗을行ᄒᆞ야敎授ᄒᆞᆷ

四 唱歌ᄂᆞᆫ軍樂音調로新製敎習ᄒᆞᆷ

五 體操及運動은各外國運動式用械具로日常敎鍊ᄒᆞᆷ

六 敎師ᄂᆞᆫ新舊學問에專能ᄒᆞᆫ諸大方家를延聘ᄒᆞᆷ

●學科目 （科目中課程은略之）

修身學、國語、漢文、作文、歷史、地誌、物理及化學、博物學、地文學、法學、數學、圖畫、唱歌、體操、外國語、農業學、商業學、簿記學、

●修業期限 四箇年

●入學年齡 自十五歲以上至二十五歲以下

●入學試驗科目 國漢文讀書及作文、內外國歷史及地誌問對、算術四則以內

●入學試驗日字 九月十五日（陰七月二十七日）

●開學日字 九月十六日 （入學請願書及保証書ᄂᆞᆫ本校用紙를用ᄒᆞᆷ）

光武十年八月十六日

漢城中署礡洞 私立普成中學校

廣告

東國歷史 普通敎科國漢文一秩二册定價新貨 一圓十戔
法蘭西新史 四十錢
淸國戊戌政變記一秩 一圓
波蘭末年戰史一冊 三十錢
美國獨立史一冊 三十錢
法國革新戰史一冊 三十錢
大韓輿地圖一張 十七錢五里
世界全圖一張 三十七錢五里
大韓地誌一秩 七十五錢
牧民心書一秩 一圓二十五錢
萬國地誌一秩 一圓
尺牘完編一秩 一圓五十錢
農政新編一冊 五十錢
法學通論一冊 一圓
溫故知新常蒙抄 冊七錢五里
父師必讀小學指남 七錢五里
人工養蚕一冊 十五錢
政治하新論 一冊四十八錢
家庭雜誌一 十錢
進明彙論一秩 三十五錢
交際新禮一秩 十八錢

發賣所 布屛門下金相萬書舖 大韓每日申報社

花春丹은 霍亂 吐瀉 腹痛 滯症 暑症 정忡 神眩 胃鬱 痰盛 醒酒 船暈 咳嗽 痛질 口味업ᄂᆞᆫ諸症의神救ᄒᆞᆫ藥이오 此外에또洋灰水解毒藥 唐창 疳氣 蛔虫 寸虫 赤白면風 藥과東西洋藥이俱備ᄒᆞ고他病도隨問出方하오니 僉位ᄂᆞᆫ枉臨하시옵

皇城校洞石井洞下隅 石泉堂藥局 告白

一 鷹標罐濃縮牛乳
一 金印罐詰濃結牛乳
一 無雙家用氣化乳酪
一 쏘ᅵ든쓰製造麥芽化合牛乳

以上은常時에貯積ᄒᆞ얏숩

美國紐育港쏘ᅵ든쓰濃結牛乳會社

一手代理店 大韓仁川港 洋行

●九轉靈砂ᄂᆞᆫ 本人이妙ᄒᆞᆫ神術을傳하야製造ᄒᆞᆫ靈丹인ᄃᆡ男女老少에無論何症ᄒᆞ고通治ᄒᆞ며無病時에도服ᄒᆞ면平生의身體가健康ᄒᆞ며小兒ᄂᆞᆫ[illegible]無病ᄒᆞ게음痛保ᄒᆞ오며

●九轉靈砂萬應丹은癲狂 [illegible] 病과[illegible]疾에神効ᄒᆞ오

●九轉靈砂保命丹은初生小兒 [illegible] 驚氣 痰喘 [illegible] 와婦人帶下症에神効ᄒᆞ여

●九轉靈砂濟衆丹은酒滯 食滯 血積 吐瀉 霍亂 痢疾 吐血 下血 運氣 時疾 瘧疾에神効ᄒᆞ오

●九轉靈砂紫金丹은痔漏 [illegible] 上疳瘡 下疳瘡及唐瘡과諸般瘡瘍惡種에無不神效ᄒᆞ오니 僉君子ᄂᆞᆫ來問ᄒᆞ시오

內需司前독갈이골上隅第一家 李鶴廷 告白

◎本社廣告

申新價	
一張代金	新貨二錢五里
一箇月前助	三十戔
三箇月	九十戔
六箇月	一元七十戔
一箇年	元四十戔
郵稅一部	新貨五里
一箇月	十三戔

廣告料

四号活字十三字詰每日每英尺一寸에新貨廿五錢（每日每行에六錢에相當ᄒᆞᆷ）其期限의長短과字行의多少를依ᄒᆞ야增減ᄒᆞᆷ이有ᄒᆞᆷ

◉大韓每日申報各處支社廣告

中署布屛門下 金相萬冊肆
洞口紲便 朱翰榮冊肆
中署農圃初入七十八統第二戶 鄭亢澤
仁川栖峴開新冊肆 李寧
平壤南山峴日新學校 金[illegible]
宣川邑橋西 崔[illegible]
義州南門外韓西大書房 安[illegible]
長連邑 金[illegible]
鎭南浦築洞 金七[illegible]
咸興州南社 [illegible]
中和邑 李俊培
釜山佐川徐藥房 金[illegible]
開城北部梨井里 許居培藥鋪
校副校長 [illegible]
大丘郡 達城廣文社

發行兼編輯人 英國人[illegible]
發行所 京城北署壽進坊礡洞号外地法語學校前
大韓每日申報社

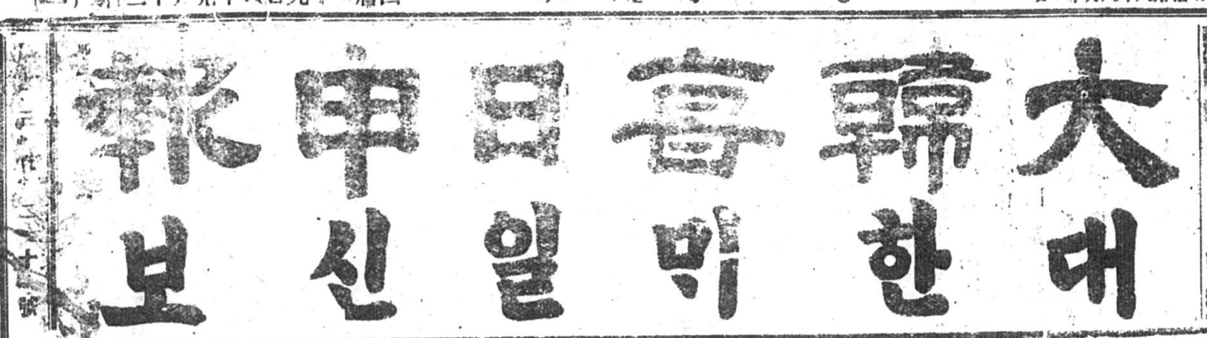

第四卷

大韓每日申報 대한매일신보

月曜及慶節歲時日休刊

檀君開國四千二百三十九年
箕子元年三千二十八年
大韓開國五百十五年
日本明治三十九年
清國光緒三十二年
◎陰曆丙午七月小廿四日己未

論說

맥켄氏之論韓國

맥켄氏가韓國事를英國每日新報에電告ᄒᆞ얏더니該事實이日本新聞에採記된바同氏電報ᄂᆞᆫ事之誤失을匡圖改良ᄒᆞᄂᆞᆫ거시니此國內日본行政이喪失稱揚ᄒᆞ얏ᄂᆞᆫ듯甚似ᄒᆞ도다同氏所論이維何오

第一은伊藤侯가不適ᄒᆞᆫ官吏를廢棄ᄒᆞᄂᆞᆫ것과必要ᄒᆞᆫ改良을啓發ᄒᆞᄂᆞᆫ거ᄉᆞ로韓國內日본行政을사圖贖救중이라ᄒᆞ얏ᄉᆞ니試圖二字ᄂᆞᆫ姑無結效를表明ᄒᆞᆷ이어니와特其贖救二字ᄂᆞᆫ甚有强力이라英文중에適此適合ᄒᆞᆫ字句를不能摘出하리니盖何人何事이든지若要贖救면其　其事의無奈何之勢를表示ᄒᆞᄂᆞᆫ거시로다

人若被執於强盜면其人之勢ㅣ必須贖救니此ᄂᆞᆫ手足을不能自動에事已無望故로因而許之ᄒᆞ야欲脫其危ᄒᆞᆷ이라엡스터氏(一英文字典著述人)가贖救의字義를解釋ᄒᆞ얏ᄉᆞ되拘束或羈絆에서贖其償金而宥免이라ᄒᆞ얏ᄉᆞ니今此據辭가豈非表其當義者耶아日本政策이至於絶望됨을含意ᄒᆞᆷ이라此乃吾人의長時願聞者어니와今此言辭ᄂᆞᆫ本記者의諸般前言보다越等嚴烈ᄒᆞ도다

日本人民의輿論과日本政府의辯舌이向其一世ᄒᆞ야熱心反拒ᄒᆞ던事態의實情을今乃旣確報矣니此ᄂᆞᆫ非他라日本의對韓手段이尙今未免失策故로日本介名을永續譴責에서救脫ᄒᆞ려ᄂᆞᆫ伊藤侯의孤望이有ᄒᆞᆫ거슬總悉ᄒᆞᆫ거시로다

맥켄氏가且關其結果ᄒᆞ야言及ᄒᆞ얏ᄉᆞ되統監이何如確實改良을旣行ᄒᆞᆷ과如히試圖政策이나然이나非但官人이라特其庶民을疏遠케ᄒᆞᆫ日本前政策에셔幾分만無關이라伊藤侯의시圖改良ᄒᆞᄂᆞᆫ事態가韓國權限에一未有公正ᄒᆞ야官民을幷皆疏遠케ᄒᆞ니對此一言은貴富上下官無異議를勿論ᄒᆞ고各國人이日本僭取를拒逆非難ᄒᆞ기에一致ᄒᆞᄂᆞᆫ거시로다

且聽컨ᄃᆡ伊藤侯와及其首補佐員이韓國人衆을導良케ᄒᆞ기를眞實希望云이나然이나其[illegible]多數補佐員의空乏之不能과韓官人의抵抗이此韓國을置之于至難이로다

맥켄氏가有力ᄒᆞᆫ贖救二字로始之라가尤有力ᄒᆞᆫ至難二字로終之ᄒᆞ얏ᄉᆞ니同氏가熟知其字義라盖至難은格別人品과格別機關으로야能成ᄒᆞᆯ極難之勢를謂之ᄒᆞᆷ이니同氏가此現象의龍頭蛇尾를特表ᄒᆞᆷ이로다

맥켄氏가救助韓民之望을伊藤侯의首補佐員에게特寄ᄒᆞ얏ᄉᆞ니現今政策의後運成就를何以希望耶아不能成就ᄒᆞᆯ거슬但見而已니韓國官人과接觸되ᄂᆞᆫ半開化ᄒᆞᆫ日本個人이波奔渡韓ᄒᆞ야賠償財源을渴求ᄒᆞᆫ지라此漸長困難을伊藤侯와及其首補佐員이其能安解ᄒᆞᆯ지不可望也로다

官報

●三千五百五十五號　光武十年九月十一日

◎宮廷錄事

詔曰義親王觀兵日本時接伴員以下容有紀念神奈川縣知事周布公平特敍勳　等警視廳警視井上孝哉特敍勳　等各賜太極章警視廳警視田川誠作特敍勳三等賜八卦章統監府通譯官勳六等川上立一郎特陞敍勳五等션部副長勳六等吉村晴[illegible]各賜太極章宮內屬石井謙吉內藏院河瀨治太郎主殿屬治田精友內匠寮技手城守[illegible]郎調度局屬八色宗之助內苑局技手福羽恩藏神奈川縣警部篠崎芳知助並特敍勳六等各賜八卦章宮內省[illegible]寄利吉[illegible]部曾川忠夫郎賜[illegible]武部重剛[illegible]之成本間連次郎幷特敍勳十等各賜太極章

光武十年九月二日　表勳院總裁閔泳徽

掌禮院卿臣閔京鎬謹奏陰曆七月廿六日再揀擇時處所及處子詣　闕門時以初揀擇處所門將知委擧行乎敢　奏

光武十年九月七日奉

旨依初揀擇例爲之

陰曆七月廿六日再揀擇吉時丙時

◎敍任及辭令

○依願免本官　咸鏡南道觀察府主事趙在鴻○任咸鏡南道觀察府主事鄭敬時○任陸軍步兵參領　從二品李鍾林　九月五日○시從院시從　한欽　主殿院電務과主事安秉찬　慶尙北道觀察府主事申轍雨　依願免本官○任義親王府典독　全典衛李範圭○任義親王府典衛綏陵參奉송元燮○任寶陵參奉　九品參한欽○朴喜鼎　九品韓　甲　任警務廳摠巡○任慶尙北道觀察府主事　李昇和

以上九月七日

●勅令

◎勅令第四十號

學部直轄학校及公立학校官制　續

第十條　학교長은학員교授上事務에依ᄒᆞ야ᄂᆞᆫ학部大臣의認可를得ᄒᆞ여講師를囑托ᄒᆞ야其학科의교授를擔任케ᄒᆞᆷ을得ᄒᆞᆷ이라

第十一條　成均館을除ᄒᆞᆫ外에학교職員의員數ᄂᆞᆫ別로히定ᄒᆞᆷ이라

附則

第十二條　본令은光武十年九月一日로부터施行ᄒᆞᆷ이라

外報

●居留地要求　合爾賓報를據ᄒᆞᆫ則海參威地方에ᄂᆞᆫ僑居韓民이多至千餘라前俄人이韓人의永遠居留地로尙未准許러니刻下에韓國前軍部大臣李學翊氏가帶留該港ᄒᆞ야本國移民의失所之狀을憂慮ᄒᆞ야該地方으로써한民의永遠居留를作ᄒᆞ기로要請ᄒᆞᆫᄃᆡ其允准을得ᄒᆞᆯ넌지姑未可知라ᄒᆞ얏다더라

●俄首相決心　俄國首相(스도리빈)伯은狙擊事件을不拘ᄒᆞ고熱心으로平素所持의政策을反對ᄒᆞ고改革을繼續ᄒᆞ고意見을發布ᄒᆞ얏다더라

●小銃射擊術　英國文部大臣(비루레루)氏ᄂᆞᆫ小學校의授業科目중에小銃射擊術을編入ᄒᆞ기를許可ᄒᆞ얏다더라

●同盟改訂　倫敦電을據ᄒᆞᆫ則德墺伊三國同盟改訂의協商을開ᄒᆞ얏다더라

●俄國의撤兵　日본當局者의談話를據ᄒᆞᆫ則日本政府에서滿洲兵을陸續撤退ᄒᆞ고軍政을廢ᄒᆞᆫ거니와俄國에서도亦急速히撤兵[illegible]더라

雜報

●叙任規則 政府에서各文官叙任規則을磨鍊ᄒᆞᆫ다더라

●申氏任命 前咸南觀察使申箕善氏ᄂᆞᆫ懲役罪人을擅放ᄒᆞᆫ事件으로二年懲役을特放하얏다더니特進官에被任하얏다더라

●解官視校 醫務官權봉洙氏ᄂᆞᆫ社會敎育에有意ᄒᆞ야醫務官을請願辭免ᄒᆞ고박洞普成學校長으로視務ᄒᆞᆯ預定이라더라

●金氏拘拿 陸軍參將金永振氏가不避禁令ᄒᆞ고無難擅入ᄒᆞᆫ事로宮內府에서奏本을呈ᄒᆞ야令陸軍法院으로拘拿懲辦ᄒᆞ라하얏다더라

●鑛規頒布 昨日統監府에서農商工部로照會ᄒᆞ고鑛業法第二十八條及砂鑛採取法第十三條를農商工部部令으로官報에卽爲頒布케ᄒᆞ라ᄒᆞᆫ고로該部에서ᄂᆞᆫ昨日政府會議에提出ᄒᆞ얏다더라

●義擾餘燼 陰曆本月初九日井邑郡台谷里에稱以義兵者十餘名이持銃突入ᄒᆞ야討食酒飯以去ᄒᆞ고同十二日朝에義兵三十名이來到ᄒᆞ야討食酒飯에索其火砲與冠網宕巾等物後向往于寒栖等地ᄒᆞ고同日午時量에公州黃議官爲名人이稱以義兵率二十三名ᄒᆞ고騎馬來到ᄒᆞ야午飯을討喫ᄒᆞᆫ後所着軍服을以唐木으로一新製呈ᄒᆞ되服裝背後에繡刻義字ᄒᆞ라ᄒᆞ고星火督促ᄒᆞ다가乃以軍服代錢으로三千兩을駄往于古阜時路라ᄒᆞ고同郡西一面丹谷里에該徒三十餘名이各持砲劍에各着平凉笠騎馬二匹ᄒᆞ고突入ᄒᆞ야該洞防守器械砲四柄及如干火藥竹弓等屬을沒數奪取ᄒᆞᆫ後當夜에舉火向往于古阜等地이다全北觀察使韓鎭昌氏가內部로報告ᄒᆞ야期圖勦戢之方이라ᄒᆞ얏다더라

●仁監論報 仁川監理徐丙珪氏가金鳳儀李瑛奎等賭技贓贖錢으로四百餘元을法部로上送ᄒᆞ얏더니法部에서金봉儀의贓贖錢若干元을捧納ᄒᆞ고李瑛奎의贓贖은還爲下送ᄒᆞ며其消融條를亦卽充數出給後受領証報來ᄒᆞ라ᄒᆞᆫ事件에對ᄒᆞ야該監理가論報ᄒᆞ기를今承訓令則賭技之律은計其所得之財而謂之贓이라ᄒᆞᆫ즉非徒李瑛奎의장錢이라金봉儀等의장錢十四元六十五錢도亦非計其所得之財而收入이온즉李瑛奎의장錢을今若出給이면金봉儀等의장錢도一體還給이妥當이오며李영奎장錢중欠額一百二十四元은下隷等處에已所施賞인즉該隷等處에還徵充數上送이올지本判事가自辦充數上送이올지須涉糊塗라ᄒᆞ얏더라

●巡檢行爲不法 再昨日下午六時에主殿院巡檢辛洙喆金泰植兩人이泥醉하야中谷居하ᄂᆞᆫ權參尉元植氏家內에庭에突入ᄒᆞᆫ지라權氏가不勝憤怒하야該金泰植을捽捉ᄒᆞᆫ則方今居憂中故로喪笠喪衣가皆裂破ᄒᆞᆫ지라權氏가同히否署로入去ᄒᆞ고ᄌᆞᄒᆞᆫ則金主事라하ᄂᆞᆫ이가懇乞하야該泰植은無事히還去케ᄒᆞ고權氏ᄂᆞᆫ不得已하야歸去하얏ᄂᆞᆫ듸巡檢에乘하야喪制가泥醉行悖하ᄂᆞᆫ거슨人皆唾罵하더라

●度照農部 農商工部에서請議ᄒᆞᆫ礦務局及管船課經費五百二十四圓과鑛山事務局經費二萬二千一百七十二圓을預備金중支出ᄒᆞᆫ事로度支部에서農部로照會ᄒᆞ얏다더라

●漁社請認 京居尹始炳氏等이咸鏡南道元山港에漁業組合會社를設始ᄒᆞ고其他各處에支社를設置ᄒᆞ기爲ᄒᆞ야該章程規則을粘連請認于農商工部ᄒᆞ얏ᄂᆞᆫ듸該部에서將次發訓該道ᄒᆞᆫ다더라

●悖弟爲患 楊州郡진伐面居李晩善의四弟益善이가性本浮浪ᄒᆞ야不事學業ᄒᆞ고肆肆狂悖ᄒᆞᄂᆞᆫ故로戒之責之에使之入학ᄒᆞ고又爲成娶ᄒᆞ야極其愛恤이되終不悔改ᄒᆞ야至家중所有之物ᄭ지盡取而去ᄂᆞᆫ悖習이有ᄒᆞᆷ으로同氏가憂慮莫甚이라ᄒᆞ더라

●藉日行悖 平安北道宣川郡居李燦瑞의庶母之從남金麗祥이素以浮浪悖類로暗生凶計ᄒᆞ야稱云渠之從姝改適時에本家財産을持去라ᄒᆞ고甲辰七月分에付同日人通辭李方赫ᄒᆞ야萬端威脅ᄒᆞ야田四日耕과葉錢九百兩을勒奪ᄒᆞ고今年五月에又生無厭之慾ᄒᆞ야誣囑本官ᄒᆞ야至於對質之場에錢五百兩만出給金哥ᄒᆞ고互相私和之數이오나前所捆縛之地에又被此厄이尤極忿惋ᄒᆞ야勢固不服則李燦瑞를保囚主人ᄒᆞ고督如星火고로嗚冤于觀察府次로發程上來러니該錢五百兩은勒懲敀主人[illegible]ᄒᆞ고猶爲不足ᄒᆞ야又爲挾囑於本郡駐憲兵出張所通譯等ᄒᆞ야日人及洋服者를變來ᄒᆞ야突入家家에搜驗男女故로一里編戶가擧皆渙散에當鄕光景은無異亂離而李燦瑞之四寸成化를綑捉次로李景雲與文善李昊鎰三人을捉囚日憲兵所ᄒᆞ고無贓罪刑이라가移囚郡獄ᄒᆞ고道閒來往馬貰食費合五百八十兩을勒懲코자ᄒᆞ야行悖가無所不至라고平理路에呼訴ᄒᆞ얏더라

●李氏贊校 信川郡守李源植氏가境內各학校를探悉ᄒᆞᆫ즉確實히將就之望이有ᄒᆞᆫ者가少ᄒᆞ고오즉耶蘇敎內에建設ᄒᆞᆫ학校ᄂᆞᆫ進就的狀況이確有ᄒᆞᆫ지라同氏가비록信교者가아니나其교務의着實ᄒᆞᆷ을觀感ᄒᆞ야敎師의月俸과各樣經費를自擔ᄒᆞ야期於코發達케ᄒᆞ기로專力ᄒᆞ니一般교徒及郡民이無不稱頌ᄒᆞᄂᆞᆫ지라國內士民들이亦皆同氏와又치實地上敎育을贊成ᄒᆞ면國家의獨立과人民의自由를回復ᄒᆞᆯ基礎가必在於此라ᄒᆞ노라

●執照附屬 政府에서外國에出往ᄒᆞᄂᆞᆫ執照券을統監府職權에附屬ᄒᆞ야其條項을今日官報에頒布ᄒᆞᆫ다더라

●區域定案上奏 昨日政府에서各郡區域更定案을可決하야再昨日案件을合成하야卽日上奏하얏다더라

●恐嚇運動 東西南北村과鄕人求仕者의所謂積仕久勤者가未任規職하야嘗必稱抑鬱ᄒᆞ더니郡守一窠을特爲下念ᄒᆞ라하고各大臣의게哀乞하더니郡守ᄂᆞᆫ銓考施行ᄒᆞᆫ다ᄂᆞᆫ議案이決定되얏슨즉自分必落하야郡守ᄂᆞᆫ斷念하나道府參書官은無전考叙任ᄒᆞᆫ다하ᄂᆞᆫ故로萬端運動ᄒᆞᆫ다더라

會議諸件決定

再昨日政府會議에地方制度를改定ᄒᆞᆫ다ᄂᆞᆫ事ᄂᆞᆫ昨報에已揭어니와會席에反對異論이似有ᄒᆞᆫ지라伊日會席에調查委員鹽川太一郎氏가參席하야異論을卞明하며講議되로議決하얏ᄂᆞᆫ듸

各관察府ᄂᆞᆫ관察道로改定事

各港監理郡守ᄂᆞᆫ合爲府尹하고濟州牧을廢止事

관察府尹月俸은一百圓으로郡守ᄂᆞᆫ分四等하야六十圓角數로四十圓磨鍊事

京畿ᄂᆞᆫ前府尹은改稱郡守事

地方官전考委員은各部協辦과내部地方局長으로差定事

各部管下奏任官은該大臣이直行奏本叙任事

各觀察道及府下에參書官通譯官或補좌二人主事四人을設寘事

現今以後各郡守ᄂᆞᆫ전考중으로施行事

各郡에主事一人式設寘事

各관察使ᄂᆞᆫ政府에서奏薦施行事인ᄃᆡ以上은施行次로可決하얏고各郡區域更定事ᄂᆞᆫ日중不決ᄒᆞᆫ지라昨日政府에서更議決定하얏다며

各港監理의職權은議政府外事局에서句管하더니府尹을改定하야내部에서句管ᄒᆞᆫ지라政府外事局은廢止하고내部外事課를更設ᄒᆞᆯ터이라며라

政府에서各部府院廳諸議와各港口及내地에外國人의關事項을處辦하더니該職權을應付내部하얏신則政府ᄂᆞᆫ一無所事하니此亦行將廢止之影이라參政以下가痛歎不已하얏더라

내部에서各郡守를전考施行하고地方事務를刷신ᄒᆞ다하야特別이日本에顧問官을請來하더라내部에郡守전考所設置하고전考合格人을十名式預爲拔寘하얏다가從機填充ᄒᆞᆫ다더라

●陽邑設市 陽德邑居朴厚權洪晴源金秉駿劉仁伯等이招諭商民曰所謂邑市에尺布升穀도不登ᄒᆞ니何以資生ᄒᆞ리오ᄒᆞ고出幾千兩하야如舊設市ᄒᆞᆷ으로一邑이稱頌ᄒᆞᆫ다더라

詞林

拜別崔勉庵先生 香山柳芝秀

生何爲樂死何憂家國商量淚自流若使先生無此日誰識吾韓有春秋

瘴海翻天馬島深愁雲鬱鬱午陰陰車前跪奉文山集同一千秋報國心

雜報

●開尹奬학 九月四日에開城私立培義학校에서書學開교式을擧行ᄒᆞᄂᆞᆫᄃᆡ本府尹과內外紳士紳商이齊集ᄒᆞ고募集ᄒᆞᆫ학徒가四十二人이라本府尹韓永源氏가 勅語를奉讀ᄒᆞᆫ後에교長林圭永氏가학교趣旨와情形을說ᄒᆞ고來賓중開城학堂교長韓교序氏와日本守備隊長日野氏와憲兵隊長森川氏와警察署長荻野氏와本학교교師佐伯氏와開城학堂교師松尾氏와日本小학교교師岡本與國等諸氏가有益ᄒᆞᆫ誨言으로各其演說ᄒᆞ고학徒가愛國歌를畢ᄒᆞᆫ後에一齊이萬歲를三唱ᄒᆞ고閉會ᄒᆞ얏ᄂᆞᆫᄃᆡ其中本府尹韓永源氏ᄂᆞᆫ文明先進으로교育上第一注意ᄒᆞᄂᆞᆫ故로諸학徒를對ᄒᆞ야國民된義務와학業의利益을一場연說ᄒᆞ야勸勉鼓動ᄒᆞᄂᆞᆫ말이激切感慨ᄒᆞᆫ故로학徒들이感悅誠服ᄒᆞᄂᆞᆫ意를不勝ᄒᆞ야熱心做業ᄒᆞ기로自誓ᄒᆞ고本府尹은該학교에盡力贊成ᄒᆞ기로自擔ᄒᆞ니교育에如此이熱心은實로攢賀ᄒᆞᆯ만ᄒᆞ더라

●李氏辭退 宮內府主事李建浩氏가書勢가不宜ᄒᆞ야辭退ᄒᆞᆫ다더라

●慈郡文校 平安南道慈山郡有志紳士들이교育에熱心으로發起ᄒᆞ야학校를設立ᄒᆞ야名稱은文興학校라ᄒᆞ고義捐을醵合ᄒᆞ며學員을募集ᄒᆞ며교師를延聘ᄒᆞ야校務가就緒ᄒᆞ고學課가設備ᄒᆞ얏ᄂᆞᆫᄃᆡ該郡守洪淳九氏가此를贊成ᄒᆞ야先히四十元金을捐補ᄒᆞᆷ으로一境人士가感悅服從ᄒᆞ야興旺ᄒᆞᆫ狀況이有ᄒᆞ다더라

●漢語夜學 官立한語학校內한語夜학校에서秋明開학ᄒᆞ얏ᄂᆞᆫᄃᆡ本교官吳圭信柳光烈兩氏가新학員을廣募ᄒᆞ야熱心교授ᄒᆞᄂᆞᆫ故로학員이漸次多數히來학ᄒᆞᆫ다니本교官을爲ᄒᆞ야攢賀도ᄒᆞ려니와有志ᄒᆞᆫ員은如此好機를勿失ᄒᆞ고早早受業ᄒᆞ기를希望ᄒᆞ노라

廣告

學員募集廣告

本校에서夜學科를廢止ᄒᆞ고晝學으로教務를擴張ᄒᆞ야高等普通과를速成으로完全히教授코저ᄒᆞ오니從前夜學員은依例受業ᄒᆞ려니와新學員을廣募ᄒᆞ오니願學僉員은趂期來學ᄒᆞᆷ

學과目 (과日中課程은畧之)
修身과、國語、教育학、作文、法학、經濟학、理과、圖畫、日語。算術。地誌。歷史。體操
修業期限 三학期
入학年齡 八歲至三十五歲
入학시驗과目 國漢文与書作文
入학시驗日字 九月十九日 (陰八月初二日)
開학日字 九月二十日 (陰八月初一日)
皇城北署敦化門前私立普光학校

大韓自强會月報

每月一回廿五日發行
定價金一部十五錢

國家의能力은智識發達에在ᄒᆞ고智識發達은國民結合과書籍博覽에在ᄒᆞᆫ지라所以로本會를組織ᄒᆞ고本報를刊行ᄒᆞ야我韓自强을期圖ᄒᆞᆷ은世人의共知ᄒᆞᄂᆞᆫ者어니와本報ᄂᆞᆫ內外國指名학問家의演述과殖產教育의要素를蒐輯ᄒᆞ고其他時局情形과有理ᄒᆞᆫ鎖談을多載ᄒᆞ야我同胞의自國精神을喚起코ᄌᆞ目的이오니一般同胞ᄂᆞᆫ愛ᄒᆞ시ᄂᆞᆫ同情이應不後人ᄒᆞᆯ실지니幸須家家案頭에隨刊對讀하와益加勵進ᄒᆞ시기敬要

漢城中署上漢洞五十八統三戶
帝國雜誌社

大韓煙草株式會社創立

我國에서一年間消費ᄒᆞᄂᆞᆫ煙草의價格이數百萬圜에達ᄒᆞ되其大部分은殆히外國으로셔輸入이居多ᄒᆞᆫ것은我國에良好ᄒᆞᆫ產物이無ᄒᆞᆫ바이아니나其製造의法과精製의方에全昧ᄒᆞᆫ原因이라鄙等이此에鑑ᄒᆞ이有ᄒᆞᆫ故로國家殖產을爲ᄒᆞ며工業振興을之爲ᄒᆞ야今此農商工部에許可를得ᄒᆞ야左에會社를創設ᄒᆞ오니大方諸君子ᄂᆞᆫ大奮勵極贊成ᄒᆞ시기를務望

一 目的 國內煙草를貿賤賣貴或改良ᄒᆞ야葉卷煙或紙卷煙草를製造ᄒᆞᆷ
一 商號 大韓煙草株式會社
一 資本總額 金十五萬圜(三千株)
一 壹株金額 金五十圜
一 發起人擔當株數 四百株以上
一 本店 京城
一 會社廣告法 京城에서發行ᄒᆞᄂᆞᆫ新聞에記載ᄒᆞᆷ
一 第一回支入金額(分四回) 壹株에對ᄒᆞ야金拾貳圜五十錢
但證據金은應募ᄒᆞᆯ時에每壹株에金五圜式을支入ᄒᆞ고第一回支入時에計入ᄒᆞᆷ事
一 株金領受ᄂᆞᆫ廣橋漢城銀行에委托ᄒᆞ얏ᄉᆞ니株金은該銀行에往置ᄒᆞ시고領受證을取去ᄒᆞ시옵셔

創立事務所中署典洞二統一戶

發起人의名氏住所

北署松峴 金宗漢
中署壽洞 李義경
北署桂洞 李普應
中署水洞 李升鉉
中署典洞 金경秀
中署典洞 車基倫
南署蠶島 金景明
中署青石洞 金榮觀

大韓煙草株式會社告白

本人二從姪年二十九李植性本浮浪雜技沒身으로父母前見責ᄒᆞ고宗物畓山一作文卷十丈暗奪逃走ᄒᆞ오니勿論內外國人ᄒᆞ고切勿欺買ᄒᆞᆷ
慶尚南道梁山花濟洞辛敎善白

陰七月十九日에本人의舍廊에셔가방과姓名與字圖章을遺失ᄒᆞ얏ᄉᆞ니內外國人間勿爲見欺ᄒᆞᆷ
水下洞 洪鍾煥告白

陸軍武官學校學徒募集廣告

本學校學徒五十人을加選ᄒᆞᆯ터이니入학ᄒᆞ기願ᄒᆞᄂᆞᆫ者ᄂᆞᆫ來十月十八日(陰九月一日)內로稟請書를本校로來呈ᄒᆞ고來十月二十三日(陰九月六日)에本校로來ᄒᆞ야入학시驗에應ᄒᆞᆯ事

入학시驗科目
一 한文 독書作文 算術
一 歷史 誌 外國語학
一 入학年齡十八歲至二十三歲
一 稟請書用紙ᄂᆞᆫ本校로來購ᄒᆞᆯ事

◎民事訴訟代理와刑事변護及鑑定一切法律에關ᄒᆞᆫ事務를迅速處理ᄒᆞᆷ
한城南署茶洞第十七統八戶
변護士 前檢事正三品 李冕宇
法律事務所
事務員 博士 李競洙 博士 趙秉肅

本人에幹事人魚聖夏가往留仁港타가去陰六月廿八日에忽不知去處이오니內外國人은錢物間切勿相關ᄒᆞ시요
海州李圭昇 告白

典洞官立漢語學校

教官吳圭信柳光烈兩氏가以名譽로教育ᄒᆞ기爲ᄒᆞ야本校內의私立夜學을設ᄒᆞ고熱心ᄒᆞᄂᆞᆫ바今秋期學을開ᄒᆞ고一層擴張ᄒᆞ기爲ᄒᆞ야新학員도增集ᄒᆞᆫ다ᄒᆞ오니願학人은速速入參ᄒᆞ시오
△私立夜學會 崔興模 告白

●本社特告●
元山港倉前金乃範氏로本社支社員으로定ᄒᆞ고支社事務를囑托ᄒᆞ얏ᄉᆞ오니該附近地愛독僉員은同支社에購覽ᄒᆞ시고每朔代金도同氏의게納付ᄒᆞ시옵
大韓每日申報社 白

鎭山邑內永春堂安호氏가本報擴張을爲ᄒᆞ야支社事務를自擔ᄒᆞ얏사오니該附近地에愛독ᄒᆞ시ᄂᆞᆫ僉員은同支社에覓購ᄒᆞ옵
大韓每日申報社

◎第二期學員增募
本塾에서法學科學員을增募ᄒᆞ오니願學人은本塾에來ᄒᆞ야請願試을事
學科及規則은本塾에來ᄒᆞ야問ᄒᆞᆯ事
(시驗科目)
(國漢文讀書作文)
시驗日字九月七日
陰曆七月十九日
西署英語學校後洞
私立養正義塾 告白

●特別社告

本申報社內에特別히附屬品으로活字를更備ᄒᆞ야書籍印刷所를設置ᄒᆞ얏사오니印書를要ᄒᆞ시ᄂᆞᆫ僉君子ᄂᆞᆫ來臨相議ᄒᆞ시옵
大韓每日申報社 告白

印 刷

◉學員募集廣告（第一回）

玆에普成中學校를新設ᄒᆞ고高等普通學術로一般國民을教育코져ᄒᆞ오며將次實業及實務에從事ᄒᆞ고又ᄂᆞᆫ各種專門學校에入코져ᄒᆞᄂᆞᆫ靑年有志諸君은早早來學ᄒᆞ오셔中等以上普通知識을全備ᄒᆞ심을爲望ᄒᆞ옴

本校의完全ᄒᆞᆫ教授準備와眞正ᄒᆞᆫ教育制度를左에列擧ᄒᆞᆷ

一 一般教科書ᄂᆞᆫ擴히本校에셔新編準備ᄒᆞᆷ

二 教授의第一主旨ᄂᆞᆫ修身科、作文科、漢文科니倫理學教科書를新撰ᄒᆞ야道德心을培養ᄒᆞ고、作文教科書를新撰ᄒᆞ야文章을規矩로教授ᄒᆞ고漢文教科書를新撰ᄒᆞ야讀書를應用活法으로教授ᄒᆞᆷ

三 理化學及博物學은機械及藥品으로實地試驗을行ᄒᆞ야教授ᄒᆞᆷ

四 唱歌ᄂᆞᆫ軍樂音調로新製教習ᄒᆞᆷ

五 體操及運動은各外國運動式用機具로日常教鍊ᄒᆞᆷ

六 教師ᄂᆞᆫ新舊學問에專能ᄒᆞᆫ諸大方家를延聘ᄒᆞᆷ

◉學科目（科目中課程은略之）

修身學、國語、漢文、作文、歷史、地誌、物理及化學、博物學、地文學、法學、經濟學、圖畫、唱歌、體操、外國語、農業學、商業學、簿記學、

◉修業期限 四個年

◉入學年齡 自十九歲以上至二十五歲以下

◉入學試驗科目

國漢文讀書及作文、內外國歷史及地誌問對、算術四則以內

◉入學試驗日字 九月十五日（除七月二十七日）

◉開學日字 九月十六日

（入學請願書及保證書ᄂᆞᆫ本校用紙를用ᄒᆞᆷ）

光武十年八月十六日

漢城中署磚洞 私立普成中學校

◎本社廣告

申新價

一張代金 新貨二錢五里

一箇月前助 三十戔

三箇月 九十戔

六箇月 一元七十戔

一箇年 元四十戔

郵稅 [illegible]

一箇月 十三戔

廣告料

四号活字[illegible]

每日每行[illegible]新貨廿五錢

（每日每行에六錢에相當ᄒᆞᆷ）

其期限의長短과字行의多少를依ᄒᆞ야增減ᄒᆞ이有ᄒᆞᆷ

◉大韓每日申報社[illegible]廣告

中署[illegible] 金相萬冊肆

[illegible] 朱翰榮冊肆

中署[illegible]十八統[illegible]二戶 鄭[illegible]澤

仁川[illegible]新冊肆 李東支

平壤[illegible] 金浩淵

[illegible]

宣川邑[illegible]西 安濬

義州南門外[illegible]

長湍邑 金龜

嶺南[illegible] 金仁집

咸興[illegible] 曺喜林

中和邑 李俊培

釜山佐川[illegible] 金灌[illegible]

開城北部梨井[illegible]

校副校長 [illegible]

大丘郡 [illegible]

發行兼編輯人 英國人裴說

發行所

京城北署壽進坊磚洞号外地法語學校前

大韓每日申報社

第四卷 第三百廿一號

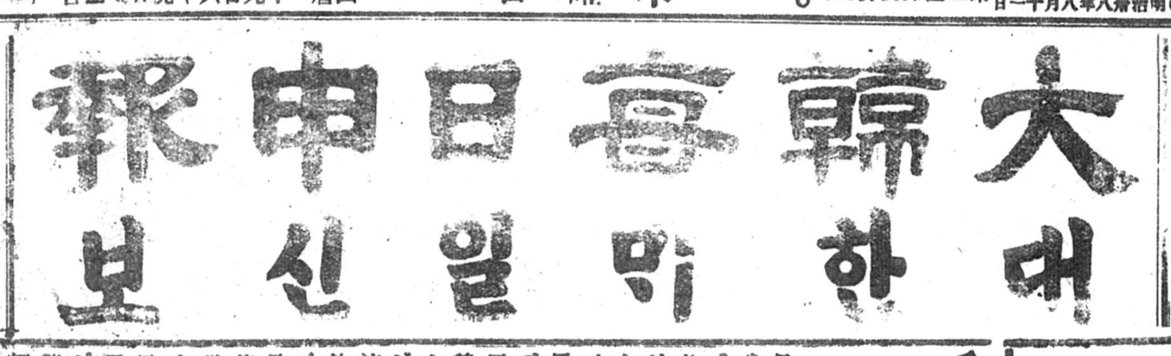

月曜及慶節 歲時日休刊

檀君開國四千二百三十九年
箕子元年三千二十八年
大韓開國五百十五年
日本明治三十九年
淸國光緖三十二年
◎陰曆丙午七月小廿五日庚申

論說

移民禍因

日本人民의 將移住韓國者ᄅᆞᆯ 以半減計之라도 不下於七百萬人이라고 朝鮮新報에 記載됨을 向者本報雜報欄內에 已謄이어니와 今更欲對此略論ᄒᆞ노니 盖日本人民이 此半島를 自充自用코져ᄒᆞᆷ은 確然定意라 日本에 多年居留ᄒᆞ던 人士가 亦嘗及於余ᄒᆞ되 如此移居之計ᄂᆞᆫ 果是日本人民의 一體思想이라 ᄒᆞᄂᆞᆫ도다 韓國土地面積이 美國一道ᄭᅡᆫ사ᄉᆞ에 未及이오 且國內에ᄂᆞᆫ 山岳이 過半ᄒᆞ야 何種耕作에든지 不適이어ᄂᆞᆯ 韓國居民一千萬人以外에 小不下七百萬人을 倘加ᄒᆞ려ᄂᆞᆫ도다

言及於余ᄒᆞ든 人士가 此都城及此地情形과 此國內日人行事를 詳察ᄒᆞ고 言及ᄒᆞ되 自日本來民을 日本의 下等人이라 稱ᄒᆞᆷ은 眞乃虛言이니 彼皆日本의 均等臣民이오 惟其行事의 差異ᄂᆞᆫ 彼等이 在日本之時에 當受ᄒᆞ던 嚴肅羈縻를 到此免脫ᄒᆞᆷ이라 與壓을 輕減ᄒᆞᆫ디로 蠻行이 即時表出ᄒᆞᆷ이라ᄒᆞ더라

欲避不得인 一問題ᄂᆞᆫ 韓國이 如此히 被日人蹂躪됨을 列强이 或將坐視耶아 非但止此라 韓國人民이 若至於絕望之域이면 或不將反向威壓者ᄒᆞ야 貽其苦惱耶아 韓人中에 數千敢死之人이 亦有ᄒᆞ리니 傳說과 如히 韓國人民중에 多分匪徒가 將有ᄒᆞᆯ거슨 惟其時之問題라 若數百萬日人이 移ᄒᆞᆫ于韓國이면 如右之勢를 確未免焉ᄒᆞ리로다

或이 有言호되 日本官憲이 使其移住民으로 不至如彼多數케ᄒᆞ리라 云이나 然이나 日本人民의 一致思想이 何如政權보다 越等强硬ᄒᆞᆷ은 日本執政者의 知悉ᄒᆞᆫ바 如히 外人도 亦已確知者라 日本人民이 如彼多數移居를 若果眞實希望이면 彼將成就ᄒᆞᆯ거시오 政府가 不能禁止ᄒᆞᆯ거시며 不敢欲禁止ᄒᆞ리니 盖現今日本의 寡頭政治가 俄國과 實是一般이라 執權者의 畏視平民이 亦與俄國無異로다

日本政官의 宣布好辭ᄅᆞᆯ 學讀ᄒᆞᄂᆞᆫ 代에 日本人民의 對韓向意를 研究ᄒᆞᄂᆞᆫ 거시 特一工課로다

官報

●三千五百五十六號 光武十年九月十二日

◎宮廷錄事

嘉禮都監都提調臣閔泳煥謹奏三揀擇後 詔別宮時分司陪衛官爲磨鍊而謹考謄錄則壬午 嘉禮時依已卯年例分侍講院官二員分翊衛司官二員 奏旨差出入直丙寅 嘉禮時分兵曹堂郞各二員分都摠府堂郞各二員假衛將部將各二員侍衛入直矣今此 嘉禮時分司陪衛令 宮內府 奏旨差出何如敢 奏 光武十年九月五日奉 旨依奏

◎部令

◎度支部令第十五號

歲入歲出處理順序改正件

光武九年六月度支部令第五號歲入歲出處理順序第四條중開城支金庫次에 左開二項을添入ᄒᆞ야 光武十年十月一日붓터施行ᄒᆞᆷ이라

十二 馬山支金庫 馬山
十三 咸興支金庫 咸興

光武十年九月六日
度支部大臣閔泳綺

◎敍任及辭令

○解任忠淸北道裁判所判事前觀察使尹喆圭○命兼任忠淸北道裁判所判事 수觀察使尹吉炳○任漢城裁判所判事 正三品金正睦 以上九月七日

○主殿院主事李基紹 侍講院主事朴斗和 依願免本官○任主殿院主事 侍從院主事金敎鼎○任侍從院主事 九品李基紹○任侍講院主事 帝室會計審査局主事沈能友○任帝室會計審査局主事 九品朴斗和 以上九月八日○奉常司副提調李秉[illegible] 秘書監丞李恒九 依願免本官○任奉常司副提調 從二品李謙來○任秘書監丞 正三品尹憲燮○命韓美電氣會社檢察長 營繕司長南廷奎 以上九月九日○任漢城裁判所主事 前博士洪祐燮 九月十日

◎勅令

◎勅令第四十號

學部直轄학校及公立학校官制 續

第十三條 開國五百四年勅令第七十九號漢城師範學校官制와 光武三年勅令第十一號중학교官制及開國五百四年勅令第八十八號外國語學校官制와 光武元年勅令第四十號外國語學校官制中改正件은 本令施行日로부터 廢止ᄒᆞᆷ이라

光武十年九月廿七日
御押 御璽 奉 勅
議政府參政大臣朴齊純
學部大臣李完用

●勅令第四十一號

師範學校令

第一條 師範학교ᄂᆞᆫ 普通학교의 敎員될만ᄒᆞᆫ 人材를 養成ᄒᆞᆷ으로 目的을 ᄒᆞᆷ이라

第二條 사範학교ᄂᆞᆫ 官立及公立의 二種으로 ᄒᆞᆷ이라

官立사範학교ᄂᆞᆫ 國庫의 支辦으로 設置ᄒᆞ고 公立사範학교ᄂᆞᆫ 道의 費用으로 設置ᄒᆞᆷ이라

第三條 公立사範학校의 設置及廢止ᄂᆞᆫ 學部大臣의 認可를 受ᄒᆞᆷ이라

第四條 사範學校에 豫科와 速成科及講習科를 置ᄒᆞᆷ을 得ᄒᆞᆷ이라

第五條 사範학校의 修業年限은 本科ᄂᆞᆫ 三箇年이오 豫科와 速成科及講習科ᄂᆞᆫ 一箇年以內로 ᄒᆞᆷ이라 未完

外報

●支나學生의卒業 本年중에 支나學生이 在日本卒業者가 經緯學堂의 八十人內에 普通科四十人이오 師범과가 四十人인ᄃᆡ 該학生等이 旋赴歐洲ᄒᆞ야 續行遊학者가 不少ᄒᆞ고 又實踐女學校의 同國女학生卒業者ㅣ 二人이 均已歸國이라더라

●早婚禁止令 淸廷에서 考政大臣이 上奏ᄒᆞᆫ 結果로 近日에 早婚禁止令을 頒布ᄒᆞᆫ다ᄂᆞᆫᄃᆡ 元來淸國人이 男子ᄂᆞᆫ 十四五歲에 結婚ᄒᆞᄂᆞᆫ 者가 多ᄒᆞᆷ으로 今番에 男子가 二十歲以上에 達치아니ᄒᆞ면 結婚을 不許ᄒᆞ고 萬若犯科ᄒᆞᆫ 者ᄂᆞᆫ 其父兄에 對ᄒᆞ야 法律을 制定ᄒᆞᆫ다고 目下協議중인ᄃᆡ 此ᄂᆞᆫ 考政大臣뿐아니라 政治館提調도 亦爲上奏ᄒᆞᆫ 故로 不日間法律로 頒布ᄒᆞ리라더라

●淸國의大使館 淸國政府에서ᄂᆞᆫ 今回에 日英佛露獨米의 六國公使를 大使로 改ᄒᆞ야 國交을 愼重히 ᄒᆞᆫ다더라

●俄富民恐慌 倫敦電을 據ᄒᆞᆫ則 俄國財產家ᄂᆞᆫ 騷亂에 驚動ᄒᆞ야 無代價同樣으로 土地를 賣却ᄒᆞᄂᆞᆫ 故로 農民이 稍歸鎭定ᄒᆞ며 休業중에 在ᄒᆞ든 各學校도 開校[illegible]

雜報

●聖節祝詞

本日은
大韓大皇帝陛下萬
壽聖節凡隣內外臣民罔不蹈舞抃躍進九如之祝擧二呼之忱懽聲溢于陬澨協氣彌于穹壤大韓萬世無疆之休日新又新實育方進不已之禎祥焉惟玆報紙所以表遐邇之同情也敢竭芹曝之忱以效岡陵之祝拜手稽首而頌曰

帝出于震 文謨武烈
受祿無疆 光于四方
弘濟大艱 惟皇上帝
允矣迪康 降福穰穰
如日如月 聖節載届
如阜如岡 虹流之辰
八域舞蹈 懽聲協風
四海率賓 融融殷殷
太極旗章 保佑命之
如星如雲 申休自天
臣拜稽首
天子萬年

●參書擇用의可決 各道府參書官叙任홈에對ᄒᆞ야政府諸大臣이倡議ᄒᆞ기를各觀察道府郡鄕長及面長중에擇用ᄒᆞ자ᄒᆞ는뒤朴參政이說明曰職在內部에니와參書官은觀察府의副官이니任大責重이라在職之人이似昧時務ᄒᆞ니不關鄕面長하고隨其可堪材하야擇用이合當하다홈으로可決이되얏다더라

●校長何意 昔成贊文의徒의來書가如左하니昔成贊文夜학科의開학日에講師友諸학生이皆來라校監이自外入場曰吾鑑校長之言하야茲에宜布하노라此夜학과는廢止矣니諸員은轉入于磚洞중학교가如何云故로滿庭衆人이聞得此言홈이如風浪之折舟楫하고香衢之滅燈火하야捧首踟주時가乃遺憾代於校長家하야問以何故호ᄒᆞ校長答曰緣於財政之不足故로事竟至此로라하니總代曰然則使諸員으로月謝金을從朔지出矣리니ᄒᆞ숨는許借否아校長이許諾러니今當開학日하야는移場도不許하니以若校長之地位로食言하니不免萬口之聲討하니吾儕는傷嘆修之變化하야玆에佈告하노니可歎可痛이라하얏더라

●德國艦長陛見 德國艦長과海軍중佐는日前入城하야伊藤統監을訪問하얏고本日에英國司令長官與一行과共히陛見홀다더라

●英國總領事午餐 昨日에英艦隊司令官과아중將이入城하얏는데來十四日正午에英國總領事館내에서午餐會를開하고同司令官을請邀하는데韓國參政大臣과日本伊藤統監과長谷川司令官과幕僚將校各艦長과鶴原總務長官과村田少將과尾司令官龍田兩艦長等三十餘名을招待홀터이더라

●島民屢請 西間島民李容弼氏等이內部에請願ᄒᆞ기를該島에管理를姑不設施則民事은無管理之官ᄒᆞ야必爲左衽之民이니卽爲辦理ᄒᆞ라ᄒᆞᆫ지라內部에서連題內에退俟處分ᄒᆞ라ᄒᆞ얏다더라

●銓員不可 地方官銓考委員을警務顧問丸山氏로例兼케ᄒᆞ얏더니政府會席에서改定ᄒᆞ기를地方事項에顧問而已어날銓考의委員은不可ᄒᆞ다ᄒᆞ야勿施가되얏다더라

●今日東闕內園遊會次序
一午后三時映花堂 本會開始
一仝 三時半宙合樓以軍樂隊奏樂開食堂
一宴會後以樂工催樂遊覽及연戲
映花堂庭前項莊舞
연慶堂 茶果
勝在亭 烟草平野水
尊德亭 酒
翠寒亭 僧舞及舞戲
逍遙亭 烟草
太極亭 茶果
淸漪亭 酒
一午後六時散會

●郡奏延期 今番郡守窠闕十餘名은銓考로施行홀터인故로內部大臣이公布ᄒᆞ얏는데地方制度改定案과諸般部令을頒布施行ᄒᆞᆫ後면郡守奏本은念後施行ᄒᆞᆫ다ᄒᆞ얏다더라

●奏本正誤 再昨日政府會議後에卽日奏裁ᄒᆞ다ᄒᆞ더니奏本案件에辭意가多少間變更ᄒᆞᆫ句語가有ᄒᆞᆫ지라內部調査局에서奏本案을更爲正書하야上奏ᄒᆞᆫ다더라

●公錢難充 龍川郡에는甲辰條結錢未納이爲一萬六千餘兩之多인데其欠縮所以則甲乙兩年日兵接待費가五千四百五十餘兩이오癸甲兩年俄兵來往時酬應費價가八千六百八十餘兩이오其後綸音頒布次接撫使下來時支供條가四百八十餘兩이오日軍獻問使下來時지供條가四百五十餘兩이라外兵過去時善爲接應之意로雖有部府之飭飭而事勢所迫에以公錢挪用ᄒᆞ고厥數于度지與內에ᄒᆞ되不爲計減ᄒᆞ야有數公錢을充犯ᄒᆞᆫ故라ᄒᆞ더라

●再犯照律 한城裁判所에서法部로報告ᄒᆞ기를被告金ᄒᆞ仙을本年七月에以竊盜로禁獄一箇月에處ᄒᆞ얏다가滿限放免矣러니復蹈前習ᄒᆞ야又行竊偷ᄒᆞᆫ其事實被告供陳에明白ᄒᆞ기로竊盜再犯ᄒᆞᆫ者律에照ᄒᆞ야懲役終身에處辦宣告ᄒᆞ얏스니査照指令ᄒᆞ라ᄒᆞ얏더라

●太極學報 韓國學生等이在日本東京ᄒᆞ야太極學校를設立ᄒᆞ고同志를開導ᄒᆞ는事實은業已揭佈ᄒᆞ야撲賀之情을表ᄒᆞ얏더니該學生等이各自학習ᄒᆞ는專門學通으로祖國同胞를開發ᄒᆞ기爲ᄒᆞ야학暇를利用ᄒᆞ야論述之ᄒᆞ며飜譯之ᄒᆞ야太極학報를發行ᄒᆞ는데其第一回報를接ᄒᆞᆫ則該학生等의勸勉做工과一致團心의愛國血誠이令人感泣이라國內一般人士는右학報를盛히購覽愛讀ᄒᆞ오면知識의開發과忠愛를鼓勵홈에大有裨益이라ᄒᆞ노라

●美人半囚 陰曆六月分에寧邊兩松面居梁斗賢의妻를雲山金礦에在ᄒᆞᆫ美國人알니써가誘引隱置ᄒᆞᆫ것을梁斗賢이其兄斗連으로偕往推還之際에該美國人이放銃ᄒᆞ야梁斗連이中丸致斃ᄒᆞᆫ事件으로雲山郡에서檢殿報告于法部ᄒᆞ야法部에서將次政府로照會ᄒᆞ야駐京美領事의게交涉妥辦ᄒᆞᆫ다는데該正犯美人알니써는現今美領館에半囚ᄒᆞ얏다더라

●統邸午餐 昨日統監官邸에서午餐會를設ᄒᆞ고韓廷各大官을請邀ᄒᆞ얏다더라

●秘苑慶祝 本日은 萬壽聖節이라東闕秘苑內에盛大ᄒᆞᆫ園遊會를開設ᄒᆞ고內外國官人을一體請邀宴待ᄒᆞ거니와同下午七時頃에는各府部院內에小宴을設ᄒᆞ고一般部屬官吏가會同慶祝ᄒᆞᆫ다더라

●技習縮閱 仁川港誰某에日收致富ᄒᆞ야雜技宏大는前報에已揭어니와續聞ᄒᆞᆫ則其人에春夏間雜技所失이二十餘萬元이라는데近日得失은又不知幾萬元이라니可謂大韓에는稀貴ᄒᆞᆫ大雜技라法司에서雜技軍에雜技錢을沒入ᄒᆞ는法式이有ᄒᆞᆫ데니此三十萬元도依法施行ᄒᆞ얏는지將且探知ᄒᆞ려니와江華人에庄土與成에는一文이可惜이요雜技場得失에는白萬이不足惜인지入皆唾辱ᄒᆞᆫ다는데雜技軍中에何許摠巡一人도參與ᄒᆞ얏다더라

●金倅放送 平理院在囚前金州郡守權直相氏를懲役二年에處辦ᄒᆞᆫ後法部大臣이奏본案을奉呈ᄒᆞ얏더니處分을下ᄒᆞ사不無參量ᄒᆞᆫ存ᄒᆞ니特爲分揀放送ᄒᆞ라ᄒᆞ옵셧더라

●東興校況 楊州郡東興학校에서本月三日에上下道兩面四十洞執綱과有志諸員이會同ᄒᆞ야開학禮式을設行ᄒᆞ얏는데校長鄭貨琥氏는 詔勅을恭讀ᄒᆞᆫ後에懇切히勸勉演說ᄒᆞ고評議長李喆鎔氏와敎師趙昌容氏가祝辭로勸勉ᄒᆞ고都執綱李東燮兪鎭玨兩氏와贊成員具能書姜秀遠兩氏가次第로出席연說홈이학員은來賓을向ᄒᆞ야答辭를陳ᄒᆞᆫ後에敎育歌를唱ᄒᆞ며大韓帝國萬歲를三呼ᄒᆞ니天摩山黑洞중이便作文明世界나觀光者가無不興感이라더라

聖節休報

本日은
韓皇陛下 萬壽聖節인故로慶祝ᄒᆞ기爲ᄒᆞ야一日休刊홈

●僞造處役 寶城郡居林化중이畓土五百五斗의文卷을僞造ᄒᆞ야務安港居留日人橫山의게典執債給을要求ᄒᆞᆫ즉該日人이該郡守의踏印文蹟을索出홈으로以枯王片으로依樣模成ᄒᆞ고又成畓土斗落記ᄒᆞ야踏捺其面而任置於主日人處ᄒᆞ고錢四千九百兩을債用ᄒᆞ랴다가終乃綻露被捉ᄒᆞ야懲役十五年에處ᄒᆞ얏다더라

雜報

●露人利權回收運動
日露戰爭前에露國臣民이韓國
에서獲得호利權回收는早晚間
同國領事가提出홀터인딕此에
關ㅎ야플넌손總領事가談ㅎ야
日利權回收에關호露國臣民의
請願書는二三件이余手에到着
ㅎ얏스나아족ㄱ分通眼치못ㅎ
야具體的으로言及홈이不能ㅎ
나
余는本國出發前에外務省에서
咸鏡江原兩道各沿岸에漁業權
을設定ㅎ얏자린伯이利權回收
를請願ㅎ기爲ㅎ야來到호지라親
히伯과面會ㅎ야其言을據호則
其損害額이約百萬元인딕此로
因ㅎ야家産을蕩盡ㅎ얏다ㅎ고
又開戰前에韓國宮內府所管琉
璃製造所及織造所에雇傭ㅎ든
露國技師로서開戰時에旅順으
로引揚ㅎ며일노포及三리빈兩
名은當時器械買入ㅎ라歸國
中이든바韓國政府는此等解雇通
知를不爲ㅎ고因以放棄ㅎ야雇
傭契約의依호手當金要求를請
願ㅎ엿는딕此等은如何解決될
넌지預期不得이나
其他個人的利權關係는滿足히
解決될거시오但仁川月尾島에
在호露國海軍貯炭所와如호거
슨容易히交涉되던지不知ㅎ깃
노라分難問題가되지라要컨딕
此等露國利權은總히댈너스니
와[illegible]
[illegible]幅命ㅎ다
더라

●港民不忘　西來人傳說을聞
호즉三和港監理署前主事李重
轍氏가在任三載에持心也公平
ㅎ며補政也綜明ㅎ며外交也鍊
熟ㅎ고在此各國通商之地에民
賴以安ㅎ야商務가從以興旺矣
러니同氏가試驗上京之어日一
港衆民이會同遮道ㅎ야其實心
廉公홈을頌說於通街ㅎ고齊誠
心願留홈으로仍爲還署타가不
幾月에遞歸京後로衆心之不忘
이愈久愈切이라際此選用人才
之時ㅎ야此等善人으로此港官
員을特任ㅎ오면一港生民이快
復責生ㅎ깃다고ㅎ다더라

●俱焚之慮　西來人의傳說을
聞호則今番義州郡에所謂義兵
募集이라ㅎ는事件에朴樑來等
을捕縛ㅎ야押上ㅎ얏거니와其都錄
冊은何許莠民이良民의財産을
欺奪之計로冒錄호것인딕萬若
該錄을明辨치안코依錄捕捉ㅎ
면義州一境의人民은玉石俱焚
으로魚肉之慘을當ㅎ리라더라

●崔氏義擧　龍川郡居崔時健
氏는年纔弱冠에志氣가卓越ㅎ
야人民敎育上에注意ㅎ더니本
郡守鄭顯謨氏가涖任以後에境
內十一面에一齊히學校를設立
ㅎ기로到底勸勉홈이同氏가慨
然義ㅎ야校舍를建築ㅎ고書
籍을購置ㅎ며敎師의月給供饋
等節과諸般經費를自擔ㅎ니該
面士民이一同稱頌ㅎ야七百金
을捐助ㅎ야校費에補ㅎ니
全國人民의義俠心이皆崔氏와
又치學務를擔任ㅎ면文明의進
就를指日可期라ㅎ노라

●主馬頭來韓　日本主馬頭藤
波言忠氏가韓國牧場設置의用
務로差遣이되야十五日出發ㅎ
다더라

●京釜線開通延期　向日大雨
로過日不通ㅎ든京釜鐵道線은
十四日開通ㅎ기로豫定ㅎ야工
事를進行ㅎ더니破損이過大ㅎ
야十七日頃에至ㅎ야開通을見
ㅎ리라더라

廣告

大韓煙草株式會社創立

我國에서一年間消費ㅎ는煙草
의價格이數百萬圜에達ㅎ되其
大部分은殆히外國으로서輸入
이居多호것은我國에良好호産
物이無호바이아니나其製實의
法과精製의方에全昧호原因이
라鄙等이此에前擧이有호故로
國家殖産을爲ㅎ며工業振興을
之爲ㅎ야今此農商工部에許可
를得ㅎ야左에會社를創設ㅎ오
니大方諸君子는大奮鋭極贊成
ㅎ시기를務望

一 目的
　國內煙草를買賤賣貴或
　改良ㅎ야葉卷煙或紙卷
　煙等을製造홈
一 商號
　大韓煙草株式會社
一 資本總額
　金十五萬圜(三千株)
一 壹株金額
　金五十圜
一 發起人擔當株數
　四百株以上
一 本店　京城
一 會社廣告法
　京城에서發行ㅎ는新聞
　에記載홈
一 第一回支入金額(分四[illegible])
　壹株에對ㅎ야金拾貳圜
　五十錢
　但諸撥金은應其홀時에每壹
　株에金弍圜式을支入ㅎ고第
　一回支入時에計入홀事
一 株金領受는廣橋漢城銀行에
　委托ㅎ얏스니株金은該銀行
　에往留ㅎ시고領受證을取去
　ㅎ시옵서

創立事務所中署典洞二統一戶

發起人의名氏住所
北署松峴　金宗漢
中署壽洞　李義경
北署桂洞　李普應
中署水洞　李升鉉
中署典洞　金경秀
中署典洞　車基倫
南署㶡島　金貴明
中署靑石洞　金榮觀

大韓煙艸株式會社告白

西署都染洞居崔丙益本月十九
日에逮因於醫務[illegible]오其罪
科에輕重은寄査ㅎ면可分이거
니와崔氏가案抱眞疾ㅎ야一日
苦楚를難耐中이러나醫業官吏
에서速決處判ㅎ시와無罪放免
ㅎ얏습기所告홈
衕　丙益　家人　告白

本人二從姪年二十九李植性本
浮浪雜技沒身으로父母前見責
ㅎ고宗物養山一作文卷十丈暗
奪逃走ㅎ오니勿論內外國人ㅎ
고切勿欺買홈
慶尙南道梁山花濟洞辛致善白

◎民事訴訟代理와刑事변護
及鑑定一切法律에關호事務
를迅速處理홈
漢城南署苧洞第十七統八戶
변護士
前檢事正三品 李冕宇
法律事務所
事務員 博士 李[illegible]洙
博士 [illegible]

本人에幹事人魚聖夏가往
留仁港타가去陰六月廿八日에
忽不知去處이오니內外國人은
錢物間切勿相關ㅎ시요
海州 李圭

學員募集廣告

本校에서夜學科를廢止ㅎ고晝
學으로敎務를擴張ㅎ야高等普
通과를速成으로ㅎ야敎授ㅎ
저ㅎ오니從前夜學員은依例受
ㅎ니願學業新學員은廣募ㅎ오
러니와僉員은趁期來學홈
學과目 (과目中課程은略之)
修身과、國語、敎育학、作文、法
학、經濟학、[illegible]과、圖畵、日語。
算術。地誌。歷史。體操
○○○修業期限　三학期
○●○●入학年齡　八歲至三十五歲
●○○○入학시驗과目　國漢文독書作文
入학시驗日字　九月十九日(陰八月初二日)
開학　字　九月二十日(陰八月初一日)
○○○皐城중署敦化門前私立普光학校

●本社特告●
元山港倉前金乃範氏로本社支
社員으로定ㅎ고支社事務를囑
托ㅎ얏스오니該附近地僉
員은同支社에購覽ㅎ시고每朔
代金도同氏의게繳付ㅎ시옵
大韓每日申報社　白

鎭山邑內永春堂安王氏가本報
擴張을爲ㅎ야支社事務를自擔
ㅎ얏사오니該附近地에愛독ㅎ
시는僉員은同支社에購覽ㅎ옵
大韓每日申報社

◎第二期學員增募
本塾에서法學科學員을增募ㅎ
오니願學人은本塾에來ㅎ야請
願試驗홀事
學科及規則은本塾에來ㅎ
問홀事
(시驗科目)
(國漢文讀書作文)
시驗日字九月七日
陰曆七月十九日
西署英語學校後洞
私立養正義塾告白

印刷廣告

●特別社告
本申報社內에特別히附屬品으
로活字를更備ㅎ야書籍印刷所
를設置ㅎ얏사오니印書를要ㅎ
시는僉君子는來臨相議ㅎ시옵
大韓每日申報社 告白

◉學員募集廣告（第一回）

玆에普成中學校를新設ᄒᆞ고高等普通學術로一般國民을敎育코져ᄒᆞ오니將來에實業及實務에從事ᄒᆞ고又ᄂᆞᆫ各種專門學校에入學코져ᄒᆞᄂᆞᆫ靑年有意諸君은早早來學ᄒᆞ오셔中等以上普通知識을全備ᄒᆞ심을爲望ᄒᆞ오

本校의完全ᄒᆞᆫ敎授準備와眞正ᄒᆞᆫ敎育制度를左에列擧홈

一　一般敎科書ᄂᆞᆫ擴히本校에서新編撰備홈

二　本校의第一主旨ᄂᆞᆫ修身科、作文科、漢文科니倫理學敎科書ᄂᆞᆫ新撰ᄒᆞ야道德心을培養ᄒᆞ고、作文敎科書ᄂᆞᆫ新撰ᄒᆞ야文章을規矩로敎授ᄒᆞ고漢文敎科書를新撰ᄒᆞ야讀書를應用活法으로敎授홈

三　理化學及博物學은[illegible]及標本으로實地試驗을行ᄒᆞ야敎授홈

四　唱歌ᄂᆞᆫ軍樂으로新製敎習홈

五　體操及運動은各外國運動式用機具로日常敎鍊홈

六　敎師ᄂᆞᆫ新舊學問에專能ᄒᆞᆫ諸大方家를延聘홈

◉學科目（科目中課程은略之）

修身學、國語、漢文、作文、歷史、地誌、物理、化學、[illegible]、地文學、法學、數學、圖畫、唱歌、體操、外國語、農業學、商業學、簿記學、

◉修業期限　四箇年

◉入學年齡　自十五歲以上至二十五歲以下

◉入學試驗科目

國漢文讀書及作文、內外國歷史及地誌問對、筭術四則以內

◉入學試驗日字　九月十五日（陰七月二十七日）

◉開學日字　九月十六日

（入學[illegible]願書及保證書ᄂᆞᆫ本校用紙를用홈）

光武十年八月十六日

漢城中署礡洞　私立普成中學校

廣告

東國歷史	普通敎科國漢文一秩二册定價新貨	一圜十戔
法蘭西新吏		四十錢
淸國戊戌政變記一		一圓
波門[illegible]	一册	三十錢
美國獨立史一册		三十錢
法國革新戰史一册		三十錢
大韓輿地圖一張		十七錢九里
世界全圖一張		三十七錢五里
大韓地誌一秩		七十五錢
牧民心書一秩		一圓二十五錢
萬國地誌一秩		一圓
尺牘完編一秩		一圓五十錢
農政新編一册		五十錢
法學通論一册		一圓
温故知新堂叢抄		七錢五里
父師必讀小學指남		七錢五里
人工養蚕一册		十五錢
政治학新論	册圖	十八錢
家庭雜誌一		十錢
進明彙論一秩		三十五錢
交際新禮一秩		十八錢

發賣所　布屛門下金相萬書舖　大韓每日申報社

花春丹은　霍亂　吐瀉　腹痛　滯症　暑症　정忡　神眩　胷鬱　痰盛　醒酒船暈　咳嗽　痢질　口味엄ᄂᆞᆫ諸症의神效ᄒᆞᆫ藥이오　此外에도洋灰水解毒藥　唐창　疳氣　蛔虫　寸虫　赤白면風　藥과東西洋藥이俱備ᄒᆞ고治病도隨宜出方ᄒᆞ오니　僉位ᄂᆞᆫ枉臨ᄒᆞ시옵

皇城校洞石井洞下隅　石泉堂藥房　告白

一　鷹標罐濃詰牛乳

一　金印罐詰濃結牛乳

一　無[illegible]家用氣化乳酪

一　쎠ᅵ든쓰製造麥芽化合牛乳

以上은常時에貯積ᄒᆞ얏습

美國紐育港쎠ᅵ든쓰濃結牛乳會社

一手代理店

大韓仁川港　世昌洋行

◉九轉靈砂라　本人이砂[illegible]備ᄒᆞ야製造ᄒᆞᆫ靈丹인ᄃᆡ男女老少에無論何症ᄒᆞ고連治ᄒᆞ으며無病時에도服ᄒᆞ면平生의身體가健康ᄒᆞ며小兒[illegible]을면ᄒᆞ야안에痲病ᄒᆞ기를預保ᄒᆞ오며

◉九轉靈砂萬應丹은癲狂　[illegible]中風[illegible]目眼病과[illegible]痰에神効ᄒᆞ오

◉九轉靈砂保命丹은初生小兒　驚氣　[illegible]　[illegible]　[illegible]殺惡과婦人帶下症에神効ᄒᆞ며

◉九轉靈砂濟衆丹은痢疾　食滯　血痢　吐瀉　霍亂　痢疾　吐血　下血　運氣　時[illegible]　[illegible]에神効ᄒᆞ오

◉九轉靈砂保金丹은痔漏　[illegible]　上疳瘡　下疳瘡及瘰癧과諸般毒種[illegible]種에無不神効ᄒᆞ오니　僉君子ᄂᆞᆫ來問ᄒᆞ시오

內需司前두간이골上隅第一家　李[illegible]廷　告白

◎本社廣告

新價

一張代金　新貨二錢五里

一箇月　　三十戔

三箇月　　九十戔

六箇月　　一元七十戔

一箇年　　元四十戔

郵稅一部　新貨五里

一箇月　十三戔

廣告料

四号活字十三字詰

每日每英尺一寸에新貨廿五錢

（每日每行에六錢에相當홈）

其期限의長短과字行의多少를依ᄒᆞ야增減ᄒᆞ이有홈

◉大韓每日申報各處支社[illegible]

中署布屛門下　金相萬册肆

洞口越便　朱翰榮册肆

中署農圃初入七統第二戶　鄭禹澤

仁川桂[illegible]開新册肆　李東호

平壤南山峴日新學校　金浩淵

宣川邑[illegible]西　安濬

義州南門外韓西大門[illegible]　[illegible]

長連邑　金[illegible]

鎭南浦[illegible]洞　金仁집

咸興州南社　曹喜林

中和邑　李[illegible]培

釜山佐川[illegible]　金灌[illegible]

開城北部梨井里[illegible]　[illegible]

校洞校長　[illegible]

大丘郡　[illegible]

發行兼編輯人　英國人裵說

發行所　京城中署壽進坊礡洞号外地法語學校前

大韓每日申報社

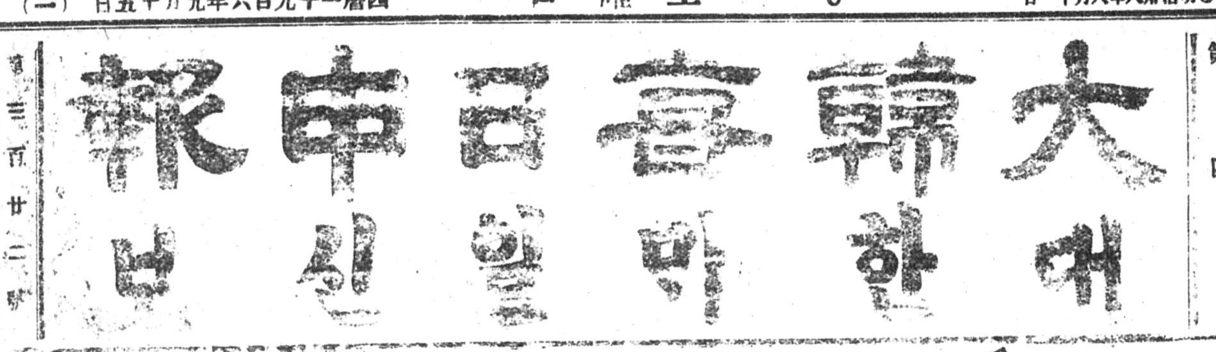

月曜及慶節
歲時日休刊

檀君開國四千二百三十九年
箕子元年三千二十八年
大韓開國五百十五年
日本明治三十九年
淸國光緖三十二年
◉陰曆丙午七月小廿七日壬戌

論說

日本稅納 (支那新報照謄)

日本에臨時費用이過多ᄒᆞᆫ事實은본紙上에向已記載어니와快復ᄒᆞᆯ기에甚遠ᄒᆞᆫ此証候는過去戰役之際에日本이巨額錢財를自列國信用ᄒᆞᆷ을直接結果라日本이同借欵을不得以正金輸來ᄒᆞᆫ거과商務上或政府間에不得以銀票領受ᄒᆞᆫ것슨果其實情이니我之華美同盟國의巨欵戰品을自外購入ᄒᆞᆫ債算을欲淸ᄒᆞ야其중多額은倫敦에서消費ᄒᆞ얏고其餘는其他都市에서散布ᄒᆞ얏도다

然이나其間接結果도亦與此甚近ᄒᆞ니無論某國ᄒᆞ고戰役之時에流出ᄒᆞᄂᆞᆫ財政處理는暫不能行ᄒᆞᆯ事라日本政府의夥多ᄒᆞᆫ內地賠金을沽蒙ᄒᆞᆫ請救人民이量度ᄒᆞ얏스되今此戰役은卽使此沽剩贖入으로富饒는未可期로되滿足은可得케ᄒᆞᆷ이라ᄒᆞ얏스니如此히戰時에는財政이國內로流入ᄒᆞᆷ도未有하고國外로流出ᄒᆞᆷ도未有하얏도다平和快復이되至一年에如右量度이歸於虛地요戰時稅金을永久繼속하는事實이使其普通日民으로二十世紀에不得安樂生活ᄒᆞᆯ거슬暗示라日本之稅랑及經用의增加를査閱하면果是驚報어니와左記筭表를詳讀諸人은過去戰役이使日本政府로稅金及經用을適宜定限以外에夥多增加ᄒᆞᆫ想裕及職務를得케ᄒᆞᆷ을自知하리로다

不過十二年之니에稅納及經用의增加가至於五七倍하야現今日本이比較的으로世界니에最重稅之國을作ᄒᆞᆫ지라比較二字가出於熟思니盖國民稅랑이全國海外貿易之額欵의半分에達過면殆難信用이어날今年日본之勢가未免於此요戰期光陰이經過以後에는經用이尙復增加ᄒᆞᆯ거시며且其政府는常向前進하리니此를減止ᄒᆞ면狂肆無已ᄒᆞᆫ擴張政策을續從하는것보다尤速潰崩을必招ᄒᆞᆯ理由가有ᄒᆞᆫ이로다

筭表

西曆年次	稅入圓額	支出圓額
自一八九四 至一八九五	九八一七〇〇二八	七八一二八六四三
自一八九六 至一八九八	一八七〇一九四二三	一六八八五六五〇七
自一八九八 至一八九九	二二〇〇[illegible]四一二七	二一七七五七五七九
自一九〇〇 至一九〇一	二九五八五四八六八	二九二七五〇〇五九
自一九〇二 至一九〇三	二九七三四一四二四	二八九二二六七三一
自一九〇四 至一九〇五	三二七四六六九三〇	二七七〇五五六八二
自一九〇六 至一九〇七	四九四十〇四七〇七	四九四七〇四七〇七

官報

●號外 光武十年九月十三日

◉宮廷錄事

詔曰再揀擇日子更爲退定以入 九月十二日

●三千五百五十八號 光武十年九月十四日

◉敍任及辭令

○解慶尙南道東萊郡牧場調査委員 六品孫亮麟 九月八日

○秘書監丞尹宸燮 侍講院시從官李德柱 依願免本官○任秘書監丞 正三品呂炳鉉○任侍講院시從官 六品趙南復

○任英親王府典衛 寬陵叅奉 六品李姜坤欽○任寬陵叅奉 六品李德柱 以上九月十一日

○雜 事

今九月十二日自卯時至酉時灑雨下雨測雨器水深一寸八分

同月同日自酉時至亥時灑雨下雨測雨器水深四分

●勅 令

◉勅令第四十一號

師範ᄒᆞᆨ校令

第六條 사範학校本과에入학ᄒᆞᆷ을得ᄒᆞᆯ者는年齡十五歲以上된男子가普通학교卒業以上의학力이有ᄒᆞᆫ者로ᄒᆞᆷ이라

第七條 사範학교의卒業者는학部大臣의指定을據ᄒᆞ야普通학교의職務에從事ᄒᆞᆯ義務가有ᄒᆞᆷ이라

第八條 사범학교의教科書는학部大臣의認可를經ᄒᆞᆫ것으로用ᄒᆞᆷ이라

第九條 사범학교에는附屬普通학교를設置ᄒᆞᆷ이라

第十條 本令을據하지아니ᄒᆞᆫ학校는사범학校라稱ᄒᆞᆷ을得지못ᄒᆞᆷ이라

附則

第十一條 본令施行에關ᄒᆞᆫ規程은학部大臣이定ᄒᆞᆷ이라

第十二條 본令은光武十年九月一日로붓터施行ᄒᆞᆷ이라

第十三條 本令에抵觸되는從來의諸規程은本令施行日로붓터廢止ᄒᆞᆷ이라

光武十年八月廿七日

御押 御璽 奉 勅

議政府參政大臣朴齊純

學部大臣李完用

◉勅令第四十二號

高等ᄒᆞᆨ校令

第一條 高等학校는男子의게必要ᄒᆞᆫ高等普通教育을施ᄒᆞᆷ으로目的을ᄒᆞᆷ이라

第二條 高等학교는官立과公立과私立의三種으로ᄒᆞᆷ이라

國庫의支辦으로設置ᄒᆞᄂᆞᆫ것을官立이라稱ᄒᆞ고觀察府及郡의費用으로設置ᄒᆞᄂᆞᆫ것을公立이라稱ᄒᆞ고私人의費用으로設置ᄒᆞᄂᆞᆫ것을私立이라稱ᄒᆞᆷ이라 未完

外報

●立憲頒布 北京電을據ᄒᆞᆫ則袁世凱氏等이立憲에關ᄒᆞᆫ書籍을編纂하야數十萬部를印刷하야各省官民의게頒布ᄒᆞᆫ다더라

●海軍再興建議 淸廷에서日本留學生이海軍再興에建議ᄒᆞᆷ을因하야中央政府와各省督撫가協議하야近日海軍衙門部를設하고此에關ᄒᆞᆫ勅令을頒布하리라더라

●自由港問題 浦鹽(海參威)商業會議所는自由港存廢問題에對하야浦鹽을永遠히自由港될을希望하야俄國商業會議所의委員을派遣하얏다더라

●少女가暗殺將官 作年十二月의俄都莫斯科에서暴徒를鎭壓ᄒᆞᆫ기에有名하든시메노우스기聯隊의司令官 민 將軍은近日에베루호후(?)鎭道停車場에서一箇少女子의게四發의彈丸으로背部를狙射ᄒᆞ야暗殺을當하얏는데同女는即時捕縛하얏다더라

●英淸關係 倫敦에駐箚ᄒᆞᆫ淸國公使는英淸關係에必要ᄒᆞᆷ으로써自國政府에建言ᄒᆞᆫ되自國에利益되기는十分英語에智識이有ᄒᆞᆫ者로英國公使를任命이라하얏더라

雜報

●回賓作主 再昨日萬壽聖節에各國使臣의陛見時와東闕內秘苑閣遊會景況을聞ᄒᆞᆫ즉各國使臣參內時에ᄂᆞᆫ伊藤統監이殿門外에立ᄒᆞ야握手禮를行ᄒᆞᆫ後引導參內케ᄒᆞ얏고秘苑會席에셔ᄂᆞᆫ一體來賓에게對ᄒᆞ야丸山顧問이迎接禮를行ᄒᆞ얏ᄂᆞᆫᄃᆡ其光景을參觀ᄒᆞᆫ者無不呑聲曰眞所謂回賓作主로다ᄒᆞ얏다더라

●津船의請願 龍岡郡居孫貞文이該郡多美浦에津船을設置ᄒᆞ고渡涉人馬而營業ᄒᆞᄂᆞᆫᄃᆡ朴蒙世爲名人이暗囑於黃州駐在日憲兵ᄒᆞ야欲爲占奪故로該日憲隊及本郡에呈訴ᄒᆞ야得蒙明題이나恐有後慮라ᄒᆞ야農商工部에請願ᄒᆞ고完文을繕給ᄒᆞ라ᄒᆞ얏다더라

●酬勞支出 學部所管農商工학校內農科ᄂᆞᆫ農商工部農林學校로移管케ᄒᆞᆫ故로農商工학校敎師日人赤壁次郞氏를將爲解雇ᄒᆞᆯ터인ᄃᆡ學部에셔該氏의勤勞를酬答ᄒᆞ기爲ᄒᆞ야度支部로照會ᄒᆞ고酬勞金一千圜을豫外支出交ᄒᆞ라ᄒᆞ얏다더라

●建校請認 湖南鐵道會社長徐午淳氏가鐵道營業의科程을靑年에게敎育ᄒᆞ기爲ᄒᆞ야學校를設立ᄒᆞ라ᄂᆞᆫ事件으로漢城府에셔학部로報告ᄒᆞ고該학校建築ᄒᆞᆯ基址를將爲認許ᄒᆞ라ᄒᆞ얏다더라

●學校基址擴張 학部所管商工학校를明洞前京城學堂에移設ᄒᆞᆯ터인ᄃᆡ該基址가狹隘ᄒᆞᆷ으로學部에셔漢城府로訓飭ᄒᆞ야附近民家十餘戶를使之買入케ᄒᆞ라ᄒᆞ얏다더라

●股金勒斂의指令 黃海道觀察府에셔銀行股金을民間에派巡勒斂ᄒᆞᆫ다ᄂᆞᆫ事件으로內部에셔瑞興郡民의呼訴를因ᄒᆞ야發訓査報케ᄒᆞ얏더니該觀察朴彛陽氏ᄂᆞᆫ初無派巡之事라辨明論報ᄒᆞᆫ지라內部에셔又爲指令ᄒᆞ기를本報告가果係確實이면該民等이豈有再訴之理리오該民等에게證明을受取ᄒᆞ야從速更報ᄒᆞ야無至汗漫生梗케ᄒᆞ라ᄒᆞ얏다더라

●有弊當懲 西江等地에無賴輩가或稱勞動會社ᄒᆞ고或稱屈軍房稅納으로稱有統監府認許ᄒᆞ며又或云日本理事廳知委라ᄒᆞ고無難討索에弊害多大ᄒᆞ니請一幷革除ᄒᆞ고悖類等은一一捉囚嚴懲ᄒᆞ야以杜來弊케ᄒᆞ라고西江居朴東疇等이農商工部에呼訴ᄒᆞ얏다더라

●蠶校請認 平北龍川郡居白炳元氏가農商工部에請願ᄒᆞ기를本人이南門龍山婦人會蠶業場에셔蠶業을학習ᄒᆞ야優等卒業에被選ᄒᆞ고所居本郡에私立蠶業학校를創設ᄒᆞ야敎育實施ᄒᆞ깃스니特爲認許라ᄒᆞ얏더라

●揀擇退定 皇太子殿下嘉禮ᄂᆞᆫ諸般儀節도未備ᄒᆞᆯ뿐더러十月은懿孝殿大忌辰이라相爲拘碍ᄒᆞ야陰曆十一月望間으로推擇이되ᄂᆞᆫ故로再揀擇은陰曆八月初五日三揀擇은同十月二十一日로退定이되엿다더라

●島民呼冤 오川郡安眠島ᄂᆞᆫ皇室의所有基址로累百年森林禁養之地인ᄃᆡ今年春에派員徐相贊氏가松楸七百餘株를斫伐放賣ᄒᆞ고私營防築ᄒᆞ야欲爲起耕ᄒᆞ며毁破塩井ᄒᆞ야自已의所有를擅作ᄒᆞᆫ則塩井收稅一百五十金의自然革罷ᄂᆞᆫ不言可想이오오川郡守李甲承氏가松楸斫伐을摘奸時에相詰之事가有ᄒᆞ야徐氏가浮費二百金을辦用ᄒᆞ얏다ᄒᆞ고本島山直과人民處에隨其貧富ᄒᆞ야排斂勒捧ᄒᆞᆷ으로島民이難支ᄒᆞ야怨聲이嗷嗷ᄒᆞ고沃溝港에居留日人이二次來到ᄒᆞ야松楸를調査ᄒᆞ고盡爲斫伐輸去ᄒᆞ되所謂派監은都無一番報告于經理院ᄒᆞ니其肥已之慾은可歎可악이라고島民의呼寃이藉藉ᄒᆞ다더라

●帝室礦規廢止 宮內大臣李根湘氏가奉勅ᄒᆞ야帝室礦山規程廢止에關ᄒᆞᆫ事를頒布ᄒᆞᆫᄂᆞᆫᄃᆡ光武十年一月二十日에制定ᄒᆞᆫ帝室礦山規程은今次礦業法及砂鑛法의實施를因ᄒᆞ야光武十年九月十五日부터廢止ᄒᆞᆫ다더라

●統監歸國期 朝鮮日日新聞을據ᄒᆞᆫ則伊藤統監이一時歸國ᄒᆞᆯ預定인ᄃᆡ明年度預算과其他公務도有ᄒᆞ거니와且其氣質이夏季에健强ᄒᆞ고冬季에ᄂᆞᆫ弱ᄒᆞᆷ으로써來十二月에歸國ᄒᆞ야明年春季ᄭᆞ지체留ᄒᆞᆯ터이라더라

●達倬秘報 大丘觀察署理朴重陽氏ᄂᆞᆫ日本에遊覽ᄒᆞᆫ人物로학得謙讓之風ᄒᆞ야一般政事를讓任補佐官ᄒᆞ고政黨을並爲許給ᄒᆞ더니經濟心이突出ᄒᆞ야各郡로秘報ᄒᆞ기를各郡隱結만ᄒᆞ야도郡守의月俸이一百五十圜은綽綽有餘ᄒᆞ니隱結을査出ᄒᆞ야郡守月俸及經費를充用케ᄒᆞ자고意見書를提呈ᄒᆞ얏다더라

●兩察馳程 忠北觀察尹吉炳慶南觀察趙民熙兩氏ᄂᆞᆫ萬壽聖節公故에進參ᄒᆞ고昨日에並爲發程ᄒᆞ얏다더라

●黃民訴倅 黃州郡居民安仁一等이內部와平理院에請願ᄒᆞ기를本郡守朴元敎氏가赴任以後에郡事民事를一不得自由處決ᄒᆞ야一任外國人ᄒᆞ며月專事貪叨ᄒᆞ야勒奪民財ᄒᆞ니仍任一日則民有一日之害이오니卽爲免官ᄒᆞ야依法處斷ᄒᆞ고贜錢을推下ᄒᆞ라ᄒᆞ얏다더라

●聖旨欽恤 再昨夜에 下詔曰惟良折獄罔非在中則適輕適重自有衡平固無待乎支離辭克矣以滯囚之疎鬱申複提防不止再四而迄來聞一切淸理歲月持久此由於司法吏之無難弄法冤枉莫伸者必多有之可勝痛歎且旱炎潦滲民惟怨咨犴狴湫隘憂愁掩抑易嬰질病亦所矜憫其令法部陸軍法院六犯及公逋罪人外株白閱實其情跡之可原者勿論已決未決一幷放釋以示欽恤之至意ᄒᆞ라ᄒᆞ옵셧더라

●英日大競爭 朝鮮日日新聞에云ᄒᆞ얏스되韓國에셔殆히獨占勢力을持ᄒᆞᆫ英國製洋木은日本洋木이侵入ᄒᆞᆷ을隨ᄒᆞ야稍稍히從來地位가變動될貌樣이나日本洋木의輸入이如何히增加ᄒᆞ야도尙且韓國市場에셔其勢力을失墮ᄒᆞᄂᆞᆫ事가無ᄒᆞᆯ지라然이나近時日本에國勢擴展을隨ᄒᆞ야日本製品의賣行이盛有ᄒᆞ니於是兩者間에激烈ᄒᆞᆫ競爭이起ᄒᆞᆷ은勢所難免이라ᄒᆞ얏더라

●英艦出發 英國支那艦隊旗艦以下數三隻은今日頃에出發歸航ᄒᆞᆫ다더라

●艮島視察 日本人中井喜太郞이北艮島問題에關ᄒᆞ야今番長谷川大將이北韓守備隊檢閱次發程時에同行ᄒᆞ야四五日頃에北韓地로前往ᄒᆞᆫ다더라

●荒蕪地開墾規則 韓國荒蕪地開墾規則發布ᄂᆞᆫ多分確實이될거시나統監府에셔ᄂᆞᆫ아즉如何決定이無하미同規則發布後를悲觀하며現今日人이韓人名義로着手하ᄂᆞᆫ者ᄂᆞᆫ其利權이効力을失ᄒᆞᆷ으로大損害를招ᄒᆞᆯ가疑懼하ᄂᆞᆫ者ㅣ有ᄒᆞᆫ터인ᄃᆡ聞ᄒᆞᆫ즉右結果ᄂᆞᆫ全然히若此치아닐거시오此에關ᄒᆞᆫ韓日人間紛擾等은日本當局者가當然히調査ᄒᆞᆯ必要가有ᄒᆞᆫ즉將來此等契約締結時에ᄂᆞᆫ預히統監府의承認을受하리라더라

●京釜線又不通 日前暴風雨에京釜鐵路中太田芙江間築堤가破壞하야列車가不通하고修復하기ᄂᆞᆫ數三日을更要ᄒᆞᆯ터이오被害地以北에郵便物은仁川에셔船便으로收送ᄒᆞᆫ다더라

●水害彙報

去十一日以來大雨後에京釜線路各地交通狀態에關ᄒᆞᆫ着電이如左하니

十三日太田發電報에云하되去十一日降雨에破壞ᄒᆞᆫ太田增若間線路ᄂᆞᆫ復舊하야今日부터開通이되고

十二日永同電報에云하되降雨이로因하야當日午後一時頃에深川伊院間鐵道에土사二十餘坪이墜落하야滊車가不通되얏스나約一時間後에開通되얏고

十二日聞慶發電報에云하되今番大雨에漲水溢하야十二日午前七時부터聞慶胎封間에交通은杜絶되얏고

十二日洛東發電報에云하되昨日來降雨로因하야洛東江及其附近河川이漲溢하야朝來에南長川北胎封方面間交通은杜絶되얏고

十二日水原發電報에云하되十一日來에降雨로因하야成歡平澤間假線路가洗水되여十二日남大門發一番列車ᄂᆞᆫ平澤의셔回還하얏고天氣가快晴치못하야修復ᄒᆞᆯ期望은無하다하얏고

十三日成歡發電報에云하되成歡平澤間鐵道ᄂᆞᆫ今日에開通되얏다하얏더라

●欺騙可痛 東大門外月谷居하ᄂᆞᆫ朴經文이가去年에咸鏡道鏡城에前往하야一箇年留之際에該郡居하ᄂᆞᆫ張在봉氏를誘引하야百般詭計로葉千二百兩을貸用하고京城으로兌換ᄒᆞᆯ다하니張氏가信之無疑하얏더니幾朔前에上京하야終無消息故로張氏가又上京하야督促ᄒᆞᆫ즉其富饒之勢로不欲報給하야此日彼月에避隱不見하니張氏ᄂᆞᆫ空費幾千兩이오食債夥多하야도報給ᄒᆞᆯ道가無하야裁判所의呼訴하야期於推尋ᄒᆞᆫ다더라

雜報

●至冤至冤 大韓咸鏡南道元山港居商民金斗源四次泣血上書于大日本侯爵伊藤統監이如左ᄒᆞ니

伏以生이去光武三年己亥六月十三日에在慶尙北道長기郡毛浦金雙童旅館ᄒᆞ야商販次로鹽一千八十八桶을貿積ᄒᆞ고日本北海道島根縣隱岐國오기누군이會社船主木村源一郞과契約ᄒᆞ고該鹽을裝載於該船ᄒᆞ고發帆同行ᄒᆞ야至十六日에到泊于鬱陵島則日已暮矣라待明日卸鹽下陸之意로相議後에生與木村으로下陸ᄒᆞ야各自投宿于所親旅店ᄒᆞ고翌日平明에鹽包卸下次로出往埠頭則木村이乘夜拔船逃躱ᄒᆞ야茫茫大海에不知去向故로四處搜探이되蹤跡이杳然이더니

同年秋에島人이有商販次로往于日本故로寄書責其無信ᄒᆞ고俾卽還交鹽價이더니頓無答覆ᄒᆞ고其後四五次寄書ᄒᆞ야詰其事由ᄒᆞ오나亦沒有如何回音故로直欲躬往責償이오되赤貧身勢로苦難措辦船費ᄒᆞ야逗留樓遑이다가不得已로訴外部ᄒᆞ야自外部로照會于貴公使林權助氏則答照내의接准島根縣隱岐國地方官覆函에稱云事果的實이라ᄒᆞ얏사오나終無歸決故로自外部로連加照會우林公使ᄒᆞ야督促鹽價之償還이不止一再로되左右推托ᄒᆞ고延拖歲月ᄒᆞ다가自貴公館으로金二百二十圓을決付于外部ᄒᆞ고稱云恤金而使生으로推去ᄒᆞ라ᄒᆞ옵기生이拒絕不從曰吾雖貧窮濱死이나恤金名色은雖幾萬圓이라도決不當受去오

但早速推鹽價ᄒᆞ라ᄒᆞ오되以我韓政府權力之故로終不得決稍ᄒᆞ옵기로生이直接往見于貴公館書記官國分象太郞氏ᄒᆞ고再三談辦이온즉象太郞氏言니에鹽價與損害賠償金은當然徵給ᄒᆞ리니幾日間姑俟ᄒᆞ라ᄒᆞ더니不過幾月에以駐美參書官으로前往ᄒᆞ얏다ᄒᆞ며近日方在統監府官員이온디生이三星訴狀ᄒᆞ야도視若不見ᄒᆞ고聽若無聞ᄒᆞ와亦無如何之歸決ᄒᆞ오니未知中間沈滯而然歟아或閣下가偏護日본之商民ᄒᆞ고不恤韓民之窮困而然歟잇가盖此木村源一郞者는兄弟凡四人內에其伯兄者는已斃ᄒᆞ고生之鹽桶盜去ᄒᆞᆫ者는卽其季弟니船主木村源一郞也라彼文明國之民으로敢弄騙財之術ᄒᆞ야行此强盜之事ᄒᆞ고晏然自在於渠家어날貴政府는何不以法律로公平裁決ᄒᆞ야俾此貫子垂死之氓으로得免溝壑之寃鬼케ᄒᆞ고惟以糊塗推諉로爲主ᄒᆞ니是豈一視公平之義乎아大抵日本商民이裝載物貨於韓人之船이라가不幸遭無名盜賊之變이라도貴政府에셔는必應督迫我政府ᄒᆞ야徵去비償을不留時刻이잇거날況視我政府之柔弱ᄒᆞ고一向置之度外ᄒᆞ니生이雖個人이나決心辭命ᄒᆞ고生死以之ᄒᆞᆯ터이오니

伏願閣下는將此事情ᄒᆞ사一一細察ᄒᆞ시고均視同胞於韓日兩國之民ᄒᆞ사亟行拿致該犯ᄒᆞ야照法審辦ᄒᆞ신後에鹽一千八十八桶價金五千一百九十九圓十錢과八年間利益損害비償金을精算計額ᄒᆞ야 徵給ᄒᆞ시면生之積痛抱恨이庶幾伸雪일가ᄒᆞ노니伏惟閣下는照亮迅判ᄒᆞ심을顒祝

●自强開會 本十五日土曜下午二時에大韓自强會에서通常會를開ᄒᆞ고會務를經理ᄒᆞᆫ後第一回滿期된任員을改選ᄒᆞᆫ다더라

●萬國史新撰 年前에日本에遊學ᄒᆞ야政治學을卒業歸國ᄒᆞᆫ金祥演氏가現今各官公私立學校의教科書가完全치못ᄒᆞᆷ을慨歎ᄒᆞ야多年研究의結果로精選萬國史冊子를撰述ᄒᆞ얏ᄂᆞᆫ디第一各學校教科書에適合ᄒᆞᆯ뿐아니라海內有志新學者의參考閱覽ᄒᆞ기에極히緊要ᄒᆞ니是ᄂᆞᆫ但金氏의多年研究의勞苦를慰賀ᄒᆞᆯ뿐不止라此冊을因ᄒᆞ야一般學校에新鮮完備ᄒᆞᆫ萬國歷史教科書를得ᄒᆞᆫ은今日教育界를爲ᄒᆞ야十分攅祝ᄒᆞᆯ事라ᄒᆞ노라

●靑會討論 今日下午八点鍾에基督靑年會에서誠欲進步된貴賤分明이勝於上下同等이란問題로討論ᄒᆞᆫ다더라

●秦倅責任 西來人의傳說을聞ᄒᆞᆫ則泰川郡守李秉膺氏ᄂᆞᆫ薮務ᄂᆞᆫ未辨이나專於貿任이라牛隻存이ᄒᆞᆫ者를隨錄出帖ᄒᆞ니境內牛隻이□無ᄒᆞ고人心이洶洶ᄒᆞᆫ다더라

◉學員募集廣告(第一回)

玆에普成中學校를新設ᄒᆞ고高等普通學術로一般國民을教育코저ᄒᆞ오니 [illegible] 各種專門學校에入ᄒᆞᆯ [illegible] 中等以上晉 [illegible] 通知識을 [illegible]

本校의完全ᄒᆞᆫ敎授와準備와眞正ᄒᆞᆫ教育制度를左에列擧ᄒᆞᆷ

一 一般教科書ᄂᆞᆫ [illegible] 本校에서新編準備ᄒᆞᆷ

二 本校의第一主旨ᄂᆞᆫ修身科、作文科、漢文科니倫理學教科書ᄂᆞᆫ新撰ᄒᆞ야 [illegible] 心을增進ᄒᆞ고、作文教科書를新撰ᄒᆞ야文章을規矩로教授ᄒᆞ고漢文教科書를新撰ᄒᆞ야讀書를應用活法으로教授ᄒᆞᆷ

三 理化學及博物學은機械及標品으로實地試驗을行ᄒᆞ야教授ᄒᆞᆷ

四 唱歌ᄂᆞᆫ軍樂音調로新製教習ᄒᆞᆷ

五 體操及運動은各外國運動式用械具로日常教練ᄒᆞᆷ

六 教師ᄂᆞᆫ新舊學問에專能ᄒᆞᆫ諸大方家를延聘ᄒᆞᆷ

●學科目 (科目中課程은略之)

修身學、國語、漢文、作文、歷史、地誌、物理及化學、博物學、地文學、法學、數學、圖畫、唱歌、體操、外國語、農業學、商業學、簿記學、

●修業期限 四箇年

●入學年齡 自十五歲以上至二十五歲以下

●入學試驗科目 國漢文讀書及作文、內外國歷史及地誌問對、算術四則以內

●入學試驗日字 九月十五日 (陰七月二十七日)

●開學日字 九月十六日 (入學請願書及保證書ᄂᆞᆫ本校用紙를用ᄒᆞᆷ)

光武十年八月十六日

漢城中署磚洞 私立普成中學校

廣告

東國歷史 普通教科國漢文一秩二冊定價新貨 一圜十錢
法蘭西新史 四十錢
淸國戊戌政變記一秩 [illegible]
政治汎論 一秩二冊 一圜[illegible]
越南亡國史 一冊三十錢
法國革新戰史一冊 三十錢
大韓輿地圖一張 十七錢五里
世界全圖一張 三十七錢五里
大韓地誌一秩 七十五錢
牧民心書一秩 一圜二十五錢
萬國地誌一秩 一圜
尺牘完編一秩 一圜五十錢
農政新編一冊 五十錢
法學通論一冊 一圜
溫故知新堂叢抄 七錢五里
父師必독小學指남 七錢五里
人工養蠶一冊 十五錢
政治학新論 一冊四十八錢
家庭雜誌一 十錢
進明彙論一秩 三十五錢
交際新禮一秩 十八錢

發賣所 布屛門下金相萬書舖 大韓每日申報社

花春丹은 霍亂 吐瀉 腹痛 滯症 暑症 정忡 神眩 胸鬱 痰盛 醒酒船暈 咳嗽 癖疾 口味업ᄂᆞᆫ諸症의神效ᄒᆞᆫ藥이오 此外에도洋灰水解毒藥 府창 疳氣 蛔虫 寸虫 赤白癜風 藥과東西洋藥이俱備ᄒᆞ고他病도隨問出方ᄒᆞ오니 僉位ᄂᆞᆫ枉臨ᄒᆞ시옵

皇城校洞石井洞下隅 石泉堂藥局 告白

一 鷹標罐濃結牛乳
一 金印罐詰濃結牛乳
一 輕便家用氣化乳酪
一 쎠ㅣ든쓰製造麥芽化合牛乳

以上은常時에貯積ᄒᆞ얏슴

美國紐育港 쎠ㅣ든쓰 濃結牛乳會社

一手代理店 大韓仁川港 世昌洋行

● [illegible] 人의妙方 [illegible]
女子少에 [illegible] 身體가健康ᄒᆞ면平生의 [illegible] 無病ᄒᆞ게 [illegible]
●九轉 [illegible] 疾에神效ᄒᆞ고 [illegible] 病과痲 [illegible]
●九轉 [illegible] 殺蟲과婦人 [illegible]
●九轉 [illegible] 吐血 下血 [illegible] 霍亂 痢疾
●九轉 [illegible] 瘡及唐瘡과 [illegible] 問ᄒᆞ시오
內 [illegible] 手韓廷 告白

◎本社廣告

申報價
一張代金 新貨二錢五里
一箇月前助 三十錢
三箇月 九十[illegible]
六箇月 一[illegible]
一箇年 [illegible]
郵稅一部 新貨五里
一箇月 十三[illegible]

廣告料
四号活字十三字詰
每日每英尺一寸에新貨[illegible]
(每日每行에六錢에[illegible])
其期限의長短과字行의多少를依ᄒᆞ야增減ᄒᆞᆷ이有ᄒᆞᆷ

◉大韓每日申報各處 [illegible]
中署布屛門下 金相萬冊肆
洞口[illegible]便 朱翰榮冊肆
中署廣通[illegible]十八統二戶 [illegible]
仁川栖幌開新坍肆 李東主
平壤南山峴日新學校 金浩淵
宣川邑[illegible]西 [illegible]
義州南門外 [illegible]
長連邑 金[illegible]
載寧邑 [illegible] 金仁집
咸興州南社 曹喜林
中和邑 李俊培
釜山佐川 [illegible] 金灌[illegible]
開城北部梨井里 [illegible]
校洞校長 [illegible]
大丘部 達城廣文社

發行兼編輯人 英國人 裵說
發行所 京城中署壽進坊磚洞号外地法語學校前 大韓每日申報社

第四卷 第三百廿三號

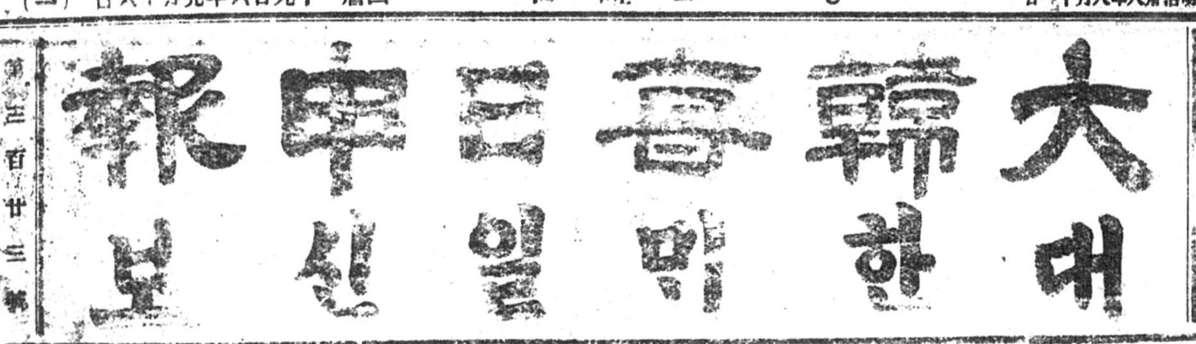

大韓每日申報 대한매일신보

月曜及慶節時日休刊

檀君開國四千二百三十九年
箕子元年三千二十八年
大韓開國五百十五年
日本明治三十九年
淸國光緖三十二年

◎陰曆丙午七月小廿八日癸亥

論說

牧場

平壤附近에牧場을排置ᄒᆞᄂᆞᆫ政府計策은何如ᄒᆞᆫ理學으로던지解釋키甚難ᄒᆞ니人民의耕作沃土을廣占ᄒᆞ야牧場을經始ᄒᆞᆷ은是何理由ㄴ고沃土의與利ᄂᆞᆫ農作이勝於牧場인즉普通量度故로起耕에不適ᄒᆞᆫ荒地를利用於牧場ᄒᆞᆯ거시어ᄂᆞᆯ數千韓民이以此資生ᄒᆞᄂᆞᆫ良田沃野의廣闊面積을爲設牧場以取之ᄒᆞ니此計가或出於肥他人之策인지疑慮가層生ᄒᆞᆷ은欲避不得之勢ㅣ라韓國人의傾向과且所閱經驗이如此疑訝를自生ᄒᆞ야此地段의將入於牧場ᄒᆞᆷ을不可信이라ᄒᆞᄂᆞᆫ도다地段代金의小額分子를出給以後에多數韓民을逐出ᄒᆞ고他人이取其包幣ᄒᆞ야擇其最善利用ᄒᆞᆯ지라如此計策이似非韓人所謀ㅣ니此國內에素無牧場이오韓人이未曾練熟於此라一般知悉에牧場利益은現今農作보다夥多減下ᄒᆞᆯ거시로다本記者ㅣ未能確知나然이나十分深信ᄒᆞ노니此裏面에管此土地ᄒᆞᆫ日人計策이包藏ᄒᆞᆫ지라此深信의虛與實은視其結果면自至諳明ᄒᆞ려니와今此注意ᄒᆞᆷ은愛讀諸員의게對其事狀ᄒᆞ야拭目密察ᄒᆞ기를希望ᄒᆞᆷ이니速今此地에與乘上計策이以韓人進行인줄知悉ᄒᆞᆫ人은其知悉이未免誤見인줄自覺ᄒᆞᆯ지라日人이何如方針으로던지一般此業을成就ᄒᆞ려고從事ᄒᆞ나니此將何意인지ᄂᆞᆫ吾人의所共知로다

官報

號外 光武十年九月十四日

◎宮廷錄事

掌禮院卿臣閔京植謹奏再三揀擇日子更爲退定以入事 命下矣吉日令日官金東杓推擇則再揀擇陰曆八月初五日三揀擇十月二十一日爲吉云以此日定行乎敢奏 光武十年九月十二日奉旨以此日定行

●三千五百五十九號 光武十年九月十五日

◎宮廷錄事

掌禮院卿臣閔京植謹奏今此 萬壽聖節平安北道觀察使申㴻休 賀文不爲封進事甚未安難着何如謹上奏 光武十年九月十三日奉旨依奏

●勅令

◎勅令第四十二號

高等學校令 (續)

第三條 公立及私立高等學校의設置及廢止ᄂᆞᆫ학部大臣의認可를受ᄒᆞᆷ이라

第四條 高等學校에豫科及補習科를置ᄒᆞᆷ을得ᄒᆞᆷ이라

第五條 高等학校의修業年限은本科ᄂᆞᆫ四箇年이오豫科及補習科ᄂᆞᆫ一箇年以內로ᄒᆞᆷ이라

第六條 高等學校本科에入學ᄒᆞᆷ을得ᄒᆞᆯ者ᄂᆞᆫ年齡十二歲以上으로普通학校卒業ᄒᆞᆫ者와或此와同等ᄒᆞᆫ學力이有ᄒᆞᆫ者로ᄒᆞᆷ이라

第七條 高等학校의敎科書ᄂᆞᆫ學部大臣의認可를經ᄒᆞᆫ것으로用ᄒᆞᆷ이라

第八條 高等학校에서ᄂᆞᆫ授業料를徵收ᄒᆞᆷ을得ᄒᆞᆷ이라

第九條 본令을據ᄒᆞ지아니ᄒᆞᆫ학校ᄂᆞᆫ高等학校라稱ᄒᆞᆷ을得지못ᄒᆞᆷ이라

第十條 本令施行에關ᄒᆞᆫ規定은學部大臣이定ᄒᆞᆷ이라

附則

第十一 本令은光武十年九月一日로브터施行ᄒᆞᆷ이라

第十二條 本令에抵觸되ᄂᆞᆫ從來의諸規定은本令施行日로브터廢止ᄒᆞᆷ이라

光武十年八月廿七日

御押 御璽 奉 勅

議政府參政大臣勳一等朴齊純

學部大臣李完用

◎勅令第四十三號

外國語學校令

第一條 外國語학교ᄂᆞᆫ外國語에鍊熟ᄒᆞ야實務에適合ᄒᆞᆫ人材를養成ᄒᆞᆷ으로目的을ᄒᆞᆷ이라

第二條 外國語학校ᄂᆞᆫ官立과公立과私立과三種으로ᄒᆞᆷ이라

國庫의支辨로設置ᄒᆞᄂᆞᆫ것을官立이라稱ᄒᆞ고道或府及郡의費用으로設置ᄒᆞᄂᆞᆫ것을公立이라稱ᄒᆞ고私人의費用으로設置ᄒᆞᄂᆞᆫ것을私立이라稱ᄒᆞᆷ이라

第三條 公立及私立外國語학교의設置及廢止ᄂᆞᆫ학部大臣의認可를受ᄒᆞᆷ이라

第四條 外國語학校의研究科를置ᄒᆞᆷ을得ᄒᆞᆷ이라

第五條 外國語학校의修業年限은三箇年이오研究科ᄂᆞᆫ二箇年以內로ᄒᆞᆷ이라

第六條 外國語學校의入學ᄒᆞᆷ을得ᄒᆞᆯ者ᄂᆞᆫ年齡十二歲된男子가相當ᄒᆞᆫ學力이有ᄒᆞᆫ者로ᄒᆞᆷ이라

第七條 外國語學校에서ᄂᆞᆫ授業料를徵收ᄒᆞᆷ을得ᄒᆞᆷ이라

第八條 本令施行에關ᄒᆞᆫ學部大臣이定ᄒᆞᆷ이라

附則

第九條 本令은光武十年九月一日로부터施行ᄒᆞᆷ이라

第十條 本令에抵觸되ᄂᆞᆫ從來諸規定은本令施行日로부터廢止ᄒᆞᆷ이라

光武十年八月廿七日

御押 御璽 奉 勅

議政府參政大臣朴齊純

학部大臣李完用

外報

●比律賓賣却說 比律賓에人心이動搖ᄒᆞ야美英日이나或德國保護下에서局外中立을守ᄒᆞ기를望ᄒᆞ야國土를日本에讓渡ᄒᆞ기로提議ᄒᆞ얏다ᄂᆞᆫ報道가有ᄒᆞ다더라

●俄廷武斷 俄國政府ᄂᆞᆫ布告를發ᄒᆞ야官憲은武力으로써ᄒᆞ야暴力을當ᄒᆞ리라ᄒᆞ고宣言ᄒᆞ고土地敎育國家保險等問題를講究ᄒᆞ고提出ᄒᆞᆯ旨로提唱ᄒᆞ얏다ᄒᆞ더라

●三國競爭 香港盤谷間航路에就ᄒᆞ야日본郵船會社와北德國노이더會社間에劇烈ᄒᆞᆫ競爭이起ᄒᆞ얏고繼續ᄒᆞ야法國에有力ᄒᆞᆫ流船會社가又進ᄒᆞ야其競爭에加ᄒᆞᆷ의在暹羅ᄒᆞᆫ淸國實業家多數가吸援ᄒᆞᆷ을得ᄒᆞ얏스니勢力이雖侮ᄒᆞᆫ同航路에三國競爭은益益劇甚ᄒᆞ다더라

●海牙會議 羅馬法王은宗敎面目上으로期於히海牙會議의一員되기를希望ᄒᆞ나法國政府ᄂᆞᆫ何如ᄒᆞᆫ境遇ᄯᅥ지라도羅馬法王國을國家로認定치아니ᄒᆞᆯ理由로王의排斥을主張ᄒᆞ고列國도ᄯᅩᄒᆞᆫ羅馬法王을近來如斯ᄒᆞᆫ世界的會議의一員에加치아니ᄒᆞᆯ意向이有ᄒᆞ다ᄒᆞ니世界에趨勢도ᄯᅩᄒᆞᆫ一變ᄒᆞ얏다云ᄒᆞ리로다

雜報

●繙譯廢止 各部에繙譯官은廢止ᄒᆞ고顧問補佐員을韓語能解者로代用ᄒᆞ야彼의直接의便宜를求ᄒᆞ기爲ᄒᆞ야某邊에셔勸告가有ᄒᆞ다더라

●內大開宴 內部大臣李址鎔氏가昨日下午에東小門外城北洞에茶宴을開ᄒᆞ고內外國官人中某某五을請邀叙懷ᄒᆞᆫ後仍爲龍山別業으로轉往ᄒᆞ얏다더라

●金氏流 義兵事件에自嫌으로平理院에自現就囚ᄒᆞᆫ前承旨金商悳氏는間已判辦照律ᄒᆞ야流十年에宣告ᄒᆞ얏다더라

●失物搜査 去月二十三日에日人遞傳夫가春川郡郵便局에到着ᄒᆞᆯ際로下去之路에加平郡花浪浦李謀釗家에셔止宿ᄒᆞ다가該所持郵物을見失ᄒᆞᆫ故로春川警務署巡檢補助員 名과同巡檢一名ᄒᆞ고該地에前往搜查ᄒᆞ얏다더라

●鄕長辨辭 茂長郡鄕長金智烈氏는該地方所去新聞을購覽員에게는不爲郵傳ᄒᆞ고自己所親人의게輪覽을供ᄒᆞ다가時購覽員이追後ᄎᆞ探覓然後에得覽ᄒᆞ니不特自家身分에是非가藉甚ᄒᆞ라一般公衆에文明障碍로指示이라ᄒᆞ더라

●濟興不濟 仁川來說을聞ᄒᆞᆫ則該港私立濟興ᄒᆞ교의교長은徐相彬氏오校監은金貞坤氏인디교長은無權無財ᄒᆞ고校中事務與財政은校監이管인디校況이日就衰退ᄒᆞᆷ으로校長이不勝痛歎ᄒᆞ야再三勸勉ᄒᆞ되金氏가終是翘然故로校長이不得已辭免ᄒᆞ고近日則敎師月給ᄭᆞ지不爲支撥ᄒᆞᄂᆞᆫ故로副敎師洪淳燦氏ᄂᆞᆫ客地艱苦로推過末由ᄒᆞ야日前辭歸ᄒᆞ얏고敎師一人도亦將辭退ᄒᆞᆯ터인ᄃᆡ慮不顧於[illegible]目ᄒᆞ고但與日人符同ᄒᆞ야辭哥官長ᄒᆞ고凌虐人民으로爲一能事ᄒᆞᆷ으로該港物議가大段憎嫉ᄒᆞ다더라

●恩賜神宮 三昨日神嘗聖節에 大皇帝陛下계셔神宮奉敬會즁으로金二十元을恩賜ᄒᆞ옵시고兼ᄒᆞ야贊成員[illegible]根培氏가二十元이오朴元根氏가十二元이오嚴仁永氏가五元이오金宗宗氏가五元을寄附ᄒᆞ야自本日上午八時로至下午十二時ᄒᆞ야懸燈奏樂ᄒᆞ고會員千餘名이齊集ᄒᆞ야三呼萬歲ᄒᆞ야八目盛會라더라

●米總領歸國 新任米國總領事헤우드氏ᄂᆞᆫ去十一日봇터事務引繼를終了ᄒᆞ얏더라

●美敎師연說 向者皇城에渡來ᄒᆞᆫ美國에셔연說家로名望이有ᄒᆞᆫ존스氏가基督教靑年會에셔今月二十一日頃에宗교與格致相合問題로演說ᄒᆞᆫ다더라

●黜退民悅 平北鐵山八金학俊이가本以悖類로稍解日語ᄒᆞ야該郡駐在日憲兵隊通辯이되야藉其勢力ᄒᆞ고法外行動이不一其端ᄒᆞ야甚至於酒麵ᄭᆞ지食而不給ᄒᆞ다가或有督探者면反輒詬辱ᄒᆞ고因此含嫉ᄒᆞ야嗾囑外人ᄒᆞ야驅之陷阱故로人皆畏之若豺虎ᄒᆞ고疾之如仇讐ᄒᆞ더니又於辭路에時郭山郡守張某의父親前都正七十老人을官門前에셔無辜詬罵ᄒᆞ고至以著泥鞋足으로毒踢面部ᄒᆞ야流血狼藉에幾至死境이거날本郡守가聞此事爲ᄒᆞ고捉懲次로通奇于該隊則拒而不決故로自此로尤極跳梁ᄒᆞ야無所忌憚ᄒᆞ야出入官府에擧事把持ᄒᆞ야冤聲이載路ᄒᆞ더니該憲隊에셔亦知其行爲之鄙悖ᄒᆞ고免役黜送ᄒᆞ얏ᄂᆞᆫ디該郡人民이相賀曰金학俊이今旣被黜ᄒᆞ얏스니一郡之幸福이라ᄒᆞ다더라

●不宜拘私 內部地方局長俞星濬氏가地方官赴任規則을實施次로官報上에改正頒布ᄒᆞ고在京官吏를催促下送ᄒᆞ다가適嬰疾病ᄒᆞ야現今東門外妙然庵에出往調病ᄒᆞᄂᆞᆫ데該地方官等이稱以滾路 通ᄒᆞ고請願內部ᄒᆞ여頓不歸ᄒᆞ니不知라局長이本局課와秘書課에逐日來托ᄒᆞ되吾等이身係國祿ᄒᆞ여豈其職行其務가當然義務이니依規則ᄒᆞ여趁不赴任者ᄂᆞᆫ勿拘顏私ᄒᆞ고擧公免官이是爲剀事이나僉員은深諒裁處라ᄒᆞ얏다더라

●地段價의措辦 鎭海灣軍港地調査次로委員內部錫麟氏가往返三十日을預定ᄒᆞ고日間發程ᄒᆞ야釜山港日本理事와駐箚隊尉官과會見ᄒᆞᆫ後에協同調査ᄒᆞᆯ터인데該範圍內家舍及地段價ᄂᆞᆫ從其等數ᄒᆞ여政府에셔出給ᄒᆞᆫ다ᄒᆞ나財政이窘絀ᄒᆞᆷ으로此도日본政府에셔先行措辦ᄒᆞᆯ디이라더라

●가契換給 京城日本理事廳에셔漢城府로照會ᄒᆞ야日人이買得가舍五十五座新契券을即爲換給ᄒᆞ라ᄒᆞ얏다더라

●事務倍劇 外交에關ᄒᆞᆫ事項은該國代表者와統監府와交涉ᄒᆞ야歸決ᄒᆞ거니와第三國以外商業權은各其代表者가京城理事廳과交涉ᄒᆞᄂᆞᆫ故로其事務가比前倍加ᄒᆞ다더라

●英艦長下仁 今番에入城ᄒᆞᆫ英國海軍艦長以下가仁川으로下去ᄒᆞᄂᆞᆫ故로昨日參政大臣과軍部大臣等이仁川에下去ᄒᆞ얏다더라

●政界彗星

朝鮮新報를據ᄒᆞᆫ즉李世稙송秉畯疑獄事件은幸히所聞과如히無罪放免되야漸次一段落을告ᄒᆞᆯ터인데際此ᄒᆞ야早已政界彗星이出現ᄒᆞ얏다云ᄒᆞᄂᆞᆫ者有ᄒᆞ니因而窺知컨ᄃᆡ軍部大臣李根澤氏와학部大臣李完用氏가提携ᄒᆞ야密約을成立ᄒᆞᆫ事이라先是에內大李址鎔氏ᄂᆞᆫ幕下의謀議를聽ᄒᆞ야郡守奏본權은內相이單獨奏本ᄒᆞᆫ다ᄂᆞᆫ 을閣僚의게說示ᄒᆞᆷ이漸漸軍相과角逐之勢를作ᄒᆞ야衝火將開러니統監의忠告로依ᄒᆞ야表面으로調和를作ᄒᆞ얏스나至今에李完用氏와提携成立ᄒᆞᆫ거슨한城政權에重心은此成立後에在ᄒᆞᆯ지 不久에將來何事에든지彗星이出ᄒᆞᆯ이라더라

●女子教育會慶祝

女子教育會에셔本會를組織ᄒᆞ야會員은逐日增加ᄒᆞ나財政이窘乏ᄒᆞ야會所를未辦ᄒᆞ고其間四五朔을養閨義塾에셔開會ᄒᆞ야女子의教育을發達키爲ᄒᆞ야或演說或討論ᄒᆞ야智識을交換ᄒᆞ더니大皇帝陛下계옵셔該會情況을洞燭ᄒᆞ시고苑洞待漏院을特賜ᄒᆞ시와會所의適用케ᄒᆞ시니一般會員이 天恩을惶感ᄒᆞ야더욱該會日의發達케ᄒᆞᆯ研구ᄒᆞ더니今般 萬壽聖節에慶祝宴需費二十圜을恩賜ᄒᆞ옵셔會員五百餘名이[illegible]ᄒᆞ야座席을整頓ᄒᆞ고總務所長秦학新氏가再次[illegible]恩을謝ᄒᆞᆫ뒤維我會員은一心으로團體되여本會目的을擴施ᄒᆞ야[illegible]萬一을報答ᄒᆞ고千萬姊妹의智識을開導ᄒᆞ야文明[illegible]昇平安樂을共享ᄒᆞ[illegible]辭를畢ᄒᆞᆫ後에萬歲를三呼ᄒᆞ고[illegible]李儁氏와[illegible]연說이[illegible]ᄒᆞ고夜間觀ᄒᆞ얏ᄂᆞᆫ데[illegible]全國女子教育의[illegible]文明之[illegible]ᄒᆞ고聞者莫不贊頌[illegible]

勸說普교 內部主事金鏞洛氏ᄂᆞᆫ素[illegible]慨懷之士로參與金永振氏家에셔孫文을敎授ᄒᆞᆫ지가已過數年인ᄃᆡ金氏가該敎授之天皇[illegible]等何語가不適於[illegible]ᄒᆞ고又不合於家國思想[illegible]ᄒᆞ야該학童의父兄을[illegible]之轉학於桂山普興ᄒᆞ고케ᄒᆞ야ᄂᆞᆫ디該학童들과其父兄이[illegible]其金氏之忠告ᄒᆞ야歎頌不已ᄒᆞᆫ다더라

●請借宿舍 徽文義塾학員들宿이難便ᄒᆞ야其課工에妨碍가不無ᄒᆞ다ᄒᆞ야該塾門前에在ᄒᆞᆫ前戶曹別例房直房을許給ᄒᆞ야遠方학員으로以便寄宿케ᄒᆞ라고학部에셔該塾長柳瑾氏의請願을因ᄒᆞ야度支部로照會ᄒᆞ얏더라

●학照農部 農商工部에셔農林학校를학部所管農商工學교內에姑爲附設ᄒᆞ고農商工學교中農業科學員과京城학堂[illegible]科학生을農林학교에셔도兼行教育케ᄒᆞᆫ다ᄂᆞᆫ事件으로學部에서農商工部로照會ᄒᆞ기를農林學교附設은事係權宜ᄒᆞ야일로以此措揮於該교ᄒᆞ야姑爲權設케ᄒᆞ깃스나敎務上에或無妨害일지另飭該교ᄒᆞ야勿踰範圍케ᄒᆞ라ᄒᆞ얏다더라

●森林視察 農商工部에셔丈丘平壤兩郡守의게訓飭ᄒᆞ기를森林監理로雇聘ᄒᆞᆫ日本人道家充之와本部技師金秉宗을森林視察次로另派前往ᄒᆞ니各別保護ᄒᆞ야視察上에便利케ᄒᆞ며指導ᄒᆞ라ᄒᆞ얏다더라

●閔氏放釋 前平壤觀察로民訴를被ᄒᆞ야平理院에在囚ᄒᆞᆫ閔亨植氏ᄂᆞᆫ所犯에無ᄒᆞᆷ으로質辦放釋ᄒᆞ얏다더라

●第二回請議 地方制度調査案件을草件으로政府會席에셔屢次相持ᄒᆞ다가至於守令銓考ᄒᆞ야ᄂᆞᆫ參政이反對ᄒᆞ되不得奏效ᄒᆞ고御前會議에셔도反對가並起ᄒᆞᆷ으로該案件은 次更議ᄒᆞᆯ터이라該調査所에셔 東議案을正書ᄒᆞ야明日政府에再議ᄒᆞ야第三次會案에左右間決行ᄒᆞᆯ터이라더라

雜報

◎支那留學生의評論 支나某報를閱覽ᄒᆞ니在日本學校ᄒᆞᆫ同國卒業生을對ᄒᆞ야評論이如左ᄒᆞ더라本年中國留學生이在日ᄒᆞᆫ學校ᄒᆞ야上半年학期ᄒᆞ야卒業者不少ᄒᆞ니該館이竊意ᄒᆞ되一般卒業生이日本教育의精神을獲得ᄒᆞᆫ者가不知有幾니歐西에旅往ᄒᆞ야留學ᄒᆞᆫ生徒의所得과比較ᄒᆞ면必有高下요중國學生도亦自稔知矣라ᄒᆞ엿더니近日某君의在日本學校ᄒᆞ야卒業後寄函을新得ᄒᆞ니독未竟에憤氣塡胸이라其函을揭錄ᄒᆞ노라ᄒᆞ얏더라

予가鄕里同志의종용을受ᄒᆞ야遂同赴東瀛就학ᄒᆞᆯ시予ㅣ以速促之期로通習日本文字ᄒᆞ고遂入중학肄業이러니曾幾何時에又升入大학校라가今大학校에셔又卒業矣라計共五年之間에予가已遍歷日본학校ᄒᆞ야竊得其教授之科학ᄒᆞ니

同時에日本학生의先吾入校肄業者가有ᄒᆞ야均히予의超越ᄒᆞᆫ바되야望塵不及이라彼等이皆相驚訝ᄒᆞ야謂予有過人之才ᄒᆞ니前程을不可限量이라ᄒᆞ나予가熟思컨디此五年間所歷各校에셔其중教育이果有何文明實效哉아

吾國少年학生들이歷萬洋赴日本者가皆其深得實학을期望ᄒᆞᆫ者가少ᄒᆞ나여等은尤堅忍勤苦ᄒᆞ야凡教習之講義를熟聆默誌홈이方疑此特初학之人門耳라

盖西洋哲학家의宏著ᄂᆞᆫ一切文明高等之학說은均未嘗入我耳막ᄒᆞ얏스니意著컨디後必相授가無疑也라ᄒᆞ얏더니乃未幾而卒業矣라始知此六年을在日ᄒᆞ야浪擲光陰이오毫未得文明之結果에거날

日本학生이此目的에毫不注重ᄒᆞ고以爲其所학이即歐美之文학이라ᄒᆞ니彼等이但計數者ᄂᆞᆫ某國에有若干兵艦ᄒᆞ며某國에有若干軍隊라不過紙上에記取ᄒᆞ야五分鐘時間에畢了ᄒᆞᆫ者를孜孜研究ᄒᆞ야以爲要點이라ᄒᆞ고

歐美實在之학에至ᄒᆞ야ᄂᆞᆫ未或措意어날日人이尙揚言ᄒᆞ되欲代中國ᄒᆞ야整頓校風ᄒᆞ고改良教法이라ᄒᆞᄂᆞᆫ또다予ᄂᆞᆫ謂ᄒᆞ되我중國학生이將自赴歐美遊학ᄒᆞ야漸染其文明之化ᄒᆞ고取其有益最要之實학ᄒᆞ야歸獻祖國이오不須日本之助動力也라ᄒᆞ노라

여가更明告日本教師曰여ㅣ以可貴之光陰으로六年을浪擲ᄒᆞ야終日孜孜ᄒᆞᆫ것이但習此破爛無用之物이라此即貴國所謂爲日本之文학也니貴國은休矣어다ᄒᆞ고即棄日本而赴瑞士遊학ᄒᆞ려라ᄒᆞ얏더라

按此支那학生의評論이不爲無見이라盖日本학校의教育이泰西의精深ᄒᆞᆫ학術이未備ᄒᆞᆫ故로如此ᄒᆞᆫ譏評을取ᄒᆞᆷ인지抑或日人이支那人을對ᄒᆞ야但其皮부으로만授與ᄒᆞ고實際학問은隱秘不告ᄒᆞᄂᆞᆫ지 一者에必有其一이라現韓國靑年이遊학ᄒᆞᆫ日本者가亦復不少ᄒᆞ니此等言論을取看ᄒᆞ면宜乎省覺홈이有홀거시니或其浪擲光陰에後悔를貽치勿홀지어다

◎陽民可哀 西京豐慶宮監繕之役에泰書官朴鵬鎭主事金錫英金文俊等이藉公營私之貪慾으로陽德郡의材木萬餘株를使其民人으로斫伐運下ᄒᆞ고宮役所用은三千株뿐이고其他幾千株ᄂᆞᆫ使民運下ᄒᆞ야潛爲潛賣食之ᄒᆞ고輸運費幾十萬兩을並皆徵出肥巳인故로該郡人民이歷呈于平理院ᄒᆞ야就訟ᄒᆞ디大電訓ᄒᆞ야使觀察府로別定調査員ᄒᆞ야調査以報ᄒᆞ얏스나觀察使도彼三奸을庇護ᄒᆞᆫ事가有ᄒᆞ얏거니와平理院에셔도尙無如何裁判ᄒᆞ니彼三奸의金力이足히半籠法官ᄒᆞ고壓迫人民이기로從公判決이實無可望이라ᄒᆞ니哀此一郡萬餘人民의生命을顧念ᄒᆞ면엇지彼三奸의罪惡을恕容ᄒᆞ고ᄒᆞᆫ民怨을莫伸케ᄒᆞ리오ᄒᆞ야一般公言이藉藉ᄒᆞ더라

◎孤兒凝視 去木曜日 萬壽聖節에孤兒학校에서漢城 外一般乞人을聚集ᄒᆞ야飮食을盛備ᄒᆞ야饋餉ᄒᆞ고該학徒와乞人等이慶祝歌를齊唱ᄒᆞ며蹈舞慴抃ᄒᆞ니觀光諸人이無不稱揚ᄒᆞ더라

◎湖南線部開通 去十五日午雨로以ᄒᆞ야不通이되얏든大田新灘津間鐵路ᄂᆞᆫ復舊되야芙江ᄭᆞ지開通되얏다고太田電報가有ᄒᆞ다더라

◎甲山附近의草賊 元山電報據ᄒᆞᆫ則甲山附近地에草賊이三三五五結黨ᄒᆞ야漸至增加홈으로被害者가多ᄒᆞ다더라

◎本社廣告

申新價

一張代金　新貨二錢五里

一箇月前助　三十

三箇月　九十戔

六箇月　一元七十戔

一箇年　元四十戔

郵稅一部　新貨五里

一箇月　十三戔

廣告料

四号活字十三字詰

每日每英尺一寸에新貨廿五錢

（每日每行에六錢에相當ᄒᆞᆷ）

其期限의長短과字行의多少를依ᄒᆞ야增減ᄒᆞᆷ이有ᄒᆞᆷ

◉大韓每日申報各處支社廣告

中署布屛門下　金相萬冊肆

洞口移便　朱翰榮冊肆

中署農圃初入七十八統第二戶　鄭禹澤

仁川桂峴開新冊肆　李東主

平壤南山峴日新學校　金浩淵

寶川邑橋西　崔[illegible]

義州南門外韓西大[illegible]　安濬

長連邑　金[illegible]

鎭南浦藥洞　金仁집

咸興州南社　曹喜林

中和邑　李俊培

釜山佐川徐藥房　金灌鉉

開城北部梨井里　[illegible]

校副校長　[illegible]

大丘郡　達城廣文社

發行兼編輯人　英國人裵說

發行所

京城中署壽進坊礡洞号外地法語學校前

大韓每日申報社

第四卷 第三百十四號

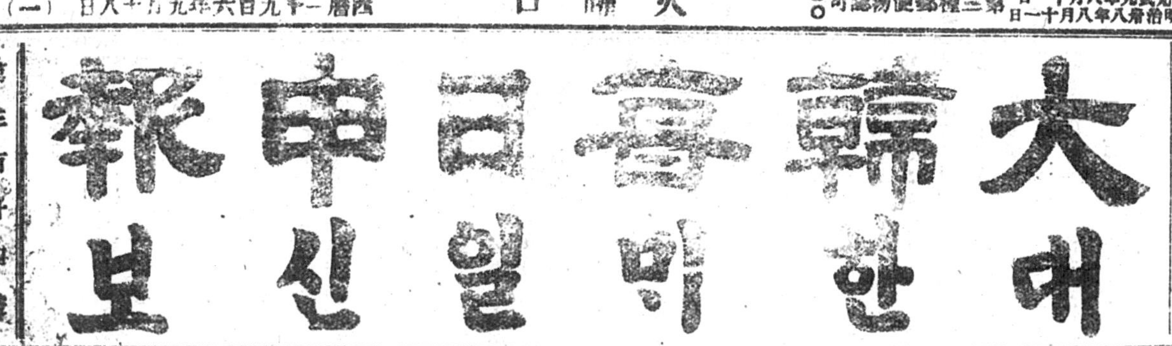

大韓每日申報

대한매일신보

月曜及慶節時日休刊

檀君開國四千二百三十九年
箕子元年三千二十八年
大韓開國五百十五年
日本明治三十九年
淸國光緖三十二年
◉陰曆丙午八月大初一日乙丑

論說

韓國內洪水

坐於椅子ᄒᆞ야天災之報를閱讀ᄒᆞ면亦可恐也나然이나躬當其厄ᄒᆞ야經閱其困難ᄒᆞᆷ과ᄂᆞᆫ甚異ᄒᆞ니京釜鐵道에旅人이向遭此厄ᄒᆞ야蛇虫이羣集ᄒᆞᆫ洪水中에五六日을滯留ᄒᆞ다가今到京城ᄒᆞ야所遇光景을略報ᄒᆞ니聽者ㅣ頗可着味ᄒᆞ리로다

橋梁이作散片漂去ᄒᆞ얏고堤堰頹破가延長數十里矣니今欲修改인된巨欵費額이不可無어니와鐵道를改築ᄒᆞ기에將要八十萬圓이라ᄒᆞᆷ이若果確報이면利益을始著ᄒᆞ기ᄂᆞᆫ必待幾許光陰ᄒᆞᆯ거시오且如此困難이非特止於日人矣니違其農時ᄒᆞ고勒被鐵工道役ᄒᆞᆫ韓民이將不下於數千人ᄒᆞᆯ거시며爲其築堤ᄒᆞ야被其掘鑿ᄒᆞᆫ韓土도亦不下於數百處ᄒᆞ리로다

然이나日本人이八十萬圓損害ᄂᆞᆫ韓人所失에不足比也니韓國一道에損失이鐵路全部에所損보다猶過ᄒᆞᆯ지라常遇豐穰ᄒᆞ던膏腴田土ᄂᆞᆫ盡被泥沈沙覆이오惟其幸福者ᄂᆞᆫ每畏旱災ᄒᆞ든薄土를包有ᄒᆞᆫ人民이며且其生命被害ᄂᆞᆫ無人詳悉이니汎濫波浪에漂去人民이著露矣로되其乃爲誰인지來從何處인지ᄂᆞᆫ查問者ㅣ甚稀로다

彼彼困難ᄒᆞᆫ韓民의게若不表同情이면豈足謂有感愛思想이리오一般罹災者ㅣ如彼堪忍에自外救助之策을未有聞焉이로다以彼無甚些過로或未有極慘情形인즉人莫思之어다向日桑港地震에一座家屋이頹敗ᄒᆞᆷ을對ᄒᆞ야韓人의極痛ᄒᆞ던悲慘之情이今者洪水에第屋漂流ᄒᆞᆷ을對ᄒᆞ야ᄂᆞᆫ豈其減下리오

官報

◉宮廷錄事

●號外 光武十年九月十六日

詔日懿孝殿朔祭遣大臣攝行

九月 六日

●三千五百六十號 光武十年九月十七日

◉敍任及辭令

敍勳二等賜八卦章 秘書院卿陸軍副將李秉泰 九月六日○依願免本官 秘書監丞呂炳鉉 任秘書監丞 正三品尹憲燮

以上九月十二日

◉部令

學部令第二十號

師範학校令施行規則

第一章 總則

第一條 師範학校의名稱은地名을附ᄒᆞ야官(公)立(地名)師範학校라稱ᄒᆞᆷ이라

第二條 師範학校에서ᄂᆞᆫ同一ᄒᆞᆫ學年의학員으로써學級을編制ᄒᆞ되一學級의學員數ᄂᆞᆫ四十人以下로定ᄒᆞᆷ但講習科의學員은此限에不在ᄒᆞᆷ이라

第三條 師範학校에ᄂᆞᆫ豫科速成과及講習과를置ᄒᆞᄂᆞᆫ境遇에ᄂᆞᆫ官立은學部大臣이定ᄒᆞ고公立은觀察使가定ᄒᆞ야學部大臣의認可를受ᄒᆞᆷ이라

第四條 師範學校教育의要旨ᄂᆞᆫ如左ᄒᆞᆷ이라

一 精神을鍛鍊ᄒᆞ고德行을磨勵ᄒᆞᆷ은教員된者의第一重要ᄒᆞᆫ急務라故로학員으로ᄒᆞ야금居常注意ᄒᆞ야精神과德行을養成ᄒᆞᆷ이라

二 尊君愛國ᄒᆞᄂᆞᆫ志氣에富ᄒᆞᆷ은教員된者의最重要ᄒᆞᆫ急務라故로학員으로ᄒᆞ야금居常忠孝의大義를崇尙ᄒᆞ야國民의志操를振起케ᄒᆞᆷ이라

三 規律을守ᄒᆞ고秩序를保ᄒᆞ야師表될만ᄒᆞᆫ威儀를備ᄒᆞᆷ은教員된者의要務라故로학員으로ᄒᆞ야금長者의命令과訓誨에服從ᄒᆞ며言語와動作을正直케ᄒᆞᆷ이라

四 身體의健康은作業의基礎라故로학員으로ᄒᆞ야금衛生에注意ᄒᆞ야體操를勉勵ᄒᆞ야健康을增進케ᄒᆞᆷ이라

五 教授ᄂᆞᆫ教員된者의適當ᄒᆞ고普通學校의趣旨에符合케ᄒᆞᆷ이라

六 教授ᄂᆞᆫ恒常其方法에注意ᄒᆞ야학員으로ᄒᆞ야금授業ᄒᆞᆯ時에教授ᄒᆞᄂᆞᆫ方法을解得케ᄒᆞ기를務ᄒᆞᆷ이라

七 言語를明確히ᄒᆞᆷ은教員된者의尤極必要ᄒᆞᆫ故로教授ᄒᆞᆯ時에학員으로ᄒᆞ야금其言語를明確히ᄒᆞ야語法을鍊習케ᄒᆞᆷ을務ᄒᆞᆷ이라

八 學習ᄒᆞᄂᆞᆫ方法은教授에만偏倚ᄒᆞᆷ이不可ᄒᆞᆫ지라故로학員으로ᄒᆞ야금自修ᄒᆞ야학識을進就ᄒᆞ며技藝를研究ᄒᆞᄂᆞᆫ習慣을養成ᄒᆞ기로勉力ᄒᆞᆷ이라

九 各科ᄂᆞᆫ所定ᄒᆞᆫ教科書에依ᄒᆞ야教授ᄒᆞᆷ이라

第二章 학科目及要旨

第五條 師範학校本科의학科目은修身、教育、國語、漢文、日語、歷史、地理、數학、物理、化學、博物、圖畫、音樂、體操로ᄒᆞᆷ이라但音樂은現今間만闕ᄒᆞᆷ을得ᄒᆞᆷ이라

학校長이학部大臣의認可를得ᄒᆞ야前項各科目外에農業商業手工中의一科目이나或數個科目을添入ᄒᆞᆷ을得ᄒᆞᆷ이라

此等教科目을添入ᄒᆞᆫ境遇에ᄂᆞᆫ其학員의所長을從ᄒᆞ야其中一과目을敎習케ᄒᆞᆷ이라

豫科及速成과의학과目은本과에依準ᄒᆞ고講習과의학과目은必要ᄒᆞᆷ을隨ᄒᆞ야학校長이定ᄒᆞ야학部大臣의認可를受ᄒᆞᆷ이라

未完

外報

●滿漢區別의矯弊 北京電을據ᄒᆞᆫ則澤公이滿漢의區別ᄒᆞᆷ은滿人의利己心으로由ᄒᆞᆷ인則其弊를改ᄒᆞ지고上奏ᄒᆞ얏ᄂᆞᆫ뒤淸帝及西太后가嘉納ᄒᆞ셧다더라

●服制改正과斷髮 同電을據ᄒᆞᆫ則澤公及端方이淸帝及西太后의게謁見ᄒᆞ고服制改正과斷髮勵行이必要ᄒᆞᆷ을上奏ᄒᆞ얏더니西太后가訓諭ᄒᆞ기를此等事ᄂᆞᆫ官制改革後에商議ᄒᆞ라ᄒᆞ얏다더라

●地方自治 同電을據ᄒᆞᆫ則官制編制委員이各省督撫로ᄒᆞ야금省城及繁華ᄒᆞᆫ處에自治局을設置ᄒᆞ고地方自治를圖ᄒᆞ기로議決ᄒᆞ고澤公戴鴻慈가淸帝及西太后의允許를蒙ᄒᆞ야各省督撫의게電飭ᄒᆞ얏다더라

●排斥日人 桑港電을據ᄒᆞᆫ則美國가루호루니아州에在ᄒᆞᆫ共和黨이俱樂部에서日本排斥論을贊成ᄒᆞ고現今淸國人에對ᄒᆞ야實行ᄒᆞᄂᆞᆫ嚴酷移民法을日本人의게適用ᄒᆞᆷ을請求ᄒᆞ얏다더라

●俄人의革命團體 俄國(오뎃사)에在ᄒᆞᆫ軍人中에서革命黨團體를發見ᄒᆞ얏ᄂᆞᆫ뎌其目的은大概官吏를殺ᄒᆞ고革命黨의게協力ᄒᆞ랴ᄂᆞᆫ것인ᄃᆡ此團中ᄒᆞ야將校十四名을捕縛ᄒᆞ얏다더라

雜報

●副교員派送 학部의셔各地方分立普通학校에副교員一人式派送視務케홀次로十三道視察使의게先行訓飭하얏다더라

●擲行毆打 日本步兵大尉西尾元吉氏가步兵十名을領率하고自歙谷界로通川郡에來到하야山川道里與其他各項과至於飮料井數ᄭ지一一查探하ᄂᆞᆫ듸人民ᄃᆞᆯ이或有疑懼之心하야不卽答應하면輒行毆打하야民心懷懼하여情形悶迫이라고該郡守가內部에報告하얏ᄂᆞᆫ듸內部의셔ᄂᆞᆫ指令하되趁不答應하ᄂᆞᆫ所以로致有毆打之弊니曉諭民間하여毋使疑慮케하라하얏다더라

●但認築교 一進會摠代尹範植氏가內部에到하야平安南道一進支會之設立昌東학校에平壤城內城隍基址를承認付屬이러니本郡居金晉綱等의搆誣請願을因하야該基址로設而里齋學에付屬홀事로請願還付하얏ᄂᆞᆫ듸內部에셔ᄂᆞᆫ措令하기를所謂內部認許云者ᄂᆞᆫ該基址에학校建築而已오非謂賣買屬교어날以此致煩하야民訴日至에기已有措飭이라하얏다더라

●礦區範圍 遂安金礦主管하ᄂᆞᆫ英國人최이스가谷山郡靑龍縣岩蓬山等二里에標木을揷立定界하니該館에須即交涉妥辦케하라고黃海觀察朴鼎陽氏가農商工部로報告하얏ᄂᆞᆫ듸農部에셔指令하기를上年十一月에遂安金鑛을英國人의게合同홀時에該鑛區ᄂᆞᆫ韓里로長六十里廣四十里로定하얏스니將次告示設址하야勿使人民疑慮케하라하얏다더라

●교師曠務 高等학校體操교師陸軍參尉安鸛稷鄭仁永氏等이無故不進이已至多日이라하야학部에서該部로照會하고該兩參尉ᄂᆞᆫ須即召還하야以勘其不勤하고其代兩員을另擇更派하라하얏다더라

●以病辭職 泰仁郡守金潤晶氏ᄂᆞᆫ身病이有하야不得赴任之意로內部에請願辭職하얏다더라

●日人私自開鑛 信川郡守李容弼氏가農商工部에報告하기를本郡魚藏坊冠山에日人栗原예吉이私自開鑛홈事ᄂᆞᆫ已報이어니와雖自郡禁斷이나終不閉鑛하니自京部로交涉禁止케하라하얏다더라

●三次勒葬 全州居前郡守李重翼氏ᄂᆞᆫ藉其勢力하고任實居金昌植의六代祖山을恣意毁破하고前後勒葬이三次에至하얏더라

●冒稱會員 二十五日萬壽聖節日夜에陸軍法院의셔소리를시키ᄂᆞᆫ대何許無學悖類二女가洋服을着하고執手相携하며玩賞次로該院에入하야女子敎育會會員이라藉托하고완賞힛다하니此女ᄂᆞᆫ無賴悖女가女子교育을冒稱홈이요實로女子교育會會員이如是할行爲ᄂᆞᆫ萬無하다더라

●光進創立 現任法官養成所교官崔鎭氏ᄂᆞᆫ原來교育上에有志ᄒᆞ야會性에한陽학校를設ᄒᆞ얏고又日本에留학ᄒᆞ야關西大학校를卒業ᄒᆞᆫ法학士로還國ᄒᆞ얏ᄂᆞᆫ데今又通津鳥山峴本第에光進학校를創立ᄒᆞ고교育에熱心ᄒᆞ야同氏가校長이되고校監은趙東玄氏오교師ᄂᆞᆫ日本人佐藤浩氏를雇聘하고科程ᄂᆞᆫ日語及普通학인데隣近靑年이多數就학하야前進之望이頗有하다더라

●辛無所關 向日本報에揭載ᄒᆞᆫ巡檢行爲不法이라ᄂᆞᆫ題下에對ᄒᆞ야巡檢辛泳喆의來辦을據ᄒᆞᆫ즉日昨에此事로중署에셔裁判을經ᄒᆞ얏ᄂᆞᆫ듸權參尉元植氏家內庭에泥醉突入者ᄂᆞᆫ金容泰車泰運李春植三人뿐이오權氏가中署로引去ᄒᆞᆫ際의懇乞無事케ᄒᆞᆫ者ᄂᆞᆫ禹主事요金主事ᄂᆞᆫ아니며辛泳喆은該事件에初無所關이라더라

●果則當禁 傳說을聞ᄒᆞᆫ즉近日東亞商會藥房에서神異ᄒᆞᆫ妙藥을新發明하야製造販賣하ᄂᆞᆫ듸外面에ᄂᆞᆫ守宮寒劑라ᄒᆞᆫ것인듸賣藥商에言을聞ᄒᆞᆫ즉婦人을迷惑케하야一切從歸케하ᄂᆞᆫ妙方인듸藥價ᄂᆞᆫ二圜이오多大ᄒᆞᆫ効果를見ᄒᆞᆫ다하니若果有此면如彼怪惡ᄒᆞᆫ藥品을豈容存留於世耶아行警官吏ᄂᆞᆫ此를探查하야宜乎痛禁이라하더라

●益勉학業 今番학部에서新頒ᄒᆞᆫ官立中학校規則중에該학校敎官은該학校卒業生으로叙任ᄒᆞ기로ᄒᆞᆫ故로現今日本에留학ᄒᆞᄂᆞᆫ姜大喆氏로教官을叙任次電報로招還ᄒᆞ얏더니姜氏ᄂᆞᆫ학問과知識이尙未完全ᄒᆞ야視務上에妨碍가不少ᄒᆞᆫ데인즉數年間을加勉ᄒᆞ야학問이篤實ᄒᆞᆫ後에歸國應用ᄒᆞ깃다고回電ᄒᆞ얏다더라

●三倅罷免 扶安郡守權益相谷山郡守李僖承江界郡守徐廷圭氏等은由限이已過ᄒᆞᆫ데尙不赴任하다가又請受由하ᄂᆞᆫ故로內部에서免官請議ᄒᆞ다더라

●署理裁判 今番疑獄의李商在氏等이日間該務廳의셔押交ᄒᆞ다ᄒᆞᆷ으로平理院裁判長李允用氏ᄂᆞᆫ謀避하야上疏請遞하고法部協辦金奎熙氏가署理裁判長을被命하얏다더라

●治道破日 今番大漲에城內大小路가並皆破壞어니와統監府勸告로國庫金을支出하야道路를修築하되南門外停車場에서南門通內ᄭ지日本人의게都給하야始役케하고他道ᄂᆞᆫ姑無一言이라더라

●達倅의改良成冊 大丘觀察署理朴重陽氏ᄂᆞᆫ府郡을盲動的思想으로一體改良ᄒᆞᆫ成冊을政府로報來하엿다더라

●拓植擔任 日本東京의셔韓國을開拓次로拓植會社를設施하고資本金은五百萬元으로預定하야股金을收集하ᄂᆞᆫ데一半은韓國居留者가擔任하기로ᄒᆞᆫ다더라

●醉兵行悖 再昨日下午一時에農商洞等地의셔何許兵丁三名이泥醉하야其隣洞居하ᄂᆞᆫ李德三이을無數毆打ᄒᆞᆫ지라適其時樓洞支所巡檢李元應이가行巡하다가其光景을見하고極力曉喩ᄒᆞᆫ則該兵丁輩가反加詬辱하며服裝단츄ᄭ지떼히고行悖無狀ᄒᆞᆯ時에중署派駐所憲兵三四人니來하야其顚末을詳聞하고該巡檢의게爲萬叩謝하고該兵ᄃᆞᆯ을捕縛以去하엿다더라

●平北民擾 平安北道各郡民等이內部에請願하되申觀察이到任後에百弊를一新刷新하여設校興학하고作統防賊하고詞訟親執하여一道가泰平하더니向日上京하야移任他職云하니民等은猶失之라一日不還則民有一日之憂하고二日不還즉民有二日之憂니催促下送하야以副民望케하라하얏다더라

●義親王調養 義親王殿下ᄭᅴ셔近日에患候未寧으로鐵洞旅官셔調養하시ᄂᆞᆫ중이라더라

●單大亢勤 統監은每一週日니에各大臣을一次式例請하여何問題든지商確勸告ᄒᆞ니其後各大臣은一次式例往訪問ᄒᆞ고李軍大ᄂᆞᆫ逐日或間日로統監邸의訪問ᄒᆞᆫ다더라

●兩察相換說 慶尙北道觀察使李源兢氏가法協을轉任ᄒᆞᆫ다더니變動되야全羅北道觀察使韓鎭昌氏와相換된다ᄂᆞᆫ데韓氏도赴任ᄒᆞᆯ지豫定키難하다더라

●政府現狀 今番地方制度及各官制改定의對하여政府所有權은見奪各部하고所存者ᄂᆞᆫ不過중樞院度支部葬外支出件觀察使叙任時會議權三件而已라朴參政이政府를將廢ᄒᆞᆯ思想이라하여政界上論駁이一層大激하다더라

●勸會悖惡 醴泉郡淨土宗支會長李徹宰가藉會行悖에勒奪民財하ᄂᆞᆫ데陰曆七月初에該郡호란골面舊店村에居ᄒᆞᄂᆞᆫ梁某가饒名이有ᄒᆞᆷ을聞ᄒᆞ고徹宰가討索次로梁家에往ᄒᆞᆫ즉梁某與洞人이盡爲逃避ᄒᆞᆫ지라徹宰가會長行次에不善舉行ᄒᆞᆷ을執탈하고梁某의老母를捉得하여自杖亂打에推倒墮坑하여折項折腰에幾至隕絶ᄒᆞᆫ지라洞人이稍集하여徹宰를結縛拘留하얏더니暗爲逃躱하고梁母ᄂᆞᆫ不過幾日에竟死ᄒᆞᆷ이其子가欲告官ᄒᆞᆫ즉洞人이挽止하되告官하면洞이盡亡ᄒᆞᆯ거시오檢驗이可謂再死라斂殯後에私自復讎하면官村無事라하여萬端開喩ᄒᆞᆷ이因爲斂殯하얏다더라

●文校試驗 鐵川郡文明학校ᄂᆞᆫ同郡有志人士의發起設立ᄒᆞᆫ것인데今番進級試驗에優等生은蔡奎遠蔡正錫金仁燮鄭寅阜四人이오精勤生은鄭泰鎬金俊洙二人이더라

●姓字誤植 日昨本雜報欄內勸就習校라ᄒᆞᆫ題下에內部主事崔鍾洛氏에姓字ᄂᆞᆫ金字로誤植이기正誤홈

詞林

追感 崔劍菴先生處困

貧育當前莫奪翁百千萬話獻丹衷有峯之勇淸陰節宇宙靑千不朽風

獨立强哉八耋翁一憂君憂國積年衷滄海靑天孤島月扶桑萬里一帆風

錦巢生 朴時陽

寄書

北美桑港留遊昌洙氏가韓國同胞를泣諭ᄒᆞ기爲ᄒᆞ야本社에寄函이如左ᄒᆞ니

嗚呼라今日吾韓國之形勢와與同胞之情況은不禁臨風痛哭이로다同胞同胞여仰望高天ᄒᆞ니白日이無光ᄒᆞ고顧瞻江山ᄒᆞ니草木이零落ᄒᆞ려ᄒᆞ니此何故耶아曰不親不合ᄒᆞ며不知國民之義務ᄒᆞ고但務一身之分錢利害ᄒᆞᆫ緣故니嗚呼痛哉라昔에波蘭이露國에被縛ᄒᆞᆯ도上下가不合ᄒᆞ여ᄯᅡ波黨ᄒᆞ고ᄯᅡ露黨ᄒᆞ라가骨肉相爭ᄒᆞᆫ緣故로永遠히滅亡ᄒᆞ엿스며印度도英國에保護國이되여牛馬에凌辱을不勝ᄒᆞ고無腦之人이될것도다만一身利害로千古에羞恥를未免ᄒᆞ얏스니

嗚呼라同胞여吾韓今日之本國政況이더幾倍於波蘭印度之政形이니可不懼哉며可不省哉아古語에云ᄒᆞᆫ되家和萬事成이라ᄒᆞ얏스며孟夫子에救亂ᄒᆞᆫ비도欲治平天下ᄒᆞ면當此之時ᄒᆞ야捨我其誰也오ᄒᆞ셧ᄉᆞ니善哉라此言이여今以韓民之資格으로何不重念哉아

嗚呼라同胞여繼韓萬國之史記ᄒᆞ건되毋論某國ᄒᆞ고開明富强之國은上下男女老少가皆團輔車로互相親合ᄒᆞ야破斥逐洗之羞ᄒᆞ고香ᄒᆞ며勵其文明之精神ᄒᆞ야以固國民之大志이면不惜體軀ᄒᆞ고但荷國民之責任ᄒᆞ야各自一身之膽勇으로救生後孫ᄒᆞ고千秋萬歲에共得福樂이니同胞同胞여豈不美哉아

嗚呼라余想同포之由來俗言을니不思救國之方針ᄒᆞ고必稱天運ᄒᆞ며再稱論ᄒᆞ니嗚呼痛哉라皆稱天運ᄒᆞ며束手待亡ᄒᆞᄂᆞᆫ說論天運이오以丈夫之勇猛으로團合成立ᄒᆞ야擊退怨讎ᄒᆞ고救出後生ᄒᆞ야同立於萬邦之間이면是는國泰民安ᄒᆞ고家給人足ᄒᆞᄂᆞᆫ天運이니何以坐歎ᄒᆞ며何謂天運哉아

嗚呼라今吾同포之情形이無異於籠中之鳥요檻內之獸니當此危急之時ᄒᆞ야不思救國復生ᄒᆞ고但知一身分錢이면是는譬컨되起火到簷이여날不務撲滅ᄒᆞ고取若干粒米ᄒᆞᆷ이니豈不愚哉아故로不勝痛哭ᄒᆞ야揭布于同포ᄒᆞ나이다

雜報

●藉會則非　西安人의傳說을聞ᄒᆞᆫ則義州郡의保民會ᄂᆞᆫ名稱曰保民이나藉會干政ᄒᆞ야貽害平民之弊가往往有之ᄒᆞ니告監理署ᄒᆞ야崔聖律一門承重田을欲爲奪給於其庶子會員崔聖林ᄒᆞ고金應秋之既買田을稱以換作ᄒᆞ고奪給於實主會員李成河ᄒᆞ고朴用禎之祖業四十年打食田을多般設計ᄒᆞ야奪給於會員金弘珍之戚으로控訴監理ᄒᆞ야圖出訴書라ᄒᆞ니大抵社會團體ᄂᆞᆫ一般同포와生命財産을公心保維ᄒᆞᄂᆞᆫ것이乃是文明社會이거ᄂᆞᆯ若有藉會生弊之端則不可以社會待遇라ᄒᆞ노라

●학校告祀　開城府淨土宗會長尹應斗氏가發起ᄒᆞ야面育總會라ᄂᆞᆫ會를設立ᄒᆞ고淨土宗青年會幾人名을事務員으로組織ᄒᆞ고開城農工銀行添入人을歷制로捐助를農工銀行股金五分之一式作定ᄒᆞ야收聚ᄒᆞᄂᆞᆫ되不許者의게ᄂᆞᆫ恐喝威脅ᄒᆞ고先取錢中現今會費로用耗ᄒᆞᆫ錢이八九千兩이되고학校基地一處를指定ᄒᆞᆫ後開基時酒肉을盛備ᄒᆞ야告祀ᄒᆞ얏스니학교告祀ᄂᆞᆫ今始初聞이라來頭에ᄂᆞᆫ학校를經成ᄒᆞ면神祀ᄂᆞᆫ不可無라ᄒᆞ고ᄒᆞᄂᆞᆫ지銀行出股ᄂᆞᆫ五分一式收取ᄒᆞᄂᆞᆫ되開城富民들은怨聲嗷嗷ᄒᆞ며每日事務에ᄂᆞᆫ長竹을羅列ᄒᆞ고煙草가堆積ᄒᆞ며事務員一人에十圓月給을與ᄒᆞᄂᆞᆫ故로事務員紛競이大段ᄒᆞ야학校ᄂᆞᆫ되기前에事務所ᄂᆞᆫ興旺ᄒᆞ니然ᄒᆞ나校도興旺ᄒᆞ려니와每日事業은高談峻論뿐이라ᄒᆞ더라

●誠心所導　樂峴溫水洞光興學校ᄂᆞᆫ有志士李忠源氏의私立인ᄃᆡ該氏가教育上에熱心ᄒᆞ야其他數處에光興支校를設置ᄒᆞ야教務가漸進ᄒᆞᄂᆞᆫᄃᆡ日昨萬壽聖節에李氏所管各校학員이樂峴本校에會同ᄒᆞ야萬壽를慶祝ᄒᆞ며愛國歌를唱ᄒᆞ야학員의愛國心과敎育의興起케ᄒᆞ니觀光者李氏의誠心敎務를莫不稱頌ᄒᆞ얏다더라

東國史略廣告 第二冊 [illegible] 一冊 [illegible]

前議官洪[illegible]裕에名字를[illegible]字로改定展示　洪袞裕　告白

特別廣告

本部規則第十六條를依ᄒᆞ야定期總會를開ᄒᆞ고任員總選擧式을行ᄒᆞ오니維我　會部員諸氏ᄂᆞᆫ除萬　出席ᄒᆞ심을切盼

一 日子ᄂᆞᆫ來日曜日正午 二十三日 (不拘雨晴)

一 會所ᄂᆞᆫ訓鍊院

光武十年九月十八日

大韓俱樂部

本人이陰八月一日客主營業을繼續開始ᄒᆞ오니知舊간照亮ᄒᆞ심　南門外屈井洞　郭泰鉉 字聖[illegible]　白

本人이新貨二十二元舊貨百七十元을仁港沈能德客主에任置ᄒᆞᆫ標上票을今二十一日에豐德新其地에서遺失ᄒᆞ얏기廣告ᄒᆞ오니誰某拾得ᄒᆞ와도休紙施行홈　鎭南崔化益　告白

本人再從姪文鼎東面古之洞居李然字俊卿이本以悖類로蕩散世業ᄒᆞ고族徵之意로謀誘外國人ᄒᆞ야欲爲得債幾千兩ᄒᆞ오니內外國人은切勿見欺後悔ᄒᆞ시옵　清州山內一三省李種澤　告白

安城市場米廛에서俊鎬處推次貳百參拾圓票를遺失ᄒᆞ니某拾得休紙施行홈　清州北面[illegible]閔俊植　告白

本人의四弟冠名은益善이오字ᄂᆞᆫ聖弼이오兒名은學男而ᄒᆞ乙未年分에先親別世後에在京本人次弟가率置自家敎育이러니甚本性이浮浪ᄒᆞ야不務[illegible]兄者之義[illegible]不爲撫愛[illegible]에仍不知住處矣러니忽於再昨年分에身着兵服ᄒᆞ고來言卒當親毋喪云ᄒᆞ고討索錢財故로驚然探知則依然生存에乃是無據虛說이오又未久에率兵丁數三人來ᄒᆞ야狂言悖說이罔有其極故로據理責送矣러니又於昨年에更言其親毋喪葬을已過에喪債雖辦云故로實難盡信ᄒᆞ야又爲探知則果是確的이라如干喪債를從後辦報ᄒᆞ고渠之所爲ᄂᆞᆫ雖庸可憫이나但其大義를思量ᄒᆞ고其將官에게稱托ᄒᆞ야工兵隊營中에拘禁ᄒᆞ고無數團束ᄒᆞ야近一個年間無日不探知而終也에似有改悔之意云故로於今年正月分에軍籍에減下ᄒᆞ야即使入學于官立日語學校後漢文與語學等과를使之勤勤勉強ᄒᆞ고於二月分에求婚成娶ᄒᆞ야畢家愛恤ᄒᆞ야幸其庶乎悔改矣러니不幾日에前惡이更發ᄒᆞ야飲酒賭技ᄒᆞ고到處狂言에四面負債ᄒᆞ고出宿不歸를看作能事ᄒᆞ니爲其兄者ㅣ寧可泯默掩過리오萬端訓戒에一切害而見言를歸之茶飯ᄒᆞ고不幾日에又爲出宿ᄒᆞ니豈不憤痛乎不得已撻楚戒責後禁其出門矣러니乃敢叛心ᄒᆞ고今月初에以口不可道之說로威脅家人ᄒᆞ고出門而去故로即檢家中則幾許什物을暗取而去ᄒᆞ니雖云家中不似之物이나其亦有主之物이라其宗心이如此則有何忌憚於他人之物이며況又自外週行ᄒᆞ야以狂悖不近理之說로誣날其兄ᄒᆞ니可謂不怕天不畏[illegible]內外國人間切勿相關見欺홈　楊州榛伐面周谷里居李晚[illegible]　白

◉民事訴訟代理와刑事辯護及鑑定一切法律에關ᄒᆞᆫ事務를迅速處理홈

漢城南署茶洞第十七統八戶

辯護士 前檢事 正三品 李冕宇

法律事務所

事務員 博士 李[illegible]洙　博士 趙東肅

本人의幹事人魚聖夏가往留仁港ᄒᆞ다가去陰六月廿八日에忽不知去處이오니內外國人은錢物間切勿相關ᄒᆞ시요　海州李圭昇　告白

本人의姪子乙煥이가性本浮浪ᄒᆞ야不事産業ᄒᆞ고追逐無賴輩ᄒᆞ야欲爲得債於他本國人而將來移徵於本人ᄒᆞ오니伏願僉君子ᄂᆞᆫ勿爲見欺홈　龍川外上面南峴金翼杓　告白

學員募集廣告

本校에서夜學科를暫止ᄒᆞ고晝學으로敎務를擴張ᄒᆞ야高等普通과를速成으로敎授코져ᄒᆞ오니從前夜學員과新學員을廣募ᄒᆞ오니학員은趁期來學홈

◦學과日語(과目中課程은略之)

◦修身과、國語、敎育학、作文、法학、經濟학、[illegible]과、圖畵、日語。算術。地誌。歷史。體操

◦修業期限　三학期(三年)

◦入학年齡　十八歲至三十五歲

◦入학試驗과目　國漢文與書作文

◦入학試驗日字　九月十九日(陰八月二日)

◦開학日字　九月二十日(陰八月三日)

◦一個月月謝金 [illegible]

[illegible]光학校

◉學員募集廣告(第一回)

玆에普成中學校를新設ᄒᆞ고高等普通學術로一般國民을教育코져ᄒᆞ오니將來에實業及實務에從事ᄒᆞ고又ᄂᆞᆫ各種專門學校에入學코져ᄒᆞᄂᆞᆫ青年有意諸君은早早來學ᄒᆞ오셔中等以上普通知識을全備하심을爲望하옵

本校의完全ᄒᆞᆫ教授準備와眞正ᄒᆞᆫ教育制度를左에列擧ᄒᆞᆷ

一 一般教科書ᄂᆞᆫ擴히本校에셔新編準備ᄒᆞᆷ

二 本校의第一主旨ᄂᆞᆫ修身科、作文科、漢文科니倫理學教科書ᄂᆞᆫ新撰ᄒᆞ야道德心을培養ᄒᆞ고、作文教科書를新撰ᄒᆞ야文章을規矩로教授ᄒᆞ고漢文教科書를新撰ᄒᆞ야讀書를應用活法으로教授ᄒᆞᆷ

三 理化學及博物學은機械及藥品으로實地試驗을行ᄒᆞ야教授ᄒᆞᆷ

四 唱歌ᄂᆞᆫ軍樂音調로新製教習ᄒᆞᆷ

五 體操及運動은各外國運動式用機具로日常教鍊ᄒᆞᆷ

六 教師ᄂᆞᆫ新舊學問에專能ᄒᆞᆫ諸大方家를延聘ᄒᆞᆷ

●學科目 (科目中課程은略之)

修身學、國語、漢文、作文、歷史、地誌、物理及化學、博物學、地文學、法學、數學、圖畫、唱歌、體操、外國語、農業學、商業學、簿記學、

●修業期限

四箇年

●入學年齡

自十八歲以上至二十五歲以下

●入學試驗科目

國漢文讀書及作文、內外國歷史及地誌問對、算術四則以內

●入學試驗日字

九月十九日(除七月二十七日)

●開學日字

九月十六日

(入學請願書及保證書ᄂᆞᆫ本校用紙를用ᄒᆞᆷ)

光武十年八月十六日

漢城中署磚洞 私立普成中學校

廣告

東國歷史	普通教科國漢文一秩二册定價新貨	一圜十戔
法蘭西新史		四十錢
淸國戊戌政變記一秩		一圜
政治汎論	一秩二冊	一元廿錢
越南亡國史	一冊	三十錢
法國革新戰史一冊		三十錢
大韓輿地圖一張		十七錢五里
世界全圖一張		三十七錢五里
大韓地誌一秩		七十五錢
牧民心書一秩		一圜二十五錢
萬國地誌一秩		一圜
尺牘完編一秩		一圜五十錢
農政新編一冊		五十錢
法學通論一冊		一圜
溫故知新堂叢抄		七錢五里
父師必둑小學指남		七錢五里
人工養蚕一冊		十五錢
政治학新論	一冊	四十八錢
家庭雜誌一		十錢
進明彙論一秩		三十五錢
交際新禮一秩		十八錢

發賣所 布屛門下金相萬書舖 大韓每日申報社

花春丹은 霍亂 吐瀉 腹痛 滯症 暑症 정忡 神眩 胸鬱 痰盛 醒酒船暈 咳嗽 痢질 口味엽ᄂᆞᆫ諸症의神效ᄒᆞᆫ藥이오 此外에도洋灰水解毒藥 唐창 疳氣 蛔虫 寸虫 赤白면風 藥과東西洋藥이俱備하고他病도隨聞出方하오니 僉位ᄂᆞᆫ任議하시옵

皇城校洞石井洞下隅 石泉堂藥局 告白

一 鷹標罐濃結牛乳

一 金印罐詰濃結牛乳

一 無糖家用氣化乳酪

一 쎠ㅣ든쓰製造麥芽化合牛乳

以上은常時에貯積ᄒᆞ얏슴

美國紐育港쎠ㅣ든쓰濃結牛乳會社

一手代理店 大韓仁川港 世昌洋行

●九轉靈砂[illegible] 本人이[illegible] 男女老少에無論何病ᄒᆞ고[illegible] 身體가健康ᄒᆞ며小兒ᄂᆞᆫ[illegible]

●九轉靈砂[illegible]丹은[illegible] 痰에神效ᄒᆞ오며

●九轉靈砂保命丹은初生小兒[illegible] 般驚과婦人帶下症에神效ᄒᆞ며

●九轉靈砂[illegible]丹은[illegible] 食滯 [illegible] 吐血 [illegible] 運氣 時疾 痢症에神效ᄒᆞ오

●九轉靈砂[illegible]丹은[illegible] 上疳瘡 下疳瘡及唐瘡과諸般毒瘡惡種에無不神效ᄒᆞ오니 僉君子ᄂᆞᆫ來購ᄒᆞ시오

內需司前두가이골上隅第一家 [illegible] 告

◉本社廣告

一張代金 中部價 新貨一錢五里

一箇月前納 三十錢

三箇月 九十戔

六箇月 一元七十戔

一箇年 三元四十戔

郵稅一部 新貨五里

一箇月 十三戔

廣告料

四号活字十三字詰

每日每英尺一寸에新貨廿五錢

(每日每行에六錢에相當홈)

其期限의長短과字行의多少를依ᄒᆞ야增減홈이有홈

◉大韓每日申報各處分社廣告

中署布屛門下 金相萬冊肆

洞口 便 朱翰榮冊肆

中署廣通橋入七十八統二戶 [illegible]

仁川[illegible] 東立

平壤南山峴日新學校 金浩淵

[illegible] 私塾 [illegible]

宣川邑[illegible] 安濬

義州南門外韓西大書房 張有寬

長湍邑 金[illegible]

[illegible]南道藥局 金仁[illegible]

公州南社 曹喜[illegible]

中和邑 李俊培

釜山佐川徐藥房 金濯俊

開城北部[illegible]

校副校長 [illegible]

大邱部 達城廣文社

鎭南[illegible] 安[illegible]

元山港倉[illegible] 金[illegible]

京城中署[illegible]

發行兼編輯人 英國人裵說

印刷人 [illegible]

大韓每日申報社

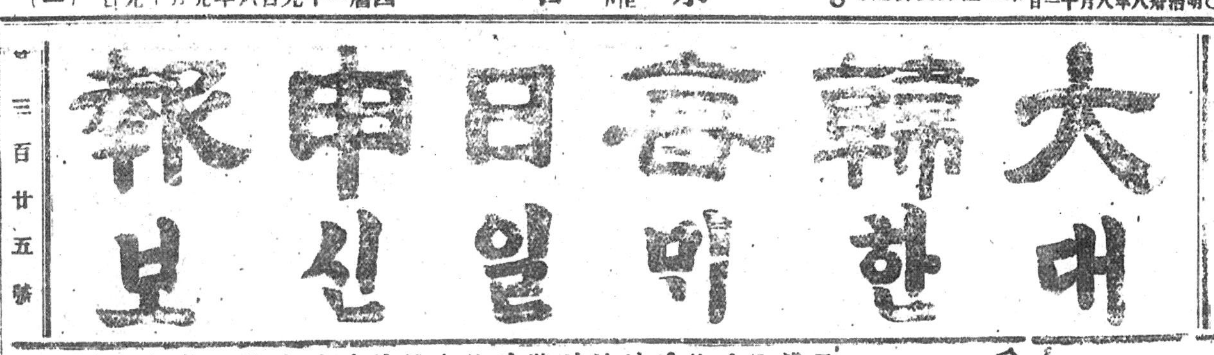

第四卷　第三百廿五號

月曜及慶節歲時日休刊

檀君開國四千二百三十九年
箕子元年三千二十八年
大韓開國五百十五年
日本明治三十九年
淸國光緒三十二年 光武十年
◉陰曆丙午八月大初二日丙寅

論說

日本移民

日人이韓人을虐待ᄒᆞᄂᆞᆫ恕容은遽今移來日民이盡是下等인고로管束ᄒᆞ기가甚難ᄒᆞᆷ이라稱之나然이나釀生弊害ᄒᆞᄂᆞᆫ事實이特有三焉ᄒᆞ니其一은日本武官이如彼不美移民을其能禁止여날寘而不問ᄒᆞᆫ거시요其二ᄂᆞᆫ此地日民을管束ᄒᆞ기에眞實盡力이未曾有ᄒᆞᆫ거시요其三은內地遊歷及住居者一旅劵을不持ᄒᆞ야約章權限을犯棄ᄒᆞᄂᆞᆫ거시며注意ᄒᆞᆷ이必要ᄒᆞᆫ第四念及處가亦有ᄒᆞ도다

日本이此를瞭解ᄒᆞᄂᆞᆫ디로早速히移民品質을改良ᄒᆞ기를希望이나然이나此希望의不能成就ᄒᆞᆯ거슬確信ᄒᆞᆯ理由가自有ᄒᆞ니日本에久居之人이近到韓國ᄒᆞ야此地情形을歷覽ᄒᆞ고확言ᄒᆞ되此處日人이非最下等民이오惟其普通臣民의中等이라ᄒᆞ니移民品質의交易을豈能望也리오本記者ㅣ此를疑訝ᄒᆞᆷ이已久러니近聞官人行事ᄒᆞᆫ則事實이自至表明ᄒᆞ야公衆의認悉ᄒᆞ던恕咎을可以破惑이로다

日本陸軍部의官人이交替ᄒᆞᆷ인지紀律이解弛ᄒᆞᆷ인지並可恨歎이어니와紀律이必是解弛ᄒᆞᆷ이로다日軍이當其開戰之初ᄒᆞ야始到韓國에ᄂᆞᆫ軍律이整肅ᄒᆞ야可作模範이라此乃日人의原性인줄一般韓人이迷信ᄒᆞ얏더니既復平和에軍紀가弛緩ᄒᆞ야軍人의行動이日本平民에甚近ᄒᆞᆷ을得見ᄒᆞ노도다

平壤外國人田園에서日兵一人이柿子를盜取ᄒᆞ다가發覺된지라因此呼訴ᄒᆞ야武官의訊問該兵ᄒᆞᆫ디其田園이屬於外人인줄을不知라고自告ᄒᆞᄂᆞᆫ지라官人이論責ᄒᆞ되韓人田野ᄂᆞᆫ無關이되外人所有地에ᄂᆞᆫ愼勿貽惱ᄒᆞ지어다云이라日本武官의行事가如彼表示ᄒᆞ니由是로吾人은日本人의不在於禁制之內를不足驚異ᄒᆞᆯ리로다

韓人의改良ᄒᆞᆯ機會를供給ᄒᆞ기에盡力ᄒᆞᆫ다建言ᄒᆞ더니近聞自南消息컨디有一事實이라本記者ㅣ確證ᄒᆞ노니一韓人이止於日人商店ᄒᆞ야問雨傘價額이러니過多ᄒᆞᆫ지라不能買收之意로言及ᄒᆞᆫ디日商이該人의着冠을打碎ᄒᆞ고期必買收ᄒᆞ기를命令ᄒᆞᄂᆞᆫ지라此事實을日本官憲의게呼訴ᄒᆞ야請其公決ᄒᆞᆫ디其裁斷이如此로다

韓人이日人商品의價額을請問ᄒᆞ고其價이太多타言及ᄒᆞ야日本商業에加害ᄒᆞᆷ이니韓人은必買其雨傘ᄒᆞ라ᄒᆞᆷ으로以此結局ᄒᆞ얏스니破笠을修改ᄒᆞᄂᆞᆫ價額이添入ᄒᆞ얏도다

韓日人間의爭端을欲決ᄒᆞ야使如此官人으로住於地方ᄒᆞᆷ을試思ᄒᆞᆯ지어다此人이日本商民의게ᄂᆞᆫ不願裁斷을一不敢與ᄒᆞ얏도다以此餘般事實로觀之컨디今者日本의待遇韓國이締約及實踐으로同盟된國民間待遇ᄂᆞᆫ一無可言이오西歐列强이雖藤服ᄒᆞᆫ國民을對顧ᄒᆞᆷ보다猶加刻薄ᄒᆞᆷ을著示ᄒᆞᄂᆞᆫ도다

官報

◉三千五百六十一號　光武十年九月十八日

◉宮廷錄事

宮內府特進官申箕善辭職疏
批旨省疏具悉遞職事何必爲引卿其勿辭行公

判敎事司事李正魯辭職疏
批旨省疏具悉所請依施

平理院裁判長李允用辭職疏
批旨省疏具悉卿其勿辭調理行公

奉常司提調李晩運辭職疏
批旨省疏干悉所請依施

以上九月十五日

◉辭令

○命臨時署理平理院裁判長事務　法部協辦金奎熙

九月十五日

◉部令

學部令第二十號

師範學校令施行規則

第六條 師範學校의各학科目을敎授ᄒᆞᄂᆞᆫ要旨ᄂᆞᆫ左와如ᄒᆞᆷ이라

一 修身 躬行實踐ᄒᆞᆷ으로宗旨를合ᄒᆞ고言論만虛尙ᄒᆞᄂᆞᆫ偏習ᄒᆞᆷ이無케ᄒᆞᆷ이라

二 敎育 普通한敎育ᄒᆞᄂᆞᆫ趣旨와方法을解得케ᄒᆞ야敎育者된만ᄒᆞᆫ精神을養成ᄒᆞᆷ으로써宗旨를合ᄒᆞ고言論만虛尙ᄒᆞ야高遠ᄒᆞᆫ데馳騖ᄒᆞᄂᆞᆫ弊端이無케ᄒᆞᆷ이라 實地授業에就ᄒᆞ야ᄂᆞᆫ附屬普通學校에서次第로師範학員으로ᄒᆞ야금학徒를敎授케ᄒᆞ고교員은其授業ᄒᆞᆷ을監督ᄒᆞ야臧否를批評ᄒᆞ고또時時로躬自敎授ᄒᆞ야模範을示ᄒᆞᆷ이라

三 國語 講독은發音及句讀ᄒᆞᄂᆞᆫ것을注意ᄒᆞ야講독ᄒᆞᆯ時에독者及聽者로ᄒᆞ야금文勢와文義를解得케ᄒᆞᆷ을務ᄒᆞ고作文은簡明誠實ᄒᆞᆷ으로爲主ᄒᆞ고問題ᄂᆞᆫ普博히各學科에서敎授ᄒᆞᆫ事項과日常必要ᄒᆞᆫ事項에就ᄒᆞ야實用ᄒᆞᆯ기의適當ᄒᆞᆫ者를選ᄒᆞᆷ이라 習字ᄂᆞᆫ字樣이端正ᄒᆞ고運筆에澁滯가無ᄒᆞᆷ이로爲主ᄒᆞ되爲先小字를謄寫ᄒᆞᆷ과漆板에寫字ᄒᆞᆷ을熟習케ᄒᆞᆷ이라

四 漢文 音與義를明白히ᄒᆞ고句두ᄒᆞᆷ을注意하야句義와章義를分明케ᄒᆞ고旒하야文理脈絡을解釋케ᄒᆞᆷ이라 (未完)

外報

◉少婦高義 美國버진니아도에居ᄒᆞᄂᆞᆫ크루트란ᄒᆞᆫ女子가紐約에서親故와消風ᄒᆞ다가上에서眞珠로멘든念주를拾得ᄒᆞ얏ᄂᆞᆫ디其眞주ᄂᆞᆫ龍海市郞모이런氏의女子가失ᄒᆞᆫ거시오價値ᄂᆞᆫ二萬五千元의物品이라該某ᄂᆞᆫ지拾來ᄒᆞ면賞金五千元을賜予ᄒᆞ마ᄒᆞ얏다니크루트女子가其眞주를送致ᄒᆞ고賞給은固辭不受ᄒᆞ얏다더라

◉威海問題 前日에英國議院에서威海問題로英淸近日情形으로威海를何以處置며交還否國의可否를集議ᄒᆞ시某議員이曰旅順이今雖不屬俄人管理나日本이亦不交還ᄒᆞ니威海를仍須駐守ᄒᆞ야視旅順何時歸還淸國ᄒᆞ야方可將威海交還이라ᄒᆞ얏다더라

◉美日의競爭商務 前警日에運到ᄒᆞᆫ美國綿花布疋貨物이甚多ᄒᆞ더니近來日本의運到ᄒᆞᆫ綿花布疋이尤爲夥多ᄒᆞ야與美國競爭ᄒᆞ니美國布ᄂᆞᆫ每疋七元이減ᄒᆞ야五元에至ᄒᆞ고日本布ᄂᆞᆫ每疋에減ᄒᆞ야四元에至ᄒᆞ얏다더라

◉娼賭誘人之文明國 警日來에娼樓를據ᄒᆞᆫ則日本娼寮가林立ᄒᆞ야皆濃粧艶抹로倚門賣笑ᄒᆞ야引誘行人ᄒᆞ니被유者時至ᄒᆞ면搜傾囊橐ᄒᆞ이盡傾之資ᄒᆞ고又沿路에擺設賭局ᄒᆞ니或錘表와或新樣완器로引人入局ᄒᆞ야動手便輸云이라더라

雜報

●聖殿役日兵葬 江界郡聖殿後麓一百二十步地에日本守備隊에셔兵丁屍身을埋葬홈으로該郡守가審査次前往之際에陸軍步兵軍曹黑石利良을又爲埋葬하얏기로지라一葬二葬을猶不禁이면莫重之地가將至熟田乃已라ᄒᆞ얏다더라

●一進會分裂兆候 一進會는近今其領袖間에宋秉畯派와非宋秉畯一派가生하야其間交情에不協之端이有훈者로其分裂이有훈가疑하더니近日宋秉畯의게對하야追遠的으로授助코져하는會長李容九一派와從來宋秉畯의權勢利用을慨然하야안는尹始炳의一派는昨今에至하야又爲不快훈事가有훈다더라

●法部恩赦 日前 萬壽聖節에赦典을特降하신바는已揭어니와昨日法部에셔其赦典에對하야二十八裁判所로一體訓令하기를罪囚中强盜殺人犯竊盜犯奸犯同僞造印情理切害者六犯及公逋罪人外에는勿論已決未決하고精白審理하야呈修送하라하얏다더라

●警察任命 警務廳에셔言敎詐欺의警部로하기前에지姑爲默許하되今午十二時後에는其賭技師絶하야侵擾家人民으로不得待罪케하는事를一切嚴禁하기로決定하얏다더라

●非劉眠命 警務廳警察官權奉洙氏가敎育上에有意하야辭歸去훈事는已揭어니와其代에는前總巡金鎭明氏나主事劉世忠兩氏중으로敍任훈다더라

●日人行凶 恩津郡花枝山面論山에居留하는日人立石種松等二名이渠家에셔有所失物이든지常常往하는姓不知百祿兒를致疑하야乘其來訪而縛其手足에係坐於柱下하고惟意亂打에動棒賊招言이該兒不耐酷刑하여與其同遊兒金奉已로同謀竊去라하더라該百祿兒를亦爲捉置을示하라杖問허나初無竊取之物에焉有藏置之處乎아金兒는埋怨於百祿兒之誣指하고百祿兒는苦苦辨明허다가畢竟百祿이는當下致命하고金奉已는方在先生未死중인대該郡에셔該日人等을捉執하고如何檢驗後正犯日人立石種松等二名을江鏡浦駐在日本巡査가押去하얏다하니應彼日人을將何以處刑일지文明國法律에必無枉法이라하더라

●園藝場비價 하部에셔蠶島에設置훈農事試驗場은農部所管으로園藝模範場에된事案은衆所共知어니와該場의犯入民土의價額을無一分비給이더니始於日昨에農部農務局長徐丙肅氏가統監府와交涉하야該地段價每坪二十三錢式三千圓을비給하기로妥商하얏는데該地段數를調査하기爲하야農務局長徐丙肅氏가今日에測量하徒를領率하고該地로出往하얏다더라

●警訓各署 警務廳에셔警務行政事項에對하야各其意見이로會同協議훈後에各署로行訓하얏는되其要旨는道路修治事와路邊溝渠復蓋事와路邊墻隅에屎尿放棄를嚴禁實行훈事項이라하더라

●郵局亦損害 本報가內外國購覽員의게每當停滯之歎이有홈기로屢已揭載警告어니와至于今日까지乘報之責이無日不至홈은此國內地方에停滯되는거슨非但責在郵便局이라就地方郵長의不卽傳致홈으로由거니와至若外國所傳者도亦停滯홈니此는郵便局의過失이라若其滯遲로由하야購覽을停止者多홈면不獨本社가被其損害라郵便所에도亦有損害홀거슬何不惕念하눈지殊甚訝惑이라申此提告하니郵傳諸人은傳致를希望ᄒᆞ노라

●會務民土 一進會가自體保護民社는方針이라하며니不安北道義州郡居韓承愈의泥土三十餘日耕이在於本郡鴨綠江邊古城而荏島上境矣러니去戊子洪水에沒入於沙江落하야近十年을未爲起耕이다가至於丁酉夏에闊闢泥生하야逐年植柳着竹故로漸爲起耕者到今十六日耕을自本郡으로每年災實執稅하야上納于內藏院이러니一進會가泥生地六日耕을爲限하고日爲秋收之意로猝起指摘하니自古民有之土泥가若當遼灘의或災則減稅하고或生則增稅가不革之規어날一進會가何關於民有私土하야藉其人衆하고欲奪民産이是可曰安民之策乎아非但此等威脅이라廳庶民有地와森林과礦所와公土捧稅民訟等節에無不干涉하니官不能爲官이오民不得爲民이라一境人心이嗷嗷藉甚이라더라

●留學照府 日本留學生金河龍氏等五인을日本陸軍에委托授業一事로軍部에셔學部照會를因하야政府에照會하야統監府에使之行文矣러니統監府에셔答函內槪에但以學生徒인의末穎으로는應낙이有難云云이라軍部에셔復議하야證明을務邊하기爲하야以軍部派遣候으로委派하얏더니統監府에셔又爲答復하기를貴國留學生金河龍等五인에關하야敎育을獎勵陸軍省에委托一事도亦有不便이인바適當훈人材를選定하야留학케하라하고貴國에는貴國陸軍省에更有交涉之道나但金河龍外四名에關하야는交涉이有難이라하얏다더라

●警官不法 釜港信據意 布草染居沈基浩는大韓協同郵船會社釜山支店事務員으로在來之際에或遊於警署下妓生月仙家러니適其時隣居老妓가該家挾房에셔鴉片烟을吸하는지라巡檢朴明玉이確知此妓之吸烟이나老且貧居故로不卽執捉이다가適見沈基浩之出入하고忽生欲慾하야誣以吸烟者하고捕縛沈與老妓하야捉致廳囚하고與總巡梁奐煥으로私相通情하야歸之實罪하야納日貨二百元後乃可放送云云하니沈氏不得已脫身之計로會社船價所捧錢中으로挪給出來後使本社事務員으로審辦於梁總巡하야該款을已爲還推이고又況向來該港商民徐金兩人處에도無據之事로捕捉杖囚하고日貨一百二十元을勒討放送矣러니今又如是하니所謂警官이似此不法行爲가非一非再라고民言이藉藉하더라

●俸給規則 內部에셔地方官俸給을一例改定하얏는데觀察使의俸額은三等의俸給은一二級으로하고郡守와各署官은二三四等의俸給은四五六七級으로하고主事는至有十級인데곳頒布施行훈다더라

●歸藤成消息 前大臣李容泰氏가現在海에威하야前主事金興永氏와幷하야學校를設立하고韓인敎育에熱心하는데該港俄인稅關에셔溫城에는牛一隻에稅錢四十圓인一名七兩式勤捧하는지라李氏가俄官과交涉하야稅錢을一倂勿施하얏다더라

●隱結調査 大丘觀察署理朴重陽氏가本郡隱結十餘萬金을査出하야財政顧問에게報告하고本郡守以下官屬의月給은勿施하고다하고四十一郡隱結을嚴調査하다하얏다더라

●稅務官新設 度支部에셔稅務官과主事를新設훈다는說은已有揭報허얏거니와稅務官은二十六인主事는一百四十二인인데本年十月一日부터實施次로政府에請議가되얏다는티月俸은一級官吏평으로辦鍊훈다더라

●兩件頒布 內部에셔請議훈地方制度調査案件과度支部에셔諮議훈稅務官新設案件을今日御前會議를一經훈後에卽行頒布홀터인데某某大臣이時宜가合者를雖欲若干改定이나統監府에셔固執不變하는故로中止施行홀터인데後獘에大有所關홀이라더라

●飮料會社請願 吳榮根氏等이飮料會社를設施하고韓美電氣會社에셔敷設훈漢城自來水가實施하기前에는甘水로從民願하야城內各戶에飮料水를供給收稅하깃다고農部에請願하얏다더라

●港務移內 政府에셔旬管轄하얏든港口事務를外部로移付훈故로外交事項은外部에셔統轄하고府와直爲行文훈다더라

●孝哉朴童 寧海郡南面驛坪居하는朴章述의年今十歲인되早失其母하고父子同居러니其父朴燦이義兵投入者로鎭衛隊에被捉훈지라朴童이泣隨之하며以子로代父之罪하다하고乞飯養父케其誠이可謂出天之孝라鎭衛隊의셔贖罪放免허얏더니洞里面里가褒揚故로該郡守가내部로公報하여表旌홈을청하얏다더라

●農會設起 農務局長徐丙肅學部委員玄采氏等과農商에届聘훈日本人等이發起하여大韓農事會를組織허여章程을編成하는티統監府를一經훈後에卽爲成立홀터이라하며日本農業家훈衛者로顧問官을청聘훈다더라

寄書

讀大洪水論說　岳下散人

貴報ᄂᆞᆫ東洋世界에一箇獨立新聞이라公直正大之義와强毅激烈之氣와丁寧反覆之詞가喚醒我二千萬衆之夢ᄒᆞ며伸泄我二千萬衆之寃狀ᄒᆞ니其功德之普及者ᄂᆞᆫ何可勝言이리오不惟是也라貴社諸君子의忠厚親愛之至意가尤令人感泣者ᄂᆞᆫ向者桑港震災之變에我同胞之在天涯絶域ᄒᆞ야罹其慘禍ᄒᆞ되無處控訴ᄒᆞ거ᄂᆞᆯ貴社가首先提議ᄒᆞ야募集義捐ᄒᆞ야救我同胞之患難ᄒᆞ며發表我國民이亦有愛其同族之思想ᄒᆞ니此非仁者之事耶아

嗚呼라是天不吊ᄒᆞ야荐降之禍라今又湖中全境에有大洪水之災ᄒᆞ니家屋之漂流者가萬餘戶오人民之死亡者가不知幾千이니此其慘災가尤浮於桑港震災之變이어ᄂᆞᆯ自政府及社會가皆恬然看過ᄒᆞ야未聞有如何救助之議ᄒᆞ니是果有人心人道者耶아接讀貴報論說欄內에對此水之災ᄒᆞ야吊我人民의無告悲過之狀ᄒᆞ며言我國內에無自外救助之策ᄒᆞ니瞻噫痛矣라彼政府上可憐人生은乞責朝夕之命於外人手ᄒᆞᄂᆞᆫ者니固無暇念及於恤民之政者오所謂一進會主義ᄂᆞᆫ依外人爲上典ᄒᆞ고視同族如仇怨ᄒᆞ야雖其父兄子姪이被外人之虜去歐打ᄒᆞ야도亦必拱手致謝者니何有於同族之遭難乎아是固無足責焉이어니와其他一般社會에稍有國民思想云者도對此災報ᄒᆞ야亦寂然無一言ᄒᆞ니可勝寒心哉아當今之日ᄒᆞ야大韓世界에若無貴報之今字ᄒᆞ면天理滅矣오人道熄矣라惟願一般社會ᄂᆞᆫ接卒貴報ᄒᆞ야萌其親愛之念ᄒᆞ야爲此同胞而講行救助之方針을十萬幸禱라ᄒᆞ얏더라

雜報

●留學生請願　在日本東京留學生監督韓致愈氏가旣往에官私費留學生의게對ᄒᆞ야義務가踈忽ᄒᆞ다ᄒᆞ얏슴은學生이其目的ᄒᆞᆫ學校에入學ᄒᆞ기를監督의게請願ᄒᆞ면監督은隨其ᄒᆞ야學校에照會ᄒᆞ나間或入學許可를不給ᄒᆞᄂᆞᆫ학校가有ᄒᆞᆫ故로學生等에多少不平之說로新聞에記載ᄒᆞ얏스나追後에聽ᄒᆞᆫ즉學生의게義務가毫無不平而每時不勤ᄒᆞᆷ을知ᄒᆞ고此監督還任ᄒᆞ기를學部에請願ᄒᆞ얏다더라

●恩賜校舍　姜鎰李春世兩氏가衛生教育上에熱心ᄒᆞ야不辭勞苦ᄒᆞ고自捐財政ᄒᆞ야同濟學校를創設ᄒᆞ고多數學徒를誠勸教授ᄒᆞᆷ은前報에已揭ᄒᆞ얏거니와校舍狹隘에窄接이더니皇上陛下ᄭᅴ옵셔洞燭ᄒᆞ시고嘉尙ᄒᆞ샤內帑錢을特下ᄒᆞ옵시고去太際日業을進就ᄒᆞ야國步를發達ᄒᆞᆯ目的으로연說勸勉ᄒᆞ얏다더라

●丁神父의教育　藥峴居林炳書金明煥氏等이發起ᄒᆞ야學校를設立ᄒᆞᄂᆞᆫ데天主教師丁神父가樂教堂外에十餘間家屋을認許ᄒᆞ야一新修理ᄒᆞ고一般經用을亦爲擔任ᄒᆞ야漢文書學과日語役算課로一般학員을教授ᄒᆞᄂᆞᆫ데教師ᄂᆞᆫ崔基洪氏로雇聘ᄒᆞ얏스니韓國人士가同神父의教育盛心을稱頌不已ᄒᆞᆫ다더라

●龍民請願　龍川郡民人文志彦等이內部에呈訴ᄒᆞ되本郡이處在孔路ᄒᆞ야紛擾以後에邑勢民情이滿目愁惨이온中本郡守鄭康謨氏가在任數朔에仁慈愛民과廉明行政이不可一一枚陳而概論其實蹟ᄒᆞ온즉公錢爲從虛留而先刷ᄒᆞ니民瘼이向蘇ᄒᆞ고詞訟爲질兩造而判決ᄒᆞ니奇冤者ㅣ必伸ᄒᆞ고奸猾之稱邑廬留充補이와戶三兩八錢式排捧者를一切革罷ᄒᆞ니萬부가賴安ᄒᆞ고外人兵站에費心刀而交涉ᄒᆞ니一境이安堵ᄒᆞ더라退限居民이今沒開明이라憂悶不已ᄒᆞ야設立學校에薄貶令五千金을捐助教育케ᄒᆞ며若有民家之火災則亦爲捐廩救恤ᄒᆞ야使其民結搆奠接케ᄒᆞ오니愛民之道가至矣盡矣이옵고自龍岩港設置以禊之弊를嚴禁ᄒᆞ고敎類之유引子弟ᄒᆞ야結局贓財之習과各洞錢財ᄒᆞ야少無宿殘之弊ᄒᆞ며日侍下濁子가弁人於挾雜謀圈ᄒᆞ야虛成標記에僞稱他國人買太留米價幾千萬兩ᄒᆞ고與外人施威ᄒᆞ야欲徵其父兄者를箇箇嚴明行査에錬熟交涉ᄒᆞ야以免被侵之端ᄒᆞ니我俠來慕之孫로萬口頌聲이洋溢一境에街街木碑이옵더니何許奸譎悖類이날造無根說話ᄒᆞ야呈內部通牒于鐵山郡守에秘探相守政治할樣으로各新聞에揭이다郡民等이憤不自勝ᄒᆞ야來訴內部인바指令曰不必노노라ᄒᆞ여스나韓民等處無남ᄒᆞᆫ有識을底査探ᄒᆞᆫ다더라

●犯民士　高城郡東面來茂津에設置ᄒᆞᆫ日本皇室領地에燈臺를建築次로開拓基地ᄒᆞᄂᆞᆫ데該處田畓에多數犯入ᄒᆞ야民怨이嗷嗷ᄒᆞ다더라

◉學員募集廣告（第一回）

玆에普成中學校를新設ᄒᆞ고高等普通學術로一般國民을教育코져ᄒᆞ오니將來에實業及實務에從事ᄒᆞ고又ᄂᆞᆫ各種專門學校에入學코져ᄒᆞᄂᆞᆫ青年有意諸君은早早來學ᄒᆞ오셔中等以上普通知識을全備하심을爲望하옵

本校의完全ᄒᆞᆫ教授準備와眞正ᄒᆞᆫ教育制度를左에列擧ᄒᆞᆷ

一　一般教科書ᄂᆞᆫ擴히本校에셔新編準備ᄒᆞᆷ

二　本校의第一主旨ᄂᆞᆫ修身科、作文科、漢文科니倫理學教科書ᄂᆞᆫ新撰ᄒᆞ야道德心을培養ᄒᆞ고、作文教科書를新撰ᄒᆞ야文章을規矩로教授ᄒᆞ고漢文教科書를新撰ᄒᆞ야讀書를應用活法으로教授ᄒᆞᆷ

三　理化學及博物學은機械及藥品으로實地試驗을行ᄒᆞ야教授ᄒᆞᆷ

四　唱歌ᄂᆞᆫ軍樂音調로新製教習ᄒᆞᆷ

五　體操及運動은各外國運動式用機具로日常教鍊ᄒᆞᆷ

六　教師ᄂᆞᆫ新舊學問에專能ᄒᆞᆫ諸大方家를延聘ᄒᆞᆷ

◉學科目（科目中課程은略之）

修身學、國語、漢文、作文、歷史、地誌、物理及化學、博物學、地文學、法學、數學、圖畫、唱歌、體操、外國語、農業學、商業學、簿記學、

◉修業期限

四個年

◉入學年齡

自十九歲以上至二十五歲以下

◉入學試驗科目

國漢文讀書及作文、內外國歷史及地誌問對、算術四則以內

◉入學試驗日字

九月十五日（陰七月二十七日）

◉開學日字

九月十六日

（入學請願書及保證書ᄂᆞᆫ本校用紙를用ᄒᆞᆷ）

光武十年八月十六日

漢城中署磚洞　私立普成中學校

廣告

東國歷史　普通教科國漢文一秩二册定價新貨	一圓十戔
法蘭西新史	四十錢
淸國戊戌政變記一秩	一圓
政治汎論　一秩二册	一元廿錢
越南亡國史　一册	三十錢
法國革新戰史一册	三十錢
大韓輿地圖一張	十七錢五里
世界全圖一張	三十七錢五里
大韓地誌一秩	七十五錢
牧民心書一秩	一圓二十五錢
萬國地誌一秩	一圓
尺牘完編一秩	一圓五十錢
農政新編一册	五十錢
法學通論一册	一圓
温故知新堂叢抄	七錢五里
父師必독小學指남	七錢五里
人工養蚕一册	十五錢
政治학新論	一册四十八錢
家庭雜誌一	十錢
進明彙論一秩	三十五錢
交際新禮一秩	十八錢

發賣所　布屛門下金相萬冊舖　大韓每日申報社

花春丹은　霍亂　吐瀉　腹痛　滯症　暑症　정忡　神眩　脅鬱　痰盛　醒酒船暈　咳嗽　痢질　口味업ᄂᆞᆫ諸症의神效ᄒᆞᆫ藥이오　此外에도洋灰水解毒藥　痁창　疳氣　蛔虫　寸虫　赤白면風　藥과東西洋藥이俱備하고他病도隨問出方하오니　僉位ᄂᆞᆫ枉議하시옵

皇城校洞石井洞下隅　石泉堂藥局　告白

一　鷹標罐濃結牛乳

一　金印罐詰濃結牛乳

一　無雙家用氣化乳酪

一　썬ㅣ든쓰製造麥芽化合牛乳

以上은常時에貯積ᄒᆞ얏삽

美國紐育港쎤ㅣ든쓰濃結牛乳會社

一手代理店

大韓仁川港　世昌洋行

◉九轉靈砂라　某人이妙ᄀᆞ　□□製ᄒᆞ야□□ᄒᆞᆫ靈丹인ᄃᆡ男女老少에無論何症ᄒᆞ고服ᄒᆞ오며無病時에도服ᄒᆞ면平生의身體가健康ᄒᆞ며小兒ᄂᆞᆫ四□□□□□□上□□케無病ᄒᆞ에□□保ᄒᆞ오며

◉九轉□砂萬□丹은□□　□症과中風□□□　耳目諸病과□□症에神効ᄒᆞ오

◉九轉□砂保命丹은初生小兒　驚風　□□　□□　□□□

◉九轉□砂□衆丹은酒滯　食滯　□□　吐□　□□　□□　□□과婦人帶下症에神効ᄒᆞ며吐血　下血　運氣　時疾　痘症에神効ᄒᆞ오

◉九轉靈砂紫金丹은痔漏　□□　上痔瘡　下痔瘡及唐瘡과諸般瘡癤諸種에無不神効ᄒᆞ오니　僉君子ᄂᆞᆫ來購ᄒᆞ시오

內需司前독갑이골上隅第一家　李鶴廷　告白

◎本社廣告

申報價

一張代金	新貨二錢五里
一箇月前納	三十錢
三箇月	九十戔
六箇月	一元七十戔
一箇年	元四十戔

郵稅一部　新貨五里

一箇月　十三戔

廣告料

四号活字十三字詰

每日每英尺一寸에新貨廿五錢

（每日每行에六錢에相當홈

其期限의長短과字行의多少를依ᄒᆞ야增減홈이有홈

◉大韓每日申報各處支計廣告

中署布屛門下　金相萬冊肆	
洞口□便　朱翰榮冊肆	
中署農圃初入七十八統第二戶	□承□
仁川租峴開新冊肆	李東古
平壤南山峴日新學校	金浩淵
	崔觀恒
宣川邑□西	安濬
義州南門外韓西大藥房	張有寬
長連邑	金龜
鎭南浦□□	金仁집
□興州南社	曹喜休
中和邑	李俊培
釜山佐川徐藥房	金灌俊
開城北部梨井里鮮□居	培□ᄒᆞᆷ
校洞校長	姜助遠
大丘郡	廣文社
鎭山邑內	安□
元山港倉前	金乃範

發行兼編輯人　英國人裵說

發行所

京城中署壽進坊礴洞号外地法語學校前

大韓每日申報社

第四卷

大韓每日申報
대한매일신보

第三百廿六號

月曜及祭事歲時日休刊

檀君開國四千二百三十九年
箕子元年三千二十八年
大韓開國五百十五年
日本明治三十九年
清國光緒三十二年
◉陰曆丙午八月大初三日丁卯

別報

敎育論

支那某報를據호즉敎育論이如左하니

三十年前에日本一隅에僻陋國之島를可掬이오亦未及於得廁列强也러니乃一躍而超入頭等之國은蓋以日人에亟亟敎育호야使人民으로普受同等之文化故로得儼然與泰西諸名邦으로相埒호니

由此로知中國이誠注重敎育호야使人民으로悉進文明이면則其富强을當亦可翹足而待니中國이旣致富强이면浩浩大陸이無所不備호야必無須借手于別國이나然이나중國此時에尙未能自行敎育이오子弟가遊學外洋호야輸入文化는無可疑者로되所措者는誤于挹注濁源이로다邇來南滿戰爭에日本이稍獲進步호야爲全球各國所注目호니於是中國이遂崇拜之호야幾如神聖不可侵犯이라凡日本之政治호術을一切不問호고惟以爲至善至美而取法焉호니似乎取法日本이면卽可轉弱爲强이나不知日本이亦自학於泰西라且其受학이期猶短促호야尙未至高等程度호고但得泰西敎育之雛形이니欲頡頏母國인뒤須加幾年期限이오且중國遊호야이受日本敎育이면彼專用籠絡手段이라彼蓋欲在遠東호야作主人翁일시思佔取중國之政治일뒤必先攬中國之敎育權이라故로彼之施敎가一切不關호고但使與日人親密이오尤險者는利用各種學說호야使國內로自相衝突케호며或仇視外洋케호야彼乃坐收漁人之利니故로日本은非淸源之敎育이오悉彼之自爲計니究其結果가遂至中國學生이悉不自知其爲日人所用이라是는在日本遊學이乃日人之利오於중國에毫無裨益이라僞哉라중國學生이여近竟에日本權術이所以招來중國學生호야赴日留學之故를自悟호고至有飄然渡太平洋호야赴歐美留學者라然이나浸淫人心이害已不淺호니六州鑄錯이無如此大錯矣라

本館은謂호되棄日本而就泰西는此不易之理라泰西之學은不與政治로相참越호고所在寰西文明之國이皆胚胎於此호니중國少年이至彼면定히美滿호敎育을獲得호야祖國을爲호야無窮호利益을求홀지니故로速往泰西就학이면其成就가亦愈速이오其得列文明之國이亦愈速이어니와若日本之敎育은乃文明學界中一小小之模型이니何敎育之足稱이리오호얏더라

官報

號外 光武十年九月十八日

◎宮廷錄事

陰八月初五日再被擇吉時丙時 九月十八日

◎敍任及辭令

(官報)三千五百六十二號 光武十年九月十九日

○命慶興赤池御射臺五處碑閣直員 李允燮 九月十四日○命劍敎衛司事 宮內府特進官李寅儀○命奉常司提調 從二品徐相夏○京畿觀察府主事李孝宰 內部主事李□ 依願免本官○任京畿觀察府主事成周奭○任內部主事 忠淸北道觀察府主事海錫○命停職鎭衛步兵第三大隊附副尉千應璧 以上九月十五日

◉部令

學部令第二十號

師範學校令施行細則 續

五日語 讀音과意義를注意호야會話에精熟호고正當호國語로써解釋케호며또時時로翻譯과作文을習케홈이라

六歷史 事實의關係된것을注意호고文化의由來호바를知케홈을務홈이라

七地理 人生에適當호事項을知케홈을爲호고外國地理를敎授호라면本邦과重要關係가有호諸外國의地理를尤極詳明케호고其他地理는簡略히호고地文은本邦事實을由호야敎授홈이라

八數學 筭術은精密히敎授호야運算의理由를詳解케호며兼호야心筭及速筭法을熟習케호고代數及幾何는其初階를敎授홈이라

九物理化學 實驗에基因호야正確호知識을학得케호고淺近호現象을解得호는智力을養호야日常生活과生業上에應用호기適當케홈을注意홈이라

十博物 實物及標本等에就호야確實호知識을학得케호고又動物과植物의互相關係와及人生에對호는關係를詳察호야日常生活과生業上에資用호기適當케홈을注意홈이라

十一圖畫 位置形狀濃淡等에適宜홈을得케홈으로爲主호고或自家의意匠으로써畵케호고또便宜로彩色호는法을敎授호며漆板畫法을練習케홈이라

十二音樂 歌詞樂譜中에高雅純正호야敎育上에裨益이有호것으로써練習케호고兼호야音樂의名稱과記號의要略과歌사의意義를知得케홈이라

十三體操 規律嚴正호며姿勢整齊호고意氣充實호고運動活潑케홈을務호고兼호야意思를敏速케호고또精密히實行홈을得케홈이라 未完

外報

●清國新內閣 北京電을據호則清國官制改革을實行호後慶親王은總理大臣이오瞿鴻禨鐵良은副總理大臣을被任호며袁世凱는內閣大臣으로北洋大臣을兼하고直隸省政務는溫仁으로代理케호터이라더라

●宦官廢止의議 同電을據호則澤公上奏중에宦官廢止의議가有호다더라

●官制의調查 同電을據호則官制調查局을新設호고楊士琦孫寶琦로委員長을任호고新知識이有호官員十二名으로委員을任호야官制를調查호는디各省官制는財政司法巡警提學軍政民政農商工匠稅務鹽務의十同을設置호더라더라

●革命運動 伯林電을據호則波蘭의革命運動이愈激愈烈호야官兵과數次戰鬪호얏는디兩軍의損害가多大호다더라

●派人暗殺 支那某報의所論을據호則日人이對淸政策호야其上流社會와中流社會와下流社會를無論호고日人이隨其性質호야派送人員에暗爲誘惑호나니一或不愼이면墮其術중이라호얏더라

雜報

●另飭各郡 軍部에서內部로照會하기를各地方에匪徒與賊黨의틈時作梗이無處無之하야各該鎭隊巡哨兵이隨其所獲而裁判所或該郡에押付하야使之審辦케하ᄂᆞᆫ데近自安東隊로有匪類之捕獲하야押付該郡則該郡守가謂以郡非裁判所라하고拒以不納하니若如是而不相爭則事多致誤니另飭各該郡하야無或是獘케하라하얏다더라

●地段圖本의存당 政府에서平壤監理의報告를因하야內部로照會하기를平壤外城軍用地段의尺量圖本을事宜繕出三件하야一件은所管部에寘하고一件은統監府로送交하고一件은民人處에給付하야使之日後準據이날該測量技手가縱於日字之遲延하야未能啚出하얏더니吏에繕出三件하야俾各存당케하라하얏다더라

●驛屯稅問題 韓國帝室에서收入하든驛屯土의稅를今回에目稻田顧問이中央에移하야國庫에收入코져하야交涉이되얏ᄂᆞᆫ데經理院卿李根澔氏가極力反對홈으로尙今決定치못하얏다더라

●建築費支撥 農商工部에서工業傳習所를洛山下에設置홀ᄉᆞᄂᆞᆫ事ᄂᆞᆫ已揭하얏거니와該工業傳習所建築費支出에對하야昨日農商工部에서度支部로照會하기를該基址內民有家屋與田園을買占홀지라請撥費用은待立算하야隨用請撥이러니와基址價ᄂᆞᆫ勢將刻無分給이니爲先六千八百四十二圜二十錢을支撥하야俾便分給케하라하얏다하더라

●永民冤事 南來人의傳說을聞홀則時長興郡守李章鎔氏가前에永川郡時에其爲政이專事貪虐홀야公私贓錢이至爲十四餘萬金之多라被奪人民이方今賀判還推次多數上來홀야다ᄒᆞ니永民之冤鬱은已可想也어니와如此病民之官을倘若字牧之任은政府黜陟之政이不明홈이라더라

●兩士將就 중央圖書館의設立을經營ᄒᆞ든吳翰泳成丙鎬兩氏가학業을擴充ᄒᆞ야適大ᄒᆞᆫ材器를成就코ᄌᆞᄒᆞ야外國에遊학次로日間發程ᄒᆞᆫ다ᄒᆞ니吾儕ᄂᆞᆫ同兩氏를爲ᄒᆞ야一言으로奉勉ᄒᆞ노니某國有志者詩에男兒有志出鄕關하야學若不成ᄒᆞ면不還이라ᄒᆞ얏ᄉᆞ니出洋ᄒᆞᆫ學生들은此箇意想으로써自誓必就ᄒᆞᆯ지어다

●統照農部 統監府에서農商工部로公函하기를貴政府에서委托ᄒᆞᆫ棉花栽培所及綿工場을設置於木浦稅關敷地內故로別紙圖本을以呈하니自貴部로該稅務司에交涉借用하라하얏더라

●仍留是諭 在日本東京留學生의請願ᄒᆞᆫ는昨報에已揭어니와其事由를更聞ᄒᆞᆫ則監督韓致愈氏가近日에至ᄒᆞ야ᄂᆞᆫ학生을對ᄒᆞ야不平不勤ᄒᆞ事도無ᄒᆞᆫ뿐더러近日학部에서韓監督을遞하고日人으로後任ᄒᆞᆫ다하니만인韓監督이解任하고日人이後任을承하면官私費諸학生이太半歸國하기로決議가有하다더라

●副校長之故 普成實文학校校長金重煥氏가該校학徒를一朝解散케홈은權鳳洙氏가副校長을任ᄒᆞᆫ緣故니此等교育上에도權利競爭이若是葛藤하야중途廢止를敢行하니前日所謂교育熱心이라籍稱하든것도實로釣名要利心에出ᄒᆞᆫ거시니何能有始有終이리오此境遇하야도平日習慣은萬難變改인즉韓國前途ᄂᆞᆫ實可哀痛이라하노라

●靑伴初政 忠南來人에傳說을聞ᄒᆞᆫ즉靑陽郡守閔泳恪氏가赴任ᄒᆞᆫ後에窮阜民情에收斂을矜憫ᄒᆞ야刷馬錢五百兩을蕩減하니幾百年民瘼을一朝에革罷ᄒᆞᆫ故로民心이感頌하며結錢之民未納이爲四萬兩之과多이거날爲念窮節하야不施一杖하고排日督納ᄒᆞ니頌聲이溢境이라더라

●外公內私 政府에서地方官을擇差ᄒᆞ기爲ᄒᆞ야銓考施行ᄒᆞᆫ事ᄂᆞᆫ本不足深信이어니와銓考問題가第一款政治科云則政治卒業生이國內幾人이며且欲擇人인ᄃᆡ衆所共知ᄒᆞᆫ有名譽抱材者ᄂᆞᆫ置之勿問하고전고求人ᄒᆞᆫ다하니材外別材를何以求之인지不信其事이며在前奏任官은政府에서詮議叙任하더니各其部에서獨行叙任ᄒᆞᆫ다하니依前通科例ᄒᆞ야預爲占頭者가入參전고하야外公內私로出於此計라하고大公評論이不一하야左右閒李내大ᄂᆞᆫ難免其責이라더라

●高倅玩馴 高原前郡守朴淇昊氏의貪贓事로該地方官이明査報來ᄒᆞ기로平理院에서定巡校押上ᄒᆞ다ᄒᆞ고發訓ᄒᆞ얏ᄂᆞᆫ데德源港監理申珩模氏가從중安徐ᄒᆞ야尙不押送ᄒᆞ니地方官吏가院訓을視若茶飯ᄒᆞ고因循姑息ᄒᆞ니在下衆民은法令을信用ᄒᆞᆯ슈업다ᄒᆞ고巷說이有ᄒᆞ다더라

●公弁濟慈 公州郡守金甲淳氏가今月十二日暴雨에牟隅院二十餘戶와腐亭店五十餘家가漂頹無餘ᄒᆞ고人命致傷가至於多數ᄒᆞ야衆情이慘惻遑汲ᄒᆞ더니本郡守가齎持米肉ᄒᆞ고躬檢家戶ᄒᆞ야死者를優給恤金ᄒᆞ며每漂戶에米五斗肉二斤을周旋ᄒᆞ야爲之獻撫ᄒᆞ며其結搆貧居之方을與民一心措劃ᄒᆞ야不惜屢萬之資金ᄒᆞ고自擔財政ᄒᆞ야隨其大小에適當劃劃ᄒᆞᆫ次로一廳民不日鳩役ᄒᆞ니遭災之民이賴以支保라ᄒᆞ얏더라

●聚散無常 本月一日에扶安郡茁浦等地에서匪徒五十餘名이該地居留日人家屋二戶를破碎하고物品數萬金價値를奪取ᄒᆞᆫ後古阜郡富安面金鎭安家에突入하야如干錢與銃을奪取하고茂長郡禪雲寺로前往하얏다ᄒᆞᆷ을全州府警務署에서聞知하고巡檢을派送하야該匪徒를勦討케ᄒᆞᆫ次로該地로進發하ᄂᆞᆫ際에興德高敞兩郡砲軍이匪徒를亦欲逮捕次로該禪雲寺兩條路를把守ᄒᆞᆫ故로匪徒가茂長郡鄕校內로逃避ᄒᆞᆫ것을亦自該郡으로써軍이放銃捕捉ᄒᆞᆫ즉該徒가不能立脚하고四散奔走하ᄂᆞᆫ중에三名만중丸致死하고一不得擒獲이라하더라

●開墾會社 韓國經營事業에許久注意하든日人長森藤吉郞과志岐信太郞其他數人等이今回韓廷에서未開墾地一億九千萬坪을圖得하야其土地開墾經營目的으로資本金五十萬圜의株式會社를組織하기로決定하얏ᄂᆞᆫ데近近其成立이된다더라

●船覆人渰 羅州郡夢灘江邊에서ᄂᆞᆫ本月四日에商賈六名及日人一名이乘三板船하고중流에在ᄒᆞᆫ駛輪船에搭乘ᄒᆞ기爲하야行船向往하다가猝値風浪而溺覆하야二名은溺死하고其餘五名은幸賴駛輪船之急速拯救하야保全命하얏다더라

●光察發程 光州觀察使沈相翊氏ᄂᆞᆫ日間發程ᄒᆞᆯ故로[illegible]에直陛見ᄒᆞ얏더라

●圖郡者有誰 現今郡守窠闕이九人인데銓考ᄂᆞᆫ姑未發表하고地方事務ᄂᆞᆫ曠無則不待銓考하고日間奏本ᄒᆞᆫ다ᄒᆞᆷ으로郡守哀乞者가ᄂᆞᆫ大家에繼踵而至ᄒᆞᆫ다더라

●又値會拒 全州郡守權直相氏가還任次로昨日發程ᄒᆞᆫ다하더니一進會에서相持强硬故로不得續行하얏다더라

●更何問題 宮內部에對하야何等大問題가更起ᄒᆞᆫ다고政府大臣等이憂慮중인데統監이日間示意ᄒᆞᆯ터이라더라

●請求乃給 各大臣에交涉費ᄂᆞᆫ按月支撥이二百五十圜式인데交際與否로支給하ᄂᆞᆫ故로保護하ᄂᆞᆫ外國官憲을供饋도하고或卒娼行樂도하더니내部와度支部에서官等俸給改定案에立欵하야各觀察使交接費ᄂᆞᆫ一年내에千元以下府尹은七百元以下郡守ᄂᆞᆫ三百元以下로[illegible]하얏ᄂᆞᆫ데該費를必要ᄒᆞᆫ境遇에請求하여야내部大臣이支給ᄒᆞᆫ다더라

●發筆拘碍 侍從院에서闕門出入票를[illegible]하야[illegible]에서入을認准하거니와闕門에[illegible]票即入하되闕門出入을[illegible]ᄒᆞ야闕門巡査가警衛所에[illegible]去來하야認准ᄒᆞᆫ後에許入하ᄂᆞᆫ故로各大臣의奏事가極히拘碍라더라

●假義作賊 南道公州等處에所謂義兵이三四十名式成群作黨하여村閭에[illegible]하며勒討[illegible]助故로各鎭衛隊에서捉獲하야[illegible]則皆是不恒黨의假稱義兵이라더라

●治蹟優等 安峽郡守[illegible]撤長기郡守任[illegible]勝休호風郡守白[illegible]氏의治蹟이優等인故로[illegible]다더라

●收稅制度의變更 從來韓國收稅制度ᄂᆞᆫ郡守觀察使[illegible]하야徵稅하얏ᄂᆞᆫ데其[illegible]害로중央政府에서直轄케하여度支部에日人稅務[illegible]를附屬케하야實히로日人下에書記及日語通辯屬官一人을附屬하여今年收稅期를當하면各道에巡하며地方官을經由치아니하고直接으로民間에서徵收ᄒᆞᆫ다더라

雜報

◎叩覺二千萬同胞 在日本留學生全台憲氏의寄書가如左ᄒᆞ니

一笻短衣로拜辭韓國地球ᄒᆞ고遊學日本東京ᄒᆞ야觀其民與官人之發達ᄒᆞ고欽羨不已라가顧身自嘆曰天也地也之間에有土爲國은東西洋에均一인ᄃᆡ如何彼上等也며如何此下等也오ᄒᆞ야疑以不決에食不知味ᄒᆞ며臥不能미러니夜將深에라遠鐘子時的鐘聲이隱隱히客館寒窓에到ᄒᆞ야破此疑端일시方覺昏夢之睡러라盖上等下等에分定홈이其國民의學不學兩條에在ᄒᆞ미라國有不敎ᄒᆞ고民有不學ᄒᆞ야達小陸多ᄒᆞ면國民나弱ᄒᆞ며此를撤ᄒᆞ야無학ᄒᆞᆫ野蠻이라謂ᄒᆞ이라ᄒᆞ만이아稱홈을免치못ᄒᆞᆫ故에야엇지他國에付ᄒᆞ야保護를免ᄒᆞ리오다못我國에有志ᄒᆞᆫ二千萬同胞는到此ᄒᆞ야他國에付ᄒᆞᆫ民이라自嘆만ᄒᆞ야萬金으로不換ᄒᆞᆫ陰을無所業으로虛送치말고速速東裝ᄒᆞ며醉睡ᄒᆞ던精神을收ᄒᆞ야目下에當ᄒᆞᆫ學와頂에來ᄒᆞᄂᆞᆫ患을思치안코長睡夢而曰運也며數也니吾國도運數가回ᄒᆞ면吾等도上等人民을作ᄒᆞ리라言ᄒᆞ고撫腹ᄒᆞ고臥ᄒᆞ야昏夢醉言으로過ᄒᆞ면豈有國權回復之日乎잇가國權을回치못ᄒᆞ고巨業을復치못ᄒᆞ며財政也森林也港灣也漁業也金礦也炭礦也며三千里吾國土地가他國으로歸홈을回치못ᄒᆞᆯ터이니其時를當ᄒᆞ야도安枕長睡ᄒᆞᆯ곳지有ᄒᆞ고游衣游食ᄒᆞᆯ地가이슬이요執筆到此에氣不能忍이라血泣告達吾國同胞ᄒᆞᄂᆞ니速速離黑洞ᄒᆞ야自已一身上에衣와食과家를置ᄒᆞᆯ方針을思ᄒᆞ야何等학業間에業ᄒᆞ야卒業ᄒᆞᆫ後에民有自由權ᄒᆞ고官有治法權ᄒᆞ야官自官ᄒᆞ며民自民ᄒᆞ면國중에游ᄒᆞ고衣食ᄒᆞ리無홈이니遊衣遊食ᄒᆞᄂᆞᆫ者無ᄒᆞ면民이業을回ᄒᆞ야富을成홈이라民業을回ᄒᆞ면自然이國이權을復ᄒᆞ리이民業을回ᄒᆞ고國權을復ᄒᆞ면國民團體을成홈비니엇지文明的上等國이라稱치안을이오千望吾國同胞는夢破夢破이어다

◎黃倅貪贓 黃州郡인民等의來說을聞ᄒᆞᆫ則本郡守朴元敎氏는到任ᄒᆞᆫ지七八朔에瀆犯國章ᄒᆞ며貽害民生을不可一一枚擧이오니我黃州之民은何辜오文인等이不忍坐待魚肉ᄒᆞ야部院의呼訴ᄒᆞᆫ것은一有日이거날朴元敎氏가上京ᄒᆞᆫ지 日이되ᄃᆡ尙不出頭裁判ᄒᆞ고狐媚欺인ᄒᆞᄂᆞᆫ遞鄕長趙庸鉉과時鄕長金相旭等을間諜ᄒᆞ야士心을黑ᄒᆞᄂᆞᆫ金貨幾千兩으로甘言誘乞ᄒᆞ더니其計를莫售ᄒᆞᆫ이虎尉之창鬼되ᄂᆞᆫ趙巳煥李元樞等을利用ᄒᆞ야主公議ᄒᆞᄂᆞᆫ報紙十數頁의妄證廣告ᄒᆞ얏스니其僞 亦妙라然而孰是孰非를一判可決이니前後所犯을先此仰佈ᄒᆞ오

一甲辰春等戶布還徵錢七千六百五十兩은 御寫眞奉安西宮時의有貽民弊라ᄒᆞ야自朝家로特爲恩減者을還徵事

一衙舍修理費一萬一千八兩은本衙가爲日兵所據而前郡守는二年間在縣廳行政矣러니今郡守는嫌其名之不佳ᄒᆞ야費如此巨欵而修理移接ᄒᆞ야排斂民間事

一官房柴炭價三千兩은甲午前例을依홈인지

一三日支供費八百兩은何不日食萬錢乎며

一紙价加計錢一萬五千兩은兵丁料下給時의何無加計之說乎며

一稧墻補築費一千八百七十五兩은인夫을旣責於各坊則椽木數十介價何若是其多乎며

一南面民貸四千兩今雖還出給이나這間損害는自歸於民矣

一賊贓錢八百兩과山嵩紬五十五疋은捕校申宗煥吳春明等이捕盜所獲者而自官盡奪ᄒᆞ고分銅을不給故로更不捕盜ᄒᆞ야以致賊抄之大熾也오

一族徵於民間者는是曾新式所無어날面任致役을捉因徵族而自民會至質問則答有不可恕之託云事

◎此類何多 砥平上西面芝德里居ᄒᆞᄂᆞᆫ李公珍이가來言ᄒᆞ되渠矣從弟雲五가欲貽禍堂內ᄒᆞ야田畓文劵을僞造ᄒᆞ야가지고內外國人間에濫賣코저ᄒᆞ니韓國內如此悖類가何其多也오向日大韓自强會에서此等獘習을防杜ᄒᆞ기爲ᄒᆞ야不動產賣買章程을講定ᄒᆞ야法律上에頒行ᄒᆞ기로政府에勸告ᄒᆞ얏더니果然實施가되ᄂᆞᆫ지

◎自强特會 大韓自强會에서去十五日通常會 滿期된任員을改選ᄒᆞ랴다가時促ᄒᆞ야未得遂行홈으로來二十二日土曜下午二時에다시特別總會를開ᄒᆞ고會長以下一般任員을改選組織ᄒᆞ기爲ᄒᆞ야會員諸氏의一齊會集ᄒᆞ기를希望ᄒᆞᆫ다더라

廣告

李英兩淸州上납八百圓領去而四百六十圓置安城朴俊鎬家避身出票欲推내外國人切勿相關

淸州北面源通居閔駿植告白

新校義讚

東門外明進學校에서孜孜做工ᄒᆞ야每日明進ᄒᆞᆫ中에諸處會員이不遠千里而來ᄒᆞ야韓貨幾元式義捐ᄒᆞ야讚成ᄒᆞ니其使靑年子弟로敎育刪遂之心과興學祐國之忠은世界上에果何如ᄒᆞᆫ지其補助ᄒᆞᆫ孔形方은如左ᄒᆞ더라

本部讚成員事應虛	四十元
金剛山龍貢寺池龍湖	十八元
本部講師 李晦光	二十元
金剛山發安寺姜大蓮	二十元
星州靑岩寺金雲	二十元
龜岩白羊 藏二寺중	二十元
順天松廣寺寺중	十元
順天仙巖寺寺중	十元
河海 門寺寺중	十元
陜川海印寺金景明	十元
求禮華嚴寺寺중	八元
長湍華藏寺孫尾山	八元

明進학校 告白

特別廣告

本部規則第十六條를依ᄒᆞ야定期總會를開ᄒᆞ고任員總選擧式을行ᄒᆞ오니維我 僉部員諸氏는除萬 出席ᄒᆞ심을切望

一 日子는來二十三日日曜日正午

一 會所는訓鍊院(不拘雨晴)

光武十年九月十八日

大韓俱樂部

本人이新貨二十二元舊貨百七十元을仁港沈能德客主에任置ᄒᆞᆫ棒上票을今二十二日에豐德新基地에서逢賊見失ᄒᆞ얏기廣告ᄒᆞ오니誰某拾得ᄒᆞ와도休紙施行홈

鏡南崔化益 告白

◎本人이南門外蓮洞請ᄒᆞᆫ元處推次葉坪五萬兩錢日字通標를路中遺失矣니內外國인間拾得이라도休紙施行홈 姜文秀白

秋期開會

本會에서今月二十一日金曜에秋期開會ᄒᆞᆯ터이오니內外 僉員은以此 照亮爲要

基督敎靑年會 事務所 白

本人再從姪文鎭南面古之洞居李鍵字俊卿本以悖類로蕩散世業ᄒᆞ고族徵之意로謀誘外國人ᄒᆞ야欲爲得債幾千兩ᄒᆞ오니內外國人은切勿見欺後悔ᄒᆞ시옴

淸州山內一三省李種 告白

本人이陰八月一日客主營業을繼續開始ᄒᆞ오니知舊照亮홈

南門外屈井洞 郭樂鉉 白

字署三

◎民事訴訟代理와刑事辯護及鑑定一切法律에關ᄒᆞᆫ事務를迅速處理홈

漢城南署茶洞第十七統八戶

辯護士 前檢事正三品 李[illegible]宇

法律事務所

事務員 博士 李[illegible]

本人에幹事人魚聖夏가往留仁港ᄒᆞ다가去陰六月[illegible]八日에忽不知去處이오니內外國人은錢物間切勿相信ᄒᆞ시옴

海州李圭昇 告白

本人의姪子乙煥이가性本浮浪ᄒᆞ야不事產業ᄒᆞ고追逐雜類ᄒᆞ야欲爲得債於他人而稱以本人[illegible]子는勿爲見欺홈

龍川外上面[illegible] 告白

本校에서本學科를[illegible]募集[illegible]

○入學年齡 十八歲至三十歲

○入學試驗科目 [illegible]

○修業期限 三학期

修身과、國語、[illegible]

○入學試驗日字 (陰八月初二日)

○開학日字 [illegible]日

城南署敎化門前私立[illegible]光[illegible]

◎學員募集廣告(第一回)

玆에普成中學校를新設ᄒᆞ고高等普通學術로一般國民을教育코저ᄒᆞ오니將來에實業及實務에從事ᄒᆞ고又는各種專門學校에入學코져ᄒᆞ는靑年有意諸君은早早來學ᄒᆞ오셔中等以上普通知識을全備하심을爲望하옴

本校의完全ᄒᆞᆫ教授準備와眞正ᄒᆞᆫ教育制度를左에列擧ᄒᆞᆷ

一 一般教科書는擴히本校에셔新編準備ᄒᆞᆷ

二 本校의第一主旨는修身科、作文科、漢文科니倫理學教科書를新撰ᄒᆞ야道德心을培養ᄒᆞ고、作文教科書를新撰ᄒᆞ야文章을規矩로教授ᄒᆞ고漢文教科書를新撰ᄒᆞ야讀書를應用活法으로教授ᄒᆞᆷ

三 理化學及博物學은機械及藥品으로實地試驗을行ᄒᆞ야教授ᄒᆞᆷ

四 唱歌는軍樂音調로新製敎習ᄒᆞᆷ

五 體操及運動은各外國運動式用機具로日常教鍊ᄒᆞᆷ

六 教師는新舊學問에專能ᄒᆞᆫ諸大方家를延聘ᄒᆞᆷ

●學科目 (科目中課程은略之)

修身學、國語、漢文、作文、歷史、地誌、物理及化學、博物學、地文學、法學、數學、圖畫、唱歌、體操、外國語、農業學、商業學、簿記學、

●修業期限

四個年

●入學年齡

自十五歲以上至二十五歲以下

●入學試驗科目

國漢文讀書及作文、內外國歷史及地誌問對、筭術四則以內

●入學試驗日字

九月十五日(陰七月二十七日)

●開學日字

九月十六日

(入學請願書及保証書는本校用紙를用ᄒᆞᆷ)

光武十年八月十六日

漢城中署磚洞 私立普成中學校

廣告

東國歷史 普通教科國漢文一秩二册定價新貨 一圜十戔

法蘭西新吏 四十錢

清國戊戌政變記一秩 一圜

政治汎論 一秩三册一元廿錢

越南亡國史一册 三十錢

法國革新戰史一册 三十錢

大韓輿地圖一張 十七錢九里

世界全圖一張 三十七錢五里

大韓地誌一秩 七十五錢

牧民心書一秩 一圜二十五錢

萬國地誌一秩 一圜

尺牘完編一秩 一圜五十錢

[illegible]政新編一册 五十錢

法學通論一册 一圜

温故知新堂叢抄 七錢五里

父師必독小學指남 七錢五里

人工養蚕一册 十五錢

政治학新論 一册四十八錢

家庭雜誌一 十錢

進明彙論一秩 三十五錢

交際新禮一秩 十八錢

發賣所 布屛門下金相萬冊舖 大韓每日申報社

花春丹은 霍亂 吐瀉 腹痛 滯症 暑症 정忡 神眩 胸鬱 痰盛 醒酒船暈 咳嗽 痢질 疳氣 蛔虫 寸虫 赤白면風 口味업는諸症의神效ᄒᆞᆫ藥이오此外에도洋灰水解毒藥 唐창藥과東西洋藥이俱備하고他病도隨問出方하오니僉位는枉臨하시옴

皇城校洞石井洞下隅 石泉堂藥局 告白

一 鷹標罐濃詰牛乳

一 金印罐詰濃結牛乳

一 [illegible]家用氯化乳酪

一 쎠ㅣ든쓰製造麥芽化合牛乳

以上은常時에貯積ᄒᆞ얏슴

美國紐育港쎠ㅣ든쓰 濃結牛乳會社

一手代理店 大韓仁川港 世昌洋行

●九轉靈砂丹 本人이砂丹[illegible]
女老少에無論何病ᄒᆞ고[illegible]
身體가健康ᄒᆞ며[illegible]

●九轉靈砂萬[illegible]
[illegible]保ᄒᆞ오며

●九轉靈砂[illegible]
痰에神效ᄒᆞ오

●九轉靈砂保命丹은[illegible]
般惡과婦人帶下症에[illegible]效ᄒᆞ며

●九轉靈砂淸衆丹은酒滯 食滯 虛積 吐瀉 霍亂 嘔吐
吐血 下血 運氣 時疾 瘧症에神効ᄒᆞ오

●九轉靈砂紫金丹은痔漏 黑[illegible] 上痔[illegible] 下疳瘡及腫瘡과諸般毒瘡惡種에無不神効ᄒᆞ오니僉君子는來購ᄒᆞ시오

內需司前長生[illegible]上隅第一家 李[illegible] 告白

◎本社廣告

申報價

一張代金 新貨二錢五里

一箇月前納 三十錢

三箇月 九十戔

六箇月 一元七十戔

一箇年 元四十戔

郵稅一部 新貨五

一箇月 十三戔

廣告料

四号活字十三字詰

每日每英尺一寸에新貨廿五錢

(每日每行에六錢에相當ᄒᆞᆷ)

其期限의長短과字行의多少를依ᄒᆞ야增減ᄒᆞᆷ이有ᄒᆞᆷ

◉大韓每日申報各處支社所在

中署布屛門下 金相萬冊肆

洞口[illegible] 朱翰榮冊肆

中署[illegible]十八統第二戶 [illegible]禹司

仁川[illegible] 李東[illegible]

平壤南山[illegible] 金浩淵

宣川邑[illegible] [illegible]

義州南門外[illegible] 張有寬

長連邑 金[illegible]

[illegible] 金仁집

咸興州南社 曺喜[illegible]

中和邑 李俊培

釜山佐川[illegible] 金灌俊

開城北部[illegible] [illegible]培

校[illegible] [illegible]助遠

大丘部 漢城廣文社

鎭山邑內 安[illegible]

元山港倉社 金乃範

發行兼編輯人 英國人裴說

發行所 京城中署壽進坊磚洞号外地法語學校前 大韓每日申報社

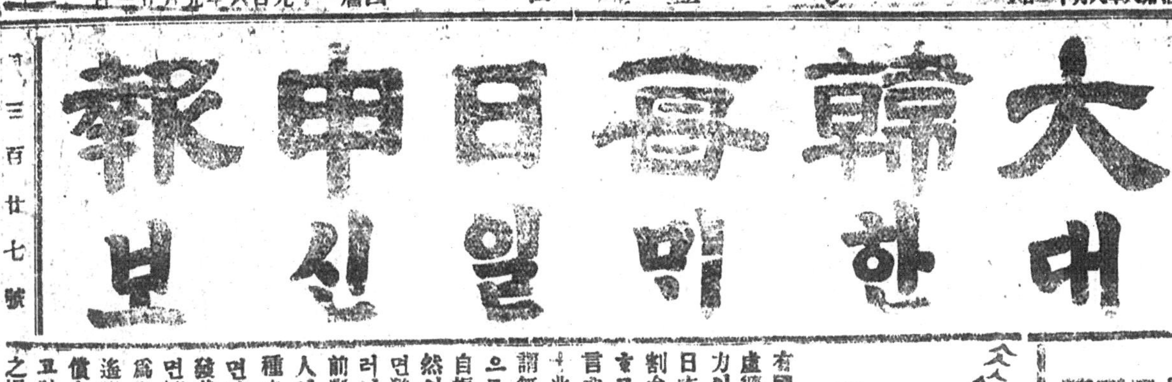

第四卷 第三百廿七號

大韓每日申報 대한매일신보

月曜及慶節歲時日休刊

檀君開國四千二百三十九年
箕子元年三千二十八年
大韓開國五百十五年
日本明治三十九年
淸國光緖三十二年
◎陰曆丙午八月大初四日戊辰

別報

論日本 (支那報照謄)

有國之患이莫大於忘實仇而感虛德이라吾國이甲午以前에國力이充足더니自甲午東一役으로日本이欺詐之術로敗吾國ᄒ야割台灣一島ᄒ며索賠欵二百兆ᄒ고遼東半島가經三國使ᄒ야執言ᄒ야還之吾國ᄒ되猶索賠三千兆ᄒ니日本의欺凌吾國이可謂無微不至라吾國이自經此創으로遂陷於困難地位ᄒ야不能自振이라

然이나痛定思痛에割肉補瘡이면猶可殘喘苟延ᄒ야徐圖補救러니至庚子一役에日本이爲作前驅ᄒ야陷天津破京師ᄂ皆日人이爲先導니日人이何嘗念同種之誼耶아自甲午一役觀之ᄒ면破東亞均勢之局은實日本이發其端이라自庚子一役觀之ᄒ면壞中國自立之基ᄂ又日人의爲之倀이라

遙睇台島에莽莽蒼龍草이오俯算償金에誰留髁血고心痛髓空ᄒ고神傷涕落ᄒ야裂眦에矢沒齒之恨ᄒ고挺劍에挾刺腹之心이니金可鑠石可爛而此仇ᄂ萬世不可忘也라日人의狡譎成性ᄒ야詐謀百出ᄒ니時以甘言密語로籠吾國人之怒ᄒ며解中國人之怨ᄒ며冒吾國人之情ᄒ되猶懼空言이不足以歆動吾國人也일ᄉ

於是에浮浪博士ᄂ創興亞會ᄒ며叵測政黨은立同文盟ᄒ야以蠱惑學界ᄒ며以疏隔政界ᄒ니吾國人이不察ᄒ고遽信日本이眞提助吾國이오眞防禦同種이라ᄒ야崇拜之ᄒ고崇拜不已에信任之ᄒ고信任不已에依賴之ᄒ고依賴不已에順從之라變易吾國人子健腦汁ᄒ야改換感激腦汁ᄒ니吾國人이乃爲日本所利用矣라

近一二年來에吾國人이見日本在遼東一帶之所爲ᄒ니殘忍苛虐이無異凶狠之盜라始知日本이言甘心辣ᄒ야外示和平ᄒ고內懷吞幷이라又見日本이處心積慮ᄒ야日思攪亂我教育權ᄒ며平等自由와排滿革命爾謬說을播散ᄒ야使之內變에自相鷸蚌ᄒ니

彼爲漁人ᄒ야乘隙規利ᄒᄂ陰險宗旨ᄂ吾國上等社會가亦漸漸領悟矣오中流社會ᄂ至今ᄭ지尙有醉生夢死而不悟者ᄒ니此最吾國人之大患也라夫世界之惡이莫惡於陽好而陰圖之니日本人이眞欲爲大淸統監ᄒ야謀我之跡은不可隱諱라此亦爲天演上兼弱攻昧之公理면吾不能仇日本이어니와

日本은貌爲慈善이오心實險詐라藏險詐之心而幻慈善之貌ᄒ야愚弄吾國人이極其甘言密語之所至에ᄂ親厚之誼와友愛之情이儼如手足이나其詭譎之隱은雖明神靈鬼라도亦莫不能測度者ᄒ니

吾國上下가遂無不受其欺騙ᄒ야忘實仇感虛德ᄒ야皆入日本人之子中矣라嗚呼라日本이果有實德이면昔日破壞之仇量不報可也나忘之則斷不可也로되乃研究其所謂虛德者ᄒ니無一非圖我之機械니其禍가較實仇爲尤甚ᄒ니吾國人이何不推不能感之라且應愈于視之어날

不謂泥於陽好陰圖之虛德ᄒ야遂並破壞之實仇而忘之ᄒ니吾國이其不爲日本所亡者幾希라夫虛德은不可感而實仇ᄂ何可忘也리오中國破壞ᄂ其原因이蓋發之於日本ᄒ니日本은蓋破壞吾國之虎倀也라

吾國人은愼勿再爲所愚ᄒ고抉其外破其陰ᄒ야防其毒計ᄒ고發其狡謀ᄒ면庶幾不爲日本所吞幷이어니와否則以殘賊爲仁人ᄒ고引無賴爲良友ᄒ면吾恐吾國이必爲亡韓之續이라ᄒ얏더라

官報

三千五百六十三號　光武十年九月二十日

◎敍任及辭令

任法部主事　九品李炳薰

九月十八日

◎部令

學部令第二十號　속

師範學校令施行細則

十四農業　其地方에適當ᄒ것으로爲主ᄒ고農業鍊習場等處의서實習케ᄒ야農業의要旨를覺悟ᄒ야實業의趣味를養케ᄒ기를務ᄒ이라其土地의情況을從ᄒ야山林이나或水産의關ᄒ事項을敎授ᄒ이라

十五商業　恒常商況과物價等에注意ᄒ야實際上業務에適應用케ᄒ을務ᄒ고또便宜로營業ᄒ과與受의方法을實習케ᄒ이라

十六手工　精密ᄒ으로爲主ᄒ고手工의要旨를覺知ᄒ야作業ᄒᄂ趣味를養케ᄒ을務ᄒ고模本은其地方에適當ᄒ것을選擇ᄒ고兼ᄒ야材料의品質良否와器具의保存方法을知得케ᄒ이라

第七條　本科預科及速成科의各科課程及每週敎授時數ᄂ第一號表乃至第三號表와如ᄒ이라

每週敎授時數ᄂ三十時以上三十四時以下의範圍內의셔學校長이定ᄒ야學部大臣의게報告ᄒ이라

學校長은祈寒盛暑의時를當ᄒ야兩節期를通計하야限五十日以내ᄂ每週敎授時數를十八時ᄭ지減少ᄒ을得ᄒ이라

前項을據ᄒ야每週敎授時數를減ᄒᄂ時의ᄂ學部大臣의게豫先報告ᄒ이라　未完

外報

●政府改革案　北京電을據ᄒ則軍機處를改ᄒ야樞密院을設ᄒ고總理大臣一人副大臣二人을置ᄒ고其下에內務外務部財政部軍機部法部交通部植民部九部를置ᄒ고又翰林院을博士院으로都察院을上議院으로改ᄒ얏다더라

●義務敎育　北京電을據ᄒ則淸國學部에서强制로義務敎育을執行ᄒ더이라더라

●俄領事設置　俄國政府에서今番에駐日俄公使館으로改定ᄒ야大使ᄂ現任俄公使바구마지에ᄒ氏로陞任ᄒ고參書官은駐英俄國大使館參書官포구레우스ᄐ氏를轉任ᄒ기로決定ᄒ얏다더라

●前首相暗殺의計策　香港電을據ᄒ則俄國에서一學生이前首相우잇테氏를暗殺ᄒ랴ᄒ다가警官의게被逮ᄒ얏다더라

●俄首相改革案　倫敦電報에曰俄都來電을據ᄒ則首相스도리빙氏의改革案은一般市民과同等의權利를農民의게附與ᄒ事及猶太人의對ᄒ야各種의制限을廢正ᄒ事項이無ᄒ니此等은國民議會議決에一任ᄒ方針이라더라

雜報

●可怪可怪 遠東報를據ᄒ즉日本이今回淸國立憲實施에對하야陰行阻碍로養言을鼓出하야曰淸國改革은時機가尙早라ᄒ다고該報에揭載가되얏스니其全文은次號에謄載하려니와萬若日本이淸國을對하야如此ᄒ陰計를行하는事實이的確하면其在韓國에는當用如何方針耶아噫嘻痛哉로다

●李氏轉任 慶北觀察李源兢氏는被任多日에尙不赴任하더니秘書丞으로轉任이되얏더라

●呼訴無處 日人立田種松이去陰曆閏四月分에三陟郡葛山津人家에衝火하야各商店與民戶가幾盡燒燬하고物品이亦多回祿ᄒ事이有하야該郡守가其時事實與損害額을調査하야내部로修報하고交涉비償을請하얏스되于今것消息이絶無ᄒ지라日昨에自該郡으로又爲修報하야내部하야說陳民情之切迫인데내部에서는東萊監理의게行文ᄒ야使之交涉妥辦케하라하얏다더라

●工業場請願 東署內居木手鄭燦鎬等이農商工部에請願하야五署掌니木手等으로成立都중하야大韓大工興業場諸般事爲를組織하야實地施行케ᄒ을認許하라하얏는ᄃ該部에서指令하기를工匠의團衆營業이庶或기利俱便이기興業場은依願認施이되如或藉托官許하고工價를濫計하거나收歛이夥多에聽聞이駭愕ᄒ時는該認許는作爲廢止이며該所任은難免重勘ᄒ지니惕念遵行하야免致後悔케하라하얏더라

●亟令撤校 宮內府에서嘉禮都監照會를因하야學部로行文하되安洞別宮後空垈에學校建築을撤廢하라ᄒ事는已揭前報어니와該校建築工役을尙不撤去ᄒ으로日前에又自宮府로督促하야曰都監雖設基址는非此莫可而校舍營始를尙未撤歸하니時急擧行에誠極閔隘인즉該校舍結構를今令撤去케하라하얏다더라

●自動車營業 中署松峴居權丙壽具然韶氏等이農商工部에請願하고京元鐵道敷設하기ᄭ지行客與荷物의輸運을迅速便利케하기爲하야自動車五坐를購買營業하깃다하야農部에서認許하얏는ᄃ該營業稅는實施ᄒ後一箇月로起하야每車에十圜式接四季無滯納하라하얏다더라

●開校紛擾 開進學校의施設이日淺ᄒ야不振타고輿論이藉藉ᄒ더니日昨에校內의大瞞擾가生ᄒ얏는ᄃ一般學徒가一齊請願ᄒ얏스며甲乙丙班教師도擧皆請願ᄒ고一場風波를起ᄒ얏다는ᄃ其事件은二十五日萬壽聖節日의慶祝하기爲ᄒ야教育會에前往ᄒ더니校長以下任員들이倭餅七枚式給與ᄒ면서大漢門에가서慶祝이나ᄒ고歸去ᄒ라ᄒ지라其際校長李時字氏가盛饌을排設ᄒ다가學徒을보고倭餅七介式升며歸去ᄒ라ᄒ니一般學徒가擧皆憤겨ᄒ야日所謂校長校監以下가如是侮慢ᄒ니下等待遇를當ᄒ니一大質問ᄒ고請願退去ᄒ자ᄒ엿는ᄃ連日上學도못ᄒ고모다沸騰ᄒ지라ᄒ는ᄃ其學校의事務振興을可期日而見之ᄒ겟이라ᄒ고公言이藉藉ᄒ다ᄒ더라

●牧場經營 平壤大同江畔原野四方處地에韓日兩國皇室의一大牧場을設置ᄒ기로決定ᄒ야旣已其周圍를設柵ᄒ얏며ᄂ니今回日本藤波主馬頭와吉田內藏主事島政官과御料局技師等이來韓ᄒ야韓國宮內府當局者와經營에關ᄒ야經費와其他事實의問題로協議ᄒ고其經營에着手ᄒ리라더라

●銓考委員 今回에地方官銓考로爲하야新設ᄒ銓考委員은旣報와如히新設內部參與官及內部協辦內部地方局長曁度支部農商工部法部軍部四部勅任官中에서四인을選任ᄒ더인ᄃ地方制度改革實行ᄒ기前에任命이된다더라

●柞蠶飼育 柞蠶은淸國安東縣以北滿洲에一大産物이니日本의輸入하는額이每年一百萬元之上에達ᄒ는지라從來韓國에는其産出이無하나然이나此産出이有望ᄒ으로써統監府水原模範勸業場에서는目下에此를飼育하는試驗중인ᄃ其成績의如何ᄒ을待하야明年度부터大經營으로하고또民間飼育을奬勵ᄒ預定이라더라

●日造韓幣 昨年중日本大阪造幣局에서製造ᄒ韓國貨幣를日本大藏大臣이檢查ᄒ後에其成績이良好ᄒ을確認하는旨로韓國政府에通報하라고統監府에申請이有하다더라

●孟倅貪虐 孟山郡守尹舜儀氏는到任ᄒ지不過四五朔에專事貪虐ᄒ야贓錢數爻가幾三萬二千二百五十餘兩에達ᄒ으로該郡人民等이內部에擧狀ᄒ야贓錢을臚列ᄒ얏스니如此貪虐之吏는宜乎依法裁判ᄒ야亟行免官ᄒ然後에該郡人民이可以支保라ᄒ더라

●三士將就 平壤郡居金鎭植氏는年幾弱冠에性本穎悟ᄒ야本國同胞가新學에蒙昧ᄒ야今日慘境에陷落ᄒ거슬悲嘆ᄒ야該郡四崇學校設立을贊成ᄒ야新貨五十圜으로捐助ᄒ고外國에遊학ᄒ主義로其父親의게告ᄒ고同志者孫榮國全道聖兩氏와共히作伴ᄒ야去月五日에飄然航海ᄒ야外國學問을熱心做工ᄒ야歸獻祖國ᄒ기로決心矢志ᄒ니同郡人士가皆壯而稱之ᄒ더라

●工場傳習官制 農商工部에서工業場傳習所官制를編成하야昨日政府會議에提出하얏는ᄃ傳習所長은工務局長이例兼하고技師六人技手六人技手補書記各三人인ᄃ基址ᄂ所在家屋及地段價와同場建築費와官吏俸給合預算이九萬四千餘元인ᄃ技師는일本학術家로充用허기로磨鍊하얏다더라

●地方制度의上奏 地方制度改定을統監指導로提議가되얏政府에서屢次反論이唱起하되不得成立하고且欲施行하면韓政府는廢止乃已故로再昨일政府에서各大臣이先次議論허고同午後四時量에御前開會하얏는ᄃ終일不決하다가至夜乃定허야參政以下各大臣이次第로一一陛見허고各其上奏허고深夜退闕허얏다더라

●預算三倍 各府部院廳에서明年度預算을調製허는중인ᄃ其중農商工部와내部預算은今年度에比較허면三倍가增加허얏다더라

●내部의顧問과補佐 내部의서地方政治를刷新ᄒ次로顧問官一人補佐官一人을雇聘次로統監府에囑托허얏더니統監府의셔同府龜山贊視로姑先權聘허기로ᄂ定허얏다더라

●度部叙任 各部에主事를내部에서句管ᄒ다더니稅務의關係로度支部에서叙任ᄒ다더라

●議案頒布 昨일下午二時의政府의셔閣會허고由來허든前後議案을頒布次로畢會허얏다더라

●平院句管 平理院은法部에서句管허는故로各道裁判所에關ᄒ事件도法部에셔卽行訓令허더니官制를改定ᄒ야各道裁判所를平理院에셔直行句管허기로磨鍊ᄒ다더라

●參書銓考 各觀察郡守府尹을전형施行ᄒ다허고道府參書官은卽行叙任ᄒ다허는故로守令運動者가參書官으로移動하더니내部에서參書官도전考擇差하기로磨鍊ᄒ다더라

●一進會와天道교 從來天道教와一進會는政治上에關하야同一步調를採허얏더니昨今에孫教主와尹始炳氏間에生隙하야全然히分離케되얏는지라天道教에셔는宗令을頒布하야一進會員은教徒가되지못ᄒ旨로宣言하얏고一進會에셔는信仰은精神의自由니何等關係가無하다하야其結果가全然히別個步調를採ᄒ다고朝鮮新報에揭載되얏더라

●全倅更拿 再昨일御前會議後에全州郡守權直相氏를更拿照律事로法部大臣이 上奏허얏다더라

●美師演說 今日下午七時三十分에美國연說家奎스돈氏가皇城基督教青年會에셔宗教與格致相合問題로연說ᄒ다더라

●合官制改良 現今統監府의셔各府部院廳官制를一般改良허기로擬議중이라더라

●地方裁判의官制 各觀察道觀察使와裁判所判事를各其區別허여職權을分掌허기로磨鍊허는ᄃ裁判官은法部官制의新設이된다더라

●政府廢止의悲觀 韓國에셔來議政府는各部府院廳一統政事를總理行政하는故로位居首府인ᄃ今番官制改定案을閱ᄒ則政府影響이自然廢止ᄒ는固所已料어니와統監指導의幾表로各部行政을統監指揮을直接施行則該政府는仍舊存置ᄒ必要가無허다ᄒ으로昨일政府當局大臣들이悲觀的으로無政府를歎허얏다더라

雜報

溫和答辯

놀빈氏의게셔寄函을接讀호즉向日萬壽聖節에韓人이羣集於闕門外인바適有一犬호야突入其中호니 韓人이驚愕而走어날因此驚愕호야一羣이皆驚愕而走호지라氏가對此論評호얏스되韓國內日本保護權이將止於虛名호時日以前에能히發展된響導의原質에이多有호기를難可望이라호얏더라

日本軍人及巡査가爲其維持秩序호야必多集同地호얏스리니韓人의自日人所受를商量호면一韓人의驚走가足以驚一群은不足驚異라홈이特其不可리오且吾人이可以記憶홀거슨雖開明邦國에라도如彼驚動에極小事端으로從生홈이亦有홈이니驚擾原因을不知홈이與此無異어날今此細小之端에加如彼論評은似甚太重이로다

美國人의懦愎을對호야如此論評을有人必加호리니셔루클닌美國內一道 橋脚에서一箇病人으로경走가從生호야六箇人의生命을虛費호얏는지라何地何人이던지如此히急경호기가甚易호도다

韓國內에響導原質이空乏이라홈은特書人의誤失이라고는不細호노니彼或可也나然이나其所說明은出於不幸이로다韓人의外人이常以懦愎量度호나니此는非他라韓國人民이特其東洋政治之下에서如彼久苦호야試圖改良호거에未有强硬後應홈을確知홈이니如此情形은滑國印度波斯와及其東洋全幅이幾乎同一호야日本常民이亦大同於此라雖爭鬪之際에라도一人이若被攻擊이면不以獨自編禦호고同力皆六七人을常招호

特別

特別特別特別特別

本報를購覽하시는各地方 僉君子는本報價先納하신金額이盡하오면停送하는規例를已所洞亮하시는바어니와請求愛讀하옵는厚意를表謝하와繼續發送하오나遠近地方間代金換送하시는方策을姑未確知하시와或至幾朔未納이시니購覽하시는 僉君子에悶燥挫不啻라本社經用에되窘拙홈이有하와玆以仰佈하오니幾朔條未랍하신 僉君子는該代金을貴附近地郵便局이나或出張所에性議하시면本社로랍付케하는方便이有하오니諒燭하옵셔從速換送하심을切望홈

大韓每日申報社

社告

社告社告社告

이는乃本性이로다

韓人도信依홀引導者를或得호거시有時矣니伊時勇壯은不下於他人홈을表示矣로되引導者의懦弱無能을彼若疑訝면一般外國人의當行之事를亦行호는도다

此地外人商會에被雇韓人을試觀호지여다後有權限及勢力홈을自知홈으로强硬行止가與日人同一에日인ㅎ無所忌라如此事는本記者之所目覩니能證其實하깃노라

韓國인民에게도日人所有의後應援給호면響導及忠愛의不足홈不得見홀리라士耳其에아멘에앤인과俄國에猶太民이有其個人上勇壯이지或有譏疑訝乎아韓國人의情形이實룰與彼一般이로다

●義助可稱 牧寧餘勿坪居前參奉崔正業氏는性질이雍容호고行爲가端正호야該坪所在明禮宮監官을擧行호지十有餘年에該親冷族과貧궁恤給으로爲業이라가流來宮穀欠逋가至爲萬有餘金故로四子濟弘이被囚宮庭矣러니本坪知舊七十餘員이此說을聞호고感激愛矜之心호야義助金額으로脫其宮逋호고放其被囚之人호니似此義助는人皆稱頌호기로特爲揭載호노라

●湯泉衛生 城津郡湯子坪里有一溫泉호니沈寒痼疾과滿野瘡瘡諸病에浴飲神効호靈泉이라男女浴室을建築巳久호야風雨難避이되經亂之餘財力不足로未遑修葺이러니海蔘人崔봉俊氏가錢三百餘兩을義捐하야鎖瓦二十四張과板木二百二十枚與鎖釘五百本을買得호여不日繕葺호니男女洛室이燦然一新호지라八方來人이崔氏의術生上有志호目的을無不讚誦이고境內人士가崔氏의施惠紀念홀意로鶴字特揭호엿다더라

●申訴將判 平壤監理署主事申龜永氏가因監理金應龍氏의排斥府호야抑寃이免官을當호前後事狀은曆揭前紙호얏거니와更聞호즉申龜永氏가不勝抑菀호야平理院에據實訴呈호얏더니該院에서裁判次問後來待之意로飭訓于該府理호엿다니申氏의抑冤之情이或有伸雪之道라고一般公論이有호더라

●統監邸主馬頭 三昨夜에着京혼藤波主馬頭와吉田內藏主事等이再昨日午前十一時에伊藤統監官邸에訪問호고御料牧場設立의關홀것슬議刻商議호後에午餐을受호고午後에退出호얏다더라

◉學員募集廣告(第一回)

玆에普成中學校를新設ᄒᆞ고高等普通學術로一般國民을教育코져ᄒᆞ오니將來에實業及實務에從事ᄒᆞ고又ᄂᆞᆫ各種專門學校에入學코져ᄒᆞᄂᆞᆫ青年有意諸君은早早來學ᄒᆞ오셔中等以上普通知識을全備하심을爲望ᄒᆞᆷ

本校의完全ᄒᆞᆫ教授準備와眞正ᄒᆞᆫ教育制度를左에列擧ᄒᆞᆷ

一 一般教科書ᄂᆞᆫ總히本校에셔新編纂備ᄒᆞᆷ

二 本校의第一主旨ᄂᆞᆫ修身科、作文科、漢文科니倫理教科書ᄅᆞᆯ新撰ᄒᆞ야道德心을培養ᄒᆞ고、作文教科書ᄅᆞᆯ新撰ᄒᆞ야文章을規矩로教授ᄒᆞ고漢文教科書ᄅᆞᆯ新撰ᄒᆞ야讀書ᄅᆞᆯ應用活法으로教授ᄒᆞᆷ

三 理化學及博物學은機械及藥品으로實地試驗을行ᄒᆞ야教授ᄒᆞᆷ

四 唱歌ᄂᆞᆫ單樂音調로新製教習ᄒᆞᆷ

五 體操及運動은各外國運動式用機具로日常教鍊ᄒᆞᆷ

六 教師ᄂᆞᆫ新舊學問에專能ᄒᆞᆫ諸大方家ᄅᆞᆯ延聘ᄒᆞᆷ

●學科目(科目中課程은略之)

修身學、國語、漢文、作文、歷史、地誌、物理及化學、博物學、地文學、法學、數學、圖畫、唱歌、體操、外國語、農業學、商業學、簿記學

●修業期限 四個年

●入學年齡 自十六歲以上至二十五歲以下

●入學試驗科目 國漢文讀書及作文、內外國歷史及地誌問對、筭術四則以內

●入學試驗日字 九月十五日(陰七月二十七日)

●開學日字 九月十六日 (入學請願書及保証書ᄂᆞᆫ本校用紙ᄅᆞᆯ用ᄒᆞᆷ)

光武十年八月十六日

漢城中署磚洞 私立普成中學校

◎本社廣告

申報價

一張代金 新貨二錢五里
一個月前納 三十錢
三個月 九十戔
六個月 一元七十戔
一個年 元四十戔
郵稅一部 新貨五里
一個月 十三戔

廣告料

四号活字十三字詰
每日每英尺一寸에新貨廿五錢
(每日每行에六錢에相當홈
其期限의長短과字行의多少를依ᄒᆞ야增減홈이有홈

◉大韓每日申報各處支社廣告

中署布屛門下 金相萬冊肆
洞口前便 朱翰榮冊肆
中署農圃洞入七十八統第二戶 鄭禹㝫
仁川栢峴開新冊肆 李東圭
平壤南山峴日新學校 金浩淵
宣川邑檣西 鄭叡恒
義州南門外韓西人學校 張有寬
長連邑 金 龜
鎭南浦藥洞 金仁집
咸興州南社 曹喜林
中和邑 李俊培
釜山佐川徐錫 金灌俊
開城北部梨井里蔚洞 [illegible]
校洞校長 姜助遠
大丘郡 達城廣文社
鎭山邑內 安 圭
元山港倉前 金乃範

發行兼編輯人 英國人裴說

發行所

京城中署壽進坊磚洞号外地法語學校前 大韓每日申報社

第四卷

月曜及慶節 議時日休刊

檀君開國四千二百三十九年
箕子元年三千二十八年
大韓開國五百十五年
日本明治三十九年
淸國光緒三十二年
◉陰曆丙午八月大初五日己巳

論說

日本政治

日本外部大臣辭職에關ᄒᆞ야更未聞傳報矣ㅣ니其餘內閣諸員이同大臣의決意를更思ᄒᆞ라고勉勵ᄒᆞ기에尙未成功ᄒᆞᆷ이似是近理로다

日本報紙ᄂᆞᆫ此問題를不多論述ᄒᆞᆷ이非常ᄒᆞ고且那邊에셔ᄂᆞᆫ此辭職이出於不意라고歸托ᄒᆞ얏스나本記者ᄂᆞᆫ特聞所傳矣라此辭職이固有原因ᄒᆞ니同大臣이爲大使駐英時에與英約束ᄒᆞᆫ會有ᄒᆞ더니現今政府의外交方策을遵此約束以整理ᄒᆞ기에多端困難을遭遇ᄒᆞᆷ이로다

其約束은韓滿內日本政策을特甚關係ᄒᆞ거시라公衆所知로觀之컨ᄃᆡ英日兩國이此兩地方에셔均商政策과均衡要領을維支ᄒᆞ기에協力ᄒᆞ기로約定ᄒᆞᆷ이니同大臣이此約意義를貫圖遵守라가日本에長時執政ᄒᆞᄂᆞᆫ有力數派의反抗을自遇ᄒᆞᆷ이顯然ᄒᆞ도다

滿洲西部에ᄂᆞᆫ日本武官管轄을文官行政의手로不得已交付ᄒᆞ거시今已著示ᄒᆞ며韓國內에도如此交付를量度ᄒᆞᆷ은其日이已久ᄒᆞ나長谷川大將下에軍律과伊藤侯管轄下에行政을俱見ᄒᆞᄂᆞ도다

今此兩策이確然相爲反抗이라其中何策이畢竟履行될지ᄂᆞᆫ雖言이로되特可注目ᄒᆞᆯ거슨兩策을並不專心實行ᄒᆞᆷ이니此ᄂᆞᆫ或至抵觸일가互相畏忌ᄒᆞᄂᆞᆫ거시似是實情이라如此히伊藤侯와及其府屬의辯護ᄒᆞᄂᆞᆫ平和政策과日本內有力武官의顯然一致ᄒᆞᆫ經理政策을吾人이兼有ᄒᆞ얏도다

此兩策이必不至調解어날近接東京一新報컨ᄃᆡ試使吾人으로瞭然觀其間路라日本이平和條約으로獲得ᄒᆞᆫ鐵道權限에對ᄒᆞᆫ組織ᄒᆞᆯ거슬該新報가關說ᄒᆞ얏스니此割讓鐵道를政府所有로處理ᄒᆞᆯ一派希望과買此於入札ᄒᆞᆯ一邊意見이會有ᄒᆞᆫ거슬表著ᄒᆞᆷ이어니와該報가指明ᄒᆞ얏스되利用此割讓ᄒᆞᆫ社會를雖半官立에仍置ᄒᆞ더ᄅᆞ도政府가擔責其處理ᄒᆞ야不利益을不免ᄒᆞᆯ거시나惟其私立會社ᄂᆞᆫ自由手段으로其能行動ᄒᆞ야憂慮之端을不貽於政府ᄒᆞ리라ᄒᆞ얏더라

以此觀之컨ᄃᆡ滿洲內日本利益을取扱ᄒᆞᄂᆞᆫ會社가雖在於半官立이라도與列强約束을不遵ᄒᆞᄂᆞᆫ責任이歸之於政府ᄒᆞ니其政策이非甚輕減이오惟其節減이로다

至於韓國ᄒᆞ야ᄂᆞᆫ事態가與此甚異ᄒᆞ니日本이韓國外交를區定ᄒᆞᆫ以外에ᄂᆞᆫ日本指導下에成就能이라伊藤侯가內閣의形式上되ᄂᆞᆫ國內行事에何如責任이던지日本이擔負ᄒᆞᆯ거슬得見키未有ᄒᆞ다ᄒᆞ기是以로認許를未有ᄒᆞ고ᄂᆞᆫ無事取行ᄒᆞ야何時에던지諸般歸責을能免ᄒᆞ리니蓋滿洲內에取得은比之於此면未免些少여날自國行動의責任을可擔이로되韓國은日本이每日緊摑이여날 嗟韓政府가空名責任을尙今負擔ᄒᆞ얏도다

此兩策이可謂相反이니韓國에ᄂᆞᆫ伊藤侯의政策이尙其詭欺侵略ᄒᆞ야責任을不帶ᄒᆞ고滿洲에ᄂᆞᆫ武力政策이諸般取行의責任을許容ᄒᆞᄂᆞᆫ지라吾人이於此兩者에下策을猶榮이나以倫理推之면兩者를並不可稱美로다

此兩者間에何策이던지永久讓頭ᄒᆞᆯ줄로ᄂᆞᆫ本記者ㅣ不思나然이나韓國을編疑히合幷ᄒᆞ기에武官이成就ᄒᆞᆯ거슬或見ᄒᆞᆯ더이며日本外部大臣의黨派가自已意定을絶滿ᄒᆞ야與列强約束을不避ᄒᆞ고滿洲內日本所得을行政케ᄒᆞᆯ거슬或見ᄒᆞ리로다

官報

◉三千五百六十四號 光武十年九月二十一日

◉敍任及辭令

○依願免本官 奎章閣直學士鄭寅昇○任奎章閣直學士 從二品李明稙○命韓美電氣會社檢察官 六品梁起鐸 以上九月十八日○免本官 慶興監理署主事李喆榮 右ᄂᆞᆫ該署監理張起淵의電報를據ᄒᆞᆫ즉該員이持身不謹ᄒᆞ야官紀를紊亂케ᄒᆞᆷ이有ᄒᆞ다ᄒᆞ기是以로免本官○依願免本官 平壤監理署主事徐丙植○任平壤監理署主事 三和監理署主事申達秀○任三和監理署主事 龍川監理署主事姜泰膺○任龍川監理署主事 趙載豐 以上九月十九日

◉部令

學部令第二十號 續

師範學校令施行細則

第八條 教科書를定코져ᄒᆞᆯ時의ᄂᆞᆫ학年初로부터二箇月前에학校長이학部大臣의認許를受ᄒᆞᆷ이라 特別ᄒᆞᆫ理由가有ᄒᆞᆫ時ᄂᆞᆫ학部大臣의認可를受ᄒᆞ고젼項規定에依치아니ᄒᆞᆷ도得ᄒᆞᆷ이라

第三章 학年과敎授日數及休業日

第九條 학年은四月一日에始ᄒᆞ야翌年三月三十一日에終ᄒᆞᆷ이라

第十條 학年을分ᄒᆞ야左의三학期로定ᄒᆞᆷ이라

第一학期 四月一日로부터八月三十一日ᄭᆞ지
第二학期 九月一日로부터十二月卅一日ᄭᆞ지
第三학期 一月一日로부터三月卅一日ᄭᆞ지

未完

外報

●南滿情形 合爾濱報를據ᄒᆞᆫ則英報에載ᄒᆞᆫ바英商이前者에日本이在南滿ᄒᆞ야列國商務를限制ᄒᆞᄂᆞᆫ情形을稟報ᄒᆞ니倫敦報館에셔特派訪員ᄒᆞ야來滿洲ᄒᆞ야考察商務情形ᄒᆞ니該訪員은久居北京ᄒᆞ야熟悉支那事宜라該員이電告報館ᄒᆞ되俄日軍隊ᄂᆞᆫ遵照約章ᄒᆞ야今已撤退ᄒᆞ얏스나但日人의品行과聲明이太劣ᄒᆞ야還來南滿ᄒᆞᆫ日人이均係無業遊民이오各處에均有醜業婦ᄒᆞ야恬不知恥ᄒᆞ니實有玷日本名譽오日人이在安東에並不照會淸國官場ᄒᆞ고卽行擅買地址ᄒᆞ야設立租界ᄒᆞ며侵佔列國權利ᄒᆞ니應請設法抵制日本ᄒᆞ야勿視爲緩圖라ᄒᆞ얏다ᄒᆞ다더라

●王鹿反對 淸國에壬文韶鹿傳霖은立憲에反對ᄒᆞ기로政治界로셔除名ᄒᆞ얏다더라

●出洋大臣上奏 淸國出洋考政大臣端戴兩氏의上奏ᄒᆞᆫ二萬餘言인ᄃᆡ其중官制改革에關ᄒᆞᆫ綱領이如左ᄒᆞ니(一)責任內閣을樹立ᄒᆞᆯ事(二)중央地方의權限을定ᄒᆞᆯ事(三)內外重要ᄒᆞᆫ官衙에補佐官을設ᄒᆞᆯ事(四)중央各部院에增減을酌量ᄒᆞᆯ事(五)地方行政制度를變通ᄒᆞᆯ事(六)裁判收稅ᄂᆞᆫ地方官과分立ᄒᆞᆯ事(七)內外官署書記로ᄡᅥ吏胥에代用케ᄒᆞᆯ事(八)任命轉補懲戒議官。恩給諸法을更定ᄒᆞᆯ事이라더라

雜報

●義王日本行 義親王殿下쎄셔日本에遊覽ᄒᆞ실次로 皇上陛下의允許를受ᄒᆞ샤近近히出發ᄒᆞ야暫時間閒養ᄒᆞ실터이라더라

●軍大自大만ᄒᆞ 軍大李根澤氏는日本에만遊ᄒᆞᆯ思想으로去五月末大觀兵式에參途ᄒᆞᆯ터이나非時ᄒᆞ의身勢가康健치못ᄒᆞᆷ으로因ᄒᆞ야止ᄒᆞ얏든ᄃᆡ其後에當伊藤統監의勸論으로秋冷의好氣節을當ᄒᆞ야一次觀光ᄒᆞᆯ터이라더라

●法總領引見 去十七日에駐模丸으로仁川에來着ᄒᆞᆫ新任法國總領事벨란氏는總領事代理베루또氏로同伴ᄒᆞ야入京ᄒᆞ야卽日午後三時에外部大臣官邸에訪問ᄒᆞ야統監을引見ᄒᆞ고新任의披露를受ᄒᆞ고因ᄒᆞ야同新舊領事는一時日로ᄒᆞ야事務引繼를畢了ᄒᆞ얏더라

●印刷視察派 印刷局長金榮漢氏가日本印刷局工務의經營ᄒᆞᆷ을視察ᄒᆞ고歸國ᄒᆞ야其視察情況과工藝發達의如何程度를列出報告ᄒᆞ야昨日에各部府院廳으로幾卷式送交ᄒᆞ야使之閱覽케ᄒᆞ얏다더라

●兩察轉任 忠北觀察使로遞任ᄒᆞ야秘書丞을被任ᄒᆞᆫ李源兢氏는法部協辦으로法部協辦金奎熙氏는全南觀察로全南觀察朴鎭昌氏는慶北觀察로轉任ᄒᆞ얏다더라

●德館訪問 德國總副領事兩氏가何事件을因ᄒᆞᆷ인지昨日上午에內部와警務廳에前往訪問ᄒᆞ얏더라

●緣何被捉 德語學徒金世潤氏는日昨警務廳에被捉되얏ᄂᆞᆫᄃᆡ其事實은姑未詳知라ᄒᆞ더라

●保證委托의請認 在日本留學生金河龍金台甑金鐵汝李珍河李振模氏等九人이日本陸軍幼年學校에志願入學ᄒᆞᆯ事로軍部와統監府間에往復ᄒᆞᆫ바已爲前報에揭ᄒᆞ얏거니와金河龍氏等의代를派遣ᄒᆞ야學部의證明을奏請提呈ᄒᆞ얏든ᄃᆡ統監府에셔其證明韓軍部에셔保證委托을不許ᄒᆞᄂᆞᆫ衷此生等이私費自願ᄒᆞ야[illegible]若ᄒᆞ야來到ᄒᆞᆫ電報를接閱ᄒᆞ야我波府에셔熱心勸務ᄒᆞᄂᆞᆫ不假紹介ᄒᆞᄂᆞᆫ國에셔拒絕ᄒᆞᆫ지라도我委託ᄒᆞᄂᆞᆫ國에셔[illegible]야宜爲聽施케ᄒᆞᆫ것이나此外務省과陸軍省에셔ᄂᆞᆫ許可ᄒᆞᆯ지不啻라當局諸公이期於入學케ᄒᆞᆯ事로我政府에셔拒絕ᄒᆞᆫ은當ᄒᆞ나交涉於統監府ᄒᆞ야保證委託을卽爲認許케ᄒᆞ라ᄒᆞ얏다더라

●贖錢의無加計 各道裁判所中에贖錢通用ᄒᆞᄂᆞᆫ處에셔ᄂᆞᆫ罪囚贖錢을收合上送ᄒᆞᄂᆞᆫ事에對ᄒᆞ야既往은以葉計徵收ᄒᆞ야以白叫上納ᄒᆞ고加計剩餘ᄂᆞᆫ當現今法部에셔度支部照會를據ᄒᆞ야行葉ᄒᆞᄂᆞᆫ地方裁判所로發訓ᄒᆞ고贖收贖錢을隨其徵捧金額而汲數送呈國庫ᄒᆞ고更不以加計除留ᄒᆞ라ᄒᆞ얏다더라

●蚕業傳習의叙任 龍山夫人會養蚕所에셔卒業生試取ᄒᆞᆫ事ᄂᆞᆫ已爲揭布어니와農商工部에셔該卒業生等尹滋鉐金瑛煥氏等十八人을日間技手로叙任ᄒᆞᆫ다더라

●法案不成 金州郡守權直相氏를一進會勸告로叅更奪ᄒᆞᆫ다ᄂᆞᆫ事ᄂᆞᆫ已揭ᄒᆞ얏거니와日前御前會議後에法部大臣이上奏ᄒᆞ얏더니內部大臣과度支大臣이反對ᄒᆞᆷ으로法大의奏案이不得成立되얏다더라

●咸鏡外交官 咸興觀察使署觀丞樂敎氏가內部로報告ᄒᆞ기를咸興城內에年來로寓留ᄒᆞᄂᆞᆫ日本商民이恰爲千餘名인ᄃᆡ前月에ᄂᆞᆫ本郡守와駐箚日憲兵隊長이交涉事項을處辦ᄒᆞ더니自元山港日本理事廳屬津田氏가來到ᄒᆞ야居留民事를處辦ᄒᆞᆫ즉我政府에셔도外交事務官을特爲派分ᄒᆞ라ᄒᆞ얏다더라

●巡事別巡 警務顧問部에셔各署에刑事別巡査를擇置ᄒᆞ얏다더라

●龜山參會 再昨日政府會議에ᄂᆞᆫ內部協辦[illegible]氏가龜山警視(內部參與官)를帶同參會ᄒᆞ얏다더라

●警署經費 內部에셔警察署設施事件으로經費를豫外에支急支出ᄒᆞᆯ事로度支部에照會ᄒᆞ야政府에請議ᄒᆞ얏다더라

●體貌肆貪 稷山郡守李範緒氏ᄂᆞᆫ在任以後에行政肆貪이去益甚蜀ᄒᆞ더니犯逋私鑄ᄒᆞᆫ罪로押囚ᄒᆞ야ᄡᅡ가逃察ᄒᆞᆫ奸吏兪鏡禹를締結ᄒᆞ야每結에十兩式加斂分食ᄒᆞ고稱以窩技ᄒᆞ야討食條一千兩이오庖稅及皮稅處勒肘條가千五十兩捧民陷罪ᄒᆞ고射索錢이千餘兩이故로民間이齋聚ᄒᆞ야呼冤이沸騰ᄒᆞ다더라

●選英設校 北署壯洞居金重演氏가自費에學校를設立ᄒᆞ고名稱을選英이라校로定ᄒᆞ얏ᄂᆞᆫᄃᆡ校長柳鎬燁氏와敎師金重演氏가熱心敎授ᄒᆞᆷ으로學徒가亦皆勤勉做工ᄒᆞᆫ다더라

●巨民呼泣 慶南收租官李淑永氏가觀察署理晋州郡守와扶同ᄒᆞ여曾往巨濟郡同經理院土를甲乙兩年川浦災結을勒捧ᄒᆞ야更徵次로發訓府備ᄒᆞ여民水督刷ᄒᆞᄂᆞᆫ故로民皆呼泣ᄒᆞ야呈訴次로幾十名이遠足上來ᄒᆞ얏다더라

●大官任用 前參政大臣申箕善氏가起用ᄒᆞ얏ᄂᆞᆫ文官任用令을政府에셔更施次로相議中인ᄃᆡ判任官은勅任官이公薦ᄒᆞ고奏任官은親勅任官이公薦ᄒᆞ고勅任官은親任官이薦奏ᄒᆞ기로磨鍊ᄒᆞ얏다더라

●但有銓權 從今以後地方官은銓考實施ᄒᆞᄂᆞᆫ故로各部協辦及地方局長으로委員을差定ᄒᆞᄂᆞᆫᄃᆡ委員은銓考權만有ᄒᆞ고薦人ᄒᆞᄂᆞᆫ權限은無ᄒᆞ다더라

●經議上奏 政府의셔經議上奏ᄒᆞᆫ觀察使부터裁判叙任이되고其餘一束은次第裁下ᄒᆞ신다더라.

●地方制度細則 內部地方制度調査所의셔ᄂᆞᆫ制度改正을擬ᄒᆞᆫ故로諸般細則을磨鍊ᄒᆞ며라

●議案可決 再昨日政府會議에ᄂᆞᆫ諸案이昨報와如히皆可決ᄒᆞ야昨日內部와度支部에奏本州有亂에觀察使와慰諭使를派任ᄒᆞ얏다더라

●慰諭災民 今番大潦에忠淸南北道가偏被其害ᄒᆞ야家合漂頹와人命渰死가不知其數에滿目慘ᄒᆞᆫ지라政府의셔奏本ᄒᆞ야忠淸南道慰諭使로洪州郡守劉猛氏ᄂᆞᆫ北道慰諭使ᄂᆞᆫ鎭川郡守李鶴徵氏로奏差ᄒᆞ얏다더라

●靑會討論 今日土曜下午八點鐘에基督敎靑年會에셔爲國之道ᄂᆞᆫ以修가勝於外交란問題로討論ᄒᆞᆫ다더라

●四 士 函 開

雅惠子ᄂᆞᆫ海西人이라本社에寄書如左ᄒᆞ니

方今我韓國權이墮失ᄒᆞ고民智가淺昧之際에何幸[illegible]紙刊發刊以後로一般國內人士가十分憤勵ᄒᆞ야敎育에熱想과愛國에血誠이感發ᄒᆞ야各種社會와學校가比比創設ᄒᆞ야不出數年에庶幾之望을養成ᄒᆞᆯᄂᆞᆫ것은莫非貴報가士氣를鼓發ᄒᆞᆫ陰德이니感謝無地이오며蹄開ᄒᆞ옵ᄂᆞ니該惑未解者數條를有ᄒᆞ오니

一은一進會라此會가年前에發四大綱領으로目的을合ᄒᆞ야團結成立ᄒᆞ오미國人에以爲國立된民權을成立ᄒᆞ며國家를安保ᄒᆞ리라ᄒᆞ얏더니畢竟은國權을外人의게讓與ᄒᆞ기로宣言을先唱ᄒᆞ고國民敎育會와自强會ᄂᆞᆫ國家를保全ᄒᆞ기ᄂᆞᆫ社會인則宜當組織會를組織ᄒᆞᆫ데인ᄃᆡ反히攻擊ᄒᆞ고下士會員은不美에行動이種種有之ᄒᆞ오黃海道文化郡等地에金礦을開拓ᄒᆞ기에認許ᄒᆞ야엿다ᄒᆞ고礦軍數百名을率來ᄒᆞ여人民을毆打ᄒᆞ고糧食을勒奪ᄒᆞᄂᆞᆫ즁坊長一人은重傷을被ᄒᆞ며不得坐臥ᄒᆞ며安岳北面等地에ᄂᆞᆫ會員이日人에貿土ᄒᆞᆫ關係ᄒᆞ며[illegible]民을煽動ᄒᆞ야[illegible]으로外國[illegible]地ᄂᆞᆫ外人의게無價乾沒ᄒᆞ기ᄒᆞ며注浥放賣ᄒᆞ야其下氓이不勝悁ᄒᆞ여장차放賣慈로結卜ᄒᆞᆫ者多ᄒᆞ니一大怪變이오

一은國民新報第一百十九號에韓國과日本에關係라ᄒᆞᆫ問題概意의我韓은附依淸不可ᄒᆞ고附日이可也라ᄒᆞ엿스니是何妄說고我韓人은何日이라도豈必附俄淸附日이리오此說은自國思想이無ᄒᆞᆫ줄可知ᄒᆞᆯ것이며第一百三十二號에大東報를評ᄒᆞ야日虛妄이라ᄒᆞ며評ᄒᆞ야曰類狗라ᄒᆞ며論[illegible]甚ᄒᆞ니

此一進會와此國民新報ᄂᆞᆫ眞是我韓人員이主唱創立ᄒᆞᆫ者 아니오必是外人이我韓人民으로奴隸心을養成ᄒᆞ며日日國人의歐人ᄒᆞ야將此二千萬 族으로滅種코ᄌᆞᄒᆞ려ᄂᆞᆫ酷虐的手段으로創ᄒᆞᆫ乎ᄒᆞ이와此愚昧之心의疑訝未解ᄒᆞ야敢陶於高見ᄒᆞ오니此一進會와國民報의眞僞實跡을詳細說明ᄒᆞ야使此愚迷子로解覺케ᄒᆞ시옵千萬伏祝이라ᄒᆞ엿더라

雜報

●遼東報時評續載 중國立憲之嘉音이甫布全球世界홈이日人이大爲震動에如刃刺心ᄒ야異口同聲으로讚言ᄒ되中國立憲之期가尙早라民間文化未開ᄒ고程度猶低ᄒ니宜先著光敎育ᄒ야俟其漸進文明然後에再行憲法이니否則非徒無益이오且受其害라ᄒ야彼中新聞各社가鼓其如簧之舌ᄒ야長篇大論홈지라且謂중國皇太后가素號聖明ᄒ니此次에若臨皇上의施行憲法이면實爲大錯이라以理言之면應先將各種弱藥ᄒ야徐徐更張이니至更張一切ᄂᆞᆫ均宜遵日本指授ᄒ야悉心咨詢이라야方爲正當辦法云ᄒ니此等言論은殊屬타ᄂᆞᆫ라日人이嘗宣言ᄒ되欲植중國於ᄒ西文明之域이라ᄒ더니乃今者에中國이方欲방行憲制ᄒ거ᄂᆞᆯ日人이不但不贊成이라反首出阻碍히니是ᄂᆞᆫ日人所行이非所言이오另有所圖也라彼欲化華爲日ᄒ야使伏於權勢之下平아然이나試回首一憶歷史컨되恐中國이未爲日人所化오反使日人으로竊染중國之習이라ᄒ노라如滿洲ᄂᆞᆫ非併탄中國者리오마ᄂᆞᆫ今則盡其習俗ᄒ고悉化爲華人ᄒ니此其證也라然則日人이殆未必出此策이오必其제중國之永不對壘而終於闇弱也라以중國이久處昏闇柔弱之地ᄒ면彼可侮弄之迫脅之ᄒ야逞所欲爲에以圖已利라故로不願중國之實行憲法이니若憲法이一立ᄒ야君民共主之政이行ᄒ면現在政府와ᄀ치驅而敗之ᄀ不能ᄒ지라日人이現에不特所許各省ᄒ야不能實踐이잇더라

特別

特別特別特別特別

本報를購覽하시ᄂᆞᆫ各地方 僉君子ᄂᆞᆫ本報價先朔자신金額이盡하오면停送하ᄂᆞᆫ規例를已所洞亮하시ᄂᆞᆫ바어니와請求繼續하옵ᄂᆞᆫ厚意를表謝하와繼續送하오나遠近地方間代金換送하시ᄂᆞᆫ方策을姑未確知하시와或至幾朔未納이시니購覽하시ᄂᆞᆫ 僉君子에悶燥ᄒᆞᆫ不啻라本社經用에되옵ᄂᆞᆫ拮据홈이不하와茲以仰佈하오니幾朔條未랍하신 僉君子ᄂᆞᆫ該代金을貴附近地郵便局이나或出張所에情送하시면本社로랍付케하ᄂᆞᆫ方便이有하오니諒燭하옵서從速換送하심을切望홈

大韓每日申報社

社告

야其無禮之行爲가至國際之儀式ᄋᆞ지亦皆弁棄ᄒ야日著其奸險政策之証據ᄒ니[illegible]乘人國之不立憲法故로得橫行無忌라今皆明目張膽ᄒ야阻全國之進步ᄂᆞᆫ蓋欲達其탄噬之目的일식遂不惜犯天下之大不韙ᄒ고出此熒惑之習也라ᄒ다라

●義倅教育 義州郡守金璉植氏ᄂᆞᆫ教育上注意로境內二十三面에無論平民教會民ᄒ고其중有志者를請邀하야至今우리韓國情形에學校를設立ᄒ야教育進步ᄒᆞᄂᆞᆫ거시有益ᄒᆞᆫ理由一를場說明ᄒ고各面에告示ᄒ야新학問으로학校를設置ᄒᆞᄂᆞᆫ거시便利ᄒᆞᆫ方針으로勸論ᄒ며所謂誠隍堂은徒受散拜而使民迷信케하ᄂᆞᆫ故로一切斫伐하야新建학校에材木으로入用케하며以其沈病之餘로各面新設학校를觀察하야教育上에合當ᄒᆞᆫ義務를擔[illegible]하고境內各處에可히新학問教師될만ᄒᆞᆫ者를聘致ᄒ고傳道室로會集하야師範학課를勉하니闔境士民이胥皆感奮하야實有興旺之望이라더라

●普光擴張 普光學校長李址鎔氏가校務를一新擴張ᄒ고高等普通科를特設ᄒ야成年子弟를多數廣募ᄒ야教授ᄒ다니教育에有志홈을진셜노攢賀ᄒ려니와成年子弟로爲先教育ᄒ야後日青年에模範을作케홈은時務에서에適宜홈은一般교育界참教育熱心家라고莫不欽歎ᄒ다라

●果則良吏 南來人의傳說을聞ᄒᆞᆫ즉長城郡守[illegible]均氏가葉錢加計로除給結錢ᄒ고査出隱災ᄒ야均減戶布ᄒ며訟無冤民ᄒ고刷不廢差ᄒ니吏畏廉公ᄒ고民懷慈惠라ᄒ더라

●安牛義擧 北美桑港에서發ᄒᆞᄂᆞᆫ韓人의共立新報를據홈즉우리를닌드에留學生安昌學氏가該新報社에寄書가如左ᄒ니北美韓人共立協會總會에서今年放學時에本生에優待를調査ᄒ야賞與金을頒給ᄒ시ᄂᆞᆫ데生도優等에參預가되야賞金五圓을承受ᄒ엿ᄉ옵고本會를爲ᄒ야萬歲를慶賀ᄒ오며生이비록貧寒ᄒ나右錢을分分히虛費ᄒ기를絶覺지안코本國新聞社와貴社에平均히補助ᄒ기로決心ᄒᆞᆫ故로貴社에一圓을補助ᄒ오니照領ᄒ라ᄒ얏ᄂᆞᆫ되該新報社에서賀意를表ᄒ야曰安昌學氏의工夫ᄒᄂᆞᆫ바ᄂᆞᆫ다만自己一身만爲ᄒ야工夫홈이아니오實노國家와同胞를爲ᄒ야工夫ᄒᄂᆞᆫ學生이라ᄒᆯ지로다氏의年이二十에未滿ᄒᆞᆫ데如此ᄒᆞᆫ知識을抱ᄒ얏스니日後에ᄂᆞᆫ크게成功ᄒᆯ줄노信ᄒ노라ᄒ얏더라

廣告

東國歷史 普通教科國漢文一秩二册定價新貨一圜十戔
法蘭西新史 四十錢
淸國戊戌政變記一秩 一圜
政治汎論 一秩二册一元廿錢
越南亡國史 一册三十錢
法國革新戰史一册 三十錢
大韓輿地圖一張 十七錢五里
世界全圖一張 三十七錢五里
大韓地誌一秩 七十五錢
牧民心書一秩 一圜二十五錢
萬國地誌一秩 一圜
尺牘完編一秩 一圜五十錢
憲政新編一册 五十錢
法學通論一册 一圜
溫故知新堂叢抄 七錢五里
父師必독小學指남 七錢五里
人工養蚕一册 十五錢
世界之政治 一册五十四錢
家庭雜誌一 十錢
進明彙論一秩 三十五錢
交際新禮一秩 十八錢

[illegible]門下金相萬冊肆
大韓每日申報社

花春丹은 霍亂 吐瀉 腹痛
滯症 暑症 정忡 神眩 鬱
痰盛 醒酒船暈 咳嗽 痢질
口味업ᄂᆞᆫ諸症의神效ᄒᆞᆫ藥이오
此外에도洋灰水解毒藥 唐창
疳瘡 蛔虫 寸虫 赤白면風
藥과東西洋藥이俱備ᄒᆞ고他病
도隨問出方ᄒᆞ오니 僉位ᄂᆞᆫ枉
臨ᄒᆞ시옵

皇城校洞石井洞下隅
石泉堂藥局 告白

以上三種은上品으로製造ᄒᆞ야衛生上에至極有益ᄒᆞ니毋論某人ᄒᆞ고本에來臨ᄒᆞ옵

大韓帝國仁川港
濟物浦紙卷烟及烟草會社

一 鷹標罐濃詰牛乳
一 金印罐詰濃結牛乳
一 [illegible]雙家用氣化乳酪
一 쎄ㅣ든쓰製造麥芽化合牛乳

以上은常時에貯積ᄒᆞ얏숩
美國紐育港쎄ㅣ든쓰濃結牛乳會社

一手代理店
大韓仁川港
世昌洋行

●九轉靈砂라 本人이妙方으로[illegible]ᄒᆞ야[illegible]인ᄃᆡ男女老少에無論何病ᄒᆞ고[illegible]ᄒᆞ며無病ᄒᆞᆫ者라도[illegible]ᄒᆞ면平生의壽域가健康ᄒᆞ며小兒의[illegible]에[illegible]病ᄒᆞ기專擔保ᄒᆞ오며
●九轉靈砂萬病丹은[illegible]
●九轉靈砂保命丹은初生小兒[illegible]疾에神効ᄒᆞ오
●九轉靈砂濟衆丹은酒滯 食滯 血滯 吐瀉 霍亂 [illegible]般痢과婦人帶下症에神効ᄒᆞ며
●九轉靈砂保命丹은[illegible] 吐血 下血 運氣 時疾 痢症에神効ᄒᆞ오
●九轉靈砂濟衆金丹은痔漏 腸[illegible] 上痔瘡 下痔瘡及唐瘡과諸般瘡腫[illegible]에無不神効ᄒᆞ오니 僉君子ᄂᆞᆫ來問ᄒᆞ시오
內需司前노갈이골上隅第一家 李鶴廷 告白

◎本社廣告

申報價
一張代金 新貨二錢五里
一箇月前納 三十錢
三箇月 九十戔
六箇月 一元七十戔
一箇年 元四十戔
郵稅一部 新貨五里
一箇月 十三戔

廣告料
四号活字十三字詰
每日每英尺一寸에新貨廿五錢
(每日每行에六錢에相當홈)
其期限의長短과字行의多少를依ᄒᆞ야增減홈이有홈

◎大韓每日申報各處支社廣告
中署布屛門下 金相萬冊肆
洞口內[illegible] 朱翰榮冊肆
中署[illegible]洞入七十八統第二戶 [illegible]
仁川[illegible]新冊肆 李東主
平壤南山峴日新學校 金浩淵
[illegible] 鄭叙恒
宣川邑[illegible] 安濬
義州南門外[illegible]大韓廣張有寬
長連邑 金[illegible]
[illegible]南浦[illegible]洞 金仁집
[illegible]興州南社 曺喜林
中和邑 李俊培
釜山佐川徐[illegible]房 金灌俊
開城北部梨井里[illegible] [illegible]
校副[illegible]長 姜助遠
大丘郡 達城廣文社
鎭山邑內 安主
元山港倉[illegible] 金乃範

發行兼編輯人 英國人裵說
發行所
京城中署壽進坊[illegible]洞号外地法語學校前
大韓每日申報社

第四卷 第三百廿九號

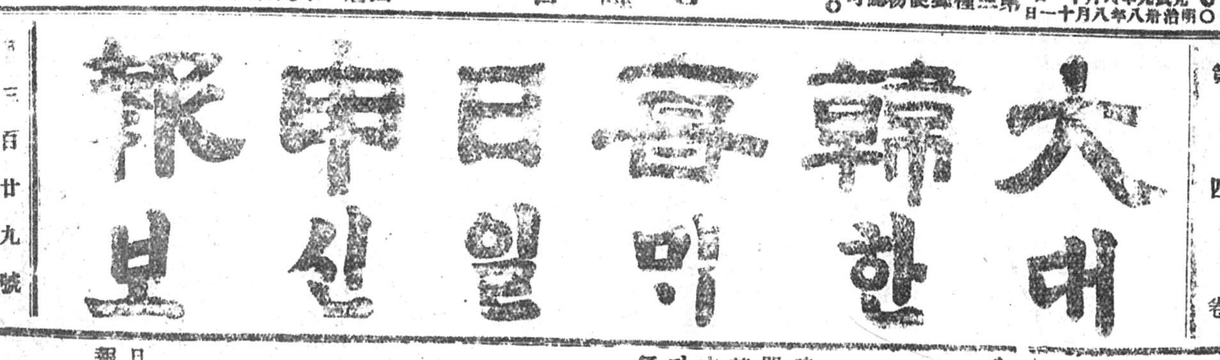

月曜及慶節歲時日休刊

檀君開國四千二百三十九年
箕子元年三千二十八年
大韓開國五百十五年
日本明治三十九年
淸國光緖三十二年
◉陰曆丙午八月大初六日庚午

論說

憂論日本政治

昨日本報論說에日本文武兩派間의怨嫌問題를記述호얏더니著名혼東京一新報를今接호건디本報와同一혼決論을已陳호얏도다伊藤侯의速還東京호거슬關係혼同報記述이如左호니

伊藤侯의今要東京之行이豈特爲其閒養이리오蓋文武政黨間에摩擦力이到今極烈호야國務上에武官干預가如彼堅固홈이現任韓大臣의게同侯의勸告홈거시全歸虛地일뿐더러西園寺侯도忘却此勸告홈을表示홈이라幾箇人이如右事勢를恨歎호야伊藤元老의智能으로此政界에吸生新空氣호기를希願홈으로如此局勢를私自通告于同侯호야還國홈을要請홈이니同侯還歸後에と政界에幾許必要變更을可望이로다

且外部大臣辭職을關係호야同報論述이如左호니

今此大臣의重疊歷力홈은外交事務에不少호고本部以外에潛伏혼困難이多端홈이라此事實이同大臣被任以來로常貽苦惱호얏스니前任大臣의去官도由此同一事實인듯호도다然則强使此兩大臣으로相續辭職케호と其困難事情이維何오無他라惟其武官黨派의壓力이로다

推其風說컨디今此大臣의辭職이關東政府의一顧問官問題로由호야自己意見이同僚의게見斥홈이라云이나此と形式上口實而已요辭職實因은非止於此니武官壓力이多有호고로同大臣이滿洲事를自己始營과如히處理호기에十分無力홈이是乃確實理由로다

其事勢의細目을非不聞之언마と此를傳布於公衆홈은國之利益에有害홈을認悉홈으로今玆停筆호노라호얏고

且同報의結言혼希望은外部大臣이政策後運을欲救호야辭職形態를强硬케홈거시러라

今日韓國事가日本政策에大有所關호엿슨즉韓人意見으로觀之컨디未決不確혼現今情形의歸決되기를希望호나韓國之變ㅣ確無自救之力이오征服된現今形態를欲避호야他一戰징이나或有力혼外交干涉이再整現局호기를但望而已여날此兩大事가未成홈으로韓人이到今호야는取自國者ㅣ何人이며已有權力範圍의何如홈거슬確知호と도다

此國現形이最甚不安호야自四方馳報호と散在義援의排外運動을制止之策이甚少홀지라事至此境故로本記者는日本政客이速決異見호야韓國內日本政策도連次決定호기를希望호노라

對此韓民호야何人이治轄홀것과何如히治轄홀거슬確答홈이猶勝也니現今未定情形이官人의게不穩홈과事業人의게無心홈과現在內閣大臣及日本現政下受議人의게不眠之夜를資與호と도다

官報

●三千五百六十五號 光武十年九月二十二日

◉宮廷錄事

景孝殿提調李載克辭職疏批旨省疏具悉所辭令儘之任依施

◉敍任及辭令

九月十九日

○白炳璋 白炳元 李炳儀 金鶴奎 李宗烈 尹鎡鍚 李燦葉 桂昌旭 河南植 韓基道 金明玉 趙得和 金玲煥 金宗煥 孫乾植 金顯鉉 文錫觀 朴正熙 桂行者 鄭道一 崔炳斗 鄭行範 金京求 韓尙俊 李元益 任農商工部技手 右는實業卒業人 以上九月十八日○命시講院詹事 掌禮院卿閔京鎬○命掌禮院卿 宮內府特進官李道宰○命奉常司提調 秘書監丞丕經九○命秘書監丞 慶尙北道觀察使李灝鎔○任度支部技手 金鍾烈 右는該員이本部測量見習生으로測量技術에今旣하熟이기技手를敍任홈이라

◉部令

學部令第二十號

師範學校令施行細則 속

第十一條 교授日數는每학年二百日以上으로홈이라試驗과修학旅行호と日數는前項日數에算入치아니홈이라

第十二條 休業日은左와如홈이라

但特別혼理由가有혼時의는학部大臣의認可를受호야休業日을增減홈도得홈이라

萬壽聖節 一 千秋慶節
開國紀元節 一 興慶節
繼天紀元節 一 日曜日
春季休業 四月一日로부터同月十日々지
夏季休業 七月十一日부터八月卅一日々지
冬季休業 十二月卄九日로부터翌年一月七日々지
寒食前日로부터寒食日々지 秋夕前日로부터秋夕日々지
陰曆十二月卄日로부터翌年正月初三日々지

第十三條 凄蔵科及講習科는夏季及冬季休業期間을不拘하고授業홈을得홈이라

第十四條 傳染病의預防과非常혼災變과其他特別혼事情을因하야休業의必要가有혼時의는學校長이학部大臣의認可를受하야臨時休業홈을得홈이라 未完

外報

◉香港暴風災 十八日香港近海에서颶風이卒起來호야被害甚多호니瀛船은沈沒者六隻坐礁者十九隻破損者十隻이오小蒸瀛船之沈沒破損者數十隻이오支那木船이四千餘隻中沈沒破損者半數以上에達호얏と디溺死者二千名이오損害額이二百萬弗이라호얏고또棧橋と全部破壞호야貨物의積載及下陸을停止호얏다더라

◉英帝慰問 倫敦電을據혼즉英國皇帝陛下씌서香港災變에對호야慰問電을送호셧다더라

◉禁烟勵行 北京電을據혼則淸國皇帝陛下씌서鴉片의弊害를除호기爲호야十年以內에禁烟을勵行홀디인디政務處에論호야栽培監檢事實法施行의規則을審議케혼後上諭를發布호다더라

◉三大臣歷訪 淸國의戴澤端方戴鴻慈의三大臣이各國에巡遊혼時에其官民間에厚意를受혼故로此를致謝키爲호야各國公使館에訪問호고面會호야感謝를呈호얏다더라

◉波蘭의大慘狀 波蘭시도라에서는虐殺及掠奪의慘狀이三十六時間을繼續호야死者百名과負傷者三百名인디猶太人의部落을掠奪호고耶蘇教徒는其家屋에十字架를懸홈으로掠奪을免호얏스나一千名의猶太人을捕縛호야毆打호얏다더라

雜報

●李事審問 李世稙匿事件의審問은昨二十一日平理院으로移ᄒᆞ고公判ᄒᆞᆯ터인ᄃᆡ期日은目下에未定이라더라

●平壤視察 伊藤統監이本月末이나來月初를期ᄒᆞ야京義線으로視察途에就ᄒᆞᆯ터인ᄃᆡ村田岡兩少將과古谷秘書官外二三氏가隨行ᄒᆞᆫ다더라

●採礦請願 昨二十二日統監府에礦山採掘로請願書를呈ᄒᆞᆫ者가日本人이百七十三名이오타外國人이十名이라더라

●駐淸公館 駐淸公館에保管ᄒᆞᆫ前駐淸公館을駐淸日公使에게委任ᄒᆞ야保管케ᄒᆞ얏다더니保管費二百四十元을統監府에서請求ᄒᆞ야政府로公文ᄒᆞ얏다더라

●銓考薦規 銓考應試者를各有公薦ᄒᆞᆫ다ᄂᆞᆫᄃᆡ親任官은三人式勅任官은二人式奏任官은一人式公薦ᄒᆞ기로勵鍊ᄒᆞᆫ다더라

●長谷川司令北行 長谷川司令官이今廿二日에京釜一番列車로年田參謀長과藤田野部長과松谷齊藤兩參謀와太和田、武藤兩副官外主計二名과軍醫獸醫各一名이隨ᄒᆞ야北韓巡視途에上ᄒᆞᆫᄂᆞᆫᄃᆡ最初에鎭海灣要塞地를檢閱ᄒᆞ고釜山과元山으로出ᄒᆞ야咸興鏡城會寧等地를巡視ᄒᆞᆯ터이오往復日數ᄂᆞᆫ約一箇月로預定이라더라

●義監賑恤 義州通信을據ᄒᆞᆫ즉監理李民溥氏가區內貧民을朝暮視察ᄒᆞ야如己家口ᄒᆞ고或錢或米로救恤이許多ᄒᆞ더니市民趙吉福은年當三十에貧未成婚ᄒᆞᆫ거ᄉᆞᆯ矜惻이녀겨金貨十元을惠給ᄒᆞᆫ거ᄉᆞᆫ一境이共賀ᄒᆞᆫ다더라

●李奸綻露 慶興監理張起淵氏가向日警務署에被囚ᄒᆞᆫ事가有ᄒᆞ얏거니와該署主事李喆榮氏가日語에知熟ᄒᆞ야日本官憲과符同ᄒᆞ야張監理를搆虛날誣ᄒᆞ되公貨를隱匿ᄒᆞ얏다ᄒᆞᆫ奸狀이綻露無餘ᄒᆞᆫ지라該署査報로政府에셔李主事를免官ᄒᆞ얏다더라

●又送委員 京義鐵道에犯入ᄒᆞᆫ平壤地段은漢城府尹朴義秉氏가向日調査以來로地段價額을內部에서統監府와方在交涉ᄒᆞᄂᆞᆫ中이어니와義州鐵路犯入地段을調査ᄒᆞ기爲ᄒᆞ야政府에서上奏ᄒᆞ고調査委員을朴義秉氏로又爲差定ᄒᆞ얏다더라

●龜城興學 平北龜城郡守尹錫弼氏가該郡境內에所設學校를調査ᄒᆞ야學部로報告ᄒᆞ얏ᄂᆞᆫᄃᆡ學校가二十二處、敎師二十二人、學徒가一千三百八十七人이오學校留財가七萬二千四百七十一兩九錢六分이오田이九十五日耕이오畓이一百五十八斗落이오柴山이四處이오收賭ᄒᆞᄂᆞᆫ小米가二百十七斗오豆가二十六斗인ᄃᆡ留財錢은以三分利子로取殖ᄒᆞ야一般經費를支用ᄒᆞᆫ다더라

●局長辭職 法部民事局長李容世氏ᄂᆞᆫ身病으로請由在家ᄒᆞ야跨月調理ᄒᆞ되病勢ᄂᆞᆫ有加無減ᄒᆞ고由限은已過으로昨日에辭職請願書를提呈ᄒᆞ고上奏免官ᄒᆞ라ᄒᆞ얏다더라

●法農聯署 法部에셔土地建築物에關ᄒᆞᆫ賣買或典當賃租讓與의法則을規定ᄒᆞ야將次政府에請議ᄒᆞᆯ터인ᄃᆡ該請議書에農商工部大臣이聯署ᄒᆞᆷ을청ᄒᆞ얏다더라

●會計奔忙 內部會計局에셔ᄂᆞᆫ地方官制改定에對ᄒᆞ야其經費釐正과明年度預算調停ᄒᆞᄂᆞᆫ文簿가極甚浩大ᄒᆞ고限期且迫ᄒᆞᆷ으로該局長以下課員이達夜勤務에可謂眼鼻莫開라ᄒᆞ더라

●地方警務의職權 內部에셔地方警務及職權을製定ᄒᆞ엿ᄂᆞᆫᄃᆡ警察에重大ᄒᆞᆫ事項은觀察使의指揮를例承ᄒᆞ거니와巡檢進退賞罰配置募集敎習과管下摠巡擬事處理와摠巡以下派遣은隨時報告ᄒᆞ고高等警察上에對ᄒᆞ야必要가有ᄒᆞᆫ境遇ᄂᆞᆫ警務官의姓名으로各地方官에게照會ᄒᆞ고又ᄂᆞᆫ通牒ᄒᆞ라ᄒᆞ얏다더라

●參내闕仕 내部大臣李址鎔氏ᄂᆞᆫ昨日 皇太子妃再揀擇에入參ᄒᆞ기爲ᄒᆞ야該部에ᄂᆞᆫ仕進치못ᄒᆞ얏다더라

●結卜蕩減 平壤觀察使李容善氏가鐵道犯入ᄒᆞᆫ地段을調査ᄒᆞ야爲先中和平壤順安永柔肅川安州等六郡의鐵道犯入ᄒᆞᆫ結卜을度支部로照會ᄒᆞ야永爲蕩減ᄒᆞ야使多民頌德케ᄒᆞ라ᄒᆞ고內部에報告ᄒᆞ얏다더라

●現無立葬 靑陽郡에派駐ᄒᆞᆫ警務顧問分派所를以該郡郡記廳으로定ᄒᆞ고警務補助員由士實房이修理費四十圜支出ᄒᆞ기를屢次懇求ᄒᆞᆷ이該郡守ᄂᆞᆫ내部에청撥ᄒᆞ얏ᄂᆞᆫᄃᆡ내部ᄂᆞᆫ該郡經費以外에地方土木費가現無立葬ᄒᆞ니莫可遂議라ᄒᆞ얏다더

●訪問熱心 李根澔氏ᄂᆞᆫ近頃에每日伊藤統監官邸로訪問ᄒᆞ다더니昨日上午十時의도統監을訪問歸來ᄒᆞ얏다더라

●病院基址價額 伊藤統監主議로大韓病院을東署馬登山에設實ᄒᆞ야赤十字病院과廣濟院을合併ᄒᆞᆫ다ᄂᆞᆫᄃᆡ該基地四標圓形과標線내犯入ᄒᆞᆫ家舍土地를兩回조量에調査圖ᄒᆞ야漢城府에셔내部에繳佫ᄒᆞ고其價額을支撥ᄒᆞ라ᄒᆞ얏ᄂᆞᆫᄃᆡ該犯入家屋與地段總價額이二萬五千六百五十五兩八十錢에라더라

●判事免任 醫務顧問에被拘ᄒᆞᆫ平理院判事太明軾氏ᄂᆞᆫ히免ᄒᆞ고其代에ᄂᆞᆫ法律起草委員朴晚緖氏가被任ᄒᆞ고該院主事朴有觀氏ᄂᆞᆫ判事署理任ᄒᆞ얏다더라

●地段價支撥 南門外瓦署沙村里及龍山坊等地日本軍用地區域內에日本軍用鐵道停車場基址로犯入ᄒᆞᆫ人民所有家屋田畓에移轉料金額一萬九千八百八十三元八十五錢을自漢城府로再昨日에一幷支撥ᄒᆞ얏더라

●美師講導 基督靑年會에서今日下午四時에福音會를開ᄒᆞ고美國醫師韓大衛氏가講導ᄒᆞᆫ다더라

●股金勒募 咸鏡北道鏡城來信을據ᄒᆞᆫ즉農工銀行事件에對ᄒᆞ야財務顧問官이商民과農民을招致ᄒᆞ야銀行事를說明ᄒᆞ고株金을募集ᄒᆞᆫ다ᄒᆞ니該地ᄂᆞᆫ日俄開戰時에卽其戰場基址라人民이蕩散ᄒᆞ얏다가今始還鄕에農業商業이擧皆不實ᄒᆞ야殘命을難保ᄒᆞᆫ中에財務官이觀察使와郡長을挾ᄒᆞ야抑勒으로排定ᄒᆞ고비록實家實田이라도期於排당ᄒᆞ라ᄒᆞ고威脅이滋甚ᄒᆞ니本銀行規則에도志願者로ᄒᆞ게ᄒᆞ고各新聞에도志願ᄒᆞᆫ者로ᄒᆞᆫ다ᄒᆞ얏ᄂᆞᆫᄃᆡ如此히창夷凋殘ᄒᆞᆫ인民을對ᄒᆞ야强行勒募ᄒᆞ니將來利益은尙矣요當場困難ᄒᆞᆫ景狀은可謂雪上加霜이라ᄒᆞ더라

●敎微官慶祝 開城府士民들이萬壽聖節慶祝ᄒᆞ기爲ᄒᆞ야自士林中으로爲發起ᄒᆞ고一府를會同ᄒᆞ야無前盛宴을敬德官에開催ᄒᆞ고本府尹과日本官憲과各學徒와[illegible]ᄒᆞ고大小人民이咸集ᄒᆞ니[illegible]人이라士林代表梁在[illegible]氏가開會趣旨를演說ᄒᆞ고府尹[illegible]永[illegible]氏의祝 聖愛國辭를[illegible]ᄒᆞ고各學徒ᄂᆞᆫ祝歌를合唱ᄒᆞ고萬歲를三呼ᄒᆞᆫ後에食禮를行ᄒᆞ니官紳參差에四面國旗ᄂᆞᆫ風外에高揭ᄒᆞ고供帳羅列에一[illegible]은座上에凝結이오仙樂融融 氣藹藹ᄒᆞ니誠爲千古盛事라各學校學徒가摠五百五十人인ᄃᆡ是日夜에各其提燈ᄒᆞ고官衙로齊集ᄒᆞ니開城支堂은一제毬燈을聯結ᄒᆞ고培義학徒百餘인은一제紙裝帽에氣像이一新ᄒᆞ고各京의塾과司令部夜학校은萬歲燈을高揭ᄒᆞ니色色烽燈에依如火珠明星이라本府尹이盛設茶果ᄒᆞ고奏樂立食ᄒᆞ後通衢大道로聯絡往來ᄒᆞ며慶祝歌와萬歲를唱ᄒᆞ야徹夜不絶ᄒᆞ니謝感이素稱忠孝之鄕으로苑興士風을頗有可觀이라더라

●開校復進 萬壽聖節日에進敎育會에서本校學員을請ᄒᆞ여慶祝ᄒᆞᆯ時에會中諸人은咸合竹長臥ᄒᆞ고推窓笑視ᄒᆞ야無禮特甚ᄒᆞᆫ故로二敎사中朴齊恒가自退請願ᄒᆞ엿더니諸學員이一齊請願曰此敎사가以我等으羞恥로請願ᄒᆞ엿스니我等도願退學ᄒᆞ고若非此敎사復來면不可受業於타人이라ᄒᆞ야近六日停學ᄒᆞ엿ᄂᆞᆫᄃᆡ會中任員이違日來校ᄒᆞ야敎사와학員의게萬端謝過ᄒᆞᆫ故로朴齊恒氏가日前브터視務ᄒᆞ고학員도從以復進ᄒᆞ얏다더라

●借室課學 工數所專門學校學徒들이校舍가無ᄒᆞ야洞口內普光學校放學之暇에暫借ᄒᆞ야ᄒᆞ고前宗正院直房을宮內大臣의게請認ᄒᆞ야前에已得이니와其間數朔에如許ᄒᆞᆫ許諾이無ᄒᆞᆫ즉大臣의敎育上業을爲然視之ᄒᆞᆷ인지障碍之事가有ᄒᆞᆫ지該敎任員의多數晝夜希望ᄒᆞ다가遽然히光徒의開학을爲ᄒᆞ야該工數학校은居接ᄒᆞᆫ處가無ᄒᆞ야數二朔을彷徨道路ᄒᆞ더니該學監鄭鎬覓氏曰校舍ᄂᆞᆫ아즉區處ᄒᆞᆫ介가無ᄒᆞ고學徒의團聚ᄂᆞᆫ또ᄒᆞᆫ解散케ᄒᆞᆷ이不可ᄒᆞ니吾家의房이雖是狹窄이나吾의家眷은移于越房ᄒᆞ고學徒ᄂᆞᆫ內房에셔居接ᄒᆞ며ᄒᆞ다가數月間에何히區處를圖鍊ᄒᆞᆷ이可ᄒᆞ다ᄒᆞ고內房을灑掃ᄒᆞ야勿廢學케ᄒᆞ니一般任員과學徒가鄭氏의盛意를感謝不已ᄒᆞᆫ다더라

雜報

競爭의平安

共立新報의論說을接讀ᄒᆞᆫ즉可히韓國民習에對ᄒᆞ야警醒ᄒᆞᆯ만ᄒᆞᆫ故로玆에謄載ᄒᆞ노라

東西洋人들이言ᄒᆞ기를韓國人은競爭心이無ᄒᆞ고平安히生活ᄒᆞ기를甚好ᄒᆞᄂᆞᆫ人이라ᄒᆞ니此言이韓人을稱譽ᄒᆞᆫ言이아니오韓人은目도無ᄒᆞ고耳도無ᄒᆞ고骨도無ᄒᆞ고想覺도無ᄒᆞᆫ微物이라指目ᄒᆞᆫ거시니此言을聞ᄒᆞᆷ이憤을忍치못ᄒᆞᆯ것도다

各國人들은各各好勝之癖으로此人은彼人보다優勝ᄒᆞ기를競爭ᄒᆞ며此國은彼國보다優勝ᄒᆞ기를競爭ᄒᆞ되誰가我國의獨立을侵害ᄒᆞ면血이沸ᄒᆞ야競爭ᄒᆞ며誰가我의自由를侵害ᄒᆞ면大聲으로競爭ᄒᆞ야決단코他人의게退後치아니ᄒᆞ라ᄂᆞᆫ故로日日進步가되여國家와人民이皆平安ᄒᆞᆫ福樂을享有ᄒᆞ거날우리韓人은不然ᄒᆞ야他人과競爭ᄒᆞᄂᆞᆫ心이全無ᄒᆞ고다만想覺ᄒᆞᄂᆞᆫ바ᄂᆞᆫ他人의게退後ᄒᆞᄂᆞᆫ거ᄉᆞᆯ當然ᄒᆞᆫ줄노認ᄒᆞ여一日에再食이나ᄒᆞ고衣服이나벗지아니ᄒᆞ면臥席終身ᄒᆞ야나ᄒᆞ면生斯老斯ᄒᆞ고當代에兵革이나不見ᄒᆞ면多幸으로認ᄒᆞ고離所間에有ᄒᆞᆫ武陵桃源이나獨히隱居生活ᄒᆞ기를要求ᄒᆞ나哉論ᄒᆞ여武陵桃源이何處에在ᄒᆞᆫ가嗟乎라世界人種은一般인디人의想覺은如此虛망ᄒᆞ야愛國心과獨立의精神과自由의氣運이無ᄒᆞ고但奴隸의性質로ᄉᆞᄉᆞ로首를俛ᄒᆞ고타人의結縛과凌辱과壓制를甘受ᄒᆞ여能히天下人으로더부러닷투와進步ᄒᆞ기를夢想도아니ᄒᆞ니君子가되야然ᄒᆞᆫ가仁人이되야然ᄒᆞᆫ가

特別特別特別特別特別

特　別

本報를購覽ᄒᆞ시ᄂᆞᆫ各地方僉君子ᄂᆞᆫ本報價代金額이盡ᄒᆞ오면停送ᄒᆞᄂᆞᆫ規例를已所洞亮ᄒᆞ시ᄂᆞᆫ바어니와請求愛讀ᄒᆞ옵ᄂᆞᆫ厚意를表謝ᄒᆞ와繼續發送ᄒᆞ오나遠近地方間代金換送ᄒᆞ시ᄂᆞᆫ方策을姑未確知ᄒᆞ시와或至幾朔未納이시니購覽ᄒᆞ시ᄂᆞᆫ僉君子에悶燥ᄒᆞ실不啻라本社經用에되ᄂᆞᆫ窘拙ᄒᆞᆷ이有ᄒᆞ와玆以仰佈ᄒᆞ오니幾朔條未納ᄒᆞ신僉君子ᄂᆞᆫ該代金을貴附近地郵便局이나或出張所에往議ᄒᆞ시面本社로랍付케ᄒᆞᄂᆞᆫ方便이有ᄒᆞ오니諒燭ᄒᆞ옵셔從速換送ᄒᆞ시심을切望ᄒᆞᆷ

大韓每日申報社

社　告

其故를窮究ᄒᆞᆫ則諸般弊端이皆苟且姑息의平安을要求ᄒᆞ야人의게退後ᄒᆞᄂᆞᆫ거ᄉᆞ로學問을삼아子孫들을敎訓ᄒᆞᆷ이니如此히苦ᄒᆞᆫ病根이愈遠愈深ᄒᆞ고其習을改ᄒᆞᆯ수업고其心이더욱軟弱ᄒᆞ야坡州石彌勒ᄀᆞ치되야打ᄒᆞ야도痛을不知ᄒᆞ고辱ᄒᆞ야도恥를不知ᄒᆞ며

또ᄒᆞᆫ牛馬가치牽ᄒᆞ면隨往ᄒᆞ고庖肆에驅ᄒᆞ면被逐ᄒᆞ야往ᄒᆞ고魚肉이되여도怨望이無ᄒᆞ니嗚呼라如此히至毒ᄒᆞᆫ病이人人骨髓에着根ᄒᆞ얏스니華佗扁鵲이何處에有ᄒᆞᆫ지

三百餘州가皆타人勢力範圍內에在ᄒᆞ고二千萬人이皆타人結縛中에在ᄒᆞ니大韓天地에平安ᄒᆞᆫ地와平安ᄒᆞᆫ人이今日에安在ᄒᆞ요우리가競爭心이無ᄒᆞ고姑息의平安을圖謀ᄒᆞ다가國과家와身을亡地에陷ᄒᆞ얏스니今에ᄂᆞᆫ무슴僥倖을可望ᄒᆞ리오苟且히平安ᄒᆞ라ᄂᆞᆫ性質을卽棄ᄒᆞ고世界各國人과如히好勝癖을發ᄒᆞ야獨立과自由를爲ᄒᆞ야競爭ᄒᆞ며利益과文明을爲ᄒᆞ야競爭ᄒᆞ되決斷코타人의게退後ᄒᆞ기를羞恥로認ᄒᆞ면自由의福과太平의樂을반다시無窮ᄒᆞᆫ世代에享有ᄒᆞᆯ지

우리同胞들은平安히生活ᄒᆞ기를要求ᄒᆞᆯ지던先히苦되히競爭ᄒᆞ야타人의게退後치아니ᄒᆞ기로큰目的을定ᄒᆞᆯ지어다ᄒᆞ얏더라

◎墓主紛訴　義州郡에셔造會ᄒᆞᄂᆞᆫ이白馬山城을以起鎭地로承認이라ᄒᆞ고該山에在ᄒᆞᆫ墳主壙墓의禁養松木을不得自由케ᄒᆞᆷ으로守護케ᄒᆞᆷ다ᄒᆞ야農部에民訴가還至ᄒᆞ얏다더라

◎誤植更正　去木曜日第號雜報欄內에兩士就寂題下에見輸綵氏의輸字ᄂᆞᆫ輸字요藏丙總氏의咸字ᄂᆞᆫ成字로誤植이된故로玆에更正ᄒᆞᆷ

廣告

東國歷史 普通教科國漢文一秩二册定價新貨一圜十戔
法蘭西新史 四十錢
清國戊戌政變記一秩 一圜
政治汎論 一秩二册一元廿錢
越南亡國史 一册三十錢
法國革新戰史一册 三十錢
大韓輿地圖一張 十七錢九里
世界全圖一張 三十七錢五里
大韓地誌一秩 七十五錢
牧民心書一秩 一圓二十五錢
萬國地誌一秩 一圓
尺牘完編一秩 一圓五十錢
農政新編一册 五十錢
法學通論一册 一圓
溫故知新堂蒙抄 七錢五里
父師必독小學指남 七錢五里
人工養蚕一册 十五錢
世界之政治 一册五十四錢
家庭雜誌一 十錢
進明彙論一秩 三十五錢
交際新禮一秩 十八錢

賣書所 布屛門下金相萬書舖 大韓每日申報社

花春丹은 霍亂 吐瀉 腹痛 滯症 暑症 정忡 神眩 胸鬱 痰盛 醒酒船暈 咳嗽 痳질 口味업는諸症의神效ᄒᆞᆫ藥이오 此外에도洋灰水解毒藥 唐창 疳氣 蛔虫 寸虫 赤白면風 藥과東西洋藥이俱備ᄒᆞ고他病도隨問出方ᄒᆞ오니 僉位는枉臨ᄒᆞ시옵

皇城校洞石井洞下隅 石泉堂藥局 告白

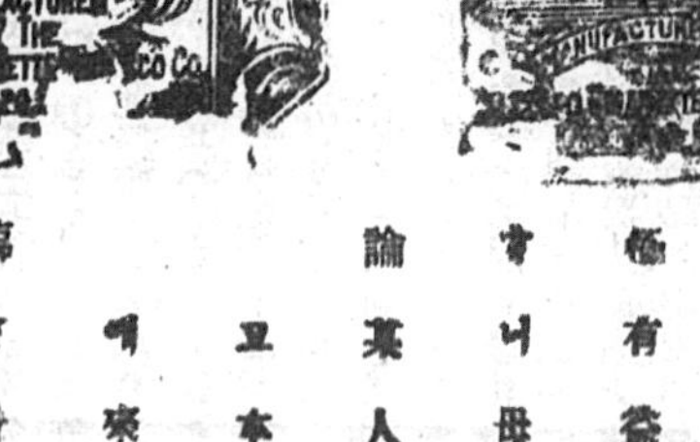

以上三種은上品으로製造ᄒᆞ야衛生上에至極有益ᄒᆞ니毋論某人ᄒᆞ고本社에來臨ᄒᆞ믈

大韓帝國仁川港 濟物浦紙卷烟及烟草會社

一 鷹標罐詰濃詰牛乳
一 金印罐詰濃結牛乳
一 嬰孩家用氣化乳酪
一 쌔ㅣ든쓰製造麥芽化合牛乳

以上은常時에貯積ᄒᆞ얏삽
美國紐育港쌔ㅣ든쓰濃結牛乳會社
一手代理店
大韓仁川港 世昌洋行

●九轉靈砂라 本人이妙方을[illegible]ᄒᆞ야[illegible] 女老少에無論何症ᄒᆞ고[illegible]에[illegible] 身體外健康ᄒᆞ며[illegible] 最捷保ᄒᆞ오며
●九轉靈砂萬病丹은[illegible] 痰에神効ᄒᆞ오
●九轉靈砂保命丹은[illegible] 殺蟲과婦人帶下症에神効ᄒᆞ며
●九轉靈砂淸衆丹은痼滯 食滯 血滯 肚腸 霍亂 癩疾 吐血 下血 運氣 時疾 瘧疾에神効ᄒᆞ오
●九轉靈砂紫金丹은痔漏 鼠瘻 上疳瘡 下疳瘡及唐瘡과 瘡疹等惡種에無不神効ᄒᆞ오니 僉君子는來問ᄒᆞ시오
內需司前동갈이골上隅第一家 李龍廷 告白

◎本社廣告

申報價
一張代金 新貨二錢五里
一箇月前納 三十錢
三箇月 九十戔
六箇月 一元七十戔
一箇年 元四十戔
郵稅一部 新貨五里
一箇月 十三戔

廣告料
四号活字十三字詰
每日每英尺一寸에新貨廿五錢
(每日每行에六錢에相當흠
其期限의長短과字行의多少
를依ᄒᆞ야增減흠이有흠

◉大韓每日申報各處支社廣告
中署布屛門下 金相萬册肆
洞口越便 朱翰榮册肆
中署農圃初入七十八統第二戶 鄭承古
仁川港峴開新册肆 李東主
平壤南山峴日新學校 金浩淵
宣川邑橋西 崔叡恒
義州南門外 安濬
義州南門外韓西大藥房 張有寬
長連邑 金龜
鎭南浦築洞 金仁집
咸興州南社 曹喜林
中和邑 李俊培
釜山佐川徐藥房 金灌俊
開城北部梨井里 崔文
校洞校長 李助遠
大丘郡 達城廣文社
鎭山邑內 安主
元山港倉前 金乃範

發行兼編輯人 英國人裵說
發行所 京城中署壽進坊薔洞号外地法語學校前 大韓每日申報社

第四卷 第三百三十號

大韓每日申報

대한매일신보

月曜及慶節 歲時日休刊

隆熙開國四千二百三十九年 孔子元年三千二十八年 大韓開國五百十五年 日本明治三十九年 淸國光緖三十二年

◎陰曆丙午八月大初八日壬申

別報

報館之勢力及責任 (支那某報祝辭)

英國前大臣波爾克이嘗在下議院ᄒᆞ야指報館記事之席ᄒᆞ야歎曰此는殆於貴族과敎會와平民三大種族之外에更爲一絕大勢力之種族也라ᄒᆞ고日本松本君平氏가著新聞學一書ᄒᆞ야頌報館之功德曰彼如預言者ᄒᆞ야謳國民之運命ᄒᆞ며彼如裁判官ᄒᆞ야斷國民之疑獄ᄒᆞ며彼如大立法家ᄒᆞ야制定律令ᄒᆞ며彼如大哲學家ᄒᆞ야敎育國民ᄒᆞ며彼如大聖賢ᄒᆞ야彈劾國人之罪惡ᄒᆞ며彼如救世主ᄒᆞ야察國民之無告苦痛而與以救濟之途라ᄒᆞ니諒哉言乎여近世泰西各國之文明이日進月盛ᄒᆞ야觀已往數千年ᄒᆞ면殆如別開一新天地ᄒᆞ니究其所以致此ᄒᆞ면何自乎아或曰是法國大革命之結果라ᄒᆞ나經此大革命者誰乎아或曰中世神權專制政體之反動力이라ᄒᆞ나喚起此反動力者誰乎아或曰新學新藝之結果也라ᄒᆞ나勃興此新學新藝者誰乎아

無他라思想自由와言論自由와出版自由니此三大自由者가實惟一切文明之母니近世世界種種現象이皆其子孫이니報館者는實會萃全國之思想言論ᄒᆞ야或大或小ᄒᆞ며或精或粗ᄒᆞ며或莊或諧ᄒᆞ며或激或烈ᄒᆞ야一一紹介之於國民ᄒᆞ니故로報館者는能納一切ᄒᆞ며能吐一切ᄒᆞ며能生一切ᄒᆞ며能滅一切ᄒᆞ나니西諺에云ᄒᆞ되報館者는國家之耳目也며喉舌也오人群之鏡也오文壇之王也오將來之燈也오現在之糧也라ᄒᆞ니偉哉라報館之勢力이여重哉라報館之責任이여

歐美各國之大報館은其一言一論이動爲全世界人之所注觀所傾聽ᄒᆞ니何以故오彼政府가采其議ᄒᆞ야以爲政策焉ᄒᆞ며彼國民이奉其言ᄒᆞ야以爲精神焉ᄒᆞ나니故로往往히有今日爲大宰相大統領而明日爲主筆者ᄒᆞ며亦往往히有今日爲主筆而明日爲大宰相大統領者ᄒᆞ니美國의放黑奴之盛業이何自盛乎아林肯主筆之報館이爲之也오英國愛爾蘭自治案이何以通過乎아格蘭斯頓主筆之報館이爲之也오近日俄皇이何以開弭兵會乎아吐爾斯吐主筆之報館이爲之也니

報館者는敎本之本이오敎師之師也라惟其然也故로其人民이嗜之를如飮食男女ᄒᆞ야不可須臾離라聞之英國人ᄒᆞ니無論男婦老幼貧富貴賤ᄒᆞ고有不讀書者어정無不讀報者ᄒᆞ고其他文明諸國의國民이大率例是라以此之故로其從事於報館事業者ㅣ亦益復奮勉刻厲ᄒᆞ야日求進步ᄒᆞ나니故로報章이愈多ᄒᆞ고體例가愈善ᄒᆞ고議論이愈精ᄒᆞ고記載가愈詳ᄒᆞ야能使人으로專讀報紙數種ᄒᆞ면古今天下의政治學問과風俗事蹟을可以盡知ᄒᆞ야吸랑ᄒᆞ世界之新空氣於其腦中ᄒᆞ나니故로欲覘國家之强弱인ᄃᆡ無他道焉이라於其報章之多寡良否而已矣라ᄒᆞ엿더라

官報

◎宮廷錄事

●號外 光武十年九月廿二日

詔曰摠辦尹澤榮女敎官沈鍾燦女副詹事成健鎬女三揀擇入之ᄒᆞ고其餘幷許婚

九月二十二日

●三千五百六十六號 光武十年九月二十四日

◎宮廷錄事

尙方司長尹鎭佑辭職疏批旨省疏具悉所請依施

九月二十日

◎敍任及辭令

○依願免本官 農商工학校敎官 金大熙 八月廿一日

○命宮內府禮式官 從二品高義敬

○任宮內府參書官 正三品劉爀○任忠淸北道觀察府主事 九品安乘泰○依願免本官 咸鏡北道觀察府主事崔煥軾○任咸鏡北道觀察府主事 沃溝監理署主事高永昊 以上九月十九日○任慶尙北道觀察使 金綸北道觀察使韓鎭昌○任全羅北道觀察使 法部協辦金奎熙○任法部協辦 秘書監丞李源兢○任京義鐵道調査委員 漢城府尹朴義秉○任沃溝監理署主事鄭憲鉉 以上九月二十日 依願免本官○表勳院主事黃敎民○任表勳院主事 議政府主事李肇圭○任慶興監理署主事洪淳炯 以上九月廿一日

◎部令

學部令第二十號

師範學校令施行細則 (續)

前項의事項이切迫ᄒᆞᆫ時의ᄂᆞᆫ臨時休業ᄒᆞᆫ後의其事由를具ᄒᆞ야迅速히學部大臣의게報告ᄒᆞᆷ이라

第四章 設置及廢止

第十五條 公立師範學校를設置코져ᄒᆞᄂᆞᆫ時의ᄂᆞᆫ觀察使가左開事項을具ᄒᆞ야學部大臣의認可를受ᄒᆞᆷ이라

一 名稱 位置 面積

二 學徒定數

三 開校의豫定期日

四 學校基址、校舍의圖形、留宿舍를設置ᄒᆞᆫ時의ᄂᆞᆫ留宿舍의圖形

五 一個年間經費의收支豫算

六 維持의方法(寄附金及其他[illegible]ᄒᆞ이有ᄒᆞᆫ時ᄂᆞᆫ基金額[illegible])

第十六條 公立師範學校를廢止或變更코져ᄒᆞᆫ時의ᄂᆞᆫ觀察使가其事由及關係되ᄂᆞᆫ書類를粘聯ᄒᆞ야報告ᄒᆞ야學部大臣의認可를受ᄒᆞᆷ이라

公立師範學校를廢ᄒᆞ거나或官廳의命令을因ᄒᆞ야閉鎖ᄒᆞᆫ時의ᄂᆞᆫ觀察使ᄂᆞᆫ學部大臣의게報告ᄒᆞᆷ이라 未完

外報

◎大砲製造 淸國北洋機器局에서于今ᄭᆞ지如干小銃의破損等을修理ᄒᆞᆷ의不過ᄒᆞ고昨年에야비루소무제루銃을製造ᄒᆞᆷ에至ᄒᆞ얏더니今番에該局會辦劉冠雄氏가該事業의進步를圖ᄒᆞ야袁世凱氏와協議ᄒᆞᆫ後에造砲廠課를增設ᄒᆞ고日本의서山式山포及其附屬포彈을輸入ᄒᆞ야大포製造에着手ᄒᆞᆫ다더라

◎利權回復의思想 挽近淸人이利權回復의思想이熾盛ᄒᆞ야鐵道礦山等技術에屬ᄒᆞᆫ事業中에外人의게學習ᄒᆞᆯ必要가有ᄒᆞᆫ者ᄂᆞᆫ爲先西洋及日本技師를雇聘ᄒᆞ야暫時其技術을習熟ᄒᆞᆫ後에ᄂᆞᆫ雇聘年限以內로外人技師를解雇ᄒᆞ고自國人으로만營爲ᄒᆞ리라ᄒᆞᆫ다더라

◎吉林俄兵 北京電을據ᄒᆞᆫ則吉林將軍達桂氏가報告ᄒᆞ되俄國이吉林城外에五千兵을駐屯케ᄒᆞ얏다더라

◎經濟統一策 淸國立憲製定委員은戶部銀行支店을各省에設ᄒᆞ야經濟上統一[illegible]決議ᄒᆞ얏다더라

雜報

●是說有自　近日韓國政府廢止之說은好事者의做出ᄒᆞᆫ風說이라고京城報論說欄內에到底辨明ᄒᆞ야韓人을責ᄒᆞ얏스나日本人의發行ᄒᆞᄂᆞᆫ朝鮮日日新報에政府廢止之說을數次揭載ᄒᆞ얏고至於論說로張皇說去ᄒᆞ얏스니此等說話가實是日人이先唱ᄒᆞᆫ것인ᄃᆡ韓人의게歸咎ᄒᆞᆷ은不可라ᄒᆞ노라

●理事支廳　今回韓國政府에新設ᄒᆞ고內部參與官과補佐官을各觀察府配置ᄒᆞᆫ다ᄂᆞᆫ說을前보에已揭ᄒᆞ얏거니와其後에其模樣을變更ᄒᆞ야日本理事廳支廳을水原公州其他數個所에設置ᄒᆞ고副理事官에其事務를管理ᄒᆞᆯ터이라더라

●附屬牧場　今回에新設ᄒᆞᆫ大韓醫院에셔其附屬牧場을東門外蠶島에設立ᄒᆞᆯ計劃인ᄃᆡ其主管人은藤波主馬新山馬政官小山衛生課長等諸氏가爲先土地調査次前往ᄒᆞᆫ다더라

●黃民請判　黃州郡民李春光安仁一等이內部에請願ᄒᆞ기를本部守朴元敎의許多虐政을鳴暴ᄒᆞ얏더니以査覈爲指矣라本郡守가如此事機ᄒᆞ고已於十餘日前에上京ᄒᆞ야方在私第逗留ᄒᆞ인즉拿致部庭ᄒᆞ야與本人等質辨ᄒᆞ야果如本人等之所訴則依法奏免勘處ᄒᆞ고如或有誣訴之端이어던亦當勘罪라ᄒᆞ얏다더라

●警廳應試　內部警務局에셔地方摠巡二人을塡闕次로日間試可ᄒᆞ기로ᄒᆞ고警務廳으로知委ᄒᆞ야應試者를起送ᄒᆞ라ᄒᆞ얏ᄂᆞᆫᄃᆡ應試者似不下五六十名이라더라

●藉會奪土　駱洞居朴性德이農商工部에請願ᄒᆞ기를金浦郡에買賣ᄒᆞᆫ草坪兩處를金鏞영爲名ᄒᆞᆫ人이藉託一進會ᄒᆞ고謂以陳荒에行將開墾ᄒᆞ야該地所播牟近三十石을沒數勒奪ᄒᆞ야去ᄒᆞ얏스니右人을發訓捉囚ᄒᆞ고牟價一一推給ᄒᆞ며所立票木을使卽拔去케ᄒᆞ라ᄒᆞ얏다더라

●露人利權恢復運動　露日戰役前韓國에셔獲得ᄒᆞᆫ露國臣民의利權恢復에關ᄒᆞ야露國外務省을經由ᄒᆞ야京城駐箚ᄒᆞᆫ同國總領事ᄡᅡ방ᄉᆞ氏의게迴附ᄒᆞ얏ᄂᆞᆫᄃᆡ伊役으로該請求書가約二十件에達ᄒᆞ얏더라

●學生罹病　京城南署下茶洞居扈相淳氏의子根明이去月初에留學次로私自渡日ᄒᆞ야現住東京인ᄃᆡ學資를措辦無路ᄒᆞ야其父兄의게歷次送書而懇乞이되初無回答ᄒᆞ고扈根明은忽然大病ᄒᆞ야將欲入院治療나所費太多ᄒᆞᆯ터인ᄃᆡ私自告急이라도視若路人ᄒᆞᆫ慮가不無ᄒᆞ고人命은現在生死未判ᄒᆞᆫ즉이라ᄒᆞ야駐日留學生監督韓致愈氏가學部로報告ᄒᆞ고其父兄을招送케ᄒᆞ라ᄒᆞ엿ᄂᆞᆫᄃᆡ同扈相淳氏ᄂᆞᆫ不關子弟之敎育이오學問도不知爲何件事이오但知守錢而已라고批評者多ᄒᆞ다더라

●捧稅生金　經理卿署理李根澤氏ᄂᆞᆫ各捧稅官의後錢을推食ᄒᆞ기爲ᄒᆞ야暗使其弟根冰氏로該文簿를調查ᄒᆞ야隨卽改差ᄒᆞ다ᄒᆞ며新差或仍任時에例라이爲三十萬金이라ᄒᆞᆷ이慶南捧稅官李德永氏ᄂᆞᆫ慮其改遞ᄒᆞ야六十萬兩을行賂ᄒᆞ고該捧稅官任名을堅確케保有ᄒᆞ얏다ᄒᆞ니該捧稅官은可謂生金穴이라고ᄒᆞᆯ만ᄒᆞ다더라

●天道黜敎　天道敎에敎人李容九氏等五十九人이敎에違反ᄒᆞᆫ事實이有ᄒᆞᆷ으로幷皆黜敎ᄒᆞ고萬歲보에廣布ᄒᆞ엿더라

●蔘政視察　經理院卿李根澤氏ᄂᆞᆫ松都蔘政을視察ᄒᆞᆯ次로昨日에向ᄒᆞ엿ᄂᆞᆫᄃᆡ該蔘政도度支部로行將付屬ᄒᆞᆯ터이라더라

●警使行樂　警務使朴承祖氏以下各警務官이再昨日東門내養士洞張宇根家에大宴을排設ᄒᆞ고妓樂으로盛大行樂ᄒᆞ엿다더라

●補國陞階　皇太子妃ᄂᆞᆫ尹澤榮氏女로確定ᄒᆞᆫ지라諸般儀節을便易ᄒᆞ기爲ᄒᆞ야別宮前으로移居ᄒᆞ얏거니와尹氏ᄂᆞᆫ輔國으로陞階ᄒᆞᆫ다더라

●議案奏本　向日政府에셔可決ᄒᆞᆫ各項議案을正書ᄒᆞ야昨日에야奏本ᄒᆞᄂᆞᆫᄃᆡ地方制度改定案一束과度支所管稅務官制新設件과農商工部所管工業場官制新設件과各項經費豫外支出件이라더라

●農大厚薄　農商工部에셔開墾規則을頒布전에ᄂᆞᆫ該等請願을一並白退ᄒᆞ더니昨日黃鉄氏가龍川郡境내開墾事로請願ᄒᆞ얏더니權大臣이此를受理ᄒᆞ야認許ᄒᆞᄂᆞᆫ故로行政厚薄을是非不一ᄒᆞ얏다더라

●委員派送　內部에設施ᄒᆞᆫ地方制度調查所事務가畢了된지라昨日文簿를辦拋ᄒᆞ고委員을派送次로政府에請奏ᄒᆞ얏다ᄒᆞ더라

●政府聯署　昨日各大臣이政府에會同ᄒᆞ야各項奏本에聯署ᄒᆞ얏다더라

●政府變動　春川觀察使沈相薰氏가今明間에遞任ᄒᆞᆫ다ᄒᆞ니內職으로移任ᄒᆞᄂᆞᆫ지不知ᄒᆞ거니와政府가次第變動될稅機이라더라

●니大遞任설　니部大臣李址鎔氏도遞任설이頗藉ᄒᆞ더라

●局長反對　全北觀察金奎熙氏가該道參書官을其堂姪로自辟으로昨日내部에前往ᄒᆞ야爲言ᄒᆞ기를此인으로敘任ᄒᆞ여야事無葛藤이라ᄒᆞᄂᆞᆫ故로地方局長이論駁ᄒᆞ기를預言葛藤이是何政體이ᄒᆞ고反對ᄒᆞ얏다더라

●青會연說　今日下午七時半에皇城基督敎青年會에셔美國特師크람氏가연說ᄒᆞᆫ다더라

●救恤美擧　中署洞口內農圃洞居ᄒᆞᄂᆞᆫ有志人鄭禹澤白德哉咸熙봉三氏가慈善的義務로今番湖西地方에洪水之災로因ᄒᆞ야萬餘戶가漂流之境에至ᄒᆞ고人民被死者千餘人에達ᄒᆞ야擧皆漂蕩됨을痛哭慨嘆이녀겨哀彼慘毒ᄒᆞᆫ同胞를救恤키爲ᄒᆞ야金聖九李學俟氏로湖南地方에人况救恤收金所員을選定ᄒᆞ고四方有志僉君子의義捐金을募集ᄒᆞ야實施拯濟코자ᄒᆞᄂᆞᆫᄃᆡ收金期限은六週日노酌定ᄒᆞ며日間內部에請願ᄒᆞ야承認을蒙ᄒᆞᆫ다ᄒᆞ며義연ᄒᆞᆫ諸君의寄助金과氏銜을新聞上에廣佈ᄒᆞ기로ᄒᆞ고收金事務所ᄂᆞᆫ中署洞口內農圃初入七十八統第二戶에鄭禹澤家로定ᄒᆞ얏다더라

●漢南開校式　漢江에一學校를設立ᄒᆞᆫ說은已所稔聞인바該洞人民이共同연金ᄒᆞ야新築ᄒᆞᆫ南학校於高阜之上ᄒᆞ니可謂背山臨流에敎場이通暢ᄒᆞ고募集ᄒᆞᆫ學徒가數爲八十二人이라再昨日에開校式을行ᄒᆞ얏ᄂᆞᆫᄃᆡ來賓은學部協辦閔衡植學務局長張世基地方局長俞星濬國民敎育會長李儁自强會副會長尹孝定帝國新聞社長李鍾一前普成학校長金重煥諸氏等七十餘人이라同日下午一時에開式ᄒᆞ고校監林浩相氏가勅語를奉讀ᄒᆞᆫ後敎師沈承弼氏가趣旨를說明ᄒᆞ고來賓中閔衡植張世基李儁尹孝定俞星濬五氏가次第연說ᄒᆞ야諸氏의熱心義務를致賀ᄒᆞ며학徒의德業勉勵ᄒᆞᆷ을獎勵ᄒᆞ미학徒중數人이出席答謝ᄒᆞ고萬歲를二唱ᄒᆞᆫ後閉式ᄒᆞ고食堂에入ᄒᆞ야茶果를罷ᄒᆞᆫ後學徒의體操를進行供覽ᄒᆞ고其次에愛國歌를唱ᄒᆞ고一般賓客과學徒를搭影ᄒᆞ니極히盛況에達ᄒᆞ얏더라此한南학校의將來影響을推此可期니當爲諸江村之模範이라ᄒᆞ더라

●普館盛擧　普成館에셔農商工部의認許를得ᄒᆞ야一般學校의敎科書를自辦常讀本으로以至高等敎科에分유編輯ᄒᆞ야多數印出ᄒᆞᆫ지라現今國內에敎育發起ᄂᆞᆫ平安南北道가爲最라ᄒᆞ야道내各학校의敎科書籍을慈善事業으로一一寄付ᄒᆞᆯ터인ᄃᆡ玄公廉氏를揔代로特派ᄒᆞ야該道내在京紳士의게其意를表示ᄒᆞ니該道內學生中海容金基柱兩氏가諸紳士의계辦牒ᄒᆞ야再時日下午七點에長橋前金潤영氏家로團會ᄒᆞ고玄氏를對ᄒᆞ야該館의盛意를致謝ᄒᆞ고又道내學校擴張ᄒᆞᆯ方針을商確ᄒᆞ고數時를經ᄒᆞ야罷歸ᄒᆞ얏스니吾儕ᄂᆞᆫ普成館의善心善擧를攢賀ᄒᆞ고平安道니學校를爲ᄒᆞ야其幸福을深祝ᄒᆞ노니該館人士ᄂᆞᆫ宜乎感奮ᄒᆞ야敎育을愈益擴張ᄒᆞ기를希望ᄒᆞ리로다

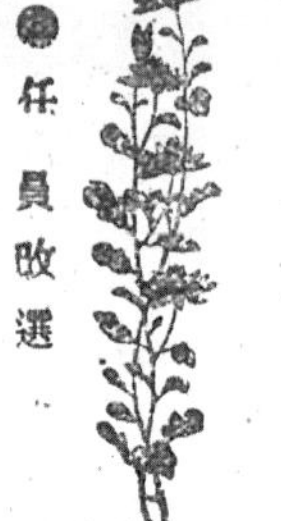

●任員改選　昨日大韓自强會에셔第一回滿期로任員을改選ᄒᆞ얏ᄂᆞᆫᄃᆡ會長尹孝定顧問大垣丈夫總務員玄　은評議員金相範南宮薰林炳恒玄　은沈宜性鄭雲復張志淵呂炳鉉金明濬李商任李沂池錫永洪弼周柳瑾魚용善羅壽淵李源兢李鍾一太明軾鄭喬幹事員金英圭鄭鎬晃姜台秉南宮濬尹敎求陸相弼都相殷俞相範李性默盧相旭沈宜昇丕在赫李道榮羅壽庠鄭圻准張孝根朱源榮姜[illegible]熙慶勳金斗源諸氏라더라

雜報

桑港共立協會贊成金募集趣旨書

悲夫라我韓의今日이여國勢의萎靡ᄒᆞᆷ과士氣의柔弱ᄒᆞᆷ이地球를環顧ᄒᆞᆫᄃᆡ何方에ᄯᅩ잇ᄂᆞᆫ고土地가膏沃ᄒᆞ고人民이聰慧치아님이아니로ᄃᆡ鞭扑이當前ᄒᆞ고奴隸를甘作ᄒᆞᄂᆞᆫ거ᄉᆞᆫ其原因을소考ᄒᆞᆫ면엇지學業을不務ᄒᆞᆫᄂᆞᆫᄃᆡ不在ᄒᆞ다ᄒᆞ리오是以로國家를富强케ᄒᆞ고民智를撥遊케ᄒᆞᆷ이敎育에在ᄒᆞ다ᄒᆞᆷ은一般人士의容易說去ᄒᆞᄂᆞᆫ비라其實地를不踐ᄒᆞ고空言이無益ᄒᆞᆫ데歸ᄒᆞ야居常歎惜矣러니桑港共立協會에셔刊佈ᄒᆞᄂᆞᆫ月報와李膺穆氏의獻議書를接閱ᄒᆞ니嶺未半에感淚添衿이로다萬里外洋에艱苦를備嘗ᄒᆞ되祖國을愛戀ᄒᆞᄂᆞᆫ心이百折不迴ᄒᆞ야協會를刱立ᄒᆞ고月報를刊發ᄒᆞ야能히本國에在ᄒᆞᆫ同胞로慨然興感케ᄒᆞ니洪流가汎濫ᄒᆞᆫ되龍門이砥柱가되고全國의文明ᄒᆞᆷ이桑港에셔基礎가된지라諸氏의實際學力과端懿志行을一分이라도血性이有ᄒᆞᆫ者면西雲을望ᄒᆞ야攢祝지아일者ㅣ有ᄒᆞ리오

然이나李膺穆氏의勞動者學業에對ᄒᆞ야獻議ᄒᆞᆫ거슬見ᄒᆞᆷ에始爲驚然敬ᄒᆞ고終乃唱然長歎이로다其敎育의熱心이財政困乏ᄒᆞᆷ을因ᄒᆞ야衆灰를變成ᄒᆞᆫ境遇에至ᄒᆞ얏스니噫呼라我二千萬同胞여熟思之어다北窓淸風에午睡方濃ᄒᆞ고閑則有餘ᄒᆞ고細裘綺帶로名利에沈酣ᄒᆞᆷ이富麗ᄂᆞᆫ自과ᄒᆞ만ᄒᆞ되處堂ᄒᆞᆫ燕雀이雛雛相顧ᄒᆞᆫ時에火가將及ᄒᆞᆷ을不覺ᄒᆞᆷ과ᄀᆞᆺ치淸閑과富麗가奴隸와溝壑의兆朕인줄을猛省치아님이不可ᄒᆞᆫ지라然則惰冒ᄒᆞᆫ習慣과鄙吝ᄒᆞᆫ痼癖을鷹鸇의鳥雀을逐ᄒᆞᆷ과如히除祛하고靑年을嗅醫ᄒᆞ야實學에從事케ᄒᆞ되美國에孤寄ᄒᆞ야忠愛로團結ᄒᆞᆫ共立協會를贊成ᄒᆞᄂᆞᆫ거시急先務이기로贊成金募集과寄送ᄒᆞᄂᆞᆫ方法을左開仰佈ᄒᆞ오니有志ᄒᆞ신同胞ᄂᆞᆫ勿以人卑而棄言ᄒᆞ시고隨力贊成ᄒᆞ시와學資에萬一을補助ᄒᆞ야文明의基礎를鞏固케ᄒᆞ시기를千萬千萬

左開

一 協會의財政을補助ᄒᆞ야學資를富贍케ᄒᆞᆯ事

一 贊成金을收聚ᄒᆞ되收入額을隨ᄒᆞ야逐次寄送ᄒᆞᆯ事

一 贊成金收聚處所ᄂᆞᆫ京城每日申報社와耶蘇敎會와每日申보社로定ᄒᆞ되募集ᄒᆞᄂᆞᆫ데로京城每日申보社에寄托換送케ᄒᆞᆯ事

發起人 元容德 田錫永 金永權 金利涉 金相燦 李濬龜

贊成員 비흐涅 李益模 梁貞涉 諸氏더라

◉崔氏捐補 三和港崔鳳振氏가鎭港耶蘇敎小學校에實地上敎育을攢賀ᄒᆞ고國家에獨立主權과文明基礎가必在於此라ᄒᆞ며每朔新貸五圜式限三個月捐補ᄒᆞ기로志願ᄒᆞ얏스니崔氏에貧力義捐이實노勸勉에義務라激切感服ᄒᆞ야學徒들이熱心做業ᄒᆞ기로自誓ᄒᆞ얏다더라

◎本社廣告

申報價
一張代金 新貨二錢五里
一箇月前納 三十錢
三箇月 九十戔
六箇月 一元七十戔
一箇年 元四十戔
郵稅一部 新貨五里
一箇月 十三戔

廣告料
四号活字十三字詰
每日每英尺一寸에新貨廿五錢
(每日每行에六錢에相當홈
其期限의長短과字行의多少를依ᄒ야增減홈이有홈

◎大韓每日申報各處支社廣告
中署布屛門下 金相萬册肆
洞口[illegible]便 朱翰榮册肆
中署廣通橋入七 鄭禹원
十八統第二戶
仁川租峴開新册肆 李東호
平壤南山峴日新學校 金浩淵
宣川邑[illegible]西 [illegible]叙恒
義州南門外[illegible] 張有寬
長連邑 金龜
海南浦築洞 金仁집
咸興州南社 曹喜林
中和邑 李俊培
釜山佐川徐藥房 金灌俊
開城北部梨井里[illegible] [illegible]
校洞校長 姜助遠
大丘部 達城廣文社
鎭山邑內 安도
元山港倉[illegible] 金尸範

發行兼編輯人 英國人裵說
發行所 京城中署壽進坊磚洞号外地法語學校前
大韓每日申報社

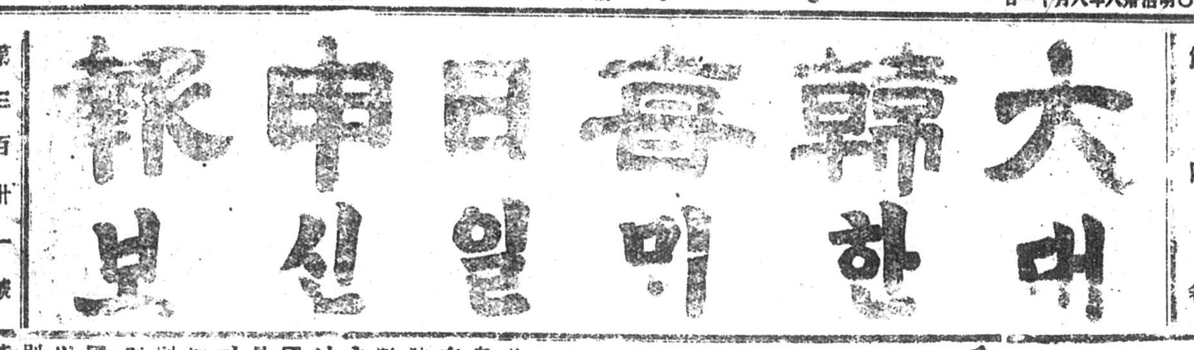
第四卷 大韓每日申報 대한매일신보 第三百卅一號

月曜及慶節 識時日休刊

檀君開國四千二百三十
箕子元年三千二十八年
大韓開國五百十五年
日本明治三十九年
淸國光緖三十二年
◉陰曆丙午八月大初九日癸酉

別報

國腦論

通常之敎育이不興ᄒᆞᆫ故로通常之智慧未開ᄒᆞ야以致國腦空乏ᄒᆞᆫ것은東方二國의同一ᄒᆞᆫ病痛이라是以로支那學士의國腦論一篇을揭示ᄒᆞ노니韓國人士ᄂᆞᆫ此를反覩而探省ᄒᆞ야通常敎育을極力擴張ᄒᆞ야以圖國腦之完實케ᄒᆞᆯ지니其文이如左라

凡人之所以爲人者ᄂᆞᆫ不徒眼耳鼻舌手足臟부血脈而已라尤必有司其覺識之뇌筋이니使四肢五官이具備而無뇌筋焉이면猶不得謂之人也라惟國이亦然ᄒᆞ니既有國形ᄒᆞ면復有國뇌니뇌之不具면形爲虛存이라

國뇌者ᄂᆞᆫ何오卽國民之智慧가是已라有智慧則能長其志氣ᄒᆞ며有智慧則能增其膽識ᄒᆞ며有智慧則能生其實力ᄒᆞ며有智慧則能廣其謀生之道ᄒᆞ며有智慧則能美其合羣之治ᄒᆞᄂᆞ니集全國民之良뇌而成一國뇌ᄒᆞ면國以之富ᄒᆞ고國以之强이오反是則日以貧日以弱이니國뇌之不能離民智而獨成은猶國體之不能離民體而獨成也라

信如是也니我中國積弱之源을從可知也라蓋四萬萬人中에其能識字가殆不滿二千萬人也오此二千萬人中에其能解文法執筆成文者가殆不滿五百萬人也오此五百萬人中에其能讀經史ᄒᆞ야略知本國古今之事故者가殆不滿十萬人也오此十萬人中에其能略通外國語言文字ᄒᆞ야知有地球五大洲之事故者가殆不滿五千人也오

此五千人中에其能知政事之本源ᄒᆞ며考人群之條理ᄒᆞ야求所以富强吾國ᄒᆞ고進化吾種之道者ᄂᆞᆫ殆不滿百數十人也니以中國之大로民智之程度가乃僅如此ᄒᆞ니此有心人이所以[illegible]而長悲也라吾所最悲者ᄂᆞᆫ特達其智慧之人이少ᄒᆞᆫ거슨不悲ᄒᆞ고通常智慧之人이少ᄒᆞᆫ거슬悲ᄒᆞ노라

蓋特達智慧者ᄂᆞᆫ人類中의至難得者니非惟中國에不多有之오卽西國의도亦不多有之라若夫通常智慧ᄂᆞᆫ西國之人이自六七歲時로無論男女ᄒᆞ고皆入學校ᄒᆞ야至十四五歲然後에始出校ᄒᆞ니

其校中所讀之書籍이皆有定本ᄒᆞ야出儒碩學의手를經ᄒᆞ야編成ᄒᆞᆫ거시니凡所以美人性質ᄒᆞ며長人志趣ᄒᆞ며濬人識見ᄒᆞ며導人才藝者ㅣ無不備焉ᄒᆞ야卽使至貴之家와至鈍之童이라도皆須在校數年ᄒᆞ야卽能卒業數卷而通常之智慧ᄂᆞᆫ固既有之矣라

故로無論何人ᄒᆞ고皆能自治其身ᄒᆞ며自謀其生ᄒᆞ야尋常書信은人人이皆能寫ᄒᆞ며淺近報紙ᄂᆞᆫ人人이皆能讀ᄒᆞ니但如是에其國腦之强을已不可思議며其國基之固를已不可動搖矣라

官報

◉三千五百六十七號 光武十年九月二十五日

◉宮廷錄事

議政府參政大臣朴齊純謹奏今秋潦雨振古未有忠淸南北道管下各郡偏被水災家屋之漂頹人命之渰死田土之潰決敢甚夥多輾續至聞極驚慘不可無慰恤之擧洪州郡守劉猛忠淸南道慰諭使差下鎭川郡守李鐸應忠淸北道慰諭使差下使之分往慰諭以宣德意被災形止開錄隨啓以爲蠲恤之地何如謹上奏

光武十年九月二十日奉旨依奏忠淸南北道無前之水災丘陵陸沈邑里波濤光景之慘酷怳乎在目一榻轉輾不能着衰我黎庶遍來困苦之形雖欲平歲尙無以安生樂業況遭此懷襄之[illegible]人命渰沒幸而獲活十室無幾屋廬漂頹墟落寥星所在皆然田土以潰決非徒今年無秋膏腴之化爲斥鹵槩多有之云言念民事若恫在已錦玉靡安更爲措辭另飭于慰諭使被災各郡一一築底檢査火急剛來其예賙恤之典結構奠居之方稅額之從實蠲減幷爛商籌劃令兩道道臣隨卽擧行毋或稽緩以示朝家惻怛矜憫之至意

◉敍任及辭令

○任平理院判事 法部法律起草委員朴晩緖○任平理院判事 全院主事朴有觀 以上九月二十一日○任議政府主事 六品黃羲民○任漢城裁判所主事洪晃憙 崔鳳賢 任平理院主事○任漢城裁判所主事 前主事李競洙 以上九月廿二日

◉布達

宮내府官制를改正ᄒᆞᄂᆞᆫ件을左又치定奪ᄒᆞᆷ이라

光武十年九月十九日奉勅 宮내府대臣李根湘

布達第一百三十九號

宮내府官制中第廿四第廿五條第廿六條를刪去ᄒᆞ고左開四條를添入ᄒᆞ며第廿七條ᄂᆞᆫ第廿八條로第廿八條ᄂᆞᆫ第廿九條로排次改正ᄒᆞ고官等俸給令第五條禮式院掌禮副卿七字를刪去ᄒᆞ고同令勅任官官等表及俸給表中禮式課長은禮式官으로改正ᄒᆞ고同俸給表中三等二級欄내에侍從院副卿을添入ᄒᆞ고奏任官官等表及俸給表中參書官次外事課長及禮式課長은刪去ᄒᆞᆷ이라

左開

第廿四條 宮내府의秘書官二人을寘ᄒᆞ니奏任이라 宮내大臣의게專屬ᄒᆞ야機密事務를掌理ᄒᆞ되但府務現況을依ᄒᆞ야參書官의事務를協助케ᄒᆞᆷ이라

第廿五條 宮내府의參書官二人을置ᄒᆞ니奏任이라 宮내大臣及協辦의命을承ᄒᆞ야庶務를掌理ᄒᆞᆷ이라 未完

外報

◉美日關係 [illegible]港報를據ᄒᆞᆫ則去八月十八日華盛頓通信에云ᄒᆞ되美國海軍將官이日本과淸國을遊覽ᄒᆞ고歸ᄒᆞ야言ᄒᆞ기를日本이亞細亞에[illegible]國이될지라將來에美國에[illegible]과開[illegible]ᄒᆞ게되면반다시先히日本과되기ᄂᆞᆫ確實ᄒᆞᆫ지라日本이淸國內地에深入ᄒᆞ야美國人의商權을奪ᄒᆞ며淸國에商權을獨占코져ᄒᆞ야滿洲鐵道에日本物貨ᄂᆞᆫ稅을업시ᄒᆞ며淸國人이日本에서武[illegible]를學ᄒᆞᄂᆞᆫ者七萬名이니美國이淸國에商路를擴張ᄒᆞᆯ진ᄃᆡ急히海軍을日本보다優勝케ᄒᆞ고大平洋海岸에要緊ᄒᆞᆫ軍港을作ᄒᆞ며比律賓에堅固ᄒᆞᆫ軍港을建築ᄒᆞ야東洋商務에利益을享有ᄒᆞᆷ이急務라ᄒᆞ얏더라

◉俄帝避亂 倫敦電을據ᄒᆞᆫ則俄國에서弑殺에陰謀가發覺된結果로俄帝ᄭᅴ對ᄒᆞ야彼得堡로歸來치勿ᄒᆞ고依然히巡遊홈을續ᄒᆞᆷ이可ᄒᆞᆷ을忠告ᄒᆞ얏다ᄂᆞᆫ說이有ᄒᆞ더라

◉波斯議會 波斯皇帝ᄂᆞᆫ國制를多히根本的改革으로써[illegible]王僧侶官吏商人으로成ᄒᆞᆫ國民議會를創設ᄒᆞ기로詔勅을發布ᄒᆞ얏다더라

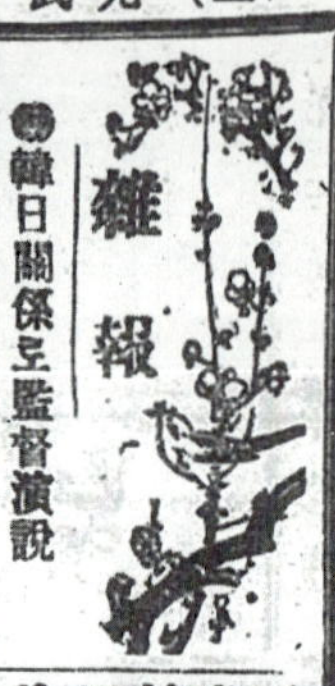

雜報

●韓日關係로監督演說 去月二十四日桑港電報社에記載인바韓國과日本에在혼美以美會監督히리슨氏가연說혼얏는디히리슨監督이再昨年十一月에日本에往혼야다가昨年春과十一月과今年六月合三次를韓國京城과平壤等地에來往視察혼則至今韓國形便은日本三十年前形便과彷彿혼도다再昨年春에往見혼時와韓國發達됨이昨年十一月에往見혼時에比較혼면大異혼고今年六月에往見時에는昨年十二月에比혼면其進步됨이不可同日而語라此는日本이韓國에主權을握혼고保護혼지一年半에크게進步가되얏고韓國의頑固黨은此를不허여暴動지되얏스며其間韓國人의裝은바白衣는漸漸黑衣로變혼고所愛혼는頭髮을漸漸斷削가되고一千年習慣으로降來혼女子의內外혼든思想이變혼야점점氣運을舒紓혼니此는耶蘇敎會가韓國에廣布혼效驗이라謂혼지로다혼얏더라

●血竹渡海 本報第二百七十一號에閔忠正公의血竹을模寫하야分播內外하얏더니桑港報紙를接閱혼則右血竹을模本하야慶佈하얏다더라

●訓禁礦獎 咸興郡明太洞金礦檢察孫永熙氏가揮動礦軍하야本部境內長廣數百里之地에處處開礦하야掘인田畓하고村村設店에毁인宅墓하야百惡千弊가荐生疊出이되되官不能禁斷하고民不得聊生이니一依礦山規則하야不由農部許可而潛치金店은一幷廢止하야使九千八百七十五戶生靈으로無至渙散케하라고該郡民鄭冕鎭等十六인이聯名請願于農部하야請啟弊端은另加禁斷하고所謂孫永熙는逐出境外하야更無敢接踵케하라고該郡守의게發訓하얏다더라

●義王發程 義親王殿下께서昨日上午七時三十分에京釜鐵路로渡日次發程하셧는디劉世南韓應履兩氏가隨行하얏다더라

●對質難便 平리院의셔法部로質稟하기를厚昌前郡守李載植의犯贓事로漢城裁判所照會를據혼즉該員이供稱被證於一進會長尹吉炳과査官江界郡守徐廷圭라하야顯與對질이라허나尹徐兩員이俱係現帶勅奏任官에니自本院受리案件라허온바內部照會之到案日字는雖係赦前이나漢城裁判所就囚日子는係是赦後이오니若是漏於赦典이면該員이宜平稱冤이오若準入於赦典이면就囚月日이在於頒赦之後이오니事甚難便이라하얏더라

●日인殺인案 黃海道鳳山郡沙里院停車場附近에서本年八月十二日에日인杉田形五郞者가韓國인金致雲을毆打殺死혼事案으로平壤리事廳에서審리하야該犯杉田形五郞을打인致死罪로禁錮二年에處斷하얏다고平壤市裁判所에서法部로報告하얏다더라

●掃除屆日 度支部에는庭際掃除夫一名을以日인으로擇定하야月俸은每朔에四十圜式支給하는디該掃除方法을韓인은漢昧不知하야反害衛生이라하야伊藤統監의勸告로設置홈이라더라

●法院질稟 特別法院의셔被因혼禮陟部正李載規氏事案의對하야法部의報告허되本院未決囚李載規鐵錫弘의所犯이係是六犯及公瀆以外이오니本月十二日赦典의合入於放釋秩이오나未決囚報來허라신本部訓令을未承허여기玆의질稟이라허엿더라

●鐵線票界의調查 京義鐵道改線測量에對하야日인小山壽夫가準通辯一인하고郭山郡에來到하야該郡境內新占票界를圖畫하야自郡捺章을請求혼의該郡守는非敢擅行이라하야觀察府로報告하고觀察使는內部로報告하얏더니內部에서는指令하기를該票界內官有民有와田畓과落家屋의瓦草間數와墳墓單數와價額幾何를一一調查後에區別成冊하야一件은留置存당하고一件은捺章出給케하라하얏더라

●鬱島調查 鬱島郡境界位置와面里戶口를調查하얏는디該郡面里가十九洞六百十四戶에인口는三千八十二口라더라

●稅務官極擇 度支大臣閔泳綺氏가新設하는稅務官을時務한熟者로極擇혼다는디稅欵은非但結戶稅라山稅도測量定稅하야一體收稅혼다더라

●議案裁下 再昨日政府에서上奏혼議案一束은並爲裁下하읍셧다더라

●被害調查 十道各郡에先六月被害혼戶口를調查혼즉燒頹漂가二千六百六十五戶요燒渰死인이一百三十七名이더라

●公薦勿施 昨年에政府에서중樞院官制를副賛議는各觀察使와漢城府判尹이二三인式公薦하야政府에서經議敘任하기로作定하얏더니一不得施行하고再昨日政府에서更爲改定하야地方長官이公薦句語를勿施하기로頒布하얏다더라

●會議稅務 再昨日度支部大臣以下顧問諸인이稅務事를會議하얏는디結錢貸額을新貸額으로作定事와稅務官을叙任後에는本部에서先行見習하되各觀察使를招上하야稅務事를面會事와稅務가時急則各郡守가依前作부하되各面洞長으로主任收捧케하되待稅務官到任하야移付事와各觀察使가稅務監을姑先例乘事를爛商하얏다더라

●被賞助校 無請願依願免혼前德源郡守李種完氏는善治優等으로度支에서賞與金一百圜을出給하는지라氏가設立혼德源郡學校에補助혼다더라

●孟倅飾詐 孟山郡守尹舜儀氏는非理行政으로如掌小邑에貪贓이乃爲三萬餘金이라民情嗷嗷혼야呈冤于府部혼고已載新聞上혼則郡守가慮其罷免혼야方廂柱을暗請東軒혼야誘言曰旅費四百兩을出給혼터이니內部와觀察府에願留以來즉一千兩을酬勞云云이나方氏가답曰金璧으로雖實나爲人者不可飾詐也라혼고各坊民人이並訴于觀察府則査實次로首鄕吏와挾雜비方贖柱을押上嚴訓則又以飾詐之計로方贖柱을密送府下혼야苟苴行之云혼니民心이又益분痛혼야數百名이聚集이라더라

●學大內大의對陣 朝鮮新報를據혼즉軍大와學大가聯合혼야政權으로牛耳를숑논거슨前보에已揭어니와李完用氏와李址鎔氏는政界爭論에對陣혼事狀이如左혼니

其問題는地方政治에關홈이라云허나從他觀칙컨디內閣現狀으로李址鎔氏가兩李大臣의攻擊을受혼야現政界上에는均衡上當然혼計畫이有홈을察허건디萬一李址鎔氏와李夏榮氏가握手혼얏는디本年三月에李完用氏가李根澤氏와攻擊을受혼이後援者李夏榮氏로同盟혼야共力反對혼야至今서지未安혼얏는디此는狗猿的政爭에比較혼야注目홀거시라고혼얏더라

●青校近況 青坡蓮花峯青蓮學校은元來洞中에서設立혼學校인디開學혼以後로漸就之望니有혼다홈은吾人니贊賀不已어니와近日洞中開會에財政을整니혼는디本洞各戶에서義捐을月부로排납혼기로酌定혼얏고禹參尉鍾鉉氏는每朔四元式永久히繼續出義혼얏다혼니우鍾鉉氏가敎育의熱心홈은人皆稱頌혼거와該校가洞중熱心으로永遠히維持하게됨을本記者는祝賀하노라

●安眠不安 오川郡安眠島事는前報에已揭어니와該島는皇室所有基址로累百年森林禁養之地인디今年春의派監徐相贇氏가松楸七百餘株을斫伐放賣혼고私設防築혼야欲爲起耕혼고毀破鹽井혼야自己에所有을擅作혼即鹽井收稅一萬五千金이自然革罷는不言可想이오오川郡守李承氏가松楸斫伐을摘奸時에相詰之事가有혼야徐氏가上京浮費三萬金을用하얏다하고本島山直과인民處에隨其貧富하야排斂勒捧하되上戶에二十兩과中戶에十兩과下戶에七兩五戔式이오七十餘名山直에게는一百二十兩式不日督捧홈으로島民이雖支하야怨聲이嗷嗷하고沃溝港의居留日인이二次來到하야松楸을調查하고將欲斫伐輸去하되所謂派監은都無一番報告于經理院하니其肥已之慾은可歎이아여라고該島民이連次來言하더라

詞林

賀崔勉菴先生之馬島　　清風俞鎭洙

蘇節餘霜杖天戴文山有二子嘗
年事先生又此行
人皆哭以深儂獨賀之眞萬國人
公口吾皇有此臣

雜報

●灣會演說 義州來函을據ᄒᆞᆫ則去陰二十七日은卽義州自强支會通常會日而會員五六十名이開會ᄒᆞᆫ地에各其演說而其中申錫俊氏가出席言之曰會中셔大失規則者有ᄒᆞ니以監理願留로論之컨ᄃᆡ初不開會而以擧手爲決定ᄒᆞ고惟會長一人이挾私論起而監理를任掌ᄒᆞ야會所ᄒᆞ야一邊으로修願留書ᄒᆞ며一邊으로數輩本會評議員二人ᄒᆞ야會員之不願捺章者을使之煽動而次第捺章케ᄒᆞ고曰此乃人民之願留而非會中之所爲라ᄒᆞ니何異於以刃殺人而非我也云乎아不以監理爲怨惡而以願留之實心捺章者今於座中에能有幾箇人가會長自行不公之事而反以自弱之心으로指導會員이獨無愧於內乎아不惟會員之自外怨言이라外論이亦有嘰嘰로되今於開會에胡無一人言之而以正規則고ᄒᆞ거날聽之者無不擊掌而快悅之라

惟會長이ᄂᆞᆫ怫色獨之曰以監理願留之事가有何妨害於會中耶아與其善惡言之爲可則監理之所惡言願一聞之라ᄒᆞᆫᄃᆡ評議員金鎭氏가慍色言之曰申錫俊氏가以會中失體爲言而不以監之善惡言이어날會長은則其誤聽誤解ᄒᆞ고因諸請而廢會에申錫俊氏가又欲說未果어니와申金兩氏之說은使一會中으로足以立懦爲强이오會長朴永運氏은會中失規ᄒᆞ고挾私助惡이라가今於論責之場에不爲悔過而反問其善惡與否ᄒᆞ니此亦偏私挾勢라ᄒᆞ不惟會員公憤切切而亦外論이嘰嘰라ᄒᆞ얏더라

●告每日申報 白雲山人

敬啓者 貴報之特立大韓報分ᄒᆞ야國是를論定ᄒᆞ고民智를開發ᄒᆞ미至矣며美矣로ᄃᆡ尤極感謝ᄒᆞᆫ者則一端이亦有ᄒᆞ니我韓의民은性質이愚迷ᄒᆞ고舊尙이虛誕ᄒᆞ야無根ᄒᆞᆫ小說을偏信ᄒᆞ고未來에變局을妄度ᄒᆞᄂᆞᆫ故로或祕訣이니方書니ᄒᆞᄂᆞᆫ것도准聽ᄒᆞᆯ뿐더러또ᄒᆞᆫ各城巨都와鄕村閭落에盛行ᄒᆞᄂᆞᆫ이야기冊이有ᄒᆞ야陳陳堆積ᄒᆞ고矻矻玩覽ᄒᆞ야日力만費ᄒᆞᆯ뿐아니라또ᄒᆞᆫ痴癡을梓以國文으로翻謄以細書ᄒᆞ야劵ᄒᆞ며壬辰錄이라ᄒᆞᄂᆞᆫ것을烈傳이며大成傳이며三國誌三ᄂᆞ니曰趙雄傳이며大鳳傳이며忠永結ᄒᆞ야必曰我國之事ᄂᆞᆫ吾人의能ᄒᆞᆯ바이니라如此ᄒᆞᆫ英雄이出ᄒᆞᆫ後에可爲라ᄒᆞ나史를攷ᄒᆞᆫ則人도或無ᄒᆞ고實을據ᄒᆞᆫ즉事도未有ᄒᆞ니如此ᄒᆞ고民志를合ᄒᆞ며國魂이야聚ᄒᆞᆯ것소然而近日某某報紙에無根ᄒᆞᆫ怪談과無理ᄒᆞᆫ小셜을間或收入ᄒᆞ야有知ᄒᆞᆫ士或曰新聞도不足信이라ᄒᆞ니此言이비록過ᄒᆞ나엇지自招ᄒᆞᆫ因이全無ᄒᆞ다ᄒᆞ리오然惟 貴報ᄂᆞᆫ誤記ᄒᆞᆫ細事도旋卽改正ᄒᆞ고無리ᄒᆞᆫ小셜도全行勿施ᄒᆞ니此雖細節인듯ᄒᆞ나엇지僕僕感關ᄒᆞᆫ者아니리오惟我同胞ᄂᆞᆫ此報購覽ᄒᆞ기를더욱必要ᄒᆞᆷ

●永昌開校 九月十三日開城府永昌學校에셔ᄂᆞᆫ開校式擧行ᄒᆞᄂᆞᆫᄃᆡ內外紳士百餘人이來會ᄒᆞ고當日赴徒ᄂᆞᆫ四十二人이라本府尹韓永源氏가勅語를奉讀ᄒᆞ고校長王羽淳氏ᄂᆞᆫ學校趣旨와姜助䟽氏ᄂᆞᆫ學校情形을說ᄒᆞ고敎師徐丙達氏가學業을勸勉ᄒᆞ고日本憲兵隊長과第一銀行主任月揚氏가演說ᄒᆞ고其後韓徵序氏와金教壽氏가演說後에學徒가愛國歌를齊唱ᄒᆞ고萬歲를三呼ᄒᆞ며立食禮를行ᄒᆞ고閉會ᄒᆞ얏ᄂᆞᆫᄃᆡ此校ᄂᆞᆫ有志幾人이發起ᄒᆞ야小學校規模로組織ᄒᆞ고本府尹이五百圓을補助ᄒᆞ야特別勸奬ᄒᆞ얏다더라

●屈氏渡日 昨報에揭載ᄒᆞᆫ學生屈柄이란事件에對ᄒᆞ야該家所傳을據ᄒᆞᆫ則屈相淳氏의子根明에가原來其父兄의敎導로汎華普昌學校의就學ᄒᆞ더니去番放學之暇에不告其父兄ᄒᆞ고潛往日本ᄒᆞᆫ지라屈氏가紙貨四十元을齎送ᄒᆞᆫ지不過二十日에病報가又至ᄒᆞᆫ니屈氏가四百元을持ᄒᆞ고日前에發程ᄒᆞ얏스즉昨今間想已到着이라더라

●必是誤謬 前贊政李容稙氏ᄂᆞᆫ淸儉謹飭의風度가有ᄒᆞᆷ은世所稔知인ᄃᆡ日前某報에揭載되기를仁川富平間에一津渡를自家基址라藉稱ᄒᆞ고帖稅를勒斂ᄒᆞᆫ다ᄒᆞᆷ은無根之說인ᄃᆡ必是誤探인듯ᄒᆞ더라

廣告

廣告

東國歷史 普通教科國漢文一秩二册定價新貨 一圜十戔
法蘭西新吏 四十錢
淸國戊戌政變記一秩 一圜
政治汎論 一秩二册一元廿錢
越南亡國史 一册三十錢
法國革新戰史一冊 三十錢
大韓輿地圖一張 十七錢五里
世界全圖一張 三十七錢五里
大韓地誌一秩 七十五錢
牧民心書一秩 一圜二十五錢
萬國地誌一秩 一圜
尺牘完編一秩 一圜五十錢
參政新編一册 五十錢
法學通論一册 一圜
溫故知新堂叢抄 七錢五里
父師必독小學指남 七錢五里
人工養蚕一册 十五錢
世界之政治 一册五十四錢
家庭雜誌一 十錢
進明彙論一秩 三十五錢
交際新禮一秩 十八錢

賣所 布屛門下金相萬書舖 大韓每日申報社

花春丹은 霍亂 吐瀉 腹痛 滯症 暑症 정忡 神眩 胷鬱 痰盛 醒酒船暈 咳嗽 瘧질 口味업ᄂᆞᆫ諸症의神效ᄒᆞᆫ藥이오 此外에도洋灰水解毒藥 唐창 疳氣 蛔虫 寸虫 赤白면風 藥과東西洋藥이俱備ᄒᆞ고他病도隨間出方ᄒᆞ오니 僉位ᄂᆞᆫ枉臨ᄒᆞ시옵

皇城校洞石井洞下隅
石泉堂藥局 告白

以上三種은上品으로製造ᄒᆞ야衛生上에至極有益ᄒᆞ니毋論某人ᄒᆞ고本에來臨ᄒᆞ쇼

大韓帝國仁川港
濟物浦紙卷烟及烟草會社

一 鷹標罐詰濃結牛乳
一 金印罐詰濃結牛乳
一 無糖家用氣化乳酪
一 쏘ㅣ돈쓰製造麥芽化合牛乳

以上은常時에貯積ᄒᆞ얏삽
美國紐育港쏘ㅣ돈쓰 濃結牛乳會社
一手代理店
大韓仁川港
世昌洋行

●九轉靈砂라 本人이妙方을[illegible]ᄒᆞ야製藥을[illegible]ᄒᆞᆫ바 男女老少에無論何症ᄒᆞ고通治ᄒᆞ며無病時에도服ᄒᆞ면平生의身體가健康ᄒᆞ며小兒ᄂᆞᆫ[illegible]ᄒᆞ야[illegible]ᄒᆞ고[illegible]를擁保ᄒᆞ오며
●九轉靈砂萬病丹은[illegible] 痰에神効ᄒᆞ오
●九轉靈砂保命丹은産生小兒 [illegible] 殺惡과婦人帶下症에神効ᄒᆞ여
●九轉靈砂濟衆丹은酒滯 食滯 血積 吐瀉 霍亂 蛔疾 吐血 下血 運氣 時疾 病症에神効ᄒᆞ오
●九轉靈砂紫金丹은痔漏 [illegible] 上疳瘡 下疳瘡及唐瘡과 諸般瘡瘇惡種에無不神ᄒᆞ오니 僉君子ᄂᆞᆫ來問ᄒᆞ시오
內需司前두간이골上隅第一家 李鳳廷 告白

◎本社廣告

申報價
一張代金 新貨二錢五里
一箇月前納 三十錢
三箇月 九十
六箇月 一元七十戔
一箇年 元四十戔
郵稅一部 新貨五里
一箇月 十三戔

廣告料
四号活字十三字詰
每日每英尺一寸에新貨廿五錢
(每日每行에六錢에相當홈
其期限의長短과字行의多少를依ᄒᆞ야增減홈이有홈

◎大韓每日申報各處支社諸氏
中署布屛門下 金相萬冊肆
洞口越便 朱翰榮冊肆
中署農商洞入七十八統第二戶 鄭承뎍
仁川租峴開新冊肆 李東主
平壤南山峴日新學校 金浩淵
宣川邑橋西 安濬
義州南門外韓國人[illegible]限有寬 [illegible]叡恒
長連邑 金龜
鎭南浦築洞 金仁집
咸興州南社 曹喜林
中和邑 李俊培
開城北部梨井里群洞居 培養亨 金瀧俊
釜山佐川徐藥房
校洞校長 姜助遠
大丘郡 達城廣文社
鎭山邑內 安主
元山港倉前 金乃範

發行兼編輯人 英國人裵說
發行所 京城中署壽進坊礦洞号外地法語學校前
大韓每日申報社

第四卷 大韓每日申報 대한매일신보 第三百卅二號

月曜及慶節歲時日休刊

檀君開國四千二百三十九年
箕子元年三千二十八年
大韓開國五百十五年
日本明治三十九年
清國光緒三十二年
◎陰曆丙午八月大初十日甲戌

論說

平壤近況

韓國內日本失措가如彼多矣라今日紙上에特보홀거슬躊躇ᄒᆞ야欲無言이로되何如헌지平壤에居留ᄒᆞ는法人싸ㄹ스의呼冤을吐出홀기로決意ᄒᆞ얏노라細小句語를若欲盡記인된紙筆消費가可惜故로特以一言揭報홈이自足ᄒᆞ니盖日本武官이싸ㄹ스의所有地段에建築道路ᄒᆞ기를適當히녀인지라此싸ㄹ스는平壤에矯正之端을欲見이라가地方理事及武官間에셔屢被進退ᄒᆞ든人이니已有地段이雖非必要ᄒᆞᆫ道路에割入됨을見ᄒᆞ고此格外行動의責任이在於何人인가欲知ᄒᆞ야一次更往이라가日本書記諸人의게笑料를但作ᄒᆞ얏도다

本記者ㅣ싸ㄹ스의地段圖票를得見ᄒᆞᆫ즉斜線道路의建設노各異地片을橫斷ᄒᆞ라는日人의謀策이出於巧奇ᄒᆞ라爲此敗道ᄒᆞ야싸ㄹ스의地段을交切ᄒᆞ기로爲其目的이면過此善策을不能成就ᄒᆞ엿깃도다

近聞컨ᄃᆡ싸ㄹ스가今在京城ᄒᆞ야此事端의何如結局을欲知라ᄒᆞ니日本人이今以勢力으로同人의地段을侵犯加害ᄒᆞ야敷設道路ᄒᆞ는지라現今事態로觀之면同人의矯正ᄒᆞ라는希望을悲觀的에假托ᄒᆞ기가不能이나然이나同人의憂歎이吾人의思料를佚給ᄒᆞ는도다

平壤에셔被奪ᄒᆞ는土地는他處에收用ᄒᆞ는것과同一ᄒᆞ니日本武官의所取요非文官所關이니盖平壤近地는四願平坦ᄒᆞ야軍略上에不甚必要라漢江近地를以軍用取之홈이與此同一種類니日本人이如此欺騙을他處에셔는豈不用之리요

싸ㄹ스의呼冤은自國代表人이或將聽許ᄒᆞ리니助力者가不無어니와何如헌지韓國內에外人所有의利益을韓國人의自有土地에對照ᄒᆞ고地段을略有ᄒᆞᆫ外人과日本官憲間에如一ᄒᆞᆫ起鬧을記憶ᄒᆞ면韓國人의被奪ᄒᆞ는거시幾何인지商量키迷亂ᄒᆞ도다日本威壓强奪의減省을卽見키尙今未能이어니와數日內에若無所遇면伊藤侯는他一說話를新述ᄒᆞ야歐米에發電ᄒᆞ기를合意히見之ᄒᆞ리로다

官報

●號外 光武十年九月廿五日

◉宮廷錄事

宮內府特進官趙秉式乞降 聖批旨省疏具悉卿懇惟卿進退亦關於民國之一段衷悃辭意切摯亦於文字之外所陳情蹟覽之傷然警省就念忠南忠北汎濫之災尤爲驚惨民生猝被淪胥十家一存陵谷遷改田稼入於滄溟無望有秋幸而獲脫於懷襄之際者亦何所於土着而居生哀此靡辜天胡忍哉言念及此[illegible]綏令政府差遣慰諭使其賑恤賙救之方亦令爛商講究而又當申飭別般措劃矣其藥弊亦當使之另設方略痛加禁戢矣卿其諒之事遵地方官傳諭 九月廿四日

◉三千五百六十八號 光武十年九月二十六日

◉宮廷錄事

法部大臣臣李夏榮謹奏臣部所管平理院事務原來煩劇況今開廷未幾京外民訟式日遝至而該院判事太明軾許久被遞致多妨礙該判事之任姑爲解免之意謹上 奏

光武十年九月二十一日奉旨依奏

奎章閣學士李乾夏辭職疏
批旨省疏予悉所請依施

尙方司長李秉稷辭職疏
批旨省疏予悉所請依施

以上九月廿三日

◉敍任及辭令

○命秘書監丞 奉常司提調丞[illegible]經九○命奉常司提調 官內府特進官南奎熙○命尙方司長表勳院秘書官李秉稷 以上九月廿日○解兼任法部法律起草委員 法部前參書官李晃宇○命兼任法部法律起草委員 平理院判事朴晚緖

以上九月廿四日

●布 達

◉布達第一百三十九號 續

第廿六條 宮내府의禮式官九人을置ᄒᆞ니奏任(내一人或勅任)이라儀式의事를掌理홈이라

第廿七條 宮내大臣官房에秘書과내事外事禮式四課를置ᄒᆞ고左又치職員을置ᄒᆞ야事務를就理홈이라

秘書과長 一人 秘書官兼任
官房내機密事務를掌理ᄒᆞ고과員을監督홈이라

내事과長 一人 參書官兼任
내事에屬ᄒᆞᆫ事務를掌理ᄒᆞ고과員을監督홈이라

外事과長 一人 參書官兼任
外事에屬ᄒᆞᆫ事務를掌理ᄒᆞ고과員을監督홈이라

禮式과長 一人 禮式官兼任
儀式에關ᄒᆞᆫ事務를掌理ᄒᆞ고課員을監督홈이라

官房主事 十四人 判任
上官의命을承ᄒᆞ야庶務에從事홈이라 (完)

◉部 令

學部令第二十號 續

師範學校令施行細則

第五章 入學退學休學及懲戒

第十七條 學員의入學을許ᄒᆞᄂᆞᆫ時期는學年初로부터三十日以內로定홈但速成科及講習科는此限에不在홈이라

學員의募集員數及期日은學校長이定ᄒᆞ야豫先廣佈홈이라

第十八條 入學志願者ᄂᆞᆫ左開資格이有ᄒᆞᆫ者

一 身體가强健ᄒᆞᆫ者 (未完)

●外 報

◉各省官制 淸國에셔今番改革을因ᄒᆞ야各省에財政司法巡警提學軍政民政農商稅務交涉轉運의十司를分設ᄒᆞ야三品官으로써任命ᄒᆞ고知府直隸州는一等州縣으로ᄒᆞ고同知通州는二等州縣으로ᄒᆞ고通判知縣은三等知縣으로改定ᄒᆞᆫ다는議가이의成立ᄒᆞ얏다더라

◉編定官制 淸國에셔官制委員덴各十八大臣等이相議ᄒᆞ야編定官制局을設ᄒᆞ고官制編定에着手ᄒᆞ얏다더라

◉憲政全書 淸廷에셔立憲의上諭가渙發되얏스나아즉立憲이何者인지不知ᄒᆞᄂᆞᆫ者ㅣ多ᄒᆞᆫ故로出洋大臣等의上奏文及內外臣僚의條陳ᄒᆞᆫ中에憲政에關ᄒᆞᆫ事件을編纂印刷ᄒᆞ야天下에頒布ᄒᆞ야立憲의意義와其作用을洞悉케ᄒᆞ기로決定ᄒᆞ야不日間實行이되리라더라

◉陰謀綜露 倫敦電을據ᄒᆞᆫ則露都가트레포將軍의葬儀에列席지아니ᄒᆞᆫ은當時企畫ᄒᆞ든社會黨에陰謀가綜露되여暴動의徒黨은逮捕되얏는ᄃᆡ其內에宮內官吏도若干名이干與ᄒᆞ얏다더라

雜報

平壤江東祥原人民總代黃益

統監府請願

伏以閣下東方大政治家耳功業之隆爵之尊赫赫乎寰宇之內而三韓卑末亦知名號然而閣下位統監以來不見我民之回도爲笑而但見其愈甚困難日就彫殘消盡之景況其哀號愁嘆之聲當無日不及於閣下之聽聞而略無惻然之想形於政令施措之間者此其陽托保安之名而實無保安之意者非耶

以閣下之元勳宿德行此不忍之政於無辜人民誠是不夢想到者矣目下三千里內二千萬衆孰不陷於水深火熱之中而本人等數萬生命尤有至困至慘之情故乞一言而死之蓋本人等所居檀箕以來四千年世世耕鑿而男婦老幼許多生齒休養滋殖之地也忽於今年四月二十日貴國工兵小隊長就平壤郡六坊江西郡四坊祥原郡一坊長七十里廣六十里區域內立標曰大韓皇室牧場基址一面書之曰無許可之田土家屋賣買嚴禁一面書之曰觀察使以其表面觀之似是觀察使因政府命令而爲者而其實自貴國理事官主之焉則此牧場排置恐非我 皇上陛下之聖意也亦非我政府之經營也明矣大抵牧場排置於海岸或島嶼荒蕪閑曠之地何處不宜而必佔此大同江沿岸附近人戶稠密之處其意安在

然則其名雖曰大韓皇室牧畜場其實際經營乃大日本帝國殖民地也噫驅逐人民牧養獸畜豈古今歷史上或有之政乎殺人以政與刃無以異也今本人等數萬人命殆中死矣以閣下之盛德忍而行之

哀此數萬人命流離死亡之日其將頌閣下功德於九泉之下矣閣下之受福於天亦將無窮矣本人等以此呼訴于貴邦政府蓋亦屢矣而由其權限實在於貴府也故茲敢泣訴幸推仁心亟施安貼活此數萬生命千萬伏祝之至

●抱民不幸 抱川郡의셔는該郡下松隅場基居民을七名式替番捉囚ᄒᆞ야已至幾十日에獄費夥然ᄒᆞ고放出無期ᄒᆞ야四十戶殘洞商民이與販杜絶에糊口無計ᄒᆞ야民將渙散이오洞必丘墟라ᄒᆞᄂᆞᆫ디其事實則亦甚猛浪이라陰曆去月十四日은卽該洞市日인디賊黨三四十名이待其黃昏而誇張聲勢ᄒᆞ야放銃侵入홈의該洞에旣有防賊銃十四柄故로洞民이合勢迎敵ᄒᆞ니砲火相交에使成小小戰爭地라婦女兒童은前負後携에避亂他村ᄒᆞ니當場光景은料死요不料生이라가於焉賊退ᄒᆞ고砲烟收霽에날點視遠近ᄒᆞ니不意該郡墓所居李參奉之子가被銃傷ᄒᆞ야當日致命홈의觀者莫不傷心而過葬矣러니李氏家의셔有何所欲이던지初焉無一言而收埋라가乃有何所據而構誣洞民ᄒᆞ야呈邑呈府에俱歸無効러니又呈本郡而畢章無罪洞民을多數捉囚也라盖其李子之被砲가是誰之砲오黑夜飛砲를怨尤無人이어니와該洞民之欲保生命財産而防賊라가遭此不意之禍ᄒᆞ니早知如此면不如迎賊而許掠이라ᄒᆞ더라

●戶口減縮 咸鏡北道觀察使任原鎬氏가內部에報告ᄒᆞ기를自甲辰至乙巳ᄒᆞ야酷被兵燹ᄒᆞ고荐値歉荒이되伊時夸綠於外兵之各駐ᄒᆞ야入於本年에逐戶修籍而調査則道內各郡중鏡城會寧慶源慶興鍾城等五郡戶口減縮이二千一百八戶에人口一萬六千三百六十一口오穩城鍾城會寧等四郡僧徒는已參於一進會員ᄒᆞ야以平民적꾀이기未得種別修報라ᄒᆞ얏다더라

●日隊射擊 駐京日本軍隊에셔明日上午八時로봇터十二時ᄭᆞ지往十里附近에셔空砲射擊을行ᄒᆞ기로聲明ᄒᆞ얏다더라

●湖北慰諭 忠淸南北道에水災를偏被ᄒᆞᆫ각郡에慰諭使를差遣ᄒᆞᆫ事는已揭어니와今에北道幾處에도亦被水害ᄒᆞ야政府에셔鎭川郡守李鐸應氏로兼行慰諭케ᄒᆞ라고昨日內部로照會ᄒᆞ얏다더라

●地係官有 天道敎中央摠會에셔水原郡所有地를成案以給事로農商工部에請願ᄒᆞ야該郡守로使之踏査報來케ᄒᆞ얏더니農部에報到ᄒᆞᆫ郡報에는該地案을派校另査則無非官有地오本無賣買之例故로該冊子를還爲上送이라ᄒᆞ얏더라

●罪人斷髮 各地方監獄署에셔도警務監獄署例를依ᄒᆞ야已決囚의一般罪人은頭髮을並皆削除ᄒᆞ얏다더라

●青會大演說 今日下午七點半에皇城基督敎靑年會에셔大연說會를開ᄒᆞ고宣敎師崔炳憲氏를另請ᄒᆞ야政治與宗敎의關係됨을講究ᄒᆞᆫ다ᄂᆞᆫ디其要領이如左홈

一 敎理와政體의本原
二 政令과敎會의功用
三 敎道의淩靡와政令의壞亂
四 宗敎와政治ᄂᆞᆫ表裏가됨

伊時에傍聽도許ᄒᆞᆫ다ᄒᆞ니有志諸君은如此善美ᄒᆞᆫ會席에赴叅ᄒᆞᆷ을吾人이希望ᄒᆞ노라

●徵文設備 屬玆大韓進步之日ᄒᆞ야徵文義숙이蔚然特起於漢城中觀象峴上ᄒᆞ니其制度之美備가已使內外國人으로有欽覩瞻이오敎科書ᄂᆞᆫ皆通儒碩士의手를經ᄒᆞ야輯成ᄒᆞ거시오學員의勸勉做工은該校主人과一般敎師의熱心으로敎導ᄒᆞᆷ이오至於物理化學機械ᄭᆞ지一切設備ᄒᆞᆷ은尤是大韓學校의創有之盛擧라外國人이亦皆欽歎贊成ᄒᆞ야特別히工役으로補助ᄒᆞᆷ이有ᄒᆞ다니以是觀之컨ᄃᆡ人之事業이出於善擧이면天下之人同情贊成ᄒᆞᄂᆞ니大韓人士ᄂᆞᆫ一局感發ᄒᆞ야此等事業을互相勸勉ᄒᆞ야國中학務가日新興旺ᄒᆞᆷ을十分切望ᄒᆞ노라

●須氏往日 政府顧問須知分氏가統監府에視務ᄒᆞ고政府에ᄂᆞᆫ初不仕進ᄒᆞ다더니統監府事務賜托으로政府는不知中에日本에又往하얏다더라

●兩察新任 平南관察使는前局長李始榮氏가被任하엿고春察은權益相氏가被任하얏더라

●特赦問題更起 日本에在逃者特赦事에對하야統監의勸告로九月二十五日ᄭᆞ지는該問題를停止하얏다는事는已往揭載하얏거니와停止約이已過ᄒᆞᆫ지라日昨統監陛見時에該問題가更起ᄒᆞᆷ으로義親王殿下의셔도日本에猝行하셧는ᄃᆡ李埈鎔氏를先期回國ᄒᆞᆫ단말이有하더라

●經由殺施行 各部判任官이奏任官에陞差하는境遇에는政府會議를經由ᄒᆞᆫ後에야施行ᄒᆞᆫ다더라

●府郡派員 내部에셔道府參書官과郡主事를擇差敍任ᄒᆞᆫ다인디各道府로訓令하야外國語能通者아니라도事務에通鍊ᄒᆞᆫ者를爲先하야參考施行케하얏고各郡主事는鄕長중으로擇差하라ᄒᆞ얏다더라

●內訓三和 內部에셔一進會總代請願書를據因ᄒᆞ야三和郡에訓令ᄒᆞ기를本郡居李起初等錢鉉緯希九呂應三等三百餘名이聚黨ᄒᆞ야會所에突入ᄒᆞ야懸板을打破ᄒᆞ고會員五인을官庭에拿致ᄒᆞ야毆打流血에以衆脅官ᄒᆞ니官亦不勝其勢ᄒᆞ야加笞囚獄인즉日本憲兵이査此悖習ᄒᆞ고郡守에게悖類를懲治ᄒᆞ라ᄒᆞᆫ즉郡守가只以笞十度로暴徒를捉囚ᄒᆞ얏더니該郡會合聚ᄒᆞ야會員을一一打殺云云이온즉以此不懲이면愈鬧梗壽이去益滋蔓이깃기李起初等을嚴訓捉囚ᄒᆞ시와照律懲處케하라ᄒᆞᆫ바一般인民의若是紀震이甚爲慨歎이라該事根因을詳査速報이되無或袒護滋弊케하라하얏다더라

●濟牧移付 各港監理署와郡合付합府하고濟州牧은割付全南관察府하얏거니와港口府廳은監理署로移設하고濟州郡은牧使廳으로移設ᄒᆞᆫ다더라

●稅監新設 度支部에셔稅務官新設은昨報에揭載하얏거니와稅務監十三人을新設叙任하기로作定하얏다더라

●外交案封鎖 日前伊藤侯陛見時에宮내府에由來存案ᄒᆞᆫ外國交涉案御覽件을政府로移送케하라하고上奏ᄒᆞᆫ지라昨日統監府에셔政府로公文하기를在前外交案宮내府所藏者를有奏裏事하 政府로推諉하얏시니其裏由는外交案을綱覽件ᄭᆞ지統감府에셔引繼하야封鎖ᄒᆞᆯ計劃이라더라

●昆倅茂績 昆陽郡守玄㸌봉氏는前任龍仁時의도治績을夙聞이러니今於昆陽政蹟이甲於各郡이라고南來人의傳說이有하더라

●有何辨明 前高靈郡守沈宅鎭氏는欠逋七千兩을査出督納ᄒᆞᆷ으로知其免官하고辭職依免하얏는디近日은沈郡守가何等請計인지관察使所索錢一萬兩을不랍ᄒᆞᆫ嫌疑로欠錢을覓査하얏다하고度支官인에게萬端辨明하나公랍尺文이自在ᄒᆞᆫ則明無用이오관察이果有索錢事하면何不擧訴卞明乎아하는故로沈氏가 然退去하얏다더라

雜報

◉普通教育論　在日本東京留學生張膺震氏가太極學報第一號에韓國新舊학界의弊端과普通教育의急務를論ᄒᆞ미懇切適當ᄒᆞ야韓國人士의着眼注意ᄒᆞᆯ비인故로玆에謄載ᄒᆞ노니本紙를閱覽ᄒᆞ시ᄂᆞᆫ이ᄂᆞᆫ逐號詳覽ᄒᆞᆯ지니其文이如左ᄒᆞ

一家의興敗ᄂᆞᆫ其子孫의良否에係ᄒᆞ고一國의盛衰ᄂᆞᆫ其國民의健否에由ᄒᆞ나니是故로一家의計를立코ᄌᆞᄒᆞ면其子孫을薰陶善良케ᄒᆞᆷ만不如ᄒᆞ고一國의基礎를定코져ᄒᆞ면其國民의精神을건全히振興鼓揮ᄒᆞᆷ만莫若ᄒᆞ도다然則其薰陶鼓揮의道가何에在ᄒᆞᆫ은吾人의노노ᄒᆞᆫ說을不待ᄒᆞ고

人人이萬口一唱으로無疑明答ᄒᆞᆯ者ᄂᆞᆫ即教育이是라宇宙에大法則을觀察ᄒᆞ면上으로太陽系에大와下으로有機微物에至ᄒᆞ도록宇宙間萬物은活動變化ᄒᆞ야暫時라도進化의程路를不息ᄒᆞ나니吾人人類의生活도또ᄒᆞᆫ此一大法則을免치못ᄒᆞ리로다然ᄒᆞ나

一地方活動의速力은一國에比ᄒᆞ면晩後의嘆을難免ᄒᆞ고一國活動의速度ᄂᆞᆫ世界에比ᄒᆞ면또ᄒᆞᆫ晩後의傾向이不無ᄒᆞ니一地方의教育은不得不其國情에相應ᄒᆞᆫ標準을取치아니치못ᄒᆞᆯ것이오一國의教育은世界大勢에鑑ᄒᆞ야其標準을定치아니치못ᄒᆞᆯ지라

今日環球列國의國民教育의大方針을觀ᄒᆞ면各各此로써專力注務치안ᄂᆞᆫ者ㅣ無ᄒᆞ야我의短을捨ᄒᆞ고人의長을取ᄒᆞᆷ에不恥ᄒᆞ며人의短을見ᄒᆞ면我의長을益益發揮ᄒᆞᆷ에不怠ᄒᆞ니此ᄂᆞᆫ農工商法律政治軍學等一切에進步가各其國情에特殊ᄒᆞᆷ을隨ᄒᆞ야多少의差異ᄂᆞᆫ有ᄒᆞ나大略平衡의狀態로駸駸乎長足의進步를發展ᄒᆞᄂᆞᆫ所以로다　未完

◉美人義捐　咸興通信員의報道를據ᄒᆞᆫ則陰七月二十五日萬壽聖節에本郡耶蘇教小學校에셔慶祝會를上午十時에本禮拜堂에設ᄒᆞ고下午三時에運動會를萬歲橋堤邊日兵鍊習場에設ᄒᆞ얏ᄂᆞᆫᄃᆡ傍聽員數萬名중에本郡署리觀察使도來參ᄒᆞ고其外美國人레일나氏가傍聽ᄒᆞᆫ後에禮拜堂의狹窄ᄒᆞᆷ을特念ᄒᆞ야紙貨四百五十元을補助ᄒᆞ미本會員이熱心鳩聚ᄒᆞ여五百餘元에達ᄒᆞ니合千餘元이라禮拜堂과本學校를新建ᄒᆞ오니貴報에記載ᄒᆞ여同胞에게表示ᄒᆞ옵기를切望이라ᄒᆞ얏더라

◉逐朔助校　南門外紫岩居ᄒᆞᄂᆞᆫ前議官趙榮淳氏가該洞漢陽學校에公函ᄒᆞᆫ全文이如左ᄒᆞ니

敬啓者夫人이無學이면不知有國이오不知國이면是ᄂᆞᆫ無愛國誠也니噫乎라九法之數莫近若이오三光之必청이尤此是乎則當時之風塵이積野ᄒᆞ고綱目을必舉일식無學問無智識이면惡能免爲人之奴隸乎哉아急急乎研究新學ᄒᆞ며開發新智ᄒᆞ야與歐亞各國에昭揭彬彬之風然後에乃已也라至於今日ᄒᆞ야若鞏固獨立之權인ᄃᆡ莫如教育으로爲第一急務也ㅣ可不敏哉아今承漢陽學校之刱設이寔出於諸君僉位之關心注力於新智新學者ㅣ豈外乎此哉아設校之久已有幾月에學員之入校者旣云不少矣오校舍之東修升降이旣爲安妥矣라生은素以無學之質노聞此設校ᄒᆞ고不覺手舞足蹈擯祝之不暇而其於欽仰에曷勝言哉아謹以四元金으로冒昧合勸樣ᄒᆞ와逐朔繼呈爲計ᄒᆞ오니幸勿以幾薄ᄒᆞ시고庶補校用之萬一ᄒᆞ시기를是盼是盼

廣告

本人이高陽富原里西江坊玄石里新水鉄里兩洞下所在田四日耕을移賣他人而舊文記百餘張은遺失ᄒᆞ얏기로三次移賣된新文記三張과新文記一張만交易賣買이고遺失文記ᄂᆞᆫ休紙施行이오니內外國人間諒悉爲要　申錫賢　告白

本人에叔父炳幹이性本浮浪ᄒᆞ야不事産業ᄒᆞ고本人의所有龍岡金川谷晦湧洞前後坪所在畓八十五斗落文券을僞造ᄒᆞ야持ᄒᆞ고典執放賣間做謀이옵기玆에廣佈ᄒᆞ니內外國人은切勿見欺ᄒᆞᆷ　鎭南港億兩機林麟基　告白

本書院樓上에諸般新書와新籍과各種新聞을具備ᄒᆞ고事務員이來客을迎接ᄒᆞ와書籍을請求ᄒᆞ시ᄂᆞᆫ대로酬應ᄒᆞ오니學問上有志僉君子ᄂᆞᆫ來臨ᄒᆞ시와隨意閱覽ᄒᆞ시오

또書院의셔發賣ᄒᆞᄂᆞᆫ萬種書籍을一一枚舉키不能ᄒᆞ와大綱만記載ᄒᆞ오니照亮後光臨購覽ᄒᆞ심을敬要

聖經　國文漢文英文日文
道學　各種
天文　各種
地理　各種
地圖　國文漢文各種
圖說
歷史　國漢文한文各種
格致　國文漢文各種
算學　國文漢文各種
教科書　并課本等유國文한文　各種
醫學　內外國繙譯各種
儒書　大小板各종

平壤貫洞上四番四第家　耶蘇教書院

本人이仁港金觀悅에게推次三百五十元於音과圖章을中路逢賊見失ᄒᆞ얏스니休紙施行ᄒᆞᆷ　尹柱봉　告白

西署麻浦洗心亭等地公洞越邊居淸商瑞盛春店에서木材를積置ᄒᆞ얏다가近日放賣ᄒᆞ엿ᄂᆞᆫᄃᆡ本人이該木材杆置票를成給ᄒᆞ얏사오니誰某시던지該積置票를持來ᄒᆞ셔야木材를내給ᄒᆞ지만일積置票업시推尋코ᄌᆞᄒᆞ시면毋論內外國人ᄒᆞ고切勿卌給ᄒᆞᆯ터이오니僉君子ᄂᆞᆫ照亮ᄒᆞ심　麻浦鹽廛頭居田丰煥　告白

本校에서夜學科를依前教授ᄒᆞ고(陰八月十日)로開學ᄒᆞ오니僉學員은趂期來학하시옵　普光學校　告白

本人이楊花島를過ᄒᆞ다가水中에서浮沈된魚網을得ᄒᆞ얏스니內外國間魚網見失ᄒᆞᆫ人員은證據를說明後覓去ᄒᆞ시ᄋᆞ　土亭里十統一戶　尹景俊告白

精選萬國史　全一冊　一百九十頁　定價　新貨六十錢　選述者　金祥演

本史ᄂᆞᆫ萬國歷代의重要事實을廣探採輯ᄒᆞ야以上古至近世代의三編을合製ᄒᆞ야各專門高等普通諸學校教科書에十分適當ᄒᆞ오며且江湖有志紳士의參考披讀ᄒᆞ심에極히便利ᄒᆞᆷ을爲ᄒᆞ야今編을以頭註로簡明叙去ᄒᆞ얏사오니海內僉君子ᄂᆞᆫ斯速購覽하시와案頭에備供ᄒᆞ심을爲盼

大發賣所　鍾路平리院上隅金孝演紙廛
◉分發賣所　鍾路大東書市　布廛屛門下金相萬冊肆　東關罷朝橋越便朱翰榮冊肆　大廣橋高濟弘書舖

本人姪應鎬光鎬性俱浮浪蕩散世業本人三次別付承重付即賣且付問雜類出沒府郡欲圖任冒犯逋公錢又欲募集外債移徵本人內外國僉君子勿見欺白失　平北郭山泗洞居卓廷岳　告白

本人이積病으로數年辛苦ᄒᆞ더니楊口居前參書官李衡圭氏의用針用藥하여積塊下産ᄒᆞ고得効가되여사오니今世에有如此神醫乎잇가恩惠感謝ᄒᆞ오니僉君子ᄂᆞᆫ此醫에게訪問病ᄒᆞᆷ　李參書官衡圭氏留處ᄂᆞᆫ전洞鉢里洞隣慶鎬家　廣市人三湝洞居表鶴柱　告白

本人의三弟廣郁이性本浮浪ᄒᆞ와外技를産ᄒᆞ고今夏의符同日事ᄒᆞ야偷賣長兄田畓이다가本郡與顧問官査卞之場에奸狀이綻露되야數朔在囚이옵더니不悛悖習今又逃躲上京ᄒᆞ야欲圖外國인債額必徵於舍兄爲計온이內外國人은切勿見欺ᄒᆞᆷ　咸興上州西面居楊齊龍　白

本人의子名이載顯러니灝字陽字로變ᄒᆞ야內外國人處의得債敗家ᄒᆞ고또文券과本人의圖章을僞造ᄒᆞ야典執得債코져ᄒᆞ니內外國人은切勿見欺ᄒᆞᆷ　朴明煥　告白

本人의庄土鐵原百石坪所在三石落量券을見失ᄒᆞ와偷見ᄒᆞ온즉或成典賣間에休紙施行ᄒᆞᆷ　中署水標橋　朴明煥

◉民事訴訟代理와刑事변護及鑑定一切法律에關ᄒᆞᆫ事務를迅速處理ᄒᆞᆷ　漢城南署茶洞第十七統八戶　변護士　前檢事正三品　李冕宇　法律事務所　事務員　博士　李　博士

發行兼編輯人 英國人裵說
發行所 京城中署壽進坊石洞号外地法語學校前
大韓每日申報社

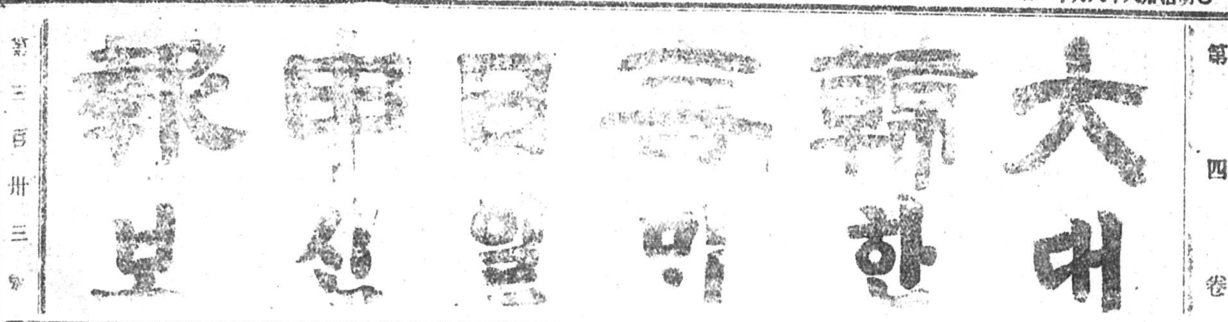

第四卷　第三百卅三號

月曜及慶節
歲時日休刊

檀君開國四千二百三十九年
箕子元年三千二十八年
大韓開國五百十五年
日本明治三十九年
淸國光緖三十二年
◉陰曆丙午八月大十一日乙亥

論說

對韓報館

日本이韓國을一體鎭壓코쟈ᄒᆞ야汚泥를加之於政府ᄒᆞ며 皇帝를暗密毁譏ᄒᆞ며其下諸人을公然毁譏ᄒᆞ기에奔走ᄒᆞ도다 大佐쓰킹글니氏ᄂᆞᆫ日本메일너메일新報의主筆兼當人이니如右事를自擔ᄒᆞᆷ이確然ᄒᆞ거니와且同氏가英國타임스新報의東京通信員이라타임新報가東京來報로記載ᄒᆞᆫ一條의要點을本記ㅣ前已揭報ᄒᆞ얏스니本報를愛讀人은타임스報館에現今供給ᄒᆞᄂᆞᆫ傳報가何如等級인줄을自度ᄒᆞ얏스리로다

타임스新報ᄂᆞᆫ惟聞傳說而取用ᄒᆞ나니豈能確然意斷이리요盖同報主筆人이自東京通信員聞之컨ᄃᆡ韓國 皇帝ᄭᅴ서近日南方起擾에有何理由라ᄒᆞ얏스니此ᄂᆞᆫ朱色御印을包有ᄒᆞᆫ一人이義兵과同謀ᄒᆞ얏다ᄒᆞ고日本人이確言ᄒᆞᆷ을甚信ᄒᆞᆷ이로다 不吉之人이朱印을帶持ᄒᆞᆷ은或其然矣나此乃 皇帝의與其同情於起擾인거슨探得키不能ᄒᆞ니如此關係에ᄂᆞᆫ御印을必不以朱色矣요且一進會民의게不法被捉된金升文의所有ᄂᆞᆫ起擾地方에서甚遠ᄒᆞᆫ北道檢察官으로被任된勅紙而已로다

此國京城에서도實報를探出ᄒᆞ기ᄂᆞᆫ果難이나何如컨지東京記者보다猶勝ᄒᆞᆯ니쓰킹글니의倫敦寄書를不意或故意로事實을昏亂케ᄒᆞᆫ거시라 韓國皇帝ᄭᅴ서義擾에有何干涉이신줄노著示ᄒᆞ라ᄂᆞᆫ試術은至於失敗ᄒᆞ얏스나타임스新報ᄂᆞᆫ嚴重陳言ᄒᆞ되日本이此를詰問ᄒᆞᆷ은或不用大度인가ᄒᆞ얏고且言ᄒᆞ얏스되其相續ᄒᆞ기에累千困難이必有ᄒᆞ얏스리라ᄒᆞ얏더라

韓國을關係ᄒᆞ야實報를吐績ᄒᆞ기에冒險之人은日本壓制를今皆未免이나本記者ᄂᆞᆫ毁譏亂人으로公正을謝服케ᄒᆞᆯ方策을竟取ᄒᆞᆯ而已라自和約決定以後로不法難信인新條約을締結ᄒᆞᆫ時ㅅ지日本政府機關이韓國官人의腐敗貪欲을籠帝子世界ᄒᆞ기에暫不失時ᄒᆞ야韓廷腐敗大臣의腐敗無能이登於歌謠러니一人을除ᄒᆞᆫ外에ᄂᆞᆫ此無能官僚가伊藤侯下에尙今仍存ᄒᆞ되歌謠ᄂᆞᆫ許之以沈息이로다

韓國과及其友人의게攻擊을曾加ᄒᆞᆫ其實價値를今能槪葬이라 韓國 皇帝ᄭᅴ서豫期其敗ᄒᆞᆫ義兵運動에不加援助ᄒᆞ셧슴을本記者ᄂᆞᆫ深信ᄒᆞ며且如此實證을不能採得ᄒᆞᆷ을確信이어니와至於內閣大臣ᄒᆞ야ᄂᆞᆫ或其腐敗며或不信實이로ᄃᆡ如此之人을仍置於官職者ᄂᆞᆫ惟其日人인實情을指明ᄒᆞ노라

韓國을關係ᄒᆞ야速今揭載ᄒᆞᆫ本紙上에故意譏說이一未有之矣니愛讀諸員의게流行之說과及其評論을供給ᄒᆞᄂᆞᆫ거슨記者의職責이라本人所述이不過於此요更加注目ᄒᆞ기셔지以此政策으로且將連續ᄒᆞ리로다

官報

●號外 光武十年九月廿六日

◉宮廷錄事

領敎聖司事李根命辭職箚 批旨省箚具悉卿懇愼節事處而見帶亦俱非劇務無妨調養何如是爲辭所辭奎章院之任今姑勉副卿其諒之事遣秘書郎傳諭

九月廿五日

●三千五百六十九號 光武十年九月二十七日

◉宮廷錄事

議政參政大臣朴齊純 奏忠淸南北道慰諭使差下事幾已 奏下矣全羅北道礪山等地亦被水災而與忠淸南道接壤戴須慰諭使劉猛使之就近兼往一體慰諭被災形止幷令條報何如謹上 奏

光武十年九月廿四日奉

旨依奏

◉敍任及辭令

○依願免本官 農商工學校敎官 李章爵 九月十五日○命尙方司長 從二品尹鎭佑 九月廿三日○命奎章閣學士兼任侍講院日講官 宮內府特進官尹用求○江原道觀察使沈相薰 平安南道觀察使李容善 命宮內府特進官○內部協辦崔錫敏 度支部司稅局長李建榮 從二品吳相奎 法部協辦李源兢 正三品朴羲乎 六品洪在箕 內部地方局長兪星濬 解內部地方調査委員○兼任園藝模範場長 農商工部農務局長徐丙肅○兼任農林學校長 農商工部農務局長徐丙肅○依願免本官 警務廳警務官權봉洙○免本官 光陽郡守柳濟寬 右ᄂᆞᆫ議員이由限已過에尙不還任ᄒᆞ니按以事體에不可仍實이기로地方官吏給由規則第八條를依ᄒᆞ야免本官○依願免本官 農商工學校敎官洪仁杓

以上九月廿四日

◉部令

學部令第二十號 續

師範學校令施行細則

二 品行方正ᄒᆞᆫ者

第十九條 本科와豫科及速成科에入學코져ᄒᆞᄂᆞᆫ者의게ᄂᆞᆫ左開ᄒᆞᆫ入學시驗을施行ᄒᆞᆷ이라

一 身體檢査

二 學力시驗 國文及漢文、日語、算術、歷史、地理、理科

三 口述시驗

但現今開校ᄒᆞᆫ學校長이學部大臣의認可를受ᄒᆞ야學力시驗科目중의一科나或數科를闕ᄒᆞᆷ도得ᄒᆞᆷ이라

第二十條 入학志願者ᄂᆞᆫ第四號書式의청願書에履歷書를添附ᄒᆞ야학校長의게呈出ᄒᆞᆷ이라

第廿一條 入학許可를受ᄒᆞᆫ時에ᄂᆞᆫ第五號書式의誓約書를학校長의게呈出ᄒᆞᆷ이라

第廿二條 保證人은入학者의尊親屬이나或此를代ᄒᆞ야一切責任을擔當ᄒᆞᆯ만ᄒᆞᆫ者 一人으로定ᄒᆞ되 즁一人은학交所在附近在의居住ᄒᆞᄂᆞᆫ者로ᄒᆞᆷ이라 未完

外報

●佛國의森林火災 佛國가다附近一大森林에火災가起ᄒᆞ야延燒面積이四萬에가인ᄃᆡ軍隊가其延燒ᄒᆞᄂᆞᆫ極力防備ᄒᆞ얏다더라

●芬蘭議會 倫敦電을據ᄒᆞᆫ則芬蘭議會ᄂᆞᆫ閉會ᄒᆞ얏ᄂᆞᆫᄃᆡ同總督은勞動者의不平을和協ᄒᆞ도록改革을約束ᄒᆞ고政廳과市民이自治新制度下에一致協力을希望ᄒᆞᆫ다ᄂᆞᆫ俄國皇帝의勅諭를朗讀ᄒᆞ얏다더라

●官等의制定 北京電을據ᄒᆞᆫ則淸國에서日本의親勅奏判任의制度를효倣ᄒᆞ야相當ᄒᆞᆫ官等을設ᄒᆞᆯ터이라더라

●北洋艦隊의無線電信 淸國袁總督이北洋艦隊에無線電信을設置ᄒᆞᆯ次로伊國에서技師를延聘ᄒᆞ야該艦隊의士官及總督部下에陸軍士官을錄用ᄒᆞ고信號를北京天津保定府軍廠連絡에置ᄒᆞᆫ다더라

雜報

●大加注意 近日에庸劣ᄒᆞᆫ醫員들이製出ᄒᆞᆫ方藥과春藥等類를日人이發賣하ᄂᆞᆫ데其廣告를撒布하기를請하얏스나吾儕ᄂᆞᆫ退却하얏고且韓國人을對하야若此性慾을買用하ᄂᆞᆫ데金額을浪費치勿하기를勸告하노라

●廣濟擴張 廣濟院에서ᄂᆞᆫ院務를一層精密ᄒᆞ게擴張ᄒᆞ기爲ᄒᆞ야該院內에試驗場과手術試驗場으로兩場所를設立ᄒᆞᆯ次로方在營始中이라더라

●內部官房의排置 內部에서ᄂᆞᆫ部中事務上에敏速ᄒᆞᆷ을爲ᄒᆞ야該部入廳의大臣官房과協辦官房은俱以平常高等兩箇應接室로斷鍊하고大臣協辦事務室은原定官房之後面으로新設하며其左右에參與官室과秘書課文書課로排置하기로籌畫中이라더라

●漂戶建築의報告 淸州郡守閔泳殷氏가今番漲水에漂頹ᄒᆞᆫ人民의家屋建築ᄒᆞᆯ方針에對하야該郡山城과封山兩處所在松木一萬六千五百株를許斫營建케하라고內部에報告하얏ᄂᆞᆫ데內部에서指令하기를失所民情을慘惻無比라其所結構를不容暫緩인즉雖官山松木이라도斫取乃已이되漂頹戶每戶에計其人口하고酌量間數하야體木椽木의各幾株式昭詳算摘하야보詣斫取ᄒᆞᆫ지며且慰諭使가前往該地ᄒᆞᆯ지니本郡守가慰恤結構方針을另加說明하며從實修보허라하얏더라

●隱結陞總 各郡隱結이無邑無之하야有官隱名目하고有吏隱名目하야官與吏가依例食하ᄂᆞᆫ故로地方官吏의月俸이以是薄額이더니月俸을新貨로更定하야俸給票를頒布實施하ᄂᆞᆫ지라各道財務官이各郡守에게公函하고隱結을一體陞摠하야以爲正供하라하얏시니各面分屬事에ᄂᆞᆫ民心이騷撓ᄒᆞᆯ터이오隱結陞摠事에ᄂᆞᆫ吏屬이大擾하리라더라

●兩倅辭免 載寧郡守丕晉奎氏와石城郡守柳柱爽氏ᄂᆞᆫ事務를不能堪當이라고辭職請願하야依免하얏다더라

●留票宜懲 東署午橋居鄭泰鎭等이農部에請願ᄒᆞ되阿峴金德仲輩가稱有本部認許라고木匠會計憑票를發賣ᄒᆞ며工匠處에討索이多有ᄒᆞ니自本部로如有認許어든該認許를還收ᄒᆞ고如無認許어든該無賴輩를捉懲ᄒᆞ야以杜民弊케하라ᄒᆞ얏더라

●主事被囚 忠南觀察金嘉鎭氏ᄂᆞᆫ有何失措하얏든지自辟主事를日本警視가捉囚ᄒᆞᆫ事가有하다더라

●振郡慰諭 沃州郡守劉猛氏를政府에서奏差하야忠淸南道慰諭使를被命하야今日發程하거니와振威郡에도偏被水災하야百餘戶가漂頹하얏다하ᄂᆞᆫ지라政府에서劉氏의게申飭하야振威에도前往慰諭하라하얏다더라

●兩家宴樂 法部大臣李夏榮氏ᄂᆞᆫ昨日自己生日에妓樂을大張하얏고漢城府尹朴義秉氏ᄂᆞᆫ大設妓樂하고外國紳士를請宴하얏다더라

●其或然矣 各郡守의奏差ᄒᆞᆯ數爻가未滿이라請願與轉遷幷하야二十餘窠인데銓考法實施하기前에一次奏本을ᄒᆞᆫ다더니今日政府會議에奏下가되리라더라

●合郡影響 內部地方調査의結果로地方各郡境界를較正하야以移去地、來屬面駐入地、飛入地四種으로區別하야其區域의廣狹屈曲을平均케하야將次官報의頒布ᄒᆞᆯ터인데其兆眹은合郡의影響이라더라

●六郡移付 忠淸南道管下文義郡은同北道로付屬하고全羅南道管下興德茂長高敞郡은同北道로付屬하고全羅北道管下求禮郡은同南道로付屬하고江原道管下鬱島郡은慶尙남道로付屬하얏다더라

●內訓黃州 內部에서一進會摠代趙聖根의請願書를現接ᄒᆞᆫ즉內槪에本郡居朴貞模가素以負商班首로商工課支社長을冒得ᄒᆞ야挾雜見汰ᄒᆞ고開進敎育會에從容ᄒᆞ야副班首張永順과瑞興居金水文의子로締結ᄒᆞ야會員明一煥의兄弟를結縛亂打에命在危境ᄒᆞ고黃州봉山瑞興三郡에沙鉢通文으로幾千名을募集ᄒᆞ야別般運動을做出ᄒᆞᆫ즉發訓捉治ᄒᆞ시와以塞弊源伏望等因을査ᄒᆞ야發訓ᄒᆞ기를朴貞模前後行悖가果如此甚이면誠極痛惋이라爲先捉囚ᄒᆞ고詳査速報ᄒᆞ야一般人民의疑惑이無케ᄒᆞ라ᄒᆞ얏다더라

●服章내下 宮내府官人等도一體斷髮하얏ᄂᆞᆫ데시從等에게ᄂᆞᆫ各其服章費를내下하옵셧다더라

●移屬ᄂᆡ訓 내部에서各郡面移屬事를註明하야一體發訓ᄒᆞ얏다더라

●宜乎禁斷 東署舟橋下居ᄒᆞᄂᆞᆫ何許人家에關帝廟를奉安ᄒᆞ고愚蠢ᄒᆞᆫ婦人들을誑迷惑케ᄒᆞ야靈驗이有ᄒᆞ다ᄒᆞ야每日如雲ᄒᆞ게男女勿論ᄒᆞ고門前에踏至ᄒᆞᆫ다ᄂᆞᆫ데日前의何許兩班家下人이鍮器各種諸具와錦繡衣裳과鍮器等節을擔舁以入ᄒᆞ더라ᄂᆞᆫ데白米九石과柴三駄가有ᄒᆞ며其隣洞居人이全혀迷惑ᄒᆞ야家産什物을典賣ᄒᆞ야가지고祈禱ᄒᆞᆫ다니警察官吏ᄂᆞᆫ此等事를亟宜禁斷ᄒᆞ야風化를整理ᄒᆞᆷ이可ᄒᆞ다고ᄒᆞ더라

●不動產賣買에議案 昨日上午十二点에政府ᄂᆡ에서不動產調査委員이會議하얏ᄂᆞᆫ데該議案은不動產物買賣하ᄂᆞᆫ證明書를施行하야賣買하ᄂᆞᆫ境遇에ᄂᆞᆫ里面長이次第로郡守에게보告하야觀察府許可를經ᄒᆞᆫ後에施行허기로辦錄中이라더라

●郡奏內容 今番郡守奏本은不經銓考ᄒᆞ고敘任이된다ᄒᆞ고郡守求乞者가極力運動ᄒᆞ나內容을詳探ᄒᆞᆫ즉十月一日銓考規程을頒布後에전考合格者를敘任하기로확定하얏다더라

●公薦何多 度支部에서稅務官을新設ᄒᆞᆫ다ᄒᆞᆷ이非此人莫可라하고大臣에게公薦하ᄂᆞᆫ者가百名以上에達ᄒᆞᆫ지라閔度支가正色對曰稅務官制와規程을尙不頒布則其事務와合格如何를何以相當人이라하고薦人하며道府參書官繙譯官及補를內部에서無전考敘任ᄒᆞᆫ다ᄒᆞᆷ이自薦合格者와公薦者가百餘名이라李內大가據理言之曰我雖主務나銓考施行하ᄂᆞᆫ規程이自在하니合格則爲之라勿以虛慾으로仕宦을經營치말나고하얏다더라

●軍用地何其廣占 熊川郡人民의來書를據ᄒᆞᆫ則鎭海灣軍用地를定界하ᄂᆞᆫ데熊川은鎭海灣相距가水路百餘里가되ᄂᆞᆫ데熊川地가三分二나犯入하얏스니政府에서ᄂᆞᆫ國土之攸重과生民之塗炭은毫不關念하고惟謂所屬만勝ᄒᆞ로아ᄂᆞᆫ지鎭海만에서水路三百餘里絕遠ᄒᆞᆫ熊川地段을如此廣割하야輕先以給乎오熊川一郡數萬生靈은溘死乃已니盖이不死則已어니와死ᄒᆞᆯ진된一日一時에處에서合沒하야主務大臣의心을快悅케하기로ᄒᆞᆫ다더라

●牛山支校 西江坊有志紳士들이牛山學校支校를設ᄒᆞ고樵動子弟을勸勉教育ᄒᆞᆫ시教師가無ᄒᆞᆷ와教授가不能케로該洞請願矣러니本校優等學生中吳潤模氏와金崙圭氏가熱心으로自願派出ᄒᆞ야不惜勞苦ᄒᆞ고熱心教育ᄒᆞ미由是而本坊內有子弟ᄒᆞᆫ父兄들이感其吳金兩氏之熱心ᄒᆞ고使其子弟로勸入之校케ᄒᆞ미學况이漸進ᄒᆞ야壯之識子로入士가漸增ᄒᆞ니若使人人으로皆如兩氏之熱心이면國內教育前途가庶有可望이라ᄒᆞ더라

●韓氏贊校 鍾路靑布廛都家에私立維新學校ᄂᆞᆫ設施가日淺ᄒᆞ야學務가不振ᄒᆞ더니校長韓鎭鎬氏가校內情况을周察ᄒᆞ고今冬에需用ᄒᆞᆯ物品을擔任ᄒᆞ며該校主務鄭禹澤、崔爽鎬、李根洙諸氏를對ᄒᆞ야擴張發展ᄒᆞᆯ方針을講究ᄒᆞ얏다ᄒᆞ며前教官彭鍾獻氏가名譽로擔任教授ᄒᆞ며方今學務振興ᄒᆞᆯ計劃으로學員을增募ᄒᆞ야益加勉勵ᄒᆞᆫ다더라

詞林

吊閔忠正公　平壤　進士張用鍵

河岳不移金石堅公然節小朝鮮　滿腔熱血鋪無地揷蹈寒鐵誓有天　一代精忠惟此日千秋義烈復誰然　告君䨮來懷遺疏長使吾儕淚湧泉

吊趙忠正公

白首丹忱苦未休請匡三疏懇時憂　大凶在側誰能除一敗當頭不得留　苟活誠難君恥雪自裁寧可國恩酬　山頹梁折吾安仰帷有芳名百世流

閔忠正公血竹

碧血餘痕化碧篁枝枝葉葉向靈床　貞根不揷霜風力義幹猶爭日月光　雷廟再生曾著異香橋孤秀尙流芳　天公爲表純忠節特立千年若許長

雜報

●普通教育論 (續)

我國今日教育界에情形을回顧ᄒᆞ면可히世界大勢에投合ᄒᆞ다謂ᄒᆞᆯ가設使世界大勢에投合ᄒᆞᄂᆞᆫ域에ᄂᆞᆫ達치못ᄒᆞᆫ다ᄒᆞᆯ지라도一步進一步ᄒᆞ야漸次進就向上ᄒᆞᄂᆞᆫ段階에在ᄒᆞ다謂ᄒᆞᆯᄂᆞᆫ지人으로ᄒᆞ여금流涕長嘆ᄒᆞᆯ者一再에不止ᄒᆞ도다

元來士林으로言ᄒᆞ면一國에柱石이라古今을通ᄒᆞ고天下大勢의移動을達察ᄒᆞ며事理를精通ᄒᆞ야進ᄒᆞ면足히써國家의休戚을論ᄒᆞ며國民의福利를經綸ᄒᆞ고退ᄒᆞ면足히衆民의指導가되야國民으로ᄒᆞ야금教導開發ᄒᆞ야文明에進케ᄒᆞᆷ으로써已任을作ᄒᆞᆯ것이어ᄂᆞᆯ噫乎라우리士林의無能이여詞章摘句의術과陳腐冊子의說로阿世欺人ᄒᆞᄂᆞᆫ類가아니면一是古人의遺糟에心醉盲從ᄒᆞ야其高尙ᄒᆞᆫ精神의本體와人生의天職은頓忘不解ᄒᆞ고惟一形式에拘泥ᄒᆞ야一切新理를排擊ᄒᆞ고舊習을膠守ᄒᆞ며豆大ᄒᆞᆫ眼孔으로世界를觀察ᄒᆞ야自尊妄大의謬想을徒增ᄒᆞ고心中에ᄂᆞᆫ一國의士林으로써自負ᄒᆞ며世人이所謂彼를士林으로써認許ᄒᆞ니心中에엇지自愧ᄒᆞᆷ이無ᄒᆞ리오

借問ᄒᆞ노니聖賢은何人이며君子ᄂᆞᆫ何人고古人도ᄯᅩᄒᆞᆫ古昔聖賢의偉訓偉蹟을仰慕崇拜ᄒᆞ야니미아니나聖賢도本是人이오君子도同是人이라孟子曰舜何人也며余何人也오ᄒᆞ시니余智全能ᄒᆞᆫ造物이아니어ᄂᆞᆯ엇지人事에盡善完義ᄒᆞᆫ境이有ᄒᆞ리오况且人類의文化ᄂᆞᆫ時代에經過를從ᄒᆞ야向上進化ᄒᆞᄂᆞᆫ것이라上代의美德이반다시今世에美德되믈不保ᄒᆞ고上古博學의知識이今日에童에不及ᄒᆞᆫ者往往

特別

特別特別特別特別

本報를購覽하시ᄂᆞᆫ各地方 僉君子ᄂᆞᆫ本報價先納하신金額이盡하오면停送하ᄂᆞᆫ規例를已所洞亮하시ᄂᆞᆫ바어니와請求愛讀하시ᄂᆞᆫ厚意를表謝하와繼續發送하오나遠近地方間代金換送하시ᄂᆞᆫ方策을姑未確知하시와或至幾朔未納이시니購覽하시ᄂᆞᆫ 僉君子에悶燥ᄒᆞᆷ不啻라本社經用에되窘拙ᄒᆞᆷ이存하와玆以仰佈하오니幾朔條未랍하신僉君子ᄂᆞᆫ該代金을貴附近地郵便局이나或出張所에往議하시면本社로랍付케하ᄂᆞᆫ方便이有하오니

諒燭하옵셔從速換送하심을切望ᄒᆞᆷ

大韓每日申報社

社告

不無ᄒᆞ며ᄯᅩ倫理道德으로論ᄒᆞᆯ지라도時代趨勢와人文發達에程度를從ᄒᆞ야變遷無止ᄒᆞᆫ것이어ᄂᆞᆯ况其習俗形式이리오(未完)

●一進악報 載寧郡來信을據ᄒᆞᆫ則我韓三千里內에一進會의設立이許多ᄒᆞ지만은至於載寧ᄒᆞ야ᄂᆞᆫ尤爲興盛ᄒᆞᆫ지라會員始作時에言必稱入來一進會者면大臣觀察郡守를得ᄒᆞ고廣地沃土가皆爲我物이라ᄒᆞ며所有之家產田土를各樣名目貿로皆賣入會ᄒᆞᆫ後에糊口之計가極難ᄒᆞᆫ지라然이나眞業에從事치아니ᄒᆞ되好衣好食ᄒᆞᄂᆞᆫ者ㅣ多ᄒᆞᆫ故로各人注目之下에大有疑訝러니此境內에盜賊이蜂起ᄒᆞ야人命殺害와財物奪取와有子孫ᄒᆞᆫ戶身掘去와富家의嬰兒奪去之事가種種有之ᄒᆞᆫ故로 境人民이夜不成眠ᄒᆞ며晝不作行ᄒᆞᆫ으로商估幾絕터니本邑巡校들이晝夜追賊ᄒᆞ다가去三月分에賊漢魁首를捕殺ᄒᆞ얏ᄂᆞᆫ데一進會元鄭允國之父子러니日間에ᄯᅩ賊魁幾名을捕縛ᄒᆞ얏ᄂᆞᆫ데魁首된者ᄂᆞᆫ自甲午로至今ᄭᆞ지東學家에有名ᄒᆞᆫ一進會職員鄭大植이라ᄂᆞᆫ者요此外幾名도皆爲斷髮會員이라ᄒᆞ얏스니大抵物極則反ᄒᆞ고民窮則盜ᄂᆞᆫ同其勢也나此一進會가何如ᄒᆞᆫ社會이던지國中에多數ᄒᆞᆫ社會라曾前에도各地方에貽害之報가逐日沓至ᄒᆞ니本報ᄂᆞᆫ該會面貌를爲ᄒᆞ야或揭或否로一以寓警告ᄒᆞ며一以存餘地矣러니至於此等變怪ᄒᆞ야ᄂᆞᆫ尤甚可嘆可악이라對此事變ᄒᆞ야不欲不筆이나該會의多少惕警을爲ᄒᆞ야不得不揭ᄒᆞ노라

●傳者誤耶 向日本報에兩次揭載된旦民呼泣이란것과捧稅生金이라ᄂᆞᆫ事件에對ᄒᆞ야 聞ᄒᆞᆫ則李德永氏가以慶尙收租官으로尙今該地에到着지못ᄒᆞ얏슨則該察署理와挾同ᄒᆞ야已往革罷ᄒᆞᆫ災結을督刷云者가勢所必無이오慮其改遞ᄒᆞ야六十萬兩을納賂云者도確係無據라ᄒᆞ기로隨聞更揭ᄒᆞ노라

廣告

廣告

普通教科國漢文一秩二册定價新貨

東國歷史　一圜十戔
法蘭西新史　四十錢
淸國戊戌政變記一秩　一圜
政治汎論　一秩二册一元廿錢
越南亡國史　一册三十錢
法國革新戰史一册　三十錢
大韓輿地圖一張　十七錢九里
世界全圖一張　三十七錢五里
大韓地誌一秩　七十五錢
牧民心書一秩　一圜二十五錢
萬國地誌一秩　一圓
尺牘完編一秩　一圜五十錢
憲政新編一册　五十錢
法學通論一册　一圓
温故知新堂叢抄　七錢五里
父師必독小學指남　七錢五里
人工養蚕一册　十五錢
世界之政治　一册五十四錢
家庭雜誌一　十錢
進明彙論一秩　三十五錢
交際新禮一秩　十八錢

發賣所　布屛門下金相萬冊肆
大韓每日申報社

花春丹은　霍亂　吐瀉　腹痛
滯症　暑症　정忡　神眩　胷鬱
痰盛　醒酒船暈　咳嗽　痳질
口味업는諸症의神效ᄒᆞᆫ藥이오
此外에도洋灰水解毒藥　唐창
疳氣　蛔虫　寸虫　赤白면風
藥과東西洋藥이俱備ᄒᆞ고他病
도隨問出方ᄒᆞ오니　僉位는枉
臨ᄒᆞ시옵

皇城校洞石井洞下隅
石泉堂藥局　告白

以上三種은上品으로製造ᄒᆞ야衛生上에至極有益ᄒᆞ니毋論某人ᄒᆞ고本社에來臨ᄒᆞ옵

大韓帝國仁川港
濟物浦紙卷烟及烟草會社

一 鷹標罐詰濃結牛乳
一 金印罐詰濃結牛乳
一 嬰兒家用氣化乳酪
一 졋ᅵ믄쓰製造麥芽化合牛乳

以上은常時에貯積ᄒᆞ얏슴

美國紐育港 졋ᅵ믄쓰 濃結牛乳會社

一手代理店
大韓仁川港
世昌洋行

●九轉靈砂라　本人이妙[illegible]丹인ᄃᆡ男女老少에無論何病ᄒᆞ고[illegible]身體가健康ᄒᆞ며[illegible]ᄒᆞ기를擔保ᄒᆞ오며
●九轉靈砂萬病丹은[illegible]疾에神効ᄒᆞ오
●九轉靈砂保命丹은初生小兒[illegible]般惡과婦人帶下症에神効ᄒᆞ며
●九轉靈砂淸衆丹은酒滯　食滯　[illegible]　吐血　下血　運氣　時疾　痢疾에神効ᄒᆞ오
●九轉靈砂紫金丹은痔漏　[illegible]　上疳　下疳瘡及唐瘡과諸般毒瘡惡種에無不神ᄒᆞ오니　[illegible]君子는來問ᄒᆞ시오
內需司前후강이골上隅第一家　李鶴廷　告白

◎本社廣告

申報價
一張代金　新貨二錢五里
一箇月前納　三十錢
三箇月　九十
六箇月　一元七十戔
一箇年　元四十戔
郵稅一部　新貨五里
一箇月　十三戔

廣告料
四号活字十三字詰
每日每英尺一寸에新貨廿五錢
(每日每行에六錢에相當홈
其期限의長短과字行의多少
를依ᄒᆞ야增減홈이有홈

◎大韓每日申報各處支社廣告
中署布屛門下　金相萬冊肆
洞口越便　朱翰榮冊肆
中學廟初入七十八統第二戶　[illegible]
仁川杻峴開新冊肆　李東支
平壤南山峴日新學校　金浩淵
[illegible]　[illegible]恒
宣川邑橋西　安濬
義州南門外韓西大藥房張有寬
長連邑　金龜
鎭南浦藥洞　金仁집
咸興州南社　曹喜林
中和邑　李俊培
釜山佐川徐藥房　金灌俊
南城北部梨井里祥洞居　[illegible]
校副校長　姜助遠
大丘郡　達城廣文社
鎭山邑內　安支
元山港倉前　金乃範

發行兼編輯人　英國人裴說
發行所　京城中署壽進坊碍洞号外地法語學校前
大韓每日申報社

第四卷 第三百卅四號

大韓每日申報
대한매일신보

月曜及慶節時日休刊

檀箕開國四千二百三十九年
箕子元年三千二十八年
大韓開國五百十五年
日本明治三十九年
淸國光緒三十二年
◉陰曆丙午八月大 十二日丙子

論說

訛言報館

特其訛言이出於興味ᄒᆞ야人民希願에適合ᄒᆞ면能히成立ᄒᆞ나니此豈非驚怪之事乎아英國人民이日本과締盟홈으로日本이實是文明强國이오且開進上으로行事홈을深信ᄒᆞ나니此ᄂᆞᆫ幾許人이虛構를支持ᄒᆞ기에從事ᄒᆞᄂᆞᆫ所致라如此之人은戰鬪之場에曾未近往ᄒᆞ고局勢를公告홈이로다

라임스新報의東京通信員을注目홀지어다其人이曾不在於韓國이라此地情形을一無所知여날日本行動을論評ᄒᆞᄂᆞᆫ此處各外人을冷笑ᄒᆞ며韓國內行政을支持ᄒᆞ기에從事ᄒᆞᄂᆞᆫ日人探報員을快許ᄒᆞᄂᆞ도다

韓國內에伊藤侯를其人이何如히知悉乎아審書于倫敦ᄒᆞ얏스되伊藤侯ᄂᆞᆫ一未有不正實이라ᄒᆞ얏스니其人은統監의通信員과大韓月報主筆人의趣意를注目ᄒᆞ야正當의等級이何如홀지槪算홀지어다

且其人이所謂新條約에對ᄒᆞ야尙今虛構ᄒᆞ되日本人은此條約을許之以不好ᄒᆞ려ᄒᆞ거날韓國政府가自甘ᄒᆞᆫ다ᄒᆞ얏스니此人의天然敏捷이反動ᄒᆞ면虛言之不能立은彼必知之ᄒᆞ리로다其人之報가虛說이면畢竟以虛說著世ᄒᆞᆯ거시오本人之報가若其虛說이면亦至如彼ᄒᆞ리니本記者ᄂᆞᆫ時之獨識을欲立ᄒᆞ노라

本記者ㅣ확言ᄒᆞ노니雖征服된人民이라도其實開明ᄒᆞᆫ國人手下에서ᄂᆞᆫ不當ᄒᆞᆫ擧行을韓國人이順序受之ᄒᆞ야實證이每日群出ᄒᆞᄂᆞᆫ지라若何人이든지願知此實情이여던來此視之어다若本記者ㅣ所報의實證을其人의게不能供給이면次第를甚受ᄒᆞ려니와戰局에不曾近往ᄒᆞᆫ論評人은反對ᄒᆞ깃노라

此通信員의報告中에未達事情ᄒᆞᆫ거슬略擧模本ᄒᆞ노니彼云ᄒᆞ얏스되稱之以一進ᄒᆞᄂᆞᆫ社會가因其題目ᄒᆞ야自由進步라ᄒᆞ얏스니韓國內各外人所知에此會ᄂᆞᆫ其實事業이未有ᄒᆞ고街路上에浪遊ᄒᆞᄂᆞᆫ韓國下等人으로만組織되야日人의擁護를多受ᄒᆞ고爲人或贈金所使에少無羞恥ᄒᆞ며愛國思想이全未有之ᄒᆞᆫ거시라타임스가如彼變改會情之說을傾聽홀진딘甚歎可也로다

其人이且言ᄒᆞ되去番條約을印定ᄒᆞᄂᆞᆫ事狀에ᄂᆞᆫ未有威脅矣라ᄒᆞ니其時에非但有威脅이라謂印ᄒᆞ던內閣會議가不以法式召集된거시亦可爲證이며韓國 皇帝ᄭᅴ서美國으로發電ᄒᆞ사此事가示威脅迫之下에서成立됨을公言ᄒᆞ셧스니事狀全體가已著無餘矣로다

其人이更言호ᄃᆡ韓國人民이保護를認之以滿足이라ᄒᆞ니實情에서遠離됨이莫過於此라非圖眼之人의게ᄂᆞᆫ事實의相反홈이確然ᄒᆞ니韓國人이極甚殘忍을今當ᄒᆞᄂᆞᆫ지라此事實을世界上文明國民이必也卽聞ᄒᆞᆯ거시여날如彼汎速에不至홈이以此激怒ᄒᆞᄂᆞ도다

然이나時將至矣라事實이必著ᄒᆞ리니當其時ᄒᆞ야ᄂᆞᆫ日本이阿諛賀儀를不得ᄒᆞᆯ거시요惟其行事ᄃᆡ로賞賜를受取ᄒᆞ리로다

官報

◉號外 光武十年九月廿七日

◉宮廷錄事

宮內府特進官閔泳奎
任太醫院都提調

◉三千五百七十號 光武十年九月二十八日

◉宮廷錄事

正二品徐正輔等乞 賜處分疏
批旨省疏具悉賜牌所重與他自別疏辭令法部嚴查蹄正

◉法律

◉法律第五號

利息規例

第一條 契約上의利息은元本額에對ᄒᆞ야一年間十分의四에過홈을得지못홈

第二條 利息에關ᄒᆞ야當事者間의契約이無ᄒᆞᆫ時ᄂᆞᆫ元本額에對ᄒᆞ야一年間十分의二로定홈

第三條 利息의總額은元本額에過홈을得지못홈

第四條 利息은元本으로換作홈을得지못홈

第五條 契約上의利息이本規例를超過ᄒᆞᆫ其數額은無效로홈

第六條 飮食料 雇工錢 酬勞金이나價額이五十圜에未滿ᄒᆞᄂᆞᆫ日用物品의代價의ᄂᆞᆫ利息이無홈

附則

第七條 本法은頒布日로부터施行홈

光武十年九月廿四日
御押 御璽 奉 勅 議政府參政大臣朴齊純 法部大臣李夏榮 度支部大臣閔泳綺 農商工部大臣權重顯

◉敍任及辭令

○願依免本官 全羅北道觀察府主事沈鍚根○任全羅北道觀察府主事 度支部技手金鎭鳳○任江原道觀察府摠巡 京畿觀察府摠巡沈正澤○任慶尙北道관察府摠巡 黃海道관察府摠巡洪昌燮○解兼任特別法院判事 法部前協辦金奎熙○命兼任特別法院判事 法部協辦李源兢○任宮내府大臣官房秘書課長 全秘書官金明濟○兼任宮내府大臣官房내事과長 全秘書官李鍾華○兼任宮내府大臣官房外事과長 全參書官劉燦○兼任宮내府大臣官房禮式과長 全禮式官高羲敬○依願免本官 經理院技師朴容圭○任經理院技師 帝室會計審查局審查官劉晪烈○任帝室會計審查局審查官 禮式官金祚鉉○任宮내府禮式官 六品朴容圭○兼任公立한城普通학校長 全敎君朴治勳○兼任公立水原普通학校長 全敎員金炳天○兼任公立公州普通學校長 全敎員沈驥燮 未完

外報

◉服制改良의上奏 淸國에서澤公端方兩氏가參內時에淸國服制改良이必要홈을上奏ᄒᆞ고立憲制度實施以前에實行홈을奏請ᄒᆞ얏더니西太后가窺政實施홀時를待ᄒᆞ야法으로써頒布홀叢로陳述ᄒᆞ얏다더라

◉宦官廢止 北京電을據ᄒᆞᆫ則出洋大臣等이上奏ᄒᆞᆫ結果로宦官의採用을廢止ᄒᆞ고姑且數爻를限定ᄒᆞ야但灑掃의任에充ᄒᆞ기로決定ᄒᆞ얏다ᄒᆞ고又慶親王袁總督은宮內官吏의數爻를限定코ᄌᆞᄒᆞ야西太后의允許를發ᄒᆞ얏다더라

◉上議院設置說 同電을據ᄒᆞᆫ則滿人이立憲政治反對홈으로此를預防ᄒᆞ기爲ᄒᆞ야袁總督이爲先上議院을設ᄒᆞ고皇室의王公으로써其議員을任ᄒᆞ라ᄒᆞᆫ다더라

◉俄國革命宣言 俄國革命黨은皇帝反對에宣言書를發佈ᄒᆞ야日同黨은卑怯ᄒᆞ고殘忍ᄒᆞᆫ官僚政治에根因은消除ᄒᆞᆫ다더라

雜報

●軍大饗宴　軍部大臣李根澔氏ᄂᆞᆫ昨日下午의本第에一大盛宴을開ᄒᆞ고各部大臣과伊藤統監以下各部顧問官諸氏를請邀宴行ᄒᆞ얏다더라

●會議延期　政府에서昨日上午十二時에會議를開ᄒᆞᆯ次로各部大臣의會同ᄒᆞᆷ을預先通知ᄒᆞ얏더니有何相値之事ᄒᆞ야今日로延致ᄒᆞ얏다더라

●慰金請求　既往警務廳廳官의慰勞金을支撥ᄒᆞᆫ다더니昨日內部의셔該慰勞金四千一百五十六圜을丸山顧問의聯署를受ᄒᆞᆫ後度支部에支出을請求ᄒᆞ얏다더라

●借地擔稅　農商工部에서統監府로公函ᄒᆞ기를嘗公函을據ᄒᆞ야木浦稅關敷地內에一千六百坪을以爲棉工場地로借用一事에就該地圖面을粘連公函于搬稅ᄒᆞ얏더니稅關事務處理上有礙ᄒᆞᆷ으로一千坪을限五箇年酌定ᄒᆞ고借地中은木浦各國民居留地規則에依據ᄒᆞ야其地區에相當ᄒᆞᆫ納稅를負擔ᄒᆞᆯ事를承諾則償付無妨이라ᄒᆞ니該擔面에相當ᄒᆞᆫ租額負擔ᄒᆞ와千坪借用이妥當ᄒᆞᆫ與否를示明ᄒᆞ라ᄒᆞ얏다더라

●築橋請願　忠南全義郡邑內五洞人民等이內部에請願ᄒᆞ되本郡은即依山挾水而現今鐵道가東西橫亘ᄒᆞ고公廨民戶ᄂᆞᆫ俱在路北이오東西兩川에鐵道梁橋之設置가不過一二間則漲水時에安得不橫流乎아去番之水災에邑下各洞이沒入水中ᄒᆞ야韓人三名과日人一名이渰死ᄒᆞ고家屋漂流가二十七戶요其餘ᄂᆞᆫ畢皆浸沒에便成魚鼈之窟이야온즉該鐵道가亦隨潰缺이라際此隨毁改築之時ᄒᆞ야宜有變通而日人則猶未慣山川形勢之如何故로居民이說盡利害而要請設橋에拒而不聽ᄒᆞ니即爲交涉于統監府ᄒᆞ와東西兩川에橋를各加一間ᄒᆞ고牛岡下及長芝洞兩處의亦各新設一橋ᄒᆞ야以爲民邑支保케ᄒᆞ라ᄒᆞ얏더라

●成均館報告　學部에서成均館長報告를因ᄒᆞ야宮內府로照會ᄒᆞ기를大成殿東西廡啓聖祠及四賢祠諸處座面紙紋席與祭器等을今秋奉審時自本府一一執탈以去이다온此不得不改備이니右費額二百八十一元三十二錢을即爲支撥ᄒᆞ야以便新備케ᄒᆞ라ᄒᆞ얏다더라

●俸給令制定　警務顧問部에셔ᄂᆞᆫ丸山以下의俸給에關ᄒᆞᆫ俸給令은何日에决定ᄒᆞ야不日間에頒布ᄒᆞᆯ터이라더라

●청國副事領事任命　청國政府에서ᄂᆞᆫ今回鎭南浦副領事ᄂᆞᆫ張國威氏로釜山副領事代理ᄂᆞᆫ賈文燕氏로任命ᄒᆞ얏ᄂᆞᆫ데日本政府에對ᄒᆞ야承認을要求ᄒᆞᆫ故로去二十日에證認狀을發給ᄒᆞ야近日에着京ᄒᆞᆯ터이라더라

●俄國仁川領事着京　俄國仁川駐箚領事副領事데칭켕氏ᄂᆞᆫ數日前에着京ᄒᆞ야目下總領事館에滯在中이라더라

●教育總會　一般教育會員이教育上發達로本日下午二時에第三回總會를新門外天然亭普成학校內에開設ᄒᆞ고教育方針을硏究ᄒᆞᆫ다더라

●沈賓先祠　海州郡馬山坊居沈汝化가從津居沈汝三家에頻數往來러니一日은謂汝三曰吾家에有富祠字ᄒᆞ니移奉香火ᄒᆞ고結爲八寸兄弟云ᄒᆞᆷ이汝三이念其孤單ᄒᆞ야依言奉祀러니厥後에汝化가賣出二千金而不能辦給則以此含憾ᄒᆞ야推去祠宇ᄒᆞ고互相撕挐에乃至裁判이나事皆疑昧ᄒᆞ야未得決折ᄒᆞᆷ으로自該道裁判所ᄭᆞ지經由ᄒᆞ얏스되亦未出梢라ᄒᆞ더라

●照請懲罰　軍部에서內部로照會ᄒᆞ기를大丘府地方隊에有些修理處ᄒᆞ야府下小木匠一名을招來ᄒᆞᆫᄂᆞᆫ데該小木匠이稱拒不來가非止再三이라使喚之兵을詬辱ᄒᆞ며破裂服裝ᄒᆞᆫ故로該漢을捉囚隊中矣러니當夜에本觀察府主事金永源이入來隊內ᄒᆞ야賠背隊長曰小木匠은即我妻남이어날汝何捉囚答罰乎아ᄒᆞ며無數詰亂ᄒᆞ니以其官職所在에何若是悖妄이리오自貴部로相當ᄒᆞᆫ懲罰에處ᄒᆞ라ᄒᆞ얏다더라

●灰船成灰　水原郡浦居車文玉은本月二十一日에生石灰一百三十三石을船隻에裝載ᄒᆞ고龍山江渚에來泊ᄒᆞ얏다가忽自灰中起火ᄒᆞ야該石灰與船隻은仍爲燒燼ᄒᆞ고船主도重被焦傷ᄒᆞ야損害가多大ᄒᆞ얏더라

●作夫會商　京畿觀察使成岐運氏가秋等結稅를作夫事項의對ᄒᆞ야管下各郡守를日間會同爛商ᄒᆞᆫ다더라

●內度相議　度支部의셔各部收稅ᄒᆞᆯ次로稅務官을新設ᄒᆞ거니와各項稅務를各郡守ᄂᆞᆫ少無相關ᄒᆞᆫ즉吏屬은因爲半減ᄒᆞ니收捧者가無ᄒᆞᆫ지라度支部의셔內部와相議ᄒᆞ고各郡作統을實施ᄒᆞ야使統首面長으로擔任ᄒᆞ야收刷上납于稅務所케ᄒᆞ기로相議중이라더라

●報辭無禮　龍山道欠差吏를由蔡休氏가遂察在任時에捉囚督捧ᄒᆞ얏더니署理觀察朴重陽氏가放送ᄒᆞ고度支部로報告ᄒᆞ기를差吏를保放ᄒᆞ얏더니已爲逃躱ᄒᆞ얏거니와結錢을出給ᄒᆞᄂᆞᆫ郡守兪鎭贊이가在京ᄒᆞ니上司의셔該人處에督捧ᄒᆞ라ᄒᆞ고措辭가大段無禮ᄒᆞ얏다더라

●句管各宮　宮內府에서各宮家公事를句管ᄒᆞ기爲ᄒᆞ야各宮家로行文ᄒᆞ야各其庄土를一體調來ᄒᆞ얏다더라

●果以是耶　昨日政府會議ᄂᆞᆫ李軍大에生日宴에相値ᄒᆞ야今日로退定ᄒᆞ얏다ᄒᆞ니果若其言이면私事가勝於公事라ᄒᆞ고輿論이不一ᄒᆞ더라

●裁判宣告停止　平理院裁判長李允用氏ᄂᆞᆫ關理行公ᄒᆞ고洪協判金重顯氏가署理視務ᄒᆞ더니金氏ᄂᆞᆫ觀察使로轉任ᄒᆞᆫ後의ᄂᆞᆫ不爲視務ᄒᆞᄂᆞᆫ故로裁判長은闕席이되야裁判宣告가停止되엿다더라

●中山參與　內部參與官龍山氏ᄂᆞᆫ姑爲囑托인故로月俸을尙無支撥ᄒᆞᆫ다ᄒᆞ며已往請聘ᄒᆞᆫ中山氏來到ᄒᆞᆫ後에ᄂᆞᆫ自然解任ᄒᆞᆯ다더라

●觀察階級　地方官制를改定ᄒᆞᆫ以後에ᄂᆞᆫ觀察使階級이反不如協辦故로勅任一等은會經ᄒᆞᆫ者ᄂᆞᆫ觀察을不擬ᄒᆞᆫ다더라

●青會教師　皇城基督教青年會의셔教育을擴張ᄒᆞᆯ次로教師ᄂᆞᆫ柳一宣氏를公薦ᄒᆞ얏다더라

●監理事務引繼　內部에서勿施ᄒᆞᆫ港口及市場監理와新設ᄒᆞᆫ府尹에게電訓ᄒᆞ기를監理ᄂᆞᆫ諸般事務를府尹에게도傳掌ᄒᆞ고府尹은監理署事務를一切引繼ᄒᆞ야視務ᄒᆞ라ᄒᆞ얏다더라

●郡奏提議　十月一日以後에ᄂᆞᆫ地方官을依銓考施行ᄒᆞᆫ다ᄒᆞ더니監理部를廢止ᄒᆞ고府尹을實施ᄒᆞ야已經頒布ᄒᆞ엿슨즉港口에ᄂᆞᆫ地方官을廢止ᄒᆞᆫ貌樣이라不可無官故로今番에ᄂᆞᆫ港口府尹을不經전考ᄒᆞ고即爲叙任ᄒᆞ기로ᄒᆞ엿ᄂᆞᆫ데그餘缺郡守奏本도即行ᄒᆞ기로閣議에提出이된다더라

●閣議請件　今日政府에서會議ᄒᆞᄂᆞᆫ데該議案은港口府尹을叙任ᄒᆞᆫ事件과郡守를陞免及免官ᄒᆞᆫ事件과今番開郡守ᄂᆞᆫ無銓叙任ᄒᆞ지ᄂᆞᆫ事件과其外各部奏任官의任免件을提議ᄒᆞᆫ다더라

●靑會討論　今日土曜下午八點鐘에皇城基督教青年會에셔富國之方은陸産이勝於海産이란問題로討論ᄒᆞᆫ다더라

●布哇의韓人학校　布哇에住在ᄒᆞᆫ韓人教會報에云ᄒᆞ얏스되昨年에ᄂᆞᆫ학校家屋을未及購置ᄒᆞ고先生을도特別히韓人만爲ᄒᆞ야雇聘치못ᄒᆞ고데문先生의학校와合ᄒᆞ얏라ᄒᆞ야ᄉᆞ나然이나학徒들이熱心으로工夫ᄒᆞ야一年間에工夫가大端히進就ᄒᆞ얏ᄉᆞ며此학校ᄂᆞᆫ因ᄒᆞ야학得ᄒᆞᆫ것이多ᄒᆞᆫ지라今年에ᄂᆞᆫ一萬八千元으로買得ᄒᆞᆫ韓人학校에셔美國先生三人을雇聘ᄒᆞ니工夫上에進就됨이昨年보다幾倍가超越ᄒᆞᆯ터이라더라

●婦人擔教　化學校教師白象圭氏가今番義親王殿下께셔日本으로賀禮ᄒᆞ시ᄂᆞᆫ데陪行ᄒᆞᆫ지라同氏가回還ᄒᆞ기前에ᄂᆞᆫ前監理河相驥氏의夫人白氏가教授의責을擔任ᄒᆞ얏다더라

●詈辱者部　日前本署欄內에韓人詈辱이란題下에隣洞居金潤培氏가日女에게打頰을被ᄒᆞ엿다ᄂᆞᆫ事實을聞ᄒᆞᆫ則其時會集ᄒᆞᆫ洞口의金某가打頰을橫被ᄒᆞ고一切投跡ᄒᆞ얏고金潤培氏家ᄂᆞᆫ東署梨峴場市이라ᄒᆞ얏다더라

●彰興社組織　咸鏡南北道商民等이在釜山港ᄒᆞ야本國商民의公同利益을保護ᄒᆞᆯ主旨로彰興社를組織ᄒᆞ고農商工部와本港監理에認許를受ᄒᆞ여行將實施ᄒᆞᆫᄂᆞᆫ데其綱領이有三件ᄒᆞ니

一 咸鏡洪 北靑利原等四郡이處 沿海北魚物品所產地故로此四邑에旣設支店事

一 農商工部認許와本港監理認許를既爲承준事

一 大韓郵船會社의運輸等節을交涉共濟事

雜報

●普通教育論 續

此를千代一律로승墨自守하야聖門에自擬코자하니儒林의固陋한偏見이此에至하야憫笑可悔하도다士林의無能이此에至하니비록全國에充滿한들何等福利가其國에及하며今日劇烈한競爭社會에何等實力이有하리오但實力이無할뿐아니라一國衰頹의原因을作함이實로不少하도다

近年科擧法廢止以後에所謂新學問의機關이라稱할幾個의外國語學校가創立되얏스니語學으로論하면文明國의言文을習得하야其國文明의精華와學識의源泉을硏究함이在하거날嗟乎라我國語學校의實狀이며所謂學徒가一定의目的이無하고但世上風潮에動하야十常八九는翻入耳邊에半道廢學하고或數年을繼做하야僅僅其初階에達하면東西를馳하야宦路에奔汲하며或外人의通譯으로碌碌自足하니奚暇에公益을爲하야學業을硏究하며公益을爲하야一身을拋擲하야國事에殉하리오今也惟是라此不良習慣의舊弊가其通譯의媒로써往往外人의耳目을役하야自利만計하야一國의不利를能行하며同胞를殘害에誘하야手段을恣行하며

花柳春風에黃金을散盡하야一生을自誤하며輕薄行動으로自由를頻稱하야上下人倫을不解하며不義不理를敢行하고도曰自由라하니此는某雜誌에所謂近日我國에開化病痛이라 未完

平壤郡美林人民等의寄書가如左하니

特別

特別特別特別特別

本報를購覽하시는各地方僉君子는本報價先納하신金額이盡하오면停送하는規例를已所諒燭하시는바어니와請求愛讀하시는厚意를表謝하와繼續發送하오나遠近地方間代金換送하시는方策을姑未確知하시와或至幾朔未納이시니購覽하시는僉君子에闇爆할뿐不啻라本社經用에難措함이有하와玆以仰佈하오니幾朔條未納하신僉君子는該代金을貴附近地郵便局이나或出張所에往議하시면本社로함付케하는方便이有하오니諒燭하옵서從速換送하심을切望흠

大韓每日申報社

社告

敬啓者滔天之漲에必無半畝乾淨之土오金鼎之沸에豈有一點淸涼之處리오今世之變은即滔天之漲이오金鼎之沸라何敢望安居新農하야得免溝壑之患이리오마는竊有燃眉之急하와剝膚之災하야不得不仰首悲鳴하노이다本里美林은即平壤東距三十里村野라土地肥沃하고家戶稠密하니居民이勤於耕作하야五穀이豐盛하니號爲平壤之倉廩이라大路隔截하고鐵道亦遠하니本非軍用之地이어날十年臘月二十八日千萬意外에日兵一中隊一百五六十名이來到하야言曰姑且駐屯於此라가來年三月에야는入去平壤云하고强借民家止息하는故로民家의有上下間者는借其上間하며有內外間者는借其外間하야以待三月矣러니及期에一中隊가又爲添來하야幷官商人合爲三百五六名이라勢如潮湧하야民家之全奪者가六七十戶요半奪者가四五十戶라當場逐出이急於星火하니居民百餘戶가扶老携幼하고遑遑出去에不知所之하야號哭道路라가或依幕於野外하며或流離於四方이라日人之入處也에卽壞其墻壁하며撤其籬하고亂入閭閻하야掠取菜果하며奪去器用木石之物雞鴨之屬하야一無所餘라 未完

●清風肄好 北署清風溪에普明義塾의教育狀況은本報에既揭하엿거니와今에該塾名稱을清風學校로改定하고學員을增募한다더라

●光校增進 殷山郡普光학校의設立함은前報에已揭어니와近間에本校況이漸進하야學員이百餘人에達하얏다하니吾儕는該校任員과學員들이熱心進就하야發達하는實効가快著하기를深祝하노라

●藤波向平壤 向日에着京한藤波主馬頭는昨日午前九時에京義鐵道로平壤에前往하얏다더라

●蒙古王來韓 先日에東京에滯留한蒙古土王爾扈特殿下는北京에王妃殿下를迎接次에三昨二十六日에來京하야駐國領事館에止宿하얏다가二十八日午前十一時에伊藤統監을訪問하얏다더라

廣告

廣告

東國歷史 普通敎科國漢文一秩二册定價新貨 一圜十戔
法蘭西新史 四十錢
淸國戊戌政變記一秩 一圜
政治汎論 一秩二冊一元廿錢
越南亡國史 一册三十錢
法國革新戰史一冊 三十錢
大韓輿地圖一張 十七錢九里
世界全圖一張 三十七錢五里
大韓地誌一秩 七十五錢
牧民心書一秩 一圜二十五錢
萬國地誌一秩 一圜
尺牘完編一秩 一圜五十錢
□政新編一册 五十錢
法學通論一册 一圜
溫故知新堂叢抄 七錢五里
父師必독小學指남 七錢五里
人工養蚕一册 十五錢
世界之政治 一册五十四錢
家庭雜誌一 十錢
進明彙論一秩 三十五錢
交際新禮一秩 十八錢

發賣所 布屛門下金相萬冊肆 大韓每日申報社

花春丹은 霍亂 吐瀉 腹痛 滯症 暑症 정忡 神眩 胃鬱 痰盛 醒酒船暈 咳嗽 瘧질 口味업ᄂᆞᆫ諸症의神效ᄒᆞᆫ藥이오 此外에도洋灰水解毒藥 唐창 疳氣 蛔虫 寸虫 赤白면風 藥과東西洋藥이俱備ᄒᆞ고他病도隨問出方ᄒᆞ오니 僉位ᄂᆞᆫ枉臨ᄒᆞ시옵

皇城校洞石井洞下隅
石泉堂藥局 告白

以上三種은上品으로製造ᄒᆞ야衛生上에至極有益ᄒᆞ니勿論某人ᄒᆞ고本社에來臨ᄒᆞ옵

大韓帝國仁川港
濟物浦紙卷烟及烟草會社

一 鷹標罐濃詰牛乳
一 金印罐詰濃結牛乳
一 □□家用氣化乳□
一 쎠ㅣ든쓰製造麥芽化合牛乳

以上은常時에貯積ᄒᆞ얏솜

美國紐育港쎠ㅣ든쓰濃結牛乳會社

一手代理店 大韓仁川港 世昌洋行

●九韓靈砂라 本人이秘□□□ᄒᆞ야□□를□井인대男女老少에無論何病ᄒᆞ고□□ᄒᆞ며無病時에도服ᄒᆞ면平生의身體가健康ᄒᆞ며小兒ᄂᆞᆫ□□□□□ᄒᆞ야百年안에□□ᄒᆞ기를指保ᄒᆞ오며
●九韓靈砂萬病丹은□□□□□□□□□□諸病과□疾에神効ᄒᆞ오
●九韓靈砂保命丹은初生小兒□□ □□ □□ □□과婦人帶下症에神効ᄒᆞ며
●九韓靈砂淸□丹은酒□ 食□ □□ 吐□ 霍亂 痢疾 吐血 下血 運氣 時疾 瘧疾에神効ᄒᆞ오
●九韓靈砂紫金丹은痔漏 □□ 上痔瘡 下痔瘡及唐瘡과諸般瘡瘇惡種에無不神ᄒᆞ오니 僉君子ᄂᆞᆫ來問ᄒᆞ시오

內需司前독갑이골上隅第一家 李鍾廷 告白

◎本社廣告

申報價
一張代金 新貨二錢五里
一箇月前納 三十錢
三箇月 九十
六箇月 一元七十戔
一箇年 元四十戔
郵稅一部 新貨五里
一箇月 十三戔

廣告料
四号活字十三字詰
毎日每英尺一寸에新貨廿五錢
(每日每行에六錢에相當홈
其期限의長短과字行의多少를依ᄒᆞ야增減홈이有홈

◎大韓每日申報各處支社廣告
中署布屛門下 金相萬冊肆
洞口秘便 朱翰榮冊肆
中署農圃洞入七 十八統二戶 郵便司
仁川栗峴新冊肆 李東主
平壤南山峴日新學校 金浩淵
叔恒
宣川邑□西 安濬
義州南門外□西大□□ 張有寬
長連邑 金龜
鎭南浦□洞 金仁집
咸興州南社 曹喜林
中和邑 李俊培
釜山佐川徐藥房 金灌俊
開城北部梨井里□□□培
校洞校長 □助遠
大丘郡 □城廣文社
鎭山邑內 安玄
元山港倉前 金尸範

發行兼編輯人 英國人裵說
發行所 京城中署壽進坊磚洞号外地法語學校前
大韓每日申報社

第四卷

大韓每日申報
대한매일신보

第三百卅五號

月曜及慶節歲時日休刊

檀君開國四千二百三十九年
箕子元年三千二十八年
大韓開國五百十五年
日本明治三十九年
淸國光緖三十二年
◉陰曆丙午八月大十三日丁丑

論說

擧滅國新法論ᄒᆞ야 告全韓人士

旭日이升天ᄒᆞ되盲者가不覩ᄒᆞ고迅雷가破山ᄒᆞ되聾者가不聞이라今日韓人이ᄃᆡ此變局ᄒᆞ야陷此慘境ᄒᆞᆫ所以ᄅᆞᆯ其或覺知耶아倘不覺知耶아安得霹靂一椎ᄒᆞ야猛打其頭腦ᄒᆞ야喚起其昏夢也오

現今世界ᄂᆞᆫ其興國也ㅣ有新法焉ᄒᆞ며其滅人之國也ㅣ亦有新法焉이라支那學士의所著ᄒᆞᆫ滅國新法論이斟此韓人ᄒᆞ야或可作霹靂一椎이기로爲之謄布ᄒᆞ야以告全韓人士ᄒᆞ노니其文이如左라

今日之世界ᄂᆞᆫ新世界也라思想이新ᄒᆞ며學問이新ᄒᆞ며政體ㅣ新ᄒᆞ며法律이新ᄒᆞ며工藝ㅣ新ᄒᆞ며軍備ㅣ신ᄒᆞ며社會ㅣ신ᄒᆞ며人物이신ᄒᆞ야凡全世界有形無形之事物이皆闢前古所未有ᄒᆞ야別立一新天地ᄒᆞ니美哉라신法이여盛哉라신法을人人知之ᄒᆞ고人人慕之ᄂᆞᆫ無俟吾論이어니와吾所不能已於論者ᄂᆞᆫ有滅國신法이在ᄒᆞ니

滅國者ᄂᆞᆫ天演之公例也라凡人之在世間에必爭自存이니爭自存이면有優劣이오有優劣이면有勝敗니劣而敗者ᄂᆞᆫ其權利가必爲優而勝者의所吞并이니是即滅國之理라自世界初有人類以來로即循此天則ᄒᆞ야相搏相噬ᄒᆞ며相전相代ᄒᆞ야以迄今日에國於全地球者가僅百數十焉矣라滅國之有신法也ᄂᆞᆫ亦內由進化之公例가使然也라

昔者에ᄂᆞᆫ以國爲一人一家之國故로滅國者가必虜其君焉ᄒᆞ며潴其宮焉ᄒᆞ며毁其宗廟焉ᄒᆞ며遷其重器焉ᄒᆞᄂᆞᆫ故로一人一家가滅이면國이滅ᄒᆞ더니今也엔不然ᄒᆞ야學理가大明ᄒᆞ니知國也者ᄂᆞᆫ非一人之公產也니其與一人一家로關係가甚淺薄이라苟眞欲滅人國者면必滅其全國이오不與一人一家로爲難ᄒᆞ나니不寧惟是라常借一人一家之力ᄒᆞ야以助其滅國之手段이라故로昔之滅人國也ᄂᆞᆫ以撻之伐之者로滅之러니今之滅人國也ᄂᆞᆫ以噢之咻之者로멸之ᄒᆞ고昔之멸人國也ᄂᆞᆫ취러니今之멸人國也ᄂᆞᆫ漸이오昔之멸人國也ᄂᆞᆫ顯이러니今之멸人國也ᄂᆞᆫ微요昔之멸人國也ᄂᆞᆫ使人知之而備之러니今之멸人國也ᄂᆞᆫ使人親之而引之ᄒᆞ고昔之멸國者ᄂᆞᆫ如虎狼이러니今之멸國者ᄂᆞᆫ如狐狸ᄒᆞ야或以通商멸之ᄒᆞ며或以放債멸之ᄒᆞ며或以代鍊兵멸之ᄒᆞ며或以設顧問멸之ᄒᆞ며或以通道路멸之ᄒᆞ며或以煽黨爭멸之ᄒᆞ며或以平內亂멸之ᄒᆞ며或以助革命멸之라其精華已竭ᄒᆞ고機會已熟이면或一擧而易其國名焉ᄒᆞ며變其地圖之顏色焉ᄒᆞ고其未竭未熟也면襲其名仍其色을雖百數十年이라도可也라嗚呼世界列强이以此新法으로施於弱小之國者ㅣ不知幾何矣라ᄒᆞ얏더라

按現世界列强의멸國新法의形態가既如是ᄒᆞ니可鑑矣라其興國之新法을亦不難知也니上項所謂思想이新ᄒᆞ며學問이신ᄒᆞ며政體ㅣ신ᄒᆞ며法律이신ᄒᆞ며工藝ㅣ신ᄒᆞ며軍備ㅣ신ᄒᆞ며社會ㅣ신ᄒᆞ며人物이신이라ᄒᆞᆫ것이即是興國之신法이니噫라大韓人士ᄂᆞᆫ欲爲멸國之民乎아欲爲興國之民아察之念之ᄒᆞ며勉之勗之어다

官報

●三千五百七十號 光武十年九月二十八日 續

◉敍任及辭令

○兼任公立忠州普通學校長 仝敎員諸한설○兼任公立水州普通學校長 仝敎員洪炳[illegible]○兼任公立全州普通學校長 仝敎員柳寅熙○兼任晉州公立普通學校長 仝敎員尹弼求○兼任大丘公立보通學校長 仝敎員嚴星九○兼任公立平壤보通학校長 仝敎員田德龍○兼任寧邊보通學校長 仝敎員李道載○兼任公立咸興보通學校長 仝敎員李錫榮○兼任公立鏡城보通학校長 仝敎員金祖濟

●三千五百七十一號 光武十年九月卄九日

◉敍任

主殿院醫衛局主事金鍾協 依願免本官

◉部令

學部令第二十號 續

師範學校令施行細則

第卄三條 학員이自己의事情을因ᄒᆞ야退학청願ᄒᆞᆷ을得지못ᄒᆞᆷ이라

第卄四條 학校長은左開各項중의一項에犯ᄒᆞᆫ者의게ᄂᆞᆫ黜학을命ᄒᆞᆷ이라

一 性行이不良ᄒᆞ야改善의所望이無ᄒᆞᆷ으로認ᄒᆞᆫ者 未完

外報

●新一立憲國 遠東報를據ᄒᆞᆫ則波斯立憲事를論ᄒᆞ얏스되波斯가忽然히專制時代를由ᄒᆞ야立憲時代에취進ᄒᆞᆫ者ᄂᆞᆫ波斯人民이悉入新黨ᄒᆞ야民黨의爭競이能히其宗旨를達ᄒᆞ되和平으로써流血革命의運動力을不借ᄒᆞ거슨波斯國主의聖明으로由ᄒᆞᆷ이라彼皇이專制國政은日益腐敗ᄒᆞ야全國法律이悉壞ᄒᆞᆷ을見ᄒᆞ니似此政治ᄂᆞᆫ決코國民을引ᄒᆞ야維신之域에入지못ᄒᆞᆯ지라遂히自己의所有權利를將ᄒᆞ야平民으로더부러平分ᄒᆞᆯ시先히其左右大臣이平日에借國主之名ᄒᆞ야壓迫百姓而將民怨者를悉行罷退ᄒᆞ니其舊日首相을黜ᄒᆞ고신政黨中에有名ᄒᆞᆫ憲黨領袖를擢用ᄒᆞ야使處相位ᄒᆞ고至其立憲法律이官吏를由ᄒᆞ야訂立지안코國民을悉召ᄒᆞ야公行釐革ᄒᆞᆯ시立憲以前에先召國民ᄒᆞ야咨詢ᄒᆞᆫ後에悉從來意ᄒᆞ고先히自由言論을准ᄒᆞ야各報에互相討論을使케ᄒᆞ고其各大臣은立憲法을訂ᄒᆞᆯ시또ᄒᆞᆫ各黨內에西歐立憲國制熟稔ᄒᆞᄂᆞᆫ者를延請ᄒᆞ고其多數ᄒᆞᆫ神父도또ᄒᆞᆫ周遊各地ᄒᆞ야연說ᄒᆞ되現在政治ᄂᆞᆫ不可終日之勢가有ᄒᆞ니改革運動을亟行ᄒᆞᆷ이宜ᄒᆞ다ᄒᆞ니各地에聽從ᄒᆞᄂᆞᆫ者正復不鮮이라其風潮之競爭에僅히兵士一人과農民一人을戕ᄒᆞᆫ지라其立憲規則은如左ᄒᆞ니內閣首相은其輔佐의大臣을選ᄒᆞ야國主께셔裁定ᄒᆞ고政府各大臣은但히責任을國主下에承認ᄒᆞ고議院의選擧ᄂᆞᆫ各項人이自選代表ᄒᆞ야以爲議員ᄒᆞ니各商人은商衆으로自由選擧ᄒᆞ고工人은工衆으로自由選擧ᄒᆞ고親王은自選親王ᄒᆞ고神父ᄂᆞᆫ自選神父ᄒᆞ야他以類推ᄒᆞ고議院이議定各事에均可自由로政府大臣을經由ᄒᆞ야呈進國主ᄒᆞᆫ後에宣布通國ᄒᆞ니其不足之點은政府大臣이擔對于君主ᄒᆞ고對於人民之責任이無ᄒᆞ다ᄒᆞ얏다ᄒᆞ더라.

雜報

●陞后運動　前仁同郡守張錫五氏가陞后上疏를奉呈ᄒᆞ고優批를運動ᄒᆞᆫ다더라

●隱溝更設　昨年에城內各坊曲隱溝를使其戶主로自備敷設ᄒᆞ얏다가及其夏潦ᄒᆞ야塞不通水ᄒᆞᆷ의家家受害ᄒᆞᄂᆞᆫ지라警務廳에셔更飭各署ᄒᆞ야隱溝를撤棄ᄒᆞ라ᄒᆞ더니現今警務廳에셔隱溝問題가又起ᄒᆞ야南署掌內에各戶隱溝를火督敷設ᄒᆞᄂᆞᆫ지라朝行暮廢ᄒᆞᄂᆞᆫ警務廳行政을不可遵信이라ᄒᆞ고民怨이又起ᄒᆞ더라

●假貨奪物　本月二十五日에東署崇信坊安岩洞居金鉉根金興順兩人이鐵原郡居辛春錫의松茸十三貼을典成買得後에該價金을以陽月曆紙片三十張과洋鐵桶所付商票二張으로假稱紙貨라ᄒᆞ고欺人使用ᄒᆞᆫ事로東署別巡檢金環泰가譏詗捉得ᄒᆞ야該署에서問ᄒᆞᆫ즉該詐欺ᄒᆞᆫ錢舊皆十四元은推給本主ᄒᆞ고該犯等은押上警廳ᄒᆞ얏다더라

●府尹과郡守의奏本　再昨夜에各大臣이內部大臣家로會同ᄒᆞ야各港口에廢止ᄒᆞᄂᆞᆫ監理ᄂᆞᆫ府尹으로仍任ᄒᆞ고郡守ᄂᆞᆫ他郡으로轉任ᄒᆞ고其餘ᄂᆞᆫ도叙任ᄒᆞ기作定ᄒᆞ야昨日政府에經議後에奏本ᄒᆞ얏ᄂᆞᆫᄃᆡ仁川府尹에徐丙珪東萊에金敎獻德源에申珩模務安에安基鉉昌原에李琦沃溝에李懋榮三和에卞鼎相龍川에魚允迪義州에李民溥城津에李𥳑榮慶興에張紀鵬氏等十一人이오羅州郡守에金聖基安岳에沈鍾舜沔川에朴芝陽光陽에黃台淵扶安에朴逸憲鎭南에權重찬三陟에安玘煥金城에元有常濟州에尹元求鏡城에李載鎬石城에金憲洙甑山에尹泰興洪原에崔九鶴順興에金昌洙會寧에李容弼咸從에金璉植三水에韓敬烈歙谷에申泰建河東에李圭三杆城에朴潤성永春에鄭薰謨信川의閔喜植南平의李畯奎麻田의金東熙二十四人이더라

●閔氏叙任　內部參書官李圭三氏가郡守로轉任ᄒᆞᆫ代ᄂᆞᆫ度支部主事閔元植氏가叙任ᄒᆞ얏더라

●罪不可赦　特別法院에在囚ᄒᆞᆫ禮陽都正李載規氏를今番赦典에放釋ᄒᆞ자고法部에質稟ᄒᆞᆫ事ᄂᆞᆫ已揭어니와法部에셔指令ᄒᆞ기를該事案은不可編入於赦典者니不必擬議라ᄒᆞ얏다더라

●我歌爾哭　日本巡查之於韓民에ᄂᆞᆫ無論罪之輕重ᄒᆞ고縛之囚之를已無餘地로ᄃᆡ昌原港巡檢吳鍾漢은賭犯日人을以捕승박來라가日警部遠藤氏의談辦으로罷免이되얏다더라

●裁長署理　平理院에ᄂᆞᆫ裁判長의座席이久空ᄒᆞ야諸般事務가滯留ᄒᆞᆫ다더니首班判事李圭桓氏가裁判長署理事務를被任ᄒᆞ얏다더라

●勸輒得金　春川公立普通학校敎師日人國井泉氏ᄂᆞᆫ現因自家事情ᄒᆞ야今月二十日에辭職歸國ᄒᆞᆫ다ᄂᆞᆫᄃᆡ學部에셔外國人聘用內規及其旅費規定을依ᄒᆞ야二百三十圜을度支部에支撥을請求ᄒᆞ얏다더라

●海產營業　咸鏡南北道海產協同會社總務李世顯朱東寅兩氏와城津港總務吳注根氏가漁業發達을爲ᄒᆞ야農商工部에章程細則을請呈ᄒᆞ고沿海各郡浦口의漁市場을建築ᄒᆞ며股金을募集ᄒᆞ야業務를實施ᄒᆞ고無名雜稅와呑商輩의弊端을永革케ᄒᆞᆫ다더라

●溺死何故　西署阿峴廣岩洞居李起홍의女息十三歲兒가三昨日에賣油于萬里峴이라고出門ᄒᆞ야該洞內井傍에所着衣服을盡爲脫下ᄒᆞ고隧井而死ᄒᆞ니事甚怪異ᄒᆞ야該署巡檢이李起홍을捉去訊問이라더라

●日庵不撤　博川郡에셔日人松下長三郎이庵肆를私設ᄒᆞ야官許各庵에妨害를與ᄒᆞᄂᆞᆫ故로該郡守가招諭撤廢ᄒᆞ되該日人은稱以日憲隊所認이라ᄒᆞ고終不撤去ᄒᆞᆷ으로農商工部에報告ᄒᆞ야措處ᄒᆞᆷ을請ᄒᆞ얏다더라

●公私許斫　報恩郡에ᄂᆞᆫ去番潦水에人命死者十四名이오家屋漂頹者三百十三戶인ᄃᆡ至若屋與居之方은時日爲急이나木材를取用無處ᄒᆞ니公私山林을不計ᄒᆞ고特許斫用케ᄒᆞ라고該郡守沈相珏氏가農商工部에報請ᄒᆞ얏다더라

●賊徒恣橫　陰曆七月十五日에賊徒七八十名이各持六穴砲洋銃ᄒᆞ고金山道住良面南谷에突入ᄒᆞ야放銃搶掠ᄒᆞ며四處衝火ᄒᆞ야家屋被燒가六十二戶요人命砲殺者五名인ᄃᆡ所有產物을盡入於灰燼ᄒᆞ얏고同月二十日夕에開寧郡九野里百餘戶大村에突入ᄒᆞ야東西衝突에雖有洞中ᄒᆞ지防備砲柄이나所向無敵ᄒᆞ야多被搶奪ᄒᆞ고同廿二日의ᄂᆞᆫ該郡北面大陽里에突入ᄒᆞ야白晝橫行에惟意搜奪ᄒᆞ얏ᄂᆞᆫᄃᆡ該徒等이漸至猖獗ᄒᆞ야民難聊生이라雖自該郡으로派遣巡校與邑砲ᄒᆞ야期欲勦捕로ᄃᆡ來如蟻聚ᄒᆞ고去若鳥散ᄒᆞ야聚散無常ᄒᆞᆷ으로勦戢無路라고該道觀察署理朴重陽氏가內部로報告ᄒᆞ고軍部의移照ᄒᆞ야派兵勦戢의慰安生民케ᄒᆞ라ᄒᆞ얏더라

●兩倅淫風　孟山郡守尹舜儀氏가十二歲된金哥女兒를强奸ᄒᆞ얏다고所聞이狼藉ᄒᆞ더니江東郡守吳榮澤氏ᄂᆞᆫ其副室의收養女十三歲兒를恒請打脚ᄒᆞ다가仍爲成奸ᄒᆞ야五六朔行淫ᄒᆞ다가奸狀이綻露ᄒᆞ야其副室이率女上京ᄒᆞ얏ᄂᆞᆫᄃᆡ該女ᄂᆞᆫ他家에已定ᄒᆞᆫ민며나리라더라

●月俸이隨等級　地方官의等級表를改定ᄒᆞᆫ故로昨日政府會議에各觀察及府尹의一二等과郡守의一二等을別定奏下ᄒᆞ얏ᄂᆞᆫᄃᆡ此ᄂᆞᆫ各其月給을隨等定級ᄒᆞᄂᆞᆫ事에關ᄒᆞᆷ이라더라

●內訓觀察府　內部에셔各觀察府로訓令ᄒᆞ기를地方官吏給俸을今玆改正ᄒᆞ얏기에經費預第三朔票를粘送ᄒᆞᆫ다ᄒᆞ얏더라

●一進奪產　陳荒開墾事로農商工部에請願ᄒᆞᆫ則以該地段中에民有田土及柴場草坪이라도雜在其中이거든從民願隨時價協商妥定之意로題飭이거ᄂᆞᆯ黃州一進會ᄂᆞᆫ章程도不知ᄒᆞ고題辭도不見ᄒᆞᄂᆞᆫ지有主蘆庄을任意伐賣ᄒᆞ고本主之已爲作錢處를藉會勒奪事로蘆庄民의呼訴를因ᄒᆞ야農商工部에셔該郡에嚴飭ᄒᆞ야一切禁斷ᄒᆞ얏더라

●雲洞신校　永興郡臨興社雲洞前參奉尹泰건氏와崔弼伯李用寬韓학鳳李崇源尹泰信金鳳至諸氏가慨歎時局ᄒᆞ야捐義設校ᄒᆞ고隣里聰俊子弟를募集ᄒᆞ야熱心敎育ᄒᆞᆷ의신史의准備ᄒᆞᆷ과敎導의勤孜ᄒᆞᆷ이大有前進之期望이라더라

●李軍相의昨今　目下韓廷의第一權勢의重位를佔有ᄒᆞᆫ者ᄂᆞᆫ軍部大臣李根澤氏인즉人皆推測이어니와今回의同氏가日本의遊覽ᄒᆞᆫ다ᄂᆞᆫ說이有ᄒᆞᆷ의忽然히平素의其勢力을猜忌ᄒᆞ든派들이其留在中의同氏排斥術을講ᄒᆞᄂᆞᆫ狀態가有ᄒᆞᆷ으로同氏도近者의ᄂᆞᆫ其決心을實行ᄒᆞᆷ이似有躊躇之色ᄒᆞ야頻頻히其防禦之策을講究中인ᄃᆡ日本의游覽ᄒᆞ게되여도其出發ᄒᆞᆫ日期ᄂᆞᆫ尙且多少時日을要ᄒᆞ리라고朝鮮신報의云ᄒᆞ얏더라

●軍大가訪問統監　再昨日午前十時의軍部大臣李根澤氏가伊藤統監官邸의訪問ᄒᆞ얏다더라

●度庫空殼　近日各府部院廳官人의月俸을支撥ᄒᆞᆷ이度支의서支出치아니ᄒᆞ고泥峴銀行所의서支給ᄒᆞ며各地方支金庫의서收捧ᄒᆞᆫ結錢도該銀行所로輪送ᄒᆞ고度支庫ᄂᆞᆫ一空殼이라더라

●均明叛設　西署萬里峴等地에셔有志人士朱寅植玄龍澤尹濟淵陳晟烈徐廷濂李仁圭嚴相悅金益培洪淳翊申성熙嚴祉燮張奎完金聖魯金元培李璋圭諸氏가義塾을叛設ᄒᆞ얏ᄂᆞᆫᄃᆡ塾名은均明이라ᄒᆞ고科程은國文及英語日語三科를敎授ᄒᆞ며塾監은一洞의推薦으로前主事朱寅植氏가被選되고總務ᄂᆞᆫ前監察玄龍澤氏가擔任ᄒᆞ지라該塾의當初目的은該洞의育英子弟들이家貧ᄒᆞᆷ을以로未得入學者가十居八九라ᄒᆞᆷ을念及此에ᄒᆞ야不慨歎ᄒᆞ야然而但知論及而實無所擧면何益之有리오ᄒᆞ야同氏等이一時談話에勃然組織ᄒᆞ얏다ᄒᆞ니該塾의伊後擴張은宜其注重이어니와同諸氏의義務所到와目的의必要됨에對ᄒᆞ야ᄂᆞᆫ攢賀不已ᄒᆞ노라

詞林

贊崔勉菴　朴永鎭

浩然一氣降斯翁
唯我東方萬世功
貞松元是凌嚴雪
勁艸何曾畏疾風
孤忠扶義頭全白
群倭含羞面亦紅
渡海猶存經濟策
終須與國慶休同

雜報

●普通教育論 續

擧國青年의精神이如此히腐敗ᄒᆞ고思想이如此히鄙陋ᄒᆞ야沿沿數出ᄒᆡ難ᄒᆞᆷ이至ᄒᆞᆫ者ᄂᆞᆫ其觀瀾을推究ᄒᆞ면青年의罪가아니오實은社會精神의腐敗와國民教育이不振ᄒᆞᆷ에起因이로다近來暗黑界中에셔隱然히一條微光을破出ᄒᆞᄂᆞᆫ者ㅣ有ᄒᆞ니小學教育의萌芽ㅣ是라

大抵全國國民을養成코ᄌᆞᄒᆞ면其小學時代教育에注目지아니치못ᄒᆞᆯ지니兒童의純一ᄒᆞᆫ腦中에健全ᄒᆞᆫ精神의元動力과完美ᄒᆞᆫ習慣을注入ᄒᆞ야異日養成의基礎를確立지아니면不可ᄒᆞ도다

近ᄂᆡ西方의有志人士가時勢에鑑ᄒᆞ고國民의不振ᄒᆞᆷ을憤慨ᄒᆞ야家貲를盡傾ᄒᆞ며或義金을鳩聚ᄒᆞ야學校를創設ᄒᆞᆷ이連日新紙에記載ᄒᆞᆷ을見ᄒᆞ니如此盛擧를熱心唱導ᄒᆞ시ᄂᆞᆫ先進諸士의高義에對ᄒᆞ야ᄂᆞᆫ感謝無地어니와實로國家를爲ᄒᆞ고國民을爲ᄒᆞ야措賀不已ᄒᆞᄂᆞᆫ者로다

然而血誠은衝天ᄒᆞ나實力이不及ᄒᆞ야往往龍頭蛇尾의歎이不無ᄒᆞ고或教師의其人을求得키難ᄒᆞᆷ으로其熱誠의本意가往往有名無實의地에終ᄒᆞᆯ疑慮가不無ᄒᆞ니此에至ᄒᆞ야ᄂᆞᆫ其責任을國家가負擔치아니치못ᄒᆞ리로 未完

平壤郡美林人民等의寄書가如左ᄒᆞ니 續

左發穗ᄒᆞᄂᆞᆫ青田을橫截ᄒᆞ야馳馬道를作ᄒᆞ되濶大如綿路ᄒᆞ고壑築之間에刈盡禾穀ᄒᆞ니暴殄天物이滿目愁慘이오其餘所謂敎鍊場과沐浴湯과避暑臺의所營池役이又不知爲幾坪이라居民이若有一言爲口則縛之毆之

特別

特別特別特別特別

本報를購覽하시ᄂᆞᆫ各地方 僉君子ᄂᆞᆫ本報價先納하신金額이盡하오면停送하ᄂᆞᆫ規例를已所洞亮하시ᄂᆞᆫ바어니와讀求愛讀하옵ᄂᆞᆫ厚意를表謝하와繼續發送하오나遠近地方間代金換送하시ᄂᆞᆫ方策을姑未確知하시와或至幾朔未納이시니購覽하시ᄂᆞᆫ 僉君子에悶燥ᄒᆞᆷ不啻라本社經用에窘拙ᄒᆞᆷ이有하와玆以仰佈하오니幾朔條未랍하신 僉君子ᄂᆞᆫ該代金을貴附近地郵便局이나或出張所에往議하시면本社로랍付케하ᄂᆞᆫ方便이有하오니

諒燭하오셔從速換送하심을切望ᄒᆞᆷ

大韓每日申報社

社告

하야殘暴侵虐이罔有紀極ᄒᆞ니困難之狀을何以警喩리오問其歸期ᄒᆞ며答曰明年三月云云者가亦是僞言이오其實은久留之計니外國兵制를雖未詳聞이나然이나出外守備之兵이必有鬱堡之作也니豈有佔奪民家而經歲經年者乎아方今凉風이已起에寒侯漸近ᄒᆞ니無家之民이風餐露宿에不生疾病乎아 未完

彰興社員의寄函이如左ᄒᆞ니

敬啓者竊伏念申閱者世界之耳目而凡物之觸事感於內而發於心者耳目之所以有功於人也第惟

貴中報自設社以來日日千言萬語無非進明上激昂之論而使人振枯發榮無異陰谷之陽春也起死回生殆同久病之良藥也通六洲具五姓者莫不忱忱然醒心服膺而況大韓今日之人民乎釜山港所設彰興社卽本道南北紳士諸員之捐義組織者而其內容要旨則保護商民共益進步者也凡於事務細則雖未盡擴張其所團結合心之方針無乃

貴社勸勉之效力耶敢表含珠之餘養意先以略干金十圜仰助ᄒᆞ고祈萬一之贊幸勿以不屑脫却千萬幸甚

光武十年九月二十八日咸鏡南北道彰興社

社員 金宗鉉 崔君天 金淥睦 朴永奎 李冕純 崔昌均

●勸務施慈 三和港警務署ᄂᆞᆫ年來에毁敗ᄒᆞ야至於罪囚間ᄒᆞ야ᄂᆞᆫ目不忍見이더니現任總巡崔象鎮氏가此를慨歎ᄒᆞ야懲役罪人數名을率ᄒᆞ고破傷ᄒᆞᆫ墻圍과獄內에甚히穢汚ᄒᆞᆫ거슨一切掃去ᄒᆞ고親手助役ᄒᆞ니如此히職務에勤이ᄒᆞ며罪囚의게ᄭᆞ지사랑ᄒᆞᄂᆞᆫ이ᄂᆞᆫ隣港後에初見이라고稱讚이不少ᄒᆞ다더라

第四卷　第三百卅六號

大韓每日申報
대한매일신보

月曜及慶節歲時日休刊

檀君開國四千二百三十九年
箕子元年三千二十八年
大韓開國五百十五年
日本明治三十九年
清國光緒三十二年
◎陰曆丙午八月大十五日己卯

論說

擧布哇韓人學事ᄒᆞ야告內地人民

嗟嗟韓民이여離親戚棄墳墓ᄒᆞ고太平洋廣萬里를越ᄒᆞ야美領布哇島에住着ᄒᆞᆫ거ᄉᆞᆫ此國內에生齒가繁殖ᄒᆞ야土窄人滿으로因ᄒᆞᆫ것도아니오且韓人은原來土着의安居를好ᄒᆞ고遷徙를不喜ᄒᆞᄂᆞᆫ習慣이오

又韓人은普通學識이未有ᄒᆞ야各國地誌一卷도不讀ᄒᆞᆫ者가多ᄒᆞ니六洲大陸의地名도不識ᄒᆞᄂᆞᆫ人民이라乃其平生夢想에도未曾或聞ᄒᆞᆫ美領布哇로八千其人이相率移住홈은諒非他故라

或貪虐官吏之下에家産을蕩傾ᄒᆞ엿던지或水旱之災에農作이失望ᄒᆞ엿던지終身糊口를無處可謀라勞無奈何로就募於外人ᄒᆞ야天涯絶域에轉轉漂泊ᄒᆞ야勞動資生ᄒᆞᆯ計策에不過ᄒᆞ얏고且大韓은原來專制政治之國이라

其安危休戚의責任이 皇室과政府에專在ᄒᆞ고平民은未敢與聞홈으로雖此內地에安居樂生ᄒᆞᄂᆞᆫ人民들로國家事ᄂᆞᆫ非其所關인ᄃᆡ況若海外流離之蹤으로國家思想이如彼其激昂奮發홀줄을有誰測度이리오

雖然이나脫此閉鎖之局ᄒᆞ야瞭瀾天地에開明ᄒᆞᆫ國界에到着ᄒᆞ니新空氣의吸收가有ᄒᆞ야愛國精神이腦髓에注入ᄒᆞ고且其目擊ᄒᆞᄂᆞᆫ비無論某處人民ᄒᆞ고祖國의權力이下等에在ᄒᆞ면其國人民은何處에往ᄒᆞ든지下等人이라

於是乎國家의地位와資格이即自身의地位와資格으로認知ᄒᆞ엿고至若無國之民ᄒᆞ야ᄂᆞᆫ南走北走에他人의犧牲이되야茫茫天地에無所容身이라然則國家가存ᄒᆞ여야吾身이亦存홀줄을確然覺知ᄒᆞᆫ지라於是에祖國情形이日益危殆홈을顧念ᄒᆞᆫ즉엇지自已飢寒之憂에可比ᄒᆞᆯ비리오

昨年美洲에俄日談判之日은大韓國權의存亡關係有ᄒᆞ다ᄒᆞ야在彼韓民의忠憤이激發ᄒᆞ야慷慨能言之士를代表로選送ᄒᆞ야談判을傍聽케ᄒᆞᆯ시數千元盤費가皆其忠血로辦得ᄒᆞᆫ것이오至於昨年新條約이被勒成立以後에ᄂᆞᆫ八千人民이東望故國ᄒᆞ고一時痛哭이라

於是乎愈益奮發相謂ᄒᆞ되吾儕가아모조록祖國의國權을回復ᄒᆞᄌᆞ면人民의學問勉勵ᄒᆞ야智識을發達홈에在ᄒᆞ다ᄒᆞ고始也에美國宣敎師가設ᄒᆞᆫ學校에入ᄒᆞ야學業을受ᄒᆞ더니至于本年ᄒᆞ야ᄂᆞᆫ以其勞動所得으로多般措畫ᄒᆞ야

美貨一萬八千元으로校舍를購置ᄒᆞ고美國敎師三人을雇聘ᄒᆞ야勸勉做工에所得이日進이라ᄒᆞ니此其愛國精神으로布哇島中에韓人學校가突然特起ᄒᆞᆫ것이라昔에法皇拿破倫이嘗曰難之一字ᄂᆞᆫ非我法國人之所習이라ᄒᆞ얏스니

人之事業이苟其熱心努力之所到이면有何不可爲者리오觀此布哇韓民之事에可以明證이니嗟乎韓國內地에人民이여

官報

●三千五百七十二號　光武十年十月一日

◎宮廷錄事

詔曰命正二品李始榮爲平安南道觀察使扶安郡守權益相爲江原道觀察使

光武十年九月二十七日
議政府參政大臣朴齊純

掌禮院卿李道宰辭職疏 批旨省疏具悉卿其勿辭調理行公

九月二十七日

◎敍任及辭令

慶尙北道前觀察使李源兢解兼任慶尙北道裁判所判事○咸鏡北道前觀察使韓鎭昌解兼任咸鏡北道裁判所判事○命兼任慶尙北道裁判所判事慶尙北道觀察使韓鎭昌○命兼任咸鏡北道裁判所判事咸鏡北道觀察使金奎熙 以上九月二十六日○任平安南道觀察使敍勅任官三等正三品李始榮○任江原道觀察使敍勅任官三等扶安郡守權益相 以上九月二十七日

◎部令

學部令第二十號 (續)

師範學校令施行細則

二 疾病이나或學力不進ᄒᆞ야成業의所望이無홈으로認ᄒᆞᆫ者

第廿五條 前條第一項의依ᄒᆞ야黜學을命ᄒᆞᆫ時ᄂᆞᆫ在學中의給與ᄒᆞᆫ學費의全部나或幾部分을償還케홈이라

前條第二項의依ᄒᆞ야黜學을命ᄒᆞᆫ時의ᄂᆞᆫ現在所持ᄒᆞᆫ給與品을還納케홈이라

第廿六條 疾病이나其他不得已ᄒᆞᆫ事故가有ᄒᆞ야許久缺課ᄒᆞᆫ者의게ᄂᆞᆫ休學을命홈도有홈이라

第廿七條 學校長은敎育上의必要홈을認ᄒᆞᆫ時의ᄂᆞᆫ學員의게懲戒를施홈을得ᄒᆞ되其懲戒ᄂᆞᆫ戒飭、謹愼、停學으로홈이라

第廿八條 學校長이學員의게休學、停學、黜學을命ᄒᆞᆫ時의ᄂᆞᆫ學部大臣의게報告홈이라

第六章 修了及卒業

第廿九條 各學年의課程修了와各學科의卒業을認홀時의ᄂᆞᆫ平常의成績及試驗의成績을考査ᄒᆞ야定ᄒᆞ되但不得已ᄒᆞᆫ事由를因ᄒᆞ야試驗에缺席ᄒᆞᆫ者의게對ᄒᆞ야ᄂᆞᆫ追後試驗을行홈도得홈이라

未完

外報

●美國의玖馬出兵　桑港電을據ᄒᆞᆫ즉(후안스도)將軍은中央政府로븟터直接命令을受ᄒᆞ고軍隊와兵器彈藥을玖馬에輸送ᄒᆞ기를準備ᄒᆞ얏ᄂᆞᆫᄃᆡ玖馬諸港은首府하우아나外에ᄂᆞᆫ皆叛徒에게歸ᄒᆞ야革命軍을成ᄒᆞ얏合으로今回戰役이아마期限이延長될터인ᄃᆡ美國政府ᄂᆞᆫ如斯히不利益은拘碍치아니ᄒᆞ고何處셔지든지戰爭을繼續ᄒᆞ야全히安穩키不能ᄒᆞ고戰後ᄂᆞᆫ玖馬와美國의合附되기ᄂᆞᆫ確實ᄒᆞ리라더라

●出洋大臣再派說　淸國西太后가出洋大臣의精密히調査歸國지못ᄒᆞᆯ갓다ᄒᆞ야更히督撫중에聲望이有ᄒᆞ고才識이超越ᄒᆞᆫ者를選擇ᄒᆞ야再次各國에派送調査케ᄒᆞᆫ다더라

●英報의忠告　倫敦報를據ᄒᆞᆫ즉英國이俄國의實在情形과政府變法에事務民籍各新政을熟ᄒᆞ고頗히權迎을動ᄒᆞ얏다ᄒᆞ고又云호되危險이已過ᄒᆞ니深望ᄒᆞ노니首相은以國爲已任ᄒᆞ야時局의艱을維濟ᄒᆞ야成效를力求하라ᄒᆞ고又云호ᄃᆡ願俄政府ᄂᆞᆫ勿失此時하고選擧新章과議院彙議를速施하ᄂᆞᆫ것이是爲至要라하얏다더라

雜報

●認許無效 統監府攝務長官鶴原定吉氏가農商工部로公函하기를光武四年三月에貴部大臣이慶尙北道起墾會社를認可ᄒᆞᆫ權利에對하야今番에日韓人이共同事業으로ᄒᆞ야荒地開墾에着手하기를承認하라ᄒᆞᆫ意로同社業務擔當員金家虎造의請願이有하나右許可有無와權利의效力을示明하라하얏는ᄃᆡ農部에셔는該認許는自歸無效ᄒᆞᆫ意로答復하얏다더라

●合赦奏裁 法部에셔今番赦典詔勅에對ᄒᆞ야爲先平漢兩裁判所罪囚中可合放釋者는已決未決因을不拘ᄒᆞ고開錄奏裁ᄒᆞᆫ後幷即放釋ᄒᆞ얏는ᄃᆡ統合一百三十四名이라더라

●森林科試取 農商工部에셔三昨日々지農商工學校內에셔森林速成科學徒十人을試取ᄒᆞ얏는ᄃᆡ該試場에應赴ᄒᆞᆫ者이殆至百餘人이라더라

●鐵路損害 去番風雨로以ᄒᆞ야京釜間及馬山地方에鐵路線損害가非常ᄒᆞ야一萬圓에至ᄒᆞ얏다더라

●來韓客增加 秋氣凉爽ᄒᆞᆷ이旅行의好節을當ᄒᆞᆫ지라日本서韓國觀察客이日日增加ᄒᆞ야京釜鐵路로每夕列車에平均三四十人式新來客을見ᄒᆞᆫ다더라

●申氏不法 龍仁郡金良場居鄭尙根小室桂紅이本場鹽廛監者을買得ᄒᆞ야以爲資生矣러니不意前郡守申鶴均氏가尙根의伯兄妾自死ᄒᆞᆫ時를當ᄒᆞ야已埋ᄒᆞᆫ尸體를掘檢ᄒᆞ고此를憑藉ᄒᆞ야該鹽廛과斗量例食條을奪取코ᄌᆞᄒᆞ야不報上府ᄒᆞ고檢驗後仍爲奪食이온바其時觀察이亦爲論罪曰掘檢은自有其法이어날不報上府ᄒᆞ고自郡擅行이是何事體오ᄒᆞ야行刑吏를移囚利川後獄事는妥決이오나生命은至於永絶之境故로見奪ᄒᆞᆫ鹽廛과斗量價九百六十兩을還推次로言及則申氏曰大小民間에鹽廛稅者면嚴刑云故不敢生意ᄒᆞ야鄭尙根의가呼訴京部ᄒᆞ야訓令到付則申氏가錢給三百兩ᄒᆞ고出次票四十元給後尙今不報故로又郡題를使其弟로往示申氏則又日理屈은知之나吾亦在官時에在傍之人屢屢勸告ᄒᆞ야至於此境ᄒᆞ니誰怨이리오ᄒᆞ고幹事人蔡顯官을挨ᄒᆞ야餘在를備浹ᄒᆞ야幾百兩捧次條가有ᄒᆞ다ᄒᆞ며云矣러니申氏反生椅杖之計ᄒᆞ以下蔑上以賤凌貴ᄒᆞ다ᄒᆞ고誣囑于廣州府ᄒᆞ야照會于龍仁郡ᄒᆞ야押上桂紅之夫ᄒᆞ야拘囚十五日에不爲裁判ᄒᆞ다가依營題放釋ᄒᆞ얏스나餘在鐵을尙未推得ᄒᆞ야呼寃不已ᄒᆞᆫ다더라

●浮言奚信 向日某報에揭載된申應熙氏의父親申식氏가軍部大臣李根澤氏의東遊之行에一等隨員으로旅費三千元의所得이有ᄒᆞᆫ다ᄒᆞ니申식氏가以七十老病之客으로不出門外ᄒᆞ는身世라遠遊之圖가決無ᄒᆞᆯ거시오且與軍大오漢無所關則隨員이니旅費니ᄒᆞ는說이專是浮言인즉을世人이皆認ᄒᆞᆫ다더라

●濫刑致斃 日昨에何許平民이路上에셔軍部大臣李根澤氏의乘馬車而過去ᄒᆞᆷ을見之ᄒᆞ고以憤歎之聲으로詬辱ᄒᆞ기를如彼賣國之賊은少無厭隅ᄒᆞ야揚眉吐氣에勢焰益壯이라ᄒᆞ미李軍大가聞此詬辱ᄒᆞ고即使憲兵으로押付憲部ᄒᆞ야施刑勅招에問其誰某之指使ᄒᆞᆫ즉其人이大聲曰大丈夫가死則死矣라有誰敎我며有何聽囑이리오賣國二字가證據昭在ᄒᆞ고乘坐馬車而橫行은衆所目睹者어날何疑眩之嫌ᄒᆞ야如是盤問乎아果皆我之心性流出者也니有死而已라ᄒᆞ미該憲兵隊長이仍爲牢囚營獄矣러니其人이自念寧頭之不好ᄒᆞ고坐受ᄒᆞᆫ刑이不如溘然이라ᄒᆞ야乃裂衣領而縊項自斃ᄒᆞᆫ지라該隊에셔는不究人命之所重ᄒᆞ고類同狗尸而出埋ᄒᆞᆷ으로聽知者莫不驚아잠歎ᄒᆞ더라

●文倅違規 文川郡守李庸穡氏는某인의게傳致ᄒᆞᆫ私札을某部所呈報告封皮內에納入上送ᄒᆞᆫ지라李郡守는該部大臣을鄕遞夫로認之ᄒᆞᆫ인지事體與鄕規所在에不可無罰이라ᄒᆞ더라

●金氏自服 基督敎靑年會員金鍾商氏가靑年會副總務金貞植氏를對ᄒᆞ야挾雜ᄒᆞ얏다고以虛誕之說로對人辨論ᄒᆞ야某報에揭載ᄒᆞ지되얏더니今에金氏가섬悔其妄ᄒᆞ야自服其罪ᄒᆞ얏다더라

●雄州必得 安岳前郡守尹주榮氏는不爲赴任事로日前免官이되얏더니旋卽免戒事로內部에셔政府에請議ᄒᆞ얏는ᄃᆡ該氏는不久에雄州를占得ᄒᆞᆫ다ᄒᆞ더라

●開墾地圖本 義親王宮幹事인貢鎬氏가文川郡境內陳荒地開墾次로農部에承認ᄒᆞ얏는ᄃᆡ該陳地開墾處는文川郡北五十里許錦山古介東數十里周廻를自部圖本ᄒᆞ야農部로報告ᄒᆞ얏다더라

●嘉禮經費 政府에셔經費議奏ᄒᆞ야皇太子嘉禮經費五十萬圜을預備金中支出ᄒᆞ기로頒布가되얏다더라

●經理院卿辭職 宮內府經理院卿李根澤氏는辭職ᄒᆞ얏는ᄃᆡ其後任은沈相薰朴鏞和兩氏中에擬ᄒᆞ나尙今未定이라더라

●蒙古王出發 蒙古王土爾扈特殿下는再昨日午后四時에仁港에셔出帆ᄒᆞ야神代丸을乘ᄒᆞ고大連으로向ᄒᆞ야今明間着港ᄒᆞ리라더라

●各道衛戍 軍部에셔京城衛戍는已爲設施ᄒᆞ얏거니와各道鎭衛隊에衛戍勤務도從次施行ᄒᆞᆫ다더라

●保證金과實保 度支部에셔新設ᄒᆞ는稅務官과稅務主事에對ᄒᆞ야度支大臣의게求仕ᄒᆞ는者가千名에達ᄒᆞ얏는지라閔大臣은難恕其求ᄒᆞ야至有避身ᄒᆞ얏다ᄒᆞ며主考는財政顧問이大臣과合席시取ᄒᆞ되稅務에從事ᄒᆞ는故로保證金이나實保가有ᄒᆞᆫ後에야敍任ᄒᆞᆫ다더라

●京城衛條例 政府에셔軍部와聯議ᄒᆞ야京城衛戍司令部條例를마련ᄒᆞ야十月一日부터施行ᄒᆞ기로作定ᄒᆞ엿는ᄃᆡ該司令部에司令官은現職이有ᄒᆞᆫ參將으로兼任ᄒᆞ고參謀官一人은參領或正尉로ᄒᆞ고副官一人은正尉가ᄒᆞ고書記若干은下士中으로ᄒᆞ는ᄃᆡ參謀官과副官은現今間에는現職이有ᄒᆞᆫ者로兼任ᄒᆞ기로ᄒᆞ얏다더라

●畢竟云遞 軍部大臣李根澤氏의勢力이漸蹙ᄒᆞ야或은日本에遊覽ᄒᆞᆫ다ᄒᆞ고도ᄒᆞ며遞任ᄒᆞᆫ다ᄒᆞ고도ᄒᆞ더니勢不得已ᄒᆞ야辭職上疏ᄒᆞ얏더니優批를奉承ᄒᆞ얏스나畢竟遞任이된다ᄒᆞ더라

●銓考委員 政府에셔地方官銓考委員을差定ᄒᆞ얏는ᄃᆡ內部協辦崔錫敏地方局長俞星濬參與官龜山及補佐官鹽川氏와度支部協辦閔衡植度支協辦柳正秀法部協辦李源兢諸氏라더라

●官報改良 政府에셔官報를改良ᄒᆞ야客月來一新頒布ᄒᆞᆫ勅令及部令의綱領을各部案ᄒᆞ야本月一日에附錄으로頒布ᄒᆞᆫ다며라

●檢察派送 法部에셔十三道各裁判所에在囚ᄒᆞᆫ輕重罪人을査閱ᄒᆞ며檢察ᄒᆞ기爲ᄒᆞ야法律卒業生中으로檢察官을派送ᄒᆞᆫ다ᄒᆞ더라

●연能送囚 今番赦典詔勅을奉承ᄒᆞ야再昨日漢城裁判所와平理院에셔判檢事가立會ᄒᆞ고監獄署在囚ᄒᆞ얏든罪人七十餘名을排立ᄒᆞ야皇上陛下의好生之德을祝頌ᄒᆞ고改過遷善ᄒᆞ야更勿犯罪ᄒᆞᆷ으로一場연說ᄒᆞ고解送ᄒᆞ얏다더라

●名節休暇 今日은陰曆八月十五日嘉午名節이라各府部院廳及各學校에셔節祀省墓次로昨日부터休暇ᄒᆞ엿다더라

●嘉午休報 本日은韓國風俗에嘉午名節이기로一日休刊ᄒᆞᆷ

●明月更新 黃土峴明月館에셔東西洋料理와特別湯을排設次로一新設備ᄒᆞ는ᄃᆡ爲先洋屋四餘間을建築ᄒᆞᆫ다더라

●事實有違 去十三日本報欄內에[illegible]이라는題下의事實에對ᄒᆞ야逐條辨明에有ᄒᆞ되其事實이全然相違ᄒᆞ나無乃有嫉者의排날로由ᄒᆞ야誤探이되얏는지玆又更揭ᄒᆞ노라

詞林

閔忠正公血竹

披异叫闈身殉國相公日卽生年亭亭特立堂中竹爲表貞心不共天

讀崔勉庵疏有感

寸腔積血八疏成句句忠言字字誠宗社安危山嶽重身家禍福羽毛輕千唯誰敢抵孤腋一諫인應呼봉鳴太守分憂何所報中宵繞壁淚沾纓

其二

先生必死死猶榮靑史流芳勝荀生忠節방千歸伯仲淵源閔洛推聲名隣强與感推爲重所憚聞風傷若驚鳧惟存天辭具衆不恩是眞情

修硯生

雜報

●普通教育論 續

此世何世며此時何時요舊式의教育은衰敗의極項에達ᄒᆞ고新式의教育은萌芽를僅出ᄒᆞᆷ이止ᄒᆞ니此危機를當ᄒᆞ야一大英斷으로一大非常ᄒᆞᆫ手術을施設치아니ᄒᆞ면國家萬年에計를確立키難ᄒᆞ도다夫教育에遠大ᄒᆞᆫ目的은個人의品格과國家의人格을高尙히發達ᄒᆞᆷ이在ᄒᆞ나其直接의目的은今日生存競爭에處ᄒᆞ야自活自存에必要ᄒᆞᆫ方策을講究ᄒᆞᆷ에在ᄒᆞ도다此二十世紀ᄂᆞᆫ但히武力의競爭時代가아니라知識의競爭이오經濟에競爭이오權力의競징이니故로國家ᄂᆞᆫ活動生存으로目的을定치아니치못ᄒᆞᆯ것이오

國家에要素되ᄂᆞᆫ人民은生存의堪能ᄒᆞᆫ勇氣를培養ᄒᆞ며不屈의精神을硏磨치아니치못ᄒᆞᆯ지라今日此世의處ᄒᆞ야常職을不修ᄒᆞ고社會에立코저ᄒᆞᆷ은武藝를不習ᄒᆞ고戰場에出ᄒᆞᆷ과無異ᄒᆞ니此ᄂᆞᆫ今日文明列國이國民普通教育에注力ᄒᆞᄂᆞᆫ所以로다

此普通教育에普及完成ᄒᆞᆷ으로써國民의教育이라ᄒᆞ다謂ᄒᆞᆷ이아니라實로普通教育이無ᄒᆞ면個人으로써自己의職分을簿守ᄒᆞ야文明社會에容立키難ᄒᆞ고國家에對ᄒᆞ야國民의義務를盡키不能ᄒᆞ리니 未完

●優等褒賞 平壤私立日新學校에서今番에學期試驗을經ᄒᆞ고陞級或陞班ᄒᆞ얏ᄂᆞᆫᄃᆡ甲班優等生은朴元五崔善玉郭龍漢氏等이오乙班優等生은張鎭洪鄭錫龍朴可梅氏等이오丙班優等生은金文燦林鳳德朴亨根氏等이라該校校監以下任員이各其賞品을施與ᄒᆞ고該校教師安秉찬氏ᄂᆞᆫ鉛筆과空冊等으로特別施賞ᄒᆞ고益加勉勵ᄒᆞᆯ意로一場演說ᄒᆞ얏다더라

平壤郡美林人民等의寄書가如左ᄒᆞ니 續

加以牧畜之標가插於四隣ᄒᆞ고標面에大書曰大韓皇室牧畜基址라ᄒᆞ얏스나插標者가日人이오看禁者가日人인則假稱皇室之名ᄒᆞ고實擅自己之利를不見是圖라盖牧畜興利가自古不無ᄒᆞ나皆設場於水草空閒不農之地ᄒᆞ야與民無涉이어ᄂᆞᆯ今此牧址ᄂᆞᆫ不設於空曠之地ᄒᆞ고故設於膏沃之土ᄒᆞ니其意가只在於佔奪民田ᄒᆞ야使不得作農ᄒᆞ고期於盡劉我民ᄒᆞ야靡有子遺케ᄒᆞᆷ이라然則貴畜賤人이將至於率獸食人이니無家無田之民이雖欲不死나得乎아

月前外城軍用地調委査員朴羲秉氏가下來故로美林人民이以此訴冤ᄒᆞᆫ則曰我ᄂᆞᆫ調査軍用地而已오其外不關이라ᄒᆞ니此何言也오於此에有行路之人ᄒᆞ야所過之處에有赤子入井者ᄒᆞᆫᄃᆡ乃曰我是行路之人이니不關於入井之赤子리ᄒᆞ면可乎아其後送人上京ᄒᆞ야訴冤於政府ᄒᆞ얏ᄉᆞ되尙無發落ᄒᆞ니此ᄂᆞᆫ政府諸公不關於人民之死亡也라

嗚呼라民이無家則無依요無田則無食이니無依無食則有死而已라塡壑之禍가迫在目前에呼天不應ᄒᆞ고鑽地莫逃라無處呼訴ᄒᆞ야玆以一書寄呈ᄒᆞ니伏望昭詳揭載ᄒᆞ야使政府諸公으로幸有以垂察이면或冀惕然醒悟ᄒᆞ야交涉于外人ᄒᆞ야以美林住屯之兵으로亟圖移住於軍用之地ᄒᆞ며牧畜基址를亦移於空閒之地ᄒᆞ야俾此村之民으로復得還集農業之地를千萬血祝이라ᄒᆞ얏다더라 完

廣告

昌寧郡守閔丙吉氏가莅官二年에治績之可頌可傳者不能枚述이오나今擧其槩에十條善政이有ᄒᆞ니一은詞訟을綜詳ᄒᆞ야人稱神明ᄒᆞ고二ᄂᆞᆫ法令을克遵ᄒᆞ야毫不違錯ᄒᆞ고三은官隷를嚴束ᄒᆞ야民不見吏ᄒᆞ고四ᄂᆞᆫ捐廩千金ᄒᆞ야校宮을重修ᄒᆞ고五ᄂᆞᆫ捐俸百元ᄒᆞ야학校를新設ᄒᆞ고六은邑無流連ᄒᆞ며巷無賭技요七은痛革民弊ᄒᆞ야一境이蘇完ᄒᆞ고八은譏詗如神ᄒᆞ니萑苻遁跡ᄒᆞ고九ᄂᆞᆫ勸農桑ᄒᆞ며奬學問ᄒᆞ고十은治郡如家ᄒᆞ며愛民如子ᄒᆞ니一郡이晏然ᄒᆞ야作歌竪碑ᄒᆞ오니照亮ᄒᆞᆷ

昌寧郡民成大진 金奎澈 成鏞玉 盧三洪 曹錫九 河一秉 李秉秋等 告白

本人이中署鍮物橋布木廛安義淳處에推次當 七千九百兩於晉內에四百兩二百五十兩次推尋ᄒᆞᆫ標를遺失ᄒᆞ얏스니內外國人間拾得ᄒᆞ와도休紙施行ᄒᆞᆷ

鄭奇玉 告白

鎭海灣을軍用地로定界ᄒᆞᆫᄃᆡ水路五百餘里ᄭᅡ지熊川地가三分二나犯入ᄒᆞ얏스니政府에서國土攸重과生民塗炭을罔念ᄒᆞ고惟請是應만勝 인지一郡生靈이一日一時에渰沒ᄒᆞ야主務大臣의心을快悅케ᄒᆞᆯ意로玆廣佈ᄒᆞᆷ

熊川居民李會中等 告白

本人等이黃州南川里白木廛에客主同事를新設ᄒᆞ오니黃州到着ᄒᆞ시ᄂᆞᆫ內外國僉商君子ᄂᆞᆫ穀物晝夜買賣ᄒᆞ게ᄒᆞᆸ소셔

黃州南川里 二宮福太郞 延膺善 告白

寺洞金議官許에推尋ᄒᆞᆯ條當伍錢壹萬兩於昔年去陽曆九月二十六日에路中遺失하얏기以該休紙施行次廣告ᄒᆞᆷ 李明秀 白

蓮洞趙學元許에陰十五日推尋次當坪四萬五千兩標遺失誰某拾得休紙施行ᄒᆞᆷ

鄭東鎬 告白

本報第三百三十三號雜報賣票宜懲이라ᄂᆞᆫ題下에午橋居鄭泰鎬이가農商工部에請願ᄒᆞᆫ기를本人이木匠會社股票를讓賣ᄒᆞ야討索이多有라ᄒᆞ와ᄂᆞᆫᄃᆡ本人은初無是事이온즉必是誤錄姓名故로玆에廣告ᄒᆞᆷ

阿峴洞僑居 金濂仲 告白

研究支部會陝川海印寺에僧侶가教育의必要을奉體ᄒᆞ야私立明立學校를設立ᄒᆞ야僧俗靑年才子을教育ᄒᆞᆫᄃᆡ本郡守趙重翊氏와居昌郡守李元鎬氏가此學校을贊成ᄒᆞ야補助ᄒᆞ션기로腑佈ᄒᆞ오니다

本郡守趙重翊氏 紙貨 十元
居昌郡守李元鎬氏 紙貨 五元
主事鄭極源氏 韓貨 二元
晉州大源寺 紙貨二十元
咸陽碧松靈源法華三庵 紙貨二十元
鎭南安靜寺 韓貨 四元

陝川海印寺明立學校事務長 金景明 告白

本人이二千兩於會洞等地에서拾得ᄒᆞ얏기玆以廣告ᄒᆞ니本主ᄂᆞᆫ速推去ᄒᆞᆷ

會洞 秋洪圭 告白

本校에서普通學徒를募集ᄒᆞ오니志願者ᄂᆞᆫ屆期來議ᄒᆞ시ᄋᆞᆷ

稟請期限 八月二十九日ᄭᆞ지受ᄒᆞᆷ

入學試驗은陰九月初一日에行ᄒᆞᆷ 國漢文 習字 年齡은十歲로至十五歲

淸風學校 告白

本人三兒叫出贅子前參奉相斗字聖杓인ᄃᆡ杓字를或稱表字又或變名相洌ᄒᆞ며亦他變名而其修父則數十年前身故十七無餘ᄒᆞᆫ데生父家券을僞造ᄒᆞ고生父名으로僞造手標ᄒᆞ야日人幾處에典執債用ᄒᆞ가위造現露日에逃避京中ᄒᆞ야又欲得債오니勿論內外國人切勿見欺白失ᄒᆞᆷ

大丘南城下居生父徐敎淳告白

精選萬國史 全一冊

定價 新貨六十錢 一百九十頁

選述者 金祥演

本史ᄂᆞᆫ萬國歷代의重要事實을廣採採輯ᄒᆞ야以上古至世近代의三編을合製ᄒᆞ야各專門高等普通諸學校教科書에ᄭᅡ適當ᄒᆞ오며且江湖有志紳士의參考披讀ᄒᆞ심에極히便利ᄒᆞᆫ쥬僞ᄒᆞ야全編을皆以頭註로簡明敍去ᄒᆞ얏사오니海內僉君子ᄂᆞᆫ斯速購覽하시와案頭에淸賞ᄒᆞ심을爲盼

大發賣所 鍾路中리院上隅金孝演紙廛

◉分發賣所
鍾路大東書市
布廛屛門下金相萬冊肆
東關龍朝橋越便朱翰榮冊肆
大廣橋高濟弘書舖

◉民事訴訟代理와刑事辯護와鑑定一切法律에關ᄒᆞᆫ事務를迅速處理ᄒᆞᆷ

漢城中署茶洞第十七統八戶

辯護士 前檢事 正三品 李冕宇

法律事務所

事務員 前判事 丁明燮 [illegible]

本人子基仁字性綱이年今三인ᄃᆡ素以浪知로蕩敗産業에偈造文卷으로知若能事이기已於年前의擧歷廣告ᄒᆞ와勿使內外國人見欺이옵더니不悛前習ᄒᆞ고方場以文券僞造로符同姦類ᄒᆞ야無據田畓을放賣或得債云ᄒᆞ오니如此虛妄之子의勿爲見欺ᄒᆞ시ᄋᆞᆷ

西江倉前里前司果金完集廣告

廣告

東國歷史 普通敎科國漢文一秩二册定價新貨一圜十五戔
法蘭西新史 四十錢
淸國戊戌政變記一秩 一圜
政治汎論 一秩二冊一元廿錢
越南亡國史 一册三十錢
法國革新戰史一冊 三十錢
大韓輿地圖一張 十七錢五里
世界全圖一張 三十七錢五里
大韓地誌一秩 七十五錢
牧民心書一秩 一圓二十五錢
萬國地誌一秩 一圓
尺牘完編一秩 一圓五十錢
行政新編一册 五十錢
法學通論一册 一圓
溫故知新堂叢抄 七錢五里
父師必독小學指남 七錢五里
人工養蚕一册 十五錢
世界之政治 一册五十四錢
家庭雜誌一 十錢
進明彙論一秩 三十五錢
交際新禮一秩 十八錢

發賣所 布屛門下金相萬冊肆 大韓每日申報社

花春丹은 霍亂 吐瀉 腹痛 滯症 暑症 정忡 神眩 胸鬱 痰盛 醒酒船暈 咳嗽 痲질 口味업ᄂᆞᆫ諸症의神效ᄒᆞᆫ藥이오 此外에도洋灰水解毒藥 唐창 疳氣 蛔虫 寸虫 赤白면風 藥과東西洋藥이俱備ᄒᆞ고他病도隨問出方ᄒᆞ오니 僉位ᄂᆞᆫ枉臨ᄒᆞ시옵

皇城校洞石井洞下隅
石泉堂藥局 告白

以上三 種은上 品으로 製造ᄒᆞ 야衛生 上에至 極有益 ᄒᆞ니得 論業人 고本 에來 臨ᄒᆞ

大韓帝國仁川港
濟物浦紙卷烟及烟草會社

一 鷹標罐濃厚牛乳
一 金印罐詰濃結牛乳
一 撫愛家用氣化乳酪
一 쎈ㅣ든쓰製造麥芽化合牛乳

以上은常時에貯積ᄒᆞ얏슴
美國紐育港쎈ㅣ든쓰濃結牛乳會社
一手代理店
大韓仁川港 世昌洋行

●九轉靈砂라 本人이 [illegible] 女老少에無論何症ᄒᆞ고 [illegible] 身體가健康ᄒᆞ며 [illegible] 을補保ᄒᆞ오며
●九轉靈砂 [illegible] 疾에神效ᄒᆞ오
●九轉靈砂保 [illegible] 敎腮과婦人帶下症에神效ᄒᆞ며
●九轉靈砂淸涼丹은咽喉 食滯 血痢 吐瀉 霍亂 腹痛 吐血 下血 運氣 時疾 痢疾에神効ᄒᆞ오
●九轉靈砂宗金丹은痔漏 黑痣 下疳瘡及腐瘡과諸般瘡瘍惡種에無不神効ᄒᆞ오니 僉君子ᄂᆞᆫ來問ᄒᆞ시오
內需司前두간이골上隅第一家 李鳳廷 告白

◎本社廣告

申報價
一張代金 新貨二錢五里
一箇月前納 三十錢
三箇月 九十
六箇月 一元七十戔
一箇年 三元四十戔
郵稅一部 新貨五里
一箇月 十三戔

廣告料
四号活字十三字詰
每日每英尺一寸에新貨廿五錢
(每日每行에六錢에相當홈
其期限의長短과字行의多少를依ᄒᆞ야增減홈이有홈

(◎)大韓每日申報各處支社處
中署布屛門下 金相萬冊肆
洞口越便 米翰俊冊肆
中署履禮初入七 十八統第二戶 鄭雨司
仁川楼峴開新冊肆 李東立
水標南山峴日新學校 金浩淵
宣川邑輸西 [illegible]
義州南門外 張有寬
長湍邑 金 [illegible]
鐵原 金仁집
成興 州南社 曹喜林
中和邑 李俊培
釜山佐川徐 金灌俊
開城北部梨井里 [illegible]
楡岬校長 姜助遠
大丘郡 達城廣文社
鎭山邑內 安 立
元山港倉前 金乃範

發行兼編輯人 英國人裴說
發行所 京城中署春進坊 洞号外地法語學校前
大韓每日申報社

第四卷

大韓每日申報
대한매일신보

第三百卅七號

月曆及慶節
歲時日休刊

復舊開國四千二百三十九年
箕子元年三千二十八年
大韓開國五百十五年
日本明治三十九年
淸國光緒三十二年
◉陰曆丙午八月大十七日辛巳

論說

平壤地段收用

平壤內及其附近에廣大地段이入於收用홈으로呼冤이多端ᄒ얏스며被逐韓人이欲得矯正ᄒ야涵力홈이頻繁ᄒ얏스미壓迫不公의著機가多有홈거슬非不豫知나然이나平壤ᄂ近自縣覽건ᄃ夢想以外事를著示ᄒ얏도다

平壤府ᄂ石城으로圍繞ᄒ不大區域이라大同江이城東을抱流南下ᄒ다가自城五里許에서更向西南ᄒ야城與江이分界에一大平原沃野가亦有ᄒ야一邊으로ᄂ負郭ᄒ고一邊으로ᄂ遠在山麓을接隣ᄒ야西南으로抵其江岸이러라

此地段은即日本鎭道官憲과及其武官이無償으로占有ᄒ거사라面積이延長ᄒ야區域이不齊ᄒ야測量키未易나十二方英里에不下或加大ᄒ거슬可以確知로다

平壤停車場은城南五里許에在ᄒ니京城線은此收用地段을兩邊으로分界ᄒ얏고義州線도此勢와向ᄒ야西向ᄒ얏스니鎭路及江流中間에耕作之野가眼力所制ᄃ로延長ᄒ지라此地段이沒入於收用됨을聞之矣러니親自往目ᄒ미該聽說을堅確케ᄒ얏도다

日本人의活動ᄒᄂ中央區域은鎭道及兵營傍隣이라附近田土ᄂ荒廢不耕이오家屋은撤移或頹敗며遠距離田野에ᄂ穀類가尙今肥ᄒ나歡迎만遲延ᄒ면農民이其能有秋ᄒ此時에此田野의多分이日人道路建築으로被其破傷矣니韓人미似有冒險更播穀之意라心落財乏에所向이維何오日人侵入을欲避ᄒ야稍遠地方으로轉移ᄒ而已로다

幾乎不信ᄒ此事實을非以聽聞較計라本記者ㅣ躬往該地ᄒ야各處에日人地標를親見矣니該標木을揷立之時에所有主를拘引毆打ᄒ얏도다被逐된窮困農民을數次逢話ᄒ얏스며路傍設幕之人을得見홈도亦有矣니各派宣教師의一致證明이自有ᄒ며平壤觀察使도此說全部를確證ᄒᄂ도다

韓民은本是宿心之人이라受其壓制ᄒ기에成其習俗ᄒ야困難을無言堪忍이나然이나本記者ㅣ平壤에서閱覽ᄒ거스로言之건ᄃ日本이强奪ᄒ窮困人의게若不自意報償이면開明世界가此事狀을取擧ᄒ야罪過가不過柔弱인人民의게示其公正ᄒᄂ거시可也로다 未完

官報

●三千五百七十四號 光武十年十月三日

●府令

◉議政府令第一號

中樞院議事規則中改正件

光武四年八月一日議政府令第一號中樞院議事規則中第一條一項議長은下에(首席이며副議長은次席으로)十二字를添入ᄒ고居中ᄒ고下에(議官)二字ᄂ(贊議와副贊議)六字로改正ᄒ고第二條有故ᄒ時ᄂ下에(勅任議官이其席次를把ᄒ야)十二字ᄂ刪去ᄒ고(副議長이)四字를添入ᄒ고第三條第四條第五條第七條第八條와十條第十一條第十二條第十三條第十五條第十六條第十七條第十九條第廿一條第廿二條第廿四條第廿五條中議官의(官)字ᄂ(員)字로幷改正홈이라

光武十年九月廿九日

議政府參政大臣朴齊純

◉叙任及辭令

○尙方司主事李源達 咸鏡北道관察府主事申 植 依願免本官○掌禮院掌樂과主事車顯聲 九品任忠鎬 任尙方司主事九品李源達○任主殿院醫術局主事九品朴在淳 以上九月廿八日○農商工部技手金斗燮 九品金澤吉 任農商工部鑛山事務局技手 以上十月一日

◉部令

學部令第二十號

師範學校令施行細則 속

第二十條 試驗을分하야學期시驗及학年시驗으로허되학期시驗은第一학期及第二학期내에行허고학年시驗은착年終에行홈이라

第三十一條 平常의成績과시驗의成績을考査홀時의ᄂ十點을滿点으로定ᄒ야各科目에四點以上總平均六点以上을合格의標准으로홈이라

第二十二條 학校長은各학年의課程을修了치아니ᄒ者의학年을陞進홈을得치못홈이라

第三十三條 卒業홈을認홀時의ᄂ各학年의학業成績及人品을考査ᄒ야定홈이라

第三十四條 學校長이本科及速成科를卒業ᄒ者에게ᄂ第六號書式의卒業證書를授與홈이라

第 十五條 학校長이講習科를修요ᄒ者의게ᄂ第七號書式의修요證書를授與홈이라

第七章 학資及留宿

第三十六條本科及速成科학員의게ᄂ학資로食費와被服及雜費를支給홈이라

학校장이학部大臣의認可를受ᄒ야私費生을置홈도得홈이라

第三十七條 私費학員이半途의給費生되기를請願허ᄂ者ㅣ有홀時의ᄂ協議ᄒ後의許可홈도有허ᄂ如斯ᄒ境遇의ᄂ該員이本業後의服務허ᄂ義務가最初부터給費生된者와同ᄒ이라

給費ᄒ員이半途에私費生되기를請願허ᄂ者ㅣ有홀時의ᄂ給與ᄒ資학金의全部를一時의還랍ᄒᄂ者의게만許可홈이라 未完

外報

●土國의立憲消息 合爾賓報를據ᄒ則土耳其皇帝가政行立憲之說이有ᄒ더其原因은國內度支의虛乏이極項에達ᄒ얏고또民黨의變亂이有ᄒ야日與軍隊衝突ᄒᄂ지라泰西立憲諸國은皆富饒充足ᄒ야國內和平ᄒ것이其腦筋을激刺ᄒ야感觸이有ᄒ故라ᄒ더라

●米國大風災 米國루이지나미십피아라바마플로各州에大風災가有ᄒ얏다더

●載澤公의談話 北京電을據ᄒ則淸國載澤公이官制改革에對ᄒ야談話인바官制를聖明ᄒ신兩宮의決心이堅固ᄒ則不遠에改革될터이나地方에서委員이上京홈을待ᄒ야完成ᄒ터이오憲法은東洋에서ᄂ日本西洋에서ᄂ德國을斟酌홈이適當ᄒ듯ᄒ니此二兩國이皆君主國인故로地方督撫의權限에就ᄒ야ᄂ目下變通이不便홈으로姑且變更되지아니ᄒ리라ᄒ얏더라

●烟草商會 滿洲新報를據ᄒ則日本烟草商人이美國烟草商의競爭으로滿洲商權을失ᄒ가恐怖ᄒ야日商店에서烟草商團所를組織ᄒ는ᄃ其資本은六十萬元이라더라

雜報

●法大가訪問統監 法部大臣李夏榮氏는再昨日午前十時에伊藤統監官邸에訪問하얏다더라

●崔氏運動 北署警務官崔應氏는有何好好官職之運動인지所帶警官之任을奏免하라고請願하얏다더라

●主事保薦 度支部에셔各郡稅務主事를試取叙任할事에對하야各府部院廳으로輪牒하고勅任官以上會計官吏가幾人式保薦하야今四五兩日內로其인의履歷書를昭詳錄交케하라하얏다더라

●元山早雪 元山附近方에는再昨日에白雪이霏霏하야數三時間을墮落하얏다더라

●熊倅報告 慶尙南道熊川郡守尹榮玉氏가鎭海灣에日本軍港을設附하는事案에對하야該區域標線內犯入한京居前正領玄興澤의所有畓一千六千六十七斗五升落과田三三百八十四斗落과鹽田七作의賣買或典當交換等事를禁止할意로曉飭코자하되該家在京城에招諭難便이니自京部로招飭右由케하라고內部로報告하얏다더라

●秦家回祿 昨日上午一時量에壽進洞秦熙晟氏家에셔失火하야瓦家二十五間中十八間은燒燼되고七間은毁撤하야所見愁慘하더라

●修獄費請撥 內部에셔平壤觀察使의報請을因하야該府警務監獄이狹窄頹圮하야不無壓損之慮이니其修理費三百三十一元九十錢을支撥하라고度支部로照會하얏다더라

●藥橋交涉 全義郡邑下民인等이去番요水에家屋漂頹와인命傷害가鐵道橋梁의狹隘之故라하야橋梁四處를使之加設케하라는事로內部에呼訴한事는已揭어니와內部에서는農商工部로照會하야該加設橋梁四處를統監府에交涉妥辦케하라하얏다더라

●賣淫檢查 再昨日에各署內賣淫女一百十二名을廣濟院에셔招集檢查하얏는데有疾者十二名이라더라

●官辦民店 忠淸北道觀察府警務官金寅大氏는該警務署公廨가狹窄難容함으로一自到任以後에尙今住接於店舍하니其所倡皮는姑捨하고公務上妨害自多한지라不可不在近라도買入附屬하야公私兩便케하라고內部에質稟하얏다더라

●敎育問題의연說 敎育上問題로崔炳憲呂炳鉉兩氏가皇城基督敎靑年會에셔今日下午七占半에연說한다는데有志諸君이多數參석함을該會에서希望한다더라

●開학式進參 平壤에設置한測量학校에서再昨日에開학式을設行하얏는데度支部司稅局長李健榮氏가主事一인을帶同하고該禮式에進參次再昨日平壤으로下去하얏는데今日下午에還歸한다더라

●女子敎育會事務 苑洞女子敎育會가漸進開發하야有志한夫人이三百名에達하얏는데日前通常會討論時에該會剏立한贊所總務員秦학斥氏가女子敎育務에前進發達키爲하야一場演說하고提議하되會中有志한夫人을擇選하야五署內에事務所를設置하고會規를恪守하며敎育을研究하며團體를明正하며趣旨를廣布하야此會目的을世人이自曉然後에各道各邑에도支會를派置하자하얏다하더라

●押囚平院 警務廳에拘囚하얏든參贊李商在氏等諸인은再昨日에平理院으로押交함으로警務廳門把守하던日巡查는撤去하얏다더라

●果有是耶 全州郡에居留하는日人중五名이該地에奉安한關王廟에擅入하야其塑像에對하야無禮悖習을加行하다가二名은吐血卽死하고三名은驚走歸來하야仍以罹宛病亦死하얏는데自是以後로日人중病患致死者相續됨故로擧皆懼而避居한다고南來人의傳說이有하더라

●五云作弊 木浦淨土宗의所報를據한즉智島郡一進會頭領白南允尹長檀林英律金永旭等이藉勢多黨하고出沒各島하야平民毆打勒財와有夫女奪取와淨土會員을任自捉致하야結縛毆打하기로木浦淨土宗會長金順根氏가派遣總代하야其討索한行爲를一一調查하야質問詰責則箇箇自服하고納考하얏다는說이有하더라

●主事貪食 南來人에傳說을聞한즉慶北大丘府詞訟課主事朴應柱는本是商業人으로수年前에淸道郡居崔允玉이가得債之意로言爲詞訟之任한지라托於應柱러니應柱言內에有標然後라야得給이라하는故로崔某가五百兩票를謄給하얏는데其數日後에朴應柱가不知房處러니其後에大丘觀察府詞訟主事되야府隷二名을派送하야捉致崔允玉하는故로同允玉妻가鬻訟하얏더니特爲放送하얏고該仁坪山里居金돌伊가火賊으로捕捉이되얏는데請錢五百兩을受하고放送하며其他非理之食도多有하다더라

●白倅大黑 官川郡守白樂三氏는再任以後에前過를不悛하고愈益肆貪하는데粗解日語하는伎倆으로狐假虎威에無弊不做하고最其可痛者는境內食粟之民을義兵黨이라勒稱하고金額을討索함이多多함으로一境이騷然하야擧皆渙散之境이라더라

●人力車廢止 近日에日本서自國內에人力車를廢하고韓國과滿洲로十餘萬座가渡來한다니此亦日人의經濟중出來한거신지

●閨巷月朝

○喬木이朽木 近日南北村貴族家에서愛國思想은全無하고尙且對人하면自稱曰우리喬木世臣家라하니國家에傾頹를不能維持하고喬木世臣이라自稱함이可할가此는朽木世臣이라謂함이可할뜻

○우리네子息 在京在鄕한所謂輪閥家에서國內學校에消息을聞한면飄云하되우리네子息들도學校에入할가하니所謂우리네子息은舊時代에豐種子息인가엇지學校에不入을自誓하나뇨彼輪閥家子弟가耳도無하고目도無하야學問을不事하다가는將來身世는人力車나끌려먹을번지棒太로실녀갈넨지

○寧死不可 北村何許宰相의子弟가有한데其親故가학校에드려보니라고勸한즉其宰相이大怒曰我는갈토목을질너도니子息은학校에드려보낼슈업다하얏다니彼는학校를地獄보다더미서워하는지

○憂國被辱 靑年子弟들이時事를慨歎하는데腐朽老物들이反爲呵責曰近幼兒輩가엇지憂國之辭하나나라는참亡하얏다허니彼老物이多食國祿이거나閱歷世故한者인데國憂를忘却하고反히少年의憂國者를呵叱허니나라는참亡하야네

○無法天地 平民의新黑官인律이管四十에不過한데日前에軍大을酬辱한者는刑을不勝하야至於自縊하되法官이不問하니無法天地가아닌가

●

美國留학生安商鶴氏가帝國社에寄函이如左하니

敬啓者는本居皇城紫府後洞今寓居北美合衆國갈이프니아道里內長生을빈시(紫地洞)韓人共立協會生安商鶴은本國帝國新聞社長남궁쥰씨座下의올니다美洲의잇는同胞가五百名인데他國人은公領事가有하와학生을保護하야國事와私益을進進하는데惟我韓人은公使도無하고領事도亦無하와그韓人의苦情은不言可知어니와惟,韓人共立協會하야학生의培養과同胞의保護를共立協會의서하는중今番에秋捐하야優等生을擇하야賞金으로학生을培根하고義金으로써書籍을教授하오니年례그共立協會에對하여進步되기를敬賀하오며학生의게來年賞金을여러分에게치는아니하나公領事에서補助에賞金보다다勝於幾萬倍也라如此히貴重한돈을私用에準理不當故로各신문에金一元을補助하오니千元으로知書하시고新聞을擴張하야우리國民의耳目을日新케하시믈爲要

內地

皇城新聞社　一元

帝國新聞社　一元

每日申報社　一元

外地

共立新聞社　一元

時事新聞社　一元

詞林

閔忠正血竹詩　微上三隊洪鍾煥

嗟乎忠正古軒竹　露出乾坤有所思
五百年來獨立節　三千里內長生枝
丹忱殉義傳靑史　碧血精靈臨四時
寄語世間同胞者　公心爲我有誰知

雜報

◎普通敎育論 續

普通敎育은人民의一大義務요國家의一大任務라稱ᄒᆞ리라今日列國의敎育制度를略擧ᄒᆞ면小學으로부터中學을經由ᄒᆞ야高等專門大學에至ᄒᆞ니小學中學은一般國民에게必要ᄒᆞᆫ普通學科를敎授ᄒᆞ야常識을培成ᄒᆞᄂᆞᆫ第一機關이라

此를畢ᄒᆞ면一個完全ᄒᆞᆫ國民의資格을認許홈이오一步를更進코ᄌᆞᄒᆞᄂᆞᆫ者면高等專門大學에進入ᄒᆞ야高尙ᄒᆞᆫ學理를奬勵研磨케홈이니此ᄂᆞᆫ卽國家의有爲人物을造成ᄒᆞᄂᆞᆫ機關이라然則小學中學은世人의往往誤解홈과ᄀᆞᆺ치高等專門學에入ᄒᆞᄂᆞᆫ預備門이아니오

健全ᄒᆞᆫ國民을造出ᄒᆞᄂᆞᆫ一個獨立의機關이나學者의便利를計ᄒᆞ야其連絡을附有홈에不過ᄒᆞ도다此로由ᄒᆞ야觀ᄒᆞ면普通敎育은學術進步의關門이오國民의精神을發揮ᄒᆞᄂᆞᆫ惟一의良劑니此ᄂᆞᆫ吾人이今日我國國情에鑑ᄒᆞ야普通敎育의急務를唱論ᄒᆞᄂᆞᆫ바로다 完

◎江西自治

西來人의傳說을聞ᄒᆞᆫ즉江西郡守李宇榮氏ᄂᆞᆫ到任以後로持身廉白ᄒᆞ고聽理公平ᄒᆞ야許多善政은不可枚擧오其中文明事業의特異ᄒᆞᆫ實蹟을略擧ᄒᆞ건ᄃᆡ巫覡을逐出ᄒᆞ며淫祠를毁撤하고其基址와材木으로宏大ᄒᆞᆫ校舍를建築ᄒᆞ니斥邪衛正의好結果로遠近各郡이次第効範ᄒᆞ야他人之所未發을首倡ᄒᆞ야ᄉᆞ면師範學校를設立ᄒᆞ고人才를培養ᄒᆞᄂᆞᆫᄃᆡ

敎授를親執ᄒᆞ며討論會를特設ᄒᆞ고懇惻ᄒᆞᆫ言論으로士氣를皷動ᄒᆞ니聞風而來者日盛月加ᄒᆞ야出席학員이九十餘名에已達ᄒᆞ얏고公立학校와靑年회校에熱心贊成ᄒᆞ야皆得成就ᄒᆞ얏ᄉᆞ며該郡儒林所에衛生局과新聞縱覽所를合設ᄒᆞ야病人의治療와閱覽者의便利를與ᄒᆞ고興業會社를組織ᄒᆞ야實業을發達케홈으로該郡先覺은人皆稱美ᄒᆞ더니今又鄕自治制를公布ᄒᆞ고第一回鄕會를召集ᄒᆞ얏다ᄂᆞᆫᄃᆡ其告示全文이如左ᄒᆞ더라

不能自修者ᄂᆞᆫ修於人ᄒᆞ고不能自衛者ᄂᆞᆫ衛於人ᄒᆞᄂᆞ니固理勢之必然而自陷於脆弱若也라與其修於人衛於人ᄒᆞ야自陷於脆弱으론曷若自修自衛而能致於自强之道乎아非徒箇人이爲然이라有國에亦然ᄒᆞ니苟使一國之人으로人人이能自修ᄒᆞ며家家ㅣ能自衛ᄒᆞ야推諸郡而鄕而郡而省而國에克盡自治之義則雖欲貧弱이나何可得也리오

歐米之人은人皆有政治的精神ᄒᆞ야自新自艾而日臻於富强ᄒᆞ고印埃之人은人皆有依賴的思想ᄒᆞ야自暴自棄而日趨於卑屈ᄒᆞ니是豈天賦固有之性이爲然이리오否ㅣ라惟在乎導之行之之如何이니其於耳聞而目睹에能不懍乎而警覺哉아

嗚呼라余以匪才로猥荷 恩命ᄒᆞ야莅玆數朔에無一施措ᄒᆞ니上負下累에仰愧俯怍而已라溺職瀆務ᄂᆞᆫ今果知罪어니와其在人士에獨無越視之嫌乎아悔之非難이라改之爲善이니已往은莫追ᄒᆞ고及今警惕ᄒᆞ야相規相戒ᄒᆞ야孜孜不休ᄒᆞ면自治自安이何患無術이리오謹按開國五百四年十一月三日에

裁下ᄒᆞ신鄕會條規與鄕約辦務規程컨ᄃᆡ至善至美ᄒᆞ사旨在官民協治ᄒᆞ시니實與周官相淡之法과藍田鄕約之規로默相契合而詳密則遠過之라寔出於我

聖天子若保如傷之至意커시날迄今十數年前에未見施効者ᄂᆞᆫ蓋因朝野多事ᄒᆞ야不遑修擧故也ㅣ當此時局ᄒᆞ야不容不汲汲然挽回流俗이니旣知其良鉄美規ᄒᆞ고夫何憚而不爲리오

然而凡於政令之改善에必也官民交孚然後에야乃可施行이라如或無知野夫가私相牴오曰在下之民이何敢有修衛之力이리오ᄒᆞ면此乃不識爲民之義務而自墮於屈汚也니何可擬議리오今此江州雖小나三千里之一部分이오江民이雖寡나二千萬之一分團也라誠能率先倡行ᄒᆞ야克遂目的이면風軌所及에安知不爲文明之嚆矢乎아玉雖實나不琢ᄒᆞ야ᄂᆞᆫ不成器ᄒᆞ고栗雖良이나不張이면不成聲ᄒᆞᄂᆞ니도法이何有리오實踐이爲貴라嗟我人士ᄂᆞᆫ勿沮勿喪ᄒᆞ고益勵志氣ᄒᆞ야協同一致ᄒᆞ야上以報 聖上未遑之志ᄒᆞ고下以開斯民自新之路를是圖是冀ᄒᆞ노라ᄒᆞ얏더라

◎黑鉛發見 仁川港에在ᄒᆞᆫ日本人安武辨護士가慶尙道蔚山附近에黑鉛礦을發見됨으로今回採掘을請願ᄒᆞ야認許를得ᄒᆞ야早速히採掘ᄒᆞᆯ더이라더라

廣告

廣告

東國歷史 普通教科國漢文一秩二册定價新貨 一圜十戔
法蘭西新吏 四十錢
淸國戊戌政變記一秩 一圜
政治汎論 一秩二冊一元廿錢
越南亡國史 一册三十錢
法國革新戰史一冊 三十錢
大韓輿地圖一張 十七錢九里
世界全圖一張 三十七錢五里
大韓地誌一秩 一圜
牧民心書一秩 一圜二十五錢
萬國地誌一秩 一圓
尺牘完編一秩 一圜五十錢
參政新編一册 五十錢
法學通論一册 一圜
溫故知新堂叢抄 七錢五里
父師必독小學指남 七錢五里
人工養蚕一册 十五錢
世界之政治 一册五十四錢
家庭雜誌一 十錢
進明彙論一秩 三十五錢
交際新禮一秩 十八錢

發賣所 布屛門下金相萬書舖 大韓每日申報社

花春丹은 霍亂 吐瀉 腹痛 滯症 暑症 정忡 神眩 胷鬱 痰盛 醒酒船暈 咳嗽 瘧질 口味업는諸症의神效ᄒᆞᆫ藥이오 此外에도洋灰水解毒藥 唐창 疳疾 蛔虫 寸虫 赤白면風 藥과東西洋藥이俱備하고他病도隨問出方하오니 僉位는枉臨하시옵

皇城校洞石井洞下隅
石泉堂藥局 告白

以上三種ㅣ品으로製造ᄒᆞ야衛生上에至極有益ᄒᆞ니毋論某人ᄒᆞ고本에來臨ᄒᆞ쇼

大韓濟物浦仁川港
濟物浦紙卷烟及烟草會社

一 鷹標罐濃詰牛乳
一 金印罐詰濃結牛乳
一 無雙家用氣化乳酪
一 쎠ㅣ든쓰製造麥芽化合牛乳

以上은常時에貯積ᄒᆞ얏숩
美國紐育港쎠ㅣ든쓰濃結牛乳會社

手代理店 大韓仁川港 世昌洋行

●九韓靈砂라 本人이妙[illegible]備하야調劑ᄒᆞᆫ藥丹인ᄃᆡ男女老少에無論何症ᄒᆞ고遍服ᄒᆞ며無病時에도服ᄒᆞ면平生의身體가健康ᄒᆞ며小兒는周歲[illegible]服ᄒᆞ면十歲안에無病ᄒᆞ기를擔保ᄒᆞ오며
●九韓靈砂萬病丹은傷寒[illegible]과中[illegible]諸疾과[illegible]百病과淋疾에神効ᄒᆞ오
●九韓靈砂保命丹은初生小兒[illegible] 胸[illegible] 積滯 腹痛諸般悶과婦人帶下症에神効ᄒᆞ며
●九韓靈砂濟衆丹은酒滯 食滯 血滯 吐瀉 霍亂 痢疾 吐血 下血 運氣 時疾 痛症에神効ᄒᆞ오
●九韓靈砂紫金丹은痔漏 累瘡 上痔瘡 下痔瘡及唐瘡과諸般雜瘡惡種에無不神効하오니僉君子는來問ᄒᆞ시오

內需司前독갑이골上隅第一家 李鳳廷 告白

◎本社廣告

申報價
一張代金 新貨二錢五里
一箇月前納 三十錢
三箇月 九十
六箇月 一元七十戔
一箇年 三元四十戔
郵稅一部 新貨五里
一箇月 十三戔

廣告料
四号活字十三字詰
每日每英尺一寸에新貨卄五錢
(每日每行에六錢에相當홈
其期限의長短과字行의多少를依ᄒᆞ야增減홈이有홈

◎大韓每日申報各處支社廣告
中署布屛門下 金相萬冊肆
洞口出便 朱翰榮冊肆
中署廣通橋十八統第二戶 [illegible]
仁川栢峴開新冊肆 李東主
平壤南山峴日新學校 金浩淵
宣川邑橋西 [illegible]叙恒
義州南門外 大[illegible] 張有寬
長連邑 金[illegible]
鎭南浦築洞 金仁집
咸興州南社 曹喜林
中和邑 李俊培
釜山佐川徐藥房 金灌俊
開城北部梨井里 [illegible]義학
校副校長 姜助遠
大丘郡 達城廣文社
鎭山邑內 安主
元山港倉前 金乃範

發行兼編輯人 英國人裵說
發行所 京城中署壽進坊稅洞号外地法語學校前
大韓每日申報社

第四卷

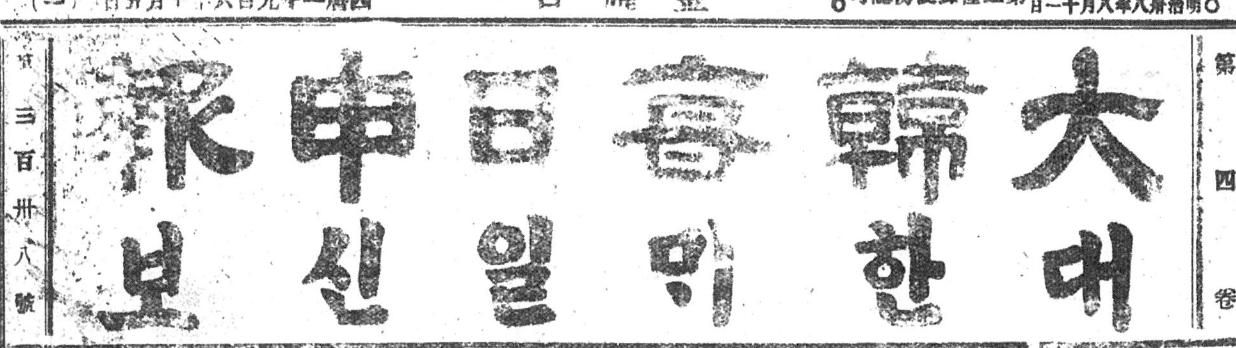

三百卅八號

月曜及慶節
歲時日休刊

檀君開國四千二百三十九年
箕子元年三千二十八年
大韓開國五百十五年
日本明治三十九年
淸國光緖三十二年
◉陰曆丙午八月大十八日壬午

論說

平壤地段收用 續

現今平壤에盛行ᄒᆞᄂᆞᆫ無廉情形에對ᄒᆞ야韓國政府나日本官憲이整頓之策을曾加ᄒᆞᆷ이未著矣요日人이充用ᄒᆞᆫ土地의長廣과價額의高下를查究ᄒᆞᆷ이不多矣요日人의侵入을因ᄒᆞ야家屋에서連續逐出되ᄂᆞᆫ衆人의게修正之策을成行ᄒᆞ얏ᄂᆞᆫ지探之不得이로다

日人이占居此地ᄒᆞ기에有其權限이라雖稱ᄒᆞ더리도被逐된所有主가償金을請求ᄒᆞᄂᆞᆫ거슨拒絶키不能이라韓國政府가此方向에爲其代表인지ᄂᆞᆫ不能探出인즉日本官憲이此問題를思量ᄒᆞᆫ거슨必然理勢로다

人民이此事情을郡守에게呼訴ᄒᆞ미籲呼冤이觀察使를經由ᄒᆞ야內部에到達ᄒᆞᆫ거슨吾人의所知어니와內部에서對此事狀ᄒᆞ야如何方策을取行ᄒᆞᆫ거슨不知ᄒᆞ며且伊藤侯와相向되ᄂᆞᆫ內部大臣職位를思量ᄒᆞ진된同大臣이此無味問題를發言ᄒᆞ기에或有勇氣ᄒᆞᆫ지ᄂᆞᆫ不可量度이로다

人民이矯正을哀乞ᄒᆞ기에所向을莫知矣니觀察府에呼訴ᄒᆞᆫ은中央政府에參考를供作而已요京城으로派人ᄒᆞᆫ은臨時空諾을接受而已요日本官憲의게控訴ᄒᆞᆫ은但費太息而已로다

無廉情形이如彼熾盛ᄒᆞᆷ으로漢城에서一官人을特派ᄒᆞ야與本量手諸員으로往探平壤ᄒᆞᆫ거슨果其實情이나此官人이兩難之勢를自知ᄒᆞ얏스니一邊으로ᄂᆞᆫ被逐韓人의竟與如何結果일가量度ᄒᆞ야煩乞强請ᄒᆞᆷ이요一邊으로ᄂᆞᆫ一般韓國官吏가言語或行動으로鵲巢鳩居된日本人을激怒ᄒᆞᆯ가畏忌之心을不幸包有ᄒᆞᆫ거시라由是로其人이平壤에서數日滯留ᄒᆞ다가回還京城ᄒᆞ고本量諸人의게自巳模範을隨從ᄒᆞ라電示ᄒᆞ얏스니其人報告ᄂᆞᆫ將爲必要公文ᄒᆞ야韓國官吏의魯鈍柔弱ᄒᆞᆫ史編積卷에一章을增補ᄒᆞ리로다

此事狀에取行ᄒᆞᆯ方策이似其止此而已라然이나日本이自意로든지或壓力을因ᄒᆞ든지現今情形을許之繼今ᄒᆞᆯ지ᄂᆞᆫ不能量度이니償金을讓渡ᄒᆞᆯ時에韓國政府ᄂᆞᆫ該償金이當歲에支拂될保險方策을取行ᄒᆞᆯ지어다

日人의始其侵奪이今不過二年이로ᄃᆡ地段이鐵道와道路와及其家屋建築에割入ᄒᆞ야地界가消滅됨으로人民의請願을決解ㅣ甚難ᄒᆞ고且如此之勢가方今日盛ᄒᆞ야前日韓人의華美田土가不知今在何處라自今으로更經二年이면被逐韓人의게還償ᄒᆞᆯ決算이今日보다十倍나困難ᄒᆞ리로다

現今韓政府가爲其人民ᄒᆞ야一草一木이라도保護ᄒᆞᄂᆞᆫ奎은本記者ㅣ不信이나然이나彼或先祖를追慕ᄒᆞ던지後孫를顧慮ᄒᆞ야有何關念인奎을吾人이量度故로如是陳言ᄒᆞ노니平壤內日人行動의正實史編을守而勿失ᄒᆞᆯ지어다如此면決算之日이將至ᄒᆞᆫ거슨欲避不得이니其時에ᄂᆞᆫ生於韓國이不幸인此人民의게公正이必著ᄒᆞ리로다　未完

官報

●三千五百七十五號　光武十年十月四日

◎敍任及辭令

○慶尙南道觀察府主事鄭民基　全黃達友　全明斗錫　依願免本官○六品丁奎東　崔源英　九品崔大林　任慶尙南道觀察府主事○免本官　杆城郡守　李奎九　右ᄂᆞᆫ江原道本年春夏等殿最報告를據ᄒᆞᆫ즉杆城郡守李奎九ᄂᆞᆫ以厲民有道無或强制爲目矣라該員治績을宜置下考而實錯中考ᄒᆞ니其在嚴明殿最之意에豈容若是리오該道前觀察使沈相黨ᄂᆞᆫ不可無警이니施以譴責之典ᄒᆞ고杆城郡守李奎九ᄂᆞᆫ免本官○免本官　金城郡守尹滋奎　右ᄂᆞᆫ該員이以事川郡復檢官으로檢費를徵斂ᄒᆞ야以致民冤이기免本官○免本官　三陟郡守鄭雲皙　右ᄂᆞᆫ該員이本年度春夏等殿最에治績居下ᄒᆞᆷ으로免本官○免本官　洪原郡守崔恒鏞　右ᄂᆞᆫ該員의犯贓事로因民訴ᄒᆞ야發訓行査ᄒᆞ러니査報를據ᄒᆞᆫ즉該郡民韓有準處에納賂錢四千兩이府庭裁判에始爲綻露ᄒᆞᆷ이不得已該民의自願을依하야各書齋에補助ᄒᆞ얏스나究其源委ᄒᆞ면食鄙를難掩이오下隸討索錢이至爲數千兩인즉不能操束官隸ᄂᆞᆫ責固難免이라假此郡守ᄂᆞᆫ不可仍置이기是以로免本官○免本官　順興郡守鄭在學　右ᄂᆞᆫ該員이由限이已過에尙不還任ᄒᆞ니揆以事體에不可仍置이기로地方官吏給由規則第八條를依ᄒᆞ야免本官○三水郡守　尹　무　永春郡守洪昇謙　咸從郡守朴恒來　石城郡守嚴柱完　載寧郡守鄭鎣奎　法部民事局長李容世　依願免本官○任法部民事局長　今參書官金基肇○任法部參書官　正三品金晦秀○任表勳院參書官　正三品李乘穆○任內部參書官　度支部主事閔元植○任醫務廳醫務官　法官養成所敎官兪鎭明○解兼任法官養成所敎官　法部前參書官李冕宇○命兼任法官養成所敎官　法部參書官閔齋○任驪州郡守　正三品兪聖基○任安岳郡守　麻田郡守沈[illegible]舜○任沔川郡守　前郡守朴芝陽○任光陽郡守　沃溝郡守黃會淵○任三陟郡守　正三品安리煥○任金城郡守　從二品元有常○任石城郡守　正三品金憲洪○任鏡城郡守　正二品李翼鎬○任濟州郡守　東萊郡守尹元求○任洪原郡守　城津郡守崔九鶴○任麻田郡守　仁川郡守俞東熙○任載寧郡守　信川郡守李容弼○任信川郡守　南平郡守閔憲植○任南平郡守　務安郡守李埈奎　未完

外報

●日淸協商　北京電을據ᄒᆞᆫ즉駐淸日公使가外務部에前往ᄒᆞ야營口還附事와鴨綠江材木等事를談辦ᄒᆞ야營口還附의件은殆히決定ᄒᆞ고鴨綠江材木의件은아즉歸決되지못ᄒᆞ얏다더라

●改革費의措辦方法　同電을據ᄒᆞᆫ則淸國新政의經費를措辦ᄒᆞ기爲ᄒᆞ야內國債一千萬兩을集募ᄒᆞ기로ᄒᆞ얏ᄂᆞᆫ대이의各省督撫의게電言ᄒᆞ야各地方에募集케ᄒᆞ얏더라

●玖巴遠征　華盛頓電을據ᄒᆞᆫ則米國大統領은玖巴遠征第一軍으로五萬五千의兵士를派遣ᄒᆞ얏다더라

●英俄協約　倫敦데일네멜네시립호(日刊報新聞)英俄間에西藏條約을發表ᄒᆞ얏다더라

●俄首相의職權　倫敦電을據ᄒᆞᆫ則俄國首相스도리핀氏가巡洋艦을搭乘ᄒᆞ고芬蘭沿岸에서俄帝ᄭᅴ謁見ᄒᆞ고彼得堡로回還ᄒᆞ얏ᄂᆞᆫ디俄帝ᄭᅴ서首相에對ᄒᆞ야于今宰相의職權보다更一層重大ᄒᆞᆫ職權을付與ᄒᆞ얏다더라

雜報

●商務社否認 中署帽洞居劉錫金氏洙等十九人이商務社復設事로農商工部에聯名請願ᄒᆞ얏ᄂᆞᆫᄃᆡ夫商利者ᄂᆞᆫ即國富民强之本源인故로商務社를已有設施ᄒᆞ야商業을期圖興旺코져ᄒᆞ얏더니甲辰年에廢止를當ᄒᆞᆷ은一般商民之罪오나彼等은從來約束의團結을藉ᄒᆞ고政事에容喙ᄒᆞ야不法에非ᄒᆞᆫ行爲로써解散之命運이陷ᄒᆞᆫ것이라如此ᄒᆞᆫ狀態ᄂᆞᆫ永히放棄치아니ᄒᆞ면商務를與ᄒᆞ고國을富ᄒᆞᄂᆞᆫ道가안인故로商務社를依前復設ᄒᆞ되中央ᄒᆞ고支社를外府郡에另設ᄒᆞ야坐賈行商을統轄團체ᄒᆞ고商務發達ᄒᆞ기爲ᄒᆞ야請願ᄒᆞ오니照亮認准ᄒᆞ고章程을成給ᄒᆞᆫ後本部에서句管ᄒᆞ야發訓十三道케ᄒᆞ라ᄒᆞ얏ᄂᆞᆫᄃᆡ農部에서指令ᄒᆞ기를發資本便貿易이면人皆可以爲商인則另立商社之名ᄒᆞ야欲專統轄之權이適足爲紛拏之弊源이오未可曰發達之急務이기前已是革罷이니今不可復設이라ᄒᆞ얏다더라

●審考委員會同 內部에서地方審考委員嚴錫鍾柳正秀李源兢閔衡植韓昌洙氏等이第一回로昨日下午二時에該部內地方調査所에會同ᄒᆞ얏다더라

●警察拘拿 京畿觀察使成岐運氏ᄂᆞᆫ平理院에서刑事上으로拘拿ᄒᆞ다ᄂᆞᆫᄃᆡ該事件인즉學協閔衡植氏의告訴를因ᄒᆞᆷ이라더라

라

●延期開會 每木曜日政府大臣의御前會議ᄂᆞᆫ再昨日에昨日로延期開會ᄒᆞ얏다더라

●平察承批 新任平壤觀察使李始榮氏ᄂᆞᆫ草土에在ᄒᆞᆷ을引ᄒᆞ야辭職上疏ᄒᆞ얏더니批旨內에時未可言私而矧玆特畀리오其勿頻辭ᄒᆞ고卽速赴任ᄒᆞ라ᄒᆞ얏다더라

●政黨暗鬪 現內閣에暗鬪狀態가漸漸激烈ᄒᆞ얏ᄂᆞᆫᄃᆡ今也에ᄂᆞᆫ朴參政閔度支ᄂᆞᆫ李內閣에援護者가되고現今에二個勢力者가有ᄒᆞ니即李軍相李學相이提携ᄒᆞ야確實히如斯ᄒᆞᆫ暗鬪關係가成立되얏ᄂᆞᆫᄃᆡ因此ᄒᆞ야한城政界에波動이世上에現出ᄒᆞᆷ이라더라

●履歷書粘交 政府에서各府部院廳으로通牒ᄒᆞ기를從今以後로ᄂᆞᆫ勅奏判任官의被命或叙任ᄒᆞᆫ時에各其履歷書를昭詳記註ᄒᆞ야俾各粘交케ᄒᆞ라ᄒᆞ얏다더라

●官費附屬의囑托 統監府의서學部에對ᄒᆞ야米國留學生金元俊氏를官費에附屬ᄒᆞᆷ을囑托ᄒᆞ얏ᄂᆞᆫᄃᆡ學部의셔ᄂᆞᆫ經費不敷ᄒᆞ야未得認准이라고答復ᄒᆞ얏다더라

●統府公函 統監府에서農商工部로公函ᄒᆞ기를本年八月二十日에貴照會를因ᄒᆞ야鑛山監督長書記伊藤祐之와技手川崎榮太郞並小澤賢三郞等三人을傭聘ᄒᆞ야客月十四日과本月一日에當府에任用ᄒᆞ얏스니其月付與俸給을支給ᄒᆞ라ᄒᆞ얏다더라

●農林視察 農商工部農務局長徐丙肅氏ᄂᆞᆫ日本農林을視察次로該部技手朴秀晃氏를帶同ᄒᆞ고現方發程ᄒᆞᆫ다ᄂᆞᆫᄃᆡ日本東京及各地方을遊覽ᄒᆞᆯ터이라더라

●經認與否의質問 農商工部에서統監府에照會ᄒᆞ야至急히回報ᄒᆞᆷ을函請ᄒᆞᆫᄃᆡ該事項인則光武九年十月에農業會社社員元世基에게對ᄒᆞ야平安道義州郡光城面西湧泥生坂廣長十五坪里와揚西面西南江邊泥生坂長二十里廣十里坪과白馬山養松園城內長二十里廣一里坪과彌羅山面義宮附近地三千二百五十石落陳處의開墾을許可與否와又ᄂᆞᆫ前記開墾의許可가有ᄒᆞ면其區域內에在ᄒᆞᆫ立木의伐斫ᄒᆞᄂᆞᆫ與否와以上元世基의게許可를受ᄒᆞᆫ後該人이更히一進會代表者李容九의게該權利를讓渡ᄒᆞᄂᆞᆫ事의經認與否를質問ᄒᆞ얏다더라

●視察旅費 農務局長徐丙肅氏의日本農林視察行은右記와如ᄒᆞ거니와該視察旅費一千三百圓을豫外支出ᄒᆞ라고度支部에照會ᄒᆞ얏다더라

●軍港情形 慶尙南道鎭海灣日本軍港地調査委員由錫麟氏가內部로報告ᄒᆞ기를九月二十日發行到馬山港ᄒᆞ야日本理事與海軍參謀官과本港監理를眼同ᄒᆞ야先往鎭海軍港地ᄒᆞ야該線界ᄂᆞᆫ已爲確定後에該理事與參謀官은當日에發向京城ᄒᆞ얏ᄂᆞᆫᄃᆡ該地人民의嗷嗷情形은不可枚擧요熊川郡管界內則上周面中面所在二十三洞家屋田畓과鹽田墳墓山林을一一調査ᄒᆞ인즉自有帳簿時日之久이라ᄒᆞ얏다더라

●產海會社規則 平安南北道海產協同會社總務趙弘金道榮兩氏가漁業發達ᄒᆞ기爲ᄒᆞ야農商工部에章程細則을繕呈ᄒᆞ고沿海各郡浦口에漁市場을建築ᄒᆞ며股金을募集ᄒᆞ야名務를實施ᄒᆞ고無名雜稅와中商輩와船旅閣輩의弊端을永革케ᄒᆞᆫ다더라

●韓一代店 日本橫濱에在ᄒᆞᆫ火災保險株式會社ᄂᆞᆫ資本이三百萬元이오現今社長은前日本銀行總裁富田鐵之助氏인ᄃᆡ今回에該社代理店을韓國境內에設置ᄒᆞᆯ次로韓一銀行을代理店으로約定이되얏더라

●李氏辭職ᄒᆞ여 經理院卿李根澔氏가近者에辭表를呈出ᄒᆞ얏스나陛下ᄭᅴ서優批를下ᄒᆞ샤留任ᄒᆞ셧ᄂᆞᆫᄃᆡ其辭表ᄒᆞᆫ眞相을探聞ᄒᆞᆫ則皇太子殿下嘉禮費用支出이困難ᄒᆞᆷ으로職由ᄒᆞᆷ과如ᄒᆞᆫ지라右費用은最初의一百二十五萬元으로計算ᄒᆞ얏거ᄂᆞᆯ目賀田顧問의所言을依ᄒᆞ야七十五萬元으로遂히節減의至ᄒᆞ얏ᄂᆞᆫᄃᆡ顧問部의서ᄂᆞᆫ此額을尙云夥多라ᄒᆞ미李院卿은兩者間에立ᄒᆞ야關係이困難ᄒᆞ야遂히辭表를提出ᄒᆞ얏ᄂᆞᆫᄃᆡ彼此交涉ᄒᆞᆫ結果로預備金中의서五十萬元을支出ᄒᆞ기로되여於是의留任ᄒᆞ기로決定되얏다云ᄒᆞ더라

●豐郡巨賭 慶北豐基郡校村居安致正等名人은自少로賭技爲業ᄒᆞ야乃至三千石之富而猶爲不足ᄒᆞ야六十老한이家設賭技ᄒᆞ고造作陰陽骨ᄒᆞ야誘人子弟ᄒᆞ며欺人騙財가日增月加ᄒᆞ야傾家破產者乃至數十名인ᄃᆡ警察官吏ᄂᆞᆫ捕實不禁ᄒᆞ다고南人의傳說이有ᄒᆞ더라

●一進消息 京城政界ᄂᆞᆫ野田平(今乘駿 名稱으로내外各方面에異常ᄒᆞᆫ勢力이有ᄒᆞ거ᄂᆞᆯ誰某든지皆知ᄒᆞ니와李逸稙事件審查의對ᄒᆞ야悲觀的狀態가有ᄒᆞᆫᄃᆡ一邊으로無罪放免이라고詳判ᄒᆞ나該事件은仍히有罪로決定이된貌樣이라한城政界에서野田平을十五年流刑으로處定ᄒᆞ얏다云ᄒᆞ니果然有罪로決定ᄒᆞᆫ인ᄃᆡ目下一進會에서ᄂᆞᆫ改造派,解散派,維持派의三派로決定이되야該事實의如何結果와對ᄒᆞ야渾亂分裂의狀態를呈ᄒᆞᆯ터인ᄃᆡ該延側에ᄂᆞᆫ有罪無罪說로區別이如左ᄒᆞ니

○有罪說 宮香、內閣一部、各大臣、稽務院、平理院

○無罪說 內閣에某大臣、人、在野團體인ᄃᆡ此에就ᄒᆞ야野田平事件의判決如何를甚히注目ᄒᆞ거시라고某新聞에揭載ᄒᆞ얏더라

●共立協會試選 美國桑港에在ᄒᆞᆫ韓人共立協會教育部에서學生을試選ᄒᆞᄂᆞᆫ科目이如左ᄒᆞ니

應試資格
一 年은十八歲以上으로二十五歲以下
二 身體康健
三 爲會熱誠 信實正直

試驗目錄
一 英文作文은七十字以上九十字以下
二 英文字書ᄂᆞᆫ字本四卷
三 英語問答
四 國漢文作文은一百字以上一百五十字以下
五 國漢文字書ᄂᆞᆫ美國獨立史
六 純漢文을國文으로번역
七 算術四則雜題分數
八 大韓地誌歷史 美國地誌歷史
類

再
一 被選된學生은卒業ᄒᆞ기ᄭᅡ지教育部에서학金과支出ᄒᆞᆷ
一 不幸이疾病을因ᄒᆞᆷ外에他事로自意退學ᄒᆞᄂᆞᆫ境遇에ᄂᆞᆫ教育部에셔支出ᄒᆞᆫ학金은還報ᄒᆞᆷ
一 卒業ᄒᆞᆫ後에ᄂᆞᆫ凡事를自由로ᄒᆞᆷ 以上은被選者에關係
一 第一優等生은今秋開學后부터卒業ᄒᆞ기ᄭᅡ지修학ᄒᆞᆷ
一 第二優等生은來往車費와賞給이有ᄒᆞᆷ
一 第三優等生은車費에一半만줄터이오
一 其餘落第者에게ᄂᆞᆫ車費와賞給이渾無ᄒᆞᆷ
一 試驗은總會務ᄒᆞ가校監督士等을帶同ᄒᆞ고시ᄒᆞ되
一 無論誰某ᄒᆞ고시驗을감당ᄒᆞᆯ자ᄂᆞᆫ自願自薦ᄒᆞᆷ

雜報

●去月二十七日木曜에皇城基督敎靑年會에셔牧師崔炳憲氏가宗敎與政治之關係로演說ᄒᆞᆫ全文이如左、

一曰宗敎與政體之本原이니道之大原이出於天이라天不變道亦不變ᄒᆞᄂᆞ니道卽上帝라宗敎眞理ᄂᆞᆫ至聖至高ᄒᆞ야爲萬物之祖宗이오天地之主宰라人類智識의不及ᄒᆞᆫ處와人之氣力의不能ᄒᆞᆫ事를全知全能ᄒᆞ신神이能히制裁도ᄒᆞ고能히成就케ᄒᆞᆫ다ᄒᆞ야獨一無二之神을崇信ᄒᆞᄂᆞᆫ거슨謂之惟神敎라ᄒᆞ고神의種類가多ᄒᆞ다ᄒᆞ야木石과物形의게崇拜ᄒᆞᄂᆞᆫ者ᄂᆞᆫ謂之多神敎라ᄒᆞᄂᆞ니神의默示를得ᄒᆞ면所願을成就ᄒᆞᆫ다ᄒᆞ고聖神의感化를밧아更生人이된면罪班에超度ᄒᆞ야天城樂園에到ᄒᆞᄂᆞᆫ지라敎理의玄妙를論ᄒᆞᆫ진ᄃᆡ至極히ᄒᆞ야雪에過ᄒᆞ고至極히熱ᄒᆞ야炭火에過ᄒᆞᄂᆞ니仁化所到에仇敵을愛ᄒᆞ고慈悲所施에捐命救人ᄒᆞᄂᆞᆫ거시오

政體ᄂᆞᆫ國家主權을執行ᄒᆞᄂᆞᆫ고政治組織을謂ᄒᆞᆷ이니其政體가各異ᄒᆞ야有君主政體焉ᄒᆞ며立憲政體焉ᄒᆞ며有民主政體焉ᄒᆞ니君主政體ᄂᆞᆫ一人이萬機를獨斷ᄒᆞ야國家法律이主權者의命令에在ᄒᆞᆫ지라君主의威權을敢히裁制치못ᄒᆞᄂᆞ니我韓國以下와未開國以上에此政體가有ᄒᆞ고立憲政體ᄂᆞᆫ主權이바록君主에게在ᄒᆞ나政令을執行ᄒᆞᆯ時에一定ᄒᆞᆫ憲法을確立ᄒᆞ야雖君主라도國憲은違越치못ᄒᆞᄂᆞᆫ거시니世界文明國에셔此政을多行ᄒᆞᄂᆞᆫ거시오民主政體ᄂᆞᆫ卽共和政治이니憲法을因ᄒᆞ야主權을行ᄒᆞ되二種分別이有ᄒᆞ니國民代表者統領의게委任ᄒᆞ야主權을行ᄒᆞ기도ᄒᆞ고國民이直接으로主權을行ᄒᆞ기도ᄒᆞ나니此此체ᄂᆞᆫ人民이獨立을新設ᄒᆞᆫ國에英賢을推戴ᄒᆞᄂᆞᆫ國에多行ᄒᆞᄂᆞᆫ자라敎理와政體의本原이大槪如此ᄒᆞᆫ거시오

二曰敎政之發用이니眞理란거슨根本觀念懲惡과仁愛信義로爲綱領ᄒᆞ야使海內同胞로同歸聖域이爲宗旨故若不傳播聖理면是ᄂᆞᆫ獨修其身이오化民成俗ᄒᆞ기難ᄒᆞᆫ지라是以로有信仰心者ㅣ以愛人如己之心으로推己及人ᄒᆞᄂᆞ니以儒道觀之컨ᄃᆡ設庠序學校ᄒᆞ야講論性理ᄒᆞ며以修齊治平으로爲終始ᄒᆞ고以救世敎論之컨ᄃᆡ不避苦難에梯山航海ᄒᆞ며天涯地角에廣播福音ᄒᆞ야雖卉服島夷食人之類라도視以同胞ᄒᆞ고敎以眞理ᄒᆞ야使之共躋聖域ᄒᆞᄂᆞ니此是敎典之結果요至若政令之發用ᄒᆞ야ᄂᆞᆫ一定ᄒᆞᆫ法律이無ᄒᆞ고國家主權을獨立키難ᄒᆞᆫ故로政府를設ᄒᆞ며大小官寮를置ᄒᆞ야職務를各掌ᄒᆞ며範圍를各守ᄒᆞ야發號施令ᄒᆞ며各隨國體ᄒᆞ야行其政令ᄒᆞᄂᆞ니上佐君主ᄒᆞ고下濟蒼生ᄒᆞ야同歸於文明化圍則此是政體之發用也니라 (未完)

特別 (特別特別特別)

本報를購覽ᄒᆞ시ᄂᆞᆫ各地方僉君子ᄂᆞᆫ本報價先納ᄒᆞ신金額이盡ᄒᆞ오면停送ᄒᆞᄂᆞᆫ規例를已所洞亮ᄒᆞ시ᄂᆞᆫ바어니와請求愛讀ᄒᆞ옵ᄂᆞᆫ厚意를表謝ᄒᆞ와繼續發送ᄒᆞ오나遠近地方間代金換送ᄒᆞ시ᄂᆞᆫ方策을姑未確知ᄒᆞ시와或至幾朔未納이시니購覽ᄒᆞ시ᄂᆞᆫ僉君子에悶燥ᄒᆞᆷ은不啻라本社經用에되窘拙이有ᄒᆞ와玆以仰佈ᄒᆞ오니幾朔條未랍ᄒᆞ신僉君子ᄂᆞᆫ該代金을貴附近地郵便局이나或出張所에往議ᄒᆞ시면本社로랍付케ᄒᆞᄂᆞᆫ方便이有ᄒᆞ오니

諒燭ᄒᆞ와셔從速換送ᄒᆞ심을切望홈

大韓每日申報社

社告

●三山試驗 忠南石城郡三山面小下里私立三山學校ᄂᆞᆫ本洞居趙과顯氏가自家에設ᄒᆞᆫ것인ᄃᆡ今年正月二十日에開학ᄒᆞ니학員이五十餘名이라科目은倫理國文及漢文數학地誌歷史法律經濟理化圖畫日語體操로定ᄒᆞ고敎師ᄂᆞᆫ四人인ᄃᆡ諸般漢文科ᄂᆞᆫ自己가敎授ᄒᆞ고日語算術名譽敎師趙甲理化圖畫名譽敎師日本玉井용行體操名譽敎師白鳳基右諸氏가熱心敎育ᄒᆞ야今年夏期試驗에甲班優等五載乙及第李宗珪와時雨乙班及第李黔崇五判得五直顯丙班五載丙諸氏요償給은紙筆墨諸種이라더라

廣告

本人에先山이在於松都北西面深川ᄒᆞᆫᄃᆡ隣洞居王彦相과相訟裁判時에得勝推覓ᄒᆞ야右山의枝葉을欲伐則王哥包藏賊心ᄒᆞ고伐木者를毆逐ᄒᆞ니判決書自在ᄒᆞ거든王哥悛心치안코生臆大發ᄒᆞ야官令도不遵ᄒᆞ니世豈如許强盜者乎아以此緣由로告白ᄒᆞ오니見讀僉君子ᄂᆞᆫ知悉

西署夜峴 郭正鉉 告白

開城私立中京義塾을孟東義塾으로改稱홈 塾長金鍾九告白

鎭海灣을軍用地로定界ᄒᆞᆫᄃᆡ水路五百餘里되ᄂᆞᆫ熊川地方三分二나犯入ᄒᆞ얏스니政府에셔國土攸重과生民塗炭을悶念ᄒᆞ고惟諸是應만勝ᄒᆞ인지一郡生靈이一日一時에淪沒ᄒᆞ야主務大臣의心을快悅케ᄒᆞᆷ으로玆廣佈홈 熊川居民李會中等告白

本召史亡夫鄭監役雲浩孫子興澤年淺沒覺을羅유輩가誘引得債ᄒᆞ야外ᄂᆞᆫ騙財ᄒᆞ니內外國人切勿相關홈 玄洲鄭召史 白

西署西江坊倉前田契第五統九戶板刻家劵을遺失ᄒᆞ얏스오니內外國人間拾得이ᄋᆞᆸ거든休紙行施ᄒᆞᆷ 朴聖九 告白

本人家에陰七月二十三日夜에賊漢突入ᄒᆞ야所有之物三千餘金을奪去ᄒᆞ얏ᄂᆞᆫᄃᆡ其中에土地文劵과各人處去來標紙를一切見失故玆以廣告ᄒᆞ오니賊漢에게見欺ᄒᆞ야或賣買가有ᄒᆞᆯ지라도自歸無效ᄒᆞᆯ지니內外國人은見欺치勿홈 宣川郡石里 車元璇 告白

●學員募集廣告●

本會에셔敎務를擴張ᄒᆞ고秋期開學을今十一日木曜陰八月二十四日로定ᄒᆞ얏사오니曾前各班學員은依例受業ᄒᆞ겟고此次에新學員을廣募ᄒᆞ오니願學諸君은速速來議ᄒᆞ야趁期應入學ᄒᆞ시옵

學科目은 大韓歷史 大韓地誌 萬國歷史 萬國地誌 化學 物理 算術 英語 讀書 作文 會話 文法 音樂 日語 會話 文法

入學試驗科目은 國漢文讀書及作文

入學年齡은 十六歲以上

入學試驗日字ᄂᆞᆫ 十月九日 陰八月二十二日

皇城基督敎靑年會學館

敎師李敎承

陸定洙

曾田嘉伊智

古禮泰妹氏

누위쓰娘

本人의子載馴浮浪之致로廣告러니僞造父命正誤ᄒᆞ얏스니內外國人은照亮勿欺홈 朴明煥 告白

印刷廣告

●特別社告

本社에서特別히附屬品으로活字를更備ᄒᆞ야書籍印刷所를設置ᄒᆞ얏사오니印書를要ᄒᆞ시ᄂᆞᆫ僉君子ᄂᆞᆫ來議相議ᄒᆞ시옵

大韓每日申報社 告白

精選萬國史 全一冊 一百九十頁

定價 新貨六十錢

選述者 金祥演

本史ᄂᆞᆫ萬國歷代의重要事實을廣探採輯ᄒᆞ야以上古中世近代의三編을合製ᄒᆞ야各專門高等普通諸學校敎科書에十分適當ᄒᆞ오며且江湖有志紳士의參考披讀ᄒᆞ실에極히便利ᄒᆞᆷ을爲ᄒᆞ야全編을皆以頭註로簡明叙去ᄒᆞ얏사오니海內僉君子ᄂᆞᆫ斯速購覽ᄒᆞ시와案頭에備置ᄒᆞ심을爲盼

大發賣所 鍾路中리院上隅金孝演冊肆

●分發賣所

鍾路大東書市

布廛屛門下金相萬冊肆

東闕罷朝橋越便朱翰榮冊肆

大廣橋高濟弘書舖

◉民事訴訟代理와刑事辯護와鑑定一切法律에關ᄒᆞᆫ事務를迅速處理홈

漢城南署茶洞第十七統八戶

辯護士 前檢事正三品 李冕宇

法律事務所

事務員 前判事 丁明燮

博士 趙東瑢

本人三兄弟出養子前參奉相斗字聖杓인ᄃᆡ杓字를或稱봉字又或變名相洌ᄒᆞ며亦他變名而其養父姓名數年前에故ᄒᆞ고無餘홈ᄋᆡ生父家劵을僞造ᄒᆞ고生父名으로僞造手標ᄒᆞ야日人幾處에典執借用ᄒᆞ다가僞造現露日에逃避京中ᄒᆞ야又得借ᄒᆞ오니勿論內外國人ᄒᆞ고勿見欺白失홈

大丘南城下居生父徐翰淳告白

廣告

◎本社廣告

申報價
一張代金　新貨二錢五里
一箇月前納　三十錢
三箇月　九十
六箇月　一元七十戔
一箇年　三元四十戔
郵稅一部　新貨五里
一箇月　十三戔

廣告料
四号活字十三字詰
每日每英尺一寸에新貨廿五錢
(每日每行에六錢에相當홈
其期限의長短과字行의多少
를依ᄒ야增減홈이有홈

◎大韓每日申報各處支社廣告
中署布屛門下　金相萬冊肆
洞口越便　朱翰榮冊肆
中署農圃衕入七十八統第二戶　鄭甫영
仁川橺峴開新冊肆　李東고
平壤南山峴日新學校　金浩淵
宣川邑[illegible]　[illegible]叡恒
義州南門外韓西人藥房　張有寬
長湍邑　金[illegible]
嶺南派築洞　金仁집
咸鏡州南社　曹喜林
中和邑　李俊培
釜山佐川徐藥房　金灌俊
開城北部梨井里　[illegible]
校副校長　姜助遠
大丘郡　達城廣文社
鎭山邑內　安立
元山港倉[illegible]　金乃範

發行兼編輯人　英國人裵說
發行所　京城中署壽進坊磚洞号外地法語學校前
大韓每日申報社

第四卷

大韓每日申報
대한매일신보

第三百卌九號

月曜及慶節 歲時日休刊

檀君開國四千二百三十九年
箕子元年三千二十八年
大韓開國五百十五年
日本明治三十九年
淸國光緖三十二年
◉陰曆丙午八月大十九日癸未

論說

平壤地段收用 (續)

浿江東邊에平壤城을相對흔一大平原이亦有흐야膏腴土品이江流西邊에셔日人이充用區域과幾乎無異라此平原을俯覽흐미眼力이欲窮이요禾黍菽介가交交繁茂흐엿스며背有遠山흐니此人民所知에石炭을豐富히包藏흔處러라

如彼良美土地가日人注目을將避흘쥴은不能期이어니와此地가吾人의聞知흔皇室牧場을劃計處라一週以前에日本官憲이往于該地흐야韓國民의게言及흐얏스되穀유를若直不收穫이면日本軍人이放馬吃之흐리라흐고其外에는更無一言說明矣며償金問題도一不言及흐얏도다

日人이最近에獲得흔此地의延長이幾許인지詳확測量키不能흐얏스나自江至山흐는長이幾乎三四英里요廣이幾乎二英里라牧場區域에炭礦이包含흐얏다흠은自其過言이니平壤韓人은此地가射擊場으로充用될가疑慮흐나然이나日人이此를取占흐는事實인즉牧場은其乃暗號로다

此事狀의正實史稿을亦當守之니盖見實韓人은公正을固執흐기不能이나然이나事態가將如此進行일진뒨日本以外에他列國人은占奪土地之事를豈不繼行이리오

豐富炭礦을包含흔牧場이軍用範圍에今歸矣니吾人은韓國內均商均衡의古獻을實施흐라고請求흐기에權限이自有흔지라韓國에居留흐는一般吾人이行事를日人과同一케흐고日人이將有何言일지靜觀흘지여다 (完)

官報

●三千五百七十五號　光武十年十月四日　令

◉敍任及辭令

○任咸從郡守　義州郡守金璉植○任順興郡守　慶興郡守金昌株○任欽谷郡守　正三品申秦建○任扶安郡守　鎭南郡守朴逸憲○任鎭南郡守　德源郡守權重찬○任三水郡守　三和郡守韓敎烈○任永春郡守　龍川郡守鄭薰謨○任간城郡슈　河東郡슈朴潤成○任河東郡슈　니郡參書官李圭三○任甑山郡슈　昌原郡슈尹泰興○任仁川府尹　正三品徐丙珪○任東萊府尹　正三品金敎獻○任德源府尹　正三品申珩模○任務安府尹　從二品安集鉉○任昌原府尹　正三品李 琦○任沃溝府尹　正三品李懋榮○任三和府尹　正二品卞鼎相○任龍川府尹　正三品魚允迪○任鏡州府尹　正三品李民보○任城津府尹　九品李元榮○任慶興府尹　六品張起淵○任開城郡守　正三品韓永원○任江華郡슈　從二品安學柱○任濟州郡슈　正三품吳榮源　完

●三千五百七十六號　光武十年十月五日

◉宮廷錄事

草土臣李始榮辭職疏

批旨省疏具悉時未可言私而列玆特畀卿勿煩提卽速赴任

宮내府大臣臣李根湘謹奏今此山川壇三角山白嶽山木覔山漢江節祭當爲史官監祭而秘書監郞朴海昌入直李文求金鶴秀姜遠馨山川壇木覔山漢江監祭進三角山白嶽山無進去之人以大祝奉常司典事申泰東權差分秘書監郞使之監祭何如謹

上奏　光武十年十月二日奉

旨依奏

◉訓令

訓令十三道

地方政治의刷新을期흠은地方官憲이其職을各盡흐야人民의生命과財産을誠心保護흐고德性과智識을漸次啓導흠에在흐는不要更說이나然이나專在任背흐야는因循爲弊흐고膠固成習흐야雖或有刷新趣旨者라도勞不能行흐야上으로

皇帝陛下의委任흐신 聖意를違反흐고下으로人民의期望흐는輿情에不副흐야政治는去益腐敗흐고生民은漸至塗炭흐니此所以日夜憂歎에改革刷新을期圖實施흠이라今年春에地方制度調査所를本部에設置흐고府郡官制를一新改正흐야本年十月一日노부터施行흐기로旣經

奏裁흐야本日에頒布흐노니嗣玆以後로觀察府尹郡守等地方官憲은決意暢慮흐야因循苟且흐고顧瞻觀望흐는舊日弊習은一刀割去흐고改革主旨와刷新目的에熱心擔역흘지며除弊去瘼흐고利用厚生흐는人民에關흔諸般政策에至흐야는各隨緩急흐야務圖完成흐리니若或有此等關係어든詳具形便에備陳意見흘지며地方官憲이人民을保護흐는職務에는注意치아니흐고法令을違背흐야貪婪無憚흐는者는斷不假貸하려니와人民은法令所定外에는分毫纖毫의物이라도討索을受흘理가萬無흠을咸知흐고政治得失에極爲注意흐야官憲이無理侵漁흐는弊가有흐거든明確흔証據로本部에來呈흐면從理歸決흐야毫髮이라도討索을不受케흐리니將此訓辭흐야飭管下各郡에揭付通衢흐야一民이라도無或有不聞不知케흠이爲宜事

光武十年九月二十一日

內部大臣勳六等李址鎔

未完

外報

●官制改革　北京電을據흔則各省官制改革중에督撫는依舊흐고但提學使鹽運使外에는布政使를民政使로觀察使를司法使로兵備道를軍務使로改定흐고又巡察使外交使農工商務使路礦郵電使를加設흐기로內定흐얏는디各省督撫協議後에확定흐다더라

●東航準備　法國巡洋艦아루게루號가極東으로發向흐라는命을受흐얏는디此는巡洋艦쑤이지엔號의交代흐기爲홈이라海軍大臣後에는卽時東航을預定이라더라

●徐氏內移　淸廷에셔袁世凱氏가主張흐기를官制改革과及財政整理에難關을處理흐기爲흐야五兩巽氏를中央政府로召入흐고奉天黑龍江에巡撫를派흐고肅親王을東三省總督으로흐야吉林에住在케흐라고흐다더라

●君臣會見　俄國皇帝는快走船으로스구에야島에至흐야우루구메로스귀-氏를引見흐고同氏의俄國內秩序回復에關흔建 書를受領흐고同氏는스도이빈氏를代흐야首相이되리라더라

●玖巴鎭定　伯林電을據흔則玖巴叛亂이鎭定되엿다흐트氏는大統領의계對흐야玖巴各派黨을合同흐意로報告흐엿고大統領은長文電報로타흐트氏의成功을祝賀흐얏더라

雜報

●平壤郡來函 祝天生

敬啓者近者別有怪恠罔測事와呼天痛哭事ᄒᆞ와玆以數字로敢寄于 貴社ᄒᆞ오니幸不揮却ᄒᆞ옵고揭載於 貴報ᄒᆞ시와使全國上下臣民과全世界人民으로通知케ᄒᆞ시믈伏望

大抵國家云者ᄂᆞᆫ土地人民政府이온ᄃᆡ雖有土地ᄂᆞ非人民則不能成國家ᄂᆞᆫ不待智者而言也라噫我政府諸公은有何高見인지但官制改正으로爲能事ᄒᆞ고不顧人民이何若是甚耶오平壤近方牧場事로論之ᄒᆞ오면數萬生靈을逐出ᄒᆞ고數萬墳墓를移掘ᄒᆞ고將欲養馬云ᄒᆞ오니非但民冤이오라神魂之冤을何可勝言哉오此謂怪恠罔測事也오某新聞을接讀則趙特進秉鎬氏疏本의湖西一道之慘情을만幅張皇ᄒᆞ여사오니此亦情狀之궁칙이ᄂᆞ乃是天災오非人所爲也라然之何及이리오마ᄂᆞᆫ至於牧場事ᄒᆞ야ᄂᆞᆫ將百倍於湖西也明若觀火矣리니何不奏稟天陛오可痛可痛也라當先奏天陛ᄒᆞ고交涉于統監府ᄒᆞ여卽爲妥貼ᄒᆞ야任民安業케ᄒᆞᄂᆞᆫ거시政府之本意오愛民之道也어날終不顧民冤ᄒᆞ고苟且姑息ᄒᆞ니豈有如許痛冤乎잇가政府諸公도人也統監도人이라何心情으로逐人養獸之計也오湖西ᄂᆞᆫ多福ᄒᆞ여趙特進이爲上疏어니와平安道ᄂᆞᆫ何罪인지上表者ᄂᆞᆫ姑사ᄒᆞ고雖有人民請願이라도示若茶飯의終不妥貼ᄒᆞ오니此可謂呼天痛哭事也라

平安道ᄂᆞᆫ軍用地牧畜場이屬生疊出ᄒᆞ니生民은無耕作之地ᄒᆞ고死骨은無入葬之地ᄒᆞ오니牧場基址를期不妥貼則不可不數萬百骨은將移葬於各大臣之先隴ᄒᆞ고幾萬生靈은與聚食於各大臣之門下外의ᄂᆞᆫ他無變通이라云云ᄒᆞ니世上天下의豈有如許不忍見之慘情乎잇가回顧西土之人民情狀則毛骨俱竦血淚添衿이라ᄒᆞ얏더라

●新聞摘要 地方局長俞星濬氏가視務以來로地方官吏의政治得失을銳意詳察ᄒᆞᄂᆞᆫᄃᆡ各新聞의地方官毀譽를一一檢閱ᄒᆞᆫ後에新聞摘要라ᄂᆞᆫ冊子에昭詳錄載ᄒᆞ야後考를資ᄒᆞᆫ다더라

●兩爵 陛見 日本赤十字社副社長小澤男爵과松平子爵의一行은伊藤統監과鶴原長官이帶同ᄒᆞ여 皇帝陛下께今日陛見ᄒᆞᆫ다더라

●城津早霜 城津港電報를據ᄒᆞᆫ즉本月三日에初霜이降ᄒᆞ얏ᄂᆞᆫᄃᆡ昨年에比ᄒᆞ면二十日의早寒이되얏다더라

●龍山茶會 今日下午一時에ᄂᆞᆫ各部大臣이龍山印刷局에一齊會同ᄒᆞ야茶會를開ᄒᆞ고各幣貨幣의式樣制度를觀覽ᄒᆞᆫ다ᄒᆞ더라

●法制局加設 政府에셔法制局을加設ᄒᆞ기로官制를擬成ᄒᆞ야閣議에提出ᄒᆞ엿더라

●度顧開宴 度支顧問官目賀田氏가今日下午四時에本署塔洞公園內에宴會를開設ᄒᆞ고內外國高等官吏를請邀宴酣ᄒᆞᆫ다더라

●內協讓權 內部文書課長丁九燮氏ᄂᆞᆫ辭職請願書를提出ᄒᆞ고不爲仕進ᄒᆞᆫ다ᄂᆞᆫᄃᆡ其辭免ᄒᆞᄂᆞᆫ所由인즉自來로該部에到付ᄒᆞᄂᆞᆫ一般公文을自文書課로先行配付於協辦捺章後에發送各局課ᄒᆞ야使之處辦케ᄒᆞᄂᆞᆫ것인ᄃᆡ現今은內部의參與官을設置ᄒᆞᆫ지라協辦崔錫敏氏의謙讓之心으로自已의先次捺章ᄒᆞᄂᆞᆫ權限을讓渡於叅與官ᄒᆞ야從今以後로ᄂᆞᆫ諸般公文을即自文書課로先行配付於叅與官室而承章後에發送各局課ᄒᆞ라ᄒᆞᄂᆞᆫ고로丁氏가其職權의未妥ᄒᆞᆷ을崔協辦의게說明持難ᄒᆞ되崔氏ᄂᆞᆫ一向不從ᄒᆞᆷ의丁氏가退而歎曰若是不已則未久에此部大臣도無ᄒᆞᆷ을立見이니不如早歸라ᄒᆞ고投狀而退去ᄒᆞ얏다더라

●農部答復 統監府에셔農商工部에對ᄒᆞ야金海郡大山面下界面及昌原郡東浦에在ᄒᆞᆫ麥田及蘆田의起墾築堤ᄒᆞᆷ을金明晟의게認許ᄒᆞ고又同一地域內官有地에開墾事도尙潤李允榮의게許可ᄒᆞᆫ事가確然ᄒᆞᆫ지至急回復ᄒᆞ라ᄒᆞ얏ᄂᆞᆫᄃᆡ農部에셔答復ᄒᆞ기를金海昌原間東浦所在牟田蘆田은金明晟이買得ᄒᆞᆫ文券的確ᄒᆞ기認許起墾ᄒᆞ얏고金海郡下界面進水洞烏尺里荒坪水沈處開墾事ᄂᆞᆫ尙윤李允榮等의請願中該地名도不同ᄒᆞᆯ뿐더러상査實地ᄒᆞᆫ즉果係空閑이오公私無碍이며亦無外國人干涉이어던依願認許ᄒᆞᆫ意로題飭該郡이나尙未報到이니以此照亮ᄒᆞ라ᄒᆞ얏다더라

●膓大於腹 現今平理院未決囚중公錢欲納ᄒᆞᆫ郡守가六十四人이오犯贓ᄒᆞᆫ觀察郡守가十一人이오公랍犯逋ᄒᆞᆫ郡吏가二十六人이오各郡守差人이十七人이오其他雜囚가七十名이니都合一百八十八名內에有權保放者가一百三十一人이오現囚ᄂᆞᆫ無過五十七人이라더라

●決退再疏 軍部大臣李根澤氏ᄂᆞᆫ現政府와葛藤一派가되야叅政과內大를擧大로變更케ᄒᆞ다가弗成ᄒᆞ고相和後更猜ᄒᆞ더니期於退去ᄒᆞᆯ次로決心ᄒᆞ고再疏ᄒᆞᆫ더인ᄃᆡ經理院卿은弗遞ᄒᆞᆯ뜻ᄒᆞ다더라

●無禮云捉 一進會影響이졈졈衰削ᄒᆞ야各大官處에一進會員이無禮質問者ᄂᆞᆫ丸山顧問이隨奇現捉ᄒᆞ기로相通ᄒᆞᆫ說이有ᄒᆞ다더라

●會議件奏裁 再昨日政府會議ᄂᆞᆫ政府에法制局을加設ᄒᆞᆫ事件과各道觀察使로稅務監督을差任ᄒᆞᆫ事案을可決ᄒᆞ야上奏蒙裁ᄒᆞ얏다더라

●証明書頒布 政府內不動産調査所에셔議案을了決ᄒᆞ야不動産証明書規則을成立ᄒᆞᆫ지라該條件을一經閣議ᄒᆞᆫ後에勅令案으로頒布ᄒᆞᆫ다더라

●參與視務 再昨地方官銓考委員이第一回會同ᄒᆞ야銓考細則을磨鍊ᄒᆞ얏다ᄒᆞ며ᄂᆡ部參與官龜山氏ᄂᆞᆫ專管視務ᄒᆞᆫ다더라

●ᄂᆡ度兩部의訓示 ᄂᆡ部에셔昨日下午二時에在京ᄒᆞᆫ各관察郡守를本部로請會ᄒᆞ야今番地方區域割付의方便과政治職權과警察에關ᄒᆞᆫ事項을一體訓示ᄒᆞ얏고同三時度支部에ᄂᆞᆫ在京관察使를청會ᄒᆞ야稅務에關ᄒᆞᆫ事項을一體訓示ᄒᆞ엿다더라

●鑛業調査 統監府에셔韓國礦業을主幹ᄒᆞ야任意干涉ᄒᆞᄂᆞᆫ故로日人等은礦業等事를統監府의청認訴者가近百名의達ᄒᆞ얏고韓人도餘名의達ᄒᆞ얏ᄂᆞᆫᄃᆡ統監府에셔農部로公文ᄒᆞ야各郡金鑛과認許擱礦處를一一調査ᄒᆞ얏다더라

●拔標捉懲 農商工部에셔湖南鎭道線칙量次로派送ᄒᆞᆫ칙量技手劉玩鎭氏가農部에報告ᄒᆞ기를去月二十九日에魯城郡救天驛에來到ᄒᆞᆫ즉何許한이칙量標旗를拔之裂之ᄒᆞ얏기로該郡에通奇ᄒᆞ야別般譏捉嚴懲케ᄒᆞ얏다더라

●埋殺罪處役 楊根郡巖沼里에留ᄒᆞᆫ關西人金鍾工云者가該里居李鎬達의妻를겁奸ᄒᆞ다가李姪水千의게見發ᄒᆞ야拔劍恐혁而逃出ᄒᆞ얏더니其後에又爲越墻入姦이다가登時被捉於本夫則李老無力金小力强ᄒᆞ야不能捉執而放出矣러니金가가其附近에逗留ᄒᆞᄂᆞᆫ것을李率其姪水千과族黨ᄒᆞ고捉到金가ᄒᆞ고會集洞民ᄒᆞ며發通各里而各其毆打타가掘地埋殺ᄒᆞᆫ後擧由報官ᄒᆞ야自郡으로覈査報府에李鎬達은終身懲役에處ᄒᆞ고其姪水千은從犯으로役十五年에處ᄒᆞ얏다더라

●一等遞任 日前地方官制를改定ᄒᆞ여관察使와勅任府尹도銓考施行ᄒᆞ기로磨鍊ᄒᆞᆫ故로地方勅任官를叙任ᄒᆞᆯ時의ᄂᆞᆫ依前差任官例ᄒᆞ여ᄂᆡ部의셔政府로청議ᄒᆞᄂᆞᆫ故로地方勅任은資格이太踣ᄒᆞᆫ지라故로勅任一等에元老大臣沈相薰氏도已遞ᄒᆞ엿고公州寧邊兩관察도曾經一等故로遞任이된다더라

●埋葬否認 한城府尹朴義秉氏가農部에報告ᄒᆞ기를西署龍山漲灘處埋葬事로송運用의訴求를因ᄒᆞ야自本部認許ᄒᆞᆫ바該地ᄂᆞᆫ係是官有民有의渾雜之處로金孝植者가私賣ᄒᆞᆫ地段인故로該인은押付한裁ᄒᆞ야推價還退케ᄒᆞ얏슨즉埋葬一事ᄂᆞᆫ不可認許라ᄒᆞ얏다더라

●藍슈濁政 南來人에傳說을聞ᄒᆞᆫ즉忠淸南道藍浦內洞居ᄒᆞᄂᆞᆫ任鍾烈氏가去辛丑年에臨陂居ᄒᆞᄂᆞᆫ朱來化의게葉錢一百六十兩을貸用ᄒᆞ고其翌年에二百兩을辨給ᄒᆞ엿더니朱來化가凶計을釀出ᄒᆞ여葉三千兩을無理督促ᄒᆞᄂᆞᆫ지라任氏가비仁郡에呼訴ᄒᆞᆫ즉該郡守가六百四十兩에結了ᄒᆞ얏ᄂᆞᆫᄃᆡ朱來化가更ᄒᆞ여藍浦郡守李喆珪氏를符同ᄒᆞ여三千兩은橫徵分食ᄒᆞᆯ次로任鍾烈氏를該郡獄에嚴囚ᄒᆞ고三千兩을期於討索ᄒᆞ고ᄌᆞᄒᆞ니任氏四寸이平理院에呈訴ᄒᆞ얏다더라

●鴨綠新聞 日本人土居斐明과山崎秀雄兩氏가今回新義州에鴨綠新聞이라名稱ᄒᆞ여隔日發刊ᄒᆞᆫ다더라

雜報

●去月二十七日木曜에皇城基督敎靑年會에셔牧師崔炳憲氏가宗敎與政治之關係로演說ᄒᆞᆫ全文이如左　續

三日敎道衰則於治亂이니歐美列强則現今政敎文明ᄒᆞ고治化發達ᄒᆞ야不須贅說이고至若東亞諸國ᄒᆞ야ᄂᆞᆫ可謂道衰致亂이라林下讀書之人과岩間抱璞之士動以千數에必稱學者나然而及見其果則口誦孔孟ᄒᆞ고躬行不義ᄒᆞᄂᆞ니實孔孟之罪人이라何以言之오

古之孔孟은欲行王道ᄒᆞ사轍環天下에或仕於魯而誅亂政大夫少正卯ᄒᆞ시며欲往趙에聞竇鳴犢死ᄒᆞ고臨河而歎ᄒᆞ시며絶糧於陳ᄒᆞ고逢厄於송ᄒᆞ사不顧見辱에欲行王道ᄒᆞ셧고以孟子言之라도戰國之世에生ᄒᆞ사生靈의困瘁ᄒᆞᆷ을救濟코ᄌᆞᄒᆞ사梁惠王을見ᄒᆞ며齊宣王을勸ᄒᆞ야王道를行코ᄌᆞᄒᆞ셧거날

今之학者ᄂᆞᆫ言必稱堯舜孔孟이나孔孟의本義ᄂᆞᆫ不遵ᄒᆞ야山林之間의閒養ᄒᆞ고峨冠鶴氅으로終日逍遙ᄒᆞ며近思錄性理大全으로糊口之計를作ᄒᆞ야十指를不動ᄒᆞ고弟子輩의如干錢穀을落食ᄒᆞ니沒廉이極矣오往往非理之訟을干與ᄒᆞ야包賂를暗取ᄒᆞᄂᆞ니此ᄂᆞᆫ口誦聖賢之書에躬行不義之事요

上自朝家로出仕ᄒᆞᆷ을要ᄒᆞ던지皇上ᄭᅴ셔召命을特下ᄒᆞ사도偃臥林下에晏然不起曰邦無道에隱이라ᄒᆞ며至於三徵七辟ᄒᆞ야或京城의至ᄒᆞ나高官之卿을得ᄒᆞᆫ後의仍卽辭歸ᄒᆞ야皇上의丙枕之憂ᄂᆞᆫ不分ᄒᆞ고涓埃之報를不答ᄒᆞ니此釣名獵官者의技倆이라是豈孔孟之本義耶아敎道至此의衰靡極矣라以政治家論之컨ᄃᆡ但知有君에不知有國이오徒知有我에不知有民ᄒᆞ야所謂之士出而事君則但以阿諛로壅蔽　聖聰ᄒᆞ며圖得高官에以온飽로爲第一能事ᄒᆞ며妬賢疾能에勝己者를厭之ᄒᆞ니忠直之士와賢能之臣이豈有進身於朝班之道乎아伊來幾年에朝陽之鳳과殿上之虎를寥寥無聞이오

以守宰牧伯言之면貪虐秤政을雖可枚陳이라但將數者論之ᄒᆞ노니年前某觀察은無罪饒民을以東學捉囚則囚者控訴ᄒᆞ되民之家에現有數十東學輩이오니敢請一一捉上云則該觀察이認其言ᄒᆞ야使巡校로眼同該罪囚至厥家則無一人東學者라巡校輩가恠問之ᄒᆞᆫᄃᆡ主人이以開金發庫門視之曰在彼租包數十이卽東學之徒라我本無罪이날懷璧爲罪라敢請一一捉租包云ᄒᆞ니政令至此에民政을可知오且余於年前에南大門內朝市門東邊에數間空垈를請願於漢府ᄒᆞ야欲設棧舖矣러니漢府官人이堅執不許曰此是官有地라日後에必有公用處라ᄒᆞ더니

今見日人이設二層屋於該址而設舖矣라該地段을如是公用爲計ᄒᆞ니豈可輕認於我韓民哉아噫此官人이여何厚於彼人而何薄於我韓民耶아曰否라若使其時漢府之官으로早知如此形勢則有何嫌怨ᄒᆞ야如是堅執耶아余實無憾於不許之官이나未完

●定倅貪贓　定州郡守尹喬榮氏의貪贓之事ᄂᆞᆫ本報에業已揭載어니와更聞ᄒᆞᆫ則諸般貪政은姑舍ᄒᆞ고儒鄕任帖를一手亂賣ᄒᆞᄂᆞᆫᄃᆡ一帖價値가或至葉三千兩이라境內貪暴之民이擧皆不免ᄒᆞ야蕩産流離者不知其數라ᄒᆞ더라

●文明之賊　鎭川郡에廣明學校와文明學校가設立되여鎭川一邑이日新又日新ᄒᆞ며漸漸文明之域에進코ᄌᆞᄒᆞᄂᆞᆫᄃᆡ本郡에蔡奎龍이라ᄒᆞᄂᆞᆫ厭新者가有ᄒᆞ여學校敎育을反對ᄒᆞ여勉學ᄒᆞᄂᆞᆫ學生을學校에不往케煽動ᄒᆞ며學校에贊助ᄒᆞᄂᆞᆫ者를學校에義捐치못ᄒᆞ게衝動ᄒᆞ여兩學校가漸점零落ᄒᆞᆫ境인ᄃᆡ本郡派出ᄒᆞᆫ日巡査ᄭᆞ지此事實을聞ᄒᆞ고哀惜히녀겨蔡哥를招致ᄒᆞ여說明ᄒᆞ지ᄒᆞ여도尙未改過라ᄒᆞ니實로如此ᄒᆞᆫ悖漢은文明에逆敵이라傳言이狼藉ᄒᆞ더라

廣告

東國歷史 普通敎科國漢文一秩二冊定價新貨 一圓十錢
法蘭西新史 四十錢
淸國戊戌政變記一秩 一圓
政治汎論 一秩二冊一元廿錢
越南亡國史 一冊三十錢
法國革新戰史一冊 三十錢
大韓輿地圖一張 十七錢五里
世界全圖一張 三十七錢五里
大韓地誌一秩 一圓
牧民心書一秩 一圓二十五錢
萬國地誌一秩 一圓
尺牘完編一秩 一圓五十錢
農政新編一冊 五十錢
法學通論一冊 一圓
溫故知新堂叢抄 七錢五里
父師必독小學指남 七錢五里
人工養蠶一冊 十五錢
世界之政治 一冊五十四錢
家庭雜誌一 十錢
進明彙論一秩 三十五錢
交際新禮一秩 十八錢

發賣所 布屛門下金相萬冊肆 大韓每日申報社

花春丹은 霍亂 吐瀉 腹痛 滯症 暑症 정忡 神眩 胷鬱 痰盛 醒酒 船暈 咳嗽 痳질 口味업는 諸症의 神效ᄒᆞᆫ 藥이오 此外에도 洋灰水 解毒藥 唐창 疳氣 蛔虫 寸虫 赤白 면風 瘀과 東西洋藥이 俱備ᄒᆞ고 他病도 隨證 出方ᄒᆞ오니 僉位는 枉臨ᄒᆞ시옵

皇城校洞石井洞下隅 石泉堂藥局 告白

以上三種은上品으로製造ᄒᆞ야衛生上에至極有益ᄒᆞ니買論某人ᄒᆞ고本에來臨ᄒᆞ음

大韓仁川港 濟物浦紙卷烟及烟草會社

一 鷹標罐詰濃結牛乳
一 金印罐詰濃結牛乳
一 嬰兒家用氣化乳酪
一 보ㅣ든쓰製造麥芽化合牛乳

以上은常時에貯積ᄒᆞ얏슴

美國紐育港 보ㅣ든쓰 濃結牛乳會社

一手代理店 大韓仁川港 世昌洋行

●九韓靈砂라 本人이 妙[illegible] 男女老少에 無論何病ᄒᆞ고 [illegible] 身體가 健康ᄒᆞ며 小兒[illegible] 平生의 疾病[illegible] 無病ᄒᆞ게 保護ᄒᆞ오며
●九韓靈砂萬[illegible] 疾에 神效ᄒᆞ오
●九韓靈砂保命丹은 初生小兒 [illegible] 及 驚[illegible] 婦人帶下症에 神效ᄒᆞ며
●九韓靈砂濟衆丹은 酒滯 食滯 肉滯 吐瀉 霍亂 痢疾 吐血 下血 運氣 時疾 痼症에 神效ᄒᆞ오
●九韓靈砂紫金丹은 痔漏 鼠癰 上瘡 下疳 瘡及 唐瘡과 諸般 毒瘡 蟲種에 無不神效ᄒᆞ오니 僉君子는 來問ᄒᆞ시오
內需司前 두간이골上隅第一家 李輔廷 告白

◎本社廣告

申報價
一張代金 新貨二錢五里
一箇月前納 三十錢
三箇月 九十
六箇月 一元七十錢
一箇年 三元四十錢
郵稅一部 新貨五里
一箇月 十三錢

廣告料
四号活字十三字詰
每日每英尺一寸에新貨廿五錢
(每日每行에六錢에相當홈)
其期限의長短과字行의多少를依ᄒᆞ야增減홈이有홈

◎大韓每日申報各處支社廣告
中署布屛門下 金相萬冊肆
洞口越便 朱翰榮冊肆
中署農圃初入七 十八統第二戶 鄭雨司
仁川柳峴開新冊肆 李東主
平壤南山峴日新學校 金浩淵
崔叡恒
義州南門外韓兩大藥房 張有寬
宣川邑轎西 安濬
長連邑 金鼎
載寧南浦藥洞 金仁집
咸興州南社 曹喜林
中和邑 李俊培
開城北部梨井里祥洞居 蔡養文
釜山佐川徐藥房 金灌俊
校洞校長 姜助遠
大丘郡 達城廣文社
鎭山邑內 安主
元山港倉前 金乃範

發行兼編輯人 英國人裴說
發行所 京城中署壽進坊[illegible]洞号外地法語學校前
大韓每日申報社

第四卷

大韓每日申報
대한매일신보

第三百卅十號

月曜及慶節
歲時日休刊

檀君開國四千二百三十九年
箕子元年三千二十八年
大韓開國五百十五年
日本明治三十九年
淸國光緖三十二年
◉陰曆丙午八月大二十日甲申

論說

移民於韓國

(日本허랄드新報照謄)

韓國니에日人의新聞이日本移民을每年三十萬人으로增加흐기를提議흐야注目을惹起인바蓋日本이韓國半島를自國殖民地로關係흠을著示흐얏스니韓國에現存居民은日本에엔어스人과英國에셔리돈스人과美國에인듸인人과及其濠太利에土人이他人種으로交最된것과同一히變易될지로다

上項에引用흔諸般爲質이何如던지日本의對韓地位와는不同흐니最可記念흔거슨韓非征服之國인거시요所稱勝利權限은韓國之故를不由흠이어니와日本이保護之下에置此韓國한거슨但韓國의整列이不美흐야權力을伸張코ᄌᆞ흐는何許國民에게던지被掠흐기를自取흔理由로다

韓國을合倂흔一強國이惟有흠이若至此境이면日本에危害가必有흘지라日本이此를豫防코ᄌᆞ흐야韓國을管轄下에置코ᄌᆞ極力에거는自覺흐얏스나此行動은韓國을日本殖民地로變作흐던지或其居民을放棄흘意思에不在흐고惟其日本에加害之勢를防遏흘目的이라同時에日本이自國人民의渡韓居生을禁止키는弗能흐얏슬거시요且欲察其管轄흐야不美性質의入於韓國흐는거슬禁止흐기에方策을必取흐얏슬터이나然이나韓國을封閉키는不能흐얏스리로다

此는孤立을更取흠이어니와且外他列國人이라도若往韓國이면所有利權이日人에不下흠은分明흐니若居留人이타外人보다加多흐면此는兩國의地接形勢와政治關係와居留人의程度흔繁昌흔景況을因흔結果로다韓國內居生이日本內보다安且易爲이면日人이將渡韓흘거시요因其經驗흐야如此景況이未有흐면移民이將止흐려니와惟其不확者는韓國內에日人位置니彼惟外人乎아保護를因흐야或有特權耶아現今諸般認許가日本官廳을經由흐나니推此注目이非不有之로딕諸般報告는對此位賓흐야說明흠이甚少흐니타外人의達解韓國을不許흐라고一口出言之約이或有흠이로다

未完

官報

●三千五百七十六號　光武十年十月五日

◉訓　令

訓令十三道

現今地方官制及此에關係흔諸法令을一新改正흠은從來多年의襲謬因存흔冗員을淘汰흐고冗費를節略흐며必要흔職員을新設흐고銓選을極愼흐야職務에從事흐기를簡便케흐며俸給과襍給을酌宜增額흐야俾官憲으로可以供職흐고使吏員으로資爲生活케흐며且備具지畫에無缺執務케흐노니闔茲以從로凡爲府郡長官흐야牧民職務에責任이有흔者는今此改革趣旨를決心服膺흐야務圖흐施흐지며各其管下를倍加督責흐야無敢一毫假借이고深自勤勵흐야諸般行政의可爲儀表者를不可不期이니從來惡弊謬例를若或未袪흐야擅行法外에吏民흐血흐야無名雜稅를徵收흐거나不正賄賂가肆行흐거나又或鞫判法과警察權을濫用흐거나規定以外에無名吏員을多數加設흐고俸料를分排흐기爲흐야生民에貽毒흐거나吏員을捧賂差出흐거나許多陋習이一有入聞이면決不寬恕흐지며舊日惡弊를除去흘뿐아니라各其管下人民의게農工商을獎勵흐야衣食이裕足케흐며敎育을勸興흐야知識이發達케흐며衛生을勸勉흐야질病이消除케흐야一般人民으로흐야금各自保生樂業케흐지며且因時制宜흐야監理署를廢止흐고府尹을置흐야觀察使와府尹의게其職權을委任흐야事務를統一便利케흐노니凡爲觀察及府尹者는克體此意흐야治內政法과涉外事務에毫無差謬케흐지며各郡區域에整理흠도亦爲行政便宜인즉管下府尹郡守의게另飭흐야文簿帳籍의受授節次를卽速舉了흐야毋或遲滯케흐지며且收稅警察에關흐야는更當有訓飭흐지니將此訓辭흐야飭管下各郡흐야着念舉行케흠이爲宜흔事

光武十年十月一日

內部大臣勳一等李址鎔

◉敍任及辭令

○裕康園參奉李惠九　全忠義李淩　依願免本官○命弘文館學士　官內府特進官申箕善○任裕康園參奉　金夏연○任裕康園忠義　沈倫○任公立海州普通學校敎員　文川敎員韓觀植○任公立文川普通學校敎員　永興敎員韓炳洙○任公立永興보通학校교員　前교員鄭한烈○任公立郭山보通학校교員　前교員朴昇형○任公立雲山보通학校교員　前교員楊大鎭○任公立春川보通학校교員　前교員金寅煥○命宮內府特進官　義親王宮總辦閔哲勳○命署理總辦事務　義親王宮賛附金海基

完

●三千五百七十七號　光武十年十月六日

◉敍　任

命宮內府特進官從二品趙漢國

◉部　令

학部令第二十號　令

師範學校令施行細則

第三十八條　本科及速成科의학員은總히留宿舍의留宿케흐되但私費生은來往학課흠을許可흠도有흠이라

第八章　卒業生의服務

第卅九條　給費卒業生은左開年限間에학部大臣이指定흔普通學校의敎務에從事흘義務가有흠이라

未完

外報

●英國首府의繁榮　英國倫敦市에人口가六百五十萬이오戶數가九十二萬八千이니一世紀前에比흐면六倍에達흐고市內에郵便局은千二十八個所요其同電話所는一千四百三十五個所라더라

●公債募集의準備　淸國에서礦山鐵道製造等各種事業을계畫흠이不尠흐되其經費支出이困難흠으로政府의셔公債로써財源을求흐기爲흐야目下各國의셔施行흐는各種公債의規程을調査흐야公債募集의計劃을定흐얏는딕임의各省督撫를命흐야此에對흔諸般事項을調查케흐얏다더라

●潛水艇鑄造　佛國政府는潛水艇二十隻을注文흐고愼密히建造흐라는意로造船所에命令흐얏다더라

●玖巴自立의擁護　伯林電을據흔則라후트氏는華盛頓의還歸흐얏는딕玖巴에出發흔際에玖巴는依然히自立됨을宣言흐고同時에大赦令을行흐깃다고命令흐얏다더라

雜報

◉平壤의水道經營 議政府會議에서平壤水道工事를韓國政府의手로經營ᄒᆞ기를決ᄒᆞ얏ᄂᆞᆫᄃᆡ目下에設計調査中이며經費ᄂᆞᆫ百三十萬元이라더라

◉米領事來仁 牛莊에駐箚ᄒᆞᆫ米國領事노민氏가大連을經ᄒᆞ야小雛丸으로再昨日來仁ᄒᆞ야卽日八点ᄒᆞ얏다가直히釜山으로向ᄒᆞ야出發ᄒᆞ야北韓地方을視察ᄒᆞ고合爾賓에赴ᄒᆞ얏다가同地에住在ᄒᆞᆫ다더라

◉臨時門票 昨日은明成皇后忌辰入齋日인故로祭官과各部勅奏任官이入參ᄒᆞᄂᆞᆫᄃᆡ臨時門票를成給ᄒᆞ얏다더라

◉占領何多 玄暎運氏가東大門外巖南洞近地에家舍를多數히新建築ᄒᆞᄂᆞᆫᄃᆡ官有地와民有地를自意占領ᄒᆞᄂᆞᆫ故로民怨이沸騰ᄒᆞ다더라

◉參書呼薦 各觀察府와各府尹府에參書官一人式設置ᄒᆞᆫ다ᄂᆞᆫ說은前報에已揭ᄒᆞ엿거니와觀察使와府尹이三人式呼薦ᄒᆞ면就中可堪之才로一人을擇用ᄒᆞᆫ다더라

◉稅務自辟 稅務監과稅務官이稅務主事一人式各其自辟例로經部任用ᄒᆞᆫ다더라

◉歲長視務 平理院裁判長李允用氏ᄂᆞᆫ其子病으로上疏調理ᄒᆞ더니再昨日부터仕進視務ᄒᆞᆫ다더라

◉山蔘大臣 新門外入角亭居南主事重熙氏가山蔘十三本을埋置ᄒᆞ얏더니內相李址鎔氏가居間入元禹常尹泳基兩氏를紹介ᄒᆞ야南氏를請ᄒᆞ야款接幾日에郡守一窠를圖施ᄒᆞ마ᄒᆞ고山蔘을仍取藥用ᄒᆞᆫ後에郡守之說은歸於虛地ᄒᆞ고蔘價葉一千三百兩을終不備給ᄒᆞᄂᆞᆫ故로南氏가將次裁判을請ᄒᆞᆫ다더라

◉公逋斬納 鑛務廳에多年視務ᄒᆞᄂᆞᆫ官人의傳說을聞ᄒᆞᆫ則一自丙申年以後로鑛務使被任ᄒᆞᆫ諸氏들이該廳會計課에金額을貸用치아니ᄒᆞᆫ鑛使가無ᄒᆞᆫᄃᆡ就中李鍾건과봉儀兩氏가尤甚多數나去ᄒᆞᆫ지라鑛廳에셔逐日督랍ᄒᆞ되兩氏가終無報償之意라ᄒᆞ더라

◉私雇公給 廣濟院에셔日本醫師에漂夫와쉬夫를資程外에設置ᄒᆞ고月給을公貸로支發ᄒᆞᆫ다더라

◉內大一偏 農相權重顯氏와內相李址鎔氏ᄂᆞᆫ元來交契가密勿ᄒᆞ야擁衛各其大臣에至ᄒᆞ여도膠漆不離ᄒᆞ야圭角이不露ᄒᆞ더니政府에黨派가已分ᄒᆞ여도兩大ᄂᆞᆫ一偏이되얏다더라

◉黨政不附 軍相李根澤氏와內相李址鎔氏가各樹一黨ᄒᆞ야某大臣과某氏의黨派라고指目이有ᄒᆞ되參政朴齊純氏ᄂᆞᆫ偃然獨立ᄒᆞᄂᆞᆫᄃᆡ니大가爲其樹黨ᄒᆞ야日前參政에朴參政의食口數人을敘任ᄒᆞ되終不附己ᄒᆞᆷ으로내大가頻頻往訪ᄒᆞᆫ다더라

◉李氏조訊 昨夜에平理院에셔李世稙氏事件으로被囚ᄒᆞᆫ諸氏를一次조訊ᄒᆞ고還囚監獄署ᄒᆞ엿다더라

◉靑會討論 今日日曜下午四時에皇城基督敎靑年會에셔福音會를開ᄒᆞ고宣敎師全德基氏와日本靑年會巡行總務피셔氏가講導ᄒᆞᆫ다더라

◉銓考科目 日前銓考委員이第一次會議에銓考問題ᄂᆞᆫ讀書作文歷사地지日語로試取ᄒᆞ기로査定ᄒᆞ엿다더라

◉法官과軍人의奏本 各部府院廳官人은政府에셔奏本叙任ᄒᆞ되法官과軍人은該部大臣이專行叙任奏本ᄒᆞᆫ다더니從今以後에ᄂᆞᆫ官叙任及依免도參政大臣이奏本ᄒᆞᆫ다더라

◉服色과斷髮勸告 全國人士의衣服物色制度를均一케ᄒᆞ기爲ᄒᆞ야一體發令斷髮ᄒᆞ기可ᄒᆞ다ᄒᆞ야政府에力勸ᄒᆞ기로自强會에셔議絶가되얏다더라

◉政府聯署 統監府勸告로內部地方官制가改定됨의各部職權이從此各立ᄒᆞ야政府가無權則議政府를自成廢止라ᄒᆞ고ᄒᆞ더니其方針이一變ᄒᆞ야各部官制가改定ᄒᆞ되奏任官以下ᄂᆞᆫ該主務大臣이專行任權ᄒᆞ되奏本一欵은參政大臣이主管ᄒᆞ야上奏ᄒᆞ여該主務官이聯署奏勅ᄒᆞ다더라

◉郡守等級의調査 郡守의俸給을隨其等數ᄒᆞ야定ᄒᆞᆫ故로各郡守를一二三四等으로更爲定等ᄒᆞ야政府에提議ᄒᆞ엿더니政府의셔該等數를調査ᄒᆞᆫ즉路等이本無次序ᄒᆞᆫ지라該議案을內部로還送ᄒᆞ고各郡守의等數를隨次改定ᄒᆞ여提議ᄒᆞ라ᄒᆞ엿다더라

◉協議後聞 再昨日內部에셔在京ᄒᆞᆫ觀察使와府尹郡守를會同ᄒᆞ야協議ᄒᆞᆫ事件을後聞ᄒᆞᆫ則各郡에飛來面과斗入地에區域里數와面名洞號及田畓字號卜數를一一調查成冊ᄒᆞ야與土在郡으로交換ᄒᆞ고邸及使役輩를多數設置ᄒᆞᆫ者ᄂᆞᆫ卽行日官出入時에誇張威儀ᄒᆞᆷ이니害歸於民이오無益於官人인則該官屬을從ᄒᆞᆯ以後로ᄂᆞᆫ信任使役一二人外에ᄂᆞᆫ幷皆除汰ᄒᆞ라ᄒᆞ며大抵治民之道가誠信二字에在ᄒᆞᆫ則每事를誠信으로注意ᄒᆞ라ᄒᆞ얏다더라

◉習樂始營 嘉禮都監에經費가不足ᄒᆞ야習樂ᄒᆞ든工人及妓女ᄂᆞᆫ日昨秋夕日부터寢之ᄒᆞ얏다더라

◉靑年會에學館設置

大抵人民의培養ᄒᆞᆫ바ᄂᆞᆫ古今의大異ᄒᆞᆫ니現今世界列國으로五相交通ᄒᆞᄂᆞᆫ際에文明的新學問에注意치아니ᄒᆞ면他人의奴隷를免치못ᄒᆞᆯ지라故로此時에養民之急務ᄂᆞᆫ廣設學校ᄒᆞ야使此靑年子弟로開發智識ᄒᆞ야吸受世界新空氣ᄒᆞ며扶植國家精神ᄒᆞᆷ에在ᄒᆞᆷ은世人의皆知ᄒᆞᄂᆞᆫ바이라今者靑年會에셔靑年의黑暗을開破코저ᄒᆞ야擴張學館ᄒᆞ고有志靑年을募集ᄒᆞ야敎育에從事ᄒᆞᆫ다ᄂᆞᆫᄃᆡ其旨如左

一 人民의前日缺点을改良ᄒᆞ고西新學問으로補充코저ᄒᆞᆷ

二 個人利益에對ᄒᆞ야以工學及商學上에新學으로自身上利益을增加ᄒᆞ며扶助케ᄒᆞᆷ

三 人民이每常自己上救護를竊視ᄒᆞᄂᆞᆫ바에對ᄒᆞ야便宜와歡樂과安逸에方便을供給ᄒᆞᆷ

然而該會에셔學識이高明ᄒᆞ고技藝에熟達ᄒᆞ고敎育上에名譽가素著ᄒᆞᆫ敎師八員을延聘ᄒᆞ얏스며學科ᄂᆞᆫ二十四科를四部에分ᄒᆞ야其目的에違ᄒᆞ도록敎授ᄒᆞᆫ다ᄂᆞᆫᄃᆡ今月本日日曜부터入學請願을收ᄒᆞ야十一日木曜에開學ᄒᆞᆫ다더라

◉朴民抑菀 南來人의傳說을聞ᄒᆞᆫ則茂長倅徐相環氏가該郡稅錢을差人白圓圜振興處에分給ᄒᆞ고同錢에立遞取利ᄒᆞᆯ慾火로時駟衛客金苑曰公錢出利가外樣不美ᄒᆞ니汝往木浦ᄒᆞ야客主朴墉치角紙를借來ᄒᆞ야以日債得來樣으로示金白兩人ᄒᆞ고逐朔計邊이外에爲好ᄒᆞ여同蒙益이가以徐倅言으로吐情於朴墉采ᄒᆞ고ᄒᆞᆫ人來渡角紙六千元ᄒᆞ千元으로分二張借給之意로懇請ᄒᆞᆫ미國墉치가依言施給ᄒᆞ러니其後兌角紙二張을還傳ᄒᆞ미卽爲不周가至爲三朔이라徐倅가本年六月來至木浦ᄒᆞ야稱以審問者ᄒᆞ고同日及周角紙覓送事로懇請ᄒᆞ니墉치가無疑送之러에徐倅가藏之手中ᄒᆞ고兩施不還ᄒᆞ니當地觀光者은衆所共知라自知衆論ᄒᆞ고理屈ᄒᆞ고角紙解을出給ᄒᆞ고商會設仍卽上系ᄒᆞ야左右國內에朴墉치가抑奪角紙標이라고白地搆誣ᄒᆞ야至於京部發關之境ᄒᆞ니大抵與受標蹟을抑奪者誰며見奪者誰오此是爲不近理理說이고以抑倅言之면茂長郡守徐相環氏와朴墉치의地位와勢力을比較ᄒᆞ면不可同日而語오本事由直瞭ᄒᆞ니指掌을執不慨歎ᄒᆞ리오徐倅가差人處見失條를憑此無用之角紙ᄒᆞ야欲爲橫徵於朴용치ᄒᆞ니용치卞明次自現度支部ᄒᆞ야與徐倅로初次對質에白金兩人이自服渠之所犯ᄒᆞ고朴용치果是抑鬱이라係言ᄒᆞ되今未決定ᄒᆞ야事甚抑菀라더라

◉半島月評

金과源氏ᄂᆞᆫ日公使의一百元恤金을却之ᄒᆞ얏스니大韓人民중에自强的執守가有ᄒᆞᆫ者ᄂᆞᆫ金氏其人이라謂ᄒᆞᆯ지오

朴泳孝氏ᄂᆞᆫ某大官의三千元餽金을拒絶ᄒᆞ고伊藤統監의게公函ᄒᆞ야此等惡習을深戒ᄒᆞ라ᄒᆞ얏스니同氏不汚的志槩가可謂差强人意라ᄒᆞᆯ진져

◉樞院職權의實施 중樞院은議案가無效ᄒᆞ고官制만虛設ᄒᆞ더러行將廢止ᄒᆞᆫ다ᄒᆞ더니近日政府에셔該院職權을實施ᄒᆞ기로議ᄒᆞ며及一般規則을磨鍊중이라더라

◉外事局仍存 各港監理와交涉ᄒᆞᄂᆞᆫ府尹을內部에셔句管ᄒᆞᆷ이 府에設施ᄒᆞᆫ外事局을勿施ᄒᆞ고外事課를內部에設施ᄒᆞᆫ다ᄒᆞ더니政府에셔ᄂᆞᆫ內外交事務를不得不句管이라ᄒᆞ야外事局을仍存ᄒᆞ고外交에關ᄒᆞᆫ事項은內部에셔政府로行文ᄒᆞ야統監府와辦理케ᄒᆞ기로ᄒᆞ얏다더라

◉兩氏任命 主殿院卿趙性煥氏ᄂᆞᆫ京城衛戍司令官을兼任ᄒᆞ고漢城府尹朴義秉氏ᄂᆞᆫ鎭海灣軍港地調査委員長을被命ᄒᆞ얏더라

雜報

●去月二十七日木曜에皇城基督教青年會에서牧師崔炳憲氏가宗教與政治之關係로演說혼全文이如左 (續)

然以與各部院廳과外以各府州郡에如此等事가處處有之ᄒᆞ니民安得而不貧이며國安得而不危乎아無論士農工商ᄒᆞ고凡爲韓民者將至盡沒之境이라農工商業之利가盡歸於外人掌握ᄒᆞ니何以圖活耶아政令到此에壞亂이極矣로다

四曰政體與教理가相爲表裏니譬如車輪之相輔와唇齒之相依라或曰教會與政治가規例不同ᄒᆞ고職務各異ᄒᆞ야初無關係라ᄒᆞ나니此ᄂᆞᆫ管窺蠡酌之愚論이라教與政이關係最重ᄒᆞ야雖可兩說이로ᄃᆡ舉其綱而論之컨ᄃᆡ道之宗旨와政之思想이有相合無相分ᄒᆞ며有相成無相悖ᄒᆞ야積於心者ᄂᆞᆫ顯於事ᄒᆞᄂᆞ니此乃天定自然之理라

無論某國ᄒᆞ고欲求維新文明인ᄃᆡ先將教道變起ᄒᆞ야得其道之眞則人心이自歸一定ᄒᆞ고外治之事도亦隨就緒矣리니教道가實爲國家命脈矣라故與政이相爲表裏ᄒᆞ야其國教道如何則其國政治도亦必如何ᄒᆞ나니教與政이實爲終始ᄒᆞ야道衰則政亦隨而壞矣니라

英國名儒西列氏曰歷覽各國史ᄒᆞᆫᄃᆡ立國之根基ᄒᆞ며防護之勢力은實教道之大用이라ᄒᆞ고法國政治家盧騷氏曰無論何國ᄒᆞ고苟無以教道로爲政治之根基면決無一國之堅立이라ᄒᆞ니政體를維新코자ᄒᆞᄂᆞᆫ者ᄂᆞᆫ必以教道로爲基ᄒᆞᆯ也로다

今我大韓이尊尙儒教에今當教衰政亂이나此不可歸咎於立教之孔子니孔子ᄂᆞᆫ僻處東亞一隅ᄒᆞ고又生於耶穌之前ᄒᆞ사初未聞釋放之教道故로天道與性理를不論ᄒᆞ셧거니와嘗有訓曰三人行에必有我師焉이니擇其善從之ᄒᆞ고不善者를改之라ᄒᆞ시니孔子之道의自由求進ᄒᆞᆷ은於此可知여날後之儒者가不師孔子之本意ᄒᆞ고

守舊成習에不肯擇善從之ᄒᆞ고若有明論高見者면必曰斯文亂賊이라嗚號改之라ᄒᆞ야使後進子弟로膠柱泥古에不得進步케ᄒᆞ니皆實孔子之罪人이라希臘理學大儒普魯塔克이嘗論政教之關係ᄒᆞ야曰世豈有無神國哉環遊地球에至若無君王無貨幣之蠻國이라도皆有崇神讖訣劇祭之法ᄒᆞ니欲立無神之國인ᄃᆡ是ᄂᆞᆫ無基之屋이니能可立乎아故로人倫之相係相維와禮法之能立能行이皆賴所信之神而行之라ᄒᆞ고英國上議院紳安新金이嘗論道之有益於國曰世人이若無倫常道德이면安能維繫聯合乎아

民將如散沙에國不能成이라ᄒᆞᄂᆞ니誠哉라斯言이여[illegible]談要訣이로다政治之於教會에譬如內外焉ᄒᆞ니內有士婦之供饋爲針裁焉ᄒᆞ야以佐其外則外之幹事者食其餠衣其服ᄒᆞ고總辦家事而治理焉ᄒᆞ나니今之天下ᄂᆞᆫ即家라爲家主者若無與婦之佐면食衣不便에必生疾病ᄒᆞ나니安能善理家事耶아故로曰道與政이相爲表裏ᄒᆞ야

以仁愛德化로感服其頑愚之民ᄒᆞ고以政令刑法으로懲其悖惡之民則其國이自至於文明之域ᄒᆞ리니內外之主務가雖曰不同이나協力同心에共治家事ᄂᆞᆫ一也라豈可云無關哉아曾聞傳道師言則教與政이又異相左ᄒᆞ야少無關係라ᄒᆞ고 未完

✡✡✡

●青會의人員擇送　現今에淸國學生들이日本에遊學ᄒᆞᄂᆞᆫ數가一萬三千名에지나ᄂᆞᆫ故로上海青年總會에서今年四月부터特別히사ᄅᆞᆷ을派送ᄒᆞ야耶穌의道理로引導케ᄒᆞ얏더니諸學生들이[illegible]餘暇라도放蕩에浸淪지아니ᄒᆞ고向道之心이大發ᄒᆞᆫ實效가多有ᄒᆞᆷ으로大韓皇城基督教青年會로通奇ᄒᆞ야該會에서도大韓學生들을爲ᄒᆞ야派送할人員을選擇中이라더라

●黨於一進　學部大臣李完用氏가去一日에一進會副會長兪鶴柱氏를自邸로請ᄒᆞ야二時間密議가有ᄒᆞ엿ᄃᆡ其內容은宋秉畯의特赦運動을周旋ᄒᆞᆫ計策이라고某報에揭載ᄒᆞ얏스니日前本報에野田平의無罪說로主張者ᄂᆞᆫ內閣大臣中一人이有ᄒᆞ다ᄒᆞᆫ것이李完用其人이라ᄒᆞ깃고同氏ᄂᆞᆫ原來趨勢紛競에有名ᄒᆞᆫ人物이라其附俄附日ᄒᆞᄂᆞᆫ狡猾手段이今又一進會로써爪牙羽翼을삼고ᄌᆞᄒᆞᆷ인지

◎本社廣告

申報價
一張代金 新貨二錢五里
一箇月前納 三十錢
三箇月 九十錢
六箇月 一元七十戔
一箇年 三元四十戔
郵稅一部 新貨五里

廣告料
四号活字十三字詰
一箇月 十三戔
每日每英尺一寸에新貨卄五錢
(每日每行에六錢에相當홈)
其期限의長短과字行의多少를依ᄒᆞ야增減홈이有홈

◎大韓每日申報各處支社廣告
中署布屛門下 金相萬册肆
洞口紙便 朱翰榮册肆
中署農圃洞初入七十八統第二戶 鄭禹弼
仁川租界開新册肆 李東主
平壤南山峴 新[illegible]校 金[illegible]
宣川邑[illegible]西 [illegible]叙恒
義州南門外[illegible] 安[illegible]
長連邑 [illegible]張有[illegible]
鎭南浦[illegible] 金[illegible]
城興州南社 金仁집
中和邑 曹喜林
釜山佐川徐[illegible]房 李[illegible]培
開城北部梨井里[illegible] 金瀅俊
校洞[illegible]長 [illegible]
大丘郡 姜助遠
鐵山邑內 達城廣文[illegible]
元山港倉[illegible] 安[illegible]
金[illegible]範

發行兼編輯人 英國人裵說
發行所 京城中署壽進坊福洞号外地法語學校前
大韓每日申報社

第四卷　　第三百四十一號

大韓每日申報
대한매일신보

月曜及慶節 歲時日休刊

檀君開國四千二百三十九年
箕子元年三千二十八年
大韓開國五百十五年
日本明治三十九年
淸國光緖三十二年
◉陰曆丙午八月大廿二日丙戌

論說

移民於韓國 (日本허랄드新報附謄) 續

若日本人이韓國內에서其乃外人인된日本政府가自國에서外人의게不許ᄒᆞᄂᆞᆫ權限을外國內에서自國人을爲ᄒᆞ야請求ᄒᆞᆷ이甚不適宜여날韓國人은日本內에서片土도不能領有ᄒᆞ되日本人은韓國內에서如何地段이던지隨其所用ᄒᆞ야能得ᄒᆞᆷ이現著ᄒᆞ도다

日人의移住韓國이韓國에利與不利ᄂᆞᆫ不足辨別이로ᄃᆡ移去民의地位를明確誘導ᄒᆞᆷ이必爲善策ᄒᆞ리니若其移民이國家奬勵에基因ᄒᆞᆷ인된此ᄂᆞᆫ日本政府의移民意思가自國人民의情形을增進ᄒᆞᆷ이不在ᄒᆞ고但韓國內에셔勢力을永久維支ᄒᆞᆯ計策에在ᄒᆞ도다

韓國에現今戶口로計之ᄒᆞ면多數外人의移住를能容ᄒᆞᆯ거슨確然이나必當謹愼ᄒᆞᆯ거슨此移住의費用이或非韓人의政인가常顧ᄒᆞᆯ거시로다日本과相對된韓人이遊牧을從事ᄒᆞᄂᆞᆫ野蠻種類가아니오累百年農利를爲業ᄒᆞ야開進情形이頗多ᄒᆞ고權限을久享ᄒᆞ던國民이니此를野만과如히放棄ᄒᆞ기ᄂᆞᆫ甚難ᄒᆞᆯ거시自著ᄒᆞ며且韓人의才智가日人의게ᄂᆞᆫ或未及ᄒᆞᆯ지라도아이스와臺灣土人보다ᄂᆞᆫ居上ᄒᆞᆷ이卓越ᄒᆞ니此兩民의게待遇ᄒᆞᄂᆞᆫ거슬韓人의게ᄂᆞᆫ不能加之ᄒᆞ리로다

南亞弗利加에植民者戰役以前에ᄂᆞᆫ以其兩種相婚으로土民을漸次拋棄ᄒᆞᆫ景況이果有ᄒᆞ려니該戰役이此汚染을停止ᄒᆞ얏스나新情形之下에此或再興ᄒᆞᆯ希望이亦有ᄒᆞ도다

韓國을拓殖ᄒᆞ기에捨此方法ᄒᆞ고ᄂᆞᆫ不能ᄒᆞ리니韓人을逐出키ᄂᆞᆫ不能이로ᄃᆡ歸化키ᄂᆞᆫ猶能이며且國家에셔移民於韓國을奬勵ᄒᆞᄂᆞᆫ거슨何如ᄒᆞᆫ지英國이北美合衆國에移民ᄒᆞ던道理와略同ᄒᆞ리로다

自然ᄒᆞᆫ移民은禁止키不能이요且不均繁昌을增加ᄒᆞᆷ으로一世에普通利益을必生이나然이나自國安全이保證된國民은外人之入於自國을助力ᄒᆞᆷ에對ᄒᆞ야說其不然ᄒᆞᆫ權限이確有ᄒᆞ도다

完

官報

●三千五百七十八號　光武十年十月八日

◉宮廷錄事

宮內府特進官閔泳國自引䟽批旨省䟽具悉往事何必爲引卿其勿辭行公

◉敍任及辭令

陸軍參將梁性煥 兼任京城衛戍司令官
한城府尹朴義秉 命慶尙南道鎭海만軍港地調査委員長
平리院判事李圭桓 解平理院裁判長署理

◉雜事

今十月五日寅時卯時測雨下雨測雨器水深五分

◉部令

學部令第二十號

師範學校令施行細則

一 本科卒業生은卒業證書를受ᄒᆞᆫ日로부터六箇年으로ᄒᆞ되但四箇年의義務를終了ᄒᆞᆫ後의ᄂᆞᆫ學部大臣의認可를受ᄒᆞ야他公務에從事ᄒᆞᆷ을得ᄒᆞᆷ이라

二 速成科卒業生은卒業證書를受ᄒᆞᆫ日로부터二箇年

第四十條　前條의義務를履行키不能ᄒᆞᆫ事故가有ᄒᆞᆫ者ᄂᆞᆫ其理由를具ᄒᆞ야學部大臣의措處를稟請ᄒᆞᆷ이라

前項과如ᄒᆞᆫ境遇의其義務를除免ᄒᆞᆫ時의ᄂᆞᆫ其情狀을因ᄒᆞ야在學時의給與ᄒᆞᆫ학資金의全部나或幾部分을償還ᄒᆞᆷ도有ᄒᆞᆷ이라

第四十一條　卒業生이服務年限의在ᄒᆞᆫ者ㅣ左開ᄒᆞᆫ事實이有ᄒᆞᆫ時의ᄂᆞᆫ其情狀을因ᄒᆞ야在學時에給與ᄒᆞᆫ학資金의全部나或幾部分을償還케ᄒᆞᆷ이라

一 無故히第卅九條의義務를不行ᄒᆞᄂᆞᆫ者

二 許狀還收의懲戒를受ᄒᆞᆫ者

第九章　附屬普通學校

第四十二條　附屬普通學校ᄂᆞᆫ普通學校令及同施行規則을準據ᄒᆞ고設備編制等은國內多數普通學校의一例를依ᄒᆞ야定ᄒᆞᆷ이라

第四十三條　附屬보通학校의셔ᄂᆞᆫ本校학員의實地授業을練習케ᄒᆞ고兼ᄒᆞ야보通教育의方法에關ᄒᆞᆫ諸般事項을硏究ᄒᆞ야國內보通학校의模範을作ᄒᆞᆷ이라

附則

第四十四條　本令은光武十年九月二日로부터施行ᄒᆞᆷ이라

第四十五條　학校長은학部大臣의認可를得ᄒᆞ야本令範圍의셔학校細則을定ᄒᆞᆷ이라

第四十六條　本令의抵觸되ᄂᆞᆫ從來의諸規程은本令施行日로부터廢止ᄒᆞᆷ이라

第一號

師範학校本科학科課程及每週教授時數表

학科目		時數
修身	人倫道德의要領	一
教育	教育의原리 心리論리의大要	三
國語	講독文法作文習字	三
漢文	講독	
日語	독法解釋會話習字	四
歷史	本國史外國史	二
地理	本國地리及地圖描法	二
數학	整數分數小數、	三
物理化학	物理及化학 重要ᄒᆞᆫ礦物及實驗	三
博物	人身生리植物動物	二
圖畫	自在畫及用器法	二
體操	普通體操及兵式體操	三
音樂	單音唱歌樂器使用法	二

未完

外報

●海部設立　淸國에서海部를設立ᄒᆞ야各省에水師를統轄케ᄒᆞ기로決定ᄒᆞ고其經費ᄂᆞᆫ各督撫에命ᄒᆞ야關稅及釐金中에서用ᄒᆞ며又海軍經費를徵收ᄒᆞ기로決定ᄒᆞ얏ᄂᆞᆫᄃᆡ皇族子弟中에서俊秀ᄒᆞᆫ者를選擇ᄒᆞ야東洋及西洋各國에派遣ᄒᆞ야海軍의事를學習케ᄒᆞ고將材를培養ᄒᆞᆫ다더라

●條約改正　淸國과伊太利間에條約改正을伊太利에서談判ᄒᆞᆫ뒤關稅問題에就ᄒᆞ야久히淸國에被聘ᄒᆞ얏든伊太利人顧問을擔任케ᄒᆞᆫ다더라

●俄國紙幣發行　俄國政府ᄂᆞᆫ公然否認ᄒᆞᆷ을不關ᄒᆞ고歐洲에셔紙幣를發行ᄒᆞ야强制的으로流通케ᄒᆞᆷ으로騷수ᄒᆞ얏다ᄒᆞ더라

●參謀本部　北京電을據ᄒᆞᆫ則淸國政府ᄂᆞᆫ官制改革會議에서參謀本部를設置ᄒᆞ기로決定ᄒᆞ얏다더라

●俄國讓步　俄國某新聞은北滿洲稅關問題에對ᄒᆞ야俄國의讓步ᄒᆞᆷ을贊成ᄒᆞ고俄國方針은淸國領土保全에任ᄒᆞ며開放主義ᄂᆞᆫ實行에在ᄒᆞ다論ᄒᆞ얏다ᄒᆞ더라

雜報

●開敎總監來韓 日本西本願寺開敎總監大谷尊道師가參謀大內惠明師를帶同入京하얏는ᄃᆡ其來意를槪聞ᄒᆞᆫ즉韓國에佛敎를興旺케ᄒᆞ기로東門外元興寺를復設ᄒᆞ야十三府各郡寺刹을管轄ᄒᆞ고僧職을編ᄒᆞᆯ터인ᄃᆡ英親王殿下게셔는大法主가되시고政府各大官은總長으로入參ᄒᆞ야各局課를設置ᄒᆞᄂᆞ政府와恰似히排鍊ᄒᆞᆫ다ᄂᆞᆫᄃᆡ其目的인즉韓國人의精神을買收ᄒᆞ야日本範圍內에入케ᄒᆞᆷ이라該道師의權利가統監에倍勝ᄒᆞᆫ니라ᄒᆞ며持來ᄒᆞᆫ紙幣가百萬圓이오其人은日本皇太子에同婿오其爵은公爵이라더라

●大寺將起 塔洞公園地에一大寺刹을將次建築ᄒᆞᆫ다ᄂᆞᆫ說이有ᄒᆞ다더라

●都監娼妓賣淫禁絀 東宮妓日子ᄂᆞᆫ娼妓ᄂᆞᆫ故로妓樂을禁停止ᄒᆞ얏다더니該都監經費가窘絀莫甚ᄒᆞ야屈為使ᄒᆞᆫ等樂을多數히減額ᄒᆞᆫ다더라

●應試夥多 度支部에서稅務主事를昨日부터明日ᄭᆞ지試取ᄒᆞᄂᆞᆫᄃᆡ某處에셔三十名을囑托ᄒᆞ고該部에셔奏任官이各一人式擧用ᄒᆞ고其餘ᄂᆞᆫ試才取用ᄒᆞᆫ다ᄂᆞᆫᄃᆡ應試ᄒᆞᄂᆞᆫ請願者가五百餘狀에達ᄒᆞ얏다더라

●稅務斷髮 稅務官과稅務主事를敍任ᄒᆞᆫ日에ᄂᆞᆫ一齊히剃髮派送ᄒᆞᆫ다더라

●主事派遣 各郡에主事一人式設置ᄒᆞᆫ다ᄂᆞᆫᄃᆡ該郡守가鄕中可堪之才로內部에薦報ᄒᆞᆫ다더라

●早霜損害 公州來人의傳說을據ᄒᆞᆫ즉陰曆本月十八日夜에大霜이飛降ᄒᆞ야晩稻ᄂᆞᆫ半實이되고荳太木麥等田穀은損害尤甚ᄒᆞ야水災之餘에民情이嗷嗷ᄒᆞ다더라

●斷髮飭令 日昨政府에서剃髮事件을對ᄒᆞ야內部로申飭ᄒᆞ되各道觀察使와各郡守의未剃髮ᄒᆞᆫ人은一齊히斷髮케ᄒᆞ기로訓飭ᄒᆞᆫ다더라

●視察發程 農商工部務局長徐丙肅氏가日本農林을視察次로今日京釜列車로發程ᄒᆞᆫ다더라

●全察發程 全北觀察使金奎熙氏가赴任次로今日發程ᄒᆞᆫ다더라

●青會演說 今日下午七点半에尹致昊氏가何以則與他國同等이란問題로皇城基督教青年會에서演說ᄒᆞᆫ다더라

●勸告內部 日前內部에서平北觀察使申泰休氏가觀部大臣과協辦의說明에對ᄒᆞ야曰近日政府에셔觀察郡守를銓考ᄒᆞ나니擇人ᄒᆞ나니ᄒᆞ여도別노히擇人才ᄒᆞᆷ은未見ᄒᆞ얏소南道守令은北道로移任ᄒᆞ고北道守令은南道로轉任ᄒᆞ야有勢無勢가判異ᄒᆞ니이것시銓考擇人이오法律을嚴立ᄒᆞ기前에ᄂᆞᆫ雖萬番銓考ᄒᆞ여도實效가無ᄒᆞᆯ거시니오작政府에셔法律을實施ᄒᆞ야觀察中에不法行政이有ᄒᆞᆯ거든嚴查奏免ᄒᆞ고郡守中에貪虐ᄒᆞᄂᆞᆫ者를觀察使가査報ᄒᆞ거든政府에서依法施行ᄒᆞ면自然人才를不擇而自擇될거시니政府大臣은第一法律을實施케ᄒᆞ라ᄒᆞᆫ즉該大臣과協辦이默默無言ᄒᆞ얏다더라

●胡不禁斷 日人東亞商店에서春藥을放賣ᄒᆞᆫ다고各新聞에廣告揭載ᄒᆞ얏기로本報ᄂᆞᆫ此等藥種이人民衛生에大有妨害라日歷歷警戒ᄒᆞ얏거니와各國에셔ᄂᆞᆫ現行違警罪로處斷ᄒᆞᄂᆞᆫ法이自在ᄒᆞ거ᄂᆞᆯ韓國에保護次로來住ᄒᆞᆫ日警視와警部가不知幾百名이로되此淫藥現賣ᄒᆞᆷ을禁止치아니ᄒᆞ니外雖保護나內實斷牛이라고卷說이紛紛ᄒᆞ더라

●朴氏奬學 義州日新學校學務員朴鳳儀氏의勸獎校務ᄂᆞᆫ已往記載어니와同氏가年滿六旬에勞苦를不顧ᄒᆞ고晝夜로錦衣를祖ᄒᆞ고突에火를燃ᄒᆞ며燈에油를灌ᄒᆞ고庭에塵을掃ᄒᆞ야학校事를處理ᄒᆞ니學務가日就ᄒᆞᄂᆞᆫ中에또ᄒᆞᆫ生徒에工夫ᄒᆞᆷ을爲ᄒᆞ야特別講을施行ᄒᆞ고賞給ᄒᆞ기를磨鍊ᄒᆞᄂᆞᆫ故로人人이感頌興起ᄒᆞᆫ다더라

●公堂被佔 大丘觀察府一般公堂은日本官憲이處處入居ᄒᆞᆫ지라韓鎭昌氏가日間赴任ᄒᆞᆯ터인ᄃᆡ政府에提議ᄒᆞ야統監府에交涉ᄒᆞ야日官을移去케ᄒᆞ기로運動ᄒᆞᆫ다ᄒᆞ나署理朴重陽氏가定約許借則年不罷約이라ᄒᆞ더라

●寧察發程 寧邊觀察使申泰休氏ᄂᆞᆫ還任次로今日發程ᄒᆞ얏다더라

●軍港調査 鎭海軍港地調査委員長朴義秉氏ᄂᆞᆫ再昨日該地로發向ᄒᆞ얏다더라

●妙年有志 日本에留학ᄒᆞᄂᆞᆫ洪正求氏ᄂᆞᆫ年今十八인ᄃᆡ中학校에入학ᄒᆞ야熱心受業ᄒᆞ며同僚를相勸ᄒᆞᄂᆞᆫ故로該교師가其不歎賞ᄒᆞᆫ다더라

●兩國合兵說 韓國境너에駐在ᄒᆞᆫ日兵은日本이何時던지撤去ᄒᆞ고韓兵은解散ᄒᆞ야保管고撤ᄒᆞ며니近日韓日兩國間에合兵問題가突出ᄒᆞ야兩國軍隊를一將之下에委任ᄒᆞᆷ이라더라

●憲兵干涉의禁止 日本憲兵이各道에駐在ᄒᆞ야民事上에無不干涉ᄒᆞᄂᆞᆫ지라公州가內部에跨至故로日昨내部에셔各觀察郡守와相議ᄒᆞ고統監府와交涉ᄒᆞ야日憲兵의非理作弊를嚴禁ᄒᆞ기로作定ᄒᆞ얏다더라

●幾乎斃人 三昨日下午六時에新門外等地에셔英國夫人일金뫼氏가電車를乘ᄒᆞ얏ᄂᆞᆫᄃᆡ日人一名이突入逼坐ᄒᆞ미同夫人이其無禮ᄒᆞᆷ을詰責ᄒᆞ則日人이而拒ᄒᆞᄂᆞᆫ故로掌車手가亦爲詰責ᄒᆞ니該日人이打頰愁擾ᄒᆞᄂᆞᆫ故로率往于西署ᄒᆞ야裁判之際에日人이落科ᄒᆞᆫ지라日인이以此含憾ᄒᆞ야其翌日에刀杖과六穴砲를持ᄒᆞ고乘車ᄒᆞ얏다가猝地에以杖打車手ᄒᆞ니車手가執其刀杖ᄒᆞᆫ則日인이拔刀擊之라掌車手가이一齊逃走ᄒᆞᄂᆞᆫᄃᆡ日人이大穴砲로放射ᄒᆞ니幾乎中斃라魂不附體ᄒᆞ야慌忙히에뫼氏家로投入ᄒᆞ야告訴ᄒᆞ니該家외서欲爲跟捕則日人은逃走ᄒᆞᆫ지라直時警務廳으로言及ᄒᆞ야嗣捉懲治ᄒᆞ라ᄒᆞ얏스나警廳에서如何ᄒᆞᆫ結落이無ᄒᆞ다더라

●濟牧貪政 濟州島民의投書를據ᄒᆞᆫ즉牧使趙鏞桓氏의貪虐事件이如左ᄒᆞ니一은西山場捧價放賣事一오三處果園放賣事一은吾羅村宋宗昌之妻老病之餘失足溺死ᄒᆞᆷ을토捧賂五百金事一은無仵村金太民稱以雜技罪捕賂一千金事一은饒入里申才松無罪ᄒᆞᆫ民稱以不孝二千七百金捧賂事一은參奉通政査實後捕賂萬金事一은座首訓長面長別監千餘名差出賣帖徵捧餘萬金事一오左事宗河ᄂᆞᆫ牧使之甥夫副吏朴南鶴牧使之弟其餘軍器監洪平圭都巡校曹太升刑吏金巳敎內外締結無所不爲三郡百姓無在塗炭而坊坊曲曲或二十名或三十名聚會騷擾不已事

●顧問反對 平理院에서李世種氏等獄事를判ᄒᆞᆫ터인ᄃᆡ李商在太明軾氏ᄂᆞᆫ罪不過不應爲인故로法部에셔依律勘處ᄒᆞ라ᄒᆞᆫ즉法務院의吏와法部顧問은反對其律ᄒᆞ야役十五年에處ᄒᆞ기로相持ᄒᆞᆫ다ᄒᆞ더라

●島民漸開 京城너外에所在學校가相繼而興ᄒᆞᄂᆞᆫᄃᆡ惟獨蘇島ᄂᆞᆫ人戶가千餘로ᄃᆡ學校設立을未聞ᄒᆞ얏더니近日該地耶蘇敎人들이當此人文進步之日ᄒᆞ야惟此島民이尙在黑洞世界ᄒᆞᆷ을甚히慨歎ᄒᆞ야學校를發起ᄒᆞ고또勉學會를組織ᄒᆞ야每月兩次式開會ᄒᆞ고교育上에有益ᄒᆞᆫ問題로연說ᄒᆞᆷ이一洞人民이漸次開發ᄒᆞᄂᆞᆫ狀況이有ᄒᆞ다니吾儕ᄂᆞᆫ該島民의將來前程을爲ᄒᆞ야期於크發達ᄒᆞᄂᆞᆫ實效가有ᄒᆞᆷ을深切企祝ᄒᆞ노라

●驛屯土移屬 經理院所管驛屯土ᄂᆞᆫ內藏司로收稅ᄒᆞ야니帑錢으로應用ᄒᆞ더니財政顧問이此稅로度支로付屬ᄒᆞ기로作定ᄒᆞ얏다더라

●火賊逮捕 去月十三日頃에慶山郡旅宿에火賊幾名이突入ᄒᆞ야旅客二名이被傷ᄒᆞ고又同夜에同郡居ᄒᆞᄂᆞᆫ李榮錫夫妻를砲殺ᄒᆞ고且慶州及永川間에서火賊四名을逮捕ᄒᆞ얏다더라

●初無此議 本報第四百三十號雜報欄內에服色과斷髮이란題下政府에力勸次로自强會에서發起가되얏다더라ᄂᆞᆫ說은初是事기로玆에正誤홈

詞林

自厲二首 冰室主人

平生最惡牢騷語作意呻吟苦恨誰萬事禍爲福所倚百年力與命相持立身豈患無餘地報國惟憂或後時未學英雄先學道肯將榮瘁較羣兒

獻身甘作萬矢的著論求爲百世師誓起民權移舊俗更摩哲理牖新知十年以後當思我擧國皆狂欲語誰世界無窮願無盡海天寥廓立多時

評曰士也欲酬無窮之願欲非其有萬折不挫之志氣者其孰能之

雜報

●去月二十七日木曜에皇城基督教青年會에서牧師崔炳憲氏가宗教與政治之關係로演說ᄒᆞᆫ全文이如左 續

官人之言에曰西洋諸國도政治와教會之相反이如風馬牛不及云ᄒᆞ니此誠無稽之論이라昔有二盜ᄒᆞ야夜入於教民家而搜之라가一漢이落于府塔而重傷이라主人이聞其聲音而驚起則一漢은已走ᄒᆞ고一漢은折脚難行이라主人이矜憐之ᄒᆞ야以慈悲心으로昇送于病院ᄒᆞ야治之得愈ᄒᆞ고償其療費ᄒᆞ니其盜가感服主恩曰我ᄂᆞᆫ盜也而主人이如是施恩ᄒᆞ니同一人類로善惡之別이何其天壤耶아乃悔改前習ᄒᆞ고勸其前日之同盜者ᄒᆞ야入于聖教眞理케ᄒᆞ얏시니此ᄂᆞᆫ刑法之不能禁者를以教化感之ᄒᆞ야更爲良善之民이니教道豈曰無關於政治乎아托名聖教에不遵誡命ᄒᆞ고不聽教師之言ᄒᆞ야但以挾雜으로取財非理ᄒᆞ고藉教成黨에行悖鄕曲者를以法治之ᄒᆞ야懲之答之면渠必曰我不從眞理에遭此惡刑ᄒᆞ니此皆自取라ᄒᆞ야改紘易轍에化爲良民則此豈非政法之相助教道耶아豈可曰無關哉리오

舊約以賽亞書曰凡爲邦國에不服上帝者ᄂᆞᆫ必滅亡이라ᄒᆞ고英國上議院大臣麥高來氏曰視教道之人은不但犯實國之罪라實是敗壞人類者也라ᄒᆞ니觀此二子之言컨ᄃᆡ教道가實爲立國之本이오進化之原이라惟我大韓이儒道가衰微ᄒᆞᆷ을奮興치도아니ᄒᆞ고耶蘇教理ᄂᆞᆫ目以西學而不取ᄒᆞ고但取西人之兵과與機械ᄒᆞ야設電話與語學ᄒᆞ니此ᄂᆞᆫ不務其本而取其末이라豈可成就文明哉아向聞同寮之言則有日遊學外國者ᄂᆞᆫ但知有我ᄒᆞ고眼孔無人이라ᄒᆞ니此何故歟아遊學者ᄂᆞᆫ但究政治之學與技藝之術ᄒᆞ고不務道教故也로다其志가驕矜自人ᄒᆞ야臨事輕薄이反不如不學者ᄒᆞ니可勝歎哉아今有爲官於此에不務教道ᄒᆞ고但學法律者ᄂᆞᆫ不畏上帝故로雖通達萬國之法律이라도不能行正直ᄒᆞ야有開賂之心ᄒᆞ며至有受賂之事ᄒᆞ나니安能行一定之律哉湯誥에曰予畏上帝라不敢不正이라ᄒᆞ시고關西夫子楊震曰天知神知ᄒᆞ고我知子知ᄒᆞ니豈曰無知者리오ᄒᆞ야不受王密之金ᄒᆞ니此皆追德聖理의善果라豈敢曰教道無關於政體乎아政教之關이至親至密ᄒᆞ야有輔車唇齒之勢ᄒᆞ고並行不悖ᄒᆞ며造次須臾之間에도不可暫離者也니伏願僉君子ᄂᆞᆫ以道로修身之本ᄒᆞ고以政體로爲治國之用이면千萬幸甚 甚　完

●監督贊成　留學生監督韓致愈氏가日本東京에在ᄒᆞᆫ太極學會에對ᄒᆞ야血心熱誠으로每日贊助ᄒᆞ야該會立太極學校에金二十圓을義捐ᄒᆞ고또今番此報續刊에도金五十圓을率先義捐ᄒᆞ야社會教育을勸奬ᄒᆞᆫ다더라

廣告

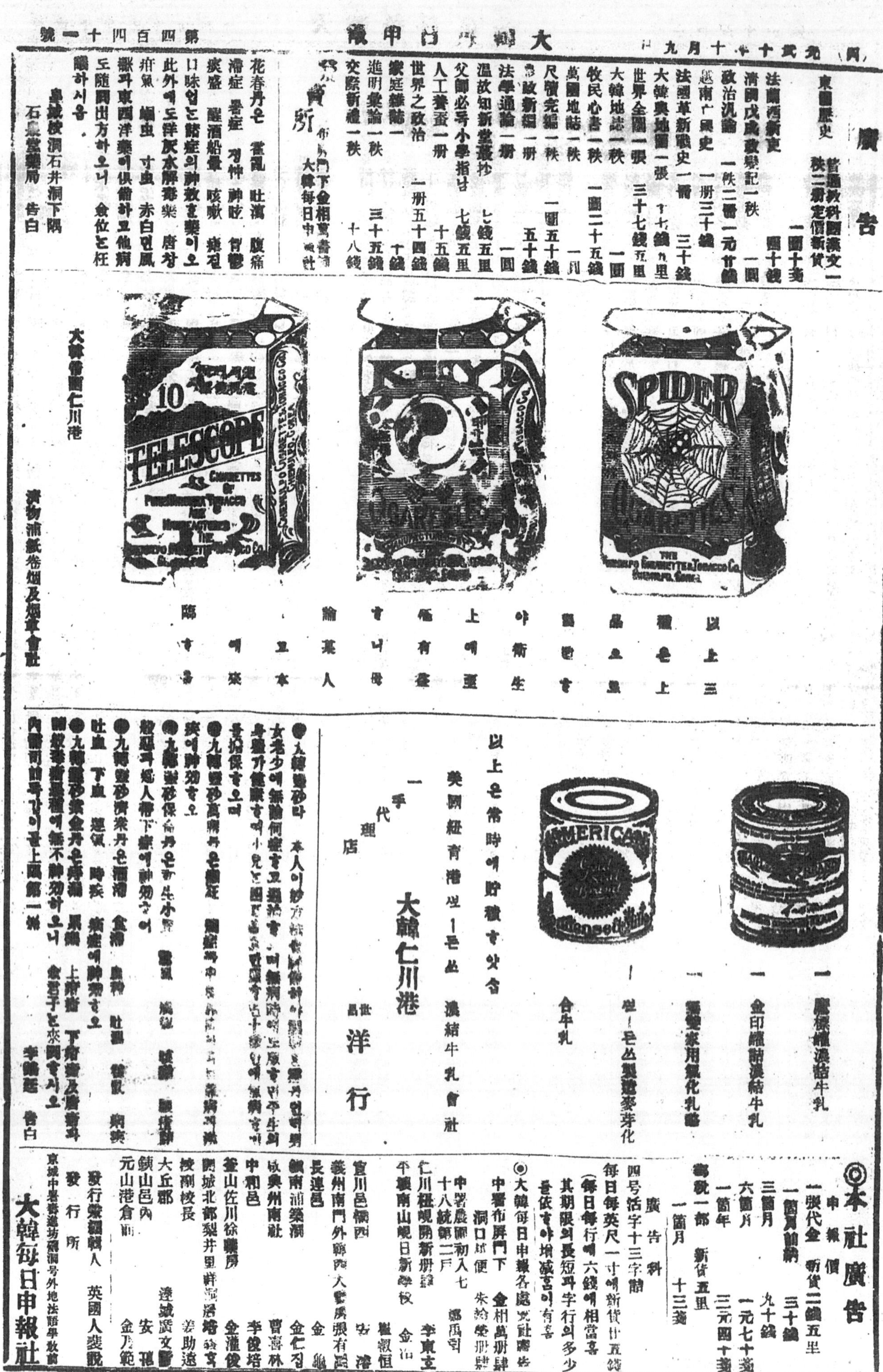

廣告

東國歷史　普通敎科國漢文一秩二冊定價新貨　一圜十戔
法蘭西新史　圜十錢
清國戊戌政變記一秩　一圜
政治汎論　一秩二冊　一元廿錢
越南亡國史　一冊三十錢
法國革新戰史一冊　三十錢
大韓輿地圖一張　十七錢九里
世界全圖一張　三十七錢五里
大韓地誌一秩　一圜
牧民心書一秩　一圜二十五錢
萬國地誌一秩　一圜
尺牘完編一秩　一圜五十錢
[illegible]政新編一冊　五十錢
法學通論一冊　一圜
溫故知新堂叢抄　七錢五里
父師必독小學指남　七錢五里
人工養蚕一冊　十五錢
世界之政治　一冊五十四錢
家庭雜誌一　十錢
進明彙論一秩　三十五錢
交際新禮一秩　十八錢

發賣所　布屛門下金相萬書舖　大韓每日申報社

花春丹은　霍亂　吐瀉　腹痛　滯症　暑症　정忡　神眩　胸鬱　痰盛　醒酒船暈　咳嗽　痢疾　口味업는諸症의神效훈藥이오　此外에도洋灰水解毒藥　唐창　疳氣　蛔虫　寸虫　赤白면風　등과東西洋藥이俱備하고他病도隨問出方하오니　僉位는枉臨하시옵

皇城校洞石井洞下隅　石泉堂藥局　告白

以上三種은上品으로衛生上에至重훈品質이有하오니一般僉君子는本社로來臨하시옵

大韓帝國仁川港　濟物浦紙卷烟及烟草會社

一　鷹標罐濃湛牛乳
一　金印罐詰濃結牛乳
一　醫藥家用製化乳糖
一　멜ㅣ른쓰製造麥芽化合牛乳

以上은常時에貯積하얏슴

美國紐育港멜ㅣ른쓰濃結牛乳會社

一手代理店　大韓仁川港　世昌洋行

●九轉靈砂라　本人이妙方을[illegible]男女老少에無論何症하고[illegible]身體가健康하며小兒는[illegible]無病하게保하오며
●九轉靈砂萬病丹은[illegible]痰에神效하오
●九轉靈砂保命丹은[illegible]敎痢과婦人帶下症에神効하며
●九轉靈砂清氣丹은滯潟　食滯　吐瀉　嘔吐　下血　瘧疾　時疾　病症에神効하오
●九轉靈砂黃金丹은痔漏　腫痛　上府齒　下府齒及蟲齒과肉種[illegible]에無不神効하오니　僉君子는來購하시오

內部前面부근이곰上面第一[illegible]　李鍾廷　告白

◎**本社廣告**

申報價
一張代金　新貨二錢五里
一個月前納　三十錢
三個月　九十錢
六個月　一元七十戔
一個年　三元四十戔
郵稅一部　新貨五里
一個月　十三戔

廣告料
四号活字十三字詰
每日每英尺一寸에新貨廿五錢
(每日每行에六錢에相當홈)
其期限의長短과字行의多少를依하야增減홈이有홈

◎大韓每日申報各處支社廣告
中署布屛門下　金相萬冊肆
洞口內便　朱翰榮冊肆
中署農圃初入七十八統第二戶　鄭馬리
仁川桂峴朋新冊舖　李東支
平壤南山峴日新學校　金治
宣川邑[illegible]　崔毅恒
義州南門外[illegible]　安[illegible]
長湍邑　金[illegible]
鎭南浦築洞　金仁집
咸興州南社　曹喜林
中和邑　李俊培
釜山佐川徐藥房　金灌俊
開城北部梨井里　[illegible]
校洞校長　姜助遠
大丘郡　透城廣文[illegible]
鎭山邑內　安[illegible]
元山港倉前　金乃範

發行兼編輯人　英國人裵說
發行所　京城中署壽進坊[illegible]洞号外地法語學校前　大韓每日申報社

第四卷

大韓每日申報

대한매일신보

三百四十二號

月曜及慶節歲時日休刊

檀君開國四千二百三十九年
箕子元年三千二十八年
大韓開國五百十五年
日本明治三十九年
淸國光緒三十二年
◉陰曆丙午八月大廿三日丁亥

論說

對官吏自虐ᄒᆞ야歎國民昧弱

昔에英國賢相比士氏曰凡爲人民ᄒᆞ야自國政府의虐政을抗拒치못ᄒᆞᄂᆞᆫ者ᄂᆞᆫ軟骨無膓ᄒᆞᆫ人民이라必然他國人의壓制를甘受ᄒᆞᆯ터이니此ᄂᆞᆫ決코우리英國人民은아니라ᄒᆞ얏스니諒哉라言乎야彼其居政府之上ᄒᆞ야開闢民智가如此ᄒᆞ며培養民氣가如此ᄒᆞ니其國情이安得不活潑이며其國力이安得不盛壯乎아故로西儒有言曰有民權之國이라야其民이有愛國之心이라ᄒᆞ니豈不信哉아本記者ㅣ住此韓國ᄒᆞ야悉其風習ᄒᆞ니爲官吏者ᄂᆞᆫ專혀壓制人民ᄒᆞ며侵虐人民으로爲其職分ᄒᆞ며爲人民者ᄂᆞᆫ但히卑屈於官吏ᄒᆞ며被壓於官吏로謂其常例ᄒᆞ니上賊其下ᄒᆞ고下怨其上ᄒᆞ야以至今日에國情之壞爛과國力之腐敗가達於極項ᄒᆞ야頓無一點生氣ᄒᆞ니可勝痛歎哉아

本記者ㅣ開此報館以來로地方官吏의貪虐之聲이日接於耳ᄒᆞ니每聆其事實에不覺瞠乎其驚ᄒᆞ고凜乎其寒心이로다彼官吏輩의賊民病國之罪를固不可勝討어니와抑其國民이亦有罪焉이로다西方哲學家之言에曰侵奪人之自由者도罪也오放棄其自由者도亦罪也라ᄒᆞ얏스니惟皇上帝ㅣ降此生民ᄒᆞ사各其賦與ᄒᆞ신自由權限이箇箇人上에稟受ᄒᆞᆫ者가有ᄒᆞ거날何故로韓國胞ᄂᆞᆫ天賦ᄒᆞ신自由를放棄ᄒᆞ고其生命과財產을一委於官吏輩之束縛侵奪乎아此ᄂᆞᆫ無他라學問이素無ᄒᆞ야民智가愚昧ᄒᆞ고民氣가劣弱ᄒᆞᆫ緣故라若其民智가開明ᄒᆞ고民氣가強壯ᄒᆞ야天賦自由를確守勿失ᄒᆞ면雖擧國官吏가皆跖蹻之流라도必不能肆其貪虐ᄒᆞ리로다

蓋此東方의人民受病之源이久且深矣라西儒之言을曰國民者ᄂᆞᆫ其家之主人이오官吏者ᄂᆞᆫ受雇執役之工人이라ᄒᆞ얏거날東方之敎에ᄂᆞᆫ國民은曰赤子라ᄒᆞ고官吏ᄂᆞᆫ曰民之父母라ᄒᆞ니夫赤子云者ᄂᆞᆫ其身體가柔軟ᄒᆞ고智識이蒙昧ᄒᆞ야不能自衛其生ᄒᆞ고賴其養育於父母者를謂함이니今以全國人民으로通謂之赤子이면此國內二千萬衆이皆其身體柔軟ᄒᆞ고知識蒙昧ᄒᆞ야不能自衛其生者니如此히愚昧劣弱ᄒᆞᆫ人民이安往而不受其束縛壓制乎아彼官吏ᄂᆞᆫ不過是旅往旅來에食民之租稅ᄒᆞ고代理其民事이거날其曰民之父母가尤何千萬無據之稱也오人民은以赤子自居ᄒᆞ니此所以委其生命於他人ᄒᆞ고不敢有自強自立的思想者也요官吏ᄂᆞᆫ以父母自處ᄒᆞ니此所以傲然自高ᄒᆞ야殺活予奪을惟其恣意所欲이로다

夫官吏와人民間에各其義務와權限이自在ᄒᆞ니惟是各守其法律ᄒᆞ며各修其職分ᄒᆞ야盡其愛國之責任而已라若其民或有凌犯之習이거나官或有侵奪之弊者면其獲罪於國律이一也라且韓國之俗에有可怪可笑之事ᄒᆞ니官吏가有善治云者면所謂不忘碑니萬人衆이니ᄒᆞᄂᆞᆫ許多文飾이出於民力ᄒᆞ니設或官吏의實惠實蹟이有ᄒᆞᆯ지라도不過自修其職分이라有何救世濟衆之大功德ᄒᆞ야若是其稱揚紀念耶아

又況實惠實蹟이未必有之오乃一種奸民輩가以阿諛官長之惡習으로排斂民間ᄒᆞ야藉此沒情之虛譽者로다噫라人民이卑屈於官吏가如此ᄒᆞ고被壓於官吏가如此라其愚昧劣弱이達於極點ᄒᆞ야絕無一毫自強自立的思想ᄒᆞ니엇지外人의壓制束縛을不受ᄒᆞᆯ能力이有ᄒᆞ리오其將奴隸而已요犧牲而已니寧不悲哉며寧不痛哉아

本記者ᄂᆞᆫ對此韓國同胞ᄒᆞ야大聲疾呼ᄒᆞ노니往者ᄂᆞᆫ不可諫이어니와來者ᄂᆞᆫ猶可追라繼自今으로아모조록普通學問에從事ᄒᆞ야知識을開發ᄒᆞ고天賦自由를回復ᄒᆞ면官吏侵虐을必然不受ᄒᆞᆯ거시오一層更進ᄒᆞ면外人의束縛壓制도脫免ᄒᆞ고世界上快樂ᄒᆞᆫ生活滋味를享有ᄒᆞ리니嗚呼其勉之어다

官報

●三千五百七十九號 光武十年十月九日

◉敍任及辭令

○度支部協辦柳正秀 法部協辦李濬就 學部協辦閔衡植 議政府外事局長韓昌洙 命內部地方官銓考委員○解署理卿事務 掌禮院副卿朴鳳柱○依願免兼任掌禮 奉常司副提調洪承斗○兼任掌禮 奉常司副提調金炳億

◉部令

學部令第二十號 師範學校令施行細則 (續)

農業	二	農事의大要 水產大要
商業	二	商業의大要
手工	二	木竹지의細工及粘土細工의대要

第二號

師範學校豫科本科課程及每週時數表

學科目	時數	程度
修身	一	人倫道德의要領
國語	三	講독文法作文習字
漢文	四	講독
日語	五	독法解釋會話習字
歷史地理	三	本國歷史地理
數學	五	算術(整數)의加減乘除
理科	四	植物動物礦物及自然現象
圖畫	二	自在畫等畫及應用畫
體操	三	普通體操及兵式體操
音樂	二	單音唱歌

第三號

師範學校速成科課科及每週教授時數表

學科目	時數	程度
修身	一	人倫道德의要領
敎育	五	敎育의原理教授의原則敎育去令及學校管理法實地授業
國語	三	講독文法作文習字
漢文	三	講독

未完

外報

●督學局新設 北京電에曰ᄒᆞᆫ즉學部에서ᄂᆞᆫ督學局을新設ᄒᆞ고該局官吏를派ᄒᆞ야학事를視察케ᄒᆞᆫ다더라

●玖馬總督 玖馬의治安을恢復ᄒᆞ기爲ᄒᆞ야新大統領選擧ᄒᆞᆯ셔지ᄂᆞᆫ米國陸相(다후도氏)가假政府를組織ᄒᆞ야玖馬總督에在ᄒᆞ기로米國大統領이命令ᄒᆞ얏다더라

●爆發藥製造所의査出 倫敦電을據ᄒᆞᆫ則俄國리가市와彼得堡에서爆發藥製造所가査出되야三十名이捕縛되얏다더라

●秋季大연習 上海電을據ᄒᆞᆫ則淸國에서秋季大연習을임의着手가되야去月二十九日노부터河南軍과湖北軍과直隸軍은今月二日노부터七日頃까지出발ᄒᆞ얏고又南軍은河南省衛輝府로北軍은直隸省順德府로集合ᄒᆞ고또閱兵大臣鐵良及袁世凱氏ᄂᆞᆫ今十三日頃에연習地로向ᄒᆞ야出발ᄒᆞᆫ다더라

雜報

●強者에無法律 再昨日에樵童二名이禁山內에서數葉松枝를割伐ᄒᆞ얏더니巡山ᄒᆞᄂᆞᆫ別巡檢에게捕縛되야殘松數抄를束付하야主殿院으로捉納ᄒᆞᄂᆞᆫ데傍觀一人이長歎曰汝輩가沒覺兒로犯法ᄒᆞ얏고니南山松樹ᄂᆞᆫ日人이自意로拔去ᄒᆞ되官에셔任意斫伐ᄒᆞ되禁止無人ᄒᆞ니法律도弱ᄒᆞᆫ者에게만施行ᄒᆞ지強ᄒᆞᆫ者에게ᄂᆞᆫ無用이라ᄒᆞ더라

●陞差自退 稅務官十餘人을度支部主事로陞差派送ᄒᆞ다더니該部主事들이陞差ᄒᆞ기를自退ᄒᆞᄂᆞᆫ者多數ᄒᆞ다더라

●但喫月銀而已 學部補佐官卜村氏가該府參與官某氏를對ᄒᆞ야曰韓國人民에教育發達을ᄒᆞ고자ᄒᆞ니爲何措處ᄒᆞ고ᄒᆞ되該시일터인데잘施行이되지아니參與官所答에君我가韓國月給이나圖食ᄒᆞᆫ이지教育發達이何關이고ᄒᆞ얏다니韓國에셔ᄂᆞᆫ外人을雇聘ᄒᆞ야民事에ᄂᆞᆫ利害를바無ᄒᆞ고月俸만徒費ᄒᆞᆫ다고巷說이喧藉ᄒᆞ더라

●金環汝沒 藍浦郡居李某가秘書丞을圖得ᄒᆞ기爲ᄒᆞ야金指環等品으로製造ᄒᆞ야園洞某大臣別室에게랍ᄒᆞ얏더니此月彼月秘書丞은되지안코金指環만乾沒ᄒᆞ얏다더라

●內協自鳴 近日各觀察使中에前光州觀察使李道宰氏와前全北觀察使韓鎭昌氏가自赴任退歸內ᄭᆞ지各新聞上에論駁이無ᄒᆞᆫ지라日前內部會議席에서該兩氏에善治ᄒᆞᆷ을贊頌ᄒᆞ되內部協辦崔錫敏氏가反對ᄒᆞ며曰觀察이던지郡守던지新聞論駁을頻數히當ᄒᆞᄂᆞᆫ人이成敗間에治蹟實效가有ᄒᆞ지寥寥無聞ᄒᆞ면善治ᄒᆞᆫ다고可謂치못ᄒᆞ리라ᄒᆞ얏다더라

●學資勒徵의裁判 丹陽郡守朴初陽氏가학校經費를稱托ᄒᆞ고民間에饒戶를調查ᄒᆞ야幾千兩幾萬兩式勒徵ᄒᆞ가다民訴를因緣ᄒᆞ야平理院에押上裁判ᄒᆞᄂᆞᆫ데法官曰學校民財를討索ᄒᆞ얏시니是何行政乎아朴氏曰不然이다學校를設始ᄒᆞᆯ새가無ᄒᆞ야不得已饒戶에排斂ᄒᆞ얏노라法官曰學校補助金은元來各其自願ᄒᆞ야助ᄒᆞᄂᆞᆫ거시當然ᄒᆞ거ᄂᆞᆯ勒捧ᄒᆞᄂᆞᆫ經緯가安在乎아朴氏曰그러면學部에서學校廢止ᄒᆞ라ᄂᆞᆫ訓令을頒布ᄒᆞ시면學校를勿施ᄒᆞ게소ᄒᆞ면서自己堂叔[illegible]에勢力을藉恃ᄒᆞᄂᆞᆫ樣이有ᄒᆞᆫ지라革鞭으로亂打退送ᄒᆞ얏더니朴日가北村某某家舍廊에來往ᄒᆞ야無罪히革鞭을當ᄒᆞ얏다고說明ᄒᆞᆫ다더라

●地方警署 自明年度爲始ᄒᆞ야各地方에警務分署를設置ᄒᆞᆫ다더라

●普昌秋試 江華府普昌學校에서秋期試驗을經ᄒᆞ얏ᄂᆞᆫ데普通科二學年에甲級은高學祚劉春植劉春학咸永三李成龍丁俊錫乙級은田喜龍柳範鎬咸永文田喜滿高英根四一학年에高하雯柳元春南寒岩諸人이라더라

●觀察과府尹의職權 地方官制改定事에對ᄒᆞ야統監府에셔地方裁判所職權을行文示明ᄒᆞ얏ᄂᆞᆫ데道觀察使ᄂᆞᆫ兼任判事ᄒᆞ고府尹은檢事를兼ᄒᆞ야罪犯을公訴ᄒᆞᆫ後에ᄂᆞᆫ判事의게質直ᄒᆞ기로磨鍊ᄒᆞ얏다더라

●訓飭查報 各新聞이地方官에不法行爲를揭載ᄒᆞᆫ事項이有ᄒᆞ면從ᄒᆞ야次로內部에셔摘概ᄒᆞᄂᆞᆫ事ᄂᆞᆫ已揭ᄒᆞ얏거니와參與官이發論ᄒᆞ기를地方官에不法이新聞에現載ᄒᆞ기ᄂᆞᆫ勿掛慮常ᄒᆞ고訓飭觀察ᄒᆞ야查報케ᄒᆞ지ᄒᆞ얏다더라

●經理解任說 軍部大臣李根澔氏ᄂᆞᆫ百番辭職ᄒᆞ다ᄒᆞ나其니容은軍大之任은終身職이오經理院署理ᄅᆞᆯ解任ᄒᆞ라ᄒᆞᄂᆞᆫ데經理院卿은沈相薰氏가被任ᄒᆞᆫ다더라

●銓考七條 內部參與官과各銓考委員이銓考問題를議定ᄒᆞ얏ᄂᆞᆫ데政治大要財政要領會計槪算法律制定日語粗解外國語員이臨時擬題會合七條件으로定ᄒᆞ얏다더라

●山蔘을何以歸正고 園洞某大臣이八角亭南重熙氏의山蔘取食ᄒᆞᆫ件은已報에揭載ᄒᆞ얏거니와南氏가山蔘居間ᄒᆞᆫ元民氏를對ᄒᆞ야曰某大臣께서山蔘效力이大段發達ᄒᆞ엿다ᄂᆞᆫ데郡守一窠ᄂᆞᆫ何故斬施오ᄒᆞᆫ則元民曰金指環을遺랍ᄒᆞ고도經年토록秘書丞을못ᄒᆞᆫ이도有ᄒᆞᆫ데山蔘幾根을맛ᄒᆞ고郡守를如是督施乎아今番奏本에ᄂᆞᆫ階梯가無ᄒᆞ야不成ᄒᆞ얏스나後次奏本에ᄂᆞᆫ丁寧히된다ᄒᆞ기를再三拖延ᄒᆞᆷ으로畢竟郡守도못되고參價도乾沒ᄒᆞᆫ之境이라新聞上揭載가되미某大臣이南氏를請ᄒᆞ야曰郡守ᄂᆞᆫ隨機周施ᄒᆞᆯ거시니不然ᄒᆞ면上新聞에正誤ᄒᆞ라ᄒᆞ거ᄂᆞᆯ南氏曰此是山蔘價相關되ᄂᆞᆫ李昌德의所載오非侍生之所記則不可正誤니參價ᄂᆞᆫ지郡守던지兩段間에從速歸正ᄒᆞ라ᄒᆞ얏다더라

●殿最還送 黃海道管下各郡守令春夏等殿最ᄂᆞᆫ觀察이久無ᄒᆞᆫ故로朴彝陽氏가赴任以後에今才修上ᄒᆞ얏ᄂᆞᆫ데褒貶辭意ᄂᆞᆫ上中下가辨明ᄒᆞ고下段에ᄂᆞᆫ韭上懸錄ᄒᆞᆫ지라內部에셔該殿最를還下送ᄒᆞ고更錄報來ᄒᆞ라ᄒᆞ얏다더라

●署理妄舉 慶尚北道관察署理朴重陽氏ᄂᆞᆫ道參書官을관察使가爲任ᄒᆞᆫ다ᄂᆞᆫ說을聞ᄒᆞ고日語粗解者도即爲擬來ᄒᆞᆫ故로니部에서鼻笑ᄒᆞᆫ다더라

●濁哉定倅 寧邊郡署理定州郡守尹喬榮氏ᄂᆞᆫ嘉山居尹克道의鱉魚 남셩이 가家에三年에不食ᄒᆞ고生ᄒᆞ고每吸東氣ᄒᆞ니此亦異物이라ᄒᆞ고進上次로緊封上送ᄒᆞ얏더니內部에셔該魚ᄂᆞᆫ投之水中ᄒᆞ고尹郡守ᄂᆞᆫ論警訓令ᄒᆞᄂᆞᆫ데其濁政을無不鼻笑라ᄒᆞ더라

●外交問題 今番地方制度改定時에府尹을內部에셔句管ᄒᆞᆫ지라統監府에셔屢次勸告ᄒᆞ기를府尹의外交事를專任ᄒᆞ얏스니該外交事項은統監府와直接妥決ᄒᆞ라ᄒᆞᄂᆞᆫ故로內部에셔政體에事不當然이라ᄒᆞ고拒絕ᄒᆞ얏다더니統監府에셔再昨日政府로公文ᄒᆞ기를貴政府에셔昨年十一月에帝國政府와新條約을締結ᄒᆞ야外國人交涉事項을帝國政府에委托ᄒᆞᆫ結果를因ᄒᆞ야統監府及理事官制第五條의規程으로外交ᄉᆞ務를迅速히ᄒᆞ야遺憾이無케ᄒᆞᆷ은貴政府의意見이帝國政府와同一ᄒᆞᆫ지니各地方관察使와郡守가外國及外國人交際事項을統監府와直接妥決로된事項이緊重ᄒᆞ거든該地方官이統監府訓示로妥決後에ᄂᆞᆫ內部大臣에게報明ᄒᆞ기를各地方에訓防ᄒᆞ라ᄒᆞ얏스니政府와內部ᄂᆞᆫ外交事項에對ᄒᆞ야地方官의交涉과統監府의處理만垂手傍관ᄒᆞᆯ지라國權이於此盡廢ᄒᆞ여ᄂᆞᆫ데政府에셔ᄂᆞᆫ一無講策交涉ᄒᆞ고俯首聽命ᄒᆞ야관察郡守等에措辭訓飭ᄒᆞ라ᄒᆞ고昨日內部로移照ᄒᆞ얏다더라

●至冤莫伸

南來人의傳說을聞ᄒᆞᆫ則高山雲溪居金氏婦人이趙氏家의出嫁ᄒᆞ야不幸早喪其夫ᄒᆞ고只率一個孤兒而固窮守節이無愧於松竹矣러니去三月分의同閈居朴仁壽爲名者가敢生不測之心ᄒᆞ야暮夜無知에入閨欲奸則壯哉婦人이여據理大責ᄒᆞ야抵死不從ᄒᆞ고翌日의一邊血書鳴冤于該郡ᄒᆞ며一邊急通于珍山居시三從姪趙炳弼氏家러니炳弼氏가不勝憤歎ᄒᆞ야呈郡雪寃次로往探彼ᄒᆞᆫ則聽彼朴仁壽가自知其罪ᄒᆞ고隱避不見이라如此禽犢之類을不可仍置之意로呈單于該郡則題音內에自洞中隨其人來期於捉來云故로卽爲到付러니朴仁壽가朝出暮入ᄒᆞ야常隱跡於其從叔朴淵轍家나然該洞民은壓於朴哥之威勢ᄒᆞ야不能施行ᄒᆞᆷ에該洞에不勝憤冤ᄒᆞ야此意를通于珍山矣러니丕炳弼氏ᄂᆞᆫ適其時出他ᄒᆞ고其仲第炳赫氏가率若箇宗戚ᄒᆞ고隨後追ᄒᆞ야跟捕次로追入於仁壽所在處則該彼淵轍이隱匿仁壽ᄒᆞ고反以杖之習으로假稱失物ᄒᆞ고粧出虛無ᄒᆞ야欲爲脫空渠姪之罪ᄒᆞ라ᄂᆞᆫ故炳弼이가仁壽의強奸未遂之律과淵轍의誣訴之律을請判ᄒᆞ라고本府의呈訴則題辭內에朴淵轍은捉查嚴懲ᄒᆞ고朴仁壽ᄂᆞᆫ星火押上ᄒᆞ라ᄒᆞᆫ故로該郡에到付ᄒᆞ야捉囚ᄒᆞᆫ지本郡日에랍賂左右ᄒᆞ야旋卽放釋ᄒᆞ고又誣告平理院ᄒᆞ야多付勢札ᄒᆞ야請囑左右ᄒᆞ야曖昧ᄒᆞᆫ趙雲內金性학盧喜先을府獄에捉囚ᄒᆞᆫ故로該寡가自家의雪恥ᄂᆞᆫ姑舍ᄒᆞ고反使白玉無瑕之[illegible]으로橫被惡名ᄒᆞ거슬憤抑히여기어徒步往府ᄒᆞ야呼號鳴冤則觀察이聽若不聞ᄒᆞ니ᄯᅩ呈書鳴冤ᄒᆞᆫ則朴淵轍과裁判을시기거날該寡가入庭問曰丕金盧二人은何故捉囚乎며朴仁壽ᄂᆞᆫ何不捉懲乎아ᄒᆞᆫ則觀察의所答이夜入人家가六箇月禁獄인故로捉囚ᄒᆞ얏고朴仁壽ᄂᆞᆫ未可捉得故로不治라ᄒᆞ거날

未完

雜報

●宣倅贓條 宣川郡守白樂三氏가貪虐紛競에幾手段으로每每聽訟에曲直은無論ᄒᆞ고非錢則不行ᄒᆞ며且宴遊를耽樂ᄒᆞ야娼妓數三을常置內衙ᄒᆞ고政治上職務ᄂᆞᆫ歸之烏有ᄒᆞ며셔或以虛無之說로搆捏于日憲兵隊ᄒᆞ야殺欲無辜之民ᄒᆞ니日語를能히ᄒᆞ고外人을善히交涉ᄒᆞᆷ이還爲一大不幸이라是以로民冤이漲天ᄒᆞ되其色自若ᄒᆞ야威儀를盛張ᄒᆞ고肥巳之慾과網民之政을無所不至ᄒᆞᆫ딕貪贓諸條ᄂᆞᆫ左와如ᄒᆞ다더라

一日人松本仙十郎處本郡東林城石賣渡潛食錢엽二千兩

一昨年到任前空官時官貺中三分二度支入庫條潛食錢葉一百九十九兩九錢五分

一昨年免官時官貺中三分二度支入庫條潛食錢葉一千四百二十七兩三錢七分

一本郡稅入中勒奪邑村錢엽一千八百兩

一大小民等處討賂及賣任亂帖錢一萬六千二百九十四兩

一章程外加設吏料排民斂米冤聲衛天事

一金寧一金賢蘭張碩仁日人處脈穀償還奪潛食錢三百五十兩

●漁基運動費 慶南沿海郡어民等의投書를據ᄒᆞᆫ則金在祐等이今以浮浪雜類로出沒京鄉ᄒᆞ야慶南官民條어[illegible]에承認ᄒᆞ얏다假稱ᄒᆞ고內外國人에게滿動費를請債ᄒᆞ야고日夜奔忙ᄒᆞᆫ다ᄒᆞᆷ으로어民等幾百名이크게憂慮ᄒᆞ야星火送人ᄒᆞ야其運動處를質問ᄒᆞ라ᄒᆞᆫ다더라

●江西郡師範學校來函 敬啓者昔吾夫子之作春秋也에抑强扶弱ᄒᆞ며尊王討亂ᄒᆞ사片言之褒ᄂᆞᆫ於華衮ᄒᆞ며隻字之誅ᄂᆞᆫ嚴於斧鉞ᄒᆞ야垂爲萬世綱權ᄒᆞ시니貴中報가近之라嗚呼際此列强競爭之日ᄒᆞ야如無公法伸張之義면不免胥呑相噬之患矣리니此區區所以一欲ᄒᆞ야賀於貴社ᄂᆞᆫ爲其操特筆而持此論也라楮幣二元을忘些奉呈ᄒᆞ야以助濡沫之資ᄒᆞ오니哂領爲仰

布哇韓人敎會報의時事談說
근일본국소문을드러본즉부귀빈천물론ᄒᆞ고예슈교로드러온다ᄒᆞ니령혼을구ᄒᆞ랴나압제를면ᄒᆞ랴나성경보고참믿으면디옥입제또면켓네
남녀노소다믿으면련국되오기렵지안소련국빅성된후의야누가능히멸시ᄒᆞᆯ쇼영싱ᄒᆞ고수치면ᄒᆞᆯ것ᄒᆞᆫ량업시깃부도다
슈명장슈ᄒᆞ조ᄒᆞ면위싱밧게다시업고위싱면져ᄒᆞ조ᄒᆞ면쳐결밧게다시업네젼신목욕ᄌᆞ죠ᄒᆞ고정ᄒᆞᆫ의복입고보면남보게도죠커니와ᄂᆡ일신이강건ᄒᆞ오
경찰소무확장ᄒᆞ야위싱쳥결실시ᄒᆞ니집집마다ᄋᆞ예물를징역군이슈운ᄒᆞ야오예장의내바리니인가쳥결되얏네
민가쳥결다ᄒᆞᆫ후의정부쳥결ᄒᆞ야볼가라란죠정간세비를싸리박박쓰라ᄒᆞᆫ두기도두지말고멀리멀리버려보세
락란죠정오예물은언으곳에버려볼가슈로천리륙로천리제쥬도에들어가셔오예장을광졈하고우리안치하야두디
두국ᄇᆡ민오예물을멀리멀리ᄇᆡ바리여그병끈인업셔지면국체ᄌᆞ연강건하고민졍이ᄌᆞ연평안하야만세천세슈명장슈장담하고될터이지
이오예물져간차면사실하기어렵지만은ᄋᆞ법힘위생ᄭᅩ하면져간하기극히쉬입다우리ᄃᆡ한삼쳔리강토가이갓치차차흠흠이되고오ᄇᆡᆨ년종ᄉᆞ가이것젹젹위틱하니 마완

廣告

◎本社廣告

申報價
一張代金 新貨二錢五里
一箇月前納 三十錢
三箇月 九十錢
六箇月 一元七十錢
一箇年 三元四十錢
郵稅一部 新貨五里
一箇月 十三錢

廣告料
四号活字十三字詰
每日每英尺一寸에新貨廿五錢
(每日每行에六錢에相當홈
其期限의長短과字行의多少를依ᄒᆞ야挽減홈이有홈

◎大韓每日申報各處支社廣告
中署布屛門下 金相萬冊肆
洞口내便 朱翰參冊肆
中署壽進坊初入七十八統第二戶
仁川 新冊肆 李東圭
平壤南山峴日新學校 金
宣川邑福西 安濬
義州南門外 金
長連邑 金
鎭南浦 金仁
咸興州南社 曹喜林
中和邑 李俊培
開城北部 金濟俊
釜山佐川 徐
校洞校長
大丘郡 達城廣文社
鐵山邑內 安
元山港倉 金乃範

發行兼編輯人 英國人 裵說
發行所 京城中署壽進坊洞号外地法語學校前
大韓每日申報社

第四卷

大韓每日申報
대한매일신보

第三百四十三號

月曜及慶節 歲時日休刊

檀君開國四千二百三十九年
箕子元年三千二十八年
大韓開國五百十五年
日本明治三十九年
淸國光緖三十二年
◎陰曆丙午八月大廿四日戊子

論說

晴雨表

露日媾和條約이不完호거신즉은普通信認호바어니와最善注意면此乃休戰而已라俄國內에事端이至於整頓호야戰役을繼續케되엿며면休戰이或當延期되얏슬터이로다

現今事勢로觀之컨디英國에同盟된勇敢多欲호邦國이更立於戰局호거시有其理勢호니蓋日本이過去戰役에財政被損이如彼巨大인바惟其政府에餘策은經用을極減호것과無力隣邦의財欵을卒然攫取호게시라日本人의性質을知悉호는人士는事將至如何호거슬卽知호려니와且事機가日益表著호나니此는日本을過去戰役에連累호韓人이日本國事를今亦善導或誤導홈이로다

林氏가現今北京에서戰端을釀生호禍萌을多種호나니些少事端은支那國境에稅關問題와西伯里亞及滿洲水路에世界貨物의通行問題며且樺太南部에割讓호漁業問題에도日露가不得一致호는거시오惟其重要者는日本이借得호遼東一部에서試圖治權호거슬要求호는거시니林氏가此를請求호얏다云이오且日本報筆이催促호되遼東에日本武略行政이租借地內에淸國人民을管轄호完全호裁判權을富有호리라호얏스니

此報筆은二三朔以前에淸國의大望을確許同意호던者라此를記憶호면日本政策의變更을關係호는何許事가外交界에發現됨을可知로다

日本이今與淸國으로欲起爭端홈이確然호니此事態가或至開戰호는지且其戰役에淸國이掠奪될는지日本이不快호는지는英國態度에全係호지라若日本이與淸開戰이면此는出於侮伐이니如此戰役에는雖外他列强이勢力을聯合호야世界平和에加其紊亂者를懲潰호며도法理或德義上으로日本의게英國助力이未有로다

官報

●三千五百八十號 光武十年十月十日

◎宮廷錄事

宮內府特進官李輔榮辭職䟽
批旨省䟽子悉所請依施
學士臣李始榮辭職䟽
批旨省䟽子悉夫豈不諒而然也宜亦知必不容辭矣更勿爲煩卽起發道

◎敍任及辭令

○命兼任京畿稅務監 仝觀察使成岐運○命兼任忠淸北道稅務監 仝觀察使尹吉炳○命兼任忠淸南道稅務監 仝관察使金嘉鎭○命兼任全羅北道稅務監 仝마察使金奎熙○命兼任全羅南道稅務監 仝관察使沈相翊○命兼任慶尙北道稅務監 仝관察使韓鎭昌○命兼任慶尙南道稅務監 仝관察使趙民熙○命兼任黃海道稅務監 仝관察使朴升陽○命兼任江原道稅務監 仝관察使權益相○命兼任平安南道稅務監 仝관察使李始榮○命兼任平安北道稅務監 仝관察使申泰休○命兼任咸鏡南道稅務監 仝관察使鄭鳳時○命兼任咸鏡北道稅務監 仝관察使任厚鎬

◎部令

學部令第二十號
師範學校令施行細則 (今)

科目	時數	內容
日語	四	독法解釋會話習字
歷史地理	三	本國及外國歷史地理의大要
數學	四	筭術整數分數小數比例及百分筭
理科	四	植物動物礦物及自然의現象
圖畫	二	自在畵摹畵及其畵
體조	三	普通體조兵式체조
음樂	二	單음唱歌及樂器使用法

第四號書式
입학請願書

住
姓名
年 月 日 生

本人이普通學校教員되기를志願호야貴校本科(速成科)에入學코져호와別紙履歷書를添聯請願호오니許可호심을望호옵나이다

年 月 日
姓名印
保證人 住 姓名印
保證人 住 姓名印
官公立某師範學校長姓名座下

第五號
誓約書

本人이貴校에入學許可를得호온바諸般規則命令을恪勤遵守호오며卒業後에는規定호服務에着實從事호깃고又某가在學中에關호事件은保證人이一切處理호올바萬一其在學中에給與호學資金을償還호라는命令이有호境遇에는本人及保證人이一體로其責任을擔當호야趁速償還호올意로玆에聯署호야誓約書를呈호옵나이다

年 月 日
本人姓名印
保證人 住 姓名印
保證人 住 姓名印
官公立某師範學校長姓名座下

第六號書式
卒業證書

姓名
年 月 日生

右員이本校本科(速成科)의所定學科를卒業호얏기玆에此를證홈이라

年 月 日
官公立某師範學校長品勳姓名印
番號

第七號書式
修了證書

姓名
年 月 日生

右員이本校講習科의某科를修了호얏기玆에此를證홈이라

年 月 日
官公立某師範學校長品勳姓名印
番號

光武十年八月廿七日
學部大臣李完用 完

外報

●運河工役 俄國에서黑海波羅的海에聯絡을圖호기爲호야大運河를開鑿호야도네블쓰우이나兩河를接續케홈을計畫호다가該工役費가夥多홈으로荏苒히今日에至호얏더니近者에俄國外務省에서開鑿호기로決定호고水路方向踏査를依定호야明年度預算에編入호얏는디該工役費가略二億六千萬留라더라

●俄帝御還 伯林電을據호則俄國皇帝씌서페테루호후宮으로還御호얏다더라

●唐氏上奏 北京電을據호則唐紹儀氏는淸俄協約에對호야俄國意見의平和的과俄國이北滿洲各部解放을承諾호얏다는事를上奏호얏더라

●玖馬占領 米國에서는玖馬島의占領을永久的傾向으로써政府軍의武器解除를開始호얏고同島의占領은英國의埃及占領과相似호다더라

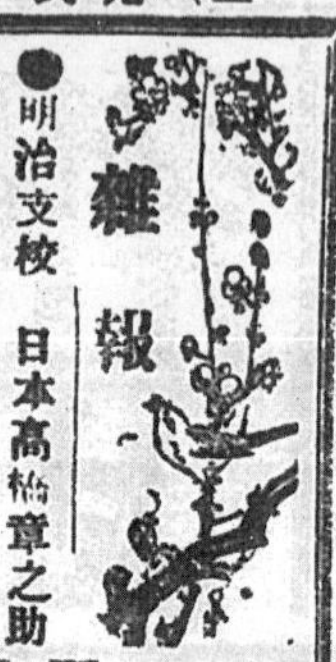

雜報

●明治支校　日本高橋章之助氏가明治大學校支校를韓國內에設立ᄒᆞ기로現今注意中인ᄃᆡ日昨에法部官人과法官養成所教官諸氏와普成專門學校教官을請邀ᄒᆞ야設校ᄒᆞᆯ方針을措劃敎示ᄒᆞ라ᄒᆞ얏다더라

●韓人은營業無望　統監府에서農商工部로照會ᄒᆞ되崔翊煥氏에어業會社認許狀을還收ᄒᆞ라ᄒᆞ얏다ᄒᆞ니韓國人民은商業도못ᄒᆞ게ᄒᆞ고日本商民이獨專其利ᄒᆞᆯ計劃이라고傳說이狼藉ᄒᆞ더라

●勢大難查　內部에서各郡守의不法行爲가新聞上에揭載ᄒᆞᆫ事件이有ᄒᆞ면一一摘奸ᄒᆞ야日後考准ᄒᆞᆫ다ᄒᆞ니各部大臣과協辦의不法ᄒᆞᆫ事實을新聞에揭載ᄒᆞᆫ境遇에ᄂᆞᆫ누가摘奸調查ᄒᆞᆯ넌지未知ᄒᆞ깃다고輿論이有ᄒᆞ더라

●李事連訊　李世稙事로被囚ᄒᆞᆫ諸氏를平理院에서一人式招待ᄒᆞ야連夜訊問ᄒᆞ얏다더라

●穀價必落　稅務官을派送ᄒᆞᆫ後에結錢을收捧ᄒᆞ되明年陰曆二月內로畢捧ᄒᆞ며新貨로收刷ᄒᆞᆫ다ᄒᆞᄂᆞᆫ故로鍾路富商某人이紙幣四百萬圜을業已收藏ᄒᆞ고稅람關倉日을留待ᄒᆞᆫ다ᄂᆞᆫᄃᆡ鄕曲에穀價ᄂᆞᆫ必然低落ᄒᆞᆯ터이라人心이大段嗷嗷ᄒᆞ리라더라

●三十人不參　度支部에서連三日稅務主事를시取ᄒᆞᄂᆞᆫᄃᆡ應사單子가都合五百四十張이라每日一百八十名式시才ᄒᆞ얏ᄂᆞᆫᄃᆡ三十名은무合不合意ᄒᆞᆫ思想이有ᄒᆞᆫ지시場에不참ᄒᆞ얏다더라

●韓人은雇傭도不得　度支部에서本國雇傭人은庭塵掃除ᄒᆞ기不勝其任이라ᄒᆞ야日本雇傭人을雇置ᄒᆞ고每朔에月俸을四十圜式支給ᄒᆞᆫ다니度部에ᄂᆞᆫ有名ᄒᆞᆫ中央金庫가有ᄒᆞᆫ故로至於使役ᄭᆞ지라도外人을雇置ᄒᆞ얏다더라

●門票被奪　內官金某가闕內에出入ᄒᆞ다가警務某氏에게門票를被奪ᄒᆞ얏ᄂᆞᆫᄃᆡ該警部가金氏를鬨束ᄒᆞ여曰此一件事를口勿泄ᄒᆞ라ᄒᆞ얏다더라

●朴氏歸國說　日本에滯留ᄒᆞᆫ朴泳孝氏가歸國ᄒᆞᆫ다ᄂᆞᆫ說이有ᄒᆞᆫ故로該氏의親近ᄒᆞᆫ人들이迎接ᄒᆞᆫ次로釜山에下往ᄒᆞ야留待ᄒᆞᄂᆞᆫ者가多數ᄒᆞᆫ다더라

●到處强壓　日人二名이鐵物橋等地韓人假家에서果實을隨食飽喫ᄒᆞ고白錢二分을投與ᄒᆞ거날果商이詰問曰十餘兩價値를討食ᄒᆞ고只以二分錢으로出給ᄒᆞ니是何經緯乎아ᄒᆞᆫᄃᆡ該日人이是非를勿論ᄒᆞ고强制力으로行聽而去ᄒᆞ얏다니切非文明國人의行爲라ᄒᆞ더라

●秋期運動　各國語學校秋期運動을本月十四日에擧行ᄒᆞᆫ다더라

●韓民何訴　南來人傳說을聞ᄒᆞᆫ즉熊川郡軍用地段을調查ᄒᆞᄂᆞᆫᄃᆡ田畓價를以適當ᄒᆞᆫ時價로上畓每斗只에三百兩式인ᄃᆡ以實告之則日人이以杖打之ᄒᆞ며之曰盜賊人이라ᄒᆞᄂᆞᆫ故로呼訴無地ᄒᆞᆫ數萬生民이嗷嗷ᄒᆞᆫ情境을目不忍見이라더라

●公浦義聞　去日曜日本當欄內에公浦新納이라ᄂᆞᆫ事件에對ᄒᆞ야李鳳儀氏ᄂᆞᆫ該廳公錢에干涉이無ᄒᆞ다더라

●大官奔走　[illegible]事件에就ᄒᆞ야將次他事件이生出ᄒᆞᆯ터인ᄃᆡ其原因은兩三日來로韓廷大官이奔走히運動ᄒᆞᄂᆞᆫ狀態로做去ᄒᆞᄂᆞᆫᄃᆡ其中에外相軍相內相等이頗히憂慮이라더라

●移民會社請願　日本人森岡과大江卓兩氏가韓國移民會社를設立ᄒᆞᆯ計畫으로農商工部大臣의게請願書를提呈ᄒᆞ얏다더라

●官民相愛　稷川郡守鄭業模氏가朴任三朔에邑弊民瘼을盡心革袪ᄒᆞᆷ으로民邑蘇完ᄒᆞᆫ지라今番官制改革에移任升遷ᄒᆞᄂᆞᆫ時에民皆遮路ᄒᆞ고落淚ᄒᆞ며別ᄒᆞ며行者有贐이라고十民의出義補助가數千餘兩에達ᄒᆞᆫ지라郡守가却之不得ᄒᆞ야加下公錢을補充ᄒᆞ고贐資의困艱을免ᄒᆞ얏다더라

●鄭氏義助　同濟學校의恩賜하신校舍가東西頹圮ᄒᆞᆷ으로方在修葺ᄒᆞᆫᄃᆡ財政이窘絀ᄒᆞ야延過時日에姑未開학이러니前郡守鄭寅國氏가敎育進步의遲延ᄒᆞᆷ을悶惜히역여二十圜金으로贊助ᄒᆞ고로敎育上의如是有志ᄒᆞᆫ義擧를莫不稱頌이더라

●合有服律　西署藥峴居李聖九爲名人이自來浮蕩成性ᄒᆞ야耽酒嗜色者라近日二千五百兩으로新買一妾ᄒᆞ고糟糠之妻를逐出ᄒᆞ니其妻가隣家로避ᄒᆞᆫ즉李哥가連日來而毆打ᄒᆞ이一洞이騷擾ᄒᆞ고其妻가呼訴西署ᄒᆞ야方在捉致訊問중이라더라

●車票強制　南來人의所傳을聞ᄒᆞᆫ則日前에南上京者가水原停車場에서車票當日川을買給ᄒᆞ고暫時下車ᄒᆞ가更爲搭乘ᄒᆞᄂᆞᆫᄃᆡ日人이更索車票ᄒᆞᄂᆞᆫ지라其人이曰吾以當日兩票로既爲給與ᄒᆞ얏거날又何索票乎아ᄒᆞ되日人이強迫索取ᄒᆞᄂᆞᆫ故로勢無奈何ᄒᆞ야更給票價ᄒᆞᄂᆞᆫᄃᆡ所有錢三圜을出ᄒᆞ야曰車票價ᄂᆞᆫ一圜七十五錢이니二十五錢은除而還給ᄒᆞ라ᄒᆞ되日人이不聽ᄒᆞ고三圜을抑取ᄒᆞ얏스니此何沒經緯強奪的行爲乎아如此抑壓之下에韓國人은誓不乘車ᄒᆞᄂᆞᆫ것이可ᄒᆞ다ᄒᆞ더라

●無所不爲　陰曆今月十八日夕에東門外楊州獻院前佛岩里朴聖教家의日人藥商二人이來到ᄒᆞ야一夜寓宿을請ᄒᆞ거날朴聖教가迎接外關ᄒᆞ고夕飯과生栗一器와雞卵十二箇로善待ᄒᆞ얏더니藥商이丸藥九箇를給於朴聖教ᄒᆞ고百拜致謝ᄒᆞ며니翌朝에藥價달나거날朴聖教가藥價交爭ᄒᆞᆫ즉五百兩이라ᄒᆞᄂᆞᆫ지라朴聖教가聽從ᄒᆞ야藥價夥多ᄒᆞᆷ을相持ᄒᆞ니日人이佩刀를拔ᄒᆞ야亂打ᄒᆞ고所佩柴馬를奪率而去曰五百兩을持來ᄒᆞ면馬를還給ᄒᆞ마ᄒᆞ고廣州로向ᄒᆞ거날朴聖敎ᄂᆞᆫ重傷을負ᄒᆞ야幾至死境이라其子가五百兩을變通ᄒᆞ야가지고廣州夢春野上에가서馬를換來ᄒᆞ얏다더라

●自歎見欺　尹元求氏ᄂᆞᆫ當初赴任時에知其廢郡設府之事ᄒᆞ고府尹을自期ᄒᆞ야率妻子赴任ᄒᆞ더니炊灰半簽에水路千里濟州郡守로移任ᄒᆞᆫ지라氏가率家上京ᄒᆞ야自歎曰見欺於某大臣ᄒᆞ야來往旅費만虛費ᄒᆞ고大狼狽를當ᄒᆞ얏다ᄒᆞ더라

●覺之何晚　統監府에서昨年新條約을締因ᄒᆞ야做出問題가歸咎於山縣ᄒᆞᆫ지라各大臣의政局에挫氣ᄒᆞ야閣會에脈脈相看而已라萬語沒策ᄒᆞ고今後에야日本의野心을始覺ᄒᆞ야昨日政府會議時會席의셔도互相歎息ᄒᆞ얏다더라

●亦一大問題　日本赤十字社會副社長小澤氏를伊藤博文氏가帶同陛見ᄒᆞᄂᆞᆫ때에皇帝陛下ᄭᅴ와皇太子殿下ᄭᅴ셔社員으로入ᄒᆞ시라고勸誘ᄒᆞ야社員表章을奉呈ᄒᆞᆫ다ᄒᆞ니皇室에셔受退與否ᄂᆞᆫ姑無決定이ᄂᆞ거니와外國皇帝로社員을推薦ᄒᆞᆷ은初有之事라公法上에大問題라고ᄒᆞᆫ다더라

●法部提議　法部에서各道裁判所에檢事를現兼判事外로加設ᄒᆞ고觀察道府尹港及濟州郡二十三處와平漢兩裁判所에各各지일본補佐官을設置ᄒᆞ기로擬鍊ᄒᆞ야閣議에提出ᄒᆞᆫ다더라

●但取日語　近日度支部에서試驗ᄒᆞᄂᆞᆫ稅務主事가日本人邊으로ᄂᆞᆫ莫過於通辯이니雖少年沒覺者라도日語만粗解ᄒᆞ면合格이오韓政府에ᄂᆞᆫ新設稅政이니苟非老成有覺者면稅弊가層疊이어날木偶若度大ᄂᆞᆫ莫知利害ᄒᆞ고顧問部發論은聽從ᄒᆞ야日語者만選取ᄒᆞᆫ다더라

●兩氏干連　前觀察使李裕寅氏ᄂᆞᆫ月前에上京ᄒᆞ얏다더니法部奏本으로昨日平理院에自現就囚ᄒᆞ얏ᄂᆞᆫᄃᆡ其所犯ᄂᆞᆫ李世稙과曆有接見ᄒᆞᆫ宿嫌ᄒᆞ며且警察官吏를邀請ᄒᆞ야勸告相議ᄒᆞᆫ事項이李世稙의口招된지라故로警務官柳冀亮氏도被捉되얏다더라

●等數頒布　政府에서各郡守의等數를內部와議定ᄒᆞ야經議奏裁ᄒᆞᆫ지라政府에서各郡守의官等과勅任等勅紙를頒給ᄒᆞ고日間에頒布ᄒᆞᆫ다더라

●奸僞調查　法部協辦李源兢氏가法部에仕進ᄒᆞ야前後未處辦ᄒᆞᆫ文簿를調查ᄒᆞᆫ다더라

●李獄蔓延　平理院에서李世稙事에同謀囚ᄒᆞᆫ連夜鞠問ᄒᆞ야見晦된故로公訴가되얏ᄂᆞᆫᄃᆡ李裕寅氏等이又爲被捉ᄒᆞ얏스나審査ᄒᆞ야經卽爲宣告ᄒᆞ더이나補佐官野澤氏가欲爲照重律故로依律宣告가不得容易라더라

●判事滯務　漢城裁判所判事李容相氏ᄂᆞᆫ執務時間에閑談消遣ᄒᆞ거나私札酬應에ᄂᆞᆫ煩忙ᄒᆞ야猶恐不及ᄒᆞ되訟民을多日滯囚에判決을請ᄒᆞ면公事紛疊ᄒᆞ다藉稱ᄒᆞ야互事推托ᄒᆞ고反히人民을忽待莫甚ᄒᆞ며律令에素昧ᄒᆞ야代言人을不受ᄒᆞᆫ다ᄒᆞᆷ으로民怨이狼藉ᄒᆞ다더라

雜報

●至冤莫伸 (續)

該寡가厲聲言曰以夜入人家論之則非無端而入이라推捉仁壽次로吾率宗戚若個人하고仁壽의從叔淵徹家에追入하얏스니何不可之有乎며또夜入人家之罪治之則金盧兩人은無瑕하고吾率趙書西炳赫而已라旣爲治之論之則吾旣首入이라何不治吾而治無罪之金盧兩人乎아하며則觀察이但日此案은無關於該案이라하고驅出하니該寡가仰天痛哭曰世上의有錢多勢者는能以曲爲直하고如此貧賤之人은徹天之寃을莫伸하니以何顔歸見亾夫乎아하고仍히歸家하야未得雪冤則以死自서하고一湊은炳弼氏가平理院의呈訴하얏드니題辭內到即如法判決하야無復呼寃할事라한故로即往本府하야平理院狀과帖連하야呈訴하앗더니題音도不爲하고該寡血訴與各項訴狀도不爲出給하고朴淵徹로裁判을不爲하거날炳弼이가入庭하야上項事을條條說明하고朴仁壽는겁奸未遂로被罪로處하고淵徹은誣人反坐律로處하야달나고한즉觀察의所答이朴仁壽은從此照律이고汝矣兄夜入人家之罪로依律할터이니汝兄來前代囚하라하거날炳弼이가新程式의連坐업시물말하고仲兄推捉罪人次로官隷을帶同하고該寡을隨하야追入仁壽所在處淵徹家하얏스니無可爲罪요設或爲罪라도罪有輕重大小之分이온더엇지牢囚淵徹하야渠姪仁壽을査捉지안코反囚無罪人乎며當初의朴仁壽겁奸未遂가無以爲罪라題敎하셧스면엇지仁壽을跟捕하야淵徹之家의追入之理가有乎며星火捉來라하셔쓰니跟捕치안하오면何以捉得乎잇가한즉但曰不然不然하고汝兄來待前主人保囚하라하니金性根은無罪타放送故損害金을推給之意로呈訴則題辭內에參酌放送이거날何不退而自靖고誠不思之甚이라하얏다니旣是無罪則何以謂之參酌이며旣無此程式則何以謂之退而自靖인지觀者無不鼻笑하고炳弼은伸寃次로金性根의損害金集九百兩推給次로平理院의呈訴裁判하다고傳說이多多한데全州遞察韓鎭昌氏는旣如是어니와平理院의셔는依法判決하는지하다더라 (完)

●安島破荒 安民島는極히僻陋한天荒之地라所管官吏의侵어와近陸豪族에武斷으로數白年을歷制半圖에生長하야甚히可憐하더니近日有志幾箇人이民議所를創設하얏는더其義諦는國家를愛戴하고生命을保護키爲함이라居民이頗히安堵樂業하는與況이有하고兼히小학校를設立하야幼年을敎育한다하니可謂天荒이一破라此는前承旨金炳年氏가林下經濟에時局을瞭察한效力이라더라

●布哇韓人敎會報의時事談 (續)

그칙망은부득불정부에당국한더소관인에게돌녀보낼밧게업지마는당국자만칙망말고백성될도자긔의한일을좀생각하야보시오

정부가어둡거든백성이열니거나백성이어둡거든정부가열니거나정부도어둡고백성도어두어쨋부ㄴ외국통상면십년에문명제도본받잔쇠미관노리인솜으며백성들은皿육실업험쓰잔코외국물건죠타하야ㄴ잘쓰던한량님멸돈말나술슈업지백셩들도말하ㅈ녀사롱공상간의남파갓치한가지나한의무어잇소게을기기는세계의유명짜하게지목을밧으니남녀노소이현만명이이갓치게니빈약하고야나라가부강할수잇소우리동포와동포들은남의부조런본밧아셔누명벗고부자되세 (미완)

廣告

本人이梨峴金과典處推次第三百六十五號當坪五千五百兩於音一張遺失하온바誰某拾得休지施行함
金台衡 告白

平壤五里典洞五十統二戶瓦五間草二間家券을遺失하얏스니誰某拾得이라도休紙施行함
戶主吳召史 白

本人의堂叔德仁氏性本浮浪宗山樹木數千株盜賣又田土僞造文記欲爲盜賣中內外國人切勿見欺與買伏望
申 鍊 告白

●競賣廣告

法國副領事씨로氏의囑托을受하야本月十二日金曜午前十時부터始하야新門內本人店房에셔公拍競賣할터이되價額은現金으로受합하오며其物品은如左함

堅用家具諸品、食卓、食堂椅子、曲木波椅子、藤椅子與卓子、曲木椅子、簞笥、地氈與席子、장籠、煖爐、琉璃器與砂器、留聲機諸具、燈、大櫃、冰箱、筐子、小兒自行車、棕櫚一十盆、花盆、廚房諸具、大雙寢床(木製)天幄幷、雙穴新製銃、火藥包子、彈丸、火鉄、彈皮等品

拍賣人갈릐스키 告白

本人이南門內米廛梁圭煥許推次一千五百五十二兩二錢五分於音을遺失하얏스니誰某拾得하와도休紙施行함
新孔德里 洪卓汝 告白

本雜誌第八号를本月十日發行할터인데印刷所變更을因하야仝廿五日까지延期함을
朝陽報社 告白

本校에서漢醫學과西洋醫學과日語科를敎授할터이오니願學僉員은本月二十日陰九月初三日로本校의來하야入學試驗을經함
年齡은自二十歲로至三十歲以上
시驗科目
國漢文 讀書 作文 楷書
但保證狀先期來呈後應시함
光武十年十月十日 同濟學校
西署奉常司洞內賭寺內

●學員募集廣告●

本會에서敎務를擴張하고秋期開學을今十一日木曜陰八月二十四日로定하얏사오니會前各班學員은依例受業하겟고此次에新學員을廣募하오니願學諸君은速速來議하야趁期應試入學하시옵

學科目은 大韓歷史 大韓地誌 萬國歷史 萬國地誌 化學 物理 算術 英語 讀書 作文 會話 文法 音樂 日語 會話 文法 商品敎科書(日語)簿記學 生理學 圖畫 運動

英語 初中高 三級
日語 初中高 三級
入學試驗科目은 國漢文讀書及作文
入學年齡은 十六歲以上
入學試驗日字는 十月九日
陰八月二十二日
皇城基督敎青年會學監巴樂滿
敎師李敎承 朴瑞陽
陸定洙 李南植
曾田嘉伊智 洪錫厚
吉禮泰妹氏
누위쓰孃

○이숄시 거보오○

本社雜誌를交價購覽하시는外에外上發送이十號八九이온더已發十號而代金을尙未付送하社와蕎將閉이옵기自十一號로無代金處는決不配達할터이오며目緊急調査를爲하야十一號는一朔停役하오니購覽僉員은照亮하시오
尙洞靑年學院內
數理學雜誌社

精選 萬國史 全一冊 一百九十頁
定價 新貨六十錢
選述者 金祥演

本史는萬國歷代의重要事實을廣探採輯하야以上古중世近代의三編을合製하야各專門高等普通諸學校敎科書에十分適當하오며且江湖有志紳士의參考披讀하심에極히便利함을爲하야全編을皆以頭註로簡明叙去하얏사오니海內僉君子는斯速購覽하시와案頭에淸供하심을爲盼

大發賣所
鍾路中部院上隅金孝演紙廛
◉分發賣所
鍾路大東書市
布廛屛門下金相萬冊肆
東闕罷朝橋越便朱翰榮冊肆
大廣橋高濟弘書舖

◉民事訴訟代理와刑事변護及鑑定一切法律에關한事務를迅速處理함
漢城南署苧洞第十七統八戶
변護士 前檢事正三品 李冕宇
法律事務所
事務員 前判事 丁明燮
博士 趙東肅

本召史亾夫鄕監役雲浩孫子準興年淺沒覺을雜유雜가務引得債하야外計賭財하니內外國人切勿相關함
玄湖鄭召史 白

文化柳氏大譜所設于皇城南署藝館洞四十一統三戶前委員與廣氏家하엿스니僉宗氏急速修單來議하시물望함
前承旨 柳寅容
前郡守 瀅烈

廣告

東國歷史　普通敎科國漢文一秩二册定價新貨　一圜十戔
法蘭西新史　四十錢
淸國戊戌政變記一秩　一圜
政治汎論　一秩二冊一元廿錢
越南亡國史　一册三十錢
法國革新戰史一冊　三十錢
大韓輿地圖一張　十七錢九里
世界全圖一張　三十七錢五里
大韓地誌一秩　一圜
牧民心書一秩　一圜二十五錢
萬國地誌一秩　一圓
尺牘完編一秩　一圓五十錢
[illegible]政新編一册　五十錢
法學通論一册　一圓
溫故知新堂蒙抄　七錢五里
父師必독小學指남　七錢五里
人工養蚕一册　十五錢
世界之政治　一册五十四錢
家庭雜誌一　十錢
進明彙論一秩　三十五錢
交際新禮一秩　十八錢

發賣所　布屛門下金相萬書舖　大韓每日申報社

花春丹은　霍亂　吐瀉　腹痛　滯症　暑症　정忡　神眩　胸鬱　痰盛　醒酒船暈　咳嗽　痢질　口味업는諸症의神效흔藥이오 此外에도洋灰水解毒藥　唐창　疳氣　蛔虫　寸虫　赤白면風　藥과東西洋藥이俱備하고他病도隨問出方하오니　僉位는枉臨하시옵

皇城校洞石井洞下隅
石泉堂藥局　告白

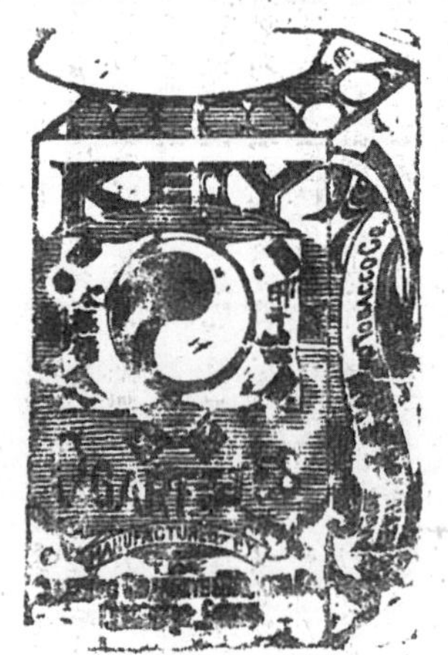

以上三種은上品으로製造흔야衛生上에至極有益흔니毋論某人흔고本에來臨흔심

大韓帝國仁川港
濟物浦紙卷烟及烟草會社

一 鷹標罐濃踣牛乳
一 金印罐詰濃結牛乳
一 無變家用氣化乳醬
一 셔―돈쓰製造麥芽化合牛乳

以上은常時에貯積흔얏숩

美國紐育港셔―돈쓰濃結牛乳會社

一手代理店　大韓仁川港　世昌洋行

●九轉靈砂라　本人이妙方을[illegible]하야[illegible]한靈丹인바男女老少에無論何症흔고還就흔오며無病時에도服흔면平生의身體가健康흔며小兒는四五歲[illegible]흔면十歲안에無病흔기를擔保흔오며
●九轉靈砂萬靈丹은癨症　[illegible]症과中風[illegible]疾과[illegible]諸病과[illegible]疾에神効흔오
●九轉靈砂保命丹은初生小兒　[illegible]　[illegible]　[illegible]　腹痛[illegible]胺[illegible]과婦人帶下症에神効흔이
●九轉靈砂濟衆丹은酒滯　食滯　肉積　吐瀉　霍亂　痢疾　吐血　下血　運氣　時疾　[illegible]症에神効흔오
●九轉靈砂紫金丹은痔漏　[illegible]　上痔瘡　下痔瘡及唐瘡과[illegible]瘡[illegible]種에無不神効하오니　僉君子는來問흔시오
內需司前욱갑이골上隅第一[illegible]
李[illegible]廷　告白

◎本社廣告

申報價
一張代金　新貨二錢五里
一箇月前納　三十錢
三箇月　九十錢
六箇月　一元七十錢
一箇年　三元四十錢
郵稅一部　新貨五里
一箇月　十三戔

廣告料
四号活字十三字詰
每日每英尺一寸에新貨廿五錢
(每日每行에六錢에相當흠)
其期限의長短과字行의多少를依흔야增減흠이有흠

◎大韓每日申報各處支社發賣所
中署布屛門下　金相萬册肆
漢口소便　朱翰榮
中署廣通橋入七十八統第二戶　鄭[illegible]
仁川租峴開新册肆　李東直
平壤南山峴日新學校　[illegible]淑恒
宣川邑楓西　安濬
義州南門外韓西大藥房　張有[illegible]
長連邑　金[illegible]
載寧南[illegible]藥洞　金[illegible]
成興州南社　曹喜[illegible]
中和邑　李俊培
釜山佐川徐藥房　金灌俊
開城北部梨井里[illegible]居　[illegible]支
校洞校長　姜助[illegible]
大邱郡　達城廣文[illegible]
鎭山邑內　安[illegible]
元山港倉前　金[illegible]

發行兼編輯人　英國人裴說
發行所
京城中署壽進坊[illegible]洞号外地法語學校前
大韓每日申報社

光武十年八月十一日 明治三十九年八月十一日 第三種郵便物認可 金曜日 西曆一千九百六年十月十二日 (一)

第四卷 第三百四十四號

大韓每日申報

대한매일신보

月曜及慶節
識時日休刊

檀君開國四千二百三十九年
箕子元年三千二十八年
大韓開國五百十五年
日本明治三十九年
淸國光緖三十二年
◉陰曆丙午八月大廿五日巳丑

論說

英日同盟

日本메일新報에一條陳述이有ᄒ바其如左ᄒ지라

國民新聞이長述一篇인바其問題ᄂ何許歎處에서美日關係를傷害ᄒ며英日同盟을嫌忌ᄒᄂ思想을英國에釀生ᄒ기를試圖ᄒᄂ거시라蓋世人意思를解釋키ᄂ重難危險ᄒ니或如彼시圖가英日人間에何許感情의反動을因ᄒ야出於巧奇ᄒ얏던지出於不意ᄒ거시나然이나報館執筆之人이不能關眼ᄒ거ᄉ報館結合이特有ᄒ事實이라此結合이不幸히皆以英字發刊ᄒ야英日反誼를傷害ᄒ다可稱ᄒ文字를因執記述ᄒᄂ도다

彼之結合도亦或些少信用이나然이나至如吾人ᄒ야ᄂ此를信之ᄒ기不能ᄒ요且何如有志之人이던지亦然ᄒ지라吾人은確證을心許ᄒ노니如此踈遠目的을包有ᄒ報館이上海와天津과橫濱及漢城에各執一筆ᄒ야人種을區別ᄒ目的이有ᄒ人士의愛顧를受ᄒᄂ지라國民新聞과如ᄒ報筆은其所事가與彼常異ᄒ니對如彼報館ᄒ야痛恨을自覺ᄒ은自然之勢로다ᄒ얏더라

同記者의指言이不甚明白이나然이나本記者를非難ᄒ되英日關係를疎遠케ᄒ目的이有ᄒ何如人의愛助를蒙ᄒ야報館을從事ᄒ다稱ᄒ이니本記者ㅣ愛助를不有ᄒ거ᄉ重疊說明ᄒ바어니와本報館이極東或他處에셔有何關係라稱ᄒ도ᄂ亦拒言ᄒ노라

何如던지本記者ㅣ英日盟約의現今成立을公直上으로不悅ᄒ고且對此快悅ᄒ이 次도未有矣니若以此謂罪過ᄒ딘本人之犯過가果過其時라ᄒ人의日本友人도非不多有요ᄒ人이稱揚ᄒᄂ日人特性이亦ᄒ나然이나以此事實로本記者ᄂ政治邊에嫌忌怨恨되ᄂ거슨必說明ᄒ거슨未有其理로다

前者英日協約은平和推量ᄒᄂ政治客의意見으로觀之ᄒ면英國의게美事를果遂ᄒ것ᄂ니以此로引露日戰局ᄒ야勢上으로或我之敵國될兩强을政上으로奪變ᄒ얏고我之盟敵에셔多數軍用物品의請求를接受ᄒ얏고我之資本家에셔貴利子로借其財款ᄒ機會를得ᄒ얏스다

然이나現今盟約으로ᄂ我之所得이雖何오均商句語를不拘ᄒ고使日本으로作韓國之盾人ᄒ얏스며日人이韓人을欺騙壓制ᄒ며俄國과信義를破棄ᄒ기에我之助力을受ᄒ얏고商業家와練熟注目者의聚議이若非虛僞면滿洲에英國商務가日人手下에셔旣多受害ᄒ며後日被傷ᄂ加多ᄒ리니吾人이日本의現用ᄒᄂ方策을不必摘發이라ᄒ더라도皆可斷許ᄒ거ᄉ此同盟이滿洲內我之商况에重加傷害ᄒ거시로다

其餘에最甚嫌惡形端ᄂ印度에日本干涉을豫備ᄒ詢許라印度內英國臣民中不滿人의게英國待遇가重難ᄒ을以此盟約으로晉告ᄒ이니印度自由를露係ᄒᄂ文字가日本紙上에頻煩ᄒ도다

英國政府가平常之人은不見ᄒ後日事態를豫備ᄒ기에和彼奇異ᄒ先見이有ᄒ줄노吾人이若不信認인딘吾人이但能結言ᄒ거슨此盟約이政治上에重大誤失이라我國威名及商業을重傷ᄒ며僞飾同盟을써後日血色戰局을故意로請招ᄒᄂ거시로다

此乃本人의意見이요且極東에居留ᄒᄂ一般英人의意見이漸進於此ᄒ나니同一意見을說明ᄒᄂ報館의何如結合이有ᄒ거슨不可信이라由是로國民新聞의게報告ᄒ노니旣已引導ᄒ얏고且今引導ᄒ야日本輸意를關係ᄒᄂ英國意見을非常變更ᄒ理由의貢城을近敎ᄒ지어다

官報

●三千五百八十一號 光武十年十月十一日

◉敍任及辭令

◎任忠淸南道觀察府總巡 警務廳捕巡朴鍾均 ◎任忠淸北道觀察府總巡 洪[illegible]燮 ◎任全羅南道觀察府總巡 張東奐 ◎命官니府特進官 掌禮院卿李道宰 ◎陞任掌禮院卿 敍李殷提調金學洙 ◎解兼任江原道裁判所判事 江原道前觀察使沈相薰 ◎解兼任平安南道裁判所判事 平安南道前觀察使李容善 ◎命兼任江原道裁判所判事 全權觀察使權鳳相 ◎命兼任平安南道裁判所判事 [illegible]始榮 ◎命法部法律起草委員 陸鍾晃

府令

◉宮內府令第六號

宮內大臣官房分課規定

第一條 秘書課에서ᄂ左開事務를掌ᄒ

一 各項奏本에關ᄒ事項
二 官吏의進退身分에關ᄒ事項 所管各官廳幷
三 官吏의陞任及陞級의關ᄒ事項 所管各官廳幷
四 別廩及賞賜의關ᄒ事項
五 官報發布의關ᄒ事項
六 主管에屬ᄒᄂ書類往復起案及編纂保管의關ᄒ事項
七 本務日記의關ᄒ事項

第二條 內事課에서ᄂ左開事務를掌ᄒ

一 各項公文書類接受發送及起案記錄의關ᄒ事項
二 幸行動駕時節次의關ᄒ事項
三 一般 皇族의關ᄒ事項
四 各課會計에關ᄒ事項
五 各과備置物品保管의關ᄒ事項
六 恩賜及進獻의關ᄒ事項
七 主管에屬ᄒ書類編纂保管의關ᄒ事項
八 他各과及各官廳에專屬치아니ᄒ各項事務 未完

外報

●派兵護民 合爾賓報를據ᄒ則上月에日本人이寬城子地方에在ᄒ야閭閻을騷擾케ᄒ니本城太守宋某가卽時捕盜營哨官을派ᄒ야率兵彈壓ᄒ니日人이言ᄒ되我等在此ᄂ交易을公平케ᄒ이니於民에毫無損害라公等은不須如此라ᄒ되該哨官이答云吾ᄂ奉上司所派니汝亦無權這回라ᄒ니日人이亦稍安靜이라ᄒ더라

●波國立憲 俄里蘭電에曰波新國皇帝가憲法設立과議員選擧를允准ᄒ고併히從前阻止憲法ᄒ官員을舉行逐出ᄒ니商民이均히安업如故ᄒ다ᄒ더라

●輪日皇族召見 淸國皇帝와西太后ᄂ近에時局艱難으로써勵精圖治ᄒ야每日膳後에留中奏牘을詳加披閱ᄒ고併히王公子弟로ᄒ여금輪日進見ᄒ야聽慈者ᄂ討論文字ᄒ고精壯者ᄂ講求武備ᄒ야隨時訓勉에蔵知自强케ᄒ다ᄒ더라

雜報

●義王電達 義親王殿下께셔 皇太子嘉禮前 坤宮을먼저定ᄒᆞ시는거시於禮에當然ᄒᆞ신奏노 皇上陛下게電達ᄒᆞ셧다더라

●借卿廢止 宮內府大臣李根湘氏가秘書丞이던지齋郞이던지輪卿으로賣買ᄒᆞ는前習을一切廢止ᄒᆞ기로酌定ᄒᆞ얏다더라

●李氏運動 禮式院卿李春泰氏가近日에外人을依賴ᄒᆞᆯ思想이大發ᄒᆞ얏는지政界上細瑣之言을某邊에先爲通知ᄒᆞᆫ다는說이有ᄒᆞ다더라

●學徒試取及運動 訓鍊院內의셔昨日은幼年學徒를會集ᄒᆞ야武官學徒를試取ᄒᆞ고今日은各官私立小學校秋期大運動을擧行ᄒᆞᆫ다더라

●麥藁會社 閭巷傳說을聞ᄒᆞᆫ則日人이麥藁會社를設立ᄒᆞ고各處農民에麥藁를收集ᄒᆞᆫ다는데其所用은未詳ᄒᆞ거니와韓國內의柴場이貴ᄒᆞᆫ處의는麥藁로爲薪ᄒᆞ는窮民이許多ᄒᆞᆫ데該會社를設始ᄒᆞ면柴政도또ᄒᆞᆫ窘絀ᄒᆞ리라더라

●麗陵調査 掌禮院에셔稽制課長李㮊宇氏를派遣ᄒᆞ야松都豐德等地陵寢垓宇境界를一一調査ᄒᆞ고標木을揷ᄒᆞ얏다더라

●宮大調飭 宮相李根湘氏가各陵園及壇에調飭ᄒᆞ기를所屬家垈田畓園林草坪及收稅種類를限十日內로再卽査報ᄒᆞ되山坂內外垓字圍標外와園林四標와丁字閣碑閣齋室付屬家間數와雜稅欄에旅閣稅場稅를何年何日創始와該稅監에姓名과所屬汰稅陵築汰民築汰稅監姓名과草坪監官姓名을一一調査以報ᄒᆞ라ᄒᆞ얏다더라

●三分稅一 農商工部에셔農民의田土를三分作ᄒᆞ기로마鍊ᄒᆞᆫ다는데其槩意를聞ᄒᆞᆫ則假量畓一斗落에二石租이出ᄒᆞ면一石은作人이次知ᄒᆞ고一石은畓主가次知ᄒᆞ야該一石中에셔結稅을徵랍케ᄒᆞᆫ다는說이有ᄒᆞ더라

●專歸日人 廣濟院의셔種痘醫師가前日은牛痘苗를接種치製ᄒᆞ야各地方種痘所에派送施術ᄒᆞ더니從玆以後로는此法을廢止ᄒᆞ고日本同仁會에셔痘苗를買來ᄒᆞ야各地方에定價分送ᄒᆞ기로酌定ᄒᆞ얏다니雖一分錢이라도生財ᄒᆞ는利竇는沒數히日人의게讓與ᄒᆞ나보더라

●韓醫慈善 咸鏡道에高明ᄒᆞ던前高原郡守李濟馬氏弟子前奉事韓稷淵氏가遊覽次上京ᄒᆞ야廣濟蒼生之意로其先生의四象法太陽太陰少陽少陰으로觀形察色ᄒᆞ야辨證用藥에無不見効ᄒᆞ되酬勞는固却不受ᄒᆞ니氏의慈善心을人皆稱頌ᄒᆞᆫ다더라

●會頭選定 京城商業會議所에셔議長郭泰鉉氏는親執營業ᄒᆞ는事로請願辭退ᄒᆞ고昨日該會議所에셔總會를開ᄒᆞ고漢城共同倉庫會社長趙鎭泰氏로副長을投標選擧ᄒᆞ얏는데從玆以後는議長을會頭로稱ᄒᆞᆫ다더라

●責之所當 平壤正尉朴基永氏가參領洪昌杰兄國德氏家에投足ᄒᆞ야隣家民을招集ᄒᆞ고設行賭技ᄒᆞ는本港紳士金義道氏가方往厥ᄒᆞ라가朴正尉를大責曰汝以國家之臣으로當此時局ᄒᆞ야不念勞ᄒᆞ고與民賭技가豈官人之任乎아ᄒᆞ고嘆息而歸ᄒᆞ얏다더라

●新渡戶來韓 日本新渡戶博士가來韓ᄒᆞ야韓國의棉作과砂糖作을調査ᄒᆞᆷ을爲ᄒᆞᆷ이라더라

●靑松匪擾 去九月中에匪徒七十餘名이盈德郡으로襲來ᄒᆞ야士民의酒食을强討ᄒᆞ는데首魁는今春以來로出沒ᄒᆞ든寧海郡出身申暢石이라二十八日에靑松郡守의出隊를要求로以ᄒᆞ야三十日에安東鎭衛隊에셔上等兵以下五名을靑松으로派送ᄒᆞ얏다더라

●惜屈其才 昌原監理署主事金瑨圭氏는慷慨成蹟이오公正立志라篤勉經學라가自覺時勢之變遷ᄒᆞ고注意于新學問이라其仕業著에臨訟公明ᄒᆞ고執籌縻被이라一職有餘에遷移沃溝ᄒᆞᆷ의萊港民이結心遮道나朝令을莫違ᄒᆞ야官民이揮淚相別ᄒᆞ얏다더라

●敎員失俸 官立小學校前敎員徐廷徽氏가幾年敎前에以親患으로請願歸覲ᄒᆞ얏다가今才上京ᄒᆞ야光武九年十二月度十五個月俸給條를欲爲推尋ᄒᆞᆫ則其間學部文書課主事尹弘植氏가위傳徐敎員之言ᄒᆞ고請囑出給ᄒᆞ는故로會計課主事李貞善氏가聽其위俸ᄒᆞ고出給ᄒᆞ얏다ᄒᆞ니徐敎員은本俸을委托於尹氏ᄒᆞᆫ다위傳取봉과不受領証ᄒᆞ고給人月봉云者가俱非事實이기로徐敎員이學部에請願ᄒᆞ야歸正ᄒᆞ얏더니하되頓不接受ᄒᆞᆷ으로徐氏가呼寃不已ᄒᆞᆫ다더라

●北民等訴 咸鏡道人民等이政府에等訴ᄒᆞ기를俄日開戰以後에日兵이北進ᄒᆞ야軍糧馬草와鷄卵等節을隨意奪取ᄒᆞ야民至魚肉이더니今又駐屯ᄒᆞ야所用物品을遠近村間에任意奪去ᄒᆞ니若非外交家政治家郡守면莫可救弊이니郡守를擇差下送ᄒᆞ라ᄒᆞ얏다더라

●參政反對 政府參贊李商在氏가在囚欠席ᄒᆞᆫ故로該案을勞力者等이萬端運動ᄒᆞ야檢事太明軾例로李參贊도解任ᄒᆞ라고各大臣이勸告ᄒᆞ는지라朴參政이反對ᄒᆞ기를李商在가囚則囚任이不可라ᄒᆞ고平理院宣告以前에는不可措處라ᄒᆞ얏다더라

●三大密會 平理院에셔宋秉畯氏事件을無所犯으로判決ᄒᆞ라ᄒᆞᆫ즉統監府에셔別岐案을提出ᄒᆞᆷ으로有離判決이라李學相이其伯兄判長을力勸ᄒᆞ야宋秉畯氏獄案을運動ᄒᆞ는中인데法部大臣과軍部大臣과學部大臣이屢次會見ᄒᆞ얏다더라

●軍大現狀 軍部大臣李根澔氏는또辭職疏ᄒᆞ기로決定ᄒᆞ얏다는데近日氏의頭部被傷處가更爲鼓腫ᄒᆞ야膿汁이淋漓ᄒᆞ다더라

●勅奉의還給 閔泳璇氏가竹山郡七長寺佛香畓十五石三斗除을稱以買得起耕ᄒᆞ고勅奉ᄒᆞ야四年秋賭를推捧ᄒᆞ얏는데該寺僧徒가內部에屢屢呼訴ᄒᆞ는故로內部에셔竹山郡으로訓令ᄒᆞ야査覈ᄒᆞᆫ則閔氏의勅奉이分明ᄒᆞᆫ故로還給該寺ᄒᆞ고案文을成給ᄒᆞ야永永保有케ᄒᆞ얏다더라

●遷轉年限 各郡守의遷轉年限을十六箇月로磨鍊ᄒᆞ얏더니廿四箇月로更爲定式ᄒᆞ얏더라

●尹氏公逋 前忠州觀察使尹喆圭氏는忠州公錢四萬兩의逋欠을懸錄이되얏다더라

●徽文開塾 明日觀峴徽文義塾에셔開塾式을設行ᄒᆞᆫ다더라

●稅務叙任 各道稅務官을叙任ᄒᆞᆷ은來로明日政府에셔會議ᄒᆞᆯ다더라

●結托一進 近日政府各大臣의政局이漸次決裂ᄒᆞ야派派各立이되는데其중李軍大李學大가進備ᄒᆞ야李學大가要任을運動ᄒᆞ나事不如意ᄒᆞ고他派에셔擯斥ᄒᆞ야身世가孤危ᄒᆞᆫ故로一進會에結托ᄒᆞ야好機를要得ᄒᆞᆫ說條이라더라

●美人嗾膵 支那某報를據ᄒᆞᆫ즉日本橫濱에駐ᄒᆞᆫ美國領事의所報를登錄ᄒᆞ얏스되美人의所望于日人者가今에其錯誤를始知ᄒᆞᆫ지라俄日開戰時에美國이全力을出ᄒᆞ야日本을助ᄒᆞᆫ者는戰後에滿洲商務가兩히美人手中에入ᄒᆞ야媾和ᄒᆞᆫ後라도滿洲의均霑利益을不違ᄒᆞᆯ줄노認ᄒᆞ얏더니不意至今에日人이極力으로滿洲에各項公司를增設ᄒᆞ고幷히政府에셔添助資本ᄒᆞ야滿洲商工諸務를全據ᄒᆞ고政府가또賤價로各項出産製造材料를收買ᄒᆞ야各工廠에廉價로售與ᄒᆞ야外洋人과爭利케ᄒᆞ야決코他人의分毫參入을不許ᄒᆞ는故로美國이大失所望이라ᄒᆞ얏스니該領事의憂思가未免太過라美國이雖誤信日人於戰前이나尙可抵制日人於此際라南滿洲로써論ᄒᆞ며華人이久히美德의貨를習用ᄒᆞᆫ지라彼日人所造之物은雖賤이나不佳ᄒᆞ니若果設法經營이면與日人爭權을未必不能이어니와若竟袖手坐視면一誤再誤가되다ᄒᆞ얏더라

詞林

●書感寄友人 冰室主人

萬千心事總難訴 訴向同胞未死魂 凌弱媚强天夢夢 自由平等性存存 每驚國恥同時雪 要識民權不自尊 乾有九龍坤有戰 辭吾契易之門

冰室主人이自注曰乾上九之龍은卽坤上六之龍也라坤은本無龍象인데何因乾之亢故로不得不戰이니旣戰而天地相交ᄒᆞ야羣龍이無首ᄒᆞ고一切衆生이皆有乾德ᄒᆞ니所謂人人이有自主之權也라故曰乾元用九는天下治也라ᄒᆞ니此는大易之微言이라吾夙受持之라ᄒᆞ얏스니東方儒家之深於經學者ㅣ亦可以悟哲學之新理矣어날韓國儒門之徒는以如豆之眼으로値此世界革新之會ᄒᆞ야不究通變化裁之方者는其亦不精於易故也라試將泰西哲學家文字ᄒᆞ야精思硏究ᄒᆞ면其無怳然大覺之新識見乎아儒徒之率先開明이實爲衆民之前導인故로拈出斯義ᄒᆞ야略此提醒ᄒᆞ노라

雜報

大韓自强會에서由來韓國의惡慣悖習을嚴行禁斷ᄒᆞᆯ事로政府로建議가如左ᄒᆞ니

伏以世界各國이皆於其政治未開ᄒᆞ고民智未明之時에種種有惡慣悖習之可驚可怪者而其壞敗人心ᄒᆞ며乖亂俗尙ᄒᆞ야沮國家開進之路ᄒᆞ며遏民人奮發之氣ᄒᆞ야以之妨害敎育ᄒᆞ며消耗자財ᄒᆞ야不可使聞於今日文明之世者ㅣ未有如我國之所謂陰陽術數之書者也라

今擧其最甚者則一曰相地니其獘ᄂᆞᆫ虛妄也라夫東亞古代에亦用公墓之制ᄒᆞ야劃置一定區域ᄒᆞ고一般人民이死必就葬을如今文明國之公塋制度ᄒᆞ야以遂人死歸土之意而已러니自季世以來로所謂風水之術이창自支那而流入我韓ᄒᆞ야觀山說水ᄒᆞ며曰龍曰虎ᄒᆞ야乃以子孫曁仍之禍界禍福으로寓于父母祖先之陰宅吉凶ᄒᆞ야偏求福地에十葬九遷ᄒᆞ니强占之惡習과爭訟之痼獘와情理之斁喪과축우之不安은已無可論而自開明人看來則難免於未開之譏者也오二曰巫覡이니其獘ᄂᆞᆫ奸僞也라降福見鬼ᄒᆞ며禳災祈福等妖言怪說로百般欺騙ᄒᆞ야盲瞽巫鈴이閭里相聞ᄒᆞ며符위呪로眩人ㅣ明ᄒᆞ야上下胥溺ᄒᆞ며男女並惑ᄒᆞ야至有獵官營財ᄒᆞ며挾勢奔權ᄒᆞ야禍人家謀人國之明證確據ᄂᆞᆫ不待多辨而人人共知者也라傳에曰國之將興에聽于民ᄒᆞ고國之將亡에聽于神이라ᄒᆞ니可不懼哉며三曰算命相人이니其獘ᄂᆞᆫ愚誕也라論評八字ᄒᆞ야推占貴賤ᄒᆞ며指點四官ᄒᆞ야預言壽夭ᄒᆞ야或指日計月而坐待無據之富貴ᄒᆞ며或觀形察色而自誇必符之仗備ᄒᆞ니信者之愚惑이甚則或自劃而無營ᄒᆞ고術者之妄誕이甚則必포人而取財라夫人之禍福이無門ᄒᆞ야惟善者ㅣ복而惡者ㅣ禍ᄒᆞ며貧富ㅣ無常ᄒᆞ야惟勤者ㅣ富而恃者ㅣ貧이어니何求乎預言推占之術哉아 未完

●安島事實 安民島人民의來函을據ᄒᆞᆫ則本島가以 皇室基址로設置派監ᄒᆞ야島內事務를專管聽理之本意ᄂᆞᆫ曾自오川郡으로稱以本郡地方ᄒᆞ고作獘多端에民莫支保而島將空虛故爲防其獘端而保護島民者이오나恒自오川郡으로視此島民을認若茶飯에無事不甚聽이온바今年四月에오川前郡守李甲承氏가稱曰松楸摘奸이라ᄒᆞ고多率官隷四十餘名ᄒᆞ고越權入島에無數作梗ᄒᆞ고攎남虛無ᄒᆞ야誣報京府의陷人不測故로郡等이說明呼冤次四十餘人이裹足上京ᄒᆞ야呼訴於主管之經理院ᄒᆞ야雖爲卞白이나路需客費가至爲千金之餘故自各里로有所收斂之擧이온바至於本派監徐相贊氏ᄒᆞ야ᄂᆞᆫ毫無干涉於其間이고言乎派監之視務ᄒᆞ면就代爲至於貧民에賑貸實費ᄒᆞ고上納則自當先랍ᄒᆞ며進上燒木一萬負先運上랍이ㅁ一島之巨役而不煩不撓ᄒᆞ고風萬前令已畢랍ᄒᆞ며柴松守護則別立科條而種植禁養ᄒᆞ야前日童濯之山坂이蔚然成林ᄒᆞ얏ᄂᆞᆫᄃᆡ松楸之斫伐放賣事와私營防築事와毁破鹽井事와浮費勒徵事와沃溝港日人來到調查松楸斫伐輸去云者ᄂᆞᆫ無據之說이라ᄒᆞ얏더라

●署理猝富 西來人의傳說을聞ᄒᆞᆫ則定州郡守尹喬榮氏ᄂᆞᆫ本道觀察署理를圖得ᄒᆞᆫ後로滿心自得ᄒᆞ야不顧本任ᄒᆞ고長留宜堂에視以貨殖이라其在各郡詞訟에不究曲直ᄒᆞ고縱人貪賂ᄒᆞ며討良褒惡ᄒᆞ며飾是爲非ᄒᆞ니一道人民이嫉其銅臭曰明康ᄒᆞ申察休氏ᄂᆞᆫ請由已久에胡不速還고ᄒᆞ다더라

●抑何心腸 南來人傳說을聞ᄒᆞᆫ즉鎭海灣軍用地犯入ᄒᆞᆫ熊川郡田畓家屋을調査ᄒᆞᄂᆞᆫ吏屬들이一等田畓家屋을不肯一等懸錄ᄒᆞ고許多相持ᄒᆞ야二等으로落降懸錄ᄒᆞ며二等은三等으로落降懸錄故로民心이尤爲一層拂鬱다ᄒᆞ더라

●布哇韓人敎會報의時事談說 슉

이슴세에상ᄉᆞ람들은너나를물논ᄒᆞ고나라를망ᄒᆞᆫ놈왓거니와이판국을흥ᄒᆞ자면학문밧게엽ᄂᆞᆫ데조서제질을가라칠성각도안이ᄒᆞ니부형이잘못ᄒᆞ야둑립국인민으로일본의노예를영영만들ᄌᆞᄂᆞᆫ못시라나라의죄인이오ᄌᆞ식에게죄인이니그죄를면ᄒᆞᆯ데오본국에ᄂᆞᆫ학교업서못ᄒᆞ다ᄒᆞ려니와미명호포와에ᄂᆞᆫ농장마다학교가잇서갑업시교육ᄒᆞ니또무슨핑계가잇나

학교를창립ᄒᆞ며자서제질을교육ᄒᆞᄂᆞᆫ부형들은못흥공신이라놀니ᄂᆞᆫ조들은망국ᄒᆞᄂᆞᆫ역적이라ᄒᆞ여도ᄒᆞᆯ말업소일ᄀᆡ인의근고도ᄒᆞᆫ탄ᄒᆞ고져도놀고ᄌᆞ식도만으로나라관계가이곳ᄒᆞ니져제들을학교로보니고ᄌᆞ긔들은신문잡지나열남ᄒᆞ야남의나라강ᄒᆞᆫ연도알고내나라강ᄒᆞᆯ방침도도모ᄒᆞ여보시오

근일ᄯᅥᄒᆞᆫ조강회가본국에셔시되야ᄯᅥᄯᅥ무연셜ᄒᆞᄂᆞᆫ거시ᄉᆞ탐마다조강회목적이오또ᄒᆞᆫ조강회원보메일호가작일발힝되얏다ᄂᆞᆫᄃᆡ일언반ᄉᆞ가다ᄌᆞ강ᄒᆞᆯ듯시어니와메목을붙지라도ᄯᅥ한젼국지구를그월보가동애ᄶᅥ지고잇ᄉᆞ니솜천리강순이메일회자강ᄒᆞᄂᆞᆫ긔초가되깃소

슬푸다우리빅셩은각기지업을부지러니ᄒᆞ여국가의죄인이되지말니ᄂᆞ와신보만니열남ᄒᆞ야내마옴을조강케ᄒᆞ되자강회월보갓치각기동애젼국디도를ᄶᅥ지고ᄒᆞᆫ소탐무사탐이천만명이자강ᄒᆞ야우리ᄃᆡᄒᆞᆫ젼국을강셩ᄒᆞ게ᄒᆞ야봅시다 미와

廣告

東國歷史 普通教科國漢文一秩二冊定價新貨 一圜十錢
法蘭西新史 四十錢
清國戊戌政變記一秩 一圜
政治汎論 一秩二冊一元廿錢
越南亡國史 一冊三十錢
法國革新戰史一冊 三十錢
大韓輿地圖一張 十七錢九里
世界全圖一張 三十七錢五里
大韓地誌一秩 一圜
牧民心書一秩 一圜二十五錢
萬國地誌一秩 一圜
尺牘完編一秩 一圜五十錢
行政新編一冊 五十錢
法學通論一冊 一圜
溫故知新堂叢抄 七錢五里
父師必독小學指남 七錢五里
人工養蚕一冊 十五錢
世界之政治 一冊五十四錢
家庭雜誌一 十錢
進明彙論一秩 三十五錢
交際新禮一秩 十八錢

發賣所 布屛門下金相萬書舖 大韓每日申報社

花春丹은 霍亂 吐瀉 腹痛 滯症 暑症 정忡 神眩 胸鬱 痰盛 醒酒船暈 咳嗽 痢疾 口味업ᄂᆞᆫ諸症의神效ᄒᆞᆫ藥이오 此外에도洋灰水解毒藥 唐창 痔氣 蛔虫 寸虫 赤白면風 瘀과東西洋藥이俱備ᄒᆞ고他病도隨問出方ᄒᆞ오니 僉位ᄂᆞᆫ枉臨ᄒᆞ시옵

皇城校洞石井洞下隅 石泉堂藥房 告白

以上三種은上品으로製造ᄒᆞ야衛生上에至極有益ᄒᆞ니毋論某人ᄒᆞ고本에來臨ᄒᆞ옵

大韓帝國仁川港
濟物浦紙卷烟及烟草會社

一 鷹標罐濃結牛乳
一 金印罐詰濃結牛乳
一 孫雙家用糅化乳酪
一 쌘ㅣ돈쓰製造麥芽化合牛乳

以上은常時에貯積ᄒᆞ앗슴

美國紐育港쌘ㅣ돈쓰濃結牛乳會社
一手代理店
大韓仁川港 世昌洋行

●九轉靈砂라 本人이妙方을服餌ᄒᆞ야靈砂丹인ᄃᆡ男女老少에無論何症ᄒᆞ고還丹ᄒᆞ며緊病時에도服ᄒᆞ면平生의身體가健康ᄒᆞ며小兒ᄂᆞᆫ服ᄒᆞ면千歲인에無病ᄒᆞ게 壽壯保ᄒᆞ오며
●九轉靈砂萬靈丹은癲狂 瘋痰과中風 痰嗽와臭白濁病과痳疾에神効ᄒᆞ오
●九轉靈砂保命丹은初生小兒 驚風 腸癖 積聚 腹痛諸殺惡과婦人帶下症에神効ᄒᆞ며
●九轉靈砂濟衆丹은滯滯 食滯 積滯 吐瀉 霍亂 痢疾 吐血 下血 瘴氣 時疾 痼症에神効ᄒᆞ오
●九轉靈砂金丹은痔漏 鼠瘻 上疳瘡 下疳瘡及唐瘡과瘰癧等類에無不神効ᄒᆞ오니 僉君子ᄂᆞᆫ來問ᄒᆞ시오
內部前後두간이골上隅第一號 李敏廷 告白

◎本社廣告

申報價
一張代金 新貨二錢五里
一箇月前納 三十錢
三箇月 九十錢
六箇月 一元七十錢
一箇年 三元四十錢
郵稅一部 新貨五里
一箇月 十三錢

廣告料
四号活字十三字詰
每日每英尺一寸에新貨廿五錢
(每日每行에六錢에相當홈)
其期限의長短과字行의多少를依ᄒᆞ야增減홈이有홈

◎大韓每日申報各處支社廣告
中署布屛門下 金相萬冊肆
洞口ㅏ便 朱翰榮冊肆
中署鷹碕初入七十八統第二戶 鄭亮弼
仁川租峴開新冊肆 李東支
平壤南山峴日新學校 金漢
宣川邑橋西 安濬
義州南門外韓西大藥房張有鼎
長連邑 金鎔
鎭南浦築洞 金仁집
咸興州南社 曹喜林
中和邑 李俊培
釜山佐川徐藥房 金灌俊
開城北部梨井里畔洞居 權承支
校洞校長 姜助遠
大丘郡 達城廣文社
鎭山邑內 安璟
元山港倉前 金乃普

發行兼編輯人 英國人裴說
發行所
京城中署壽進坊典洞号外地法語學校前
大韓每日申報社

第四卷 第三百四十五號

大韓每日申報

대한매일신보

月曜及慶節 歲時日休刊

檀君開國四千二百三十九年
箕子元年三千二十八年
大韓開國五百十五年
日本明治三十九年
淸國光緖三十二年
◉陰曆丙午八月大廿六日寅庚

論說

韓國內日本

此題目을見ᄒᆫ則讀者諸君은韓國以外他國에셔도漸受ᄒ나니豈不悅乎아韓國이日本管轄下에在ᄒᆷ으英國及西洋列國製造所에直接被害됨을本記者ㅣ極力指明ᄒ엿노니由是로日本內의外人新聞上에議言을自被ᄒ얏노라香港華日新聞에韓國을說明ᄒᆷ이如左ᄒ니

日本이管轄을自擅ᄒᆷ과如히韓國의與列强契約을亦自擅擅ᄒ얏스나何如ᄒ던지日本이爲此之行ᄒ기에至小而急도未有ᄒᆷ을自示ᄒ얏노다稅關處理ᄒᄂᆫ日本이例有ᄒᆷ은自國人民의利益을爲ᄒ야外洋商業을沮害ᄒ기에所作與用이아이니와且其稅關은居留外人의私事를干涉ᄒ라고測策ᄒ나니居留外人이約章으로ᄂᆫ自國法律保護下에在ᄒᆫ대ᄂᆫ實地로ᄂᆫ日本警吏가居留居役라呼訴之路에侮辱이事有여도救援은實無ᄒ도다

同記者ㅣ가英國物品이日本製造에게見魔되ᄂᆫ事機를著示ᄒ야

本記者의遂今用心ᄒᆫ것보다加一層强硬ᄒᆫ輪貫을瞭說인바其結言이如左ᄒ니

韓國에셔英國商業이始被拒斥ᄒ된지或幾分被斥ᄒᆫ時에ᄂᆫ此過失이淸國에居留ᄒᄂᆫ英國商民의無心ᄒᆷ에在ᄒ다依例提言ᄒᆫ터이나然이나無限意議를依ᄒ야韓半島全幅에셔英國商業이見逐ᄒᄂᆫ現今에ᄂᆫ如此提言을不足擧辦이라ᄒ얏더라

日本이軍略以外에有何深瞞인지ᄂᆫ本記者ㅣ不信이나其商民이商業을自有ᄒ려ᄂᆫ方策은英國商業界가足以拭目ᄒ거신즉을確認ᄒ노니確著ᄒᆫ商業事體ᄂᆫ近來有之矣나西路에一件을下記ᄒ노라

一千萬圓의借款整列과及其實用方法을詳悉ᄒ면正心之人은當作誹謗ᄒ거시며此國與日本人의設策이太美ᄒ야實行政이日人欺罔ᄒ와盜取者를從乎直接奬勵ᄒᄂᆫ形勢ᄂᆫ拒言키不能이요日本人과及其領館이大韓每日申報ᄂᆫ不足注目이라ᄒ고種種陳言ᄒ나日本官憲이此報를停止ᄒ려고賄賂ᄒᆷ과ᄂᆫ此論者이大相反對로다

旣行欺罔의實蹟이果有ᄒ야本記者ㅣ伊藤侯의到着以後로公然揭載ᄒ얏스나至今토록何如犯濫人의公決됨을未覺ᄒ깃도다且今聞之컨ᄃᆡ平壤에烟草密輸者가有ᄒ야幾乎公然從事ᄒ나니此密輸者ᄂᆫ即日本人이라公例ᄒᆫ試圖가未有矣니其人의犯罪됨은細小密輸者들이其人의商業을暗毀ᄒᆷ으로其人이彼輩를模倣ᄒ야大分道으로取行ᄒᆷ이로다

且有一現著事實ᄒ니韓國政府의稅入이公然罔奪되ᄂᆫ거시라此를官人欺罔이라고若不稱ᄒ진ᄃᆫ本記者ᄂᆫ日本官憲의自國臣民의所爲를採出ᄒ기에不遠ᄒ다必言ᄒ리니合於이及不如吾人이요吾人으로ᄂᆫ此然疑信이로다

官報

◉三千五百八十二號 光武十年十月十二日

◉敍任及辭令

○依願免本官 公立安山普通學校敎員鄭濂鎬 九月十四日

○任咸鏡山府觀察府書記 六品李震夏○任閣議總務書記 金灌濟○依願免本官 侍從院分侍 시從院奉侍 正三品金坍定○六品張聲英 全丁蓋變 解收稅官○六品金敬庚 命收稅官○兼任敎授補下盟璋○依願免本官 裕陵園參奉 朴鍾鎬○任裕陵園參奉 李展種○依願免本官 農林學校敎官 九品 工學校敎官 校長 全敎員韓觀植○兼任公立海州普通學校長 全敎員金實煥○任官立漢城師範學校副敎員 九品彭鍵默○兼任官立한城師範學校學員監 全敎官尹宇老

◉府 令

◉宮內府令第六號

宮內大臣官房分課規定 令

第三條 外事課의셔ᄂᆫ左開事務를掌ᄒᆷ

一 各國禮書及書札往復에關ᄒᆫ事項

二 翻譯電報及外國人敍勳의關ᄒᆫ事項

三 翻譯及外國人署名에關ᄒᆫ事項

四 外國人에關ᄒᆫ 恩賜贈與及賜獻에關ᄒᆫ事項

五 外國人聘雇의關ᄒᆫ事項

六 主管의屬ᄒᆫᄂᆫ其類往復起案及ㅡ纂係管에關ᄒᆫ事項

第四條 禮式과의셔ᄂᆫ左開事務를掌ᄒᆷ

一 宮中諸禮式의關ᄒᆫ事項

二 宮中宴會及饗宴接待의關ᄒᆫ事項

三 外國人陛見의關ᄒᆫ事項

四 主管에屬ᄒᆫᄂᆫ書類往復起案及編纂保管에關ᄒᆫ事項

附則

第五條 本規定은頒布日로부터施行ᄒᆷ

第六條 光武九年三月卄九日宮內府令分課規定은廢止ᄒᆷ

光武十年九月卄日

宮內府大臣李根상 號

外報

◉俄探員日本現狀 合爾賓에俄國探報員이近者日本으로歸著ᄒ야其遊歷ᄒᆫ地에日本의現狀을目睹ᄒᆫ거슬述ᄒᆫ바如左ᄒ니

日本이自戰役以後로所有商船을軍附에造船工程을極力整飭ᄒᆷ이甚形忙急이라船上應用鎗件을分在船塢船廠ᄒ야廠中이充塞ᄒ고又日本이往英國洋行ᄒ야兵船所用軍器를定購ᄒᆫ것이共히四百一十七萬元을値ᄒ얏고

日昨에美國으로부터巡船十四隻을開到ᄒ야內載美國水兵ᄒ고上懸日本商旗ᄒ야長崎東京等海灣에停泊ᄒ얏다가未久에巡洋兵船으로改爲ᄒ야雜飾이一新ᄒ고加以鐵甲ᄒ며更聘新名ᄒ니該運船도美國商船公司로由ᄒ야購來ᄒ얏ᄂᆫᄃᆡ其機器軍械가均히修整ᄒ얏고

所有港灣과船廠船塢ᄂᆫ外國人絕不可之處라偶有入港者가將近廠塢면監禁이隨其後ᄒ야或有驅逐之勢ᄒ고

日本外交界ᄂᆫ비록關後로旅順口ᄂᆫ於軍界에並無關係라宣言ᄒ나即則不然ᄒ야水路ᄂᆫ與戰設ᄒ다도加兵有限ᄒ야不久에將有水軍이開到ᄒ야至陸路ᄒ면由占據之日ᄒ야迄今不斷ᄒ고鐵路一條를擇出ᄒ야開與時外人出入을嚴禁ᄒ고其餘各路ᄂᆫ均히設兵看守라其對於淸國商人에百方加稅ᄒ야實有過離境外之懇想ᄒ고日本政府ᄂᆫ只准ᄒ되華人이到彼ᄒ면允當着工게ᄒ야從中獲利ᄒ니是以로淸國各口岸에暫ᄒ工ᄒᄂᆫ人民은往遼東各口ᄒ고又陰曆八月一日을至二十日間에東京에造兵砲工廠에共히運船六隻을發ᄒ니均係軍用之物이라由東京開駛ᄒ고 未完

雜報

●李氏奏達 陪從武官長李根澔氏가 天陛에 奏達ᄒᆞ기를 李容泰ᄂᆞᆫ 不可信用之人이니 其所奏言을 勿爲信聽ᄒᆞᄋᆞᆸ시기를 數奏ᄒᆞ엿다더라

●學大運動 學部大臣李完用氏가 內部大臣을 轉任ᄒᆞ랴고 近日運動力이 一層頗大ᄒᆞ다더라

●兩南傳說 稅務官과 稅務主事를 敍任後 斷髮派送ᄒᆞᆫ다더니 更聞ᄒᆞᆫ즉 三南으로 下送ᄒᆞᄂᆞᆫ 官人은 아즉 剃髮치 아니ᄒᆞᆫ다 ᄒᆞ며 또 南中吏民間 傳說이 만일 稅務官名色이 來到ᄒᆞ면 長斫上에 置ᄒᆞ고 火葬ᄒᆞᆫ다고 紛紛ᄒᆞᆫ다더라

●兩處支供 一進會頭 송秉畯氏가 滯獄以後로 夕飯은 自己家에서 支供ᄒᆞ고 朝飯과 午餐은 何許日人이 致誠供進ᄒᆞᆫ다더라

●靑會開校 萬國靑年會學校에서 夏期休學ᄒᆞ얏더니 再昨日붓터 開校上學ᄒᆞ얏다더라

●農會將起 趙重應氏가 農業會를 設始ᄒᆞ고 有志人士를 募集ᄒᆞᄂᆞᆫ 中인ᄃᆡ 政治一欵은 干預ᄒᆞᆷ이 無ᄒᆞ다더라

●郭氏設校 西署北門洞[illegible]地에서 郭致雲氏가 教育에 熱心ᄒᆞ야 私立普通學校를 設始ᄒᆞ고 學徒를 募集ᄒᆞᄂᆞᆫᄃᆡ 教師ᄂᆞᆫ 設氏가 自任ᄒᆞᆫ다더라

●日人은 無左無右 大廣橋上에 巡檢과 日巡査가 把守ᄒᆞ야 行客의 來往을 左右로 分行ᄒᆞᄂᆞᆫᄃᆡ 韓人來左去右가 一無違越케 ᄒᆞ되 日人은 無左無右히 自意ᄃᆡ로 來往ᄒᆞ니 巡檢의 不能禁斷은 日人强制力에 莫敢誰何어니와 日巡査의 尋常看過ᄒᆞᆷ은 警察上 大失經緯라고 ᄒᆞ더라

●一進盛宴 一進會頭 송秉畯氏가 滯囚月餘에 流配를 十年이니 十五年이니 處辦未決중인ᄃᆡ 該會員들은 무ᄉᆞᆷ 興況이 有ᄒᆞᆫ지 再昨日 明月館에서 宴會를 盛設ᄒᆞ얏다더라

●韓醫被壓 廣濟院에서 日醫師가 主便視務ᄒᆞ고 韓國醫師ᄂᆞᆫ 沒數 退逐ᄒᆞᆯ計劃인지 至於通辯ᄒᆞᄂᆞᆫ 井上鯤一ᄭᆞ지도 壓制가 去益甚焉ᄒᆞ야 堪耐無路인ᄃᆡ 此弊가 都是 範衛生課長 金寶鉉氏에 所指使라 ᄒᆞ더라

●弟訴兄冤 金錫恒 弟 錫河가 法部에 請願ᄒᆞ기를 矣兄 錫恒이 亦已歷度ᄒᆞ온바 尙未蒙處分之如何이오니 雖涉悚悚이오나 本人以遐鄕無狀之民으로 見其兄之冤而莫忍含默而長死乎잇가 蓋法者 天下之公法而法一傾則民無所措手足也라 宜乎不服에 勒縛羈役이 已非用法之正也오 旣使勒役毒打折肱ᄒᆞ니 亦非欽恤之意也오 況今 赦典之下에 雖犯六犯而終身處役者之放出者도 亦有어니와 其餘 六七年 四五年 處役之放出者 幾近四五十名而 吾兄所犯은 初非六犯之重犯이오 役限이 亦不過三年而 未蒙均施之赦典이오니 均施罪囚에 有何愛憎不公之顯殊乎잇가 況矣兄之折肱之毒은 方在死生之危境이온 則 其在幷生之轍이나 寧不矜憐者乎잇가 玆敢不憚猥越ᄒᆞ고 更陳情由ᄒᆞ오니 伏乞 洞亮ᄒᆞ옵신後에 特垂公平之典과 慈悲之着ᄒᆞ와 使矣兄으로 得蒙赦秩에 得保軀命之地를 千萬伏祝이라 ᄒᆞ얏다더라

●송秉畯事件 李逸稙事件에 對ᄒᆞ야 平理院 審查ᄂᆞᆫ 着着進行ᄒᆞ거니와 一進會領袖[illegible]相李完用氏 私邸에 出入ᄒᆞ야 [illegible]相의 自身이 參謀長이 되야 救免運動에 熱心周旋ᄒᆞᆫ다 ᄒᆞ며 最初日本憲兵隊側에서도 一意見으로 송秉畯氏가 從來[illegible]ᄒᆞᆫ 一進會를 駕馭의 點을 打算ᄒᆞ야 公平ᄒᆞᆫ 處理를 用ᄒᆞᆫ다ᄂᆞᆫ 說이 有ᄒᆞ고 또 伊藤統監은 情實의 問題로 國家의 法律을 枉치 아니ᄒᆞ고 公平히 ᄒᆞᆯ 意見이 有ᄒᆞᆫᄃᆡ 他日 審查가 終決ᄒᆞ게 되면 國分秘書官을 平理院에 派送ᄒᆞ야 正直公平ᄒᆞᆫ 裁判을 開ᄒᆞ라 ᄒᆞᆯ터인ᄃᆡ 此公平之言에 就ᄒᆞ야 韓人邊에서ᄂᆞᆫ 日本人과 多少見解가 異ᄒᆞᆯ터이나 公平이란 것은 極히 嚴重히 ᄒᆞᆯ意味가 有ᄒᆞᆯ지라 此에 嚴重裁判으로 思惟ᄒᆞ건ᄃᆡ 到底히 송氏를 重ᄒᆞᆫ 流配에 處ᄒᆞᆯ터인ᄃᆡ 輕ᄒᆞ야도 十年 流刑은 免치 못ᄒᆞᆯ지라 ᄒᆞᄂᆞᆫ 송氏가 有罪ᄒᆞ면 一進會運命의 如何ᄂᆞᆫ 勿論ᄒᆞ고 同會에서ᄂᆞᆫ 惟一明星을 失ᄒᆞ고 不利益ᄒᆞᆯ 거슨 無疑ᄒᆞ다고 朝鮮日日新報에 揭載ᄒᆞ얏더라

●地方警務實施 十三道警務署巡檢 八百名을 各其府巡校중에 募集ᄒᆞ야 不日實施ᄒᆞ기로 地方制度調查所에 其規程과 預算表를 編成ᄒᆞ야 警務局으로 移交ᄒᆞ야 度支部로 預算額을 請求ᄒᆞ얏다ᄒᆞ며 每署에 摠巡四名式 明年度預算에 나 實施ᄒᆞᆯ터이라더라

●銓考變更 內部에서 各大臣의게 面會ᄒᆞ고 地方官吏銓考에 合格ᄒᆞᆫ 人員을 三人式 公薦ᄒᆞ라 ᄒᆞᄂᆞᆫᄃᆡ 各大臣이 齊會曰 料其人物ᄒᆞ고 觀此細則에 四顧無人ᄒᆞ야 全沒應格者 則不可薦人이라 ᄒᆞᄂᆞᆫ지라 今日閣議에 銓考問題가 多少間 變更이 되리라더라

●兩大召命 再昨日 下午四時에ᄂᆞᆫ 大內에서 參政大臣을 召入ᄒᆞ야 赤十字社副社長 小澤氏 陛見事에 對ᄒᆞ야 下詢ᄒᆞ신 事가 有ᄒᆞ셧다ᄒᆞ고 昨日下午四時에ᄂᆞᆫ 內部大臣을 召入ᄒᆞ셧다더라

●御前會議事件 日昨 御前會議에 稅務官吏 ᄎᆡ用及 稅務事와 官吏銓考實施事와 其外에 外國交涉에 關ᄒᆞᆫ 事項을 議定ᄒᆞ얏다더라

●保護의 偵探 現今 外國官憲이 各大臣의게 經費를 徵出ᄒᆞ며 稱以保護ᄒᆞ고 四五名式 派在ᄒᆞ야 其大臣의 一動一靜을 偵探ᄒᆞ거니와 其大臣家의 出入客數와 緊欵을 撫錄ᄒᆞ야 統監府에 一記式存案ᄒᆞ얏다더라

☆☆☆

●商會改正

一議長遞任 京城商業會議所議長郭泰鉉氏ᄂᆞᆫ 今回에 其主管ᄒᆞ온 廣信社(客主組合)의 事務가 多端ᄒᆞᆷ의 至ᄒᆞᆷ으로 辭退ᄒᆞᆫ 故로 昨十日 臨時總會에서 趙鎭泰氏가 多數當選ᄒᆞ얏다ᄒᆞ니 同氏ᄂᆞᆫ 將來 商業會議所를 中心으로 合ᄒᆞ야 商工業의 改善發達에 全力傾注ᄒᆞᆯ터이니 氏의 開明ᄒᆞᆫ 頭腦와 老成의 手腕으로 盡瘁ᄒᆞ면 京城商界ᄂᆞᆫ 數年을 不過ᄒᆞ야 一大新面目을 煥ᄒᆞᆷ에 至ᄒᆞᆯ줄노 信ᄒᆞᆫ다더라

一定欵改正 京城商業會議所ᄂᆞᆫ 時務의 進運을 件ᄒᆞ야 定欵改正의 急須에 迫ᄒᆞᆷ으로 義者[illegible] 工部에 認可를 請願ᄒᆞ얏더니 去八日에 該部로 ᄯᅩ 認可됨을 下附ᄒᆞᆫ지라 從來로 會의 主腦를 [illegible]長副議長이라 稱ᄒᆞ더니 今回新定欵에ᄂᆞᆫ 會頭副會頭라 改定ᄒᆞ얏다더라

●倚閭至情 [illegible]署農圃洞居 金相旭氏의 弟 潤鼎氏가 家內에 不好之事가 有ᄒᆞᆷ으로 再昨日에 忽然不知去處故로 其父親이 頓絕食飮ᄒᆞ고 望其回還ᄒᆞ야 晝宵涕泣ᄒᆞ고 其兄 相旭氏도 大段悶迫ᄒᆞ이라더라

☆☆☆

●到處强奪 務安郡木浦人民輩이 年前 宮內府의서 許民墾畓作農의 訓飭을 依ᄒᆞ야 費財累鉅萬ᄒᆞ야 築堤定界에 一千百九十九石六斗와 四升落을 起畓作農ᄒᆞ얏더니 去甲辰夏에 日人大內暢三이가 韓人柳大鉉이라 虛名을 作ᄒᆞ야 三百石落陳荒地를 開墾ᄒᆞ라ᄂᆞᆫ 某宮認許가 有ᄒᆞ다ᄒᆞ고 標帖을 持來ᄒᆞ얏스나 其時 水滿四野에 尺量을 不能이오 且全坪이 曾已作農에 更無陳荒餘地故로 無所濟給이러니 及其秋成之時ᄒᆞ야 大내暢三이가 自稱權口로 率兵而來ᄒᆞ야 放銃揮刀에 示威萬端ᄒᆞ고 全坪禾租를 分半奪去ᄒᆞ며 堰吐庫舍를 亦爲佔據인바 該地農民等이 呼訴于地方官ᄒᆞ야 雖有禁令이나 暢三이 少不顧念이라 昨年春에 니 外國人이 談判于木浦理事廳ᄒᆞ여 暢三이 以其理屈로 甲辰秋租 一萬七千束代金八百圓을 除淨償ᄒᆞ고 出給ᄒᆞ며 更不侵奪ᄒᆞ기로 [illegible]矣러니 又於昨年秋에 全坪禾租 三萬餘束을 行悖奪去ᄒᆞᆫ則 農民等이 又爲呈訴于理事廳ᄒᆞ나 該廳에서 不爲公決ᄒᆞᄂᆞᆫ 故로 農民等이 宮內府에 請願ᄒᆞ야 統監府에 交涉ᄒᆞ야 依律處判케ᄒᆞ라ᄒᆞ얏다더라

●法國總領事代理歸國 法國總領事代理 [illegible]氏ᄂᆞᆫ 今月十五六日頃에 歸國ᄒᆞᆯ 途에 就ᄒᆞᆫ다더라

詞林

冰室主人

志未酬

志未酬 志未酬 問君之志幾時酬 志亦無盡量 酬亦無盡時 世界進步靡有止期 吾之希望亦靡有止期 衆生苦惱不斷如亂絲 吾之悲憫亦不斷如絲 登高山復有高山 出瀛海更有瀛海 任龍騰虎躍以度此百年兮 所成就其能幾許 雖成少許不敢自輕 不有少許兮多許奚自生 但望前途之宏廓而寥遠兮 其孰能無感於余情 嗚呼男兒志兮天下事 但有進而不有止 言志已酬便無

雜報

大韓自强會에서由來韓國의惡慣悖習을嚴行禁斷ᄒᆞᆯ事로政府로建議가如左ᄒᆞ니 續

痴亦甚矣오四曰俚諺小說이니其弊ᄂᆞᆫ淫鄙也라雖云文明各國에도尙有少說稗史之流行이나取其情理切至ᄒᆞ면善惡可鑑ᄒᆞ야必經政府檢認而發行者ᄂᆞᆫ專爲感發其懲創之念故也어ᄂᆞᆯ我國由來之所謂俚諺少說은全以鄙俚乖[illegible]之事로粧撰淫飾詐之文ᄒᆞ야類多編入於大明成化年間ᄒᆞ고其隨起之所淺은斯不過富貴變全一生安樂而止ᄒᆞ고如獨立國之偉大思想과自由民之活動精神等少有補於國家進運之語則萬無其一而愚夫愚婦之燕安無事者ㅣ飽ᄂᆞᆫ明窓에朗讀玩味ᄒᆞ야而進了千金一刻ᄒᆞ야[illegible]情其志氣ᄒᆞ며紊亂我風化ᄒᆞ니其亦俗害於今日新敎育者ㅣ不可數計而補知也라

大盧髮也와奸僞也와愚誕也와淫鄙也至四者之中에一或成俗於其國則事ᄂᆞᆫ決難進於開明富强之域이온況其兼此四者之痼瘼而仍成通俗者乎아且現世列國之以文明稱者ㅣ其或有此等汚俗者乎아惟韓淸兩國之最以暗弱腐敗而名者ㅣ兼此四者之惡弊而惟恐或廢ᄒᆞ니此豈非已現之確證者乎아然則此四者之害ᄂᆞᆫ不惟馴致我今日之衰國이라抑亦將來之回復國脈도若不除此則無望이니苟有苦心於世道之汚下ᄒᆞ야期圖保民族守疆土者ㅣ曷不以此四者로爲大讎大敵而即欲焚其書滅其術哉아惟我政府諸公閣下로되今日艱虞之際ᄒᆞ야日夜之彈心竭力에未嘗不在革舊維新而所染이未除ᄒᆞ며新智ㅣ未開ᄒᆞ고敎育이不進ᄒᆞ며四業이不興은단단是四者之害가煽虐吹妄而民無定志ᄒᆞ며國無善俗故也라如巫覡사妄之嚴禁은已有刑法定條ᄒᆞ니只可依律禁단而已矣오如相術雜命相人等雜術書類ᄂᆞᆫ另定法律ᄒᆞ야一切搜索ᄒᆞ야嚴行禁嚴ᄒᆞ고如現行小說紊亂風俗者를亦爲禁除而依文明國例ᄒᆞ야立規刋布ᄒᆞ야以定民志ᄒᆞ며以正國俗케ᄒᆞ심이爲今日莫大之救弊이옵기玆以建議ᄒᆞ오니 査照ᄒᆞ랍ᄒᆞ심을伏望 完

◉總巡善政 仁港總巡金允福氏가巫女十餘名과關公位牌를奉安ᄒᆞᆫ者十一名을捕致ᄒᆞ야此等事가時代文明에大有妨害ᄒᆞᆷ을曉喩ᄒᆞ고關公位牌香卓器具四十餘頁을即付燒火ᄒᆞ니金氏의新式上果斷行政을人皆稱頌ᄒᆞᆫ다더라

◉運動好況 仁港永化學校二百八十餘人男女學徒가陰十六日松林山에서秋期運動을設行ᄒᆞᄂᆞᆫᄃᆡ有志官民에賞品捐助와路次各戶에揭旗歡迎과學徒父母에假幕供饋가一大好況을呈ᄒᆞ얏다더라

◉宜表同情 過般湖西一境에大洪水ᄂᆞᆫ亘古罕有ᄒᆞᆫ鉅災라人命의渰死와家屋田土의浸沒과穀物의損害가實浮於桑港震火之變이라此國內一般同胞의憐恤之情으로社會上救助之擧가斷不可無이기로本報欄內에도數次提論이有ᄒᆞ얏고萬歲報社에서特히救恤金募集事로發起廣告가已經多日인ᄃᆡ何處에서救恤金을送交ᄒᆞᆫ다ᄂᆞᆫ廣告揭示ᄂᆞᆫ尙未見焉ᄒᆞ니吾儕ᄂᆞᆫ殊深怪訝라大抵同胞相愛之情이若是冷淡ᄒᆞ면其國性國情의潰敗渙散을可以揣知니豈不寒心가惟願一般社會ᄂᆞᆫ更加惕念ᄒᆞ야同胞相救之義를表示ᄒᆞᆯ지어다

◉民訴勒奪 中署相思洞居前判官何一泓이가陰怯虛妄ᄒᆞᆫ事로張天師의擋像을그려위셩ᄒᆞ면國泰民安ᄒᆞ깃다ᄒᆞᄂᆞᆫ說로狐媚一世ᄒᆞ야祇平龍門山에正一觀이라ᄒᆞᄂᆞᆫ집을附ᄒᆞ엿ᄂᆞᆫᄃᆡ癸卯年分에田土를買ᄒᆞ야渊望致誠費로付屬ᄒᆞ라신 勅命을奉承ᄒᆞ엿다ᄒᆞ고百姓의田土를勒買ᄒᆞᄂᆞᆫᄃᆡ十五日耕되ᄂᆞᆫ田은六日耕이라ᄒᆞ고時價二萬一千五百의値를三千七百八十七兩零齎만給ᄒᆞ고六日耕되ᄂᆞᆫ田을四日耕이라도ᄒᆞ며四日耕되ᄂᆞᆫ田을二日경이라도ᄒᆞ야勒買ᄒᆞ기로百姓들이呼冤ᄒᆞ여河氏의出給ᄒᆞᄂᆞᆫ錢을不受ᄒᆞᆫ즉河氏가正一觀下에私拘留間을設ᄒᆞ고田主들을拘留ᄒᆞ고絶食ᄒᆞ기를數日式ᄒᆞᄂᆞᆫ지라百姓들이勢無奈何ᄒᆞ야랍田得放ᄒᆞ엿드니今年春에河氏가其勒買田을許人作畓ᄒᆞ야分半ᄒᆞ고其分半ᄒᆞᆫ거스로放賣코져ᄒᆞᄂᆞᆫ지라前日呼冤ᄒᆞ든田主가其說을聞ᄒᆞ고一齊히上京ᄒᆞ야河氏를往見ᄒᆞ고言ᄒᆞ기를君이奉勅ᄒᆞ고買田ᄒᆞᆫ다ᄒᆞ야勒買ᄒᆞ더니今日作畓放賣도奉 勅ᄒᆞ얏ᄂᆞᆫ야如此히瞞公營私ᄒᆞ고小民의田을勒奪이可ᄒᆞ야鼓田을速히還給ᄒᆞ라ᄒᆞ되河氏가尙稱公 勅然錢에還給ᄒᆞ깃다ᄒᆞ고延拖ᄒᆞᄂᆞᆫ故로鼓田主等이將欲裁判所에提訴ᄒᆞᆫ다ᄒᆞ더라

◉國民總會 本日下午一時에國民敎育會에셔秋期總會를開ᄒᆞ고一般任員을改選ᄒᆞᆫ다더라

廣告

廣告

東國歷史 普通教科國漢文一秩二冊定價新貨 一圜十錢
法蘭西新史 四十錢
清國戊戌政變記一秩 一圜
政治汎論 一秩二冊一元廿錢
越南亡國史 一冊三十錢
法國革新戰史一冊 三十錢
大韓新地圖二張 十七錢五里
世界全圖一張 三十七錢五里
[illegible]誌一秩 一圜
[illegible]一秩 一圜二十五錢
萬國地誌一秩 一圜
[illegible]編一秩 一圜五十錢
農政新編一冊 五十錢
法學通論一冊 一圜
溫故知新當叢抄 七錢五里
父師必독小學指南 七錢五里
人工養蚕一冊 十五錢
世界之政治 一冊五十四錢
家庭雜誌一 十錢
進明彙論一秩 三十五錢
交際新禮一秩 十八錢

發賣所 布屛門下金相萬書舖 大韓每日申報社

花春丹은 霍亂 吐瀉 腹痛 滯症 暑症 정忡 神眩 悒鬱 痰盛 醒酒 船暈 咳嗽 痢질 口味업는諸症의神效홈驗이오 此外에도洋灰水解毒藥 疳창 疳氣 蛔虫 寸虫 赤白帶風 瘰과東西洋藥이具備하고 病도隨問出方하오니 僉位는枉臨하시옵

皇城校洞石井洞下隅
石泉堂藥局 告白

以上三種은上品으로製造홈야衛生上에至極有益홈니다論某人고本에來홈

大韓帝國仁川港
濟物浦紙卷烟及烟草會社

一 鷹標罐濃詰牛乳
一 金印罐詰濃結牛乳
一 無變家用氣化乳酪
一 쌀ㅣ든쓰製造麥芽化合牛乳

以上은常時에貯積호얏습

美國紐育港쌀ㅣ든쓰濃結牛乳會社

一手代理店 大韓仁川港 世昌洋行

●九轉還砂丹 本人이[illegible]의 [illegible]男女老少에無論何病ᄒ고[illegible]身體가[illegible]ᄒ며小兒[illegible]保ᄒ오며
●九轉[illegible]砂[illegible]丹은[illegible]
●九轉[illegible]砂保命丹은[illegible]産後諸症과婦人帶下症에[illegible]ᄒ이
●九轉[illegible]砂[illegible]丹은[illegible] 食滯 腹痛 吐瀉 霍亂 痢疾 吐血 下血 [illegible]
●九轉[illegible]砂[illegible]金丹은[illegible] 上府舘 下府舘及唐舘과諸般[illegible]에無不神效하오니 僉君子는來問ᄒ시오
內需司前독갑이골上隅第一[illegible]
李鶴廷 告白

◎本社廣告

申報價
一張代金 新貨二錢五里
一箇月前納 三十錢
三箇月 九十錢
六箇月 一元七十錢
一箇年 三元四十錢
郵稅一部 新貨五里
一箇月 十三錢

廣告料
四号活字十三字詰
每日每英尺一寸에新貨[illegible]
(每日每行에六錢에相當홈
其期限의長短과字行의多少를依ᄒ야減홈이有홈)

◎大韓每日申報各處支社及[illegible]
中署布屛門下 金相萬冊肆
[illegible] 朱[illegible]
中署[illegible] 十八統第二戶 鄭[illegible]
仁川[illegible]新冊肆 李東[illegible]
平壤南山峴日新學校 金[illegible]
宣川邑[illegible] 安濬
義州南門外[illegible]大藥房 張[illegible]
長連邑 金[illegible]
鎭南浦[illegible]洞 金[illegible]
咸興州南社 曹[illegible]
中和邑 李[illegible]
釜山佐川徐[illegible]房 金[illegible]
開城北部[illegible] 崔[illegible]
校洞校長 [illegible]
大丘郡 [illegible]
鎭山邑內 安[illegible]
元山港倉[illegible] 金[illegible]

發行兼編輯人 英國人裴說
發行所
京城中署壽進坊碍洞号外地法語學校前
大韓每日申報社

第四卷

大韓每日申報
대한매일신보

第三百四十六號

月曜及慶節歲時日休刊

檀君開國四千二百三十九年
箕子元年三千二十八年
大韓開國五百十五年
日本明治三十九年
淸國光緒三十二年
◉陰曆丙午八月大廿七日辛卯

別報

開發民智ᄒᆞ고養成民氣ᄂᆞᆫ實로國家天地ᄒᆞᄂᆞᆫ大手段이라若其民智가未開ᄒᆞ야人格이低下ᄒᆞ면雖自朝廷으로設行良法이라도國勢가制勝키難ᄒᆞᆯ지라玆에滿東報를接讀ᄒᆞᆫ즉淸國立憲에對ᄒᆞ야其國民의資格을慨歎ᄒᆞ얏스며凡有心國事者ᄂᆞᆫ可以警戒ᄒᆞ야知所先務矣라故로爲之擇譯ᄒᆞ야諸君子의閱覽을供ᄒᆞ노라其文이如左라

自五大臣還國而後로立憲簡策이宣布中外ᄒᆞ니凡關念時政者ᄂᆞᆫ咸翹首而待其施行ᄒᆞ야雖大旱에望雲霓라도不是過也라乃果於七月十三日에詔下頒ᄒᆞ사實行立憲ᄒᆞ시ᄂᆞᆫ預備期限ᄒᆞ야切實振興ᄒᆞ고務擴[...]ᄒᆞ야豫備立憲國民之資格이라ᄒᆞ시니此風一動에有不以手額ᄒᆞ야抃躍懽呼ᄒᆞ며[...]合爾等[...]가雖係[...]民이나其分子之義務로希福之希望이寧非同致며況鐵軌以東은卽田租界之外니得玆消息에豈非慶賀之辰이리오乃遍觀城市에寂乎其無聞ᄒᆞ고杳乎其無見ᄒᆞ야立憲之於我國民也와我國民之於立憲也ᄅᆞᆯ直決然爲二ᄒᆞ야未有絲毫痛癢之相關者ᄒᆞ니

噫라吾不禁頹然沮喪ᄒᆞ고慨然歎息ᄒᆞ야傷此沈酣世界가永無驚覺之期로다去歲俄國의立憲詔下에士民懽呼ᄒᆞ야終日宴樂ᄒᆞ고以下詔之日로作爲永遠紀念之國節ᄒᆞ며復以國旗로大書自由ᄒᆞ야遊城市에脫帽擊掌ᄒᆞ야高呼萬歲ᄒᆞ니觀其景狀컨ᄃᆡ擧國이若狂이라

蓋民之思想이深ᄒᆞ면其感情이激ᄒᆞᄂᆞ니此ᄂᆞᆫ自然之理라今吾國民은聞立憲之詔ᄒᆞ고不特無懽歡抃舞之景象이라卽迢迢街市에曾不聞一人이論及此事者ᄒᆞ니可見此立憲之機軸이不能觸動其感情者니蓋平日에未嘗有此思想也라噫噫國民之程度가若此ᄒᆞ니宜其阻行憲法之人이得所藉口也로다雖然이나彼官吏가詎得逃其責乎아平日에曾不爲民間ᄒᆞ야出一激生民智之方ᄒᆞ며又不爲作一開通風氣之擧ᄒᆞ고惟竊據柄權ᄒᆞ야但顧利己ᄒᆞ얏스니民之不能增益其新智가詎非其罪耶아今若立憲之詔旨旣下에彼等之知之也ㅣ必在衆先이오且詔令示衆이어날不爲宣明ᄒᆞ야秘如無物이라推其心컨ᄃᆡ固以立憲으로爲最嫉之事라苟立憲則必擴民權抑政府ᄒᆞ야彼等이不能挾其朝廷之威餤ᄒᆞ야以壓制其小民矣라故로百方組織ᄒᆞ야使百姓으로皆固結其奴隸之腦性ᄒᆞ야偃息于彼等權勢之下ᄒᆞ야莫或敢越케ᄒᆞᆷ이니世界第一飮恨者ᄂᆞᆫ莫彼輩若矣라

歎歎乎危哉라我國民은曷不蹶起ᄒᆞ야奮發擧[...]昂首大觸ᄒᆞ야占進化子合羣ᄒᆞ고表[...]由于獨立ᄒᆞ야一破彼等勢力範圍ᄒᆞ고樹我國民之旗幟也오ᄒᆞ얏더라

官報

◉三千五百八十三號 光武十年十月十三日

◉宮廷錄事

景孝殿提調金學洙辭職疏
批旨省疏具悉見職豈宜幷辭[...]院之任依施
掌禮院副卿朴鳳柱辭職疏
批旨省疏具悉卿其勿辭往省

◉敍任及辭令

○警務顧問[...]官[...]榮亮 [...]依願免本官○掌禮院副卿[...]宮內府特進官李道宰○任[...]務廳摠巡 鄭殷謨

◉府令

◉內部令第九號
地方警務官職務規程
第一條 地方警務官은各道觀察使의指揮를承ᄒᆞ야管內警察事務를處理ᄒᆞ되左의揭ᄒᆞᆫ事項은警務官이此를決行ᄒᆞᆷ
但事體重大ᄒᆞᆷ으로認ᄒᆞᄂᆞᆫ者ᄂᆞᆫ觀察使의指揮를承ᄒᆞᆷ이可ᄒᆞᆷ
一 巡檢進退賞罰의關ᄒᆞᆫ事項
但任命及免職의關ᄒᆞ야ᄂᆞᆫ警務官의具報가有ᄒᆞᆫ時의觀察使가此를行ᄒᆞ고警務官의具報가無ᄒᆞᆫ時ᄂᆞᆫ觀察使가其事由를警務官의게通知ᄒᆞ야구鑑케ᄒᆞᆷ이可ᄒᆞᆷ
二 巡檢配置의關ᄒᆞᆫ事項
三 巡檢募集及教習의關ᄒᆞᆫ事項
四 巡檢의게賞詞를授與ᄒᆞᄂᆞᆫ事項
五 例規가有ᄒᆞᆫ管下巡檢以下의義務及請願書를處理ᄒᆞᄂᆞᆫ事項
六 巡檢以下를管內에派遣ᄒᆞᄂᆞᆫ事項
但[...]ᄒᆞᆫ境域外ᄂᆞᆫ管外외라도派遣[...]ᄒᆞᆷ이可ᄒᆞᆷ
七 警察官議事開閉ᄒᆞᄂᆞᆫ事項
八 例規가有ᄒᆞᆫ보고[...]及請願書를上部에보行ᄒᆞᄂᆞᆫ事項
九 以上諸事項의實行及高等警察上의[...]ᄒᆞ야[...]가有ᄒᆞᆫ境遇의ᄂᆞᆫ警務官의姓名으로써各地方官의게照會又ᄂᆞᆫ通牒ᄒᆞᄂᆞᆫ事項

附則
第二條 本令은頒布日로부터施行ᄒᆞᆷ
光武十年九月十四日
內部大臣李址鎔

●度支部令第十七號
國庫金委託出납[...]務處理順序
第一章 總則
第一條 歲入歲出金의出납事務를委託ᄒᆞᆫ金庫의設地에在ᄒᆞᆫ統監府通信管理局所[...]使官署의出납區域을別表와如히定ᄒᆞᆷ
前項外特히必要가有ᄒᆞᆫ境遇의ᄂᆞᆫ歲入歲出外現金의出납도並爲處理ᄒᆞᆷ
第二條 金庫及[...]庫金處理와通信官署의出납區域과並通信官署의所屬金庫ᄂᆞᆫ別表와如ᄒᆞᆷ
未完

外報

●俄報가探日本現狀 [...]
日本現在의經營一切가戰爭前의光景과如ᄒᆞ고此次赴戰ᄒᆞ얏든兵卒도實非遣歸鄕이요作爲備兵ᄒᆞ니不過暫放幾時라가備有軍事면招集可集이오
日本報紙가滿洲와西伯利와及俄國內地各情形을甚히注意ᄒᆞ고其平和黨의大報紙ᄂᆞᆫ時指政府ᄒᆞ야以現今國帑不足으로滿洲經營에用力이暫時不宜ᄒᆞ다ᄒᆞ고
日本各大臣이會議[...]黨은訓ᄒᆞ되俄國革命時代가尙遠ᄒᆞ니一時大目的을不能達到라現雖未屆나其時에ᄂᆞᆫ不純黨事라ᄒᆞ고新黨各報紙가凡[...]政府之[...]均[...]인可稱派가[...]別[...]近時에日政府가在滿洲實行之新政策을[...]ᄒᆞ면其特別宗旨ᄂᆞᆫ[...]이오東方前途ᄂᆞᆫ日本大臣이大有擔承委任之勢ᄒᆞ고刻下에日本鐵路에前途[...]ᄒᆞ얏ᄂᆞᆫ더其[...]數ᄂᆞᆫ無從得悉이라彼報紙가多方으로도[...]ᄒᆞ니蓋日本에常欲[...]各事ᄒᆞ야不欲他國人知了라ᄒᆞ얏더라 完

雜報

●大官圭角 政府大官中에學部大臣李完用軍部大臣李根澤兩氏가每事를自意擅便하고僉議를詢謀치못혼故로各大臣으로더부러自然圭角이生혼다더라

●內大宴樂 內部大臣李址鎔氏가身病으로仕進視務치못혼다더니昨日龍山江亭에出往하얏는디狎客과妓生을招待宴會혼다니公務는稱病廢止하고宴樂혼興致는如前하다고巷說이紛紛하더라

●시取後聞 今番度支部에서稅務主事시取事件에對하야一層二論이忽起하야或은廢止하자하고或은叙任하자하야一般官員이可否取決하는故로出榜이無日이라鄕曲에서上來한시혼人들이該試驗에悉不參은姑捨하고當場旅費가窘艱하야多數離程하는디政府事가朝變夕改하야人民이依恃혼바無하다고嗟歎不已하드라더라

●銓考資格 內部地方官銓考所에서議論이不一하되曾經郡守는無시驗하고履歷書만繕呈하되郡守在任時에民擾를當하엿거나贓錢이有혼者는永不叙用하고奏任官은已經實職二年以上人으로判任官은已經實職四年以上人으로시取하되郡守資格에不合하야落시혼者는後次銓考에更不許시하기로酌定혼다더라

●榜後再시 日昨度支部에서시取혼稅務主事文筭에合格혼者一百四十餘名을昨日出榜하얏는디明日更히面시次로一齊히入來하라하얏다더라

●茂民頌德 茂山郡守張樂臣氏는廉明公正하야莅任半載에一境賴安故로該郡十九社民人이狀列褒善于觀察府하고且實蹟十餘件事를列明請願于內部혼次로韓裕熙等이抱狀來到하얏다더라

●尹氏被囚 年前에海州郡等地民有狀을英親王宮에서築狀하얏더니該地民人等이上京呼冤하는지라自英親王宮으로民狀償幾萬兩을出給하얏는디其時에派員林震燮氏가中間偸食하얏던지民人等이不勝抑冤하야今又上京呼訴하얏더니平理院裁判所判事李圭寧氏가其時海州郡守尹斧榮氏가不無誤決이라하야現今捉囚하엿고償金을徵出혼次로手續을勸擇하얏다더라

●兩方吏論 南來人의傳說을聞혼즉全羅道各郡吏胥輩가稅論하되稅務官이下來하야結稅를不日督刷하면民情이嗷嗷혼거시오多年使役하던吾輩도一分錢을相關이無하거시니諸般稅案文簿를燒火逃躲하자혼다더라

●三次借款 近日傳說을據혼즉韓政府에서日本에對하야一千萬圜의借款을請혼다니曾往初次에三百萬圜을借款하고再次에一千萬圜을借款하고또무合急用이有하야一千萬圜을請借하는지政府大官들은三千里疆土를讒爲讓與無餘혼後에야快於心혼는지輿論이紛紜하다더라

●草坪事對質 朴性德氏의金浦郡所在草坪을一進會의서陳荒地라稱하고掠奪혼事件은前報에揭載하얏거니와昨日農商工部에一進會人과朴氏가對質次로兩造하얏다는디其立落은姑未知하깃다더라

●試取可笑 今番度支部에서稅務主事試取혼時에籌算試驗五百餘人을六場에分排하야一場에九十人式이오場場各問題로試驗하엿는디其中籌術問題는易難이不同하고第六場의筭術問題는二十錢貨五十錢貨十錢貨共合一百二枚인디其錢額은三十一元六十錢이니各其枚數가幾何오하얏스니此問題의答數로言하면不一其端혼거시라假令二十錢三十八枚五十錢四十四枚十錢二十枚라도될거시오又二十錢十枚五十錢五十一枚十錢四十一枚라든지又二十錢十四枚五十錢五十枚十錢三十八枚라도되고又如此히變換하면其結合數가不一혼거스로時間을催促하며問題하는거슨應시人을對하야戱弄件에不過하니文明國人이라하는目賀田氏의事爲가孟浪하고可笑음다고들하더라

●前恭後傲 前贊政金思濬氏가平日에待人接物之道가頗有寬厚態러니至於近日에平昔交際하던親友를對하야驕傲之色이顯著혼故로其親友들이非所望於平日이라하야或有絕交라하니同氏에前恭後傲는무삼時勢로然홈인지未知하깃다더라

●俄領交涉 日俄開戰以前에宮內府에서藥을俄人技師를多數聘하얏다가忽地開拓홈으로物品價及月俸條를總未辦劫하지라近日俄領事가該事件을統監府와交涉중이라더라

●又何問題 近日宮중府中에何問題가忽生하야難處之端이有혼지라各大臣이政府를入去하야參政을屢次會見하얏는데問題를相關하다가互相疾首하는態度를見혼즉事姑秘密이나否將有事焉하다더라

●偵探俄人 日前에俄國人二名이德國人을同伴入城하야德館中에姑爲逗留하는디警務顧問丸山氏는其裏許를萬端偵探하야使巡査로出入尾行혼다더라

●日僧借寺 東大門外元興寺를宮內府所用次로佛像을沒移他處하고僧徒를逐送佛寺하며니近日日本法師等이到來漢城하야佛敎를擴張次로元興寺를請借혼다더라

●請陞一等局 內部會計局三等을一等局으로陞差혼次로說明하야政府에請議하엿는데該局이니而本部及警務廳漢城府廣濟院治道局警務顧問部와外而地方經費를總轄하야行政上에十三道十三府三百三十三郡과警察上에十一港十三署二十六分署와三百三十三分派所에預算決算을調製하는事務가比前殷繁하니該局을陞爲一等하고第二課를設寘하고參書官一人과主事二人을增置하야事務를分掌케하는것이事宜妥合이라하얏다더라

●청領陛見 各國領事가渡韓혼後에陛見홈을自廢하얏는데日昨에청國領事가陛見하얏다더라

●兩警叙任 警務官柳冀亮은憲兵代에前判事韓東履前警務官柳鳳錫氏로叙任하얏다더라

●學大奔走 송秉畯特赦件에學部大臣李完用氏가運動하기爲하야一進會員으로聯絡하야奔走혼貌樣이尙今不絕하다더라

●白川謝興 白川郡守趙元[illegible]氏가注意興學하야境內士林과商議하야捐俸優助하고士民도亦各出義하야校舍는本郡鄕憲堂을修理하야名之以闡興학校하고敎師는[illegible]松木彬氏와[illegible]金敎植氏를延聘하야自陰曆七月初十日로[illegible]靑年을[illegible]야開校敎授인바學員의聚集이四十名[illegible]校長은本郡守로副校長은[illegible]騎變氏로[illegible]氏로交監[illegible]深視하[illegible]實[illegible]之効가有하다는[illegible]노라

●義徒兩案 去九月中에徐相查李麟淳具禹榮三儒生이韓日協約締結者五大臣을暗殺혼目的으로爆烈彈을購入하야先히軍相邸床下에竹筒을買하야投入혼計劃으로北漢山에서시驗하다가結果가不良홈으로更히苦心中에硏覺되야捕縛하얏다하고又慶尙北道安東郡居朴樑來와平安北道龍川郡儒生全德元과義州郡進士洪在緖等이義兵을[illegible]하는嫌疑로義州監獄署에逮捕하야平理院으로送致하야訊問을[illegible]에서取調하얏는디其供案에朴樑來는年前에京城에入하야醫術로行世하얏고本年에義州를經하야龍川에到하야全德元家에留宿하다가其時洪州에義兵이起혼事를聞하고其征叢에投入하야先히賣國五六大臣을暗殺하리라하고短銃二柄을購來하얏는디洪州敗潰홈을聞하고更히義兵을募集을擧혼시人地의利를得혼次로江界에至하야義兵을募集코져하다가同事者가不應홈으로互相衝突하다가逮捕가되얏다고某報에揭載하얏더라

詞林

澳亞歸舟　任公

長途短髮兩蕭森觸目憑欄獨自吟日出見鷗知島近風分開雨感秋深桑梓豈是先生志銜石應憐後死心라女不知家國恨更彈漢曲入蠻琴

苦吟兀兀成何事永夜迢迢無限情萬[illegible]魚龍風在下一天雲錦月初生人歌人哭與亡感潮長潮平日夜聲大願未酬時易逝撫膺危坐涕縱橫

雜報

●淸皇帝立憲諭旨照謄
朕이皇太后의懿旨를欽奉ᄒᆞ얏노니我朝自開國以來로列聖相承ᄒᆞ샤謨烈昭垂ᄒᆞ시니無不因時損益ᄒᆞ야著爲憲典이라現在各國이交通에政治法度가皆有彼此相因之勢어날我國은政令이積久로仍히日處阽危ᄒᆞ야憂患이迫切ᄒᆞ니非廣求智識ᄒᆞ야更定法制이면上無以承祖宗締造之心이오下無以慰臣庶治平之望이라

是以로前에簡派大臣ᄒᆞ야分赴各國ᄒᆞ야考査政治케ᄒᆞ얏더니現載澤等이回國陳奏ᄒᆞ되皆以國勢不振은實由於上下相暌ᄒᆞ고內外隔閡ᄒᆞ야官不知所以保民ᄒᆞ고民不知所以衛國이라各國之所以富强者는實由於實行憲法ᄒᆞ야取決公論이라君民一體로呼吸相通ᄒᆞ야博采衆長ᄒᆞ야明定權限ᄒᆞ고以及籌備財用과經畫政務를無不公之於黎庶ᄒᆞ고

又觀各國規制ᄒᆞ야變通盡利ᄒᆞ야政通民和가有由來矣라時處今日ᄒᆞ야惟有及時詳晳ᄒᆞ야甄採倣行이니憲政大權은統於朝廷ᄒᆞ고庶政은公諸輿論ᄒᆞ야以立國家萬年有道之基일식但目前規制未備ᄒᆞ고民智未開ᄒᆞ니若操切從事ᄒᆞ야

徒飾空文이면何以對國民而昭大信이리오故로廓淸積弊를明定責成ᄒᆞ되必從官制入手라亟應將官制ᄒᆞ야分別議定ᄒᆞ야次第更張ᄒᆞ고並將各項法律ᄒᆞ야詳愼釐訂ᄒᆞ며又廣興敎育ᄒᆞ며淸理財政ᄒᆞ며整飭武備ᄒᆞ며普設巡警ᄒᆞ야使紳民으로明悉國政ᄒᆞ야以預備立憲基礎者ᄒᆞ되內外臣工이切實振興ᄒᆞ야力求成效ᄒᆞ고

俟數年後規模粗定ᄒᆞ야査看情形ᄒᆞ고參用各國成法ᄒᆞ야妥議立憲ᄒᆞ되實行期限은再行宣布天下ᄒᆞ야視進步之遲速ᄒᆞ야定期限之遠近ᄒᆞ리니各省將軍督撫는曉諭士庶人等ᄒᆞ야發憤爲學ᄒᆞ야各明忠君愛國之義와合羣進化之理케ᄒᆞ되勿以私見으로害公理ᄒᆞ며勿因小忿으로敗大謀ᄒᆞ야尊崇秩序ᄒᆞ며保守平和ᄒᆞ야以預備立憲國民之資格을有厚望焉ᄒᆞ노니將此通諭ᄒᆞ야知之欽此ᄒᆞ라

支那某報記者曰嗚呼라煌煌綸綍이宣布天下四百兆人ᄒᆞ니上自搢紳으로下逮章히ᄒᆞ야莫不鬨然ᄒᆞ야並爲一詞曰立憲之詔ㅣ下矣로다立헌之詔ㅣ下矣로다ᄒᆞ는지라吾는受而讀之ᄒᆞ니

有曰但目前規制가未備ᄒᆞ고民知未開라ᄒᆞ며有曰俟數年後規模粗定ᄒᆞ야査看情形ᄒᆞ고參用各國成法ᄒᆞ야妥議立憲ᄒᆞ야實行期限云ᄒᆞ얏스니吾는讀竟에吾氣脘結ᄒᆞ야終日不能讀一語라吾는今에代表政府ᄒᆞ야

紬繹諭意ᄒᆞ야宣布二十二行省ᄒᆞ야曰中國之立헌이或十年或二十年或五十年幾百年이던지前程은尙遙ᄒᆞᆫ來軫을難知ᄒᆞ니目覩躬逢이其在儕君之苗裔耶아嗚呼라若欲其求自由享權利ᄒᆞ야不愧堂堂國民인된所以要求政府ᄒᆞ야明定期限者는在儕君好自爲之耳라如其不然인된請長眠大夢으로偕宴宴諸公ᄒᆞ야同爲千年一睡라ᄒᆞ얏더라

●祭愿君根明文
光武十年十月七日甲申日本留學生安鍾九金璐培以光武學校學生諸君之總代로非綿謹告于故學生愿君根明之靈嗚呼哀哉人莫不死也死孰不悲也而惟死惟悲莫子若也

고嗣寒緖非故土也酬餌藥無親戚也一病閱月殿闕沈劇肉爲之脫而皮爲之枯肺爲之焦而命爲之斷惜死惜悲吾子若也幼年遠遊所志在學而天不之祐神爲之猜新苗方長而霜何毒也奇才將秀而風何摧也

曠野流塵穢復餘影窮天極地何處相尋惟兆惟悲莫乎若也雖然人莫不死也長短何較冥冥朝兩等是一世生死冥冥亦何補志學而死其歸亦此嗚呼哀哉

吾儕當以君之所志爲志共務齊力必成此業歸報吾土幷慰同胞惟君英靈尙有以助此志於冥冥之中嗚呼哀哉

●賊殺日人　公州觀察府報告를據ᄒᆞᆫ즉去十一日夜에賊漢이光州利仁市場에居住ᄒᆞᄂᆞᆫ日本人家에突入ᄒᆞ야小兒一名을殺害ᄒᆞ고二人은重傷을負ᄒᆞ엿ᄂᆞᆫ지라金品을掠奪ᄒᆞ고公州方面으로逃走ᄒᆞ엿다더라

●福音開會　皇城基督敎靑年會에서今日下午四点鍾에福音會를開ᄒᆞᆫ다더라

廣告

東國歷史 普通教科國漢文一秩二册定價新貨 一圜十戔
法蘭西新史 四十錢
淸國戊戌政變記一秩 一圜
政治汎論 一秩二冊一元廿錢
越南亡國史 一册三十錢
波蘭革新戰史一冊 三十錢
大韓輿地圖一張 十七錢五里
世界全圖一張 三十七錢五里
大韓地誌一秩 一圜
牧民心書一秩 一圜二十五錢
萬國地誌一秩 一圜
尺牘完編一秩 一圜五十錢
行政新編一冊 五十錢
法學通論一冊 一圜
溫故知新堂叢抄 七錢五里
父師必도小學指남 七錢五里
人工養蠶一冊 十五錢
世界之政治 一冊五十四錢
家庭雜誌一 十錢
進明彙論一秩 三十五錢
交際新禮一秩 十八錢

發賣所 布屛門下金相萬書舖 大韓每日申報社

花春丹은 霍亂 吐瀉 腹痛
滯症 暑症 정忡 神眩 胃鬱
痰盛 醒酒船暈 咳嗽 癖질
口味업는諸症의神效ᄒᆞᆫ藥이오
此外에도洋灰水解毒藥 唐창
疳疾 蛔虫 寸虫 赤白면風
藥과東西洋藥이俱備ᄒᆞ고他病
도隨問出方ᄒᆞ오니 僉位는枉
臨ᄒᆞ시옴

皇城校洞石井洞下隅
石泉堂藥局 告白

以上三種은上品으로製造ᄒᆞ야衛生上에至要ᄒᆞ며價格이有益ᄒᆞ니母論某人ᄒᆞ고本社에來臨ᄒᆞ시옴

大韓帝國仁川港
濟物浦紙卷烟及烟草會社

一 鷹標罐濃酷牛乳
一 金印罐精濃結牛乳
一 無糖家用氣化乳酪
一 보ㅣ든쓰製造麥芽化合牛乳

以上은常時에貯積ᄒᆞ얏숨

美國紐育港 보ㅣ든쓰 濃結牛乳會社

一手代理店 大韓仁川港 世昌洋行

◉九轉靈砂라 本人이ᄒᆞ [illegible]
女老少에無論何症ᄒᆞ고 [illegible]
身體가健康ᄒᆞ며 [illegible] 無病ᄒᆞ게
保護ᄒᆞ오며
◉九轉靈砂萬靈丹은 [illegible] 諸病과雜
病에神効ᄒᆞ고
◉九轉靈砂保命丹은 [illegible]
服藥과婦人帶下症에神效ᄒᆞ며
◉九轉靈砂淸衆丹은酒毒 食滯 症積 吐瀉 往氣 腹疾
吐血 下血 逆氣 時疾 痢症에神效ᄒᆞ고
◉九轉靈砂紫金丹은痔漏 瘰癧 上疳瘡 下疳瘡及諸瘡과
諸般毒瘡惡種에無不神効ᄒᆞ오니 僉君子는來問ᄒᆞ시오
內需司前즉감이골上隅第一統 李鳴廷 告白

◎本社廣告

申報價
一張代金 新貨二錢五里
一箇月前納 三十錢
三箇月 九十錢
六箇月 一元七十戔
一箇年 三元四十戔
郵稅一部 新貨五里
一箇月 十三戔

廣告料
四号活字十三字詰
每日每英尺一寸에新貨廿五錢
(每日每行에六錢에相當홈)
其期限의長短과字行의多少를依ᄒᆞ야增減홈이有홈

◎大韓每日申報各處支社廣告
中署布屛門下 金相萬冊肆
洞口越便 朱翰榮冊肆
中署廣通橋入七十八統第二戶 鄭漢朝
仁川砥峴開新冊肆 李東直
平壤南山峴 新學校 金浩
宣川邑樓西 安濬
義州南門外韓國大藥房 張有鵬
長連邑 金鉉
鎭南浦築洞 金仁집
咸興州南社 曹喜林
中和邑 李俊培
釜山佐川洞 藥房 金灌俊
開城北部梨井里 崔惠敬
慶尙觀察府 姜助遠
大丘郡
鎭山邑內 安 穗
元山港倉洞 金乃烈

發行兼編輯人 英國人裵說
發行所 京城中署壽進坊石洞号外地法語學校前
大韓每日申報社

第四卷 第三百四十七號

大韓每日申報
대한매일신보

月曜及慶節 歲時日休刊

檀君開國四千二百三十九年
箕子元年三千二十八年
大韓開國五百十五年
日本明治三十九年
淸國光緒三十二年
◎陰曆丙午八月廿九日癸巳

別報

開敎總監

本記者ㅣ嘗見支那報紙ᄒᆞ니日本僧侶가入于閩浙之間ᄒᆞ야傳播佛敎者ㅣ踵相接也라此에對ᄒᆞ야支那報紙에歷歷辨論ᄒᆞ되或은曰彼가欲以傳敎主義로誘化我民ᄒᆞ야歸其管轄이나必不能遂其目的이니라何也오佛敎ᄂᆞᆫ是我國固有之敎라我國人이納深於佛學者가遠過於彼어날彼欲以是로服我國人이면是ᄂᆞᆫ以弟子之資格으로欲服其師尊之地位者니其必不能이라ᄒᆞ얏고或은曰彼以佛敎로播我國中者가其爲害最鉅로다何則오我國人民이崇拜佛敎者가甚爲多數인ᄃᆡ彼以불敎로投合我人이면其機가甚易ᄒᆞ고其所收攬이尤占多數라況彼가挾其强盛之國權ᄒᆞ야臨我劣弱之民衆이면其將風靡而嚮從ᄒᆞ리니此其爲患가實深且大라ᄒᆞ얏더라

今에日本이對此韓國ᄒᆞ야試其幷呑之圖에驟驟進行이剛柔交濟ᄒᆞ고巨細畢擧ᄒᆞ야無一遺漏라或用强梁手段ᄒᆞ야縛其手足ᄒᆞ며或用溫和手段ᄒᆞ야奪其精神ᄒᆞ니手足之被縛也엔徒有哀號之聲이오精神之被奪也엔自趨陷溺之境이니豈不慘哉며豈不哀哉아況其政府上庸愚人物과社會上沒覺之徒ᄂᆞᆫ陷彼術中에爲彼창鬼ᄒᆞ야自戕其國脈ᄒᆞ고自滅其同族ᄒᆞ니此其罪惡이上通于天이라更何忍言哉아雖彼波蘭埃及之末運에도不至如此之甚이니吾恐韓國同胞가不出幾年에必無噍類矣라ᄒᆞ노라蓋以歷史觀之컨ᄃᆡ距今千餘年前에韓國文化가先進於日本ᄒᆞ야불敎가自此韓國而渡彼日本ᄒᆞ니當其時ᄒᆞ야ᄂᆞᆫ韓人이處傳道之位ᄒᆞ고日人이居受敎之席이라但韓國은入于 本朝五百年에崇儒抑불ᄒᆞᆷ으로불敎가大衰ᄒᆞ고日本은崇拜불敎ᄒᆞ야家家有불像ᄒᆞ고人人誦불音ᄒᆞ야遂爲其國之宗敎라年前에日本僧侶가渡韓ᄒᆞ야始設淨土宗敎ᄒᆞᆷ于京城內ᄒᆞ니自王公貴人으로以至一般紳士가多表其贊成ᄒᆞ얏고繼而眞宗其支敎가各於各地方ᄒᆞ야全國閒散之徒가紛然從之ᄒᆞ더니今番谷大師가以開敎總監으로來韓ᄒᆞ니其位ᄂᆞᆫ公爵이오勢力家也라伊藤統監은政治上統監이오實谷總監은宗敎上總監이라大抵國之爲國은以其有政治權也오以其有宗敎權也어날今玆兩大權이悉入於他手라以政治力으로縛韓人之手足ᄒᆞ고以宗敎力으로奪韓人之精神ᄒᆞ니區區韓國이更何餘地之有哉아雖然이나石壓筍出이理所必有라日人이欲以불敎로收攬韓人이나或不能遂其目的者가有ᄒᆞ니年來韓國에基督敎派가頗有發達之機러니數年間愈益增進ᄒᆞᆷ은緣此韓人이被日人壓制之故로韓向西敎ᄒᆞ야欲得其自由生活이니然則此國內西敎之興은實日人이驅之也라今又欲將불敎ᄒᆞ야驅韓人ᄒᆞᄂᆞᆫ方針이비록西敎門路를防遏코저ᄒᆞᆷ이나其實은反助力이되야西敎의興旺을增益ᄒᆞᆷ이라敎界競爭이於是乎生ᄒᆞ얏스니其結局의如何를拭目觀之ᄒᆞ리라

官報

◎三千五百八十四號　光武十年十月十五日

◎敍任及辭令

○依願免本官　法部主事 金鍾大 ○任法部主事　六品 尹華榮 ○任法官養成所敎官　前博士 李夜吉

◎部令

◎度支部令第十七號

國庫金委托出납事務處理順序（續）

第三條通信官署에在ᄒᆞᆫ國庫金出납事務處理時間及其休日은郵便爲替郵便貯金郵便振替金受支事務의處理時間及其休日과同ᄒᆞᆷ

第四條通信官署에在ᄒᆞᆫ國庫金出납事務處理에關ᄒᆞᆫ順序ᄂᆞᆫ通信管理局長이此를定ᄒᆞᆷ

第五條國庫金의保管出納의關ᄒᆞ여ᄂᆞᆫ本令의定ᄒᆞᆫ者外ᄂᆞᆫ光武九年度支部令第五號歲入歲出處理順序及同年度支部令第四號金庫事務處리順序를依ᄒᆞ되但前條를依ᄒᆞ야通信管理局長의規定ᄒᆞᆫ者ᄂᆞᆫ其規定을依ᄒᆞᆷ

第二章　歲入

第六條歲入徵收官의셔金庫所在地外에在ᄒᆞᆫ납人으로ᄒᆞ야금金의납付를爲케ᄒᆞᆯ時의ᄂᆞᆫ납人의所在地를出납區域으로ᄒᆞᄂᆞᆫ郵便官署를指定ᄒᆞ고此를附屬書式第一號의납入告知書中에揭記ᄒᆞ야납人으로ᄒᆞ야금其指定郵便官署에現金을納케ᄒᆞᆷ이可ᄒᆞᆷ

第七條郵便官署의셔前條를依ᄒᆞ야現金의납付를受ᄒᆞᆫ時ᄂᆞᆫ此를領收ᄒᆞ고납人告知書에接續ᄒᆞᆫ領收證書及領收濟通知書에其年月日을記入捺印ᄒᆞ고其領收證書ᄂᆞᆫ납人의게交付ᄒᆞ고領收濟通知書ᄂᆞᆫ歲入徵收官의게送付ᄒᆞ며납入告知書ᄂᆞᆫ通信管理局을經ᄒᆞ야此를中央金庫에送付ᄒᆞᆷ

第三章　歲出

第八條出給命令官의셔金庫所在地外에在ᄒᆞᆫ債主의게現金支撥을要ᄒᆞᆯ時ᄂᆞᆫ債主의居住地를出납區域으로ᄒᆞᄂᆞᆫ郵便官署를指定ᄒᆞ고此를附屬書式第二號의出給命令中에揭記ᄒᆞ야適宜ᄒᆞᆫ處에以金二字를朱書ᄒᆞ야出給命令은此를債主의게送付ᄒᆞ고通知出給命令은所轄金庫에送付ᄒᆞᆷ

出給命令과通知出給命令의日附ᄂᆞᆫ同一ᄒᆞᆫ日子로ᄒᆞᆷ을要ᄒᆞᆷ　（未完）

外報

◎法領土의擴張　[illegible]據近日巴黎[illegible]法國外部[illegible]如左라

法國은[illegible]半島에據ᄒᆞ야巴黎에[illegible]財政[illegible]日本이旣已大帝國을成ᄒᆞ야世界에表彰을얏스니不可不加兵備之勢가有ᄒᆞᆫ지라現有特別艦隊一所ᄒᆞ야一切修繕[illegible]其力有不足之處가甚多ᄒᆞᆷ을自見ᄒᆞᆫ지라法報者를據ᄒᆞᆫ즉日本陸軍이共히二十四個團이라前此에只有十三團ᄒᆞ고台灣에亦有三隊及[illegible]等이러니[illegible]騎兵隊ᄂᆞᆫ前과[illegible]工隊를加三倍ᄒᆞ고又設氣球隊十三[illegible]을擬設ᄒᆞ고[illegible]艦隊ᄂᆞᆫ比前弱ᄒᆞ더니格外加[illegible]戰鬪艦과[illegible]巡洋艦[illegible]其水雷驅逐艦六艘와巡洋艦[illegible]又其千九百○二年造船十[illegible]四艘에共載[illegible]萬六千噸ᄒᆞ고[illegible]二艘에[illegible]九千九百噸ᄒᆞ고[illegible]　（未完）

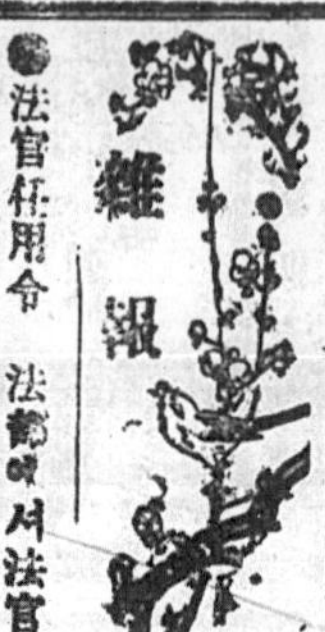

雜報

●法官任用令 法部에서法官任用令을日間頒布홀터인디從玆以往으로는該官은法律卒業生外에는不得任用하기로確鍊하얏다더라

●敎址相持 天道교人이南廟附近之地에교堂을建築하기로酌定홈故로宮內府大臣李根湘氏가禁止하여曰南廟基地內에교堂을營建하는거시不可하다하야現今교主孫秉熙氏와相持하는중이라더라

●忠北會議 忠北來人의傳說을據호즉該地方一進會員이該道觀察使尹吉炳氏赴任以後로意氣가揚揚하야一層氣燄이熾盛홈樣이라더라

●兩氏義擧 西友學會趣旨書는別項에揭載하얏거니와參領柳東說氏는該會에對하야所有호三十餘間家屋을事務所로寄付하고泰館李甲氏는一年經費三千六百元을自擔하얏다니兩氏에敎育同胞호는義擧가可히邦人의標準이될지라吾儕는韓國人士를向하야모죠록合心團體하야其目的을達하기로深祝하거니와大抵此國內에活潑進就하는義俠心을惟是西北風氣가大有可望이니將來此邦에開明發達의效力으로國家에基礎를建立하기는必在於此라하노니勉之勉之어다

●云是僞名 近日慶后運動으로嶺南紳士의聯名上疏가有호더니更聞호즉此聯疏之擧는前承旨盧永敬氏와前承旨鄭佑默氏와其他紳士는並皆不知之事인디鄭顯轍氏가以上諸人의偸名으로上疏홈지라嶺南士流가大段憤激하야鄭氏를唾罵하되如此偸名은嶺南에大羞恥가되얏다고홈다더라

●德倅貪政 西來人의傳說을聞호則德川郡守沈宜惠氏가到任以後에稱以不恒費하고三萬餘兩을民間에分排督捧하고賣鄕賣任하야諸般貪虐이愈往愈甚홈故로民心이嗷嗷하거날自觀察府訓飭하야不恒費와章程外에加賣帖하던稅務鄕首와校宮에加設賣食하던訓長掌議有司와無名色호酒草稅을勿施革罷호라는訓飭이屢有하되貪心을不悛하야多發將校하야星火督捧하고技贖을潛食하며多招巫女하야邑市에神을許以一朔하고雜技를弛禁하니人民이蕩敗家產者不知其數라今月初에人民이齊會邑中하야民瘼痛禁홈을呼訴호즉縱其官屬하야一併驅逐하얏다더라

●日人築洑 高陽杏州盃山下浦에日人이築洑事로政府의셔統監府와屢次交涉호다더니統監府의셔는部로公函하되日人築洑이有公益上事業이니卽爲認許하라하고該會社는大東運水會社라하여農民과契約草를附送하엿는디期限은自光武十年四月로起하여下九年十二月로定하되自杏州로至交河하여農民田畓에灌水하고每年每斗落에水稅租는三斗式收刷하기로磨鍊하엿다더라

●南星爲妖 平北觀察署理定州郡守尹喬榮氏가所謂南星을進獻하라는事로重譴責을被호거슨各報에狼藉하얏거니와西來人의傳說을聞호則嘉山郡居尹其는此物을奇貨로看하얏다가該郡守의請求를不應하얏더니署理觀察이捉去하야猛杖十餘度에不勝其毒하야南星을盡于觀察府하니該郡守가以此含憾于尹民하야又有威脅尉藥之擧하니尹某는以一箇南星之故로受杖於觀察府하고被喝於本郡守하야身家가俱敗하얏스니此는招殃速禍호一大妖物이라고하더라

●李氏家役 李根澔氏가笠廛洞等地에家舍를買收하야現今修改中인디工役이浩大하야役費預算이數十萬元이라더라

●胡不用藥 經理院卿署理李根澤氏가月前에各道收租官을招待하야曰各地方秋收가方殷하니勿爲遲滯하고迅速下去하라하얏더니收租官중沈金兩氏가忽地見遞하얏는디其解任된裏由를得聞호則該收租官들이該院卿에게藥을加入하얏스되沈金兩氏는藥을不用하얏다가狼狽를見하얏다는디該藥은黃金丹이라하더라

●總長顧問의相詰 統監府農務總長木內重四郞과度支財政顧問官目賀田氏가日昨政府會議席에서一場相詰하얏는디其裏由를探聞호즉木內重四郞氏가目賀田氏를對하야曰今式院經費不足條를支撥하라호즉目賀田氏曰該經費를韓日兩國人이挾雜하야從中乾沒하고또무슴經費를支給하라하는야호디木內氏曰其時該院擔裁가不能審愼홈ᄭ닭이지現今不足條를何不支撥乎아하고互相爭論하얏다더라

●非會伊賊 平壤居金鳳柱가稱以一進會員하고今年春間에北署帶洞曹學聖가에來留하야酒食價三百餘兩의치를討食하고一朔逃去호後에蹤跡을未知하야酒食價를推尋無路라니此等會員은無異賊類라하더라

●運石毁墓 掌隷院署內에明成皇后賜墓宮을營建하고碑石을輸入하는디三淸洞川邊道路가夾窄하야不得運石하는故로路邊가屋을將次毁撤호다는디當初에石材를運輸홀假量을磨鍊하야治來하엿며면毁가하는弊가無홀터인디該治石看役人이石價를濫徵하야討食하랴고石材를長大홀터로輸來하야害及民家라하더라

●閔氏閑養 前轉運閔泳韶氏가間養홀次로昨日에安山鄕第로下去하얏다더라

●銀行開業式 壽洞屛門二層洋屋에日昨부터農工銀行所를設始하얏는디日間開業式을擧行홀다더라

●治木所撤去 安洞別宮後空垈에東宮嘉禮에熟設廳處所를營建홀터인디何許日人이自意로무슴校舍를建築하기로定基治木하는지라宮內府에서屢度禁飭하되該日人이一向頑拒하며니宮內府에서外國官憲과交涉이되얏던지日昨에日人治木役所를撤去하얏다더라

●美師연說 大韓敎務振興이[illegible]題로美國牧師李雲林氏가今日下午七点半에青年會舘에연說홀다더라

●公薦不爲 地方官銓考合格者를各觀任官이三人式公薦하기로通牒하얏는디政府會席에서參政이公布하기를人無合格하니不可得薦이오且彼薦人이銓考에一落하면前程을永杜하니亦無應銓者라홈디該大臣曰事果難處라하야一인도不薦하얏다더라

●遞領歸國 法領事가猝地歸國홈다홈으로事甚訝惑하야政府에서其裏由를探知호즉遞領事가歸國홈다하얏다더라

●稅務敍任 度支部에서稅務官二十六人을敍任홀터인디本部及各部主事中에陞差하는者가十三人이오統監의勸告가十人이오管下가十人이니本大臣은三人을任用홀터이라더라

●皇室金礦의交涉 宮內府所管 皇室金礦도農商工部礦山條例중에包含하야其認許與否를農部에서句管하기로하야補佐官이相持하는지라宮內大臣李根湘侍從院卿朴鏞和氏等이伊藤統監을屢次訪問하고交涉하기를金礦二十處만皇室所有로移付홈을請許하얏다더라

●光察初政 全南觀察使沈相翊氏가到任之初에監獄在囚罪人을躬往摘奸하야一次호餓호後에悔過勿罪之意로一場연說홈이聽者가莫不感淚라하며各郡守의延命은一切廢止하고面面申飭曰爲民善政이是國가分憂之當責이니我地方官은一心奉公하야殫誠竭力하자하야管下各郡을一體刷新하는중이라더라

●法官聘用 統監府의셔部法에勸告하되各道에派在호日本警視로裁判官을例兼케하자하는지라法部大臣이更爲交涉하야十三道觀察府와各港口에檢事一人式或主事一人統監府法務院補佐官一人通譯官一人式設置하기로官制를編成하얏는디一年預算이七萬餘圜이라하며平壤院의도判事三人漢城裁判所에檢事一人을加設하기로磨鍊하되法務院官人으로補佐官一人式聘用하기로作定하엿다더라

●會議諸件 三昨日政府會議에可決案은 皇室礦山條例와內部會計局을一等局으로陞等과警務局에警察保安二課를設置와軍人任用懲戒令改定과其外에는經費及各項支撥件七項을議決하얏다더라

●전考處理 日前에各銓者委員이會同時에內部參與官龜山씨가提出하기를委員이合八人중에半數만會同하면處理하자홈으로諸委員이反對不得하야依言施行하기로成判하얏다더라

●顧問無預 再昨日本報欄內에試取可笑라는事件에對하야更聞호則度支部試取홀기前에顧問目賀田氏가平壤에往하얏다가日昨還到하얏슨則該試取事에는參預홈바無하다더라

雜報

●西友學會趣旨書

凡物이孤ᄒᆞ면危ᄒᆞ고羣ᄒᆞ면强ᄒᆞ며合ᄒᆞ면成ᄒᆞ고離ᄒᆞ면敗ᄒᆞᆷ은固然之理라矧今世界에生存競爭은天演이오優勝劣敗ᄂᆞᆫ公例라謂ᄒᆞᄂᆞᆫ故로社會의團體成否로써文野를別ᄒᆞ며存亡을判ᄒᆞᄂᆞ니今日吾人이如此히劇烈ᄒᆞᆫ風潮를擅着ᄒᆞ야大而國家와小而身家의自保自全之策을講究ᄒᆞ면我同胞靑年의敎育을開導勉勵ᄒᆞ야人才를養成ᄒᆞ며衆智를啓發ᄒᆞᆷ이卽是國權을恢復ᄒᆞ고人權을伸張ᄒᆞᄂᆞᆫ基礎라然이나此重大事業을振起擴張코져ᄒᆞ면公衆의團體力을必資ᄒᆞᆯ지니此ᄂᆞᆫ今日西友學會의發起ᄒᆞᆫ所以라盖域於國中ᄒᆞ야平安과黃海의兩道를兩西라謂ᄒᆞᄂᆞ니吾兩西의士友學會를胡爲乎漢城中央고竊嘗觀之컨ᄃᆡ年來吾兩西의憂時愛國之士가注意時務ᄒᆞ야所在學校가相繼而興ᄒᆞ니此諸他方ᄒᆞ면差有進境이나其實相을觀察ᄒᆞ면或敎科의書籍도畫一ᄒᆞᆫ課程이未立ᄒᆞ며或經費의資金도持久ᄒᆞᆯ預算이不敷ᄒᆞ야有初鮮終을不免ᄒᆞᄂᆞᆫ者도有ᄒᆞ며出洋遊學ᄒᆞᄂᆞᆫ靑年들은有志熱心이非無可稱者나間或咋往今來에徒糜資斧ᄒᆞᆯ뿐더러外人의笑柄을作ᄒᆞᄂᆞᆫ者도有ᄒᆞ니此ᄂᆞᆫ中央一位의鼓動掖引ᄒᆞᄂᆞᆫ機關이不立ᄒᆞᆫ緣故니此本會의位置가漢城中央에在ᄒᆞ야各私立의校務를贊成ᄒᆞ며遊學靑年을導率奬勵ᄒᆞᆷ이오且子弟敎育을到底發達코져ᄒᆞ면先히其父兄의熱心을激起ᄒᆞ야飢者의食과渴者의飮과如히得此則活ᄒᆞ고不得此則死ᄒᆞᆯ줄로認知케ᄒᆞᆫ然後에子弟敎育을爲ᄒᆞ야不憚勞不吝財ᄒᆞ고竭力做去ᄒᆞᆯ지니所以로本會에셔每月雜誌를發刊ᄒᆞ야學齡已過ᄒᆞᆫ人員의購覽을供給ᄒᆞ야普通知識을開牖코져ᄒᆞᆷ이니此도漢城中央에셔四方見聞을接受ᄒᆞ야輯成印行ᄒᆞᄂᆞᆫ것이便宜ᄒᆞ도다然則社會의組織은公衆의識見을交換ᄒᆞ며公衆의力量을聯合ᄒᆞ야事業經營의好果를欲得ᄒᆞᆷ이니此에注力ᄒᆞᆯ진ᄃᆡ我韓全國十三道로一個大團體를結合ᄒᆞ야通同敎育을一例擴張ᄒᆞᄂᆞᆫ것이完美ᄒᆞᆫ事業인ᄃᆡ何必兩西를界限ᄒᆞ야區區ᄒᆞᆫ小範圍에止ᄒᆞ리오마ᄂᆞᆫ目下我韓情形이稍開者ᄂᆞᆫ尙屬小部分이오未開者가尙占多數ᄒᆞ니全國團體ᄂᆞᆫ遽然히成立키難ᄒᆞᆫ지라大抵風氣初開에必先起點處가有ᄒᆞ야其他方面으로流通貫注ᄒᆞᄂᆞ니在昔檀箕之世에惟我關西가首開人文之地라今日이又是開明維新之初頭인則國中新文化之倡起가其必自此而始焉故로一條光線이旣已現出其端緖어니와今玆學會의成立이亦豈偶然哉아卽是全國進步之起點이니此로由ᄒᆞ야邦人耳目이聳其觀聽ᄒᆞ야互相感發心과爭勝意로明日三南에學會가起ᄒᆞ며又明日東北에學會가起ᄒᆞ야百脈一氣와衆流一源으로全國大團體가成立ᄒᆞᆷ은吾人의一大希望이니此目的을達ᄒᆞ자면本學會가完全鞏固히著其實效ᄒᆞ야他方의標準을建立ᄒᆞᆷ에在ᄒᆞ니惟我社友의責任이愈其重大라念之勉之어다

發起人朴殷植金秉濬申錫厦張應亮金允五金秉一金達河金錫桓金明濬郭允基金基柱金有鐸

●日校運動　今十三日官立漢城日語學校에셔秋期運動會를東小門外三仙坪에셔設行ᄒᆞ얏ᄂᆞᆫᄃᆡ敎師白井重任長山乙介兩氏와敎官金滿奎金士翊柳濟達諸氏가運動諸般節次를熱心設備인바來賓이林林ᄒᆞ고觀光者濟濟ᄒᆞᆫᄃᆡ運動諸科目에連次三度優等에金東勳劉傳鎭吳榮善等諸氏인ᄃᆡ賞品은以韓國地圖空再靑格紙鉛筆京城地圖等品物노施賞ᄒᆞ엿고罷會時ᄂᆞᆫ高唱愛國歌ᄒᆞ며三呼萬歲而歸ᄒᆞ얏다니誠是盛旺運動會러라

●徽文盛況　徽文義塾의趣旨와設備ᄒᆞᆫ事實은本報에屢揭어니와去七曜日上午十一時에開塾式을設行ᄒᆞ얏ᄂᆞᆫᄃᆡ輔國閔泳徽氏가主席ᄒᆞ고來賓은學部大臣李完用氏度支大臣閔泳綺氏와其他大小官人과學徒의父兄諸氏와內外國新聞社員이齊會ᄒᆞ얏고學徒ᄂᆞᆫ百餘名이라次席列坐ᄒᆞ야開塾式을行ᄒᆞᆯ새塾長張世基氏가勅語를奉讀ᄒᆞ고張志淵氏가本塾趣旨及沿革을演述ᄒᆞ고敎師元泳義氏가本塾에對ᄒᆞ야祝辭ᄒᆞ고塾監柳瑾氏가學徒에對ᄒᆞ야勸勉ᄒᆞᆫ後에來賓中學部大臣李完用氏와自强會副長尹孝定平理院判事李儁內部地方局長兪星濬諸氏가次第로學員의將就가國家의棟樑基礎될을演說ᄒᆞ미滿場이갈采ᄒᆞ고學員元弘植氏ᄂᆞᆫ年方十二歲라答辭를陳ᄒᆞᄂᆞᆫᄃᆡ詞理가條暢ᄒᆞ고意氣가軒昂ᄒᆞ니滿場이鼓掌갈采ᄒᆞ고學徒가唱歌ᄒᆞ고塾監柳瑾氏가　大皇帝陛下萬歲와徽文義塾萬歲를三唱ᄒᆞ고下午二時에閉會ᄒᆞᆫ後에塾場에셔來賓과學徒를齊會搭影ᄒᆞ고同三時食堂에就ᄒᆞ야茶果로衆賓을款待ᄒᆞᆫ지라當日觀光諸人이其盛況을陳述ᄒᆞᆷ이無不欽歎羨慕ᄒᆞ더라

●三港敎育　近日三和港에有志紳士金用九金永權金貞鉉林祐敦白時燦諸氏와監理署官憲들이捐金數千元鳩聚ᄒᆞ야私立學校를半洋制로創建ᄒᆞ고校監權賢燮氏가海關幇辦鄭大鎬氏와當地理事廳在勤長野氏를名譽的으로聘請ᄒᆞ야聰俊子弟數十名을募集ᄒᆞ야晝夜敎育ᄒᆞᄂᆞᆫᄃᆡ當地紳商諸員이熱心贊成ᄒᆞ야興旺進步의漸이有ᄒᆞ다더라

廣告

東國歷史 普通教科國漢文 一秩二冊定價新貨 一圜十戔
法蘭西新史 四十錢
清國戊戌政變記一秩 一圜
政治汎論 一秩二冊 一元廿錢
越南亡國史 一冊三十錢
法國革新戰史一冊 三十錢
大韓輿地圖一張 十七錢九里
世界全圖一張 三十七錢五里
大韓地誌一秩 一圜
牧民心書一秩 一圜二十五錢
萬國地誌一秩 一圜
尺牘完編一秩 一圜五十錢
[illegible]政新編一冊 五十錢
法學通論一冊 一圜
溫故知新堂叢抄 七錢五里
父師必독小學指남 七錢五里
人工養蚕一冊 十五錢
世界之政治 一冊五十四錢
家庭雜誌一 十錢
進明彙論一秩 三十五錢
交際新禮一秩 十八錢

發賣所 布屛門下金相萬書舖
大韓每日申報社

花春丹은 霍亂 吐瀉 腹痛 滯症 暑症 정忡 神眩 胃鬱 痰盛 嘔酒船暈 咳嗽 癖질 口味업는諸症의神效ᄒᆞᆫ藥이오 此外에도洋灰水解毒藥 唐창 疳氣 蛔虫 寸虫 赤白也風 瘀과東西洋藥이俱備ᄒᆞ고他病도隨問出方ᄒᆞ오니 僉位는枉臨ᄒᆞ시옵

皇城校洞石井洞下隅
石泉堂藥局 告白

以上三種은上品으로製造ᄒᆞ야衛生上에至極有益ᄒᆞ니毋論某人ᄒᆞ고本 에來臨ᄒᆞ옵

大韓帝國仁川港
濟物浦紙卷烟及烟草會社

一 鷹標補濃結牛乳
一 金印罐詰濃結牛乳
一 無糖家用氣化乳酪
一 ᄶᅡ｜듼쓰製造麥芽化合牛乳

以上은常時에貯積ᄒᆞ얏슴

美國紐育港ᄶᅡ｜듼쓰濃結牛乳會社

一手代理店 大韓仁川港 世昌洋行

●九韓靈砂라 本人이妙方[illegible]ᄒᆞ야男女老少에無論何症ᄒᆞ고[illegible]身體가健康ᄒᆞ며小兒[illegible]ᄒᆞ면平生의[illegible]無病ᄒᆞ게[illegible]를擁保ᄒᆞ오며
●九韓靈砂萬靈丹은[illegible]疾에神効ᄒᆞ오
●九韓靈砂保命丹은初生小兒[illegible]般惡과婦人帶下症에神効ᄒᆞ며
●九韓靈砂濟衆丹은酒滯 食滯 [illegible] 吐瀉 霍亂 吐血 下血 運氣 時疾 痢症에神効ᄒᆞ오
●九韓靈砂棠金丹은痔漏 尿[illegible] 上疳瘡 下疳瘡及唐瘡과諸般瘡瘍病에無不神効ᄒᆞ오니 僉君子는來問ᄒᆞ시오
內部衛司前ᄃᆞ갈이골上隅第二統 李韓延 告白

◎本社廣告

一張代金 新貨二錢五里
一箇月前金 三十錢
三箇月 九十錢
六箇月 一元七十戔
一箇年 三元四十戔
郵稅一部 新貨五里
一箇月 十三戔

廣告料
四号活字十三字詰
每日每英尺一寸에新貨廿五錢
(每日每行에六錢에相當ᄒᆞᆷ)
其期限의長短과字行의多少를依ᄒᆞ야增減ᄒᆞᆷ이有ᄒᆞᆷ

◎大韓每日申報各處支社廣告
中署布屛門下 金相萬冊肆
洞口越便 朱翰榮冊肆
中署農圃衕入七十八統第二戶 鄭周현
仁川經峴開新冊肆 李東主
平壤南山峴日新學校 金浩
宣川邑鐘西 [illegible]叙恒
義州南門外韓西大藥房張有鳳 安濬
長連邑 金龜
鎭南浦藥洞 金仁직
咸興州南社 曹喜林
中和邑 李俊培
釜山佐川徐藥房 金灌俊
開城北部梨井里鮮洞居 培義ᄒᆞᆨ校副校長 姜助遠
大丘郡 達城廣文社
鎭山邑內 安瑀
元山港倉前 金乃晧

發行兼編輯人 英國人裵說
發行所 京城中署壽進坊磚洞号外地法語學校前
大韓每日申報社

第四卷 第三百四十八號

大韓每日申報
대한매일신보

月曜及慶節 臨時休刊

檀君開國四千二百三十九年
箕子元年三千二十八年
大韓開國五百十五年
日本明治三十九年
淸國光緒三十二年
◉陰曆丙午八月大卅日甲午

論說

李氏歷史

去日曜日萬歲報欄內에軍部大臣李根澤氏를對ᄒᆞ야强硬ᄒᆞᆫ抗論이起ᄒᆞ얏ᄂᆞᆫᄃᆡ同記者가確言ᄒᆞ되李氏의翱翔政界ᄒᆞᆫ三十年歷史를著述ᄒᆞ야廣布世界ᄒᆞᆫ主義로磨墨以待라ᄒᆞ얏스니吾儕가讀此에不覺拍案叫奇로다

吾儕도韓國官人의誤國賊民之徒를對ᄒᆞ야警責論筆가或張皇反覆ᄒᆞ며或懇切痛擊ᄒᆞ야至於楮罄筆禿而不能自止者ᄂᆞᆫ豈有一毫嫌怨之私而然乎아

但報筆者ᄂᆞᆫ世界之耳目이라凡是是非非와善善惡惡之地에不得不極其嚴重正直ᄒᆞ야維持天下之公論ᄒᆞ며昭示萬代之明鑑이是其義務也오責任也라不寧惟是라吾儕之攻彼過惡이不厭申複者ᄂᆞᆫ其意가實不在於苛刻이오蓋以藥不苦口면不能療病일ᄉᆡ隙此危言ᄒᆞ야覼縷不已ᄒᆞ얏스니使彼等으로因此省悟ᄒᆞ야悔改其惡이면豈非大韓國民之幸福哉아此ᄂᆞᆫ斷斷希望이至深且切者也라

然而彼等이皆如風過耳로略不動念ᄒᆞ고一種詔諛之輩가從而爲之說曰世界各國에位高勢大者ᄂᆞᆫ其受報館之責이依例之事니不足爲恠라ᄒᆞ며或者ᄂᆞᆫ曰居官人之位ᄒᆞ야不遑新聞之論駁者ᄂᆞᆫ無足觀焉이라ᄒᆞ니人之無恥가胡至此極고

然則吾儕之嘔心吐血이旣無效力於此輩人矣오亦難造福於大韓國民也니可勝歎哉아今萬歲子가李根澤氏의三十年歷史를著述ᄒᆞ기로倡言ᄒᆞ니幸其刻卽下筆ᄒᆞ야成一部金石文章ᄒᆞ야使吾輩讀之ᄒᆞ면實是大韓國中에創有ᄒᆞᆫ奇觀이니凡吾同業者가豈不贊成이리오

抑吾輩ᄂᆞᆫ繼此而倣去者가有ᄒᆞ니不特李軍大一人이라此韓國內三十年間에其某大官의歷史를幷皆撰述ᄒᆞ면實是完美之事라現在政府에參政大臣의歷史도有ᄒᆞᆯ것이오內部大臣의歷史도有ᄒᆞᆯ것이오學部大臣度支大臣法部大臣等의歷史가次第出世ᄒᆞ면千秋萬歲에不朽的事業이波蘭賣國黨의歷史와較看ᄒᆞ면大有滋味ᄒᆞᆯ터이니吾輩도亦磨墨以待之ᄒᆞ리로다

官報

●三千五百八十五號 光武十年十月十六日

◉宮廷錄事

詔曰日本臨時軍用鐵道監部員中勤勞不尠者一切分等敍勳陸軍中將勳一等山根武亮特賜太極章陸軍少佐香山八隣鐵道技師橫井實郞幷特敍勳三等各賜八卦章陸軍大尉高橋富雄田守達也香柴末純鐵道技師光琢乃次郞鵜飼資一鐵道作業局屬柳本卯之吉三上康生特敍勳四等各賜太極章陸軍一等軍醫正近藤吾一郞陸軍參尉長谷川正五藤崎三郞高石峰治山與捴信技師大塚미三郞鐵道技師福島繼次郞鐵道事務官香山助治幷特敍勳四等陸軍三等主計二池龍太郞特敍勳五等各賜八卦章

光武十年十月十日

表勳院總裁閔泳徽

軍部大臣臣李根澤謹奏鎭衛各隊行將檢閱矣臣部敎育局長陸軍參將李秉武檢閱使差下敎育局敎務課長陸軍步兵參領南基昌同隨員差下使之前往察任何如謹 奏

光武十年十月十日奉

旨依奏

◉敍任及辭令

○忠淸北道觀察府摠巡鄭寅朝 全羅南道觀察府摠巡金衡玉 奉常司副提調曾康鉄 依願免本官○任奉常司副提調 從二品朴源奎○解兼任法部法律起草委員長 法部前協辦金奎熙○命兼任法部法律起草委員長 法部協辦李源兢

◉部令

●度支部令第十七號

國庫金委托出납事務處理順序 續

第九條金庫의셔前條의通知出給命令을受ᄒᆞᆫ時ᄂᆞᆫ涑히此를豫筭額에對照ᄒᆞ야甲號通知出給命令에豫算餘額의存在ᄒᆞᆷ을證明ᄒᆞᆫ文字及金庫印을押捺ᄒᆞ고卽日에此를指定ᄒᆞᆫ郵便官署에送付ᄒᆞᆷ이可ᄒᆞᆷ

前項을依ᄒᆞ야使用ᄒᆞᆫ印鑑은關係郵便官署에豫先送交ᄒᆞᆷ이可ᄒᆞᆷ

第十條郵便官署의셔前條의甲號通知出給命令을受ᄒᆞᆫ債主로셔出給命令으로써現金支撥의請求를受ᄒᆞᆫ時ᄂᆞᆫ此를通知出給命令에對照ᄒᆞ여其吻合ᄒᆞᆷ을認ᄒᆞᆫ後債主로ᄒᆞ여금出給命令裏面에年月日을記入ᄒᆞ고署名捺印케ᄒᆞᆫ後此로相換의現金을交付ᄒᆞ고其領受ᄒᆞᆫ出給命令은通信管리局을經ᄒᆞ야중央金庫의送付ᄒᆞᆷ

第四章 定期還入

第十一條先接槪筭交부의還납金으로經費定額의還入을要ᄒᆞᆯ者ᄂᆞᆫ郵便官署의납入케ᄒᆞᆯ時의ᄂᆞᆫ出給命令官은其郵便官署를指定ᄒᆞ고此를書式第三號의返납告知書中에揭載ᄒᆞ야此를返납人의게交부ᄒᆞᆷ이可ᄒᆞᆷ

第十二條郵便官署의셔返납告知書를依ᄒᆞ야現金을領收ᄒᆞᆫ時ᄂᆞᆫ規定ᄒᆞᆫ順序를行ᄒᆞᆫ後領收證書ᄂᆞᆫ此를返납人의게交부ᄒᆞ고領收畢通知書及還入通知書ᄂᆞᆫ所轄金庫에送부ᄒᆞ고返납告知書ᄂᆞᆫ通信管理局을經ᄒᆞ야중央金庫에送부ᄒᆞᆷ

第五章 現金

第十三條金ᄒᆞ又ᄂᆞᆫ金고事務委托銀行의셔ᄂᆞᆫ通信官署의資金又ᄂᆞᆫ過超金의與受를媒介ᄒᆞᆷ이可ᄒᆞᆷ 未完

外報

●法領土의警備 續

巡洋艦四艘에職五百噸ᄒᆞ고滅雷艇이五十艘라日本政府가擬於于九百年에共ᄒᆞ頭等鐵甲十五艘와二等鐵甲二艘와三等五艘와두等鐵甲巡洋十艘와滅雷艇六十艘와水雷艇四十艘와水底船二十艘라日本이以區區小國으로養兵이若是其多ᄒᆞ니豈但自衛計耶아其侵占政策이可疑可畏로다日本商船이近十年來에加至三倍ᄒᆞ야噸數가在百萬之外ᄒᆞ야其航業地位가由十三而升爲第八이라彼意가所有航海線으로爲其商船占滿ᄒᆞ야振興民間生計오其兵力之有加無已ᄂᆞᆫ欲防敵國報復이라然이나法國人民은信此說者가實爲寡寡로다日本이排斥人多ᄒᆞ고國力이膨脹ᄒᆞ니必思得地移民이라旣往朝鮮이나仍不敷用ᄒᆞ니法國屬地半島가在東亞에爲肥美土地라久爲日人所覬覦이라ᄒᆞ얏더라 完

●美人排日 桑港電을據ᄒᆞᆫ則該港公立學校에셔日本兒童의入學을禁ᄒᆞ얏다더라

雜報

●稅主自辟 各道觀察使가稅務監을例兼호故로稅務主事를一人式自辟例로任用호더인ᄃᆡ度支部에셔各觀察府에指飭호되稅主一人式可堪之人으로薦報호라호얏다더라

●稅務所設置 各地方에稅務官이下去호後에稅務所를設置호고書記四人과使令二名과大廳直二名을增置호기로磨鍊호얏다더라

●工役費請비 安洞別宮後基址에日人의建築治木所撤去事는昨報에揭載호얏거니와宮內府에셔統監府로照會호야日人의建築호을撤廢케호얏더니該日人이其基址開拓호役費와治木工費를一비給호라고現今相持중이라더라

●干禮相値 軍大李根澤氏가其子婦干禮에相値되야數日仕進祇禮치못호다더라

●秘務銅臭說 今番稅務官三十六人中에及薦으로擇用호人은幾人이無호고賣買之人이過半이라호는뒤價文인즉或五萬兩或十萬兩이라더라

●柳氏後悔 李世稙事件으로被囚호柳瑛薦氏가當初에某大臣의指囑을因緣호야警務官을辭免호고李世稙事案을告發호얏더니現今平理院에셔該事犯辟氏를屢度訊問호되別無實事인故로柳氏가某大臣의嫁禍之計를信聽호을後悔호다더라

●不必摘發 度支顧問目賀田氏가今番稅務主事試取事에對호야日各大臣의挾詐多有호나不必顯發이오憾情이無케變通호깃다호다더라

●醉兵詬將 再昨日安洞別宮前에셔何許兵丁一名이被酒호얏던지該隊尉官을對호야無數詬辱호눈지라該尉官이捉付法院호얏다더라

●稅主撮影 再昨日에稅務主事文算合格人을面試호後에寫眞撮影호눈ᄃᆡ財政顧問目賀田氏가說明日寫眞下各其姓名을繼錄호엿다가日後公錢收刷時에若有欠逋之人이면當以重律施刑호깃다호즉撮影에不參호者가多數호얏다눈ᄃᆡ其裏由를槪聞호즉試驗場에代身으로入參호者多호다더라

●開明夫人 北村某大官의夫人이開明에注意호인지洋服을着호고自行車를乘호고無常出入호눈ᄃᆡ무合外交上에緊急호事가有호지外國官憲家에頻數히往來호다더라

●自强開會 大韓自强會에셔每通常에日에會務를處理호고演說을開호즉時間이短促호야演說를未畢호으로今月에눈通常會前에來十八日木曜下午二時에臨時總會를開호야會務를處理호고來二十日通常會에눈演說을호다더라

●各大宴樂 日昨各大臣이江上에出하야冽港會社輪船으로船遊호고龍山日部大臣亭子의會同宴樂호얏더라

●白氏白賴 南署筆洞居林商儉氏가原州居白性基氏와從來學校에서同業호든情誼가有호지라去陰六月에白氏가緊急所用이有호다고林氏의계銅貨十元만貸給호라고懇請호눈故로林氏가其事情을難恝호야左右周旋호야爲之貸給이러니近日에林氏가此條를還報호라호즉白氏가白賴호고連日往訪호되乃隱避不見호니此雖十元相關이나其白賴호눈心事가可痛이라더라

●兩氏移他運動 春川觀察使權在相氏와平南觀察李始永氏눈過限不赴호고他職을運動호다더라

●內大食口 孟山郡守尹舜儀氏가赴任四朔에事務會盧故로內部에셔訓令호야殷山郡守朕憲根氏로定查官홈實則尹郡守가知其作弊難逍호고查官을驅逐호後에投印上府호야觀察使李容善氏를見호야不善査實이라호고內部에請願호야自鳴其貧匱호고免官호을請호얏눈ᄃᆡ尹郡守눈本是內部大臣의食口로如此不法하얏다더라

●借款問題 再昨日政府에各大臣이會同호의財政顧問目賀田氏가參席하야財政事項을提議하다가明年度預算準業費에借款問題를또示意하얏는데一千萬元借款中에第一次五百萬元은今年內에消融이되얏고其餘五百萬元은明年度事業費로不足하다하야借款問題를更提호다더라

●宮內府所管金礦 農商工部에셔國內礦山條例를頒布하야宮內府所管礦山物令을查照區別하야附屬을經由施行호다인ᄃᆡ咸鏡南道에甲山端川定平永興咸興三水各礦과黃海道에遂安殷栗長淵各礦과平安南道에平壤三登江東殷山昌城龜城熙川宣川慈城楚山厚昌寧邊渭原雲山各礦과江原道에金城各礦과忠淸南道에稷山各礦은宮內府所管으로管轄케하고其餘各礦은農商工部에셔管轄하는ᄃᆡ統監府에셔大管領을限制하는故로金礦願치者가統府로請願이沓至호다더라

●張氏做嚇 前郡官片九鉉氏의鳴冤을因호야漢城裁判所에因된張郡守某子台源氏가上京호야某某大官가로運動호야左右請囑이煩多호다더라

●此何悖類 全南長城郡某郡은業以挾雜으로出沒京鄕호야渠先祖塋廢을盜賣로屢호다호고用錢如水호는바渠之祖미시가는興德高氏가마願鬋渠미할야高哥宗祭十二와姓門發五石落을興高高杉로特與호야欲爲奪食而擅賣價一萬五百兩과典劵價近萬兩으로高門宗孫文五興諸孫을謀殺호야昨年에六七朔을杖囚滯獄호며杖囚京獄에至於死境이더니法院에서如其抑冤而放釋호즉高가가雪冤推徵價次로呼訴于漢城裁判所호즉逃가는隱避不現호고反誣高가호다호니如此悖倫匪財는古今에罕有之變이라고傳說이有호더라

●吳氏義助 郭山居李麟祐氏가弱冠靑年에遠大志를抱호고三年前에美國으로航往호야桑港노셔길리쓰地에고寓호야勞動에從事로糊口를資生호고學校에八호야文明學問을勤做호나勞動과學業의事一치못호야成就키難호故로日本에渡來호야학問의結果를自期호얏스나資金을必須홀지라數月前에歸家호야본則從來所有田土가沒入於鐵路地段호얏스니父母兄弟의生活도窘難호則학資磨鍊은有難擬라其학業의半道而廢를甚用慨歎호더니宣川居前參奉吳致殷氏는有志之士라慨然謂之曰以君高尙之見과篤實之志로학問上에有志未就호면豈但一個人之平生大恨이리오爲國家養人材之地에其關係가不少호니吾當爲君호야就其所志케호리라호고特히五千金을出연호야其학資를辦給호얏스니如此贊助는世所罕有라吾儕는聞甚欽嘆이기로特此揭載호야以告全國人士호노라

●日貨來韓 韓國貨幣條例를發布호으로부터日本大阪造幣局에셔新貨製造中인ᄃᆡ일貨二十圓金貨五萬圓과十圓金貨五萬圓이第一銀行에到着하얏다더라

●李宋事件 李逸稙과宋秉畯事件에對하야某證을據호則李逸稙은本來終身流刑에處하얏는뒤昨非에逃走罪로笞一百을加하고宋秉畯은隱匿罪인호律에笞一百을減하야笞九十에處호다더라

●俄人不來 去日曜日雜報에俄國인三名이德國인과同件入境이라호것슨更히確聞호則俄인이初無來到之事라고하더라

在日本國留學生尙灝等이軍部에上書가如左

伏以生等이去國離가호고備嘗艱苦호야留學於萬里之外者가豈爲一身而營私리가以一部臣民之所有義務로或助萬一於國가者也라

然其所有之義務는雖同이오나所學之目的은各異호야或入於醫農工商하며或歸於政法軍警하니凡此諸科目이皆莫非目下之急務이오되就중軍政은卽國가之藩蔽干城이라一日有國이라도不可一日無者也오一年有國이라도不可一年無者也라故로現今宇內列强이較短量長하야莫不汲汲於此者는實內保國權하고外揚國威가莫先於此故也라

夫今我韓之形勢가果居何等地位乎잇가土地也民衆也物產也는可不讓於타國이로되國勢는日衰하고國權은日削하야累卵之危가迫在呼吸은何也잇고盖升平日久하야自衛自强之道에自昧하야軍政이不張호所致라亦謂호거라

今苟欲振興國勢하고挽回國權인뒤傾全國之財하고盡全國之力하야如奉漏甕沃焦釜라도猶恐弗及이온더如齋私粮하고志願軍學하야欲以一身으로供犧牲於國가者면豈非自 政府로獎之勉之하며獎之勵之者乎잇가

未完

雜報

●東國史略自序　白堂

槩予俙譯于學部歷史之⿰輯爲數部每苦謄制不立使閱者臨卷迷茫悔愧孰甚今日本人林泰輔史學家也尤致力於我國著⿰朝鮮史七冊自三國以至本朝皆確有證據又各分門別類令人一讀瞭然實不可以外人歧視之也玆又譯之嗚呼居其國而不能其史至令他人代庖而不自羞是固何哉

或曰日人多才有此精鑿豈其然歟此不知者之言也向者羅麗濟時豈不曰日人野狉而我固文明者耶ㅣ自衣服車馬宮室以至文章制度各般技藝莫不師我則我式至于今誇耀我者何莫非我出耶且以近世言之壬辰之變干戈淸域八路盡陷國勢危如一髮倘有沙也可其人以部下三千歸義於我奔走疆場八載宣勞爲我藎臣當其時也豈不知我疲弊衰微而然歟實慕我文物典章勝於彼故也然則我固可曰文明勝而未備者惟戰具耳奈之何今則幷我文物而亦盡輸於人無復舊日面目乃令人謂我狉對猶不及面時日本而日本之文明則大勝於我之舊日嗟乎嗟乎是誠何哉且夫日本則馳名天下世人比之於英德等國乃我則不免爲波蘭埃及印度同歸一源同生一■一則龍驤虎踞■■■守一則■雖■■見■人其得其失其宗其爲固何如哉乃猶恃心尙存頑陋成習頓不自悟久而益迷政治敗腐人民魚肉紀綱頹弛國脈已喪時事不可復言乃惟學問一途或可爲桑楡之望而尙拘墟膠固勤多忌諱不但各國治亂興衰之蹟無以窺見而乃至本國之史乘亦令不敢出以示人謂日史者國亡然後方可下筆有非其國人所敢言者嗚呼果然則日本二千五百年來一姓傳至神器不移如以我規之其國史竟無出世之日非秪此也近年各國未來史迭出竝擧莫不以騁其智洩其秘爲能事照人肺腑傾人陰邪懲前毖後以保其國家至於我韓事蹟無論東洋之人知其梗槪乃歐羅巴各史家莫不載諸藍本以示國人雖我極諱極微之事莫不指的宣露小不藏匿皆以捨短取長爲事　未完

●湖中二士　公州府李顯周氏는未儀英才로國家의大志를抱有ᄒᆞ고十八歲에日本에遊學ᄒᆞ여大學卒業을自期ᄒᆞ더니祖國情形이岌業ᄒᆞᆷ으로悲憤慷慨ᄒᆞᆫ思想이奮發ᄒᆞ여自己學業成就ᄂᆞᆫ箇人의事業이오學校를廣設ᄒᆞ고英俊을敎育ᄒᆞᆷ이共濟의急務라ᄒᆞ야今春에歸國ᄒᆞ여鉅財를연出ᄒᆞ야育英學校를刱設ᄒᆞ고民智開發과靑年敎育을自己一身上의着任ᄒᆞᆫ얏스며前議官의徐滯輔氏ᄂᆞᆫ寬厚長者로居家接物에人稱其德ᄒᆞ더니時代의變遷ᄒᆞᆷ을見ᄒᆞ고新學의留心ᄒᆞ야廣置書籍ᄒᆞ야日以自治ᄒᆞ며公山學校의熱心贊成ᄒᆞ야發達치못ᄒᆞᆯ가慮ᄒᆞ야講學員을請誘勸勉ᄒᆞ며誠意로人을開導ᄒᆞ기에專務ᄒᆞ니人皆感化ᄒᆞ야幷成之效가蔚然可觀ᄒᆞᆷ을可히立待ᄒᆞ리라더라

●痛惜短命　布哇韓人敎會報를據ᄒᆞᆫ즉平安道安州郡人李京翊氏ᄂᆞᆫ夙히世界文明學問에有志ᄒᆞ야離親棄墳墓ᄒᆞ고四年前에布哇地方고ᄒᆞ나에至ᄒᆞ야身體ᄂᆞᆫ屛厲ᄒᆞ고備作은困惱ᄒᆞ나一片丹心이엇지虛送歲月ᄒᆞ리오ᄒᆞ고僅僅히錢을得ᄒᆞ야持ᄒᆞ고該港으로出來ᄒᆞ야學校에就ᄒᆞ야不過一年에優等生이되여英語를能通ᄒᆞ얏스되財政이不足ᄒᆞ야夏期放學後에即時가와이農庄으로往ᄒᆞ야勞動ᄒᆞ면서信敎를篤實히ᄒᆞ며靑年同胞를引導ᄒᆞ더니不幸히熱病으로去七月三十日에別世ᄒᆞ니該地에在ᄒᆞᆫ韓人들이極히哀痛ᄒᆞ얏다고ᄒᆞ더라

●鄭氏義心　中署下麻洞居ᄒᆞᄂᆞᆫ鄭道淵氏ᄂᆞᆫ本以幼年學校幷術로師로서明敏ᄒᆞ여熱心교授ᄒᆞᄂᆞᆫ故로聲譽가藉藉ᄒᆞ더니今又慈善的義務로宗廟前居前主事金敎鐵氏家에設立ᄒᆞᆫ私숙에每日曜日이면不惜勞苦ᄒᆞ고諸學員을對ᄒᆞ야熱心으로算術을到底히成效의達ᄒᆞ도록교授ᄒᆞᆫ다ᄒᆞ야學員이日增月加ᄒᆞ야漸就之望이有ᄒᆞ다더라

●茂郡廣校　咸鏡北道茂山郡有志人士■河天■가自今年陰正月로設立學校ᄒᆞ고名曰■遺學校라ᄒᆞ고新■■■■■備ᄒᆞ고招募生徒ᄒᆞ야人ᄒᆞ야熱心敎育ᄒᆞᄂᆞᆫ故로環境士人이響應而來者日復漸多ᄒᆞ고■有北錫萬移寓韓民百餘名이聞風出鐵에來請支學ᄒᆞ야校務가茂盛ᄒᆞᄂᆞᆫᄃᆡ該郡郡守張樂臣氏가爲先義捐ᄒᆞ야期圖擴就ᄒᆞᆫ다더라

●正誤　昨日本報第一欄內에論說題目을以別紙二字로誤植이기로正誤ᄒᆞᆷ

廣告

東國歷史 普通教科國漢文一秩二冊定價新貨 一圜十戔
法蘭西新史 四十錢
淸國戊戌政變記一秩 一圜
政治汎論 一秩二冊一元廿錢
越南亡國史 一冊三十錢
法國革新戰史一冊 三十錢
大韓輿地圖一張 十七錢五里
世界全圖一張 三十七錢五里
大韓地誌一秩 一圜
牧民心書一秩 一圜二十五錢
萬國地誌一秩 一圜
尺牘完編一秩 一圜五十錢
[illegible]政新編一冊 五十錢
法學通論一冊 一圜
溫故知新堂叢抄 七錢五里
父師必독小學指남 七錢五里
人工養蚕一冊 十五錢
世界之政治 一冊五十四錢
家庭雜誌一 十錢
進明彙論一秩 三十五錢
交際新禮一秩 十八錢

發賣所 布屛門下金相萬書舖 大韓每日申報社

花春丹은 霍亂 吐瀉 腹痛 滯症 暑症 정忡 神眩 胸鬱 痰盛 醒酒船暈 咳嗽 瘧질 口味업ᄂᆞᆫ諸症의神効ᄒᆞᆫ藥이오 此外에도洋灰水解毒藥 唐창 疳氣 蛔虫 寸虫 赤白면風 獄과東西洋藥이俱備ᄒᆞ고他病도隨問出方ᄒᆞ오니 僉位ᄂᆞᆫ枉臨ᄒᆞ시옵

皇城校洞石井洞下隅
石泉堂藥局 告白

以上三種은上品으로製造ᄒᆞ야衛生上에頗極有益ᄒᆞ니毋論某人ᄒᆞ고本에來臨ᄒᆞ심

大韓帝國仁川港
濟物浦紙卷烟及烟草會社

一 鷹標煉濃精牛乳
一 金印罐詰濃結牛乳
一 無雙家用氣化乳酪
一 펄ー둔쓰製造麥芽化合牛乳

以上은常時에貯積ᄒᆞ얏슴

美國紐育港 펄ー둔쓰 濃結牛乳會社

一手代理店 大韓仁川港 世昌洋行

●九轉靈砂라 本人이妙方을得ᄒᆞ야精製ᄒᆞᆫ靈丹인ᄃᆡ男女老少에無論何病ᄒᆞ고通治ᄒᆞ오며無病時에도服ᄒᆞ면平生의身體가健康ᄒᆞ며小兒ᄂᆞᆫ四五日服ᄒᆞ면十餘年에無病ᄒᆞ게保護ᄒᆞ오며
●九轉靈砂萬靈丹은痲疹 痘疹과中風諸疾과百日咳病과癩疾에神効ᄒᆞ오
●九轉靈砂保命丹은初生小兒 驚風 滿風 咳嗽 腹痛과婦人帶下症에神効ᄒᆞ며
●九轉靈砂濟衆丹은滯症 食滯 血積 吐瀉 霍亂 痢疾 吐血 下血 瘧疾 時疾 痢症에神効ᄒᆞ오
●九轉靈砂保金丹은痔疾 腫氣 上府痛 下府痛及唐瘡과諸般痛症에無不神効ᄒᆞ오니 僉君子ᄂᆞᆫ來問ᄒᆞ시오

內需司前동구안이골上隅第一號 李敏廷 告白

◎本社廣告

申報價
一張代金 新貨二錢五里
一箇月前納 三十錢
三箇月 九十錢
六箇月 一元七十戔
一箇年 三元四十戔
郵稅一部 新貨五里 一箇月 十三戔

廣告料
四号活字十三字詰
每日每英尺一寸에新貨廿五錢
(每日每行에六錢에相當홈)
其期限의長短과字行의多少를依ᄒᆞ야增減홈이有홈

◉大韓每日申報各處支社廣告
中署布屛門下 金相萬冊肆
洞口병便 朱翰榮冊肆
中署農圃初入七十八統第二戶 鄭禹역
仁川經峴開新冊肆 李東圭
中署南山峴日新學校 金浩
權叡恒
寶川邑棡西 安浩
義州南門外鄭西大韓房 張有灝
長連邑 金龜
鎭南浦藥局 金仁집
咸興州南社 曹喜林
中和邑 李俊培
釜山佐川徐濟房 金灌俊
鏡城北部〇井〇〇〇 崔養호
校洞校長 姜助遠
大丘部 達城廣文學
鎭山邑內 安禧
元山港倉前 金乃濬

發行兼編輯人 英國人裵說
發行所 京城中署壽進坊磚洞号外地法語學校前
大韓每日申報社

第四卷　第三百四十九號

大韓每日申報
대한매일신보

月曜及慶節
歲時日休刊

檀君開國四千二百三十九年
箕子元年三千二十八年
大韓開國五百十五年
日本明治三十九年
淸國光緒三十二年
◎陰曆丙午九月小初一日乙未

論說

第三回借欵問題

近日第三回借欵問題가韓日各報에次第攝現ᄒᆞ니是必確有之問題라吾儕가每於此等事件에不禁心寒氣短ᄒᆞ야寧欲無言이나亦不忍不言이로다

大抵上下千萬年과東西千百國에安危存亡之故를證諸歷史ᄒᆞ면瞭如指掌이어니와最其可哀可憐ᄒᆞ고至慘至悲ᄂᆞᆫ今於韓國歷史에始見之矣니豈其世界가無盡ᄒᆞ고歲月이無限에前代未有之事가愈出愈奇而然耶아

彼波蘭末年之歷史가固世界人情之悲吊痛哭者나推原其因ᄒᆞ면一邊政黨의不忠과一箇教會의蔑識으로欲藉外人之勢力ᄒᆞ야圖其私有之權이라가遽爾引虎入室ᄒᆞ얏스나及見俄人之行動ᄒᆞ야ᄂᆞᆫ猶有噬臍之追悔者어니와

今此韓國의政黨과社會ᄂᆞᆫ受外人之欺罔이固已稔矣오受外人之壓迫이亦已極矣언마ᄂᆞᆫ自始迄終에愈往愈甚ᄒᆞ야揚揚得得에尙恃外人如泰山ᄒᆞ야略無悔悟之色ᄒᆞ니此其智識이不及於波蘭臣民者ㅣ遠矣오

埃及之顚覆은非其政治之紊亂也오非其臣民之不忠也라但以借欵之契로作爲賣國之券은千古痛恨이라然而埃及之借欵은猶藉其經濟上需用이어니와今此韓國에第一回三百萬元借欵은用之何處이며第二回一千萬元借欵은又用之何處也오吾未見一箇經濟事業이緣此而起也로다復於今者에有第三回一千萬元借欵之說ᄒᆞ니其將消費於何許經濟耶아此其行事가比諸埃及에又落下幾層이로다夫波埃兩國之轍이有一於此ᄒᆞ면廉或不亾인더况以區區韓國으로兼彼兩國之敗機ᄒᆞ야更加幾層ᄒᆞ니尙忍言哉며尙忍言哉아噫라日本이是貧寠之國이라其負外國之債額이亦已夥多矣어날乃百方誅求ᄒᆞ야握此韓國於典當文券ᄒᆞ되歷之又歷ᄒᆞ고縛之又縛ᄒᆞ야不留一點生脈ᄒᆞ니其設心做謀가慘矣毒矣로다夫何韓廷諸公은惟命是從을如恐不及ᄒᆞ야噬賣其國이如是之甚也오必使其宗國丘墟ᄒᆞ며同族剪滅ᄒᆞ고末梢結果ᄂᆞᆫ并其父母妻子ᄒᆞ야俱遭鞭笞謫戍之苦然後에方快於心歟아噫라國亡이면其家가亦亾이오其身이亦亡ᄒᆞ리니目下高臺廣室과美姬艶妾이將爲誰人之所有耶아彼外人之陰謀詭策이及其結果之日에其將保護諸公이며優待諸公耶아抑不以民國爲念ᄒᆞ나忘其自家之身世이며不思其自家之子孫耶아竊恐吾輩가不暇弔一千萬同胞ᄒᆞ고先弔韓廷當局者矣로다

官報

◎部令

●度支部令第十七號

國庫金委托出納事務處理順序　續

第十四條歲入歲出外現金處理의對ᄒᆞ야ᄂᆞᆫ別定ᄒᆞᆫ바를依ᄒᆞᆷ이可ᄒᆷ

第六章　決算整理

第十五條郵便官署의處理에係ᄒᆞᆫ國庫金의受支額은當該郵便官署의報告를依ᄒᆞ야通信管理局의셔每日據括綜算ᄒᆞ고中央金庫에對ᄒᆞ야收납金의납入又ᄂᆞᆫ已撥ᄒᆞᆫ代金의請求를爲ᄒᆞᆯ지나中央金庫의셔其通告를受ᄒᆞᆫ時ᄂᆞᆫ即日此를精算ᄒᆞ야與受ᄒᆞᆷ이可ᄒᆷ

附則

第十六條本令은光武十年十月一日로부터施行ᄒᆷ

第十七條光武九年八月度支部令第十號國庫金運반及支給規程은金庫及國庫金處理를開始ᄒᆞᆫ通信官署의出납區域의屬ᄒᆞᆫ各郡의對ᄒᆞ야ᄂᆞᆫ此를適用치아니ᄒᆷ

第十八條光武九年八月度支部令第十二號金庫所管區域의關ᄒᆞᆫ件은廢止ᄒᆷ

光武十年九月廿二日
度支部大臣閔泳綺

◎勅令

●勅令第四十七號

監理와牧使를廢止ᄒᆞᄂᆞᆫ件과其事務를引繼에關ᄒᆞᄂᆞᆫ件

第一條各港市監理를廢止ᄒᆞ고其事務ᄂᆞᆫ府尹이引繼ᄒᆞᆷ이라

第二條平壤市의ᄂᆞᆫ府尹을置치아니ᄒᆞ고其事務ᄂᆞᆫ該道觀察使가引繼ᄒᆞᆷ이라

第三條濟州牧使ᄂᆞᆫ廢止ᄒᆞ고其事務ᄂᆞᆫ該道觀察使가引繼ᄒᆷ

附則

第四條本令은本年十月一日로부터施行ᄒᆷ

光武十年九月廿四日
御押　御璽　奉　勅
議政府參政大臣朴齊純
內部대臣李址鎔

●勅令第四十八號

府를郡으로改稱ᄒᆞ고郡을府로改稱ᄒᆞᄂᆞᆫ件과府廳及郡廳에關ᄒᆞᄂᆞᆫ件

第一條廣州府와江華府와開城府ᄂᆞᆫ并以郡으로改稱ᄒᆷ

第二條仁川郡沃溝郡務安郡昌原郡東萊郡德源郡城津郡三和郡慶興郡義州郡龍川郡은並以府로改稱ᄒᆞ고府廳은前監理署로充當ᄒᆷ

第三條濟州郡廳은前牧廳으로充當ᄒᆷ

附則

第四條本令은本年十月一日노부터施行ᄒᆷ

光武十年九月廿四日　御押　御璽　奉
勅
議政府參政大臣朴齊純
內部대臣李址鎔

外報

●立憲紀念會　遠東報를據ᄒᆞᆫ즉北京에서近에立憲宗旨를奉旨頒布ᄒᆞᆷ으로써此擧ᄂᆞᆫ四千年來未有之盛擧라ᄒᆞ야學界와報界가聯合ᄒᆞ야一立憲紀念大會를開ᄒᆞ야賀忱을伸ᄒᆞ기로ᄒᆞ얏다더라

●集議海軍　北京電報를據ᄒᆞᆫ즉近日陸大臣이會議ᄒᆞ되海軍이最要之圖니皇族과八旗子弟를選ᄒᆞ야東西洋에派赴ᄒᆞ야水師를學習ᄒᆞ야人材를培植ᄒᆞ야將來使用을預備ᄒᆞ고并히海部를添設ᄒᆞ야各省水師를擴張ᄒᆞ되[illegible]인되需款이甚鉅ᄒᆞ야借籌가不易ᄒᆞ니各省督撫와商議ᄒᆞ야設法籌款ᄒᆞ야稅關撥金의抽撥로由ᄒᆞ야速히振興ᄒᆞ기를企圖ᄒᆞᆫ다더라

●清國軍艦製造　清國軍政改革委員이二千六百噸되ᄂᆞᆫ巡洋艦四隻과或八千噸以上되ᄂᆞᆫ戰鬪艦二隻에製造案을調査ᄒᆞᆫ다더라

●長春에排日　滿洲電報를據ᄒᆞᆫ즉俄國官憲이尙今日本文武官이長春의入來ᄒᆞᆷ을不許ᄒᆞᆫ다ᄒᆞ더라

●英法協商　英國殖民局長子루메루氏ᄂᆞᆫ시라스港에서英法兩國의協商은德國에對ᄒᆞᆫ脅迫이라고認ᄒᆞᆯ거시아니라고說明ᄒᆞ얏다더라

●海軍改造　倫敦電報를據ᄒᆞᆫ즉日露戰役中에旅順에在ᄒᆞ던엣세船長은波羅的艦隊의驅逐隊司令官으로되야近日其實行을見ᄒᆞᆯ터인되露國海軍改造에第一步가되리라더라

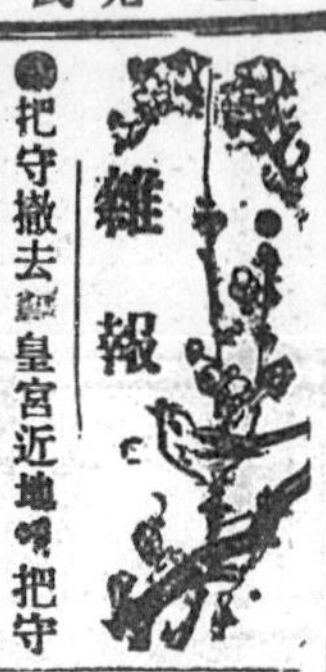

雜報

●把守撤去 皇宮近地에把守ᄒᆞ던兵丁을무슴事由인지日昨붓터一齊히撤去ᄒᆞ엿다더라

●感古堂修理 皇太子妃三揀擇後에ᄂᆞᆫ安洞嘉禮宮으로處所를定ᄒᆞ고 本家에게ᄂᆞᆫ別宮後感古堂으로移接ᄒᆞ야該宮內와通涉ᄒᆞᆫ터인故로該感古堂을一新修理ᄒᆞ얏다더라

●緣病不仕 宮內府大臣李根상氏가身病으로近日에仕進視務치못ᄒᆞᆫ다더라

●辭職理由 經理院卿署理李根澤氏의辭職ᄒᆞᆫ根因을得聞ᄒᆞᆫ즉驛屯租幾千石을日人願買者에게捧時價許賣ᄒᆞ얏더니該日人이租包留置處에下去ᄒᆞ야量ᄒᆞᆫ즉欠縮도夥數ᄒᆞᆯ뿐더러時直도原價에落本되므로日人이李卿을見ᄒᆞ고租價를還退ᄒᆞ라ᄒᆞ고督如星火ᄒᆞᄂᆞᆫ故로李卿이其困迫을難堪ᄒᆞ야辭職圖遞코져ᄒᆞᆷ이라더라

●學大擅許 安洞別宮後基址에日人이校舍建築ᄒᆞ던根因을確聞ᄒᆞᆫ즉日人이自意建築ᄒᆞᆫ거시아니오學部大臣李完用氏가認許ᄒᆞᆫ지라日人이撤廢ᄒᆞᆫ役費를비償ᄒᆞ라고一向相持ᄒᆞᆫ지境이면學大李完用氏가莫重公用基址를擅自許給ᄒᆞ얏스니不無論責이라輿論이紛紛ᄒᆞ더라

●叵測手段 宮內府通譯官渡邊氏가秘書丞李芯和氏더러內下錢幾千元을圖得ᄒᆞ야有益事業을設始ᄒᆞᆫ다고京城日報記者의게囑托ᄒᆞ야使之揭載ᄒᆞ고使日人으로李芯和氏의게質問ᄒᆞ얏다니其餘險手段은聞者가莫不憤嘆ᄒᆞᆫ다더라

●經理院卿의手段 近日巷說을聞ᄒᆞᆫ즉軍大李根澤氏가收租官一人을新任ᄒᆞ야全南으로派送ᄒᆞᆯ意向을密示ᄒᆞᆫ즉全南收租官이納賂永圖ᄒᆞ고慶南으로派送ᄒᆞᆯ意向을密示ᄒᆞᆫ즉慶南收租官이亦爲락賂圖免ᄒᆞ야四處로如此히輪派ᄒᆞᆷ이非再非三에這間所得之物이不知幾十萬兩인ᄃᆡ伊藤統監이李氏에行爲不正ᄒᆞᆷ을得聞ᄒᆞ얏든지經理院卿署理를辭免ᄒᆞ라ᄂᆞᆫ勸告가有ᄒᆞ얏다더라

●徐氏怙勢 舒川居梁主事在冀氏가沃溝港에移接ᄒᆞᆫ故로本港居徐主事某冕氏에게家舍三間을給准價買居ᄒᆞ얏ᄂᆞᆫᄃᆡ家契를終不出給이라探問ᄒᆞᆫ즉徐氏가家를已典於他處ᄒᆞ고가舍를欺賣ᄒᆞᆫ지라梁氏가不得已呈訴於該港府尹ᄒᆞ엿더니徐氏가元來該港前主事로挾勢行悖도ᄒᆞ거니와徐氏에伯氏가法大李夏榮氏에狎客으로法大가留連ᄒᆞᄂᆞᆫ故로兄弟相應ᄒᆞ야勢力이莫敢誰何라何樣周旋ᄒᆞ엿던지府尹府에서梁氏에訴狀도出給지아니ᄒᆞᆫ다니府尹李懋榮氏가徐氏에謟囑을姑未明察ᄒᆞᆷ은可惜이어니와徐氏에怙勢行悖ᄂᆞᆫ該港人民이莫不憤冤이라ᄒᆞ더라

●耐債參書 大寺洞等地居前參書李鍾律氏가元來欺人之術은鬼神도莫測인ᄃᆡ家勢가不贍ᄒᆞ야欺人取物로生計를付托ᄒᆞᄂᆞᆫ故로自幾十貫으로至於幾千兩ᄭᆞ지負債가無人無之ᄒᆞ고出入ᄒᆞᆯ야면依例히外上으로人力車를借乘ᄒᆞ고衣服은非緞紬之屬이면不着ᄒᆞᄂᆞᆫᄃᆡ債主와物件主人과人力車夫가每日門前에來督ᄒᆞᄂᆞᆫ者가人海를成ᄒᆞ되捷利口辯과籠絡手段으로延拖過去ᄒᆞ기로爲主ᄒᆞᆫ다더라

●漢校試驗 興洞官立漢語學校內에私立夜學科에서秋期上學後에月終試驗을行ᄒᆞ얏ᄂᆞᆫᄃᆡ優等生은崔興模及第ᄂᆞᆫ韓義睿李石晋氏等인ᄃᆡ紙筆墨賞品을授與ᄒᆞ고校況이就緖가되미生徒가日日增加ᄒᆞᄂᆞᆫᄃᆡ敎師ᄂᆞᆫ皆名譽義務로熱心敎授ᄒᆞᆫ다더라

●靑會의商業演說 紳士呂炳鉉氏가基督敎靑年會에서商業上으로今日下午七点半에연說ᄒᆞᆫ다더라

●押上停止 靈光郡守俞鎭贊氏에게審問ᄒᆞᆯ事件이有ᄒᆞ야平理院에서押上ᄒᆞ라ᄒᆞ얏더니該道觀察使沈相翊氏가防禦ᄒᆞ고內部에서平理院으로公文ᄒᆞ기를當此稅務變更之時ᄒᆞ야郡務를不可暫曠이니靈光郡守押上을姑爲停止ᄒᆞ라ᄒᆞ얏다ᄒᆞᆷ이라

●兩氏歸國說 巷說을據ᄒᆞᆫ則朴泳孝氏가東京에서發程ᄒᆞ야昨日乘船ᄒᆞ얏ᄂᆞᆫᄃᆡ二十一日에入城ᄒᆞᆫ다ᄒᆞ며李奎鎔氏도從此歸國ᄒᆞᄂᆞᆫ지라雲峴宮ᄂᆡ居接처所를二千元費用ᄒᆞ야日本官憲이監董ᄒᆞ야修리竣役ᄒᆞ얏다ᄒᆞ더라

●光興校況 西署藥峴에光興義會의校況은本社에數次記載ᄒᆞᆫ바有ᄒᆞ거니와近日에該校長과校監敎師諸氏의熱心으로敎育課程을一層擴張ᄒᆞ야純然ᄒᆞᆫ義務的으로美善ᄒᆞᆫ敎育을注意實行ᄒᆞ니附近의학年된靑年들도一齊히及時入學케ᄒᆞ려니와父勸其子ᄒᆞ고兄勸其弟ᄒᆞᆷ이適宜ᄒᆞᆯ러라

●政府會議件 昨日下午一時에政府에서會議ᄒᆞ얏ᄂᆞᆫᄃᆡ該議案은平理院漢城裁判所에判檢事를加設ᄒᆞ고補佐官을設寘ᄒᆞᆯ事와十三道와十港口와濟州郡에檢事를設施ᄒᆞ고補佐官을排寘ᄒᆞᆯ事件인ᄃᆡ提議ᄒᆞᆫ後에仍爲詣闕ᄒᆞ야 御前會議를開設ᄒᆞ얏더라

●逐日會面 近日은各部에事務가漸漸多端ᄒᆞ야然ᄒᆞᆷ인지各大臣이不有定時ᄒᆞ고仕進時間엔政府에서參政大臣과逐日會面ᄒᆞᆫ다더라

●限年薦報 各觀察使가ᄂᆡ部訓令으로各郡에主事를依其薦報ᄒᆞ야ᄂᆡ部에轉報ᄒᆞᄂᆞᆫᄃᆡ當此有事之時ᄒᆞ야年少沒覺輩가郡務를果難堪當故로警務補佐官等이發起ᄒᆞ야主事及參書官을年四十歲以下三十歲以上으로薦報叙任케ᄒᆞ라ᄒᆞ고ᄂᆡ部에報請ᄒᆞ얏다더라

●瑞倅暴死 瑞興郡守崔東埴氏가冗吏를除汰ᄒᆞ야官隷에게見憎ᄒᆞᆫ다ᄒᆞ더니三昨日該郡에서暴死ᄒᆞ얏다ᄒᆞ더니必是作嫉者의중毒ᄒᆞᆫ事인가ᄒᆞ더라

●度顧晚餐 再昨日下午七時에財政顧問目賀田氏가昭義門ᄂᆡ本邸에서晩饌會를設行ᄒᆞ고各大官을請宴ᄒᆞ얏다더라

●三人銓考ᄂᆞᆫ勿施 日前銓考委員이第二回會議時에事務時急ᄒᆞᆫ境遇에ᄂᆞᆫ委員七人이未及圓會ᄒᆞ면半數以下但三人이銓考施行ᄒᆞᆫ다ᄂᆞᆫ句語에對ᄒᆞ야再昨日政府에서參政大臣이ᄂᆡ部協辦(전考委員主權者)朴錫敎氏를請入ᄒᆞ야質問ᄒᆞ기를전考委員中三人은ᄂᆡ部에自在協辦地方局長參與官인則此數三人이專行之計也라전考取人事가有何時急的事務ᄒᆞ야如此定規耶아ᄒᆞᆫᄃᆡ崔委員曰或有時ᄒᆞᆫ境遇ᄒᆞ면以此施行ᄒᆞᆫ다ᄒᆞᄂᆞᆫ지라朴參政이言曰預行전考ᄒᆞ야次第叙用ᄒᆞᆯ지오不必臨時전考이니三人이전考施行ᄒᆞᆫ다ᄂᆞᆫ句語ᄂᆞᆫ勿施ᄒᆞ라ᄒᆞ얏다더라

●韓國報館 合爾賓報를據ᄒᆞᆫ則韓國各報에對ᄒᆞ야論評이有ᄒᆞ니皇城帝國等新聞은韓日交涉事宜에日人의詭詐情形을未盡隱瞞ᄒᆞᄂᆞᆫ故로檢査或封閉를被ᄒᆞ고惟大韓每日申報ᄂᆞᆫ此를不被ᄒᆞᆷ으로照常發售ᄒᆞ되日人의待韓人殘暴情狀을記載ᄒᆞᆷ이較前微減云이라ᄒᆞ얏더라吾儕가此를覽過ᄒᆞ다가不覺啞然一笑로다此國ᄂᆡ巷論도往往히本報를對ᄒᆞ야較前微減云者와如ᄒᆞᆫ譏刺가有ᄒᆞ더니誰가北滿地方俄國租界ᄂᆡ에도如此ᄒᆞᆫ評論이有ᄒᆞᆯ을料度ᄒᆞ얏스리오但報筆之義ᄂᆞᆫ如鏡照物ᄒᆞ야隨其姸醜ᄒᆞ야寫其形ᄒᆞᄂᆞ니一箇筆力이豈有加減之리리오愛讀僉員은宜其諒之어다

◆◆◆◆

●來商寃聲 畿沿列邑商民等의來書를據ᄒᆞᆫ즉皇城에서兩陽이不過百里之內에酒去船隻에海稅라稱ᄒᆞ고收捧ᄒᆞᄂᆞᆫ곳이十餘處에鹽每石頭에銅貨六箋式과魚船正隻에大小分等ᄒᆞ야四圓六圓二十圓二十四圓二十六圓二十餘圓式歷歷間稅ᄒᆞ니沿畿列邑商民이辛苦姑捨ᄒᆞ고坐船廢業之境이옵ᄂᆡ니天恩이隆崇ᄒᆞᄉᆞ無名雜稅革罷ᄒᆞ라신 慈愛ᄒᆞ신 詔勅이降下ᄒᆞ시고政府에切嚴ᄒᆞ신令飭을發布ᄒᆞ시와無ᄒᆞ 처此弊擬ᄒᆞᆫ外商民이庶幾有回蘇之望矣러ᄂᆞᆫ不意今玆에江華玉浦等地에서派員崔殷鍾爲名者가宣禧宮海稅라ᄒᆞ고過去每船隻에鹽二三石式徵捧ᄒᆞ기로宣禧宮에訴狀ᄒᆞ엿ᄉᆞ더니民情을矜側이洞燭ᄒᆞᄉᆞ題旨內에特念民情ᄒᆞ야即爲革罷ᄒᆞ라ᄒᆞ옵시기에諸商民이手舞足蹈ᄒᆞ고江華玉浦等地에到付ᄒᆞᆫ즉該派員이言ᄒᆞ기를訴志에印章이不근즉模糊ᄒᆞ야施行못ᄒᆞᆫ다ᄒᆞᆫ기에우리諸商民이印僞造ᄒᆞᆫ理由가無ᄒᆞ니不必多言ᄒᆞ고宣禧宮으로갓치올나가자ᄒᆞᆫ則나ᄂᆞᆫ갈것업고一向收捧ᄒᆞᆯ터ᄒᆞ고該宮文蹟이라ᄒᆞ고出視ᄒᆞ기에見ᄒᆞᆫ則無賴輩之沮戱者에돈嚴囚府獄이라ᄒᆞ고ᄂᆡ派員은該宮에서바드라신命令만奉承ᄒᆞ고革罷ᄒᆞ라신命令은奉承치아니ᄒᆞ니寃聲이漲天ᄒᆞ다더라

雜報

◉東國史略自序 白堂 續

乃我則自斂其目自錮其心幷其自國史而亦不知乃向他人而徵我譜系恥孰甚焉辱亦何如昔建文帝子髫齡被幽五十年後赦出鬢髮盡白而牛馬不辨問其由曰天日不見何況其他至今五百載聞者皆悲試問我諸君子其與此帝子之不辨牛馬有異同耶世界五洲知其名者幾輩五洲尙不知奚知其在邦國及强弱之殊勢且無論外國之如何乃祖國之現今成何地位亦不一番推思人民塗炭不而念國權已墜而不念恢復惟對人則尙以三四千年舖陳腐古說作爲正論確義又不知古聖之遺訓深意噫日不在其位不謀其政燕雀處堂棟梁欲焚魚鼈泣釜力竭已設嗟呼嗟呼將何面目處此世界向人作何語耶自作孼誰復憐之環顧國內滔滔皆是綢蘇難作連魯已死誰有其志我安適歸且所恨者人執于黃髮未燥呱呱在抱者來日便作何狀我輩元是無良斷曰應有今日可忍令童稚無知驅入於黑暗網羅之中做人奴隸可乎仰天一嘆涕淚自橫而不能已也玆告我國內諸公之爲人父兄者曰自今請將通鑑史畧等古書束之高閣而挾冊童子一導我韓史然後又導萬國史以廣見聞而認情形尤致力於兵刑農工等實踐之業無爲無益心做去則安知不幾年而我亦不復我舊日文化儼然作獨立國面目耶然後噫難老年家高臥北窓聽其子孫如何如又曰必待世革而後史作云爾則所不敢答而試問此時固何時 完

◉在日本國留學生尙灝等이軍部에上書가如左 續

本留學生中金台榮金河龍金載汶等六七人은以堅確之性質과忍耐之心力으로留學此邦이已經數年이온바其目的則軍人也라欲入於陸軍幼年學校ᄒᆞ야自夏至秋에果有兩國間交涉ᄒᆞ옵은監督의報告를因ᄒᆞ야學部照會와該人等之請願書를據ᄒᆞ시와伏想洞燭ᄒᆞ시려니와日本政府가敦隣邦之交誼ᄒᆞ며爲敎育之主義ᄒᆞ야既有外務省之紹介ᄒᆞ고又有陸軍省之認許ᄒᆞ야待其期欲爲入學이옵더니及其開學日ᄒᆞ야自外務省으로招致該人等曰使君等으로期使入學矣러니統監府答電內에自韓國軍部로不許保証委托ᄒᆞ니入學을不可許施라ᄒᆞ야遂不得入學ᄒᆞ야該人等에目的不達도ᄂᆞᆫ閔鬱일ᄲᅮᆫ더러使在此五百餘人學生으로一般心氣沮喪ᄒᆞ오니貴部에서該保證委托을不許ᄒᆞ심은未知有何事端이오나使留學外國者로無論某學校ᄒᆞ고欲入於目的之地也에設有其國拒絕이라도自本政府로到底設力ᄒᆞ오셔使之入學ᄒᆞ야奬勵後學거시ᄂᆞᆫ今反是而其國은有紹介認許之誼ᄒᆞᄃᆡ我政府ᄂᆞᆫ吝一保證之施ᄒᆞ오니以當今敎育으로不謂急務而然歟잇가抑或後學으로軍人目的은從今永使斷念而然歟잇가事甚訝惑이옵고況軍法政三科ᄂᆞᆫ即今日我國民上下에大可注目處이올ᄲᅮᆫ더러國家將來와後學前程에關係가有重ᄒᆞ옵기玆以槪畧陳ᄒᆞ오니幸須深究遠燭ᄒᆞ오셔全台榮等을依願保証ᄒᆞ시와以今學期로使入該幼年學校ᄒᆞ야俾遂其目的之地를千萬伏望

在日本國留學生
尙灝 崔麟 洪錫夏 李昌煥 張膺震 柳承欽 崔基斗 李亨雨 尹定夏 朴勝彬 韓相愚 林圭 池成允 姜元永 劉泰魯 文一平 郭漢倬 金永爵 金志侃 劉銓 文乃郁 李承瑾 尹彝鉉 金淵穆 玄子 李漢卿 崔南善 鄭巤謨 尹台鎭 玄爽健 閔弘基 崔元植 等二百二十六人

◉尉官被酒 昨夜梨峴內에醉兵訴將이라ᄂᆞᆫ事件을更聞ᄒᆞᆫ즉三昨日下午七時에安洞別宮近處에셔何許尉官二人이被酒忘形ᄒᆞ야行爲가不正ᄒᆞ던지適其時憲兵一名이過去ᄒᆞ다가該尉官의姓名을問ᄒᆞᆫ즉該尉官이姓名을不肯指示ᄒᆞ고憲兵을壓制力으로强迫威脅ᄒᆞ니憲兵曰如此ᄒᆞᆫ法例가無ᄒᆞ다ᄒᆞ며期於히姓名만指示ᄒᆞ라ᄒᆞᄂᆞᆫ故로該尉官二人이無限困境을當ᄒᆞ얏다더라

◎本社廣告

申報價
一張代金 新貨二錢五里
一箇月前納 三十錢
三箇月 九十錢
六箇月 一元七十錢
一箇年 三元四十錢
郵稅一部 新貨五里
一箇月 十三錢

廣告料
四号活字一行에[illegible]
每日每英尺一寸에新貨廿五錢
(每日每行에六錢에相當홈)
其期限의長短과字行의多少를依ᄒᆞ야增減홈이有홈

◎大韓每日申報各處支社廣告
中署布屛門下 金相萬冊肆
洞口內[illegible] 朱翰榮冊肆
中署[illegible]洞入七十八統二戶 鄭[illegible]
仁川梯峴開新冊肆 李東主
平壤南山峴日新學校 金浩
宣川邑[illegible] 安濬
義州南門外[illegible] 張有甚
長連邑 金鎰
鎭南浦藥[illegible] 金仁집
咸興州南社 曹喜林
中和邑 李俊培
開城北部[illegible] 金灌俊
釜山佐川[illegible]校洞校長 姜助遠
大丘郡 達城廣文社
鎭山邑內 安社
元山港倉前 金乃溶

發行兼編輯人 英國人裵說
發行所
京城中署壽進坊罷洞弓外地法語學校前
大韓每日申報社

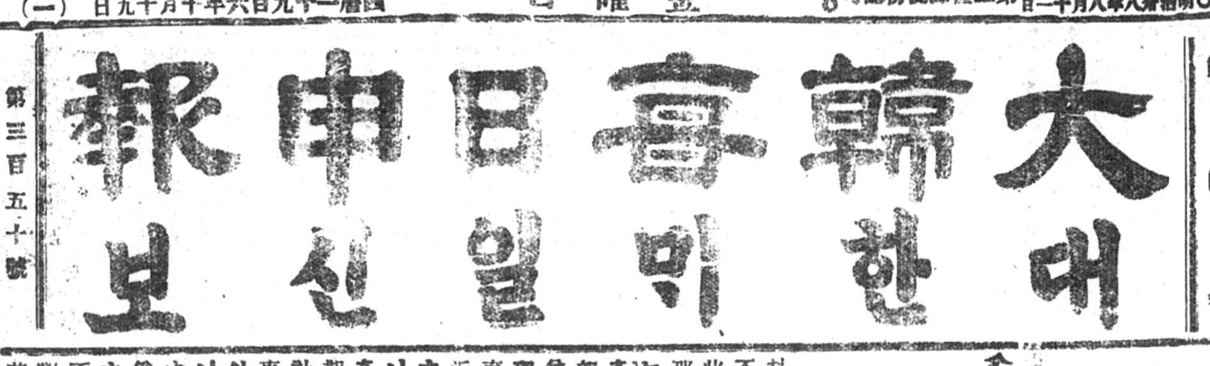

月曜及慶節臨時日休刊

檀君開國四千二百三十九年
箕子元年三千二十八年
大韓開國五百十五年
日本明治三十九年
清國光緖三十二年
◎陰曆丙午九月小初二日丙申

論說

滿洲內日入

(日本허랄드新聞照謄)

清國政府가南滿鐵道財政上에不參ᄒᆞᆫ거슨今可公然知悉인바此理由ᄂᆞᆫ所謂辭言이로다盖支那가自國管轄이速歸於烏有ᄒᆞᄂᆞᆫ土地를自國領有로尙今要請ᄒᆞᆯ진딘自國內에敷設ᄒᆞᆫ鐵道幾部分을領有ᄒᆞᄂᆞᆫ거시似必爲利益이니滿洲治權을復舊ᄒᆞᄂᆞᆫ道理가該地鐵路의共同事業도京棄ᄒᆞᆷ은似非明確之計로다

近日에支那가自國權限을振起ᄒᆞ기에可讚熱心을著示ᄒᆞ얏스니鐵路管轄의幾許部分을更得ᄒᆞᆯ現今機會를不當忽棄ᄒᆞᆯ줄必期ᄒᆞ얏슬터인디何如히청國之計가不出於此ᄒᆞ야鐵路形態가專歸於日人管轄이오外他國民의게도何如部分을一不容許ᄒᆞ니此ᄂᆞᆫ日本이滿洲南部를吸收ᄒᆞᄂᆞᆫ他一計策인바滿洲全部에俄國이試圖吸收ᄒᆞ든거슬舉證ᄒᆞ든列强은目今事態ᄒᆞ야必將不滿於心ᄒᆞ리로다

對此滿洲ᄒᆞ야露日間의異態를若論ᄒᆞᆯ진딘露國은從來商況을希望ᄒᆞ야但以虛僞로占領而已어니와至於日本ᄒᆞ야ᄂᆞᆫ欲得商業ᄒᆞ야經始ᄒᆞᆫ지라盖俄國의滿洲占領은商業을危害ᄒᆞᆫ事實이都無矣니若果有之면商業人의重大起訴가豈其無矣리오注目ᄒᆞ기에奇異ᄒᆞᆫ거ᄉᆞᆫ俄國의滿洲占領을非難ᄒᆞᆫ거시政客界로從生ᄒᆞᆫ거시니何如ᄒᆞᆫ지俄國이滿洲商業의幾近成功도不得ᄒᆞᆫ지라其鐵路도軍用而已니其占領도但在於軍略矣로다

日本目的은與此不同ᄒᆞ야軍用点領은隨力速撤ᄒᆞ더니나然이나該地商業의完全管轄을極力圖得ᄒᆞ나니商業競爭에ᄂᆞᆫ俄國이日本을抗逆ᄒᆞ기에似不窺機라俄國이滿洲에서消費ᄒᆞᆫ巨額財款은必要ᄒᆞᆫ줄로量度ᄒᆞ야設置ᄒᆞᆫ官人을供給而已니若其俄國이滿洲에서撤歸ᄒᆞ기를認定ᄒᆞᆯ진딘惟其点領의餘跡은只一鐵路로되至如日本ᄒᆞ야ᄂᆞᆫ[illegible]亦이商業의最上權이라日本政府가自國人民으로該地의情形과要用을知悉ᄒᆞ도록極用心力ᄒᆞ나니水之淺深이無異於自國江河라此人民의게此工課가豈不容易리오然이나俄國은惟一鐵路의利用을除去ᄒᆞ면該地의[illegible]實을一不能知悉ᄒᆞ리로다

日本도滿洲에서財政을亦費ᄒᆞ나惟其方針이出於智明謹愼ᄒᆞ야以此結果로청國商業人의呼寃이今已現著ᄒᆞ니此ᄂᆞᆫ日本物品의無稅輸入을因ᄒᆞ야市況이不利ᄒᆞᆫ거시라何如ᄒᆞᆫ지滿洲南部에청國稅關을設立ᄒᆞᆫ以後라도關係가或其別無差異ᄒᆞ리로다

競爭에日本이居首ᄒᆞᆷ은雖有銳敏競爭力이나도位置와達解의利用이在於日本ᄒᆞᆷ이니彼之製造品이世界市場의셔ᄂᆞᆫ外國製造를或不得競爭이나然에나特在滿洲ᄒᆞ야ᄂᆞᆫ或將許其競爭ᄒᆞᆯ거시오且其製造의分量과品質을每日增加改良ᄒᆞ나니日本이滿洲를世界에開放ᄒᆞ얏스나然이나該地商市를毁ᄒᆞᆯ各種術策을取得ᄒᆞ얏도다

官報

●三千五百八十六號 光武十年十月十七日

◎宮廷錄事

詔曰日本陸軍少將宮岡直記卒田敬九郎并特叙勳一等陸軍三等主計正松林猶二郎特叙勳三等○賜八卦章用示親眷之誼

光武十年十月十日

表勳院總裁閔泳徽

弘文館學士申箕善辭職疏

批旨省疏具悉所請依施

◎叙任及辭令

○贈從二品嘉善大夫內部協辦 號弘文館學士金章閣學士시講院日講官 故左承旨尹致英 前시從院副卿尹宇善考依法典追 贈 贈從二品嘉善大夫內部協辦 故ᄒᆞᆨ生金在憲○贈秘書監丞 故ᄒᆞᆨ生金實俊○贈禮式院左掌禮 故ᄒᆞᆨ生金相浩 以上前시從院副卿金祚鉉考祖考曾祖考依法典追 贈○贈從二品嘉善大夫內部協辦 故從仕郞白亨培○贈正三品通政大夫秘書監丞 故僉知中樞府事白曾煥 以上시從院副卿白時鏞考祖考依法典追 贈○贈大匡輔國崇祿大夫議政府議政大臣 贈議政府左贊成趙其晉○贈議政府參政大臣 贈吏曹判書趙學조○贈內部大臣 贈吏曹參判趙德ᄒᆞ 以上前議政大臣조秉鎬考祖考曾祖고依法典追 贈○贈內部協辦 故行松羅道察訪崔成在○贈秘書監丞 故副司果崔必聞○贈禮式院左掌禮 故通德郞崔承運 以上內部協辦崔錫敏고祖고曾祖고依法典追 贈○贈내部協辦 故僉知中樞府事金命煥○贈秘書監丞 故學生金道休○贈禮式院左掌禮 故ᄒᆞᆨ生金邦臣 以上前시從院副卿金亮英고祖고曾祖고依法典追 증○증내部協辦 故ᄒᆞᆨ生朴寅秀○증秘書監丞 故ᄒᆞᆨ生朴魯觀○증掌禮院掌禮 故ᄒᆞᆨ生朴枝茂 以上前시從院副卿朴基順고祖고曾祖고依法典追 증○증내部協辦 故掌樂院正郞李基年 前掌禮院副卿李閏瑞고依法典追 증○증내部協辦 故ᄒᆞᆨ生李과鎭○증秘書監丞 故ᄒᆞᆨ生李周益○증掌禮院掌禮 故ᄒᆞᆨ生李祖欽 以上法部協辦李源兢고祖고曾祖고依法典追 증

●三千五百八十七號 光武十年十月八日

◎叙任及辭令

○度支部技師申泰俊 從二品李宗禧 前參書官崔文鉉 正三品韓相학 仝嚴柱完 前禮式官高義駿 仝趙在榮 司宰[illegible]胤榮 經理院技師姜寅燮 度支部主事魚浩善 仝金夔鉉 仝朴永祚 仝權重煥 仝吳寅秀 議政府主事閔源均 內部主事蔡鴻儀 軍部主事金漢朝 ·法部主事李京壽 農商工部主事李種玉 前參書官朴來東

未完

外報

●德文學堂 德國은淸國上海에서德文學堂一所를建造ᄒᆞ야德文勢力範圍를膨脹케ᄒᆞ기로上議院에셔五千馬克ᄭᆞ支撥ᄒᆞ야常年經費을ᄒᆞ기로允准ᄒᆞ얏다더라

●進士東渡 淸國癸卯甲辰兩進士의在籍無事者로一切로日本에赴入ᄒᆞ야法政大學速成科에셔肄業ᄒᆞ기로學部에셔電咨各省ᄒᆞ얏다더라

●伊國의地震火山 [illegible]港電을據ᄒᆞᆫ則伊國마신子島北部에數次激震이有ᄒᆞ고ᄯᅩ도페리火山은再次噴火ᄒᆞ얏다더라

●最新의巡洋艦 倫電을據ᄒᆞᆫ則英國에셔新造ᄒᆞᆫ裝甲巡洋艦二隻의速力과勢力이世界巡洋艦의最上地位를占ᄒᆞᆫ지라海軍省의命令을因ᄒᆞ야該艦을試驗ᄒᆞ얏더니其結果가良好ᄒᆞ야當局者[illegible]ᄒᆞ야극驚歎케ᄒᆞ얏다더라

雜報

●職員錄纂輯 宮內府大臣李根湘氏가該府職員錄을纂輯ᄒᆞ기爲ᄒᆞ야所屬各院의現帶職員에姓名과品階와官等과勳等과俸級과居住와至於院號名을本月二十日ᄂᆡ로一一詳錄以報ᄒᆞ라ᄒᆞ얏다더라

●稅務官剃髮 稅務官員들은敍任派送ᄒᆞᄂᆞᆫ日에一齊히剃髮ᄒᆞ고服裝費ᄂᆞᆫ니下ᄒᆞ신다더라

●新貨收稅의究期 各地方結稅를今年ᄭᆞ지ᄂᆞᆫ舊貨로收捧ᄒᆞ고明年度爲始ᄒᆞ야新貨로收刷ᄒᆞᆫ다더라

●主事紛競 地方郡守가該主事一人式應報ᄒᆞᄂᆞᆫ데該郡多年視務ᄒᆞ던鄕長으로應ᄒᆞ니도有ᄒᆞ고該郡吏輩中有權力ᄒᆞᆫ者로報ᄒᆞ니도有ᄒᆞ며各郡吏鄕中에셔現今奔競이大段ᄒᆞ다더라

●緣何變名 稅務官中金永遠鄭鎭와兩氏ᄂᆞᆫ今番敍任時에世人의耳目을掩蔽ᄒᆞ라고其名啣을一字式變書ᄒᆞ얏다ᄂᆞᆫ데未久히本名字로正誤ᄒᆞ라ᄂᆞᆫ說이有ᄒᆞ더라

●索頭無路 林川郡에何許人이株山을[illegible]이乘夜破掘ᄒᆞ고頭骨割去ᄒᆞ얏ᄂᆞᆫ데塚主가四處搜覓ᄒᆞ야賊漢을捕得ᄒᆞ야爲先痛恨之餘에未及索頭ᄒᆞ고亂打ᄒᆞ니官ᄒᆞ야着枷下獄ᄒᆞ얏더니其夜에因爲致斃ᄒᆞᆫ지라該郡守가使塚主로賊尸를掩埋ᄒᆞ얏다ᄂᆞᆫ데其父頭骨은永無推覓處라ᄒᆞ더라

●軍照啟部 軍部에서議政府로照會ᄒᆞ되在日本留學生韓元敎等七人을日本陸軍省에委托ᄒᆞ야授業ᄒᆞᆫ事로業經履照이온바該學生等에材質과學識이適當ᄒᆞᆯ뿐아니라將來陸軍將校補充에必要ᄒᆞ옵기該學生等學費及其他一切를本軍部로擔當ᄒᆞ갓습기該學生等姓名을玆에左開仰佈ᄒᆞ오니照亮ᄒᆞ오셔統監府에交涉ᄒᆞ시와日本陸軍省에委托ᄒᆞ야幼年學校及士官校에次第授學케ᄒᆞ심을爲要라ᄒᆞ얏ᄂᆞᆫ데該留學生은 全台榮 金河龍 金禎汶 韓元敎 李珍河 表振模 李道熙 七人이더라

●金氏名譽 稅務官金寬濟氏ᄂᆞᆫ元來公正ᄒᆞᆫ人으로曾往에開城郵遞司長으로三四年視務에名譽가有ᄒᆞ엿고其後에公州郵遞司長으로四五年視務에名譽가藉藉ᄒᆞᆯ뿐더러辛丑年凶荒을當ᄒᆞ야公州府下人民이飢餓者太半이라金氏가自己薄況을捐出ᄒᆞ야白米幾十石을貿得均施ᄒᆞ야俾免餓死之患ᄒᆞᆫ故로府民이咸頌ᄒᆞ더니今被稅務之任ᄒᆞᆷ의公州人民이該道로視務ᄒᆞ기를希望ᄒᆞᆫ다더라

●種痘委員의試才 內部에서各道種痘司委員을各郡認許員否可堪之才로試取派送ᄒᆞᆯ터인ᄃᆡ日間試才ᄒᆞᆫ다더라

●賊黨假義 南來人의傳說을據ᄒᆞᆫ則舒川林川韓山地에賊黨이數十名式成羣ᄒᆞ야輒稱義兵餘黨ᄒᆞ고突入村家ᄒᆞ야錢財를討索ᄒᆞᄂᆞᆫ故로稍饒ᄒᆞᆫ人들은不堪討索ᄒᆞ야港口와邑底로移接ᄒᆞᄂᆞᆫ者多數ᄒᆞ다더라

●設兵貽弊 郡青山守金顯黙氏가賊漢防禦ᄒᆞ기爲ᄒᆞ야兵丁을設置ᄒᆞ고客舍와明倫堂에往ᄒᆞᆫ時에도兵丁을帶去ᄒᆞ고村民班常間에捉來ᄒᆞ라면兵丁을出送ᄒᆞ야貽弊無雙ᄒᆞ다더라

●罪囚飽德 徵上二大隊中隊長陸軍正尉李完宗氏가暫時法院에就囚ᄒᆞ야罪囚等의飢餓景況을矜惻히여겨肉饌珍饌을盛備ᄒᆞ야一齊饋餉ᄒᆞ니該罪囚等이感謝不已ᄒᆞᆫ다더라

●銀行合設 漢城農工銀行에日本興業銀行事務所를合設ᄒᆞ얏다더라

●章程鍊習 稅務官이受帖ᄒᆞᆫ後에一齊히度支部에仕進ᄒᆞ야日間稅務章程을鍊習ᄒᆞᆫ後發程ᄒᆞᆫ다더라

●哲학博士勸勉 皇城基督敎靑年會員六·餘名이貞洞丞元時氏旅館에齊進ᄒᆞ야氏에遠涉重洋ᄒᆞᆷ을勞問ᄒᆞᆫ則氏가諸靑年의게對ᄒᆞ야同心合力ᄒᆞ야使此會로大韓의基礎가되게ᄒᆞ라一場勸勉ᄒᆞ얏다더라

●觀察俸給磨鍊 內部에서各觀察使給俸을一體四級俸으로磨鍊하얏다더라

●俄貨被奪 元山居人이東村某喪人에게俄貨로數十元을賻儀ᄒᆞᆫ지라徵上兵金應準에게出給하고南門上淸商의請換하얏더니淸人이稱以露貨ᄂᆞᆫ禁物이라하고奪取不給하ᄂᆞᆫ故로淸巡查가處決하ᄂᆞᆫ데尙不推給ᄒᆞᆫ다더라

●森林會社 鴨綠江沿邊森林을俄人이斫伐하다가撤去ᄒᆞᆫ後에日本人이該森林을無契約斫伐하ᄂᆞᆫ故로政府에서統監과交涉하야斫벌은停止하고兩國間에森林會社를設施ᄒᆞᆫ다하더니統監府에서累次勸告하ᄂᆞᆫ故로森林은農商大臣이主務하고資본은度支大臣이主務하야韓日兩政府에서聯署하야政府會議에提出하얏다더라

●森林社契約條件 再昨日政府會議에森林會社成立事로統監府使ᄂᆞᆫ火急ᄒᆞᆫ故로政府各大官이會議ᄒᆞᆷ은且置하고韓日兩國森林會社契約을議決ᄒᆞᆫ後에御前會議를又開하고該條約을上奏裁可하얏ᄂᆞᆫ데一은資본金을一百廿七萬元으로作定하야韓日兩國政府에서六十萬元式出資ᄒᆞᆯ事 二ᄂᆞᆫ該條約에關하야施行細則은兩國政府에서委員을差定成立ᄒᆞᆯ事 三은事業의進行을爲하야兩國臣民을許入하야會社組織의必要ᄒᆞᆫ境遇에ᄂᆞᆫ兩國政府에서其文扶을協定ᄒᆞᆯ事 四ᄂᆞᆫ森林經營의事業에收入支出決算은收刷ᄒᆞᆫ會計員을設施하야會計報告를明瞭히每年一回式兩國政府에報告ᄒᆞᆯ事 五ᄂᆞᆫ資본을要捐하ᄂᆞᆫ境遇에ᄂᆞᆫ兩國政府에서承諾ᄒᆞᆯ事 六은利益金은兩政府로排償等諸件이라더라

●敎科不良 학部參與官이普通학校敎課書一部를提出하야編집ᄒᆞᆷ을督促하ᄂᆞᆫ데該書ᄂᆞᆫ敎師와生徒가對遇相問禮를만說去하엿ᄂᆞᆫ데幼兒敎課ᄂᆞᆫ不當ᄒᆞᆫ故로改定하기를[illegible]該參與官이固執不改하야期於編집케ᄒᆞᆫ다더라

●夫人神術 陰八月十五日에開城東部善竹橋北居林光宇氏의兄嫂가臨産하야兒離胎而不回頭者五日이라産母全身浮大而麻冷하야不通呼吸하니命在頃刻矣라何幸開城沙峴日韓病院長城仲輔氏의夫人小川氏가一隅診察하고壓之以掌하며揣之以指하야使不痛苦而片時分만하야母子俱完이라하니該夫人의神術은實로讚揚ᄒᆞᆯ만하더라

●勞動雷動 平壤郡鐵道[illegible]이農商하ᄂᆞᆫ民에秩弊하기爲하야鐵道之役에農民은不害케하며內外貿易의物品運輸도便利케하며閒散人夫ᄭᆞ지生業을各得케하얏ᄂᆞᆫ데惟獨一進會員李永淳이와募軍魁首李昌萬等이前驅所管하ᄂᆞᆫ募軍數百名을欺瞞하야使不入於勞動會社하고京城勞動勸業會社를連結하야稱以支社하ᄂᆞᆫ洪호鎭을搆誣하고農部認許를得하야成羣作梗하니洪호鎭等이兩李가搆誣ᄒᆞᆫ事由를共同裁判ᄒᆞᆫ次로본郡에請願ᄒᆞᆫ日에京社社長李範七氏가所謂社員이라稱하ᄂᆞᆫ安韓兩人을驅來하야平壤城에入ᄒᆞᆫ時에各乘四人轎하고無難辟人하니其威儀를可觀하얌즉하더라 其翌日에본郡守가有何難認인지裁判은姑舍하고與李範七一行으로乘船登樓하야治遊作宴에夜深不還하기도洪호鎭等이勢無奈何하야觀察府에更爲請願하얏다더라

●釜民이搆陷良倅 高原前郡守朴淇昊氏ᄂᆞᆫ在任經歲之郡에야不過半載에火戶를依舊査定ᄒᆞ며場市를均定ᄒᆞ고漁村을還推ᄒᆞ며江川에別橋를架ᄒᆞ며支鄕을鎭壓ᄒᆞ야稍有誦聲이러니該郡一進會員과[illegible]政府者와威脅ᄒᆞᆫ者와略干[illegible]을捉治ᄒᆞ니由此[illegible]京鄕ᄒᆞ야[illegible]裁判之場에前後證據[illegible]明的ᄒᆞ고又況彼輩가委任代言ᄒᆞᆫ辯護士가朴氏를搆陷ᄒᆞᆫ根因과會民의朴氏를搆陷ᄒᆞᆫ根因及條約書를帖連ᄒᆞ야考訂ᄒᆞ야朴氏를今已無罪放免ᄒᆞ얏스니法部에서ᄂᆞᆫ只因個人之搆誣ᄒᆞ야損人名譽라가當此判明ᄒᆞ야ᄂᆞᆫ何以措處ᄒᆞᆯ지하고이藉藉하더라

●自强開會 大韓自强會에서來十一日(土曜)下午二時에典洞本事務所에서通常會를開ᄒᆞ고左開三題로演說ᄒᆞ되傍聽을許ᄒᆞᆫ다더라

所感一則 大垣丈夫

陰陽術書의弊害 梁濟淵

本會와本會支會의關係 朴炳恒

詞林

閔忠正公血竹

公死竹何生竹生公不死餘生末死羞忍讀靑青史 白黎金龍銖

思公不復見見竹如見公枝枝涵碧血葉葉灌丹衷東海仲連露西山伯夷鳳斑斑多士涕天下[illegible] 白樵金龍鎭

同

雜報

●大韓農會創立 本月十四日에大韓農會에서西署養生坊陽洞私立光城學校內로假事務所를臨時權定ᄒᆞ고創立會를開ᄒᆞ얏ᄂᆞᆫᄃᆡ一般任員及評議員諸氏選定ᄒᆞᆫ과本會의創立ᄒᆞᆫ趣旨書及會綱의三大項을發表ᄒᆞᆫ이左와如ᄒᆞ더라

夫農者爲人生活之大本國之貧富其源起於此民之文野其度准於此惟我同胞試顧今日本邦農業之現象必有所揣思而審量者矣故玆者創設本會其本意則在於各種農業之經驗知識徵諸古今치之內外大則助國家永遠之公共經濟以立富强之基礎小則救國民困難之各個生活以營富足之產且勸徒手遊食之人就于正業養成勉勵之精神氣力此實欲與全國人民共享眞正之文明幸福者也惟我經世篤志之人士諒贊本志之所在一乃靈活之心協其戮毅之力翕然奮起漸施乎本會所規定之事業必達於大成之域切切期望焉

會綱之三大項

一 本會爲全國農民之代表凡有關於施農事之講學論與事業一切發達改良事

二 本會以保護全國農民爲主意務使安堵樂業鞏固邦本富足民產事

三 本會成立之主旨宜在於農業之事以期確立不動之實業大本故其他政治上關係一切不關事

●普成夜學의更起 新聞外普成夜學科가廢止된은前報에歷揭ᄒᆞ얏거니와該學員들이樓屑慨歎ᄒᆞ야莫知所向터니前判書李容稙氏家에在ᄒᆞᆫ華東小學校講師尹光普氏와前主事朴台秉氏와學部主事尹世鏞氏가該學徒의懇誠願學ᄒᆞᆷ을愛惜히여기여互相協議ᄒᆞ고教室을該小學校內로定ᄒᆞ고日語夜學講習所라名稱ᄒᆞ고朴台秉尹世鏞氏가名譽로擔任教授ᄒᆞ니學徒가感服ᄒᆞᆷ竝不是라日日增加ᄒᆞ야五十名假量에達ᄒᆞ얏ᄂᆞᆫᄃᆡ校況은甲乙兩班에分ᄒᆞ얏고校費ᄂᆞᆫ學員이月謝金五十錢式으로擔任ᄒᆞ얏다더라

●特別廣告
北署順化坊司宰監契新橋第九統十一號瓦家五十二間草家七間半板刻家券을見失故로廣告ᄒᆞ오니內外國人은偸去人의게切勿見欺ᄒᆞᆷ 家主李有泰 告白

●旺深興學 數月前으로봇터有志紳士數人이旺深里로偶然過去ᄒᆞ다가本洞에一處가學校가有ᄒᆞᆷ을聞ᄒᆞ고시一探觀ᄒᆞᆫ즉校樣이衰頹ᄒᆞᆫ지라伊時에有志者의慨歎을惹起ᄒᆞ야數月間으로莫中社會上一般有志者의心機를進化ᄒᆞᆷ으로楊州郡守洪泰潤氏로校長을薦定ᄒᆞ얏ᄂᆞᆫᄃᆡ本洞諸紳士의[illegible]力이膨漲ᄒᆞ야爲先校舍를擴張ᄒᆞ며永遠維持ᄒᆞᆯ財政基礎를確立ᄒᆞ얏ᄂᆞᆫᄃᆡ每期新貨三百二十圜의收入이超過ᄒᆞ얏다니吾儕ᄂᆞᆫ本校의將全ᄒᆞᆷ이首屈一指ᄒᆞᆯ여니와本洞各父老의武毅ᄒᆞᆫ自强力을致賀ᄒᆞ며社會上諸氏成人之美ᄒᆞᆷ을艷羨ᄒᆞ노라

●內訓無效 今番內部에서各部郡主事設置事로資格이有ᄒᆞᆫ一人式報來하란訓令에對ᄒᆞ여龍岡郡守尹起元氏ᄂᆞᆫ或受賂ᄒᆞᆫ인지文彝與邑聯에金昧ᄒᆞᆫ時鄕長金觀善氏로題報ᄒᆞᆫ事에書記等이其欺瞞上部ᄒᆞᆷ을十分憤鬱ᄒᆞ여一齊呈狀ᄒᆞ니部次乘夜續程ᄒᆞᆫ지라該郡守가聞之大怒ᄒᆞ여一邊書記等의妻子를着枷嚴守ᄒᆞ고一邊該巡校ᄒᆞ여該書記等을捕來ᄒᆞ여杖之囚之ᄒᆞ며日卑賤吏輩가莫重尊貴ᄒᆞᆫ官長의게如許行動엔罪當處死라ᄒᆞ고號令如霜ᄒᆞ야同氏의上部欺瞞ᄒᆞᆷ과群下를凌壓ᄒᆞᆷ은人皆痛歎히에긴다더라

●教堂起工 天道教人이教堂을建築ᄒᆞᆯ意로南門外關廟北麓을宮내府에請願ᄒᆞ얏더니本月十五日에認許를得ᄒᆞᆫ故로該教堂을不日間起工ᄒᆞᆫ다더라

●咸校創興 咸興郡東阜川社居柳秉龍氏ᄂᆞᆫ業是有志ᄒᆞᆫ紳士로該郡同志의前正言柳鍊止前主事朱禎燮[illegible]書役成職明諸氏及數百同志가[illegible]合數萬金을各自捐助ᄒᆞ야本社에私立學校를設立ᄒᆞ얏ᄂᆞᆫᄃᆡ教師ᄂᆞᆫ同郡私立日語校教師前主事李國煥氏로權定ᄒᆞ고學徒ᄂᆞᆫ五十餘名에達ᄒᆞ얏ᄂᆞᆫᄃᆡ隣社西元平岐川州北諸처에서進次興起ᄒᆞ야各各學校을設立ᄒᆞ고或田畓도補助하며或貨幣도補助하야熱心興學ᄒᆞᆫ다니如此美擧은可히讚誦ᄒᆞᆯ만하더라

●傳者之誤 昨日本報에宮내府通譯官渡邊氏가秘書丞李芯和氏의게對ᄒᆞ야叵測手段을弄ᄒᆞ얏다ᄒᆞᆷ은初無是事라ᄒᆞ더라

●親睦會節次 基督教青年會에서今日金曜日下午七点半에近間에渡韓ᄒᆞᆫ哲學博士丕元時氏를請邀ᄒᆞ야親睦會를擧行ᄒᆞᆫ다ᄂᆞᆫᄃᆡ其節次ᄂᆞᆫ如左하니

開會祈禱 大旨 演說 一人唱歌 答辭 愛國歌 閉會祈禱 茶果 崇呼萬歲

伊時에內外僉會員의同參席ᄒᆞᆷ을該會에서企望ᄒᆞᆫ다더라

●俱懲自慾 日前本報中教員失倖이란事實을更聞ᄒᆞᆫ則徐廷徹氏가昨年十月十六日의官立教員으로轉任ᄒᆞ얏슨則公立教員俸給半額條ᄂᆞᆫ其後任員尹滎震所當條인ᄃᆡ徐氏가沒食公立全朔條ᄒᆞ고又食官立半朔條ᄒᆞ얏스니徐氏ᄂᆞᆫ尹氏所當俸이라徐氏가官立俸給條六圜이學部에有ᄒᆞ되公立條沒食이綻露될가慮ᄒᆞ야即未推去ᄒᆞ고昨年條를日前의야來推ᄒᆞᆫ則該部의셔處辦ᄒᆞ되官立條를推ᄒᆞ야公立條에拮据ᄒᆞ야尹滎震氏라ᄒᆞᆫ則徐氏가臆說ᄒᆞ되公立條ᄂᆞᆫ已經用則不能除給이라ᄂᆞᆫ故로該部의셔兩員歸決後에該條를推去하라ᄒᆞᆫ것시오李貞善氏가尹滎震從子尹弘植氏를出給ᄒᆞᆫ게아니어ᄂᆞᆯ徐氏가言ᄒᆞ되尹氏가僞傳으로自己俸給을推去라ᄒᆞᆷ은係是搆虛之說이라ᄒᆞ더라

廣告

廣告

東國歷史 普通教科國漢文一秩二冊定價新貨 一圜十戔
法蘭西新吏 四十錢
淸國戊戌政變記一秩 一圜
政治汎論 一秩二冊 一元卄錢
越南亡國史 一冊 三十錢
法國革新戰史一冊 三十錢
大韓輿地圖一張 十七錢五里
世界全圖一張 三十七錢五里
大韓地誌一秩 一圜
牧民心書一秩 一圜二十五錢
萬國地誌一秩 一圜
[illegible]政新編一冊 五十錢
尺牘完編一秩 一圜五十錢
法學通論一冊 一圜
溫故知新堂叢抄 七錢五里
父師必독小學指남 七錢五里
人工養蠶一冊 十五錢
世界之政治 一冊五十四錢
家庭雜誌一 十錢
進明彙論一秩 三十五錢
交際新禮一秩 十八錢

發賣所 布屛門下金相萬書舖 大韓每日申報社

花春丹은 霍亂 吐瀉 腹痛 滯症 暑症 정忡 神眩 胸鬱 痰盛 醒酒船暈 咳嗽 痲질 口味업ᄂᆞᆫ諸症의神效ᄒᆞᆫ藥이오 此外에도洋灰水解毒藥 唐창 疳氣 蛔虫 寸虫 赤白뎐風 狀과東西洋藥이俱備하고他病도隨問出方하오니 僉位ᄂᆞᆫ枉臨하시옵
皇城校洞石井洞下隅
石泉堂藥房 告白

大韓帝國仁川港

以上三種은上品으로製造ᄒ야衛生上에極有益ᄒ니論某人ᄒ고本港에來臨ᄒ옵

濟物浦紙卷烟及烟草會社

一 鷹標罐詰濃結牛乳
一 金印罐詰濃結牛乳
一 無變家用氣化乳酪
一 쏘ー든쓰製造麥芽化合牛乳

以上은常時에貯積ᄒ얏ᄉᆞᆸ

美國紐育港쏘ー든쓰濃結牛乳會社

一手代理店
大韓仁川港 世昌洋行

●九轉靈砂라 本人이妙方[illegible]神效하야[illegible]靈砂丹이라男女老少에無論何病하고[illegible]하오며[illegible]時에[illegible]하면平生의身體가健康하며[illegible]保하오며
●九轉靈砂[illegible]丹은[illegible]疾에神効하오
●九轉靈砂保命丹은初生[illegible]殺[illegible]과婦人帶下症에神効하며
●九轉靈砂濟衆丹은酒滯 食滯 腹痛 吐瀉 [illegible] 痢疾 吐血 下血 運氣 時疾 瘧症에神効하오
●九轉靈砂紫金丹은痔漏 [illegible] 上疳瘡 下疳瘡及唐瘡과諸般瘡瘍惡種에無不神效하오니 僉君子ᄂᆞᆫ來臨하시오
內需司前두갈이골上隅第一號 李鶴廷 告白

◎本社廣告

申報價
一張代金 新貨二錢五里
一箇月前納 三十錢
三箇月 九十錢
六箇月 一元七十錢
一箇年 三元四十錢
郵稅一部 新貨五里 一箇月 十三錢

廣告料
四号活字十三字詰
每日每英尺一寸에新貨廿五錢
(每日每行에六錢에相當홈)
其期限의長短과字行의多少를依ᄒ야增減홈이有홈

◎大韓每日申報各處支社廣告
中署布屛門下 金相萬冊肆
洞口越便 朱翰榮冊肆
中署鍾路十八統第二戶 [illegible]
仁川經峴新冊肆 李東主
平壤南山峴 新學校 金浩
[illegible] 崔叡恒
宣川邑楓西 安濬
義州南門外韓西大藥房 張有뵤
長連邑 金龜
載寧浦築洞 金仁집
咸興州南社 曹喜林
中和邑 李俊培
釜山佐川徐囊房 金灌俊
開城北部[illegible]井里[illegible]洞 [illegible]
校洞校長 [illegible]助遠
大丘部 [illegible]
鎭山邑內 安社
元山港倉前 金乃洪

發行兼編輯人 英國人裴說
發行所 京城中署壽進坊碑洞号外地法語學校前
大韓每日申報社

第四卷

報

대한매일신보

第三百五十一號

月曜及慶節歲時日休刊

檀君開國四千二百三十九年
箕子元年三千二十八年
大韓開國五百十五年
日本明治三十九年
淸國光緒三十二年
◉陰曆丙午九月小初三日丁酉

論說

向智者獻一言

近日上午頃에砲聲이自城南大發하니此는韓日陸軍이聯合射習함을著示함이라如此之擧가非不依例나然이나飛彈에生命被殺者ㅣ나或產業被傷者ㅣ若有어던日本武官의게即奉呼訴하라는告示를觀之컨더此觀式이人家稠密處에서冒險擧行되는거슬表示함이로다

吾人이韓國內日본武官의次第事를對하야同情이斷無하니盖高等官人의行動이自始至末로독無情不仁을取行할지라至于近日하야는開戰之初에儀表되던行爲와大相不同이로다

所謂平壤牧場은砲兵의射擊연習地로預定하거시오平壤人民을無情히逐出함도名之以軍略하얏스며漢城附近에서도與此同一之擧를取行하얏거니와且其絶遠之處에는殘忍之行이愈甚云이로다

此皆保護韓國之道라然이나韓國 皇帝와及其人民이或願其保護耶아韓國人民이形勢上으로自國의反對되는淸俄兩國의게與實際情을伸張하는거시非但以漸次라亦其迅速이오日本武略官人의陰謀를因하야痛至死境이로다

暗示之言을日本之人이若將聽悉할진된請發一言하리니所得權限이不多한邦國에서傲慢之行을若不減省하면在韓日兵도在桑港日本學徒의當한바와同一한蔑視를或不得免焉하리라

官報

●三千五百八十七號 光武十年十月八日 續

◉敍任及辭令

經理院技師柳興世 正三品金寬濟 仝金永達 仝鄭賓斗 從二品具然浩 正二品閔丙直 仝韓炯履 前郡守黃用性 正三品李丙儀 仝閔泳완 仝송文賢 正三品梁柱謙 前主事崔炳吉 六品李鎬稷 仝鄭漢永 任度支部稅務官○正三品韓東履 前警務官劉鳳錫 任警務廳警務官○任議政府主事 前主事徐丙業

完

●三千五百八十八號 光武十年十月十九日

◉宮廷錄事

掌禮院卿兼長生殿提調臣李道宰謹奏本殿所儲黃腸板材數既不敷且當式年不可不趁即斫來故立冬前發遣敬差官於各該道封山使之斫取以來何如謹上奏

光武十年十月十五日奉

旨依奏

◉敍任及辭令

○命弘文館學士 宮內府特進官朴容大○依願免本官 帝室會計審查局審查官權寧昱○任帝室會計審查局審查官 六品朴貞和○南麟熙 趙南稷 鄭喆永 任仁川府主事○朴一陽 李聞珪○依願免本官 經理院技師崔環亨○六品鄭煥璜 仝金鍾協 仝張震澤 任經理院技師

◉勅令

◉勅令第四十九號

地方區域整理件

第一條 地方區域은別表와又치整理함

第二條 別表中飛入地는甲郡土가越在乙郡한者를謂함이니仍屬土在郡하며斗入地는丙郡土가侵入丁郡한者를謂함이니移屬附近郡함

第三條 本令은頒布日로부터施行함

第四條 從前地方區域에關한諸規程은本令에抵觸되는者는幷廢止함

光武十年九月廿四日

御押 御璽 奉 勅

議政府參政大臣朴齊純

內部大臣李址鎔

◉別表

京畿

府郡名	原面	現面
楊州	卅四	卅二面
抱川	十	十二面
永平	七	七面
漣川	五	六面
麻田	五	八面
朔寧	七	七면
開城	十四	十二면
豐德	八	八면
長湍	廿	二十면
坡州	十二	十二면
積城	五	四면
高陽	八	九면
交河	八	八면
金浦	八	八면
通津	十二	十二면
陽川	五	五면
江華	十七	十七면
喬桐	四	四면
仁川	十二	十一면
富平	十六	十六면
果川	七	七면
安山	六	九면
始興	六	六면
南陽	十三	二十면
水原	四十	四十一면
振威	十三	十五면
陽城	十八	十三면
安城	二十四	廿四면
竹山	十四	十五面
利川	十五	十五면
陰竹	八	七면
驪州	十四	十六면
楊根	十	十면
砥平	八	八면
龍仁	十六	十六면
陽智	十一	十면
廣州	廿一	十七面
加平	六	六面

忠청北道

郡名	原面	現面
忠州	卅八	廿五面
堤川	八	八면
淸風	八	八면
丹陽	八	八면
永春	六	六면

未完

外報

●訪問中止 俄國을訪問하라는英國代表者의委員會에서는聖彼得堡에在한英俄友誼維持委員의報告를待하야莫斯科의訪問을中止하기로決議하얏다더라

●德帝乘輕氣球 德國皇帝는陸軍연習에用한自動車를試驗하기爲하야輕氣球를乘하고實驗을得하얏다더라

●守備兵增加 長春에在한俄國守備旅團長고쓰포辛氏는羅日參將반지스키氏와交代하얏는뒤新任旅團長이到任後에守備地를嚴重히戒嚴하야外國人은尙矣라淸人도自由出入함을不許하고特히淸人旅館을每日嚴重히檢查하는故로淸人도大段히困難한貌樣이오長春守備兵은來月內로增加하야目下二倍에達하얏고尙且合衛實에集合하는軍隊도各守備地에增兵할터이라더라

●官有地賣渡 俄國에서農民의耕地가不足함으로由하야官有地와寺有地等을賣渡함을要求하얏더니俄帝께서九月十一日勅命으로써俄國官有地中에農民의게賣渡할條例를頒布하얏다더라

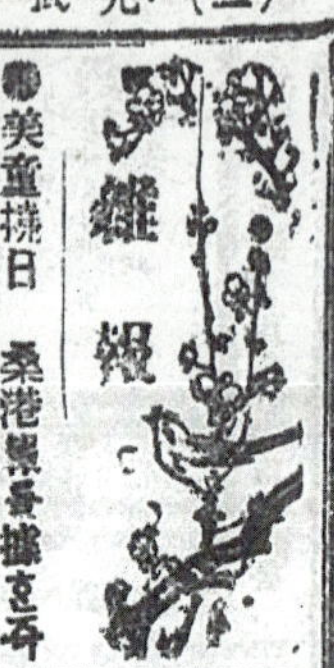

雜報

●美童擲石 桑港報를據호즉近日桑港에서美國兒孩들이日本人을非常히憎惡호야或拾餘名或拾名式作隊호야日人家門外에至호야擲亂喧譁호며石을投호며日人假家에入호야果實을持去호며或打擊도호는行動이種種有之홈으로日人協議會에서警務廳에告發도호고特別巡檢을別置호야禁斷호되此等弊端이尙且不絶이라더라

●眞僞偵探 近日國事犯諸氏에出來호다는說이狠藉홈의北村某大臣이前主事金某로來不來에眞僞를四處偵探호다더라

●東京所聞 日本前總理大臣桂太郞氏가東京某處園邸에서總督事에對호야演說호되大韓에는伊藤統監의게一向委任호야서는就緖홀日이無호니日本武官中山縣有朋氏나其他誰某를出送호여야諸般事가歸正이되기다호얏다더라

●郡鄕選退 內部에서地方郡守의게訓飭호되郡主事一人을設郡鄕長書記中可堪之才로薦擧호란故로各郡守들이鄕長書記中擇人報部호얏던니무숨違格이有호지內部에서該報狀을還退호다는說이有호더다

●何以處之 度支大臣閔泳綺가稅務主事敍任事件에對호야日各道觀察使는稅務監을例兼호엿스니主事一人式自辟으로任用호는거시可호거니와至於稅務官호야는自辟主事를不可許任이라하얏다는데稅務官들은此事件에對하야日莫重公납收刷에人心을難測하니不可不熟知之人으로同任視務하는거시妥當하나不可擅便이오惟望度支大臣處分이라호다더라

●明氏被捉 前郡守明範錫氏가有何事犯인지警務廳에서現今調捉하는중이라더라

●是何訓飭 內部大臣李址鎔氏가各地方에訓飭호되私立學校에基本金이無호者는一齊廢止호라호얏다니元來學校는學部所管이오非內部所關일더러鄕曲有志之士가經費를自當호야학校를設立호고人才를敎育호기로注意호거날反爲廢止케홈은무숨理由인지未知호깃다고輿論이喧藉호며라

●衛生實施 內部衛生局을設始호後에前局長崔勳柱氏가衛生實施호기에盡心注意호다가未及就緖에遽爲遞任호고其後任局長朴吾承洪哲普金寬鉉諸氏가徒以肥己之慾으로醫師委員等官人을無故遞代호야낙賂爲主호故로該局事務가就緖無期호더니今衛生課長閔元植氏와衛生局主事李台永氏가踏設事務를期於實施하기로決心하고醫師委員等官人도卒業生外에는不得敍任케하며委員의俸級도明年度預算에支出하기로算定하는중이라더라

●醉兵悖行 再昨日下午三時에新門內雲橋等地에서何許醉兵一名이平民을捉去하는데該平民이爲何事犯하야吾를捉去하라허는야兵丁이泥醉忘形호며蔽一言허고營門으로去하不허거날平民曰然則吾之姓名을知하는야兵丁曰金가가아니야호되平民曰安가로라姓名도不知호얏더라無罪호人을何故捉去하는야하여도兵丁이壓制力으로捉去하는데其終末은未知하깃더라

●內部公議 東萊報告에對호야內部에서公議호기를原是主事는上官의指揮를承호야庶務에從事호뿐이오且本部에서訓令호기를各道主事의定員額數를現任主事中으로選擇擧來하라하얏는데今此沒汰가殊涉過當이라하야現任主事중久勤忠實者로選擇任用하는거시可合事宜라고公議가有하다더라

●保證金徵出 陪從武官長李鍾健氏의所保호武官學徒가逃躱호지라武官學校에서規則을依하야李氏에게保證金三百元을徵出하얏다더라

●委員選定 政府에서文官任用令을實施하기爲하야銓考委員을選定하얏는데委員長은政府參贊朴慶陽氏오委員은內部參書官金之鏞學部參書官鄭喬度支技師具級法部局長金洛憲軍部官房長申觀永諸氏가兼任하얏더라

●度大擔任 鴨綠江沿岸에韓日兩國森林會社契約書를已經奏下하얏는데六拾萬元半額을은度支大臣이擔任호故로閔泳綺氏가會社成立을盡力周旋하엿는데閔氏邊에社長任命을參酌히差定호터이라더라

●學部官制變通 各學校學徒가卒業狀을受與하는時에는敎官職을付하더니學部官制를變하야卒業學徒라도對其調窠하야敎官을敍任하기호다더라

●三氏轉任說 내部에地方官吏銓考席이漸次變更하는데慶南觀察趙民熙氏는내協으로轉任하고慶南觀察은春察權益相氏가轉任하고春察은내協金錫敏氏가轉任호다더라

●日人俸給 現今政界에內而各府部院廳과外而各道府郡에行政과事業을日人이無不干涉하는事는孰不知之리오마는該干涉으로實行하는役夫라도月月俸을比許하는데重警兩廳俸給은政府高等官의俸給에太過하고所謂顧任對遇等과大官의給을除하면日人의俸給이韓政府俸급에相較가되다더라

●內訓更報 各道府郡參書官通譯官主事를各該長官이내部로薦擧하는데有錢有勢와乘所共知者가被薦이許多호지라내部에서更訓하고可堪者로擇報하라하얏더라

●兩氏憾情 漢城判尹朴義秉氏는내部協辦崔錫敏氏와情誼相通하야好惡間同行謀慮矣러니近日에는有何憾情하야朴崔兩氏가互相拒絶하야永不相從호다더라

●提議未決 三昨日政府會議에參政大臣이自强合에서提議호早婚禁止와巫卜禁止令을提出하얏다가官卜者區處가無路홈으로未決留案하얏다더라

●兩大가訪問統監 再昨日에는參政大臣과軍部大臣이統監을訪問하얏고昨日에는度支大臣이統監을방問하얏다더라

●親睦會退定 昨報에揭載호바靑年會館에서哲學博士趙元時氏를爲하야親睦會를設行호다더니事故에相値하미有하야來月曜下午七時半으로退定하얏다더라

●二頭三目猫 仁川朝鮮新報社前日人家에서去十五日夜에猫가二頭三目의猫子를産하얏는데母猫가卽時其子猫를壓殺호지라此를異常히여겨알코홀藥水에沈하야置하얏는데觀光人이多하다더라

●寧察公報 平北觀察申泰休氏가內部에報告호槪意를聞호즉本道主事李承薰과前警務官張孝根과前課長申冕休는各以參書官資格可合으로方爲薦報이오며主事金景濟卓璉金邦燮中一模는各其請願故로該請願書를粘上하오며但安基斗는反有恒言에不欲退去이오니各課主事가俱至從鬪故로自道相去三百里以內拾五郡에以主事資格可合者各一人選送鑑試之資로該訓各郡이라하얏는데參書官薦으로報호李承薰氏는公廉謹愼히고文筆이俱備하야一切地方事務에嫻熟호故로該道主事로在職多年에頗有聲譽이며니今此被薦이實合資格이라고公論이有하더라

●庫窠網 西來人의傳說을聞호則平壤府에銀行支庫를設호는初에는資本家에對호야言호기를貸路를融通케호여國民의利益을擴張호다호야株金을募集호얏더니未及完立호여서外城居鮮于儆의子瓚이라호는者가年纔二十에性本愚蠢호야浮浪無恒호은一鄕이洞知호는것슬內外國挾雜流가誘引호야其父의田畓뿐아니라自己의近族所有地까지僞造成文호야典執銀庫호고四千元을債用호얏다호고其父鮮于儆을捉囚開市警務廳호고主庫財務官이威脅으로勒捺認票타가抵死不書홈이財務官言內에然則假捨月卄日前으로其子瓚을不得捉來호면擔當호라至成票호라호야依其言成票호고放出홈을得호야其子瓚을限內捉來押付則財産을斷호야供招호기를某人處에幾百元을給호고某人處에幾千元을給호얏다호야指證이分明호고自己犯用은不過是三百餘元이라供招호가昭在호거날年因호지于今數拾餘日에尙無發落호니當初財官이不知而行此債政인지知而故行인지不知而行케면供招中現出某某人과中間引連人을胡不提徵淸帳고訴恐滋甚이라譬컨된本土의材木을斫호여網罟를設호며本民의繭絲를取호여網罟를張홈又더니虛蕩子弟와悖浪族屬이誰家無之며何姓不有리오若此不已면人韓天地에大獸小獸와巨魚細魚가從天降從地出者皆自陷自罹於官人의窠網호리니府謂借貸之術而財官者非此歟아可哀者韓民이오最可痛者平壤民鮮于儆之事라政府와統監府에呼訴호意로日昨에上來호얏다더라

雜報

在美國留學生黃思鎔氏가韓人共立新報社에寄書如左ᄒᆞ니

非夜에燈下獨臥ᄒᆞ야故國을思念ᄒᆞ다가悲悵ᄒᆞᆫ涕淚가自然沾衿이라今日國家의羞恥됨과人民의慘亭ᄒᆞᆫ거시胡至此極고長長ᄒᆞᆫ鎖路에怨聲이漲天ᄒᆞ고此處彼處軍用地에魚肉이滿地ᄒᆞ니可憐ᄒᆞ도다우리同胞二千萬의生命財産이他人手에消融을付ᄒᆞ니言念及此에轉不能成寐ᄒᆞ고전전反側ᄒᆞ든次에忽然히空중에서有聲曰悲哉라韓人들아何故로長嘆만ᄒᆞ고余를不信ᄒᆞᄂᆞ뇨余ᄂᆞᆫ團合大元帥라余가汝의怨讐를對敵ᄒᆞᆯ勇力이有ᄒᆞ고中興시킬權勢가有ᄒᆞ니余를信ᄒᆞ라一聲에醒覺ᄒᆞ니南柯一夢이라

團合의利益됨을領覺ᄒᆞ니世界强國들이或利權을因ᄒᆞ야戰爭ᄒᆞᆯ時에도將卒이서로團合되야一定ᄒᆞᆫ行伍를不失ᄒᆞ면百戰百勝ᄒᆞ고其芳名이麒麟閣과竹史에傳ᄒᆞᆯ지라百年前에美國人이英國의屬地로써非常ᄒᆞᆫ虐待를受ᄒᆞ얏스나今日ᄋᆞ世界에上等國이되얏스니此ᄂᆞᆫ美國人이團合相輔ᄒᆞᄂᆞᆫ熱心으로英國서치强ᄒᆞᆫ國을排斥ᄒᆞ고獨立富强됨은壯ᄒᆞ도다團體에勢力이여噫홉다我國이百年前美洲와如ᄒᆞ니우리同胞가一心으로團體가되면强ᄒᆞᆫ日本을排斥ᄒᆞ고獨立富强을成ᄒᆞ려니와萬若前과如히政府官人들은晝夜로權利를相爭ᄒᆞ고賣官賣爵ᄒᆞ기로爲事ᄒᆞ며人民들은彼此에猜忌와怨望과他人을害ᄒᆞ고自已만利케ᄒᆞ라ᄂᆞᆫ心을不改ᄒᆞ면決코日本의奴隷를免치못ᄒᆞᆯ뿐아니라滅亡을不免ᄒᆞ리로다今日形便으로ᄂᆞᆫ우리韓人이世上에生存ᄒᆞ얏스나무ᄉᆞᆷ面目으로世人을對ᄒᆞ고비록死ᄒᆞᆫ지라도무ᄉᆞᆷ面目으로先王과先祖와忠臣烈士를見ᄒᆞ리오如此히된거슨우리의自取之禍라今乃自責ᄒᆞ고團體成立ᄒᆞ야同種相保의義務를一心으로行ᄒᆞ면公同ᄒᆞᆫ利益을漸漸擴張ᄒᆞ야今日美洲에在ᄒᆞᆫ同胞가團合ᄒᆞ고明日布哇에在ᄒᆞᆫ同胞가團合ᄒᆞ고再明日本國二千萬同胞가團合을成ᄒᆞ면우리의羞恥를雪ᄒᆞ고三千里疆土를恢復ᄒᆞ야公同ᄒᆞᆫ利益을萬世에享有ᄒᆞᆯ지니壯ᄒᆞ다團合의力이여

至今美國에在ᄒᆞᆫ淸國人이拾萬名에不下ᄒᆞ나團合이不成ᄒᆞ고其中有志者가保皇會를組織ᄒᆞ얏더니또何許人이此를反對ᄒᆞ야致公黨에라設立ᄒᆞ얏고李哥ᄂᆞᆫ李가의公所를設立ᄒᆞ며張가ᄂᆞᆫ張가의公所를設立ᄒᆞ야互相結黨ᄒᆞ고互相是非ᄒᆞ야怨讐가되여甚至於六穴砲로互相射殺ᄒᆞ기거지ᄒᆞ니同是一國同胞로무ᄉᆞᆷ怨讐로然ᄒᆞᆫ뇨所以로外國人의게欺侮를受ᄒᆞ고祖國의辱을貽ᄒᆞ며美國地境에淸人은更히入來치못ᄒᆞ게ᄒᆞ니우리ᄂᆞᆫ此를鑑ᄒᆞ야操心ᄒᆞᆯ거신多般이會를設立ᄒᆞᄂᆞᆫ것이團合의大妨害가될지라察ᄒᆞ건더至今韓人은不過千名에共立協會가設立되얏ᄂᆞᆫᄃᆡ또大同敎育會와自由가生ᄒᆞ얏다ᄒᆞ니會의名이多生ᄒᆞᆫ거슨團合上에損害가될터이니同胞ᄂᆞᆫ察之察之어다ᄒᆞ얏더라

●宜兄宜弟 官立農商校敎員申鉉鼎氏와弟鉉泰氏가年俱二拾餘에誠信독實로兼有稱譽라弟鉉泰氏가年前農商학校의優等으로或勸其仕ᄒᆞ며或請以敎師ᄒᆞ면曰吾學業을未就ᄒᆞ니何能從仕며何以爲人師리오ᄒᆞ고益勤課業矣러니日昨度支部에서鉉泰氏를主事로任用코ᄌᆞᄒᆞ야招請ᄒᆞᄂᆞᆫ지라同氏가告于其伯曰仕者ᄂᆞᆫ有時乎爲貧이라ᄒᆞ니顧念家事ᄒᆞ야爲仕養親ᄒᆞ고竭忠奉公이何如오ᄒᆞᆫᄃᆡ伯氏曰爲人子而養親ᄒᆞ고爲人臣而擔國事가固其職任이나然이나今爲度主ᄒᆞ야其祿이何補於家貧이며且以判任之職으로更有何出謀發慮之事리오以君性質로必辭乃已니若至此境이면不如在校卒業이라且鑽營干祿이非士子之所爲라君之修學旅費ᄂᆞᆫ吾雖丐錢乞米라도當爲備給ᄒᆞ리니益勉學業ᄒᆞ고勿出宦途를是望이라ᄒᆞᆫᄃᆡ其弟曰此乃吾之本志也라ᄒᆞ얏다니同氏兄弟의高尙ᄒᆞᆫ識見은人皆稱慕ᄒᆞᆫ다ᄒᆞ더라

廣告

普通教科國漢文東國歷史 一秩二冊定價新貨 一圜十戔
法蘭西新吏 四十錢
清國戊戌政變記一秩 一圜
政治汎論 一秩二冊一元廿錢
越南亡國史 一冊三十錢
法國革新戰史一冊 三十錢
大韓輿地圖一張 十七錢五里
世界全圖一張 三十七錢五里
大韓地誌一秩 一圜
牧民心書一秩 一圜二十五錢
萬國地誌一秩 一圜
尺牘完編一秩 一圜五十錢
參政新編一冊 五十錢
法學通論一冊 一圜
溫故知新堂叢抄 七錢五里
父師必읽小學指남 七錢五里
人工養蠶一冊 十五錢
世界之政治 一冊五十四錢
家庭雜誌一 十錢
進明彙論一秩 三十五錢
交際新禮一秩 十八錢

發賣所 布屛門下金相萬冊肆
大韓每日申報社

花春丹은 霍亂 吐瀉 腹痛
滯症 暑症 정忡 神眩 鬱
痰盛 醒酒船暈 咳嗽 瘧疾
口味업는諸症의神效ᄒᆞᆫ藥이오
此外에도洋灰水解毒藥 唐창
疳氣 蛔虫 寸虫 赤白전風
無과東西洋藥이俱備ᄒᆞ고他病
도隨問出方ᄒᆞ오니 僉位는枉
臨ᄒᆞ시옵

皇城校洞石井洞下隅
石泉堂藥局 告白

●九轉靈砂라 本人이妙方을發明ᄒᆞ야製造ᄒᆞᆫ靈丹인ᄃᆡ男女老少에無論何症ᄒᆞ고服ᄒᆞ오며無病時에도服ᄒᆞ면平生의身體가健康ᄒᆞ며小兒는四至(五)歲에服ᄒᆞ면十歲안에無病ᄒᆞ기를擔保ᄒᆞ오며
●九轉靈砂龍虎丹은癲症 驚症과中風 頭痛과耳目諸病과淋疾에神効ᄒᆞ오
●九轉靈砂保命丹은初生小兒 驚風 撮口 喉症 臍瘡諸般惡과婦人帶下症에神効ᄒᆞ며
●九轉靈砂淸衆丹은滯泄 食滯 血積 吐瀉 霍亂 痢疾 吐血 下血 運氣 時疾 病症에神効ᄒᆞ오
●九轉靈砂紫金丹은痔漏 瘰癧 上疳瘡 下疳瘡及唐瘡과諸般毒瘡惡種에無不神効ᄒᆞ오니 僉君子는來問ᄒᆞ시오
內需司前독갑이골上隅第一號 李鶴廷 告白

光武九年八月十一日 明治卅八年八月十一日 第三種郵便物認可

第四卷 第三百五十二號

大韓每日申報
대한매일신보

月曜及慶節歲時日休刊

檀君開國四千二百三十九年
箕子元年三千二十八年
大韓開國五百十五年
日本明治三十九年
淸國光緒三十二年
◉陰曆丙午九月小初四日戊戌

論說

日本方策

過去戰爭之際에博士와다나비의實證으로非常財源의一金壙을日本內에서探出ᄒᆞ엿다고世界에擧聞ᄒᆞᆫ지라此說傳來之時에本記者ᄂᆞᆫ此가實情되기에過好ᄒᆞᆷ을指言ᄒᆞ얏더니日本으로뇌를新報를接讀ᄒᆞᆷ의吾人之言이果其是矣라二億圓價値된다던金壙이不過虛荒之說이오今因公平檢察ᄒᆞ야其實이表著矣로다

日本아사히新報가記言ᄒᆞ되金壙最初檢査에責任된博士와다나비가以此恥辱으로其能不變動ᄒᆞᆷ은豈不非常之事리오大阪新報를接據ᄒᆞᆫ디同博士가今乃宣言ᄒᆞ되兩氏가如彼光輝報告를製述ᄒᆞᆷ은非因自己之良心이라戰爭之際에日本財政의保證을堅實케ᄒᆞ라고其時度支大臣의希望을聽從ᄒᆞᆷ이라ᄒᆞ얏도다

博士와다나비의進行ᄒᆞᆫ此特別辨明을續論ᄒᆞᆫ間話ᄂᆞᆫ此實情을近探ᄒᆞ라ᄂᆞᆫ諸般試圖를拒絶ᄒᆞᄂᆞᆫ平線을熟慮케ᄒᆞᆷ이어니와同博士의自白이純正ᄒᆞᆷ은置疑ᄒᆞᆯ거시未有理由ᄒᆞ니若其度支大臣이戰時에日本財源實情을世界에欺瞞ᄒᆞᆫ運動으로故意煽動ᄒᆞᆷ이果其확說인ᄃᆡ其後任之ㅣ도此大臣의先行을今或從之라확有ᄒᆞᆷ이不可謂無理라日本이他人囊中을倘今希望ᄒᆞ나니古之金磚欺꾀之術이其或與此無異乎아

滿洲鐵道와무순炭礦을連屬賠賬이나然이나他人之言을但因ᄒᆞ야買家之人이豈有리오且世界ᄂᆞᆫ此産業이歸於日本以後에經驗ᄒᆞᆫ急速多大히增造된價値를懷疑ᄒᆞᆫ權限이自有ᄒᆞ도다亦一表著ᄒᆞᆫ거ᄉᆞᆫ現今淸國이如彼利用되ᄂᆞᆫ會社의幾部分을取得ᄒᆞᆫ機會를蒙得ᄒᆞ얏거날如彼好況인富源鐵道와如彼好況인不竭炭礦에些小利益이라도不得指出ᄒᆞ얏도다

日本에禾穀秋收가亦有ᄒᆞ니最初에ᄂᆞᆫ豐穰이라說明ᄒᆞ얏고其後傳說은不順日氣가幾分加害ᄒᆞ얏스나尙可免凶이라ᄒᆞ더니至于近日ᄒᆞ야ᄂᆞᆫ與此相反之說이世界에傳播ᄒᆞᄂᆞᆫ지라若其秋事가至於非常이면其非常이在於僅乏인줄을速知ᄒᆞᆯ리로다對此猥瑣ᄒᆞ던牧羊之人이反笑之勢를可悉이라日本人이所有財源의宏大信用을持論ᄒᆞ며且其商業上談話에ᄂᆞᆫ自國物品을如彼讚揚ᄒᆞ나니本記者ㅣ特以決言ᄒᆞ거ᄉᆞᆫ日本人이以其虛言으로更望借款ᄒᆞᄂᆞᆫ거시라對此決言ᄒᆞ야有誰能責本記者乎아

官報

●三千五百八十九號 光武十年十月廿日

◉敍任及辭令

○命日本留學生監督 前秘書官尹致旿○免本官 黃州郡守朴元教 右ᄂᆞᆫ該員이由限이已過에尙不赴任ᄒᆞ니揆以事體에不可仍寘이기로地方官吏給由規則第八條를依ᄒᆞ야免本官○依願免本官 慶基殿參奉鄭在龍 命奉常司提調 軍部軍務局長權秦益○慶基殿參奉 金良基○任肇慶廟令 六品權南炯

◉勅令 續

◉勅令第四十九號

地方區域整理件

◉別表

忠淸北道

郡名	原面	現面
桃山	十二	十三면
延豐	五	五면
陰城	四	拾七面
鎭川	拾五	拾五면
淸州	卄	卄七면
淸安	六	六면
文義	七	一만
懷恩	拾二	拾三면
永同	八	拾면
黃澗	六	六면
沃川	拾一	九면
青山	六	五면
懷仁	六	六면

忠淸南道

郡名	原면	現면
公州	卄六	卄一
懷德	七	拾三면
鎭岑	五	五면
恩津	拾四	拾五면
連山	拾	拾一면
石城	九	九면
魯城	拾一	拾一면
扶餘	拾	拾면
韓山	九	九면
舒川	拾一	拾一면
林川	卄	卄면
鴻山	九	九면
藍浦	九	九면
庇仁	六	六면
保寧	七	七면
鰲川	六	四면
結城	拾	拾면
泰安	拾一	拾三면
瑞山	拾七	十六면
海美	六	九면
唐津	八	八면
沔川	十四	卄一면
德山	十二	十一면
洪州	卄七	卄면
定山	八	八면
靑陽	九	九면
禮山	九	十면
大興	八	八면
牙山	十	十二면
新昌	七	七면
平澤	六	六면
天安	十五	十一면
稷山	十三	九면
溫陽	九	九면
全義	六	七면
燕岐	七	七면
木川	八	九면

全羅北道

府郡名	原면	現面
全州	卅一	卄一面
錦山	十三	十二면
珍山	七	七면
茂朱	十二	十三
龍潭	九	九면
長水	八	十二면
鎭安	十四	十四면

未完

外報

●米艦增派 路透電을據ᄒᆞᆫ則米國은極東艦隊에裝甲巡洋艦四隻을增加ᄒᆞᆫ다ᄒᆞ더라

●俄德大官의會見 倫敦電을據ᄒᆞᆫ則俄國外相이스보루스키氏가得暇ᄒᆞ야德國首相뷸로公爵을訪問ᄒᆞᆫ事가有ᄒᆞ다더라

●立憲思想의普及 淸國政府에서立憲制度를施行ᄒᆞ기前에官民으로ᄒᆞ야금立憲의何物됨을知케ᄒᆞ라ᄂᆞᆫ디今番天津自治局에서立憲綱要라題ᄒᆞᆫ書籍을編纂케ᄒᆞ고東西各國에憲法大意를調査ᄒᆞ야憲法解說憲法의種類憲法의利益政黨論君權論國務大臣責任論臣民의權利義務立憲預備論議員資格養成選擧法等의各章에分ᄒᆞ야袁世凱의許可를得ᄒᆞᆫ外二千秩을印刷ᄒᆞ고爲先在朝諸官에頒給ᄒᆞ야立憲의主意를洞悉케ᄒᆞᆫ다더라

●水師復興 北京電을據ᄒᆞᆫ則直隷總督袁世凱氏意見에基ᄒᆞ야淸國政府ᄂᆞᆫ新히八千噸의巡洋艦四隻과同噸數의戰鬪艦二隻을建造ᄒᆞ기로決定ᄒᆞ고又袁總督의命令으로調査中無線電信은淸國艦隊巡洋艦에서天津其他二個所에設置ᄒᆞᆯ事를命ᄒᆞ얏다더라

雜報

●保護商權議 美國누여타임쓰新聞에記載하얏스되東洋商權을泰西各國이互相爭先하되日本이또한居後치안코저하야將次美國太平洋商權을沒數占取코저하니日人의計畫과갓치되면東洋商權은盡歸日人할지니美國上下議院에서美國商船會社保護하는法을將鍊하는거시可하다하얏다더라

●仕進時限 內部에서一般官員의仕進時限을上午八時로붓터十時ᄭᆞ지定限하고만일十点에一分만過限未進하여도罰金을新貨一錢ᄶᆞ리二分을徵랍하기로酌定하얏다더라

●參政反對 參政大臣朴齊純氏가銓考事件으로內部大臣李址鎔氏더러對하야日假令郡守之才를內部에서薦擧하면政府에서可否取決함은可하거니와政府에서薦望하야內部銓考所에서試取하면政府는將作何樣乎아萬萬不可라고反對하얏다더라

●卒業極難 法部所管法官養成所設置한지四五年以前에는大明律을敎授하더니自今年爲始하야는新法律을敎授하는데學期는二箇年으로定하고敎科書는三十餘科目인데二箇年內로卒業하기가極難하다고該學徒들이大段憂慮한다더라

●度主試取 度支部에서主事五人을稅務官으로附差한代에試才塡充할터인데已經實職主事는無試驗取用하고借啣人과白頭는試才擇用한다더라

●權氏盛宴 憲兵司令官權重顯氏가感慕宮碑石輸入한諸事務員을帶同하고再昨日龍山江亭에前往하야盛宴을排設하얏다더라

●痘員시取 內部에서再昨日에各地方痘務를實施하기爲하야各道委員을曾經衛生課官員이無故見遞한人으로시取한다더라

●公器私用 警務局警務官李憲淳氏는官制理正한時에無識所致로依免이되얏더니今에更히敍任이되얏는데其內容을得聞한즉氏는軍部大臣李根澤氏妾의收養父라日前에氏가宮相李根湘氏를往見하고餓死할之境에至하얏다고哀乞함의警務官이復職되얏다는데莫重公器를如此히私用한다고輿論이紛紛하더라

●依令免官 平壤觀察使李始榮氏는辭疏不赴하거니와春州觀察使權益相氏와大丘觀察[illegible]鎭昌氏過限不赴하는지다內部에서依赴任令免官한다더라

●學大觀察 學部大臣李完用氏는全羅道地方學校를視察次로昨日仁川港으로發程하야水路로從往한다더라

●辯護往仁 仁川居張圭明이가愛妾을見失하고四處探聞한즉全羅道南海等地에寓接한지라覓來次로前往하얏다가竟未逢着하고同路輪船을搭乘하고上來하는데船中에濟州居高姓人이同載하얏더니該高氏가船중에서一少紙匣을拾得하야開視則新貨九圜刻數를儲置하얏거날紙匣은水中에投棄하고紙貨幾圜을張氏가貸用하얏는데仁川港에到泊下陸할際에日人一名이紙匣을推尋하거날高氏가拾得한前後事狀을實告하고紙貨九圜刻數를依數出給한데日人이他物件도見失하얏다하고張高兩人을日巡査의게捉付한지라日巡査가這這査問하되別無實犯이라即爲押交於擔巡金允福氏則金氏가張氏로有何前嫌이든지稱以雜技에無數率刑한다는데法律辯護士洪在祺氏가此事件에對하야裁判次로日昨該港에前往하얏다더라

●峽豪犯律 寧遠郡人民의來訴를據한즉本郡이處在深峽하야雖此開明之世나士豪武斷之弊는愈往愈甚한지라大抵偷弄印章하야做作傷人害物之公文이在於法律에非虛役之罪乎며文廟享祀錢과校宮養士田을潛賣偸食이豈但日師門之賊이리오實是法律上難貰之大罪也오僞造府令하야橫討民財와藉其勢力하야凌侮官長이又何難狀之悖習乎잇가蓋此諸般罪惡者는本郡居金濟경金濟민兄弟이기로本郡士民이呈郡府하미至其裁判之場에雖其罪狀이綻露하얏스나觀察은以其遞職으로不爲判決職勘하고主事等은反비護此兩人하야不顧枉法이기로士民十餘人이裹足上來하야平理院에呈訴하얏다더라

●衛兵定式 宮內府에皇宮衛兵規則을實施하는데號砲를設備하야非常한事變이有한時에는五砲를發行하고宮城에大變이有한時에는三砲를放發하기로定式하얏다더라

●自强會獻議 大韓自强會에서義務教育을實施次로意見書를政府에提出하얏는데학校는爲先京城各洞에區立학校를設立하고校費는區內居民이擔當하고男女학齡은七歲로至十四歲ᄭᆞ지定限하야八年間에는依例入학하기로義務를定하자하얏다더라

●銓考科目 政府에서文官銓考를實施하되初會시로전擇할터인데年記는二十五歲以上으로受薦하야初시에는楷字와速寫로會시에는經濟算術法학等으로시選하되各학校卒業生은勿論이라더라

●顧問手段 財政顧問目賀田氏가定限하야舊銅貨는本年陽曆十二月ᄭᆞ지通用하고至有公람하야는明年六月ᄭᆞ지通行하다하야京城商路에는銅貨가永絕하고新貨는不通하는지라家舍價는倍蓰落下하야賣買가永無한지라日人이賤其厥價하야買收하는故로漢城府新家契請換者가每日踏至한다하며韓國所產物은日日下落하야五穀이至賤한다더라

●四色家反對 內部協辦[illegible]敏地方局長俞星濬府郡課長송之憲氏等이地方官전考를期於實施하려하는지라南北村四色家에서萬端反對하고沮戲하야此等의遞任함을運動한다더라

●殿最置之 各觀察使가管下各郡守의治蹟臧否를考評하야每年夏冬等二次로殿最報來하면政府에서依其報하야褒貶하더니近日觀察使븟터犯科하야有錢有勢者는褒하고無錢無勢者는貶하야治蹟이不平한지라內部에서各觀察府로訓令하야殿最는自今置之한다더라

●巡査總額 地方警察을擴張한다하야丸山顧問政策으로署는各道觀察府에排置하고出張所와分派所를排定하얏는데地方巡査의合額이一千九百九十七人이오日本巡査가總額이四百三十餘人이더라

●訖法氏講道 今日下午四占鐘에青年會館에서福音會를開하고多年大韓에在하야青年의教育을贊助함에로名譽가宏偉허든美國紳士訖法氏가上帝의眞理와救世하는福音을講道한다더라

●一坪九錢 鎭海軍港地調査長朴義秉氏가日本尉官及理事와調査하야地段價를定하엿는데政府所管官有地는勿論하고民有地는每一坪에新貨九錢式作定하여日本政府에서政府로備欵出給케하엿다더라

●森林合資 森林會社細則을經輯하야再昨日朴參政權農大가統監을訪問하고交涉하야成立을하얏는데半額資本六十萬元은內部大臣학部大臣度支大臣農商大臣法部大臣軍部大臣六氏가各出十萬元하야日本政府와合資하기로完定하얏다더라

●良吏와善人 西來人의傳說을聞한則日本商民에有土肥氏한니白太價十餘萬兩을龍川前郡守尹錫求氏에게認可狀을受하고發郡民白子珍을給한後에及限推太則金奉祚孫子許에五萬餘兩을尹郡守가收刷以給에고及其郎黨[illegible]氏到任하야張龍洙處에太價九用八千餘兩票를付官欲推한則張羅兩人은本是浮浪蕩子로與白子珍으로同謀分食之計也라張兄維文가俱由是訴則郡守가深詳覈하니張用二百金而成給八萬餘兩票하며羅用五百金而成給八千餘兩也라推其票而還給張羅文兄하고此意를曉喩於土肥氏하니土肥氏가大恨白哥之欺人推物하고又忿前郡守尹氏之認可하고張羅父兄處에更無後言之證로成給票字而休之하니以此事言之면土肥氏가似有介意於龍郡守而聞龍郡遞歸하고同ᄯᆡ出來에厚問贐行而慨惜明郡遞하야至餞山停車場餞別하니龍郡守及土肥氏는可謂明吏와善人이라고稱誦이藉藉하더라

●趙牧師講說 近日渡來한博士趙元時氏는數十年間韓國에在하야青年子弟를聖經의眞理와新學問에利用으로熱心敎導하야名譽가頗蔚터니定省에久曠함으로歸國하얏다가更爲來到하얏는데趙氏가其本國에在할ᄯᆡ에도大韓을爲하야盡心用力하엿다는데今日貞洞第一會堂의서未來方便으로講說한다더라

雜報

◉甲乙問答　竹軒生

甲이閑坐러니乙이至ᄒᆞ야告以時事日聞方有稅銃之說焉이러라甲日何說고乙日鄕邑에爲防賊之計ᄒᆞ야洋銃을買來에慮其否賂之以奪ᄒᆞ야從其所親ᄒᆞ야軍部印許를請于將官이면將官이從所請許施矣러니請者ㅣ繼踵而至커날爲其將官者ㅣ利心萌動ᄒᆞ야印許一張에新貨一元을受ᄒᆞ더니利萌이漸長ᄒᆞ야及于鄕邑民銃ᄒᆞ야收錄成冊ᄒᆞ고每一柄에新貨一元을受ᄒᆞ고印許一張씩授云ᄒᆞ더라

甲日此說이果然이면二千里江山이殆將虛矣리라乙日何其然耶아甲日前此鄕邑에賊警이大熾ᄒᆞ야或燒舍丑人ᄒᆞ며討財牽牛ᄒᆞ니商者不商ᄒᆞ고農者不農ᄒᆞ니生民塗炭이未有甚於此時者也라故로自部郡으로頒有令示ᄒᆞ야敎民防賊ᄒᆞ야使備銃槍ᄒᆞ야曉之以安利之道ᄒᆞ니於是에民各准備ᄒᆞ야務爲約束ᄒᆞ니賊患이稍熄이라然後에農者有牛하고商者有錢이라富翁이減燭而安寢ᄒᆞ고樵夫ㅣ解禁而餉宿ᄒᆞ니此皆賴於防賊之令也라際此ᄒᆞ야自府郡으로詳廉各面ᄒᆞ야果有約束을嚴整ᄒᆞ고器械를盛備ᄒᆞ야賊患이先務어던特加申令ᄒᆞ야勸而褒之ᄒᆞ고有異術奇謀者를必使入存問ᄒᆞ고能於技熟者를以獎物旌賞이며器必加備ᄒᆞ고技必加鍊ᄒᆞ야約必加肅ᄒᆞ고야賊必自消ᄒᆞ야牛馬를放牧不收ᄒᆞ고夜不閉門ᄒᆞ리니以固邦本之術이無過於此也니此乃各府郡之所當急務也어날此之不有ᄒᆞ고但欲以利計어民ᄒᆞ야巷閭民銃을收錄成冊ᄒᆞ야某郡某面에銃幾柄稅幾元을械之原案ᄒᆞ고以爲常准ᄒᆞ야春秋徵之면以至百年之後에貧富換易ᄒᆞ고死生이屢變이라汝之幾代祖所立之銃稅라託ᄒᆞ야每幾元을逐戶嚴徵이면以彼救死不贍之殘民으로徵此無土不少之稅랍이면勢不自保ᄒᆞ야丐乞流離ᄒᆞ니前徵原戶는已爲絶戶ᄒᆞ고轉而爲洞徵ᄒᆞ니十室殘村으로徵此幾十元之虛稅면洞亦豈能久保哉아無洞乃止요無民乃已니然則三千里江山이其不虛而何哉오嗚呼라炎涼은古日이同今日이요好惡은人心이亦我心이니生此之世ᄒᆞ야同爲吾民者ㅣ孰無此心哉리오若稅銃之說이果其眞也면如干銃柄을寧投之江堧之山ᄒᆞ고即於今夕에爲賊人所害언정立銃防賊ᄒᆞ다가徵其稅納은民必不肯ᄒᆞ리라乙曰不然ᄒᆞ다夫稅銃者는隨所有也라今日有則徵之ᄒᆞ고明日不有則不徵이니奚至以百年爲憂哉아甲曰必如君言이면此는急敎民不防賊也라蓋今之鄕邑에其曰立銃者ㅣ饒戶則自當一二三柄ᄒᆞ고其次則二三戶五六戶에一柄其次則或以洞中或以戶斂ᄒᆞ니論以饒則大面에二四요小面에或未一二ᄒᆞ니若欲逐而稅之면其심然責랍者幾人焉고夫彼貧戶之盡力收斂者와或其洞錢之蕩갈辦備者ㅣ必曰賊患은非貧漢之事也라ᄒᆞ고　未完

◉灡校請願　黃海道白川郡碧灡渡私立碧灡學校校監朴鶴覍氏가學部에請願이如左하니本校에서以敎育發達事로業經請願于本部하와私立碧灡學校認許이온바該校費는該津村船稅를付于本校하야無他補助이옵고학業擴張케하와싸온則該船稅는本非官有而私有之物也라以己所有로以敎已子가事理當然이옵기如是爛議設校이옵더니現今自본郡으로서禁防于본府郡하시와該船稅를移付于海州公立普通학校라이시온則公立私立이雖有分等이나乃其敎育은一也요白川之於海州에相距가爲二百里程이오니학徒가不可往學하올뿐더러本校는自歸廢止之境이온則民之所재를移付于公立이오면誰有肯就私立乎잇가苟如是也면凡民子弟는不可敎育이오니豈不抑鬱이잇가玆에請願하오니照燭하옵신後에移念右刊하시와該津船稅를還付于本校하옵셔使捧受하徒로無至廢業呼冤하옵고俾進爲達케홈을伏望이라하얏더라

◉自助人助　美國산퍼넌드高等소學校에韓人留학生鄭洊燁氏와보느넌드中學校의留學生李大衛氏는美國에渡往홀時에學問目的을크게定하고不多홀學費金을磨鍊以持ᄒᆞ고學校에就業ᄒᆞ야工夫를勤孜히ᄒᆞ며行爲를端正히홈이校長과敎師와同學生徒들이甚히相愛ᄒᆞ고禮遇ᄒᆞ더니鄭登燁氏는學費가不足홈으로去春間에산퍼넌드學校의셔出ᄒᆞ야노싱걸니스로往ᄒᆞ니巳往同學ᄒᆞ든中一人이鄭氏를追至ᄒᆞ야言ᄒᆞ되君의才調와行爲로써廢工됨이可惜ᄒᆞ니余가君의學費金을每朔十元式擔當ᄒᆞ야주리라ᄒᆞ니卒業ᄒᆞ기ᄭᆞ지工夫ᄒᆞ고주홈의鄭氏가厚誼를感謝ᄒᆞ고更히그학校에入ᄒᆞ야工夫ᄒᆞ게되얏고李大衛氏는自費ᄒᆞ야工夫ᄒᆞ더니學費金이罄竭ᄒᆞ야今秋開學에入學ᄒᆞ면明年放學時ᄭᆞ지支保키極難홈을甚憫ᄒᆞ든次에그학校敎師엘손氏가特別히李氏를愛ᄒᆞ야其꼬敎育會에李氏를薦ᄒᆞ고金錢一百元을補助ᄒᆞ야주니其厚恩을感謝ᄒᆞ고無斷히工夫ᄒᆞ게되얏스니此는鄭李兩氏가工夫의誠勤과行爲의端正홈으로써外國人의出義補助를得ᄒᆞ야成功을可期ᄒᆞ리니豈不大幸哉아秦西哲學家之言에曰自助者는天助라ᄒᆞ얏스니善能自助者는人必助之요人助가即天助라謂홀지로다

◉廣學會와民議所　大丘府下에서有志人士들이近日에開明程度의益益進步ᄒᆞ야廣學會와民議所를設立ᄒᆞ얏는ᄃᆡ達城廣文社長金光濟氏로開會規式과社會義務에하熟ᄒᆞ다ᄒᆞ야兩所社를公薦實施홀새巳爲多月而金氏가社中所用物品購買次로上京ᄒᆞ얏더니兩所에셔金氏에게公函ᄒᆞ기를本月通常會에는擬設홀事務와有議홀問題가多端ᄒᆞ니卽速還社ᄒᆞ라홈으로金氏가京各社會學問人에게組織方便을問議ᄒᆞ고昨日에發還ᄒᆞ얏다더라

廣告

東國歷史 普通敎科國漢文一秩二冊定價新貨 一圜十戔
法蘭西新史 四十錢
淸國戊戌政變記一秩 一圜
政治汎論 一秩二冊一元廿錢
越南亡國史 一冊三十錢
法國革新戰史一冊 三十錢
大韓輿地圖一張 十七錢五里
世界全圖一張 三十七錢五里
大韓地誌一秩 一圜
牧民心書一秩 一圜二十五錢
萬國地誌一秩 一圓
尺牘完編一秩 一圜五十錢
農政新編一冊 五十錢
法學通論一冊 一圜
温故知新堂叢抄 七錢五里
父師必두小學指남 七錢五里
人工養蚕一冊 十五錢
世界之政治 一冊五十四錢
家庭雜誌一 十錢
進明彙論一秩 三十五錢
交際新禮一秩 十八錢

發賣所 布屛門下金相萬書舖
大韓每日申報社

花春丹은 霍亂 吐瀉 腹痛 滯症 暑症 정忡 神眩 胷鬱 痰盛 醒酒船暈 咳嗽 癨질 口味업는諸症의神效ᄒᆞᆫ藥이오 此外에도洋灰水解毒藥 唐창 疳氣 蛔虫 寸虫 赤白면風 等과東西洋藥이俱備ᄒᆞ고他病도隨問出方ᄒᆞ오니 僉位는枉臨ᄒᆞ시옵

皇城校洞石井洞下隅
石泉堂藥局 告白

大韓帝國仁川港
濟物浦紙卷烟及烟草會社

以上三種은上品으로製造ᄒᆞ야衛生上에至極有益ᄒᆞ니毋論某人ᄒᆞ고本[illegible]에來臨ᄒᆞ쇼

一 鷹標罐滾結牛乳
一 金印罐頭濃結牛乳
一 無雙家用氣化乳酪
一 졋ㅣ든쓰製造麥芽化合牛乳

以上은常時에貯積ᄒᆞ얏슴

美國紐育港졋ㅣ든쓰濃結牛乳會社

一手代理店 大韓仁川港 世昌洋行

●九轉靈砂라 本人이 妙[illegible] [illegible]ᄒᆞ야 [illegible]男女老少에 無論何症ᄒᆞ고 [illegible]ᄒᆞ오며 [illegible]病時에도服ᄒᆞ면平生의身體가健康ᄒᆞ며小兒는[illegible]ᄒᆞ면[illegible]에無病ᄒᆞ기長壽保ᄒᆞ오며
●九轉靈砂[illegible]丹은[illegible] [illegible] [illegible]病과[illegible]痰에神効ᄒᆞ오
●九轉靈砂保命丹은初生小兒[illegible] [illegible] 咳嗽 [illegible]般驚과婦人帶下症에神効ᄒᆞ며
●九轉靈砂濟衆丹은酒滯 食滯 [illegible] 吐瀉 霍亂 痢疾 吐血 下血 運氣 時疾 痢症에神効ᄒᆞ오
●九轉靈砂聚金丹은痔漏 [illegible] 上痔瘡 下痔瘡及唐瘡과諸般瘡瘍種에無不神効ᄒᆞ오니 僉君子는來問ᄒᆞ시오

內需司前주갈이골上隅第一統 李錫廷 告白

◎本社廣告

申報價
一張代金 新貨二錢五里
一箇月前納 三十錢
三箇月 九十錢
六箇月 一元七十戔
一箇年 三元四十戔
郵稅一部 新貨五里
一箇月 十三戔

廣告料
四号活字十三字詰
每日每英尺一寸에新貨廿五錢
(每日每行에六錢에相當흠
其期限의長短과字行의多少를依ᄒᆞ야增減홈이有흠

◎大韓每日申報各處支社廣告
中署布屛門下 金相萬冊肆
洞口拔便 朱翰榮冊肆
中署廣通橋初入七十八統第二戶 [illegible]
仁川碁峴開新冊肆 李東조
平壤南山峴下新學校 金濟
宣川邑樓西 [illegible]叔恒
義州南門外韓西大藥房張有[illegible]
長連邑 金[illegible]
鎭南浦[illegible] 金仁집
咸興州南社 曹喜林
中和邑 李[illegible]
楚山佐川徐[illegible]房 金[illegible]
開城北部[illegible] [illegible]
校洞校長 [illegible]
大丘郡 [illegible]
鐵山邑內 安社
元山港倉前 金[illegible]

發行兼編輯人 英國人裵說
發行所 京城中署壽進坊[illegible]洞号外地法語學校前
大韓每日申報社

光武九年八月十二日 明治卅八年八月十二日 第三種郵便物認可 火曜日 西曆一千九百六年十月廿三日 (一)

第四卷

大韓每日申報
대한매일신보

第三百五十三號

月曜及慶節歲時日休刊

檀君開國四千二百三十九年
箕子元年三千二十八年
大韓開國五百十五年
日本明治三十九年
淸國光緒三十二年
◉陰曆丙午九月小初六日庚子

論說

키넨氏之論韓淸

키넨氏(美國探報員)가韓淸을歷覽ᄒᆞᆫ기에但俄日이여날同氏가此兩國形態上에專門藝士로更一自薦ᄒᆞ야記述通告ᄒᆞ얏ᄉᆞ되淸國人은國民의原質을不備ᄒᆞ야國繞情形을不覺이라ᄒᆞ얏ᄉᆞ니但其表面을注目ᄒᆞᆫ人이라此豈非幼稺之言辭乎아支那에서終身居留ᄒᆞ야知悉이非但表面인人士라도如彼通告를不敢做出이오且淸國內에서發刊ᄒᆞᄂᆞᆫ報지를接讀ᄒᆞ면支那人民의銳敏感覺을證揭報ᄒᆞᆷ이無日無之로다

日本計策이維何인지人若顧知여든키넨氏의特別辯論을詳察ᄒᆞᆯ지여다日本의所願은支那人이國民의勇氣와實質이未有하야近代國制를成立ᄒᆞᆯ기에不能ᄒᆞᆷ을노著示ᄒᆞᆫ거시니청國의不能獨存ᄒᆞᆫ證擧가日本의게最適ᄒᆞᆯ리로다

키넨氏의此談話ᄂᆞᆫ日本이청國實情을列强에將信知ᄒᆞᆯ가提櫂ᄒᆞᄂᆞᆫ結果이니此를指稱ᄒᆞᆫ진된此國民의振動勢力이不期多年ᄒᆞ야活動ᄒᆞ리니若當其時면日本之於淸國에偏小之勢가몬뎌니그로(歐洲小國)之於土耳其와荷蘭之於德國에類同ᄒᆞᆫ거시라日本의게阿諛之人은支那가自國啓導로ᄂᆞᆫ無可奈何라同聲때呼ᄒᆞᆫ거시며且如此結果가將爲專利於日本ᄒᆞᆫ거슨將見ᄒᆞ리로다

키넨氏ᄂᆞᆫ且言ᄒᆞ되同氏가美國大統領과三時間을談話ᄒᆞ야韓國內日本行事를完全說明ᄒᆞᆫ미大統領이答述ᄒᆞ되韓國內에諸般干涉을廢止ᄒᆞᆯ깃다ᄒᆞ얏도다大統領의此地干涉을키넨氏의辯議로停止ᄒᆞᆫ듯ᄒᆞ니日本人의게此豈非興味之詢리오此皆同氏의自巳之說이나然이나同氏가韓國內日本行事를談論ᄒᆞᄂᆞᆫ資格이維何오同氏가韓國에셔一年光陰을會未消費ᄒᆞ얏고昨年十一月僭取以後로ᄂᆞᆫ不到此地ᄒᆞ얏ᄉᆞ니如彼報告를從何探出고日本에新報의丁事ᄒᆞᆫ阿諛와東京에셔陳述ᄒᆞᆫ諸言으로從探ᄒᆞᆷ이확然ᄒᆞᆫ지라若其大統領이韓國內實情을知悉ᄒᆞ얏더면키넨氏의特論과如ᄒᆞᆫ卑劣備忘錄으로從生ᄒᆞᆫ거보다不同意見을必有ᄒᆞ얏ᄉᆞ리로다

日本이巧奇手段으로所使人을利用ᄒᆞᆷ은觀者ㅣ亦有興味니數億圓價格되ᄂᆞᆫ金礦(該礦에一圓價値되ᄂᆞᆫ金片도雖禾有之나)을採出ᄒᆞ야財政危急에셔拯濟ᄒᆞᆷ이며韓國의獨立을維支ᄒᆞ기로許諾ᄒᆞ야此諾言을破棄ᄒᆞᆯ時機가至ᄒᆞᆯ기以前에他一危險을掩護ᄒᆞᆷ이며且世界가覺悟ᄒᆞ기以前에此半島를全然吸收ᄒᆞᆯ機會를欲圖ᄒᆞ야韓國內가一般無事ᄒᆞ다고美國行政部를欺瞞ᄒᆞᄂᆞᆫ도다

키넨氏ᄂᆞᆫ遊戲場에惟一菩子라國民新聞에廣告ᄒᆞᄂᆞᆫ其人의最近運動이韓國을知悉ᄒᆞᄂᆞᆫ人士의게확然透明ᄒᆞ도다其人이發言ᄒᆞ되試國俄國之行이다ᄒᆞ니其人이日本에在ᄒᆞᆫ俄國捕虜에게叛亂文字를輸示ᄒᆞᆫ기에助力ᄒᆞ야生命損失된바其人이到彼表示ᄒᆞᆷ이其人의게美擧가되리로다

官報

●三千五百九十號 光武十年十月廿二日

◎宮廷錄事

詔日耆老所秘書長趙鼎九供職邇列多有其勞特敍勳二等賜太極章宮內府特進官丕漢國李重夏俱有厯試之勞績幷特敍勳三等各賜八卦章

光武十年十月十七日 表勳院總裁閔泳徽

◎訓 令

訓令十三道

觀察使及管下府尹郡守가任地를擅離치못ᄒᆞᆫ은地方制度勅令第四十七號地方官吏赴任在任給由規則第三條第四條에定式이有ᄒᆞ거날近日에各地方大小官憲이此規를違反ᄒᆞ고任地를擅離ᄒᆞᆷ으로政府法令의布施가淹滯ᄒᆞ며人民訴願의裁斷이遲緩ᄒᆞ야國家施政方針에乖誤ᄒᆞᄂᆞᆫ事가不少ᄒᆞᆯ뿐더러現今地方制度變更ᄒᆞᄂᆞᆫ日을當ᄒᆞ야舊日의만한ᄒᆞᆫ弊習을不可不改인즉從今以後로ᄂᆞᆫ觀察使가本大臣의認許를不經ᄒᆞ면任地를不得擅離ᄒᆞᆯ지니離任ᄒᆞᆯ必要가有ᄒᆞᆫ時에ᄂᆞᆫ其事由와往還ᄒᆞᆯ日數를本部에具報ᄒᆞ야本大臣의認許를受ᄒᆞᆯ지며管下各大小官憲이請由ᄒᆞᄂᆞᆫ時에ᄂᆞᆫ本使가其事由와往還ᄒᆞᆯ日字를本部에即爲具報ᄒᆞ야本大臣의認許를受ᄒᆞᆫ後에許由ᄒᆞ되緊急ᄒᆞᆫ事項이有ᄒᆞᆫ時에ᄂᆞᆫ觀察使以下大小論官憲이本大臣의게電信으로各具直接報請ᄒᆞᆷ도可ᄒᆞ니以此諒悉ᄒᆞᆫ後에將此辭意ᄒᆞ야翻飭管下大小官憲ᄒᆞ야一遵無違케ᄒᆞᆷ이爲宜事

光武十年十月十二日 內部大臣李址鎔

◎敍任及辭令

○解全羅北道種痘事務委員李台善○命全羅北道種痘事務委員 李壽榮○任礦山事務局書記 九品金商德

◎勅 令

勅令第四十九號

地方區域整理件 續

◎別 表

全羅北道

高山 八 八面
益山 十 十六면
龍安 五 五면
咸悅 十一 十一면
礪山 十三 十三면
臨陂 八 八면
沃溝 十七 十七면
金堤 七 七면
萬頃 十七 十七면
樂仁 十 十면
金溝 十
任實 十八 廿四面 未完

外報

◉印度가力爭自由 倫敦電을據ᄒᆞᆫ則印度國아셩소부十人들이大會ᄒᆞ야演說ᄒᆞ고各人을對ᄒᆞ야日急히이러나英國人을排斥ᄒᆞ고印度國이自由獨立ᄒᆞ야되게ᄒᆞᄌᆞ하며또그곳에有力ᄒᆞᆫ新聞이有ᄒᆞ야印度國이英國手중에버셔나自由ᄒᆞᆫ意로써大旨를숨아記載ᄒᆞᆫ다ᄒᆞ얏더라

●海底火山 去月二日午后六時에布哇혈노港口에地震이有ᄒᆞ얏ᄂᆞᆫ뎌其地震ᄒᆞᆫ後에海邊數十里에無數ᄒᆞᆫ生鮮이爛死ᄒᆞ야水面에浮上ᄒᆞᆫ지라其生鮮을致察ᄒᆞᆫ則湯水中에잇ᄃᆞᆫ것과갓ᄒᆞ니必是海底에셔火山이터져魚類가爛死ᄒᆞᆷ이라더라

●米艦派遣 伯林電을據ᄒᆞᆫ則米國政府에셔戰鬪艦 艦隊를極東에派遣ᄒᆞᆫ다더라

●俄國의立憲民主黨 俄國의立憲民主黨은本月初에開會ᄒᆞᆫ評議會로써報告인바同黨의地方支部ᄂᆞᆫ五十二縣八州에合七十八個所인ᄃᆡ八月末ᄭᆞ지經費가約七萬二千留에達ᄒᆞ얏다ᄒᆞ더라

●法制局官員 議政府에서法制局을設置ᄒᆞ고局長과參書官과委員을增置ᄒᆞ고總裁ᄂᆞᆫ參政大臣이例兼ᄒᆞᆫ다더라

●既分雇聘 議政府一般官員中에漢語英語를能通ᄒᆞᆫ人이有ᄒᆞᆫ데通譯官補國分𢽬氏를雇聘ᄒᆞ엿다니國分𢽬氏가韓國語를未解ᄒᆞᄂᆞᆫ데通譯官으로聘置ᄒᆞᆷ은何事에所用이有ᄒᆞᆫ지未知거니와國庫金만耗費ᄒᆞᆯ料라고巷說이紛紛ᄒᆞ더라

●三氏保放 李世稙事件으로被囚ᄒᆞ엿던李商在李裕寅太明軾三氏가三昨日에保放ᄒᆞ얏ᄂᆞᆫ데李商在氏ᄂᆞᆫ經月滯獄에身病이沈重ᄒᆞ야來賓을不接ᄒᆞᆫ다더라

●度部面試 今番稅務主事가四十名이不足이라已往試取ᄒᆞᆫ落榜之人으로取選塡充ᄒᆞᆫ다ᄂᆞᆫ데昨日度支部에서面試ᄒᆞ얏다더라

●哀哉歸人 果川僧房居李忠奉이多年葬地에居生ᄒᆞ던데歷代墳墓가家後에在ᄒᆞᆫ데不意何許日人이家舍를建築ᄒᆞᆫ다ᄒᆞ고李氏에園林을任意斫伐ᄒᆞ며其墳墓幾處를亦爲掘去ᄒᆞ라고威脅恐喝ᄒᆞᄂᆞᆫ故로李氏가不勝抑鬱ᄒᆞ야此事狀을將次呼訴ᄒᆞᆯ터인데韓政府에呈訴ᄒᆞᆯ넌지統監府에呈訴ᄒᆞᆯ넌지其方向을未知ᄒᆞ야呼泣道路ᄒᆞᄂᆞᆫ데其慘狀을人不忍見이라ᄒᆞ며此等日人의强暴을不禁ᄒᆞ면韓國人民은居接ᄒᆞᆯ地가無ᄒᆞ리라ᄒᆞ더라

●判任經議 各部奏任官任免에對ᄒᆞ야ᄂᆞᆫ政府에서可否表題가無ᄒᆞ고判任官陞差ᄒᆞᄂᆞᆫ時에만政府에經議ᄒᆞᆫ다더라

●椅坐不動 軍部大臣李根澔氏가遞任된다더니氏가統監府에何樣運動ᄒᆞ얏던지其坐席이永固히되얏다더라

●魔役과爭淫 宣川郡守白樂三氏가義州民朴哥가移寓次로其八寸之牛隻을牽來라가欲爲放賣之際에該郡巡校가罰以賊漢捉囚而其妻가乞飯饋夫次로來留러니郡守가聞有姿色ᄒᆞ고其夫ᄂᆞᆫ罷府處役ᄒᆞ고其妻ᄂᆞᆫ入衙定贖타가爲其兄一目之所奪ᄒᆞ여因此不和에其兄이仍還本郡ᄒᆞ니處役이可冤이오爭淫이尤怪라더라

●昔昌試驗 江華松亭면私立普昌學校에서秋期試驗을經ᄒᆞ얏ᄂᆞᆫ데普通科二學年甲級은高學祚劉春植劉春學咸永三李成龍丁俊錫이오乙級은田喜龍柳範鎬咸永文田喜滿高英根이오一學年은高學燮柳元春禹壽岩諸人이라더라

●賢哉婦人 大丘郡池山里居某氏婦人이早年喪夫ᄒᆞ고且無所生이라然而貞節을堅確히執守ᄒᆞ고無業을孳勤히支過ᄒᆞ며니又其高明ᄒᆞᆫ識見이現今時代에靑年의學問을不可不做라ᄒᆞ야其養子를日本에入送ᄒᆞ야入學受業케ᄒᆞ라ᄒᆞ나家勢가貧乏ᄒᆞ야盤費를難辦이라此家彼家에借兩을乞得ᄒᆞ야今年九月에送子日本ᄒᆞ되勞動으로糊口ᄒᆞ고夜學으로做工케ᄒᆞ라고戒命ᄒᆞ야治裝入送ᄒᆞ얏스니此ᄂᆞᆫ今之孟母요其孫子도貧寒之勢로日本에往ᄒᆞ야勞動之餘에學業을做ᄒᆞ다가至今官費生으로日本能本學校에서熱心勤學ᄒᆞᆫ다니婦人의誠意와兩氏의志氣를南來人이無不讚譽ᄒᆞᆫ다더라

●港界淸潔 三和港監理署에서去春에道路淸潔을稱托ᄒᆞ고萬人契를設行ᄒᆞ야民財를奪ᄒᆞ고萬餘金을除ᄒᆞ야民役社를設ᄒᆞ고道路淸潔ᄒᆞᆫ다ᄒᆞ면서該署主事權顯燮氏의草家幾間不過五千兩之價値를九千兩으로定ᄒᆞ야民役社라稱ᄒᆞ고事務員이라稱ᄒᆞᄂᆞᆫ者十餘名이日人을欺ᄒᆞ야典債五千兩ᄒᆞ야皆分食ᄒᆞ니民役社ᄂᆞᆫ日人의家가되고청결은反爲汚穢러니總巡崔象鎭氏가民役社前後事實을査探ᄒᆞ며挾雜輩의分食條를査出ᄒᆞ야청결을實行ᄒᆞ얏다더라

●民習可歎 孟山郡守尹舜儀氏의貪虐事實은京鄕間所聞과人民訴狀上에極其狼藉ᄒᆞ야部訓과道査가有ᄒᆞ야掀露無餘ᄒᆞ얏거날乃有奸民輩가本社에投書ᄒᆞ되該倅의名譽를粧飾ᄒᆞ야辨明을要求ᄒᆞ니如此民習은助桀爲虐이라痛歎不已ᄒᆞ노라

●英會盛況 東湖居趙祥奎金炳寬金潤植三氏ᄂᆞᆫ原來有志ᄒᆞᆫ人士라該洞에敎育設備가姑無ᄒᆞᆷ을慨歎이여기여各其資本을醵聚ᄒᆞ야興英義會를設立ᄒᆞ고學徒를現方募集中인데其校況이大有前進之望이라더라

●羅被洪捉 茂朱郡居羅鎭斗氏가去庚子年分에自己畓三十斗落文券을同郡茂豊里居洪進士의게典執ᄒᆞ고葉五百兩을得用ᄒᆞ되若過限則以畓土永給之意로成標年約ᄒᆞ얏ᄂᆞᆫ데不意甲辰年分에前郡守明範錫氏가羅氏로ᄒᆞ여謀符同ᄒᆞ얏던지中間橫出ᄒᆞ야該畓之十斗落이自己畓이라ᄒᆞ고前判書金宗漢氏의緊札을請ᄒᆞ야郡守金善圭氏의게得付ᄒᆞ고該畓을勒奪코저ᄒᆞᄂᆞᆫ시라洪進士가入官ᄒᆞ야前後與受事狀을一場說明ᄒᆞ여無事歸正矣러니其後에明氏가屢次起鬧ᄒᆞ야洪氏ᄂᆞᆫ這間應訟之費가倍入於畓價矣라不勝抑鬱ᄒᆞ여羅氏를捉縛次로上京周探라가日昨路上의서羅氏를逢着ᄒᆞ야裁判ᄒᆞ기로捉留旅館ᄒᆞ얏다더라

●朴氏孝行 載寧郡居朴宗浩氏가孝行이卓異ᄒᆞ야鄕中으로稟于府郡京司ᄒᆞ야累承嘉尙之題ᄒᆞ니姑未蒙褒啓ᄒᆞᆫ故로爲先褒揚之意로朴氏山堂의懸板ᄒᆞ여人皆仰慕케ᄒᆞ얏다더라

●服裝難改 政府에서參政大臣이各部에通牒ᄒᆞ고文官도一體服章ᄒᆞ라ᄒᆞᆫ지라各勅奏判任官이卒難變通ᄒᆞ야政府를稱怨ᄒᆞᆫ다더라

●公堂還付 慶尙北道觀察府各公堂을日本官憲이一體居接ᄒᆞᆫ故로觀察使도居接ᄒᆞᆯ處所가無ᄒᆞᆫ지라觀察使[illegible]鎭昌씨가日前에政府에서參政을訪問ᄒᆞ고統監府와交涉ᄒᆞ야大丘府公堂을措處케ᄒᆞ라ᄒᆞ되日人의事爲ᄂᆞᆫ莫敢誰何ᄒᆞ야一未交涉ᄒᆞ얏다더니日前에伊藤統監이該觀察府日官에게電飭ᄒᆞ야所居公堂을一切讓渡케ᄒᆞ라ᄒᆞ얏다더라

●朴氏陞任說 大丘郡守朴重陽氏에政治行爲ᄂᆞᆫ世所共知ᄒᆞ거니와統監이勸佑ᄒᆞ야朴郡守를觀察로陞任ᄒᆞ라ᄒᆞ얏다더라

●多是公逋 政府에서官吏敍任에其合格을考准ᄒᆞ기爲ᄒᆞ야度支部로公文ᄒᆞ야甲午以後各郡守의체납者를示明ᄒᆞ얏더니百元以上未納郡守를抄擇ᄒᆞ얏ᄂᆞᆫ데甲午以後曾經現任ᄒᆞᆫ郡守가公逋不攄者가不過幾人이라더라

●電差署理 平壤觀察使李容善氏ᄂᆞᆫ遞任이一朔에尙不上京ᄒᆞ고貪政이尤甚ᄒᆞ야民怨이漲天ᄒᆞᆫ지라內部에서電飭ᄒᆞ야觀察署理ᄂᆞᆫ江西郡守李宇榮氏로差定ᄒᆞ고李容善氏ᄂᆞᆫ即日上來ᄒᆞ라ᄒᆞ얏다더라

●不公者還送 內部에서郡主事二十一人을爲先敍任ᄒᆞ얏ᄂᆞᆫ데該郡薦報가不公ᄒᆞᆫ者ᄂᆞᆫ更爲下送ᄒᆞ야公薦報來케ᄒᆞ고被薦公平者ᄂᆞᆫ其爲人之如何를廣探ᄒᆞ야日미多數로敍任ᄒᆞ얏다더라

●報請禁止 一進會長尹始炳氏가金礦開採事로農部公文을持帶ᄒᆞ고日人柴田씨를領率ᄒᆞ고珍山郡에下去ᄒᆞ야民土를踏査ᄒᆞ며開礦ᄒᆞᄂᆞᆫ故로珍山郡에서內部로報告ᄒᆞ야禁止ᄒᆞᆷ을請ᄒᆞ얏다더라

●李案妥決 平理院에서李世稙等事件을審判ᄒᆞ야法部에初報ᄒᆞ얏ᄂᆞᆫ데李世稙씨ᄂᆞᆫ流終身이오尹甲炳씨ᄂᆞᆫ役三年이오柳寅興씨ᄂᆞᆫ役二年이오李商在李裕寅太明軾金秉峻씨等은笞四十에處ᄒᆞ얏ᄂᆞᆫ데法部大臣이法務院과交涉ᄒᆞ야妥判可決ᄒᆞ기로宜當ᄒᆞᆷ가ᄒᆞᆫ다더라

●郡守免官 鎭川郡守金秉圭黃州郡守朴元教兩씨ᄂᆞᆫ最下等으로免官

●德郡民擾說 德川郡民擾事로觀察府에서价川郡守로定査官ᄒᆞ고警務顧問部에서ᄂᆞᆫ平壤補佐官으로査辦ᄒᆞᆫ다ᄂᆞᆫ데民擾之由ᄂᆞᆫ昨年鎭衛隊夫價가尙未歸正ᄒᆞ야兩坊民金聖道가人民名二百을領率ᄒᆞ고突入官庭ᄒᆞ야郡守沈宜愿씨를曳出裂冠ᄒᆞᆷ으로邑內民이沈郡守를護衛ᄒᆞ야衙中에ᄒᆞ얏다더라

●三察發程期 內部에서過限不赴ᄒᆞᆫ觀察使를엄督ᄒᆞᆫ다ᄒᆞ얏더니春川과察權益相씨ᄂᆞᆫ扶安結錢을度支에了勘後에赴任ᄒᆞᆯ다ᄒᆞ고遠察鄭鎭昌씨ᄂᆞᆫ身病이少差ᄒᆞ면發程ᄒᆞᆫ다ᄒᆞ고平察李始榮씨ᄂᆞᆫ省墓後에卽爲發程ᄒᆞᆫ다고請願ᄒᆞ얏다더라

●美國新聞社長請邀 今日下午七点에靑年會에서연說會를開ᄒᆞ고今泰西諸人이韓國에對ᄒᆞ여如何ᄒᆞᆫ思想이有ᄒᆞᆷ을知ᄏᆞ저ᄒᆞ여近日渡韓ᄒᆞᆫ美國와취멘新聞社長넬싼씨를另請ᄒᆞ엿ᄂᆞᆫ데美國人이大韓을如何忖度이란問題로연說ᄒᆞᆫ다ᄒᆞ니凡我同胞ᄂᆞᆫ不失此時ᄒᆞ고伊時往聽ᄒᆞᆷ을希望ᄒᆞ노라

雜報

●甲乙問答　竹軒生　續

或自放賣ᄒᆞ고欲賣不得則必至埋山投江ᄒᆞ리니然則其爲饑戶者ㅣ勢孤心危ᄒᆞ야不得已卜宅於大城名都ᄒᆞ야自爲姑息之計矣리니貧富ㅣ相離ᄒᆞ고隣里各心ᄒᆞ면由此而貧民이無假貸路ᄒᆞ고田家에無耕作之資ᄒᆞ며順風調雨而歲自歉ᄒᆞ고主聖國平而民不保ᄒᆞ니曾前防賊約條ᄂᆞᆫ竟爲瓦解라賊人이彌熾ᄒᆞ고居民이失產이라人皆王帑이요村皆綠林이라니爲民遠慮ㅣ豈有大於此哉아丙이在傍曰聞今稅銃이非逐民所有ᄒᆞ야一一徵之也라但稅其獵夫之銃也라

或其擔銃出境ᄒᆞ야逐兎獵雉ᄒᆞ다가若爲兵丁所奪ᄒᆞ면乃以軍部印許准考則必無橫奪之慮요若無印許ᄒᆞ면知其賊徒ㅣ니爲此者ᄂᆞᆫ欲其辨良民賊徒之計也ㅣ라甲曰此又不然ᄒᆞ다只以軍部印許로欲辨良民與匪徒ᄒᆞ면此ᄂᆞᆫ我先自欺之道也라彼賊人이必先我而得印許矣리니是豈明辨之道乎아

日彼賊之擔銃出境者ㅣ與兵丁이若其遇之ᄒᆞ면雖十搜이라도未有不可也니라　日何謂也오甲曰一面이各心ᄒᆞ고一方이同約ᄒᆞ야洞砲員이欲其逐兎獵雉ᄒᆞ면各其面官長ᄒᆞ고方洽約長ᄒᆞ니各面提約長이圖章을持ᄒᆞ고從來於約條內自信之地면何면에無山이며何山에無歡리오或遇兵丁이면足以證明이오若使村氓으로各持軍部印標ᄒᆞ야無難遠涉ᄒᆞ면彼賊徒ㅣ雜進併行ᄒᆞ야郡邑市邸에散入圖聚ᄒᆞ야事出不意ᄒᆞ리니故로擔銃亂行之徒ᄂᆞᆫ雖人人이遇卽奪之未有不可也니라然而之得軍部印許者ㅣ賦以一元云者ᄂᆞᆫ必非將官之爲也라

其門下用事者乘機得計ᄒᆞ야私其褒囊也今此民銃稅라之說도亦皆朱門垂涎之士ㅣ時織心機ᄒᆞ야病民實國之計也라其爲在朝柱石之臣과在外牧民之官이아安肯而出此等言也리오

孟子曰上下交征利면而國이危矣라ᄒᆞ시고孟獻子曰與其有聚斂之臣으론寧有盜臣이라ᄒᆞ니니와此二聖으로其知道云爾則使此二聖으로爲愚人也則可커니와豈可不爲寒心哉아此言이淺近ᄒᆞ나世或容之면庶可少助於爲國牧民之道矣리니書到何處에僉尊君子ᄂᆞᆫ忘勞謄出ᄒᆞ야以聞于世을希望　完

●特別廣告

北署順化坊司宰監契新橋第九統十一號瓦家五十二間草家七間半板刻家劵을見失故로廣告ᄒᆞ오니內外國人은偸去人의게切勿見欺ᄒᆞᆷ　家主李有泰　告白

●漢山學校式

廣州府漢山面司宰下에漢山學校ᄂᆞᆫ有志紳士幾人이發起ᄒᆞ야私立ᄒᆞᆫ學校인대本年陰曆七月七日에開校式을擧行ᄒᆞᄂᆞᆫ대內外紳士數百餘人이來會ᄒᆞ고當日學徒ᄂᆞᆫ特別科가十四人이요原學員이七十二人이라

校長은本府尹吳泰泳氏인데有故在京ᄒᆞ야不得參席이고副校長宋達顯氏ᄂᆞᆫ勅語를奉讀ᄒᆞ고敎育의本意를說明ᄒᆞ고校監安暐氏ᄂᆞᆫ學徒의對ᄒᆞ야校務에擴張ᄒᆞᆯ任員이擔任ᄒᆞ고學業에進取ᄂᆞᆫ學員이擔着ᄒᆞᆯ意로說明ᄒᆞ고

敎頭尹晉南氏ᄂᆞᆫ敎師의敎師된本意와學員의學員된職務를一場演說ᄒᆞ고敎師鄭雲益氏ᄂᆞᆫ兩氏ᄂᆞᆫ國家의富强과人民의智識이學問中出來ᄒᆞᆫ理由를說明ᄒᆞᆫ後廣興學校敎師權錫珩氏와廣進學校敎師尹秉行氏가現今의急務와來頭效果를說明ᄒᆞ고學員幾人이出席ᄒᆞ야敎師諸氏에敎育上熱心ᄒᆞᆷ을答謝ᄒᆞᆫ後愛國歌를幷唱ᄒᆞ며萬歲를三呼ᄒᆞ고立食禮를行ᄒᆞᆫ後下午四點鍾에閉會ᄒᆞ얏다더라

●孫氏慈善　平壤城內糖洞居商人孫德林氏ᄂᆞᆫ原是貧寒ᄒᆞᆫ商業家인대愛國義務로青年敎育에有志ᄒᆞ나子與弟姪은無ᄒᆞᆫ지라他人之子라도敎育ᄒᆞᆯ心이有ᄒᆞ야孟山邑居朴某氏의子十一歲兒를率來ᄒᆞ야居洞耶蘇敎學校에入學케ᄒᆞ고學費與衣服飮食을一一辦給ᄒᆞ니同氏의慈善은可히大韓同胞의模範이될만ᄒᆞ더라

●觀察民望　本社通信員의報道를據ᄒᆞᆫ則載寧郡人民은年來貪虐官吏之餘에民邑이俱獘ᄒᆞ얏ᄂᆞᆫ더加以多年空官에官屬의作弊로民間厭屎가達於頸項이더니何幸寒枝陽春으로信川郡守李鍾韶氏가移任載寧郡ᄒᆞ이載人民이胥欣胥告ᄒᆞ야該倅到任을日苦待ᄒᆞᄂᆞᆫ것은無他라該倅가在信川此年에治績이茂著ᄒᆞᆷ을一道가通知ᄒᆞᄂᆞᆫ바라一은自昔流傳之惡俗을除ᄒᆞ야聽訟時나來往時에官尊民卑ᄒᆞᄂᆞᆫ法을改ᄒᆞ야民情을暢伸케ᄒᆞ고二ᄂᆞᆫ愛人如己之政으로貧弱之民을特護ᄒᆞ며挾勢亂類를嚴禁ᄒᆞ야公義로判斷ᄒᆞᆷ이오三은妓女와倡女를疎遠ᄒᆞ야不置近境ᄒᆞ고民之花岸을不染케ᄒᆞᆷ이오四ᄂᆞᆫ[illegible]役時에外交를한[illegible]工役困難을民慮에不當케ᄒᆞᆷ이오五ᄂᆞᆫ境內에殺越이나或有大事ᄒᆞ야親往之時에ᄂᆞᆫ下人一名을帶去ᄒᆞ야凡百事에弊端을絶無케ᄒᆞᆷ이오六은遠近間에何民이有ᄒᆞ야設或罹罪ᄒᆞᆷ으로捉致判决之境이라도所謂差使例를嚴禁ᄒᆞ야民瘼을除ᄒᆞᆷ이라今其赴任之前에些少ᄒᆞᆫ封窓紙라도買送ᄒᆞ야邑中財物을一分이라도不用ᄒᆞ고自己之財로用ᄒᆞᆫ다ᄒᆞᆷ으로民情의渴望이如是ᄒᆞ다本月二日에到任ᄒᆞ얏다더라

●邊邑東詞　日前本報의全南[illegible]事件에對ᄒᆞ야更[illegible]其四寸寡嫂[illegible]財產을外人과符同ᄒᆞ야[illegible]邊召史가[illegible]上京[illegible]際에邊[illegible]이以其親弟로不可恬視ᄒᆞ야爲之周旋[illegible]

矣러니高宗龜等이以此致斃ᄒᆞ야證說을做出ᄒᆞᆫ거시라더라

廣告

東國歷史 普通教科國漢文一秩二冊定價新貨 一圜十戔
法蘭西新史 四十錢
淸國戊戌政變記一秩 一圜
政治汎論 一秩二冊一元廿錢
越南亡國史 一冊三十錢
法國革新戰史一冊 三十錢
大韓輿地圖一張 十七錢五里
世界全圖一張 三十七錢五里
大韓地誌一秩 一圜
牧民心書一秩 一圜二十五錢
萬國地誌一秩 一圜
尺牘完編一冊 一圜五十錢
[illegible]政新編一冊 五十錢
法學通論一冊 一圜
温故知新堂叢抄 七錢五里
父師必독小學指남 七錢五里
人工養蚕一冊 十五錢
世界之政治 一冊五十四錢
家庭雜誌一 十錢
進明彙論一秩 三十五錢
交際新禮一秩 十八錢

發賣所 布屛門下金相萬書舖 大韓每日申報社

花春丹은 霍亂 吐瀉 腹痛 滯症 暑症 정忡 神眩 胷鬱 痰瘧 醒酒 船暈 咳嗽 痢질 疳氣 蛔虫 寸虫 赤白면風 口味업는 諸症의 神效혼藥이오 此外에도 洋灰水解毒藥 唐창 瘰과 東西洋藥이 俱備하고 他病도 隨問出方하오니 僉位는 枉臨하시옵

皇城校洞石井洞下隅 石泉堂藥局 告白

濟物浦紙卷烟及烟草會社

本社在韓仁川港

以上三種은上品으로製造[illegible]衛生上에至[illegible] [illegible]니冊[illegible] 論某人고本에來[illegible]옵

以上은常時에貯積す앗合

美國紐育港셋 ㅣ돈쓰 濃結牛乳會社

一手代理店 大韓仁川港 世昌洋行

一 [illegible]牛乳

一 金印[illegible]濃結牛乳

一 [illegible]家用[illegible]化乳[illegible]

셋ㅣ돈쓰[illegible]芽化合牛乳

● 韓靈砂라 本人이 [illegible] 女老少에 無論何[illegible]고 [illegible] 身體가 健康す[illegible] [illegible] [illegible] 善攝保す오며

● 九轉靈砂萬應丹은 [illegible] 疾에 神効す고

● 九轉靈砂保命丹은 初生[illegible] 殺原과 婦人帶下症에 [illegible]す어

● 九轉靈砂淸衆丹은 [illegible] 吐血 下血 [illegible]氣 時症 [illegible]症에 神效す오

● 九轉靈砂紫金丹은 [illegible] 上痛 下[illegible]及 [illegible] 諸般[illegible]積에 無不神効하오니 僉君子는 來購す시오

內需司前독갑이골上廊第一號 李鍾延 告白

◎本社廣告

申報價
一張代金 新貨二錢五里
一箇月前納 三十錢
三箇月 九十錢
六箇月 一元七十錢
一箇年 三元四十錢
郵稅一部 新貨五里
一箇月 十三錢

廣告料
四号活字十三字詰
每日每英尺一寸에新貨廿五錢
(每日每行에六錢에相當홈
其期限의長短과字行의多少를依す야增減홈이有홈

◎大韓每日申報各處支社廣告
中署布屛門下 金相萬冊肆
洞口越便 朱翰榮冊肆
中署農圃初入七十八統第二戶 鄭[illegible]
仁川梧峴開新冊肆 李東主
[illegible]南山峴上新學校 金浩
[illegible] [illegible]叔恒
[illegible]川邑橋西 安[illegible]
[illegible]州南門外韓西大藥房 服有寬
長連邑 金[illegible]
[illegible]南浦藥局 金仁진
[illegible]州南社 曹喜林
[illegible]邑 李俊培
[illegible]山佐川[illegible] 金灌俊
[illegible]城北部梨芥里[illegible] [illegible]
[illegible]秘長 姜助遠
大丘部 [illegible]城廣文社
鐵山邑內 安[illegible]
元山港倉[illegible] 金乃範

發行兼編輯人 英國人裵說
發行所 京城中署壽進坊[illegible]洞号外地法語學校前 大韓每日申報社

第四卷

大韓每日申報
대한매일신보

第三百五十四號

月曜及慶節 歲時日休刊

檀君開國四千二百三十九年
箕子元年三千二十八年
大韓開國五百十五年
日本明治三十九年
淸國光緖三十二年
◉陰曆丙午九月小初七日辛丑霜降

論說

英露關係

自倫敦來報를據ᄒᆞᆫ즉英露兩國이極東問題에就ᄒᆞ야好談判을ᄒᆞ기를各自希望ᄒᆞ야寬大性質의交涉이今漸進益됨을表示ᄒᆞ엿스니迅速當前ᄒᆞᆫ極東全部問題를圓滿友誼로干涉ᄒᆞ기에無所阻碍ᄒᆞ기를本記者ᄂᆞᆫ眞實希望ᄒᆞ노라

吾人向意ᄂᆞᆫ英露友誼에常在ᄒᆞ거니와雖如此意見을未有ᄒᆞᆫ人士라도此兩强의疎遠ᄒᆞᆷ이過去戰爭을醸成ᄒᆞ야英國의威權及商務가以此戰役으로ᄂᆞᆫ無所增益됨을認悉ᄒᆞ리니盖英國이與日締盟ᄒᆞᆷ으로先其威名을은吾人이前者에與俄親密ᄒᆞ기를不能ᄒᆞᆫ所致오且其不睦理由ᄂᆞᆫ俄國이西伯里亞東部에셔自國商業의好況을經營ᄒᆞᆷ에吾人이常致反對ᄒᆞᆫ거시是也라

本記者ㅣ量度컨ᄃᆡ其時吾人의形態를不可謂之有理니今必知悉ᄒᆞᆯ거슨吾人이贊助가未有ᄒᆞ면交錄ᄒᆞᆯ不能ᄒᆞ얏슬此戰役에東亞大部分을世界商業에셔割棄ᄒᆞ도록結果ᄒᆞᆯ거시오且韓國內日本行事에도亦不可無恥니吾人이雖非背棄信義者나然이나如彼之人의協力者라ᄒᆞᆷ은不得免爲ᄒᆞᆯ지도다

若韓滿內에現今形態를永久仍置ᄒᆞ면該土地正有主의게利益이라稱許ᄒᆞᆯ지된本記者ㅣ不必多端强辯이나然이나日本意向이出於純然貪慾인줄을旣見ᄒᆞ얏스니事態가今日과如히仍存ᄒᆞᆯ거슨人不能信이로다由是로吾人이英露交涉의來報를歡迎ᄒᆞ노니

日本勝戰의正當效果를割去ᄒᆞᄂᆞᆫ거슨不願이로ᄃᆡ惟此進步되ᄂᆞᆫ交涉이日本侵害를制遏ᄒᆞ며韓國內에外人勢力을改正ᄒᆞ야使此人民으로自國命運을進益方向으로引導ᄒᆞᆯ機會를得케ᄒᆞ기를眞實希望ᄒᆞ노라

官報

●三千五百九十一號　光武十年十月廿三日

◉宮廷錄事

弘文館侍讀士朴容大辭職疏

批旨省疏具悉卿其勿辭行公

◉敍任及辭令

○兼補京城衛戍司令部參謀官 一軍部軍務局騎兵課員騎兵參領朴榮喆○兼補京城衛戍司令部副官 侍衛第一聯隊副官正尉柳哲永○解兼任研成學校長 軍部協辦李熙斗○解文官銓考所委員長 中樞院前議官李載崑○內部協辦崔錫敏 農商工部農務局長徐丙肅 內部前參書官韓永福 龍川府尹魚允迪 解文官銓考所委員○命文官銓考所委員長 議政府參書官朴慶陽○內部參書官宋之憲 度支部參書官吳羲善 軍部官房長申載永 法部刑事局長金洛憲 學部參書官鄭喬 農商工部參書官金準平 命文官銓考所委員○任主殿院醫務官 正三品李德淳○解經理院文簿監整委員 正三品李承鎔○六品李宗鎬 九品朴勝夏 命經理院文簿監整委員○依願免本官 崇善殿參奉金煥斗○任崇善殿參奉 許在中○補軍部軍務局長 參將白性基○軍部教育局編修課員正尉李[illegible] 研成學校教官副尉吳英根 仝附正尉劉鳴煥 仝金顯濟 仝李鍾郁 仝白南赫 仝魚允由鼎 仝李靖鎭 仝洪業壽 仝金興麒 仝參尉趙東星 仝李學형 仝李濟求 幼年學校學徒隊中隊長正尉韓仁敎 시衛第一大隊중隊長正尉嚴柱臣 仝附副尉朴勝俊 仝朴奎煥 仝第二大隊附參尉洪祖杓 鎭衛第六大隊餉官二等軍司朴永祚 命休職○軍部軍務局步兵과員正尉[illegible] 仝參謀局第二과員參領韓正鎬 仝教育局教務과長副領金永憲 仝課員參領金海著 武官學校教官正尉金惠[illegible] 仝學徒隊副官副위[illegible] 甲騎仝附參위李鴻圭 研成學校附正위金光玉 仝副위李俊燮 仝柳錫泰 仝吳殷孫 仝參위張錫悌 仝金采옥 仝李秉夏 仝丁達鎭 幼年學校학徒隊附副위李敏斗 憲兵司令部副官參領閔用基 憲兵隊附副위韓龍鎬 仝區隊長正위송台顯 시衛第一大隊中隊長正위洪鍾植 仝附參위李斗仁 仝二大隊附副위張行遠 仝金炳升 仝三大隊長參領[illegible]重顯 仝附부위朴觀秉 仝李宜榮 仝洪秉憲 鎭衛第 大隊中隊長正위金敎翊 仝崔禹相 仝梁柱典 仝附부위權泰震 仝尹致병 仝二大隊중隊長正위劉基善 仝附부위沈相熙 仝三大隊중隊長正위朴英鎭 仝尹錫祐 仝附부위咸斗柄 仝李鍾翊 仝四大隊長參領申昌熙 同중隊長正위李守鳳 同李完二 同附부위俞致萬 同五大隊중隊長正위李載恒 同附부위崔鴻基 同參위南相翊 同六大隊부官부위申極 同附부위朴允贊 同朴基洙 同吳儀善 同任允字 同參위吳承根 同七大隊중隊長正위朴冀洙 同金冕朝 同附부위丁冕燮 同參위李應九 同金錫周 同金承厚 同金均祥 砲兵중隊附부위權承祿 工兵중隊附부위尹南會 免本職 研成學校教官兼教成隊長부領盧[illegible]麟 同附부위黃學秀 同鄭熙[illegible] 方泳柱 免本職兼職○任正領 부領盧伯麟○任他兵正領 부領魚[illegible]源○參領李海元 同韓弼相 任步兵부領○任騎兵부領 參領尹致晟○任砲兵부領 參領金鼎禹○正위李守봉 同洪鍾楨 同李秉奎 同李祖鉉 同金冕朝 同李龍漢 同韓仁敎 同李載恒 同李鍾문 一等軍司尹錫天 任步兵參領 未完

外報

●英海相報告 伯林電을據ᄒᆞᆫ則英國海軍大臣은戰鬪艦도로드노트號射擊試驗好結果의旨意를報告ᄒᆞ고且英國現時海軍은如何ᄒᆞᆫ聯合艦隊보다優勢가된다고說明ᄒᆞ얏다더라

●安慰舊黨 近日淸國新政이改良官制를首議ᄒᆞᄂᆞᆫᄃᆡ만일泰西官制로써權衡ᄒᆞᆫ즉兩廳添設ᄒᆞᆫ部置도多ᄒᆞᆯ거시어와應去ᄒᆞᆯ者가實로不少ᄒᆞᆯ지라所謂舊黨中人이爲ᄒᆞ되舊衙門을裁撤ᄒᆞ면已身이將無生路라ᄒᆞ야某中堂을密約ᄒᆞ야出而沮擾ᄒᆞ나幸히澤公爵의極力抵制가有ᄒᆞᆫ지라然이나舊黨의人衆으로醸成ᄒᆞᆫ變故를不免ᄒᆞᆯ가恐ᄒᆞᄂᆞᆫ지라故로各大臣이從速히明文을宣布ᄒᆞ야所有舊衙門을槪不裁汰ᄒᆞ고新政衙門은必須改良外에ᄂᆞᆫ皆仍舊貫ᄒᆞᆫ다더라

●統治基礎 泰晤士報를據ᄒᆞᆫ則南滿洲鐵路를日本이派兵保護ᄒᆞ고並히各站에日本人民을移殖ᄒᆞ니此路의歸於日本保護ᄂᆞᆫ實로他日에日本이南滿洲를統治ᄒᆞᆯ基礎가되리라더라

雜報

●亡命客問題 朝鮮新報를據ᄒᆞᆫ則漢城政界에絕好問題ᄂᆞᆫ亡命者特赦案件이라其內容을聞ᄒᆞᆫ則亡命者中에朴泳孝氏ᄂᆞᆫ乙未事件에正犯이아니오其爲人이頗히穩和正直ᄒᆞᆫ士라ᄒᆞ야朴泳孝氏를特赦ᄒᆞ고次에亡命者全部를特赦ᄒᆞᆯ터인ᄃᆡ雲峴宮에惟一血統李埈鎔氏를召還ᄒᆞ고從來亡命者의親族의連累犯罪를悉히解放ᄒᆞ고特히安駉壽氏遺族에對ᄒᆞ야恩典이下ᄒᆞ신다ᄒᆞᄂᆞᆫ風說이有ᄒᆞ더니現韓官廷에果然一視同仁이ᄒᆞ特赦會를行ᄒᆞ기頗히困難ᄒᆞᆫ지라或은左右로善托ᄒᆞ야該問題가雲이될ᄂᆞᆫ지雨가될ᄂᆞᆫ지消滅ᄒᆞᆯ줄로推測ᄒᆞᆫ다ᄒᆞ얏더라

●參政訪問 再昨日下午五時에參政大臣朴齊純氏가伊藤統監을邸로訪問ᄒᆞ얏다더라

●陞后蹕躚 武橋等地에셔京鄕儒林이陞后蹕躚을現今設始中인ᄃᆡ將次各道에發通ᄒᆞ야萬人疏를奉呈ᄒᆞ기로酌定이오疏首ᄂᆞᆫ姑未決定ᄒᆞ얏다더라

●必有交涉 度部大臣李址鎔氏와南重熙氏에山蔘事ᄂᆞᆫ前報에歷揭어니와山蔘主人은元來李昌遠이라李氏가南氏게放賣ᄒᆞ기를謂托ᄒᆞ얏던지郡守之說에南氏가見欺納蔘ᄒᆞ얏다가事竟不諧ᄒᆞᆫ즉李氏ᄂᆞᆫ空然坐失ᄒᆞᆫ지라李氏弟가現今統監府에有屈儒名色이라山蔘事件을統監府에呼寃ᄒᆞ야自統府로內大李址鎔氏와交涉ᄒᆞᆫ즉南氏가抵死挽留ᄒᆞ야姑爲停止ᄒᆞ얏스나李內大가山蔘價를速히歸正치아니ᄒᆞ면統監府에셔必有交涉이라ᄒᆞ더라

●夫人伏劍 公州山內面口宪田里居姜錫鳳氏夫人이年今十九歲인ᄃᆡ賊漢七名이乘夜突入ᄒᆞ야該夫人을强奸ᄒᆞ얏ᄂᆞᆫᄃᆡ該夫人이卽地伏劍而死ᄒᆞ얏다더라

●何故被打 何許洋服人이妓生家에셔何樣失操ᄒᆞ얏던지昨日下午三時에翠洞等地에셔乾達牌三四人이逆着ᄒᆞ야衆拳打之ᄒᆞ며足踏之ᄒᆞ야幾至危急之境이라日巡査가洋服人과乾達牌를南署로捉去ᄒᆞ얏ᄂᆞᆫᄃᆡ其終末은未知ᄒᆞ깃더라

●安倅不法 安邊郡守金연禧氏가莅任不幾朔에稱托萬人契라ᄒᆞ고勒捧錢과鄕任與各校廳任錢과因事請錢이며推稅할記申永興爲名者ᄂᆞᆫ丙午結收捧錢으로雜技賭行ᄒᆞ고該人子弟至有使村民蕩産ᄲᅮᆫ아니라若不速辦則至於徵族之境ᄒᆞ고彼渠妾으로無晝宵在於內衙ᄒᆞ야謀事請囑ᄒᆞ니前後贓錢合葉二萬餘兩之多ᄒᆞ고本郡守行處花山松亭은卽民有地也라日人高橋繼一郞이暗囑本郡守ᄒᆞ야斫伐松木ᄒᆞ라該地開墾之意로契約認許則一郡民이將不能安堵故로邑下居姜炳周李有來兩人이擧本倅及高橋로三次裁判於元港理事官ᄒᆞ야從公歸正後罷契約書를領受ᄒᆞ얏스니此事ᄂᆞᆫ旣在前官時에少有釁端인거슬至有衆民呼訴ᄒᆞ야認以誤擧ᄒᆞ고卽爲妥帖者也를今倅가知而故行ᄒᆞ니此若仍置則民不安堵라郡不扶持故郡民이呼訴上部次로裹足上京ᄒᆞ얏ᄂᆞᆫᄃᆡ本倅左右運動或秘密處와有權利家先卽電托ᄒᆞ고追使親信人鎚送ᄒᆞ야挽斷訴部人ᄒᆞᆫ다더라

●明言正大 大丘觀察使韓鎭昌氏가完察在任時에轉任ᄒᆞᆫ電報를聞ᄒᆞ고自已別室에게書簡ᄒᆞ되니가前日大丘幕裨로今日該府觀察을被任ᄒᆞ얏스니不可不赴任이라君亦故鄕인즉若有同往之意여든治行凡百을預爲周旋ᄒᆞ라ᄒᆞ얏더니其別室이答書ᄒᆞ기를妾이該府生장으로今日同往이無異錦衣還鄕이니於心榮溢이나旣同內行즉夫人이當然同往이니夫人과妾이一齊ᄒᆞ下去則至薄月俸으로接濟無路에加下가有ᄒᆞᆫ境遇에ᄂᆞᆫ必當平壤院就囚이고또妾이下去ᄒᆞᄂᆞᆫ日에ᄂᆞᆫ府下前日所親之女가逐日入衙ᄒᆞ야各有所請이니其所請이公則已어니와私則政治가損傷ᄒᆞᆯ것지오不聽則妾爲無情之人이니以此以彼에不爲下去인즉內行은永爲勿論ᄒᆞ다ᄒᆞ얏다더라

●西友開會 西友學會의發起ᄒᆞᆫ事와其趣旨書ᄂᆞᆫ本報에已爲揭載어니와同會에셔警廳에承認ᄒᆞ야第一回通常會를來金曜日陰曆初九日로承洞金敎官達河氏家에會所를權定ᄒᆞ고兩西士友가齊會연說ᄒᆞᆫ다더라

●明新好況 磚洞明新女學校ᄂᆞᆫ現在學徒二十四五名이熱心受業ᄒᆞ고校장趙東潤氏大夫人의誠力勸學ᄒᆞᆫ賠督職柱益氏의熱心周旋ᄒᆞᆫ結果로其成績이至於良好ᄒᆞ야第一學期내에學徒數百名에達ᄒᆞᆯ깃다ᄒᆞ고該校學徒ᄂᆞᆫ寄宿舍에留宿修學ᄒᆞᄂᆞᆫᄃᆡ自今以後로ᄂᆞᆫ自費生으로每日來往受業ᄒᆞᄂᆞᆫ者도入學케ᄒᆞᆫ다ᄒᆞ고賠督柱益氏ᄂᆞᆫ女子修學에有益ᄒᆞᆫ書冊七十餘卷을寄附ᄒᆞ얏스니其血心勸學ᄒᆞᄂᆞᆫ盛事를贊頌ᄒᆞᄂᆞᆫ者ㅣ多ᄒᆞ더라

●德川民擾後聞 德川郡民擾說은昨報에揭載ᄒᆞ얏거니와更히査覈ᄒᆞᆫ事實을聞ᄒᆞᆫ則昨年觀察道役夫發送時에該郡役夫가百名인ᄃᆡ代錢으로民間에收斂ᄒᆞ얏ᄂᆞᆫ대니비坊居金聖基가民役錢三千餘兩을乾沒ᄒᆞᆫ故로屢次民訴가有ᄒᆞᆫ則該郡守가金聖基를捉致ᄒᆞ라ᄒᆞ얏더니金氏가洞民三百餘名을領率ᄒᆞ고突入官庭ᄒᆞ야郡守를市場에曳出ᄒᆞ야衣冠을裂破ᄒᆞᆫ지라邑니人民이會同ᄒᆞ야亂民을驅逐ᄒᆞ고郡守를還官케ᄒᆞ얏다더라

●七氏放還 明洞日本憲兵司令部에在囚ᄒᆞᆫ前協辦李봉來氏와前秘書丞金升문氏等과苧洞憲兵司令部에在囚ᄒᆞᆫ副將閔泳煥植과協辦閔景植閔丙漢前奉常提調洪在봉조남升諸氏를再昨日에辦ᄒᆞ얏ᄂᆞᆫ에昨日에ᄂᆞᆫ處分宣告ᄒᆞ고昨今兩日에次第放送ᄒᆞᆫ다더라

●朴氏慈善 楊州郡居朴永運氏가慈善之心으로共濟醫院을設立ᄒᆞ고內部에請願承認ᄒᆞ얏다더라

●函館治道 統監府通信管理局에셔ᄂᆞᆫ部로公文ᄒᆞ기를各郡에國庫金을輸運ᄒᆞᆯ때인ᄃᆡ道路가每不便ᄒᆞ니韓國慣例를依ᄒᆞ야地方官이每當季秋ᄒᆞ야使民治道則際此會期ᄒᆞ야自某郡至某郡ᄒᆞ야橋梁及道路를坦平修築ᄒᆞ야來往之路에狹隘ᄒᆞᆫ遺憾이無케ᄒᆞ라ᄒᆞ얏다더라

●蟹網俱失 孟山郡守尹舜儀氏가事至免官故로使冊室許氏로綿紬五十疋을貿來ᄒᆞ야行賂ᄒᆞ얏스나畢竟免官ᄒᆞ얏스니可謂蟹網을俱失이라ᄒᆞ더라

●掘江收稅 日人等이所謂掘江會社를設立ᄒᆞ고漢江上流에直派金由派로疏鑿ᄒᆞ고卜船을該派로來往케ᄒᆞ고卜物每石에五兩以上으로收稅ᄒᆞᄂᆞᆫ故로民怨이狼藉ᄒᆞ나日人은一向勒捧ᄒᆞᆫ다더라

●官牒還退 政府에셔文官任用令을實施ᄒᆞᆫ次로전考問題ᄒᆞ지頒布ᄒᆞᆫ지라各部에有關毛事를叙任ᄒᆞ야官報에頒布次로通牒ᄒᆞᆫ즉政府에셔一幷還退ᄒᆞ고전考前에ᄂᆞᆫ不可施行이라ᄒᆞ얏다더라

●申氏丁憂 學部編輯局長申海永氏가日昨에其母憂를丁ᄒᆞ얏다더라

●辯護向晉 辯護士洪在祺氏가晉州府에裁判事件이有ᄒᆞ야日昨에該府로發向ᄒᆞ얏다더라

●更令買牛 庇仁郡守姜元魯氏가該郡에牛疫이流行ᄒᆞᆫ다고內部에報告ᄒᆞ여日本人獸醫一名을派送ᄒᆞ야牛疫을預防케하라ᄒᆞ얏ᄂᆞᆫᄃᆡ內部顧問室에셔牛疫有無를從較取調ᄒᆞᆫ즉該郡守에報告가未免虛報라ᄒᆞ야獸醫ᄂᆞᆫ派送치안코實更鐵ᄒᆞ라고指令ᄒᆞ얏다더라

●澄閣歸日 大丘觀察府各公堂을日本官憲이居接ᄒᆞ얏다가還讓ᄒᆞᆫ事ᄂᆞᆫ已爲報道ᄒᆞ얏거니와現今統監府에셔政府로交涉ᄒᆞ야修理費二千元을卽爲出給ᄒᆞ라ᄒᆞ니各公堂을申泰休氏가觀察在任時에一新修補ᄒᆞ얏ᄂᆞᆫᄃᆡ該日人等이勸處公堂ᄒᆞ야何爲變作ᄒᆞ고一千元式貢報ᄒᆞᆫ니韓ᄒᆞ財政은非理비價이消滅ᄒᆞᆯ터이오또澄閣을借與ᄒᆞᆫ라하얏다더라

●統監沈默 伊藤統監이一週日內에一次式各部大臣을招請ᄒᆞ야午餐ᄒᆞ나餐會를設行ᄒᆞ고政府問題를提出ᄒᆞ야韓政府에셔辯護更張ᄒᆞ라ᄒᆞ더니近日은政策이一變ᄒᆞ야各大臣을請ᄒᆞᄂᆞᆫ事도無ᄒᆞ며何問題도提出치아니ᄒᆞ고沈默ᄒᆞᆫ態度를作ᄒᆞ다니라

●康氏回國 康洪大氏ᄂᆞᆫ別入侍의一派로宮禁을辭ᄒᆞᆫ日本으로越往ᄒᆞ더니日前에回國ᄒᆞ얏다더라

●果則厲民 安岳安谷所在龍宮垌와禾穀이枯損尤甚ᄒᆞᆫ되봉山居鄭然珏이本是挾雜으로初經作分監ᄒᆞ하고突生肥己之慾ᄒᆞ야執稅督責이加倍ᄒᆞ얏ᄂᆞ니作人들이怨聲이狼藉ᄒᆞ야冬十月이되도록投錦不收라하더니今則宮監은下來ᄒᆞ나若聽鄭哥之干涉이면宮作은不免弊端이라고ᄒᆞ더라

雜俎

●設拳勸勉書　憂時子

奴隷哉奴隷哉韓人眞ㄴ隷哉然昔之ㄴ隷猶可做也今之ㄴ隷眞不可謂也何以言之昔之ㄴ隷虛禮也文具也今之ㄴ隷束縛也剝割也昔之ㄴ隷曰畏天樂天丸泥封關無與人事自帝國鄕以自娛如曰無丈夫氣云爾則可至於身命俱棄安寧福壽誰爲我儔且亂則平之憂則恤之如家人昆季式至于今數百年何ㄴ隷之可懼何處禮文具之可羞且以常情言之我武不揚我勞已屈何必與人爭閒事賭客氣殺人盈城宗社子墟然後快於心耶此所以ㄴ隷雖可恥而不足懼者也

今日之ㄴ隷異於是金甌無缺而版圖全輸於入百體俱存而動作不由于已尊號儼然可擬越南之威矣種族澌滅又作美洲之紅番田園儘是他人之物身家竟乃牛馬而矜獨旣國權之已墜何自由之可言

然天生吾人豈欲此於斯哉必培養義術使不失其人權及人義也乃不自奉而順受之竟把身心性命及國家大權全畀於數三無知小輩之手任其拋擲獻媚於外人乃還而嫉視仇怨之是何異授兵器砲石於狂子弟令其跳梁肆橫耶必其毀釜破甑不棟梁盡焚則不已而此子弟亦竟自滅矣夫官吏皆國人子弟也然則國人父兄也官吏[illegible]子[illegible]之惡而不止[illegible]是[illegible]兄之[illegible]也

然又有一言爲國家之亡非盡此ㄴ隷之罪也數十年來前人倡之後人繼之日出無窮至于今日也何以知其然也盜[illegible]生之送去也計厚民生乃其爾也칭繫之殺戮厚其資斧開其榮道實欲其利國之爲有子遺此惡其異於已也夫人之生也賦有天良豈其人皆爲叛徒動有異謀耶不過欲祛我舊習輸入文明如日不達時勢而太早計則若責其叛逆能無冤乎哉　未完

●濟尹對制　義州來報를據흔즉義州郡에有舊例라一에온別僉使急唱三四名하며通引二三이며所謂加設使令이며額外書記首巡校等屬하야郡守가出入에有行次之令하며左右에通引急唱이陪從하며前後에使令이雙列하야各持錠鼓하며有鳴金吹打하며軍卒에氈笠上毛帽가八郡吝一時에有招入之令하며使令房에如有罪人杖例因者여든紙以杖하고幾十兩侵討之弊러니今者新莅府尹李民溥氏가痛知舊習하고奏會任屬에右各項舊習을一一說明曰自甲午更張以後로上項俗習은自上有廢止之令이거늘從前郡守가例不可廢라하고如右弊狀을依然置之하니是可謂新式上發達之道乎아自今爲始하야似此俗習은一一革祛하고上下一般이同心官民相合흘方針으로注意實行하다더라

●達城賓揚　大邱兩에擬設흔達明義塾은本府所在附樂育齋와達桂齋所屬田土를合흐야營建흔바인ᄃᆡ本義塾校長李玄澍副校長兼講師金光濟校監願相轍尹瑛雙教師尹泰普諸氏가熱心經紀하야學部에請願하얏는ᄃᆡ嘉尙흔模으로大端贊揚하며認許勸獎하얏다더라

●內外人行悖　宣川居李元伯은原來悖惡無雙者라張英麟의分居흔仲子濟用處에在技債二千元이다稱하고人四五人을符同흐야濟用家는姑舍하고直入英麟家하야直以二千元으로到底討索이다가言爭間에흔刀로殿裡下有司소廷輔을揮打하고濟用을縛去하니大抑人子負技債도罪不可貸이거든況符同外人하야害傷同胞者乎아彼日人은所謂開明國人民으로肆其慾欲하야與彼로同惡相濟하니俱極可痛이라하더라

廣告

廣告

東國歷史 普通教科國漢文一秩二册定價新貨 一圜十錢
法蘭西新史 四十錢
淸國戊戌政變記一秩 一圜
政治汎論 一秩二冊一元廿錢
越南亡國史 一册三十錢
法國革新戰史一冊 三十錢
大韓輿地圖一張 十七錢五里
世界全圖一張 三十七錢五里
大韓地誌一秩 一圜
牧民心書一秩 一圜二十五錢
萬國地誌一秩 一圓
尺牘完編一册 一圜五十錢
□政新編一册 五十錢
法學通論一册 一圜
溫故知新堂叢抄 七錢五里
父師必독小學指남 七錢五里
人工養蚕一册 十五錢
世界之政治 一册五十四錢
家庭雜誌一 十錢
進明彙論一秩 三十五錢
交際新禮一秩 十八錢

發賣所 布屛門下金相萬書舖 大韓每日申報社

花春丹은 霍亂 吐瀉 腹痛
滯症 暑症 정忡 神眩 胸鬱
痰盛 醒酒船暈 咳嗽 痔질
口味업는諸症의神效ᄒᆞᆫ藥이오
此外에도洋灰水解毒藥 唐창
疳氣 蛔虫 寸虫 赤白면風
等과東西洋藥이俱備ᄒᆞ고他病
도隨問出方ᄒᆞ오니 僉位는枉
臨ᄒᆞ시옵

皇城校洞石井洞下隅
石泉堂藥局 告白

TELESCOPE

KEY

SPIDER

THE CHEMULPO CIGARETTE & TOBACCO CO. CHEMULPO, COREA

以上三種은上品으로製造ᄒᆞ야衛生上에至極有益ᄒᆞ니時論某人ᄒᆞ고本社에來臨ᄒᆞ옵

大韓仁川港
濟物浦紙卷烟及烟草會社

一 鷹標罐詰牛乳
一 金印罐詰濃結牛乳
一 無糖家用氣化乳酪
一 쏘ㅣ든쓰製造麥芽化合牛乳

以上은常時에貯積ᄒᆞ얏솝

美國紐育港쏘ㅣ든쓰濃結牛乳會社

一手代理店 大韓仁川港 世昌洋行

●九轉靈砂라 本人이妙 [illegible]
女老少에無論何症ᄒᆞ고通[illegible]
身體가健康ᄒᆞ며 [illegible]
을擁保ᄒᆞ오며
●九轉靈砂[illegible]丹은[illegible]
痰에神效ᄒᆞ고
●九轉靈砂保命丹은初生[illegible]
殺驅과婦人帶下症에神效ᄒᆞ여
●九轉靈砂濟衆丹은泄瀉 [illegible]
吐血 下血 瘴氣 時疾 [illegible]症에神效ᄒᆞ오
●九轉靈砂紫金丹은痔漏 [illegible] 上痔痛 下痔症及唐瘡과
諸般奇瘡惡種에無不神效ᄒᆞ오니 僉君子는來問ᄒᆞ시오
內醫司前독갑이골上隅第一[illegible] 李鍾廷 告白

◎本社廣告

申報價
一張代金 新貨二錢五里
一箇月前納 三十錢
三箇月 九十錢
六箇月 一元七十錢
一箇年 三元四十錢
郵稅一部 新貨五里
一箇月 十三錢

廣告料
四号活字十三字詰
每日每英尺一寸에新貨廿五錢
(每日每行에六錢에相當홈)
其期限의長短과字行의多少를依ᄒᆞ야增減홈이有홈

◎大韓每日申報各處支社廣告
中署布屛門下 金相萬册肆
洞口越便 朱翰榮册肆
中署農圃初入七十八統第二戶 鄭鳳赫
仁川栖峴開新册肆 李東主
平壤南山峴 新學校 金浩
宣川邑楊西 [illegible]
義州南門外 [illegible] 張有寬
長連邑 金[illegible]
海南[illegible]藥局 金[illegible]
咸興州南社 曹喜林
中和邑 李俊培
釜山佐川徐藥房 金瀧俊
開城北部梨井里 [illegible]
校副校長 姜助遠
大丘郡 達城廣文社
鏡山邑內 安淵
元山港倉[illegible] 金乃範

發行兼編輯人 英國人裵說
發行所
京城中署壽進坊罷洞号外地法語學校前
大韓每日申報社

第四卷

大韓每日申報
대한매일신보

第三百五十五號

月曜及慶節時日休刊

檀君開國四千二百三十九年
箕子元年三千二百二十八年
大韓開國五百十五年
日本明治三十九年
淸國光緒三十二年
●陰曆丙午九月小初八日壬寅

論說

日本新聞에韓國論

日本크로니클新聞이今月十七日紙上에韓國內日本主權이已決問題라는題下노韓國情形을大略公正之心으로記述ᄒᆞ엿도다本記者ㅣ此記述의品格을以大畧制限ᄒᆞᆷ은其論說이完全公正之心으로不由ᄒᆞᆫ줄을量度ᄒᆞ는理由가아니라惟其略干過誤가有ᄒᆞᆫ바亦非必要라本記者ㅣ不必注意ᄒᆞ노라

然이나此報記論의結言은本記者ㅣ特甚反對ᄒᆞ나니韓國事를注目ᄒᆞ는一般人士가亦皆然矣리로다心智進化가人之所使된者와財政關係가有ᄒᆞᆫ略干人은將由他言이나然이나此非常之機以外에는韓國內日本主權을已決問題라는辯論이不得成立ᄒᆞ는도다與特止此而已라普通認定ᄒᆞ는거슨日本이十八朔以前에此帝國에서主權을實行ᄒᆞᆯ形勢가頗有ᄒᆞ엿스나失其機會ᄒᆞ야現存地位는後來何日에此問題全部를更起ᄒᆞᆯ거시로다

小村男爵이위트伯爵의게特別約諾ᄒᆞ엿스되韓國 皇帝의主權을敗壞ᄒᆞᆯ方策은韓國 皇帝陛下의認准이未有면不得取行이라ᄒᆞ얏거날日本人이伊藤侯之下에서此約束을犯踐ᄒᆞᆷ이百千其機로다

且以英日同盟으로觀之라도日本이韓國에略干有優權ᄒᆞᆷ을公認ᄒᆞᆷ은雖有나亦其特別約定ᄒᆞᆫ거슨列國商業이均等便利와機會를各受ᄒᆞᆯ거시로다

本記者ㅣ既已擧示ᄒᆞᆫ거슨日本管轄下에現在ᄒᆞᆫ韓國稅關이日本物産을獎顧ᄒᆞ는거시며礦産條例가若至實施면韓國內에外人礦業을防過ᄒᆞᆯ거시오且其日本銀行이韓國에貸金ᄒᆞ는利益事務를專權ᄒᆞ는거시로다

如此事態가維支키不能ᄒᆞ니何許列强이던지對此一致ᄒᆞᆯ거슨未有其理요反抗ᄒᆞᆯ거슨多有理由라美國은商業大利를關係ᄒᆞᆷ이오英國은광務를被ᄒᆞᆯ理由요俄國은顯然輕侮를被ᄒᆞᆫ理由요淸國은對此協議가一未有之ᄒᆞᆫ理由요其他列强도現今政策之下에서所得은未有ᄒᆞ고所失은多大ᄒᆞᆫ理由로다

官報

●三千五百九十一號 光武十年十月廿三日 水

◉敍任及辭令

○副尉朴奎煥 仝咸斗柄 仝李宜榮 仝張行遠 仝申 極 仝吳英根 仝鄭熙鳳 仝丁冕燮 仝趙男熙 仝姜奎熙 仝方泳柱 仝吳儀善 仝尹致병 二等軍司朴永祚 任正尉○任憲兵正尉 副尉韓龍鎬○砲兵正尉 副尉權承祿○參尉李鍾瓔 仝吳承根 仝劉庠烈 仝林榮璿 仝李濟楨 仝李任澤 任副尉○任騎兵副尉 參尉吳景根○任砲兵副尉 參위朴基永○任工兵부위 參위李康年○任步兵參領 憲兵參領閔用基○任憲兵參領 步兵參領韓正鎬○任步兵正위 憲兵正위宋台顯○任憲兵副위 步兵副위李鍾翊○副위金炳升 三等軍司朴允煥 仝黃鐵周 任二等軍司○任副위 二等軍司康又璟○任工兵參위 步兵參위金碩彬○任三等軍醫長 一等軍醫劉漢性○任二等獸醫 三等獸醫張元植○朴東冀 李奎형 金鳳觀 任三等軍醫○任三等藥劑官 李敎承 補軍部軍務局步兵課員 正위尹致병○補軍部參謀局第二課員 參領李祖鉉○補軍部敎育局敎務課長 參領閔用基 補軍部敎育局敎務課員 參領趙重萬○軍部敎育局編修과員 正위朴在衡○補研成學校長 正領盧伯麟○研成學校敎官兼敎成隊長 부領全永麗○부위柳錫禜 仝俞致萬 補研成學校교官兼敎成隊附○參위張錫悌 仝李秉直 補研成學校敎官兼敎成隊附○補武官學校敎官 正위方泳柱○補武官學徒隊부官 부위李敏斗○補武官學校學徒隊附 副위白南曾○補幼年學校學徒隊中隊長 正위權承祿○補幼年學校學徒隊附 參위李鴻圭○補憲兵司令部부官 參領韓正鎬○補憲兵區隊長 正위趙龍鎬○補憲兵隊附 부위李鍾翊○正위崔禹相 仝丁冕燮 補侍衛第一大隊中隊長○參위申相鵬 仝金裕慶 仝崔相奎 補시衛第一大隊附○부위吳殷泳 參위李應九 仝李仁永 補시衛第二大隊附○補시衛第二大隊大隊長 參領申昌熙○부위沈相熙 參위李學來 仝趙載鼎 補시衛第二大隊附○補砲兵中隊附 參위朴在鉉○補工兵中隊附 參위金碩彬○正위金光玉 仝吳儀善 仝宋台顯 補鎭衛第一大隊中隊長○參위盧德世 仝송淳永 補鎭衛第一大隊附○補鎭衛第一大隊中隊長 正위조男熙○補鎭衛第二大隊附 參위鄭寅宅○正위金憲濟 仝鄭熙봉 補鎭衛第三大隊중隊部○부위黃學秀 參위李聖한 仝張世禎 補鎭衛第三大隊附○補鎭衛第四大隊長 參領金연著○正위張行遠 仝申 極 補鎭衛第四大隊중隊長○補鎭衛第四大隊附 參위尹泳元○補鎭衛第五大隊中隊長 正위李宜榮○參위金采옥 仝金永準 補鎭衛第五大隊附○補鎭衛第六大隊부官 부위任允宰○參위呂淳根 仝金均祥 仝金永厚 仝丁達鎭 仝劉한用 補鎭衛第六大隊附 未完

外報

●俄國前途 俄曆九月二十一日倫敦泰晤士報의論ᄒᆞ얏스되俄國現今狀況에頗見强盛이라善反對政府ᄒᆞ는人民이其意가漸減ᄒᆞ고同國首相이深히民間注意가財政改良問題에在ᄒᆞᆫ줄을知ᄒᆞ고財政新章을宣布ᄒᆞ니民心이以安ᄒᆞ며國家가始享治平之福이라雖有民間輿論을博採ᄒᆞ나首相이民田一事에其致意勸懇을可見이니能히他項問題에도 是屬力ᄒᆞ면俄國前途가更히可賀라ᄒᆞ얏더라

●使館擴張 淸國政府는擬於北京天津等處에使館을廣設ᄒᆞ야國家ㅣ目今準備ᄒᆞ다더라

●波斯憲法慶成 鍼紐爾電에云ᄒᆞ되波斯國의議院이成立됨이開議時에波皇이親任會場ᄒᆞ고亞各國公使及宗敎界軍界의代表人이均히在場ᄒᆞᆫ지라時는四面奏樂ᄒᆞ야波皇萬壽를慶祝ᄒᆞ시마츰波皇聖躬이稍覺不豫ᄒᆞ야鎭壓蘭俗으로代讀演說ᄒᆞ야曰皇帝께서擬政憲政이已經八載라現在는國民資格이始稱完備ᄒᆞ니故로皇帝께서此權는一般人民이自由平等의本義를誤解ᄒᆞᆷ이不至ᄒᆞᆷ을深信ᄒᆞ시는지라賴此議院ᄒᆞ야波斯의國勢를增長ᄒᆞ고前途幸福을振作ᄒᆞ라라고一場演說ᄒᆞᆷ이衆人이齊聲讚頌ᄒᆞ고百姓이欣抃ᄒᆞ야滿城이懸燈結綵ᄒᆞ얏다더라

雜報

●米人排日 米國西部에셔東洋人排斥은至今에始ᄒᆞᆫ거시아니라特히日本人에對ᄒᆞ야感觸待遇가韓淸인과異ᄒᆞ지라過去俄日戰爭에ᄂᆞᆫ日인의肩身이騰ᄒᆞ야凌辱을受ᄒᆞᆷ이少ᄒᆞ더니今春桑港震災之際에形勢가漸變ᄒᆞ야傾向을示ᄒᆞᆫ지라誇張日本ᄒᆞᄂᆞᆫ學士가港市에셔侮辱을受ᄒᆞ고秩序壞敗ᄒᆞᆫ災後ᄂᆞᆫ桑港에셔無賴及浮浪과義勇兵의게窘迫을當ᄒᆞᆫ者가日人이多ᄒᆞ고其次에現ᄒᆞᆫ거ᄉᆞᆫ兒童들이日人을侮辱ᄒᆞ고輕蔑ᄒᆞ며時時로家產을破壞ᄒᆞ고街上에셔窘迫을當ᄒᆞ되警察保護가一向不當ᄒᆞ니日人이悲憤을忍耐ᄒᆞ얏스나또桑港市政府가日本兒童의公立學校에入ᄒᆞᆷ을禁ᄒᆞ고二百名日人을放逐ᄒᆞ얏스니此ᄂᆞᆫ日人의全體를對ᄒᆞ야侮辱이極甚ᄒᆞ얏다고某紙의掲載ᄒᆞ얏더라

●聽訟定規 平理院에셔聽訟規例가各地方訟民이本郡과觀察府에呈訴ᄒᆞᆫ木狀이有ᄒᆞ면平理院에來訴ᄒᆞ더니近日平院에셔新式을組織ᄒᆞ야外方訟民이該道裁判所에셔判決書繕給ᄒᆞ기前에ᄂᆞᆫ勿許聽訟ᄒᆞ기로酌定ᄒᆞ얏다더라

●辯護何賴 近日韓國訟民덜이本國辯護士ᄂᆞᆫ置之ᄒᆞ고日本변護士에게囑托ᄒᆞ야裁判을請ᄒᆞᆷ이日本변士가裁判之場에救語質問ᄒᆞᄂᆞᆫ체ᄒᆞ고手賴金만討食ᄒᆞ다니韓人의愚昧費財ᄒᆞᆷ은未足取實이어니와日변護士의欺人取財ᄒᆞᆷ은聞者莫不嗟嘆ᄒᆞ다더라

●措處未定 度支部稅務主事原額이一百六十八人인ᄃᆡ試才入格이一百四十人이오各部大臣의囑托이幾人이오統監府勸告者幾人이오各觀察使自辟이十餘人이라此를合數ᄒᆞ면十八人이原額外에加數인ᄃᆡ各大臣에所請과統監府勸告와各觀察使自辟은不容不施行而試取一百四十人中에셔十八人을減省ᄒᆞᆯᄃᆡ인즉不無抑菀이라ᄒᆞ야度支大臣閔泳綺氏가何樣措處ᄒᆞᆯ지未知ᄒᆞ야現今思量中이라더라

●失劵還推 奉侍李有泰氏에養子權泰東이가浮浪ᄒᆞ야以技酒爲主ᄒᆞ야數萬金을耗散ᄒᆞᆫ지라李有泰氏가不得已罷養ᄒᆞ얏스나以其養育之情으로李有泰氏家에出入ᄒᆞ더니向日에家劵을偸去ᄒᆞ고日人挾雜輩로符同ᄒᆞ야幾千圓을典用코져ᄒᆞ더니李有泰氏가北署에呼訴ᄒᆞ야其養子를捉囚嚴刑ᄒᆞ야家劵을推尋ᄒᆞ얏다더라

●章程見習 稅務官들이今日붓터度支部에仕進ᄒᆞ야稅務章程을見習ᄒᆞᆫ다더라

●一人不放 日憲司令部에被囚ᄒᆞ얏던諸氏가再昨日에一齊히放免되고金升문氏一人만姑未放送ᄒᆞ얏다더라

●丞氏往日 統監府農務摠長管理下에被聘視務ᄒᆞ든前局長丞重應氏ᄂᆞᆫ日間에日本으로前往ᄒᆞᆫ다더라

●會堂歡迎 來金曜下午八占에貞洞美以美監理耶蘇敎會第一會堂에셔近日新到ᄒᆞᆫ奇老師丕元時氏를爲ᄒᆞ야歡迎會를設行ᄒᆞᆫ다ᄂᆞᆫᄃᆡ該氏를仰慕ᄒᆞ시ᄂᆞᆫ僉君子ᄂᆞᆫ伊時에參席ᄒᆞ시믈該敎에셔希望ᄒᆞᆫ다더라

●奇氏연說 美國宣敎師奇利南氏가青年會舘에셔今夕下午十点鍾에연說ᄒᆞᆫ다ᄂᆞᆫᄃᆡ氏ᄂᆞᆫ韓國에在ᄒᆞ야頗有名望ᄒᆞᆫ敎師신ᄃᆡ開城府에셔人民을開發ᄒᆞᄂᆞᆫᄃᆡ從事ᄒᆞᆫ다더라

●仕進 落 嘉禮都監에堂上이逐日仕進ᄒᆞ더니妓女等을解歸後에堂上李址鎔氏等이一不現影ᄒᆞᄂᆞᆫ故로耶廳等仕進도七零八落ᄒᆞᆫ다더라

●度訓法貨 度支部에셔法貨聘用에元位 法貨 補助貨를別定ᄒᆞ야各道에訓令ᄒᆞ얏ᄂᆞᆫᄃᆡ已定貨幣法의新補助銀貨ᄂᆞᆫ十元ᄭᆞ지며白銅貨幣ᄂᆞᆫ二元ᄭᆞ지며青銅貨幣ᄂᆞᆫ一元ᄭᆞ지法貨로ᄒᆞ야其與受를拒絶ᄒᆞᆷ을不得ᄒᆞᆷ葉錢以下도同ᄒᆞᆷ但與受者兩便合意로右制限을超過ᄒᆞᆷ은勿論ᄒᆞᆷ

第一銀行劵은無制限으로通用ᄒᆞᄂᆞᆫ法貨라ᄒᆞ얏더라

●委任日인 農商工部에一般事務도日인掌中에操縱ᄒᆞ거니와農務局長徐丙肅氏가前後事項을日인에게委任ᄒᆞᆷ으로農ᄃᆡ及協辦은影子로視務ᄒᆞᆫ다더라

●日砲設置 宮중에警砲를設施ᄒᆞ고大事變이有ᄒᆞᆫ時에ᄂᆞᆫ五砲를發ᄒᆞ고小警이有ᄒᆞᆫ時에ᄂᆞᆫ三砲를發ᄒᆞᆫ다ᄒᆞ며니布德門內에設施ᄒᆞ얏든砲隊砲ᄂᆞᆫ置之ᄒᆞ고日本軍隊에大砲를設置ᄒᆞ얏다ᄒᆞ며韓國宿衛에宮內十七處護兵도變更이되야置之ᄒᆞ기로作定ᄒᆞ얏다더라

●法部官制改正 法部에셔各裁判所官制改正件을政府에提議ᄒᆞ얏ᄂᆞᆫᄃᆡ日間에經議ᄒᆞ야十一月一日브터施行ᄒᆞᆯ터인ᄃᆡ判檢事資格은法部에入사者ᄂᆞᆫ三年以上裁判所에ᄂᆞᆫ四年以上勤務者중으로叙任ᄒᆞᆫ다더라

●一切委任可乎 內部治道局事務官技師技手가線路測量次로各其出張ᄒᆞ야다가日昨에齊還ᄒᆞ야近日의ᄂᆞᆫ局장以下一般官吏가會議ᄒᆞ야工事에關ᄒᆞᆫ事를爛商ᄒᆞᄂᆞᆫᄃᆡ一局이齊言ᄒᆞ기를工事도日本技術가로委托ᄒᆞ얏슨則道路犯入土地도三等으로定價買收ᄒᆞ되此亦日인에게委任ᄒᆞᆯ지ᄒᆞ야公論이不一ᄒᆞ얏다ᄒᆞ니該局官인즉이工事ᄂᆞᆫ不知故로日本技師의게委托ᄒᆞ거니와土地買收ᄂᆞᆫ量其品等ᄒᆞ야定價에거날此等事件도日인의게委任ᄒᆞᆫ다ᄒᆞ니該局의所謂事務官과技師等은所幹이何事乎아一切事務를日인의게委任則局장以下ᄂᆞᆫ退去가可也라ᄒᆞ더라

●運動退期 各私立學校大運動을來二十六日노定ᄒᆞ고訓鍊院에開設ᄒᆞ기로準備ᄒᆞ엿더니適會에該運動場이各隊檢閱日字와相値되야二十七日노退定ᄒᆞ엿다더라

●不請願 前報에記載ᄒᆞᆫ寧察公報에平北主事安基斗反有協言의不欲退去事實을更聞ᄒᆞᆫ則該觀察이府主事를締云組織ᄒᆞ고舉皆請願ᄒᆞ라ᄒᆞᆫ則安基斗日主事公務上에過失이無ᄒᆞᆫ데一齊請退가事不穩當이오上部訓令의도現任主事로ᄒᆞ라ᄒᆞ야신則試可取ᄒᆞᄂᆞᆫ거시可타ᄒᆞᆫ더該觀察이以時務로問題而三十分內의十餘行劉星爲限則諸主事ᄂᆞᆫ皆請願自退이되獨安基斗ᄂᆞᆫ未滿十分에劉星一篇而默然無語라가過半日後의稱云文筆不美ᄒᆞ고亦催請願에該員이不應則以上項數語로報部ᄒᆞ야다미라

●溫郡創校 溫陽郡私立大同學校長徐重儀氏와副校長李奎承氏와贊成員李源老趙鏞緖조鏞律諸氏가各項經用을出捐ᄒᆞᆫ섇아니라校舍修理等節와其他些少事라도親自執務ᄒᆞ고諄諄勸諭ᄒᆞ야學生이日益增加ᄒᆞ야現今出席이五六十名에達ᄒᆞ얏다더라

●南民寃情 金海昌原兩郡人民의來書를據ᄒᆞᆫ則本人等이去閏四月에鐵道地段價推尋次上京ᄒᆞ야呼訴內部가ᄂᆞᆫ爲頻數이오留待旅舘이今爲六朔이되尙托調査ᄒᆞ고不爲劃下인바失土民情이因如何오秋熟而無餅缸之儲ᄒᆞ고年登而卒流丐之境이거날雖不奪其土而至於此境이라도自朝家濟恤不暇而旣奪其土ᄒᆞ고轉至此境則宜速推給其價ᄒᆞ야以濟ᄒᆞᆫ領被逼之民命이거날三年之間에有何調査之未畢인지到今事勢가旅留許久에拘於烟費ᄒᆞ야欲留不得이오欲歸不得ᄒᆞ야方至濱死之境이오니此等矜憐之情景을其誰垂察ᄒᆞ고伏惟貴社ᄂᆞᆫ舉此情況ᄒᆞ야廣告政府ᄒᆞ야使此民命으로無至客死之境을千萬千萬이라ᄒᆞ얏더라

●鄕習頑陋 西來人의傳說을聞ᄒᆞᆫ則平安南道中和郡守申大均氏ᄂᆞᆫ今番郡主事를公選ᄒᆞ라次로各面에告示ᄒᆞ야作文算術로優等을試取ᄒᆞ여方欲報部ᄒᆞᆯᄂᆞᆫᄃᆡ該郡舊鄕人等이忿然曰郡主事之修報를以新鄕人優等者修報가非由來古規라고惹鬧ᄒᆞ야竟至以舊鄕中修報ᄒᆞᆫ故로優等人이不勝抑鬱ᄒᆞ야方今人材를擇用ᄒᆞᄂᆞᆫ時代에新舊鄕을區別ᄒᆞ야修報ᄒᆞ다고內部에呼訴ᄒᆞᆫ다니韓國舊俗에西路新舊鄕派ᄂᆞᆫ京中四色派와如ᄒᆞ야其人才의如何ᄂᆞᆫ不問ᄒᆞ고惟是朝廷官爵은四色與否를區別ᄒᆞ고西路儒鄕之任은新舊鄕을論ᄒᆞ니如此頑陋之習을打破淨盡치아니ᄒᆞ면人才의公選과世道의進步ᄂᆞᆫ決無可望이라ᄒᆞ더라

●諸氏放還의所聞 韓廷大官九인이義兵에嫌疑者로日本司令部에셔拘囚多月이라가今其放出에別無所訊ᄒᆞᆫ거ᄉᆞᆫ蓋日인이義兵事件으로ᄃᆡ官을拘囚ᄒᆞᆫ거시各國所聞에不美ᄒᆞᆫ事端이有ᄒᆞᆷ으로其結果가如此라ᄒᆞ더라

雜報

●鹽商의五次血訴

大韓咸鏡南道元山港居商民金斗源五次泣血上書于大日本伊滕侯爵統監閣下

伏以生은以元山海隅之一商民으로跋涉風濤에販塩資業이다가一自被賊於貴國人木村源一郞兄弟以後로産業蕩敗에身勢飄零ᄒᆞ와不敢歸返故鄕ᄒᆞ고流離京城ᄒᆞ야銜恨切骨에拘冤塞臆일ᄉᆡ誓欲抵死爲期ᄒᆞ고徵捧鹽價ᄒᆞ야以雪冤恨乃已이온故로抱狀號訴가已閱七八星霜이온지라由是로其事狀顚末이歷登於各新報ᄒᆞ고使播於一世人ᄒᆞ야塗人耳目ᄒᆞ며膾炙萬口ᄒᆞ오니非但　貴我兩國人習知라抑天下列國人所共得聞者也니其事情之至冤極痛은孰有不諒哉아生이今不必覼縷陳述이되只以近日事略言ᄒᆞ리니據本年九月二十七日에

貴府照覆第百四十九號於我政府者則有曰木村源一郞은明治三十二年七月二十四日鬱陵島에서被殺됨으로其相續人金之助와當時源一郞과同行ᄒᆞᆫ同人의弟乙吉郞을對ᄒᆞ야査實ᄒᆞᆫ즉該人等이辦償ᄒᆞᆯ義務가읍다고主張ᄒᆞᆯ뿐더러相續人金之助의財産을內探ᄒᆞᆫ즉源一이失財ᄒᆞᆫ後其親族들이貧困ᄒᆞᆫ데陷ᄒᆞ야當場糊口도艱辛ᄒᆞᆫ貌樣이오니假令金斗源의訴ᄒᆞᆷ과갓치ᄇᆡ償ᄒᆞᆯ義務가有ᄒᆞ다ᄒᆞ더ᄅᆡ도到底히其義務를成事키不能ᄒᆞᆯ줄로生覺ᄒᆞ다ᄒᆞ얏스니

貴國이開明ᄒᆞᆫ法律로써自詡ᄒᆞᄂᆞᆫ地位에此等理外의文字를發ᄒᆞᆷ이大非示人以公平之道인듯ᄒᆞ도다盖從前我政府와貴公使間에以此屢屢交涉談辦ᄒᆞ야其時에雖不與金之助等으로對質審辦이오나生의失鹽事狀과木村等의盜去ᄒᆞᆫ情節이明白無疑故로其時林公使가只欲以恤金幾百元圓으로草草塞責이오나生이牢拒不聽ᄒᆞ고直往公館ᄒᆞ야與通譯官國分象太郞으로再三談辦이온즉

答以鹽價與損害金額을從當徵給ᄒᆞᆯ것시니容俟數月ᄒᆞ라ᄒᆞ고斷言ᄒᆞ얏사오니然則生之當捧과木村之當徵은不俟更論이거날今에忽然辦償ᄒᆞᆯ義務가無ᄒᆞ다ᄒᆞ고主張ᄒᆞᆫ다ᄂᆞᆫ說은萬萬白賴의臆說일뿐더러況訴訟의法律에負訟者가貧ᄒᆞ야ᄒᆞᆯ境遇에ᄂᆞᆫ得勝者에對ᄒᆞ야報償ᄒᆞᆯ슈업다고抵賴不給ᄒᆞᄂᆞᆫ理由가有ᄒᆞ온지生은學問이鹵昧ᄒᆞ야

文明國의法律을不知ᄒᆞ오니假如盜賊이自服ᄒᆞ야도貧窶ᄒᆞ다藉稱ᄒᆞ면賊律을勿施ᄒᆞ며賣償者가債主에對ᄒᆞ야貧窶ᄒᆞ다抵賴ᄒᆞ면價金을白失ᄒᆞ라ᄒᆞᄂᆞᆫ지此ᄂᆞᆫ他國民에만對ᄒᆞ야施行ᄒᆞᄂᆞᆫ法律이온지未可知오나蔽一言ᄒᆞ고此等事例에對ᄒᆞ야ᄂᆞᆫ曾往에貴國에서我國人에對ᄒᆞ야履行ᄒᆞᆫ已例가有ᄒᆞ오니往在光武六年忠淸南道洪州郡長古島에서

貴國風船이巖石에觸破ᄒᆞ얏거날該船價金三千圓을該地住民에게督徵ᄒᆞᆷ의我政府에서不得已辦償ᄒᆞᆫ事도有ᄒᆞ고光武八年公州郡에來住ᄒᆞᄂᆞᆫ貴國商民寬辰太郞이軍人과爭鬪ᄒᆞᆫ事에對ᄒᆞ야損金幾千圓을我政府에徵捧ᄒᆞᆫ事도有ᄒᆞ고甲午乙未以後로內地에서人命損害라藉稱ᄒᆞ야

其遺族에게恤金ᄒᆞᆫ다ᄒᆞ고幾十萬圓을亦徵去ᄒᆞ얏사오니如此ᄒᆞᆫ已例가皆貴國에서先行ᄒᆞᆫ法律證援의比例라今에生의鹽價에對ᄒᆞ야도木村의生死貧富ᄂᆞᆫ勿論ᄒᆞ고貴政府에서當然히徵給ᄒᆞᆯ理由가分明ᄒᆞ온지라假令貴國商民이物貨를鄰人의船에裝載ᄒᆞ얏다가不幸히遭逢名盜賊之變이라도

貴國에서必應復用前例ᄒᆞ야督迫我政府ᄒᆞ야徵去ᄒᆞᆯ비償을不留時刻ᄒᆞᆯ것이거날蔑視我政府柔弱ᄒᆞ고堂堂ᄒᆞᆫ徵給之物을一向推諉ᄒᆞ고延拖歲月ᄒᆞ오니我政府ᄂᆞᆫ雖柔弱이라도獨不恤金斗源一個人之不柔弱乎잇가伏願

閣下ᄂᆞᆫ一一細察ᄒᆞ신後에如此血冤骨痛ᄒᆞᆫ金斗源의鹽一千八十八桶價金五千一百九十九圓十三錢과大抵八年損害비償金을肆萬陸千七百九十一圓九十錢貴國行政되로此八비를計ᄒᆞᆫ즉이라我政府에셔無力ᄒᆞ야公國催ᄎᆞᆨ치못ᄒᆞᆷ을晏視치勿ᄒᆞ고一個人의冤情을俯燭ᄒᆞ야貴府에셔火速히右額을辦給ᄒᆞ시와一人으로由ᄒᆞ야萬人이頌ᄒᆞ게ᄒᆞ고萬人으로由ᄒᆞ야天下가頌ᄒᆞ게ᄒᆞ심을伏望ᄒᆞ오니惟閣下ᄂᆞᆫ裁諒ᄒᆞ소서ᄒᆞ얏더라

●贊文更立　普成學校內贊文夜學科를緣何廢止이던지尙禾開學더니近日에吳在淳姜鉉李春世李奎錫諸氏發起ᄒᆞ야西署奉常司洞內贍內同濟學校에更設ᄒᆞ고陰九月十日下午七点鍾에開學ᄒᆞᄂᆞᆫ디教師ᄂᆞᆫ尹世鏞尹始鏞兩氏가繼續敎授ᄒᆞᆫ다더라

發行兼編輯人 英國人裵說
發行所 京城中署新門內 [illegible] 大韓每日申報社

大韓每日申報
대한매일신보
第四卷　第三百五十六號

月曜及慶節歲時日休刊

檀君開國四千二百三十九年
箕子元年三千二十八年
大韓開國五百十五年
日本明治三十九年
清國光緖三十二年
◉陰曆丙午 九月小初九日癸

論說

韓國慘形

英國探報員맥켄氏가倫敦每日新報에通信揭報ᄒᆞᆫ이如左ᄒᆞ니

一千九百四年에日本人이始到韓國ᄒᆞᆯ이普通人民이皆爲日本之友人이러니到今ᄒᆞ야ᄂᆞᆫ日本人을極痛嫌忌ᄒᆞᄂᆞᆫ지라是何故也오第一理由ᄂᆞᆫ國民的이라韓國人이發言ᄒᆞ되日本人이以敦睦形態로始到ᄒᆞ야韓國獨立을維支ᄒᆞ기로鄭重約諾ᄒᆞ야其言辭가非不公正이러니其後로軍兵을散駐四方ᄒᆞ야權力之下에寘其韓國ᄒᆞ고ᄂᆞᆫ前言을破棄ᄒᆞ며人民의自由를廢棄ᄒᆞ얏다云이요

韓人이日本人의게更加咎責ᄒᆞᄂᆞᆫ거슨私民의土地家屋을掠奪ᄒᆞᆷ이數千其機인바其怨聲은日人이該處所에願居ᄒᆞᆷ이是也요日本이無規軍兵을半島全幅에許而置之ᄒᆞ고無所管轄ᄒᆞ야人民을毆打ᄒᆞ며婦女를脅迫ᄒᆞ며甚至有强奪殺傷이요休戰之日이今已久矣나尙其日兵은依舊ᄒᆞ야穀類를踏傷하며居民을逐出하고且其役夫를至歇雇傭이나或日人所願되로使用하야呼訴가日至호되改正을未得이라ᄒᆞᄂᆞᆫ도다

四方이擧其實證

本人이韓人의如彼之言을初聞ᄒᆞᆫ時에疑訝ᄒᆞᆷ은自然之勢라此事狀을日本高等數人의게談論ᄒᆞᆫ미此事實을幾分許諾ᄒᆞ야言及ᄒᆞ되此係戰時所致로暫時誤失을未免ᄒᆞ얏스나至今ᄒᆞ야ᄂᆞᆫ此事端이皆至矯正이라하더니本人이歷覽韓國ᄒᆞ미使余信認ᄒᆞᆯ事機가太多하도다

本人이韓國에居留하ᄂᆞᆫ歐米外交官들과宣敎師들과醫師와敎師들의게叩問ᄒᆞᆫ뎌其出言이同一ᄒᆞ야韓國事勢를確知케하얏고日本政策을辯護하ᄂᆞᆫ白人四員이唯有하니其中一人은日本事務에服役하ᄂᆞᆫ米國官人이오其餘三人은日本官憲과交涉이頗多ᄒᆞᆫ商業人이라

此四人以外에ᄂᆞᆫ一般形態가大略如左ᄒᆞ니必言ᄒᆞ되若日本이但由是振起면其後運이華美ᄒᆞᆷ을可信이나然이나二年之際에韓國內日本行動이如彼誤失ᄒᆞ야吾輩가含默키不能이라云이요

本人이無偏日人을欲見故로去年에日本을屬ᄒᆞ야寄稱ᄒᆞᄂᆞᆫ米國宣敎師一人을往訪이러니適其宣敎師가不幸之時라卽其前日에日본軍人이該宣敎師管下에在ᄒᆞᆫ地方傳道師의가屋을侵入ᄒᆞᆷ으로該傳道師가內室突入을禁止ᄒᆞ다가重被毆打ᄒᆞ얏고且其幾日前에同氏의年老使役輩의家舍가亦被軍人所奪ᄒᆞ얏스며其隣人은土地被奪ᄒᆞ고憂愁中이니掩護日本之粉을未得聞焉ᄒᆞ얏노라　未完

官報

◉三千五百九十一號　光武十年十月廿三日

◉敍任及辭令

○補鎭衛第六大隊餉官　二等軍司金炳升○正尉朴基音　仝尹錫祜　補鎭衛第七大隊中隊長○副尉朴允寶　仝李俊燮　仝康文璟　仝吳承根　參尉李章烈　仝俞炳찬　補鎭衛第七大隊附○參領李守봉　仝李龍漢　仝尹錫天　仝洪鍾植　仝金晃朝　仝李載恒　正尉梁柱興　仝朴冀淶　仝金敎翊　仝李宅鎬　仝咸斗炳　仝劉基善　仝朴英鎭　副尉權泰震　仝朴基洙　同洪秉憲　同崔鴻基　同金鎬周　仝趙承鎬　同李斗仁　補研成학校附

◉三千五百九十二號　光武十年十月廿四日

◉宮廷錄事

宮內府特進官趙定熙辭職疏批旨省疏具悉所請依施

◉敍任及辭令

○純陵令李升燁　制度局主事　僉봉儀、崇惠殿參奉金注河　崇仁殿參奉李根宅　依願免본官○任純陵令　和陵參奉朱鍾翊○任和陵參奉　李輪善○任崇惠殿參奉　金命圭○任崇仁殿參奉　制度局主事　金乃弘○任崇仁殿參奉　李喜榮

◉三千五百九十三號　光武十年十月廿五日

◉訓令

訓令十三道觀察使

光武五年　勅令第四號貨幣條例를依ᄒᆞ야本位種類及量目을已有所定ᄒᆞ야頒布ᄒᆞᆫ바政府鑄造者로爲通貨ᄒᆞ고第一銀行券을公認爲法貨ᄒᆞᆫ즉均是金本位者故로其於通貨之際에價格이自無變動ᄒᆞ야流通普及ᄒᆞ미거날惟獨人民經濟上利益이요該條例上其於與受之間不得拒絶者而人民이未解正純利便之實ᄒᆞ고徒習慣ᄒᆞ야紙幣與新貨를互相與受之間에往往有不肯者矣라因此而貿易不振ᄒᆞ고稅納不便ᄒᆞᆷ이有ᄒᆞ야民人으로不得偏被新制之恩澤ᄒᆞ니易勝慨歎이리오外玆發訓ᄒᆞ니到卽關飭管下各郡ᄒᆞ야嗣後則勵行貨幣條例ᄒᆞ야紙幣與新貨與受에互相拒ᄒᆞᆷ을不許ᄒᆞ고期圖法令之實施케ᄒᆞᆷ이可ᄒᆞᆷ事

光武十年十月十七日　度支部大臣閔泳綺

訓令十三道觀察使

貨幣通用이自有元位法貨補助貨之別ᄒᆞ야其所行用을各有制限然後에可免紊亂淆雜之弊인바所謂葉錢與貨幣條例定式中靑銅貨之所准則此是准補助貨也라其於流通之間에必依條例ᄒᆞ야一圜以下補用者而人民이舊慣成習에不解法意ᄒᆞ야一般與受에自無防限ᄒᆞ야以至不便之極ᄒᆞ니寧有是理리요另玆發訓ᄒᆞ니到卽管下各郡에臚飭ᄒᆞ야必於公私去來之間에一依左開實施之意로卽爲揭示于各處通衢ᄒᆞ야使民人으로咸各知遵케ᄒᆞᆷ이可ᄒᆞᆷ事　光武十年十月十八日　度支道大臣閔泳綺

左開

一 已寔貨幣法의新補助錢貨ᄂᆞᆫ拾圜ᄭᆞ지며白銅貨幣ᄂᆞᆫ貳圜ᄭᆞ지며靑銅貨幣ᄂᆞᆫ壹圜ᄭᆞ지法貨로ᄒᆞ야其與受를拒絶ᄒᆞᆷ을不得ᄒᆞᆷ葉錢壹圜以下도亦同ᄒᆞᆷ　但與受者兩便合意로右制限을超過ᄒᆞᆷ은勿論ᄒᆞᆷ

第一銀行券은無制限으로通用ᄒᆞᄂᆞᆫ法貨라

外報

●米艦增遣　米國政府에서ᄂᆞᆫ極東에在ᄒᆞᆫ自國의權利를一層保護ᄒᆞ기爲ᄒᆞ야强力이有ᄒᆞᆫ甲裝巡洋艦四隻을東洋艦隊로增遣ᄒᆞ얏다더라

●俄人의對日態度　俄日戰爭後에日本人에對ᄒᆞᆫ態度를見ᄒᆞᆫ則日本이上等社會人과圓滿히交涉키不能ᄒᆞ야戰前에親交가有ᄒᆞᆫ者도昨今에ᄂᆞᆫ其交際가疎濶ᄒᆞᆫ中에特히彼得堡等地에尤甚ᄒᆞ고下等社會人은戰後로日本人을歡迎款待ᄒᆞᄂᆞᆫ뎌特히陸海軍人은日本에對ᄒᆞ야復仇熱이非常ᄒᆞ다더라

●德艦增派 德國은今後極東艦隊를增派하기로計劃하는딕巡洋艦四隻과河川用砲艦三隻과水雷艇二隻과報知艦一隻이라더라

●事係重大 前參判元世洵張錫蓋盧永敬三氏가陛后跪奏를呈하얏더니再昨日에批答을下하셧는딕事係重大하니姑不可遽議라하옵셧다더라

●遞察入京 遞察察(?)李鍾善氏가再昨日下午七時에京義列車로入京하얏다더라

●兩氏白放 平理院에서保放하얏던李商在太明軾兩氏는白放宣告하고李裕寅氏는還囚獄하얏다더라

●統監歸國說 伊藤統監이日間에歸國次發程한다더라

●朴氏停止 日本에逗留하는朴泳孝氏가去二十二日에京城에到着하기로酌定하얏더니伊藤統監이電報하야姑爲停止하라하얏다더라

●武官學徒의試取 再昨日北一營에서武官學徒를試取하는딕應試者七百名中에一百五十名을取하고其翌日에一百五十名中에서五十名을取하얏는딕其試才科目인則吹力握力視力과身體長短과身體檢查와讀書作文算術等諸件을試하얏다더라

●大官이訪問統監 宮內府大臣李根湘氏는再昨日午后十時에伊藤統監官邸에訪問하고法部大臣李夏榮氏는同日午后二時에訪問하얏다더라

●斂貨有怨 慶尙南道咸安郡에官砲軍을設備하고其料貨를他郡人이該郡에田土를置한者의게만惟獨히收斂하되秋場賭租중으로勒捧하니設砲備賊은該郡居生하는人民을爲함인딕他郡人의田土가雖在該郡이나獨히此에勒斂은奸鄕奸吏가郡守를誤勸하야政理에大有損傷케함이라고他郡人의怨聲이藉藉하다더라

●粧撰熟手 宜川郡守白樂三氏가昨年免官時贓錢을稱以付公各廳하고暗修成冊이다가奸狀이綻露이더니再到發(?)贓錢二萬餘兩이今登民狀인바欲行前日之計하여改造鄕廳廚房而謂之內衙新建이라하며又日付公於各廳한다하고自手成冊捺印而置之하여預備裁判時對答之資라하니粧撰이아무리한熟한들不少之錢을皆爲粧撰할가하더라

●顧問靳持 內部治道局監督日人某氏가該局官制를改定하고經常費로磨鍊코저하되度支部財政顧問官目賀田氏가靳持한다더라

●內照軍部 內部에서軍部로照會하되近時各郡賊警이猖獗한지라各地方觀察使及郡守의報告가逐日遝至하니鎭衛隊를派遣하야速行鎭壓하라하얏더라

●二千圓支撥 政府에서度支部로照會하되大丘觀察府宣化堂에財務補佐官事務室修理費金二千元을支出하라하얏다더라

●宮內礦山代理經營 日本人某氏는宮內府所屬의礦山중甲山永興咸興三處를開치할意思가有하야目下韓廷에向하야熱心交涉중인딕其條件을提供케한概要가如左하니

一 日人某는宮內府로甲山永興咸興三礦山開치의委任을受하고代理經營할事

一 以上經營은日인某의計算에任하야稅金은十分에二半으로定하야經營者는此契約成立한同時에稅金三十萬元을先랍할事

一 치掘期限은一十個年으로定할事

一 宮내府에서以上條約을應諾할境樣인딕統監의承認을受하기를思慮하고尙且本件의關한내용은頗히複雜하야其詳細를採問키不能이라고某報에揭載하얏다라

●軍大不進 再昨水曜日御前會議에各裁判所官制改定件을議定하는딕各大臣이齊進하얏시되軍部大臣李根澔氏는有何大關事하야杜門謝客하고不爲仕進한다더라

●會議諸件 昨日下오二時에政府에서裁判所官制改定件과算外支出件數三案을會議하얏다더라

●송氏保放 平理院에在囚하얏든一進會評議長송秉畯氏는再昨日에保放이되지마一進會에서本部로歡迎宴會하얏다더라

●決案宣告 再昨日下午五時에法部大臣李夏榮氏協辦李源競氏가伊藤統監을私邸로訪問하야平理院에在囚한李世稙氏等獄案을從速宣告하기로交涉하얏는딕統監도異議가無함으로日間宣告가되다더라

●晉州民擾 晉州郡의는民擾가大起하야頗甚危凜함으로郡守閔丙昇氏가逃避上京하얏는딕其民擾根由는各面割付로由하야惹鬧가되얏다더라

●郡主銓閱 今日에地方官銓考委員이내部에會同하야郡主를銓閱하야一齊敍任한다더라

●經費不出 皇太子嘉禮經費를五十萬元으로預算하여宮내府에서度支部로照會하엿는딕財政이窘絀한지目賀田氏가尙不지出하엿다더라

●내照度部 내部治道局에治水課를設置次로官制를土木局으로改定한다는問題가更爲提出하는딕道路에治水費十萬餘元과犯路에市場改량費十餘萬元을支撥하라하고내部에서度支部로照會하엿다더라

●修學院任員 宮내府에修學院을設施하얏는딕院長一인은李載克氏가被任하고敎官四인중에二인은高義敬嚴柱日氏가被命하고書記三인은趙榮敎朴信陽尹泰植씨가被任하엿다더라

●例랍革罷 全羅南道管下各郡에秋等扣卜時에는觀察府로依前例扣卜價例랍條가五六千兩이라觀察使沈相翊氏가一切還送하여民間에救弊케하라고例랍條는革罷하엿다더라

●龍倅免官 龍宮郡守張龍煥씨는受由가日過限에不爲發程故로免官이된다더라

●政府大反對 在日本亡命者李圭鎔(?)朴泳孝兩氏以下二인을召還運動이宮중에起하니政府諸大官이驚動하야反抗함으로過日來大紛更이有한結果로今其時機가稍히중止함은世인이知了하는바어니와此問題에紛爭이尙未消滅이라其內容은亡命者召還事는日本當局者가韓廷間에屢屢交涉이된問題라過般伊藤統監이參內陛見時에縷縷奏上한結果로皇陛下께옵서嘉납하셧더니政府各大臣이非常히反感을表示한지라蓋其運動에奔走者는某某인이라政府大官이如斯히反對를甚한은一朝亡命者가歸還하면自家地位를失할가하야目下防遏의全力을傾注이라고某報에揭載하얏더라

●釜山水道의借欵 釜山水道布設의就하여韓國政府에補助를請하거나一面으로興業銀行에서一百五十萬圓을借入하는데對하여契約이成立되얏다는딕日本居留者들이反對한다더라

●楊倅助校 有志諸員이東興學校를私立하고聰俊學員을募集하야誠心敎授하나其發起人은皆是淡白寒士오某學員은無非貧家子弟라諸般經費가窘絀極甚하야至於停學之境이더니本郡守洪(?)潤氏가聞此校况하고同隣米商의게白銅貨一千金을借貸附校하야繼續上學케함으로一境士民이無不稱頌한다더라

●券更聞(?) 昨報에載한李有泰氏의家券事는同氏가年前罷參(?)한權濟東의僞失券(?)을呈訴推尋하얏는딕權某가僞券與舊(?)次로符同하기는韓人挾雜輩요日人은아니라고하더라

●管稅監督 度支部에서稅務官을派送함은旣報와如하거니와此의關한監督檢查規程을決定하얏는딕其全文이如左하니

第一條는稅務의監督檢查가其改善의統一及進步의目的으로以하야職務를執行할事

第二條稅務監이每年一回로所管稅務官廳及派住稅務主事廳事務의全部를對하야實地臨檢하야監督檢查할事

第三條稅務官의所管稅務主事廳事務全部와又幾部에對하야臨時出張하는딕檢查監督할事

第四條稅務監督執行하는事項이大略如左하니

一 法令을遵守하고其職務를執行與否

二 結數戶數와其他課稅物件調查正확與否

三 不法徵收와官金消費한形跡有無

雜報

●島民寃情　舒川開也島人民의來書를據ᄒᆞᆫ則本島가龍川으로移屬ᄒᆞᆫ後에許多雜役이月增日加ᄒᆞ야支保키難ᄒᆞᆫ中에公州府居前巡檢黃聖守와開也島居自稱日主事라ᄒᆞᄂᆞᆫ崔敬叔爲名兩人이昨夏의京城梁參將性煥氏의게請囑ᄒᆞ야開也島의歷百年된鹽幕四處와鹽井四十座의各鹽夫를招致ᄒᆞ야

各其鹽井을不日毁破ᄒᆞ라ᄒᆞ며梁氏分付로公州兵丁을下送ᄒᆞ야頑拒者ᄂᆞᆫ押上ᄒᆞᆫ다星火督촉ᄒᆞ온즉一二丈되ᄂᆞᆫ墟井內에椽木으로結搆ᄒᆞᆫ거슬鑿出時에爲民數百名이仰天痛哭ᄒᆞ며麥飯으로延命ᄒᆞᄂᆞᆫ飢腸을忍耐ᄒᆞ고七八日만의鹽井을毁破ᄒᆞ야쥬엇더니黃가가梁氏宅의堤라成築ᄒᆞ온바潮水가[illegible]ᄒᆞ야築堤가傷ᄒᆞ면

洞民을指目ᄒᆞ야李化三之子의[illegible]錢二百兩을徵出ᄒᆞ며洞民을指揮ᄒᆞ야負役을命ᄒᆞ며梁氏가兩處의區畫ᄒᆞ고數百步外에松楸를奪取ᄒᆞ온즉開明世界의法律章程도不見ᄒᆞ얏ᄂᆞᆫ지士庶人廟內基址定式이章程所載이거날梁氏ᄂᆞᆫ富貴榮華가世界上의第一이라稱ᄒᆞ옵ᄂᆞᆫ데有何不足ᄒᆞ야

人民鹽井과松田을奪取ᄒᆞ온즉呼訴無處ᄒᆞ야數十石式還穀ᄒᆞ던鹽井도읍서지고居在島中ᄒᆞ야捉魚ᄒᆞ면예를담아還穀ᄒᆞ던鹽도읍서지고島中의極貴ᄒᆞᆫ松田도읍서지니五百餘名生命을온呼天痛哭ᄒᆞ며老母妻子을何以救活ᄒᆞᆯ고ᄒᆞ야

晝夜痛哭이온中에梁氏差人張司果爲名人이沃溝監理署의梁氏書簡을到付ᄒᆞ고巡檢과廳使를派送ᄒᆞ야三人이開也島의來到ᄒᆞ야鹽夫數十名을招來ᄒᆞ야鹽井도무ᄒᆞ라ᄒᆞ온즉當初의何故로鹽夫를勒令ᄒᆞ야鹽井을毁破ᄒᆞ더니도로ᄒᆞ라ᄒᆞᆫ즉鹽井이라ᄒᆞᄂᆞᆫ거슨一二丈시深鑿ᄒᆞ고椽木으로結搆ᄒᆞᄂᆞᆫ거신ᄃᆡ島中에木材極貴ᄒᆞᆫ故로

鹽井을다시ᄒᆞᆯ수ᄒᆞ면葉坪으로二百餘兩式所入은已無可論이어니와무어슬먹고일을ᄒᆞ오며麥飯이라도其즁의二十餘名은一日一食을못ᄒᆞ옵ᄂᆞᆫ데鹽井을다시ᄒᆞ라ᄒᆞ되每鹽夫의게염四十五斗式年年이賭地ᄒᆞ라ᄒᆞ고威之脅之ᄒᆞ오니

開明世界의大官도이갓튼行事를ᄒᆞᄂᆞᆫ지무슴名色으로每염夫의게염四十五斗式討食ᄒᆞᄂᆞᆫ지島즁愚氓이無處呼訴이오니貴社에셔政府大臣의게紀載로勸告ᄒᆞ시와可憐ᄒᆞᆫ島民을顧念ᄒᆞ시와每夫의게염四十五斗式討索ᄒᆞᄂᆞᆫ梁性煥氏의行事를禁止ᄒᆞ야쥬옵시며

松楸도亦爲還主ᄒᆞ옵시고龍川開也島을還屬舒川郡ᄒᆞ시와島民을支保케ᄒᆞ옵시고黃聖守崔敬叔이欺人騙財之罪와洞民五百餘名生命損害를並依律處判케ᄒᆞ시와二千萬同胞로開明케ᄒᆞ야쥬옵시기를千萬伏望이라ᄒᆞ얏더라

●조世凶悖　新門外居조哲煥爲名人이年近七十인데漂橋等地居李載喆로結義兄弟ᄒᆞ야조氏가因爲寄宿於李家ᄒᆞ야相通內外에李氏女息이年方十八인데呼爲收養父이더니一日은조氏가李氏를對ᄒᆞ야曰當此世界ᄒᆞ야興利가第一이니錢物萬兩을得債以給ᄒᆞ더이니商業을圖ᄒᆞ라ᄒᆞ거날李氏心內에조之爲人으로ᄂᆞᆫ萬兩得給之說이虛[illegible]難信而第待周旋矣러니錢數日에錢五萬兩을得來ᄒᆞ얏거날一邊越房貰居人을出送ᄒᆞ고一邊與當ᄒᆞ얏던家券도推來ᄒᆞᆫ즉餘錢이四萬六千餘兩이라其外一分도李氏가相關치아니ᄒᆞ고조氏가全爲次知ᄒᆞ야或與當노리도ᄒᆞ며或賤賣도ᄒᆞ며錢文出入과文書置簿를조氏가自當爲之ᄒᆞ더니一日은李氏를對ᄒᆞ야曰家券을不可不償主賣典當ᄒᆞ깃스니出給ᄒᆞ라ᄒᆞ거날李氏가無疑許給而亦不問與處인ᄃᆡ一日은李氏가水原等地前往ᄒᆞ고李氏妻도隣洞에出入ᄒᆞ고十八歲女息만在家ᄒᆞᆫᄃᆡ方以感痛이라조氏가入內ᄒᆞ야手撫全身曰何痛乎아ᄒᆞ며因作刧奸之擧이거날女兒가呼收養父曰此何擧措乎아不肯許身이나壓制力으로强奸ᄒᆞ얏ᄂᆞᆫᄃᆡ該女兒가久次服藥ᄒᆞ야有殊常之跡ᄒᆞᄆᆡ其母가驚問其由ᄒᆞᆫᄃᆡ女兒가前後刧奸之狀을告ᄒᆞ니조氏가錢財與文簿를搜得逃躱ᄒᆞ얏ᄂᆞᆫᄃᆡ一日은何許日人과女人一名이李氏家에來ᄒᆞ야曰家券을典執ᄒᆞ얏스니償錢ᄒᆞ備報ᄒᆞ라ᄒᆞ거날李氏曰我ᄂᆞᆫ家券만조가의게出給ᄒᆞ얏고錢兩相關은不知라ᄒᆞᆫ즉日人이女人의做囑信聽ᄒᆞ얏든지稱價錢主ᄒᆞ고督如星火ᄒᆞᄂᆞᆫ지라李氏가日本領事舘에呼訴ᄒᆞ야無事妥帖ᄒᆞ얏더니日昨에該女人이又呈警務廳ᄒᆞ야李氏로對質ᄒᆞᆯ터인ᄃᆡ조가의前後凶計ᄂᆞᆫ眞律에合當ᄒᆞ다ᄒᆞ더라

●烈哉張氏　洪州府古郡面申以楫의妻張氏ᄂᆞᆫ同郡士人張晉氏의女라及歸申氏ᄒᆞ야孝養舅老姑러니昨年三月에不幸夫死ᄒᆞ니張氏가哀痛哭벽에幾絶乃蘇라가及經卒哭에有下殉之志ᄒᆞ야密求剕命之藥ᄒᆞ니家人이覺察ᄒᆞ야邀請其父說諭ᄒᆞ야使之癒歸러니至五月二十四日에夜半投井ᄒᆞ야從容就義ᄒᆞ니時年이二十一歲라經四日ᄒᆞ야百里返葬에合窆夫壙ᄒᆞᆯ시時當盛炎에顔貌如生ᄒᆞ고絶無尸臭ᄒᆞ니此其貞魂烈魄이凝結不散이라遠近聞見者가莫不異之ᄒᆞ니宜自士林으로有闡揚之擧오自朝家로有褒旌之典이라ᄒᆞ더라

廣告

廣告

東國歷史 普通教科國漢文二秩二冊定價新貨 一圜十戔
法蘭西新史 四十錢
淸國戊戌政變記一秩 一圜
政治汎論 一秩二冊一元廿錢
越南亡國史 一冊三十錢
法國革新戰史一冊 三十錢
大韓輿地圖一張 十七錢九里
大韓地誌一秩 一圜
世界全圖一張 三十七錢五里
牧民心書一秩 一圜二十五錢
萬國地誌一秩 一圜
尺牘完編一秩 一圜五十錢
學政新編一冊 五十錢
法學通論一冊 一圜
溫故知新堂叢抄 七錢五里
父師必독小學指남 七錢五里
人工養蚕一冊 十五錢
世界之政治 一冊五十四錢
家庭雜誌一 十錢
進明彙論一秩 三十五錢
交際新禮一秩 十八錢

發賣所 布屛門下金相萬書舖 大韓每日申報社

花春丹은 霍亂 吐瀉 腹痛 滯症 暑症 정忡 神昡 胷鬱 痰盛 醒酒船暈 咳嗽 痛질 口味업는諸症의神效혼藥이오 此外에도洋灰水解毒藥 唐창 疳氣 蛔虫 寸虫 赤白면鳳 蘇파東西洋藥이俱備하고他病도隨問出方하오니 僉位는枉臨하시옴

皇城校洞石井洞下隅 石泉堂藥局 告白

以上三種은上品으로製홈야衛生上에至極有益홈니다 論某人ᄒ고本에來臨ᄒ音

大韓仁川港 濟物浦紙卷烟及烟草會社

一 鷹標罐濃酷牛乳
一 金印罐酷濃結牛乳
一 雞鴨家用氣化乳酪
一 쎠ー든쓰製造麥芽化合牛乳

以上은常時에貯積ᄒ얏숩

美國紐育港쎠ー든쓰 濃結牛乳會社

一手代理店 大韓仁川港 世昌洋行

●九轉靈砂라 ᄒ는 本人이 妙 … 女老少에無論何症ᄒ고 … 身體가健康ᄒ며 … 를 … 保ᄒ 노며
●九轉靈砂 … 疾에神效ᄒ고
●九轉靈砂保合丹은 … 般疑과婦人帶下症에神效ᄒ며
●九轉靈砂淸丹은酒滯 食滯 … 吐血 下血 運氣 時症 … 等症에神效ᄒ오
●九轉靈砂紫金丹은疳瀉 … 上疳瘡 下疳瘡及唐瘡과 諸般痔瘡瘰癧種에無不神効하오니 僉君子는來問ᄒ시오
內需司前두갈이골上隅第一戶 李鶴臣 告白

◎本社廣告

申報價
一張代金 新貨二錢五里
一箇月前納 三十錢
三箇月 九十錢
六箇月 一元七十戔
一箇年 三元四十戔
郵稅一部 新貨五里
一箇月 十三戔

廣告料
四号活字十三字詰
每日每英尺一寸에新貨廿五錢
(每日每行에六錢에相當홈
其期限의長短과字行의多少를따ᄒ야增減홈이有홈

◉大韓每日申報各處支社廣告
中署布屛門下 金相萬冊肆
洞口越便 朱翰榮冊肆
中署長通初入七十八統第二戶 鄭禹리
仁川栖峴開新冊肆 李東호
平壤南山峴新學校 金浩淵
宣川邑城西 安濬
義州南門外 … 張有寬
長連邑 金鼎
海南 … 金仁집
京 … 興州南社 曹喜林
中和邑 李俊培
釜山佐川徐 … 金瓘俊
開城北部 … 義숙
校洞 … 長 孫助遠
大丘郡 達城廣文社
鏡山邑內 安灝
元山港倉 … 金乃範

發行兼編輯人 英國人裴說
發行所 京城中署壽進坊磚洞号外地法語學校前
大韓每日申報社

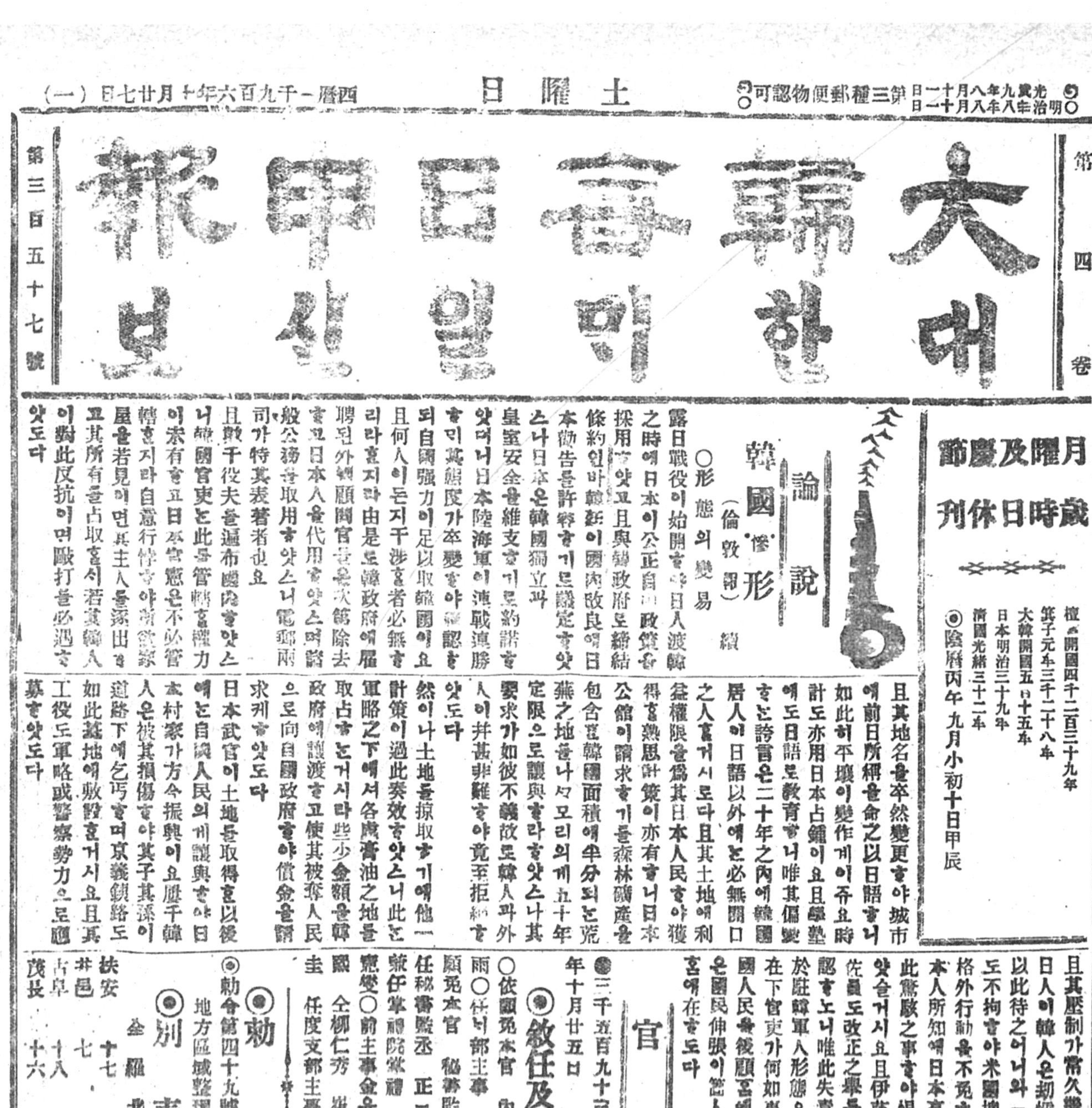

第四卷　大韓每日申報　대한매일신보　第三百五十七號

月曜及慶節 歲時日休刊

檀君開國四千二百三十九年
箕子元年三千二十八年
大韓開國五百十五年
日本明治三十九年
淸國光緖三十二年
◉陰曆丙午九月小初十日甲辰

論說

韓國慘形 (倫敦報) 續

○形態의變易

露日戰役이始開ᄒᆞ야日人渡韓之時에日本이公正自由政策을採用ᄒᆞ얏고且與韓政府로締結條約인바韓政이國內改良에日本勸告를許納ᄒᆞ기로議定ᄒᆞ얏스나日本은韓國獨立과皇室安全을維支ᄒᆞ기로約諾ᄒᆞ얏더니日本陸海軍이連戰連勝ᄒᆞ미其態度가卒變ᄒᆞ야承認ᄒᆞ되自國强力이足以取韓國이요且何人이든지干涉ᄒᆞᆯ者必無ᄒᆞ리라ᄒᆞᆫ지라由是로韓政府에雇聘된外國顧問官들은次第除去ᄒᆞ고日本人을代用ᄒᆞ얏스며諸般公務를取用ᄒᆞ얏스니電郵兩司가特其表著者也요

且數千役夫를遍布國內ᄒᆞ얏스니韓國官吏ᄂᆞᆫ此를管轄ᄒᆞᆯ權力이素有ᄒᆞ고日本官憲은不必管轄ᄒᆞᆫ지라自意行悖ᄒᆞ야衝欲家屋을若見이면其主人을逐出ᄒᆞ고其所有를占取ᄒᆞᆯ시若其韓人이對此反抗이면毆打를必遇ᄒᆞ얏도다

且其地名을卒然變更ᄒᆞ야城市에前日所稱을命之以日語ᄒᆞ니如此히平壤이變作계이쥬요時計도亦用日本占鍾이요且學塾에도日語로敎育ᄒᆞ니唯其偏變ᄒᆞᄂᆞᆫ誇言은二十年之內에韓國居人이日語以外에ᄂᆞᆫ必無開口之人ᄒᆞᆯ거시로다且其土地에利益權限을爲其日本人民ᄒᆞ야獲得ᄒᆞᆯ熟思計策이亦有ᄒᆞ니日本公館이請求ᄒᆞ기를森林礦産을包含ᄒᆞᆫ韓國面積에半分되ᄂᆞᆫ荒蕪之地를나ᄾ모리의게五十年定限으로讓與ᄒᆞ라ᄒᆞ얏스나其要求가如彼不義故로韓人과外人이幷甚非難ᄒᆞ야竟至拒絶ᄒᆞ얏도다

然이나土地를掠取ᄒᆞ기에他一計策이過此奏效ᄒᆞ얏스니此ᄂᆞᆫ軍略之下에셔各處膏油之地를取占ᄒᆞᄂᆞᆫ거시라些少金額을韓政府에讓渡ᄒᆞ고使其被奪人民으로向自國政府ᄒᆞ야償金을請求케ᄒᆞ얏도다

日本武官이土地를取得ᄒᆞᆫ以後에ᄂᆞᆫ自國人民의게讓與ᄒᆞ야日本村家가方今振興이요歷千韓人은被其損傷ᄒᆞ야其子其孫이道路下에乞丐ᄒᆞ며京義鐵路도如此ᄒᆞᆫ地에敷設ᄒᆞᆫ거시요且其工役도軍略或警察勢力으로應募ᄒᆞ얏도다

且其壓制가常久繼續ᄒᆞᄂᆞᆫ지라日人이韓人은劫懦라常稱ᄒᆞ야以此待之어니와一般外人의게도不拘ᄒᆞ야米國總領事도如此格外行動을不免ᄒᆞ얏도다

本人所知에日本高等人民은對此驚駭之事ᄒᆞ야恨歎을不禁ᄒᆞ얏슬거시요且伊藤侯와其首補佐員도改正之擧를必需ᄒᆞᆯ줄信認ᄒᆞ노니唯此失實이其一은在於駐韓軍人形態요其二ᄂᆞᆫ日本在下官吏가何如事機에던지自國人民을援顧ᄒᆞᆷ에在ᄒᆞ고其三은國民伸張이諸人過失을恕宥ᄒᆞᆷ에在ᄒᆞ도다 完

官報

◉三千五百九十三號 光武十年十月廿五日 令

◉敍任及辭令

○依願免本官 內部主事李能雨○任내部主事 趙漢喆○依願免本官 秘書監丞李蕊相○任秘書監丞 正二品柳時晩○叙任掌禮院掌禮 秘書監丞尹寵變○前主事金允柱 全南稅關 全柳仁秀 崔榮玖 權集圭 任度支部主事 完

◉勅令

◉勅令第四十九號 地方區域整理件 續

◉別表

全羅北道

郡名	原面	現面
扶安	十七	十七面
井邑	七	七面
古阜	十八	十十面
茂長	十六	十七面
高敞	八	八面
興德	九	九面
淳昌	十七	十七面
南原	四十八	卅三面
雲峯	七	七面

全羅南道

府郡名	原面	現面
光州	四拾一	四拾一面
綾州	拾四	拾四面
南平	拾二	拾二面
羅州	卅八	廿七面
靈巖	拾八	拾入面
務安	拾四	廿面
咸平	拾四	拾六面
潭陽	拾六	拾六面
昌平	拾	九面
長城	拾五	拾六면
靈光	廿八	廿六면
同福	七	七면
和順	三	三면
寶城	拾四	拾四
樂安	七	七면
順天	拾四	拾四면
麗水	四	四면
谷城	八	八면
玉果	六	六면
求禮	八	拾三면
光陽	拾二	拾二면
康津	拾八	拭八면
長興	廿	廿면
興陽	拾二	拾三면
海南	拾七	廿三면
珍島	拾三	拾一면
智島	拾一	拾一면
莞島	廿二	廿二면
突山	八	八면
濟州	五	五면
大靜	三	二면
旌義	四	四면

慶尙北道

郡名	原面	現面
大丘	卅四	卅面
聞慶	十二	十九面
咸昌	六	六面
醴泉	廿二	十七면
龍宮	十	十면
豐基	八	十면
順興	十三	十면
榮川	十四	十三면
奉化	八	十四면
禮安	七	七면
比安	九	十八면
軍威	八	八면
英陽	八	九면
眞寶	六	六면
寧海	七	六면
盈德	六	六면
靑松	九	九면

未完

外報

◉淸人의排外思想 華盛頓電에日淸國에駐在ᄒᆞᆫ美國領事의通報를據ᄒᆞᆫ則淸人이外國人에對ᄒᆞ야敵愾心이逐日增加ᄒᆞᆫ은美國領事ᄂᆞᆫ其何因을日本人의誘導에歸ᄒᆞᄂᆞᆫ貌樣이라더라

◉德后寶石 德國皇后의所有寶石은總히百萬元價値가되ᄂᆞᆫ普魯士王室의世傳ᄒᆞᄂᆞᆫ寶石倘多ᄒᆞ야同皇后가國家儀式에臨ᄒᆞᆯ時에ᄂᆞᆫ其寶石만ᄒᆞ야도二百五十萬元以上價値가된다더라

◉强迫敎育 淸國學務大臣이各省에通咨ᄒᆞ되各府廳州縣과各大市鎭에未立學堂者가有ᄒᆞ거든該地方官을另飭ᄒᆞ야迅速興辦케ᄒᆞ고凡八歲之童이不入學堂者ᄂᆞᆫ罪其父兄ᄒᆞ라ᄒᆞ얏ᄂᆞᆫ디各報館이從而贊成曰敎育國民은不得不强迫이라東西各國이擧皆斯例니當道者ᄂᆞᆫ實力行之ᄒᆞᆷ을切願ᄒᆞ노라ᄒᆞ얏더라

雜報

●軍大訪問統監 軍部大臣李根澔氏ᄂᆞᆫ再昨日午前十時에伊藤統監을訪問會談ᄒᆞ얏다더라

●內大地方視察 內部大臣李址鎔氏ᄂᆞᆫ來月初에地方狀況을視察ᄒᆞ기爲ᄒᆞ야公州全州釜山馬山大丘等地를視察ᄒᆞ고一朝歸京ᄒᆞ얏다가再히義州方面으로向ᄒᆞ야出發ᄒᆞᆯ터인ᄃᆡ內部會計局長兼內部秘書官金寬鉉氏와其他主事二人이同行ᄒᆞᆫ다더라

●內部의明年度預算 內部明年度(光武十一年度)預算金을會計局에서編製ᄒᆞ얏ᄂᆞᆫᄃᆡ警務部와地方局의預算을除ᄒᆞ고全部를結了ᄒᆞ야再昨日度支部로送交ᄒᆞ얏ᄂᆞᆫᄃᆡ今年度에比ᄒᆞ면約二倍를增加ᄒᆞ야二百餘萬圓에達ᄒᆞ고尙且警務部의擴張費約一十萬圓이入ᄒᆞᆯ터이라더라

●李氏又捉 平理院에被囚ᄒᆞ얏던前法部大臣李裕寅氏ᄂᆞᆫ病氣로以ᄒᆞ야保放ᄒᆞ얏더니再昨夜에更히平理院令狀으로突然警務廳補佐員이逮捕ᄒᆞ야平理院에押送ᄒᆞᆫ거슨李世稙事件에關係가아니라會寧觀察使在職時에非行이發覺됨이라더라

●兩氏重刑 今番에李世稙尹甲炳兩氏ᄂᆞᆫ連次訊問에惡刑을無數히當ᄒᆞ얏다더라

●李氏欠逋 遞箕察李容善氏가自己家舍도典執ᄒᆞ야債困을難堪中인ᄃᆡ公錢欠逋가二十萬兩에達ᄒᆞᆫ지라平理院就囚ᄂᆞᆫ不得免件이라ᄒᆞ더라

●兩隊檢閱 侍衛一隊와徵上一隊尉官을昨日에鍊營에서檢閱ᄒᆞ얏다더라

●罪囚惡刑 無論何人ᄒᆞ고警務廳에捉囚ᄒᆞ면有罪無罪間訊問之場에日人이爲先刑具를준備ᄒᆞ고周牽亂打에魂飛魄散ᄒᆞᆯ之境이라니罪人을如是惡刑ᄒᆞ고何以得情이며又況開明인行爲가豈若是리요日人이但以壓制力으로韓人을虐待ᄒᆞᆷ은於此可知라ᄒᆞ더라

●試官不公 內部에셔各道種繼所委員을卒業生과曾經實職人無故見遞者와姑未敍用者로擇用敍任ᄒᆞᆫ다ᄂᆞᆫ說은前報에揭載ᄒᆞ얏거니와再昨日衛生局에셔課長과日인廣濟院醫師가出席ᄒᆞ고委員合格人을시取ᄒᆞᆯᄂᆞᆫᄃᆡ卒業生은已經實職ᄒᆞᆫ三人만參席ᄒᆞ고其外에ᄂᆞᆫ地方認許員六人이應시ᄒᆞᄂᆞᆫᄃᆡ시科ᄂᆞᆫ讀書와接種ᄎᆡ漿製苗儲漿法과報告書式作法等數件인ᄃᆡ終末에曾經實驗ᄒᆞᆫ卒業生을對ᄒᆞ야報告書式을作ᄒᆞ라ᄒᆞ니各學校로論之라도卒業生을無시敍用은通行之例인ᄃᆡ該局에셔ᄂᆞᆫ有何別章程인지卒業生은姑捨ᄒᆞ고已經多年實職人을再시코져ᄒᆞᆷ은未知據何新式이며또已經實職人中에도或은시取ᄒᆞ고或은無시敍任ᄒᆞᆯ지다ᄒᆞ니雖未經事小年시官의言인들豈有如此不公之論이리오該已經實職三人은一場說明에反對而退去ᄒᆞ엿고當日認許員의應시者六人은未知何人保薦이거니와其所逃시書가萬不成說에與種痘規則으로ᄂᆞᆫ風馬牛不相及이니此等인을衛生上에敍任視務케하면生命保護ᄂᆞᆫ姑捨하고反有害之니衛生實施ᄂᆞᆫ就緖無日이라고巷說이紛紛하더라

●巡迴裁判 各地方에巡迴裁判所를設置ᄒᆞᆫ다더라

●會員被縛 再昨日下午五時에大漢門外에셔一進會員一名이何許平民으로有何事端인지亂打重傷ᄒᆞᆫ지라行警巡檢이該會員을捕縛而去ᄒᆞ얏다더라

●森本來韓 日本農士森本駿氏ᄂᆞᆫ韓國棉花栽培事業을視察ᄒᆞ기爲ᄒᆞ야今日渡韓ᄒᆞ얏다더라

●金씨挾私 內部衛生局에서委員시取事件은別項과如ᄒᆞ거니와시官廣濟院醫師金瑆培氏가당論曰認許員시才를勿施ᄒᆞ고種痘卒業生으로敍用하자ᄒᆞᆫᄃᆡ課長閔元植氏가年小心弱之ᄯᅳᆺ으로金氏所言을難契하야從其所願코져ᄒᆞᆫᄃᆡ金氏가自己에兄元培氏로敍任하자하거ᄂᆞᆯ該局主事諸氏가反對하여曰此ᄂᆞᆫ全是私情이오非公正則大不可라하야委員시取가姑未決定인ᄃᆡ金氏가自初로로前局長이던지과長의게阿附ᄒᆞᆫ諂하야諸般事務가就緖無期라하더라

●金童健筆 咸北來人의言을聞ᄒᆞᆫ즉會寧郡居金洪吉은年今十四라大字를能書ᄒᆞ야筆力이雅健ᄒᆞ니內外國人이多數讚覽에莫不叫奇ᄒᆞ야神童이라稱讚ᄒᆞᆫ다더라

●稅簿浩煩 各地方郡守租收刷를財政顧問官目賀田氏가今番新任稅務官의게擔任코져ᄒᆞᆫᄃᆡ度支大臣閔泳綺氏가反對ᄒᆞ여曰稅務官의初年文簿가浩煩ᄒᆞ야不可擔察이니自明年爲始ᄒᆞ야幹涉케ᄒᆞ깃다ᄒᆞ얏다더라

●濟兄償債 東署梨峴一百十二統九戶布木商鄭盛錫氏가饑荒餘崇로支持甚難ᄒᆞ야陰八月廿九日에逃避ᄒᆞ얏ᄂᆞᆫᄃᆡ其弟鄭錫氏가捧給間僉員을請來ᄒᆞ야청帳ᄒᆞᆫ歸聖로該店門前에廣告를揭付ᄒᆞ얏다더라

●學徒率出 日前北一營에서武官學徒를試取ᄒᆞᆯᄉᆡ何許應試者一人이美鬚髯에年可四十餘라試官이問年紀ᄒᆞᆫᄃᆡ該應試者曰二十三歲라ᄒᆞ거날시官曰年紀가不相格ᄒᆞ니出去ᄒᆞ라然ᄒᆞᆫ다ᄒᆞᆫᄃᆡ시者曰昔에姜太公은窮八十遇八十ᄒᆞ얏스니二十四歲가太過ᄒᆞ며今日시官에도頭髮이星星ᄒᆞᆫ尉官이有ᄒᆞ니獨學徒의年紀만嘗論ᄒᆞ시오시官曰姜太公時代와今日時代가不同ᄒᆞᆯᄲᅮᆫ더러또尉官과學徒의年紀를豈可同比乎아ᄒᆞᆫᄃᆡ該시者가一向頑拒ᄒᆞᄂᆞᆫ지라尉官이兵丁을號令ᄒᆞ야該人을率出하얏ᄂᆞᆫᄃᆡ元來該人이武官學徒에入參ᄒᆞ자ᄂᆞᆫ本意가아니라自己에子十六歲兒가去番幼年學徒시取時에落榜이되야於心憤慨故로一場詰難ᄒᆞᆫ事이라더라

●日語第一 度支部에서被選ᄒᆞᆫ稅務主事를更爲檢査ᄒᆞ야年齡이廿五歲以下ᄂᆞᆫ幷減下하ᄂᆞᆫᄃᆡ稍解日語者ᄂᆞᆫ此限에不在하얏다더라

●設官相持 法部에서加設하ᄂᆞᆫ判檢事를敍任ᄒᆞᆯ터인ᄃᆡ判任官중에法部及裁判에勤務四年者로爲限하자ᄒᆞᆫ즉補佐官野津氏가反論曰四年을卄日하야調査敍任하자ᄒᆞᆷ으로屠節이相持中이라더라

●院校移屬 再昨日政府會議에赤十字社病院과廣濟院(내部所管)과醫學校(學部所管)를議政府로付屬하기로官制改定하얏다더라

●銓考細則 昨日에地方官銓考委員이內部에會同ᄒᆞ야銓考細則을實施하기로准備하얏ᄂᆞᆫᄃᆡ전考에合格ᄒᆞᆫ者를調査하야시驗을行ᄒᆞᆯ時에ᄂᆞᆫ其科目이一은法律經濟의大意二ᄂᆞᆫ地方制度와大典三은會計預算의大項四ᄂᆞᆫ地理歷史五ᄂᆞᆫ文筆六은外國語七은委員이必要로認하ᄂᆞᆫ科目인ᄃᆡ外國及外國인의關係가有ᄒᆞᆫ地方은合格有無ᄅᆞᆯ勿拘하고其地方에必要ᄒᆞᆫ外國에熟鍊이有ᄒᆞᆫ者ᄂᆞᆫ除例전考ᄒᆞᆫ다하며內部協辦과內部參與官은常務委員이되야전考庶務를掌ᄒᆞᆫ다더라

●年少難參 文官銓考所시驗規則을制定하얏ᄂᆞᆫ데定期시驗과臨時시驗으로하야定期시驗은每年二回로하야一回에三十인以內로시選하고臨時시驗은各府部에서急迷ᄒᆞᆷ을要하ᄂᆞᆫ境遇에ᄂᆞᆫ一인이라도시取하ᄂᆞᆫᄃᆡ시驗은初會者로分하야初考에ᄂᆞᆫ中等以教育者로하야作文은或公文、論文、筆寫ᄂᆞᆫ楷書或速寫筭術은筆筭珠筭으로하고會考에ᄂᆞᆫ法學經濟學現行法令이니參贊及各協辦以上이合格者를各薦하되年齡이十八歲에未滿하면시驗을不得ᄒᆞᆫ다하얏더라

●日인沮戲 安邊南川江鰱魚捕捉은元來本郡所係而邑下耶蘇教인崔차堤가以吏廳으로自登州爲始하야十年許買契約이되여납메葉一萬五千兩爲約而十千五百兩은五年條로先捧하고零在七千五百兩은來戊申追랍之意로成文契約이거날不意去八月分에日인이該江下流浦에掛網하야鰱魚를不得捉케하ᄂᆞᆫ故로馬技師와富牧師와片技師가元港監理及領事舘에屢次裁判하야該網處를圖形摘奸하야從公歸定後에完文을成出하얏시나道間浮費가二千餘兩矣러니今年八月分에日인이又爲設網ᄒᆞᆫ지라元港理事에게數次裁判하야依公文決處하얏ᄂᆞᆫᄃᆡ兩年損害金이合爲四千餘兩이라더라

●臨民呼訴 全北臨陂郡儒生等百餘員이稅錢은依他郡例用銅八十兩케ᄒᆞᆫ事와陳結七白結쯤을蒙減ᄒᆞᆫ事로度支部에呼訴하얏다더라

詞林

拜閔忠正公血竹

血竹生欄東誰知造化功慕忠看
不盡白日動悲風 平壤金守嚴

血竹向欄東孤忠莫大功千秋餘
響在無日不淸風 平壤비西坡

雜報

●設學勸勉書　憂時子
今昔丕殺寶鳴犢而孔子返其駕殺一寶鳴犢猶如此況殺寶鳴犢十數輩耶非秪此也佞臣得志廷無賢士惡吏肆虐民壞溝壑又此數十年矣國欲不亾得乎且又朝齊暮楚搶動干戈使數百萬生靈肝腦塗地歷觀以上數事皆足以亡國何待鄙人之贅言耶然此乃官吏之過也

至於爲人民者固宜勵其心志修其學行發我　由保我獨立以全我國民聽而可也乃今務此而尙狃於上行下效之陋習諂諛傾軋自相嗤擠窺賤反目𢡟虽爲仇同惡相濟同類相隨舉世國老長小輩皆爲鬼爲蜮靡恥喪矣彝倫斁矣膺此邦國傾覆惡逆欲立於生存競爭之世界豈可得乎

夫官吏爲聽數十輩足以亡國人民爲惡多至數千萬其何以不亾國所以國勢至於今日而極矣然則官吏之罪猶可說也人民之罪不可逭也或曰日本險詐奪我邦家其我種類保全獨立云者固若是耶其言固是而亦可哀也然試問汝今日形勢能使日本畏惶恐懼惡縮却步耶

脫今日本去則諸國來露國去則法英德美相繼以前循環不絕如四時相迭晝夜交迫當其時也加有愈於日本者乎假曰政令少不苛刻殺戮猶少寬大然不國奪矣人即滅矣等是同也於彼何擇且又今列國一不相逼尊我敬我置我於萬國之上而崇拜之畢竟我則壓制如舊殺無辜如舊爲間諜而挑亡之如舊也

昔則尙有忌畏而不敢放肆今則夜郞自大目中無人不自亡其國必驅援他人然後乃已矣謂之何哉嗚呼我韓豈止於此也我韓豈止於此耶天意固難知而人謀之不臧何如是之甚耶雖欲自贖其罪無辭可贖雖欲自悔其志無志可悔惟九泉含羞萬國哀憐而已悲哉悲哉

事復何言雖　尸之愛莫助之然我韓人也雖知其如此安能無一辭措其間哉向者普法之戰普芬法國大將智勇爲世推仰時勢所迫困其帶拿披崙第二降於普人麥馬韓因虜然返國而升統領之位當其屈膝降敵之日誰不𠇗笑卑下之及其展入才施宏謨誅國以來至今稱之英雄處世屈伸有時不可以一挫爲其人短也且夫普法之戰由於普國之敗於法也當其時也　（未完）

●鏡倅含放　咸北鏡城人民의來書를據흔則今年秋等段錢稅告에居下로鏡城郡守兎官된金在淵氏는郞不封庫흐고尙在公衙흐야偃仆郡守之職흐며締結士豪之雜類흐야稱托加下에專事貪虐흐야鄕長帖紙를勒加發民흐고葉六千二百兩을繳棒抑捧흐며此猶不足흐야鄕校任目을每日六七式出差흐고所謂任債金一萬四千三百兩을一時督收흐니鏡城現況은時綠紊亂ㅎ야邑餘空殼흐고歲道不豐에民轉溝壑이어날金在淵이吸收細緞若膏血흐니人民이由是而離散흐고道路以此而唾罵흐되少不知恥에都不掛念흐오며況當此地方刷新之日흐야上部令飭을視若茶飯흐고至於郡主흐야도不村公議에自意萬報흐니此事彼事에無非罪戮的行爲이기로部嗚冤次日昨入京이라흐얏더라

●海塾現況　東署黃橋에海東新塾은往在光武三年秋에二三志士가借舍設校흐고名之以道東義숙이라흐며參互新舊흐야盡心敎誨흐더니因循度日흐야未及告效흐고無如廢止러니八年冬에本洞居有志紳士申泰游趙寧奎高鳳植金永夢韓廷敎申鳳休姜淡植高永均諸氏가姑若情況을極爲慨歎흐야若干出捐으로延聘敎師흐야繼續敎授흐나不賭財政으로難以維保로ᄃ斷斷熱心으로含辛嚼苦흐더니至于今春흐야欲爲會商擴張之際에前侍從閔濬鎬氏가自擔숙長흐야改名以海東新숙흐고出연勸奬흐며紳士金榮培韓廷敎申봉休金永立高永均諸氏가自擔敎任흐야熱心敎授흐으로含不能容흐야更加建築흐되연더諸源競命星濬洪在箕金貞總中海永玄采洪奉潤李敎承高燦益崔炳憲鄭喜復呂炳鉉李鍾一李東暉金鼎基卞鎭獻池錫永尹勝弘趙成九尹致昊梁在善王瑜植李備薰光鎬崔相敦申佑善諸氏도同心贊成이라더라

廣告

본인弟益善長子名仁培或稱仕培或稱榮培字甚縱性本浮浪晴賣田畓이非一非再而萬端挽喩하되終不返心而若干餘地今欲斥賣云흐니內外國인切勿見欺
東萊釜山三洞　金相益　告白

今番度支稅務主事被選中級補로見逐흔十七人은本月十二日齊會于度支門外하야善后方策을爛商하심爲要
鄭鎭夏　告白

本人에弟錫寯이偶然失性흐야蕩敗家產흐고改名錫九而流連漢城흐ᄂᆞ니門內田劵을僞造흐야典執出債코저흐니內外國人은見欺치勿흐시옴
祥原郡豐井里居洪錫瀾　告白

慶□□□郡前主事□台熙氏ᄂᆞᆫ數行遊學과宏才博識이現今□□嗣之超□也라生等人代祖貞肅公文集을欲爲繕輯列行흐은바其弁文과碑碣誌檣을借手코저흐와前往尋台熙氏本宅則以其先人으로□爲上京云故로生等方爲上京尋訪이오나未諳舍館흐야現爲逗留多日이오니誰某든지尋台熙氏所住處를知得흐옵거든南門內大平洞金永根家로指示흐오면厚謝흐오리다
光陽郡　禹成澤　禹英在　告白

特別告白
本部에서本月二十八日陰九月十一日上午十一時에臨時總會를東門外永導寺로開設하고前會에未決흔部務를議定하며楓菊을玩賞하야幽懷를暢敍코저하오니僉部員은屆期光臨하심을務望
大韓俱樂部

本校에서日語書夜學과英語夜學을演成으로熱心敎授흐오니願學흐시ᄂᆞᆫ僉員은今晦內로來問흐심을爲望
日語書學敎師　崔秉相
日語夜學敎師　崔庚植　金冕熙
英語夜學敎師　安鳴謙
同　崔秉旭
中署河橋板井同
私立前進學校告白

本人子病甫의字ᄂᆞᆫ潤위이年幼沒覺之致로爲人종용흐야如干田畓을蕩敗編餘흐고今又件人上京圖欲借錢云內外國人僉員은切勿見欺흐시옴
洪州倍隱里進士李滿雄　告白

本人女婿申錫鎬가性本浮浪흐야假本挾□□人之心而欲奪妻孥之願흐야挾□日人加太郞흐야稱以日債所負多라흐고轉日人等이乘夜縛打本人흐고至死督促故로本人이以爲冤次請願于京理事廳而跟捕裁判爲令則假等이逃避不現흐나期欲使法乃已니內外國僉君子은知悉勿欺伏望흠
稷陽下南面守山里河命佑　告白

本人等新設大韓運輸會社于大丘北門外흐고廣占倉庫흐야荷物運□及保管等務를□切便利흐오니有物僉員은陸續來臨爲望
徐相돈　鄭圭鈺　告白

本人曾在於普信社內로□舊鄭三字圖章을□□內에九月十三日爲始以毀□行用與外國人而有本人於普□□換去□□若過此限休紙施行흠
鄭奎煥　告白

精選萬國史　全一冊　一百九十頁　定價新貨六十錢
選述者　金祥演
大發賣所　鍾路中리院上隅+李演紙廛
◉分發賣所　鍾路大東書市　布廛屛門下金相萬冊肆　東闕罷朝橋越便朱翰榮冊肆　大廣橋高濟弘書舖

◉民事訴訟代理와刑事辯護及鑑定一切法律에關흔事務를迅速處理흠
漢城南署茶洞第十七統八戶
辯護士前檢事正三品　李冕宇
法律事務所
事務員　前判事丁明燮　學士　趙東□

印刷廣告
●特別社告
本申報社內에特別히附屬品으로活字를更備흐야書籍印刷所를設置흐얏사오니印書를要흐시ᄂᆞᆫ僉君子ᄂᆞᆫ來臨相議흐시옴
大韓每日申報社　告白

本申報支社를黃海道殷栗邑濟衆院居劉□□氏로定흐얏사오니附近地方에僉君子ᄂᆞᆫ同支社에本報를購覽흐시며報代金新貨併郵稅合四十三錢을同氏의게로寄送흐시옴
大韓每日申報社

廣告

東國歷史 普通教科國漢文一秩二册定價新貨 一圓十錢
法蘭西新吏 四十錢
淸國戊戌政變記一秩 一圓
政治汎論 一秩二冊一元廿錢
越南亡國史 一册三十錢
法國革新戰史一冊 三十錢
大韓輿地圖一張 十七錢五里
世界全圖一張 三十七錢五里
大韓地誌一秩 一圓
牧民心書一秩 一圓二十五錢
萬國地誌一秩 一圓
尺牘完編一秩 一圓五十錢
憲政新編一冊 五十錢
法學通論一册 一圓
温故知新堂叢抄 七錢五里
父師必ᄉ小學指남 七錢五里
人工養蠶一册 十五錢
世界之政治 一册五十四錢
家庭雜誌一 十錢
進明彙論一秩 三十五錢
交際新禮一秩 十八錢

發賣所 布屛門下金相萬書舖 大韓每日申報社

花春丹은 霍亂 吐瀉 腹痛 滯症 暑症 정忡 神眩 胸鬱 痰盛 醒酒船暈 咳嗽 痳질 口味업ᄂᆫ諸症의神效良藥이오 此外에도洋灰水解毒藥 唐창 疳氣 蛔虫 寸虫 赤白던風 등과東西洋藥이俱備ᄒ고他病도隨問出方ᄒ오니 僉位ᄂᆫ枉臨ᄒ시옵

皇城校洞石井洞下隅 石泉堂藥局 告白

TELESCOPE

KEY

SPIDER

THE CHEMULPO CIGARETTE & TOBACCO CO. CHEMULPO, COREA

以上三種은上品으로製造ᄒ야衛生上에至極有益ᄒ니勿論某人ᄒ고本家에來臨ᄒ옵

大韓帝國仁川港 濟物浦紙卷烟及烟草會社

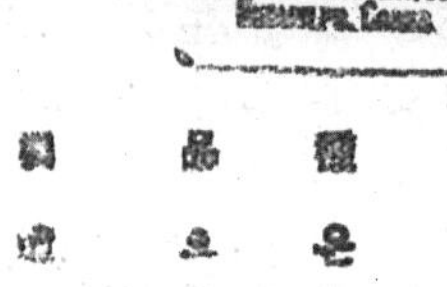

一 鷹標罐濃結牛乳
一 金印罐詰濃結牛乳
一 無雙家用氣化乳酪
一 뽀ㅣ돈쓰製造麥芽化合牛乳

以上은常時에貯積ᄒ얏숩

美國紐育港뽀ㅣ돈쓰 濃結牛乳會社

一手代理店 大韓仁川港 世昌洋行

●九轉靈砂ᄂᆫ 本人이妙香山에셔得來ᄒ야精選修鍊ᄒ야作丹이온바 男女老少에無論何病ᄒ고濟世ᄒ시ᄂᆫ神効良藥이오 每年一次式服用ᄒ면平生의身體가健康ᄒ며小兒ᄂᆫ胎毒을解ᄒ고百病을預防ᄒ야無病ᄒ기를擔保ᄒ오며
●九轉靈砂眞寶丹은每日服用ᄒ면諸般痼疾과疾病에神効ᄒ오
●九轉靈砂保命丹은初生小兒의驚風과 一般癖과婦人帶下症에神効ᄒ며
●九轉靈砂淸寧丹은酒滯 食滯 血積 吐瀉 霍亂 痰咳 吐血 下血 運氣 時疾 瘧症에神効ᄒ오
●九轉靈砂紫金丹은痔瘻 毒瘡 上疳瘡 下疳瘡及唐瘡과 諸般毒瘡腫에無不神効ᄒ오니 僉君子ᄂᆫ來問ᄒ시오
內需司前두간이골上隅第一號 李鶴廷 告白

◎本社廣告

申報價

一張代金 新貨二錢五里
一箇月前納 三十錢
三箇月 九十錢
六箇月 一元七十錢
一箇年 三元四十錢
郵稅一部 新貨五里
一箇月 十三錢

廣告料

四号活字十三字詰
每日每英尺一寸에新貨廿五錢
(每日每行에六錢에相當홈
其期限의長短과字行의多少를依ᄒ야增減홈이有홈

◎大韓每日申報各處支社廣告

中署布屛門下 金相萬冊肆
洞口越便 朱翰榮冊肆
中署農浦初入七十八統第二戶 鄭禹弼
仁川梧峴開新冊肆 李東支
平壤南山峴新學校 金浩潤
 朴敎恒
宣川邑楠西 安濬
義州南門外韓國大韓房張有寶
長連邑 金龜
鎭南浦藥局 金仁집
咸興州南社 曺喜林
中和邑 李俊培
釜山佐川徐鶴房 金灌模
開城北部梨井里碑洞 鍾義亨
校副校長 李助遠
大丘郡 達城閣支社
鎭山邑內 安灝
元山港倉前 金文範

發行兼編輯人 英國人裵說

發行所 京城中署壽進坊碩洞号外地法治外權

大韓每日申報社

第四卷　　第三百五十八號

大韓每日申報
대한매일신보

月曜及慶節臨時休日休刊

檀君開國四千二百三十九年
箕子元年三千二十八年
大韓開國五百十五年
日本明治三十九年
淸國光緖三十二年
◉陰曆丙午九月小初十一日乙巳

論說

駐日英國大使

東洋에在ᄒᆞᆫ英國使節의迄今歎弱ᄒᆞ던政策이今將變更ᄒᆞᆯ或然之數가竟有ᄒᆞ도다多端原由ᄅᆞᆯ因ᄒᆞᆷ으로英日同盟ᄋᆞᆯ輕率히排議或廢棄ᄒᆞᆷ은雖或不可나日本이東洋事ᄅᆞᆯ自由手段으로取行ᄒᆞ게英國政府가容許ᄒᆞᄂᆞᆫ傾向은現今日本이激熱進行ᄒᆞᄂᆞᆫ過去戰效의不義方策ᄋᆞᆯ英國이幾分擔任ᄒᆞᆷ이로다

駐日英國大使맥도널드氏가離自東京之時에報館代表人의게說明ᄒᆞ되今次歸國이雖是受由나日本에更到ᄒᆞ기ᄂᆞᆫ不期라ᄒᆞ엿고探報員이添言ᄒᆞ되同氏가樞密院顧問官으로或將被任ᄒᆞ리라ᄒᆞ얏도다

同盟國에駐箚ᄒᆞ던英國大使의게此ㅣ似非陞等이요且同氏의雅品大略은四方之所知어니와然이나英國政府의行動ᄋᆞᆯ觀之컨ᄃᆡ過於疑訝히彼今自覺ᄒᆞᆫ거슨端雅品格이減少ᄒᆞ고强硬態度가加多ᄒᆞ엿더면必至適當ᄒᆞ엿슬거시로다

同大使在任之時에所謂韓日新條約이締結되엿고且對其使害行動ᄒᆞ야英國이不用反抗ᄒᆞᆷ도亦或同氏代表之故也로다

韓國內에英國利益은礦業權限의事業ᄋᆞᆯ除去ᄒᆞᆷ顯然竄思ᄒᆞ疑이爲大ᄒᆞ며伊藤侯가一般西人布ᄒᆞᆫ礦產條例에對ᄒᆞ야同大使가反抗ᄒᆞᆷ시圖或希望이或有ᄒᆞ얏ᄂᆞᆫ지其實證或著績ᄋᆞᆯ探用키不能이로다

不得勉勵ᄒᆞᆷ이如此ᄒᆞᆫ所致로我大使가萬或如彼說明ᄒᆞᆷ이니此說明이一層强硬ᄒᆞᆫ後任者ᄅᆞᆯ選擇ᄒᆞᆷ에結果ᄒᆞ기ᄅᆞᆯ其實希望ᄒᆞ노라本記者ㅣ英國利益ᄋᆞᆯ日本의敵對者手中에必置ᄒᆞ기다고ᄂᆞᆫ暫不提議나惟一固執ᄒᆞᄂᆞᆫ거ᄉᆞᆫ日本元老와及其接見委員等의催眠的權力으로觀之컨ᄃᆡ英國利益ᄋᆞᆯ保護ᄒᆞ기에ᄂᆞᆫ此大使의敦睦希望과頗未練熟ᄒᆞᆷ보다其有强力之人이必是益加適要ᄒᆞᆯ거시로다

同氏後任之人의名字가著出ᄒᆞᄂᆞᆫ時에ᄂᆞᆫ英國極東後來政策의光線ᄋᆞᆯ或將得見ᄒᆞ리로다

官報

◉三千五百九十四號 光武十年十月廿六日

◉敍任及辭令

○補陸軍硏成學校附 陸軍步兵副尉朴觀燮○任시從院시從 六品李泌柱○免本官 孟山郡守尹舜儀 右ᄂᆞᆫ平安南道觀察使李容海의報告書ᄅᆞᆯ據ᄒᆞᆫ즉該員이犯贓行査之場에投印從歸ᄒᆞᆷ은殊指失宜라ᄒᆞ얏기免本官○任內部主事 六品具然歆○依願免本官 法官養成所敎官李範吉○任法官養成所敎官 六品石鎭衡

◉三千五百九十五號 光武十年十月廿七日

◉宮廷錄事

從二品盧泳敬等言事疏 批旨省疏具悉莫重之禮有未可遵願
從二品元世洵等言事疏 批旨省疏具悉事雖重大固何可遽議
前議官閔錫藎等言事疏 批旨省疏具悉家大禮有非如是遽議

◉叙任及辭令

○兼任官立仁川日語學校長 仁川府尹徐丙升○任大丘郡主事 徐相敎○任平澤郡主事 九品朴勝肇○任安城郡主事 九品李寅和○任淮陽郡主事 九品李周燦○任麻田郡主事 九品鄭楷漢○任咸昌郡主事 九品金聖燦○任金浦郡主事 九品朴□升○任燕岐郡主事 林□勳○任鎭岑郡主事 李相濂○任□□郡主事 六品王羽淳○任鐵原郡主事 九品金亮淳○任□□郡主事 六品金錫培○任□□郡主事 金元植○任靑陽郡主事 李思鉉○任龍川郡主事 九品崔柱榮○任藍浦郡主事 九品張錫璘○任珍山郡主事 柳錫巍○任聞慶郡主事 九品李康佑○任海州郡主事 李種承 任兎山郡主事 印啓祚○內部參書官石鎭衡 依願免本官○祕書監丞柳時顯 正三品權鳳洙任內部參書官○任祕書監丞 正三品金振玉○任主殿院電務科技師 시從院시從 朴淵

◉勅令

◉勅令第四十九號
地方區域整理件 續

◉別表

慶尙北道

府郡名	原面	現面
義城	廿	十八
義興	十二	十三面
新寧	八	八面
興海	八	十一面
淸河	六	七面
永川	廿二	廿三面
慈仁	九	九面
河陽	七	七面
慶山	五	五面
慶州	十八	十五
淸道	十四	十九面
仁同	九	九面
漆谷	十一	十一面
善山	十八	十八面
開寧	八	九面
金山	十六	十五面
知禮	九	十面
尙州	卅一	卅二面
星州	四十	廿九面
安東	廿五	廿面
高靈	十二	廿九面
玄風	十七	十五面
[illegible]	[illegible]	六면
延日	八	八면

慶尙南道

府郡名	原面	現面
晉州	七十五	五十面
宜寧	廿六	廿六面
草溪	十一	十一面
陜川	廿	廿面
三嘉	廿	廿면
居昌	廿二	廿二면
安義	十二	十二면
咸陽	十七	十七면
昌寧	十六	十六면
靈山	八	八면
山淸	十五	廿一면
丹城	八	八면
河東	十二	十九면
昆陽	十	十면
固城	十七	廿三면
鎭南	十二	十三면
泗川	十	十면
咸安	十八	廿一면
鎭海	三	四면

未完

外報

○英露[illegible]進步 [illegible]호則波斯[illegible]重ᄒᆞᆫ原則에就ᄒᆞ야[illegible]兩國政府의意見이一致되얏고[illegible]新聞은波斯만[illegible]一切의策ᄋᆞᆯ視察ᄒᆞ야[illegible]國[illegible]持[illegible]

◉法國新內閣 [illegible]明子르미만氏[illegible]에하노손氏[illegible]勞動事務[illegible]이[illegible]더라

◉巨艦[illegible] 將官[illegible]노쏘號보다[illegible]ᄋᆞᆯ[illegible]

雜報

●伊藤歸期 伊藤統監이來十一月中旬에歸國ᄒᆞᆫ다ᄂᆞᆫ디其滯在日數ᄂᆞᆫ今始未定이나日本政治季節을當ᄒᆞ야對議會策과其他內外政務에關ᄒᆞᆫ重大問題가輻湊ᄒᆞᆫ際에同侯가歸國ᄒᆞ면自然其位置ᄂᆞᆫ中央政府中心이되야伊의指導를待ᄒᆞᄂᆞᆫ者가頗多ᄒᆞ니其滯在日數ᄂᆞᆫ意外延長에至ᄒᆞᆯ줄노知ᄒᆞᆫ다고某報에云ᄒᆞ얏다더라

●金氏辭職 度支部主事金敎植氏가利益事業에注意ᄒᆞ야該職을辭ᄒᆞ얏다더라

●平察赴程 平南觀察使李始榮氏가赴任次로今日京義鐵路로發程ᄒᆞᆫ다더라

●運動無効 前觀察使趙夔夏氏가觀察一窠를運動ᄒᆞᄂᆞᆫ디中間에於音居間人李主事某氏가무ᄉᆞᆷ手段이有ᄒᆞ던지警務廳에被囚ᄒᆞ얏다가無事放免ᄒᆞ얏다더라

●韓人은服役不得 警務廳에셔ᄂᆞᆫ甚至於押牢ᄭᆞ지日人을雇傭ᄒᆞ얏ᄂᆞᆫ디韓國人民은賤役이라도不得服役이라고輿情이紛紛ᄒᆞ더라

●難保其無 地方郡守들이今番郡主事擇保ᄒᆞᄂᆞᆫ事에對ᄒᆞ야擇人薦擧ᄂᆞᆫ아니ᄒᆞ고例람錢五百兩式依例히捧ᄒᆞ고多錢有勢者로報部ᄒᆞ얏다ᄂᆞᆫ說이有ᄒᆞ더라

●檢事紛競 地方檢事를法律卒業生과已經法官人으로無試驗叙任ᄒᆞᆫ다ᄂᆞᆫ디現今紛競이大段ᄒᆞ다더라

●無祿官人 平理院에增加ᄒᆞᆫ官人의月俸을與本支撥ᄒᆞ야名一視務와無異ᄒᆞ다ᄂᆞᆫ디其原因을得聞ᄒᆞᆫ즉當初에法部大臣李夏榮氏가度支部에交涉이分明치못ᄒᆞᆫ故이라더라

●李氏往日 李容翊氏의孫子李鍾浩氏가日本에前往ᄒᆞ야學文上에視察도ᄒᆞ고化學器械를貿來ᄒᆞᆯ次로再昨日發程ᄒᆞ얏다더라

●無罪叙任 前判事太明軾氏가今番制獄에無罪免官ᄒᆞᆫ故로日間叙任이된다더라

●薦報不公 西來人傳說을聞ᄒᆞᆫ則今番郡主事를各郡守가擇人薦報ᄒᆞᄂᆞᆫ中에肅川郡守ᄂᆞᆫ鄕長吳炳天으로報部ᄒᆞ엿ᄂᆞᆫ디吳炳天은本是奸鄕으로乙未年間에鄕長을圖得ᄒᆞ야丙申春에上部訓飭으로民人處下錢幾萬兩을潛食ᄒᆞᆫ故로民擾를當ᄒᆞᆫ者인디該郡守가此人을薦報ᄒᆞᆫ거슨大違公望이라ᄒᆞᄂᆞᆫ디自來徇私薦公은韓國陋習이라所謂郡主事薦報가不能皆出於公正ᄒᆞᆫ거슨可以忖度이니宜自上部로無論某郡ᄒᆞ고詳覈另飭ᄒᆞ야務得其人이可也라ᄒᆞ노라

●海民呼冤 海州郡民洑를英親王宮에셔修築ᄒᆞᆫ事件은前報에揭載ᄒᆞ얏거니와該郡民人等이抑鬱ᄒᆞᆫ事狀을屢次該宮에呼訴ᄒᆞ되無如何回題인디其理由를得聞ᄒᆞᆫ則當初에林震燮安永基兩氏가從中弄奸ᄒᆞ야洑價를出給지아니ᄒᆞᄂᆞᆫ지該郡民人等이將次統監府에呼冤ᄒᆞᆫ다더라

●會堂講道 本日貞洞耶蘇敎會第一會堂에셔上午十點에美國紳士乾法氏가講道ᄒᆞᆫ다더라

●施氏講道 今日下午四點鍾에牧師施鬩頓氏가基督敎靑年會에셔講道ᄒᆞᆫ다ᄂᆞᆫ디氏ᄂᆞᆫ南大門內耶蘇敎會堂을管理ᄒᆞᄂᆞᆫ長老師라더라

●尙氏演說 國民敎育會에셔今回日本大學에卒業ᄒᆞ고歸國ᄒᆞᆫ尙灝氏를請邀ᄒᆞ야本日下午六時에演說會를開ᄒᆞ고國民義務라ᄂᆞᆫ問題로深奧ᄒᆞᆫ學說을敷演ᄒᆞᆫ다더라

●候補會商 日前稅務主事被選中候補員見ᄒᆞᆫ十七人이明日上午十二点鍾에會于度支門外ᄒᆞ야善後方策을爛商ᄒᆞᆫ다ᄂᆞᆫ디其事由ᄂᆞᆫ姑未詳知라더라

●海社挾雜當懲 大韓農商海產協同會社에셔領受證을板刻이되百五隊라ᄒᆞ고江華甲浦玉浦石津月串四處로遍行ᄒᆞ야勒奪ᄒᆞᄂᆞᆫ故로一進會員與諸商民이捉得上京ᄒᆞ얏스니勿論某會社ᄒᆞ고股金을鳩聚ᄒᆞ야株式을成立ᄒᆞᄂᆞᆫ거시可ᄒᆞ거ᄂᆞᆯ海產會社에셔ᄂᆞᆫ 詔勅으로革罷ᄒᆞᆫ雜稅를勒奪ᄒᆞ얏스니爲先其習을照律懲治ᄒᆞ고諸商民의被所奪條를依票數ᄒᆞ야一一推給ᄒᆞᆫ然後에야如此ᄒᆞᆫ弊端을永杜ᄒᆞ고商民의商業도完全ᄒᆞᆯ뿐더러該會社名譽도無損ᄒᆞ리라고巷說이藉藉ᄒᆞ다더라

●曳船會社開業 陸軍參領李起弘氏等이發起ᄒᆞ야資本金十二萬圓으로曳船會社를創立ᄒᆞ고漢江龍山을中心으로其上流下流에滊船을敷設ᄒᆞ고物貨에搭載及旅行에便利ᄒᆞᆷ을計ᄒᆞᆫ즉이라ᄂᆞᆫ디該滊船은百돈으로乃至五十돈ᄭᆞ지合九隻을製造ᄒᆞᆯ터인디其中一隻은準造ᄒᆞ야不日間營業을開始ᄒᆞᆯ터이라더라

●晉郡移因 慶南晉州郡所管坊面의移屬說事로該郡吏民의騷擾ᄒᆞ얏다ᄂᆞᆫ說은前報에已揭어니와固城郡守趙範錫氏가觀察府에馳進ᄒᆞ얏다가晉州郡鄕長을招致ᄒᆞ야曰今番地方區域整理件中에晉州六面이固城으로移屬되얏스니該面結簿를交付ᄒᆞ라고督促ᄒᆞ니鄕長所答이此簿ᄂᆞᆫ鄕長所管이아니라ᄒᆞᆫ則固城郡守가多發官隸ᄒᆞ야吏廳을打破ᄒᆞ고結簿를勒奪코져ᄒᆞᆫ則晉州吏屬과人民이大段騷擾ᄒᆞ야該郡二十六坊이移屬不願ᄒᆞᆫ事로該郡民許相楨河贊金佑榮氏等이上京ᄒᆞ야內部에呼訴ᄒᆞ얏다더라

●警察大慢 巷說을聞ᄒᆞᆫ則近日自行車搭乘ᄒᆞᄂᆞᆫ人에게日落ᄒᆞ면懸灯ᄒᆞ라고各坊曲巡檢더리勸유ᄒᆞᆷ은深夜에搭去ᄒᆞ다가行步人이抵觸ᄒᆞ야傷ᄒᆞᆯ가慮ᄒᆞᆷ인디白晝와如ᄒᆞᆫ月夜에搭乘ᄒᆞᆷ이警察上有何大關인지會洞支所巡檢들이無掛火ᄒᆞ고搭去ᄒᆞᆫ人을逢着ᄒᆞ면大聲律氣ᄒᆞ고첫재ᄒᆞᄂᆞᆫ말이왜불을안다라서ᄒᆞ며慢傲ᄒᆞᆫ態度로ᄒᆞᄂᆞᆫ말이어서불사가디고가ᄒᆞ며執留ᄒᆞᄂᆞᆫ故로適無分錢ᄒᆞᆫ人은所帶物中典執이라도ᄒᆞ여왜불을못사가지고가나本國부등ᄒᆞᆷ사가지고가기라도ᄒᆞ다ᄒᆞ니人民勸유ᄒᆞᄂᆞᆫ警察章程에律氣를發ᄒᆞ고반말ᄒᆞᄂᆞᆫ거시第一條章程인지所官ᄒᆞᆫ人들은大端痛憤히넉인다더라

●蔑視愈甚 近日韓日間에公私間交際가漸次落下ᄒᆞ야各部大臣이伊藤統監을訪問ᄒᆞᆫ時에ᄂᆞᆫ各大臣은統監을對ᄒᆞ야極尊敬禮ᄒᆞ고統監은各大臣에對ᄒᆞ야極下待를行ᄒᆞ되召呼ᄒᆞᆯ時에(보와라)ᄒᆞ고言則기미(자네)ᄒᆞ야儼然ᄒᆞᆫ態度가如下隸對遇ᄒᆞᄂᆞᆫ지라各大臣이始得下待ᄒᆞ야相看ᄒᆞᄂᆞᆫ日語無所歸니此將奈何오ᄒᆞ얏고且各部顧問官及補佐官等이該部局長課長을對ᄒᆞ야도如統監之於大臣ᄒᆞ고各店에셔도韓人에게下待가近日에ᄂᆞᆫ尤甚ᄒᆞ야言必稱㗎가라ᄒᆞ고殿近이無變ᄒᆞ다더라

●日管韓學 日本에留學生監督을尹致旿氏로奏差ᄒᆞ얏거니와該監督에셔由來勸告ᄒᆞ기를該學徒監督을日本外務省書記官知氏에게委任ᄒᆞ라ᄒᆞ야相持ᄒᆞᄂᆞᆫ중인데歐米各國에留學ᄒᆞᄂᆞᆫ韓國學生ᄭᆞ지一體伺管ᄒᆞ로政府에存案ᄒᆞᆫ前外部旅行券을一一調査ᄒᆞᆫ다이라더라

●陸軍訓鍊 侍衛第一大隊와及徵上隊第一大隊가再昨日午前十時에東大門內訓鍊院廣場에셔秋季鍊習을擧行ᄒᆞᄂᆞᆫ디軍部大臣李根澔京城衛戍司令官參將梁性煥氏와其他陸軍將校數十人이臨場ᄒᆞ야午後ᄭᆞ지參觀ᄒᆞ고同四時에結了ᄒᆞ얏다더라

●叙任未決 再昨日地方官吏銓考委員이內部에會同ᄒᆞ야各郡에薦報ᄒᆞᆫ郡主事를銓落ᄒᆞ얏ᄂᆞᆫ디不可捉으로落榜者가四分의一에過ᄒᆞ얏다ᄒᆞ며府參書官을叙任ᄒᆞᆯ次로姓名及履歷書를考准ᄒᆞᆫ즉一邊으로薦望으로施行ᄒᆞ자ᄒᆞ고一邊은京居有名望者로薦任ᄒᆞ자ᄒᆞ야公論이弗一ᄒᆞᆫ故로未決定ᄒᆞ고閉會ᄒᆞ얏다더라

●內訓各郡 各郡鄕長을廢止ᄒᆞ고郡主事를設ᄒᆞᆫ故로鄕長의事務를郡主事가繼續視務ᄒᆞ라고內部에셔各郡에訓令ᄒᆞ얏다더라

●束縛益甚 各府部廳大小公事를所謂顧問官補佐官이無不干涉ᄒᆞᄂᆞᆫ事ᄂᆞᆫ世所共知이어니와近日에ᄂᆞᆫ尤極嚴束ᄒᆞ야대신의同意를不得ᄒᆞ고ᄂᆞᆫ小官의辭任及許薦을訴ᄒᆞ도문主事官이自行處理ᄒᆞ면辭任ᄂᆞᆫ無效로一言聲明ᄒᆞ얏고其外事大小를莫非但顧問同意ᄒᆞ고該顧問의擧措를ᄒᆞ야同意를得ᄒᆞᆫ後에야可不措施ᄒᆞᆫ다더라

●龍山宴飮 昨日은陰曆九月九日이라內部大臣이李白의九日龍山飮을依倣ᄒᆞ야龍山別邸에菊酒會를設宴ᄒᆞ얏다더라

●通信局照會 統監府通信管理局에셔內部로公文ᄒᆞ기를各郡管理署에遞送인에게托ᄒᆞ얏슨즉署長接收ᄒᆞ야稅金庫에納ᄒᆞᄂᆞᆫ務를遞送인이普通旅館에特別旅館을各該郡信實ᄒᆞᆫ任等家로定給ᄒᆞ야踈虞之弊가無케ᄒᆞ면賃金은例擬ᄒᆞᆯ터이니訓飭ᄒᆞ라ᄒᆞ얏다더라

雜報

●設學勸勉書 憂時子 續

昔國割國之半而予之金帛子女任其予奪賓無餘燼收合之力乃巴倫脫以寶刀砍激勵國人得賓賜一役ᄒᆞ야鋤助其國威學竟復其舊怨雖視萬國豈不偉哉然巴倫得賓乃不過一士一匠矣然則昔國之興非由於俾思麥毛奇等在上諸人而只由於無權能力之巴倫得賓亦未爲不可也

然普法之事爲於西國至於東洋則鄭人弦高ᄂᆞᆫ頭牛却秦師之襲漢末鄭玄一紙書勝十萬雄兵又以我韓言之鄭忠信扶社稷於已亂安龍福索欝島於旣失其他如僧之休靜妓之論介莫不起自寒微立功著節而至於七百義士之殉節於錦山皆烈烈照耀千古然如使此等人起於九原而言其志必日守我本分行我本義而已云矣非要譽而然矣

夫忠與義者人所固有不待人勸勉而後行者也如曰勸而後始可行云爾則是眞奴隸之性也何自由之可言何獨立之可貴所以白刃可蹈爵祿可辭視性命如兒戲興宇宙如須臾如使此諸子生於今世豈有一日甘居人下做人奴隸者乎

必不令外虜虐殺無辜迎新驅舊借款及全國財產民人生命都付與他人也敵我者讎愛我者親必不與此讎戴一天而共日月亦必與此讎決死生存亡於暑刻距料此轟轟烈烈動天地驚鬼神之我韓人種忽爲屛孱劣전진猻猻若禽獸之不如而魂魄雜襯天良都喪竟以노事他人忠於外國爲能事爲榮耀爲巳任如恐不及者耶

豈天或者哀我敗亡假手此輩荐降大禍使民人神權修省悅然自悟知廷臣之不足恃外人之不可依自由獨立之不可已及노隸之不可爲者也耶然惟知其爲然而不行之則노隸不可免自由獨立不可得依賴心不可袪廷臣固依然舊面目盲人騎瞎馬深夜臨深池險象日出無窮金甌淪喪乃已數三輔以後而觀今日則今日之노隸獨如天上人之不可企及矣可奈何可奈何然亡其國亾其國云者非人盡獸心變性也非人盡欲賣國也非人盡欲自害種類也非人盡欲自戕其身家性命也惟坐於不知之故也不知者何也不知古今之變遷不知世界之事勢不知弱肉强食之元理不知人羣之團結然後成邦國不知自修則興自暴則亡又不知人之知我如何我之知人如何惟所知所見所習所喜者舊日노隸心依賴心忮害自戕其類心而已矣

(未完)

●民日招霜 北來人의傳說을聞ᄒᆞᆫ則陰八月十六日間咸興定平兩郡地方에肅霜이連降ᄒᆞ야秭地大荒이되ᄂᆞᆫ디咸兩郡人民이告日郡守招霜이라ᄒᆞ니何也오該地由來古談에秋成前에官長이有寺刹遊賞之行이면風雨霜雹이繼卽大歉故로愼而不行은自是前例라今咸興郡守丞乘敎氏가八月十四日에率牛携妓ᄒᆞ고丹楓玩賞次로[illegible]深處廣興寺善老庵에往ᄒᆞ야宰牛肆淫ᄒᆞ고飮與이未闋ᄒᆞ야翌日에定平喚兩寺에往ᄒᆞ야肉盡餘의快樂을作ᄒᆞ고四日만에還郡ᄒᆞ얏ᄂᆞᆫ딕即時霜災가大降ᄒᆞ얏스니此ᄂᆞᆫ丞郡守의所招라ᄒᆞ니吾儕ᄂᆞᆫ謂ᄒᆞ되一郡守의行樂으로山寺에爲恐ᄒᆞ야天災가降ᄒᆞ얏다ᄒᆞᆷ은不過野民의迷信之習이라若其山寺에郡守荒淫ᄒᆞᆷ을儆戒ᄒᆞ면郡守身上의降罰ᄒᆞ리인지엇지無罪ᄒᆞᆫ人民의게降災ᄒᆞ리오雖然이나世之居字牧之任ᄒᆞᆫ者가民情은不恤ᄒᆞ고自巳行樂만圖ᄒᆞᆫ者ᄂᆞᆫ者가滔滔皆是라人民의怨咨聲이豈有此等怨詈이라故로此를揭載ᄒᆞ야一般官吏된者를警告ᄒᆞ노라

●西友開會第一回 再昨日下午一點에西友學會第一回通常會를開ᄒᆞ얏ᄂᆞᆫ딕兩西一般人士가齊集ᄒᆞ야坐席을整列ᄒᆞ고趣旨書를朗讀ᄒᆞᆫ後에金明濬鄭雲復柳東作三氏가學術研究의主義와社會團合의理由로演說ᄒᆞ고會長은鄭雲復氏로副會長은金明濬氏로投票選定ᄒᆞ고評議員은本規則에十五人을擇定ᄒᆞ기로ᄒᆞᆫ것인ᄃᆡ時間이促急ᄒᆞ야爲先五人을投標推薦ᄒᆞᄂᆞᆫᄃᆡ李甲 柳東說 柳東作 金達河 安秉瓚五氏가被選ᄒᆞ얏더라同學會發起之始에李甲柳東說兩氏의特別優助ᄂᆞᆫ巳所洞悉이어니와第一回開會席에一會般員이義捐金을爭投ᄒᆞ얏ᄂᆞᆫᄃᆡ不過五分時間에六百六十餘圓에達ᄒᆞ얏다ᄒᆞ니兩西人士의義俠心은實로欽歎ᄒᆞᆯ만ᄒᆞ더라

廣告

本人四寸朴明汝浮悖毁族已有前揭矣明汝與漢江李鍾植變幻挾雜故造本人名字買得蔘奉時紳有錢換多給符同橫侵故陰九月本人與李植對質卞明自平理院史無勒侵本人次繕給判決書故遂辭矣彼李植又誘明汝健訟變數僞計毁於故本人以巳初判決事擧訴于平理院則(理由를證明ᄒᆞᆫ事로勒鑿裁)故具由請願繕裁則願晉內(朴炳璐案件이旣經平理院判決則自本所로ᄂᆞᆫ不可接理이知悉ᄒᆞᆯ事)故彼輩健訟之習不可仍置又訴本所玆以廣佈內外國人과大小法官은如此悖流의誣訴를切勿聽理伏望

尉珍石湖 朴炳璐一名明七 告白

本人曾往於晉標紙中夜峴鄭三字圖章勿施丙午九月十三日爲始以墨替村用內外國人間有本人於晉ᄒᆞ야期換去爲要若過此限休紙施行喜

鄭奎煥 告白

本인弟益善長子名仁培或稱仕培或稱榮培字基觀性本浮浪暗賣田畓이非一非再而萬一攬하되從不返心而若干餘地今欲斥賣云ᄒᆞ니內外國인切勿見欺

東萊釜山三洞 金爪益 告白

本校에서日語晝夜學과英語夜學을速成으로熱心敎授ᄒᆞ오니願學ᄒᆞ시ᄂᆞᆫ僉員은今晦內로來問ᄒᆞ심을爲望

日語晝學敎師 崔秉相 崔庚植
日語夜學敎師 金冕熙
英語夜學敎師 安鳴護
同 崔秉旭

中署河橋板井同 私立前進學校告白

本人子相惠의字ᄂᆞᆫ潤원이니年幼沒覺之致로爲人종용ᄒᆞ야如干田畓을蕩敗ᄒᆞᆫ餘에고今又伴人上京圖得債錢云ᄒᆞ니內外國人僉員은切勿見欺ᄒᆞ시옵

洪州俗隱里進士李漢雄 告白

本人等新設大韓運輸會社于大丘北門外ᄒᆞ고廣占倉庫ᄒᆞ야荷物運送及保管ᄒᆞᆯ務關繫切便利ᄒᆞ오니有物僉員은陸續來議爲望

徐相돈 鄭圭鈺 告白

本人에弟錫憲이偶然失性ᄒᆞ야蕩敗家產ᄒᆞ고改名錫九而流連漢城ᄒᆞᄂᆞᆫ딕門內田券을僞造ᄒᆞ야典執出債코저ᄒᆞ니內外國人은見欺치勿ᄒᆞ시옵

祥原郡豐井里居洪錫閭 告白

特別告白

本部에셔本月二十八日陰九月十一日上午十一時에臨時總會를東門外永道寺로開設ᄒᆞ고前會의未決ᄒᆞᆫ部務를議定ᄒᆞ며楓菊도玩賞ᄒᆞ야幽懷를暢叙코저ᄒᆞ오니僉部員은屆期光臨ᄒᆞ심을務望

大韓俱樂部

精選 萬國史 全一冊 一百九十頁 定價新貨六十錢
選述者 金祥演

大發賣所 鐘路平리院上隅 李廣紙廛
◉分發賣所 鐘路大東書市 布廛屛門下金相萬冊肆 東關能朝橋越便朱翰榮冊肆 大廣橋高濟弘冊舖

◉民事訴訟代理와刑事변護及鑑定一切法律에關ᄒᆞᆫ事務를迅速處理ᄒᆞᆷ

漢城南署苓洞第十七統八戶
변護士 前檢事正三品 李冕宇
法律事務所
事務員 前判事 丁明燮 博士 蔡憲[illegible]

印刷廣告

●特別社告

本申報社內에特別히附屬品으로活字를更備ᄒᆞ야書籍印刷所를設置ᄒᆞ얏사오니印書를要ᄒᆞ시ᄂᆞᆫ僉君子ᄂᆞᆫ來臨相議ᄒᆞ시옵

大韓每日申報社 告白

本申報支社員을黃海道載寧邑濟衆院所劉夢瀜氏로定ᄒᆞ얏ᄉᆞ오니附近地方에僉君子ᄂᆞᆫ同支社에本報를購覽ᄒᆞ시며每朔代金新貨併郵稅合四十三錢을同氏의게로寄送ᄒᆞ시옵

大韓每日申報社

◎本社廣告

申報價
一張代金 新貨二錢五里
一箇月前納 三十錢
三箇月 九十錢
六箇月 一元七十錢
一箇年 三元四十戔
鄉稅一部 新貨五里
一箇月 十三戔

廣告料
四号活字十三字詰
每日[illegible]一寸에新貨廿五錢
(每日每行에六錢에相當홈
其期限과長短과字行의多少를依ᄒᆞ야增減홈이有홈

◎大韓每日申報各處支社廣告
中署布屛門下 金相萬冊肆
洞口[illegible] [illegible]
中署農[illegible]初入七十八統第二戶 [illegible]
仁川經峴開新新學校 李東宣
牛[illegible]南山峴新學校 金浩淵
[illegible] [illegible]
利川邑[illegible] [illegible]
義州南門外韓西大藥房 張有寬
長湍邑 金[illegible]
海南[illegible] 金仁집
[illegible]興州南[illegible] 曹喜林
中和邑 李[illegible]
釜山佐川[illegible] 金瀧俊
開城北部[illegible] [illegible]
[illegible]校長 [illegible]
大丘郡 [illegible]
鎭山邑內 安 灝
元山港倉 金乃範

發行兼編輯人 英國人裴說
發行所 京城中署壽進坊[illegible]
大韓每日申報社

第四卷

大韓每日申報

대한매일신보

第三百五十九號

月曜及慶節
歲時日休刊

檀君開國四千二百三十九年
箕子元年三千二十八年
大韓開國五百十五年
日本明治三十九年
淸國光緒三十二年
◎陰曆丙午九月小十三日丁未

論說

倫敦每日報에對ᄒᆞ야續論

英國探訪員믹컨氏가韓國慘形을擧ᄒᆞ야倫敦每日新報에揭載ᄒᆞᆷ은本報第三百五十六號三百五十七號에連次譯謄ᄒᆞ얏거니와蓋同氏가自英京倫敦으로目下東洋形便을探知ᄒᆞ기爲ᄒᆞ야先히日本에渡來ᄒᆞ야政界上高官과社會上優等人을訪問談論ᄒᆞ고各商業工業의情況을大槪考覽ᄒᆞᆫ後에韓國京城에來到ᄒᆞ야幾日間旅館에留ᄒᆞ면서歐美外交官과宣敎師와商業人을訪問ᄒᆞ야日本官憲과軍人과居留民의對韓行動이如何ᄒᆞᆫ거슬攷察ᄒᆞ되務得其着實有據ᄒᆞ고因ᄒᆞ야韓國平安道地方과淸國滿洲界도歷覽ᄒᆞ야日人과各國人의現在情形을一一探悉ᄒᆞᆫ後에倫敦報館에通信揭載ᄒᆞᆫ거시니本紙上에兩日譯謄者ㅣ是也라一般人士가宜皆覽悉이어니와本記者ᄂᆞᆫ擧此試問ᄒᆞ노니

同믹컨氏의所探과倫敦報의所揭가凡世界上公眼이有ᄒᆞ고公議를持ᄒᆞᄂᆞᆫ者ᄂᆞᆫ必皆確實正直之論이라謂ᄒᆞᆯ지니日人의强奪壓制ᄒᆞᄂᆞᆫ行動과韓人의抑寃痛冤ᄒᆞᆫ情狀이旣已暴著於世界ᄒᆞᆫ거슨不須再言이라歐洲各國의政府와社會ᄂᆞᆫ專히報館言論으로써耳目을삼나니

況此倫敦每日新報ᄂᆞᆫ英國內에有力ᄒᆞᆫ報紙ㅣ라韓國慘形을如彼揭載ᄒᆞ얏슨즉歐洲各國의一般報紙가韓國事에關ᄒᆞ야ᄂᆞᆫ必皆一致라惟此韓人의泄其冤痛ᄒᆞᆯ機會가從無其時리오至若本紙上立言ᄒᆞ야ᄂᆞᆫ反覆辨論이今日倫敦報의所載와同一ᄒᆞᆫ命意라ᄒᆞᆯ지니

若以倫敦報所載로謂之公言直筆이면本紙의平日著論도亦ᄒᆞᆫ公言直筆이아니라謂치못ᄒᆞᆯ듯ᄒᆞ오然즉本紙發行이英漢字를倂ᄒᆞ야四千枚에不滿ᄒᆞᆫ지라彼歐美의大報館은逐日發行이五百萬枚에達ᄒᆞ나니於此比較ᄒᆞ면可謂太倉一粟이라豈不歎歎이리오마ᄂᆞᆫ惟其趣旨言論은世界公眼에同情信用을確然無疑也니愛讀僉員은希其諒之어다

官報

◎三千五百九十六號 光武十年十月廿九日

◎宮廷錄事

永禧殿提調尹泰興辭職疏
批旨省疏具悉所請依施

◎敍任及辭令

○依願免本官 景孝殿令黃範秀○解經理院文簿整正委員 六品尹泰植 命修學院長 景孝殿提調李載克○命景孝殿提調 弘文館學士朴容大○命弘文館學士 正二品南廷哲○任修學院敎官 九品嚴柱日○兼任修學院敎官 宮內府禮式官高羲敬○任景孝殿令 仝祀丞金永德○任景孝殿祀丞 襄陵參奉李鎬柱○任顯陵參奉 黃彥性○六品尹泰植 仝朴信陽 仝趙榮敎 任修學院書記○命經理院文簿整整委員 六品吳錫淳○依願免兼任官立漢城師範學校長官立한城日語學校長官立한城法語學校長 學部編輯局長申海永○依願免兼任官立漢城漢語學校長官立한城英語學校長官立한城德語學校長 學部參書官鄭 喬○兼任官立한城師範學校長 學部參書官閔健植○任官立한城日語學校長 仝敎官金濂奎○任官立한城法語학校長 仝敎官李能和○兼任官立한城日語學校敎官 仝校長金한奎○兼任官立한城法語학校敎官 仝校長李能和○命宮內府特進官 景孝殿提調朴容大○命永禧殿提調 從二品李輔榮

◎勅令

◎勅令第四十九號 地方區域整理件 續

◎別表

慶尙南道

郡名	原面	現面
漆原	五	四面
昌原	六面	八面
金海	二十	二十一面
熊川	八	八面
巨濟	十	十面
南海	七	九面
密陽	十二	十一面
蔚山	十九	十八面
彥陽	六	六面
梁山	十	九面
機張	八	八面
東萊	十三	十四面
鬱島	九	九面

黃海道

郡名	原面	現面
海州	卅五	卅二面
安岳	十八	拾八面
瑞興	拾六	拾六面
載寧	廿二	廿二面
長淵	拾八	拾八面
谷山	拾二	拾二面
鳳山	廿一	二拾一面
黃州	拾八	拾八面
延安	二拾二	二拾四面
白川	拾六	拾八面
平山	二拾二	拾九面
金川	拾五	拾五面
兎山	九	九面
遂安	拾四	拾四面
新溪	拾三	拾三面
信川	拾五	拾五面
文化	九	九面
殷栗	七	七面
長連	五	五面
松禾	拾四	拾四面
豊川	九	九面
甕津	五	八面
康翎	六	六面

江原道

郡名	原面	現面
春川	拾九	拾八面
洪川	九	九面
原州	二拾	拾六面
橫城	八	九面
楊口	八	九面
華川	六	六面
麟蹄	五	七面
平昌	五	七面
寧越	七	拾면
旌善	拾	拾二면
三陟	拾二	十二면
江陵	二拾一	拾五면
襄陽	拾二	拾一면
杆城	拾	拾면
高城	七	七면

未完

外報

◎官制改革의實行 北京電에據ᄒᆞᆫ則淸國에서官制改革의對ᄒᆞ야諸說이紛분ᄒᆞ나皇帝及西太后의決心이强硬ᄒᆞᆫ故로改革이實行되리라ᄂᆞᆫ디其條項이未脫稿되야總會處로移送ᄒᆞ야目下審議中인故로多少修正될貌樣이라더라

◎日本九州大暴風 東京電을據ᄒᆞᆫ則去二十日暴風에長崎五島沖에서珊瑚采取船二百五十餘隻이표流ᄒᆞ야不知去處ᄒᆞ고又二十四日鹿兒島沖에서珊瑚取船百餘隻이漂風ᄒᆞ얏다더라

◎排日運動蔓延 米國各地에排日運動이漸次蔓延ᄒᆞᆫ兆候가有ᄒᆞ야日本上野領事가提出ᄒᆞᆫ抗議書ᄂᆞᆫ桑港市長이反送ᄒᆞ얏다ᄂᆞᆫ別報가有ᄒᆞ더라

◎俄國官吏의殺傷數爻 俄國官吏가昨年二月부터今年四月ᄭᆞ지革命黨의게被殺或被傷者가千四百二十一人에達ᄒᆞ얏ᄂᆞᆫ디其中總督과地方長官이三十四人이오將校七十八名下士百六十四名文官이百十八名이라더라

雜報

●日人打韓兒 日昨夜의大漢門外에서何許日人이無端히行路一兒를捽髮而打ᄒᆞᄂᆞᆫᄃᆡ該兒가不勝驚惻ᄒᆞ야呼哭活我라ᄒᆞ되左右觀光ᄒᆞᄂᆞᆫ兵丁이五六人이오平民은不知幾十名이로ᄃᆡ默默越視ᄒᆞᄂᆞᆫ지라就中一人이自歎曰日人世界로다生命保護ᄒᆞᄂᆞᆫ兵丁은一介行悖ᄒᆞᄂᆞᆫ日人을如彼畏惻ᄒᆞ야無一言挽留ᄒᆞ니韓國人民은雖打殺이라도無惜이라ᄒᆞ더라

●日僧又來 陰歷本月晦日間에日本으로셔一高僧이渡韓ᄒᆞᆫ다ᄂᆞᆫᄃᆡ該僧은寶玉大師보담一層高僧이라韓國에渡來ᄒᆞᆫ後에各寺刹諸般事務가實施된다더라

●淸潔嚴飭 近日警務廳에서治道와修廁을別般嚴飭ᄒᆞᄂᆞᆫᄃᆡ巡檢과日巡査五六人이閭巷에巡行ᄒᆞ야戶主를團束ᄒᆞ되至今爲始ᄒᆞ야雖一点糞이라도廁外에流出ᄒᆞ면罰金을徵出ᄒᆞ깃다ᄒᆞᄂᆞᆫ故各戶主들이懇陳私情ᄒᆞ야陰本月二十日ᄭᆞ지定限ᄒᆞ얏다더라

●眞宗開敎 寶玉大師가褒洞等地에眞宗開敎部를現今設始ᄒᆞᆫ인ᄃᆡ韓國富人玄某가一大家舍를許給ᄒᆞ고該部經費를一切擔當ᄒᆞᆫ다니國家營業上事爲ᄂᆞᆫ注意치안코此等挾雜事件만貫同ᄒᆞ야國民에精神上防害만되게ᄒᆞᆫ다고一般世人이唾罵ᄒᆞᆫ다더라

●處所擴張 宮內府에서處所를擴張修理ᄒᆞ고該府所屬司一般官員을合設ᄒᆞ기로建議ᄒᆞᆫ다더라

●圜丘修補 圜丘壇與祀廟과垣墻이頹落處가有ᄒᆞ야秋享前에修補ᄒᆞ기로宮內大臣李根湘氏上奏ᄒᆞᆫ다더라

●舊貨定期 各地方에稅務官을派送ᄒᆞ야結錢을收刷ᄒᆞ되舊貨ᄂᆞᆫ陰十二月ᄭᆞ지收納ᄒᆞ고正月爲始ᄒᆞ야ᄂᆞᆫ新貨로收捧ᄒᆞᆫ다더ᄂᆞᆫ畢納期限은二月晦內로定ᄒᆞ얏다더라

●郡守剃髮 內部에서地方郡守의게訓飭ᄒᆞ되剃髮ᄒᆞ고大禮服을製着ᄒᆞ라ᄒᆞ얏더라

●日巡壓制 三昨夜에武橋等地에서染色店日人幾名이該近閭家內庭에突入ᄒᆞ야婦女을無禮히侵弄하ᄂᆞᆫ故로其主인이日인의無禮ᄒᆞᆷ을詰責ᄒᆞ엿더니日人들이賊反荷杖之心으로家主를亂打ᄒᆞᄂᆞᆫ지라日巡査에게申知ᄒᆞ엿더니日巡査가來到ᄒᆞ야該日人을捉去ᄒᆞ야查問之場에韓人은日語를不通ᄒᆞ고日人ᄭᆞ지數語ᄒᆞ더니該巡查曰韓人은日人家에通內ᄒᆞ고日人은韓人家에通內ᄒᆞᄂᆞᆫ거시彼此無妨이라ᄒᆞ고因爲放送ᄒᆞ얏다니此等巡查ᄂᆞᆫ韓國人民을壓制ᄒᆞᄂᆞᆫ力으로警察ᄒᆞᆷ이라ᄒᆞ더라

●俱樂部總會 大韓俱樂部에서再明日上午十時에東大門外永道寺에總會를開ᄒᆞ고兼丹楓會로暢叙ᄒᆞ야一般有志名士가胷衿的思想을討論ᄒᆞ고下午八時量에散會ᄒᆞ얏다더라

●兵校警賊 嶺南인民의來書를據ᄒᆞᆫ즉方今三南地方에賊徒大熾ᄒᆞ야四五十名六七十名百餘名式皆持洋銃長劍ᄒᆞ고白晝突入ᄒᆞ야殺害인命ᄒᆞ며掘破塚墓ᄒᆞ며冲火家舍ᄒᆞ며刼奸婦女ᄒᆞ며掠奪財物而府郡이無戢捕之擧ᄒᆞ야相爲掩匿爲主ᄒᆞ다가乃至猖獗難掩則派送兵丁與巡校ᄒᆞ나兵丁은不爲追捕ᄒᆞᆯᄲᅮᆫ더러反爲探知賊徒之所過에務勤殘民ᄒᆞ야討食奪錢而所宿之處를謂之接主라ᄒᆞ고一洞之家產什物과牛馬鷄犬을無有子遺ᄒᆞ고巡校ᄂᆞᆫ符同賊徒ᄒᆞ야暗爲指麾而有幾千幾百例送之約ᄒᆞ니其爲警賊이有過於此乎아哀此民生이艱辛耕作ᄒᆞ야被虐吏之討索ᄒᆞ고受火賊之侵奪ᄒᆞ고加以兵校之作弊ᄒᆞ야其朝夕莫保之情況은滿目愁慘이라더라

●警務開明 近日에韓國警務를擴張ᄒᆞ기爲ᄒᆞ야開明國人幾十幾百이或稱顧問ᄒᆞ며或稱補助ᄒᆞ며或稱雇傭ᄒᆞ야腐傷ᄒᆞᆫ醯缸에蚋가生ᄒᆞ듯腐敗ᄒᆞᆫ飯椀에蠅이集ᄒᆞ듯會作主ᄒᆞ야韓國에從前未明ᄒᆞᆫ時에人民을壓制虐待ᄒᆞ야罪名을勒加ᄒᆞ든諸般刑具를復用ᄒᆞ야枷之葦之에縛之打之ᄒᆞ며惡刑之下에肉을難保ᄒᆞ니實情을豈得ᄒᆞ리오哀哀韓民은上天이賦與ᄒᆞᆫ良心을虐刑에不堪ᄒᆞ야無罪者도有罪ᄒᆞ다勒服ᄒᆞᄂᆞᆫ者不無ᄒᆞ야雖高等官人이라도驅入此網ᄒᆞ면其禍를不免ᄒᆞᆫ則全國人民은必將魚肉ᄒᆞ리니如此ᄒᆞᆫ開明은何等開明이라謂ᄒᆞᆯ지아마仁義開明이라稱ᄒᆞᆷ은難ᄒᆞᆫ則暴虐開明이不其然乎아

●裁判枉法 古阜居金亟煥氏의先山이興德郡五台洞에在ᄒᆞᆫ바該郡富民李鉉昇이가埋葬於金氏歷代先塋累累之地ᄒᆞ야相訟于府郡ᄒᆞ다가不勝李氏之富權ᄒᆞ야至有平理院之赴訴ᄂᆞᆫ世所共知이온ᄃᆡ向日李氏가亦爲携得巨貸而上京ᄒᆞ야左右圖囑에因此非理之訟으로期欲抑制ᄒᆞ야日前漢城裁判所로金李兩氏가互相對質에셔李氏의所供이金某族姬亮明家에買得이다ᄒᆞ니裁判官李容相氏ᄂᆞᆫ有何私情於李氏인지以金氏抑冤之事로置諸落科ᄒᆞ고且謂於山在官ᄒᆞ야金氏先山三塚을期爲官掘케ᄒᆞ다ᄒᆞ니李氏之錢力에雖有撼動之勞이나以其新埋葬로掘인歷世之塚이是何萬古不法之事乎아裁判官之挾私廢法이何至此極고金氏가忿冤莫伸ᄒᆞ야痛血于인海中ᄒᆞ니聽其事實者ㅣ莫不爲之痛歎ᄒᆞ더라

●僞帖討償 南來人에傳說을聞ᄒᆞᆫ則南原居申姓人이勢不貧寒인ᄃᆡ年前의同郡居金徹先爲名人이符同名ᄒᆞ야知前主事金喪人ᄒᆞ야僞造博十帖紙로勒加申氏ᄒᆞ고葉錢四千兩勒捧事로申門中一人이裁判次上京ᄒᆞ얏다더라

●特別法院廢止 禮陽正李載規氏를照律斷案ᄒᆞᆫ지라平理院에合設ᄒᆞ얏던特別法院을廢止ᄒᆞ고判檢事ᄂᆞᆫ並爲解任ᄒᆞ얏다더라

●秘書公薦 道府參書官을各該道에서報告ᄒᆞ얏ᄂᆞᆫᄃᆡ聽聞에挾雜이太半이라該薦은勿施ᄒᆞ고曾經行政官에有名譽ᄒᆞᆫ인으로二十餘인을公薦ᄒᆞ얏다더라

●稅官頒布 度支部에서稅務官과主事를派送ᄒᆞᆫ區域을別定ᄒᆞ야出張ᄒᆞᆫ事로官報에頒布ᄒᆞᆫ다더라

●服裝定制 三昨日政府에서會議ᄒᆞ야不動產調查ᄒᆞᄂᆞᆫ規程과稅務官及主事服裝制度를決定ᄒᆞ얏다더라

●李犯宣律 李女澍氏를謀陷ᄒᆞᆫ事件으로平理院에서李裕寅氏를捉查ᄒᆞᄂᆞᆫ事ᄂᆞᆫ已往揭載ᄒᆞ얏거니와李裕寅氏의設心做事가已犯重律이라處役宣告가된다더라

●流配處分 役二年罪인尹甲濟氏와一年半柳冀亮氏ᄂᆞᆫ該部에서上奏ᄒᆞ얏더니換以流配ᄒᆞ라신處分을下ᄒᆞ셧다더라

●金氏折臂 警務廳에서監獄署에在囚ᄒᆞᆫ懲丁及罪人을斷髮ᄒᆞᆷ은已往揭載ᄒᆞ얏거니와金錫恒氏가不應斷髮ᄒᆞᆫ즉巡檢이以洋鞋로踢之打之ᄒᆞ야一臂가卽折ᄒᆞ야方在병臥不起이되監獄署장以下醫師가視若不見ᄒᆞᆫ다더라

●地段價劃定 鎭海灣軍海地를調查ᄒᆞ야每一坪에九錢式定價ᄒᆞ야韓政府에서主管ᄒᆞ고日本政府에서出給ᄒᆞᆫ다ᄂᆞᆫ事ᄂᆞᆫ已往記載ᄒᆞ얏거니와都合坪數가三百八十一萬四千四百坪이니價額이二十七萬八千六百六十一元이오平壤外城에日本軍用地段이一百四十萬八千三百九十坪인ᄃᆡ每坪에七錢式ᄒᆞ야七萬二千三百八十七元二十錢이라ᄂᆞᆫᄃᆡ鎭海港에ᄂᆞᆫ度支部에서技師를派送更查ᄒᆞᆫ다더라

●金氏被任 特赦解配ᄒᆞᆫ金在豐氏ᄂᆞᆫ奉常提調를被任ᄒᆞ얏다더라

●掃酒月給 度支部에서庭掃酒ᄒᆞᄂᆞᆫ巡視를每朔月給六元式支給ᄒᆞ야使之擧行ᄒᆞ더니顧問目賀田氏가巡視ᄂᆞᆫ勿施ᄒᆞ고日인을雇入ᄒᆞ야掃塵ᄒᆞᄂᆞᆫᄃᆡ每朔月給四十元式支給故로大臣이不必雇人이라ᄒᆞᆫ則目賀田氏曰掃除도亦有方法ᄒᆞ니日本인이야可能掃酒라ᄒᆞ얏다더라

●漢北學會發起 咸鏡南北道紳士吳相奎李儁俞鎭浩薛泰熙諸氏가漢北興學會를發起ᄒᆞ야昨日下二時에本道京約所로事務所를定ᄒᆞ고開會ᄒᆞ얏ᄂᆞᆫᄃᆡ當日組織된會員이七十餘人인ᄃᆡ李儁薛泰熙兩氏가本會趣旨綱領과規則을說明ᄒᆞ고閉會ᄒᆞ얏다더라

●興校運動 昨日에私立興化學校學徒들이秋期運動ᄒᆞ기로東小門外興天寺近坪에就ᄒᆞ야十餘科目의運動技術을爭先擧行ᄒᆞᄂᆞᆫᄃᆡ整齊ᄒᆞᆫ節次와活潑ᄒᆞᆫ氣象은來賓及傍觀者讚賞不已ᄒᆞ야來賓中吳聖根朴勝鳳諸氏가名敎物品을特別施賞ᄒᆞ얏고該校總敎師金奎植氏ᄂᆞᆫ有餘ᄒᆞᆫ學問으로敎育上大旨를百餘名學徒의게勸勉ᄒᆞᆫ後에月下楓菊에餘興이陶陶ᄒᆞ야愛國運動歌를唱ᄒᆞ며兵式步로入城ᄒᆞ야各歸ᄒᆞ얏다더라

雜報

●設學勸勉書 憂時子 續

齷齪頑陋不堪設想而願此諸習何以祛棄之惟有一言可以大聲嵩呼於二千萬人衆曰讀新學問已而矣讀新學問則人智自發識見日開百昳雪消千祥雲集而向者蛆安于千仞之下今日則붕安于千仞之上翺翔飛揚逍遙自在雖不能朝諸侯而臣齊楚亦可與列國並立共駕而高峙於東西之中央

豈爲人鉗制手足俱繫身命俱危耶乃者北道士人某某儒林世家佇懷磊落有古烈丈夫氣而蒿目時艱瞻懷大局各於其郡設立學堂廣搆新書招延佳子弟而敎授之其志豈小乎哉

不幾年而吾將見英才輩出憂國憂時匡扶我國家將從此爲軸矣豈不大可喜耶然則今日之奴隷我剝奪我者安知不懼然却步還以敬我愛我奔走恐後耶且今日天下局面觀之熱矣盈衰存乎一念興亡決於一瞬我靈我道天必悔禍將來方長亦無其日如非然者傾巢覆之禍而黍離欲做奴隷而亦不得勉之勿替必使我韓人皆日國權之恢復始於北道人士云爾幸莫甚焉榮亦何如若日朝廷有人我無與焉是七隷心矣雖學貫天人識淹今古畢竟止於七隷而已何自由獨立之可言哉 完

●漢北興학會趣旨 (續)

夫邦國之興替는惟在民智之明昧ᄒᆞ고民智之明昧는由於학問之盛衰ᄒᆞᄂᆞ니我韓학問이泥舊因陋로自錮自敗ᄒᆞ야遂致國力虛弱ᄒᆞ며人權墜落ᄒᆞᄂᆞ니此는有志之士ㅣ慷慨扼腕ᄒᆞ야思所以振起之者也라然而媮惰之癖이痼於人人腦髓ᄒᆞ야其欲拔而治之는誠難遽爾奏効ㅣ오且大廈傾頹에亦不能一時復完이라惟是一棟一椽과一최桷을次第鳩合ᄒᆞ야漸至完備가豈非今日汲汲之責歟아惟我關北은即

聖祖岐豐之地라啓發繁昌이厥惟舊矣라加之斯時也에漏船同慘之變은皆由我國民之不得闓體也니所以로設한北興학회于中央而鼓動一省之人士ᄒᆞ야使青年子弟로勉進학業ᄒᆞ되出洋赴京을俾得便利케ᄒᆞ야期進先步於全國ᄒᆞ면激勵之爭趨之가安知非他日各方之模範哉아況玆西友會之唱先이皆由是矣라顧我一省同胞는同聲相應ᄒᆞ고協力做去ᄒᆞ야達其興학之目的ᄒᆞ야以爲全國倡導之前茅ᄒᆞ면我大韓文明之進化가豈不由關北而興乎아勉旃哉勉旃哉

發起인 吳相奎 俞鎭浩 李儁 설泰熙

●郵司挾雜 竹山郡居某氏가本申報를購覽ᄒᆞ는ᄃᆡ五朔所送이一百二十五枚과 該郡郵遞司로僅히九十枚를交傳ᄒᆞ고또購覽人을對ᄒᆞ야稱以不足錢ᄒᆞ고六兩을討去ᄒᆞ얏다니郵遞所關이何等緊要而如是挾雜ᄒᆞ니深用痛歎이라ᄒᆞ노라

●義設病院 義州居朴永運氏가病院設立ᄒᆞ기로內部에承認ᄒᆞ야병院章程을內部에서制給ᄒᆞ얏는ᄃᆡ其文如左

第一條 本院은一般人民의疾병을治療ᄒᆞ되特히鴉片烟喫吸ᄒᆞᄂᆞᆫ人民을試藥救療홈

第二條 本院은惟我官民이慈善事業으로內部에承認ᄒᆞ야公立義濟병院이라命名홈

第三條 本院은無論官民ᄒᆞ고其貲産과誠力을依ᄒᆞ야義捐金을鳩集應用홈

第四條 本院은監督一人과院長一人과事務委員二人과劑藥委員二人을置홈

第五條 本院職任員의任期는無ᄒᆞ고俸給은或名譽或量宜支給홈

第六條 本院監督은本府尹으로例兼ᄒᆞ야一般院務에協力監督케홈

第七條 本院諸職員과治병人은一切本監督과本院長의指揮를承行홈

第八條 本院에治療병人의藥料食費等은各其貲産과誠力을隨ᄒᆞ야依例自擔케ᄒᆞ되但至貧無依者는此限에不在홈

第九條 本院은內部에公認成立에係ᄒᆞ야施術救療ᄒᆞᆫ成蹟을逐月報明홈

第十條 本院에應行未盡細則은本監督과本院長이商量議定홈

本院職任은如左이定홈 院長朴永運 事務委員林寬善 朴永均 劑藥委員林炳燮 山口利四郞 兩氏더라

●日師演說 今日下午七点半에青年會에서本會舘日語教師曾田嘉伊智氏가先覺後樂이란問題로연說ᄒᆞᆫ다더라

●杆校必廢 杆城郡守李丕九氏는莅任數年에服勤視務ᄒᆞ고以惠爲政ᄒᆞ야頌聲이載路ᄒᆞ고학校에熱心ᄒᆞ야연廣扶助ᄒᆞ는ᄃᆡ학徒募集時에壓令不待ᄒᆞ는故로說明次로招致학徒之父兄矣러니橫被强制之中者ᄒᆞ야今當免官에一境民人이皆惜其無辜當免ᄒᆞ야裹足上京ᄒᆞ야呼訴內部에不得仍任之題ᄒᆞ고欲呈政府에路呈而不受ᄒᆞ고入呈則門禁ᄒᆞ야逗留十餘日에未上訴狀而都是該郡守의無勢所致오該郡杆校의廢止가尤甚可歎이라ᄒᆞ더라

廣告

本人이西署東幕峯谷洞第十六統一戶崔毅志와草家七間舊板劉一張新文記一擱을乙巳八月分의一千兩으로典執ᄒᆞ얏더니셔失ᄒᆞ얏슨則該文券二張을誰某拾得이라도休紙施行ᄒᆞᆯ터이기로玆以廣布홈

麻浦 金友慶 告白

平海郡居徐轍奎素是挾雜之類出沒京鄕去年春圖得本郡郵遞主事至于今獨自視務而歸籍此任鉗制一鄕厭人所爲邑人所疾而甚至於勒奪有夫女於吏族家勒奪民財於邑로令廳所出之錢도擄납抑奪ᄒᆞ야至於邑無모令令不行施故歷日누會尙無歸決而非但悖행去去益甚ᄒᆞ고使此인久任置之則民不聊生弱不有妻吏不行事官不施令矣玆以廣告聲言其罪 李友伯 告白

本人等新設大韓運輸會社于大丘北門外ᄒᆞ고廣占倉庫ᄒᆞ야荷物運送及保管을務圖親切便利ᄒᆞ오니有物僉員陸續來議爲望

徐相돈 鄭圭鈺 告白

本人에弟錫憲이偶然失性ᄒᆞ야蕩敗家産ᄒᆞ고改名錫九而流連漢城ᄒᆞ는ᄃᆡ門內田券을僞造ᄒᆞ야典執出債코저ᄒᆞ니內外國人은見欺치勿ᄒᆞ시옵

祥原郡鬱井里居洪錫闇告白

選精 萬國史 全一冊 一百九十頁 定價 新貨六十錢

選述者 金祥演

大發賣所 鍾路平理院上隅 孝濟紙廛

◎分發賣所
鍾路大東書市
布廛屛門下金相萬冊肆
東闕罷朝橋越便朱翰榮冊肆
大廣橋高濟弘書舖

本人이篆字로半陰陽刻姓名圖章을一未繹用矣陰七月二十二日에平理院外에서遺失則內外國人은照亮홈

義州洪在琦 告白

本人의從弟天應이가性本浮浪ᄒᆞ야數多田畓財産을蕩賣放八於技酒色三場ᄒᆞ고計欲族ᄒᆞ야與本府居有名不良的白子珍으로比肩作黨ᄒᆞ야外國人의亂債ᄅᆞᆯ得用ᄒᆞ고本人의叔姪間移徵之計오니凡內外國人은幸勿見欺홈

龍川府居崔雲瑞 告白

◉民事訴訟代理와刑事辯護露定一切法律에關ᄒᆞᆫ事務를迅速處理홈

漢城南署茶洞第十七統八戶
辯護士前檢事正三品 李晃宇
法律事務所
事務員 前判事 丁明燮
博士 趙東濂

印刷 特別社告 廣告

本申報社內에特別히附屬品으로活字를更備ᄒᆞ야書籍印刷所를設置ᄒᆞ얏사오니印書를要ᄒᆞ시는僉君子는來臨相議ᄒᆞ시옵

大韓每日申報社 告白

本申報支社員을黃海道載寧邑濟衆院居劉夢瀣氏로定ᄒᆞ얏사오니附近地方에僉君子는同支社에셔本報를購覽ᄒᆞ시며每朔代金新貨併郵稅合四十三錢을同氏의게로寄送ᄒᆞ시옵

大韓每日申報社

本인弟益善長子名仁培或稱仕培或稱榮培字基覲性本浮浪暗賣田畓이非一非再而萬無挽囘하되從不返心而若干餘地今欲斥賣云ᄒᆞ니內外國인은切勿見欺

東萊釜山三洞 金相益 告白

本人曾往於書標紙內夜峴鄭三字圖章勿施丙午九月十三日爲始以墨書行用內外國人間有本人於書標與換去爲要若過此限休紙施行홈 鄭奎煥 告白

發行兼編輯人 英國人裵說
發行所 京城中署……洞号外地法語學校前
大韓每日申報社

第四卷

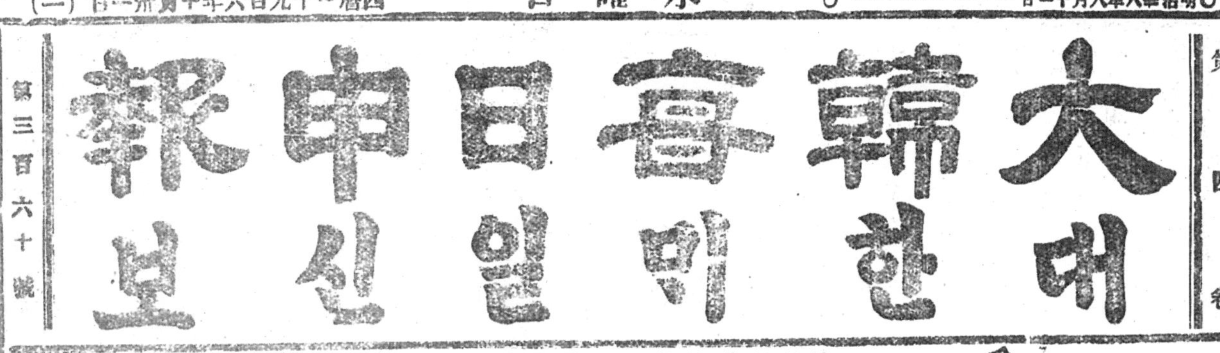

第三百六十號

月曜及慶節 歲時日休刊

檀君開國四千二百三十九年
箕子元年三千二十八年
大韓開國五百十五年
日本明治三十九年
淸國光緖三十二年
◉陰曆丙午九月小十四日戊申

論說

宮禁內에格外行動

韓國皇城內에日本巡査의近者行動이彼之計策의次第進行을表示홈이로다日本人이諸般約諾을蔑視ᄒᆞ는著機는本記者ㅣ前已歷擧어니와其不法之行의責任을彼自逃避홈을亦見ᄒᆞ엿노니此方策을自助者는顧問官規律이是也라伊藤侯가警察及財政顧問官을統監府人員으로不定홈은同氏意思가彼等行動의擔責을欲避홈인줄確然ᄒᆞ도다

日本人이去番僞約을有效로維持ᄒᆞ는지라본記者ㅣ以此暫視ᄒᆞ지니其非條約인줄은吾人이依例知悉홈이나然이나今日評論에는此問題를不必更提라其條約末句에約束ᄒᆞᆫ거슨日本이韓國 皇室을尊嚴ᄒᆞ기로許諾ᄒᆞᆫ거시요且此條約이互相締結의여可笑之態가不多라고欲著하야日본人이廣布ᄒᆞᆫ거슨此句의添入이韓國 皇帝와日本代表者間에交涉ᄒᆞᆫ結果라ᄒᆞ얏도다

此非實情이나然이나都無關係라伊藤侯가此地에서做去ᄒᆞ는每事의責任을直接或間接으로竟取ᄒᆞ엿스니同侯가統監之任을固執홈은此國內에誤失되는每事를實際로擔責홀거시요且日人의不法犯行을尤甚擔責ᄒᆞ엿도다

數日前에日본巡査가所謂警察顧問官之下에서韓國 皇帝의宮禁咫尺에侵入ᄒᆞ야宮女所住處에侵襲ᄒᆞ얏스니此는下賤韓人이라도不法行動으로關係홀거시라彼等의搜探이維何인지는未知로되彼之探索이不得成功ᄒᆞ얏다ᄒᆞ고更聞컨디此侵入以後로宮墻內日人이自意行動ᄒᆞ야人員與物品을小無顧忌ᄒᆞ는도다

此는日本人이頻繁試行ᄒᆞ는示威方針의更一者機니蓋以白人으로는東洋人의進行理由를量度키甚難이라此近者侵入의特別目的이其何인지推度키不能이로디何如컨지該巡査는韓國政府에雇傭됨으로伊藤侯管轄에不在ᄒᆞ다고日本人이外交上에其或與言ᄒᆞ리니如此之言은暫時라도不當聽悉홀거시로다日본이韓國 皇室을尊嚴ᄒᆞ기로約束ᄒᆞᆫ거슨彼亦自許ᄒᆞ나니彼之約諾을違反ᄒᆞ기는此近日格外擧에過大키不能ᄒᆞ얏슨거시나此를較計홀時에는伊藤侯는其擔責을警察顧問官의게歸之ᄒᆞᆯ거시요顧問官은其擔責을 皇帝의廷臣으로量度ᄒᆞ는內部大臣의게로歸之ᄒᆞᆯ거슬吾人이將見ᄒᆞᆯ이로다

官報

◉三千五百九十七號 光武十年十月三十日

◉敍任及辭令

○外國語學校副官閔麟鎬敎 任 仝朴光禧 李應源 金宇鎭 任度支部主事○陸軍研成學校附步兵正尉金敎翊 仝副尉朴觀秉 仝洪季憲 仝參尉李斗仁 免本官○任步兵參領 申羽均○金俊卿 尹載植 任步兵參尉○依願免本官 宮內府大臣官房主事方敎善○帝室會計審查局長高永喜 內藏司檢査課長洪正燮 命兼禮式檢査委員○任宮內府大臣官房主事 宗簿司主事朴叙陽○任宗簿司主事 九品方敎喜○法部協辦李源兢 中樞院議官具永祖 平理院判事李圭桓 漢城裁判所判事李容相 解兼任特別法院判事○平理院判事李建鎬 仝鄭錫圭 仝李儁 解兼任特別法院檢事

◉勅令

◉勅令第四十九號 地方區域整理件 (續)

◉別表

江原道

府郡名	原面	現面
通川	七	七면
歙谷	六	六면
蔚珍	七	七면
平海	八	八면
淮陽	拾	九面
金城	八	八면
金化	七	七면
平康	八	八면
鐵原	九	八면
伊川	拾一	拾一面
安峽	三	三面

平安남道

府郡名	原面	現面
平壤	廿五	十九면
中和	十五	十五면
祥原	八	八면
江東	八	八면
三登	四	四면
江西	十一	十三면
龍岡	十四	十四면
三和	十四	十四면
甑山	五	九면
咸從	十二	十二면
永柔	十五	十五면
順安	十一	十一面
肅川	十七	十七面
安州	十二	十三面
順川	十九	十一面
殷山	十四	十四面
慈山	十	十面
成川	廿六	廿六面
陽德	十	十面
孟山	八	十三면
价川	八	八面
德川	十	十三面
寧遠	拾四	拾四面

平安北道

府郡名	原面	現面
寧邊	拾五	拾五面
博川	五	五面
泰川	八	八面
嘉山	六	六面
龜城	拾一	拾二면
定州	拾八	廿면
宣川	拾	拾면
郭山	拾	拾
龍川	十二	十七
鐵山	八	八
義州	廿二	[illegible]七
朔州	拾二	十二
昌城	九	九
碧潼	廿一	廿一
楚山	廿	廿
渭原	拾五	拾五
江界	廿	廿
慈城	十	十
厚昌	七	七
熙川	八	八
雲山	八	八

未完

外報

◉日船抑留 路透電을據ᄒᆞᆫ則日本漁船세이안丸이加拿大고롬비아州에서日本人을密輸ᄒᆞᆫ事로加拿大官憲의게抑留되엿다더라

◉俄艦訪英 俄國艦隊는目下英國各港을巡訪ᄒᆞᆫ다더라

◉俄態一變 俄國은支那政府가막河玉山의賓居를承諾ᄒᆞ고俄淸談判의態度를一變ᄒᆞ야滿洲에서支那의要求를容納ᄒᆞᆯ傾向이有ᄒᆞ다더라

◉三國同盟 目下羅馬에서開催ᄒᆞᆫ協議會는三國同盟의基礎를鞏固케ᄒᆞ기爲ᄒᆞ야墺國皇帝도協力贊成ᄒᆞ고獨逸外相이羅馬府에訪問ᄒᆞ얏더니伊國諸新聞에는三國同盟의必要홈을論ᄒᆞ얏더라

雜報

●亡命者特赦問題 亡命者特赦問題는前號에屢揭ᄒᆞ엿거니와某某를據ᄒᆞᆫ즉朴泳孝氏를爲先特赦ᄒᆞ고其次에亾命者全部를特赦ᄒᆞ고同時에雲峴宮에惟一血統李埈鎔氏를召還ᄒᆞ고亾命者의連累犯罪를解放ᄒᆞ라고伊藤統監이盡力ᄒᆞᆫ다더라

●古佛今探 二千年前의印度國에서金佛二座가出來ᄒᆞ야一은大師가此를聞知ᄒᆞ고韓國으로渡來ᄒᆞ얏ᄂᆞᆫᄃᆡ日本僧寶谷오쳔國으로渡來ᄒᆞ고一은韓國內各寺刹中에或留傳ᄒᆞᆷ을現今探問中이라더라

●經費와官制 內部治道局經費를經常費로磨鍊ᄒᆞ야度支部로送交ᄒᆞ고該局官制도改定ᄒᆞ야局長과參書官과主事를設置ᄒᆞ기로酌定ᄒᆞ얏다더라

●軍大訪問嚴氏 日昨에軍部大臣李根澤氏가嚴柱益氏家에往訪ᄒᆞ야무合事件을數時間談話ᄒᆞ얏다ᄂᆞᆫᄃᆡ李軍大가嚴氏家에往訪ᄒᆞᆷ은近來初有ᄒᆞᆫ事이라더라

●韓父日子 前郡守李斗淵氏가日憲兵隊長井上氏로收養子를定ᄒᆞ고情誼가親密ᄒᆞ더니今番에李氏之子寅秀氏에게秘書官敍任이出於某處勸告라더라

●行車觸兒 昨日上午十時에鍾路上에셔何許洋服人이自行車를馳往ᄒᆞ다가七歲小兒가觸傷仆地ᄒᆞ얏ᄂᆞᆫᄃᆡ該人이不顧而去ᄒᆞᄂᆞᆫ지라該坊曲巡檢이洋服人을招待ᄒᆞ야尋常看過ᄒᆞᆷ을責ᄒᆞᆫᄃᆡ該人이反爲大談曰如汝巡檢은雖打殺이라도吾當無事라ᄒᆞ거ᄂᆞᆯ巡檢이該人을捉留支所ᄒᆞ얏ᄂᆞᆫᄃᆡ其終末은未知ᄒᆞᆫ깃더라

●視察停止說 內部大臣李址鎔氏가各地方을視察ᄒᆞᆯ次로前往ᄒᆞᆫ다더니地方人民들이李氏下來ᄒᆞ기를苦待ᄒᆞᆫ다ᄂᆞᆫ說을聞ᄒᆞ고有何畏㥘인지視察之行을停止ᄒᆞ얏다더라

●凶漢이假稱日人 廣州等地某姓人家에日人藥商一名이來到ᄒᆞ야一夜留宿ᄒᆞ기를請ᄒᆞ거ᄂᆞᆯ主人이許待ᄒᆞ야夜後幽寂之際에藥商이猝然變色曰余班指一介를遺失ᄒᆞ얏스니必是主人所爲라ᄒᆞ고因作詰鬧이거ᄂᆞᆯ主人이這這說明ᄒᆞ되藥商이終不聽從ᄒᆞ고拔劍按視ᄒᆞ야將至危險之境이라主人이驚㤼避身ᄒᆞ얏더니藥商이突入內庭ᄒᆞ야主人의子婦를刦奸ᄒᆞᆫ지라一洞人民이齊會ᄒᆞ야藥商을縛之打之ᄒᆞᆫ즉藥商曰非日人이오是韓人이라ᄒᆞ거ᄂᆞᆯ一場被打에竟至不保縷命이라自洞中掩埋ᄒᆞ얏더니其後幾日에一悴人이來到主人家ᄒᆞ야錢萬兩을討索ᄒᆞ거ᄂᆞᆯ主人曰何故討錢乎아ᄒᆞᆫ則該人曰日人을打殺掩埋ᄒᆞ얏스니若不給錢이면京城統監府에往訴ᄒᆞ깃다ᄒᆞ거ᄂᆞᆯ主人이恐而逐送ᄒᆞ얏더니該人이統監府에來告ᄒᆞ얏던지自該府로日憲兵과巡檢을派送ᄒᆞ야該主人과洞民十餘名을捉上訊問ᄒᆞᆫ則十餘人供辭가如出一口에死者가非日人이오韓人이라ᄒᆞ거ᄂᆞᆯ自統監府로日人藥商을調查ᄒᆞᆫ則果無死者라捉囚ᄒᆞᆫ十餘人을無事放釋ᄒᆞ야平理院으로押付ᄒᆞ얏ᄂᆞᆫᄃᆡ平理院에셔該主人을牢囚ᄒᆞᆫ지가于今幾朔에尙不放送ᄒᆞ얏다더라

●執法被冤 卜術과祈禱等事로惑世誣民ᄒᆞ야펀奪財物ᄒᆞᄂᆞᆫ妖邪之徒는行警官人이詗捉懲治ᄒᆞ야風化를整理ᄒᆞ고生民의財産을保護ᄒᆞᄂᆞᆫ거시警廳法律上에斷不可已者인ᄃᆡ傳說을聞ᄒᆞᆫ則西署南大門外藥峴居ᄒᆞᄂᆞᆫ崔召史라ᄒᆞᄂᆞᆫ女人이本來賣卜欺人ᄒᆞᆯ기와衣食ᄒᆞᆯ기에關ᄉᆞ님을모셧다ᄒᆞ고欺인取財ᄒᆞᄂᆞᆫ故로日前에警廳에셔捉致訊問中이러니其厥女가其邊有力處에周旋이有ᄒᆞ얏던지無罪放送이되고其時捉來ᄒᆞ든巡檢은査實ᄒᆞ야罷免ᄒᆞᆫ다고ᄒᆞ니厥女의周旋도大段ᄒᆞ거니와某處勢力之下에法律이自歸無用이라고인皆痛歎ᄒᆞᆫ다더라

●諸氏贊助 各私立小學校에셔秋期聯合運動을盛行ᄒᆞᆷ은已爲揭載ᄒᆞ얏거니와李鍾泰兪致衡金得鍊李鼎完玄운諸氏가光明學校에對ᄒᆞ야優數히補助가有ᄒᆞᆷ으로其熱心奬學을人皆讚頌ᄒᆞᆫ다더라

●陛后問題의더욕[?] 陛后問題로卿錫[?]藎[?]廣[?]漲[?]教元世洵三氏가封章을進呈ᄒᆞ얏스미韓皇陛下께옵셔重大事件을不可遽議로批答ᄒᆞ셧ᄂᆞᆫᄃᆡ其運動者의首領은李선[?]提調李鍾泰氏가非常ᄒᆞᆫ熱心으로同志를糾合ᄒᆞ야陰曆十一月 東宮殿下嘉禮前에此問題를決定ᄒᆞᆯ意氣로將次萬人疏를捧呈ᄒᆞᆯ터인ᄃᆡ前議政大臣李根命氏가搢紳을率ᄒᆞ고廷請上疏ᄒᆞᆫ다고ᄒᆞ더라

●陛后事反對說 十三道搢紳章甫等이陛后事의反對的으로會同陳疏ᄒᆞᄂᆞᆫᄃᆡ韓國先王朝의典禮와肅宗大王의遺訓을據ᄒᆞ야十條義理를辨析ᄒᆞ야繼繼數千言으로進陳ᄒᆞᆯ터인ᄃᆡ此間疏運動者某某人을聲討가有ᄒᆞ니其疏本은將次勝戰ᄒᆞ야一般世人의覽悉을供ᄒᆞ깃노라

●伊藤歸國 伊藤博文氏ᄂᆞᆫ同國의命을被ᄒᆞ야日間에發程歸國ᄒᆞᆫ다더라

●名譽와履歷의攷覈 再昨日에各大臣이地方官銓考에合格者를三인式公薦ᄒᆞ야銓考所로移送ᄒᆞᆫ지라該委員等이會同ᄒᆞ야該人의名譽와履歷書를考覈ᄒᆞ얏다더라

●義務教育의建議 再昨日政府에서大韓自强會의建議ᄒᆞᆫ義務教育議案을提出ᄒᆞ야烟商ᄒᆞ얏다더라

●服裝一例 政府에서文官服章을實施ᄒᆞᆯ次로各部院廳으로通牒ᄒᆞᆫ事ᄂᆞᆫ已往記載ᄒᆞ얏거니와軍部兩廳外에ᄂᆞᆫ而各部外而各道府郡一般官吏를一體實施ᄒᆞ기로主務部에셔確飭시行ᄒᆞᆫ다더라

●自治實施 내部에셔各地方自治制度를實施ᄒᆞᆯ次로大臣以下가參與ᄒᆞ고相議中인ᄃᆡ該規則은前約條例와同一ᄒᆞ야政治法律範圍內에셔人民이自由活動케ᄒᆞᆫ이라더라

●銓員會商 文官銓考委員이昨日政府에齊會ᄒᆞ야전考에關ᄒᆞᆫ事項을第一回烟商ᄒᆞ얏ᄂᆞᆫᄃᆡ各府部에文官窠闕이十餘인이되ᄂᆞᆫ지라日間에臨時전考를施行ᄒᆞᆫ다더라

●參政請邀統監 伊藤統監이從近歸國ᄒᆞᆫ다ᄒᆞᆷ으로參政이請邀ᄒᆞ야昨日에晩餐會를設行ᄒᆞ얏다더라

●龍顏愧乎 順川郡時務小학校生徒李觀一의寄書一篇을別項에揭載ᄒᆞ얏거니와其國家思想과教育熱心이果是令인感泣이라朝廷大官들도此書를讀過ᄒᆞ면以其爵祿과以其責任으로時務上意見과忠愛的心血이萬不及於十四歲幼年生徒ᄒᆞ니反而省之면能無愧乎아

●會辦觀察 慶南觀察沈相翊氏ᄂᆞᆫ一進支會公函을損送爲嘗曰若有冤枉이어든訴狀이可也어날有者勸告ᄒᆞ야自巳事를任他公函이事體大違라ᄒᆞ얏더니一進支會에셔沈관察을一口彈駁ᄒᆞᆷ이라더라

●日人貪地 高陽盃山下에日人이自意掘浦ᄒᆞ야灌漑土地ᄒᆞ고收稅ᄒᆞᄂᆞᆫ事에對ᄒᆞ야내部에셔統監府와交涉ᄒᆞ야禁止ᄒᆞ라ᄒᆞ얏더니統監府에셔省其民弊ᄒᆞ야不此之禁ᄒᆞ고公文ᄒᆞ기를不甚民弊어든即爲許可ᄒᆞ라ᄒᆞ고反爲督捉ᄒᆞᄂᆞᆫ지라내部에셔高陽郡으로訓令ᄒᆞ야日人의灌水에民之利害와土之關係와農之形止를進這查報ᄒᆞ라ᄒᆞ얏ᄂᆞᆫᄃᆡ該郡에셔形便을摘奸ᄒᆞᆫ則本有洞洑ᄒᆞ야每斗落에壹斗式應稅ᄒᆞᄂᆞᆫᄃᆡ日人은三斗式ᄒᆞ고自該浦로至交河ᄒᆞ야屢萬石穀을관水ᄒᆞᆫ다ᄒᆞ니該地屢百石落이沒入其중이니該洞은廢止乃已라ᄒᆞᄂᆞᆫᄃᆡ該日人等은高陽倅及該洞民의게詰難ᄒᆞ기를若爲停役ᄒᆞ면所用役費를自郡洞으로徵出ᄒᆞᆫ다ᄒᆞ고威脅이太甚ᄒᆞ다더라

●稅務保護 地方區域分合事件과稅務事에對ᄒᆞ야吏民間作擾之說이狼藉ᄒᆞᆷ의稅務官派送時에派兵保護ᄒᆞᆫ다ᄂᆞᆫ說이有ᄒᆞ더라

●參書와郡守叙任 日間內部에셔參書官을先爲叙任ᄒᆞ고窠闕郡守도次次奏本ᄒᆞᆫ다더라

●借居者위契 沃溝港監理署前主事徐基琓氏가群港京浦에在ᄒᆞᆫ自巳家舍를舒川居梁主事在鴻의게放賣ᄒᆞ고官契撥給ᄒᆞᆫ터인ᄃᆡ其間借居者趙順泉이가曾巳符同署屬ᄒᆞ야暗出官契ᄒᆞ야該港總巡河天泓氏處에二百兩錢을典用ᄒᆞ고撤還上京ᄒᆞ얏슨則該署員官契를不爲撥給ᄒᆞ너니梁氏가該署에呈訴ᄒᆞ되有何曲折인지官契不出ᄒᆞᆷ으로또平理院에呼訴ᄒᆞ지有ᄒᆞ얏다ᄒᆞ니該官契를撥給ᄒᆞᆫ然後에事必妥定이라고ᄒᆞᆫ더라

●晉察回電 晉州郡民擾事로내部에셔該部로電飭ᄒᆞ야查報ᄒᆞ라ᄒᆞ얏더니晉州觀察使가回電ᄒᆞ기를斗入地分割事로吏民이齊會等訴故로曉諭解散而巳오民擾事ᄂᆞᆫ初無ᄒᆞ다ᄒᆞ얏다더라

寄書

平安南道順川時務小學校十四歲生徒 李觀一

近來各道各郡에學校가日益增加ᄒᆞᆫ다ᄂᆞᆫ所聞을每於各新聞上에多見ᄒᆞ니大端感謝ᄒᆞ도다本郡도小學校設立된지가數年인ᄃᆡ學徒가漸進ᄒᆞ야男女並六十餘人이熱心受學ᄒᆞ나但切歎者ᄂᆞᆫ教科書一欵也오妨害的一欵也라우리나라에셔教科書刊出者가曾無ᄒᆞᆷ으로各學校規則이同一치못ᄒᆞ야教師가各各意見ᄃᆡ로教育이라고ᄒᆞ니此學校에셔ᄂᆞᆫ此科書를教導ᄒᆞ고彼學校에셔ᄂᆞᆫ彼科書를教導ᄒᆞᆷ으로層節이만은中或其教師가何習이未解ᄒᆞᆫ이ᄂᆞᆫ古俗ᄃᆡ로初學이니千字文이나비와줄가唐詩句나가라쳘가ᄒᆞ고낫슬잇ᄂᆞᆫ學徒ᄂᆞᆫ通鑑이나小學卷이나비와줄가ᄒᆞ고어리셕은學徒에父兄ᄂᆞᆫ덜ᄂᆞᆫ國文本意를아지못ᄒᆞ고學校에셔國文을가라쳐쥰다고誹방이滋甚ᄒᆞ며兼ᄒᆞ야無識無義ᄒᆞᆫ悖類ᄂᆞᆫ處處有之ᄒᆞ야學生募集也와捐金義助也에妨害가無雙ᄒᆞ니此ᄂᆞᆫ教育上大毒蠹也라이것저것ᄒᆞᆯ거업시다뉘에허물인ᄒᆞᆯ진ᄃᆡ不可不責在於政府로다學府에셔一分만치라도精神이有ᄒᆞ고보면爲先各校에初門은何許讀本何許歷史何許地誌를教科ᄒᆞᆫ지國漢文으로速키發刊ᄒᆞ야十三道各郡學校에教科規則이同一케ᄒᆞ야日就月將ᄒᆞ면此ᄂᆞᆫ可謂初門之指南也요以萬國地圖로言之ᄒᆞ면當初에淸國에出者와日本刊出者ᄲᅮᆫ이니各各方音이不同ᄒᆞᆫ거시고우리나라에셔刊出ᄒᆞᆫ거시라ᄒᆞᆺ도淸日兩國刊出者를依ᄒᆞ야ᄒᆞᆫ거시니其發音된거시多誤ᄒᆞ야우리나라教科에ᄂᆞᆫ不合ᄒᆞ니此亦國漢文으로分明히改良ᄒᆞ여야될거시고學部에셔已爲編刊ᄒᆞᆫ書籍이라ᄒᆞᄂᆞᆫ거슨古談陳說뿐거시만ᄒᆞ여니와合이幾冊이되시못ᄒᆞ니此亦國漢文으로多數發刊ᄒᆞ야人民에智識을發達케ᄒᆞᄂᆞᆫ거시亦可謂文明上開進也라生은本是五官이分明치못ᄒᆞᆫ一聾ᄒᆞᆫ일ᄲᅮᆫ더러兼ᄒᆞ야年幼今十四歲也라鄙家內에叔姪兄弟가學校를設立ᄒᆞ고晝夜熱心ᄒᆞ다가國事日非ᄒᆞᆷ을緬憤이녀겨各國으로遊학이나ᄒᆞ야보자고一叔은今往法國波里京ᄒᆞ고一叔은今在日本東京ᄒᆞ고二叔二兄과八歲兒一弟ᄂᆞᆫ지今在北美華盛頓ᄒᆞ야渾家가散在各處ᄒᆞᆫ잇고只五官이分明치못ᄒᆞᆫ耳聾年幼生이在ᄒᆞ야학校事務라고보ᄌᆞ노라니貧寒ᄒᆞᆫ학校에本無財政ᄒᆞ고救助ᄒᆞ여쥬ᄂᆞᆫ스람은一個ᄲᅮᆫ個가無ᄒᆞ니支遡ᄒᆞ야가ᄂᆞᆫ슈도업거니와但隻身이衆身奴僕ᄒᆞ야朝則汲水燃火ᄒᆞ고暮則房屋戶庭을쇄掃ᄒᆞᆯ有隙之時에다만一字라도비와불나泊沒奔走도ᄒᆞᆫ여니와國事와校況이日益蕭條ᄒᆞᆷ을想覺ᄒᆞ니切痛無地ᄒᆞ도다鄕里에年老ᄒᆞ시다ᄂᆞᆫ尊丈님네들은무ᄉᆞᆫ일이이러ᄒᆞᆫ弊未ᄒᆞᆫ지已前에ᄂᆞᆫ쑴으로셰상을지ᄂᆡ엿거니와今日은不可不吾精神ᄎᆞ려國事도근심ᄒᆞ고학校事도保全ᄒᆞ야青年子弟들좀敎育시겨보ᄌᆞᄂᆞᆫ생각들좀ᄒᆞ야쥬시오今日이昨日갓고明日이今日갓고보면우리大韓國名字도멧날이못되여업셔집더이고上部에계신近日大官님네들은前夢이尙未醒ᄒᆞᆫ인지祝務에汨沒無暇ᄒᆞᆫ인지方今敎育을經營ᄒᆞ여보ᄌᆞ고시각中인지아진ᄂᆞᆫ못ᄒᆞ되어셔밧비뭄노재고安作ᄒᆞᄂᆞᆫ視務도停止ᄒᆞ고敎育좀ᄒᆞ여보ᄌᆞᄂᆞᆫ一端精神을收拾ᄒᆞ여면쳠上部職任을極盡이ᄒᆞ고府郡間不辨학務와民人間敎育妨害를急速히視察ᄒᆞ야쥬시오不此之實爲幸ᄒᆞ고

此時此日에長作虎위ᄒᆞ야權利之爭이不息ᄒᆞ고黨派之作이日起ᄒᆞ면我韓은永無後圖ᄒᆞᆯ지라權利之爭도無所用ᄒᆞ고黨派之作도無所用ᄒᆞᆫ거시年來에晝夜所爭權利가終歸於何網罟ᄒᆞ며彼此所分黨派가實在於誰手耶고胡爲乎若此無知之甚也오

雜報

●安民呼訴　安州來인에傳說을據ᄒᆞᆫ즉本郡鄕長金萬熙ᄂᆞᆫ素以三十餘年土豪로剝割人財ᄒᆞ야富致百萬金者也라猶爲不足ᄒᆞ야往在甲辰兵擾時에軍粮馬草買得價與運送役夫雇價장賃條가爲二萬五千七百餘元이고鐵道役夫募集時에虛偉官令ᄒᆞ고層役錢蕩食이爲一萬二千餘元이을ᄯᅳ本郡七千餘戶代表인金宗範이가累度府郡ᄒᆞ야鄕長장食한三萬七千餘元을推給民間之意로嗚寃이非止一再而職彼金萬熙가以黃金力으로浚脂府郡ᄒᆞ야有若莫敢誰何故로數萬民衆이欲食其肌이온터又生奇虛之慾ᄒᆞ야推頹官聽ᄒᆞ고瞞報上府하야欲圖郡主ᄒᆞ오니若以此等인物로叙任則安州一境生未免魚肉이라고金宗範이가呼訴于내府ᄒᆞ고昨日에入京ᄒᆞ얏다더라

廣告

普通教科國漢文一秩二冊定價新貨
東國歷史 一圜十戔
法蘭西新吏 四十錢
淸國戊戌政變記一秩 一圜
政治汎論 一秩二冊一元廿錢
越南亡國史 一冊三十錢
法蘭革新戰史一冊 三十錢
大韓輿地圖一張 十七錢五里
世界全圖一張 三十七錢五里
大韓地誌一秩 一圜
牧民心書一秩 一圜二十五錢
萬國地誌一秩 一圜
尺牘完編一秩 一圜五十錢
行政新編一冊 五十錢
法學通論一冊 一圜
溫故知新賞叢抄 七錢五里
父師必독소學指남 七錢五里
人工養蚕一冊 十五錢
世界之政治 一冊五十四錢
家庭雜誌一 十錢
進明彙論一秩 三十五錢
交際新禮一秩 十八錢

發賣所 布屛門下金相萬書舖 大韓每日申報社

花春丹은 霍亂 吐瀉 腹痛 滯症 暑症 정忡 神昏 胸鬱 痰盛 醉酒 船暈 咳嗽 瘧疾 口味업는 諸症의 神效喜이오 此外에도 洋灰水解毒 唐창 疳氣 蛔虫 寸虫 赤白언風 等과 東西洋藥이 俱備ㅎ고 能病도 隨問出方ㅎ오니 僉位는 枉臨ㅎ시옵

皇城校洞石井洞下隅 濟生藥局 告白

大韓帝國仁川港

浦紙

以上三種은上品으로製造ㅎ야衛生上에有益ㅎ니毋論某人ㅎ고本港에來臨ㅎ심을

一 鷹標罐濃縮牛乳
一 金印罐詰濃結牛乳
一 無糖家用氣化乳酪
一 좌ㅣ든쓰製造麥芽化合牛乳

以上은常時에貯積ㅎ얏숩
美國紐育港보ㅣ든쓰濃結牛乳會社
一手代理店
大韓仁川港 世昌洋行

◉九轉靈砂丹 本人이 [illegible] 男女老少에 無論何症ㅎ고 [illegible] 身體가 [illegible] 平生의 [illegible] 疾病에 [illegible]
◉九轉靈砂丹은 [illegible]
◉九轉靈砂丹은 婦人 帶下症에 神效ㅎ오
◉九轉靈砂丹은 酒滯 食滯 血滯 吐瀉 瘟疫 痢疾 吐血 下血 濕氣 時疾 疝症에 神效ㅎ오
◉九轉靈砂丹은 [illegible] 上疳瘡 下疳瘡及唐瘡과 諸般瘡疾에 無不神效ㅎ오니 僉君子는 來問ㅎ시오
內醫司前두갈바골上隅第一號 李鶴廷 告白

◎本社廣告

申報價
一張代金 新貨二錢五里
一箇月前納 三十錢
三箇月 九十錢
六箇月 一元七十戔
一箇年 三元四十戔
郵稅一部 新貨五里 一箇月 十三戔

廣告料
四号活字十三字詰
每日每英尺一寸에新貨廿五錢
(每日每行에六錢에相當흠
其期限의長短과字行의多少를依ㅎ야增減흠이有흠)

◎大韓每日申報各處支社廣告
中署布屛門下 金相萬冊肆
洞口越便 朱翰榮冊肆
中署農圃初入七十八統第二戶 鄭鳳時
仁川鍾峴開新冊肆 李東直
平壤南山峴古新學校 金浩淵
寧川邑稍西 崔叙恒
義州南門外韓西大藥房 安濬
長連邑 張有寬
鎭南浦藥洞 金龜
咸興州南社 金允집
中和邑 曺喜林
釜山佐川稌藥房 李錫培
開城北部梨井里鮮洽居 金濬鉉
城副社長 崔翰亨
大邱郡 姜助遠
鎭山邑內 趙愼文國
元山港倉前 安灝
黃海道載寧邑濟衆院 金乃範
發行兼編輯人 劉夢澤
發行所 英國人裵說
京城中署普進坊磚洞号外地法語學校前 大韓每日申報社

第四卷　第三百六十一號

大韓每日申報

대한매일신보

月曜及慶節
歲時日休刊

☆☆☆

檀君開國四千二百三十九年
箕子元年三千二十八年
大韓開國五百十五年
日本明治三十九年
淸國光緖三十二年
◉陰曆丙午九月小十五日己酉

論說

美日關係

日本第三等報紙를若不歸卽인則日本之攻擊美國은可見이라其意가全部가沒冊을是依하나露日戰役前二年末에意見가亦然하엿도다我同盟國民의報筆이太平洋美國海岸에日本海軍力을展하기를旣已辯論하엿스니以此又勢로視之컨디太平洋之緋이美國을自東亞分界하其間大洋을橫斷할이로다

現今美日間困難의原因이白人人은用肉種하고黃人은但用米穀하生活上競爭으로從生한은吾人이斷不能恰實이로다

現今特著한問題는桑港學校에서日본學徒를分離한거시是也라吾人이推度컨디此는桑港官吏가美日兒童의雜處함을希望치으로不思함이니本記者는此意見을高尚하거니와日本에居留하는一般外人中에此同一한胸量을經歷한人士는亦表本人之意하리로다白人의本眷은所有子女를純潔品行으로養育하기를一般試圖하나日本人은此大旨를輕視하야其子女의不潔習慣을關之以度弁하는도다

美國人形態에對하야好箇想像移住外國을亦可恕容하려니와事實은不至如此라日본政府의이亦有하나若日本에耕土가無餘하고人口가過多하면日人之報告가若非誤失인된日본人口가現今比例로他二百年之際에更加繁昌하더도彼自供給하기가猶能할지니由是로日本居民을現今多受하는何如邦國이든지彼乃侵襲之意인줄을自覺하리로다

何以觀之컨디本記者는桑港官吏의行動을有益之擧로關係하노라日本報筆이評論하되美國內에排日思想이西海濱에서始起하야且今煽動이라하얏스니此說이實情이나然이나惟一記憶할거슨妨害物을斂迷하여併하는者는其乃西濱居民이오且平和로侵入하는日本移民의危險之勢를確然히擴度하기에尤能한거시로다

本記者는美國人民이其西方困難人民의說明을多少許하기를實希望하노니因其結果하야日本이何如行動을採取할는지本記者는一前意見을하리로다

韓國內에는日本移民植民과或其他彼之所稱이多하나然이나以其著態로量度하면彼之多數는自國之益을爲하야尙在日本이로다

官報

●三千五百九十八號　光武十年十月三十日

◉宮廷錄事

奉常司提調催祭益祥職 批旨者院具啓所請依

◉敍任及辭令

○免本官　德源府參務署巡　鄭斗南　右德源府尹由所報의查照한즉該員이民間에討索하야此挾職務이라하기是以로免本官○張佑文　俞夏濬　金品照　朴海道　朴秉浩　洪明憙　洪祐說　柳河一　李壽求　吳滋祿　金復卿　稙象　李淳　宋顯　李惠相　吳裕馨　丁炳燮　李錫祚　宋武用　金駿植　尹鴻植　黃祐定　李鍾元　洪鶴秀　金鍾弼　金泓謙　白南日　金鎭台　李承左　孟용鎬　高浚相　玄光爽　林鍾九　尹滋益　李寅鵬　洪弼厚　權重杓　徐憲　徐丙燾　남弼熙　李承謨　柳芝秀　丕重德　鄭寅敎　吳世煥　李範璇　李百應　李商珪　俞炳緖　俞鎭翊　金秉泌　柳冕秀　成金植　李有斑　申鉉周　安斗水　宋光顯　金鍚浩　許炯　朴鎭㝝　張文煥　丕錫　金남韶　方春榮　金鎭植　陳中錫　姜信榮　元敬常　黃祐晳　林光世　盧日壽　柳志默　柳文珪　鄭淳學　鄭海悅　李建中　南奎元　成周慶　李進宇　吳炯根　金肇權　俞濟弼　魏禎昱　李萬用　李東穆　俞兢鎭　李鍾殷　李若雨　鄭복　尹泰震　閔宇植　朴斗熙　李秉鎬　金東轍　朴魯升　李鼎薰　李承龍　曹秉玉　任度支部稅務主事○依願免本官　龍宮郡守張龍煥○任德源府摠巡　沃溝府摠巡河至弘○叙沃溝府摠巡　朴來春○九品李敎旨　崔敬鵬　任慶尙남道觀察道摠巡○九品鄭雲衢　東萊府　任咸鏡觀察道總巡○任平安南道관察道總巡　九品金烱赫○九品金亦一　安世鉉　任平安北道관察道總巡○九品尹順直　九品비瑞均　任平安남道관察道總巡　未完

◉勅令

◉勅令第四十九號　地方區域整理件　續

◉別表

咸鏡南道

府郡名	原面	現면
咸興	五十六	四十八면
安邊	十二	十二면
文川	六	六면
德源	五	五면
高原	六	六면
永興	十三	十三면
定平	十二	十[illegible]면
洪原	十六	廿四면
北靑	卅五	卅[illegible]면
端川	九	八면
利原	三	三면
甲山	十八	拾八면
三水	拾七	拾[illegible]면
長津	拾壹	拾壹면

咸鏡北道

府郡名	原면	現면
鏡城	六	六면
城津	六	六면
吉州	拾壹	[illegible]면
明川	七	七면
富寧	拾	拾壹면
茂山	拾八	拾[illegible]면
會영	拾五	拾五면
鍾城	拾三	拾三면
穩城	拾四	拾二면
慶源	拾四	拾[illegible]면
慶興	八	[illegible]

未完

外報

●淸國의政界　北京電에日直隸總督袁世凱氏가署收한北京郊社長周馥氏는立憲政治를目施하기爲하야政府組織을盡力周旋한다더라

●二省督撫　淸國政府에서는奉天省에總督과吉林省黑龍江省에는巡撫를置하기로議振貝子를派遣하야調査한다더라

●法國內閣에成立　倫敦電을據한즉法國新內閣이如左하니首相兼內部大臣구레만소 法部大臣데센 外部大臣피숑 度支大臣가이요 陸軍大臣피가루 勞動大臣비비안이라더라

●美國內閣의更迭　華盛頓電을據한즉美國大統領루쓰벨트氏가內閣員이如左히變動됨을發表하얏는디紐育財政界에有力한쓰도우라스는商工部大臣前商工部大臣멧도가루후는海軍大臣　海軍大臣보나바루도는檢査總長　前驛遞總監코테루유는度支大臣前駐俄美國大使매야는驛遞總監을被任하얏더라

雜報

●統府申飭　日人과韓人이符同ᄒᆞ야各地方에前往ᄒᆞ야討索勒徵ᄒᆞᄂᆞᆫ弊端이種種有之ᄒᆞᆫ故로統監府에서此事件에對ᄒᆞ야從玆以後로ᄂᆞᆫ日人이無日本司令部公文ᄒᆞ고外邑人民의게勒討挾雜ᄒᆞᄂᆞᆫ弊習이有ᄒᆞ거던自該郡으로結縛捉上ᄒᆞ라고申飭ᄒᆞ얏다더라

●修補告由　圜丘壇頹落處를修補ᄒᆞ기로告由祭를掌禮院에서擧行ᄒᆞ고昨日부터修理工役을始作ᄒᆞ얏다더라

●在囚運動　平理院에被囚ᄒᆞᆫ李裕寅氏를處絞ᄒᆞ기로宣告ᄒᆞ얏다ᄂᆞᆫ뎌氏가運動力으로減等免罪ᄒᆞ리라더라

●私会廢止　閭巷間私会을廢止ᄒᆞ고學校에入學케ᄒᆞ기로學部에서建議ᄒᆞᆫ다더니近日에各支所巡檢이私会을撤罷ᄒᆞ라고曉諭ᄒᆞᆫ다더라

●財政界恐慌　度支部中央金庫財政正釐ᄒᆞᆷ의對ᄒᆞ야異論이不無ᄒᆞᆯ지라故로韓國財政上에間或恐慌이突起ᄒᆞ야商業界에破産者가多ᄒᆞᆷ은勿論이어니와經濟上必要ᄒᆞᆫ原理와原則을依ᄒᆞ야行ᄒᆞᆷ이當然ᄒᆞᆫ事이어ᄂᆞᆯ財政顧問目賀田氏가正釐方法을日本明治維新初에正釐ᄒᆞ던體裁를不依ᄒᆞ고現今程度가增進ᄒᆞᆫ時代學文으로方式을主要ᄒᆞᆫ点을定ᄒᆞ야施行코져ᄒᆞ니商業界恐慌은日로起ᄒᆞ야私業上破産者의淸算人을選定ᄒᆞᆫ境遇에至ᄒᆞ니豈不猛省之處也오氏로言之ᄒᆞ여도新進學者인所以인가舊派學者의行政은知而不行ᄒᆞᄂᆞᆫ지韓國經濟ᄂᆞᆫ不足掛念ᄒᆞᄂᆞᆫ지未知커니와氏ᄂᆞᆫ整理手段으로商業界에恐慌이不起케希望ᄒᆞᆫ다고輿論이喧藉ᄒᆞ다더라

●伊藤參內　伊藤統監은日前에來京ᄒᆞᆫ令子伊藤勇吉氏와同件ᄒᆞ야再昨日午後三時에　大皇帝陛下게陛見ᄒᆞ얏다더라

●礦山特許調査　礦山條例를發布ᄒᆞᆫ結果로礦山採掘을請求ᄒᆞᆫ者가意外에多ᄒᆞᆫ뎌當局者가不遠間에特許ᄒᆞᆫ다더라

●內部照會　內大李址鎔氏가度支部에照會ᄒᆞ기를全羅南道駐在財務官이期於히宣化堂으로其事務所를作ᄒᆞᆫ다ᄒᆞᆷ은本大臣이承認키難ᄒᆞ니速히他處로移轉케ᄒᆞ라ᄒᆞ얏다더라

●補佐官以下配置　尙且各地方에在勤ᄒᆞᆫ警務補佐中에警部十三名과巡査二百六十八名을募送ᄒᆞ라고日本警視廳에請求ᄒᆞ얏ᄂᆞᆫ뎌該人員을業已決定ᄒᆞᆷ으로來月中旬에ᄂᆞᆫ來韓ᄒᆞᆯ터인뎌警務顧問部에서補佐官數名을釜山에派送ᄒᆞ야迎接ᄒᆞ고直時任所로分遣ᄒᆞ야京城으로ᄂᆞᆫ不來ᄒᆞᆫ다더라

●銓員公談　再昨日文官銓考委員들이政府에會同ᄒᆞ야軍部主事一人及農部主事一人窠闕代를銓考補充ᄒᆞᆯ터인데該委員監洛憲氏가參政大臣을對ᄒᆞ야委員長資格을說明ᄒᆞᆫ後委員會議席에서公談ᄒᆞ기를前者定期試驗에被選ᄒᆞᆫ人도尙未收用ᄒᆞ고今此臨時試驗이尤極不可요且銓考規則에親任官幾員만薦ᄒᆞ다ᄒᆞ얏스니人材를公薦ᄒᆞᄂᆞᆫ限은一般人民이必同ᄒᆞᆯ지니自願應試者ᄂᆞᆫ不問薦主ᄒᆞ고通用전考ᄒᆞ야用人ᄒᆞᄂᆞᆫ範圍를推廣ᄒᆞ자ᄒᆞ미議論이不一ᄒᆞ야將次親勅奏任官이各幾人式公薦전考ᄒᆞ기로改正規則ᄒᆞᆫ다더라

●一進益熾　忠北觀察使尹吉炳氏가到任以後에各郡의訓飭ᄒᆞ야東亞關進敎育會員이라爲名ᄒᆞᄂᆞᆫ者ᄂᆞᆫ一一捉囚嚴懲ᄒᆞ라ᄒᆞᆫ故로該會ᄂᆞᆫ不攻自破되고一進會員은比前益熾ᄒᆞ야盛況을呈ᄒᆞᆫ다더라

●程途不合　今番度支部에稅務官區域을排定ᄒᆞᄂᆞᆫ뎨該部協辦柳正秀氏가左之右之ᄒᆞᆫ故로稅務官들이遠近程途에不合ᄒᆞᆫ思想이有ᄒᆞ야稱怨ᄒᆞᄂᆞᆫ人이多ᄒᆞ다더라

●自强建議의實施與否　再昨日下午一時에大韓自强會總代委員林炳恒金相範兩氏가政府에前往ᄒᆞ야參政大臣朴齊純氏를請見ᄒᆞ고問曰日前에本人等이本會에義務敎育建議書를帶來ᄒᆞ얏다가適其時因政府會議ᄒᆞ야秘書課에交付ᄒᆞ얏더니已經收覽ᄒᆞ신잇가參政曰其時에果因會議ᄒᆞ야未得會見ᄒᆞ얏스니於心未安이오該建議書ᄂᆞᆫ各大臣이已爲輪覽ᄒᆞ얏소然이나敎育에主務ᄒᆞᄂᆞᆫ學部大臣이現在旅行中인則待其還提議코자ᄒᆞ오又問曰閣下ᄂᆞᆫ該建議에對ᄒᆞ신意見에何如ᄒᆞ시오參政曰余ᄂᆞᆫ此義務敎育을極히贊成ᄒᆞᄂᆞᆫ바니以待學大回還ᄒᆞ야卽爲政府會議에提出ᄒᆞ야斯速實施ᄒᆞᆷ을企圖ᄒᆞ오又問曰陰陽術書禁戢事ᄂᆞᆫ何如措處ᄒᆞ신잇가參政曰已經提議而議論에不一ᄒᆞ야姑爲留案ᄒᆞ얏스나隨機ᄒᆞ야從容提ᄒᆞ야其實行方法을爛商ᄒᆞ깃소ᄒᆞ니總之如此問答으로以會員詳陳ᄒᆞ기노라ᄒᆞ고歸來ᄒᆞ얏다더라

●西友第二回開會　西友學會第二回通常會를明日下午三時에河橋南川邊西上所在家會館에서開會ᄒᆞᆫ다더라

●鄕校挾雜　延豐來人의所傳을據ᄒᆞᆫ즉鄕校都鄕長姜在鼎과面長李元欽兩氏가符同ᄒᆞ야鄕校를設始ᄒᆞᆫ다稱ᄒᆞ고村村每戶에分排ᄒᆞ야葉二三兩四五兩式收斂ᄒᆞ되或有不肯者면稱以學校勸懲ᄒᆞ야乾沒ᄒᆞ고學校經費ᄂᆞᆫ無一分補助ᄒᆞ야鄕校ᄂᆞᆫ不攻自破되고民怨이漲天ᄒᆞᆫ故로該道觀察使가吏校를派送ᄒᆞ야姜李兩氏에前後挾雜事件을這這詳査以去ᄒᆞ얏더라

●春察赴任　江原觀察使黃益相氏ᄂᆞᆫ再昨日에辭陛ᄒᆞ고赴任次로昨日發程ᄒᆞ얏다더라

●鐵道認狀　湖남鐵道를成設次로徐午淳氏가農部認許를承準ᄒᆞ야資본을鳩聚ᄒᆞᄂᆞᆫ데統監府에서農部로公函ᄒᆞ기를日본人이敗設ᄒᆞᆯ터이니認許ᄂᆞᆫ勿施ᄒᆞ라ᄒᆞᆫ說은已往記載ᄒᆞ얏거니와農部에서答函ᄒᆞ기를已許人民則今不可銷認이라拒絶ᄒᆞᆫ故로徐氏가該資본을借款次로日人과已行契約ᄒᆞ인데統監府에서農部로又公文ᄒᆞ기를該鐵道에絶大的必要가有ᄒᆞ니該認狀을期於繳銷ᄒᆞ라ᄒᆞ얏다더라

●卜採被譏　日前에英親王府에세丹가出入ᄒᆞ얏더니卜術者가入闕　宮중에라ᄒᆞ고源邊警部가一般官吏과各니人願을一一搜探ᄒᆞ다가不得探査ᄒᆞᄂᆞᆫ지라宮女等이切切唾罵ᄒᆞ얏다더라

●醫院相換　宮니에시從院과秘書監은　處分으로相換ᄒᆞ얏다더라

●忠察困難　忠남觀察使金嘉鎭氏ᄂᆞᆫ其妻남洪鍾헌氏로該道庖肆都派員을差定ᄒᆞᆫ故로洪氏가幾千兩式先捧ᄒᆞ고各郡派員을差出矣러니經理院에서庖稅를各該郡守가收納ᄒᆞ라ᄒᆞ야訓令ᄒᆞᆫ故로日補좌官이先受金을督促ᄒᆞᄂᆞᆫ지라洪派員은逃身上京ᄒᆞ얏ᄂᆞᆫ데該錢幾萬兩을今관察에辦出ᄒᆞ기로일人이火督ᄒᆞᆫ다더라

●道察叙任　昨日내部에서전者十三道觀察府參書官을奏裁ᄒᆞ얏ᄂᆞᆫ데京畿參書官은金漢睦忠北에ᄂᆞᆫ송熙完忠남에ᄂᆞᆫ崔麒洛全北에ᄂᆞᆫ尹昌鉉全남에ᄂᆞᆫ馬駿榮慶남에ᄂᆞᆫ朴晶奎慶북에ᄂᆞᆫ白남蛟江原道에ᄂᆞᆫ鄭海運咸남에ᄂᆞᆫ朴從龍咸북에ᄂᆞᆫ柳學根平남에ᄂᆞᆫ金英鎭平북에ᄂᆞᆫ張孝根黃海道에ᄂᆞᆫ李義老氏等十三이더라

●將有詰駁　各道府參事官을二三人式公薦報來ᄒᆞ라ᄒᆞ고니部에서各道府로訓令ᄒᆞ더니及其叙任ᄒᆞᆯ時에ᄂᆞᆫ薦人을且置ᄒᆞ고額外人으로니部에서專行叙任ᄒᆞᆯ지라各道에서該訓令을爲准ᄒᆞ야詰駁ᄒᆞᆯ터이라더라

●廢校可惜　仁川私立[illegible]學校生徒等이본社에寄書ᄒᆞ되本校가自昨年으로日語夜學課로熱心上學ᄒᆞ야庶幾有成就之望矣러니近者에該校가無端廢止ᄒᆞ야學徒三十餘名의[illegible]之歎이極爲可歎이라ᄒᆞ니吾儕ᄂᆞᆫ該校任員에게向ᄒᆞ야모조록方策을勵行ᄒᆞ야期於復校ᄒᆞ야학徒의所願을遂케ᄒᆞ기로勸告ᄒᆞ노라

●金倅治績　남來人의傳說을聞ᄒᆞᆫ則金海郡守[illegible]默氏ᄂᆞᆫ原來政界上과社會上에[illegible]가夙著ᄒᆞᆫ名士이라今其[illegible]이未滿兩朔에邑弊民[illegible]外[illegible]任派定의極公과[illegible]의公平과外交의敏活ᄒᆞᆫ거시近日罕有ᄒᆞᆫ良吏라고ᄒᆞ더라

●郡[illegible]不公　[illegible]郡[illegible]長金益模ᄂᆞᆫ多年滑吏로[illegible]ᄒᆞ야病民盜[illegible]薦擧에排衆[illegible]故로一郡物[illegible]ᄒᆞ더라

●有誤改正　本報第三百五十九號第二面雜報欄內에[illegible]宗開敎란題下에對ᄒᆞ야此等挾雜事件이라ᄒᆞ며國民精神的妨害라ᄒᆞᆷ은係是誤錯이기로改正[illegible]ᄒᆞᆷ

寄書

日本行爲에對ᄒᆞᆫ國際法解釋　天江生

國際公法의原則으로保護國과被保護國의關係를研究ᄒᆞ니保護國과被保護國이條約으로關係를定ᄒᆞᆫ後에被保護國이萬若其條件의義務를實行치아니ᄒᆞ면保護國이抑制로是를强行ᄒᆞᆯᄂᆞᆫ權利가有ᄒᆞ거니와保護國이此權利를濫用ᄒᆞ야條約外의不當ᄒᆞᆫ干涉이有ᄒᆞ면被保護國은是를拒絶ᄒᆞᆯ權利도有ᄒᆞ며該事件으로因緣ᄒᆞ야條約의破棄를請求ᄒᆞᆷ도無妨ᄒᆞᆫ지라

我韓이日本과逼迫的保護條約을締結ᄒᆞᆫ以來로被保護國된韓國은些少ᄒᆞᆫ事라도壓制强迫을取ᄒᆞ야條約의義務를實行치아니ᄒᆞᆷ이無ᄒᆞ거날保護國地位에在ᄒᆞᆫ日本은條約에違反ᄒᆞᄂᆞᆫ不正行爲가無ᄒᆞ다可謂치못ᄒᆞᆯ리로다最近者에行ᄒᆞᆫ一事로言ᄒᆞᆯ지라도日巡查數人으로ᄒᆞ야금宮禁咫尺에突入ᄒᆞ야　御坐近傍을搜索ᄒᆞ얏스니此ᄂᆞᆫ保護國의當行ᄒᆞᆯ義務라得稱ᄒᆞᆯ깃나뇨條約에　皇室尊嚴을日本이擔保ᄒᆞᆫ義務가有ᄒᆞ니如此行爲ᄂᆞᆫ確實ᄒᆞᆫ條約違反이라伊藤統監은其責을逃避코져ᄒᆞ야該巡查ᄂᆞᆫ統監府의巡查가아니오韓廷에雇聘ᄒᆞᆫ顧問部의巡查니日本의責任이아니라ᄒᆞ려니와顧問部를韓廷에設置ᄒᆞᆷ도條約의目的을達ᄒᆞ기爲ᄒᆞ야兩國의合意로設置ᄒᆞᆷ이니顧問部의行爲ᄂᆞᆫ日本의意思가아니라하지못ᄒᆞᆯ지라韓政府ᄂᆞᆫ是等의條約違反과　皇室尊嚴의侵犯을默過ᄒᆞᆷ이可乎아

雜報

女子教育會趣旨書

是會ᄂᆞᆫ何를爲ᄒᆞ야組織ᄒᆞ얏ᄂᆞᆫ고女子教育을爲하야我韓有志者가組織ᄒᆞ야成ᄒᆞᆫ者이라我韓四千年來의女子教育이라ᄒᆞᆷ을未聞ᄒᆞ얏더니今에是會를組織ᄒᆞᆷ은何事인뇨我韓이文明에漸就ᄒᆞᄂᆞᆫ風潮가一時에啓發ᄒᆞᆷ을臻ᄒᆞ야女子에教育이現今時代에第一主義로認定ᄒᆞ야全國女子의學問上進步上에贊成ᄒᆞᆫ範圍와義務를持有ᄒᆞ야同役를糾合ᄒᆞᆷ이라有志婦人의糾合ᄒᆞᆫ바ᄂᆞᆫ幾何에達ᄒᆞ얏ᄂᆞ뇨我韓女子가男子壓制力을受ᄒᆞ고深閨에禁錮ᄒᆞ야人道上缺點을包有ᄒᆞᆫ憾情을融解ᄒᆞ고一般社會에同等權利를克復코ᄌᆞᄒᆞᆯ지며第一教育에在ᄒᆞ다ᄂᆞᆫ善知識을覺悟ᄒᆞ야滿腔熱血을皷發ᄒᆞᄂᆞᆫ特性이有ᄒᆞᆫ貴婦人이二百八十餘名에達ᄒᆞ야是會를成立ᄒᆞᆷ이라然則是會ᄂᆞᆫ女子教育의主腦되고機關되ᄂᆞᆫ四千年創有ᄒᆞᆫ一部文明社會이라稱ᄒᆞᆯ게도다엇지我韓一流女子의大福利가아니며我韓國家에大慶幸이아니라謂ᄒᆞ리요噫라初가有ᄒᆞ고終이鮮ᄒᆞᆷ은古人이戒ᄒᆞᆫ바이라然이나是會ᄂᆞᆫ初와終이如一ᄒᆞ야我韓女子의文明會社를完全成立ᄒᆞ야特別效果가有ᄒᆞ기로期待ᄒᆞ노니如何ᄒᆞᆷ을基因하야期待ᄒᆞᄂᆞᆫ지二百八十餘員의遠ᄒᆞᆫ貴婦人의熱血心을太陽과如히信仰ᄒᆞ노라玆에趣旨를意述ᄒᆞ야女子教育會에大贊成ᄒᆞᄂᆞᆫ悃忱을發明ᄒᆞ노라

女子教育會發起人秦學新

海產協同會社에서警務南署에請願ᄒᆞᆫ全文如左ᄒᆞ니本會社趣旨ᄂᆞᆫ各沿海郡에附設支社ᄒᆞ고鳩聚資金ᄒᆞ야爲漁採業之營業이오不爲收稅窠窟이라本社員梁奎煥이爲京畿道支社ᄒᆞ야業務實施次로府訓을方欲到付於江華郡일ᄉᆡ西署倉洞居尹敎炳者가聞其會社之趣旨ᄒᆞ고來見奎煥而該訓令을給與於我ᄒᆞ면善爲到付於該郡ᄒᆞ야使之翻飭後에即爲上來ᄒᆞ야以可堪人으로薦人於會社ᄒᆞ고與該人으로同爲社業云故로奎煥이信之無疑ᄒᆞ고給付訓令云이오噫彼敎炳이敢生不測之計ᄒᆞ야華郡與江居金承鉉春川郡居黃台鎭으로符同ᄒᆞ야藉托社員ᄒᆞ고僞造社票ᄒᆞ야無難挾雜타가先自一進會로押付于本社이옵가考閱僞票則塗改各人處에討索錢財가至爲七十三圜八拾二錢五里이온즉究厥所爲에誠極駭嘆뿐더러以數個人不正行爲로貽及於會社ᄒᆞ니豈不憤哉아如似悖類를難以私力懲戢이오니尹敎炳同金承鉉黃台鎭等을捉囚嚴懲ᄒᆞ시고討索錢을准數督捧ᄒᆞ야還給於商民케ᄒᆞ오며相當ᄒᆞᆫ律에照ᄒᆞ야永杜後弊를伏望이라ᄒᆞ얏ᄂᆞᆫ데自警務南署로該三漢等을訊問ᄒᆞ야警務廳으로移囚ᄒᆞ얏다더라

●靑年演說　今日下午七点半에里門內靑年會에서日本僧數師劍持省吾氏를請邀ᄒᆞ야연說會를開ᄒᆞᆫ다ᄒᆞ니有志諸君子ᄂᆞᆫ高明ᄒᆞᆫ紳士의講연ᄒᆞᆷ을往聽ᄒᆞ시오

●崔氏熱心　私立前進學校日語敎師崔相[illegible]氏ᄂᆞᆫ官立日語學校卒業生으로日本에遊學ᄒᆞ야六七年을에歸國ᄒᆞᆫ지[illegible]其語音韻과[illegible]條暢通[illegible]ᄲᅮᆫ더러또ᄒᆞᆫ敎授[illegible]熱心[illegible]夜不怠ᄒᆞᆷ으로生徒의[illegible]日就月將ᄒᆞᄂᆞᆫ實效가有ᄒᆞ다더라

●金李訟案　再昨日[illegible]의振戰ᄒᆞᆫ金李兩인이한[illegible]所의셔訴訟ᄒᆞᆫ事件에[illegible]아此訟案與[illegible]一인을[illegible]事의계對하야私情에有하다[illegible]非常往來者의持來ᄒᆞᆫ[illegible]을[illegible]布하얏더니此記事의現今은確證이無ᄒᆞᆫ[illegible]을[illegible]載ᄒᆞᆫ거시誤錯이기로此를消刻하며昨日의裁判所主事[illegible]의[illegible]하야[illegible]律을[illegible]하ᄂᆞᆫ一인이本社에來하야此寄書인의姓名을說明하지아니하면裁判하깃노라恐動하며裁判ᄒᆞᆯ것업시其인의姓名을言告하라하얏스나寄信[illegible]何[illegible]寄信者의姓名이던지言告하ᄂᆞᆫ事ᄂᆞᆫ都無하노라答言하얏스며姑且詳報ᄒᆞᆷ을待하노라

廣告

◎本社廣告

申報價
一張代金 新貨二錢五里
一箇月前納 三十錢
三箇月 九十錢
六箇月 一元七十錢
一箇年 三元四十錢
郵稅一部 新貨五里
一箇月 十三錢

廣告料
四号活字十三字詰
每日每英尺一寸에新貨十五錢
(每日每行에六錢씩相當홈)
其期限의長短과字行의多少를依ᄒᆞ야酌減홈이有홈

◎大韓每日申報各處支社販賣所
中署布屛門下 金相萬冊肆
洞口便 朱翰榮冊肆
中署寺洞入七十八統二戶 鄭東植
仁川新峴朝鮮新報社 朴東亨
平壤南山峴上新學校 金濟淵
□川邑□□ □叙□
義州南門外韓西大□□ 張有□
長連邑 金□
鎭南浦 □□ 金□□
咸興州南社 曹喜□
中和邑 李俊培
釜山佐川徐鶴房 金潤俊
開城北部梨井巷□□ □□□
校洞校長 李助遠
大丘郡 □□□文□
鎭山邑內 安□
元山港倉洞 金□範
黃海道載寧邑濟衆院 劉夢澤

發行兼編輯人 英國人裴說
發行所
京城中署壽進坊碑洞号外地法語學校前
大韓每日申報社

第四卷 第三百六十二號

大申報

대한매일신보

月曜及慶節歲時日休刊

檀君開國四千二百三十九年
箕子元年三千二十八年
大韓開國五百十五年
日本明治三十九年
淸國光緒三十二年
◉陰曆丙午九月小十日庚戌

論說

美國內排日運動

桑港官吏가公衆學校에서日本學徒를拒絶홈으로醜辰된形態가特一銳敏ᄒᆞ거신즐노皆著ᄒᆞ는도다

美國人이對此事端ᄒᆞ야特有懸念인지는本記者ㅣ不能探得이며且美政府의取行ᄒᆞᆫ거슨惟使日本으로此害心이俱從地方想要求ᄒᆞᆫ衆의承認홈이아닌을知홈ᄒᆞ엿스니以此觀之컨ᄃᆡ美國各州가純然排方事에는各有自治權이라是以로桑港官吏의確然定意ᄒᆞᆫ形態를觀之면日本이似未有矯正之策이로다此事情之下에彼之屈辱은不足驚異나然이나此事機가略干□錄을引起인바我之同盟이何如火薪인ᄃᆡ者示ᄒᆞ나니東京一新報가美國갈니포니아에서日人을虐待ᄒᆞᆫ다說明ᄒᆞ야闡舌노非難홈이如左ᄒᆞ니라

美國役夫와及其爲猾政黨이相致應助ᄒᆞ야以其箇人貪慾으로兩國友誼를破傷ᄒᆞ는도다黨類政客이日人을排斥ᄒᆞ기로發言홈은不公背虐인바他人種을奴隷로下視ᄒᆞ는彼之可傲에서從生ᄒᆞᆫ거시요갈니포니아에一代議員은與日交戰ᄒᆞ지라도言及ᄒᆞ엿스니此傲慢野蠻이日本의銳劍을試一經驗ᄒᆞ엿스면記者ㅣ喜見ᄒᆞ리로다

議擧者ᄒᆞᆫ던日本에大統領필모어씨派遣ᄒᆞᆫ美國司令官의誘說노門戶를開放홈이今不過五十年에其時에는美國이一般兄弟之誼를講道ᄒᆞ엿거니와今我同胞는深畏ᄒᆞᆯ지어다

此美國이以其不公惡行으로我國同種을凌辱ᄒᆞ야彼之學舍에서日本男女學徒를拒絶ᄒᆞ는도다我皇帝가大統領필모어의任務를遊戲ᄒᆞ야司令官리를特派ᄒᆞ야美國野만의게其排斥이不人情됨을必言ᄒᆞ거나或我等이美國人의계戰役上一工課를與ᄒᆞ기에自衛치아니ᄒᆞᆯ가

官報

◉敍任及辭令

◉三千五百九十八號 光武十年十月三十一日

○任江原道觀察道總巡 六品李大鉉○任黃海道관察道總巡 六品李完圭○任全羅南道관察道總巡 吳台漢○金榮珠 金升연 任咸鏡南道觀察道總巡○任忠淸北道관察道總巡 朴承九○白儀鎔 金治憲 任咸鏡北道觀察道總巡○任慶尙北道觀察道總巡 九品權奉錫○李□□ 金十珍 解京畿種痘事務委員○解江原道種痘事務委員 朴□□○解黃海道種痘事務委員 □泰華○解平安남道種痘事務委員 李遠華○解平安北道種두事務委員 丕始赫○前醫師李□一 金完培 命京畿種두委員○命江原道種두委員 仁川種두支所委員 崔顯海○命黃海道種두委員 前主事□□□○命平安남道種두委員 前主事朴台永○命平安北道種두委員 前委員金□默○命仁川港種두支所委員 崔行權○解甲山種두委員 丕□觀○命甲山種두委員 趙필濟○金商翊 許鍾 송奎洛 洪祐□ 徐廷燮 徐基文 禹夏昌 李□稙 金관熙 田慶爽 李泰鵬 金正奎 王宗性 金□□ 李鍾益 金淳恒 李戴敎 韓敎京 徐丙周 南啓설 李元模 金光秀 梁在韶 玄暘澤 鄭秀哲 閔泳甲 李容憲 李禹□ 朴斗□ 李八應 趙熙舜 李偘淳 李重穆 李榮珪 金成執 程□□ 吳□春 趙東煥 金珙華 金光鎬 南貢熙 鄭진植 洪秉□ 李康□ 崔炳奎 李寅純 張錫煥 黃祐설 安孝承 趙載豊 白南斗 李敏學 徐丙완 柳秉龍 申각熙 黃貞淵 池夏均 金봉植 姜根□ 具滋弘 金덕植 李容豐 李性和 金章鉉 閔廷基 林始潤 閔泳贊 崔龍熙 姜熙俊 林丙周 沈相鎭 任度支部稅務主事 宗

◉三千五百九十九號 光武十年十一月一日

◉敍任及辭令

○依願免本官 奉常司副提調 朴□承○任奉常司副提調 正三品朴晔稷○丁□燮 □□植 李□□ 廣濟院□□委員 ○六品崔浩鉉 煤炭위員河在運 命□□院□□위員○命鑛炭위員 九品姜鎭□ 命奉常司提調 從二品金在豐○從□免本官 太醫院主事 鄭泓林○任太醫院主事 敦寧司主事 鄭光杓○任敦寧司主事 九品鄭泓林

勅令

◉勅令第五十號

地方官官制

第一條 道에는如左職員을置홈

一觀察使	一人	勅任
一參書官	一人	奏任
一警務官	一人	奏任
一主事	五人以下	判任
一總巡	四人以下	判任

第二條 觀察使는內部大臣의指揮監督을承ᄒᆞ고度支部軍部法部學部農商工部主管事務에關ᄒᆞ야는當該大臣의指揮監督을承ᄒᆞ야法律命令을執行ᄒᆞ고管下行政事務를管理홈

第三條 觀察使는外國及外國人에關ᄒᆞᆫ事項에就ᄒᆞ야는該道에駐在ᄒᆞᆫ日本理事官과交涉홈을得ᄒᆞ며□□□□□即將該事由ᄒᆞ야□府部에報告홈

第四條 관察使는管下行政事務에關ᄒᆞ야其職權範圍內에道令을發布홈을得홈

第五條 관察使는管下郡守의政令施措가□□□□公益을害ᄒᆞ거나□□□□ᄒᆞᆫ其政令施措를取消ᄒᆞ거나又停止홈을得홈

外報

◉英國海軍力 □□□□□□ᄒᆞᆫ則英國이一艦有ᄒᆞ□□□□之即時四十隻의□□□□의海路를制□□□□備ᄒᆞᆫ者라다고確□ᄒᆞᆫ더라

◉海軍擴張 淸國政府는袁世凱氏의建議로各部大臣이協議ᄒᆞ고海軍을擴張ᄒᆞ기□ᄒᆞ야戰鬪艦十隻裝甲巡洋艦□□隻□艦九隻驅逐艦十二隻을建造ᄒᆞ기로各省의財원을調査ᄒᆞ야外國造艦所에注文ᄒᆞᆫ다더라

◉新艦隊組織 英國海軍省에서는獨立新艦隊를組織ᄒᆞ기로決定ᄒᆞ얏는ᄃᆡ該艦隊는□□□□시에ᄂᆞᆫ□로定ᄒᆞ고□□□□艦隊의現役及預備役으로海峽艦隊와大西洋의艦隊에□ᄒᆞ야常附케ᄒᆞᆫ다더라

雜報

●政府變更機 伊藤侯가去月에朴泳孝氏等을召還ᄒ면新政府를組織ᄒ計劃을徵異中에尖示ᄒ지라軍部大臣李根澤氏ᄂ心神이落與ᄒ야統監을官邸로屢訪ᄒ야將來方便을哀乞ᄒ되至於大勢ᄒ여ᄂ難以容私故로無聊歸來ᄒ얏ᄂᄃ朴泳孝政이首席大臣인故로未久에該辭職의問題가惹起ᄒ터이라더라

●叙勳과下賜 式部次長伊藤勇吉氏가再昨日陛見에韓皇陛下ᄭᅴ옵셔勳一等八卦章을叙하시고豹皮와銀製烟草와銀製織物團扇等으로 御下賜ᄒ셧다더라

●玄氏奔走 前參將玄暎運氏ᄂ其夫人과共히陛后上疏의趣旨를貫徹코저ᄒ야東西奔走ᄒ다인ᄃ氏ᄂ伊藤統監의考慮를求ᄒ야承認을得ᄒ後에遂行ᄒ터이라고某處에揭載ᄒ얏더라

●紀元休暇 明三日은繼天紀元節인故로各府部廳에셔休暇ᄒ다더라

●巡檢被責 三昨夜에北署管院署等地某人家에賊漢이突入ᄒ야家產什物을沒數偸去ᄒ얏ᄂᄃ該家인즉出入路가直由於支所幕前ᄒ야其外에ᄂ無他岐路라該家人이警察署近之處에逢賊ᄒ을不勝抑冤ᄒ야北署에告訴ᄒ엿던지北署에셔該支所巡檢을招待ᄒ야警察上에帶愼처못ᄒ을論責ᄒ얏다더라

●學徒自退 農商工學校를設始以後로各科程을教師가實心教授ᄒ야學徒들이將就之望이有ᄒ더니近日에日人教師가入校ᄒ後에日語만熟心教授ᄒ고諸般科程을尋常置之ᄒᄂ故로學徒들이學業에無意ᄒ야請願自退ᄒ기로議論이紛紛ᄒ다더라

●稅主紛擾 今番叙任ᄒ稅務主事들이紛紜ᄒ되平安道咸鏡道等地에셔食一床에葉二兩式ᄒ다니薄俸ᄒ月俸으로支過無路ᄒ더며稅務가如意치못ᄒ境遇에ᄂ倩卿主事ᄒ様으로果官上來ᄒ不과酌定ᄒ다니如此ᄒ艱境이며擔保厲主가不無論責이라ᄒ더라

●疑獄更疑 李世稙송乘唆事案에對ᄒ야獄事가始起ᄒ時에日本巡査가東摘西捉ᄒ야韓政府高等官幾多人에ᄃ外他許多平民도無數逮捕ᄒ야警廳과監獄署와東西南北各署에分囚ᄒ고日本巡査가嚴重秘密히看守ᄒ며警廳에셔洋鎗幾百柄을鍊示ᄒ야威도ᄒ며訊問ᄒ時에周牢도施ᄒ고紅絲로結縛도ᄒ고散杖으로捕打도ᄒ고着枷도ᄒ고又於此際에日本憲兵隊長官이停職退歸ᄒ며警廳補佐官이黃渡日ᄒ미世人의疑惧를惹起ᄒ야韓日兩國에大關係가有ᄒ야特別ᄒ風波가激起ᄒ다聒聒盱盱ᄒ며咄咄嗟嗟ᄒ야注目이太甚ᄒ더니如此히兩個月을經ᄒ後에該事件을平理院으로移送ᄒ야各人等을流十五年에處刑ᄒ다고丸山顧問이法律々지擬照ᄒ얏다云云ᄒ미世人이疑ᄒ기를警廳顧問이法權干涉이有ᄒ가ᄒ더니近日에平理院에셔各人의게宣告ᄒ事를聞ᄒ즉其內容이李世稙解配ᄒ라신皇恩에關ᄒ事ᄲ인則世人의一層疑雲이更起ᄒ야獄事始起ᄒ던道遠虛偽ᄒ交象과大異ᄒ던더러日本憲兵長官은何故로停職이며警廳補佐官은何故로此際에別別怪怪ᄒ事端이必有ᄒ지라奔忙渡日인지蓋此獄의始終이表面과裏由가懸殊ᄒ야這間노疑慮이百倍ᄒ則本社에셔ᄂ探知ᄒᄂ대로載ᄒ깃노라

●保船會社 日人山口氏가五江에保船會社를設始ᄒ고統監府와理事廳에承認ᄒ얏다ᄂᄃ該社目的을得聞ᄒ즉船商의게米穀鹽魚包에銅錢二分式收稅ᄒ고魚杖雜物도亦有收稅定式인ᄃ船隻에만일毀傷ᄒ가有ᄒ면該社에셔錢幾百兩을船主게出付條約ᄒ다더라

●此習可歎 日昨에西署苊洞某人家에日本商女가入來ᄒ야軒上에坐ᄒ얏ᄂᄃ主人家幼兒가瓔珞에佩懸ᄒ銀蝙蝠三介가忽然不見ᄒ지라該家廊婆가十分疑訝ᄒ야日女와同來兒의足衣囊中을搜探ᄒ즉蝙蝠이果在其中이라該商女를好面으로送ᄒ얏다ᄂ더라 日本商民中의如此히行爲不正者가多ᄒ니聞者가莫不痛歎ᄒ더라

●藥商騙財 高陽郡地居表相仁家에日本藥商一人이來到ᄒ야丸藥五介를知昧ᄒ라고出給ᄒ더니晉眼間藥價十元을督推ᄒ거날表氏曰丸藥五介價十元이是何說乎아ᄒ되日人이威脅毆打에將至危險之境이라表氏가勢不得已ᄒ야錢六元을辨給ᄒ고該藥을無奈歸正ᄒ얏다니此은藥商은生命을衛護ᄒᄂ이아니라騙財爲主ᄒᄂ人인즉日人藥商을禁止ᄒ然後韓國人民의財產을保護ᄒ깃다고該地人傳說에有ᄒ더라

●不美者三 南陽郡人民의來ᄒᄂ說을聞ᄒ則該郡守方漢德氏가不美行政이莫甚可歎이라今番郡主事望報로論之ᄒ면七十老翁何所求라고不顧ᄒᄂ洪昌厚와絲術及學文이茫昧ᄒ學務主事와一鄕이不可라ᄒᄂ吏房朴來益等三人으로薦報ᄒ얏스니不美之事가一也오區域劃付之際에水原雙阜六面이來付于南陽ᄒ更爲지論이라ᄂ手票를受入ᄒ則收稅를一百二十元或一百六十元으로賣入ᄒ되若稅務官與稅務主事來任時改差라도不擇否貨ᄒ고貪於肥己之慾ᄒ니不美之事가二也오設施設을藉稱ᄒ고鹽稅及柴稅를勒捧ᄒ야民冤이狼藉ᄒ니不美之事가三也라然則當此時ᄒ야貪官과盜賊之患이迭相交攻ᄒ니豈非太息痛哭處乎잇가ᄒ얏더라

●否署所見 警務中署長韓東履氏ᄂ警務使의食口로叙任ᄒ얏ᄂ더曾經判事ᄒ야法律을知ᄒ다ᄒ더니罪인裁判과其他署務에全昧ᄒ야인鑑이小無ᄒ고補佐官에鼻笑가大端ᄒ야名色이署長이오日勤摠巡安慶會氏의名望이多ᄒ야該摠巡이아니면署務를不可堪當이라고署中에셔評論ᄒ더라

●修學院官制 一昨日의官報로頒布ᄒ얏ᄂᄃ皇族과貴族을敎ᄒ기爲ᄒ야設ᄒ이오院長은勅任으로一人이오敎官은奏任으로四名이오書記ᄂ判任으로三名을任命ᄒ고必要ᄒ時에ᄂ外國人도聘傭ᄒ며科目은修身國語漢文外國語와學地理歷史理科圖畵音樂體操等이오學年은四月一日로始ᄒ야翌年三月卅一日에終ᄒ고入學ᄒ子弟ᄂ十인以內를選定ᄒ야裁可를受ᄒ며敎育에關ᄒ重要事項은宮內大臣과學部大臣과商議決定ᄒ기로定ᄒ얏다더라

●內訓各道 內部에셔十三道에訓ᄒ되無論敎會ᄒ고一般인民이無據凌虐ᄒ意로訓飭이非止一再인바現今地方敎務를漸次刷新ᄒ則國民義務로尤不可不除舊習諺ᄒ고更張維新이니嗣後以後ᄂ敎民會民及凡民이渙釋嫌介ᄒ고均視團體에無相軋轢이되萬若敎民會民이凡民을藉勢威脅ᄒ이어나凡民이仇視敎民ᄒ고無端毆逼이欲報睚眦어든一並痛禁嚴斷ᄒ지니將此辭意ᄒ야翻飭管下各府郡ᄒ야揭付 衛에俾無 民不聞不知케ᄒ이爲宜事라ᄒ얏더라

●武官點檢 再昨日에ᄂ軍部大小官吏가武官학校에會同ᄒ야武官及一般軍인의檢査를經試ᄒ얏고昨日에ᄂ訓鍊院에一般軍隊가鍊習點檢ᄒ얏다더라

●姪取叔頭 陽城來인의傳說을聞ᄒ니該郡山垈에所在ᄒ鄭학者의墓塚을何許賊漢이暗掘ᄒ고取頭而去ᄒ얏ᄂᄃ安城駐在兵丁이三四朔을偵探ᄒ야今月初旬에該賊漢을捕捉ᄒ고頭骨을塚主의게還給ᄒ지라其賊ᄒ은朴학者에姪兒로其從兄의錢財를取코저ᄒ야如是ᄒ얏ᄂᄃ其ᄒ은安城으로捉去ᄒ얏다더라

●公納査實 各大臣에曾經守令者로銓考合格인ᄋ二十餘員을公牒ᄒ야送交ᄒ지라內部에셔度支部로姓名을錄送ᄒ야公납에一一査實ᄒ더라

●親書漏聞 伊藤統監이渡韓ᄒ時에日本皇帝親書一통을皇上陛下ᄭᅴ奉呈ᄒᄂᄃ一幅에ᄂ皇室敦睦을表ᄒ야李容翊氏를特赦還ᄒ시기를希望이라ᄒ고若不赦召還ᄒ면ᄂ서勅命으로退ᄒ다ᄒ句語도ᄒ지라問題가非輕ᄒ故로九月廿五日內閣集ᄒ가會ᄒ얏더니九月念間에伊藤統監이又爲上奏ᄒ야于今ᄒ了ᄒ얏ᄂᄃ監이不遠間歸國ᄒᄂ故로朴泳孝氏等以下諸臣을召還ᄒ고該罪者를蕩척叙用ᄒ기로撈力運動ᄒ으로答ᄒ修正ᄒ얏다더니事實이張皇ᄒ다더라

●伊藤歸期 伊藤侯歸國期ᄂ已往各報에歷揭ᄒ어니와某據ᄒ則本月二十日後에京城에셔出發ᄒ야京釜鐵路로釜山軍艦으로歸國預定이라더라

●韓國有力者視察 本月下旬에伊藤統監이歸國ᄒ際에韓國內에多數有力者가隨經ᄒ야日本으로往ᄒ야各종을視察ᄒ다더라

寄書

狐假人形談　北郭居士

東海之濱에有一老狐ᄒᆞ니惡人之術과眩人之才가百獸에冠山ᄒᆞ고西山之北에有一영獅ᄒᆞ니貪暴成性ᄒᆞ야動輒害人ᄒᆞᄂᆞᆫ지라영獅가老狐의詐譎ᄒᆞᆷ을聞知ᄒᆞ고火怒이勃發ᄒᆞ야呑噉之心을不禁ᄒᆞᆷ이凶牙를磨ᄒᆞ며猛爪를張ᄒᆞ고東海로向ᄒᆞᆯ時에老狐가驚悞ᄒᆞ야罔知所爲ᄒᆞ다가沈默良久에乃恍然ᄒᆞ悟曰吾以眩惑之術로自有妙算이라ᄒᆞ고變幻其身ᄒᆞ야其首를戴ᄒᆞ고其尾를隱ᄒᆞᆫ의宛如人形ᄒᆞ야自顯其身ᄒᆞ야도是人也오以人看來ᄒᆞ야도亦是人也라乃以巧言佞色으로誘惑於人曰凶彼영獅가儼然東下ᄒᆞ니其心를叵測ᄒᆞ니라

惟吾同人은血心合力ᄒᆞ야以拒其禍라ᄒᆞᆷ의人이其言을聽ᄒᆞ고只見其形에不見其質ᄒᆞᆷ의有信無疑ᄒᆞᄂᆞᆫ지라狐乃欣然ᄒᆞ야意氣得得에挺身前進ᄒᆞ니東里西隣이或以同聲而應ᄒᆞ며或以助勢而완ᄒᆞ며라영獅ㅣ見其聲勢不利ᄒᆞ고

歛저退去ᄒᆞᆷ의호乃乘勝而歸ᄒᆞ야豪氣萬丈이라揮脫大談曰以吾之詐譎權能으로有何不做며有何可畏리오ᄒᆞ야跳跳踉踉에無忌無憚ᄒᆞ야暫幻之人形을不得其保ᄒᆞ고自失ᄒᆞᆷ의原有之本形이不覺其顯而自顯이라形旣顯出에豈可再幻ᄒᆞ리오其心其性이隨以露顯ᄒᆞᆷ의或掘人墓而作窟ᄒᆞ며或攫隣鷄而爲食ᄒᆞ야漸至於爬人之肌ᄒᆞ고吮人之血ᄒᆞ야禍將不測ᄒᆞ리라

此是韓人俚語故로略採其要ᄒᆞ노니末梢의如何究竟은容俟他日ᄒᆞ노라

雜報

前議官鄭應설氏上參政大臣書가如左ᄒᆞ니

伏以夫國家ᄂᆞᆫ一大社會요政府ᄂᆞᆫ社會之代表라爲代表者導率民生ᄒᆞ야人人이各率其事然後可爲國이며爲民而現今我邦東鄕出入에朝秦暮散於權門勢家之徒와某子某孫의終日紛競於政界宦海之人의失業懶散과浮浪莠蕪之行이莫此爲甚ᄒᆞ니槪自公卿으로以至士庶이不修其身ᄒᆞ고不究學問而日率紛沒於各大臣之門ᄒᆞ야不知交際之如何와禮式之如何而開口者求仕요運動者圖囑ᄒᆞ야公器을認以巳物ᄒᆞ고國家을思以越人之國ᄒᆞ야對人輒說이家數零替라積仕欠勤이라家勢寒으로以爲藉口ᄒᆞ고

四色分排와食口偏處을歸之例套ᄒᆞ야皆曰慷慨의所做者訕動人心病國害民이요無非英雄의所營者濫慾分外欺君忘上ᄒᆞ야政界波瀾이從此起요賣官買爵이緣此生ᄒᆞ니甚至濫殺人命과忠反爲逆이莫非營私요附耳接膝의費而繼夜ᄒᆞ고竊口至當ᄒᆞᆫ의逐隊相隨者不知幾千人之多而非徒誤平生於此間이라流習於其後生子孫之處矣니此非人性之不美라由來習慣이便成固瘼ᄒᆞ야如今世界의도不覺昏夢이但知仕宦之貴重而不知國民之義務ᄒᆞ고　未完

◉旗亭甲乙　甲乙二人이旗亭斜陽에麥酒半酣에라甲曰여보케大韓兩班은世世兩班일네李容泰氏ᄂᆞᆫ老論派四大臣家有名ᄒᆞᆫ華族의後裔가안인가今番陞后問題에熱心運動ᄒᆞᆫ功業을樹立ᄒᆞᆷ이아마寒齋보다百勝ᄒᆞ더이니同氏家에兩班은萬世破ᄒᆞᆯ네乙曰그럿치甲曰사람사ᄂᆞᆫ곳마닥一일네元老大臣根命氏ᄂᆞᆫ上年新條約事件에含默看過ᄒᆞᆷ으로一國人民에激昂ᄒᆞᆫ詬罵을飽喫ᄒᆞ고苟且生存ᄒᆞ더니今番陞后問題에將次萬人疏首로不世之功業을建立ᄒᆞᆫ더니사람마다살구볼거아인가乙曰그럿지甲曰無論男女ᄒᆞ고名不虛得일네參將玄映運氏의夫人비氏ᄂᆞᆫ世稱女丈夫러니今番皇室典禮에莫大ᄒᆞᆫ周旋이自已手中에在ᄒᆞ다니女丈夫의稱譽가果然名不虛得일네乙曰그럿치在傍一人이揮手止之曰그만두소우리갓흔者流ᄂᆞᆫ大韓天地에나서一個事業이未有ᄒᆞ얏스니남의事業부러워하여술메잇나술이나먹세

◉宣川校況　平安北道宣川前主事金熙綽前總巡吳永喜前參奉田爽周前主事桂鶴瑞前監察曹箕承前司果鄭聖河前司果金斗柄諸氏가邑中에安化학校을設立하고聰俊子弟를募集하여熱心으로新학文을敎育하여進明ᄒᆞᆫ希望이有ᄒᆞᆫ더補助員六十一人이各出연金이至爲七百四十三圜이라더라

◉挾雜不成　仁港居송公楫이가升監考를改稱陸運穀料會社라ᄒᆞ고農部에誣訴ᄒᆞ야已蒙認許ᄒᆞ얏다가本港米商等이農部에呼訴ᄒᆞ야該社를革罷하고認狀을刻即收上ᄒᆞ라ᄒᆞ얏더니송公楫이가不顧事理ᄒᆞ고挾雜浮費를米商等에게徵推ᄒᆞ야닷나고更爲請願하기로農部에셔認狀과前後請願은還收하고白退하얏다더라

◉謂非其人　日昨本報에揭載ᄒᆞᆫ韓父子라ᄂᆞᆫ題下의事實은更聞ᄒᆞᆫ則所謂李氏의收養子ᄂᆞᆫ日本憲兵隊長이아니오稅務主事叙任은張寅厲氏라ᄒᆞ더라

◉軍港調査　鎭海灣은日本軍港으로作定하야已經調査하얏거니와永興港도日間에派員調査하고其타緊要地를또軍港地로調定ᄒᆞᆫ다더라

廣告

東國歷史 普通敎科國漢文 一秩二冊定價新貨 一圜十戔
法蘭西新史 四十錢
淸國戊戌政變記一秩 一圜
政治汎論 一秩二冊一元廿錢
越南亡國史 一冊三十錢
法國革新戰史一冊 三十錢
大韓輿地圖一張 十七錢五里
世界全圖一張 三十七錢五里
大韓地誌一秩 一圜
牧民心書一秩 一圜二十五錢
萬國地誌一秩 一圜
尺牘完編一秩 一圜五十錢
行政新編一冊 五十錢
法學通論一冊 一圜
溫故知新堂叢抄 七錢五里
父師必독小學指남 七錢五里
人工養蚕一冊 十五錢
世界之政治 一冊五十四錢
家庭雜誌一 十錢
進明彙論一秩 三十五錢
交際新禮一秩 十八錢

發賣所 布屛門下金相萬書舖 大韓每日申報社

花春丹은 霍亂 吐瀉 腹痛 滯症 暑症 정忡 神眩 胸鬱 痰盛 醒酒 船暈 咳嗽 痳질 口味업는 諸症의 神效흔藥이오 此外에도 洋灰水 解毒藥 唐창 疳氣 蛔虫 寸虫 赤白면風 等과 東國洋藥이 俱備하고 他病도 隨問出方하오니 僉位는 枉臨하시옵

皇城校洞石井洞下隅 石泉堂藥局 告白

以上三種은 上品으로 製[illegible] 衛生上에 重[illegible] 有益[illegible] 하니 [illegible] 論某人 하고 本[illegible] 에 來 臨す옵

大韓帝國仁川港 濟物浦紙卷烟及烟草會社

一 鷹標罐濃結牛乳
一 金印罐詰濃結牛乳
一 無糖家用氣化乳酪
一 맥ㅣ른쓰맥[illegible]麥芽化 合牛乳

以上은 常時에 貯積す얏숩

美國紐育港 보ㅣ든쓰 濃結牛乳會社 一手代理店 大韓仁川港 世昌洋行

●九轉[illegible] [illegible]
女子少[illegible]
[illegible]
●九轉[illegible]
●九轉[illegible] [illegible]
●九轉[illegible]砂[illegible]丹은 酒滯 食滯 [illegible] 吐瀉 [illegible] 吐血 下血 [illegible]氣 時疾 痢症에 神効す고
●九轉靈砂紫金丹은 痔漏 [illegible] 上痞痛 下痞痛及腰痛과 諸般瘡病[illegible]에 無不神効하오니 僉君子는 來問す시고
內醫司前 李[illegible] 上隅第一[illegible] 李鍾延 告白

◎本社廣告

申報價
一張代金 新貨二錢五里
一箇月前納 三十錢
三箇月 九十錢
六箇月 一元七十[illegible]
一箇年 三元四[illegible]
郵稅一部 新貨五里 一箇月 十三[illegible]

廣告料
四号活字十三字詰 每日每英尺一寸에 [illegible]
(每日每行에六錢[illegible])
其期限의長短과字數의多少를 [illegible]
[illegible]

◎大韓每日申報各[illegible]
中署布屛門下 金[illegible]
洞口[illegible] [illegible]
中署慶[illegible]初入七 十八統二戶 [illegible]
仁川[illegible]新[illegible]
平壤南山峴日新學校 [illegible]
[illegible]川邑[illegible] [illegible]
義州南門外[illegible] [illegible]
殷栗邑 金[illegible]
鎭南浦[illegible] [illegible]
[illegible]州南社 [illegible]
平壤邑 李[illegible]
釜山佐川[illegible] [illegible]
開城北部梨[illegible] [illegible]
宣川校長 [illegible]
大邱部 [illegible]
鐵山邑內 安[illegible]
元山港倉前 金[illegible]
黃海道載寧邑濟[illegible] [illegible]
發行兼編輯人 英國人 裴說
發行所 京城中署壽進坊[illegible]

大韓每日申報社

第四卷

大韓每日申報
대한매일신보

第三百六十三號

月曜及慶節歲時日休刊

檀君開國四千二百三十九年
箕子元年三千二十八年
大韓開國五百十五年
日本明治三十九年
淸國光緒三十二年
◉陰曆丙午九月小十七日辛亥

別報

淸國立憲에對ᄒᆞᆫ各國觀度 (合爾賓報照謄)

自中國이下立憲之詔로朝野上下가懽抃鼓舞ᄒᆞ야或開會演說ᄒᆞ야宣布立憲之預備ᄒᆞ며或懸燈結綵ᄒᆞ야慶賀立憲之盛擧ᄒᆞ니其所聞者ㅣ立憲之說이오口所談者ㅣ立憲之政이니此ㅣ無他라吾國人民이束縛於專制政治之下者ㅣ已數千年이라幸而君明臣良ᄒᆞ면耕田鑿井ᄒᆞ야優遊於太平之世ᄒᆞ고不幸而遇暴君汚吏ᄒᆞ면惟有任所欲爲ᄒᆞ야自歎我生不辰而已라雖有黨論이나弗能宣也오雖有疾苦나弗能達也러니

一朝에天牖我國ᄒᆞ야翻然變計ᄒᆞ야使人民으로得操議政之權ᄒᆞ니雖今日에尙在預備之期나數年以後에民智大開ᄒᆞ면行將見諸實事ㅣ니其欣欣然咸有喜色ㅣ亦固其所라若歐西各國은於我國之政治善否와民生之休戚에當如秦越人之相視ᄒᆞ야漠然無所動於其中이오其居心叵測者ㅣ或以憲政發達에民力이日新膨脹ᄒᆞ고國勢가日漸改良ᄒᆞ야不得遂其呑食瓜分之志일가慮ᄒᆞ야

或藉他端ᄒᆞ야以破壞大局ᄒᆞ며或羅織章ᄒᆞ야以煽惑人心이亦其意計中事라ᄒᆞ얏더니不謂半月以來로西人各報가對於我國立憲之擧ᄒᆞ야亦極意揄揚ᄒᆞ야且惟恐不早施行ᄒᆞ야以未定實行期限으로爲美中不足ᄒᆞ니大抵歐人이稱爲病夫之國이오列强之几上肉이라彼豈眞有愛於吾國哉아然이나今日歐西各國은以均勢로爲主義ᄒᆞ야瓜分不均ᄒᆞ면此重彼輕ᄒᆞ야大局이即爲之牽動故로皆動色相戒ᄒᆞ야不敢輕於一試ᄒᆞ니中國이實賴以自存이라

惟是泄泄沓沓ᄒᆞ야長此不變ᄒᆞᆫ으로時會所迫에終致激動干戈ᄒᆞ야擾亂東亞平和之局이러니今乃如夢初覺ᄒᆞ고如醉方醒ᄒᆞ야中國之所以自强者ㅣ在此ᄒᆞ고各國이因吾國之自强而遂得相安無事者亦在此ᄒᆞ니蓋雖非直接之利益이나實有間接之利益이라

所以로聞我國立憲之詔ᄒᆞ고不啻與其國으로有密切之關係라亦代爲之欣慰也로다獨日本은處心積慮於吾國이久矣라其不敢利於彼者ᄂᆞᆫ非畏一國抱오即畏各國이니均勢爲主義ᄒᆞ니偶思染指면將爲集矢之的이라

其視吾國을如嬰兒然ᄒᆞ야玩之於股掌之上ᄒᆞ야給我政府曰他國은皆虎狼이오惟我日本이爲同洲同文之國ᄒᆞ니唇齒相依ᄒᆞ고緩急에恃者ᄂᆞᆫ莫我若也라ᄒᆞ니日本이果愛我者면他且勿論ᄒᆞ고立憲之事에朝廷이以日本爲模範則ᄒᆞ고今之先預備而後實行이亦倣日本當年參政之談이라

彼所謂虎狼之國은於此事에且極歡迎ᄒᆞ얏스니日本은當若何贊助으로指示我政府ᄒᆞ며若何表揚으로以鼓勵我人民이라ᄒᆞ얏더니孰知事有大相刺謬者ᄒᆞ야竊其擧動ᄒᆞ며聆其言論컨ᄃᆡ殆恨吾國民智發達과民權伸張을深恐ᄒᆞ야憐之厚ᄂᆞᆫ即君之癖으로數十年經營規畫之心이將髹燹於一朝일시於是에積忿不平ᄒᆞ야故爲誣陷ᄒᆞ야以蠱惑人心이로다不然이면日本時事新聞에嚴詞ᄒᆞ되淸國立憲이必有排外擧動ᄒᆞ야牽動各國이라ᄂᆞᆫ其說이何由而來耶아向之所謂愛我者가正其大不利於我者也니

吾乃正告日本曰自今以後로日本之倆伎이窮ᄒᆞ고중國之政府가非昔日之政府오중國之人民이非昔日之人民이오中國之土地ᄂᆞᆫ非政府所私有라乃中國國萬萬人所公有니愼無曰予取予求를不汝疵瑕也라ᄒᆞ고又約言以正告之曰吾國立憲은有利於吾國이오有利於外國이오獨不利於日本이라ᄒᆞ노라

官報

◉三千六百號 光武十年十一月二日

◉敍任及辭令

○命臨時署理赤十字社總裁事務 內部大臣李址鎔○解領衛第六大隊特務正校 金信鎬○權成璨 宋秉觀 解領衛第七大隊特務正校○朴恒容 李啓浩 洪淳均 任度支部主事

◉勅令

勅令第五十□號 地方官官制 令

第六條 觀察使ᄂᆞᆫ外部及外國人의關ᄒᆞᆫ事項의一部를府尹의게委任ᄒᆞᆷ을得ᄒᆞᆷ

第七條 觀察使ᄂᆞᆫ左開ᄒᆞᆫ事務를掌理ᄒᆞᆷ

一 管下府郡의治績을考課ᄒᆞᄂᆞᆫ事項
一 所屬官吏의進退及身分에關ᄒᆞᆫ事項
一 文書往復의關ᄒᆞᆫ事項
一 官印官章의管守에關ᄒᆞᆫ事項
一 會計에關ᄒᆞᆫ事項
一 外國及外國人의關ᄒᆞᆫ事項
一 享祭에關ᄒᆞᆫ事項
一 兵事에關ᄒᆞᆫ事項
一 民籍에關ᄒᆞᆫ事項
一 地籍에關ᄒᆞᆫ事項
一 賑恤에關ᄒᆞᆫ事項
一 土木에關ᄒᆞᆫ事項
一 警察에關ᄒᆞᆫ事項
一 衛生에關ᄒᆞᆫ事項
一 敎育에關ᄒᆞᆫ事項
一 收稅에關ᄒᆞᆫ事項
一 農商工森林川澤水產等에關ᄒᆞᆫ事項
一 礦產에關ᄒᆞᆫ事項
一 度量衡에關ᄒᆞᆫ事項

第八條 觀察使ᄂᆞᆫ內部大臣과度支部大臣의所定을依ᄒᆞ야地方稅를賦課徵收ᄒᆞᆷ을得ᄒᆞᆷ

第九條 參書官은觀察使를輔佐ᄒᆞ고觀察使가有故ᄒᆞᆫ時ᄂᆞᆫ其職務를署理ᄒᆞᆷ

第十條 警務官은觀察使의命令을承ᄒᆞ야警察事務를掌理ᄒᆞᆷ

第十一條 主事ᄂᆞᆫ上官의指揮를承ᄒᆞ야庶務에從事ᄒᆞᆷ

第十二條 總巡은上官의指揮를承ᄒᆞ야警察事務에從事ᄒᆞᆷ

(未完)

外報

◉二大漁船의沈沒 太平洋布哇羅島附近에二大漁船即滿洲號와세린다가沈沒ᄒᆞ얏ᄂᆞᆫᄃᆡ此ᄂᆞᆫ海底大面積의地殼이變動ᄒᆞᆫ結果라推度ᄒᆞ고詳細ᄒᆞᆫ理由ᄂᆞᆫ未知ᄒᆞ나數年前에도此處에地震이甚ᄒᆞᆫ事ㅣ有ᄒᆞ얏다더라

◉俄國總督 俄羅斯의極東軍司令官子로메후大將은密顧問官을任ᄒᆞ고하린네우지大將이將次極東總督으로東亞에來ᄒᆞ야總督府를니고라에스에設ᄒᆞ고俄軍을指揮ᄒᆞ리라더라

◉俄法同盟의鞏固 倫敦電을據ᄒᆞᆫ則俄國外部大臣이스볼스키氏가法國을訪問ᄒᆞ얏ᄂᆞᆫᄃᆡ此를由ᄒᆞ야俄法同盟의基礎가鞏固ᄒᆞ얏다더라

雜報

●云着馬關 日本亡命客諸氏ᄂᆞᆫ이本月八日頃에東京에서離發ᄒᆞ야馬關에到着ᄒᆞ얏다더라

●稱慶後發程 伊藤統監의歸國은稱慶ᄒᆞ얏거니와今日天長節에稱慶ᄒᆞ고來月五日의歸國ᄒᆞ기로發程ᄒᆞᆫ다더라

●六罪被縛 昨日上午十一點에毛橋等地로巡檢이罪人六名을縛得而去ᄒᆞᄂᆞᆫᄃᆡ무ᄉᆞᆷ事件인지未知ᄒᆞ깃다더라

●必有是弊 地方郡主事를吏胥可堪之才로爲執ᄒᆞ라고內部에서訓飭ᄒᆞ얏ᄂᆞᆫᄃᆡ各郡守의推來人이擇人ᄒᆞᆫ것이아니오挾詐ᄒᆞᆫ이多ᄒᆞ다ᄂᆞᆫᄃᆡ其理由를得聞ᄒᆞᆫ즉各郡吏擧ᄒᆞᆫ者民欠逋者와有勢力奸吏ᄒᆞᆫ多數擧報ᄒᆞ얏다니郡主叙任ᄒᆞᄂᆞᆫ日에ᄂᆞᆫ該郡諸般事務가自然弊生ᄒᆞ리라더라

●可笑守舊 平南觀察李始榮氏ᄂᆞᆫ起復ᄒᆞ고赴任ᄒᆞ야洋服으로馳進ᄒᆞᄂᆞᆫ郡守ᄅᆞᆯ處罪ᄒᆞ얏스니同氏가舊禮ᄅᆞᆯ篤守ᄒᆞ거든起復出仕ᄅᆞᆯ不爲ᄒᆞᆯ거시아닌가起復出仕ᄂᆞᆫ現時朝令이오[illegible]ᄒᆞᆯ진ᄃᆡ文官洋服은朝令이아닌가

●勇於私鬪 一進會에셔一般官人과平民을對ᄒᆞ야多般衝突이有ᄒᆞ더니今에天道敎派와衝突이又起ᄒᆞ니該會ᄂᆞᆫ다만同族을向ᄒᆞ야競爭ᄒᆞ며同室을對ᄒᆞ야操戈ᄒᆞ니此所謂勇於私鬪라ᄂᆞᆫ社會가아인가

●候補呼訴 稅務主事試取時에減額된十七人을度支部一般官員이公議ᄒᆞ되候補生으로該部에셔見習視務ᄒᆞ다가隨闕塡充ᄒᆞᄂᆞᆫ거시可ᄒᆞ다ᄒᆞ되該部協辦柳正秀氏가反對不可라ᄒᆞᄂᆞᆫ故로該十七人이抑菀ᄒᆞᆫ줄로政府에도長書ᄒᆞ얏거니와將次平理院에呼訴ᄒᆞᆫ다더라

●敦睦會將起 南村有志人士들이敦睦會ᄅᆞᆯ現今設施ᄒᆞᆫᄃᆡ該會目的은哀慶相問과死生同苦ᄒᆞ기로注意ᄒᆞᆫ다더라

●移民會社計劃 日本人石塚重平、大野龜三郞、藾島宜二、松尾寬三諸氏가韓國人의移民을目論ᄒᆞ야資本金五十萬圓으로韓國移民株式會社ᄅᆞᆯ創立ᄒᆞ고統監府에援助ᄅᆞᆯ得ᄒᆞ야事業을遂行ᄒᆞᆯ터인ᄃᆡ右發起人中에藾島宜三이先日에渡韓ᄒᆞᆫ인ᄃᆡ木內統監府農商工局長의同意ᄅᆞᆯ表ᄒᆞ얏다더라

●參贊調理 日昨에政府에셔參政以下一般官員이參贊李商在氏에게傳喝ᄒᆞ고速히仕進視務ᄒᆞ기ᄅᆞᆯ勸ᄒᆞ얏ᄂᆞᆫᄃᆡ李商在氏가身病이沈重ᄒᆞᆷ으로幾日間調理仕進ᄒᆞᆫ다더라

●桂洞一派 地方官전考에桂洞某某官人이新勢力을得ᄒᆞ야自意擅便ᄒᆞᆷ으로郡守運動ᄒᆞᄂᆞᆫ人이密密히往來ᄒᆞ야月朝評이成ᄒᆞᆫ지라桂洞派ᄅᆞᆯ擧世가指目ᄒᆞᆫ다더라

●盧鏶勒標 坡州泉峴面文平里居安致線盧敬三兩人이素以雜技悖類로同里居少年曹泰敬을誘引ᄒᆞ야以盧鏶爲賭에自幾百幾千으로至於當五四千兩인ᄃᆡ請囑ᄒᆞ야同郡加佐洞內시李農爾乾澤氏ᄒᆞ야招致曹泰敬ᄒᆞ야勒捧四千兩手標而泰敬이徐來之故로曆爲過限未償矣러니該內侍가又招泰敬之叔父元一ᄒᆞ야威脅恐嚇에其三斗落衛劵을勒奪ᄒᆞ고또錢文二千兩을捧ᄒᆞ얏다니大抵雜技之鍋을豈有族徵之法乎아內侍之勢力은可畏也라ᄒᆞ더라

●金氏被囚 金鉉煥李昇鉉兩人의山訟事ᄂᆞᆫ[illegible]揭載ᄒᆞ얏거니와昨日上午에鐘路巡檢[illegible]務廳에捉囚ᄒᆞ얏다더라

●金氏被囚 安州郡守金一鉉氏에別室家産與訟事件으로前主事金顯成氏와判決ᄒᆞ야無辜歸正ᄒᆞ얏더니金氏의別室이又히起訟ᄒᆞ야再昨日에金顯成氏가漢城裁判所에被囚ᄒᆞ얏다더라

●達察赴任期 大邱觀察使韓鎭昌氏ᄀᆞ赴任次로陰念間에發程ᄒᆞᆫ다더라

●薦擯之變 三淸洞某人家에셔錢一萬兩을儲置ᄒᆞ얏ᄂᆞᆫᄃᆡ[illegible]毛物箱子와吐手等件으로緊緻之ᄒᆞ얏더니日昨夜에何許賊漢이入來ᄒᆞ야毛物은置之ᄒᆞ고錢一萬兩만持去ᄒᆞᆫ지라事甚殊常ᄒᆞ야該主人의子姪兩人을別巡檢이捉去ᄒᆞ야北署에셔方在訊問중이라더라

●法部訪問 再日下午七時에伊藤統監이法部大臣私第에訪問ᄒᆞ야數時間을談話ᄒᆞ얏다더라

●전考通牒 文官전考所에셔各部에通牒ᄒᆞ되本月初十日내郡守合格者의履歷書를繕送ᄒᆞ라ᄒᆞ얏다더라

●財政宴會 財政顧問官目賀田氏가昨日下午四時에自已私邸에午饌을設ᄒᆞ고各府部秘書官과會計局官吏를請ᄒᆞ야宴會ᄒᆞ얏다더라

●宮官更議 嚴貴妃殿下를陞后ᄒᆞ기로發엇던嚴柱益李容復金永振氏等이萬端運動중인ᄃᆡ統監의勸을圖得ᄒᆞᆫ다ᄒᆞ며冊封ᄒᆞᄂᆞᆫ節은已爲准備ᄒᆞ얏다더라

●[illegible]特赦 國事犯特赦問題에對ᄒᆞ야朴參政은厭次贊奏ᄒᆞ얏다더라

●五示判決 統監府法務院에셔平漢兩裁도公文ᄒᆞ기를責裁判所에셔原告日人告訴로被告韓人에裁判에관ᄒᆞᆫ事項은判決ᄒᆞᆷ을詳示本院ᄒᆞ고本法務院에셔原告韓人告訴로被告日人에裁判에관ᄒᆞᆫ事項은判決書를詳示貴府ᄒᆞ기로互相强行ᄒᆞ자ᄒᆞ다더라

●都監合立 嘉禮都監에嘉禮費五十萬元을度支部에셔支出ᄒᆞ야宮內部에封留ᄒᆞ고經費를支撥ᄒᆞᄂᆞᆫᄃᆡ監董李容鎭氏와洪正燮氏가互相葛藤ᄒᆞ야爭權ᄒᆞᄂᆞᆫᄃᆡ洪氏ᄂᆞᆫ嘉禮費檢察委員을圖得ᄒᆞ여財收一事ᄂᆞᆫ專管出入ᄒᆞ야堂上體面ᄭᆞ지損傷케ᄒᆞᆫ지라堂上李址鎔李夵榮金思轍三氏가自引疏ᄒᆞ기로相議중이라ᄂᆞᆫᄃᆡ都監仕進은停止ᄒᆞ얏더라

●賣官場市 秘書丞李範喬氏ᄂᆞᆫ李內大의再從弟로出納 皇命之任을掌理ᄒᆞ야宮廷百僚의寵恩이居最ᄒᆞ고阿附李내相ᄒᆞ여部務를無不干預ᄒᆞ고期成自已意見ᄒᆞ며凡與有名人前觀察金敬仁(銓考에入參)氏等으로互相吞용ᄒᆞ야日事誤國之계ᄒᆞ되設一賣官市ᄒᆞ고紹介賣官者ᄒᆞ야歷設夜宴于妓色之場ᄒᆞ고百般誘引ᄒᆞ야李ᄂᆡ相을誤入케ᄒᆞ고社會公正者ᄂᆞᆫ指名雖類ᄒᆞ고買官虐政者ᄂᆞᆫ歸之勳賢ᄒᆞ야니愁外倖受諸者非止一二人이라李ᄂᆡ相도陷其術중ᄒᆞ야先誤其身ᄒᆞ고仍誤國事라고巷說이藉藉ᄒᆞ더라

●何用[illegible] 軍部에셔본月一日官報에地方各大隊精米供給者募集을廣告ᄒᆞ얏ᄂᆞᆫᄃᆡ該廣告은日본[illegible]ᄒᆞ고廣告主務者ᄂᆞᆫ大韓國軍部[illegible]이라ᄒᆞ얏스니此ᄂᆞᆫ韓國[illegible]官吏의資格이아니오外國人이韓國軍部를對ᄒᆞ야廣告ᄒᆞᆷ이라軍部一般官吏가我對彼彼將[illegible]의經緯를不知ᄒᆞ고施政收[illegible]安敢望ᄒᆞ리오ᄒᆞ고見者가[illegible]唾罵ᄒᆞ더라

●[illegible]過期[illegible] 大靜郡守南萬里氏ᄂᆞᆫ守[illegible]十餘年에到處善治ᄒᆞ얏ᄂᆞᆫᄃᆡ受由[illegible]限ᄒᆞ되尙不赴任ᄒᆞᆷ으로內部에셔給由規則을依ᄒᆞ야免官ᄒᆞ얏다더라

●軍大渡日 軍部大臣李根澤氏가日本에만遊ᄒᆞᆫ다ᄒᆞ온歷歷傳播ᄒᆞ얏거니와[illegible]氏라如ᄒᆞᆫ權勢家가外遊ᄒᆞᆷ이主ᄒᆞ아ᄂᆞᆫ政界上巨大영響의[illegible]ᄒᆞᆯ가慮ᄒᆞᆯ이라氏가表面上은遊覽ᄒᆞᆫ다ᄂᆞᆫ意志로吹聽ᄒᆞ나裏面에ᄂᆞᆫ何故로躊躇狀이더니今回에愈其決心은伊藤統監의歸朝ᄒᆞᄂᆞᆫ好機로統監과隨件ᄒᆞ야日本에出遊ᄒᆞᆫ다ᄒᆞ고一說은氏가此에決心이堅固ᄒᆞᆫ原因은宮中에셔氏의勢力이前日과稍異ᄒᆞ야其官軍相을重視ᄒᆞ고經週[illegible]卿은辭任ᄒᆞ事情이라此에新空氣를吸取ᄒᆞ以來ᄒᆞ야新勢力을準備的遊ᄒᆞᆫ다더라

●[illegible] [illegible]部[illegible]에人一名[illegible]ᄒᆞᄂᆞᆫᄃᆡ[illegible]이[illegible]인지顧[illegible]인시未詳ᄒᆞ다더라

●[illegible]業 咸鏡北道[illegible]興居崔鳳俊氏가稀齡[illegible]에父[illegible]沒ᄒᆞ고[illegible]亦無兄也다[illegible]轉[illegible]感ᄒᆞ야歷覽各國[illegible]士者[illegible]近十[illegible]年而[illegible]業于商工[illegible]商取利者[illegible]百[illegible]金이[illegible]以[illegible]島남枝之心으로[illegible]전에回來[illegible]適城津港ᄒᆞ야建築[illegible]高層六十餘間ᄒᆞ고以本港失業之[illegible]賜其資本에[illegible]勸[illegible]ᄒᆞ야[illegible]進[illegible]達之境ᄒᆞ기[illegible]ᄒᆞ고各國周覽ᄒᆞ든[illegible]萬餘[illegible]韓益[illegible]趙永淳李尙云金[illegible]之諸人이各携巨財而[illegible]築[illegible]廣[illegible]張[illegible]業ᄒᆞ며使此港人民으로興體發達케ᄒᆞ니同人志業을人多稱頌ᄒᆞᆫ다더라

●運動再擧 安洞官立普通學校에셔去番秋期運動時에償與物品이幾許間餘在가有ᄒᆞᆫ故로昨日에小運動을再擧ᄒᆞ고該餘品을頒給ᄒᆞ얏다더라

●紀元休刊 本日은 大韓皇帝繼大紀元慶節인故로一日休刊ᄒᆞᆷ

寄書

鐵山 安灝

夫民雖邦本이나民智開則明ᄒ고明則自然富强ᄒ리니民之富强이即國之富强이며民智未開則暗ᄒ고暗則必然貪弱ᄒ리니民之貪弱이即國之貪弱也라然而國之富强與貪弱이亶在乎民智之開與未開ᄒ고民智之開與未開と亦不外乎敎育與未敎育ᄒ니敎育之於國家에其關係ㅣ豈不宜且大哉아

敎育은爲國民者之義務也니宜乎亟亟心敎育ᄒ야所謂國勢已弱에敎育이晩而無用也여다葉猶用於眩瞑ᄒ고家尤扶於傾頹力者と敎育而已니豈可曰晩而無用이라ᄒ야自棄而坐待滅亡乎아昔에越이敗於吳ᄒ야受辱於會稽ᄒ고歸而十年敎育ᄒ야代吳二戰三北ᄒ고普魯士ㅣ敗於法ᄒ야受其勒辱이러니其賓相須太氏ㅣ曰欲雪國恥ㄴ日先敎國民이라ᄒ더니普王이用其言ᄒ야不過五六十年에卒能使法으로爲城下之盟ᄒ고納巨萬償金ᄒ며割歡州土地ᄒ게ᄒ고普將蒙躬杜計氏ㅣ歎曰普國之勝法은其功이專在於小學校라ᄒ니

嗚呼라今我韓도國權이日消ᄒ야受奴隷之辱者と亶由於敎育之不振也니無論官民ᄒ고如有志於恢復國權而與世界列强으로並進文明之域컨디豈不努力於敎育之振興也哉아現今我韓人士ㅣ往往自覺敎育之不可不究ᄒ고頗多有志敎育之擴張ᄒ야京鄕各方에諸般學校가日加月增ᄒ야皆有勃勃起色ᄒ니生은深爲敬起諸君子ᄒ야賛賀其敎育之盛擧ᄒ고且切希其盛就之完美也로다閱覽各新聞上廣告之各學校敎科書컨디那蘇敎人所設各等학校敎科書중에と兼編道德학文一科로디其外と只曰語學地誌歷史算術等而已오不曰道德一科ᄒ니是所可歎可慮者也로다夫人性이如水ᄒ니作善은如水溯上ᄒ고作惡은如水下國ᄒ야善則敎雖行ᄒ고惡則不敎而自行ᄒᄂ니如斯之人心에一無道德敎導ᄒ고但以文에敎授ᄒ면是於虎添翼이며於寇藉兵이니心無一點良善ᄒ야但知교徵에限下無人을而不愛自國同胞ᄒ고反以挾雜爲能ᄒ리니顧不愼且懼者歟아凡爲敎師敎導之諸君子と以其寶量之心으로敎科書중에添編道德一科ᄒ야使諸學徒로內養良心ᄒ고外修文에ᄒ야終成文質彬彬之君子與愛國保民之文明學士케ᄒ심을是所區區顒祝ᄒᄋᄂ이다

雜報

前議官鄭源셩氏上書政大臣ᄒ기如左ᄒ니 令

沈沈然竟無此食之徒ᄒ니豈不ᄒ今寒心者이야此艱虞之時局ᄒ야閣下已任首揆之席이라急今矯弊之先務と立紳士高等學校於京城南北ᄒ고自三十歲至五六十歲勿論官職之高下ᄒ고法律政治交際等學問ᄒ야限一二個年敎授後收用이고外國遊학生及各社會著名之人外에若無此証書則永不敍任之意로頒布府令則雜歸於學舍之門ᄒ야家家有絃誦之聲이요人人이知修業以後收用矣리니

如是不已면非徒爲學問之進就라政界波瀾이止矣요非徒爲인林之養成이라百度惟新이漸就ᄒ야政府之盡其職과인民之力其事을可期日而待矣리니豈不美哉豈不幸歟아且如英國一千八百六十八年强制敎育律例ᄒ야先使京城內外男女小孩도論字習算의若違令者면卽其父母於法司ᄒ고痛禁遊戱兒曹於街路之上則足以爲文明富强之一助焉 完

●十一郡守 內部에銓考所에셔十一郡守를選擇ᄒ야日間奏本을上奏혼다더라

●銓考不參 郡守銓考에宮內府官人과중樞院議官借啣人은銓考에不參ᄒ기로決議ᄒ얏다더라

廣告

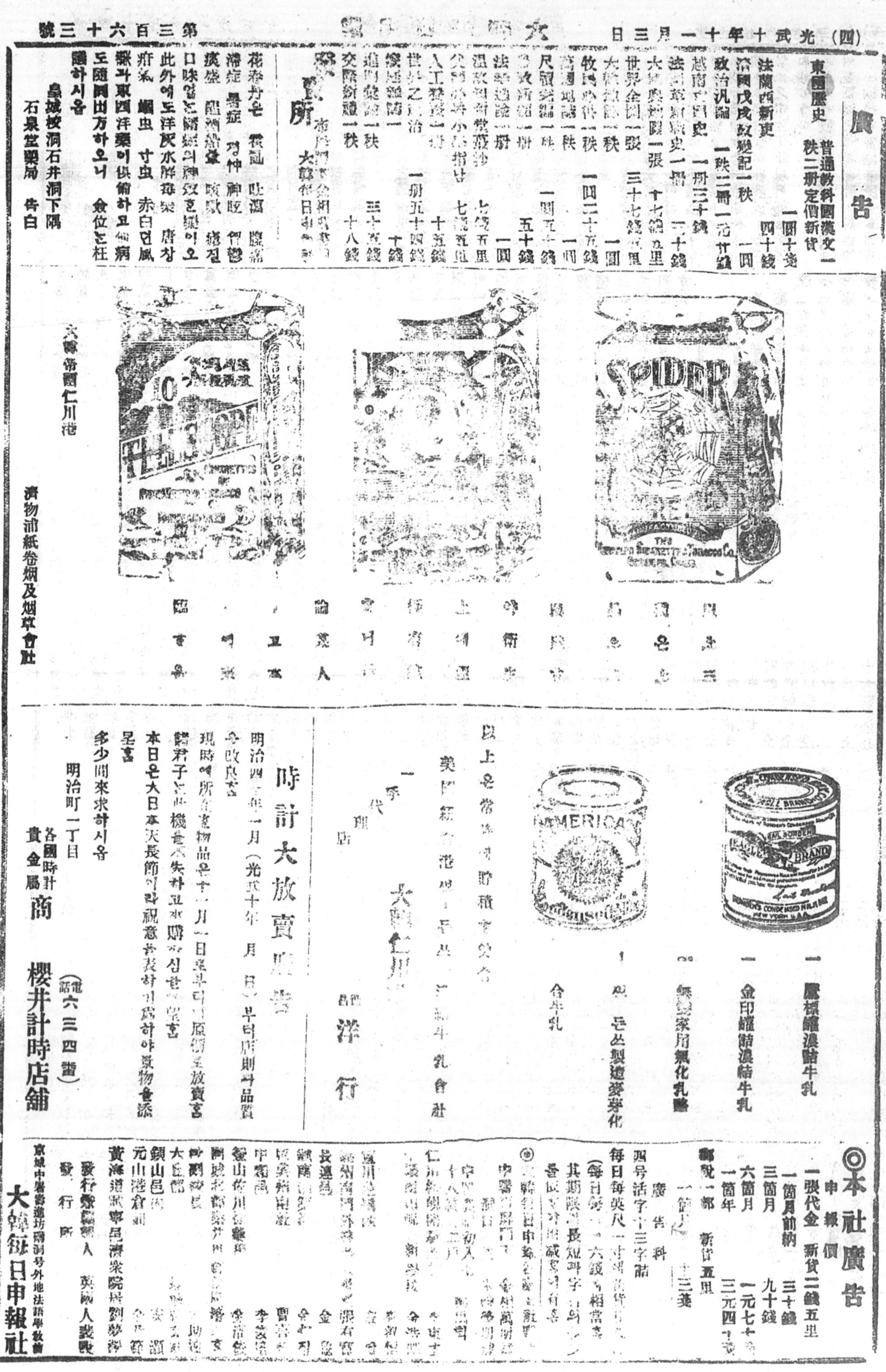

廣告

東國歷史 普通教科國漢文 一秩二冊定價新貨 一圓十錢
法蘭西新史 四十錢
清國戊戌政變記一秩 一圓
政治汎論 一秩二冊 一元廿錢
越南亡國史 一冊 三十錢
法國革新戰史一冊 三十錢
大韓與地圖一張 十七錢五里
世界全圖一張 三十七錢五里
大韓地誌一秩 一圓
牧民心書一秩 一圓二十五錢
[illegible]一秩 一圓
尺牘[illegible]一秩 一圓五十錢
[illegible]一冊 五十錢
法學通論一冊 一圓
[illegible]
[illegible]指남 七錢五里
人工[illegible]一冊 十五錢
世界之[illegible] 一冊五十四錢
[illegible]一 十錢
[illegible]一秩 三十五錢
交際新禮一秩 十八錢

[illegible]所 大韓[illegible]

花春丹은 霍亂 吐瀉 腹痛 滯症 暑症 정忡 神眩 [illegible] 痰盛 [illegible] 咳嗽 痢疾 口味업는 [illegible]의神效호藥이오 此外에도洋[illegible] 唐창 疳疾 蛔虫 寸虫 赤白[illegible]藥과東西洋藥이俱備하고[illegible]病도隨[illegible]하오니 僉位는枉臨하시옵

皇城校洞石井洞下隅
石泉堂藥局 告白

大韓帝國仁川港

英物浦紙卷烟及烟草會社

一 鷹標罐濃結牛乳
一 金印罐詰濃結牛乳
一 無糖家用氣化乳醬
一 [illegible]製造麥芽化合牛乳

以上은常備[illegible]貯積하얏슴
美國紐育港[illegible]牛乳會社
一手代理店 大韓仁川[illegible] 洋行

時計大放賣廣告

明治四十年一月(光武十年 月 日)부터店則과品質을改良홈
現時에所有한物品은十一月一日로부터原價로放賣홈
諸君子는此機會를失치말고來購하심을望홈
本日은大日本天長節이라祝意를表하기爲하야景物을添呈홈
多少間來求하시옵

明治町一丁目
各國時計貴金屬商 櫻井計時店舖 (電話六三四番)

◎本社廣告

申報價
一張代金 新貨二錢五里
一箇月前納 三十錢
三箇月 九十錢
六箇月 一元七十錢
一箇年 三元四十錢
郵稅一部 新貨五里 一箇月 十三錢

廣告料
四号活字十三字詰
每日每英尺一寸[illegible](每日每[illegible]六錢으相當홈)
其期限의長短과字의大小를從하야減價홈도有홈

[illegible]

京城中署壽進坊碑洞号外地法語學校前
發行兼編輯人 英國人裴說
發行所 大韓每日申報社

第四卷 第三百六十四號

大韓每日申報
대한매일신보

月曜及慶節歲時日休刊

檀君開國四千二百三十九年
箕子元年三千二十八年
大韓開國五百十五年
日本明治三十九年
清國光緒三十二年
◉陰曆丙午九月小廿日甲寅

論說

清國

清國後運의問題가商業全界에一大着眼處라四億萬人口의通商이其利益이有ᄒ니世界各國에商業人民이此를欲得ᄒ은自然之理로다

日本이對此均添之意를公然宣言ᄒ야確證之說이多有ᄒ얏스나正直이其乃最善政策인줄을若不擧證이면日本이略干猶豫을拋棄ᄒ替機가亦多ᄒ도다

今一不幸ᄒ거슨從來를希望ᄒᄂ心神이日本內에外國商人의唇舌를封緘ᄒ거시라如彼諸人이日本商人과及其官人의계經歷ᄒ을若幾分公言이면英國政府의極限을關係ᄒᄂ傍觀政策이變更ᄒ거슬必見ᄒ리니善歐米列國이日本約諾을信用ᄒ其義에安ᄒ오其諾言이連ᄒ破棄되고對此陳言은但滿拒ᄒ이로다

日本이支那의平和開進을熱心ᄒ다公言ᄒ고中國에安全을護守ᄒ라ᄒ나청國에地幅人口를極減ᄒ之라도十倍ᄂ日本이니以此觀之면日人之言이其非正實이라청國이陸海軍을近代規律노組織ᄒ과且其至大財源을有ᄒ은日本의계可驚之瞬을必成ᄒ리니日본이支那의分裂을完結하기에若不極力이면其元老의敏捷ᄒ이吾人信認보다減下ᄒ이오非特此라財政上에必要를因ᄒ야日本의與청關戰이未久ᄒ리니到此量度ᄒ거슨日本이自今以後로外國財政을의幾許勉力을將乎ᄒ거지로다韓國及南滿을日本의所有로取發ᄒ이外國資本家의계竟不忘却ᄒ反對問題를旣必供給ᄒ엿스리니若日人이如此做去면韓國內鑛業權限을與之受之ᄒ기에俱無其人ᄒ거시오且韓國政府가日本契約者의계水道와及其他事業을被侮讓與ᄒ얏스나外國商會ᄂ一機도未得ᄒ얏도다日人이滿洲開放을推諉ᄒ은如彼論述이旣多ᄒ얏스니吾人이今不足加意라由是로청國後運의問題를觀之컨ᄃ惟一銘心ᄒ거슨日本이自國諸言을不拘ᄒ고韓國을吸收ᄒ며滿洲通商에外人業을損害ᄒ야自國業을發顧ᄒ기에行其最善ᄒ이是也로다

日本의계必要ᄒ거슨準備金額이오此로獲得ᄒ거슨與他交戰이唯一現然道理라然ㅣ나청國全幅을一擧勝服ᄒ기ᄂ不能故로分內勢力의蘇生을大略一致ᄒ얏다가待其機會ᄒ야必或追大夯取ᄒ리니此關係에ᄂ日本武官의不困ᄒ慾을不當忘忽이로다

若洌强이自明日노聯合ᄒ야日本政府의계其ᄒ動이已至過度ᄒᄒ明言ᄒ고彼之自許ᄒ定限內에退去ᄒ기를請求ᄒ면一日인들彼敢行之리오旣是危險ᄒ形態에危險이日每日添加ᄒᄂ도다

官報

●三千六百一號 光武十年十一月三日

◉敍任及辭令

○前主事羅蕃鼎 仝金泰植 仝李在弘 任京畿觀察道主事○前主事徐丙韶 仝池喜烈 仝李容左 任忠淸南道觀察道主事○前主事金承源 仝朴敏夏 仝崔萬達 仝朴顯柱 任慶尙北道觀察道主事○前主事金復圭 仝金命俊 仝崔源永 仝崔大林 任慶尙南道觀察道主事○前主事朴永根 仝柳寅煥 仝柳泰英 仝朴守緯 任全羅北道觀察道主事○前主事朴昇燃 仝崔寬善 仝李元鎬 仝金錫燁 任平安南道觀察道主事○前主事李東根 仝李會春 仝丁元燮 任江原觀察道主事○前主事朴永奎 仝高永昊 仝田秉稷 仝洪鍾一 任咸鏡北道觀察道主事○前主事李圭東 仝朴勝玉 仝鄭寅鎬 朴圭錫 任東萊府主事○前主事金瑞圭 仝金炳哲 金稷煥 任昌原府主事○전主事金연夏 仝李勉承 송景옥 任沃溝府主事○전主事具敎亓 仝송元燮 仝朴炳吉 任務安府主事○任禮山郡主事 九品李哲求○任扶安郡主事 辛東錫○任始興郡主事 九品李承우○任文川郡主事 趙관衡○任咸平郡主事 李景相任郭山郡主事 朴昌根○任華川郡主事 沈宜道○任豐德郡主事 九品李斗稙○任扶餘郡主事 崔聖爀○任黃澗郡主事 李根馨○任咸從郡主事 郭逢吉○任瑞興郡主事 文禎淳○任寧邊郡主事 明濟泰○任陰城郡主事 南宮楨 未完

◉勅 令

◉勅令第五十一號

地方官官制 令

第十三條 道書記巡檢及傭人에關ᄒ規程及員額은內部大臣이定ᄒ이라

第十四條 府에ᄂ如左職員을置ᄒ이라

一府尹 一人 勅任或奏任
一參書官 一人 奏任
一主事 三人以下 判任
一總巡 一人 判任

第十五條 府尹은觀察使의指揮監督을承ᄒ야法律命令을執行ᄒ고所管內行政事務를掌理ᄒ이라

第十六條 府尹은觀察使의委托을受ᄒ야日本理事官과交涉ᄒ고外國及外國人에關ᄒ事項을辦理ᄒ며關係郡守에對ᄒ야指揮ᄒ을得ᄒ이다

第十七條 府尹은所管內行政事務에關ᄒ야其職權範圍內에府令을發布ᄒ을得ᄒ이라 未完

外報

●俄國外相과訪談 俄國外務大臣이스우오루스기氏ᄂ巴里로出發ᄒ얏ᄂ데法國으로셔데지온도노루가歡迎ᄒ고十月二十九日에伯林에셔德國皇帝계拜謁ᄒ얏더라

●法國의死刑廢止 法國內閣에셔ᄂ死刑廢止의法律을비決ᄒ얏다더라

●桑港排日感情 米國中央裁判所가敎育問題에對ᄒ야桑港官憲의意思ㅣ反ᄒ判決을與ᄒ時ᄂ日本人反對에騷擾가起ᄒ憂慮가有ᄒ다더라

●清國연習評 倫敦泰晤士報北京通信員은淸國의연習을評ᄒ야曰將校가無能ᄒ야兵士의訓鍊이滿足지못ᄒ나然이나兵器ᄂ善良ᄒ야軍規에最格ᄒ다云ᄒ얏더라

●俄帝의詔勅 倫敦電을據ᄒ則俄帝의셔重要ᄒ詔勅을發ᄒ얏ᄂᄃ俄國民된者ᄂ西伯利亞에在ᄒ亞細亞人種을除ᄒ外에ᄂ官吏ᄂ之權利를附與ᄒ고農民에ᄂ苛酷ᄒ律動權을廢止ᄒ고自今農民된者ᄂ其住所를自由로擇定ᄒ고無限의旅行券을許給ᄒ다더라

雜報

●美報評日 美國스크립너라ᄒᆞᄂᆞᆫ雜誌에밀나三氏가日本을評論ᄒᆞ야曰美國이日本을過度히信ᄒᆞ고過度히同情ᄒᆞ얏스나自今以後로ᄂᆞᆫ日本의行動을放察ᄒᆞ며窺視ᄒᆞ여야美國이後悔를免ᄒᆞ리라ᄒᆞ얏고又言ᄒᆞ되日本이亞細亞에셔美國商權을크게妨害ᄒᆞ며廣東과漢口間에鐵路建築을妨害ᄒᆞ얏고淸人이美國物品을排斥ᄒᆞ기로同盟運動ᄒᆞᆫ것도日本의暗助로된거시라엇지如此ᄒᆞᆫ日本을信ᄒᆞ리오또滿洲開放問題에對ᄒᆞ야本人은可笑ᄒᆞᆯ섇이로다ᄒᆞ얏ᄂᆞᆫ디美國內地에雜誌와新聞社에셔同氏의言論을對ᄒᆞ야日美國이迅速ᄒᆞᆫ實情과所聞을探知코자ᄒᆞ든次에밀나三氏가如此ᄒᆞᆫ評論으로示ᄒᆞ얏스니氏의言을注意ᄒᆞ라ᄒᆞ얏더라밀나三氏가亞細亞情形을偵探ᄒᆞ고俄淸約條와英日同盟書와韓日議定書와其他談判及約條文書를蒐集編纂ᄒᆞ야冊子을成立ᄒᆞ얏ᄂᆞᆫ디種種日本의違約ᄒᆞᆷ을論難ᄒᆞ얏고違約ᄒᆞᄂᆞᆫ國을信치못ᄒᆞᆯ것으로言明ᄒᆞ얏더라

●嘉禮涓吉 皇太子殿下嘉禮日子를陰曆十一月十一日로初擇內定이되얏다더라

●稅務旅費 稅務官의所掌內各郡周回二十日旅費ᄂᆞᆫ每日一圜五十錢이오稅務主事二十日周回旅費ᄂᆞᆫ每日一圜이오書記十日周回旅費ᄂᆞᆫ每日五十錢이라더라

●保船徵稅 沿江上下에無色雜稅를自朝家로申飭革罷가非止一再ᄒᆞ야商民이安業터니近日에韓人中挾雜輩가日人과符同ᄒᆞ야保船會社를設施ᄒᆞ고無論某物ᄒᆞ고稅錢을徵出ᄒᆞᄂᆞᆫ딕雜稅가比前增加ᄒᆞ야民情이嗷嗷ᄒᆞ다더라

●燒簿逃躱 南來人의傳說을聞ᄒᆞᆫ즉慶南河陽郡吏胥輩가稅務官下來之說을聞ᄒᆞ고該郡結案과諸般文簿를沒數燒火ᄒᆞ고飛身逃走ᄒᆞ얏다더라

●張氏渡日 鑛務局長張世基氏가學務視察次로日間日本에前往ᄒᆞᆫ다더라

●打妻被捉 日昨鍾路米廛等地에서何許人이其妻를亂打重傷ᄒᆞᆫ지라其妻가該坊支所에告訴ᄒᆞ얏던지該所巡檢이其夫ᄂᆞᆫ捉去于署ᄒᆞ고其妻ᄂᆞᆫ人力車에載ᄒᆞ야其家로護送ᄒᆞ얏다더라

●庖肆會社 京畿道庖肆를浮雜輩가日人을協同ᄒᆞ야會社를設立ᄒᆞ얏ᄂᆞᆫ딕廣興社라名稱ᄒᆞ고派員을各郡에派送ᄒᆞᄂᆞᆫ딕日司令部指揮라稱ᄒᆞ고庖肆마다討索이無饜ᄒᆞ야或有廢肆處ᄒᆞ야庖業이斷絕ᄒᆞ고또近日에ᄂᆞᆫ十三道庖肆會社를設置ᄒᆞᆯ次로統監府에囑託ᄒᆞ야農商工部에勸告ᄒᆞᆫ다더라

●罷免懲勵 慶尙北道管下各郡郡守中貪暴不公ᄒᆞᆫ가合爲六七人인딕該道觀察使韓鎭昌氏가赴任ᄒᆞᄂᆞᆫ日에ᄂᆞᆫ期於罷免ᄒᆞ야懲一勵百ᄒᆞ기로決心이라더라

●西友特別開會 西友學會가組織有日에諸般事務가尙屬草創이라特別히事務處理ᄒᆞ기爲ᄒᆞ야來木曜日下午六點에河橋會館으로開會ᄒᆞ다더라

●一體佩刀 稅務官과稅務主事가剃髮服裝ᄒᆞ고一體로軍刀를佩ᄒᆞᆫ다더라

●法官銓所 法部에서法官銓考所를設ᄒᆞ고陰本月二十五日內로法官履歷書를繕送ᄒᆞ라고通知ᄒᆞ얏다더라

●痘司依舊 赤十字社와醫學校와廣濟院을議政府로附屬ᄒᆞᆫ다ᄂᆞᆫ說은前報에揭載ᄒᆞ얏거니와廣濟院에合屬ᄒᆞᆫ種痘司ᄂᆞᆫ內部衛生局에仍舊附屬ᄒᆞ기로內部에서政府에請議ᄒᆞᆫ다더라

●用達進排 東宮嘉禮時所用物品을該都監에서製造進排ᄒᆞᄂᆞᆫ거시自有傳例인딕官大李根湘氏와檢驗委員洪正燮氏가有何別規模인지諸般物品을都監은閣之ᄒᆞ고用達會社에서進排ᄒᆞ기로百般周旋中이라더라

●派員不法 黃海道載寧黃州鳳山三郡屯土派員은谷山郡守李偕承氏가兼任ᄒᆞ얏다ᄂᆞᆫ딕該氏ᄂᆞᆫ身爲地方官ᄒᆞ야字牧之任은放棄勿論ᄒᆞ고藉托經理院卿至親ᄒᆞ고屯土收賭를三倍於前ᄒᆞ야苛斂無饜ᄒᆞ기로三郡民人等이不勝痛寃ᄒᆞ여經理院에呼訴次數十人이上來ᄒᆞ얏다더라

●碧洞賊警 日昨夜八時에碧洞居某氏가自北壯洞으로歸家之路에西十字閣等地에서賊漢二名이突出ᄒᆞ야衣宕을掠奪而去ᄒᆞ고無他損害나近日都下에竊發之患이在在有之ᄒᆞ야昏衢來往이非便ᄒᆞ다ᄂᆞᆫ딕各坊曲警察所에서尋常看過ᄒᆞᆫ다고巷說이紛紛ᄒᆞ더라

●月俸不均 各官立普通學校敎員의陞等陞級은一般官吏가同一히履歷書를繕呈ᄒᆞ되至於月俸ᄒᆞ야ᄂᆞᆫ十五圜으로定式된故로各敎員三十餘名이此事에對ᄒᆞ야學部大臣에게質稟書를納呈ᄒᆞ기로講究ᄒᆞ얏ᄂᆞᆫ딕各觀察道公立學校에首敎員의月俸은二十圜으로支給ᄒᆞᄂᆞᆫ거시亦係不公이라ᄒᆞ야質稟書中에此一條를添付ᄒᆞᆫ다더라

●銓考履歷 日昨에內部地方官銓考所에서履歷書로만銓考ᄒᆞ고郡守及府尹十二窠를敘任ᄒᆞ얏ᄂᆞᆫ딕其姓名이如左ᄒᆞ니

仁川府尹송憲斌 咸陽李鍾元 靑山韓興敎 孟山朴永世 華川趙濟均 始興李復榮 玄風金承杓 龍宮金炳燮 長連金裕定 突山吳克善 黃州韓澤履 瑞興李駿鎬諸氏더라

●慶節無心 本月三日은繼天紀元節이라每年各部府院廳에慶祝費四十元式內下ᄒᆞ시고各學校에九元式內下ᄒᆞ옵셔一般官吏들이慶宴을設ᄒᆞ고聖恩을祝謝ᄒᆞ더니言念國庫財政에可謂痛哭이어니와各大小官人이食國厚祿에爲下錦不下ᄒᆞ심을遵稽ᄒᆞ고慶祝宴을勿施ᄒᆞ야當日夜各府部院廳이寂寞過去ᄒᆞ얏시니以此觀之ᄒᆞ면食祿官人이爲君愛國ᄒᆞᄂᆞᆫ誠心이有ᄒᆞ다ᄒᆞ리오一般官人中某某氏가自備設宴ᄒᆞ기를議論ᄒᆞ니或有ᄒᆞ얏스나不肯者多ᄒᆞ야莫大慶祝을尋常經過ᄒᆞᆫ지라所謂食祿大官덜은不過是竊祿塵府之人이라고一般輿論이唾罵ᄒᆞ더라

●靑會연說 本月六日下午七点半鍾에議政府參贊李商在氏가我韓人民에當然ᄒᆞᆫ義務라ᄂᆞᆫ問題로靑年會館에서연說ᄒᆞᆫ다ᄒᆞ며來木曜에ᄂᆞᆫ尹致昊崔炳憲兩氏中으로연說ᄒᆞ리라더라

●國東鎭道會社 湖南鎭道敷設認許權을勿施事로統監府에서政府로照會ᄒᆞ엿더니農商工部에셔照復ᄒᆞ기를人民已得之權을不可取銷이며該社에셔認許券을還稱ᄒᆞ고處有不法之事ᄒᆞ야嚴行團束이라ᄒᆞ얏다더라

●統監陛見 再昨日伊藤統監이英領事를訪問ᄒᆞ고下午三時에陛見ᄒᆞ얏다더라

●留學生憤激 日本東京本鄕區園子坂에서十月菊花節을當ᄒᆞ야완戲物을異常히造作ᄒᆞ야관光을供ᄒᆞᄂᆞᆫ딕완賓者如雲ᄒᆞᆫ지라向日該處에서日本德川家의公時代에朝鮮國王이來朝ᄒᆞᆫ다稱ᄒᆞ고菊花로人形을造ᄒᆞ야德川公은南北面坐ᄒᆞ고一人은拱手侍立ᄒᆞ고조鮮王來조란五字를特書ᄒᆞᆫ故로該地에留學ᄒᆞᄂᆞᆫ韓國學生等이此說을聞知ᄒᆞ고大端히憤激ᄒᆞ야打破次로百餘人이會集ᄒᆞ야該地에往ᄒᆞᆫ則巡檢五六人이挽執ᄒᆞᄂᆞᆫ故로本鄕區警察署에질問ᄒᆞ되此事ᄂᆞᆫ兩國歷史上에도當初에無ᄒᆞᆫ事인딕今此연劇場에無識輩가如此無禮ᄒᆞᆫ事를造作ᄒᆞ야故意로我國을凌辱ᄒᆞ니何故로不爲禁斷ᄒᆞᄂᆞ고該人形과書字를急速히破碎ᄒᆞ고該戲創始ᄒᆞᆫ人을嚴懲ᄒᆞ라ᄒᆞᆫ則警察署에서答ᄒᆞ되此ᄂᆞᆫ無識輩가歷史上에誤解ᄒᆞᆫ事가有ᄒᆞ야若是ᄒᆞᆫ거시오故意로凌辱ᄒᆞᆫ거ᄉᆞ아니라ᄒᆞ고該人形書字ᄂᆞᆫ即時撤廢ᄒᆞ깃다ᄒᆞ얏다더라

●漢北學會第一回 再昨日下午一時에漢北興學會에서第一回總會를開會ᄒᆞ얏ᄂᆞᆫ딕當日寄附金이二百餘圜이오一般任員을推選ᄒᆞ니會長은吳相奎氏오副會長은朱우氏오評議員二十人과幹事員十人이오會員薛泰熙氏가敎育問題의利害란問題로연說ᄒᆞ얏ᄂᆞᆫ딕評議員 鄭鎭弘 太明軾 金斧炳 薛泰熙 李儁 柳東說 兪鎭浩 許源 張鳳周 殷柱鵬 金泓圭 崔達斌 金承杓 楊孝根 金麟洙 玄德鎬 崔璟亨 韓亨魯 姜윤熙諸氏오 幹事員 朴其準 朴瑢述 申泰華 金在璣 尹鎬烈 金泓序 金河琰 韓相威 李鍾益 林呂來 李麟在諸氏더라

詞林

感吟 忠正公血竹搨本

四叢翠竹一軒穿 皇日貞忠感九天 人海人山齊下淚 血枝血葉藹中連 猗猗翠色三千里 節節扶綱五百年 寄語我韓臣子來 明圖學問來心堅

硯農 崔泓圭

雜報

●十三道儒紳章甫等聯陳不可陛后之大義十次上䟽草本

伏以臣等 伏竊 廬萬念灰冷惟是斷斷憂國出於天性中夜統壁有涙無從而已即者得伏見盧泳敎元世洵張錫藎等所請嚴貴妃陞后蹴批旨下者雖無允從之意而臣等절不能無過計之憂或慮聖德之不能固持以啓奸細覬覦之心也噫彼盧元張三賊者罔念邦禮之大防敢欲違犯我肅宗大王告廟垂敎子孫萬世金石之大典爲此亂逆之言以眩惑聖聰者揆以邦憲合置何辟所宜嚴加斥絶明示好惡以杜亂萌也今伏覩批辭優游巽軟若在或可爲而不可遽爲者然是則陛下亦未嘗以爲大不可也臣等未敢知陛下於丙枕無寐之時倘能念到於得罪肅廟貽笑萬世爲大可驚大可愧者乎臣竊大懼焉

夫禮失則亂亂之極而至於君不君臣不臣父不父子不子而國隨以亡者始未嘗不由於夫婦道壞之故其昭然之跡臣雖不言陛下豈不知哉且陛下凡於國家典禮遠追明朝近述先王毫髮不敢違而惟於此一着似未免有左右顧眄之意臣等請推言大明及先朝已行之典禮而次及於陛下及東宮殿下難安之事勢爲陛下陳之而其所陳凡十條伏乞陛下安心細察洞然垂燭焉

其一明太祖高皇帝以淑業之帝孝慈高皇后馬氏崩後數十年永不再娶然後宮貴妃承寵既多而無以後宮陞爲皇后者陛下今日所當法者即在大明矣伏乞陛下深留聖意千萬幸甚

其二我肅宗大王以後宮不得陞正位事上而質告太廟下而垂敎萬世著爲國家金石之典彼盧元張三賊者之甘自背馳於先王者其罪何居陛下尙不能罪此三賊而又或曲從其言則將以何顔入肅宗大王之廟乎亦以何辭謝二十八世 先大王在天之靈乎事關 先王宜斷以大義矣伏乞陛下深留 聖意幸甚 未完

●米議士演說 米國下議院代議士헤이스가去月十五日夜에日人排斥會議所에서연說ᄒᆞ기를우리가日本을對ᄒᆞ야戰爭ᄒᆞ게되면米國은戰備가整頓ᄒᆞ되日本은戰備가完全치못ᄒᆞᆫ지라古昔에亞細亞人이希臘人을逐出ᄒᆞᆫ것과如히우리도日人을逐出ᄒᆞᆯ것시맛당ᄒᆞ고米國政黨에셔ᄂᆞᆫ우리가日人을排斥ᄒᆞᆷ으로戰爭의機를삼ᄂᆞᆫ다ᄒᆞ고長懼ᄒᆞᄂᆞᆫ者ㅣ有ᄒᆞᆫ지마ᄂᆞᆫ此ᄂᆞᆫ어리석은者라萬若戰爭이되면우리ᄂᆞᆫ깃거ᄒᆞ고幸으로認ᄒᆞ노라日本勞動者를用ᄒᆞᄂᆞᆫ各農庄主人들은우리의反對者로認ᄒᆞ노라ᄒᆞ엿고前任代議員뵈간氏ᄂᆞᆫ起而演說曰우리가日本과戰爭되기를一日이라도速히되기를望ᄒᆞ노니大槪日人의行爲가淸人보다尤爲可憎ᄒᆞᆫ人種이라如此ᄒᆞᆫ人種이每船便에우리內地에侵入ᄒᆞ니其中에皆勞動者가아니오其實相은日本政府의偵探者로우리의內情을窺察ᄒᆞᆷ이니不可不設法禁斷ᄒᆞᆯ지라ᄒᆞ엿다더라

●防賊留兵 忠北靑山郡正三品趙秉吉前承旨송鍾晃諸氏의來函을據ᄒᆞᆫ則該郡守金熙完氏가莅任後에爲防賊警ᄒᆞ야曾前에設置ᄒᆞᆫ砲兵二十名을仍存ᄒᆞ얏더니自政府로該郡守를戢捕官으로奏差ᄒᆞ더洋銃二十柄을軍部에서受來鍊操ᄒᆞ야所管九郡內에每有警報則使之出住ᄒᆞ얏고客舍와明倫堂에往宿時에兵丁帶行은該郡守가既兼戢捕故로保護兵丁幾名을隨率而已오材民捉來時에兵丁出送은賊徒干連之外에ᄂᆞᆫ初無派兵之擧라고本報의掲載ᄒᆞᆫ設兵貽弊라ᄂᆞᆫ題下를對ᄒᆞ야張皇辨明이有ᄒᆞ니大抵設兵防賊이係是常行之案쁜더러況因政府命令ᄒᆞ야戢賊捕之任ᄒᆞ얏슨則豈可不勉力於此哉아然各地方所聞에紳以防賊ᄒᆞ고兵丁貽弊가亦不無焉이라吾儕ᄂᆞᆫ該郡에서賊徒防禦를從長善處ᄒᆞ며民間貽弊도無或有之케ᄒᆞᆷ을十分希望ᄒᆞ노라

●大韓皇城基督敎靑年會學館工藝敎育課緖言

我韓이越在曩昔에農業만專務ᄒᆞ고其他利益은未遑研究하더니方今에運이發展ᄒᆞᄂᆞᆫ時代을値ᄒᆞ야我國이世界上競爭場裏에立ᄒᆞ엿스니天産物로資ᄒᆞᆫ的方法의諸般技藝를講究ᄒᆞᆷ이必要ᄒᆞ고其要務ᄂᆞᆫ我靑年諸彦의게擔任ᄒᆞᆫ지라維我皇城基督敎靑年會에서此好時機를率先ᄒᆞ야商工業에從事코ᄌᆞᄒᆞᄂᆞᆫ有志靑年을爲ᄒᆞ야工藝敎育課를特設ᄒᆞ고日本工學士宮川德三郞氏를招聘ᄒᆞ야此에當ᄒᆞᆫ諸般敎育을委任ᄒᆞ엿스니凡我靑年은熙穰來學ᄒᆞ심을幸甚幸甚

本工藝課主要目的

一 我韓天産物中工藝上有利ᄒᆞᆫ物質을發見ᄒᆞ야實地應用ᄒᆞᆷ을研究ᄒᆞᆷ

二 諸官衙商界工場等諸工에部에採用ᄒᆞᆯ人材를養成ᄒᆞᆷ

三 專門製造工業自營에適否ᄒᆞᆫ智識技能을賦與ᄒᆞᆷ

四 既往專門製造工業自營ᄒᆞ이게ᄂᆞᆫ近世科學的新智識을授與ᄒᆞ야倍加一層ᄒᆞ야其生產力을增進케ᄒᆞᆷ

以上所陳ᄒᆞᆫ目的을完結케ᄒᆞ기爲ᄒᆞ야本工예課에셔如左ᄒᆞᆫ授業科目을設置ᄒᆞᆷ

●學校祝慶 日昨繼天紀元節에水下洞普通學校에셔聖壽를慶祝ᄒᆞ기爲ᄒᆞ야各敎員들은一圓角數式辦出ᄒᆞ고各學徒들은二十錢式自備ᄒᆞ야慶祝宴을開ᄒᆞ고一晝夜를盛遊ᄒᆞ얏ᄂᆞᆫ데一般世人이莫不稱頌ᄒᆞ되一學校의愛國之誠이猶勝於政府大官이라ᄒᆞ더라

●失火旋滅 日昨下午에山林洞地某人家에셔偶然失火ᄒᆞ유旋即撲滅ᄒᆞ얏ᄂᆞᆫ디幸無損害ᄒᆞ얏다더라

●陶器新店 平壤報를據ᄒᆞᆫ則平壤人朴承億崔周憶吳榮昌黃學道諸氏가陶器精造에注意ᄒᆞ야該地北村馬山洞에[illegible]與日본人酒井左右馬와松尾猪之二兩氏로共同合資ᄒᆞ야設店所用器具를購入ᄒᆞ야製造케期圖ᄒᆞ다ᄒᆞ니韓國에셔外國瓷器를輸入ᄒᆞᄂᆞᆫ거시每年에消融金이四萬餘元에達ᄒᆞ며니此果日就ᄒᆞ야漸進於全國ᄒᆞ면殖產前途에有助萬一이라ᄒᆞ더라

廣告

東國歷史　普通敎科國漢文一秩二冊定價新貨　一圓十錢
法蘭西新史　四十錢
淸國戊戌政變記一秩　一圓
政治汎論　一秩二冊一元廿錢
越南亡國史　一冊三十錢
法國革新戰史一冊　三十錢
大韓輿地圖一張　十七錢九里
世界全圖一張　三十七錢五里
大韓地誌一秩　一圓
牧民心書一秩　一圓二十五錢
萬國地誌一秩　一圓
尺牘完編一秩　一圓五十錢
憲政新編一冊　五十錢
法學通論一冊　一圓
溫故知新嘗叢抄　七錢五里
父師必숙小學指남　七錢五里
人工養蚕一冊　十五錢
世界之政治　一冊五十四錢
家庭雜誌一　十錢
進明彙論一秩　三十五錢
交際新禮一秩　十八錢

發賣所　布屛門下金相萬書舖　大韓每日申報社

花春丹은　霍亂　吐瀉　腹痛　滯症　暑症　경忡　神眩　行鬱　痰盛　醒酒船暈　咳嗽　瘧질　口味업는諸症의神效ᄒᆞᆫ藥이오　此外에도洋灰本解葯 唐창　疳氣　蛔虫　寸虫　赤白면風　聯과東西洋藥이俱備ᄒᆞ고他病도隨證出方ᄒᆞ오니　僉位는枉臨ᄒᆞ시옵

皇城校洞石井洞下隅
石泉堂藥房　告白

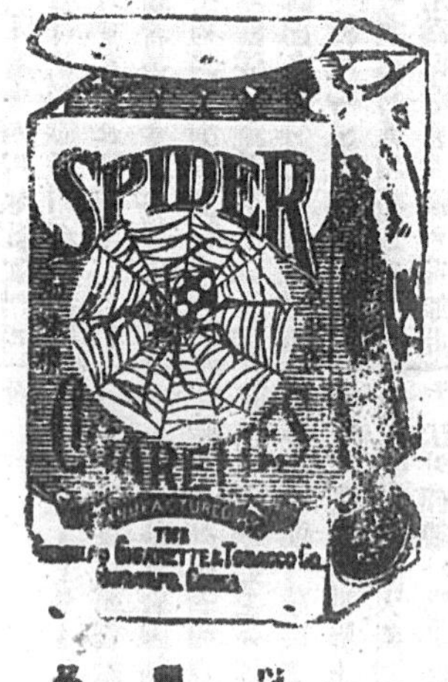

以上三種은上品으로精選ᄒᆞᆫ바衛生上에理極有益ᄒᆞ니僉諭某人고本에來臨ᄒᆞ심

大韓皆賣仁川港
濟物浦紙卷烟及烟草會社

一 鷹標煉濃結牛乳
一 金印醸煉濃結牛乳
一 每嬰家用氣化乳醣
一 쎄ㅣ돈쓰製嬰孩芽化合牛乳

以上은常時에貯積ᄒᆞ얏솝
美國紐育港쎄ㅣ돈쓰濃結牛乳會社
一手代理店
大韓仁川港
世昌洋行

●九轉靈砂라 [illegible]
女老少에無論何病ᄒᆞ고 [illegible] 오며 [illegible] 에도限ᄒᆞ면平生의身體가健康ᄒᆞ며 [illegible] 十歲안에無病ᄒᆞ기를擔保ᄒᆞ오며
●九轉靈砂는 [illegible] 中風[illegible]痰과耳目[illegible]病과痲疾에神効ᄒᆞ고
●九轉靈砂保命丹은初生小兒 [illegible] 驚風 [illegible] 腹痛 [illegible] 般症과婦人帶下症에神効ᄒᆞ며
●九轉靈砂濟衆丹은酒滯　食滯　積聚　吐瀉　霍亂　痢疾　吐血　下血　遲氣　時疾　痼症에神効ᄒᆞ오
●九轉靈砂保命丹은痔漏　[illegible]　上痞痛　下痞痛及唐瘡과諸般雜病痼疾에無不神効ᄒᆞ오니　僉君子는來問ᄒᆞ시오
內需司前두간이골上隅第一家　李鍾延　告白

◎本社廣告

中報價
一張代金　新貨二錢五里
一箇月前納　三十錢
三箇月　九十錢
六箇月　一元七十錢
一箇年　三元四十錢
郵稅一部　新貨五里
一箇月　十三錢

廣告料
四号活字十三字詰
每日每英尺一寸에新貨廿五錢
(每日每行에六錢에相當흠)
其期限의長短과字行의多少를依ᄒᆞ야增減흠이有흠

◎大韓每日申報發賣所
中署布屛門下　金相萬冊肆
洞口外便　朱翰榮冊肆
中署廣通橋入七十八統五戶　[illegible]
仁川港峴開新冊肆　李東圭
十漢南山峴[illegible]新學校　金濟淵
宣川邑備西　[illegible]叙恒
義州南門外韓西大藥房　張有賓
長連邑　金[illegible]
嶺南[illegible]　[illegible]
慶州南社　曺喜林
中和邑　李俊培
釜山佐川[illegible]　金灌俊
鍾城北部梨井[illegible]　[illegible]
校洞校長　李助遠
大丘郡　連城廣文社
鎭山邑內　安瀬
元山港倉前　金乃範
黃海道郡寧邑濟衆院　[illegible]

發行兼編輯人　英國人裵說
發行所
京城中署[illegible]坊[illegible]洞號外地法語學校[illegible]
大韓每日申報社

第四卷

大韓每日申報
대한매일신보

第三百六十五號

月曜及慶節 歲時日休刊

檀君開國四千二百三十九年
箕子元年三千二十八年
大韓開國五百十五年
日本明治三十九年
淸國光緖三十二年
◉陰曆丙午九月小廿一日乙卯

別報

對日美人

一美國人이自國某報에寄書ᄒᆞᆫ거시如左인바甚有意味러라

記載員閣下

此寄函이出於事實이니勿以休紙置之ᄒᆞ고適宜商量ᄒᆞᆯ지어다

我國이關係되ᄂᆞᆫ來大戰役이五年以內에在홈은確然ᄒᆞ거날彼繁榮歲月을悅樂ᄒᆞᄂᆞᆫ人民은如此寄函을或將冷視ᄒᆞ리로다

太平洋沿岸이砲壘에不適홈은免不得之勢요且其戰鬪艦의不足이亦可注目處라設有與日交戰이면日本海軍의全部가毒浮於太平洋ᄒᆞ리니我國所依도太平洋艦隊에亦在어날此艦隊의組織이多是老朽船隻이라其中幾隻은必不當勸務ᄒᆞ리니吾人이將焉歸오

余從調査貴閣之컨ᄃᆡ合衆國에在ᄒᆞᆫ日本人이不下於十萬이오且其大部分은此沿岸에居留ᄒᆞᆫ다ᄒᆞ니何如人士던지此報告를聞ᄒᆞᆫ時에如彼日人이除其略干ᄒᆞ고ᄂᆞᆫ擧皆軍人이라相爲敵勢之時에此必爲甚驪原質ᄒᆞᆯ거슬其或知悉耶아

尙今人民이安全을假定ᄒᆞ야在於夢中이니日本이나或何許他强이라도此海岸에各城을不用極力ᄒᆞ고其能破之리로다人或言之ᄒᆞ되戰局이必不如彼速至ᄒᆞ리니大西洋海軍의一部를移來ᄒᆞ야此ᄒᆞ기가猶能云이나然이나俄國이極東으로後備兵派送홈을日本이瓜聞ᄒᆞᆫ時에宣戰을未宥ᄒᆞ고攻擊을爲始홈은人各知之로다

與日交戰은欲避不得이니每事를何不豫備오比律賓과布哇ᄂᆞᆫ何如間에必失ᄒᆞ리니對此實盡ᄒᆞᄂᆞᆫ金額이有何所用이리오愛讀諸人이此問題를各自說明홈과且本人과如히日人性質을知悉ᄒᆞ기를希望ᄒᆞ노니蓋本人은日本에居留홈이二年光陰이라世界內에最大狡詭者ᄂᆞᆫ其乃日人인줄을發出ᄒᆞ엿노라

에이드 후 謹呈

官報

●三千六百一號 光武十年十一月三日

◉叙任及辭令

○任靑松郡主事 沈의植○任定山郡主事 九品徐轍輦○任平海郡主事 前議官崔元在○任鎭山郡主事 前議官金之龍○任懷德郡主事 송璦用○任鎭南郡主事 前議官金炳鎬○任實城郡主事 李敎仁○任玄風郡主事郭주坤○任陜川郡主事 梁燦鎭○任喬桐郡主事 九品金秉瑾○任延豐郡主事 金圭姜在鼎○任殷山郡主事 金圭錫○任溫陽郡主事 鄭爽好○任河陽郡主事 鄭秉洪○任河東郡主事 金秉斗○任興海郡主事 崔昌錫○任昆陽郡主事 李光種○任蔚珍郡主事 張秉廈○任祥原郡主事 朴麟爀○任中和郡主事 金 鋼○任大興郡主事 李起完○任成川郡主事 李庭修○任咸興郡主事 柳○海○任慶州郡主事 前主事金翰殷○任通津郡主事 朴南鉉○任京畿觀察道參書官 始興郡守金禎曉○任忠청北道관察道參書官 靑山郡守송縣完○任忠청南道관察道參書官 前警務官崔麟濟○任全羅北道관察道參書官 農商工部主事尹昌鉉○任全羅南道觀察道參書官 突山郡守馬駿榮○任慶尙北道관察道參書官 玄風郡白南奎○任慶尙南道觀察道參書官 咸陽郡守朴晶鎭○任黃海道觀察道參書官 正三品朴義도○任平安北도관察도參書官 前警務官張孝根○任平安남도관察도參書官 金奭鎭○任江原도관察도參書官 華川郡守鄭海運○任咸鏡北도觀察도參書官 六品柳學根○任咸鏡南도觀察도參書官 六品朴從龍 李

●三千六百二號 光武十年十一月五日

◉宮廷錄事

奉常司提調金在豐自列疏批旨省疏具悉不必如是爲言卿其勿辭行公

◉叙任及辭令

○六品李鼎均 度支部稅務主事李濟鵬 任農商工部主事

●三千六百三號 光武十年十一月六日

◉宮廷錄事

中樞院副議長李鍾健辭職疏批旨省疏子悉卿其勿辭調理行公

◉叙任及辭令

○命休職 鎭衛第二大隊醫官 三等軍醫朴從龍○補鎭衛第三大隊醫 三等軍醫朴東奐○軍器廠醫官金明植 시衛第一聯隊醫官柳枝秀 시衛第三大隊醫官孫祉秀 鎭衛第一大隊醫官朴熙達 全三大隊醫官朴東寔 免本職○補軍器廠醫官 一等軍醫柳枝秀○補시衛第一聯隊醫官補 三等軍醫朴東寔○補시衛第三大隊醫官 二等軍醫朴熙達○鎭衛第一大隊醫官 二等軍醫孫祉秀○補鎭衛第三大隊醫官 二等軍醫金明植○시衛第一大隊醫官金守鉉 全二大隊醫官張鴻燮 工兵中隊醫官金性集 兼補陸軍衛生院醫官○任陸軍三等藥劑官 六品金益昌○驪慶廟參奉趙在元 眞陵參奉兪麟濬 依願免本官○任肇慶廟參奉 慶基殿參奉金良集○任慶基殿參奉 崇基殿○任惠陵參奉 李海準○任度支部主事 九品兪麟濬

◉勅令

◉勅令第五十號
地方官官制 令

第十八條 叅書官은府尹을輔佐ᄒᆞ고府尹이事故有ᄒᆞᆫ時ᄂᆞᆫ其職務를署理홈이라

第十九條 主事ᄂᆞᆫ上官의指揮를承ᄒᆞ야庶務에從事홈이라

第二十條 巡檢은上官에指揮를承ᄒᆞ야警察事務에從事홈이라

第二十一條 內部大臣이必要로認치아니ᄒᆞᄂᆞᆫ府에ᄂᆞᆫ參書官을不置홈을得홈이라

外報

●戰艦新造 伯林電을據ᄒᆞᆫ則英國造船所에서目下二萬頓되ᄂᆞᆫ戰鬪艦一隻을製造中이라더라

●强製敎育 倫敦電을據ᄒᆞᆫ則俄國政府ᄂᆞᆫ兵士의敎育에無홈을慨歎ᄒᆞ야日間義務敎育令을公布ᄒᆞᆫ다더라

●死呼萬歲 去月十六日에俄國大將을殺ᄒᆞᆫ女子를校에處ᄒᆞᆯ際에繩을項에掛ᄒᆞ고大聲으로國民의自由를競爭ᄒᆞᄂᆞᆫ革命黨萬萬歲를呼ᄒᆞ고恐怖色이업시死刑을當ᄒᆞ엿다더라

●排日對抗運動 日本에서九州俱樂部에貴衆兩院議長新聞記者가會合ᄒᆞ야桑港排日運動에對ᄒᆞ야一團을組織ᄒᆞ고一面으로ᄂᆞᆫ日本當局者를督勵ᄒᆞ며一面으로ᄂᆞᆫ駐美日本人과氣脈을通ᄒᆞ야一大對抗運動을開始ᄒᆞ야一日이라도速히歸決케ᄒᆞᆫ다더라

雜報

◉英艦入港 英國一等巡洋艦아스도리아號는再昨日正午에威海衛로부터仁川港에入ᄒᆞ얏는ᄃᆡ同港에셔二三日間碇泊ᄒᆞᆫ다더라

◉署理統監 伊藤統監이日間發程ᄒᆞᆫ는故로該府諸般事務를再昨日부터長谷川디將이署理視務ᄒᆞᆫ다더라

◉門票不給 內官梁浚楔氏가日記堂上을被任ᄒᆞᆫ지가數朔이되얏시되門票를不給ᄒᆞᆫ는故로至今ᄭᆞ지詣闕ᄒᆞᆫ지못ᄒᆞᆫ다더라

◉於音空失 淮陽郡居金鴻禹이가郡守一窠를圖得ᄒᆞ랴고鐘洞居朴疑鎬의게十五萬兩於音을得出ᄒᆞ야權正尉承稷氏의게納囑ᄒᆞ엿더니權正尉가該於音을一萬五千兩에典執ᄒᆞ고郡守를圖施치아니ᄒᆞᆫ는故로金氏는郡守도不得ᄒᆞ고於音을還失ᄒᆞ얏다더라

◉鐵索繞山 玄暎運氏가東關王廟主山에洋屋을新建築ᄒᆞ고鐵索으로全山을木柵ᄒᆞ얏시니該山은官有地인ᄃᆡ認許가有ᄒᆞᆫ지未知ᄒᆞᆫ깃다더라

◉洪氏落科 辯護士洪在祺李晃宇兩氏가葉十五萬兩訴訟事件으로晉州府에下去ᄒᆞ야辯護之場에洪在祺氏가落科ᄒᆞ얏다더라

◉高倅答論 高靈郡守尹夏榮氏가金榮培諸氏를對ᄒᆞ야言ᄒᆞ되政府에셔我에不才를誤認ᄒᆞ고起復還任ᄒᆞ얏스니無以報答이온즉此郡에第一急務는學校를擴張ᄒᆞ고結錢은葉八十兩을紙貨十二元만收捧ᄒᆞ기로備會를設ᄒᆞ고完文을成給ᄒᆞ고官隱二十五結은陞總于度府部ᄒᆞ야以補國用이라ᄒᆞ얏다더라

◉執탈過限 開城來人의傳說을據ᄒᆞᆫ즉該府下日人某氏典當舖에셔家券을典執ᄒᆞ엿ᄂᆞᆫᄃᆡ該家主가當限日拒勢次로前往ᄒᆞᆫ則日人이避身不見ᄒᆞ고翌日에往推ᄒᆞ면以過限執탈ᄒᆞ고家屋을勒奪者十餘人이라더라

◉警官行悖 北署帶洞居李主事某氏가生計窮艱ᄒᆞ야其小室로內外酒家를爲業ᄒᆞᆫ는ᄃᆡ門牌는其小室夫子曹學聖으로書付ᄒᆞᆫ지라再昨의酒讌撤燈ᄒᆞ고李主事의親交某某官人數氏가適爲來訪ᄒᆞ야談話之際에摠巡姜斗植氏와書記金賢益과巡檢李秉先과別巡檢朴某가中門을來叩喚酒ᄒᆞ거ᄂᆞᆯ李主事의小室이答以無酒ᄒᆞᆫ즉該人等이迫奔中門ᄒᆞ고突入內庭ᄒᆞ야內房과越房과庫間을一邊搜探ᄒᆞ며某某官人을一邊歐打ᄒᆞ며李主事를警務廳으로捉去ᄒᆞᆫ다ᄒᆞ며當場詬辱之說은不可枚擧而隣居某某氏가來到挽留ᄒᆞ야幸息悲鬧나以若警察官吏로辛辱ᄒᆞ고酒家에往하야無端作梗ᄒᆞ며歐打官人이有何警務章程인지未知커니와無勢ᄒᆞᆫ人은賣酒生涯도못하깃다고巷說이喧藉하더라

◉郡主不材 扶安郡主事辛東錫氏는元來該郡首書記로去甲辰年分에朴巡察齊斌氏가査得辛東錫의多數公遺하야徹役하기로處決하얏다가辛東錫이가何樣周旋하얏던지答數百에減等放免하얏더니今番에該郡守權益相氏의公薦가葉一萬兩에適當ᄒᆞᆫ지라辛氏가擔保ᄒᆞᆫ故로權氏가上京하야內大李在錦氏를往見하고辛씨를可堪之才로薦保하야郡主事를敘任하얏다니該郡諸般事務가將不知何境이어니와該郡儒鄕이此事件에對하야京部에呼訴ᄒᆞᆫ다더라

◉警官不擇 警務顧問丸山重俊氏와內部警務局長金彰漢氏가地方警務實施에對ᄒᆞ야擇人은姑舍ᄒᆞ고挾雜으로爲主ᄒᆞᆫ야該局長家에警官을圖囑ᄒᆞᆫ는者逐日遝至ᄒᆞ며丸山氏와金彰漢氏에地方派送ᄒᆞᆫ日本警官이奇別ᄒᆞ면何如ᄒᆞᆫ人이던지非計善惡ᄒᆞ고敘任ᄒᆞᆫ는故로地方警務는就緒無日이니金局長은不足責이어니와丸山氏는開明國人으로如此ᄒᆞᆫ不公ᄒᆞᆫ行爲를行하니統監의得人치못ᄒᆞᆷ을慨歎ᄒᆞᆫ다더라

◉判決不施 鈴島人의案說를據ᄒᆞᆫ則該民等의所農庄은恒定ᄒᆞᆫ稅額이有ᄒᆞ거ᄂᆞᆯ李副將允用氏가勒取濫捧ᄒᆞᆫ事로昨年裁判에氏가理屈落科ᄒᆞᆷ이勒取租二千六百石은還償하고嗣後로ᄂᆞᆫ原稅ᄃᆡ로收捧하게判決서를成給이되該氏가以權勢으로還償條를終不擬給하고紹介를縱하야訟費로五百石만給하고收稅ᄂᆞᆫ原額外增加하야安和하지못ᄒᆞᆫ는ᄃᆡ該民等이不勝ᄒᆞᆫ다더라

◉淫女檢查 昨日各署에셔妓生과三牌等女를一齊히會集하야檢查하얏다더라

◉廣探塚主 安洞居金參判某氏가日先塋를失傳ᄒᆞ얏ᄂᆞᆫᄃᆡ年前에果川南太嶺에木牌로廣告ᄒᆞ야來往客人에게探問ᄒᆞ얏더니淸州郡居高英勳氏家屬이近日에該邑米院等地에셔耕田ᄒᆞ다가碑石을偶得ᄒᆞ니其碑文이前日木牌廣告와若合符節이되高氏其人이金參判의名啣을不知ᄒᆞᆷ으로往來告치못ᄒᆞ다고上京ᄒᆞ야其所親의게傳播ᄒᆞᆫ다더라

◉顧問行動 韓國이開明ᄒᆞ라면警務를擴張ᄒᆞᆫ는게急先務라ᄒᆞ야日本政府가東洋의開明先務이오라ᄒᆞ고自居ᄒᆞ고警務顧問丸山氏를屆聘케ᄒᆞ니丸山顧問은日本警務에第一高等人物인고로日本셔도爲決ᄒᆞ얏기니와韓國人民의希望心이甚重ᄒᆞ던더러歐美白人이韓國에留住ᄒᆞᆫ는者가注目ᄒᆞ거ᄂᆞᆯ我히不輕ᄒᆞ더니伊來行動을見ᄒᆞᆫ건ᄃᆡ韓廷의諂諛浮雜之輩를心腹으로締結ᄒᆞ야官吏의進退를隨意恣行ᄒᆞ미際務中에昏昏不醒ᄒᆞᆫ는主務大臣은顧問의節制를惟命是從ᄒᆞᆫ는中에警務整理費ᄂᆞᆫ籍稱ᄒᆞ고十餘萬元을目賀田顧問과直接推用ᄒᆞ야用之何處ᄒᆞ얏는지其明細書는姑未發表ᄒᆞ얏스며警務를如何히整理ᄒᆞ얏는지其整理ᄒᆞ고效力과結果를論ᄒᆞᆫ진ᄃᆡ桎梏과周牢와紅絲와散杖으로諸般惡刑을亂用ᄒᆞ며高等官이라도恣意拘囚ᄒᆞ야韓國法律以外에亂暴ᄒᆞᆫ行爲가世人의耳目을驚動케ᄒᆞ니丸山氏는雖曰日本人이나韓國에屆傭ᄒᆞ야韓國警務廳에執務ᄒᆞᆫ즉韓國法律以內에셔強張衝突ᄒᆞᆷ은可ᄒᆞ거니와法律以外에泛濫ᄒᆞᆫ行動이若此ᄒᆞᆫ즉丸山氏는日俄開戰時에日本政府에셔特派ᄒᆞᆫ高等警務顧問官이오何況伊藤統監指揮下에在ᄒᆞᆫ日本政府의對韓政略을可知ᄒᆞᆯ지오各部顧問官의次第行動도推此可測하깃다고輿論이喧藉하더라

◉不近人情 銅峴等地居禹致公이가日語를한執ᄒᆞᆫ緣故로明洞居留日人小林支店에셔屆傭ᄒᆞ야其年老父母가數名家眷을養接濟ᄒᆞᆫ는ᄃᆡ月給外에六千餘圓을小林의게貴借ᄒᆞ얏던지現今監獄署에捉囚ᄒᆞᆫ期에照律宜衝가되ᄂᆞᆫᄃᆡ其家眷이飢死ᄒᆞᆯ地境이오如干家彦汁物을典執ᄒᆞ야獄飯을供給ᄒᆞᆫ는ᄃᆡ其老父의情境은慘不忍見이라하더라

◉疑獄復聞 李世稙송秉畯獄事에始終이懸殊ᄒᆞ고表裏가不同ᄒᆞᆷ을世人이皆疑ᄒᆞᆫ는故로疑獄吏歸화하야本報에已爲揭載ᄒᆞ얏거니와內容을詳聞ᄒᆞᆫ則警顧問丸山重俊氏와日本憲兵隊長宮小山氏間에有何釁隙이며有何猜疑이던지丸山氏가小山隊長의秘密行動을査覈코ᄌᆞ하야李世稙송秉畯氏等諸人을嚴囚詰問하다가及其結局하야는李世稙流配一事뿐外貌粧撰하얏다하니其秘密査覈하던實際事狀은隨聞追載하려니와小山隊長이畢竟停職退韓하얏슨즉丸山氏의獲勝ᄒᆞᆫ凱歌는自然高唱莫撻하깃도다然하나日人이日人과互相爭權하는중間에韓國高等官人들이無故受辱ᄒᆞᆷ은可謂鯨戰蝦斃라하깃스니弱國人이强國人에게受辱ᄒᆞᆷ이西洋에셔도或有此等事案인가하노라

◉各用食口 日前十一窠郡守를敘任하는ᄃᆡ各大臣이自己食口幾人을銓薦所에薦望하는ᄃᆡ勢不聚合ᄒᆞᆷ으로揀擇하야幾窠를分시하고參政大臣朴齊純氏薦望中에는一人만敘任하얏다더라

◎秋夜閒談

○十一郡守差下時에各部大臣이服膺하ᄂᆞᆫ銓考所에薦望ᄒᆞᆫ이圖章으로秘號ᄒᆞᆫ이太端妙ᄒᆞᆫ方法이覺고

○近日에銓考가아니면得職을不得ᄒᆞ미冰北村來往客이夜學에熱心ᄒᆞ야政治經濟를學ᄒᆞ니詮考가아니라勸學文이로고

○無名雜稅革罷後에浮雜輩가收稅派員吏圖ᄒᆞ셔日人에게賜托ᄒᆞ야會社를設施ᄒᆞ니日韓協同時[illegible]로고

○尹甲炳氏는一進會效力으로官職을順蹈터니靑바지가不遠ᄒᆞ니卒富貴不祥이로고

○年形은大有ᄒᆞ나稅納이迫頭ᄒᆞᆫᄃᆡ金融이枯渴ᄒᆞ야民情이嗷嗷ᄒᆞ니饑凶年이무섭소

○一進會勢力이近日에稍減ᄒᆞ니一齊히忠北으로移去ᄒᆞ면觀察使가助力ᄒᆞ지

寄書

十三道儒紳章甫等聯陳不可陞后之大義三條上疏草 (續)

其三 英祖大王孝冠百王凡於毓祥宮典禮靡不用極然未聞有追崇之擧 純祖是帝躬奉 嘉順宮孝養備至而亦未聞有陞以正位之議盖所以欽遵 肅廟朝告 廟及垂教以爲不刊之典故也 毓祥宮 嘉順宮皆誕 大王功德巍巍猶不得受大號况 嚴貴妃卽 陛下之後宮也不過爲我 王之母而已則今欲加之以 毓祥宮 嘉順宮所未行之典禮者不但得罪於 肅廟而已抑無隱安於 英祖 純祖乎非徒大累 聖德萬世之譏恐不可無矣伏乞 陛下深留 聖意千萬幸甚

其四謹稽 國朝 顯德王后 安順王后 貞顯王后以後宮陞正位然顯德王后選入 東宮誕 端宗大王而奉嫡配之故追冊爲王后矣 安順王后亦選入 東宮因 章順王后昇遐而無嗣育故陞正位矣 貞顯王后選入 大內誕 中宗大王而適有燕山母廢黜之擧故陞正位矣然皆 廟告 廟及垂教以前事矣且皆揀擇名門備禮入宮而因不得不然之故乃陞正位矣以民家女爲侍宮者陞正位獨有禧嬪而已然未久還奪位號不詳之擧不可援以爲例明矣況禧嬪陞后時已誕生 景廟則雖是 儲右之私親也 肅廟猶悔是擧至於告 廟及垂教以爲子孫世守之成典凡況 嚴貴妃之當初爲侍宮與禧嬪不異而所生之 親王與儲君大有別焉此則猶有異於禧嬪而 國朝五百年以來所無之擧外更未有可擬之人矣伏乞 陛下採留 聖意千萬幸甚 禾完

●東華書館趣旨書

書籍者ᄂᆞᆫ文明之質素요學問之機關也라非書籍이면無以博其智識ᄒᆞ며無以資其參考ᄒᆞ며無以發展其藝術而增長其理想也니此書籍之所以有力於文化者也라如此故로欲發達國民之教育者ᄂᆞᆫ必從書籍而爲主ᄒᆞᄂᆞ니自近世紀以來로泰西高明之士ㅣ竭其腦力ᄒᆞ며彈其精神ᄒᆞ야以研究新學問ᄒᆞ고以發明新智識者ㅣ其書日富ᄒᆞ고其理日長이라由是로國以之富强ᄒᆞ고人以之文明ᄒᆞ야蒸蒸有勃興之勢者ᄂᆞᆫ皆學問之功也오近來東洋之日本도亦深究乎新學之書ᄒᆞ며覃精于實用之學ᄒᆞ야以東亞之强國者ㅣ一皆收效於此也라彼充棟汗牛之陳編古簡은所謂淵鑑且文之宏博과諸子百家之浩汗이奚補於實學이며奚用於今日哉아吾東之士ㅣ亟宜斷棄舊習ᄒᆞ고務講新學然後에庶幾挽回國步ᄒᆞ며振作文化나然而患書籍之未備ᄒᆞ야雖有志於廣智識博理想之方이라도無處求見ᄒᆞ며無從得讀ᄒᆞ야自棄其才ᄒᆞ고自錮其識ᄒᆞ니嗚呼라文明之不進이豈非因此而尤甚歟아吾儕之所慨然而遺憾者久矣일ᄉᆡ此ㅣ東華書館之所以創設也니名之以東華者ᄂᆞᆫ其義ㅣ有二라統以言之ᄒᆞ면謂吾東之文華書館也오分而言之ᄒᆞ면謂我東之國文과及支나之華文也니今淸國上海新刊書적은皆英文及日文之新書적을以漢文而譯刊者也라若讀此則雖不通於英日文字者ㅣ라도能通於英日之學術矣오且近日我國에各種新書之譯刊者와與各種教科書之編述者ᄂᆞᆫ以國漢文參互而譯出者ㅣ라雖僅解文字者라도皆能通曉케ᄒᆞ니本館은不特廣刊譯적而已라亦與上海諸書局과及是國各社會로聯絡契約ᄒᆞ야四永購入에無書不備ᄒᆞ며無적不具ᄒᆞ야以應購內諸君子之購覽ᄒᆞ며以開各學校之教科ᄒᆞ고至其書冊代金ᄒᆞ야ᄂᆞᆫ隨有一定不易之價ᄒᆞ야公布全國ᄒᆞ니雖愚婦尺童이라도依願發售에不用二價ᄒᆞ야以爲文明之嚆矢와社會之前予ᄒᆞ노니惟我有志諸君子ᄂᆞᆫ毋取僅金之遺予ᄒᆞ고의書購셔之則貯ᄒᆞ야各國開進ᄒᆞ고而以收實用之効則豈非國民之幸福也歟아

●獲樂隣者 武備等地居韓龍植氏가木商으로累巨萬財를致ᄒᆞ얏ᄂᆞᆫᄃᆡ平壤妓生五六名式每夜招置ᄒᆞ야淸歌細舞로終夜ᄒᆞᄂᆞᆫ故로隔隣에서不得安眠ᄒᆞ야苦況을是ᄒᆞ다더라

●平察初政 西來消息을聞ᄒᆞᆫ즉平南觀察李始榮氏ᄂᆞᆫ赴任之日에單車至府ᄒᆞ야諸般施政을一切刷新ᄒᆞᄂᆞᆫᄃᆡ現任主事ᄂᆞᆫ試才取用ᄒᆞ며新定隸屬은量의定額ᄒᆞ며刑具ᄂᆞᆫ寸徑을如法ᄒᆞ며仕進은時間을定限ᄒᆞ야簿牒을臨決ᄒᆞ며裁判所를另設ᄒᆞ야抱狀直呈케ᄒᆞ며公立校를先檢ᄒᆞ야教課를講定ᄒᆞ며別防營署ᄒᆞ고親檢罪囚ᄒᆞ며捉懲平壤鄕長ᄒᆞ야嚴防加下勒排之弊ᄒᆞ고訓飭各郡ᄒᆞ야另設賊盜戢捕之方이라ᄒᆞ니吾儕ᄂᆞᆫ該觀察의初政을對ᄒᆞ야隨聞記戴ᄒᆞ거니와其始終如何ᄂᆞᆫ更待詳聞ᄒᆞ노라

●女校乂起 南大門內에遠城尉宮內美國牧師輔國敎氏의老夫人家에서婦人學校를設立ᄒᆞ고再昨日로부터學徒를募集中이라더라

●金氏熱心 自強會敎育部委員金鈴種氏ᄂᆞᆫ近日의私立興化學校에總敎師를擔任ᄒᆞ고每日에熱心敎授ᄒᆞᄂᆞᆫᄃᆡ高等ᄒᆞᆫ工科를仔細히說明ᄒᆞᆷ으로諸學員드리喜不自勝ᄒᆞ다ᄒᆞ니該氏에敎育上에導迪開發ᄒᆞᆷ은罕有ᄒᆞᆫ良師라一代에表彰됨을希望ᄒᆞ노라

廣告

東國歷史 普通教科國漢文一秩二册定價新貨 一圜十戔
法蘭西新吏 四十錢
清國戊戌政變記一秩 一圜
政治汎論 一秩二冊一元廿錢
越南亡國史 一册三十錢
法國革新戰史一冊 三十錢
大韓輿地圖一張 十七錢五里
世界全圖一張 三十七錢五里
大韓地誌一秩 一圜
牧民心書一秩 一圜二十五錢
萬國地誌一秩 一圜
尺牘完編一秩 一圜五十錢
農政新編一册 五十錢
法學通論一册 一圜
溫故知新堂叢抄 七錢五里
父師必독小學指남 七錢五里
人工養蠶一册 十五錢
世界之政治 一册五十四錢
家庭雜誌一 十錢
進明彙論一秩 三十五錢
交際新禮一秩 十八錢

發賣所 布屛門下金相萬書舖 大韓每日申報社

花春丹은 霍亂 吐瀉 腹痛 滯症 暑症 정忡 神眩 胸鬱 痰盛 醒酒 眩暈 咳嗽 痢질 疳氣 蛔虫 寸虫 赤白먼風 口味업ᄂ 諸症의神效ᄒ 藥이오 此外에도洋灰水解毒藥 唐창 瘰과東西洋藥이俱備ᄒ고能病도隨問出方ᄒ오니 僉位ᄂ枉臨ᄒ시옵

皇城校洞石井洞下隅
石泉堂藥局 告白

以上三種은上品으로製造ᄒ야衛生上에至極有益ᄒ니僉[illegible]論某人ᄒ고本[illegible]에來臨ᄒ옵

大韓仁川港
濟物浦紙卷烟及烟草會社

一 鷹標罐濃結牛乳
一 金印罐詰濃結牛乳
一 無糖家用煉化乳酪
一 멜ㅣ든쓰製造麥芽化合牛乳

以上은常時에貯積ᄒ얏습

美國紐育港 뻘ㅣ든쓰 濃結牛乳會社

一手代理店

大韓仁川港 世昌洋行

●九轉靈砂라 本人이妙[illegible]丹이라男女老少에無論何[illegible]平生의身體가健康ᄒ[illegible]ᄒ게保ᄒ오며
●九轉靈砂[illegible]病과淋疾에神効ᄒ오
●九轉[illegible]砂[illegible]婦人帶下症에神効ᄒ이[illegible]
●九轉靈砂清[illegible]丹은滯 食滯 血痢 吐瀉 霍亂 痢疾 吐血 下血 運氣 時疾 疝症에神効ᄒ오
●九轉靈砂紫金丹은痔漏 瘰癧 上疳瘡 下疳瘡及唐瘡과諸般雜瘡惡種에無不神効ᄒ오니 僉君子ᄂ來問ᄒ시오
內需司前 곳이골上隅第一家
李[illegible] 告白

◎本社廣告

申報價
一張代金 新貨二錢五里
一箇月前納 三十錢
三箇月 九十錢
六箇月 一元七十戔
一箇年 三元四十戔
郵稅一部 新貨五里
一箇月 十三戔

廣告料
四号活字十三字詰
每日每英尺一寸에新貨廿五錢
(每日每行에六錢에相當흠)
其期限의長短과字行의多少를依ᄒ야增減흠이有흠

◎大韓每日申報各處支社廣告
中署布屛門下 金相萬冊肆
洞口越便 朱翰榮冊肆
中署農圃初入七十八統第二戶 鄭禹택
仁川栗峴開新冊肆 李東호
平壤南山峴신新學校 金浩淵
宣川邑橋頭 安濬
義州南門外韓[illegible]張有寬
長連邑 金龜
鎭南浦藥房 金仁집
咸興州南社 曹喜林
中和邑 李俊培
釜山佐川徐藥房 金灌俊
鍾城北部梨井[illegible] 崔義흐
校洞校長 姜助遠
大丘郡 達城廣文社
鎭山邑內 安灝
元山港倉前 金乃範
黃海道[illegible]邑濟衆院 劉夢澤

發行兼編輯人 英國人裴說
發行所
京城中署壽進坊石洞号外地法語學校前
大韓每日申報社

第四卷

大韓每日申報
대한매일신보

第三百六十六號

月曜及慶節歲時日休刊

檀君開國四千二百三十九年
箕子元年三千二十八年
大韓開國五百十五年
日本明治三十九年
淸國光緒三十二年
◉陰曆丙午九月小廿二日丙辰立冬

寄書

觀菊場痛哭

旅遊日本의嘔心子

嗚呼痛哉라惟我同胞兄弟ᄂᆞᆫ聽此言罔極之事ᄒᆞ소셔日本東京本鄕區團子坂에有一觀菊場ᄒᆞ야每當菊開之時則以菊叢으로作爲人形而多設古今之悲喜諸劇ᄒᆞ야以供世人之笑睹ᄒᆞ며以導國人之敎化ᄒᆞᄂᆞᆫ디今秋則始自陽十月初旬而觀者如雲矣라

同月二十七日에我韓學生數人이偶到該場ᄒᆞ야遍行一覽則箇中一處에以菊叢人形으로模設國君來朝之場而踞坐於座上者ᄂᆞᆫ書名曰德川家宣公이라ᄒᆞ고拱立於座前者ᄂᆞᆫ書號曰朝鮮王이라ᄒᆞ고又大書其題曰朝鮮國王來朝之場이라ᄒᆞ엿더라

該學生等이雖知其人形僞設이나不勝慘酷ᄒᆞ야憤頭手勢가卽欲毁撤則左右巡査가恐喝執牽ᄒᆞ야不得擅入케ᄒᆞᄂᆞᆫ故로力不能自動而勢無奈何ᄒᆞ야直往該區警察署ᄒᆞ야使之禁斷之意로移時詰言而夜深後歸來ᄒᆞ니라

翌日某會處多數學生이聞此怪報ᄒᆞ고亦不勝憤激ᄒᆞ야一齊奔往該場入見則昨日所設人形은已爲換形置之ᄒᆞ얏스나猶存餘痕者ᄂᆞᆫ寫其形像ᄒᆞ야印行分給於來往衆人ᄒᆞᄂᆞᆫ지라取其紙本而直往警察署ᄒᆞ야對其署長而詰問其認許之理由ᄒᆞᆫ즉說往說來之間에問題漸大ᄒᆞ야轉到於國際上ᄒᆞᄂᆞᆫ故로以若學生資格으로ᄂᆞᆫ素無國際上論法權利라莫知所措에自恨國勢之已頹ᄒᆞ고灑血痛哭而乘夜歸來ᄒᆞ얏더라大抵德川家宣公은日本元祿寶永年間幕府也而元祿寶永年間은卽我

肅宗大王在位時代也라在於其時ᄒᆞ야是事之有無ᄂᆞᆫ昭載於內外國史이어날今此設形이出於何因고此則一介倡俳輩之無知所致라或謂ᄒᆞᆯ者有ᄒᆞ나雖是倡俳之行爲라도關於國中風化之正變故로不由警官之認許면不得擅爲ᄂᆞᆫ自是文明國行政一規也라豈謂倡俳輩之無知所致리오

然則該認許ᄒᆞᆫ警官이不明於國史而然歟아抑欲招起韓人之感情而然歟아事甚叵測이어니와今日於爲韓國臣民者ᄂᆞᆫ此恥를何以雪之며此罪를何以贖之리오哀我同胞아惟我兄弟아耳聞目睹에可以推想者存焉ᄒᆞ니千萬倍加發憤勵精ᄒᆞ옵시다

官報

●三千六百四號 光武十年十一月七日

◉宮廷錄事

詔曰日本式部次長勳二等伊藤勇吉特陞叙勳一等賜八卦章以示榮其親之意

表勳院總裁閔泳徽

詔曰日前因禮院所奏故忠烈公河緯地家繼后典貢號旌閭及不祧旨已歸正仍舊施行我列聖朝所以褒忠繼絶之典至是而益光矣不無曠感合有示意其祠版遣地方官致祭

十一月二日

宮內府大臣臣李根湘謹奏卽接主殿院卿梁性煥報告書則以爲崇明外門派守巡檢報告書爲昨夜亥時量禮式官秦學新泥醉來到闕門稱以入直呼兒開門擧措悖悖云矣身爲官人深夜酗酒於闕門事體所在極涉無嚴禮式官秦學新爲先免本官其罪狀令法部照律懲辦何如謹上奏 光武十年十一月二日奉 旨依奏

◉叙任及辭令

○任宮內府禮式官 正三品禹麒源○命嘉禮費檢覈委員 制度局參書官兪致衡○帝室會計審查局審查官朴貞和 處基殿令金度濟 依願免本官○任帝室會計審查局審查官 經理院技師劉膺烈○任經理院技師 六品朴貞和○任侍從院侍從 懿寧園奉事朴顯道○任慶基殿令 禧陵參奉張禧遠○任懿寧園奉事 敬陵參奉徐明淳○任敬陵參奉 趙雲熙○任禧陵參奉 孫永旻

◉勅令

◉勅令第五十一號

地方官官制 中

第二十二條府書記巡檢及傭人에關ᄒᆞᆫ規程及員額은內部大臣이定ᄒᆞᆷ이라

第二十三條郡에ᄂᆞᆫ如左職員을置ᄒᆞᆷ이라

一 郡守 一人 奏任
一 主事 一人 判任

第二十四條郡守ᄂᆞᆫ管內觀察使의指揮監督을承ᄒᆞ야法律命令을執行ᄒᆞ고管內行政事務를掌理ᄒᆞᆷ이라

第二十五條郡守ᄂᆞᆫ管內行政事務의關ᄒᆞ야其職權範圍內에郡令을發布ᄒᆞᆷ을得ᄒᆞᆷ이라

第二十六條郡守ᄂᆞᆫ觀察使의命令으로他郡事務를署理ᄒᆞᆷ도得ᄒᆞᆷ이라

第二十七條主事ᄂᆞᆫ郡守의지揮를承ᄒᆞ야庶務에從事ᄒᆞ며郡守가事故有ᄒᆞᆫ時ᄂᆞᆫ其職務를署理ᄒᆞᆷ이라

第二十八條郡書記巡檢以下傭人에規程及員額은內部大臣이定ᄒᆞᆷ이라

第二十九條內部大臣이必要로認ᄒᆞᄂᆞᆫ時ᄂᆞᆫ道府郡에通譯官(奏任)通譯官補(判任)을置ᄒᆞᆷ을得ᄒᆞᆷ이라

第三十條通譯官及通譯官補ᄂᆞᆫ上官의指揮를承ᄒᆞ야繙譯에從事ᄒᆞᆷ이라

附則

第三十一條本令은本年十二月一日로부터施行ᄒᆞᆷ이라

第三十二條本令에抵觸되ᄂᆞᆫ從前諸規程은並廢ᄒᆞᆷ이라

光武十年九月二十四日

御押 御璽 奉

勅 議政府參政大臣朴齊純
內部大臣李址鎔
度支部大臣閔泳綺

◉勅令第五十二號

地方官官等俸給令改正件

第一條道府郡勅奏判任官의官等俸給은別表를依ᄒᆞᆷ 未完

外報

●袁氏의改革實行 北京電報를據ᄒᆞᆫ則總督袁世凱氏ᄂᆞᆫ演習終了後에直히北京으로歸ᄒᆞ야現今委員이討議ᄒᆞᄂᆞᆫ官制改革을決定ᄒᆞᆯ터인ᄃᆡ氏의勢力과人格이아니면改革反對者의妨害를打破ᄒᆞ고進步派의改革案을實行케難ᄒᆞ다ᄒᆞᄂᆞᆫ故로氏ᄂᆞᆫ北京政治를改革ᄒᆞ기에必要ᄒᆞᆫ人物이라ᄒᆞ더라

●日淸人의衝突 右報를據ᄒᆞᆫ則本月二十日夜에蘇州에서淸國兵과日本藥商等이爭鬪ᄒᆞ야負傷者가多ᄒᆞᆫᄃᆡ原因은日人藥商이挾雜ᄒᆞᆫ다ᄒᆞᆫ緣由러라

●英國의沿岸防禦 伯林電報를據ᄒᆞᆫ則英國의政府委員이院에서說明ᄒᆞ되日海軍省에서有事ᄒᆞᆫ境遇에ᄂᆞᆫ商船을沿岸防禦에使用ᄒᆞ야便利ᄒᆞ도록排置ᄒᆞᆯ計畫이라더라

雜報

●大官遞任說 政府大官中參政朴齊純氏와度支相權重顯氏外에と一齊히遞任된다と說이有す더라

●視察代行 內部大臣李址鎔氏가地方에視察흔다と說은前報에掲載す얏거니와무合事件이有흔지停止す고該部參書官송之憲氏가李大臣의代理視察로日昨發往す얏다더라

●학部視察 학部大臣李完用氏가地方학務視察로三南等地로下去す얏と되濟州ᄭ지前往흔다더라

●鹽商遮路 昨日上午十時에參政大臣朴齊純氏가仕進す는路에鹽商金斗源氏가該大臣을遮路す고鹽價推尋事件으로政府에呈書흔지가于今月餘에頓無如何之回數す니大監仕進시と視務す는事가何事乎아흔즉朴參政이默默無語す고顏色이赧然而入す얏다더라

●是何怪書 陰歷本月十二日에何許一人이大漢門前에來到す야一封書를置之す고宕巾을脫す고但着笠子す고再拜흔後에因忽不見이라派門巡檢이書封을拾得す얏는되一人은不可開見이라す며一人은卽爲圻見す자す야開視흔즉一封皮內에三封書가有흔되一은五張書를封す고一은四張書를封す고一은五張書를封흔지라其封皮에는八分體로金聲玉振이라書す고吾米二字를金聲二字邊에細書す얏고封皮內에一張은仙道人上書라す얏는되傍觀す는該人이簇擁如山す나巡檢이詳視す기를不許す얏다고오作흔韓人이互相喧藉흔다니想像컨되何等雜術客이人心을煽動す는詭計를不悟す니其亦可惜す도다

●大官遊戲 寺洞等地에有新設色酒家흔되容貌가頗美흔지라日昨夜深更에園洞某大官과寺洞某大官이作伴來到す야移時把酒에戲謔而歸す얏다더라

●鄕長滯報 鎭川郡의本報購覽員의所傳을據흔則居在鄕曲す야購覽申報는迅速흔所聞을得す야耳目을開豁코ᄌ흠인故로申報의來到를無日不苦待인되本郡鄕長이此를不關す고不卽發送傳致す야或其他處에散布す기도無故遲滯가延至多日이라每於市日에送人推覓則一朔所傳이不過二十號라す니此는不特本社事業과購覽員의誠意도阻碍흠뿐아니오鄕政事務에만忽之責을不免흘지니該鄕長을爲す야致此警告す노라

●婚必火戰 再昨夜九時量에鐵物橋等地에何許富家에서納采禮를行す는되燈燭炬火가兩隊로相對す고火戰이將成す는지라喧聲이動地す면서以火炬로相擊す야或有衣巾이燒裂者す고或有面部爛傷者す되以火先滅로決勝否す니此는韓國婚禮家에流來獘習이라す더라

●咎在從祖 欒峴居金主事寅甚氏가年前高陽德隱里로暫時移住흔時에家舍를自已에生家從祖故參判完洙氏에게借給す얏더니完洙氏가漢城府에家契를成出す야裁判長李允用氏에게典執す고公州로落鄕흔지라寅甚氏가該家에還住す얏더니李允用氏가일巡査를派送す야該家를出給す라고威脅恐喝이滋甚す다더라

●周旋落着 漢城裁判所에서徐相敬氏의公錢事件으로金永振氏에弟永奎氏의差人을捉囚す고徐氏가辨明す야裁判進行中인되金氏가漢城廷吏房을移處케す고氏가居處す야該事件을百般周旋す야徐氏를落着케흔다더라

●松鐵俱失 始興等地에서日人等이李氏先山에來到す야不問山主す고松樹를採去す는지라山主가來禁흔則日人曰松價를厚給흘거시니少勿爲慮하라하더니及其採松三十餘株하야載車運去之際에日人이松價를出給하는되每株에白銅貨一兩假量이되는지라山主가不肯受價흔則日人이松根에附土를打去還給하며曰此松樹는不欲持去흔則以松樹價幾百兩을當場出給하라하며山主를結縛하야仁川理事廳으로捉去하는지라山主가不得已하야萬端哀乞에五百兩을納贖하고艱辛히脫身하얏다더라

●鳥飛梨落 富平郡黃魚面利花村居蔡春三之子慶學과鄭召史之子壽福兩童이年不過十三四歲인되一日은散洞에多數兒童으로同爲遊戲타가蔡童慶이가白銅錢一分으로鄭童壽福의背部를投中하얏더니鄭童이一邊吐血仆地하야僅幾日에因病呻吟타가距四十餘日에偶然化去흔지라鄭召史가치童을稱冤하야將次起訴흔다는되一洞中이不可하다고挽留하되鄭召史가不聽흔다더라

●出印釜山 일本에체留す얏던亡命客덜이馬關에到着하얏다는說은前報에掲載하얏거니와更聞흔즉日間釜山에來到흔다는故로某某氏들이迎接次로京釜列車搭乘す고多數히出往하얏다더라

●穀社依舊 仁港居宋公楫이가升監考를改稱陸運穀料會社라す고穀物을都取흔다가本港米商村商等數百名이農部에呼訴す야該社를革罷す고認許狀을刻卽收上す라す얏더니會社는革罷す여쓰나송某가上京흔고로該府에서答報告도아니す얏더니송公楫等四五名이農部에更爲請願す기를本港穀料會社은即前日升監考而自本部로特軫商情而認准開業者也러니不意自本府로承有撤罷之飭에辭甚嚴重하오시나一視之下에何有匪民이며何社匪社리요本會에有損害金은米商等에遺還捧約하시고因舊營業에以安衆情케하심을伏望이라고하얏더니農部에서白退하얏하더니昨日題辭意에內業因民獘하야至有衆訴故로該會社인즉無須更加審查이勿煩爲의라하얏쓰니大端公平之事라고하더라

●還又請願 開城稅務官柳興世氏와濟州稅務官姜雲燮氏가辭職請願흔지라度支大臣이該請願書를封還흐엿더니該兩氏가期於遞歸흐기로또請願書를繕呈す엿다더라

●僞卿宣責 度支部稅務主事試取時候補生第一人洪承均氏는試取후에卽往龍仁等地す얏다가日昨에上京す얏는되候補生들이政府에長書를呈흔時에初不來問す고洪氏의名을僞書흔故로洪氏가候補生諸氏를對す야壹場詰責을す얏다더라

●博明校況 正三品李承慶氏은素是熱心於教育す는人이라於黃海道兎山西加面栗洞里에私立學校를設立す고鄕第十三幅과田土七日耕을限十年借給す고又出義金四十元す야薪水筆墨之費를報助す니李宗基李鼎基兩人이名譽教師로自願す야熟心教授す는되學校가漸次興旺す야학徒가三십餘名에達す고其他有志諸氏의補助가有す더라

●會洞失火 再作夜에會洞等地某人家에서失火す야日人의家屋三座가連燒하얏다더라

◎滊車博覽會

朝鮮新報社에發起로滊車博覽會를開す는되滊車로各市場을巡迴す야地方에商品을陳列す고處處에往す야博覽會를開す는것이니大韓에敷設흔鐵道에各線을利用す야韓日貿易과農商業等經濟上외利益을發達す라흠인되商品陳列車三臺와貨車一臺를三千五百圓에借得す야室內를改造す며軌道布設과列車運轉等을設備す야二車를三十五區에分す고一區城의陳列請願金을一百圓으로定す고出品す기를請願す는期限은本月十八日ᄭ지오各出品人이其列車에乘行す는食費는各各自擔す야來月十五日로부터十二月十五日ᄭ지繼續흘터인되開會場과日數는如左

龍山에서一日 開城에서二日 新幕에서一日 黃州에서一日 平壤에서四日 安州에서一日 新安州에서一日 定州에서一日 宣川에서一日 新義州에一日 南大門에서一日 永登浦에서半日 水原에서半日 太田에서半日 金泉에서一日 大邱에서一日 釜山에서일日 馬山에서일일 仁川에서일일

◎閭巷한評

○李容泰氏는雲遊에臥龍으로某某勢力家를結托す야往來가頻繁す며耳語가密勿す니무合運動을す는지

○近日政界에風雲이欲變す야特敎問題가一出흔이內閣에서撤辭職흔다니可謂知機應變이로고

○일進會는天道敎에分派로서近日에무슨會隙이有흔지會敎가各立す야爭端이相起す니可謂同室操戈로고

○剃髮洋服은文明的事業이나京鄕警署에서賊흔者捕捉す면洋服흔者過半す니洋服도貝을수업고

○李晃宇洪在祺氏는同是辯護士로同庭에서判터가李晃洪敗하얏시니舌上懸河가誰長誰短인고

雜報

十三道搢紳章甫等聯陳不可陞后之大義二條上疏草是續

其五今之嘗試陳奏於　陛下者必曰今太子宮嘉禮在前其於朝見禮獻棗獻腶禮也無坤位則不得幷獻棗腶于一堂同御之座誠爲欠典이라此嘉禮未行之前의先陞后而正坤位是何不經無禮之說也獻腶之禮自可行于　景孝殿何可復論其坤位之備不備耶夫獻棗獻腶其爲莫重之禮一也若以　父皇獨受獻棗之禮爲此典則　列聖朝以來大妃殿之獨受獻棗之禮曾無其例乎已行之例非止一二則今此　陛下之獨受獻棗之禮의無異同且以天子之禮自別於前日云則明太祖有嫡庶二十六子而馬皇后崩後坤位永曠然於其婚禮獨受獻棗之禮者亦不止一二矣且以私家通行之禮言之喪配而獨處者有子嘗婚獨坐受棗便是例事若或以此爲欠事而必以妾爲妻使其子恭執子禮於其庶母者古今天下寧有是理援之公私俱無可援之例況我邦禮亦無不得獨坐受之之文彼左右嘗試之輩如或繼此爲怪鬼之論以搖動　宸聽者宜亟施誅斥無假借矣　伏乞　陛下深留　聖意千萬幸甚

其六　太祖高皇帝以下二十八聖朝王后廟主都無一揀選而陞爲　王后之廟主此非但我國爲然雖以明朝典禮言之十六朝皇后初無爲此者非但明朝爲然雖以世界各國言之以貴族以下初無選后妃之例況自宮女而濫陞后位者初無一例可援乎陛下若以此廣詢博訪則可燭是說之非架空矣伏乞　陛下深留　聖意千萬幸甚

其七我　皇太子睿齡已過望四旬之年而對三十年之前日嚴尙宮一朝稱以小臣呼以母后鞠躬四拜於坤榻之下則其在天理人情安乎否乎明成皇后陟降之靈有知於冥冥之中則亦豈不惻然而矜憐之乎言之及此萬萬痛哭夫天下萬世之莫重莫嚴者倫紀也苟欲倫立紀必先正名矣伏乞　陛下深留　聖意千萬幸甚

其八　陛下若行此舉則　陛下千秋萬世後　明成皇后廟主將與其平昔侍女尙宮之神位一室同奉于　太廟矣　明成皇后豈不赫然震怒忿恨抑塞不欲同受苾芬之享乎人情安然後神理亦安若是其酒陳矣伏乞　陛下深留　聖意千萬幸甚

其九　東宮殿下自乙未罔極之變以後忍痛含寃而所依恃惟父皇陛下以嚴父兼慈母而已今於宵小賊臣輩之以陞后事嘗試罔測者種種紛聒無憚而伏想睿衷惴悷　大朝處分之如何有難遽然告達於　至尊之前亦難顯然叱斥於宵小之輩其必徊徨難於安中矣　未完

●光武學校의歷事及盛況　日本東京에設立ᄒᆞᆫ光武學校ᄂᆞᆫ留學生李漢卿林圭氏等의發起創始ᄒᆞᆫ者라歲光武九年冬에東海義塾이(日人所設)將廢ᄒᆞ미于時에時局은漸變ᄒᆞ야我學生의渡日者ᄂᆞᆫ日續ᄒᆞ미就學方便이未定ᄒᆞ야學問上妨害가不少ᄒᆞᆫ지라

於是에李林諸氏가本學校를創設ᄒᆞ시公使趙民熙氏를校長으로定ᄒᆞ고林圭ᄂᆞᆫ敎師되고李漢卿은校監되야多般事務를經之營之ᄒᆞ야東京府에交涉ᄒᆞ야認許를請ᄒᆞᆫ後에芝區에民家를貰得ᄒᆞ야校據를稍定ᄒᆞ고日人敎師二人을加爲顧聘ᄒᆞ야敎授를從事케ᄒᆞ얏더니

嗚呼라居無何에公使가撤還ᄒᆞ미校長은其名만只留ᄒᆞ고財政은漸次窘拙ᄒᆞ야學校ᄂᆞᆫ瓦解에幾至ᄒᆞᆫ지라不得已ᄒᆞ야公館後公廨(今監督部內光武學校)로移接ᄒᆞ고李氏가躬出辦措ᄒᆞ야僅僅過去ᄒᆞ니伊時留學生監督韓致愈氏의前後周旋ᄒᆞ야熱心贊成ᄒᆞᆫ力이多ᄒᆞ얏더라

翌年(光武十年)春完順君駐節時에一行의義연이有ᄒᆞ고其後에自本國으로有志僉位의贊成을得ᄒᆞ야式至于今ᄒᆞ니라同秋學期를當ᄒᆞ야生徒ᄂᆞᆫ더增ᄒᆞ고財政은益窘ᄒᆞ야個人之力으로維持가沒策이오且李氏도來修大學에入ᄒᆞ야工課由인ᄒᆞ야此校務專任ᄒᆞ기不能ᄒᆞᆫ지라

今此朴勝彬崔麟李昌煥李亨雨尙灝諸氏等三十餘人이發起贊同ᄒᆞ야光武學會를組織ᄒᆞ야其一切事務를擔任ᄒᆞ고敎師를擇定ᄒᆞ야諸般學科를更一層식ᄒᆞᆫ敎師二人은囑聘으로其外ᄂᆞᆫ學會員중各所長自願ᄒᆞ야分科擔當ᄒᆞ니敎師ᄂᆞᆫ如左

日語文法地理圖畫　(林圭)城田俊平 修身(法律經濟社會學說)中央大學 法科生朴勝彬衛生理慈惠病院醫長安商浩理化學早稻田大學政治科生李亨雨算術專修大學經濟科生韓相意讀本體操明治大學法科生李昌煥歷史早稻田大學地理歷史科生崔南善博物正則預備학校算理化科生金兼榮

右諸員이熱心誠力으로敎授에從事ᄒᆞᆷ이校況이驟然振興ᄒᆞ야現在生徒가四十一人이오日加月增ᄒᆞ야五六十名以上에達ᄒᆞᆯ을立見ᄒᆞᆯ지라美歟盛矣라학術方向에開導効力도多大ᄒᆞᆯ뿐더러精神涵育에思想이一定ᄒᆞ야實로今此日본留학時代에際ᄒᆞ야ᄂᆞᆫ不可無不可廢ᄒᆞᆯ校라然而惟一大可慮處ᄂᆞᆫ財政이라是以로同會員諸氏等이計畫方針에日夜研究ᄒᆞᆷ이더라

●靑會연說　今日下午七點半에靑年會에셔大韓紳士崔炳憲氏가關地殖民이란問題로연說ᄒᆞᆫ다ᄂᆞᆫ데大韓人士의昏夢을警醒ᄒᆞᆯ句語가多ᄒᆞ니僉位有志君子ᄂᆞᆫ除萬事枉臨ᄒᆞ시오

●學徒辨明　日前本報에揭載ᄒᆞᆫ바生徒自退라ᄂᆞᆫ題下에對ᄒᆞ야昨日該校生徒十六人이來言ᄒᆞ기를我等은農林學校生徒이오ᄃᆡ我學校ᄂᆞᆫ旣往農商工學校農科로今秋에農林學校가되온바日本敎師諸氏가入校以後로不避風雨ᄒᆞ고熱心敎授ᄒᆞᆷ으로生徒等이悅心誠服ᄒᆞ야頗有進就之望이어날所謂請願白退之說은必是誤探所致라고到底히辨明이有ᄒᆞ더라

◎本社廣告

申報價
一張代金 新貨二錢五里
一箇月前納 三十錢
三箇月 九十錢
六箇月 一元七十戔
一箇年 三元四十戔
郵稅一部 新貨五里
一箇月 十三戔

廣告料
四号活字十三字醋
每日每英尺一寸에新貨壹戔
(每日每行에六錢에相當훔)
其期限의長短과字行의多少를依흐야增減훔이有훔

◎大韓每日申報各處支社

中署布屛門下 金相萬冊肆
洞口越便 朱翰榮冊肆
中署廣通橋入七十八統第二戶 鄭禹탁
仁川槿峴開新冊肆 李東圭
平壤南山峴日新學校 金浩淵
宣川邑橋西 崔敬恒
義州南門外韓西大藥房 張有寬 安濬
長連邑 金鼎
鎭南浦築洞 金仁직
咸興州南社 曹喜林
中和邑 李俊培
釜山佐川徐藥房 金灌俊
開城北部梨井里蔣洞居 崔義享
松都校長 梁勛遠
大丘郡 達城廣文社
鏡山邑內 安灝
元山港倉前 金乃範
黃海道載寧邑濟衆院居 劉夢澤

發行兼編輯人 英國人裴說
發行所 京城中署壽進坊兩洞外地法語學校前 大韓每日申報社

念
至ᄀ
矣於
無德
錢官之
親王영悟
以善方成
帝室夾贊
事美千古
獨爲於 英親
若不此之 必違
安加以不稱當之
則濫分過 恐非持
今奸細輩之紛聒不七
不思之甚乎

第四卷
大韓每日申報
대한매일신보

月曜及慶節
歲時日休刊

檀君開國四千二百三十九年
箕子元年三千二百二十八年
大韓開國五百十五年
日本明治三十九年
清國光緒三十二年
◉陰曆丙午九月小廿三日丁巳

寄書

韓國內日本主權

日本으로니를新聞이今月初二日紙上에早夙宣告를記述ᄒᆞ얏스되韓國內에日本主權은今已結定된事實이라對此主權ᄒᆞ야有誰論非오如此論非ᄂᆞᆫ戰爭을或將引起ᄒᆞ리라ᄒᆞ얏더라

現今에ᄂᆞᆫ有誰論非ᄒᆞᆯ거슨本記者ㅣ不言ᄒᆞ얏고但其問題가尙未結局된ᄌᆞ辯證ᄒᆞ엿노라同新報主筆人의意思도日本이此不幸之國과交涉ᄒᆞᆷ에日本이益加信實치못ᄒᆞᆫ거슨其爲恨歎인즉을自度ᄒᆞᄂᆞ니日本人도此를到今實認ᄒᆞᆷ은同記者와確乎同一이언마ᄂᆞᆫ尙其政策은直進合併之計에詭欺籠貪으로代用ᄒᆞ기를崇尙ᄒᆞᄂᆞᆫ도다

是何故也오非他라日人所知에合併之策은締結條約之時에成就키不能ᄒᆞ엿슴理由가有ᄒᆞᆷ이오且若急進ᄒᆞ얏ᄃᆞ면必起騷動ᄒᆞ얏슴狀態를漸進方策으로ᄂᆞᆫ完結ᄒᆞᆯ줄伊藤侯가量度ᄒᆞᆷ이是也로다

如彼無思ᄂᆞᆫ其或聰敏이나然이나惟其行政은果未免拙劣이라韓國內日本主權을增進ᄒᆞᄂᆞᆫ後面에約諾을破棄ᄒᆞᄂᆞᆫ거시連壘ᄒᆞ니媾和議席에서日本專權이俄國專權의게約諾ᄒᆞ기를韓國皇帝의自主權을顚覆ᄒᆞᆯ方策은韓國 皇帝의認許를不有면不得取行이라ᄒᆞ얏거날此諾言을客年十一月十七日에破棄ᄒᆞ얏고其後로一週에幾乎一次式은犯棄ᄒᆞ얏스며馬關條約에ᄂᆞᆫ日本이韓國獨立을遵守ᄒᆞ기로淸國의게約諾ᄒᆞ얏고英日同盟에ᄂᆞᆫ韓國內一般均等之勢를日本이保證ᄒᆞ얏도다

如右諸言을一未遵守矣요且伊藤侯의往往宣言도亦未結實ᄒᆞ얏스니如此事情之下에吾人所信이惟何오本記者ᄂᆞᆫ一年前意思를今欲維支ᄒᆞ노니若日本이合併韓國之心을敢生ᄒᆞ얏스면其時에必行ᄒᆞ얏슬거시오吸收韓國之意를敢生ᄒᆞ얏스면現今試驗政策보다甚異ᄒᆞᆯ거슬吾人이必見ᄒᆞ엿슬지라日本으로니클이宣言ᄒᆞᆫ바列强이韓國命運을眞實手中에置ᄒᆞ기로圖ᄒᆞᆷ이戰爭을引起ᄒᆞ리라ᄒᆞᆷ은本記者ㅣ竟不同意ᄒᆞ노라

官報

◉三千六百五號 光武十年十一月八日

◉敍任及辭令

○解軍法會議判士長 正領李根澔○副領金學顔 參領趙漢奎 解軍法會議判士○命軍法會議判士長 參領李承七○正尉張然昌 副尉權重協 參尉任命鎬 全中昌休 命軍法會議判士○任度支部技手 前技手金益鍾○依願免本官 仁陵令韓奎敎○任仁陵令 景陵令李範濬○任景陵令 六品韓奎敎

◉勅令

◉勅令第五十一號

地方官官等俸給令改正件

第二條內部大臣이必要로認ᄒᆞᄂᆞᆫ觀察使府尹及郡守에左開限內로交際費를支給ᄒᆞᆷ을得ᄒᆞᆷ

觀察使 年額 千圜以下
府尹 仝 六百圜以下
郡守 仝 三百圜以下

附則

第三條本令은本年十月一日노부터施行ᄒᆞᆷ

第四條從前地方官官等俸給에關ᄒᆞᆫ諸規程은廢止ᄒᆞᆷ

光武十年九月廿四日

御押 御璽 奉 勅

議政府參政大臣朴齊純
內部大臣李址鎔
度支部大臣閔泳綺

◉勅令第五十二號

地方官銓考規程

第一條地方官은地方官銓考委員의調査를經ᄒᆞᆫ後左開節次를踐行ᄒᆞᆷ

一地方勅任官은內部大臣이議政府會議에提出ᄒᆞ야議政大臣을經ᄒᆞ야上奏奉勅ᄒᆞᆷ

二地方奏任官은內部大臣이議政大臣을經ᄒᆞ야此를上奏ᄒᆞᆷ

三地方判任官은內部大臣이此를專行ᄒᆞᆷ

第二條地方銓考委員은內部에寘ᄒᆞ고左開職員으로써此委員을組織ᄒᆞᆷ

一內部協辦
二內部地方局長
三內部參與官
四各府部現任勅任官四人

前項第四號의委員은議政府로서會議任命ᄒᆞ되期限은一箇年으로ᄒᆞᆷ

第三條地方官은左開ᄒᆞᆫ資格이有ᄒᆞᆫ者로地方官銓考委員의銓考를經ᄒᆞ지안인者면地方官任用을不得ᄒᆞᆷ

一 地方勅任官
甲 勅任職에現帶ᄒᆞᆫ者와曾經ᄒᆞᆫ者
乙 五年以上을各府部奏任職에在ᄒᆞᆫ者와曾經ᄒᆞᆫ者 但內部奏任職에ᄂᆞᆫ四年以上으로爲限ᄒᆞᆷ
丙 三年以上 地方奏任職에在ᄒᆞ야治績이顯著ᄒᆞᆫ者
丁 特異ᄒᆞᆫ學識과技能이有ᄒᆞᆫ者

二 地方奏任官
甲 曾經勅奏任職者
乙 各府部勅奏任職에現帶ᄒᆞᆫ者
丙 四年以上各府部判任職에在ᄒᆞᆫ者와曾經ᄒᆞᆫ者 但內部判任職에ᄂᆞᆫ三年以上으로爲限ᄒᆞᆷ
丁 二年以上地方判任職에在ᄒᆞ야事務에練ᄒᆞᆫ者
戊 特異ᄒᆞᆫ學識과技能이有ᄒᆞᆫ者

三 地方判任官
甲 曾經奏判任職者
乙 各府部判任職에現帶ᄒᆞᆫ者

未完

外報

◉巨艦製造 桑港電을據ᄒᆞᆫ則美國政府當局者가今番에二萬餘噸되ᄂᆞᆫ大戰鬪艦數隻을製造에기爲ᄒᆞ야六百萬弗武裝費ᄂᆞᆫ包含치아니ᄒᆞᆫ支出ᄒᆞᆷ을議決ᄒᆞ얏ᄂᆞᆫᄃᆡ大統領에此戰鬪艦製造를勸奬ᄒᆞ다더라

◉北進拒絶의抗議 大連電을據ᄒᆞᆫ則俄國守備隊長이日本武官의北進을拒絶ᄒᆞᆫ意로總督府에通告ᄒᆞ얏ᄂᆞᆫᄃᆡ總督府에셔此에對ᄒᆞ야嚴重히抗議ᄒᆞ얏더라

◉淸國議院法 淸國에셔ᄂᆞᆫ憲法發布와共히議院을開設ᄒᆞᆯ事에對ᄒᆞ야目下一邊은官制改正의起草요一邊은議員의關ᄒᆞᆫ規定에對ᄒᆞ야審查중인ᄃᆡ今日에至ᄒᆞ도록決定ᄒᆞᆫ大要ᄂᆞᆫ議員의任期ᄂᆞᆫ三個年選擧法은總히投票公選을爲ᄒᆞ며議長은議員의互選으로써正副議長各一名을ᄒᆞᄂᆞᆫ等事오且議員의決議事項은歲出入預算政府提出ᄒᆞᆫ法案人民提出ᄒᆞᆫ請願其他政府의議案等이오會期ᄂᆞᆫ每年一月二十日부터四月二十日ᄭᆞ지라더라

雜報

◎慶節祝辭

本日即我大韓國
大皇帝陛下誕降之辰內外臣民莫不懽抃慶抃頌萬歲無疆之休和風協氣洋溢寰宇小臣遜亦東洋미[illegible]之忱粗效嵩呼之儀謹拜手稽首而頌曰

於休帝德　時赫厥烈
誕膺駿命　時敦興競
虹居載居　臣拜稽首
薄海同慶　萬年惟永

●運動愈力　近日陛后運動의嚴俊源嚴柱益李容[illegible]諸氏가復位永振玄映運諸氏가百般運動ᄒ야某宮의物告를得ᄒ고저ᄒ얏더니某處에退却ᄒ얏다고某報에揭載ᄒ얏ᄂᄃ朝鮮新報에云ᄒ얏스되以上과如ᄒ諸氏와其他諸名氏가同盟會를創立ᄒ고各處에向ᄒ야專力運動中이라ᄒ더라

●被訴　漢城府尹朴義秉氏가訴訟事件으로江華居沈宣[illegible]의提訴ᄒ事件을[illegible]府에提因ᄒ지月餘의尙不放送ᄒ엿니漢城府가本非訴訟衙門인ᄃ人民을私自拘留ᄒ니該府에一裁判所를設置ᄒ얏ᄂ지未知커니와刑法上權利以外에私自拘留ᄒ은法律上正當ᄒ正條가有ᄒ거날氏ᄂ不知而然인지該民이將來에理由呼訴ᄒ야氏에不法行爲를裁判ᄒ다더라

●區域排定의物論　度支部에서各道稅務主事에派送ᄒ區域을排定ᄒᄂᄃ勢力에有無를隨ᄒ야地方에遠近을分排ᄒ얏다고物論이大段沸騰ᄒ더라

●咸南新書舖　咸興府ᄂ北道大都會라今日敎育上에聰俊ᄒ人才ᄂ固多ᄒ나新學問의書冊이極貴ᄒ故로該府에居ᄒᄂ金石寅과龍鍈兩氏가新學文에發達ᄒ기爲ᄒ야今春부터新冊肆를開設ᄒ고世界新書籍을京師와外國에遣人ᄒ야廣數多貿ᄒ야一般學者의購讀을應ᄒ니其興學熱心實로嘉尙ᄒ만ᄒ다더라

●倅云遞　尙州郡守吉永洙氏ᄂ무ᄉᆷ事端이有ᄒ지遞任된다ᄂ說이有ᄒ더라

●稽義捕鬧　江原道鬱珍郡에ᄂ某某로首魁를삼아義兵을起ᄒ며二陟郡에ᄂ金某와關某로首魁를삼아起ᄒ야日人과斷髮韓人을斬殺ᄒ라ᄂ檄文을飛ᄒ야無賴輩가多數集會ᄒ고二三人의被害者도有ᄒ다고該地方을通過ᄒ郵遞夫가言ᄒ얏스며江陵郡에도危險ᄒ形便이有ᄒ야人心이騷動ᄒ다고該郡郵便局에서通信管理局으로報告가有ᄒ다더라

●沁校復興　江華府公立學校設立ᄒ지十有餘年에該府尹과敎員이尋常看過ᄒ야校樣이零星ᄒ야學徒가退散ᄒ境이더니普通學校로官制改正後에師範學校卒業生鄭重根氏가陰八月에赴任該校ᄒ야校舍를一新修補ᄒ고學徒를募集ᄒ야熱心敎育ᄒ며去番繼天紀元節에慶祝宴을盛設ᄒ얏ᄂᄃ該校慶祝은府下人民이共視ᄒ事라鄭氏의熱心을莫不稱賛ᄒ다더라

●大臣秘議　參政大臣以下各部大臣이逐夜會同ᄒ야무ᄉᆷ事件인지秘密相議ᄒ다더라

●罔澤發程　近日滯京ᄒ얏던日本侍從武官長岡澤氏가昨日上午六時에京釜鐵路로[illegible]山鐵海等地를經由ᄒ야元山에赴ᄒ야北韓各駐屯軍을視閱次로出發ᄒ얏더라

●門庭如市　近日의前警務使徐相大氏家에南北村某某官人들이還至ᄒ야門如場市ᄒ다더라

●元興復設　東署長[illegible]氏가再昨日에日警部와巡捕[illegible]를同ᄒ고東大門外元興寺[illegible]를視察ᄒ얏ᄂᄃ其內에[illegible]護寺를將次復設ᄒ다더라

●葉錢整理　[illegible]長官이二三日에對ᄒ야訓諭ᄒ되元來葉錢整理ᄂ韓國政府의希望으로[illegible]葉錢은補助貨와如히通用ᄒ다가運搬에甚히不便ᄒ니自今爲始ᄒ야一圓以上은葉錢을不可使用이라ᄒ얏다더라

●六倅將任　再昨日政府會議에現任郡守六員을奏本ᄒ기로提出ᄒ얏다더라

●茂倅免官　茂朱郡守徐相경氏가由過限으로內部에서免官ᄒ다더라

●關壇側의日人建築　關王壇大門左편에何許日人이方今家屋을建築ᄒ次로一번開基ᄒ더니一번運石ᄒᄂ故로本署官이欲爲禁止則該日人이反有悖說曰自警務廳으로認許가有ᄒ니誰敢禁止乎아ᄒ기로該署官이掌禮院에此事由를報告ᄒ얏더니頓無如何回敎라더라

●李鄭免官　今番稅務主事試取時에醫學校生徒李晃榮鄭壽哲兩氏가入參ᄒ얏더니醫學校長池錫永氏가學部로報告ᄒ되從頭히度支部로照會ᄒ야李鄭兩人을免官ᄒ라ᄒ얏ᄂᄃ李鄭兩氏가該校에學資를徵納ᄒ마고無數懇請ᄒ되池氏가終不聽從ᄒ고兩氏를期於히交涉免官ᄒ기로ᄒ얏다더라

●義恤孤兒　警務顧問官丸山重俊氏가東署警署補佐宮川武行氏와統監府參與官[illegible]一郞氏와協ᄒ야權任方台榮氏를帶同ᄒ고孤兒院에躬往視察ᄒ고[illegible]招請學徒ᄒ야立而講之曰宮今韓國에幸有慈善之人ᄒ야始設此院而養之敎之ᄒ니諸君은他日成人之日也라勉哉勉哉ᄒ야敎育ᄒ라ᄒ고[illegible]紙幣二十元을연補ᄒ얏다더라

●我韓紀念　西[illegible]人의[illegible]擄ᄒ則和蘭人巡檢[illegible]氏가民商을信ᄒ로保護ᄒ과賊盜을殺線禁戢ᄒ과不一ᄒ斗尺을平均改良ᄒ과或世客을正ᄒ로指導ᄒ과驛廳修理에無一人得屆ᄒ고自手築垣ᄒ璧ᄒ과役囚飢困ᄒ矜恤ᄒ야捐廩米ᄒ야飽腹케ᄒ과獄囚播穢ᄒ야使其罪囚로染병이無케ᄒ과各學校를視察ᄒ고文明進步를講究勸勉ᄒ과雜名賦政을明査ᄒ賊ᄒ야使良民으로脫危安業케ᄒ事와治道修渠를家論戶知ᄒ야衛生便利케ᄒ과諸般實蹟에對ᄒ야不可無紀念이라고該港紳商會社에서以民商代表로搔巡의게過冬ᄒ衾褥一襲을表彰裁呈ᄒ얏더니搔巡曰吾之行政이無非職分內事라有何甘受紀念가ᄒ야辭却不受ᄒᄂ것슬民誠必副ᄒ라고隨週旋呈ᄒ얏다더라

●保船還獘　沿江來人所傳을聞ᄒ즉麻浦等地에何許人俠雜輩가符同日人ᄒ야日運輸會社라ᄒ고沿江米租魚塩柴炭과其他各種物件出入ᄒ[illegible]際에付無一毫運輸之功而藉稱運費ᄒ고逐物討索이已於昨年爲始矣라各浦頭民이以此緣由로告訴우政事局에러니禁戢은姑舍ᄒ고渠輩가更生一層詭計ᄒ야改稱保船이라ᄒ고承認우政事廳이라ᄒ야物物討稅가此新尤甚ᄒ니大抵無名雜稅ᄂ已自朝家로一一痛禁이거날今又此等挾雜ᄂ挾雜而起ᄒ야使商業으로不勝ᄒ고民冤이衆起ᄒ다더라

●我韓人士의當行ᄒ義務　昨日下午七占半에基督敎靑年會에서參贊李商在氏가演說ᄒ얏ᄂᄃ氏ᄂ前後의名譽가素著ᄒ이傍聽人이多數會集ᄒ야滿場坐立ᄒ甚至狹窄이라[illegible]餘에似未快ᄒ하야[illegible]發壇ᄒ니滿座歡迎ᄒ시其녀지례ᄒ貌樣은不常ᄒ에儉素ᄒ性質이顯出ᄒ고더담ᄂ語音은理論解釋에妙節이反有ᄒ지라其演說에曰大抵因病求藥은人所當然이어ᄂ病症輕勢之ᄒ에ᄂ不思醫藥ᄒ라가漸至危篤ᄒ야乃恐死亡而求治ᄒ니殆無[illegible]之병勢ᄂ果何如哉오[illegible]於一炊之頃ᄒ고死生이迫於一瞬之間일시[illegible]其爲病之原因而坐待可乎아不知其根而除之[illegible]之望[illegible]之前에[illegible]不顧[illegible]陳一語ᄒ노라（未完）

●誕辰休刊　本日은我大皇帝陛下誕辰이신故로慶祝ᄒ기爲ᄒ야休刊ᄒ노라

代夜談欸

○秋[illegible]
○秋夢不成兮[illegible]時代[illegible]多[illegible]에徘徊로다
○秋聲在樹ᄒ니文章才子讀書時오英雄志士[illegible]一事業도不成ᄒ[illegible]고
○秋月揚明輝ᄒ니何人에一輪이忽上ᄒ야能히人間[illegible]天媛[illegible]에徒爭輝로다
○秋熟無王稅ᄒ니[illegible]源이何處러고金融은渴枯ᄒ데門外稅[illegible]難ᄒ[illegible]다
○秋水共長天一色ᄒ니流船에高坐ᄒ고海外에周遊ᄒ야文明空氣吸取ᄒ고一生之所蘊[illegible]면快爽ᄒ[illegible]고
○秋菜見月[illegible]心緒가零落ᄒ야樹鄕之懷倍切ᄒ니伊滕統監도歸國ᄒ다지

雜報

十三道搢紳章甫聯陳不可廢后之大義二條上疏草가續

陛下若於 燕閒之暇以廢后事詢否從容詢于 東宮則 東宮之難安尤可以悉燭而無怪乎臣言之至懇矣伏乞 陛下深留 聖意千萬幸甚

其十 肅廟朝御眞奉安于 眞殿矣 陛下若或聽許廢臣之請以前日殿宇宮爲 皇后而主其蘋蘩之禮則 肅廟朝在天之靈肅廟御眞乎然則今此疏請陛下聖心亦豈能晏然無愧乎仰瞻伏冀陟降洋洋錫以純嘏乎 陛后之賊臣輩者非但爲 肅廟之罪人也實 陛下之罪人也 明成皇后之罪人也臣等之言極涉狂妄而斷斷危忱惟在靈忠矣伏乞 陛下深留 聖意千萬幸甚

臣於十條之外更有所仰陳者竊念 皇貴妃自尙宮而爲嬪爲妃至于今宮極尊之位於名義無害矣於福祿不濫矣攝理六宮淑德無愆則其令名可以生輝千秋後宮之史矣豈不徽哉凡今 英親王의悟夙就譽聲日播幸加敎以義方成就德性他日可以滿朋帝室夾贊 皇猷河間東平不得專美千古矣今此廢后與不和無損益於 英親王之日前福祿今若不此之爲必遭□典而拂公議安加以不稱當之名位於 貴妃則濫分過福恐非持盈守滿之道今奸細輩之紛聒不已者不亦不思之甚乎 未完

●查官明查 西亭人의傳說을據호즉順安郡守柳錫祜氏가京劃을奉准하야三和港民寃事에就査하얏다는ᄃ其事實을聞호즉港民朴召史가朱之倫의게當捧標錢并利八千餘兩捧給事에對하야該港裁判所主事申達秀氏가朱民處에捧賂白米二가마後의只以千兩으로給朴女하고朴捧朱標를不由原告而交周妥債事로一般港民이共憤하야朱哥의게更捧手標而給付朴寡하양더니中途에朱가囑托監理하야無罪港民을亂入官庭脅迫官長等句語로搆成罪案에暗囑京訴事件인ᄃ査官이其時民訴代言人誰某를捉致하며朴女朱民을亦卽招引하야一一捧招訊査호즉朴女於朱民에當捧債款이確證하고朱民於中官에行賂白米가明白하고不由原告而朱標及周가衆供이自露하고民等이初無亂入官庭脅迫官長等犯罪은其時証參監理署主事沈鏞禹氏의公言과申達秀代言人書記박宗煥証공에明白한지라査官이서矜恤박寡之呼泣情境하야錢十兩을特여하야以資一時糊口하라하고朱之倫은박債准捧間嚴囚하다가第柳移交監署흔後에民之無罪와申員不法을報공廳部하얏는ᄃ今官還郡後翌日에朱民을又爲白放하얏다더라

九月廿一日午間에本人의代辦山訟狀을軸道中遺失이오니誰某閒傳給하시면厚謝하오리다
太平洞客主德信昌留金鶴南白

●行路杜絶 西永庫외漢江越便要路에日人馬兵이廳廠散駐하야行人에通路를禁止하는故로行人이大端困難이라더라

廣告

白川開興學校補助員이如左홈

本郡郡守 一百元
安主事瑚鎬 劉正言允植
邊參奉錫鼎 金主事基宗
安主事晃鎬 劉議官宗烨
邊錫五 金進士基錫
以上四十元 趙主事貫元
劉宗禹 趙元植
以上二十元 安九鎔
安承稷 以上十五元
昔根培 十二元
金敎植 金容益
柳熙坤 金敎官基世
閔敎員만 閔仁根
金主事相鎬 吳麟琢
金通政炳根 邊主事龍植
金主事容春 安議官□郁
趙主事泰元 柳參奉東麟
以上十元 劉進士利植
金基豐 金主事賜欽
以上八元 丕鍾설
李龍夏 金承培
辛尙集 李□欵
柳仲麟 以上六元
吳昌熙 朴瑀寬
以上五元 金思潤
朴通政允兼 朴仁脩
丕萬元 李仁純
金汝安 朴東根
柳敎官寅建 柳主事寅弼
金仁添 李元淳
姜主事寅驎 安□찬
安德□ 金博士敎植
李鉉器 咸致善
李義純 金鴻增

安馨鎬 安明奎
安治鎬 李卿國
李東薰 劉孝植
徐學植 李承旬
徐寅植 安恒鎬
辛主事命鎔 高奎煥
李聖武 金星七
金主事基煜 張錫楷
以上四元 金昇烈
三元二十錢 朴鳳煥
閔泳元 高弼伯
徐學植 禹錫河
丕參奉在億 以上三元
金宗基 鮮于振
李命源 安競鎬
李監役東昕 丕仁叔
丕應叔 林相吾
李台根 李承昌
全洛基 安允瑞
方善永 丕大亨
安敎英 安主事浚鎬
安憲鎬 朴正吾
黃律京 蔡洙宗
黃愚性 鄭瀅永
金斗植 丕承烈
韓孝秉 尹仁秉
金昌植 閔子玉
徐文憲 丕鍾憲
丕主事履榮 劉雲伯
申德日 方聖吾
尹彰耆 安主事龜鎬
安弘淳 柳聖祐
丕致順 車錫祚
以上二元 辛百承
一元四十錢 前郡守申鎔熙
林華成 李聖孝
申德日 金周賢
柳主事基夏 金伯京
浚主事錦運 朴士汝
以上一元
北雲山面上六里洞中十二元
南雲山面二里洞中六元八十錢
開興學校 告白

本人의季婿崔允長이年今二十에性本浮浪하야本人의田畓三十餘斗落文券을暗取하야典執코欲圖하오니內外國人은切勿施行홈
大丘南門外水砧家鄭召史告白

本人의弟名秦承宇가義補牖性本浮浪하야符同雜類하야本人의田畓斗落文券及家舍를僞造文券하야欲爲得債하니內外國人은切勿見欺홈
慶州孝州面麻谷居曹□承告白

華商孫芹塘于本月茲有銅幌票川順推票兩紙第二百二十七號當文二萬五千兩陰本月二十日限第二百二十八號當文二萬五千兩陰本月二十五日限遺失하야本處言明不推하고茲以廣告함某拾得休紙施行홈
小公洞居華商 孫芹塘 告白

◎彰熙組合廣告◎
本人等이彰熙組合을西署東幕內洞에開設하고各處所來米穀等物을隨到保管하며放賣等節에迅速公平히하게하고若或物品을典執하고貸金을請求하는時는輕邊으로借給하깃사오니四方僉君子光顧하심을敬要홈
位置西署東幕內洞卄四統六戶
資本金二萬圓
組合員白完爀
金洛熙
尹昌錫
丕彰漢 告白

은人之四寸弟晃淑字祺賢輩亦以耽侍之業으로率帶數白石名名而性본浮浪하야出沒於본郡三浪浦及釜港과京鄉하야扶同雜類輩하야본人의傳來田沓이在於본郡安台獲田大미林田洞鹿洞甘勿里沙行等處인바僞造文券하야欲爲放賣於外國人하고又欲典執코져하오니내外國人은切勿見欺之地望홈
密陽三洞面林山居孫晃慶告白

◎民事新設代辯外刑事辯護及鑑定一切法律相關書事務를迅速處理홈
漢城南署苧洞第十七統八戶
前掖隷正三品 李冕宇
法律事務所
丁明燮
十 趙爵熙

本人이西署東幕奉谷洞第十六統一戶瓦家찬家草家七間家契一張新文記一張을乙巳八月分의一千兩으로典執矣러니見失하얏슨則該文券一張을誰某拾得이라도休紙施行홀터이기로茲以廣布홈
麻浦 金基燮 告白

◎納米供給者募集廣告◎
鄕各隊所入納米供給之望이有흔者는本年十一月一日宮廳를見홈이可홈事
光武十年十一月一日
大韓國軍部經理局

本人에弟錫憲이偶然失性하야蕩敗家産하고所名錫九山沓連洞城하는ᄃ門中田券을僞造하야典執出債코져하니內外國人은見欺치勿하시옵
驪原郡井里居洪錫蘭告白

◎本社廣告

申報價
一張代金 新貨二錢五里
一箇月前納 三十錢
三箇月 九十錢
六箇月 一元七十戔
一箇年 三元四十戔
郵稅一部 新貨五里
一箇月 十三戔

廣告料
四号活字十三字詰
每日每英尺一寸에新貨十五戔
(每日每行에六錢에相當홈
其期限의長短과字行의多少를依ᄒᆞ야增減홈이有홈

◉大韓每日申報各處支社廣告
中署布屛門下 金相萬冊肆
洞口越便 朱翰榮冊肆
中署廣通橋入七十八統第二戶 鄭鳳어
仁川龍峴舊新學舘 李承호
平壤南山峴日新學校 金浩淵
宣川邑 [illegible] 安 濬
義州南門外韓國大東學兼張有寬
長連邑 金 龜
鎭南浦築洞 金仁직
定州南社 曹普林
中和邑 李達培
釜山佐川徐[illegible] 金瀧俊
開城北部[illegible] 崔義亨
校洞校長 李勛遠
大丘郡 達城廣文社
鎭山邑內 安 灝
元山港倉前 金乃範
黃海道載寧邑濟衆院居劉夢澤

發行兼編輯人 英國人裵說
發行所 京城中署壽進坊碑洞号外地法語學校前
大韓每日申報社

第四卷　大韓每日申報　대한매일신보　第三百六十九號

月曜及慶節歲時日休刊

檀君開國四千二百三十九年
箕子元年三千二十八年
大韓開國五百十五年
日本明治三十九年
淸國光緖三十二年
◉陰曆丙午九月小廿五日癸未

寄書

大韓西友學會員朴殷植敬函于在日본東京太極學會僉員足下

不佞天下之棄物也生世四十餘年無一成就迄今身世執傭於報館之役以度歲月自顧亦靦何足與當世有志有爲之士反覆其言論乎頃因　貴會員崔錫夏姜麟祐兩君辱問甚勤奬借過分謬欲引置於朋儕之列況對西友學會期勉周摯感荷曷喩秊擾中略有仰覆而掛漏甚悵更欲借此報紙以表餘蘊惟僉員之垂照焉

不佞於天下之學問未有得也世界之情形未有悉也治亂興衰之故未有講究也然而數十年來許多事變日接于耳目苟有動物之性者豈其無感觸而觀念乎

嗚呼彼治而我獨亂衆强而我獨弱衆智而我獨愚衆勤而我獨怠雖欲免今日之慘境其可得乎雖在古昔時代世界各國莫往莫來之日以此政治之紊亂也以此風俗之汚濁也決不可望其維持而今安況値此優勝劣敗弱肉强食之時代乎奴隷之辱魚肉之患實自取復誰怨尤

然而物極則必變人窮則反本理之常也吾人到此十分擧頭瞻仰仁天哀號活佛則我同胞兄弟之否具有傾否回泰之力量運用起死回生之方法活我人民復我國權者誰耶欲求之於政界上官人則彼其僨轅敗轍之罪萬難贖救更不可以齒及矣欲求之於林下恬退之士則不過斷斷自守初無捨身救世之熱血者也

至於一般人民皆甘受壓制於暴虐官吏之下絕無自由活動的思想者也所謂各種社會盖亦紛然而起譁然而集然究其所就亦未見良好結果持卵求晨其計太早炊沙成飯其想亦妄欲其糾合未開之民衆急就不世之功業則不惟不成反迷其害可不戒哉

然則吾人承此積習腐敗之餘欲就好個社會則必先振起學界開牖衆智使一般同胞皆注意於公益熱心於忠愛私者祛而公者勝然後方成完全團體也此西友學會發起於吾黨之中而硏究學術贊成校務啓發我同胞之知識爲其主旨者也

顧此本邦之人尙在從前腐敗習氣之中滔滔是近利是貪虛妄是信而其能知敎育事業爲其久遠大之利益者百無一二焉則本會之發達果是難乎其迅速也

所以區區愚算以爲此會組織之後必須以歲月積費心力告之以文字勉之以學業過了幾多年使吾同胞稍祛舊習漸長新智進於忠愛及公益的思想然後是會之發達可期也至若貴太極會迴有不同於此者

雖其位置立於文明空氣之中而一般會員又皆靑年有志熱血忠勇之男子其志趣之高尙氣象之活潑豈內地社會之可擬哉以此志氣以此見識何往不達何做不成對此時局將來我同胞兄弟否具有傾否回泰之力量運用起死回生之方法者實有望於海外空氣吾學會耳幸千萬加勉焉

官報

◉三千六百六號　光武十年十一月九日

◉**宮廷錄事**

掌禮院卿臣李道宰謹奏今此　懿孝殿再朞祭後奉安處所以何處爲之乎敢　奏

光武十年十一月五日奉旨殿閣營建前仍安於文慶殿

從一品李根　言事疏

批旨省疏具悉果係未遑之典疏辭令掌禮院就議京原任議政大臣稟處

◉**敍任及辭令**

○任度支部主事　尹秉炳○命法官銓考委員　法部協辦李源兢○命法部民事局長金洛憲　全刑事局長金洛憲　命法官銓考委員

勅令

◉勅令第五十二號

地方官銓考規程　續

丙　三年以上書記職에在ᄒᆞ야事務에曉ᄒᆞ고文筆이具備ᄒᆞᆫ者

丁　儒林鄕人中에事務에通曉ᄒᆞᆫ者

第四條外國及外國人의關係가有ᄒᆞᆫ地方에在職ᄒᆞ는官吏는前條規程에不拘ᄒᆞ고必要ᄒᆞᆫ外國語의素養을考ᄒᆞ야資格을定ᄒᆞᆷ을得ᄒᆞᆷ

第五條左開事項에犯ᄒᆞᆫ者ᄂᆞᆫ此를地方官에任用ᄒᆞᆷ을不得ᄒᆞᆷ

一　年齡이卄五歲에未滿ᄒᆞᆫ者
但判任官은此限에不在ᄒᆞᆷ

二　役兩以上의宣告를受ᄒᆞᆫ者

三　民擾를惹起ᄒᆞᆫ者

四　貪汚의行이有ᄒᆞᆫ者

五　公錢을犯逋ᄒᆞᆫ者

六　本令을發布後懲戒免官의處分을受ᄒᆞ고二個年을未經ᄒᆞᆫ者

第六條地方官의銓考ᄂᆞᆫ前規程外에尙此左開標准을依ᄒᆞ야此를實行ᄒᆞᆷ

一　忠實勵精者

一　廉潔律身者

一　時弊의矯正을遂行ᄒᆞᆷ이有ᄒᆞᆫ者

一　政務의改善을遂行ᄒᆞᆷ이有ᄒᆞᆫ者

第七條地方官銓考委員이必要로認ᄒᆞᄂᆞᆫ時ᄂᆞᆫ試驗을行ᄒᆞ되其試驗規程은委員에셔議定ᄒᆞ야內部大臣의認可를經ᄒᆞ야施行ᄒᆞᆷ

第八條地方官銓考委員은地方官의履歷書를保存ᄒᆞᆷ

附則

第九條本令은本年十月一日노부터施行ᄒᆞᆷ

第十條本令에抵觸되ᄂᆞᆫ從前諸規程은幷廢止ᄒᆞᆷ

御押　御璽　奉　勅

議政府參政大臣朴齊純

內部大臣李址鎔

未完

外報

◉佛國의野心　巴里의新聞이報ᄒᆞᆷ을據ᄒᆞᆫ즉貴族院과衆議院의協議會에셔公議로明議ᄒᆞ되佛國은世界大變에當ᄒᆞ야實力을準備ᄒᆞ기爲ᄒᆞ야海南島와廣東의雷州를不可不占領ᄒᆞ리라ᄒᆞ얏다더라

◉淸國新內閣　北京電을據ᄒᆞᆫ則去六日發表ᄒᆞᆫ新官制를准ᄒᆞ야大臣을任命ᄒᆞ얏ᄂᆞᆫᄃᆡ政務大臣慶親王陸軍大臣鐵良吏部大臣鹿傳霖民部大臣徐世昌氏等이더라

◉桑港事件未決　駐桑港日本領事의電報를據ᄒᆞᆫ則桑港의美國當局者가日본領事의懇次抗議를不聽ᄒᆞ고放逐된日本兒童에對ᄒᆞ야아직入校케ᄒᆞᆷ이不至ᄒᆞ고東洋人을美國과分離케ᄒᆞᆫ事ᄂᆞᆫ桑港當局者의權限을依ᄒᆞ야實行ᄒᆞᆫ것인즉此事件에對ᄒᆞ야容喙ᄒᆞ야中央政府의干涉을受ᄒᆞᆯ理由가無ᄒᆞ다ᄒᆞ고一般人民의排日感情이依然히穩和치못ᄒᆞ얏다더라

雜報

●紀念碑閣의建築 前七峴 大皇帝陛下紀念碑閣傍下隅名不知張也가二層洋屋을新建호야碑閣을蔽壓호야觀瞻이未安혼故로宮內府秘書監趙遠煥氏가此事由를上奏호얏는딕自 上으로惶悚處分이下호사該二層屋도毁撤케호라호시되工役을一向不停혼다더라

●通譯의履歷 再昨日度支部에서各地方郵便取扱所日人의通辯人을日語嫺熟혼人으로派送홀터인딕其人의履歷書를該部顧問室에서收取호얏다더라

●學相到濟 學部大臣李完用氏가現今濟州에滯留호는딕本月十五日內로歸京혼다더라

●金融杜絶 近日貨幣釐正에對호야各商業界에補助貨가枯渴호고紙貨만通行호는故로諸般物品을交易이極難호야商路人心이大段恐惧혼樣이라더라

●諸堂上辭疏說 東宮嘉禮都監一堂上李址鎔氏가疏遞호고二堂上李斉榮氏와三堂上金思轍氏도圖遞호기로日間辭疏를奉呈혼다더라

●代任請願 開城稅務官劉興世氏와濟州稅務官姜雲燮氏와江陵稅務官송文鉉氏의請願辭職혼다는說은前報에揭載호얏거니와其請願理由를得聞혼則劉氏와송氏는稅務지任을他人으로遞代호고自己는內職으로轉任홀기를運動中이오姜氏는道路가修遠호니近地로相換호여달나고請願홈이라더라

●徒管文簿 稅錢收刷홀時에郵便取扱所에서日人이領受호고稅務官과稅務主事는文簿만相關혼다더라

●毬轉惹鬧 再昨夜下午九時量에何許日人이空氣的毬轉호는管業을布廛屛門下隅의排設호고來往人의錢財를奪取호는딕韓人韓相奎氏가泥醉호야日毬轉을靡止호고急速撤歸호라호미該日人이子丛로無數亂打호야一場惹鬧가起호얏는딕適其時巡檢이來호야該許有無를質問호고逐送以去호얏다더라

●號牌何多 北壯洞李應鎬氏가號牌局을設施호기로發起호야某某大官과交涉호야已爲歸正의將次頒布된다는딕近日此等事가某處에紹介가無호면必不如意호는此事理로觀지된不必參涉일뜻하다더라

●閔習可痛 廣州居李聖日氏가年前에五斗落답을買得隣洞閔汝海矣러니閔也가有何幹旋이던지自英親王宮으로勒奪此답호니閔氏의一土再賣는極爲駭歎이라호더라

●參政公心 參政大臣朴齊純氏가內部에照會호되現今政治刷新을當호야郡主事를不可不儒鄕中公正解事人으로公選敘任홀것이今日主事가即後日郡守오即觀察이어날現接民訴則郡守가猾吏와符同호야可堪의人才를擇差厲치아니호고循私換弄에民情沸鬱이라호니郡主事敍任之時에公正選擇호야所報가若非其人이어던雖幾十番이라도更報敍任케호라호얏다더라

●勞動助學 客夏七月에韓國忠淸道留學生一人이日本東京에往호얏는딕露海부에서居留호는韓國人民男女三十七人이勞動屆錢을出義鳩合호야同氏의學資를贊助호엿스니實로稱罕의事라호깃더라

●日打酒婆 昨日上午十시에夜珠峴一酒家에서日人雜貨商一人이酒를이醉호고來到該家호야또喚酒하다가無端히酒婆를亂打重傷혼지라其本夫가該日人을捉帶하고日領事館에呼訴하얏다더라

●道貶難信 昨日內部에서黃海道殿最에貶下혼郡守를敍任하자하는딕該部參書官이該道褒貶이前後不同하다하야今番에는不可塡闕이라하얏다더라

●山山風波 日昨에李世稙을濟州島配所로押送호는딕日本巡査가領帶하고平理院門外에繞出하야不留片刻하고南門外停車場으로直向하야滊車를搭乘하고仁川港에到着하야滊船에直乘發往하얏다하니如此히蒼黃急迫홈은非他지故라當初에丸山顧問이李世稙을訊問홀時에日本憲兵隊長小山氏의喫錢多少를查覈하노라고紅絲로結縛하고周年을너亂杖을捶打하야誣服懸刑을無所不施하얏스되伊時斬服與否는極히秘密혼지라李世稙이만일京城에서半日이라도遲留혼則秘密訊問하던顚末이世人의耳目을驚動홀가慮하야藉口홀方策으로如是히忙迫혼다고衆論이紛紛하니已往에小山氏가京城에駐在하얏슬時에丸山氏의行動을如何히詗察하다가畢竟丸山氏勢力지下에小山氏가顚敗하얏도다며抵丸山小山兩氏의影響으로韓國梟城一番風波가激起하얏스니今日에는此風波가靜息하얏는지餘風餘波가何日何處에止홀는지

●慰使報告 忠南慰諭使劉猛氏가忠南各郡을慰諭혼後에今年水災를當혼田畓結八千七百九十九結八十五負九束과戶四千二拾戶를度支部에報告하얏다더라

●自下達上 再昨夜에三淸洞居內部主事李純雨氏와陸軍參領朴元根氏가一場爭鬪하얏는딕其事由를得聞혼즉李氏의下人이朴氏에게무슴鬪辭不恭홈이有하던지朴氏가李氏를請하야賠償하거날李氏가自巳下인을叱責하되바氏가怒氣騰騰하야自家下隷로李氏의下인을打倒重傷하고朴氏는李氏를歐打하야風波가起하얏다더라

●達倅報告 大丘郡守박重陽씨가鄕戶三千일百戶를壓捺하얏다고度支部에報告하얏더라

●凌辱日至 日日新聞을據혼則日本人高橋博士가言하기를朝鮮에서는國王이라稱하되日本에서는臣民이라謂홈이可하다혼지라適其時에韓인一名이此言을聞하고딕段憤怒하야決鬪狀을送하니其文에日今日에貴下가我 皇帝를凌辱혼지라君辱臣死는臣子의當然이니貴下로死로決홀지라故로貴下에決鬪하기를請하노니貴下가만일此를不許하면吾가單身으로貴下를暗殺하리라혼則高橋博士가韓인의請求를謝絶하고出入혼時에는前後左右를熟察혼然后에야인力車를乘하고極端이操心혼다더라

●一大笑科 近日嶺南人十餘人이伊藤統監과農部大臣李根澔侍從院卿朴鏞和氏를爲호야善政碑를竪立홀次로讚文을述호야本報에揭載홈을要求호는거슬退却호엿스니一般公衆眼目에一大笑科가될만호니其讚文을夢見혼논이는廣告를觀호시오

●鹽商이參政의계呼訴혼情況 大韓咸鏡南道元山港居商民金斗源氏가日本北海道島根縣蟠崎옥기느군이居木村源一郎이鹽桶盜去혼事件에對호야賠償與損害비償을徵捧次로統監府에五次呈訴호고我國政府에訴狀호얏더니등閑置지호고公函催促치아니호기로金氏가再昨日下午一時에建春門前에서參政大臣行次를對호야아뢰되訴狀바친지月餘온딕統監은歸國혼다오니照會엇지엿딕라시며參政大監政治엇더호오지三千里彊土人民의怨聲이九天에徹호오니大監은시는일이무엇시요호고高聲大呼호는次에電話로北署에言호야該署巡檢이와溫恭이言하되署長令監께서從容이홀말잇시니가자혼즉金氏의말이罪가잇셔잡아가면가려니와法所에서엇시私事로오라호리오署長令監께가셔罪가잇셔잡아가면가려니와無故이오라다고갈길업시니그말숨즈셔이가고호라하얏더니鮮次巡檢이와셔야는즉署長令監께新任洪氏인데부터對面호야엇던件도알고호말도잇시니단경코오라하시니가기를避치호金氏曰是何由냐는欺次로하고端捨호얏이무어신요호감座下호되罪가잇시면잡아가오私室로는갈일업소하야장아가기를止侍호되ㅅ셔소식업기로金氏가冷笑호고갓다더라

○時事一評

近日에宮內府官制를改正호고官員을增設호니南北村求仕客은機會를莫失호고어서다비宮에로路를차져보고

○地方官전考詳세하議派가出分호고兩邊가紛騰호야實施가杳然호미烏지雌雄이로고

○度支部에서財政整理는方針이無호나市井間에銅貨가渴호얏紙貨로交換호던新紙가反有호니豈反爲賤이로고

○慶化觀察韓鎭昌氏는稱病遞하고金宗漢氏가運動호야被觀察은사任旋遞호니慶北觀察은倍卿잘이로고

○平理院滯囚호前英陽郡守李範哲氏와丹陽郡守朴保人을領率逃躲호얏스니走爲上策이로고

○天道教中顧挫先生이湖南에下去호야연助金을多數히討索호며威儀를大張호니前日東學도또불지

寄書

長湍 崔 병 淳

所謂新聞者ᄂᆞᆫ新之聞也어ᄂᆞᆯ至於地方ᄒᆞ야ᄂᆞᆫ百餘里之地에郵傳之遲완이或五六日或七八日로乃至十餘日ᄒᆞ야新聞이反爲舊聞ᄒᆞ니其閱報者ㅣ豈有新智進發乎아本人이購覽貴報者ㅣ今才半月에新報之閱者ᄂᆞᆫ僅十張內에三百五十二號ᄂᆞᆫ自京親受이고其餘九張은僅得自郵來抵ᄒᆞ되郵傳之七次入落은不可擧論이며自三百五十三號로至三百五十八號ᄂᆞᆫ六七日後에自西井驛으로來着而其中三百五十五號(陰九月初八日値)ᄂᆞᆫ永爲不來故로想歸於洪喬之誤矣러니於昨日에三百五十五號及三百六十一號ㅣ自長湍郡郵司로始爲來傳ᄒᆞ니計其日則乃十二日前値及六個日前値也니六介日前値ᄂᆞᆫ姑捨勿論ᄒᆞ고至於十二日前치ᄒᆞ야ᄂᆞᆫ何若是郵傳之遲緩耶아每日申報가反爲半月申報ᄒᆞ니其閱報者ᄂᆞᆫ豈非抑憤乎아是何故耶이自貴社遲완耶아本人이於年前에購覽大東新報時에機傳之遲완이亦如今日故로函詰於報社則一無所答이고馳書鄉郵則所答이自泉遲완云云然이나此乃鄉郵主務者及其他屬員이乃先時閱後에分傳故로自代遲완也니是又何乎아竊論之컨되郵傳之遲완이非但此郡이라其細列郡도亦然云이요非此新報라至於書簡ᄒᆞ야도亦然云ᄒᆞ니郵司之有가不如本無요且非但遲완이라或有遺失云ᄒᆞ니此非一介人之害也라乃全國之害也요至於新聞ᄒᆞ야ᄂᆞᆫ亦是貴社之害也요非但貴社지害也라乃一國報社지害也니如此抑寃을將何時申復耶이以貴社지公正筆權으로廣探四處ᄒᆞ야揭載於報紙ᄒᆞ야以鼓京鄉郵司當務者지地千拜仰祝이라ᄒᆞ얏더라

雜報

十三道搢紳章甫等聯陳不可陛后之大義二條上疏草를續
臣等此言亦出於爲 貞貴妃之地也爲 英親王之地也以陛下之聖慈諒臣之言實出憂愛則國家幸甚嗚呼夫婦人倫之始也夫婦正然後君臣父子之道正以之事天而上帝顯佑以之事宗廟而子孫安寧古昔興前世人君以妾爲妻者或有之而皆莫不與禍相隨以之亡國敗家者歷歷可徵甚可懼也古固知 陛下明並日月必不爲妖言所惑然慮恩貴在先防絶惡於未萌敢以일得지愚爲 陛下言萬死陳之伏乞陛下俯察擧國大同之公議廓揮乾剛亟 命司法嚴治賊臣盧永敬元世詢張錫藍等之罪犯以示聖志之牢確不援使亂臣賊子無復敢違犯我肅廟大義焉臣等荷蒙 國家大德厚澤圖所以報答萬一敢言人之不敢言矣知臣罪臣惟在聖裁臣等無任痛憤激懷之至 完

廣告

三氏善政碑

伊藤統監交隣大義로皇室保護事와軍部大臣李根澔氏와侍從院卿朴鏞和氏가移民合郡兩條約에勠ᄒᆞ야竭力廢止事로儒生等이三氏를稱善ᄒᆞ야善政碑를立ᄒᆞ앗ᄂᆞᆫ더其讚文如左ᄒᆞ더라

東亞安危 河海弘量 爰布信義
實使伊侯 風雲神籌 交我青丘
煌煌使節 千秋百世 伊藤公
萬與來留 公德靡休
山斗시望 一心立朝 力排移民
閻鉞지位 始終不貳 功及海四
適지合郡 所以全國 李公
堂堂奮臂 子此注意
廿於鮮合 力拒移舊 事上莅下
以撤交隣 傳安其民 以義爲仁
永杜合郡 頑此以寧 朴公
韓亦有人 聚樣復春

廣州南北道儒生辛觀希等告白

靑山郡守李圭完氏가下車三朔에兼以戢捕官ᄒᆞ야保民慈惠ᄒᆞ고戢盜威令ᄒᆞ야各處지亂類ᄂᆞᆫ一時屛跡ᄒᆞ고外人지警官도莫不稱賞이라一省援擾에獨守盤石터니不意移任本道參書官지電報가到達ᄒᆞ니一郡이驚惶莫不失所라數千生靈이如失父母ᄒᆞ야合集邑下에遮路堅守ᄒᆞ고儒生與商民等이次第上京ᄒᆞ야政府와內部農商工部에呼寃ᄒᆞ야사오나如此ᄒᆞᆫ郡守ᄂᆞᆫ上部에셔別般廣諒ᄒᆞ야還爲仍任ᄒᆞ야使民으로安케ᄒᆞᆫ이政府得體이옵기爲先玆에廣告ᄒᆞᆷ

儒生韓致堯 陸用權 元炳九
商民李允根 鄭ᄌᆞ述 曹甲岳

驪州日新學校補助員如左

本郡守 李億 五十元
侍從官 金升鎭 四十元
寧陵令 金珽鎭 二十元
仝參奉 李達永 十元
前主事 李邦鉉 十五元
仝 李建夏 十元
仝 李世鉉 五元
幼學 閔丙奎 十五元
仝 金용鎭 十元
仝 金介圭 二元
仝 閔洪植 四元
仝 俞應圭 五元
仝 郭在龍 五元
仝 元道喜 三元
仝 李綬永 三元
仝 李舜用 二元
仝 元錫綽 一元
仝 邊洪九 一元
仝 金四燮 一元
仝 金成鎭 二元
仝 閔丙璇 二元
仝 韓□錫 四元
仝 朴鼎秉 二元
英陵參奉 金衍圭 二元五十錢
前進士 李寅 一元
前主事 權重九 二元五十錢
仝 李夏永 一元
前技手 曹錫源 四元
仝 金鎭五 仝
幼學 郭台鎔 一元
仝 尹祀善 五十錢
仝 朴胤陽 一元
前主事 李□才 十元五十錢
前司果 趙宗業 七元五十錢
前僉知 李德元 十元
前先達 石順一 六元
仝 金□賢 三元
仝 李致九 五元
仝 金炯奇 六元

未完

本人이庚子年分에畓五斗落을買得於鄰洞居閔汝諧矣터니今年九月에京居田致學이稱爲英親王宮典執畓이라ᄒᆞ고勒討秋收ᄒᆞ니此乃汝諧지兄東植이挾雜所爲故方呈訴本郡歸正矣리니 僉君子ᄂᆞᆫ以此 照亮ᄒᆞ시옵 李壽根 告白

九月廿一日午間에本人의代辦山訟狀을輸道中遺失이오니誰某間傳給ᄒᆞ시면厚謝ᄒᆞ오리다
太平洞客主德信昌留金鶴南白

本人의季婿崔允長이年今二十에性本浮浪ᄒᆞ야本人의田畓三十餘斗落文劵을暗取ᄒᆞ야典執코欲圖ᄒᆞ오니內外國人은切勿施行ᄒᆞᆷ
大丘南門外水站家鄭召史告白

本人의弟名泰承이□□義補輔性本浮浪ᄒᆞ야符同雜類ᄒᆞ야本人의田畓과諸中畓及宗畓을僞造文劵ᄒᆞ야欲爲得債ᄒᆞ니內外國人은切勿見欺ᄒᆞᆷ
廣州彥州面廉谷居□輪承告白

◎彰熙組合廣告◎
本人等이彰熙組合을西署東幕內洞에開設ᄒᆞ고各處所來米穀等物을隨到保管ᄒᆞ며放□等節에迅速公平ᄒᆞ게ᄒᆞ고若或物品을典執ᄒᆞ고貸金을請求ᄒᆞᄂᆞᆫ時ᄂᆞᆫ輕邊으로備급ᄒᆞ깃사오니四方僉君子ᄂᆞᆫ光顧ᄒᆞ심을敬要ᄒᆞᆷ
位置西署東幕內洞廿四統六戶
資本金 二萬圓
組合員 白完爀 金洛熙 尹昌錫 五彰秀 告白

是人之四寸名晃淑字祺賢氣亦以世傳之業으로素帶數白石富名而性本浮浪ᄒᆞ야出沒於本郡三浪浦及釜港과京鄉ᄒᆞ야扶同雜類輩ᄒᆞ야本人의傳來田畓이在於本郡安台稷田人미秋田洞麻洞甘勿里沙旨各處인바僞造文劵ᄒᆞ야欲爲放賣於外國人ᄒᆞ고又欲典執코저ᄒᆞ오니內外國人은切勿相歟見欺之地望ᄒᆞᆷ
密陽三洞面法山居孫晃燮告白

◎民事訴訟代書와刑事辯護外締定一切法律에關ᄒᆞᆫ事務를迅速處理ᄒᆞᆷ
漢城南署苧菜洞第十七統八戶
辯護士 正三品 李晃宇
法律事務所
事務員 前判事 丁明燮
博士 趙□載

本人이西署東幕李谷洞第十六統一戶崔穀찬家草家七間新板劵一張新文記一張을乙巳八月分의一千兩으로典執矣러니셔失ᄒᆞ얏슨바該文劵二張을誰某拾得이라도休紙施行ᄒᆞᆯ터기로玆以廣布ᄒᆞᆷ
麻浦 金準燮 告白

◎精米供給者募集廣告◎
鄉各隊所入精米供給之事이有ᄒᆞᆫ者ᄂᆞᆫ本年十一月一日限ᄒᆞ야現ᄒᆞᆷ이可ᄒᆞᆷ事
光武十年十一月一日
大韓陸軍經理局

本人이弟錫疇이□□性ᄒᆞ야蕩敗家産ᄒᆞ고改名錫九ᄒᆞ야漢城ᄒᆞᄂᆞᆫ터門의田劵을僞造ᄒᆞ야典執出債코저ᄒᆞ니內外國人은勿數치勿ᄒᆞ시옵소
驪原郡豐井里居洪錫爾告白

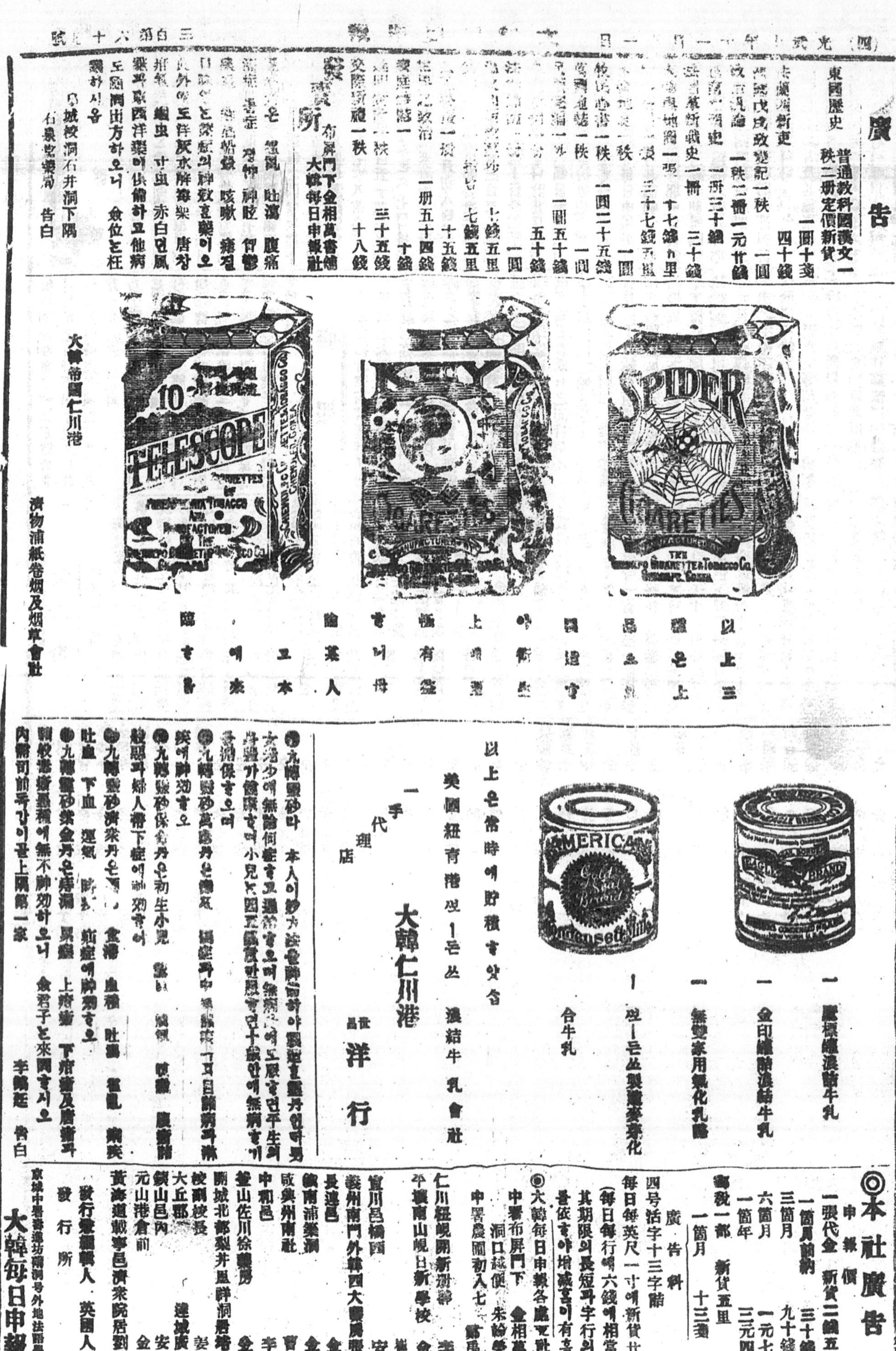

廣告

東國歷史 普通教科國漢文一秩二册定價新貨 一圓十錢
[illegible] 四十錢
[illegible]戊戌政變記一秩 一圓
[illegible] 一秩二冊 一元卄錢
[illegible]史 一册 三十錢
[illegible]新戰史一冊 三十錢
[illegible]地圖一張 十七錢五里
[illegible] 三十七錢五里
[illegible] 一秩 一圓
[illegible] 一秩 一圓二十五錢
[illegible] 一秩 一圓
[illegible] 一圓五十錢
[illegible] 五十錢
[illegible] 一圓
[illegible] 七錢五里
[illegible] 十五錢
[illegible] 一册 五十四錢
[illegible] 十錢
[illegible] 一秩 三十五錢
交際[illegible]一秩 十八錢

發售所 布屛門下金相萬書舖 大韓每日申報社

[illegible] 腹痛 [illegible] 胃鬱 [illegible] 咳嗽 痛症 [illegible] 神效ᄒᆞᆫ藥이오 [illegible] 唐창 [illegible] 寸虫 赤白[illegible] 藥과 東西洋藥이 俱備ᄒᆞ고 他病도 [illegible]方ᄒᆞ오니 僉位ᄂᆞᆫ 枉臨ᄒᆞ시옵

京城校洞石井洞下隅 石泉堂藥局 告白

大韓帝國仁川港 濟物浦紙卷烟及烟草會社

以上三種은 上品으로 [illegible] [illegible] 上等 [illegible] 有名ᄒᆞ니 [illegible] 本人 [illegible] 本 [illegible] 來臨ᄒᆞ심

一 鷹標煉濃縮牛乳
一 金印標[illegible]濃縮牛乳
一 無雙家用氣化乳醬
一 쎄ᅵ든쓰製[illegible]
合牛乳

以上은 常時에 貯積ᄒᆞ얏슴
美國紐育港 쎄ᅵ든쓰 濃結牛乳會社
一手代理店 大韓仁川港 世昌洋行

◉九轉靈砂라 本人이 妙方을 [illegible]ᄒᆞ야 [illegible]丹인ᄃᆡ 男女老少에 無論何症ᄒᆞ고 [illegible]ᄒᆞ오며 [illegible] 小兒[illegible] 平生의 [illegible]ᄒᆞ면 [illegible]안에 無病ᄒᆞ게 [illegible]保ᄒᆞ오며
◉九轉靈砂[illegible]丹은 [illegible] [illegible]症에 神效ᄒᆞ오
◉九轉靈砂保[illegible]丹은 初生小兒 [illegible] 婦人帶下症에 神效ᄒᆞ며
◉九轉靈砂濟衆丹은 [illegible] 食滯 血積 吐血 下血 運氣 [illegible] 吐[illegible] 霍亂 [illegible]症에 神效ᄒᆞ오
◉九轉靈砂紫金丹은 痔漏 [illegible] 上痔瘡 下疳瘡及唐瘡과 [illegible]에 無不神效ᄒᆞ오니 僉君子ᄂᆞᆫ 來問ᄒᆞ시오
內[illegible]前두갈이골上隅第一家 李[illegible] 告白

◎本社廣告

申報價
一張代金 新貨二錢五里
一箇月前納 三十錢
三箇月 九十錢
六箇月 一元七十戔
一箇年 三元四十戔
[illegible]一部 新貨五里
一箇月 十三戔

廣告料
四号活字十三字詰
每日每英尺一寸에新貨卄五錢
(每日每行에六錢에相當홈)
其期限의長短과字行의多少를依ᄒᆞ야增減홈이有홈

◉大韓每日申報各處支社廣告
中署布屛門下 金相萬册肆
洞口越便 朱翰榮册肆
中署農圃初入七 鄭禹[illegible]
仁川[illegible]新[illegible] 李東[illegible]
平壤南山峴日新學校 金[illegible]
[illegible]川邑[illegible] 安[illegible]
義州南門外韓西大[illegible]有[illegible] 崔[illegible]恒
長連邑 金[illegible]
鎭南浦[illegible]洞 金仁[illegible]
咸興州南社 曹喜林
中和邑 李[illegible]
釜山佐川徐[illegible] 金[illegible]
開城北部梨井里[illegible] 姜助[illegible]
校洞[illegible] [illegible]城廣文社
大丘郡 安[illegible]
鐵山邑內 金乃[illegible]
元山港倉前
黃海道載寧邑[illegible]院居劉夢[illegible]

發行兼編輯人 英國人裵說
發行所 京城中署[illegible]坊[illegible]洞号外地法語學校前 大韓每日申報社

明治卅八年八月十一日 第三種郵便物認可
光武九年八月十一日

大韓每日申報

대한매일신보

第四卷 第三百六十九號

月曜及慶節日休刊

檀君開國四千二百三十九年
箕子元年三千二十八年
大韓開國五百十五年
日本明治三十九年
淸國光緒三十二年
◉陰曆丙午九月小廿七日乙酉

論說

韓國內典當事務

急速注目을要ᄒᆞᄂᆞᆫ一事ᄂᆞᆫ韓國內放債者의貪欲을管束ᄒᆞᆯ適當ᄒᆞᆫ法律이是也라今日本紙上에報導ᄒᆞᄂᆞᆫ거슨日人이韓人의産業을典執ᄒᆞᆫ인바其證券에約束ᄒᆞᆫ기를其借金의本利를何如日字에幷報ᄒᆞᆫ다ᄒᆞᆷ이니

蓋泰西諸國에ᄂᆞᆫ抵當物을公正處理ᄒᆞᄂᆞᆫ法律이自有ᄒᆞ야其所有主의利益을保護ᄒᆞᆷ으로其抵當産業을常以廣告公賣ᄒᆞ야最高入札者의게讓渡ᄒᆞ고其借金을還受ᄒᆞᆫ外에餘額은其所有主의게讓與ᄒᆞ거날

韓國內에ᄂᆞᆫ典執人이使其負債者로自巳産業을賣渡ᄒᆞᆯ一次機會도不給ᄒᆞ고抵當品을猝然奪取ᄒᆞᄂᆞᆫ도다機會를先期必得이可也라ᄒᆞ고人或反對ᄒᆞᆯ터이나然이나西歐諸國에ᄂᆞᆫ不至如此ᄒᆞ니政府가其産業을擔任ᄒᆞ야使其所有主로利益을隨其能盡取케ᄒᆞᄂᆞᆫ도다

今此韓國에困難事實은債主가淸帳之日에自致欠席ᄒᆞ야견債人이雖有錢額이라도不能還報케ᄒᆞ고其翌日에帶金復到면過限이라言及ᄒᆞ고其産業을沒收ᄒᆞ나니如此事實이松都에서顯著ᄒᆞ엿고京城에도方今結定된他一事機가亦有ᄒᆞ도다

仁川에居留ᄒᆞᄂᆞᆫ日人은韓國人이典物을還退ᄎᆞ로帶金到來之日에有何危急之事라韓人이翌日에更要淸帳ᄒᆞᆫ뒤其産業을四萬五千圓價額으로他日人의게旣爲賣却이라고言及ᄒᆞ얏도다其産業의抵當額은不過一萬三千五百元이라韓人이該日人과爭端ᄒᆞᆷ으로日人이金額을領受ᄒᆞ고文券을交付ᄒᆞ얏스나抵當金額보다一千五百元을添辦求得ᄒᆞ얏도다其人은仁川之行이未有ᄒᆞ고但在自家ᄒᆞ야其産業을犯行으로欲執ᄒᆞᆷ이顯然ᄒᆞ도다

京鄕各處에韓國人을如此欺罔에서救護ᄒᆞᆯ法律이必要莫甚이로다

官報

◉三千六百八號 光武十年十一月十二日

◉敍任及辭令

○命兼任釜山港裁判所判事 東萊府尹金敎獻○命兼任元山港裁判所判事 德源府尹申珩模○命兼任務安港裁判所판事 務安府尹安基鉉○命兼任昌原港裁判所판事 昌原府尹李琦○命兼任沃溝港裁判所판事 沃溝府尹李懋榮○命兼任三和港裁判所판事 三和府尹卞鼎相○命兼任龍川港裁判所판事 龍川府尹魚允迪○命兼任義州市裁判所판事 義州府尹李民溥○命兼任城津港裁判所판事 城津府尹李元榮○命兼任慶興港裁判所判事 慶興府尹張起淵○命兼任濟州裁判所判事 濟州郡守尹元求○解不動産法調査委員 法官養成所敎官石鎭衡○命不動산法調査委員 內部參書官權鳳洙 宮內府대臣官房主事李瑛圭 安陵參奉李鍾元 純陵參奉崔晃洙 濬源殿參奉金景式 惠陵參奉李海星 依願免本官○任宮내府大臣官房主事 鄭為穆○任安陵參奉 淑陵令李星烈○任淑陵令 淑陵參奉崔昌壽○任淑陵參奉 南秉薰○任純陵參奉 李晥善○任濬源殿參奉 崔錫麟○任惠陵參奉 奎章閣主事具勳書○任奎章閣主事 許 憲

◉勅令

◉勅令第五十三號

文官任用令

第一條文官의任用은左開節次를踐行ᄒᆞᆷ

一 議政府及各部勅任ᄋᆞᆫ主務大臣이議政府會議에提出ᄒᆞ야議政대臣이上奏奉勅ᄒᆞᆷ

二 議政府及各部奏任官은主務대臣이議政대臣을經ᄒᆞ야上奏ᄒᆞᆷ

三 議政府及各部判任官은主務대臣이專行ᄒᆞᆷ

第二條文官은特別任用規程을定ᄒᆞᆫ外에左開資格의一이라도有ᄒᆞᆫ者면任用ᄒᆞᆷ

一 勅任官

一 勅任職에曾經ᄒᆞᆫ者

二 奏任三等以上職에現在ᄒᆞᆫ者와曾經奏任三年以上在勤ᄒᆞᆫ者

但二年以上同一ᄒᆞᆫ官廳에繼勤ᄒᆞ야事務의通鍊ᄒᆞᆫ者로該官廳의셔擬任ᄒᆞ거나壹年以上奏任職으로其勤勞績이特異顯著ᄒᆞᆫ者ᄂᆞᆫ此限에不在ᄒᆞᆷ

二 奏任官

一 奏任職을曾經ᄒᆞᆫ뒤一年以上在勤ᄒᆞᆫ者

二 判任三年以上繼勤ᄒᆞ야材器가卓異ᄒᆞᆫ者로陞任ᄒᆞ되議政府會議를經ᄒᆞᆷ

三 判任官

一 判任職을曾經ᄒᆞᆫ뒤一年以上在勤ᄒᆞᆫ者

二 전考所合格證書가有ᄒᆞᆫ者

三 官立高等學校와又ᄂᆞᆫ學部대臣이同等以上으로認定ᄒᆞᆫ公立私學校에卒業證書가有ᄒᆞᆫ者

四 五年以上雇員으로同一ᄒᆞᆫ官廳에繼勤ᄒᆞ야事務에通鍊ᄒᆞᆫ者로該官廳에셔敍用ᄒᆞᆷ을得ᄒᆞᆷ

第三條特別ᄒᆞᆫ學術技藝를要ᄒᆞᆫ官은第二條各項의資格을不拘ᄒᆞ고奏任은議政府會議를經ᄒᆞᆷ 未完

外報

◉合衆國의美日近狀 合衆國實報에云ᄒᆞ얏스되曾前에歐西報紙를閱ᄒᆞᆫ즉美日交涉情形이頗稱親睦ᄒᆞ더니近來報紙所載에ᄂᆞᆫ美日交涉이頗有不相洽之勢라蓋美人이日人의動作을察ᄒᆞᆷ이非律賓群島를侵奪ᄒᆞᆯ深謀가有ᄒᆞ고並히日本이西洋貨物의收納ᄒᆞᄂᆞᆫ稅則新章程을增添ᄒᆞ니南淸商務情形도美人으로더부러競爭之勢가有ᄒᆞ고並히淸人이抵制美貨의一節은實로日人이暗地주使ᄒᆞ야美商을太平洋에驅出ᄒᆞ야日本商務를發達코저ᄒᆞᄂᆞᆫ目的이라더라

◉德報評俄 德國軍報에서俄國의現在東亞之形勢를論ᄒᆞ얏ᄂᆞᆫ데雖俄日軍務가不振ᄒᆞᆫ所損이나然이나其前途ᄂᆞᆫ因此ᄒᆞ야有絕大之希望이라蓋俄國이自立憲以後로諸般政治의改良이多ᄒᆞ고政府에不少維新之士ᄒᆞ니俄國前途를爲ᄒᆞ야可賀ᄒᆞᆷ만ᄒᆞ다ᄒᆞ얏더라

◉請禁纏足 淸國政府의王大臣이政治大臣으로더부러會議ᄒᆞ되現今新政을舉辦ᄒᆞᆷ이必須ᄒᆞᆫ治化를改良ᄒᆞ고積慼을痛除ᄒᆞ여야全國精神을方에振起ᄒᆞᆯ지라淸國男子의吸食鴉片과女子의纏足이害非淺鮮이라今에鴉片은이미明降照旨ᄒᆞ야一律禁止ᄒᆞ얏거니와纏足一害를또ᄒᆞᆫ禁止ᄒᆞ기로決議奏請ᄒᆞᆫ다더라

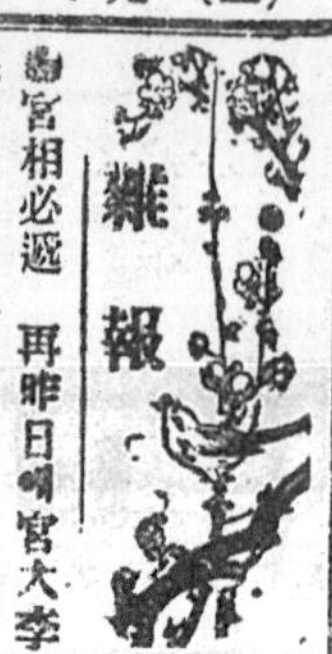

雜報

●宮相必遞 再昨日에宮大李根湘氏ᄂᆞᆫ中樞院副議長으로移任되고其代ᄂᆞᆫ尹用求氏가被命ᄒᆞ얏ᄂᆞᆫᄃᆡ該氏ᄂᆞᆫ昨年에內部大臣을被任ᄒᆞᆯ時에도期於圖遞ᄒᆞ얏시니今番에도畢竟出脚지아니ᄒᆞ리라더라

●都監懇辭 東宮嘉禮都監提調閔泳徽氏가三昨日에辭疏를奉呈ᄒᆞ고該都監二堂李[illegible]榮氏ᄂᆞᆫ再昨日에辭疏를奉呈ᄒᆞ얏다더라

●財政檢察 宮內府各屬司財政檢察委員長은該府顧問官加藤氏오其他委員은洪正變高永喜氏오日人委員이二名인ᄃᆡ統監府書記官某氏라더라

●提綱預算 日昨에度支部에셔明年度預算中不足額七十餘萬元을政府에請求ᄒᆞ얏ᄂᆞᆫᄃᆡ會議에提出ᄒᆞ얏다더라

●李疏槩意 日昨에從一品李根　氏에上奏ᄒᆞᆫ槩意를聞ᄒᆞᆫ則新羅昔脫解王에殿號가無ᄒᆞ니崇善殿과崇德殿例를依ᄒᆞ야追崇ᄒᆞᄂᆞᆫ事이라더라

●府參銓考 內部에셔府尹府參書官未差窠를昨日에銓考ᄒᆞ얏다더라

●尙提辭疏 尙方提調閔泳徽氏가무ᄉᆞᆷ事端이有ᄒᆞᆫ지再昨日에辭疏를奉呈ᄒᆞ얏다더라

●金氏下溫 嘉禮都監三堂金思轍氏가數日前에溫陽溫井에前往ᄒᆞ얏ᄂᆞᆫᄃᆡ今日回京ᄒᆞᆫ다더라

●郡主紛競 懷德郡守洪祐淳氏가該郡主事薦報ᄒᆞᆯ時에儒鄕을聚合ᄒᆞ야從其望薦ᄒᆞ야崔雲錫으로擧報ᄒᆞ얏더니文義郡居金英漢氏가何樣周旋ᄒᆞ얏던지內部에셔崔雲錫報告를繳還ᄒᆞ고金씨로冒報케ᄒᆞ얏다ᄂᆞᆫᄃᆡ該郡의民이內部에呼訴ᄒᆞᆫ다더라

●日人行臆 舒川郡龍堂浦居李主事東漢가多率資生이無路ᄒᆞ야浦沙工土地를典債三千元으로還ᄒᆞ야[illegible]得爲業더니李主事가去月身死后에群港居沙器商日人長谷川者가李氏基業을勒奪之時에毆打行悖ᄒᆞ며擔銃威脅ᄒᆞ고如干細에所捧을日日沒[illegible]去ᄒᆞ니李氏家率은方至[illegible]之境에[illegible]無路ᄒᆞ야債主ㅣ困辱에無雙ᄒᆞ야仰天呼泣ᄒᆞᆫ다더라

●嶺儒辨明 慶尙南北道儒生三十餘人이本社에寄函ᄒᆞ되嶺南儒生이라稱ᄒᆞ고伊李朴의善政碑를竪立ᄒᆞᆫ다ᄂᆞᆫ辛觀希爲名者가以不近理ᄒᆞᆫ數三句로貴社에[illegible]佈ᄒᆞ야시나合南에素無[illegible]儒林이요又我儒林中에不知希爲名者矣요假使三氏로實[illegible]頌ᄒᆞᆯ만ᄒᆞᆫ功績이잇슬진ᄃᆡ奚但我嶺南이리요十三道儒民이齊聲併立之事어ᄂᆞᆯ噫彼辛哥則素無姓名者而妄受何人之誘囑인지此不過一笑事然이나如斯雜類가每汚點儒林故로一時忿激ᄒᆞ야以明辛非嶺儒之確訂으로玆以聲明이라ᄒᆞ얏더라

●仙坪賊警 傳說을聞ᄒᆞᆫ즉三昨夜下午二時量에東小門外三仙坪等地에셔强盜數十名이各持銃劍ᄒᆞ고放砲突入ᄒᆞ야錢穀汁物을沒數奪去ᄒᆞ얏다더라

●人力車規則 日間內部에셔人力車夫의組合規則을頒布ᄒᆞᆫ다ᄂᆞᆫᄃᆡ其規則은道里遠近의車貰定式과車夫가組合中에不入ᄒᆞ면不得爲業케ᄒᆞᆫ다더라

●車輪改良 警務廳에셔東南[illegible]의車夫의게申飭ᄒᆞ되車輪行跡에道路가破壞ᄒᆞ니車輪을更히圓大케ᄒᆞ야木石을輸運ᄒᆞ라ᄒᆞᆫ故로該車夫들이圓大ᄒᆞᆫ材를不得ᄒᆞ야生涯가阻絶ᄒᆞᆫ地境이라더라

●市民呼訴 鍾路東床廛門前에何許日人이廁間을自意로設置ᄒᆞᆫ故로該廛市民이一同撤市ᄒᆞ고內部와警務廳의呼訴ᄒᆞ얏다더라

●得財宜用 法律辯護士李冕宇氏가葉十五萬兩訴訟事件을得訟ᄒᆞᆫ故로再昨日下午六時에自己本第에셔專門法律學校講士諸氏와校長教監과監事務員諸氏를請邀宴待ᄒᆞᄂᆞᆫᄃᆡ風流가迭宕ᄒᆞ얏다더라

●因嫌呈疏 日昨에新任ᄒᆞᆫ始興郡守李復永氏ᄂᆞᆫ少論四大臣李匡佐氏의後孫인ᄃᆡ年前에內部[illegible]事로在任ᄒᆞ얏슬제該部大臣趙秉式氏가該氏를世嫌이라ᄒᆞ야水原觀察府主事로遷任ᄒᆞ야未幾遞任ᄒᆞ얏더니今番에郡守를叙任되미趙秉式氏가李氏를郡守로調用ᄒᆞᆫ것시大端ᄒᆞᆫ違規라ᄒᆞ야 上疏ᄒᆞᆫ다ᄂᆞᆫ說이有ᄒᆞ더라

●破廉行爲 遞黃州郡守朴元敎가八月卄九日에死亡ᄒᆞ얏ᄂᆞᆫᄃᆡ九月初三日에下去ᄒᆞ야東宮稧에印章을竊佩ᄒᆞ고各坊과齋任을出帖放賣ᄒᆞ고上京ᄒᆞ얏다니同氏의破廉沒恥ᄒᆞᆫ行爲ᄂᆞᆫ人皆唾罵ᄒᆞᆫ다더라

●惡女被捉 日昨下午一時에何許賊漢一名이北署苑洞等地에셔女人의衣服을奪取ᄒᆞ다가別巡檢의게被捉되야因卽捕縛以去ᄒᆞ얏다더라

●因債蕩敗 茶洞居金姓爲名人이年今二十餘에財産이豊富ᄒᆞ더니協律社子弟의誘引을[illegible]이나셔蕩敗之境에至ᄒᆞ얏다더라

●靑年演說 今日下午七点에靑年會에셔大韓紳士李儁氏가人에게天與ᄒᆞᆫ[illegible]이有ᄒᆞ다ᄂᆞᆫ問題로演說ᄒᆞᆫ다더라

●長湍校況 長湍[illegible]校ᄂᆞᆫ[illegible]橋等地에設立ᄒᆞᆫᄃᆡ[illegible]三十餘間을李根培氏가寄付ᄒᆞ고經費ᄂᆞᆫ新督六十餘圓을[illegible]先鳩聚ᄒᆞ야現今修理中인ᄃᆡ校監은[illegible]氏가擔任ᄒᆞ얏다더라

●定倅助校 平北[illegible]郡休氏가教育擴張을[illegible]ᄒᆞ야道內各郡各面에學校를[illegible]設立ᄒᆞ고私塾을禁止ᄒᆞᆫ行政은已爲稱贊ᄒᆞ얏거니와管下定州郡守尹[illegible]氏가士民을勸諭ᄒᆞ야境內二十八校를設立ᄒᆞ고特히二十金을出捐ᄒᆞ야各校에補助ᄒᆞ얏다더라

●惜哉其去 北署宗橋東明學館은有志人士李鍾甲沈遠復諸氏가熱心으로剏設ᄒᆞᆫ學校라設立以後로新學問上에嫺熟ᄒᆞᆫ紳士車麟濟氏가名譽로自願敎授ᄒᆞ야校況이漸次發興이라聽歪子弟가聞風來集ᄒᆞ야庠舍不應ᄒᆞᆯ러니該氏가今番道參書官을陞任ᄒᆞᆷ으로該學館의生徒가日減ᄒᆞᆫ다ᄒᆞ니由此觀之컨ᄃᆡ該氏의前日熱心勸學ᄒᆞ던바ᄂᆞᆫ不問可知라더라

●人心漸薄 每年秋冬之際에菁根과菘菜를收穫時를當ᄒᆞ면貧寒女人들이城外菜田에殘菘遺根을拾取ᄒᆞᆷ이田主도不禁ᄒᆞ야年例를成ᄒᆞ얏더니今年인즉人心이益益澆薄ᄒᆞ야日前에西門外旺[illegible]地에何許女人이殘菜를拾取ᄒᆞ더니田主가爭詰ᄒᆞ야該女人을以足축지ᄒᆞ다가女人의所持ᄒᆞᆫ刀가女人에게[illegible]ᄒᆞ야流血이[illegible]ᄒᆞᆫ지라田主가[illegible]ᄒᆞ야菁根二駄를無價[illegible]ᄒᆞ야女인의身上에馱送ᄒᆞ얏스나目傷이[illegible]危ᄒᆞ야將次[illegible]論이라더라

●[illegible]同盟 釜山東萊開進敎育會[illegible]委員[illegible]氏가教育에熱心ᄒᆞ야紙代三百元을[illegible]義捐助ᄒᆞ미諸會員이心悅誠服ᄒᆞ고[illegible]律內에[illegible]條를還條關除ᄒᆞ니民人이[illegible]感ᄒᆞ니陰曆八月晦夜에[illegible]氏가[illegible]行刺ᄒᆞ야[illegible]後受傷ᄒᆞ고其[illegible]동이亦被刺傷ᄒᆞ야幾至死境이라가行凶者의敵手를[illegible]ᄒᆞ고[illegible]呼隣人而詳見則[illegible]行故로押付于法部인ᄃᆡ該會員申[illegible]張과永[illegible]致化郡[illegible]七[illegible]明三白文若李子仁[illegible]協同之證을奮發ᄒᆞ야[illegible]氏를爲ᄒᆞ야[illegible]行凶之根因ᄒᆞ야期欲雪憤ᄒᆞᆫ大로各셜其指ᄒᆞ야血書同盟ᄒᆞ얏다더라

●我韓人士의當行ᄒᆞᆯ義務 (續)

或은以爲我韓이國小民寡ᄒᆞ니安能抗敵强國而獨立이리오ᄒᆞ나大凡國之獨立은不在於國之大小와民之衆寡ᄒᆞ니彼瑞西比利時等國은最爾小邦이로ᄃᆡ介在於歐洲列强之間ᄒᆞ야能保獨立而安全ᄒᆞ고羅[illegible]諸國은[illegible]大民衆이古今無比로ᄃᆡ[illegible]滅이라西之富强獨立이豈在於人小衆寡乎아必[illegible]使至有今日也로다究其病[illegible]ᄃᆡ亦有多端而叢集[illegible]勢ㅣ漸重而以至難治之境이나其中最大者ㅣ厥有四端ᄒᆞ니試[illegible]論之ᄒᆞ리라

一曰貪慾이니貪은[illegible]오慾은[illegible]由ᄒᆞ니欲取人財ᄒᆞ야以作[illegible]ᄒᆞ며[illegible]食於分外ᄒᆞ니[illegible]亦[illegible]之도다非以暴[illegible]면[illegible]遂貪心이라故로[illegible]暴之行이成爲習俗ᄒᆞ야[illegible]人心ᄒᆞ니爲官이라도以貪爲[illegible]爲能事ᄒᆞ고爲民이라도以[illegible]로爲長技ᄒᆞ야小魚ᄂᆞᆫ[illegible]魚[illegible]ᄒᆞ고中魚ᄂᆞᆫ大魚食ᄒᆞ야無不以貪暴로相施ᄒᆞ니 未完

◎時事만評

○一進會의宣言書와嶺南人士의[illegible]氏善政碑ᄂᆞᆫ前呼後應이아닌가

○守舊頑固輩가古人糟粕을拘泥ᄒᆞ야方今時宜를談論ᄒᆞᄂᆞᆫ者ᄂᆞᆫ望雲職肉이아닌가

○未開沒覺ᄒᆞᆫ民衆을集合ᄒᆞ야社會組織이라ᄒᆞᄂᆞᆫ者ᄂᆞᆫ炊沙成飯이아닌가

○史略通鑑等書로兒童의初學敎科를作ᄒᆞ면서文化進步를期望ᄒᆞᄂᆞᆫ者ᄂᆞᆫ適越北轍이아닌가

雜報

●日本의擴張軍備 遠東報를據호則近日英美德各報가皆言日本이竭力整頓軍備호는디德國報에는言호되波耳武司毋特의訂約以後로日人이步兵四大師團을新組織호야二는駐朝鮮호고一은分駐遼東半島호고尙欲新軍若干을續添호고其舊有의步兵을兼호야計호則二十四師團이오騎兵은前亦甚弱호야只五十五隊러니近則加至百二十八隊호고又添置新步兵호야計野戰重砲隊가十旅團이오又氣毬駕馭隊가二十一이오輜重隊와電信隊가亦增加巨數호고各兵槍械가槩換新式호야陸軍中軍備를悉加整頓호얏고海軍이亦添新艦호고修理舊損호니本年軍用經費가業已大行加增이오明年에更須倍蓰이라日人이如此竭力經營故로各報가皆注意于日本의擴張軍備目的이라或言日本이擬與俄續戰이라호고或謂日人이以淸國이忽與反對故로增修戰備라호니本館이雖不能定其必如何나甚與第二見相合이라現在淸日交誼가業不如前則日人이定코不能不乘勞호야以挫淸國自强之機요又施其阻力호야使淸國으로緩緩維新之策이라故로現在에는日人의所圖가還是軍力於何國호것을不能指定이나淸俄二國이旣爲日之近隣호얏스니自不得不預爲抵制之計라하얏더라

●正誤 本月十一日日曜所刊第三百六十九號는第三百六十八號로改正홈

廣告

◎彰熙組合廣告◎

本人等이彰熙組合을西署東幕內洞에開設하고各處所來米穀等物을隨到保管하다가放賣홀節에迅速公平히하게홈고若或物品을典執하고貸金을請求하는時는鄕遠으로備급하깃사오니四方僉君子는光顧하심을敬要홈

位置西署東幕內洞卄四統六戶

資本金 二萬圜

組合員 白完爀 朴洛熙 尹昌鎬 吳彰淳 告白

本人이陰曆九月十六日姓名章을見失호고新刻이읍기玆에廣告호오니知舊間諒悉홈을要홈

懷仁郡居 鄭義鉉 告白

●학員募集廣告

一般青年의夜間虛度홈을惜하야贊文夜학校를西署常司洞內贍司內에設立하고학員을募集하오니願하는者는毋論某日하고下午七點에來會于本校하야入학하심을爲要

科目 日語 算術 法학 地誌 歷史

私立贊文학校長 金秉燦 告白

驪州日新학校補助員如左續

仝 金致서 十元
仝 金才先 七元五十錢
前五衛將 辛奉聖甫 七元五十錢
仝 韓玉玄 五元
同 邊[illegible] 八元
仝 [illegible] 三元
前參奉 朴尙玉 五元
幼學 權基俊 五元
仝 崔敬三 十元
仝 金士文 七元五十錢
仝 朱林 五元
仝 朴敬天 五元
仝 李正汝 四元
仝 朴致根 四元
仝 金君實 三元
仝 金士連 三元
仝 辛聖俊 五元
仝 白樂完 五元
仝 李順五 二元
仝 朴永지 四元
仝 李學順 四元
仝 李云五 三元
仝 元善明 五元
仝 辛春日 四元
仝 尹士弘 二元五十錢
仝 吳聖卿 十元
仝 崔周敬 三元
仝 林德三 十元
仝 李永道 二元
仝 李聖化 四元
仝 金由英 二元
仝 石順汝 二元
仝 金永集 五元
仝 宋文華 五元
仝 田弘益 七元五十錢
仝 張永英 五元
仝 柳性日 三元
仝 金順鉉 四元
仝 崔云品 二元
仝 鄭十水 三元
仝 田順明 七元五十錢
仝 金云成 四元
仝 金光元 四元
仝 盧萬實 一元
仝 姜祐錫 一元
仝 鄭錫普 五十錢
仝 朴永浩 二元
仝 秋致根 四元
仝 李景業 四元
仝 [illegible]若交 二元五十錢
仝 尹元西 三元
仝 崔昌時 六元
仝 李德元 五元
仝 鄭永先 五元
仝 李巳僉 五元
同 朴景甫 三元

日新학校 告白

◎全州私立涵育學校◎

普通涵育學校를前掛讓亭에四設호고甲乙丙丁四等科及專門科를五科로分호야今히敎授호더니寄宿舍도整頓호오니願學僉員은勿論遠近호고丞期來學호옵

各學科目

(丁班) 修身, 國文, 漢文, 體操, 唱歌
(丙班) 修身, 國漢文, 大韓地誌, 大韓歷史, 算術
(乙班) 作文, 萬國地誌, 萬國歷史, 算術, 理科, 博物, 畵圖, 簿記, 外國語, 體操
(甲班) 論理, 理化學, 政治, 法律, 經濟, 博物, 簿記, 畵圖, 外國語
(專文) 農科, 商科, 工科

修業期限

丁班一個年半 丙班一個年半 乙班二個年半 甲班二個年半 專文三個年

入學年齡自七歲至三十歲

開學日字光武十年十一月三十日(陰歷丙午十月十五日)

學校校任如左

校長進士柳禮根 總務陸軍正尉李秉祖 校監前參奉朴榮來 陸軍參尉張演喆 監督幼學楓濃錫前判果 朴文植 幼學金洛範 金昌瀚 學監進士鄭碩謨 前主事白潤殷 進士李元相 前參奉鄭順謨 前主事金奎斗 幼學李沂鐵 朴禧弘 贊成長進士李建鎬 陸軍副領白南信 贊成員主事朴容來 陸軍副尉金昌燮 前主事朴來進 士金洞子 主事朴永根 幼學鄭寅 職金潤榮 金炯燦

涵育학校 告白

三氏善政碑

伊藤統監交涉大臣으로皇室保護事와軍部大臣李根澔氏와侍從院卿朴鏞和氏가移民合郡兩條約을對호야竭力廢止호事로儒生等이三氏를稱善호야善政碑를立호얏는더其碑文如左호더라

東垂安危 河海弘量 爰布信義 交我青丘
實佐伊侯 屢勳衍緖
燧煒使節 千秋百世 公德廢休 伊藤公
萬里來留 一心亦關 力排移民
山斗相望 始終不貳 功及海四
滿朝合部 所以全之 李公
堂堂督聞 千此不窮
附於郡合 力拒移種 事上莅下
以許安民 以仁以寧 以論爲仁
永祀合雅 閫此以寧 朴公
綿亦有人 柳復春 朴公

慶尙南北道儒生辛觀希等告白

靑山郡守金宰氏가下車三載에兼以賊捕하야保民慈惠호고且一時屛跡호고外人지警官도其不稱官이라一省擾擾에獨守盤石이러니不意移任本道參書官지電報가到達호니一郡이驚惶莫不失所하야數千生靈이如失父母호야今에合集邑下에鴻路堅守호고儒生與商民等이次第上京호야政府와內部와度支部에呼訴호얏사오나如此호郡守는上部에使民으로安케호이政府得轉이옵기爲先玆에廣告홈

儒生韓牧燮 陸用燁 元時九 商民李允根 鄭文述 趙甲奎

九月卄一日午間에本人의代辦山訟狀을輸送中에遺失이오니誰某가閱傳給하시면厚謝하오리다

南太平洞寄主陳侑昌告白

某人之四寸名亮淑字祺賢者가以世傳之業으로素帶散百石當名而性이浮浪하야出沒於是郡三浪浦及釜港과京鄕하야扶同雜類輩하야本人의傳來田沓이在於是郡安台穫田大미坪田洞龍洞甘勿里沙旨各處인바僞造文券하야欲放賣於外國人하고又欲典執코자하오니내外國人은切勿相關見欺之地望홈

密陽三洞面法山居孫亮慶告白

◎民事訴訟代理와刑事辯護와其他一切法律에關흔事務를辯理홈

漢城南署茶洞第十七統八戶

辯護士 前檢事正三品 李冕宇

法律事務所

事務員 前判事丁明燮 博士 崔東廉

本人이西署東幕奉谷洞第十六統一戶崔殺찬家草家七間舊版券一張新文記一張을乙巳八月分의一千兩으로典執호얏더니失호얏는바該文券二張을誰某拾得이라도休紙施行호더기로玆以廣布홈

麻浦 金濟燮 告白

◎納米供給者募集廣告◎

鄕各隊所入納米供給之望이有호者는本年十一月一日官報를見홈이可홈事

光武十年十一月一日 大韓國軍部經理局

本人에弟錫寓이浪蕩無性호야蕩敗家産호고敗名錫九而挪連호야漢城호는터門內田券을僞造호야典執出債코저호니內外國人은此를勿許하시옵

醴泉郡豐井里 陳錫閣 告白

廣告

東國歷史 普通教科國漢文一秩二冊定價新貨 一圓十錢
法蘭西新史 四十錢
清國戊戌政變記一秩 一圓
政治汎論 一秩二冊一元廿錢
越南亡國史 一冊三十錢
法國革新戰史一冊 三十錢
大韓輿地圖一張 十七錢五里
世界全圖一張 三十七錢五里
大韓地誌一秩 一圓
牧民心書一秩 一圓二十五錢
萬國地誌一秩 一圓
尺牘完編一秩 一圓五十錢
[illegible]政新編一冊 五十錢
法學通論一冊 一圓
溫故知新堂識抄 七錢五里
父師必독小學指남 七錢五里
人工養蠶一冊 十五錢
世界之政治 一冊五十四錢
家庭雜誌一 十錢
進明彙論一秩 三十五錢
交際新禮一秩 十八錢

發賣所 布屛門下金相萬書舖 大韓每日申報社

花春丹은 霍亂 吐瀉 腹痛 滯症 暑症 정忡 神眩 悸鬱 痰盛 醒酒 船暈 咳嗽 痢질 疳氣 蛔虫 寸虫 赤白면風 口味업는諸症의神效ᄒᆞᆫ藥이오 此外에도洋灰水解毒藥 唐창 瘰과東西洋藥이俱備ᄒᆞ고 燃病도隨問出方ᄒᆞ오니 僉位는枉臨ᄒᆞ시옵

皇城校洞石井洞下隅 石泉堂藥局 告白

以上三種은上品으로製造ᄒᆞ야衛生上에極有益ᄒᆞ니[illegible]論業人ᄒᆞ고本에來臨ᄒᆞ옵

大韓帝國仁川港 濟物浦紙卷烟及烟草會社

一 鷹標罐濃結牛乳
一 金印罐詰濃結牛乳
一 無雙家用氣化乳酪
一 쏘ㅣ든쓰製造麥芽化合牛乳

以上은常時에貯積ᄒᆞ얏숩

美國紐育港쏘ㅣ든쓰濃結牛乳會社 一手代理店

大韓仁川港 世昌洋行

◎九轉靈砂라 本人이[illegible]靈丹을[illegible]男女老少에無論何病ᄒᆞ고[illegible]ᄒᆞ오며無病時에도[illegible]ᄒᆞ면平生의身體가[illegible]ᄒᆞ며小兒[illegible]에無病ᄒᆞ기를擔保ᄒᆞ오며
◎九轉靈砂眞靈丹은[illegible]中[illegible]諸病과痲疾에神効ᄒᆞ고
◎九轉靈砂保命丹은[illegible] 咳嗽 [illegible]般疾과婦人帶下症에神効ᄒᆞ며
◎九轉靈砂濟衆丹은酒滯 食滯 血積 吐瀉 霍亂 痢疾 吐血 下血 運氣 時疾 痢症에神効ᄒᆞ오
◎九轉靈砂衆金丹은痔漏 與瘡 上疳瘡 下疳瘡及唐瘡과諸般瘡瘡惡種에無不神効ᄒᆞ오니 僉君子는來問ᄒᆞ시오
內需司前두갈이골上隅第一家 李鍾延 告白

◎本社廣告

申報價
一張代金 新貨二錢五里
一箇月前納 三十錢
三箇月 九十錢
六箇月 一元七十錢
一箇年 三元四十錢
郵稅一部 新貨五里
一箇月 十三錢

廣告料
四号活字十三字詰
每日每英尺一寸에新貨[illegible]
(每日每行에六錢에相當홈)
其期限의長短과字行의多少를依ᄒᆞ야增減홈이有홈

◎大韓每日申報各處支社廣告
中署布屛門下 金相萬冊肆
洞口越便 朱翰榮冊肆
中署磨洞初入七十八統三戶 鄭禹[illegible]
仁川龍峴開新學校 李東[illegible]
平壤南山峴新學校 金浩淵
[illegible] 趙叔恒
宣川邑[illegible] 安濬
義州南門外韓國大韓房 張有寬
長連邑 金龜
海南藥局 金允집
[illegible]州南社 曹[illegible]林
中和邑 李[illegible]培
釜山佐川[illegible] 金灌俊
開城北部[illegible] [illegible]
[illegible] [illegible]助通
大邱部 [illegible]文社
鎭山邑內 安瀨
元山港倉前 金乃範
黃海道載寧邑濟衆院居 劉夢澤

發行兼編輯人 英國人裵說
發行所 京城中署壽進坊[illegible]洞[illegible]號外地法語學校前 大韓每日申報社

光武九年八月十一日 明治三十八年八月十一日 第三種郵便物認可　水曜日　西曆一千九百六年十一月十四日 (一)

第四卷　第三百七十號

大韓每日申報
대한매일신보

月曜及慶節 歲時日休刊

檀君開國四千二百三十九年
箕子元年三千二十八年
大韓開國五百十五年
日本明治三十九年
淸國光緖三十二年
◉陰曆丙午年九月小廿八日壬戌

論說

地方自治說

近日韓廷當局者가地方自治의制度를頒布라ᄒᆞ니吾人은其實施의如何를注目希望ᄒᆞ거니와盖自治制度의準備機關은先히敎育을振起ᄒᆞ며財政을講求ᄒᆞᆷ이是也라玆에淸國名士孫松齡君이當地志學會社를對ᄒᆞ야地方自治의關ᄒᆞᆫ演說一篇을譯載ᄒᆞ야此國의一般官吏와人民의閱覽을供給ᄒᆞ노니以今現狀으로此說大綱을即地實行키難ᄒᆞ나志在救國者ᄂᆞᆫ幸勿以休紙置之ᄒᆞ고反復研究ᄒᆞ야自治制度의準備를資ᄒᆞ기로深切期望ᄒᆞ노니其演說이如左ᄒᆞ라

今日貴社會의寵召와及來臨諸君의厚情을辱承ᄒᆞ야我를命ᄒᆞ야地方自治를講說ᄒᆞ라ᄒᆞ니自愧學問이幼稚ᄒᆞ고閱歷이淺薄ᄒᆞ야不足以有發明이어니와敢히所聞學說과吾心感起之端을將ᄒᆞ야陳述大綱ᄒᆞ야訂來求正ᄒᆞ노라

大凡天下事物에關ᄒᆞ야有人이導引之ᄒᆞ며整齊之ᄒᆞ야使合於吾人預定條理와及爲吾人ᄒᆞ야達吾目的之功用을總名爲治라ᄒᆞᄂᆞ니關係自己之事에不假外力處理를名爲自治오關係地方公益之事에於國家所不干涉之範圍를自地方公共團體로處理ᄒᆞᆷ을名爲地方自治라ᄒᆞᄂᆞ니各國通制에有中央行政ᄒᆞ며有地方行政ᄒᆞ니中央行政者ᄂᆞᆫ事務가別無限制ᄒᆞ야凡同一國內의同種事務가無論發生何處ᄒᆞ고同一機關管理에槪歸ᄒᆞᆷ이오地方行政者ᄂᆞᆫ地域區別權限에就ᄒᆞ야凡同一地域에셔無論錯生何種事務ᄒᆞ고此地機關管理에槪歸ᄒᆞᆷ이라ᄒᆞ며於奉行政務之機關ᄒᆞ야ᄂᆞᆫ又官署와自治團體의異가有ᄒᆞ니官署ᄂᆞᆫ由國家委自然人行事오自治團體ᄂᆞᆫ由國家委法人行事라(法律家에셔謂非自然人而爲權利義務之主體者가爲法人)地方自治ᄂᆞᆫ乃國家가認鄕團爲法人ᄒᆞ야以其放任及委任之事務로令其普通社會의組織과法規軌範을依ᄒᆞ야自斷自行케ᄒᆞᆷ이니所以로鄕團에셔有時로只辦本鄕利害關係事宜ᄒᆞ며(此ᄂᆞᆫ即國家所放任之事務)有時로因本縣繁重ᄒᆞ야或費用支絀이니交通困難에國家의力이不及ᄒᆞ거ᄂᆞᆯ鄕團에委託辦事宜ᄒᆞᄂᆞ니(此ᄂᆞᆫ即國家所委任之事務)其機關은有議會ᄒᆞ며有鄕長ᄒᆞ니議會ᄂᆞᆫ主議政ᄒᆞ야由人民公擧議員ᄒᆞ며又有議員公薦議長이오鄕長은主行政ᄒᆞ니即執行議會議決之事ᄒᆞᄂᆞᆫ데於其下에另設助役數名ᄒᆞ야帯同料理라無論議會鄕長ᄒᆞ고其治事權限은要遵法律이되其意思不適時에ᄂᆞᆫ如何復酌ᄒᆞ며如何陳請ᄒᆞ야上級裁決를要遵法律ᄒᆞᄂᆞ니라　未完

官報

◉號外　光武十年十一月十二日

◉宮廷錄事

宮內府特進官閔泳奎辭職疏

批旨省疏具悉卿懇慎節奉處而不過一時感冒之證衍將勿藥有喜卿之現帶諸任固不必辭ᄒᆞ고弁趨者則并不宜求去而至如數務國家大事也自可有就緒之消亦藉卿老成幹當待予卿其諒之更勿言辭事遣秘書郎傳諭

◉三千六百九號　光武十年十一月十二日

◉宮廷錄事

詔曰刑法之適輕適重自有衡停施審克之地惟速斷無留乃爲惟良其或時月稽延使無告合紲於囹圄之中已是矜憫而矧玆冬候幾交凌陰치至難囚之忍寒辛楚易生疾病尤不可不念其令法部軍部各該裁判所囹圄不允其情跡之稍有可原而可以減等者減寧可以放釋者放釋若其年七十以上十五以下并特恩放釋以示朝家欽恤字惠之至意

光武十年十一月十日

議政府參政大臣朴齊純

宮內府大臣臣李根湘謹奏懿孝殿典祭官制及員役令宮內府酌古參今定數稟處事自掌禮院奏下奏官制及員役參酌磨鍊別單書入之意謹上奏　光武十年十一月八日奉旨依奏

表勳院總裁閔泳徽辭職疏

批旨省疏具悉卿之懇重在卿情禮宜未暇而病所辭中表勳院總裁之任依施

宮內府特進官李容泰辭職疏

批旨省疏子悉此時此任豈宜求解卿其勿辭行公

◉布達

懿孝殿官制를左又치定奪ᄒᆞᆷ이라　光武十年十一月九日奉勅　宮內府大臣李根湘

布達第一百四十二號

宮內府　廟　社　殿　宮各園　陵　墓官制중懿孝殿次에懿孝殿官制를左又치添入ᄒᆞ고其官等俸給은景孝殿例를依ᄒᆞᆷ이라

提調　四人　勅任
殿務를管理ᄒᆞ고所屬官吏를監督ᄒᆞᆷ이라
令　一人　奏任
祀丞　三人　判任
命션　二人　奏任
薛鳳　二人　判任
酒房　二人　判任
進止差備　四人　判任

◉敍任及辭令

○任한城裁判所檢事　前檢事試補李秀京○任淸州裁判所檢事　淸州裁判所檢事試補崔元淳○命宮內府特進官　從一品閔景植○任農商工部工務局長　正三品徐丙圭

外報

◉德國歡迎　德國新聞을據ᄒᆞᆫ즉該國의排日運動을크게歡迎ᄒᆞ야日他日東亞에參同盟ᄒᆞᆫ日本을反對ᄒᆞᄂᆞᆫ지을結ᄒᆞᆯ時에ᄂᆞᆫ英國이當然德國과協同ᄒᆞ리라論斷ᄒᆞ얏다라

◉淸國의排外原因　天津英文報에云ᄒᆞ되淸國近來排外之說이紛紛傳佈ᄒᆞ니莫知所由存來다本館各處訪員이於此事에特爲留意ᄒᆞ되並未見有實在排外之擧動ᄒᆞ고確切排外之消息이러니及其上海同文滙報와南方報의自由言論을讀ᄒᆞᆫ則頗主排外之說ᄒᆞ얏스니該報館은係日人所設이라日人이以此等議論으로煽惑華人ᄒᆞ야排外風潮를激起ᄒᆞᆷ인則日人要求之事를自所藉口코ᄌᆞᄒᆞᆷ이라ᄒᆞ얏더라

◉阻止日人傳敎　淸國外務部에셔閩督來電을接ᄒᆞ얏ᄂᆞᆫ데近來日本僧人이來閩傳敎가日多ᄒᆞ니總請設法ᄒᆞ야日本駐京公使와向ᄒᆞ야日僧의內地傳敎를力阻ᄒᆞ야以防後患ᄒᆞ라ᄒᆞᆫ외外務部가已向日公使ᄒᆞ야力阻ᄒᆞ얏다더라

雜報

●新組織說 近日에內閣에서新組織이된다ᄂᆞᆫ說이閭巷間傳說이喧藉ᄒᆞᆫᄃᆡ內大ᄂᆞᆫ朴齊純氏오秘政은沈相薰氏오學大ᄂᆞᆫ李道宰氏오度大ᄂᆞᆫ申箕善氏오軍大ᄂᆞᆫ李容泰氏오農大ᄂᆞᆫ玄永運氏가被任ᄒᆞᆫ다더라

●陛見後出 再昨日에伊藤統監이陛見ᄒᆞ얏ᄂᆞᆫᄃᆡ上奏ᄒᆞᆫ事件인즉國書를修正ᄒᆞᆯ內容으로移時密奏ᄒᆞ엿다더라

●一來兩往 朴泳孝氏가馬關에着ᄒᆞ얏다ᄂᆞᆫ說은前號에揭載ᄒᆞ얏거니와更聞ᄒᆞᆫ즉伊藤統監이 國書를奉ᄒᆞ고歸國ᄒᆞᆫ後에박氏가歸韓ᄒᆞᆫ다ᄒᆞ고軍相李根澤氏와內大李址鎔氏ᄂᆞᆫ伊藤統監을同伴ᄒᆞ야日本에遊覽ᄒᆞᆫ다더라

●郡守未布 向日郡守奏本에孟山朴世永氏ᄂᆞᆫ[illegible]協辦錫敏氏의單薦이오始興李復榮氏ᄂᆞᆫ內部地方局長俞星濬氏單薦이오突山吳克善氏ᄂᆞᆫ元來內大에錢庫直이오支風金承杓氏ᄂᆞᆫ納賂幾許인지銅臭觸鼻ᄒᆞ다ᄂᆞᆫᄃᆡ官報에尙未頒布ᄒᆞᆫᄂᆞᆫ裏由ᄂᆞᆫ未解라ᄒᆞ더라

●政府會議 再昨日政府에서明年度預算不足額과稅務官稅務主事의俸給旅費支出事件을提議ᄒᆞ얏ᄂᆞᆫᄃᆡ預算不足額은臨時支出ᄒᆞ기로決案ᄒᆞ고稅務官의俸給旅費ᄂᆞᆫ度支部에서敍任ᄒᆞᆫ日부터支給ᄒᆞ지ᄒᆞ고各稅務所에赴任日爲始ᄒᆞ야支撥ᄒᆞ자ᄒᆞ야姑未決定ᄒᆞ얏다더라

●日技不禁 街路上日本人이雜技局을設ᄒᆞ고愚蠢ᄒᆞᆫ韓人의錢財를奪取ᄒᆞ니此ᄂᆞᆫ司法警察上當然禁止ᄒᆞᆯᄂᆞᆫ者어ᄂᆞᆯ日本警官은視若尋常ᄒᆞ니開明國法律은賭技로爲業ᄒᆞᆷ을認ᄒᆞᄂᆞᆫ지未知ᄒᆞ겟다고巷說이喧藉ᄒᆞ더라

●懇倅願留 興津郡守金與奎氏의再次殿最에句語를添入ᄒᆞ야貶下된일로廉客의讒害ᄒᆞᆷ을信聽ᄒᆞᆷ이라ᄒᆞ야該郡守의抑冤ᄒᆞᆷ은聞者莫不嘆惜ᄒᆞ더니本郡士林尹鳴殿高祖華等五六人이裹足上京圖留請願ᄒᆞᆫ다더라

●橋貲請撥 咸興視察使鄭봉時氏가咸興萬歲橋修補費十五萬元을支用ᄒᆞ라ᄒᆞ고니部로報告ᄒᆞ얏다더라

●賊傷巡檢 昨再日下午三時에二橋等地에서賊漢이突出ᄒᆞᆷ으로巡檢이追捉ᄒᆞᆯ際에賊漢三名이六穴砲를連放ᄒᆞ야巡檢이重傷ᄒᆞ고賊漢은逃走ᄒᆞ얏다더라

●會打船社 沿江民船會社社員을一進會員이毆打ᄒᆞ고該社文簿를搜探以去ᄒᆞ얏ᄂᆞᆫᄃᆡ統監府에서此事에對ᄒᆞ야一進會員의不公ᄒᆞᆫ狀態를大段憾情이有ᄒᆞ다ᄂᆞᆫ說이有ᄒᆞ더라

●敎堂始築 天道敎堂을南廟案山에建築ᄒᆞᄂᆞᆫᄃᆡ日昨부터工役을始作ᄒᆞ얏다더라

●光陽匪擾 本月七日에匪徒二百餘名이光陽郡衙에突入ᄒᆞ야郡守를結縛ᄒᆞ고一場光景이危急ᄒᆞ얏ᄂᆞᆫᄃᆡ該匪徒ᄂᆞᆫ晉州地方에서亂을作ᄒᆞ고河東을經ᄒᆞ야來ᄒᆞᆫ者라고該郡日警部에電報가有ᄒᆞ다더라

●減錢督刷 近畿列郡은每年結錢을八圜式捧ᄒᆞ고兩南은葉錢으로加計ᄒᆞ야十二圜式收捧ᄒᆞ얏ᄂᆞᆫᄃᆡ至於今秋ᄒᆞ야ᄂᆞᆫ兩南郡守ᄂᆞᆫ이稅務官下來에收刷ᄒᆞ기로二圜은減ᄒᆞ고十圜式不日내로收ᄒᆞ라ᄒᆞ고督如星火ᄒᆞ다더라

●徐李裁判 再昨日平理院에서李達珪徐相雲兩氏의相訟事件으로裁判ᄒᆞᄂᆞᆫᄃᆡ李氏邊에ᄂᆞᆫ前判事李용稙前警務使李忠求等諸氏와徐氏邊의서ᄂᆞᆫ중樞院議官徐廷淳前參判徐丙輔前承旨[illegible]諸氏가對質ᄒᆞ야兩隻拱辭를畢燭受聽ᄒᆞ다가夜闌停止ᄒᆞ얏ᄂᆞᆫᄃᆡ該事案曲直은判決後更揭ᄒᆞ려니와爲其世界公議를聞ᄒᆞᆫ則徐相雲氏가在京徐門諸氏를衝激ᄒᆞ야聽動ᄒᆞᆫ事이라더라

●商會陳情 再昨日統監府에서商業會議所會員을請ᄒᆞ야近日商業界에金融恐慌이有ᄒᆞᆫ原因을問ᄒᆞᆫ니該會委員金君弼趙敬淳兩氏가往ᄒᆞ야陳情ᄒᆞ야曰經濟上의恐慌이起ᄒᆞᆷ은實狀이오其原因은二端이有ᄒᆞ니一은法律의原因이니昨年에貨幣法을發布ᄒᆞ야貨幣를甲乙丙三種에分ᄒᆞᆫ故로白銅貨所持者가乙種이나丙種에屬ᄒᆞᆯ가恐ᄒᆞ야所有貨로物件을買置ᄒᆞ얏더니物價가저落ᄒᆞ야賣買가絶ᄒᆞᆷ의錢荒ᄒᆞ얏스며二ᄂᆞᆫ上納의原因이니以前에ᄂᆞᆫ三南等地葉錢通用ᄒᆞᄂᆞᆫ各郡의上納을京鄕人이外劃ᄒᆞ야物品을貿取ᄒᆞ야京城에賣却ᄒᆞ고度支에上납ᄒᆞᆷ이國庫金이商界의資本되ᄂᆞᆫ것이多ᄒᆞ다가日本銀行과郵便受取所에據랍ᄒᆞ고韓國商人은上납ᄒᆞᆯ應用치못ᄒᆞᄂᆞᆫ故로商界가困難ᄒᆞᆷ이오三은魚驗塞絶의原因이니代人信用으로手形과[illegible]驗ᄒᆞ通用ᄒᆞ다가魚驗이塞ᄒᆞ야當日과不如ᄒᆞ正通行이殆無ᄒᆞ야直接으로出랍ᄒᆞ기困難ᄒᆞᆷ이라以上原因은日本의政策이使然케ᄒᆞᆷ이니日本이經濟上의政策을變ᄒᆞ야貨幣도大韓貨幣로大韓서發行通用ᄒᆞ게ᄒᆞ여야此急을庶可救濟ᄒᆞ리라ᄒᆞ더라

●日賊妖術 日昨度支部에서出給命令書를泥峴銀行所에送ᄒᆞ야推錢以來ᄒᆞᄂᆞᆫᄃᆡ該部顧問官目賀田氏가言ᄒᆞ되日本에서妖術ᄒᆞᄂᆞᆫ賊漢數十名이近日에渡韓ᄒᆞ야손슈一人만送ᄒᆞ면念慮가不無ᄒᆞ다ᄒᆞ더라

●會弊滋甚 鳳山郡人民의來報를據ᄒᆞᆫ則本郡一進會總代朴成龍이其率數三人會員ᄒᆞ고被酒知泥後에入於本郡官衙ᄒᆞ야無端이向於官長ᄒᆞ야以辭으로搏地ᄒᆞ고以指으로衝面ᄒᆞ면서大聲責之가甚於自己之奴隷라此際에海州巡檢一人이罪人捉去次로來到ᄒᆞ얏다가觀其行悖ᄒᆞ고責之曰汝亦韓國人民인ᄃᆡ리居生此土ᄒᆞ니當有官民之義分이어ᄂᆞᆯ擧此行悖是何忍也며吾亦警察官也라吾所視에冒法行悖를如是輕易ᄒᆞ니吾等若無면殺害官長之漢이라ᄒᆞ고忍憤歸之ᄒᆞ며適時郡主事鷹擬次로各面里頭民이來會ᄒᆞ얏다가裏於官前日一進會를仍置則此等行悖가尤益甚焉ᄲᅮᆫ더러官不行令民不安堵이오니官不捉懲이면民等이私自懲治ᄒᆞ겟다고村氏邑[illegible]이不勝憤心ᄒᆞ야方欲擧事之際에五臟六腑에ᄒᆞᆫ가지無ᄒᆞᆫ[illegible]說ᄒᆞᆫ故로[illegible]界ᄂᆞᆫ一進會世界라ᄒᆞ고落淚而歸之ᄒᆞ얏ᄂᆞᆫᄃᆡ幾萬名一進會員이官ᄒᆞ된다分土를ᄒᆞᆫ다ᄒᆞ고所有財산을蕩敗後皆至赤立ᄲᅮᆫ더러一般人民이怨謗者一進會니산業上에微謀之人이爲無盜賊질外에ᄂᆞᆫ作派가無ᄒᆞᆫ人物이라今春에載寧郡에서被捉ᄒᆞᆫ強도도彼付屬과彼會를任其橫恣[illegible]國之進就之望도必無ᄒᆞ고인民이不能安業이라ᄒᆞ얏더라

●會長熱心 開城敎育總會에서繼天紀元節에郡내ᄶᅵ二處學校과輪牒ᄒᆞ야學徒六百二十七人과聯合ᄒᆞ야敬德宮내에慶祝會를設行ᄒᆞ얏ᄂᆞᆫᄃᆡ該會長李健爀氏가當日慶祝費ᄂᆞᆫ自當支辦ᄒᆞ고禮式이整齊ᄒᆞᆫᄃᆡ本郡守韓永源氏가祝辭에大旨를說明ᄒᆞ고該會長이學徒의前進을勸勉ᄒᆞᆫ後該會評議員劉九杓氏가學徒에게剃髮은革舊從新의目的이라說明ᄒᆞᆫ後慶祝歌와萬歲를三唱ᄒᆞ고茶菓를進食ᄒᆞ니그盛況은觀光者의心意를感服ᄒᆞ깃고該會長의熱心은有志者의模範이되깃더라

●開城女校 開城淨土宗寺會長金형柚氏와副會長尹應斗氏가敎育이時急ᄒᆞᆷ을深慮ᄒᆞ야開城敎育總會를設立ᄒᆞ고各學校의永遠維持도熱心硏究ᄒᆞ더니또女子敎育에着手ᄒᆞ야該敎會廳接室에[illegible]女學校를權設ᄒᆞ고該校敎師近藤祐神氏가委任ᄒᆞ야[illegible]을敎授ᄒᆞᄂᆞᆫᄃᆡ學生은八九歲로十二三歲ᄭᆞ지된者十六人이라該兩氏의敎育上熱心으로腐敗ᄒᆞᆫ舊習을革除ᄒᆞ고文明의氣가郡內에進步되깃다고稱頌이喧藉ᄒᆞ더라

●陸總退隱 公州郡[illegible]支部에[illegible]이陸總이되오면數多[illegible]를何以支保乎아特念河海之澤ᄒᆞ야[illegible]와丁未年爲始ᄒᆞ여[illegible]나ᄒᆞ얏다더라

政界說評

○近日政界에[illegible]閣이變遷되[illegible]이로고

○向日郡守奏本에[illegible]人材를選擇ᄒᆞ[illegible]事ᄒᆞ얏시니[illegible]로고

○李容泰氏ᄂᆞᆫ運動手段이一層敏速ᄒᆞ야大官이手中에在ᄒᆞ니好夢을做ᄒᆞ얏고

○玄暎運氏ᄂᆞᆫ前日勢力을[illegible]게付ᄒᆞ얏더니近日에大事業을經紀ᄒᆞ다가大功名이[illegible]可謂過火熟食이로고

○朴泳孝氏ᄂᆞᆫ異域風霜에多年勞著터니故國事物에感想이依然ᄒᆞ야云出而未由ᄒᆞ니[illegible]應로고

○朴鏞和氏ᄂᆞᆫ東瀛西笑에時機의符合ᄒᆞ더니內大府에遂任ᄒᆞᆫ다니宦海風波가近日[illegible]이로고

雜報

日本東京觀菊場痛哭顚末은已揭前報이니와學生尹海永申龜永尹丙燮李建和李東植徐禹錫兪喆濬元容夏李聖和金鎭洛氏等이日本留學生에게寄書흠이如左ᄒ니

敬啓者人에게毆打를被ᄒ면반다시抵抗의力을發ᄒ고人에게侮辱을當ᄒ면憤忿의心을忍치못ᄒ나니一巳도猶然ᄒ거든況一國乎아日者에大韓每日申報第三百六十六號에旅遊日本嘔心子의觀菊場痛哭이란寄書를見ᄒ오즉疑堅膽도ᄒ고齒切手戰ᄒ야一身으로ᄒ야금按拄ᄒ기를不得ᄒ지라萬里의外에文字로觀ᄒ者도尙如此ᄒ거던況當場에身當目擊ᄒ我兄弟야何如哉아嗚呼라劇戲ᄂ實賤卑者의所爲라飾虛造僞가觀覽者의公笑에不過ᄒ즉外他雜戲ᄂ渠의自勸ᄒ에任ᄒ려니와비록遊戲場이라도國際關係에至ᄒ야ᄂ當該警官이痛禁ᄒ기를不暇ᄒ지어날所謂文明國警吏로如此無理ᄒ事를禁치아니ᄒ고反히忠愛에奮發ᄒ我兄弟를喝逐不入케ᄒ니彼ᄂ비록能事로知ᄒ나世界의엇지公評이無ᄒ리오雖然이나哭之無益이라憤且何爲아幸何兄弟ᄂ千萬保重ᄒ사益히學業을修ᄒ야我同胞의沈淪을濟ᄒ고我 帝國의榮光을顯ᄒ면雪恥辱怨흠이엇지其日이無ᄒ리요敬訟我兄弟循序萬祺라ᄒ얏더라

●英新校況 龍川府彌羅山面人士의來書를據ᄒ則本坊이處在西陲ᄒ야居民이學文을不尙ᄒ더니本道觀察申泰休氏가新校之初에熱心敎育ᄒ야各郡每面에學校를學徒六十人以上으로도量宜設置之意로轉飭管下各郡ᄒ오ᄆ其時義州郡守金璉植氏ᄂ親審各面ᄒ야勸設學校中本坊은英新學校를設ᄒ고各大小里留錢과各書契留錢과生徒月捐金과戶三兩補助金을鳩聚立資가實爲零星ᄒ여校舍를未遑建築이러니本坊士人林炳茂氏가外舍를許借開學ᄒ야生徒은五六十人에達ᄒ고敎師李昌東民ᄂ勤勉學課ᄒ더니一自本面이移付龍川府ᄒ고金璉植氏遞歸之後로海坊頑固지民이前官時所爲事라ᄒ고貳論者多ᄒ야所付各留錢利殖과生徒月연金을未即來納ᄒ야校況荒凉에油火不繼러니本府尹魚允迪氏가聞此情況ᄒ고熱心贊成ᄒ야曉飭本坊흠으로民心이破荒解惑ᄒ니學校지興旺과閭里지破荒을實爲盛事이라ᄒ얏더라

●金氏興學 鴻山務吾里金議官相斗氏가私塾을設ᄒ고敎師를屈聘ᄒ고學員을募集ᄒ야熱心으로勸學ᄒ니一郡人士가觀感ᄒ다더라

●正誤 雜報中定倅助校라ᄂ題下에平北觀察使申泰休氏ᄂ申字가誤脫ᄒ얏고定州郡守尹喬榮氏의出연金二千은十字로誤植이기로玆에改正흠

廣告

大韓每日申報第三百六十二號雜報欄內에不美者三이라ᄂ題下에南陽郡守方漢德氏가郡主事를不公薦報ᄒ얏다ᄂ事件과水原郡移來六面收稅面長을受賂差出ᄒ얏다ᄂ事件과殺砲設學을藉稱ᄒ고柴稅及鹽稅를勒捧肥己ᄒ다ᄂ事件인바當初內部訓令에郡主事를以鄕長書記中에資格이可合ᄒ者로薦報ᄒ라ᄒ則鄕長은果是文弊이不足흠으로以八年首書記朴來煥으로薦報者也요更無他人薦報ᄒ얏스즉七十老翁洪昌厚며文築全昧李承善을有誰薦報ᄒ며移來六面中眞鄕面이制度改正에誤戰됨으로兩郡間에互相內部ᄒ야姑未承指令ᄒ얏고該六面民人等이稱以移屬他郡이不便이라ᄒ야方在京鄕奔訴中則面長差出은姑捨ᄒ고應來ᄒ各項文簿도尙未接受則面長擧ᄒ受賂差出이라흠은尤極無稽叵測之說이요本郡이三面環海ᄒ야挽近水賊이無時跳梁ᄒ야婦女搶劫과人命戕害가比比有之則本郡守가境內有志人士를會同爛議ᄒ則紳商洪思淵文龜洛等二十餘人이皆曰各浦口柴稅ᄂ無補於正공이요亦無關於郡用이오各浦公員蹕之例捧私囊者則將此設砲ᄒ고敎育이亦急務也니又於鹽每石頭에銅貨一枚式鹽氏處收入ᄒ야以補設校之費면一擧而兩得也니依此探用事로來議ᄒ雷同後該紳商等이請願于農商工部則指令內에興學防賊이俱係當時急務也라如無貳言이어든依此實施로爲敎則自郡으로據報于觀察府矣러니從長措處로爲題ᄒ야纔一發佈에擧郡同聲ᄒ야兩稅額을無漿收入ᄒ야砲軍十七名을一時募集ᄒ야巡哨沿岸에水賊之被縛이前後六名이오仍爲遁跡에閭里安堵ᄒ니生命保護가孰大於此며且而三校에校費를逐條支撥ᄒ야課工이日益就ᄒ니國步前進이孰幸於此리오此是官民에循同ᄒ야成此偉大之事業이어날彼何人斯로些嫌에介意ᄒ야做出虛無妄誕之說ᄒ야陷人於不奇之科인지公憤沸騰을按住不得일시本人等이裏足上來ᄒ와玆에廣佈ᄒ오니四方僉君子ᄂ照亮흠

南陽郡紳士 洪思淵 洪益善 文龜洛 朴형鎭 姜周熙

本人이尾洞吳壽泳處推次當坪一千兩於音을二十九日夜에셔失ᄒ얏스니誰某拾得ᄒ야도休紙施行흠

尾洞李範德 告白

●학員募集廣告

一般青年의夜間虛度흠을惜ᄒ야贊文夜학校를西署奉常司洞內贈司內에設立ᄒ고학員을募集ᄒ오니贊학僉員은毋論某日ᄒ고下午七點에來會于本校ᄒ야入학ᄒ심을爲要

科目 日語 算術 法학 地誌 歷史

私立贊文학校長金重煥告白

南署苧洞居 朴容根募附侍下而年少沒覺之人也浮浪雜類輩以奪財之計借名成魚驗得債於各處此票紙休紙施行矣內外國人勿爲見欺

中茶洞十五統八戶 朴泓鎰 告百

三氏善政碑

伊藤統監交隣大義로皇室保護事와軍部大臣李根澔氏와侍從院卿朴鏞和氏가移民合郡兩條約에對ᄒ야竭力廢止事로儒生等이三氏를稱砉ᄒ야善政碑를立ᄒ얏ᄂ디其銘文如左ᄒ더라

東亞安危 河海弘量 爰布信義
寔仗伊侯 風雲神鑒 交我靑丘
煌煌使節 千秋百世 伊藤公
萬里來留 公德靡休

山斗지望 一心立朝 力排移民
閫鉞지位 始終不貳 功及海四
適치合郡 所以全國 李公
堂堂奮背 子此注意

한於辭合 力拒移種 專上莅下
以誼交際 復安其民 以樂爲仁
永杜合郡 賴此以寧 朴公
韓亦有人 琴樺復春

慶尙南北道儒生辛觀希等告白

靑山郡守宋顯完氏가下車三載에兼以戢捕官ᄒ야保民慈惠ᄒ고其盜賊威ᄒ야各處지亂類ᄂ一時屛跡ᄒ고外人지警官도莫不稱賞이라一省擾攘에獨守盤石터니不意移任本道參書官지電報가到達ᄒ니一郡이驚惶莫不失所라數千生靈이如失父母ᄒ야會集邑下에遮路堅守ᄒ고儒生與商民等이次第上京ᄒ야政府와內部農商工部에呼寃ᄒ얏사오나如此ᄒ郡守ᄂ上部에셔別般處辦ᄒ야還爲仍任ᄒ야使民獲安케ᄒ이政府得體이옵기爲先玆에廣告흠

儒生韓致甕 陸用權 元容九
商民李允根 郭文沚 趙甲奎

九月廿一日午間에本人의代囊山訟狀을軸道中遺失ᄒ오니誰某間傳給ᄒ시면厚謝ᄒ오리다

南太平洞客主韓信昌告白

五歲女兒名은金俊이오所着衣服은紅洋木덧동옷靑洋木치마軟豆色紬속저고리紫芝關紗唐只紅毛本緞軟豆日乾이요軟豆接革囊紅絲纓차고陰曆九月二十六日下午一時量에門前에出遊ᄒ다가忽地에不知去處이오니僉君子ᄂ보시ᄂ대로尋覓上廉洞三十二統七戶金居長寬鉉家로보니쥬시면厚謝ᄒ깃습

李和一 告白

◎精米供給者廣告◎

鄕各隊所入精米供給을[illegible]ᄒ者ᄂ本年十一月一日官報를見흠이可흠事

光武十年十一月一日

大韓國軍部經理局

本人에弟錫膺이偶然失性ᄒ야蕩敗家産ᄒ고改名錫九而流連洪城ᄒᄂ더門內田劵을僞造ᄒ야典執出債코져ᄒ니內外國人은見欺치勿ᄒ시옴

靜原郡豐井里居洪錫疇告白

◉彰熙組合廣告◉

本人等이彰熙組合을西署東幕內洞에開設ᄒ고各處所來米穀等物을隨到保管ᄒ며放賣等節에迅速公平히ᄒ게ᄒ고若或物品을典執ᄒ고貸金을請求ᄒᄂ時ᄂ輕邊으로債급ᄒ깃사오니四方僉君子ᄂ光顧ᄒ심을敬要흠

位置西署東幕內洞廿四統六戶
資本金 二萬圜
組合員白完爀
金洛熙
尹晶錫
조彰漢 告白

廣告

◉民事訴訟代理와刑事辯護及鑑定一切法律에關ᄒᆞᆫ事務ᄅᆞᆯ迅速處理홈

漢城南署苶洞第十七統八戶

법律事務所

辯護士 前檢事 正三品 李冕宇
前判事 丁明燮
事務員 博士 趙東潤

印刷廣告

◉特別社告

本申報社內에特別히附屬品으로活字ᄅᆞᆯ更備ᄒᆞ야書籍印刷所ᄅᆞᆯ設置ᄒᆞ얏사오니印書를要ᄒᆞ시ᄂᆞᆫ僉君子ᄂᆞᆫ來臨相議ᄒᆞ시옵

大韓每日申報社 告白

花春丹은 霍亂 吐瀉 腹痛 滯症 暑症 정忡 神乏 胸鬱 痰盛 醒酒 船暈 咳嗽 痢질 疳氣 蛔虫 寸虫 赤白면風 口味업ᄂᆞᆫ諸症의神效ᄒᆞᆫ藥이오 此外에도洋灰水解熱藥 唐창 藥과東西洋藥이俱備ᄒᆞ고他病도隨問出方ᄒᆞ오니 僉位ᄂᆞᆫ枉臨ᄒᆞ시옵

鳥城校洞石井洞下隅 石泉堂藥局 告白

SPIDER CIGARETTES　KEY CIGARETTES　TELESCOPE CIGARETTES

以上三種은上品으로製造ᄒᆞᆫ 바衛生上에有益ᄒᆞ니 僉君子ᄂᆞᆫ 本社에來臨ᄒᆞ옵

大韓帝國仁川港
濟物浦紙卷烟及烟草會社

一 鷹標罐詰濃結牛乳
一 金印罐詰濃結牛乳
一 幣嬰家用氣化乳酪
一 뽀—든쓰製造麥芽化合牛乳

以上은當時에貯積ᄒᆞ얏ᄉᆞᆸ

美國紐育港 뽀—든쓰 濃結牛乳會社

一手代理店 大韓仁川港 世昌洋行

●九轉靈砂라 本人이妙ᄒᆞᆫ藥을製造ᄒᆞ야靈砂로金丹을이ᄅᆞᆷ이男女老少에無論何病ᄒᆞ고此藥을服ᄒᆞ면身體가健康ᄒᆞ며小兒와胎前産後에도服ᄒᆞ면平生의壽福을保ᄒᆞ오며

●九轉靈砂起死丹은 癆瘵와 諸病과痰疾에神效ᄒᆞ고

●九轉靈砂保命丹은 初生兒 驚風 疳疾 臍風 風痛과婦人帶下症에神效ᄒᆞ며

●九轉靈砂淸來丹은 酒滯 食滯 血滯 吐瀉 霍亂 胸疾 吐血 下血 運氣 時疾 痲症에神效ᄒᆞ오

●九轉靈砂紫金丹은 痔漏 腫瘍 上疳瘡 下疳瘡及唐瘡과開敍等諸瘡症에無不神効ᄒᆞ오니 僉君子ᄂᆞᆫ來問ᄒᆞ시오

內需司前독갑이골上隅第一家 李錫廷 告白

◎本社廣告

申報價

一張代金 新貨二錢五里
一箇月前納 三十錢
三箇月 九十錢
六箇月 一元七十錢
一箇年 三元四十錢

郵稅一部 新貨五里
一箇月 十三錢

廣告料

四号活字十三字詰
每日每英尺一寸에新貨廿五錢
(每日每行에六錢에相當홈)
其期限의長短과字行의多少를依ᄒᆞ야增減홈이有홈

◎大韓每日申報各處支社與售

中署布屛門下 金相萬冊肆
洞口越便 朱翰榮冊肆
中署農圃洞八七十八統第二戶 鄭馬爀
仁川新峴開新擧號 李東直
平壤南山峴口新學校 金浩淵
宣川邑揚西 安 瑢(?)
義州南門外韓西大藥房有寶 金 龜
長連邑 金仁정
鐵南蒲藥洞 曹喜林
嶺南典州南社 李錠培
中和邑 金灌鏞
釜山佐川洞 書房 吳錫慶
開城北部梨井里新布居 李助遠
鍾閣校長 建鐵國交團
大丘郡 安 瀷
鎭山邑內 金乃範
元山港倉前
黃海道載寧邑濟衆院院劉夢濟

發行兼編輯人 英國人裵說
發 行 所
京城中署壽進坊碑洞外外地法部學敎前

大韓每日申報社

第四卷

大韓每日申報
대한매일신보

第三百七十一號

月曜及慶節 歲時休日刊

檀君開國四千二百三十九年
箕子元年三千二十八年
大韓開國五百十五年
日本明治三十九年
淸國光緖三十二年
◉陰曆丙午九月小廿九日癸亥

論說

스토리氏의寄函

倫敦츄리뷴新聞이스토리氏의傳書全篇을記載하얏지라今接日人新聞견디風說을傳布하되同氏의寄書를照譯하야韓國皇帝陛下씌進呈함이有함으로皇帝씌셔以此甚憂하사對此擔責을今欲拒絶하셧다하얏더라辯護日人이如此風說을傳播하기에試圖함거슨吾人이無疑요且若日本人이以此事狀으로闕內에서逼迫하면 皇帝陛下씌셔此等事를不知라言及하실것도亦無疑나然이나日本의계惟一不幸한거슨此國內에彼之行動이每事에如此하야與列强信用을破傷함이是也 皇帝계셔拒絶하선다고日本人이報導함을因하야는公衆이此傳書를欺瞞之備로斷不認悉하리니若試圖如此면彼豈非短見이리오彼既發言하되一帝國主權을讓渡함에外部之印이足矣라하고該國 皇帝의如何思量은不顧하나니設使德法義各國에外部가自國獨立을鋼印讓與하면此을當以有效量度耶아蓋外部と韓國에서도列國에서와如히高等官의言辭를出納할而已니此と倫敦과華盛頓과栢林에셔도亦一般이라若以韓國外部로皇帝의認識과押印을不有하고自續獨立을鋼印讓與하기에猶能이라言稱할진딘此と使日人之旨으로萬國會席에不能維支케함이니日人이其或純然掠奪者인지と此最末解決에在하도다一帝國主權을傷害하기에一外部가足矣라함은日本이國際要領을何以視之함인지蓋日本이滿國 皇帝을活動權限에서廢黜함何如行動에도該國 皇帝의認許를未有한外務部의捺印이足々라實言함이니滿國이此를國際公法으로其將容許耶아字內開明國民이此를萬國法典에其將添入耶아蓋日本이韓國 皇帝의論非를拒絶하시도록脅迫하야彼之原奪을試圖辨明할기と今已晚時니日本이能作如此拒絶之效함惟一道理と此國을時年締約할던以前地位에更置하고皇帝의希願을聽許하셧거시是也라事到今日에如此機微도似未有之나然이나自國命名을關係하야と스토리氏의援稱한確據文字의事狀을置之不問이可也토다

官報

●號外 光武十年十一月十三日

◉宮廷錄事

宮內府大臣尹用求辭職疏

批旨省疏具悉卿懇今者之畀特殊往常不容言病卿其勿辭公行事遣府郞宣諭

●三千六百十號 光武十年十一月十四日

◉宮廷錄事

議政府參政大臣臣朴齊純內部大臣臣李址鎔謹奏仁川府係是交涉重要之府尹不可不各別擇差矣泰仁郡守金潤晶出彊多年久於外交可堪其任而職品叙任雖是屬耳隨其必要勿拘遷轉恐合事宜故謹具開錄伏候 聖裁

光武十年十一月五日奉

旨制曰可

◉敍任及辭令

○任咸陽郡守 正三品李鍾完○任青山郡守 正三品韓興教○任孟山郡守 六品朴永世○任華川郡守 六品趙濟均○任始興郡守 九品李復榮○任玄風郡守 副尉金承构○任龍宮郡守 長湍郡守金炳燮○任長湍郡守 五品金裕定○任突山郡守 六品吳克善○任黃州郡守 正三品韓瀾履○任瑞興郡守 正三品李駿鎬○任仁川府一府參書官 正三品李熙穆○任東萊府參書官 前農務官崔惠○任寧邊府參書官 九品洪鍾灣○依願免本官 仁川府尹徐丙圭○任仁川府尹 泰仁郡守金潤晶○任泰仁郡守 農商工部工務局長金憲斌○依願免本官 軍部主事鄭懿允○軍部技手申鉉弼 仝金相益 任軍部主事○張在植 金益勝 任軍部技手○任軍器廠技手 金鼎鎬○中樞院副議長李鍾健 參將閔商鎬 命宮內府特進官○智陵參奉韓河翊 義陵參奉鄭海秋 崇仁殿參奉李喜榮 東明王陵參奉崔在學 依願免本官○任懿慶墳守奉官 李輔根○任智陵參奉 金昌洪○任義陵參奉 金元鎬○任崇仁殿參奉金천洙○任東明王陵參奉李魯經○漢城裁判所主事李喆宇 法官養成所教官崔鎭 依願免本官

◉勅令

◉勅令第五十三號

文官任用令 續

第四條 第二條第三條各項의可合한者라도左開事項의一이라도有한者と任用함을得지못함

一 役刑以上에處한者가持赦復權의在할지라도刑期二分의一이未過한者

二 公貸百圜以上을犯逋未랍한者

三 貪汚의實跡이顯著한者

四 免官懲戒를受한後特免懲戒의在할지라도一箇年을未過한者

但伸理한明證이有한者と此限에不在함

附則

第五條 本令은頒布日로부터施行함

第六條 從前文官任用에關한諸規程은本令에抵觸되と件은并廢止함이라

光武十年九月廿四日

御押 御璽 奉

勅 議政府參政大臣朴齊純
內部大臣李址鎔
度支部大臣閔泳綺
軍部大臣李根澤
法部大臣李夏榮
學部大臣李完用
農商工部大臣權重顯 完

外報

●運河視察 米國大統領은夫人을同伴하고巴奈馬로向하야出發하얏다더라

●慈善大家 英國倫敦에有名한財産家울릐쓰婦人이十月十三日에別世하얏는디其臨終에遺言하기를自己財産中에金貨三百萬元은病院에寄付하고七百萬元은困窮한者를爲하야家舍를造成하야쥬라하얏다더라

●擬設英文官報 支那報를據한則泰西人의旅居하と官商이漢文을通한者가無多하야每日看報에太半은華人의代讀代譯을由하니稍有錯誤하며難免西人誤會하야以致交誼疏遠하고並히中外官府이通解英文者ㅣ較多함을因한故로政府諸公이一官報舘을設擬하야所有新聞論說을槪用英文한다더라

雜報

●不動產調査 政府에서山口慶一氏와秀島從爽相氏를派遣하야京畿忠淸兩道各郡衙不動產에一切事項을調査하다더라

●都監節制 東宮嘉禮都監都堂上以下諸堂上이辭職疏호原因을得聞則韓國幾百年來初有혼嘉禮에檢盤委로洪正燮氏가該宮大監根湘氏와宮內府顧問官加藤氏와統監府書記官으로被聘혼檢盤委員某氏로協議하야度支部에서支撥혼嘉禮費五十萬圜을以過하야都監에서越交치못하게하고都監諸般工役과物種의所入을一一操明于檢盤委員하야檢盤委員에此를報明하면宮內大가更히檢盤委員의可否를取決하야都監으로指揮혼然後에一種一物을貿用製造케하니嘉禮日子는漸近하고各項物品은准備無日하니名雖都監이나無一事擅便하고一從檢盤委員之命인故로堂上以下諸官員이都監에仕進을停止하고辭疏를連次奉呈하얏다는데莫重嘉禮節次를洪氏로因緣하야狼狽혼地境이라더라

●都監風波 嘉禮都監設施以後로每日數百圜以上을支出하얏는데日昨에宮內府顧問官加藤氏가都監에躬往하야文簿를調査혼즉堂郞以下飲食費와雜用費이오物品은壹無造成혼지라加藤氏가該堂郞을對하야大端히詰責하는데風波가起하얏다더라

●學相入城 學部大臣李完用氏가淸州의滯留홈은前報에揭載하얏거니와更聞혼則同氏가該地方學務를視察혼後에釜山으로到泊하야京釜列車를搭乘하고日間入京혼다더라

●去益作態 明日獨立館의一進會에서昨年十一月新條約紀念祝賀宴을設호고各府部院廳大官과統監府一般官吏와日軍司令部長谷川以下官吏와各新聞社記者와各團體代表人을請邀宴待혼다는데當日宴費가二千餘圜假量이라더라

●會有顧問 統監府囑托員某某兩氏가一進會顧問官으로諸般事務를幹涉혼다더라

●비償徵出 一進會員이保般會社員을毆打호고文簿를奪取호얏다는說은前號에揭載호얏거니와伊藤統監이此事에對호야비償金四十餘萬元을一進會에게徵出혼다는說이有하더라

●僥倖執迷 報恩郡郡主事를本郡居李校理가鄕望으로圖薦하더니內大가緊客閔泳采氏로薦報호라고該郡守에게囑托혼지라該郡守가左右難處하야郡主事를尙未薦報호는데閔氏는該郡에原居人안이라고人言이藉藉하다더라

●反對仍舊 內部衛生課長閔元植氏가再昨日에種痘司一窠를該部衛生局에仍舊附屬하기로廣濟院醫長좌左木氏와交涉하얏는데좌左木氏가反對하얏다더라

●宜處重勘 日前에騎兵隊參尉某氏가平服으로色酒家에往하야盃盤이狼藉하고醉興이陶陶할際에該隊兵丁一名이酒思色心으로來到該家則爲人先着鞭하야開戶鎖閉而去혼나該尉官이半辭로酬答하는지라兵丁이質問曰誰某에게半辭開口이是何經緯오尉官曰汝矣隊尉官일다兵丁이不信其言하고看何樣悖擧이던지尉官이司令部에 知호야該兵을捉囚幾日에陸軍法院으로押交하얏는데尉官을毆打혼罪로重勘에處혼다더라

●陷人不測 軍威郡居李聖鉉이가大丘居劉召史의게錢十萬兩을債用하고該錢을不報홈凶計를醞出하야劉召史가爲他害하려고祈禱혼다허고統監府와警務廳에誣告하얏다더라

●使令訴部 昨日에度支部에서使令輩가呼訴하되官員은多數하고使令은額數도少하고月給도薄혼데事役이浩繁하야擧行홀수업다하얏다더라

●青年演說 本日下午七点半에青年會館에서哲學博士趙元時氏가布哇島景物을幻燈으로說明하며該處에在혼我韓國同胞의情形으로연說혼다더라

●晉民不穩 嶺南來人에傳說을聞혼則晉州等地에서民人이相聚而言하되稅務官이下來하면大端히不便혼事가有홀것시니防塞홀方針을預備혼다하야不穩狀態가有하다더라

●鄉賊被捉 再昨日에西署大坪洞의有名혼强盜鄭鎭謨等三人을別巡檢李在成이가捕縛하야警廳에押上하얏다더라

●孝哉此人 北署典洞居崔丙均氏에父親이海蔘威에出往하야二十四年을未還혼지라其父出去時에丙均氏가腹中에在하얏더니出生後에父親을思慕하야年十八에尋父次로轉至一萬二千里하야其父를相逢하얏더니半年後에其父가卒然病死혼지라居喪三年後에骸骨을負하고故國에還하야先山下에安葬하얏스니崔氏의誠孝는聞者莫不感泣하더라

●光校復興 黃州兼二浦光東學校를組織혼朴基周金鼎洽三氏가去五月에發起하야學徒를募集하고若干財政을鳩聚하야日本人谷口直道를名譽로延聘하야日語를敎授하는데生徒가三四十名에達하야庠舍가不能容하며財政이窘艱하야將至廢止홀際에安岳居金貞鎬氏가來觀此校에情況하고一百五十元을特助하야校況復興혼다더라

●嘉倖興學 西來人의傳說을聞혼則嘉山郡守丕台基氏는莅任三朔에實心做治하야病民이還蘇하고又熱心敎育하야捐廪補校하고躬行閭里하야晝夜贊成홈으로士皆感奮하야興起之望이有하다더라

●稱爲民訴 내部地方調査所에서區域을劃定하야大邑地方은小邑으로移付홈의大邑吏屬이村民을煽動하야領率上京하야稱爲民訴하고내部에呼訴하는弊가比比有之하다더라

●是誠何心 中和郡耶蘇敎生等의來書를據혼則當此時局하야救國救民이惟有教育一道故로生等이不顧力微才陋하고各出義연하야設立學校而敎人等은俱是貧寒故로聚集資金이不過數千하야諸般經費에도有不敷之歎이옵고至若校舍一款하야는猝難建築하야本郡所在訓鍊廳은空然廢置하고無人修補하야未免崩頹故로修理設校之意로自郡報于該部더니該部로移照于軍部하야許劃該院이雖是廢置나不是開設公廨則莫可認許라하얏스니西京大同門外朱雀門의科理雜貨店의設貫은一無片言半辭하고如斯靑年教育之地는將一廢棄之物을莫可認許하니是誠何心고不勝寒心이라하얏더라

●餘燼又推 年前河相驥氏가大내에謫奏하되河氏는日本富士山脈을崩壞하고香醬大寶宮居하는張一遠氏는濟州漢羅山脈을崩壞하고嶺南居崔炳夏氏는咸鏡道白頭山脈을崩壞하면國權을回復하깃다고三十萬兩圖得하야다는事는某報의已揭하얏거니와三十萬兩내에二十萬兩은河氏가私用하고十萬兩은崔張兩人이分用하얏는데張氏가八萬을用하고崔氏는二萬兩만出給하얏더니崔氏가近日에張氏에게三萬圜을推尋하게로百般運動혼다더라

●歲出入總預算 度支部에서光武十一年度總預算書를政府會議에經하야今日에上奏裁下하얏는데歲入總額이一千三百十八萬九千三百三十六圜이오歲出額이一千三百九十五萬五百二十三圜인데昨年度에比하면超過額이七十六萬一千一百八十七圜이라더라

●我韓人士의當行홀義務 續

無勢力者는請於有勢者하야以行其私之貪暴하며有智者는詐欺無智者하야以逞其慾홀식貪暴之習이主權亡國之源이니爭權之輩는依賴外國하야貪於政權而施暴하며獵官之徒는出入勢門하야貪於官職而逞私하며貪而暴者는天必禍之하나니故以一言으로譬之컨디有一小孩가持餠而出遊홀식稍大혼童이有奪食之心하야誘之曰爾知是餠乎아小孩答曰吾는未知로다大兒曰暫借爾餠하라

◎秋燈謏評

○丙午이變遷되믹北村某某大官이密密이運動하야一層奔忙하다니好機會를得하얏지

○近日에郡主의紛競으로遐鄉客이多數上京하야左右圖囑하니仕官에紛競은京鄉이一般이로고

○向日地方銓考에經하야叙任혼것一部守中에某某氏가外人의勸告로圖得하얏시니銓考所라稱하지말고勸告所라稱하는것시合當하지

○一進會에서韓日兩國新條約혼日에紀念宴을開設혼다니참紀念홀만혼일잇가

○一進會에服色이異常하야頭髮을削하고周衣에삽보쓰고短杖을一手에揮하면不問可知一進會나韓人面目에日人에心腸이안인가

雜報

地方自治에關ᄒᆞ야孫松齡君의演說續

大抵各國이於地方行政에略分三級ᄒᆞ야州縣以上은官을用ᄒᆞ고州縣以下ᄂᆞᆫ自治로ᄒᆞᄂᆞᆫ데實로自治制度를因ᄒᆞ야種種利益을存有ᄒᆞᄂᆞᆫ지라

一地方人民이習於團結ᄒᆞ야變力이自强ᄒᆞ고私心이自化ᄒᆞ야可以抵外侮이오

二人民이自保生活ᄒᆞ야朝政의倘然히變更을因ᄒᆞ야動搖를不受ᄒᆞ고君主及大官一二人의不省을因ᄒᆞ야欺壓을不被ᄒᆞ고國內一隅의喪亂과及要重地의傾危를因ᄒᆞ야恐慌이不生ᄒᆞᆷ이오

三各히地勢와風俗과生計의便宜를因ᄒᆞ야治를以爲ᄒᆞ야地方의規定을不累ᄒᆞᆷ이오

四人民이政治에諳練ᄒᆞ야監督國家ᄒᆞᄂᆞᆫ思想을引起ᄒᆞ야國基를鞏固케ᄒᆞᆷ이니以上四端은皆利於地方者요

五國家가層接ᄒᆞ야治로以簡御衆ᄒᆞ야地域濶遠에信令不及之虞가無ᄒᆞᆷ이오

六國家가但掌上級行動ᄒᆞᆫ則立法이單純ᄒᆞ야瑣雜難施之弊가無ᄒᆞᆷ이오

七人民이國家目的의所在를知ᄒᆞᆫ則其趨向이必專ᄒᆞ고自責이必厚ᄒᆞ야國家를對ᄒᆞ야應히負擔ᄒᆞᆯ지用과勞力에必不怨望ᄒᆞ며必不漏泄ᄒᆞ니以上三端은爲利於國家行政者요

八低級官吏가恒乘國變用法之疎ᄒᆞ야舞弄文弊ᄒᆞ고滋養腐惰ᄒᆞ더니用吏가備少ᄒᆞᆫ則自然淸除요

九將來入司議政ᄒᆞᆫ人員이卽係地方團體人員이니져마病이無ᄒᆞ고又政治가其素習으로迂濶病이無ᄒᆞ니以上二端은爲利於國家用人上者라　未完

●漁民可矜　昌原府尹李琦氏가經理院에報告ᄒᆞ얏ᄂᆞᆫ데以沿海各郡漁基一事로向於第二號報告에已爲稟明ᄒᆞ와尙未承指이옵거니와且濟川金部에甚旣協議ᄒᆞ야王宮은本會圖派員金鳳洙에서買條營業ᄒᆞ던許多魚民이臨時狼狽되옵고鳥有魚옹에萬難鎭撫이온바今又自本道觀察府로本院指令을奉承ᄒᆞ야劃飭本府이옵기을有文券私條ᄂᆞᆫ還給該民等ᄒᆞ라ᄒᆞ온바此給이一播에民訟條主謂以積究得伸에皆請卽地發令ᄒᆞ오며派員게受帖買得ᄒᆞᆫ業民ᄂᆞᆫ如醉如狂에呼天ᄒᆞ고地ᄒᆞ와在家則兄弟妻子가聚首悲泣ᄒᆞ고訴官則老少男女가盈庭叫呼ᄒᆞ오며甚至於派員所門前에數百圍立不散ᄒᆞ와徹庭廢食에爻像이慘惻이온바究其情狀ᄒᆞ오면大抵以漁爲業者가初無饒實ᄒᆞ야或借人重債ᄒᆞ고或蕩我所有에買家鬻鼎ᄒᆞ야貿財設策와來往浮費가多者ᄂᆞᆫ萬金이오小者ᄂᆞᆫ數千金이옵다가所入條價ᄂᆞᆫ應有派員責還이옵ᄂᆞᆫ데該員이以何財力으로一一措辦이오며條價ᄂᆞᆫ設或得推라도許多所費ᄂᆞᆫ又向何處에償乎잇가所以騷動에有死之心하고無生之氣하오니此若不別設方略에有所處分이오면이그派員之呑噬受困ᄂᆞᆫ尙矣勿論하고日人香椎等과民私條主等과買條各民等의總派黨類가對至仇敵相視에滋生事端이옵기玆에報告하오니査照하오서諫賜指敎에使民安業케하시라하얏다더라

廣告

本月十二日街路上에漏傳ᄒᆞᆫ十一月七日日字를記ᄒᆞᆫ一封匿名書中에(井)標로記名하고何許京城駐在官의게寄하노라ᄒᆞᆫ此長怯著述者를確實證據하ᄂᆞᆫ이의게二百元賞金을贈與하깃습

鐘路電氣會社內　실덴　告白

◎彰熙組合廣告◎

本人等이彰熙組合을西署東幕內洞에開設하고各處所來米穀等物을隨到保管하며放責等節에迅速公平히하게ᄒᆞ고若或物品을典執하고貸金을請求하는時ᄂᆞᆫ鄕邊으로債給하깃사오니四方僉君子ᄂᆞᆫ光顧하심을敬要홈

位置西署東幕內洞廿四統六戶

資本金　二萬圜

組合員白完爀　金洛熙　尹晶錫　丕彰洙　告白

慶尙南道沿海漁民等이各郡에轉通ᄒᆞ되吾儕가生長海邊ᄒᆞ야以魚爲業이幾十年에豈有如今年抑鬱乎아自正月以後로官民條毛從派員金鳳洙가經理院訓令과觀察反飭이至爲八九度故로信其訓令ᄒᆞ고買其各條러니忽今에日人與一進會가聽其挾雜鬪之奸言ᄒᆞ고欲取其運動費落食ᄒᆞ야如何周旋이던지圖得經理院指令及觀察府反飭ᄒᆞ야臨時奪條ᄒᆞ오니買條吾儕ᄂᆞᆫ自春徂夏로稅金空費가多者ᄂᆞᆫ萬金이오小者ᄂᆞᆫ千金이라今若自退ᄒᆞᆫ즉戴白父母瘦妻弱子가將至雪風凍死ᄒᆞ리니事到此境에一死何難가今年段은勿論公文之如何ᄒᆞ고吾儕生命吾儕가設綜ᄒᆞ고吾儕가沒死ᄒᆞᆫ즉彼儕가設綜ᄒᆞ리라各郡僉員도其情이一也라如此會者數百人이一口如出ᄒᆞ야心盟着票ᄒᆞ되如有一員二說이면先ᄒᆞᆫ其家ᄒᆞ고且以訓令을言之라도買條專管訓令은八九度오還給訓令은一度라八九度訓令이不如一度訓令云云이爲有法理哉며且面條漁條私條가俱是一般이거날奚獨做鬧私條ᄒᆞ야滋生騷亂乎아故로玆에廣佈홈

慶南沿海　民　姜亨天　趙載赫

黃千一　黃性淑等　告白

本人에弟名泰承字羲輔性本浮浪ᄒᆞ야符同雜類ᄒᆞ야本人의田畓과諸弟畓及宗畓을僞造文券ᄒᆞ야欲爲得債ᄒᆞ니內外國人은切勿見欺홈

廣州慶州面廉谷居曹輸承告白

今我朝家之開放通商이九港이온바八港則府在港內ᄒᆞ야外交爲政和ᄒᆞ며商務爲發達ᄒᆞ거날惟獨本港에ᄂᆞᆫ未遑建築府署之故로現今府尹之莅任也에座政於龍川舊邑이온즉上而莫嚴勅令에否汝往哉義港ᄒᆞ라하옵시고又有部飭之對揭申複ᄒᆞ얏더러港是外商戰機之地也요尹是外國交涉之官也라以若外交之務으로距港四十里外之舊邑에서行政이시면有資交涉에得無알알乎아其在國民義務에一邊悚惕이옵고且吾儕ᄂᆞᆫ小人이라尙此勿論이라도港樣이仍凋殘ᄒᆞ야生命財産이隨而傾覆ᄒᆞ리니豈不重大關慮乎아所以로元ᄒᆞ야私歸民居에一新修理商民等이齊會磋商ᄒᆞ고醵金幾迎還府尹ᄒᆞ야所게甘棠에畢突不黯이거날不意今者에義州人田致洛이가暗撫受賂ᄒᆞ고內部에謊呈ᄒᆞ되舊邑之民이渙散莫保이라ᄒᆞ야至承民情可悶量宜措處之指令이오니推此論之ᄒᆞ와도港民可悶之情은有甚於邑民이옵고且府尹之居港行政은非私伊公이거날使此已移之府로豈可旋歸舊邑乎아受賂田致洛之從中挾襍은難逭當律이옵기玆이廣告홈

龍岩港民人車習模　等告白

陝川姜相元僞造該道印章ᄒᆞ야文靖煒父에게討索ᄒᆞ다가反坐照律ᄒᆞ고도到處誣訴ᄒᆞ니僉君子ᄂᆞᆫ勿爲與事幹涉ᄒᆞ사기爲ᄒᆞ야玆에廣佈홈

陝川居　文靖煒　告白

陝川郡守趙重翊氏가郡內에興明學校文明學校德明學校源明學校新明學校等十一學校를設立ᄒᆞ고各校教師를選拔ᄒᆞ되尤ᄒᆞ야靑年子弟數百名을就學ᄒᆞᄂᆞᆫ데海印寺僧徒도開進規請을慕效ᄒᆞ야明立學校를設始ᄒᆞ고靑年僧四十名을募集就學ᄒᆞ니郡守의學校組織이慶南省에第一이요莅任兩載에捐廩周恤이無面無之ᄒᆞ고政令이淸肅ᄒᆞ야字惠兼備而官民間秋毫도欺負ᄒᆞᆷ이無ᄒᆞ고治郡을如治家故로闔境이晏如에何暮頌之以倉庫氏之願이坊曲에騰播ᄒᆞ기로玆以廣佈홈

陝川郡民　文璟鎭

柳鍾根　鄭在駬　尹錫佑等白

美國齒醫士한氏ᄂᆞᆫ本月二十二日頃에京城에還着ᄒᆞ겟더오니照亮ᄒᆞ심을望要

齒醫士　한氏　告白

●학員募集廣告

一般靑年의夜間虛度ᄒᆞᆷ을惜ᄒᆞ야贊文夜학校를西署奉常司洞內贍司內에設立ᄒᆞ고학員을募集ᄒᆞ오니願학僉員은毋論某日ᄒᆞ고下午七點에來會于本校ᄒᆞ야入학ᄒᆞ심을爲要

科目　日語　算術　法학

地誌　歷史

私立贊文학校長金重煥告白

南署蓮洞居　朴容根寡母侍下而年少沒覺之人也浮浪雜類輩以奪財之計借名成魚驗債於各處此票紙休紙施行矣內外國人勿爲見欺　中茶洞十五統八戶　朴泓鉉　告白

廣告

●本人이居始興郡上北面放鶴串里러니去月初에偶然失火ᄒᆞ야全家一沒燒ᄒᆞ고女兒一名致斃ᄒᆞ기로內外國僉位가義捐金과材料品補助ᄒᆞ시기廣告致謝ᄒᆞᆷ

永登浦鐵道保線事務所長 谷口小太郎 新貨二元
本郡守命漢睦 藤田始太郎
竹原初莊 以上一元
巡檢金樂中 全金學善
幼學金士元 全丕河聚
李順在 高學瑞
朴允實 金順甫
盧相龍 鄭德在
市川辰五郎 佐木惜七
岡山力莊 福田又五郎
村井新作 松永庄兵樣
柳原市三 松井重助
松井林助 以上五十錢
藤本與吉 四十錢
松永寅松 三十錢
新谷甚一 原 寅吉
佐佐木善市 水收外次郎
田添一平 山本拾吉
以上二十錢
前司果韓命和 材木二駄
李善之 金仲浩
以上濁酒一盆
志岐組事務員 中島氏
米一斗柱木十五枚
道林里十七戶 各蓋草一把
本唐里二十戶 各蓋草一把
松本房吉 中崎龜太郎
曾我部多吉 城戶與吉
以上米一升
朴樂榮 朴樂善 告白

以上三種은上品으로製造ᄒᆞ야衛生上에要[illegible]有益ᄒᆞ니毋論某人ᄒᆞ고又本에來臨ᄒᆞ심

大韓帝國仁川港
濟物浦紙卷烟及烟草會社

一鷹標罐濃縮牛乳
一金[illegible]標脂濃結牛乳
一[illegible]嬰兒用氣化乳餅
一뽀ー돈쓰製麵麥芽化合牛乳
以上은常時에貯積ᄒᆞ얏슴
美國紐育港뽀ー돈쓰濃結牛乳會社
一手代理店
大韓仁川港
世昌洋行

●九轉靈砂 本人이砂金으로[illegible]
女老少에無論何病ᄒᆞ고通[illegible]
身體가健康ᄒᆞ며小兒는四[illegible]
擔保ᄒᆞ오며
●九轉靈砂[illegible]
疾에神効ᄒᆞ오
●九轉靈砂保命丹은初生小兒 驚風 [illegible]
般驚과婦人帶下症에神効ᄒᆞ며
●九轉靈砂淸來丹은酒滯 食滯 血滯 吐瀉 霍亂 痢疾
吐血 下血 運氣 時疾 瘧症에神効ᄒᆞ오
●九轉靈砂紫金丹은痔漏 黑瘡 上疳瘡 下疳瘡及唐瘡과
諸般惡瘡惡腫에無不神効하오니 僉君子는來購ᄒᆞ시오
內需司前둑갈이골上隅第一家 李鶴延 告白

◎本社廣告
申報價
一張代金 新貨二錢五里
一箇月前納 三十錢
三箇月 九十錢
六箇月 一元七十錢
一箇年 三元四十錢
郵稅一部 新貨五里
一箇月 十三錢
廣告料
四号活字十三字詰
每日每英尺一寸에新貨廿五錢
(每日每行에六錢에相當홈
其期限의長短과字行의多少
를依ᄒᆞ야增減홈이有홈
◎大韓每日申報各處賣報所
中署布屛門下 金相萬冊肆
洞口越便 朱翰榮冊肆
中署農圃初入七
十八統第二戶 鄭禹澤
仁川紐峴開新冊肆 李東基
平壤南山峴日新學校 金洪淵
富川邑橋西 權叡恒
義州南門外韓國大藥房張有寬 安 濬
長湍邑 金 彪
鎭南浦藥洞 金仁烈
義州南社 曺喜林
中和邑 李俊培
釜山佐川徐鶴房 金灌俊
開城北部梨井里畔洞居培義高 金助遠
校洞校長
大丘郡 達城廣文社
鎭山邑內 安 灝
元山港倉前 金乃範
黃海道載寧邑濟衆院居劉夢澤
發行兼編輯人 英國人裵說
發行所
京城中署壽進坊罷洞号外地法語學校前
大韓每日申報社

第四卷　　第三百七十二號

大韓每日申報
대한매일신보

月曜及慶節歲時日休刊

檀君開國四千二百三十九年
箕子元年三千二十八年
大韓開國五百十五年
日本明治三十九年
清國光緖三十二年
◉陰曆丙午十月大初一日甲子

論說

反覆無常

日本이以軍用收用하ᄂᆞᆫ地段의價額을公平히給ᄒᆞᆫ다發言ᄒᆞᆷ이確然論駁을既受ᄒᆞ얏도다一韓人이京城及江流之間에有一地段ᄒᆞ야以八百元으로典執於日人矣니蓋日人의借貸金額이何如産業에던지彼目商量ᄒᆞᄂᆞᆫ節儉價格의四分或三分之一에不過ᄒᆞᆷ은一般所知라還償期限이未滿ᄒᆞ야日本武官이此地段을占取ᄒᆞ얏스니其典執ᄒᆞᆫ人은守其紙劵ᄒᆞ야武官의償金을但望인바其金額은彼之貸給金에唯一分子요且其證劵은此地段에不過ᄒᆞ니韓人의他所有를更求ᄒᆞ기ᄂᆞᆫ未有法理어ᄂᆞᆯ尙到韓人處ᄒᆞ야其貸給보다過多金額을要求하얏도다

且一韓人은城門外에有一價貴土地인바其上에松林이稠密이어ᄂᆞᆯ此亦適宜價額으로每米突ᄂᆞᆫ錢式에賣渡ᄒᆞ고其松林의一枝一葉도不得着手라其松材의價格은七八千元에適當이로ᄃᆡ一分도不得ᄒᆞ얏도다本記者ㅣ如此事機를揭載ᄒᆞᆷ은現今韓人의所當保護를受讓公案의揭示ᄒᆞᆷ이로다

且一注目ᄒᆞᆯ거슨近日木浦에셔殺人을遭遇ᄒᆞᆷ과韓人이其殺人者를迅速反報ᄒᆞᆷ이니蓋如此暴擧를有誰容許리오마ᄂᆞᆫ韓人이日人의게셔公正을得ᄒᆞ기가如彼難甚ᄒᆞᆫ事實노觀之면如此行動이不足驚怪로다

如此韓人을必多數捉致하야處於死刑ᄒᆞᆯ거슨無疑니然이나以此로既死ᄒᆞᆫ殺人者를復生키ᄂᆞᆫ不得ᄒᆞᆯ거시오且韓人이何如ᄒᆞᆫ지殺人者를報仇ᄒᆞᄂᆞᆫ줄日人이知悉ᄒᆞᄂᆞᆫ時에ᄂᆞᆫ外人의殘忍之行이或至拘束ᄒᆞ리로다

現當節制之下에셔韓人의忍耐ᄒᆞᄂᆞᆫ거슨史編上에相同之線을難得이라如此暴擧가如彼蠻行으로起因ᄒᆞᆷ이니雖開明ᄒᆞᆫ民이라도遇此만行이면暴動을不犯ᄒᆞ기가豈不甚難이리오

官報

●三千六百十一號　光武十年十一月十五日

◉敍任及辭令

○任中樞院副議長 宮內府大臣李根湘 ○命臨時署理表勳院總裁事務 侍從院卿朴鏞和

勅令

◉勅令第五十四號

管稅官官制

第一條 管稅官은度支部大臣의管轄에屬하야稅務監稅務官稅務主事로編成ᄒᆞᆷ

第二條 稅務監은度支部大臣의指揮를承하야其管轄내의一切稅務를監督ᄒᆞᆷ

第三條 稅務官은度支部大臣의指揮를承하며稅務監의監督을受하야其管내의一切稅務를掌理하고稅務의關ᄒᆞᆫ法律命令을執行하며且稅務主事를監督ᄒᆞᆷ

稅務官은其管轄내各郡에稅務主事를派駐하야稅務를執行케ᄒᆞᆷ을得ᄒᆞᆷ

第四條 稅務主事ᄂᆞᆫ上官의指揮를承하야稅務의從事ᄒᆞᆷ

第五條 稅務監稅務官은奏任이오稅務主事ᄂᆞᆫ判任이니各定員은左와如ᄒᆞᆷ

稅務監　十二人
稅務官　卅六人
稅務主事　肆百六十八人

第六條 稅務監은現今間各道觀察使로兼任ᄒᆞᆷ도得ᄒᆞᆷ

第七條 稅務監과稅務官의任免은度支部大臣이此를議政大臣을經하야奏請하며稅務主事의任免은度支部大臣이此를專行ᄒᆞᆷ

第八條 稅務監과稅務官의管轄區域과駐在地名과事務權限과其他本令施行의關ᄒᆞᆫ細則은度支部大臣이部令으로定ᄒᆞᆷ

附則

第九條 本令은光武十年十月一日노부터施行ᄒᆞᆷ

第十條 開國五百四年勅令第五十六號管稅司及徵稅署官制와同年勅令第一百六十一號稅務視察官章程은并廢止ᄒᆞᆷ이라

光武十年九月廿四日

御押 御璽 奉

勅 議政府參政大臣朴齊純

度支部大臣閔泳綺

◉光武十一年度 歲入歲出總豫算

目錄

豫算說明

第一 歲入歲出
第二 歲入
第三 歲出
第四 繼續費
第五 國庫預備金
第六 特別會計

光武十一年度歲入歲出總預算

說明

第一 歲入歲出

光武十一年度歲入歲出總預算에計上ᄒᆞᆫ歲入總額千三百十八萬九千三百三十六圜歲出總額千三百九十六萬三千三十五圜으로歲出이歲入에超過ᄒᆞᆷ이七十七萬[illegible]千六百九十九圜이라

第二 歲入

光武十一年度歲入總額千三百十八萬九千三百三十六圜으로此를經常部에屬ᄒᆞᆫ者ㅣ九百五十六萬五千百五十三圜이니此를前年度預算에對比ᄒᆞᆫ즉左와如ᄒᆞᆷ

歲入	光武十一年度	光武十年度	比較增減
經常部	九五六五一〇三	七四八四七四四	二〇八〇三五九
臨時部	三六二四二三三	〇	三六二四二三三
計	一三一八九三三六	七四八四七四四	五七〇四五九二

歲入增減의主要ᄒᆞᆫ者ᄂᆞᆫ經常部에在ᄒᆞ야ᄂᆞᆫ地稅에셔結卜의陳廢及隱匿犯人食鎬ᄒᆞ야減削된者가有ᄒᆞ오나一邊으로陞摠된者가多ᄒᆞᆫ結果六十五萬七千八百八十一圜이增加ᄒᆞ고戶稅에셔三萬五千三百八圜이增加ᄒᆞ고港稅에셔一百二萬圜이增加ᄒᆞ고　(未完)

外報

●英國陸軍　英國陸軍大臣하루던氏ᄂᆞᆫ軍隊集會所에셔軍隊의問ᄒᆞᆷ을答ᄒᆞ야曰我海軍編制ᄂᆞᆫ世界에最精銳ᄒᆞ거니와陸軍에至ᄒᆞ야ᄂᆞᆫ此에不及ᄒᆞ니我邦도大陸諸國과如히陸軍이海軍과同樣으로最精銳ᄒᆞ고且最有効ᄒᆞᆷ을要ᄒᆞᆯ지니政府ᄂᆞᆫ責任으로써陸海兩軍에此에差等의必要됨을固信ᄒᆞᆫ다ᄒᆞ얏다더라

●淸帝의改官上諭　去十七日上諭ᄂᆞᆫ西太后及皇帝兩陛下가親히撰定ᄒᆞ셧ᄂᆞᆫᄃᆡ皇帝께셔ᄂᆞᆫ夜深토록就寢치아니ᄒᆞ시고親히御筆로ᄀᆞ심이라더라

●佛國新方針　佛國內閣의政綱은軍備縮少ᄒᆞᆷ을反對ᄒᆞ고共和主義를勵行ᄒᆞ며佛露同盟을固守ᄒᆞᆷ에在ᄒᆞ다더라

雜報

●兩大相詰 向日興屯土收租宮差出時에自上으로四人을擇[illegible]理院卿李根澔에게[illegible]下하셧던니李根澔 上奏ᄒ되收稅官差出事는이統監이主ᄒ는言則非臣에擅便이라ᄒ야因而置之ᄒ셧더니內大李址鎔氏가此事를聞知ᄒ고上奏ᄒ여曰收租官事를統監[illegible]理가萬無ᄒ즉必是李根澔에게請托所囑之言이라ᄒ지라統監陛見時에下詢ᄒ서曰收租官差出時에專管ᄒ은事가有ᄒ야ᄒ신ᄃ統監이答奏曰政府에大關ᄒ는干涉ᄒ되如此些小之事는外臣이初不相關ᄒ얏다ᄒ고又奏曰現今政府大官中에李根澔李址鎔은不可深信인즉更不聽信ᄒ시라ᄒ얏다는ᄃ李根澔氏는李址鎔氏에向日[illegible]郡守奏[illegible]路[illegible]上奏ᄒ야兩氏가方在相詰중이라더라

●統監召集 六日午前十一時에伊藤統監이參政以下各大臣을官邸로召集ᄒ고[illegible]各種事件에關ᄒ야一場訓諭ᄒ고一同午[illegible]喫ᄒ다더라

●勅旨[illegible] 內部水道局事務官秦[illegible]氏가[illegible]勅旨勅旨를去月回繳ᄒ야[illegible]ᄒ얏시니更爲奏稟ᄒ야勅旨를下케ᄒ라고中樞院에照會ᄒ얏다더라

●薦報不公 [illegible]郡主事[illegible]來事는[illegible]來人의말[illegible]로更報ᄒ얏다ᄒ니該郡의는此兩金외에는他姓은업다고公論不一ᄒ다더라

●黃虎被捉 洪州義兵의中軍將되얏던前參奉黃英이別名黃虎氏는梅省里自第에隱伏ᄒ얏다가其後에四方으로徘徊ᄒ야徒黨을募集ᄒ야一次再擧코저ᄒ야許黨을私囑ᄒ며軍資를徵發ᄒ다稱ᄒ고財産을强奪ᄒ며陰曆九月二十日로洪州城을佔據ᄒ다聲言ᄒ더니韓國警吏가密探ᄒ야黃氏가自第에隱伏홈을報告ᄒ믹本月五日에從撿巡이補佐員二名과巡檢十名을率ᄒ고該村에往ᄒ야同日曉頭에包圍ᄒ고日人岩田補佐官補는補佐員外에六名을率ᄒ고該家에往ᄒ야捕捉을取ᄒ얏다더라

●郡主爭競 今番郡主事奔競은前程揭ᄒ얏거니와當初各郡薦報를銓考委員이公議ᄒ야可否多少ᄒ면郡報를繳還ᄒ얏더니委員의事務가去益叢雜ᄒ고繳還ᄒ地方에는繳還更薦之暇에曠日이된다ᄒ야自今以後로는一依郡報叙任이되逐後探聞ᄒ야資格에不合ᄒ主事는卽爲免官ᄒ고該郡守는重譴을論施ᄒ기로銓考所에서決議ᄒ얏다더라

●疫員不公 去番內部衛生局에서種痘委員을試取ᄒ時에規則面講이니課告作文이니ᄒ며니及其被選之場에는京畿道委員兩氏가俱爲無識之人이라ᄒ니該委員一人은金聖培氏兄인故로私情으로叙任ᄒ얏거니와該局課長閔元植氏도衛生公務의는注意치아니ᄒ고私情으로試取ᄒ얏다는說이有ᄒ더라

●會部搬移 一進會本部를典洞等地로移設ᄒ더인ᄃ家舍를買收ᄒ야現今修補中이라더라

●童謠豫言 近日閭巷間에童謠를新唱ᄒ는ᄃ 鑑은 뒷고史略은익자ᄒ니統監이歸國ᄒ면外交權이歸韓ᄒ리라더라

●金融研究 再昨日商業會議所義員이趙彰漢氏家에會集ᄒ야近日經濟界에金融이枯渴ᄒ야恐慌이極甚ᄒ故로救濟ᄒ方針을議論ᄒ얏는ᄃ久而不決ᄒ얏스나從此研究ᄒ는중이라더라

●農銀換券 漢城農工銀行의서本月十五日爲始ᄒ야每一圓納入金額領收證을株券과相換交付ᄒ다더라

●度顧연說 昨日에度支部顧問官目賀田氏가稅務官을會同ᄒ야연說ᄒ얏다더라

●鷺民到部 昨日에度支部에서鷺梁津等地에水道敷設ᄒ는ᄃ犯入ᄒ家屋價를出給ᄒ미[illegible]ᄒ야[illegible]津人民數十名이該部에前에來到ᄒ얏다더라

●新守催送 今番에新任ᄒ十二郡守가再昨日官報에始爲頒布ᄒ얏는ᄃ本日字가已過二週日이라內部에서[illegible]赴任ᄒ라고催促ᄒ는ᄃ該郡守들이治行ᄒ기가大端窘急ᄒ중이라더라

●書冊補校 [illegible]洞住ᄒ는日本人梅原廣一氏가孤兒院에來到ᄒ야其子에讀ᄒ던冊子六小粧本十一帖과日本冊子十卷과各項學課讀本二十[illegible]를補助ᄒ얏다더라

●開墾生弊 月前에內部警務局長金彰漢氏가嶺南居金主事로ᄒ여금全州萬頃等地荒蕪地開墾次로栗木을播ᄒ얏는ᄃ民有地가多數히入ᄒ야騷擾가有ᄒ것다고南來人에傳說이有ᄒ더라

●舒川[illegible]稅 舒川郡의서[illegible]川郡[illegible]作伕ᄒ고結錢을不日督納ᄒ기ᄂ故로民情이困難하다더라

●[illegible]民不穩 靈光來人에傳說을據ᄒ則該郡吏民이符同하야日結錢을一分이라도稅務官을不給ᄒ자고[illegible]郡吏民又지動搖ᄒ다더라

●[illegible]志誠歎 龍山等地에[illegible]說을據ᄒ則該地七契는龍山에中[illegible]가有ᄒ年子弟를이學問에注意ᄒ야學校를設立ᄒ經營으로方將[illegible]ᄒ는ᄃ當地諸父兄들이[illegible]零星ᄒ야聽吾子弟의[illegible]不副ᄒ니吾儕之[illegible]情이거니와古人이云養子不[illegible]父兄之罪라ᄒ니人父兄者는[illegible]念之勉之어다

●昌吏肉償 昌原郡吏[illegible]日吾輩가餓死之境을免치못ᄒ거시니肉償ᄒ하고死하는거시第一上策이니稅務官이下來하거든別般措處하ᄌ는ᄃ該郡人의傳說이有하더라

●倉洞[illegible]語 倉洞靑年學院에金炳鉉金德基柳一宣崔在學諸氏가倉洞四統十五戶金[illegible]淵館에國語講習所를設立하고國語講師周時經氏가每日曜日下午二時부터四時까지敎授하ᄂ講習員은敎師資格에有ᄒ人士만入學을許ᄒ다더라

●炎涼世情 玄陜運氏는近日에新勢力을運動ᄒ다는說이有ᄒ미來賓이雲集ᄒ고門庭이如市ᄒ니炎凉世情을推此可知라더라

●[illegible]銀行 日昨度支部의서何許人이殷栗郡上납二千圓을[illegible]銀行所에捧납ᄒ고領收證을持來ᄒ故로尺文을成給以送ᄒ얏더니該銀行所에서電話ᄒ되款谷上납尺文을出給ᄒ얏나야ᄒ則該郡에서答話ᄒ되巳爲出給ᄒ얏다ᄒ야더니該銀行에서更話ᄒ되忽忙중에錢은未受ᄒ고領收票를給ᄒ거시니該人을搜築ᄒ여二十圓을推送ᄒ라고催促이至再至三ᄒ얏다더라

●班兵奮鬪 廣州松坡江외船業沙工들은前日의는ᄃ[illegible]處人民덜이船隻을賃給ᄒ고食料를豫給ᄒ야近方行人은無船貢來往니近年외는貫給ᄒ얏던船隻도[illegible]破失ᄒ고船人給料도無ᄒ故로該處平常人民들이各其營業上으로船隻을自備ᄒ야自由生活이다ᄒ니舊習이仍存ᄒ야所謂兩班들과兵丁官屬輩들이一向船人을賤待ᄒ며船貢을弗給故로該船業人을老以尤其代하야逐方行旅와殘弱인民의게[illegible]收ᄒ이每인二三十錢船貢을討索ᄒ는弊端이有하야來往行인이大段不便터니[illegible]幸히該地耶蘇敎인들이文明ᄒ法을依하야船業을開始ᄒ고農部에認許를得ᄒ여每人渡江船貢을一錢五里式로乘船標를만드러江邊의서船標를買持乘渡케ᄒ지라公衆人民은其公平ᄒ法을稱賀ᄒ는ᄃ오즉兩班生員과兵丁官隷輩들은一向頑拒ᄒ며反以爲방히여니ᄀ謂ᄒ何許兩班이船主의게號令ᄒ되兩班의게도船貢을반으야ᄒ고頑拒ᄒ는지라船人이答曰外國人들보면戰慄ᄒ야敢시ᄒ고ᄉ殘民을對ᄒ야는如此無理ᄒ壓制賤待ᄒ오니國家形便이何以善爲乎잇가그만두고가시오ᄒ죽其兩班이反ᄒ自省하고更爲呼令而去曰汝輩가更不得船業케하리라하얏고又再昨日에該兵중隊參校朱興均이가率兵丁一名ᄒ고出船還營[illegible]又[illegible]ᄒ고船人一名을京城으로勒力押來하다가途路에서一夜를宿하며酒食價二十餘兩을討[illegible]하고該船人은無[illegible]放送ᄒ얏다더라

◎ 藥 [illegible] 談

○各地方에日警와日僕事들星羅碁布ᄒ야賊[illegible]日甚ᄒ야處處에[illegible]ᄒ니[illegible]不無ᄒ고

○財政을整理ᄒ야으로政府에提議ᄒ야[illegible]補助區別ᄒ야規程을發表ᄒ되金融은漸渴ᄒ니講究不得ᄒ[illegible]고

○宮內府에借[illegible]朔社鑄ᄒ야京[illegible]有[illegible]이純白ᄒ기憂歎터니近[illegible]御[illegible]又出ᄒ니此機會[illegible]難ᄒ지

○道相內[illegible]已成ᄒ야各[illegible]ᄒ니兩虎[illegible]勢不兩立이로고

元世洵氏는文字ᄂ相解ᄒ나몽둥이會員[illegible]行[illegible]이烽燧ᄒ더니今[illegible]城中에人參ᄒ얏스니識字憂患이로다

雜報

地方自治에關ᄒᆞ야孫松齡君의意見 續

今者國家가實布准備立憲에此制가即爲憲政之一基요創設此制가亦即立憲准備之一事라無論國家가爲共和政ᄒᆞ며爲君主立憲ᄒᆞ며爲開明專制ᄒᆞ고此事가利國이無疑요

今之志在救國ᄒᆞ야自命負任者ᄂᆞᆫ無論持自用主義ᄒᆞ며調和主義ᄒᆞ며持依待主義ᄒᆞ고共認此事가利國無疑라以時機之促과近以輿界政界의諸人力之赴趨로余信其必能實行ᄒᆞ오必有善果라

所希望吾國人者ᄂᆞᆫ惟在促起敎育ᄒᆞ며講求財政이니敎育이不完全이면自治의普通知識을養成키不能ᄒᆞ오議政行政諸機關의合格ᄒᆞᆫ人物을造出키不能이니비록極히美備ᄒᆞᆫ地方制가有ᄒᆞ나必汚毁無餘而後已요財政이不修ᄒᆞ면自治의基礎를建立키不能ᄒᆞ오自治의進功을充長키不能ᄒᆞᆯ지라

吾國財政之弊ᄂᆞᆫ地方稅少ᄒᆞ고又國稅와地方稅를不分ᄒᆞ야往往히以地方稅로充ᄒᆞ고國政ᄒᆞ며往往히以某政에即起某種收入ᄒᆞ야爲所欲ᄒᆞ나肥瘠不均ᄒᆞ고或擲空ᄒᆞ며或糊死ᄒᆞ야無通共籌書ᄒᆞᆫ即今官區所某爲國政ᄒᆞ며某爲地方政ᄒᆞ고某爲國稅ᄒᆞ며某爲地方稅ᄒᆞ야各收各用에不相挪借ᄒᆞ고各以其通共之收入及支出로爲계算ᄒᆞ야綱目一定ᄒᆞᆫ然後에民力之屈伸을可稽오然後에可以爲政이니是ᄂᆞᆫ監督지政이爲自治必由之道路요研究지政學問이又爲監督지政必備之工課라

總之컨ᄃᆡ自治의遲速과優劣은敎育과지政二者의有法無法으로以ᄒᆞᆯ지니進步와不進步ᄂᆞᆫ但在吾輩責任何如라ᄒᆞ얏더라 完

●縣朱贖私 慶北來人의傳說을據ᄒᆞᆫ즉尙州化東面艾田洞後麓에一大古塚이有ᄒᆞ야野說에朱天子의祖父朱處士의墳墓라ᄒᆞᄂᆞᆫᄃᆡ其近處인즉該郡居趙氏가歷世入葬之地러니郡守吉永洙氏가素以風水之術로從前有名ᄒᆞᆫ人物이라近日에該郡名山을無不遍踏ᄒᆞ야名山을廣求ᄒᆞᆫ즉인ᄃᆡ所謂朱處士의塚을躬往看審ᄒᆞ고其塚을大加封築後에조氏를捉致威脅曰此塚이確是朱天子의祖墓인즉歷近之地에如是亂葬이道理不可라ᄒᆞ야趙氏의三四塚을即令掘去ᄒᆞ고其餘四五塚은方在督掘중이라ᄒᆞ니朱天子의祖墳이確據가有ᄒᆞ여도數百年된他人墳墓를今始勸掘이已是不可어ᄂᆞᆯ況且荒唐ᄒᆞᆫ野說을憑藉ᄒᆞ야如是掘塚은必有曲折이라吉氏가該塚內에自已墳墓를暗葬ᄒᆞ고山麓을廣占ᄒᆞ라ᄂᆞᆫ秘計라고該郡人言이沸騰ᄒᆞ며趙氏ᄂᆞᆫ數次로上京ᄒᆞ다더라

●懷校情況 忠淸南道懷德郡太田大雅學校ᄂᆞᆫ前監察宋憲范氏가敎育上熱心으로素以至貧之地에捐金設校ᄒᆞ고校舍를本難變通故로自已家屋에舍廊數十間을附與學校ᄒᆞ고聽從子弟를會集ᄒᆞ고敎育ᄒᆞᄂᆞᆫᄃᆡ其宋氏의至貧ᄒᆞᆫ家勢로도敎育上熱心ᄒᆞᆷ을京城新門外居ᄒᆞᄂᆞᆫ金學堂氏効感ᄒᆞ야名譽로自願ᄒᆞ고學員에게日語敎師를ᄒᆞᆫ지라一年이已過ᄒᆞ고漢文敎師ᄂᆞᆫ該郡居宋錫台氏인ᄃᆡ名譽로一郡에籍籍ᄒᆞ나愚昧ᄒᆞᆫ所謂有資本ᄒᆞᆫ某某人이視若尋常ᄒᆞ고一分補助를아니ᄒᆞ고牟利만經營ᄒᆞᄂᆞᆫ中境內其某有志君子가補助ᄒᆞᆫ바얏ᄂᆞᆫᄃᆡ其無知愚氓資本家ᄂᆞᆫ是를指笑ᄒᆞ기로學校에지政이窮絀ᄒᆞ야將至廢止之境인ᄃᆡ校監宋憲范氏와敎師金學堂宋錫台三氏가學員을會集ᄒᆞ고大韓에形便을演說ᄒᆞ며不學이면難覺强土ᄒᆞ리니各其自已家屋을稱賣ᄒᆞᆯ지라도此學校를維持ᄒᆞ야敎育을熱心으로ᄒᆞᆯ즈ᄒᆞ며其學校에興旺치못ᄒᆞᆷ을憤惜키여기고學員을對ᄒᆞ야一場痛哭ᄒᆞ며其興旺ᄒᆞ기를指天告禱ᄒᆞ얏다더라

●正誤 本報第三百七十號雜報欄內徐李裁判題下에徐相雲氏가在京徐門諸氏를衝激ᄒᆞ야聽動ᄒᆞᆫ事이라ᄒᆞᆫ事에該ᄒᆞ야徐氏가來辨ᄒᆞ되李門諸氏가不計徐山 賜牌之所重ᄒᆞ고恃其自族之勢力而聽動ᄒᆞᆫ비라ᄒᆞ고徐相雲氏에運字ᄂᆞᆫ雲字를誤植이오中樞院贊議徐廷淳氏에正字를延字로誤植이기로玆에正誤ᄒᆞᆷ

廣告

本月十三日街路上에漏傳ᄒᆞᆫ十一月七日字가記ᄒᆞᆫ一封匿名書中에(井)標로記名하고何許京城駐在官의게寄하노라ᄒᆞᆫ此畏怯著述者를확實証據하ᄂᆞᆫ이의게二百元賞金을酬與하깃슴

鍾路電氣會社니 실덴 告白

本郡守金연祿氏가下車幾朔에政治가淸善하야吏民이俱安하야萬口歸碑ᄒᆞ야允爲勤儉生而力健益文學校하고萃集儒生而日就月將ᄒᆞ니智芽諸生이萬賭開明日月故로如此明侯治蹟은何其宋玖也오鏤骨銘心難忘하야玆以廣告하야播傳各新聞ᄒᆞᆷ

安邊郡衛益文山兩社 李昌煥 金敏國等 告白

北關丸을仁港에서洪州漢津禮山等地에來往ᄒᆞ와商賈乘行客與搬運ᄒᆞᆫ地士船을便利케ᄒᆞ오니僉君子ᄂᆞᆫ照亮ᄒᆞ시옵

仁川港新明社 告白

本人의堂姪晉鎭字元怕이性本浮浪ᄒᆞ야今五月分에昆陽金陽面等地所在畓五石五斗落只新舊文券를幷爲偷去ᄒᆞ얏기右券은休紙로施行ᄒᆞ고立旨를呈官繕出이기玆以廣告ᄒᆞ오니假或右晉鎭이가以舊券으로欲爲典賣ᄒᆞᆯ지라도內外國人은切勿見欺ᄒᆞ야毋至後悔ᄒᆞ심을望ᄒᆞᆷ

慶南鎭南郡仙洞居康卿夫告白

●大韓自强會月報

每月一回廿五日發行

定價金一部十五錢

國家의能力은智識發達에在ᄒᆞ고智識發達은國民結合과書籍傳布에在ᄒᆞᆫ지라所以로本會를團結ᄒᆞ고本報를刊行ᄒᆞ야我韓自强을期圖ᄒᆞᆷ은世人의共知ᄒᆞᄂᆞᆫ者어니와本報ᄂᆞᆫ內外關係名士間國家의언述과殖産敎育의要素를蒐輯ᄒᆞ고其他時局情形과有益ᄒᆞᆫ文獻을多載ᄒᆞ야我同胞의精神을涵養ᄒᆞ고자ᄒᆞᆫ目的自國의오니一般同胞ᄂᆞᆫ[illegible]情이應不後人하실지니[illegible]實業頭에購刊對讀하와益加振進하셔심을要

漢城中署下寺洞五十八[illegible]

帝國雜誌社

◉日語夜學生募集廣告◉

本所에서日語夜學一年速成科를設ᄒᆞ여文法과普通話를專文으로敎授ᄒᆞᆯ터이오니願學員은陽十一月二十日內로來請ᄒᆞ옵

南大門內靑年學院 日語夜學講習所

所主兼敎師 柳一宣

幹事 金德基 同時經

敎師 前日本農 渡邊新太郎

副敎師 李丙植

本人에弟名泰承字養輔性本浮浪ᄒᆞ야符同雜類ᄒᆞ야本人의田畓과諸弟畓及宗畓을僞造文券ᄒᆞ야欲爲得債ᄒᆞ니內外國人은切勿見欺ᄒᆞᆷ

廣州慶州面廣谷居曹韓承告白

美國齒醫士한氏ᄂᆞᆫ本月二十二日頃에京城에還着ᄒᆞ겟오니照亮ᄒᆞ심을爲要

齒醫士 한氏 告白

●학員募集廣告

一般靑年의夜間虛度ᄒᆞᆷ을惜하야普文夜學校를西署泰平洞內廟司內에設立하고학員을募集하오니願學僉員은陰曆某日하고下午七點에來合于本校하야入學하심을望

科目 日語 算術 法학 地誌 歷史

普文夜學校長金重煥告白

[illegible]洞居 朴容根寡姪侍下而年少沒覺之人也浮浪雜類輩以奢財之計借名成册驗給債於各處此是休紙施行矣內外國人勿爲見欺 中署茶洞十五統八戶 朴泓鎰 告白

◉彰熙組合廣告◉

本人等이彰熙組合을西署水標內洞에開設하고各處所來米穀等物을隨到保管하며放貸等節에迅速公平히하게하고若或物品을典執하고貸金을請求하ᄂᆞᆫ時ᄂᆞᆫ輕邊으로債給하깃사오니四方僉君子ᄂᆞᆫ光顧하심을敬要ᄒᆞᆷ

位置西署東幕內洞廿四統六戶

資本金 二萬圓

組合員白完爀 金洛熙 尹晶錫 吳彰瀛 告白

丹陽郡守朴初陽氏本以善治從[illegible]之言由今積値本數該郡民會氏[illegible]首昔待玆右

金容鎬 敬具

廣告

花春丹은 霍亂 吐瀉 腹痛 滯症 腸症 정忡 眩暈(?) 胸鬱 痰盛 醉酒船暈 咳嗽 痲진 口味업ᄂᆞᆫ諸症의神效ᄒᆞᆫ藥이오 此外에도洋製衣(?)解毒 唐창 疳氣 蛔虫 촌虫 赤白면風 癖과東西洋藥에供備ᄒᆞ고諸病도隨闕(?)用方ᄒᆞ오니 僉位ᄂᆞᆫ枉臨ᄒᆞ시옵

皇城校洞石井洞下隅 石鼎堂藥局 告白

印刷廣告

●特別社告

本申報社內에特別히附屬品으로活字를更備ᄒᆞ야書籍印刷所를設置ᄒᆞ얏사오니印書을要ᄒᆞ시ᄂᆞᆫ僉君子ᄂᆞᆫ來臨相議ᄒᆞ시옵

大韓每日申報社 告白

◎民事訴訟代理와刑事변護及鑑定一切法律에關ᄒᆞᆫ事務를迅速處理홈

皇城南署茶洞第十七統八戶

변護士 前檢事正三品 李冕宇

法律事務所

事務員 前判事 丁明燮 博士 趙東潤

◎本社廣告

申報價

一報代金 新貨二錢五里

一箇月前納 三十錢

三箇月 九十錢

六箇月 一元七十錢

一箇年 三元四十錢

郵稅一部 新貨五里

一箇月 十三錢

廣告料

四号活字十三字詰 每日每英尺一寸에新貨廿五錢

(每日每行에六錢에相當홈)

其期限의長短과字行의多少를依ᄒᆞ야增減홈이有홈

◎大韓每日申報各處支社廣告

中署布屛門下 金相萬冊肆
中署寺洞口越邊 朱翰榮冊肆
中署廣通橋初入 十八統第二戶 高裕相
仁川港畿營(?)新舖 李東主
平壤南山峴官新學校 金浩淵
宣川邑 ... 安濬
義州南門外 ... 張有寬
長連邑 金...
鎭南浦 ... 金仁...
成興 ... 曹喜林
中和邑 李...
釜山佐川 ... 金...
開城北部梨井 ... 峰(?)
校洞校長 ... 姜助...
大丘郡 廣文社
鎭山邑內 安濬
元山港倉前 金乃範
黃海道載寧邑濟衆院居 劉...

發行兼編輯人 英國人裴說

發行所 京城中署...

大韓每日申報社

第四卷

大韓每日申報
대한매일신보

第三百七十三號

月曜及慶節
歲時日休刊

檀君開國四千二百三十九年
箕子元年三千二十八年
大韓開國五百十五年
日本明治三十九年
淸國光緖三十二年
◉陰曆丙午十月大初二日乙丑

論說

元平鐵道

對此提議하야實行之道를採出ᄒᆞᆫ者ㅣ導가今至矣로다向日傳說이各異하야或云京元鐵路를廢止ᄒᆞ다ᄒᆞ며或云京元鐵路만敷設ᄒᆞ다ᄒᆞ더니到今하야ᄂᆞᆫ京元及京元平間에兩路俱通ᄒᆞᆯ著機가實有라此兩路가何以爲利오거ᄂᆞᆫ姑未著矣니東海之濱을關係하야ᄂᆞᆫ日本物品을輸入하기에別無要用이오西濱을關係하야ᄂᆞᆫ運輸하기에車費가船費보다夥多ᄒᆞᆯ거시며韓國東道에物產을西路로運轉하기에滊車가便利ᄒᆞᆯ거ᄂᆞᆫ果其實情이나至於日本出品하야ᄂᆞᆫ其載物을出入之港에서下陸ᄒᆞᆷ이利益을難期니今此計策은本非商業이오但其軍略이로다

特其北海日兵이滿洲로進行하기에由此鐵道면水路보다迅速ᄒᆞᆷ이倍蓰ᄒᆞᆯ거시오惟其日本海를兩端으로戒嚴ᄒᆞ며海上護衛를不要ᄒᆞᆯ거시로ᄃᆡ若由黃海면必或與此不同ᄒᆞᆯ지라鎭海灣에軍港對置가對此備敏之計로다

然이나有幾箇問題ᄒᆞ니現今財政이如彼窘拙ᄒᆞ고且其人民이重稅之下에서如彼困難ᄒᆞᆫ此時에若是設備가爲用之計오日本의淸國土地에更加侵人ᄒᆞ기를熟思乎아此事를長慮ᄒᆞᄂᆞᆫ人士가非不有之요淸國이對抗을不拘ᄒᆞᆯ地位에振起ᄒᆞᆯ거슬日人이實認ᄒᆞᆷ으로此地位를不得ᄒᆞ도록日人이經營ᄒᆞᄂᆞᆫ줄忖度ᄒᆞᄂᆞᆫ士人도亦有라淸國之立憲組織에日本之反對가特其顯證이니若淸國이憲法을發展ᄒᆞ야近代文明의希望을著示ᄒᆞ면西歐人의同情과德義上應助를必受ᄒᆞ야日人의如彼계劃을阻止ᄒᆞᆯ理由가果有ᄒᆞᆷ이로다

元平鐵路가甚有表義ᄒᆞ니取一地圖ᄒᆞ야自日本으로由元山ᄒᆞ야至義州ᄒᆞ도록劃線而視之면自日本至滿洲及北京ᄒᆞ기에此新築鐵路가何如直線됨을必知ᄒᆞ리니日本이素是驚異之邦이어니와驚異之舉가由此將起ᄒᆞᆯ거슬請勿閑眼ᄒᆞᆯ지어다

官報

◉號外 光武十年十一月十五日

◉宮廷錄事

宮內府大臣尹用求辭職疏
批旨省疏具悉卿懇於此任而苦辭旣不止ᄒᆞ니再其云執中子衷可[illegible]知彌不念義分之攸在乎必不相捨更勿爲煩卽起行公事遣府耶

宣諭

◉敍任

任시從院卿勅任四大臣 從一品李載克

◉三千六百十二號 光武十年十一月十六日

◉宮廷錄事

宮內府特進官金思轍辭職疏
批旨省疏具悉尤何可言去於此時卿其勿辭行公
弘文館學士[illegible]疏
批旨省疏子悉卿之所陳允合典[illegible] 懿孝殿 洪陵亦依古禮一體更爲製進

◉敍任及辭令

○陞從二品 正三品李台觀○依願免本官 秘書監丞尹憲燮○任秘書監丞 正三品孫상건○依願免本官 秘書監丞孫相건 任秘書監丞 正三品尹憲擧○命宮內府特進官 秘書監卿李[illegible]奏○命秘書監卿 從二品金興圭○弘文館시講尹稹永 시講院副詹事成건鎬 裕康園參奉金夏연 依願免本官○任弘文館시講 六品李秉爀○任시講院副詹事 從二品李重夏任裕康園參奉 송元會 任宮內府特進官 奉常司提調南奎熙○宮內府協辦李봉魯 시從院副卿徐相大 命奉常司提調○命奎章閣學士兼任시講院日講官 宮內府特進官洪淳馨○從一品閔泳達 從二品金珏鉉 命宮內府特進官○命宮內府協辦 시從院시從朴勝봉○命시從院副卿 시從院시從李台觀○依願免兼任掌禮院掌禮 秘書監丞尹憲燮○兼任掌禮院掌禮 秘書監卿金興圭○任度支部主事 金敬惠○從一品金聲根 正二品趙同熙 命懿孝殿提調○從一品尹相衍 宗廟署提調 命懿孝殿提調 [illegible]與○任懿孝殿令 宗廟署令南廷七○穆陵令 [illegible] 徽陵令尹宗燮 元陵參奉申鉉甲 任懿孝殿祀丞○任宗廟署令 永寧殿令南夏元○任永禧殿令 六品李明憲○任穆陵令 六品徐延[illegible]○任徽陵令 順昌園令[illegible]○任順昌園奉 六品具南擧○任元陵參奉 六品李海明

◉光武十一年度

歲入歲出豫算

旣往年度에比ᄒᆞ면租稅收入도地稅와同一ᄒᆞᆫ理由로二十四萬八千圓이增加ᄒᆞ고其他印紙收入에十二萬八千圓과漁稅와鹽稅에五千七百二十圓과雜收入외에서六千圓이增加ᄒᆞ고更히鑛稅及驛屯收入四萬九千四百五十圓의新收入이有ᄒᆞ되印刷局收入의特別會計에移ᄒᆞᆷ으로七萬圓의減少ᄒᆞᆷ이有ᄒᆞ야結局은歲入二百八萬二百五十九圓이增加되고臨時部에在ᄒᆞ야ᄂᆞᆫ從來豫算에計上ᄒᆞᆫ이無ᄒᆞ나光武十一年度의ᄂᆞᆫ光武十年度中日本興業銀行외에借入ᄒᆞᆫ起業資金及海關工事基金의歪入을要ᄒᆞᆷ이三百六十二萬四千二百三十二圓이有ᄒᆞᆷ을因ᄒᆞᆷ前年에對ᄒᆞᆫ增減을分明케ᄒᆞᆷ을爲ᄒᆞ야左에此를表示ᄒᆞᆷ

歲入經常部	光武十一年度	光武十年度	光武九年度
租稅	八一八 一六五 三	六四二 二七四 四	六一〇 〇九一 二
地稅	五八六 六一〇 九	五二〇 八三三 八	四八七 一七六 二
戶稅	二六九 四〇四	〇二三四 九六	〇二三四 九六

未完

外報

◉日本軍費 海參威報에云ᄒᆞ되日本陸軍預算이明年軍用旣例에用項이大約四十六兆元이니今年에較ᄒᆞ면一兆之數가加ᄒᆞ고其無定에用項은大約四十九兆三十萬元이니此數를由ᄒᆞ야二ᄀ兆ᄂᆞᆫ滿洲駐兵之用에歸ᄒᆞ고二十五兆ᄂᆞᆫ軍營의隨時出差費七十萬元은樺太島軍營之用이오兩年限期에常備軍用經費가三五六十萬元이라더라

◉俄國에樺太經營 俄國은北樺太에沿海修築과鐵道敷設等의經營費로明年度預算에九千五百萬元留置를計上ᄒᆞ얏다ᄂᆞᆫ消報가有ᄒᆞ더라

◉德國의驅逐艦 德國길造船所에서製造ᄒᆞᄂᆞᆫ驅逐艦十隻이이미竣工ᄒᆞᆫ故로近近히運行ᄒᆞᆯ터인대此艦은世界最强의驅逐艦이니將運行試驗의結果가良好ᄒᆞ면此外十一隻을繼續ᄒᆞ야運行試驗ᄒᆞ다더라

雜報

●伊藤上奏의關ᄒᆞᆫ件 向日伊藤統監이陛見時에上奏ᄒᆞᆫ事가有ᄒᆞᆷ은已爲報道ᄒᆞ얏거니와同氏退歸之際에回身更奏ᄒᆞ여曰大皇帝陛下게서君權을아모조록失치마시고凡事를善爲措處ᄒᆞ소서ᄒᆞ얏다니現今大韓에國權이掃地無餘ᄒᆞ되同氏의君權勿失ᄒᆞ시ᄂᆞᆫ句語ᄂᆞᆫ世人이未解라ᄒᆞ더라

●兩氏出脚說 沈相薰氏와李道宰氏에게自上으로封書를下ᄒᆞ셧ᄂᆞᆫ되其니容을聞ᄒᆞᆫ즉當此國事發岌業之時ᄒᆞ야卽爲出脚ᄒᆞ야國事에竭力ᄒᆞ라ᄒᆞ셧더라

●內相訪統監 昨日上午七時에內部大臣李址鎔氏가伊藤統監을訪問ᄒᆞ고龍山江亭으로前往ᄒᆞ얏다더라

●分給印章 再昨日度支部에서稅務官의印章을分給ᄒᆞᄂᆞᆫ되稅務官은印章을給ᄒᆞ고稅務主事ᄂᆞᆫ圖章만給ᄒᆞ얏다더라

●裁判未決 再昨日平理院에서徐李兩姓의相訟事件으로繼續裁判ᄒᆞᄂᆞᆫ되判事李圭桓氏가兩隻의言을取拱ᄒᆞᆫ後에曲直을判決치못ᄒᆞ고更히定明査圖形以來後에處決ᄒᆞ기로原被告를退送ᄒᆞ얏다더라

●俸給提議 向日政府에서稅務官의俸給事件을議開未決ᄒᆞ고俸給만改付票ᄒᆞ얏ᄂᆞᆫ되受勅日로부터支發ᄒᆞᄂᆞᆫ지赴任日로부터支發ᄒᆞᄂᆞᆫ지度支大臣이更히政府에提議ᄒᆞᆫ다더라

●其意何在 各部大臣이自已에親近ᄒᆞᆫ地方郡守에게通寄ᄒᆞ야기를稅務官赴任前이라도結錢을收刷ᄒᆞ라ᄒᆞ얏다니稅務官을叙任ᄒᆞᆷ은何意思며地方郡守더러爲先收刷ᄒᆞ라ᄒᆞᆷ은何意思인지政府大官의諸般處爲가朝變夕改ᄒᆞᆫ다고巷說이紛紛ᄒᆞ더라

●少年被捉 日昨에西署觀洞等地에居ᄒᆞᄂᆞᆫ少年四五人이笠洞淸料理店에往ᄒᆞ야料理를買食ᄒᆞ고出來ᄒᆞᄂᆞᆫ되別巡檢이鴉片烟을吸ᄒᆞ얏다ᄒᆞ고警務廳으로捉去ᄒᆞ얏다더라

●鏡校電報 鏡城郡學校에서電報ᄒᆞ되敎員의月俸은何故不給ᄒᆞ고敎課書와諸般機械를下送치아니ᄒᆞ야開學치못ᄒᆞ겟다ᄒᆞ얏더라

●客多於主 度支部中에在ᄒᆞᆫ日人이自顧問以下로今番稅務所管과至藏部掃盡軍ᄭᆞ지合ᄒᆞ야二百七十餘名인則韓國官人의數爻보다多數라ᄒᆞ더라

●二年勿叙 日昨에稅務主事三人이請願自退ᄒᆞ얏ᄂᆞᆫ되度支部에서該三人의姓名을聯錄ᄒᆞ야各府部院廳에通牒ᄒᆞ되此三人은三年내외ᄂᆞᆫ勿爲叙任ᄒᆞ라ᄒᆞ얏다더라

●校卒討索 南來人의傳說을聞ᄒᆞᆫ즉忠南洌郡校卒은傳來舊習으로人民에게對ᄒᆞ야侵虐ᄒᆞᄂᆞᆫ弊瘼이尙存ᄒᆞ야或有因事推捉이면稱以例錢ᄒᆞ고討索이無雙ᄒᆞ더니洌川郡에前參奉崔柄穆家가有ᄒᆞᆫ되伊時郵官은卽禮山이라去月分에禮山郡巡校金晋와使令金鳳云이가來到該家ᄒᆞ야稱以押上府訓ᄒᆞ고該家屬을捉去ᄒᆞᆯ際에例錢이라稱ᄒᆞ고葉五百兩을勒索ᄒᆞ고主人令監用이가雇人食價外에又爲討索二百六兩四錢五分ᄒᆞ고其後日에獄鎖掌聖德과朴容石兩漢이又來ᄒᆞ야留宿於舍러니其翌日에破碎壁障ᄒᆞ고收取什物而去ᄒᆞ니此乃崔參奉이上京不在家時也라乘其無王ᄒᆞ야恣意掠奪ᄒᆞ니世豈有如許强盜之習乎아現今更張之後에不得有是債ᄂᆞᆫ章程이거날又况知是行悖ᄂᆞᆫ古亦未聞故로方欲裁判推尋ᄒᆞᆫ다더라

●因病請願 女子敎育會總務金松齋氏가會務에熱心ᄒᆞ더니該氏가他事故에因ᄒᆞ야退歸ᄒᆞ기로請願ᄒᆞᆫ되諸會員이一齊히力挽ᄒᆞᆷ으로因循未退ᄒᆞ더니近日에該氏가身恙이有ᄒᆞ야請願退去ᄒᆞ기로決心ᄒᆞᆫ다더라

●尙倅山慾 尙州郡守吉永洙氏錦衣還鄕에富貴已足ᄒᆞ되山慾이益益熾盛ᄒᆞ야該郡居致燁氏의先墓가在於內西山麓이러니吉氏가成坮下에任自禀票ᄒᆞ얏거ᄂᆞᆯ成氏가躬往口訴ᄒᆞᆫ즉吉氏가冷笑曰汝欲捉致러니汝幸自至로다ᄒᆞ며官隷를號令ᄒᆞ야棍杖笞杖으로左右羅列ᄒᆞ고威脅恐喝曰山價一百二十兩을自官出給矣리니此山卽爲許賣ᄒᆞ라ᄒᆞ며二ㄱ兩先給ᄒᆞ리니汝矣墳墓를卽地掘移ᄒᆞ라ᄒᆞᆫ되成氏가山谷愚氓으로强制力을不能抵當ᄒᆞ야受錢歸家에伏地痛哭ᄒᆞᄂᆞᆫ되化東面鳳德村某의墳塚이亦在此山近地러니成氏에先山緣故로葉山을亦將見奪於吉氏라고稱寃ᄒᆞ며以劍刺腹ᄒᆞ얏다고逢人唱說ᄒᆞ다니吉氏ᄂᆞᆫ身爲字牧ᄒᆞ야該郡에占山ᄒᆞ며勒掘他塚은今始初見이라고民怨이載路라더라

●秦氏管刑 平理院에在囚ᄒᆞᆫ秦學新氏ᄂᆞᆫ四十에照律ᄒᆞ얏다더라

●安家失火 再昨日下午四時에東署避馬洞安昌鉉家에失火ᄒᆞ야草家三間이全燒ᄒᆞ얏다더라

●靑會討論 今日下午七点鍾에基督敎靑年會에서殖産之方은資本이勝於技術이란問題로討論會를開ᄒᆞ고可否便演議을預定ᄒᆞ얏ᄂᆞᆫ되其中否便演議ᄂᆞᆫ韓寅敎氏로定ᄒᆞ얏ᄂᆞᆫ되全氏ᄂᆞᆫ年未滿二十에前時부터本會討論會에ᄂᆞᆫ不避寒暑風雨ᄒᆞ고缺席이無ᄒᆞ며且言語音聲이分明ᄒᆞᆯᄲᅮᆫ더러且多讀古人書ᄒᆞ여口出文字ᄂᆞᆫ老成人도不及이라고稱譽ᄒᆞᆫ다더라

●巡檢減額說 巷說을倫聞ᄒᆞᆫ즉今番警務廳巡檢을減額ᄒᆞᆫ다ᄂᆞᆫ되總히二百餘名을減額ᄒᆞ며該廳明年度豫算에十八萬圜이나며磨鍊된故로一月로부터俸給을더ᄂᆞ려준다ᄂᆞᆫ되該顧問丸山이가密議中이라더라

●綏請服裝 晉州觀察使丕民熙氏와忠南觀察使金嘉鎭氏가稅務監服裝을下送ᄒᆞ라고度支部에報告ᄒᆞ얏다더라

●韓人은工役不得 度支部公廨幾間을重修ᄒᆞᆯ터인되日人木手에게都給으로酌定ᄒᆞ려ᄒᆞᆫ즉所費가夥多ᄒᆞ여更히韓人木手에게言論ᄒᆞᆫ즉所入이相當ᄒᆞ야工役을始作ᄒᆞ얏더니該部顧問官目賀田氏가該役을中止케ᄒᆞ얏다ᄂᆞᆫ되其停役根因인즉日人木手를使用치못ᄒᆞᆫ事이라더라

●訓外加報 月前에度支部에서鎭川郡守에게隱結二百八十餘結을壓據ᄒᆞ라고訓勅ᄒᆞ얏더니該郡守李鐸應氏가訓令外에八十九結七ㄱ二負八束을加報壓據ᄒᆞ얏다더라

○○○

●自强總會 大韓自强會에서本日下午二時에通常總會를開ᄒᆞ고尹致昊林炳恒大垣丈夫三氏가연說ᄒᆞᆫ다ᄂᆞᆫ되연趣ᄂᆞᆫ權利의競爭、官權과民權、敎育殖産의對ᄒᆞᆫ官吏의義務라더라

●糞亦奪 各坊曲에糞商들이偶語ᄒᆞ되家家에糞桶을埋ᄒᆞᆷ은衛生上事로知ᄒᆞ얏더니近日에日人이街路에廁間을建設ᄒᆞᆷ을見ᄒᆞᆫ즉韓人의糞ㄱ지라도外人의게見奪ᄒᆞ야賴鄙ᄒᆞᆫ生涯도杜絶ᄒᆞ깃다더라

●會報還會 大韓自强會에서設會月報를帝國雜誌社에板權을讓與ᄒᆞ야四號ᄭᆞ지繼行ᄒᆞ더니會員이日增ᄒᆞ고會務가漸就ᄒᆞᆷ으로會報를擴張ᄒᆞ기爲ᄒᆞ야旣讓ᄒᆞ얏던板權을協議返還ᄒᆞ야五號부터典洞自强會事務所內에서編집發行ᄒᆞᆫ다더라

●去就來問 陸軍參將權重奭氏가再昨夜其附近에知識이有ᄒᆞᆫ다ᄂᆞᆫ人에게來問ᄒᆞ여曰獨立館一進會紀念宴에於我에도請帖이來ᄒᆞ얏시니參與不參이俱是難處ᄒᆞ니何以措處ᄒᆞᆯ는지指一明敎ᄒᆞ라ᄒᆞᆫ되其人微笑曰今監이曾前에도日人家에往來ᄒᆞ얏시니其去其來를何事來問고ᄒᆞ얏다더라

●徐李再判 再昨日平理院에서徐李兩氏와大丘徐氏의山訟事件으로再次裁判ᄒᆞ얏다더라

◉政界一評

○宮內大臣은名望으로選任ᄒᆞ니辭職을屢呈ᄒᆞ니急流勇退ᄒᆞᆫ만두고당業을顧念ᄒᆞ오

○近日에內閣이變遷되며大官에運動力이一層奔忙ᄒᆞ야風波가屢起ᄒᆞ니官더大臣부구렵지안소

○日警部를設置ᄒᆞᆷ은賊警을止戢ᄒᆞᆫ다더니日本妖術賊三十名이渡韓ᄒᆞ니어루고ᄲᅡᆷ치ᄂᆞᆫ格이지

○今日獨立館紀念宴에망량이츄츄ᄒᆞ니何日에나大明이中天ᄒᆞ야陰霧를掃除ᄒᆞᆯ고

○郡守會議와稅務官會議와道參書會議와許多會議가生ᄒᆞ니會議가近日에流行이로고

詞林

閔忠正公血竹 朴○○

竹兮竹兮桂軒上竹 滿腔熱血化爲竹 政府辭公硯此竹 一心傲骨棟樑竹 轅門將師硯此竹 獄館凝看剖符竹 高士硯此竹 堅執春秋節制竹 學校生徒硯察竹 英材養得立身竹 二千萬人硯此竹 箇箇倒藏愛國竹 昔聞瀟湘江邊竹 爲古人傳烈女竹 又聞孟宗雪裏竹 千秋有名孝子竹 近聞松京橋上竹 百載紀念忠臣竹 嗚呼此竹亦何竹 仙李江山忠正竹

雜報

●論工業　崔炳憲

生此競爭世ᄒᆞ야論富國策者ㅣ或曰農者ᄂᆞᆫ天下大本이니耕作을勸ᄒᆞ며阡陌을開ᄒᆞ면家家에石廪이露出ᄒᆞ고陳陳ᄒᆞᆫ太倉이紅腐ᄒᆞ야民皆饒而國自富라ᄒᆞ고或言商者ᄂᆞᆫ世界財源이니輸貨出入ᄒᆞ고籠利四方ᄒᆞ야手弄萬能則貨泉이流ᄒᆞ고金鹽이疾走ᄒᆞ야民殷物阜에財權을秉攬ᄒᆞᆯ지라國民의致富가商務之興廢에在ᄒᆞ다ᄒᆞ니理或然也로ᄃᆡ以余觀之컨ᄃᆡ有一贅說焉ᄒᆞ니若使工藝로不振則農與商이盡皆貧廢矣라何以言之오地有天産ᄒᆞ며物有人造ᄒᆞ야人造物품이緊適於日用者ㅣ百倍於天産物矣라勿論何工ᄒᆞ고一切停廢ᄒᆞ야全靠天産之物則不久에必無可用之物ᄒᆞ며又無可裁之衣ᄒᆞ고房屋이荒落ᄒᆞ며器械가絶乏ᄒᆞ리니民安得而生存乎아故曰國之貧富가實關乎工藝之興不興如何耳라竊觀英國之情形컨ᄃᆡ數百年前에工藝不興ᄒᆞ고商務凋殘ᄒᆞ야人民의貧困ᄒᆞᆷ이我韓과同ᄒᆞ더니近百年以來로英之所以强於各國者ᄂᆞᆫ實出於工藝織造之效力이라維我英祖四十五年에英人亞克雷武이雖造紘絲ᄒᆞ고 正宗十一年間에英人坑吞이造紡線走機ᄒᆞ고楷胱이造織布機ᄒᆞ며其後六年에惠鎭이創造軋花機ᄒᆞ니從此로軋花와紡絲와織布ᄒᆞ기에便利ᄒᆞᆫ新機가無不完備ᄒᆞᆫ지라外貌觀之컨ᄃᆡ此ᄂᆞᆫ些少ᄒᆞᆫ哭機에不過ᄒᆞ나其關係偏滿於五洲ᄒᆞ야四方의利을籠ᄒᆞ며萬國의貨를羅ᄒᆞ야世界貿易場중에首魁가되얏시니此ᄂᆞᆫ工藝의新便ᄒᆞᆫ製造法으로物품을비增케ᄒᆞ고諸般융과許多組布를外國에輸出ᄒᆞ야利權을並攬ᄒᆞᆷ이라

由此論之컨ᄃᆡ工業이凋殘ᄒᆞᆫ國은物품이粗鈍ᄒᆞ고物품이粗ᄒᆞᆫ則商賈의貿易이亦爲零星ᄒᆞ고工예와商務가不振ᄒᆞᆫ則國庫의稅入이不夥ᄒᆞᆯ지니國家의부强을엇지希望ᄒᆞ리오美洲統領林肯氏有言曰工人이無財主則不能炫其예ᄒᆞ고財主가無工人則不能成其事ᄒᆞ리니國家에서特別히工人과財主를保護ᄒᆞᆯ거시오工人勿犯罪於財主ᄒᆞ고財主ᄂᆞᆫ毋薄待於工人ᄒᆞ야由漸致부ᄒᆞ면生理가日嘉ᄒᆞ고百姓이安分營生ᄒᆞ야國家에太平지治를覩ᄒᆞ리니此ᄂᆞᆫ主工和睦의効力이라ᄒᆞ고

第三總統翟斐孫氏言에曰今吾國民이既得自由에맛당히才力을各出ᄒᆞ야極美ᄒᆞᆫ工네를興ᄒᆞ고利藪를收ᄒᆞ면泙國人榮耀欣幸心을皆将ᄒᆞᆯ지라人之始生의本無一物이니부貴ᄂᆞᆫ原無自致之理라ᄒᆞ셧스니今我同胞가才力을各盡ᄒᆞ야工네의業을窮遠케ᄒᆞᆫ後에可히부貴를致ᄒᆞᆯ거시오華盛頓氏嘉言의曰他國의工네技能이出衆ᄒᆞᆫ者有ᄒᆞ거든請來美ᄒᆞ야我民을敎導케ᄒᆞ고我國人民中의技能이出衆ᄒᆞ야製造를奇巧히ᄒᆞᄂᆞᆫ者有ᄒᆞ거던政府에서優其奬賞ᄒᆞ야以示鼓勵ᄒᆞ라ᄒᆞ셧시니

維我政府ᄂᆞᆫ또ᄒᆞᆫ政界文明ᄒᆞᆯ從ᄒᆞ야奇巧物품을始創發明ᄒᆞᆫ者의게施賞勸奬ᄒᆞ시면工예技能이逐日進步ᄒᆞᆷ을可見ᄒᆞᆯ지라工業의發達財源ᄒᆞ며光饒國脈케ᄒᆞᄂᆞᆫ效力에엇지農商二民之下에在ᄒᆞ리오國家를富强케ᄒᆞᆷ은實로天產物과人造物품을共同貿易ᄒᆞ야外國으로輸出ᄒᆞᆷ에在ᄒᆞ도다

現聞皇城基督青年會學館에서工네敎育課를特設ᄒᆞ고各項工業에緊要ᄒᆞᆫ技能을敎授ᄒᆞᆫ다ᄒᆞ오나吾儕ᄂᆞᆫ基督青年會에對ᄒᆞ야我韓人民을熱心敎育ᄒᆞ심을萬萬攢賀ᄒᆞ거니와

維我同胞青年俞哥ᄂᆞᆫ此競爭時代와貿易場中을當ᄒᆞ야勉勵奮進ᄒᆞ고聚精會神ᄒᆞ야諸般課程을深究傍通ᄒᆞᆫ後에各色工네를務圖做業ᄒᆞ야外國財源을網羅ᄒᆞ며本國權利를振興케ᄒᆞ심을引領渴望ᄒᆞᆷ

◉五噫歌　長吁生

短笻步展으로香頭를一上ᄒᆞ야萬人長安구버보니來來去去擁衆我라文明思想이有ᄒᆞᆫ지無ᄒᆞᆫ지爲我同抱噫

閉鎖ᄒᆞᆫ地方에生長ᄒᆞ야文明敎育보지못ᄒᆞ얏스니士農工賈단더업다爲我一身噫

우리仁明ᄒᆞ신 大皇帝陛下禹湯과武의不下ᄒᆞ시거날時運不幸ᄒᆞ야敵國人의門把守가니日緊嚴ᄒᆞ니爲我王室噫

現局에形便이凜然이十二巷上에九卿을置ᄒᆞᆷ과如ᄒᆞᆫ거날政府諸公何事인지鶻軒鵲梁을安ᄒᆞ고焚棟火宅不急ᄒᆞ니爲我政府噫

秋來에豐聲이讓讓ᄒᆞ야全國人民의歡虞抃ᄒᆞᄂᆞᆫ貌樣帶力을何頌ᄒᆞ리오마ᄂᆞᆫ貨脈이枯渴ᄒᆞ야如干菽豆菽粟이王侯에歸ᄒᆞᆫ지니前헤生活이正히蝎子繚堅과加ᄒᆞᆫ지라爲我國民噫

廣告

廣告

花春丹은 霍亂 吐瀉 腹痛 滯症 暑症 [illegible] 積鬱 [illegible] 醒酒船暈 咳嗽 痢질 口臭업ᄂᆞᆫ 時症의 神效ᄒᆞᆫ 藥이오 此外에도 [illegible] 腐창 疳氣 [illegible] 赤白면風 [illegible] 洋藥이 俱備ᄒᆞ고 [illegible] 도 [illegible] ᄒᆞ오니 僉位ᄂᆞᆫ [illegible]ᄒᆞ시옵

皇城校洞石井洞下隅
石泉堂藥局 告白

印刷廣告

●特別廣告

本申報社內에 特別히 附屬品으로 活字[illegible] 書籍印刷所를 設置ᄒᆞ얏사오니 印刷를 要ᄒᆞ시ᄂᆞᆫ 僉君子ᄂᆞᆫ 來臨相議ᄒᆞ시옵

大韓每日申報社 告白

●民事訴訟代理와 刑事辯護와 公證 其他 一切法律에 關ᄒᆞᆫ 事務을 迅速處理ᄒᆞᆷ

漢城南署茶洞第十七統八戶
辯護士 前檢事 正三品 李冕宇
法律事務所
事務員 前判事 丁明燮 博士 趙東[illegible]

大韓帝國仁川港
濟物浦紙卷烟及烟草會社

TELESCOPE CIGARETTES

SPIDER CIGARETTES

以上三種은 上品으로 製造ᄒᆞ야 衛生上 [illegible] 有[illegible] [illegible] 論某人 [illegible] 臨ᄒᆞᆷ

一 鷹標罐詰濃結牛乳
一 金印罐詰濃結牛乳
一 [illegible]家用氣化乳酪
一 쎄ㅣ론쓰製[illegible]化合牛乳

以上은 常時에 貯積ᄒᆞ얏숩

美國紐育港 쎄ㅣ론쓰 濃結牛乳會社
一手代理店
大韓仁川港 世昌洋行

九轉靈砂丹 本人이 [illegible] 靈丹을 發明 [illegible] 老少에 無論何病ᄒᆞ고 [illegible] 가 能[illegible]ᄒᆞ며 [illegible] 保ᄒᆞ오며 [illegible] 神效ᄒᆞ오

●九轉靈砂萬靈丹은 [illegible]

●九轉靈砂保合丹은 [illegible] 小兒 [illegible] 婦人帶下症에 神效ᄒᆞ며

●九轉靈砂濟衆丹은 酒滯 食滯 [illegible] 吐血 下血 遲氣 時疾 [illegible]症에 神效ᄒᆞ오

●九轉靈砂黑金丹은 痔漏 [illegible] 上痔 下痔 [illegible]瘡와 諸般瘡瘇 累積에 無不神效ᄒᆞ오니 僉君子ᄂᆞᆫ 來購ᄒᆞ시오

內需司前독갈이골上隅第一家 李[illegible] 告白

◎本社廣告

申報價
一張代金 新貨二錢五里
一箇月前納 三十錢
三箇月 九十錢
六箇月 一圓七十錢
一箇年 三圓四十錢
郵費一部 新貨五厘
一箇月 十三錢

廣告料
四号活字十三字詰
每日每行 [illegible] 五錢
(每日每行에 六錢에 相當홈 其期限의 長短과 字數의 多少를 從ᄒᆞ야 [illegible] 減홈이 有홈)

◎大韓每日申報分支社廣告
中署布屛門下 金相萬冊肆
洞口 [illegible] 李[illegible]冊肆
[illegible] 初入 [illegible]
十 [illegible]
仁川 [illegible] 李東[illegible]
平壤南山峴 新學校 金浩淵
[illegible] 金叙恒
宣川邑 [illegible] 張[illegible]
義州南門外 [illegible] 張有寬
長連邑 金[illegible]
[illegible] 金仁[illegible]
[illegible] 曹喜林
中和邑 李[illegible]培
釜山佐川 [illegible] 金[illegible]
開城 [illegible] 崔[illegible]
[illegible] [illegible]助
大丘郡 [illegible]文[illegible]
鎭山邑 安灝
元山港 金乃範
黃海道 [illegible] 劉夢澤
[illegible] 英國人 裴說

京城中署壽進坊 [illegible]
大韓每日申報社

第四卷　大韓每日申報　대한매일신보　第一百七十四號

月曜及慶節 翌日休刊

紀元開國四千二百三十九年
箕子元年三千二十八年
大韓開國五百十五年
日本明治三十九年
淸國光緖三十二年
◎陰曆丙午十月大初三日丙寅

論說

日人雜技

近者에多數日人이各種雜技를爲業인바其中幾種은余所飼審이니라今擧其一ᄒᆞ야略論ᄒᆞ노니蓋其賭技ᄂᆞᆫ以一得二ᄒᆞᄂᆞᆫ거시오其勝利之機ᄂᆞᆫ十居其(人)인고로 韓人이此乃欺罔之計인줄을自知ᄒᆞ나然이나惟其叅[illegible]은入於設局ᄒᆞ야成功을猶望ᄒᆞᄂᆞᆫ도다

若韓國人이如彼愚昧면[illegible]其편財가安合之事라ᄒᆞ고人或言之나若然ᄒᆞ즉猶[illegible]雜技던지恕宥ᄒᆞᆯ이可ᄒᆞ거니와開明邦國은人民의如彼欺術을容許ᄒᆞᆫ者ㅣ未之有也니라

雜技가盛行ᄒᆞᄂᆞᆫ該區域에도其禁止之律이非不嚴整이요雖日本巡査라도此를不禁ᄒᆞᄂᆞᆫ거슨亦是奇怪之事나然이나人若注目이면做出奧擧ᄒᆞ야收取利益者ᄂᆞᆫ其乃日人이니阿片販賣가亦其一機라日人이何如히取利ᄒᆞ던지不必禁止라或言ᄒᆞ리이나然ᄒᆞ다韓國人民[illegible]此害物을[illegible]今始叫呼ᄒᆞ나니日本官[illegible]은此를禁之ᄒᆞ여다不然이면其[illegible]

義之行이韓國市民보다反不如矣리로다

以其正質開明으로言之면韓日人이一般됨을常信ᄒᆞ얏더니亦因此機ᄒᆞ야吾人의素信之心이至於堅確이라此雖些少之事나觀其草芥면知風之向이로다若何如正直韓人이此技局近傍에停立ᄒᆞ야此無[illegible]技場에進入ᄒᆞᄂᆞᆫ韓人의게其愚蠢ᄒᆞᆷ을警告ᄒᆞ면其所遇事가必至可聞ᄒᆞ리니即被痛罵ᄒᆞ야日人의不法行動이必著ᄒᆞ리로다試圖此擧ᄒᆞᆯ[illegible]敢韓人이或有ᄒᆞᆯ지ᄂᆞᆫ不無其疑나若果爲此면公衆의게利益이不少ᄒᆞ리로다

官報

●三千六百十三號　光武十年十一月十七日

◎敍任及辭令

任法部主事　六品奇東衍

◎光武十一年度

歲入歲出摠豫筭　續

科目	金額	金額	增減
船稅	一二三九〇	一二三九〇	
礦稅	四〇〇〇〇		
港稅	一八七〇〇〇	八五〇〇〇	八五〇〇〇
雜稅			
印紙收入	一五八〇〇〇	三〇〇〇〇	
官業收入	一三四五〇	七四〇〇	一八七五〇
醫院收入	九四三〇		
官報收入	四〇〇〇	四〇〇〇	二〇〇〇
印刷局收入		七〇〇〇	五〇〇
電報			九〇七〇
電話			三七五〇
郵便			一七二五〇
雜收入	一二〇〇	六〇〇	六二五
既往年度租稅收入	一二〇〇〇〇	九五二〇〇	一二五〇〇
經常部合計	九五六五一〇三	七四八四七四四	七四八〇二八七
臨時部			
起業資金	二三二五八六		
組八			
海[illegible]事業基金	一二九八三六		
組入五			
臨時部合計	[illegible]		
歲入總計	[illegible]		
賭博稅	一〇五〇〇〇	一〇五〇〇〇	一〇〇五〇〇
漁稅	三五九〇		
[illegible]稅	四〇		
[illegible]稅	〇六		

第三 歲出

光武十一年度歲出摠額壹千參百九十六萬千參十五圜으로其經常部에屬ᄒᆞᆫ者九百二十壹萬四千參百九十圜이오其臨時部에屬ᄒᆞᆫ者四百七十四萬八千六百四十五圜이니此를前年度預筭에對比ᄒᆞᆫ則左와如ᄒᆞᆷ

歲出	光武十一年度	光武十年度	比較增減
經常部	九二一四三九〇	六三三三二八	二〇八九五
臨時部	四七四八六四五	一六四三〇五五	三一〇九
計	一參九六〇三五	七九六七參八八	五九九五六四七

歲出增減의重要ᄒᆞᆫ事項

經常部에在ᄒᆞ야ᄂᆞᆫ一般官吏의增俸이有ᄒᆞᆷ과同時에雇傭人의給料를增ᄒᆞᆷ으로隨ᄒᆞ야俸給及雜給雜費가增加ᄒᆞ고又一般行政의整理를隨ᄒᆞ야必要ᄒᆞᆫ廳費旅費等도亦增加ᄒᆞᆷ에至ᄒᆞᆫ지라其他各所管廳出增加의原因

一 議政府所管에서外事增設

一 內部所管의서地方判度의改正、地方警務의擴張

一 度支部所管의서管稅官의創設、起業資金의借款、統監府通信管理局國庫金出納事務處理의委託、徵收法改正의結果로地方公面交付金의創始

一 軍部所管의서下士以下給料及被服費의增加

一 法部所管의서在方裁判事[illegible]

一 學部所管의서學制의改革、外國留學生의派遣

一 農商工部所管의서鑛山事務局、移民事務所、園藝模範場、農林學校、工業傳習所、氣像測候所、勸業博物館、農事試驗場等의創設等이有ᄒᆞ고一方으로ᄂᆞᆫ經費減少의原因된官制改正의結果로外部、通信院、在外公使館、開港市場監理署等의廢止가有ᄒᆞᆫ結局은歲出一百八十九萬五十二圜增加ᄒᆞᆷ 未完

外報

●官制改革會議　北京電을據ᄒᆞᆫ則政務處ᄂᆞᆫ政務省이라改稱ᄒᆞ고地方官制改革의關ᄒᆞᆫ會議ᄂᆞᆫ天津에서開ᄒᆞᆫ다ᄂᆞᆫ說이有ᄒᆞ더라

●俄國報의駁論　俄國各新聞紙ᄂᆞᆫ日本軍隊가滿洲의侵入ᄒᆞᆷ을보스마스條約을違反ᄒᆞᆫᄂᆞᆫ거시라ᄒᆞᆷ이日本이俄國에對ᄒᆞ야再三抗議를提出ᄒᆞ얏스되尙히此를不顧ᄒᆞ고사가렌에軍事的設備를施ᄒᆞᆫ다고騷動ᄒᆞᆫ다더라

●英法同盟說　德國半官報ᄂᆞᆫ明言ᄒᆞ야日英法間에攻守同盟締結이進行中인ᄃᆡ其預定條件은英國에서法國에提出ᄒᆞ얏스나何今秘密에付ᄒᆞ얏다云ᄒᆞ며且겔아니아新聞은英法間에目下軍事的盟約이締結되ᄂᆞᆫ지라此條約은德國과戰爭될時에對ᄒᆞ야英法協同을約定ᄒᆞᆫ거시라ᄒᆞ더라

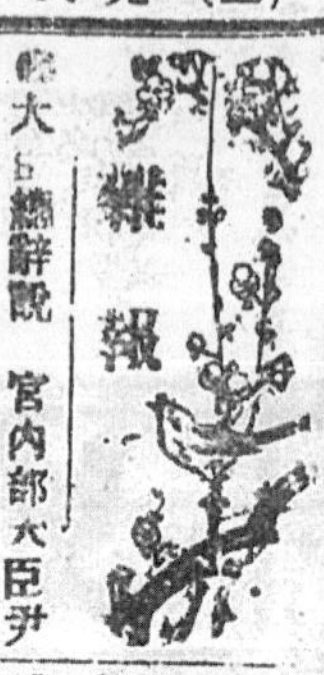

雜報

●大臣總辭說 宮內部大臣尹用求氏가期於圖遞ᄒᆞ고特進官李□鎔氏가被任ᄒᆞᆫ다ᄂᆞᆫ說이有ᄒᆞ더라

●內閣讌飮 再昨日에內大臣李址鎔氏가其妹夫[illegible]鎔氏生日宴에往參ᄒᆞ야半晌을讌飮ᄒᆞ얏다더라

●請仍統監 伊藤統監이大官某氏를要ᄒᆞ야密密히 大內에上奏ᄒᆞ여曰伊藤統監이韓國에渡來ᄒᆞᆫ미安寧迭序가實賴統監之力ᄒᆞ얏시니斯速還送ᄒᆞ야仍任統監ᄒᆞᆷ을로國書에措辭ᄒᆞ야달나ᄒᆞ얏다더라

●兩件歸正 伊藤統監이歸國ᄒᆞ기前에兩大件事를歸正離發ᄒᆞᆫ다ᄂᆞᆫ데其內容을得聞ᄒᆞᆫ즉韓國皇室에顧問官一人을聘置ᄒᆞᆯ事와亡命客特赦ᄒᆞᆯ事件이라더라

●體貌已失 日昨에徐李兩姓이平理院에裁判ᄒᆞᆫᄂᆞᆫ데原告徐臣輔氏와徐正淳氏와被告李濬植氏ᄂᆞᆫ皆秩高老人이라自法司로特備交椅ᄒᆞ야禮待ᄒᆞᆫ官이러니裁判이未決ᄒᆞ야午餐을進ᄒᆞᆯ次로三氏가暫時出外ᄒᆞᆫ暇에李貞珪氏가兀然히交椅에坐ᄒᆞᆫ지라徐李三大官이又爲入來ᄒᆞᆫ즉李貞珪氏가宜乎避坐ᄒᆞᆯ터인데儼然不動ᄒᆞᄂᆞᆫ지라傍觀者莫不駭然ᄒᆞ더니徐氏中一人이李貞珪氏를對ᄒᆞ야體貌損失ᄒᆞᆫ事로一場論責ᄒᆞ야逐出ᄒᆞᄂᆞᆫ光景을當ᄒᆞ얏다더라

●事係度支 稅務官黃用性氏가年前韓山郡守在任時에贓錢이葉八萬兩에達ᄒᆞᆫ지라度支部에서平理院에照會ᄒᆞ야黃氏를捉囚ᄒᆞ얏다가追後保放ᄒᆞ얏더니今番에何樣周旋이有ᄒᆞ얏던지稅務官을被任ᄒᆞᆫ지라平理院에셔黃氏의行爲乖當ᄒᆞᆷ을可憎히여겨還爲捉囚ᄒᆞ얏더니度支部에서黃氏의家舍와諸般什物을執行ᄒᆞ고放送ᄒᆞ라고平理院으로照會ᄒᆞᆫ故로贓錢捧不捧은度支所關인故로因爲放送ᄒᆞ얏다더라

●果復如約 內部大臣李址鎔氏가狎客으로秘密히相約ᄒᆞ되郡守運動ᄒᆞᄂᆞᆫ者가有ᄒᆞ거던運動費를鍾路靑布廛朴俊亨의게留置ᄒᆞ고 奇ᄒᆞ라ᄒᆞ얏다니近日銓考所를設置ᄒᆞ고도此等納賂之說이有ᄒᆞᆫ지未可確信ᄒᆞᆯ깃더라

●必叙技手 再昨日農商工部에셔鑛山學徒卒業禮式을設行ᄒᆞ고卒業証書를繕給ᄒᆞ얏ᄂᆞᆫ데將次技手를一齊히叙任ᄒᆞᆫ다더라

●大臣會長 東亞開進教育會에서該會會長을農商工部大臣權重顯氏로薦定ᄒᆞ얏ᄂᆞᆫ데該氏가會務를一層組織ᄒᆞ기로規則節目을繕送ᄒᆞ얏다더라

●致誠無效 去甲辰年夏의嚴與居金某와坡洞居鄭某兩人이使某大臣으로 大內에運動ᄒᆞ야國運을回泰케ᄒᆞᆫ다고誣奏ᄒᆞ야運動費를多數히騙得ᄒᆞ야因而分與ᄒᆞ고愚蚩ᄒᆞᆫ新門外崔炳夏를誘之以勸ᄒᆞ되四千餘里外地에致誠以來ᄒᆞ면將有好道理라ᄒᆞᆫ데崔氏가信聽ᄒᆞ고來往旅費를自當ᄒᆞ얏ᄂᆞᆫ데金鄭兩氏가無一分效驗ᄒᆞ얏다더라

●兩務俱[illegible] [illegible]閔衡植氏가[illegible]則[illegible]에仕進視務ᄒᆞ고夜則[illegible]往ᄒᆞ야徒[illegible]ᄒᆞᆫ다ᄒᆞ니該氏에不惜勤勞[illegible]不稱[illegible]ᄒᆞᆫ다더라

●特赦捷逕 近日에亡命客歸國ᄒᆞᆫ다ᄂᆞᆫ說이張籍ᄒᆞᆫ뇌該亡命客某氏가其親友의게書簡을送ᄒᆞ얏ᄂᆞᆫ데特赦前외ᄂᆞᆫ萬無歸國之理라ᄒᆞ얏다더라

●拔劍何事 再昨日에漢城裁判所廷吏가新門外何許人의家舍를執行次로開往ᄒᆞ얏더니該家主가被酒惹鬧에廷吏를拔劍斫傷ᄒᆞᆫ지라該人을監獄署에捉囚ᄒᆞ얏다더라

●禍不單行 平理院에滯囚ᄒᆞᆫ李裕寅氏의親山이金海郡에在ᄒᆞᆫ데賊漢이破掘ᄒᆞ고頭骨을割去掩置ᄒᆞ고錢幾十萬兩을討索ᄒᆞᆫ다더라

●南陽賊警 南陽來人의傳說을聞ᄒᆞᆫ즉近日賊警이比前益熾ᄒᆞ야橫行村閭에掠奪錢財之弊가無日無之ᄒᆞ야 境民情이大段繳擾ᄒᆞ다더라

●酷刑誣招 西署社稷洞居少年이鴉片烟을吸ᄒᆞ다가被捉ᄒᆞᆫ事ᄂᆞᆫ昨報의已揭ᄒᆞ얏거니와再昨日漢城裁判所의셔審問ᄒᆞᆫ즉該少年이納供ᄒᆞ여曰警務廳도雖是我國法庭이나懸刑으로訊問이온즉[illegible]做히와不犯ᄒᆞᆫ事라도自服ᄒᆞ얏시니今此裁判之塲의ᄂᆞᆫ盡昔而無隱ᄒᆞ여시니寃抑치안 處決ᄒᆞ여달나ᄒᆞ얏더라

●富害及貪 尹龜榮氏가隣跡郡守在任時의匪徒가猖獗ᄒᆞ야邑村이搔擾ᄒᆞᆫ지라該郡富民幾許人이郡守尹氏를往見ᄒᆞ고設兵防禦ᄒᆞ기를說明ᄒᆞᆫ데尹氏가答曰以若本官薄況으로ᄂᆞᆫ設兵ᄒᆞᆯ力이萬無ᄒᆞ다ᄒᆞ거ᄂᆞᆯ該富人들이各其自當ᄒᆞ깃다ᄒᆞ야砲兵을設置ᄒᆞ얏더니가郡守ᄂᆞᆫ遞歸ᄒᆞ고新任郡守金商直氏가赴任ᄒᆞᆫ後의設兵備를 境內殘民의게分排ᄒᆞᄂᆞᆫ故로該民人等이此事件의對ᄒᆞ야府郡의呼訴ᄒᆞ얏다더라

●金庫通譯 日昨에度支部에서十三道支金庫通譯ᄒᆞᆯ人十三人을抄選ᄒᆞ얏ᄂᆞᆫ데該部主事로並爲叙任ᄒᆞ고明日爲始ᄒᆞ야一週見習後에派送ᄒᆞᆫ다더라

●規則見習 度支部補佐官補鈴木氏가近日에內部會計課에往ᄒᆞ야會計規則을該局官人으로ᄒᆞ야곰見習케ᄒᆞᆫ다더라

●同功不居 所謂嶺南人이伊藤統監과軍大李根澔侍從院卿朴鏞和三氏를爲ᄒᆞ야善政碑를竪立ᄒᆞᆫ거ᄂᆞᆫ本報에一大笑料로揭載ᄒᆞ얏더니該木碑三介가慕華館獨立門外의在ᄒᆞᆫ거ᄅᆞᆯ警廳으로伊藤統監의碑ᄂᆞᆫ拔來ᄒᆞ고李朴兩氏의碑ᄂᆞᆫ自在라ᄒᆞ니아마伊藤氏가李朴兩氏로더부러同功一體에不居코ᄌᆞ홈인가

●宣撫還給 慶北觀察使韓鎭昌氏가赴任次로今日에發程ᄒᆞ얏ᄂᆞᆫ데該府宣化堂을日人이佛得已ᄒᆞ야還給ᄒᆞᆫ다더라

●稅務旅費 昨日度支部의서稅務官과主事의旅費를支給ᄒᆞ얏다더라

●警課歸京 警務廳警務課李憲珪氏가西北警務를視察ᄒᆞ고夜昨日平壤의셔京義鐵車를搭乘ᄒᆞ고歸京ᄒᆞ얏다더라

●假巡被捉 石隨祥高在[illegible]兩人이假稱別巡檢이라ᄒᆞ고行悖民間ᄒᆞ다가再昨日警務廳에서捕捉ᄒᆞ얏ᄂᆞᆫ데捕繩과呼角等物이俱有ᄒᆞ다더라

●私鑄被捉 再昨日東署警務地에서私鑄錢ᄒᆞ던李允與金太京張召史等을警廳에서捉得ᄒᆞ얏ᄂᆞᆫ데 械와私鑄ᄒᆞᆫ銀錢이多數没入ᄒᆞ얏다더라

●調査各郡文簿 全南觀察使沈相翊氏의度支部에報告ᄒᆞᆷ을據ᄒᆞᆫ則管下各郡의文簿가浩繁ᄒᆞᆫ즉該府主事를派送ᄒᆞ야文簿를調査ᄒᆞᆫ다ᄒᆞ얏더라

●夫人請判 南門外藥峴故大臣金有연氏에家舍事로平理院裁判長李允用氏와相訟ᄒᆞᄂᆞᆫ事ᄂᆞᆫ前報에已揭ᄒᆞ얏거니와 昨日의金大臣의孫婦가轎子를乘ᄒᆞ고漢城裁判所의往ᄒᆞ야法官의게傳갈ᄒᆞ되法庭의서民訟을抑鬱케ᄒᆞ시면日姓이何以지保ᄒᆞ오릿가지ᄉᆞ으로李允用氏와裁判케ᄒᆞ여달나ᄒᆞᆫ즉該裁判소의셔回答ᄒᆞ되還宅ᄒᆞ시면公正ᄒᆞ게處決ᄒᆞ마ᄒᆞ되該夫人이累累히傳갈ᄒᆞ기를裁判前의ᄂᆞᆫ幾日이라도不還ᄒᆞ겟다ᄒᆞ얏다더라

●火苗可畏 度支部의서各郡年來未納條를稅務官이督刷ᄒᆞ기로規則을磨鍊ᄒᆞ얏ᄂᆞᆫ데稅務官들이收稅ᄒᆞ여다가ᄂᆞᆫ長析上火苞를未免ᄒᆞᆫ거시니此款은舉[illegible]마지아니ᄒᆞᆫ다더라

●文[illegible] 西署[illegible]里玄成普通學校[illegible]學部의請[illegible]設立ᄒᆞᆫ지가[illegible]一學期[illegible]시[illegible]

●仙坪運動 [illegible]普通學校외齋洞普通學校의셔昨日小門外三仙坪에서秋季運動式을舉行ᄒᆞ얏다더라

●金濟遭憂 金海郡守[illegible]氏가其父憂를丁ᄒᆞ얏다더라

◎詼[illegible]辭話

○伊藤統監은韓國에渡來ᄒᆞ야風雲을籠絡ᄒᆞ거ᄂᆞᆯ點頭ᄒᆞᆫ日字가漸白ᄒᆞ냐섭섭지안소

現任政府某某ᄂᆞᆫ[illegible]伊藤統監을送ᄒᆞ야事[illegible]統監이歸國ᄒᆞ면悵缺之情을不勝ᄒᆞ깃소

○各府部에日人顧問官을雇聘ᄒᆞ야事務를專管ᄒᆞ고皇室에도顧問을聘置ᄒᆞ다니顧問官雇聘以前에ᄂᆞᆫ엇지ᄒᆞ얏던지

○度支部顧問官은財政과主管ᄒᆞ나金融이漸[illegible]ᄒᆞ니이거시顧問官을聘置ᄒᆞᆫ效力인지

○宮相尹用求氏ᄂᆞᆫ辭疏[illegible]ᄒᆞ야期於[illegible]ᄒᆞ더니某某大官이注目運動ᄒᆞ니未知鹿在誰手로고

雜報

衛生論 第三

家屋과 便所 閔元植

人에常히起居飮食ᄒᆞᄂᆞᆫ家屋不潔이衛生上有害ᄒᆞᆫ事ᄂᆞᆫ明ᄒᆞᆫ事인ᄃᆡ家에內外를不問ᄒᆞ고不潔ᄒᆞᆫ場所ᄂᆞᆫ人身에害되ᄂᆞᆫ有毒氣를醱ᄒᆞ야傳染病에原因을作ᄒᆞᄂᆞᆫ바에미菌을生ᄒᆞᆷ殊히便所와如ᄒᆞᆫ廚屋과如ᄒᆞᆫ濕氣有ᄒᆞᆫ場所ᄂᆞᆫ最히其懼가有ᄒᆞᆫ故로家屋은常히淸결을保ᄒᆞ야便所와如히미菌을生ᄒᆞ기易ᄒᆞᆫ場所ᄂᆞᆫ石灰石炭酸과如ᄒᆞᆫ消毒物를散布ᄒᆞ야此를防치안임이不可ᄒᆞᆷ

元來衛生에事ᄂᆞᆫ病毒를未發에防ᄒᆞ야人身에健康을保持케ᄒᆞ라면其身體壯건ᄒᆞᆫ時에注意를怠ᄒᆞᆫ時ᄂᆞᆫ噬臍에悔를來ᄒᆞ리로다然ᄒᆞ나或一人이甚히衛生에注意ᄒᆞ야其家屋에淸결을保ᄒᆞ나此에隣接ᄒᆞᆫ他家屋이不결ᄒᆞ야病毒을醱生ᄒᆞᆫ時ᄂᆞᆫ此를傳播ᄒᆞᄂᆞᆫ故로家屋淸결에事ᄂᆞᆫ一鄕一村一市一郡擧히此를注意ᄒᆞ며各人相共히其청결을保ᄒᆞᆫ事에怠ᄒᆞᆷ이不可ᄒᆞᆯ도다

一市內에衛生에不注意ᄒᆞᄂᆞᆫ者有ᄒᆞ야病毒를醱生ᄒᆞ야此病毒[illegible]隣保에傳染ᄒᆞ며漸次全市에[illegible]에至ᄒᆞ야幾多에人命을[illegible]ᄒᆞᄂᆞᆫ世間其例不乏ᄒᆞ나我國[illegible]傳染病豫防規則에發布[illegible]ᄒᆞ야家屋청결法이充[illegible]못ᄒᆞ다云ᄒᆞ나衛生에[illegible]에利害休戚에直接關係를及ᄒᆞᄂᆞᆫ바니國民은政府命令을俟치안이ᄒᆞ고進ᄒᆞ야其實行에努力ᄒᆞᆫ事를望ᄒᆞᆷ이可ᄒᆞᆫ便所에청결法에就ᄒᆞ야玆에一言치안이치못ᄒᆞᆷ은我國에便所에構造不完全ᄒᆞᆫ事로다

我國所ᄂᆞᆫ排泄物를蓄溜ᄒᆞᆯ設備無ᄒᆞᆫ故로各戶皆此를屋外에排出ᄒᆞ야汚水溝에流出케ᄒᆞ나汚水溝ᄂᆞᆫ其設備極히不完全ᄒᆞᆫ故로街路에傍汚物은山積ᄒᆞ야臭氣鼻를衝ᄒᆞ야可히堪치못ᄒᆞᆯ現狀을見ᄒᆞ리로다今他國에便所가如何ᄒᆞᆫ設備를ᄒᆞᆫ가見ᄒᆞ면何던지皆연化石灰와如ᄒᆞᆫ不透浸質物을用ᄒᆞ야糞尿에蓄溜所를作ᄒᆞ고此를農作物에肥料로供用ᄒᆞᄂᆞᆫ故로街巷이極히청결ᄒᆞ야臭氣에觸ᄒᆞᆫ事無ᄒᆞ도다

我國便所ᄂᆞᆫ此에設備無ᄒᆞᆫ故로前述에不결를來ᄒᆞᆯ뿐아니라一朝不幸ᄒᆞ야傳染病에發生이有ᄒᆞ면病者에排泄不결物은汚水溝를傳流ᄒᆞ야其病毒이直히隣保로인保에及ᄒᆞ야全市其害를被ᄒᆞᆷ에至ᄒᆞᆯ事明ᄒᆞ니엇지懼치안이ᄒᆞ리요今我國幾日萬에便所를一朝에改良ᄒᆞᆯ事ᄂᆞᆫ甚히容易에業이非也로다

故로目下에急務ᄂᆞᆫ汚水溝에疏通을能케ᄒᆞ며便所에掃除을注意ᄒᆞ고消藥과防臭藥를散布ᄒᆞ야病毒에發生과其만延ᄒᆞᆷ을防ᄒᆞᆷ에存ᄒᆞ오新히家屋을建築ᄒᆞᆯ時ᄂᆞᆫ必히其構造設計를詳記ᄒᆞ야官廳에許可를乞ᄒᆞ며官廳은其建築이衛生上不完全ᄒᆞ며否ᄒᆞᆷ을調査ᄒᆞ야若不完全ᄒᆞᆫ所有ᄒᆞᆫ時ᄂᆞᆫ此를改케ᄒᆞᆯ制를ᄒᆞ며漸次改良에實을擧ᄒᆞᆷ을可히得ᄒᆞ리로다

●美師의教育講說　本日下午四点鍾에靑年會館에서美國서新到ᄒᆞᆫ後會幹監具禮益氏가講說ᄒᆞᆫ다ᄂᆞᆫᄃᆡ氏ᄂᆞᆫ原來萬國靑年會大總會에서幹事委辦으로名望이頗多ᄒᆞᆫ志士인ᄃᆡ我韓을爲ᄒᆞ야教育의事務코ᄌᆞᄒᆞ야渡來ᄒᆞ얏다ᄒᆞ며氏가極히注意ᄒᆞᆫ바ᄂᆞᆫ工藝上利益을賦與코ᄌᆞᄒᆞᆫ다더라

●金主公薦　金海郡郡主事薦擧事의對ᄒᆞ야郡守梁弘默氏가一境內에資格可堪ᄒᆞᆫ人을公擧ᄒᆞᆯ次로該郡二十二面執綱에게指飭ᄒᆞ야文學雅望과資格可合ᄒᆞᆫ人으로二名式薦報ᄒᆞ라ᄒᆞ고또書記廳에傳令ᄒᆞ야書記中에五人을薦選ᄒᆞ라ᄒᆞ야將次所薦五十一人中으로試選ᄒᆞ야內部에薦報ᄒᆞ려ᄒᆞ얏ᄂᆞᆫᄃᆡ書記廳에서ᄂᆞᆫ진時會同公議ᄒᆞ야五人을薦報ᄒᆞ얏스되各面儒鄕中에서ᄂᆞᆫ鄕長의運動으로各面執綱을暗自箝制ᄒᆞ야聲言ᄒᆞ되士族官屬이合席試取가大傷名分이라ᄒᆞ고一人도薦報치못ᄒᆞ게ᄒᆞ니郡守가儒鄕中에下帖ᄒᆞ야其膠固ᄒᆞᆫ舊見을譴責ᄒᆞ고且報鄕擧行을不可更延ᄒᆞᆯ日일시儒鄕中으로各三人式公薦ᄒᆞ라ᄒᆞ니鄕中에서以時鄕[illegible]長송祠生[illegible]相[illegible]其中望重之송祖主[illegible]一鄕[illegible]不[illegible]中주以渠輩所薦人之不得被選으로與懷不平ᄒᆞ야嘩訴還至ᄒᆞ니郡守以爲數人推薦이本非違格이다ᄒᆞ고又以書記所薦之現任該郡公立小學校副敎員朴廷[illegible]로송祺柱와並히報部ᄒᆞ얏ᄂᆞᆫᄃᆡ落望者가不念渠之資格未逮ᄒᆞ고暗送數個人於京中ᄒᆞ야籍稱百餘名等訴ᄒᆞ고更部ᄒᆞ되以爲儒鄕중所薦三人을留案未決ᄒᆞ더니渡去梁山龜浦ᄒᆞ야以富民송琪柱와前書記朴廷秀로報部ᄒᆞ얏다ᄒᆞ니其等訴辭意가與薦報一節로一切相反ᄒᆞᆷ이라ᄒᆞ다더라

廣告

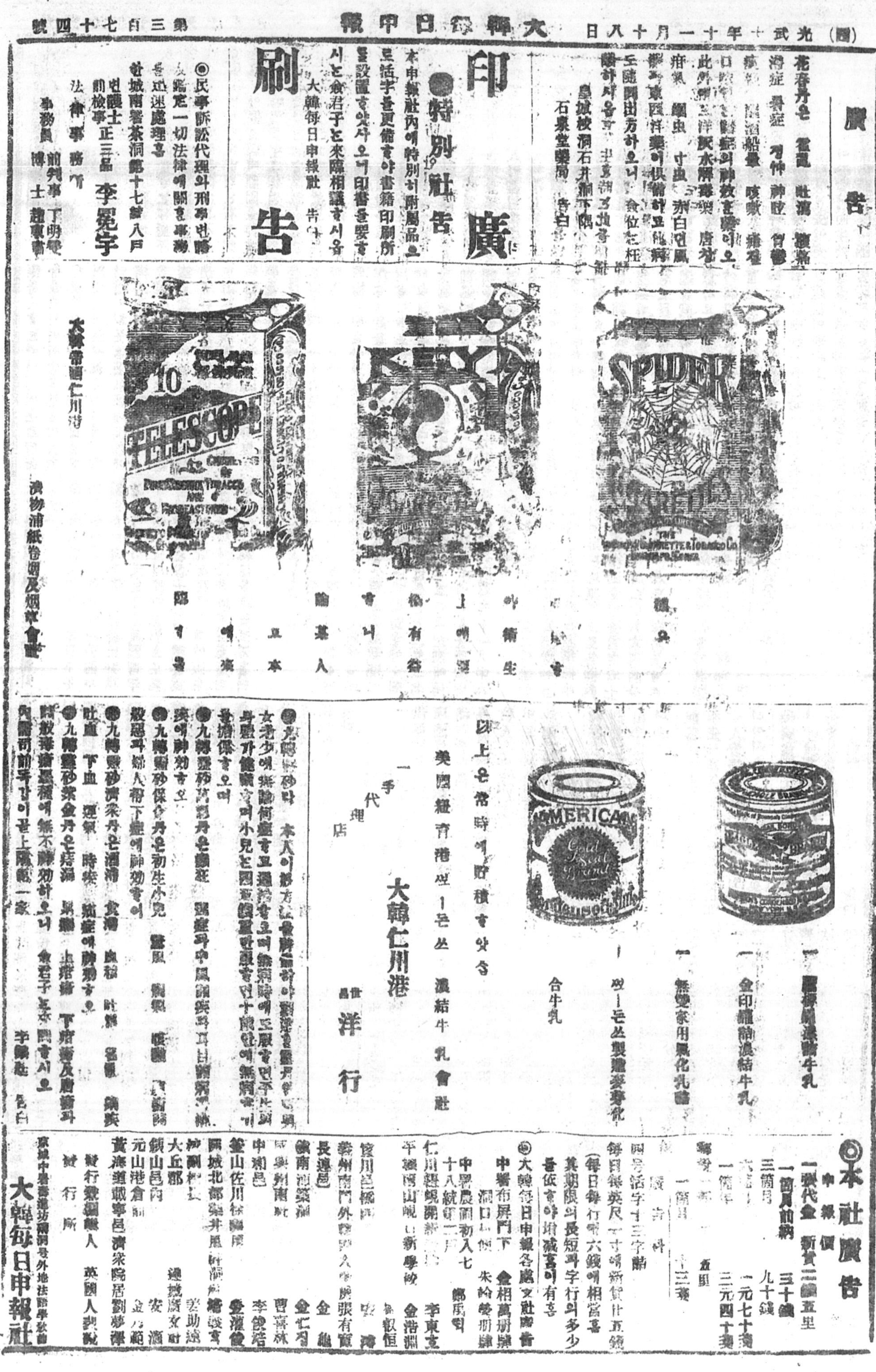

廣告

花春丹은 霍亂 吐瀉 腹痛 滑症 暑症 정忡 肺癖 食鬱 痢疾 酒滯 船暈 咳嗽 痛疝 口病等症에 神效有效ᄒᆞ 藥이오 此外에 西洋硝水解毒藥 唐疝氣 蛔虫 寸虫 赤白 帶風 藥과 東西洋藥이 俱備ᄒᆞ고 廉價로 隨問出方ᄒᆞ오니 僉位ᄂᆞᆫ 枉臨ᄒᆞ시옵

皇城校洞石井洞下隅 石泉堂藥局 告白

印刷廣告

●特別社告

本申報社內에 特別히 附屬品으로 活字를 更備ᄒᆞ야 書籍印刷所를 設置ᄒᆞ얏사오니 印書를 要ᄒᆞ시ᄂᆞᆫ 僉君子ᄂᆞᆫ 來臨相議ᄒᆞ시옵

大韓每日申報社 告白

◉民事訴訟代理와 刑事辯護及鑑定一切法律에 關ᄒᆞᆫ 事務를 迅速處理홈

漢城南署茶洞第十七統八戶

辯護士 前檢事 正三品 李冕宇

法律事務所

事務員 前判事 博士 丁明燮 趙東喆

大韓帝國仁川港

英米烟草紙卷烟及烟草會社

一 鷹標煉濃縮牛乳

一 金印罐詰濃結牛乳

一 無雙家用易化乳酪

一 쌍-돈쓰製造麥芽化合牛乳

以上은 常時에 貯積ᄒᆞ얏ᄉᆞᆸ

美國紐育港쌘ㅣ돈쓰 濃結牛乳會社

一手代理店

大韓仁川港 世昌洋行

◉九轉靈砂丹 本人이 此方法을 傳授ᄒᆞ야 製造ᄒᆞᆫ 靈丹인ᄃᆡ 男女老少에 勿論何症ᄒᆞ고 通治ᄒᆞ오며 無病時에도 服ᄒᆞ면 平生에 身體가 健康ᄒᆞ며 小兒ᄂᆞᆫ 四五錢重만 服ᄒᆞ면 十歲안에 無病ᄒᆞ게 保護ᄒᆞ오며

●九轉靈砂精丹은 癲症 瘧症과 中風 癲疾과 耳目 諸病 等症에 神效ᄒᆞ오

●九轉靈砂保命丹은 初生小兒 驚風 痰氣 咳嗽 [illegible] 霍亂 癖과 婦人帶下症에 神效ᄒᆞ며

●九轉靈砂淸衆丹은 酒滯 食滯 血積 肝積 痞積 痢疾 吐血 下血 運氣 時疾 瘋症에 神效ᄒᆞ오

●九轉靈砂衆金丹은 痔漏 瘰癧 上疳 下疳 癬瘡及 肛瘡과 諸般 瘡瘍 惡種에 無不神效ᄒᆞ오니 僉君子ᄂᆞᆫ 來問ᄒᆞ시오

內需司 前두 간이 꿀上隅 第一家 李鍾龍 告白

◎本社廣告

申報價

一張代金 新貨二錢五里

一箇月前納 三十錢

三箇月 九十錢

六箇月 一元七十錢

一箇年 三元四十錢

郵稅一張 五里

一箇月 十三錢

廣告料

四號活字十三字詰 每日每英尺一寸에 新貨廿五錢 (每日每行에 六錢에 相當홈) 其期限의 長短과 字行의 多少를 依ᄒᆞ야 增減홈이 有홈

◉大韓每日申報各處支社廣告

中署布屛門下 金相萬冊肆

洞口ㅅ便 朱翰榮冊肆

中署長洞 初入七 十八統第二戶 鄭展탁

仁川鏡峴開新學校 李東克

平壤鐘山峴 ㅣ新學校 金浩淵

[illegible] 叙恒

宣川邑楓川 安濬

義州南門外 [illegible] 張有官

長湍邑 金龜

鎭南浦 [illegible] 金仁직

[illegible]州南門 曹喜林

中和邑 李俊浩

釜山佐川 [illegible] 金濟俊

鍾城北部 [illegible] 諸鼓亨

[illegible] 姜助遠

大丘郡 邊鐵廣支局

鏡山邑內 安濟

元山港倉 [illegible] 金乃範

黃海道載寧邑淸溪院居 劉夢澤

發行兼編輯人 英國人 裵說

發行所

京城中署壽進坊箭洞外地法語學校前

大韓每日申報社

第四卷 第三百七十五號

大韓每日申報
대한매일신보

月曜及慶節 歲時日休刊

檀箕開國四千二百三十九年
箕子元年三千二十八年
大韓開國五百十五年
日本明治三十九年
淸國光緒三十二年
◉陰曆丙午十月大初五日戊辰

論說

外飾成人

新任稅務官의服裝費가七十圓이오其補佐員의制服料는五十圓인바此官吏가幾乎五十萬人의納稅를各收視務ᄒᆞ리로다各稅官의月給이五十圓이니各部門庭을掃除ᄒᆞᄂᆞᆫ日人使役輩의給料와同一ᄒᆞ고補佐員의月給은二十九圓이니所稱補佐員은使役輩의手下에不在ᄒᆞᆷ이오惟其稅務官의手下에在ᄒᆞᆷ이是耶其擇任者의智明은更不能言及이로다

彼之任務를若善奉供일진ᄃᆡ其勤勞가國務大官의不下ᄒᆞᆯ거시여날五十圓月俸과若干旅費를彼欲接迎ᄒᆞᆷ은三件理由에必有其一이니其勤務의分限을減削思料ᄒᆞ얏던지或其謹愼視務를不欲用心ᄒᆞᆷ이던지或尙未著示ᄒᆞᆫ酬勞之償을期望ᄒᆞᆷ이로다此官吏를運動場에小學徒와如히以洋服外飾ᄒᆞ며普通敎師의祿俸을給與ᄒᆞ야大事를勤務케派送ᄒᆞ나니一箇五十圓受祿之人의게셔幾多財政責任을能望耶아各官吏가幾乎五十萬圓은收合ᄒᆞ며貯藏ᄒᆞ며運搬ᄒᆞᆯ責任을將有ᄒᆞ리로다

此事此人의게加彼給料가不過分子인즉是日本官憲이豈其不覺이리오彼非但間 이라卽出命令ᄒᆞ나니不善視務가似有其義인薄料重役의用人之方을彼今效則耶아此方法이韓淸兩國에셔數百年을流行ᄒᆞ얏스니日人이到今ᄒᆞ야ᄂᆞᆫ擇人之方에充滿給料ᄒᆞ야如此以後에ᄂᆞᆫ官金消費가若不因誘惑이면斷不想料ᄒᆞᆷ에其爲善償인즉是必知ᄒᆞ리로다

蓋稅納一欵이一國政務의最大事項이오且土地에不合ᄒᆞ며人民의게煩累되던韓國의久來稅則을日人이自稱改量이나然이나對今施設ᄒᆞ야吾人이將議何言耶아改進이無期ᄂᆞᆫ確然ᄒᆞ거니와更加量度ᄒᆞᆫ디此稅務問題를妥決ᄒᆞ기에多端困難을不勝ᄒᆞ리로다

官報

◉光武十一年度

歲入歲出總豫算 續

臨時部에在ᄒᆞᆫ經費增額의原因은

一 議政府所管의셔不動産法調査會의創設
一 內部所管의셔警務의整理、地方土木費、及衛生費의補助、臨時治道의起業
一 度支部所管의셔財務의整理、水道及海關工事、大韓病院의建設
一 法部所管의셔裁判所의建設
一 學部所管의셔地方敎育費의補助、臨時學事의擴張
一 農商工部所管의셔園藝模範場、氣像測候所、農事試驗場及工業傳習所의創設
一 造林事業의開始

等이有ᄒᆞ야結局參百十萬五千五百九十五圓의增加를見ᄒᆞᆷ에至ᄒᆞᆫ지라

前三年에對ᄒᆞᆫ增減을分明케ᄒᆞᆷ을爲ᄒᆞ야左의比를表示ᄒᆞᆷ

歲出經常部	光武十一年度	光武十年度	光武九年度
皇室費	壹三〇九〇〇〇	壹三〇〇〇〇〇	七二七〇〇〇
宮內府			壹六壹七七八
耆老所	壹七九九三	壹五八〇五	壹二九六四
元帥府			
議政府	六二九九七	三七四七五	二九八八八
中樞院	三二六四二	一六四〇	八九一七
內部	一二九六一一六	九六〇八五六	四四六七四四
外部		二〇四〇二一	五五四一七
度支部	四二八二八七六	二一七〇三四九	二四壹二七四六
軍部	一五二二二〇九	一三七九六一二	二四二六〇八八
法部	一四六三三六	四六二五九	三四二三六
警務廳			一九三三七五
學部	二八六八五三	一五四九四二	一〇九三七八
農商工部	二七七三五八	二九五九六	二八五五四
扈衛隊			四〇三五九
通信院		九〇一二	二三六二七〇
經常部計	九二一四三九〇	六三三四三三八	七一二三八一五
歲出臨時部			
皇室費			
宮內府			一〇五〇〇〇
議政府	七七九五三		一六五〇
內部	一〇二三〇五〇	一八九三七二	一八六四四
度支部	三一三四四三七	六三二四九七	二三〇七七二七
法部	七八〇〇〇		
學部	二六七〇一五	八六七〇四	
農商工部	一六八一九〇	四〇〇〇〇	
豫備金			
外部			
臨時部計	四七四八六四五	一六四三〇五〇	二四三三〇二
歲出總計	一三九六二〇三九	七九六七二八八	九五五六八五六

第四 繼續費

既定繼續事業費로光武十一年度의셔支出ᄒᆞᆷ이可ᄒᆞᆫ總額參百六十二萬四千二百參十參圜으로其起業資金의支辦에屬ᄒᆞᆫ者ㅣ二百三十二萬五千八百六十八圜이오其海關工事基金의支辦에屬ᄒᆞᆫ者ㅣ百二十九萬八千三百六十五圜이라今其種類를擧ᄒᆞ즉

起業資金의支辦에屬ᄒᆞᆫ者ㅣ

一 臨時治道費
一 仁川水道工事費
一 平壤水道工事費
一 病院建設비
一 臨時學事擴張비
一 工業傳習所建設비
一 裁判所建築비

未完

外報

◉比律賓自治問題 東亞로이도新聞을據ᄒᆞᆫ則比律賓群島ᄂᆞᆫ明年度브터自治制度를布ᄒᆞ리라ᄂᆞᆫ디美國新聞에論ᄒᆞ야曰比律賓은國民議會를開ᄒᆞᆷ이아니오但地方議會의自治制度를布ᄒᆞᆷ뿐이라ᄒᆞ고又比賓人이美國에對ᄒᆞ야敵意를抱ᄒᆞ노故로該島의自民前度가實施되ᄂᆞᆫ日에ᄂᆞᆫ美國政當에셔嚴重히監視ᄒᆞᆯ必要가有ᄒᆞ다ᄒᆞ얏더라

◉獨領波蘭反抗 獨領波蘭의波蘭學童은向日에發布ᄒᆞᆫ宗敎敎育時間에對ᄒᆞ야獨逸語로答辯ᄒᆞ야命令을反抗ᄒᆞ얏다ᄒᆞ더라

◉振貝子出發 北京電에曰振貝子의一行은日下馬賊의襲擊에對ᄒᆞ야防禦를准備ᄒᆞ기爲ᄒᆞ야滿洲로出發ᄒᆞ얏다더라

◉內任說 內部大臣李址鎔氏가遞任된다ᄂᆞᆫ說이有ᄒᆞ더라

◉平地落傷 遞軍大將李根澤氏가日昨에鍾北洞亭子에出往ᄒᆞ얏더니昨昨夜에軍部還任되얏다ᄂᆞᆫ通奇가闕內로出來ᄒᆞ미該氏가子正時에入闕ᄒᆞ야四方으로周旋ᄒᆞ다가計不得中ᄒᆞ야杜門이라ᄒᆞᆫ다ᄒᆞ더라

◉步而解之 日昨에參政大臣이某洞屛門으로自家ᄒᆞ야憲兵과巡檢이後前擁衛ᄒᆞ야馳過ᄒᆞᄂᆞᆫ데有一老嫗가避於路側이라가問於傍人曰彼大官이爲誰오傍人曰參政大臣이니라老嫗曰參政大臣이誰也오曰朴齊純氏니라老嫗曰此亦五字之一이로고ᄒᆞ얏더라

◉內相踈暢 內部大臣李址鎔氏가龍山江亭에出往ᄒᆞ야三日을소暢ᄒᆞ고昨日入來ᄒᆞ얏다ᄒᆞ더라

◉李氏辭疏 經理院課長李根沐氏가무合事件이有ᄒᆞᆫ지日昨에辭職疏를奉呈ᄒᆞ얏다더라

◉孤獨往參 日昨獨立館一進會員의新條約紀念宴會에韓政府官人中農商工部礦山局長崔相敦氏一人만往參ᄒᆞ얏다더라

◉有些使神 李裕寅氏가平理院에被囚ᄒᆞᆫ은前報에揭載ᄒᆞ얏거니와該氏가無事蒙放ᄒᆞ기를百般運動中인ᄃᆡ日昨에自己鄕第로셔牛隻十二匹을貿上ᄒᆞ얏고諸般物品을多數貿來ᄒᆞ얏ᄂᆞᆫᄃᆡ現今作鐵中이라더라

◉各設餞宴 伊藤統監이歸國ᄒᆞ미各部大臣이餞別宴을洋料理로逐日一卓式輪回設施ᄒᆞᆫ다더라

◉班常所及 日昨內大李址鎔氏의座席에셔某氏가河相驥氏가罷歸本宗ᄒᆞ야辱及於忠烈公事ᄒᆞ얏ᄂᆞᆫ道ᄒᆞ더니洪州郡守劉猛氏가適在座而語曰河相驥之亡이尙云晩矣라現今世界에兩班名色이盡亡乃已의河相驥가無端히兩班되얏스니五百年兩班毒氣에果何不亡이리오ᄒᆞ얏다ᄒᆞ더라

◉不堪其苦 內大李址鎔氏에子海忠氏가日本에前往ᄒᆞ야普通學校에入學하얏더니氏가不堪力ᄒᆞᆷ慰想이有ᄒᆞ던지還爲退學ᄒᆞ야旅宿處所를定ᄒᆞ고自己父親의게上書ᄒᆞ얏더니李內大가答書ᄒᆞ기를卽入學校ᄒᆞ야期有成效케ᄒᆞ라ᄒᆞ얏다더라

◉統監擧朴 大丘郡守朴重陽氏가日人의所親ᄒᆞᆷ이爲心許施ᄒᆞᄂᆞᆫ故로伊藤統監이此一欵의感謝ᄒᆞᆫ인지向人稱譽曰各地方郡守中朴氏가第一郡守라ᄒᆞᆫ다더라

◉必遞乃已 平南觀察李始榮氏가赴任月餘에日本駐箚隊宴饗時에初不請邀ᄒᆞᆫ니該氏을觀察로知치안ᄂᆞᆫ貌樣이니近日本會에辭陟을日人이干涉ᄒᆞ니平察은必遞乃已라ᄒᆞ더라

◉贈柿孟教 日昨에平理院에滯囚ᄒᆞᆫ李裕寅氏家에셔豊津蹲柿를上品으로多數히平理院首班判事李圭桓氏家에來납ᄒᆞᆷ을

目擊人이來言ᄒᆞ되族誼가大段히敦睦ᄒᆞᄂᆞᆫ樣이라ᄒᆞ더라

◉申氏渡日 前郡守申喆熙氏가某某氏五六人과作伴ᄒᆞ야陰去月二十日京釜鐵道初車로釜山에到着ᄒᆞ야汽船을搭乘ᄒᆞ고日本에前往ᄒᆞ얏다더라

◉出入吏輸 尙州郡守吉㴒洙氏가莅任未一年에敎部一等奸吏로拱室을任ᄒᆞ고郡事民隱을一從吏言ᄒᆞ야民怨이敷敷ᄒᆞ더니今番郡主事도不問資格ᄒᆞ고不拘鄕論ᄒᆞ고以首書記金某로濟自報部ᄒᆞ얏다고南來人의傳說이如斯ᄒᆞ더라

◉石材放賣 大丘郡守朴重陽氏가該府城堞을毀破後石材一介에葉一兩式日人의게放賣ᄒᆞ얏다더라

◉因病延期 慶北觀察使韓鎭昌氏가종기를因緣ᄒᆞ야尙未赴程ᄒᆞ얏ᄂᆞᆫᄃᆡ五六日後發程ᄒᆞᆯ豫定이라더라

◉障害文明 宣川來人의聞ᄒᆞᆫ則該郡居吉允孝ᄂᆞᆫ品行이陋下故로人稱吉猪러니自誇舊鄕ᄒᆞ고該面校首를强占ᄒᆞ야周行村舍에討索酒食ᄒᆞ야得飽則曰此舍ᄂᆞᆫ姑貝新舊幾罷ᄒᆞ야終申泰休之去로冬氷過之ᄒᆞᆫ다ᄒᆞ고若不得飽則曰爾舍ᄂᆞᆫ運速閉門ᄒᆞ라ᄒᆞ야只圖充腹ᄒᆞ고於學校事에ᄂᆞᆫ運營茫昧故로人皆唾罵ᄒᆞ야學徒가爭赴他校ᄒᆞᄂᆞᆫ데該校ᄂᆞᆫ無完全之望이라더라

◉吏郷葛藤 近日에各郡主事를成報備擬ᄒᆞ고或鄕吏屬하얏ᄂᆞᆫ데吏鄕에葛藤이府生하야各相運動하야내部銓考所에셔郡議을繳還하ᄂᆞᆫ獎가有하다더라

◉府參會議 昨日下午二時에니部에서各府參書官이會同하야무合會議가有하얏다더라

◉幻燈試驗 再昨日北署碧洞閔判書丙奭氏家에서幻燈會試驗을하얏다더라

◉宮庄調査 宮내府制度局에서自來民庄을混結ᄒᆞᆫ次로付屬各宮하야稱以宮庄이라하ᄂᆞᆫ結字號卜數를各該宮으로詳細히調査報來하라하얏다더라

◉板刻施行 日昨에度支部에서稅務一般官吏에旅費를支撥ᄒᆞᆫ다ᄂᆞᆫ說은前報에已揭하얏거니와更閱ᄒᆞᆫ즉印札紙에書ᄒᆞᆫ請求ᄂᆞᆫ用치말고板刻請求書로施行하기로尙未支給하얏더니昨日부터板刻請求書로出給하다더라

◉參政晩餐 昨日午后七時에參政大臣朴齊純氏가伊藤統監을餞別하ᄂᆞᆫ意로自邸에晩餐會를開催하고日本文武官人과韓廷各部大臣을請邀하얏다더라

◉稅官更選 請願ᄒᆞᆫ稅務官들昨日에度支大臣이決議選擇ᄒᆞᆫ다더라

◉寬限請願 洪州郡書記韓永嵩等이度支部에請願하얏스되今年에鬻結을壁操하면餓死를未免이오니特爲寬限하와明年度爲始하야壁操하야달나하얏더라

◉政府會議 昨日政府에各部大臣이會同하야무合事件을開議하얏다더라

◉伊藤辭陛 伊藤統監이歸國日子가在邇ᄒᆞᆫ故로昨日辭陛하얏다더라

◉天氣慘澹 昨年伊藤侯가韓日新條約을脅成ᄒᆞᆫ次로渡韓時에天日이陰陰하야氣象이慘澹하더니今其歸國也에日候가又如是陰寒하니氏ᄂᆞᆫ東洋世界에風雲을籠絡하ᄂᆞᆫ人物이라其來其往에天氣가爲하야慘澹ᄒᆞᆫ狀態를呈出ᄒᆞᆫ다고하더라

◉學士叙任 日本에留學하던工學學士尙灝氏가農商工部參書官을被任ᄒᆞ다더라

◉愛國寄函 龍川郡居車明鎬氏가本社에寄函ᄒᆞ되貴報ᄂᆞᆫ昏衢之明燭이오醫世之洪鍾이라生이蟄在僻巷에絶無見聞之資益而 讀貴報에如對良師之敎誨ᄒᆞ니感銘殊深이로다※頭代金으로紙貨四元을先此送納ᄒᆞ니考領後繼續送報ᄒᆞ와破此聾聵를千萬至仰ᄒᆞ얏더라

◎青年會演說 美國維新戰으로美士李雲林氏가本日下午七点半에基督青年會館에서演說會다ᄒᆞ며來水曜夕에該會에서運動會를組織ᄒᆞ야該會會員의體操를健强케ᄒᆞ고자ᄒᆞ야演說會를開ᄒᆞ고顧允爵李相弼兩氏가運動의必要로說明ᄒᆞᆫ다더라

◉決必不犯 再昨日靑陽郡差人釜山居李某가度支部에請願하되靑陽郡上납七十七圜餘角을上납之際에本郡主事沈某에게上납出尺之意로爲托하얏더니二十七圜尺文만出給하고五十餘圜은尙未出尺이오니査實後에五十餘圜을出尺以給하라하얏다더라

◉商學起發 本社通信員鄭禹澤氏ᄂᆞᆫ原以社會上에名譽가素有ᄒᆞᆫ人인ᄃᆡ今番商業專門學校을中署洞口니議政府直房을청願借求하고創設ᄒᆞᆫ다ᄂᆞᆫᄃᆡ前參奉洪淳勛金敎榮睹氏가熱心續起하ᄂᆞᆫᄃᆡ該校事務를擔하얏다하며度支會計課長崔錫彩氏가財務로諸般校財를擔任注力ᄒᆞᆫ다하며該校課程은算術、商品數課書、簿記法、商語(初等)會話、英語(高等)會話等으로授ᄒᆞᆫ다하며修業期限은二個月로定하며、初等、中等、別科로段하고現方該戶에一齊修學하고本月내로開校ᄒᆞᆫ다하며敎師金大鉉氏가熱心周旋ᄒᆞᆫ다하니對此商業學校하야興旺發達되기를攢賀不已하노라

◎盃中片談

○軍大李根澤氏가遞任되고李鍾濂氏가代任ᄒᆞ다니得斧失斧가안일지

○東相內大가相詰ᄒᆞ다가軍相은遞任되고內大ᄂᆞᆫ都監室上에還任ᄒᆞ얏시니內大ᄂᆞᆫ凱歌를唱ᄒᆞ얏고

○宮相李根湘氏가遞任未幾에軍相이又遞ᄒᆞ얏시니兄弟鍊動에每事不成이로고

○日昨獨立館紀念宴에請帖이多數ᄒᆞ나一不往參ᄒᆞ얏다니邪正이已分에人心을可見이로고

○一進會ᄂᆞᆫ日人에倡鬼라稱ᄒᆞ니虎猿이가飢ᄒᆞ면倡鬼에指導로取食ᄒᆞ고飽ᄒᆞ면倡鬼를逐送ᄒᆞᄂᆞᆫ리라

雜報

●權利는國民의當行ᄒᆞᆯ義務
鐵川郡廣明學校生徒盧秉翼

獨逸學者(이린구)氏曰夫權利를行使ᄒᆞᆷ은國家에對ᄒᆞᆫ義務라ᄒᆞ니何則고國家의盛衰고國民權利를愛重ᄒᆞᄂᆞᆫ思想强弱에伴來ᄒᆞᄂᆞᆫ義ㅣ니然則爲國民者ㅣ一日이라도國民의義務를反戾치不可ᄒᆞᆯ지니嗚呼라我同胞여我同胞ᄂᆞᆫ何를因ᄒᆞ야國民의義務를反戾ᄒᆞᄂᆞ고現今時代를如何히思惟ᄒᆞᄂᆞᆫ던지自巳의可守ᄒᆞᆯ權利와可行ᄒᆞᆯ義務를沒覺ᄒᆞ고自暴自棄之地에樂處ᄒᆞ야千仞坑塹의惡禍를坐招ᄒᆞᄂᆞ요人必自侮而後에人이侮之란俗語를不聞乎아

自巳의可守ᄒᆞᆯ權利와可行ᄒᆞᆯ義務를不可不行ᄒᆞᄂᆞᆫ故로外人의侵侮가日進ᄒᆞ야全國의生命이保全키難ᄒᆞᆫ境遇에到達ᄒᆞ니孰怨孰咎리오必曰外人壓制難堪ᄒᆞ다ᄒᆞ고稱ᄒᆞᄂᆞᆫ요嗚呼라我同胞여佛國拿破倫의所謂百万의兵力을以ᄒᆞᆯ지라도一田夫의産業를奪取키不能이란俗語를又不聞之乎아各自自巳의權利를堅守ᄒᆞ면雖四目八臂의梵天王이라도我權利上에莫可侵犯ᄒᆞᆯ지니我同胞ᄂᆞᆫ何憚而不守不行코白刃之禍를甘受ᄒᆞᄂᆞᆫ요

嗚呼라我同胞여一賊ㅣ이突入我家ᄒᆞ야我의父母를毆打ᄒᆞ며我의家屋을壞破ᄒᆞᆯ띠라도我의腕力이不足ᄒᆞᆫ즉無可奈何라ᄒᆞ고恬然看過ᄒᆞᆷ이可乎아我의腕力이不足ᄒᆞ더라도血心防禦ᄒᆞ야賊氣로不得放肆케ᄒᆞᆷ이可ᄒᆞᆯ지니嗚呼라我同胞ᄂᆞᆫ今日我韓의形便의如何ᄒᆞᆷ을思ᄒᆞᆯ지며黑夢中에堅臥ᄒᆞ야自巳의可守ᄒᆞᆯ權利와可行ᄒᆞᆯ義務를怠慢過去ᄒᆞᄂᆞᆫ요夫權利ᄂᆞᆫ雖小라도他人의侵害를暫受키不可ᄒᆞᆯ지니今日一部를棄ᄒᆞ고明日一部를失ᄒᆞ야漸漸積累ᄒᆞ야全部를失ᄒᆞᄂᆞᆫ至ᄒᆞ면將何立世ᄒᆞ야各自의生命을保存ᄒᆞᆯ지며且權利의伸屈이人道衰隆에密接ᄒᆞᆫ關係가有ᄒᆞ니엇지만忽ᄒᆞ기可ᄒᆞ리오

例如甲國이其領有ᄒᆞᆫ不毛鹵斥의地一方里를乙國에被奪ᄒᆞᆫ지라甲國人의權利思想이充實ᄒᆞ면其國權의侵害ᄒᆞᆷ를慨憤ᄒᆞ야訴干戈而殺人糜財라도必是此를同復ᄒᆞ기可ᄒᆞ며反此而甲國人의權利思想이腐敗ᄒᆞ야一方里의地로動兵勞力ᄒᆞᆷ이無益ᄒᆞᆫ事ㅣ라ᄒᆞ야不問에付ᄒᆞ면丙丁諸國은其如此ᄒᆞᆷ을見ᄒᆞ고各其一小部分을割取ᄒᆞ야漸削漸小而其大部分을見失ᄒᆞᆷ에至ᄒᆞᆯ지라此境에至ᄒᆞ야以力欲爭코ᄌᆞᄒᆞ면滅亡을立招ᄒᆞᆯ뿐이니悔之何益이리오由此觀之라도國家의盛衰ᄂᆞᆫ國民의權利思想强弱에伴隨ᄒᆞᄂᆞᆫ者ㅣ라然則爲國民者ㅣ權利를愛重ᄒᆞ야此를行使ᄒᆞᆷ은卽國家公私益上遵守ᄒᆞ기可ᄒᆞᆫ義務ㅣ니我同胞ᄂᆞᆫ思想이爲何腐敗ᄒᆞ야終不返魂고嗚呼라我同胞ᄂᆞᆫ勉之勉之ᄒᆞ야各自의權利를堅守ᄒᆞ고些少라도外人에게讓與치말지어다

未完

美鉉李春世具在淳李奎錫洪正裕金汶植諸氏가贊文學校를發起設立ᄒᆞ고其趣旨書가如左ᄒᆞ니

夫學校振興은國家之先務요英材敎育은古今之樂事라三代以來로皆有庠序學校ᄒᆞ야敎萬民而賓興之ᄒᆞ니蓋以雖有聰明才智라도不敎不學이면無以成就其才德也라故로敎之者도所當斤斤說明ᄒᆞ야以牖來學이요學之者도亦當孜孜勤勉ᄒᆞ야以成其業이니

昔者에大禹ᄂᆞᆫ惜寸陰ᄒᆞ시고易曰終日乾乾夕惕若이라ᄒᆞ니聖猶然커든況其下者乎아嗚呼라我東方이素稱多士ᄒᆞ고近日學校之設이星布碁置ᄒᆞ야苑有文明皆思想과發達的遠漸而賦看社會之形便과個人之必要컨된是豈自暇自逸之時乎아語에曰毁羽於飛箭ᄒᆞ며加鞭於走馬라ᄒᆞ니凡我同志ᄂᆞᆫ加意勉進ᄒᆞ야隙駒光陰과尻輪時化를存心猛省ᄒᆞ면便覺鍾漏聲中에寸晷刻이偏忙이요

學問課程은時日爲急이니此實陶侃分陰之歎이오聊越五年之請이라是以로糾合同志ᄒᆞ야爰設贊文夜學校ᄒᆞ야晝輩之餘와傷晦之暇에孜孜勉進ᄒᆞ야克贊文化ᄒᆞ야以之而輸遣民智ᄒᆞ고以之而增進國步而私補公益을有不可勝言矣니其在同情而開進에孰不贊揚而成美也哉아然則校況之蔚興을指日而待也오人材之成就가自今而始矣니第試萬里初程之步ᄒᆞ야毋虧九仞一簣之功이幸甚幸甚

●博聞敎育　城津府新坪에有志僉君子가博聞會를組織ᄒᆞ고靑年子弟를敎育에熱心注意ᄒᆞ여普通小學校를私立ᄒᆞ고任員은校長은崔鳳俊校監은康熹元學監은李永根書記ᄂᆞᆫ吳在英會計ᄂᆞᆫ李禹鉉諸氏인데崔鳳俊氏ᄂᆞᆫ平素에敎育上盡力이多ᄒᆞᆫ故로校中諸氏가讚勤자ᄒᆞ다더라

●兩大縱覽　鍾路에商業會議所를新建築ᄒᆞ고商品陳列館을新設ᄒᆞᆷ은本報에屢揭ᄒᆞ얏거니와該會議長丕鎭泰氏ᄂᆞᆫ病중이로되商業發達에熱心ᄒᆞ야方今金融의枯渴ᄒᆞᆷ을深慮ᄒᆞ야救濟方策을硏究ᄒᆞᆫ이商業會議所가將來의希望이多ᄒᆞᆫ故로農商大臣權重顯氏와度相閔泳綺氏가該所를縱覽ᄒᆞ고諸員의게對ᄒᆞ야勸告ᄒᆞ얏다더라

●傳說或訛　再昨本報에揭載ᄒᆞᆫ殷稅已失이라ᄂᆞᆫ事實을更聞ᄒᆞᆫ則初無之事라ᄒᆞ더라

廣告

◎本社廣告

申報價
一張代金 新貨二錢五里
一箇月前納 三十錢
三箇月 九十錢
六箇月 一元七十錢
一箇年 三元四十錢
郵稅一部 新貨五里
一箇月 十三錢

廣告料
四號活字十三字號
每日每英尺一寸에新貨[illegible]
(每日每行에六錢에相當홈)
其期限의長短과字行의多少를依ᄒᆞ야增減홈이有홈

◉大韓每日申報各處支社廣告
中署布屛門下 金相萬冊肆
洞口[illegible] 朱翰榮冊肆
中署農圃洞八七 鄭[illegible]
十八統第二戶
仁川經峴[illegible]新[illegible] [illegible]東[illegible]
平壤南山峴[illegible]新學校 金浩[illegible]
寶川邑[illegible] [illegible]恒
義州南門外[illegible] 安[illegible]
長湍邑 [illegible]房張有[illegible]
[illegible]南浦[illegible] 金[illegible]
咸興州南[illegible] 金仁[illegible]
中和邑 曹喜林
釜山佐川[illegible] 李[illegible]
開城北部[illegible] 金[illegible]
[illegible]州[illegible]長 [illegible]
大丘郡 姜助遠
鎭山邑內 [illegible]文社
元山港倉[illegible] 安[illegible]
黃海道載寧邑濟衆院居劉夢[illegible] 金乃範

發行兼編輯人 英國人裴說
發行所
京城中署西部[illegible]洞號外地法語學校前
大韓每日申報社

第四卷

大韓每日申報
대한매일신보

第三百七十六號

月曜及慶節
歲時日休刊

檀君開國四千二百三十九年
箕子元年三千二十八年
大韓開國五百十五年
日本明治三十九年
淸國光緒三十二年
◉陰曆丙午年十月大初六日己巳

別報

合同賓報를據ᄒᆞᆫ즉日人이淸國의大連灣稅關設立에對ᄒᆞ야阻止ᄒᆞᆷ을論辨ᄒᆞ야如左ᄒᆞ니

公法通件에凡得有租借地於他國者가僅히該地를任便使用之權이有ᄒᆞ고斷코其本國主權을抵絕ᄒᆞᄂᆞᆫ理가無ᄒᆞᆫ지라無論何等强國ᄒᆞ고莫不遵守此義어날不謂日本이於大連灣租界의設關收稅一事에一再阻止ᄒᆞ야甘蹈不韙ᄒᆞ야以違公法通例로다竊日人之意컨ᄃᆡ非但謂地等租借요其地一切之權이皆在日本ᄒᆞ고不在中國인故로該處의設關收稅를可以阻止耶아

然이나膠州가非德國租借地乎아其稅關은由中國ᄒᆞ야徑行設立ᄒᆞ되德國이只從中酌抽二成ᄒᆞ야以抵建築碼頭之經費ᄒᆞᆯ뿐이고澳門이於葡國에非徒中國割讓者아吾國이仍在彼處ᄒᆞ야設立稅關은專爲稽征入口洋藥之用이라

夫以租借地로言則德國之在膠州에其權利가與日本之在大連만으로無異라今則德國이於膠州稅關之設에無誘貳之言이어날日本이獨拒大連之設關ᄒᆞ고要以割讓地로言則葡國之在澳門에其權이尤與日本之在大連만者로迴殊ᄒᆞᆫ지라今則吾國이於澳門之旣經割讓者에도猶有議征之權커든況於未經割讓之大連만乎아

況吾國이所欲設關之地ᄂᆞᆫ非在大連租借界以內也요不過在租借界以外ᄒᆞ야以征運入運出之稅耳라以事理衡之컨ᄃᆡ吾國이租借與日本之地가僅限於界以內요未嘗舉界以外之土地ᄒᆞ야盡與之라頃에俄人이租借大連之時에於界外設關一層은與吾國으로已有成議ᄒᆞ거슨誠以界外一切布置之權이非租借界內者의所以作梗也라乃以俄人所無異辭者로日人이竟悍然不顧ᄒᆞ니其所自矜爲文明ᄒᆞ고自居於仁義者가果何在耶아

且日人用心之深이尤有衆人所不察者ᄒᆞ니彼嘗自稱曰日本이將竭力開放滿洲ᄒᆞ야擴張自由貿易이라ᄒᆞ니列國이亦以此信之라卽其大連에設立稅關을阻止者도未嘗不藉口於擴張自由貿易ᄒᆞ야使大連爲無成稅之口岸이라ᄒᆞ나不知其內情은有大謬不然者라

夫大連은軍港이오非商港이라乃日本이欲於大連에以軍港而兼商港之盛이면別出一策을不須ᄒᆞ고可히營口의已成之商業市面을大連에移ᄒᆞᆯ지로다營口ᄂᆞᆫ固有稅之口岸이라今以其附近之大連으로作爲無稅口岸ᄒᆞ면趨利之商賈가必舍營口而出於大連之途ᄒᆞ리니如是則營口之商場은可以立敗요大連之新阜ᄂᆞᆫ可以驟興이니兩埠寬之間은卽一盛一衰之所係라彼日人之秘計深思가實在於此ᄒᆞ니円與擴張自由貿易之政策으로漠不相關이라彼日人이藉其利口ᄒᆞ야以擴張自由貿易之甘言으로欺他人於掌上ᄒᆞ되列國이以誠心待之면必受其欺니豈知其損人益己之謀가固有若是者乎아

英美商人이經營商業者가其數甚繁ᄒᆞ야漸臻今日之盛故로營口商阜之權이恒在英美商人之手러니今使大連으로成爲無稅之口岸이면營口之市狀이必墮ᄒᆞ고英美商人之利權이與之俱盡ᄒᆞ리니固非中國之福이어니와亦豈他邦之利리요吾知各國이熟思而審計ᄒᆞ면必以日人之陽托美名而陰謀壟斷으로持論ᄒᆞ리라ᄒᆞ노라

官報

◉號外 光武十年十一月十七日

◉官廷錄事
本月十八日에서從院卿李道宰의게 親任式을行ᄒᆞᆫ事

◉號外 光武十年十一月十八日

◉辭令 農商工部大臣權重顯 命臨時署理軍部大臣事務

◉三千六百十四號 光武十年十一月十九日

◉敍任及辭令

○依願免本官 度支部技手朴相勳○任表勳院總裁 시從院卿朴鏞和○陞從一品 掌禮院卿李道宰○陞從一品 兼任掌禮院卿趙鼎九○陞正二品 秘書監卿金奭圭○陞正二品 시講院副詹事李重夏○陞正三品 掌禮院相禮張炳哲○依願免兼任掌禮院掌禮 秘書監卿金興圭○掌禮院相禮張炳哲 帝室會계審查局審查官金祚鉉 裕康園忠義沈 倫 依願免本官○命宮內府特進官 시講院副詹事李重夏○命掌禮院卿 秘書監卿金興圭○命秘書監卿 宮내府特進官李容泰○任시講院副詹事 從二品成건鎬○任掌禮院相禮 弘文館시講丞善九○任弘文館시講 六品尹顯永○兼任掌禮院掌禮 秘書監丞金振玉○任帝室會계審查局審査官 宮내府秘書官鄭寅韶○任宮내府秘書官 農商工部參書官金鳳善○經理院技師 朴貞和 法部主事李龍在 任시從院시從○任經理院技師 宮내府禮式官朴齊未○任宮내府禮式官 從二品金祚鉉○任裕康園忠義 李種默○經理院監督劉臣赫 宮내府禮式官金祚鉉 全玄白運 命宮내府官계調査委員○依願免本官 元陵參奉李海明○任元陵參奉 懿孝殿祀丞申鉉甲○任懿孝殿祀丞 六品李海明○任한城裁判所主事 前博士李洋용

外報

◉地方官制 北京電을據ᄒᆞᆫ則淸國에서地方官制를近近히頒布ᄒᆞᆯ터인ᄃᆡ總督巡撫ᄂᆞᆫ依舊ᄒᆞ고將軍은裁撤ᄒᆞ고按察司布政ᄃᆡ依舊ᄒᆞ고民政度支軍政農工郵傳外務에六使司(中央本部隸屬ᄒᆞᆷ)를增設ᄒᆞ고知府知州知總의權限을同一케ᄒᆞ고大州ᄂᆞᆫ府로中縣은州로小縣은縣으로ᄒᆞ고各府州縣에裁判民政度支農商工을設ᄒᆞᆫ다더라

◉新艦進水 桑港報를據ᄒᆞᆫ則美國政府에서甲裝巡洋艦 隻을유보로스造船所에서造ᄒᆞ야竣功이되미去九月七日에進水式을行ᄒᆞ얏ᄂᆞᆫᄃᆡ長은五十丈二尺이오廣은七丈十寸이오速力은每時間에二十二英里요噸數ᄂᆞᆫ六萬五千五百八十噸인ᄃᆡ大砲ᄂᆞᆫ大중小를合ᄒᆞ야五十八座이며價値ᄂᆞᆫ三百五十七萬五千圓이라더라

◉排日事件의報告 桑港電을據ᄒᆞᆫ則美國商務卿멧도가庄氏가桑港에서日本人排斥問題及日本學童分離事件을調査ᄒᆞ야중央政府에報告ᄒᆞ얏ᄂᆞᆫᄃᆡ桑港教育當局者가此에對ᄒᆞ야讓步치아니ᄒᆞ고日本學童의分離를極力主張ᄒᆞᆫ다더라

雜報

●顧留兩書　此說은本紙上에旣載홈이어니와若非虛言이면韓國에亦一重大事機라蓋伊藤侯가已之替任을當其顧慮리오昨年新條約에韓國皇帝의認準을不得홈이東西報館에傳播되여人多聞悉故로今此顧留國書를圖得ᄒ야以作認準統監之證이라가欲用之於他日홈이니勸結約欵이今過一年에又圖鞏固之策에오녀彼之擡出之謀는誰不驚怪리오마는韓國이顧留統監之書를若送於日廷이면伊時認許만도尙不如矣리니後來無望之機를何待言辨而知之리오

●玉寶奉安　孝定王后加上尊號玉寶二顆를甲申變亂에已爲見失ᄒ얏더니日昨에別巡檢李陽用가昌德宮蓮塘에蓮根을採ᄒ다가玉寶가發見ᄒ미宮內府에轉送ᄒ야玉寶를　皇上陛下게奉獻ᄒ얏는ᄃ掌禮院으로詔勅이下ᄒ사玉寶를　宗廟에奉安홀儀節磨鍊ᄒ라ᄒ셧ᄉ며趙秉式氏가掌禮卿을被任ᄒ고差備官을依例히差出ᄒ다더라

●餘戀尙存　伊藤統監이歸國ᄒ미餘戀이尙存ᄒ야內閣을變動ᄒ事와宮禁에日巡查內把守을近日에撤廢ᄒ야天心을感回홈은統監을還任코ᄌᄒ미라고輿論이喧藉ᄒ더라

●來去有意　昨年伊藤侯之渡韓也에名稱慰問使ᄒ고畢竟新條約을勒成ᄒ얏더니今其歸國也에又秘密周旋으로統監顧留를要ᄒ다ᄒ니此는昨年僞約을完成케하고져하는意想인즉世인이十分量度하리로다

●三氏後任說　伊등統監이歸國ᄒ後에遞任되고其代에大隈重信桂太郞山縣有朋三氏중에被任ᄒ다는說이有하더라

●辭陛發宴　再昨日下午三時에伊藤統監이辭陛하는ᄃ宮太署理參政大臣朴齊純氏가同爲詣闕하얏고七時에朴參政이伊藤氏餞別宴을貞洞孫澤孃家에設하얏다더라

●政府議案　再昨日政府會議案件을得聞ᄒ즉釜山鎭公廨를二千圜에許與ᄒ고基地는標木後納稅事와大丘觀察道宣化堂修理費二千圜을日人의支給ᄒ事와管稅官服裝改正件이라더라

●何意參見　伊藤統監이歸國ᄒ기前에今番奏本을參見ᄒ깃다ᄒ는故로參書와郡守를再昨日에奏本ᄒ얏다더라

●慕志追悼　本月二十八日은閔忠正泳煥氏의就義ᄒ日인故로壽洞興化學校에서追悼會를盛設ᄒ다더라

●송氏悖談　內部參書官송之憲氏가日昨에某處에서揚臂大言曰現今變換時代의四十以上人은頑固餘習이尙在胸中ᄒ즉盡殺無餘라야國乃開明ᄒ리라ᄒ더座中一人이出席而對曰君之阮丈은年今幾何오ᄒ즉該氏가赧然無語ᄒ얏다더라

●朴氏消息　朴泳孝氏에書信이日前에其本家로來到ᄒ얏는ᄃ本月晦內에渡韓ᄒ다더라

●參郡奏本　再昨日에府參書六人과郡守二窠를奏本ᄒ얏다더라

●五守新任　再昨日內部에서五郡守를奏本하얏는ᄃ永平李敎承光陽徐相鵬鎭津尹榮玉巨濟高羲俊熊川申錫麟諸氏라더라

●府參新任　再昨日내部의셔各府참書를奏本하얏는ᄃ義州州金甲秀三和金奎鉉昌原崔演務安朴星煥沃溝金연夏城津金瑞圭諸氏더라

●旅費磨鍊　度支部에서稅務官에旅費는八十에一圜에오稅務主事의旅費는五十錢으로磨鍊하얏다더라

●一進無語　日前牛山學校落成宴에一進會員某某氏가叅席하얏는ᄃ座중某氏가獨立館一進會의新條約紀念宴을大段히論駁하얏더니當日叅席ᄒ會員이顏色이赧然하야垂頭無語하얏다더라

●二參不置　龍川府와慶興府는參書를不置하고龍川府는義州府參書官이兼管하고慶興府는城津府參書官이兼管ᄒ다더라

●六忠建祠　忠南木川郡士林等이昨年에殉節ᄒ趙閔宋洪李金六公의忠義를欽慕하야永久紀念코자本郡伏龜亭에忠正祠를建築하는ᄃ各自出財하야始役過半이다가財力이不贍하야不得已중止하얏다더라

●冷獄泣恨　漢城裁判所에民事로積月滯囚ᄒ者六七十名인ᄃ霜風冷獄에蓬頭鬼面으로偶語呼怨ᄒ기를裁判官들이請囑으로만訟決ᄒ니無錢無權ᄒ如吾輩는難免獄鬼라하는哭聲이令人竦然이라하더라

●經費後撥　稅務官의旅費請求하는事는昨報에已揭하얏거니와再昨日旅費請求時에該部顧問官目賀田氏가言하되본部에서旅費를預備ᄒ然後政府에繩請支撥ᄒ다더라

●委任辯護　前參奉洪在正氏가蚕務事로羅鎭와相訟之事는前報에已揭어니와今聞ᄒ즉洪氏가以身在衰麻ᄒ야官人訟廳이難重ᄒ다ᄒ야該事件을辯護士李喆宇氏의게委任ᄒ얏다더라

●利呂賊警　□州來人의說을聞ᄒ即近日呂州利川等地에賊警이大熾하야民家에突入하야錢穀을奪取하기로民情이嗷嗷하다더라

●燈價勒討　日昨에校洞[illegible]地에서何許日人이石油燈[illegible]를冒去하다가韓人과偶然相觸하야該燈이破碎하얏는ᄃ日人이韓人을挽執하고燈價를勒徵코저하는지라韓人이適無分錢하야萬端曉諭하되該日人이日巡查를招자하깃다하거날傍觀人이其人의困境를矜憐하야燈價를貸給免辱하얏다더라

●幸賴行巡　昨日上午一時에北署帶洞李[illegible]旭家와同里吉某家의서失火하얏는ᄃ適其時巡檢이過去하다가洞人을呼集하야旋即撲滅하얏다더라

●靑會演說　今日下午七占半에運動會를組織ᄒ기爲ᄒ야特別會를開ᄒ고運動部委員長李相弼氏와哲學博士丕元時氏가運動趣旨를演說ᄒ다더라

●俱樂開議　再昨夜에大韓俱樂部에서任員會議를開하얏다더라

●興學開會　昨日下午二時에漢北興學會에서通常會를開ᄒ얏는ᄃ評議員鄭雲弘氏가日本에敎育으로振興홈을演說ᄒ얏다더라

●調査人口　內部에서人口調查ᄒ기爲ᄒ야六品金容德氏를忠淸南道로派送ᄒ다더라

●加報何事　忠淸北道觀察使尹吉炳氏가度支部에報告하되淸安郡에結二百餘結陞總중에百餘結이加錄되얏스니加報一百結을還爲頉給하라하얏다더라

●離兄辭弟　軍相李根澤氏와宮相李根상氏에遞任된原因을상聞ᄒ즉李根澤氏의勢力競爭ᄒ는源慾이胃海에充溢ᄒ야自已에게阿附치아니ᄒ는勢力家가有ᄒ면千仞坑塹에陷落ᄒ는手段이有ᄒ더니曩日日本憲兵部小山氏의게勢力家某某氏가滯囚放免된後에該氏가李根澤氏에送化로知ᄒ고　皇上께옵서도李軍相의不正홈을洞燭ᄒ셔고外國官憲도李軍相에猜嫉을皆知ᄒ얏ᄉ며宮相李根湘氏는侍從數人을시疑ᄒ야內大臣朴鏞和氏와密議ᄒ고伊藤統監에게言ᄒ되現今侍從中數人이天聰을壅蔽ᄒ다ᄒ즉統監이默默無答ᄒ는故로朴氏가無聊而歸ᄒ야　皇上께入奏ᄒ되伊藤統監이侍從중數人을斥去ᄒ시미可ᄒ다고忠告가有ᄒ다ᄒ는ᄃ　陛下께서其眞僞를採詢ᄒ신즉事實이無ᄒ무로　天威가震怒ᄒ셧고且李址鎔氏에게禮部監經費事件으로李宮相에新持홈으로見[illegible]ᄒ야皇上이辭疏ᄒ얏더니　皇上께옵셔許遞ᄒ기로李宮相에事務亦遞怒ᄒ오서參政大臣으로宮相을署理케ᄒ시고李宮相에시疑ᄒ든朴勝봉氏로宮內協辦을任ᄒ고송台巖氏로侍從副卿을任케ᄒ셧시니宮相遞任時에軍相도遞任될兆朕이醞釀ᄒ얏시나李氏兄弟는全然不知ᄒ얏다더라

◎ 筆下片談

◎內大李址鎔氏는特命大使로日本에再往ᄒ다니韓國에財産을權衛ᄒ야郡守를黜陟ᄒ는滋味와엇더ᄒ는지

◎各地方에郡主事差出事로奔競이太甚ᄒ야兩耳가如聒ᄒ니ᄒ나는놈이나謀薦ᄒ는郡守나아마一般이지

◎伊藤統監이再昨陛見時에國事犯特赦理由를上奏ᄒ얏다니今番에는特赦가되나부더고

◎一進會는自稱開明社會라ᄒ니意味人民을驅誘ᄒ야田畓과家屋을賣食ᄒ거시開明事業인가

◎昨年十一月十七日은外兵이八圍ᄒ야　皇上을脅迫ᄒ고條約을勒成ᄒ後에全國二千萬人民이痛哭之日인ᄃ一進會가此日를紀念宴樂ᄒ는거시世界公論에異常ᄒ人種이라ᄒ듯

雜報

大韓自强會의大會 장부氏演說

滿堂紳士諸君아本日은陽曆十一月十七日이라昨年本月本日을回顧ᄒᆞᆯ진댄志士의心膽이挪膽ᄒᆞᆯ거시오韓國前道가危懼ᄒᆞᆯ도다當日은勿論ᄒᆞ고國家가他國의保護를被ᄒᆞ면國民의名譽가아니오恥辱인故로本日은名譽紀念日이아니오實是恥辱紀念日이라

然ᄒᆞ나此恥辱을馴致ᄒᆞᆷ은數百年來로惡政을施行ᄒᆞ야人心이逐日萎縮ᄒᆞ야自立의能力을失ᄒᆞᆫ結果인則此代의官民諸君이韓國의土位와境遇를自覺自斷ᄒᆞ고自力自立의能力을養成ᄒᆞ야後代子孫의幸福과國家의繁榮을期圖ᄒᆞᆯ지라此大韓自强會의趣旨目的은卽韓國을救濟코ᄌᆞᄒᆞ야國民에自奮自勵를要求ᄒᆞᄂᆞᆫ者인則此紀念日을當ᄒᆞ야特히官權과民權의區別을연說ᄒᆞᄂᆞᆫ我微意의所在를推察ᄒᆞ야特히傾聽의榮을賜ᄒᆞᆷ을切望ᄒᆞ노이다

所謂官權이라ᄒᆞᆷ은官職의權利오國家의事務ᄂᆞᆫ官職이라稱ᄒᆞᄂᆞᆫ機關을因ᄒᆞ야執行ᄒᆞᄂᆞᆫ者인則國務執行의權利ᄂᆞᆫ即官權이라故로官權에國家當然의威嚴이可히無치못ᄒᆞᆯ것이오所謂民權이라ᄒᆞᆷ은人民天賦의權利니他人의利益을害치아니ᄒᆞ고公益에妨碍가無ᄒᆞᆫ範圍에서ᄂᆞᆫ人이總히自由됨을因ᄒᆞ야住居權行爲權營業權信仰權이有ᄒᆞ니라

盖專制國에在ᄒᆞ야ᄂᆞᆫ惟獨官權만絶大ᄒᆞᆫ權力을有ᄒᆞ고民權의何物됨을公認치아니ᄒᆞᄂᆞᆫ故로人民은奴隷와恰似히生殺與奪이統治者의任意에在ᄒᆞ야官吏가官權을濫用ᄒᆞ야放恣를極ᄒᆞ니如此ᄒᆞᆫ邦國에在ᄒᆞ야ᄂᆞᆫ國家의富强을期望키不能ᄒᆞᆯ뿐아니라人民이逐日弱ᄒᆞ야國民元氣를喪失ᄒᆞ고他國의경侮를招ᄒᆞ야自立키不能ᄒᆞ되民權을尊重ᄒᆞ고人民의生命財産을安固케ᄒᆞᄂᆞᆫ邦國에在ᄒᆞ야ᄂᆞᆫ國家의利害ᄂᆞᆫ即人民의利害됨을覺知ᄒᆞ고官民이和合ᄒᆞ야上下一心으로써國家의元氣를振興ᄒᆞ야富强의實을擧ᄒᆞᆷ에至ᄒᆞᆯ지니라夫人이此世에生ᄒᆞᆷ이此土에居住ᄒᆞ야生活ᄒᆞᄂᆞᆫ權利가有ᄒᆞ니正當히居住ᄒᆞ야國法에違反됨이無ᄒᆞ면何人이던지禁止ᄒᆞ거나放逐키不能ᄒᆞᆯ지라然ᄒᆞ나國家組織의必要上에私人의自由를犧牲으로公益에供ᄒᆞᄂᆞᆫ境遇가有ᄒᆞ니假令鐵道敷設의要路에當ᄒᆞ거나公用土地의必要를因ᄒᆞ야其住居를許키難ᄒᆞᆫ時ᄂᆞᆫ損害를賠償ᄒᆞ야居住에自由를奪ᄒᆞ미有ᄒᆞ니라（未完）

●人之貴ᄂᆞᆫ在乎五倫

鐵川郡廣明學校生徒 朱益煥

夫萬物之중에唯人이最貴라ᄒᆞ니此ᄂᆞᆫ何를謂ᄒᆞᆷ인요耳目口鼻의機關이有ᄒᆞ야然ᄒᆞᆷ인가家屋에居處ᄒᆞᆷ으로然ᄒᆞᆷ인가火食ᄒᆞᆷ으로然ᄒᆞᆷ인가言語ᄒᆞᆷ으로然ᄒᆞᆷ인가耳目口鼻로論之ᄒᆞ면猿子도此를具有ᄒᆞ며家屋則兎有穴이라니兎도家屋이有ᄒᆞ며火食則豚犬牛馬도其然이며言語則鸚上鸚鵡能言語라ᄒᆞ니然則唯人之貴於禽獸者ㅣ安在오古不云乎人之最貴於萬物者ᄂᆞᆫ卽其有五倫也ㅣ라ᄒᆞ니是故로五倫은卽爲人之本分이而若不守爲人之本分則雖位至公卿ᄒᆞ고身致萬金ᄒᆞ야据天下樂인들人孰貴之리오此ᄂᆞᆫ失其爲人之貴而自比於禽獸者ㅣ니豈不自愧乎아噫라我國이自箕聖以來四千餘年에禮樂文物이不讓他邦而無人不尊尙五倫이더니至於近世ᄒᆞ야ᄂᆞᆫ蔑視三綱五倫之爲人本分而不顧冥冥良心之誅戮ᄒᆞ고敢歸禽獸之行者ㅣ가比比有之ᄒᆞ니余ㅣ竊對此等人物而不可無一言忠告焉이로니何者오前者에雖有禽獸不若之行이라도若翻然開悟ᄒᆞ야遵守五倫之正道則前者之罪惡을猶或追贖而將來之幸福을從可荐得矣리니豈不妙哉아若云今日에行禽獸不若之行而明日에雖改過遷善이라도終必無效라ᄒᆞ면人孰無過리오改之爲善之至言은豈不歸虛乎아人皆知禽獸之爲賤而不知自己之已爲禽獸焉ᄒᆞ니何如오然則欲脫自己之已爲禽獸而還本於萬物중最貴之域인된遵守三綱五倫ᄒᆞ야日事遷善之外에ᄂᆞᆫ更無可道矣니滅倫敗常之徒ᄂᆞᆫ幸勿勉之여다

廣告

廣告

花春丹은 霍亂 吐瀉 腹痛 滯症 暑症 정忡 神眩 胷鬱 痰癥 醞酒船暈 咳嗽 瘧질 口眼열と 諸症의 神效き 藥이오 此外에도 洋蔘 水解毒藥 唐창 痔疾 蛔虫 寸虫 赤白엄風 藥과 戰國 各藥이 俱備하且 病도 隨問出方하오니 僉位と 枉臨하시옵

皇城校洞石片洞下隅 石泉堂藥局 告白

印刷廣告

●特別社告

本申報社內에 特別히 附屬品으로 活字를 更備ᄒᆞ야 書籍 印刷所를 設置ᄒᆞ얏사오니 印書를 要ᄒᆞ시ᄂᆞᆫ 僉君子ᄂᆞᆫ 來臨相議ᄒᆞ시ᄋᆞᆸ

大韓每日申報社 告白

◉民事訴訟代理와 刑事辯護 鑑定 一切 法律에 關ᄒᆞᆫ 事務를 迅速處理ᄒᆞᆷ

皇城南署茶洞第十七統八戶

辯護士 前檢事 正三品 李冕宇

法律事務所

事務員 前判事 丁明燮 博士 趙東壽

以上 … 論某人 … 本 …

大韓 仁川港

廣物浦紙卷烟及烟草會社

一 鷹標罐濃詰牛乳

一 金印罐詰濃結牛乳

一 … 用 … 化乳 …

一 … 合牛乳

以上은 常時에 貯積ᄒᆞ얏슴

美國紐育 … 濃結牛乳會社

一手代理店

大韓仁川港 世昌洋行

●九轉靈砂라 本人이 … 男女老少에 無論何症ᄒᆞ고 … 小兒ᄂᆞᆫ … 를 滯保ᄒᆞ오며

●九轉靈砂萬病丹은 … 疾에 神効ᄒᆞ오

●九轉靈砂保命丹은 初生小兒 … 殷懸과 婦人帶下症에 神効ᄒᆞ며

●九轉靈砂淸乘丹은 … 吐血 下血 … 時疾 … 에 神効ᄒᆞ오

●九轉靈砂乘金丹은 痔漏 … 上痞瘡 下疳瘡及 … 瘡과 … 에 無不神効하오니 僉君子ᄂᆞᆫ 來問ᄒᆞ시오

… 第一家 李 … 告白

◎本社廣告

申報價

一張代金 新貨二錢五里

一箇月前納 三十錢

三箇月 九十錢

六箇月 一元七十錢

一箇年 三元四十錢

郵稅一部 每日 … 廣告料 一箇月 十三錢

國漢文活字十三字 … 每日每行 …

(每日每行에 六號에 … 其期限의 長短과 字行의 多少를 … 減ᄒᆞᆷ이 有ᄒᆞᆷ)

大韓每日申報各處支社廣告

中署布屛門下 金相萬 …

… 十八統第三戶 …

仁川 … 李東亨

…

長淵邑 金 …

… 金仁집

… 曹喜林

… 李 …

釜山 … 金滙俊

… 金宗鎬

… 安 …

… 金 …

元山港倉 …

黃海道 … 劉 …

發行兼編輯人 英國人 裵說

發行所 京城中署 … 大韓每日申報社

光武九年八月十一日
明治三十八年八月十一日 第三種郵便物認可

木曜日

西曆一千九百六年十一月二十二日 (一)

大韓每日申報
대한매일신보

第四卷

第三百七十七號

月曜及慶節 臨時休日刊

◎檀君開國四千二百三十九年
箕子元年三千二十八年
大韓開國五百十五年
日本明治三十九年
淸國光緖三十二年
◎陰曆丙午十月大初七日庚午

論說

統監願留의運動

異哉라韓人之性質이여一切行事가出於人情萬萬之外者ㅣ何其多也오嗚呼라昨年十一月十七日에新條約之變은即是國權大去之日이니豈非大韓臣民의萬死難忘之大恥辱耶아

乃一進會가以是日로開紀念之宴ᄒᆞ얏스니是ᄂᆞᆫ以恥爲樂이오以辱爲榮이니天理民彝가滅之盡矣라其國前途ᄂᆞᆫ更何言哉아雖然이나彼會之前後行爲ᄂᆞᆫ一般世人이無不唾罵譏斥者니固不足以人道責之故로吾儕가不欲張皇論辨이고至若統監願留의運動之說은又是一層可怍可歎之甚者로다

果然今番國會中에此事件이確有ᄒᆞᆫ지姑未顯著矣ᄂᆞᆫ種種傳說이實有苗脈이라噫此願留之擧가爲伊藤統監職乎아伊氏가白首殘年에名位已極이라若其貪戀於統監之地位면伊氏가不能爲高尙人物이니僭謂願居가非其榮也라反爲恥也요

爲大韓皇室而然乎아自伊侯之位統監以來로尊嚴皇室의約文을破棄ᄒᆞᆫ行動이暴著於世人之耳目ᄒᆞ얏스니爲 皇室安寧而願留云者가尤千萬不近之說也요

爲大韓國民而有此乎아同候行政이已過半年에韓國人民이未見其回도爲笑ᄒᆞ고但流離之苦와驅擄之象이安靖無日ᄒᆞ얏스니以國民之情으로決無願留之計矣라

然則此擧가從何而萌動乎아以其所聞컨ᄃᆡ韓廷大官中二三奸細輩가伊藤侯의忠奴가되야其勢力庇護之下에私權私位를牢固코져ᄒᆞ야此事를做出ᄒᆞᆷ이라ᄒᆞ니其人某某의姓名이必將顯著矣라此 三奸細輩의挾私周旋으로以ᄒᆞ야國家存亡의大關係가有ᄒᆞ니豈不寒心哉아蓋此國內에統監을置ᄒᆞᆷ은特其當日爲定之事요

韓皇陛下의認准ᄒᆞ신바아니니此事實이旣已各國報紙上에傳播論ᄒᆞᆫ바라今若自 皇室로統監을願留ᄒᆞ얏다ᄒᆞ면是ᄂᆞᆫ統監의設置를認准ᄒᆞᆷ이니其爲關係가果何如哉아

彼爲運動者 必曰伊藤統監은頗히寬大ᄒᆞᆫ風度가有ᄒᆞ거니와後任統監은嚴酷壓迫이必有甚焉이라ᄒᆞ야 宸聽을眩惑ᄒᆞ나獨不知願留統監四字가爲韓國莫大之恥辱耶아苟有人心이면胡然如是오痛矣痛矣오悲夫悲夫ㄴ저

官報

◎三千六百十五號 光武十年十一月二十日

◎宮廷錄事

香椒院議長閔種默辭職疏
批旨省疏具悉所請依施
掌禮院卿金奭圭辭職疏
批旨省疏具悉所辭掌禮之任依施

◎敍任及辭令

從一品金重祿 全吳泰煥
任懿孝殿尙션

◎三千六百十六號 光武十年十一月廿一日

◎宮廷錄事

詔曰旣有可援之例今者奉出之
孝定王后加上 尊號玉寶二顆
宮內奉安於 宗廟宮 宜仰寶藏矣令宮내府掌禮院擇日擧行

宮닉府大臣臨時署理議政府參政大臣朴齊純謹
奏俊主殿院卿梁性煥報告書則以爲本院別檢李熙周等 昌德宮暎花堂蓮池採掘蓮根矣玉寶二顆現出精洗裏納照亮云矣臣審審則 玉寶兩本俱是 孝定王后玉寶而一本丙寅午 加上 尊號時 弘聖之寶一本丙年 加上 尊號時章純之寶矣奉安之節事體由大自臣府不敢擅便何以爲之乎敢
奏 光武十年十一月十八日奉
旨當有處分矣

議政府參政大臣臣朴齊純
宮닉部大ᄂ臣李址鎔謹
奏熊川巨濟兩郡守旣係港灣重要亦有交涉事務如非妥遑無以承辦矣現任兩郡守任期雖未限滿不可不ᄭ拘例數遷轉其代各別擇送恐合事宜故謹具開錄候
聖裁
光武十年十一月十九日奉
旨制曰可

◎敍任及辭令

○依願免本官 度支部技手高海찬○命宮내府特進官 香椒院副議長李根湘○命掌禮院卿 正一品趙秉式○從一品閔種默 正二品金奭圭 命宮닉府特進官○免本官 熊津郡守金與圭 右ᄂᆞᆫ該道觀察使朴彝陽의報告書를據ᄒᆞᆫ즉該員이本年度春夏等節最에治績居下이옵기免本官○依願免本官 光陽郡守黃仁淵○任熊津郡守 熊川郡守尹學각○光陽郡守 永平郡守徐相聰○任永平郡守 巨濟郡守李敎承○任熊川郡守 前參理官申錫麟○任巨濟郡守 度支部稅務官尙義駿○李元祚 孫炳문 金日와 李鍾淳 俞炳銖 表正淑 비형 崔奎龍 徐相日 金仁擄 金存燮 李圭錫 金용冕 崔奎鳳 金在基 李鍾允 崔甲東 崔京珠 李民雨 朴祥昱 金吉永 任度지部技手 右ᄂᆞᆫ該員等이本部所管大丘出張所測量見習生으로測量技術에今旣한熟이기技手를敍任ᄒᆞᆷ

◎光武十一年度
歲入歲出總豫算 續

一 海關各種의工事費

第五 國庫預備金
光武十一年度에國庫預備金은第一預備第二預備各四十萬圜合계八十萬圜이라

第六 特別會計
光武十一年度預算中特別會計에屬ᄒᆞᆫ者ㅣ左와如ᄒᆞᆷ
一 度支部所管印刷局會計
一 農商工部所管度量衡製造檢定所會계
一 農商工部所管棉花栽培費會계 未完

外報

◎犬救主人 美國옥글드빌스득릿六百十戶家에서去九月下七日午后六時에門外鍾聲이出ᄒᆞ거날主人女人이其男丁이還歸ᄒᆞᄂᆞᆫ가ᄒᆞ야急히門을開ᄒᆞᆫ則賊漢이六穴砲를持ᄒᆞ고房內에入ᄒᆞ야金錢一百元을搜獲ᄒᆞ고또其女人手에金剛爍半指를脫ᄒᆞ라ᄒᆞ미女人이기半指로써門外에擲ᄒᆞ며曰我의命을棄ᄒᆞᆯ지언정此物은못쥬깃노라ᄒᆞ니盜賊이女人의手를執ᄒᆞ고行惡코져ᄒᆞᆯ際에其女人의사랑ᄒᆞ든犬이賊漢의脚을咬ᄒᆞ니賊漢이女人을扶執ᄒᆞ얏든手로犬과爭鬪ᄒᆞᆯ際에女人이避身ᄒᆞ야性命을保全ᄒᆞ얏다더라

◎海軍研究生派遣 淸國政府에셔ᄂᆞᆫ海軍에關ᄒᆞᆫ學術을研究ᄒᆞ기爲ᄒᆞ야皇族과諸王子中에靑年을選取ᄒᆞ야外國에遊學ᄒᆞ기를계畫중이라더라

雜報

●日人注意印度　去十月十七日聖彼堡電據호則日本東京電에云호얏스되英國屬地라印度人民들이英國人의게感情이多有호고日本人을懽迎호는거슨日本人이印度人을煽動호기를合心호면不成호는事가無호니日本이俄國과戰勝호거슬試觀호라허며日本佛敎中에서는印度佛敎者의子孫을率來호야工夫식히며晝夜로勸호기를英國을背叛하고獨立國民이되라하며또호亞細亞人은亞細亞人이亞細亞라하는故로近日印度人이英國物貨를勿用코져하니日本이其機를乘하야其國物貨를자고輸運하야英國人의利益을奪혼다하얏더라

●日人行悖　日昨濟島의셔水道를敗毁호는日韓國雇傭人이無心中의日인의用하든錘을持用허엿던지日인이該錘를奪取허여韓國雇備인을亂打호야流血이浪藉허여幾至死境이라病院으로昇去허여方在治療중이라더라

●憑公營私　日人佐藤氏가忠北觀察道財政顧問官으로雇聘時에該道公납錢으로或放債도허며或與當局도設허엿더니該氏가解雇됨의各인處의放債條를近日의星火督捧호다니所謂文明的인으로他韓公錢을自殖牟利호온聞者莫不唾罵허더라

●警使遷任說　警務使朴承祖氏는觀察使나各部協辦이나遷任호다더라

●緊歇有別　郡守銓考所로繕送하는各人의履歷書를內部大臣李址鎔氏가從중操縱하야緊於自已者는送于銓考所하고不緊於自已者는故爲淹滯하는故로該大臣의不公正홈을一般輿論이沸騰하더라

●義不可夫　內部大臣李址鎔氏가晉州妓生山紅을寵愛호다는說은各新聞에揭載하얏거니와李內大가山紅에姿色을貪하야作妾코즈호더賤妓가反對하며日已聞李大臣은賣國賊이라世人이指目호다니我本賤妓라事與白丁同居연정如此호大臣으로는不可同處라하얏다는더賤妓夫가平生衣食의自足退却홈을憤歎하야山紅을亂打하얏다더라

●惜別伊藤　日本伊藤統監이歸國호다는說은前報에揭載호얏거니와昨日上午六時에搭乘京釜列車호고發行호는대參政以下各部大官과統監府一般官吏가南門外停車場에如蟻屯集호야惜別之情을表호얏다더라

●議長渡日說　中樞院議長李根澤氏가將欲渡日호대인더名色이無허고遊覽허기는昌皮허야무슴視察之名을帶호然後에發程호다더라

●民情不通　近日에鄕民等이結稅事로度支部에呈訴하얏는대數十日이되도록題音이不下하야寃聲이不絶하니多日遲체된온該部補佐官이拒章호기를不許호무로易致曠日하야民情을不通호다더라

●富民訴官　富平郡堂美坪에自來로京鄕挾雜輩가築洑하야該近民庄을損害케하는故로農民들이보築을破潰하야俾免壓庄矣러니不意昨年에自英親王宮으로築보하야今年水災에보上民庄畝千石落이全被水害하야以至廢農인바該宮으로보稅를又爲夥多히收刷하는故로該農民三百餘名이來發穗호叢草幾束을持來하야該宮에呈訴하얏다더라

●水賊又熾　江華來信을聞혼즉近日에水賊이大熾하야往來船隻을劫掠하는故로船路가杜絶호얏다더라

●童謠新唱　昨日伊藤統監이發程歸國하는대街路兒童들이歌謠를唱허여日今日통감이드러가니사락이나오나보다고호더라

●吏民煽動　寧海來人의傳說을據호즉該郡人民들이吏屬을煽動허여合同用力호야結錢을雖一分이라도稅務官의게出給지마즈호다더라

●青會演說　本日下午七点半에呂炳鉉氏를靑年會館에서請邀호야格致學의必要란問題로演說호깃사오니有志諸君은傍聽호라허엿다더라

●巡減賊熾　近日에警務廳巡檢二百名을減額호다허미巡檢輩가事役에懈怠허야都下에賊警이益熾호다더라

●海東聚集　海西吏輩가무슴計劃이有혼지陰本月初十日에九月山으로聚集호다고西來人에確信이有호더라

●災結區處　公州稅務官李種玉氏가度支部에報告호되忠南各郡에今年水災結을慰諭使劉猛에所據로施行호을지災結을收數收捧後에待本部指令호와出給民間호을는지指一區分호라호얏다더라

●調査兩道　度支部補佐官某氏와通譯主事一人이京畿黃海道物產과上納文簿를調査코자日昨에入來호얏다더라

●厚日薄韓　量地課에서出役時에日發을支給호는대日人은四圓이오通譯主事는二圓이오韓課主事는一圓인대同功一體에何厚何薄고호더라

●防賊設軍　淸道郡境內에賊勢가大熾하야該郡守閔泳采氏가賊患을防禦하기爲하야防守軍十名을設置하고內部에報告하얏다더라

●期獻規盟　日本人大垣丈夫의父親某氏가新貨二千圓을大垣氏에게付送하고寄書하얏스되韓國이獨立을維持하여야日本이互相扶持홀터이니아무죠록韓國人士를文明에誘導케하고此送二千圓으로旅費를補用하라하얏더니其翌日에寄書一度가又爲來到하얏거날開見혼則其父親의訃音이라大垣氏가罔極之情을不勝하야落淚하며日韓國人士를期於開明하야歸國하는日에其父親의靈魂를十分慰勞하깃다하얏다더라

●湖吏屯聚　湖西各郡吏屬이各自私通하야緣恩俗離山으로陰本月十五日에聚集혼다는說이有허더라

●不無民怨　咸南來인의傳說을聞혼즉咸興本宮內草耘掃雪諸般雜役을遂授八里民인等이擔行허고烟戶雜役을탈給허엿더니新式後에는戶布錢만只爲탈給호지라至於今年허야는該八里民의陵軍의게戶布錢을責徵납허라허는故로民怨이猥籍허다더라

●閔氏久滯　前參判閔康鎬와前繼官李正欽兩氏가무슴事件인지警務廳에閱月滯囚하얏다더라

●安氏横囚　開城府居朴楚山과尹學弼兩氏에貿訟相關으로該府居安侍御가平理院에横被滯囚다야四五萬兩을横徵호地境이라더라

●忠友敎會　靑山居송某가忠友會를設허기로忠淸南北道의諭通허얏다더라

●剃髮所助學　本月二日開城永昌學校에서生徒八十餘名이該府의外理髮所韓興植氏를當日夕後에請邀호야治髮홀시時에本校校監元漢圭氏가先斷卽行호니其次로生徒等이一齊이先斷髮호는지라韓氏가生徒들의精神이剛毅됨을感心호야立校는今不過數月에其學徒熱心血誠은實是令人驚異호니是即愛國精神이로다吾雖貧乏無資나決不受治髮料호야以補學費之萬一이라호고手功數百金을固辭而不取호며維願贊成自助라호니一般學徒의感發興起가固當好果를得호거시요同氏의勸勉血誠은可謂世所罕有者라호리로다

●廣化校況　廣化新塾을設立혼景況은前報에揭호얏거니와諸般設備가未就호고敎師가更秩호야咸文然호더니前主事송鍾兌氏와現任主事朴叙陽氏가仕退之暇에熱心協助하야고敎育上에諸般著名혼尹時炳氏와李炳元氏가聞호고再昨日부터敎授호고該塾에서今番冬期에보日英兩科에協力이며等資格되는生徒幾十名을募集호는대李炳元氏는文學士金圭植氏로美國에多年留學호다가同件歸國호얏다더라

酒後餘談

◎伊藤統監은韓國山川辭別홀고本國에도라가이世界中籠絡호던手段으로十步九回안喜는지

◎各部大臣이伊藤統監을餞別호니悵缺之情이엇지흐나日本政府에顯留狀이나呈호여보시

◎軍部大臣李允用氏도호다호니軍部大臣은호다는이도만코

◎一進會에서韓日協約紀念을父母에忌日과生日에比호얏시니日人은一進會에어미와아비지

◎一進會紀念宴에各部官人이一不往參호얏시되李相敦氏가獨參호얏시니可謂一葉靑이로고

◎昨日郡守奏本에巨濟高義俊熊川申錫麟兩氏가日人에勸告로叙任호얏시니日郡守라名稱호얏시면좃케고

雜報

●此何賊習 驪州淨土宗曲水洞支會會員趙道弘과安樂永은素是無賴輩러니近者에投入右會ᄒᆞ야多率悖類ᄒᆞ고突入砥平水洞居鄭行福家曰汝父가今年正月分에語逼祖先ᄒᆞ니豈非不孝耶아ᄒᆞ고七十老翁과十三歲幼兒를一繩으로結縛ᄒᆞ야打ᄒᆞ며周雷曰汝若納錢則已어니와若不然이면當殺之리라ᄒᆞ거날其妻執其兒手曰如此幼兒가有何罪而加此重刑고ᄒᆞᆫ則以木棒打之ᄒᆞ고以足蹴之ᄒᆞ야渾體重傷ᄒᆞᆫ지라罪之有無ᄂᆞᆫ勿論ᄒᆞ고當場禍色이迫頭故로家産什物을擧販則受價只爲當仟圜百二十兩이라給以乞活則什物餘存者只笠一刀一이라此亦奪去以去之러니又翌日에更率悖類ᄒᆞ고毆打突入行福에四寸家曰汝之鄕가ᄂᆞᆫ都是不孝之族이라ᄒᆞ고毆打ᄒᆞ며亦如前日而家券與田畓文券을沒數搜去ᄒᆞ야自意放賣分食ᄒᆞ고又隣家農牛一匹을以一千八百兩으로決價牽去曰此價ᄂᆞᆫ往推於行福四寸ᄒᆞ라ᄒᆞ고又有何不足인지其人을尙今捉囚於渠會私房而不放ᄒᆞ고又突入於驪州오琴洞禹德瑞家曰汝妻가已有陷入口說이라ᄒᆞ야錢千兩을勒奪以去ᄒᆞ니大抵淨土宗會之主旨ᄂᆞᆫ專是淸淨云이거날此等凶悖之類을知而故接인지不知而誤接인지其裏許ᄂᆞᆫ未知ᄒᆞ거니와若此凶徒ᄂᆞᆫ不啻爲出會라當捉囚嚴治照律ᄒᆞ야以杜後習이라야驪州之民은乃可支保라ᄒᆞ더라

大韓自强會의大垣丈夫氏演說 (續)

行爲權이라ᄒᆞᆷ은人이河에釣ᄒᆞ거나山에獵ᄒᆞ거나大廈高樓를建築ᄒᆞ거나美服盛宴으로豪遊ᄒᆞ던지라人의利益을害치아니ᄒᆞ고公益에妨碍됨이無ᄒᆞᆫ行爲ᄂᆞᆫ總히人의自由니라 營業權이라ᄒᆞᆷ은人이勞動ᄒᆞ야衣食ᄒᆞᆷ이天賦의本能인則商業에從事ᄒᆞ거나農業에從事ᄒᆞ거나又幾萬元을得ᄒᆞ던지制裁를受ᄒᆞ거나侵害를受ᄒᆞᆷ이無ᄒᆞᆫ지라 信仰權이라ᄒᆞᆷ은凡安心立命은其人의信念上에在ᄒᆞᆫ則타인이强制키不能ᄒᆞ니何如ᄒᆞᆫ宗敎던지信仰은其인의自由니라 此等을인民의自由라總稱ᄒᆞ나니所謂民權이라此民權을擴張ᄒᆞ야政治上에應用ᄒᆞ면인民이國家의經用을支出ᄒᆞᄂᆞᆫ故로其經用의多寡及徵收方法을議定ᄒᆞᄂᆞᆫ權利가有ᄒᆞᆫ지라然而政治의運用은統治者의代理機關된官廳의一任ᄒᆞ되其運用의善惡은인民의利害의關係가有ᄒᆞᆫ則인民이代表者로ᄒᆞ야금政治의參與케ᄒᆞ야監督ᄒᆞᄂᆞᆫ權利가有ᄒᆞ니所謂立憲代議政治ᄂᆞᆫ此理由의基因ᄒᆞᆷ이오又立憲代議政治를施行치아니ᄒᆞᆫ邦國이라도民權을尊重ᄒᆞ야天理의基因ᄒᆞᆫ政治를施行ᄒᆞᆷ의注意ᄒᆞᆷ이元來當然의義務니라 (未完)

廣告

本人이中署許屛典舖에라ᄒᆞᆫ紙貨百圜을陰十月晦日卅次於晉一張을今初二日路中에서失故玆以廣佈ᄒᆞ오니內外國人間에某拾得ᄒᆞ와도休紙施行ᄒᆞᆷ

相洞居陳成煥 告白

本人이圖漢文并列姓名圖章을遺失ᄒᆞ고更刻新章ᄒᆞ야借用ᄒᆞ오기玆에廣告ᄒᆞ오니僉君子ᄂᆞᆫ照亮

端川郡守玄昇鉉 告白

본소에서ᄂᆞᆫ한인으로국한문을영문으로번역ᄒᆞᄂᆞᆫ이를급속히원ᄒᆞᄂᆞᆫ디영문이족ᄒᆞ야번역에능ᄒᆞᆫ면쓰겟숩

황셩졍동한셩판각소 고빅

本社에서農商工部認許를得ᄒᆞ야大韓貿易商社를設立ᄒᆞ고且客主業을開ᄒᆞ야鐵道各驛에支店을設置ᄒᆞ고內外國物貨에交易를確實케ᄒᆞ며運輸에取扱을便利케ᄒᆞ오니 僉君子ᄂᆞᆫ陸續枉臨ᄒᆞ오셔本社組合員의加入과支店設立에方針을議論ᄒᆞ야擴張ᄒᆞᆫ基礎에進케ᄒᆞ심을千萬仰望

業務에種目

一 貿易業 內外國物貨에貿易이니第一米穀의多少를不計ᄒᆞ고各支店에出張ᄒᆞ야確實ᄒᆞᆫ價格으로貿易ᄒᆞᆷ을目的ᄒᆞᆷ

一 客主業 在來ᄒᆞᆫ規則을便利케改良ᄒᆞ야商業에發達ᄒᆞ기를爲務ᄒᆞᆷ

一 買次仲買業 物品顧買人에委托ᄒᆞᆷ을因ᄒᆞ야時價를表準ᄒᆞ야確買케酬應ᄒᆞᆷ

一 委托品販賣業 委托ᄒᆞᆫ物品을實價로販賣ᄒᆞ야商賈人에便宜ᄒᆞᆷ을爲務ᄒᆞᆷ

一 倉庫業 無論某物에多少를不計ᄒᆞ고最低ᄒᆞᆫ貰金으로任置ᄒᆞ되其物品에對ᄒᆞ야貸金ᄒᆞ기를請求ᄒᆞᄂᆞᆫ境遇에ᄂᆞᆫ最低ᄒᆞᆫ利子로貸金ᄒᆞᆷ

一 運輸業 京釜京仁京義各線路各驛에支店을設立ᄒᆞ며馬車를設置ᄒᆞ야速達便宜ᄒᆞᆷ

一 精米業 各驛에서輸來ᄒᆞᆫ穀物을便利ᄒᆞᆫ機械로作米ᄒᆞ야販賣ᄒᆞ되或委托을因ᄒᆞ야賃金으로酬應ᄒᆞᆷ

支店所在地

平澤 天安 全義 鳥致院 太田 沃川 伊院 永同

黃澗 秋風嶺 金泉 大丘 龜浦 草梁 開城 金川

砂伊院 平壤 新義州 素사 仁川

京城南大門外蓮池洞

商號 ㊀ 大韓貿易商社

主任 俞경煥 告

客主部 主任 朴舜和 白

●大韓自强會月報

每月一回廿五日發行

定價金 一部 十五錢

大韓自强會月報의發行이豈明을經ᄒᆞ오니自由의議論을鼓發ᄒᆞ야國家의權利를增進ᄒᆞ고獨立의精神을淬礪ᄒᆞ야同胞의團結을益發케ᄒᆞ야全國有志諸公의愛讀ᄒᆞ심을供ᄒᆞᆫ바現今本會의서一비擴張ᄒᆞ기爲ᄒᆞ야高明ᄒᆞᆫ文章과宏博ᄒᆞᆫ學問家를延致ᄒᆞ야天下大勢의變動과殖産敎育의要素와古今政治의大要를蒐輯ᄒᆞ야開發ᄒᆞᆫ眼目을一新케ᄒᆞ오니愛國ᄒᆞ시ᄂᆞᆫ僉君子ᄂᆞᆫ血淚를문ᄒᆞ시고家家案頭의隨列對讀ᄒᆞ시오

皇城中署典洞九十二統二戶

大韓自强會事務所

本學會ᄂᆞᆫ一般人士의教育發達을爲ᄒᆞ야月報冊子를來十二月初一日부터發行ᄒᆞ오니本報를購覽코져ᄒᆞ거나廣告揭載를要ᄒᆞ시ᄂᆞᆫ僉君子ᄂᆞᆫ本會館으로來臨申請ᄒᆞ시옵

漢城南署河橋四十八統十戶

西友學會 告白

本雜誌購覽의便利를供給ᄒᆞ기爲ᄒᆞ야發行日字와總館位置와本誌部門을左開ᄒᆞ야逐號廣告ᄒᆞ오니陸速請購ᄒᆞ심을切望

◉定期◉ 每月二回(十日二十五日)

◉位寘◉ 京城南署竹洞八十二統十戶

部門(第十號) 論說 教育 實業 談叢 內外報 雜書 詞林 小說 廣告

朝陽報社 告白

◉彰熙組合廣告◉

本人等이彰熙組合을西署東幕內洞에開設ᄒᆞ고各處所來米穀等物을隨到保管ᄒᆞ며放賣等節에迅速公平히ᄒᆞ게ᄒᆞ고若或物品을典執ᄒᆞ고貸金을請求ᄒᆞᄂᆞᆫ時ᄂᆞᆫ輕邊으로債給ᄒᆞ깃사오니四方僉君子ᄂᆞᆫ光顧ᄒᆞ심을敬要ᄒᆞᆷ

位置西署東幕內洞廿四統六戶

資本金 二萬圜

組合員白南徽 金洛鳳 尹晶鎬 李彰漢 告白

本人에弟名泰字養輔性本浮浪ᄒᆞ야符同雜類ᄒᆞ야他人의田畓과諸弟畓及宗畓을僞造文券ᄒᆞ야欲爲得債ᄒᆞ니內外國人은切勿見欺ᄒᆞᆷ

廣州苔峴面廉谷居曺輸承 告白

◉日語夜學生募集廣告◉

本所에서日語夜學一年速成科를設ᄒᆞ야文法과普通話를專文으로敎授ᄒᆞᆯ터이오니願學員은陽十一月二十日內로來請ᄒᆞᆷ을

南大門內靑年學院

日語夜學講習所

所主兼敎師 柳 盲

幹事 全德基 周時經

敎師 前日本農學敎師 渡邊新太郎

李丙植

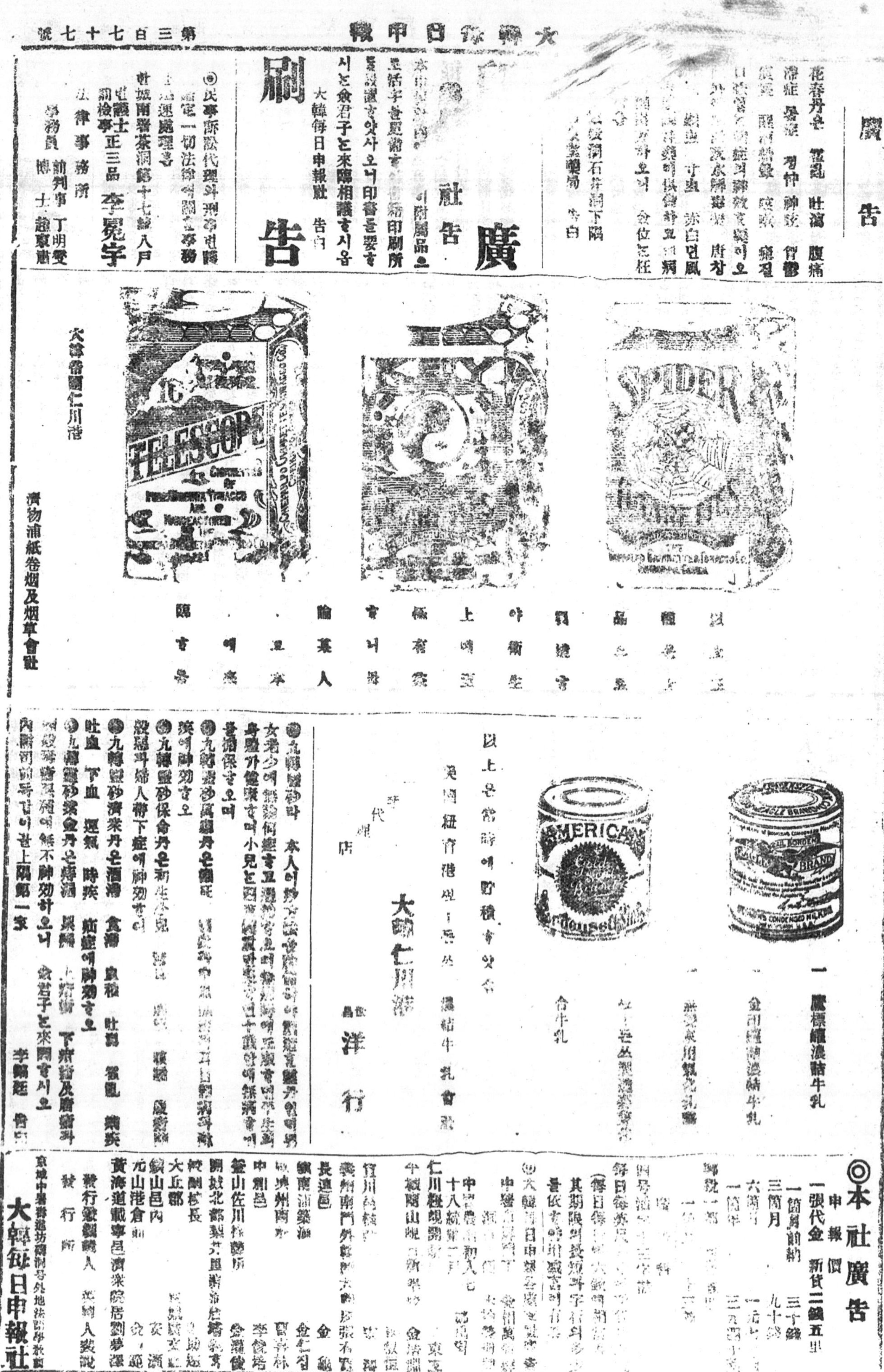

廣告

花春丹은 霍亂 吐瀉 腹痛
滯症 暑症 괴中 神眩 胃鬱

廣告

社告

本社에서 附屬品으로 活字를 更備ㅎ야 印刷所를 設置ㅎ얏사오니 印書를 要ㅎ시는 僉君子는 來臨相議ㅎ시옵

大韓每日申報社 告白

刷告

◎民事訴訟代理와 刑事辯護와 一切法律에 關ㅎ 事務를 處理홈

漢城南署茶洞第十七統八戶

辯護士 正三品 李冕宇

法律事務所

前判事 丁明燮

事務員 博士 趙京鏞

大韓帝國仁川港

英美煙紙卷烟及烟草會社

一 鷹標罐濃縮牛乳

一 金門罐濃縮牛乳

合牛乳

以上은 當時에 貯積ㅎ얏소

美國紐育港 濃縮牛乳會社

代理店

大韓仁川港 洋行

◎九轉靈砂라 本人이

◎九轉靈砂保命丹은

吐血 下血 運氣 時疾 痢症에 神効ㅎ오

◎九轉靈砂紫金丹은 痔漏

內醫院前에 ... 第一家

李鶴延 告白

◎本社廣告

申報價

一張代金 新貨二錢五里

一箇月前納 三十錢

三箇月 九十錢

六箇月 一圓七十錢

一箇年 三圓四十錢

仁川港

長淵邑 金龜

大邱郡

釜山佐川

黃海道載寧邑

京城中署

發行所

大韓每日申報社

明治三十九年八月十一日第三種郵便物認可

第四卷

大韓每日申報
대한매일신보

第三百七十八號

月曜及慶節
歲時日休刊

檀君開國四千二百三十九年
箕子元年三千二十八年
大韓開國五百十五年
日本明治三十九年
淸國光緖三十二年
●陰曆丙午十月初八日辛未小雪

論說

韓國納金規律

政府財政에特別知識은雖不請求나至於國民財政ᄒᆞ야ᄂᆞᆫ全國人民이一種貨幣를有ᄒᆞ야通商資本家가貨幣價格의普通定位를實認ᄒᆞᆫ以後에야可謂流通이라若未及於此면各方人民의게均等貨幣를不能課稅ᄒᆞ리니貨幣가不一ᄒᆞ야此處에通貨를彼處에셔不用ᄒᆞᄂᆞᆫ是時에公衆의납金을但以一種定例ᄒᆞᆷ은山峽에셔生長ᄒᆞᆫ人民으로島嶼居民과如히船隻을運行ᄒᆞ라ᄒᆞᆷ과何異리요

此蓋殘虐之行이로다近者日本之人이度支部令으로頒布하되赤銅과白銅과其他葉錢을一圜以上되ᄂᆞᆫ錢額에ᄂᆞᆫ不許ᄒᆞ기로定規ᄒᆞ엿스니此ᄂᆞᆫ韓國人民을虐待ᄒᆞᆷ이라西道에通貨를東道에셔不知ᄒᆞᄂᆞᆫ人民으로均一貨幣를通用ᄒᆞ라ᄒᆞ면豈其不困ᄒᆞ리오先後之失序를雖路上之人이라도必知ᄒᆞ리로다

以此損害ᄂᆞᆫ與此法之施行으로俱長ᄒᆞᆯ지라益知分韓人은何許契約에던지支拂ᄒᆞᆯ金額을自已의便利ᄒᆞᆷ이나或居生ᄒᆞᄂᆞᆫ地方에通常ᄒᆞᄂᆞᆫ貨幣로使用ᄒᆞ기를希望ᄒᆞᆯ거시어ᄂᆞᆯ此純然之民이不能求得ᄒᆞᆯ貨幣로還償ᄒᆞ게된거ᄉᆞᆯ一朝에自覺ᄒᆞ리로다

日本人이第一銀行의支店을各處에設立ᄒᆞ기를熟思ᄒᆞ나니此業務가使其人民으로新貨에知識을薄得케ᄒᆞᆷ이나然이나如此學識이未達ᄒᆞᆫ現今에此法을設立ᄒᆞᆷ은豈可謂財政善策이리오日本官憲이韓國人民의財政知識을日本人民과同一ᄒᆞᆫ줄노量度ᄒᆞᆷ과如ᄒᆞ나事實은與此逈異ᄒᆞ니此를次號에更述ᄒᆞᆯ깃노라 未完

官報

●三千六百十七號 光武十年十一月廿二日

◎敍任及辭令

○任知禮郡主事 文炳默○任靈光郡主事 九品鄭世喆○任智島郡主事 金炳哲○任光州郡主事 盧鶴燁○任淸州郡主事 鄭龍澤○任康翎郡主事 盧蒼顔○任竹山郡主事 九品尹相麟○任洞原郡主事 송翼輔○任雲峯郡主事 柳先秀○任伊川郡主事 李昌燁○任稷山郡主事 李浩性○任積城郡主事 柳秉性○任恩津郡主事 崔晃錫○任安山郡主事 崔世永○任新昌郡主事 李起鏡○任龍潭郡主事 高到鉉○任玉果郡主事 林魯俊○任綾州郡主事 李鍾淵○依願免本官 度支部稅務主事閔泳甲 鄭基宅 權[illegible]夏 任度支部稅務主事

◎光武十一年度歲入歲出總豫算 續

目錄

總預算

甲號歲入歲出預算

歲入經常部
歲入臨時部
歲出經常部
皇室費 耆老所
議政府 中樞院
內部 度支部
軍部 法部
學部 農商工部
歲出臨時部
議政府 內部
度支部 法部
學部 農商工部

乙號繼續費

臨時治道費
仁川水道工事費
平壤水道工事費
海關工事費
大韓病院建築費
裁判所建設費
臨時事務擴張費
工業傳習所建設費

豫算

第一條 光武十一年度歲入總額을一千三百十八萬九千三百三十八圜으로歲出額總을一千三百九十六萬三千二十五圜으로定ᄒᆞ고其款項은別紙甲號歲入豫算歲出豫算에揭홈

第二條 別紙乙號揭記의費途ᄂᆞᆫ各其規畵ᄒᆞᆫ바를隨ᄒᆞ야既定ᄒᆞᆫ繼續費를謂홈

甲號

歲入經常部

第一款租稅 金八百十八萬一千六百五十二圜
第一項地稅 金五百八十六萬六千一百九圜
第二項戶稅 金二十六萬九千四百四圜
第三項驛賭稅 金十萬五千圜
第四項漁稅 金三千五百九十圜
第五項鹽稅 金一萬二千五百圜
第六項蔘稅 金一千六百二十圜
第七項船稅 金一萬二千三百九十圜
第八項港稅 金一百八十七萬圜
第九項礦稅 金四萬圜
第二款印紙收入 金十五萬八千圜
第一項印紙收入 金十五萬八千圜
第三款官業收入 金一萬三千四百五十圜
第一項醫院收入 金九千四百五十圜
第二項官報收入 金四千圜
第四款雜收入 金一萬二千圜
第一項雜收入 金一萬二千圜
第五款既往年度租稅收入 金一百二十萬圜
第一項既往年度租稅收入 金一百二拾萬圜

歲入經常部合計金九百五拾六萬五千一百三圜

歲入臨時部

第一款起業資金 金二百卅二萬五千八百六十八圜
第一項起業資金 金二百卅二萬五千八百六拾八圜
第二款海關工事基金 金一百二拾九萬八千三百六十五圜
第一項海關工事基金 金一百二拾九萬八千三百六拾五圜

歲入臨時部合計金參百六拾二萬四千二百三拾三圜

歲入通計金壹千參百壹拾八萬九千參百參拾六圜

未完

外報

●海軍擴張演說 布哇의時事新報를據ᄒᆞᆫ則美國와심슨通信에云ᄒᆞ얏스되美西戰爭에連속ᄒᆞᆫ陸軍將校들을請邀宴待ᄒᆞ얏ᄂᆞᆫᄃᆡ宴席에셔海軍卿보너런氏가演說ᄒᆞ기를美國의安全은우리美國人民이恒常預備ᄒᆞᄂᆞᆫᄃᆡ니ᄯᅩ美國人民이各各後備兵되ᄂᆞᆫ거ᄉᆞᆯ紀念ᄒᆞᄂᆞᆫᄃᆡ在ᄒᆞ다ᄒᆞ고엇지ᄒᆞ얏든지美國이不得不海軍을擴張ᄒᆞ여야可ᄒᆞ다ᄒᆞ고ᄯᅩ흔學習ᄒᆞ기를日本이만일ᄒᆞ고져ᄒᆞ면比律賓과布哇를占領ᄒᆞᆯ거시라此를防備ᄒᆞ랴면五億五千萬元의金貨經費를持ᄒᆞ여야適當히海軍을擴張ᄒᆞ리라ᄒᆞ얏고日本이戰鬪艦과軍艦을新築ᄒᆞ니非常히뎌일바아니라ᄒᆞ얏다더라

●英國의新砲彈 英國의新砲彈試驗은好結果를呈ᄒᆞ야戰艦드레드노드號에裝戰ᄒᆞ얏다더라

雜報

●傳說難信 近日에一邊所傳[illegible]에對ᄒᆞ야朴[illegible]有ᄒᆞᆫ지라[illegible]李俊鎔氏ᄂᆞᆫ山[illegible]傳歸國ᄒᆞᆫ다ᄂᆞᆫ說[illegible]더라

●[illegible] 水曜日이면[illegible]御前會議를[illegible]水曜日에ᄂᆞᆫ무슴[illegible]ᄒᆞ야昨日로退[illegible]ᄒᆞ엿다더라

●法相遞任 法部大臣李夏榮氏ᄂᆞᆫ遞任된다ᄂᆞᆫ說이有ᄒᆞ더라

●[illegible]氏轉任 再昨夜奏本에參書李[illegible]在氏ᄂᆞᆫ中樞院贊議로轉任되고其代에外事局長韓昌洙氏가被任ᄒᆞ고其代ᄂᆞᆫ鑑局參書官李過春氏가被任ᄒᆞ얏더라

●趙氏運動 內部大臣李址鎔氏가遞任된다ᄒᆞ미趙秉式氏가後任을運動ᄒᆞᆫ다더라

●內相寄付 內部大臣李址鎔氏가大韓俱樂部에新貸一千圜을寄付金으로支給ᄒᆞᆫ다더라

●田尺太晩 忠州郡守金在殷氏가度支部에報告ᄒᆞ되本郡公錢七萬餘兩을前本道財務顧問이收捧ᄒᆞᆫ지가于今七八朔에尙未考尺ᄒᆞ야本郡公錢未납이尙在夥多ᄒᆞ와事甚未安이오니財務顧問이收捧ᄒᆞᆫ萬餘兩을出尺下送ᄒᆞ라ᄒᆞ얏다더라

●度馴稅官 度支部의셔各稅務官의게訓令ᄒᆞ되官逋吏逋와差入未考尺을卽速臚列輸來이되若有頑拒ᄒᆞᆫ든卽報京部則依律懲勵이고若有拘徇顔恕之弊면難免其責이라ᄒᆞ엿더라

●度部學部 [illegible]說에셔學部로照會ᄒᆞ되[illegible]經理ᄒᆞ든本年七月[illegible]訓令으로該規程을頒布ᄒᆞ얏고且本月度支部[illegible]財產目錄及[illegible]樣을已定ᄒᆞ얏[illegible]國有財産[illegible]驛部로[illegible]國有財產의實知[illegible]程節一條에明示ᄒᆞᆫ바新裁를要ᄒᆞᆷ이오니自今으로卽斯ᄒᆞᆫ境遇에ᄂᆞᆫ學部의預先協議ᄒᆞ신後相當序를行ᄒᆞ이라ᄒᆞ엿다더라

●新民逗留 忠[illegible]人의傳說을聞ᄒᆞᆫ즉公州郡에[illegible]水道ᄂᆞᆫ可謂桑田碧海라ᄒᆞ야民情이極爲嗷嗷ᄒᆞ야[illegible]府에已爲報部ᄒᆞ야事係上部ᄒᆞ여四十餘人이裹足上來ᄒᆞ여度支部에呼訴ᄒᆞ고待其蒙題ᄒᆞ여曠日滯留ᄒᆞᆫ다더라

●主巡減額 主殿院警衛局에서巡檢을多數히減額ᄒᆞᆫ다ᄒᆞᄂᆞᆫᄃᆡ該巡檢드리相顧長歎ᄒᆞ야曰吾輩에身世가草末之鳥와如ᄒᆞ다ᄒᆞᆫ다더라

●請兵防匪 日昨에伊川郡民이軍部에請願ᄒᆞ되本郡賊警을防禦ᄒᆞ기爲ᄒᆞ야原州隊兵丁幾名을派送ᄒᆞ여달나ᄒᆞ엿다더라

●湖吏訴府 湖南來人에傳說을聞ᄒᆞᆫ則全南各郡吏屬이聯結을不意 總되미多撤ᄒᆞᆫ眷屬이餓死를未免ᄒᆞ깃다고該觀察府에呼訴가還至ᄒᆞᆫ다더라

●催稅何早 殷德郡의서結稅作夫를七月爲始ᄒᆞ야結錢을不日督납ᄒᆞᄂᆞᆫᄃᆡ結民을杖之囚之ᄒᆞ야郡獄이如市라고南來人의傳說이有ᄒᆞ더라

●插票相持 西[illegible]臺基地를一進[illegible]立ᄒᆞᆫ지라日前[illegible]地가官有地라ᄒᆞ[illegible]ᄒᆞ얏더니一進會[illegible]ᄂᆞᆫ中이오該臺近邊民[illegible]撤去ᄒᆞ라고該會[illegible]더라

●報請俸給 忠[illegible]鎭氏가學部에報告ᄒᆞ엿ᄉᆞᆫ되公州公立普 學校該敎員俸給을只以十五圜지撥이反爲副敎員之下ᄒᆞ니其於事體에恐涉未妥라該敎員俸給을確定預辨ᄒᆞ여准給施行ᄒᆞ라ᄒᆞ엿다더라

●歡校情況 稷山郡成歡與學校에셔金東圭氏가現任鄕便局事務ᄒᆞ여 且名譽로生徒를熱心敎育에漸有進就之望이러니今當遞歸則校務가將至癈止之境이라學徒들이評議會를組織ᄒᆞ여維持方計를爛問ᄒᆞ되事不如意인즉不勝慣歎ᄒᆞ여或至流涙ᄒᆞ며各出財政幾許ᄒᆞ여爲先粟集十五石米ᄒᆞ고生徒중徐相國鄭胤錫二人이總代를自청ᄒᆞ여呼訴於該校長閔參判衡動氏次로上京ᄒᆞ엿다더라

●海外共進 布哇에在ᄒᆞᆫ韓人의時事新報를據ᄒᆞᆫ則該港의耕殖ᄒᆞᄂᆞᆫ韓人들이共進會를組織ᄒᆞ엿ᄂᆞᆫᄃᆡ該會目的은一般居留韓인들이合力一心ᄒᆞ여患難을相救ᄒᆞ며敎育을勉勵ᄒᆞᆷ이라더라

●長湍賊警 長湍郡에賊警이比前尤甚ᄒᆞ야民難支保라더라

●[illegible]日工 香[illegible]長[illegible]百[illegible]朦昧ᄒᆞ야署[illegible]恒失ᄒᆞᄂᆞᆫ故로日[illegible]ᄒᆞ야署中의셔[illegible]安慶善氏ᄂᆞᆫ日本[illegible]ᄒᆞ야精熟ᄒᆞᆫ故[illegible]ᄂᆞᆫ署長이[illegible]禮節[illegible]白木氏가其志가[illegible]辯[illegible]ᄒᆞ더라

●詑任違例 新任熊川郡守申錫麟氏ᄂᆞᆫ受勅前에伊藤統監[illegible]謁ᄒᆞ고로內部大臣李址鎔氏에[illegible]候下送ᄒᆞᆫ다니郡守裁下受勅[illegible]赴任은韓國幾百年來初有事이라더라

●[illegible]警官 平壤警務官某氏가該[illegible]動ᄒᆞᆫ時에例납[illegible]萬兩과[illegible]十次를납囑于李[illegible]ᄒᆞ고圖得下去ᄒᆞ얏다니至於警察官吏ᄒᆞ야ᄂᆞᆫ尤不可不擇人이여날如是남賂實官이切非爲國思想이라고輿論이喧藉ᄒᆞ더라

●張氏落科 新門外居前郡守申膺均氏와中署泥洞居張濟永氏가水河栗木[illegible]件으로漢城裁判所에起訴ᄒᆞ야張氏가落科ᄒᆞ얏다더라

●趙氏勝焰 近日丕南徐氏氣焰이太[illegible]熾盛ᄒᆞ야[illegible]協辦勝鳳氏와侍從[illegible]相氏가趙氏의指揮[illegible]從ᄒᆞᆫ다더라

●智理蟻屯 智理山中에何許人인지數十萬名이蜂聚蟻屯ᄒᆞ야무숨計策을做ᄒᆞᄂᆞᆫ지景狀이不陞ᄒᆞ다고湖南來人의傳說이有ᄒᆞ더라

●洪氏賣會 洪在鳳氏ᄂᆞᆫ向日에[illegible]司令府滯因時에放還ᄒᆞᆫ計[illegible]二十日[illegible]賂錢이二十[illegible]放釋ᄒᆞᆫ後에該[illegible]ᄒᆞ야[illegible]會를放[illegible]

[illegible]辯護士洪在[illegible]李[illegible]州郡某十三萬兩[illegible]平理院에[illegible]院에셔公[illegible]法官養成所生[illegible]學校生徒와養正[illegible]徒가一齊히往參傍聽ᄒᆞᆫ[illegible]

●[illegible]訌 近來에[illegible]行이起[illegible]金融[illegible]關을設立ᄒᆞᄂᆞᆫ중에[illegible]一銀行은大韓人이設立[illegible]銀行의持留이有ᄒᆞᆷ으[illegible]支那人李寶植氏ᄂᆞᆫ政治學[illegible]生으로學問도有餘ᄒᆞ고多年銀行에經驗이多ᄒᆞ야事務에鍊熟ᄒᆞᆷ으로非但該氏의名[illegible]銀行事務를整理ᄒᆞ리더니近日에[illegible]訌이[illegible]ᄒᆞ야該氏가辭退ᄒᆞ얏ᄂᆞᆫᄃᆡ原因은重役諸氏가舊習에泥ᄒᆞ야尊丈待遇에未恰ᄒᆞᆫ有ᄒᆞᆫ緣由로因起ᄒᆞᆷ이라重役諸氏가銀行大業의整理發達은不顧ᄒᆞ고自高ᄒᆞᄂᆞᆫ私念에泥拘ᄒᆞ야銀行의信用과地位를失墜ᄒᆞᆯ가世人이憂慮ᄒᆞ더라

●太極學報特色說 桑港에서發行ᄒᆞᄂᆞᆫ韓人共立新報를據ᄒᆞᆫ즉在日本學生太極學報를讚揚ᄒᆞ야日日本東京에在ᄒᆞᆫ太極會의셔每月一冊式出刊ᄒᆞᄂᆞᆫᄃᆡ[illegible]太極[illegible]子의貌[illegible]各國의有名ᄒᆞᆫ月報와如ᄒᆞ고國漢文을相ᄒᆞ야編集ᄒᆞ거시인ᄃᆡ文彩도미우잘ᄒᆞ시기[illegible]것[illegible]此와[illegible]면크게[illegible]

●[illegible]有[illegible]年[illegible]ᄒᆞ야[illegible]蒙要訣[illegible]刊[illegible]各學校에[illegible]더라

◎奇談可聞

○伊藤候ᄂᆞᆫ日本의元老요東洋의人傑이라ᄒᆞ더니今番統監[illegible]留를聲請圖得ᄒᆞ얏다니畵蛇添足이안일가

○韓國弊俗에奸民輩가貪虐官吏의게부詔으로善政碑와願留狀이有ᄒᆞ더니今에伊藤統監을爲ᄒᆞ야木碑를立ᄒᆞ고願留狀이有ᄒᆞ니爲公乎아爲私乎아

○此次特使往日에同夫ᄒᆞᆫ行李를伊藤統監이爲之上奏周旋ᄒᆞ얏다니同氏가於李氏事에可謂一室之誼로고

○李根澤氏의兄弟發動이李址鎔氏의夫妻發動을不及ᄒᆞ니合心團體가不敵ᄒᆞᆫ인지

○屏[illegible]老嫗ᄂᆞᆫ參政大臣을罵ᄒᆞ고晉州妓生은內部大臣을斥ᄒᆞ얏스니彼皆愛國ᄒᆞᄂᆞᆫ天心이오

○近日童謠에통監은들어가고사略이나온다ᄒᆞ니그意味를알깃나

雜報

大韓自强會의大垣丈夫氏演說 續

國家의統治者ᄂᆞᆫ所謂天子니天子ᄂᆞᆫ天命을受ᄒᆞ고人民을保護ᄒᆞ야人民으로ᄒᆞ야곰得生케ᄒᆞᆷ이天職이오所謂官職은天子의代理機關이니國家의事務를處理ᄒᆞ고人民保護의任務를行ᄒᆞᆫ者라然而官吏ᄂᆞᆫ代理機關된官制를濫用私行ᄒᆞ야人民을虐待ᄒᆞᆷ이有ᄒᆞ면天子의罪人이오人民의盜賊됨을難免ᄒᆞᆯ지니라夜中에人家에入ᄒᆞ야物品을竊取ᄒᆞ면人이皆其盜賊됨을知ᄒᆞ고怒而撲殺코져ᄒᆞ되官職을濫用ᄒᆞ야民害를致ᄒᆞᄂᆞᆫ者ㅣ有ᄒᆞ야도人이忍耐ᄒᆞ야怒를發치못ᄒᆞᆷ은何者오勢의不同ᄒᆞᆫ故니勢ᄂᆞᆫ不同ᄒᆞ되理ᄂᆞᆫ同一ᄒᆞ니라凡法律은國家와人民의約束을規定ᄒᆞ고人民과人民의關係를規定ᄒᆞᆫ者니人民을法律의依ᄒᆞ야其權利가保護되고國家ᄂᆞᆫ法律에依ᄒᆞ야其人民을統治ᄒᆞ야國權民權이明확히實行되야人民에疑念이無ᄒᆞ고官吏에放肆ᄒᆞᆷ이無ᄒᆞ야官民이互相侵犯치아니ᄒᆞ고國家의文明富强을圖치아니ᄒᆞ면現今生存競爭과弱肉强食의時代에國된者가엇지其永久ᄒᆞᆷ을得ᄒᆞ리오盖人民은國家組織의一分子오經用負擔의一任員인即國家의利害ᄂᆞᆫ即人民의休戚에關ᄒᆞᄂᆞᆫ故로民權을伸强ᄒᆞ야國家的思想을涵養ᄒᆞ고惡政을排除ᄒᆞ야官權民權을明확케ᄒᆞᆷ이韓國今日의急務라ᄒᆞ노라　完

●舊習自誇　韓一銀行의支配人이請願辭退ᄒᆞᆫ事件으로三昨日에重役會議를開ᄒᆞ고商議ᄒᆞᄂᆞᆫ坐座에鄭東植氏가自誇ᄒᆞ야日吾ᄂᆞᆫ午前十点前에ᄂᆞᆫ起枕ᄒᆞ기不能ᄒᆞ니此ᄂᆞᆫ表勳院局長으로在任ᄒᆞ야實狀地位가高ᄒᆞᆫ緣由로午後에仕進ᄒᆞ야도無關ᄒᆞ미因爲成習ᄒᆞ야至今도亦然ᄒᆞ도다ᄒᆞ니趙秉灝氏曰吾亦十点前에ᄂᆞᆫ起枕치못ᄒᆞ노라ᄒᆞ고李寅植氏의開化風習을嘲弄ᄒᆞ얏ᄂᆞᆫ딕世人이其言을聞ᄒᆞ고反爲嘲評ᄒᆞᆫ다더라

●敦明益明　李긔鎔氏ᄂᆞᆫ敦明義숙을刱設ᄒᆞ고該숙長李載克氏의敎導로高明ᄒᆞᆫ敎師安國善俞鎭明李範益黃三顯金震諸氏를屈聘ᄒᆞ야政治法律經濟語學等科目을敎育ᄒᆞᄂᆞᆫ딕氏의有志와同志李海昇氏의賛成과敎師諸氏의熱心으로學員이雲集ᄒᆞ다니靑年의知識이大有發達ᄒᆞ리라더라

●平察勸學　日昨에平南觀察使李始榮氏가各私立敎師를招請ᄒᆞ야敎育方針을協議ᄒᆞ고敎科를改良ᄒᆞ고新學文을發達ᄒᆞ기爲ᄒᆞ야敎師講習所를設ᄒᆞ야敎育을培養ᄒᆞ고學務委員을選定ᄒᆞ야學務를擔任케ᄒᆞ얏더라

●正誤　去二十一日本報에揭載ᄒᆞᆫ宮禁에日巡査把守撤廢之事를更探ᄒᆞᆫ則日前慶孝殿後門에在ᄒᆞᆫ日巡査가무슨事故로一日만把守를闕ᄒᆞ얏다가其翌日부터如前히把守ᄒᆞᆫ다더라

廣告

龍仁郡主事로報ᄒᆞᆫ金斯周ᄂᆞᆫ該倅加下錢一千圜을擔當ᄒᆞ고圖此瞞騙인則內部에서見欺ᄒᆞᆯ지未知키로廣告ᄒᆞᆷ　李璉　告白

本人이陰十月初六日에姓名圖章을路中遺失ᄒᆞ와사오니誰某拾得이라도勿施ᄒᆞᆷ
金最玉　告白

本人이中署許屛典舖李卜ᄒᆞᆫ紙貨四百圓陰十月晦日出次於晉一張을今初三日路中遺失故玆以廣告ᄒᆞ오니內外國人間誰某拾得ᄒᆞ와도休紙施行ᄒᆞᆷ

本人手伩見失中南陽草長面巨山所在畓十五斗落券帖失此券休紙施行矣僉君子照亮
齋洞吳得孫家留李鍾應　告白

本學會ᄂᆞᆫ一般人士의敎育發達을爲ᄒᆞ야月報冊子를來十二月初一日부터發行ᄒᆞ오니本報를購覽코져ᄒᆞ시거나廣告揭載를要ᄒᆞ시ᄂᆞᆫ僉君子ᄂᆞᆫ本會館으로來臨申請ᄒᆞ시옵
漢城南署河洞四十八統十戶
西友學會　告白

本雜誌購覽의便利를供給ᄒᆞ기爲ᄒᆞ야發行日字와報舘位置와本誌部門을左開ᄒᆞ야逐號廣告ᄒᆞ오니陸速請購ᄒᆞ심을切望
◎定期◎　◎位置◎
每月二回(十日二十五日)
部門(第十號)
論說 敎育 實業 談叢 內外報 寄書 詞林 小說 廣告
京城南署竹洞八十二統十戶
朝陽報社　告白

本人의舍姪濟均性本浮浪本人의如干殘產已盡擲敗而又僞造畓券欲得債錢ᄒᆞ오니內外國人切勿見欺ᄒᆞ오濟均年今二十三歲或改名欲欺其所謂識字爲患自今以後所謂錦山居少年金哥라稱ᄒᆞ고名字은誰某로行世ᄒᆞ던지錦山少年金哥切勿相關見欺ᄒᆞ시옴
錦山西面田坪金京淑廣告

本人이國漱文幷列姓名圖章曾遺失ᄒᆞ기更刻新章ᄒᆞ야信用ᄒᆞ오기玆에廣告ᄒᆞ오니僉君子ᄂᆞᆫ照亮　端川郡守立昇奎　告白

본소에셔더한인으로국한문을영문으로번력ᄒᆞᄂᆞᆫ이를급속히원ᄒᆞᄂᆞᆫ딕영문이족ᄒᆞ야번력에능ᄒᆞ면쓰겟습
황셩졍동한셩관각소　고빅

本社에서農商工部認許를得ᄒᆞ야大韓貿易商社를設立ᄒᆞ고且客主業을開ᄒᆞ야鐵道各驛에支店을設置ᄒᆞ고內外國物貨에交易를確實케ᄒᆞ며運輸에取扱을便利케ᄒᆞ오니商業에有志ᄒᆞ오신僉君子ᄂᆞᆫ陸續枉臨ᄒᆞ오셔本社組合員에加入과支店設立에方針을議論ᄒᆞ이擴張ᄒᆞᆫ基礎에進케ᄒᆞ심을千萬仰望

業務에種目

一貿易業　內外國物貨에貿易이니第一米穀의多少를不計ᄒᆞ고各支店에出張ᄒᆞ야確實ᄒᆞᆫ價格으로貿易ᄒᆞᆷ을目的ᄒᆞᆷ
一客主業　在來ᄒᆞᆫ規則을便利케改良ᄒᆞ야商業에發達ᄒᆞ기를爲務ᄒᆞᆷ
一居次仲買業　物品顧買人에委托을因ᄒᆞ야時價를表準ᄒᆞ야確實케酬應ᄒᆞᆷ
一委托品販賣業　委托ᄒᆞᆫ物品을實價로販賣ᄒᆞ야商賣人에便宜ᄒᆞᆷ을爲務ᄒᆞᆷ
一倉庫業　無論某物에多少를不計ᄒᆞ고最低ᄒᆞᆫ賃金으로任置ᄒᆞ되其物品에對ᄒᆞ야貸金ᄒᆞ기를請求ᄒᆞᄂᆞᆫ境遇에ᄂᆞᆫ最低ᄒᆞᆫ利子로貸金ᄒᆞᆷ
一運輸業　京釜京仁京義各線路各驛에支店을設立ᄒᆞ며馬車를設置ᄒᆞ야速達便宜케ᄒᆞᆷ
一精米業　各驛에서輸來ᄒᆞᆫ穀物을便利ᄒᆞᆫ機械로作米ᄒᆞ야販賣ᄒᆞ되或委托을因ᄒᆞ야賃金으로酬應ᄒᆞᆷ

支店所在地
平澤　天安　全義　鳥致院　太田　沃川　永同
黃澗　秋風嶺　金泉　大丘　龜浦　草梁　開城　金川
砂伊院　平壤　新義州　素사　七川

京城南大門外蓮池洞
商號 ㊉ 大韓貿易商社
主任　俞경煥　告
客主部主任　朴舜和　白

延安郡守李容九氏가學校를設立ᄒᆞ야名曰德義塾이라ᄒᆞ고學徒를募集ᄒᆞᄂᆞᆫ되學徒가日日增加ᄒᆞ야將有進就之望이라邑中補助諸員이如左ᄒᆞ니
郡守李容九氏　四十元
參奉金東圭　二十元
비達亨　仝
通政全永曳　仝
司果廉□鎬　仝
議官張命輪　仝
進士宋奎應　仝
幼學李一宰　仝
崔殷協　仝
孔泰永　仝
朴世鼎　仝
林田厚　仝
崔承禹　仝
參奉李允明　仝
日本人山之井麟治　八十元
德義塾敎師　金聖文　告白

◎日語夜學生募集廣告◎
本所에서日語夜學一年速成科를設ᄒᆞ여文法과普通話를專文으로敎授ᄒᆞᆯ터이오니願學員은陽十一月二十日內로來請ᄒᆞ옵
南大門內靑年學院
日語夜學講習所
所主兼敎師　柳宣
幹事　全德基　周時經
敎師　前日本農學敎師　渡邊新太郞　李丙植

本人이壽洞劉錫桓處推次當五計五千九百八十兩於晉을서失하얏스니誰某拾得하여도休紙施行하옵　靈島李泂鎬　告白

第四卷　第三百七十九號

大韓每日申報
대한매일신보

月曜及慶節 歲時休日

檀君開國四千二百三十九年
箕子元年三千二十八年
大韓開國五百十五年
日本明治三十九年
清國光緒三十二年
◉陰曆丙午十月大初九日壬申

論說

韓國內納金規律 (續)

多數金額을雖以日貨定則ᄒᆞ더리도韓人이契約上에已之所欲貨幣로授受ᄒᆞ기를協定ᄒᆞᆯ터이其定則을ᄃᆞ거슨前號에旣陳ᄒᆞᆫ바私相計算ᄒᆞᄂᆞᆫ데ᄂᆞᆫ此果實情이나然이나至於稅납ᄒᆞ야ᄂᆞᆫ將至何如오政府가十圓以上金額에ᄂᆞᆫ但用日貨ᄒᆞ기로若果定則인된稅務官도一遵此規ᄒᆞ면지或與其납稅之民으로自國貨幣를以日貨轉易ᄒᆞᆯ協約을結定ᄒᆞ리로다

多數韓人이但以日貨收납ᄒᆞ기에不能ᄒᆞᆯ거슨不言可悉이나第一銀行의發行券額이總不過六百萬圓이오日本政府의發行券(或稱韓國內所存)은此之分子를未免ᄒᆞ나니每年稅납이九百萬圓이나或一千萬圓에若至ᄒᆞᆯ진된人民이豈能以日貨報납이리오 此에若以法律督捧이면其結果가將至何如리오收稅之時에日貨販賣者가必生ᄒᆞᆯ지라若政府가此를禁止ᄒᆞ기에不用緊切手段이면如彼輩가遍行州郡ᄒᆞ야渴求韓人의게日貨를以重價賣渡ᄒᆞ리니此輩가盡爲日人ᄒᆞᆯ지ᄂᆞᆫ姑不指言이나其中多數가其乃日人일가念慮不已ᄒᆞ노라政官의意思가在何인지不知ᄒᆞ로되惟其如彼無賴業務를希望者ㅣ有ᄒᆞᆫ時에此를任用ᄒᆞ야人民財産을奪取ᄒᆞᆯ好機會를作ᄒᆞᆯ이로다

然이나不此之爲ᄒᆞ고地方에普通貨幣를若許於稅납이면其結果가將至何如리오久來葉錢과赤銅白銅과其他日貨가均至ᄒᆞ리니一般收合ᄒᆞᆫ以後에其中葉錢及銅貨ᄂᆞᆫ更賣於人民ᄒᆞ야使之依舊通用ᄒᆞᆯ지라此之爲便利與否를有誰可言耶아

此舊規를採用ᄒᆞᄂᆞᆫ以外에有何杜弊之策이던지ᄂᆞᆫ本記者ㅣ見之ᄏᆞ不能이라舊規가其非全然不美오亦有妥善之擧ᄒᆞ니次號에更記ᄒᆞ리나外其中粗惡品貨를純潔케ᄒᆞ기가有何甚難이리오

官報

●三千六百十八號　光武十年十一月廿三日

◉宮廷錄事

詔曰親王講學之節尙未有定規實是未遑矣講讀官以親王府官爲之諸般節次參放前例擧行以此著爲定式

掌禮院卿臣趙秉式謹　奏

孝定王后加上　尊號玉寶二顆奉安於　宗廟當　室冊寶장吉日令日官金東杓推擇則陰曆十月初八日爲吉云以此日擧行乎敢

奏　光武十年十一月十九日奉

旨依奏

掌禮院卿臣趙秉式謹　奏

孝定王后加上　尊號玉寶二顆奉安於宗廟當　室冊寶장吉日以陰曆十月初八日纔已推擇

奏下矣當　室不可無告由之節告由祭同日冬享大祭兼行　祝文中措辭添入事並以分付何如

謹上

奏　光武十年十一月十九日奉

旨依奏文當親撰以下矣

平理院裁判長李允用辭職䟽

批旨覽具悉卿其勿辭調理行公

◉敍任及辭令

○任永同郡主事　九品張　肅○任江西郡主事　六品白舜欽○任密陽郡主事　朴贊永○任博川郡主事　朴文承○任楚山郡主事崔鉉吉○任江界郡主事　朴金건회○任井邑郡主事　朴彥奎○任韓山郡主事　九品盧鎭民○任提川郡主事　李命夏○任金城郡主事　九品高星煥○任寧邊郡主事　金翊銑○任寧海郡主事　申錫東○任眞寶郡主事　權秀弼○任康津郡主事　九品尹祈燦○任嘉山郡主事　申泰茂○任盈德郡主事　○任蔚山郡主事　九品趙性和○任珍島郡主事　九品曹敏承○任鎭城郡主事　具斗南○任會寧郡主事　六品李圭華○任鐵城郡主事　李春秀○任石城郡主事　朴魯完○任淳昌郡主事　九品曹秉燮○任高敞郡主事　九品金秉奎○任長기郡主事　前議官徐相俊○任比安郡主事　九品金濟夏○任軍威郡主事　司空湜○任鴻山郡主事　九品金一圭○任平康郡主事　全義直○任旌義郡主事　九品金根著○任濟州郡主事　六品張用堅○任開寧郡主事　洪在琪○任白川郡主事　六品李承錫○任金山郡主事　李赫相○任彥陽郡主事　鄭彰鎬○任高原郡主事　金夏燮○任慶源郡主事　金英奎○○任德山郡主사　前議官盧泰鎭○任京畿觀察道主사　前主사朴承烈○命兼任仁川港裁判所判事　仁川府尹金潤晶○任農商工部參書官　俞　灝○命奉常司提調　中樞院贊議具永祖○慶尙北道觀察道總巡權奉錫　全羅北道觀察道總巡金柳德根　依願免本官○任慶尙北道觀察道總巡　東萊府總巡梁兌煥○任東萊府總巡　前總巡權奉錫○任全羅北道觀察道總巡　六品陳灝喆○任中樞院贊議　義政府參贊李商在○任議政府參贊　全外事局長韓昌洙○任議政府外事局長　全參書官李建春

◉光武十一年度　歲入歲出總豫算　續

歲出經常部

皇室費

第一款　皇室費　金壹百三拾萬九千圜

第一項　皇室費　金壹百參拾萬九千圜

合計金壹百三十萬九千圜

第二款　耆老所所管

耆老所經費　金壹萬七千八百九拾三圜

第一項　俸給　金　千八百圜

第二項　廳費　金壹萬參千六拾五

第三項　雜給及雜비、　金二千壹百廿八圜

耆老所合計金一萬七千九百九拾三圜

第三款　議政府所管

政府本廳　金四萬七千七百四十二元

第一項　俸給　金二萬二千八百元

미完

外報

●美國의東洋軍備　美國에서ᄂᆞᆫ各一萬三千四百噸의新式裝甲巡洋艦四隻을東洋에派送ᄒᆞ야新嘉坡ᄭᆞ지에進航ᄒᆞᆯ旨로旣히馬尼灣에着ᄒᆞ야東洋에在ᄒᆞᆫ列國艦船數와調査比較ᄒᆞᆫ이英國은巡洋艦四隻砲艦五驅逐艦八이오美國은巡洋艦六砲艦六驅逐艦五요法國은巡洋艦　砲艦二驅逐艦六이요俄國은巡洋艦二砲艦四驅逐艦二인더獨美國은前記ᄒᆞᆫ外에장甲巡洋艦四隻과海防艦四隻을有ᄒᆞ고法國은裝甲巡洋艦二隻이有ᄒᆞ더日俄戰役이結局以來로列國은東洋艦隊를減縮ᄒᆞ얏고美國은列國보다一萬五千噸以上에戰鬪艦으로洋般渠를設備ᄒᆞᄂᆞᆫ거슨東洋에對ᄒᆞᆫ意向이頗히懸念ᄒᆞᆯ所以라ᄒᆞ더라

雜報

●內大歸期 內大李址鎔氏가日本에限一朔逗留하다가歸國하기로決定하얏다더라

●有何長傚 中樞院議長李根澔氏는무슨長겸事가有흔지泥峴等地에遊[illegible]하야受勳흔[illegible][illegible]無[illegible]다더라

●玄乃允壯 軍部大臣은裁判長李允用氏가被任흔다더니更聞흔則玄暎運氏가斷斷被任흔다는데伊藤統監이歸國時에上奏흔事이有흔다더라

●客反爲主 내部會計局長金商鉉氏가廣濟院長在任時에日人을多數히醫院에聘置흐야諸般事務를議與흐더니近日내部會計局에도日人三名을聘置하야一部[illegible]用一分錢이라도無不干涉하야客反爲主라하며[illegible]하깃다하얏다더라

●吏民呼訴 沃溝군吏民文律[illegible]氏等이度支部에呼訴하되結錢을白銅貨用하는七군八關例로納하깃다하얏다더라

●賦奪柴價 日昨에楊州西山梅峴에서柴商六七人이賣柴還歸하는데賊黨四五名이突出하야柴價를沒數奪去하얏다더라

●度訓全察 度支部에서全南觀察使에게訓令하되捧稅官白南信이가遞任已久에印章을尙不來납하고如前에各군에行訓흔다하니事體所在에萬萬可駭이기玆庸發訓하니訓到卽地에該員을招致하야印章을緊封上送하라하얏다더라

●不無呼寃 各郡方人民들이結錢을各其군에徵납흘時에는民弊가無하더니自今年으로는支金庫에往납흠의[illegible]費와留連浮費가夥多하다고呼寃이狼藉흔다더라

●失火旋滅 昨日上午二時에阿峴尹昌善家에失火하얏다가旋卽撲滅하얏다더라

●錄擬白放 日昨에警務廳에서新門外冷洞居朴秋玉이라는賊黨을捕捉하야取招하는데行盜흔論據가無흔故로卽地白放하얏다더라

●連山賊警 連山等人의傳說을捧흔즉銀峯連山等地賊警이大熾하야白晝大路上에成羣橫行하야行人錢財를掠奪故로該等地에行路가阻絶하깃다더라

●毬店投石 梨峴等地에何許日人이毬轉商店을設置하얏는데一아童에白銅錢三枚를給與하고一次毬轉하는데時게號數가出흔지라該아가大喜하여時계를닫나흔則日人이僞言飾詐로飛陋一匣世쥬는지라該아가憤怒하야그만두라하고一石塊로該商店內에投하고因卽逃走하얏다더라

●日人無禮 再昨日下午七時量에梨峴內三巨里로一婦人이行步흐는데日人汲水軍이過去흐다가婦人의美色을窺視흐고無端遮路흐면서(어마니)누님이라呼흐면서無數致辱흐며來人去客을모다詬辱흐얏다더라

●遊學不許 日前韓國生徒三人이遊학次로統監府에憑票를請求흐얏스되統監府에서此를不許흐야曰此等事는本府가相關아니흐더흐니大抵此國人이外國에旅行事를干預치아니흐더이면旅行券認許를韓國外事局에委任흐는것이可흐거을統監府에서旅行認許의權限을擅執흐얏스즉相關치아니[illegible]기[illegible]이說不近理오且他國遊學[illegible]이自國에多人흐야[illegible]國을受[illegible]거슨其國에名譽가될[illegible]더러一般世人의學問指導는[illegible]勸[illegible]此를論之컨대引之[illegible]於文明之域이可也오況日本이韓國의開明指導를擔任흐얏노라世界에聲言흐더니今乃韓國生徒의有志遊學者를若是其防過흐니是는日本이韓國의開明發達을猜忌嫌惡흐야此路를蔽塞흠이니大可寒心處라흐더라

●一悅守民悅 咸悅郡守李斗相氏는廉公正直흐야嚴正吏俗흐야民懷其德흐고吏畏其威흐야頌聲이載路라흐더라

●日習日惡 南來人에傳說을據흔즉公州閒田等地에日人幾名이田畓을耕作흐는데渠의畓水는雖盈盈흐나작水라도韓人畓에는不得灌漑케흐고渠의畓水가旱氣흔地境이면韓人畓水를自意決灌흐며全義場市에서는日本商民이我國商民을對흐야小有不合意흐면無難亂打에威脅恐喝흐며天安古赤里等地에서는日人幾戶가來住흐는데赤身으로韓人家內가에突入起臥흐야無禮莫甚흔故로其隣人들이不得已棄家搬移흔다니日人到處에壓制行悖가去益甚焉이라더라

●亦一世變 水原居宋龜鎬氏의親山을何許賊漢이破掘하야頭骨을斷去掩匿하고揭榜하얏스되錢幾萬兩을公州黔丹峴으로持來하야頭骨을覓去하라흔지라宋氏가當此錄荒하야不得究歉하고錢萬兩輸送하얏더니賊漢이所送錢이不滿其數라하야頭骨은不給故로宋氏家에서恐懼憂慮하는중이라더라

●自備先發 密陽稅務官李宗稙氏는稅務가迫頭흔故로服裝費를自當准備하야剃髮하고幾日前에先爲下去하얏다더라

●介遞姑存 前黃州郡守朴元敎氏를狩同挾雜하야黃州를魚肉과게하던掛室鄭顯돈氏를再昨日에또黃州掛室로又薦하니新郡守는由를知치못흘것다하더라

●兩郡水災 公州郡今年水災에渰死흔男이四十一名이오女가四十二名이오壓死흔男二十一名이오女가十一名이오漂戶가三百三戶요頹戶가五百二十七戶요半頹戶가十戶요成川結이千六結廿二負七束이오浦落結이三十四結十七負요覆沙結이五百四十五結八十九負一束이며洪州郡에서今年水災에渰死흔男이三名이오頹戶가五十一戶요成川結이五拾三結八拾四負三束이요浦落結이四拾四負三束이오覆沙결이七拾五結四拾九負四束이오水沈흔결이二百九拾五결八拾一負二束이라더라

●四氏結誼 朴承祖金彰[illegible]閔元植金寶鉉四氏가結爲義兄弟하야凡事를秘密相議흔다더라

●張氏被縛 工兵隊餉官張琪遠氏가軍需錢二千圓을偷食하고月前에逃躲하얏더니韓憲兵과日憲兵이追蹤하야義國安東縣等地에서捕縛하야日間入京흔다더라

●江東魚肉 江東郡守吳衡鎭氏가該郡儒士[illegible]淳을捉致하야稱以棄[illegible]하고杖之囚之에葉錢二千兩을勒奪흔事와該郡居韓錫模之子十三歲兒를稱以[illegible]技軍이라하고錢二百兩을勒奪흔事와[illegible]郡居洪應坤의子婦十餘[illegible]守節하는寡婦를該郡居李根聲이가[illegible]率雜類하고夜間에寡婦家에突入하야抑勒負去흔則該洪가一族이卽往李根聲家하야該寡婦를還爲率來흔바該洪이不勝抑菀하야李根聲之不法悖習을嚴懲之意로呈訴則本郡守가李根聲에請[illegible]錢八百兩을暗食하고呈訴흔該洪가數十名을反爲捉致官庭하고號令曰孀婦가改夫從居가當然之事거날無理擧訴가事甚不當이라하며該郡內에發令酒禁이되期限은定給十日인바數多酒商이十日內로已釀之酒를卒難處置인데稱以酒禁中釀酒라하고每酒商에葉錢四五百兩式勒奪하와該郡齋任을每朔望遞任放賣하는데訓長에六十兩이오齋長에五十兩이오兩掌議에六十兩合爲計之則一朔에三百四十兩式定價放賣하는事와該郡居李舜濬은本以浮浪敗類로行悖於閔[illegible]之門中이[illegible]이러니彼舜濬이가八月分에又[illegible]因計하야錢八千兩於晉[illegible]會僞造하야渠之堂姪李秉敎之於晉이라하고誣訴于本郡則郡[illegible]가聽其舜濬之指嗾하고其堂姪秉敎를捉致官庭하야不問曲直하고稍有[illegible]하야[illegible]이가以[illegible]之[illegible]나不問[illegible]刑하야錢三千[illegible]을勒捧하얏다더라

●傳聞難信 昨日[illegible]欄內에洪氏寶命之說은聞是虛傳이라더라

◎政界一評

○昨年韓日締約大[illegible]에勢力은無窮흔줄노世人이共知하얏더니不過周年에一二大臣이遞任되니不知[illegible]해로고

○슈염만흔大臣은무슴釁端인지近日에社門謝客흔다니아마삭지가돌엿지

○內入李址鎔氏가渡日흔다더니其後補는趙秉式氏가方在運動中이라흐니氏의年이七十餘老當益壯이로고

○漢城判尹朴義秉氏는內大李址鎔氏와花債로相詰흐더니今番에隨員으로日本에同往흔다니私[illegible]가되얏는지

○法大李夏榮氏는自稱否字大臣흐고外部內日에籠絡手段은鬼神이莫測흐더니어지大臣이갈닌다는지

○遞軍大李根澔氏는城北洞亭子에高臥흐야무슴事業을做흐는지閒養이라흘지

雜報

●駁一進會新條約紀念　冽上漁夫

紀念二字豈易忽哉盖紀其日念其人又曰紀其事念其功可以紀可紀之事可以念可念之功無非常之日不可紀無非常之人不可念或立碑立像如暹羅之獨立日本之維新華盛頓之新建國號拿破崙之克服世讎者也紀念二字顧不重且大哉

嗟彼一進會始立四大綱領其一曰尊崇皇室反是而流布宣言書未幾新條約威脅力成國權掃地鄉交鎖海民族奴隸政府犬羊大臣爭裁神人共憤兵士知辱丹心死國宰相顯義白髮望君童走卒羞稱保護夫人孺子願祝恢復八域磨劍痛哭全國毁筑悲歌愁雲層疊恨波浩汪歲月初週山河惨吊主寶巖穴憂歎於是夜臺與荷擔號泣於是日噫彼一進會田野叱牛之夫村閭秣馬之徒字不辨丁焉知忠君愛國之思言不聞道胡有君辱死之心蟻聚烏合大頭者暗誘封爵得賞實庄驚田老母弱妻棲泊道路燕賀雀躍長口者爭誇實言成約忘農閉商추孩幼孃丐乞籍謀渠魁見縛依勢圖利者喪心落膽其凶付刑戴天立地者擧手加額嗚乎一進會設新條約紀念會於獨立館彼紀何日염何人又曰紀何事염何功近者目可忍譏而遠者耳可忍傾也歟惜哉負天下之大義失天下之大信日本之紀염尚可忍也彼一進會食祖國之粟衣祖國之服知祖國之情勢見祖國之存亡有人面人心者豈忍爲哉且吁外借强鄰之威內欺祖國之亡無所不胡及於此也歟春秋曰亂臣賊子何代無之人人得而誅之書又不云乎天之助不善者非助之天假助之增惡而殃之噫古人豈欺我哉悲夫某以告愛國諸君子

●言之醜也　大丘郡守朴重陽氏ᄂ赴任以後로民有渙散之心ᄒ고街誦遮歸之謠ᄒ고諂媚日人ᄒ야壓迫我民으로爲第一能事ᄒ야府郡公廨를任意奪取ᄒ야貰給外人ᄒ니書記使令等이無處棲身之意로告悶則答曰今明年에政府가必無ᄒ거시니汝等公廨가安用고ᄒ고

郡書記廳을農工銀行에放賣ᄒ야每朔三十元式收稅染指ᄒ고郡衙外墻을斥賣ᄒ야瓦價三十元과石價七元十五錢을用於何處而毁墻時使東西兩面民丁으로無貰赴役ᄒ고

百年守護城堞을不報政府ᄒ고符同無認許私設之所謂市廳浮浪輩尹弼五尹英燮楊在淇三漢ᄒ야無難毁破ᄒ야石物方今放賣於日人ᄒ고城上古木도亦伐賣食ᄒ고或有持難者ᄒ면朴氏曰京部에無捉我之須라設或有免官拿引之擧則吾當渡日이라ᄒ고

戶籍屯畓八百餘斗를幾百年前에邑民出義買土ᄒ야年年收捧ᄒ야以補籍號修正時浮費ᄂ巳成敗百年美規矣러니朴氏到任後에以右畓八百餘斗只執稅ᄂ一并革罷ᄒ고以半分賭租施行ᄒ니民怨載路ᄒ고

一邑漏戶三千餘戶를査出ᄒ야每戶三兩式收捧後以塞責으로報部ᄒ고餘錢은不知用敢於何處ᄒ니此則心腹猾吏曹庠煥馬東根裴洪金伯汝等四漢舞弄作姦者也오責任은朝令之嚴禁인뎌不遵令飭ᄒ고符同曹馬兩金等四猾吏ᄒ야三十四面明年書員은以六千兩放賣ᄒ고三十四面面主人은以二千兩放賣ᄒ고今年書員은每面八十兩으로勒捧ᄒ니合錢爲萬餘兩이라稱以書記通引月給添補ᄒ고與四吏로分作喫物ᄒ고觀察府軍半房錢三百五十兩을討索ᄒ야稱云郡中事務所修理라ᄒ고郡吏白章煥逋錢八千兩과崔采允五千兩河性六千旦兩徐聖九三千兩李徹珪一千七百兩인데各該逋吏ᄂ不動一毛ᄒ고再徵於結民ᄒ니其怨이何如오며各人再徵錢及秋等戶錢一萬四千餘兩을以葉錢으로劃期督捧ᄒ야貿弊換納金庫ᄒ니其利不少而稱以事務室修理ᄒ고從中干沒ᄒ며朴氏가多年有同居之良妾矣러니一自上官後로新卜妓生ᄒ고薄逐舊妾ᄒ야使令으로列擧四肢ᄒ야歐出衙門外ᄒ니厥女가叟入郡庭ᄒ야呼汝呼漢ᄒ야窮天唱辱ᄒ니路人도皆爲唾罵ᄒ얏다더라

●有毋有子　鏡城郡의有崔孝子ᄒ니名은尙鎬라生纔四月에嚴父見背ᄒ고家勢淸貧ᄒ야纔自力役으로擔負傭屠ᄒ야以養母氏러니年踰五十에其母가及其有不起之疾ᄒ야訊醫製藥을靡不靡至而天年有限ᄒ야終莫之救則乃光武八年甲辰三月日也라毁瘠哀號ᄂ挑隧行路之淚오守塚露宿ᄒ야屢日不回則隣里爲之結幕墓側ᄒ야使遂其意케ᄒ니朔望若卒祥則暫到靈筵前參哭ᄒ고自外庭即回ᄒ야不剃不櫛ᄒ고躬汲躬炊ᄒ야以奉朝夕之奠ᄒ고撤其所奠飯ᄒ야作粥自喫而以至罪畓乃歸ᄒ니該氏가嘗以流注疾祟로不利動作이러니一自廬墓로不復言發ᄒ야健若平人ᄒ고隆冬極寒에川澤이皆冰ᄒ되該氏所汲之水ᄂ獨不合冰ᄒ니吁亦異矣오吸烟은習俗之酷嗜也而方毋患時에有嫌烟臭之語로聞卽遠棄烟具ᄒ고尙今不吸이라ᄒ고曾聞其母孫氏所天臨終에覓猪肉而未及進之言으로恨結窮天ᄒ야終身不近猪肉ᄒ니可想其母之烈에宜有其之孝라ᄒ며

●昌明宗就　堤川郡昌明學校가設立흔지幾近一朞에財政이窘難ᄒ고外방이叢集ᄒ야幾乎廢撤더니何幸陸軍副將沈相薰氏가本校에來臨ᄒ사生徒를對ᄒ야時務를演說ᄒ신後監督을受任ᄒ고金二十圜으로贊成ᄒ니峽中頑古輩之誹방이少息ᄒ야本校가有進就之望이라더라

●成倖無識　成川郡守丞鼎允氏ᄂ學校를設立ᄒ고一般兒童을但히日語으로만教授케ᄒ고他科學은無有ᄒ니該郡紳士等이皆曰外國語學은不過普通學校中、課程이오尋常小學에外國語學이世界上未有흔者라今에入學兒童으로但히外國語學만教授ᄒ고算術과修身과地誌歷史等學을專廢ᄒᄂ것이學規에不合이라ᄒ되同氏가堅執不聽이라ᄒ니氏ᄂ原來金店出身으로、無識者流라엇지教育方法을知得ᄒ리오ᄒ더라

●妓夫辨明　妓山紅夫崔基浩가本社에辨明ᄒ되妓牛山紅이가內大李址鎔氏와同樂ᄒ든日에氏가山紅을寵妾을삼고ᄌᄒᄂ되內大ᄂ賣國首魁인故로山紅이가拒絶ᄒ여日事與因丁으로同居흘지언정엇지賣國賊으로同處ᄒ리요흘지라제가禽獸가안이면엇지義理從事ᄒᄂ妓生을亂打흘理가잇슬잇가昨報에亂打ᄒ事ᄂ無ᄒ다고辨明ᄒ로라ᄒ얏더라

廣告

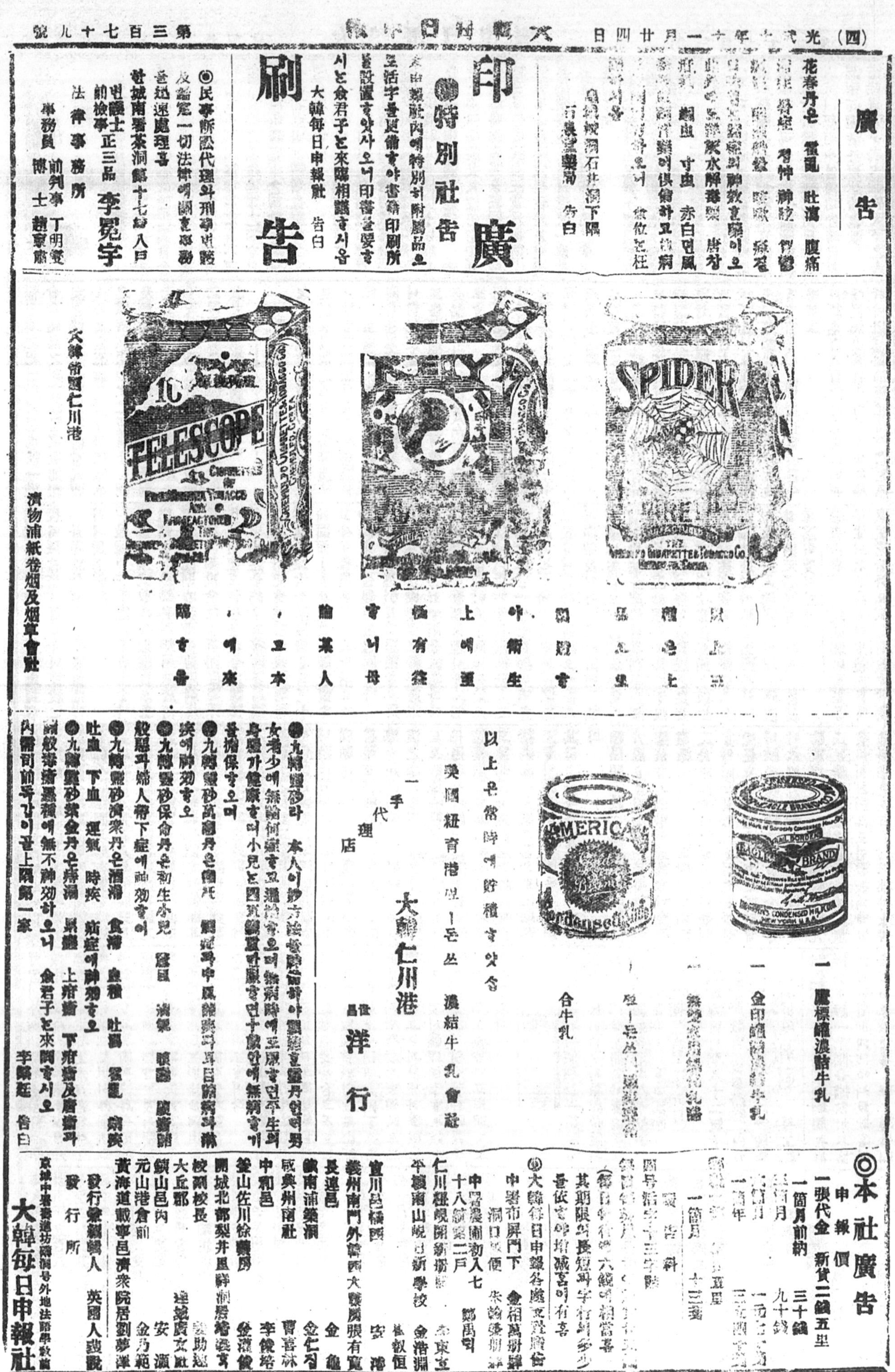

廣告

花春丹은 霍亂 吐瀉 腹痛 [illegible] 精神 [illegible] 鬱 [illegible] 疝氣 [illegible] 赤白 [illegible] 風 [illegible] 病 [illegible]

[illegible] 藥房 告白

印刷廣告

●特別社告

本社報館內에特別히附屬品으로活字를具備ᄒ야書籍印刷所를設置ᄒ얏사오니印書를要ᄒ시ᄂ僉君子ᄂ來臨相議ᄒ시읍

大韓每日申報社 告白

◉民事訴訟代理와刑事辯護及諮問一切法律에關ᄒ事務를迅速處理홈

漢城南署茶洞第十七統八戶

辯護士 前檢事 正三品 李冕宇

法律事務所

事務員 前判事 丁明燮

博士 趙京[illegible]

以上三種은上品으로製造ᄒ야衛生上에頗極有益ᄒ니毋論某人ᄒ고本會에來購ᄒ읍

大韓帝國仁川港 濟物浦紙卷烟及烟草會社

一 鷹標罐濃縮牛乳

一 金印罐[illegible]牛乳

一 [illegible]乳酪

[illegible] 合牛乳

以上은常時에貯積ᄒ얏습

英國紐育港 보ㅣ든쓰 濃縮牛乳會社

一手代理店 大韓仁川港 世昌洋行

●九轉靈砂라 本人이妙方法을[illegible]ᄒ야[illegible]ᄒ靈丹인ᄃᆡ男女老少에無論何病ᄒ고[illegible]ᄒ오며無病時에도服ᄒ면平生의身體가健康ᄒ며小兒ᄂ四肢[illegible]ᄒ면十歲안에無病ᄒ게[illegible]保ᄒ오며

●九轉靈砂萬病丹은傷寒 瘧疾과中風 癲癇과耳目諸病과[illegible]疾에神効ᄒ오

●九轉靈砂保命丹은初生小兒 驚風 滯氣 咳嗽 胎毒 腹痛諸般症과婦人帶下症에神効ᄒ며

●九轉靈砂濟衆丹은酒滯 食滯 痞積 吐瀉 霍亂 痢疾 吐血 下血 運氣 時疾 痢症에神効ᄒ오

●九轉靈砂紫金丹은痔漏 梅毒 上疳瘡 下疳瘡及唐瘡과諸般毒瘡惡瘡에無不神効ᄒ오니 僉君子ᄂ來問ᄒ시오

內需司前독갑이골上隅第一家 李鍾廷 告白

◎本社廣告

申報價

一張代金 新貨二錢五里

一箇月前納 三十錢

三箇月 九十錢

六箇月 一元七十錢

一箇年 三元四十錢

廣告料

四號活字十三字[illegible]

一箇月 十三錢

(每日[illegible]六號에相當홈 其期限의長短과字行의多少를依ᄒ야增減홈이有홈)

◉大韓每日申報各處支發賣所

中署市廛門下 金相萬冊肆

洞口越便 朱翰榮冊肆

中署濃浦洞初入七十八統第二戶 鄭禹弼

平壤南山峴[illegible]新學校 金浩淵

仁川[illegible] 朱東直

宣川邑[illegible] 安濬

義州南門外韓西大藥房 張有寬

長湍邑 金龜

鎭南浦[illegible]洞 金仁[illegible]

咸興州南社 曹喜淋

中和邑 李儁培

釜山佐川[illegible] 金[illegible]

開城北部梨井里[illegible]

校洞校長 [illegible]

大丘郡 [illegible]廣文社

鎭山邑內 安濂

元山港倉前 金乃範

黃海道載寧邑清來院居 劉夢洋

發行兼編輯人 英國人 裵說

發行所 京城中署[illegible]

大韓每日申報社

第四卷

大韓每日申報
대한ᄆᆡ일신보

第三百八十號

月曜及慶節 臨時日休刊

檀君開國四千二百三十九年
箕子元年三千二十八年
大韓開國五百十五年
日本明治三十九年
清國光緒三十二年
◉陰曆丙午十月大初十日癸酉

論說

憑票不許의事件

昨日本報에韓國遊學生三人의渡日憑票를統監府의셔不爲搭給ᄒᆞ얏다ᄂᆞᆫ事를業已隨聞揭論이어니와若果有之면此事件이但히三箇人의不幸ᄒᆞᆫ境遇가아니오實로大韓全國人士의同一憤歎者로다

嗟乎悲夫라韓國人士여遊學一事를尙不得自由커든其他를何論가日本이恒常世界各國을對ᄒᆞ야聲言ᄒᆞ되韓國의開明指導를自任ᄒᆞᆫ다ᄒᆞ더니今其所謂指導者果何如耶아彼諸般政策의束縛韓人은且置勿論ᄒᆞ고以學務一事로觀之라도所謂學部參與補佐等이管轄學政ᄒᆞ야敎育振起의事業은一未得見이오但히日語日文으로科敎를編輯ᄒᆞᆯ뿐이오各處學校에日人敎師ᄂᆞᆫ諸般科學은初不擧論ᄒᆞ고但月銀을餔철ᄒᆞᆯ뿐이니此其所謂指導的事業耶아

至若出洋遊學者의航渡日本ᄒᆞ야ᄂᆞᆫ宜乎誘掖勸勉ᄒᆞ야惟恐其來之不衆이오學之不誠ᄒᆞ야汲引遐ᄒᆞᄂᆞᆫ거시道德上義務로以ᄒᆞᆫ든지自國名譽로以ᄒᆞᆫ든지決不可疏忽泛慢이거날乃反此箇門路를公然蔽塞이온여此ᄂᆞᆫ欲其奴隸韓人ᄒᆞ며禽獸韓人ᄒᆞ야或恐其進於開明門路者가尤豈不明若觀火乎아

嗚呼韓人이여至于今日토록尙不覺悟耶아向者本報에英國倫敦每日雜의所論을揭載ᄒᆞᆫ지라愛讀本報ᄒᆞᄂᆞᆫ僉員이其不着眼猛省耶아其說에有曰日人이欲於二十年內에韓人之不能日語者ᄂᆞᆫ不得開口케ᄒᆞ리라ᄒᆞ고大談放論ᄒᆞᆫ거슨即是世界各國이所共확知者니以韓人而讀此報에其有不髮竪膽戰者耶아

今以憑票事論之라도此三箇人의閉鎖之日이乃是全國人士의閉鎖之日이니吾儕가不得不重言複論ᄒᆞ야悲吊韓人ᄒᆞ노니此國內有心之人은必不歸之於些少事件이로다然則韓人이欲於自國內에振起敎育이면被日人之鈐轄ᄒᆞ야所學이不過日語日文이오諸般學問은受得ᄒᆞᆯ기末由ᄒᆞ고欲往外洋而遊學이면統監府에서旅行劵의權限을擅執ᄒᆞ야憑票를不許ᄒᆞ니其將若之何오哀此韓人은永永히無昧固陋無學無識으로奴隸而已오禽獸而已耶아竊爲計之컨ᄃᆡ惟是西敎一門이爲學ᄒᆞᄂᆞᆫ自由之方針也夫인저

官報

●號外 光武十年十一月廿三日

◉宮廷錄事

完平君李昇應乞褫處分疏 批旨省疏具悉卿纔墓所標界曾有先王朝所定今此悖悍搜以事體極爲駭然該犯令法部拘拿嚴覈根由照律懲辦事遣秘書郞傳諭

◉三千六百十九號 光武十年十一月廿四日

◉宮廷錄事

內藏司長李根沐辭職疏 批旨省疏具悉卿其勿辭行公

◉叙任及辭令

○依願免本官 奎章閣直學士 李明稙○任奎章閣直學士 從二品李峰善○金永逸 趙九顯 田昌鎭 吳憲均 金永根 韓冀東 朴基善 任度支部主事

◉光武十一年度 歲入歲出總豫算 續

第二項廳費 金二千二百四十四元
第三項修理비 金一百元
第四項雜給及雜비 金六千六百二十八元
第五項旅비 金一百八十元
第六項官報비 金三千八百五拾元
第七項外國人雇給 金一萬一千九百四拾元
第二款史庫費 金四百廿元
第一項史庫비 金四百廿元
第三款表勳院 金一萬四千八百三拾五元
第一項俸給 六千六百元
第二項廳費 金五百元
第三項修繕비 金一百元
第四項雜給及雜비 金一千二百七拾元
第五項旅비 金七十五元
第六項製章비 金六千二百八十八元
議政府所管合계 金六萬二千九百九十七元
中樞院所管
第一款中樞院本廳 金壹萬貳千六百四拾圜
第一項俸給 金壹萬六百圜
第二項廳費 金七百貳拾元
第三項修理費 金五十元
第四項雜給及雜費 金一千二百七十二元
中樞院所管合계 金一萬一千六百四十二元
內部所管
第一款內部本廳 金四萬八千八百二元
第一項俸給 金二萬六千八百元
第二項廳費 金三千一百九十三元
第三項修理費 金四百五十元
第四項雜給及雜費 金五千六百四十八元
第五項旅費 金三千七百十圜
第六項外國人雇給 九千圜
第二款警務廳 金十五萬八千九百六拾八圜
第一項俸給 金一萬九千百圜
第二項廳費 金一萬一千三百十四圜
第三項修理비 三千一百五十圜
第四項雜給及雜費 八萬九千四百十圜
第五項被服비 一萬四千三百四十八圜
第六項機密비 一千圜
第七項旅비 一千四百六十八圜
第八項監囚비 一萬三百八十圜
第九項捕盜비 六千五百圜
第拾項消防비 二千圜
第三款屠獸場 一萬四千二百廿三圜
第一項廳비 二千八百卅七圜
第二項修理비 八百圜 未完

外報

●滿洲俄軍의近狀 滿洲에在ᄒᆞᆫ俄國軍隊의指揮權은第三西伯利亞軍團長의指揮에屬ᄒᆞ고步兵二個旅團과騎兵一個旅團은司令部와共히合爾賓에在ᄒᆞ고其他ᄂᆞᆫ總히鐵道沿線에排置ᄒᆞ고此外에遞信大臣의管轄을ᄒᆞᆫ鐵道守備兵이三萬人이有ᄒᆞ고東淸鐵道線에其半數를排置ᄒᆞ고西伯利亞木線에海拉爾以東에其半數를排置ᄒᆞ얏슨則滿洲에在ᄒᆞᆫ俄兵의總數ᄂᆞᆫ一個軍隊와鐵道守備一萬九千名이니今年內에日俄條約의制限以外軍隊를撤退ᄒᆞ리라더라

◉探險者授勳 興者에北極最極探險ᄒᆞ든세博士ᄂᆞᆫ우이구우리야)大十字勳章을授與ᄒᆞ얏다더라

雜報

●特使下行 內部大臣李址鎔氏가特派大使로明日發程ᄒᆞᆯ터인ᄃᆡ該大臣之任은遞任이되리라더라

●下賜宴費 再昨日은金思濬氏의黃堂花甲日인故로 淳妃殿下게옵셔白米二十石과錢三千兩을下賜ᄒᆞ셧ᄂᆞᆫ데宴需가豐足ᄒᆞ야金玉이滿堂ᄒᆞ고杯盤이浪籍ᄒᆞ엿다더라

●학部云遞 학部大臣李載崑氏ᄂᆞᆫ遞任되리라ᄂᆞᆫ說이有ᄒᆞ더라

●內協云遞 內部協辦崔錫敏氏ᄂᆞᆫ무合ᄒᆞᆫ事端이有ᄒᆞᆷ으로遞任된다ᄂᆞᆫ說이喧藉ᄒᆞ더라

●雜俗何及 李根澤氏가軍部大臣의任ᄒᆞᆫ기前에伊藤統監이各部大官을對ᄒᆞ야曰政府가此時動이無ᄒᆞᆫ것이나換說釋慮ᄒᆞ라ᄒᆞ며李根澤氏가無慮히城北洞亭子에出往ᄒᆞ얏더니不意其夜에遞任이된지라李氏가伊藤氏에게見欺ᄒᆞᆷ을追悔ᄒᆞᆫ다더라

●局長視察 내部警務局長金彰漢氏가馬山浦濟州等地에警務視察次로昨日發程ᄒᆞ얏더라

●兩氏轉任 宮內府特進局長高永喜氏ᄂᆞᆫ經理院卿을被任ᄒᆞ고正二品嚴[illegible]氏ᄂᆞᆫ特進局長을被任ᄒᆞ얏다더라

●委員合議 再昨日에不動産調査委員이政府에會同ᄒᆞ야不動産에關ᄒᆞᆫ事로會議ᄒᆞ엿더라

●能見難査 文義郡이元來七面인바今番地方區域을定ᄒᆞᆯ時에村坪面을移付懷德ᄒᆞ얏시즉六面이되여야ᄒᆞᆯ터인ᄃᆡ如前히七面이되얏시즉能見難査라ᄒᆞ더라

●僧俗相雜 近日各部官人이一齊히削髮ᄒᆞ얏ᄂᆞᆫ데度支部官人은或削或不削ᄒᆞ얏스니僧俗이相半ᄒᆞᆫ中에削髮ᄒᆞᆫ大臣官房局長과課長은不削ᄒᆞ얏스니大臣協辦은開化ᄒᆞ고局長課長은頑固라ᄒᆞ더라

●稅主運動 近日各郡吏胥輩가多數히上京ᄒᆞ야某某處에請囑ᄒᆞ되現今稅務主事의缺이有ᄒᆞ니願이退去ᄒᆞ다ᄒᆞ니稅務主事代에以某填任ᄒᆞ여주면前日公逋ᄂᆞᆫ自以黃金力으로百般運動ᄒᆞ더라

●水災報部 忠北觀察使[illegible]氏가該道各郡에今年水災當ᄒᆞᆫ戶口合結數三千三百三十四結四負와漂去及頹戶合二千七十戶를度支部에報告ᄒᆞ얏다더라

●修廳竣役 法部에셔度支部와照會ᄒᆞ되各道裁判所를擴張ᄒᆞ기로檢事와主事와法務補佐員을差送ᄒᆞᆯ터인ᄃᆡ該官員의居接所修理費를五百圜以內로支出ᄒᆞ라ᄒᆞ엿다더라

●府民迎尹 富川府民車[illegible]模等이내部에府尹官衙를建築ᄒᆞᆫ事로呈訴ᄒᆞ얏ᄂᆞᆫ데[illegible]民이自辦財力ᄒᆞ야買屋修葺ᄒᆞ고迎接府尹은姑捨ᄒᆞ고官衙移建一事ᄂᆞᆫ自由處理當有措劃이라ᄒᆞ얏다더라

●鄭氏妙計 校洞居鄭鎭夏氏가國內緊路를運動ᄒᆞ야國運을回泰케ᄒᆞ다誑誘ᄒᆞ고葉錢一萬兩을圖得ᄒᆞ야蕩爲乾沒ᄒᆞ고致誠人을騙引ᄒᆞ되致誠齋來ᄒᆞ면錢糧千兩을出給ᄒᆞ마ᄒᆞ더니該致誠人이回來後에無一分許施ᄒᆞᆫ지라陰本月初에該致誠人이鄭氏를往見ᄒᆞ고前日所約錢을督推ᄒᆞᆫ즉鄭氏가葉一千兩을給ᄒᆞ거날趁期往督ᄒᆞᆫ즉鄭氏曰陰初五日出給ᄒᆞ기로於晉[illegible]當約이라ᄒᆞ고鐵窟로가ᄌᆞᄒᆞ기니及到鐵窟則乃是犂洞朴箕陽氏舍廊이라入見卽有一洋服人이日語로ᄃᆞ세ᄒᆞ며推錢次泥峴等地로가자ᄒᆞᄂᆞᆫ지라詳視其動靜ᄒᆞᆫ즉泥峴에往ᄒᆞ면日人에게符同ᄒᆞ야於晉을還奪ᄒᆞᆯ意思가有ᄒᆞᆫ지라該致誠人이回身避來ᄒᆞ야致誠錢을尙不推尋ᄒᆞ얏ᄂᆞᆫ지鄭氏ᄂᆞᆫ元來大挾雜으로有名ᄒᆞᆫ人이라고ᄒᆞ더라

●新金鑛用 昌原稅務官一氏가現今有一인ᄃᆡ此鑛을運動ᄒᆞᄂᆞᆫ자가ᄂᆞᆫ段奔競ᄒᆞ더니伊藤氏及某處에勸告가有ᄒᆞᆫ故로雖百般의金力으로運動ᄒᆞ되도圖得無路라ᄒᆞ더라

●總巡恤孤 三和港에何許人이其妻가死ᄒᆞᆷ이其二子를棄ᄒᆞ고逃ᄒᆞᆫ지라長子가死ᄒᆞ니次子와三子가其兄의尸體를抱ᄒᆞ고痛哭ᄒᆞ더니該港總巡朴象鎬氏가巡檢時에此情形을見ᄒᆞᆫ則當此嚴冬ᄒᆞ야其兒孩가飢餓凍餒而死者不免ᄒᆞᆯ지라該兒를收養ᄒᆞ야冬服을製給ᄒᆞ니港民이其慈善之政을稱頌ᄒᆞᆫ다더라

●被害人戶 忠南各郡에今年水災의致死ᄒᆞᆫ人口가二百八十四名이오漂去及頹戶가四千二十戶라더라

●賊警何多 水口門外(브러)峴외ᄂᆞᆫ自來로賊警이無日無之ᄒᆞ더니近日은尤甚ᄒᆞ야洞口마다삼持銃劍ᄒᆞ고潛伏ᄒᆞ얏다가行人의衣冠什物을掠奪ᄒᆞᄂᆞᆫᄃᆡ日昨夕에一婦人에行李와長衣等物을奪取ᄒᆞ고因卽逃走ᄒᆞᄂᆞᆫ디巡査가放砲ᄒᆞ매洞口에漏滿ᄒᆞ던行人이阻絶ᄒᆞ얏다더라

●夜入賊警 再昨夜에中署泥洞居ᄒᆞᄂᆞᆫ尉官金鍊百氏家에賊徒가乘夜突入ᄒᆞ야家藏什物을沒數掠去ᄒᆞ얏다더라

●觀察收斂 全北觀察使金奎熙氏가天道敎巡當의敎堂建築費排斂ᄒᆞᆷ은弊源에對ᄒᆞ야道內各坊에告示ᄒᆞᆫ全文이如左ᄒᆞ니現聞自天道敎로請以敎堂建築費ᄒᆞ고敎人姓名下에紙貨一元式排斂ᄒᆞ야計以道內에至二萬圜巨款而亦送人各郡ᄒᆞ야方爲收斂云ᄒᆞ니言念民情에極爲可悶이라苟使敎民으로果有誠意ᄒᆞ야捐性敎堂ᄒᆞ야自願補助ᄂᆞᆫ已矣로ᄃᆡ至若送人收斂者은[illegible]獎源이오亦非敎職이라有是弊면與者受者를一併隨現捉囚ᄒᆞ야嚴行禁斷ᄒᆞ깃기玆以告示ᄒᆞ라ᄒᆞ얏다더라

●谷倅醜聲 谷山郡守李僣承氏가經理院基址에栢子木欄柱을稱ᄒᆞ고遂安郡에前往ᄒᆞ야探其價ᄒᆞ야取萬金을討索ᄒᆞ니民怨이藉藉ᄒᆞ야遂谷兩郡人民이一邊訴狀ᄒᆞ며一邊니郡與經理院에呼訴次로數十人이上來ᄒᆞ얏다더라

●所標何多 雲峴宮李[illegible]鎔이孔德里 興宣大院君墓所를緬奉ᄒᆞ기로幹事人[illegible]洪氏와地術林中軍을派遣ᄒᆞ야高陽香桐仁川富平始興安山通津金浦等地八郡等地에擇吉點置標ᄒᆞ야ᄒᆞ얏ᄂᆞᆫ지林李兩氏ᄂᆞᆫ前往該等地에ᄒᆞ야若干松楸鬱蒼處면勿論某山ᄒᆞ고處置標ᄒᆞ야多至百餘處인ᄃᆡ或有還掘處라ᄒᆞ니道聞ᄒᆞᆫ則所折이若可詳ᄒᆞ고或이作同坪에相聞ᄒᆞ며答曰四五處置標ᄒᆞ얏ᄂᆞ나百餘塚은都不知之ᄒᆞ얏다ᄒᆞ니林李兩氏의從中作奸ᄒᆞᆷ으로山主의怨聲이狼藉ᄒᆞ다더라

●私立校組織 廣州府尹吳[illegible]源氏가私校를創設ᄒᆞ고西處面一品面內의有志와校舍設立ᄒᆞ고二人을師範ᄒᆞ되法律學校를設ᄒᆞ고該校로附近에呈請宜ᄒᆞ야校를設ᄒᆞ얏스나該府의는不可無라ᄒᆞ府尹이寧邊面에敎育을曉諭ᄒᆞ야設學校ᄒᆞ고方針을論ᄒᆞ니校가多十가欣喜所望ᄒᆞ나各面의士搢人士ᄒᆞ야難以新舊學問이不得遠近面輪通ᄒᆞ고各面各郡과附近各郡이合ᄒᆞ야即時에各村之長老知事人이皆會本校曰如此實面에創設此學大事ᄂᆞᆫ非一人二人之事也라其中貧富戶로租包等分排定ᄒᆞ야靑年敎育을熱心協力ᄒᆞ이可ᄒᆞ다ᄒᆞ기로本倅가本校에出府ᄒᆞ야爲先學校修理費二千錢을補助ᄒᆞ고聰明學校라稱ᄒᆞ고任員을選擇ᄒᆞ야學務를擴張케ᄒᆞ고各名下의爲先補助金을錄ᄒᆞ야以設立에貧困ᄒᆞᆫ學校之成立이開於京鄕社許이던지[illegible]와地方局長兪[illegible]와兪鎭衡氏가本邑社會에敎育에熱心ᄒᆞᄂᆞᆫ바私設校에成立됨을極力贊成ᄒᆞᆫ다더라

時事辨談

○政界의風雲이變幻無常ᄒᆞ야宦海에舟楫이難保ᄒᆞ미某某大官은時機를觀望ᄒᆞᆫ다ᄒᆞ니[illegible]외又엇더고

○內部協辦의[illegible]를設施ᄒᆞ야[illegible]더니近日[illegible]遞任되다[illegible]못ᄒᆞ여지여[illegible]

○朴鏞和李根澔兩氏가同時遞退ᄒᆞ얏더니趙[illegible]新勢力을得ᄒᆞ야[illegible]니天下에[illegible]

○內大李址鎔氏ᄂᆞᆫ特派大使尹朴義秉氏와[illegible]를同行ᄒᆞ야日本에往ᄒᆞᆫ다니陳夫人은女中豪傑이로고

○義兵將閔宗植은[illegible]와同時에公州地方[illegible]에게被捉ᄒᆞ얏다니[illegible]로고

詞林

寄山紅 汕西過客

闌樹來從蠡石樓介娘芳烈照千秋至今惟有丹青在長使行人涕泗流

舉世爭趨貫酒人叔頹婢妹日紛紛公家金帛尙於屁膩自紅一點春

雜報

●答人疑問　平壤吳之延氏奉讀貴社申報에中心悅服者ㅣ蓋以擧筆에是則是之而不遺餘力ㅎ고非則非之而不畏强御라上以憂國家之危ㅎ고下以悶蒼生之困ㅎ야期欲使一國으로進於開明ㅎ야復我獨立之權이라故로無論某新學ㅎ고稍有勉者則爲之讚揚ㅎ니蓋孟子切於救民而曰今之樂猶古之樂也之意歟ㅣ저以愚度之컨ᄃᆡ今新學上之古之樂은惟 耶蘇敎而已라所以爲自信而又欲勸人ㅎ야謹著趣旨書一篇曰答人疑問이라願得貴社諸公之恩而載於申報之中ㅎ니다其文如左ㅎ니

或이來訪ㅎ야問曰吾聞今子悅心於耶蘇敎ㅎ야逢人則勸이라ㅎ니信然乎아吾亦有意者久矣로ᄃᆡ未能的知其可否故로至今趑趄ㅎ니願聞其詳ㅎ노라

曰夫修齊治平은堯舜孔孟之道而今欲修復ㅎ면則惟一耶蘇敎而已라何也오子思曰天命之謂性이오率性之謂道라ㅎ시고董子曰道之大原이出於天이라ㅎ니堯舜孔孟之道를究其實則此敎而已라然이나不惟不備라歲久年深에文勝弊生ㅎ야挽近爲士者ㅣ無不讀堯舜孔孟之書而所謂成就者ᄂᆞᆫ不過尋章摘句之浮虛와籩豆儀文之糟粕而已요至於實踐躬行之則甚鮮이라故로如擇日巫祝醫經淫祀俗卜之類ㅣ莫不誤世之害而至若山書邪說ㅎ야ᄂᆞᆫ百倍於楊墨老佛之禍而莫之排闢ㅎ니萬事矇昧之弊ㅣ皆終ㅎ야彼此相欺ㅎ며上下交征ㅎ야弱之肉强之食이라故로諺에曰民則獐鹿也니獵者之食也라ㅎ고又曰當代發蹤은莫如爲吏라ㅎ고又曰遊手好食者英雄이라ㅎ니成風者此라執肯回轡憚懸이리오所以民不聊困迫ㅎ야赴於湯火而稱作矣러니竟至於今日結果而乃已ㅎ되而亦莫知痛悔改轍ㅎ나니其於國家蒼生에何오　（未完）

●請陞等級　官立普通學校敎員崔鎭녹朴稚祥等十八人이學部에請願ㅎ되伏以隨官等而制祿俸은有國之常典이오世界之通規이온바其陞敍之方이蓋或由於多年服勤及特著功效ㅎ야進其級益其祿은所以讚揚其名譽而倍勉其服勤也ㅣ오或有罪戾ㅎ면譴責之라能免之라도及其免戒發庸之日에尙付本級은所以重邦典而廣恩意也ㅣ라本職等이俱以庸鈍으로猥忝敎育之任ㅎ와每以尺寸之無效로爲愧이온즉奚暇與論於俸給之厚薄哉리잇고마ᄂᆞᆫ自顧已蒙之官等官급은亦皆多年服務에上部之所褒奬而大部陞敍者이온즉其有關係於箇人身上者ㅣ豈不重且大歟니ᄭᅡ不意昨秋에本職等之判任一二等與三四等을一切並付於八급ㅎ오니其在下情之齋菀은 闕下之已所洞悉者而實由於其時嚴斧之不足ㅎ와從權措辦이옵고本職等도亦知其勢不獲已而伏承 官敎이옵더니竊伏見今年新任敎員則所敍官급이反居於ᄒᆞ餘年服勤之右ㅎ오니誠極抑冤이오며且無故히降其原급은世界所無之例而旣已從權行之에신즉今擧世界에存之例而更復原급이有何難哉니ᄭᅡ本職等之不避猥屑而玆敢仰瀆者ᄂᆞᆫ不啻俸給之偏薄難保이오實係於身分上名譽이온故로玆將齊聲伏籲ㅎ오니 査照ㅎ오셔本職等을並特敍原等급ㅎ시와一視之下에俾無向隅之歎케ㅎ라ㅎ얏더라

●金氏卞明　女子敎育會代辨會長金雲谷氏가開明上에熱心ㅎ야千金을不惜ㅎ고會館을修理ㅎ며一心으로視務ㅎ야會員을敎睦ㅎ야會務가稍成ㅎᄂᆞᆫᄃᆡ某報에揭載ㅎ얏ᄂᆞᆫ지라該ㅣ에서何人의奸狀摘發코저ㅎ야漢城裁判所에告訴ㅎ야對質卞明ㅎ즉該會贊務員尹孝定氏가揭布홈을請ㅎ야揭載ㅎ얏다ㅎ기로尹氏를招質ㅎ즉該會總務金松齋氏가尹氏의게指囑ㅎ야新聞에記載가되얏ᄂᆞᆫ지라金松齋를招致査問ㅎ즉松齋가自服ㅎᄂᆞᆫ지라裁判所에셔金松齋를笞三十에處ㅎ얏다더라

●火變　多　三昨日下午十二時에土亭里金良濟家에失火ㅎ야五六家가連燒ㅎ얏다더라

廣告

◎本社廣告

申報價
一張代金 新貨二錢五里
一箇月前納 三十錢
三箇月 九十錢
六箇月 一元七十錢
一箇年 三元四十錢
零稅一部 新貨五里
一箇月 十三錢

廣告料
四号活字十三字詰
每日每英尺一寸에 新貨廿五錢
(每日每行에 六錢에 相當홈)
其期限의 長短과 字行의 多少를 依ᄒᆞ야 增減홈이 有홈

◎大韓每日申報各處支社廣告

中署布屛門下 金相萬冊肆
洞口內便 朱翰榮冊肆
中署農圃初入七十八統第二戶 鄭雲喆
仁川港峴開新書舖 韓東吉
平壤南山峴內新學校 金浩淵
宣川邑 崔觀恒
義州南門外 安濬
長湍邑 張有寬
長淵邑 金鎭
鎭南浦 金仁汀
咸興州 曹秉珠
中和邑 李觀馨
釜山佐川 金瀗植
開城北部 ……
校洞校長 ……
大丘郡 姜助遠
鐵山邑內 安灝
元山港倉前 金乃範
黃海道載寧邑 劉夢澤

發行兼編輯人 英國人 裴說
發行所
京城中署壽進坊 ……外地法語學校前
大韓每日申報社

光武九年八月十一日 明治三十八年八月十一日 第三種郵便物認可　　火曜日　　西曆一千九百六年十一月十七日 (一)

第四卷

大韓每日申報
대한매일신보

第三百八十一號

月曜及慶節歲時日休刊

檀君開國四千二百三十九年
箕子元年三千二十八年
大韓開國五百十五年
日本明治三十九年
淸國光緖三十二年
◉陰曆丙午十月大十二日乙亥

論說

韓國에日本治蹟

今也에伊藤侯가離向東京ᄒᆞ고長谷川大將이代行其務ᄒᆞ니所謂新條約을有效로履行ᄒᆞᆫ臨機政略의進行之跡이自然表著ᄒᆞᆫ一機로다

韓國을現今管轄ᄒᆞᄂᆞᆫ特格道理를對ᄒᆞ야稱揚或論責을試加ᄒᆞ기ᄂᆞᆫ過於難이나然이나何如ᄒᆞ던지本記者ᄂᆞᆫ日本武官의歷制行動이實近於强奪이라고歸咎ᄒᆞᄂᆞᆫ거시不公인가不懼ᄒᆞ노라韓國人民이日本命令者의게產業을被奪ᄒᆞᆷ이前已有之요今此不絕이며且其被奪地段이軍略以外에收用됨도既多其機矣나略擧其實인된二年前韓人田土에日人黍稷이離離今段이로다此地段ᄒᆞ야代金을略報ᄒᆞᆷ은非不實情이나然이나雖如此些少金額이라도統監이强硬提議ᄒᆞᆫ以後에야武官이이出給ᄒᆞᆫ줄을可信ᄒᆞᆯ거시亦有其理로다彼不足償金을今欲擧證ᄒᆞᆯ진된馬山浦에情形이亦爲其一이라니被逐韓人의受其償金이不過每米突七錢이오且一著機術在於北方ᄒᆞ니有一韓人ᄒᆞ야ᄂᆞᆫ土地를一百八十圓에不許賣ᄒᆞ러니日本武官의게見奪인바其代金이二十圓에不過ᄒᆞᆫ거슬彼能擧證이며且夫漢城及平壤과其他東北方에土地之端은不驚論述이已至煩이라不必更說이어니와足以一言說破ᄒᆞᆯ거슨其强奪이與戰爭爲始ᄒᆞ야迄今繼行ᄒᆞ고且後日停止도未著其機로다

如彼行動이日本武官의無職形態를足以擧證이니自官憲以下로及其兵丁의行動을觀之컨ᄃᆡ韓國人民이此半島를以自國畓度ᄒᆞ기에不能ᄒᆞᆷ이확然ᄒᆞᆫ지라日本이韓國內에셔顯然自擅ᄒᆞᆫ地位가但其擁護指導요非是勝敵者인줄을惟彼軍人은不覺耶아不聞耶아日本文武兩黨의正實關係가如彼不확ᄒᆞᆷ미吾人은以上論述ᄒᆞᆫ諸般格外行動을統監이確實擔任이라던지必或阻止ᄒᆞ엿깃다고不可言及이니財政顧問官의貪慾職位가自統監設立以後로度支部行政에眞實責任을隘避ᄒᆞᆷ도亦然ᄒᆞ도다

未完

官報

◉號外 光武十年十一月廿四日

◉宮廷錄事

詔曰 孝定王后玉寶修補時監董官니府大臣朴齊純加資掌禮院卿趙秉式熟馬一匹賜給郞廳宮내府主事劉時爀掌禮院主事李漢龍並各陞一等別看役帝室會計審査局參書官金禧錫兒馬一匹賜給員役工匠等令宮니府參酌施賞

◉辭令

宮니府大臣臨時署理朴齊純
陞從一品
宮니府大臣官房主事劉時爀
陞叙判任官三等
掌禮院主事李漢龍
陞叙判任官二等

◉號外 光武十年十一月廿五日

◉宮廷錄事

詔 三揀擇日子更爲退定擇入
詔曰英親王講學日子以陰曆十月念間擇入

掌禮院卿臣趙秉式謹
奏三揀擇日子更爲退定擇入事
命下矣吉日令日官金東杓推擇則陰曆十一月十六日爲吉云以此日定行乎敢 奏
光武十年十一月廿四日奉
旨依奏

掌禮院卿臣趙秉式謹
奏英親王講學日子以陰曆十月念間擇入事 命下矣吉日令日官金東杓推擇則十月廿一日爲吉云以此日定行乎敢 奏
光武十年十一月廿四日奉
旨依奏

◉三千六百二十九號 光武十年十一月廿六日

◉宮廷錄事

宮니府大臣臨時署理議政府參政대臣朴齊純謹
奏江華郡所在麗朝 高宗洪陵陵上修改畢後遣秘書丞致祭事
命下矣同秘書丞進去乎敢
奏 光武十年十一月廿二日奉
旨金定鎭進去

倘方司提調閔泳徽辭職䟽
批旨省䟽具悉旣不可幷與是任而求解亦必無聽許之理卿其勿復爲辭

◉叙任及辭令

依願免本官 秘書監丞尹癡變
任秘書監丞 正三品金定鎭

◉光武十一年度

歲入歲出總豫筭 續

第二項雜給及雜費 金一萬六百八十六元
第四款漢城府 金八千六百六十九圜
第一項俸給 金五千七百元
第二項廳費 金九百六十元
第三項修理費 金二拾五元
第四項雜給及雜費 金一千七百四元
第五項旅費 金二百八十元
第五款地方各道 금八萬六千三百二元
第一項俸給 금四萬六百二十元
第二項廳費 금一萬三百三拾五元
第三項修理費 금一千貳百五元
제四項雜급及雜비 금貳萬七千四百五拾六元
제五項旅비 금六七百八拾六元
제六款地方各府 금萬千五百六拾八元
제一項俸급 금貳萬七千九百四十元
제貳項廳비 금六千六百元
제三項修理비 금六百六十元
제四項잡급及잡비 금一萬四千一百八十八元
제五項旅비 금一千一百元
第六項享祀費 金一千一百圜
第七款地方各郡 六拾二萬九千四百五拾八圜
第一項俸給 金二十九萬一千四十圜
第二項廳費 金四萬七千七十圜
第三項修理비 金一萬六千六百五拾圜
第四項雜給及雜비 金二拾二萬一千三百四拾八圜
第五項旅비 三萬三千三百圜
第六項享祀비 金[illegible]萬[illegible]千五拾圜

外報

◉摩洛哥의危機 西班牙ᄂᆞᆫ摩洛에出兵ᄒᆞ기爲ᄒᆞ야水兵을動員ᄒᆞᄂᆞᆫ中이라더라

◉陸軍組織 北京電을據ᄒᆞᆫ則直隸總督袁世凱氏가管轄ᄒᆞᄂᆞᆫ北洋陸軍의제一제三제五제六四箇師團은陸軍部에屬ᄒᆞ고제二第四二箇師團은北洋陸軍에屬ᄒᆞ얏다더라

◉丁抹帝의獨逸訪問 丁抹國皇帝(후레데리스기)第八世ᄂᆞᆫ皇后(루이사)와同伴ᄒᆞ야伯林府에到着ᄒᆞ야盛大ᄒᆞᆫ歡迎을受ᄒᆞ얏ᄂᆞᆫᄃᆡ獨逸과丁抹의諸新聞에ᄂᆞᆫ同情을表ᄒᆞ얏다ᄒᆞ더라

雜報

●揀擇退定　東宮嘉禮日子가漸迫ᄒᆞ고諸般節次를準備無路故로三揀擇日子를更히陰曆十一月十八日로退定ᄒᆞ엿다더라

●宮相出仕說　宮相尹用求氏는辭疏를屢呈ᄒᆞ더니自　上으로勅諭가懇惻ᄒᆞ심으로不得已出仕ᄒᆞᆫ다는說이有ᄒᆞ더라

●反不如前　參政朴齊純氏가宮相署理로視務ᄒᆞᆫ以後로金神이用事ᄒᆞ야安東巨富兄弟二人이叙任ᄒᆞ얏는ᄃᆡ金在序氏는秘書丞을被任ᄒᆞ고金在司氏는秘書郎을被任ᄒᆞ얏고北陵參奉十七窠借啣이又出ᄒᆞ얏는ᄃᆡ銅臭가觸鼻ᄒᆞᆫ지라以若朴參政에位望으로反不如年少ᄒᆞᆫ李根湘이라고輿論이有ᄒᆞ더라

●學相云歸　學部大臣李完用氏가濟州等地의셔再昨日登船ᄒᆞ얏다고電報가來到ᄒᆞ엿는ᄃᆡ日間入城ᄒᆞᆫ다더라

●都監視務　嘉禮都監經費五十萬圜을日昨에度支部에서宮內府로越交ᄒᆞ얏는ᄃᆡ該都監停止ᄒᆞ엿든工役을更始ᄒᆞ고堂上以下一般官員이如前히仕進視務ᄒᆞᆫ다더라

●追後發行　李垠鎔氏夫人도今番特使李址鎔氏夫人과同伴ᄒᆞ야日本에前往ᄒᆞᆯ라ᄒᆞ얏더니追後發往ᄒᆞᆯ라신　處分을下ᄒᆞ옵셧다더라

●講日擇定　英親王講學日子는陰曆十一月二十一日로擇定ᄒᆞ엿더라

●國書修呈　內部大臣李址鎔氏는明日發程ᄒᆞᆯ터인ᄃᆡ國書를去二十四日에參政大臣朴齊純氏가修呈ᄒᆞ엿다더라

●朴尹同發　漢城府尹朴義秉氏가伊藤氏歸國ᄒᆞᆯ際에鎭海灣等地로同伴下去ᄒᆞ엿는ᄃᆡ日間入京ᄒᆞ야特派大使李址鎔氏의隨員으로同發ᄒᆞᆫ다더라

●二氏隨員　內部會計局長金寬鉉과漢城府尹朴義秉과侍從副卿宋台觀二氏가特派大使隨員을任命하얏더라

●內大渡日　內大李址鎔씨가渡日ᄒᆞᆫ다는說은前報에揭載하얏거니와明日에同夫人과發行하는ᄃᆡ所營이若不如意하면歸國ᄒᆞᆯ期限이杳然ᄒᆞ다는說이有허더라

●武官長被任　陸軍副將沈相薰氏는侍從武官長을被任하얏더라

●兩씨轉任　農大權重顯씨는軍部大臣을被任하고京畿觀察使成岐運씨는農商大臣을被任하얏더라

●稅主拔去　학部에서학徒中에稅務主事被任ᄒᆞᆫ人을拔去하라고度支部에照會하얏다더라

●檢事銓考　去十七日에法部에셔各道에檢事十一人을銓考하엿다더라

●周巡　宮墻　近日都下에賊警이大熾ᄒᆞᆷ을憂慮ᄒᆞ야　宗廟　宮墻을護衛ᄒᆞ기爲ᄒᆞ야徵上一隊兵丁廿名式派送ᄒᆞ야洞口內丹鳳門後墻ᄭᆞ지晝夜行巡ᄒᆞᆫ다는ᄃᆡ戒嚴이甚密ᄒᆞ다더라

●一轉一任　主殿院卿梁性煥씨는參謀局長으로轉任하고其代는李基東씨가被任ᄒᆞ얏다더라

●災結更査　度支部에서忠淸北道慰諭使가各郡에今年水災結查報가或有不審ᄒᆞᆫ事가有하다하야該道稅務官이各其區域內로調査更報하라하얏더라

●憑票續聞　統監府의서韓國학生의渡日ᄒᆞᆫ者를對하야憑票를不爲撥給이라는事로本社上에數次揭載하얏더니更聞ᄒᆞᆫ즉統監府의서韓人에對하야言ᄒᆞ되韓日兩國인의往來는憑票携持를不必ᄒᆞᆯ거시니自由로渡日하는거시可ᄒᆞᆫ則憑票一款은勿爲擧論하라하얏다더라

●李씨燥菀　中樞院議長李根澔씨가日本에遊覽ᄒᆞᆫ다는說은前報에揭載하얏거니와行具를準備하얏스나무슴不合ᄒᆞᆫ事端이有ᄒᆞᆫ지就程치못하고胸中에燥鬱之氣가大發하얏다는說이有하더라

●金賊被捉　去十七日夜에開城府總巡朴世允氏家에突入ᄒᆞ야行賊逃走ᄒᆞ얏던强盜金龍西를去二十二日午後四時量에南署羅洞客主文寶汝家에서南署巡檢에게被捉되야現在嚴囚中이라더라

●青會演說　今日下午七点半에牧師全德基氏가青年會館에서耶穌敎가弊를除去ᄒᆞᆷ이란問題로연說ᄒᆞᆫ다는ᄃᆡ有志諸君이多數參席ᄒᆞᆷ을希望ᄒᆞᆫ다하더라

●難免其責　鴻山郡守李仲鉉씨가度支部에照會하는ᄃᆡ踏印치아니ᄒᆞᆫ지라該其疎忽이라하야譴責을當하든지減俸을當하든지하깃다더라

●伎倆所使　忠察尹吉炳氏가本以一進會頭領으로進興會을熱心興旺코ᄌᆞ하야敎育會員을一幷捉囚ᄒᆞ고又囑日巡査ᄒᆞ야逼行列郡에脅之捉之ᄒᆞᆫ는故로敎育會員은渙散失業에擧皆請願自退ᄒᆞ엿다더라

●試取速成　師範學校速成科學徒를明日試取ᄒᆞᆫ다더라

●咸昌鎭昌　咸昌來人의傳說을據ᄒᆞᆫ則該郡守李鍾浩氏가家室과衙眷을辟除ᄒᆞ고到任以後에日憲兵과敎會民會를善爲交涉ᄒᆞ며通辭挾雜輩와敎會無賴之類를一一捉致ᄒᆞ야或杖囚嚴懲ᄒᆞ고或曉喩歸化ᄒᆞ며躬行村閭에勸勉興學ᄒᆞ야學業이興旺ᄒᆞᆫ故로咸昌一境은可謂文明世界라ᄒᆞ더라

●法庭紊亂　去十四日에辯護士李冕宇洪在祺兩氏가晉州訴訟事件으로平理院에出頭ᄒᆞ야裁判ᄒᆞ는ᄃᆡ各法律學徒에實地見習ᄒᆞ기爲ᄒᆞ야法官養成所普成專門학校와養正義塾에請牒ᄒᆞ얏더니及其裁判之時ᄒᆞ야는一般人民을公開ᄒᆞ야甚至兵丁ᄭᆞ지多數入來ᄒᆞ야秩序가紊亂ᄒᆞ되該院裁判長은秩序維持權을不知ᄒᆞ는故로傍人이見其昌皮之樣ᄒᆞ고秩序維持ᄒᆞ기를勸ᄒᆞᆫ즉該氏가答ᄒᆞ되民事에巡檢을使用ᄒᆞᆷ은거시不當ᄒᆞ다ᄒᆞ야尋常置之ᄒᆞ는故로觀光者가裁判長背後에衛擁ᄒᆞ야外人의受侮을見ᄒᆞ되終乃自已에所有ᄒᆞᆫ權利를拋棄하고秩序를紊亂히하얏시니此는姑捨하고民事에革鞭을使用하기는往既에善爲하고其日에獨히民事라하야巡檢을使用치못ᄒᆞᆫ다하얏스니辯護士를畏하야然ᄒᆞᆷ인지不知하깃다고嘲笑가大端하더라

●劉氏課學　端川郡青年會員들이注意時務ᄒᆞ야多設學校ᄒᆞ는ᄃᆡ前已揭載어니와今聞ᄒᆞᆫ則該會에서會員劉禮均氏를特派ᄒᆞ야勸課總代로咸北各郡에前往ᄒᆞᆯ시旅費를義연ᄒᆞ야千里에餞送ᄒᆞ니劉氏가所ᄒᆞ各處에一般士民이對ᄒᆞ야敎育義務로涕泣演說ᄒᆞ니士者感奮ᄒᆞ야各處學校가次第興起라ᄒᆞ니同氏의熱心課學은實로大韓國內에僅所未聞之事라ᄒᆞ리로다

●鄭氏慈善　農圃內居鄭禹澤氏家에서產[illegible]이今月에作ᄒᆞ얏는ᄃᆡ自己家廊下人이方在危病ᄒᆞ야命在頃刻에憂慮가不無ᄒᆞ야其外一寸家로曉諭出送ᄒᆞ는ᄃᆡ白米一石과錢二百兩을慈善的義務로주엇다더라

●稱褒朴씨　鄭州郡守金潤植씨가학部에報告하되以학校實施事로慶承本道觀察使訓令하야告示各面에家諭戶說하고先置학校而立師訓蒙하고各面학校는量其大小人民하야或設一校或置二校하야期圖實施之方이나愚民等이不識時務하고沸騰이오기曉諭設校하고募集학徒하얏는ᄃᆡ本郡內東面直洞里敎師박大훈이가校費四千餘兩을自當연補하야校況이將有就緖之望하니特加褒揚之典하라ᄒᆞ얏다더라

●李씨熱心　江陵郡前參奉李根宇씨가敎育에熱心하야該郡守李〇華씨와協議하야義捐金을鳩聚하야학校를建築하고敎師를延聘하야聰俊을募集하고書籍을買置하야학校가興旺ᄒᆞᆫ다더라

●龍珠設校　水原龍珠寺에明化학校를創立ᄒᆞ야生徒五十餘名을募集ᄒᆞ얏는ᄃᆡ校長은車應虛요總監은朴性幸漢文敎師는朴智岸이오日語敎師는日人木村濟泊氏가名譽로敎授를擔任ᄒᆞ얏다더라

◎把樽餘談

○警務顧問官丸山重俊氏와度支部顧問官目賀田氏가近日에感情이忽生ᄒᆞ야方在相詰中이라ᄒᆞ니자루질ᄒᆞᆫ貌樣이로고

○宮內府에齋郎借啣이又出ᄒᆞ야銅山이高屹ᄒᆞ니遐瘴에쇠딴들이朴參政宅門前에場市가섯다지

○今番에特使를隨ᄒᆞ야該夫人이渡日ᄒᆞ는ᄃᆡ李垠鎔氏夫人이同伴ᄒᆞᆫ다니此夫人은참가실만ᄒᆞᆫ일이지요

○警務廳에서各地方에巡檢을增設ᄒᆞ되賊警이日甚ᄒᆞ야蜂聚蟻屯에行路가杜絶ᄒᆞ니巡檢은엇다쓰는物件인지

○李根澤氏는經理院卿署理ᄭᆞ지解任되얏스니秋風落葉이로고

○近日政海에風波가大起ᄒᆞ야舟楫이傾倒ᄒᆞ니何日이나浪花가少靜ᄒᆞ야大川을利涉ᄒᆞᆯ고

雜報

●答人疑問 不揣吳之延 續

蓋宿世天堂惡則地獄者는萬古天下에不已之定理也라人自하語로滋於斗淡於心則作成良材하며陶化美俗이莫大於此也어날吾國不幸하야不登於儒家之當하고誤人於釋家緇徒하야假眞售僞而起獘多端하야見斥於儒家故로彼弊則小弛어然이나堂獄眞理ㅣ從此並毁라此ㅣ惜乎誤學之弊ㅣ膠漆後人之腦髓하야由來積痼이厚塗耳目하야不聞電霆하며不見日月하야至使見泰西文明之富와天主丁寧之敎而不覺焉하니痛嘆奈何오開有識變忠義之士하야或立彼此之會而發趣旨하며或捐多少之金而設學校者는皆將欲擴張新學하야

使我二千萬同胞로開明耳目하며振發國身하야自反而縮者雖千萬人吾往矣之氣象으로復我獨立之權하니其愛君衷血과憂民心聲이溢乎日月報紙之上이라欽頌不已어니와然이나此義理之勇은不於天主莫能也어날亦不向耶蘇者는何也오或以不知耶蘇之眞天主而然歟아知之而故不向歟아知則不明也오故不向則不仁也라不仁不明은決非達變忠義之事也라或以時運未及而然歟아或以推恩未深而然歟아不可知也오又可嘆也로다

今吾東洋之爲儒者ㅣ莫不知知尊上帝知好道理而道理之源이出於天에라然而不向耶蘇者는無他라但未知耶蘇之眞天主故ㅣ니라聖人所爲도猶有不識이온況天主所爲乎아然이나有能不泥於古今하며無間於遠近하고一地球上人을視我兄弟則或有爲知之理也나然이나其人甚鮮이라所以未知也오

有能以無自處하야下心遜志하야篤信用成之久주亦有得知之理也나然이나直以天主之異蹟異能으로歸之於西人假造妄說而하笑하니篤信을又何可言이리오所以未知也니라今欲詳明其異蹟之所以然則不能立妙雖測이라測亦雖言이오言亦雖盡일시但以現今目睹昭然已著之蹟으로略擧其槪而論之하리니願吾子는傾耳聽之어다

或云耶蘇孔子釋迦는世界上三大聖人이라하고或云孔子老子耶蘇는宇宙間三至人이라하니此ㅣ不啻不知라自相矛盾이로다三聖之言行則分明的人爲之事也오耶蘇之言行則分明的天爲之事也라若曰虛言則是爲有라聖人이安在며若曰實言주是天主라至人이孰能어리오若信爲有則必是下愚不移라今泰西信士에一無其人하니非天主而何오

或云耶蘇敎는綱曰天道而反不若儒道之文質彬彬者는何也오하니夫人爲之敎는彬彬而久則獘生하고天爲之敎는闇然而久則益著하나니此天人之分에自然之勢也라昔泰西此敎之始行也에雖當聲逐被害者ㅣ數萬이나然이나終入於英美等國而大行하야文明富强德藝之躰이推於天下하니非天主而孰能之乎아

或者聞耶蘇敎에有合於其意則曰擿孔孟之語라하고有違於古禮則曰無五倫之道라하니是何沒覺也오聖出於天이라며摘有乎아若無五倫이면滅亡已久라文明을何可成也며若不有違면僞禮不除라腐儒을何可立也리오是知有違者는非違五倫이라掃盡天下萬萬虛僞之獘端而篤出五倫之實하시니非天主而孰能之乎아

來賓

●鳳民廢痴 鳳山郡에陳虛結이約多하야官每結上二十餘兩式加捧하더니去乙未에度支部에서除減한二百餘結을十餘年間에一不分俵於民間하고奸鄕奸吏數人이暗裡郡守하고自來偸食이라가至于今秋에該郡守李承載氏가該陳虛分俵之意로告示各面則及其時하야結民咸知其事實하고呈訴가荐至則年來偸食條를卒無如何之策하야數十日을不分晝夜하고郡內不恒費所用이라하고改正文簿하야藏頭沒尾에計策을取하얏다더라

●日新이日新 仁川府讀亭里普通日新學校秋期試驗에去夏期卒業生金永根吳性德二人은秋期에又爲優等이고乙級優等에金鼎洙朴夏軸二人이오丙級優等에朴돌星金正根二人이오丁級優等에金千松金萬洙一人이오戊급優等에金錦奇趙台宗二人이오該校長金淵惠氏와學監金淵白氏와校監林秦陽氏와贊成員金永宅金永武金永植氏와財務員朴俊朴浩慶浩朴奉浩五元金鑄氏는工夫上에當惜分陰할事로一場勸勉하고敎師朴鵬洙氏는 勅語를奉讀하고金永植林秦陽兩氏는特以多數紙筆等屬으로各학徒의게平均施賞한後학徒等은愛國歌를一唱하고附近洞來賓이雲集하고학徒父兄諸氏가一齊來會하야萬歲를三唱하얏다더라

●赤士興學 [illegible]道郡士人金明玉氏가遊學日本而歸하야私立開明學校洋制三十餘間을建築하고學員百餘人을募集하며日敎師男女二人을聘하야敎育이日就라其前後校費萬餘元을皆自擔當하고每常復國權啓民智의目的으로讚說勸勉하니士喜感奮이라前此義王回國하시는次에同氏를招見禮遇하셧다더라

●金氏赴校 前敎員金秦燮氏는全州涵育學校敎師로延聘하야今日下去하다더라

廣告

慶尙北道星州郡氏人에道路呼冤하는說이今此地方分裂이山於政府濟世安民之策이라하는데獨於吾郡이地多錯傾하야邑將無고民將散케하니濟世하는內部大臣은安在며世界를開明하다는日本顧問官은何處에之하고吾儕가不勝抑菀하야玆에聲告함

申輔國 告白

廣告

花春丹은 霍亂 吐瀉 腹痛 滯症 暑症 정忡 神昏 胸鬱 癨疾 腹脹 咳嗽 痢疾 口味苦ᄂᆞᆫ病症의神效ᄒᆞᆫ藥이오 此外에도洋瓶水解毒藥 唐材 痧氣 蛔虫 寸虫 赤白痢疾 [illegible]藥材等[illegible]俱備ᄒᆞ고 [illegible]가[illegible]ᄒᆞ오니 僉位[illegible] 照亮ᄒᆞ시옵

皇城校洞石井洞下隅
石泉堂藥局 告白

印刷廣告

特別社告

本社內에特別히附屬品으로活字를更備ᄒᆞ야書籍印刷所를設置ᄒᆞ얏사오니印書를要ᄒᆞ시ᄂᆞᆫ僉君子ᄂᆞᆫ來臨相議ᄒᆞ시옵

大韓每日申報社 告白

◎民事訴訟代理와刑事辯護及登記一切法律에關ᄒᆞᆫ事務를迅速處理홈

皇城南署茶洞第十七統八戶
辯護士 前檢事正三品 李冕宇
法律事務所
事務員 前判事 丁明燮
博士 [illegible]

◎本社廣告

申報價
一張代金 新貨二錢五里
一箇月前納 三十錢
三箇月 九十錢
六箇月 一元七十錢
一箇年 三元四十錢
號外一部 新貨五里

廣告料
一箇月 十三行
四號活字十三字詰
(每日每行에六錢에相當홈)
其期限의長短과字行의多少를依ᄒᆞ야增減홈이有홈

◎大韓每日申報各處支社廣告
中署布屛門下 金相萬冊肆
[illegible] 朱翰榮冊肆
中署[illegible]初入七 十八統第二戶 鄭[illegible]
仁川[illegible] [illegible]東[illegible]
平壤南門內[illegible]新學校 金[illegible]
宣川邑[illegible] 安[illegible]
義州南門外韓國大韓房張有[illegible]
長連邑 金[illegible]
鎭南浦[illegible] 金仁[illegible]
咸興州[illegible] 晉[illegible]
中和邑 李[illegible]
釜山佐川[illegible] 李[illegible]
開城北部[illegible] [illegible]
校洞[illegible] 李助[illegible]
大邱郡 [illegible]
鐵山邑內 安[illegible]
元山港會[illegible] 金[illegible]
黃州[illegible] [illegible]

京城中署[illegible]坊[illegible]洞[illegible]外[illegible]
發行兼編輯人 英國人裵說
發行所 大韓每日申報社

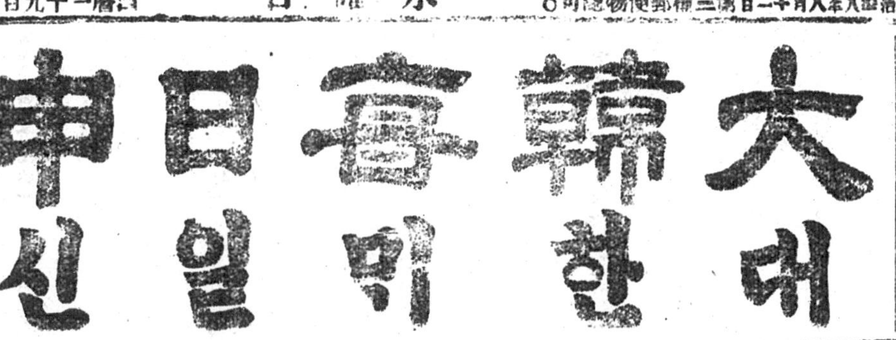

月曜及慶節
翌日休刊

檀君開國四千二百三十九年
箕子元年三千二十八年
大韓開國五百十五年
日本明治三十九年
淸國光緖三十二年
(陰)丙午十月大十三日丙子

論說

自立之權

泰西人有言ᄒᆞ되國家의自立之權이有홈은其人民의自立之權이有홈으로由ᄒᆞ고自立之權은人人이自立之志와自立之行이有홈으로由홈이라ᄒᆞ앗스니夫國家者ᄂᆞᆫ民之積也니民不能不自立ᄒᆞ고國能自立者ㅣ未之有矣오亦其民能自立ᄒᆞ고國不能自立者ㅣ未之有矣라故로國은以民權으로以己之權ᄒᆞ고民은以國權으로爲己之權ᄒᆞ야休戚榮辱과存亡興替에不能分離也ㅣ明矣라嗚呼韓國이여失其自立之權이固已久矣러니至于今日ᄒᆞ야ᄂᆞᆫ所謂國權二字가墜地盡矣라君臣上下가惴惴焉仰人之眉睫ᄒᆞ야以爲休戚일시偃仰屈伸이未有一日愉快之樂이오

至其人民ᄒᆞ야ᄂᆞᆫ被外人之凌侮侵虐이如火益熱ᄒᆞ고如水益深ᄒᆞ야賤役之ᄒᆞ며奴視之ᄒᆞ며鞭撻之ᄒᆞ며剝奪之ᄒᆞ며非理强制之ᄒᆞ며逆情虐待之가日加月增ᄒᆞ야言不勝言이오聞不忍聞이라哀此二千萬同胞之衆이何辜于天ᄒᆞ야遭此活地獄之苦厄ᄒᆞ야貽笑六洲ᄒᆞ고遺羞萬代耶아生於天地之間ᄒᆞ야同是圓顱方趾橫目兩手之徒로何獨韓人이若是其賤且劣耶아

此其國약之所致인줄은愚夫愚婦가亦必皆知어니와國之所以弱者ᄂᆞᆫ豈不由於其民之弱耶아究其民약之原因컨ᄃᆡ韓人之情이任事作苦之心이少ᄒᆞ고恬嬉怠惰之習이多ᄒᆞ며依賴於人之心이勝ᄒᆞ고卓拔不屈之氣가劣ᄒᆞ야値有事之艱鉅者ᄒᆞ면輒仰他人之代辨而坐享其安樂ᄒᆞ고遇有勢力之强大者ᄒᆞ면但思屈己而從之ᄒᆞ야甘爲奴隷而不恥ᄒᆞ니此其民弱之一大根源이라民弱이如此ᄒᆞ고國安能强이며國弱이至此ᄒᆞ고民安得存이리오

噫라値此弱肉强食之時代ᄒᆞ야韓人之肉이烏得免[illegible]者之食乎아雖然이나斯人之權이不由他生이오其自修의如何로由ᄒᆞ나니不稼不穡ᄒᆞ고望天雨粟은必不可得之事라

韓人이到此地頭ᄒᆞ야自救自保之策은惟在於自修之如何矣니使此二千萬衆으로各奮其自立之志ᄒᆞ야各勉其自立之行이면其民이有自立之權矣오其民이有自立之權이면其國이得其自立之矣權라然後韓人이方可脫地獄之苦ᄒᆞ고享天國之樂也니嗚呼其念之勉之어다

官報

◎號外 光武十年十一月廿六日

◎叙任

任軍部大臣 李根澤

任中樞院議長 農商工部大臣權重顯

任軍部大臣 京畿觀察使成岐運

任農商工部大臣

◎三千六百二十一號 光武十年十一月廿七日

◎宮廷錄事

帝室會計審査局長高永喜辭職疏

批旨省疏具悉所辭中檢籤之任依施

判敎領司事李鳳儀辭職疏

批旨省疏具悉所請依施

◎敘任及辭令

○度支部稅務主事趙象淳 仝李喜豐 仝李商珪 依願免本官○電務과主事黃潤德 敎寧司主事鄭泓林 六品白成基 任度支部稅務主事○秘書監丞宋振玉 弘文館시講沈衡澤 仝李秉爀 義陵令張箕龍 度支部稅務官李京壽 依願免本官○命特派日本國 니部大臣李址鎔○命臨時署理經理院卿事務 中樞院議長李根澤○命經理院卿 帝室會計審査局長高永喜○命帝室會計審査局長

正一品李載崑○任秘書監丞 正三品金在序○從三品王性淳 奉常司典事辛泳學 任弘文館시讀○兼任掌禮院掌禮 秘書監丞金在序○任奉常司典事 六品許萬弼○任義陵令 智陵參奉金昌洪○任智陵參奉 千相周○命臨時署理平理院裁判長事務 法部協辦李源兢○任시從武官長 宮내府特進官沈相薰○補軍部參謀局長 主殿院卿梁性煥○任敎事司主事 度支部稅務主事李八應○任主殿院電務과主事 度支部稅務主事鄭鎬植

◎光武十一年度

歲入歲出豫算 續

第八款地方警務署 金貳十五萬八千四百四十元

第一項俸給 金一萬八千五百元

第二項廳費 金一萬四百四十元

第三項雜給及雜費 金十五萬九千五百七十八元

第四項旅費 金八千二百三十九元

第五項被服費 金四萬三千三百八元

第六項罪囚費 金一萬八千三百七十五元

第九款廣濟院 金三萬三千九百四十七元

第一項俸給 金四千五百元

第二項廳費 金一千七百六十六元

第三項修繕費 金三百元

第四項雜給及雜費 金六千四百十九元

第五項藥品費 金三千五百四十八元

第六項患者비 金一千七十四元

第七項外國人諸給 金一萬六千三百四十元

第十款罹災救助비 金二千六百五拾元

第一項罹災救助비 金二千六百五拾元

第拾一款傳染病預防비 金三千元

第一項傳染病預防비 金三千圜

내部所管合계金壹百二拾九萬六千壹百二拾六圜

未完

外報

◎鉄道買渡 露國東淸鐵道副總裁더同鐵道를청國에賣渡ᄒᆞ기爲ᄒᆞ야北京에前往ᄒᆞ얏다고鐵道에關係된露人이不穩ᄒᆞᆫ狀態가有ᄒᆞ다더라

◎袁總督上京 直隷總督袁世凱氏ᄂᆞᆫ今二十五日西太后萬壽聖節에進賀ᄒᆞ기爲ᄒᆞ야上京ᄒᆞ얏스나他의運動이有ᄒᆞᆫ듯ᄒᆞ다더라

◎輸送兵器 黑龍江將軍에게ᄂᆞᆫ北京서셰-계루銃四千挺과彈丸十萬發을鐵道로付送ᄒᆞ얏다더라

◎日醫禁止 海蔘威에在ᄒᆞᆫ日本貿易事務官의電報를據ᄒᆞᆫ則沿海州에在ᄒᆞᆫ日本醫師ᄂᆞᆫ沿海州各處에開業ᄒᆞᆷ을禁止ᄒᆞ얏다ᄒᆞ더라

◎官制再正說 北京電을據ᄒᆞᆫ즉袁世凱氏가今番改正ᄒᆞᆫ官制가完全치못ᄒᆞᆷ을臚列ᄒᆞ야再次改正ᄒᆞᆷ을奏請ᄒᆞ얏다더라

雜報

●政府議案 昨日에各部大臣이政府에會議를開ᄒᆞ얏다ᄂᆞᆫᄃᆡ其議案을得聞ᄒᆞᆫ則土地家屋典當執行事件이라더라

●特使發行 特派大使一行은今日京釜鐵道二番列車로發程ᄒᆞᆫ다더라

●非朴則閔 內部大臣李址鎔氏의度支大臣閔泳綺參政大臣朴齊純兩氏中에被任ᄒᆞᆫ다더라

●宮署新任說 宮內府大臣署理ᄂᆞᆫ內大臣李載克氏가被任ᄒᆞᆫ다ᄂᆞᆫ說이有ᄒᆞ더라

●內協渡日說 內部協辦崔錫敏氏도特派大使李址鎔氏를隨ᄒᆞ야渡日ᄒᆞᆫ다ᄂᆞᆫ說이有ᄒᆞ더라

●特使旅費 今番特派大使一行의旅費가八千圓인ᄃᆡ皇室費중으로劃下ᄒᆞ얏다더라

●財政益窘 度支部顧問官目賀田氏가該部一般官人의仕進을早晚退ᄒᆞ라ᄒᆞᆫ다ᄂᆞᆫ說이有ᄒᆞᆫ데當此ᄒᆞ야財政을檢查ᄒᆞ고正黨ᄒᆞᆫ다ᄒᆞ얏더니財政은去益窘絀ᄒᆞ야民難甚生ᄒᆞ야輿論이紛紛ᄒᆞ더라

●新法起草 法部에서各部府院廳에公函ᄒᆞ되現行刑法大全이未備ᄒᆞᆫ點이不勘ᄒᆞᆫ所以로新刑法을創定實施코저期圖ᄒᆞ와該起草案件이業已竣成ᄒᆞ얏기로一件을送交ᄒᆞ니逐條ᄒᆞ라ᄒᆞ얏다더라

●密吏請願 密陽郡吏輩等이內部에請願ᄒᆞ되該郡主事를鄕吏중으로擇任ᄒᆞ라ᄒᆞ얏다더라

●請撥學費 學部에서度支部에照會ᄒᆞ되學部所管日本東京留學生監督今年度經費와與其留學生等에學資及其他雜費合計金額二萬二千二百九十九圓二十八錢을撥ᄒᆞ야仰佈ᄒᆞ오니照亮ᄒᆞ오셔斯速히豫算外支出ᄒᆞ라ᄒᆞ얏다더라

●偸간被捉 何許人이警務廳門前에積置ᄒᆞᆫ간亭木을負去ᄒᆞ다가把門巡檢의게被縛ᄒᆞ야該廳에捉囚ᄒᆞ얏다더라

●宜倅免官 宜川郡守白樂三氏가公錢欠逋가다動ᄒᆞᆫ故로內部에셔免官ᄒᆞ얏다더라

●請鋼相持 北署苑洞居柳正尉某氏와北洞居奏承官某氏가水輪과戶牌及量地等事로統監府에納賂運動ᄒᆞᄂᆞᆫᄃᆡ各間浮費數萬兩으로相持ᄒᆞᆫ다더라

●毀屋寬限 近日度支部에셔官有地에建屋ᄒᆞᆫ者로標木을揷立ᄒᆞ고民人의家屋을毀撤ᄒᆞ라ᄒᆞᄂᆞᆫᄃᆡ當此隆冬ᄒᆞ야移接이無路ᄒᆞᆷ으로民人等이該部에幾許間納稅ᄒᆞ고姑爲寬限ᄒᆞ기로運動ᄒᆞᆫ다더라

●雜類挾跡 平壤府下에挾雜家數十人이團結ᄒᆞ야符同外人에以擅奪民財로爲事러니新觀察李始榮氏가到府ᄒᆞᆫ後에善爲交涉ᄒᆞ야外國官憲이民刑事訴訟을一不干預ᄒᆞᄂᆞᆫ故로此等挾雜輩가擧皆落望ᄒᆞ야날賂圖囑코저ᄒᆞᄂᆞᆫ者十餘名을捉囚ᄒᆞᆫ則其他十餘名은知機遠逃ᄒᆞ야唱出無根之說ᄒᆞ며與訕造ᄒᆞᆫ다더라

●慕日所致 內部公會를修理ᄒᆞᆫ次로日人木手를使用ᄒᆞᄂᆞᆫᄃᆡ木手一人은該部進堂에居接케ᄒᆞ고또木手에妻ᄂᆞᆫ該部官房에住接케ᄒᆞ다니木手를使用ᄒᆞᄂᆞᆫ法이朝來夕往ᄒᆞ야工役을擔任ᄒᆞᆷ이어날大臣政堂과進堂을工匠에게借給ᄒᆞᆷ은未知何意인지修理工役은會計局所管이라此必是該局長金鼎鉉氏에所爲라고巷說이紛紛ᄒᆞ더라

●日人弊習 日昨南大門外停車場에셔韓日兩國人이雜沓ᄒᆞ야車票를買ᄒᆞᄂᆞᆫᄃᆡ日人一名이韓人을揮拂ᄒᆞ고突入ᄒᆞ미韓人이밋쳐避치못ᄒᆞᄂᆞᆫ지라該日人이韓人에面部를亂打ᄒᆞ야流血이狼藉ᄒᆞ되該韓日巡查가在傍ᄒᆞ야視若尋常ᄒᆞ얏다더라

●靑會妥議 近日靑年會에셔該會會員의體質을健强케ᄒᆞ고자ᄒᆞ야運動會를組織ᄒᆞᆫ다ᄂᆞᆫᄃᆡ今夕七点半鐘에各項事務를協議妥決ᄒᆞᆫ다더라

●寫眞廣布 內大李址鎔氏ᄂᆞᆫ自己와其夫人과其子海忠氏寫眞을一紙에撮影ᄒᆞ야北村某某家에分送ᄒᆞ니該氏에 恩ᄂᆞᆫ世人이未知라ᄒᆞ더라

●尹氏買舍 尹澤榮氏가家舍가狹窄ᄒᆞᆷ을慮ᄒᆞ야磚洞前判書閔丙奭氏의第宅이通敞ᄒᆞᆷ으로將次買收ᄒᆞ더니ᄃᆡ價文이二百萬兩에達ᄒᆞ나閔丙奭氏ᄂᆞᆫ債帳을了勘ᄒᆞ며房舍가無幾라ᄒᆞ더라

●法律批評 法部에셔刑法을改正ᄒᆞᆯ次로起草ᄒᆞ얏ᄂᆞᆫᄃᆡ該法에善否를批評ᄒᆞ기爲ᄒᆞ야法官養成所와普成專門學校法律科卒業諸氏의게意見을陳述코저ᄒᆞ야法部에셔通牒ᄒᆞᆫ故로該兩校內에셔學員中으로委員을選定ᄒᆞ고昨日爲始ᄒᆞ야開會ᄒᆞ고一切研究ᄒᆞ야二週日內에完了ᄒᆞ라ᄒᆞ미學員諸氏도一層勉勵ᄒᆞ기를希望ᄒᆞᆫ다더라

●劉倅當然 洪州郡守劉猛氏가內大李址鎔氏私邸의來宮ᄒᆞ되洪州城內에留任ᄒᆞᄂᆞᆫ日郡義兵餘黨을一一搜覓ᄒᆞ나晝夜로拔劍恐喝ᄒᆞ고且日郡部가村閭에潛往ᄒᆞ야良民을捕捉ᄒᆞ야執탈錢穀ᄒᆞ고無數懸刑ᄒᆞ니玉石이俱焚ᄒᆞ야民情이騷擾ᄒᆞ니所謂郡守名色으로坐視其慘狀이오亦無禁止之道ᄒᆞ니徒費國祿에未免尸位인즉[illegible]不還ᄒᆞᆯ거시니即爲免官ᄒᆞ여달나ᄒᆞ엿다더라

●斷禁私斂 忠北來人의傳說을據ᄒᆞᆫ則該道觀察使尹吉炳氏가管下各郡에訓飭ᄒᆞ야村閭의私斂을一切廢止ᄒᆞ고[illegible]케ᄒᆞ되若有違越者면[illegible]究를一一捉囚ᄒᆞᆫ다더라

●年豐穀貴 忠南內浦等地來人의傳說을聞ᄒᆞᆫ즉今年農形은比前豐登ᄒᆞ얏스나群港等地에셔日人이貿米ᄒᆞᆷ을因緣ᄒᆞ야穀價가高踊ᄒᆞᆫ故로貧人은支保가無路ᄒᆞ다더라

●警察不察 日昨에警務廳摠巡과巡檢幾許人이平服으로高陽等地에司法警察로分派往ᄒᆞ얏ᄂᆞᆫᄃᆡ廣大ᄒᆞᆫ坪田에셔夜相逢ᄒᆞ야未知問是行警ᄒᆞ고誤認賊漢ᄒᆞ야六穴砲를相放ᄒᆞ야或有中丸者나幸免重傷ᄒᆞ얏다더라

●李必歸正 義州居金鼎汝氏가京居安邦普氏의典當ᄒᆞᆫ田土를稱以洪正燮氏所買ᄒᆞ고專事白賴ᄒᆞᆷ은本報에已揭어니와現聞ᄒᆞᆫ즉漢城裁判所之場에金氏가無端路科ᄒᆞ얏ᄂᆞᆫᄃᆡ申訴于平理院ᄒᆞ야多日質查ᄒᆞ다가該院에셔洪正燮氏를證詞人으로招引ᄒᆞ미其子辯護士洪在淇氏가代書納贊ᄒᆞ기를該田을果已買得ᄒᆞ엿ᄂᆞᆫ價文則當錢一萬七千二百兩이라ᄒᆞ미判事朴有觀氏가該田券을考閱ᄒᆞᆫ즉本價가葉錢五千八百兩이라非但價額之相左오證供이都是模糊ᄒᆞ야該田之非實賞典所的確無疑ᄒᆞᆷ으로平理院에셔金鼎汝氏를置之路科ᄒᆞ얏다더라

●去益行惡 南來人의傳說을聞ᄒᆞᆫ則濟山居申奭均氏가以商業次로濟州居夫正七洪致南兩人의게唐木價值三千金을得用ᄒᆞ다가過限未報러니洪夫兩人이仁川居日人福田久藏을符同ᄒᆞ야下來ᄒᆞ야捉囚同氏ᄒᆞ얏ᄂᆞᆫᄃᆡ勢不能辦出인故로家舍什物과田六十斗落과畓六斗落을以唐木價三千金으로執行ᄒᆞ얏고또同氏가曾有所親於他處ᄒᆞ야三月分의新昌金弘文家의來留ᄒᆞᄂᆞᆫ日人原加郞의게同氏의畓五十五斗落文券과族人恒均氏畓二十斗落文券을借與ᄒᆞ고錢四千兩을得用이라가以繳給該錢次로同氏에畓三十斗落을買ᄒᆞ야俱本利去ᄒᆞ고欲推典券則有何兇詐인지延拖不給이라가符同福田久藏ᄒᆞ야右典券을出給於久藏이라同氏가見奪典券ᄒᆞ고朗訴于本郡則本守가傲於日人之威脅ᄒᆞ야不能公決ᄒᆞ며順從日人之縱虐ᄒᆞ고又今秋에本郡寓居日人早川某名者가右奪券ᄒᆞ야持來ᄒᆞ야同氏의[illegible]五千兩을勒捧ᄒᆞ야急於星火나同氏ᄂᆞᆫ已爲蕩敗ᄒᆞᆫ處ᄒᆞ고[illegible]더니一債再徵은是何法外之事乎아該日人早川이[illegible]晝夜叱[illegible]不能公決ᄒᆞ야使日人으로任意侵虐ᄒᆞ니該郡居民더러將不知何境이라ᄒᆞ더라

[illegible]窓醉話

○李某京氏ᄂᆞᆫ[illegible]多年吟詠ᄒᆞ더니政海가[illegible]出脚ᄒᆞ엿다니籠鳥가始放이로고

○參謀局長李[illegible]氏ᄂᆞᆫ[illegible]傷이되얏다지

○度支[illegible]閔泳綺氏ᄂᆞᆫ[illegible]某夫人께[illegible]

○但人이言必[illegible]某夫人은何夫人[illegible]

○日人에게[illegible]하면셔學校마다[illegible]니新學問은[illegible]制ᄒᆞ며官職[illegible]

○鮮考를七唱[illegible]잇나

○人材를選擇[illegible]創ᄒᆞ[illegible]二三[illegible]가誰某[illegible]의勸告라지

雜報

●答人疑問 平壤吳之延 續

今茲西濟제多士ㅣ篤信耶蘇故로盡成君子之大德ᄒᆞ야將欲兼善天下ᄒᆞ며兼安各國ᄒᆞ야不顧死生ᄒᆞ고梯山航海ᄒᆞ야無遠不屆ᄒᆞ야或立敎堂而傳敎에不知老之將至ᄒᆞ며或設報館而直言에不避人之忌嫌ᄒᆞ니此事也ㅣ雖古聖人이라도非天主而孰能之乎아

或云欲鄕土地라ᄒᆞ니特末之思耳로다自數百年前으로如利瑪竇者ㅣ本不取妻ᄒᆞ고但以傳敎之事로來留우中國三十年에老死乃巳ᄒᆞ니若是者不知幾百千이라夫好色有子ᄂᆞᆫ天下之大欲也나棄自己今生之大欲而爲其君爲其民ᄒᆞ야欲兼他人之土地ㅣ此天理人情之萬一近似者乎然ᄒᆞᆫ즉彼爲利瑪竇者之所行이非天主而孰能之乎아

或云彼信耶蘇以天主者ᄂᆞᆫ愚之故也라ᄒᆞ니可謂多見其不知量也로다中國四千年未精之曆이至우此人而始明이라天度歲差와日月掩蝕에莫能逃此人之算하니其非明哲睿智而能之乎아以若明哲로信以天主ᄒᆞ니非天主而何오

不惟一人이라現今多士ㅣ德則得天仁眞ᄒᆞ고才則得天造化ᄒᆞ고格致則天上天下陽間陰間有形無形之理를明若觀火而信以天主ᄒᆞ니非天主而何오

才德兼全을謂之聖人이라百世而一聖을猶云接踵이어날今茲西쥬篤信耶蘇에世世比屋而起ᄒᆞ니非天主而孰能之乎아

日余友朋아深思之어다一天之下에得天稟賦則一也어날今吾東西에民德之厚薄과國家之治亂이若是懸絕者ㅣ是何故也오

或云在於一人이라ᄒᆞ니是則然矣라然이나在人者ᄂᆞᆫ或祖得而孫失ᄒᆞ며或父裂而子補ᄒᆞ야得失補裂頻數之間에民陷水火而世道漸降ᄒᆞ나니라今英美等國年久昇平之治ㅣ漸漸有盛ᄒᆞ야至于今日而冠於地球로ᄃᆡ器猶未盈ᄒᆞ야有進無退ᄒᆞ니可謂天國之量이라豈有繼繼子孫이恒勝於父祖之理也耶아是不在是歟乎아非天主而孰能之乎아

影大則泰山이오明大則太陽이라耶蘇昇天後數千年에其宗敎國은愈久愈治而文明太平ᄒᆞ고其信敎士ᄂᆞᆫ愈久愈多而聖明發達ᄒᆞ야其國之光士之譽ㅣ洋溢乎四海ᄒᆞ니非天主而孰能之乎아 未完

○攫鷄說 漆園生

隣人이養一鷄ᄒᆞᄂᆞᆫ데堅其塒高其걸하야狡狐毒猫가不敢容喙어니一夜間에有小鼠가穿壁而入鷄塒하야설其근ᄒᆞᆫ데鷄愛其微癢하야莫能知터니無何에鼠能穿胱하야嚼其腑하니鷄無暇哀號而斃ᄒᆞᆫ지라主人이睡困而莫之省하고明朝에怪其無聲하야探塒視之ᄒᆞᆫ則鼠已吮鷄하야惟餘一空殼하니雖悔나曷及이리요今此奸猾之徒가甘聽日人之利誘하야末乃締約에土地之利를喜不占有하야餘此虛殼江山하니嗚呼同胞아視此一鷄하라

●權氏仁風 土亭附近에셔日昨에失火하야八家가連燒ᄒᆞ야景狀이愁慘ᄒᆞ더니東幕居權益三氏가以不膽家勢로三千五百兩을義捐ᄒᆞ야每戶에五百兩式周急ᄒᆞ얏시니該氏의義擧ᄂᆞᆫ今世罕有라ᄒᆞ더라

●銀行內訌 韓一銀行의內訌은前報에已揭ᄒᆞ얏거니와後聞을更聞ᄒᆞᆫ즉銀行會計의事務員金振玉氏를支配人으로薦備ᄒᆞ랴다가金氏가銀行重役等이舊習에泥ᄒᆞ야支配人을兒孩와如히知ᄒᆞᄂᆞᆫ고로不應ᄒᆞ미銀行內情이困境에方在ᄒᆞᆫ데重役等이每日會議ᄒᆞᆫ다더라

廣告

廣告

花春丹은 霍亂 吐瀉 腹痛 滯症 暑症 정忡 神眩 胸鬱 痰盛 醒酒船暈 咳嗽 痲疹 口味업ᄂᆞᆫ諸症의神效ᄒᆞᆫ藥이오 此外에도洋灰水解毒藥 唐창 疳氣 蛔虫 寸虫 赤白인風 등과東西洋藥이俱備ᄒᆞ고 病도隨問出方ᄒᆞ오니 僉位ᄂᆞᆫ枉顧ᄒᆞ시옵

皇城校洞石井洞下隅
石泉堂藥局 告白

印刷廣告

●特別社告

本申報社內에特別히附屬品으로活字를更備ᄒᆞ야書籍印刷所를設置ᄒᆞ얏사오니印書를要ᄒᆞ시ᄂᆞᆫ僉君子ᄂᆞᆫ來臨相議ᄒᆞ시옵

大韓每日申報社 告白

◎民事訴訟代理와刑事辯護及鑑定一切法律에關ᄒᆞᆫ事務를迅速處理흠

漢城南署茶洞第十七統八戶
辯護士 前檢事正三品 李冕宇
法律事務所
事務員 前判事 丁明燮
博士 趙䝼衛

以上三種은上品으로製造ᄒᆞ야衛生上에有益ᄒᆞ니購買人은本社로來臨ᄒᆞ시옵

大韓帝國仁川港
濟物浦紙卷烟及烟草會社

一 鷹標罐濃結牛乳
一 金印罐糖濃結牛乳
一 無糖家用無糖乳酪
一 졔ー듣쓰製造等等代合牛乳

以上은當時에貯積ᄒᆞ얏숩

英國紐育港셋ー듣쓰 濃結牛乳會社
一手代理店
大韓仁川港 世昌洋行

●九轉靈砂ᄂᆞᆫ 本人이[illegible]女老少에無論何症ᄒᆞ고[illegible]身體가健康ᄒᆞ며小兒ᄂᆞᆫ[illegible]普播保ᄒᆞ오며

●九轉靈砂萬應丹은[illegible]疾에神効ᄒᆞ오

●九轉靈砂保命丹은初生小兒[illegible]敎恐과婦人帶下症에神効ᄒᆞ며

●九轉靈砂清衆丹은酒滯 食滯 血滯 吐瀉 霍亂 痢疾 吐血 下血 運氣 時疾 瘧症에神効ᄒᆞ오

●九轉靈砂紫金丹은痔漏 果腫 上消唐 下消唐及唐瘡과開敎瘡瘍惡種에無不神効ᄒᆞ오니 僉君子ᄂᆞᆫ來購ᄒᆞ시오

內醫司前두갈이골上隅第一家 李顯廷 告白

◎本社廣告

申報價

一張代金 新貨二錢五里
一箇月前納 三十錢
三箇月 九十錢
六箇月 一元七十錢
一箇年 三元四十錢
郵稅一部 新貨五里
一箇月 十三錢

廣告料

四号活字十三字詰
每日每英尺一寸에新貨廿五錢
(每日每行에六錢에相當흠)
其期限의長短과字行의多少를依ᄒᆞ야增減흠이有흠

◎大韓每日申報各處支社廣告

中署布屛門下 金相萬冊肆
洞口越便 朱翰榮冊肆
中署磻洞初入七十八統第二戶 鄭周鉉
仁川秙峴新鋪新冊肆 李東玄
平壤南山峴上新學校 金浩淵 崔叡恒
義州南門外新鋪大靈房張有寬
宣川邑校鋪 安濬
長淵邑 金龜
鎭南浦築洞 金仁진
咸興州南社 曾喜根
中和邑 李馥馥
釜山佐川徐兩房 金灌俊
開城北部梨井里群洞居 崔錫載
校洞校長 宋助述
大丘郡 徐瀷爾
鏡山邑內 金敬源
元山港倉前 金乃錦
黃海道載寧邑濟衆院 劉夢澤

發行兼編輯人 英國人裵說
發行所
京城中署壽進坊轉洞号外地法語學校前
大韓每日申報社

第四卷 第三百八十三號

大韓每日申報
대한매일신보

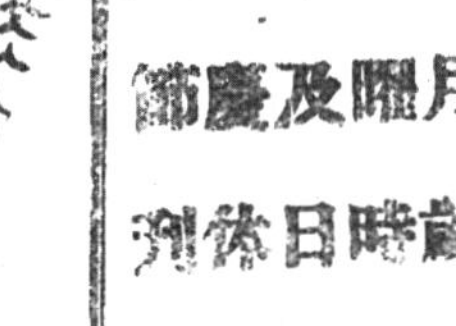

月曜及慶節翌日休刊

檀君開國四千二百三十九年
箕子元年三千二十八年
大韓開國五百十五年
日本明治三十九年
淸國光緖三十二年
◉陰曆丙午十月大十四日丁丑

論說

韓國內日本治績 (續)

現今目賀田氏의財政計策이韓國稅납의雖一分錢額이라도已之直接管轄을不得免焉ᄒᆞ얏스나惟其名稱職位ᄂᆞᆫ尙一度支部顧問官이라謚此部에셔取行ᄒᆞᆫ方策이統監府設立以前에在ᄒᆞ니其重要交涉의三件事가雖以大臣之名으로成就되엿스나對此責任은目賀田氏의게但在ᄒᆞᆷ이無疑로다

此交涉事項의第一件은三百萬圓國債를以海關典質ᄒᆞ고自日本借來ᄒᆞᆷ이니以此로柏卓安氏의總稅司之位가目賀田氏의게替任ᄒᆞ엿도다此稅關에視務ᄒᆞᄂᆞᆫ其餘西人을漸以日人으로交替ᄒᆞ엿도다若韓國이從他處得債면海關典質을不有ᄒᆞ고도能得好果ᄒᆞ얏스리니由是言之컨ᄃᆡ目賀田氏의意思가韓國稅關을日本管轄下에位置ᄒᆞ기에但在ᄒᆞ얏고以利韓國ᄒᆞᆷ에ᄂᆞᆫ不在ᄒᆞ엿도다

同氏가此三百萬圓을如彼利用ᄒᆞ야韓國貨幣를改良ᄒᆞᆫ다提議ᄒᆞ고以此名稱으로日本第一銀行을韓國政府銀行으로擇定ᄒᆞ기를以 勅令頒布ᄒᆞᆫ지라此ᄂᆞᆫ第一銀行에게甚好整列이니盖現今韓國政府가無利資金을擁置於此ᄒᆞ고從此銀行ᄒᆞ야借貸之時에ᄂᆞᆫ已有錢額에利子를附給ᄒᆞᆷ이오此整列이目賀田氏의게도亦好ᄒᆞ니韓國官金을一次捧置ᄒᆞᆫ以後에ᄂᆞᆫ同氏의證書를未有ᄒᆞ면未得推來ᄒᆞᆫ도다方今目賀田氏가韓國財政의第一銀行의地方處務를全管ᄒᆞᆫ은果其實情이니同氏權力을若欲觀明인ᄃᆡ昨年末에所過情形을可考라伊時에新舊貨交換方法을擅行ᄒᆞᆷ으로商業界에恐慌을惹起ᄒᆞ야財政이不得流通ᄒᆞᆫ지라韓國商民이支拂能力이薄ᄒᆞ연마ᄂᆞᆫ手票를換給ᄒᆞ기에分錢을難得故로韓國 皇帝께서商會控訴를 洞察ᄒᆞ사金額을下賜ᄒᆞ실ᄉᆡ第一銀行에留置票를 給ᄒᆞ셧더니此票가支拂을不得인바其理由ᄂᆞᆫ此商民을救濟ᄒᆞᆷ이財政改良之進就에干涉됨이라ᄒᆞ엿슨즉目賀田氏의確實形態ᄂᆞᆫ各異之端에可察이어니와韓國政府와其他銀行에試加ᄒᆞᄂᆞᆫ嘗情은不得免煩憫이로다

自統監府設立以後로度支部의處理가惟何오國內郵遞司를稅納所로代用ᄒᆞᆫ것과稅務官을員擇任ᄒᆞᆫ거시며名稱一千萬圓借款을更得ᄒᆞᆫ거시니此交涉貸任이統監府에在ᄒᆞᆫ지財政顧問官에게在ᄒᆞᆫ지不可詳悉이나然이나吾人이可信ᄒᆞᆫ거슨此不過營私之計로다

其錢額의大部分을治道及水道工役에費用ᄒᆞᆫ더이니此ᄂᆞᆫ日人契約者를利益케ᄒᆞᆫ거시오韓國人民의게ᄂᆞᆫ利益에不歸ᄒᆞᆫ지라日本이金額을右手로借與ᄒᆞ고左手로費用ᄒᆞ야已用錢額에利子를計納ᄒᆞ며不適保證及計算ᄒᆞᆫ紙貨를流行於全國ᄒᆞ니其顯然目的은韓國을財政으로采地로欲作ᄒᆞᆷ이로다

兩國의遺產을較計컨ᄃᆡ韓國情形이過勝於日本이나然이나現行政策이若過數年이면韓國의貧窮이過於日本일가恐懼不已ᄒᆞ노라 (未完)

官報

◉三千六百二十二號 光武十年十一月廿八日

◉敍任及辭令

○依願免本官 淑陵參奉南秉薰○任淑陵參奉 千歲憲○任法部主事 九品李京壽○依願免本官 秘書監丞金定鎭○命宮내府特進官 시從武官長趙東潤○命主殿院卿 陸軍副領李基東○命奉常司提調 軍部參謀局長李南熙○任秘書監丞 正三品尹德榮○한城府尹朴義秉 시從院副卿송台觀 內部會계局長金寅鉉 命特使隨

◉光武十一年度 歲入歲出總豫算 (續)

度支部所管

第一款度支部本廳	金拾參萬七千壹百四拾八圓
第一項俸給	金三萬八千六百圓
第二項廳費	金壹萬三百二十五圓
第三項修理비	金五百圓
第四項雜給及雜비	金七千六百十二圓
第五項旅비	金壹千九百圓
第六項外國人諸給	金七萬八千二百十二圓
第二款內國管稅費	金參拾壹萬五千九百卅八圓
第一項俸給	金六萬九千九百圓
第二項廳비	金七萬九千七百九拾圓
第三項修理비	金一萬二千卅圓
第四項雜給及雜비	金六萬五千五十四圓
第五項旅비	金五萬七千一百三圓
第六項土地檢査비	金三萬二千七拾一圓
第三款海關及燈臺비	金八十九萬九千五百廿二圓
第一項俸給	金卅一萬二千七拾四圓
第二項廳비	金十八萬六千九拾一圓
第三項修理비	金參萬五千二百六拾七圓
第四項雜금及雜비	金拾二萬二千九百七十一圓
第五項旅비	금四萬六千七百八拾四圓
第六項稅關應急營繕費	금拾九萬六千二百三十五圓
第四款國債償還	금一百六十九萬九千[illegible]八圓
第一項借款利子 第一銀行	금十[illegible]萬圓
第二項利子 勸業證券	金拾四萬圓
第三項借款利子 興業銀行	金六十五萬圓
第四項貨幣整理借款金利子	金三拾萬圓
第五項京釜鐵道會社立替金償還	金十四萬圓
第六項鐵道線路地價入代金	金廿八萬九千五百八拾八圓
第五款國庫金取扱費	金廿五萬圓

(未完)

外報

● 美日에對ᄒᆞ야 俄國彼得堡電을據ᄒᆞᆫ則俄國노보브렘야新聞이美日紛爭에對ᄒᆞ야曰目下日本의地位가日俄間戰時의日本의近似ᄒᆞ다ᄒᆞ고又萬台開戰될境遇에ᄂᆞᆫ日本이比律賓을獲得ᄒᆞᆯ노思惟ᄒᆞᆫ다ᄒᆞ더라

● 那威의領土保障 那威王이其領土保全에就ᄒᆞ야列國에保障을求ᄒᆞ야ᄂᆞᆫᄃᆡ回文을發ᄒᆞᆷ의對ᄒᆞ야俄德法三國은임의承諾ᄒᆞ얏다ᄒᆞ더라

● 猶太人居住法案 俄國政府ᄂᆞᆫ一定ᄒᆞᆫ區域에限ᄒᆞ야猶太人의居住를許可ᄒᆞᆯ法律을制定ᄒᆞ고其居住地域內에在ᄒᆞ야ᄂᆞᆫ居住에關ᄒᆞ야官吏의干涉을不受케ᄒᆞ고又市村組合의田地를賃借ᄒᆞᄂᆞᆫ事도認許가無케ᄒᆞ다ᄒᆞ얏더라

雜報

●嘉禮擇定 東宮嘉禮日子ᄂᆞᆫ 陰曆十二月十一日로 擬定ᄒᆞ얏다더라

●宮相內定說 宮內府大臣은 英親王宮總辦尹澤榮氏가 當任ᄒᆞ기로 內定이 되얏다더라

●三大新任說 軍部大臣은 徐正淳氏가 被任ᄒᆞ고 法部大臣은 李道宰氏가 被任ᄒᆞ고 度支大臣은 申箕善 金鍊根 兩氏 中에 被任ᄒᆞᆫ다ᄂᆞᆫ 說이 有ᄒᆞ다더라

●議案留案 再昨日 政府會議案件은 前報에 揭載ᄒᆞ얏거니와 當日에 新任軍部大臣 權重顯 農商工部大臣 成岐運 兩氏가 不參ᄒᆞᆫ 故로 議案은 留案ᄒᆞ고 日間 開會ᄒᆞᆫ다더라

●軍大受勅 新任軍部大臣 權重顯氏가 再昨日 受勅ᄒᆞ얏더라

●會宴不參 特派大使 李址鎔氏夫人이 今番 日本之行에 對ᄒᆞ야 日昨 皇陛下게 陛見ᄒᆞᆫ 後에 ᄂᆞᆫ 各大官의 宴會請牒이 遝至ᄒᆞ거시니 自己가 參會ᄒᆞᄂᆞᆫ 禮式을 未解ᄒᆞᆫ則 駐室宴會에나 參席ᄒᆞ고 政府宴會에ᄂᆞᆫ 稱病辭免ᄒᆞ게다 ᄒᆞ얏다더라

●軍相入城 [illegible]部大臣李容[illegible]氏ᄂᆞᆫ 地方에 務視察을 畢ᄒᆞ고 今明間 入城ᄒᆞᆫ다더라

●[illegible]氏辭職說 李址鎔氏夫人이 特使李址鎔氏夫人을 同伴ᄒᆞ야 日本에 前往ᄒᆞᆫ다더니 自 上으로 姑爲停止ᄒᆞ라신 處分이 下ᄒᆞ시ᄆᆡ 一般世人의 推測ᄒᆞ되 李址鎔氏ᄂᆞᆫ 非久歸國ᄒᆞᆫ다더라

●張氏叙參 議政府參書官李肇春氏가 外事局長으로 轉任ᄒᆞᆫ 代에 議政府主事 張鴻植氏가 被任ᄒᆞ얏다더라

●慕忠悲感 昨日은 昨年 韓日新條約締結後 閔忠正公 閔泳煥氏의 殉義ᄒᆞ든 日이라 普洞 興化學校에서 追悼會를 設ᄒᆞ고 敬衷之情을 表ᄒᆞ얏ᄂᆞᆫ데 滿城人民이 [illegible]ᄒᆞᆫ 往事를 回想ᄒᆞ야 悲感之心을 不勝ᄒᆞ얏다더라

●農部退步 農商工部大臣 權重顯氏가 軍部大臣으로 轉任ᄒᆞᆫ 代에 成岐運氏가 被任ᄒᆞᆫ 事ᄂᆞᆫ 前報에 揭載ᄒᆞ얏거니와 農商工部ᄂᆞᆫ 本來 事務가 浩繁ᄒᆞᆫ지라 無才無能ᄒᆞ고 守拙만 ᄒᆞᄂᆞᆫ 成氏의 手段으로 到底히 就緖키 難ᄒᆞᆯ터이니 農部ᄂᆞᆫ 從玆以後로 進就力이 無ᄒᆞ고 退步之望이 有ᄒᆞᆯ이라고 一般輿論이 紛紛ᄒᆞ더라

●面長遞食 各郡結錢收刷ᄒᆞᄂᆞᆫ 各面長에게 遞食金 百圜收合에 二兩式 支給ᄒᆞ기로 磨鍊ᄒᆞ얏다더라

●師徒試取 日昨 學部에서 師範學校 速成科學徒를 試取ᄒᆞᄂᆞᆫ데 試驗科目은 讀書 作文 日語 筭術 歷史 地誌오 應試者가 一百四十餘名에 過ᄒᆞ얏다더라

●釜山放賣 近日 大官某氏의 運動으로 釜山鎭을 日人에게 讓與ᄒᆞᆫ다ᄂᆞᆫ데 其根因인則 年前 何許燃類가 絶影 安三鶴島를 日人에게 放賣ᄒᆞᆫ 事ᄂᆞᆫ 世所共知어니와 絶影島가 若非軍用則無用而今已戰事가 [illegible]則 絶影島가 買賣無用이라 還買歸人之意로 多般運動이라가 不如意 故로 無代金獻納于 皇室ᄒᆞ고 以其代土로 釜山鎭을 要求ᄒᆞᄂᆞᆫ데 其ᄊᆡ가 運動費 三千元을 要求ᄒᆞ야 數二日이라 想必暗約이 已成ᄒᆞ얏슬터이라ᄒᆞ니 政府議決이 無ᄒᆞ고도 外國인 土地讓與事가 成立될ᄂᆞᆫ지

●院卿退出 再昨日 主殿院卿 李載克氏가 授勅次로 入闕ᄒᆞᆫᄂᆞᆫ데 軍人服裝을 着ᄒᆞ고 無慮히 入闕ᄒᆞ미 日巡査가 挽執ᄒᆞ야 日 現任軍人도 아니오 門標도 無ᄒᆞ고 無難히 入闕ᄒᆞᄂᆞ냐ᄒᆞ고 挽執ᄒᆞ며 渡邊警部가 敦德殿으로 李氏를 招來ᄒᆞ야 日 身爲主殿院卿ᄒᆞ야 官禁令도 不知ᄒᆞᄂᆞ냐ᄒᆞ고 [illegible] 時間을 困難ᄒᆞᆯ 當ᄒᆞ고 授勅도 못ᄒᆞ고 無聊히 退出ᄒᆞ얏다더라

●稅官再辭 忠州稅務官 [illegible]泰氏가 請願書를 已爲封還ᄒᆞ얏더니 服裝과 旅費를 持去ᄒᆞ고 무슴 事件인지 日昨에 更히 請願ᄒᆞ얏다더라

●別檢蒙賞 向日 墨欄內에 孝定王后 [illegible]題詠 玉寶二顆를 加漑塘에서 得來ᄒᆞ엿다ᄂᆞᆫ 事ᄂᆞᆫ 所得人이 別巡檢이 아니오 主殿院庶務課別檢 李喜柱等인데 主殿院卿의게 轉奏ᄒᆞ야 皇上陛下게 奉獻ᄒᆞᆫ後에 嘉尙히 下詢ᄒᆞ오시고 賞給을 別檢에게 內下ᄒᆞ오셧다더라

●大使餞別 特派大使一行이 昨日上午七時에 京釜鐵道 一番列車로 發程ᄒᆞᄂᆞᆫ데 度相閔泳綺 軍相權重顯 法相李夏榮 李載克 諸氏와 [illegible]官人이 一齊히 南門外停車場에 餞送ᄒᆞᄂᆞᆫ데 內協辦 崔錫敏氏와 衛生課長 閔元植氏ᄂᆞᆫ 釜山ᄭᆞ지 往ᄒᆞ고 其他 諸氏ᄂᆞᆫ 成水原大丘等地ᄭᆞ지 餞別ᄒᆞ얏다더라

●奏本不時 現今郡守窠闕이 只餘三郡인데 內大李址鎔氏가 奏本을 他人에게 讓與치 아니ᄒᆞᆯ 計劃으로 宜川俞鎭浩와 信川具周鉉과 大靜에 金鍾河 三氏를 擬程ᄒᆞ기 前에 不時에 奏本을 上奏ᄒᆞ얏다더라

●股金募集 漢城銀行所에서 已往收聚ᄒᆞᆫ 股金이 五拾萬元인데 該所에서 事務를 擴張ᄒᆞ기爲ᄒᆞ야 五百萬圜假量ᄒᆞ고 股金을 現又募集中이라더라

●彰新設社 秦[illegible]諸氏와 彰信社를 設ᄒᆞ고 [illegible]氏가 熱心ᄒᆞ야 [illegible]富士紡績會社와 特約ᄒᆞ고 織木을 直輸ᄒᆞ야 中間外國人의 自來侵[illegible]에 더 利益을 [illegible]國人에 營業ᄒᆞ게 ᄒᆞᆫ다더라

●靑會演說 本日下午七点半에 [illegible]氏가 靑年會館에서 人生活之地란 問題로 演說ᄒᆞᆫ다

●人情可見 李道宰氏가 數年을 門庭이 冷落ᄒᆞ더니 近日에 某大臣을 被任ᄒᆞᆫ다ᄒᆞ미 車馬가 盈門ᄒᆞ니 世情之炎凉을 推此可知라ᄒᆞ더라

●墨國移民 年前에 墨西哥國으로 千十五人 募集 放賣ᄒᆞᆫ 日人 大庭貫一及高田氏等이 移民條例를 依ᄒᆞ야 韓人을 驅去ᄒᆞ던 其事務員 李圭伯 朴承益 兩씨를 請ᄒᆞ야 相議ᄒᆞ얏나ᄂᆞᆫ 說이 藉藉ᄒᆞ나 前鑑이 昭然ᄒᆞᆷ을 顧念ᄒᆞᆫ者 無ᄒᆞ리라더라

●洪氏再訴 [illegible]居前進士 洪在琦氏가 平理院에 再訴ᄒᆞ되 前監理李民溥氏가 貪虐之계로 突身을 倡義錄에 入參ᄒᆞ얏다ᄒᆞ고 誣報上部ᄒᆞ야 以至押上之境인데 幸히 平院의 公決로 獄중之鬼를 免ᄒᆞ얏스나 許多ᄒᆞᆫ 喫驚과 苦楚와 損害를 受케ᄒᆞ얏고 大抵反坐之律은 人을 誣告ᄒᆞᄂᆞᆫ 惡習을 防害ᄒᆞᆷ이니 人民을 保護ᄒᆞᄂᆞᆫ 職位에 在ᄒᆞ야 人民을 搆陷ᄒᆞᄂᆞᆫ 官吏ᄂᆞᆫ 反坐之律을 施ᄒᆞᆷ이 適當ᄒᆞ다고 ᄒᆞ얏다더라

●洪李更判 再昨日 平理院에서 辯護士 洪在祺 李冕宇 兩氏가 齊州訴訟事件으로 裁判ᄒᆞᄂᆞᆫ데 原被告의 事實만 陳述ᄒᆞ고 ᄉᆞ日에 또 開廷ᄒᆞᆫ다더라

●民願如舊 南來人의 傳說을 聞ᄒᆞᆫ즉 [illegible]番 地方各郡分面ᄒᆞᆫ 事에 對ᄒᆞ야 自調查所로 不諳道路之險夷ᄒᆞ고 全昧山海之間隔而 只從紙面上圖本而分割 故로 尤甚之廢 民庶가 呼號不便ᄒᆞ야 悲聞呼聒에 思欲更裁矣러니 現聞自內部로 特恤民疣ᄒᆞ야 派送警官 宋之憲氏 及鹽川ᄒᆞ야 視察於南道ᄒᆞ야 從民願 仍舊云 故로 呼籲之民이 瞻天翹首에 惟望其如前安堵이어니와 想像今番 視察之下의ᄂᆞᆫ 以其國無捐益之事로 不能綜詳ᄒᆞ야 更致民擾ᄒᆞ리라고 聽聞이 喧藉ᄒᆞ더라

●自强臨時會 來十二月一日 下午一時에 大韓自强會에서 臨時總會를 開ᄒᆞ고 緊要ᄒᆞᆫ 會務를 處辦ᄒᆞᆫ다ᄂᆞᆫ데 時間이 甚促ᄒᆞᆷ으로 演說은 無ᄒᆞ고 傍聽도 不許ᄒᆞ기로 日前評議會에서 議決ᄒᆞ얏다더라

●木匠憤發 開城郡木匠等이 現今世界各國이 文明競進ᄒᆞ야 國民의 義務를 擔任ᄒᆞᄂᆞᆫ데 我等은 生業에 紛忙ᄒᆞ야 智識을 開發치 못ᄒᆞ고 엇지 義務를 堪當ᄒᆞ리오ᄒᆞ고 相奮發ᄒᆞ야 經費를 鳩聚ᄒᆞ야 木匠都家에 普通學校라 ᄒᆞ고 年少子弟를 募集ᄒᆞ야 本月二十二日에 開校式을 行ᄒᆞ미 學徒가 四十人에 達ᄒᆞ얏고 校長 金永植氏ᄂᆞᆫ 敎育總會評議長으로 敎育上에 熱心ᄒᆞ미 校務에 公薦이 되야 [illegible] 以下와 內外紳士 [illegible] 校長 林翊相氏가 趣旨를 說明ᄒᆞᆫ 後 學徒가 愛國歌를 唱ᄒᆞ고 [illegible]이 次第로 勸勉ᄒᆞ얏ᄂᆞᆫ데 觀光者ㅣ 蔚起ᄒᆞ야 愛國思想을 稱賞不起ᄒᆞ며 開城郡에 敎育이 從今與旺ᄒᆞᆷ으로 敎育總會에 鼓動이라 ᄒᆞ더라

◉寒窓閒話

○李鳳來氏ᄂᆞᆫ 司令部에 多日 滯囚ᄒᆞ얏더니 無事히 還歸ᄒᆞ얏나 內部協辦을 復任ᄒᆞᆫ다니 一年春이로고

○새 協辦崔錫敏氏ᄂᆞᆫ 使臣을 隨[illegible]ᄒᆞ야 隨行ᄒᆞᆫ다니 무슴 端인지 日本政府에 辭考나 勸告를 야보지

○洪州郡守 劉猛氏ᄂᆞᆫ 善治로 名譽가 有ᄒᆞ더니 日巡査에게 들살로 棄官上京ᄒᆞ얏다지

○十三道收稅官이 李根澤氏失勢後에 遞任될가 憂慮ᄒᆞ야 左右周旋ᄒᆞᆫ다니 慮無所不爲로

○特使李址鎔氏ᄂᆞᆫ 日本에 前往ᄒᆞ미 靑樓에 貞向ᄒᆞ오 山紅이가 련妓生 또 잇슬가 무셥쇼

[illegible]報

●答人疑問(不壞異之匪)續

世人이莫不知孔孟之眞聖人이로되將終不得에不爲之畏ㅎ며回憶往罪ㅎ야不歸之悔ㅎ나若知耶穌之眞天主而代贖罪畏心百生ㅎ며悔感이從ㅎ야發ㅎ나니悔罪之間에自然閑邪存誠而道矣日長이라此所以其信士之成德者ㅣ多也오非諸民之成俗者ㅣ矣오라非天主而孰能之乎아

男女之色은天下之大欲也라異非異路而避之ㅎ며深宮固門而因之ㅎ며不通乞假而遠之ㅎ며不相知名而絕之라도猶有作奸이어날實信耶穌之士女者는雖同行萬里라도義則兄弟姊妹而情則獨陽獨陰이라非天主而孰能之乎아

或者譏其無別ㅎ니此則外樣之別也라女亦天賦之人則一也어날使不能관天地萬物自然之光景ㅎ고禁錮於深閨之中而鬱悒終身ㅎ나니得無憾恨乎아疑人不用이오用人不疑어날況在於夫婦一身而用疑乎아疑則情疎라故로獨耶穌는使之無此憾恨與情疎而實有內正之別케ㅎ시니非天主而孰能之乎아

或者譏其無祭ㅎ니此則不啻外樣之祭라但四時四祭則未多祭也로다篤信耶穌者는無時不思耶穌ㅎ亦無時不思其親ㅎ나니此則日日祭也라非天主而孰能之乎아

或云無宗廟社稷이라ㅎ니廟之道也라ㅎ니此皆鄙陋說이로다治病則用藥이오安民則貴禮라中國에立宗廟而多昏亂ㅎ고西國에廢宗廟而永開明ㅎ니開明者華人이오昏亂者爽廣ㅎ니라대陽之下에燈燭이雖以光ㅎ고鬼燐이不敢作ㅎ나니非天主而孰能之乎아

今泰西列邦에各有皇帝而同以耶穌로爲國元ㅎ니非天主而何오

一地球上百餘國에雖有此敎ㅣ[illegible]ㅎ시니非天主而何오

孟子曰窮則獨善其身ㅎ고達則兼善天下라ㅎ시니惟信十則窮日獨欲乘善이라若遂則兼於天下에何有리오非天主而孰能之乎아

今我東人에惟向耶穌者는雖流離于萬里外國이라도猶憂故國之傾危ㅎ야至於涕淚而奮發務學이라ㅎ니而況在於本國者乎아非天主而孰能之乎아

何我四千年孔子之學으로未知樂在其中之義味ㅎ러니今向耶蘇半年에稍有得焉ㅎ고라篤信耶蘇則孝悌忠信與愛人如己視地球如一家之心이日益日長而眞氣眞樂이自生其中이라非天主而孰能之乎아 (未完)

●平院不遠 陸軍副將宋文燮氏가自己親近ㅎ人의所願을雖懇ㅎ야義城郡守李寅燮氏의게付托ㅎ야ㅏ納錢十餘萬兩을得給ㅎ야더니該人이沒數欠逋ㅎ지라義城郡守李寅燮氏가宋文燮氏의게右錢을督납ㅎ얀데畢竟平理院에起訴가되리라더라

廣告

廣告

花春丹은 霍亂 吐瀉 腹痛 滯症 暑症 정忡 眩暈 胃鬱 痰癖 醒酒 船暈 咳嗽 痢疾 口味업ᄂᆞᆫ 諸症의 神效ᄒᆞᆫ 藥이오 此外에도 洋灰水解毒藥 唐창 疳氣 蛔虫 寸虫 赤白면風 等과 東西洋藥이 俱備하고 他病도 隨問出方하오니 僉位ᄂᆞᆫ 枉臨하시옵

皇城校洞石井洞下隅
石泉堂藥局 告白

印刷廣告

●特別社告

本申報社內에 特別히 附屬品으로 活字를 更備ᄒᆞ야 書籍印刷所를 設置ᄒᆞ얏사오니 印書를 要ᄒᆞ시ᄂᆞᆫ 僉君子ᄂᆞᆫ 來臨相議ᄒᆞ시옵

大韓每日申報社 告白

◉民事訴訟代理와 刑事辯護及鑑定一切法律에 關ᄒᆞᆫ 事務를 迅速處理홈

漢城南署茶洞第十七統八戶
辯護士 前檢事正三品 李冕宇
法律事務所
事務員 前判事 丁明燮
博士 趙東肅

大韓帝國仁川港

以上三種은 上品으로 製造ᄒᆞ야 衛生上에 至極有益ᄒᆞ니 毋論某人 고本 에來 臨ᄒᆞ심

濟物浦紙卷烟及烟草合社

一 鷹標罐詰濃結牛乳
一 金印罐詰濃結牛乳
一 新嬰家用氣化乳酪
一 뽀ㅣ든쓰製造麥芽化合牛乳

以上은 常時에 貯積ᄒᆞ얏슴

美國紐育港 뽀ㅣ든쓰 濃結牛乳會社

一手代理店
大韓仁川港
世昌洋行

●九韓靈砂라 本人이 妙方으로 製造ᄒᆞᆫ 靈丹인ᄃᆡ 男女老少에 無論何症ᄒᆞ고 服用ᄒᆞ면 除病ᄒᆞ고 服ᄒᆞ면 平生의 身體가 健康ᄒᆞ며 小兒ᄂᆞᆫ 服ᄒᆞ면 十歲안에 無病ᄒᆞ기를 擔保ᄒᆞ오며

●九韓靈砂萬病丹은 傷寒과 中風 咽喉와 耳目諸病과 痲疾에 神效ᄒᆞ오

●九韓靈砂保命丹은 初生小兒 驚風 痢疾 瘧疾 癨亂과 婦人帶下症에 神效ᄒᆞ며

●九韓靈砂濟衆丹은 酒滯 食滯 血痢 吐瀉 泄瀉 痢疾 吐血 下血 運氣 時疾 痼症에 神效ᄒᆞ오

●九韓靈砂紫金丹은 痔漏 腫癤 上下疳瘡 下疳瘡及唐瘡과 黴瘡 惡瘡에 無不神效하오니 僉君子ᄂᆞᆫ 來問ᄒᆞ시오

內部司前독갈이골上隅第一家
李錫鉉 告白

◎本社廣告

申報價

一張代金 新貨二錢五里
一箇月前納 三十錢
三箇月 九十錢
六箇月 一元七十錢
一箇年 三元四十錢
郵稅一部 新貨五里
一箇月 十三錢

廣告料

四号活字十三字詰
每日每英尺一寸에 新貨廿五錢
(每日每行에 六錢에 相當홈)
其期限의 長短과 字行의 多少를 依ᄒᆞ야 增減홈이 有홈

◉大韓每日申報各處支社廣告

中署布屛門下 金相萬册肆
洞口越便 朱翰榮册肆
中署農圃初八七 十八統第二戶 鄭禹비
仁川槐峴開新册肆 李東文
平壤南山峴日新學校 金浩潤
崔叙恒
宣川邑輸西 安濬
義州南門外韓西大藥房 張有寬
長連邑 金龜
鎭南浦築洞 金仁직
咸興州南社 曹喜林
中和邑 李鍾培
釜山佐川徐藥房 金灌俊
開城北部梨井里畔洞居 崔義ᄒᆞᆫ
校副校長 姜助遠
大丘郡 達城廣文社
鎭山邑內 安灝
元山港倉前 金乃範
黃海道載寧邑濟衆院居 劉夢澤

發行兼編輯人 英國人裵說
發行所
京城中署壽進坊罷洞号外地法語學校前
大韓每日申報社

光武九年八月十一日 明治三十八年八月十一日 第三種郵便物認可　金曜日　西曆一千九百六年十一月三十日 (二)

第四卷

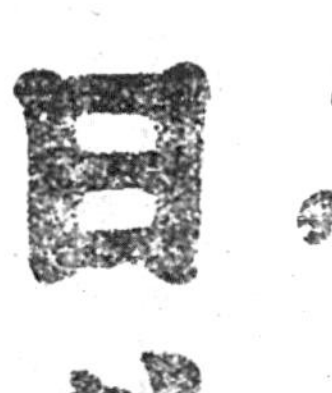
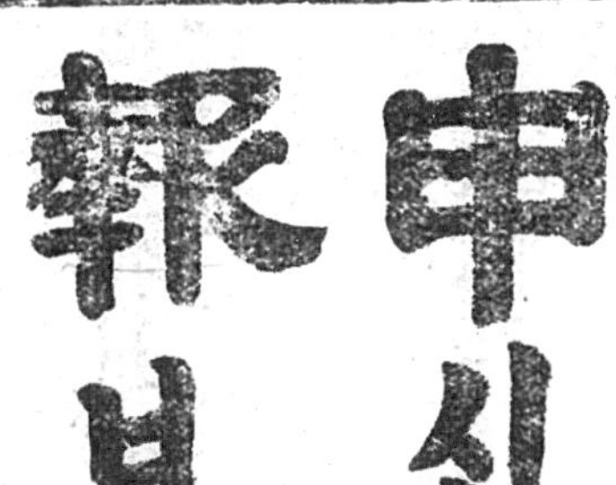

大韓每日申報
대한매일신보

第三百八十四號

月曜及慶節 歲時日休刊

檀君開國四千二百三十九年
箕子元年三千二十八年
大韓開國五百十五年
日本明治三十九年
清國光緖三十二年
◉陰曆丙午十月大十五日戊寅

論說

韓國內日本治蹟 續

日本이韓國事에從已所欲ᄒᆞ야活動機關을極用홈은其於警顧丸山氏에可見이니韓國政府가日公使의煩請을因ᄒᆞ야警察顧問官一人을任用홈이幾至二年이라丸山氏가度支部에在ᄒᆞᆫ同僚의模範을效用ᄒᆞ야行政權限을自擅ᄒᆞ기에暫不失時홈으로一人을雇傭ᄒᆞ엿던職位에서韓國俸給을受取ᄒᆞᄂᆞᆫ日本警視警部와書記及巡査가今過一千五百人인바此皆丸山氏之所擇任이로다統監府에別有警吏ᄒᆞ고軍隊에且有憲兵ᄒᆞ야此三派의行動이或合或離ᄒᆞ니其責任이在於何處인지辨別키亦難이로다特一確著事實은自
皇上以下로一般韓人이自國警察事務에一言도不得預홈이나推此可信ᄒᆞᆯ거ᄉᆞᆫ丸山氏가被韓國雇傭ᄒᆞ야受韓廷給料이로ᄃᆡ惟其受命處ᄂᆞᆫ不過從統監一人而已라警顧의下僚가種種捉致者ᄂᆞᆫ伊藤侯計策成就에不順者요韓國 皇室尊嚴을供奉ᄒᆞᄂᆞᆫ警吏가
皇帝의近侍를禁止ᄒᆞᄂᆞᆫ것도亦係於此人勢力이로다

此諸人의給料ᄂᆞᆫ日本에셔보다三倍加多ᄒᆞ야或至有車馬이되其職務ᄂᆞᆫ簡易ᄒᆞ야一般韓人도能勝其任ᄒᆞᆯ거시요惟一不能ᄒᆞᆯ거ᄉᆞᆫ日人追從者外에諸人을自闕逐出ᄒᆞ야
皇帝를孤立케ᄒᆞᆷᄂᆞᆫ如彼賤累之事而已로다警察顧問官이自己責任及職務를關係ᄒᆞᆫ著機로今可指明ᄒᆞᆯ거ᄉᆞᆫ李根澤氏가軍部大臣之位를失ᄒᆞ던其日에保護를亦失ᄒᆞᆯ거시여날其人所遇가在任之時와今何如矣오

日本司令官과其餘財顧及警顧가韓國命運에試用權力ᄒᆞᆷ을本記者ㅣ此篇及前篇에論及ᄒᆞ엿거니와且欲結篇ᄒᆞ야韓國
皇帝와韓國內閣과其他統監府를次號에更論ᄒᆞᆯ깃노라 未完

官報

●三千六百二十三號 光武十年十一月廿九日

◉宮廷錄事

掌禮院卿趙秉式辭職疏
批旨省疏具悉所請依施
軍士臣李載崑辭職疏
批旨省疏具悉亦旣歷從卿志矣今番斷不可聽許其勿更煩卽起行公

◉敍任及辭令

依願免本官 健陵令徐廷[illegible] 健陵參奉金完燮
任健陵令 懿孝殿祀丞李海明
任健陵參奉 敦寧司主事李八應
任懿孝殿祀丞 六品徐廷寬
任敦寧司主事 九品金宗燮

◉光武十一年度 歲入歲出總豫算 續

第一項國庫金取扱비 金廿五萬圜
第六款地方各面交付金 金十三萬二千七百十圜
第一項地方各面交付金 金十三萬二千七百十圜
第七款印刷局支出金 金四萬八千元
第一項印刷局지出金 金四萬八千元
第八款國庫預備金 金八拾萬元
第一項第一預備金 金四拾萬元
第二項第二預備金 金四拾萬元
度支部所管合계金四百卄八萬二千八百七拾六元

軍部所管
第一款軍部本廳 金五十四萬六千一百七十一元
第一項俸給 金五萬三千八十元七
第二項廳費 金五千六百二十圜
第三項修繕비 金五千圜
第四項雜급及雜비 金八千九十八圜
第五項旅비 金七千五百圜
第六項傭手當 金三千三百十二圜
第七項糧食비 金廿五萬一千四百廿圜
第八項服裝비 金十五萬九千五百九圜
第九項馬匹비 金二萬八千七百五圜
第十項演習비 金五千圜
第十一項外國人給 金二萬二千九百廿圜
第二款奬忠壇 金六百九十圜
第一項廳費 金二百五十圜
第二項雜급及雜비 金二百四十圜
第三項致祭費 金二百圜
第三款侍衛聯隊 金四千七百九拾三圜
第一項俸급 金三千六百八十四圜
第二項下士卒給料 金四百二十三圜
第三項廳비 金三百六十圜
第四項諸手當 金二百十六圜
第五項糧食비 金一百十圜
第四款侍衛隊 金廿四萬四百六圜
第一項俸급 金三萬七千八百卅六圜
第二項下士卒급料 金十四萬二千二百九拾圜
第三項廳비 金一萬六百五拾六圜
第四項雜給及雜비 金一百八十圜
第五項諸手當 金四百三十二圜
第六項糧食비 金四萬九千十二元
第五款徵上隊 金卅四萬壹千九百卄四元
第一項俸給 金三萬九千六百卅六元
第二項下士卒給料 金拾四萬二千二百九十元
第三項廳費 金一萬二百二十圜
第四項雜給及雜費 金一百八十圜
第五項旅費 金一百五十圜
第六항諸手當 金四百三十二圜
第七項糧食비 金四萬九千拾二元 未完

外報

◉鴉片禁止 北京電을據ᄒᆞᆫ則軍機大臣이鴉片禁止規則을上奏ᄒᆞ야會議에附ᄒᆞ얏다더라

◉黑龍鐵道 聖彼得堡電을據ᄒᆞᆫ則俄國은明春에(니코라니우슈크)에셔부터(하바로스크)를經ᄒᆞ야海蔘威에至ᄒᆞᄂᆞᆫ鐵道를敷設ᄒᆞ기로決ᄒᆞ얏다더라

◉摩洛가事件 佛國西班牙兩國이摩洛가에對ᄒᆞᆫ行動은歐洲新聞에激昂을循ᄒᆞ얏ᄂᆞᆫ듸其議論이幷往誇大ᄒᆞᆫ지라英國은依然히此處에沈默을守ᄒᆞ고獨逸은(알제시라스)條約의不可侵을信ᄒᆞ더라

◉陸軍編成의異論 北京電을據ᄒᆞᆫ즉鍊兵處、兵部衙門、太僕寺等은新官制로由ᄒᆞ야目下合設準備ᄒᆞ즉인ᄃᆡ議論이沸騰ᄒᆞ야各其所見을主張ᄒᆞᄂᆞᆫ故로陸軍編成이困難ᄒᆞ다더라

◉露日談辦結稍 寬城子電을據ᄒᆞᆫ즉日露兩國이滿洲의境界談辦이結稍되얏ᄂᆞᆫᄃᆡ日本은寬城子北方一里半俄國은南拾里堡ᄭᆞ지線路를延長ᄒᆞ기로ᄒᆞ얏ᄂᆞᆫᄃᆡ日本의停車場은拾里北方에設置ᄒᆞ리라더라

雜報

●日本之黃州 日人이興業會社를黃州郡에設立ᄒᆞ고昨年븟터該州土地를勒買ᄒᆞ되土價ᄂᆞᆫ斗落과耕數를不計ᄒᆞ고結稅를從ᄒᆞ야每負에上至三十兩下至二十兩을出給ᄒᆞ고該田土ᄂᆞᆫ一任地主耕食ᄒᆞ고賭稅則每負大斗二升式收納ᄒᆞ니該升은容京火印升二升一合者也라原來該地結價每負八錢이라ᄒᆞ되民間雜役을不爲戶斂而結斂故로每負應役이不下二兩七八錢也라民苦其役之際에有此洞頭民捉致威脅願買則愚民所料에土地則如前耕食ᄒᆞ고賭稅則不過是結稅而已오買土錢은可謂空得之利라ᄒᆞ야爭先斥賣이되日人이不欲箇人田土之收買오但使一面土地를都合以賣則其民等이聚首相議ᄒᆞ야與一面田土ᄒᆞ야都賣於日人者合爲七面이오其餘各面에도間間有收買者ᄒᆞ니黃州十七面中右七面則地廣土沃ᄒᆞ야足爲一郡之半이오昨秋則大豆價賤ᄒᆞ야民無所害러니今秋則大豆價貴ᄒᆞ야每升至二兩五六錢則賭至結稅之幾비오且農民中失農者怨탐賭稅則責徵於洞中ᄒᆞ고一洞이怨탐則責徵於面中事로已有證約故로殷欲有棄土逃走之意라도莫敢遂意라ᄒᆞ더라噫라吾人土滅人國者가於古何限而豈有如此之甚哉아黃州則韓國之吾土니可謂厥土黃壞而今爲日本黃州ᄒᆞ니不過幾年에多數日人之來居則失其土地者가將居生於何處耶아此實世界之稀聞이오爲韓國之大變而所謂地方官者恬然不知ᄒᆞ고一無聞於中央政府ᄒᆞ니雖欲不亡이나得乎아且黃州ᄂᆞᆫ每日耕上等地結은上至四十負下至二十負와以平均三十負論賭則六十升也라每升二兩五六分計價則無慮一百五六十兩也라民何以支保乎아

●湖中亦黃州 現今湖中所聞은據ᄒᆞᆫ즉日人이黃州와셔已行之例로人民을甘誘ᄒᆞᆫ다더라

●朴力獨焉 參政朴齊純氏ᄂᆞᆫ軍大李根澔氏가遞任되고內大李址鎔氏가渡日ᄒᆞᆷ이其勢力이尤壯ᄒᆞ야農大成岐運氏와制度局審查局長李載崑氏도該氏에運動中出來ᄒᆞ더라

●政府開議 昨日政府의셔各部大臣이臨時會議를開ᄒᆞ고同日留案ᄒᆞ얏던土地家屋典當規則을妥決ᄒᆞ얏고또農商工部參書官鄭源氏의特陞奏任事件을經議ᄒᆞ얏다더라

●妥議催促 政府不動產調查局補佐員中山氏가日間歸國ᄒᆞᆯ터인故로不動產與會事件을妥議ᄒᆞ기를催促ᄒᆞ얏다더라

●朴氏論貲 去土曜日에平理院判事朴有관氏가裁判長署理李源兢氏를往見ᄒᆞᆫ즉李氏가該院判事安致潤氏에誤決山訟事로法部에報告ᄒᆞᆫ事件에對ᄒᆞ야大段論貲ᄒᆞ얏다더라

●李氏運動 遞任相李根澔氏가憲兵司令官職을閔氏의紹介로大韓第一等通信機關日本人古何松之助氏를日昨에日本으로委送ᄒᆞ야自巳의勢力을堅固ᄒᆞ기爲ᄒᆞ야百般運動ᄒᆞᆫ다더라

●特使目的 特派大使李址鎔氏가今番에數箇目的을達ᄒᆞ기爲ᄒᆞ야特使를圖得ᄒᆞ얏ᄂᆞᆫ데其內容을得聞ᄒᆞᆫ즉伊藤統監挽留ᄒᆞᆫ事와亡命客特赦치아니ᄒᆞᆫ事이라ᄒᆞ나勞苦만徒費ᄒᆞ고目的은達키難ᄒᆞ리라ᄒᆞ고巷說이紛紛ᄒᆞ더라

●農大設宴 新任農商工部大臣成岐運氏가某某處에感謝之情을表ᄒᆞ야日間에一大宴會를設ᄒᆞᆫ다더라

●法官銓考 昨日法部에서地方裁判所에派送ᄒᆞᆯ法官을銓考ᄒᆞ얏다더라

●司長遞任說 內藏司長李根沐氏가遞任된다더라

●水災減結 忠淸南北道今年水災에成川漲路ᄒᆞᆫ結은一年稅락을全減ᄒᆞ고覆沙ᄒᆞᆫ結은半減ᄒᆞ고水沈結은三分一을減ᄒᆞ기로政府에請議ᄒᆞᆫ다더라

●稅官移任 忠州稅務官申察俊氏가請願ᄒᆞ야에니開城稅務官으로移任ᄒᆞᆫ다더라

●減結請願 天安郡人民等이今年水災結을該色吏가如前히收捧ᄒᆞ니從速히政府에請議ᄒᆞ여水災減結을官報에揭載ᄒᆞ여달ᄂᆞ고度支部에請願ᄒᆞᆫ다더라

●追悼墓庭 興化學校의셔閔忠正泳煥氏에就義ᄒᆞᆫ忌日을當ᄒᆞ야追悼會를設ᄒᆞᆫ다ᄂᆞᆫ說은前報에揭載ᄒᆞ얏거니와更聞ᄒᆞᆫ즉今日에該校校長以下一般學徒를에龍仁閔公山所ᄭᆞ지前往ᄒᆞ야致哀之情을表ᄒᆞᆫ다더라

●民賊渙散 黃州南坊順德洞에서賊黨이乘夜突入ᄒᆞ야秋收粟二百餘束ᄒᆞᆯ衝火ᄒᆞ야燒燼無餘ᄒᆞᆫ지라居民이畏劫ᄒᆞ야當寒渙散ᄒᆞᄂᆞᆫ데見狀이慘愴ᄒᆞ다더라

●承准後行 學部에서各學校에訓令ᄒᆞ되官立學校와私立學校敎師ᄂᆞᆫ私立學校敎師를兼行코저ᄒᆞᄂᆞᆫ時에ᄂᆞᆫ該校長에許可를得ᄒᆞᆫ後에准行케ᄒᆞ라ᄒᆞ얏다더라

●內署視務 內部大臣署理ᄂᆞᆫ度支大臣閔泳綺氏가被任ᄒᆞ얏ᄂᆞᆫ데昨日부터仕進視務ᄒᆞᆫ다더라

●兩賊購捉 榮川郡可興面上草洞居金駿虎가時價五元價値明紬三十一疋半을持來上京ᄒᆞᄂᆞᆫ데安東居비尙五와嚴恩居金完範가大丘將主李重珍家에同到ᄒᆞ야三人이留宿ᄒᆞ더니姜駿虎가適有所看事ᄒᆞ야出去ᄒᆞᆫ데明紬를비金兩人에게擔守ᄒᆞ라ᄒᆞ얏더니還來視之ᄒᆞᆫ즉비金兩人이明紬를偸去ᄒᆞᆫ지라安東警務分署에呈訴ᄒᆞ야비金兩人을方在捕促중이라고南來人에傳說이有ᄒᆞ더라

●亦係犯綱 西來人의傳說을聞ᄒᆞᆫ즉平壤隆德部九里居黃達洙妻가忽地逃走ᄒᆞ얏ᄂᆞᆫ데黃達洙가渠에聘母를木枕으로亂打ᄒᆞ야至死境ᄒᆞᆫ지라該郡에서황가를捉囚ᄒᆞ얏다더라

●祭具新備 學部에서成均館에訓令ᄒᆞ기를貴館先聖을擇ᄒᆞ야東西廡와崇祠四賢祠諸處祭器와祭服等節改備額二百八十二圜三十二錢을支撥ᄒᆞ도知照宮內府ᄒᆞ얏더니該費額을即爲撥下之意로內藏司에訓飭施行ᄒᆞ얏다ᄒᆞᆫ照復이有ᄒᆞ기로訓令ᄒᆞ니照亮後該金額을即爲推來ᄒᆞ야新陳과祭器를一一新備ᄒᆞ라ᄒᆞ얏다더라

●請認校舍 孤兒學校長李愚瑢氏等이學部에請願ᄒᆞ되本人等이丐乞孤兒를募集ᄒᆞ야敎育ᄒᆞ기爲ᄒᆞ야學校를設立ᄒᆞ온바丐乞兒輩가忠淸慶尙兩道停車場附近等地에最多故로因其募集便利ᄒᆞ야本校를忠南天安郡에設立코저ᄒᆞ오나校舍를建築ᄒᆞ기猝難ᄒᆞ온즉該郡所在華館은本是公廨로廢止이久에東頹西圮ᄒᆞ오니孤兒學校를認許ᄒᆞ시면修理居接ᄒᆞ깃다ᄒᆞ얏다더라

●不法何多 大丘人民等의來信을據ᄒᆞᆫ즉該郡守朴重陽氏ᄂᆞᆫ奸細輩數人을紹介ᄒᆞ야市廳을設置ᄒᆞᆫ다ᄒᆞ고各商店과家屋田土의稅錢을勒斂ᄒᆞ며各學校를革罷ᄒᆞ고一處에合設ᄒᆞᆫ다ᄒᆞ야內部로報告ᄒᆞ얏더니同郡內에法律도制定치아니ᄒᆞᆫ市廳이爲有며學校合設은待正任郡察赴任ᄒᆞ야措處이되遝先擅行이萬萬不可ᄒᆞᆫ事라ᄒᆞ얏ᄂᆞᆫ데該倅가見此回題ᄒᆞ고叟爲大談曰我有直稟處ᄒᆞ니內部가有何關係오ᄒᆞ고所謂市廳은四處를設施ᄒᆞ고學校ᄂᆞᆫ統合ᄒᆞᆫ다稱托ᄒᆞ고道內樂育齋田畓과養士齋田畓을併秋收記ᄒᆞ야日人에게典執ᄒᆞ고紙貨四千五百元을出債ᄒᆞ야市廳을修築ᄒᆞ며數人私橐에沒入ᄒᆞᆷ으로士論이沸騰ᄒᆞ야安東郡에金寅鉄等五十餘人이京各部에呼訴ᄒᆞ며所謂市廳區域을定ᄒᆞ다稱ᄒᆞ고各洞田畓邊에市廳所有地라立標ᄒᆞᆫ者가七十餘處라韓地人民이皆日市廳에서將次家屋田地를奪取ᄒᆞᆯ計畫이라고大端騷擾中이라더라

●漁業設施 咸北海產協同支會社長金炳圭氏가漁採業發達ᄒᆞ기爲ᄒᆞ야道內有志紳商으로協心同力ᄒᆞ야資本金壹萬圜으本으로銀行에爲先積立ᄒᆞ고京本社에보明ᄒᆞ얏다더라

◎奇事異聞

○某大臣이釜山鎭을日人에게賣渡ᄒᆞᆫ다니土地를外國에賣渙ᄒᆞᆫ是割肉充腹이아닌가

○各地方稅納金을支金庫로輸納ᄒᆞ라ᄂᆞᆫ令이下ᄒᆞ얏는ᄃᆡ支金庫ᄂᆞᆫ萬無疑慮ᄒᆞᆷ을知ᄒᆞ얏더니平壤支金庫에서舊銅貨四百元을見失ᄒᆞ얏다니何處에徵出ᄒᆞᆯᄂᆞᆫ지

○黃州地方에田土를數十日人이買收ᄒᆞ야所存이無幾라日本黃州라稱ᄒᆞ니何必黃州리오全國이皆然ᄒᆞᆯ걸

○李根澔氏ᄂᆞᆫ失勢ᄒᆞ고李址鎔氏ᄂᆞᆫ渡日ᄒᆞ매近日朴參政에獨勢道라지

○徐正淳氏ᄂᆞᆫ名望으로學部大臣을被任ᄒᆞ다니若被任ᄒᆞ면ᄂᆞᆫ지無勢ᄒᆞᆫ宰相이여

○忠和觀察尹吉炳氏ᄂᆞᆫ敎育會ᄂᆞᆫ撲滅코자ᄒᆞ고一進會를愛黨之誼로贊助ᄒᆞ다니忠北地方은一進會官士로고

雜報

●答人疑問 平壤吳之延 續

曰余朋友아夢覺明聽ᄒᆞ라中國아雖大ᄂᆞᆫ在於地球에不滿百分之一이라以堯舜禹啓之聖으로相繼而治民者ㅣ數百年이사되一去則復亂ᄒᆞ고成湯文武成康이亦然而一去後三千年에不復有其治ᄒᆞ고以孔孟之聖으로相繼而傳道者ㅣ百餘年이사되一去後數千年에不復有其聖而世道ㅣ日亂日衰라故로曰今不如古라ᄒᆞ나니泰西尤甚이러니一自獨一耶蘇ㅣ下降世界而傳道者ㅣ只幾三年이사되代贖昇天後數千年에其多士賢聖之德과其列國文明之治ㅣ日新月新而愈久愈盛이라故로曰古不如今이라ᄒᆞ나니不止於此而已라今於地球에無處不及ᄒᆞ시니其將使之古不如今而乃已ᄒᆞ시리라蓋如堯舜孔孟之大聖功德은世界上上上이라孰能一分之有勝者哉아有則必是天主시리라而況耶蘇功德이豈止於一分之勝而已乎아雖稱曰萬萬倍라도未爲不可也니然則非天主而孰能之乎아

而後左右百爾驗之에莫不合胸於天主라假使孔孟으로復作而聞之則言未畢而從之也ㅣ必矣오吾人從之則在天之靈이亦當眷顧而悅之ᄒᆞ시리라

夫天主ᄂᆞᆫ天下之天父라借問從父命如何오ᄒᆞ면曰可息라小有害則如何오ᄒᆞ면但孝子ᄂᆞᆫ順從ᄒᆞ고不肖者ᄂᆞᆫ不從이어니와大有利則雖不肖나亦從ᄒᆞ리니今見泰西之從父命而大益이라然則在不肖에亦從者ㅣ今在我東名儒에猶之不從者ᄂᆞᆫ何也오不可知也오又可歎也로다

夫剝丹求頸者ᄂᆞᆫ守舊蒙昧之積弊也오買櫝還珠者ᄂᆞᆫ從新變通之湯弊也오나雖才有優劣이나迷而不返則一也오禍有遲速이나逢而不避則一也니甚是爲歎이로다

丙午九月十四日夜夢에崔稚起龍이笑世人之不信耶蘇曰今泰西에宗此敎而國則致平之久ᄒᆞ고士則作聖之多ᄒᆞ나豈以盧百爲敎而有此大效之理也耶아余應之曰蓋耶蘇代贖之事ᄂᆞᆫ都是欲得天國於世界시나曾不意破竹過半後에有此東洋之難也시리라凡世人이莫不知是是非非而行則反之ᄒᆞ나니如五經非言百家格談이適足爲巧言飾法之資而已라故로周後三千年에反覆多亂ᄒᆞ야民生塗炭이可謂極矣라渴望救主에實有後我之懇而來亦不服者ᄂᆞᆫ何也오乖常可歎이로다

未完

●前習不悛 [illegible]州咸遠面三下端居朴成根이前府尹閔丙漢在任時에以黃金力으로圖得捕鄕所ᄒᆞ야府尹과挾雜ᄒᆞ야捕校一百四十餘名을加設ᄒᆞ고稍富饒ᄒᆞ다ᄂᆞᆫ百姓은罪之有無ᄂᆞᆫ勿論ᄒᆞ고發校捕捉ᄒᆞ야家産을沒收奪取ᄒᆞ미其間獄中에서杖斃ᄒᆞᄂᆞᆫ者도有ᄒᆞ며又私嫌으로打殺ᄒᆞᄂᆞᆫ者도有ᄒᆞ니死者만三十有餘人이오該郡士班中文武官人은所謂私典獄을設ᄒᆞ고自巳之父兄及族戚을打殺ᄒᆞᆫ者多數ᄒᆞ고同時에同面居ᄒᆞᄂᆞᆫ宋錫駿之先山에所謂明堂地가有ᄒᆞ다ᄂᆞᆫ風聞을듯고每每奪取코져ᄒᆞ다가에송氏가敗産後負債ᄂᆞᆫ不少ᄒᆞ고但所存者先山松木而已라不已放賣ᄒᆞ야報債ᄒᆞᆯ次로洞人에得게放賣ᄒᆞᆫ앗더니此朴漢이此機를乘ᄒᆞ야卽是송氏를捉囚ᄒᆞ고諸般惡形으로杖之曰爾何內國産物을外國에潛賣ᄒᆞᆫ다ᄒᆞ고無數亂打ᄒᆞ야幾至死境之際에此漢之牙客金尙田을送ᄒᆞ야曰爾之先山종之葬地만借給則放送ᄒᆞᆫ다ᄒᆞ거날송氏曰寧死언정不許라ᄒᆞᆫ니翌日에更加拷形ᄒᆞ면서曰爾ᄂᆞᆫ當場打殺ᄒᆞᆯ것다ᄒᆞᄂᆞᆫ지라不得巳許給ᄒᆞ즉卽爲放送ᄒᆞᄂᆞᆫ지라節幾日後에山役을施ᄒᆞᄂᆞᆫ데性見ᄒᆞ즉一葬之地ᄂᆞᆫ姑捨ᄒᆞ고甚至於송之父母葬地ᄭᆞ지合十有餘葬을송氏之先塋未滿十步之地라及其支脈이列葬ᄒᆞᄂᆞᆫ故로不然ᄒᆞᆫ理由를說明ᄒᆞ즉爾何爲言고ᄒᆞ며更爲捉囚ᄒᆞᄂᆞᆫ故로其時强弱이不同ᄒᆞ야退去矣러니癸巳年에朴漢이上京故로前刑曹게呈訴ᄒᆞ야捉囚其翌年甲午日청戰爭時됨으로洞開獄門時에放釋되여不知去處矣러니丁酉春에又爲上京ᄒᆞᆫ故로更呈于法部ᄒᆞᆫ니其時大臣은韓圭卨氏也라原告被告를詳細히裁判後에朴漢은終身徵役에處ᄒᆞ고朴가之投葬은自該郡으로掘之케ᄒᆞ라ᄒᆞ고平北觀察에게訓令ᄒᆞᆫ지라송氏가卽馳于平北觀察府則其時觀察使ᄂᆞᆫ徐相雨氏라 檢一名과義州郡守에게訓令ᄒᆞ야卽爲掘去ᄒᆞ고諸般文簿를還取ᄒᆞ야雪冤ᄒᆞ엿더니意外에朴漢之役年이其間減等되고年限이滿期되여十年만에今年五月分에蒙放되여下去ᄒᆞ고송氏ᄂᆞᆫ今年春에自巳之松木을放賣ᄒᆞ엿더니此漢이該松木買收ᄒᆞᆫ人의게對ᄒᆞ야斫伐치못ᄒᆞ리라ᄒᆞ고防害ᄒᆞᆫ다ᄒᆞ니噫라彼朴漢이여十年懲役에猶爲不足ᄒᆞ야前習을不悛ᄒᆞᆫ다더라

●學校爲私 安州郡守金[illegible]鉉氏가學校補助를廢撤ᄒᆞ고各里富民家에躬行求乞ᄒᆞ야終歸私囊이라ᄒᆞ니該氏가청安郡在任時도此等民斂을ᄒᆞ다가逐[illegible]民訴런니尙不知戢ᄒᆞ니可謂文明之賊이라고唾罵ᄒᆞ더라

廣告

◎本社廣告

申報價

一張代金 新貨二錢五里
一箇月前納 三十錢
三箇月 九十錢
六箇月 一元七十錢
一箇年 三元四十錢

廣告料

每一行 新貨[illegible]
一箇月 十三[illegible]

四号活字十三字詰
每日每行一十錢新貨廿五錢 (每日每行六錢에相當홈)
其期限의長短과字行의多少를依ᄒᆞ야減呈이有홈

◎大韓每日申報各處支社廣告

中署布屏門下 金相萬冊肆
[illegible] 朱翰榮冊肆
中署長通坊入七 十八統第二戶 [illegible]
仁川[illegible]新學校 [illegible]
寶川邑[illegible]
義州南門外[illegible]
長淵邑 金[illegible]
鎭南浦[illegible] 金仁[illegible]
咸興[illegible] 曹喜林
中和邑 李[illegible]
釜山佐川[illegible] 金[illegible]
開城北部[illegible]
校洞[illegible]
大丘郡[illegible]
鎭山邑 安[illegible]
元山港[illegible] 金乃範
黃海道[illegible] 劉夢[illegible]

發行兼編輯人 英國人 裵說
發行所 京城中署[illegible] 大韓每日申報社

第四卷 第三百八十五號

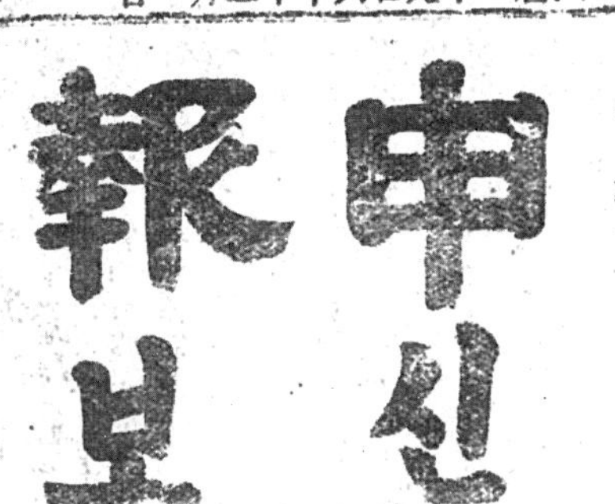

大韓每日申報 대한매일신보

月曜及慶節 臨時休刊

檀君開國四千二百三十九年
箕子元年三千二十八年
大韓開國五百十五年
日本明治三十九年
淸國光緖三十二年
◉陰曆丙午十月大十六日巳

論說

韓國內日本治蹟 (續)

駐此統監이昨年僞約으로成立된거슨一般所知어니와以此約書로韓國內에日本統監이設立되엿스되其權限은何如釋義가未有ᄒᆞ고其次ᄂᆞᆫ韓國外交를日人手中에交付ᄒᆞ엿도다

因此下句ᄒᆞ야ᄂᆞᆫ韓國政府에外交顧問官須知分氏가自己屆主를何如道理로던지利益케ᄒᆞᆷ이不著矣라其人이統監府採用을今得ᄒᆞ엿스니彼之所事가日人以外에ᄂᆞᆫ何許外人이던지韓國에셔更得割讓ᄒᆞᆯ거슬不顧ᄒᆞᆫ도다

高等外交의事態로ᄂᆞᆫ東京政府가今則韓國代理인줄노世界公認을得ᄒᆞ얏노라ᄒᆞ니由是로韓國이日本之所欲爲를對抗ᄒᆞ야控訴ᄒᆞᆯ기가無望이오統監以下理事가前日韓國에日本領事之位를亦有ᄒᆞ얏스니現今各地方理事와及其京城理事之下에日本警吏勢力이當時增加ᄒᆞᆷ은理由를有ᄒᆞ니若問이면此乃日本居留民中에셔欲維持其秩序ᄒᆞ미라ᄒᆞ고彼必答述ᄒᆞ리로다

此條約에ᄂᆞᆫ統監權限이 皇帝陛下에可也ᄒᆞᆯ줄노指定ᄒᆞ얏거날其權限或責任이今未有定界ᄒᆞ니惟一前例ᄂᆞᆫ日淸戰爭以前에淸國之駐韓代表가是也라現今直隸總督袁世凱氏가伊時最末駐箚之人이니同氏의與韓廷交涉이此國을財政困難에셔救助ᄒᆞᆷ에在ᄒᆞ얏고韓國의內政과外交를干涉ᄒᆞᆫ實證은探出키不能이로다

伊藤侯가韓國內政을干涉ᄒᆞᄂᆞᆫ正實權限이止於何度인지혼亂이頗多ᄒᆞ도다日本內報筆들은同侯의行政을欲讚ᄒᆞ야同侯駐韓之際에諸般設始된此國方策을歸之於同侯이나然이나本記者의所察諸機로ᄂᆞᆫ此親策에名稱責任이在於韓廷大臣이라以余觀之컨ᄃᆡ統監府가以諸般機關으로韓國皇帝와及其不甚腐敗ᄒᆞᆫ內閣官僚를恐喝ᄒᆞᆯ기에成功ᄒᆞ얏스니蓋伊藤侯取行ᄒᆞᄂᆞᆫ諸般方策에韓國閣臣의印章이逮今必要ᄒᆞᆫ事實노만觀之라도同侯之於此國에自無權限인줄을可以擧證이로다

事到如此ᄒᆞ미伊藤侯가關係된幾許處理가日本의約諾ᄒᆞᆫ바此國內均霑要領을維支之說과相違됨이過於疑訝라以此問題로

次號에更揭ᄒᆞ깃노라 未完

官報

●號外 光武十年十一月卄九日

◉辭令

命臨時署理ᄂᆡ部大臣事務 度支部大臣 閔泳綺

●三千六百二十四號 光武十年十一月三十日

◉敍任及辭令

陞正三品 警務官 李慇圭

軍部軍務局醫務課員一等軍醫 李昇鉉
軍器廠醫官一等軍醫 柳枝秀
侍衛第一聯隊醫官補三等軍醫 朴興冀
鎭衛第二大隊醫官二等軍醫 金明植
免本職

補軍部軍務局醫務課員 一等軍醫 柳枝秀
補軍器廠醫官 二等軍醫 金明植
補侍衛第一聯隊醫官 一等軍醫 李昇鉉
補鎭衛第三大隊醫官 三等軍醫 朴東冀

度支部稅務主事 閔廷基
仝 李重稙
依願免本官

宮ᄂᆡ府特進官 李載夏
命掌禮院卿

制度局摠裁 閔丙奭
命宮ᄂᆡ府特進官

陪從武官長 李根支
命制度局摠裁

主殿院電務課主事 鄭鎭植
依願免本官

度支部稅務主事 黃潤德
任主殿院電務課主事

宮ᄂᆡ府特進官 丕東潤
任陪從武官長

내部協辦 崔錫敏
내部地方局長 俞星濬
내部參與官囑託 龜山理平太
仝 鹽川一太郎
度支部協辦 柳正秀
度支部司稅局長 李建榮
財政顧問附 小林重
仝 久芳直介
命地方稅調査委員

前主事 徐璟澤 金鼎用
九品 俞致說 前主事 李聖儀
任度支部稅務主事

前博士 申正植
任法部主事

◉光武十一年度 歲入歲出豫算 (續)

九 騎兵隊 金壹萬八千九拾壹圓
第一항 俸給 金三千八百五十二圜
第二항 下士卒給料 金七千九百十壹元
第三항 廳費 金九百六元
第四항 雜給及雜費 金十元
第五항 諸手當 金三百六十元
第六항 糧食費 金二千六百九十四元
第七항 馬匹費 金貳千三百五拾八元
第七款 砲兵隊 金壹萬八千五百四十九元
第一항 俸給 金三千四百貳十六元
第二항 下士卒給料 金九千四百九拾五元
제三항 廳費 百二十三元
제四항 雜給及雜費 金十元
第五項 諸手當 金二百八十八元
第六項 糧食費 金三千三百五拾壹
第七項 兵器費 金三百元
第八項 馬匹費 金八百四拾六元 (未完)

外報

●水雷艇奇變 法國軍港으론에셔水雷艇이火災를起ᄒᆞ야他艦에도危害를延及ᄒᆞ랴ᄒᆞ얏스나水雷로써條路를때ᄒᆞ고纔得防護ᄒᆞ얏ᄂᆞᆫᄃᆡ艇員中에去處不知者ㅣ三名이라더라

●營口還附後準備 淸國에셔營口가早晩間還附될줄을信ᄒᆞ고爲先巡警衛生에注意ᄒᆞ야近日巡警合三百餘人을滊車로發送ᄒᆞ기로豫備ᄒᆞ고又小巡洋艦二隻小船三十隻의準備와其他준비도整頓ᄒᆞ얏다더라

●西比利亞鐵道 露都特電을據ᄒᆞᆫ즉西比利亞鐵道計畫의發表ᄂᆞᆫ世界가다만其大膽을投ᄒᆞ야到底히豫定ᄒᆞᆫ年限內로竣工을不得ᄒᆞ리라고評ᄒᆞ얏더니該工事에成績이意外의良好ᄒᆞᆫ點을得ᄒᆞ야僅僅히七八年間에氣候가冱寒ᄒᆞ고人烟이稀薄ᄒᆞᆫ西比利亞에廣野를橫斷으로四千里에大鐵道를敷設ᄒᆞ얏ᄂᆞᆫᄃᆡ露國은今에此氣力을不失ᄒᆞ고東洋勢力의變化를應ᄒᆞ야今에其大業을始作ᄒᆞᆫ다ᄂᆞᆫ世人이知요ᄒᆞᄂᆞᆫ바라ᄒᆞ엿더라

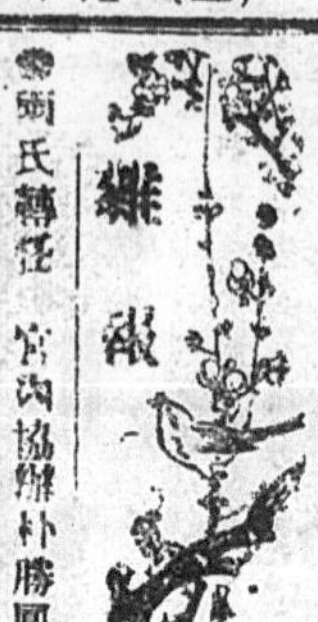

雜報

●朴氏轉任 宮內協辦朴勝鳳氏가奉常提調로移任ᄒᆞᆫ代農協李範九氏가被任ᄒᆞ얏더라

●署理被任 內部大臣李址鎔氏가赤十字病院總裁署理를解ᄒᆞ고修學院長李載克氏가被任ᄒᆞ엿더라

●何事不爲 議政府에셔不動産調査所를設置ᄒᆞᆫ後로調査委員長梅謙次郎氏와萁龍補佐員山口中山等諸氏가該所舘舍修理ᄒᆞ고諸般經用을先爲支出後請求ᄒᆞ야擅自爲之ᄒᆞᆫ다더라

●農大落髮 農商工部大臣成岐運氏가再昨日에始爲剃髮ᄒᆞ고親任式을擧行ᄒᆞ얏ᄂᆞᆫᄃᆡ昨日브터仕進視務ᄒᆞᆫ다더라

●勢所固然 中樞院議長李根澤氏의勢力이掀天ᄒᆞᆯ時에長安富客四人某某氏가財政을専擔ᄒᆞ더니近日失勢ᄒᆞᆫ以後로四人이全不顧念ᄒᆞ고該氏ᄂᆞᆫ素無留財ᄒᆞ야運動費가絶乏ᄒᆞᆫ듸方在燥鬱中이라더라

●礦局兼管 農商工部所管礦産局總裁ᄂᆞᆫ軍部大臣權重顯氏로仍任ᄒᆞ라신 詔勅을因昨日에下ᄒᆞ옵셧다더라

●稅務官運動 忠州淸州咸興三處稅務官이現今窠闕된지라葉三四萬兩으로該窠를運動ᄒᆞᄂᆞᆫ者大段奔競중이라더라

●畿察新任說 京畿觀察使ᄂᆞᆫ內部協辦崔錫敏氏가被任ᄒᆞᆫ다ᄂᆞᆫ說이有ᄒᆞ더라

●韓氏運動 開城郡守韓永源氏가近日에上京ᄒᆞ야各部協辦에見窠을窺覘ᄒᆞ야方在運動中이라더라

●西友通常會 本日下午六点鍾에西友學會의通常會를河橋會舘에開ᄒᆞ고雜誌頒佈와敎育前進ᄒᆞᆯ方針를商確ᄒᆞᆫ다더라

●與會請和 遞軍大李根澤氏가自己에押客金宗源을一進會總務송秉畯氏私第에委送ᄒᆞ야懇請ᄒᆞ되前日小小之嫌을蕩滌ᄒᆞ고統監署理長谷川大將의게勸告ᄒᆞ야自己에位權을回復케ᄒᆞ여쥬면貴會와官民이相合ᄒᆞ야前道를永久히和好做去ᄒᆞᆯ깃다고再三懇乞ᄒᆞ얏다더라

●擔賞無味 城北洞李根澤氏의亭子를收租官某氏가四十萬兩을自當ᄒᆞ야一新修補ᄒᆞ얏다더라

●洪李未判 再昨日平理院에셔辯護士李冕宇洪在祺兩氏가晉州訴訟事件으로繼今裁判ᄒᆞ얏ᄂᆞᆫᄃᆡ判決치못ᄒᆞ고晉州道에셔判決時書記와證據人을覇令押上後更히開庭ᄒᆞᆫ다더라

●度支學部 度支部에셔學部에公函ᄒᆞ되貴復內開에貴部稅務主事試取時에做部所管各種학校學員에有應試入格者故로左開仰佈ᄒᆞ니一并拔去ᄒᆞ야以完敎育等因이온바該李萬用鄭秀哲兩人에詮選敘任이今爲四十有餘日에日仕本部ᄒᆞ야稅務之見習과服裝之製給과月俸之頒給과旅費之支撥이今旣畢ᄒᆞ고ᄒᆞ야或有赴任次로發程者ᄒᆞ며或有定日欲發者ᄒᆞ오니今拔去면稅務掣碍가在所難免이라ᄒᆞ얏다더라

●稅官不赴 稅務官吏가赴任ᄒᆞᆯ期限이迫頭ᄒᆞ되나職으로遷移ᄒᆞ기를奔競이紛紛ᄒᆞ야發程이無期ᄒᆞ다더라

●運動何多 忠南觀察使金嘉鎭氏가遞任된다ᄂᆞᆫ說이喧藉ᄒᆞᆫ의運動者多數ᄒᆞ다더라

●稅官移任 濟州稅務官裵雲燮氏ᄂᆞᆫ昌原稅務官으로移任ᄒᆞ다더라

●車夫被囚 昨日上午九時에內部門前에셔西署戰笠洞居十三歲兒가車輪에壓傷ᄒᆞ얏ᄂᆞᆫᄃᆡ車夫ᄂᆞᆫ化車를愼審치못ᄒᆞᆷ으로警務廳에捉囚ᄒᆞ얏다더라

●寒溫不辨 今番學部大臣李完用氏가群山港學校에視察ᄒᆞ더니其日은卽日皇天長節인ᄃᆡ該港理事廳에셔園遊會를設ᄒᆞ고學相을請邀往參ᄒᆞ라ᄒᆞ니天寒風冷ᄒᆞ야日氣가甚乖ᄒᆞ야來賓이風寒을不堪ᄒᆞᆫ듸學相이祝辭를唱ᄒᆞ되連日日氣가不順ᄒᆞ더니今日은溫和ᄒᆞ니日本皇帝德化가及於我韓이라ᄒᆞ고萬歲를三唱ᄒᆞ미該港人民이掩口嘲笑ᄒᆞ여日學相은日本을愛慕ᄒᆞ야寒日을溫日이라ᄒᆞ니溺彼日皇에德化라ᄒᆞ더라

●請發校費 齋洞普通學校長金敎顯氏가學部에報告ᄒᆞ되本校의諸般器具가年久破傷ᄒᆞ와無一可用이오則該品新備를不容少緩이오며經費餘額은現無ᄒᆞ오니合計가六百六十三元九錢이오니准數支撥ᄒᆞ라ᄒᆞ얏더라

●咸氏虛勢 慶州郡守咸永澤氏가沿海七郡津民이雜稅濫捧에支保치못ᄒᆞᆷ은固然ᄒᆞ여서郡과府와京部에苦心奔訴ᄒᆞ오와革罷ᄒᆞᄂᆞᆫ訓飭이累下ᄒᆞ와州郡各郡官吏가奉行치안이ᄒᆞ미咸氏의積費한心力이歸於虛地ᄒᆞ니豈不慣痛乎아ᄒᆞᆫ다더라

●自相紛會 日昨에北村某官人이一進會員某氏를對ᄒᆞ야曰近日貴會勢力이何如오ᄒᆞᆫ目會員이答曰郡會에現今形便이別無可觀ᄒᆞ니自會중으로무슴事爲를欲謀코져ᄒᆞ나日本人의게秩掌이되야用力ᄒᆞᆯ道理가소無ᄒᆞ나旣往國體가되얏신즉解散ᄒᆞ기도無ᄒᆞ고以國成事ᄒᆞᆯ道理도無ᄒᆞ즉畢竟은自枯秘鬱ᄒᆞ으로自然衰倒ᄒᆞᆯ形便이ᄒᆞ오다

●校長發奮 羅州郡守吳榮洙氏가特設廣明學校ᄒᆞ고熱心組織ᄒᆞ야敎育을振興코져ᄒᆞᆷ은本報에屢載ᄒᆞᆫ바어니와本郡亂類等이謂以天主學傳敎라聲言ᄒᆞ야本校任員河大龍氏家에闖入ᄒᆞ야徒黨ᄒᆞ야毁家衝火ᄒᆞ고學監朴慧秉氏를無數亂打ᄒᆞ야幾至死境ᄒᆞ고敎師李鳳來李乘三兩氏ᄂᆞᆫ結縛負石ᄒᆞ야曳行亂打ᄒᆞ야幷死生未判而朴慧秉氏ᄂᆞᆫ以六十老人으로子無處ᄒᆞ야方擔入濟衆院이고事由를本郡守가枚報于部ᄒᆞ얏더라

●宜禁吸烟 近日韓人間에鴉片吸烟者가逐日增加ᄒᆞ야其害及이不少ᄒᆞᆫ듸警察官吏ᄂᆞᆫ到底調探ᄒᆞ야以絶後蹤이可也라ᄒᆞ더라

●老成官用 元來法官의年齡을二十五歲以上人으로敘任ᄒᆞᆷ은各國通行之例인ᄃᆡ日昨法部에셔法官을銓考ᄒᆞᄂᆞᆫᄃᆡ應試者의年齡이十七八歲假量人이多數ᄒᆞ다니此等年少人을取用ᄒᆞᆯᄂᆞᆫ지未知커니와年紀가老成ᄒᆞᆫ然後에야本國習慣을熟知ᄒᆞ야法律과參互用刑ᄒᆞᆯ지라만일習慣을不知ᄒᆞ면法律을全用ᄒᆞ야人命을誤害ᄒᆞᄂᆞᆫ弊가不無ᄒᆞᆯ지니試取ᄒᆞᄂᆞᆫ法官은此에對ᄒᆞ야十分注意ᄒᆞᆷ이可ᄒᆞ다고一般輿論이紛紛ᄒᆞ더라

●惜哉此校 忠淸北道鎭川郡私立文明學校ᄂᆞᆫ該郡有志諸人이發起創立ᄒᆞᆫ지ᄉᆡ됴ᄒᆞᆫ敎員이日增月加ᄒᆞ야漸次擴張되야到處贊成이比比有之ᄒᆞ더니財政이窘絀ᄒᆞ야莫能支保ᄒᆞᆫ故로該敎師金永壽氏가熱心盡力ᄒᆞ야도維持키難ᄒᆞ야已爲廢學ᄒᆞ고日前에上來ᄒᆞ얏다더라

●警丁訴部 公州警務署에在囚ᄒᆞᆫ警丁李承伯等이法部에請願ᄒᆞ되現在囚七十餘名이滿囚經年이오며好生之德으로放典에特爲放送ᄒᆞ야달나ᄒᆞ얏다더라

●又見狂尹 沃溝府尹李懋榮氏가去番日皇天長節에該港理事廳園遊會에被邀參席ᄒᆞ얏ᄂᆞᆫᄃᆡ痛飮泥醉ᄒᆞ야橫說竪說에行色이一狂夫와如ᄒᆞᆫ지傍觀者鼻笑ᄒᆞ여曰昨年伊日에ᄂᆞᆫ舞蹈監理를見ᄒᆞ얏더니今年此日에ᄂᆞᆫ醉狂府尹을見ᄒᆞ얏다더라

●詩席風波 日昨前郡守李鐵徵氏家에詩會를大張ᄒᆞᄂᆞᆫ데前承旨李起鎰氏가金思濬氏로初面寒暄ᄒᆞᄂᆞᆫᄃᆡ金氏가問曰令監이近住何處오對日有一南行이아오家ᄒᆞ야現今暫住ᄒᆞ노라ᄒᆞᆫ데金永璇氏가出席而言曰南行이아오라ᄒᆞᄂᆞᆫ말을들으니可知爲文官이나今此座上에擧皆蔭行인則下對南行之席에安敢與文官令監으로同席而坐ᄒᆞ리오ᄒᆞ고說往說來에風波가大起ᄒᆞ얏다더라

◎坡界異聞

○政府에셔某大臣이玄暎運氏를薦望ᄒᆞ엿다가風波가大起ᄒᆞ엿다니薦望ᄒᆞᆫ大臣은無顔ᄒᆞᆯ깃소

○朴鏞和氏ᄂᆞᆫ內大臣을떠러지고近日에무슴運動을經營ᄒᆞ오向日功名이一場春夢이지

○主殿院卿李根東氏ᄂᆞᆫ出仕도못ᄒᆞ여宮禁令에犯ᄒᆞ여譴責을當ᄒᆞ엿스니초매에가오리랑이로고

○슈염마ᄒᆞᆫ大臣은內部大臣署理를被任ᄒᆞᆫ이卽日에仕進視務ᄒᆞᆫ다니이거시見事生風이라ᄒᆞᆯᄂᆞᆫ지

○朴參政은府僚를請ᄒᆞ야烟竹을禁止ᄒᆞ라ᄒᆞᄂᆞᆫᄃᆡ外議ᄂᆞᆫ所視에亦不穩當이라고稱頌ᄒᆞ엿다지

○農大成岐運氏ᄂᆞᆫ某某處感謝宴를大設ᄒᆞᆫ다니農部月俸이大端맛잇ᄂᆞᆫ계로고

寄書

抱嘯生

敬啓者貴社自創設以來持論精確秉筆勁直其於現在未來悅若燭照龜卜警我韓全國之昏憒扶天下列邦之公論泰西一端文明空氣滿載此紙而敷衍東土顧爲我韓之幸福豈可以數計而周知哉僕愛讀既久艶服尤深日前見統監願留題下近聞風說則伊藤侯爵回國之後

我韓特派大使裁答國書而有願留統監之說昔聞以爲去年條約勒成而此次願留樂爲則我韓前途之險若盲人騎馬之夜半臨池惻隱之色繾綣之辭不啻三致意焉此尤爲我國計之失當而欲惜者也然僕之早見大有不然者敢此貢愚焉

國書辭意風說云云實未知其果如是設或如是不足爲後日之藉口者以隣國兵巡派守　闕門千萬古帝王家所無之變今日之威迫甚於去年之威迫則出於勒請者知無效力昭載公法不必深憂過計之如是若謂之不出於勒請則我

皇上聖意必有所在也蓋伊藤侯爵有去年條約之脅定而自覺其大失策悔于厥心演說於東京曰韓日兩國旗左右齊揷莫上莫下之日不遠云云貴社曾不揭載此言以暴於天下乎且伊藤侯爵對我韓人恒言以東洋大勢維持大韓獨立回復今此國書若有願留等語則非願留統監也乃責其不還我獨立主權而爾何敢去之意也如此願留返不爲强硬的手段耶諺曰結者解之吾儕與觀後日之狀態可也

雜報

●答人疑問 平壤吳之延 續

蓋此教盛則不惟我韓之復權又安이라東洋이爲一兄弟오不惟東洋이라東西洋이爲一兄弟之道也니何以然也오直上帝之意는一天之下에無內外遠近彼此之殊故也라丁寧上帝之敎를晉東洋에姑未宗敎者는或以時運未及而然歟아先爲我韓痛嘆이오更爲東洋浩嘆이로라

凡天下國家文明治平之道ㅣ都在於人倫之明也라故로千聖之所務敎也나然이나其根則上帝라故로獨耶蘇는特於此而深培之ᄒᆞ시나根者는人所難見이라當時俗儒之不知則宜也어니와今則泰西에枝葉大發ᄒᆞ니宛若冬已去矣라雷入作矣오夜已盡矣라日方昇矣로다鼎鐺이有耳ᄒᆞ고權衡이有目이어늘人有耳目而不聞見者ㅣ是何事也오嗟乎아誰挽萬里之長河ᄒᆞ야洗盡厚塗之積塵也오

原夫天主는無始無終ᄒᆞ사剏造天地萬物之主也라至誠至仁ᄒᆞ시며至神至靈ᄒᆞ시며至聖至能ᄒᆞ시며至公至義ᄒᆞ사使其聖子耶蘇로任之療民善惡悔改之心而審判堂獄之法이러시니世道日降ᄒᆞ야擧入罪惡ᄒᆞ니不忍皆獄이오法亦不廢일ᄉᆡ於是에不得已而乃送聖子于世界而著人形ᄒᆞ사諄諄敎誨且代贖ᄒᆞ시니父子一體라子亦天主故라足以贖億兆之罪惡이시니此事也ㅣ在天主에億千刧一權之事也오在吾人에億千刧一幸之事也라人非木石이면聞我天主至德之事也에孰不感動而悔罪遷善也리오悔罪則感謝主德에不覺涕淚之潛出이오遷善則得知福樂에不覺手足之舞蹈리라然則一信耶蘇에不以天下易之之樂이惟在於其中ᄒᆞ니此是孔子所云樂在其中之樂也라不待耶蘇而能自覺得者는非孔孟之聖則不能也니若是至大之樂至難之知者를孰能自得이리오

有一妙法ᄒᆞ니篤信耶蘇是也라以聖人智而方知者를吾以愚而得知ᄒᆞ며以帝王貴而未樂者를吾以賤而得樂者는都只耶蘇之功德也니何山海而若是深大리오詩云欲報之以德인ᄃᆡ昊天罔極이샷다ᄒᆞ니正謂此也로다如之延者는愚且薄福ᄒᆞ야曾未信敎ᄒᆞ고年過六十에今乃始覺ᄒᆞ니嗚乎晩矣라痛悔奈何오然이나雖秉燭看花之樂이라도猶亦無窮일ᄉᆡ先百拜祝我　聖上ᄒᆞ며次勸告于我近隣ᄒᆞ고更祝我二千萬同胞ㅣ早覺無悔ᄒᆞ야近以得自家修齊和平永久之樂ᄒᆞ고遠以成國家治平富强獨立之權을千萬幸甚이로다

曰余友朋아破睡竦聽ᄒᆞ라夫人之眞氣眞樂은明而後得이니人作明者燈燭이오天作明者太陽이라背太陽而坐殘燈後ᄒᆞ야雖欲得之나不亦難乎아如不識耶蘇之眞天主則雖欲篤信而亦難能일ᄉᆡ今著此論以奉之ᄒᆞ노니願吾子는不以文拙而笑之ᄒᆞ고讀之又讀ᄒᆞ야尋思推究則或有得知之理也리라問者ㅣ唯唯而退어날更記是言ᄒᆞ야許呈于我二千萬同胞ᄒᆞ노라　完

廣告

花春丹은 霍亂 吐瀉 腹痛 滯症 暑症 정忡 神昏 胸鬱 痰盛 醒酒船暈 咳嗽 痢疾 口味업ᄂᆞᆫ 諸症의 神效ᄒᆞᆷ은 驗이오 此外에도 洋灰水解毒藥 唐창 疳氣 蛔虫 寸虫 赤白면風 瘡과 東西洋藥이 俱備ᄒᆞ고 病을 隨ᄒᆞ야 出方ᄒᆞ오니 僉位ᄂᆞᆫ 枉臨ᄒᆞ시옵

皇城校洞石井洞下隅
石泉堂藥局　告白

印刷廣告

◉特別社告

本申報社內에 特別히 附屬品으로 活字를 更備ᄒᆞ야 書籍印刷所를 設置ᄒᆞ얏사오니 印書를 要ᄒᆞ시ᄂᆞᆫ 僉君子ᄂᆞᆫ 來議相議ᄒᆞ시옵

大韓每日申報社　告白

◉民事訴訟代理와 刑事辯護及 諮問一切法律에 關ᄒᆞᆫ 事務를 迅速處理홈

漢城南署茶洞第十七統八戶
辯護士 前檢事正三品 李冕宇
法律事務所
事務員 前判事 丁明燮
博士 趙東肅

大韓帝國仁川港

以上三種은 上品으로 製造ᄒᆞ야 衛生上에 最適當ᄒᆞ니 港內外勿論某人ᄒᆞ고 本社에 來購ᄒᆞ쇼

濟物浦紙卷烟及烟草會社

一 鷹標罐濃結牛乳
一 金印罐詰濃結牛乳
一 孫嬰家用糖化乳酪
一 쎄ㅣ돈쓰製造麥芽糖化合牛乳

以上은 常時에 貯積ᄒᆞ얏ᄉᆞ오니

美國紐育港 쎄ㅣ돈쓰 濃結牛乳會社
一手代理店
大韓仁川港
世昌洋行

◉九韓靈砂라 本人이 妙方法을 ……ᄒᆞ야 靈砂를 ……ᄒᆞ얏더니 大小老少에 無論何症ᄒᆞ고 ……ᄒᆞ오며 無病時에도 服ᄒᆞ면 平生의 身體가 健康ᄒᆞ며 小兒ᄂᆞᆫ ……ᄒᆞ면 十歲안에 無病ᄒᆞ게 保護ᄒᆞ오며

◉九韓靈砂萬壽丹은 癲狂 ……中風 ……ᄒᆞ고 ……病과 痰疾에 神效ᄒᆞ오

◉九韓靈砂保命丹은 初生小兒 ……와 婦人帶下症에 神效ᄒᆞ며

◉九韓靈砂濟衆丹은 滯 食滯 血積 吐瀉 霍亂 頭痛 吐血 下血 逐氣 時疾 痢症에 神效ᄒᆞ오

◉九韓靈砂葉金丹은 痔漏 ……上疳瘡 下疳瘡及 ……과 諸般疾病에 無不神效ᄒᆞ오니 僉君子ᄂᆞᆫ 來購ᄒᆞ시오

內部前부터이곳上隅第一家　李……　告白

◎本社廣告

申報價

一張代金 新貨二錢五里
一箇月前納 三十錢
三箇月 九十錢
六箇月 一元七十錢
一箇年 三元四十錢
郵稅一部 新貨五里
一箇月 十三錢

廣告料

四号活字十三字詰每日每英尺一寸에 新貨廿五錢(每日每行에 六錢에 相當홈) 其期限의 長短과 字行의 多少를 從ᄒᆞ야 增減홈이 有홈

◉大韓每日申報各處支社廣告

中署布屛門下　金相萬冊肆
洞口越便　朱翰榮冊肆
中署農圃洞　鄭鳳雲
十八統十二戶
仁川港 ……　李東立
平壤 ……學校　金浩鎭
宣川邑　朴叔恒
義州南門外 ……　張有寬
長連邑　金龍
鐵南浦 ……　金仁걸
咸興州南 ……　……
中和邑　李德彥
……山佐川 ……　……
開城北部 ……　……
……　姜助遠
大丘郡　……
鎭山邑內　安灝
元山港倉前　金乃純
黃海道載寧邑濟衆院居　劉夢澤

發行兼編輯人　英國人裴說
發行所
京城中署……坊……洞……外地……學校前
大韓每日申報社

第四卷 第三百八十六號

大韓每日申報
대한매일신보

월요급경절세시휴간

月曜及慶節歲時休刊

檀君開國四千二百三十九年
箕子元年三千二十八年
大韓開國五百十五年
日本明治三十九年
淸國光緒三十二年

◉陰曆丙午十月大十七日庚辰

論說

土地賣渡者에對ᄒᆞ야哭告韓人

本記者ᄂᆞᆫ大韓二千萬同胞를對ᄒᆞ야痛哭以告ᄒᆞ노니[illegible]ᄒᆞ시오大凡好生惡死ᄂᆞᆫ人之常情이오避凶趨吉은虫之所能이어날何故로我韓同胞ᄂᆞᆫ生存을不圖ᄒᆞ고死亡을樂取ᄒᆞ며福吉을不求ᄒᆞ고凶禍를甘蹈ᄒᆞ나뇨

보여大韓官人님네들엇지ᄒᆞᆯ지고祖宗疆土를尺寸인들外國人의게潛賣ᄒᆞᄂᆞᆫ事를敢行ᄒᆞ오今日에비록幾千圓의私槖을充ᄒᆞᄂᆞᆫ利가有ᄒᆞ다ᄒᆞᆫ들國土가日蹙ᄒᆞ야國家가遂亡ᄒᆞᄂᆞᆫ境遇에ᄂᆞᆫ大監네나令監네나獨히富者로잘살터이오家國이淪喪ᄒᆞᆯ뿐아니라生命도保全치못ᄒᆞᆯ터이오엇지그다지生覺못ᄒᆞ시오賣國賊이니誤國小人이니亡國大夫니ᄒᆞᄂᆞᆫ功名이猶患不足ᄒᆞ야一層盜賊의行爲를敢行ᄒᆞ시오

還一進鄕會民이所有田土를放賣ᄒᆞ면셔ᄒᆞᄂᆞᆫ말이此田土가도로니거시되리라ᄒᆞ고對價放賣ᄒᆞ얏다가至今은다流離丐乞이되얏스니大韓官人들도一進會民과ᄀᆞᆺ치今日에賣却ᄒᆞᄂᆞᆫ土地가도로大韓土地가될줄노아시오참惘沓ᄒᆞ고痛悒ᄒᆞ오

여보大韓百姓님네들엇지ᄒᆞᆯ지고所有田畓을外國人의게賣渡ᄒᆞ시오彼外國人이此國內에浮浪挾雜輩를敎唆ᄒᆞ야어리셕은百姓을甘言利說노土地를買收ᄒᆞᄂᆞᆫ데耕作은原有主가如故히ᄒᆞ고賭支ᄂᆞᆫ極히輕歇ᄒᆞ다ᄒᆞᄂᆞᆫ거슬信聽ᄒᆞᄂᆞᆫ가畢竟은外國農民들이多數渡來ᄒᆞ야該地를占取ᄒᆞ고土人은驅逐ᄒᆞᆯ터이니可憐ᄒᆞ다韓國人民은將次何處로往ᄒᆞ야農作을ᄒᆞ야먹깃소

彼米洲의土種紅人이原來健壯ᄒᆞ고悍惡ᄒᆞᆫ人種이오米洲地廣이數萬里라現今은該地全幅이皆歐洲白人의所有가되야白人의國을成ᄒᆞ고所謂本土人種은一隅荒僻之地로被逐ᄒᆞ야其種類가年年減少ᄒᆞ야至今餘存者가萬餘名에不過ᄒᆞᆫ즉不出幾年에[illegible]盡滅乃已라當初白人[illegible]ᄒᆞ야土地를買收ᄒᆞᆯ[illegible]本土人이放賣를不肯ᄒᆞᄂᆞᆫ지라白人들이好酒를將ᄒᆞ야紅人을歡飮ᄒᆞ야泥醉케ᄒᆞᆫ後에土地賣買의契券을要求ᄒᆞ면紅人이醉中에應諾ᄒᆞᆫ거슬醒後에不肯ᄒᆞᄂᆞᆫ性質이有ᄒᆞᆫ지라以此之故로數萬里膏腴之土를盡讓於白人ᄒᆞ고畢竟은滅種ᄒᆞᄂᆞᆫ境遇에至ᄒᆞ얏스니凡世界之人이紅人의愚痴를莫不冷笑ᄒᆞ나

今에大韓百姓들은外國人이酒一盃도어더먹지못ᄒᆞ고土地를賣渡ᄒᆞ기로ᄒᆞ니此三千里疆土가不過幾年에餘存이必無ᄒᆞᆯ거시오其無知沒覺이彼米洲紅人마도못ᄒᆞ니自取禍亡에其誰怨尤리오또浮浪子弟들이其父兄의田券을偸出或僞造ᄒᆞ야外國人의게典執得債ᄒᆞ되萬金價値가十金에未滿ᄒᆞᆫ거슬快事로알고行ᄒᆞ야使其父兄으로ᄂᆞᆫ外人의[illegible]打를被케ᄒᆞ며[illegible]의困을當케ᄒᆞ며畢竟家産을蕩敗ᄒᆞ야其父母兄弟로ᄒᆞ여곰飢餓를不免케ᄒᆞ니禽獸에도比치못ᄒᆞᆯ惡行이日日로新聞廣告에揭載汗만ᄒᆞᆫ거날何故로政府에셔此를嚴懲ᄒᆞ며痛禁ᄒᆞᄂᆞᆫ法律이無ᄒᆞ뇨韓國現狀은件件事事히痛哭ᄒᆞᆯ것뿐이니좀生覺ᄒᆞ여보시오

官報

◉三千六百二十五號 光武十年十二月一日

◉宮廷錄事

議政府參政大臣臣朴齊純度支大臣臣閔泳綺謹
奏度支部稅務監及稅務官印章今旣造成謹印章鑑本謹具冊子以備乙覽後頒給各該員克日視務使之使用何如謹上
奏 光武十年十一月七日奉
旨依奏
宮內府大臣臨時署理議政府參政大臣勳一等臣朴齊純謹
奏主殿院卿李載東不要門標昧例徑入擬以法例有損事體此不可無警依 官禁令違背律照處何如謹上
奏 光武十年十一月卄八日奉
旨昧例所致特施譴責
奉常司提調李明翔辭職疏
批旨省疏具悉所請依施

◉敍任及辭令

免本官 宣川郡守白樂三

右ᄂᆞᆫ自員의犯贓으로因民訴ᄒᆞ야訓行査覈ᄒᆞ러니該査官鐵山郡守兪鎭哲의報告書를接准ᄒᆞᆫ즉該郡守가冉任行政에奸細籠絡ᄒᆞ야徵贓相望에怨尤比至ᄒᆞ옵기各人供案을左開報告等因准此ᄒᆞ온즉該員이職在字牧에專事貪饕ᄒᆞ야所犯贓錢이數旣夥然ᄒᆞ오니似此郡守ᄂᆞᆫ不可仍置이기爲先免本官

信川郡守閔憲植
大靜郡守南萬里
依願免本官

任信川郡守 正一品具周鉉
任宣川郡守 度支部技師兪鎭浩
任大靜郡守 前主事金鍾河
法部主事柳甲秀
任義州府參書官
任三和府參書官 正三品金斗鉉
前法官養成所敎官崔鎭
任昌原府參書官
任務安府參書官 九品朴星煥
任沃溝府參書官 沃溝府主事金연夏
任城津府參書官 昌原府主事金瑨圭

外報

◉士官雇聘 淸國에셔明年度에外國의武官敎官을雇聘ᄒᆞᆯ터인디此에對ᄒᆞ야或은法人을雇聘ᄒᆞᆫ다ᄒᆞ야諸說이紛紜ᄒᆞ되今後雇聘ᄒᆞᆯ外國敎官은아모조록實地技術을目的ᄒᆞ야士官보다下士敎官을歡迎ᄒᆞᆯ方針이라더라

◉黑龍江의財源 俄國政府에셔(스도레지엔스구)(흑)로후스구)를經ᄒᆞ야海蔘威南方에達ᄒᆞᄂᆞᆫ鐵道를急速히敷設ᄒᆞ기로決定ᄒᆞ고其財源은法德兩國에셔公債를募集ᄒᆞᆯ計畫이라더라

◉猶太人問題 伯林電을據ᄒᆞᆫ則俄國政府에셔速히猶太人問題를歸定ᄒᆞᆷ을宣言ᄒᆞ얏ᄂᆞᆫ데治安警察規則及商業에關ᄒᆞᆫ制限이尙今發表되지아니ᄒᆞ고猶太人의게土地所有權의許可與否ᄂᆞᆫ來議會에決案되리라더라

◉波斯新議會 波斯新議會에셔國民主義를采ᄒᆞ야外國에補助를仰望치아니ᄒᆞ고獨力으로國立銀行을設置ᄒᆞ기로決議ᄒᆞ얏더라

◉袁氏失權 北京電을據ᄒᆞᆫ則袁世凱氏ᄂᆞᆫ現職을辭ᄒᆞ고外國에對ᄒᆞᆫ事件은曾是慶親王의手로處理ᄒᆞ게되고袁氏ᄂᆞᆫ孤立ᄒᆞ엿다더라

雜報

●兩大耳語 再昨日下午五時量에軍大權重顯氏가日巡査一名만率ᄒᆞ고徒步로農大成岐運氏私邸에來訪ᄒᆞ야數時間을耳語가密勿ᄒᆞ엿다더라

●日語被任 度支部主事徐廷岳氏ᄂᆞᆫ日語効力으로外事課長을被任ᄒᆞ엿다더라

●兩氏失勢 近日무ᄉᆞᆷ事端이有ᄒᆞᆫ지宮協朴勝鳳氏ᄂᆞᆫ遞任되고趙南益氏ᄂᆞᆫ宮禁에出入치못ᄒᆞᆫ다더라

●宮顧謝客 宮內府顧問官加藤氏가近日에有何不合事端인지杜門謝賓ᄒᆞ고該府仕進도間或爲之ᄒᆞᆫ다ᄂᆞᆫ듸其理由ᄅᆞᆯ得聞ᄒᆞᆫ즉李宮相朴院卿이遞任ᄒᆞᆫ後에諸般所營이如意치못ᄒᆞᆫ緣故이라더라

●公倅圖遞 公州來人에傳說을據ᄒᆞᆫ則該郡大小事ᄅᆞᆯ日人이無不參涉ᄒᆞ야客反爲主ᄒᆞᆫ故로本郡守金甲淳氏가期於圖遞ᄅᆞᆯ次日間上京ᄒᆞᆫ다더라

●孫氏歸國 月前에前局長孫鵬九氏가日本에前往ᄒᆞ얏다가數日前에還國ᄒᆞ얏다더라

●花亦公物 昨年外部廢止時에奇花怪石等物을朴齊純氏가一一히自己私邸로移置ᄒᆞ고仍作玩好之物ᄒᆞ니一石一花가皆是公物이거날甘作私物이切非事體라고輿論紛紛ᄒᆞ더라

●欠逋何多 遞軍大李根澔氏가經理院卿署理時에該院欠逋條가六百萬圜이라더라

●趙張爭勢 議政府參書官李建春氏가外事局長으로轉任ᄒᆞᆫ代에後補者가二人이有ᄒᆞᆫ듸張鴻植氏ᄂᆞᆫ運動力이多大ᄒᆞ고趙漢成氏ᄂᆞᆫ參政大臣의押客으로私情이親密ᄒᆞᆫ터인故로該大臣이誰某ᄅᆞᆯ敍任ᄒᆞᆯᄂᆞᆫ지公私難便ᄒᆞ야現今思量중이라더라

●非減無補 警務廳巡檢을減額ᄒᆞᆫ다ᄂᆞᆫ說은掲載前報ᄒᆞ얏거니와現今巡檢과別巡檢窠闕이多數ᄒᆞ야此窠ᄅᆞᆯ圖得코져ᄒᆞᄂᆞᆫ人이有ᄒᆞ나該廳顧問官丸山氏가靳持ᄒᆞᆫ다ᄂᆞᆫ듸其內容인則丸山氏가無故減額ᄒᆞ기ᄂᆞᆫ自有難焉故로有闕無補ᄒᆞᆯ計料라더라

●虎患又生 傳說을聞ᄒᆞᆫ즉近日東小門外에虎狼이가遍滿ᄒᆞ야人民을傷害가不小ᄒᆞ다ᄂᆞᆫ듸行路도阻絕이되얏다더라

●晝夜別巡 近日都下에賊警이大熾ᄒᆞ야夜不成寐ᄒᆞᄂᆞᆫ데處處逢賊ᄒᆞᆫ報道가逐日遝至ᄒᆞᄂᆞᆫ故로警務補助員巡査들이此ᄅᆞᆯ防禦키爲ᄒᆞ야變服行巡ᄒᆞᆫ다ᄂᆞᆫ듸各防曲에嚴密詗探ᄒᆞᄂᆞᆫ中이라더라

●服費請撥 慶南觀察使丕民熙氏가度支部에報告ᄒᆞ되稅務監服裝을自京部로制造下送ᄒᆞ라면日字가遲緩ᄒᆞᆫ터이오稅務ᄂᆞᆫ方殷이오니依章程ᄒᆞ야服장費二百圜을下送ᄒᆞ라ᄒᆞ엿더라

●開寧賊警 慶尙北道開寧郡西面에서强盜數十名이本月十三日夜에放銃突入ᄒᆞ야該面居金洛見을炮殺ᄒᆞ고近地金順七等三人家ᄂᆞᆫ幷放火燒盡ᄒᆞ고順七家에留宿ᄒᆞᄂᆞᆫ該郡書記文正洙ᄂᆞᆫ炮殺ᄒᆞ고善山郡在囚賊漢二名을解放以去ᄒᆞ얏다더라

●各宮將廢 伊藤氏歸國ᄒᆞ기前에各宮廢止事로上奏ᄒᆞ얏ᄂᆞᆫ듸嘉禮가隔迫ᄒᆞᆫ즉今不可廢止라ᄒᆞ고自上으로處分이下ᄒᆞ셧다더라

●十家一燈 近日各署에서各洞一統各의長明燈一座式設置ᄒᆞ기로指揮ᄒᆞᄂᆞᆫ듸白銅貨五六分式分排ᄒᆞ고油價ᄂᆞᆫ十家에輪回ᄒᆞ야每日白銅一分式徵出ᄒᆞᆫ다더라

●支所設電 五署內各坊曲巡檢支所에도電話ᄅᆞᆯ架設ᄒᆞᆫ다ᄂᆞᆫ說이有ᄒᆞ더라

●餉兵更派 各地方에賊警을防禦ᄒᆞ기爲ᄒᆞ야兵丁을派住ᄒᆞ얏ᄂᆞᆫ듸遞軍相李根澔氏가有何思想이든지還爲撤罷ᄒᆞ야蠢發之患이在在有之ᄒᆞ야生命財産을難保ᄒᆞᆫ地境이더니新任軍相權重顯氏가矜念民情ᄒᆞ야更히派住ᄒᆞᆯ意로各地方隊에訓飭ᄒᆞ얏다더라

●請借윤船 仁川港警務廳摠巡金允福氏가內部에報告ᄒᆞ되近日各處沿海에水賊이猖獗ᄒᆞ야水陸間商路가阻絕ᄒᆞ여內外國人民에生命財産에掠奪가頗多ᄒᆞ야聽聞이狼藉ᄒᆞᆫ터러米穀裝載ᄒᆞᆫ船隻을海上에서見奪ᄒᆞᆫ事로本港客主의報告가無日無之이온즉職在警察에宜其派巡偵探ᄒᆞ야陸防踵弊이오나海上警察이危險이莫甚ᄒᆞ여不可不搭乘윤船이라야乃可無虞인바本港海關所有輪船一隻이碇泊이오나自下交涉이有難權便이옵기玆에報告ᄒᆞ오니海關과交涉ᄒᆞ와該윤船을借給ᄒᆞ라ᄒᆞ여더라

●亦一妙策 農商工部講床學校教師亘智部忠承氏가該校生徒一百餘名을不計優劣ᄒᆞ고分等卒業으로沒數히卒業狀을授ᄒᆞ얏다ᄂᆞᆫ듸其중日語通辯ᄒᆞᆯ만ᄒᆞᆫ人三四名이오算術比例ᄅᆞᆯ知ᄒᆞᆯ만ᄒᆞᆫ人이二名以上이라니該教師ᄂᆞᆫ韓國月俸만從事ᄒᆞᆫ思想이어니와農商工部에서ᄂᆞᆫ該校監督部가되야此等教師의指揮ᄅᆞᆯ從ᄒᆞᆫ다고輿論이紛紛ᄒᆞ더라

●龍民呼訴 龍川居李漸氏가平理院에呼訴ᄒᆞ기ᄅᆞᆯ吳上이有徹骨之痛寃者ᄂᆞᆫ今年陰六月에義州署의監理李民濬가謂矣身이與同郡居白學會文時貞張日甲으로名在於朴樑來倡義錄중이다捉致對質之場에朴가之倫錄과矣等之橫罹인줄이明確無疑이되終不放釋ᄒᆞ고使該署主事李明善과書記金用世로百般威脅曰君等이若不納賂於監理使則如洪在琦報部押上ᄒᆞ야無罪就死地이다討索이기以圖生之計로四人이葉五千兩을出市債ᄒᆞ야使李明善으로納于李民濬ᄒᆞ고葉二百五十兩을以足債로與之巡檢에春成ᄒᆞ고葉三百兩을以勞僚로見奪於書記金用世ᄒᆞ고葉一百兩을以房例로與之雜卒輩ᄒᆞ야李於蕩産之境이오니伏乞右被奪錢合葉五千六百五十兩을即爲推給이오며該罔上虐民之官吏李民濬을即照律嚴懲을伏望이라ᄒᆞ고指令內에被告來待之意로發訓事라ᄒᆞ야已爲多가于今一旬에同民濬가有何運動인지該院에尙不來待라더라

●慘哉韓人 再昨日下午四時에泥峴道路ᄅᆞᆯ淸潔修築ᄒᆞ기爲ᄒᆞ야各自家主로擔着修築ᄒᆞᄂᆞᆫ듸韓人役夫ᄅᆞᆯ何許日人이不善擧行ᄒᆞᆫ다ᄒᆞ고無數亂打ᄒᆞᄂᆞᆫ데全身에流血이浪藉ᄒᆞ며面部가重傷ᄒᆞ얏ᄂᆞᆫ듸被打以去ᄒᆞᄂᆞᆫ지라警察이査가該事由ᄅᆞᆯ聞ᄒᆞ고被打ᄒᆞᆫ韓人의게治療費ᄅᆞᆯ주어보내고行悖ᄒᆞᆫ日人은被捉以去ᄒᆞ얏다더라

●鄭氏擅制 韓一銀行에支配人李寅植氏가辭退ᄒᆞᆫ以後로事務ᄅᆞᆯ擅理치못ᄒᆞ고紛議만日起ᄒᆞᄂᆞᆫ듸此ᄂᆞᆫ鄭寅植氏가萬事ᄅᆞᆯ擅制ᄒᆞ야傍若無人ᄒᆞ되其他重役은盲從ᄒᆞ다가如此ᄒᆞᆫ困境에至ᄒᆞᆫ지라鄭氏가身以重役으로支配人에事務ᄅᆞᆯ署理ᄒᆞᄂᆞᆫ故로大失體面에專擅이莫甚ᄒᆞ다고不平을唱道ᄒᆞᄂᆞᆫ者ㅣ有ᄒᆞ다더라

●視察日銀 再昨日에度支大臣이各銀行과倉庫會社의重役諸氏ᄅᆞᆯ招會ᄒᆞ고協商ᄒᆞ야曰經濟界에金融機關으로銀行等에設立이有ᄒᆞ나重役諸氏가各國銀行의法例ᄅᆞᆯ未知ᄒᆞᄂᆞᆫ故로銀行에發達치못ᄒᆞ고金融의通行이完全치못ᄒᆞ며內訌만反起ᄒᆞ니各銀行에서從速히一二人式日本에派送ᄒᆞ야銀行과經濟ᄅᆞᆯ視察ᄒᆞ라ᄒᆞ니各銀行과倉庫會社에서視察을一二人式共同派遣ᄒᆞ기로論議ᄒᆞᆫ다더라

●谷倅押上 谷山郡守李偕承氏가驛屯土賭租勒捧事件에對ᄒᆞ야將次平理院에押上ᄒᆞᆫ다더라

〇夢中異事

◎關西ᄂᆞᆫ世稱多慷慨之士라有一義士가爲哭閔忠正初回殉節ᄒᆞ야[illegible]으로千里間關ᄒᆞ야[illegible]泊[illegible]ᄒᆞ니是夜將午[illegible]人靜[illegible]ᄒᆞ고寒燈이明滅ᄒᆞ더[illegible]朧ᄒᆞ더니

◎有一人이身着戎裝ᄒᆞ고手持長劍ᄒᆞ야儼然從戶外入曰我是閔泳煥이니君勿驚怪ᄒᆞ라閔이己隔幽明ᄒᆞ야[illegible]否不知ᄒᆞ니君可許否

◎曰韶寧之하뢰어니다曰五大臣이爲如何오曰五大臣중에軍大李根澤은既爲遞任ᄒᆞ고內大李址鎔은方渡日本ᄒᆞ야挽留伊藤ᄒᆞ야同件歸國ᄒᆞᆫ다ᄒᆞ나이다

◎曰天下事ᄂᆞᆫ終歸於正은理之常也라兩大臣이欲爲永固地位ᄒᆞ야爲締約之首唱ᄒᆞ다가不滿周年에一爲遞任ᄒᆞ고一渡日本ᄒᆞ야願留伊藤ᄒᆞ야雖爲同歸ᄒᆞ나事必不得ᄒᆞ리니伊藤은日本之英雄이라自古英雄이得意之地에不可再往이어니와其不再來ᄂᆞᆫ姑所預料也오

◎其餘三大臣은何如오曰近日[illegible]齊純은宮大臣을兼任ᄒᆞ고宮中顧[illegible]은移任軍大ᄒᆞ고[illegible]雖가欲擅權ᄒᆞ야密議伊藤ᄒᆞ야이制宮禁令ᄒᆞ야近臣이不得出入ᄒᆞ고大皇帝陛下외ᄂᆞᆫ深宮중에獨坐ᄒᆞ시니이다忠正이顏色이愀然曰威脅君父가甚於締約이라ᄒᆞ고相爲握手痛哭ᄒᆞ다가번然起坐ᄒᆞ니乃枕上片夢也러라

寄書

抱劍子 金秀英

金風이書幌을捲ᄒᆞ야白露滿天이昨夢과如ᄒᆞ더니於焉에二秋가暮을告ᄒᆞ고本末에晃이稀ᄒᆞ니節序의秋遷은化工之造化가인지國步之就新은年開無闕이로다嗚乎라大勢亟ᄒᆞᆫ風丕에立脚不住ᄒᆞ야國是가日로下風에趨ᄒᆞ야宗社一髮에危ᄒᆞᆫ지라是로以ᄒᆞ야

近日大局의夢을醒ᄒᆞ고新界에敢進ᄒᆞᄂᆞᆫ章甫가踵을假ᄒᆞ야起ᄒᆞᆫ지라眷眷이帝國山河에凌雲이日薄ᄒᆞᆷ을悲惋ᄒᆞ야憤을發ᄒᆞ며精을刷ᄒᆞ야自强의精神을鼓振ᄒᆞ야或新社會를發起ᄒᆞ며或新政治를刷張ᄒᆞ야箇中國權을挽回ᄒᆞᆯ能力은國民의教育一逕이青襲의實劑가될이라ᄒᆞ야庶幾南北省에率先以新學界를唱導ᄒᆞᄂᆞᆫ者ㅣ多ᄒᆞ지만은恨者라此亦名實이伴치못ᄒᆞ야幾具麟헌에不過ᄒᆞ니

吾人感想에多ᄃᆡᄒᆞᆫ悲觀的에屬ᄒᆞᄂᆞᆫ바라生은西鄕의一分子라脚步海外에及지못ᄒᆞ고目力이管見을免치못ᄒᆞᆷ의世活에醒착하야屋外에思想未致하고如此ᄒᆞᆫ大劇場에一箇固體를難免ᄒᆞᆷ의欲進未步의歎이浩浩白水러니如何히昨冬에傍人의勸導를蒙ᄒᆞ야行李를東ᄒᆞ야來學子此가今에幾朶黄葉이凋落이다가命運의枉ᄒᆞᆷ을因ᄒᆞ야客痞의苦痛을罹ᄒᆞᆫ지라勢가擁既치아니치못ᄒᆞ야先月에故里에歸ᄒᆞᆷ이其目觀耳당의快快ᄒᆞᆫ즉精이自不㬟病者頓蘇ᄒᆞ도다 未完

雜報

●興校追悼槪況 再昨日興化學校에셔故校長閔忠正公殉國紀念日인故로下午二時에追悼會를開ᄒᆞ얏ᄂᆞᆫᄃᆡ時校長林炳桓氏ᄂᆞᆫ追도會ᄃᆡ旨를說明ᄒᆞ고摠教師金奎植氏ᄂᆞᆫ閔忠正公의事蹟을說明ᄒᆞ고摠務金碩桓氏ᄂᆞᆫ遺書를代讀ᄒᆞ니滿校諸人이헌然泣下ᄒᆞ얏ᄂᆞᆫᄃᆡ來賓中閔丙奭薛泰熙呂炳鉉金奎植玄은劉秉珌金明濬張龍植池錫永諸氏ᄂᆞᆫ追悼感意도演說ᄒᆞ고張志淵氏ᄂᆞᆫ祝辭ᄒᆞ고 一般學員及來賓이追悼歌를齊唱ᄒᆞᆫ後同六時에閉會ᄒᆞ얏고桂山學校에셔教師以下學員이來參ᄒᆞ얏ᄂᆞᆫᄃᆡ追悼歌가如左ᄒᆞ니

天地至剛至正氣가
閔忠正의一刀로다
피가흘너ᄃᆡ가되니
大韓帝國光榮이라
居諸光陰빗비오니
殉節하신今日이라
全國同胞二千萬이
一般追도하려니와
數間基礎우리學校
遺澤尙新하시도다
奮發ᄒᆞᆫ사學徒더라
下寧遺書이질손가
忠愛目的본을바다
獨立精神기들제라.
年年此日이노리를
紀念合아하여보세

●處處賊警 再昨日夜署瑞麟坊器沙廛洞居酒商李健榮氏家에強盜四名이乘夜突入ᄒᆞ야銃劍으로萬端威脅ᄒᆞ고如干物品을掠奪以去ᄒᆞ얏다더라

●勸奪校土 南來人에傳說을聞ᄒᆞᆫ則南陽郡居李昌會ᄂᆞᆫ耶蘇校人이라本郡의設施鄕校ᄒᆞ고本郡鄕校校土를勸奪ᄒᆞ야贊成ᄒᆞᆫ다稱ᄒᆞ며本郡多士머리呈郡呈部하여限死相持중이라ᄂᆞᆫᄃᆡ大抵鄕校位土ᄂᆞᆫ春秋享祀之資라爲儒林者豈有尺寸肉人이며耶蘇教人으로焉有奪人田土而贊成學校之理며且本校중도自丙申年으로興學하야學部認文과學規節目이昭然하고方今學習중인ᄃᆡ以學校言之라도與學은一也니學部의셔도豈肯奪此補彼之道乎아此事ᄂᆞᆫ一大會중羞恥될事요李昌會ᄂᆞᆫ教중의一罪人이라더라

●成家賊警 積城邑內居前參判成冕鎬氏家에賊徒三四十名이各持銃劍ᄒᆞ고暮夜突入ᄒᆞ야家產什物을沒數奪取ᄒᆞ고且錢財를討索ᄒᆞᄂᆞᆫᄃᆡ家勢가素來不贍ᄒᆞ무로不得許給ᄒᆞ얏더니該氏가年今七十餘라賊漢이無數毆打ᄒᆞ야方在死境중이라더라

廣告

◎本社廣告

[illegible]

廣告料

一 [illegible]

四號活字十三字詰 每日每英尺一寸에 新貨 [illegible]
(每日發行에 六錢에 相當홈)
其期限의 長短과 字行의 多少를 從하야 增減홈이 有홈

◉大韓每日申報各處支社販賣所

中署布屛門下 金相萬冊肆
洞口內 朱翰榮冊肆
中署廣通橋 [illegible]
十八統第二戶 鄭[illegible]
仁川港 [illegible] 李東[illegible]
平壤 [illegible] 新學校 [illegible]
[illegible] [illegible]
義州南門外 [illegible] 張有寬
長連邑 金[illegible]
鎭南浦 [illegible] 金仁[illegible]
咸興 [illegible] 曹[illegible]
中和邑 李[illegible]
釜山佐川 [illegible] 金[illegible]
開城北部 [illegible]
校洞校長 [illegible]
大邱郡 [illegible]
鎭山邑內 安[illegible]
元山港倉前 金[illegible]
黃海道 [illegible] 劉夢澤

發行兼編輯人 英國人 裵說
發行所
京城中署[illegible]坊[illegible]洞외外地 [illegible]
大韓每日申報社

第四卷

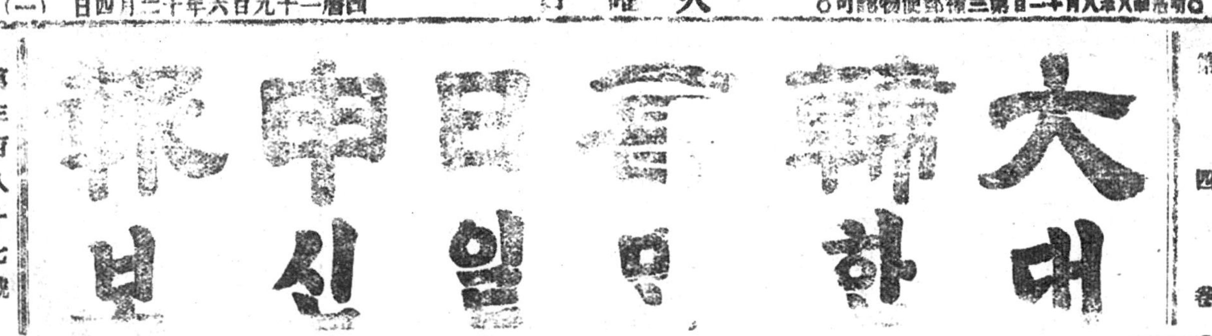

第三百八十七號

月曜及祭節翌時日休刊

檀君開國四千二百三十九年
箕子元年三千二十八年
大韓開國五百十五年
日本明治三十九年
淸國光緖三十二年
◉陰曆丙午十月大十九日壬午

論說

繫縄之末

向者桑港新報에記載흔바美國一海軍領官이日本之襲擊美國의或然結果를論述흔은本記者ㅣ旣爲照謄이어니와其官人이交戰能力의强弱之勢를如彼關係흠으로觀之컨디現今日本이合衆國을傷害흘地位에居흘줄노彼或信矣로다

然이나更有他理由흐니財政이是也라吾人이對此에安慰之心이不無하니蓋日本의戰術之能이雖曰無比요且其陸海軍將官의好戰之欲이未有定限이나然이나惟其財政이本非豐足이라가至於近日하야는幾至罄竭흘야全國內에現金을難得이라

現今日本之英國에財政關係가甚緊흐니日本이將出戰士인된財政을必察흘지어다英國外交가雖未至於妥善이라도尙有可喜處흐니日本이英國協力을不得이면更不能遠征흘거시요且英國이若不沾其所得利益이면其責任을將不欲分擔흘거슨是度키甚易로다

日本之攻擊美國을英國人民이接踵흘何如事情이或至흘지는念及키不能이요且來次淸日戰局에도英國이傍觀에不過흘거시며英國之於日本에更不欲貸金흘은今者日本의再次募債가至於失敗흠에已著矣라其募債委員이方今回程인바向自國政府흐야其人所言이將至何如리오日本後運을樂觀치義로議論者ㅣ非英國資金家이요但其外交客과及其被屠辯華이라흐리로다

叢英日同盟이既議其目的이라吾人이以繩給之러니彼自擺於財政上이며俄國權力及財政에重加傷害흠으로以謝吾人케로다然이나今一記憶흘거슨日本이英國認許를不得흐고는更不可入於戰局흘거시니是乃吾人之所安慰也로라

官報

●三千六百二十六號 光武十年十二月三日

◉敍任及辭令

陞正二品 從二品朴[illegible]禹
陞從二品 正三品朴勝鳳
宮내府協辦朴勝鳳
命奉常司提調 從二品李明翔
命宮내府協辦 農商工部協辦李範九
內藏司檢査課長洪正燮 秘書監丞金在序
依願免本官 從二品李容復
任내藏司檢査課長 宮내府參書官李鏞華
任秘書監丞 度支部主事徐廷岳
任宮내府參書官 宮내府參書官徐廷岳
兼任宮내府大臣官房內事課長 秘書監丞尹憲燮
兼任掌禮院掌禮 度支部秘書官柳世奐
依願免本官 度支部稅務官송文貫
任度支部技師 前議官韓秉昊
副尉黃浙 六品權哲鍾
任度支部稅務官 全金貴鉉

◉光武十一年度 歲入歲出總豫算 續

第八款工兵隊 金二萬八百五拾六元
第一項俸給 金三千五百七拾六元
第二項下士卒給料 金壹萬壹千八百貳拾六元
第三項廳費 金壹千一百二拾七元
第四項雜給及雜費 金拾五元
第五項諸手當 金三百六拾元
第六項粮食費 金三千九百四拾貳元
第九款侍衛軍樂隊 金壹萬一千貳百貳拾九元
第一項俸給 金九百五十四圓
第二項下士卒급料 金六千五百六拾壹元
第三項廳費 金八百十三元
第四項雜給及雜費 金六百七十元
第五項粮食비 金二千八十一元
第六項兵器비 金一百五十元
第十款憲兵司令部 金二千五百八十四圓
第一項俸給 金一千二百二十七元
第二項下士卒給料 金四百九十五元
第三項廳비 金三百元
第四項雜給及雜費 金二百十六元
第五項諸手當 金二百十六元
第六項粮食비 금一百十元
第十一款憲兵隊 金三萬三千九百三十四元
第一俸급 금八千一百九十元
第二項下士卒급料 금一萬六千七百三十一元
第三項廳비 금一千五百三十二元
第四項雜給及雜비 金九百五十一元
第五項旅費 금四百圓
第六項諸手當 금一千八圓
第七項粮食費 금四千八百十八圓
第八項馬匹비 금二百七十九圓
第九項機密비 금卅五圓
第十二款鎭衛隊 금卅萬一千四百八十二圓
第一項俸급 금四萬八百四拾八圓
第二項下士卒給料 금九萬四千五百七拾二圓
第三項廳費 金六千七百七十二圓
第四項雜給及雜비 金一百六十圓
第五項旅비 금五千六百圓
第六項諸手當 금五百七十六圓
第七項粮食비 금五萬二千九百五拾四圓

(未完)

外報

●東洋航路 英國에셔墨西가테우안데펙구地峽鐵道를利用흐야紐育布哇及東洋諸港의定期航路를開흘準備가漸次整頓되야亞美利加布哇汽船會社에셔該航路에使用次로目下英國유니온鐵工所에셔製造하눈汽船二隻이今年十二月內에竣功흐리라눈듸其중二隻은一萬一千噸他一隻은八千噸이라더라

●英皇忠告 露帝는與耆에旁關附近에長文에在흔際에長文의書翰을英皇게寄흐고露國의現狀을述흐야英皇의意見을問흐엿더니英皇은飽히國民의自由를與흠이是救濟의途이라논意見을露帝게送致흐엿다더라

●露兵南進 北京電을據흔則烏里耶斯將軍이來京흐야露國南下흐눈勢가日日增加허는狀을上奏흐얏눈되將軍의自身은他方面으로轉任하기를運動中이라더라

●軍機大臣上奏 同電을據흔則軍機大臣이聯署흐야新任官吏의開見을廣케기爲흐야東西兩洋에派遣을命흐야各國治政을視察흐기로上奏흐야裁可를承흐얏다더라

雜報

●政府議案 昨日政府의셔會議를開ᄒ얏ᄂᆫ데其議案인즉李鎔春氏代에參書官을敍任ᄒᆞᆫ事件이라더라

●顧問密議 警務顧問官丸山氏와補佐官慶井氏가무슨疑訝問題가有ᄒᆞᆫ지近日에秘密相議事가有ᄒ다더라

●警官會同 再昨日 慶運宮內惇德殿에警廳顧問丸山以下一般官吏가一齊會同ᄒ야何事件인지數時間을密議ᄒ얏다더라

●洪遜內容 內藏司檢査課長洪正섭氏의遜任된理由를得聞ᄒᆞᆫ즉該氏가遜宮相李根湘氏와協議ᄒ야財政檢査委員을圖差ᄒ야東宮嘉禮都監諸般經費를擅自主便ᄒ야都監工役이自然停止된즉莫重嘉禮節次가狼狽ᄒᆞᆫ地境이라該氏가不勝惶恐ᄒ야遜任ᄒ기를 奏達ᄒ얏더니自 上으로處分을下ᄒ시되檢査委員을棄自圖任ᄒ고今且奏免ᄒ니顧其所爲가萬萬痛駭라ᄒ옵셧다더라

●農協新任說 農商工部協辦은朴勝鳳氏가被任ᄒ다더라

●法銓入參 法部에서銓考에入參ᄒᆞᆫ十二人의姓名이如左ᄒᆞᆫ데今番에ᄂᆞᆫ六人만敍任ᄒ고六人은後補가된다더라

김鋼漢 尹憲求 김敦熙 李漢吉 朴準性 安秉찬 沈鍾大 洪祐燮 洪晃燮 洪淳용 權赫采

卞榮晩諸氏더라

●皮氏貞烈 南署椒洞居士人김演慶氏가痢질로多日沈病하야危劇ᄒᆞᆫ中에其夫人皮氏가斷指救療하되終不回甦ᄒᆞᆫ則陰去五日上午四時에服藥從逝하니其貞烈을人皆感歎稱頌ᄒᆞᆫ다더라

●郡守勒歛 今番地方分割事로晉州郡守閔丙星氏가吏鄕音三八을京部에勸誘하야還付를周旋ᄒᆞ다가事不如意ᄒᆞ고但히其浮費라稱ᄒᆞ고全郡에分排ᄒᆞ야每戶에葉錢二兩式을星火又치督捧ᄒᆞ되一民도京部에來訴하ᄂᆞᆫ者가無하니晉民의至極히愚懦ᄒᆞᆷ은已無可言이어니와該郡守의猛壓箝制하ᄂᆞᆫ手段은聞之者도懍然하다더라

●焉知禦下 廣濟院에서日本醫師가諸般事務를擅便ᄒᆞᆫ다ᄂᆞᆫ說은屢揭前報어니와韓人醫師도其壓制를難堪ᄒᆞᆯ더리甚至於該院大廳直이昨日에無端毆打하야面部가重傷하얏ᄂᆞᆫ데假令廳直이가或有不愼之事라도處罰은可커니와爲在上官人하야自手毆打가切非人事라더라

●月俸逢賊 侍從院에서十一月分月俸條二千八百餘圜을該院主務侍從이覓來하얏ᄂᆞᆫ데日已黃昏이라該院에留置하엿더니夜間에見失ᄒᆞᆫ지라該院官吏에俸月을尙未頒給하얏다더라

●有何抵觸 去月三十日은故閔忠正公의殉國하신日이라某報를據ᄒᆞᆫ즉有志人士들이伊日追悼에追悼會를設行하려다가時機에抵觸된바되야東門外永道寺로出往하야追悼儀를擧하얏다하니未知케라感慕忠義ᄂᆞᆫ天下之同情이라時機에抵觸이라하ᄂᆞᆫ거슨日本警察에抵觸인가韓廷當局者猜嫌에抵觸인가然則大韓全國人民은皆不忠不義하야賣國者의附和者가閔忠正과如ᄒᆞᆫ大忠大節은容不紀念이라야抵觸이無ᄒᆞᆯ가

●儒生試驗 各道儒生의經義問對를考試ᄒᆞᆫ後에ᄂᆞᆫ依例히成均館學生合試를擧行ᄒᆞᄂᆞᆫ데學部大臣의視察之行을因緣ᄒᆞ야尙今停시ᄒᆞ얏ᄂᆞᆫ데日間시驗ᄒᆞᆫ다더라

●反養賊習 元來警務顧問에서盜賊을捕捉ᄒᆞ면平刑으로訊問ᄒᆞ여야得情ᄒᆞᆫ더인데近日에賊漢을捉得ᄒᆞ면警務顧問官丸山氏가平具로拱招ᄒᆞ야賊漢이이昧ᄒᆞᆫ놈노說明ᄒᆞ면從寬處辦ᄒᆞ야因爲放送ᄒᆞᄂᆞᆫ故로該賊漢이出去ᄒᆞ면揭臂大談에舊習을未改ᄒᆞ야奪人財産을依例히當行爲認ᄒᆞ야非但鄕曲이라都下竊發之患이在在有之ᄒᆞ되丸山氏가聽若不聞ᄒᆞ고但熱心注意ᄒᆞᄂᆞᆫ某處에서義兵이猖起ᄒᆞᆫ지或某官人이무슨運動이有ᄒᆞᆫ다던지期於히秘密偵探ᄒᆞᆫ다더라

●法相鄙陋 法大李夏榮氏에弟李準榮氏가身故ᄒᆞᆷ이後娶夫人元氏ᄂᆞᆫ年今三十餘라有何事端이던지日前에李夏榮氏가元夫人의衣服器皿과其他什物을一一奪去ᄒᆞ야鍮器만爲先放賣ᄒᆞ야고商人을招來ᄒᆞ야論價ᄒᆞᆫ즉以新器價로論之ᄒᆞ면四萬餘兩에達ᄒᆞᆯ것시나放賣로論之ᄒᆞ면四五千兩에不過라ᄒᆞᆫ데法相이大怒ᄒᆞ야卽招鍮器工匠ᄒᆞ야此器를破碎ᄒᆞ야以鑄祭器ᄒᆞ라ᄒᆞᆫ지라法相의處事鄙陋ᄒᆞᆷ을世人이莫不唾罵ᄒᆞᆫ다더라

●[illegible]十奸計 南來人의傳說을聞ᄒᆞᆫ즉羣山港等地에서日人輩가該地居富民을甘誘ᄒᆞ여日種樹爲利가天下의第一인즉田幾石落쯤許給ᄒᆞ면種樹資本은吾自擔當ᄒᆞ고其利ᄂᆞᆫ分半ᄒᆞ자ᄒᆞ미愚昧ᄒᆞᆫ人民이幾石落田을許給ᄒᆞᆫ즉種樹ᄒᆞᄂᆞᆫ체ᄒᆞ고標木을立置ᄒᆞ며仍爲奪取ᄒᆞ야田土를白失ᄒᆞᆫ者不知其數라더라

●瘠弊殘忍 北山下窮부生涯가當此冬節ᄒᆞ야凍餒立地하미孤兒寡婦가北山松葉을躬自手括ᄒᆞ야衰秡擔來ᄒᆞ야十指血流ᄒᆞ더니所謂山直輩가奪取ᄒᆞ야或作酒料ᄒᆞ고或擔歸渠家ᄒᆞ니山直之家에ᄂᆞᆫ北山松葉이積如丘山ᄒᆞ되哀此孤寡에拾取松葉을看作大禁ᄒᆞ니可謂不近人情이라ᄒᆞ더라

●金小花 日昨北署署長洪某가巡山하다가鍾번峴韓勒卜妻를近洞金太寬家에誘引하야一晝夜를行樂하고花債를一分도不주ᄒᆞᆫ지라該山巡檢朴鼎植과金順景이一百兩을收斂하야該女를주ᄒᆞᆫ즉該女가牢却不受하얏다더라

●有何賞金 度支部補佐官某氏가身病으로幾日間委痛하다가近得蘇完하얏ᄂᆞᆫ데該部顧問官目賀田氏가慰勞金二十餘圜을支급하여엿다니日人은身病만有하여도賞金을與하니만일永히化去하얏시면該部금庫中幾百萬圜을損費ᄒᆞᆯ번하엿다더라

●德民送函 德ㅁ港人民에來書를據ᄒᆞᆫ즉本港居昌郁氏가本郡鄕長在任時에外國軍事上交際에한熟ᄒᆞᆫ故로郡無一弊而賴安ᄒᆞᆫ더政府에서各郡主事은以儒鄕중可堪之人을選用ᄒᆞᆫ다기本郡居民이一心頌祝하야以李昌郁氏로共薦於府尹이더니尙未擧薦하니捨此한熟허고欲取何人인지一郡이失望하고一港이失心이라허더라

●酒樊檢査 城니賣淫女들五署에서一月二次式檢査ᄒᆞᆫᄂᆞᆫ데中署長韓東履氏와西署長柳봉錫氏가何女의請囑을受하얏던지置之勿論ᄒᆞ고尋常ᄒᆞᆫ濁酒盞이나生涯ᄒᆞᄂᆞᆫ無病女들만件으로檢査ᄒᆞᆫ다더라

●意不在稅 遞稅務官柳興世氏가當初에各郡驛屯土賭租를稅務官이收捧ᄒᆞᆫ다ᄂᆞᆫ說을聞하고該任을極力運動하얏더니收租官이如舊히收捧하ᄂᆞᆫ故로別無所利라하야還爲請願辭免하얏다더라

●普校有望 普成중學校生徒가二百餘名假量인데今番月終試驗에優等人이一百拾二名에達ᄒᆞ얏다니該校盛況과生徒學力의進就之望을推此可想이라ᄒᆞ더라

●七盜被捉 月前에槐山郡別巡檢이强盜七名을該郡場市日에捕捉하야忠州警察支部에押交하엿다더라

●兩郡賊警 近日砥平楊根等地에賊警이大熾하야白晝에行人의衣冠을奪取하ᄂᆞᆫ故로行旅가阻絶하엿다더라

●靑會演說 本月四日火曜七點半에靑年會에서日本留學生[illegible]氏가政府와社會改良의最急務란問題로演說ᄒᆞᆫ다더라

●演說決勝 去土曜日夜에靑年會에서普成專門學校生徒와養正義塾生徒를請邀ᄒᆞ야人才今勝於古라ᄂᆞᆫ問題로討論ᄒᆞ얏ᄂᆞᆫ데可便은義塾金丕校金浩榮兩氏오否便엔義塾尹成熙尹益善兩氏인ᄃᆡ左右便으로연說ᄒᆞ고批評長李商在氏가出席연述ᄒᆞᆫ後에可否取決ᄒᆞ야普成專門學徒가得勝ᄒᆞ엿다더라

◉把柳謾評

○近日各大官이勵章을高佩ᄒᆞ니有何功勳하야於心에安ᄒᆞᄂᆞᆫ지長安에銀샵시騰貴ᄒᆞ더고.

○朴參政은參贊李商在氏에剛直ᄒᆞᆷ을外面으로ᄂᆞᆫ相扶ᄒᆞ는內實顧忌ᄒᆞ야期於히中樞院贊議로逐送ᄒᆞᆫ다지

○政界가變遷된다고一般世人이一席注目ᄒᆞ더니近日에觀察이協辦되고協辦이觀察이된다니장기로김이로고

○日俄戰爭이更起ᄒᆞᆫ다고日本某報에揭載ᄒᆞ얏다니風塵이復起ᄒᆞᆯ것고

○賊警이處處擾攘ᄒᆞ야生民이難支터니水賊이又起ᄒᆞ야商路가杜絶ᄒᆞ니以外俱恙에病深痼肛이로고

寄書

抱劍子 金秀英 寄

元來江西郡이海沿에位置ᄒᆞ야厥土厥賦가實로下의下ㅣ되기不能ᄒᆞ고文物이稍히古代에依ᄒᆞ야惟此競爭新局에其勢의活躍ᄒᆞᆷ을未見이러니何幸本郡守李宇榮氏가時難을泣ᄒᆞ야愛國의熱血이非常ᄒᆞᆫ程度에沸ᄒᆞᆷ으로盤錯을別ᄒᆞᄂᆞᆫ利釼이諸般經紀에着着進行ᄒᆞ야西州一帶에晃晃히新洞天을作ᄒᆞᆫ지라

噫라氣息奄奄ᄒᆞ야我韓의今日影響이到底朽索이弊을御ᄒᆞᆫ지라勵精撥志가普通口頭에恒ᄒᆞᄂᆞᆫ바어니와痛哭累百年舊染이積ᄒᆞ야成ᄒᆞᆫ痴團은龍門의神斧가아니면庶幾其鎖鑰을劈開ᄒᆞ기難ᄒᆞ더니本倅下車之初政에邑瘼을察ᄒᆞ야民痼를除ᄒᆞ며外交에熟ᄒᆞ야兵站部之粮餉輸廳而人夫。擬等事에躬務交涉ᄒᆞ야雍容ᄒᆞ고刑政에明ᄒᆞ야訟庭의情理를直接判斷ᄒᆞ야吏隱의製肚가毫無其端ᄒᆞ니移星活沸이春有其脚이라淸潔을實施ᄒᆞ야衛生을普及게ᄒᆞ며社會를組織ᄒᆞ야民智를發達케ᄒᆞ니文明의機關이次第部門을甚有ᄒᆞᆫ지라其他細鎖條節에對症投劑가無不神效ᄒᆞᆫ效能을見ᄒᆞᆷ은杖로能히摸ᄒᆞ기難ᄒᆞ도다氏ᄂᆞᆫ元是別人이아니오西區北美에十餘年遊學ᄒᆞ야文明空氣를主腦에吸收ᄒᆞᆫ氏라敏活ᄒᆞᆫ手腕으로病世를醫ᄒᆞᆷ이氏의當然的事業이니氏의何敢히撥賀ᄒᆞᆯ바無ᄒᆞ지만은至若教育範圍內에孜孜ᄒᆞᆫ熱力으로宏大ᄒᆞᆫ經理에務行ᄒᆞ야善良ᄒᆞᆫ果을得ᄒᆞᆷ은氏가아니면正是兩郡에非太守不能이로다吁라本郡에地積이百里以內ᄂᆞ의僅十面區域에聯略ᄒᆞᆫ村黌이有ᄒᆞ나沿沿是舊日所讀者ㅣ木德火德以王이며臺榭之吟風賞月에率乃做虛의詞章이오郡內에一箇小學校가有ᄒᆞ야如干敎育의方이有ᄒᆞ나此도財政未裕ᄒᆞ야有志ᄒᆞᆫ該校副教員金最乜氏의目的을達ᄒᆞ기難ᄒᆞ더 (未完)

雜報

●金訴日退 監獄署在囚金一濟氏의子東奎가法部에請願이如左ᄒᆞ니本人이爲親此訴가不知幾次矣라去九月分에伏見大皇帝陛下 恩詔에曰廿炎凉渉民惟怨咨殆猶淑溢憂愁掩抑易娶疾病又曰六犯及公逋罪人外特曰閔實其情跡之可原者勿論已決未決一並放釋以示欽恤之至意ᄒᆞ다ᄒᆞᆸ시되尙不蒙放故로與金錫河로聯訴이온즉指令內汝兄汝父가犯係重案인즉不可遽議放釋이니勿煩退去라ᄒᆞ엿사오니請質之ᄒᆞ노니다所犯이何犯이 重案은何案고一國公論이皆曰無罪而以此斷之者ᄂᆞᆫ未知近設特別法院ᄒᆞ야必行上達下咈罪於無罪之律條乎아今又 聖恩天大ᄒᆞ샤渙綸荐降ᄒᆞ시와諸囚之忍寒苦楚易生疾病을倍庸垂鄰而使之原情放釋케ᄒᆞᆸ시지되頒 詔有日에獄寃이依舊ᄒᆞ오니竊伏想 閣下豈以 聖詔로爲不美而時月稍延耶아恐是法務叢叢에不暇ᄒᆞᆫ聖詔를惻而泛泛乎囹圄無告矣라然則吾 皇이雖有仁心仁聞이나其於法不自行에何리오本人이非但爲親 哭이오實是爲國痛哭이라矣疑이案多ᄒᆞᆫ病而年將六旬이오一年 蟄에百病交攻ᄒᆞ와方就病院이오니伏乞閣下ᄂᆞᆫ奉讀兩度所下 聖詔ᄒᆞ와特放無罪濱 之命ᄒᆞ야仰答聖上欽恤宇惠之至意ᄒᆞ소서ᄒᆞ야ᄊᆞᆺᄂᆞᆫ디法部에셔該請願書를白退ᄒᆞ얏다더라

廣告

◎本社廣告

申報價

一張代金	新貨二錢五里
一箇月前納	三十錢
三箇月	九十錢
六箇月	一元七十錢
一箇年	三元四十錢
郵稅一部	新貨五里
一箇月	十三錢

廣告料

四号活字十三字詰 每日每英尺一寸에新貨廿五錢 (每日每行에六錢에相當홈) 其期限의長短과字行의多少를依ᄒᆞ야增減홈이有홈

◎大韓每日申報各處支社廣告

中署布屛門下 金相萬冊肆
洞口把便 朱翰榮冊肆
中署廣通橋入七十八統第二戶 鄭禹鉉
仁川鍾峴新樹坊 李東五
平壤南山峴日新學校 金浩淵
宣川邑新西 崔叔恒
義州南門外韓西大藥房 安濬
長連邑 金鼎
鎭南浦鍾路 金仁珍
咸興州南 曹喜林
中和邑 李俊路
釜山佐川洞 金滾燁
開城北部[illegible] [illegible]
校洞校長 姜助巡
大丘郡 廣文社
鎭山邑內 安源
元山港倉前 金乃範
黃海道[illegible] [illegible]

發行兼編輯人 英國人裵說
發行所 京城中署[illegible]
大韓每日申報社

光武九年八月十一日 明治三十八年八月十一日 第三種郵便物認可 水曜日 西曆一千九百六年十二月五日 (一)

第四卷 第三百八十八號

大韓每日申報
대한매일신보

月曜及慶節翌日休刊

檀君開國四千二百三十九年
箕子元年三千二十八年
大韓開國五百十五年
日本明治三十九年
淸國光緒三十二年
◉陰曆丙午十月大二十日癸未

別報

遠東報를據ᄒᆞᆫ즉日人이鴨綠江의林業獨辦에對ᄒᆞ야論說이如左ᄒᆞ니

以延무二千里와閱歷數百年의巨利로無端而分潤於人ᄒᆞ니不可謂之不厚요以一介之使와片紙之書의成效로唾手而分此巨利ᄒᆞ니不可謂之非幸이어날乃不料無厭之求가得寸進尺ᄒᆞ야坐分半利而不足ᄒᆞ야更欲紾臂而全奪之ᄒᆞ니如日本이於鴨綠江林業이是라

最近消息을據ᄒᆞᆫ즉日本政府가於鴨綠江採伐森林一事에忽欲壟斷獨辦ᄒᆞ야已命其駐華公使林權助ᄒᆞ야向外務部聲稱ᄒᆞ고將合辦之議ᄒᆞ야作罷云云ᄒᆞ니夫以强者之權利而言이면亦何施不可리오何況鴨綠江森林은今已在日本軍政權限之內ᄒᆞ니日本이欲爾便爾ᄒᆞ면中國이亦豈能以口舌爭執ᄒᆞ야雖然事勢と固難恢復이나公理를不容不彰이니要不能爲日人寬恕로다

査鴨綠江林業이由中日兩國議定ᄒᆞ니此非尋常合同의所訂定이라乙巳十一月 日事約第十款에載在ᄒᆞ야明明히國際上關係가有ᄒᆞᆫ者라且溯此項專約之由來ᄒᆞ면實日本이先有於中國而特定者니是と日本이對於此約ᄒᆞ야宜如何倍堅其信守耶아今乃者에全權簽字之墨跡이未乾ᄒᆞ야於其中最要之款에已食而肥ᄒᆞ니若是則當日에何貴有此約ᄒᆞ야必須與中國商定이리오

且合辦林業은因中國이對於日本에異常之優惠이거날日本이猶以爲未足ᄒᆞ야遽爲渝約之謀ᄒᆞᆫ즉此約中所載各項事宜에其優惠가稍遜於此款者と在日本에必更不慊於心ᄒᆞ야一一思所以溢出範圍之外를不問可知라旣不爲中國ᄒᆞ야留其餘地면又將何以處置各國應有之權利耶아

抑更有言者ᄒᆞ나凡兩國이合意訂定之條約은必兩이俱以實心誠意로踐履勿渝而後에其約에爲有效라倘有一國이挾其私見ᄒᆞ야出於違約之擧면全約所載一切事宜가皆應歸於消滅이요其咎と實由此首違約之國에歸任之라

蓋旣與人訂約而復自背之면是と卽不認先約而加以毁廢이라在他國에(卽未違約之國)旣受此破壞則雖欲不棄前約이나已無自主之力ᄒᆞ니更安能責以墨守乎아明乎此則自前鴨綠江林業의交涉은日本이中日專約을破壞ᄒᆞᆷ이旣已顯然이라中國이對於乙巳北京之全約各條ᄒᆞ야縱似有奉行惟謹之責與否と固亦不難辦矣라

夫此事之交涉을通觀之ᄒᆞ면似無預於他國이나然이나鴨綠江林業이實로足供全世界之木材之用이오文明日進則建築之事가必日多라日本이乃欲獨攬絶大之利源ᄒᆞ니他日全世界工程事業에欲不其把持이라도不可得이니此其防害於他國者と非尠이라亦豈可以遠而忽之耶아吾不解列强이何以一切坐視之ᄒᆞ엿더라

官報

◉三千六百二十七號 光武十年十二月四日

◉宮廷錄事

詔曰議政府參政 臣勳一等朴齊純克勤職務可紀勞績特賜太極章陸軍副將勳二等申箕善歷시恂勤陞期亦居官내府特進官勳二等閔種默凡厥職務已시恪勤表勳院總裁勳二等朴鏞和旣多歷시不憚夷險幷特陞敍勳一等農商工部大臣成岐運任有事對之勞且多歷시之蹟特敍勳二等各賜八卦章

光武十年十一月廿七日 表勳院總裁朴鏞和

◉敍任及辭令

主殿院主事金敎■ 任表勳院主事
表勳院主事 金■■ 任主殿院主事

◉光武十一年度歲入歲出總豫算 續

第十三款 鐵道隊 金二千六拾四圓
第一項 下士卒급料 金壹千二百八拾四圓
第二項 馬糧비 金五拾七圓
第三項 糧食비 金七百二拾三圓
第十四款 陸軍法院 金八千一百圓
第一항 俸급 金六千六百圓
第二항 廳비 金四百八拾圓
第三항 雜급及雜비 金七百二拾圓
第四항 旅비 金一百圓
第十五款 陸軍監獄 金貳千九百卅圓
第一항 俸급 金一千貳百圓
第二항 廳비 金貳百圓
第三항 雜給及雜費 金七百廿圓
第四항 囚비 金八百拾圓
第十六款 陸軍衛生院 金四千一百三圓
제一항 俸급 金三百四拾八圓
第二項 廳비 金五百七拾六元
第三項 雜급及雜비 金一百四拾四元
第四項 治療비 金三千三拾五元
第十七款 軍器廠 金一萬七千六百六拾七元
第一項 俸給 金七千九千七拾圓元(未完)

外報

◉私販軍器 寬城子來信을據ᄒᆞ니日本人이寬郡의來ᄒᆞᆫ者가多以賣藥爲名ᄒᆞ나其實은竊取日本軍械ᄒᆞ야賣渡該地人ᄒᆞᄂᆞᆫ대日人에私販ᄒᆞᄂᆞᆫ價値가亦廉ᄒᆞᆫ故로人人이欲向日人購置ᄒᆞ니日人은惟利是求ᄒᆞ야胡匪와合同ᄒᆞ니巡緝에責을免치못ᄒᆞ깃다더라

◉立憲運動會 北京報를據ᄒᆞᆫ則近日京都各學堂에서恭賀立憲運動會를擧行ᄒᆞᆫᄃᆡ已有實學堂敎員이該學生을領率ᄒᆞ야隊를排ᄒᆞ고街에遊ᄒᆞ며龍旗를手執ᄒᆞ고恭賀立憲四字를特書ᄒᆞ고敎員이口祝賀詞ᄒᆞ고該學生이同和ᄒᆞ니我國民之精神이可從此振作이라ᄒᆞ얏더라

◉日人欺虐 滿洲報를據ᄒᆞᆫ則韓國各處操鍊兵隊地方은日本兵丁의占據을被ᄒᆞ야日人을韓國에移處ᄒᆞᆫ디現今韓國各處에日人之移居者八萬餘名에達ᄒᆞ고韓國人民을百方欺虐ᄒᆞᄂᆞᆫ故로風潮가屢起ᄒᆞ고韓民이深山에處居ᄒᆞ야日人의凌虐을避ᄒᆞᄂᆞᆫ者多ᄒᆞ다ᄒᆞ얏더라

◉武備畢業 滿洲報를據ᄒᆞᆫ즉今年에德國武備學校騎兵科를畢業生에其二千名內에韓國騎隊가十三名이오炮隊가六名이오步隊가一名인대均히對隊步隊에鎭充ᄒᆞ야以歷練ᄒᆞ엿다더라

雜報

●排日再燃 路透電을據ᄒᆞᆫ즉美國地方에셔日本兒童을排斥ᄒᆞ는運動이益益重大ᄒᆞ얏는ᄃᆡ갈리포니아州에셔白人全部는各學校로부터日本人排斥ᄒᆞ는決議를ᄒᆞ얏다더라

●會議役閱 再昨日政府會議案件을更閱ᄒᆞᆫ즉議府主事徐丙業氏로參書官叙任事와參書官高源植氏에特陞三等事와參書官元應常氏에陞等事와不動産經費支出等諸件이라더라

●學相視務 學部大臣李完用氏가入京後再昨日븟허仕進視務ᄒᆞᆫ다더라

●趙氏被任 平理院一般官吏가遞任된다ᄒᆞ던ᄃᆡ首班檢事는丕繼九氏가被任ᄒᆞᆫ다는說이有ᄒᆞ더라

●畿察新任說 京畿觀察使는朴勝鳳氏가被任ᄒᆞᆫ다는說이有ᄒᆞ더라

●一府皆驚 政府參書官을運動ᄒᆞ는者가頗多ᄒᆞ던ᄃᆡ該主事金華圭趙源誠은皆是十餘年積仕久勤解事之人인故로以爲陞任ᄒᆞ기로一府가皆知ᄒᆞ얏더니及其叙任ᄒᆞ여는月前新任主事徐丙業氏가되미一府가皆驚ᄒᆞᆫ다더라

●徐氏陞任 政府主事徐丙業氏가參書官을陞任ᄒᆞ얏다더라

●菊會謝過 去番日本菊花會不法行爲에對ᄒᆞ야韓國留學生들이大段히不穩ᄒᆞᆫ狀態가有ᄒᆞᆫ즉日本警視가節節謝過ᄒᆞ되此後에는更無此等行爲케ᄒᆞᆯ지니忍憤止怒ᄒᆞ라ᄒᆞ얏다더라

●平理法部 平理院에셔法部에報告ᄒᆞ얏는ᄃᆡ接據龍川郡居李涵告訴ᄒᆞ와義州府尹李民溥를業已拿囚而該員이係是現帶奏任官이기로玆에報告ᄒᆞ라ᄒᆞ얏다더라

●傷命可駭 北署東谷縣主事金最鉉氏家에再昨夜에何許人이突入ᄒᆞ여金氏妻를亂刀刺殺ᄒᆞ얏는ᄃᆡ金氏는適其時ᄒᆞ야在家치아니ᄒᆞ얏다더라

●武校改建 武官研成學校를三淸洞軍器廠에設置ᄒᆞ고軍器廠은龍山으로移設ᄒᆞ얏더니武校를一新히改築ᄒᆞᆯ計畫으로方在始役中인ᄃᆡ該地를廣占ᄒᆞ야民家가多數히毁撤된다더라

●詗察賊漢 日昨에中署校洞某氏家에賊漢來言하되紙貨二萬圜을造山으로持來하라하얏는ᄃᆡ別巡檢이該山近地에詗察하는중이라더라

●陞等無俸 各部主事가陞等이되면俸級을從等支給ᄒᆞ는ᄃᆡ度支部에셔는陞等ᄒᆞᆫ지가年久ᄒᆞ여도陞級俸을支撥치아니하얏라다더

●空庫何翻 度支部顧問官目賀田氏가年終에는該部를翻庫ᄒᆞᆫ다는說이有하니各地方稅納은沒輸于泥峴銀行所하얏시니空庫를翻庫ᄒᆞᆯ게아니라該銀行所를調査하는거시妥當하다고巷說이喧藉하더라

●酒麯設社 李觀永楊明洙金純丕元泰鎬諸氏가酒麯會社를設立ᄒᆞᆯ意로資本幾萬元을募集하고日昨農商工部에請願하야不日間承認ᄒᆞᆫ다더라

●村郡周恤 平壤中川査頭洞에셔陰十月二日夜에偶然失火하야全洞이二十餘戶가燒燼인ᄃᆡ十七兒는焚하고焦頭爛額者許多ᄒᆞᆫ디當此隆冬하야遭此災民들이失巢無依하야棲遑道路하는景狀을慘不忍見이러니何幸觀察使李榮氏가蒞任該洞하야萬端慰撫하고연金하야曲盡히周賑하고本郡守도亦捐款助하얏다더라

●閔氏義연 ?州郡居閔琮鎬氏가開明上에注意하야新聞雜誌等을熱心愛讀하ᄂᆞᆫᄃᆡ近日에朝陽報社에義연金二百圜을寄附하얏다더라

●警官何察 傳說을聞ᄒᆞᆫ즉近日主殿院警衛局內直所에셔巡校들이晝夜를不分하고雜技局을設ᄒᆞᆫ다고聽聞이藉藉하다니當該警務官들은視若尋常ᄒᆞᆫ다더라

●派兵擄民 平安南道祥原居尹家族中에悖惡子가有하야向年에渠의族中數十家田土를僞造文券하야仁川港居日人末永省二處에典執인바末永의代理人石村兵太郎이가昨年에日人勞助者四十餘名을率하고諸尹의田畓秋收를勒奪ᄒᆞᆫ則諸尹이不勝抑鬱하야我政府에廳呈을則該事件으로統監府에照會하얏더니日本法官들이日人末永을反助하야尙不判決ᄒᆞᆫ중에石村이가今年秋收를又爲勒奪ᄒᆞᆷ이諸尹이據理詰責ᄒᆞᆫ則日本理事廳에셔日巡ᄉ及日兵을諸尹家에多數派送하야放銃破屋하며諸尹及洞民男女를無數毆打하며道路의셔逢人輒打하고作人을毆打威脅하야秋收를勒奪ᄒᆞ니法官이되야悖氏를助하야派兵勒奪ᄒᆞᆷ이世豈所有리오萬歲報에셔此를揭載ᄒᆞ얏는ᄃᆡ甚多誤錯하얏기今에擧實揭載하노라

●五賊收捕 全南警務官李起元氏가內部에報告ᄒᆞ되本道光陽郡에土匪數百餘名이蜂起騷擾ᄒᆞ와派巡詗探之由는已爲電報ᄒᆞ와自長興分署로加派巡檢跟捕에以至求禮郡이온즉匪徒黨이見機逃散이온ᄃᆡ就中白樂九李承祖李道順李芝和權昌祿을捉得ᄒᆞ와順天分派所로押去ᄒᆞ여現方致招ᄒᆞᆫ다하얏다더라

●以督攻會 忠北觀察使尹吉炳氏가沃川郡居民을押上ᄒᆞᆫ次로巡校一名을派遣ᄒᆞ고該郡에秘訓ᄒᆞ야郡校로眼同捉來케ᄒᆞ엿더니該民은一進會員이라恃其觀察使同會之誼ᄒᆞ고警校與郡校를無數亂打ᄒᆞ야警校一名은乘輪上去ᄒᆞ얏는ᄃᆡ尹觀察使가多發巡校ᄒᆞ야沃川郡境內一進會名色을一幷捉上ᄒᆞ라ᄒᆞ미該郡一進會員이擧皆逃躱ᄒᆞ얏다더라

●捉盜受賞 別巡檢李在成高鶴道徐亨順等三人이熱心譏詗ᄒᆞ야盜賊을隨現捉得ᄒᆞᆫ故로該廳에셔賞與金多數ᄅᆞᆯ付與ᄒᆞ얏다더라

●被捉旋放 日昨에中署紬洞居前郡守李嚇宇氏가무合件事로警務廳에被捉ᄒᆞ얏는ᄃᆡ訊問ᄒᆞᆫ즉証據가無ᄒᆞ야旋卽放送ᄒᆞ얏다더라

●私鑄被捉 日昨에加平居申致玉이가私鑄ᄒᆞ다가警務廳에被捉ᄒᆞ얏다더라

●朝日得勢 日本東京서製造ᄒᆞᆫ朝日煙草는韓人에多數買吸ᄒᆞᆫ故로其價格이升高ᄒᆞ얏다는ᄃᆡ(아사히)卷烟으로由하야또敗ᄒᆞᆯ將本이라고輿論이膾炙하더라

●봉山冤聲 봉山郡守李承載氏가下車後로所債收刷로境內富民에年久未捧ᄒᆞᆫ債帳을納囑官家訓杖之之가急於星火하며就囚罪人이日日充滿獄中하고該妻子은顚連道路하야呼天叫冤ᄒᆞ니假使壹百兩未報債를幾十年이라도排변하야幾千兩을打督捧하니此等捧債之規가何世界에有ᄒᆞᆫ지當此冬節하야부屋窮民의公額辦납이末由ᄒᆞᆫᄃᆡ加之年久私債를如是督납하야冤聲이載路허다더라

●破産者多 近日來로度支顧問의手段으로韓國內金融이枯渴하야商業界에一大恐慌을惹起하는ᄃᆡ富商大賈에蕩敗家産者多하야怨聲이藉藉ᄒᆞ다더라

●銀行內訌 韓一銀行內訌은本報에已在揭載ᄒᆞ엿거니와該事實을追後詳聞ᄒᆞᆫ즉初次에李寅植氏가事務員중憾情이有ᄒᆞ다ᄒᆞ야重役室에請願ᄒᆞᆫ즉重役室에셔六七次請ᄒᆞ야도終是不應ᄒᆞ고更히再次請願ᄒᆞ기를二件事를施行ᄒᆞ여야ᄒᆞᆯ깃다ᄒᆞ니一은六拾圜月俸되는者一人을雇備ᄒᆞ다ᄒᆞ고二事務員중一人은逐出ᄒᆞ고二은自巳月棒六拾圜을百圜으로달나ᄒᆞ이重役諸氏가施行치아니ᄒᆞ엿더니其間虛無孟浪之說로對人辨論ᄒᆞ야至於本報에셔지揭載된事이오重役諸氏의잘못ᄒᆞᆷ은아니더라

●排鹽設兵 大抵鹽民者는窮一窮民이라忍耐飢腸ᄒᆞ고汗血塗地ᄒᆞ야死力貿鹽이라도牢日粒食이猶爲不贍ᄒᆞ야宿債未勘ᄒᆞ고新債加出ᄒᆞᆫ즉況今鹽荒和此ᄒᆞ야莫重公納도拮据無路인ᄃᆡ挽近沿海변賊警이尤甚ᄒᆞ야泰安近地변饒氏等이防賊ᄒᆞᆯ料로土兵을設置ᄒᆞ고其頭領金炳?이李君凡으로互相協議ᄒᆞ야稱云土兵手가猶爲不足이라ᄒᆞ고二十名을將加額ᄒᆞᆫ다는ᄃᆡ其經費錢을每鹽戶에葉三十兩式分排督徵ᄒᆞ야鹽民이支保無路이되本郡守丕東슴氏가不爲禁止ᄒᆞ고反爲助奬之意로業已認許ᄒᆞ얏다더라

◎煖爐閑話

○李즁兩氏가特使回還ᄒᆞ기前에先爲歸國ᄒᆞᆫ다고近日에風說이又起ᄒᆞ나不可準信이로고

○日人에奸計로韓人에田土를勒奪ᄒᆞ야漸次移居ᄒᆞ며韓人은四處로去ᄒᆞᆫ지가大人ᄒᆞᆯ가大端히色날걸

○朴參政氏는勸學을高倡ᄒᆞ더니締約ᄒᆞᆫ功勞인가靑天白日下에

○政府上主務大臣은村得을勸ᄒᆞ야卷烟을吸ᄒᆞ는事가近日에新事業을成ᄒᆞ얏스니卷烟價가日日高翔허깃고

寄書

抱飯子 金秀英

本郡守是에慨惋ᄒᆞ야薄廩을捐ᄒᆞ야掛을備ᄒᆞ며書籍을購ᄒᆞ며教室을修理ᄒᆞ야校具가一新ᄒᆞᆷ이生徒을董率ᄒᆞ야新學에務進ᄒᆞ니然ᄒᆞᆫ狀態가可히教育部分의新面目을拂ᄒᆞᆫ지라此其本郡守教鞭을執ᄒᆞᆫ제一致이오昨秋에郡內北邊地에聞天師範義塾을刱設ᄒᆞ서可이世人의眼目을一次吃驚ᄒᆞᆯ만ᄒᆞ도다

一物이無物雖形은智象星을不待ᄒᆞ고도亦是通常의定見이어니와以況本郡의淺劣ᄒᆞᆫ局으로經易치못ᄒᆞᆫ經營에厥功을奏ᄒᆞ기難ᄒᆞᆷ은本郡二萬人口의疑團이不無ᄒᆞ더니高明ᄒᆞᆫ彗眼에方便을覰破ᄒᆞ야一大害民의窩窟을芟ᄒᆞ야一大國益의急務을圖ᄒᆞᆫ지라

先이千金을捐捧ᄒᆞ야校基을建築ᄒᆞ며建築工場을設ᄒᆞ고本郡境界一百十洞에土木을崇拜ᄒᆞ야解衣散錢의惡魔風이極度에達ᄒᆞᆫ지라鼠城隍祠叢祠等別般名目에實로民物을蠹ᄒᆞ는鬼胎의傀뢰을成ᄒᆞ야蠢蚩ᄒᆞᆫ氓의畏之奉之가一世之狂瀾이러니本郡守理에明ᄒᆞᆫ勇斷心으로淫祠을毁撤ᄒᆞ며所以護養云者松楸을斫伐ᄒᆞ야其祠 村瓦을蒐ᄒᆞ야校의瓦材을공하고賤基址을建築學務所에付ᄒᆞ야財務을經理ᄒᆞᆷ의四境險郡墓에地로願買者多ᄒᆞᆫ지라隨願遂放하야校費가亦大數의旨位을得ᄒᆞᆫ지라是를以ᄒᆞ야教場也事務室也及學徒寄宿舍等三四十間巨大事役을一期라未過ᄒᆞ야工의落成을告ᄒᆞᆫ지라於戱라本守의積極的誠心으로一座急時務의學校가突然히特起ᄒᆞᆫ지라

於是에開校式을行ᄒᆞ시登日入學ᄒᆞᆫ生徒가五十餘人이오贊成ᄒᆞᆫ縉紳의來參도數百人以上에達ᄒᆞ야古가稀ᄒᆞᆫ一大盛況을呈ᄒᆞᆫ지라教師을延聘ᄒᆞ며教科을確定하야本郡이學監이되시며또時間을定ᄒᆞ야公退以暇에英語法學兩科을熱心教授ᄒᆞ니四險에風을聞ᄒᆞ고文野의歎이頓芽하야負笈來者ㅣ且四十餘人이라偉ᄒᆞ도다未過二三朔內에教場에列을成ᄒᆞᆫ生徒가九十餘人이라感胥感振ᄒᆞ야熱心勉進ᄒᆞᆷ히日로ᄒᆞᆷ을繼ᄒᆞ야所得이日進이라此其本郡守學政의第二編이오且郡內西區에一座廢久ᄒᆞᆫ公廨이有ᄒᆞ야年深歲久하고風雨에頹剝ᄒᆞ야荒涼面目이只是雀巢鼠穴이러니 未完

雜報

◉女校可嘆 新門外冷洞秦學新氏家에設始ᄒᆞᆫ養閨義塾은現今女學徒가四十餘名일뿐더러校務가漸次就緖되더니近日에經費가乏絀하야停止이되엿다

一미라

廣告

花春丹은 霍亂 吐瀉 腹痛
滯症 暑症 갑作 神昡 胃鬱
痰盛 醒酒船暈 咳嗽 痲疹
口味업는諸症의神效홀藥이오
此外에도洋灰水解毒藥 唐창
疳氣 蛔虫 寸虫 赤白면風
鐵과東西洋藥이俱備하고細病
도隨證出方하오니 僉位는枉
顧하시옴

皇城校洞石井洞下隅
石泉堂藥局 告白

印刷廣告

●特別社告

本申報社內에特別히附屬品으로活字를具備ᄒ야書籍印刷所를設置ᄒ얏사오니印書를要ᄒ시는僉君子는來臨相議ᄒ시옴

大韓每日申報社 告白

◎民事訴訟代理와刑事번護及認定一切法律에關ᄒ事務를迅速處理홈

漢城南署茶洞第十七統八戶
번護士 前檢事 正三品 李冕宇
法律事務所
事務員 前判事 丁明燮
博士 趙東憲

西署鍮洞新門外一百八十六統三戶
辯護士 前檢事 前判事 丁明燮
法律事務所

大韓帝國仁川港
濟物浦紙卷烟及烟草會社

TELESCOPE
MANUFACTURED BY THE CHEMULPO CIGARETTE & TOBACCO CO.

KEY CIGARETTES

SPIDER CIGARETTES
MANUFACTURED BY THE CHEMULPO CIGARETTE & TOBACCO CO. CHEMULPO, COREA

以上五種은上品으로製造ᄒ야衛生上에適極有益ᄒ니論某人ᄒ고本에來臨ᄒ심을

一 鷹標纖濃結牛乳
一 金印纖維濃結牛乳
一 孫變家用氣化乳酪
一 世ー돈쓰製糖養滋化
一 合牛乳

AMERICAN Gold Seal Brand Condensed Milk

EAGLE BRAND CONDENSED MILK NEW YORK U.S.A.

以上은常時에貯積ᄒ얏숨

美國紐育港 보ー돈쓰 濃結牛乳會社

一手代理店
大韓仁川港
世昌洋行

●九轉靈砂라 本人이妙方으로靈丹을製ᄒ야男女老少에無論何證ᄒ고藥效가神ᄒ오며平生의身體가健康ᄒ며小兒도無病ᄒ야十歲안에無病ᄒ이을補保ᄒ오며
●九轉靈砂萬靈丹은精神中風耳目諸病과痰에神効ᄒ오
●九轉靈砂保命丹은胸膈 腹痛 聰明과婦人帶下症에神効ᄒ에
●九轉靈砂濟衆丹은酒瘧 食滯 血痢 胎漏 霍亂 痢疾 吐血 下血 痰喘 時疫 痲疹에神効ᄒ오
●九轉靈砂聚金丹은婦人 諸證 上浴榆 下痢痔及腹痛과
胸紋等諸證에無不神效ᄒ오니 僉君子는來購ᄒ시오
內瞻司前에갈이골上隅第一家 李鍾瑾 告白

◎本社廣告

申報價
一張代金 新貨二錢五里
一箇月前納 三十錢
三箇月 九十錢
六箇月 一元七十錢
一箇年 三元四十錢
郵稅一部 新貨五里
一箇月 十三錢

廣告料
四号活字十三字詰
每日每英尺一寸에新貨廿五錢
(每日每行에六錢에相當홈
其期限의長短과字行의多少를依ᄒ야增減홈이有홈

◎大韓每日申報各處支社廣告

中署布屛門下 金相萬冊肆
洞口內 朱翰榮冊肆
中署廣通橋 初入七 鄭禹敬
十八統第二戶
仁川港峴新冊肆 李東主
平壤南山峴上新學校 金浩然
宣川邑 鮮舍 韓毅恒
義州南門外 大韓房 張有寬
安 濟
長連邑 金 鐵
鎭南浦藥舖 金仁직
安興州南社 曹喜林
中和邑 李健培
釜山佐川洞 金潤俊
開城北部 宋學基
校洞校長 表助遠
大邱郡 金滿文
鎭山邑內 安 灝
元山港倉前 金乃範
黃海道載寧邑濟衆院 劉夢澤

發行兼編輯人 英國人裴說
發行所
京城中署壽進坊磚洞局外地法語學校前
大韓每日申報社

第四卷

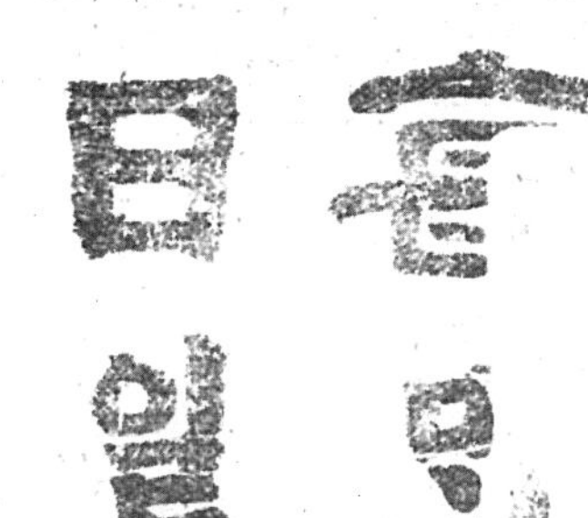大韓每日申報 대한매일신보

第三百八十九號

月曜及慶節歲時日休刊

檀君開國四千二百三十九年
箕子元年三千二十八年
大韓開國五百十五年
日本明治三十九年
淸國光緖三十二年
◉陰曆丙午十月大廿一日甲申

論說

德國外交

日日新聞이東京外部에詳細報導를依ㅎ야德國皇노親王의近者商述을如左評論인바其論題ᄂ德國外交리라

同親王이明白宣言ㅎ되德國政策이法英間關係와或俄法間關係에無關이라ㅎ얏스니蓋日本에遂東獲利를除去ㅎ기에機關이되던仲裁ᄂ德國이活動氣像ㅎ有ㅎ事實은俄法同盟을不相케흘意思라其後萬國記筆이幾乎以此一致矣요且昨年摩洛哥問題의德國干涉이英法交誼를抵抗흔인줄은無人可疑어날此事實을不拘ㅎ고不關政策을公然發言ㅎ나니此乃意其現ㅎ或後來인줄노吾人이可以終許耶아德國이過去干涉에未免控氣ㅎ야列强同情을不得흠으로其間에列國友誼를試圖ㅎ야以待後機인줄ᄂ雖可辨明이어니와現今俄英間에涉ᄒ確縁를槪聞ㅎ더이파니스단과西藏及波斯를關係ㅎ인바以其交涉說話로商量이면德國이西藏과이파니스단에서無所利益이요波斯에서도所利가不過於通商이며但法國形態ᄂ英・間關係를稍密케ㅎᄂ지라此時德國報筆이德國孤立을疑慮흠은不可謂無理로다

同報가現今德國大官의顯爵品質을揭論ㅎ며德國 皇帝의宥此能臣을慶賀ㅎ고以後에今論ㅎ엿스되

吾 은德國大官이德日間友誼를敦睦케ㅎ기로爲其政策이라흠을聞之甚喜ㅎ노라蓋德國에極東利益이夥多인바其中에但以與日親誼로保護ㅎ거시不少ㅎ도다

官報

●三千六百二十八號 光武十年十二月五日

◉宮廷錄事

詔日日本將官之戰歷來邦亦可紀念陸軍大將伊木宮禎特敘大勳賜李花大綬章陸軍少將隆井茂太特敘勳一等賜八卦章

光武十年十一月二十八日

表勳院總裁勳一等朴鏞和

嘉禮都監都提調臣閔泳奎謹奏本部監別監黨洪正燮有身病減下之意敢奏

光武十年十二月一日奉
旨依奏

◉敘任及辭令

命奉常司提調敘勳任官三等　太僕司長李赳明

法部參書官金宅鎮

命太僕司長敘勳任官三等　弘文館侍講王性淳

任弘文館侍講敘奏任官四等　奉常司典事許萬弼

依願免本官

任主殿院電務課技師敘奏任官四等　主殿院警務官李應淳

任奉常司典事敘判任官五等　從三品王濟肯

以上十二月二日

議政府主事徐丙業

任議政府參書官敘奏任官四等

以上十二月三日

◉光武十一年度 歲入歲出豫算（續）

第二項 廳費 金壹千二百圓
第三項 雜給及雜費 金九百圓
第四項 諸手當 金一百四拾四圓
第五項 事業費 金七千四百四拾九圓
第十八款 武官學校 金二萬六千一百卅四圓
第一項 俸給 金二萬九千八拾四圓
第二項 下士卒給料 金一千七百五拾五圓
第三項 廳費 金四千卅二圓
第四項 雜給及雜費 金二千二百六拾八圓
第五項 諸手當 金七百九拾二圓
第六項 糧食費 金一千九百七十一圓
第七項 馬匹費 金二百三十三圓
第十九款 研成學校 金六萬二千十五圓
第一項 俸給 金五萬貳千四百三十九圓
第二項 下士卒料給 金四千一百四十圓
第三項 廳費 金二千三百圓
第四項 雜給及雜費 金八百二十八圓

未完

外報

●軍機大臣上奏　北京電을據ㅎ즉軍機大臣이上奏ㅎ되新任官吏를初年에ᄂ見聞을擴張케ㅎ기爲ㅎ야東西洋에派送ㅎ야各國政治를觀察흔後에就任흠을請ㅎ엿다더라

●總督演說　加奈타總督부루伯은七當度의加奈타俱樂部에서演說ㅎ야曰加奈타의富와財源은英領의各邦에比ㅎ야一層進步흠을見흘지라然而加奈타가未開版圖되라고ㅎ다ᄂ說은此를口에出치안코ᄌㅎ노이다此地方을現今의發達ㅎ기로推斷ㅎ진ᄃ加奈타의生産品을東洋에輸送ㅎ고其聲價를高騰ㅎᄂ日期ᄂ不遠ㅎ리라더라

●人才緊用　北京電을據ㅎ則陸軍部尙書鐵良氏가練兵處에人才를拔擢ㅎ야陸軍部에任用次로袁世凱氏와協議중이라ㅎ더라

●憲法專書의編定　同報를據ㅎ則考政大臣이各國立憲之前에均 憲法專書가有ㅎ야使鄕村之民으로皆知憲法爲何物이라支那ᄂ近專編譯ㅎ憲法이雖汗牛充동이나착部의審定을未經ㅎ얏스니持議이稍偏을難免ㅎ깃고且支那人民은通文者가不多ㅎ니所出之書를稍識字人이讀之에頗不易解라故로該大臣等이議定ㅎ되憲法書若干本을編輯ㅎ야二種에分ㅎᄂ니一은文話를用ㅎ고一은白話를用ㅎ야編輯成帙은學部審定을由ㅎ後에再行頒發各省ㅎ야以昭愼重이라더라

●蒙學添設　同報를據ㅎ則京師督學局에서京師의初等學校가甚小ㅎ야敎育이不能普及ㅎ고私立ㅎ蒙學館과及家塾이皆守舊腐儒가不知變通ㅎ야人家子弟를致誤ㅎ니師範學徒卒業生을選ㅎ야初等小學四十處를先行設立ㅎ야以爲模範ㅎ고將來에逐漸推廣ㅎ야使敎育蒙學으로普及흠目的에達ㅎ다더라

●營口還附談判　北京電을據ㅎ則營口還附條件이歸定되얏이미調印ㅎ얏다더라

●太平洋艦隊　華盛頓來電을據ㅎ즉西細亞及太平洋艦隊ᄂ不久에合竝케되야太平洋艦隊라改稱ㅎ고最高級提督을司令官으로任ㅎ깃단所聞이有ㅎ다더라

雜報

●敍議後報 日昨政府會議案四件은昨報에揭載ᄒᆞ얏거니와更聞ᄒᆞᆫ즉農商工部所管度量衡製造所內外國事務員職工等解雇各項費二萬餘圜支出事와古阜郡匪徒鎭壓費一千五百圜支出事와陸軍硏成學校官制中改正件添入事가有ᄒᆞ다더라

●法相吟病 法部大臣李夏榮氏가身病으로近日에사進視務치아니ᄒᆞᆫ다더라

●名牌翻覆 議政府에셔參政大臣以下一般官人의進退牌를造成ᄒᆞ야壁上에掛置ᄒᆞ고仕進ᄒᆞ면各其名牌를翻置ᄒᆞ고仕退ᄒᆞᆯ時에ᄂᆞᆫ復置ᄒᆞᆫ다더라

●兩氏轉任說 議政府外事局參書官李鍾協氏ᄂᆞᆫ法部參書官으로轉任ᄒᆞ고其代에太僕司長金宅鎭氏가被任ᄒᆞᆫ다더라

●反對削髮 度支部에削髮치아닌官人이相語ᄒᆞ되削髮차아니ᄒᆞ얏다ᄒᆞ고新聞에도揭載ᄒᆞ고大臣의勸告도有ᄒᆞ니大臣待接으로ᄒᆞ야도削髮ᄒᆞᄂᆞᆫ거시當然ᄒᆞ다ᄒᆞᆫ즉該部參書官朱相翊氏가反對ᄒᆞ야曰削髮ᄒᆞ고世上에엇지ᄎᆞ世ᄒᆞᆯ것ᄂᆞᆫ야ᄒᆞ얏ᄂᆞᆫ데該氏가乙未年에도削髮을謀避ᄒᆞ다가漣川郡守를敍任ᄒᆞ얏든니今番에도反對ᄒᆞ니必然觀察使를또敍任되리나ᄂᆞᆫ物論이有ᄒᆞ다더라

●貴民籍日 黃州慕聖坊龍頭里居丁欽鎬父子가素以悖類로近年에依附日人ᄒᆞ여稱以幹事人ᄒᆞ고行無所不爲ᄒᆞ며勒奪有夫女ᄒᆞ야仍作已妻라가事露官庭에納賂圖免ᄒᆞ고毆打婦女를視若能事ᄒᆞ고勿論老少ᄒᆞ고凌蔑詬辱이罔有其極이나坊內民人이厭其口畏其力에莫敢開論ᄒᆞ야將至渙散之境ᄒᆞ나官亦晏視不徵ᄒᆞ야民怨喧藉ᄒᆞᆫ다더라

●銀行總會 本月八日下午一時에農工銀行에서債券發行에關ᄒᆞᆫ件으로羅洞巴城館에셔臨時株主總會를開設ᄒᆞᆫ다더라

●稅所權設 漢城稅務署所ᄂᆞᆫ度支部空廳에姑爲權設ᄒᆞ기로議定ᄒᆞ얏다더라

●春察電部 春川觀察使가內部에電報ᄒᆞ되戶口調査事로本道警視가累促이되未承部訓이오니卽爲回示ᄒᆞ라ᄒᆞ얏더라

●聘用日技 度支部에셔學部에照會ᄒᆞ되貴部聘用技師石原錠太郞을弊部所管建築工業部設立準備委員으로囑托ᄒᆞᆫ事로業經仰照ᄒᆞ와頃接照復內槪에將此照辭委員ᄒᆞ야使之承囑케ᄒᆞᆸ고茲에照復爲要等因이온바自弊部로該石原錠太郞을弊部所管建築所技師로將欲兼行ᄒᆞ야托ᄒᆞ와茲又照會ᄒᆞ오니照亮ᄒᆞ오셔卽行知委該員ᄒᆞ라ᄒᆞ얏더라

●公廨變通 內部에셔衛陽郡에指令ᄒᆞ되稱便取扱所ᄂᆞᆫ有可借公廨則借給이可커니와書記事務室을胡爲出給ᄒᆞ고有此報告인지甚不妥當ᄒᆞ니自本郡으로從便變通ᄒᆞ라ᄒᆞ얏더라

●各郡面數 度 部에셔日人의所問을酬答ᄒᆞ기爲ᄒᆞ야十三道各郡面數를調査ᄒᆞ얏ᄂᆞᆫ데總合數가三千三百三十五面이라더라

●간木勒討 楊州郡守洪璨潤氏가報告內部ᄒᆞ되本郡上道面境內板谷官坪與金村面金谷等各洞價所任報告를接準ᄒᆞ온즉內槩에日本人長谷이自京至春川府間所竪간木修立事來責木料而本洞等이俱以金谷垈字內之洞으로欲酬應이오나三四十里內全無合用木이올ᄲᅮᆫ더러價不相適ᄒᆞ오니極爲寃枉ᄒᆞ온지라將此交涉於通信局ᄒᆞ시와使民無寃事等因이옵기通牒於通信局ᄒᆞ오며茲에報告ᄒᆞ오니査照ᄒᆞ신後卽涉通信局ᄒᆞ시와更勿直責於村民케ᄒᆞ시고木料價額을一從時價 備케ᄒᆞ라ᄒᆞ엿다더라

●非賊乃技 侍從院에서十一月當月俸을覓來ᄒᆞ야分給ᄒᆞ랴다가日暮ᄒᆞ야支撥ᄒᆞ지못ᄒᆞ고閪失ᄒᆞ얏다ᄂᆞᆫ說은前報에揭載어니와更聞ᄒᆞᆫ則果是日暮之致로分給지못ᄒᆞ고主務官手傍의藏置ᄒᆞ야가지고遞宮相李根湘氏家에往ᄒᆞ야雜技ᄒᆞ다가沒數見失ᄒᆞ고遂賊ᄒᆞ얏다고推托ᄒᆞᆫ다더라

●義將押上 忠淸南道裁判所判事金嘉鎭氏가法部에報告ᄒᆞ되逮捕ᄒᆞ온니犯罪人前參判閔宗植李容珪朴潤植金德鎭郭漢一黃英秀를本道警務補佐官과協贊ᄒᆞ와一幷押上于平理院ᄒᆞ고該案에對ᄒᆞᆫ隱匿罪人前參判李南珪成佑永은幷送該家ᄒᆞ와姑爲保管이라ᄒᆞ얏더라

●昨中實情 再昨日校洞等地에何許日人이毬轉商店을排設ᄒᆞ고做此ᄒᆞᆫ韓人에錢財를勒奪ᄒᆞᄂᆞᆫ데何許兵丁一名이該店을憎惡ᄒᆞᆫ던지酒를被ᄒᆞ고日人에ᄲᅡᆷ을치며該店內에投石ᄒᆞ고因以逃走ᄒᆞ얏다더라

●長城義擾 再昨日長城郡에서稱以義兵者四十餘名이突入官衙ᄒᆞ야無數悲鬧에該地郵便局事務員日本人一名을砲殺ᄒᆞ고高敞으로旋向ᄒᆞ얏다더라

●一進誣請 永平郡에 益宗大王胎室奉安ᄒᆞᆫ山이在ᄒᆞᆫ데該郡一進會가此胎峯에種植ᄒᆞᆯ計劃으로農商工部에請願ᄒᆞ얏ᄂᆞᆫ데但以胎峯에種植ᄒᆞᆫ다ᄒᆞᆫ故로農部에셔도知以地名ᄒᆞ고卽爲認許ᄒᆞᆫ지라認許를該郡에頒付ᄒᆞ야不待官令ᄒᆞ고一進會員이卽爲斫伐樹木ᄒᆞᆫ지라 郡守徐相鵬氏가農部에報明ᄒᆞ미該部에셔始爲覺察ᄒᆞ고一進會를卽爲拘囚ᄒᆞ고樹木價를還推覓ᄒᆞ다ᄒᆞᆷ으로一進會員이多數滯囚ᄒᆞ얏다더라

●文敎請願 武官幼年學校文官便敎官權丙勳氏가期於ᄒᆞ請願圖遞ᄒᆞᆫ다ᄂᆞᆫ데其請願ᄒᆞᆫ內容을得聞ᄒᆞᆫ즉該校文官便敎官某氏가仕進時間을十分各未及ᄒᆞ얏던지武官便敎官某氏가此事에對ᄒᆞ야敎長李起泓氏의게報告ᄒᆞᆫ지라李氏가權丙勳氏를對ᄒᆞ야曰文官便敎官一人이仕進時限을違越ᄒᆞ야武官便의셔報告가有ᄒᆞᆫ거ᄂᆞᆯ文官便에셔ᄂᆞᆫ掩置不報ᄒᆞ니是何經緯오ᄒᆞᆫ데權氏曰仕進時間十分쯤違時ᄒᆞᆷ을報告ᄒᆞᆫ事가不當ᄒᆞᆫ기에不報ᄒᆞ엿지掩置ᄒᆞᆫ거시아니라ᄒᆞᆫ즉敎長李氏가權氏로三日罰番에處ᄒᆞᆫ故로權氏가再三請願ᄒᆞᆫ다더라

●靑會演說 本日下午七点半에靑年會館에셔工學士尙灝氏가靑年이란問題로연說ᄒᆞᆫ다더라

●金昌民怨 金海昌原等郡에서結民에게葉錢八十兩式督納ᄒᆞᄂᆞᆫ故로民怨이載路라고南來人의傳說이有ᄒᆞ더라

●徵塾賦榜 徵文義塾第一期試驗榜目이如左ᄒᆞ니

中學速成科八人 閔天植金基安白斗鉉朴應和禹相俊張在轍金班奎閔奎植及第李揆설申龜永等三十六人高等小學優等六人송在起李鳳年金膺喬申弼浩閔華植邊永殷及第申錫雨李元相等二十二人이더라

●徐李鬪形 安東郡徐李兩姓의山訟事ᄂᆞᆫ前報에揭載ᄒᆞ얏거니와平理院에셔定明查圖形ᄒᆞᄂᆞᆫ데圖形步數ᄂᆞᆫ自鳥峯山으로李氏先祖影祠墓地ᄭᆞ지ᄂᆞᆫ相距가六百餘步오自鳥峯山으로徐氏先祖胎室墓地ᄭᆞ지ᄂᆞᆫ相距가一千二百餘步라더라

●寺土釐正 學部에셔廣州郡守吳泰派氏에게訓令ᄒᆞ되俞哲濬之沮戲學校事와奉恩寺僧畓釐正次로本部視學官魚용善氏를派送ᄒᆞ고茲에訓令ᄒᆞ니照亮後商確妥辦ᄒᆞ라ᄒᆞ얏더라

●納稅便 度支部에셔各郡舊납금自十二月爲始ᄒᆞᄂᆞᆫ데中央金庫에셔持受치아니ᄒᆞ도기磨鍊ᄒᆞ얏다더니日昨에 部顧問室에何樣交涉이有ᄒᆞ얏던지當랍은從便持랍ᄒᆞ기로ᄒᆞᆫ다더라

●汾南校式 通津郡居沈啓澤氏가敎育에熱心ᄒᆞ야私立汾南普成學校를設立ᄒᆞ고許多校費를該氏가專擔當ᄒᆞ야聽俊子弟를現方募集ᄒᆞᆫ인데陰曆來月初에開校式을擧行ᄒᆞᆫ다더라

●姜又出脚 內侍姜錫鎬氏가向日政界에風潮가危險ᄒᆞᆷ으로潛伏ᄒᆞ엿다가近日에時機를窺察ᄒᆞ고蹤跡을露出ᄒᆞ야不久에出門ᄒᆞᆫ다더라

◉酒後閒話

○近日政海에風潮가翻覆되미舟楫이傾倒ᄒᆞ야浪靜이無期더니三大臣이轉任ᄒᆞᆫ다지

○宮內府內司課長徐廷岳氏가門票를不要ᄒᆞ고宮門에直入ᄒᆞ다가又是見逐되엿다니李基東氏에前鑑도못보왓소

○嶺南은古稱鄒魯之鄕으로許多儒生이上京逗留ᄒᆞ야挾雜運動은每從嶺儒中出來ᄒᆞ니鄒魯之鄕도亾ᄒᆞ엿고

○關西ᄂᆞᆫ一進會가多數ᄒᆞ야所謂一進會本部에셔泰山갓치恃ᄒᆞ더니西人의性質이闡明ᄒᆞ야是非를易辨ᄒᆞᄂᆞᆫ지라日近에瓦解가되엿다니무엇을믿을는지

○頭髮을削ᄒᆞᄂᆞᆫ것시衛生上에便易타더니傳染病이流行ᄒᆞ야受毒ᄒᆞᆫ者不少ᄒᆞ니衛反有害로고

寄書

抱劍子 金秀英 令

此亦殘廢에傾ᄒᆞ야不正ᄒᆞᆫ동樑을補ᄒᆞ고圮ᄒᆞᆫ墻壁을築ᄒᆞ야一箇小學堂을遂成ᄒᆞᆫ지라遠近童蒙八十餘人을募集ᄒᆞ야親密ᄒᆞᆫ師敎을聘ᄒᆞ야普通學科로勉勵敎導ᄒᆞ니此乃本守學政의第三編이라美喜도다本郡守三校에敎監이되시며敎授을董督ᄒᆞ며學員을鼓動ᄒᆞ야

教育方針에實效을研究ᄒᆞᄂᆞᆫ血心이自然이忘寢廢餐의地頭에到ᄒᆞ미數百餘員學徒가化에感ᄒᆞ야成果을期決ᄒᆞᄂᆞᆫ者ㅣ或어文運에後ᄒᆞᆯ가恐ᄒᆞᄂᆞᆫ潮熱가正이學業上一競爭局을成ᄒᆞᆫ지라此을由ᄒᆞ야觀ᄒᆞᆫ진ᄃᆡ完全ᄒᆞᆫ敎育에來頭을可期ᄒᆞᆯ者ㅣ可히普國의小學初時代에不下ᄒᆞᆯ이로다

是가我韓發展의先聲이될지이此을睹ᄒᆞ고此을聆ᄒᆞᆫ者ㅣ銅色部落의種族이아니면誰가肩을聳ᄒᆞ야興起ᄒᆞᆯ心이無ᄒᆞ리오玆에一覽을述ᄒᆞ야先에本郡靑年의幸福을賀ᄒᆞ고次에帝國前道의從此連茹됨을心香ᄒᆞ노이다ᄒᆞ얏더라 完

雜報

●平壤爭宗呼訴 平安道平壤居[illegible]宗玗이가平理院에四度呼訴와法部三度呼訴와內部二度呼訴ᄒᆞ되平[illegible]觀察府巡檢郭尙하여가矣ᄒᆞᆫ의糟糠結髮之妻을强爲通奸ᄒᆞ다가職其於身이他地에出他之後에被告가暗生凶計ᄒᆞ야矣ᄒᆞᆫ의正妻와九歲女兒及家藏什物財錢ᄭᅡ지沒數移舍ᄒᆞ고勒奪自據ᄒᆞ얏사오니世豈有如許至冤之事乎잇가

呈邑呈府十餘次에其勢을莫當ᄒᆞ와裹足千里에見奪汁物件記及邑府所訴紙을粘連仰訴ᄒᆞ오니郭哥의有夫女强姦ᄒᆞᆫ罪와有父女兒와有上物件勒奪ᄒᆞᆫ罪을依律ᄒᆞ시와俾此遐土殘氓으로得保家屋케ᄒᆞ라ᄒᆞ얏ᄂᆞᆫᄃᆡ 未完

●贊校文會 近日贊文學校을有志人士가熱心擴張ᄒᆞᄂᆞᆫᄃᆡ其槪況을得聞ᄒᆞᆫ則發起人李春世李奎錫洪正裕金永華金汶植諸氏와敎師尹始鏞尹世鏞兩氏가敎育義務에一層注意ᄒᆞ야不辭辛勤ᄒᆞ고各其誠意로財本을醵集ᄒᆞ야敎場及諸般物品을一新修補ᄒᆞ얏ᄂᆞᆫᄃᆡ學員은八九十名에達ᄒᆞᆫ지라來日曜에ᄂᆞᆫ評議會와贊成會를設行ᄒᆞ고敎育上維持方針을爛商討論ᄒᆞᆫ다더라

●敎師延聘 近日南大門니廣信社에서商業專門學校를創設ᄒᆞ고曾往外國에商業卒業ᄒᆞᆫ金大熙氏와政治卒業ᄒᆞᆫ슈祥연金奎植諸氏로延聘ᄒᆞ야熱心敎授ᄒᆞᆫ다더라

●仁民防賊 傳說을聞ᄒᆞᆫ즉仁川郡璧林等地에賊警이尤甚ᄒᆞ야一般村民들이各其木棒與銃을準備ᄒᆞ야[illegible]設會ᄒᆞ야到底防禦ᄒᆞᆫ다더라

●貪虐被訴 義州府尹李[illegible]氏가食賍事로民訴를被ᄒᆞ야平理院에拿就ᄒᆞ라가日昨審判之場에葉五千兩食賍이與平涵所訴相符ᄒᆞ야復卽被囚이거니와該府民李得善이가葉五千五百二十兩을被奪ᄒᆞᆫ것이有ᄒᆞ야呼冤次로方爲上京ᄒᆞᆫ다더라

●勞働助校 傳說을聞ᄒᆞᆫ즉開城郡後西江等地에有志人士들이資財를鳩取ᄒᆞ야西湖學校를創設ᄒᆞ고校長韓敎序氏와校監崔壽永氏의熱心誠力으로漸有進就之望이러니經用이太乏ᄒᆞ야維支키難ᄒᆞ더니該浦口에서勞働ᄒᆞᄂᆞᆫ役夫들이此校를聞ᄒᆞ고廢학될가憂慮ᄒᆞ야每日勞働手料金十分一을該校에捐補ᄒᆞ야永久維持케ᄒᆞᆫ다더라

◎本社廣告

申報價

一張代金	新貨二錢五里
一箇月前納	三十錢
三箇月	九十錢
六箇月	一元七十錢
一箇年	三元四十錢
郵稅一朔 新貨五里	
一箇月	十三錢

廣告料

四号活字十三字詰 每日每英尺一寸에 新貨廿錢
(每日每行에 六錢에 相當홈 其期限의 長短과 字行의 多少를 從ᄒ야 增減홈이 有홈)

◎大韓每日申報各處支社

中署布屛門下 金相萬冊肆
[illegible] 朱翰榮冊肆
中署[illegible]初八七十八統二戶 鄭[illegible]
仁川港峴開新冊肆 李東[illegible]
平壤南山峴日新學校 金浩淵
宣川邑[illegible] 崔叙恒
義州南門外韓西大藥房 張有寬 安[illegible]
長淵邑 金[illegible]
鎭南浦藥[illegible] 金仁직
咸興州南社 曹[illegible]
中和邑 李俊培
釜山[illegible]川 [illegible] 金[illegible]
開城北部[illegible]井里 [illegible] 義[illegible]
[illegible]校 [illegible]文社
大丘郡 差助[illegible]
鐵山邑內 [illegible]
元山港倉前 金[illegible]範
黃海道載寧邑清樂院居 劉夢澤

發行兼編輯人 英國人 裵說
發行所
京城中署壽進坊典洞号外地法語學校前
大韓每日申報社

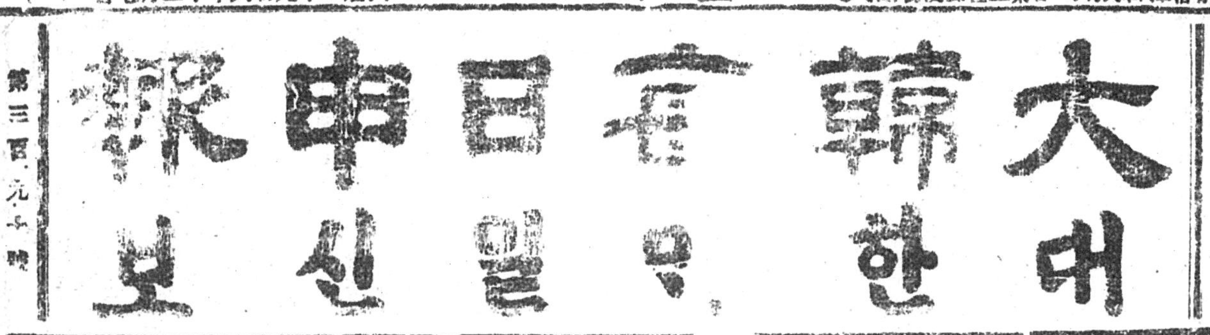
第四卷　大韓每日申報　대한매일신보　第三百九十[illegible]號

月曜及慶節
歲時日休刊

檀君開國四千二百三十九年
箕子元年三千二十八年
大韓開國五百十五年
日本明治三十九年
淸國光緖三十二年
◉陰曆丙午十月大廿二日乙酉

論說

姑無戰機

日本크로늬클新聞이日露戰役의繼今이切迫홈을預言ᄒᆞᄂᆞᆫ可驚電信을揭載ᄒᆞ엿도다

本記者의論述ᄒᆞᆫ바媾和條約이休戰에不過홈을노信認홈이今已延及於四方矣요且近日所遇가吾人意見을堅備ᄒᆞ얏스나然이나日本크로늬클新聞이廣布ᄒᆞᆫ電報의感覺之意ᄂᆞᆫ有何表裏인지探見키不能이로다

吾人所思에第一着及應ᄂᆞᆫ若其通信이與지지新聞整列을不用ᄒᆞ고日人探報社에供給이라ᄒᆞᄆᆞᆯ明ᄒᆞ엿더면其論旨가益著ᄒᆞ엿깃도다

日本에武路의勢와財政重要가自相抗逆ᄒᆞ야極東에셔煩悶을將取ᄒᆞᆯ거ᄂᆞᆫ日本以外에更無他人이로다何如ᄒᆞᆫ지東洋政策을熟知ᄒᆞᄂᆞᆫ人士ᄂᆞᆫ日露和議가曾決何事인줄노不信ᄒᆞᆯ지라日淸露三國에셔探得ᄒᆞᆫ各異報告의例及됨을引用ᄒᆞᆷ은其結果가決裂됨을豫先ᄒᆞ나니倫敦·日電信局의探報員이지지新報를引用ᄒᆞ고크로늬클新聞이此를更用ᄒᆞᆷ은混雜을增加ᄒᆞᆯ而已로다

國이他戰局을今不更備홈은確然事實이요且日本은入於戰局ᄒᆞᆯ기에無力ᄒᆞ不甚ᄒᆞᆯ지라海參威方面에셔海底武備가繼今浮下ᄒᆞ나니日本이巨額戰艦을豈肯더險更置리요日本이現今에俄國을抵敵ᄒᆞᆯ기에不敢不能且不肯인줄은人各미知라以此事實노觀之컨ᄃᆡ彼記者의戰機가眞未有表裏인줄을足以量度이로다

日本形態를論述ᄒᆞᆫ지된彼有何許表裏인거시無疑ᄒᆞ니我聞盟이貪欲을著示인바遠今外務交涉을關係ᄒᆞ야ᄂᆞᆫ德國 皇帝의暗指ᄒᆞᆫ言과及其親王에陳述의日本이自國之占土偏癖을譴責妨礙ᄒᆞ던지欲與交戰ᄒᆞ랴ᄂᆞᆫ顯然意思ᄂᆞᆫ不較ᄒᆞᄂᆞᆫ도다

官報

◉三千六百二十九號　光武十年十二月六日

◉勅令

勅令第七十三號

陸軍研成學校官制中改正件

光武八年九月二十四日詔勅十陸軍研成學校官制第三條第三項次에其四經理科本科學員及學徒ᄂᆞᆫ司計軍司及計手로擇派ᄒᆞ며各兵科尉官中志願人을試取ᄒᆞ야此에充ᄒᆞ고修學期限一箇年以上二箇年以下로定홈이라六十四字를添入홈이라

光武十年十二月三日

御押　御璽　奉 勅

議政府參政大臣朴齊純

軍部大臣權重顯

◉敍任及辭令

陸軍砲兵口隊附 朴在鉉

陸軍砲兵參尉

命停職

任醴泉郡主事 金鏊根
任南平仝 丁鍾燮
任突山仝 趙純炳
任居昌仝 六品愼弘燮
任巨濟仝 尹永現
任漆原仝 崔正煐
任江東仝 崔義鍾
任高靈仝 李鳳朝
任泰川仝 白炯世
任平昌仝 李秉郁
任永柔仝 六品丁潤起
任寧州仝 金喜周
任高城仝 九品李寬植
任龍安仝 九品林鎭熙
任欽谷仝 姜訥
任茂州仝 鄭漢祜
任麗水仝 金漢昇
仝固城仝 九品朴熙鎭
任雲山仝 李敏厚
任官寧仝 金鐘李
任莞島仝 朴永珪
任洪原仝 呂賢鎣
任咸陽仝 朴丸秀
任新溪郡主事 金鎭善
任金化仝 朴來駿
任永春仝 趙敬元

未完

◉光武十一年度

歲入歲出總豫算　續

第五項 諸手當 金四百三十二圜

第六項 糧食費 金八百七十六圜

第廿款 幼年學校 金二萬二千七百九十四圜

第一項 俸給 金一萬三千七百八圜

第二項 下士卒給料 金一千一百四十四圜

第三項 廳費 金三千四百三十二圜

第四項 雜給及雜費 金二千十六圜

第五項 諸手當 金四百三十二圜

第六項 糧食費 金一千八百六十二圜

第二十一款 侍從武官府 金九千二百五十九圜

第一項 俸給 金六千三百九十五圜

第二項 下士卒給料 金六百九圜

未完

外報

●米國南部激昂　華盛頓電을據ᄒᆞᆫ則日本學童問題에對ᄒᆞ야米國南部諸州에元老院과代議院議員을이슈빌로大統領이日本학童入학에强制的命令의報를接ᄒᆞ고此로以ᄒᆞ야南部諸州에셔黑人이隔離학校에對ᄒᆞ야攻擊ᄒᆞᆫ前兆를推測ᄒᆞ야非常ᄒᆞ激昂ᄒᆞᆫ다더라

●營口退附　去月三十日에日本은營口를還附키로調印ᄒᆞ얏ᄂᆞᆫ데本月一日로부터營口의軍政을撤ᄒᆞ야이就ᄒᆞ야在營一般公衆의게告示ᄒᆞ얏ᄂᆞᆫ데淸國人은家家에黃龍旗를揭ᄒᆞ고營口還附에祝意를表ᄒᆞ얏다더라

●摩洛가와英國　英國政府ᄂᆞᆫ軍艦을摩洛가에派遣치아니홀旨를更히宣言ᄒᆞ얏더라

●鴉片禁止實行　北京電을據ᄒᆞᆫ則淸國에셔鴉片烟에禁ᄒᆞᄂᆞᆫ後十年間을置限ᄒᆞ얏스나漸次禁止에方法을取ᄒᆞ야爲先官吏부터始作ᄒᆞ되今後六箇月을限定ᄒᆞ고嚴禁ᄒᆞᆯ意로官吏禁烟規則을制定ᄒᆞ야上奏ᄒᆞ얏다더라

●美議士意見　華盛頓電을據ᄒᆞᆫ則美國가리호루니아州에셔選出ᄒᆞᆫ代議士히이누氏ᄂᆞᆫ日本學童排斥事件으로日本大阪每日新聞通신員에對ᄒᆞ야曰大統領은學校問題에關ᄒᆞ야美日戰爭을開始케ᄒᆞᄂᆞᆫ事ᄂᆞᆫ決코行치아니홀지라然ᄒᆞ나今後二十年以來에ᄂᆞᆫ開戰을保無키難ᄒᆞ고余ᄂᆞᆫ어ᄃᆡ셔지든지日本人排斥案의遂行을期待ᄒᆞ다ᄒᆞ얏고아니요아州選出代議士히루氏ᄂᆞᆫ大統領을訪見ᄒᆞ야曰合衆國聯合政府에셔桑港問題에干涉ᄒᆞᆯ權利가無ᄒᆞ며今番事件에決코開戰ᄒᆞᆯ事件이無ᄒᆞᆯ줄노信ᄒᆞ더라

雜報

●顯閒斬持 東宮嘉禮日子가 漸迫ᄒᆞ고 許多ᄒᆞᆫ所用物品을 一無準備ᄒᆞ얏ᄂᆞᆫᄃᆡ 該經費五十萬圓을 度支部에서 依支撥ᄒᆞᆯᄃᆡ 인ᄃᆡ 財政顧問官目賀田氏가 尙今斬持ᄒᆞᆫ다더라

●稅主先往 鏡城稅務官閔泳均氏가 ᄉᆡ病이 有ᄒᆞ야 赴任無期ᄒᆞ고 稅務가 時急ᄒᆞᆫ故로 稅務主事가 先赴次로 發程ᄒᆞ얏다더라

●視察處私 內部警務局長金彰漢氏가 年前에 全州地空閒處數百石落을 곳 開墾ᄒᆞᆯ次로 農商工部에 請願承認ᄒᆞ얏ᄂᆞᆫᄃᆡ 月前에 幹事人을 派送ᄒᆞ야 該地를 辨査ᄒᆞ고 更히 定界ᄒᆞ며 標ᄒᆞ엿스ᄃᆡ 또 近地蘆田收稅處도 有ᄒᆞᆫ다ᄂᆞᆫᄃᆡ 該氏가 今番地方視察을 稱托ᄒᆞ고 往ᄒᆞᆫ것시 自己에 田土를 開墾ᄒᆞᆯ 處를 看審ᄒᆞ기 爲ᄒᆞ야 往ᄒᆞᆫ 事이라ᄂᆞᆫᄃᆡ 近日各部官人의 所謂視察之行이 無非憑公營私라고 巷說에 喧藉ᄒᆞ더라

●有何緊幹 內部衛生課長閔元植氏가 去番에 特派ㅅ使李址鎔氏를 餞別次로 釜山ᄭᆞ지 前往ᄒᆞ얏ᄂᆞ가 日前에 入京ᄒᆞ얏ᄂᆞᆫᄃᆡ 또무ᄉᆞᆷ 緊急事가 有ᄒᆞᆫ지 鄕第로 旋發ᄒᆞ얏다더라

●議政食口 議政府主事徐丙燦氏가 參書官으로 陞任ᄒᆞᆫ代에 仁川府主事鄭詰永氏가 轉任ᄒᆞ고 其代에 羅州府主事朴一陽氏가 轉任ᄒᆞ얏ᄂᆞᆫᄃᆡ 此三氏ᄂᆞᆫ 다 朴參政의 食口라더라

●兩氏相詰 內部警務顧問官丸山氏가 該部參與官龜山氏를 對ᄒᆞ야 日 警察事項은 余가 自意主便ᄒᆞᆯ지니 君은 都勿干涉ᄒᆞ라ᄒᆞᆫᄃᆡ 龜山氏가 答ᄒᆞ되 余是內部行政參與官이오 君是一警務顧問而已라ᄒᆞ고 相詰ᄒᆞ얏다ᄂᆞᆫᄃᆡ 其內容을 得聞ᄒᆞᆫ즉 丸山氏가 警務事項을 擅自히 行動ᄒᆞ야 不美之說이 種種煽動ᄒᆞᆷ으로 一則韓國警務改量에 妨害가 有ᄒᆞ야 進就之望이 無ᄒᆞ고 一則文明國名譽에 汚穢케ᄒᆞᆫ다ᄒᆞ야 龜山氏가 大段論駁ᄒᆞᆫ 事라더라

●變服密探 近日에 日本憲兵隊分遣所에서 무ᄉᆞᆷ 端인지 憲兵數名이 變服ᄒᆞ고 鍾路萬國靑年會演說場에 派送ᄒᆞ야 秘密히 偵探ᄒᆞᆫ다더라

●藥家避日 廣州郡下三里에서 日本人幾名이 下去ᄒᆞ야 山坂一處를 斫伐ᄒᆞᆫ지 已過周年이라 春夏農時에 村民을 威脅ᄒᆞ야 松木을 斫伐ᄒᆞ야 京城ᄭᆞ지 運輸ᄒᆞ되 雇價ᄂᆞᆫ 一分도 不給ᄒᆞ고 限制로 使役ᄒᆞ되 藥家逃走ᄒᆞᄂᆞᆫ者 多ᄒᆞ다더라

●日貿賤穀 近日日人輩가 多數ᄒᆞᆫ 錢財를 持ᄒᆞ고 各地方에 下去ᄒᆞ야 穀物을 貿ᄒᆞᄂᆞᆫ故로 米價가 日日高騰ᄒᆞᄂᆞᆫᄃᆡ 三南地方이 尤甚ᄒᆞ야 民情이 嗷嗷ᄒᆞ다더라

●會利實日 商民崔錫桂吳璣秋赫祚 二人이 高價를 貪ᄒᆞ야 鑄錢舍를 日人에게 放賣ᄒᆞ엿다ᄂᆞᆫᄃᆡ 社會에도 出入ᄒᆞᄂᆞᆫ 者이라 該會員들이 誤國賊의 比肩이 爲辱이니 黜會가 甚可라고 唾罵ᄒᆞ다더라

●產出怪物 龍仁郡防築洞居延先達爲名人의 둘ᄶᆡ子婦가 本月初五日의 一兒를 生產ᄒᆞ엿ᄂᆞᆫᄃᆡ 非蛇非人이라 頭部와 全體ᄂᆞᆫ 蛇形이오 手足은 人形이라 該家에서 卽時打殺ᄒᆞ엿다ᄂᆞᆫᄃᆡ 孕胎ᄒᆞ든 月에 그 母가 困睡ᄒᆞ야 夢ᄒᆞᆫ즉 一大蛇가 自己腹上을 抱ᄒᆞ야 房右便으로 去ᄒᆞᄂᆞᆫ지라 家內人을 騷動ᄒᆞ야 打殺ᄒᆞᆫ즉 火ᄒᆞᆫ 事가 有ᄒᆞ나 須甚怪異ᄒᆞ다고 該郡來人의 傳說이 有ᄒᆞ더라

●果則民賊 開寧來人의 傳說을 聞ᄒᆞᆫ즉 該郡守李載宅氏가 吏輩의 請囑을 信聽ᄒᆞ야 結民의게 考卜債를 每結頭의 葉二兩式勒捧ᄒᆞ며 該郡西面德松等地에 火賊二十餘名이 白晝劫掠ᄒᆞᄂᆞᆫ지라 洞民이 馳告ᄒᆞᆫ즉 同氏가 砲軍二百名을 率往ᄒᆞᆫ즉 賊徒가 强弱不敵ᄒᆞ야 卽時逃散이어날 同氏가 意氣揚揚ᄒᆞᆫ지라 砲軍은 亂縱ᄒᆞ야 洞民의 受賊人을 執責ᄒᆞ고 殺鷄殺猪에 縱酒亂醉ᄒᆞᆯ際의 賊徒가 乘時突入ᄒᆞᆫ즉 所謂砲軍이 舍命鼠竄ᄒᆞ고 同氏ᄂᆞᆫ 着笠ᄒᆞ고 僅以身免이라 賊徒가 該郡衙의 恇㤼無備ᄒᆞᆷ을 窺視ᄒᆞ고 邑으로 入據ᄒᆞ야 一郡萬戶를 一一捉致奪財ᄒᆞ되 未及辦出者ᄂᆞᆫ 該郡守가 因捧給ᄒᆞ얏스니 郡守ᄂᆞᆫ 國家의 命吏가 아니오 賊人의 命吏라ᄒᆞ며 其後에 地方隊兵丁이 來到ᄒᆞᆫ즉 前日에 賊ᄒᆞᆫ 饒民을 同氏가 該兵丁으로 符同嚇索이 至於幾萬兩이오 또 砲軍加殺을 稱ᄒᆞ고 每戶에 加斂ᄒᆞ야 境인民이 塗炭中에 入ᄒᆞ얏다더라

●文義賊警 忠淸來人에 傳說을 聞ᄒᆞᆫ則 該郡內各處에 凶器를 持ᄒᆞᆫ强盜가 周行村閭에 被害가 不少ᄒᆞ더니 本月二十四日에 郡內燈洞外四一戶에 入ᄒᆞ야 財產什物을 沒數奪去ᄒᆞ얏다더라

●五賊就捕 近日來로 羅州靈岩唐津等郡에서 强盜들이 作黨橫行ᄒᆞ야 錢財를 奪ᄒᆞ며 婦女를 强奸ᄒᆞ든 十三名中에 賊魁朴贊民과 崔道伯 申仕文 石順西 名은 唐津郡에서 就捕ᄒᆞ고 金奉五ᄂᆞᆫ 曾城郡에서 逮捕ᄒᆞ얏ᄂᆞᆫᄃᆡ 餘黨七名은 目下搜索中이더라

●六賊被捉 金城警務署分遣所에서ᄂᆞᆫ 近日에 强盜六名을 捕促ᄒᆞ얏다더라

●敗將口供 光州郡義兵事件으로 逮捕된 白樂九氏의 自服ᄒᆞᆫ 을 據ᄒᆞ니 該氏ᄂᆞᆫ 當時에 檄文을 廣布ᄒᆞᆫ 頭領이 如左ᄒᆞ니 嗚呼라 今日所謂大韓國은 誰人之大韓國也오 往在乙未之變ᄒᆞ야ᄂᆞᆫ 日使三浦가 壓倒兵人ᄒᆞ야 闕ᄒᆞ니 萬國에 聞之失色ᄒᆞ고 八域이 痛之如讎ᄒᆞ야 以來拾二年于茲矣다 上無復讎之舉ᄒᆞ고 下無雪恥之辭ᄒᆞ니 尙可以爲國有人乎아 現今伊藤博文이 益加侮辱ᄒᆞ야 率兵入京에 鉗勒上下ᄒᆞ고 自稱統監ᄒᆞ니 其統之者ㅣ 何也며 監之者ㅣ 何也오 我國五百年之宗社와 三千里之疆土와 二千萬之同胞ㅣ 舉爲鄰賊伊藤之所奪ᄒᆞ되 噤口結舌ᄒᆞ야 不能聲討ᄂᆞᆫ 其可爲乎아 於是乎白樂九ᄂᆞᆫ 自不量力ᄒᆞ고 招呼同志ᄒᆞ고 募集兵丁ᄒᆞ야 力攻日官之來留者ᄒᆞ야 盡逐境外ᄒᆞ고 且擒伊藤博文ᄒᆞ며 濟衆崔益鉉氏等코져 ᄒᆞ다가 時運이 不利ᄒᆞ야 兵不赴戰而先爲금捕ᄒᆞ니 敗軍之將이 不敢望生이라 茲以實告라ᄒᆞ얏더라

●哭忠 前月三十日은 閔正公泳煥氏의 殉國成仁ᄒᆞᆫ 신日이라 私立興化學校에서 追悼會를 開ᄒᆞ고 一般學生과 有志紳士가 如雲會集ᄒᆞ야 禮式을 擧行ᄒᆞ얏다ᄒᆞᆷ은 前報에 已記ᄒᆞ얏거니와 該校에 學生들이 閔公에 殉義大節을 去益深慕ᄒᆞ야 激切ᄒᆞᆫ 言論을 各其確立ᄒᆞ되 一校에 團休ᄒᆞᆷ으로 故校長에 靈體에 遺在ᄒᆞᆫ 地에 往ᄒᆞ야 紀念의 目的과 追悼의 本志를 完全히 達ᄒᆞᆷ은 吾儕의 必然ᄒᆞᆫ 義務라ᄒᆞ니 時校長과 校監이 諸學生의 遠路跋涉ᄒᆞᆷ을 念慮挽回ᄒᆞ나 諸生에 忠愛目的으로 感義奮發ᄒᆞᆷ을 抑制키 難ᄒᆞᆫ지라 開今月十二月一日에 該校長與校監及敎師諸人이 多數ᄒᆞᆫ 學生을 領率ᄒᆞ고 徒步ᄒᆞ야 仁川豐德村 忠正公泳煥氏의 墓所로 向ᄒᆞᆯ새 微雨ᄂᆞᆫ 霏霏ᄒᆞ고 風日의 凄凄ᄒᆞᆷ은 依然히 去年今日에 閔忠正殉節ᄒᆞ신 天氣를 釀ᄒᆞᆫ듯ᄒᆞ더라 當日은 因雨時晩ᄒᆞ야 墓所近村에 止宿ᄒᆞ고 厥明二日上午九点半에 十餘任員과 三十餘名學生이 嚴肅ᄒᆞᆫ 態度로 墓上의 前進ᄒᆞ야 拜墓式을 行ᄒᆞ며 愛慕歌를 唱ᄒᆞ니 山川은 雄渾ᄒᆞ고 松風은 蕭洒ᄒᆞᆫᄃᆡ 忠魂義魄이 感應ᄒᆞᄂᆞᆫ듯 老少男女의 來立觀光者莫不感泣ᄒᆞ얏스며 禮式을 閉ᄒᆞ고 墓所守護ᄒᆞᄂᆞᆫ 數多村人이 諸學生을 挽留ᄒᆞ야 各其自家溫突에 一日休息ᄒᆞᆷ을 爭先請願ᄒᆞ나 다만 厚誼를 致謝ᄒᆞ고 仍欲回程ᄒᆞᆯ새 閔宅에서 專人을 追送ᄒᆞ야 遠地徒步로 冒寒跋涉ᄒᆞᆷ을 傳喝勞問ᄒᆞ고 墓直家로 迎接暫息後 水原으로 指導ᄒᆞ야 梅山驛에서 乘車上京케ᄒᆞ얏다더라

●講日退定 英親王殿下講學日字를 陰本月二十一日로 擇定ᄒᆞ엿더니 一日退定ᄒᆞ엿다더라

●義將移囚 義兵將閔宗植氏ᄂᆞᆫ 日昨平理院에 押上ᄒᆞ얏더니 監獄署로 移囚ᄒᆞ얏다더라

◉老人長歎

○北山下 如斗屋에 頹窓破紙北風射ᄒᆞ니 滿面愁色 저 老인은 長吁短歎ᄒᆞᄂᆞᆫ고나

○日賦日詩ᄒᆞ든 春工夫 科擧가 一變ᄒᆞ니 平生經綸 虛사로다

○道學節義 名賢後裔 날ᄀᆞᆺ흔 존혼門閥 一初仕도 不得ᄒᆞ니 公論 도읍고ᄂᆞ

○三家村 ᄌᆞᆷ學究 질ᄂᆞᆫ 各學校가 新設ᄒᆞ야 童蒙을 難得ᄒᆞ니 生涯 頓絕일세

○變遷時代를 當ᄒᆞ여서 海外列强 生面 손님 壯觀도 許多ᄒᆞ건만 新知識에 全昧ᄒᆞ니 如吾老物 無用일세

○還鄕에 下去ᄒᆞ야 農民이나 될려ᄒᆞ든 民田美土 膏腴地을 日人이 先占ᄒᆞ니 立錐지地 難得일세

○街路에 露出ᄒᆞ야 枚草商을 ᄒᆞ랴ᄒᆞᆫ들 中央金庫와 商業界에 金융이 枯渴ᄒᆞ야 資本 업서 못ᄒᆞ깃네

○如此ᄒᆞᆫ 腐敗老物 天地間에 安容ᄒᆞᆯ가 悲歎竊心이로다

雜報

●奉講補斥書

夫習慣者ᄂᆞᆫ人性의感之機關이라孔子曰性相近也나習相遠也라ᄒᆞ시고孟子曰居移氣ᄒᆞ며養移體라ᄒᆞ시니盖其天命之本然者ᄂᆞᆫ四海萬國之人이同此性體也로되但以習慣之不同으로遂致性質之差殊ᄒᆞ니所謂齊魯之學과鄭衛之淫風이豈其天性之本然이리오直以習慣而成性者니凡留心於世道風化者ㅣ不可不注意於此ᄒᆞ야講其開導養成之方針ᄒᆞ야蓋人之習慣이[illegible]ᄒᆞ니目之所觸者ㅣ居多ᄒᆞ니耳之所觸은歌謠音樂이是也오目之所觸은柱聯壁書屬이是也라籍以我韓으로[illegible]言之ᄒᆞ면歌謠音樂도揚入心神者ㅣ不一其種이어니와至若柱聯壁書ᄒᆞ야ᄂᆞᆫ尤是人生起居之際에無時不接觸者인ᄃᆡ自王公貴人以下로至一般士民之家ᄒᆞ야門楣軒楹窓壁之間에書聯書題가觸目皆是者ᄂᆞᆫ 未完

●漢城宗玗의冤 續

平壤院에十月三十一日의更訴인바[illegible]道이오되[illegible]郡居李宗玗이郭尙[illegible]押致ᄒᆞ야告ᄒᆞ야[illegible]究明其妻ᄒᆞ고推尋其財[illegible]第二[illegible]所犯이旣有當律[illegible]之瑱訴而不爲聽理가是何委折인지到卽依前飭押致被告與贅女ᄒᆞ야另成公決後ᄒᆞ야來이되無復ᄒᆞᆫ한케ᄒᆞ라ᄒᆞ얏스며第三次에至ᄒᆞ야乃發訓飭이거날擬律判載에尙無歸決ᄒᆞ며且無如何之處明ᄒᆞ야致此奔訴不止케ᄒᆞ니言念民情에不勝悶然ᄒᆞᆯ더러挨以承施에深庸駭歎이라貴所前判事ᄂᆞᆫ將論旨이거니와令到卽刻에貴判事ᄂᆞᆫ被告郭尙과及贅夫女를捉囚嚴飭ᄒᆞ야依法決折後一有不服者어든兩造及贅女를並卽定巡檢押上ᄒᆞ야爲ᄒᆞ야玆에訓令ᄒᆞ니依此施行ᄒᆞ라ᄒᆞ얏지라또ᄒᆞᆫ該道에訓令ᄒᆞ야送一朔에郭哥ᄂᆞᆫ現任警察官吏ㅣ有勢能推ᄒᆞᆫ者라該道에셔還極防護ᄒᆞ야宗玗正妻와九歲兒與財을並不出給ᄒᆞᆫ다고法部와平理院에又呈歷ᄒᆞ여도巡檢之權豪로一妻二妾을두고ᄒᆞ사라ᄒᆞ나有子ᄒᆞ女ᄒᆞᆫ正妻失ᄒᆞᆫ者ᄂᆞᆫ엇지ᄒᆞ야推此可知라執法이如此則有勢者ᄂᆞᆫ有死罪而無辜ᄒᆞ고無勢者ᄂᆞᆫ有至寃而莫伸이라世態가寒心이라千訴萬狀이나徒歸文具라ᄒᆞ면서呼泣追悔라ᄒᆞ니情地矜惻ᄒᆞ더라 完

●習日長

江華郡所在大靑오尾長帖三狀ᄂᆞᆫ六十年前에民人等이私自築洑儲水ᄒᆞ야農業資生이옵더니癸卯年分ㅣ京居비屬官이圖得老所公文ᄒᆞ야稱付本帳ᄒᆞ고無名雜稅[illegible]詔勅이一切廢止로稅도隨以永罷인바京居李倫栢爲名者가本郡居崔光汝를被同ᄒᆞ여網以渠之周旋으로보稅를革能ᄒᆞ얏다ᄒᆞ고請囑ᄒᆞ기에幾萬金을費가되엿스니每斗落二斗式出給ᄒᆞ고萬端侵漁故로該民等이呈訴于巡察使及觀察使本府尹ᄒᆞ야永永革罷之公題與完文을受置而無一言半辭러니不意前日에日本人林喜一及藥商日人一名通辭二名官校二名이來到本洞ᄒᆞ야日人은稱以代言人이라ᄒᆞ고毆打洞長ᄒᆞ며勸奪完文與題旨ᄒᆞ고本郡守의게何圖得ᄒᆞ얏든지보稅를出給之令을持來ᄒᆞ며萬端威脅毆打之故로其人之溢暴ᄒᆞ야인民이渙散ᄒᆞ고보稅로星火督捧ᄒᆞ여보上各洞에必將空虛乃已故로不勝忿寃ᄒᆞ야內部에呼訴ᄒᆞ얏다더라

●各稅會議 再昨日度支部에서地方調査委員과外國人三四人이會同ᄒᆞ야各項稅會公議ᄒᆞ얏ᄂᆞᆫᄃᆡ革於人口와賣淫稅ᄭᅡ지라도見기로會議ᄒᆞ얏다더라

●日人行悖 再昨日下午十一時에草洞居柴商金化汝가景福洞燒酒商日人下野者가被酒來到ᄒᆞ야不問曲直ᄒᆞ고無數亂打ᄒᆞ야面部가重傷ᄒᆞ야幾至境ᄒᆞᆫ지라總巡一名及巡檢二名과日巡査一名이該家에出張ᄒᆞ야該日人을捕縛去ᄒᆞ얏다더라

●看護必正 [illegible]何무란閣下에[illegible]서作夫라[illegible]是課ㅣ이더라

●收官新任 海西郡收官을沈宗澤氏가圖得新任ᄒᆞ얏다더라

廣告

北美合衆國桑港洞에在ᄒᆞᆫ同胞들이[illegible]에서勞動ᄒᆞ지ᄂᆞᆫ我大韓同胞兄弟들이本學校를特愛ᄒᆞ사勞動金美貨三十四元七十五仙을捐補ᄒᆞ여온바不勝感淚ᄒᆞ옴을[illegible]謝萬千ᄒᆞ야來函原文과買[illegible]左開廣告ᄒᆞ오니我[illegible]僉君子ᄂᆞᆫ同聲感謝ᄒᆞ시오[illegible]貴下에[illegible]華ᄂᆞᆫ宿仰이오나隔在海外ᄒᆞ와有志未就者가[illegible]一二옵더니開成居ᄒᆞᆫ[illegible]私信이歸還留ᄒᆞᆫ金[illegible]意[illegible]豈不美哉며大哉리오座下에忠君愛國心으로本職을辭退ᄒᆞ사到處에學校을擴張ᄒᆞ시고愚昧ᄒᆞᆫ男女兒童을以樂勸學ᄒᆞ신다ᄒᆞ옴기左記ᄒᆞᆫ我等이座下의熱誠國事ᄒᆞ시믈贊助코져美貨三十四元七十五仙을學部로送交ᄒᆞ얏스니該銀을推覓學部ᄒᆞ시와一次以補萬一ᄒᆞ시믈伏望ᄒᆞᆷ

李添京氏 美貨 十四元
李光吉氏 美貨九圓二十五仙
[illegible]奎氏 五圓
金奉氏 二圓二十仙
朴其氏 一圓
朴昌進氏 一圓
閔德聲氏 一圓
林[illegible]氏 一圓
崔[illegible] 一圓
金[illegible] 五十仙
金甲浩[illegible] 二十五仙
[illegible] 二十五仙
李大[illegible]씨 一圓

私立[illegible]學校長[illegible] 告白

長水郡守朴漁成氏가郡主事薦擧ᄒᆞᆯ時에不關[illegible]ᄒᆞ고年少奸猾ᄒᆞ며公通賂多ᄒᆞᆫ現帶吏任ᄒᆞᆫ[illegible]復燁으로條報上部ᄒᆞ와스니[illegible]敍任則一郡難保이기廣告ᄒᆞᆷ
長水郡水[illegible]面 金仲鉉 朴有秉

天川面吳善默曾相七告白

◉特別廣告◉

今番에京城[illegible]堂[illegible]渡瀨常吉氏가辭職歸國ᄒᆞᆫ다ᄂᆞᆫ바對ᄒᆞ야送別會를開ᄒᆞ고[illegible]ᄒᆞᆫ다緊急相議ᄒᆞᆯ事이有ᄒᆞ오니本學堂卒業生及校友諸氏ᄂᆞᆫ本月九日(日曜)正午에左記ᄒᆞᆫ所로來臨ᄒᆞ심을千萬企望

光武十一年十二月五日

南大門內[illegible]洞靑年學院內
臨時京城學堂同窓會
委員等 告白

朝陽報第十二號廣告

(作者) ◎ (譯述)

「告大官巨公」「害韓乃忠韓」「品性修養」「商業汎論」「讀感想錄」「寄書」「世界叢談」「內地雜報」「廣告」

「海外雜報」「保護國論」「戰國新法論」「政治原論」「泰西敎育史」「本朝名臣錄」「갈ᄂ十傳」「米國大統領」「制藻」「비스마ᄅᆨ傳」「愛國精神談」

◉彰熙組合廣告◉

本人等이彰熙組合을西署東幕內洞에開設ᄒᆞ고各處所來米穀等物을隨到保管ᄒᆞ며放貸等節에迅速公平히ᄒᆞ게ᄒᆞ고若或物品을典執ᄒᆞ고貸金을請求ᄒᆞᄂᆞᆫ時ᄂᆞᆫ輕邊으로債給ᄒᆞ깃사오니四方僉君子ᄂᆞᆫ光顧ᄒᆞ심을敬要ᄒᆞᆷ

位置西署東幕內洞廿四統六戶
資本金 二萬圓
組合員白完爀 金洛熙 尹晶錫 趙彰漢 告白

少年韓半島라ᄒᆞᄂᆞᆫ雜誌ᄂᆞᆫ我帝國의(獨立基礎)(自由精神)(平等主義)로써國民的의腦髓를滋養ᄒᆞᄂᆞᆫ元素오敎育界의學識을發明ᄒᆞᄂᆞᆫ海上燈臺라有志同胞ᄂᆞᆫ購覽ᄒᆞ오每號定價金拾五錢

發售所普光學校
布屛 金相萬 洞口朱翰榮
鍾路高裕相 磚洞每日申報社

鐵山隱洞居金義洙字昌汝悖類也先塋位土僞劵盜賣宗族難保故玆以廣告內外國人切勿見欺
連山白岩洞金晚洙 告白

本人從子汶基年今十八知覺昧沒東西不分而同郡居尹喪人자本以浮浪之人也誘ᄒᆞᆫ人子便作技倆數月前誘引上京方欲得債以餘云故玆以廣佈內外國人切勿見欺毋至白失追悔伏望
鐵原 金在協告白

◉大韓俱樂部告白

十二月總會ᄂᆞᆫ普成專門學校[illegible]開ᄒᆞᆷ(第二日曜午後一時)

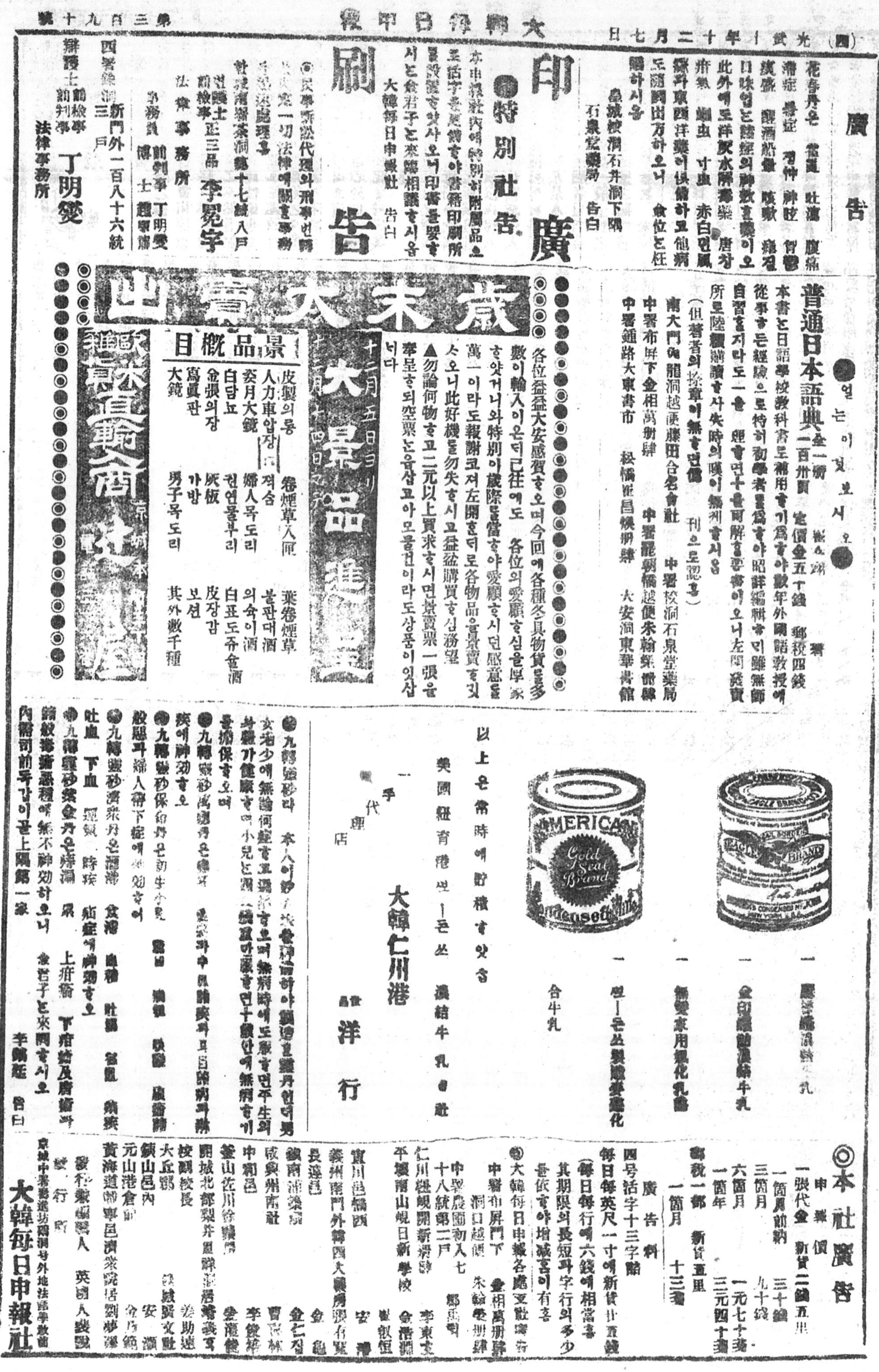

廣告

花春丹은 霍亂 吐瀉 腹痛 滯症 暑症 정忡 肺眩 胃鬱 痰盛 醒酒船暈 咳嗽 痢질 口味업ᄂᆞᆫ 諸症의 神效ᄒᆞᆫ 藥이오 此外에도 洋灰水解毒藥 唐창 疳氣 蛔虫 寸虫 赤白면風 藥과 東西洋藥이 俱備ᄒᆞ고 他病도 隨證出方ᄒᆞ오니 僉位ᄂᆞᆫ 枉臨ᄒᆞ시옵

皇城校洞石井洞下 石泉堂藥局 告白

印刷廣告

特別社告

本申報社內에 特別히 附屬品으로 活字를 完備ᄒᆞ야 書籍印刷所를 設置ᄒᆞ얏사오니 印書를 要ᄒᆞ시ᄂᆞᆫ 僉君子ᄂᆞᆫ 來臨相議ᄒᆞ시옵

大韓每日申報社 告白

◉民事訴訟代理와 刑事辯護와 其他 一切法律에 關ᄒᆞᆫ 事務를 受囑處理홈

辯護士 前檢事正三品 李冕宇
漢城南署藝薬洞第十七統八戶

法律事務所 事務員 前判事 丁明燮 博士 趙[illegible]

西署餘洞 新門外一百八十六統三戶

辯護士 前檢事 前判事 丁明燮 法律事務所

普通日本語典

●열는이ᄭᅥᆺ보시오●

普通日本語典 全一冊 一百卅頁 定價金五十錢 鄕稅四錢 鄭[illegible] 著

本書ᄂᆞᆫ 日語學校教科書로 補用ᄒᆞ기 爲ᄒᆞ야 數年外國語教授에 從事ᄒᆞ든 經驗으로 特히 初學者를 爲ᄒᆞ야 昭詳編輯ᄒᆞ미 雖無師自習ᄒᆞᆯ지라도 一을 理ᄒᆞ면 十을 可解ᄒᆞᆯ 要書이오니 左開發賣所로 陸續購讀ᄒᆞ사 失時의 嘆이 無케ᄒᆞ시옵

(但著者의 捺章이 無ᄒᆞᆫ 것은 僞刊으로 認홈)

南大門內 龍洞越便 藤田合名會社 中署校洞 石泉堂藥局
中署布屛下 金相萬冊肆 中署罷朝橋越便 朱翰榮冊肆
中署鍾路 大東書市 松橋 崔昌煥冊肆 大安洞 東華書館

歲末大賣出

●◉●◉●◉

各位益益大安感賀ᄒᆞ오며 今回에 各種冬具物貨로 多數이 輸入이온ᄃᆡ 已往에도 各位의 愛顧ᄒᆞ심을 厚蒙ᄒᆞ얏거니와 特別이 歲際를 當ᄒᆞ야 愛顧ᄒᆞ시던 感意를 萬一이라도 報謝코져 左開ᄒᆞᆫᄃᆡ로 各物品을 景賣ᄒᆞ깃ᄉᆞ오니 此好機를 勿失ᄒᆞ시고 益益購買ᄒᆞ심 務望

▲勿論何物ᄒᆞ고 二元以上買求ᄒᆞ시면 景賣票 一張을 奉呈ᄒᆞ되 空票ᄂᆞᆫ 읍삽고 아모물건이라도 상품이 잇삽니다

十二月五日브터 十二月十四日ᄭᆞ지 大景品進呈

景品概目

皮製의롱	卷煙草入匣
葉卷煙草	人力車압장[illegible] 적숨
불판대酒	癸月大鏡
婦人목도리	의숙이酒
白담뇨	권연물부리
白표도쥬金酒	金張의장
灰板	皮장감
萬眞판	가방
보션	大鏡
男子목도리	其外數千種

京城本町 歐米直輸入商 [illegible]

一 鷹[illegible]煉乳[illegible]乳
一 金印[illegible]濃縮牛乳
一 [illegible]家用[illegible]化乳[illegible]
一 ᄲᅥ—ᄃᆞᆫᄊᆞ製[illegible]化
合牛乳

以上은 常時에 貯積ᄒᆞ얏숨

美國紐育港 ᄲᅥ—ᄃᆞᆫᄊᆞ 濃結牛乳會社

一手代理店

大韓仁川港 [illegible] 洋行

●九韓[illegible]砂라 本人이 [illegible]ᄒᆞ야 [illegible]丹인ᄃᆡ 男女老少에 無論何症ᄒᆞ고 [illegible]ᄒᆞ오며 無病時에도 服ᄒᆞ면 平生의 身體가 健康ᄒᆞ며 小兒ᄂᆞᆫ [illegible]服ᄒᆞ면 十歲안에 無病ᄒᆞ기 를 擔保ᄒᆞ오며

●九韓[illegible]砂[illegible]丹은 [illegible]와 中風 諸疾과 모든 諸病과 癆疾에 神効ᄒᆞ오

●九韓[illegible]砂保命丹은 新生小兒 [illegible] 殺虫과 婦人帶下症에 [illegible]効ᄒᆞ며

●九韓[illegible]砂[illegible]丹은 [illegible] 食滯 [illegible] 吐[illegible] [illegible] 病疾 吐血 下血 [illegible] 時疾 瘧症에 神効ᄒᆞ오

●九韓[illegible]砂[illegible]金丹은 痔漏 [illegible] 上疳瘡 下疳瘡及唐瘡과 諸般惡瘡種에 無不神効ᄒᆞ오니 僉君子ᄂᆞᆫ 來問ᄒᆞ시오

內部前[illegible]가이골上隅第一家 李[illegible] 告白

◎本社廣告

申報價

一張代金	新貨二錢五里
一箇月前納	三十錢
三箇月	九十錢
六箇月	一元七十錢
一箇年	三元四十錢

郵稅一部 新貨五里 一箇月 十三錢

廣告料

四号活字十三字를 每日每英尺一寸에 新貨廿五錢

(每日每行에 六錢에 相當홈)

其期限의 長短과 字行의 多少를 依ᄒᆞ야 增減홈이 有홈

◉大韓每日申報各處支散所

中署布屛門下 金相萬冊肆
洞口越便 朱翰榮冊肆
中署農圃洞八七十八統第二戶 鄭[illegible]
仁川紐峴開新學校 李東[illegible]
平壤南山峴日新學校 [illegible]
宣川邑[illegible]西 安[illegible]
義州南門外韓西大藥房 [illegible]
長淵邑 金[illegible]
鎭南浦[illegible] 金仁집
咸興州南社 曹[illegible]
中和邑 李[illegible]
釜山佐川[illegible] 金[illegible]
開城北部[illegible] [illegible]
校洞校長 姜助遠
大丘郡 [illegible]
鎭山邑內 安[illegible]
元山港倉[illegible] [illegible]
黃海道[illegible]邑[illegible] 劉[illegible]

發行兼編輯人 英國人 裵說

發行所 京城中署[illegible]坊[illegible]洞 大韓每日申報社

第四卷

大韓每日申報
대한매일신보

第三百九十一號

月曜及慶節
歲時日休刊

檀君開國四千二百三十九年
箕子元年三千二十八年
大韓開國五百十五年
日本明治三十九年
淸國光緖三十二年
◉陰曆丙午十月大廿三日丙戌

別報

●論日人謀開濬鴨綠江 （合川賓報照謄）

嗚呼라日本이又鴨綠江의修濬之名을藉ᄒᆞ야我國에該江交通之權을握코져ᄒᆞᄂᆞᆫ가最近消息을據컨ᄃᆡ日人某가嘗遍歷鴨綠江ᄒᆞ야細加考査ᄒᆞ얏고曾聞其計畫ᄒᆞ니但得五萬餘元이면可히江中에浮左와淺沙를開通淨盡이라ᄒᆞ고因ᄒᆞ야開濬鴨綠江公司를創設ᄒᆞ기로集議ᄒᆞ야此項工程을辦理ᄒᆞ고至其籌款ᄒᆞ야ᄂᆞᆫ該江에運載豆油ᄒᆞᄂᆞᆫ船舶을向ᄒᆞ야征收ᄒᆞ기로擬ᄒᆞᆫ다云云ᄒᆞ니嗚呼라此實吾國의所宜注全力以爭者로다

夫使鴨綠江으로萬國往來貿易의孔道가되야不能不開通ᄒᆞ야以利經行者가有ᄒᆞ면他國이或公益의名義를得藉ᄒᆞ야修濬之擧를主持ᄒᆞᆯ것이오又此項工程이關於各國之公益이거나需款이浩大ᄒᆞ야本國이財力이不足以擧之면他國이或得請於主國ᄒᆞ야集款以代辦其事를如當日之蘇彝河가是也라如鴨綠江者ᄂᆞᆫ既非萬國往來之孔道요又無預於公益인則其開通與否를當一聽中國之自由니豈日本에所能行其干涉耶아

且即日開通이라도據其所算컨ᄃᆡ不過五萬餘元之費에便可成事니豈此區區五萬元之費를中國이力不能籌措ᄒᆞ야必待日本一私人의出而任之耶아且該日人이謀辦此事호ᄃᆡ此區區之款을亦非取諸懷而出之라乃欲收之於中國之商船ᄒᆞ니吏如是也된中國政府가何不自收之自辦之ᄒᆞ고顧聽日人之越俎爲謀아

且害有不止此者ᄒᆞ니商船使行에征收河道之公費ᄂᆞᆫ此主國政治上之權이라以余所聞컨ᄃᆡ但有主國이於其河道之內에征收他國之商船公費ᄒᆞ고他國之人이在主國所轄河部之內ᄒᆞ야征收主國商船之公費ᄂᆞᆫ未聞有之라今日本이以開濬鴨綠江之故로征收중國商船之公費를與得ᄒᆞ면是ᄂᆞᆫ攬其工程之利益ᄒᆞ며握其交通之命脈ᄒᆞ고도猶爲不足ᄒᆞ야更欲直接으로奪吾國政治上之權이로다吾知其事果成이면他日河道警察之權이六必歸其設施ᄒᆞ리니南滿鐵路가其先鑑也라

以遠事言之면巴拿馬가開河之擧를峻拒ᄒᆞ되美國之志가在之一沮ᄒᆞ얏고以近事言之ᄒᆞ면黃浦之開濬이固載在公約者나堅持再之에卒廢約而自辦之ᄒᆞ얏스니我政府之外交가非不差强人意라今者日人之擬開濬鴨綠江은於理於勢에皆所必拒니當局者ᄂᆞᆫ其亦思嚴辭峻斥ᄒᆞ야以保我江河之主權否乎아

官報

◉敍任及辭令

◉三千六百二十九號 光武十年十二月六日

任富陽郡主事 九品李泰定
任遂安仝 九品李聖奎
任慶山仝 韓炳斗
任長湍仝 六品尹泰善
任仁同仝 九品張炳祚
任厚昌仝 李兌壕
任慈城仝 金泰鉉
任鎭安仝 吳正烈
任安義仝 河榮奎
任慈仁仝 六品崔鎭鶴
任昌城仝 金爽奎
任義城仝 九品李鴻九
任端川仝 金允協
任甲山仝 朴東奎
任全義仝 鄭鶴植
任信川仝 李承祚
任長水仝 李復煒
任加平仝 徐相七
任永平仝 柳冀植
任麟川仝 安昌一
任興陽仝 六品申悰休
任[illegible]城仝 六品俞肯鉉
前主事李承薰 仝吉惠洙

任平安北道觀察道主事 洪淳七 張鎭奭
前主事金鴻鎭 仝蔡典周
仝金勉强 仝朴連松
任咸鏡南道觀察道主事
前主事金鎭休 仝金在錫
仝洪台섭 仝崔鍾勛
任全羅南道觀察道主事
前主事睦源學 仝金鎭五
仝南廷懿
任忠淸北道觀察道主事
前主事崔行敏 仝崔丙赫
仝丁晟燮 仝金元植
任黃海道觀察道主事
前主事洪淳珪 仝沈鍾禹
仝安養駿
任三和府主事
前主事金益英 仝李尙珪
仝權賢燮
任德源府主事
前主事李柱邦 仝張宗植
任龍川府主事
前主事李鍾振 申泰岳
任城津府主事
以上十一月二十六日
任議政府主事 仁川府主事鄭喆永

◉三千六百三十號 光武十年十二月七日

◉宮廷錄事

嘉禮都監都提調臣閔泳奎謹奏取考謄錄則納采納徵告期等行禮時正副使主人빈者所着公服自都監措備其餘執事及宮官幷令以常服領行禮矣今亦依此爲之之意分付何如敢奏
旨依奏 光武十年十二月三日奉

未完

外報

●美國艦隊合並 伯林電을據ᄒᆞᆫ則美國海軍省에셔艦政局長이亞細亞及太平洋의兩艦隊를合並ᄒᆞ야一艦隊로組織ᄒᆞ라ᄒᆞ얏다더라

●排日演說 桑港電을據ᄒᆞᆫ則美國갈리후오루니아州選出議員헤스氏가바불리간黨大會에서日本 童排斥事件으로演說ᄒᆞ야曰美日戰爭은맛참내避치못ᄒᆞᆯ事實이니兩國이今後二十五年以內에太平洋에支配權을統一ᄒᆞ기爲ᄒᆞ야干戈로相見ᄒᆞ리라ᄒᆞ고又來議會에ᄂᆞᆫ日本人排斥案을提出ᄒᆞ깃다ᄒᆞ얏다더라

●加州人民激昂 美國갈리후오로니아州人民은大統領이日本學童排斥事件을非難ᄒᆞ얏다ᄒᆞ야大段히激昂ᄒᆞ고日本勞動者十餘名을放逐ᄒᆞ고若歸來ᄒᆞ면餠殺ᄒᆞ깃다고脅迫ᄒᆞ다더라

●大學校還收運動 北京電을據ᄒᆞᆫ則淸國山西紳士等이聯合ᄒᆞ야該省英人所屬의山西大學校를淸國에셔還收次로運動中인ᄃᆡ此亦利權還收의影響이니此로由ᄒᆞ야紛議를釀成ᄒᆞᆯ慮가有ᄒᆞ다더라

●獨逸平和會議 獨逸은南米諸國이次會議에海牙會議에參列ᄒᆞᆷ에反對ᄒᆞ고又獨逸은此會議에軍備縮少問題의提出ᄒᆞᆷ에反對ᄒᆞ깃다ᄂᆞᆫ風說이有ᄒᆞ나獨逸外相은此를否認ᄒᆞ얏다더라

雜報

●勅帖已正 議政府의셔各府部院廳親任官勅任官의勅旨와奏任官判任官의帖旨를明年一月爲始ᄒᆞ야改正ᄒᆞ되紙本은印刷局의셔制造ᄒᆞ야親勅任官의勅旨ᄂᆞᆫ李花紋을紙面에隱映케ᄒᆞ고奏判任官의帖旨ᄂᆞᆫ太極紋을紙面에隱映케ᄒᆞᆫ다더라

●邊警廢止說 北間島邊界에警務署를設置ᄒᆞ야人民을保護ᄒᆞ더니近日則日兵이派駐ᄒᆞᆫ故로該警務署를明年度부터廢止ᄒᆞᆫ다더라

●無所不爲 無論某部ᄒᆞ고部內廳廨를毁撤ᄒᆞ던지修理ᄒᆞ던지主務大臣의命令을受ᄒᆞᆫ後에러該部土木局과會計局一般局課長이協議ᄒᆞᆫ然後에施行ᄒᆞᄂᆞᆫ거시妥當ᄒᆞ거ᄂᆞᆯ內部警務局前에二三間房屋이有ᄒᆞ더니日昨에該部顧問官丸山氏가日人役夫를指揮ᄒᆞ야自意毁撤ᄒᆞ고有何所用이던지改爲建築ᄒᆞᄂᆞᆫ지라警務局官人들은耳聞目覩ᄒᆞ얏ᄂᆞᆫ지未知커니와會計課長某氏가追後見知ᄒᆞ고瞠然問之ᄒᆞᆫ즉是顧問官의指揮라ᄒᆞ얏다니他局은姑捨ᄒᆞ고土木局會計局에셔도漠然不知ᄒᆞ얏스니顧問官의客反爲主ᄂᆞᆫ已無可論이어니와該府官人의尸位素餐으로諸般部務를外人의게讓與ᄒᆞᆷ을不勝慨歎이라고輿論喧藉ᄒᆞ더라

●保護統署 向日長谷川司令官邸外門에만日本步兵數名으로把守ᄒᆞ더니統監代理後로日本憲兵隊에셔憲兵數三名을派送ᄒᆞ야該官邸內外를嚴密히保護ᄒᆞᆫ다더라

●巡檢不法 傳說을聞ᄒᆞᆫ즉警務東署二牌字內巡山巡檢輩가日人補助員을依勢ᄒᆞ고不法無理之說로無端히脅制人民ᄒᆞ며錢財를無數히勒奪ᄒᆞ야民怨이漲藉ᄒᆞ다더라

●無罪被打 日昨에日巡査數十名과警務廳摠巡巡檢十餘名이新門外前正尉李龍儀氏家에直入ᄒᆞ야무슴罪人을捕捉ᄒᆞᆫ다ᄒᆞ고內房과至於庫間々지這這히搜探ᄒᆞ되卒無實據ᄒᆞ야還爲入來ᄒᆞ얏다ᄂᆞᆫ데李龍儀氏ᄂᆞᆫ無罪히毆打를被ᄒᆞ얏다더라

●廣信校消息 남門니廣信商業학校에셔敎師延聘ᄒᆞᆫ다ᄂᆞᆫ事를昨報에暫爲揭載ᄒᆞ엿거니와更聞ᄒᆞᆫ則該校의擔任敎師ᄂᆞᆫ曾往外國에셔商業卒業ᄒᆞᆫ金大熙씨와政治卒業ᄒᆞᆫ李寅植金祥演三씨로選定ᄒᆞ고校監은實業及敎育上에有志ᄒᆞᆫ朴仁昌씨로選任ᄒᆞ엿다더라

●日巡薄[illegible] 西署에聘置ᄒᆞᆫ日巡査가警務本廳에셔該署經費를逐條劃去ᄒᆞ되巡檢의柴油炭等各項用費를斬持不給ᄒᆞ야窮絀이莫甚ᄒᆞ다ᄂᆞᆫ데本廳에셔支出ᄒᆞᄂᆞᆫ經費ᄂᆞᆫ何處에用ᄒᆞᄂᆞᆫ지未知ᄒᆞ깃다고巷說이有ᄒᆞ더라

●日占公廨 향번觀察使申泰休氏가政府에報告ᄒᆞ되義州郡에日兵이多數來駐ᄒᆞ야該郡客舍와鄕校와民家三十餘戶를借給ᄒᆞ라ᄂᆞᆫ데自難擅便ᄒᆞ니措處之方을畫示ᄒᆞ라ᄒᆞ얏다더라

●一遵約束 近日에洪州郡守劉猛氏가請願ᄒᆞ고義州府尹李民溥氏ᄂᆞᆫ民訴로押上ᄒᆞ고谷山郡守李偕承氏도民訴로押上ᄒᆞ고尙州郡守吉永洙氏도民訴를因ᄒᆞ야押上ᄒᆞᆫ다ᄒᆞ고甑山은已爲見窠ᄒᆞ얏ᄂᆞᆫ데獵官者流가內大署理閔泳綺氏에게郡守圖得ᄒᆞ기를緊密히請囑ᄒᆞᆫ데該氏答曰原任內大李址鎔氏가發程時에雖有時急ᄒᆞᆫ郡守奏本이라도延拖不奏ᄒᆞ고自己還國ᄒᆞ기를企待ᄒᆞ라ᄒᆞ얏슨즉吾則踐約乃已ᄒᆞᆯ것시니第待李址鎔氏歸國ᄒᆞ야更爲運動ᄒᆞ라ᄒᆞ얏다더라

●借人燈光 參政朴齊純氏가自己別室家가三청洞壯元署橋近處에在ᄒᆞᆫ데夜間인즉往來가不便ᄒᆞ다ᄒᆞ야該坊曲巡檢에게令飭ᄒᆞ야自花開洞本第로至壯元署橋々지家家懸燈ᄒᆞ라ᄒᆞ미該巡檢이家家히懸燈ᄒᆞ기를督飭ᄒᆞᄂᆞᆫ지라貧戶들이油價를難辦ᄒᆞ야方在憂歎중이라더라

●參政所遭 參政大臣朴齊純氏가日前에仕進ᄒᆞ랴고自己門前에셔人力車를乘ᄒᆞᆯ際에壚商金斗源氏가突出ᄒᆞ야高聲疾罵曰以若一國政府之參政으로我의積年抱恨을屢訴ᄒᆞ여도何不交涉歸決ᄒᆞ고一民의所冤를不決ᄒᆞ며賣國에만精神이有ᄒᆞᆫ야ᄒᆞ고人力車를推之拿之ᄒᆞ며詰難이無數ᄒᆞᄂᆞᆫ데在傍ᄒᆞᆫ巡査와巡檢과該大臣도無一言答辭ᄒᆞ고질馳如電ᄒᆞ야奔入大闕ᄒᆞᆫ즉金斗源氏도亦扶車輪ᄒᆞ고隨後以去ᄒᆞ얏다더라

●橫奪求仕錢 日前中署校洞大賓官內居鄭鎭夏氏家의셔花套局을設ᄒᆞ고生栗幾箇式作定ᄒᆞ야相戲ᄒᆞ다가巡檢의게發見되야一幷捕縛ᄒᆞᄂᆞᆫ데適其時永川郡居ᄒᆞᄂᆞᆫ李某가 郡郡主事叙任次로京城의上來ᄒᆞ야逗留ᄒᆞᄂᆞᆫ중에공교히其時의鄭氏家에留宿ᄒᆞᄂᆞᆫ데其足只속에拾圜ᄶᅳ리紙幣二十九張을藏置ᄒᆞ얏더니巡檢이紙貨로贓物을삼아警務중署로捕縛以去ᄒᆞ얏다더라

●鎭岑賊警 忠청南道鎭岑郡北面注里岩崔參奉家에賊黨이突入ᄒᆞ야家產奪取ᄒᆞ얏단事實은前報에記載ᄒᆞ얏거니와또日前에賊黨數十餘名이各持銃械ᄒᆞ고乘昏突入ᄒᆞ야無數亂打ᄒᆞ고家產汁物을沒數奪去ᄒᆞᄂᆞᆫ데甚至於衾席等物과食器匙著等物을奪去ᄒᆞ얏고同郡木洞店甚無人地境에셔少年草笠一人을亂刺卽殺ᄒᆞ얏ᄂᆞᆫ데賊黨인즉全州安平山과連山場谷과鎭岑南面等地에根居ᄒᆞ야如是作경ᄒᆞᆫ다더라

●黃氏渡日 度支部稅務官黃鎭氏ᄂᆞᆫ何事件으로因ᄒᆞᆷ인지日間日本으로發向ᄒᆞᆫ다ᄂᆞᆫ데往還日字ᄂᆞᆫ四週日假量이라더라

●가券典日 近日韓國니金融이乏絶ᄒᆞ야支保키難ᄒᆞᆫ故로京城니外의가券與土地典執者ㅣ倭與當局에逐日踏至ᄒᆞ야得債ᄒᆞᆫ다ᄒᆞ니言念韓國前程ᄒᆞ건ᄃᆡ痛嘆不已라ᄒᆞ더라

●奇哉韓氏 京城학堂卒業生韓應源氏ᄂᆞᆫ本以文學이裕餘ᄒᆞ고聰明영悟ᄒᆞ여不過一年에日語을達通ᄒᆞ야譽聲이藉藉ᄒᆞ더니京義鐵道電信手가되야其功效가著大ᄒᆞ더니敎育의思想이有ᄒᆞ야遽然而辭退ᄒᆞ고維新學校에名譽로自擔ᄒᆞ야熱心敎授ᄒᆞᆫ다더라

●李氏復起 遞軍大李根澤氏가遞任ᄒᆞᆫ後百般運動ᄒᆞᆫ다더니何樣運動이되얏ᄂᆞᆫ지更히某大臣이던지叙任된다ᄂᆞᆫ說이有ᄒᆞ더라

●朴氏免官 侍從院侍從朴鎬秉氏가該院十一月朔俸給條를逢賊ᄒᆞᆫ事로宮내府에셔免官奏本을上奏ᄒᆞ엿다더라

●云着東京 特派大使一行이本月五日에東京에到着ᄒᆞ엿다더라

●兩氏轉任說 新任ᄒᆞᆫ法部參書官李鍾協氏ᄂᆞᆫ該大臣에緊切ᄒᆞᆫ單食口인즉必是秘書課長으로轉任ᄒᆞ고秘書課長尹性普氏ᄂᆞᆫ文書課長으로轉任ᄒᆞᆫ다더라

●檢事分撥 再昨日法部에셔各地方檢事十五人을叙任ᄒᆞ얏ᄂᆞᆫ데姓名이如左ᄒᆞ더라 平院李成漢裁韓東履京畿金鐸忠南權炳薰忠北洪冕熙平北安秉찬平南金鍾鎬全北尹憲求全南金致熙慶北陸鍾冕慶南朴准性咸남申相範咸北太明軾江原李鍾赫黃海洪佑기라더라

●回照信局 내部에셔統監府通信管理局長池田十三郞氏의게照會ᄒᆞ되貴公文을接準ᄒᆞᆫ즉今回地方을改定ᄒᆞᆫ後各府를從前에監理署廳舍로移轉ᄒᆞᆫ期日及移轉先面洞里名稱을判明通報ᄒᆞ라신事에對ᄒᆞ여其移轉期日과移轉ᄒᆞᆫ位置區域名稱을仰復이라ᄒᆞ엿다더라

●彈機得勢 近日韓人間에彈綿業에從事ᄒᆞᄂᆞᆫ者ㅣ不知其數인ᄃᆡ仁川港鬼頭商店에셔製造販賣ᄒᆞᆫ計算金이略幾萬圜이라ᄂᆞᆫ데彈機價가比前高騰ᄒᆞᆫ다더라

◎小春醉話

○日本에留學生은菊花戲를禁止ᄒᆞ야愛國誠이激切ᄒᆞ니外國에遊覽ᄒᆞᆯ야新空氣를吸取ᄒᆞᆫ效力이로고

○韓國內地에在ᄒᆞᆫ新開化군들은日語나좀ᄒᆞ고頭髮이나削ᄒᆞ고服裝이나着ᄒᆞ면新學問이有ᄒᆞᆫ체ᄒᆞ고日에게阿附ᄒᆞ야官職勅告圖得ᄒᆞ니遊學生부끄럽지안이ᄒᆞᆫ지

○司馬遷이二十에南遊江淮ᄒᆞ고歸而治文著書ᄒᆞ민史記一部가在名山大川이라ᄒᆞ니文章에誇張으로만知ᄒᆞ얏더니今日留學生을보니참虛言이안이로고

○近日에頑固식입들은言必稱開化時代라新學問를排斥ᄒᆞᆷ은內地에挾雜開化軍만본말이지日本에留學生보고말ᄒᆞᆫ야오

○政府大臣賣官질地方郡守貪虐질各處ᄒᆞᆫ黨火賊질百姓은잘숨깃다大韓天地ᄂᆞᆫ賊窟이되고말깃고

○連山郡一進會ᄂᆞᆫ平民을捉致ᄒᆞ야私債를勒捧ᄒᆞ다가人의身을厚鎌으로割ᄒᆞ미該郡에呼冤ᄒᆞᆫ즉禁止ᄒᆞᆷ令ᄒᆞ얏다ᄒᆞ니郡守ᄂᆞᆫ무엇ᄒᆞ지ᄂᆞᆫ郡守지

雜報

●壽畵趣旨書 續

惟是淸風明月에吟嘯之趣와靑山碧溪의瀟洒之景과幽花芳草의閑談之趣와黃鷄白酒의遨遊之語와漁翁左夫의幽寂之態와散人逸士의放浪之跡이라此等意味가日接於目ᄒᆞ여造次不離ᄒᆞ니此於世道風化에似無緊要的機關이나其實은尋常外賞之際에養其恬談安逸之性情ᄒᆞ야稍鑠其奮發猷爲的思想者가職此之由라使此全國之人으로一切性質이皆好靜而惡動ᄒᆞ며憚勞而求逸ᄒᆞ야一種癖질이痼於胸中者면長此沈淪世界에悠悠甘眠이永無驚覺之期라個人의生活과國家의義務를對ᄒᆞ야經濟가何由而興이며事業이何自而興乎야竊爲是懼ᄒᆞ야特히本館을漢城中央에開設ᄒᆞ고法書名畵를俱收並蓄ᄒᆞ야國中僉君子의購覽을供給ᄒᆞ되書聯畵題가唯是倫理上忠孝之跡과義理上勇適之志와事業上勤敏之實로古今을蒐輯ᄒᆞ야傳神寫意者니此를將ᄒᆞ야平日起居之際에寓目養性之資를作ᄒᆞ면其尋常所得이엇지吟弄風月과平章山水의比擬ᄒᆞᆯ바리오惟我國中僉君子ᄂᆞᆫ本館의苦心을諒ᄒᆞ야此等완實之品으로亦皆袪舊就新ᄒᆞ야一切好個性質을양成ᄒᆞ야世界上一等文明의地位를占有ᄒᆞ시믈十分切望焉 完

漢城大安洞本館主人 金有鐸

●羅氏美 日前興化學校諸員들이閔忠正公의墓所에出往ᄒᆞ얏다가回路에水原府에抵到ᄒᆞᆫ즉日已暮矣라該府居前主事羅聖奎氏가自已家에延接ᄒᆞ야穩宿케ᄒᆞᆫ後早飯을盛饋ᄒᆞ며諸員의熱心勤勞ᄒᆞᆷ을欵慰ᄒᆞ얏다ᄒᆞ니羅氏의忠義上에向慕ᄒᆞᄂᆞᆫ誠心을欽賀不已로다

●禹牌何多 西署阿峴居西署刑事巡檢禹起晉이가如干濁酒商ᄒᆞᄂᆞᆫ女子라도檢查ᄒᆞ라고捉去ᄒᆞ고賣淫女에게賂物을受ᄒᆞ엿든지西署掌內에賣淫女十餘戶의禹起晉에門牌를付ᄒᆞ얏다더라

●汾鄕志士 傳說을聞ᄒᆞᆫ則通津郡有志文士李寅赫沈相大李建英氏等三十員이七八年前에講會를設ᄒᆞ고各出金一圜ᄒᆞ야日後敎育上經費로立本取利ᄒᆞ더니今秋에收合文이一百八十四圜이라本郡前秘書丞沈啓澤氏가연財設校ᄒᆞ야敎育上에熱心ᄒᆞᆷ을感謝ᄒᆞ여該金을從今으로付校殖利ᄒᆞ고各擔任員ᄒᆞ야校中의些少之費를永久히贊成ᄒᆞ기로會同約定ᄒᆞ얏다니沈氏의敎育上美務와諸員의敎育上興感이令人可賀이라더라

●韓氏熱心 維新學校敎師韓相舜氏ᄂᆞᆫ芳年十八에聰明영悟ᄒᆞ고文學이裕餘ᄒᆞ야莫不欽嘆ᄒᆞᄂᆞᆫ바인ᄃᆡ現今該校에名譽로熱心敎授ᄒᆞ야將有前進之望이라고巷說이藉藉ᄒᆞ더라

●楊花賊警 傳說을聞ᄒᆞᆫ즉近日楊花津等地에盜賊이處處橫行ᄒᆞ야掠奪民財ᄒᆞ며行人의衣冠什物을白晝取ᄒᆞᄂᆞᆫ故로該洞에서夜不成寐ᄒᆞ며行路도阻絶이되얏다더라

●三郡賊警 近日開城金川平山等地에火賊이大熾ᄒᆞ야人民이安堵치못ᄒᆞ야蕩産ᄒᆞᄂᆞᆫ者多ᄒᆞ다더라

●金氏逢賊 南署校洞居前參奉李某氏가貧困중에今秋에親切之人의게看秋ᄒᆞᆷ을懇請許得ᄒᆞ야往于延安等地ᄒᆞ야色粗收合ᄒᆞᆫ것시二石인데如干金ᄒᆞ야今冬明春ᄭᆞ지糧食之資를船卜ᄒᆞ얏더니南陽地에서水賊을逢ᄒᆞ야見失ᄒᆞ고深冬에餓死ᄒᆞ깃다고該氏가呼哭ᄒᆞᆫ다더라

●韓一비訂後聞 韓一銀行의支配人이辭退ᄒᆞᆫ事로內訌이起ᄒᆞᆷ은前報에歷揭ᄒᆞ얏거니와更聞ᄒᆞᆫ즉李寅植氏가事務에過失은一無ᄒᆞ고功蹟과良美ᄒᆞ얏스나辭任을許施ᄒᆞ고紛亂이因生ᄒᆞ엿스니其原因이重役等과不合意ᄒᆞᆫ緣故로出ᄒᆞᆷ을可知오重役等諸氏중에도特히鄭東植氏가擅制ᄒᆞ야李氏를決不更聘이라ᄒᆞ고其他諸氏ᄂᆞᆫ更用ᄒᆞᄂᆞᆫ게妥當ᄒᆞ다ᄒᆞ나李氏ᄂᆞᆫ阿諛의風習을行ᄒᆞ기不能ᄒᆞᆫ故로應ᄒᆞ기不能이라ᄒᆞ야堅固히決心ᄒᆞ얏고不得已ᄒᆞ야鄭氏가支配人을代理ᄒᆞᄂᆞᆫ데法式에昧ᄒᆞ야頭緒를不分ᄒᆞᄂᆞᆫ故로該銀行으로閙議ᄒᆞ여단이게에滾沒ᄒᆞ야該銀行에預金當座가半減되며株主總會를開ᄒᆞ라ᄒᆞᄂᆞᆫ데其중에도黨派가分立ᄒᆞᆫ故로互相牴牾ᄒᆞᆫ다더라

●金氏至冤 西署藥峴居前主事金寅基氏家屋에對ᄒᆞ야訟案不公ᄒᆞᆷ을隨聞揭載ᄒᆞ얏거니와其家舍則正廟朝께서增建賜給于寅基氏에先祖領議政文忠公載瓚氏ᄒᆞ신비라所重迥別ᄒᆞ여至今尊奉이며寅基氏의兄弟身病으로因ᄒᆞ야落接墓下時의其養生가從祖金完[illegible]氏로ᄒᆞ야금暫時奠居러니其從祖가黑心이發ᄒᆞ야蔑視其姪之病廢와從孫之年幼ᄒᆞ고付同漢城府ᄒᆞ여使其子若弟로立證出券ᄒᆞ여暗與于裁判長李允用氏ᄒᆞ고期使寅基씨로被壓見奪케ᄒᆞᄂᆞᆫ故로今에寅基氏가不勝憤恨ᄒᆞ여平理院에呈冤ᄒᆞᆫ全文이如左ᄒᆞ더라

本人에家舍ᄂᆞᆫ不但相傳之歷世라亦係 正廟朝增建賜給ᄒᆞ신先祖文忠公則其在子孫尊奉之誠에所重迥別ᄒᆞ와不敢擅賣이온바去戊寅年分落鄕時에暫借與從祖居矣러니癸卯年分에忽聞典賣於外國人之說ᄒᆞ고驚遑上來ᄒᆞ야還接舊居러니不意李晉九가에서稱以典執此屋文券於本年四月云ᄒᆞ고欲行奪去이옵기歷歷卞詰이온즉始知其稱券之自在와所執券之僞造ᄒᆞ고往復原告之書意에가舍事ᄂᆞᆫ更不相關云ᄒᆞ더니其年九月分에日本人大島專藏이來稱典執此屋文券於五月云ᄒᆞ고欲爲勒奪이옵기卽地請願於日本領事館ᄒᆞ여徙理歸正而慮或有此等後弊ᄒᆞ여仍卽新聞廣告이오며 未完

廣告

北署順化坊司宰監契第五十九統一戶草家九間半板刻文券中間셔失誰某拾得休紙施行 家主 吉用植 告白

本人의國漢文篆書로刻ᄒᆞᆫ姓名圖章을見失ᄒᆞ엿기玆廣告ᄒᆞ오니內外國人間勿施ᄒᆞ심爲要 閔泳瑗 告白

貴報第三百九十號欄內에合利賣日題下에本人家舍를高價로파라다ᄒᆞ엿스나買賣之說은虛無ᄒᆞ오니玆에正誤ᄒᆞ오니僉君子ᄂᆞᆫ照亮ᄒᆞᆷ 南松峴第六十八統五戶 吳兢默

篩洞앞處當錢一千五百兩松峴泰興號出給於晋一片을路中遺失ᄒᆞ얏스니內外國人間拾得ᄒᆞ와도休紙施行ᄒᆞᆷ 徐相兌 告白

少年韓半島라ᄒᆞᄂᆞᆫ雜誌ᄂᆞᆫ我帝國의(獨立基礎)(自由精神)(平等主義)로써國民的의腦髓를滋養ᄒᆞᄂᆞᆫ元素오敎育界의學理를發明ᄒᆞᄂᆞᆫ海上燈臺라有志同胞ᄂᆞᆫ購覽ᄒᆞ오每號定價金十五錢 發售所普光學校

布屛 金相萬 洞口朱翰榮
鍾路高裕相 磚洞每日申報社

連山縣洞居金義洙字昌汝悖類也先塋位土僞券盜賣宗族難保故玆以廣告內外國人切勿見欺 連山白岩洞金晩洙 告白

本人從子汝基年今十八知覺昧沒東西不分而同郡居尹喪人전本以浮浪之人也誘引入子便作技倆數月前誘引上京方欲得債以給云故玆以廣佈內外國人切勿見欺ᄒᆞ믈至白失追悔伏望 鐵原 金在協 告白

◉特別廣告◉

今番에京城學堂長渡瀨常吉氏가辭職歸國ᄒᆞᄂᆞᆫ딕對ᄒᆞ와送別會를開ᄒᆞ고ᄌᆞᄒᆞ옵ᄂᆞᆫ딕緊急相議ᄒᆞᆯ事이有ᄒᆞ오니本學堂卒業生及校友諸氏ᄂᆞᆫ本月九日(日曜)正午에左記ᄒᆞᆫ所로來臨ᄒᆞ심을千萬企望

光武十年十二月五日
南大門內尙洞靑年學院內
臨時京城學堂同窓會 委員等 告白

朝陽報第十一號廣告

(著作) 「告大官巨公」「告韓乃忠織」「品性修養」「商業與論」「隨感만錄」「奇書」「世界叢談」「內地雜錄」「廣告」

◎

(譯述) 「海卜雜錄」「保護國論」「滅國新法論」「政治原論」「泰西敎育史」「本朝名臣錄」「갈蘇士傳」「米國大統領」「詞藻」「비스마룩子」「愛國精神談」

◉大韓俱樂部告白

十二月總會ᄂᆞᆫ普成專門學校에開ᄒᆞᆷ(第二日曜午後一時)

廣告

漢城染織會社

本社의셔利益을不顧ᄒᆞ고韓人은紙人이라白衣ᄂᆞᆫ韓國衰敗의元素란外人의嘲評을憤慨ᄒᆞ여起業週年의幸蒙各位愛顧ᄒᆞ와전進의榮幸이不無ᄒᆞ온지라各種染色을益加勉勵ᄒᆞ와 僉位의所請을不負ᄒᆞ깃사오며陸속枉臨ᄒᆞ시되來往의便易를爲ᄒᆞ와左開各處에染物取扱所를設置ᄒᆞ엿사오니從便委托ᄒᆞ기務望

大廣橋 朴勝煥雜貨商店
布屛下 金相萬冊肆
苧洞憲兵支所前 李鴻謨藥局
남門外蓮池洞 俞경煥商店
大安洞北松峴初入 숑洛중典舖
社稷洞武德門外

漢城染織會社告白

◎民事訴訟代理와刑事변護及鑑定一切法律에關ᄒᆞᆫ事務를迅速處理홈

漢城南署茶洞第十七統八戶
변護士 前檢事正三品 李冕宇

法律事務所
事務員 前判事 丁明燮
士 趙秉甫

西署餘洞新門外一百八十六統三戶
辯護士 前檢事 前判事 法律事務所 丁明燮

普通日本語典 全一冊 一百卅頁

崔在翊 著 定價金五十錢 郵稅四錢

本書ᄂᆞᆫ日語學校教科書로補用ᄒᆞ기爲ᄒᆞ야數年外國語教授에從事ᄒᆞᆫ經驗으로特히初學者를爲ᄒᆞ야昭詳編輯ᄒᆞ미雖無師自習ᄒᆞᆯ지라도一을通ᄒᆞ면十을可解ᄒᆞᆯ要書이오니左開發賣所로陸續購讀ᄒᆞ사失時의嘆이無케ᄒᆞ시옵

(但著者의捺章이無ᄒᆞᆫ면僞刊으로認홈)

南大門內龍洞越便藤田合名會社 中署校洞石泉堂藥局
中署布屛下金相萬冊肆 中署罷朝橋越便朱翰榮冊肆
中署鍾路大東書市 松橋崔昌煥冊肆 大安洞東華書館

●얼는이것보시오●

歲末大賣出

各位益益大安感賀ᄒᆞ오며今回에各種冬具物貨를多數히輸入ᄒᆞ얏ᄉᆞ온ᄃᆡ已往에도 各位의愛顧ᄒᆞ심을厚蒙ᄒᆞ얏거니와特別히歲際를當ᄒᆞ야愛顧ᄒᆞ시던感意를萬一이라도報謝코져左開ᄒᆞᆫᄃᆡ로各物品을景賣ᄒᆞ깃ᄉᆞ오니此好機를勿失ᄒᆞ시고益益購買ᄒᆞ심務望

▲勿論何物ᄒᆞ고二元以上買求ᄒᆞ시면景賣票一張을奉呈ᄒᆞ되空票ᄂᆞᆫ읍삽고아모물건이라도상품이잇삽니다

十二月五日ㅂ터 十二月十四日ᄭᆞ지 大景品進呈

景品概目

皮製의롱 卷煙草入匣 葉卷煙草
人力車압장 격숨 불판대酒
姿月大鏡 婦人목도리 의숙이酒
白담뇨 권연몰부리 白표도쥬술酒
金張의장 灰板 皮장갑
寫眞판 가방 보션
大鏡 男子목도리 其外數千種

歐米直輸入商 雜貨 京城本町三丁目 電話三六番 辻屋

一 鷹標罐詰濃結牛乳
一 金印罐詰濃結牛乳
一 無雙家用氣化乳醬
一 쩍-든쓰製麥芽糖化
合牛乳

以上은常時에貯積ᄒᆞ얏슴

美國紐育港쎠-든쓰 濃結牛乳ᄒᆞ社

一手代理店 大韓仁川港 世昌洋行

●九轉靈砂라 本人이妙方法을研究ᄒᆞ야製造ᄒᆞᆫ靈丹인ᄃᆡ男女老少에無論何症ᄒᆞ고通擔ᄒᆞ오며無病時에도服ᄒᆞ면平生의身體가健康ᄒᆞ며小兒ᄂᆞᆫ圖亘細丸服ᄒᆞ면十歲안에無病ᄒᆞ기를擔保ᄒᆞ오며

●九轉靈砂萬靈丹은癲症 癡症과中風諸疾과耳目諸病과諸疾에神効ᄒᆞ오

●九轉靈砂保命丹은初生小兒 驚風 痢疾 咳嗽 虛弱諸般症과婦人帶下症에神効ᄒᆞ며

●九轉靈砂濟衆丹은酒滯 食滯 血積 吐瀉 霍亂 痢疾 吐血 下血 運氣 時疾 痲症에神効ᄒᆞ오

●九轉靈砂救金丹은痔漏 瘰 上疳瘡 下疳瘡及癬瘡과諸般瘡瘍惡種에無不神効하오니 僉君子ᄂᆞᆫ來問ᄒᆞ시오

內需司前목골이골上隅第一家 李鶴廷 告白

◎本社廣告

申報價

一張代金 新貨二錢五里
一箇月前納 三十錢
三箇月 九十錢
六箇月 一元七十錢
一箇年 三元四十錢
郵稅一部 新貨五里
一箇月 十三錢

廣告料

四号活字十三字詰
每日每英尺一寸에新貨卄五錢
(每日每行에六錢에相當홈
其期限의長短과字行의多少를依ᄒᆞ야增減홈이有홈

◎大韓每日申報各處支社廣告

中署布屛門下 金相萬冊肆
洞口越便 朱翰榮冊肆
中署農圃初入七十八統第二戶 鄭禹碩
仁川磁峴關新冊肆 李東主
平壤南山峴日新學校 金浩翊
義州 崔叡恒
宣川邑 安濬
義州南門外 張有寬
長連邑 金鑛
鎮南浦築港 金仁직
咸興州南 曹喜林
中和邑 李錫培
釜山佐川 金灌俊
開城北部梨井 崔義亨
號判校長 裴助逵
大邱郡 ?城廣文社
鏡山邑內 安濬
元山港倉前 金乃範
黃海道載寧邑濟衆院居劉夢澤

發行兼編輯人 英國人裴說
發行所 京城中署壽進坊洞外地法語學校前
大韓每日申報社

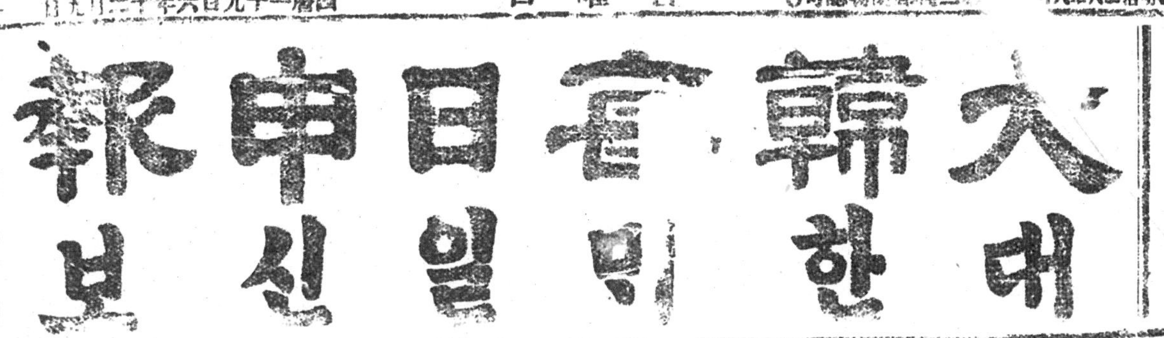

第四號

大韓每日申報
대한매일신보

月曜及慶節 歲時日休刊

檀君開國四千二百三十九年
箕子元年三千二十八年
大韓開國五百十五年
日本明治三十九年
淸國光緖三十二年
◉陰曆丙午十月大廿四日丁亥

論說

新外交

伊藤侯가日本크로니클報館의代表人을接見인바同報記述이若晃謬失인ᄃᆡ日人이韓國內에서土地를擅買ᄒᆞᆫ事實이奸猾誤導之說에歸之ᄒᆞᆺ도다

新聞代表人이發言ᄒᆞ되日本武官이韓國內土地를無價收用之事가亦多라ᄒᆞᆫᄃᆡ同侯가答述ᄒᆞ되然ᄒᆞ다平壤에서果有其實矣니聞此呼訴ᄒᆞ고卽時派人ᄒᆞ야査究其事ᄒᆞᆯ식英美法宣敎師의게亦以此質問ᄒᆞ러니英美兩國人은未有所起訴이나然이나惟法國人은略有所訴ᄒᆞ야今皆至於滿足安決이오且幾許韓人은定界內에土地를未有ᄒᆞ고償金을要請ᄒᆞᆷ이亦有ᄒᆞ엿도다ᄒᆞ엿더라

此를略言컨ᄃᆡ同侯가使同報閱讀人으로韓國에서日本武官이合宜價額을不給ᄒᆞ고土地를占取ᄒᆞᆫ事實이平壤에만但有ᄒᆞ며且因此呼訴者가惟法國宣敎師에不過ᄒᆞᆫ고로信認케ᄒᆞᆷ이로다 然이나平壤元山及馬山浦와其餘地域에서韓人이多量을奪ᄒᆞ며生業에서逐出된此事實은但非所拒言이어ᄂᆞᆯ尙伊藤侯ᄂᆞᆫ擧言ᄒᆞ되定界內土地를未有ᄒᆞᆫ韓人이要請償金이라ᄒᆞᆫ도다

日人之傷害韓人을全然拒言ᄒᆞ더라도持心忽當ᄒᆞᆫ白人은信知ᄒᆞᆷ이必少ᄒᆞ려니와如彼誤導ᄒᆞᄂᆞᆫ語般事가韓國에ᄂᆞᆫ有何危害리오列國政府가此地現行事態를可以聞知라日本最高元老의不言其實情ᄒᆞᆷ을注目ᄒᆞᆯ時에日人을待之以欺詐ᄒᆞᆷ거슨特有其理로다

官報

◉三千六百三十號 光武十年十二月七日 令

◉宮廷錄事

嘉禮都監都提調閔泳奎謹奏同牢宴床熟設及各樣花子造成ᄒᆞᆷ自內資寺擧行而處所則例定於 闕內公廨矣今番則以何司擧行而處所以何處爲之乎敢奏 光武十年十二月三日奉旨典션司擧行處所輯敬門內爲之

陸軍法院長閔柱益辭職疏
批旨省疏具悉所辭中副祉長之

◉敍任及辭令

任依施 內部大臣李址鎔
解臨時署理赤十字社總裁事務 修學院長李載克
命臨時署理赤十字社總裁事務 宮內府特進官閔丙奭
命典선司提調秘書監卿李容稙
命秘書監卿 主殿院醫衛局摠巡李寅鎔
任主殿院事務官 議政府主事李鴻增
任主殿院主事 九品徐丙植
任上殿院醫衛局摠巡 主殿院主事金鳳洙
任議政府主事

◉三千六百三十一號 光武十年十二月八日

◉宮廷錄事

太僕司長金宅鎭辭職疏
批旨省疏具悉所請依施

◉敍任及辭令 從二品洪正燮

解嘉禮費檢査委員 正校鄭鶴朝
任鎭衛步兵第六大隊特務正校 農商工部工務局長徐丙珪
解兼任官立仁川日語學校長 仁川府尹金潤晶
兼任官立仁川日語學校長
以上十二月三日
公立光州普通學校敎員洪炳寬
公立開城普通學校敎員李升均
依願免本官
任公立光州普通學校敎員 前敎員李鍾珏
任公立開城普通學校敎員 前敎員閔觀鉉
任公立安山普通學校敎員 李仁雨
任官立漢城師範學校敎官彭錦獻
兼任官立漢城師範學校學員監 議政府參書官李鍾協
任法部參書官
慶基殿參奉美基
厚陵令尹善穆
崇惠殿參奉金乃弘
依願免本官 肇慶廟參奉金良基
任慶基殿參奉 金廷會
任崇惠殿參奉 金琪成
任厚陵令 徽陵令柳榮麟
任徽陵令 隆陵參奉洪淳찬
任隆陵參奉 九品朴勝鉉
任陸軍硏成學校附陸軍步兵參尉 閔丙益
免本官

外報

◉西班牙內閣瓦解 路透電報에曰西班牙內閣은摩洛哥問題로因ᄒᆞ야總辭職ᄒᆞ얏다더라

◉英獨新聞論難 英國新聞이獨逸의遏羅一島를占領ᄒᆞᆯ意思가有ᄒᆞᆷ을揭載ᄒᆞ얏더니獨逸新聞은是를反駁ᄒᆞ고遏羅國을保護ᄒᆞᄂᆞᆫ英佛兩國은第三國에對ᄒᆞ야遏羅에門戶를開鎖ᄒᆞᆯ意思가有ᄒᆞᆷ이라고論ᄒᆞ얏더라

◉營口還附 六日東京電을據ᄒᆞᆫ則營口引渡協約은昨日에調印濟終ᄒᆞ고淸兵이營口에入ᄒᆞ며日本軍政은全部로撤退ᄒᆞ얏다더라

◉英法協約의目的 法國首相은諸政治家의論評을反對ᄒᆞ야日英法協約은決코他國을侵畧ᄒᆞ거나攻擊ᄒᆞᆷ은아니라ᄒᆞ얏다더라

◉天津의自治政 北京電을據ᄒᆞᆫ則天津에서來十六日부터自治政을施行ᄒᆞᆫ다더라

◉遏帝의美人顧問 倫敦電을據ᄒᆞᆫ則遏羅皇帝씌서美國하바도大學校國際法擔當敎授스도루버루氏를主任顧問으로延聘ᄒᆞ얏다더라

◉美國議會 華盛頓電을據ᄒᆞᆫ則美國議會가本月三日에開會되얏ᄂᆞᆫᄃᆡ大統領루스벨트氏가紐育헤루랏ᄯᅩ新聞과其人各種의諸新聞이今番日日事件에對ᄒᆞ야人心을煽動케ᄒᆞᄂᆞᆫ論說을公布ᄒᆞᆷ을遺憾히여기다더라

◉議員과敎授의意見 桑港電을據ᄒᆞᆫ則美國上議院議員루이루氏ᄂᆞᆫ日學校問題(日本兒童排斥問題)가萬若議會에提出되면元來聯邦政府ᄂᆞᆫ各州에對ᄒᆞ야其權利를讓步케ᄒᆞᄂᆞᆫ權能이無ᄒᆞᆫ故로此로由ᄒᆞ야反對히時局을困難케ᄒᆞᆯ虞가有ᄒᆞ다ᄒᆞ얏고후루돈氏도亦려이노루氏의意見을贊成ᄒᆞ고同후부긴스氏ᄂᆞᆫ日本의主張이不當ᄒᆞ다ᄒᆞ얏고下議院議員후으스다氏ᄂᆞᆫ日美條約은如何ᄒᆞᆫ權利로干涉키不能ᄒᆞ다ᄒᆞ고又若干洪ᄒᆞᆫ權利가有ᄒᆞ다ᄒᆞᆯ면其條約을改正ᄒᆞᆯ必要가有ᄒᆞ다ᄒᆞ얏고莊大學校國際法敎授等도가리호루니아州의主掌을正當히여인더라

雜報

●親王講學 再昨日에英親王殿下게오서講學式을行하시는딕講讀官은摠辦尹澤榮氏오講讀은小學初卷인딕講독官에게文意를詳細히問答하오셧다더라

●上奏臨御 大皇帝陛下御用하신火輪黃屋車를新製하야日間開通式을擧行한다는딕當日釜山ᄭ지臨御하시기를伊藤統監이歸國하기前에朴參政과參內上奏하얏는딕 陛下게옵셔允許치아니하옵셔다더라

●公察轉任說 公州觀察使金嘉鎭氏는京畿觀察使로轉任한다더라

●政府通牒 政府에서各府部院廳에通牒하되本月十五日너로各官人의履歷書를修正逆交하라하얏다더라

●前何後何 李載崑氏는慶北觀察被任時에起復이不可라하야辭職圖免터니今番審查局長은起復行公한다니外任과內職이有異한지世人이未解타더라

●農相簡率 農商大臣成岐運氏는每詣闕時에人力車만乘하고一人도追從이無하니該氏의簡率함은人皆稱道한다더라

●日憲秘探 義兵事件에對하야日司令部에서因하얏던韓國官憲六七人이被囚함은世人이共知하는바어니와諸氏를向離放釋하얏스나該氏事件이未中에在하야自日司令部로諸氏動靜을秘密히偵探한다더라

●術客出頭 術客李寅淳氏가具本淳崔榮運兩氏로晝晝夜夜에秘密히來往하야무슨事件인지動運이大端하다더라

●賊漢殺人 三昨日東大門外望月峴에서名持銃劍한盜漢이行人의衣冠什物을沒數奪取後에以劍刺殺하엿다는傳說이有한故로行路가阻絕되엿다더라

●兩氏被任說 萬世報社長吳世昌氏는農商工部協辦을被任하기로內定이되얏고國民新報社摠務吳台煥氏는農商工部技師를被任한다는說이有하더라

●兩氏轉任說 經理院卿高永喜氏는[illegible]州觀察使를被任하고其代에申箕善氏가被任한다는說이有하더라

●訓放保人 法部에서訓令平理院하되尹奎榮氏에保人安在承을即爲放送하라하엿다더라

●변士逐日 변護士李晃宇氏가무含訴訟事件으로日昨에水原府에下去변護하는딕日人변護士某氏가對질변護코져하거날李晃宇氏가該日人을逐出하얏다더라

●留學寄金 米國留學生諸氏가本國商業의發達됨을感謝이알고또李東暉氏의熱心을贊助키爲하야米貨三十七元七十錢을학大李寅用氏의게送하고李東暉氏의게轉傳하라하얏더라

●爛用空物 天道敎에서各地方巡督을派遣하얏는딕該巡督이敎民의게補助金을勒討하야綾羅紬衣에妓生을作妾하고豪蕩無度한故로地方人民의怨聲이猥藉하다더라

●一進漸縮 近日一進會勢力이漸衰하다는딕其理由를詳聞한즉日本憲兵司令官小山三巳氏在任時는該一進會를愛顧하야到底保護하더니小山氏가解任되고新任司令官古賀氏는日本에公正한尉官이라保護치아니하는故로一進會가依賴處가無하야自然衰敗한다더라

●訊問義將 再昨日붓터警務廳에서監獄署의在囚한義兵將閔宗植氏等十一 式日本巡査二名이押去訊問하고還囚該獄하얏다더라

●內指榮郡 榮川郡守金敎悳氏가內部에報告하되本郡郵便取扱所事務所修理費가無區處之由를前已報告에姑未承指令이더니本月十九日에警務顧問補佐員出張松田郁文二인이安東郡巡檢兩人을帶同하고到着本郡이옵기留任處하야郡衙最近公廨로定給이온즉郵便局事務所와又치修理를一新케하야하온즉其費用을何以區劃이올지果難擅便하와茲以報告하오니區處方略을指一처分이라하얏는딕內部에서指令하되郵便所修理費事는已悉前指이고警務補佐員처所修理費는使該員으로直請警務顧問本部하라하얏다더라

●請撥廁費 警務廳에서內部에報告하되漢城內에廁十坐建設費九百餘圜을支撥하라하엿다더라

●情理固然 前秘書金升문氏가日司令部에被囚된지多月에尙未放釋한지라當此日寒하야其伯氏가[illegible]其寒苦하고綿衣及火爐等物을冷獄에入送하기로該部에請願하얏더니認許를得치못하야未得入送한지라該氏가其弟에凍餒情狀을矜憐하야道路涕泣한다더라

●日繁居生 公州居梁季勳과翠港居[illegible]洪斗兩人이翠港居留하는日人八田이란者를符同挾勢하야商業會社를私設하고林川韓山兩郡等地에排置하야營業浦民處에稱以股金하고每人에게紙貨數十元式勒捧하되股金을若不肯出하면營業을廢止하라하미兩郡營業人들이渙散失業하야冤聲이藉藉하더라

●日辯又出 日本辯護士들이大韓裁判所裁判場의代理權을得코不하야多月斡旋하야가統監府及理事廳에交涉하야認許를得하야陽曆 月부터始作하다더라

●稅廳未定 平南觀察使李始榮氏가度支部에報告하되稅務官署接定公廨가無하니何以措處하는지하얏다더라

●[illegible]請告知 全北觀察使金奎熙氏가度支部에報告하되各郡에稅務官의接待하는所在를知照하라하얏다더라

●[illegible]奉守 法部刑事局長金洛[illegible]氏에父親이現任奉化郡守인딕義兵의게被捉以去하얏다는報가再昨日에來到한故로該氏가日前發線으로急急히歸程하얏다더라

●安山賊警 京畿來人에傳說을聞한則安山郡村내居尹鼎孫家에强盜二十餘名이放砲突入하야家內諸人을一幷捕縛하고米穀錢財與家産什物을沒數奪去하얏다더라

●巡檢敎習 主殿院警衛局에서警務[illegible]按例를依하야外直所內의巡檢敎習所를設하고警察의緊要한 項과刑法大全과日語학習等에熱心敎授한다더라

●奪女賣淫 前輔任成歐鳳氏가昨年에紫芝洞居하는葉草商高某의女息과結婚하야同居三四朔에高哥가暗生凶計하야南署草洞居하는賣淫夫의게二千兩의放賣하고成氏를對하야詭計를做出하야橫竪說去하는지라成氏가不勝憤怒하야將次法庭의訴하다더라

●何事被打 再昨夜下午十一時量에南署明洞居[illegible]等이何許日人이무含事端인지一少年을無數毆打하는딕該坊巡檢들은視若尋常하얏다더라

●賣花僞警 再昨日下午五時에中署農圃洞賣淫家에서一[illegible]風波가起하얏는딕其根因을探聞한則何許乾達이賣淫女卑孃에[illegible]貌을窺視하고花心이忽發하야其父母의게僞警하기를現今該家에서[illegible]人이五千兩의放賣하니迅速히다려가라하니故로其父母가前往하야一場相질하얏다더라

●院屬執送 月前[illegible]谷서憲兵이刺殺酒用事件으로江原道等地에서義兵을捕捉하야陸軍法院에牢因하얏단말은世所共知어니와該院長嚴柱益氏는一向執迷하고迅速處決치아니하는故로一般怨聲이藉藉하다라

●惜哉役夫 忠淸道居金元明이가偶然上京하야幾日間逗留하는間에東署馮頭山大韓醫院建築所에서土木役에雇傭하야지더니忽地의石塊가墮落하야當場에兩脚이折傷하미幾至死境이라耶穌敎濟衆院으로昇送하얏다더라

◎寄書 窓 把 樽

○客館에平生을留하는生[illegible]氏가되리라本報의校附寄한金世傳送하얏시 [illegible]氏의文明氣로吸收하고愛國誠이懇切하믄推此可知로다

○何日에暫向平安[illegible]抱頭鼠竄하야窘窘遠爾하야서其閒에는術硏究精神이였더지近日에

○近日에[illegible]官덜이接察[illegible]無心하고貞潔女나干涉하고花套局이나窺해하니염불에는마음이업고잿밥에만마음잇지

◉여보兩[illegible]서님성각좀하여보오三千里江山은眼前에떠다나도兩班만말하고안져스면世上事가싱평하오

○一國이安하여야一家가安하고一家가安하여야一身이安하고이집도졀노읍스면兩班을엇다쓰오

○年紀가已老하고國事가已晩하다고自暴自棄마시오世界形便周察하고新知識을發達하면七年病에三年艾오

雜報

●法官助淫 新門外居某召史가有一十四歲女兒ᄒᆞ야糊口無路인바負債가居然至三千金之多矣라一日은債主某召史가實情來論ᄒᆞ되貴女가年今十四則着實處에밋 나리로許嫁ᄒᆞ면宿債三千金을可以緩償이라ᄒᆞ거날該召史가無頭稱女를率而許嫁가情理雖處ᄒᆞ나脫債無計ᄒᆞ미러其居媒某召史의言을平日相信之地에無疑許婚矣러니追後探知ᄒᆞᆫ즉仁川花開洞何許人의게放賣行淫ᄒᆞᆯ지라爲揷之情例에不勝憤然ᄒᆞ야舍往覓來ᄒᆞ고媒婆를招請ᄒᆞ야三千金을還爲出給ᄒᆞᆷ아ᄒᆞ되終乃不聽ᄒᆞ며니仁港居該淫夫가漢城裁判所에呼訴ᄒᆞ야該召史로ᄶᅡ질ᄒᆞᄂᆞᆫᄃᆡ刑事判事某氏가壓制裁判에女兒를還出給ᄒᆞ라ᄒᆞ거날該召史가不服曰錢三千兩은出給ᄒᆞ여도女兒ᄂᆞᆫ不可賣淫이라ᄒᆞᆫᄃᆡ裁判官이十五日半囚ᄒᆞ고또女兒를捉致ᄒᆞ야至於撻楚幾度에行淫ᄒᆞ기ᄂᆞᆫ抵死不服ᄒᆞᆫᄃᆡ裁判官이該女兒를監獄署에五日을移囚ᄒᆞ얏다가更爲押上ᄒᆞ야淫夫로同居ᄒᆞ라고萬端威脅ᄒᆞ나該女兒가初次見賣之辱을以死欲雪ᄒᆞ야終不許嫁ᄒᆞᆫᄃᆡ鄙悖不法ᄒᆞᆫ裁判官이其淫夫에請囑을信聽ᄒᆞ고末乃에該女兒를放送曰汝ㅣ自當見處之ᄒᆞ라ᄒᆞ거날女兒가本門에出ᄒᆞ미裁判所門에서彼淫夫가持轎滴待ᄒᆞ다가該女兒를擒去ᄒᆞ거날厥母가亂髮逐去에號哭失性ᄒᆞ야渾倒路上ᄒᆞᆫᄃᆡ轎子ᄂᆞᆫ業已風馳電邁ᄒᆞ야不知去處ᄒᆞ얏다니此等裁判官은曲直이照然ᄒᆞᆫ刑事에不能公決ᄒᆞ고壓制力으로威脅ᄒᆞ야人民이信服ᄒᆞᆯ道가無ᄒᆞ니所謂法官을不如不置라고一般輿論이沸騰ᄒᆞ더라

●郡守不準 學部에서順安郡守柳錫祜氏의게指令ᄒᆞ되八垌稅리가維係於宮ᄂᆡ府나至於剩餘ᄒᆞ야ᄂᆞᆫ即稅務監私捧之條오非原定上랍之餘이기로已所訓令이어날授此報辭ᄒᆞ니稅監之稱云宮내府認許와郡請移照劃付ᄂᆞᆫ莫曉是意也라稅監之剩餘ᄂᆞᆫ無關於原上랍이고但應稅各垌之增納인즉豈有照請宮ᄂᆡ府之理哉아實非事體이기로不得認準ᄒᆞ니自郡으로商確措定ᄒᆞ라ᄒᆞ얏더라

●警官勤務 北署署長洪寅鉉氏가警察事務에恪勤不怠ᄒᆞᆷ으로閭巷間稱誦이多有ᄒᆞᆫᄃᆡ向日本報에揭載된金少花頗이라ᄂᆞᆫ事에對ᄒᆞ야更히確信ᄒᆞᆫ報道를據ᄒᆞᆫ즉事實上相反됨가有ᄒᆞᆫ즉必是縛會訛傳之致라ᄒᆞ노라

●日兵攪習 楊州金谷의派駐ᄒᆞᆫ守備隊兵丁들이村家에無端攔入ᄒᆞ야水火를請求ᄒᆞᄂᆞᆫ고로一般婦女가恐懼ᄒᆞ야莫知所措라ᄒᆞ더라

●學指農校 學部에서農商工部의指令ᄒᆞ되現接農商工部照會ᄒᆞ니開貴部所管農商工학校즁農科학員을行將移屬于敝部所管農林학校이온바農商工학校農法敎科書를亦不得不移付ᄒᆞ該農林학校이옵기敎科書冊名及器具를別紙를詳錄ᄒᆞ와玆以照會ᄒᆞ오니照亮ᄒᆞ신後命令ᄒᆞ야該校ᄒᆞ시와一淡交케ᄒᆞ심을爲要等因인바農科학員消該科所有書籍等을移送農林학校ᄒᆞ고該校領受與否를須即稟明ᄒᆞ라ᄒᆞ엿더라

●楊氏防奸 向日大丘郡守朴重陽氏事件에對ᄒᆞ야楊存淇氏가橫피論駁ᄒᆞ얏다고本보에記載ᄒᆞ얏스나更聞ᄒᆞᆫ즉該氏ᄂᆞᆫ年少독書지士라必無干涉지事라ᄒᆞ더라

廣告

●얼는 이것 보시오●

普通日本語典 全一册 二百卅頁

崔在翊 著

定價金五十錢 郵稅四錢

本書ᄂᆞᆫ日語學校敎科書로補用ᄒᆞ기爲ᄒᆞ야數年外國語敎授에從事ᄒᆞᆫ經驗으로特히初學者를爲ᄒᆞ야昭詳編輯ᄒᆞ미雖無師自習ᄒᆞᆯ지라도一覽에理會ᄒᆞ면十分可解ᄒᆞᆯ要書이오니左開發賣所로陸續購讀ᄒᆞ사失時의嘆이無케ᄒᆞ시ᄋᆞᆸ

(但著者의捺章이無ᄒᆞ면僞刊으로認ᄒᆞᆷ)

南大門內龍洞越從 蔡田合名會社
中署校洞石泉堂藥局
中署布屛下金相萬册肆
中署罷朝橋越便朱翰榮冊肆
中署鍾路大東書市
松橋崔昌煥册肆
大安洞東華書館

◉民事訴訟代理와刑事辯護及鑑定一切法律에關ᄒᆞᆫ事務를迅速處理ᄒᆞᆷ

漢城南署苶洞第十七統八戶
辯護士 前檢事 正三品 李冕宇
法律事務所
事務員 前判事 丁明燮
博士 鐵東鄕

西署鍮洞新門外一百八十六統三戶
辯護士 前檢事 前判事 丁明燮
法律事務所

大韓帝國仁川港

以上三種은上品으로製造ᄒᆞ야衛生上에至極有益ᄒᆞ니다 愉業人은本 …로本 …이來 …賜ᄒᆞᆷ

濟物浦紙卷烟及烟草會社

一 鷹標罐漠酪牛乳
一 金印罐詰濃縮牛乳
一 無糖家用氣化乳酪
一 理ー븐쓰製蘭麥瓦化
一 合牛乳

以上은常時에貯積ᄒᆞ얏ᄉᆞᆷ

美國紐育港셔ー븐쓰 濃縮牛乳 …

一手代理店

大韓仁川港 洋行

◉九轉靈砂라 本人이妙方法을家傳ᄒᆞ야製造ᄒᆞᆫ靈丹인데男女老少에無論何症ᄒᆞ고溫和ᄒᆞ오며無病時에도服ᄒᆞ면平生의身體가健康ᄒᆞ며小兒ᄂᆞᆫ胎毒과諸症을治ᄒᆞ면十數가能에無病ᄒᆞ이命을擁保ᄒᆞ오며

◉九轉靈砂萬靈丹은瘟疫 …中風 …癇疾과耳目口鼻病과癩疾에神効ᄒᆞ오

◉九轉靈砂保命丹은初生小兒 驚風 …疳疾 …虛弱 …等證과婦人帶下症에神効ᄒᆞ며

◉九轉靈砂濟衆丹은滯症 食滯 血積 肚痛 霍亂 … 吐血 下血 運氣 時疾 瘧疾에神効ᄒᆞ오

◉九轉靈砂紫金丹은痔漏 瘡 上疳瘡 下疳瘡及腐瘡과諸般疥瘡癬에無不神効ᄒᆞ오니 僉君子ᄂᆞᆫ來問ᄒᆞ시오

內部前面을갈이골上隅第一家 李[illegible] 告白

◎本社廣告

申報價

一張代金 新貨二錢五里
一箇月前納 三十錢
三箇月 九十錢
六箇月 一元七十錢
一箇年 三元四十錢
郵稅一部 新貨五里
一箇月 十三錢

廣告料

四号活字十三字詰
每日每英尺一寸에新貨廿五錢
(每日每行에六錢에相當ᄒᆞᆷ)
其期限의長短과字行의多少를依ᄒᆞ야增減ᄒᆞᆷ이有ᄒᆞᆷ

◉大韓每日申報各處支社廣告

中署布屛門下 金相萬册肆
洞口越便 朱翰榮册肆
中署農圃初入七十八統第二戶 鄭漢明
仁川巡視廳新册舖 李東堂
平壤南山峴日新學校 金游[illegible]
寧川邑內 崔叔恒
義州南門外韓國人鑛務張有官 安 濬
長連邑 金 [illegible]
鎭南浦築港 金仁직
咸興州南部 曹喜琢
中和邑 李敎[illegible]
釜山佐川徐恭舍 金[illegible]
開城北部梨井里峙洞居 崔義[illegible]
校洞校長 姜助[illegible]
大丘郡 申鎭慶文齡
鐵山邑內 安 濂
元山港倉前 金乃[illegible]
黃海道甑寧邑濟衆院居 劉夢[illegible]

發行兼編輯人 英國人 裵說
發 行 所
京城中署[illegible]洞号外地[illegible]
大韓每日申報社

第三種郵便物認可　　火曜日　　西曆一千九百六年十二月十一日　(一)

第四卷　第三百九十三號

大韓每日申報
대한매일신보

月曜及慶節 歲時日休刊

◉陰曆丙午十月大廿六日己丑
檀君開國四千二百三十九年
箕子元年三千二十八年
大韓開國五百十五年
日本明治三十九年
淸國光緖三十二年

論說

小有差異

國內報紙를閱讀컨ᄃᆡ度支部가水道로收用ᄒᆞᄂᆞᆫ土地를每米突에二十錢式還償ᄒᆞ기로提議ᄒᆞ엿다ᄒᆞ니今此厚施를著示ᄒᆞᆷ은其何意思인지不得詳悉이로다外他諸機에ᄂᆞᆫ日人이幾乎四米突되ᄂᆞᆫ一坪에七錢式報償ᄒᆞ엿스니彼之於此에其比例가十分之一이라特以言之면今此提議가武官의償還보다十倍加多ᄒᆞ도다然則此水道에要用되ᄂᆞᆫ거보다價格이甚高ᄒᆞᆫ數千頃土地를有ᄒᆞᆫ韓人의所受를對ᄒᆞ야將何以發言이며且南門外에二萬坪地段을被奪ᄒᆞᆫ韓人이尙今未得一錢ᄒᆞᆷ에對ᄒᆞ야ᄂᆞᆫ亦何以發言가

其償金全部가多大掠奪을欲爲想宿ᄒᆞᆷ인줄擧證ᄒᆞ기ᄂᆞᆫ不用論辨이라韓國舊習이公用地段을無償收取ᄒᆞ엿스나此ᄂᆞᆫ强奪이라世界之人이不以眞實認之ᄒᆞ려니와惟一柏卓安氏ᄂᆞᆫ地段問題에採用方法을與此相反ᄒᆞ엿스니同氏가雖極小産業이라도其價格을公正計算ᄒᆞ야代金을眞實讓渡ᄒᆞᆷ으로人民이無不滿足矣라漢城內에濶大道路가出於如此籌策ᄒᆞ엿스니同氏功績이此國內에食祿諸人보다最善碑銘을造成ᄒᆞ리로다柏卓安氏ᄂᆞᆫ公貨를進益上에費用ᄒᆞ엿거ᄂᆞᆯ日人은韓人土地를無償取用ᄒᆞ고公貨ᄂᆞᆫ日人役夫의五十圓月料를供給ᄒᆞᄂᆞᆫ此等事業을爲ᄒᆞ야貯藏ᄒᆞᄂᆞᆫ도다

此諸般事實이韓國人民의게將以何遺之ᄒᆞᆯ것과且開明이何意인지人各異之ᄒᆞᆯ以外에無他道理로다若日人이韓人을導之以文明形態ᄒᆞᆯ진ᄃᆡ前日壓制及詭計를除去ᄒᆞ고改革新이可也어ᄂᆞᆯ前行狡猾을一依履行ᄒᆞ야他人所有를不忌無償ᄒᆞ며不畏有訴ᄒᆞ고但以取用으로爲主ᄒᆞ나니盖韓人産業에日人行動이若不如右라ᄒᆞᆯ진ᄃᆡ何如事이던지其實情을擧證키不能이로다

官報

●三千六百三十二號　光武十年十二月十日

◉宮廷錄事

宮內府大臣臨時署理議政府參政大臣勳一等臣朴齊純謹奏卽接侍從院卿李道宰報告書則以爲侍從朴主秉以會計主任本年度十一月朔俸雜給及一切經費私藏旅官王於逢賊以致支撥之歷日延마衆情불을喧聒盈庭而該經費雖已塗抹不可以遂事勿論云矣身爲會計主任公貨私携有云見失官人行已難免錯誤今雖塗抹亦免事體ㅣ當似此不堪之材不可仍置侍從朴主秉免本官何如謹上奏

光武十年十二月六日奉

旨依奏

修學院長李晚克辭職疏

비旨省疏具悉所辭中提調之任依施

◉敍任及辭令

度支部稅務主事林始潤
任度支部主事
度支部稅務主事　文秉演
命太僕司長奉常司提調　李愚明
平理院判事李圭桓
命奉常司提調
依願免本官孝昌園參奉　金容五
任孝昌園參奉貞陵參奉徐明淳
任貞陵參奉　金容迪

◉光武十一年度歲入歲出總預算　續

第三項廳費　金四百八十元
第四項雜給及雜費　金九百四十六元
第五項旅費　금壹百元
第六項諸手當　金五百七十六元
第七項糧食費　金壹百五拾參元
第二十二款陪從武官府　金七千九百四拾貳元
第一項俸給　金五千壹百五拾元
第二項下士卒給料　金六百九元
第三項廳費　金四百八拾元
第四項雜給及雜費　金九百四拾六元
第五項旅費　金壹百元
第六項諸手當　金五百四元
第七項糧食費　金壹百五拾參元
第二十三款親王府　金壹千四百四拾元
第一項俸給　金五百參拾四圓
第二項下士卒給料　金二百六拾壹元
第三項廳費　금壹百八拾元
第四項雜給及雜費　金二百九拾貳元
第五項旅費　金參拾五元
第六項諸手當　金七拾貳元
第七項糧食費　金六拾六元
第二十四款輜重兵隊　금七千五拾壹元
第一項下士卒給料　金五千六百七拾元
第二項廳費　金二百五十圓
第三項糧食費　金一百三拾一圓
軍部所管合計壹百五拾貳萬貳千貳百九圓
法部所管
第一款法部本廳　金貳萬六千壹百六拾八圓
第一項俸給　金一萬五千四百圓

(未完)

外報

●英國陸軍改革　英國陸軍大臣ᄒᆞᆯ두ᄃᆡᆫ氏ᄂᆞᆫ砲兵改革에必要됨을切論ᄒᆞ얏더라

●美日開戰論　美國갈리포니아州選出代議士헤이시氏가王蘭市에셔開催ᄒᆞᆫ共和黨연會席上에셔日本學童問題에日本人互離事件에對ᄒᆞ야演說ᄒᆞ야曰美日戰爭은終是免避不得ᄒᆞᆯ事이나兩國은必然今後二十五年以內에太平洋支配權을爭ᄒᆞ야干戈相見ᄒᆞᆯ秋가有ᄒᆞᆯ거시라ᄒᆞ얏ᄂᆞᆫ대同氏之言은非常히美人의心耳를衝動ᄒᆞ얏더라此演說이美國東方에傳파ᄒᆞᆷ의大統領은其言을取消ᄒᆞ라고命令ᄒᆞ얏고又헤이스氏ᄂᆞᆫ其演說中에來年議會에ᄂᆞᆫ日人비斥案을提出ᄒᆞᆯ거시라論述ᄒᆞ얏더라

●尋人懸賞　海삼威에在ᄒᆞᆫ美國商務委員이各報에登錄告白을請ᄒᆞ야英國武員(哥拉耳合木)을尋覓ᄒᆞ니該武員이於千九百五年俄日軍務時에在滿洲ᄒᆞ야觀戰員을充ᄒᆞ얏더니迄今年餘에도無信息이라死生을未知ᄒᆞ야現下에셔의那親이賞格을懸ᄒᆞ야若有知其死於某處이거나或現在某處居住者여든送一信息ᄒᆞ면洋銀五百元을賞給ᄒᆞᆫ다ᄒᆞ얏다더라

●最大驅逐艦　倫敦電을據ᄒᆞᆫ즉德國에셔新造ᄒᆞᆫ水雷驅逐艦을近近히試驗ᄒᆞᆯ터인ᄃᆡ竣成後에ᄂᆞᆫ同種艦中最大ᄒᆞᆫ者가되리라더라

●埃及의排英思想　同電을據ᄒᆞᆫ즉埃及에셔回回敎徒의排英思想이점次勃興하야埃及에在ᄒᆞᆫ英國人은內亂이在通ᄒᆞᆷ을憂慮ᄒᆞᆫ다더라

雜報

●軍大所遣　軍相權重顯씨가副官韓弼相씨를何處請囑으로免官奏本을上ᄒᆞ얏ᄂᆞᆫᄃᆡ該部領尉官들이反對ᄒᆞ야日將官을懲過엿시奏免ᄒᆞ면一般軍人이職任을難保라ᄒᆞ야再昨日에四十餘人이該部로齊會ᄒᆞ얏ᄂᆞᆫ대軍大所遣가果是難處라ᄒᆞ더라

●經費劃送　嘉禮都監經費五十萬圜內에日昨의度支部에셔十六萬圜을爲先送交ᄒᆞ얏다더라

●議長獻金　某新報를據ᄒᆞᆫ니中樞院議長리根澤씨가　皇太子殿下嘉禮經費를補用ᄒᆞ기爲ᄒᆞ야金三拾萬圜을獻납ᄒᆞ겟다고提願ᄒᆞ엿ᄂᆞᆫᄃᆡ此ᄂᆞᆫ씨가勢力을挽回코자ᄒᆞᆷ이라ᄒᆞ엿더라

●統署陛見　再昨日統監署理長谷川大將이陛見ᄒᆞ엿다더라

●長谷檢隊　昨日上午九時에日司令官長谷川大將이侍衛二隊에來到ᄒᆞ야兵丁을檢閱ᄒᆞ엿다더라

●炎凉世情　遞軍相리根澤씨가幾日間門前이冷落ᄒᆞ더니自數日前으로更히車輪이輻湊ᄒᆞ야門庭이如市ᄒᆞ다더라

●軍相新任說　侍從武官長沈相薰氏가軍部大臣을被任ᄒᆞᆫ다ᄂᆞᆫ說이有ᄒᆞ더라

●參政論駁　議政府主事徐丙業씨參書官을陞任ᄒᆞᆫ事에對ᄒᆞ야該府翻譯課參書官某씨가參政大臣의不公正ᄒᆞᆫ事를何樣論評ᄒᆞ얏던지參政大臣박齊純氏가某氏를自已私第에招待ᄒᆞ야大段論責ᄒᆞ되徐丙業이가參書官資格이못된다ᄒᆞ엿더니君은翻譯課參書官委格이되ᄂᆞᆫ냐ᄒᆞ고一場論駁ᄒᆞ얏다더라

●換名可駭　內部에셔地方總巡을叙任ᄒᆞᆯ次로銓考를經ᄒᆞ야部中이處판ᄭᆞ지ᄒᆞ얏ᄂᆞᆫᄃᆡ警務局長김彰漢씨가自已의狎近ᄒᆞᆫ某씨의姓名으로換書ᄒᆞ야官報課로送ᄒᆞ고ᄒᆞ야叙任ᄒᆞᆫ지라參與官龜山씨와銓考所官員들이換書ᄒᆞᆷ을驚怪ᄒᆞ야龜山씨가警務課長權鳳洙씨를對ᄒᆞ야換名叙任ᄒᆞᆫ根因을一場論駁ᄒᆞ얏ᄂᆞᆫᄃᆡ權씨가김씨의作奸ᄒᆞᆷ을確知ᄒᆞ나糊塗酬答ᄒᆞ얏다ᄂᆞᆫᄃᆡ김씨의不公正ᄒᆞᆷ을聞者莫不唾罵ᄒᆞ더라

●與巡何異　內部警局長금彰漢씨의視察內容을得聞ᄒᆞᆫ즉當初統監府總長木內씨가地方視察로前往ᄒᆞᆯ터인ᄃᆡ該府에셔內部로照會ᄒᆞ되巡檢을派送ᄒᆞ야保護케ᄒᆞ라ᄒᆞᆫ즉警務顧問丸山씨가自已私邸에셔김彰漢씨를招請ᄒᆞ야木內씨와帶往ᄒᆞ라ᄒᆞᆫ즉김씨가自已답士開墾處를審查ᄒᆞ기爲ᄒᆞ야既往視察之行을圖得ᄒᆞᆯ際에丸山씨의指揮를樂從發往ᄒᆞ얏다ᄂᆞᆫᄃᆡ一般輿論이紛紛ᄒᆞ되김씨ᄂᆞᆫ現任局長으로木內씨를保護ᄒᆞ야偕往ᄒᆞ얏시니局長이아니오巡檢과無異ᄒᆞ다고ᄒᆞ더라

●軍相手段　三昨日에領尉官奏本을多數上奏ᄒᆞ얏ᄂᆞᆫ대該大臣이遞任된다ᄂᆞᆫ說이有ᄒᆞ야急速히上奏ᄒᆞ얏다ᄂᆞᆫᄃᆡ叙任한諸씨ᄂᆞᆫ皆是軍相에族戚이요或緊切處酬應도有한ᄃᆡ權大臣은到處에食口區處ᄒᆞᄂᆞᆫ手段은人所難及이라더라

●湖西賊警　湖西來人의傳說을據ᄒᆞᆫ즉近日內浦等地에火賊이大熾ᄒᆞ야銃劍을持ᄒᆞ고財產을掠奪ᄒᆞ며墳墓를掘去ᄒᆞ며婦女를刦奸ᄒᆞᄂᆞᆫ故로民情이嗷嗷ᄒᆞ다더라

●淸卜민鬱　近日淸國人譚性沛가四柱를第一잘본다ᄒᆞ야愚蠢한韓國人들이雲集ᄒᆞ야吉凶禍福을뭇ᄂᆞᆫᄃᆡ日前에前判書민京호씨가該淸人의게四柱를무른則此四柱가好則好矣나來年에將至大厄ᄒᆞ리라고明言ᄒᆞ미민氏가不勝煩腦ᄒᆞ야方在憂慮中이라더라

●觀察遷任說　近日巷說을確聞ᄒᆞᆫ즉京畿觀察使ᄂᆞᆫ主殿卿李基東氏가被任ᄒᆞᆫ다더니李氏가固辭ᄒᆞᄂᆞᆫ故로李圭桓氏가被命ᄒᆞᆫ다더라

●巡檢除ᄃᆡ　近日警務各署巡檢을減額지안코有闕無補란事ᄂᆞᆫ已爲報道ᄒᆞ엿거니와更聞한즉各署巡檢더러自已손으로履歷書을서셔들이라ᄒᆞ엿ᄂᆞᆫᄃᆡ每署에六十名式除ᄃᆡ가되리라더라

●統部募譯　近日統監府외셔韓國人通譯官二十名를試取選定ᄒᆞ야十三道외配置ᄒᆞᆯ터이라ᄂᆞᆫᄃᆡ每朔支給ᄒᆞᆯ料금은新貨三十圜式酌定되얏더라

●指家何事　再昨日에義將閔宗植氏를白木으로緊縛兩手ᄒᆞ고笠子를着ᄒᆞ며人力車를乘ᄒᆞ고日巡查二名이領率ᄒᆞ고礡洞趙東潤氏ᄀ家後閔氏의所住ᄒᆞ던家와寺洞靑石洞민氏에別宣前日所居家를指示ᄒᆞ고監獄署에還囚ᄒᆞ엿ᄂᆞᆫᄃᆡ路방에知面人을봉ᄒᆞ면민氏ᄂᆞᆫ但瞬目而已라ᄒᆞ더라

●兩氏情疎　憲兵司令官權重奭氏ᄂᆞᆫ遞軍相李근澤氏와무合事端이有ᄒᆞᆫ지近日에情誼가疎濶ᄒᆞ야過從이稀少ᄒᆞᆫ슈리氏運動에쇼개할理가無ᄒᆞ다고人言이有ᄒᆞ더라

●何許目的　參政大臣박제純씨가近日에自已食口을多數히區處ᄒᆞ야一般輿論이沸騰한故로該氏親近한某씨가不公正ᄒᆞᆷ을說明한대該大臣이答ᄒᆞ되他人은目的이不同한니不可信이라ᄒᆞ얏고또該쓰가前日에內大리址鎔氏를對ᄒᆞ야日現今政界上形편이目的不同之人은切勿薦用ᄒᆞ쟈ᄒᆞ얏난대其目的은何目的인지不知커니와其內容을得聞한즉該大臣이自已에押近之人을收用ᄒᆞ야黨派을鞏固히樹할計料라더라

●偷印討財　傳說을聞ᄒᆞᆫ則日前의河陽郡守가賊漢의게印章을見奪ᄒᆞ고派巡詗捉ᄒᆞᄂᆞᆫᄃᆡ賊漢이宣言ᄒᆞ기를新貨八百元을持來ᄒᆞ여야印章을出給ᄒᆞ깃다ᄒᆞ얏다더라

●必採其根　侍從院月俸을見失ᄒᆞᆫ朴鎬병氏ᄂᆞᆫ已爲免官ᄒᆞᆷ은已爲報道ᄒᆞ엿거니와伊時入直ᄒᆞ엿던雇員廉學敏은則巡檢이捉去ᄒᆞ고日巡查ᄂᆞᆫ該家에突入ᄒᆞ야家産什物을一一檢查ᄒᆞ엿다더라

●인刷先設　中署洞口內國民教育會에셔인刷所을新設할차로機械所을該會館內에設ᄒᆞ고修理等節은土木會社에委托ᄒᆞ야起工ᄒᆞ엿난대義연的으로三百元에修理한다더라

●氣味不合　近日政界上風說을聞ᄒᆞᆫ則遞軍相리근澤氏도參政大臣박齊純氏와不穩狀態가有ᄒᆞ고法相리夏榮氏도參政과自然不合ᄒᆞᆫ意思가有ᄒᆞ야反對氣味가萌動ᄒᆞᆫ다ᄂᆞᆫᄃᆡ法相리夏榮氏가不久히遞任되리라더라

●派員弄奸　巨濟郡漁磯ᄂᆞᆫ官有와私有을分ᄒᆞ야民磯ᄂᆞᆫ該漁民等의所有여官磯ᄂᆞᆫ自宮內府로派員收稅ᄒᆞᄂᆞᆫᄃᆡ近日에宮內府로附屬ᄒᆞ야漁民의生涯가防害된지라今年春間에自　上으로漁民의게還出給ᄒᆞ라신處分이有ᄒᆞᆸ셧다ᄂᆞᆫᄃᆡ宮內府에셔또派員김봉洙를下送ᄒᆞ야鎭南隊兵丁을帶同前往ᄒᆞ야漁稅를督납ᄒᆞᄂᆞᆫᄃᆡ해漁民等이宮內府에호訴ᄒᆞᆫᄃᆡ經理院卿高永喜씨가此事件을上奏ᄒᆞ엿더니　自上으로漁民의게還給ᄒᆞ라신處分을下ᄒᆞᆸ실ᄲᅮᆫ더러軍部大臣權重顯시가鎭南隊에發訓ᄒᆞ야兵丁을還收ᄒᆞ엿더니派員김봉洙가昌原派駐ᄒᆞᆫ日憲兵幾名을帶去ᄒᆞ야漁民等을多數捉去沃溝府ᄒᆞ야杖之囚之ᄒᆞ며京部에呼訴次上來ᄒᆞᆫ漁民尹君善을日前警務廳에捉囚ᄒᆞ고宮內府訴狀與前後文蹟을沒數奪取ᄒᆞ얏다더라

●島民必裁　前濟州牧使丘鍾桓氏가曾往에以濟州郡京主人으로濟州都旅舘에居ᄒᆞ다가其家舍百餘間과器皿等物을盡爲斥賣ᄒᆞ야以致富名이러니該家ᄂᆞᆫ即　宣祖大王게셔特別히濟州民일顧念ᄒᆞ사明洞瓦家百餘間과器皿等物을多數　賜下ᄒᆞ신것인ᄃᆡ허氏가賣食ᄒᆞ얏기로濟州民人들이擁鬱ᄒᆞ야方欲裁判推尋한다더라

●靑會演說　本月十一日火曜下午七点半에靑年會舘에셔美國에留學ᄒᆞ던리相弼氏가美國人에生活이란問題로演說한다더라

◉酒後片談

△法部大臣은該部官人에叙任ᄒᆞᆯ事가有ᄒᆞ면任進視務ᄒᆞ고叙任ᄒᆞᆯ事가無ᄒᆞ면忽地에稱病不進ᄒᆞᆫ다ᄒᆞ니아마쐬病이지

△日巡查가家家戶戶에來到ᄒᆞ야男女에生日을錄去ᄒᆞ니生日밧기를ᄒᆞ여쥴ᄂᆞᆫ넌지알슈업다뫼ᄒᆞᆫ다지

△都監에妓生을揀擇三日前期ᄒᆞ야二十名을減額ᄒᆞᆫ다니向日弄花春心에견권ᄒᆞ던해廳官吏ᄂᆞᆫ미우섭섭ᄒᆞ깃소

△法部銓考所게셔地方裁判所主事二十餘人을試選ᄒᆞᆫ다ᄒᆞ니法官은多設ᄒᆞ겻마ᄂᆞᆫ法律은漸漸어두어獄訟이煩劇ᄒᆞ니알슈업ᄂᆞᆫ일이로고

雜報

●金氏至冤

且甲辰二月分에美國人骨佛安이亦稱此屋文券을典執於癸卯八月云ᄒᆞ고又欲勒奪이옵기卽地請願于漢城府ᄒᆞ여交涉美國領事館ᄒᆞ와亦耶 理歸正ᄒᆞ오니大抵日本人이五月典執則李判書之七月來督은是何가券이며美國人이八月典執則日本人之九月來督은是何가券乎아一會文券이何其典執人之若是多也며又何其層節之變且幻也오萬不能曉其理也러니忽於今年三月分에被告가又以執券으로呈訴十漢裁이옵기卽時對質ᄒᆞ와從公歸正이옵더니癋其被告가不思止戢ᄒᆞ고又爲誣呈이오나自謂一次之下에不足再卞이라ᄒᆞ야更不欲入質ᄒᆞ니必也에以缺席判決로本人에七十三間瓦家를卽爲虛給ᄒᆞ라ᄒᆞ오니大抵裁判法은是非一決에萬不改易이거날兩隻對質時에曰債有其主ᄒᆞ고家有其主ᄒᆞ니主權各在에不相侵害라寅基則初無被告之資格이니汝則退去라ᄒᆞ더니今番判決書에曰終不出現에理屈可知라ᄒᆞ오니前日退去之說은何意也며後日缺席之判은何意也오此不過偏聽被告之一向訴訟ᄒᆞ고間本人之出他ᄒᆞ야遠行判決也오且以漢府判券으로書之라도因舊券出新券이是當然規例이거날不問舊券有無ᄒᆞ고徑出新判이是何事耶이며且째其子若弟而出給家契가亦何法意乎아以此以彼에萬萬抑冤故로玆以上訴ᄒᆞ오니査照ᄒᆞ신後從理歸正之地千萬이라ᄒᆞ엿더라 完

在北美合衆國桑港芝洞會에를닌드시居留ᄒᆞᄂᆞᆫ玉李元吉等諸氏十四員의寄附金謝 國

江華普昌學校長李東暉

敬復者ᄂᆞᆫ居者ㅣ富饒去者而誰謂去者ㅣ反憐居者리오嗚呼我同胞諸兄은離親戚棄古土ᄒᆞ고涉重瀛住異域이라도斷斷有愛國的主腦ᄒᆞ야協成其許多事業ᄒᆞ고又何以不贍之餘力으로顧此殘校之困況ᄒᆞ야寄연乎不少之金圓ᄒᆞ니人誰無求益而有如此爲公益爲國誠之懇切哉아示論之勤勤孜孜ᄂᆞᆫ令人感淚盈眶이라吾以何漢으로能當此過分之賞哉리오

此ᄂᆞᆫ唯是揚拙者而以招躍後之賢者ᄒᆞ야戰力以敎育靑年ᄒᆞ야使之挽回國權者也니稍有人性者ㅣ孰不感慕而共賀哉아吾知上帝顧我無辜ᄒᆞ사使我同胞之優者로住於博愛公義之美國ᄒᆞ야養此致亡復存之精神而以我居國黑闇之二千萬으로效之倣之ᄒᆞ야以免屠割之慘케ᄒᆞᆷ이니他日回復國權之標木이斷立于布哇墨西之東頭가安知非上帝眷眷之佑질乎아惟冀諸同胞兄弟爲國自重

●孫子禍家 義州郡居車益煥氏의姪子均軾이如干家產을盡蕩於色技ᄒᆞ고去九月에渠의

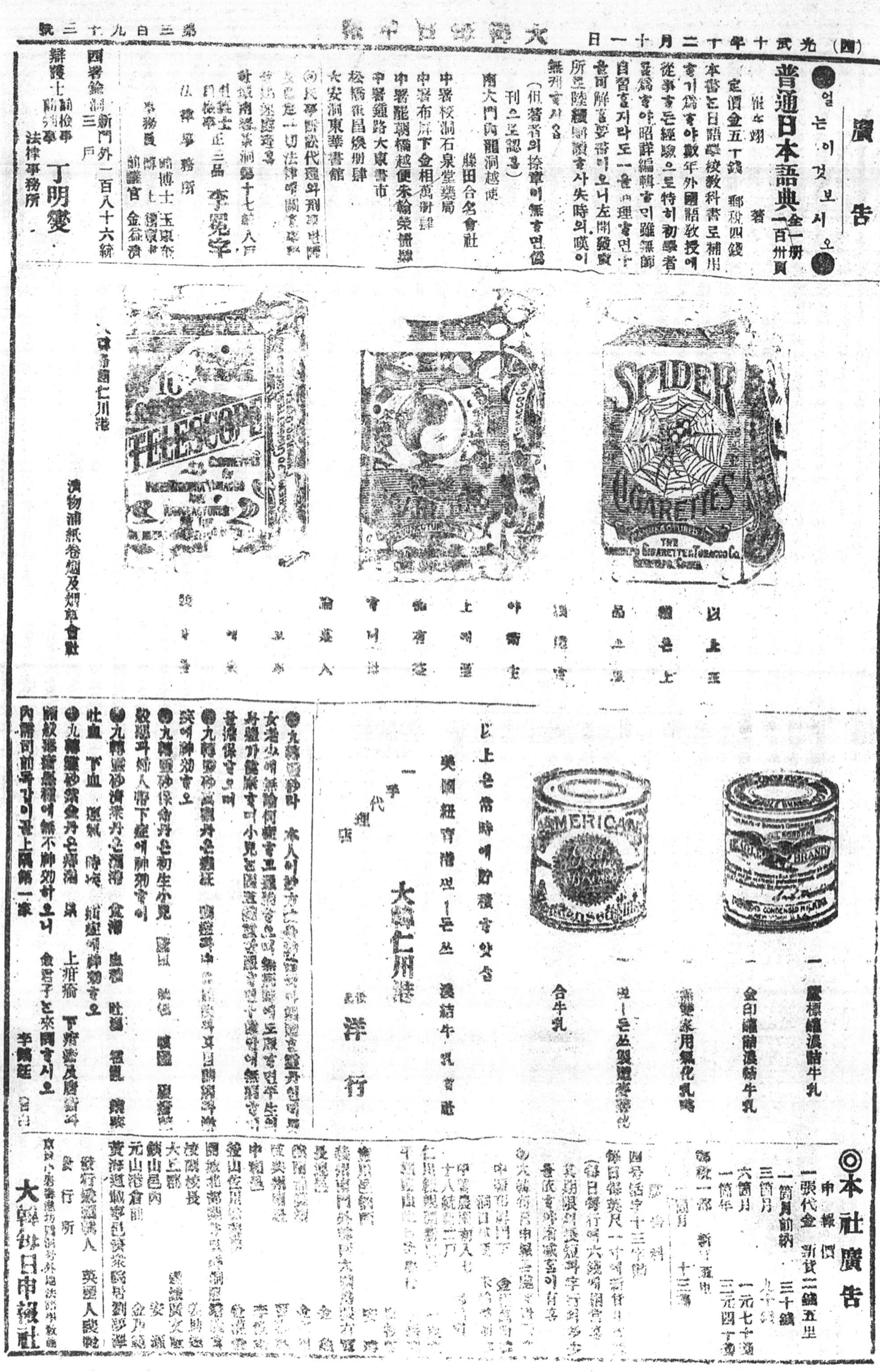

廣告

● 얼는이것보시오 ●

普通日本語典 全一册 一百卅頁

崔在翊 著

定價金五十錢 郵稅四錢

本書는日語學校敎科書로補用ᄒᆞ기爲ᄒᆞ야數年外國語敎授에從事ᄒᆞᄂᆞᆫ經驗으로特히初學者를爲ᄒᆞ야昭詳編輯ᄒᆞ미雖無師自習ᄒᆞᆯ지라도一覽에理會ᄒᆞ면十分可解ᄒᆞᆯ要籍이오니左開發賣所로陸續購讀ᄒᆞ사失時의嘆이無케ᄒᆞ시옵

(但著者의捺章이無ᄒᆞ면僞刊으로認ᄒᆞᆷ)

南大門內龍洞越便 藤田合名會社

中署校洞石泉堂藥局

中署布屛下金相萬冊肆

中署罷朝橋越便朱翰榮冊肆

中署鍾路大東書市

松橋崔昌煥冊肆

大安洞東華書館

(同)民事訴訟代理와刑事辯護와[illegible]一切法律에關ᄒᆞᆫ事務[illegible]

漢城南署[illegible]洞第十七統八戶

法律事務所

辯護士 正三品 李冕宇

事務長 法學博士 玉東奎

前議官 金益濟

西署鈴洞三戶 新門外一百八十六統

辯護士前檢事 法律事務所 丁明燮

以上五種은上品으로[illegible]

大韓帝國仁川港 濟物浦紙卷烟及烟草會社

一 鷹標罐濃縮牛乳

一 金印罐詰濃縮牛乳

一 蒸氣用氣化乳[illegible]

一 [illegible]돈쓰製造[illegible]合牛乳

以上은常時에貯積ᄒᆞ얏ᄉᆞᆸ

美國紐育港보ㅣ돈쓰 濃結牛乳會社

一手代理店 大韓仁川港 [illegible] 洋行

● 九轉[illegible]砂라 本人이[illegible]女老少에無論何病ᄒᆞ고[illegible]小兒는[illegible]無弱ᄒᆞ[illegible]普濟保命ᄒᆞ오며

● 九轉[illegible]丹은[illegible]效에神效ᄒᆞ오

● 九轉[illegible]保命丹은初生小兒[illegible]敎驚과婦人帶下症에神效ᄒᆞ이

● 九轉[illegible]砂淸凉丹은[illegible]吐血 下血 [illegible]神效ᄒᆞ오

● 九轉靈砂紫金丹은[illegible]上疳瘡 下疳瘡及[illegible]等[illegible]에無不神効ᄒᆞ오니 僉君子는來購ᄒᆞ시오

內藥司前우갓이골上隅第一家 李[illegible] 告白

◎ 本社廣告

申報價

一張代金 新貨二錢五里

一箇月前納 三十錢

三箇月 九十錢

六箇月 一元七十錢

一箇年 三元四十錢

[illegible]一部 新貨[illegible] 一箇月 十三錢

廣告料

四號活字十三字[illegible]每日擧[illegible]一行[illegible]

(每日擧行에[illegible]期限이長[illegible]字行이多ᄒᆞ면[illegible])

[illegible]ᄒᆞ야[illegible]減ᄒᆞᆷ이有ᄒᆞᆷ

◎ 大韓每日申報[illegible]

[illegible]

發行兼編輯人 英國人 裵說

發行所 京城[illegible]

大韓每日申報社

第四卷

大韓每日申報
대한매일신보

第三百九十四號

月曜及慶節歲時日休刊

檀君開國四千二百三十九年
箕子元年三千二十八年
大韓開國五百十五年
日本明治三十九年
淸國光緒三十二年
◉陰曆丙午十月大廿七日庚寅

論說

韓國郵稅가屬誰오

韓國明年度預算表를暫觀컨ᄃᆡ電郵稅入이한國金庫에ᄂᆞᆫ更無所關이로다盖電郵兩司가似全在於日人手中이오且其讓渡之時에普通信認ᄒᆞᆫ거ᄉᆞᆫ其引繼約款이爲其進益行政이오한人이能行處理ᄒᆞᆯ時에ᄂᆞᆫ此를還附한다ᄂᆞᆫ句話가亦有ᄒᆞᆷ이나然이나ᄒᆞᆫ人이此를其能更得ᄒᆞᆯ지ᄂᆞᆫ不可期也로다ᄒᆞᆫ人의能與不能을審判者ᄂᆞᆫ惟其日人이라ᄒᆞᆫ人을若以能稱之면此ᄂᆞᆫ日人의失其好況全權을意之ᄒᆞᆷ이니ᄒᆞᆫ人이此行政에有能ᄒᆞ도록奬勵를被ᄒᆞᆯ지有誰可信이리오是以言之컨ᄃᆡ此好箇割讓之代에ᄒᆞᆫ國所得이維何인지知悉ᄒᆞᄂᆞᆫ거시非不有興味니盖利益이但在於一邊ᄒᆞ며此其割讓이只在於蒙得者之掌中인交涉은不可謂之公正이로다以今觀之컨ᄃᆡ電郵事務가似在於統監府之管轄이니吾人忖度에其稅入도亦歸該處라若其還附之句話가吾人所信보다益不明白이면此ᄂᆞᆫ萬國史編에或其無雙盜奪이로다何如邦國이던지如此財源을一無所得이요他人手中에讓與ᄒᆞ기ᄂᆞᆫ不可信之理라由是로吾人은欲知其交涉實情이여날對此事狀ᄒᆞ야其報之說은不能有效ᄒᆞ니彼將確報其實情ᄒᆞ기를敢望ᄒᆞ노라

官報

●三千六百三十三號 光武十年十二月十一日

◉敍任及辭令

度支部前主事徐廷岳
解兼任금庫管理
官內部特進官민種默
命景孝殿提調
正三品秦學新
免懲戒
稅務主事玄暘運 仝 리容憲
官立漢城師範學校教官玄公廉
度支部主事洪學均
依願免本官
前主事趙容俊
任度支部主事
公立光州普通學校前教員 洪炳夏
解兼任公立光州普通學校長
公立光州普通學校教員리種珏
兼任公立光州普通學校長
仁川府參書官리熙穆
命兼任仁川港裁判所檢事
東萊府參書官崔 덕
命兼任釜山港裁判所檢事
德源府參書官洪鍾瀚
命兼任元山港裁判所檢事
義州府參書官柳甲秀
命兼任義州市裁判所檢事
三和府參書官김斗鉉
命兼任三和港裁判所檢事
昌原府參書官崔 鎭
命兼任昌原港裁判所檢事
務安府參書官박生煥
命兼任務安港裁判所檢事
沃溝府參書官金演夏
命兼任沃溝港裁判所檢事
城津府參書官金瑞圭
命兼任城津港裁判所檢事
義州府主事박一陽
任仁川府主事

◎光武十一年度歲入歲出總預算 續

第二項廳費 金壹千七百元
第三項修理費 金二百元
第四項雜給及雜費 金四千八百四拾八元
第五項旅費 金六百元
第六項外國人諸給 金參千四百二拾元
第二欵平理院 金壹萬四千六百六拾九元
第一項俸給 金壹萬壹千七百元
第二項廳費 金壹千元
第三項修理費 金五拾元
第四項雜給及雜費 金壹千八百六拾九元
第三欵漢城裁判所 金九千九百七拾九元
第一項俸給 金六千九百元
第二項廳費 金八百元
第三項修理費 金五拾元
第四項雜給及雜費 金貳千貳百貳拾九元
第四欵法官養成所 金參千五百二十二元
第一項俸給 金二千二百元
第二項廳費 金壹千八十圓
第三項修理費 金五拾圓
第四項雜給及雜費 金壹百九拾貳圓
第五欵地方裁判所 金八百拾六圓
第一項俸給 金六百圓
第二項잡給及잡費 金貳百拾六圓
第六欵裁判所擴장費 金九萬壹千貳百參拾貳元
第一항裁判所擴장費 金九萬一千貳百三十二圓
法部所管合計金拾四萬六千參百參十六圓
學部所管
第一欵學部本廳 金五萬九千七十七圓
第一항俸給 金一萬六千貳百圓
第二항廳費 金參千五百十九圓
第三항修理費 金一千五百圓
第四항잡給及잡費 金六千六百貳十四圓
第五항旅費 金參千七百圓
第六항教科書印刷費 金壹萬壹千參百參拾四圓
第七항外國人諸給 金一萬六千貳百圓
第二欵觀象所 金五千五百九拾七圓
第一項俸給 金四千八百圓
第二項廳費 金八拾五圓
第三項修理費 金貳拾圓
第四項잡給及잡費 金壹百九十二圓

外報

●蒙古의改革注意 蒙古新聞을據ᄒᆞᆫ則卓索圖盟의拉심中旗扎薩兒某公은天資非범ᄒᆞ고才識이兼優ᄒᆞᆫ지라日觀時艱ᄒᆞ고志切維新ᄒᆞ야文武學堂各一所를設立ᄒᆞ고淸國敎師를延聘ᄒᆞ야旗屬靑年子弟를選集ᄒᆞ야文學과武備로分別課授ᄒᆞᄂᆞᆫᄃᆡ猶慮規모가太小라自籌巨관ᄒᆞ야大加整頓ᄒᆞ고採擇良法ᄒᆞ야推廣學業ᄒᆞᄂᆞᆫᄃᆡ해公은於蒙古王公中에實爲出衆者라ᄒᆞ얏더라

●强迫敎育의條陳 支那報를據ᄒᆞᆫ則翰林院侍講周克寬氏가上奏條陳ᄒᆞ얏ᄂᆞᆫᄃᆡ立憲基礎ᄂᆞᆫ必須國民敎育을普及할지라現在時勢가强迫敎育이아니면不能達其目的이라ᄒᆞ얏다더라

●大統領과南方議員 桑港電을據ᄒᆞᆫ즉桑港學校問題ᄂᆞᆫ美國代議院及元老院의注意를惹起ᄒᆞᆷ에至ᄒᆞ고代議院에서가리호루니아州南方議員이大統領을是非ᄒᆞ야日루스벨트氏ᄂᆞᆫ合衆國에大統領이로ᄃᆡ州의干涉ᄒᆞᆯ權能이無ᄒᆞ고又州의全權을減少ᄒᆞ라ᄂᆞᆫ法律을制定코져ᄒᆞ더리도我黨은此에對ᄒᆞ야極力反對ᄒᆞᆯ것다ᄒᆞ엿더라

●日本勞動者迫害 同電을據ᄒᆞᆫ즉華盛頓에서勞動者의一羣이日本勞動者를襲擊ᄒᆞ고又掠奪ᄒᆞ얏다더라

●俄國의出師準備說 同電에曰彼得보來報를據ᄒᆞᆫ즉黑龍江의漁業問題로日俄의交涉이不諧ᄒᆞᆫ處가有ᄒᆞ야俄國의셔預備次動兵ᄒᆞ고諸般準備를行ᄒᆞᆫ다더라

雜報

●賞典頒賜 英親王殿下講學時에講讀官以下 親王府官人과差備官외게ᄂᆞᆫ表裏오下隸輩의게ᄂᆞᆫ疋木으로賞典을下ᄒᆞ옵셧다더라

●改定部令 政府에셔今番各地方檢事被選人中太明식씨ᄂᆞᆫ銓考에ᄂᆞᆫ合當치아니ᄒᆞ고試才에可ᄒᆞ다ᄒᆞ며리重赫氏ᄂᆞᆫ繼續이아니라ᄒᆞ야兩씨를拔去ᄒᆞ엿ᄂᆞᆫ듸法部에셔部令을改正ᄒᆞ여自今以後로ᄂᆞᆫ平漢兩裁官人을繼續ᄒᆞ기로議定ᄒᆞ얏다더라

●願留何多 近日에日人官憲도願留意味를능知ᄒᆞ야各地方에派駐ᄒᆞ엿던日憲隊ᄂᆞᆫ京城本隊로撤還ᄒᆞ라ᄒᆞ미日憲兵이히地에부雜ᄒᆞᆫ人輩를甘誘ᄒᆞ야憲兵司令部에願留次等訴ᄒᆞ엿ᄂᆞᆫ듸憲兵派駐를若爲撤還ᄒᆞ면民難支保ᄒᆞ니更히如前派駐ᄒᆞ여달나ᄒᆞᆫ듸日司令部에셔趣旨ᄒᆞ되現今경務를擴장ᄒᆞ니능히人民을支保ᄒᆞᆯ리라ᄒᆞ고願留를許可치아니ᄒᆞ엿다더라

●注意衛生 三和항民宋鎭杰최鳳振李景河吳廷로김致權변世周韓昌혁諸씨가衛生淸결과經業改良에注意ᄒᆞ야組織合資屠畜會社ᄒᆞ고港民居留地稍僻處에屠獸所를建築ᄒᆞ고檢査精肉ᄒᆞ야衛生方針에恪勤視務ᄒᆞᆫ다더라

●會變爲賊 去四日全州警務支部에報告를據한즉一進會員이樹口가設策ᄒᆞ야不正한行爲가去去益甚ᄒᆞᄂᆞᆫ듸近日에火賊黨을成ᄒᆞ야境內에徘徊ᄒᆞᄂᆞᆫ모樣이라더라

●不許接면 一進會評議長宋秉畯씨가日憲兵司令官小山三已씨와情誼가大端히親密ᄒᆞ더니히씨ᄂᆞᆫ遞任되고現任古賀憲兵司令官과ᄂᆞᆫ무삼事端이有ᄒᆞᆫ지면目을相接치아니ᄒᆞᆫ다더라

●事體不然 中樞議長李根澤씨가被任ᄒᆞᆫ지多日에尙不受勅ᄒᆞ고무삼運動을秘密周旋中이라ᄒᆞ니受勅을아니ᄒᆞᆯ터이면辭職遞任이當然ᄒᆞ거날身爲大官ᄒᆞ여親任之職을慢不受勅이切非事君之道다ᄒᆞ고輿論이沸騰ᄒᆞ며一說을聞ᄒᆞᆫ즉議長은無權利ᄒᆞᆫ職任이라日憲兵과日巡査를帶同出入지못ᄒᆞᆯ터인故로有勢力ᄒᆞᆫ大臣之任을圖得ᄒᆞᆯ計料라더라

●名勝先占 各地方에基地가탄平ᄒᆞ고景槪名勝ᄒᆞ야可以學校를建設ᄒᆞᆯ處에ᄂᆞᆫ日人이將次理事廳을建축ᄒᆞ기爲ᄒᆞ야先爲占領ᄒᆞᆯ思想이發顯ᄒᆞᆫ다더라

●內部黨派 內部協판최錫敎씨ᄂᆞᆫ參與官龜山씨로一派가되고경務局長김彰漢씨ᄂᆞᆫ顧問丸山씨로一派가되야諸般部務에對ᄒᆞ야互相알涉ᄒᆞᄂᆞᆫ고로丸山씨와龜山씨가自然시疑가發生ᄒᆞᆫ다더라

●草坪交涉 義州郡所在鴨綠江沿岸에在한黃草坪은本以皇室所有地로每年收稅ᄒᆞ더니近年의淸人輩가作黨ᄒᆞ야刈草ᄒᆞ며淸人외所有라고行臟ᄒᆞᄂᆞᆫ故로現今韓廷에셔馬總領事와交涉中이라더라

●島民難保 南來人의傳說을聞ᄒᆞᆫ則全羅道諸島民人이近年에外國漁父의害를被ᄒᆞ여生業이凋殘ᄒᆞᆫ中或數三戶式居生ᄒᆞᄂᆞᆫ殘嶋에ᄂᆞᆫ外國漁父의作弊가尤甚ᄒᆞ여嶋民들이뉴地로移居ᄒᆞᄂᆞᆫ者比比有之인ᄃᆡ韓國人民은於嶋뉴에支保無路라ᄒᆞ더라

●能破天荒 南署纛島ᄂᆞᆫ人民千餘戶가居生ᄒᆞᄂᆞᆫ듸擧皆木商으로菽麥을不辨ᄒᆞ고幾年前부터蓮洞耶蘇敎傳道士박承明氏가種種出往ᄒᆞ야設敎ᄒᆞ더니至今은信敎者十數人이오各其子女敎育이急務인줄知ᄒᆞ고敎堂을借ᄒᆞ여幼年들를敎育ᄒᆞᄂᆞᆫ데學徒數十名이智識이ᄂᆞᆯ도發達되고小兒들이工夫에勤ᄒᆞ고愚民에頑固ᄒᆞᆫ舊習漸漸感動ᄒᆞ야舊學堂이擧皆革破되고新學校의學徒가日日增加ᄒᆞᆫ다더라

●柳家적警 京畿來人의傳說를聞ᄒᆞᆫ즉水原廣德面三洞居柳英烈家에셔陰十月十五日夜에火적十餘名이乘船到泊ᄒᆞ야各持六穴砲ᄒᆞ고無限作경타가葉二萬兩手標를勒捧而去ᄒᆞ얏ᄂᆞᆫ데人命은不傷이나同씨의渾眷이驚겁ᄒᆞ야治療次로거家가日前에上京ᄒᆞ엿ᄂᆞᆫ데景色이조悵ᄒᆞ고藥商二人이賣藥次來宿其家타가熊膽麝香牛황等物數萬餘兩어치를沒數見奪ᄒᆞ고道路涕泣이라더라

●愁찬兩眉 前判書조東潤氏가近日에무슴不平ᄒᆞᆫ事가有한지深愁를兩眉에찬ᄒᆞ고杜門謝客한다더라

●水賊橫行 傳說을聞한則陰本月十七日에仁川항同島近處에셔水賊八名이突入ᄒᆞ야賀穀船과잡貨船을슈索ᄒᆞ야錢兩과經貨等屬을다검奪以去ᄒᆞ얏ᄂᆞᆫ듸逢賊한船이八隻이라더라

●追賊未捕 北署長興庫前居鄭원文家에賊漢數名이潛伏ᄒᆞᆷ을聞知ᄒᆞ고경務廳總巡과刑事巡檢十餘名이出張ᄒᆞ야히家를搜探ᄒᆞᄂᆞᆫ듸賊漢은知機逃라ᄒᆞ얏ᄂᆞᆫ지形跡이無ᄒᆞ야捕捉지못ᄒᆞ얏다더라

●檢事見習 各府檢事가平漢兩所에셔限二周日하고章程을見習ᄒᆞᆫ後에도任ᄒᆞᆫ다더라

●法試裁主 本月十四日에法部에셔各裁判所主事를試取ᄒᆞᆫ다더라

●試取填闕 昨日警務廳의셔該廳普通學徒十四人을選取하야巡檢窠闕을填充하엿다더라

●統部晩餐 本月十四日午後七時에統監代理長谷川씨가各部大官을請邀하야晩餐會를開ᄒᆞᆫ다더라

●萊尹云免 去番特派大使李址용氏가釜山에셔二日間留숙ᄒᆞᄂᆞᆫ데東萊府尹김敎獻氏가晋州府에前往ᄒᆞ엿다가大使一行을未及餞送ᄒᆞᆫ故로內部에셔장차奏免ᄒᆞᆫ다더라

●收取長竹 仁川府尹김潤경씨가府下인民의長竹을嚴禁ᄒᆞᄂᆞᆫ데해씨가下隸를領率ᄒᆞ고망쿡이를帶持ᄒᆞ고長竹을收取ᄒᆞᆫ다더라

●김化賊경 김化郡等地의火賊이處處에봉起ᄒᆞ야殺人奪財와强奸婦女ᄒᆞ무로民不安堵ᄒᆞ야流離渙散之境의至ᄒᆞ얏다고該郡來人의傳說이有ᄒᆞ더라

●其意何居 晋州矗石樓近地에學校를建축ᄒᆞᆯ次로基地開拓ᄒᆞ고해道觀察使조民熙씨가月前에學部로報告ᄒᆞ엿더니近日에學部參與官某氏가該報告書를日語로翻譯ᄒᆞ라ᄒᆞᆫ다ᄂᆞᆫ듸其리由를未知ᄒᆞ깃다더라

●윤씨叙任 法官養成所卒業生윤泰榮씨ᄂᆞᆫᄌᆞ格이檢事를堪任ᄒᆞᆯ터인ᄃᆡ今番에被選치못ᄒᆞᆷ이公치못ᄒᆞᆷ뜻ᄒᆞ야養成所敎官을叙任ᄒᆞ얏다더라

●尙有會習 一進會員元世基氏가會勢를憑藉ᄒᆞ고水原等地韓필호의先山局內에占山ᄒᆞ고韓氏의先山松추ᄭᆞ지斫賣ᄒᆞ얏다더라

●日請設校 安城郡守리호집씨가學部에報告ᄒᆞ되日本人尾越眞公函內開에本人이貴郡南面靑龍동셔雲山隱寂庵에私立普通學校를設立ᄒᆞ고認可請願書를別紙에記載ᄒᆞ야繕送ᄒᆞ오니轉送于學部ᄒᆞ와속히認可ᄒᆞ심爲要等因故로玆에認可請願書를上送이라ᄒᆞ얏더라

●姊不進飯 開城南部長木동居金永夏氏ᄂᆞᆫ開城北部普昌學校의學徒라日前히校의셔閔忠正公追悼會를거行ᄒᆞᆯ時에其姊氏가年今二十餘인ᄃᆡ追悼ᄒᆞᆫ리由를問ᄒᆞᆫ즉永夏答曰閔忠正公泳煥氏ᄂᆞᆫ忠義가가특ᄒᆞᆫ兩班인ᄃᆡ昨年今日에ᄒᆞᆫ日新條事件에對ᄒᆞ여國家외獨立權이업셔지로고同胞가奴隷되개된거슬통憤히여여一刀로自裁ᄒᆞ신日인ᄃᆡ우리學徒가紀念ᄒᆞ기爲ᄒᆞ여追悼會를設行ᄒᆞᆫ다ᄒᆞ엿더니永夏가罷會後還家ᄒᆞᆫ則移時토록其姊氏가夕飯을給지아니ᄒᆞᄂᆞᆫ지라永夏가시장ᄒᆞ다ᄒᆞ고夕飯을催促ᄒᆞᆫ則其姊氏曰余ᄂᆞᆫ女子가되여追悼會의參預치못하엿스나인忠正의도라가신일을思想ᄒᆞ면臆塞ᄒᆞ여十日不食이라도飢腸ᄒᆞᆫ生覺이업ᄂᆞᆫ데汝ᄂᆞᆫ今日坐席의參預ᄒᆞ엿다가요마飢腸헌거슬忍치못ᄒᆞ여재ᄂᆞ냐ᄒᆞ며大段責望ᄒᆞ엿슴으로원近聞者가此婦人의慕忠ᄒᆞ시ᄂᆞᆫ天心를感탄不已ᄒᆞ더라

▲ 雪天醉話

▲學部協판을近日에박勝봉조民熙김각현三氏가極力運動ᄒᆞᆫ다ᄒᆞ니누가쥬먹이단단ᄒᆞᆫ지

▲內部參書朱之憲氏가湖南觀察로下去ᄒᆞᆯ時에湖南郡守中에免官식킨者多ᄒᆞ다고預言ᄒᆞ엿다니奏本감이만이싱기깃고

▲北村花開洞近處로過去ᄒᆞᆯ야면박參政宅門前에參奉販賣ᄒᆞᄂᆞᆫ銅臭에코를두를수가읍더고

▲地方一進會ᄂᆞᆫ벌수나잇슴즐알고田답家舍를會費에消融ᄒᆞ미平民은醜鄙타고與授를不關ᄒᆞ야生計가杜絕ᄒᆞ니나문건火賊질

▲今年年形은雖云大有ᄒᆞ나處處에日人이貿米ᄒᆞ여穀價ᄂᆞᆫ漸騰ᄒᆞ고貨源은枯渴ᄒᆞ야自屋寒天에廚烟이愁絕ᄒᆞ니豐年거지로고

雜報

●齋士付校　민副將丙奭氏가年前平安監司로在任時에興學養士로爲ᄒᆞ야道內各處에捐廩設齋ᄒᆞᆫ世人이皆知ᄒᆞᄂᆞᆫ바어니와平壤郡外川坊遂明齋를創建ᄒᆞ고自己月銀을特捐ᄒᆞ야平壤南祭山坊과中和應德坊에田답七十餘石秋收곳을前郡守金孝舜氏處에買得ᄒᆞ야以付右齋矣러니甲午經亂後에學徒四散ᄒᆞ고齋舍一空ᄒᆞᆫ지라右田답이入於觀察府ᄒᆞ야稱以公立小學校補用ᄒᆞ고每年二百兩式支給云이나此土가係是민副將所有之物인ᄃᆡ從他擅便이於理不近뿐더러민副將은現히郡大同學校校長인故로히校任員의所稟을因ᄒᆞ야右田답을大同學校에承還寄付ᄒᆞ얏다니此土가幾年間觀察府所食이되얏든거신ᄃᆡ今番所有主의게還歸ᄒᆞᆫ거슨新任觀察리始榮氏의公正處事로由함이오민副將은自己所有를付校奬學ᄒᆞᆫ거시人皆稱頌之事라ᄒᆞ더라

●최씨可笑　江原도형谷來人에傳說을聞ᄒᆞᆫ則本郡居前郡守최勳杜씨ᄂᆞᆫ士豪舊習을尙行하야인民의柴場도勒奪하며近洞所在ᄒᆞᆫ陳重林에八代先영衆所共知ᄒᆞᄂᆞᆫ山도埋標强점하야해民等이雖甚憤鬱이나威勢壓制를不勝하야敢怒不敢言하고여巷衆論이此郡은一邑二수라하야民막敢動이러니本郡守申泰建씨到任以後로訴裁判에리屈落科ᄒᆞ야柴場도還給하고埋標도掘去ᄒᆞᆫ後최씨가憤心이大發하야吏訴質問日兩件決訟이果係公而無私乎아ᄒᆞᆷ슥해郡守가其行爲不法을害해하야擧實報府ᄒᆞᆷ을見하고自言往訴京部라ᄒᆞ고去不知所處而暗使探問報府與否하니其喫겁은可知요逃避隱身은可笑라더라

●學校是非　江原道형谷來人에傳說을聞ᄒᆞᆫ즉本居前郡守최勳杜가他人을壓視함으로自設學校의資本금은本郡各面에所在ᄒᆞᆫ儒鄕衆人이學契募集하야多年殖利錢幾千兩을不謀於衆ᄒᆞ고獨自上京ᄒᆞ야學部에請願ᄒᆞ야指令만承ᄒᆞ고確實認許設立도不得ᄒᆞ고部指令憑藉ᄒᆞ야自稱私立普通學校監督ᄒᆞ고右錢을沒數勒나ᄒᆞ려ᄒᆞ기로各面諸儒等이不勝憤寃ᄒᆞ야本郡의等訴ᄒᆞ고又不日上京ᄒᆞ야學部에呈訴ᄒᆞᆫ다ᄒᆞᄂᆞᆫᄃᆡ怨聲이漲天ᄒᆞ다더라

●地方賊경　近日各地方에盜賊이處處橫行ᄒᆞ야民不安堵ᄒᆞᆫ다ᄂᆞᆫᄃᆡ瑞山泰安等地에所謂活貧黨이라稱ᄒᆞ고到處橫行ᄒᆞ야奪取財産ᄒᆞ며殺害人命ᄒᆞᆷ의해郡인民들이擧皆환散之境이라고呼哭之聲이ᄌᆞᄌᆞᄒᆞ더라.

廣告

◎本社廣告

申報價
一張代金 新貨二錢五里
一個月前納 三十錢
三個月 九十錢
六個月 一元七十錢
一個年 三元四十錢
郵稅一部 新貨五里
一個月 十三錢

廣告料
四號活字十三字詰
每日每英尺一寸에新貨廿五錢
(每日每行에六錢에相當홈
其期限의長短과字行의多少를依ᄒᆞ야增減홈이有홈

◎大韓每日申報各處支社廣告
中署布屛門下 金相萬冊肆
洞口越便 朱翰榮冊肆
中署長通坊初入七十八統第二戶 鄭禹鎭
仁川租峴開新冊肆 李東圭
平壤南山峴日新學校 金瑨瑞
宣川邑禾東 崔叙恒
義州南門外韓國大藥房張有寬 安濬
長連邑 金鎰
鎭南浦築港 金仁직
咸興州南社 曹嘉林
中和邑 李龍鎬
釜山佐川徐[illegible] 金道俊
開城北部梨井[illegible]洞 [illegible]義[illegible]
被嗣校長 姜助遠
大丘郡 [illegible] 安瀬
鎭山邑內 金乃範
元山港倉[illegible]
黃海道載寧邑濟衆院居劉彰澤

發行兼編輯人 英國人裵說
發行所 京城中署壽進坊罷洞外地法語學校前
大韓每日申報社

(明治三十八年八月十一日 第三種郵便物認可) 木曜日 西歷一千九百六年十二月十三日 (一)

第四卷

大韓每日申報
대한매일신보

第三百九十五號

月曆及慶節 歲時休日

檀君開國四千二百三十九年
箕子元年三千二十八年
大韓開國五百十五年
日本明治三十九年
淸國光緖三十二年

◎陰曆丙午十月大廿八日辛卯

論說

是其改良耶

盖日本이信用之心이太多ᄒᆞᆫ韓國人民에게食飮兩手를一置於喉ᄒᆞ고一置於ᄂᆞᆼᄒᆞᆫ以來로韓人之陰密運動이辯士之詧詁를已成ᄒᆞ엿시니漢城出版所新聞이此荒凉問題를一次更戱함은其非原始之論이로다

韓人을若以陰密稱之인ᄃᆡ其陰密之策이維何오韓國이現今悲慘情形에至ᄒᆞᆷ은日本奸計恐嚇을因ᄒᆞᆷ이라敵鋒을反射함이豈小無其義리오日本이韓國銀行事務와電郵處理와外務交涉과外港稅入과內地稅納과貨幣와司法과其外水道事業을全然管轄ᄒᆞ야 皇帝及人民의希願과幾箇腐敗官人以外에各人希願을不拘ᄒᆞᆷ이何如機關을取用ᄒᆞᆫ지人可量度이로다

由是로漢城出版報의論說이其乃全然實情인줄을吾人은不覺ᄒᆞ겟도다同報發言이在於改良이요且改良ᄒᆞᆯ거시多有ᄒᆞᆫ줄은人皆知悉이나然이나已被欺術을不忘ᄒᆞᄂᆞᆫ韓人이如彼諸言을豈能信之리요

同記者수머도氏가提言ᄒᆞ되韓國官吏를置之不問ᄒᆞ고人民과直接ᄒᆞᆷ이日本之職務라ᄒᆞ엿시니此方策을熟思或爭論ᄒᆞ엿ᄂᆞᆫ지ᄂᆞᆫ未聞이로ᄃᆡ或然之勢를暗示ᄒᆞᄂᆞᆫ노다何如ᄒᆞᆫ지此方策이若至履行이면日人은快樂形態를自得ᄒᆞ리니若日人이言及於韓人ᄒᆞ되韓廷官吏가擧皆腐敗ᄒᆞᆫ즉此를置ᄒᆞ고不知ᄒᆞ겟다ᄒᆞ면韓國內에日本地位及權利가因其腐敗而得ᄒᆞᆫ거신줄노彼必容許ᄒᆞ리로다

此默然容許를欲作ᄒᆞ야彼將言及於韓民호ᄃᆡ吾人이但爲貴國之利益ᄒᆞᄂᆞᆫ고로吾人所行에公等承認을玆請ᄒᆞ노니全部稅金을收合及費用ᄒᆞᄂᆞᆫ것과家屋을奪居ᄒᆞᄂᆞᆫ것과紙票를遍滿於國內ᄒᆞᄂᆞᆫ것과公等을吾人之法庭에서審問ᄒᆞᄂᆞᆫ것과其他吾人之諸般所欲爲에公今一致耶아ᄒᆞᆯ거시오或他以言ᄒᆞ면貴國을吾人이取得ᄒᆞ엿스니公等之勤務에效果ᄂᆞᆫ吾人所有로意之ᄒᆞᆫ다ᄒᆞ리로다

隨意改良을人或曾聞歟아

官報

●三千六百三十四號 光武十年十二月十二日

◎宮廷錄事

詔日本陸軍大臣寺內正毅有本國士官敎導之襄助特敍大勳賜李花大綬章日本軍司令部副官陸軍大尉內藤貞一頗多勤勞特敍훈四等議政府繙譯官鷗託勳六等國分哲多有其勞特敍勳五等各賜太極章

光武十年十一月二十八日

表勳院總裁勳一等박鏞和

詔日宮內府特進官勳三等洪淳馨陞期將屆歷試已多陞軍副將勳三等尹雄烈旣多勤勞亦屆陞期陞軍正領勳三等玄興澤益嘉往年之勞學部協辦勳三等閔衡植勤幹校務亦多陞叙特陞叙勳二等侍從院侍從勳四等□南益有可紀之勤勞特陞叙勳三等各賜八掛章總理院卿勳二等高永喜特爲換賜太極章奉常司提調훈五等박勝鳳警務使훈五等朴承祖俱有恪勤供職之勞幷特陞叙훈四等表훈院參書官훈六等李兼穆可紀勤務特陞叙훈五等侍從院侍從金寧鎭勤乃厥職特叙훈五等各賜太極章

表훈院總裁훈一等朴鏞和

◎敍任及辭令

秘書監丞尹憲燮
侍從院侍從金용升
帝室會計審査局審査官朴容奎
智陵參奉千相周
義陵參奉金元鍾
依願免本官
正三品李喬永
陸軍參尉尹炳文
任侍從院侍從
任秘書監丞 正三品尹稷善
秘書監丞李鍾華
兼任掌禮院掌禮
任帝室會計審査局審査官 正三品柳興世

未完

◎光武十一年度歲入歲出總預算

第三款成均館 金六千貳百拾圓
第一項俸給 金參千壹百四□
第二項廳費 金四百貳拾圓
第三項修理費 金五十圓
第四項雜給及雜費 金四百八拾圓
第五項給與費 金貳千壹百六拾圓
第四款師範學校 金壹萬五千四百五拾壹圓
第一項俸給 金壹千八百元
第二項廳費 金壹千元
第三項修理費 金七拾五圓
第四項雜給及雜費 金二百七拾八元
第五項圖書機械標本費 金五百元
第六項給與費 金六千六百四拾元
第七項外國人諸給 金四千四百四拾元
第八項臨時教員養成科費 金七百拾八元
第五款漢城高等學校 金九千九百五拾四元
第一項俸給 金三千七百元
第二項廳費 金八百五拾圓
第三項修理費 金壹百貳拾圓
第四項雜給及雜費 金二百二拾四元
第五項圖書機械標本費 金五百元
第六項外國人諸給 金四千五百六十圓
第六款農商工學校 金貳千四百四十一圓
第一項俸給 金六百九拾元

未完

外報

●연隊派送 日本에서美國에艦隊를派送ᄒᆞ기爲ᄒᆞ야其費用二千萬元을明年度預算에編入ᄒᆞ얏고議會에서議決된後에ᄂᆞᆫ筑波千歲兩巡艦을派送ᄒᆞ다더라

●條約變更 桑港電을據ᄒᆞᆫ則美日間現存ᄒᆞᆫ條約을若干變更ᄒᆞ기爲ᄒᆞ야美日兩國의談판이進行ᄒᆞᆫ다ᄂᆞᆫ說이有ᄒᆞᆫᄃᆡ此를據ᄒᆞᆫ則日本은學校問題에關ᄒᆞᆫ要求를撤回ᄒᆞ고美日兩國이各其勞動者를其領土內에서排斥ᄒᆞᆫ다더라

●美國의戰爭準備 同電을據ᄒᆞᆫ則美國戰鬪艦오레곤號及우이스고신號가事變에預備ᄒᆞ기爲ᄒᆞ야極東根據地로急行ᄒᆞᆫ다더라

●桑港當局者抗辨 桑港學務局은日本兒童隔離事件의訴訟에關ᄒᆞ야抗辨ᄒᆞ야曰亞細亞人의學童은特別히東洋學校에入ᄒᆞ게ᄒᆞ기로決ᄒᆞ얏슬지라도諸般事에對ᄒᆞ야他白人學校와同樣의待遇가有ᄒᆞᆫ則何等區別이無ᄒᆞ다더라

●排斥과 농욕 桑港에서日本人排斥問題ᄂᆞᆫ熱度가極点에達ᄒᆞ야各鐵道會社를勸유ᄒᆞ야黑奴同樣으로日本人을隔離케ᄒᆞᆯ流事를準備ᄒᆞ고排日派ᄂᆞᆫ公會를開ᄒᆞ고大統領의敎書를反抗ᄒᆞ며各般手段을取ᄒᆞ야排日的感情을鼓吹ᄒᆞᆫ다더라

雜報

●崔氏放還說 向者日本對馬島에拘留가된贊政崔益鉉氏ᄂᆞᆫ近間에身病이危重ᄒ다ᄒᆷ으로勢不得已ᄒ야本國의歸去ᄒ야調理케ᄒᆯ次로將次放還된다ᄂᆞᆫ確說이有ᄒ더라

●度顧晩餐 度支部財政顧問官目賀田氏가今日晩餐會를開設ᄒ고各部大官을請邀ᄒ다더라

●協판又會 各部協판이今日政府에會同ᄒ야무슨事件을會議ᄒ다더라

●以父退子 特派大使李址鎔氏子海忠氏가日本에留學ᄒᆷ은前報에揭載ᄒ얏거니와留學生諸人들이李海忠氏를對ᄒ야賣國賊의子라指目ᄒ야不肯同學ᄒᄂᆞᆫ故로李氏가必竟退學歸國ᄒ리라ᄂᆞᆫ傳說이有ᄒ더라

●三大會同 再昨日政府에서參政大臣박齊純氏와學相李完用氏와農相成岐運氏가會同ᄒ야무슨事件을數時間談話ᄒ얏다더라

●消息不遠 日本에체留ᄒᄂᆞᆫ國事犯諸氏의歸國與否ᄂᆞᆫ伊藤氏가日本政府와公議ᄒᆫ後決定이된다ᄂᆞᆫᄃᆡ不幾日間確報가有ᄒ리라더라

●三氏轉任 學部學務局長張世基가秘書丞으로轉任ᄒ고代에內部地方局長兪星濬氏가敍任ᄒ고其代에洪州郡守劉猛氏가被任하엿다더라

●收租并遞說 經理院에서各道收租官을一幷改差ᄒ다ᄂᆞᆫ說이有ᄒ더라

●度照學部 度支部에서學部로照會ᄒ되貴部所管九款五項外國人諸給餘額二千四百十九圜六十三戔을削減ᄒᆯ事로請議ᄒᄂᆞᆫ故로玆에仰佈ᄒ라ᄒ얏더라

●參與報部 學政參與官附事務官上村正巳氏가學部에報告ᄒ되黃海道海州普通學校新設基地實査及教育에關ᄒᆫ情況等을別冊과如히復命이라ᄒ얏더라

●勳牒部院 表勳院에서各府部院廳에通牒ᄒ되各官人의履歷書를繕送ᄒ되年本居住統戶와賞罰과在職을昭詳示明ᄒ라ᄒ엿다더라

●食니無用 豐德郡守安경烈씨와豐川郡守鄭在화氏를經理院技師로轉任ᄒᆷ애該任은無祿窠라ᄒᄂᆞᆫᄃᆡ安鄭兩씨ᄂᆞᆫ리根澤氏의單食니라더라

●經費見奪 平南警務署顧問支部署記巡查部長新田稻吉이가該部經費六百五十一圜四十一戔을平壤支金庫에서推尋ᄒ야藏于手帒中ᄒ고數語酬酌之際에何許賊漢이手帒를奪去하얏다더라

●富川賊警 富川郡上檢面南七里김海寬家에强盜二名이突入하야白銅錢二百二十兩及毛物紬緞等物을掠奪하고김海寬을以刀亂刺하고김海寬은中丸致斃하얏다더라

●少年打花 再昨日南署詩洞等地에서何許少年이一年少ᄒᆫ女人을無數毆打ᄒᄂᆞᆫᄃᆡ其內容을採聞ᄒᆫ즉該女人은全羅道妓生인ᄃᆡ賣淫從事ᄒ다가偶然히該少年과作配ᄒ야本夫에게三千兩으로賣得ᄒ야同行上來ᄒ얏ᄂᆞᆫᄃᆡ同居數三朔에因以逃亡ᄒᆫ故로方在詗索中이더니詩洞等地에서偶然相逢ᄒ야怡氣를不勝ᄒ야無數亂打ᄒ고該女를堅執而去ᄒ엿더라

●俱樂競毬 大한體育俱樂部에서靑年會員으로더부러競毬會를設ᄒ고俱樂部員이五六次連勝ᄒ얏ᄂᆞᆫᄃᆡ該俱樂部에서來土曜日에訓鍊院에서競毬會를再設ᄒᆯ次로三昨日에靑年會로또請帖ᄒ엿다더라

●何事歸國 京城軍司令部參謀長牟田氏ᄂᆞᆫ무삼緊急ᄒᆫ事가有ᄒᆫ지再昨日의東京의歸去ᄒ얏ᄂᆞᆫᄃᆡ一月十五日頃에還任ᄒᆫ다더라

●五人又捉 日前長城郡에서義兵四十餘名이突入ᄒ야郵便事務日人一名을砲殺ᄒᆫ事ᄂᆞᆫ已爲報道ᄒ엿거니와更聞ᄒ즉作梗者五人을捕捉ᄒ야嚴囚審査ᄒ엿고其餘黨ᄋᆞᆫ現今捕捉中이라더라

●衛生設社 近日東洋用達會社諸氏가南署衛生社를設ᄒ고資金五千圓으로南署內各戶의汚穢物을除去ᄒᆯ目的이라ᄒ더라

●花簽得勢 近日京城內外의雜類輩가處處에花簽局을設ᄒ고務人子弟를誘ᄒ야多數錢財를勒奪ᄒ나ᄂᆞᆫᄃᆡ泥峴日人商店에花簽가大段得勢ᄒ되警察官吏ᄂᆞᆫ知而不禁ᄒᄂᆞᆫ지알슈업다더라

●靑會演說 靑年會에서池錫永氏가再昨日下午[illegible]演說ᄒ되[illegible]未來思想을研究ᄒ고自主精神的原因과大韓鍵인ᄃᆡ雖數尺童蒙이라도預知ᄒᆯ바이라더라

●薦報不公 平山郡主事로薦報ᄒᆫ金某ᄂᆞᆫ年少沒覺ᄒᆫ人을該郡守가報部ᄒ얏다고一郡人民에論이沸騰ᄒ다더라

●義將口供 義將閔宗植氏의口供을聞ᄒ즉義兵을擧ᄒᆫ目的은五賊을殺戮ᄒ고日本人을國外에驅逐ᄒ고新約條를撤廢ᄒᆯ趣旨라더라

●付之一笑 新門內居某召史의十四歲女兒를淫夫가奪去ᄒᆫ事에對ᄒ야前報에揭載ᄒ얏거니와再昨日漢城裁判所에서辯明次로公函을ᄒ엿ᄂᆞᆫᄃᆡ其書에云ᄒ되該掌ᄋᆞᆫ檢事오非判事라ᄒ엿시니判事ᄂᆞᆫ檢事의公訴를因ᄒ야公判ᄒ야宣告ᄒᄂᆞᆫ責任이有ᄒᆫᄃᆡ莫重ᄒᆫ事犯人을無判결宣示ᄒ고逐付淫夫ᄒ얏시니刑事犯이아니오民事訴訟이면可커니와刑事에免訴ᄒ고無罪ᄂᆞᆫ아니오當然ᄒᆫ刑事犯罪人이어날宣告ᄒᆫ判결도업시放送ᄒ니此法律을無視ᄒᄂᆞᆫ類가아니리오또該女兒가年今十四歲라ᄒ니刑法上未成年女兒를强奸ᄒᆫ者ᄂᆞᆫ役七年以上十五年以下라ᄒ엿시니今此淫夫가雖不强奸이나賣去ᄒ야已爲賣淫ᄒ고또裁判所에서親告罪를受訴ᄒᆫ檢事가無判決ᄒ고無理히逐送ᄒ야使淫夫로奪去케하니善良風俗에違反ᄒᆫ事를法官이能行ᄒ나니茂法傷風하ᄂᆞᆫ法官이何額으로[illegible]可笑ᄒᆫ[illegible]ᄒ야痛哭ᄒᆯ處이로다

●自强演說 本月十五日土曜(陰十月三十日)下午一時에自强會에서通常總會를開ᄒ고官吏의事業과人民의事業國躰의效力富國之要ᄂᆞᆫ在殖産이라ᄂᆞᆫ問題로演說ᄒᆫ다더라

●洪氏押警 故洪府院君의孫子某氏가何許石材를自意放賣ᄒ얏던지東署長朱氏가洪氏의게總巡一人을委送ᄒ야請邀ᄒ되有暫議事ᄒ니忘勞枉顧ᄒ기를企望이라ᄒ얏더니洪氏가不來ᄒᄂᆞᆫ지라再次權任一人을派送ᄒ야公事上相議ᄒᆯ意로傳喝ᄒ얏더니洪氏가該權任을對ᄒ야日一介署長으로敢此招我ᄒ니我豈仕見이리오ᄒ고何樣詰責ᄒ얏던지該權任이拿引狀을書來ᄒ야洪氏를捉去ᄒ야東署에二日拘留ᄒ얏다가日前에警務廳으로押交ᄒ얏다더라

●傳說難信 監獄署에被囚ᄒᆫ리裕寅氏ᄂᆞᆫ其子리紹榮씨가保放ᄒ기를四處로百般周旋中이나畢竟處絞宣告가되리라ᄂᆞᆫ說이有ᄒ더라

●擔責葬費 東署某召史의致斃ᄒᆫ根因을警務廳에서偵審偵深中이러니齋洞等地留連ᄒᄂᆞᆫ鄕客一人이會往에該召史의게衣服濟灌裁縫ᄒᄂᆞᆫ事托ᄒᆫ事가有ᄒ던지경務廳에捉囚ᄒ고該召史의葬費를擔徵ᄒ라ᄒ다더라

●清人設校 京城에在留ᄒᄂᆞᆫ清國官民이馬總領事와協議ᄒ고一萬五千圜巨額으로同領事館門前에漢城華商學堂을創設ᄒ고[illegible]開校式을擧行ᄒ얏ᄂᆞᆫᄃᆡ總領事馬廷亮氏ᄂᆞᆫ監理學教師가되고翻譯官陳來坤氏ᄂᆞᆫ日語를[illegible]ᄒ다더라

◉雪窓茶話

▲近日海外消息이一層격昻ᄒ야風雲이凝聚ᄒ니龍韜虎略에處處英雄이扼腕而起ᄒᆯ時代로고

▲政府大臣ᄋᆞᆫ聽而不聞ᄒᄂᆞᆫ지賣官爭勢에精神이盡奪ᄒ야ᄂᆞᆫ지金만多聚ᄒ면何處에用할지

▲國事ᄂᆞᆫ危急ᄒᆷ을先覺하오千斤이懸卵에危在一髮ᄒ니三千里疆土ᄂᆞᆫ떠나라나더리도돈만만하여아하겟쇼

▲近日願留가時體되여觀察도願留ᄒ고郡守도願留ᄒ고統監도願留 고甚至於地方에派駐ᄒᆫ日憲兵씨지願留ᄒ니願留걸너못살깃고

▲洪州郡守劉猛씨가內部地方局長으로薦任되얏스니內部에ᄂᆞᆫ有人하니頹波砥柱를隻手로能障ᄒᆯ가

▲度支部에서稅則을磨鍊ᄒᄂᆞᆫᄃᆡ妓生三牌ᄭᆞ지가有ᄒ다니賣淫女에稅[illegible]히香臭가날걸

雜俎

贊成文學校에서今日曜日에贊成會를開ᄒᆞ얏ᄂᆞᆫ데大垣丈夫氏가贊成演說이如左ᄒᆞ니

余在日本國之人則所知者莫過於化而所聞所學이悉莫過於此ᄒᆞ니略說日本之事ᄒᆞ노라本是日本이只有語而無文이러니新羅時에王仁이持來千字文及論語ᄒᆞ야敎之皇子及華族ᄒᆞ니自此로日本이始有文ᄒᆞ고至於細工美術ᄒᆞ야도無非韓人의來敎라自此로知構木成屋ᄒᆞ며玉土成器ᄒᆞ며又飮食衣服도人이始敎以能知其法ᄒᆞ야仍以守之ᄒᆞ야至于今日ᄒᆞ니雖曰日本이今也엔反於韓國이나소其源則莫非韓國之恩이니以韓國論之則日本이先進也로다

人而莫知其恩則莫若禽獸라近日日本有志人士ᄂᆞᆫ今因ᄒᆞᆫ國衰微之時ᄒᆞ야指導其開智ᄒᆞ며發達其文明ᄒᆞ야以報故恩이是乃人之道理也라ᄒᆞ며或曰今乘微弱之機ᄒᆞ야竝呑爲藩이是爲日本之好事라ᄒᆞ되余在日本에絶對反對其第二言曰爲人而莫守人道則此是人面獸心이라乃可指導한國ᄒᆞ야竝立於東洋이라ᄒᆞ노라且以日本之力으로竝呑한國이若反掌之易로되可呑其三千里疆土언뎡不能呑二千萬之腦髓라豈可得計也哉아不啻此事라反道而行悖ᄂᆞᆫ必敗而難成ᄒᆞ나니是乃吾所謂不可呑한國之條款也라然則한國之雪恥免除에有期耶아無期耶아ᄒᆞ컨ᄃᆡ有期라ᄒᆞ야比在四時오以日本觀之면四十年前에始同한國ᄒᆞ얏더니因伊太利之魂ᄒᆞ며益修其聞ᄒᆞ야以成今日之日本ᄒᆞ니由是觀之면莫知ᄒᆞ니國四十年之後에或勝於日本八十年之後라今日ᄒᆞᆫ國人士가勉勵敎育ᄒᆞ니是乃第一着之基礎也라 (未完)

●偷用印章 本月初五日에本府윤字民부氏가有裁判事上京時에印章을封置上京ᄒᆞ얏ᄂᆞᆫ데本府主事朴一陽氏가自意로印章을開圻ᄒᆞ야無罪ᄒᆞᆫ張岐日을踏印捉ᄒᆞ야以一萬七千金標가有ᄒᆞ다稱ᄒᆞ고着架ᄒᆞ야囚ᄒᆞ고水鎭面面長金用植을暗自除貼文上踏印ᄒᆞ야新面長을自意差定ᄒᆞ엿고使尹兼官이本府에到任ᄒᆞ야印章을推覓할ᄉᆡ封印上에朴一陽之姓名章이捺章되지라龍尹이此를覺得ᄒᆞ고詰問大責ᄒᆞ니朴主事가自服自劫ᄒᆞ야張岐日은暗自無言放送ᄒᆞ고水鎭面舊面長金用植은겨憤入府ᄒᆞ야訪問박主事ᄒᆞ고嗜自用印ᄒᆞ야面長黜척ᄒᆞᆫ非리之事를一一大責ᄒᆞ니無法ᄒᆞᆫ박一陽이가萬端哀걸ᄒᆞ며면셔面長을還任ᄒᆞ여시니世豈有如是不法ᄒᆞᆫ欺國罔上之主事乎아人皆唾罵에一境이紛紜ᄒᆞ다더라

寄告

고판윤니방현、양ᄌᆞ승안이가경ᄌᆞ년에나라ᄃᆞ되히고부모에게불효ᄒᆞ야그양모ᄂᆞᆫ문중에의론ᄒᆞ고ᄌᆞ시상경ᄒᆞ여전동에민족적공대가셔우에인품ᄒᆞᆫᄌᆞ옴、승인ᄋᆞᆯ파양ᄒᆞ야달나엿쥬어니의민족셩공이네겹허오셔다ᄒᆞ단여나오셔말삼이ᄌᆞ품이스ᄂᆞᆫ시부화불켜고장네원에쳥허라허신즉승ᄂᆞᆫ이양모가기화ᄒᆞ장네원、취필씨졍할씨에승님를파양ᄒᆞ여쥬옵시ᄂᆞᆫ셔ᄌᆞ승의으로숭직ᄒᆞ여달나ᄂᆞᆫ문적파그집중장이사호장네원졍무적이쇼연ᄒᆞ고ᄌᆞ졔며기윤ᄋᆞᆫ신부직시ᄂᆞᆫ봉호것ᄂᆞᆫ세상ᄋᆞ다아일이되승인이가종신졍비ᄌᆞ다ᄂᆞᆫ쳔ᄋᆞᆫ인어해비ᄋᆞ되여욕나와잇슈쥬그양모ᄂᆞᆫ되여ᄂᆞᆫ이가승인이못들ᄒᆞ는말나ᄂᆞᆫ너를파양일이엇、중간에셔그리들ᄋᆞᆫ일이라다져후로파양ᄒᆞ부모로、쥬간에셔ᄂᆞᆫ법잇스티요그부인이집안을공연이요동ᄒᆞ며져후조화부려승인이북양ᄒᆞ라ᄒᆞ고장네원、정좌우쳥쵹을ᄒᆞ나어내여ᄂᆞᆫ파양ᄒᆞ여달나ᄒᆞ고거화ᄒᆞ며정ᄒᆞᆫ어내여ᄂᆞᆫ북양ᄒᆞ야달나쳥쵹ᄒᆞ니이런일만보아도그부인、심졍불가이알지라승의이가엇지ᄒᆞ야남의게견만이나갑풀게잇셔그돈변통ᄒᆞ려어대출타、듬에다셔이운동을ᄒᆞ는거시나운동이다른일안이라승의이가남게돈갑풀게잇다ᄒᆞ는거로이갓치운동ᄒᆞᆫ일이나셩후젼만남의게잇드ᄉᆞ할지라도승의이는ᄂᆞᆫ판윤에혈쇽은그ᄒᆞ나뿐인바엇지젼만ᄒᆞᆫ상판ᄅᆡ고로이갑ᄋᆞᆯ쥬라하ᄭᅩ이런운동하니아모리부인에하는일이나온당치안이할쏫바다미구에승의이가나올지경이면일도안이되겻집안、뒤지버업필여인니그집안은아모것도불게업슬듯ᄒᆞ고그집일ᄋᆞᆯ심하기로ᄌᆞ에광고홈

果川居 리화玉 告白

本人에所居仁港峴五十一統十三戶家券四張과紙貨二千元所用할手記一張을將中에서旅爲遺失ᄒᆞ엿스오니誰某拾得ᄒᆞ셔ᄂᆞᆫ休紙施行ᄒᆞ시며上廳洞金剛領宋源氏家來傳ᄒᆞ시면厚謝ᄒᆞ오리다人心은難測이라不無典執賣買之慮ᄒᆞ오니內外國人間切勿見欺ᄒᆞ시爲要

宋昌柱 告白

濟州島旌義好近居余萬白이가離鄕六年에無一字書簡이러니得聞則周遊京城然其父已逝故廣告ᄒᆞ니欲聞本家消息則紬洞般成號客主留玄君錫ᄒᆞ야訪問ᄒᆞ옵

玄君錫 告白

平壤趙氏宗畓三石五斗落在廣州郡尺面而文券在宗中悖族陽智居東燮稱以渠物僞券放賣云故玆以廣告內外國人切勿見欺홈

平壤趙氏宗中 告白

少年韓半島라ᄒᆞᄂᆞᆫ雜誌ᄂᆞᆫ我帝國의(獨立基礎)(自由精神)(平等主義)로써國民的의腦髓를滋養ᄒᆞᄂᆞᆫ元素오敎育界의導師를發明ᄒᆞᄂᆞᆫ海上燈臺라有志同胞ᄂᆞᆫ購覽ᄒᆞ오每號定價金下五錢

發售所普光學校

布屛 金相萬 洞口朱翰榮

鐘路高裕相 磚洞每日申報社

本人之姓名圖章서失於四方章故遺知者閱賜光

南內五房 朴寬浩

義州威遠面中端居車均이가年今二十餘에由來宗土를蕩盡於三場ᄒᆞ고尙不悛而計欲賺債日債로紛紜遠近故로奉先廣布ᄒᆞ오니內外國人은切勿見欺白

失害 車琮煥 告白

洪淳康氏가東署東小門內土橋東邊에織造機를廣張設施ᄒᆞ야稱號를淳昌號라ᄒᆞ고各色綢緞과紗屬等을織造販賣ᄒᆞ오니願買人은來臨購買ᄒᆞ시며或所用ᄃᆡ로緞紗等屬을預托ᄒᆞ시면依約施行ᄒᆞᆯ깃삽

淳昌號 告白

歲末大賣出

◉各位益益大安感賀ᄒᆞ오며今回에各種冬具物貨를多數히輸入이온데已往에도各位의愛顧ᄒᆞ심을厚ᄒᆞ얏거니와特別이歲際를當ᄒᆞ야愛顧ᄒᆞ시던感意를萬一이라도報謝코져左開ᄒᆞ티로各物品을放賣ᄒᆞ깃ᄉᆞ오니此好機를勿失ᄒᆞ시고益益購買ᄒᆞ심務望

▲勿論何物ᄒᆞ고二元以上買求ᄒᆞ시면景品票一張을奉呈ᄒᆞ되空票ᄂᆞᆫ업삽고아모물건이라도상품이잇삽니다

十二月五日로봇터 十二月三十一日ᄭᆞ지 大景品進呈

景品概目

皮製의롱 卷煙草入匣 葉卷煙草
人力車압장 져金 불판대酒
交月大鏡 婦人목도리 의슉이酒
白담뇨 천연물부치 白표도쥬金酒
金銀의장 服飯 皮장갑
寫眞판 가방 보션
大鏡 男子목도리 其外數千種

歐米雜貨直輸入商 □□屋 電話□□番

朝陽報第十一號廣告

(著作)◎(譯述)

「告大官巨公」「害韓乃忠韓」「品性修養」「商業概論」「隨感曼錄」「寄書」「世界叢談」「內地雜報」「廣告」「海卜雜報」「保護國論」「政治原論」「韓國新法論」「泰西敎育史」「本朝名臣錄」「갈쇼十傳」「米國大統領」「詞藻」「비스마륵구」「愛國精神談」

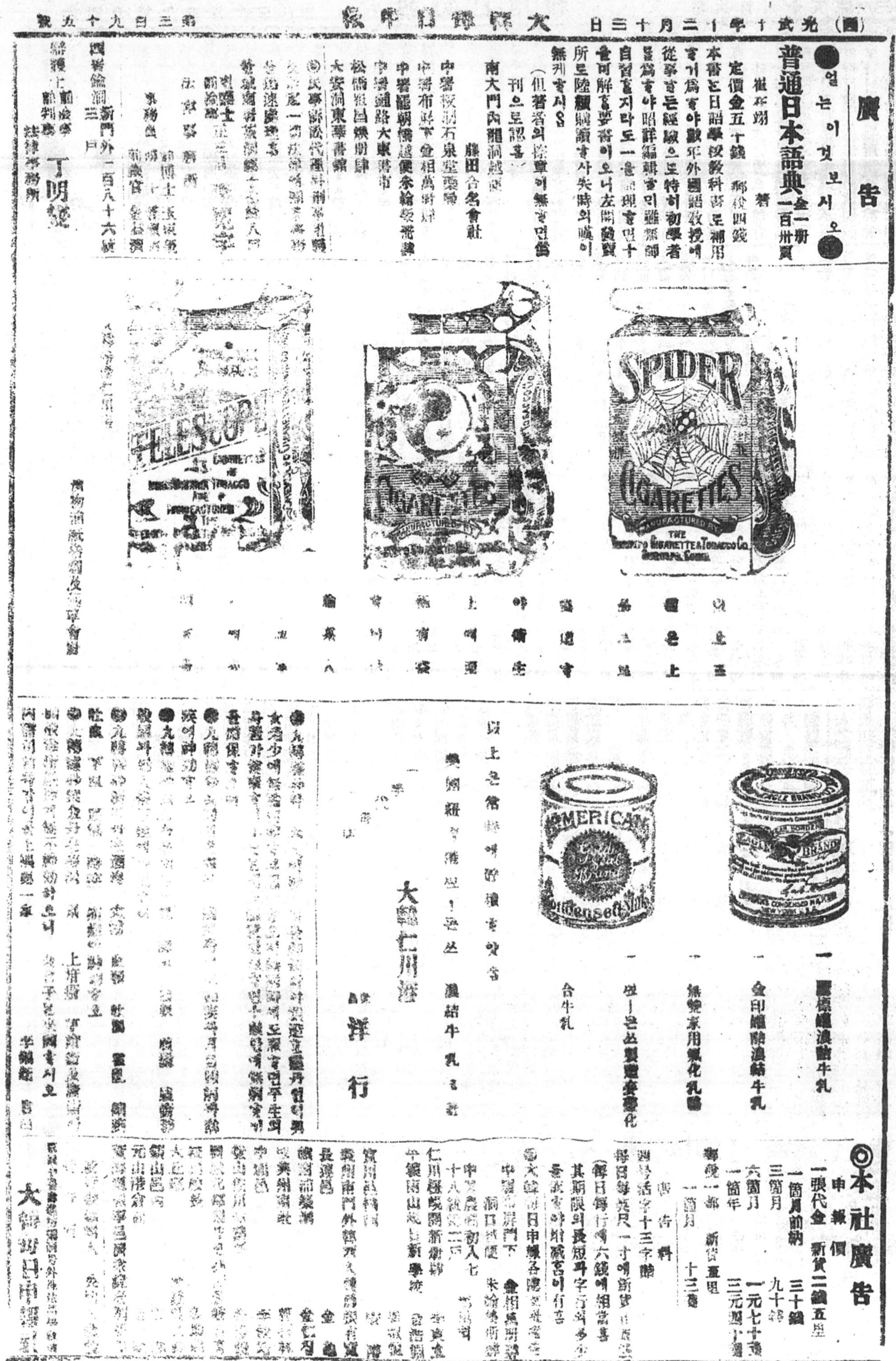

廣告

얼는이것보시오

普通日本語典 全一冊 二百卅頁

崔在翊 著

定價金五十錢 郵稅四錢

本書ᄂᆞᆫ日語學校敎科書로補用ᄒᆞ기爲ᄒᆞ야歐米外國語敎授에從事ᄒᆞᄂᆞᆫ經驗으로特히初學者를爲ᄒᆞ야昭詳編輯ᄒᆞ미難解部를自習ᄒᆞᆯ지라도一[illegible]現ᄒᆞ면十分可解ᄒᆞᆯ要書이오니左開發賣所로陸續購讀ᄒᆞ사失時의嘆이無케ᄒᆞ시오

(但著者의檢印이無ᄒᆞ면僞刊으로認홈)

南大門內維洞越邊 藤田合名會社

中署校洞石泉堂藥房

中署布廛下金相萬冊肆

中署罷朝橋越便朱翰榮冊肆

中署鍾路大東書市

松餠坦高裕相冊肆

大安洞東華書舖

◎民事訴訟代理와刑事辯護 [illegible]

[illegible]

法律事務所

[illegible] 丁明燮

一 鷹標煉濃縮牛乳

一 金印煉濃縮牛乳

一 [illegible]家用煉化乳酪

一 [illegible]製[illegible]

合牛乳

以上은常時에貯積ᄒᆞ얏숨

[illegible] 濃縮牛乳 [illegible]

大韓仁川港 [illegible] 洋行

◎本社廣告

申報價

一張代金 新貨二錢五里

一箇月前納 三十錢

三箇月 九十錢

六箇月 一元七十錢

一箇年 三元四十錢

郵稅一部 新貨一里

一箇月 十三錢

廣告料

四號活字十三字一行

每日每行에六錢式

其期限의長短과字行의多少를從ᄒᆞ야減價홈이有홈

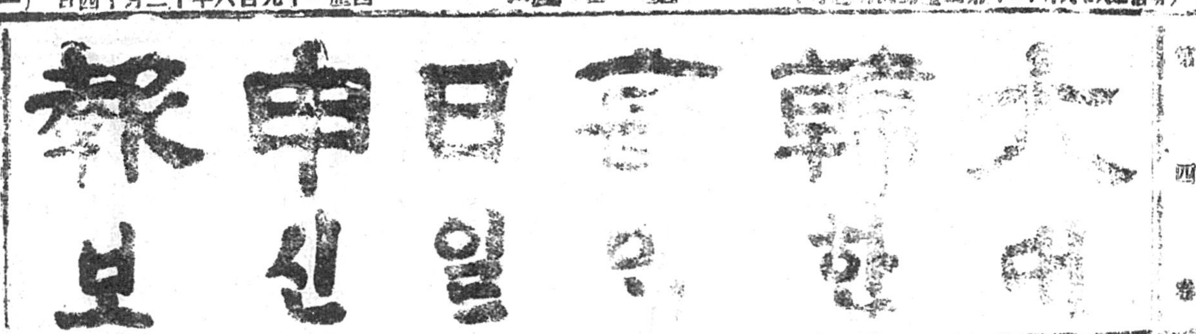

月曜及慶節
歲時日休刊

檀君開國四千二百三十九年
箕子元年三千二十八年
大韓開國五百十五年
日本明治三十九年
清國光緒三十二年
陰曆丙午十月大卄九日壬辰

論說

[illegible]筆放縱

伊藤侯가還國ᄒᆞ고리址鎔이가帶持國書ᄒᆞ야離向東京ᄒᆞᆫ此際를當ᄒᆞ미日本메일新聞이今月五日紙上에凱歌를增奏ᄒᆞ엿스니同報ᄂᆞᆫ快樂이或有其理ᄒᆞ과且其國書가日本報筆을振起ᄒᆞᆯ과如히本報를擾亂케ᄒᆞᆯ인즐노必許ᄒᆞ리로다

同記報員이此書를說明ᄒᆞ야欣然發言ᄒᆞ얏스되

韓國 皇帝가對伊藤侯之被統監之任ᄒᆞ야感謝를明言矣요且同侯의始設攺良과韓國內에有利效力을認悉ᄒᆞ심으로宣言矣요且同侯가勤務를成就ᄒᆞ려更還ᄒᆞ기를希望矣로되誹謗日本者가昨年新條約을出於威力이라고稱之ᄒᆞᆫ과如히今此公文도出於威力이라고亦云ᄒᆞᆯ거슨無疑나然이나如此說明은甚於可笑之態에今至ᄒᆞ나니蓋其新條約의談話ᄂᆞᆫ實情을轉變ᄒᆞᆫ인즐노表著ᄒᆞ얏다더라

同報가繼論ᄒᆞ되何許偶然之事를何如形態로던지飜謄ᄒᆞ기가非難ᄒᆞᆫ지라極東報舘結合의目的於日本이如此種類라ᄒᆞ엿스니報舘結合之責은[illegible]에日本通信員을對ᄒᆞ야吾人이[illegible]谷ᄒᆞᆯ거시是니라此諸員을勸務上에서接見ᄒᆞᆷ이亦有ᄒᆞ니此人ᄒᆞᆫ日本官憲의連接者라고說明ᄒᆞ기를今不猶豫ᄒᆞ노라

리址鎔氏齎持ᄒᆞᆫ書의要領은[illegible]本始聞ᄒᆞ엿시나其事實의如何를不能詳之로되今此메일新報가他事機織謄에誰用放縱之說이라ᄒᆞ엿스니今此事機에ᄂᆞᆫ彼自用妄論함을敢言ᄒᆞ노라

韓國 皇帝께셔寄送於日本 皇帝ᄒᆞ신正實字句를今始得見컨ᄃᆡ電示於日本ᄒᆞ야메일新報를如彼感悅케ᄒᆞᆫ譯文과ᄂᆞᆫ幾乎全然不同이어니와蓋韓國 皇帝께셔統監府之設立에經ᄒᆞ사親書內容이日本報舘所書와或近ᄒᆞᆯ가恐懼ᄒᆞ엿더니今聞其編컨ᄃᆡ普通好意를說明ᄒᆞ신以外에伊藤侯ᄂᆞᆫ關係ᄒᆞ야ᄂᆞᆫ但有一句ᄒᆞ니將有就緖之望이是也오統監府之設立을容許ᄒᆞ심은一字도未有라韓國 皇帝의感謝ᄂᆞᆫ日本探報員의像想에서但起ᄒᆞ얏도다

伊藤侯가메일新報의如彼快樂ᄒᆞᆫ同一要領의文字를欲得ᄒᆞ야大用歷力ᄒᆞᆫ거슨吾人所知라陛下께셔其或許與ᄒᆞ셧슬가預度ᄒᆞ엿더니今知컨ᄃᆡ事實이不至於此라由是로本記者ᄂᆞᆫ메일新報와其他日人報舘의게放縱飜謄之責을歸之ᄒᆞ기에極有興味로다

官報

●三千六百三十四號 光武十年十二月十一日 續

◎敍任及辭令

任經理院技師 從二品[illegible]
經理院莊園課長 [illegible]
兼經理院莊園課長
任智陵參奉 九品한河用
任[illegible]陵參奉 九品張영根
京畿觀察使 成岐運
兼任京畿稅務監
度支部參書官 金[illegible]
解兼任金庫管理
弘文館學士 南廷哲
命宮內府特進官 從二品박容奎
命奉常司提調 義陵令金昌洪
懿孝殿祀丞徐廷寬
崇仁殿參奉金찬洙
崇善殿參奉許在中
依願免本官
任義陵令 六品張箕淵
任懿孝殿祀丞 穆陵參奉洪淳翼
任穆陵參奉 六品徐廷寬
任崇仁殿參奉 辛昌훈
任崇善殿참奉 九品金炳斗
任議政府참書官正三品金宅鉉
任法官養成所教官 前教官卄泰榮
完

●三千六百三十五號 光武十年十二月十三日

◎宮廷錄事

詔曰命中樞院贊議朱錫冕[illegible]官內府特進官

宮內府大臣臨時署理議政府참政大臣勳一等臣박齊純謹奏卽接主殿院卿리址東報告書則以爲景福宮總巡리漢九報話據露國人二名稱云遊覽軟入光化門云故招致派在警務官等訊問則以爲今月七日酉時量露國人三名及通辯一名景福宮拜觀次無憑票入來而末由禁香云則莫重 宮闕不帶憑票而自意出入未能禁香當該濕直之警官不可無警警務朴潤秀總巡李演九相當處罰云矣該警務官擅離直所[illegible]不覺察至於報院之晩時事未前有萬萬駭然似此警官不可仍置경務官朴潤秀免本官總巡리漢九一箇月減俸巡檢等令主殿院各別重治何如謹上 奏

光武十年十二月十日奉
旨依奏

軍部副官副領韓弼相
仝 正尉金思億
研成學校教官兼教成隊附副尉 皮秉健
仝 正尉李敏[illegible]
仝 윤秀明
仝 참尉趙兌熙
武官學校學徒隊中隊長正尉 安철柔
幼年學校學徒隊附副尉劉兌洙
侍衛第一聯隊附참領祁英元
侍衛第一大隊附副尉리範緖

未完

外報

●勞動首領의宣言 桑오土의桑港來電을據ᄒᆞᆫ즉[illegible]市[illegible]에在ᄒᆞᆫ[illegible]ᄂᆞᆫ爲ᄒᆞᆫ萬一日本勞動者를輸入ᄒᆞᆫ時ᄂᆞᆫ事ㅣ有ᄒᆞ면此를[illegible]ᄒᆞᆯ기다ᄒᆞ고勞動派의首領이宣言ᄒᆞ얏다ᄒᆞ더라

●革命黨의봉起 上海電을據ᄒᆞᆫ則湖南省에革命黨이봉起ᄒᆞ야瀏陽縣衙門을包圍ᄒᆞ지라此로因ᄒᆞ야兵二千餘가出[illegible]ᄒᆞ얏ᄂᆞᆫᄃᆡ江西匪徒와氣脈이相通ᄒᆞᆫ다더라

●日本人잠漁事件 화盛頓報에曰아라스카허이豹監督官의무스氏의報告를據ᄒᆞᆫ즉今年夏期에日本잠漁船十六隻이來到ᄒᆞ야허이豹千餘頭를捕獲ᄒᆞ얏ᄂᆞᆫᄃᆡ七月十六十七兩日에ᄂᆞᆫ日本잠漁船四隻이來到ᄒᆞ야士民을威嚇ᄒᆞᆯ뿐아니라센도보루島ᄂᆞᆫ海豹及人命危害를加ᄒᆞ며其中一은該地에下陸ᄒᆞᆫ結果로日本人五命은卽死ᄒᆞ고十二名은捕虜ᄒᆞ고該嶋守備隊께셔其侵入ᄒᆞᆷ을極力防禦ᄒᆞ얏ᄂᆞᆫᄃᆡ日本人이散彈銃及砲로써海豹를殺戮ᄒᆞᆯ뿐아니라美國領히內에橫포不法의所爲를行ᄒᆞ얏고美國官憲도此에對ᄒᆞ야慘酷ᄒᆞᆫ處刑을加ᄒᆞ얏다더라

●美國의太平洋艦隊 美國에서今番에組織ᄒᆞᆫ太平艦隊ᄂᆞᆫ現在太平洋艦隊와亞細亞艦隊를合並ᄒᆞᆫ者니裝甲巡洋艦四隻巡洋艦八隻砲艦八隻히防艦四隻驅逐艦六隻運送艦六隻을合成ᄒᆞᆫ大艦隊라더라

雜報

●必待滿期 日本對馬島에拘留ᄒᆞᆫ前參政최益현氏ᄂᆞᆫ身病이危重ᄒᆞ야調理次로放還ᄒᆞᆫ다고昨報에揭載ᄒᆞ엿더니事實을詳聞ᄒᆞᆫ則生死間如何ᄒᆞᆫ事가有ᄒᆞᆫ던지定限滿期되기前에ᄂᆞᆫ歸國ᄒᆞ기難ᄒᆞ다더라

●宮相何難 宮內府大臣은李容泰氏가被命ᄒᆞᆯ터인ᄃᆡ何等相値事가有ᄒᆞᆫ던지姑爲停止ᄒᆞ엿스나日間被命되리라고巷說이有ᄒᆞ더라

●한財日用 各府部院廳에雇置ᄒᆞᆫ日人이무솜事爲가有ᄒᆞ면賞與金과酬勞金을依例厚給ᄒᆞᆫ다니本國官人들은束手端坐ᄒᆞ얏ᄂᆞᆫ지한國財政은沒入於日雇之手라고巷說이沸騰ᄒᆞ더라

●特使失望 伊藤統監이歸國ᄒᆞᆫ後에日本政界에流行ᄒᆞᄂᆞᆫ說을得聞ᄒᆞᆫ즉同統監이或遞任된다ᄒᆞ며或明年四月間에渡한ᄒᆞ리라ᄒᆞ나한國政略이一變ᄒᆞ면還任ᄒᆞ고不然則辭職ᄒᆞ기로決心이라ᄂᆞᆫᄃᆡ其內容을聞ᄒᆞᆫ즉後任은桂太郎氏가出來ᄒᆞᆫ다니李址鎔氏의願留와諸般目的은歸於虛地ᄒᆞᆫ故로該氏가大段虞慮中이라더라

●一洗塵埃 各部大臣以下協판局長一般官吏를參政大臣박齊純氏가一齊히改差ᄒᆞ야政治를一新케ᄒᆞᆫ다더라

●虎亭賭射 近日樓閣洞白虎亭에셔豪華諸人이多數會集ᄒᆞ야賭射를設ᄒᆞ엿ᄂᆞᆫᄃᆡ每日幾百元式得失이有ᄒᆞ다더라

●法函各郡 法部에셔各郡守에게公函ᄒᆞ되土地家屋證明規則施行홈에對ᄒᆞ야證明簿及認證簿ᄂᆞᆫ小包郵便局으로本部에셔已經發訓ᄒᆞ야某郵便局에留置ᄒᆞ엿스니此公函이到達ᄒᆞᄂᆞᆫᄃᆡ로곳當該局에前赴ᄒᆞ야該小包郵便物을領受爲要再帶封에證明手數料納付書ᄂᆞᆫ百張을貴郡에備用ᄒᆞ고又認證手數料納付書ᄂᆞᆫ各面에五장式二十五장式付送ᄒᆞ엿시니相當分排ᄒᆞ라ᄒᆞ얏다더라

●妓亦開明 東萊妓生柳仙小春飛鳳三妓가女子를敎育ᄒᆞ기로協議捐財ᄒᆞ야女學校를設立ᄒᆞ고學徒를募集ᄒᆞᆫ다더라

●巨슈報部 巨濟郡守리敎承氏가內部에報告ᄒᆞ되本郡漁條事로陰本月十三日에馬山港總巡巡檢이라稱號하고四人與日人數三人과從者等十餘人이乘船來到ᄒᆞ야郡主事書記三人과外村婦孺를無公文히捉縛載船以去ᄒᆞ오니特訓于昌原港警務署ᄒᆞ야交涉于理事廳ᄒᆞ야被捉諸人을放還케하라하엿다더라

●內訓各道 內部에셔十三道에訓令ᄒᆞ되地方官制를改定ᄒᆞ야各郡에主事를設置ᄒᆞ엿신즉其職務處理홈의對ᄒᆞ야명心內則과處務細則을官報上의行將頒布인바해內則及細則을玆先左開發訓하노니到卽謄飭管下各郡하야一遵實施케하라하엿다더라

●日巡擅獄 濟州裁判所判事尹元求氏가法部에報告ᄒᆞ되巡檢廢止後로本所事務에跼迫事狀은向已修報이거니와自長興경務分署로巡檢四人과日巡査補助員二人을派送ᄒᆞ야現今來駐인바해補助員롱下十藏과松永安太郎이來言曰依監獄規則하야已決囚懲役禁獄諸囚를修簿交付하고해食料를亦爲판給則渠自擔着監禁이라하오니本州경務署가已爲擴장즉無他疑慮이오나姑無上部如何지命令이오니但依日巡査지所言하여莫重罪囚를輕先交付가事涉踈忽이옵고若不交付則以本所事機로ᄂᆞᆫ亦無監獄지道理이오며罪囚交付지境에ᄂᆞᆫ해食料를宜從出給이온ᄃᆡ罪囚費가既無預算지支出이오니此將如何措處일지玆에報告라하얏더라

●廣濟神術 中署貫洞居리熙輔氏ᄂᆞᆫ二十年前브터耳痛으로聾人되야平生限嘆ᄒᆞ더니新聞의廣濟院醫師가高名ᄒᆞ다ᄂᆞᆫ言을聞ᄒᆞ고該院의就ᄒᆞ야治療ᄒᆞᆫ지不過一週日에細語을聽聞케ᄒᆞ얏다ᄒᆞ니如此高名ᄒᆞᆫ醫師ᄂᆞᆫ今始初見이라하더라

●淸商悖習 再昨日校洞屛門淸人商店에셔鄕客一名이洋彈子一件을興成ᄒᆞ다가價文의相持가되야置之回去ᄒᆞᆫᄃᆡ淸人이復呼之여날鄕客이不應而去하얏던지淸人이逐去毆打하고白銅貨四分을奪去ᄒᆞᆫ지라鄕客이支所巡檢의게呼訴하야巡檢이査實次로往問則淸人이또巡檢을毆打之際에日巡査가適至하야淸人을責하고白銅貨四分을遝推以給ᄒᆞ얏다더라

●律社自廢 近來協律社의셔荒淫ᄒᆞᆫ演戱로愚蚩ᄒᆞᆫ韓人들이大段迷惑ᄒᆞ야多數錢財를消融ᄒᆞᄂᆞᆫᄃᆡ近日은錢荒所致로玩賞客이全無ᄒᆞ야自然停廢되엿다더라

●起業增資 南門內日本人의開ᄒᆞᆫ起業合資會社에셔今回에資本金一百萬圓을增資ᄒᆞ고韓日人의確實ᄒᆞᆫ事業에對ᄒᆞ야ᄂᆞᆫ放資ᄒᆞ야大히金融枯渴과其他便宜를計畫ᄒᆞᆫ다더라

●義徒放送 洪州義兵事件으로日司令部에逮捕되야四箇月監禁에處ᄒᆞ엿던高石鎭채敬蘿等三氏ᄂᆞᆫ滿期되야昨日에放送ᄒᆞ얏다더라

●義將審問 監獄署에滯囚ᄒᆞᆫ義兵大將閔宗植氏를再昨日下午一時에日司令部에移渡ᄒᆞ야審問ᄒᆞ엿다더라

●江東庶幾 江東郡有志人士가近日時勢를觀察ᄒᆞ고新學問을益益注意ᄒᆞ야該郡權湖리華濟黃錫源諸氏ᄂᆞᆫ吳州學會를組織ᄒᆞ고龜巖里黃錫濟黃希淳諸氏ᄂᆞᆫ東英學校를設立ᄒᆞ야敎育을研究ᄒᆞᆫ다더라

●一進噬臍 西來人의傳說을聞ᄒᆞᆫ즉黃平兩道一進會들이當初入會ᄒᆞᆯ時에觀察郡守를唾手可得이라ᄒᆞ고田畓을放賣ᄒᆞ야會費를補助ᄒᆞ더니到今觀之컨ᄃᆡ會勢가점縮ᄒᆞ야觀察郡守ᄂᆞᆫ姑捨ᄒᆞ고當場飢死를難免이라擧皆退會ᄒᆞᄂᆞᆫᄃᆡ噬臍無及이라ᄒᆞ더라

●白首自嘆 北村某頑固宰相들이其親友를對ᄒᆞ야曰現今各人子弟들이新學問을熱心受業ᄒᆞ야法律章程을無不通知ᄒᆞ니如吾輩老物은前日壓制行爲를無敢更行이니杜門謝世가妥當이라ᄒᆞ엿다더라

●親睦總會 普成專門學校學員들이敎育上發達과校友親睦ᄒᆞ기를爲ᄒᆞ야親睦會를組織ᄒᆞ고來日曜日에該校內에總會를開設ᄒᆞᆫ다더라

●試取通譯 度支部에셔各觀察道補佐官에通譯ᄒᆞᆯ人을試選ᄒᆞᄂᆞᆫᄃᆡ應試者가五十餘名에達ᄒᆞᆫ지라再昨日에爲先七人을試取出榜ᄒᆞ얏더라

●無土徵稅 各郡에鐵道에犯入ᄒᆞᆫ地段價도支給지아니ᄒᆞ고結卜도탈給지아니ᄒᆞ얏ᄂᆞᆫᄃᆡ該郡에셔ᄂᆞᆫ結錢을督捧ᄒᆞᆫ즉田地ᄂᆞᆫ白失ᄒᆞ고結錢을生徵ᄒᆞᆫ다고民怨이漲天ᄒᆞ다더라

●銃票徵金 尙州郡守吉永洙氏가大丘地方隊訓令을憑藉ᄒᆞ고境內人民의私有火銃을査出ᄒᆞ야每年春秋에銃票金三兩二戔式星火督捧ᄒᆞ니合爲幾千兩이라民怨이嗷嗷ᄒᆞᆫ中該郡化西化東等面은賊匪가蜂起ᄒᆞᄂᆞᆫ故로該面人民等이防禦次로火銃幾百柄을準備ᄒᆞ얏더니此銃이亦入於銃票金督捧中이라徵出無人故로該人民等이軍部에呼訴次로上京ᄒᆞ얏다더라

●南方有人 南來人의傳說을聞ᄒᆞᆫ즉牙山郡屯浦普成學校任員前郡守李贊熙氏ᄂᆞᆫ素是慷慨高士ㅣ라年今六旬인ᄃᆡ敎育의時急切迫홈을恨ᄒᆞ야曰今日所謂自己家産妻子가非我物이라公益을講究ᄒᆞ야進步홈이國民의義務라ᄒᆞ고自巳親山丘木을所伐ᄒᆞ야校堂을新建ᄒᆞ며將次賣土賣家ᄒᆞ야敎育을大擴張ᄒᆞᆫ다ᄒᆞ며溫陽郡普成學校任員前參判申鍾緖氏와其舍弟前議官申鍾律氏와前府使리源老氏ᄂᆞᆫ設校後前後經費를專力維持케ᄒᆞ고將次巨額을措판ᄒᆞ야校況을盛美ᄒᆞᆯ周旋이라ᄒᆞ니如此熱心有義ᄒᆞᆫ人士ᄂᆞᆫ全國에榮耀를遺ᄒᆞᆯ大名擧家라ᄒᆞ더라

◉呵手閒談

▲李容泰氏又是運動手段으로도宮內大臣이此日彼日ᄒᆞᆫ다니宮內大臣은참조ᄒᆞᆫ大臣인게로고

▲參政大臣은伊藤이歸國時에政府事全恃之托을得ᄒᆞ고官人을自意로黜陟ᄒᆞ야政海風波를一手籠絡ᄒᆞ니某新報에論駁을맛나싸지

▲特派大臣李址鎔氏ᄂᆞᆫ諸般所營이歸於虛地라고海外風便에消息이來到ᄒᆞ니該氏貌樣은쌀빠진쇠상이로고

▲日本留學生이李海忠氏를賣國賊의子라指目ᄒᆞ고不肯同學ᄒᆞᆫ다니그럴일이아니어오져만잘ᄒᆞ면改父之愆도ᄒᆞᄂᆞ니ᄒᆞᆫ國에도鄭順붕之子北窓이有ᄒᆞ고리양之子龜村이잇쇼

▲近日協律社에玩賞客이稀小ᄒᆞ야不禁而自禁되다니金融이枯渴ᄒᆞᆷ은推此可知로고

雜俎

贊文學校에서去日曜日에贊成會를開ᄒ얏ᄂᆫᄃᆡ大垣丈夫氏贊成演說이如左ᄒ니

近觀韓國之形便컨ᄃᆡ最急者有三ᄒ니一曰教育이요二曰實業이요三曰精神이니所謂教育은不在於讀書計筭이요惟在精神至誠이라精神者何오如大和魂之韓國精神이로다若不有韓國精神而只勉讀書計筭이면無異용人이오難成人材ᄒ리니余之所望者ᄂᆫ一以固修韓國精神ᄒ고餘暇에勉其學問이라ᄒ노라

人有二綱ᄒ니

一曰固思故恩이요二曰勢力範圍라固守故恩者ᄂᆫ今日衣服飲食이莫非先人之教業이니非先王之法服이어던不敢服은是古之遺訓也니遵訓而新成者을罕見也며勢力範圍者ᄂᆫ近日歐洲列强이各定範圍ᄒ야勿論六大洲에日勉其勢力ᄒ니若以此之勢로觀今日東洋之勢컨ᄃᆡ難保之機가想在追頭라何以則能保오苟在教育이로라

徵其往事컨ᄃᆡ獨乙之於불國에受恥見辱을不可形言이어날普國之有志가是覺雪恥免辱之計ᄂᆫ只在教育ᄒ고村村家家에設置塾ᄒ고勉勵人民之教育ᄒᆯ시畵形受辱之像ᄒ야勵其精神ᄒ며教其知識ᄒ야未久에並立의列ᄒ니此歷史가上可証之事也라

今余之不才가敢負贊成之命ᄒ고豈不致誠가本來渡韓之意가只在韓國教育ᄒ야常留意於教育故로開設學校則正意致揚이온況又貴校贊成之任耶아伏願僉贊成員은熱心贊成ᄒ야講論維持之方針ᄒ며研究前進지計略ᄒ쇼셔所以此人獻誠은往往부校ᄒ야奬勵諸學生之ᄒᆫ國精神이오欲表誠意ᄒ야雖是略少나在ᄒᆫ之間에ᄂᆫ不計幾十星霜ᄒ고每朔三圜式寄付貴校ᄒ야以助萬一之經用ᄒ리니願僉員은勿嫌恕亮之地千萬千萬 完

●築보築寃 南來人의言을聞ᄒᆫ즉京居鄭宜澤이가新昌郡居ᄒᄂᆫ崔光表로互相符同ᄒ야稱托明禮宮ᄒ고新昌牙山兩郡等坪의築洑經營으로坪內數百年來民보를奪코져ᄒ다가坪內衆民의게民訴를當ᄒ야못ᄒ고또今春에民보近地十里許佳野浦의築洑를時의完築도아니ᄒ고水梁도掘치아니ᄒ야보ᄂᆫ春雨의潰決ᄒ고보水ᄂᆫ一勺도坪內의灌漑치아니ᄒ고今秋의至ᄒ야미리宮內府訓令을本郡의付ᄒ고威力으로乾水稅을勒捧코ᄌᆞᄒ다가衆民이원抑ᄒᆫ事을呈郡ᄒᆫ다ᄂᆫ言을聞ᄒ고成言ᄒ되또嚴訓을更付ᄒ야巡檢兵丁을多率ᄒ고나려가百姓들을捉囚ᄒ고水稅를收刷ᄒᆫ다ᄒᆷ으로그곳百姓들이大겁恐懼ᄒᆫ다더라

●賊警稟報 去二十一日에竹山白巖市場에서賊漢數十名이突入ᄒ야商民의錢財二千兩餘을掠奪而去ᄒ얏고日昨中署東谷金得明家에賊漢五名이各持銃劍ᄒ고越屋入來ᄒ야銀造物을沒數奪去ᄒ얏고東門外望月峴에서賊徒리順志를警務廳으로捉囚ᄒ얏다더라

●家屋入鐵 京義鐵道를西江老姑山下로移設ᄒᆫ다ᄂᆫᄃᆡ人民에家屋百餘戶가犯入되다더라

●仁尹請牒 仁川府尹金潤晶氏가學部參勳官의게請牒ᄒ되本校를新建築ᄒ야今已竣工ᄒ고將於本月十五日下午一点에落成式을本校에셔擧行ᄒ오니屈期光臨ᄒ라ᄒ얏더라

●呼薦見習 度支部에셔稅務見習를多數히試取ᄒᆫ다ᄂᆫᄃᆡ各部勅奏任官이呼薦ᄒᆫ다더라

●傳說易訛 本報雜報欄內에南陽普興學校校監리昌會씨가勒奪校土事ᄂᆫ更聞ᄒᆫ즉學部에셔八九次訓令內에校土之本意ᄂᆫ養士가爲主에히校土를折半을郡付干學校ᄒ라함애히郡守가折半劃付ᄒᆫ故로히校에셔秋收ᄒᆫ비라더라

●元氏鳴寃 귀보삼빅팔십칠호잡보중에법부더신에허물을긔저ᄒ얏ᄉ오니본인은모르더본인이넘모양으로낫ᄉ오니더신되에셔말숨ᄒ되무숨일노문ᄉ에단이면셔중더신을신문에비엿ᄉ니인륜이안이라ᄒ고만약넘엿거든셀이아라드리라ᄒ논더이런지원절통ᄒ온일이업삽오니본인은신문에닌일이세상에잇삽ᄂᆫ잇가 사장게오셔발키셔이[illegible]홍축ᄒ와이거슬변명ᄒ여줍소셔ᄒ엿더라

廣告

●열ᄂᆞᆫ 이것보시오●

普通日本語典 全一冊 一百卅頁

崔在翊 著

定價金五十錢 郵稅四錢

本書ᄂᆞᆫ 日語學校敎科書로 補用ᄒᆞ기爲ᄒᆞ야 數年外國語敎授에 從事ᄒᆞᄂᆞᆫ 經驗으로 特히 初學者를 爲ᄒᆞ야 昭詳編輯ᄒᆞ미 雖無師自習ᄒᆞᆯ지라도 一을 理ᄒᆞ면 十을 可解ᄒᆞᆯ 要書이오니 左開發賣所로 陸續購讀ᄒᆞ사 失時의 歎이 無케ᄒᆞ시옵

(但 著者의 捺章이 無ᄒᆞ면 僞刊으로 認ᄒᆞᆷ)

南大門內 龍洞越便 藤田台名會社
中署 校洞 石泉堂藥局
中署 布屛下 金相萬冊肆
中署 罷朝橋越便 朱翰榮冊肆
中署 鍾路 大東書市
[illegible] 冊肆
大安洞 東華書館

◎民事訴訟代理와 刑事辯護及 其他一切法律에 關ᄒᆞᆫ 事務를 迅速處理ᄒᆞᆷ

漢城 南署 茶洞 第十七統 八戶

辯護士 正三品 李冕宇
前檢事
法律事務所
前博士 玉東奎
事務員 前議官 金益濟

西署 餘洞 新門外 一百八十六統 三戶

辯護士 前判事 前檢事 丁明燮
法律事務所

TELESCOPE / KEY CIGARETTES / SPIDER CIGARETTES

以上三品은上品으로製造ᄒᆞ야衛生上에重[illegible]有益ᄒᆞ니[illegible]諸[illegible]人ᄒᆞ오本[illegible]

大韓帝國仁川港
濟物浦紙卷烟及烟草會社

AMERICAN Gold Seal Brand Condensed Milk / EAGLE BRAND

一 鷹標煉乳牛乳
金印[illegible]煉結牛乳
無糖家用煉化乳
一[illegible]製[illegible]
台牛乳

以上은常時에貯積ᄒᆞ앗ᄉᆞᆸ

美國[illegible] 煉結牛乳

一手代理店

大韓仁川港

[illegible] 洋行

◎大韓[illegible] 本人이[illegible]

◎九韓[illegible]

◎九韓[illegible]

◎九韓[illegible]

◎九韓[illegible]

[illegible] 上疳瘡 下疳瘡及廣瘡[illegible]

[illegible] 僉君子ᄂᆞᆫ來購ᄒᆞ시오

[illegible] 第一家

李[illegible] 告白

◎本社廣告

申報價

一張代金 新貨二錢五里
一箇月前納 三十錢
三箇月 九十錢
六箇月 一元七十錢
一箇年 三元四十錢
郵稅一部 新貨五厘
一箇月 十三錢

廣告料

四号活字十三字詰
每日每英尺一寸에 新貨廿五錢
(每日每行에 六錢에 相當홈)
其期限의 長短과 字行의 多少를 依ᄒᆞ야 增減홈이 有홈

◎大韓每日申報各處覓覽廣告

中署 布屛門下 金相萬冊肆
[illegible]口 越便 朱翰榮冊肆
中署 [illegible] 十八統 二戶 [illegible]
仁川 [illegible] 新[illegible] 李東[illegible]
[illegible] 山[illegible] 新學校 [illegible]
[illegible] [illegible]
寧川邑 [illegible]
[illegible] 大[illegible] 有[illegible]
[illegible] 金[illegible]
安連邑 [illegible]
[illegible] 李[illegible]
中和邑 [illegible]
[illegible] 山 [illegible]
[illegible]
[illegible]

大韓每日申報社

第四卷

大韓每日申報
대한매일신보

第三百九十七號

月曜及慶節歲時日休刊

◎陰歷丙午十月大三十日癸巳

檀君開國四千二百三十九年
箕子元年三千二十八年
大韓開國五百十五年
日本明治三十九年
清國光緒三十二年

論說

日本의與外關係

過去數日之際의戰爭臨迫之說이非常ᄒᆞᆫ지라從華盛頓問之건ᄃᆡ日本이韓國의間島要請을藉言ᄒᆞᆫ目的으로鴨綠豆滿之境의軍ᄃᆡ를聚集ᄒᆞᄂᆞᆫ行動이淸國內에頗多擾亂을作ᄒᆞ엿다ᄒᆞ고自倫敦來信에ᄂᆞᆫ日本이비굴湖를前向ᄒᆞ야勢力을增進ᄒᆞᆫ다ᄂᆞᆫ報告가有함으로俄國內에頗多激昂을起ᄒᆞ엿도다

日本外部大臣林董子爵이去土曜日談話時에日本外交를略說ᄒᆞᆫ바現今에不利之機가未有ᄒᆞ다可云이로다然이나外交界에日本지勢가一未有困難이라ᄒᆞᆷ은難爲實情이니盖過去戰爭의結局이日本의게頗多光榮과重大責任을與ᄒᆞᆫ지라結和條約에日本元老의게不適ᄒᆞᆫ地位를招引ᄒᆞᆷ으로幾許誤失을已成ᄒᆞ엿ᄉᆞ니淸國을欺騙ᄒᆞ엿고北京에셔도多分恐嚇을試用ᄒᆞ엿도다此諸般事가日本이自國要請을不得이면何時에던지更入戰局ᄒᆞ리라ᄂᆞᆫ感염之心을因ᄒᆞ야感ᄒᆞ엿고且如此感염이播及於遠域ᄒᆞ엿시나吾人所見에ᄂᆞᆫ日本이姑未至於此勢矣니此ᄂᆞᆫ世界財政家의認許가日本의게必要莫甚ᄒᆞᆷ이로다

議論上紛爭이能至鬩列ᄒᆞᄂᆞᆫ卽時에日本이在隣兩國의一者를向擊ᄒᆞᆯ거ᄉᆞᆫ幾乎無疑나然이나現今形機로ᄂᆞᆫ接隣ᄒᆞᆫ何國이던지日本計畫을助力ᄒᆞ기의拒絕ᄒᆞ리로다

美國大統領은桑港事를辯謝ᄒᆞ고淸國은牛莊事를日本所爲에任置ᄒᆞ고俄國은守勢之態가確然ᄒᆞ도다

官報

◎敍任及辭令

●三千六百三十五號 光武十年十二月十二日 續

侍衛第三大隊長叅領申昌熙
仝 副官副尉金學韶
鎭衛第一隊副官副尉權重協
仝附 申光熙
仝 徐丙德
仝 참위宋淳永
仝第二大隊長참領리熙昇
仝中大長正위 丕男熙
仝附 참위 金洛圭
仝 최承鶴
仝第三大隊中隊長正위리源協
仝 附副위金相應
仝第四大隊中隊長正위金文植
仝 附副위리錢赫
仝 金惠允
仝 참위金錫復
仝 第五大隊附副위金東鍊
仝第六大대中대長正위權成燦
仝 附副위리濟정
仝第七大대副官副위宋榮顯
仝 附副위康文경
仝第六大대餉官二等軍司 金炳升
仝第七大대餉官二等軍司 韓仁弁
免本職
硏成學校附正위趙聖遠
仝 具駿書
仝 鄭禹錫
仝 부위權泰鎭
仝 金徹濟
仝 金永澤
仝 참위閔弼鎬
仝 李昌載
仝 鄭軒教
仝 리復源
侍衛第三大隊中대長正위 송學洙
鎭衛第一大대中대長正위 송台顯
鎭衛第二大대附부위리愚永
仝第三大대附副위朴孝成
仝第五大대附부위장基永
仝 陳錫九
仝第七大대中隊長正위朴基杏
仝 附부위朴允贊
工兵中대餉官二等軍司張기遠
命休職
부위金學韶 仝權重協
仝 송榮鎭 仝徐丙德
任正위
任부위
仝 참위閔필호 仝朴泰永
仝 尹晶植 仝徐丙斗
仝 申蘭秀 仝權重翼
任三等軍司
正위리敏会 참위金鍾復 仝윤明秀
補軍部부官
補硏成學校教官兼教成ᄃᆡ 劉冕洙
補武官學校學徒ᄃᆡ中ᄃᆡ長正위 趙男熙
補幼年學校學徒ᄃᆡ附부위 皮秉健
補第一聯ᄃᆡ附參領 申昌熙
補侍衛第一聯ᄃᆡ第一大ᄃᆡ附參위 金洛圭
仝第三大ᄃᆡ長참領 李熙昇
仝 中隊長正위 金學韶

未完

◎宮廷錄事

●號外 光武十年十二月十三日

詔曰今日講學始開朕心嘉悅宜有示意總관尹澤榮內下虎皮一令賜給贊위趙忠夏典讀윤喜求典備윤相鍾各內下鹿皮一令賜給掌禮院卿李重夏內下虎皮一令賜給擧行典儀主事金龍圭陞一級東西唱主事리續호리寅斗各兒馬一匹賜給其餘一依例下施賞

英親王講學時別單

詔曰總관尹澤榮內下虎皮一令已下詔勅贊위趙忠夏典讀윤喜求典備윤相鍾各內下鹿皮一令已下詔勅姜漢欽陞六已下詔勅掌禮院卿李重夏內下虎皮一令已下詔勅儀節次知稽制課長李哲宇內下鹿皮一令賜給記錄課長嚴健永兒馬一匹賜給典儀主事金龍圭陞一級已下詔勅東西唱主事리續호리寅斗各兒馬一匹賜給已下詔勅[illegible]漢龍金永來[illegible]應錫各兒馬一匹賜給[illegible]院奉侍羅世煥洪宅柱各牛熟馬一匹賜給典守崔世[illegible]金基周文建主申章煥各兒馬一匹賜給其餘員役等幷依例下施賞

外報

●俄國의戰費 俄國大藏省에셔ᄂᆞᆫ日俄開戰時에十六億七百萬留陸軍部에셔十三億九千七百萬留海軍部에셔一億八千萬留預備費三千萬留를支出ᄒᆞ얏다ᄒᆞ고會計院에셔ᄂᆞᆫ총額을十七億五千萬留로決算ᄒᆞ야一億七千三百萬留가相左된지라此何如한財源으로補充ᄒᆞᆯᄂᆞᆫ지目下商議中이라더라

●淸國官吏의吸烟者 淸國에셔官吏의鴉片吸烟者가吏部의만三十餘名이라더라

●慶親王乞骸 北京電을據ᄒᆞᆫ則慶親王이上疏乞骸ᄒᆞ얏ᄂᆞᆫᄃᆡ袁世凱의兵權返上과兼職히任됨의셔起因ᄒᆞᆷ줄노觀察ᄒᆞᆯ지다더라

●滿洲開放 同電을據ᄒᆞᆫ則淸日協約의結果로盛京省內六十處와吉林省內六十處와黑龍江省內四十處를開放ᄒᆞ기로決ᄒᆞ얏ᄂᆞᆫᄃᆡ기中長春吉林合이번滿洲리쟈은陰曆十二月一日부터開放한다ᄂᆞᆫ意로淸國政府에셔列國에通知ᄒᆞ얏다더라

雜報

●詔勅槩意　再昨日에府中諸般事務를朴參政의게委任ᄒᆞ라신 詔勅을下ᄒᆞ옵섯다더라

●政府議案　去水曜日政府會議案件을得聞ᄒᆞᆫ즉平壤軍用地查調費와研成學校修理費不足條와日本留學生監督部各項費支出件과文武官官語規程과文官大禮服製式改正事와沈宜昇氏의任武官學校教官事와度支部主事兪致설氏의任度支部技師事와陸軍武官服裝製式中改正等件이라더라

●一周一會　政府에서次官會議를每一週日에一次式開會ᄒᆞᆫ다ᄂᆞᆫ뒤參贊이首席이된다더라

●奏任會議　各部奏任官도ᄯᅩ會議를開ᄒᆞᆫ다ᄂᆞᆫ뒤其內要를得聞ᄒᆞᆫ즉奏任官이諸般部務에對ᄒᆞ야隨意見縷書ᄒᆞ야協판에게呈ᄒᆞ면協판들이政府次官會議에提出ᄒᆞᆫ다더라

●內署新任　度支大臣閔泳綺氏가內部大臣署理를解任ᄒᆞ고農商工部大臣成岐氏가被任ᄒᆞ얏다더라

●次官會議　再昨日次官會議事ᄂᆞᆫ前報의揭載ᄒᆞ얏거니와其議案內容을得聞ᄒᆞᆫ則各部行政事務의對ᄒᆞ야隨其意見提議ᄒᆞᆯ事이라더라

●地方巡察　度支部에셔ᄂᆞᆫ稅務機關開設ᄒᆞᆷ을際ᄒᆞ야實施上實況視察必要로認ᄒᆞ야大臣協판及主務局長等을分ᄒᆞ야不日地方巡察途에就ᄒᆞᆫ다더라

●委員被命　學部協판閔衡植氏가地方銓考委員을解任ᄒᆞᆫ代에學務局長兪星濬氏가被命ᄒᆞ얏더라

●諸氏入閣說　學務局長兪星濬氏와地方局長劉猛氏와法部協판리源兢氏等多數有志之人을入閣케ᄒᆞ야一般政務를刷新케ᄒᆞᆫ다더라

●局長入城　內部警務局長金彰漢氏가全州等地를視察ᄒᆞ고再昨日上午에京釜鐵노로入城ᄒᆞ얏다더라

●偵探騰錄　日前에日憲兵隊에셔憲兵幾名이變服ᄒᆞ고鍾路萬國青年會에來到ᄒᆞ야秘密偵探事ᄂᆞᆫ已爲報道ᄒᆞ얏거니와更聞ᄒᆞᆫ즉至今ᄭᆞ지派送ᄒᆞ야或有可考可聞之說이면騰寫抄出ᄒᆞ야該隊偵探案에騰錄ᄒᆞᆫ다더라

●黨派何多　近日政界上風說을聞ᄒᆞᆫ則參政박齊純氏와軍相權重顯氏와農相成岐運氏가一派가되고法相李夏榮氏學相리完用氏가一派가되고度相閔泳綺氏ᄂᆞᆫ孤立이되얏다더라

●通譯派送　各道財務補佐官通譯官七人試取ᄒᆞ얏다ᄂᆞᆫ說은已爲揭載ᄒᆞ얏거니와該七人을度支部無級主事로叙任ᄒᆞ고派送ᄒᆞ기를忠北에二人忠南에一人이오海州에一人義州에一人이오春川에一人이오一人은該部에셔姑爲視務케ᄒᆞᆫ다더라

●見習試取　來七日에度支部로셔測量技手見習生을漢城府內에셔試取ᄒᆞᆫ다더라

●傷命可駭　再昨夜下午十一時頃에鍾路明紬전三房에셔失火ᄒᆞ야卽時撲滅ᄒᆞ야大害ᄂᆞᆫ無ᄒᆞ엿스나其根因인즉守直張順甫가醉酒濃睡라가揮打石油燈ᄒᆞ야火及衣衾ᄒᆞ야仍卽致斃ᄒᆞ엿다더라

●협雜材料　近日號牌事로紛競이甚ᄒᆞ여運動者多ᄒᆞ더니日昨에무삼事端이有ᄒᆞᆫ던지內大遺國ᄒᆞᆫ後에頒布ᄒᆞ기로政議가되얏ᄂᆞᆫ뒤有力家ᄂᆞᆫ東村에在ᄒᆞ다더라

●內照禮院　內部의셔掌禮院에照復ᄒᆞ되貴照를接准ᄒᆞ온즉內開에北署一二牌巡檢이謂以渠之所掌히字內라ᄒᆞ고明陵奭陵히字內에自意로立標木이無嚴이기發訓警務廳ᄒᆞ야更無此訓케ᄒᆞ고玆仰復이라ᄒᆞ얏더라

●內署裏由　度支大臣閔泳綺에內部大臣署理解任된內容을聞ᄒᆞᆫ則度支大臣이財政上關係로ᄂᆞᆫ各部大臣과聯署ᄒᆞᄂᆞᆫ事가多有ᄒᆞᆷ에不無嫌疑之端故로該署理를解ᄒᆞᆫ事이라더라

●道參權限　法部에셔海州觀察府에指令ᄒᆞ되接准貴質稟書內開에參書官이觀察使例를從ᄒᆞ야判事職權이兼有ᄒᆞ온지玆以質稟等因據此查參書之職이只是觀察之補佐ᄒᆞ고觀察之職權이不過於行政上事務이거날參書官이豈可兼有判事之職務ᄒᆞ야干預於司法지務哉아行政與司法에大有區別ᄒᆞ니十分惕念ᄒᆞ야毋或侵損於司法上事務케ᄒᆞ라ᄒᆞ얏더라

●光州義擾　慶尙全羅道等地의義兵이處處蜂起ᄒᆞ야人命殺害ᄒᆞᄂᆞᆫ弊가種種有之ᄒᆞ더니日前의光州郵便局을襲擊ᄒᆞ야事務員佐野氏를殺害ᄒᆞ얏더라

●定守報部　定州郡守兪畜業氏가學部에報告ᄒᆞ되本郡境內縉紳與經義生이謂以校宮에私設學校ᄒᆞ고煩瀆沮戱이오나此係私援之實則與校宮으로逈異處殊ᄒᆞ온바該校一欵은查照處分ᄒᆞ라ᄒᆞ얏더라

●退會人數　近日京鄕一進會員들이 各事端인지從數히該會의退出ᄒᆞ야天道教의入參ᄒᆞ얏다더라

●葬用巡兵　陰今月二十日에江華居金慶玉氏가多率巡校兵丁과其他亂類數百名ᄒᆞ고勒葬於本郡居柳能烈氏의親山金前十步之地ᄒᆞᄂᆞᆫ뒤柳氏가强禦이不同ᄒᆞ야不能禁斷ᄒᆞ고乘夜掘移ᄒᆞ얏더니其翌日에巡檢使令이多數來到ᄒᆞ야柳氏父子를歐打結縛ᄒᆞ고私自作囚ᄒᆞ니死生立判은尙矣勿論ᄒᆞ고謂以一洞이협助掘히라ᄒᆞ야突入家內庭ᄒᆞ야歐之打之에流血이남니ᄒᆞ고重傷者不知其數ᄒᆞ니一洞所遭ᄂᆞᆫ浮於兵火ᄲᅮᆫ더러況又已掘之塚을不待官令ᄒᆞ고私自還葬ᄒᆞ니金氏之蔑法은已無可言이오且巡檢兵丁은雖軍경長官이라도不敢用於興葬인뒤一介金氏가無難使役ᄒᆞ야사虐村民은悖惡이可駭라고該郡來人의傳說이有ᄒᆞ더라

●書冊請交　宮ᄂᆡ府에셔學部에照會ᄒᆞ되修學院長리敎宪氏의報告書ᄅᆞᆯ據ᄒᆞ온則ᄂᆡ開本院에學徒를今將募選ᄒᆞ와從速入學ᄒᆞ깃사온則初學年所用教授書全秩을不可不參考ᄒᆞ깃삽기玆以報告ᄒᆞ오니查照ᄒᆞ오셔移照學部ᄒᆞ시와俾卽送交等因准此左開仰布ᄒᆞ오니照亮ᄒᆞ신後該書冊을准數劃交ᄒᆞ시와以便開學케ᄒᆞ라ᄒᆞ얏더라

●何事徘徊　月前에全秉鉉爲名人이日憲兵司令部偵探員이라稱ᄒᆞ고苑洞居崔秉周氏를義兵과連絡이有ᄒᆞ다執랄ᄒᆞ고無數히恐動ᄒᆞᆫ뒤崔氏가畏겁ᄒᆞᆫ즉全哥가無事妥帖ᄒᆞ여쥬마ᄒᆞ고請錢數百元票를勒捧ᄒᆞ얏더니事已現露ᄒᆞ야卽爲逃타ᄒᆞ얏다가近日에京城에徘徊ᄒᆞᆫ다더라

●緣何捕縛　再昨日高陽시장거리에셔무삼事件인지韓人一名을日憲兵一名과韓巡檢一名이出張ᄒᆞ야捕縛入城ᄒᆞ얏다더라

●來推考知　密陽稅務主事리承謨氏가公錢을收捧ᄒᆞᆯ터인뒤納人者知書가無ᄒᆞ야稅納之際에自有所碍ᄒᆞᆫ故로該書를推去次로上京ᄒᆞ얏다더라

●轉學宜禁　學部에셔法部에照復ᄒᆞ되貴照會를接准ᄒᆞ와學員轉學之弊ᄂᆞᆫ務圖禁止케ᄒᆞ깃기로玆以照復ᄒᆞ오니照亮爲要라ᄒᆞ얏더라

●奇氏又捉　義兵領首白樂九의被捉ᄒᆞᆫ事ᄂᆞᆫ已爲報道ᄒᆞ얏거니와長城居奇宇萬씨도本月三日에逮捕되야牢囚ᄒᆞ얏다더라

●順合虐民　順興郡守金昌洙氏ᄂᆞᆫ京漢洞사ᄂᆞᆫ步行客主金浩根외內外를帶同ᄒᆞ고今年陰曆十月에到任ᄒᆞ야初次行政이該郡사ᄂᆞᆫ悖類安훈의父親景烈氏를捉致ᄒᆞ야曰汝子安훈이留京時에此金浩根의家食價葉四千兩을當場에밧치라ᄒᆞ고金郡守가安氏를數次嚴杖牢囚ᄒᆞ야幾至死境일ᄲᅮᆫ더러ᄯᅩ再次刑杖ᄒᆞᆯ時에安氏中兄昇烈氏가該倅에게呼訴ᄒᆞ되子債刑父가是何法律乎이가矣身을대신刑罰ᄒᆞ고소셔ᄒᆞᆫ즉김郡守가不問曲直ᄒᆞ고自杖擊지ᄒᆞ야該安씨가又至死境ᄒᆞ고安씨가他人田답幷作ᄒᆞ든家뒤三十餘斗落을籍沒勒奪ᄒᆞᄂᆞᆫ故로寃屈ᄒᆞᆷ을不勝ᄒᆞ야觀察府에呼訴ᄒᆞ야嚴題를得ᄒᆞ얏다더라

▲烹茶閑話

▲朴齊純氏ᄂᆞᆫ昨年新條約締結ᄒᆞᆫ功勞로參政地位를得ᄒᆞ엿고向日伊藤이歸國ᄒᆞᆯ時의顧留ᄒᆞᆫ功勞로宮相署理를兼ᄒᆞ엿시니來頭의ᄂᆞᆫ무삼事業을成ᄒᆞ야무合地位를得ᄒᆞᆯᄂᆞᆫ지

▲法大리夏榮氏와學大리完用氏ᄂᆞᆫ參政朴齊純氏와同功一体인뒤近日에무삼事인지二大가參政과不合ᄒᆞ야坐席이不穩ᄒᆞ라니以錢食鐵ᄒᆞᄂᆞᆫ貌樣이로고

▲度支部와內部에셔聯署ᄒᆞᆯ事가有ᄒᆞ야度大가嫌於拘碍라ᄒᆞ야幾日間만農大成岐運氏가內大署理를被任ᄒᆞᆫ다니署理借啣이ᄯᅩ성겻고

▲學部學務局長張世基氏ᄂᆞᆫ娛解局長으로名譽가大端ᄒᆞ더니近日에遞ᄒᆞ되미該部官人이幾年同僚之誼에창缺之情를不勝ᄒᆞ야第一樓에惜別宴를盛設ᄒᆞᆫ다ᄂᆞᆫ데장ᄎᆞᆺ幾今을海外遊覽가ᄂᆞᆫ지

雜報

贊文學校에서 六日曜日에 贊成會를開ᄒᆞ얏ᄂᆞᆫ데 齋藤多賀子演說이如左ᄒᆞ니. 續

妾是日本國九洲肥前國長崎縣長崎市女子學校教員的齋藤多賀子ㅣ라 近因教育事件ᄒᆞ야 前渡貴國이 只在日천에 轉聞今日貴校贊成盛會ᄒᆞ고 敢升貴堂이러니 感於貴僉大人之熱誠ᄒᆞ야 少陳賤意ᄒᆞ노니 或可恕諒聞諸否아 實依辯士之語ᄒᆞ야 日本이 本是野蠻之俗으로 文學禮制와 萬千凡事가 自貴國傳受而以今日之日本으로 比於今日之貴國컨ᄃᆡ 誰曰同進가 今日盛會가 都是貴校贊成則貴校ᄂᆞᆫ 乃教育之一大根源也라 何分男女리오 伏願男子教育之餘暇에 益勉女子教育ᄒᆞ소서

所謂教育者ᄂᆞᆫ 乃國家有人以後에 能之ᄒᆞ나니 有人之源은 在於何處오 必在體育이로다 以體育論之則自落地以後로 至於長成之日히 若非保부之護則難得養成其體ᄒᆞ노니 保부ᄂᆞᆫ 誰也오 眞是女子也라 雖曰男子라도 若非女子ㅣ면 育則難成其器니 妾이 以貴國之貴夫人으로 非曰無學이로ᄃᆡ 觀於近日文明之世컨ᄃᆡ 少有缺點키로 始覺貴國女子教育之爲急ᄒᆞ옵고 玆敢陳意ᄒᆞ오며 以女子論之라도 若非男子則則莫保其身이니 最先務者ᄂᆞᆫ 男子教育也라 以妾之賤見으로도 敢竊意於貴校贊成ᄒᆞ오니 願貴校僉任員大人與僉學員은 身體康健ᄒᆞ샤 勉勵教育ᄒᆞ시며 精受學業ᄒᆞ샤 後日成材之日에 願此妾之賤言ᄒᆞ쇼서 完

● 王死守法 南來人에 傳說을 聞ᄒᆞᆫ즉 公州郡雙樹山城은 仁祖大王駐蹕之所요 公州府重要保障之地라 其所重이 與他逈別ᄒᆞᆫ處인ᄃᆡ 日本人高木이가 ᄒᆡ山城版圖를 占奪ᄒᆞᆯ計로 한人의 代名으로 前氷庫基址를 營業次建屋ᄒᆞ라고 公府에 請願한즉 觀察使金嘉鎭氏가 早知其奸謀ᄒᆞ고 嚴題不許ᄒᆞ고 山城에 告示ᄒᆞ지 하얏더니 ᄒᆡ日人等이 農商工部에 請願ᄒᆞᆫ즉 緣何主義로 無難認許하얏던지 ᄒᆡ許認公文을 本府에 到付ᄒᆞ고 或懇걸도 하며 或恐喝도 ᄒᆞᆫ즉 觀察使金嘉鎭氏가 曰我ᄂᆞᆫ 國法을 遵奉ᄒᆞᆷ이니 政府訓令이 有ᄒᆞ나 國法에 比ᄒᆞ면 輕ᄒᆞᆫ바라 하고 一塲戒光을 釀하얏더니 ᄒᆡ日人아 許多日人과 符同하야 관察府에 來督ᄒᆞᆫ즉 金嘉鎭氏 曰我ᄂᆞᆫ 死로써 國法을 守ᄒᆞᆯ터이니 汝等은 我를 殺ᄒᆞ고 山城을 占奪ᄒᆞ라 하얏더니 ᄒᆡ日人等이 赧然而歸하얏다더라

● 전所見欺 봉山郡郡主事ᄂᆞᆫ 自郡으로 儒鄕中有聲望者數十人을 會同銓考ᄒᆞᆯ새 作文筭術을 擧皆不通이되 獨儒林中李淳燦이 優等合격이라 當爲單望叙任而追後鄕吏輩가 암유該郡守ᄒᆞ야 別定備三望에 銓考不通ᄒᆞᆫ 奸猾鄕吏가 參於副末ᄒᆞ야 左右周旋이러니 乃其時合格의 首望人을 稱以該郡守가 一玠之私情으로 ᄒᆡ私首望이며 某報에 揭載ᄒᆞ야 終乃鄕吏中叙任云ᄒᆞ니 大抵該郡守ᄂᆞᆫ 貫是廣州요 試取優等人은 貫是遂安人이니 嗣ᄉ一哥間ᄒᆡ私라ᄒᆞᆷ은 殊不近理라 該郡鄕吏輩之奸計ᄂᆞᆫ 難可測量이오 銓考所之緣此見欺가 大是錯誤라ᄒᆞ더라

● 光華校況 龍川府光化面光華學校ᄂᆞᆫ 屬在湖州之時에 不啻府郡申飭이 鄭重이오라 該面居리進士文一鄭參奉濟元鄭鎭周鄭濟粟四氏ᄂᆞᆫ 素有教育上熱心인바 以其新學文急務形便으로 到底說明于隣近各洞ᄒᆞ야 贊成諸氏ᄒᆞ며 各出捐義ᄒᆞ여 其基址ᄂᆞᆫ 曾有鄭氏의 許借ᄒᆞᆫ바 舊齋를 修理ᄒᆞ고 校中諸務를 擔任ᄒᆞ며 教師ᄂᆞᆫ 師範學員白元默氏를 延聘ᄒᆞ여 面內俊敏子弟를 多數募集ᄒᆞ고 去十一月二日에 學校에 齊會ᄒᆞ야 惟我 聖上의 萬歲를 三唱ᄒᆞ고 開學인바 課目은 修身漢文國文歷史地誌筭術體操唱歌等 分五班時間ᄒᆞ여 晝夜熱心教授ᄒᆞ니 可謂學文進就에 民智發達之機也며 該面이 今爲移付龍川에 本尹魚允迪氏亦有興學勸諭之申明이기로 是乃校況擴장에 庶幾有有始有終의 期望이며 本學校生徒頌祝歌文이 如左라

頌歌文

어화우리學徒들은 大한義務生覺ᄒᆞ세
而今世界何時代뇨 競爭列强對峙로다
優勝劣敗固然ᄒᆞ니 苟人退就ᄒᆞᆯ손야
自暴自棄ᄒᆞ지말고 自國精神收拾ᄒᆞ여
교育殖産工業으로 開明發達目的일셰
子弟들을 勸ᄒᆞᆫ父兄 父兄으로 爲ᄒᆞᆫ子弟
時務開화光華校에 一等文明自期로다
廣霽日月朝復朝에 한國乾坤時哉時與
太極旗號놉히달고 학徒歌를불너보세
어화우리학徒들은 自勉自强不息ᄒᆞ면
滌舊維新々學文에 何患不就富强일가
玆土産業贊成員은 高明教師延聘일셰
우리學校高明師ᄂᆞᆫ 生徒教育熱心ᄒᆞ네
日就月將生徒들아 聖上恩德報答ᄒᆞ셰
惟我 聖上萬々歲 萬歲萬歲萬々歲
千歲千歲千々歲 東宮殿下千々歲
忠君愛國培養ᄒᆞᆷ은 우리학校萬々歲

廣告

本人에 所居仁港杻峴第一統十戶家券四張과 紙貨二千元所用ᄒᆞᆫ手記一張을 路中에서 爲遺失ᄒᆞ엿ᄉᆞ오니 誰某拾得ᄒᆞ셔도 休紙施行ᄒᆞ시며 上廊洞金副領宗源氏家來傳ᄒᆞ시면 厚謝ᄒᆞ오리다 人心을 難測이라 不無與執圖實之慮ᄒᆞ오니 內外國人은 一切勿見欺ᄒᆞ심爲要

朱昌柱 告白

歲末大賣出

各位益益大安ᄒᆞ심을 賀ᄒᆞ오며 今回에 各種의 物貨를 多數이 輸入이온ᄃᆡ 已往에도 各位의 愛顧ᄒᆞ심을 厚蒙ᄒᆞ얏거니와 特別이 歲際를 當ᄒᆞ야 愛顧ᄒᆞ시던 感意를 萬一이라도 報謝코져 左開ᄒᆞᆫ데로 各物品을 廉賣ᄒᆞ깃ᄉᆞ오니 此好機를 勿失ᄒᆞ시고 益益購買ᄒᆞ심 務望

▲勿論何物ᄒᆞ고 二元以上買求ᄒᆞ시면 ᄒᆞᆫ票一張을 ᄎᆞ呈ᄒᆞ되 ᄒᆞᆫ票ᄂᆞᆫ 음삽고아 모물건이라도 상품이 잇삽니다

景品槪目

皮製의롱	卷煙草入匣	乘卷[illegible]
人力車압장	적숨	분핀대酒
姿月大鏡	婦人목도리	의숙이酒
白담뇨	권연물부리	白표도쥬酒
金張의장	厥飯	皮장갑
寫眞판	가방	보션
大鏡	男子목도리	其外幾千種

義州威遠面中端居車均ᄃᆡ가 年今二十餘에 由來宗土를 蕩盡於三塲ᄒᆞ고 尙不悛悛而計欲賺債日債로 紛잡遠近故로 委先廣布ᄒᆞ오니 內外國人은 切勿見欺白失ᄒᆞᆷ

車益煥 告白

少年韓半島라ᄒᆞᄂᆞᆫ 雜誌ᄂᆞᆫ 我帝國의(獨立基礎)(自由精神)(平等主義)로써 國民的의 腦髓를 滋養ᄒᆞᄂᆞᆫ 元素오 教育界의 學理를 發明ᄒᆞᄂᆞᆫ 海上燈臺라 有志同胞ᄂᆞᆫ 購覽ᄒᆞ오 每號定價金十五錢

發售所 普光學校
布屛 金相萬
洞口 朱輸榮
鍾路高裕相磚洞 每日申報社

朝陽報第十一號廣告

(著作) 「告大官巨公」「害韓乃忠韓」「品性修養」「商業論」「隨感만錄」「奇書」「世界叢談」「內地雜報」「廣告」

(譯述) 「海外雜報」「保護國論」「滅國新法論」「政治原論」「泰西教育史」「本朝名臣錄」「갈蘇士傳」「米國大統領」「詞藻」「비스마룩子」「愛國精神談」

廣告

●열는이것보시오●

普通日本語典 全一冊 一百卅頁

崔在翊 著

定價金五十錢 郵稅四錢

本書는日語學校敎科書로補用 ᄒᆞ기爲ᄒᆞ야數年外國語敎授에 從事ᄒᆞ든經驗으로特히初學者 를爲ᄒᆞ야昭詳編輯ᄒᆞᆫ미雖無師 自習ᄒᆞᆯ지라도一읍通理ᄒᆞ면十 을可解ᄒᆞᆯ要書이오니左開發賣 所로陸續購讀ᄒᆞ사失時의嘆이 無케ᄒᆞ시옵

(但著者의捺章이無ᄒᆞ면僞 刊으로認ᄒᆞᆷ)

南大門內龍洞越便 藤田合名會社

中署校洞石泉堂藥局

中署布屛下金相萬冊肆

中署罷朝橋越便朱翰榮冊肆

中署鍾路大東書市

松橋崔昌煥冊肆

大安洞東華書館

◎民事訴訟代理와刑事辯護 及鑑定一切法律에關ᄒᆞᆫ事務 를速處理ᄒᆞᆷ

漢城南署茶洞第十七統八戶

法律事務所

前議士 正三品 李冕宇

事務員 前博士 玉東奎 前議官 金益濟

西署餘洞新門外一百八十六統 三戶

辯護士 前檢事 前判事 丁明燮 法律事務所

以上三種은上品으로製造ᄒᆞᆫ衛生에[illegible]有益ᄒᆞ니[illegible]本人에來購ᄒᆞ옵

大韓帝國仁川港

濟物浦紙卷烟及烟草會社

一 鷹標濃縮牛乳

一 金印脂肪濃縮牛乳

一 無雙家用氣化乳酪

一 볜ㅣ뜬쓰製造麥氣化 合牛乳

以上은常時에貯積ᄒᆞ얏슴

美國紐育省벗ㅣ뜬쓰 濃結牛乳會社

一手代理店

大韓仁州港 世昌洋行

●九轉靈砂라 本人이妙方法을傳ᄒᆞ야製造ᄒᆞᆫ靈丹인ᄃᆡ男女老少에無論何症ᄒᆞ고通常ᄒᆞ오며無病時에도服ᄒᆞ면平生의身體가健康ᄒᆞ며小兒는服ᄒᆞ면十歲안에無病ᄒᆞ기를擔保ᄒᆞ오며

●九轉靈砂萬靈丹은癎疾 痼症과中風諸疾과耳目諸病과痰疾에神效ᄒᆞ오

●九轉靈砂保命丹은初生小兒 驚風 痢疾 咳嗽 痘瘡과般種과婦人帶下症에神効ᄒᆞ며

●九轉靈砂淸來丹은濕滯 食滯 血積 吐瀉 霍亂 痢疾 吐血 下血 瘧疾 時疾 痲疹에神効ᄒᆞ오

●九轉靈砂紫金丹은婦人 [illegible] 上疳瘡 下疳瘡及腐爛과 [illegible]等種에無不神効ᄒᆞ오니 僉君子는來問ᄒᆞ시오

南署司僕골上隣第一家 李鶴延 告白

◎本社廣告

申報價

一張代金 新貨二錢五里

一箇月前納 三十錢

三箇月 九十錢

六箇月 一元七十錢

一箇年 三元四十錢

郵稅一部 新貨五里

一箇月 十三錢

廣告料

四号活字十三字體

每日每英尺一寸에新貨卄五錢

(每日每行에六錢에相當ᄒᆞᆷ)

其期限의長短과字行의多少를依ᄒᆞ야增減홈이有홈

◎大韓每日申報各處支店廣告

中署布屛門下 金相萬冊肆

洞口越便 朱翰榮冊肆

中署農圃初入七十八統第二戶 鄭周현

平壤南山峴日新學校 金彬淵

仁川租峴開新冊肆 李東奎

宣川邑 [illegible] 金觀恒

義州南門外韓西大韓局 張有寬

長連邑 安瑋

海南 [illegible] 金仁직

咸興州 [illegible] 金龜

中和邑 曺喜林

開城北部 [illegible] 李俊泌

釜山 [illegible] 金澤韻

統營 [illegible] 姜助泳

大邱 [illegible] [illegible]

鎭山邑內 [illegible]

元山港 [illegible] 金乃範

黃海道 [illegible] 劉夢澤

發行兼編輯人 裵說

大韓每日申報社

第四卷

大韓每日申報
대한매일신보

第三百九十八號

月曜及慶節 歲時日休分

檀君開國四千二百三十九年
箕子元年三千二十八年
大韓開國五百十五年
日本明治三十九年
清國光緒三十二年
◉陰曆丙午十一月小初一日甲午

論說

勸設憲法학報論 (支邦報照謄)

凡我國民이自今以後로其必以求實학增知識으로爲急務ᄒᆞ면程度之及格與否는雖無可指지憑證이나有其知識則必有其實力이오有其實力則必有其精神이오有其精神則必有其實行지一日은此可斷言者라然이나尙不能無疑者는如何而後에有此知識지一問題라

夫以現勢而論컨대具此知識者가東南開明지地에도尙不能深信커든邊省固塞지人은無論矣오商학兩界에矯矯지士도尙不敢深信커든下等지平民은無論矣니欲求人人이有此立憲지知識이면不外數端이라一實行立憲지新政은其權이在內閣及各省督무요一開通내地ᄒᆞ야廣築鐵路는其權이在資本家요一廣興학校ᄒᆞ야普及教育은其權이在管理학務者及教育家라然이나實行판到가亦豈一蹴所能至乎아

是故로敬爲我朝廷而告는實行立憲지期限은宣布홈이오敬爲我내閣諸公及各省장官而告는實行立憲지新政을宣告홈이요敬爲我학界諸君而告는謀教育지普及을切實케홈이오敬爲我商界有資本지諸君而告는速集資本ᄒᆞ야修各省지鐵路오敬爲我同志諸君子而告는판一憲法학報가是라

夫판一憲法학報를聞者가鮮不大거ᄒᆞ야以爲細事라ᄒᆞ며空論이無濟於國이라ᄒᆞ리니然이나以上所擧之事를若無權無力이行之ᄒᆞ고若欲盡其天職者면惟有效其言論而已라

敬擬憲法學報之躰例ᄒᆞ노니一은論說로各國憲法의精神과政治의眞相과及其得失利弊와立憲의宗旨와豫備方法을討論ᄒᆞ야上以對於朝廷ᄒᆞ야爲務요之獻ᄒᆞ며下以對於國民ᄒᆞ야爲開明之導也요一은學說노各國有名政治家의學說이合於時務者를譯之ᄒᆞ야以備國民연究ᄒᆞ야以廣其知識也요

一은各國의現行憲法及憲法의解釋을譯述ᄒᆞ야俾國民으로知憲法之眞意也요一은各國憲法史와國會史를譯述ᄒᆞ야注重其提議之事ᄒᆞ며喚起國民ᄒᆞ야使其有提議之精神也요一은각國行政法及(각種之法律如商法民法等) 擇其要者譯之ᄒᆞ야以備上下之採擇也요一은各種制度ㅣ如學制兵制을等擇其要者譯之ᄒᆞ야以備本國지倣行也요一은法意로각國各種法의精意(商法民法지法意)를譯ᄒᆞ야俾上下知之호ᄃᆡ一種法을立ᄒᆞ미[illegible]其大[illegible]지道ᄒᆞ며必者在其[illegible]係[illegible]及지義ᄒᆞ야非可漫訂而施行也요一은我國內閣及各省의所行지新政과及財政收支지實情을調査考査ᄒᆞ야宣布於國民ᄒᆞ야使其知本國지情勢也오

一은現行法律과內閣에셔新訂ᄒᆞᆫ각種法律을解釋或駁論ᄒᆞ야對於內閣而請其改正ᄒᆞ며對於國民而使지知曉也오一은譯報니東西各國最近지大政事를譯ᄒᆞ야付以評論ᄒᆞ야使周知全局之勢와競爭지力과外交지手段也니然則此報를誠能판지ᄒᆞ면對於內閣而國民의意見을代表ᄒᆞ고對於國民而提설開明之責任을擔負홈이니然則憲法이雖未實行ᄒᆞ고議院이雖未實立ᄒᆞ고雖無監督지力과參政之權이나冥々지中에謂無補助之効가甚不可也라ᄒᆞ엿더라

官報

◉敍任及辭令

●三千六百三十五號　光武十年十二月十三日　續

○補시衛第三大ᄃᆡ副官　副尉리範서○補鎭衛第一大隊中隊長　正尉權重協○補鎭衛第一大隊副官　부尉김思允○參尉신泰說　仝리漢承　仝兪致遠　補鎭衛第一大隊附○補鎭衛第二大隊長　參領柳冀元○補鎭衛第二ᄃᆡ隊中隊長　正위安喆榮○參위리圭丙　仝吳조善　補鎭衛第二大ᄃᆡ附○補鎭衛第三大隊中ᄃᆡ長　正위김思億○參위리喜鍾　仝리府圭　補鎭衛第三大ᄃᆡ附○鎭衛第四大ᄃᆡ中ᄃᆡ長　正위리源협○參위趙允熙　仝金錫夏　仝申泰胤　補鎭衛第四大ᄃᆡ附○參위金榮基　仝조重羽　仝[illegible]教承　補鎭衛第五大ᄃᆡ부○[illegible]鎭衛第六大ᄃᆡ中ᄃᆡ장　正위[illegible]德○補鎭위第六大ᄃᆡ부　正위리[illegible]範○補鎭위第七ᄃᆡᄃᆡ中ᄃᆡ장　송榮셕○補鎭위第七대ᄃᆡ부官　부위康文경　仝리濟정　仝參위송淳永　仝安鍾幹　補鎭위第七ᄃᆡᄃᆡ부○補砲兵中대부　砲兵參위洪恩燮○補鎭위第六ᄃᆡᄃᆡ餉官　二等軍司韓仁슈○補鎭위第七ᄃᆡᄃᆡ餉官　二等軍司김炳升○補工兵중ᄃᆡ餉官　三等軍司김鍾復　仝부위韓溯相　仝參領申羽均　仝正위김文植　仝權成찬　仝부위김東鍊　仝김相應　仝리義혁　仝申光熙　仝김昇濟　仝參위鄭熙찬　仝최承학○補研成학校부

命宮내府特進官　中樞院賛議朱錫冕○任主殿院警務官六品리회烈○任表勳院主事　中樞院主事林學슈○任中樞主事리敏甲○任平理院判事　法部主事리容成○任漢城裁判所檢事　警務廳警務官韓東履○任京畿裁判所檢事　六品金澤○任忠淸北道裁判所檢事　平理院主事洪면회　完

●三千六百三十五號　光武十年十二月十四日

◉敍任及辭令

○김潤哲　송병德　鄭濟[illegible]　任度支部技手○命[illegible]　秘書監丞조經九○命[illegible]侍監丞　學部학務局長장世基○豐德郡守安경烈　豐川郡守鄭在華　任經理院技師○依願免本官　慶基殿參奉김長基○任慶基殿參奉　김학奎○主殿院主事　議政府主事리源升○任학部학務局長　內部地方局長兪星濬○任內部地方局長　洪州郡守劉猛○任議政府主事　主殿院主事劉홍鍾

◉宮廷錄事

●號外光武十年十二月十四日

議政府叅政大臣　宮內府大臣　臨時署理朴齊純辭職疏

비旨省疏具悉卿懇署務官府一躰而영館之任亦係緊重所辭幷不可聽許事遣府郎宣諭

辭令

度支部大臣閔泳綺解臨時署理內部大臣事務　農商工部大臣成岐運命臨時署理內部大臣事務

外報

●軍費擴장　路透電을據ᄒᆞᆫ則德國來年度預筭에는陸海軍備擴장를支판ᄒᆞ기爲ᄒᆞ야一千三百萬방(一億三千萬圓)의公債募集을計上ᄒᆞ얏다더라

●黑龍鐵道　海合威新聞에揭載ᄒᆞᆫ電報를據ᄒᆞᆫ則去月二十一일內閣會議에度支ᄃᆡ臣이提出ᄒᆞᆫ黑龍江沿岸鐵道敷設案을會議ᄒᆞ얏다더라

雜報

●統署披露宴　統監代理長谷川大將은再昨夕午后七時三十分에南山統監官邸에셔就任披露차기로大晩餐會를開催ᄒᆞ얏ᄂᆞᆫᄃᆡ來賓은韓廷각大官과각部顧問과日軍司令部將校四十餘名과각國總領事가盛會ᄒᆞ얏더라

●收歛來餞　學部參與室事務官田中玄黃氏가解雇歸國ᄒᆞᆯ터인ᄃᆡ該部學務課長閔健植秘書課長李會九會計課長張憲植諸氏가發起ᄒᆞ야一般官吏의게新貨一圜式收合ᄒᆞ야來月曜日下午四時에餞別宴을開設ᄒᆞ고悵缺之情을表ᄒᆞᆫ다더라

●獎賞又出　農商工部技師崔相敦氏가肥料會社를設始ᄒᆞ고持去肥料ᄒᆞ고該家主의게食口ᄃᆡ로十四歲以上人은新貨五錢式收捧ᄒᆞ기로磨鍊ᄒᆞ얏다니食口가多數ᄒᆞᆫ者ᄂᆞᆫ판出無路라怨辭이狼藉ᄒᆞᆫᄃᆡ該氏ᄂᆞᆫ多年日本國留學生으로肥料會社工夫를專修ᄒᆞ야本國人民의財政을剝削ᄒᆞ기로決心ᄒᆞ얏나보다고巷說紛々ᄒᆞ더라

●郡吏燒板　洪州來人의傳說을據ᄒᆞᆫ즉該郡吏屬輩가今番稅務更張과郡吏除減에失志ᄒᆞ야앙郡吏廳각懸板을盡爲撤破火燒ᄒᆞ야三日을大會設宴ᄒᆞᆫ後에該ᄒᆞ고仍爲飛逃ᄒᆞ엿다더라

●局課會議　昨日內部에셔各局課長이會同ᄒᆞ야무삼事務를協商會議ᄒᆞ얏다더라

●兼行不可　政府에셔法部에照會ᄒᆞ되官員服務紀律第七條에官吏ᄂᆞᆫ營業會社에社長又其他事務員되ᄂᆞᆫ事를得치못ᄒᆞ엿다ᄒᆞ고同第十條에官員이非本屬長官之許可면不得兼行他事務以謀其俸給이라ᄒᆞ온바挽近法令解弛ᄒᆞ야或兼行他事務와托名會社ᄒᆞ니是豈服官者之事體乎아從今以後ᄂᆞᆫ恪遵章程케ᄒᆞ시되管下各官을申飭施行케ᄒᆞ라ᄒᆞ얏더라

●廣守報部　廣州郡守吳泰永氏가學部에報告ᄒᆞ되頃因本郡廣明學校延師開學ᄒᆞ야財政措畫之際에下山谷執綱兪哲濬이가창率愚民ᄒᆞ야縛打教師與任員之由ᄂᆞᆫ已經報告이올거니와修報多日에迄未承懲處之指令ᄒᆞ오니頑民이沮戲ᄒᆞ야學校를無以成立故로玆更報告ᄒᆞ니査照ᄒᆞ신後本學校成立與廢止를即下處分이라ᄒᆞ얏더라

●私債屬公　西署阿峴鍮器商店ᄒᆞᄂᆞᆫ朴某가리某의게錢三千兩을所捧條가有ᄒᆞ야漢城裁判所에呼訴ᄒᆞ야리某를捉囚ᄒᆞ얏더니리某의親近人閔某가該裁判所에來告ᄒᆞ되該錢三千兩을擔保備報ᄒᆞᆯ터이니리某를放釋ᄒᆞ라ᄒᆞ거ᄂᆞᆯ裁判所에셔從其所請ᄒᆞ야리某를放送ᄒᆞᆫ지幾日에閔某가錢三千兩을依數報償ᄒᆞ거ᄂᆞᆯ朴某가無疑受之ᄒᆞ엿더니不意에裁判所에셔ᄂᆞᆫ朴某를捉囚ᄒᆞ고右錢三千兩을屬公次로納上ᄒᆞ라ᄒᆞᆫ다ᄂᆞᆫᄃᆡ朴某ᄂᆞᆫ自已當捧之物을受ᄒᆞ엿ᄂᆞᆫᄃᆡ屬公ᄒᆞᆫ다ᄂᆞᆫ理由를不知ᄒᆞ야獄中에셔呼哭ᄒᆞᆫ다더라

●兵丁行悖　昨日上午九時에興化門前韓人商店의셔有何事端인지何許兵丁이商民을毆打ᄒᆞᄂᆞᆫᄃᆡ在傍兵丁一名이挽留ᄒᆞ야幸免重傷ᄒᆞ얏시나該商民은別無失操ᄒᆞᆫᄃᆡ該兵丁이軍人의勢力을恐藉ᄒᆞ고平民을無端毆打ᄒᆞᄂᆞᆫ거시切非保護之道라ᄒᆞ더라

●夫人往學　李載克氏夫人이日語教師를宮內府補佐官橋圓壽氏의夫人으로定ᄒᆞ고每日該家에前往ᄒᆞ야熱心教受라더라

●登樓去梯　一進會에셔設立ᄒᆞᆫ光武學校學徒를日本에留學次로多數入送ᄒᆞ얏더니近日에一進會의셔學費를一分도付送치아니ᄒᆞᄂᆞᆫ故로該學徒들이歸國코져ᄒᆞ나船費를難판ᄒᆞ야呼號景況은慘不忍見이라더라

●掩護換名　內部警務局長金彰漢氏가地方總巡叙任時에換書叙任ᄒᆞᆫ事ᄂᆞᆫ前報에揭載ᄒᆞ얏거니와其內容을詳聞ᄒᆞᆫ즉當초에金彰漢氏가송台鉉氏로叙任ᄒᆞ기로該局課長權鳳洙氏더러處판狀에捺章ᄒᆞ라ᄒᆞᆫᄃᆡ權氏가反對ᄒᆞ야日總巡을叙任ᄒᆞᆯ야면試取도아니ᄒᆞ고如是叙任이大非公體이니一般局長之言으로不可捺章이라ᄒᆞ야靳持ᄒᆞ기를一月이過ᄒᆞ얏ᄂᆞᆫᄃᆡ金氏가屢屢懇請ᄒᆞᄂᆞᆫ지라權氏가不得已捺章ᄒᆞ얏더니及其叙任之日ᄒᆞ야ᄂᆞᆫ송台賢이가아니오乃是陳회철이라權氏가金氏의換書ᄒᆞᆷ을何樣論駁ᄒᆞ엿던지此說이參與官龜山氏에게轉入ᄒᆞ야龜山氏가權氏를對ᄒᆞ야日陳總巡叙任ᄒᆞᆫ事가不公正ᄒᆞ니即爲免官ᄒᆞ라ᄒᆞ거ᄂᆞᆯ權氏曰大臣이處판ᄒᆞ지ᄒᆞ얏시니不可免官이라ᄒᆞ고自己도不無其責이라金氏의換名ᄒᆞᆷ을不忍發說ᄒᆞ고모糊酬答ᄒᆞ여幸히掩置ᄒᆞ엿시나龜山氏가但其無試才叙任ᄒᆞᆫ事만知ᄒᆞ엿지宋ᄐᆡ현으로處판ᄒᆞ고推後陳회철노換名叙任ᄒᆞᆫ事를得聞ᄒᆞ엿시면金氏ᄂᆞᆫ龜山氏에게論駁ᄲᅮᆫ아니라該部大臣에게別論警이有ᄒᆞ리라ᄒᆞ더라

●五賊逮捕　靑山警務分署總巡朴承九氏가赴任之初에黃澗郡上村五里洞等地에셔火賊馬中營徒黨四五十名이各持銃劍與六穴砲ᄒᆞ고衝火人家에刼奪婦女云故로先送廉探人ᄒᆞ고暗派巡檢崔在경金基榮皮海觀과廳使二人ᄒᆞ야亦持銃劍ᄒᆞ고日暮에出其不意ᄒᆞ야突入該洞ᄒᆞ야一塲戰鬪ᄒᆞ다가崔在경은幾乎中丸에幸免危害ᄒᆞ고該賊漢魁首金七原朴達元曺在先金出伊韓京先五名을捕捉ᄒᆞ얏ᄂᆞᆫᄃᆡ贓物은六穴砲二坐오其餘黨은尙州等地로逃走ᄒᆞ얏다더라

●裁主試取　法部에셔地方裁判所主事試取ᄒᆞᆫ다ᄂᆞᆫ說은前報에已揭ᄒᆞ얏거니와昨日試取ᄒᆞᄂᆞᆫᄃᆡ應試者가五十七人에達ᄒᆞ얏고試驗科目은訓令報告作文이오銓考ᄅᆞᆯ兼行ᄒᆞ얏다더라

●治道視察　內部土木課事務員黃益淵氏가治道視察次로日昨에木浦等地로前往ᄒᆞ얏다ᄒᆞ더라

●彰校擴장　彰東학校ᄂᆞᆫ創立ᄒᆞᆫ지于今八年이라至于今日ᄒᆞ야願학ᄒᆞᄂᆞᆫ학生이일益增進ᄒᆞ야熱心上학ᄒᆞᄂᆞᆫ대但校舍가狹窄ᄒᆞ야一般학員을容受치못ᄒᆞᆷ으로校장리儁氏가擴장ᄒᆞ기로磨鍊중이라더라

●基地請認　政府에셔學部에照會ᄒᆞ되現에統監府來文를接ᄒᆞ온즉內開에當府에셔本年度巡査教習所建築ᄒᆞᆯ預定이有ᄒᆞ야方在計劃中이오나當ᄒᆞᆫ地所가無ᄒᆞ와于今遷延ᄒᆞ기로當府巡査補充上에困難ᄒᆞᆯᄲᅮᆫ아니라貴國政府傭用巡査도帝國內地各府縣으로招聘ᄒᆞᄂᆞᆫ形便이온ᄃᆡ對此非但不便이라且有浮費之不尠ᄒᆞ야甚屬遺感ᄒᆞ온바幸히南署管內貴國政府所管筆洞小學校가他處로移轉ᄒᆞᆫ다入聞이有ᄒᆞ온ᄃᆡ該敷地ᄂᆞᆫ當部所築廳舍附近處에在ᄒᆞᆯᄲᅮᆫ더러且認以最適當之地오니該敷地를代金中五千圜에讓渡ᄒᆞ시면非但爲當部之好機이오라於貴政府에도亦認以便宜이옵기玆行照會ᄒᆞ오니照亮指과爲要等因이옵기准此照會ᄒᆞ오니照亮ᄒᆞ오셔該學校가果擬移照ᄒᆞ야實無妨碍이오지隨即示復ᄒᆞ라ᄒᆞ얏더라

●監督報部　日本留學生監督韓致愈氏가學部에報告ᄒᆞ되東京府立第一中학校에受業ᄒᆞᄂᆞᆫ我官學生二十五人이明年春에ᄂᆞᆫ卒業이되옵ᄂᆞᆫ바卒業ᄒᆞᆫ後에ᄂᆞᆫ各專門學校와或大학校로分送ᄒᆞᆯ터이기各人의志願을問ᄒᆞ와其從學目的을玆에後錄仰報ᄒᆞ오니各其本人志願에依ᄒᆞ와各學校에入送케ᄒᆞᆷ이未知何如處분이라ᄒᆞ얏더라

●牌錢將收　近日閭巷傳說을據ᄒᆞᆫ즉各觀察道의檢察官一人式派遣ᄒᆞ고各郡에委員一人式派送ᄒᆞᆫ다ᄒᆞ미該任을運動ᄒᆞᄂᆞᆫ者가現今奔競中이라ᄂᆞᆫᄃᆡ其理由를得聞ᄒᆞᆫ즉號牌를人民의게出給ᄒᆞ고牌錢을收捧ᄒᆞᆯ計料이오金宗漢氏가周旋ᄒᆞᄂᆞᆫ事이라더라

▲擲盃高談

▲近日政海에風濤가尤險ᄒᆞ야三派가分瀉ᄒᆞ고舟楫이將傾에利涉이無計ᄒᆞ니都沙工이누구던고朴

▲名望이有ᄒᆞᆫ老宰相은南陽草堂에高臥ᄒᆞ야政界漩渦만觀光ᄒᆞ고완이而笑ᄒᆞ니아마도를선갹ᄒᆞᆫ일이지오

▲上海에留運ᄒᆞᄂᆞᆫ李學均玄尙健兩氏가所重ᄒᆞᆫ文蹟으로法領事에게二百萬圜을得償ᄒᆞ엿더니償還ᄒᆞᆯ期限를當ᄒᆞ야法領事가交涉中이라고某報에揭載ᄒᆞ엿스니所重ᄒᆞᆫ文蹟은何文蹟인지

▲日皇帝陛下께셔特使李址鎔氏夫人과洪卿氏ᄂᆞᆫ勳二等보冠章과朴義秉氏夫人柳洲卿氏ᄂᆞᆫ勳四等보冠章을下賜ᄒᆞ엿다니兩夫人은日本의무삼大勳勞가有ᄒᆞᆫ지大端히生色이날걸

▲各部府院廳一般官吏가十二月三十一日以內로一齊히洋服을着ᄒᆞ고仕進ᄒᆞ기로政府會議에決案ᄒᆞ엿다니洋服장사나좀ᄒᆞ엿시면

寄書

平安南道順川時務小학校生徒金元각 年十三

압제를쓸테다쓰면유익ᄒᆞᆫ일

우리나라가近來에文明에前進허ᄌᆞᆷ으로政治가日々히서로워朝廷에뎌官과府郡閭閻察郡守ᄭᆞ지도擇人허ᄌᆞ고外國에多年遊학ᄒᆞᆫ사람과내지에셔라도新式上에鍊熟ᄒᆞᆫ사람을쓴다허니吾輩ᄂᆞᆫ대端히感祝ᄒᆞᆯ줄알거니와兼허여京鄕各處에학校가일起ᄒᆞᆫ다허니더욱感謝허도다

그러나

爲先急히痛禁ᄒᆞᆯ거시三件事가有ᄒᆞᆫ故로數字를記載허여有志人士에게洞知코ᄌᆞ허노라政府에셔四色이니ᄒᆞ든양반을아니쓰고人材擇用ᄒᆞᆷ은上下國民이다아ᄂᆞᆫ바어날시골에所爲兩班이라ᄒᆞᄂᆞᆫ양반은엿댓것터단이거록ᄒᆞ도다智識은비올생각아니ᄒᆞ고頑固之習이去去益甚ᄒᆞ여自謂曰我ᄂᆞᆫ班人이라ᄒᆞ며觀察使에게ᄂᆞᆫ郡守에게ᄒᆞᆫ번承顔ᄒᆞ면큰宰相家에持權者보다自己心에忘想尊大ᄒᆞ며愚智私慾은腹中充滿ᄒᆞ여恒言日一字文不學ᄒᆞᆫ들吾郡之訓長齋長유林之任은他手에갈비아니라ᄒᆞ고鄙陋之說노子孫을敎導ᄒᆞ며學校가處處에在ᄒᆞ니新學問이發達되면舊學問이廢止된다ᄒᆞ고學校事에百般으로妨害ᄒᆞ며近日參書官鄭主事라ᄂᆞᆫ거ᄉᆞᆫ維新上事어날日相猶有無ᄂᆞᆫ不顧ᄒᆞ고오날參書官鄭主事를士班人이못ᄒᆞ고모민유鄕이란말이엽서질터이고代々孫々이지해오든거시一朝[illegible]ᄒᆞᆫ다고死力을다ᄒᆞ여訴기도運動ᄒᆞ고財錢도用費ᄒᆞ여[illegible]鍊紛競莫甚ᄒᆞ다ᄒᆞ니政府에서今番事도前과又치爲名으로ᄒᆞᆫ다면모로거니와分明이改善事로ᄒᆞᆯ진ᄃᆡ如此협雜事를嚴制라도ᄒᆞ여痛禁ᄒᆞᆯ거시오生이向日에外村에暫往ᄒᆞ엿다가舊學問비온다ᄂᆞᆫ書齋를過ᄒᆞᆯ시學童이千字文을비오다가ᄒᆞᆯ獨字에니러러ᄒᆞᄂᆞᆫ말이日前城中에드러가보니學校라ᄒᆞᄂᆞᆫ듸셔학生들이무슨노리ᄒᆞᄂᆞᆫ듸大韓帝國獨立이라ᄒᆞ니此獨字가獨立이라ᄒᆞᄂᆞᆫ獨字오닛가ᄒᆞ고先生과問答ᄒᆞᆫ즉先生이라ᄒᆞᄂᆞᆫ사람이獨立本意ᄂᆞᆫᄌᆞ셔으모로니ᄌᆞ셔이說明은못ᄒᆞᆯ여니와學童의聰慧ᄒᆞᆷ은칭찬해야오를터인데음흉ᄒᆞᆫ시긔가발ᄒᆞ여되답ᄒᆞᄂᆞᆫ말이獨立인지항아리立인지그런부잡ᄒᆞᆫ노리를듯지말나만약學校近處라도다시가면달罰ᄒᆞ리라고大責ᄒᆞ니此ᄂᆞᆫ日前에各學校에셔繼天紀元節를慶祝時에愛國歌를노리ᄒᆞᆫ것슬듯고學童이무른말이어ᄂᆞᆯ先生은부잡노리로돌니々可롱可哀ᄒᆞ도다不可不舊學問書齋를廢止ᄒᆞ면頑固人이라도남과又치學校ᄒᆞ여 未完

雜報

●結民歌謠 嶺南人民의投函이如左

우리南道稅務官李丙儀氏演說ᄒᆞᆫ신말삼들어보소每結의八十兩式무든公錢을新貨十二元式上納ᄒᆞ라허니其利害生覺허니近二十兩利가되니

또ᄒᆞᆫ말삼들어보니近來各郡守令들이十排定所鍊허여猛差疏差面罰의니여보니十兩未納結民이면差使例가二十兩이오差使例의겁을니여歇ᄒᆞᆫ時價외슴도팔고소도팔아定限公納허ᄌᆞ허니公錢이私價되고私價가公錢되야數萬生民살수업니各郡守令이上納허기에情誼이至極허야이叉치督刷허ᄂᆞᆫ가肥己之慾을生覺허야이叉치督促허ᄂᆞᆫ가알수가업니우리南道稅務官이몃몃허ᄂᆞᆫ南道에기섯ᄂᆞᆫ가曲盡民情ᄌᆞ록허니어와우리結民들아ᄉᆞᆷ도싯고공도싯고어셔밧비東萊가셔新貨를박구어다우리結錢速히허셔

●京慶已辨 日昨淸人譚性沛에게四柱을往問ᄒᆞᆫ人은前判書閔京鎬氏가아니라前參奉閔慶호氏라더라

●魚氏演說 魚비信氏가靑年會에셔今日下午三点三十分에講道ᄒᆞᆫ다ᄂᆞᆫᄃᆡ氏가靑年會를爲허야盡心贊成ᄒᆞᆫ다더라

●師範夜학科 西友학會에셔師範夜학科設立의方法을議定허고敎師ᄂᆞᆫ會員中新학問의精通ᄒᆞᆫ이로選定허고課程은筭術과地誌와歷史와理학과法律과敎育학과日語와英語와作文等이라더라

●江東遂明 江東郡高泉面猿岩里居허ᄂᆞᆫ有志紳士들이發起허여資財를구聚ᄒᆞᆫ錢이業八萬兩을積立허고私立遂明義塾을設立허고학員三十餘人을募集허여熱心敎授ᄒᆞᆫ다ᄂᆞᆫ듸학校贊成員黃[illegible]淳氏를京城에派送허여각種書籍을多數히買去ᄒᆞᆫ다더라

廣告

● 얼는이것보시오 ●

普通日本語典 全一冊 一百卅頁

崔在翊 著

定價金五十錢 郵稅四錢

本書ᄂᆞᆫ日語學校敎科書로補用ᄒᆞ기爲ᄒᆞ야數年外國語敎授에從事ᄒᆞᆫ經驗으로特히初學者를爲ᄒᆞ야昭詳編輯ᄒᆞ미雖無師自習ᄒᆞᆯ지라도一覽理會ᄒᆞ면十分可解ᄒᆞᆯ要書이오니左開發賣所로陸續購讀ᄒᆞ사失時의嘆이無케ᄒᆞ시옵

(但著者의捺章이無ᄒᆞ면僞刊으로認ᄒᆞᆷ)

南大門內龍洞越便 藤田合名會社

中署校洞石泉堂藥局

中署布屛下金相萬冊肆

中署罷朝橋越便朱翰榮冊肆

中署鍾路大東書市

松橋崔昌煥冊肆

大安洞東華書館

◎民事訴訟代理와刑事辯護及其他一切法律에關ᄒᆞᆫ事務를迅速處理ᄒᆞᆷ

事務所 南署[illegible]洞第十七統八戶

法律事務所

前參書官 [illegible] 法學博士 玉東奎

前檢事 [illegible] 李[illegible]

事務員 [illegible]

前議官 金益濟

西署餘洞新門外一百八十六統三戶

辯護士 前檢事 丁明燮

法律事務所

以上三種은上品으로製造ᄒᆞ야衛生上에至極有益ᄒᆞ니僉華人은本會에來購ᄒᆞᆷ

大韓帝國仁川港

濟物浦紙卷烟及烟草會社

一 鷲標罐詰濃結牛乳

一 金印罐詰濃結牛乳

一 無雙家用氣化乳酪

一 셋ㅣ돈쓰製造麥精化合牛乳

以上은常時에貯積ᄒᆞ얏슴

美國紐育港셋ㅣ돈쓰濃結牛乳ᄒᆞᆫ社

一手代理店

大韓仁州港 世昌洋行

◎九韓[illegible]砂[illegible] [illegible]人이[illegible]ᄒᆞ야[illegible]一切[illegible]

[illegible]老少에無論何症ᄒᆞ고[illegible]ᄒᆞ며[illegible]ᄒᆞ야[illegible]ᄒᆞ면平生의[illegible]ᄒᆞ야[illegible]ᄒᆞ게保育ᄒᆞ오며

◎九韓[illegible]砂[illegible] [illegible]

[illegible]에神効ᄒᆞ오

◎九韓[illegible] [illegible]

◎九韓[illegible]砂[illegible]丹은[illegible] [illegible]

吐血 下血 衄血 時疾 [illegible]에神効ᄒᆞ오

◎九韓[illegible]砂[illegible]金丹은[illegible] 上[illegible] 下[illegible]

◎[illegible]不神効ᄒᆞ오니 僉君子ᄂᆞᆫ來購ᄒᆞ시오

[illegible]前[illegible]上[illegible]一家 李[illegible] 告白

◎本社廣告

申報價

一張代金 新貨二錢五里

一箇月前納 三十錢

三箇月 九十錢

六箇月 一元七十錢

一箇年 三元四十錢

郵稅一部 新貨五里

一箇月 十三錢

廣告料

四号活字十三字詰

每日每英尺一寸에新貨廿五錢

(每日每行에六錢에相當홈

其期限의長短과字行의多少를依ᄒᆞ야增減홈이有홈

◎大韓每日申報各處支社廣告

中署布屛門下 金相萬冊肆

洞口越便 朱翰榮冊肆

中署廣[illegible]初入七十八統第二戶 [illegible]

仁川[illegible]新舖 李東[illegible]

平壤南山峴日新學校 金[illegible]

[illegible] [illegible]

宣川邑[illegible] 安濬

義州南門外韓西大藥房張有寬

長連邑 金[illegible]

鎭南浦[illegible] 金仁[illegible]

咸興州南社 曺喜林

中和邑 李鍾[illegible]

[illegible] [illegible]

釜山[illegible] [illegible]

[illegible] [illegible]

大[illegible] [illegible]

鏡山邑內 [illegible]

元山港倉[illegible] 金[illegible]

黃海道[illegible] [illegible]

發行兼編輯人 英國人 裴說

[illegible] [illegible]

京城中署[illegible]

大韓每日申報社

第四卷

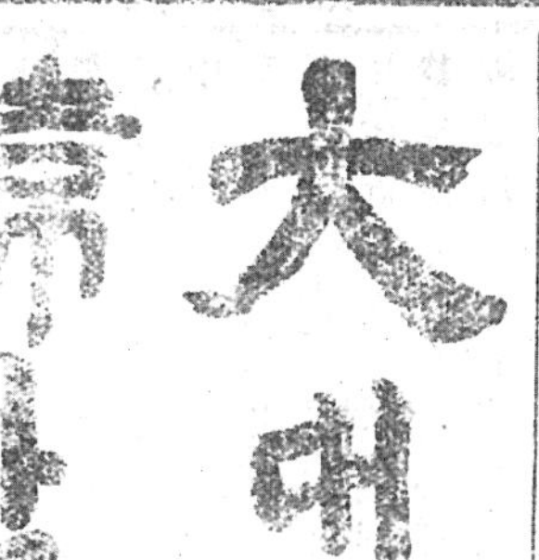

大韓每日申報

대한매일신보

第三百九十九號

月曜及慶節 歲時日休刊

檀君開國四千二百三十九年
箕子元年三千二十八年
大韓開國五百十五年
日本明治三十九年
淸國光緖三十二年
◉陰曆丙午十一月小初三日丙申

論說

移民問題

韓國事를爲韓國人民흐야行政이라흠은余所常聞이나然이나尙不無疑訝로다 自英日 新報(漢城板刻報)發刊以來로本報가陳幾許問詞矣러니同報가未暇答述흐엿시니此ㅣ豈非失望이리요同記者가本報之問은或不答판흐고本記者를或以無禮待之흐리니本記者는將失所望이나然이나本報詰問에一無所答흐니閱讀諸員이以一言自斷흐되大韓每日申報가正直흠으로日人報筆이無辭可答이라흘거슨無疑로다同報가始刊紙上에宣言흐되使其愛讀諸人으로諸般隱密을曉解흐도록熱心흔다흐더니今乃無言일뿐더러本報는未有挫氣흐니余將更試흐깃노라

伊藤侯駐此之機에處理흔移民條例를本記者ㅣ遽今觀之로되此之意義를確言흐기에不能이라更一次提言흐노니英日新報는此를使人曉解케흘지어다以其方策全部로觀之면韓國人民이伊藤侯의許可를未有흐고는移去他處者ㅣ未有흐리니設使懷疑者로量度이면布哇에在흔日本役夫가韓人競爭을不好흠이라흠거시요特異懷疑者는布哇의居留흐는韓國役夫에强力과品行이日人보다逾過라흠에싸지라도思入흐깃도다然이나此尾接之說은不必關念이요但同報記者가此移民條例의眞實理由를說明흐며且其條例가日人利益을不爲흠이라고證明흘진딘本記者는質問之言외一句를除去於記外흐깃노라

官報

●三千六百三十七號 光武十年十二月十五日

◎宮廷錄事

詔曰朕惟宮中府中確有區别行政機能無滯運用大小官吏각盡職其務權限使之責成식治國之要義也所以往年誓告 宗廟社稷有第四第五兩項之文繼而革飭臣隣不啻申復顧今施政改善將就其緖尤當遵守前規矢心勵行府中之事卿在首班宜克體朕意一從新定官制奬率廷僚以任各般行政之責同心戮力修擧實績考其臧否隨施賞罰至宮中之事朕亦當另揀其才而委任務盡肅淸之實卿其諒之勗哉

光武十年十二月十三日

議政府參政大臣박제純

議政府參政大臣陸軍副將勳一等臣박제純謹

奏忠淸南北道全羅北道礪山京畿振威等地偏被水災洪州郡守劉猛鎭川郡守李鐸應幷慰諭使差下使之分往慰諭以宣 德意被災形止開錄馳報事訓飭矣現接該慰諭使等所報則忠淸南道各郡及全羅北道礪山京畿振威等地人命合死爲二百八十四名家屋漂頹爲四千二十戶田土川落潰決爲八千七百九十九結八十五負九束忠淸北道各郡人命合死爲六十三名家屋漂頹爲二千七十一戶田土之川落潰決爲三千三百三十七結九十四負矣竊伏念今此開錄馳報俱係實蹟則哀彼生靈屢經困苦之餘又此無前懷襄合死漂頹已極慘惻況又農家艱食一經洪霖便作無秋言念民情不勝驚歎矜恤結搆之方亟令內部度支部救濟方便爛商籌劃俾被災之民卽奠接安業以示朝家願恤之至意何如謹上奏 光武十年十二月十一日奉旨依奏今此懷襄之災乃在秋熟際人命之合沒民家之漂頹堤堰田畓之刮決若是其夥多哀我赤子何以聊生失所轉連之狀如在目擊原恤典自有內部度支部照例施行而特下內帑錢二千圜量宜分送各郡聚會被災諸民面面曉諭一一存恤搆奠接之方刻期董飭俾被災民無至蕩析咨嗟事令政府措辭申飭

掌禮院卿 李重夏謹

奏忠正公趙秉世喪周年遣官致祭事 奏下矣小祥在於陰曆十一月初五日而祠版時在京畿加平地云祭文令侍講撰出祭物進排及諸執事差定等事令本道擧行事知委何如謹上 奏

光武十年十二月十一日奉旨依奏遣祕書丞致祭祭文當親撰以下矣

掌禮院卿臣李重夏謹

奏忠正公閔泳煥喪周年遣官致祭事 奏下矣小祥在於陰曆十一月四日祭文令侍講撰出何如謹上 奏

光武十年十二月十一日奉旨依奏遣祕書丞致祭祭文當親撰以下矣

掌禮院卿臣李重夏謹

奏因從一品李根秀上疏批旨有果係未遑之典疏辭令掌禮院就議在京原任議政大臣稟處事命下矣取見其疏本則新羅脫解王特賜殿號設官禮享一依崇德 崇惠二殿之典禮而若其殿宇已有姓孫之自辦營建於慶州郡月城事也就議于在京原任議政大臣則參贊新羅朴昔金三姓遞相禪授而朴金二姓王則有建殿禮享之節惟昔姓王尙此闕焉其在一般崇報之義實是未遑之典云矣宜霈享祀之儀以姓孫中設官守護之節一依崇德 崇惠二殿之例恐合事宜而臣院不敢擅便上裁何如謹上奏 光武十年十二月十一日奉旨依所奏施行

掌禮院卿臣李重夏謹

奏新羅脫解王殿宇宜額與享祀節目一依 崇德殿 崇惠殿例磨鍊別單書 入而以昔姓中設官守護事令宮內府擧行何如謹上 奏 光武十年十二月十三日奉 旨依奏

中樞院贊議朴齊禹辭職疏批旨省疏具悉不必如是爲辭卿其勿辭行公

外報

●排日一種 華盛頓電을據흔즉元老院議員지라린氏는日米間의條約을改正흐고今後는絶對的으로日本勞働者의入國을禁止흠이可흐다는決議案을提出흐얏다더라

●南淸匪擾 上海特發電을據흔則江西湖南兩省의暴徒는益益猖獗흐는지라淸國政府는巡洋艦二隻과水雷艇二隻을長江에溯航케흐고美德兩國도軍艦을派遣흐얏다더라

●日人虐殺宣言 倫敦電을據흔즉美國桑港의勞働黨首領이宣言흐야曰萬若一千名의日本勞働者가輸入될境우에는一千名이虐殺되리라흐얏다더라

●軍艦製造費請求 倫敦電을據흔즉俄國海軍大臣이報告를提出흐야戰鬪艦排水양二萬二千噸速力一節二十時砲十門二隻을製造흠을請求흐얏다더라

●桑港排日問題 倫敦電을據흔즉倫敦타임스新聞의桑港通信員이報흐야曰排日黨이日本에對흐야其人心을激昂케흠次로各鐵道會社에對흐야日本人탑車의所用으로別히一車를準備흠을請求흐얏는티望重의人士等은日美間에開戰되리라고談話흐다더라

雜報

●恤金內下 忠淸南北道와京畿各郡의水災被害實數를政府에셔上奏ᄒᆞ얏더니恤金二千圜을內下ᄒᆞ옵셔다더라

●特使回期 近日에海外에傳說을聞ᄒᆞᆫ즉特使李址鎔氏ᄂᆞᆫ諸般所營을如意圖得ᄒᆞ고本月二十二日頃에東京셔出發ᄒᆞᆫ다더라

●郡奏本不遠 現今各郡守에請願處도有ᄒᆞ고奏本ᄒᆞᆫ處도有ᄒᆞ야現闕이三十餘窠가量인ᄃᆡ參政朴齊純氏가專權奏免ᄒᆞᆫ더인ᄃᆡ度大閔泳綺氏ᄂᆞᆫ不合ᄒᆞᆫ念慮가有ᄒᆞ야參政에爪牙農大成岐運氏로內大署理를移任ᄒᆞ고原任內大李址鎔氏歸國ᄒᆞ기前에奏本된다고獵官者類가東西奔走ᄒᆞᆫ다더라

●擇置面長 各郡에面長을擇置ᄒᆞ고該面人民의大小事를先爲處決ᄒᆞ야該郡守에게報告ᄒᆞ면郡守가可否를處판ᄒᆞᆫ다더라

●劉氏圖遞 內部地方局長劉猛氏ᄂᆞᆫ期於히請願辭職ᄒᆞᆫ다더라

●內協云遞 內部協판崔錫敏氏가遞任된다ᄂᆞᆫ說이有ᄒᆞ더라

●兩氏被任說 近日巷說을聞ᄒᆞᆫ則正二品李容泰氏ᄂᆞᆫ宮內大臣을被任ᄒᆞ고警務使朴承祖氏ᄂᆞᆫ京畿觀察使를被任ᄒᆞᆫ다더라

●署長運動 中署長이遞任ᄒᆞᆫ後에其後任을運動ᄒᆞᄂᆞᆫ者가夥多ᄒᆞᆫ데總巡崔基弘氏ᄂᆞᆫ一字無識ᄒᆞ되日語에能通ᄒᆞ야警務補佐官嚴井을依賴ᄒᆞ고總巡韓甲氏ᄂᆞᆫ日本司令部의力을借ᄒᆞ야運動ᄒᆞ며前正尉金鴻權氏ᄂᆞᆫ警務使의食口로最緊ᄒᆞ고前叅領李大圭氏ᄂᆞᆫ日人野津의請囑을得ᄒᆞ야運動ᄒᆞᄂᆞᆫᄃᆡ其中에도金鴻權氏ᄂᆞᆫ某處에付托이有ᄒᆞᆫ으로勢力이最大ᄒᆞ다더라

●煉瓦設社 近日度支部에셔西江等地의煉瓦會社를官立으로設立ᄒᆞ고民有地段을買收ᄒᆞᄂᆞᆫᄃᆡ地段價一坪의四十錢式出給ᄒᆞ라고發訓ᄒᆞ얏더라

●筭術先覺 前侍從李裕馨氏ᄂᆞᆫ筭術을先覺ᄒᆞᆫ人이라各學徒를爲ᄒᆞ야筭術册子를著術ᄒᆞ다더라

●門票減省 來一月一日봇터宮殿闕標를限五十張減省ᄒᆞᆫ다ᄂᆞᆫᄃᆡ內侍와宮女의出入門票만多數히減ᄒᆞ고臨時票ᄂᆞᆫ或出給ᄒᆞᆫ다ᄂᆞᆫ說이有ᄒᆞ다더라

●宮協運動 리明翔氏가宮內協판을被任ᄒᆞᆫ다ᄂᆞᆫᄃᆡ農大成岐運氏가리氏를爲ᄒᆞ야大端運動中이라더라

●兩省不穩 湖南來人의傳說을聞ᄒᆞᆫ즉全南各郡은吏屬이不穩ᄒᆞ야將有擧措ᄒᆞᆫ깃ᄂᆞᆫ全北各郡은天道教가盛行ᄒᆞ야甲午東學氣習이更生ᄒᆞ니全羅兩省은人民이難保라ᄒᆞ더라

●學協被任說 金각鉉氏ᄂᆞᆫ學部협판을被任ᄒᆞᆫ다ᄂᆞᆫ說이有ᄒᆞ더라

●日人捕兵 昨日上午九時量에平服日人이與洞侍衛三隊兵丁一名을捕縛以去ᄒᆞᆫᄂᆞᆫᄃᆡ其理由에則該兵丁이何人에日韓軍法을偸賣ᄒᆞᆫ事件이라ᄒᆞᄂᆞᆫ陸軍法院으로移照處理ᄒᆞᄂᆞᆫ거시當然ᄒᆞ거ᄂᆞᆯ外日人이任意로捕縛ᄒᆞᄂᆞᆫ거슨傍觀者莫不憤歎ᄒᆞ더라

●俱樂開會 再昨日普成學校內에셔大韓俱樂部評議會를開催ᄒᆞ얏다더라

●一進着網 西來人의傳說을據ᄒᆞᆫ즉黃平兩道一進會員들이近日에結着網ᄒᆞ얏다더라

●兩氏轉任說 內部地方局長劉猛氏ᄂᆞᆫ公州觀察使를被任ᄒᆞ고學部文書課長鄭喬氏ᄂᆞᆫ江華郡守를被任ᄒᆞᆫ다ᄂᆞᆫ說이有ᄒᆞ더라

●銀券將製 農工銀行에셔大韓銀行券을製造ᄒᆞ야商業會議所議長趙鎭泰氏의畵像을印ᄒᆞ야通行ᄒᆞ기로度支部에셔政府로請議ᄒᆞ얏다더라

●義逐稅官 南原郡稅務官은義兵에게見逐ᄒᆞ야光州郡으로來住ᄒᆞ얏다더라

●傳說難信 谷城郡守金鎭賢氏가史擾에被害ᄒᆞ얏다ᄂᆞᆫ所聞이其本家에來到ᄒᆞᆫ故로該家에셔眞僞를探知코져電報ᄒᆞ얏더니아직回電이無ᄒᆞ야該家人이甚히燥鬱中이라더라

●病苗獨設 廣濟院을大한病院으로合設ᄒᆞ고該院家舍ᄂᆞᆫ痘苗製造所로獨立設置ᄒᆞᆫ다더라

●日醫獨擅 廣濟院醫師中陞級ᄒᆞᆫ人이五六朔이過ᄒᆞ되級俸을支撥치아니ᄒᆞᄂᆞᆫᄃᆡ其內容을得聞ᄒᆞᆫ則該院日人醫長佐々木가自意擅便ᄒᆞ야奏任醫師年俸은六百元으로判任醫師年俸은三百元式으로斷定ᄒᆞ야新任奏判任이나舊任奏判任이나該年俸給을同一히支撥ᄒᆞᆫ다니切非公正之道라고輿論이沸騰히다더라

●韓死可矜 平壤蛤島居進士韓晉奎氏가與副將리允用氏로該島畓稅抑勒濫捧事로多年爭訟이다가至于昨年四月ᄒᆞ야平理院에셔判決書를繕給인바多年濫捧條二千六百石을還給ᄒᆞ게되엿스나終不出給ᄒᆞ고百般運動ᄒᆞ야該判決書를抑奪ᄒᆞ야自歸無效케ᄒᆞᆯ凶計로該嶋民人等을使ᄒᆞ야捉囚江西郡ᄒᆞ고威지脅지ᄒᆞ며또韓氏를捉囚嚴督次로發檢四處則該氏가脫身以東馳西走라가知其氣勢之不當ᄒᆞ고飲藥卒死에寃心塞胸ᄒᆞ얏쓰니리允用氏權力下에ᄂᆞᆫ判決書도無用이오鄕民이性命을難保ᄒᆞᆯ깃다고該嶋民人等이多數上京ᄒᆞ야死而後에乃已ᄒᆞᆫ다더라

●靑會演說 今日下午七点半에牧師리雲林氏가靑年會館에셔演說ᄒᆞᆫ다더라

●火變可駭 再昨日下午拾時에大漢門前淸人이買置ᄒᆞᆫ家拾餘間이被燒ᄒᆞ얏다더라

●客舍設稅 全南觀察使沈相익氏가內部에報告ᄒᆞ되現接管下光州郡守洪蘭裕報告內開에本郡客舍東便墻垣內에財務官井上雅二가稅務官廳占據지由ᄂᆞᆫ已爲報告이올건과ᄒᆡ廳營建次現方設役이옵기玆에報告ᄒᆞ오니查照ᄒᆞ시와轉報京部ᄒᆞ심을因이온바客舍ᄂᆞᆫ重地而未承部訓前에ᄒᆡ管稅廳을營建于墻垣內가[illegible]該송민ᄒᆞ와已有所報明에尙未承如何回指이올견과今云設役이尤極憫鬱이옵기玆에更報ᄒᆞ오니查照處分ᄒᆞ라ᄒᆞ얏더라

●普校演說 再昨日普成專門學校학員들이該校內에셔親睦會創立總會를開ᄒᆞ고任員을選定ᄒᆞᆫ後에來賓學務局長兪星濬氏가該會趣旨를說明ᄒᆞ고講師法官養成所敎官石鎭衡氏가勸勉演說ᄒᆞ고進茶果後閉會ᄒᆞ얏다더라

●今世活佛 去陰曆九月二十七日夕에昌原府大山面水城里에셔偶然失火ᄒᆞ야連燒三十八戶ᄒᆞ야頃刻之間에一望赤地라被燒戶老少男女數百餘人이쇼접無地ᄒᆞ야呼寒啼飢之狀은慘不忍이오溝壑顚連이迫在朝夕이더니何幸京城茶洞居前主事리圭直氏가因附近看秋ᄒᆞ야歷到本里라가見此景狀ᄒᆞ고憐其無告ᄒᆞ야좁판數千金貨ᄒᆞ야招集被燒諸民ᄒᆞ야每戶에葉錢五十兩式出給ᄒᆞ고진速結搆莫접之意로面面慰諭ᄒᆞ니一村民丁이협心齊力ᄒᆞ야不日迄搆에戶口無減ᄒᆞ고病民復蘇ᄒᆞ니리氏에周惠ᄂᆞᆫ可謂今世活佛이라ᄒᆞ더라

●愚騃韓人 再昨夜水票橋等地에日人毬轉商店에셔何許愚騃韓人一名이多數錢財을出ᄒᆞ고毬轉을試ᄒᆞᄂᆞᆫᄃᆡ不過幾番의四元가量消費된지라該人이不勝憤惋ᄒᆞ야酗酒惹鬧ᄒᆞ니日人이以竹杖으로亂打ᄒᆞᄆᆡ被打ᄒᆞᆫ人이一言半辭도不出ᄒᆞ고無聊而去ᄒᆞ얏다더라

●外人賞與 度支部에셔各府部院廳에通牒ᄒᆞ되貴部本年度預算範圍내에셔聘用外國人年終賞與標준을左와如히定ᄒᆞ심이安當이옵기玆에通牒ᄒᆞ오니照亮准施ᄒᆞ라ᄒᆞ얏더라

●賞與標준

一 ᄂᆡ勤者一箇年以上精勤ᄒᆞ고一部事務를主宰ᄒᆞ야加績이顯著ᄒᆞᆫ者ᄂᆞᆫ最高額으로一月俸以ᄂᆡ로交給ᄒᆞᆯ事를得홈

二 ᄂᆡ勤者로一箇年未滿이라도就職後六箇月以上者ᄂᆞᆫ其功績을應ᄒᆞ야前項에준ᄒᆞ야減額支給ᄒᆞᆯ事

三 外勤者ᄂᆞᆫ平常에出張이多ᄒᆞᆫ者ᄂᆞᆫ前二項標준에照ᄒᆞ야尙且幾分을減少ᄒᆞᆯ事

●屛門談話

▲政界上에大官들은意氣揚々自得ᄒᆞᄂᆞᆫ其實은쥭은지올인것덜

▲南北村의四色兩班덜은驕傲之心自若ᄒᆞᄂᆞᆫ其實은써근지올인것덜

▲京鄕間의一進會ᄂᆞᆫ號曰多數團體ᄂᆞᆫ其實은ᄒᆞᆺ터진지올인것덜

▲宰相家에出入客은仕宦慾이滔滔ᄒᆞᄂᆞᆫ其實은상ᄒᆞᆫ지올인것덜

▲崔相敦氏ᄂᆞᆫ外國에留學ᄒᆞ든效力으로鐵道局長圖得ᄒᆞ고協律社總務로花柳場에黃金을籠絡ᄒᆞ다니協律社가無勢ᄒᆞ미똥갑會社를設施ᄒᆞ야人民에게똥갑을徵出ᄒᆞᆫ다니구린자식덜

寄書

平安南道順川時務小학校生徒金元각 年十三

압제를쓸테다쓰면
유익ᄒᆞᆫ일 續

新學問비보ᄂᆞᆫ思想이有ᄒᆞ면坊々曲々일지라도學校가興起ᄒᆞᆯ테이고人才가培養될터이나舊學問書齋와誤導先生을懸制로라도速키逐出ᄒᆞ야될거시고

또ᄒᆞᆫ곳을지ᄂᆞ다가村歸에말ᄒᆞᄂᆞᆫ거슬드르니아모집婦人이胎上인줄우리ᄂᆞᆫ詳細經驗ᄒᆞᆯ번ᄒᆞᆫ腹中에大病이有ᄒᆞ다고醫員을請ᄒᆞ여問證ᄒᆞᆫ즉新術法은不知ᄒᆞᄂᆞᆫ舊法으로몬져醫學入門이ᄂᆞ東醫寶鑑卷이ᄂᆞ工夫ᄒᆞ여셔야行醫ᄒᆞᆯ터인ᄃᆡ東西不通ᄒᆞᄂᆞᆫ醫者가되고보니不論孕否ᄒᆞ고積病이라고작기갓튼針으로胸腹上下를幾百番찰러더니及其滿朔ᄒᆞ여生男ᄒᆞ미兒額에針痕이有ᄒᆞ니만약不幸ᄒᆞ지고보면母子俱死를難免이ᄃᆡ天幸으로滿朔順産ᄒᆞ얏스니이상ᄒᆞᆫ事이라言論ᄒᆞ며처음으로이말을드르니毛骨이竦然ᄒᆞ도다

人生口腹이원수되여못ᄒᆞᆯ일이업지만차라리牛羊을쥐기ᄂᆞᆫ비장이가될지연뎡人命을殺害ᄒᆞᄂᆞᆫ無識ᄒᆞᆫ醫者가되여危險ᄒᆞᆫ事를行ᄒᆞ니이거시一二處에一二人만行ᄒᆞᄂᆞᆫ비가아니라우리ᄂᆞ라京鄕山村에許多行醫ᄒᆞᄂᆞᆫ人物이모다이러ᄒᆞ도라人種에損害가每年幾萬幾千人이될ᄂᆞᆫ지알슈업시니衛生은姑捨ᄒᆞ고殺生ᄂᆞᆫ醫者등은政府에셔嚴制로라도當然이嚴禁ᄒᆞ야ᄒᆞᆯ곳도다

完

雜報

●礦軍作弊　漣川龍潭里에셔金苗가現出ᄒᆞ야陰八月晦間에無賴礦軍幾十名이破壞田畓而潛採키로告訴本郡后에自洞中으로逐出矣러니不意今月十八日에金化人廉俊煥이來到히洞ᄒᆞ야謂以承有農部認許ᄒᆞ고測量田畓ᄒᆞ야分給德隊等ᄒᆞ야使之採金ᄒᆞᄂᆞᆫᄃᆡ無上部訓令ᄒᆞ고亦無本郡告示키로自然其私採情節이綻露ᄒᆞ야히洞執綱리民과가據此報郡則本郡守題音內槩雖明日에有農部認許리도今日則私礦也니私礦은自有當律이라一切散去이되如是令申之后에一向頑拒ᄒᆞ고勒採ᄒᆞ야無至後悔云々이옵기告示私採所ᄒᆞ되許多礦夫가會集採掘曰土價則當這々出給云ᄒᆞ며又云金出則給價ᄒᆞ고金不出則雖破壞田畓이라도不給價라ᄒᆞ고無難開採ᄒᆞ고本동與附近諸동에家有二房則一房은彼等自居ᄒᆞ고威務主人ᄒᆞ야使之供饋ᄒᆞ야這間食價見失者不知其數요此處有主禁山松木을亦爲無難所伐ᄒᆞ되郡無山主知道ᄒᆞ니非但히동이라近동人民이盡爲魚肉矣러니此將何之오彼礦夫等이揚言曰萬一人民이告訴本郡ᄒᆞ야更爲逐出之日에ᄂᆞᆫ決不見逐ᄒᆞ고將爲將敵ᄒᆞ야孰敗은姑未預料나若礦夫見逐이면衛火居民家屋ᄒᆞ며又云今玆開礦이似是私礦이나適値農大交遞ᄒᆞ야未得發訓而不幾日에許採訓令이來到라ᄒᆞ나設或有農部訓令이라도豈有不買人民田畓而勒採지理乎잇가不勝痛恨ᄒᆞ야今據此由報郡ᄒᆞ야以便報告農部ᄒᆞ고亦爲會集人ᄒᆞ야期欲逐出이나동民은不過百餘名이요礦夫ᄂᆞᆫ千餘名則彼勝我敗ᄂᆞᆫ雖三尺童이라도可以質言이라此由를農部에呼訴코ᄌᆞᄒᆞ나彼等宣言曰已爲請願于農部ᄒᆞ고亦納請願規費ᄒᆞ얏시니雖無認許文字나此係默許라ᄒᆞᆫ즉如是寃抑지事를呼訴無路라고히郡來人에傳說이有ᄒᆞ더라

●測量試取　昨日度支部에셔量地測量技手 習生을試取ᄒᆞᄂᆞᆫᄃᆡ應試者가二百八十名에達ᄒᆞᆫ지라每日五拾六人式五日에分排試取ᄒᆞᄂᆞᆫᄃᆡ應試之人을該部庭에비立ᄒᆞ고其各衣領下에號數를書付ᄒᆞ고寫眞을撮影ᄒᆞᆫ後에試取ᄒᆞᆫ다더라

●證明請習　楊州郡書記一名機張郡書記一名이法部에上來ᄒᆞ야證明細則을見習ᄒᆞ기를願ᄒᆞ되히部에셔見習케ᄒᆞᆫ다더라

●未必果然　前報에揭載된開寧郡守리載宅氏의란虐事件은更聞ᄒᆞᆫ則同氏行政이果不至如此之甚이라ᄒᆞ기로姑且記載ᄒᆞ야更待確報ᄒᆞ노라

●僞章投書　主殿院卿리基東氏가新任後에該院醫務課巡檢이知而次로外直所에會同ᄒᆞ얏ᄂᆞᆫᄃᆡ甲班巡檢이초次會現ᄒᆞᆯ時에리氏가名片을親取ᄒᆞ여一課長黃信泰씨의게給ᄒᆞ면셔各名片에年老者ᄂᆞᆫ老字를書ᄒᆞ라ᄒᆞ엿ᄂᆞᆫᄃᆡ此說이漏傳되미巡檢들이沸鬱ᄒᆞ여日吾等은非朝則夕이라ᄒᆞ더니黃信泰씨가曰昨에出他還歸ᄒᆞᆫ즉黃氏가히院경에指揮만承ᄒᆞ여無辜ᄒᆞᆫ人을罷免ᄒᆞ니事甚不公이라ᄂᆞᆫ匿名書가黃氏家에投入ᄒᆞ엿ᄂᆞᆫᄃᆡ其書末에히院巡檢金德仁최최雲이라書ᄒᆞ고兩人의姓名章을捺ᄒᆞᆫ지라即招兩人審問ᄒᆞᆫ則不知라ᄒᆞ고圖章을出示ᄒᆞᄂᆞᆫᄃᆡ投書에捺ᄒᆞᆫ章과不同ᄒᆞᆫ지라兩人을送ᄒᆞ엿시나金최兩人이方在不便中이라더라

●停校復興　有志諸氏가工數學校을私立ᄒᆞ고普光學校夏期放學之暇에借接ᄒᆞ야數學專門을教授ᄒᆞ고本校總務鄭鎬冕氏賃屋을借接ᄒᆞ야工學專門을教授ᄒᆞ야三夏蒸炎에誠勤上學ᄒᆞ야夏期試驗을자經에學業成就가可作全國藝學標準이라ᄒᆞ더니去月에普光學校ᄂᆞᆫ該校學員이開學ᄒᆞ고鄭ᄒᆞ면氏賃屋은見退於本主ᄒᆞ야本校事績가實無居接處所인故로數月을停學셔屑ᄒᆞ더니特 宮內府認許ᄒᆞ야洞口內班列直房히舍로確定校舍ᄒᆞ고今月十六日依前開學ᄒᆞ얏다니停校復興을賛賀不已ᄒᆞ더라

廣告

廣告

●얼는이것보시오●

普通日本語典 全一冊 二百卅頁

崔在翊 著

定價金五十錢 郵稅四錢

本書ᄂᆞᆫ日語學校教科書로補用ᄒᆞ기爲ᄒᆞ야數年外國語教授에從事ᄒᆞ든經驗으로特히初學者를爲ᄒᆞ야昭詳編輯ᄒᆞ미雖無師自習ᄒᆞᆯ지라도一覽에理會ᄒᆞ면十分可解ᄒᆞᆯ要書이오니左開發賣所로陸續購讀ᄒᆞ사失時의嘆이無케ᄒᆞ시옵

(但著者의捺章이無ᄒᆞ면僞刊으로認홈)

南大門內龍洞越便 藤田合名會社
中署校洞石泉堂藥局
中署布屛下金相萬冊肆
中署罷朝橋越便朱翰榮冊肆
中署鐘路大東書市
松橋崔昌煥冊肆
大安洞東華書館

◎民事訴訟代理와刑事辯護及鑑定一切法律에關ᄒᆞᆫ事務를迅速處理홈

漢城南署茶洞第十七統八戶

변호사 前檢事 正三品 李冕宇

法律事務所

事務員 前博士 玉東奎 / 博士 趙東潤 / 前議官 金益濟

西署餘洞新門外一百八十六統三戶

辯護士 前檢事 前判事 丁明燮 法律事務所

大韓帝國仁川港 濟物浦紙卷烟及烟草會社

以上三種은上品으로[illegible]ᄒᆞ야衛生上에有益ᄒᆞ니[illegible]某人[illegible]本[illegible]來[illegible]

一 鷹標罐濃結牛乳
一 金印罐詰濃結牛乳
一 無糖家用氣化乳
一 ᄲᅦ—ᄅᆞᆫ쓰製造[illegible]孔合牛乳

以上은常時에貯積ᄒᆞ얏슴

英國紐育港ᄲᅦ—ᄅᆞᆫ쓰 濃結牛乳ᄅᆞᆯ 一手代理店

大韓仁川港 世昌洋行

●九轉靈砂라 本人이[illegible]男女老少에無論何症ᄒᆞ고[illegible]病時에도服ᄒᆞ면平生의身體가健康ᄒᆞᆯ[illegible]小兒ᄂᆞᆫ[illegible]에無病ᄒᆞ게生擄保ᄒᆞ오며
●九轉[illegible]砂萬[illegible]丹은[illegible]와[illegible]症에神効ᄒᆞ오
●九轉[illegible]砂保命丹은[illegible]와婦人帶下症에神効ᄒᆞ며
●九轉[illegible]砂淸[illegible]丹은酒滯 食滯 [illegible] 吐血 下血 運氣 時疾 [illegible]症에神効ᄒᆞ오
●九轉靈砂紫金丹은痔漏 上痛 下痛及[illegible]와[illegible]癰[illegible]諸惡種에無不神効하오나僉君子ᄂᆞᆫ來臨ᄒᆞ시오

內需司前두갈이골上隅第一家 李鶴賢 告白

◎本社廣告

申報價

一張代金 新貨二錢五里
一個月前納 三十錢
三個月 九十錢
六個月 一元七十錢
一個年 三元四十錢
郵稅一部 新貨五里
一個月 十三錢

廣告料

四号活字十三字體 每日每英尺一寸에新貨廿五錢
(每日每行에六錢에相當홈)
其期限의長短과字行의多少를依ᄒᆞ야增減홈이有홈

◎大韓每日申報各處支社廣告

中署布屛門下 金相萬冊肆
洞口越便 朱翰榮冊肆
中署長橋初入七十八統第二戶 鄭禹
仁川港[illegible]新冊肆 李東宣
平壤南山峴日新學校 金洛瑚
[illegible]川邑 [illegible]
義州南門外 [illegible]大房張有寬
長淵邑 金[illegible]
[illegible]南浦 金仁[illegible]
[illegible]州 [illegible] 曹喜林
[illegible]邑 李俊[illegible]
釜山[illegible] 金[illegible]
[illegible]城北部 [illegible]義[illegible]
[illegible]長 [illegible]廣文[illegible]
大丘郡 [illegible]助[illegible]
鎭山邑內 安[illegible]
元山港 金[illegible]
黃海道[illegible] [illegible]

京城中署[illegible]坊[illegible]洞[illegible]外地法[illegible]
發行兼編輯人 裴說 印刷人 [illegible]
大韓每日申報社

光武九年八月十一日 明治卅八年八月十一日 第三種郵便物認可 水曜日 西曆一千九百六年十二月十九日 (一)

第四卷

大韓每日申報
대한매일신보

第四百號

月曜及慶節歲時休日刊

檀君開國四千二百三十九年
箕子元年三千二十八年
大韓開國五百十五年
日本明治三十九年
淸國光緒三十二年
◉陰曆丙午十一月小初四日丁酉

論說

韓國內占有地土

以余觀之컨딕未免有訴惑ㅎ니此는外人의內地雜居와土地占有를禁止ㅎ는約章이今因日人ㅎ야至於無效흠이라禍亂이着根에其果已成矣니日本郵務及稅務官과其他諸般官憲이內地及外港을遍踏인바彼ㅎ의傲慢之態가如彼其多함으로何處에到着ㅎ던지本土官人의所有權限을彼自擅行ㅎ야掠奪及壓制의過失이多有著機로다日人이著述흔漢城地圖를閱覽컨딕城之南部를全以日人所有로表明ㅎ지라該處住民의多分이是乃日人이니如彼說明이非不實情이나然이나此區域을管轄ㅎ는權限은在於韓國政府요無關於日人이로다日人의게正實割讓흠이韓國內의但有一處ㅎ니釜山港이是也요至於濟物浦ㅎ야는日人之居留가雖多나尙其列國人흔게割讓흠이라다然이나一般吾人이各自享有흔均等地位를頗多威脅ㅎ는事實은韓國內日人이諸般勢力을運行흠에在ㅎ니以此로彼之自國人民의利益을增進ㅎ고他外國人의事業과發展을阻止ㅎ기에其能乎인저

彼之好箇機關이非止於一이니韓國政府에稅金을彼自收合而費用ㅎ며海關收稅에自國人民을愛顧ㅎ며郵遞及電信의他外國人을差別흔地位를彼得ㅎ엿스며鐵路도彼之手中에全歸ㅎ엿고韓國內에礦產을爲業ㅎ는外人도日人恩澤을但望ㅎ나니以此諸般事態로觀之컨딕一般吾人이極甚不快에似至矣로다此諸般格外事를因時之所致ㅎ야似不能杜絕이나然이나以余度之컨딕吾人이自國領事의게希望흘權限이各有ㅎ니此는韓國內土地所有權를日人과同一히흘거시라盖以約章으로言之면締約區域以外에土地를外人이占有흠은雖其不法이나然이나日人이此制限을不敬흠이如彼其久흠은普通知識이니今一確著之機는列國代表者가各使自國人民으로同一權利를取用ㅎ기에其能흘거슬注目흘거시로다

官報

●三千六百三十七號 光武十年十二月十五日

◉敍任及辭令

○故繕工監監役李秉德 贈從二品嘉善大夫內部協판 ○故通德郞李憲能 贈正三品通政大夫秘書監丞 ○故學生리章幹 贈從三品通訓大夫掌禮院掌禮

以上從二品嘉善大夫前侍從院副卿리容軾考祖考曾祖考依法典追 贈

○故司僕寺判官權 호 贈從二品嘉善大夫內部協판 ○故刑曹正郞權宅善 贈正三品通政大夫秘書監丞

以上從二品嘉善大夫江原道觀察使權益相考祖考依法典追 贈

○任中樞院議官 正三品박奎禹○帝室會計審查局審查官鄭寅詔 任經理院技師○從二品金榮灝 任帝室會計審查局審查官○度支部主事兪致설 任度支部技師○九品沈宜昇 任陸軍武官學校教官

○贈正二品資憲大夫內部大臣박洪壽 贈從一品崇政大夫議政府參政大臣 ○贈從二品嘉善大夫議政府參贊박宗면 贈正二品資憲大夫內部 大臣 ○贈正三品通政大夫秘書院丞박肯源 贈從二品嘉善大夫內部協판

以上從一품崇政大夫議政府叅政大臣박齊純考祖考曾祖考依法典追 贈

○贈正二品資憲大夫議政府贊政趙東興 贈從一品崇政大夫議政府參政大臣

以上從一品숭政大夫兼任判敎寧司事조鼎九考依法典追 贈

○贈嘉善大夫吏曹叅判리寅植 贈正二品資憲大夫內部大臣 ○贈通政大夫吏曹參議李老淵 贈從二品嘉善大夫內部協판

以上正二品資憲大夫掌禮院卿李重夏考祖考依法典追贈

○故承政院左副承旨박히陽 贈從二品嘉善大夫內部協판兼弘文館學士

以上從二品嘉善大夫前宮內府協판박勝鳳考依法典追贈

○故三嘉縣監尹相殷 贈從二品嘉善大부內部協판 ○증童敎官윤滋斗 증正三품通政大부秘書監丞 ○故學生윤在鎭 증從三품通訓大부掌禮院掌禮

以上正三품通政大부忠淸北道觀察使윤吉炳考祖考曾祖考依法典追 증

○故通德郞鄭顯就 증從二품嘉善大부內部協판 ○故通德郞鄭지和 증正三품通政大부秘書監丞

以上正三품通政大부咸鏡南道觀察使鄭鳳時考祖考依法典追 증

●號外 光武十年十二月十七日

陞崇祿 宮內府大臣尹用求
陞正憲 昌山君李海昌
陞嘉義 從二品宋泰헌
陞從二品 正三品李達鎔
陞正三品 弘文館侍講리秉역
陞正三品 弘文館侍講沈衡澤
陞正三品 掌禮院相禮최炳哲
陞從二品 正三品金면東
승正三品 酒房金東鎭
승正三品 進止최其賢
승正三品 進止朴廷호
승正三品 進止金珪東

外報

●俄國內閣의更送 俄國학部후는고쓰만度支대臣고고후오후兩氏는因病解職ㅎ얏는디학部대臣은게덴侯爵이被任ㅎ리라고내部대臣은구스후氏가被任ㅎ리라ㅎ고宮내대臣도亦解職ㅎ고오보란스키侯爵이其後任을襲ㅎ다더라

●自治局設立 支那報를據흔則江西吳仲수가眞隸總督의咨를接ㅎ야北洋의自治局을設立ㅎ기로業已開판ㅎ야俟有成效ㅎ고再行推廣ㅎ기로ㅎ다더라

●電請出洋 同電를據흔則新任軍機大臣林贊슈가電奏ㅎ얏는디告假四月ㅎ야自부東西洋各國ㅎ야考察政治흔後歸國ㅎ야一切新政을理ㅎ기便케흠이더라

●教書再下 華盛頓電를據흔則米國大統領은다시教書을議會에下ㅎ야外國人에關흔事件에對ㅎ야는聯邦政府에서各州를管理흠이必要ㅎ다고宣言흠더니라더라

●南淸賊擾 上海特發電을據흔則湖南江西兩省의匪賊은其數가七千或數萬이라稱ㅎ고洋式銃及大砲의準備가有ㅎ야目下其主力은湖南省內에在ㅎ니政府가湖南湖北의軍隊를動케흠에至흠은우事躰가容易치아니흘줄노可知ㅎ겟더라

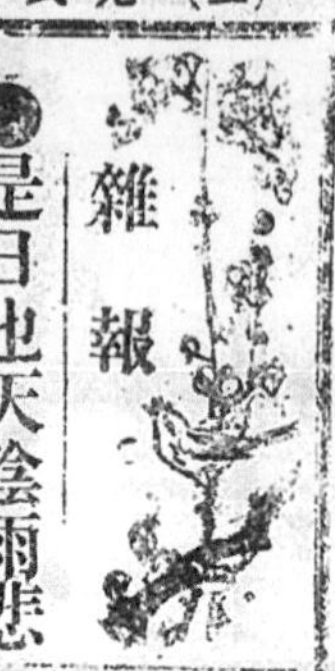

雜報

●是日也天陰雨悲

嗚呼라本日은大韓光武十年舊曆十一月四日卽閔忠正公의殉國ᄒᆞ신第一期라是日也에天이爲之陰ᄒᆞ고寒ᄒᆞ니此非大韓同胞愁怨之氣耶아동雨가爲之방沱ᄒᆞ니此非大韓同胞血淚之적耶者耶아嗚呼라公之貞忠大節이烱如日星ᄒᆞ고凛如秋霜者ᄂᆞᆫ上萬古獨一無二언ᄒᆞ고下萬古而永生不滅者也니是其精神氣魄이結而不散ᄒᆞ야灌注此二千萬同胞腦髓之中者ㅣ孰不愈往而愈烈이며孰不愈久而愈確이리오마ᄂᆞᆫ奈之何國恥之伸雪이無期ᄒᆞ고인權之回復이且然也오是ᄂᆞᆫ大韓人衆之未死者가使公으로長是悲泣於冥冥之中홈이니是日지天陰雨ᄂᆞᆫ이職此지故로다然則大韓人衆이必須堅其志氣ᄒᆞ고勉其學問ᄒᆞ야結心戮力ᄒᆞ야復其自由獨立을一如公之遺訣然後에公乃喜笑於九泉之中ᄒᆞ야陰雨가快霽ᄒᆞ고天日이光明ᄒᆞᆫ氣象을可以快覩矣라ᄒᆞ노라

●服費難 陽曆一月爲始ᄒᆞ야文官服裝을實施ᄒᆞ려ᄂᆞᆫ디各部判任官들이薄略ᄒᆞᆫ月俸으로服裝을準備無路ᄒᆞ야方在困難中이라더라

●度照法部 度部에셔請議ᄒᆞᆫ貴部所管土地家屋證明規則實施費三千七百七十二圜을豫備金中支出事會議를經ᄒᆞᆫ後上奏ᄒᆞ야 制曰可라ᄒᆞ신議政府指令이來到ᄒᆞ얏기別紙款項을調製ᄒᆞ야玆에通知라ᄒᆞ엿다더라

●玉突奪財 近일에日인所謂玉ᄉᆞ이라ᄒᆞᄂᆞᆫ賭場을開ᄒᆞ고各種玩好지物을掛ᄒᆞ야玉突로勝敗을決ᄒᆞ야錢財를奪取ᄒᆞᄂᆞᆫ데愚蚩ᄒᆞᆫ한인이一夢을不醒ᄒᆞ고三四成群ᄒᆞ야往賭勝否ᄒᆞ다가如干殘錢을盡奪無餘ᄒᆞ되又復일일聚集ᄒᆞ니한인의愚昧홈은推此可知라ᄒᆞ더라

●學究沮校 近일각地方에有志인士들이學校를發起ᄒᆞᄂᆞᆫ데村閭學究輩가新學問이興旺ᄒᆞ면舊學問이廢止ᄒᆞ야生애가杜絕ᄒᆞᆯ깃다ᄒᆞ고頑固輩를敎嗾ᄒᆞ야盡力防害ᄒᆞᄂᆞᆫ弊가有ᄒᆞ다더라

●東明先明 宣川郡東明學校敎師桂膺奎氏ᄂᆞᆫ開明人士라敎授에熱心ᄒᆞ니學徒雲集ᄒᆞ야校舍不能容이라더라

●咸察報府 咸南觀察鄭鳳時氏가宮內府에報告ᄒᆞ되本觀察이陰曆九月廿七日到界ᄒᆞ와各陵을次第奉審이온즉德陵安陵々上沙草가全是枯損ᄒᆞ야不可以方任區別이옵기其所仰瞻에萬々惶悚ᄒᆞ와修改지節을不容少緩이오나見今寒節이已迫에無以設役이오니待明春擇일ᄒᆞ由씀安等節을稟旨分付라ᄒᆞ얏다더라

●學生團體 日本留學生中에數年以來로太極학會光武學會洛東親睦會共修會의名稱이ᄂᆞᆫ각團躰가有ᄒᆞ더니今又一般留學生이一大團體를合成ᄒᆞ야大한留學生會를組織ᄒᆞ고會長은黃錫夏氏가選任되야每月에月報를刊行ᄒᆞ기로定ᄒᆞ얏다ᄂᆞᆫ데其趣旨書ᄂᆞᆫ揭載次號ᄒᆞ깃노라

●開民訴院 再昨日下午에開城府人民數百名이삼政事件으로經理院에呼訴次로該院門前에簇擁雲集ᄒᆞ야至夜半ᄭᆞ지未散ᄒᆞ야前洞等地에行人이不通ᄒᆞ얏다더라

●被選無幾 再昨日度支部에셔量地課測量學徒를試取ᄒᆞᄂᆞᆫ디應試人이五十餘名에達ᄒᆞᆫ지라히部大臣協판以下一般局課長이出席ᄒᆞ고試才ᄒᆞᄂᆞᆫ데초次ᄂᆞᆫ日語를試問ᄒᆞ고再次에ᄂᆞᆫ寫眞을撮影ᄒᆞ고三次에ᄂᆞᆫ算術問題인디比例와分數四則을試驗ᄒᆞ야被選者ᄂᆞᆫ不滿十人이라더라

●納非其所 昌平郡守金台錫氏가度支部에報告ᄒᆞ되本郡壬寅量地時契券金未收을收刷無路ᄒᆞ와玆에報告ᄒᆞ오니特念峽郡民情ᄒᆞ오셔使之獨減ᄒᆞ라ᄒᆞ얏ᄂᆞᆫ데指令内에契券金은既爲收捧이면何不來納而輸送觀府인지報涉失當이니已捧錢은還推來納이고契券一欵은更査處분ᄒᆞ라ᄒᆞ얏더라

●遂察辭疏 慶北觀察使韓鎭昌氏가辭疏를奉呈ᄒᆞ얏ᄂᆞᆫ데辭職ᄒᆞᆫ理由인즉該府宣化堂을日人이尙未出給ᄒᆞᆫ事라더라

●度協視察 度支협판柳正秀氏가全羅一省을視察ᄒᆞᆯ次로昨日에發程ᄒᆞ얏다더라

●多用食口 主殿院卿리基東氏ᄂᆞᆫ叙任ᄒᆞᆫ지不幾日에自己食口로權任을多數히差任ᄒᆞ얏다ᄂᆞᆫ說이有ᄒᆞ다더라

●俄兵捉日巡 陰曆去月晦日夜에南門近處에셔宮城把守ᄒᆞᄂᆞᆫ日巡査가盜賊煙을持ᄒᆞ고來去人을照覩ᄒᆞᄂᆞᆫ데俄領事某氏가適爲過去ᄒᆞ던지日巡査가再三次照面察覩ᄒᆞᄂᆞᆫ지라該領事가日巡査의無嚴홈을詰責ᄒᆞ여日汝國에ᄂᆞᆫ上下體禮가無ᄒᆞᆫ야ᄒᆞ고該巡査를執去ᄒᆞᄂᆞᆫ데自俄館으로兵丁幾名이出來ᄒᆞ야該巡査를捉去ᄒᆞ다더라

●日査韓口 南來人의傳說을據ᄒᆞᆫ즉近日에日人이각郡村閭에巡行ᄒᆞ야人民의戶口를這々調査ᄒᆞᆫ다더라

●徵隊敎鍊 昨日에徵上三隊에셔大隊敎鍊을訓鍊院內에擧行ᄒᆞ얏다더라

●義徒放還 洪州義兵事件의對ᄒᆞ야日憲兵司令部幾個月監禁에處ᄒᆞ야牢囚ᄒᆞ얏든前郡守閔泳熙氏ᄂᆞᆫ滿期되야昨日에放釋되얏다더라

●今餘六人 洪州義兵에關ᄒᆞ야日司令部에滯囚된人員이夏間인則百餘名에至ᄒᆞ더니現今에漸次放釋되고不過六名인되此六人도幾平滿期되야今年內ᄂᆞᆫ沒數放釋되리라더라

●觀察發程 日昨에度支部參書官朴容九氏가咸鏡南北道觀察次로發往ᄒᆞ얏다더라

●政照學部 政府에셔學部에照會ᄒᆞ되貴部에셔雇聘ᄒᆞᆫ各語學校敎師中에雇限이或有已滿者ᄒᆞ고將以滿者가許多이온즉幷爲續聘ᄒᆞᆯ境遇에ᄂᆞᆫ已無可言이읍거니와解雇ᄒᆞᆯ者가有ᄒᆞ면侚留該官에不容預先聲明이옵기参政大臣旬敎를承ᄒᆞ와玆에照會ᄒᆞ오니照亮示覆허라ᄒᆞ얏더라

●無異賊習 高陽等知面內城洞셔酒商爲業ᄒᆞᄂᆞᆫ朴千汝家에셔京義線水色停車場通譯一名과高陽말머리ᄉᆞᄂᆞᆫ名不知鄭哥二人이六七日前夜에박千汝酒店에來到被酒ᄒᆞ고무삼執탈로朴哥를無數亂打ᄒᆞ고家産을沒數毁破ᄒᆞᄂᆞᆫ데本日에肉商李福仁이가黃肉과美千兩을朴家뒤주에積置ᄒᆞ얏더니家産을회破時에發見ᄒᆞᆫ즉通譯人輩가持去ᄒᆞ니無異賊漢에行色이라近동人民들이大端畏겁ᄒᆞᆫ다더라

●沈第賊警 忠州木溪副將沈相薰氏鄕第에셔火賊數十名이各持銃劍ᄒᆞ고作梗이無數ᄒᆞ야錢財를討索ᄒᆞᄂᆞᆫ디히家에ᄂᆞᆫ錢財가無저ᄒᆞ야憂懼中인데該동人民이特念히家所遭ᄒᆞ야四百元假量을收斂以給ᄒᆞ얏다더라

●官愧商會 元山港商業界에金融枯渴ᄒᆞ야與受가頓絕ᄒᆞᆫ지라日商今鬼崎爲名者가推條가有ᄒᆞ야客主한敬七의家藏之物을無遺收去時에李容부客主에來ᄒᆞᆫ客이主家에馬厩가侠窄홈으로한氏馬厩에繫ᄒᆞ얏든牛一匹長耳一匹ᄭᆞ지勒奪ᄒᆞᆫ지라該客이府尹申行모氏에게呼訴ᄒᆞ니該府尹이自退不知라ᄒᆞ미該客이憾恚ᄒᆞ야商議所에來告ᄒᆞ니該所會長李汝天氏와史泰均氏와評議全成三氏三人이日本商議所에對ᄒᆞ야抗議를提出ᄒᆞ여畢竟은被奪ᄒᆞᆫ牛驢及家具諸物을還本시키고商業上交涉에永久和平을維持키로歸正ᄒᆞ미圓顱方趾者ᄂᆞᆫ商議所의行公홈을無不仰慕허고府尹은三月海黍種類라홈이童謠에發表되얏다더라

●印費請撥 度支部에셔學部에照會ᄒᆞ얏ᄂᆞᆫ데獎部에셔請議ᄒᆞᆫ貴部所管廳費印刷費增額二千四百二十九圜二十錢을預備金中支出事를會議經ᄒᆞ얏다ᄒᆞ얏더라

▲雨窓醉話

▲近日政界에風雲이飜覆ᄒᆞ야疑山一抹이變幻無常ᄒᆞᄂᆞᆫ爲國思想은一点도無ᄒᆞ고爭權爭利뿐이라지

▲特使리址鎔氏ᄂᆞᆫ日本에前往ᄒᆞ야伊藤이顧留를如意圖成ᄒᆞ엿다ᄂᆞᆫ消息이來到ᄒᆞ니참大事業大勳勞를成ᄒᆞ엿고

▲地方所聞이兩耳如聒ᄒᆞ야日人에行悖와韓國人民이支保가無路라ᄒᆞ니可憐可矜에慘不忍聞이로고

▲江華郡守安학柱氏ᄂᆞᆫ結錢訴訟에干涉이無ᄒᆞ다고請願ᄒᆞᆫ다ᄒᆞ고南陽郡守에方漢德氏ᄂᆞᆫ使令과巡校가無ᄒᆞ다고請願ᄒᆞᆫ다니참請願ᄒᆞᆯ만ᄒᆞᆫ일이로고

▲黃平兩道一進會員들이該會에欺騙ᄒᆞᄂᆞᆫ譎計를先覺ᄒᆞ고結髾着網ᄒᆞ엿다니兩西人物에剛明홈은他道에比ᄒᆞᆯ게안이로고

雜報

●論美日工人之交涉 支那報照謄

近聞美國政府가舊金山桑港交涉事件에對ᄒᆞ야雖稱和平판理나然이나美日兩國人民이從此로亦不能相容이라日人이與舊金山美人衝突之後에美政府가特派法部代表人미特칼夫氏ᄒᆞ야前往金山ᄒᆞ야査판一切ᄒᆞ고旋於西曆十一月에回華盛頓ᄒᆞ야所査各情을將ᄒᆞ야美統領之前에細陳ᄒᆞ얏ᄂᆞᆫ데

紐約報의訪友가云ᄒᆞ되梅君의所陳何사ᄂᆞᆫ均未宣布ᄒᆞ얏스나梅君이캘리포리아省과及其所屬之舊金山에到ᄒᆞᆫ時에該處人民의接待梅君이甚爲和平ᄒᆞ고該地各人도亦不承認其無理라日人所怨者三이니一은킬리프리아地方에셔日本貨物을拒絕ᄒᆞᆷ이오二ᄂᆞᆫ日人이旅居該地者가屢次물受其欺壓攻逐이오三은該處學界에셔新章程을定ᄒᆞ야日人이入學堂肄業을不准ᄒᆞᆷ이라

以上三事로報界議論이頗多ᄒᆞ야至不勝記載라即以該訪員所談컨ᄃᆡ恐日人所爭之件을美人이未必認可라ᄒᆞ고又各法律家가謂ᄒᆞ되美政府가並히日人이在美國ᄒᆞ야有事特別利益之權을未許ᄒᆞ얏고即美ㅣ約章에도亦無互相格外擾待之款이라

美統領이既接日本控告舊金山美人之公交ᄒᆞ니勢不能不派代表人ᄒᆞ야前往査판ᄒᆞ야以盡外交上應盡之責任이나然이나實未可以此로即爲結局이라至於不准日人의入美學堂一事ᄒᆞ야ᄂᆞᆫ恐從此釀出이有絕大之關係라美國이既排日本에日本이亦排美ᄒᆞ리니由是人種之界域이愈嚴ᄒᆞ고結果가愈惡ᄒᆞᆯ지라聞캘리포리아의某代表人의條陳을議院에下ᄒᆞ야有限制日人來美之說이라ᄒᆞ니

按限制華人은판法이尙須蔀定章程이러니此議ᄂᆞᆫ美國新舊黨이業已許可ᄒᆞ고美國西方各省의代表人이亦排日黨이라彼亦頗以此議로爲然ᄒᆞ니

觀美國現在情形컨ᄃᆡ其從前聯日之思想이今成巨病이라彼日人來美未多之時에미人이愛之慕之라가乃來者가既多에乃拒而遠之ᄒᆞ니미人이何無先見若此오日人이僅於俄日之爭에太平洋岸에셔稱雄一時ᄒᆞᆯ嗣後에又빙其驕傲之氣ᄒᆞ야以빙之於中國者로欲빙之於歐미則爲乎可리오ᄒᆞ얏더라

廣告

●辨明書

去五月初에朴參奉瑞秉과面執綱兪鎭圻와河大能幾人이巡行各洞에發論ᄒᆞ기를方今各道各郡과本邑各面에學校를設立ᄒᆞᄂᆞᆫ데每戶에租五斗式排備成冊ᄒᆞ야今初五日面會時에持來ᄒᆞ라ᄒᆞ며各洞議論이不一ᄒᆞ야或은世皆如是則不可免이라ᄒᆞ고成冊을强修ᄒᆞ얏기로持去치안인洞도有ᄒᆞ더니面會所에河大能이令辭를讀誦ᄒᆞ며各執綱處에宣言ᄒᆞ되官飭이切嚴ᄒᆞᆫ則成冊을明日午前에納于官家ᄒᆞᆯ디이니既爲成冊修來之동은勿論ᄒᆞ고其餘ᄂᆞᆫ此日內修來ᄒᆞ되若不從令之洞은難免重督云則愚民이畏ᄒᆞᆫ官令ᄒᆞ여皆爲修成冊納上ᄒᆞ얏더니臨迫에各동排租를收納次로民人處에督促ᄒᆞᆫ則衆民等言內에各동執綱之言이擧世皆然則此租를難免ᄒᆞᆯ거시니各面內에도惟獨本面뿐이니況乎涯過三冬이沒策ᄒᆞᆫ든五斗租를何以判出乎아ᄒᆞ고皆爲納朴허니身爲執綱ᄒᆞ야不可默然故로以此緣由로欲爲報官ᄒᆞ고各동이發通會議러니彼輩가跪가何以誣告於官家인지其日에數三次發通ᄒᆞ며兪哲濬을捉待之令이來到則衆民言內에兪執綱被捉之事가實非自己事요是一面事ᄂᆞ一面之民이皆爲等訴가可論日彼諸人이雖參於學校任員이나兪鎭圻朴憲병리鳳來三人도各동執綱이니不可不通이라ᄒᆞ고往于其家則兪某ᄂᆞᆫ病臥ᄒᆞ여使其子替送故로又向朴리而人處則該兩人이自知其罪ᄒᆞ고逃走山谷ᄒᆞ거ᄂᆞᆯ衆民이한捕ᄒᆞ에帶同入官ᄒᆞ야未及官門에刑吏가排租事와兪哲圭捉待之令도還收傳令을來傳曉諭故로將欲解散ᄒᆞ되彼輩가誘引愚氓而勒授成冊ᄒᆞ고設校時各동幾人處에辦事員帖紙를出送ᄒᆞ고稱以取貸ᄒᆞ며每人處에葉百餘金式收去ᄒᆞ며以至數千餘金이라又去年鄕約設施時에도稱以取貸ᄒᆞ고各동民處數千金을勒奪ᄒᆞ고尙不還報ᄒᆞᆫ事로疾視則박리兩人이自服ᄒᆞ야言ᄒᆞ기를前後행雜이都出於河大能則河哥ᄂᆞᆫ今不在家ᄒᆞ야未得捕捉이니其家를회破ᄒᆞ야價이可也라ᄒᆞ며衆民지言이吾等도不知其家라ᄒᆞ야박憲병리鳳來兩人이自爲前導故로償宽所在에회破家屋後即地解散ᄒᆞ니思지則파測지類가恐有更吹宿火지慮故로排租成冊을還爲出給지意로訴官ᄒᆞ오니尙無回題ᄒᆞ야盱宵焦鬱ᄒᆞ더니今九十四일新報則本郡守吳泰泳氏가學部에報告ᄒᆞ기를유在政리重英윤ᄒᆞ汝兪哲濬四氏가嘯聚徒黨ᄒᆞ야學校를以天主敎堂으로謬言ᄒᆞ고學校任員을毆打에衝火貫石이라ᄒᆞ엿다ᄒᆞ니ᄏᆞ리三氏ᄂᆞᆫ素無此等干涉이요學校를天主敎라稱ᄒᆞᆷ과貢石衝火지事도本無ᄒᆞᆫ데爲其官長ᄒᆞ야無辜良民을無端이如是誣報가有ᄒᆞᆫ지不勝抑冤故로本人等이玆以廣告ᄒᆞ오니幸垂矚覽此新報ᄒᆞ시ᄂᆞᆫ僉君子及內外國人은照亮ᄒᆞ신後辨其玉石ᄒᆞ심을伏望

廣州東部面각동執綱等
兪哲濬 朱龍根
리志夏 리勳會
金洛헌 박相彌
成리弘 리鐘夏
박振彬 金俊植
崔羽根 리병義等告白

朝陽報第十一號廣告

(著作) 「告大官巨公」「害咽乃忠臣」「品性修養」「商業論」「隨感만錄」「寄書」「叢談」「內地雜報」「實業」

(譯述) 「滑稽新話」「保護國論」「政治原論」「泰西教育史」「本朝名臣錄」「갈蘇十傳」「米國大統領」「詞藻」「비스마룩子」「愛國精神談」

少年韓半島라ᄒᆞᄂᆞᆫ雜誌ᄂᆞᆫ我帝國의(獨立基礎)(自由精神)(平等主義)로써國民的의腦髓를滋養ᄒᆞᄂᆞᆫ元素오教育界의鳥喙를發明ᄒᆞᄂᆞᆫ海上燈臺라有志同胞ᄂᆞᆫ購覽ᄒᆞ시오每號定價金五錢

發售所普光學校 布屛金相萬 洞口朱翰榮 鍾路高裕相 磚洞每日申報社

國民教育會至急廣告

本會에義捐ᄒᆞ신諸氏의寄附金効力으로本會事務가引繼擴張이온바本寄附金을尙今거配達치못ᄒᆞ신분도不少ᄒᆞ와玆에廣告ᄒᆞ옵고收金員을又此派送ᄒᆞ오니到卽命送ᄒᆞ시와歲暮窘急이解除케ᄒᆞ심을敬盼

本人弟學福性本浮不良今年春締結雜類圖得債移徵於本人故當此外數束手無칙渾家會哭不得不所居家産汁物盡鬻蕩債而上侍八旬老父下率稚眷彷황於道路之際隣里人憐其情況姑使奠接於賖家僅僅生涯中意外聚弟學福尙不足不肖之習以父兄塡壑之計又於雜類圖得내外債云故玆以廣告內外國人切勿見欺無至白失追悔伏望

驪州邑虹峴居池寬福 告白

本號有瓦房二十三間草十六間房地四百六十米突坐仁川外洞現實居金明哉今特出賣合意者請來面議 京城瑞盛春 白

本人에所居仁港桃峴第一統十戸家券四張과紙貨二千元所用ᄒᆞᆫ手記一張을路中에서而爲遺失ᄒᆞ엿ᄉᆞ오니誰某拾得ᄒᆞ셔도休紙施行ᄒᆞ시며上廊洞金剛領宗源氏家來傳ᄒᆞ시면厚謝ᄒᆞ오리다人心을難測이라不無典執圖賣之慮ᄒᆞ오니內外國人間切勿見欺ᄒᆞ심爲要

宋昌柱 告白

●大韓自强會月報

每月一回廿五日發行 定價金一部十五錢

大韓自強會月報의發行이屢朔을經ᄒᆞ오니自由의議論을鼓發ᄒᆞ야國家의權利를增進ᄒᆞ고獨立의精神을淬礪ᄒᆞ야同胞의團結을益鞏케ᄒᆞ야全國有志諸公의愛讀ᄒᆞ심을供ᄒᆞ온바現今本會의셔一비擴張ᄒᆞ기爲ᄒᆞ야高明ᄒᆞᆫ文章과宏博ᄒᆞᆫ學問家를延致ᄒᆞ야天下大勢의變動과殖產教育의要素와古今政治의大要를蒐輯ᄒᆞ야開卷ᄒᆞᆫ면眼目을一新케ᄒᆞ오니愛國ᄒᆞ시ᄂᆞᆫ僉君子ᄂᆞᆫ血淚를뿌ᄒᆞ시고家家案頭의隨刊對讀ᄒᆞ시오

皇城中署典洞九統二戸 大韓自强會事務所

廣告

●얼는이것보시오●

普通日本語典 全一冊 一百卅頁

崔在翊 著

定價金五十錢 郵稅四錢

本書는日語學校教科書로補用호기爲호야數年外國語教授에從事호든經驗으로特히初學者를爲호야昭詳編輯호미雖無師自習홀지라도一을通理호면十을可解홀要書이오니左開發賣所로陸續購讀호사失時의嘆이無케호시옵

(但著者의捺章이無호면僞刊으로認홈)

南大門內龍洞越便 藤田合名會社

中署校洞石泉堂藥局

中署布屛下金相萬冊肆

中署罷朝橋越便朱翰榮冊肆

中署鐘路大東書市

松橋崔昌煥冊肆

大安洞東華書舘

◎民事訴訟代理와刑事辯護及鑑定一切法律에關호事務를迅速處理홈

漢城南署蓴洞第十七統八戶

辯護士 前檢事正三品 李冕宇

法律事務所

事務員 前博士 玉東奎 / 前博士 趙敎潮 / 前主事 金益濟

西署餘洞 新門外一百八十六統三戶

辯護士 前檢事 前判事 丁明燮

法律事務所

入 仁川港

以上三種은上品으로製造호아衛生上에至極有益호니得諭其人호고卒社에來購호옵

濟物浦紙卷烟及烟草會社

●九轉靈砂라 本人이妙方을研究호야調製호靈丹인데男女老少에無論何症호고服用호면無病時에도服호면平生에身體가健康호며小兒는四五歲로十歲안에無病호게保養호오며

●九轉靈砂萬應丹은傷寒 腸症과中風頭疾과耳目諸病과喉疾에神効호오

●九轉靈砂保命丹은初生小兒 驚風 腹痛 疳瘡 般瘧과婦人帶下症에神効호며

●九轉靈砂靑來丹은酒滯 食滯 血積 吐瀉 霍亂 吐血 下血 氣 時疾 痢疾에神効호오

●九轉靈砂紫金丹은痔漏 瘡 上疳瘡 下疳瘡及瘡腫과雜般瘡病諸種에無不神効하오니 僉君子는來購호시오

內需司前골이웃上隅第一家 李鎭鈺 告

●大韓每日申報各處取扱所 義州南門外韓西大藥房張有實

中署布屛門下 金相萬冊肆 長連邑 金 龍

洞口越便 朱翰榮冊肆 鎭南浦築洞 金仁직

中署農圃洞入七十八統第二戶 鄭鳳학 咸興州南社 曺喜林

仁川拙峴開新冊肆 李東文 中和邑 李健鎔

平壤南山峴日新學校 金瀞鏞 德山佐川徐鶴房 金灌鈞

富川邑觀西 安 鳳祐 江原道北部梨井里祥洞居 韓義宗

成鏡北道 金功韓

大丘郡 達城廣文社

鎭山邑內 安 灝

元山港倉前 金乃範

黃海道載寧邑濟衆院居 劉夢澤

◎本社廣告

申報價

一張代金 新貨二錢五里

一箇月前納 三十錢

三箇月 九十錢

六箇月 一元七十錢

一箇年 三元四十錢

郵稅一部 新貨五里

一箇月 十三錢

廣告料

四号活字十三字詰

每日每英尺一寸에新貨廿五錢

(每日每行에六錢에相當홈

其期限의長短과字行의多少를依호야增減홈이有홈

發行兼編輯人 英國人裵說

發行所

京城中署壽進坊湘洞号外地法語學校前

大韓每日申報社

●例年되로十二月十五日브터來十二月三十一日까지

京定價內에서十分의一을特減홈

什一特減

歐米直輸入雜貨商

京城本町三丁目 辻屋

電話三六六番

第四卷　第四百一號

大韓每日申報
대한매일신보

月曜及慶節歲時日休刊

檀君開國四千二百三十九年
箕子元年三千二十八年
大韓開國五百十五年
日本明治三十九年
淸國光緖三十二年
◉陰曆丙午十一月小初五日戊戌

別報

波斯立憲之歷史 (遠東報譯謄)

波斯가憲法을擧行치못ᄒᆞ기前을當ᄒᆞ야革命의風潮가疊起ᄒᆞᄂᆞᆫ지라民間이生命을捐ᄒᆞ야變法을求ᄒᆞ니其時이莫不以波斯立憲으로縱有擧行之期나其流血之禍ᄂᆞᆫ不可避也라ᄒᆞ얏더니乃波斯의憲法擧行이民命을犧牲ᄒᆞᆷ이無ᄒᆞ고革命之徒가亦已和平ᄒᆞ야爭權이無ᄒᆞ니此ᄂᆞᆫ全國의幸福이니眞可賀也로다蓋波皇이聰明天亶으로其宮吏握一의政體가國民에前途를增長키不能ᄒᆞᆷ을深明ᄒᆞ니民無進步면何由使國進步리오ᄒᆞ고乃下詔ᄒᆞ야今內閣大臣으로致仕케ᄒᆞ고及其任意헝君權ᄒᆞ야以壓制庶民ᄒᆞ던官吏ᄂᆞᆫ槩行斥去ᄒᆞ야以快人心ᄒᆞ고憲政家島來克司를特간ᄒᆞ야內閣大臣을授ᄒᆞ고憲法을擧行ᄒᆞ얏스니波斯立憲은實로波皇一人이主持ᄒᆞᆫ것이오其頑固之官吏ᄂᆞᆫ不與焉ᄒᆞ니波皇의致意於民은於此可見이로다

德國某報館의代表人이波斯公使를訪問ᄒᆞ니波公使ㅣ云ᄒᆞ되言論自由가實爲立憲之嚮導라波斯가甫有立憲之議ᄒᆞᆯ시即已各報紙의評論國事를垂許ᄒᆞ얏고當其議論新政時ᄒᆞ야亦自民間으로深通泰西各國政體者를選ᄒᆞ야參議一切케ᄒᆞ니故로新政之擧行에政府와民間이並無至劇至烈之事라

雖波斯宗教界에勢力이最大ᄒᆞ야教主等이曾使民間으로鎖戶閉關ᄒᆞ고商工停業이나然이나政府與教界가衝突之時에不過傷兵丁一名士人一名ᄒᆞ니是以로波斯가於擧行立憲一事에頗可自矜이라蓋波斯가立憲ᄒᆞ기前에僅히犧牲三人ᄒᆞ얏스니各國立憲歷史上에頗有特色이로다

波斯之憲法이與各國現行之憲法으로稍有不同ᄒᆞ니議院은各部大臣을選擧ᄒᆞᄂᆞᆫ權이有ᄒᆞ되波斯議院은此權이無ᄒᆞ고波斯內閣大臣은泰西立憲國의首相으로더부러相似ᄒᆞ야政府會가有ᄒᆞ면能히請旨ᄒᆞ야各部大臣을간派ᄒᆞ고又波人의選擧權은井井一律로貴族과世家와教會와商工과平等民人에各數를分ᄒᆞ고又議院은實로一切政事를定斷ᄒᆞᄂᆞᆫ權이有ᄒᆞ나然이나內閣大臣을由ᄒᆞ야代奏請旨ᄒᆞ여야方能作爲定法ᄒᆞ고至各部大臣은只有行政權ᄒᆞ고立法權은屬諸議院ᄒᆞᆫ지라況新任內閣大臣의人品과學識이波斯人民의共信ᄒᆞᄂᆞᆫ바되니前所謂官吏가任意壓民은不可復得、라波國憲法이泰西에現行憲法으로有何區別을無論ᄒᆞᆫ지나然이나此不過爲波斯新政之第一步니其前途ᄂᆞᆫ不可限量이로다

波斯政躰의大改革이在國家에元氣未傷ᄒᆞ고在國民에亦未見有犧牲之禍ᄂᆞᆫ皆波皇之賜니波民은何幸得此明君고吾念及此에旣爲波斯國家賀ᄒᆞ고更爲波斯國民賀라ᄒᆞ얏더라

官報

●三千六百三十八號　光武十年十二月十七日

照會

照會各部院

官員服務紀律第七條에官吏ᄂᆞᆫ營業會社의社長又其他事務員되ᄂᆞᆫ事를得지못ᄒᆞᆷ이라ᄒᆞ고同第十條에官員非有本屬長官之許可不得兼行他事務以謀其俸給이라ᄒᆞ온바挽近法令이解弛ᄒᆞ와或有兼行他事와托名會社ᄒᆞ니是豈服官者之事體乎아從今以後ᄂᆞᆫ恪遵章程케ᄒᆞ시되管下各官에게申明施行ᄒᆞ심을爲要

光武十年十二月十四日
議政府參政大臣勳一等朴齊純

◉敍任及辭令

○度支部主事權秉圭　度支部主事李載榮　依願免本官
○六品ㅅ重健　任法部主事　○正三品丁明燮　○九品尹泰榮　○九品박승性　解法部法律起草委員　○前主事박台병　○官立漢城日語學校副教官柳濟遠○金相卨　命法部法律起草委員　○侍從院侍從李필柱　經理院技師朴顯道　度支部稅務主事文병演　依願免本官　○九品田鏞圭　任侍從院侍從　○正三品金裕弘　任秘書監丞　○前教官李漢吉　任法官養成所教官　○度支部技手朴斗熙　任度支部主事　○度支部技手吳大根　任度支部主事　○前議官金永斗　金善榮　최載興　리相덕　리寅鎔　池錫은　金鵬勳　任度支部主事　○前技手韓弘鎭　任度支部技手　○吳台煥　任度支部技手　○리鍾顯　洪淳直　方泰容　任度支部稅務主事　○九品趙重桓　任官立漢城日語學校副教官　○洪병선　文膺善　任官立漢城日語學校副教官

●三千六百三十九號　光武十年十二月十九日

◉宮廷錄事

詔曰昨日緜紬廛失火幸卽撲滅不至於鬱攸從之而毁破殊多且人命被燒云聞甚驚慘値玆凌寒之時居業棲遑已所矜憫而土木工役之渠豐無以措관尤爲可念令內部農商工部영究結搆之方別般董飭使之ㅓ日完就俾得奠接被燒人에埋存恤之典亦令從優題給以示朝家字恤之意

光武十年十二月十四日
議政府參政大臣朴齊純

外報

●俄學漢文　合爾賓報를據ᄒᆞᆫ則近日同阜總統ㅣ淸鐵路巡警俄提督邏查郭부氏가漢文教師를延聘ᄒᆞ야督務處에셔各官과及兵丁을中國語言文字로教授ᄒᆞ고同提督도亦按日ᄒᆞ야同衆學習ᄒᆞᆫ다더라

●日妓부黑河　合爾賓뽀家店三四道街에셔日本娼妓의出發者甚多ᄒᆞ니今歲市面而以益條부黑河ᄒᆞ야娼寮가亦不興旺ᄒᆞᆷ으로欲ᄒᆞ야容身을圖ᄒᆞᆫ다더라

●欲問統監　合爾賓報를據ᄒᆞᆫ則日本在韓之政策에對ᄒᆞ야該報記者曰吾人이因此ᄒᆞ야不禁欲有問于統監ᄒᆞ노니伊藤이固何時에始從事于新政乎아自伊藤渡韓以來로業已年餘로되新政之問題ᄂᆞᆫ曾未聞有一字及之ᄒᆞ고惟日亟亟於加擴警察ᄒᆞ니此事가旣眞見其底止오更難望其終點矣라時乎時乎여韓統監이亦可行其後半之言矣라彼以警察之膨脹이已逾千矣로되新政一事ᄂᆞᆫ未見ᄒᆞ니惟吾人所謂新政은非其圖韓國ᄒᆞ야爲其縣邑耶아吾知彼之新政이不特毫無所益于韓人一切之自由라ᄒᆞ얏더라

●美國上議院日人問題　華盛頓電을據ᄒᆞᆫ則美國上議院議員레이노료氏가上議院에셔日本人問題로演說ᄒᆞ야曰桑港中學校制度가何如ᄒᆞ던지聯邦政府에셔干涉ᄒᆞᆯ權利가無ᄒᆞᆫ지라然則大統領이日本에對ᄒᆞ야莫可奈何의意로通告ᄒᆞ라ᄒᆞ얏더라

雜報

●會議規正 各部協辦이每次曜日로爲期ᄒᆞ고會同ᄒᆞ야部務를協議ᄒᆞᄂᆞᆫ뒤其規則을確定ᄒᆞ얏다더라

●韓氏出脚 中樞院議長리根澤氏ᄂᆞᆫ特進官으로移任ᄒᆞ고從一品韓圭卨氏가被任ᄒᆞ엿더라

●兩氏陞任 農商工部協辦은農務局長徐丙肅氏가被任ᄒᆞ고農務局長은該部技師兪東完氏가被任ᄒᆞ기로內定이되얏다더라

●度相視察 度支大臣閔泳綺氏가水原釜山等地에視察次로數日間發程ᄒᆞᆫ다더라

●宮府通牒 宮內府에서各部府院廳에通牒ᄒᆞ되貴所所屬雇用ᄒᆞᄂᆞᆫ外國人中의陞見ᄒᆞᆫ資格이有ᄒᆞᆫ人에職姓名을本月二十日內로詳錄示明ᄒᆞ라ᄒᆞ얏다ᄒᆞ더라

●老宰首誠 靑陽郡居前判書리容元氏가該郡士林의게發論하야日現今時務가新學問을不可不學이라하고明倫堂內에學校를設하기로會同ᄒᆞᆫ席에셔가日語를敎授ᄒᆞ자하니儒生等이憤怒하야리氏의게명號지溺을加하얏다더라

●法主試取 法部에셔主事를試才ᄒᆞᄂᆞᆫ事ᄂᆞᆫ已爲報道ᄒᆞ엿거니合格ᄒᆞᆫ十人을再昨日에出榜ᄒᆞ얏ᄂᆞᆫ뒤五人은卽爲叙任ᄒᆞ고五人은後補가되ᄂᆞᆫ뒤其姓名이如左ᄒᆞ니

金輝敦리應洛金필秀申添철丁台셥五氏ᄂᆞᆫ叙任ᄒᆞ고姜騏善權甫容리寅興朴容植리鍾濬五氏ᄂᆞᆫ後補라더라

●課書當交 學部에셔宮內府에照復ᄒᆞ되貴照會를接準ᄒᆞ온즉各課書所用지數가分明치아니ᄒᆞ얏습기玆에仰復ᄒᆞ오니所用지數를示明ᄒᆞ시면隨所請送交ᄒᆞ라ᄒᆞ얏다더라

●宜當不還 大丘觀察府에宜化堂은日人이擅行占有ᄒᆞᆫ事實은前報에已揭어니와觀察使韓鎭昌氏가到任ᄒᆞᆫ以後에도日人이一向還歸치아니ᄒᆞᆷ으로該觀察이內部로報告ᄒᆞ되統監府에交涉ᄒᆞ야還給케ᄒᆞ라ᄒᆞ얏더라

●農銀發行債券確定 農工銀行에셔今般業務擴張ᄒᆞᆯ計를爲ᄒᆞ야債券發行事를決ᄒᆞ얏ᄂᆞᆫ뒤過日來各銀行總會를開ᄒᆞ고發行額에關ᄒᆞ야協議ᄒᆞᆫ結果로漢城準備二銀行에十萬圜大丘全州光州晋州海州鏡城忠州각銀行에各五萬圜式合計五拾五萬圜으로決議ᄒᆞ얏다더라

●義領移囚 向日公州顧問支部에逮捕된義兵中軍將鄭在鎬氏를再昨日警務廳에押到하야罪關ᄒᆞᆫ等關係가多數ᄒᆞᆷ으로更히裁判次로平理院에移囚하얏다더라

●公共便所 警務廳에셔旣報와如히九百七拾餘元을費用ᄒᆞ야公共便所를設置ᄒᆞ며工役을畢ᄒᆞ고日昨부터一般人民에使用을許ᄒᆞᄂᆞᆫ뒤便所在地가如左ᄒᆞ니

中署管內鍾路黃土峴校洞南署管內竹洞儲慶宮小公洞西署管內里門洞貞洞布德門前鍮동西大門外東署管內東大門內來年度에二拾餘所를加設ᄒᆞᆫ다더라

●爲賊所捉 今月二日에全南一進會支部會長金國煥氏가行과長城郡白楊寺等地ᄒᆞᆯ際에賊黨拾餘名이突出ᄒᆞ야所帶行具를盡奪ᄒᆞ고同氏를捉去ᄒᆞᆫ後不知去處라더라

●僞錢被捉 寧邊警務顧問支部管내義州分遣所에셔同郡光坪面板幕里에白銅貨僞造者를探知ᄒᆞ고巡檢을派送ᄒᆞ여搜探ᄒᆞ엿ᄂᆞᆫ뒤鑄造機械와白貨三拾貫假貨를押收ᄒᆞ고該犯二名이逮捕되엿다더라

●鎭衛隊派遣 江原道寧越郡에義兵이蜂起ᄒᆞ야官兵二名을砲殺ᄒᆞ고其他慶尙道醴安郡에서鎭衛隊兵丁二名이義兵의게銃殺ᄒᆞᆫ바되고數百義兵이奉化三척寧海英陽等各郡에橫行ᄒᆞ야村落을擄掠ᄒᆞ고軍器兵糧을奪取ᄒᆞ고尙且義兵을募集ᄒᆞᄂᆞᆫ檄文을揭示ᄒᆞ야民心을煽動ᄒᆞᄂᆞᆫ事로軍部에報告가來ᄒᆞ니軍部大臣權重顯氏가出兵掃蕩ᄒᆞᆯ次로上奏ᄒᆞ야裁可를經由ᄒᆞ야鎭衛隊兵丁一百名을左各郡에派遣ᄒᆞ기로定ᄒᆞ얏스니

寧越十五名 三척二十五名 蔚珍과平海에二十五名 奉化二十名 英陽十名 眞寶十名

以上兵丁을數日內로派送ᄒᆞᆫ다더라

●生埋其妻 江原道警務官文圭復氏가內部에報告ᄒᆞ되橫城郡晴日面栗實里居林聖相이가其妻를生埋ᄒᆞ얏다ᄒᆞ얏ᄂᆞᆫ뒤內部에셔指令ᄒᆞ기를報告內에上月下旬報告備考에橫城郡林聖相의生埋其妻ᄒᆞᆫ事를記入ᄒᆞ고處斷終末이無ᄒᆞ니事甚모糊라該案結果를更報ᄒᆞ라ᄒᆞ얏다더라

●緣리失職 近日에內外職間規避大리根澤氏에게圖得ᄒᆞᆫ人員이收賄人이多ᄒᆞ무로리氏任日로方今在職者가職을失ᄒᆞᆯ가念慮中이라더라

●局長視務 內部地方局長劉猛氏가叙任後身病으로仕進視務치못ᄒᆞ더니再昨日에受勅ᄒᆞ고仕進視務한다더라

●光興將興 自客年以來로西署藥峴等地에셔有志士李澤應宋忠源等諸氏가私設光興學校ᄒᆞ고熱心敎授ᄒᆞᆷ은已爲報道ᄒᆞ얏거니와今年부터ᄂᆞᆫ該校내에다特當高等科를設置ᄒᆞ고科程은特設科々程外에地誌歷史理科化學等各日課校歌十餘科오生徒中李快成沈壽男李喜明等八人이成就之望이有ᄒᆞ며尋常科生徒도七十餘名인뒤各科學監에李澤應氏오宋氏가獨擔敎授ᄒᆞ야該校에隆盛ᄒᆞᆷ은宋氏之熱心을世人이稱讚不已ᄒᆞ더라

●以兵脅民 關民訴院事ᄂᆞᆫ昨報에已揭어니와開城蔘圃民이今秋水蔘價를每次三百兩請願이러니自經理院으로減定二百五十兩ᄒᆞ야已爲題給故로圃民이雖爲未滿이나不敢力爭添價而又自經理院으로二百五十兩題給之訴ᄂᆞᆫ還收ᄒᆞ고二百十兩式減給ᄒᆞ라發訓蔘政課ᄒᆞ야捉囚圃民狀頭故로圃民百餘人이該院에呼訴ᄒᆞ야蔘價를三百兩式請願則竟以二百十兩題給故로圃民等이不勝痛冤ᄒᆞ야該院卿出院時에一齊羅立ᄒᆞ야哀呼救活하니把守兵丁이以銃揮却ᄒᆞ야負傷被척者多數ᄒᆞᆫ지라圃民等이一層激烈ᄒᆞ야呼天大哭ᄒᆞ고皆願同死故로院卿이明日歸正ᄒᆞᆷ을上壓々由飭ᄒᆞ되圃民이終不散歸ᄒᆞ야竟夜呼號ᄒᆞ니蔘業이將絶에圃人亦已이라焉之將死에其鳴也哀라ᄒᆞ니爲蔘圃民可悶이로다

●孤兒慕忠 昨日은故忠正公閔泳煥氏의小祥인즉萬民追悼之日也라孤兒學校諸敎師가再昨日下午七点에學徒를多率ᄒᆞ고閔忠正公祠堂에齊進ᄒᆞ야追慕之誠을表ᄒᆞ얏더라

●普安成立 南村前參判晉存禹商永旨박승東前議官鄭鎭夏三氏等數十餘人이會集ᄒᆞ야將동等地에서一會를組織ᄒᆞᄂᆞᆫ뒤會名은普安會라ᄒᆞ고目的은將日交涉에大勢를開悟ᄒᆞ며政治維新과人民幸福이라ᄒᆞ고日本司令部와統監府에請願ᄒᆞ되尙未承認ᄒᆞ얏다ᄂᆞᆫ뒤近聞ᄒᆞᆫ則由橋等地에서또普安會를組織ᄒᆞ다ᄒᆞ니某洞普安會가移接ᄒᆞ얏ᄂᆞᆫ지由橋에又設一會ᄒᆞ얏ᄂᆞᆫ지未知라모ᄒᆞ겟더라

●何事密議 現今京鄕間一進會가自然히解散되믄一般世人이共知ᄒᆞᄂᆞᆫ비여니와近聞ᄒᆞᆫ則所謂一進會本部에셔該部顧問日人內田良平과同會總長宋병준兩氏가該會維持ᄒᆞᆯ方針을秘密히相議ᄒᆞ나時節이已去ᄒᆞ얏다고巷說이有ᄒᆞ더라

●靑會演說 今日下午七点半에靑年會에셔日本紳士某氏氏가商業上으로演說ᄒᆞᆫ다더라

▲各 [illegible]

▲京師는 [illegible] 인뒤南北 [illegible] 人民이 [illegible] 은何由오 [illegible]

▲開城은 [illegible] 近日義務 [illegible] 久屈必伸은理之 [illegible]

▲湖中은 [illegible] 天下第一이오 [illegible] 이라고自 [illegible] 日로쟈世 [illegible] 不救ᄒᆞ [illegible] 이어뎌것 [illegible]

▲嶺南은文 [illegible] 이浮實ᄒᆞ더 [illegible] 但히顧問가 [illegible] 多ᄒᆞ니一般國人이 [illegible] 오

▲湖南은物 [illegible] 이饒富ᄒᆞᆫ뒤 [illegible] 無關ᄒᆞ니可 [illegible]

▲關西는方今 [illegible] 에第一이라 [illegible] 에不過ᄒᆞ니 [illegible] 餘地이通同 [illegible]

▲關北은 [illegible] 風氣가素有 [illegible] 頭角이稍稍發現ᄒᆞ니 [illegible] 가有ᄒᆞᆫ뜻ᄒᆞ오

▲海西는 [illegible] 個學校의發起가始有ᄒᆞ니 [illegible] 發達이될는지

雜報

在日本大韓留學生會趣旨書

窃惟本會의成立ᄒ은云雖今日이나其原因인즉遠且深矣라可云ᄒ지라初焉인帝國靑年會가有ᄒ고次焉인大韓留學生俱樂部가有ᄒ고今焉인大韓留學生會가되얏시니其組織은一是我留學生이어ᄂ其名稱인즉何故로會與部라數變ᄒ며且嗟吾黨潮中國民으로分爲學生ᄒ야于晝于夜에是學是習ᄒ며惟時惟刻을乃惜乃競ᄒ야도頹運의挽回ᄒ을惟恐不能이온況奈之何로會而部部而會ᄒ야難再之光陰을費虛ᄒᄂ뇨嗚呼라此世ᄂ即何世며今日은即何日고宗社의岌業이니生靈의塗炭이니ᄒ은論時之例談에猶歸ᄒ지라其眞象을欲言인ᄃ實로筆不忍口不能의境遇에在ᄒ지라屬之於天ᄒ야寧欲無言이어니와古人이有言ᄒᄃ天時地利가皆不如人和라ᄒ고西人이有言ᄒᄃᄃ從今天下가敎育者手中에墮在라ᄒ니右今東西가云殊ᄒ나其理則一也라現我萬口一唱으로賢愚同知知ᄒᄂ者ᄂ曰民智發達曰敎育擴張曰社會振興曰團體共公이니亦二者之說에不外ᄒ지라一體國民의均有ᄒ義務어니와惟我在外ᄒ者ᄂ其責任이一層尤重ᄒ지라何者오當此日新之時ᄒ야遊學名目으로出於海外ᄒ얏스니內地同胞의希望ᄒᄂ바이며既出疆外ᄒ니親戚故里를遠離이오公債事가已廢ᄒ니官憲保護가亦無ᄒ지라 (未完)

開城蔘圃人金在根等이經理院에請願ᄒ全文이如左

伏以一定不易者ᄂ信也요一直無詐者ᄂ民라故로古人이令民徙三丈之木而賞予五十金ᄒ니三丈지木이不足爲勞요五十金이不爲不多로ᄃ令出而不還者ᄂ示民以信也요損上益下에上下同利ᄒ고損下益上에上下同病이라故劉晏理財에厚價而糴ᄒ고減價而糶ᄒᄃ公私俱利ᄒ니此不過於損益지間에措處得宜也라

現伏聞本院訓令內에今年水蔘價를設包時特念圃民情狀ᄒ여昨年定價外에每次加定二兩이거날圃民等이罔念顧恤之本意ᄒ고方行瀝訴ᄒ여曾有加給지題ᄒ니定價지後에違背多數加給이事屬未妥ᄒ니加定지訴題ᄂ還收ᄒ上이고今年水蔘價를每次以二百·兩打筭准給事等因이시온바聞令지下에生等이膽塞氣結ᄒ고繼以叫天打地而痛哭也로소이다

大抵蔘價지二百五拾兩과二百拾兩은姑置勿論ᄒ고令爲導民지本而信爲率民지實ᄒ니若改其本而失其實면將措天下於何境이며將置斯民於何地乎잇가今以爲財而失信과爲民而守信으로言지면其利害得失이孰大孰重乎이싸國지府庫를可傾也며倉廩을可倒也로ᄃ惟信은不可失也온況以若干蔘價지損益으로計較於其間哉잇가

請以圃民지情形과蔘價지多少로一々演告ᄒ오니伏惟垂察焉ᄒ소서圃民이連年以蔘炭紅腐지病으로受害蕩産ᄒ야慘不忍言이온데幸此續命이不即滅絶者ᄂ天也요蔘價ᄂ每年交價가比論時價에或三分一或折半이요一未見相當價치라 (未完)

昨日은閔忠公殉國ᄒ신기日也라文學徒一百二拾餘名이酒果로致奠ᄒ고製文而侑之ᄒ얏ᄂᄃ其文에曰

伏以日月迅駛奄屆一긔惟 公精忠天感地知一心扶國隻手難支白刃如雪不런不縮赤血化竹烈日秋霜遺墨感人萬淚盈眶陰助獨立國家活魄舊殺既沒秋草已宿剛正一氣亘古不斷勳蕩ᄒ셔愴痛恨靡追무監微誠庶兹格思謹以菲具恭伸奠儀ᄒ노이다

憂世長歎

綠陽이漸復ᄒ니攬天時而爲悲로다天時ᄂ變換ᄒ건만人事ᄂ依舊로다

政界風雲이乍變ᄒ야擧一世에注目ᄒ더니舊面目이相轉ᄒ니

俟河之淸支離ᄒ다駿々長夜此世界에秉燭人헤安之런고濟世良手不見일세

北風이栗烈헤白屋寒天ᄒ져生靈은無食無衣恨歎일세

地方虐風酷吏下에無罪人이有罪ᄒ야官門出入頻數ᄒ니옷지ᄒ고此身世여

處々에第一沃土를은日人이占領ᄒ야農業이已失ᄒ니秋無擔石可惧일세

村々賊警蜂起ᄒ야衛火掠奪無數ᄒ니生民莫接ᄒ지ᄒ고

金融은已渴ᄒ미人情이忽變ᄒ야動受가杜絶ᄒ니商業인들옷지ᄒ고

一寒一暑ᄂ天時가自然이오一治一亂은人事에必然이니一陽이已復ᄒ면人事도又復ᄒ가

●對牌無關 去十六日雜報欄內에牌鋪將收라ᄂ事件에對ᄒ야更聞ᄒ則金宗漢氏ᄂ初無干涉이라ᄒ더라

●淸人興學 京城에居留ᄒᄂ淸國官民이馬總領事와協同ᄒ야漢城華商總會와華商會議所에서一萬五千元을收合ᄒ야漢城華商學堂을建築ᄒ事ᄂ已爲報道ᄒ얏거니와該學堂은領事館門前에建築ᄒ고落宴을三日盛大히擧行ᄒ고現今京城에在留ᄒ淸國官民一千六百餘名을敎授ᄒ다더라

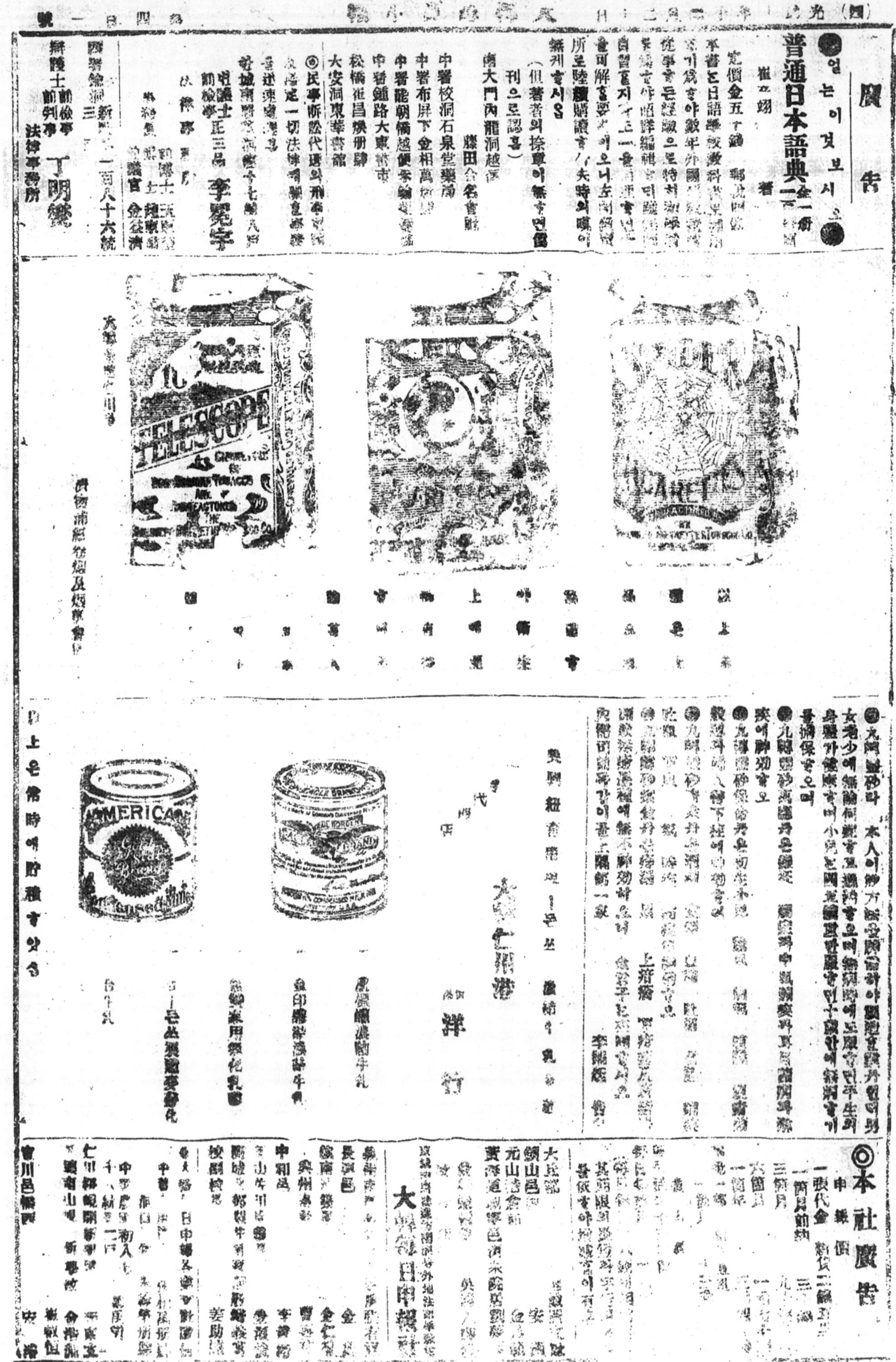

廣告

얼는이것보시오

普通日本語典 全一冊

崔在翊 著

定價金五十錢

南大門內龍洞越便 藤田合名會社

中署校洞石泉堂藥房

中署布屛下金相萬冊肆

中署鍾路大東書市

松橋崔昌煥冊肆

大安洞東華書舘

◎民事訴訟代理와刑事辯護

辯護士 李冕宇

辯護士 丁明燮 法律事務所

以上은常時에貯積す얏슴

洋行

本社廣告

大韓每日申報

第四卷

大韓每日申報
대한매일신보

第四百二號

月曜及慶節
歲時日休刊

檀君開國四千二百三十九年
箕子元年三千二十八年
大韓開國五百十五年
日本明治三十九年
淸國光緖三十二年
◉陰曆丙午十一月小初六日丁亥

論說

韓人의 敏財才能

韓美電氣會社의事業進行을觀之컨ᄃᆡ對其執務之人ᄒ야不可無一言稱揚이니吾人推度에彼皆聰明儁雅之人이라運轉手의謹愼之態ᄂᆞᆫ莫論인ᄃᆡ男女老幼와牛馬轎輿車이雜行ᄒᆞᄂᆞᆫ如此市街의意外事變이未有홈은是乃驚異之端이로다

大韓月報의執筆人이韓美電氣會社被雇人의勇壯을數次論述ᄒ야外人雇傭의在ᄒᆞᆫ韓人이他韓人과甚是不同홈을旣著矣어니와本記者도亦以此深信ᄒ노니韓國人의心性之備가至於完全이요惟於工作之術에ᄂᆞᆫ尙有未學이로되生活上에ᄂᆞᆫ其學通意志가與吾人無異矣요日人의包有ᄒᆞᆫ것보다ᄂᆞᆫ其或倍勝ᄒ리로다

外他事爲의未及程度ᄂᆞᆫ不得詳悉이로ᄃᆡ惟以電車事狀으로ᄂᆞᆫ漢城이東洋의先進이라以此爲모範者ㅣ多有ᄒ니日本도此經驗을利用ᄒ여고天津에도與此同一事務를開設ᄒ얏고上海에도此를方今擊列ᄒ며且最近開通된거슨新加坡와香港道路에運行ᄒᆞᄂᆞᆫ電車가是也로다如此諸處에ᄂᆞᆫ危變之報가不絶ᄒ니極東을知悉ᄒᆞᄂᆞᆫ何人이던지其人民의習慣이電氣를牽引ᄒ기에未易홈을必知ᄒ리니나韓美電氣會社의事業進行에至ᄒ야ᄂᆞᆫ其特異홈을不能拒言이로다急行電車에에上下ᄒᆞᄂᆞᆫ人民之態ᄂᆞᆫ未有特異어ᄂᆞᆯ幾乎三年之內에漢城電車에셔致命홈이但止於一人矣니此ᄂᆞᆫ運車에非常愼敏을著示홈이라從此可以注目ᄒᆯ거슨韓國人이隨其事情ᄒ야自相效則ᄒᆞᄂᆞᆫ才能이固有홈이로다

官報

●三千六百三十九號 光武十年十二月十八日 勑

◉宮廷錄事

宮內府大臣臨時署理議政府參政大臣박제純謹奏忠正趙秉世小祥日遣秘書丞致祭事 命下矣何秘書丞進去乎敢 奏 光武十年十二月十四日奉 旨令稽弘進去

宮內府大臣臨時署理議政府參政大臣박제純謹奏忠正公閔泳煥小祥日遣秘書丞致祭事 命下矣何秘書丞進去乎敢 奏 光武十年十二月十四日奉 旨中政均進去

奉常司提調李明翔辭職仝
비旨省소具悉所請依施
內藏司長李根[illegible]辭職仝
비旨省소具悉所請依施
經孝殿提調趙同熙辭職仝
비旨省소具悉卿其勿辭行公
비旨省소具悉所請依施

◉敍任及辭令

○秘書監丞尹직善 貞陵參奉金容迪 依願免本官 ○正三品申政均 任秘書監丞 ○金建中 任貞陵參奉 ○法部主事申正植 任漢城裁判所主事 ○前博士金寅熙 任法部主事 ○正校尹孔鎬 前正校金鍾혁 任鎭衛第七大隊特務正校 ○侍從武官長沈相薰 秘書監卿閔丙奭 修學院長李載克 制度局總裁李根澔 掌禮院卿리重夏 命帝室財政會議議員 ○制度局參書官金敎衛 命帝室財政會議記事長

●三千六百四十號 光武十年十二月十九日

◉宮廷錄事

弘文館纂輯所堂上臣朴容大謹奏文獻備考續纂完就後將設廳校正事向伏奉 勑命矣竊次今爲告竣伏候 聖裁謹奏奉

旨纂輯今既完就校正不必別爲設廳本所堂郞仍爲校正之任斯速竣工 掌禮院卿臣李重夏謹奏陰曆十一月十六日 皇太子妃三간擇時處所及處子請 闕門路以再간擇時處所門路知委擧行乎敢奏奉 旨依再간擇時例爲之 掌禮院卿臣李重夏謹奏 皇太子妃三간擇時有大臣禮堂 命招之例矣令宮內府臨時 稟旨擧行何如謹上 奏奉 旨依奏 掌禮院卿 리重夏謹奏 皇太子妃三간擇已爲擇吉奏下矣凡係 供上之物依例進排 別宮之意令宮內府知委各該司而 供上紙亦依前例封進事分付何如謹上奏奉 旨依奏 陰曆十一月十六日 皇太子妃三揀擇吉時同日巽時 詣別宮吉時同日坤時

◉叙任及辭令

○從二品金奎東 命奉常司提調 ○敬陵參奉申璽熙 依願免本官 ○章陵令리斗鎔 任敬陵參奉 ○宗廟署令金奎植 任章陵令 ○五品조萬熙 任宗廟署令 ○正二品리根敎 命經孝殿提調 ○前博士리文世 九品李運用 九品權奎鉉 任平理院主事 ○鄭在淳 金宜均 任漢城裁判所主事

●三千六百四十一號 光武十年十二月二十日

◉宮廷錄事

議政府參政大臣朴齊純謹奏前西京監董堂上閔泳喆上소비旨省소具悉西京建宮係是巨創際値艱虞之會工役之尙未告訖事勢固然財政言之其入其出昭詳無餘或有浮濫何足介意所請旣如是監董之任依施未畢之役令政府措處事 命下拜下原소附屬成冊一件 西京宮建築日至此伏不勝奇偉萬萬特此成冊令平安南北道一次遵實以爲息務지道而至於未畢지役令南道觀察使講究便宜지方隨郞校報由臣府再行 奏明施行何如謹上 奏 光武拾年拾二月拾七日奉 旨依奏 未完

外報

●僧界學堂 天津報를據ᄒᆞᆫ則北京天洋間學堂이今就剛寺ᄒ야改設ᄒ니剛中僧道等이久業을慮ᄒ야自設學堂ᄒ고自籌堂費를稟請ᄒ니提學司에셔하部進札을奉ᄒ야云ᄒ되僧人이呈設學堂은原爲敎育普及ᄒ야起見이니惟所屬各處의僧界學堂若干과其宗旨와一切科目是否와奏定章程의相符有無와他國僧人의從中主持를調査請제ᄒ야以備ᄒ라ᄒ얏더라

●憲法學者의意見 倫敦電을據ᄒᆞᆫ則美國元老院에有名ᄒᆞᆫ憲法學者等의意見이皆曰聯邦政府에셔各州에敎育法을監督ᄒᆯ權力이無ᄒ니大統領이日本에對ᄒ야日美條約의事ᄂᆞᆫ元來美國憲法에違反ᄒᆞᆫ故로力不及ᄒᆞᄂᆞᆫ意로通知ᄒᆯ기外에ᄂᆞᆫ他道가更無ᄒ다ᄒ얏더라

●戰艦建造提議 華盛頓來電을據ᄒᆞᆫ則米國海軍卿은도도레ㅅ도노ㅣ와同樣으로其級數ᄂᆞᆫ二萬二千噸이오速力備砲等은更히此보담優勢ᄒᆞᆫ大戰鬪艦數隻의建造設計案을議會에提出ᄒ얏다더라

●議員公言 華盛頓電을據ᄒᆞᆫ則米國大統領의對日本政策을번번히攻擊ᄒᆞᄂᆞᆫ者의張本되ᄂᆞᆫ元老院議員제나ㅣ氏ᄂᆞᆫ大統領의主義를危險이最甚ᄒ다ᄒ고도데므구랏黨은一切외州權退讓을反對ᄒᆞᆫ主張이다고公言ᄒ얏다더라

雜報

●學協新任說 學務局長兪星濬氏가學部협판을陞任ᄒᆞᆫ다더라

●三守將免 定州郡守尹鶴榮과谷山郡守李楷承과河陽郡守金容復三氏ᄂᆞᆫ內部에셔奏免ᄒᆞᆫ다더라

●啞舌勸學 再昨日輔國閔泳徽氏가徽文義塾과桂山學校의生徒를勸勉ᄒᆞ기爲ᄒᆞ야開城教育總會長啞子劉元杓氏를請邀ᄒᆞ야勸勉演說壇을設ᄒᆞ얏ᄂᆞᆫ데啞子가該塾의設備ᄒᆞᆫ規模와生徒의濟蹌ᄒᆞᆫ狀態를考察ᄒᆞ고위然曰此ᄂᆞᆫ我韓教育家에第一位를占ᄒᆞᆫ지라余가如此ᄒᆞᆫ熱心의擧에對ᄒᆞ야엇지脣舌의勞를辭ᄒᆞ리오慨然登壇ᄒᆞ야時局의形便如何와教育의効力如何으로一場雄辯이滔滔湧出ᄒᆞ니一般學徒와傍聽人이擧皆血憤이激昂ᄒᆞ야拍手喝采ᄒᆞ야盛況을呈ᄒᆞ얏다더라

●有何事端 昨日警務廳에셔日本巡查數拾名과韓國巡檢拾餘名이무삼事端인지楊州等地로時急히出張ᄒᆞ얏다더라

●金氏迅問 保寧郡居前承旨金福漢氏를警務廳에押上ᄒᆞ야義兵에關ᄒᆞᆫ事件으로迅問中이라더라

●鴉片巡檢 西署에서巡檢見闕二窠가有ᄒᆞᆫ데鴉片烟을善吸ᄒᆞᄂᆞᆫ者로選擇充定ᄒᆞ얏다니該署ᄂᆞᆫ鴉片烟工夫ᄒᆞᄂᆞᆫ處所라고巷說이紛紛ᄒᆞ더라

●農大賞與 農商工部技師金東完氏가日本에前往ᄒᆞ야農科大學을卒業에對ᄒᆞ야該部大臣이金七千圜을賞與ᄒᆞ얏다더라

●察校落馬 廣州郡守吳泰泳氏ᄂᆞᆫ부任ᄒᆞᆫ지期年에該氏가田庄을買ᄒᆞ여己만마다學校를設立ᄒᆞ고補助를多數히助給ᄒᆞ며熱心教育ᄒᆞᄂᆞᆫ데每朔一二次式各學校情形을巡察ᄒᆞ다가近日數十餘里되ᄂᆞᆫ學校를視察ᄒᆞ려가다가落馬ᄒᆞ여左手가中傷ᄒᆞ얏다더라

●煉瓦技手雇聘 既報와如히度支部에셔二拾餘萬元을支出ᄒᆞ야麻浦에一大煉瓦製造所를建셜ᄒᆞᄂᆞᆫ데工場建셜地와其他附屬地를買收ᄒᆞ고工事를早速着手ᄒᆞ고日本人小倉和井田兩人을招聘ᄒᆞ야方在着任中이라더라

●郡守銓考 再昨日內部에셔地方官銓考委員會를開ᄒᆞ고郡守拾餘人을銓考ᄒᆞ얏다더라

●請正國文 醫學校長池錫永氏가學部에意書를呈ᄒᆞ얏ᄂᆞᆫ데世宗大王씌셔創造頒行ᄒᆞ신訓民正音이온데當時에ᄂᆞᆫ初中聲에合音과平上聲區別이分明ᄒᆞ더니世遠教弛ᄒᆞ야眞意有失ᄒᆞᆫ이來教習이轉轉訛誤ᄒᆞ야現用反切一百五拾一字中에疊音이三拾六字요平上聲이無別ᄒᆞ야夜栗이同音ᄒᆞ고東童이同音이야苟非原於韓文이면無從변別이오常爲有志者에게慨어더니何幸昨秋에自本部로上奏新訂國文ᄒᆞ야既몽裁可이온바今開國讀本을行將刊布이온데字音에疊用과平上에無별을依舊仍用云ᄒᆞ니伏想緣於教課지急ᄒᆞ야未遑釐正ᄒᆞ나當於刷新之日ᄒᆞ야因循襲謬가似屬欠默故不嫌猥濫ᄒᆞ고敢陳管見ᄒᆞ오니부賜照亮ᄒᆞ소셔大抵書籍을一經印行ᄒᆞ면改正이甚難이온즉不若趁早釐正이인바該書가今既완成矣라其字音中에上聲과俗語中에례聲處만加點校正ᄒᆞ오면不便광日이요且ᄂᆞᆫ書費用不甚夥多이옴고譯乘以밤字가得一點而爲밤ᄒᆞ고譯動以동字가得一默而爲동ᄒᆞ야異지ᄒᆞᆫ同이不待師誨ᄒᆞ고瞭然自解ᄒᆞ야凡諸臟몽에執音有及을執契可待ᄒᆞ리니幸勿以人기言ᄒᆞ시면教育에幸甚이라ᄒᆞ얏더라

●刑法校正會議 政府에셔現行刑法을改正ᄒᆞᆯ目的으로委員會를組織ᄒᆞ얏ᄂᆞᆫ데總裁以下가左와如히任命ᄒᆞ얏ᄂᆞᆫ데

刑法校正總裁法部大臣리夏榮 協판리源兢 刑事局長金洛憲 參書官張燾 尹性普 平理院判事朴晩緖 議政府參贊韓昌洙 書記官洪運杓

●丹倅處判 平理院에셔法部에報告ᄒᆞ되被告朴初陽案件由檢事公訴審理則被告現任丹陽郡守陸鍾元本年五月分該郡居安釆照氏弟揚照지妻與其族人安文甫奸淫出奔說探聞後稱以風化所關欲懲其門長捉囚安병照矣병照以乘錢五百兩見奪於被告쳐訴本院仍爲就質旋即逃避其家故로該訓該裁判所使지押上矣安병照出往他郡的無還期지意有該所報告則奪褒一款이無認可嚴而安병照捉囚지其事由實證被告박초陽을刑法大全第三百二拾五條應히囚치아니ᄒᆞᆫ者를囚ᄒᆞᆫ律에處ᄒᆞ야笞六拾에照律ᄒᆞ얏다더라

●貪贓査實 江東郡居李秉敎氏가本郡守吳영鐸氏所奪錢을推給之意로請願于內部ᄒᆞ야ᄂᆞᆫ데內部에셔査實次江西郡守에게訓令ᄒᆞᆫ지已過一望이라더라

●貪花奪財 송視察敬仁과金成昌과슈兩氏가日前에某寡婦家에來到ᄒᆞ야外上酒을大飲ᄒᆞ고甘誘ᄒᆞ여日與我同居ᄒᆞᆫ면汁物衣服를多數히買給ᄒᆞ마ᄒᆞᆫ즉該寡婦가許婚ᄒᆞ얏더니宋氏가十餘日을來宿ᄒᆞ더니終末에ᄂᆞᆫ逃亾ᄒᆞ야影響히不見ᄒᆞᆫ지라世上天下에豈有如此浮雜之類乎아自稱內大에게第一親切人이라ᄒᆞ고鄕曲富客을對ᄒᆞ야郡守을紹介ᄒᆞᆫ다ᄒᆞ고鏡兩을討索ᄒᆞ더니可矜ᄒᆞᆫ과婦을欺取ᄒᆞ야家産를擧板ᄒᆞ얏다더라

●日探俄蹤 日昨日巡査가俄領事를對ᄒᆞ야盜賊燈으로照面ᄒᆞ다가俄領事의게捉去ᄒᆞᆫ事ᄂᆞᆫ已爲報道ᄒᆞ얏거니와一自俄人이更히入城ᄒᆞᆫ後로俄國官憲이路上에往來ᄒᆞ면只本警察官吏가俄人에何處던지到着ᄒᆞᄂᆞᆫ蹤跡과其行動言笑를隨後密探ᄒᆞᆫ다더라

●廣民泣歸 廣州樂生面等地에셔自春夏間으로歸人四五人이下往ᄒᆞ야山板一處를買得ᄒᆞ고該山에伐木ᄒᆞᄂᆞᆫ데日司令部軍用役事라稱ᄒᆞ고農民을毆打勒役ᄒᆞᆫ事ᄂᆞᆫ已爲報道ᄒᆞ얏거니와八九日前에該郡人民等이日司令部에呈訴ᄒᆞ얏ᄂᆞᆫ데警察署에往訴ᄒᆞ라稱托ᄒᆞ고接受치아니ᄒᆞᄂᆞᆫ故로該訟民等이呼訴無處ᄒᆞ야揮淚下去ᄒᆞ얏다더라

●志士自裁 日本人西坂豐ᄂᆞᆫ愛知縣人이라年今二拾七歲라早年에入早稻田大學校ᄒᆞ야卒業ᄒᆞ고又於正則英語學校에卒業ᄒᆞ야主張東洋平和主義지志士라日本政府의對韓政策이失當ᄒᆞᆷ을見ᄒᆞ고欲셜通信社於韓京라가爲統監府所妨害ᄒᆞ여不得伸其志라二拾月六日에在泥峴不知火旅館ᄒᆞ여以刀刺其腹ᄒᆞ니其友人이適至라顔色이自若ᄒᆞ여握手告訣ᄒᆞ나其反가見其手沁鮮血ᄒᆞ고驚怪側視則已刺而不殊라大驚欲救ᄒᆞ니西坂君이自墜樓下ᄒᆞ야우不絶ᄒᆞ니因復再登再墜ᄒᆞ야猶爲不絶이라其友가共往漢城病院와야欲救지ᄒᆞᆫ대君乃作而開演에慷慨激烈ᄒᆞ여以道其平生立志ᄒᆞ과願以一死로阻其志者를謝ᄒᆞ리라ᄒᆞ고演畢遂絶ᄒᆞ엿다더라

●山門設校 咸鏡南道安邊郡釋王寺主管金石翁嚴九峯安尤虛咸陵庵諸氏가開明上에注意ᄒᆞ야道內各寺青年僧여를教育ᄒᆞ며人才를養成코자ᄒᆞ야普通明進學校支校를本寺에셜立ᄒᆞ고顧聘日教師ᄒᆞ야誠勤教授ᄒᆞᆫ다ᄒᆞ니我國에도僧여가進就ᄒᆞᆯ이라더라

●換骨討財 豐德巨野里居柳主事某氏의父母墳墓을賊漢이擲히ᄒᆞ야頭骨劇法ᄒᆞ고錢萬兩을持來覓去ᄒᆞ라고掛榜ᄒᆞ얏ᄂᆞᆫ데該氏가錢五千兩을艱辛히鳩聚ᄒᆞ여持去ᄒᆞᆫ즉一個孩兒에頭骨을出給ᄒᆞ며日此頭骨이非汝父母에頭骨인즉汝父母에頭骨을若欲覓去거든錢萬兩을持來ᄒᆞ면頭骨을出給ᄒᆞ마ᄒᆞᆫ데該氏가又五千兩을持去ᄒᆞᆫ즉又一箇狗頭骨을出給ᄒᆞ며日又萬兩을持來ᄒᆞ면眞頭骨을出給ᄒᆞ마ᄒᆞᄂᆞᆫ故로該氏가方在盡力周旋中이라더라

▲諫硯呵筆

▲리忠求鄭寅興諸氏ᄂᆞᆫ多年潦倒ᄒᆞ야寥寥無聞ᄒᆞ더니中樞院贊議를被任ᄒᆞ엿스니오리간만에擧風ᄒᆞ엿고

▲郡守奏本을內大署理成岐運氏가參政大臣과協議ᄒᆞ고라址鎔氏歸國ᄒᆞ기前에上奏ᄒᆞ기로周旋ᄒᆞ다나大端히紛忙ᄒᆞ깃고

▲長興郡吏屬輩가稅務官이來到ᄒᆞ미吏擾를惹起ᄒᆞ야支金庫를打破ᄒᆞᆫ즉稅務官이逃亡ᄒᆞ엿다니可驚可駭ᄒᆞᆯ事로고

▲全州郡에셔日人이土地를重邊典執而奪占ᄒᆞ고陳棄處를掀僞買得ᄒᆞ야因以廣占ᄒᆞ니正供이多縮에指徵이無處ᄒᆞ니若過數年이면全國土地가盡歸於日이라ᄒᆞ니可謂稍蚕食之로고

▲地方各郡에書記를減額所致로三南各郡에吏서奴令이擧皆渙解ᄒᆞ야郡守가獨坐에無以視務라고電報가如雪飛至라ᄒᆞ니各郡守ᄂᆞᆫ可謂獨發將軍이로고

雜報

●在日本大韓留學生會趣旨書 續

不幸히疾病困厄을當ᄒᆞ면救濟ᄒᆞᆯ者ㅣ其誰며生斯同國이나方殊南北ᄒᆞ야情義相通은姑舍ᄒᆞ고面目生踈가居半이니親愛之道가從何리오此ㅣ本會의不能已不可無ᄒᆞᆫ事實이라肆以로光武九年四月에靑年會發起가有ᄒᆞ고同年十二月公使撤廢ᄒᆞᆫ後에本留學生監督韓致愈氏의贊成으로俱樂部가成立ᄒᆞ얏시나其分立의弊가團合의不完ᄒᆞᆷ이有ᄒᆞ더니本年六月에至ᄒᆞ야趙公秉世以下殉國七忠의追吊會를因ᄒᆞ야本會가發起되야詢謀僉同ᄒᆞ니於是에靑年會俱樂部의名稱은廢棄ᄒᆞ고其交誼親密ᄒᆞ야學業相勸ᄒᆞ며疾厄相救ᄒᆞ는目的을因ᄒᆞ고每月一回式必會ᄒᆞ야生踈之弊가無케ᄒᆞ며知識交換으로討論或演說ᄒᆞ야祖國精神을富케ᄒᆞ며編纂部를弁設ᄒᆞ야內外國緊要事項과學問上必要問題를雜誌로發刊ᄒᆞ야一般國民의考覽又開識을供ᄒᆞ고玆에顚末을略陳ᄒᆞ야趣旨로公布ᄒᆞ오니凡我同志는協心贊成ᄒᆞ야使之有始有終케ᄒᆞ시믈幸甚

完

開城蔘포人金在根等이經理院에請願ᄒᆞᆫ全文이如左 續

以今年時勢言지라도若私相和賣則拾片每次에足爲四五百兩이온디此物이但係於公故當초포民이不敢衆其准價허고減지又減허여以三百兩請願者也요設包時二百拾兩論價者는特本院초議지案而포民等이擧皆以爲抑울허야一向以三百兩請願이온디又減五拾兩허여以二百五拾兩定給텨下이신슉於포民지請願에減削五拾兩이라有何加給이시오며二百拾兩은官民間未決지案이라有何已定乎잇가

其日已定則本院令之허시고포民從之라야始可日定이오若上下議定則直錄設置之下에當擲濟勘홀디이오니포民이必無更訴之理요縱有百度更訴라도自本院으로又無凰決之理옵고且以生𥘉所訴로歸之於誣訴則生等이寧含刃而同死於一학之中이언뎡切不願冒此罪名也로쇼이다以四百兩以上價ㅊ之物로減請三百兩이是爲誣訴乎잇가以未決之案으로更請決價가是爲誣訴乎잇가

巳下之題를更爲還收허라허시니如是則昨日訓令이今日還收허여本院令飭을民將不信이니一或未信則後雖有金石之言이나何可日使民從지乎잇가前題지還收與否는惟在於本院則更商處分이어니와生等이期々不奉者는前題還收지日은即本院令飭이一無施行지日也라生等이雖不在言事지列이나然이나爲國民義務에忍見我本院失政而泯默不爭乎잇가

夫旣定지價를從而又減허고已發지令을旋復還收는不爲未安ᄒᆞ옵고水蔘每次에對포民請願허여五拾兩式減給이猶屬未安乎잇가且以此物收利로言지면雖給五百兩이라도尙有夥大지利이온데何必使民有此抑冤지呼而致損和氣哉잇가竊爲本院不取也로소이다

環顧國中에能守其業盡其力허여年々補益於國庫百萬지額者孰與開城포民哉잇가似此人民은政府지顧恤이宜有百倍於他邑而待지若異域지類허여當此全國中所無지境遇허고承此五百年초有지令飭허오니今此포民이顧何負於國家而如是ᄒᆞ잇가無論某貨허고一經賣買而成掌則雖匹夫匹婦라도猶知與イ可變이온況國公體所關과政令所在로豈可有變換지理哉잇가 未完

●祭閔忠正文

開城居孔應平林圭承孫鳳祥等四十人이閔忠正公小祥에祭文이如左홈

嗚呼公至大至剛之氣塞倂天地之間無古無今之誠出乎死生之際以一斗血一片書沐我二千萬腦髓警我二千萬精神公之死實爲我二千萬我二千萬獨不欲爲公死乎然則公生之日但公一身而公死之日二卽千萬其身也此非西人所謂愈流血愈文明者乎此足爲公慰而亦足自慰也復何悲爲

嗚呼公之歿今一긔矣烏飛兎走日月不居土崩瓦解天步惟艱請問全國同胞今日民志立乎國恥雪乎國權挽回乎若曰有之則不免其誣若曰未也則公之死不免徒死而我之生不免徒生而已惟我同胞雖曰無義無心忍使我公歸於徒死之境而不伸其志則天下萬古之極憤極痛切悲切慘者孰有甚於此乎此我同胞無暇爲公悲而實自悲지不暇也 未完

●開會開進 去日曜日下午一点에光宣門內東亞開進敎育會에셔會長權重顯氏와評議員及總務一般會員이出席ᄒᆞ야敎育上開進홀目的을講商硏究ᄒᆞ얏는디會長權氏가諸會員을對ᄒᆞ야曰本會설立이已經數年ᄒᆞ고又有文武農工商五課ᄒᆞ야次第分課이나惟一課도就緖無期ᄒᆞ니此는無他라有名無實ᄒᆞ야事務失當홈으로他人의誹笑醜詆을未免ᄒᆞ니曷勝痛嘆이리오自今으로五課를弁合組織ᄒᆞ야敎育目的을必達ᄒᆞ되一心團躰ᄒᆞ야廣설學校홈을提出ᄒᆞ고每日曜日出席合議云故로諸會員이齊聲ᄒᆞ야文武農工商五課를弁合ᄒᆞ기로擧手可決ᄒᆞᆫ後茶果를進ᄒᆞ야一大盛況을呈ᄒᆞ고同六点에閉會ᄒᆞ얏다니權氏에敎育上熱心홈도찬賀不已어니와開進敎育會가漸次開進ᄒᆞᆯ깃더라

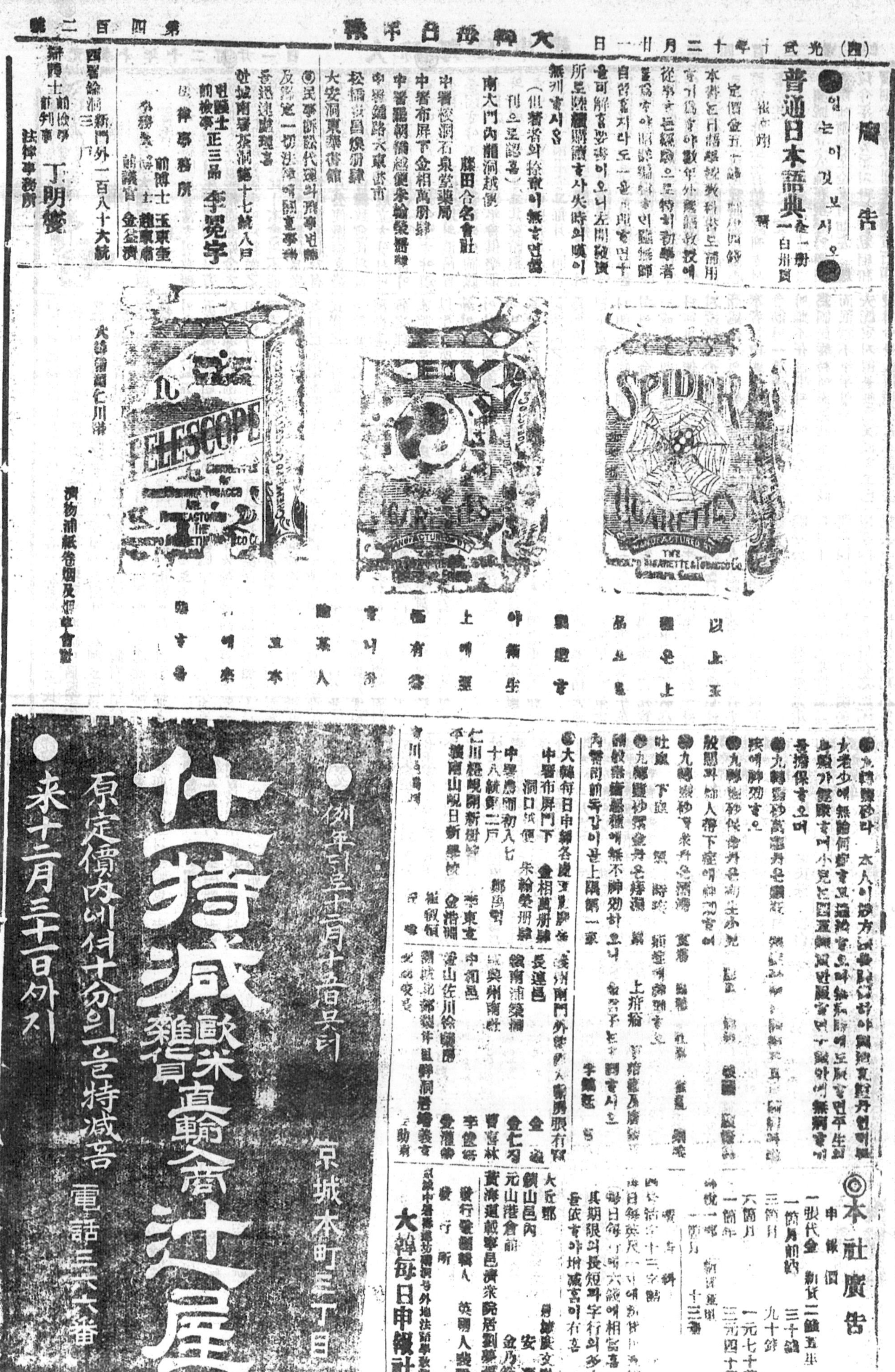

廣告

●읽는이 것 보시오●

普通日本語典 全一冊 一白卅頁

定價金五十錢

南大門內

藤田合名會社

中署布屛下金相萬冊肆

大安洞東華書舖

民事訴訟代理와刑事辯護及鑑定一切法律에關한事務

漢城南署蒼洞第十七統八戶

辯護士 前檢事 正三品 李冕宇

法律事務所

西署餘洞三戶 新門外一百八十六統

辯護士 前檢事 前判事 丁明燮

法律事務所

以上三種은上品으로製造혼者

●九轉靈砂라

大韓每日申報

中署布屛門下 金相萬冊肆

◎本社廣告

一張代金

一箇月前納

三箇月

六箇月

一箇年

大韓每日申報社

例年과同히十二月十五日早터

京城本町三丁目

十特減

歐米直輸入雜貨

商

辻屋

原定價內에셔十分의一을特減홈

來十二月三十一日까지

電話三六六番

第四百三號

大韓每日申報
대한매일신보

月曜及慶節歲時日休刊

檀君開國四千二百三十九年
箕子元年三千二十八年
大韓開國五百十五年
日本明治三十九年
淸國光緖三十二年
◉陰曆丙午十一月小初七日庚子

論說

日本之貪欲이여

本記者ㅣ日本政治를向ᄒᆞ야ᄂᆞᆫ有何敎睦思想인즐노量度키不能이로되日本個人上親友의게ᄂᆞᆫ尙欲維持其好誼ᄒᆞ노라蓋誤導報筆이本人을種種厭忌ᄒᆞ되本報가對其日本ᄒᆞ야懷其惡意라ᄒᆞ나强硬之言이無傷故로本記者雖日本에일新報의誹謗言이라도尙今不避ᄒᆞ야本報愛讀諸員의게現今形態를方欲略擧ᄒᆞ노니對此事態ᄒᆞ야可以結言ᄒᆞᆯ거ᄉᆞᆫ日本政府가不守其言홈이是也요且使吾人으로置其疑訝ᄒᆞᆯ거ᄉᆞᆫ非但日本政府의行動이라公然發布된諸般報告及演述이是也로다

韓國이現今所著와如히過去戰役에必要利益을包含인바日本通信이韓國應와을關係ᄒᆞᆫ時에與韓交涉이非至甚難ᄒᆞ야應완을諸而行之矣러니戰役이未及結局ᄒᆞ야日本之本色을自著ᄒᆞ얏도다客年十二月十七日에兩種諸言을故意破棄ᄒᆞ얏스니其一은韓國政府의게承諾ᄒᆞᆫ거시요且一은媾和議席에셔約諾ᄒᆞᆫ거시라此兩個諸言을合而觀之면日本이韓國人民의安樂과韓國 皇帝의自治主權을不可傷害ᄒᆞᆯ地位에在ᄒᆞ엿도다

至于今日ᄒᆞ야日露及日淸間에離戰向意에數種問題가有ᄒᆞ거ᄂᆞᆯ加之於此ᄒᆞ야俄國報紙가略述其辭矣니此ᄂᆞᆫ日本이歐洲에셔도結和條約을不拘ᄒᆞ고取行計策ᄒᆞ야俄國政府의自由手段이須多被害에必至케홈이로다

以此事狀으로陸軍大佐아카시가徃彵보新聞上에今被記載ᄒᆞ나ᄂᆞᆫ其新報와及其探報員이此[illegible]狀의眞實를無疑報導인바華[illegible]의紹介者로行動ᄒᆞ든십나거ᄉᆞᆫ爲名人이아카시大佐의게셔二萬六千磅金額을受ᄒᆞ엿고且其同一代理人을經由ᄒᆞ야銃二萬五千柄과彈丸三百五十萬發을配達ᄒᆞ엿고日本政府에代理人이以他汽船으로武器를高加索으로輸運ᄒᆞ엿도다

問題가現今起端ᄒᆞᆷ은自然之理니宇內何如他處의셔日本之借金을爲其煽動患亂ᄒᆞ야消費耶아

雖然이나日本이歐洲事態에尙顧發言이라幾日前에德國 皇帝가宣言ᄒᆞ엿스되列强會議에日人의發言ᄒᆞᆯ時日이不遠이라ᄒᆞ엿스니向露犯罪가擧證된日本所行을取用ᄒᆞᆯ國民이何事를不能이리요以此諸般事情으로觀之컨ᄃᆡ吾人意思에ᄂᆞᆫ日人之侵掠을足以探悉이라外他國民은文明方向으로用力ᄒᆞᆯ거슬日本은武略擴張에專力ᄒᆞᄂᆞᆫ도다吾人이彼無意我라고ᄂᆞᆫ不言ᄒᆞ노니財源之貧乏이是也라日人意見에ᄂᆞᆫ我同盟之探欲을其或恕容이나吾人意見에ᄂᆞᆫ彼不免闕歎이로다

日人이素亂平和ᄒᆞ기를速停ᄒᆞᄂᆞᆫᄃᆡ로吾人이痛激을將止ᄒᆞ리니此機를得見키以前에ᄂᆞᆫ愛讀諸員의게連續叫呼ᄒᆞ야日人貪欲이停止되ᄂᆞᆫᄃᆡ로早速히各人의게利益이될確信을論陳ᄒᆞᆯ것노라

官報

●號外 光武十年十二月二十日

敍任

任中樞院議長 從一品韓圭설

●三千六百四十一號 光武十年十二月二十日

◉宮廷錄事

議政府參政大臣박齊純謹奏杳捕官靑山郡守송熙完移任該道參書官矣嶺湖賊警尙不知杳イ可一任其滋蔓永同郡守徐晦輔杳捕官差下使之繼續詗捕何如謹上奏 光武十年十二月十七日奉 旨依奏

◉敍任及辭令

○九品朴錫奎 任德源府主事 ○前主事洪淳炯 金圭運 任慶興府主事 ○前主事李鍾寅 任沃溝府主事 ○前主事李在性 任昌原府主事 ○前主事李明善 任義州府主事 ○學部協판尹衛植 解地方官銓考委員 ○學部學務局長兪星濬 命地方官銓考委員 ○掌禮院卿李重夏 宮內府特進官金曉秀 宮內府特進官洪承穆 命文獻備考校正堂上 ○正三品朱榮大 英親王府典讀尹喜求 六品鄭崙秀 六品리起헌 六品조漢哲 六品趙琬九 六品權昶植 六品리定儀 九品洪性斗 命文獻備考校正委員 ○박斗桓 張錫元 金章桓 玄운 리誠鎭 리秉弘 石泰元 劉定祜 任信鎬 元덕常 朴基秉 金正오 金喜燮 鄭載덕 安容熙 송秀顥 趙南奎 리慶煥 安致善 朴基保 林益奎 박善容 金命오 리昌林 리錫원 崔泰헌 金熙숟 宋병億 洪淳瑗 金驥聲 리宗萬 南相哲 趙英根 贊雨 리載轍 成大慶 리철權泰植 朴永祚 金鎭學 申珪 南성祐 尹相德 金斗煌 최天보 金大熙 리裕哲 朴炳赫 朴來陽 許숀 박光國 최載賢 梁漢錫 金復卿 梁光錫 安祐瑢 徐正燮 리敦性 변동均 尹헌觸 鄭海설 최相지 鄭熙찬 변錫灝 邊鳳圭 全用默 洪潤根 洪成海 박致和 리武性 安興善 박勝泰 卓秀燁 林吉煥 리啓弘 조源百 韓光洙 申哲永 白永基 金永燦 金振聲 尹泰鎔 安병지 鄭寅肅 장璣衡 최亨俊 閔泳甲 金九性 丁文九 申徽雨 金[illegible] 金 리필雨 金昌煥 元俊一 具洛書 조奎亨 리泳호 조근植 柳學根 조升碩 조東湜 許긔 任農商工夫技手 未完

外報

●學堂調査 支那報를據ᄒᆞᆫ則督學局에셔近日開판學당者가甚多ᄒᆞ야官私立의中學小學之等諸名目이有ᄒᆞ니雖派員의親부考察을經ᄒᆞ야스나京城各面이遂開ᄒᆞ야陸續添開가又復不少ᄒᆞ니査考가恐未周到라의出示ᄒᆞ야論ᄒᆞ야各學당이均부該局呈明ᄒᆞ야聽候調査ᄒᆞ되其規則이如左ᄒᆞ니

一名稱二地址三經費四職員五學科課程六教用教科書七學生名數八 開판年月

●海軍擴張演說 華盛頓通信을據ᄒᆞᆫ則美西戰爭에連續ᄒᆞᆫ陸軍將校를會ᄒᆞ야 드ᄒᆞᆫ런(시여광)에셔請邀宴待ᄒᆞ얏ᄂᆞᆫᄃᆡ宴席에셔海軍卿쌰내팟氏가演說ᄒᆞ기를美國의安全은우리美國敎民이恒常預備ᄒᆞᄂᆞᆫᄃᆡ在ᄒᆞ고또ᄒᆞᆫ國民이各各後備軍이되ᄂᆞᆫ거슬紀念ᄒᆞᄂᆞᆫᄃᆡ在ᄒᆞ다고演說을了ᄒᆞᆫ後에리몬치드홈손氏ᄂᆞᆫ演說ᄒᆞ기를美國이不得不海軍을擴張ᄒᆞ여야可ᄒᆞ다ᄒᆞ고또ᄒᆞᆫ確言ᄒᆞ기를日本이萬一ᄒᆞ고ᄌᆞᄒᆞ면比律賓과布와를占領ᄒᆞᆯ거신則此를防備ᄒᆞ랴면五億五千萬元金貨의經費를持ᄒᆞ여야適當히海軍을擴張ᄒᆞ리라ᄒᆞ고日本이淸國軍士를敎연ᄒᆞ며淸國을武裝ᄒᆞ니對當視之ᄒᆞᆯ바아니라ᄒᆞ얏다더라

雜報

●軍大臣宴 軍部大臣權重顯氏가來二十四日午後七時에統監代理長谷川 鶴原長官 宮岡少將其他韓國各大臣等을花月樓로招待ᄒᆞ야晩餐會를開催ᄒᆞᆫ다더라

●英船入港 英國商船園江號가再昨日午后八時에上海로부터仁港에入ᄒᆞ얏다더라

●服裝鄭發 度支部에셔各地方稅務官의外套와主事의服裝을郵遞로發送ᄒᆞ얏다더라

●旅費請撥 海州觀察使朴齊斌氏가稅務官에報告를因ᄒᆞ야報告ᄒᆞ되稅務主事를各郡에巡回ᄒᆞᆯ터인ᄃᆡ旅費가無ᄒᆞ니區畫下送ᄒᆞ라ᄒᆞ얏다더라

●李疏槪意 前觀察使李恒儀氏에上疏槪意를聞ᄒᆞᆫ즉國家財政이窘拙ᄒᆞᆫ時를當ᄒᆞ야內帑金을積置ᄒᆞ는거시得策이온즉爲先經理院文簿調查를實行ᄒᆞ시라는事라더라

●請擢醫師 衛生局長兪任廣濟院長閔元植氏가內部에報告ᄒᆞ되本院事務가漸就擴張ᄒᆞ나若非事務上한熟官吏면莫可措濟이온바現今官吏中醫師최衡源金聖培技手徐凡淳은事務上에不堪其責이온즉該三人은卽爲免職ᄒᆞ고他日醫術上精明ᄒᆞᆫ人으로遷任ᄒᆞ오면事合妥當이라ᄒᆞ얏더라

●賊亦虛勞 西門外居리參奉菜氏는其本家가鄕曲에在ᄒᆞ고京城에別로居ᄒᆞ더니其先山이思陵等地에在ᄒᆞ더니日前에賊漢이該氏先山을掘ᄒᆞ고頭骨을斲去ᄒᆞ며揭書ᄒᆞ되新貨十萬元을忽覓黑窟으로持來ᄒᆞ고頭骨을贖去ᄒᆞ라ᄒᆞ엿더니該家가答書ᄒᆞ되吾는本耶蘇教人이라父母의祭祀도아니지내니頭骨을何事還覓ᄒᆞ리오ᄒᆞ고反對ᄒᆞᆫ則賊漢이又答書ᄒᆞ기를若早知耶蘇人이면如此深地에空然勞苦掘塚ᄒᆞᆫ이오這間吾輩의虛勞가可惜ᄒᆞ니當錢萬兩만持來ᄒᆞ야以酬吾輩에虛勞ᄒᆞ되若不然이면君지鄕第에衝火ᄒᆞᆯ이라ᄒᆞᆫᄃᆡ菜氏又爲答書ᄒᆞ되吾지鄕第에家產이불過萬兩價値則少無長物ᄒᆞ니任爲지라ᄒᆞ얏더라

●港民呼哭 近日南來人의傳說을聞ᄒᆞᆫ즉東萊釜山港富坪동人民結構基地는大韓開國以來로設置ᄒᆞᆫ土地인ᄃᆡ開港以後로韓일兩國挾雜輩가符同締結ᄒᆞ야千餘斗落一等田답을行賂於監理主事等ᄒᆞ고私自發契에仍作渠物인中에本港일本商民友田과北村兩人이協同ᄒᆞ야良田沃畓四百餘斗落을暗取ᄒᆞ고도猶患弗足ᄒᆞ야民人家屋에有ᄒᆞᆫ基地八拾四斗五升落을期欲奪取ᄒᆞ고ᄌᆞ야百般用計故로該洞人民이奔訴京府가將至三年而前後旨訓이積成卷軸ᄒᆞ고派送委員ᄒᆞ야查覈實狀이非止一再이되政府에셔는무삼難便ᄒᆞᆫ事가有ᄒᆞᆫ지尙弗歸正ᄒᆞ야該民等數千餘名이將至塡壑에呼泣道路ᄒᆞ는ᄃᆡ近일은該港理事廳通譯高雄氏가派員과居民을對ᄒᆞ야自統府로電飭ᄒᆞ되宮內府派送委員이自下挾雜이니從速召還ᄒᆞ고該土地는推給北村ᄒᆞ라ᄒᆞᆫ즉該人民等이允莅落望ᄒᆞ야呼哭道路ᄒᆞᆫ다ᄒᆞ며統監府에셔는一節일本商民의利益을爲ᄒᆞ야한國數千人民을擯斥케ᄒᆞ는지友田北村의用計를因ᄒᆞ야被瞞弗察인듯ᄒᆞ다더라

●請修陵橋 警務使박承祖씨가內部에報告ᄒᆞ되現接東署警務官兪鎭明에報告書內開에本署所管外郊五牌字內東 九陵御路橋梁을年久不修ᄒᆞ와頹圮陷落이至爲拾一處지多故로調查帖報ᄒᆞ오니照亮後斯速修治ᄒᆞ와以便通行等因이옵기另具調查表ᄒᆞ와玆以仰報ᄒᆞ오니查調ᄒᆞ신後亟令修繕ᄒᆞ시와通行上에便利케ᄒᆞ라ᄒᆞ얏더라

●吏輩沮稅 全南來人의傳說을聞ᄒᆞᆫ즉각郡吏輩가相聚偶語ᄒᆞ여曰吾輩가自五百年以來로吏業資生ᄒᆞ야子子孫히相傳ᄒᆞ더니忽當今年ᄒᆞ야稅務官이一出ᄒᆞ미並爲失業ᄒᆞ야屢萬口生靈이將至溝壑之境이온즉吾輩는結心同盟ᄒᆞ야不顧死生ᄒᆞ고結民과合力ᄒᆞ야結錢을若納于稅務所者여든一제打殺ᄒᆞ야稅納지路를杜塞ᄒᆞ기로民情이騷擾ᄒᆞ다더라

●金昔狼貝 慶州東海面養兒山昔탈解王遺허비址는本不過拾餘步어날後孫中昔必復爲名者가本以浮浪패類로敢生壑慾ᄒᆞ야該附近一同公有之슈坂一坪과有卜民田답九十餘斗落을稱以賜牌ᄒᆞ고誣囑掌禮院主事金永來ᄒᆞ야廣삽票木ᄒᆞ고欲奪秋收故로民情이甚鬱ᄒᆞ야呼訴京鄕에終不伸冤이면昔金兩人을同市論罪後에將置火上이라ᄒᆞ며慶州之四十八王陵이若皆如是면民無措足之地라ᄒᆞ더라

●賞與請撥 法官養成所代판자도ᄌᆞ가法部에報告ᄒᆞ되本所使令에도돌伊等三人이勞苦을不憚ᄒᆞ고實心擧行ᄒᆞ와實膺嘉尙이온지라際玆年終ᄒᆞ와不容不賞금을支給ᄒᆞ와以示표奬이온바本年度雜給預算額으로는不足故로玆에報告ᄒᆞ오니查照ᄒᆞ신後度支部로轉照ᄒᆞ시와第一項俸給中十一圓만第五項雜給으로挪移支撥케ᄒᆞ라ᄒᆞ얏더라

●度照學部 度支部에셔學部에照復ᄒᆞ되貴照會內開에農商工學校預算中第六項不足額四百二十三圓九十五錢七里를同款第一項餘額中으로以爲挪用支給爲要等因이온바准此承認ᄒᆞ옵고玆에仰復이라ᄒᆞ얏다더라

●牧場位置 牧畜場位置는平壤北方大城山麓과義州及元山街道에狹在ᄒᆞᆫ長三里ᄭᆞ지幅員이約二千五六百丁의平野를豫定ᄒᆞ얏다더라

●頹墻修里費 度支部에셔法部에照復ᄒᆞ되貴照會內槩에做部與軍部連墻頹圮處를不容不改築이온바半額은軍部에셔擔築이오며半額은做部로擔築이온바該費四拾五圓五拾五里를支出爲要等因이온바查該費를可於修理費餘額中支用이오니必筭支出하라ᄒᆞ얏더라

●答電城津 城津港裁判所에셔法部에電報ᄒᆞ되港內土地賣買事로外國認許與否를卽爲回示ᄒᆞ라ᄒᆞ얏는ᄃᆡ答電ᄒᆞ되土地賣買等事는事係政府라ᄒᆞ얏더라

●兩氏免官 江原道警務署總巡리大현氏는本年拾一月十六日發程報告를繼呈ᄒᆞ고尙不부任ᄒᆞᆷ으로該道觀察使의催促報고가有ᄒᆞ니부任觀任에違反ᄒᆞᆫ事와慶北警務署總巡金進千氏는該署경務官박准孝氏에報告書를據ᄒᆞᆫ則該員이監獄囚徒에계保放運動이라詐稱ᄒᆞ고賄賂를受ᄒᆞᆫ事로並免官되얏다더라

●釋家有人 忠北報恩寺主管僧金坦應氏가東大門外明進學校長洪月初氏에敎育方針에熱心注意ᄒᆞ야僧侶敎育에第一大方家가되믈飽聞ᄒᆞ고日昨에該校에來到ᄒᆞ야生徒에齊齊威儀와前進에望이有ᄒᆞᆫ目的을親視ᄒᆞ고大端히欽仰ᄒᆞ야一塲演說에學員을贊頌ᄒᆞ얏는ᄃᆡ金坦應氏는元來法門花雨에慧月이明낭ᄒᆞ야釋氏에宗家라稱ᄒᆞᆯ만ᄒᆞᆫ人이라慈悲一想으로時機를覺察ᄒᆞ야風潮所激에敎育急務를大오ᄒᆞ고道內各寺에靑年僧侶를募集ᄒᆞ야佛敎와新學問을並行講究ᄒᆞ기로高等敎師를雇聘ᄒᆞ야學校를創設ᄒᆞᆯ次로洪月초氏와協議ᄒᆞ얏다이該氏에善行美擧는一世가贊頌ᄒᆞᆫ다더라

●日壞校墻 公立大丘普通學校長嚴星九氏가學部에報告ᄒᆞ되本校에在ᄒᆞᆫ北便墻內에日本居留民民役所長影山携樹가擬作新路ᄒᆞ와標木을揷去ᄒᆞ얏기로關其理由ᄒᆞ온즉衙門으로東門ᄭᆞ지通ᄒᆞ기爲ᄒᆞ야一邊買家ᄒᆞ옵고一邊始役이오니惟北本[illegible]入於[illegible]中이오며[illegible]에影山携樹가[illegible]이옵기[illegible]허와玆에仰報ᄒᆞ오니[illegible]셔如何히ᄒᆞ야셔指令[illegible]送ᄒᆞ라ᄒᆞ엿더라

▲[illegible]

▲日本西坂豐氏는東洋에平和主義를ᄒᆞᆫ志士라日本政府에셔對韓政策에失當ᄒᆞᆷ을痛ᄒᆞ고一塲演說라가國以處義ᄒᆞ얏다니日本에도如此ᄒᆞᆫ義士잇고

▲여보可字大臣들여보시오行世을엇지ᄒᆞ여賣國賊안이될면黨인이世上에指目이有ᄒᆞ니西坂義士부끄럽지안소

▲사람리될것시春秋만正大ᄒᆞ면彼我國이相關ᄒᆞᆯ지라我國에는웃지ᄒᆞ야賣國大臣이잇고日本에는西坂豐氏갓흔義士가잇소

▲여보시오賣國賊이라自悲自기마시고新精神을刷新ᄒᆞ야國權만回復ᄒᆞ면將功贖罪ᄒᆞ는슈도잇지요

▲박제純氏는平日에望重ᄒᆞᆫ宰相으로世人이稱頌ᄒᆞ더니不幸히新條約이一出ᄒᆞ민同歸一轍ᄒᆞᆷ은嗟惜不已ᄒᆞ나今番排守參本을參政이主管ᄒᆞᆫ다니必是公正하것구

▲近일政府에셔中樞院을實施ᄒᆞᆯ次朝野에名望이有ᄒᆞᆫ某某氏가被任ᄒᆞ얏나니또文具가안된는지

雜報

●祭閔忠正文 續

開城居孔應乎林圭永孫鳳祥等四十人이閔忠正公小祥에祭文이如左홈

嗚呼在昔我公之保釐西都也生等共泳撫育之恩澤至今誦之昨冬生等聞公之喪未卽匍匐號哭者徒悲不足以答公之志也徒泣不足以塞公之望也故一掬之淚尙齎於雙眶之中幸賴皇天佑我下民開城一方之有志人士奮然而起組成一社會名曰教育總會教育靑年啓發民智爲頭腦不惜心血不避艱險稍稍有風潮相盪之漸此實爲國之走步而答公之一分也且又同盟曰凡我同盟各自爲善不負國民義務共勉自强不受官民侵虐以保我人種以善我閔公遺戒凡此數事今不敢不告於我公侍天之靈生等始乃泣血而叫告焉惟我公憐我愛我佑我恤我使斯民日趨於義勇之路展國力於未盡創之前回國光於未埋沒之時則莫非我公冥冥之賜也嗚呼念我今日之時局顧我今日之情狀欲泣無淚欲哭無聲然惟我同胞一息尙存矢報有日惟我公姑且斂劒而俟之薦此一觴醴以衆心是亦公淚之餘瀝也是亦公血之餘沫也公不瞑目庶幾鑑此嗚呼哀哉 完

開城參丞人金在根等이紳理院에請願ᄒᆞᆫ全文이如左 續

今日本院之有此訓飭者ᄂᆞᆫ當初圖民이請價三百兩ᄒᆞ고及其二百五十兩之題下也에不能力爭添加故로以此不滿之額으로反謂過當之價라ᄒᆞ야生此層節於今日이오니寧不令歎乎잇가且前日之題가得則今日之訓이失也오今日之訓이得則前日之題失也니然則本院이將不免有一失於此라今不可不一從相常價三百兩으로準數劃給이라야公私俱妥이온디現自蔘政課로捉囚狀頭ᄒᆞ고强棨前訴ᄒᆞ오니天地可變이언뎡一劃之筆은不可改也오此頭可斷이언뎡此訴ᄂᆞᆫ不可奪也니伏乞洞燭ᄒᆞ옵소서生等이旣不能見爭於上院ᄒᆞ고又不能承准價於今日ᄒᆞ야ᄂᆞᆫ不若更求相當價值ᄒᆞ야以便公私ᄒᆞ옵기玆敢齊訴ᄒᆞ오니査照ᄒᆞ신後水蔘價를更以三百兩定給ᄒᆞ야俾無萬民呼寃之地千萬伏望 完

●慶校長進 慶南晋州師範學校教師金演培氏와校監前僉正河鍾源氏가亟力熱心ᄒᆞ니校樣이漸漸完實ᄒᆞ고學徒가日盛ᄒᆞ야長進之望이有하다더라

●리家賊警 日昨東大門外往拾里居ᄒᆞᄂᆞᆫ리主事某氏家에賊漢拾八名이突入ᄒᆞ야婦女를刼辱ᄒᆞ고家產을奪去ᄒᆞ얏다더라

●分半付校 公立忠州普通學校長趙漢설氏가學部에報告ᄒᆞ되自本道財務所로各郡校土與各處院士賭租를一幷執留ᄒᆞ야各隨石數ᄒᆞ와分半移付附近學校이온바忠州郡校內面雲谷所在朱子廟院土賭租四拾餘石을亦爲留執이온바該面이移屬陰城郡故로玆以報告ᄒᆞ오니査照ᄒᆞ신後使本部參與官房으로知照本道財務官ᄒᆞ여右租를分半移付本校ᄒᆞ라ᄒᆞ엿더라

●糞價更定 최相敦氏가肥料會社를發起ᄒᆞᆫ다ᄂᆞᆫ事ᄂᆞᆫ已爲報道ᄒᆞ얏거니와更聞ᄒᆞᆫ則糞價를十五歲以內人은勿論ᄒᆞ기로的定ᄒᆞ얏다더니近日에規則을更定ᄒᆞ되自十歲로至十四歲ᄭᆞ지ᄂᆞᆫ每朔에銅貨三分式徵出ᄒᆞᆫ다ᄂᆞᆫ디肥料를自手掃棄ᄒᆞᄂᆞᆫ家ᄂᆞᆫ置之不問ᄒᆞᆫ다더라

●寄在京泓兒長篇(卅句)

長城 최炳教

去年火車送今年火船送 木港臨行書帶至汝兄仲 伊後韓信隔徒乱秋怨夢 我到和順衛地主示汝書 多風發船日心靈儘非虛 省楸歸家翌隣人傳厲魚舟中辛苦語和衛書中如 茫茫七山海飄飄二書夜 면食俱不得颶母直可怕 天或惡從新致此風伯狂 我家無資本艱難汝假裝 人間止慈情安得不摧腸 寄炊貧族廚借宿友生家 風雨霜雪朝思지亂如麻 夜長旅突冷能弗思歸耶 飢寒那得免所憂非其一 世界多虎豹莫向論甲乙 現今山野人謂爾迂莫甚 以若黑洞中豈有夢醒枕 波蘭埃及史班班著梓鋟 美紅與匪黑尙此向隅泣 五兆安南人守舊悔何及 生存競爭中時務那全昧 生三事一義孰不言憂愛 但今新學人業成忽變戀 宗祊覩然視思想外國在時局漸衰頹志士益慷慨 汝則遂去心愼勿效此輩 國存身乃存何關衆笑笑 보勢弗久寧况又時弗再

廣告

前參奉朴在浩의名字를台浩로改正ᄒᆞ오니知舊間照亮

六品朴台浩 告白

慶臺安參奉章鎭改名碩鎭홈

前參奉安碩鎭 告白

●學員募集廣告

本所에서學徒를加選ᄒᆞᆯ터이니入學ᄒᆞ기願ᄒᆞᄂᆞᆫ人은光武十一年一月四日 陰十一月二十日)內로稟請狀을本所에具呈ᄒᆞ고同月五日(陰十一月二十一日)上午十時에本所에來ᄒᆞ야入學試驗을應ᄒᆞᆯ事

入學試驗科目

一、國漢文讀書 國漢文作文 筭術(分數以下) 內國歷史 內國地誌

一、年齡은二十歲以上三十五歲以下

但師範學校 中學校 外國語學校及其他以上同等되ᄂᆞᆫ學校에卒業証이有ᄒᆞᆫ者ᄂᆞᆫ免試許入ᄒᆞᆷ이라

法官養成所

本人의長子得華ᄂᆞᆫ年今二十五歲에性本浮浪ᄒᆞ야酒色蕩子로欲得日債ᄒᆞ야移徵父兄코ᄌᆞᄒᆞ오니內外國人은切勿見欺홈

定州濂坊上里 金德鉉 告白

前參奉成樂哲의哲字ᄂᆞᆫ喆字로改正ᄒᆞ오니知舊間照亮

成樂喆 告白

前主事成樂仁仁字ᄂᆞᆫ斗字로改正ᄒᆞ오니知舊間照亮

九品成樂斗 告白

晋州郡元塘里柳尙書遺址訟事로府郡判決이昭然ᄒᆞᆫ디洞人金世柱가平理院에誣訴ᄒᆞ야久不歸決ᄒᆞ니各郡諸族數百人이府郡의呼寃ᄒᆞ야城中이騷動ᄒᆞᄂᆞᆫ데事係上院故로處決치못ᄒᆞ니數百人이京院의上來ᄒᆞ야玆以廣告홈

柳相夔 告白

晋州峴山居前承旨安在萬氏子洛鎭以晦軒先生後裔與其族兄參奉章鎭氏築室力學學問該博孝友兼備境內章甫將欲제訴府郡請褒其實行次先此廣告홈

晋州儒生鄭世鎭李炳來 告白

去日曜日에本會會長權重顯氏가出席ᄒᆞ사本會五課分張이非教育主旨니五課를總務所로合幷ᄒᆞ고廣設學校에期圖開進홈을動議ᄒᆞ시니顧問長金重煥氏가再請ᄒᆞ시고一般會員이제聲可決ᄒᆞ야自今會務를更新組織ᄒᆞ얏시니京鄉會員은 照亮爲要

東亞開進教育會 告白

河東郡谷口齋에서故判書憲逸公成守明號ᄂᆞᆫ處汕故持平簡齋公漢烈兩代遺集을印刊而校正은前承旨周永氏를擇定ᄒᆞ얏사오니遠近僉君子ᄂᆞᆫ淵源可考文蹟을送交本齋ᄒᆞ시믈伏望홈

玄孫樂冠 告白

●大韓俱樂部告白

本月二十三日(日曜)午後一時에磚洞普成專門學校內로總會를開設ᄒᆞ오니 僉部員은來臨ᄒᆞ시오

本人에妻男申成弼이本以浮浪悖類로蕩敗家產ᄒᆞ고至於難保之境則無論族戚ᄒᆞ고百般肆惡ᄒᆞ야勒奪財錢을視若能事ᄒᆞ다가甚至於本人圖章을僞造ᄒᆞ야將欲得債於外國人ᄒᆞ오니無論內外國人ᄒᆞ고勿爲見欺홈

龍川毛串面李學洙 告白

本人八寸弟義州西部里居崔聖林藉以聖教之徒專行蔑倫之事圖得外債欲徵本人隨處周旋內外國人切勿相關見欺홈

義州所串面崔聖律 告白

朝陽報第十一號廣告

(著作)

「告大官巨公」「告韓乃忠韓」「品性修養」「商業概論」「隨感만錄」「寄書」「世界叢談」「內地雜報」「廣告」

◎

(譯述)

「海外雜報」「保護國論」「滅國新法論」「政治原論」「泰西教育史」「本朝名臣錄」「갈蘇士傳」「米國大統領」「詞藻」「비스마룩子」「愛國精神談」

少年韓半島라ᄒᆞᆫ雜誌ᄂᆞᆫ我帝國의(獨立基礎)(自由精神)(平等主義)로써國民的의腦髓를滋養ᄒᆞᄂᆞᆫ元素오教育界의[illegible]發明ᄒᆞᄂᆞᆫ海上燈臺라有志同胞ᄂᆞᆫ購覽ᄒᆞ오每號定價金五錢

發售所普光學校

布屛 金相萬 洞口朱翰榮 鍾路高裕相 磚洞每日申報社

廣告

◉열는이것보시오◉

普通日本語典（全一册）

崔在翊 著

定價金五十錢 郵稅四錢

本書는日語學校敎科書로編用ᄒ기爲ᄒ야數年外國語敎授에從事ᄒ든經驗으로特히初學者를爲ᄒ야昭詳編輯ᄒ미難解처[illegible]自習ᄒᆯ지라도一읍에理會ᄒ며十分可解ᄒᆯ要書이오니左開發賣所로陸續購讀ᄒ사失時의嘆이無케ᄒ시ᄋᆸ

（但著者의捺章이無ᄒ면僞刊으로認홈）

南大門內龍洞越便 藤田合名會社

中署校洞石泉堂藥局

中署布屛下金相萬册肆

中署罷朝橋越便朱翰榮册肆

中署鍾路大東書市

松橋洪昌燮册肆

大安洞東華書館

◉民事訴訟代理와辯護及鑑定一切法律에關ᄒᆫ事務를迅速處理홈

漢城南署苿洞第十七統八戶

法律事務所

辯護士 前檢事 正三品 [illegible]

事務員 法學士 [illegible]

前議官 [illegible]

西署餘洞三戶 新門外一百八十六統

辯護士 前檢事 前判事 丁明燮

法律事務所

◉大韓龜砂라 本人이妙方을發明ᄒ야製造ᄒᆫ靈丹인ᄃᆡ男女老少에無論何症ᄒ고預備ᄒ오며無病時에도服ᄒ면平生에病이絶ᄒ며小兒의驚風病을服ᄒ면十歲안에無病ᄒ게를擔保ᄒ오며

◉九轉龜砂는[illegible]

◉九轉龜砂는[illegible]

◉九轉龜砂[illegible]

◉九轉龜砂[illegible] 吐血 下血 [illegible] 上瘡痛 下疳瘡及[illegible]

開設發賣所[illegible]ᄒ오니 僉君子는來購ᄒ시오

內需司前[illegible]上[illegible]第一家 李[illegible] 告白

◉大韓每日申報發賣所

中署布屛門下 金相萬册肆

洞口[illegible] 朱翰榮册肆

中署農商[illegible] 鄭[illegible]

十八統第二戶

仁川[illegible]新[illegible] 李東[illegible]

平壤南山峴日新學校 金[illegible]

[illegible] 崔[illegible]

[illegible] 許[illegible]

慶州南門外韓四大[illegible]有[illegible] 金[illegible]

長湍邑 金仁[illegible]

鐵南[illegible] 曹[illegible]

中[illegible] 李[illegible]

全山[illegible]川[illegible] [illegible]

開城北部梨井[illegible]洞[illegible]

[illegible]

◎本社廣告

申報價

一張代金 新貨二錢五厘

一個月前納 三十錢

三個月 九十錢

六個月 一元七十錢

一個年 三元四十錢

外國一部 新貨五厘

一個月 十三錢

廣告料

[illegible]十三字[illegible]

[illegible]一寸에新貨廿五[illegible]

每日每行에六錢에相當홈

其期限의長短과字行의多少를依ᄒ야增減홈이有홈

大邱郡 [illegible]城廣文社

鎭山邑內 安[illegible]

[illegible]山[illegible] 金乃[illegible]

黃海道[illegible]邑[illegible]居劉夢[illegible]

發行兼編輯人 英國人裴說

發行所

漢城中署[illegible]洞[illegible]外地法語學校[illegible]

大韓每日申報社

光武九年八月十一日 第三種郵便物認可 明治卅八年八月十一日

日曜日

西曆一千九百六年十二月二十三日 (一)

大韓每日申報

대한매일신보

第四百四號

月曜及慶節歲時日休刊

檀君開國四千二百三十九年
箕子紀元三千二十八年
大韓開國五百十五年
日本明治三十九年
淸國光緖三十二年
◎陰曆丙午十一月小初八日辛丑

論說

日本威脅

日本報筆이學徒를分離ᄒᆞ는桑港形態에對ᄒᆞ야頗多驚악을著示ᄒᆞ엿스니此驚악之態의眞實或假飾은人必各自斷言ᄒᆞ리로다

一世界의覇權이勢力과威脅을新出ᄒᆞ야欲參於列强之班ᄒᆞ는此國民의著態ᄂᆞᆫ因ᄒᆞ야被其混亂ᄒᆞᆷ은無疑라此參班之願이始和約款에셔俄國認許를得ᄒᆞ엿고且英日同盟을關係ᄒᆞᆫ諸報發刊文字를閱覽컨ᄃᆡ其締盟之時에英國이日本을認之以同等ᄒᆞᆷ이著示矣요加之於此ᄒᆞ야美國大統領이日本國民을列强中一位로關係ᄒᆞᆫ實證을累次給與ᄒᆞ엿도다

英國에格外禮讓을說明ᄒᆞ기에但可有二種理由ᄒᆞ니第一은公衆産業이라英國이有他長品故로日本同盟이成立矣오第二ᄂᆞᆫ淸國과且隨其所及ᄒᆞ야東亞全部를關係ᄒᆞᆷ이是也어ᄂᆞᆯ均商及同等의諸般說話를不拘ᄒᆞ고淸國或他處에셔列强의試圖均沾이歸於計外로다

日本外交客에鍊熟手中에셔此商量이至於可驚ᄒᆞ야以其陸海軍에常著勇壯으로日本이現今所享을如彼自得ᄒᆞ얏스니日本에顯然目的은自國計策에有望ᄒᆞᆫ時日을暫待ᄒᆞ야海外勢力을漸遠伸張ᄒᆞᆯ거시是也로다

吾人의生活을認之以貴重故로該威脅이非所輕視라本記者ᄂᆞᆫ如彼威脅을以重大關係ㄴ然이나日本人의請求가如彼驕傲ᄒᆞᆷ으로吾人은彼乃特別人種인줄을常時記憶ᄒᆞ노라彼之鄭重之態ᄂᆞᆫ不過小說이요爭鬪之能을表著ᄒᆞ엿스니國民性質이兩種으로表明되ᄂᆞᆫ何如理會를余今言及ᄒᆞᆷ이未有不可라ᄒᆞᆫ日關係에史編을推察컨ᄃᆡ日本人이危險之時에ᄂᆞᆫ示其偽和矣요平和之時에ᄂᆞᆫ著其驕態矣니此亦世人에明心ᄒᆞᆯ一工課로다

日本行政之下에셔東洋이有利ᄒᆞᆷ을吾人이若量度이면彼之斷然貪慾을何不奬勵리오마ᄂᆞᆫ可歎之事가將起ᄒᆞᆷ을吾人이恐惧ᄒᆞ나니日人의振興이豈非可驚之事리오世界之人이世界之事之整列에發言ᄒᆞᆷ이非不可也니日本政府ᄂᆞᆫ外他邦國의계方策을力行ᄒᆞᄂᆞᆫ以前에自國事를新情形之下에셔整列ᄒᆞᆯ能力을善示ᄒᆞᆯ지어다世人이此를要請

ᄒᆞ기에其有權限이로다

官報

◉敍任及辭令

●三千六百四十一號 光武十年十二月二十日 續

○度支部參書官金敎聲 兼任度支部建築所事務官 ○永同郡守徐晦輔 命旮捕官 ○軍器廠技手白南說 依願免本官 ○軍器廠主事金敎면 任軍器廠技手 ○陸軍法院主事尹鴻儀 任軍器廠主事 前技手白南說 任陸軍法院主事

●三千六百四十二號 光武十年十二月二十一日

◉敍任及辭令

○度支部主事尹鵬植 依願免本官 ○法部大臣李夏榮 命刑法校正總裁 ○議政府參贊한昌洙 法部協판李源兢 法部刑事局長金洛憲 議政府參書官洪運杓 法部參書官尹性普 法部參書官張燾 平理院判事朴晩緖 法部參與官野澤武之助 法部參與官囑託松寺竹雄 命刑法校正官 ○江華郡守安學柱 依願免本官 ○善山郡守姜永瑞 免本官 右ᄂᆞᆫ慶尙北道觀察使韓鎭昌의報告書內開善山郡守姜永瑚報告書를接准內槪에賊徒가突入官舍ᄒᆞ야在囚賊漢二名을放送ᄒᆞ고郡守를携往南門外ᄒᆞ야賊類가散去의不得捕捉等因據査ᄒᆞ온바賊盜ᄂᆞᆫ各事로部訓道飭이亦既申複이옵ᄂᆞᆫᄃᆡ該郡守가身爲命吏ᄒᆞ야既受罔測之辱ᄒᆞ고又失獄囚ᄒᆞ니損躰面債職事가莫此爲甚ᄒᆞ야不可仍置라ᄒᆞ옵기免本官 ○定州郡守尹晉榮 免本官 右ᄂᆞᆫ該員이罔念字恤ᄒᆞ고贓汚不法이聽聞狼藉ᄒᆞ옵기以博川郡守梁在萬으로定査官行査矣러니該郡守에所犯贓錢이實爲八百兩이요亂差齊任이合爲一百七十人이다査報가既係的確ᄒᆞ오니似此郡守ᄂᆞᆫ不可仍置이옵기免本官 ○定平郡守尹병憲 免本官 右ᄂᆞᆫ該員이職在牧民에專事貪汚ᄒᆞ야民訴道査가俱係的確ᄒᆞ니似此郡守ᄂᆞᆫ不可仍置이옵기免本官 ○中樞院議長李根澤 中樞院贊議徐正淳 中樞院贊議 命宮內府特進官 ○秘書監丞金裕弘 [illegible]郡守韓永源 高原郡守 依願免本官 ○侍從院特從金寧鎭 任秘書監丞 ○經理院支應課長 任主殿院電務技師 ○經理院莊園課長崔경孝 任經理院支應課長 ○經理院主事鄭俊東 任經理院莊園課長 ○正二品命鶴鎭 任中樞院贊議 ○宮內府特進官金晥秀 宮內府特進官洪承穆 從二品尹致玄 從二品李忠求 從二品金在豐 從二品金思默 正三品鄭寅興 任中樞院贊議 ○平理院主事리直赫 任江原道裁判所檢事 ○正三品皮相범 任咸鏡南道裁判所檢事 ○度支部主事리鍾殷 度支部主事金增植 度支部主事金東恒 度支部主事金齊弘 依願免本官 未完

外報

●博物院落成 支那商部顧問官張季直氏가通州에在ᄒᆞ야所設博物院이現已落成ᄒᆞ얏ᄂᆞᆫᄃᆡ本國所産動植礦物이均已逐漸運到ᄒᆞ얏고並히廣購産物을擬ᄒᆞ고近又湖石數百塊를運到ᄒᆞᆫ中에美人石一塊가有ᄒᆞ니長이約丈許라더라

●注意日偵 美國陸軍府와海軍府에셔各處軍營에令飭ᄒᆞ기를近日日本의行動이殊常ᄒᆞ니日本探偵者를各別注意ᄒᆞ라ᄒᆞ얏다더라

●日本探偵被捉 桑港報에云ᄒᆞ되去十一月三일만일나電을據ᄒᆞᆫ則日本陸軍工兵隊領官이平服을被ᄒᆞ고美國領地比律賓에暗行ᄒᆞ야其地利와각砲臺의圖形을繪ᄒᆞ며其下에昭詳懸注ᄒᆞ기를其砲臺ᄂᆞᆫ位置가何如ᄒᆞ고兵丁留屯處ᄂᆞᆫ如此ᄒᆞ다ᄒᆞ얏ᄂᆞᆫᄃᆡ至今美國巡査에게被捉ᄒᆞ야其行裝을搜探ᄒᆞᆫ則諸般文蹟을或郵遞로發送ᄒᆞ얏ᄂᆞᆫ가疑訝ᄒᆞ야곳郵遞局에셔日人의書간을査實ᄒᆞ얏다더라

●俄文報館 北京通信을據ᄒᆞᆫ則近日都中에學堂이林立ᄒᆞ야西文을通習ᄒᆞᄂᆞᆫ者가頗多ᄒᆞ고且各國官紳이來京에均以讀西文報紙로爲快閱ᄒᆞᄂᆞᆫᄃᆡ近又某志士가在京都ᄒᆞ야俄文報館을設立ᄒᆞ야規模가已定이라一切機器及鉛字가運到ᄒᆞ면即命出板ᄒᆞᆫ다더라

雜報

●觀察停止 度支大臣閔泳綺氏의稅務觀察ᄒᆞᆫ다ᄂᆞᆫ說은前報에揭載ᄒᆞ엿거니와更聞ᄒᆞᆫ즉有何事端인지觀察之行을停止ᄒᆞ엿다더라

●龜山言論 內部參與官龜山氏가韓國財政의窮細홈을爲ᄒᆞ야雇聘月俸을自退ᄒᆞ고統監府에此等無用之人을還爲逐歸홈然後에韓國政府가刷新홀더이오若不然則韓國財政만枯竭되고韓國無力ᄒᆞᆫ官憲만壓制ᄒᆞ리라ᄒᆞ얏다더라

●忠察濫稅 忠北來人의傳說을據ᄒᆞᆫ則該觀察使尹吉炳氏가管下各郡에牛皮派員을派送ᄒᆞ야濫捧之弊가許多ᄒᆞ며各郡巡校로巡檢을差定派遣ᄒᆞ야場市各項雜稅與米塵監考를革罷ᄒᆞ다稱ᄒᆞ고討索濫捧이比前益加ᄒᆞ야民怨이載路라ᄒᆞ더라

●十三郡守 再昨日內部에셔郡守拾三窠를奏本ᄒᆞ엿ᄂᆞᆫ데德源趙秉敎 開城劉漢容 江華吳相圭 定州李世卿 定平景台協 善山洪鎭裕 洪州孫永吉 豐德李允鍾 豐川成樂英 高原劉昇熙 咸興鄭在淳 谷山鄭 喬 河陽宋憲冕 諸氏더라

●龜山反對 日本警視與巡査多數渡來케ᄒᆞᆫ事ᄂᆞᆫ專是警務顧問丸山氏의自意오非政府之招聘이라該警視與巡査에月給을算外支出ᄒᆞ다가明年度爲始ᄒᆞ야預算을修整ᄒᆞ얏ᄂᆞᆫ데內部參與官龜山氏가此事件에對ᄒᆞ야日本顧問巡査가日本各地方에셔警察職務에ᄒᆞᆫ熟지못ᄒᆞᆫ人이니此等警吏를招來ᄒᆞ야도韓國에有益事業이無ᄒᆞ고月俸만多數費損ᄒᆞᆯ거시니日本警部幾人을渡來케ᄒᆞ야韓國巡檢을合格者로選擇敎鍊ᄒᆞ야各地方에派送ᄒᆞᄂᆞᆫ거시妥當ᄒᆞ다ᄒᆞ되丸山氏가搖頭不聽ᄒᆞ얏다더라

●法校又起 近日의有志紳士某々氏가發起ᄒᆞ야中部동近地의法律專門學校를設施ᄒᆞᆫ다더라

●政牒各部 政府에셔各部에道牒ᄒᆞ되每於宮內府陳賀일各部官吏或一二人進參或有全數不參之部極甚零星不能作班殊欠事體且或諉以部務相妨此實不然問安時刻每在早朝各部仕進時刻以前也再明일冬至問安及陳賀稱停例擧行時實病實故以外全數入參而擧案於政府秘書課以考勤慢ᄒᆞ라ᄒᆞ얏더라

●政照各部 政府에셔各部에照會ᄒᆞ되各部官人陳疏를必由本部長官認許ᄂᆞᆫ自是當行之例이어날挽近各官吏가或不由長官ᄒᆞ고擅自呈疏ᄒᆞ니是豈事體리오從玆以後ᄂᆞᆫ管下官吏의게申飭ᄒᆞ시와一遵施行ᄒᆞ라ᄒᆞ얏더라

●水晶發苗 近일釜山의셔百餘里되ᄂᆞᆫ處에水晶山을發見ᄒᆞ엿ᄂᆞᆫ데韓國興業會社에셔採取를着手ᄒᆞᆯ者로準備中이라고ᄒᆞ다더라

●兩氏贊校 發成學校에對ᄒᆞ야有志諸紳士가熱心擴張홈은已爲報道ᄒᆞ얏거니와該校副校長朴昌善氏가文明思想에一層奮發ᄒᆞ야爲先金一百圓으로贊助ᄒᆞ얏고贊成員大垣丈夫氏의我國의敎育이日益進步홈을讚賀를無已ᄒᆞ야每朔金三元式寄付ᄒᆞ다니兩氏의實心贊校홈은一般國人이無不稱頌ᄒᆞ다더라

●逐鷄黜離 數月前에西門外居ᄒᆞᄂᆞᆫ韓人某氏가有私債數千元所俸處ᄒᆞ되債用人이不肯報債ᄒᆞᄂᆞᆫ故로明洞日憲兵部特務로在勤ᄒᆞᆫ仁平에게該錢을督俸ᄒᆞ여달나고囑托ᄒᆞ엿더니仁平이가一々히唷地推捧ᄒᆞ고適其時歸國ᄒᆞᆯ가有ᄒᆞ야錢主에게ᄂᆞᆫ通知치안코該錢을帶持以去ᄒᆞ미錢主가不勝抑冤ᄒᆞ야呼泣道路ᄒᆞᆫ다더라

●賊反打兵 再昨日上午四時에中署於義동一兵丁家에强盜三名이突入ᄒᆞ야洋銃으로兵丁을揮打ᄒᆞ얏ᄂᆞᆫ데幸免重傷ᄒᆞ얏다더라

●建校落成 學部에셔各普通學校를新建築ᄒᆞᆫ故로來月曜日下午二時에校洞日語學校內에셔落成宴을設ᄒᆞᄂᆞᆫ데各學校長과敎師를請邀ᄒᆞᆫ다더라

●農圃電燈 農圃居鄭禹澤氏가該洞이夜間인즉行路가不便ᄒᆞ무로韓美電氣會社와合同契約ᄒᆞ고中部電燈三座을設置ᄒᆞ고每家의收斂ᄒᆞᆯ計劃으로將次警務中署에請願ᄒᆞᆫ다더라

●兩氏名擧 開城鐵道監部技術見習生印東燁高희喆兩氏가觀務時間에ᄂᆞᆫ府培義塾校에名譽敎師로熱心敎授ᄒᆞᆫ다더라

●黃守助磨 平安南道平壤駐箚十五師團에셔派遣日人平黃海道黃州郡ᄒᆞ야馬양稻草을每貫의四戔式定價ᄒᆞ고十萬貫을貿賣ᄒᆞ되主買金을二萬兩計給條約而貫重則一貫에四束錙銖이거날本郡居留日人服部善吉이가挾囑本倅韓澤履氏ᄒᆞ고分排各面方ᄒᆞ야欺民斂財ᄒᆞ되索도一把을面頭斷給ᄒᆞ야十二束作貫에三倍乾捧故로本郡仁濟面丘炳奎氏가往訴于十五師團ᄒᆞ야特滅圓旨을到付本郡則老忘ᄒᆞᆫ倅가狀民을反囚刑獄ᄒᆞ라ᄒᆞᆫ則該狀民이出三門外ᄒᆞ야惟幸避身이오나各面人民이忿激稱冤ᄒᆞ되如許官長이幾日留在면一境之民雖免魚肉이라ᄒᆞ더라

●影子內署 今回四十三窠郡守를內部에셔已經銓考홈을既爲報道ᄒᆞ얏거니와內大署理成岐運氏ᄂᆞᆫ但以影子로置之ᄒᆞ고參贊ᄒᆞᆫ昌倅氏가參政大臣박제純氏와協議ᄒᆞ야左之右之ᄒᆞᄂᆞᆫ데皆從參贊袖中出來라ᄒᆞ더라

●非大事不接 일憲兵司令部에셔前일에ᄂᆞᆫ韓氏訴訟에對ᄒᆞ야一例接受ᄒᆞ더니경廳擴張以後로ᄂᆞᆫ重大ᄒᆞᆫ刑事外에ᄂᆞᆫ一切不受ᄒᆞᆫ다더라

●捉何旋放 再昨日의東署背寧橋等地에셔巡檢三人이何許雜技軍四名을捕縛以去ᄒᆞᄂᆞᆫ데所持贓錢은紙貨拾元짜리拾餘張이發見되얏ᄂᆞᆫ데무ᄉᆞᆷ事端인지ᄒᆞ巡檢이紙貨을還授ᄒᆞ며勸諭以送ᄒᆞᄂᆞᆫ데本署總巡이此事를得聞ᄒᆞ면我等은罷免을當ᄒᆞᆯ터이니一切口外不出ᄒᆞ라ᄒᆞ얏다니紙幣을分半食之ᄒᆞ고解縛以送ᄒᆞ얏ᄂᆞᆫ지未知ᄒᆞ깃다더라

●何厚何薄 日司令部에滯囚ᄒᆞᆫ前承旨金升문氏에伯氏가十餘일前에來到ᄒᆞ야兄弟間一次面會ᄒᆞ기를請願ᄒᆞ얏다가承許치못ᄒᆞᆫ事ᄂᆞᆫ已爲報道ᄒᆞ얏거니와更聞ᄒᆞᆫ즉金氏에伯氏가일前에更爲請願ᄒᆞ얏더니又是不許ᄒᆞᆫ지라前일에ᄂᆞᆫ無論何罪人이던지其子與弟가請願만ᄒᆞ면承許ᄒᆞ더니今此金氏에게當ᄒᆞ야셔ᄂᆞᆫ特히許치안이ᄒᆞ니如何ᄒᆞᆫ重大事件有ᄒᆞᆫ지不知라ᄒᆞ더라

●宮照學部 宮內部에셔學部에照會ᄒᆞ되嘉禮都監照會를接준ᄒᆞᆫ즉內關에今此嘉禮時本房熟設을將執定於德語學校矣라以此知委學部ᄒᆞ야使之不 移去而三揀擇일子가在邇ᄒᆞ와각項排設等節이萬萬時急ᄒᆞ여玆用仰佈ᄒᆞ오니照亮卽刻知委擧行等因준此由本府入稟ᄒᆞ와德語學校를移接于本府所管前協律社ᄒᆞ라신 旨意를奉有ᄒᆞ와玆用仰포ᄒᆞ오니照亮ᄒᆞ신後欽遵施行事라ᄒᆞ엿다더라

●資格不問 소番法部에셔地方裁判所主事資格을銓考ᄒᆞᄂᆞᆫ데前博士東庸氏도法律卒業生으로生計가無路ᄒᆞ야現今辯護士事務員으로稱以柳江齋되銓考所에셔趙氏ᄂᆞᆫ善爲辯察이라ᄒᆞ야置之勿論ᄒᆞ얏다더라

●緣叔免官 政府主事李明熹氏ᄂᆞᆫ姿格이該職을不能擔任ᄒᆞᆯ뿐더러該氏ᄂᆞᆫ還軍相李根澤氏가再從姪이라當初에李根澤氏가自已勢力으로該府主事를叙任ᄒᆞ얏더니再昨일參政大臣朴齊純氏가李氏를招待ᄒᆞ야請願辭免ᄒᆞ라ᄒᆞ얏다더라

◎南至把樽

▲今日即一陽來生時라天機가回泰ᄒᆞ니人事를可復이라政府諸公은精神을刷新ᄒᆞ여國權을回復ᄒᆞ면天人이相副ᄒᆞᆯ時機가안인가

▲天寒이酷烈ᄒᆞ야蔀屋生靈이凍餒가兼至ᄒᆞ니政府上에大官이安得寬安大衾ᄒᆞ야以被天下之寒ᄒᆞᆯ가

▲近일에寒事도甚酷ᄒᆞ고地方에虐政도甚酷ᄒᆞ니無衣無褐에何以卒歲리오兩酷이俱到에嗚呼寒情景可憐ᄒᆞ다

▲黃州地方은土地를일人이占奪ᄒᆞ더니馬粮藁草를村村家家히排斂ᄒᆞ야民將魚肉이라ᄒᆞ니黃州地方은土皮를벗기ᄂᆞᆫ고

▲洪州에出勤ᄒᆞᆫ日憲部가某郡守를捉來ᄒᆞ여笞罰을施ᄒᆞ랴다가傍人이挽止ᄒᆞ엿다니일警部ᄂᆞᆫ法官을兼帶ᄒᆞ엿ᄂᆞᆫ지

▲楊州等地에일憲兵隊에셔鷄卵討索과電竿木運輸에一境이離難를만나싸지

寄書

鶴栗生

研究大理가有生覺靈三字ᄒᆞ니草木은但生而無覺ᄒᆞ고禽獸ᄂᆞᆫ覺而無靈ᄒᆞ고惟人은生而覺而靈ᄒᆞ니靈云者ᄂᆞᆫ是非羞惡之心이有ᄒᆞᆷ이니人而無此四端이면圓顱方趾로天을戴ᄒᆞ며地를履ᄒᆞ나飛者走者에族類을免키難ᄒᆞᆫ지라惟我大韓每日申報ᄂᆞᆫ盖二千萬同胞에代表者로至正至直之筆舌이東西洋六大洲에振ᄒᆞᆫ者ᄂᆞᆫ雖大之一善이라도不以小而無揚ᄒᆞ고一惡이라도不以小而無懲ᄒᆞᆷ이니特董之針砭이오警世之木鐸이라孔麟之筆과司馬之史로可以同日而語也로다

嗟乎嗟乎라惟我同胞ᄂᆞᆫ不知醒覺者幾人이며着古者幾人이연마ᄂᆞᆫ言之及此에寧不寒心哉아山林抱膝士ᄂᆞᆫ或稱性理어니學行이어니巷里守錢翁은或曰五百年例式이여니先世箕子業文이어니ᄒᆞ고父叱子兄叱弟而報館之文을異端이라ᄒᆞ야使之不득一字ᄒᆞ며句者도有ᄒᆞ며紈과子弟ᄂᆞᆫ千金으로小妾을환來ᄒᆞ야錦衾煖擁에日高三竿에猶不起ᄒᆞ며花套골牌場에日費萬錢이라도至於申報購覽ᄒᆞ야ᄂᆞᆫ分銅을인惜ᄒᆞ니慨哉歎哉라莊生에蝶枕을東閣ᄒᆞ고南柯에蟻穴을遺離ᄒᆞ야黑동洞을避ᄒᆞ고明球球를向ᄒᆞ지여다萬古聖人孔宣尼도韋編三絕而玄理益彰ᄒᆞ시고天下英傑羅巴倫도書籍博覽而智慧通透ᄒᆞ얏시니大抵報文이아니면方寸屋內에萬國事을何可談論이며何者가爲是爲非인지何者가爲强弱爲興敗인지不知ᄒᆞ리로다今日我韓之漸축ᄒᆞᆷ은頑固을急祛치못ᄒᆞᆷ에在ᄒᆞᆫ니통哉통哉라惟我同胞여

◉本社廣告◉

本社에셔財政이困難ᄒᆞᆫ形便은本報愛讀ᄒᆞ시ᄂᆞᆫ僉君子에게已爲敬告ᄒᆞ엿사오니不必贅陳이어니와當此年終ᄒᆞ와許多經用이磨勘이無路ᄒᆞ오니特念本社情況ᄒᆞ시와本報代金을這々劃送ᄒᆞ시면本社에셔ᄂᆞᆫ非但以代金으로知之라以捐助로知之ᄒᆞᆯ거시니僉彦은另念照亮ᄒᆞ시오

大韓每日申報社 告白

雜報

●金藉日勢 南門外梨木동居李永基가同里居金順五에妹弟를通奸ᄒᆞ더니日前에李永基가金順五家에셔該女子와談話ᄒᆞ다가金順五의게發見되미리哥가卽時逃避ᄒᆞᆫ지라金哥가軍刀를持ᄒᆞ고卽往리哥家ᄒᆞ야리哥에父親을無數亂打ᄒᆞ야死境에至ᄒᆞᆫ지라金順五之爲名은本以日憲兵部人이라自稱ᄒᆞ고하人의게對ᄒᆞ야威務挾雜이無所不至ᄂᆞᆫ世人이共知ᄒᆞᄂᆞᆫ바어니와今此以子之故로打其父ᄂᆞᆫ果是法外라고巷說이紛紛ᄒᆞ더라

●毬轉亦欺 再昨日의東署梨峴內日人毬轉商店의何許韓兵一名이毬轉을試코ᄌᆞᄒᆞ야白銅錢貳錢式내고毬轉ᄒᆞᄂᆞᆫ데適其時담稱가發現ᄒᆞᆫ지라其号數대로달나ᄒᆞᆫ則該日人이無數行臆ᄒᆞ며橫竪說去ᄒᆞ고一向不給ᄒᆞᄂᆞᆫ지라該韓兵이不得已ᄒᆞ야歸去ᄒᆞ얏다더라

●韓典模日 近日韓國內各典當局에셔當此錢荒時代ᄒᆞ야貧者의衣服什物을典執ᄒᆞᄂᆞᆫ데過限三四朔이면永爲放賣ᄒᆞᆫ다ᄒᆞ야韓國典當局도日人典當局을模倣ᄒᆞᆫ다고一般怨聲이藉藉ᄒᆞ더라

●二命極慘 近日日寒이酷烈ᄒᆞ야東署午橋等地에셔何許人一名이凍死ᄒᆞ얏고長橋附近의셔ᄂᆞᆫ六十歲假量된男子一名이凍死ᄒᆞ얏ᄂᆞᆫ데其情境이極慘ᄒᆞ더라

●花泣轎中 再昨夜九時頃의東署박石峴等地에셔一鄕人이二十歲假量된女人을無數亂打ᄒᆞ며步轎의태여셔江原道金海郡으로下去ᄒᆞᄂᆞᆫ데內容을得聞ᄒᆞᆫ則該鄕人이葉三千兩의買得ᄒᆞ야同居三四朔의因以逃走上京ᄒᆞ야漢洞等地의隱匿ᄒᆞᆫ거슬發見ᄒᆞ여緊捉率去ᄒᆞᄂᆞᆫ데該女人이大聲痛哭ᄒᆞ며期於코決死ᄒᆞ기로酌定ᄒᆞ고下去ᄒᆞᄂᆞᆫ데呼哭之聲이道路에不絕ᄒᆞ다더라

廣告

農商工부大臣成岐運氏에圖章을不知中日前에셔失ᄒᆞ엿슴기如是廣告ᄒᆞᆷ

拾一月二拾二일 金澈龜白

社會의進步와國家發達의衛生을一日이라도遲緩치못ᄒᆞᆷ은不必多言이오此를大로言ᄒᆞ면國家에體面을光輝케ᄒᆞ고小로言ᄒᆞ면個人의福을增長ᄒᆞ고拒病保命ᄒᆞ야一家의幸福을增進케ᄒᆞᆯ지라本人等이玆에我大皇國發達現狀을深思ᄒᆞ야共同衛生의目的으로漢城衛生社를組織ᄒᆞ야本社를南署司宰洞第五統八戶에設ᄒᆞ고爲先警務南署監督下에在ᄒᆞᆫ管內부터着手이온바事業의發展과準備의整理ᄒᆞᆷ을因ᄒᆞ야他署諸君의惠托ᄒᆞ심에應코ᄌᆞᄒᆞ오니諸君子ᄂᆞᆫ本社의微意가有ᄒᆞᆫ處를深諒ᄒᆞ시와掃除를至急請願ᄒᆞ심을伏望ᄒᆞ옵ᄂᆞ다衛生責重ᄒᆞᆷ을等閒히ᄒᆞᄂᆞᆫ人은發達進步의壽命幸福을不知ᄒᆞ미라是以로謹告ᄒᆞ오니諸君子ᄂᆞᆫ洞諒ᄒᆞ시와至急請願ᄒᆞ심을伏望ᄒᆞᄋᆞᆸᄂᆞ다

漢城衛生會社 告白

去日曜日에本會長權重顯氏가出席ᄒᆞ사本會五課分장이非敎育主旨니五課를總務所로合幷ᄒᆞ고廣設學校에期圖開進ᄒᆞᆷ을動議ᄒᆞ시니顧問長金重煥氏가再請ᄒᆞ시고一般會員이齊聲可決ᄒᆞ야自今會務를更新組織ᄒᆞ얏스니京鄕會員은 照亮爲要

東亞開進敎育會 告白

●學員募集廣告

本所에셔學徒를加選ᄒᆞᆯ터이니入學ᄒᆞ기願ᄒᆞᄂᆞᆫ人은光武十一年一月四日(陰十一月二十日)內로稟請狀을本所에具呈ᄒᆞ고同月五日(陰十一月二十一日)上午十時에本所에來ᄒᆞ야入學試驗을應ᄒᆞᆯ事

入學試驗科目

一、國漢文讀書 國漢文作文 算術分數以下 內國歷史 內國地誌

一、年齡은二十歲以上三十五歲以下

但師範學校 中學校 外國語學校及其他以上同等되ᄂᆞᆫ學校에卒業證이有ᄒᆞᆫ者ᄂᆞᆫ免試許入ᄒᆞᆷ이라

法官養成所

本郡守李承職氏ᄂᆞᆫ熱心勸勉에學校興旺ᄒᆞ며嚴束作統에盜賊이屛跡ᄒᆞ며愛民如子에聽訟如神이라浮浪雜類가難可得意ᄒᆞ야做出無根之說ᄒᆞ야揭載於各新聞上故로不可不明辨이기爲先廣布ᄒᆞᆷ

鳳山李亨達 告白

本人의子在胤이浮浪悖類로交遊ᄒᆞ야陰十月念間의逃躱後東署蓮池동五十一統六戶瓦七間草三間文券을見失ᄒᆞ엿스니從今以後로ᄂᆞᆫ休紙施行ᄒᆞᆷ

中署帽동 朴涎煥 廣告

洪淳康氏가東署東小門內士東邊에織造機會設ᄒᆞ야橫號를淳昌이라ᄒᆞ고各色綿緞紗綢等을織造ᄒᆞ오니僉君子ᄂᆞᆫ臨時買ᄒᆞ시며或所用대로綿紗等屬을預斗ᄒᆞ시며依約施行ᄒᆞ기사

淳昌 告白

●大韓俱樂部告白

本月二十三日(日曜)午後一時에磚洞普成專門學校內로總會를開設ᄒᆞ오니會員은來臨ᄒᆞ시오

會部

朝陽報第十一號廣告

(著作) ◎ (譯述)

「廣告」「世界叢談」「內地雜報」「告大官巨公」「害韓乃忠韓」「品性修養」「商業總論」「讀感世錄」「寄書」「海外雜報」「保護國論」「政治原論」「滅國新法論」「本朝名臣錄」「泰西教育史」「美國大統領」「詞藻」「비ᄉᆞ마룩子」「愛國精神談」

少年韓半島라ᄂᆞᆫ雜誌ᄂᆞᆫ我帝國의獨立基礎(自由精神平等主義)로써國民的의腦髓를滋養ᄒᆞᄂᆞᆫ元素오敎育界의學理를發明ᄒᆞᄂᆞᆫ海上燈臺라有志同胞ᄂᆞᆫ購覽ᄒᆞ오셔 號定價金十五錢

發售所 普光學校

布屛 金相萬 洞口朱輪樂 鍾路高裕相 磚洞每日申報社

河東郡谷口齋에셔故判書鄭澤逝公成守明號ᄂᆞᆫ處山故持平簡齋公漢烈兩代遺集을印刊而校正은前承旨周永氏를擇定ᄒᆞ얏사오니遠近僉君子ᄂᆞᆫ淵源可考文蹟을送交本齋ᄒᆞ시믈伏望ᄒᆞᆷ

玄孫樂冠 告白

本人의長子得華ᄂᆞᆫ年今二十五歲에性本浮浪ᄒᆞ야酒色蕩子로欲得日債ᄒᆞ야移徵父兄코ᄌᆞ오니內外國人은切勿見欺ᄒᆞᆷ

定州演坊上里 金德鉉 告白

廣告

●얼는 이것 보시오●

普通日本語典 全一册 一百卅頁

崔大翊 著

定價金五十錢 郵稅四錢

本書는日語學校教科書로補用ᄒᆞ기爲ᄒᆞ야數年外國語教授에從事ᄒᆞ는經驗으로特히初學者를爲ᄒᆞ야 詳編ᄒᆞᆫ冊이니 自習ᄒᆞ지라도一覽ᄒᆞ면十分可解ᄒᆞᆯ要書이오니左開發賣所로陸續購讀ᄒᆞ사失時의歎이無케ᄒᆞ시옵

(但著者의捺章이無ᄒᆞ면僞刊으로認喜)

南大門內龍洞越便 藤田合名會社

中署校洞石泉堂藥局

中署布屛下金相萬冊肆

中署罷朝橋越便朱翰榮冊肆

中署鍾路大東書市

松禑國朝鮮冊肆

大安洞廣學書舖

◉民刑訴訟代理와 辯護와 及鑑定一切法律에關ᄒᆞᆫ事務를迅速處理ᄒᆞᆷ

漢城南署美洞第十七統入戶

前陸軍法官正三品 李冕宇

法律事務所

事務員 法學博士 玉東奎

法學士 趙東熙

前議官 金益濟

西署鑄洞三戶 新門外一百八十六統

辯護士前檢事 丁明燮

法律事務所

SPIDER

CIGARETTES

●本局明砂라 本人이妙方을研究ᄒᆞ야調製ᄒᆞᆫ丸丹인ᄃᆡ男女老少에無論何症ᄒᆞ고通治ᄒᆞ오며無病時에도服ᄒᆞ면平生의身體가健康ᄒᆞ며小兒는兩三個月만服ᄒᆞ면十歲안에無病ᄒᆞ게保護ᄒᆞ오며

●九龍明砂熊膽丹은驚氣 痰疾과 中風 癲疾과耳目諸病에 神效ᄒᆞ오

●九龍明砂綠命丹은初生小兒 驚氣 風痰 瘧疾 諸般과婦人帶下症에神効ᄒᆞ며

●九龍明砂百草丹은酒毒 食滯 胸痛 腹痛 泄瀉 霍亂 吐血 下血 氣 時疾 瘟疫에神効ᄒᆞ오

●九龍明砂紫金丹은痔漏 上疳 下疳 梅瘡 諸般瘡腫에無不神效하오니 僉君子는來問ᄒᆞ시오

南署司前동간이골上邊第一家 李鍾延 告白

◉大韓每日申報各處分館

中署布屛門下 金相萬冊肆

洞口越便 朱翰榮冊肆

中署農圃洞入七十八統第二戶 鄭禹澤

仁川港 李東圭

水原南山峴日新學校 金浩淵

崔敬恒

安

義州南門外韓西大韓魯服有業 金

延安邑 鎭南浦 金仁湜

安岳邑 曹喜林

中和邑 李鍾德

松山竹川 李濟翰

開城 毛參判

忠州 崔勵嵓

◎本社廣告

申報價

一張代金 新貨二錢五里

一個月前納 三十錢

三個月 九十錢

六個月 一圓七十錢

一個年 三圓四十錢

外國一部 一個月 新貨五圓 十三錢

廣告料

四號活字十三字爲一行每日每英尺一寸에新貨廿五錢(每日每行에六錢에相當홈)其期限의長短과字行의多少를依ᄒᆞ야增減홈이有홈

大邱郡 達城廣文社

鎭山邑內 安 瀬

元山港倉前 金乃鉉

黃海道載寧邑濟衆醫局劉麟鶴

發行兼編輯人 英國人裵說

發行所 京城中署壽進坊石洞另外地法語學校前

大韓每日申報社

例年대로十二月十五日부터

京城本町三丁目

仕特減

歐米雜貨直輸入商

原定價內에서十分의一을特減喜

來十二月三十一日까지

電話三六六番

第四百五[illegible]號 第四卷

大韓每日申報
대한매일신보

月曜及慶節歲時日休刊

檀君開國四千二百三十九年
箕子元年三千二十八年
大韓開國五百十五年
日本明治三十九年
淸國光緖三十二年
◉陰曆丙午十一月小初十日癸卯

論說

漢城板刻所新報

本記者ㅣ漢城板刻報를對ᄒᆞ야略陳鄙說ᄒᆞ노니愛讀諸員은請暫忍耐ᄒᆞᆯ지어다此報가第一號에向余不睦之說을記述ᄒᆞ얏쓰나本人은此를不拘ᄒᆞ고該國內誤失을較正ᄒᆞ기에同報의助力을希望ᄒᆞ노라

漢城板刻報의新設本意가社會上緊急要請을因ᄒᆞᆷ이라ᄒᆞ얏스나本人之閱讀此報가至於十三號인바漢城內에一無弊瘼이라고同記者ㅣ指稱ᄒᆞᆷ은其乃誤失인즉可以探悉이로다

同報가日本政治家間에細小爭端을長述ᄒᆞ얏시니此는日人以外에着味ᄒᆞᆯ者ㅣ斷未有之어늘其以英文發刊之意가維何오若以日文記述이면幾多日人만閱讀ᄒᆞ여깃도다

且其同日紙上에日本메일新報를照曆인바但其無禮之言이오一無推理論證이니何足爭辨이리오然이나有一警告ᄒᆞ니此는本記者ㅣ他機會를共或不失ᄒᆞᆯ거시라메일新報의記載員은日本法律에隱身ᄒᆞ얏거니와板刻報의記載員은與我無異ᄒᆞ니英國法律을可以服從ᄒᆞ리로다加之以汚泥에或有染濁之勢라本報의正直政策을不信케ᄒᆞ는日人方策을本記者ㅣ非不輕視나然이나諸般攻擊을默過키不能이로다

日本法律이未免缺乏故로本人이메일新報記者의게셔滿足을不得ᄒᆞ얏거니와漢城板刻보의整列之人은其乃英國臣民이라後日紙上에或有譏謗이면以法律矯正ᄒᆞ기를將求ᄒᆞᆯ깃노라

官報

●三千六百四十二號 光武十年十二月二十一日 續

◉敍任及辭令

○前主事金璟植 仝金濟弘 仝李鍾殷 仝金東恒 任度支部主事○正三品田 恩 仝朴用元 仝宋榮大 仝金明濬 仝呂炳헌 仝黃 鐵 德源府尹申珩模 六品沈宜性 仝윤定植 九品金志介 任中樞院副贊議○任平理院判事 한城裁判所判事金正穆○任한城裁判所判事 正三品尹邦헌○成均館博士金商介 仝崔阑鏞 仝朴用健 依願免本官○許 檜 宋基德 韓東錫 任成均館博士○任京畿裁判所主事 前博士鄭燮朝○任忠淸北道裁判所主事 前博士李載榮○任忠淸南道裁判所主事 前博士鄭樂憲○任全羅北道裁判所主事 六品柳寅羲○任全羅南道裁判所主事 前博士리한求○任慶尙北道裁判所主事 權泰泳○任慶尙南道裁判所主事 六品金輝敦○任江原道裁判所主事 金泌秀○任黃海道裁判所主事 六品黃履淵○任平安北道裁判所主事 前主事金 煕○任平安南道裁判所主事 李應洛○任咸鏡北道裁判所主事 前博士徐丙설○任咸鏡南道裁判所主事 前博士柳龍均○解濟州郡種痘支所事務委員 朴聖一○命濟州郡種痘支所事務委員 前參奉金滿洙

●三千六百四十三號 光武十年十二月二十二日

◉宮廷錄事

新羅 脫解王殿宇額號望崇信 光武十年十二月廿日

◉敍任及辭令

○依願免本官 掌禮院掌樂課主事洪日섭○解典膳司膳部 九品申한甫○九品全完一 仝吳爾常 解典膳司膳手○任侍從院시從 秘書監丞金寧鎭○任秘書監丞 正三品尹직善○任掌禮院掌樂과主事 主殿院主事金寧圭○任主殿院主事 九品洪日섭○林聖瑞 尹永圭 文大仁 嚴桂翊 命典膳司膳手○任平理院主事 法部主事奇東衍○任法部主事 前主事具健書○成均館博士許 檜 仝송基德 仝韓東錫 依願免本官○蔡基赫 리明섭 리義學 任成均館博士

●號外 光武十年十二月二十三日

◉宮 廷 錄 事

詔曰命宮內府特進官趙秉鎬爲議政府議政大臣

光武拾年十二月二拾二日
政議府叅政大臣朴齊純

詔曰卿之歸休鄕廬優閒怡養亦旣久矣迨玆艱會轉劇處憂경洞之際卿亦宜蹶然興歎奮起彷확不應以釋務退處便卽弁髦民國秪圖康濟一身而惟朕耿耿于懷未嘗須臾而忘卿其於相孚之地必營念到於拳拳如渴之責矣矧玆慶禮在前日子亦已隔近卿於欣祝之忱夫豈憚於觸冒勞頓泳雪修程而朕之思欲見卿時日爲亟亦無暇更煩往復望卿卽爲趣裝上來庸慰側席佇企 想事遣秘書郞傳諭于議政

十二月廿二일

●三千六百四十四號 光武十年十二月二十四日

◉敍 任 及 辭 令

○解研成學校特務正校 리廷植○任研成學校特務正校 正校리昇섭○秘書監丞申政均 肇慶廟參奉金廷會 淑陵參奉千歲德 崇惠殿參奉金琪成 崇仁殿參奉辛昌훈 依願免本官○命宮內府特進官 掌禮院卿리重夏○命掌禮院卿 宮內府特進官金思轍○任秘書監丞 從二品洪鳳杓○任主殿院電務課技師 시從院시從田鎔圭○任시從院시從 參領리載恒○任經理院技師 帝室會計審査局査官金榮호○任帝室會計審査局審査官 經理院技師鄭寅韶○兼任內大臣秘書官 시從院시從金寧鎭○任主殿院電務과主事 孝昌園參奉徐明淳○任孝昌園參奉 禧陵參奉孫永敦○任禧陵參奉 리範耉○任肇慶廟參奉 九品趙在元○任淑陵參奉 九品南명熙○任숭惠殿參奉 九品金乃弘○任崇仁殿參奉 九品金찬介

未完

外報

●俄報激論 俄國新聞紙는日俄談判 通商條約及其他 에關ᄒᆞ야過激ᄒᆞᆫ議論을發ᄒᆞ는ᄃᆡ或은日本의要求를從ᄒᆞ는것보다ᄎᆞ라리戰爭을望ᄒᆞᆫ다더라

●排日氣燄 倫敦電을據ᄒᆞᆫ則米國에셔排日氣燄이去益强硬ᄒᆞ야政府의力으로는到底히此狀ᄐᆡ를放케ᄒᆞ지못ᄒᆞᆯ慮가有ᄒᆞ다더라

●平和會議에反對 倫敦電을據ᄒᆞᆫ則來年和蘭國海牙府에開設ᄒᆞᆯ平和會議의議題中에軍備制限에關ᄒᆞᆫ事는俄國에海軍復舊를防碍ᄒᆞᆷ이라ᄒᆞ야俄國政府에셔反對ᄒᆞ라ᄒᆞ고德國政府도亦反對ᄒᆞ리라더라

●匪亂稍靜 淸國湖南地方에暴徒는漸次官兵의擊退를被ᄒᆞ야昨今에는稍歸鎭靜ᄒᆞ얏다는公報가有ᄒᆞ더라

雜報

●次第間事 今番特使리址鎔氏歸國ᄒᆞᆫ後에伊藤統監도更히渡韓ᄒᆞᆫ다ᄂᆞᆫ說이有ᄒᆞ더라

●尙有悖習 河東郡守리圭三氏가法部에報告ᄒᆞ되本郡一進會人이詬辱政府ᄒᆞ며破碎公廨ᄒᆞ고無所不至ᄒᆞ며官庭恐喝이無所忌憚ᄒᆞ야邑難爲邑이요民難支保ᄒᆞᆯ지ᄂᆞ다ᄒᆞ엿더라

●政府會議 昨일上午拾二時에各部大臣이政府에會同ᄒᆞ야무ᄉᆞᆷ事件인지會議ᄒᆞᆫ다더라

●度相登程 度支大臣閔泳綺씨가視察之行을停止라ᄂᆞᆫ說은已爲報道하얏거니와更聞ᄒᆞᆫ즉히씨가視察을停止ᄒᆞᆫ다더니三昨일上오七時에京釜一반鐵車를搭乘ᄒᆞ고水原大邱密陽釜山等地視察次로發程ᄒᆞ엿ᄂᆞᆫᄃᆡ來往期限은四五일이된다더라

●是何雜類 前秘書監丞柳時萬씨ᄂᆞᆫ謙菴先生之嗣孫이라先生의秘訣을僞造하야年前緬禮時에玉函이橋裏에有하다고僞訣을 天陛에上奏하야大安門을以大漢門이라고改懸板하고且以 大駕을南遷ᄒᆞ랴으로慶北安東郡新陽地圖을奉上ᄒᆞ고錢財數拾萬圜을盜竊ᄒᆞ여其鄕第을鮮明修理ᄒᆞ고田土을廣置ᄒᆞ여自以英雄自處ᄒᆞ니此則前賢之罪人이요國家之大賊이라近일에更히大闕出入ᄒᆞᄂᆞᆫ門牌을圖得ᄒᆞ여南遷運動에鑛財을多數盜竊ᄒᆞᆫ計畫으로運動中이라더라

●勢不兩立 警務顧問丸山氏ᄂᆞᆫ元來日本셔勢力이多大ᄒᆞᆫ人이오參與官龜山氏ᄂᆞᆫ日本에名譽가多有ᄒᆞᆫ人이라一自內部雇聘ᄒᆞᆫ以後로諸般部務에各持其長에每相反對ᄒᆞᄂᆞᆫ故로畢竟은勢不兩立ᄒᆞ리란說이有ᄒᆞ더라

●風說難信 某報를據ᄒᆞᆫ즉特使리址鎔氏가歸國ᄒᆞᆫ時에일本滯在ᄒᆞᆫ國事犯諸氏로同伴歸國ᄒᆞᆫ다ᄂᆞᆫ說은已是無根이고今番日本셔리特使와伊藤統監이國事犯諸氏를對ᄒᆞ야무ᄉᆞᆷ密議ᄒᆞᆫ事ᄂᆞᆫ有ᄒᆞ얏다더라

●府參發程 各府尹道參書官씨가法部와平理院에셔見習을畢了ᄒᆞᆫ故로赴任次로昨日븟터發程ᄒᆞᆫ다더라

●西友設校 西友學會에셔教師養成ᄒᆞ기爲ᄒᆞ야爲先速成師範夜學校를設立ᄒᆞ고年齡二拾五歲以上四拾歲以下素有舊學ᄒᆞᆫ人을募集教授ᄒᆞᆯᄃᆡ언ᄃᆡ課程은地誌歷史筭術法律物理學教育학英語일語作文等이오時間은自下오六時로九時ᄭᆞ지定ᄒᆞ얏ᄂᆞᆫᄃᆡ來一月拾五일부터開學ᄒᆞᆫ다더라

●連絡度願 일巡查의多數渡來ᄒᆞᆫ理由가警務顧問丸山氏의自意招來ᄒᆞᆫ事ᄂᆞᆫ前報에揭載ᄒᆞ얏거니와當초한政府에셔ᄂᆞᆫ일警視三人만雇聘ᄒᆞ기로約條ᄒᆞ얏더니丸山氏가擅自招來ᄒᆞ얏ᄂᆞᆫ故로政府에셔數百名警視巡查月給을宜乎支撥치아니ᄒᆞᆯ터인ᄃᆡ丸山氏가度支顧問目賀田氏로互相連絡ᄒᆞ야許多ᄒᆞᆫ月給을劃給케ᄒᆞᆫ事이라더라

●五賊捉上 警務廳巡檢이積城等地에出張ᄒᆞ야强盜五名을捉上ᄒᆞ얏다더라

●警囚呼寒 警務廳에被囚罪人들이近일에不勝飢寒ᄒᆞ여難免凍死지境이라더라

●土地買收預筭 日本人이韓國內에셔土地買收가日々增加ᄒᆞᆷ은吾人이韓國人民의生活을爲ᄒᆞ야屢々警告ᄒᆞ얏거니와今聞日人이益々渡韓ᄒᆞ야土地買收ᄒᆞᆫ經營으로巨款의預筭을準備ᄒᆞ얏다니韓國人民은將次何處로往ᄒᆞ야農作地를得ᄒᆞᆯ는지

●司令部質問 本月二十二日午后에自日司令部로憲兵一名아마墨西哥로실녀가기가쉽지파通譯一名이皇城新聞社에來到ᄒᆞ야該社長南宮薰씨을招致ᄒᆞ얏ᄂᆞᆫᄃᆡ其理由인즉該報第二千三百六拾六號雜報欄內에楊民苦役이란題下에日兵이鷄卵을强勒ᄒᆞᆫ事에對ᄒᆞ야質問ᄒᆞ얏다더라

●孫ㄷ言論 天道教主孫秉희氏가向人說話ᄒᆞ되所謂一進會가自稱天道教中에셔別設一會라ᄒᆞ고人心을煽動ᄒᆞ고政府大官을恣行質問ᄒᆞ야無所不至ᄒᆞ다가會徒가散心ᄒᆞ야散會之境에至ᄒᆞᆫ則會長리容九가該會名稱를忽變ᄒᆞ야侍天教라ᄒᆞ고一進會員을侍天敎로驅入ᄒᆞ나其所不成은明若觀天ᄒᆞᆫ것시니大抵無論某敎ᄒᆞ고必有淵源然後에有其傳授ᄂᆞᆫ不易之常典이거날一箇리容九가創設侍天教ᄒᆞ야變幻會名에維持該會케ᄒᆞ니其淺淺之設計를孰肯信從ᄒᆞ리오可哀可惨ᄒᆞᆫ事라ᄒᆞ더라

●名花舉杯 北署大安洞安峴宮近地의十八歲된女兒가賣酒營業ᄒᆞᄂᆞᆫᄃᆡ容貌가都麗ᄒᆞ야豪華子弟들이花心이必發ᄒᆞ야門前의逐日踏至ᄒᆞᆫ다더라

●최氏被傷 三昨일下午二時量에東署去橋최榮湜氏家의强盜三名이各持三稜鎗ᄒᆞ고忽地突入ᄒᆞ야以鎗으로최氏을以刺以打ᄒᆞ야幾至死境ᄒᆞ얏ᄂᆞᆫᄃᆡ見失ᄒᆞᆫ物品은업섯다더라

●楊守圖遞 楊州郡守홍泰潤씨가內部에辭職請願ᄒᆞ얏ᄂᆞᆫᄃᆡ請願狀을繳還ᄒᆞ얏더니홍씨ᄂᆞᆫ期於圖遞ᄒᆞ기로請願狀을更呈ᄒᆞ얏다더라

●欠席被黜 堤川郡昌明學校生徒금헌益鄭元錫리漢雨최順善금理台鄭雲鍾等이無故欠席이爲四五週日로本守의게黜學을當하얏스니如此自暴自기지類ᄂᆞᆫ甚可痛歎이라하더라

●酷寒傷命 再昨日東署五牌字內에二十餘歲된男子一名이路上에셔僵死ᄒᆞ고中署東谷等地에拾五歲된乞人一名이凍死ᄒᆞ얏다더라

●浿江成氷 平南來信을據ᄒᆞᆫ則近日內로日寒이혹烈ᄒᆞ야再昨日부터大同江水가始爲結氷ᄒᆞ얏다더라

●亂銃宜懲 徵上二大隊參尉鄭元泰氏가京畿砥平郡의山獵次로下去ᄒᆞ야到處의無難히放銃ᄒᆞᆫ故로陸軍法院의셔此事由을得聞ᄒᆞ고日前에兵丁幾名을派送ᄒᆞ야不日押上ᄒᆞ라ᄒᆞ얏더라

●日兵使주 三昨日下午九時頃의何許日兵이이醉ᄒᆞ야中署樓동支所巡檢최炳호을無端詰難ᄒᆞ며以鎗으로모자을裂破ᄒᆞ며其近處韓人들이無數히被傷ᄒᆞ얏고유璃窓을片片破碎ᄒᆞ며到處의行悖가無雙ᄒᆞ얏다더라

●校校盛況 各普通學校新建築ᄒᆞᆫ後落成宴ᄒᆞᆫ다ᄂᆞᆫ說은前報에揭載ᄒᆞ얏거니와昨日學部大臣리完用氏가該建築ᄒᆞᆫ學校를一一이히視察ᄒᆞᆫ後校동日語學校內宴會에出席ᄒᆞ고學部一般官吏가一齊히進參ᄒᆞ얏고各學校教員들은該學徒拾餘名式帶同參席ᄒᆞ야盛況을呈ᄒᆞ얏더라

●南氏興校 貞동普通學校가設始以後로校况이凋殘ᄒᆞ고生徒가零星ᄒᆞ야不過二拾餘人에將至廢校지境일어니何幸昨冬에高等學校教員南明植氏가該校에分掌ᄒᆞ야勸勉上에何樣熱心注意ᄒᆞ얏던지至於三四朔에校况이興旺ᄒᆞ고生徒가漸進ᄒᆞ야現今二百餘名에達ᄒᆞ얏ᄂᆞᆫ지라南氏의勸奬學徒은無不贊頌ᄒᆞᆫ다더라

●電車落傷 漢城語학校官최永年氏가電車에셔落傷ᄒᆞ야脇骨에瘀血이生ᄒᆞ야方今請由治中療이라더라

●黃氏歸信 일本에前往ᄒᆞᆫ黃鐵氏가일間에歸國ᄒᆞᆫ다고該家에電報가來到ᄒᆞ얏다더라

●人命可慘 昨일上午九時에何許人이鍾閣隅에倒臥ᄒᆞ얏ᄂᆞᆫᄃᆡ該掌巡檢이率去本署ᄒᆞ여待其酒醒後治送爲計ᄒᆞ더니同拾時에仍爲致斃ᄒᆞ엿나더라

●兩氏留學 前承旨禹起東氏의子와前技手元德常氏가일本에留學次로再昨일京釜鐵道二番列車로發往ᄒᆞ엿다더라

●兩日休 本일은耶蘇誕生ᄒᆞ신慶節이라本報을二일停刊ᄒᆞ고금曜일부터續刊ᄒᆞᆷ

○呵手把筆○

▲特進官趙병호氏가議政大臣을被任ᄒᆞ엿스니政府에首相地位가久曠ᄒᆞ엿더니今番에復卜되미擧世가注目ᄒᆞᄂᆞᆫ바어니와陰陽을變理ᄒᆞᄂᆞᆫ坐席이라大川을涉ᄒᆞᆫ經濟를希望ᄒᆞ겟도다

▲今번中樞를組組ᄒᆞ미副贊議拾人을四色으로分排ᄒᆞ엿다고某報에揭載ᄒᆞ엿시니아마四色을實施ᄒᆞ나바고

▲協律사設施以後로風流가질탕하야豪華子弟ᄂᆞᆫ黃금을不惜ᄒᆞ야蕩産하ᄂᆞᆫ者許多ᄒᆞ더니近일에德語학校을移設ᄒᆞᆫ다니前일繁華地가今爲教育所라지

▲近일에卒業名目이許多ᄒᆞ야凡事를見習만ᄒᆞ면謂之卒業이라ᄒᆞ니혯卒業도만토다한샤름은平生을彈琴ᄒᆞ기로終身ᄒᆞ다가末年에至ᄒᆞ야셔ᄂᆞᆫ卒業이라稱ᄒᆞᆫ만ᄒᆞ나用之無處ᄒᆞ겟시니이거ᄉᆞᆫ誤了平生ᄂᆞᆫ혯卒業이지

▲警務顧問丸山씨와 部參與官龜山씨가가言論이相反ᄒᆞ야圭角이忽生ᄒᆞ니孰勝孰敗ᄒᆞᆯᄂᆞᆫ지

雜報

●洪崔風波 日前에內協최錫敏씨가洪鎭裕를使人請來호되洪씨가書호되何事請我오허고終不往見허엿더니卽其時에최씨가來見허여日公이方圖郡守云허니果然否아洪씨日吾現帶中樞院參書則何必更圖守令也리오此必是欲奪我職허여驅出外任타가不數月에免官之計則云而吾는去不早履歷書則銓考을何以爲之乎아최씨日已有公之履歷書而銓考라호되日然則有吾圖章乎최씨日無라혼즉洪씨大責日世上에豈有履歷書賊洪手乎아허고風波가大起허얏는뒤洪씨는必請願乃已라허더라

●函明違格 內部土木課長리建承ㅣ가平安南道觀察道參書官吾英鎭ㅅ에게公函허되本部協辦씨의게來到훈公函을接准이온바奏任官이勅任官에對허여公函送交가本無規例이옵거날況且所關內上官은與他有異이온바今此公函이大有失格이옵기茲에仰布허오니照亮허신後嗣後에若有必要事項이옵거든所關課長에게公函허심을爲要라허엿더라

●厚일薄한 年終賞與금을일本人은一朔月俸과如히支給허되한國官吏는外國人보다減給혼다더라

●德校驪動 德語학校를移接于前協律社혼다는該校生徒들이聞허고如此寒節에道路가不便타허야一齊將次退학홀듯허다더라

◎特別社告◎

本社에서財政이困難혼形便은本報愛讀허시는僉君子에게已爲散告허엿사오니不必贅陳이어니와當此年終허와許多經用이磨勘이無路허오니特念本社情況허시와本報代金을這々劃送허시면本社에셔는非但以代金으로知之라以捐助로知之허올거시니僉彥은另念照亮허시오

大韓每日申報社 告白

更不信聽此等說話허라허되최씨가無言而去허니今番奏本에洪씨를果任善山郡守혼지라洪씨가不悅허여論辨次로其翌日에來訪허되최씨則최씨가困睡허거늘翌曉又訪허되씨則再三不逢타가第三日에는强請門外혼즉최씨가不得已出見혼지라洪씨가高聲日今回郡奏必經內部銓考然後에上奏

廣告

本人從弟義健年今二十一性本浮浪蕩敗家產與悖李奎弘出沒京鄕得債欺族云故玆以廣告內外國人切勿見欺此人容모面像이長허고鼻準이高大無鬚者

鳳山築圃 李孝健 告白

本人이姓名圖章을遺失허와기玆에廣告홈

徵上第一大隊陸軍步兵參尉 盧德世 告白

前參書官洪鍾源의源字는以避字로改正허오니知舊間照亮홈

正三品洪鍾遠 告白

本人與海州李雨爲山訟허는뒤洪泰潤氏가從理明決허야判決書로以爲息訟케허니如此혼明官은今古罕有기로玆廣告홈

楊州乾川 梁奎煥 告白

송시창경인파김합창긔슈는근본협잡인으로두리부동허여파고치산창허여주마고사자허더니잡만자고단니다가도망허여피신허여불슈업슨즉세상에이슈방에드러가셔외송술갓다먹던부랑헌놈이또잇스리요내부대신에게청허다고장담허여곳외입한다고부언허여시골부자들에게전양주식을토식허니이런놈이외입허면치민을엇지허며국법을엇지알니오혼자사는파슈를속이는놈이다른힘세가무요부지할거시니세상사람들은속지마시압

이동 김소사 고빅

金浦郡雲陽里居盧敬化가本邑刑吏와通津香동居리致俊伯氏리進士와仁川栗木동居鄭樂進이와挾雜符同허와盧敬化父順甫씨에畓量案立旨를郡守께내가지고일本에典執허려허든차에父主聞事實허여셔立旨量案를推尋허엿사오나內外國人은債錢마시라고廣告허옵

盧敬文 告白

商業에自有權理는天下萬國通行之規인뒤大韓則所謂有文券主人허여商弊莫大허고無名雜稅가比比有之허여商路凋殘허더니更張以後自政府로有文券主人과前後雜稅을累防革罷이되所謂有文券主人은于今船人處에稱이船稅라除利라督捧허고雜稅도如前物捧허여商弊가去益凋殘터니玄湖朴尤範西湖車元淳諸氏가農部에請願허얏더니農大게셔此弊를洞察허신後漢城府로指令허시여自漢城府로有文券主人과前後雜稅를永爲革罷告示于沿江허시엿슨즉商民之去弊는고今허고拾三部船人等에除弊가萬世不忘허깃숩기諸船人等이農商大權重顯氏와漢城判尹朴機乘氏을爲허여立石頌德허여萬世不忘홀次로廣告홈

西江 裴春希 리九元 金元亨 吳聖實 徐敬헌 金化先
玄湖 리漢之 金浦 金相헌
延安 金鍾玉 金允汝 鄭順元
江華 朴春景 吳益善 金應슈

●學員募集廣告

本所에서學徒를加選홀터이니入學허기願허는人은光武十一年一月四日(陰十一月二十日)內로請願狀을本所에具呈허고同月五日(陰十一月二十一日)上午十時에本所에來허야入學試驗을應홀事

入學試驗科目
一、國漢文讀書 國漢文作文 算術(分數以下) 內國歷史 內國地誌
一、年齡은二十歲以上三十五歲以下
但師範學校 中學校 外國語學校及其他以上同等되는學校에卒業證이有혼者는免試許入홈이라

法官養成所

社會의進步와國家發達의衛生을一日이라도遲緩치못홈은イ必多言이오此를大로言허면國家에體面을光輝케허고小로言허면個人의福을增長허고拒病保命허야一家의幸福을增進케홀지라本人等이玆에我大韓國의目的으로漢城衛生社를組織허야本社를南署司畜洞第五統八戶에設허고爲先警務南署監督下에在혼管內부터着手이온바事業의發展과準備의整理홈을因허야他署諸君의惠托허심에應코자허오니諸君子는本社의微意가有혼處를深諒허시와掃除를至急請願허심을伏望허옵니다衛生貴重홈을等閒히허는人은發達進步의壽命幸福을不知혼미라是以로謹告허오니諸君子는洞諒허시와至急請願허심을伏望허옵니다

漢城衛生會社 告白

本郡守李承載氏는熱心勸勉에學校興旺허며嚴束作統에盜賊이屛跡허며愛民如子에聽訟如神이라浮浪雜類가難可得意허야做出無根之說허야揭載於各新聞上故로不可不明辨이기爲先廣布홈

鳳山李亨達 告白

本人의子在旭이浮浪悖類로交遊허야陰十月念間의逃躱後東署莊池동五十一統六戶瓦七間草三間文券을見失허엿스니從今以後로는休紙施行홈

中署帽동 朴珽煥 廣告

●大韓俱樂部告白

本月二十三日(日曜)午後一時에礡洞普成專門學校內로總會를開設허오니僉部員은來臨허시오

朝陽報第十一號廣告

(著作) 「告大官巨公」「害韓乃忠韓」「品性修養」「商業概論」「隨感隨錄」「寄書」「世界叢談」「內地雜報」「廣告」

◎

(譯述) 「海外雜報」「保護國論」「滅國新法論」「泰西教育史」「政治原論」「本朝名臣錄」「갑蘇士傳」「米國大統領」「詞藻」「비스마룩子」「愛國精神談」

少年韓半島라허는雜誌는我帝國의(獨立基礎)自由精神(平等主義)로써國民的腦髓를滋養허는元素오教育界의學海를發明허는海上燈臺라有志同胞는購覽허오 每號定價金 五錢

發售所 普光學校 布屏 金相萬 洞口朱翰榮 鍾路高裕相 礡洞每日申報社

河東郡谷口齋에서故判書憲逸公成守明號는處洫故持平簡齋公漢烈兩代遺集을印刊而校正은前承旨周永氏를擇定허얏사오니遠近僉君子는淵源可考文蹟을送交本齋허시믈伏望홈

玄孫樂冠 告白

本人의長子得華는年今二十五歲에性本浮浪허야酒色蕩子로欲得日債허야移徵父兄코자허오니內外國人은切勿見欺홈

定州濂坊上里 金德鉉 告白

廣告

◉얼는이것보시오◉

普通日本語典 全一册 一百卅頁

崔[illegible]翊 著

定價金五十錢 郵稅四錢

本書는日語學校教科書로補用홀기爲ᄒᆞ야數年外國語教授에從事ᄒᆞᆫ經驗으로特히初學者를爲ᄒᆞ야昭詳編輯ᄒᆞ미雖無師自習ᄒᆞᆯ지라도一을知ᄒᆞ면十을可解ᄒᆞᆯ要務이오니左開發賣所로陸續購讀ᄒᆞ사先時의歎이無케ᄒᆞ시옴

（但著者의捺章이無ᄒᆞᆫ偽刊으로認홈）

南大門內龍洞越便 藤田合名會社
中署校洞石泉堂藥局
中署布屛下金相萬册肆
中署罷朝橋越便朱翰榮册肆
中署鍾路大東書市
松橋崔昌煥册肆
大安洞東華書舘

◉民事訴訟代理와刑事辯護及諸般一切法律에關ᄒᆞᆫ事務를親決處理홈

京城南署薰洞第十七統八戶
辯護士正三品 李冕宇
前檢事

法律事務所
辯護士 玉東奎 前判事
事務員 前辯護士 趙[illegible]
前議官 金益濟

西署餘洞新門外一百八十六統三戶
辯護士 前檢事 前判事
法律事務所 丁明燮

仁川港

濟物浦紙卷烟及烟草會社

◉九轉靈砂 本人이[illegible]男女老少에勿論何病ᄒᆞ고[illegible]身體가健康ᄒᆞ며[illegible]를擔保ᄒᆞ오며

◉九轉靈砂萬靈丹은[illegible]痰에神効ᄒᆞ오

◉九轉靈砂保命丹은初生小兒[illegible]

◉九轉靈砂紫金丹은[illegible]穀癖과婦人帶下症에神効ᄒᆞ며

◉九轉靈砂[illegible]丹은酒滯 食滯 吐血 下血 [illegible]氣 時疾[illegible]에神効ᄒᆞ오

◉九轉靈砂紫金丹은痔漏 上疳瘡[illegible]

諸般[illegible]種에無不神効ᄒᆞ오나

內部司[illegible]갓치꿀上[illegible]一[illegible] 李[illegible]

◉大韓每日申報各處分舘

中署布屛門下 金相萬册肆
洞口越便 朱翰榮册肆
中署廣通橋入七十八統第二戶 鄭禹[illegible]
仁川港[illegible]新册肆 李東[illegible]
平壤南山峴日新學校 金[illegible]
崔[illegible]
宣川邑[illegible] 安[illegible]

◎本社廣告

申報價

一張代金 新貨二錢[illegible]
一箇月前納 三十錢
三箇月 九十錢
六箇月 一圜七十錢
一箇年 三圜[illegible]

廣告料

一號活字十三字一行

（每日每行에六錢으로[illegible]）其期限의長短과[illegible]를依ᄒᆞ야增減홈이有홈

◉創業十二月十五日부터 京城本町三丁目

大特減 歐米直輸入商雜貨 **辻屋**

[illegible]定價內에셔十分의一을特減홈 電話三六六番

本十二月三十一日까지

(明治三十八年九月二十一日第三種郵便物認可)　金曜日　西曆一千九百六年十二月廿八日　(一)

第四卷　第四百六號

大韓每日申報

대한매일신보

月曜及慶節 歲時日休刊

檀君開國四千二百三十九年
箕子元年三千二十八年
大韓開國五百十五年
日本明治三十九年
淸國光緖三十二年
◉陰曆丙午十一月小十三日丙午

論說

俄日關係

極東에到達ᄒᆞᄂᆞᆫ普通電信을接閱컨ᄃᆡ常有反抗之意ᄒᆞ니推此探悉ᄒᆞᆫ즉近ᄂᆞᆫ西歐人士에普通傾向이日露戰役으로結果된地位가後日困難을或未免焉ᄒᆞᆯ거시로다

余接今日來信컨ᄃᆡ日露和議에專權으로擇任되엿던위트伯爵이今以使節노期日本之行이라其書信이未免簡易ᄒᆞ니伯爵위트의使節이其乃特別인지或將駐ᄒᆞᆫ東京ᄒᆞᆯ지ᄂᆞᆫ不可質言이로ᄃᆡ惟其甚近著機ᄂᆞᆫ其人所事가前者敵國되엿던兩强間에尙今爭端을欲以平和決定ᄒᆞᆷ이로다日本이西伯里亞江河에셔自由航行ᄒᆞᆯ깃가ᄂᆞᆫ모로노氏의請求가確無其理라此請求權限이甚因되엿다ᄂᆞᆫ媾和條約의第十一欵도如此施設은不許ᄒᆞ엿시니모로노氏의形態ᄂᆞᆫ既往敵手되엿던國民間敵意를繼續ᄒᆞᄂᆞᆫ症候에不過ᄒᆞ도다

由是로위트伯爵의向東之說이若其實報면吾人은其將快樂ᄒᆞᆯ지라此去戰役에ᄂᆞᆫ俄國著態가好戰及掠地之責을未免故로我之同盟이德義忠愛及勇壯에代表를自著ᄒᆞ얏거니와何如ᄒᆞᆫ지日人에叫虎之聲이既至太甚이오今尙亦然이라由是警告ᄒᆞ노니伯爵위트의今期遊覽이아國柔弱之態에不在ᄒᆞ고但其後日血色을隨機圖避ᄒᆞ랴ᄂᆞᆫ眞實希望이며且來次에若有開戰이면其失責을實犯罪者의게歸之ᄒᆞ랴ᄂᆞᆫ現然向意인즉노解義ᄒᆞᆯ지어다

官報

●三千六百四十四號 光武十年十二月二十四日 續

◉敍任及辭令

○正三品劉漢容 任開城郡守 ○從二品吳相奎 任江華郡守 ○五品李世卿 任定州郡守 ○前主事景台協 任定平郡守 ○中樞院參書官洪鎭裕 任善山郡守 ○九品李允鐘 任豐德郡守 ○六品成樂英 任豐川郡守 ○前郡守劉昇熙 任高原郡守 ○漢城裁判所主事鄭在순 任咸興郡守 ○學部參書官鄭 喬 任谷山郡守 ○正三品宋憲冕 任沔陽郡守 ○農商工部參書官孫永吉 任洪州郡守 ○延日郡守權泰煥 任中樞院參書官 ○陸軍法院理事홍祐亨 任軍部軍務局軍法課長 ○成均館博士蔡基赫 仝 李明섭 仝 리義學 依願免本官 ○한宇敎 리源商 黃甲秀 任成均館博士

●三千六百四十六號 光武十年十二月二十六日 續

◉叙任及辭令

任機張郡主事 九品金仕일○任高山郡主事 九品兪明潛○任平山郡主事 九品金錫萬○任鳳山郡主事 郭建{}○任三嘉郡主事 朴基奎○任谷城郡主事 申 정○任忠州郡主事 朴호烈○任穩城郡主事 九品兪聖潛○任永川郡主事曹秉진○任庇仁郡主事 曹敦承○任靈山군主事 具宗書○任竹山郡主事 權丙秀○任樂安郡主事 朴勵東○任永原郡主事 崔沈遠錫○任茂山郡主事 崔鎭夏○任价川郡主事 康炳斗○任和順군主事 曹秉喆○任光陽郡主事 李在華○任長淵郡主事 孫鼎薰○任北靑郡主事 六品한鐸觀○任英陽郡主事 趙博容○任臨陂郡主事 리彰根○任茂朱郡主事 金英기○任洪川郡主事 리承祖○任順天郡主事 九品鄭國源○任사川郡主事 前議官崔학敏○任萬頃郡主事 郭鍾順○任咸悅郡主事 前議官田면植○任南原郡主事 金潤植○임旌善郡主事 최龍集○임杆城군主事 九品咸有度○임唐津군主事 박元淳○임保寧군主事 金斗漢○임順川군主事 六品文榮增○임農商工部協판 中樞院副贊議黃 鐵○陸軍임法院理事 軍部軍務局軍法課理事 鄭恒謨○임陸軍幼年學校敎官 九品洪仁杓○임軍部軍務局軍法課理事 軍部主事元직常○임學部參書官 警務廳警務官洪琪헌○命法部法律起草委員 申덕休○임濟州裁判所主事 前主事洪鍾時

●三千六百四十七號 光武十年十二月二十七日

◉宮廷錄事

懿孝殿提調金聲根辭職소 비旨省소具悉所請依施

奉常司提調金奎東辭職소 비旨省소具悉所請依施

◉叙任及辭令

임파州군主事 리興旭○임原州군主事 九品리宅珪○임安州군主事 리東직○임沃川군主事 송綱洙○임南陽군主事 박來煥○임洪州군主事 최學淵○임安岳군主事 九品金錫魯○安峽군主事許 륜△임樂川군主事· 鄭寅德△임陽德군主事 金達풍△임春川군主事 沈相희△임陽川군主事 九品張圭煥△임麟蹄군쥬事 최斗極△임朔寧군쥬事 朴宗炯△洑川군쥬事 六品吳寅泳△淸河군쥬事 리太休△임經理院技師 昌城군守池基榮△임經理院技師 淳昌군守趙圭夏△임經理院技師 錦山군슈閔佑호 興陽군슈白南圭△命侍從院分侍從 正三品申亨雨 正三品姜畹熙 六品鄭泰源 六品한用찬△命分太醫院副卿 正三品金裕弘△命侍講院分侍讀 正三品申政均 正三品리範世△命侍講院分侍從官 六品沈宗燮 六品리興學

未完

外報

●諾威中立提議 諾威政府ᄂᆞᆫ英佛獨露의四國政府에對ᄒᆞ야來年海牙에開催ᄒᆞᆯ平和會議에諾威中立問題를提議ᄒᆞᆯ意를公然通告ᄒᆞ얏ᄂᆞᆫ지라列國은반다시此에同意ᄒᆞ리라더라

●齊제合爾賓의開放 北滿洲에제제合爾도長春吉林等과同日에開放ᄒᆞ게된意로日廷ᄒᆞ公電이有ᄒᆞ얏다더라

●俄國總選擧 俄國總選擧ᄂᆞᆫ來年二月十九日로決定ᄒᆞ얏다더라

●米國義捐 米國大統領루스벨트氏ᄂᆞᆫ淸國飢饉을濟ᄒᆞ기爲ᄒᆞ야米國의公衆義捐을促ᄒᆞ야淸國에向ᄒᆞ야食料品을輸送ᄒᆞ기로御用船을派遣ᄒᆞᆫ다더라

●談判現狀 俄日兩國의代表者ᄂᆞᆫ先月十九以來아직一回도會見치아니ᄒᆞ고談判이難處ᄒᆞᆫ狀態에在ᄒᆞ다더라

●俄日問題 倫敦電을據ᄒᆞᆫ즉俄國莫斯科新聞이이도모스지新聞에日日本의要求(日俄交涉事件에對ᄒᆞ야)를承諾ᄒᆞ면必是列國의輕侮를招ᄒᆞ리라ᄒᆞ엿더라

雜報

●嘉禮日子 皇太子嘉禮日子은陰曆十二月拾一日로內定되얏다더라

●兩氏移임說 警務使박勝祖氏ᄂᆞᆫ主殿院卿으로移임ᄒᆞ고農部協판黃철氏ᄂᆞᆫ警務使를被임ᄒᆞᆫ다ᄂᆞᆫ說이有ᄒᆞ더라

●十三郡守 日昨內部에셔十三郡守를奏本ᄒᆞ얏ᄂᆞᆫ티 永興리鼎煥 平壤白樂均 興陽리龍相 安義梁在謇 碧潼박麟玉 鎭川申箕秀 尙州리範직 全州朴永斗 昌城金相範 錦山兪哲濬 晉州林炳恒 延日리圭鎔 淳昌리鐸應諸氏더라

●來訪軍相 去廿五日下午一時에日本憲兵司令官古賀氏가무삼事가有ᄒᆞᆫ지軍部大臣權重顯氏私邸로來訪ᄒᆞ얏다더라

●郡察何擇 前叅判鄭永斗氏ᄂᆞᆫ甲午年內閣局長으로名譽素著ᄒᆞ고且成川郡守在任時에聲績이需蔚ᄒᆞ야人皆讚論ᄒᆞᄂᆞᆫ비라至于今近十年沉滯ᄒᆞ더니向者에黃海觀察使를公道로差除ᄒᆞᆫ時에氏로內定되얏다가一夜之間에朴齊陽氏가陞差되고今番 奏本의全州郡슈를被任ᄒᆞ얏ᄂᆞᆫ티 氏가觀察使資格으로郡슈ᄒᆞᆫ거슬未洽히여기ᄂᆞᆫ티傳說을聞ᄒᆞᆫ즉請願ᄒᆞᆫ다ᄒᆞ니政治上에ᄂᆞᆫ觀察郡守가一般이라氏를爲ᄒᆞ야不取ᄒᆞ노라

●特使入城 特使리址鎔씨一行이明日入城ᄒᆞᆫ다더라

●貨泉尙旺 嘉禮時에文官加資를極擇ᄒᆞᄂᆞᆫ거슨我國에習慣인바嶺南巨富郭南식이가巨欵을奉侍某氏의게納賂ᄒᆞ고圖得加資ᄒᆞᆫ運動이大段ᄒᆞ다더라

●會長推薦 東亞開進敎育會에셔事務組織ᄒᆞ기爲ᄒᆞ야會長을軍部大臣權重顯氏로推薦ᄒᆞ엿고再昨日曜日에副會長을前內部協판金重煥氏로又爲推薦ᄒᆞ얏ᄂᆞᆫ티該會에敎育主旨가前進ᄒᆞᆯ望이有ᄒᆞ리라더라

●調査作梗 本月廿一日下午九時頃에日兵이被酒ᄒᆞ고樓동近處에셔作경ᄒᆞᆫ事ᄂᆞᆫ已爲報道ᄒᆞ얏거니와更히詳聞ᄒᆞᆫ즉韓人柴商洪淳明을以創으로毆打ᄒᆞ야面部가重傷ᄒᆞ얏고또廟洞韓人某氏家에突入ᄒᆞ야家産什物을毁破ᄒᆞ얏ᄂᆞᆫ티日昨日憲兵一名과通譯一名이樓동近地에出張ᄒᆞ야該日兵에作경을調査ᄒᆞ얏다더라

●處々賊警 日昨의中署於義동居ᄒᆞᄂᆞᆫ全州郡守權直相氏家에賊漢이突入ᄒᆞ야諸般什物을掠奪以去ᄒᆞ얏고再昨日夜의北署花開洞等地에셔賊漢이行人의衣冠을奪去ᄒᆞ얏다더라

●仁川賊警 京畿來人의傳說을聞ᄒᆞᆫ則仁川重林居ᄒᆞᄂᆞᆫ富豪鄭允永氏家의强盜三十餘名이家眷을捕縛ᄒᆞ고家産什物을沒數奪去ᄒᆞ얏다더라

●一進漸散 一進會가近日에京鄕間解散ᄒᆞᆷ은世人이共知ᄒᆞᄂᆞᆫ비어니와至於京城本部ᄒᆞ야도漸次每日會議에出席ᄒᆞᄂᆞᆫ者希少ᄒᆞ다더라

●韓甚於日 近日ᄒᆞᆫ人들이多數錢財를持ᄒᆞ고京城內外의家舍를無數典執ᄒᆞᆫ다ᄂᆞᆫ티萬一邊利를三朔만不給ᄒᆞ면凶計를做出ᄒᆞ야日人에게移轉ᄒᆞ야맛참내日人에게被奪乃已ᄒᆞᄂᆞᆫ故로韓人은日人보다尤甚ᄒᆞ니寧不如日人典執이라ᄒᆞ고倭典當局으로盡歸ᄒᆞᆫ다더라

●內侍捕捉 再昨日中署於義동等地에셔該署總巡이少年內侍一人을捕捉以去ᄒᆞᄂᆞᆫ티前者의小有親分이듣지該內侍의言이親ᄒᆞᆫ處地에도이러케捕縛ᄒᆞᄂᆞᆫ야ᄒᆞᆫ則總巡이言ᄒᆞ되公無私情인故로不得不捕縛以去라ᄒᆞᄂᆞᆫ티其內容을探聞則該內侍가某人의冠服을攫取ᄒᆞ야다가放賣ᄒᆞᆫ事件이라ᄂᆞᆫ티北壯동리知事炳鼎氏의子라더라

●政府會案 去月曜日政府會議案件을得聞ᄒᆞᆫ則土地家屋典當執行規則과法制局設置事와軍部主事元직常氏를理事로陞任ᄒᆞᄂᆞᆫ事와洪寅杓氏로넌成學校敎官叙任ᄒᆞᄂᆞᆫ事이라더라

●朴氏被任 奉常提調박勝봉氏가法制局長을被ᄒᆞ얏다더라

●勸告協판 奉常提調朴勝鳳氏와商工局長徐丙肅氏가今番에農商工部協판을運動ᄒᆞ다가畢竟黃鐵氏의게讓與ᄒᆞ얏ᄂᆞᆫ티其內容을得聞ᄒᆞᆫ則伊藤統監이일本셔電報로勸告ᄒᆞ얏다더라

●勸告何多 北署長洪博현氏에學部叅書官으로轉任ᄒᆞᆫ理由를聞ᄒᆞᆫ則統監府木乃總長이勸告ᄒᆞ얏다더라

●三氏轉任說 학部學務局長俞星濬氏ᄂᆞᆫ該部協판으로陞임ᄒᆞ고其代에ᄂᆞᆫ編輯局長申海永氏가轉임ᄒᆞ고其代에ᄂᆞᆫ玄采씨가被임ᄒᆞᆫ다더라

●淸店風波 再昨日下午拾一時에南署權임리定求氏와別巡檢金錫基씨와日本憲司令部通譯한人梁鎭吉씨等三人이親近ᄒᆞᆫ人을訪問코자ᄒᆞ야大龍동居淸人송玉令家에暫入ᄒᆞᆫ則淸人이卒然曰君爲한國警察官吏ᄒᆞ야鴉片密賣者와吸烟者을取押次로來此耶아ᄒᆞ고無數毆打ᄒᆞ야一場風波가起ᄒᆞ얏다더라

●何厚何薄 警務廳에셔年終賞與金을頒給ᄒᆞᄂᆞᆫ티日本人은月俸이假令百元이면賞與金百餘元을付與ᄒᆞ고ᄒᆞᆫ國人은月俸이假令二十元이면賞與金을四元이나五元을付與ᄒᆞ얏다니何厚於日人ᄒᆞ고何薄於ᄒᆞᆫ人인지其理由를未知라고輿論이喧藉ᄒᆞ더라

●捐金偵探 近日俄兵이入城ᄒᆞ얏다ᄂᆞᆫ風說이何處에셔傳播ᄒᆞ얏ᄂᆞᆫ지警務廳日人과統監府日人과理事廳日人과司令部日人이四處로秘密偵探中인티俄館前騎手의게秘密金을捐給ᄒᆞ고動靜을期於詗察ᄒᆞᆫ다더라

●兩顧不協 警務廳明年度경務擴張費를警務顧問丸山씨가百萬圜으로筭定ᄒᆞ야度支部로送交ᄒᆞ얏더니財政顧問目賀田씨가減筭ᄒᆞ야八千圜으로定ᄒᆞ얏스나目賀田씨도丸山씨의自意로日巡査招來ᄒᆞᆫ事를大段不可ᄒᆞᆫ즉노論諍이有ᄒᆞ얏다더라

●欲査反辱 向日리址鎔씨가日本東京에셔何許人의匿名書을遭ᄒᆞᆫ事ᄂᆞᆫ某報의已揭어니와更聞ᄒᆞᆫ則리씨가該匿名書를日巡査의게交付ᄒᆞ야此를査實ᄒᆞ야달나ᄒᆞ얏더니日巡査等이韓人을對ᄒᆞ야非笑不已曰貴國은如此ᄒᆞᆫ人物外에ᄂᆞᆫ更히人이無ᄒᆞ야ᄒᆞ얏다더라

●特別總會 大한自强會에셔本月廿九日土曜(陰拾一月拾四日)下午一時에特別總會를開ᄒᆞ고今年々終을當ᄒᆞ여積滯ᄒᆞᆫ會務를處理ᄒᆞᆫ다더라

●慈善不許 貞동耶蘇敎會에셔年年耶蘇誕日를當ᄒᆞ면果子及書冊等을監獄署罪囚에게送ᄒᆞ야當日慶賀意를表示케ᄒᆞ더니今年에도히敎會에셔年例를依ᄒᆞ야如干食料品를送ᄒᆞ랴ᄒᆞᆫ則該署日人警務補佐員이稱以虛費時刻ᄒᆞ고拒而不納ᄒᆞ얏다더라

●리씨訴冤 京城居崔相元과최興植兩人이楊州군元堂里居ᄒᆞᄂᆞᆫ洪有明을符同ᄒᆞ야該里居리敏地씨家에來到ᄒᆞ야稱以二十餘年前에貸用ᄒᆞᆫ正租拾石과菱文三百兩을幷本利ᄒᆞ야當場出給ᄒᆞ라ᄒᆞ고陵辱이無雙ᄒᆞ거날리 의令孫이見其光景ᄒᆞ고황㤼지中에八千兩을備報지意로於音을書給後에家勢窘頭ᄒᆞ여未得報償ᄒᆞ엿더니本月에최哥兩人이日人二名을同伴來到ᄒᆞ여右菱을出給ᄒᆞ라고星火督促ᄒᆞᆷ으로리敏地씨ᄂᆞᆫ現今蕩産지境인故로漢城裁判所에此事由로告訴ᄒᆞ엿다더라

●兩씨望薦 進明學校總務月玄大師ᄂᆞᆫ敎育上[illegible]ᄒᆞ여僧侶가誠服ᄒᆞᆷ으로北漢總攝으로推薦ᄒᆞ엿ᄂᆞᆫ티該總攝은拾三道寺刹을주管ᄒᆞᄂᆞᆫ지라若非月玄大師면該임을擔着ᄒᆞᆯ人이無ᄒᆞ다ᄒᆞ여公衆薦임ᄒᆞ엿고該校副總務ᄂᆞᆫ寶潭大師로薦定ᄒᆞᆷ으로禪界開明이大有前進ᄒᆞᆯ望이라ᄒᆞ더라

●汾校盛況 通津군私立汾南普成學校에셔陰曆本月玄三日에開學式을設行ᄒᆞ엿ᄂᆞᆫ티學徒가六拾餘名이오校長以下諸임員이極爲熱心ᄒᆞ며隣近邑紳士莫不贊頌ᄒᆞᆫ다더라

▲茶半片話

▲政府大臣이日日會議ᄒᆞ나新政令은未聞ᄒᆞ고國權은日益滅削ᄒᆞ고生民은去益塗炭ᄒᆞ니所議ᄂᆞᆫ何議인지會議가頭痛이이나나ᄂᆞᆫ지

▲政府에셔日日所爲事ᄂᆞᆫ地方制度變更ᄒᆞ기와各府部院廳官制改正ᄒᆞ기로爲一大事ᄒᆞ니官制가變更안되여셔國事가안되ᄂᆞᆫ지

▲更張以後로門閥을打破ᄒᆞ고四色을不論ᄒᆞᆫ다더니近日에高官大爵은北村老論이獨차지ᄒᆞ고三色은不叅ᄒᆞ니隱然中白色만獨立ᄒᆞᆫ모樣이로고

▲特使리址鎔씨가歸國ᄒᆞᄂᆞᆫ티各部官人이釜山싸지出迎ᄒᆞᆫ다니무삼大功을成ᄒᆞ야무슴勸勞을圖得ᄒᆞᆯᄂᆞᆫ지

▲伊藤씨가鶴原總長의게一絕을寄ᄒᆞ여曰寒烟千載沒平原暮色荒凉處處村漢水欲枯秋亦老沙光鳫影月黃昏이라ᄒᆞ엿시니一篇辭意가悽切愁慘ᄒᆞ니氣像이大端不好로고

雜報

●吊西坂豐氏文　西湖過客

夫見乎未來ᄒᆞ며憂乎未萌ᄒᆞ야共濟의事業을籌畫ᄒᆞ며公益의福利를均霑코져ᄒᆞᄂᆞᆫ者를歷史上幾百年과地球上幾萬國에曾聞其說이요未見其人ᄒᆞ니人間此世에何其力量眼孔之不恢也요嗚呼라西坂豐氏ᄂᆞᆫ日本義士也라妙年學業이菀乎其盛而遠㖟全局之大勢ᄒᆞ고主唱東洋之平和ᄒᆞ야日本으對韓政略의誤算ᄒᆞᆷ을深憂ᄒᆞ야通信社를漢城의設立ᄒᆞ고大韓獨立을扶植코져ᄒᆞ얏스니若季子之去燕而之齊ᄂᆞᆫ意實在於存齊也며伍公之爲吳而非爲獨은謀實出於誘吳也니

然則氏之志ㅣ抑亦存韓而重日이며爲日而非爲韓耶아日非也라

自國을먼져愛ᄒᆞᆫ然後에隣國을和ᄒᆞᆯ지니自國을不愛ᄒᆞ고隣國을和ᄒᆞᆷ은必無ᄒᆞᆫ理致라엇지氏을對ᄒᆞ야此을究索ᄒᆞ리오今東洋大勢가其孤弱離拔ᄒᆞᆷ이上下幾百年에未見其如此之甚也니萬一에觸之習을不懲ᄒᆞ고兼吞之慾을妄懷ᄒᆞ면是ᄂᆞᆫ剪翼而求飛ᄒᆞ고去輪而求轉ᄒᆞᆷ과無異ᄒᆞ니

然則氏의所以持論平和者ㅣ雖出於爲日이나其所以爲韓者도亦非以外而東洋一局지安危가不在此而何在리요然이나送近利而[illegible]大慮ᄒᆞ고貪己私而忘公益者滔滔皆是라茫茫天地에大志를莫酬ᄒᆞ니志之未履에不死何爲오短刀如霜에浩然長逝ᄒᆞ니不死者存에有如白日이로다世지셔者ㅣ必以氏之死로爲誤矣나然이나江東에人無久下지志ᄒᆞ니子서지日이將不瞑於吳明之下矣라吾將執一尺簡三寸毫ᄒᆞ고記東洋風雨之作止ᄒᆞ야鐵頭에大書通信社三字ᄒᆞ고낭然大讀于不知火門節之下ᄒᆞ야以慰氏已遊之魂矣리라

●特別社告●

本社에셔財政이困難ᄒᆞᆫ形便은本報愛讀ᄒᆞ시ᄂᆞᆫ僉君子에게己爲敬告ᄒᆞ엿사오니不必贅陳이여니와當此年終ᄒᆞ와許多經用이磨勘이無路ᄒᆞ오니特念本社情況ᄒᆞ시와本報代金을這這劃送ᄒᆞ시면本社에셔ᄂᆞᆫ非但以代金으로知之라以捐助로知之ᄒᆞᆯ거시니僉彥은另念照亮ᄒᆞ시오

大韓每日申報社　告白

●平壤居장浮應田德龍黃錫龍川氏가本社寄函ᄒᆞ되昔에我한이亞洲의一文國이오惟此西洋이我한亦一早開區라謚自檀君으로人文創開ᄒᆞ고箕聖이繼都ᄒᆞᆫ後三千餘年에八條之敎와仁賢之俗이相傳ᄒᆞ야家현戶송이有추로之風ᄒᆞ고州서黨庠에薰服殷周之敎ᄒᆞ야一以신졔가치國平天下之도로爲本領焉이라所以見稱於鄰邦ᄒᆞ며標準於當世ᄒᆞ니학規之周備가斯爲盛矣오非不盡美而如何至此今일之腐敗耶아嗚呼라時機之變遷이大異於前일而俗士庸儒가不知時務之如何ᄒᆞ고以背隨之習慣으로徒知尋摘章句ᄒᆞ며여日詩日賦ᄂᆞᆫ終不可廢라ᄒᆞ며비風弄月로尤當先習이라ᄒᆞ여敎人以是ᄒᆞ며敎子以是ᄒᆞ여專味於實際학文而自以爲能文能知라ᄒᆞ니可勝歎哉아　未完

●晋民鳴寃　晋州來人의傳說을聞ᄒᆞᆫ則本郡元堂里柳尙書遺址訟事로府군判決이昭然自在이거ᄂᆞᆯ洞民金世柱가誣訴于平理院ᄒᆞ야使堂堂柳姓지基址로至於黑白難分지境故各군諸柳가々勝其寃ᄒᆞ야柳姓지數百人이府군에鳴寃ᄒᆞ나事係上部云而無處판斷決지望故로京部에呼訴次로數百人이上來ᄒᆞᆫ다더라

●甚於公姦　安岳군은本是僻邑이라人心이未化ᄒᆞ고多年官人의壓制下에居ᄒᆞ드니卒業巡檢을各군의派送ᄒᆞᆫ다ᄒᆞ기로本군도生命財産의保護ᄒᆞᆷ을바랏드니巡檢이到군後로부터處處에굿ᄒᆞᄂᆞᆫ소리들니드니所謂使令廳에셔大장旗皷ᄒᆞ고四五日을굿ᄒᆞᆫ後에浮費를村村面面幾拾兩式督捧이甚於公錢ᄒᆞ니此所謂開明上目的인지이가ᄂᆞᆫ法으로인民을保護ᄒᆞ면百姓이환散지境이라고民論이沸鬱ᄒᆞ다고所聞이浪藉ᄒᆞ다드라

●光州吏散　광州에셔稅務官下來以後로自吏胥至奴令히皆爲等狀ᄋᆞ本官告退ᄒᆞ고無一箇人ᄒᆞ니군守獨坐而餘外各군稅務官이一齊下來ᄋᆞ湖南ᄒᆞ야倣觀광州形便ᄒᆞ야施行樣矣러니如시騷動ᄒᆞᆷ에稅官이皆言ᄒᆞ되奚獨此邑이리오還去云云而繇此로結稅가姑未發令ᄒᆞ엿다더라

●德校來辨　德語學徒가本社에來辨ᄒᆞ되德校騷動이란題下에對ᄒᆞ야稱以學校ᄒᆞ고道路不便으로騷動ᄒᆞᆫ理가萬無ᄒᆞ다더라

廣告

通津私立汾南普成學校의贊
成金이如左ᄒᆞ니
校監리敎奐　參拾元
學監리冀鍾　事務長　南廷
容　總務　沈相一　提議　贊리
敎煥　評議長　리象奎　리建成
員　리範亨　慶健秀　英
以上拾元
金重驥　成煥巽　權金健洙　申
弘善　최錫九　能秉德
以上伍元　沈勳肆元
安玉振　리象玉　沈義澤　沈
宜甲　박洪鎭　리文相　최興
九　以上貳元
분南學校　告白

慶尙北道慶州군養兒山은卽昔씨始祖脫解王誕降之地也라粵自我朝立國之초에創建殿宇錫號臨海ᄒᆞ며封其山守護에其起鑿之田과長養지松楸를戒勿樵耕剪伐矣러니不意該山下居悖類리厚榮金汪東이瞰其雲仍지殘劣ᄒᆞ야該封山을稱云洞山ᄒᆞ고僞造文券而勒奪田土ᄒᆞ며亂斫松楸故로自戊戌年爲始ᄒᆞ야呈官呈府에彼以無理로番番落科而至壬寅年ᄒᆞ야有土林情原而至有判決完文이ᄋᆞ고其後에自昔씨雲仍으로又呈掌禮院ᄒᆞ요至截嚴訓令ᄒᆞ야리金兩人지僞券을自郡庭燒火而妥帖인바及至本年八月分ᄒᆞ야自掌禮院으로派送禮官ᄒᆞ야奉審各陵지地에及到于脫解王封山處ᄒᆞ여依院訓府訓ᄒᆞ야決而定界立標矣러니吁彼리金兩人이該禮官이聽囑告씨지托而立標라ᄒᆞ여揭載新聞ᄒᆞ니豈有如許悖習乎아當초此訟判決이在於禮官下來前壬寅年事어ᄂᆞᆯ寧有如此構誣禮官지道乎아究厥所習則節節無憚이지기로玆以廣告ᄒᆞ오니僉君子ᄂᆞᆫ以此照亮ᄒᆞᆷ

慶北慶州군居昔必復廣告

本人이性順柔弱ᄒᆞ야龍山江居리光胤을知信無疑ᄒᆞ고壬寅年에葉三千餘金을無票捧留ᄒᆞ니私相去來ᄒᆞ야三千兩은覓用後에無言姑置矣러니光胤이가暗生他意ᄒᆞ야今年七月에日本人金色源吾을帶來于本人家ᄒᆞ야下隷을付同ᄒᆞ야稱有本人에게一千兩所捧條云而內庭限票을盜取暗去ᄒᆞ옵기本人이聞甚동忿ᄒᆞ야本根所捧處捧錢數爻와光胤에게捧留錢數冊子와覓用ᄒᆞᆫ錢數을昭詳記錄ᄒᆞᆫ冊子文跡이分明有ᄒᆞ기로卽覓冊子ᄒᆞ야去來을推見則遺有葉七拾餘兩所推條이기로責論不義ᄒᆞ고內票을還推지意로三四次書面言이되終不見送票回答하고又有挾雜人付同ᄒᆞ고勒奪私慾지意이기에玆以廣告ᄒᆞ오니內外國人은顧勿見欺ᄒᆞ오며亦爲各司府部院廳에옵셔도切勿見欺受訟ᄒᆞ시옵고內庭諺標은休紙施行ᄒᆞ시옵소셔

南署會賢坊居　리聖尹　告白

前秘書丞柳時萬이가其族人을訓戒以取友必端而冑及姜영過失矣러니姜氏以此含怨ᄒᆞ야謂將搆陷於死地라ᄒᆞ더니以虛無孟浪之事로揭載新聞ᄒᆞ야ᄒᆞ人耳目ᄒᆞ더니姜영이悔過負荊於柳氏ᄒᆞ고搆誣之事을正誤ᄒᆞ야玆廣告ᄒᆞᆷ

柳相佑　告白

本人田畓三石落이在於邑內面黃坪而遠族文煥이浮浪挾雜ᄒᆞ야僞造文券ᄒᆞ야將欲暗賣ᄒᆞ야出沒京鄕ᄒᆞ니內外國人은愼勿見欺ᄒᆞᆷ

懷仁南面楸洞梁昌煥　告白

●學員募集廣告

本所에셔學徒를加募ᄒᆞᆯ터이니入學ᄒᆞ기願ᄒᆞᄂᆞᆫ人은光武十一年一月四日(陰十一月二十日)內로稟請狀을本所에具呈ᄒᆞ고同月五日(陰十一月二十一日)上午十時에本所에來ᄒᆞ야入學試驗을應ᄒᆞᆯ事

一、入學試驗科目
國漢文讀書　國漢文作文　筭術(分數以下)
內國歷史　內國地誌

一、年齡은二十歲以上三十五歲以下
但師範學校中學校外國語學校及其他以上同等되ᄂᆞᆫ學校에卒業證이有ᄒᆞᆫ者ᄂᆞᆫ免試許入ᄒᆞᆷ이라

法官養成所

西署監松坊池下契新村六統十三戶上信和家券遺失故廣布誰某拾得休紙施行

林卓佾　告白

本人의子順九年今二拾七인ᄃᆡ壬寅以後의蹤跡莫知이기玆廣告ᄒᆞ니聞此日回程ᄒᆞ기是望

金基宗　告白

本人從弟義健年今二十一性本浮浪蕩敗家産與悖李基弘出沒京鄕得債徵族云故玆以廣告內外國人切勿見欺此人容모面像이長ᄒᆞ고鼻準이高大無鬚者

鳳山菜圃　李孝健　告白

廣告

本郡守李承載氏는熱心勸勉에學校興旺ᄒᆞ며嚴束作統에盜賊이屛跡ᄒᆞ며愛民如子에聽訟如神이라浮浪雜類가難可得意ᄒᆞ야做出無根之說ᄒᆞ야揭載於各新聞上故로不可不明辨이기爲先廣布홈

鳳山李亨逵 告白

本人의長子得華ᄂᆞᆫ年今二十五歲에性本浮浪ᄒᆞ야酒色蕩子로欲得日債ᄒᆞ야移徵父兄코ᄌᆞᄒᆞ오니內外國人은切勿見欺홈

定州濂坊上里 金德鉉 告白

本人이**姓名**圖章을遺失ᄒᆞ와기玆에廣告홈

徽上第一大隊陸軍步兵叅尉 盧德世告白

朝陽報第十一號廣告

（著作）「告大官巨公」「害韓乃忠韓」「品性修養」「商業概論」「隨感世錄」「寄書」「世界叢談」「內地雜報」「廣告」

◎

（譯述）「海外雜報」「保護國論」「滅國新法論」「政治原論」「泰西敎育史」「本朝名臣錄」「갈蘇士傳」「米國大統領」「嗣藻」「비스마룩子」「愛國精神談」

少年韓半島라ᄒᆞᄂᆞᆫ雜誌ᄂᆞᆫ我帝國의(獨立精神)(自由精神)(平等主義)로써國民的의腦髓를養成ᄒᆞᄂᆞᆫ[illegible]ᄒᆞ야敎育界의學術을發明ᄒᆞᄂᆞᆫ海上燈臺라有志同胞ᄂᆞᆫ[illegible]

發賣所[illegible]學校

布屛 金相萬　洞口朱翰榮

鍾路高裕相磚洞每日申報社

以上[illegible]

[illegible]

[illegible]紙卷烟及烟草會社

● [illegible]砂라 本人이[illegible]方法으로[illegible]男女老少에無論何症ᄒᆞ고[illegible]身體가健康ᄒᆞ며小兒ᄂᆞᆫ[illegible]를擔保ᄒᆞ오며

●九轉靈砂萬壽丹은[illegible]

●九轉靈砂保命丹은初生小兒[illegible]疾에神効ᄒᆞ오

●九轉[illegible]丹은[illegible]般惡과婦人帶下症에神効ᄒᆞ며

●九轉靈砂[illegible]丹은酒滯 [illegible] 時疾 [illegible]吐血 下血 [illegible]氣 時疾 [illegible]ᄒᆞ오

●九轉靈砂紫金丹은痔漏 [illegible] 上瘡毒 下瘡毒[illegible]諸般毒藥[illegible]에無不神効하오니[illegible]ᄒᆞ시오

內部司前옥갈이골上隅第一家 李[illegible]

●大韓每日申報各處支社廣告 義州南門外[illegible]大韓[illegible]

中署布屛門下 金相萬 冊肆　長湍邑

洞口越便 朱翰榮 冊肆　[illegible]

中署農圃洞入七十八統第二戶　[illegible]

仁川[illegible]新冊肆 李東[illegible]　[illegible]

平壤南山峴日新學校 金浩[illegible]　[illegible]

[illegible]川邑[illegible] 崔[illegible]　[illegible]

安[illegible]　[illegible]

大邱郡 [illegible]

鎭山邑內 [illegible]

元山港[illegible] [illegible]

[illegible]

◎本社廣告

申報價

一張代金 新貨一錢五里

一個月前納 三十錢

三個月 九十錢

六個月 一元七十錢

一個年 三元四十錢

郵稅一部 新貨五里

一個月 十三錢

廣告料

四號活字十三字[illegible]

每日每英尺一寸[illegible]

其期限의長短[illegible]

를依ᄒᆞ야增減홈[illegible]

發行兼編輯人 [illegible]

發行所

京城中署[illegible]坊[illegible]

大韓每日申報社

例年과 같이 十二月十五日부터

京城本町 [illegible]

大特減 歐米直輸入商 雜貨 十[illegible]

定價內에서 十分의 一을 特減함 電話 三六[illegible]

來十二月三十一日까지

第四卷

大韓每日申報
대한매일신보

第四百七號

月曜及慶節 歲時日休刊

檀君開國四千二百三十九年
箕子元年三千二十八年
大韓開國五百十五年
日本明治三十九年
淸國光緒三十二年

◉陰曆丙午十一月小十四日丁未

論說

●偵探之弊害

우러드야드킵플잉氏가有言曰東西가逈異ᄒᆞ야斷不相合이라ᄒᆞ얏시니本記者도亦依此人之之信ᄒᆞ노라將有相合之日이나不以平和ᄒᆞᆯ지라早晩間에必有爭端ᄒᆞ리니此根因은一般西人이日本引導下에在ᄒᆞᆫ極東人民과各自不同ᄒᆞᆷ이로다日本이手中한國을維支ᄒᆞ기에如彼特用ᄒᆞᄂᆞᆫ거ᄉᆞᆫ偵探及威嚇이라對此西人이嫌忌以外에不能爲他니盖如彼之策이한人을操縱ᄒᆞ기에ᄂᆞᆫ但有效力이나卑劣之態가不多ᄒᆞᆫ人民에게야有何效用이리요한日의偵探을吾人이到處未免ᄒᆞ야泰西에尊敬意思와個人自由가今此新政策之下에ᄂᆞᆫ所措處가未有ᄒᆞ도다

한人의幾多困難은惟以聽聞知悉이어니와漢城內에居留ᄒᆞᄂᆞᆫ多數外人들도最甚頻煩來往ᄒᆞᄂᆞᆫ街路上에셔日本偵探者의注目을因ᄒᆞ야或未免煩惱ᄒᆞ얏슬지라晝則筆與冊을彼持矣요夜則暗照燈을彼携矣로다吾人의因此被惱가近有數次ᄒᆞ니如此弊害를一無說其不然之端ᄒᆞ고使之一依繼續이其何理由인지探悉키不能이라此係我領事所務어날對此何如行動을未得聞焉ᄒᆞ얏노라

一般吾人이日本密探을必當ᄒᆞᆯ지ᄂᆞᆫ似無其理ᄒᆞ니如此弊瘼이豈得繼行이리오마ᄂᆞᆫ若無嚴酷論辨이면恐或有弊瘼增加之機라由是로本記者ᄂᆞᆫ眞實希望ᄒᆞ노니惟其嶄然外人은特加注目於此ᄒᆞᆯ지여다吾人이日人의惱擾를必當ᄒᆞᆯ거ᄉᆞᆫ不能忍耐之事라若何如人士던지失其溫和之性ᄒᆞ야特以自手로取行改良之策이면日人은將自責ᄒᆞᆯ而已리로다

官報

●三千六百四十五號 光武十年十二月二十五日

◉宮廷錄事

宮內府大臣臨時署理議政府參政大臣박齊純謹

奏議考謄錄則壬午年三揀擇後詣 別宮時道路屛門若無檢飭之節則易致觀光紛遝之慮依近例分付兩營把守將卒量宜定送矣現今軍制與前有異今번則何以爲之乎敢 奏

光武十年十二月十八日奉

旨以巡檢量宜定送

宮內府大臣臨時署理議政府參政大臣박齊純謹

奏議考謄錄則壬午年三揀擇後詣 別宮時分守門將二員輪回入直於 別宮矣現今官制與前有異今번則何以爲之乎敢 奏

光武十年十二月十八日奉

旨警務官二員率巡檢輪回入直

◉敍任及辭令

免本官 江原道警務署總巡리大헌○免本官 慶尙北道警務署總巡金奎千○任中樞院副贊議 永興郡守洪淳旭○任中樞院副贊議 全州郡守權直相 平壤郡守李重玉 六品尹興섭○依願免本官 秘書監丞洪鳳杓○命秘書監丞 奉常司提調趙經九○命奉常司提調 掌禮院副卿朴봉柱○命掌禮院副卿 從二品리範仁○命兼任法官養成所敎官 平理院判事朴晩緖 漢城裁判所檢事柳東作○命停職鎭衛第三大隊附陸軍步兵參위최鎭泳○命奉常司提調 咸鏡北道觀察使任原호○依願免本官 主殿院主事鄭仲永 主殿院電務課主事黃潤德○任主殿院主事 官內府大臣官房主事韓秉九○任宮內府大臣官房主事 六品鄭仲永○任主殿院電務課主事 宮內府大臣官房主事鄭秀穆○任宮內府大臣官房主事 九品黃潤德○任經理院主事 九品鄭尙호○任經理院技手 議政府主事李明薰○命經理院記事員 六品魏一鏞○命宮內府特進官 尙方司提調閔泳徽○解嘉禮費檢釐委員 制度局參書官兪致衡

●三千六百四十七號 光武十年十二月二十七日 續

◉敍任及辭令

命侍從院分侍御 리敏益 金文煥 韓性錫 리啓설○命侍從院分主事 洪瑛燮 리種亨 리鍾仁 申在학○命太醫院分主事 六品최형集○命主殿院電務課分主事 六品李鳳善 六品洪義煥○命侍從院庶務課分主事 九品변鍾善 九品文정鎭全聖模○命弘文館학士 宮內府特進官南廷哲○任議政府主事 六品金敦熙○任中樞院副贊議 尙州郡守吉永洙○依願免本官 京畿裁判所檢事金 澤○全羅南道裁判所檢事 金敦熙○咸鏡北道裁判所檢事 太明軾○任議政府主事 六品金敦熙○任官立漢城師範學校副敎官 尹舜鏞○任官立漢城日語學校副敎官 前副敎官박宗烈 完

●三千六百四十八號 光武十年十二月二十八日

◉宮 廷 錄 事

內部大臣臨時署理農商工部大臣成岐運謹

奏光武十年度中外人民戶口今玆編籍而咸鏡北道八九兩年度帽籍亦已齊到矣一切抄錄總數恭備 乙覽謹上 奏 旨依奏 光武十年十二月廿日奉

中樞院贊議金鶴鎭辭職소

비旨省소具悉卿其勿辭行公

外報

●極東總督 露國政府ᄂᆞᆫ爲念及其附近에多數의日本商人이入來ᄒᆞ야漸々平和的蠶食을行ᄒᆞᆷ을杞憂ᄒᆞ고再히極東總督府를設置ᄒᆞ야此에太守의職權을與授ᄒᆞ고一方에ᄂᆞᆫ露國農民의極東移住를獎勵ᄒᆞᆯ計畫이라ᄒᆞ더라

●俄國外相의意向 俄國外務大臣이쓰롤스키氏가俄日兩國通商漁業條約議判에互其主張이異ᄒᆞ야到底히一致締結ᄒᆞᆯ希望이無ᄒᆞᆷ으로以ᄒᆞ야此를仲裁裁判所에付ᄒᆞᆯ外에無ᄒᆞᆫ意見을把持ᄒᆞᆫ다더라

●鐵路競爭 淸國政府ᄂᆞᆫ溝방子新民屯間鐵途를更히北方法庫門까지延長ᄒᆞ기로計畫ᄒᆞ나此線路ᄂᆞᆫ日本南滿洲鐵道競爭線이될者이라더라

●噴火口崩壞 伊太利베쓰비어스山에噴火口가崩壞ᄒᆞ야무셥게鳴動ᄒᆞᆫ後長時間激震ᄒᆞ얏다ᄒᆞ더라

●濠洲海溢 濠洲싸지시처뷔일ᄂᆞᆫ海溢ᄒᆞ야全然破壞ᄒᆞ얏ᄂᆞᆫ뎨不幸히住民은預告가無ᄒᆞ야暫時間全部洗去ᄒᆞ얏다ᄒᆞ더라

雜報

●落榜者冤　近日叅政大臣이政治刷新에對ᄒᆞ야爲先人才를擇用ᄒᆞ기로過日奏本에社會上名譽가有ᄒᆞᆫ니를稍々收拾ᄒᆞ니此乃政治上進步機關이거날南北村獵官輩들이自巳의才格이不及은反省치안코皆其私慾上落望으로浮謗을做出ᄒᆞᆫ다더라

●特使入京　特使李址鎔氏一行이昨日釜山셔直行列車를搭乘ᄒᆞ고下午十一時에入京ᄒᆞᆫ다고電報가內部에到達ᄒᆞ엿다더라

●畿湖易明　金貞植氏ᄂᆞᆫ元來有志之士라日本東京에前往ᄒᆞ야韓國留學生을爲ᄒᆞ야査經會를設ᄒᆞ고兩朔을勸勉中인ᄃᆡ畿湖兩省人이觀感ᄒᆞ야飜然覺오ᄒᆞ야畿湖會를設ᄒᆞ고一心團結ᄒᆞ야實地上에用力ᄒᆞᄂᆞᆫ지라本國畿湖之人도留학生에畿湖會를效則ᄒᆞ야祛其文華ᄒᆞ고實地邊에用工ᄒᆞ면可謂猛虎添翼에文明을易期라ᄒᆞ더라

●見侮與甚　大使리址鎔氏夫人이日本夫人會에叅席ᄒᆞ엿더니該會에셔一夫人이演說ᄒᆞ되韓國大使의夫人이會席에枉叅ᄒᆞ엿스니吾人은此事에對ᄒᆞ야一邊致謝ᄒᆞ거니와大使의夫人이容姿가姸美ᄒᆞ고兼ᄒᆞ야洋服을華麗히裁着ᄒᆞ얏스니外樣은近似ᄒᆞ나學問이專昧ᄒᆞ야其中은未必有也니惟我日本夫人은韓國大使夫人이라고조금도仰모치말나ᄒᆞ엿다더라

●西友勉學　陽曆新年一月二日上午十二時에西友學會에셔承동金達河氏家에特別會를開ᄒᆞ고兩西人士中京城留學ᄒᆞᄂᆞᆫ諸學員을廣請ᄒᆞ야教育上問題로講演도ᄒᆞ며懇親之誼를表ᄒᆞᆫ다더라

●日家慘景　陰曆十月廿四日夜에群港日本人家에셔失火ᄒᆞ야日人燒死者五六人이라더라

●日捧勒標　曩者에何許人四五十名이自稱義兵ᄒᆞ고茁浦日人商店에셔三萬五千兩을掠奪以去ᄒᆞ얏ᄂᆞᆫᄃᆡ木浦日憲兵隊에셔該洞居民에게右錢을欲爲勒徵ᄒᆞ다가反以德色으로蕩滌ᄒᆞ고日後에若有此等事어든該洞에擔當ᄒᆞ기로勒標를捧去ᄒᆞ얏다더라

●誘人買土　全羅道金堤萬頃은國內有名ᄒᆞᆫ沃土라日人이沓土를買收ᄒᆞᄂᆞᆫᄃᆡ該郡富家悖子들이日人에利誘를甘聽ᄒᆞ야或僞券放賣故로不過數年이면該郡土地ᄂᆞᆫ盡歸於日人이라더라

●羣港地震　去二拾四日午後拾時量에群山港에셔遠雷와如ᄒᆞᆫ一大轟聲이起ᄒᆞ더니該地에大地震이作ᄒᆞ야約數分間을震動ᄒᆞ얏다더라

●賞금何多　度支部에셔顧問官以下外國人에年終賞與금이二萬圜이猶爲不足이라ᄂᆞᆫ說이有ᄒᆞ더라

●淳吏解散　淳昌吏屬輩가各散村閭ᄒᆞ야結錢을收捧ᄒᆞ야買酒泥醉ᄒᆞ고生梗爲主ᄒᆞᆫ다고南來人의傳說이有ᄒᆞ더라

●리家失火　再昨日下午七時에小格洞前參領리敏稷氏家에失火ᄒᆞ야庫間四間이全燒ᄒᆞ얏다더라

●達夜修溥　學部학務局에셔年終文溥가積滯ᄒᆞ야再昨夜부터終宵修正ᄒᆞᆫ다더라

●漏網者多　金城郡警務分署에셔巡檢二人과補佐員一人이强盜八名을押領ᄒᆞ고春川馬峴地에셔止宿ᄒᆞ더니該賊漢等이乘夜逃走ᄒᆞᄂᆞᆫ데該巡檢巡査等이覺察ᄒᆞ고卽地追捕ᄒᆞ야一名은砲殺ᄒᆞ고二名은還捉ᄒᆞ고五名은逃走ᄒᆞ얏다더라

●傷命可駭　華川郡己浦居韓君先이가爲賊被殺ᄒᆞ얏다고江原道경務官의報告가內部에來到ᄒᆞ얏다더더

●從中挾雜　近日宮內府에셔別巡檢四名을差出ᄒᆞᄂᆞᆫᄃᆡ請錢을多數納賄ᄒᆞ얏다니主殿院卿리起東氏ᄂᆞᆫ納賂ᄒᆞᆯ理가萬無ᄒᆞ고必是從中挾雜이라ᄒᆞ더라

●三氏發配　義兵의干連된智島流配罪人리世永等三氏을日昨法部에셔發配ᄒᆞ얏다더라

●偵探甚密　近日日巡査의宮闕把守戒嚴이比前益甚ᄒᆞ야무숨偵探을秘密히ᄒᆞᆫ다ᄂᆞᆫᄃᆡ其理由를未知ᄒᆞ깃다더라

●用藥必效　警務廳에被捉ᄒᆞᆫ罪人이日人의게藥을用ᄒᆞ면雖有重罪라도從輕處판ᄒᆞ고만일藥을不用ᄒᆞ면雖輕罪라도從重處판ᄒᆞᆫ다ᄂᆞᆫᄃᆡ日人도擧皆不然이라就中開口納藥ᄒᆞᄂᆞᆫ者가有ᄒᆞ다더라

●經費越交　東宮嘉禮都監經費를度支部에셔沒數히銀行所로越交ᄒᆞ얏ᄂᆞᆫᄃᆡ該都監에셔隨用推去ᄒᆞᆫ다더라

●子賢於父　法部大臣李夏榮氏가其弟嫂逐出ᄒᆞᆫ事ᄂᆞᆫ各新聞에屢揭어니와리法大의次子가年今拾七인ᄃᆡ其叔母逐出ᄒᆞᆫ事에對ᄒᆞ야其父之過를不忍斥言ᄒᆞ고自巳同儕親交를對ᄒᆞᆷ인或語到該事ᄒᆞ면其父親의處事가決非當行之事라ᄒᆞ야自有羞愧之心ᄒᆞ더라니其子之知義가遠於其父之無醴라고巷說이藉藉ᄒᆞ더라

●婦人罵會　平壤에金義道氏가經理院所管賭租를收捧次로鳳山郡舍人坊에來到ᄒᆞ야收租之際에一進會가來到ᄒᆞ여沮戲ᄒᆞᄂᆞᆫᄃᆡ同氏가擧理責之ᄲᅮᆫ더러本坊居리應祖에妻리召史가雖曰女人이나臨事解明이勝於男子라然故로一동洞首를年々擔任視務而其時에對一進會員ᄒᆞ야大聲責之曰會라ᄂᆞᆫ거시人民이互相圖合ᄒᆞ여自己國之獨立을完全히ᄒᆞ고民之知覺을啓發ᄒᆞᄂᆞᆫ거시라故로國은以民權으로獨立ᄒᆞ고民은以國權으로自由를ᄒᆞᄂᆞᆫᄃᆡ自己會에셔莫重ᄒᆞᆫ皇室費를沮戲ᄒᆞᆫ즉國法이自至解弛ᄒᆞ여互相紛爭則國에進就지望도無期ᄲᅮᆫ더러難免外人지斥笑라ᄒᆞᆫ즉俛首不答以去ᄒᆞ얏스니多數一進會가不如一箇女人之開明이라고爲口成談ᄒᆞᆫ다더라

●泰守創校　泰安郡守리基[illegible]氏가經費를全當ᄒᆞ야學校를創設ᄒᆞᆫ지不過數朔에學員이七拾餘名에達ᄒᆞ얏다더라

●忘誼强奪　前平理院判事沈憲澤氏가公州居柳參奉錫奎와誼同兄弟ᄒᆞᆫ바柳富而沈貧故로柳氏의게受恩이不小ᄒᆞᆫᄃᆡ及其柳錫奎死後의頓忘前誼ᄒᆞ고日人협雜著眞田송尾를符同ᄒᆞ야柳氏家庄을眞田의게買得ᄒᆞ얏다ᄒᆞ고柳氏의家産汁物을恐갈동民ᄒᆞ야輸出동外ᄒᆞ고孤兒寡婦를威脅歐逐ᄒᆞ기로孤兒寡婦가往于觀察府ᄒᆞ야呼哭自活ᄒᆞᆫ즉日本경視가特憐其情景ᄒᆞ야探知沈氏의협雜行悖ᄒᆞ고叱退沈氏ᄒᆞ야柳氏의孤兒寡婦를保護케ᄒᆞ얏다더라

●寧海의義擾　去二拾日午前二時에義兵一百五拾名이慶尙北道寧海郡의襲來ᄒᆞ야警務補助一名이負傷ᄒᆞ얏고盈德으로引揚ᄒᆞ얏ᄂᆞᆫᄃᆡ巡檢一行은行街가不明ᄒᆞᆫ지라義兵의目的은日本勢力을排斥ᄒᆞ야警務分派所와郵便取扱所를撤回ᄒᆞᆫ다ᄒᆞᄂᆞᆫᄃᆡ盈德以北은郵便이두絶ᄒᆞᆫ지라慶州憲兵隊下士五名과大邱巡査巡檢五名을派遣ᄒᆞ얏다ᄒᆞ다더라

●開而未開　元山港居金乃範氏가本報發送을爲ᄒᆞ야支社를設立ᄒᆞ얏더니今에同氏의所報를據ᄒᆞᆫ則該地購覽人員의게代金을收捧키難ᄒᆞᆷ으로支社ᄂᆞᆫ自罷之境에至ᄒᆞ얏다ᄒᆞ니該港은韓國이與外通商之日에最先開港之地라其文化의輸入ᄒᆞᆫ程度가宜乎他處보다優過ᄒᆞ야新聞購覽이亦瞻夥多에至ᄒᆞᆯ터인ᄃᆡ今乃代金의愆滯로支社가自罷에至ᄒᆞᆷ은誠是意外로다購覽ᄒᆞ시ᄂᆞᆫ僉員은幸히開明的思想으로本紙를繼續購覽ᄒᆞ시와該支社를維持ᄒᆞ기를希望ᄒᆞᄂᆞᆫ이ᄂᆞᆫ韓國人士의智識開發을爲ᄒᆞᆷ이오本社의利害를爲ᄒᆞᆷ이아니오니幸其諒之어다

▲雪 惠 肥 樓

▲近日政海에風浪이[illegible]니海東萬里에一陣風이吹[illegible]니如山巨浪이翻覆[illegible]日復見ᄒᆞ엿고

▲近來郡守奏本後面[illegible]이[illegible]生ᄒᆞ야新聞가[illegible]만이[illegible]日前兩次奏本에ᄂᆞᆫ參政大臣이無論知與不知ᄒᆞ고[illegible]人이면選任ᄒᆞ얏ᄂᆞᆫᄃᆡ[illegible]守令에李世卿[illegible]와社會上聲價가有ᄒᆞᆫ某々氏가被任ᄒᆞ얏시나參政[illegible]始發見ᄒᆞ얏스나其中一二人에不合은爲人[illegible]권이와不必深論이지오

▲宮內大臣[illegible]跡에　優批을承ᄒᆞ엿스나終不出仕ᄒᆞ니當此時局ᄒᆞ야名望이有ᄒᆞᆫ신宰相은堅臥不起ᄒᆞ시면國事ᄂᆞᆫ엇지ᄒᆞᆫ잔말이오古之君子도治亦進亂亦進ᄒᆞ엿소

▲宮內大臣이尙未出仕ᄒᆞ미[illegible]動高手李容泰氏도[illegible]고水仙花李載克氏도雲遊에高臥ᄒᆞ야造化을暗生ᄒᆞ다니未知鹿在誰手로고

▲近日에統監府日人이一次勸告만有ᄒᆞ면上自政府大官으로下至觀察郡守라도任意圖得ᄒᆞᆫ다니勸告을圖得ᄒᆞᄂᆞᆫ者ᄂᆞᆫ法律도붓그럽지안소

別報

鶴栗生

益演說이라謂홈은未盡之意를擴張ᄒᆞ야使之廣聞에或喝采者도有ᄒᆞ며或反對者도有ᄒᆞ야明其事極其理홈이라向日第四百四號申報欄內에寄載홈이未完ᄒᆞᆫ意가尙有故로今又更叩ᄒᆞ노이다生은平日에漢文皂白을써皮看來ᄒᆞ야曆試科場에平生을誤送타가現今競爭時代을當ᄒᆞ야已往에不諫홈을覺悟ᄒᆞ고來者에可追홈을覺知ᄒᆞ야文明에籍을借讀ᄒᆞ며妻子弟를勸誘ᄒᆞ야申報紙를購讀ᄒᆞᆫ지年去歲來에知識方針은雖在人後나國躰富强은欲無講頭키로一寸舌을强叩ᄒᆞ오니大凡吾人은二千萬同胞에均是一分子뇨라國步日弱을孰不抑胸이며孰不泣血이리오마ᄂᆞᆫ頑固ᄒᆞᆫ兪君子ᄂᆞᆫ新學文을發達ᄒᆞ며開明學徒ᄂᆞᆫ榮進을欲後ᄒᆞ고愛國誠을專務홀지어다殘喘老骨이自古歷代ᄂᆞᆫ枚擧키難暇이나挽今我韓事蹟槪述ᄒᆞ노이다김淸陰에裂書와三學士에守節과鄭忠正에節死ᄂᆞᆫ은生死을不顧ᄒᆞ고愛國誠만沈出ᄒᆞ니惟我同胞ᄂᆞᆫ國躰上에結盟ᄒᆞ며諸公을效則ᄒᆞ야萬一이라도獨立權에盡力竭誠ᄒᆞ심을至以爲榮홈

◉特別社告◉

本社에셔財政이困難ᄒᆞᆫ形便은本報愛讀ᄒᆞ시ᄂᆞᆫ**兪君子**에게已爲敬告ᄒᆞ엿사오니不必贅陳이여니와**當此年終**ᄒᆞ와許多經用이磨勘이無路ᄒᆞ오니**特念本社情況**ᄒᆞ시와本報代金을遄々劃送ᄒᆞ시면本社에셔ᄂᆞᆫ非但以代金으로知之라以捐**助**로知之ᄒᆞ올거시니**僉彦**은另念照亮ᄒᆞ시오

大韓每日申報社 告白

有意ᄒᆞ야航海를東渡ᄒᆞ며歐洲를西涉ᄒᆞ야新世界를觀覽ᄒᆞ며文明氣를吸取코져ᄒᆞ나光陰이衰矣라百病이侵骨ᄒᆞ고生涯貧矣라一銅難판ᄒᆞ니奈何奈何오ᄒᆞ야金리友을懇乞ᄒᆞ야新書

雜報

●平壤居張淳應田德龍黃錫龍三氏가本社寄函ᄒᆞ되 續

大抵民智之明昧ᄂᆞᆫ在於敎育之如何ᄒᆞ고敎育之進就ᄂᆞᆫ在於在上之導率을今於平南觀察使리始榮氏에게推 矣로다氏가來莅玆土ᄒᆞ야勵精圖治에一々刷新을指不勝屈이나學務上實心實施一事로言之면府下各區私塾을躬巡視察ᄒᆞ고敎科에一定章程이無홈을悶歎ᄒᆞ며視務에實施必要를特念ᄒᆞ야一來엔師範夜學校를刱設ᄒᆞ고敎師를選定ᄒᆞ야各私塾學究者를以新敎授法으로一同敎授ᄒᆞ야使之敎育케ᄒᆞ며二來엔學務委員을廣選ᄒᆞ야各塾訓學者日로就上學에怠慢을不得케ᄒᆞ며三來예新學文敎科書를多數貿來ᄒᆞ야延敎於各塾케ᄒᆞ고舊日所習兒圖文字와畫編糟粕은一切廢止케ᄒᆞ며公立普通學校에ᄂᆞᆫ經費를學部에셔指飭ᄒᆞᆫ되로七百圓式支撥ᄒᆞ기로ᄒᆞ고每日公暇에步出敎場ᄒᆞ야務圖擴張ᄒᆞᆫ미校况이일益興旺ᄒᆞ며鄕校에ᄂᆞᆫ師範學校를公立ᄒᆞ야平南各郡에ᄂᆞᆫ各一人式選取ᄒᆞ고本郡에ᄂᆞᆫ特히拾八人을選取ᄒᆞ야敎育을大張코져ᄒᆞ니於是乎各郡面이靡然從風ᄒᆞ야私학校를互相創立ᄒᆞ니觀察에敎亦多術ᄒᆞ믈於此可見矣로다不爲强制ᄒᆞ며勸懇勸告하야一月之間에化捷桴皷하야今일此區에立一학校ᄒᆞ고明일彼區에立一학校ᄒᆞ고又明일他區에又立一학校하야敎化가蒸蒸일進ᄒᆞ면豈但我西人士之大幸이리오抑我國家維新之休命이權輿於此矣則此豈非全國之大幸歟아하얏다더라 完

●民無農土 長단境內鉄道犯入田답이夥多ᄒᆞ야數百戶農民이一無耕作之地故로田답價額推還ᄒᆞᆫ事로前已累訴內部ᄒᆞ되終無出給之命니옵기只以鐵道雇役으로僅僅糊口의러니當此隆冬ᄒᆞ와凍土停役ᄒᆞ야萬無生活之計故로冒此侃寒ᄒᆞ고裹足上來ᄒᆞ야哀訴內部ᄒᆞ되又不긍急民情ᄒᆞ니嗚呼라數百戶農民이將至餓死지境이나爲往而呼訴며爲往而呼寃乎아勢不得已ᄒᆞ야今將請願于鐵道監部改統監部ᄒᆞᆫ다더라

●洪氏有志 平北定州洪成麟氏ᄂᆞᆫ開明上有志之士라公衆에普通敎育이新聞閱覽에與進ᄒᆞ다ᄒᆞ야本報를擴張ᄒᆞᆯ經營으로該地에支社를設立ᄒᆞ얏스니韓國人士가樂捐若是進步ᄒᆞ면文化開發이指日可期ᄒᆞ노라

第五卷 大韓每日申報 대한매일신보 第四百九號

月曜及慶節歲時日休刊

檀君開國四千二百三十九年
箕子元年三千二十八年
大韓開國五百十五年
日本明治四十年
淸國光緖三十二年
◉陰曆丙午十一月小十九日壬子

別報

美日關係

美國某報에記載ᄒᆞᆫ프레더릭 팔머氏의論說이如左ᄒᆞ니

日本이우리合衆國과親睦ᄒᆞᆷ을願ᄒᆞᆯ때ᄂᆞᆫ俄羅斯와戰鬪ᄒᆞᆯ計畫을ᄭᅵ미노라고危難을惹起ᄒᆞᄂᆞᆫ行動이無ᄒᆞ얏스나自今으로부터ᄂᆞᆫ日本이즐거히危難을增加ᄒᆞ리로다

日本人民이美洲에渡來ᄒᆞᄂᆞᆫ事件으로言ᄒᆞ면日本當局政治家들이自國人民을極히少數로送ᄒᆞ여야됨즐노通曉ᄒᆞᄂᆞᆫ바라然ᄒᆞ나現今形勢를觀ᄒᆞ면不然ᄒᆞ야反히門戶를大開ᄒᆞ야將次小溪가變ᄒᆞ야洪水가될지라

萬若日本人口가每年六十萬名式增加ᄒᆞᄂᆞᆫ中二三十萬名이美洲로渡來ᄒᆞ야셔歐羅巴에來ᄒᆞᄂᆞᆫ一百餘萬名의人民과合ᄒᆞ면美洲ᄂᆞᆫ自然外國人民의呑噬ᄒᆞᆯ바될지라然故로太平洋沿海等地에ᄂᆞᆫ黃人을憎惡ᄒᆞᄂᆞᆫ氣運이日盛ᄒᆞ고日人은不便ᄒᆞᆫ事가有ᄒᆞ면自國政府에呼訴ᄒᆞ니兩國間에是非問題가生ᄒᆞᆷ은實로日本이其手指를부스럼에둠이로다日本人은本來好戰ᄒᆞᄂᆞᆫ人種이라一次兵을擧ᄒᆞ야淸國을勝ᄒᆞ고再次에ᄂᆞᆫ俄國에對敵ᄒᆞ기를預備ᄒᆞ야맛참ᄂᆡ成功ᄒᆞᆫ지라포쓰마우스約條를成ᄒᆞᆫ以後로ᄂᆞᆫ極東衆論에有ᄒᆞ되日本이美國을向意ᄒᆞᆷ으로勢力을크게擴張ᄒᆞᆫ다ᄒᆞ얏스니엇지우리의注意ᄒᆞᆯ비아니리오日本全國이思想ᄒᆞ기를日淸交戰의得ᄒᆞᆫ結果ᄂᆞᆫ俄國이奪去ᄒᆞ얏다ᄒᆞᆷ과如히今日ᄭᅡ지日本全國人心에大統領루쓰벨트氏가日俄媾和談判에仲保되야日本이俄國에取ᄒᆞᆯ賠償金을不得ᄒᆞ게ᄒᆞ엿다ᄒᆞᄂᆞᆫ도다

萬若日本이來日이라도我를抗ᄒᆞ야開戰ᄒᆞᆷ을宣布ᄒᆞᆯ진ᄃᆡ美國領土比律賓은俄國의遼東半嶋를防禦치못ᄒᆞᆫ것보다더욱不備ᄒᆞ고日本은瞬息間에運動ᄒᆞ여도能히ᄒᆞᆯ마치預備ᄒᆞ엿스며日本의戰爭上一致行動은精要ᄒᆞ야마치ᄒᆞ리빈씨의鐵路捕獲ᄒᆞᄂᆞᆫ計策과如ᄒᆞ니萬若우리가太平洋에셔指揮ᄒᆞᄂᆞᆫ權을失ᄒᆞ면太平洋羣島와알나스카와北美ᄯᅡ지失ᄒᆞᆯ터이라如此히危急ᄒᆞᆫ境遇를當ᄒᆞ면其時問題ᄂᆞᆫ大砲와艦隊라

然則兵艦이라ᄂᆞᆫ거슨市上에列置ᄒᆞ야販賣ᄒᆞᄂᆞᆫ것이아닌則비록金錢이多ᄒᆞᆯ지라도暫眼間磨鍊ᄒᆞᆯ슈가無ᄒᆞ니譬컨ᄃᆡ吸水會社에估主가되엿슬지라도沙漠에入ᄒᆞ야預備ᄒᆞᆫ것이無ᄒᆞ면渴증의死ᄒᆞᆷ을免치못ᄒᆞᆯ지로다

記者가如斯히論說ᄒᆞᆷ은戰爭에겁을生ᄒᆞᆷ도아니오美日兩國政府가ᄉᆞ知ᄒᆞᄂᆞᆫ事狀을通告ᄒᆞᆷ도아니라衆人의게우리處地를告ᄒᆞ야ᄒᆞᆷ이로다比律賓群嶋로言ᄒᆞ면美國政府에셔所費ᄒᆞᆫ錢額이四億萬元에達ᄒᆞ얏ᄂᆞᆫᄃᆡ尙此防禦ᄒᆞᆯ바를預備ᄒᆞᆫ것이無ᄒᆞ고于今ᄭᅡ지何如히確定ᄒᆞᆫ計策이無ᄒᆞ니此ᄂᆞᆫ吾國에셔俄羅斯와갓치艦隊가破滅ᄒᆞᆫ經費를忘却ᄒᆞᆷ이로다

比律賓은一心된日本艦隊의近ᄒᆞ야其距離가겨우一千七百里오우리大西洋艦隊와比律賓間에距離ᄂᆞᆫ一萬七千三百十餘里ㅅ에在ᄒᆞ니萬若日本이吾國과開戰ᄒᆞ면우리大西洋艦隊가比律賓에到着ᄒᆞ기前에발셔日本이占領ᄒᆞ야往者를對敵ᄒᆞᆯ터이오우리艦隊ᄂᆞᆫ全혀정泊ᄒᆞᆯ港口가無ᄒᆞᆯ것이니此境에至ᄒᆞ면其艦隊의形狀이譬컨ᄃᆡ不食不寢ᄒᆞᆫ軍士와如ᄒᆞᆯ지라

然則日本東鄕大將이俄國水軍을對ᄒᆞ야勝ᄒᆞᆫ形勢로我를對ᄒᆞᆯ터이니不得不速히海軍을擴張ᄒᆞᄂᆞᆫ것이맛당ᄒᆞ도다現今日本과美國間에平和를保存ᄒᆞᆫ것슨日本이美國의威力을緣ᄒᆞᆷ이아니오美國의財政을緣ᄒᆞᆷ이라何如ᄒᆞᆫ지우리가財政이饒足ᄒᆞ고人民이衆多ᄒᆞᆫ것만較計ᄒᆞᄂᆞᆫ것슨우리가어리셕은事라ᄒᆞ노라美日間에戰爭이生ᄒᆞᆯ지경이면其故ᄂᆞᆫ畢竟極東의商權競爭으로生ᄒᆞᆯ터이니戰爭이生ᄒᆞᆷ으로極東에셔美國旗를ᄯᅦ여나리게되면更히始作ᄒᆞ야永久히飛揚ᄒᆞᆯᄯᅢᄭᅡ지ᄂᆞᆫ포쓰마도가업스리라ᄒᆞ엿더라

官報

●三千六百五十號 光武十年十二月卅一日

◉宮廷錄事

學部大臣勳二等臣李完用謹奏來丁未陰陽曆을將爲頒賜이온ᄃᆡ宗室宗親과會經議政府議政大臣과府部院廳 親勅奏任官과女官及各道觀察使府尹郡守의게次紙印件으로頒給ᄒᆞ옴이何如謹上 奏

光武十年十二月二十五日

旨依奏

中樞院贊議김鶴鎭辭職疏批旨省疏具悉藝苑宿望公論攸屬辭不可得所請幷不許施

◉敍任及辭令

陸軍法院主事申鉉國
仝 權泰熏
依願免本官

六品김用鎭 軍部主事許 執
任陸軍法院主事

前主事申현國 仝權泰熏
任軍部主事

崇德殿參奉朴基汶
依願免本官

九品朴文益
任崇德殿參奉

弘文館侍講許萬弼
侍從院主事李敏錫
淑陵參奉南秉薰
依願免本官

宮內府特進官趙漢國
命 帝室會計審査局長

從二品김炳秀
命奉常司提調

正三品閔鳳植
命義親王府總판

九品김世益
任弘文館侍講

六品李鍾설
任淑陵參奉

主殿院主事 秉九
任侍從院主事

宮內府大臣官房主事鄭仲永
任主殿院主事

六品李敏錫
任宮內府大臣官房主事

九品[illegible]敏益 仝김文煥
解侍從院分侍卿

柳錫창 李鍾和
命侍從院分侍御

平理院主事沈鍾大
任京畿裁判所檢事

漢城裁判所主事洪淳용
任全羅南道裁判所檢事

前博士[illegible]赫采
任咸鏡北道裁判所檢事

陸軍副將리容泰
解贊謀官

陸軍副將리根澤
任贊謀官

前參奉韓東錫
任度支部稅務主事

外報

●實業의奬勵 奉天電을據ᄒᆞᆫ즉奉天農商工部에셔實業을奬勵ᄒᆞᆯ目的으로實業上發明及功勞가有ᄒᆞᆫ者에게勳章及品位를授與ᄒᆞᆷ을告示ᄒᆞ얏다더라

●南美地震 路透電를據ᄒᆞᆫ則去二十九日南米智利에大地震이有ᄒᆞ야太半破壞ᄒᆞ얏다더라

雜報

新年祝辭

天道ᄂᆞᆫ否極則回泰ᄒᆞ고人心은亂極則思治ㅣ라吾儕가今日을當ᄒᆞ야一千九百六年舊光陰을餞ᄒᆞ고一千九百七年新日月을迎ᄒᆞ얏스니現二十世紀ᄂᆞᆫ東西全球의文化가大進ᄒᆞ야人智가大發ᄒᆞᄂᆞᆫ時代라

惟是大韓은三千里疆域의佳麗ᄒᆞᆫ山川과二千萬同胞의慈祥ᄒᆞᆫ性質로如許ᄒᆞᆫ風潮를接觸ᄒᆞ야엇지久々히黑闇洞天을不離ᄒᆞ고困難生活을不免ᄒᆞ리오將次花爛春城에萬和方暢ᄒᆞᆫ氣象을快覩ᄒᆞᆯ지라是以로吾儕가入此新年ᄒᆞ야一주心香으로

上帝ᄭᅴ祈禱ᄒᆞ노니第一은天道의福善禍淫으로世界公法이大明ᄒᆞ야何如邦國이든지恃力蔑義ᄒᆞ야凌弱呑小ᄒᆞᄂᆞᆫ行動을大懲ᄒᆞ야無辜ᄒᆞᆫ韓國이主權을克復ᄒᆞ며無惡ᄒᆞᆫ韓民이自由를不失ᄒᆞᆷ이오

第二ᄂᆞᆫ政界上大小官人이舊來弊政을痛革ᄒᆞ고一切新政을克擧ᄒᆞ야置人民於衽席ᄒᆞ며措國家於반石ᄒᆞᆷ이오

第三은社會上人士들이皆其舊染을祛ᄒᆞ고新德을養ᄒᆞ야學問이增進ᄒᆞ고實業이興旺ᄒᆞ야世界文明國人民과同等資格을占有ᄒᆞᆷ이니將此三祝ᄒᆞ야介爾繁祉ᄒᆞ노라

●竟死燕獄　日本對馬島에拘禁된前贊政崔益鉉氏가身病이危篤ᄒᆞ다더니再昨日에別世ᄒᆞᆫ電報가來到ᄒᆞ얏스니氏의生還本國은須非所望이나訃音之到也에一般國人이莫不流涕ᄒᆞᆫ다더라

●三揀威儀　陰曆本月十六日에　皇太子妃三揀擇을行ᄒᆞᄂᆞᆫᄃᆡ當日巽時에　詣闕ᄒᆞ야下午四時에大漢門으로出宮ᄒᆞ야安洞嘉禮宮으로直入ᄒᆞᄂᆞᆫᄃᆡ正副使閔泳奎요秉[illegible]兩氏와　皇太子妃宮大夫尹肅榮氏와　太子妃父親尹澤榮氏와侍從侍御一般官人과侍衛隊長官以下兵丁과內官宮人과妓生二名이前後陪從ᄒᆞ엿고自大漢門外로安洞ᄭᆞ지各屛門에巡檢이把守ᄒᆞ얏더라

●來賓必錄　皇太子妃三揀擇日爲始ᄒᆞ야其本宅에셔來賓을設宴欵待ᄒᆞ야嘉禮日ᄭᆞ지宴待ᄒᆞᄂᆞᆫᄃᆡ來賓의姓名을一一히記錄ᄒᆞᆫ다더라

●移接感古　皇太子妃三揀擇後安洞嘉禮宮으로處所를定ᄒᆞᆫ故로其本家內眷은一齊히該宮後感古堂으로入處ᄒᆞ야該宮內와從便通涉ᄒᆞᆫ다더라

●議長被任　中樞院贊議徐正淳氏가該院議長을被任ᄒᆞᆺ더라

●軍大還任說　參謀長李根澤氏가不數日間에軍部大臣을還任ᄒᆞᆫ다ᄂᆞᆫ說이有ᄒᆞ더라

●日兵無禮　再昨日下午一時量에圜丘단南便墻外에셔何許日兵丁二名이泥醉而去하다가過去하ᄂᆞᆫ婦女의長衣를挽[illegible]拔見ᄒᆞᆫ則其婦女가驚겁避身ᄒᆞᆷ애히日兵이太笑以去ᄒᆞᄂᆞᆫᄃᆡ行路之人이日兵의無禮ᄒᆞᆷ을莫不唾罵ᄒᆞ더라

●派巡稅所　去月三十日에京釜鐵道一番列車로警務廳巡檢과日警部巡査合三十餘名이三南等地警察ᄒᆞ기로發往ᄒᆞ얏고또昨日에警部巡査巡檢合三十餘名이江原道等地로發向ᄒᆞ얏다ᄂᆞᆫᄃᆡ其內容을聞ᄒᆞᆫ즉稅務收刷에關ᄒᆞᆫ事이라더라

●度顧設宴　再昨日上午十二時에度支部顧問目賀田氏가自己私邸에셔該部一般官吏를請邀宴待ᄒᆞᄂᆞᆫᄃᆡ酒畢後에萬歲를三唱ᄒᆞ엿다더라

●勢力不及　前全州郡守權直相氏가困難을無數히經過하면셔百般運動하야郡守之任을期於圖仍하더니今番에中樞院副贊議를叙任되미該氏의運動手段이勢無奈何라하더라

●日憲更派　伊川郡松亭等地에派駐ᄒᆞ얏던日憲兵을月前에撤還ᄒᆞ얏더니今番에更히該地에派駐ᄒᆞ기로日司令部에셔決定ᄒᆞ얏다더라

●達夜電質　鷺梁津舟橋所別將處所를曾往에自히所로收歛建築ᄒᆞ얏스나係是公廨라經理院에附屬ᄒᆞ얏ᄂᆞᆫᄃᆡ該所監官某가認作私有ᄒᆞᆫ지라該院에셔監官을逐出ᄒᆞ고該公廨를執行ᄒᆞ얏더니ᄒᆞᆫ監官이漢城裁判所에呼訴ᄒᆞ야自裁判所로對質次院卿高永喜氏에게招邀ᄒᆞᆫ지라高永喜氏가漢城裁判所에電話로連次質問ᄒᆞ되勅任官을招邀ᄒᆞᄂᆞᆫ法이有何章程乎아達夜詰問ᄒᆞᄂᆞᆫᄃᆡ漢城裁判所에셔一場困境을當ᄒᆞ고裁判所判事리容相氏ᄂᆞᆫ譴責ᄭᆞ지當ᄒᆞ얏다더라

●派巡探義　慶尙北道寧海郡等地의義兵이蜂起ᄒᆞᆫ事의對ᄒᆞ야警務廳에셔每署의四名式分排ᄒᆞ야合十六名과日人補佐員을派送ᄒᆞ야秘密偵探次로下送ᄒᆞ얏다더라

●斬持賞金　度支司稅局長리健榮氏ᄂᆞᆫ地方調査에勤勞가有ᄒᆞ다ᄒᆞ야賞與金四百三十元을與ᄒᆞ기로磨鍊되얏다더니顧問目賀田이가有何意見이던지永爲全滅ᄒᆞ얏다ᄒᆞ며不動産調査會事務石鎭衡氏ᄂᆞᆫ酬勞金三百五十圜을給與ᄒᆞᆫ다더니有何層節이던지또全滅ᄒᆞ라고尙今斬持ᄒᆞ나더라

●豈不紛勞　安州稅務官朴來東氏가各面長을差出ᄒᆞ고ᄌᆞᄒᆞᆫ즉擧皆不應ᄒᆞᄂᆞᆫ지라朴氏가自爲面長ᄒᆞ야結錢을收捧上納ᄒᆞ기로度支部에報告ᄒᆞ얏더니一面長事를何以不能措處ᄒᆞᆫ意로論責ᄒᆞ얏다더라

●內下鐵社　大韓湖南鐵道會社總務徐午淳氏가鐵道敷設의沮戱가多ᄒᆞᆷ으로不勝慨嘆ᄒᆞ야長書로政府의提呈ᄒᆞ얏ᄂᆞᆫᄃᆡ此事由을　大內의셔동燭ᄒᆞ옵시고新貨壹萬元을內下ᄒᆞ옵시고現今政府에셔股金을熱心募集中이오一般社會와모든商業界의股金을募集ᄒᆞᆫ다ᄒᆞ며現方四千餘坪을着手起工ᄒᆞᆫ다더라

●開民痛哭　開城府圃民等이蔘價事件으로經理院에呼訴ᄒᆞᆫ事ᄂᆞᆫ前報에揭載ᄒᆞ얏거니와其理由를更聞ᄒᆞᆫ즉水蔘一次에價文一百五十兩式出給ᄒᆞ기로遞院卿李根澤氏가上奏啓下ᄒᆞ셧러니李院卿遞任ᄒᆞᆫ後에時任院卿高永喜氏가每次에三十兩을落價ᄒᆞ야一百十兩式出給ᄒᆞᆫ다ᄂᆞᆫ지라該圃民等이不勝抑冤ᄒᆞ야該院門前에呼訴次로四[illegible]餘名이來到ᄒᆞ얏ᄂᆞᆫᄃᆡ高永喜氏가人力車를乘ᄒᆞ고適出門外ᄒᆞᄂᆞᆫ지라圃民等이人力車를左右擁護ᄒᆞ고一齊呼冤ᄒᆞᆫ즉把門兵丁이以銃頭로圃民等을揮之打之ᄒᆞ야或破頭或傷脇ᄒᆞ야流血이淋漓ᄒᆞᆫ지라高永喜氏ᄂᆞᆫ還入院內ᄒᆞ고圃民四十餘名이一齊痛哭ᄒᆞ니當夜慘狀은人不忍見이라呼冤之聲이載路ᄒᆞ야錙동一路가連夜杜塞ᄒᆞ야人不能通行ᄒᆞᆫ지라是夜에院卿高永喜氏가開城蔘政監理리健赫氏의게電報ᄒᆞ야卽爲上來ᄒᆞ야포民等을慰諭下送ᄒᆞ고蔘價ᄂᆞᆫ依前歸正ᄒᆞᆫ깃다힛다ᄂᆞᆫᄃᆡ尙未妥帖ᄒᆞ얏다더라

●靑會討論　本月五일土曜下午七時에靑年會에셔特別討論會를開ᄒᆞ고徽文義塾과興化하校學員을請하여興國之策은鍊兵이勝於養士라ᄂᆞᆫ問題로討論ᄒᆞᆫ다더라

●四守奬學　西友學會의組織ᄒᆞᆫ事由ᄂᆞᆫ業已揭載어니와兩道守令中에江西郡守리宇榮咸從郡守김연植龜城郡守尹錫弼祥原郡守리翼龍四氏가該學會의趣旨로境內士林을對ᄒᆞ야教育方針을到底勸勉허엿다더라

●尋花打主　本月二日下午十時量에泥峴南山町二丁目에셔雜貨商ᄒᆞᄂᆞᆫ日人이年方二十餘歲인ᄃᆡ酒를泥醉ᄒᆞ고曲橋等地瓊玉이라ᄂᆞᆫ妓生家에來到ᄒᆞ야妓女를指示ᄒᆞ라고行悖無雙에히家廊下人을歐打ᄒᆞ야鼻部가重傷ᄒᆞ얏고更히舍廊으로突入ᄒᆞ야主人과無數詰難ᄒᆞ다가該主人을歐打ᄒᆞ며泥峴ᄂᆞᆫ地로牽去ᄒᆞᄂᆞᆫᄃᆡ時間은十二時頃이라明동四街[illegible]所巡檢이百端曉諭ᄒᆞ야　人을護送ᄒᆞ고該主人도幸免困辱ᄒᆞ엿다더라

●旺校將旺　東大門外旺十里等地에학校設立ᄒᆞᄂᆞᆫ者ㅣ全無ᄒᆞ야莫不嗟嘆이러니楊州郡守洪祭潤氏와學務局長兪星濬氏와該동居ᄒᆞᄂᆞᆫ前司果趙忠鐸氏가商確決議ᄒᆞ고半洋製卄間校舍을建築ᄒᆞ고普通學校을設立ᄒᆞ얏ᄂᆞᆫᄃᆡ教師를特別히全聖旭氏로延聘ᄒᆞ야校務를專托ᄒᆞ고十一月三十日에開학ᄒᆞᄂᆞᆫᄃᆡ寄宿舍ᄭᆞ지有ᄒᆞ야遐鄕學員이라도大段便利ᄒᆞ다더라

◉一把椒樽

▲試把柏葉허니餞往歲迎新年ᄒᆞ야靑年이添齒허고白髮이催老허니百度俱新ᄒᆞᆯ時節이로고

▲政府에서ᄂᆞᆫ政令을益新ᄒᆞ야國力을挽回허고觀察郡守ᄂᆞᆫ政治를尤新허야人民을安堵ᄒᆞᆯ新精神을차리오

▲元來人民은國之本이니國民義務를莫失허고新知識을發達ᄒᆞ야國家에永賴ᄒᆞᆯ方針을講究허오

▲海外列强에留學生과各學校에生徒ᄂᆞᆫ日後國家를鞏固ᄒᆞᆯ基礎인즉學問를益究허여新熱心을釀出ᄒᆞ오

▲新年賀辭를大한同胞에게獻허노니新年에ᄂᆞᆫ新精神을倍出허여人權을伸張허고國權을恢復허시오

◎本社移轉◎

本社를明日에南署 皇壇新作路石井洞初入北便三層洋屋家로移轉ᄒᆞ오니遠近間通信及交涉諸員은該處로通涉ᄒᆞ시오

大韓每日申報社 告白

雜報

北米大韓人集欵組成海外報館啓 北米桑港大韓人大同教育會

夫新聞者實爲邦家之耳目國民之師丗以活潑之議論內養士軍之精神外發天下之公論大求人民之利益擴張國家之經營其爲用也重且大矣是文明國人所尊重而力助之職此之故也故欲知其國家之盛衰先察其多小報館之發達與否而已嗟呼吾國四千年幽夢悠悠杳不覺白日中天萬雄競爭咄咄苟睡於戰砲之穴方那忍血肉堪當火鐵目盲心慌實不覺痛自何來死將何所呼々紛走罔知所錯敢問爲一國之魂導一國之精神者有幾人乎否開自米洲移民以來吾國青年遠航海外者乃達萬人有志者知時事之大急合衆而創立大同教育會於北米內外合力鑄欵培材救國爲宗旨以文武之精神養成軍國民資格以保君國之義以保元氣以后以禦外患故矣職會之數月會務大與於內外會所堅立於諸城可期圓體之堅密宏且大矣今自本會中議與組成一海外報館以爲民際國際之大務數週之可達近同胞聞之而欣々然誠輸巨金已爲入欵イ少凡外國人有志家聞輒嘉愛多許誠力贊助况乎內外知時有志之大義乎盖人自助天必助之理也豈不可勉力圖成哉

●催捉送簿 南來人의說을聞ᄒᆞᆫ則管稅官이赴任以後로各郡吏屬輩가文簿를越交치아니ᄒᆞᆫ故로稅錢은一分도收刷치못ᄒᆞᆫ지라日警視巡查等이前往히郡ᄒᆞ야吏輩의게文簿送交ᄒᆞ기로星火督促ᄒᆞᆫ다더라

●捉囚契首 近日龍川府에셔韓日人이萬人을設始以後로弊瘼이滋甚ᄒᆞ야蕩敗家產者ㅣ比比有之ᄒᆞ더니本府尹魚允迪氏가此弊瘼이丕變ᄒᆞᆷ을聞之ᄒᆞ고日憲兵隊와交涉ᄒᆞ며平壤理事官의게도屢次公函ᄒᆞ야所設大統首者을一並警務署로捉囚ᄒᆞ고該契ᄂᆞᆫ永爲革罷ᄒᆞ얏다ᄒᆞ다더라

●北會設校 中署마동漢北興學會에셔漢北義塾을設立ᄒᆞ고速成으로教師培養을注意ᄒᆞ야多數學員을募集ᄒᆞᆫ다ᄒᆞ며本月一日부터開學ᄒᆞᆫ다더라

●湖南賊警 湖南來人의傳說을聞ᄒᆞᆫ則火賊黨이處處의作隊ᄒᆞ야周行閭里ᄒᆞ며겁奸婦女ᄒᆞ며强奪錢財ᄒᆞ고到處에放火ᄒᆞᆷ으로民不安도ᄒᆞᆫ다더라

●積郡儒通 積城郡柳병性은本以目不識丁之人으로一鄉首任을圖得ᄒᆞ얏스나重任을不能堪當ᄒᆞ야鄉便之任은退吏최哥로分務ᄒᆞ야每朔十元式定給ᄒᆞ고郡務도亦使押近김哥로分務ᄒᆞ야每朔十元式定給ᄒᆞ고文簿制述은成某의게囑托ᄒᆞ고但所務者ᄂᆞᆫ官家木物制造ᄒᆞ기로爲一能事ᄒᆞ미一郡儒林이發通ᄒᆞ야方將ㅅ部銓考所에長書ᄒᆞ다더라

●火根難辨 北署帶동等地에셔自月前으로三四處草家大門上의火災가種種有之ᄒᆞ야旋即撲滅ᄒᆞ나鬼火도如ᄒᆞ고賊火도如ᄒᆞ야其根因을未知ᄒᆞᆫ다더라

詞藻

慰寄勉菴先生門徒送勉菴之馬島 平壤居進士張用鍵

先生道德獨淸眞林下當今第一人 적太守忠因舉義文丞相節但求仁 國危本不期成事主辱何曾念保身 馬島此行君莫歎始知板蕩有誠臣

廣告

△內外書籍出版
△教科書類發售
△新聞雜誌取次

皇城中署布屏下 朱翰榮書舖

恭賀新年

恭賀新年

飯野健次

昨年中諸君에厚情을感祝
今年中賛成ᄒᆞ시기를希望ᄒᆞᆷ

日宗生命保險株式會社韓國出張所募集係 告白

本人의子順九年今二拾七인ᄃᆡ壬寅以後의蹤跡莫知이기玆廣告ᄒᆞ니聞此日回程ᄒᆞ기是望

金基宗 告白

명월관확장광고

폐관이마시아후로回이ᄒᆞ시는귀긱에후의를입사와오늘날ᄯᅥ한에제일등요리점으로ᄂᆡ외국에셔다아시도록확장ᄒᆞ여가오니ᄯᅥ단감ᄉᆞᄒᆞᆷ은거니와근일은이층양옥을파확이신건축ᄒᆞ고다락아ᄅᆡ는온돌방을ᄭᅮ밀리비치ᄒᆞᆫ 포진범절은셔로ᄒᆞ와오시는귀긱이편ᄒᆞ시도록쥬의ᄒᆞ엿ᄉᆞ오며각죵음식은보기에화려ᄒᆞ고먹기에졍미ᄒᆞ게일신쥰비ᄒᆞ야다소를블게ᄒᆞ고주야로파오되셔양쥬는잔으로파오며유별신기ᄒᆞᆫ묘자음식은오시는시로붓터ᄒᆞᆯ시간이되면멕상이라도곳가져가시도록ᄒᆞ오니ᄂᆡ외귀긱은륙속왕임ᄒᆞ시옵

각식요리음식
각식셔양쥬
각죵경편양요리
각죵일본간스메
각죵여송연
각국권연
진찬합
건찬합
밥묘자
유별신기ᄒᆞᆫ묘자음식
명창가동졍거북도유ᄒᆞ옵

明月館 主人 金東植 告白

定州南門內洪性鱗氏로本社支社員을特許ᄒᆞ얏시니該附近僉彦은本報를請購ᄒᆞ심을厚望

大韓每日申報社 告白

洪淳康氏가東署東小門內土橋東邊에織造廠을廣張設施ᄒᆞ야種號를淳昌號라ᄒᆞ고各色綢緞과紗綢等을織造發賣ᄒᆞ오니顧買人은來臨購買ᄒᆞ시며或所用ᄃᆡ로綢紗等屬을預托ᄒᆞ시면依約施行ᄒᆞᆯ지샵

淳昌號 告白

新刊 **越南亡國史** 國漢文

定價貳拾伍錢

發賣所 京城廣橋高裕相冊肆
鏡南端川郡리時夏
布屏下 김相萬
洞口 朱翰榮書舖

本人이孫校理許推次五千兩票와又三千兩票을遺失ᄒᆞ얏사오니誰某拾得ᄒᆞ와도休紙施行ᄒᆞᆷ

密陽法山孫亮模 告白

宣川居吉允孝氏ᄂᆞᆫ仁厚長者요士林儀表라德望所推로該面校首에被選ᄒᆞ야擴張校務이거늘月前에何許沒覺輩가有何猜嫌이던지搆造虛言에誤傳報社ᄒᆞ야大被論駁이實是無據라ᄒᆞ기로玆以卞明廣告ᄒᆞᆷ

宣川 김乃秀 告白

●漢城染織會社

本社의셔利益을不顧ᄒᆞ고韓人은敝人이라白衣ᄂᆞᆫ韓國衰敗의元素란外人의嘲評을憤慨ᄒᆞ여起業週年의幸蒙各位愛顧ᄒᆞ와전進의榮幸ᄒᆞ不無ᄒᆞ오지라各種染色을益加勉勵ᄒᆞ와 僉位의所請을不負ᄒᆞ깃사오니陸속枉臨ᄒᆞ시되來往의便易를爲ᄒᆞ와左開各處에染物取扱所를設置ᄒᆞ엿사오니從便委托ᄒᆞ시ᄋᆞᆸ務望

大廣橋 朴勝煥雜貨商店
布屏下 金相萬冊肆
學洞憲兵支所 李鴻謙藥局
남門外蓮池洞 俞경煥商店
安洞北松峴初入 ᄉᆞ洛重典舖

社稷洞武德門外

漢城染織會社告白

本社가設以來로京釜義三路에各支社四拾餘處를設立管轄인바中間에使洪淳競氏로權攝視務라가今己解歸ᄒᆞ고左開諸員이更爲組織ᄒᆞ야繼續視務ᄒᆞ니各支社ᄂᆞᆫ依舊遵施이되若或附他者ᄂᆞᆫ依商務章程ᄒᆞ야懲處비償이고前日去來上에若或有本社號로捺章者ᄂᆞᆫ本人等이切勿責任이며自今以後라도本社圖章은依例捺取後諸員이亦爲捺章者만施行ᄒᆞᆷ

京仁 京釜 京義

⊡通運社

司計 리元杓
財務 金時來
社員 金潤壽 金在性 한明源 金潤壽 박基榮

告白

●大韓自强會月報

每月一回廿五日發行
定價金 一部 十五錢

大韓自强會月報의發行이職辦을經ᄒᆞ오니自由의議論을鼓發ᄒᆞ야國家의權利를增進ᄒᆞ고獨立의精神을淬礪ᄒᆞ야同胞의團結을益堅케ᄒᆞ야全國有志諸公의愛讀ᄒᆞ심을供ᄒᆞ온바現今本會의셔 비擴張ᄒᆞ기爲ᄒᆞ야高明ᄒᆞᆫ文章과宏博ᄒᆞᆫ學問家를延致ᄒᆞ야天下大勢의變動과殖產敎育의要素와古今政治의大要를蒐輯ᄒᆞ야開卷ᄒᆞ면眼目을一新케ᄒᆞ오니愛國ᄒᆞ시ᄂᆞᆫ僉君子ᄂᆞᆫ血淚를뭇ᄒᆞ시고家家案頭의隨刊對讀ᄒᆞ시오

皇城中署典洞九統二戶
大韓自强會事務所

◎本社廣告

申報價

一張代金 新貨二錢五里
一箇月前納 三十錢
三箇月 九十錢
六箇月 一元七十錢
一箇年 三元四十錢
號外一部 新貨五里
一箇月 十三錢

廣告料

四號活字十三字詰每日每英尺一寸에新貨廿五錢(每日每行에六錢에相當홈)其期限의長短과字行의多少를依ᄒᆞ야增減홈이有홈

◉大韓每日申報各處支社廣告
中署布屛門下 金相萬冊肆
洞口越便 朱翰榮冊肆
中署農圃初八七十八統第二戶 鄭禹[illegible]
仁川港峴新街[illegible] 李東[illegible]
[illegible]南山峴日新學校 金浩[illegible]
[illegible]川邑[illegible] 崔[illegible]
義州南門外韓西大韓房張有[illegible] 安[illegible]
長連邑 金[illegible]
鎭南浦[illegible]洞 金仁[illegible]
[illegible]興州南[illegible] 曹[illegible]林
[illegible]邑 李[illegible]
釜山佐川[illegible]房 [illegible]
開城北部梨井[illegible]洞[illegible] [illegible]
校洞校長 姜助[illegible]
大丘部 [illegible]城廣文[illegible]
鎭山邑內 安[illegible]
元山港倉前 金乃[illegible]
黃海道甕津邑濟衆院居劉[illegible]

發行兼編輯人 英國人裵說
發行所 南署石井洞號外地三層洋屋家
大韓每日申報社

第五

大韓每日申報
대한매일신보

第四百十號

月曜及慶節
歲時日休

檀君開國四千二百三十九年
箕子元年三千二十八年
大韓開國五百十五年
日本明治四十年
大淸光緖三十二年
◉陰曆丙午十一月小廿一日甲寅

別報

俄日

自西歐電信을今接흔則俄日間過去戰役結果의交涉이前日報道와如히雅美에不至홈을可悉이로다今可記憶홀거슨向者來信이吾人의게報告ᄒᆞ얏시되日本이媾和約欵에셔앤어河航及漁業權限을獲得ᄒᆞ얏다爭論홈으로俄國이此無理爭論에反抗ᄒᆞ야其交涉이至於缺裂이라ᄒᆞ이어니와最近來報ᄂᆞᆫ與此甚異ᄒᆞ야可信或不可信이니此ᄂᆞᆫ其不同意ᄂᆞᆫ이在於人口二字라홈이라由此推度홀거슨日本이俄國之許讓ᄒᆞ라ᄂᆞᆫ거보나廣大範圍를希望홈이是也로다

極東平和와利益은英與日이俱欲維支者也니以此言之컨ᄃᆡ日露間論端의完全決定이是所希望이라日本所求의少減이如此結果를必多進就홀거시어ᄂᆞᆯ日本의現然希望을觀之컨ᄃᆡ誤解ᄒᆞᄂᆞᆫ에諸般機會를欲取ᄒᆞ니此豈固然之事리오俄國이過去戰役의早速繼續을欲避홈은無疑ᄒᆞ니日本의責善之友가뫼로노氏의請求를公正ᄒᆞᆫ쥴노ᄂᆞᆫ必不量度ᄒᆞ리로다엠어河에航行權限이日本의게好個劃議인쥴은誰不知之리오마ᄂᆞᆫ如此要求를强請홈은媾和議席에셔業已決定된쥴노量度ᄒᆞ던問題를更起홈이로다

今此韓國에侵掠之機가廣占其地인바其後困難은航行及漁業契約을日人이强討ᄒᆞᄃᆡ셔起端홈을吾人이已見ᄒᆞ얏스니由是로惟一希望홀거슨今者日本要求가或其處說이던지或將不至固執홀거시是也로다

官報

◉宮廷錄事

◉號外 光武十年十二月卅一日

詔曰太子妃婚欲定於總관尹澤榮家卿等之意何如

領敦寧司事李根命宮內府特進官閔泳奎議政府議政大臣趙秉式掌禮院卿金思轍副卿李範仁兼掌禮朴經遠等 奏曰伏承 聖教允叶神人之望此乃 宗社臣民無疆之福臣等不勝忭賀之至答曰知道

◉敍任及辭令

◉三千六百五十一號 光武十一年一月一日

制度局主事金賢培 恭陵參奉成晳永 依願免本官○解侍從院分侍御 九品李啓설○任制度局主事 九品趙起衍○任恭陵參奉 昭慶園參奉洪淳參○任昭慶園參奉 主殿院電務課主事李祖承○命各宮事務整理委員長 正一品趙秉式○制度局參書官金鎔濟 宮內府參書官徐廷岳 正三品孫容덕 正三品李東浩 正三品金秉勳 六品金洛龜○命各宮事務整理委員○命侍從院分侍御 南廷完○命文獻備考校正委員 正三品리愚萬○陸軍硏成學校附參領李載恒 仝副尉李章珍 仝參尉尹炳皓○命休職○任官立漢城日語學校敎官柳一宣○解文官銓考所委員長 議政府參書官朴慶陽○命文官銓考所委員長 中樞院副議長李載崑

◉號外 光武十一年一月一日

◉敍 任

宮內府特進官徐正淳 任中樞院議長

◉三千六百五十二號 光武十一年一月二日

◉敍任及辭令

耆老所秘書長丕鼎九辭職疏 批旨省疏具悉所辭判敦寧之任依施

◉辭 令

平壤郡守白樂均 昌城郡守金相範○命西京役費調査委員

◉號外 光武十一年一月二日

◉宮廷錄事

議政府議政大臣조秉鎬辭職疏 批旨省疏具悉卿懇冰雪修程馳驅之餘旋又觸寒應公卿之愼節殊爲奉慮而亦不過一時感冒之證自當勿藥至若이續辭巽萬々非可卿其諒之安心調理事遣秘書郞傳諭

三千六百五十三號 光武十一年一月三日

◉宮廷錄事

掌禮院卿臣金思轍謹 奏 皇太子妃三揀擇已爲過行 奉迎吉日預爲推擇然後納采等六禮當爲分排擇吉矣 奉迎吉日以何間推擇乎敢 奏奉 旨陰曆十二月旬間擇入

掌禮院卿臣金思轍謹 奏 皇太子嘉禮時 奉迎吉日推擇取 稟奏本 批旨內陰曆十二月旬間擇入事 命下矣 奉迎吉日令諸日官反覆相議推擇則陰曆十二月十一日爲大吉云以此日定行乎敢 奏奉 旨以此日定行

掌禮院경臣金思轍謹 奏 嘉禮時六禮吉日時當爲推擇而謹稽謄錄則依 顯宗朝嘉禮時例以二十四時推移鍊磨矣今亦依此擧行何如謹上 奏奉 旨依奏

掌禮院경臣金思轍謹 奏 謹稽謄錄則 皇太子妃受冊奉迎內習儀三度並行於別宮同牢宴朝見禮內習儀ㅁ行於 大內而只三度則行於別宮矣今此嘉禮時各項內習儀依前例磨鍊擧行乎敢 奏奉 旨依奏

掌禮院경臣金思轍謹 奏 今此 皇太子嘉禮時六禮習儀當以三度磨鍊而各年前例內外習儀初二度每兼行矣今亦依此擧行乎敢 奏奉 旨依此擧行外習儀則初二三度幷爲兼行

掌禮院경臣金思轍謹 奏 今此 皇太子嘉禮時納采問名納吉納徵告期等習儀節目當爲磨鍊而取考謄錄則自議政府至工曹行禮矣今番則何以爲之乎敢 奏奉 旨自內部至太僕司行禮

掌례院경臣金思철謹 奏 今此 皇太子嘉례時納采納徵告期等례則依례行文於本家冊妃례則當行於別宮依此擧行事知委何如謹上 奏奉 旨依奏

未完

外報

◉古巴馬購求 遠東報를據혼즉北洋各鎭에馬匹이羸弱흠으로亟需添補ᄒᆞ기爲ᄒᆞ야北洋大臣에게稟經ᄒᆞ야蒙古에派員을送ᄒᆞ야一帶壯馬를採購케ᄒᆞᄂᆞᆫᄃᆡ該員에來電을據혼즉如數히採購ᄒᆞ야陸續輸送ᄒᆞ야各鎭에分排ᄒᆞᆫ다ᄂᆞᆫᄃᆡ馬匹來到者二千餘匹이라더라

◉日偵蓄變 淸國欽使가長春을巡훌時에長春日領事分館에셔有變ᄒᆞᆫ日人二十餘名을選出ᄒᆞ야一切情事를採訪ᄒᆞ얏다더라

◉鐵艦課售 支那報를據혼즉英國人某氏가淸國政府가海軍重整홀意가有홈으로跋涉을不憚ᄒᆞ고淸國某大臣을來見ᄒᆞ고鐵甲兵艦을發售ᄒᆞ기로謀議ᄒᆞ다더라

雜報

●內相閒養 內部大臣리址鎔氏가昨日龍山江亭에出往ᄒᆞ야幾日間閒養ᄒᆞᆫ다더라

●康氏請願 農桑學校敎官康世鎭氏가辭職請願ᄒᆞ얏다더라

●新年仕進 各府部院廳官人들은新年休暇之餘에昨日부터仕進ᄒᆞ고各普通學校生徒들은來六日부터上學ᄒᆞᆫ다더라

●妓生復習 嘉禮都監에셔妓生習樂을停止ᄒᆞ얏더니嘉禮日子가漸迫ᄒᆞᆫ故로妓生習樂을日間復設ᄒᆞᆫ다더라

●兩氏轉任說 內部大臣리址鎔氏ᄂᆞᆫ宮內府大臣으로轉任ᄒᆞ고其代에ᄂᆞᆫ侍從院경리道宰氏가被任ᄒᆞᆫ다ᄂᆞᆫ說이有ᄒᆞ더라

●地長遞任說 內部地方局長劉猛氏가遞任된다ᄂᆞᆫ뒤其內容을得聞ᄒᆞᆫ즉該部大臣리址鎔氏가自已不在時에叙任ᄒᆞᆷ이事體不可라ᄒᆞ야將次奏免ᄒᆞᆫ다더라

●無嚴莫甚 日昨에義親王宮郡夫人께셔詣闕ᄒᆞ시ᄂᆞᆫ뒤日警部渡邊氏가侍從院主事를對ᄒᆞ야야鬧ᄒᆞ되郡夫人이無門票詣闕ᄒᆞ니從今以後로ᄂᆞᆫ闕門出入時에轎簾을捲ᄒᆞ고顔面을出示ᄒᆞ야郡夫人의的實無疑ᄒᆞᆷ을使日巡査로確知케ᄒᆞ라ᄒᆞ거날侍從院主事某氏가渡邊을詰責曰貴國은自皇室로至於庶人ᄭᆞ지라도元來男女間에內外之別이無ᄒᆞ거니와我國則幾百年來로雖平民이라도男女內外之法이有別ᄒᆞ야習慣이되야거던況且重皇室至親尊嚴之地에豈無內外之別ᄒᆞ야轎簾을捲揭ᄒᆞ야郡夫人의尊顔을使外國人相見乎아此等無禮之說을更勿出口ᄒᆞ라ᄒᆞ얏ᄂᆞᆫ뒤皇室咫尺에一介日警部의無嚴起鬧ᄒᆞᆷ을莫不憤嘆ᄒᆞᆫ다더라

●朱筆削票 近日宮內府新任官人들이門票를侍從院에請求ᄒᆞᆫ즉該院에셔日警部가朱筆로名帖에ᄭᅥ지치고帖面에必書ᄒᆞ되此人은行爲不正이라ᄒᆞ며或挾雜人이라ᄒᆞ며或容貌가醜ᄒᆞ다書ᄒᆞ야不許詣闕ᄒᆞᆫ다더라

●歐美督債 世界上傳說을聞ᄒᆞᆫ즉日本이歐美各國에借欵鏹이屢巨億萬弗인뒤現今督債가星火와如ᄒᆞᆫ故로日本政府가方在困難中이라더라

●統署上奏 日昨統監署理長谷川大將이陛見時에前軍大臣리根澤氏遞任事에對ᄒᆞ야長谷川氏가上奏ᄒᆞ되政府大官을不與日本政府로協議ᄒᆞ고不時遞改ᄒᆞ니日本政府에大有防害ᄒᆞᆫ事로多시上奏ᄒᆞ얏ᄂᆞᆫ뒤리根澤氏가軍相還任ᄒᆞᆫ다ᄂᆞᆫ說이有ᄒᆞ다

●警務卒業 日本留學ᄒᆞᄂᆞᆫ리圭正氏가明治大學校에셔警務課를卒業ᄒᆞ얏다더라

●所憚者경 闕內把守ᄒᆞᄂᆞᆫ日警部가門標事件에對ᄒᆞ야前侍從院경에게ᄂᆞᆫ種々對面質問ᄒᆞ야當場風波가起ᄒᆞ더니리道宰氏가被任ᄒᆞᆫ後로門標相關事가無ᄒᆞ거니와該院主事에게만詰問이有ᄒᆞᆫ지라該主事가答ᄒᆞ되事係主務院경則主事가有何責任乎아ᄒᆞᆫ즉日警部가搖頭轉目曰今院경에게ᄂᆞᆫ果難相質이라ᄒᆞᆫ다더라

●胡不踐言 淸風學校設立時에某々大官이該校贊成을爲ᄒᆞ야幾十元幾百圜을捐助ᄒᆞ깃노라고補助記에着名ᄒᆞᆫ者多ᄒᆞ다더니今爲推위遷延ᄒᆞ야不肯踐言ᄒᆞᆫ다니一半分國家思想이有ᄒᆞ야人民敎育에注意ᄒᆞᄂᆞᆫ者면寧有是事리오目下該校情况이經費의不敷로大段困難中이라더라

●面長有價 黃州郡守韓灐履氏ᄂᆞᆫ履歷이無ᄒᆞᆫ故로不知頭緖에恰似木偶ᄒᆞᆫ뒤出入於奸鄕奸吏之袖ᄒᆞ야各面面長分帖時에不택善否ᄒᆞ고復蹈前合ᄒᆞ야納賂人만出帖面長ᄒᆞᄂᆞᆫ뒤天주面面長金基浩處의四百兩은郡守子舍가捧食ᄒᆞ고徹天面面長邊貞鳳處의四百兩은鎭衛隊軍醫리鵬淳씨가捧食ᄒᆞ고三田面面長洪在坤處의三百兩과州南面面長安成七處의三百兩과靑龍面面長鄭亨九處의五百兩과永豐面面長處의三百兩은前鄕長丘庸헌이가捧ᄒᆞ야時鄕長金壁玉과分食ᄒᆞ고都面面長리義健處의三百兩捧食出帖則本郡守가知而不禁인지接肚分食인지無賴輩의奔競이無雙ᄒᆞ다더라

●日警無嚴 日昨에內安堂李貴人이詣궐ᄒᆞ야皇貴妃殿下게見알ᄒᆞᄂᆞᆫ뒤日警部渡邊氏가致德殿에셔侍從院으로電話ᄒᆞ되리貴人이門票업시궐內에通涉ᄒᆞ니此何經緯乎아리貴人出宮時에敦德殿으로來ᄒᆞ야自己를相面ᄒᆞ라ᄒᆞ거ᄂᆞᆯ侍從院에셔此事由을上奏ᄒᆞ얏더니自上으로셔震怒ᄒᆞ사貴人은大君之上이오皇后之下인뒤日경部가雖云淸宮禁이나貴人을自意招待ᄒᆞ니無嚴莫甚이라汝侍從官은此等無嚴之事에對ᄒᆞ야緘口無言ᄒᆞ얏ᄂᆞᆫ랴ᄒᆞ옵신處分을下ᄒᆞ신故로侍從院官吏가不勝惶恐ᄒᆞ얏다더라

●西友常會 本日下午六時에西友學會에셔月例通常會를開ᄒᆞᆫ다더라

●廣院無暇 廣濟院에셔病人을治療ᄒᆞ기爲ᄒᆞ야新年休暇가無ᄒᆞ고逐日仕進視務ᄒᆞᄂᆞᆫ故로히官人들은暫時間隙이無ᄒᆞ다더라

●刺妻奪資 忠南觀察使金嘉鎭氏의子重漢氏ᄂᆞᆫ故參判리冕相氏의婿郞인대金重漢氏가鴉片을吸ᄒᆞ기로終事ᄒᆞ야其室內에資粧汁物을放賣吸烟ᄒᆞ더니日前에又資粧事로爭詰ᄒᆞᄂᆞᆫ뒤該氏가以小刀로刺其室內之項ᄒᆞ다가幸被横ᄌᆞᄒᆞ야不卽殞命ᄒᆞ얏스나流血이淋리ᄒᆞ야方在死境中이라더라

●中東開校 典동官立漢城漢語學校內에設立ᄒᆞᆫ漢語夜學은去春에學部의認許를得ᄒᆞ야開學ᄒᆞ얏스나出席生徒가寥星ᄒᆞᆯ뿐不是라諸般事務가未備ᄒᆞ야開校式의擧行이無ᄒᆞ얏더니去月에漢語敎官柳光烈氏와其時班監崔興模씨ᄂᆞᆫ某某學員의同意를依ᄒᆞ야日語學一課를添加ᄒᆞ고학員을募集ᄒᆞ니生徒의入學이日增月加ᄒᆞ야出席生徒가六十餘名에達ᄒᆞᆫ지라校務를擴張ᄒᆞ기爲ᄒᆞ야夜學의名稱을改ᄒᆞ야中東學校라命名ᄒᆞ고校長은吳世昌씨로漢語敎師ᄂᆞᆫ柳광烈씨로日語敎師ᄂᆞᆫ박在庸씨로校監은崔興模씨로選定ᄒᆞ고去月廿八日에開校式을擧行ᄒᆞ얏ᄂᆞᆫ뒤其時來賓이多數의達ᄒᆞ며茶果의盛宴이有ᄒᆞᆫ지라其儀節을擧ᄒᆞᆫ건뒤敎師柳光烈씨ᄂᆞᆫ學校의演革을陳述ᄒᆞ고校長吳世昌씨를始ᄒᆞ야來賓의勸勉이有ᄒᆞ고학員박容南씨의答辭로녜式을畢ᄒᆞᆫ後校長以下諸학員이山呼萬歲를三唱ᄒᆞ고宴席에移ᄒᆞ야歡樂ᄒᆞ얏다더라

●稅官招還說 各道稅務官들이結錢收捧ᄒᆞᄂᆞᆫ것시實施되ᄂᆞᆫ郡이十郡에一이못되ᄂᆞᆫ故로不知中에公納이零星ᄒᆞ야政府에셔稅務官을召還ᄒᆞ기를公議ᄒᆞᆫ다ᄂᆞᆫ說이有ᄒᆞ더라

●失所棲遑 前判書閔京호氏가安洞感古堂에居接ᄒᆞ더니今番嘉례時에閔氏家眷六十餘口가隣家에各自移處ᄒᆞ야棲遑이莫甚ᄒᆞ다더라

●靑校優等 靑파靑蓮學校에셔今番學期試驗을經ᄒᆞ얏ᄂᆞᆫ뒤優等은吳永舜丁仁燮文萬容乙班은盧甲慶朴鳳圭崔点山인뒤校長閔丙奭氏가多數施賞ᄒᆞ얏다더라

●리家回祿 再昨下午八時에北署帶洞侍衛三大隊參領리熙昇家에失火ᄒᆞ야草家八間을盡燒ᄒᆞ얏다더라

●牛山試驗 牛山學校에셔冬期試驗을經ᄒᆞ얏ᄂᆞᆫ뒤普通科優等生박壽東김與福최興得朴益夏四人이오漢學科優等生은리漢경김文濟김唱鎭林占興四人이오尋常科支校優等生沈福童劉吉龍김泰興宋成男白雲봉徐龍雲六人인뒤各기隨班進級ᄒᆞ고證書를授與ᄒᆞ얏다더라

◎稻葉醉話

▲內大리址鎔氏ᄂᆞᆫ特使를復命ᄒᆞᆫ後에新勢力이增加ᄒᆞᆷ으로一般世人이注目ᄒᆞ더니尙此寥寥無聞ᄒᆞ니무ᄉᆞᆷᄯᆞ닭인지

▲遞軍大리根澤氏ᄂᆞᆫ贊謀長으로出脚ᄒᆞ더니軍相을還任ᄒᆞᆫ다고物議가膾炙ᄒᆞ나참러그ᄒᆞᆯ지不知커니와該氏門前에車馬ᄂᆞᆫ如市ᄒᆞᆫ다더고

▲前全州郡守權直相氏갓튼運動手段으로도中樞院贊議로移任ᄒᆞ얏시니百戰百勝이라가一番失敗ᄂᆞᆫ非戰之罪라運也라奈何오

▲歐米列强에셔日本債錢를督刷ᄒᆞᆫ다니債錢에巨欵을較計ᄒᆞ면日本土地을放賣ᄒᆞ여도當치못ᄒᆞᆯ것시니如彼ᄒᆞᆫ巨額을무엇스로報償ᄒᆞᆯ눈지

▲日警部ᄂᆞᆫ宮禁肅淸을憑藉ᄒᆞ고리貴人과郡夫人에出入時의顔面을露出ᄒᆞ라ᄒᆞ니無禮無法은於渠에不足責이나日人에無所不爲ᄂᆞᆫ去々益甚이로고

▲賊警이處々猖獗ᄒᆞ되政府에셔會議가日々되것만ᄂᆞᆫ勦匪ᄒᆞᆯ方針은未聞ᄒᆞ니所議事ᄂᆞᆫ何事인지

◎本社移轉◎

本社를南署 皇壇新作路石井洞初入北便三層洋屋家로移轉ᄒᆞ오니遠近間郵信及交涉諸員은該處로通涉ᄒᆞ시오

大韓每日申報社 告白

雜報

●西坂氏遺言 日本義士西坂豊氏가東亞大局을維持ᄒᆞᆯ方針으로熱心ᄒᆞ다가畢竟志願를莫遂ᄒᆞᆷ으로引刀自裁ᄒᆞᆫ事ᄂᆞᆫ本報에已揭어니와同氏가渡韓以後에有志者를對ᄒᆞ야言論ᄒᆞᆫ바를聞ᄒᆞᆫ則現今東亞三國이互相結合ᄒᆞᆫ然後에大局을可以維持오同種을可以保全이라若我日本이韓淸兩國과並立을不圖ᄒᆞ고獨占其利코ᄌᆞᄒᆞ면勢不能長久라ᄒᆞ얏고又曰余가韓國의風土人氣를槪察ᄒᆞᆫ則畿湖之人은雖與進取요西北人士가可以有爲리ᄒᆞ얏고又曰韓國地勢를觀ᄒᆞᆫ則 皇都ᄂᆞᆫ移建于平壤ᄒᆞ야西北之勢을擴張ᄒᆞ여야獨立國을成ᄒᆞ리라ᄒᆞ얏다ᄒᆞ니氏ᄂᆞᆫ可謂東洋義士라其卓越ᄒᆞᆫ識見과宏遠ᄒᆞᆫ力量이若其인沒於世ᄒᆞ면殊甚痛惜이기로玆又採錄하야世界人士의게均布ᄒᆞ노라

●夜行晝隱 近日傳說을聞ᄒᆞᆫ즉新任大靜郡守김錄河氏ᄂᆞᆫ本以濟州郡老吏로圖得郵遞主事에多年剝削ᄒᆞ다가近者上京ᄒᆞ야大靜郡守를從何穿穴ᄒᆞ야行賂圖得이든지叙任後一朔이過ᄒᆞ도록例納을磨勘못ᄒᆞ야發程치못ᄒᆞ얏ᄂᆞᆫᄃᆡ叙任後三週日內不赴任則免官ᄒᆞᆫ다ᄂᆞᆫ規則이有ᄒᆞᆫ故로門外에避身ᄒᆞ야本郡人有錢處에夜行請債ᄒᆞ고晝不出行ᄒᆞᆫ다니銓考委員의公正치못ᄒᆞᆷ은推此可知라ᄒᆞ더라

●德校移接 安동德語學校ᄂᆞᆫ元來別宮基地라 東宮嘉禮時熟設間處所를定ᄒᆞ고히校ᄂᆞᆫ移接於他處하라신處分을下하신故로宮內府에서勅教를奉承하야學府로移照ᄒᆞᆫ事ᄂᆞᆫ前報에揭載ᄒᆞ얏거니와히校에서靳持ᄒᆞ더니宮內府에서학部가屢度交涉하야日昨에始爲移去ᄒᆞ얏다더라

●平質法部 平理院에서法部에質稟ᄒᆞ얏ᄂᆞᆫᄃᆡ被告리麟淳의供稱本年五月晦間에楊根居具禹榮이言於矣身曰新條成立之五賊아今又成給移民及礦山條例ᄒᆞ야壞損國權이迄此不已니君이爲國慷慨之志로今若有除去五賊之方法이면曷不樂爲리오ᄒᆞᆫ즉具曰吾當求來火藥一封矣라ᄒᆞ더니同年六月頃에具果求得火藥一封ᄒᆞ야來訪徐相奎ᄒᆞ야欲爲試製爆藥인ᄃᆡ若爲成蹟이면將暗埋於五賊之家ᄒᆞ야以爲爆殺케ᄒᆞ다ᄒᆞᆫ즉徐相奎가在傍大責曰此是禁物이라切勿作如是妄想ᄒᆞ라ᄒᆞ고徐相奎七月七日將祈禱于北漢山城이온바矣身이托以觀광ᄒᆞ고要與同往ᄒᆞᆫ즉徐曰無妨이라矣身이先往城西門矣리니徐ᄂᆞᆫ追到ᄒᆞ야山直入僧房ᄒᆞ고矣身은與具禹榮으로從山谷ᄒᆞ야盛藥于竹節ᄒᆞ야以火燃之ᄒᆞ니爆發無力ᄒᆞ야不可堪用故로拋棄其竹節ᄒᆞ고同與還來ᄒᆞ얏다ᄒᆞ며被告徐相奎ᄂᆞᆫ初聞製藥之說ᄒᆞ고大責ᄒᆞᆫ즉노一直抵賴ᄒᆞ나具禹榮리麟淳이以製藥謀殺事로多日爛議ᄒᆞ야往于渠家之時에渠旣有可否之說ᄒᆞ고祈禱北漢之時에雖曰或先或後나已知火藥之事인즉前後情節을呑吐不實은兩被告의陳供에證ᄒᆞ야明白이라ᄒᆞ야리麟淳等을笞九十에處ᄒᆞ얏다더라

●刑法文具 黃州前郡守朴元民教의貪饕不法ᄒᆞᆫ事로五千百戶民生이塡壑之境이더니發達ᄒᆞᆫ리春光安仁一等이呈訴平院ᄒᆞ야民斂錢四萬餘金을還出이라ᄒᆞ더니本院法官이前何心으로朴元教을刑法大典八條에所犯이라ᄒᆞ고官報에ᄭᆞ지上奏라ᄒᆞ고박氏에運動이얼마나敏速ᄒᆞᆫ지박氏를笞一介도不施코該贓錢도尙今捧給지아니ᄒᆞ야該郡民이八朔留京에待令院門ᄒᆞ되該원法官이刑法은文具로歸ᄒᆞ고一介朴元教을爲ᄒᆞ야五千百戶民生을離散케ᄒᆞ니大抵此世界百姓이伸訴ᄒᆞᆯ處가어ᄃᆡ요ᄒᆞᆫ다더라

●開城北部金在鏞等諸氏가本社에寄函이如左ᄒᆞ니

伏以貴社之筆活万民者也愛我蔘圃人每有切肌之憂歎而國民新報者殺万民者也一隊於萬古逆賊之機關對此蔘圃人其舞弄欺辱罔有紀極故方走書論責然彼有自비其類之嫌必不肯揭載於新聞故玆以仰懇此係一方人民生死休戚之大關願 先生特垂手援之惠大書特書于貴新聞上使天下之有耳目者咸知國民新報之病國害民千萬幸甚若有嫌於同爲新聞而不可不庇則請以生名入於廣告欄內則該費見新聞後卽當奉呈耳惟先生鑑諒此與人之望千萬々 未完

廣告

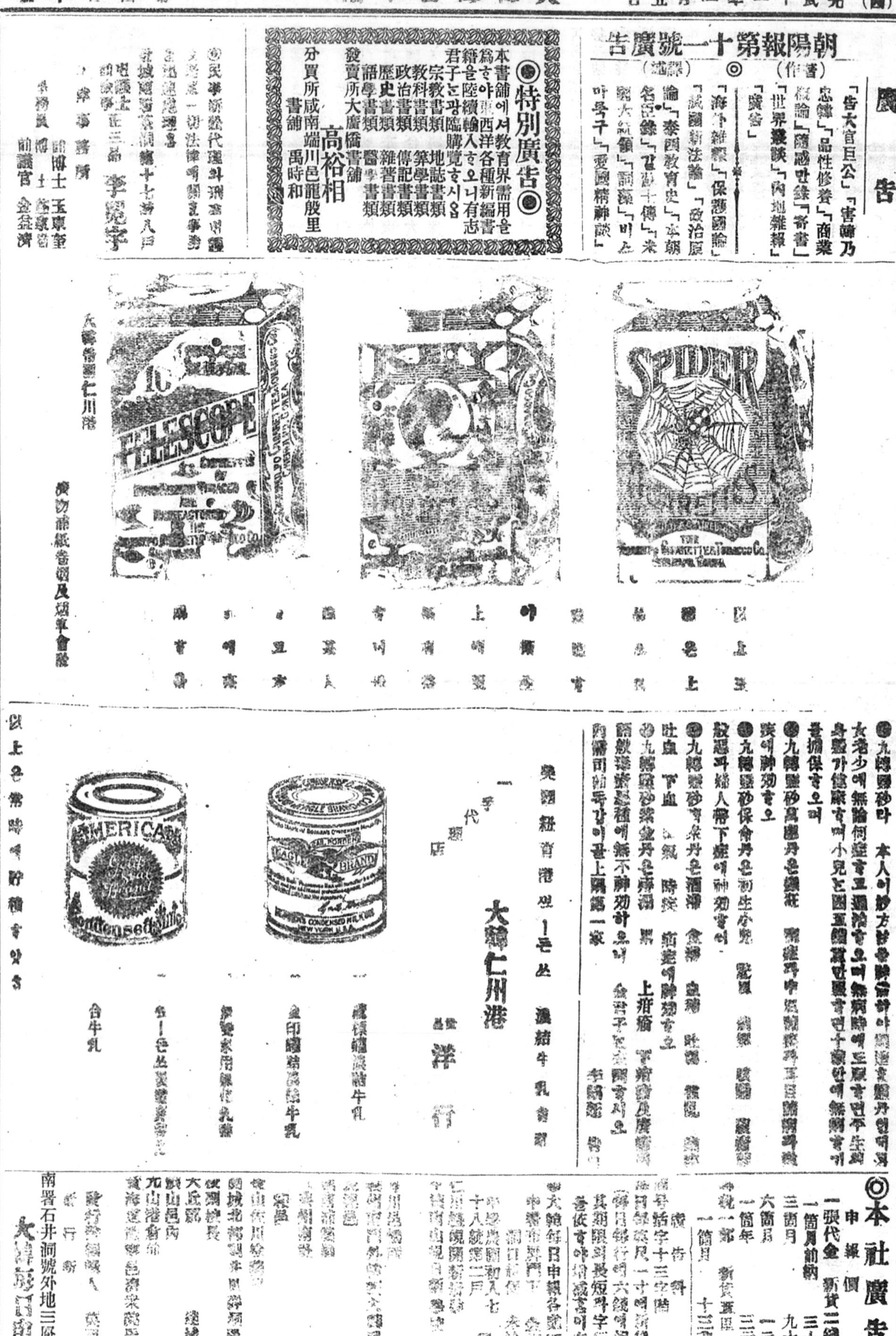

廣告

「告大官巨公」「害韓乃忠韓」「品性修養」「商業概論」「隨感만錄」「寄書」「世界叢談」「內地雜報」「廣告」

朝陽報第十一號廣告

◎（著作）「海外雜報」「保護國論」「試國新法論」「政治原論」「泰西教育史」「本朝名臣錄」「갈消十傳」「米國大統領」「詞藻」「비스마룩子」「愛國精神談」（譯述）

◉特別廣告◉

本書舖에셔教育界需用을爲ᄒᆞ야東西洋各種新編書籍을陸續輸入ᄒᆞ오니有志君子ᄂᆞᆫ광臨購覽ᄒᆞ시옵

宗教書類 地誌書類
教科書類 筭學書類
政治書類 傳記書類
歷史書類 雜著書類
語學書類 醫學書類

發賣所 大廣橋書舖 高裕相

分買所 咸南端川邑龍般里書舖 禹時和

◎本社廣告

申報價

一張代金 新貨二錢五里

一箇月前納 三十錢

三箇月 九十錢

六箇月 一元七十錢

一箇年 三元四十錢

大韓每日申報

南署石井洞號外地三層洋屋家

(光武九年八月二十一日 明治卅八年八月十二日 第三種郵便物認可)

日曜日

西歷一千九百七年一月六日 (一)

大韓每日申報
대한매일신보

第五卷

第四百十一號

月曜及慶節 歲時日休刊

檀君開國四千二百三十九年
箕子元年三千二十八年
大韓開國五百十五年
日本明治四十年
淸國光緖三十二年
◉陰曆丙午十一月小廿二日乙卯

別報

●論英與美人易非律賓事（支那報照謄）

近에三佛蘭西斯哥（桑港）를由ᄒᆞ야來電을接ᄒᆞ온이謂ᄒᆞ되英國이近에公函을美國에致ᄒᆞ되請컨ᄃᆡ英屬의牙買加와紐분蘭兩嶋로써美屬의菲律賓島를易ᄒᆞ자ᄒᆞ니該牙紐二嶋는俱在北美東海岸者라此等消息은記者가以爲ᄒᆞ되將來遠東政略에크게緊要關係가有ᄒᆞ다ᄒᆞ노라

菲律賓群嶋가可히日本各島와海中의長鎖接連之勢를作ᄒᆞᆯ지니此長鎖之勢는起自日本庫島及北海島各處ᄒᆞ야直至臺灣爲止ᄒᆞᆫ지라特此島鎖鑰之險ᄒᆞ야以成日本之雄은以其在太平洋中ᄒᆞ야有此장鎖接連之各島라讀日本各報ᄒᆞ면亦嘗見日本人之用心矣라

蓋欲將비律賓島ᄒᆞ야歸於已有ᄒᆞ야海中長鎖와共成一氣ᄒᆞᆫ然後에可以東亞半洲를呑取ᄒᆞᆯ것이오卽不呑取東亞半洲라도此勢一成ᄒᆞ면中國의東海岸이已入其口中이라彼時에는日本이將於此에求僞財ᄒᆞ며且於此에施勢利ᄒᆞ리니中國이苦矣라可使比律賓群島가入於日人之手ᄒᆞ면一朝有事에中國이戰雖不敗나被困이已在히必이오且中國의太平洋之出路가永遠絕矣라日本이美屬비律賓島에垂涎ᄒᆞ는거슨將來에一尋釁之由를必成ᄒᆞᆯ지라故로美國이於비律賓島에不得不大加警備라

現在於中國海內에特留海軍一支ᄒᆞ야以備之가卽此故也라然이나此軍之設으로는該島의十分無險을保護키不能ᄒᆞᆫ거슨該島가獨立於海內ᄒᆞ야距北美內國에程路甚遠ᄒᆞᆫ故라且該島居民이又常美人의吏治를憎厭ᄒᆞ고美國各報에도亦往往히著論言之라

蓋비律賓島는實로美國當下의尤物이라爲今日計컨ᄃᆡ直將히도ᄒᆞ야舊主呂宋國君에게交還ᄒᆞᆷ만莫如라ᄒᆞ니如此則美國外顧之憂가去ᄒᆞ고呂송合浦之珠가還矣라記者가今以遠東各國의政治利益으로平論之ᄒᆞ건ᄃᆡ若使遠東各國으로各適其宜ᄒᆞ고且無兵戎之患인ᄃᆡ莫若將此嶋ᄒᆞ야歸於英屬이라

英은素豐於海軍ᄒᆞ야以海上雄國으로稱ᄒᆞ니英之力으足以鎭日人之窺伺히도者라卽爲美國計之라도此擧가亦不爲無益이라牙買加도는安的利別斯群도之內와拿瑪灣之抢東에在ᄒᆞ니眞第一富足之地요紐분蘭도는拉布利達半도와相近ᄒᆞ니其中漁業之盛은諸도가莫能與比라此아紐二도가均因比律賓之故ᄒᆞ야日生變亂이라

若此擧가旣行ᄒᆞ면牙紐二도의變亂이永消ᄒᆞ야可히安享其利益ᄒᆞᆯ지라以上所言의更變各節이倘見諸實事ᄒᆞ면大可爲東洋賀라果然ᄒᆞ면英國海內의勢力이可爲中國獲益ᄒᆞ야不令其異日에受日本之外侮라ᄒᆞ얏더라

官報

◉宮廷錄事

●三千六百五十三號 光武十一年一月三日

掌禮院卿臣金思轍謹 奏今此 皇太子嘉禮時同牢宴行禮處所以何 殿爲之乎敢奏奉 旨咸寧殿爲之

掌禮院卿臣金思轍謹 奏 謹稽歷代典禮則 皇太子納 妃時納采前期擇日遣官告 太廟 冊妃前一日遣官告 太廟嘉禮第四日陳賀矣今亦依此磨鍊乎敢 奏奉 旨依此磨鍊

掌禮院경臣金思轍謹 奏嘉禮儀註當爲磨鍊而取考各年謄錄則有都監都提調以下別班行禮之節而儀註中雖不磨鍊務記中添入擧行矣今亦依此擧行事分付何如謹上 奏奉 旨依奏

掌禮院경臣金思轍謹 奏今此 皇太子嘉禮時六禮 制書及本家答 表依前例令弘文館磨鍊擧行事分付何如謹上 奏奉 旨依奏

今此 皇太子嘉례時納采問名陰曆十一月二十四日巽時
納吉同月二十七日巽時
納徵同月二十八日巽時
告期十二月初十日丁時
冊 妃奉迎同月十一日丙時
同牢宴同月同日坤時

中樞院贊議金鶴鎭辭職疏
批旨省疏具悉文學該洽惟卿其人辭必不獲勿復爲煩

經理院경高永喜自引疏
批旨省疏具悉不必如是爲引卿其勿辭行公

●三千六百五十五號 光武十一年一月五日

◉宮 廷 錄 事

掌禮院卿臣金思轍謹 奏禮文內 皇太子嘉禮第四日有賜宴群臣지례如正至會宴云矣今亦依此磨鍊乎敢 奏奉 旨權停

掌禮院경臣金思轍謹 奏謹稽謄錄則嘉禮時各項習儀自都監聚集醫女逐日私習而若不預爲傳習於女官則不無臨時失儀之患故初二度至三度傳習於女官矣今亦令都監依此擧行而內習儀處所亦於 咸寧殿爲之乎敢 奏奉 旨咸寧殿爲之

掌禮院경臣金思轍謹 奏陰曆十二月十四日 皇太子嘉禮陳 賀時諸道觀察使依例進表於 皇帝前之意知委何如謹上 奏奉 旨依奏

今此 皇太子嘉禮時納采問名 納吉 納徵 告期習儀初二三度竝行陰曆十一月二十三日 冊 妃奉迎習儀初二三度竝行同月二十四日 妃受 冊奉迎內習儀初二度竝行同月二十五日 三度同月二十七日
同牢宴 朝見禮 盥饋內習儀初二三度竝行同月二十五日三度同月二十八日

外報

●排日運動熾熱 桑港의排日運動은愈往愈熾ᄒᆞ야옥크랜드學校에서도日本人을排斥ᄒᆞ고ᄌᆞᄒᆞ여桑港人民은日本勞動者放逐을要求ᄒᆞᄂᆞᆫ中이더라且人民은大統領에對ᄒᆞ야激烈ᄒᆞᆫ情을抱ᄒᆞ더라

●暗殺陰謀露見 聖彼得보及莫斯科에서警察에搜索을依ᄒᆞ야革命黨이殺害코ᄌᆞᄒᆞᄂᆞᆫ高官二十七名의姓名錄이發見되얏다더라

●山東匪徒 上海電을據ᄒᆞᆫ즉山東省曹州에匪徒가目下猖獗ᄒᆞᆫ故로袁總督에軍隊가該處로急行ᄒᆞ얏다더라

●馬種移來 世界列强에名馬는俄國이第一이라日本서馬種을養成ᄒᆞ기爲ᄒᆞ야俄國牝馬幾百匹를買得코ᄌᆞᄒᆞ되至於商民ᄭᆞ지不肯許賣ᄒᆞᄂᆞᆫ지라元來俄國馬種은蒙古에셔移來ᄒᆞ얏는ᄃᆡ日本셔도不得已ᄒᆞ야 古國에前往ᄒᆞ야商民에게牝馬六百匹를買去ᄒᆞ얏다더라

●露軍撤退通牒 北京電을據ᄒᆞᆫ즉駐淸露公使는淸國外部에對ᄒᆞ야포트마쓰條約에定ᄒᆞᆫ期限內에在滿州兵員全部가撤退ᄒᆞᆫ다는意로通牒ᄒᆞ얏다더라

雜報

●兩氏生釁 內相李址鎔氏가特使復命後에무含事端이有ᄒᆞᆫ지參政大臣朴齊純氏와不穩ᄒᆞᆫ思想이發ᄒᆞ야畢竟葛藤될貌樣이라더라

●政府會議 昨日上午十二時에政府大臣이會議를開ᄒᆞ고무삼事件을提出ᄒᆞ얏다ᄂᆞᆫ듸其議案아즉未知ᄒᆞ깃더라

●徵兵中止 日前에軍大權重顯氏가各隊長官을會集ᄒᆞ고議案을提出ᄒᆞ되大韓軍制ᄂᆞᆫ只有雇傭兵ᄒᆞ야兵力이漸微ᄒᆞᆫ즉我韓에도不得不設置徵兵ᄒᆞ야振起軍旅가何如오ᄒᆞᆫ듸正領리根澤氏와參領金演시氏가反對ᄒᆞ야日現今人心이未定에又設徵兵이면必有亻騷之態ᄒᆞᆯ거시니不如中止라ᄒᆞ야議案이未決ᄒᆞ얏다더라

●選用名譽 政府大官以下各局長과各地方官ᄭᆞ지社會上名譽가有ᄒᆞᆫ人으로選用ᄒᆞ기로參政大臣朴齊純氏가發論ᄒᆞ미一般世人이一層注目ᄒᆞ다더라

●黃催部務 農商工部協판黃鐵氏가該部積滯ᄒᆞᆫ文簿를該部大臣에게速々處판ᄒᆞ기를催促ᄒᆞᄂᆞᆫ故로該大臣成岐運氏가諸般公文을左酬右接ᄒᆞ야頭緒를不分ᄒᆞ다더라

●農大設宴 農商大臣成岐運氏가新年祝賀宴을排設ᄒᆞ고日昨에各部大臣과日本某某氏을請邀宴待ᄒᆞ얏다더라

●趙氏落望 內部地方局長을該部大臣李址鎔氏가趙鍾緖氏로敍任ᄒᆞ기로決定ᄒᆞ얏더니不如意ᄒᆞᆫ事端이有ᄒᆞ야圖成치못ᄒᆞ얏다더라

●義兵蜂屯 扶餘郡居前承旨兪鎭玉씨家에義徒數三人이每夜來到ᄒᆞ야무含密議가有ᄒᆞ던지該氏가心甚厭苦ᄒᆞ야密通于該郡來駐日警視ᄒᆞᆫ듸警視數三人이潛伏於該家타니義徒五人이又爲來到ᄒᆞ거ᄂᆞᆯ三人은捕捉ᄒᆞ고二人은逃走ᄒᆞᆫ지라三人를滯囚郡獄ᄒᆞ얏더니其翌日에義徒七百餘名이嘯聚ᄒᆞ야打破郡獄ᄒᆞ야三人은放釋ᄒᆞ고日警視ᄂᆞᆫ見機逃避ᄒᆞ얏고兪씨家舍ᄂᆞᆫ一並毁破ᄒᆞ고해郡境內에屯聚ᄒᆞ얏ᄂᆞᆫ듸義兵이日益增加ᄒᆞᄂᆞᆫ貌樣이라고해郡來人에傳說이有ᄒᆞ더라

●日本國會 日本政黨이國會를開ᄒᆞ면變革이되여西園寺相黨派ᄂᆞᆫ總辭職된다ᄂᆞᆫ說이有ᄒᆞ더라

●此亦開化 農協黃鐵氏가大臣房寶褥와溺江唾具等物을一幷撤廢ᄒᆞ고各局課의長竹을廢止ᄒᆞᆫ다더라

●政牒各部 政府에셔各府部院廳에通牒ᄒᆞ되自今爲始ᄒᆞ야各部官用官敎紙所用時에政府에照會ᄒᆞ야度支部印刷局紙를用ᄒᆞ라ᄒᆞ얏다더라

●崔氏移任 內協최錫敏氏가奉常提調로移任ᄒᆞ얏ᄂᆞᆫ듸其代에ᄂᆞᆫ晉察趙民熙氏가被任ᄒᆞ다더라

●直路便行 內部土木課에셔行人의便利ᄒᆞᆷ을爲ᄒᆞ야自惠京畿南北川邊으로至惠泉湯ᄭᆞ지直路로通涉케修治ᄒᆞᆫ다더라

●精留斂民 晋州郡守閔丙星氏를內部에請願願留次로히郡儒生十三名이上京ᄒᆞ얏ᄂᆞᆫ듸多數ᄒᆞᆫ盤費를民間에排斂ᄒᆞᆫ다더라

●勢固然矣 高靈郡守尹夏榮氏가在京時에結錢을以紙貨十二元으로告示ᄒᆞ얏고還官後에ᄂᆞᆫ稅務監訓令과稅務官照會를因ᄒᆞ야히郡稅簿를稅務主事到郡지日에一切送交ᄒᆞ고해郡守ᄂᆞᆫ稅錢에一無干涉ᄒᆞ얏다ᄒᆞ다더라

●閔家可矜 太醫院卿閔泳璘氏ᄂᆞᆫ故杓庭閔台鎬씨에養子오純明妃殿下와男妹間이라閔泳仁氏가家勢가漸敗ᄒᆞ야家眷을公州鄕第로下送ᄒᆞ얏ᄂᆞᆫ듸杓庭에祠版은히씨生家에在ᄒᆞ고香火를難奉ᄒᆞ며杓庭의夫人南씨ᄂᆞᆫ碧동數間草屋에獨處ᄒᆞ야桂玉을難繼ᄒᆞ고杓庭에庶子泳선씨도外國에滯留ᄒᆞ야亦不顧助ᄒᆞ미南씨에情景은慘不忍見ᄒᆞᆫ즉純明妃쳑降지靈이九泉지下에寃恨이徹天ᄒᆞ시리라고巷說이紛々ᄒᆞ더라

●通諭哀文

去一月五日에儒生朴奎容氏等發文이如左

嗚呼痛哉將如之何天喪斯文亦如之何我東지**夫子勉庵崔先生**喪於今十七日而殘年白首殊域窮溟緣底事有此行歟人是秉彝性同所賦忍可見鬪耶繼往開來獨抱綱常盡忠竭義堅秉春秋而窮海萬里特持蘇節지節燕獄幾年當在文山지厄則孔孟以來相傳지道程朱以來相授지文復焉可見文復在乎吾道絕矣思亦裂腸義亦嘔血而非徒其門弟不獨我儒家雖愚婦蠢夫莫不破膽感泣而況有志遊藝者乎今窮嶋招魂波辟嗚咽萬里返柩事力難致言念到此始覺天地지有憤懣矣幸惟僉君子如或有賻問萬一지助焉者與感問其事狀者往訪于**錫洞최萬植**지家倘如何而萬植지家定是一護輸지所伏惟僉君子照亮焉

●妓又習樂 嘉禮都監에셔三昨日에妓生이一齊히會同ᄒᆞ야昨日븟터習樂을擧行ᄒᆞᆫ다더라

●夜巡必探 近日警務五署의셔出番巡檢과日巡査들이每夜別巡警察ᄒᆞᆫ다ᄂᆞᆫ듸道路上行人을一一査探ᄒᆞ며到底히變服行巡ᄒᆞᆫ다더라

●日人無禮 本月初三日京釜鐵路終車에韓人男女와日人이滿載ᄒᆞ얏ᄂᆞᆫ듸大丘邑居何許婦女가女下人一名을帶同ᄒᆞ고長衣樣으로長裙을着ᄒᆞᆫ지라日人中泥醉ᄒᆞᆫ人이二名이有ᄒᆞᆫ듸婦女의所着長裙을披開ᄒᆞ고看看大笑ᄒᆞ며以身으로婦女의게依支도ᄒᆞ며또一人은女下人을牽抱比類ᄒᆞᆫ즉其婦女와女下人이一邊受辱ᄒᆞ고一邊恐겁ᄒᆞ야置身無路에不勝燥울인듸外他日人은見而拍掌ᄒᆞ고同座韓人은心雖憤罵나莫敢誰何이더니就中一老人이雖未解日語나日人風俗을慣知ᄒᆞᄂᆞᆫ터인듸見其行爲ᄒᆞ고不忍憤怒ᄒᆞ야止責其無례ᄒᆞᆫ듸日人이終不謝過ᄒᆞ고去益行悖ᄒᆞᆫ樣이有ᄒᆞ더니日憲兵一名이適爲搭上ᄒᆞ거ᄂᆞᆯ該老人이日人의鄙悖ᄒᆞᆫ行爲를說明ᄒᆞᆫ듸憲兵이該日人二名을對ᄒᆞ야撲理責지ᄒᆞ면셔逐出車外ᄒᆞ니急行火輪의不敢躍下ᄒᆞ고車門外에依立ᄒᆞᆫ지라數時間後에히老人이日人을招入車內ᄒᆞ야好意曉喩ᄒᆞ야同着南門外停車塲에히婦女도幸免刼辱이나日人지鄙悖無례가去益甚焉ᄒᆞ야韓國婦女ᄂᆞᆫ輪車도搭乘치못ᄒᆞ깃다더라

●韓巡嚇日

陰曆十四日에恩津郡巡檢최鍾煥과韓永錫이泥醉ᄒᆞ고來到塲基敎友金學權家ᄒᆞ야問其主人ᄒᆞᆫ則金氏出來而問其何人則히巡檢等이無례於官人이라執탈허고六十老人金씨를無數亂打에行惡恠悖라金씨지子聞其家變ᄒᆞ고卽時來到則히巡檢이亦爲亂打ᄒᆞᆫ지라一동人이來到에辨明曲直이되終爲頑拒則衆人이忿激所致로互相毆打에巡檢面部가微傷而동中諸人이無數曉諭而護送矣러니히巡檢輩가부同於本郡取扱所補佐員通譯栅成格耶ᄒᆞ니栅成格耶은本是論山日語敎師러니今年七月分에日人立石種松이打殺論山人時에同謀犯手故로히學徒等이不勝忿怒ᄒᆞ야擧罪逐送矣러니此人이圖得通譯後에反爲嫌疑ᄒᆞ야誣訴於補佐員ᄒᆞ되論山浦漢은皆是悖類니此事를置지則將爲害及於日巡査라ᄒᆞ고指囑ᄒᆞᆫ故로此事를誣告于公州府경觀則警視不知曲直ᄒᆞ고多發巡檢與巡査ᄒᆞ야來到塲基에逢人則縛지打지에論山一境이便作戰爭지地ᄒᆞ야民無安業而人影이頓切ᄒᆞ얏다더라

▲茶爐閒話

△政府에셔日日會議가官制改正ᄒᆞ기로爲一事業ᄒᆞ야稅務官를各地方에派送ᄒᆞ더니吏民이不穩ᄒᆞ야稅納을難收ᄒᆞᆫ즉國用만磬渴되엿지

△參政大臣이各社會上名價가有ᄒᆞᆫ人을選用ᄒᆞ기로注意ᄒᆞᆫ다니參政에擇人ᄒᆞᄂᆞᆫ公心이일然히發見되엿고

△內部協판崔錫敏氏가奉常提調로移任ᄒᆞ얏스니李址鎔氏가歸國ᄒᆞ여도최氏에ᄯᅥᆨ지가ᄯᅥ려져스니참知치못ᄒᆞᆯ事나奉常司에도銓考所나設施히보지

△日本政府에셔歐米列强에督債事로困難이莫甚ᄒᆞ다ᄒᆞ니度支顧問官目賀田氏ᄂᆞᆫ남에나라財政을顧問말고제나라財政이나顧問ᄒᆞ지

△近日北村古家大族에後裔ᄂᆞᆫ鴉片과色界에怪常ᄒᆞᆫ行爲가屑生ᄒᆞ니古木이欲倒에新梢가難生은理지常也로고

△農商工部에셔黃鐵氏開化바람에히部大臣成岐運씨가물려지ᄂᆞᆫ다지

雜報

◉上政府書

閔晉鎬

經曰爲國之寶土地人民政事蓋國無土則無民無民則無政耳在昔三代之治隆井田法制行于天下八家各受百畝以應九一什一之稅而賣買無關公私有限享福歷年昇平長久矣降自秦漢以來阡陌始開富爲兼幷貧無立錐代價授受遂行慣習法然版圖內土着人民耕作於斯國行賦稅課之加減民享所有權之取得其在讓渡讓受雖至千轉萬移必無外國人買收之慮者也今日則海陸通涉舟車聯絡貨幣通行交易頻繁不拘租界之定限人民雜居於內地田土家屋山林川澤不動産에物恣意買入日加月增本國民地所有權朝夕遷轉於外人手裏殆不出幾年本國人民不守寸土尺地之所有則大韓民國竟爲誰家之物也嗚呼飄々幾葉銀行券捲盡四千年相傳三千里疆土而括囊哀我同胞未免其犧牲之供歟夫以六洲列强之國觀之地上權永小作賃貸借等權利一般許與而至若所有權一切禁止者深慮其財源金融之國買盡他貧邦土地而民無其土國無其民之弊害而法定焉 未完

●日打魚商 昨日下午二時에圜丘壇前路에서한人白魚商이過去ᄒᆞᄂᆞᆫ데何許日人이白魚를歇價로買食코ᄌᆞᄒᆞ거날히魚商이不肯許賣혼즉日人이魚商을亂打ᄒᆞ야面部가重傷ᄒᆞ야流血이狼藉ᄒᆞ되傍觀ᄒᆞᄂᆞᆫ한國兵丁과巡檢이尋常看過ᄒᆞ더라더라

●忘恩背義 公州府下居ᄒᆞᄂᆞᆫ朴召史가早寡ᄒᆞ야寡居子婦와稚孫만ᄒᆞ야不堪居生홈으로金永植을收養子로同居ᄒᆞ다가及其成長ᄒᆞ야反生不測지心ᄒᆞ야其子婦를誘引同居ᄒᆞ면셔치孫卓白이를其母에게紹介ᄒᆞ야僅僅資生ᄒᆞᄂᆞᆫ畓土幾斗落을外國人의게賣渡코ᄌᆞ혼다더라

●朴家失火 再昨日南署明哲坊等地朴南說家에서失火ᄒᆞ야草家六間을全燒ᄒᆞ얏다더라

●光校試驗 私立光東學校에셔光武十年十二月年終試驗을經ᄒᆞ얏ᄂᆞᆫ데贊成員최相님氏가諸般物品을優數히施賞ᄒᆞ얏ᄂᆞᆫ디優等金龍根李錫曾金寅慶孫壽南이오及第바始慶李福萬金永南鎬福龍金百萬元義常리興錫元熊得諸人이라더라

●開城居金生이國民新報社에寄書혼全文을請揭於本報가如左 續

夫新聞者萬人之耳目一世之斧鉞也一有阿私受囑見欺飾非筆削不公而好惡失正則非但墜落新聞之聲價將不免貽全國之羞其關係顧不重歟昨接貴社第二百二十五号新聞上揭載開城蔘政事項張皇臚列無非賊害公衆媚附一人也未知此爲公乎爲私乎抑爲囑托而强顔曲筆耶或有不審其曲直而一出於愛憎耶若曰爲公則不可使政府官吏朝令而夕改失信於斯民也若曰爲私則不可使斯民見失蔘價而塡于溝壑也若曰爲人囑托是不公之甚也若曰不審其曲直是不明之甚也於此四者에不敢知貴社之何居然其在同胞相愛之誼深切慨惜之心척其本末而詳告之惟願貴社熟思而猛省焉 未完

本報를愛讀ᄒᆞ시ᄂᆞᆫ 僉君子ᄂᆞᆫ注意覽燭ᄒᆞ시옵

本社를南署石井洞 皇壇新作路初入北便三層洋屋으로移接ᄒᆞ얏ᄂᆞᆫ데修理及各項整頓에經費가大端窘絀홀뿐더러拾年度文滙를磨勘ᄒᆞ깃ᄉᆞ오니京鄕귀本報購覽ᄒᆞ시ᄂᆞᆫ 諸彦께셔ᄂᆞᆫ價金을送致ᄒᆞ시와愛讀ᄒᆞ시ᄂᆞᆫ厚意를表彰ᄒᆞ심을是禱홈

大韓每日申報社 告白

贊告

釜山教育會支會長金璧遠氏가학校設立ᄒᆞ기에熱心으로紙貨三百圜을先創贊成ᄒᆞ고前監理李무榮氏도一百圜을贊成ᄒᆞ고其次諸氏도隨力贊成金合이二千餘圜을爲先募集ᄒᆞ고釜山廢鎭基地公廨에學校建築次로而積圖形ᄒᆞ야學部에數十次請願ᄒᆞ얏더니라過四朔에尙未蒙認准ᄒᆞ야該會員金容世張斗永宋元用姜경文諸氏가更議於金璧遠氏ᄒᆞ고釜山二동民有地育英齊學徒에父兄金士一徐德化兩氏와老少諸氏를咸同協議ᄒᆞ야該齋與基地에學校를方將始役ᄒᆞ니該會務동諸氏가教育發達에推心見誠ᄒᆞᄂᆞᆫ趣志를耳聞目擊ᄒᆞ니自然興感ᄒᆞ야玆에廣告ᄒᆞ노니惟我 國內有志僉君子ᄂᆞᆫ咸效此心誠지目的ᄒᆞ야二千萬同胞를警惺開進ᄒᆞ면局不爲大韓文明富强지道哉아

부山過客李鍾夏權宗德告白

本塾에서教務의完備치못홈을憂慮ᄒᆞ든中에前教師金永壽氏가特히贊成ᄒᆞᄂᆞᆫ盛意로名譽教授를自擔ᄒᆞ며方針을提出ᄒᆞ야一新擴張ᄒᆞ기로議決ᄒᆞ고新入學員을募集ᄒᆞ오니有志靑年은來十日內로진期來議ᄒᆞ심을爲望홈

一卒業期限은一個年速成으로定홈

一課程은日語、筭術、讀本、繙譯

光武十一年一月五日

京城琵琶洞永進義塾 白

本人이以商爲業이러니陰十一月初一日에姓名圖章을半篆字로新造ᄒᆞ여一未施用ᄒᆞ고當日에失ᄒᆞ엿ᄉᆞ니內外國人은切勿施行홈

東萊釜山鎭二洞文世和 告白

本人의圓形圖章을遺失ᄒᆞ얏기更爲造成ᄒᆞ오니諸君子ᄂᆞᆫ照亮ᄒᆞ시옵

金弘植告白

本人이孫校理許推次五千兩票와又三千兩票을遺失ᄒᆞ얏사오니誰某拾得ᄒᆞ와도休紙施行홈

密陽法山孫亮模 告白

本人의子順九年今二拾七인ᄃᆡ壬寅以後의蹤跡莫知이기玆廣告ᄒᆞ니聞此日回程ᄒᆞ기是望

金基宗 告白

恭賀新年

△內外書籍出版
△教科書類發售
△新聞雜誌取次

皇城中署布屛下
朱翰榮書舖

定州南門內洪性麟氏로本社支社員을特許ᄒᆞ얏시니該附近僉彦은本報를請購ᄒᆞ심을厚望

大한每日申報社 告白

本人에先塋山麓이加平朝宗面盤溪동에在ᄒᆞ온ᄃᆡ西江居申瀾均씨가僞卷을憑藉ᄒᆞ고盜賣코ᄌᆞᄒᆞ오니無論內外國人ᄒᆞ옵고見欺치勿ᄒᆞ시오

前參奉 리孝承 告白

大平洞客主김益壽許에推次當錢六百三十兩四百十一號於音一片을遺失ᄒᆞ얏사오니誰某拾得休紙施行홈 南相圭 告白

新刊 **越南亡國史** 國漢文 定價貳拾伍錢

發賣所京城廣橋高裕相冊肆
鏡南端川郡禹時夏
布屛下 김相萬 書舖

공쥬吉豐坪쇼지問字답일셕샴두락과孝浦坪쇼지麗字답일셕십육두락을金永植이가본인의치손점벽을류인하야방미코ᄌᆞᄒᆞ오니너외국인은젼물권리홈

공쥬부하거 박쇼사 고빅

◉廣信商業學校◉

◉夜學員募集廣告◉

本校ᄂᆞᆫ商業專門의學業을教授ᄒᆞ기로目的ᄒᆞ야外國에留學高明ᄒᆞᆫ教師金大熙李寅植金祥演三氏를延聘ᄒᆞ고教授時間은夜學으로專主ᄒᆞ야實業子弟의訓導를勉勵ᄒᆞ기로玆에敬佈ᄒᆞ오니入學ᄒᆞ기願ᄒᆞᄂᆞᆫ者ᄂᆞᆫ光武十一年一月三日(陰十一月十九日)內로稟請狀을本校에具呈ᄒᆞ고同月十日(陰十一月廿六日)上午十二時에本校에來ᄒᆞ야入學試驗을應홀事

○入學試驗科目

一國文 讀書 作文
一漢文 讀書 作文
一入學年齡은滿十七歲以上男子
一但師範學校中學校各高等小學校의卒業證書가有ᄒᆞᆫ者ᄂᆞᆫ無試驗入學을許홈
一開學日子ᄂᆞᆫ光武十一年一月十二日下午六時(陰十一月廿八日下午六時)
一三箇年課程表

○第一年級科目

萬國歷史 萬國商業地理 經濟학 法학通論 民法總論商法總論 簿記學(商業) 筭術 日本語

○第二年級科目

商法(會社編)(手形編)外國貿易論 銀行論 貨幣論 民法(物權)國際公法(平時) 銀行簿記 日本語

○第三年級科目

商法 商行爲編(海商編)民法(債權)國際公法、戰時、國際私法 行政法 財政學 應用經濟學 日本語

光武十年十二月二十日西署大平洞第四十八統十戶

廣信商業學校
校長郭泰鉉
校監朴仁昌

廣告

「告大官巨公」「害韓乃忠韓」「品性修養」「商業槪論」「隨感만錄」「寄書」「世界叢談」「內地雜報」「廣告」

朝陽報第十一號廣告

(著作) ◎ (譯述)

「海外雜報」「保護國論」「滅國新法論」「政治原論」「泰西教育史」「本朝名臣錄」「갈蘇士傳」「米國大統領」「詞藻」「비스마룩子」「愛國精神談」

◎特別廣告◎

本書舖에셔教育界需用을爲ᄒᆞ야東西洋各種新編書籍을陸續輸入ᄒᆞ오니有志君子ᄂᆞᆫ광臨購覽ᄒᆞ시옵

宗教書類　地誌書類
教科書類　算學書類
政治書類　傳記書類
歷史書類　雜著書類
語學書類　醫學書類

發賣所大廣橋書舖　高裕相

分賣所咸南端川邑龍般里書舖　禹時和

◎民事所訟代理와刑事辯護及鑑定一切法律에關ᄒᆞᆫ事務를迅速處理홈

住址南署茶洞第十七統八戶

辯護士 前檢事正三品 李冕宇

法律事務所

事務員 前博士 玉東奎
　　　 博士 趙[illegible]
　　　 前議官 金益濟

大韓帝國仁川港

濟物浦紙卷烟及烟草會社

以上三種은上品으로製造ᄒᆞ야衛生上에至極有益ᄒᆞ니[illegible]諸君人은本社에來購ᄒᆞ심을[illegible]

TELESCOPE CIGARETTES　[illegible]　SPIDER CIGARETTES

THE CHEMULPO CIGARETTE & TOBACCO CO.

●九韓靈砂라 本人이[illegible]하야[illegible]女老少에無論何症ᄒᆞ고[illegible]ᄒᆞ오며無病時에도服ᄒᆞ면平生의身體가健康ᄒᆞ며小兒ᄂᆞᆫ[illegible]十歲안에無病ᄒᆞ게常備保ᄒᆞ오며

●九韓[illegible]砂萬[illegible]丹은[illegible]症과中風[illegible]疾과耳目諸病과[illegible]疾에神效ᄒᆞ오

●九韓[illegible]砂保命丹은[illegible]生[illegible] 驚風 [illegible] [illegible] 腹痛 [illegible]般眼과婦人帶下症에[illegible]效ᄒᆞ며

●九韓[illegible]砂ᄒᆞ[illegible]丹은[illegible] 食滯 [illegible] 吐瀉 霍亂 [illegible]吐血 下血 [illegible]氣 時疾 [illegible]症에神效ᄒᆞ오

●九韓[illegible]砂紫金丹은[illegible] 上疳瘡 下疳瘡及[illegible]諸般[illegible]病에無不神效하오니 僉君子ᄂᆞᆫ來問ᄒᆞ시오

內需司前독갓이옵上隅第一家　李[illegible] 告白

英國紐育港쎈ㅣ몬쓰 濃結牛乳會社

一手代理店　大韓仁州港 世昌洋行

AMERICAN Gold Seal Brand Condensed Milk　EAGLE BRAND BORDEN'S CONDENSED MILK CO. NEW YORK U.S.A.

一 鷹標罐濃結牛乳
一 金印罐糖濃結牛乳
一 [illegible]家用[illegible]化乳[illegible]
一 쎈ㅣ몬쓰[illegible]化
合牛乳

以上은常時에貯積ᄒᆞ얏슴

◎本社廣告

申報價

一張代金　新貨二錢五厘
一箇月前納　三十錢
三箇月　九十錢
六箇月　一元七十錢
一箇年　三元四十錢
[illegible]報一部　新貨五厘
一箇月　十三錢

廣告料

四號活字十三字詰每日每英尺一寸에新貨[illegible]
(每日每行에六錢에[illegible]ᄒᆞᆷ)
其期限의長短과字行의多少를依ᄒᆞ야增減홈이有홈

●大韓每日申報各處支社廣告

中署布屏門下 金相[illegible]
洞口越便 朱翰[illegible]
中署廣通橋入七十八統第二戶 鄭[illegible]
仁川[illegible]新[illegible] 李東[illegible]
[illegible]南山[illegible]新[illegible] 金[illegible]
[illegible]川邑[illegible] [illegible]
[illegible]州南門外[illegible]有[illegible] 安[illegible]
[illegible]達邑 金[illegible]
[illegible]南[illegible] 金仁[illegible]
[illegible]州南[illegible] 曹[illegible]
[illegible]和邑 李[illegible]
[illegible]山佐川[illegible] [illegible]
開城北部[illegible]井里[illegible]洞[illegible]
[illegible]校長 姜助[illegible]
大丘郡 [illegible]城廣文[illegible]
[illegible]山邑內 安[illegible]
九山港倉前 金乃[illegible]
黃海道[illegible]邑[illegible]居劉[illegible]

發行兼編輯人 英國人裴說

發行所 南署石井洞號外地三層洋屋家

大韓每日申報社

第五卷 第四百十二號

大韓每日申報
대한매일신보

月曜及慶節休日時歲

檀君開國四千二百三十九年
箕子元年三千二十八年
大韓開國五百十五年
日本明治四十年
淸國光緖三十二年
◉陰曆丙午十一月小廿四日丁巳

論說

韓國事

日本메일新報를接閱컨ᄃᆡ日本記載員으로有名ᄒᆞ다ᄂᆞᆫ오이氏가日日新聞代表者의게明言ᄒᆞᆷ이有ᄒᆞᆫ지라其云ᄒᆞ되韓經數月에ᄒᆞᆫ國內變易을人能探出이니敎育界에셔信服之心이方今伸張인바此ᄂᆞᆫ日本이隣邦의게眞實敦睦이요且其隣邦의發達開進이日本政策의重大目的인줄을認解ᄒᆞᆷ이라ᄒᆞ얏더라

此乃오이氏의意思인줄은依例라同氏之於此에其乃歡悅이나然이나惟一驚異之機ᄂᆞᆫ메일新聞이오이氏의演述ᄒᆞᆫ若干事實을佈告ᄒᆞᆷ이是也라其演述이如左ᄒᆞ니

韓國 皇帝가日本權力의至大ᄒᆞᆷ을强硬反對ᄒᆞ사外國干涉을爲ᄒᆞ야請般懇願을秘密提出ᄒᆞᆫ事ᄂᆞᆫ果其實情이라此提議가今至表著ᄒᆞ야韓國이怨恨思想이在ᄒᆞᆷ을如此히明心케ᄒᆞ얏도다ᄒᆞ얏다라

메일新聞은如此形態의現行을諸般拒言ᄒᆞ얏ᄉᆞ니其執筆人은今可回想ᄒᆞ야許法氏와ᄉᆞ트리氏와及大韓每日申報의激烈之論을熟察ᄒᆞᆯ지어다오이氏의發言ᄒᆞᆷ이無所新舊나然이나尙其言論이使此메일新聞으로實情을信認케ᄒᆞᆯ지라同氏가續論如左矣니

自乙未事變以後로排日意思가有ᄒᆞᆫ人胸膈에果其貫徹矣나然이나到今ᄒᆞ야ᄂᆞᆫ韓國希望이但在於日本ᄒᆞᆷ을信認ᄒᆞᆷ으로此意思가漸至減消ᄒᆞ나니韓國皇帝가一年前에外國干涉을爲ᄒᆞ야無效提議ᄒᆞ시믈今更繼續ᄒᆞ시기에將許被欺ᄒᆞ실지ᄂᆞᆫ小無理由요但伊藤侯爵만深信ᄒᆞ신다ᄒᆞ얏더라

韓國 皇帝께셔但深信伊藤侯耶아오이氏가如此報告를從何人探悉耶아純然禮式以外에ᄂᆞᆫ伊藤侯陛見之時에韓廷侍從官과及其他譯官이라도一不得參例ᄒᆞ나니以此觀之컨ᄃᆡ同氏의陳述ᄒᆞᆫ바韓國 皇帝께셔伊藤侯를深信ᄒᆞ신다ᄂᆞᆫ說話ᄂᆞᆫ似出於空想이로다

若伊藤侯가韓國 皇帝의如彼深信을果得矣면現今試用ᄒᆞᄂᆞᆫ偵探及威嚇을豈以必要로知之리요오이氏의意見이有何重大價格인줄노ᄂᆞᆫ本記者ㅣ不得量度이나然이나韓國 皇帝께셔新條約에反對ᄒᆞ시믈同氏가擧證ᄒᆞᆷ은尙或有助力於韓國일가ᄒᆞ노라

官報

●號外 光武十一年一月五日

◉宮廷錄事

本月四日에中樞院議長徐正淳에게 親任式을行ᄒᆞᆫ事

◉三千六百五十六號 光武十一年一月七日

◉宮廷錄事

詔日太子妃宮大小內令令秘書監造成以入

宮內府大臣臨時署理議政府參政大臣勳一等臣朴제純謹奏再揀擇後本第衛護次扈衛局將校一人軍十名定送限三揀擇前輪回入直矣今則三揀擇已過將卒解送之意敢 奏奉
旨依奏

嘉禮都監都提調臣閔泳奎謹奏 金寶篆文議政府議政趙秉효書出正副兩本謹此封 入以備 睿裁之意敢 奏奉
旨正本入刻

◉敍任及辭令

奉常司副提調徐丙宣 依願免本官
正三品尹德榮 任奉常司副提調
忠淸南道裁判所主事 任平理院主事
京畿裁判所主事鄭섭朝 任漢城裁判所主事
前博士具升會 任忠淸南道裁判所主事
六品丁寶섭 任京畿裁判所主事
忠淸北道裁判所主事李載榮 依願免本官
前博士李徹承 任忠淸北道裁判所主事
正三品申政均 解侍講院分侍讀
正三品金裕弘 解分太醫院副卿
九品李鍾和 九品南廷完 解侍從院分侍御
順陵令南廷範 依願免本官
從二品尹肅榮 任 皇太子妃宮大夫
正一品趙秉式 命宮內府特進官
正三品兪鎭奎 命侍講院分侍讀
奉常司提調尹德榮 命分太醫院副卿
리參烈 리建載 命侍從院分侍御
永陵參奉리鼎방 任順陵令
尹百榮 任永陵參奉
從一品리炳鼎 正二品리錫範 任侍從院奉侍
修學院長리載克 兼任判敦寧司事
리建載 解侍從院分侍御
리載驥 命시從院分시御
典膳司膳手林聖瑞 命典膳司膳部

◉布達

宮內府官制中官等改正ᄒᆞᄂᆞᆫ件을左又치定奪ᄒᆞᆷ이라
光武十二月二十九日奉
勅 宮內府大臣臨時署理議政府參政大臣박齊純
布達第一百四十三號
宮內府官制中判任官의官等은自今廢止ᄒᆞᆷ但典事及各 壇 廟 社 殿 陵 園 墓官員의官等은現今間仍舊ᄒᆞᆷ이라

宮內府官制中改定ᄒᆞᄂᆞᆫ件을左又치定奪ᄒᆞᆷ이라
光武十二月三十日奉
勅 宮內府大臣臨時署理議政府參政大臣朴齊純
布達第一百四十四號
宮內府官制中第四十七條下第四十八條에 皇太子妃宮을添入ᄒᆞ야左開職員을置ᄒᆞ고第四十八條ᄂᆞᆫ以四十九條로 未完

外報

●推廣敎育 支那督學局에셔北京諸先賢祠內에勸學所를設立ᄒᆞ고更히敎育연究會를設ᄒᆞ고每星期日에敎育法을연究케ᄒᆞ얏다더라

●桑港排日問題 倫敦電를據ᄒᆞᆫ則桑港의排日運動이依然히繼續ᄒᆞ고市長은聲言ᄒᆞ기를日人이白人勞動者에對ᄒᆞ야危險ᄒᆞᆷ이支那人부다更一層尤甚ᄒᆞ다ᄒᆞ야人心을激動케ᄒᆞᆫ다더라

●露國의勸請 同文電報를據ᄒᆞᆫ則俄國에셔曩者에奉天西門外城에頗히廣大ᄒᆞᆫ民有地를勸買ᄒᆞ야東淸鐵道에使用ᄒᆞ라ᄒᆞ얏더니其後에南滿洲鐵道가日本의所有에歸ᄒᆞ야該土地를使用키不能ᄒᆞᆷ으로更히俄國專管居留地를成코ᄌᆞᄒᆞ야됴將軍과交涉ᄒᆞ기을同將軍이假日本의條約에違背되ᄂᆞᆫ故로不許ᄒᆞ얏더니俄國이近者의該地에工役을始ᄒᆞᆷ의됴將軍이屢次沮止ᄒᆞ되不應ᄒᆞᆷ으로外務部에電報ᄒᆞ고俄國政府와嚴重히交涉ᄒᆞᆷ을請求ᄒᆞᆫ다더라

雜報

●撤市哭忠 勉庵先生최益현氏가對馬島中에셔病卒흔電報는已爲揭布어니와今又來信을聞흔즉釜山港의一般市民이皆呼哭撤市三日흐고학徒數百員과港民千餘人이齊出港口흐야設虛位望哭흐의婦人幼子가亦皆流涕허고士民幾員은對馬島에前往흐야治喪諸節과返柩諸費를出義擔當흐야回還本國흐는디所經各處에護喪所를排置흐고男女가迎哭이라흐고至於對馬島에日本人民싸지先生의喪을送흐야亦皆哭泣이라흐니忠義之感人이豈不深哉며豈不遠哉아

●三事成功 內相리址鎔氏가今番特使之行에三大件事를圖成以來흐얏다는디第一件事은秘密報知흔事件이오第二件事는伊藤統監願留흔事件이오第三件事은亡命客을不得歸國케흔事件이라더라

●江亭成市 內相리址鎔氏가幾日間休養次로江亭에出往흐얏더니來賓이如市흐야調理餘暇가無흐다더라

●三大不參 去五日에政府에셔會議를開흐다더니當日에內部大臣리址鎔氏와法部大臣리夏榮氏와度支大臣閔泳綺氏가不參흔故로該議案을留案흐얏는디今明間開會흔다더라

●銓考勿施說 內部銓考所에셔郡守銓考가公正치못흠을緣흠인지銓考所를勿施흔다는說이有흐더라

●勅必親受 中樞院에셔今番新任흔贊議勅旨를該官員이親히受勅흐기前에는勅旨를出給지아니흐기로決定흐얏다더라

●三氏轉任 內協은警察조民熙씨가被任흐고其代에는宮協리範九氏가移任흐고其代에는리範喬氏가被任흔다더라

●卒業見習 法部에셔法律卒業生을見習生으로該部에視務시기다가法官을隨闕塡任흔다더라

●出入吏袖 南來人의傳說을聞흔則任實郡守權周相氏는諸般公事를無論曲直허고一邊戶長晉臣燁에所請흐는디民間所論이戶長이官長이라더라

●兩隊教鍊 侍衞隊兵丁과徵上隊兵丁이再昨日訓鍊院에會同흐야教鍊을擧行흐얏다흐더라

●訟狀論價 漢城裁判所와平理院에셔송民의계印紙를放賣흔然後에聽송흐는디假令송民의訴案이五환價値가되면二十錢印紙一張을買付케흐야訴狀을呈흐되一송이再三次呈訴흐더리도印紙를番番買付케흔다더라

●技局顧問 北署齋洞居參將洪淳칠氏가雜技局을大設흐고日人一人을財政顧問으로聘置흐야紙貨屢萬元을出納흐는디一瞬之間에家産을蕩敗흐는者不知其數흐되韓國巡檢이日人을畏怯흐야知而不禁흔다더라

●南州賊警 南來人의傳說을據흔즉爲城連山等地에賊黨이大熾흐야掠奪財産과率去牛隻之患이無日無之흐야行旅와居民이不得安寢흔다더라

●長守無贓 長淵郡守朴始淳氏는剛直公清으로聲譽가素有흔지라該郡一進會員郭殷基河元容等이推贓흔거시有흐다稱허며新聞廣告에揭載허엿더니近聞흔즉觀察府査報와平理院裁判에一毫所犯이無허고結裝每兩頭加斂이라허는거슨前官時에矯救創施흔거신디一郡이會同公議허고觀察府許施가有허다더라

●各領事激論 一月一日에各國領事가新年 陛見次로入闕時에長谷川大將만惟獨宮殿門싸지乘車入去허고他領事의乘車入去는不許흔事에對흐야각領事의公論이大段沸騰허엿다더라

●門票改造 闕門票를一月一日붓터改出흐기로議定흐얏더니近日嘉禮公故를因흐야臨時門票를多數허成出흐는故로一朔退期흐야二月一日爲始흐야門票를改造흔다더라

●獵官躊躇 參政大臣朴재純씨와內大리址鎔 가近日圭角之勢로一世가指目흐는故로獵官者들이躊躇觀望흔다더라

●白中之黑 今番兩次二十六郡守奏本이近日奏本中에非不公正이나就中幾郡守는從何出來인지未知라는說이有흐더라

●內協新任 三昨日에조民熙씨本第에셔內部協판被任되다는說을晉州觀察道로電報흐얏다더라

●一進癡膓 봉山一進會員이本社에寄函흐되同胞中에先當困難者는一進會人이라生涯는濁酒三盃오做事는草鞋一部라頭髮이漸長흐야耳를藏흐얏스니不着風頂이라도當此冬寒흐야耳寒이萬無흐니所得은風頂이오所着말은行裂흐야足指가脫出흐얏스니말을不脫흐고도足指甲은剪削흐기易흐거니와際此雪程흐야行步는難흐게되얏스니指誰雪寃흐리오自作之孽이니歎之奈何오本員이始覺投會之非라흐노라

●安郡設校 安州郡守金一현씨가來이玆土여民瘼를盡袪흐고躬巡閭里喚醒蒙蔀흐야家喩而戶曉흐미大小人民이罔不感服흐야熱心재力흐야各其出義흐며普達學校를新設於城內靈塵洞이고本月二十四日에開學흐여聽俊子弟를萃集흔다더라

●首判事新任 趙經九씨가平理院首班判事를被任흐엿더라

●敎官請願裹由 農商學校教官諸氏의辭職請願허는裹由를得聞흔즉該校經費를三月싸지만支撥허고三月以後에는校費가無흔터인고로預爲請願흔事이라더라

●會寧校財 近日西來人의傳說을聞흔則龍川府尹魚允迪氏가世界上人民敎育흐는義務에汲汲흐야該地方에新學校를專力唱設흐의新付흔楊下面셔는該面內에樂成義安立成三학校를創立흐고近地生徒를各기教育흐는디該面所居흔一進會員들이年來로稱以開明이다가至今教育上에當흐야平民에有遜흐물自懈흐야欲設學校이나財政이艱乏흐야嗜自憂歎이더니該面奸鄕輩최紋烈이가其內容을窺測흐고自己의用務흘計로會員들을招誘흐야日使我로面長의權을得흐면本會設校는如反手라흠이惷愚흔會員들이崔紋烈에邪說을銘心흐고會中으로本府에請案흐야최紋烈이로面長을擇差흐고무合計策이有흐던지不日내로學校를經營흐는디經費는市邊을債用흐야校堂을新建흐야시나教師의月給도未준이고市債徵捧흔곳이無흐야時面長崔紋烈씨의權力으로平民先設흔三學校를毀撤흐고資本을勒奪코ᄌᄒ나平民들이畏威服從치아니흠으로所謂本會評議白洛소씨와時面長최紋열씨가謀事의不量力흠과用權의不當理흠을生覺지못흐고畢竟에官力을假흐야平民三學校財政을奪할貌樣으로官庭出入이奔走흐다더라

●電報梅謙 政府에셔不動產調査委員會統監府法學士梅謙次郞이委員長으로視務흐다가因事歸國흔後에府書記官中山이가代理흐야히案件이落着된바中山以下한國委員싸지年終賞與金을給與흐는辭令書를參政大臣朴재純씨가授與흐얏는디目賀田씨가額數가夥多흐다稱흐고不與흐니中山書記가交涉흐되目賀田씨가終是不許흐는故로梅謙法學士의게電報흐고昨年年終에歸國흐얏다더라

●辯護請願 변護士諸씨가무含事件이有흔지法部에請願흔다더라

●兩氏慈善 南來人의傳說을聞흔즉忠淸南道魯城論山前議官吳孟善前議官尹相郁兩氏가可乞孤兒十餘人을募集흐야衣食을自當허며今冬極寒에凍死를免케허고私立孤兒學校를設立허랴허니其慈善之心을人皆欽歎허더라

▲硯北片話

▲內部協판최錫敏氏가遞任되며銓考所가勿施된다니최氏에事業이旋조車破흐니可謂朝令三日이로고

▲최錫敏氏는內大心腹으로世人이指目흐더니忽地에무合獻際으로內協을떠여먹엇스니外國바람이大端히無情흐고

▲니大特使로大功을成흐고政海風濤를一手로牢籠흔精神으로江亭에閒養흐여스니西江風烟에白鷗야니닷칠라

▲各府部에도日人顧問官一進會에도顧問官新聞社도顧問官雜技局싸지라도顧問官이有흐니大한天地는顧問걸려못살겟고

▲內部地方長劉猛씨는特使夫人리洪卿씨가四人轎에女婢를羅列흐고入城時에內外人에게는內外之別이無흐고本國人에게만內外之別이有흐다고快言은不願흐는지

雜報

◉上政府書 閔晉鎬

反是而近日我韓政府頒布文字中則條例其日勿論內外國人一體觀納者又不動產調査程章其日流質契約特許者不啻不為嚴禁內國民放賣之違反也實為默許外國人强制之執行也故謹先陳其為害之原因次述救弊之條件其為害之原則始由於商利製造之末為發達次由敎貪虐剝制之小無忌憚富者畏於官吏之侵奪甘於强盜之剽掠寧甘心於消蕩浪擲而視財產如仇讎貧者迫於公供急於할혼雖知私賣內地關係於公法之死刑 未完

本報를愛讀호시논 僉君子논注意覽燭호시옵

本社를南署石井洞 皇壇新作路初入北便三層洋屋으로移接호얏는딕修理及各項整頓에經費가大端窘拙홀뿐더러拾年度文簿를磨勘호깃스오니京鄕間本報購覽호시논 諸彥씌셔논價金을送致호시와愛讀호시논厚意를表著호심을是禱홈

大韓每日申報社 告白

●鳳求凰曲 苑洞居閔楚山에別室楚山집이協律社를玩賞호다가稱호고每夜에繼時間式往來호다가唱夫一名을和奸호고逐호얏다더라 山집이幾千金을反酬호논지라諸唱夫가稱之以鳳求凰이라호고相欲通奸호다가一場風波가起호얏논딕北村某某家別室의게染病이必生홀이라더라

●青會演說 今日下午七点半에青年會館에셔劉元杓氏가人無大疑면必無大覺이란問題로演說홀다더라

●精校勸勉 北來人의傳說를聞호즉北青郡上老德面에精一學校를設立호얏는딕金 완韓相烈諸氏가敎育上諸般事務에熱心勸勉혼다더라

●賣山勒葬 西江居申鵬均씨家에셔乙丑年分에加平盤溪동所在혼家딕與前後左右山麓을給准價買得於히郡居리孝承之先人許하여于今四拾餘年이라本年十月에申씨伯兄이身故허여山地를此麓에完定허고運柩前往則리孝承씨가其前夜에申씨下人을結縛허고勒葬其地호야申씨논數百里運柩以去라가大事를良狽허엿다더라

●順校復興 順川時務學校논剏立이有年인딕校舍가狹隘홈으로郡守에게請願得許호야히郡書記廳을修理호고校舍로利用호더니昨冬에數三悖類가學校를妨害코ᄌᆞ民心을煽動호야民擾을惹起홈으로校舍를見奪호얏더니屢經裁判호ᄆᆡ비로소今秋에校舍를還推호얏ᄉᆞ나財政이窘졸호야復興無力호더니郡內有志者들이一致제力호야三百三十六圓을捐助호고該校에前敎師康元祚氏를更허聘來호얏다더라

廣告

任實郡前鄕長宋용浩논爲人이殘劣혼中에浮浪호고雜技挾雜혼者로甲辰冬에鄕長을圖得호야奸巧百計로納媚官家호야鄕長을三年擧行호되各面訓長杜首를任意黜척호면셔或捧五十兩도호고或捧三四十兩도호야民言喧藉홀뿐아니라本郡韓良洙의게非理錢一百兩을討食호얏다가兩次呈訴에登호야畢竟還吐호얏고또鄕選事務를乘察호논딕付郵호논去書나來札이나任自坼見호야緊切혼書信이元不分傳호니論以所爲호면合施懲戒요一鄕에셔奸鄕이라稱호논者어눌今番郡主事薦報時에該郡守權周相氏가同舍용浩處捧賂二千兩호고如此奸鄕으로單報호얏스니此日公選이라홀가此人으로郡主事를叙任호면邑事도狼狽요村民도難保홀터이니郡守行政上에萬不成說호기玆以廣告홈

任實 相實 告白

南署漢江里養信永信兩契中에셔本校經費補用호기爲호야各五十圓式捐助홈이有호읍기不勝感謝호와히有志호신契員諸氏의姓名을左開廣布홈

柳聖汝李宗默金景日黃道成金泰浩李憲英李舜九朴淳圭金衡均金敬玉金英植鄭璿東

漢南學校監 林浩相 告白

本人이孫秉琿許推次五千兩票와又三千兩票을遺失호얏사오니誰某拾得호와도休紙施行홈

西湖法山孫秉璜 告白

本人이齒料諸具를整備호야혼人의게應用케호며視務時間은午前九時붓터午后一時ᄭᆞ지午后一時붓터午后五時ᄭᆞ지夜間에논定約되로

事務所논南大門內達城위宮內施蘭敦醫師後家

美國齒醫師씨、이、한 告白

釜山敎育會支會長金擊遠氏가학校設立호기게熱心으로紙貨三百圜을先捐贊成호고前監理李무榮氏도一百圜을贊成호고其次諸氏도隨力贊成金合이二千餘圓을爲先募集호고釜山廢鎭基地公廨에學校建築次로面積圖形호야學部에數十次請願호얏더니라過四朔에尚未蒙認准호야該會員金容世張斗永宋元用姜경文諸氏가更議於金擊遠氏호고釜山二동民有地育英齋學徒에父兄金士一徐德化兩氏와老少諸員를咸同協議호야該齋與基地에學校를方將始役호니該會의 동諸氏가敎育發達에推心見誠호ᄆᆡ趣志를耳聞目擊호너自然興感호야玆에廣告호노니惟我國內有志僉君子논咸效此心誠지目的호야二千萬同胞를警惺開進호면局不為大韓文明富强지道哉아

부山過客李鍾夏權宗德告白

加平所在本人의家딕與前後左右山麓을乙丑年에後동居호논리孝承의先人의게買得혼것이라亡兄裏地를此麓에定호고日前에運구以去러니伊前夜에리孝承이가乘間偸葬於히地호야使人大事狼狽분더러噫彼리孝承이가該麓을僞稱渠之山麓호고本人더러藉托僞券盜賣라논誣說로揭載新聞호니當初買得之文券이昭然自在이거날豈有如許無據苟枝之習乎아玆以卞明廣告호오니內外國人은切勿欺호시오

西江居 申鵬均 告白

恭賀新年

△內外書籍出版
△敎科書類發售
△新聞雜誌取次

皇城中署布屛下 朱翰榮書舖

本塾에셔敎務의完備치못홈을憂慮호든中에前敎師金永壽氏가特히贊成호논盛意로名譽敎授를自擔호며方針을提出호야一新擴張호기로議決호고新入學員을募集호오니有志青年은來十日內로진期來議호심을爲望홈

一卒業期限은一個年速成으로定홈
一課程은日語、筭術、讀本、繙譯

光武十一年一月五日
京城琵琶洞永進義塾 白

大韓俱樂部

◎◎(廣)◎ 中署松峴十七統二戶 ◎◎(告)◎◎

事務所移定

西署新門外鍮동百八十六統三戶
辯護士前檢事正三品 丁明燮
法律事務所
事務員前主事吳在淳

本人에先塋山麓이加平朝宗面盤溪동에在허온딕西江居申鵬均씨가僞券을憑藉호고盜賣코ᄌᆞ호오니無論內外國人호옵고一見款처勿호시오

前參奉 리孝承 告白

◉廣信商業學校◉

◉夜學員募集(廣告)◉

本校논商業專門의學業을敎授호기로目的호야外國에留學高明혼敎師金大熙李寅植金祥演三氏를延聘호고敎授時間은夜學으로專主호야實業子弟의訓導를勉勵호기로玆에敬佈호오니入學호기願호논者논光武十一年一月十日(陰十一月廿六日)內로稟請狀을本校에具呈호고同月十日(陰十一月廿六日)上午十二時에本校에來호야入學試驗을應홀事

○入學試驗科目
國文 讀書 作文
漢文 讀書 作文
入學年齡은滿十七歲以上男子
但師範學校中學校各高等小學校의卒業證書가有혼者논無試驗入學을許홈

一開學日子논光武十一年一月十二日下午六時(陰十一月廿八日下午六時)
一 三箇年課程表

○第一年級科目
萬國歷史 萬國商業地理 經濟학 法학通論 民法總論 商法總論 簿記學(商業) 筭術 日本語

○第二年級科目
商法(會社編)(手形編) 外國貿易論 銀行論 貨幣論 民法(物權) 國際公法(平時) 銀行簿記 日本語

○第三年級科目
商法 商行爲編(海商編) 民法(債權) 國際公法、戰時、國際私法 行政法 財政學 應用經濟學 日本語

光武十年十二月二十日西署大平洞第四十八統十戶

廣信商業學校
校長郭桑鉉
校監朴仁昌

◎本社廣告

申報價

一張代金	新貨二錢五里
一箇月前納	三十錢
三箇月	九十錢
六箇月	一元七十錢
一箇年	三元四十錢
國文一部	新貨五里
一箇月	十三錢

廣告料

每號活字十三字詰每日每次尺一寸에新貨廿五錢(每日每行에六錢에相當홈)其期限의長短과字行의多少를依ᄒ야增減홈이有홈

●大韓每日申報各處支社(?)

中署布屛門下 金相萬冊肆

洞口越便 朱翰榮冊肆

中署農圃洞入七十八統第二戶 鄭[illegible]

仁川[illegible] [illegible]

[illegible]南山峴日新學校 [illegible]

[illegible]川邑[illegible] [illegible]

[illegible]州南門外[illegible] [illegible]

[illegible]連邑 金[illegible]

[illegible]南浦[illegible] 金[illegible]

[illegible]州南[illegible] [illegible]

[illegible]邑 李[illegible]

[illegible]山[illegible] [illegible]

[illegible]城北部[illegible] [illegible]

[illegible]校長 姜助[illegible]

大丘郡 [illegible]

[illegible]山邑內 安[illegible]

加山港倉前 金乃[illegible]

黃海道載寧邑[illegible] [illegible]

定州南門內 洪性[illegible]

發行兼編輯人 英國人 裵說

發行所 南署石井洞號外地三層洋屋家 大韓每日申報社

(明治三十八年八月十二日 第三種郵便物認可) 水曜日 西曆一千九百七年一月九日 (一)

大韓每日申報
대한매일신보

第四百十三號

五卷

月曜及慶節 歲時休日停刊

檀君開國四千二百三十九年
箕子元年三千二十八年
大韓開國五百十五年
日本明治四十年
淸國光緒三十二年
◉陰曆丙午十一月小廿五日戊午

寄書

西坂豐論　변永周

余讀大한每日申報見日本大男子西坂豐以其國人之干預韓事而持之太急淩之太過害於將來東洋平和之大局開演一塲自刃사腹欲以一死警當路者頑冥其見甚高其事甚激其義甚烈其志甚苦其情甚哀其人甚可慕嗚呼重義輕死可謂國士故凡國之多此輩人乃其所以興也大和人之궁起東洋揚聲両球龍양虎步高下在心豈徒然也哉

雖然世之曲士오論不通人之微意者或以爲西坂之死義無所據則非ㅣ也我國五百年儒化不曰不美이其末ㅣ也失於虛僞自重太過自愛太甚自期太遠自望太奢其身分本不過常調自處者而當事臨難回互百端先占方便而傳會古義不惟不能以身範物而又從而爲之辭臨見危授命之秋則曰家有老毋身未可以許人ㅣ也當廣施濟衆之塲則曰此雖與吝者不同而其爲失中則一ㅣ也故有所不爲也受人橫辱不能自辨而曰犯而不較ㅣ也與友約死歸家飼猪而曰不爲溝瀆之諒也

凡此ㅣ皆足以增長僞風墮損人氣擧三千里疆域投諸착擴貿販之過中而無人誰何者ㅣ况乎西坂之本來經營確有成見之可言先覺之將驗者乎其意盖曰其政府今日之對韓行政有乖條約之本意內失隣邦之歡外招列强之猜事久變生人怨天怒當此鷹金虎視兵欲出而患無名之世脫有內外國間爲人道이起難問者出恐因此細事遂成厲階耳昔范文子憂晉厲公之無道而祈死日本高山仲縄患當世之聾瞽而自殺以警伊時守常之輩似或以爲義無所據而以今觀之竟何如耶故吾以爲日本及今不悛則會當有以西坂豐爲知言之一日矣

愚意則異於是盖西坂之意不曰持之太急乎吾以爲持之太緩以今現狀觀之扼吭撫背剝부椎髓如鐵棒壯士驅赤立子ᄅ지三歲兒者而猶曰持지太緩者誠近於不情千萬也嗚呼其亦有說焉盖利害不切於已痛痒無關於膚則恬然如無事者庸者지常態也故新垣衍帝秦者ㅣ也至魯仲連激以彼將奪其所惡與其所愛云則起而再拜使衍早知無國지禍至於已不能保其位必不창邪說ㅣ也何曾知其孫輩지死於難而懷詐不晉於其主曰食萬錢苟保寵祿永嘉지末何氏無孑類假使劉石排墻지禍及於曾身而見지則彼固智者ㅣ라据經營必有爲지지道矣德川家康有疾不幸其臣鳥居元忠泣請先死曰臣備ᄒ무田勝賴지敗也其遺臣國破無依每過臣門而乞哀心實惻然今公亡신實不能爲若輩事ㅣ也盖亦自爲也非爲德川耳

今也日本官弁지聘在我韓者同種同文情性相近挾老猾手段飾文雅交際每當舞도筵高문饗會開獻酬頻繁主客兩忘一若相安於無事者愚弄我ᄅ無識未開지國固將如弄一凡於掌上而士大夫方且以一唱萬歲於參席지末爲孟嘗親巳지榮而或且依其末光作우倖一窠則銷금帳裏淺斟低唱以賁飾大平盛事於俎刀魚肉지間此盖持지太緩지過也

和人巧計以爲如毁嬰兒지齒急則兒傷而指嚙其必以漸也故齒脫而兒不知耳故吾以爲日本不棄惠好於我한而使有以自立則宜如暴俄지待猶太民族擲蹴虐毒乞憐萬邦居無所容走無所逃猩猩推肥이泣涸魚子沫이濡人皆知死中求生講求方便或敎育或國體或창動或伏節或効技同時並發精神一變乃可與語於國民의務矣若其不然이公卿則華堂錦玉足以保安樂士子則古書陳談自謂愼出處商工則蠅頭毫末有遺利可嘗彼將苟保目下弗知大禍지控ᄒ後委靡沈衰日趨於弗能保國保種保教지悲境矣이西坂乃以爲持지太急이作草草事豈非大異耶雖然彼固爲其國이吾將爲我한目的旣殊意固弗同孔子曰道弗同불相爲謀信然

評曰詞意婉轉筆力奔勁足以配西坂君지高義矣嗚呼西坂君지熱血主義惟是聯結東亞三國而幷立焉以保大局以保同種是也孰能繼倡이結果지以慰君於九泉지下耶

官報

●號外　光武十一年一月七日

◉敍任及辭令

宮內府ᄃ臣尹用求辭職疏

批旨省疏具悉卿懇至此屢煩所請依施事遣府耶宣諭

◉敍　任

侍從武官長沈相薰

任宮內府大臣

●三千六百五十七號　光武十一年一月八日

◉宮廷錄事

宮內府大臣臨時議政府參政大ᄀ臣朴齊純謹 奏內令小內令新造吉日時令日官金東杓推擇則今陰曆十一月二十八日未時爲吉云以此時日擧行何如謹上 奏 奉 旨依奏造成處所以掌禮院爲之

宮內府大臣臨時署理議政府參政大臣臣朴齊純 謹 奏 從二品李容世度支部理財局長李濬相從二品朴昌善洪正섭南陽郡守方漢德從二品張浩鎭正三品嚴錫祚內藏司出納課長嚴柱承六品安永錫趙泰옥崔英澤幷內熟設監董差下使之擧行何如謹上 奏奉 旨依奏

嘉禮都監都提調臣閔泳奎謹 奏 金册文草圖書謹此封 入以備 睿覽之意敢 奏奉 旨依奏　景孝殿提調金學洙辭職疏 批旨省疏具悉卿其勿辭行公　秘書監丞 經九辭職疏 批旨省疏具悉所請依施

◉敍任及辭令

掌禮院掌樂課主事金基賢
侍從院主事李箕紹
依願免本官
任掌禮院掌樂課主事　未完

外報

●排日決議　華盛頓電을據ᄒᆞᆫ則華盛頓勞動者同盟會ᄂᆞᆫ大統領의桑港學校問題에對ᄒᆞ야愈度를否認ᄒᆞ고更히日本人反對에決議를可決ᄒᆞ얏다더라

●露人의低格　遠東報에揭載ᄒᆞᆷ을觀ᄒᆞᆫ則한國萬歲報가한人之思想이進步가無ᄒᆞᆷ에對ᄒᆞ야大加議論ᄒᆞ야曰所謂報紙를貽不知看則其他를可知라ᄒᆞᆫ지라大抵日報價의最貴者가合爾賓의偉斯特尼報가每年僅費三元이오其他ᄂᆞᆫ僅費二元이로되한人閱者ᄂᆞᆫ寥々無幾ᄒᆞ고日人之在한者ᄂᆞᆫ意不滿於한報ᄒᆞ나無日不各報紙에着眼ᄒᆞ니日한人의相去가何其遠也오ᄒᆞ엿더라

●自治會稟設　天津報를據ᄒᆞᆫ則袁總督이旋津ᄒᆞᆫ後에府太守를申飭ᄒᆞ야地方自治를한即籌辦ᄒᆞ기로予限一月ᄒᆞ야實行케ᄒᆞ니府太守가日本에自治成例를彷照ᄒᆞ여幷히學界商界를飭ᄒᆞ야議員二十人을公擧ᄒᆞ야會同協議케ᄒᆞ고名之曰自治期成會라ᄒᆞ니該議員은地方利弊에熟悉ᄒᆞ여야始堪應選ᄒᆞᆯ터인ᄃᆡ商學界人等이事屬創始繁難으로人心이渙散ᄒᆞ야協議任員에多不願充이라더라

雜報

●伊藤不來　리址鎔氏가伊藤願留事가될줄노認知ᄒᆞ고歸國ᄒᆞ얏스나自日本來說을聞ᄒᆞᆫ즉伊藤은更히出來치못ᄒᆞᆫ다더라

●自稱顧問　警務顧問丸山씨는內部顧問으로契約이無ᄒᆞᆫ듸ᄒᆡ部顧問이라自稱ᄒᆞᆫ다더라

●有事必諭　中樞院은元來政府에셔重要ᄒᆞᆫ事項을諮詢ᄒᆞᄂᆞᆫ章程이有ᄒᆞᆫ지라今番新任議長徐正淳氏가該院을擴張組織ᄒᆞ기爲ᄒᆞ야該章程을依ᄒᆞ야政府로照會ᄒᆞ얏더니政府에셔照復ᄒᆞ되從今以後로ᄂᆞᆫ重大事件이有ᄒᆞ면依章程諮詢ᄒᆞ깃다ᄒᆞ얏다더라

●月俸磨鍊　中樞院新任副贊議月俸을現今政府에셔度支部財政顧問日賀田氏와交涉磨鍊中이라더라

●表情斬惜　內部大臣리址鎔가今番特使지行에日本셔該部遞協판최錫敏氏의게情表ᄒᆞ라고金時計一個를買來ᄒᆞᄂᆞᆫ듸釜山에到着ᄒᆞ야其間최氏事爲가自已思量에大段相左됨을不穩히여겨時計를不給ᄒᆞ랴고ᄒᆞᄂᆞᆫ지라左右隨員諸氏가說明其不然ᄒᆞ되當初日本셔時計를買ᄒᆞᆯ時에최氏의게情表ᄒᆞᆯ物件인줄은人皆稔知ᄒᆞᄂᆞᆫ바인듸到今ᄒᆞ야大監의思想이少有不合ᄒᆞᆷ으로不給ᄒᆞ면似近於吝이니不如情表라ᄒᆞᆫ듸리內相이不日給與ᄒᆞ엿다더라

●穢金不受의可決　特使리址鎔氏가光무學會에二百圓을補助ᄒᆞ고還國ᄒᆞᆫ後에一般學生의否論이大段ᄒᆞ야非義穢金을還送ᄒᆞ기로可決이되얏다ᄂᆞᆫ說이有ᄒᆞ더라

●韓兵減額說　近日巷說을聞ᄒᆞᆫ즉韓國內兵丁들을무삼事端인지多數히減額ᄒᆞᆫ다ᄒᆞ야한兵들이今日한國情形을觀察ᄒᆞ고歎息不已ᄒᆞᆫ다더라

●리氏受刑　平理院罪囚리裕寅氏가리玄주氏事件에終乃不服ᄒᆞᄂᆞᆫ故로再昨日에또苦刑을受ᄒᆞ얏다더라

●魚氏觀察　學部視察魚용善氏가私立學校視察次로昨日廣州等地로出發ᄒᆞ얏다더라

●公納代納　遞全州郡守權直相氏가ᄒᆡ郡欠逋公納이葉七十萬兩에達ᄒᆞ얏ᄂᆞᆫ듸ᄒᆡ道財政補佐員이充納ᄒᆞ고上京ᄒᆞ얏다더라

●全土歸日　全義來人의傳說을據ᄒᆞᆫ즉日人이韓人浮浪悖類의僞造ᄒᆞᆫ田畓文券을典執ᄒᆞ고原沓主庄土를勒奪ᄒᆞᄂᆞᆫ弊가比々有지ᄒᆞ야新聞上廣告도例件으로視지ᄒᆞ니境內饒民이支保無路라ᄒᆞ더라

●請送金珠　內部警務局長金彰漢氏가晉州郡守林炳恒氏에게ᄒᆡ郡妓生金珠를勸送ᄒᆞ여달ᄂᆞ고名帖에累托書送ᄒᆞ엿다더라

●納賂圖官　東幕居한秉호씨가濟州稅務官을三十萬兩을納賂圖得ᄒᆞ얏다더라

●會議延期　近日政府에셔會議를開ᄒᆞ여도各部大신이以身病으로不參ᄒᆞᆫ이도有ᄒᆞ고江亭에閒養ᄒᆞ기爲ᄒᆞ야不參ᄒᆞᆫ이도有ᄒᆞᆷ으로會議가延期되ᄂᆞᆫ故로觀察使와協판內定ᄒᆞᆫ人과其他奏任官所望者들이조鬱ᄒᆞᆫ中이라더라

●分課規程　議政府所屬官員을各課에分置ᄒᆞ기로規程을磨鍊ᄒᆞᆫ다더라

●法官試取　再昨日法官養成所에셔學員을試取ᄒᆞᄂᆞᆫ듸應試者二百餘에達ᄒᆞ얏고被選ᄒᆞᆫ人이八十四人인듸卒業証書가有ᄒᆞᆫ人이三人이라더라

●義徒被捉　全南裁判所에셔義徒蔡基文盧成日兩씨을捕捉ᄒᆞ얏다고法部에報告ᄒᆞ얏더라

●假義作賊　忠南內浦等地饒民家에稱以義兵所命ᄒᆞ고錢財를討索ᄒᆞᄂᆞᆫ弊가種種有지ᄒᆞ야民情이嗷嗷ᄒᆞ다더라

●百官進參　連ᄒᆡ嘉禮儀習에百官入參ᄒᆞ라ᄂᆞᆫ政府申飭이鄭重ᄒᆞᆷ의各府部院廳官人들이或譴責이有ᄒᆞᆯ가念慮ᄒᆞ야進參ᄒᆞᄂᆞᆫ故로諸般准備가大段困難中이라더라

●秘課移接　內部秘書課를近日新重修ᄒᆞᆫ處所로昨日에移接ᄒᆞ얏다더라

●可憐殘生　日昨에遞內協최錫敏氏가박參政家에前往ᄒᆞᆫ즉參政이尙未起寢ᄒᆞᆫ지라최씨가心忙意燥ᄒᆞ야名片을參政保護巡檢의게出給ᄒᆞ며日大監의納上ᄒᆞ허라ᄒᆞ엿ᄂᆞᆫ듸數時刻을苦待ᄒᆞ되終無소息ᄒᆞᆫ지라최씨가弗勝燥울ᄒᆞ여ᄒᆡ巡檢을招問曰名片을已納에尙未招見ᄒᆞ시니是何委折고ᄒᆞᆫ즉巡檢이答曰見弗見은惟在ᄃᆡ監處分이니巡檢이何以知지잇가ᄒᆞ니최씨가參政을見치못ᄒᆞ고還歸ᄒᆞ얏ᄂᆞᆫ듸必是최씨가內협見遞됨을預知ᄒᆞ고參政에게請囑ᄒᆞ랴다가弗見함으로無聊退歸ᄒᆞᆫ비라더라

●永校延師　維新學校敎師한應源씨ᄂᆞᆫ敎育上에熱心ᄒᆞ더니平山郡永豐學校敎師로延聘되얏ᄂᆞᆫ듸ᄒᆡ校長洪應祖씨以下校監이一般學徒를領率하고汗浦停車場에出迎ᄒᆞ얏ᄂᆞ더라

●藉銀騙財　忠淸南道恩津郡江景浦居ᄒᆞᄂᆞᆫ徐基文爲名人은本以本郡吏屬으로奸計가無雙ᄒᆞᆫ人이라近日에又出一大凶計ᄒᆞ야稱設農工銀行ᄒᆞ고近邑富人尹滋三윤徹重洪淳模鄭東和其他十餘名을誘引ᄒᆞ여日ᄂᆡ가上京周旋ᄒᆞ여度支部에百萬兩을借欵ᄒᆞ얏스니資本金을各出ᄒᆞ라ᄒᆞᆫ즉已上諸人이半信半疑ᄒᆞ여不肯出付而數日前에自京으로調査委員이下來ᄒᆞᆫ즉徐씨가無計可施던지江景浦居ᄒᆞᄂᆞᆫ淸國人蕭某許의先給不當邊利ᄒᆞ고八千圓을三日爲限ᄒᆞ고貸來ᄒᆞ야但欺調査員지當場所見ᄒᆞ며且農商工銀行지目的이農事지攺良과工業지振興이거날初不聞此等事ᄒᆞ고但田畓與穀物을典執然後에야一分錢이라도放債ᄒᆞ니此等銀行은世界지所無也라且調査員은自何出來인지徐씨와連膓接肚의貨賂來往ᄒᆞ거나又或見欺於徐씨奸計인지鄉谷愚昧지人은惑於徐씨지風說利害ᄒᆞ야必至於亡身敗家乃已니徐씨지狠心譎計ᄂᆞᆫ人所불忍이라고巷說이紛紜ᄒᆞ더라

●辯護請願의理由　辯護士諸氏의請願ᄒᆞᆫ理由를得聞ᄒᆞᆫ즉吳南根妻朴召史와金時현氏의債訟事件에對ᄒᆞ야辯護士洪在긔氏가言辭不恭이라ᄒᆞ야平理院에셔法部로質稟ᄒᆞ야洪氏를不應爲律에照ᄒᆞ야笞八十에處ᄒᆞ얏더니辯護士諸氏가此律이相當치못ᄒᆞ다ᄒᆞ야一齊히法部에請願ᄒᆞ얏ᄂᆞᆫ듸將次此事由를對ᄒᆞ야法相리夏榮氏와法律上大質問이有ᄒᆞ리라더라

●牧畜設場　金基元洪在祜兩氏가牧畜業을發達ᄒᆞ기爲ᄒᆞ야牧畜營業會를組織ᄒᆞ고牧畜場을實施ᄒᆞᆫ다더라

●書舖設置　農圃內居鄭禹澤氏가年今二十에敎育上注意ᄒᆞ야本第에各種書籍을多數貿來ᄒᆞ야各地方學校敎科書類을完全이關應ᄒᆞ기로一層擴張ᄒᆞᆫ다더라

●請非其所　日昨漢城裁判所에셔學部編輯局에公函ᄒᆞ기를曆書二件을請求ᄒᆞ얏거날該局編輯委員리成호씨가此에對ᄒᆞ야日無識ᄒᆞᆫ裁判官이라ᄒᆞ며此所ᄂᆞᆫ非曆書編輯局이라ᄒᆞ고退却ᄒᆞ얏다더라

●日人편財　慶北人에傳說을聞ᄒᆞᆫ즉慈仁郡居金光默이가陰六月分에商販次로往于大丘府矣러니昌原居ᄒᆞᄂᆞᆫ최鴻基가京城小廣橋日人山內商店에有任置錢一萬二千元則鄕葉一千四百兩을換給ᄒᆞ면以紙貨二百九十元으로上京卽推給云이나財上未來가不可踈虞ᄒᆞ야電報于山內店則出給지答電이丁寧ᄒᆞ되猶爲疑信ᄒᆞ야上京面質則當無差錯ᄒᆞ고同山內가陰七月五日出次証書를捺章以給ᄒᆞ고鄕葉一千四百兩을如約注給ᄒᆞ고屆限來推則山內가延라爲主ᄒᆞ야七月이幾盡에分錢不給ᄒᆞ야欲呈于日本警署則山內가更以八月三日報給지証書로多般艱請故不得已寬限矣러니八月이又過에一向延拖故로呈訴警署與理事廳ᄒᆞ야屢次質卞에尙未歸正ᄒᆞ얏다더라

▲把　酒　論　世▼

△遞軍相리根澤씨와內大리址鎔씨가向日勢力競爭에胡肝越膽이兩相成讐ᄒᆞ더니近日에무숨思想으로平和가되얏다니其甘이如蜜이로고

△內大리址鎔씨ᄂᆞᆫ伊藤統監願留ᄒᆞᆫ功勞로勢力을增加ᄒᆞ엿스나畢竟伊藤은弗來ᄒᆞ게되니功든塔이문어지깃고

△晉祭丘民熙씨ᄂᆞᆫ公使撤還지日에向人大談曰伊藤이出來ᄒᆞ면自已를大신시긴다ᄒᆞ더니今番에內협을被任ᄒᆞ얏스니所望이弗洽ᄒᆞ깃고

△近　政海에風波이又起ᄒᆞ야危險을難測ᄒᆞ니舟子를招招하야利涉方針을向誰說到ᄒᆞᆯᄂᆞᆫ지

△日本도黨派가各立ᄒᆞ야伊藤씨가統監이遞任ᄒᆞᆫ다니勢力競爭에互相倚角은日한政府가一般이로고

雜報

◉上政府書

閔晉鎬 續

不堪飢寒妻子困難於當場之轉窮或厭接壞耕作比隣飲착者或有勸買攫利盜賣者편財又況守令豪貴歇價取買重利轉賣者乎其實則文明未進法律未行之所致然自政府未有措處規定之方法則所謂所有權盡歸於外國而外國人兼得使用收益不許本國人小作貰貸之例이引渡其種類移植此土現今目覩則世豈有無土無民而使其本國自立自治之政府乎且以租稅論之國家總納似是依舊一樣然文明國法律中稅則例本非拘束器機的矣有常時臨時戰時稅一般稅特別稅配賦稅定率稅直接間接稅之各條而隨時損益者則其無治外法權之國恐不無增減之便不便於兩國民也 未完

●擲히自現 閔泳喆氏와韓正섭氏가山訟事件으로數十年爭訟ᄒᆞ더니韓氏가閔氏에先山을陰本月十九日에掘移ᄒᆞ고히郡에自現ᄒᆞ얏다더라

●會長推薦 再昨日新門外漢城裁判所되얏든家屋에셔有志靑年들이知識交換ᄒᆞᆯ會를組織ᄒᆞ얏는ᄃᆡ會長은警務主事尹始鏞씨가被薦ᄒᆞ엿다더라

●鳳校有聲 黃海道延安郡鳳陽校ᄂᆞᆫ本以郡民所設인ᄃᆡ衆議가本郡守리容九씨로校長을薦望ᄒᆞᆷ이리씨가出席視務에熱心教育ᄒᆞ여生徒日增ᄒᆞ고漸進發達ᄒᆞ리라더라

●東亞開進教育會趣旨 粵在光武四年에 聖上詔下若曰朕與東宮將爲儒教之宗主라ᄒᆞ신지리後三年에有志紳士가欽誦王言ᄒᆞ야謹倣藍田呂氏鄕約에協設一社ᄒᆞ야稱爲輔仁ᄒᆞ니其意ㅣ專在乎尊 皇室宗儒教敦人倫達時務設講學이라然則同胞의應行大綱이無不備焉이라互相協贊에務圖永遵而至光武九年ᄒᆞ야又參酌時宜ᄒᆞ고硏究前進ᄒᆞ야改稱東亞開進教育會라ᄒᆞ니於是東洋三國에望尊君子가益加贊成ᄒᆞ야使지發進教育케ᄒᆞ니較諸輔仁規立時ᄒᆞ면尤有幾倍效力이어ᄂᆞᆯ尙此殿殿然未振ᄒᆞ니是曷故焉惟我會員이志雖在玆나規程不立에方針未定ᄒᆞ야互相牴牾에不相親睦지由也라顧今何時오歐亞一家에坐立同轍이어ᄂᆞᆯ矧我東洋은氣求聲應에互相勸恤豈後於他哉아今에本會를更加組織ᄒᆞᆯ식另定條規ᄒᆞ고務成團躰ᄒᆞ니盖我戴天履地者ㅣ苟志乎

實業則不外乎士農工商이니復須廣設學校ᄒᆞ고益贊誌報ᄒᆞ야進教化於文明ᄒᆞ고致國家於富强이豈非斯會지趣旨歟아嗚呼라勉지戒지哉인뎌

●十字지誤 去十二月三十日本報에揭載된懇公肆會이라ᄂᆞᆫ題下에郭山郡鄕廳沓八千餘斗落이란千字ᄂᆞᆫ十字의誤植이기玆以正誤ᄒᆞᆷ

廣告

本人의姪子成賛이가性本浮浪ᄒᆞ야雜類輩與日人을符同ᄒᆞ야本人의田沓與財産을奪取코져ᄒᆞ오니內外國人間勿爲相關홈

中和看東金萬幹 告白

廿二日本報의扶餘會承旨鎭沃氏事ᄂᆞᆫ居是定山이오玉是沃子오强徒지打破該家와夜夜來到에有何商議와該氏지商議視ᄂᆞᆫ皆虛言이라今十日午의義徒近廿名이來到ᄒᆞ야求討軍需ᄒᆞ다가不應ᄒᆞ야穀草의燒火ᄒᆞᄆᆡ警觀가自鴻山追跡到ᄒᆞ고야義徒三人捉囚扶餘ᄒᆞ더니翌夜의幾十名義徒가破碎獄門ᄒᆞ고被囚人을推出ᄒᆞᆫ事가分明홈

金河吉 告白

本人의姪炳植이性本浮浪ᄒᆞ야他債多負而蕩敗지餘에欲得外國人債ᄒᆞ옵기玆以廣告ᄒᆞ오니勿論內外人ᄒᆞ고切勿見欺홈

安州漏泉面鵞池居金日貴 告白

加平所在本人의家ᄃᆡ與前後左右山麓은乙丑年에該面居ᄒᆞᄂᆞᆫ리孝承의先人의게買得ᄒᆞᆫ것이라亡兄襄地를此麓에定ᄒᆞ고日前에運柩以去러니伊前夜에리孝承이가乘閒偸葬於ᄒᆞᆫ地ᄒᆞ야使人大事狼狽ㅣ더러應彼리孝承이가히麓을僞稱宗지山麓ᄒᆞ고本人더러籍稱僞券盜賣라ᄂᆞᆫ誣說로揭載新聞ᄒᆞ니當初買得지文券이昭然自在이거ᄂᆞᆯ豈有如許無據荷杖지習乎아玆以明明廣告ᄒᆞ오니內外國人은切勿見欺ᄒᆞ시오

西江居申朔均 告白

高靈郡乃谷居曹圭儀은浮浪子弟라今夏에仁同若木居申參奉夏均과申在均과大丘居최聖彦이得債圖官之說로誘引ᄒᆞ야日貨一千圜을得債於大丘日人北條順三ᄒᆞ야二百斤은曹圭儀이消用ᄒᆞ고百元은최聖彦이消用ᄒᆞ고其餘ᄂᆞᆫ申夏均兄弟가消費ᄒᆞ고셔債券은曹圭儀의名으로申夏均이書之ᄒᆞ야付給於北條順三ᄒᆞ야以爲債主ᄒᆞ고仍與北條順三崔聖彦으로出往高靈乃谷ᄒᆞ야私捉曹圭儀之父ᄀ煥ᄒᆞ야移于星州旣志洞酒店ᄒᆞ야晝宵恐嚇에破傷無餘ᄒᆞᆫ지라勒捧報單ᄒᆞ고勒奪畓券ᄒᆞ고正租二十五石과牛一隻을私賣ᄒᆞ고勒討錢之際에曹秉和氏가自京下來ᄒᆞ야適見此狀ᄒᆞ고以其曉族之誼로憐曹ᄀ煥之痴馱ᄒᆞ야代曹所償ᄒᆞᆫ高靈郡守尹夏榮氏가招致日人北條順三及申夏均최聖彦ᄒᆞ야官庭에面質ᄒᆞ시法律로說明ᄒᆞ시니日人이自服ᄒᆞ야曹秉和의畓券을還給于曹ᄒᆞ고更詰申최之奸雜ᄒᆞ고曉頗退歸ᄒᆞ니申최兩人이無復依賴ᄒᆞ고라哀乞於曹ᄒᆞ야請以私和ᄒᆞ야申최聯名지票로以爲後考ᄒᆞ고紙貰二百元及浮費一千兩은推於曹家ᄒᆞ고其餘條ᄂᆞᆫ申최가擔報於日人ᄒᆞ고更勿侵責於丕ᄀ煥지意로立證成約ᄒᆞ고各其和好ᄒᆞ니一邑人民이快日人지自服ᄒᆞ며快申최지哀乞ᄒᆞ며快丕秉和씨지明辨ᄒᆞ며快郡守尹夏榮氏지明法ᄒᆞ기로玆에廣布ᄒᆞ오니僉君子ᄂᆞᆫ亮照ᄒᆞ신後申최兩人지不良과丕圭儀지蟲賊을不欺ᄒᆞ시옵

曹ᄀ煥 告白

釜山教育會支會長金聲遠氏가學校設立ᄒᆞ기에熱心으로紙貨三百圜을先創贊成ᄒᆞ고前監理ᄯᅢ子榮氏도一百圜을贊成ᄒᆞ고其次諸氏도隨力贊成金合이二千餘圜을爲先募集ᄒᆞ고釜山廢鎭基地公廨에學校建築次로面積圖形ᄒᆞ야學部에數十次請願ᄒᆞ얏더니라退四朔에尙未蒙認准ᄒᆞ야該會員金容世張斗永宋元用姜ᄀ文諸氏가更議於金聲遠氏ᄒᆞ고釜山二동民有地育英齊學徒에父兄金士一徐德化兩氏와老少諸氏를咸同協議ᄒᆞ야該務與基地에學校를方將始役ᄒᆞ니該會ᄒᆞᄂᆞᆫ諸氏가教育發達에推心見誠ᄒᆞᄂᆞᆫ趣志를耳聞目擊ᄒᆞ니自然興感ᄒᆞ야玆에廣告ᄒᆞ노니惟我 國內有志僉君子ᄂᆞᆫ咸效此心誠지目的ᄒᆞ야二千萬同胞를警惺開進ᄒᆞ면曷不爲大韓文明富强지道哉아

半山過客李鍾夏權宗德 告白

大韓俱樂部 ◎(廣)◎ 事務所移定 ◎(告)◎

中署松峴七十二統戶

西署新門外錦동百八十六統三戶

辯護士前檢事正三品 丁明燮

法律事務所

事務員前主事吳在淳

本人에先塋山麓이加平朝宗面盤溪동에在ᄒᆞ온ᄃᆡ西江居申朔均씨가僞券을憑藉ᄒᆞ고盜賣코조ᄒᆞ오니無論內外國人ᄒᆞ옵고見欺치勿ᄒᆞ시오

前參奉 리孝承 告白

恭賀新年

△內外書籍出版

△教科書類發售

△新聞雜誌取次

皇城中署布屛下

朱翰榮書舖

本塾에셔教務의完備치못홈을憂慮ᄒᆞ든中에前教師金永壽氏가特히賛成ᄒᆞᄂᆞᆫ盛意로名譽教授를自擔ᄒᆞ며方針을提出ᄒᆞ야一新擴張ᄒᆞ기로議決ᄒᆞ고新入學員을募集ᄒᆞ오니有志靑年은來十日內로진期來議ᄒᆞ심을爲望홈

一卒業期限은一個年速成으로定홈

一課程은日語、算術、讀本、繙譯

光武十一年一月五日

京城琵琶洞永進義塾 白

南署漢江里義信永信兩契中에셔本校經費補用ᄒᆞ기爲ᄒᆞ야各五十圜式捐助홈이有ᄒᆞ옵기不勝感謝ᄒᆞ와히有志ᄒᆞ신契員諸氏의姓名을左開廣布홈

柳聖汝 李宗默 金景日 黃道成

金泰浩 李雲英 李舜九 朴淳圭

金衡均 金敬五 金英植 鄭璿東

漢南學校監林浩相 告白

本人이齒料諸具를整備ᄒᆞ야ᄒᆞᆫ人의게應用케ᄒᆞ며視務時間은午前九時브터午后一時까지午后一時브터午后五時까지夜間에ᄂᆞᆫ定約ᄃᆡ로

事務所ᄂᆞᆫ南大門內達城위宮內施蘭敦醫師後家

美國齒醫師띄、이、한 告白

廣告

◉◉廣信商業學校◉◉

◉◉夜學員募集廣告◉◉

本校ᄂᆞᆫ商業專門의學業을敎授ᄒᆞ기로目的ᄒᆞ야外國에留學高明ᄒᆞᆫ敎師金大熙李寅植金祥演三氏를延聘ᄒᆞ고敎授時間은夜學으로專主ᄒᆞ야實業子弟의訓導를勉勵ᄒᆞ기로玆에敬佈ᄒᆞ오니入學ᄒᆞ기願ᄒᆞᄂᆞᆫ者ᄂᆞᆫ光武十一年一月十日陰十一月廿六日內로稟請狀을本校에具呈ᄒᆞ고同月十日(陰十一月廿六日)上午十二時에本校에來ᄒᆞ야入學試驗을應ᄒᆞᆯ事

一 ○入學試驗科目
國文 讀書 作文
漢文 讀書 作文

一 入學年齡은滿十七歲以上된男子

一 但師範學校中學校各高等小學校의卒業證書가有ᄒᆞᆫ者ᄂᆞᆫ無試驗入學을許홈

一 開學日子ᄂᆞᆫ光武十一年一月十二日下午六時(陰十一月廿八日下午六時)

一 三箇年課程表

○第一年級科目
萬國歷史 萬國商業地理
經濟학 法학通論 民法總論
商法總論 簿記學(商業)
筭術 日本語

○第二年級科目
商法(會社編)(手形編)外國貿易論 銀行論 貨幣論
民法(物權)國際公法(平時)
銀行簿記 日本語

○第三年級科目
商法 商行爲編(海商編)民法(債權)國際公法(戰時)國際私法 行政法 財政學
應用經濟學 日本語

光武十年十二月二十日西署大平洞第四十八統十戶

廣信商業學校
校長郭泰鉉
校監朴仁昌

本社廣告

申報價

一張代金 新貨二圓五厘

一箇月前納 三十錢

三箇月 九十錢

六箇月 一元七十錢

一箇年 三元四十錢

號外一部 新貨五厘

一箇月 十三錢

廣告料

四号活字十三字詰

每日每英尺一寸에新貨廿五錢

(每日每行에六錢에相當홈)

其期限의長短과字行의多少를依ᄒᆞ야增減홈이有홈

◉大韓每日申報各處支社

中署布屛門下 金相萬冊肆

洞口越便 朱翰榮冊肆

中署農圃洞初入七十八統第二戶 鄭周明

仁川港 ... 新冊肆 李東...

水原南山峴口 ...

定州南門內 洪聖麟

發行兼編輯人 英國人 裵說

南署石井洞號外地三層洋屋家

大韓每日申報社

第五卷

大韓每日申報
대한매일신보

第四百十四號

月曜及慶節 歲時日休

檀君開國四千二百三十九年
箕子元年三千二十八年
大韓開國五百十五年
日本明治四十年
淸國光緖三十二年
◉陰曆丙午十一月小廿六日己未

論說

淸國內日本

南滿鐵道處務에評論을關係ᄒᆞ야日々新聞이支那政府와駐淸日公使間에不知之端을照謄인바滿洲內에서日本에取得權利가媾和條約과其後北京談判에셔割讓ᄒᆞᆫ것보다過大ᄒᆞᆷ을同報가似其知悉矣니日本의貪欲이外務部에頗多事故를釀生ᄒᆞᆷ인줄은吾人이可以量度이로다軍務監조爾巽氏가上奏ᄒᆞ엿스되日本이價貴座業을未有義務ᄒᆞ고以勢力旣取矣요且今繼續이라擧其著機而言之컨딕富春과烟台에無窮礦產이是也요且如此產業은本非俄國所占也라一年前北京에서許讓ᄒᆞᆫ거슨俄國에特許ᄒᆞᆫ것而已니日本이此礦產을自有코ᄌᆞ要請ᄒᆞᆷ은其乃沒理思想이라ᄒᆞ엿더라

日本이南滿鐵道를專管ᄒᆞ는形態에對ᄒᆞ야淸國政府가頗多憤怒를生ᄒᆞ엿시니淸國이可免困難之結局이라日本이姑未公布ᄒᆞᆫ條約權限으로如彼行動ᄒᆞᆷ은或然之勢ㄴ然이ㄴ조爾巽氏와如ᄒᆞᆫ才能及責任이有ᄒᆞᆫ人이如此事態를不知이置之ᄒᆞᆯ지는難可信이니吾人所見에는同氏論非가出於信實이라日本이韓國을降衰케ᄒᆞ는同一節次로淸國內에欺騙之術을著示함이未免失敗ᄒᆞᆯ거슬但見ᄒᆞ리로다

日本의現然增大之策이何如히論非를不遇ᄒᆞ고繼行ᄒᆞ는지는吾人이知悉키不能이라列國政府가今不愚迷오且日本이韓國獨立을爲ᄒᆞ야人於戰國ᄒᆞ던時日과지는無所愚迷라今可容易量度ᄒᆞᆯ거슨日本權力이日本商業을注意ᄒᆞᆷ이오且日本人民이均商之說를只一戱言으로關係ᄒᆞ는줄을列國政府가今已認悉矣로다他日에將有所遇는然이는此際에는日本이淸國主人을自作ᄒᆞ기에每用其力ᄒᆞ나니我同盟이淸國을自得ᄒᆞ기에傾向ᄒᆞ는지라若吾人이依前混民이면彼將成就ᄒᆞ리로다

官報

三千六百五十七號　光武十一年一月八日　續

◉敍任及辭令

任侍從院主事　九品金基贊
宮內府大臣官房主事安商說
宮內府大臣官房主事金彛演
宮內府大臣官房主事白萬甲
宗廟署令趙萬熙
景孝殿祀丞리德柱
依願免本官　永陵參奉尹百榮
解侍從院庶務課分主事　九品金學模
命奉常司提調　內部協판崔錫敏
任秘書監丞　正三品金容圭
任經理院技師　正三品劉奮烈
元陵參奉申헌甲
任景孝殿祀丞　六品리德柱
任元陵參奉
任宗廟署令　溫陵令리喜範
任溫陵令　惠陵參奉具勛書
任惠陵參奉　리筬範
任永陵參奉　敬陵參奉리斗爲
任敬陵參奉　翼陵參奉黃彥性
任翼陵參奉　南健熙
命侍從院庶務分主事　吳敬賢
奎章閣學士　洪淳學
命宮內府特進官
命兼任奎章閣學士侍講院日講官　議政府參政大臣朴제純　完

◉布達　續

第四十九條는以五十條로循次改正ᄒᆞᆷ이라
第四十八條　皇太子妃宮에左又치職員을設ᄒᆞ야本宮事務를掌ᄒᆞᆷ이라　大夫　一人　奏任
宮事를掌理ᄒᆞ고附屬女官을監督ᄒᆞᆷ이라
宮內府官制中官等俸給令改正ᄒᆞ는件을左又치定ᄒᆞᆷ이라
光武十一年十二月三十日奉
勅　宮內府大臣臨時署理議政府參政大臣朴제純
布達第一百四十五號
宮內府官制官等表中奏任官시講院첨事次一等至四等欄內와俸給表奏任官乙號中시講院副첨事次一等至四等欄內에　皇太子妃宮大夫를添入ᄒᆞᆷ이라　完

●號外　光武十一年一月七日
◉宮廷錄事
詔曰納采問名權停例擧行

●三千六百五十八號　光武十一年一月九日

◉宮廷錄事

典膳司提調臣李容泰謹　奏今此　嘉禮時本司元來擧行之同牢宴大小膳以下各儀品과味數及朝見禮各儀品外今番則前內資寺擧行之　同牢宴法儀以下各儀品及　納采問名　納吉　納徵　告期冊　妃及正日　宣醮床及各樣花子造成幷自本司合設擧行則事務比前浩大種牧課長朴弘錫前郡守李職潤正三品妻花喜　主殿院庶務課長金相允正三베宗錫洪忠鉉監董差下使之董飭何如謹上　奏奉
旨依奏
宮內府大臣臨時署理議政府參政大臣朴제純謹　奏卽接侍從院卿李道宰報告書則以爲本院庶務課長金與윤言辭乖當擧措駭悖　別宮衛軍服色與雇價진不支撥以致擧行之稽緩云矣該員之事體所在寧容若是此不可仍置侍從院庶務課長金與윤施以免本官何如謹上　奏奉
官何如謹上　奏奉
旨依奏
嘉禮都監都提調臣閔泳奎謹　奏本房事務方般參政課長李健혁正三品李載윤別監董差下使之董役何如敢　奏奉　旨依奏
嘉禮都監都提調臣閔泳升謹　奏今此　皇太子嘉禮時六禮制書及本家答.表依前依令弘文館磨鍊擧行事自掌禮院　奏下矣各禮日　制書依禮文正書令宮內府　禀旨安　寶事分付何如敢　奏奉
旨依奏　未完

外報

●學生助恤同胞　秦家岡에居留ᄒᆞ는俄國人이商務學堂을立ᄒᆞ얏는딕年長諸生이同志를約集ᄒᆞ야去月三十日에本學堂에서雜劇을演唱ᄒᆞ고所得票價로써本學堂男女各生의貧寒者를助恤ᄒᆞ얏다더라

●美富寄부　倫敦電을據ᄒᆞᆫ則美國富人롯구훼라氏가新年賞부로시가고大學校에寄三百萬弗을寄부ᄒᆞ얏는딕同氏가同大學校에寄부ᄒᆞᆫ金額이總計一千九百五十萬弗이라더라

●黑龍鐵道　俄國政府에서軍用目的으로滿洲의지다地와부리고에지인스구를聯絡ᄒᆞ고부라고에지엔스구府에서黑龍江에沿ᄒᆞ야바로후가에至於鐵道敷設ᄒᆞ기로決定ᄒᆞ고又漸次複線을成ᄒᆞ기로決定ᄒᆞ얏다ᄒᆞ더라

●砲艦新製　俄國부지로후地에서砲艦고로의쓰號를製造中인딕其噸數는九百噸이라ᄒᆞ다더라

雜報

●特使大得　去番特使之行에日本皇帝씌셔特使李址鎔氏께ᄂᆞᆫ錢三千圜과銀酒煎子一介를賞賜ᄒᆞ시고隨員박義秉氏에게ᄂᆞᆫ錢一千圜과金寬鉉宋泰憲兩氏에게ᄂᆞᆫ錢五百圜式各賜ᄒᆞ셧다더라

●三日公事　度支部에셔稅納事項에對ᄒᆞ야各地方에訓令ᄒᆞ되稅錢은地方官이依前收捧ᄒᆞ고管稅官은一齊上送ᄒᆞ고財務補佐官만仍置ᄒᆞ라ᄒᆞ얏다더라

●樞院分課　中樞院에셔分課規定ᄒᆞ얏ᄂᆞᆫᄃᆡ會計課의參書官一人主事一人이오文書課의參書官一人主事三人으로分掌視務케ᄒᆞ얏다더라

●越權被責　法部協辦李源兢氏가度支部司稅局長리健榮政府參書官元應常內部參書官權鳳洙不動產調査所囑托員石鎭衡諸氏에年終賞與金을財政顧問目賀田氏가斬持不給ᄒᆞ더니日昨法學博士梅謙氏가入京ᄒᆞ야此事件에對ᄒᆞ야目賀田氏의越權行爲를大段論責ᄒᆞ얏ᄂᆞᆫᄃᆡ目賀田氏가日間支撥ᄒᆞ기로自服ᄒᆞ얏다더라

●樞院開會　政府에셔各人의建議事項을中樞院에ᄌᆞ詢ᄒᆞᆫ故로該院에셔昨日上午十二時에開會ᄒᆞ얏다더라

●接見不許　去番에新任ᄒᆞᆫ郡守諸씨가內部大臣리址鎔氏를往見코ᄌᆞᄒᆞᆫ즉該大臣이무슴事端이有ᄒᆞᆫ지接見치아니ᄒᆞᆫ다더라

●警吏減說額　地方警務擴張費가韓國人俸給預算은二十萬圜이오外國人의俸給預算은百萬元이더니有何層節이던지五十萬圜이라ᄒᆞ니地方에日警視를減額ᄒᆞᆯ貌樣이라고風說이有ᄒᆞ더라

●丸山自意　警務廳顧問官丸山氏ᄂᆞᆫ警務使申泰休氏在任時에ᄂᆞᆫ다ᄆᆞᆫ顧問뿐이오全國警察權을讓與ᄒᆞᆷ은無ᄒᆞ거ᄂᆞᆯ丸山氏가自意로日巡査라名稱ᄒᆞ고多數히招來ᄒᆞ야月俸을四十元式支出ᄒᆞ니政府大臣은巡査雇聘에契約이無ᄒᆞᆷ은覺知치못ᄒᆞᆯ뿐ᄒᆞ다고風說이藉藉ᄒᆞ더라

●一離一合　內相리址鎔氏가參政朴齊純氏로自然圭角之勢가有ᄒᆞᆷ으로贊議長리根澤氏로交誼가更히密勿ᄒᆞ다더라

●條約反對之故　韓圭卨氏가去番中樞院議長을被任ᄒᆞᆫ時에統監署理長谷川氏가政府에交涉ᄒᆞ되韓圭卨氏ᄂᆞᆫ外人交際上에防害가有ᄒᆞᆫ人이니何條何叙任ᄒᆞ얏ᄂᆞ냐ᄒᆞ얏거ᄂᆞᆯ政府에셔亦奏免ᄒᆞᆷ을노答交ᄒᆞ얏다ᄂᆞᆫᄃᆡ其根因인즉再昨年新條約成立時에韓圭卨氏가參政大臣으로堅執不許ᄒᆞᆫ事이라더라

●賞察美擧　平南觀察使리始榮氏ᄂᆞᆫ今番在日本東京太極學會總務員金志侃氏의歸國ᄒᆞᆷ을因ᄒᆞ야該會의目的을聞ᄒᆞᆫ後에自己가爲先五十元을寄附ᄒᆞ고發論贊成ᄒᆞᆫ다더라

●慕學奉정　北靑郡精一學校에셔故忠正公洙煥氏의忠義가亘天ᄒᆞ고節竹이盤地ᄒᆞᆷ을感慕ᄒᆞ야影정을奉安ᄒᆞ고朝夕첨望ᄒᆞᆫ다더라

●洪氏運動　永興郡居金相翊朱永섭等이前郡守洪淳旭氏在任時에齋任과面任을納賂差出ᄒᆞ고日露戰爭時에馬草價一千一百餘元을不給民間ᄒᆞ고偸食ᄒᆞᆫ事로免官ᄒᆞ얏더니初無是事라ᄒᆞ고裁判次로上京ᄒᆞ얏다니洪氏의運動은可知라고ᄒᆞᆫ다더라

●義兵越獄　義兵白樂九等七人이被捉ᄒᆞ야順天郡獄에牢囚ᄒᆞ얏더니七人中安致中金奉九二人은穿獄逃躱ᄒᆞ얏다더라

●强盜致斃　仁川港裁判所에셔强盜罪囚劉敬大가本月七日에身病으로致斃ᄒᆞ얏다더라

●加設委員　學部文書課에셔文簿가浩繁ᄒᆞ야主事二人이不能堪當ᄒᆞᄂᆞᆫ故로委員一人을加設ᄒᆞᆫ다더라

●意在脫逋　贊議長리根澤씨가今번嘉禮所費를專當ᄒᆞᆫ다ᄂᆞᆫ說은已爲報道ᄒᆞ얏거니와經費를專當ᄒᆞᄂᆞᆫ意思인즉出脚爲主가안이라經理院公逋가多數ᄒᆞ야脫逋無路ᄒᆞᆫ지라嘉禮費을主辦ᄒᆞ야其欠額을從中減例ᄒᆞᆯ計劃이라더라

●弊止拔標　度支部所管公廨基址에標木을揷ᄒᆞ얏더니近日頑民輩가拔去ᄒᆞᄂᆞᆫ弊가有ᄒᆞᆫ故로度支部에셔경務廳으로禁止ᄒᆞ라ᄒᆞ얏더라

●김써無色　日昨嘉禮初二三度習儀行時김商泰써가首期時奉制擧案者名帖이掌禮院에셔來到ᄒᆞᆫ즉冠服을東借西求ᄒᆞ야內部에進去ᄒᆞᆷ의差備官名錄에ᄒᆡ씨에名이無ᄒᆞᆫ지라問其裏由ᄒᆞᆫᄃᆡ其曉에리규東써로改差ᄒᆞ고ᄒᆡ院에셔卽收帖ᄒᆞᆫ所以인즉ᄒᆡ氏ᄂᆞᆫ無色ᄒᆞᆫ貌樣이더라

●灣民訴貪　義州民金京호氏가리明善을對ᄒᆞ야平理院에呼訴ᄒᆞᆫᄃᆡ리民보가在本郡監理時에리明善이ᄂᆞᆫ該署主事라ᄉᆞ二月分에巡檢方允贊及名不知金哥가忽地에鴉片을食ᄒᆞᆫ다稱ᄒᆞ고矣身을捉去ᄒᆞ야경務廳에着梏嚴囚ᄒᆞ고困厄萬端에終不放出故로矣妻가哀乞被誣ᄒᆞ온즉該主事리明善이가威脅曰納賂於監理事라야放이오不然이면終身懲役을不免ᄒᆞ리라ᄒᆞᆷ의不得已賣家鬻鼎ᄒᆞ야葉錢八百兩을直接於리明善ᄒᆞ야納ᄒᆞ고葉錢二百八十兩은巡檢方允贊이가物以是借房例로見奪ᄒᆞ야使矣身으로蕩盡家產케ᄒᆞ야父母妻子가號泣道路ᄒᆞ오니特下嚴令ᄒᆞ야捉致리民보리明善兩人ᄒᆞ야嚴繩貪饕罪ᄒᆞ고葉錢一千八十兩을卽地推給ᄒᆞ야使此殘民으로得以保生ᄒᆞ地를伏願이라ᄒᆞ매指令에云當質査判決事라ᄒᆞ고先捉리明善ᄒᆞ야拘囚ᄒᆞ얏다더라

●學徒願留　英語學校漢文教官최炳憲氏가辭職請願ᄒᆞ얏더니ᄒᆡ學校生徒들이願留次로學部에請願ᄒᆞ얏다더라

●一捕一失　去月二十四日下午五時에果川郡內面銀杏亭等地에셔賊漢二名이突出ᄒᆞ야行人의錢財를掠奪ᄒᆞ야京城으로向ᄒᆞ다가ᄒᆡ郡僧房坪下乘橋上에셔柴商의錢財를又爲奪取以去ᄒᆞᄂᆞᆫᄃᆡ경務廳巡檢리完根이가追蹤ᄒᆞ야銅雀江에至ᄒᆞ야ᄒᆡ賊漢을捕捉ᄒᆞ다가一漢은失捕ᄒᆞ얏ᄂᆞᆫᄃᆡ리完根이가賊漢의게中丸ᄒᆞ야面部가重傷ᄒᆞ얏고ᄒᆡ賊漢에姓名은姜永柱인ᄃᆡ水口門內仁峴等地에居住ᄒᆞᄂᆞᆫ者이라더라

●義殺偵巡　去三十日에完察金圭熙氏가內部에電報ᄒᆞ되錦山龍潭珍山等地에義兵이橫行ᄒᆞ야偵探巡檢一人이昨夜에被殺ᄒᆞ얏다더라

●嶺南義擾　去二十六日에大丘觀察署理가內部에電報ᄒᆞ되卽接慶州警務分署電報則寧海郡에義兵이大熾ᄒᆞ야各郡郡守ᄂᆞᆫ避接他處ᄒᆞ얏ᄂᆞᆫᄃᆡ該郡에分派ᄒᆞᆫ巡檢의死生이未판ᄒᆞ오니急速히軍部에移照ᄒᆞ야使之電飭鎭隊ᄒᆞ야派兵鎭壓ᄒᆞ라ᄒᆞ얏다더라

●雇軍請裁　果川軍浦場에셔日人이松楸를買得ᄒᆞ야盡爲斫伐ᄒᆞ고該木을近洞人民으로軍浦停車場싸지輸運ᄒᆞ얏ᄂᆞᆫᄃᆡ馱價二千餘金을尙不出給故로該人等이京城에來ᄒᆞ야裁判을請ᄒᆞᆫ다더라

●商工場建築　大韓은此時를際ᄒᆞ야許多學問이日增月盛ᄒᆞ나商工業의發達이最急ᄒᆞᆷ으로萬國靑年會에셔二十間에二層場所를新建ᄒᆞ고治土、木匠、鐵物製造에學課를排備ᄒᆞ고以上二業을務圖發達ᄒᆞᄂᆞᆫ의校舍建築告竣期限은自今六週以內로決定ᄒᆞ얏고機械諸具ᄂᆞᆫ美國에注文ᄒᆞ야若干先到ᄒᆞ얏스며其他未到ᄒᆞᆫ機械도追後到着ᄒᆞᆫ다ᄒᆞ니有志靑年은汲汲히入學硏究ᄒᆞ야ᄒᆡ會에商工二業으로ᄒᆡ여금大한國中에發達ᄒᆞᄂᆞᆫ第一호矢가되게ᄒᆞ심을望ᄒᆞ노라

▲政界月朝▼

△日本皇帝게셔特使리址鎔氏의게三千元과其夫人리洪氏에게洋服二件을賜給ᄒᆞ셧고何許人은리氏에게匿名書를加與ᄒᆞ얏스니特使之行에떡도밧고辱도먹엇고

△特使리址鎔氏가日本에留學ᄒᆞᄂᆞᆫ光武學會에二百圓을補助ᄒᆞ얏더니該會에셔非義之金이라고退却ᄒᆞᆫ다니該學員에高尙志趣를推此可見이로고

△度顧目賀田氏ᄂᆞᆫ自己勢力만恃ᄒᆞ고ᄒᆞᆫ兩國人에게賞與金不公事로梅博士에게論責을當ᄒᆞ야公平히賞與ᄒᆞᆫ다고自服ᄒᆞ얏다니발은데ᄂᆞᆫ勢力도無用이더고

△平理院法官들이法律은不用ᄒᆞ고訟民을威脅도ᄒᆞ며當場判決ᄒᆞᆯ事를延拖爲主도ᄒᆞ니無非黃金思想인ᄃᆡ朴參政이法官을改良ᄒᆞᆫ다ᄒᆞ니果是急務요

△各地方에稅務官을下送ᄒᆞ미吏民이不穩ᄒᆞ야稅錢을難收ᄒᆞ미度支部에셔稅務官은一[illegible]還ᄒᆞ고各郡守에게依舊收捧ᄒᆞ라ᄒᆞᆫ다니朝令에朝變夕改ᄒᆞᆷ은可歎ᄒᆞᄂᆞᆫ바이어니와納賂圖得ᄒᆞᆫ稅務官은ᄯᅥ러진뒤쥬ᄅᆞᆨ이로고

雜報

●리氏勁志　江능人리弼甫氏ᄂᆞᆫ昨年新條約以後에不勝憂憤ᄒᆞ야麟蹄等地에셔義士를募集ᄒᆞ다가日憲兵의게同謀者七人이被捉ᄒᆞ야六人은其間에哀乞蒙放ᄒᆞ고리씨ᄂᆞᆫ春川府에滯囚된지將近一年에一直不屈ᄒᆞᄂᆞᆫ지라一日은日警視가審問席에셔言ᄒᆞ기를汝若服罪納고ᄒᆞ면即爲放釋ᄒᆞ마ᄒᆞ거날리씨가勃然怒叱曰我를放釋ᄒᆞ면我國民된義務ᄂᆞᆫ雖千萬番이라도亦當必行ᄒᆞ리니爾速殺我ᄒᆞ라我不欲苟苟圖生之人이라ᄒᆞ고現今日寒食缺에其情惻然ᄒᆞᆫ故로遠近人士가若干金을義捐ᄒᆞ야其命脈을救護支過中이라더라

●慧炬復明、　慶北聞慶郡大乘寺權尹應金龍寺金月現尙州南長寺金就善醴泉龍門寺尹포運豊基鳴鳳寺리月運安東廣興寺金曇華等諸씨ᄂᆞᆫ曾遊叢林ᄒᆞ야慈悲修善者久矣러니一朝의見時宜가異前ᄒᆞ고翻然和光ᄒᆞ야新學文上의熱心注意ᄒᆞ여靑年僧侶敎育發達홀目的으로八郡寺刹共立慶興學校를大乘寺에設立ᄒᆞ고東大門外明進學校로本校를삼아敎師延聘ᄒᆞ며學徒募集ᄒᆞᆫ다ᄂᆞᆫ聲聞이藉々ᄒᆞ니我東方佛法之慧炬가滅而復明을於斯可卜이라ᄒᆞ고無不讚頌ᄒᆞ더라

●劉冤莫伸　殷山郡居ᄒᆞᄂᆞᆫ劉九민이가法게則年分에平山郡葱秀地에鐵店爲業ᄒᆞᄂᆞᆫ듸過訪成川郡居族人劉基완家ᄒᆞᆫ즉其子善淑이泣告曰觀察使리舜夏가吾父를搆以與子婦奸罪ᄒᆞ야葉錢一萬兩을討索故로父親陽部ᄒᆞ고仍即自斃ᄒᆞ얏스니不雪此冤이면天地間에何立云云故로允민이憐其情景ᄒᆞ야慰喩善淑曰汝父之無辜殺身은觀察使의貪贓으로由ᄒᆞ얏스나有勢無勢로不敢顧ᄲᅮᆫ더러從中搆럴ᄒᆞᆫ觀察使의作용者가有ᄒᆞ리니觀察使의게呈訴ᄒᆞ야摘發報讎ᄒᆞ라ᄒᆞᆫ즉依其言ᄒᆞ야善숙이具由鳴冤於리舜夏이온바同舜夏가自知犯科ᄒᆞ고威脅善숙曰此事가必有敎令者니指示該人ᄒᆞ라ᄒᆞ며劉基완은因病身故之樣으로鞫捧考音ᄒᆞ고劉允민을押去平壤警務署에牢囚타가翌日에移囚監理署ᄒᆞ고又翌日에移囚順川郡ᄒᆞ며又數十日後에移囚殷山郡ᄒᆞ야遭問惡刑은尙矣勿論ᄒᆞ고四處移囚ᄒᆞᆫ獄費가葉錢五千兩이오平山郡鐵店貿炭葉一萬兩價値를見失於日人故로蕩敗家産ᄒᆞ고劉允민이不勝切원ᄒᆞ와昨年九月分에來訴平理院ᄒᆞ야與리순夏로對質裁判ᄒᆞ고損害金葉一萬五千兩을具邊推尋코져ᄒᆞᆫ즉리순夏ᄂᆞᆫ本以權力多大之人으로歷年延타ᄒᆞ다가畢竟往訴于漢裁ᄒᆞᆫ바週下故로現今更訴于漢裁ᄒᆞ야招質事로題下이기往付招帖이되리순夏기隱避不現ᄒᆞ고專事請囑ᄒᆞᆫ다더라

●開進會議　前日曜日開進敎育會會長權重顯氏가特別會를開ᄒᆞ고評議員을組織ᄒᆞᄂᆞᆫ듸評議長을리忠求氏로推薦ᄒᆞ고勸商所郡事務長은副會長金重煥氏로代판ᄒᆞ야曾前腐敗ᄒᆞᆫ弊習을一功較正ᄒᆞᆫ다ᄒᆞ니從今以後로ᄂᆞᆫ此會가就緖될이라더라

●靑會開演　今日下午七点半에靑年會館에셔前參贊리商在氏가世界人心을團合ᄒᆞᄂᆞᆫ膠力이란問題로演說ᄒᆞᄂᆞᆫ듸有志諸君이來參ᄒᆞ심을希望ᄒᆞᆫ다더라

●汾校捐助　通津私立汾南學校에셔一鄕多士가贊成금을自願爭出ᄒᆞ야校况이漸就興旺ᄒᆞᆫ이라더라

●出於因嫌　向日本報雜報欄內에是何雜類란題下에前秘書監丞柳時만氏에對雜之說은出於有嫌之搆誣ᄒᆞ야置人於不測이라고ᄒᆞ더라

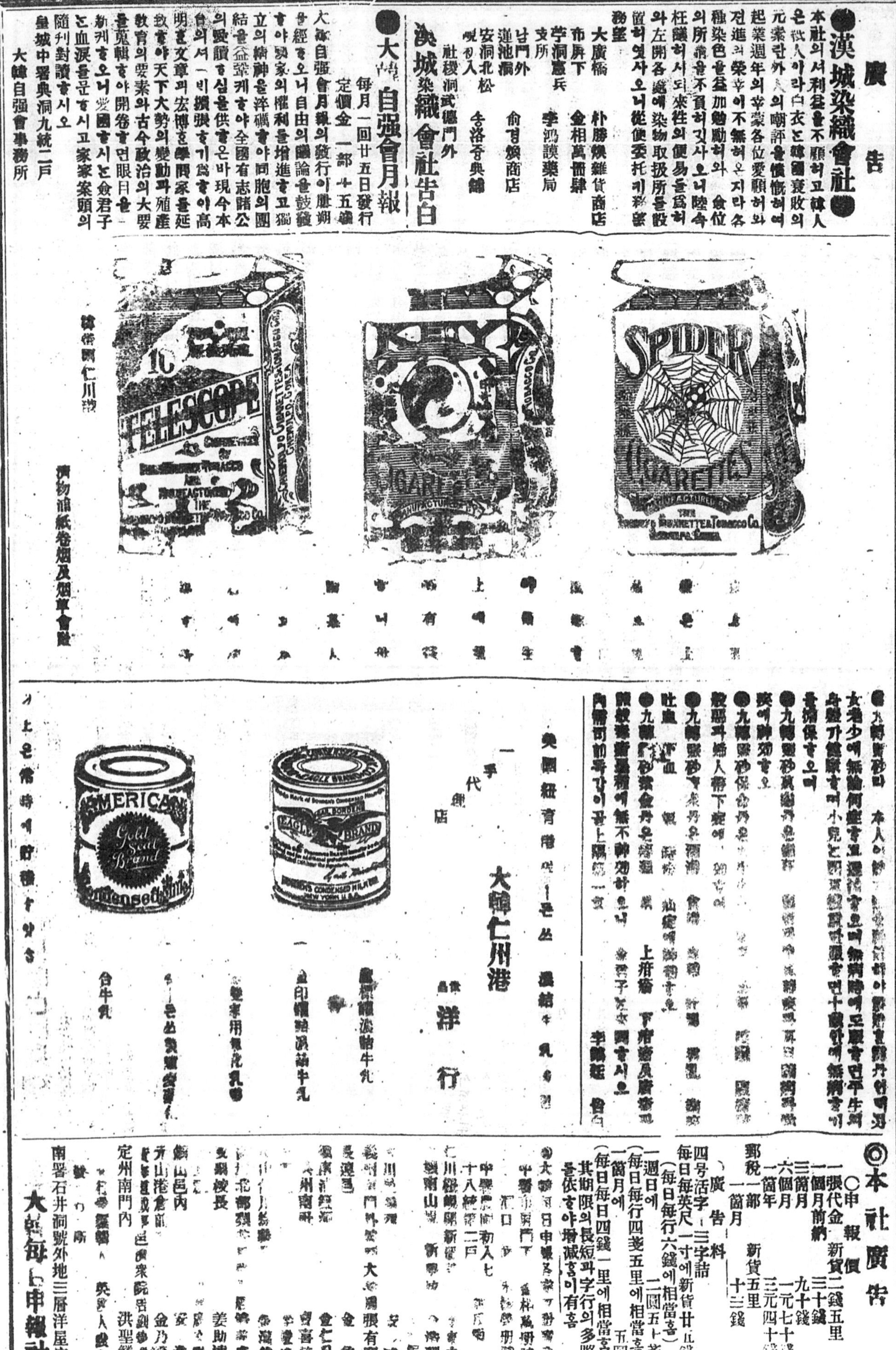

廣告

●漢城染織會社●

本社의셔利益을不顧허고韓人은白衣라白衣는韓國衰敗의元素란外人의嘲評을憤慨허여起業週年의辛蒙各位愛顧허와迓進의榮幸이不無허온지라各種染色을益加勉勵허와僉位의所需을不負허깃사오니陸續枉臨허시되來往의便易를爲허와左開各處에染物取扱所를設置허엿사오니從便委托허시믈務望

大廣橋 朴勝煥雜貨商店

布廛下 金相萬冊肆

苧洞憲兵支所 李鴻謨藥局

남門外蓮池洞 俞경煥商店

安洞北松峴初入 송洛종典舖

社稷洞武德門外

漢城染織會社告白

●大韓自强會月報

每月一回廿五日發行

定價金一部十五錢

大韓自强會月報의發行이㐲朔을經허오니自由의議論을鼓發허야國家의權利를增進허고獨立의精神을淬礪허야同胞의團結을益鞏케허야全國有志諸公의愛讀허심을供허은바現今本會의셔一비擴張허기爲허야高明허文章과宏博허學問家를延致허야天下大勢의變動과殖産教育의要素와古今政治의大要를蒐輯허야開卷허면眼目을一新케허오니愛國허시는僉君子는血淚를뭇허시고家家案頭의隨刊對讀허시오

皇城中署典洞九統二戶

大韓自强會事務所

韓國仁川港

東洋煙草紙卷烟及烟草會社

大韓仁川港

洋行

◎本社廣告

○申報價

一張代金 新貨二錢五里

一個月前納 三十錢

三箇月 九十錢

六個月 一元七十錢

一箇年 三元四十錢

郵稅一部 新貨五里

一箇月 十三錢

○廣告料

四号活字 三字詰

每日每英尺一寸에新貨廿五錢

(每日每行六錢에相當홈)

一週日에 二圓五十錢

(每日每行四錢五里에相當홈)

一箇月에 五圓

(每日每日四錢一里에相當홈)

其期限의長短과字行의多夥를依허야增減홈이有홈

南署石井洞號外地三層洋屋家

大韓每日申報社

第五卷

大韓每日申報

대한매일신보

第四百十五號

月曜及慶節歲時休日

檀君開國四千二百三十九年
箕子元年三千二十八年
大韓開國五百十五年
日本明治四十年
淸國光緖三十二年
◉陰曆丙午十一月小廿七日庚申

別報

論萩原氏 (倫敦報照謄)

倫敦에일新聞을接讀건ᄃᆡ락켄氏가奉天事態를論述ᄒᆞᆫ欄內에萩原氏를如左略論矣러라

同氏ᄂᆞᆫ日本政客의一後進인바自國을爲ᄒᆞ야貪欲이激烈ᄒᆞᆫ지라日露開戰前에本人이同氏를韓國에셔初見ᄒᆞ미同氏及林權助氏가假國公使巴禹露厚氏에게圓滿手段을試運ᄒᆞ더니其後二年에日本이强硬要求를韓國에셔成就ᄒᆞ엿스니萩原氏의手法을於此可悉이어니와韓國獨立을强奪ᄒᆞ던昨年十二月에外交客中氏의强硬手段이確然著示ᄒᆞᆫ지라盖ᄒᆞᆫ政府首席大臣에懇請或威脅을不許홈으로欲入禁달之時에同大臣을挽執ᄒᆞ야他室로投入ᄒᆞ야在彼監守者가其乃萩原氏라如此히使諸大臣으로ᄒᆞᆫ圭설氏가既已被殺인가量度케ᄒᆞ야若諸大臣이不許其請求면亦未免殺害홀줄로銘心케ᄒᆞ엿도다人物노ᄂᆞᆫ萩原氏가極東에셔驚異之人이ᄂᆞ然이ᄂᆞ此驚異를目覩ᄒᆞ고淸國人民이今不闕眼ᄒᆞᄂᆞᆫ거슨同氏가總領事之位를爲ᄒᆞ야公使館一等書記官을離棄ᄒᆞᆫ지라林權助及萩原兩氏가韓國에셔其獨立을奪取ᄒᆞ엿거ᄂᆞᆯ一居北京公使之位ᄒᆞ고一爲滿洲日人之首領ᄒᆞ엿스니此地에셔同一事業을取行ᄒᆞ라고此兩氏를派遣耶아

官報

●三千六百五十八號 光武十一年一月九日 續

◎敍任及辭令

任慶尙北道觀察道警務署總巡 宋炳根○度支部稅務主事申현周
任主殿院電務課主事○前正尉金義性 仝金義翊 仝副尉朴觀秉 仝洪秉憲 仝參尉李斗仁
免懲戒 從二品趙經九
任平理院判事 掌禮院掌禮김錫龍
掌禮원掌禮리鏞설 弘文館侍講辛泳學
依願免本官○弘文館侍講윤禧丞
任掌禮원掌禮○六品兪致烈
任弘文館侍講○四品리鍾國
任掌禮院掌禮○六品梁善謨
任弘文館侍講○電務課主事任元宰
任度支部稅務官

完

●三千六百五十九號 光武十一年一月十日

◎敍任及辭令

試署理總관事務 義親王府贊尉金澤基
任幼年學校特務正校 正校金學柱
依願免本官 顯陵令朴用國
任顯陵令 穆陵參奉徐廷寬
任穆陵參奉 景孝殿祀丞申헌甲
六品朴用國
依願免本官 秘書監丞尹稷善
秘書監丞李鍾華
依願免兼任掌禮院掌禮
經理院技師李鍾浩
經理院技師池基榮
經理院技師趙奎夏
經理院技師閔佑호
經理院技師白南圭
經理院技師鄭在華
經理院技師安겸烈
經理院技師李晋鉉
主殿院電務課主事李德淳
主殿院電務課主事崔文헌
圜丘壇祠祭署參奉李玩求
掌禮院掌樂課主事金寧圭
依願免本官 從一品李容지
命宮內府特進官 成均館長徐相훈
命秘書監丞 秘書監丞金容圭
兼任掌禮院掌禮 典膳司掌膳鄭龍煥
任主殿院電務課技師 弘文館侍講梁善謨
任典膳司掌膳
任弘文館侍講 六品辛泳學
敦寧司主事宋完섭
任원丘壇祠祭署參奉
任敦寧司主事 九品리玩求
表勳院主事리容圭
任掌禮院掌樂課主事
主殿院警衛局總巡金昌洙
任經理院技手
任主殿院警衛局總巡 白熙洙
趙元根 金宅仁
命尙方司分主事
任表勳院主事 六品金寧圭

外報

●日淸生釁 淸國政府에셔近來急速히政策을一變ᄒᆞ야日本에依賴홈은中止ᄒᆞ고漸次米國과獨國兩國親近코ᄌᆞᄒᆞ야日人을動輒拒絶ᄒᆞᄂᆞᆫ지라早晩間日淸兩國이大端ᄒᆞᆫ爭鬪를惹起ᄒᆞᆯ形勢가有ᄒᆞ다더라

●鴉片之嚴令 支那報를據ᄒᆞᆫ則여兵處에셔前已行文各省ᄒᆞ야凡營中官員兵弁이有吸食鴉片者면接到啓文之日로限三箇月一律戒淨케ᄒᆞ고現在陸軍部에셔力求整頓ᄒᆞ되武備營中에此等腐敗를豈容日久遷延이리오ᄒᆞ얏고現聞에又復行知各省ᄒᆞ야改限兩箇月爲期ᄒᆞ되如限外에仍有吸烟者면必當嚴加懲판이라ᄒᆞ얏더라

●設賭被逐 合爾賓報를據ᄒᆞᆫ則日本人이熱河東一百八十里八溝地方에投寓ᄒᆞ야房屋을租賃ᄒᆞ고賭局을開設ᄒᆞ야公然無忌ᄒᆞ다가該處에住ᄎᆞᆫ直隸總督馬宮保에게覺察ᄒᆞᆫ바되야巡경兵弁을申飭ᄒᆞ야卽時히日人等을將ᄒᆞ야驅逐ᄒᆞ고並히各處에通諭ᄒᆞ야招留를不準ᄒᆞ얏다더라

●獨逸과日本 華盛頓電을據ᄒᆞᆫ즉獨逸外務省은日米間紛議에注目ᄒᆞᄂᆞᆫᄃᆡ其思想이英國은加奈陀를重히녀이ᄂᆞᆫ것이濠洲印度보다多大홈으로써日本은英國으로ᄒᆞ야금同盟의義務를履行케홈에至ᄒᆞᆯ것이오英國이日本을爲ᄒᆞ야戰爭을不解홈은新嘉파에要塞性質노써此를証明홈이足ᄒᆞ다ᄒᆞ더라

●日本人의捕縛 華盛頓電을據ᄒᆞᆫ則南部太平洋鐵道會社의役夫監督者을襲擊ᄒᆞᆫ罪로써가리혼루니아아州구오다비루地에셔日本人十名에捕縛되얏ᄂᆞᆫᄃᆡ美國大統領이此日本人의對ᄒᆞ야萬若如要ᄒᆞ면武力으로써保護ᄒᆞ기다고提言ᄒᆞ얏다ᄒᆞ더라

●比律賓에增兵 美國政府에셔比律賓島에陸軍을加派홈命令을發ᄒᆞ얏ᄂᆞᆫᄃᆡ此로由ᄒᆞ야國內에物議를惹起ᄒᆞ얏다더라

●美國排日 美國은日本及其他一切移民墨西哥人을除홈을南方國境에셔入來홈을禁止ᄒᆞᆯ計畫이有ᄒᆞᆫᄃᆡ日本人一千名이墨西哥에上陸ᄒᆞ얏더라

雜報

外報論韓

支那報를據혼則韓國近事에對호야數種을揭載혼바가如左호니

한國女學生之進步라題호고한國漢城의女學生이頗히文明男子의氣槩가有호야服色은均히泰西를仿照호고每遊戲躰操時는公家運動塲內에在호야女學生이遊戲其中호는딕亦着歐西服色호니突然히一歐洲女學生이라호얏고自强會講求學務之條陳이라題호고

韓國自强會에셔呈遞政府호야條陳호되韓國現在人民이亟宜講求學務호야以開民智라홈이議政院首相이亦嘗謂호되한國人民이現在에須及時向學이라호는故로得此條陳호고頗爲嘉納이라호니果能從此로上下同心호야喚醒한人호면한國將來의新造之邦을成키不難이라호얏고한人이祝伊藤侯之不歸라題호고日本伊藤侯回國홀時에한國議政院과交涉之件이頗多혼딕한國의多數人이皆伊藤侯가平安抵日後에不再回한國호기를祝혼다호얏더라

●皇太子妃冠禮　皇太子妃冠禮日子는陰曆十二月十九日未時로擇定호얏다더라

●賀使派遣　東京電을據혼則한國皇太子嘉禮時에日本皇帝께셔宮內大臣을特使로한國에差遣호는딕其隨行員은伊藤男吉과靑木源三郞과栗原廣太三氏오其他屬官은數名이라더라

●宮大授勅　宮內大臣沈相薰氏가再昨日에授勅호얏다더라

●部務積滯　內部大臣리址鎔氏가連日嘉禮公故의相値되야該部에仕進치못혼고로文簿가積滯호얏다더라

●賞與不參　去番에各部大臣의게年終賞與金을一千환式自上으로頒賜호시는딕農商大臣成岐運氏가自已도受賞홀가호야各大臣와帶同詣闕호얏다가該農大는被任日淺혼故로賞金이無호미該氏가不勝自悔호얏다더라

●一辭一任　警務使박承祖氏가晉察로轉任호기를運動中이는該廳顧問丸山氏와就事論事가志氣相合혼故로丸山氏가朴氏의外移홈을不肯혼다는딕農大成岐運氏가該觀察을被任호리라는說이有호다더라

●更圖學協　遞內協崔錫敏氏가學部協판을被任혼다는說이有호더라

●死不瞑目　前秘書監丞金升민氏가一進會의搆날로日本司令部에拘囚된지가已過半年이라其祖母가同氏의放還을晝夜苦待호다가漸以成疾호야日前逝去호얏는딕臨終時에同氏를連呼不已에終不瞑目호야다호니遠近聞者가莫不流涕혼다더라

●視察學務　學務局長兪星濬氏가三南等地學務視察次로今日京釜鐵道로發往혼다더라

●擅自保放　京畿裁判所判事署理金漢睦氏가히所役十五年懲役罪人최性云을自意保放혼으로法律上違格되얏다더라

●偵探[illegible]　英陽日月山에義兵이屯聚호얏는딕山形이險峻호야窟穴이深遠혼지라近來에派兵偵探호되百餘里無人之境에不得詳探호더니義徒가增聚호야各處에分派호다가遁入山中혼다더라

●館長新任說　成均館長徐相훈씨가秘書監丞으로移任혼代에正三品任善준씨가被任호얏다더라

●統照學部　統監府에셔學部에照會호되善隣商業學校에對호야基本金十萬元을株式會社第一銀行에拂入를了호고別紙와如히大倉喜八郞에電報가有호기로玆에照會라호얏다더라

●義徒縛守　蔚珍郡에義兵이大熾호야三四百名이突入郡衙호야히郡守尹榮兌氏를結縛호얏다고京部에報告가上來호얏다더라

●商民失望　明禮宮에셔商民에게入用혼諸般物種價를屢年次下치아니호여商民等이宮內府에屢次呼訴혼事는各新聞에已揭어니와히商民數白名이傾家敗産之境이라參政박齊純씨가宮大署理時에商民等이呼訴혼즉題給호기를從速판給호깃다호더니박씨가署理事務를解혼지라히商民等이還失所望이라더라

●狂喜失格　晉州觀察使조民熙씨가法部로電報호되本官이遞任되여上京홀터이기判事印章을署理에게面傳홀여다니히씨에內協移任之說은尙係云々이오官報에도頒布가못되얏는딕遽然히遞觀察노自[illegible]호야印章을署理에게面傳혼거시狂喜心忙으로由홈인지內協을구칠計策으로出홈인지觀此一事에其行政을可知라고公論이藉々호더라

●靑會演說　靑年會에셔리雲林씨를請邀호야今夕七点半에特別演說會를開호고美國南北戰爭時南方大元슈우라벗리씨의叛徒를指揮호야三年血戰호던事蹟으로演說혼다호니如此善美之會에凡我同胞는往聽哉인저

●陞差總巡　全北觀察道巡檢一人이錦山龍潭等地義兵偵探次로出往호얏다가被害호얏는딕該巡檢을內部에셔總巡으로陞差혼다더라

●警廳設課　경務廳에셔特別課普通課日語課三課를設始호고巡檢學徒를敎授혼다더라

●感淚沾襟　再昨日下午三時에徽文義塾에셔各學校學徒를請邀호야蜜啞子가前世人才를擧호야演說혼後에前參贊李商在氏가反對演說호는딕節節格言이出席혼諸의胸膈을感動케호는지라一齊히拍掌喝采호고其次에學協閔衡植氏가演說호다가리商在氏의演說를感激호야一場痛哭호야衣襟이淚沾호얏는딕傍聽諸人이亦多感泣호얏더라

●金씨運動　前大丘郡守金漢鼎씨가一自郡守遞任以後로不勝燥鬱호야多大혼紙금力으로別般運動혼다더니近聞혼則씨가有勢혼日人某씨의게幾萬환票을成事後出給事라호야觀察使一窠을圖得홀次로萬端運動中이라더라

●試取學徒　廣信商業學校에셔昨日에學徒를試取호는딕應試者가百餘名에達호얏다더라

●警官塡充　西北邊界警務署와平壤開市塲警務署를廢止홀事로昨內部에셔發訓호얏는딕該兩署總巡을江原道總巡金大연과慶北總巡金準千兩氏免官代에塡充호기로決定호얏다더라

●日人奪柴　花開동居日人山田亮吉이가柴一駄에一百廿兩에結價호고及到其家호야只給一百十五兩호고相持之際에日巡査가適到故로柴商이呼訴則還爲馱去호라호더니巡査去後에仍不馱送호고驅逐柴商호얏다더라

●文明之賊　平南殷山郡普光學校는自昨年六月로設立호야學徒八十餘人이熱心做工호야頗有進步之望이러니去十二月終試驗에히敎師金유최成澤兩씨가挾私不公호야試取点을暗自增減之迹이綻露혼지라學徒가不勝憤抑호야說寃於校長張德根씨호니校長이偏聽敎師之言호고反謂學徒가不恭이라호고捉囚김운錫리晶堯리天규박昌烈한泰善諸씨라가數日後에放送호고리晶堯박昌烈은以爲亂民이라稱ᄒᆞ고報于學部勘罰혼다恐嚇호고尙今滯囚호니諸學徒가因此而渙散호야히學校가永至廢止之境이라고히郡人民이莫不歎惜호고且贊成員김基煌校監김寬호兩씨는敎師雇聘時에稱以所費호고斂五十餘元을增加潛食이러니今番相爭之際에學徒가發奸還推호얏다호니히學校事務員諸씨는不思敎育호고以學校로挾雜牟利之窟이라고人皆嘲笑혼다더라

◎硯北筆鋒

▲內大리址鎔氏는갈수록爲國思想은半点도無허고權利만爭호고風波만起호니셕혼일이오

▲參政朴齊純氏가宮內大臣署理時에某某奸細輩가不得自由홈으로前宮大리根湘氏를遞任허기로百般運動허더니畢竟參政이宮大署理를解任되엿스니못발질에호슈업고

▲近日政府會議에各大臣이不參호야提議案件이積滯되얏다니各大臣은外國에遊覽을갓는지各地方에視察을갓는지所와又치會議도勿施되는지

▲近日各地方과閭巷間에歐打之聲이出호면한人이日人에게맛는빗시요呼寃之聲이出호면한人이日人에게土地와家屋빼기는빗시리한國人民사라무엇

▲일本셔美國과戰場을設호면百戰百勝홀거시오巨額價款을蕩滅호것다고日本某報에揭載호얏다니成敗利鈍을豈可預知호리오너무驕矜말지

▲參政大臣은伊藤에委托囑혼七八條件을實施못되여焦心호다니時機에不合허라奈何오

雜報

◉上政府書

閔晉鎬 續

設或他日回復國權之地未必回復土地權者其理易故爲今以低價放賣後欲高價還退則後日回收幾배難於今日防限矣

其救獘지條件則雖불外乎政治範圍內教育發達지爲本然最急務者先設不動產登記法이此亦無區別於內外人者也反不如選擇該不動產所屬區域內에可堪人셜置公吏職責이或有졈於困窮願賣其所有物者즉先議於해公吏從品格從收益從產出從時勢이許價定數自히里該面無買슈報告于히地官然後自官招致히公吏擔保其每年幾許石所出幾許兩貿貫이自官報告于政府自政府比較於每年幾分利息可量이買屬該郡該里以該郡該里稅納錢出給對價즉公私共霑利益不失其所有譜이既賣之土以待後日不賣지物以定今日賣土者不經該里公吏이經賣外人者以瑕疵表意消取이彙設賣土人事천不法行爲之律슈是必不禁이自禁國土鞏固人民堅守政府不許즉將有否往泰來之時故敢陳蒭요之詞焉

以上二條例 既爲頒布而不使我民假守賣制限즉大韓其將有國號而無國土國民矣伏惟採擇焉 完

[illegible]中樞均爲名

人이營業次로黃海道瑞興郡에屠獸認許를農商工部에得認下去ᄒᆞ야訓令을到付後에獸醫는日人을雇聘ᄒᆞ야每牛에三圜式檢查費로配定ᄒᆞ얏더니該郡日警部가言허되韓國은自初로屠獸에無檢查허니自今으로廢止ᄒᆞ라허니此는警察官吏의所行도아니오韓國通辯人이日人과부同納賂ᄒᆞ야事已至此ᄒᆞ니한國人은日人보다更加一層이라허더라

●華校試賞 去月曜日에平洞리贊政容직씨가設立ᄒᆞᆫ華東學校에서年終試驗을經ᄒᆞ고優等學徒甲班에申千萬리金김수돌리範珪와乙班에박大福김德龍에게施賞하고校長김重煥씨와校監리舜夏씨가特別賞品을給與하고普成學校學徒김舜欽리昌珪丁규셩씨가學業進就를贊賀勸勉하얏다더라

●獄政違律 旌義郡守蔡洙康氏가兼任濟州郡守에郭支里에有傷命之變ᄒᆞ니職在檢官에被打致死을以白縊로決案ᄒᆞ고洪主事鍾時가以檢事署理로亦爲覆檢官而符同初檢官ᄒᆞ야初覆檢案이一辭同歸에八月獄政을十月새지未決ᄒᆞ야原被告之惹鬧가至今未息ᄒᆞ야紛나官庭이不知幾次러니被告張永環은何以濫用獄賂인지不少家舍與田庄을蕩賣無餘ᄒᆞ야甚至於族徵之境이고原告가不得復讎ᄒᆞ야屢次呼寃于裁判所判事에委趙於檢事室則亦爲裁決不公故로原告가裁判次로上京爲計則嚴飭豬人等ᄒᆞ야不爲下陸케ᄒᆞ니島中萬民이相願而言曰當此之時ᄒᆞ야有錢이면打殺人命이라도無足畏也오職在律官ᄒᆞ야檢驗不實이라도未可當律이라ᄒᆞ야怨聲이藉藉ᄒᆞ다더라

●納賂革市 報寧郡館동民이設市營業次로部府郡에請願ᄒᆞ야數朔觀市이더니安文셥等이狀頭을作ᄒᆞ고府郡間呈訴ᄒᆞ더니海州郡守呂仁셥氏가本道觀察署理時의該課主事孔台一氏의게居間錢葉四百兩을納賂ᄒᆞ고呂署理의게四千兩을納上ᄒᆞ고館垌場을革罷ᄒᆞ얏더니安文셥等이稱以觀察府呈訴費라ᄒᆞ고每戶에葉三十兩式督捧이急於星火之際에本郡分派巡檢이狀頭等을卽爲捉來ᄒᆞ야事實을一一調査ᄒᆞ야本道警務署로呂孔兩氏處에納賂錢을一一還徵下送ᄒᆞ야民間에還出給케ᄒᆞ여달나고報告ᄒᆞ얏다더라

●一進作獘

義州府居張國容은昨年一月廿二日의隣家黃正仲이를以奸淫事로一進會가圖會ᄒᆞ야私用法律타가黃正仲이가不勝痛恨ᄒᆞ야卽日致死홈의黃某之祖母가以其孫致命으로亦自裁于廿六日허니一門二命이極可驚駭오又於今年七月分의自稱會中으로鑄錢ᄒᆞᆫ다허고器械를任意買得ᄒᆞ야鑄錢匠金來善과朱永齊로同成凶計ᄒᆞ야機械를運來于윤昌植家허고謀爲同利호되尹昌植이終不應諾ᄒᆞ니朱金兩人所答이非吾之機械요我는張某之使喚이라從此移去라허더니其間張國永이가以巡檢試才로適去寧邊府라가因ᄒᆞ야終不相逢이다가去十月分에本邑의서相逢허여言之則從此移去라허더니其後同僚朴世潤으로同入尹家ᄒᆞ야亂打尹昌植之老父ᄒᆞ야幾至死境ᄒᆞ고張國容이가大言허되汝之私鑄가現今警務署로廉探ᄒᆞ야使吾兩人으로捉囚汝ᄒᆞ야私鑄를永爲禁斷이라ᄒᆞ며尹昌植이言허되此非吾物이니於吾何關고호즉張某가與朴巡檢으로同議凶計ᄒᆞ고隣家農夫로無經歷혼金應善家에卒入ᄒᆞ야家眷을亂打ᄒᆞ야請芟一千五百兩을捧上後에金某는放還ᄒᆞ고윤昌植與朱永濟만捉囚ᄒᆞ얏스니巡檢은民情을경察허여善惡을分別홀다더니方見張國容與朴世潤則巡檢이甚於賊黨이라허더라

●開城居金生이國民新報社에寄書호全文을請揭於本報가如左 續

大抵開城蔘政一方人民仰食之天也挽近以來官吏之侵奪剝割無復餘地所謂蔘價乙年年支給者對時價不過三分之一二此等抑鬱情狀內外國人所共知也至於今年蔘根盡爲紅廠圃民蕩産撒業號哭之聲道路相聞幸免紅廠而入包者十不過二三且蔘賊防守之際兵丁守直許多所費視前十倍而中丸被死亡相繼噫爲此業而供官造者其悲慘危險奚翅永州之捕蛇零陵之採乳乎然則今年水蔘價比昨年倍給猶爲不섯當初圃人不敢索其准價只以三百兩請願書續呈而經理院初不捨給但以言論之曰昨年二百兩則今年加給十兩爲可故圃人曰以今年情狀比昨年則雖倍價不足而此係於公用故生等減之又減只以三百兩請願則此不可又減如是相持者半日竟未決定而及其撤包後圃人又以 價妥定事呼訴而減削五十兩以二百五十兩題下則 完末

廣告

本人이齒料諸具를整備ᄒᆞ야ᄒᆞᆫ人의게應用케ᄒᆞ며視務時間은午前九時브터午后一時ᄭᆞ지午后一時브터午后五時ᄭᆞ지夜間에ᄂᆞᆫ定約ᄃᆡ로
事務所ᄂᆞᆫ南大門內蓮城위宮內施蘭敎醫師後家
美國齒醫師 ᄯᅴ、이、한 告白

西署新門外鍮동百八十六統三戶
辯護士前檢事正三品 丁明燮
法律事務所
事務員前主事吳在淳

朝陽報第十一號廣告

（著作）
「告大官目公」「害韓乃忠錄」「品性修養」「商業槪論」「國感世錄」「寄書」「世界叢談」「內地雜錄」「廣告」

◎

（譯述）
「海外雜報」「保護國論」「滅國新法論」「政治原論」「泰西敎育史」「本朝名臣錄」「[illegible]蘇十傳」「米國大統領」「詞藻」「비스마룩子」「愛國精神談」

[illegible]民事訴訟代理와刑事辯護[illegible]一切法律에關ᄒᆞᆫ事務[illegible]迅速處理홈
[illegible]城[illegible]茶洞第十七統八戶
辯護士前檢事正三品 李冕宇
律事務所
[illegible]博士 玉東奎
事務員 [illegible]士 [illegible]
前議官 金益濟

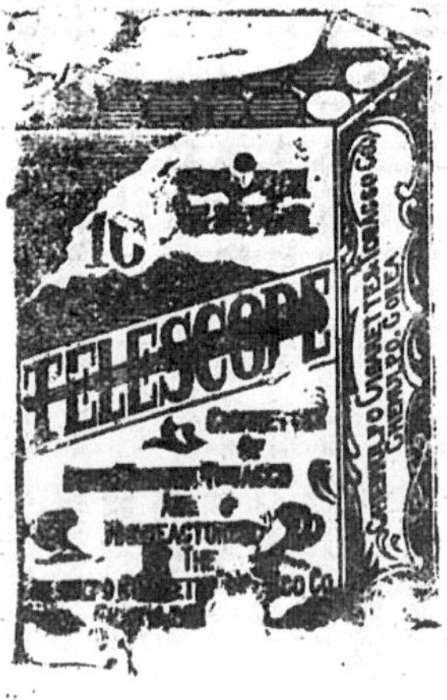

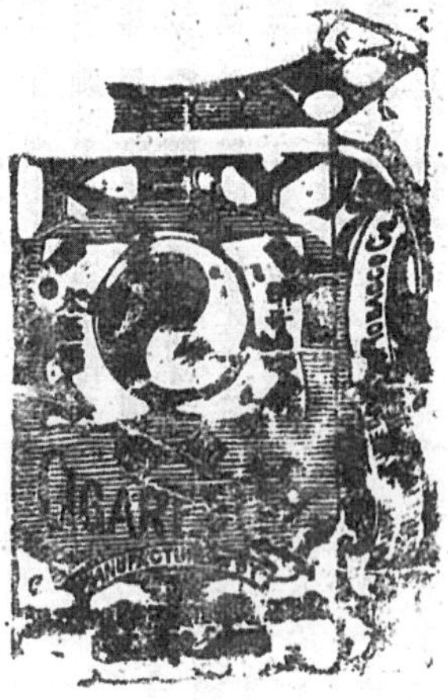

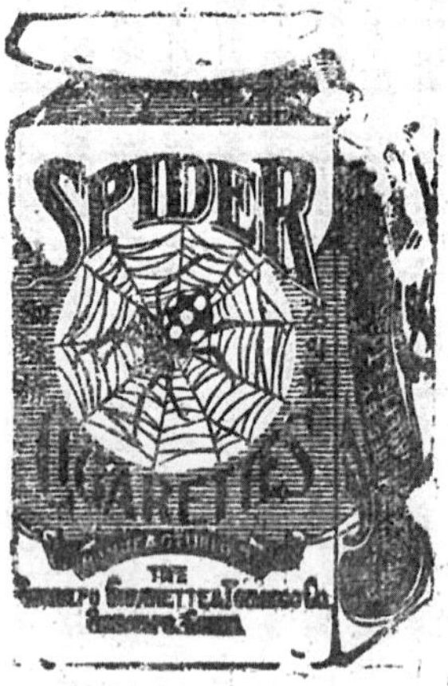

[illegible]韓國仁川港
[illegible]物浦紙卷烟及烟草會社

以上[illegible]

●九轉[illegible]砂라 本人이秘方法을[illegible] [illegible] [illegible]女老少에無論何症ᄒᆞ고[illegible]ᄒᆞ오며[illegible]時에도服ᄒᆞ면平生의身體가健康ᄒᆞ며小兒ᄂᆞᆫ[illegible]服ᄒᆞ면十[illegible]에無病ᄒᆞ[illegible]를[illegible]保ᄒᆞ오며
●九轉[illegible]砂[illegible]丹은[illegible]症 [illegible]中[illegible]疾[illegible]症에神效ᄒᆞ오
●九轉[illegible]砂保命丹은初生小兒 [illegible] [illegible] [illegible] [illegible]
●九轉[illegible]砂[illegible]丹은[illegible]婦人帶下症에神效ᄒᆞ며
●九轉[illegible]砂[illegible]丹은酒滯 食滯 血積 [illegible] [illegible] [illegible]吐血 [illegible] 氣 時疾 [illegible]症에神效ᄒᆞ오
●九轉[illegible]砂[illegible]金丹은痔漏 [illegible] 上疳瘡 下疳瘡及[illegible]瘡等[illegible]敎等[illegible]에無不神效ᄒᆞ오니 僉君子ᄂᆞᆫ來購ᄒᆞ시오
內[illegible]前等갈이골上[illegible]第一家 李[illegible] 告白

美國[illegible]商[illegible] [illegible]은 煉乳牛乳을[illegible]
一手代理店
大韓仁川港
[illegible] 洋行

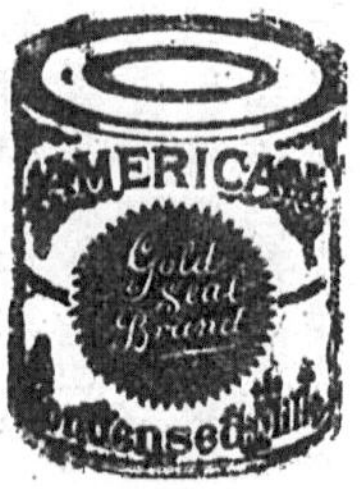

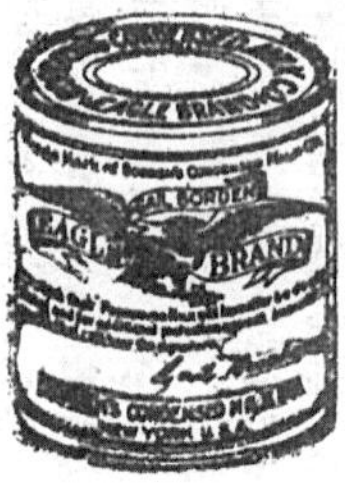

一 [illegible]標煉乳牛乳
一 金印[illegible]煉乳牛乳
一 [illegible]用[illegible]化乳[illegible]
一 [illegible]丝製[illegible]
[illegible]牛[illegible]

以上은常時에貯積ᄒᆞ얏ᄉᆞ오

◎本社廣告

〇申報價
一張代金 新貨二錢五里
一個月前納 三十錢
三箇月 九十錢
六個月 一元七十錢
一箇年 三元四十錢
郵稅一部 新貨五里
一箇月 十三錢

〇廣告料
四号活字三字詰
每日每英尺一寸에新貨廿五錢
（每日每行六錢에相當홈）
一週日에 二圓五十戔
（每日每行四戔五里에相當홈）
一箇月에 五圓
（每日每日四錢一里에相當홈）
其期限의長短과字行의多寡를依ᄒᆞ야增減홈이有홈

●大韓每日申報各處支社[illegible]
中署布屛門下 [illegible]
洞口[illegible] 朱[illegible]
中[illegible]初入七
十八統[illegible]二戶 [illegible]
仁川[illegible]新[illegible] [illegible]
[illegible]山[illegible]新[illegible] [illegible]
[illegible]川[illegible] [illegible]
[illegible]州[illegible]門外[illegible]大[illegible]有[illegible]
[illegible]基[illegible] 金[illegible]
[illegible] 金仁[illegible]
[illegible] [illegible]
[illegible] 李[illegible]
[illegible]川[illegible] 金[illegible]
[illegible] [illegible]
[illegible] [illegible]助[illegible]
[illegible] [illegible]
鐵山邑[illegible] 安[illegible]
[illegible]山港[illegible] 金[illegible]
[illegible]邑[illegible] [illegible]
定州南門內 洪聖[illegible]
[illegible] [illegible]
南署石井洞號外地三層洋屋家
大韓每日申報社

第五卷

大韓每日申報
대한매일신보

第四百十六號

月曜及慶節 歲時日休刊

檀君開國四千二百三十九年　箕子元年三千二十八年　大韓開國五百十五年　日本明治四十年　淸國光緖三十二年

◉陰曆丙午十一月小廿八日辛酉

論說

侵略的日本

桑港크로니클新聞이日本學徒問題를評論ᄒᆞᄂᆞᆫ紙上에爭論之士를如彼混亂케ᄒᆞ던比等之勢를陳述矣로다

美國大統領과日本政府가桑港學校를關係ᄒᆞᄂᆞᆫ協約을請求ᄒᆞ기에轉相督促ᄒᆞᄂᆞᆫ지라同報가適當히質問ᄒᆞ되然則한國事ᄂᆞᆫ何如오日本學徒를分離ᄒᆞᄂᆞᆫ桑港官吏의行動이日美間約意에相反이라ᄒᆞᆷ은不至ᄒᆞᆯ通思想이ᄂᆞ然이나日本이擅行保護於韓國ᄒᆞᆷ을美國이甘從ᄒᆞᆷ은上議院에셔憲法을依하야確證ᄒᆞᆫ明白條約을違犯ᄒᆞᆷ이라ᄒᆞ엿더라此ᄂᆞᆫ한이國或當威脅厭制면美國이한國을助力ᄒᆞᆯ깃다約諾함을關係ᄒᆞᆷ이라十四朔以前事를記憶ᄒᆞᄂᆞᆫ人士ᄂᆞᆫ其時美國政府와及其駐此代表者가如右諾言을不顧ᄒᆞᆷ이少無憂慮之態인즉을可以記存ᄒᆞ리로다桑港新報에陳述ᄒᆞᆫ希望은美國政府에奮然政策이但其以力實行ᄒᆞ기에自是ᄒᆞ[illegible]締結ᄒᆞᆫ條約에만固守치아니ᄒᆞᆯ거시라고云ᄒᆞᆷ이더라

官報

◉宮廷錄事

●號外　光武十一年一月十日

本月十日에 宮內府大臣沈相薰에게親任式을行ᄒᆞᆫ事

◉辭　令

議政府參政大臣朴齊純　解臨時署理　宮內府大臣事務

◉敍任及辭令

宮內府特進官李鍾健　任侍從武官長

●三千六百六十號　光武十一年一月十一日

叅領李承七　解軍法議會判士長

正尉張然昌　副尉權重協　參尉任命鎬　參尉申昌休　解軍法會議判士

正領李起鴻　命軍法會議判士長

副領王瑜植　叅領趙寧奎　命軍法會議判士

金龜性　金教익　任正尉

朴觀秉　洪秉憲　任副尉

李斗仁　任參尉

◉彙　報

○官廳事項

議政府所屬職員分課規程

第一條　議政大臣官房에左開三課를置ᄒᆞᆷ이라

秘書課　文書課　會計課

第二條　秘書課에ᄂᆞᆫ左開事務를掌ᄒᆞᆷ이라

一、官吏進退身分及機密에關ᄒᆞᆫ事項

二、府印及大臣官章管守에關ᄒᆞᆫ事項

第三條　文書課에셔ᄂᆞᆫ左開事務를掌ᄒᆞᆷ이라

一、公文淨寫接受發送에關ᄒᆞᆫ事項

二、法律　勅令規則等各議案謄草에關ᄒᆞᆫ事項

三、會議時問答討論等筆記에關ᄒᆞᆫ事項

四、奏案淨寫에關ᄒᆞᆫ事項（各官廳　親勅奏任官官誥를幷淨寫）

五、各樣文書編찬保存에關ᄒᆞᆫ事項

六、議政府所管圖書購備類別保存出納幷其目錄編輯에關ᄒᆞᆫ事項

第四條　會計課에셔ᄂᆞᆫ左開事務를掌ᄒᆞᆷ이라

一、議政府所管經費預算決算及會計에關ᄒᆞᆫ事項

二、議政府所管官有財産及物品保存幷其帳簿調製에關ᄒᆞᆫ事項

第五條　外事局左開二課를置ᄒᆞᆷ이라

外事課　繙譯課

第六條　外事課에셔ᄂᆞᆫ左開事務를掌ᄒᆞᆷ이라

一、御親書國書에關ᄒᆞᆫ事項

二、帝國에在ᄒᆞᆫ各國人의[illegible]에關ᄒᆞᆫ事項

三、外國에關ᄒᆞᆫ交涉通商事務의各樣條約及公文書類保存에關ᄒᆞᆫ事項

四、帝國에在ᄒᆞᆫ外國人及外國人居留地에關ᄒᆞᆫ事項

第七條　繙譯課에셔ᄂᆞᆫ左開事務를掌ᄒᆞᆷ이라

一、各樣文書繙譯에關ᄒᆞᆫ事項

第八條　法制局에左開三課를置ᄒᆞᆷ이라

法制課　記錄課　官報課、

第九條　法制課에셔ᄂᆞᆫ左開事務를掌ᄒᆞᆷ이라

一、法律　勅令規則諸般議案의起草와改正及廢止에關ᄒᆞᆫ事項

二、各部에셔提出ᄒᆞᆫ法律勅令奏案幷諸般請議書及頒布案을審查ᄒᆞ야意見을稟陳ᄒᆞᄂᆞᆫ事項

三、內外　勅奏判任官資格調查에關ᄒᆞᆫ事項

四、詔勅法律　勅令規則等發布에關ᄒᆞᆫ事項　未完

外報

●日米條約改訂案　米國元老院議員(지에린)氏ᄂᆞᆫ元老院에셔日本新條約締結에關ᄒᆞᆫ問題를提起ᄒᆞ고互相에對手國에勞働者를排斥ᄒᆞᄂᆞᆫ事를提議ᄒᆞ얏다더라

●米國의日本研究　米國은日本의國土民情을研究ᄒᆞ기爲ᄒᆞ야陸軍將校六名을派遣ᄒᆞ얏다더라

●印度總督遭難　[illegible]ᄒᆞᆫ則印度總督민트伯이凶徒에게被刺ᄒᆞ얏다더라

●奉天의增兵　奉天電을據ᄒᆞᆫ則조將軍이現在兵力五萬을十萬으로增加ᄒᆞᆯ計畫을定ᄒᆞ얏다더라

●波王崩逝　聯遞電을據ᄒᆞᆫ則各國外交官이八日夜에波斯王의崩逝ᄒᆞᆫ산通知를受ᄒᆞ얏다더라

●視察大臣復命　滿洲地方를巡視中인振貝子徐世昌一行이歸來復命ᄒᆞᆫ要領은左紀에三件이라ᄒᆞᆷ

一、東三省內에셔日露兩國을對ᄒᆞ야利權問題ᄂᆞᆫ北京駐在의公使와力爭ᄒᆞᆯ事

一、東三省에在ᄒᆞᆫ財政整理의大方針은冗費를省ᄒᆞ고開墾及鑛山採掘에盡力ᄒᆞᆯ事

一、舊制의綠營을廢止ᄒᆞ야新式軍隊를置ᄒᆞᆯ事

●大學堂縱覽會　支那報를據ᄒᆞᆫ則北京大學堂에셔客年冬期에縱覽會를大開ᄒᆞ고本學堂의教授와學生이在場歡迎ᄒᆞ야並히動植物標本室과各種儀器室에導入ᄒᆞ고各學生의圖畫를會場에皆列ᄒᆞ야來賓의遊覽을供ᄒᆞ되一一占中에開會ᄒᆞ야各學堂학生과男女來賓이陸續到會者가一千餘人이라師範學堂과順天中學堂과八旗高等학堂以上은皆體操ᄒᆞ고俄文학堂과三旗小학堂과[illegible]학堂과法政學堂以上은[illegible]便服으로均由教師率領ᄒᆞ야循循有禮ᄒᆞ니皆法律以內에自由를遵行ᄒᆞ야[illegible]ᄒᆞ얏더라

●[illegible]

雜報

●日占公館 駐淸日公使가淸國에廢止ᄒᆞᆫ韓國公館을덤奪코ᄌᆞᄒᆞ야公館基址與家舍文券을推尋ᄒᆞᆫ則該文券이上海에居ᄒᆞᄂᆞᆫ閔泳翊氏에게留置ᄒᆞ얏다ᄒᆞ미日公使가閔泳익氏에게交涉ᄒᆞᆫ즉該氏가該文券은吾所不知라고拒絶ᄒᆞᆫ지라日公使가以此事實로統監府에電報ᄒᆞ얏ᄂᆞᆫᄃᆡ統監府에셔該文券을推送ᄒᆞ라고宮內府에照會ᄒᆞ얏다더라

●果則爲幸 特使李址鎔氏가日本皇帝게陛見時에日露戰爭에日兵二師團이韓國에出駐ᄒᆞ엿다가一師團은已爲撤還ᄒᆞ여신즉一師團留駐ᄒᆞ던軍用地ᄂᆞᆫ不可不還給이오日警部警視를各地方에派送ᄒᆞ미作弊가無雙ᄒᆞ야民心이不穩ᄒᆞᆫ즉不得不招還이라고上奏ᄒᆞ얏ᄂᆞᆫᄃᆡ日本皇帝게셔統監府에詔勅ᄒᆞ사兩事件은依特使李址鎔奏請ᄒᆞ야卽爲歸正ᄒᆞ라셧다ᄂᆞᆫᄃᆡ統監署理長谷川大將이一師團軍用地還給事와日警部招還事로內部에照會ᄒᆞ얏고韓國에留在ᄒᆞᆫ日巡査가自由行動으로不法ᄒᆞᆫ事가有ᄒᆞ다ᄒᆞ야李址鎔氏가統監署理와交涉ᄒᆞ야日巡査도韓國警官에게節制를授ᄒᆞ기로契約ᄒᆞ얏다더라

●從民所願 度支協판柳正秀氏가稅務視察로現今光州等地에留連ᄒᆞᄂᆞᆫᄃᆡ日昨內部로電報ᄒᆞ되結民들이道里遠近에相碍되야結錢을郵便取扱所로收納코져아니ᄒᆞ고各該郡稅務所로從便來納ᄒᆞᆫ다고ᄒᆞ엿거ᄂᆞᆯ內部大臣리址鎔氏가度支顧問目賀田氏와交涉ᄒᆞ야從民願收捧ᄒᆞ라고答電ᄒᆞ고또各地方에該事由로發訓ᄒᆞ얏다더라

●閔家賊警 交河郡居前判書閔泳達氏家에賊漢數十名이突入ᄒᆞ야稱以兵丁ᄒᆞ고軍糧을酬應ᄒᆞ라ᄒᆞ며閔氏를無數亂打ᄒᆞ고多數ᄒᆞᆫ錢財를掠奪以去ᄒᆞ얏다더라

●必用卒業 幼年學校長趙性根리熙斗兩氏가日昨에軍人會를設立ᄒᆞ고軍大權重顯氏의게長書를呈ᄒᆞ얏ᄂᆞᆫᄃᆡ其辭意인즉軍隊長官은以日本에留學ᄒᆞ야武官卒業生中으로만叙任ᄒᆞ고額外ᄂᆞᆫ一幷不許ᄒᆞᄌᆞᄒᆞ얏ᄂᆞᆫᄃᆡ조性根氏ᄂᆞᆫ憲兵司令官을運動ᄒᆞᆫ다더라

●委員開會 昨日政府에셔不動產調査委員이會同ᄒᆞ야會議를開ᄒᆞ얏다더라

●倘能知義 前參判민丙漢氏가日昨에日憲兵長官某氏를往訪ᄒᆞᆫ즉히長官이閔氏게謝過ᄒᆞ야日前日事가何人의浮言을信聽ᄒᆞ고十分疑訝ᄒᆞ야數朔拘留ᄒᆞ얏더니卽今詳聞ᄒᆞᆫ則初無實事에환然冰釋ᄒᆞ얏시니從今以後로ᄂᆞᆫ永爲釋慮ᄒᆞ라ᄒᆞ며또최贊政卒逝ᄒᆞᆫ事에對ᄒᆞ야日生還故國ᄒᆞ야以終餘年ᄒᆞ얏더면幸無遺憾인ᄃᆡ萬里異域에竟作孤魂ᄒᆞ얏스니최氏의情理도惻然ᄒᆞ거니와我國에도名譽損傷이不시減下幾層이라ᄒᆞ얏다더라

●有何所懷 掌禮部監妓生幾名이參政大臣朴齊純氏의게有何所懷이던지再昨日上午九時量에히家에往ᄒᆞᆫ즉朴參政이已爲仕進이라舍廊食客이言ᄒᆞ되下午八時量에來ᄒᆞ라ᄒᆞ거ᄂᆞᆯ該監妓生들이一齊히趣期前往ᄒᆞᆫ즉參政大臣朴齊純氏ᄂᆞᆫ當日仕退後七点量에貞洞孫澤孃家에셔統監代理長谷川氏와鶴原總長以下高等官人과宴會ᄒᆞ고九点量에還家ᄒᆞ얏ᄂᆞᆫᄃᆡ該妓生等所請事由ᄂᆞᆫ未知ᄒᆞ깃다더라

●日人無法 忠南燕岐郡東一面居ᄒᆞᄂᆞᆫ리萬秀ᄂᆞᆫ本是持操之人이라今月卄四日에文義春浦居ᄒᆞᄂᆞᆫ日人石匠津三郞同居日人名不知一名이無端히該家內庭에突入ᄒᆞ야七十老夫人을一場歐打에凌辱罔測ᄒᆞ얏다더라

●一進變名 近日一進會本部의셔有何事狀인지京城에ᄂᆞᆫ侍天敎라變名ᄒᆞ고각地方支會長을變名ᄒᆞ여敎區長이라고改還ᄒᆞᆫ다더라

●罰金郡守 原州郡守金泳[illegible]氏가日元財務員에命令을承ᄒᆞ야各面里에告示ᄒᆞ되結稅捧限을以三限으로的定ᄒᆞ얏스니初退을過ᄒᆞ면計其結錢ᄒᆞ야小有罰金ᄒᆞᆯ거시오再限을過ᄒᆞ면稍優罰ᄒᆞᆯ거시오三限을若過ᄒᆞ면該稅主에不動產物을以罰金으로搜入ᄒᆞ고該面里長에게俱有罰金之意로規ᄒᆞ고令飭이如霜ᄒᆞ야히郡窮民이農牛與食鼎及汁物을不計價지高歇ᄒᆞ고放買納稅ᄒᆞᄂᆞᆫᄃᆡ當此寒序ᄒᆞ야呼哭之聲이載路ᄒᆞᆫ다더라

●願留館長 成均館儒生리章照氏等三拾四人이成均館長徐相喜氏를還任本職하야扶衛斯道하고教育多士케하라고學部에請願留ᄒᆞ얏다더라

●檢事被選 咸北檢事皮相範씨請願代에叙任ᄒᆞᆯ人을昨日法部에셔銓考하야前檢事金기義씨로選定하얏다더라

●講師兼行 漢城裁判所에셔政府照會를因ᄒᆞ야該所官人中社會事務兼行人은檢事柳東作씨가諫동法律夜學校講習師를兼行ᄒᆞᆫ다고法部에報告하얏다더라

●大東刊誌 近日有志紳士秦照셩金大熙諸氏가大東商會를創立ᄒᆞᄂᆞᆫᄃᆡ商業上發達贊成ᄒᆞᆯ趣旨로發起하야시며該會의셔月報雜誌를將刊ᄒᆞᆫ다ᄂᆞᆫᄃᆡ（夜雷）라命名ᄒᆞ얏다더라

●女校設立說 城內각處에女學校를設立ᄒᆞ고大官과平民의女兒를勿論ᄒᆞ고七歲以上은一제히學校에入學하야女子의開明知識을一新케ᄒᆞᆫ다ᄂᆞᆫ說이有하더라

●西友特別會 西友學會에셔事務處理ᄒᆞ기爲ᄒᆞ야明日下午六時에特別總會를開ᄒᆞᆫ다더라

●開進公函

東亞開進教育會에셔政府와內部와學部와農商工部에公函이如左ᄒᆞ니

本會에셔人志를開發ᄒᆞ고民生을教育ᄒᆞᆯ目的으로東亞三國有志紳士를協同ᄒᆞ야設此一會에另立學農工商四所ᄒᆞ며拾三道列郡에支會를置ᄒᆞ여互相勸勉에益做方便ᄒᆞ여教育을開發케홈이나姑此衆志未定ᄒᆞ고庶務不遑ᄒᆞ야荏苒逾周에尙未擴張ᄒᆞ더니今에本會를更加組織ᄒᆞ여期圖開進케ᄒᆞ기로玆에仰布ᄒᆞ오니照亮ᄒᆞ신後各道府郡의訓飭ᄒᆞ시와設立學校의贊成開進케ᄒᆞ라ᄒᆞ엿더라

●研指呈願

日本留學生監督韓致愈氏가學部에報告ᄒᆞ되日本東京留學生최昌祚等三十人은自昨年으로從一進會中派來留學ᄒᆞᄂᆞᆫ者이온ᄃᆡ自昨年七月로學費를不爲撥送ᄒᆞ야至年終食債衣債及月謝等所負가四千餘圜이온中去十二月三十日에三十人이旅館主人의게逐出ᄒᆞᆫ바되와本監督部로一제來到ᄒᆞ와凍死迫頭ᄒᆞ와事勢萬萬이옵기로一日三食과油炭等費를東貸西借ᄒᆞ야現方逗留ᄒᆞ옵ᄂᆞᆫᄃᆡ三十人所負食債及月謝를每日來問于本監督이오며三十人中二十一人이暮夜無知에각斷手指中一節ᄒᆞ야以其所斷指로取作一封ᄒᆞ옵以其所血寫一情願書ᄒᆞ와本監督의게來呈ᄒᆞ옵기該書를接受ᄒᆞ오니內開에天道教主孫병熙와一進會會長리容九兩人이今則日會而各雖分立이오나其源則一也라孫리兩人이自數十年以來로稱以布德天下輔國安民ᄒᆞ고煽動民心ᄒᆞ야聚斂民財가至幾百萬圜而以一邑論之라도傾家破產者三四百戶이오나 未完

●統照內部 각府윤府廳舍移設地面洞名을指示ᄒᆞ라고統監府에셔內部로照會ᄒᆞ얏다더라

●魚氏入京 學部視學官魚용善氏가廣州郡奉國寺佛畓事及學校沮戱等事를歸定次로前往ᄒᆞ얏다가再昨日入京ᄒᆞ얏다더라

●誤探必正 度支部의셔각地方稅務官을招還訓令ᄒᆞ얏다ᄂᆞᆫ事ᄂᆞᆫ更聞ᄒᆞᆫ즉全是誤探이기玆에正誤홈

▲茶爐閒談

▲軍用地을還推ᄒᆞ고警部을招還ᄒᆞ엿다ᄒᆞ니일만발으면日人도ᄒᆞᆯ슈업슬것이니至今도政府大臣을新精神을刷勵ᄒᆞ야國力挽回ᄒᆞᆯ方針을講究ᄒᆞ면尙此未晩이지오

▲全國內에貨源이枯渴ᄒᆞ야生民이涸轍之魚을免치못ᄒᆞ엿시니其責이安歸ᄒᆞᆯ고中央金庫大臣이지金庫大臣이그리핸나顧問官目賀田氏의事業이지그러면金庫大臣은尸位素餐이로고

▲遞晉察[illegible]民熙氏가內協被任ᄒᆞᆫ다ᄂᆞᆫ云云之說만聞ᄒᆞ고不勝狂喜ᄒᆞ야觀察署理을卽差ᄒᆞ엿다니엇지그리輕燥ᄒᆞ오內協職品은前日吏曹參判맛세

▲近日각會名이層生ᄒᆞᄂᆞᆫᄃᆡ됴性根리熙斗諸氏가發起ᄒᆞ야軍人會을設立ᄒᆞᆫ다니軍人도會가잇나

▲각大官의行爲을新聞에揭載ᄒᆞᆫ다고仇視ᄒᆞᆫ다니그럴일이決코아니오善ᄒᆞᆫ면善타ᄒᆞᆯ것시오惡ᄒᆞ면惡ᄒᆞ다ᄒᆞᆯ것시니行政만公正ᄒᆞᆫ면名譽ᄅᆞᆯ布揚ᄒᆞ지오

▲金融은枯渴ᄒᆞᆫ것만北村兩班家子弟들이飽食煖衣ᄒᆞ야所爲事ᄂᆞᆫ色界上의終事하야千金을不惜하니鄭衞之風復起하더고

雜報

●開城居金生이國民新報社에寄書ᄒᆞᆫ全文을請揭於本報가如左 續

此非相當之價實抑壓之政然此訴題決後에經理院監督參價以二百五十兩定給事 奏達則下敎日比昨年價五十兩加給이라如是則圖民可無抑鬱之呼矣라ᄒᆞ샤帷幄近臣咸頌 聖德愛民如天圖民聞此不敢更聒情私

故不得已以其價請撥者也且此訴之接受在於十一月十九日三百五十五號라經理院存案이昭然이어ᄂᆞᆯ貴社云二十四日에聯絡無賴輩ᄒᆞ야稱以抑冤으로請願ᄒᆞ고一百五十兩式事實之歸陷姑且勿論結局이露者日字之變換ᄒᆞ니權也貴社有何可下乎貴新聞又云高永喜氏가經理院卿兼度支撥長ᄒᆞ야前日李卿의二百五十兩式出給ᄒᆞ란指令을撤上ᄒᆞ라ᄒᆞᆫ지 未完

●哭送忠魂

勉菴崔先生益鉉氏가日本馬島에拘留ᄒᆞ신事ᄂᆞᆫ天下所共知어니와滯在ᄒᆞ신後로ᄂᆞᆫ我國菽水로만자시다가同菽水가乏絶後로誓不食日本菽水ᄒᆞ시고絶食十餘日ᄒᆞ시다가陰十一月十七日寅時에卒逝ᄒᆞ사ᄂᆞᆫᄃᆡ電訃가本港商務會社로來到ᄒᆞ니一港이驚駭ᄒᆞ야家家에吊旗을立ᄒᆞ고人人停業ᄒᆞ더니及其二十一日早朝에靈柩가到泊ᄒᆞ시니男女老少가無不痛哭ᄒᆞ고天亦有感ᄒᆞ야白日蒼天의淒雨霏霏ᄒᆞ며五彩雙虹이亘于北極ᄒᆞ야停柩商會所後에虹消雨霽라成服二日間에本郡邑村民人과與他水陸商旅가或祭文或輓章으로連續來吊에社會不能容ᄒᆞ고至於二十三日發靷之時에各學校生徒가數里連絡ᄒᆞ고屢百度輓章이重疊蔽日이라各面里與各社會가到處致奠故로纔行十里至釜山舊鎭ᄒᆞᄂᆞᆫᄃᆡ人山人海에可謂連袵成帷ᄒᆞ고揮淚成雨라本港社도以비박之奠으로致祭于本港門前이오ᄒᆞ며翌朝에運柩ᄒᆞ야向往龜浦ᄒᆞᄂᆞᆫᄃᆡ人民吊送이復如昨日ᄒᆞ고翌日은金海로作路ᄒᆞ얏다더라

●一會又出　近說을聞ᄒᆞᆫ즉京城內居有志紳士某某氏가發起ᄒᆞ야中署農圃洞等地에敎育贊成會를創設ᄒᆞᆫ다더라

平壤居張用健尹秦欽兩氏가本社에寄函이如左ᄒᆞ니

敬啓者ᄂᆞᆫ生等이生長遐陬ᄒᆞ야比如守株之兎와坐井之蛙ᄒᆞ야不識部洲內形便ᄒᆞ니焉知世界上時勢리오但國家之災殃과生民之困瘁가自有國以來로莫此爲甚ᄒᆞ니雖愚昧昏蒙人이라도一段憂國之心이結성於胸臆之間ᄒᆞ고且外人之虐威을無計可免ᄒᆞ야呼天不應ᄒᆞ고鑽地無路ᄒᆞ니靜言思之에寧欲無와러니及見貴社申報則我韓狀況과各國事情을昭詳記載ᄒᆞ야孰仁孰暴ᄒᆞ며某忠某詐ᄒᆞ고勸善懲惡ᄒᆞ며抑强扶弱을有如春秋之筆法而正直森嚴ᄒᆞ야令人聳動ᄒᆞ고加之以敎育之方과經濟之策을諄々勸告ᄒᆞ야每日傳布가無異於耳提面命ᄒᆞ야見者有開發自新之意ᄒᆞ고聞者祛蒙昧不醒之病ᄒᆞ며나夫有自立之志ᄒᆞ고四夫有不奪之氣ᄒᆞ며雖樵童牧竪라도聞殉國諸公之忠則感泣而揮淚ᄒᆞ며聽賣國群賊之奸則切齒而腐心ᄒᆞ니盖天理民彝가終已不泯ᄒᆞ야窮則必變ᄒᆞ고變則必通ᄒᆞ나니我韓人積年黑洞々厥死之心이化爲一片강血ᄒᆞ야若枯木之再春ᄒᆞ며涸鮒之復蘇ᄒᆞ야萌發於貴社申報之開示ᄒᆞ니易曰君子居其室ᄒᆞ야出其言에善則千里之外應之云者果不誣矣라以此로導率ᄒᆞ야振作成就則大韓獨立之期가確在不遠이라生等이不勝感喜ᄒᆞ와直欲躬晉面謝而

噫此日本兵十五大隊가來住本里가今已經年에家々見奪이오事々脅制에不忍苦況은國內人民이孰不到骨이리오만은酷禍之先及이豈有此村之切莫甚焉乎아無數殘忍困辱은齒酸難說이오ᄂᆞᆫ但敝白戶口가或散之四方ᄒᆞ며或野外葺부ᄒᆞ며或與己家ᄒᆞ고借行廊而寓接ᄒᆞ니俗談에云ᄒᆞ되與梨借裏而食之者가今日吾韓之光景也로다千々萬々死苦之中에念不及他ᄒᆞ와遷延到今에含意未果라가今始所存隣友幾許人에以一幅書와若干捐金으로表誠寄呈ᄒᆞ오니伏願貴社僉君子ᄂᆞᆫ一樣實錄ᄒᆞ와昭示각國에斷以公議ᄒᆞ여使强不得凌弱ᄒᆞ며弱不可脅從ᄒᆞ야永立東洋平和之策을千萬血祝이오

平壤美林居諸彦이本社에義捐錄

윤泰欽一圓五十五錢
張用鍵二十錢　김國鴻十錢
尹泰默十五錢　尹泰五卅五錢
리章林五十錢　尹興柱五十錢
尹泰斗一圓　尹普鉉二十錢
윤愼厚二十錢　리鍾游十錢
리泰彦十錢　리德根十錢
윤璟柱一圓　曹國振十錢
윤洛헌十錢　金羽漸十錢
卅貞益二十錢　윤壬澤十錢
리建汝十錢　金致烈十五錢
曹永煥一圓　윤三헌二十錢
리鼎華十錢　金炳道十錢
윤泰敬十錢　윤國柱一圓
윤衡柱一圓　金錫奎二十錢
金元赴二十錢　리泰鎭十錢

廣告

本人이 齒科諸具를 整齊ᄒ야 ᄒ고 人의게 應用케ᄒ며 視務時間은 午前九時부터 午后一時ᄭ지 午后一時부터 午后五時ᄭ지 夜間에는 定約ᄒ되로 事務所는 南大門內 達城위宮內 施蘭敦醫師後家

美國齒醫師 떼、이、한 告白

西署新門外 論峴 百八十六統三戶
辯護士 前檢事正三品 丁明燮
法律事務所 事務員 前主事 吳在淳

朝陽報第十一號廣告

(著作) ◎ (譯述)

「告大官巨公」「害韓乃忠韓」「品性修養」「商業槪論」「隨感錄」「寄書」「世界要談」「內地雜報」「廣告」「海外雜報」「保護國論」「滅國新法論」「政治原論」「泰西敎育史」「本朝名臣錄」「葛蘇士傳」「米國大統領」「詞藻」「비스마룩구」「愛國精神談」

◎民事訴訟代理와 刑事辯護와 之鑑定 一切法律에 關ᄒ 事務를 處理홈
漢城南署茶洞第十七統八戶
辯護士 正三品 李冕宇
前檢事
律事務所
事務員 法學士 玉東奎
前議官 金益濟

韓國濟物浦 仁川港

濟物浦紙卷烟及烟草會社

美國經育會社 1돈쓰 濃縮牛乳會社

大韓仁川港

一手代理店

洋行

一 鷲標罐濃縮牛乳
一 金印罐無糖濃縮牛乳
一 家庭用…化乳…
一 …돈쓰製…
台牛

以上은 常時 貯積ᄒ앗슴

●九轉靈砂다 本人이 …ᄒ야 …女子少에 無論何症ᄒ고 …身體가 健康ᄒ며 小兒는 …ᄒ면 十歲안에 無病ᄒ며 …를 擔保ᄒ오며

●九轉靈砂萬靈丹은 …神效ᄒ오

●九轉靈砂保命丹은 …般症과 婦人帶下症에 神效ᄒ며

●九轉靈砂…丹은 …吐血 …氣 時疾 …症에 神效ᄒ오

●九轉靈砂 …金丹은 痔漏 …上疳瘡 下疳瘡及 諸般 …瘡症에 無不神效하오니 僉君子는 來購ᄒ시오

內需司前 독갑이 골上 隅第一家 李鍾延 告白

◎本社廣告

○申報價
一張代金 新貨二錢五里
一個月前納 三十錢
三個月 九十錢
六個月 一元七十錢
一個年 三元四十錢
郵稅 一部 新貨五里
一個月 十三錢

○廣告料
四号活字十三字詰
每日每英尺一寸에 新貨廿五錢
(每日每行六錢에相當홈)
一週日에 二圓五十錢
(每日每行四錢五里에相當홈)
一個月에 五圓
(每日每日四錢一里에相當홈)
其期限의長短과字行의多寡를依ᄒ야增減홈이有홈

◎大韓每日申報…

南署石井洞號外地三層洋屋家
大韓每日申報社

第五卷 第四百十七號

大韓每日申報
대한매일신보

月曜及慶節歲時休日

檀君開國四千二百三十九年
箕子元年三千二十八年
大韓開國五百十五年
日本明治四十年
淸國光緒三十二年
◉陰曆丙午十一月小廿九日壬戌

別報

桑港報에論說

東洋이不幸ᄒᆞ야俄日戰爭이起ᄒᆞ미砲烟이蔽日ᄒᆞ고血流가溢黃海ᄒᆞ니千古의大戰爭이라幸히日本이勝戰ᄒᆞᆷ으로東洋平和의幸福이라ᄒᆞ엿더니俄日의平和가一年에不過ᄒᆞ야歐米各國新聞에日本을評論ᄒᆞᆷ이紛々ᄒᆞᆫ즁에近日에至ᄒᆞ야ᄂᆞᆫ桑港共立學校事件으로米日間交涉이一層重大ᄒᆞ야戰爭이必起ᄒᆞ리라ᄂᆞᆫ所聞이世界를搖動ᄒᆞ도다

今에各國이日本에對ᄒᆞᆫ態度를大略言之컨ᄃᆡ俄羅斯官報에ᄂᆞᆫ俄國이日本의怨讐를報復ᄒᆞᆯ心이熱火와如ᄒᆞ야更히戰爭을準備ᄒᆞᄂᆞᆫ中에다만內亂를因ᄒᆞ야如意치못ᄒᆞ얏스되至今은內亂이平定ᄒᆞ얏스니早晩間戰局兵力을起ᄒᆞ야東으로向ᄒᆞ기ᄂᆞᆫ無疑라ᄒᆞ얏고德國伯林新聞에ᄂᆞᆫ日本이俄國을勝ᄒᆞᆫ後로驕慢ᄒᆞᆫ心이放恣ᄒᆞ야東洋商權을獨히占領ᄒᆞ기를巧猾히運動ᄒᆞ며淸人을沖動ᄒᆞ야洋人을排斥케ᄒᆞ니黃人의禍가日本셔始作이라ᄒᆞ얏고

英國은日本과攻守同盟을締結ᄒᆞᆫ은俄人의南下ᄒᆞᄂᆞᆫ路를防ᄒᆞ야印度를保全ᄒᆞ며淸國楊子江沿岸과西藏과滿洲에商權을擴張코ᄌᆞᄒᆞᆷ이어ᄂᆞᆯ日本이勝戰ᄒᆞᆫ後로韓國과滿洲ᄂᆞᆫ日本範圍力에一殖民地가되고楊子江에日本商船이頻數히來往ᄒᆞ야英國과競爭을始作ᄒᆞ며印度人을暗誘ᄒᆞ야亞細亞ᄂᆞᆫ亞細亞人의亞細亞라ᄒᆞ야英國人을排斥ᄒᆞᄂᆞᆫ氣焰이生케ᄒᆞᆷ으로英國人이크게日本을疑訝ᄒᆞ야注意ᄒᆞᄂᆞᆫ中이오淸國은日本에對ᄒᆞ야甲午의怨讐를不忘ᄒᆞᄂᆞᆫ즁에日俄戰爭에淸人數萬이無罪히慘殺를當ᄒᆞ얏고屢億萬의財物를被奪ᄒᆞ엿스니日人의害가俄人보다尤甚ᄒᆞ엿고日本이勝戰ᄒᆞᆫ後에滿洲一境이日本範圍에入ᄒᆞᆫ지라地方行政權과電報權으로因ᄒᆞ야淸日兩國間에種々不平ᄒᆞᆫ感情이生ᄒᆞ고또韓國의獨立을蔑視ᄒᆞ야馬關條約을違背ᄒᆞ니實노淸國을蔑視ᄒᆞᆷ으로淸國政府가日本에留學生을不遣ᄒᆞ기로訓令ᄭᆞ지有ᄒᆞ얏고

米國은日本과最히親密ᄒᆞ기로米國은日本의迷惑을受ᄒᆞᆫ國이라고各國이指目을取ᄒᆞ더니近來日本이東洋의英國이라自稱ᄒᆞ고米國領地比律賓과布哇를窺伺ᄒᆞ며淸國人을陰誘ᄒᆞ야米國物貨를拒絶케ᄒᆞ며太平洋에利權을競爭ᄒᆞ며日本勞働者가米國內地에侵入ᄒᆞ야米國勞働者에利權을奪ᄒᆞ니米국上下人心이一變ᄒᆞ야感情이激發ᄒᆞᆫ지라米國上下議員中에日人排斥ᄒᆞᆯ問題를提出ᄒᆞᄂᆞᆫ者도有ᄒᆞ며下等社會ᄂᆞᆫ日人排斥會를組織ᄒᆞ야通文를發ᄒᆞ며各新聞에屆憚업시論駁ᄒᆞ더니畢境桑港共立學校에셔日本學生을不受ᄒᆞᄂᆞᆫ規則을立ᄒᆞ니國際上交涉이紛々ᄒᆞ고社會上公論이藉々ᄒᆞ야俄日戰爭되든前日形便과恰似ᄒᆞ도다各國에評論ᄒᆞᄂᆞᆫ者들이米國과日本이戰爭은決코免치못ᄒᆞᆯ터이오戰爭이되ᄂᆞᆫ日은比律賓과布哇ᄂᆞᆫ米國의領地가아니라ᄒᆞ니此ᄂᆞᆫ다만日本海陸軍의精銳ᄒᆞᆷ만見ᄒᆞ고推測ᄒᆞᆷ이어니와

吾儕ᄂᆞᆫ米日戰爭이必起라ᄒᆞᆯ지라도今日形便으로ᄂᆞᆫ日本이國財가竭盡ᄒᆞ고人民이困瘁ᄒᆞ니라ᄒᆞ노라萬若米日이戰爭되ᄂᆞᆫ日에ᄂᆞᆫ北으로俄人이반다시滿洲의寃讐를報復ᄒᆞᆯ터이오南으로淸國은반다시甲午의寃仇를報復코ᄌᆞᄒᆞᆯ터이오西으로法國은米國의同情을表ᄒᆞᆯ터이오英國과德國과意太利ᄂᆞᆫ中立에態度로兩便에勝負를觀望ᄒᆞ야平和의手段을用ᄒᆞ며自己에利益을取ᄒᆞᆯ터이니然則天下가皆日本에敵國이오日本은天下의獨夫라嗟乎라日本은一小島國으로强大ᄒᆞᆫ俄國을勝ᄒᆞᆷ은世界에榮光이어니와맛당이分職를守ᄒᆞ야各國에公布ᄒᆞᆫ日本皇帝의詔勅ᄃᆡ로韓國에獨立을實心으로贊助ᄒᆞ며滿洲를淸國에還附ᄒᆞ고三國에同盟을締結ᄒᆞ야鼎足之勢를成ᄒᆞᆫ則東洋에平和를維持ᄒᆞ고日本에無窮ᄒᆞᆫ利益이自有ᄒᆞ깃거날日本政策이此에不及ᄒᆞ고目前에小利를貪ᄒᆞ야世界의公論을不顧ᄒᆞ고內로同色人種을逼迫ᄒᆞ야野心을恣行ᄒᆞ고外로列强의不平을唱起ᄒᆞ니日本이主張ᄒᆞ든所謂東洋平和ᄂᆞᆫ浮雲이空中에過去ᄒᆞ고將次彈丸雨가東洋江山에猛烈ᄒᆞᆯ지라如此ᄒᆞᆫ時에日本當局者가도로혀省覺치못ᄒᆞ니嗟乎라日本은東洋에禍首가아닌가

官報

三千六百六十一號 光武十一年一月十二日

◉宮廷錄事 續

宮內府大臣臨時署理臣朴齊純謹奏正使議政大臣趙秉鎬副使特進官金炳翊奉 制 皇太子妃納采 問名禮畢云矣敢奏 光武十一年一月八日奉 旨依奏

嘉禮都監都提調臣閔泳奎謹考謄錄則 嘉禮內習儀時贊儀仗 奏稟安徐矣今亦依此爲之乎敢 奏 光武十一年一月八日奉 旨依奏

掌禮院卿臣金思轍謹 奏 皇太子妃冠禮ᄂᆞᆫ子陰曆十二月念間擇入事 命下矣令日官金東杓推擇則十二月十九日未時坐向西南向爲吉云以此日定行乎敢 奏奉 旨依奏 未完

◉彙報

第十條 記錄課에셔ᄂᆞᆫ左開事務를掌ᄒᆞᆷ이라

一 國史編纂及保存에關ᄒᆞᆫ事項
二 內外勅奏判任官履歷書編纂保存에關ᄒᆞᆫ事項
三 諸般統計表調製에關ᄒᆞᆫ事項
四 職員錄法規類編及諸般圖書編纂에關ᄒᆞᆫ事項

第十一條 官報課에셔ᄂᆞᆫ左開事務를掌ᄒᆞᆷ이라

一、官報職員錄法規類編及諸般圖書編纂에關ᄒᆞᆫ事項

附則

第十二條 本規程은頒布日로브터施行ᄒᆞᆷ이라

第十三條 光武九年四月十一日議政府分課規程은廢止ᄒᆞᆷ이라

完

外報

◉德愼日偵 伯林電에云ᄒᆞ되近日多人所聞에日本政府가偵探軍을秘密히德國各機械所에送ᄒᆞ야其製造ᄒᆞᄂᆞᆫ法을盜竊ᄒᆞ려ᄒᆞᆫ다ᄒᆞ야德國사괴々地方에商會가會議ᄒᆞ기를日本人이우리의製造法을窺伺ᄒᆞ야우리利益을奪코ᄌᆞᄒᆞ니各機械所에셔通文을發ᄒᆞ야日人의視察을勿許ᄒᆞ고恒常注目ᄒᆞ야일人을防備ᄒᆞ라ᄒᆞ얏다더라

◉瑞國男爵의言論 瑞士國男爵ᄒᆞ류스온氏가日本셔月餘를留ᄒᆞ다가美國桑港에渡往ᄒᆞ야某氏의게言ᄒᆞ기를日人이極히奸詐ᄒᆞ야專혀밋을수가업스나但顧컨ᄃᆡ何許大國이戰勝ᄒᆞ야日本의行習을矯正ᄒᆞᆫ는外에ᄂᆞᆫ無ᄒᆞ니萬若美國이一戰ᄒᆞ야日本을勝ᄒᆞ면此ᄂᆞᆫ天下萬國의大福이될지라日本이넘어驕만ᄒᆞ야該國에在ᄒᆞᆫ外國人이放心ᄒᆞᆯ슈가업다ᄒᆞ얏다더라

雜報

●因公未僉 政府大臣들이連次嘉禮公故에相値되야政府會議와御前會議를延期未開ᄒᆞᆫ다더라

●官人俱樂 再昨日政府에서該府參書官과各部局課長某某氏가會同ᄒᆞ야官人俱樂部總會를開ᄒᆞ얏다더라

●泰山難動 內部大臣李址鎔氏와贊謀長李根澔氏와前郡守金각현氏가參政大臣朴齊純氏의座席을遷動ᄒᆞ기로合力運動中이나參政의勢力이鞏固ᄒᆞ야動搖을理가萬無ᄒᆞ다더라

●內大遷任說 內部大臣리址鎔氏가무슨事端이有ᄒᆞᆫ지 皇太子嘉禮後에ᄂᆞᆫ即為遷任되다ᄂᆞᆫ說이有ᄒᆞ다더라

●秘書還封 鐵原郡皇帝峰天皇宮天上壇封禪祠嶽齋進士金樂영씨가祠嶽齋를陰본年윤四月初七日에開基ᄒᆞᄂᆞᆫᄃᆡ誌石一座가現出ᄒᆞ야廣이一尺五寸이오高ᄂᆞᆫ一尺二寸이오長이三尺九寸인ᄃᆡ該石面에秘訣二十六字를刻書ᄒᆞᆫ지라金씨가宮내府로報告ᄒᆞ얏더니指令ᄒᆞ기를淨潔處에還封ᄒᆞ라ᄒᆞ얏다더라

●莫顯乎隱 內部警務局長金彰漢氏가某氏를對ᄒᆞ야曰近日新聞上論駁을恐겁ᄒᆞ야每事를秘密히措心做去ᄒᆞ건만번젹ᄒᆞ면발셔新聞에揭載ᄒᆞ니諸般事為를實難做去라ᄒᆞ얏다더라

●改書妓字 日昨에都監妓生四十餘名이一齊히朴參政家에제進ᄒᆞᆫ事由를得聞ᄒᆞᆫ則參政朴齊純氏가宮大署理時에該妓生에게女伶差帖을書給ᄒᆞ얏더니妓生들이言ᄒᆞ되以若妓生으로女伶之字가不勝抑鬱이라ᄒᆞ야該帖紙에以妓字改書ᄒᆞ기를無數懇請ᄒᆞᄂᆞᆫ지라朴參政이依所請改書以給ᄒᆞ얏다더라

●三氏請願 法官養成所教官羅진劉文煥尹泰榮三氏가法部에請願ᄒᆞ되他學校에教授홈이少無相碍ᄒᆞ니官員服務第十條에依ᄒᆞ야許施ᄒᆞ라ᄒᆞ엿다더라

●晉察上京 晉州觀察使趙民熙氏가昨日京釜鐵道로上京ᄒᆞ얏다더라

●初直後曲 忠北來人의傳說을聞ᄒᆞᆫ즉觀察使尹吉炳氏ᄂᆞᆫ民訴가有ᄒᆞ면初為公決以給라가被告의請囑이入ᄒᆞ면公決ᄒᆞᆫ訟事를更為翻覆ᄒᆞ야狀軸을還奪ᄒᆞ고以直為曲ᄒᆞ기로專主ᄒᆞᆫ다고民寃이浪藉ᄒᆞ다더라

●侍從雜技 近일寺洞居李侍從某氏家에서雜技局을設ᄒᆞ고一日得失이幾百元式ᄂᆞᆫ다ᄂᆞᆫᄃᆡ該坊曲內에ᄂᆞᆫ巡檢도업ᄂᆞᆫ지을슈업다더라

●兄弟慈善 孤兒學校校長李愚瑢氏의伯兄愚賢氏가當此冬寒ᄒᆞ야긔乞孤兒의凍餒을憫慮ᄒᆞ야晝夜로漢城내外에周行視察ᄒᆞ야孤兒가有ᄒᆞ면該學校로引入ᄒᆞ야衣食을給ᄒᆞ고學問을授케ᄒᆞᆫ다더라

●擧酒勸善 法部主事李京壽氏와相換된平理院主事宋運用氏가日昨平理院直宿之夜에天寒이甚酷ᄒᆞᆫ지라該院에滯囚ᄒᆞᆫ罪人四十餘名과下隷等屬을一齊招集ᄒᆞ고盃盤을盛備ᄒᆞ야一邊勸飮ᄒᆞ야撫慰寒情ᄒᆞ며一邊說明善惡ᄒᆞ야改過遷善ᄒᆞ기를到底勸勉홈의罪囚四十餘名과下隷輩가感謝無地ᄒᆞ야稱不容口ᄒᆞ얏다더라

●貪슈와雜類 江東郡守吳영鐸氏가本郡居李병敎處에葉七百五十兩을勒奪ᄒᆞᆫ事로李병敎이가呈于內部ᄒᆞ야江西郡守로定查官ᄒᆞᆫ事ᄂᆞᆫ已為揭載ᄒᆞ얏거니와更聞ᄒᆞᆫ즉查官이別遣耳目ᄒᆞ야查實之場에吳守에贓跡이綻露ᄒᆞ민查官이詰問ᄒᆞᆫ즉吳守가赧然無答이더니查官發行後에發令于各坊儒林ᄒᆞ야一제會立後에為言曰自儒林中으로幾人을派送于京城ᄒᆞ야請願于內部ᄒᆞ야說明ᄒᆞ야달나ᄒᆞᆫ則儒林이答曰查報가確實ᄒᆞ와不可說明이라ᄒᆞᆫᄃᆡ吳守가勢無奈何ᄒᆞ야上京次로出우平壤市즉該郡居金商浩가來見吳守曰給我路費즉同往說明이라ᄒᆞᆫᄃᆡ吳守가悅聽其言ᄒᆞ고直給日貨八元後에偕出停車場ᄒᆞ야買票之時에該金商浩가忽無去處ᄒᆞ니大歎不己ᄒᆞ고再昨日上京ᄒᆞ야方在運動中인ᄃᆡ該郡齋任仲商ᄒᆞ든리遂伯의말의該守運動이如意치못ᄒᆞ면自巳에仲商이不利ᄒᆞᆯ가念慮ᄒᆞ야該守를說明次로昨日에上京ᄒᆞ얏다니아마도江東齋任仲商이大端有利ᄒᆞ다ᄂᆞᆫ巷說이有ᄒᆞ다더라

●學生長書 在日本東京太極學會會員張膺震等十一人이學部大臣게長書ᄒᆞ엿ᄂᆞᆫᄃᆡ赤子가되여疾厄을當ᄒᆞ면父母에게號泣ᄒᆞ며被教育者가되와患難을當ᄒᆞ면教育當局家에서哀呼ᄒᆞᄂᆞᆫ것슨人之常情이온바現今일본東京에서留學ᄒᆞᄂᆞᆫ天道教派遣學生三十餘人은渡일以來로勤勤孜孜ᄒᆞ야熱心做工ᄒᆞ옵더니不幸該教會에서去年七月以來로學資費을支撥치아니ᄒᆞ야困難이莫甚이온中頃일에ᄂᆞᆫ旅舍에서一切被逐ᄒᆞ여勢不得已ᄒᆞ야留學生監督廳에一제留宿ᄒᆞ옵더니去五일夜에二十餘人이異口同聲으로互相大呌曰吾儕靑年이學業을做成ᄒᆞ여報國獻身코져ᄒᆞ야此地에來學ᄒᆞ다가萬一學業을成就못ᄒᆞ고空歸故國ᄒᆞ면시ᄂᆞᆫ反不如死라ᄒᆞ고一時에勇力을奮ᄒᆞ야其指를斷斷ᄒᆞ고以血同盟ᄒᆞ엿사오니其悲壯ᄒᆞᆫ情況을何可盡達乎잇가伏乞閣下ᄂᆞᆫ學生等의志氣를矜惻ᄒᆞ샤相當ᄒᆞᆫ救濟方策을下施ᄒᆞ시와其抱負ᄒᆞᆫ目的을達케ᄒᆞ라ᄒᆞ엿더라

●自請願留 永興遞郡守洪淳旭氏가陰十一月十三日遞任된事로復任을圖得次로時校任陳景萬張益三遞鄉長宋啓國等三人을暗囑ᄒᆞ야偕往觀察道ᄒᆞ야儒林諸人을偷名願留則觀察道題旨內自府不可圖得이라ᄒᆞ고本郡士人金容善이가偶往咸府라가見其願留狀ᄒᆞ고向陳張宋三人ᄒᆞ야以偷名願留之說로詰問之際의郡守洪氏가做出凶計ᄒᆞ야金容善을捉囚營務廳ᄒᆞ고去夏의洪氏貪虐贓錢徵出事로京部請願訴狀을沒數奪去ᄒᆞ고洪氏가更為京部願留次로自文自贖으로官隷을急急起送ᄒᆞ얏다더라

●開校褒賞 開城南門外永昌學校에서年終試驗을經ᄒᆞ고校長王羽淳氏副校長崔泳弼氏校監元漢圭氏贊成員諸氏와來賓諸氏가賞品으로써學徒八十餘名의게施與ᄒᆞ얏ᄂᆞᆫᄃᆡ速成科優等生은송光淳申明叔朴泰根及第生은安敬文高等科優等生은宋泰成趙鳳雲송泰鴻及第生은丘英섭리上根尋常科優等生은金俊基金泰根金壽昌諸氏오贊成諸氏가特別히事務員諸氏의게勤勞에致謝로써褒賞ᄒᆞ얏다더라

●龍슈獵鄉 龍川府윤燕九迪氏가信聽其奸鄉輩籍監名色리斂正之挾囑ᄒᆞ고民籍을以閑良幼學者로區別貴賤이다ᄒᆞ면서往年鄉錄時獵財舊習을効做ᄒᆞ야暗暗히民情을恐動ᄒᆞ며侵漁驅逐ᄒᆞ니當此除舊俗培新智之際에該윤之妙政이眩惑民智ᄒᆞ니志士가唾罵ᄒᆞᄂᆞᆫ바라더라

●石守仁政 南來人에傳說을聞ᄒᆞᆫ즉石城郡守金憲洙氏가莅任之初에作其勸學文而告示民間ᄒᆞ야熱心教育ᄒᆞ며官屬을依規減額ᄒᆞ야革舊刷新에風을從ᄒᆞ야民不見吏ᄒᆞ고奴令輩가各面에依例推尋ᄒᆞᄂᆞᆫ슈秋契防租數百石을一切革罷ᄒᆞ니男歲入民이咸曰樂歲라ᄒᆞ고訟斷有理에頌聲이浪藉ᄒᆞ더라

●靑年講道 靑年會에서本月十三日下午三点半에金麟氏가講道ᄒᆞᆫ다더라

▲酒後縱談

▲美國政府ᄂᆞᆫ日本과交際에締約을守코ᄌᆞᄒᆞ고한國締約ᄒᆞᆫ거슨破棄ᄒᆞ얏스니是ᄂᆞᆫ强弱을從計ᄒᆞ고德義를無視홈이니同국民黨의게質問을當홀만ᄒᆞ오

▲俄日戰爭에俄국은敗홈으로人心이恐懼ᄒᆞ야政治를改善ᄒᆞ고日本은勝홈으로人心이驕溢ᄒᆞ야外交가危險ᄒᆞ니可謂塞翁得失이로고

▲特使리지鎔氏ᄂᆞᆫ日本셔匿名書을만ᄂᆞᆫ內容이口不可道之說인ᄃᆡ同氏가此를外국官憲ᄃᆡ려查實ᄒᆞ야달라ᄒᆞ얏스니辱에辱을더보왓고

▲一進會가近日에散解되ᄂᆞᆫᄃᆡ會名을變ᄒᆞ야侍天教라ᄒᆞ고地方支會長은教區長이라ᄒᆞ얏시니變幻無常이로고

▲리容泰氏ᄂᆞᆫ內大을運動ᄒᆞ다가不得하고北山下에高臥ᄒᆞ야時機을俯察하고一派運動을做出하야將來要路을深穿ᄒᆞᆫ다니못될일말지

▲北隣兩班신님들녀頹窓敗壁에麋冠을方着하고時代을誹謗하면서老論인이무엇시니兩班마撑膓하야自尊自大하나쓸ᄃᆡ읍지

▲三南士夫家後裔들이ᄯᅩᄂᆞᆫ書慣이校宮에나出入ᄒᆞ고儒通이나조와ᄒᆞ고跡廳이나排設ᄒᆞ더니變改時代을當ᄒᆞ여도舊習을難改ᄒᆞ야鄕廳을이書院을이ᄒᆞᄂᆞᆫ行動이項背相望ᄒᆞ니士大夫의行世가이뿐인가

雜報

弔西坂氏文

大韓士人尹聖善李鍾寅金泰鼎等以一杯酒로操文痛哭侑于日本近故西坂公之靈曰嗚呼士之立志也에德合一君而稱一國者도尙可以誇世自足이온況含包衆國而共濟和平ᄒᆞ야同進文明者哉아志有如是則立志之大者오以是而像誘不足以滑其天和ᄂᆞᆫ立志之至者也라若然者ᄂᆞᆫ得行其志則生ᄒᆞ고不得行其志則死ᄒᆞᄂᆞ니今之人에有能是者ᄒᆞ니余於 西坂公에見之矣로다嗚呼라一自統監之來韓으로注視對韓之政策컨ᄃᆡ假托保護之名潛行壓制之事ᄒᆞ야大失懷怨ᄒᆞ고庶民含憤ᄒᆞ야外若平和而內實仇讎則韓日間黨之勢가從此而漸解ᄒᆞ고大東合從之策由是而腐敗일시當斯時也ᄒᆞ야 未完

本報를愛讀ᄒᆞ시ᄂᆞᆫ 僉君子ᄂᆞᆫ意覽注燭ᄒᆞ시옵

本社를南署石井洞 皇壇新作路初入北便三層洋屋으로移接ᄒᆞ얏ᄂᆞᆫᄃᆡ修理及各項整頓에經費가大端窘摑홀뿐더러拾年度文簿를磨勘ᄒᆞ깃ᄉᆞ오니京鄕間本報購覽ᄒᆞ시ᄂᆞᆫ 諸彦께셔ᄂᆞᆫ價金을送致ᄒᆞ시와愛讀ᄒᆞ시ᄂᆞᆫ厚意를表彰ᄒᆞ심을是禱홈

大韓每日申報社 告白

所指呈願

衆民所望者只是輔國安民이옵더니去癸卯年分에孫秉熙ᄂᆞᆫ率二十名學生ᄒᆞ와渡來日本ᄒᆞ옵고리容九ᄂᆞᆫ在於本國ᄒᆞ와與孫秉熙로相通往來ᄒᆞ야務聚民財라가去甲辰年秋에設進步會ᄒᆞ야與一進會相合ᄒᆞ고獨立基礎鞏固케홀趣旨를廣布於十三府各郡ᄒᆞ니見其趣旨ᄒᆞ고憤發忠誠ᄒᆞ야斷髮入會者數百萬名也라自會中으로選拔靑年二十餘名ᄒᆞ야派送於孫병熙所處日本東京ᄒᆞ야以爲留學ᄒᆞ니前後學生이合爲五十餘人也라昨年에孫병熙가歸國ᄒᆞ야特設天道敎一部ᄒᆞ야與리容九로以私互爭而非國事ᄒᆞ니噫彼孫리兩人이稱云輔國安民之本意今安在哉아究厥兩人之所爲ᄒᆞ오면收聚衆民之義金ᄒᆞ야以肥自已ᄒᆞ오니切念破產流離지同胞ᄒᆞ오면豈不憤慨이오며甚至於學費도自昨年七月로至于今終不支撥ᄒᆞ오미五十餘名學生中自판旅貸ᄒᆞ야先爲歸國者二十餘人이오餘存者只是三十餘人이온ᄃᆡ각其敎育上熱心이오며肥已시餘金으로足以養三拾名書生이어ᄂᆞᆫ稱以無錢ᄒᆞ고全然不顧ᄒᆞ니世豈有如許異常지人類乎잇가生等이幸히 監督長大庇之澤ᄒᆞ와飽食穩寢이오니伏念ᄒᆞ온ᄃᆡ生等이忠君愛國지誠으로離親棄墓ᄒᆞ고留學遠邦이라가當此半途而歸면爲國留之學誠을將何以遂지乎잇가生等二十一人玆以血心決議하야卒業前에ᄂᆞᆫ至於何境이라도以死불歸하기로斷指同盟하옵고玆에報告하오니査照지地를伏望等이온바一進會諸員이此學生을旣爲派送하온地에學費불撥이誠是訝惑이오며該生等의所告와如홀진ᄃᆡ該會財政도불爲不足이온此慘酷지境이一則爲히會지恥이오며二則爲國民지羞이오니照亮後一進會長에게火速指揮하시와昨年十二月前에未撥學費와前頭卒業期間統計所入을支撥于本監督部케하라ᄒᆞ얏나더라 完

●鳳曲虛聲　日前本報雜報欄內황求鳳曲이란題下에楚山집事ᄂᆞᆫ虛聲이라더라

●慧月尤用　新門外奉元寺에셔去乙巳年分에略少ᄒᆞᆫ餘財로本寺諸務을整理ᄒᆞ다가財政이困難中止ᄒᆞ얏더니本寺僧金慧月氏에周旋으로張嘆菴諸氏와商議ᄒᆞ고數千金을補助ᄒᆞ야該寺僧侶에困景을免케ᄒᆞ니각寺刹에셔稱頌不已ᄒᆞ얏다더라

●大興賊警　陰本月二十二日에大興郡山默里居尹善瑞家에賊漢十五名이突入ᄒᆞ여錢財를討索ᄒᆞ다가尹氏를打殺ᄒᆞ고隣居尹의成家ᄂᆞᆫ打破家產ᄒᆞ고丘載斗家에셔ᄂᆞᆫ錢一百三十兩을掠奪以去ᄒᆞ야該前村酒店에셔一夜을留連飮樂ᄒᆞ엿다더라

●日乞畏避　傳說을聞ᄒᆞᆫ즉近日南村等地의日本乞人輩가家家內庭에突入ᄒᆞ야乞食ᄒᆞᄂᆞᆫ故로婦女들이驚魂失色ᄒᆞ여隣家로幷逃皆走ᄒᆞᆫ다더라

●開城居金生이國民新報社에寄書ᄒᆞᆫ全文을譯揭於本報가如左　續

凶彼無賴輩가成群來關於高院卿還家之路라ᄒᆞᄂᆞ니此事件旣經入燭者를自院更이於事體安乎未安乎且旣爲頒布於萬民而示信者를從而還收則於政令得乎失乎則民以此不弱抑冤來訴于院則反以激迫見責欲進前而面乞則把兵난阻不入故로待院卿出院一제哀訴於車前則又以兵脅以被創被척者多數而人自不勝至冤痛呼天大哭相抱而欲自斃此則內外국人所共目擊也天地神祇所共鑑燭也　未完

廣告

本人鎭萬之萬字를以ㅁ字로改正ᄒᆞ오니知舊間照亮ᄒᆞ시옵

韓鎭설 告白

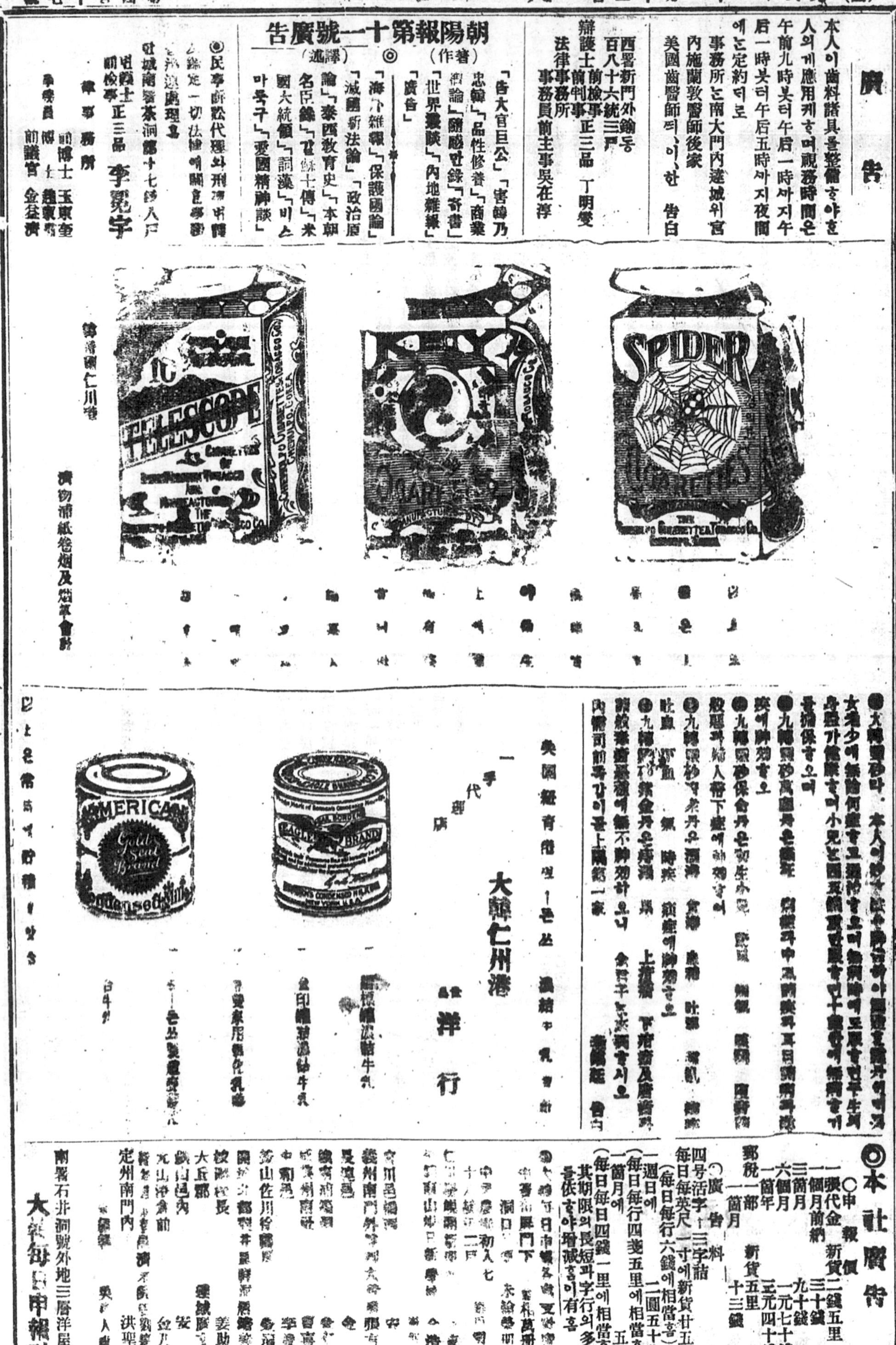

(二) 光武十一年一月三十日 大韓每日申報 第四百七十號

廣告

本人이齒料諸具를整備ᄒᆞ야韓人의게應用케ᄒᆞ며視務時間은午前九時봇터午后一時까지午后一時봇터午后五時까지夜間에ᄂᆞᆫ定約대로

事務所ᄂᆞᆫ南大門內達城위宮內施蘭敦醫師後家

美國齒醫師ᄯᅱ、이、한 告白

西署新門外鍮동百八十六統三戶

辯護士前檢事正三品 丁明燮

法律事務所

事務員前主事吳在淳

朝陽報第十一號廣告

（著作）◎（譯述）

「告大官巨公」「害韓乃忠韓」「品性修養」「商業汎論」「隨感만錄」「寄書」「世界叢談」「內地雜報」「廣告」

「海外雜報」「保護國論」「滅國新法論」「政治原論」「泰西敎育史」「本朝名臣錄」「갈蘇士傳」「米國大統領」「詞藻」「비스마룩구」「愛國精神談」

◎民事訴訟代理와刑事辯護와公證一切法律에關ᄒᆞᆫ事務를承諾處理ᄒᆞᆷ

北部城南齋洞第十七統八戶

辯護士前檢事正三品 李冕宇

律事務所

前博士 玉東奎

事務員 前博士 趙東哲

前議官 金益濟

韓國仁川港

英米煙草及紙卷煙會社

大韓仁川港

洋行

●大韓靈砂라、本人이

女兼少에無論何症ᄒᆞ고

身體가健康ᄒᆞ며小兒ᄂᆞᆫ

를補保ᄒᆞ오며

●九轉靈砂萬應丹은

痰에神効ᄒᆞ오

●九轉靈砂保命丹은

赦婦와婦人帶下症에神効ᄒᆞ오며

●九轉靈砂

吐血

●九轉

內需司前북갈이골上南第一家

◎本社廣告

○申報價

一張代金 新貨二錢五里

一個月前納 三十錢

三箇月 九十錢

六個月 一元七十錢

一箇年 三元四十錢

郵稅一部 新貨五里

一箇月 十三錢

○廣告料

四号活字十三字詰

每日每英尺一寸에新貨廿五錢

（每日每行六錢에相當홈）

一週日에 二圓五十戔

（每日每行四戔五里에相當홈）

一箇月에 五圓

（每日每日四錢一里에相當홈）

其期限의長短과字行의多夥를依ᄒᆞ야增減홈이有홈

定州南門內 洪聖麟

南署石井洞號外地三層洋屋家

大韓每日申報社

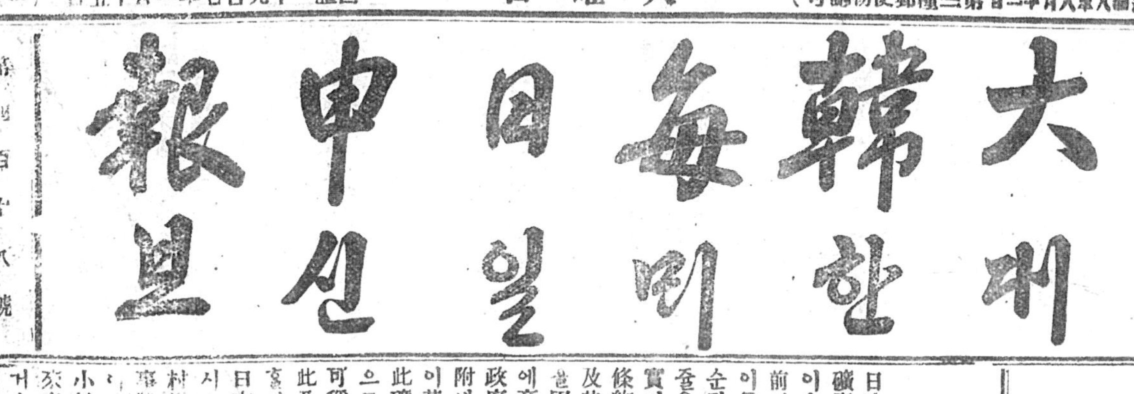

第五卷 大韓每日申報 대한매일신보 第四百十八號

月曜及慶節歲時日休刊

檀君開國四千二百三十九年
箕子元年三千二十八年
大韓開國五百十五年
日本明治四十年
淸國光緒三十二年
◉陰曆丙午十二月大初二日甲子

論說

日本外交

日昨本報에記載ᄒᆞᆫ바日本之占礦産을淸國이論爭ᄒᆞᆫ다ᄂᆞᆫ傳說이今至確報矣로나媾和結約以前에ᄂᆞᆫ펜지ᄒᆞ地方에礦産主人이爲誰인지未得聞焉이로ᄃᆡ부순과연ᄃᆡ에礦産이淸國領有인줄은一般所知오不用論辯ᄒᆞᆯ事實이로다俄國政府가以其平和條約으로長春及旅順間鐵道와及其支線에利用ᄒᆞᄂᆞᆫ石炭礦産을因淸國政府之認許ᄒᆞ야日本에交附ᄒᆞ기로質言矣요且淸國政府가以其北京條約으로此交附에認許를宣言矣어ᄂᆞᆯ此協約이甚至弛緩ᄒᆞ야何如意義에ᄂᆞᆫ此礦産이石炭을鐵道에供給ᄒᆞᆷ으로鐵道에利用ᄒᆞᄂᆞᆫ事業이라可稱ᄒᆞᆯ지라日本이將言ᄒᆞᆯ거ᄉᆞᆫ此乃一端이ᄂᆞ然이ᄂᆞ必當記憶ᄒᆞᆯ거ᄉᆞᆫ俄國이非自國之所有ᄂᆞᆫ日本에게讓與키不能ᄒᆞ엿슬거시오且以和約辭意로觀之면小村男爵이其後與淸談판에셔此事狀을明確言句로不得協定ᄒᆞᆷ이[illegible]所異點이로다小村男爵이北京締約之際가傳交之時에本記者ㅣ[illegible]ᄅᆞᆯ거ᄉᆞᆫ此礦産에關係ᄒᆞ야未有確報ᄒᆞᆷ이後日不吉之兆라ᄒᆞ엿더니至於今日ᄒᆞ야本人預想이幾至表義로다東京外部에或其機管인日本메일新報가此問題에一篇陳述이有ᄒᆞᆫ바此ᄂᆞᆫ確證ᄒᆞᆯ기에甚遠ᄒᆞᆫ지라同報가評論ᄒᆞ되ᄃᆡ연오부순과펜시ᄒᆞ에諸般礦産은媾和條約範圍內에但可ᄒᆞᆫ지라此礦産을非日本之屬으로若稱ᄒᆞᆯ진ᄃᆡ子和及北京締約의諸條가全無義意니今年이極東에困難之界을開ᄒᆞᆫ다ᄒᆞ엿더라至此末句ᄒᆞ야ᄂᆞᆫ本記者ㅣ全然一致ᄒᆞᄂᆞᆫ前者日記를考閱컨ᄃᆡ困難은本人之所已期어니와日人이所在處에ᄂᆞᆫ困難以外에果無他事요但有不法이라美淸을關係ᄒᆞ야ᄂᆞᆫ彼之條約權限을如彼深計ᄒᆞ야字句以外에義意를亦讀이로ᄃᆡ惟此韓國內에셔ᄂᆞᆫ彼之本分을公然放棄ᄒᆞᄂᆞᆫ도다

官報

三千六百六十一號 光武十一年一月十二日 續

◉叙任及辭令

解京畿種痘事務委員 리秀[illegible]
解慶尙南道種痘事務委員 [illegible]鳴夏
解甲山郡種痘支所事務委員 조필選
解仁川港種痘支所事務委員 崔行權
命京畿種痘事務委員 韓基鶴
命慶尙南道種痘事務委員 金碩斗
命甲山郡種痘支所事務委員 金敎향
命仁川港種痘支所事務委員 元경圭
依願免本官 義陵參奉張영根 東明王陵參奉리錫經
任義陵參奉 申泰駿
任東明王陵參奉 金明玉
依願免本官 秘書監丞金容圭 元陵參奉리德柱
任秘書監丞 正三品徐丙祜
兼任掌禮院掌禮 秘書監丞徐丙祜
任元陵參奉 貞陵參奉金延中
任貞陵參奉 [illegible]鎭셜
侍衛第三大隊餉官二等軍司 朴允煥
鎭衛第六大隊餉官二等軍司 한仁洙
鎭衛第七大隊餉官二等軍司 金炳升
免本職
補侍衛第三大隊餉官 二等軍司金炳升
補鎭衛第六大隊餉官 二等軍司박允煥
補鎭衛第七大隊餉官 二等軍司韓仁洙
依願免本官 平理院主事宋運用
任平理院主事 法部主事리京壽
任法部主事 六品舍運用
命刑法校正所校正官 議政府法制局長朴勝鳳
解文官銓考委員 학部參書官鄭喬
命文官銓考委員 학部학務局長兪星濬 定州郡守리世卿 宣川郡守兪鎭浩
命西京役費調査委員 中樞院副贊議洪淳旭 中樞院副贊議權直相 中樞院副贊議閔丙星 中樞院副贊議리重玉 中樞院副贊議吉永洙
幷解任

完

◉宮廷錄事

◉三千六百六十二號 光武十一年一月十四日

奉常司提調최錫敏辭職疏批旨省疏具悉所請依施

◉叙任及辭令

命宮內府特進官 從二品閔丙漢
命宮內府特進官 從二品李勝宇
命宮內府特進官 侍講院詹事閔京鎬
命侍講院詹事 帝室會計審査局長趙漢國
命帝室會計審査局長 表勳院總裁朴鏞和
解文官銓考委員長 中樞院副議長李載崑
命文官銓考委員長 議政府法制局長朴勝鳳

外報

●美日關係 桑港報를據ᄒᆞᆫ즉日本橫濱에駐在ᄒᆞᆫ美國領事가本國公使의命令으로桑港에委來ᄒᆞ야共立學校事件을査實ᄒᆞᄂᆞᆫᄃᆡ該領事의言이學校事件으로日本國體를辱ᄒᆞᆫ다ᄒᆞ고日人이憤怒ᄒᆞ야戰爭을辭讓치아니ᄒᆞᆯ깃노라고ᄒᆞᆫ다ᄒᆞ엿고美國海陸軍人들은不平ᄒᆞ야日日本이美國太平洋權을奪코져ᄒᆞ며比律賓과布와를窺伺ᄒᆞ나財政이無ᄒᆞ야動치못ᄒᆞᆫ다ᄒᆞ며比律賓總司令官은大砲와陸軍加設ᄒᆞᆷ가를大統領의게請求ᄒᆞ얏ᄂᆞᆫᄃᆡ現今比律賓의兵丁이一萬五千名뿐이니何許國과開戰ᄒᆞ면아니라保護ᄒᆞ기도不足이라ᄒᆞ엿고美國水師提督화스氏ᄂᆞᆫ海軍을整頓ᄒᆞ야大西洋艦隊와太平洋艦隊를組織ᄒᆞ엿ᄂᆞᆫᄃᆡ太平洋艦隊가더욱堅固ᄒᆞ다ᄒᆞ얏더라

●佛敎公會 上海의淨安寺와龍華寺와靑龍庵과三昧庵과大佛庵과海潮寺와大王廟에各其主持ᄒᆞᄂᆞᆫ僧이發起ᄒᆞ야上海에佛敎公會를議設ᄒᆞ고並히籌款ᄒᆞ야公立小學堂을設立ᄒᆞᆫ니初次에ᄂᆞᆫ大佛庵에大會ᄒᆞ야淨安寺僧正生을公推ᄒᆞ야會長을삼고而히名士數十人을請邀ᄒᆞ야開會宗旨를演說ᄒᆞ고僧徒自治의規則을會議ᄒᆞ얏다더라

●學校問題와元老院 華盛頓電을據ᄒᆞᆫ則美國오레곤州에셔選出ᄒᆞᆫ元老院議員세린氏가元老院에셔陳述ᄒᆞ기를가리호루니아州에셔학校의分離를實行ᄒᆞᆷ이[illegible]라ᄒᆞ얏더라

●談判再開 伊都來電을據ᄒᆞᆫ則日本公使ᄂᆞᆫ近日佛國으로歸往ᄒᆞᆷ이日佛談判은진於繼續開되기다더라

雜報

●嘉禮退定說　今番嘉禮에賀使가渡來ᄒᆞᄂᆞᆫ데接應이本無預備ᄒᆞ야以都監經費로爲先挪用ᄒᆞ고嘉禮ᄂᆞᆫ退期擧行ᄒᆞᆯ計畫이라더라

●隨行賀使　今番賀使一行에伊藤統監之允伊藤男吉씨가隨員으로渡來ᄒᆞᆫ다더라

●賀使答禮　今番嘉禮에賀使를派送ᄒᆞᆫ謝意를答ᄒᆞ기爲ᄒᆞ야宮內大臣沈相薰氏를派送ᄒᆞ기로內定ᄒᆞ얏다더라

●警使遞任　警務使박承祖씨ᄂᆞᆫ疏遞ᄒᆞ고中樞院賛議김思默씨가署理를被任ᄒᆞ얏ᄂᆞᆫ데一說에ᄂᆞᆫ寧察申泰休씨나黃鐵씨나正任을被ᄒᆞᆫ다더라

●一轉一遞　地方局長劉猛氏ᄂᆞᆫ奉常司長으로轉任ᄒᆞ고警務使朴承祖氏ᄂᆞᆫ疏遞ᄒᆞ얏더라

●兩氏前程　警務使朴承祖氏와警務局長金彰漢氏가俱以丸山顧問의心腹으로一邊宮中에信寵을排出ᄒᆞ고警部와巡査를多數驅入ᄒᆞ야自己勢力을鞏固ᄒᆞ기爲ᄒᆞ야宮內事項을從中做出ᄒᆞ야外人의게納媚ᄒᆞ고一邊桂洞派勢力을抑除ᄒᆞ고要任을襲居ᄒᆞ며郡守利穴을点奪코져ᄒᆞ무로宮中部中各大官이該兩氏에勢力을畏겁ᄒᆞ야面面相顧ᄒᆞ더니近日에何等事狀이綻露ᄒᆞ얏던지伶俐ᄒᆞᆫ박氏ᄂᆞᆫ박參政의게大段論責을當하야辭跡遞任ᄒᆞ고金氏ᄂᆞᆫ自己勢力을掩護ᄒᆞ랴고丸山氏의게每夜哀乞ᄒᆞ나丸山氏가揮手却之ᄒᆞᆫ다니兩氏의前程이大端危險ᄒᆞᆫ模樣이라더라

●學相視察　學部大臣리完用氏와學務局長兪星濬氏와視學官魚鎔善氏가昨日上午九時에京釜列車를搭乘ᄒᆞ고水原等地에學務視察次前往ᄒᆞ얏다더라

●戶牌反對　近日某某氏가戶牌會社를設始ᄒᆞ고人民의게收錢ᄒᆞ기로中樞院에獻議ᄒᆞ얏더니該院副賛議尹興섭氏가反對ᄒᆞ야勿施된다더라

●永守姑留　去番에奏本ᄒᆞᆫ郡守들이부任次로內部大臣리址鎔氏를往見ᄒᆞᆫ즉該大臣曰각郡守가從速下去ᄒᆞ되永興郡守某氏ᄂᆞᆫ姑爲留連ᄒᆞ라ᄒᆞ얏ᄂᆞᆫ데其理由인즉內職으로更히叙任ᄒᆞ리란說이有ᄒᆞ더라

●英親王冠禮　英親王殿下冠禮吉日을陰曆來正月內로擇定ᄒᆞᆫ다더라

●請邀度相　再昨日에參政大臣박齊純씨가무슴緊急相議事가有ᄒᆞᆫ던지度支大臣閔泳綺씨를請邀密議ᄒᆞ얏다더라

●公察上京　忠南觀察使金嘉鎭씨가무슴運動事가有ᄒᆞᆫ지請由上京ᄒᆞᆫ다더라

●農大移任　農大成岐運씨ᄂᆞᆫ內部大臣署理時에兩次郡守奏본ᄒᆞᆫ事로何等猜嫌이有ᄒᆞ든지觀察使을移任ᄒᆞᆫ다더라

●不計日曜　參政大臣박齊純씨ᄂᆞᆫ日曜日을不計ᄒᆞ고政府에仕進視務ᄒᆞᆫ다더라

●政府會議　昨日下午一時에政府에셔무삼事件을會議ᄒᆞ얏다더라

●反責淸水　丸山顧問의爪牙警務局長金彰漢氏가南村等地에二層洋屋을一新히建築ᄒᆞ얏난데경務廳所關大東云者가無賃建築ᄒᆞ얏다ᄒᆞ니此等牟利輩가勢力家에ᄂᆞᆫ無奈이며또該屋所設電話費를丸山氏가警務整理費中으로逐朔支給ᄒᆞ더니日昨에靑水警部가金氏더러徵給ᄒᆞ라고面責ᄒᆞ얏더니金氏가丸山씨의게何樣斡旋ᄒᆞ얏든지丸山씨가淸水警部를大段論駁ᄒᆞ야永不開口케ᄒᆞ얏다더라

●請示格例　大邱郡守박重陽씨가法部에報告ᄒᆞ되裁判所檢事가府尹郡守에게訓令ᄒᆞᄂᆞᆫ權限이有ᄒᆞ온지今日官制改定에如何ᄒᆞᆫ事項은別無上部知飭이온데檢事가本郡守에게對ᄒᆞ야每每發訓하옵기玆에報告ᄒᆞ오니指的示明ᄒᆞ라ᄒᆞ얏더라

●計則秘妙　李範喬氏ᄂᆞᆫ近日에乃兄之權力을專恃ᄒᆞ고全州富客과羅州富客과義州富客에郡守買得金八拾萬元을收納ᄒᆞ고郡守을次第行賣ᄒᆞᆯ터인데李範喬氏가參政박제純氏에公正ᄒᆞᆷ을畏怯ᄒᆞ야冲動乃兄李址鎔氏ᄒᆞ야使之成賣에必致葛藤ᄒᆞ고李根澤氏을紹介ᄒᆞ야與乃兄으로平和ᄒᆞ야同爲一派ᄒᆞ고朴參政에地位을搖動ᄒᆞ야政府權利을乃兄으로專擅케ᄒᆞ고該氏ᄂᆞᆫ郡守을任意로行賣ᄒᆞᆯ計劃인ᄃᆡ富客에姓名은追後更報ᄒᆞ겟로라

●義探京信　南來人의傳說을據ᄒᆞᆫ즉無論何人ᄒᆞ고自京下鄕則各處에屯聚ᄒᆞᆫ義兵이獲人을捉去ᄒᆞ야京中形便을這々査問ᄒᆞ야困辱을無數히當ᄒᆞᄂᆞᆫ故로留京ᄒᆞᄂᆞᆫ鄕人들이不得任意還第ᄒᆞᆫ다더라

●日巡捉한　再昨日下午五時量에羊동等地에셔日巡査가한人一名과日人一名을捉去ᄒᆞᄂᆞᆫᄃᆡ其事由ᄂᆞᆫ未知하깃다더라

●事係自由　紫洞女學校에셔該學徒의洋服事件으로中樞院에建議ᄒᆞ얏더니該院賛議金在豐氏가反對ᄒᆞ되學徒의洋服을着不着이係是自由則不必建議라ᄒᆞ얏다더라

●西友義捐　天道敎에셔派送ᄒᆞ얏든학生二十餘名이以死自誓ᄒᆞ고斷指呈願事ᄂᆞᆫ本報에已爲揭載이어니와昨日西友학會에셔特別會를開ᄒᆞ얏ᄂᆞᆫ데會員及傍聽이三十餘人이라同학生等의切迫ᄒᆞᆫ情況과激烈ᄒᆞᆫ志氣를一場說明後에刻卽義捐을募集ᄒᆞ야一週日內로送交ᄒᆞᄌᆞᄒᆞ미滿堂이爲之泣下ᄒᆞ고當場捐額이數百餘圜에達ᄒᆞ얏ᄂᆞᆫ데就中리政秀氏ᄂᆞᆫ獨히每朔三圜式寄付ᄒᆞ기로ᄒᆞ얏다더라

●催促調查　統監府에셔本月十二日內로不動產을實施ᄒᆞ기로調查ᄒᆞ라ᄒᆞ얏더니過期ᄒᆞᆷ으로該府에셔政府로催促ᄒᆞᆫ다더라

●靑會演說　今日下午七点半에靑年會舘에셔紳士呂炳鉉氏가演說ᄒᆞᆫ다ᄒᆞ니凡我會友ᄂᆞᆫ多數來臨ᄒᆞ심을希望ᄒᆞᆫ다더라

●下諭孤兒　昨日孤兒院에셔評議會를開ᄒᆞ고內外國紳士을請邀ᄒᆞ야前進方針을確定ᄒᆞ얏ᄂᆞᆫ데該院內에工業課를設ᄒᆞ고孤兒年十四歲以上者ᄂᆞᆫ半日學問ᄒᆞ고半日은工匠業을學習ᄒᆞ야將來獨立營業에完全無缺케ᄒᆞ며且工業에從事ᄒᆞ야得利ᄒᆞᆫ金額은銀行에儲蓄ᄒᆞ야卒業退院時에生活的資金을成立케ᄒᆞ얏다ᄒᆞ니吾儕도不勝讚頌ᄒᆞᄂᆞᆫ바어니와是日에　大皇帝陛下씌옵셔侍從武官리會臣을命ᄒᆞ샤天寒窮冬에一般孤兒의情形을　下詢ᄒᆞ시미院監최在學氏가大天標信을祗受ᄒᆞ고孤兒를率ᄒᆞ야庭中排立ᄒᆞ고　聖恩을佈諭ᄒᆞᆫ後萬歲를三呼ᄒᆞ고命使를向ᄒᆞ야禮式을行ᄒᆞ니外國紳士들도　大皇帝陛下　慈仁ᄒᆞ신　聖德을感頌ᄒᆞ며其禮式이彬々有儀ᄒᆞᆷ을歎賞不已ᄒᆞ야　義親王宮事務囑托員佐藤寬氏ᄂᆞᆫ日金五十圜을寄付ᄒᆞ고內田良平씨와其他諸씨도亦皆同意를表ᄒᆞ얏다더라

●萬壽新校　平安南道甑川郡有志紳士가敎育熱心으로私立萬壽학校를新設ᄒᆞ고聰明을募集ᄒᆞ고敎師를延聘ᄒᆞ야各其義捐을不惜ᄒᆞ미實로興왕ᄒᆞᆯ期望이有ᄒᆞ다더라

●玄씨間淸　前正領玄興澤씨ᄂᆞᆫ有何緊急事件인ᄃᆡ本月五日의其子姪等을帶同ᄒᆞ고淸國上海等地로向ᄒᆞ얏다더라

●幻燈開會　本日下午六時에興化門前協律社로衛生幻燈會를開設ᄒᆞᆫ다ᄒᆞ니라

●리氏裁判　리舜夏氏가川成劉仁民事件으로屢度裁判事ᄂᆞᆫ각新聞에揭載ᄒᆞ얏거니와昨日漢城裁判所에셔또裁判ᄒᆞ얏다더라

▲月朝一評

▲今番嘉禮에日本셔賀使一行을派遣ᄒᆞᄂᆞᆫ데政府에셔賀使接對ᄒᆞᆫ經費을難판이라ᄒᆞ니陽川郡에大빈行次가덜엿고

▲內大리지鎔氏ᄂᆞᆫ柔弱慈諒ᄒᆞ야惡意ᄂᆞᆫ無ᄒᆞᆫ人品으로世評이有ᄒᆞ나左右姻아族戚과外他奸細蛇蝎之輩에肥已私囑을偏聽ᄒᆞ야名譽을損傷ᄒᆞ고奸凶輩에各大臣과反間手段에陷落ᄒᆞ니非但內大一身만誤了ᄒᆞᆯ뿐아니라政界을탁亂ᄒᆞ야國力을消滅ᄒᆞ니奸細輩ᄂᆞᆫ各報舘에셔一一히筆鋒으로加誅ᄒᆞᆯ여이와世界에容納지못ᄒᆞ게ᄒᆞᆯ슈ᄂᆞᆫ잇소

▲리容九孫병熙兩씨ᄂᆞᆫ何心으로光武학校학徒을日本에選送ᄒᆞ야使之遊학ᄒᆞ더니六七朔을經費을不送ᄒᆞ미萬里異域에無限苦楚을當ᄒᆞ다가학生三十餘人이所指同盟ᄒᆞ얏시니登樓去梯도분슈가잇지글언法이잇ᄂᆞ該학生이卒業歸國ᄒᆞᄂᆞᆫ日에ᄂᆞᆫ孫리兩씨ᄂᆞᆫ無事치못ᄒᆞᆯ걸

▲최勉菴先生卒逝ᄒᆞ신事ᄂᆞᆫ天下가悲傷ᄒᆞᄂᆞᆫ지라靈柩가歸國ᄒᆞ시미各其春秋로隨力捐助ᄂᆞᆫ當然ᄒᆞᆫ事어이와葬禮도經過치못ᄒᆞ야祠宇을建築ᄒᆞ고書院을設立ᄒᆞᆫ다고出義通文이輪回ᄒᆞ니도리혀勉菴先生에게辱되ᄂᆞᆫ일이지

雜報

吊西坂氏文 續

公이深察世界大勢ᄒᆞ며遠慮苞桑前戒ᄒᆞ야以爲東亞不合이면將見三國之淩々然入於歐洲라ᄒᆞ야慷慨憤發ᄒᆞ야力主大東平和之議而世衰人降ᄒᆞ고名流道屈ᄒᆞ야沈抑而終不可實施則獨抱綱維ᄒᆞ고試刃自裁ᄒᆞ야以謝沮遏之輩ᄒᆞ며皷動東洋之人ᄒᆞ니豈不壯哉며豈不惜哉아

本報를愛讀ᄒᆞ시ᄂᆞᆫ 僉君子ᄂᆞᆫ意覽注燭ᄒᆞ시옵

本社를南署石井洞 皇壇新作路初入北便三層洋屋으로移接ᄒᆞ얏ᄂᆞᆫᄃᆡ修理及各項整頓에經費가大端窘擱ᄒᆞᆯ뿐더러拾年度文簿를磨勘ᄒᆞᆯ것ᄉᆞ오니京鄕諸本報購覽ᄒᆞ시ᄂᆞᆫ 諸彦께셔ᄂᆞᆫ價金을送致ᄒᆞ시와愛讀ᄒᆞ시ᄂᆞᆫ厚意를表著ᄒᆞ심을是禱홈

大韓每日申報社 告白

公之死也에凡在本國社會의隣邦人士가莫不齎咨感歎ᄒᆞ야擧懷憤發之情이온至若我韓ᄒᆞ야ᄂᆞᆫ豈不倍加憤歎者乎아無知凡常之流도猶知感發이온況如我等之苦心於自國獨立ᄒᆞ며熱性於大東合邦者야安得不摧腸扣胸ᄒᆞ며怨天而詬神者哉아所以同聲疾號ᄒᆞ야痛哭於公靈之下也라嗚呼哀哉라去年에哭閔忠正ᄒᆞ고今年에又西坂公ᄒᆞ니天道가其將非耶아東洋이其將衰耶아 未完

●請移軍校 日本留學生韓致愈氏가學部에報ᄒᆞ되指令을伏受ᄒᆞ와日本東京府第一中학校에留學ᄒᆞ옵ᄂᆞᆫ一般學生에修業程度와麩力如何를方將調査ᄒᆞ와鱗次仰報ᄒᆞ올伏計이오나卽者히學生中陸海軍志願ᄒᆞᄂᆞᆫ者魚允빈金聖陸趙봉九최容化張調遠玄檀리康賢等七人에請願을接ᄒᆞ온즉內開上部指令內에陸海軍部에셔必要로認準치아니ᄒᆞᆫ즉卒業後需用를難期라該學生等에게以此說諭ᄒᆞ야其目的을變케ᄒᆞ라ᄒᆞ얏사오니生等에志願은歲月에徒費不爲掛念이오니心力에浪費도少無可恰이옵고聖勅에派送ᄒᆞ시온聖恩에教養ᄒᆞ시ᄂᆞᆫ聖意가人心徹髓ᄒᆞ와直接報國ᄒᆞ올陸海軍에從事ᄒᆞ와卒業ᄒᆞᆫ後軍部에需用치못ᄒᆞᆫ되도學校를私立ᄒᆞ와壯丁를教연ᄒᆞ옵든지鄕隣을敗拾ᄒᆞ와盜賊을防備ᄒᆞ옵던지馬革과戶에一決ᄒᆞᆫ心志로擊壤時代에生靈을保護ᄒᆞ와 未完

●姑先夜學 漢北興學會에셔昨日下午二時通常事務를處理ᄒᆞ고附屬學校入학生徒를試取ᄒᆞ얏ᄂᆞᆫᄃᆡ參會된生徒가二十一人이오地方生徒來到하기까지ᄂᆞᆫ姑先以夜학으로教授ᄒᆞᆯ次로今日下午七時에開학한다더라

廣告

北靑精一學校寄附金如左

本郡守洪祐元 三十元
前郡守김 완 六十元
從二品韓相烈 五十元
前議官金履應 五十元
從二品韓俊錫 十元
幼學李鍾禮 十元
前參奉金永杓 十元
幼學康建時 四元
仝 韓相羲 四元
參尉李學형 三元
參尉최寅昇 三元
幼學리愼在 三元
正三品金基潤 三元
前司果박熙일 三元
幼學玄昇俊 一元
通政김炯大 二十元
前參書金衡在 二十元
前監察金鳳軒 二十元
嘉善金啓鉉 二十元
前令高用覧 二十元
前主事尹鳳善 二十元
幼學리性源 二十元
前主事김協南 十五元
幼學趙丙烈 十五元
仝 박錫勳 十一元
前議官김慶威 十二圓
幼학김南五 十圓
通政林性厚 十圓
通政박成霙 十圓
前令리柱欅 十圓
前令趙承禧 十圓
幼학리允在 十圓
幼학康 瑟 十圓
幼학宋興周 十圓
東里里中 二百圓
內貝里中 六十圓
揮湖里中 二十圓
楡湖里中 十五圓
新昌里中 十圓
長津里中 十圓
乾自浦里中 十圓
陽化場部 十圓
新豐里中 十圓 未完

◎學員募集廣告

本校第三回入學期를現當ᄒᆞ야法律學及經濟學兩專門科學員을玆에募集ᄒᆞ오니願학人은左記試驗定期內에本校用紙로써早速請願ᄒᆞᆯ事

但法律科ᄂᆞᆫ晝학及夜학으로教授ᄒᆞ고經濟科ᄂᆞᆫ夜학으로教授홈

○修業年限 三학年

○入學年齡 二十歲以上

○學科目 法律학部全 經濟학部全 備在本校規則

○試驗日字 三月一日(陰曆丁未正月十七日)

○試驗科目 歷史及地誌問對(內國及外國) 讀書及作文(國文及漢文) 算術(四則以內)

但官公私立학校의普通科以上卒業證書가有ᄒᆞᆫ人은其학力을檢定ᄒᆞᆫ後免試許入홈

○開學日字 三月五日(陰曆正月二十壹日)

光武十一年一月十五日

中署磚洞 普成專門學校 告白

學員募集廣告

本校에셔小學程度로初等科를姑先設置ᄒᆞ고學員을廣募ᄒᆞ오니願學僉員은本年一月三十一日(陰拾二月拾八日)以內로本校에來議ᄒᆞᆯ事

學員年齡은八歲以上

入學請願은本校刊行紙로施行

來議時間은自上午拾一時로下午三時

南署私立長橋長薰學校

越南亡國史 新刊 國漢文

定價貳拾伍錢

發賣所京城廣橋高裕相冊肆
鏡南端川郡禹時夏
布屛下 김相萬 書舖

正三品片容基名字를埈九로改名ᄒᆞ왓기仰布ᄒᆞ오니知舊間照亮ᄒᆞ시오

片용九 告白

西署餘慶坊夜照峴三拒里大路南邊伏在第二十五統五戶二層洋屋上下各十二間與大堅固煉瓦洋製倉庫一十四間곳을方欲斥賣玆以廣告有意僉君子來議于鐘路電氣會社上層銀行郭漢承爲望홈

郭漢承 告白

參尉崔仲善의名字를寅昇으로改正ᄒᆞ오니照亮ᄒᆞ시옵

參尉崔寅昇 告白

平安南道肅川郡私立萬壽학校義捐금錄

進士 車炳觀 新貨五百圜
主事 車載우 一百圜
參奉 申義섭 一百圜
參奉 김炳淳 一百圜
進士 김基헌 一百圜
進士 車봉九 一百圜
幼학 申형均 一百圜
通政 리義鏞 五十圜
幼학 申壽셥 一百圜
申健湜 一百圜
參奉 김希麟 一百圜
幼학 楊錫禹 一百圜
幼學 車定호 一百圜
幼學 車旭祚 一百圜
幼學 車광호 一百圜

萬壽學校 告白

◉特別廣告◉

本書舖에셔教育界需用을爲ᄒᆞ야東西洋各種新編書籍을陸續輸入ᄒᆞ오니有志君子ᄂᆞᆫ광臨購覽ᄒᆞ시옵

宗教書類 地誌書類
教科書類 筭學書類
政治書類 傳記書類
歷史書類 雜著書類
語學書類 醫學書類

發賣所大廣橋書舖 高裕相
分賣所咸南端川邑龍股里 書舖 禹時和

前書記金文緯은璐穆으로改付ᄒᆞ오니知舊間照亮홈

金璐穆 告白

廣告

本人이 齒料諸具를 整備ᄒ야 ᄒ인의게 應用케ᄒ며 視務時間은 午前九時봇터 午后一時ᄭ지 午后一時봇터 午后五時ᄭ지 夜間에ᄂ 定約ᄃ로 事務所ᄂ 南大門內 達城위 宮內 施蘭敦 醫師後家 美國齒醫師 ᄯᅴ、이、한 告白

西署新門外 鍮동 百八十六統三戶
辯護士 前檢事 正三品 丁明燮
法律事務所 前判事
事務員 前主事 吳在淳

朝陽報第十一號廣告

（著作）「告大官巨公」「害韓乃忠韓」「品性修養」「商業概論」「隨感만錄」「寄書」「世界叢談」「內地雜錄」「廣告」

◎

（譯述）「海外雜報」「保護國論」「滅國新法論」「政治原論」「泰西教育史」「本朝名臣錄」「갈蘇士傳」「米國大統領」「詞藻」「비스마룩子」「愛國精神談」

◎民事訴訟代理와 刑事辯護及 諸般 一切 法律에 關ᄒᆞᆫ 事務를 計達處理홈

漢城南署 墓洞 第十七統 八戶
辯護士 正三品 李冕宇
前檢事
法律事務所
前博士 玉東奎
事務員 前 趙敦熙
前議官 金益濟

仁川港

濟物浦紙卷烟及烟草會社

◎九轉靈砂라 本人이 妙方을 ᄭᅢᄃᆞᆯ아 靈丹을 製ᄒ엿ᄂᆞᆫ 男女老少에 無論何症ᄒ고 調治ᄒ오며 無病時에도 服ᄒ면 平生의 身體가 健康ᄒ며 小兒ᄂᆞᆫ 國家의 重任을 負ᄒ면 十歲안에 無病ᄒ게 즐擁保ᄒ오며

●九轉靈砂萬應丹은 中風 中風斜 痰疾 耳目諸病과 喉疾에 神効ᄒ오

●九轉靈砂保命丹은 初生小兒 驚風 胎毒 黃疸 諸般驚風과 婦人帶下症에 神効ᄒ며

●九轉靈砂八寶丹은 酒積 食滯 血積 吐血 下血 氣 時疾 痢疾에 神効ᄒ오

●九轉鎭砂染金丹은 梅毒 上疳 下疳 瘡疳及唐瘡과 諸般毒瘡에 無不神効ᄒ오니 僉君子ᄂᆞᆫ 來購ᄒ시오

內部 前 독갈이골 上隔 第一家 李鍾延 告白

美國紐育港셔 一등 ᄯᅳ 練結牛乳 ᄒ社

一手代理店
大韓仁川港
洋行

一 鷹標煉滾牛乳
一 鳳印煉結牛乳
一 ……家用……乳
一 ……練乳
上은 常時에 貯積ᄒ얏ᄉ오

◎本社廣告

○申報價

一張代金	新貨	二錢五里
一個月前納		三十錢
三箇月		九十錢
六個月		一元七十錢
一箇年		三元四十錢
郵稅 一部	新貨	五里
一箇月		十三錢

○廣告料

四号活字 十三字詰 每日每英尺 一寸에 新貨廿五錢 (每日每行 六錢에 相當홈)
一週日에 二圜五十戔 (每日每行 四戔五里에 相當홈)
一箇月에 五圜 (每日每日 四錢一里에 相當홈)
其期限의 長短과 字行의 多夥를 依ᄒ야 增減홈이 有홈

◎大韓每日申報 各處 支社 ……
中署 屛門下 金相萬 冊肆
洞口 ……朱翰榮 冊肆
中署 ……初入七 十八統 二戶 ……
仁川 ……新 ……
平壤 南山峴 ……新學校 ……
…州 南門外 ……張有……
……川邑 ……
……南 ……
……州 南 ……
……山 佐川 ……
開城 ……井 ……
校 ……校長 姜助……
大邱 ……
……山邑內 ……安濬
九……倉前 金九鎬
定州 南門內 洪聖麟

南署 石井洞 號外地 三層洋屋家
大韓每日申報社

第五卷

大韓每日申報
대한매일신보

第四百十九號

月曜及慶節歲時日休刊

檀君開國四千二百三十九年
箕子元年三千二十八年
大韓開國五百十五年
日本明治四十年
清國光緒三十二年
◉陰曆丙午十二月大初三日乙丑

寄書

在日本東京留學生劉睦은泣告于二千萬同胞

嗚呼哀且惜哉라우리大한二千萬同胞여生은隔在海外ᄂᆞ西望故國山川ᄒᆞ니陰雲이滿天ᄒᆞ고天日이不明이도다于晝于夜에寂々ᄒᆞᆫ客窓에獨坐ᄒᆞ여靜而思之ᄒᆞ면血憤所激에雙淚兩行을自不能禁이라故로今者에强制揮淚ᄒᆞ고幾以數字로敢告于一般同胞ᄒᆞ노니雖云國權은墮落이라도土地ᄂᆞᆫ存在ᄒᆞ며自由ᄂᆞᆫ沈滅이라도精神ᄂᆞᆫ能保ᄒᆞ거날推觀近日之我國形便컨ᄃᆡ土地도無ᄒᆞ고精神도無ᄒᆞ도다噫彼茫昧ᄒᆞᆫ人民에게對ᄒᆞ야不可擧論이어니와現世法律上으로言之라도土地家屋을外人에게專賣ᄒᆞᄂᆞᆫ權利가無ᄒᆞᆫᄃᆡ所有田沓을任意로放賣ᄒᆞ야外國農民이無數渡來ᄒᆞ야內地良土ᄂᆞᆫ幾半點領ᄒᆞ며或은浮浪挾雜輩가請囑日人ᄒᆞ야僞造文券도ᄒᆞ며父兄몰ᄂᆡ潛賣도ᄒᆞ고或은奸凶ᄒᆞᆫ日人에甘言利說도信聽ᄒᆞ야全히賣渡ᄒᆞ니글러져러다팔고다勒奪시키고ᄂᆞᆫ我二千萬은將次何處에居接ᄒᆞ겟소布와島와墨西哥廣闊ᄒᆞ단말듯고勞働者로前往ᄒᆞᆯ經營인가아마도賣國ᄒᆞᄂᆞᆫ五賊이잇단말듯고그體밧즈ᄒᆞᄂᆞᆫ心思로다然ᄒᆞ고야엇지賣國賊을賊이라云ᄒᆞ며엇지政府官人을不善타ᄒᆞ리오

大抵好生惡死ᄂᆞᆫ人之常情이오避險從平은虫之所能이어날何故로우리兄弟姊妹ᄂᆞᆫ生存을不圖ᄒᆞ고死亡을樂取ᄒᆞ며險平을不顧ᄒᆞ고負薪入火ᄒᆞᄂᆞᆫ가眞是精神이無ᄒᆞᆫ所致로다人이라ᄒᆞᆷ은誰某던지自己物을守ᄒᆞ며自己國을愛ᄒᆞᄂᆞᆫᄃᆡ我國人民은特別히精神이浮沈ᄒᆞ엿도다다시破夢ᄒᆞ여兩眼을皆瞋ᄒᆞ고遠見ᄒᆞ라噫彼墨西哥之前轍이明鑑ᄀᆞᆺ틀니라紅人種之强暴와數萬里之地廣으로도今則更무餘地ᄒᆞ고沒入於白人之手中ᄒᆞ엿스니可不愼哉며豈不寒心處耶아最初紅人種으로言之라도土地던지家屋을一不斷許ㅣ라ᄒᆞᄂᆞᆫ白人이該地에渡來ᄒᆞ여萬般恐喝ᄒᆞ며千般利說ᄒᆞ야數萬里膏유良土를皆是收得ᄒᆞᆫ後에土人은只今滅種ᄒᆞᆯ境遇에至ᄒᆞ엿거든

况我大韓은地廣이三千里요人口가二千萬인ᄃᆡ如彼허强悍ᄒᆞᆫ性質도無ᄒᆞ니不過一二年內에立錐之地도必無ᄒᆞᆯ줄ᄉᆡᆼ각ᄒᆞ고一思再思ᄉᆡᆼ각ᄒᆞᆯ록心寒骨冷ᄒᆞ여氣折痛哭ᄒᆞ노라如生之蟲頑으로도使之念及케ᄒᆞ얏스니今日當局ᄒᆞᆫ某々氏ᄂᆞᆫ更一層何如라思量ᄒᆞᄂᆞᆫ고嗚呼痛哉哀哉라生無歸住ᄒᆞ고死無寄處ᄒᆞᆯ我大한帝國二千萬生靈이여그혀혀ᄒᆞᆫ政府를밋ᄂᆞᆫ가누구를밋고이ᄀᆞᆺ치不幸ᄒᆞᆫ일를行ᄒᆞ며또金貨도外人의金貨가廣厚ᄒᆞᆫ줄알거ᄂᆞ若或價値가高價ㅣ라ᄒᆞ야此境에至ᄒᆞ면其蠢蠢ᄒᆞᆫ愚癡를尤爲不免이오後日自己身勢가狼狽ᄒᆞᆯ거슨不可形言ᄒᆞᆯ지니다시生覺ᄒᆞ여보시오各自圖生ᄒᆞᆯ時機를當ᄒᆞ엿ᄂᆞ니自己所有物이거든自己로保護ᄒᆞ여維持ᄒᆞ게ᄒᆞ시오

官報

三千六百六十三號 光武十一年一月十五日

◉宮廷錄事

奉常司提調李勝宇自引䟽 批旨省疏具悉遂事何必爲引卿其勿辭行公

警務使朴承祖辭職䟽 批旨省疏具悉所請依施

◉敍任及辭令

經理院技手文弘섭
經理院技手李明薰
經理院技手金昌洙

依願免本官 宮內府特進官閔泳徽
任成均館長 正三品任善準
任表勳院總裁 奉常司提調(?)南升
命秘書監丞 宮內府特進官李勝宇
命奉常司提調

官立漢城英語學校敎官 최炳憲
農商工학校敎官 兪承兼
公立富平普通學교교員 박在衡
官立校洞普通學校敎員 金鍾健
官立漢城德語學校敎員 秦 秀
農商工學校副敎官 康世鎭
官立漢城日語學校副敎官 趙重桓

依願免本官

任官立漢城英語學校敎官 최斗榮
任農商工학校副敎官 李命九
任官立漢城日語학校副敎官 六品 朴宗薰
任官立京橋普通학校敎員 前敎員 沈承德
任官立京橋普通學校副敎員 前副敎員 劉哲相
命臨時署理警務使事務 中樞院賛議 金思默

外報

●英報所論 倫敦報에云ᄒᆞ되英國각新聞은今番米日兩國現狀에對ᄒᆞ야言ᄒᆞ기를우리英人은米國과日本이速히開戰ᄒᆞ기를望ᄒᆞ노라ᄒᆞ얏다더라

●한人得勝 客年十二月十四日에美領우와후島에셔各國人基督青年會員二百餘名이該港가미아미아大敎堂에集ᄒᆞ야公會를開ᄒᆞ고唱歌도하며演說도ᄒᆞ야親睦意를表ᄒᆞ고또ᄒᆞᆫ基督青年會中에가장熱心이有ᄒᆞ고會員이多數參席ᄒᆞᆫ青年會를美好ᄒᆞᆫ旗號로賞給ᄒᆞᄂᆞᆫᄃᆡ한國青年會에셔其旗號를勝得ᄒᆞᆫ지라其旗號의美好ᄒᆞᆫ거슬見ᄒᆞ고嘆美치아니ᄒᆞᄂᆞᆫ者ㅣ無ᄒᆞ얏다더라

●清國의排美運動 桑港電을據ᄒᆞᆫ則美國政府가清國에셔排美運動이再起ᄒᆞᆯ가大端憂慮ᄒᆞ야大統領及閣員이全力을盡ᄒᆞ야清國政府에意見을融和케ᄒᆞᆷ을務ᄒᆞ더니清國에在ᄒᆞᆫ美國領事의報告를據ᄒᆞᆫ즉清國人이美國及美國物品에對ᄒᆞ야其惡感情이愈益增長ᄒᆞᆷ으로萬若如此히放任ᄒᆞ면重大ᄒᆞᆫ國際問題를惹起ᄒᆞ리라ᄒᆞ더라

●美學生討論 美國미소우리월리암大學校에在ᄒᆞᆫ韓人學生이布哇에居ᄒᆞᄂᆞᆫ韓人의게通信ᄒᆞ되近日該學校에셔ᄂᆞᆫ米日間感情에對ᄒᆞ야大學生五百餘名이討論會를開ᄒᆞ고時局을討論ᄒᆞᄂᆞᆫᄃᆡ其形勢가當場에臨迫ᄒᆞᆫ것ᄀᆞᆺᄒᆞ야人으로ᄒᆞ야곰悚懼心이有ᄒᆞ게ᄒᆞᄂᆞᆫᄃᆡ萬一開戰ᄒᆞ면性名을抛擲ᄒᆞ고爭부ᄒᆞᆯ氣象이라ᄒᆞ더라

●議院反對 米國上議院은米日間外交問題로由ᄒᆞ야議會를開ᄒᆞ얏ᄂᆞᆫᄃᆡ大統領은各議院의게對ᄒᆞ야問題를言ᄒᆞ되桑港事로엇지絕交ᄒᆞᆷ이可ᄒᆞ리오ᄒᆞ나各議員은더욱激昻ᄒᆞ야反對ᄒᆞ기를日人의心事가殊히叵測ᄒᆞ니將次不久에局勢가變ᄒᆞ리라ᄒᆞ다더라

●地方制度變更 清國政府ᄂᆞᆫ此番地方制度의變更案을制定ᄒᆞ야各省督撫의게電送ᄒᆞ고其意見을徵ᄒᆞᆫ다더라

一、江北提督을改ᄒᆞ야河南提督으로ᄒᆞ고黃河以南의各省軍務를管轄ᄒᆞ게ᄒᆞᆯ事

一、河北提督을改ᄒᆞ야黃河以北의各省軍務를管轄ᄒᆞ게ᄒᆞᆯ事

雜報

●英親王定婚 英親王殿下에婚禮는尹德榮氏令孃으로擇定흐나는딕年今十一歲라더라

●리氏出脚 前內協리鳳來氏는奉司提調을被任하얏다더라

●經費分撥 嘉禮都監經費餘額七萬餘圓을尙未支撥흔故로度相閔泳綺氏가顧問目賀田氏를對하야七萬餘圓을一次支撥흠意로涉흔즉目賀田氏가三次에分排支撥허깃다고허엿다더라

●統監遞任語 日本政府黨派에서伊藤氏가한國統監을擔任흔後에該政府黨諸般事務가未免錯誤흔故로伊藤氏는日本政治만干涉케허고統監은桂太郞氏로叙任흔다더라

●使用懲丁 懲丁은無論公私하고使用흘時에는前期一日하야該署에通知하고每名下에食發十戔만給하면平民이라도使用흔다더라

●丸山知否 警務廳庶務課에在흔日人眞野氏는本是丸山氏의家人으로丸山渡한時에眞野를書記名色으로同伴而來허엿더니其後에暗以補佐官補로自稱허고警務廳一般財政을總轄허여幻弄無雙허는딕其創鬼者는한國에多年居留흔大東云者인딕丸山氏는此事를不聞不知인지或知而掩匿인지未知허깃다고巷說이狠藉허더라

一 一千九百五年十一月十七日日使與朴齊純締約五条는 皇帝게셔初無認許又不 親押

二 皇帝게셔는此条約을日本이擅自頒布흔믈反對

三 皇帝게셔는獨立帝權을一毫도他國에讓與흐미無

四 日本之勒約於外交權도無據온况內治上에一件事라도何可認准

五 皇帝게셔는統監에來駐흐믈無許흐고皇室權을一毫도外人에擅行을許흐미無

六 皇帝게셔는世界各大國이韓國外交를同爲保[illegible]限은以五年確定

光武[illegible]

韓皇陛下끠옵셔再昨年新條約에反對的으로倫敦트리뷴新聞社特派員쭈글내쓰、스토리씨의게委托흐신 親書를該新聞에印刻揭載흠이如右흠

●兩裁派日 本月二十二日頃에平漢兩裁에日人補佐員二人式派遣흔다더라

●二歸一留 去日曜日에內部大臣리址鎔氏와贊謀長리根澤氏가朴參政을訪問次로先往허고軍大權重顯氏도踵到허얏는딕朴參政이當日緊務가有허던지政府에仕進흔지라內相리址鎔씨와贊謀長리根澤씨는不見而來허고軍相權重顯씨는박參政仕退허기를留待허야接 而來허얏다더라

●內協可固 晉察丞民熙씨가內協을姑未叙任허얏스나內定이되얏는딕參政大臣박齊純씨가此事件으로伊藤統監의電報새지허얏다더라

●放賣釜鎭 東萊釜山鎭은沿海重地라城뎁이堅固흐야地段價는姑舍흐고但以石材로만論價흐야도幾萬圓價値에過흔지라日인輩가名不知洪哥를紹介흐야閔健植氏와連腸흐야該地段四萬坪을一萬二千圓에決價흐야四分之一은皇室에納흐고四分之一은宮內府에納흐고四分之一은度支部에納흐고四分之一은閔健植氏가口文으로無領証取흐얏는딕月前度相閔泳綺씨가稅務視察次로向南흔事는但以此地段調查事로下往흠이오此事件는旣是政府에經議흐얏나는說이有흐며且買主日인는此事가若不成立흐면價文中度支部三千圓과宮內府三千圓은已有領証흐니可以還收여니와皇室與민健植씨의게는領証이無흔故로價文을未還흠가憂慮中이라더라

●誤人子弟 安城來人에傳說을聞흔즉該郡에典當舖흐는日人安甫仲吉이와符同흐야各家年少子弟를誘引흐야土地家屋을典執흐고過限을憑藉흐야奪之弊가無數흔故로蕩敗家產物者가不可勝數라흐더라

▲前途希望

▲美國地方에住在흔韓國人民의名譽가淸人과日人之上에遠過흐니內地人民도一躰開明흐면世界에一等國되기어렵지안쇼

▲布哇大敎堂에셔萬國青年會를開흐얏는딕韓國靑年會가最勝흐야旗號를獲得흐얏스니內地人民도同一進化흐야太極旗號를世界에顯揚흘는지

▲在日本留學生의銳意進步와熱心愛國은吾儕가夙所期望이어니와今番斷指血書흔二十一員의猛烈흔氣槩는죽지만말고卒業흐게되면將次東洋天地를掌中에運轉흘터이요

▲斷指血書흔學生들이前日에는一進會에셔派遣흔者라흐야一般學生의게輕侮를受흐더니今此非常흔危境으로激烈흔志氣가表著흐미會前累名이淨盡흐고同胞의愛憐이更深흐니또흔不幸中多幸이요

▲太極會員이斷指血書흔학生의情境을爲흐야政府에請願흐고社會에公函흔지라社會上義捐이旣先唱起흐얏스나政府에셔도袖手越視흘理가업깃쇼

雜報

吊西坂氏文 續

陽無剝盡之理而碩果不遺ᄒ고世有頹波之憂而砥柱又傾ᄒ니環顧東洋에誰與爲伍요嗚呼라楚屈子百世後에東洋無獨醒之風이니天生閔忠正ᄒ고又生西坂公ᄒ야以續志節이라天旣賦二公之體ᄒ시고又鍾於奸徒를若直경焉ᄒ며若蛇蝎焉ᄒ야跳랑吼嚇ᄒ되莫之禁抑ᄒ고又若

本報를愛讀ᄒ시는 僉君子는 意覽注燭ᄒ시옵

本社를南署石井洞 皇壇新作路初入北便三層洋屋으로移接ᄒ얏는ᄃᆡ修理及各項整頓에經費가大端窘絀ᄒᆞᆯ뿐더러拾年度文簿를磨勘ᄒ깃ᄉ오니京鄕間本報購覽ᄒ시는 諸彦께셔는價金을送致ᄒ시와愛讀ᄒ시는厚意를表著ᄒ심을是禱홈

大韓每日申報社 告白

助焉은何哉오天將喪斯民耶아今之哭公은非公之一死라乃爲大東之生靈也니靈若有知ᄒ면感此哭意ᄒ야庶喜此侑嗚呼哀哉라 完

●請移軍校 續 國恩을仰報ᄒᆞᆯ터이오니學部에以此更報ᄒ와目的을達케ᄒ심伏望이라ᄒ오며其餘法律政治師範文學理科醫農工商目的懸錄ᄒ온楊致中以下十人에請願을鱗次接見ᄒ온즉內開에生等志願的을上部에셔認許ᄒ셔싸오니

平生所願이一朝에得達이라蠻雨장風에千辛萬苦ᄒ옵는情況이金고玉燭에喜歡世界가되얏ᄉ오나但彼七人이目的을尙未蒙許ᄒ와同窓一案에憂愁涕泣ᄒ는情狀이實是可悶이오니以此七人事로更報上部ᄒ시와俾允許ᄒ얏ᄉ옵기玆에仰報ᄒ오니該生에情地를下燭ᄒ시와特爲允準ᄒ심이未知何如라ᄒ얏더라 完

●日商悖習 日前大漢門前石井洞日人商店에셔韓人某氏가南草一介을買得以後에該物品을不出門外ᄒ고卽其時에詳觀ᄒᆞᆫ즉少有破缺處ᄒᆞᆫ지라以他件으로換給ᄒ라ᄒᆞᆫ즉反生辱說ᄒᆞᆫ지라韓人이含憤이歸ᄒ얏다ᄒ니大抵韓國人이同價紅裳이면同國商店에物品을買賣ᄒ는것시事理에當然ᄒ거날有何所取ᄒ야日人商店에興成ᄒ다가說往說來之際에打頰毆打가泥峴等地에無日無之ᄒ니한人의好新之弊가漸至誤國ᄒ니甚可痛惜이라ᄒ더라

●但入富家 龍仁來人의傳說을聞ᄒᆞᆫ즉賊黨이或十餘名或數十名式成群ᄒ여村閭에出沒ᄒ되貧寒ᄒᆞᆫ村落에는初不入去ᄒ고稍饒ᄒᆞᆫ家에入ᄒ여酒食과㚐財를隨所存取食ᄒ고殺害生命과勒討財産ᄒ는弊는初無ᄒ다더라

●政府議案 日昨政府會議案件을聚開ᄒᆞᆫ즉內部官制中改正件과農工銀行條例中改正件과忠淸南北道水災被害郡民救恤金支出件과平安南道警察署修繕費支出等件이라ᄒ더라

●責固當然 警務使박承祖氏의遞任된 容을得聞ᄒᆞᆫ즉日前에參政大臣박제純氏가政府에셔박承祖氏를招請ᄒ야一場質問ᄒ되日昨에北署警務官의게電話ᄒ야巡檢과日巡査를帶同ᄒ고北闕內를何故搜探乎아ᄒᆞᆫᄃᆡ박承祖氏가答曰年淺미루ᄒ야致此行爲라ᄒ거놀박參政이又爲詰責曰外人의게단니면셔무슴말은잘ᄒ다지글어코엇지警務使責任를堪當ᄒ리오斯速히辭職ᄒ라ᄒᆞᆫ故로박承祖氏가不得已辭職疏를奉呈ᄒ고丸山氏를往見ᄒ고不爲遞任ᄒ기를百般周旋ᄒ다ᄃᆡ니畢竟遞任ᄒ얏다더라

●改量監獄 內部警務局에監獄課를設置ᄒ고監獄을改量ᄒ는ᄃᆡ其費額은二萬八千餘圜이오宮川警視가主張ᄒᆞᆫ다더라

●日歛戶錢 忠北來人에傳說을據ᄒᆞᆫ즉日巡査가巡檢을帶同ᄒ고各郡村閭에戶口를調査ᄒ는ᄃᆡ每戶에白銅貨二十錢式討出ᄒ야日巡査의旅費를支用ᄒᆞᆫ다稱ᄒ는故로鄕民은盜賊에게掠奪를當ᄒ고日人에게侵漁를當ᄒ야支保無路라ᄒ더라

●屠畜成社 三和府有志士民이産業改良과衛生淸潔에注意ᄒ여以屠畜로鳩聚資금而成社ᄒ고與衆應王로互相歸和故로本府尹변鼎相씨는嘉尙其淸潔目的ᄒ고警務廳의셔도派送巡檢ᄒ여屠畜時에一々檢査ᄒᆞᆫ다더라

●海西賊警 鄕來人의傳說을聞ᄒᆞᆫ則黃海道載寧海州等地의强盜가作黨ᄒ야放砲突入ᄒ면셔毁掘墳墓ᄒ며殺人奪財홈으로民情이嗷嗷ᄒ다더라

●沮戱學校 咸南北靑嘉會面居金永周는本以商業人으로奸鄕을依勢ᄒ야生民에게流毒ᄒ기를無所不至ᄒᆞᆫ故로去戊子年鄕擾時에逃躱ᄒ얏다가近日還爲奠接ᄒ얏신則宜乎前習을改悛ᄒᆞᆯ거시요학校를設홈은民智를啓發ᄒ는것인ᄃᆡ新書籍은輒稱邪학ᄒ야百方沮戱ᄒ더니今則邑權鄕의게依勢ᄒ야唯利是圖ᄒ야渠族富豪金哲濟에게圖囑ᄒ야甚至於凌辱教師ᄒ며廢撤課工ᄒ는故로士林들이憤激ᄒ다더라

慕忠校歌

北靑郡上老德面에有志紳士가教育上에熱心奮發하야鳩財設校하엿는ᄃᆡ負笈入학ᄒᆞᆫ학生이其會如雲하야隨日增進ᄒ니現今員數가二百餘員也라及其開校禮式에陳設茶果ᄒ고先呼萬歲ᄒ고後唱慕忠歌ᄒ야世人의愚昧心을開發ᄒ고忠義誠을皷動ᄒ니其慕忠歌는如左ᄒ더라

天下萬國人物中에
立節死義一等이라
圃隱先生善竹事는
古老相傳들어더니
我國忠臣閔忠正은
幸生一世目睹로ᄃᆡ
血化ᄒ야ᄃᆡ가되니
萬古綱常이아닌가
大한江山光榮이오
五洲世界誦聲이라
어리셕은男女들아
徒自追悼全如마라
國家柱石大臣되면
危亂世에當然事라
우리同胞二千萬이
自强之心奮發處라
冬十一月歲丙午에
縉紳章甫齊會ᄒ야
生之一幅忠正像을
精一교에妥奉ᄒ니
分明忠竹兩三叢이
永使蒼生感心이라
학徒들아학徒들아
晝宵一心瞻仰ᄒ야
愛國精神본바다셔
習與成性ᄒᆞᆯ지어다

廣告

順川時務學校損助ᄒᆞᆫ人員이如左

前議官	리元문	紙貨七十圜
前注書	金能基	七十圜
前主事	리升문	七十圜
前五衛將	洪丙夏	七十圜
	金尙默	六十圜
	金尙훈	六十圜
本郡守	리萬熙	廿五圜
參書官	朴鶴銓	三十圜
	鄭鏞復	三十圜
	金升喆	四十圜
前主事	朴茂澈	三十圜
前主事	玄利祚	二十圜
	柳瀞用	十圜
	최支天	十圜
	金鼎俊	十圜
	金允각	五圜
	조鼎瑞	五圜
坌坊	新興齋	五圜
	최承금	三圜
	金洛九	五圜
	김泰梧	三圜
前主事	리在正	五圜
平壤	尹聖運	五圜
全州	崔衡默	一圜
前參奉	朴泳	二圜
平壤	姜麟成	一圜
前司果	조鳳	二圜

事務員 리喜信 告白 未完

●本社支店을京城興仁門外영楓亭佛教研究會로定ᄒ엿사오니各寺刹에本報를購覽코져ᄒ시는이는此會로請求ᄒ시오

本社特白

本人의友人김東媛은卽조東潤氏의副室인ᄃᆡ日前에家庭事로因ᄒ야漢裁에이昧裁判을當ᄒ고조氏家에見出홈을抑寃히思惟ᄒ고爲先조氏와結髮ᄒ얏든頭髮을削ᄒ야本人에게送ᄒ고조氏에게傳致홈을要求ᄒ얏습기玆에廣告ᄒ오니조氏는곳此髮을推覓ᄒ시고世人은김東媛의烈節을照亮ᄒ시옵

圓洞黃召史家留
리信媛 告白

廣告

◎學員募集廣告

本校第三回入學期를現當ᄒᆞ야法律學及經濟學兩專門科學員을玆에募集ᄒᆞ오니願학人은左記試驗定期內에本校用紙로써早速請願ᄒᆞᆯ事

但法律科ᄂᆞᆫ晝학及夜학으로教授ᄒᆞ고經濟科ᄂᆞᆫ夜학으로教授ᄒᆷ

○脩業年限 三학年

○入學年齡 二十歲以上

○學費 法律학全部 經濟학全部 備在本校規則

○試驗日字 三月一日(陰曆丁未正月十七日)

○試驗科目

歷史及地誌問對(內國及外國)

讀書及作文(國文及漢文)

算術(四則以內)

但官公私立학校의普通科以上卒業證書가有ᄒᆞᆫ人은其학力을檢定ᄒᆞᆫ後免試許入ᄒᆷ

○開學日字 三月五日(陰曆正月二十壹日)

光武十一年一月十五日

中署磚洞 普成專門學校 告白

廣告

學員募集廣告

本校에서小學程度로初等科를姑先設置ᄒᆞ고學員을廣募ᄒᆞ오니願學僉員은本年一月三十一日(陰拾二月拾八日)以內로本校에來議ᄒᆞᆯ事

學員年齡은八歲以上

入學請願은本校刊行紙로施行

來議時間은自上午拾一時로下午三時

南署長橋 私立長薰學校

◉特別廣告◉

本書舖에서教育界需用을爲ᄒᆞ야東西洋各種新編書籍을陸續輸入ᄒᆞ오니有志君子ᄂᆞᆫ광臨購覽ᄒᆞ시옵

宗教書類 地誌書類
教科書類 算學書類
政治書類 傳記書類
歷史書類 雜著書類
語學書類 醫학書類

發賣所 大廣橋書舖 高裕相

分賣所 咸南端川邑龍般里 書舖 禹時和

越南亡國史 國漢文 新刊

定價貳拾伍錢

發賣所 京城廣橋高裕相冊肆
鏡南端川郡禹時夏冊肆
布屏下 김相萬書舖

廣告

本人이齒科諸具를整備ᄒᆞ야ᄒᆞᆫ人의게應用케ᄒᆞ며視務時間은午前九時부터午后一時까지午后一時부터午后五時까지夜間에ᄂᆞᆫ定約ᄃᆡ로

事務所ᄂᆞᆫ南大門內達城위宮內施蘭教醫師後家

美國齒醫師 씨、이、한 告白

西署新門外鍮동百八十六統三戶
辯護士前檢事前判事正三品 丁明燮
法律事務所
事務員前主事吳在淳

朝陽報第十一號廣告

(著作) ◎ (譯述)

「告大官巨公」「害韓乃忠韓」「品性修養」「商業衛論」「隨感만錄」「寄書」「世界叢談」「內地雜報」「廣告」「海外雜報」「保護國論」「政治原論」「滅國新法論」「泰西教育史」「本朝名臣錄」「갈蘇十傳」「米國大統領」「詞藻」「비스마룩子」「愛國精神談」

◎民事訴訟代辯와刑事변護
◎鑑定一切法律에關ᄒᆞᆫ事務
를迅速擔辦ᄒᆷ

北部壯洞第十七統八戶
辯護士前檢事正三品 李冕宇
法律事務所
事務員 法學博士 玉東奎
前議官 金性濟

北靑精一學校寄附金如左 續

出身	金進熙	八元
幼學	金泰顯	八元
仝	申錫恒	八元
仝	朴基洪	八元
仝	韓日寬	八元
仝	張基用	八元
仝	楊仁旭	六元
仝	郭헌泰	六元
仝	全聖俊	六元
仝	趙基鶴	六元
仝	金南섭	五元
通政	趙基元	五元
司果	金成文	五元
幼學	徐裕淳	五元
仝	金爲均	五元
仝	金秉鉉	五元
仝	李鍾禹	五元
仝	金錫潤	五元
仝	金舜鳳	五元
仝	金在完	五元
仝	慈炳烈	五元
仝	張鎭弼	五元
仝	崔淳헌	五元
仝	金洙營	五元
仝	리容學	五元
監察	최昇弼	五元
前議官	리容堯	四圓
通政	金圭煥	四圓
監察	姜錫琪	四圓
出身	崔鎭觀	四圓
幼학	리峴在	四圓
仝	尹成俊	四圓
仝	康釋老	四圓
仝	박南勳	四圓
仝	秦亨周	四圓
仝	리東根	四圓
仝	최昇圭	四圓
仝	千南元	四圓
仝	김昌允	四圓
仝	周應極	四圓
仝	리容商	四圓
仝	朴慶協	四圓
出身	全俊학	四圓

未完

本人이南門外里門洞客主박仁壽許에十一月晦日尋次第十六号금貨二百□,粟을서失,얏사오니誰某拾得이라도休紙施行ᄒᆷ

梨峴 김容찬 告白

慶南草溪郡守李圭煥 白首出宰丹心報國政令嚴明治教公正邑祛百弊民頌萬口秋毫不犯春脚始到政清於水心潔於玉慨然於棘林廳捐設校鷄是割於牛刀鄙等均霑惠澤今見再生之日而范志厚乎楊 地非賢路黨何集及其郡主事之薦報也他郡擧皆自辯或有不公不正之弊該氏切欲爲國得人乃可會鄕取議以不病公不害民有文筭能解事驗旣往信將來六者爲條列而下帖鄕校令下吏廳儒鄕則各門中각薦一人吏서則時退間薦報幾人故儒鄕則環八成望吏서則備三薦報該氏猶以爲未盡其公且密簡于年德長老者各受圈点而計其点數多少特以可堪報部如此公薦各郡所未有以,而奸猾屏縮傾軋不售闔境咸服其公薦故玆以仰布伏願僉君子照亮

鄕民盧繼容 安鏻坤 鄭鶴成
김在假 全基彬 리源和
변定祚 等告白

西署餘慶坊夜照峴三拒里大路南邊伏在第二十五統五戶二層洋屋上下各十二間與大堅固煉瓦洋製倉庫二十四間곳을方欲斥賣玆以廣告有意僉君子來議于鍾路電氣會社上層銀行郭漢承爲望ᄒᆷ

郭漢承 告白

◎本社廣告

○申報價 新貨

一張代金 二錢五里
一個月前納 三十錢
三箇月 九十錢
六個月 一元七十錢
一箇年 三元四十錢
郵稅一部 新貨五里
一箇月 十三錢

○廣告料

四号活字,三字詰每日每英尺一寸에新貨卄五錢(每日每行六錢에相當ᄒᆷ)

一週日에 一圓五十戔(每日每行四戔五里에相當ᄒᆷ)

一箇月에 五圓(每日每日四錢一里에相當ᄒᆷ)

其期限의長短과字行의多夥를依ᄒᆞ야增減ᄒᆷ이有ᄒᆷ

中署布屏下 金相萬冊肆
中署 洞口 朱翰榮冊肆
仁川 新學校
大丘 廣文社
北山浩倉前 金乃鉉
定州南門內 洪聖麟
京城興仁門外영楓亭 리建祿

發行所 南署石井洞號外地三層洋屋家 大韓每日申報社

發行兼編輯人 英國人 裵說

第五卷

大韓每日申報
대한매일신보

第四百一十號

月曜及慶節
歲時日休刊

檀君開國四千二百三十九年
孔子元年二千[illegible]十八年
大韓開國五百十五年
日本明治四十年
淸國光緖三十二年
◉陰曆丙午十二月大初四日丙寅

論說

極東武略形勢

極東戰爭之時에通信員되얏던德國人陸軍大佐새드기씨가伯林某報에一條陳述을供給인바其題號는極東武略形勢라英淸新報가此를如左照譯矣러라

同씨가建言云紛擾之態는誰有其機로되日露의類似혼財政上情形이幾許歲月間에는戰爭을停止호리로다該地方에俄國海軍力은不必計料나尙彼日本은來八年間에進水홀最大戰鬪艦이八隻이며且其陸軍戰鬪力의連續增加가豈非驚異之擧리오往者에는日本이戰時에募集혼四箇師團을但加호엿더니到今호야는二十師團을增加호기로向意호고且漸欲成十個師團이라其中에第十三及第十五師團은韓國에在호고第十四及第十六師團은滿洲에在호도다日本에騎兵도頗多增加홀거시오機械砲를步兵聯隊에各置홀거시오鐵道隊와輕氣球隊도亦起홀거시오砲兵도增募홀거시며且其官憲은軍務服役의期限을變三年爲二年호기로量度호는도다

同時에極東俄國軍勢도亦勝前日호니此는戰爭以前에在於極東호俄兵이八十八大隊에不過호더니今日에는歐俄師團을並호야一百八十七大隊가現存혼지라日露가依其和約호야滿洲에셔撤兵홀今年四月一日싸지는此軍兵이合爾賓에留駐홀거시며西伯利亞와及其沿海洲에散在혼거슬合計호면俄國이砲兵九個師團과步兵一師團과後備步兵三個旅團을今有인바其步兵의勢力은戰時以前보다二倍라如此히俄國이野戰及後備兵十五師團이나或合爾賓에在혼거슬並호면十六師團을有혼바一師團에十六大隊가各有호니此를統計호면二百五十六大隊요戰爭之始에는俄國所有가一百三十六大隊에不過호엿도다俄國騎兵에勢力은前日과無異나野戰砲兵은十八中隊가六十三中隊로增加호얏스니平時에는一中隊가馬八十匹을各有혼지라戰時에는砲八門을各持혼九拾中隊를組織호는거시로다

此外에도俄國이山砲兵十六中隊와臼砲兵拾中隊와攻圍兵四拾六中隊를現有호엿스며且其鐵道隊와工兵은依前이나海蔘威에在혼砲兵은拾二大隊에今至호고其外에俄國鐵道延長은減小호엿스나其保護兵은五十五中隊로尙今成立호엿스니其人員이二萬或二萬五千이라平和條約이使其俄國으로는鐵道를保護호기에二萬五千七百八十五兵員을滿洲에駐屯케호엿고使其日本으로는滿洲南部에셔一萬八百九十五兵卒을但置케호엿도다호엿더라大佐새드기氏의亦以量度호는거슨極東에俄國軍略上位置가前日보다增進甚多홈이러라

官報

三千六百六十四號 光武十一年一月十六日

◉敍任及辭令

慶熙殿參奉金學奎 依願免本官
洪在敬 任慶基殿參奉
英親王府總辦尹澤榮 命知敦寧司事
掌禮院副卿李範仁 命宮內府特進官
景孝殿提調尹尙翊 命掌禮院副卿
宮內府特進官閔丙漢 命景孝殿提調
奉常司長金大鎭 命奉常司提調
內部地方局長劉猛 命奉常司長
章陵令金準植 咸鏡南道裁判所檢事
咸鏡南道裁判所檢事皮相範 依願免本官
掌禮院掌樂課主事리容圭 任章陵令
六品金準植 任掌禮院掌樂課主事
前判事金義濟 任咸鏡南道裁判所檢事
弘文館侍講김世益
弘文館侍講兪致烈 依願免本官
六品許萬彌 六品김哲洙 任弘文館侍講

◉勅令

勅令第一號

光武九年勅令第三十四號官等俸給令中奏任官官等表及判任官俸給表에左又치添入홈이라

一、奏任二等欄內漢城裁判所檢事七字를添入호고其下三四等欄內에各其同字를添入홈이라

一、判任官一級欄 稅務主事次에地方裁判所主事七字를添入호고其下二三四五六七八九拾級欄內에各其同字를添入홈이라

光武拾一年一月拾四日

御押 御璽 奉

勅 議政府參政大臣박齊純
法部大臣리夏榮
度支部大臣閔泳綺

勅令第二號

內部官制中改正件

第一條 光武九年勅令第拾號內部官制第九條次에第拾條內部繙譯官은一人이며繙譯官補는一人으로定員홈이라

未完

外報

●入籍拒絶 洛年十一月二十四日에美國京城華盛頓에居留호는日本人이美國에入籍홀意向이有호야工商大臣의게入籍홀懇願를請호얏더니工商大臣이答호기를黃人種은美國에入籍호지못혼다호고拒絶호얏다더라

●英國憾情 倫敦報에云호되日本은日俄條約後에滿洲一境은獨히占領호야繁盛혼市場과鐵路通行호는區域은手中에專管호고또稅關과警察싸지日人이施行호니滿洲商業이비록크나然호나우리白人은更히着足地가無호다호얏더라

●土國程度 土耳其國은一千八百七十八年에定혼憲法이腐敗가甚多혼故로弊端이亦多혼지라近年에는土耳其人民의學識程度가大段히發達호야已往憲法을服從치안키로決心호고곳政府를向호야改良호기를請호는되萬若不聽호면곳政府를顚覆호깃다혼다더라

●日本艦隊와美人 華盛頓電을據혼則美國人이日本艦隊가桑港의訪問을停止호얏다는報道를接受호고一般히遺憾히너이는되桑港에셔選出혼議員간氏의談話를據혼則가호루니아州民이日本勞働者가該地에入來호는事에對호야는反對호더라도日本水兵에對호야는妨害호는者ㅣ有호면其所爲를憤怒홀것이오又美國人이日本의所有權利를尊重히너이는故로日本練習艦隊가桑港을來호더라도安全無事호리라호얏더라

雜報

●一新洋服 近日政府官人中勅奏任官은洋服을一新히製着ᄒᆞ고判任官만姑未服裝ᄒᆞ얏다더라

●龜山不進 統監府總長岡某氏歸國ᄒᆞᆫ後에內部參書官龜山氏가代理視務ᄒᆞᄂᆞᆫ데內部協판최錫敏氏遞任ᄒᆞᆫ事에對ᄒᆞ야內相리址鎔氏와大段不協ᄒᆞ야近日內部에仕進視務치아니ᄒᆞᆫ다더라

●秘機瓦解 近日新出脚ᄒᆞᄂᆞᆫ閔丙漢민景植諸씨가무슴運動이有ᄒᆞ더니秘機가顯露ᄒᆞ야瓦解가되얏다ᄂᆞᆫ說이有ᄒᆞ더라

●催飯仕進 政府一般官吏의仕進時間이差晩ᄒᆞ면參政大臣박齊純씨가大段論責ᄒᆞᄂᆞᆫ故로該官人들이催飯立食ᄒᆞ고仕進을爭先疾趨ᄒᆞᆫ다더라

●調査軍用 本月拾四日에內部에셔軍用地代금被收用者에게금額을排給ᄒᆞᆯ事로漢尹박義秉씨가調査委員으로出發ᄒᆞ얏다더라

●遺任內協 奉常司提調리鳳來씨가內協을遺任ᄒᆞᆫ다ᄂᆞᆫ說이有ᄒᆞ더라

●內下賞格 別官入直警務官權任巡檢使令의게別賞給을下賜ᄒᆞ셧다더라

●警視作폐 近日각郡경務分署에警視中에도詞訟에納賂도受ᄒᆞ며民間에貪虐도有ᄒᆞ야한國警吏도경視를依賴ᄒᆞ야作폐가無雙ᄒᆞ야蕩産ᄒᆞᄂᆞᆫ者多ᄒᆞ다더라

●獻壽何誠 警務廳會計課長崔台현氏가遞警務使박承祖氏의偵探客이되야該廳諸般事務를秘密通信ᄒᆞ더니本年一月一日은朴承祖氏大夫人生辰日이라一等妓生數十人과娛人數十名을招待ᄒᆞ야風流가질搖ᄒᆞᆫ데최台鉉氏가在傍ᄒᆞ얏다가納媚獻諂曰朴氏大夫人게獻壽ᄒᆞ기를懇請ᄒᆞ거날박氏가許諾ᄒᆞᆫ즉최氏가四拜獻酌ᄒᆞ고朴氏의第一ᄀᆡ客으로意氣揚揚ᄒᆞ더니박씨가一朝에遞任되민최氏가憂色이滿面ᄒᆞ야視務ᄒᆞᆯ精神이無ᄒᆞᆫ다더라

●請判平署 辯護士리冕宇氏가韓某의訴訟事件訴狀을平理院에呈ᄒᆞ얏더니裁判長署理리源兢氏가退却ᄒᆞᆫ지라리辯士가리源兢氏와裁判ᄒᆞ기로法部에請願ᄒᆞ얏다더라

●拾不滿七 近日韓國에十錢新銀貨가流行ᄒᆞᄂᆞᆫ데物理化學家에셔該銀貨의眞正價値를分析ᄒᆞ야斷論ᄒᆞ기를其價値가七錢에僅至ᄒᆞ고過則七錢五里가値된다ᄂᆞᆫ거슬尙此 錢으로通用ᄒᆞ니其三錢之利益은歸韓乎아歸日乎아巷說이紛紛ᄒᆞ다더라

●水道設社 近日에日韓人某〻씨가水道便利會社를設始ᄒᆞ야度支部와農商工部의認許를得 ᄒᆞ얏ᄂᆞᆫ데社長은日人山口씨오總務ᄂᆞᆫ리學宰씨라더라

●리씨熱心 黃州郡兼二浦ᄂᆞᆫ自來荒僻貿貿之地라히浦의有志人士가日語學校를新設ᄒᆞ고漢文科를兼置ᄒᆞ야敎師를雇聘코ᄌᆞᄒᆞ나校費가窘揷ᄒᆞ야請來키不能이러니中和郡居前主事리禧陽씨가敎育熱心으로名譽敎師를擔任ᄒᆞ야實心敎導ᄒᆞ고所謂月銀은雖一分錢이라도却而不受ᄒᆞᆫ다더라

●爲父呼訴

中署리紹榮씨가法部에청願ᄒᆞ되矣父濫刑事로呼訴於上部ᄒᆞ야已經三日에尙未蒙臨敎ᄒᆞ옵고間日酷刑之餘에昨日自平理院으로又爲拿致ᄒᆞ야革鞭數百度에肉綻血盡ᄒᆞ야氣絕魂散之境에勒招自服ᄒᆞ오니到此境遇ᄒᆞ야何言不爲며何事不做리오事之曲直과命之生死ᄂᆞᆫ尙矣勿論ᄒᆞ고只以一箇鞭之加損으로姑爲遷延之計ᄒᆞ야檢事覡令에昏絕扣頭則自服이라ᄒᆞ야扶曳擔出ᄒᆞ오니矣父所犯이果係何等重辟而如是之到也잇가김準植張志遠則一不下杖而謂之得情者ᄂᆞᆫ何所據也며矣父則數百餘度에使之昏倒氣塞ᄒᆞ야謂之自服者亦何所據也잇가國有大慶에荷有當律이라도爲法官者固應參量ᄒᆞ야仰答皇上欽恤之旨者正合道理而濫刑忽濫ᄒᆞ야以損天和가是何做錯也오本人이雖不肖無似나今見其父之死境에有所呼訴則又法律乎잇가雖得放出이오나不勝현抑ᄒᆞ와胃쏨更陳ᄒᆞ오니洞燭ᄒᆞ옵셔自上部로公決處판ᄒᆞ라ᄒᆞ얏더라

●請捐救急 日昨에有志士尹致오리甲盧伯麟柳東說김祥演김基元石鎭衡리敏설兪承兼쟈憲植申海永尙호諸씨가會同ᄒᆞ야日本留학生中二拾一人이萬里異域에학費가絕乏ᄒᆞ야志業을未就ᄒᆞᆯ뿐아니라中間苦楚ᄂᆞᆫ慘不忍聞ᄒᆞᄂᆞᆫ데히學生等이卒業歸國ᄒᆞ기로一제히硏指ᄒᆞ야血書同盟ᄒᆞᆫ지라其情景에對ᄒᆞ야救助方針을講究ᄒᆞᄂᆞᆫ데爲先發起人들이각其知友間에義捐을請求ᄒᆞ고其次ᄂᆞᆫ中央大路에히留學生에景狀을備陳ᄒᆞ야大演說會을設ᄒᆞ고一般社會에히學生慘酷壯絕ᄒᆞᆫ情節을說ᄒᆞ고一並義捐금을募集ᄒᆞ기로決議ᄒᆞ얏다더라

●李氏義捐 前秘書丞리필和氏가在日本留學生監督廳에公函이如左ᄒᆞ니現接各報ᄒᆞ오미天道教中에셔派送ᄒᆞ얏든學生二十餘員이斷指同盟ᄒᆞ야血書呈願之事가有ᄒᆞ오니其所遭ᄂᆞᆫ情은極其慘惻이오所處之事ᄂᆞᆫ極其激烈이라由此非常之困厄ᄒᆞ야將有非常之事業이니其慘惻也ᄂᆞᆫ悲不可言이오其激烈也ᄂᆞᆫ喜亦無窮이외다謹將百圜貨ᄒᆞ야仰効微忱ᄒᆞ오니幸望査收ᄒᆞ시와以爲救急之萬一이라ᄒᆞ얏더라

●開進會況 去日曜日에東亞開進교育에셔會長權重顯氏ᄂᆞᆫ有故不參ᄒᆞ고會長代판副會長김重煥氏와評議長리忠求氏가出席ᄒᆞ야漢城五署支會員及諸會員을會集ᄒᆞ야通常會를開催ᄒᆞ고贊成長十員을推薦ᄒᆞᄂᆞᆫ데參政朴齊純氏와內相리址鎔氏와總裁閔泳徽氏와前參政申箕善氏와宮相沈相薰氏와度相閔泳긔氏와副將리道宰氏와前贊政金思濬氏와前官相리戰克諸씨를薦望ᄒᆞ얏고副會長金重煥씨가演說日人生이少壯ᄒᆞᆯ때에學問을不勤이ᄒᆞ다가老大ᄒᆞᆫ後에悔之何及가一時間을反覆說明ᄒᆞ고閔忠正의貫日ᄒᆞᆫ貞忠大節을激昂慷慨한聲節說明ᄒᆞ니本會員及傍聽人이無不感泣而欽慕ᄒᆞ얏고五署支會長及各동會員를招對ᄒᆞ야敎育方針과開進趣旨을熱心演說ᄒᆞᆷ의諸會員이心悅誠服ᄒᆞ얏다더라

●自强會演說 大한自强會에셔今一月拾九日土曜下午一時에通常會를開ᄒᆞ고事務를處理ᄒᆞᆫ後左開三題을演說ᄒᆞᆫ다더라

학生의指血 志士에眼淚 尹孝定
社會精神이有ᄒᆞᆫ後 國家思想이有ᄒᆞᆷ 劉元杓
希望者ᄂᆞᆫ失意人도第二靈魂 셜泰熙

●靑會演說 今日下午七点半에靑年會館에셔紳士김祥演씨가生活의競爭이란問題로演說ᄒᆞᆫ다더라

●昇明益明 全南順天郡昇明學校々長김貞현씨가敎育에熱心으로校務를擴張ᄒᆞ기爲ᄒᆞ야히校를普成學校贊成部에連絡케ᄒᆞᆫ다더라

●豐儉一例 天安郡北一面等地所在驛土가今年水災에成川浦落處가多ᄒᆞ야各作人等이永無西成之望이라秋收時에收租官劉秉興氏가派員을下送定賭ᄒᆞᄂᆞᆫ데災減執賭以去ᄒᆞ더니劉씨가再送派員ᄒᆞ야檢査虛實ᄒᆞᆫ즉果如前派員所報라作人等依例히減賭ᄒᆞᆷ을노知ᄒᆞ엿더니不意收租官이依庚子年豐例納賭ᄒᆞ라ᄒᆞᄂᆞᆫ지라該作人等이收租官에게來見呼寃ᄒᆞᆫ즉劉氏所答에災年의依豐例收賭가雖甚抑울이ᄂᆞ非吾擅便이오依經理院指揮라ᄒᆞ거날作人等이白地應도가不勝抑울ᄒᆞ야經理院卿高永喜씨게再三等訴ᄒᆞᆫ즉題給ᄒᆞ되公納은無豐儉例ᄒᆞ니依前納도ᄒᆞ라ᄒᆞ고退斥ᄒᆞᆫ故로該作人等이呼訴無處에彷황道路ᄒᆞᆫ다니라

▲硯 池 波 瀾

▲近日政界에疑山忽出ᄒᆞ야一層危險ᄒᆞᄂᆞᆫ데反間이又生ᄒᆞ야陳平에惡草俱進ᄒᆞ든手段이徵滑ᄒᆞ야蒼鷹이刷羽에北山下一大臣을藐視ᄒᆞᄂᆞᆫ模樣이라더고

▲閔健植씨、父子同謀ᄒᆞ고釜山鎭을日人의게放賣ᄒᆞ얏나니該씨ᄂᆞᆫ身爲學部參書요以若금庫大臣之子로口文을爲ᄒᆞ야國土를販賣ᄒᆞ니그럴수가잇나절문子息이너무만말

▲避警使박承祖씨ᄂᆞᆫ勢力을圖得코져ᄒᆞ야一種黨派을成立ᄒᆞ고秘密히協議ᄒᆞ야新內閣을組織ᄒᆞ다가事已綻露ᄒᆞ야警使를已失ᄒᆞ엿스니可笑라好事多魔로고

▲警顧丸山씨가日本秘機를漏泄ᄒᆞᆯ가憂慮ᄒᆞ야中村日人을囑托ᄒᆞ야韓國各新聞을檢閱ᄒᆞ며니再昨日皇城新聞論說을桑港共立新聞을照謄ᄒᆞᆫ事項은日本에對ᄒᆞ야列强에戰雲이凝聚ᄒᆞᆷ은世界에喧藉ᄒᆞᆫ것을一箇中村이가抹殺欲掩코져ᄒᆞ니掩耳搖鈴이로고

雜報

●疏陳時宜 輔國閔泳徽氏가東洋의局勢가不可不한淸日이聯盟鼎峙하야唇齒之勢를成하여야三國이保全홀意旨와現今人民의教育이第一時急義務教育의制를實施하되各道各郡各방面에각其學校를設立하고其經費ᄂᆞᆫ各該面에셔自籌支판케하며각自有志人士를公選하야教育社를設하야該學校事務를

本報를愛讀ᄒᆞ시ᄂᆞᆫ 僉君子ᄂᆞᆫ意覽注燭ᄒᆞ시옵 本社를南署石井洞 皇壇新作路初入北便三層洋屋으로移接ᄒᆞ얏ᄂᆞᆫ디修理及各項整頓에經費가大端窘摺홈뿐더러拾年度文簿를磨勘ᄒᆞ깃스오니京鄕間本報購覽ᄒᆞ시ᄂᆞᆫ 諸彦씌셔ᄂᆞᆫ價金을送致ᄒᆞ시와愛讀ᄒᆞ시ᄂᆞᆫ厚意를表著ᄒᆞ심을是禱홈

大韓每日申報社 告白

斡판케하고且科擧廢止ᄒᆞᆫ以後로選士法이未有하야雖有卒業成學하더라도如何收用의法이無홈으로人多解躰하니自今爲始하야京城及各道郡官公私立學교卒業優等生을每年試選하야各府部奏判任官을依才需用하기로著爲定章하고外國留學生도考其卒業証狀하야特別需用케하되학교에卒業치아니ᄒᆞᆫ者ᄂᆞᆫ官職을許任치아니하기로皇上陛下게奏稟하고再昨日에上疏하야右陳ᄒᆞᆫ諸件事를實施하기로裁下하심을請하니 大皇帝陛下씌옵서도嘉納하슬터이오一般社會輿情이老鍊政家에確見을恰然稱頌들하더라

●分派貽弊 瑞興郡分派所總巡리圭完氏가被任下去ᄒᆞᆫ後에民間에作弊가許多하야民怨이낭藉ᄒᆞᆫ지라平山學校에셔十五歲된學徒兒가巡檢를對하야總巡이行悖ᄒᆞᆫ다고學校教師가言하더라하얏더니該巡檢니리總巡의게言하얏던지히兒를捉去質問後에該교교員을瑞興郡으로捉去ᄒᆞᆫ지라該學徒三十餘名이呼哭隨去하얏다ᄂᆞᆫ디히分派所ᄂᆞᆫ前日捕盜廳보다甚하다고傳說이喧藉하더라

金氏八難

大韓咸鏡南道元山港居商民金斗源氏가光武三年己亥六月十三日商業次로慶尙北道長기郡毛浦金雙童旅館에到ᄒᆞ야資本金五千一百九十圓十錢을支出ᄒᆞ야鹽一千八十八桶을貿得積置矣러니日本北海道島根縣隱崎國옥긔느군이會社船主木村源一郞兄弟가來到懇請曰以鹽換太則利益이不少라ᄒᆞ고裝載ᄒᆞ기를懇請ᄒᆞᆫ즉金氏ᄂᆞᆫ他國通商ᄒᆞᆫ實由에確能치못ᄒᆞᆫ고로疑慮点이有ᄒᆞ다가該船主에懇請으로遂爲契約ᄒᆞ고該船에裝載ᄒᆞ야發帆同行拾六日에到泊鬱陵島則日已暮矣라 未完

●貪守冀碑 安邊郡守金演禧氏에勒徵錢二萬餘兩中最冤者幾人이其時에呈部次上京홈을該守가探知ᄒᆞ고亂儒한益相리元明을嗾囑ᄒᆞ야路費를厚給起送ᄒᆞ야呈部次上京幾人을甘誘挽訴ᄒᆞ고緊客金乃鎔을更送ᄒᆞ야平理院官人中親近ᄒᆞᆫ某을挾縱ᄒᆞ야一郡諸民이願留ᄒᆞᄂᆞᆫ樣으로內部에呈ᄒᆞ야優題을得ᄒᆞ고各新聞上에虛譽을瞞揭ᄒᆞ얏고花山亭松田은三百餘年을民有地가分明ᄒᆞᆫ節目이常在ᄒᆞᆫ것을日人의게棄一萬五千兩에賣食次로契約書에圖章을쳐셔給ᄒᆞᆫ것을耶蘇教人姜柄柱리有來黃眞學諸氏가원山理事의게累次談판홀時에牧師富斗一氏씌셔極力周旋ᄒᆞ야該約書을破約ᄒᆞᆫ後에姜黃리三氏가松田守護홀注意로官節目을成出ᄒᆞ여달나고請願ᄒᆞᆫ즉嫌憾을因ᄒᆞ야請願人中一人을冷獄에嚴囚ᄒᆞ고松木을斫伐ᄒᆞ얏다執탈ᄒᆞ며無論某訟ᄒᆞ고曲直은不辨ᄒᆞ고釣賂雖一二十兩이라도加納ᄒᆞᄂᆞᆫ人으로得訟케ᄒᆞ고邑村中奸民을符同ᄒᆞ야虛名학校을設立ᄒᆞᆫ다ᄒᆞ며大路邊에木碑을多立ᄒᆞ얏ᄂᆞᆫ디不義ᄒᆞᆫ碑라고碑마다糞을塗ᄒᆞ얏고新延吏房박有찬은耶蘇信者라고뒤장三十度에汰去ᄒᆞ고捧稅書記申永魯가首書記을圖奪ᄒᆞ야上諂下唇ᄒᆞᄂᆞᆫ賣任聽訟에邑民이無非離散之境이고不辨晝夜ᄒᆞ고該廳에設技分賭에誘人子弟ᄒᆞ야蕩敗家産者不可勝數인디官吏가分食ᄒᆞᆫ다더라

●斫指同盟

光武十一年一月五日午前二時半에日本留學生二十一人斫指同盟ᄒᆞᆫ人의姓名居住年紀가如左ᄒᆞ니

崔昌祚 平北熙川 年二十八
李熙철 平南成川 年二十六
李允찬 平北郭山 年十九
최忠호 平北義州 年二十
朴允喆 平南殷山 年二十四
金昌河 平北嘉山 年二十四
白宗洽 平北泰川 年二十一
安希貞 平南殷山 年二十二
金潤英 平北宣川 年二十五
徐允京 平北義州 年二十
李善경 黃海道安岳 年二十二
梁大卿 平南順川 年二十三
김致鍊 平北龍川 年二拾
咸俊灝 京城 年二拾三
韓文彦 平北安州 年二拾三
劉永熙 京城 年二拾七
張景洛 平北義州 年二拾二
韓文善 平北義州 年二拾
鄭利泰 平北鐵山 年二拾
張雲龍 平北定州 年二拾一
閔在賢 京畿파州 年二拾七

廣告

西署餘慶坊夜照峴三拒里大路南邊伏在第二十五統五戶二層洋屋上下各十二間與大堅固煉瓦洋製倉庫二十四間곳을方欲斥賣玆以廣告有意僉君子來議于鐘路電氣會社上層銀行郭漢承爲望홈 郭漢承 告白

北靑精一學校寄附金如左 續

主事金문鍾仝朴在烈仝金昌烈議官金承圭進士金貞經委員鄭浩儁宣薦鄭宅模通政金桂豪仝리永甲仝安守元朴昌吉出身安基律仝鄭重模仝리希俊仝김正國許珍金致禹仝炳述主事鄭龍模仝리乃玉參奉金濟圭幼學李鎭金爲憲洪錫辰趙重德金應圭庸洙金亨瑞최仲立최聖模金珂崔明圭리孝連金亨周申泰河김正섭曹丙周徐興權鄭成模리洪疇김基裕리鍾쥐최南衡朴東敏김明俊리斗一姜學雲姜達俊朴基洙박大英김학[illegible]馬利善최尙烈리寅初김啓年김永淳高尙昆김應珍 以上各三元式 未完

●本社支店을京城興仁門外영楓亭佛教研究會로定ᄒᆞ엿사오니各寺刹에本報를購覽코져ᄒᆞ시ᄂᆞᆫ이ᄂᆞᆫ該會로請求ᄒᆞ시오 本社特白

洪淳康氏가東署崇東小門內十城東邊에織造機를廣張設施ᄒᆞ야稱號를淳昌號라ᄒᆞ고各色綢緞과紗屬等을織造販賣ᄒᆞ오니貿人은來臨購買ᄒᆞ시며或所用되ᄂᆞᆫ綢紗等屬을預托ᄒᆞ시면依約施行ᄒᆞ깃사 淳昌號

龍山林振浩許陰十二月初五日推次當文一萬兩內에五千兩先推ᄒᆞ고餘文五千兩於音見失ᄒᆞ야시니內外國人은勿爲見欺홈 校洞 李文欽 告白

本人의友人김東媛은即丕東潤氏의副室인디日前에家庭事로因ᄒᆞ야漢裁에이昧裁判을當ᄒᆞ고丕氏家에見出홈을抑冤히思惟ᄒᆞ고爲先丕氏와結髮ᄒᆞ얏든頭髮를側ᄒᆞ야本人에게送ᄒᆞ고丕氏에게傳致홈을要求ᄒᆞ얏숩기玆에廣告ᄒᆞ오니丕氏ᄂᆞᆫ곳此髮을推覓ᄒᆞ시고世人은김東媛의烈節을照亮ᄒᆞ시옵

園洞黃召史家留 리信媛 告白

◉特別緊急廣告

日本에셔留학ᄒᆞᄂᆞᆫ天道教派遣學生等은勤々孜々ᄒᆞ야熱心做工ᄒᆞ더니不幸히教會에셔昨年以來로學資를不送ᄒᆞ야千辛萬苦ᄒᆞ다가頃日에ᄂᆞᆫ食債를未報ᄒᆞ야旅舍에셔被逐ᄒᆞ야留學生監督廳에셔寄留ᄒᆞ더니去五日夜에一拾餘人이一時에剪刀를擧ᄒᆞ야其指를斬斷ᄒᆞ고盟誓曰學業을不成ᄒᆞ면死不歸라ᄒᆞ엿스니嗚呼라爲我同胞ㆍ야뉘가同情之淚를落치아니ᄒᆞ리오本會에셔此悲況을我同胞의게廣布ᄒᆞ오니多少를勿論ᄒᆞ고義捐ᄒᆞ야一時救急ᄒᆞ심을千萬伏望

一 臨時收錢所ᄂᆞᆫ大한每日申報社로定홈

一 捐금收集期限은二月拾日까지로定홈

光무拾一年一月八日

在日本東京

太極 會告白

廣告

◎學員募集廣告

本校第三回入學期를現當ᄒ야法律學及經濟學兩專門科學員을玆에募集ᄒ오니願ᄒᄂ人은左記試驗定期內에本校用紙로써早速請願ᄒ事

但法律科ᄂ晝ᄒ及夜ᄒ으로教授ᄒ고經濟科ᄂ夜ᄒ으로教授ᄒ

○修業年限　三학年

○入學年齡　二十歲以上

○學科目　法律학全部　經濟학全部　備在本校規則

○試驗日字　三月一日（陰曆丁未正月十七日）

○試驗科目
歷史及地誌問對（內國及外國）
讀書及作文（國文及漢文）
筭術（四則以內）
但官公私立학校의普通科以上卒業證書가有ᄒ人은其학力을檢定ᄒ後免試許入ᄒ

○開學日字　三月五日（陰曆正月二十壹日）

光武十一年一月十五日

中署磚洞 普成專門學校 告白

廣告

學員募集廣告

本校에서小學程度로初等科를姑先設置ᄒ고學員을廣募ᄒ오니願學僉員은本年一月三十一日（陰拾二月拾八日）以內로本校에來議ᄒ事

學員年齡은八歲以上

入學請願은本校刊行紙로施行

來議時間은自上午拾一時로下午三時

南署 私立 長橋 長薰學校

◉特別廣告◉

本書舖에서教育界需用을爲ᄒ야東西洋各種新編書籍을陸續輸入ᄒ오니有志君子ᄂ광臨購覽ᄒ시옵

宗教書類　地誌書類
教科書類　筭學書類
政治書類　傳記書類
歷史書類　雜著書類
語學書類　醫學書類

發賣所 大廣橋書舖 高裕相

分買所 咸南端川邑龍般里書舖 禹時和

越南亡國史　國漢文　新刊
定價貳拾伍錢

發賣所 京城廣橋 高裕相冊肆
鏡南端川郡 禹時夏冊肆
布屛下 김相萬 書舖

廣告

本人이齒料諸具를整備ᄒ야ᄒ人의게應用케ᄒ며視務時間은午前九時붓터午后一時ᄭᆞ지午后一時붓터午后五時ᄭᆞ지夜間에ᄂ定約ᄃᆡ로

事務所ᄂ南大門內蓮城위宮內施蘭教醫師後家

美國齒醫師ᄯᅴ、이、한 告白

西署新門外鍮동百八十六統三戶

辯護士 前檢事 前判事 正三品 丁明燮

法律事務所

事務員 前主事 吳在淳

朝陽報第十一號廣告

（著作）◎（譯述）

「告大官巨公」「害國乃忠韓」「品性修養」「商業概論」「隨感만錄」「寄書」「世界叢談」「內地雜報」「廣告」

「海ト雜報」「保護國論」「滅國新法論」「政治原論」「泰西教育史」「本朝名臣錄」「갈蘇十傳」「米國大統領」「詞藻」「비ᄉ마ᄅ子」「愛國精神談」

◉民事訴訟代理와刑事申辯과鑑定一切法律에關ᄒ事務를迅速處理ᄒ

漢城南署苧洞第十七統八戶

辯護士 前檢事 正三品 李冕宇

法律事務所

事務員 前博士 玉東奎
法學士 [illegible]
前議官 金佳濟

美國紐育港셔 [illegible]본쓰 濃結牛乳會社

一手代理店

大韓仁州港 [illegible] 洋行

一 鷲標罐濃縮牛乳

一 金印罐詰濃縮牛乳

一 [illegible]家用氣化乳粉

一 본쓰製[illegible]

合牛乳

以上은常時에貯積ᄒ얏ᄉᆞᆷ

●九轉靈砂라 [illegible]入이妙方으로 [illegible] 男女老少에無論何症ᄒ고 [illegible] 小兒ᄂ [illegible] 健康ᄒ며 [illegible]

●九轉靈砂萬靈丹은 [illegible]

●九轉靈砂保命丹은 [illegible] 疾에神效ᄒ오

●九轉靈砂[illegible]丹은 [illegible] 婦人帶下症에 [illegible] 效ᄒ며

●九轉靈砂紫金丹은痔漏 [illegible] 上疳瘡 下疳瘡及 [illegible]

吐血 下血 [illegible] 時症 [illegible] 症에神效ᄒ오

開設 [illegible] 各種에無不神效ᄒ오니 [illegible] 來購ᄒ시오

內部司前 [illegible]

◎本社廣告

○申報價

	新貨
一張代金	二錢五里
一個月前納	三十錢
三箇月	九十錢
六個月	一元七十錢
一箇年	三元四十錢
郵稅一部	新貨五里
一箇月	十三錢

廣告料

四号活字 三字詰

每日每英尺一寸에新貨廿五錢（每日每行六錢에相當ᄒ）

一週日에 二圓五十錢（每日每行四錢五里에相當ᄒ）

一箇月에 五圓（每日每日四錢一里에相當ᄒ）

其期限의長短과字行의多夥를依ᄒ야增減ᄒ이有ᄒ

●大한每日申報各處支社廣告

中署布屛門下 김相萬冊肆

洞口越便朱翰榮冊肆

中署農圃初八統第二號 拾人七 鄭禹澤

平壤上水口門內 김浩淵

全 김淑恒

仁川 [illegible]峴開新冊肆 리東皓

宣川邑橋西里 安 濬

義州西門外한西 大藥局

釜山港佐川 徐藥局

三和港築洞 김仁집

咸興朱南社西門外 曹喜林

開城培學校 姜助遠

大邱達城 廣文社

載寧邑濟衆院 劉夢澤

鐵山邑東部 安 [illegible]

長淵邑 김 [illegible]

元山支店 김乃範

定州南門內 洪聖麟

京城興仁門外영楓亭 리建[illegible]

發行兼編輯人 英國人비說

發行所 南署石井洞號外地三層洋屋家

大韓每日申報社

(明治三十八年八月十一日第三種郵便物認可)

第五卷

大韓每日申報
대한매일신보

第四百廿一號

月曜及慶節歲時日休

檀君開國四千二百三十九年
箕子元年三千二十八年
大韓開國五百十五年
日本明治四十年
淸國光緒三十二年
◉陰曆丙午十二月大初五日丁卯

上諭

韓皇陛下씌옵서輔國閔泳徽氏의疏奏에對ᄒᆞ야嘉納ᄒᆞ시고勅諭學部ᄒᆞ심이如左ᄒᆞᆷ

邦慶滋至東宮大禮儀節次第順成納徵已行 聖心嘉悅臣民慶忭曷有其極仍伏念臣於見職辭解屬耳旋又伏奉 恩命臣誠惶惑莫省所以也非徒磨驢之跡有愧廉維其任官方恐無如是苟簡矣伏願劃賜遞改爲竊有時政急務之冒陳愚衷而尾附焉我朝文明之治逈越前古學校庠塾之制未始不備但縫掖誦讀之風未始不盛也但近來規模奇廢趨向浮虛馴致國勢萎靡至於今日而極矣現今各國學術日新爭自研究於實用之地西人所以富强於天下誇雄於一世者其道靡他寔在教育人民男女無不歸學而已由是其智慮日長工藝日興政治法律理財足兵靡不刷新發達能化弱爲强回亡爲存其在東洋則日本先覺乎此汲汲以教育爲務故로三四十年之間卒能致如彼之强此實近事之章章可見者也夫環球萬國各自區分種族互殊風土不齊而人物謠俗文字聲氣相同壤地相接交隣ᄒᆞᆫ以其關係與他邦絕殊者惟我國與日淸是已凡此三國實有輔車脣齒之勢連合則强分離則孤此不待智者而可籌也以故有深憂遠慮者莫不以鼎足聯盟爲保全東洋之大計欲其共力奮發以鞏固我平和者亦惟曰教育而已惟我陛下洞觀宇內之大勢深軫時措之急務是者十行丹綸眷眷致意於植蔭培養之方內自京師外而道郡公私學校之設稍稍繼起於此以可見人心之興感也若因其端緒益加獎勵鼓舞而振發之則將見風草之化捷於桴鼓矣臣愚以爲欲使全國之內振興學校宜倣各國義務教育之制强制施行然後乃可普及於全國也若不如是而全國學校恐欲以國帑措판則必不可得矣宜令各道各郡各坊各面市場劃定學區各立一學校隨其方而大小合之分之聽其自便其經費皆由該區內自籌支판又令每區公擧其有志有聲望之人任其財政及庶務之管理另設一教育社選定社員若干人以爲會판事務官吏但令其監督而已則此不消公帑而能廣興教育之良法也且養士將以致用而一自科擧廢後幷無選士之法雖有卒業而成學者亦無所用故士皆解體多至半道而廢絕無卓然成材爲國用者可勝歎哉自今俟其卒業每年自道郡試選優等生送至京師銓考試取凡奏判任官依才需用著爲定章其不由學校卒業而以他道進者不許任職其他外國留學者毋論官私費生考其卒業証狀亦宜特別收用以示獎勵之意則靑年聰俊靡不修鍊興起學業不幾年教育之效必彬彬大著矣此乃當今振興育之第一先務也苟不及今奮勵則雖三國幷峙將無以自立矣夫我國人民之聰敏英俊豈讓於他國哉特教育未興智識未發故坐此闇昧耳致達之術惟在勸導之如何使之惕念猛省靡然從之則十年而佇見兒童作成濟濟幹國家維新之基實於斯乎在矣玆敢冒陳管見伏願皇上特加採納令學部 奏裁施行使人無不學學無不成以致教育之盛以爲重恢之基國家幸甚

批旨省疏具悉所帶諸務俱係緊幹不必爲辭遜來公私立學校之設稍稍振起可以佇見人才之蔚興而欲其朝夕汲汲然使至闔巷婦孺人無不學一新斯民鞏固我磐泰基礎則宜又有另樣方略勵之速圖作成之效朕有所嘉勵所以專精注意者在此而今見卿疏尾陳欵欵切中於時措其聯合形勢與教育發達必如所論然後民國可得全安雖豈區不解文字者耳其說亦將猛省而惕勵各自奮勵於爲國爲身家지計矣且自今內外奏判任官非학校卒業人毋得差擬著爲定式亦令학部幷原疏措辭布諭於都下及各該府郡坊曲令民知方有所奔勸

官報

●三千六百六十五號 光武十一年一月十七日

◉叙任及辭令

任官立漢城德語학校教官 正三品김成喜
命奉常司長 奉常司提調김大鎭
命奉常司提調 從二品리봉來
依願免本官 秘書監丞리鍾華
康陵參奉리載九
任秘書監丞 從二品趙慶濬
任康陵參奉 英陵參奉김復圭
任英陵參奉 리○鎔

◉勅令 續

●勅令第二號

……二拾四字를添入ᄒᆞ고第拾條以下는排次改正ᄒᆞᆷ이라

附則

第二條、本令은頒布日로붓터施行ᄒᆞᆷ이라

光武拾一年拾四日
御押 御璽 奉
勅 議政府參政大臣박제純
內部大臣리址鎔
度支大臣민泳綺 完

●勅令第三號

光武拾年勅令第拾三號農工銀行條例第拾條中「額面금額拾元以上으로ᄒᆞ고」를「額面금額十元以上으로ᄒᆞᆷ이라」로改正ᄒᆞ고「記名式으로ᄒᆞᆷ을要ᄒᆞᆷ이라」拾一字를刪去ᄒᆞᆷ이라

光武拾一年一月拾四日
御押 御璽
勅 議政府參政大臣박제純
度支大臣민영긔

勅令第四號

陸軍衛生院官制中改正件

光武九年勅令第四十八號陸軍衛生院官制中第十條은下에藥劑官을除ᄒᆞᆫ外에八字를添入ᄒᆞᆷ이라

光武十一年一月十四日
御押 御璽 奉 勅 議政府參政大臣朴제純 軍部大臣權重顯 度支部大臣閔泳綺

外報

●海軍根據地 淸國海軍根據地는遼東에는長山列嶋오발海에는榮城灣이오절海에는舟山及燕山列島오越海에는北海灣이라더라

●海軍敎育 淸國海軍은此番鐵良氏의創意로海軍大學을天津에設置ᄒᆞ고薩提督으로監督케ᄒᆞ고英日兩國으로부터敎師을聘ᄒᆞ고將來는南京武昌、廣東、福州에海軍小學校를設立ᄒᆞ려ᄒᆞᆫ다더라

●英國陸軍改革 倫敦電을據ᄒᆞᆫ則英國陸軍大臣ᄒᆞᆯ루덴氏의陸軍改革案이英帝의裁可를蒙ᄒᆞ얏는ᄃᆡ該案을據ᄒᆞᆫ則一師團이各三旅團으로成ᄒᆞᆫ六個師團과騎兵四個旅團으로써、地軍隊를組織ᄒᆞᆫ다더라

●司令官의移住 北京電을據ᄒᆞᆫ則黑龍江界黑河에駐在ᄒᆞᆫ俄國司令官이愛琿地方에移住ᄒᆞᆯ意로黑龍江將軍에電孜ᄒᆞ얏다더라

雜報

●天恩生成 韓皇陛下ᄭᅦ옵셔今番斷指同盟ᄒᆞᆫ留學生二十一人의情況을矜燭ᄒᆞ사五千餘圜을內下ᄒᆞ옵시고學部에셔ᄂᆞᆫ該學生等을官費生으로付屬ᄒᆞ얏다더라

●一留一歸 駐日顧問日賀田氏가歸國ᄒᆞ얏다고某新聞에揭載ᄒᆞ얏ᄂᆞᆫ바詳聞ᄒᆞᆫ즉該氏가財政相關이有ᄒᆞᆫ지東宮嘉禮後歸國ᄒᆞ기로預定ᄒᆞ얏고法學博士梅謙次郞氏가三昨日에歸國ᄒᆞ얏다더라

●門票見奪 東宮嘉禮時排設差備內侍某씨의門票를혼雜이라ᄒᆞ야日警視某씨가奪去ᄒᆞ얏다더라

●學校視察 學務局長兪星濬視學官魚容善主事리宗應囑托廣田直三等諸씨가南中各學校視察次로本日發程ᄒᆞᄂᆞᆫᄃᆡ回期ᄂᆞᆫ一朔可量이라編輯局長申海永씨가학務局長을代판視務ᄒᆞᆫ다더라

●權議金乞 內部地方局은一部의重任인ᄃᆡ其座가久空ᄒᆞ야該部參書官權鳳洙氏로陞任코ᄌᆞᄒᆞᆫ즉該氏ᄂᆞᆫ無能力ᄒᆞᆫ人으로自處ᄒᆞ고謙讓ᄒᆞᆫ다ᄂᆞᆫᄃᆡ該部會計局長金寬鉉氏가期於圖得코ᄌᆞᄒᆞ야晝夜哀乞ᄒᆞᆫ다니金氏ᄂᆞᆫ可謂有能者인지難괄其意ᄒᆞ야爲先代판을命ᄒᆞ얏다더라

●仲裁手段 法部大臣李夏榮氏가參政朴齊純氏와內相李址鎔氏의不穩ᄒᆞᆫ事에對ᄒᆞ야居間和同을붓치랴고極力紹介ᄒᆞᆫ다더라

●夫人涕泣 義兵將閔宗植氏ᄂᆞᆫ監獄署에在囚ᄒᆞ얏ᄂᆞᆫᄃᆡ夫人李氏가徒步上京ᄒᆞ야艱辛供獄ᄒᆞᄂᆞᆫᄃᆡ無異救乞供괴ᄒᆞᄂᆞᆫ지라都下諸紳氏家가長겁으로由ᄒᆞᆷ인지該夫人을門內에入ᄒᆞ게못ᄒᆞ고도로여恐喝ᄒᆞ여리씨夫人이涕泣歸來ᄒᆞ얏다더라

●爲兄請和 三昨日에李範喬氏가박參政을往見ᄒᆞ고自巳兄內相李址鎔氏와芥嫌을洗滌ᄒᆞ고和好做去ᄒᆞ기를懇請ᄒᆞ되朴參政이終是不解ᄒᆞᄂᆞᆫ故로李氏가含愧而來ᄒᆞ얏다더라

●收斂設餞 日本警察官吏諸氏가遞警務使朴承祖氏에忽地見遞ᄒᆞᆷ을愛惜ᄒᆞ야각其三圜式收取ᄒᆞ야再昨夜泥峴等地料理店에셔送別會를開設ᄒᆞ야창缺之情을表ᄒᆞ얏다더라

●自日歸國 日本에逗留ᄒᆞ던李圭完鄭蘭교等某某씨가三昨日에入京ᄒᆞ야南大門內等地에留連ᄒᆞᆫ다더라

●談판一進 昨日학部에셔日本留학生자指事에對ᄒᆞ여積債四千圜을一進會長리容九씨을招來ᄒᆞ여擔當ᄒᆞ기로談판ᄒᆞᆫ다더라

●試選委員 昨日학部에셔委員二課를試選ᄒᆞᄂᆞᆫᄃᆡ文書課委員은文筆로試取ᄒᆞ고一窠ᄂᆞᆫ履員김命年씨를多年勤勞로陞任ᄒᆞ엿다더라

●경官報免 平安北道觀察道警務官金某가民事上에何樣이라雜이有ᄒᆞ던지該道觀察使申泰休氏가內部에免官報告를繕呈ᄒᆞ얏다더라

●皆歸於正 吉州總巡白儀鏞氏가莅任以後에警察責任者實心做去ᄒᆞ야廉潔公直ᄒᆞᆷ이該郡人民이事無大小ᄒᆞ고諸般民刑事間訴狀을該郡守의게不受處決ᄒᆞ고白氏의게還至呼訴ᄒᆞᄂᆞᆫ故로白氏가聽訟에不堪奔忙ᄒᆞ야請願上京ᄒᆞ기로決定ᄒᆞ얏다더라

●警使新任說 中樞院贊議金在豊氏가警務使를被任ᄒᆞᆫ다ᄂᆞᆫ說이有ᄒᆞ더라

●警官貽弊 西來人傳說을聞ᄒᆞᆫ즉巡檢을各郡에派送ᄒᆞᆫ後에民事를無ㅣ干涉ᄒᆞ며自以謂警察ᄒᆞ고周行村閭ᄒᆞ야恐喝威脅에民불堪其苦ᄒᆞ다니保護生民은姑捨ᄒᆞ고反爲貽弊於民뿐더러瑞興分署總巡은民事裁判ᄭᅡ지ᄒᆞᆫ다니該道ᄂᆞᆫ裁判所가또잇ᄂᆞᆫ지民情이嗷嗷ᄒᆞ다더라

●리氏老慾 參政課長리健혁氏가十數年來로權勢을怙藉ᄒᆞ야圖民의生利을획取에殘産을剝奪ᄒᆞ며國金의文簿操縱에巨欵을偷弄ᄒᆞ야田답歲收가數萬石에過ᄒᆞ며帳簿日記가百萬金에達ᄒᆞ거ᄂᆞᆯ年今衰暮에在得之戒을不念ᄒᆞ고貪慾이日熾ᄒᆞ야有勢外人을贈金結歡ᄒᆞ며都監監董을納賂得差ᄒᆞ야內外新勢力을一層圖得ᄒᆞ야非理錢財ᄂᆞᆫ侵奪ᄒᆞᆷ을益益計畫ᄒᆞᆫ다더라

●文簿積滯 內部一般公文를協판과參與官이捺章ᄒᆞᆫ後에各局課에配付ᄒᆞ야處理ᄒᆞ고大臣에게處分ᄒᆞᄂᆞᆫᄃᆡ近來協판이遞任ᄒᆞ고參與官은有何事故인지不來ᄒᆞᄂᆞᆫᄃᆡ再昨日에該部大臣이一朔만에仕進ᄒᆞ야處판件이甚多ᄒᆞᆷ을노思歎ᄒᆞ얏 但警務局文簿만有ᄒᆞ고其他各局課ᄂᆞᆫ一件도無ᄒᆞᆫ지라大臣이各局課員을對ᄒᆞ야積滯餘에公事가ᄒᆞ니是何故ㅣ오ᄒᆞᆫᄃᆡ各局課員無ㅣ答ᄒᆞ되參與官龜山이가不來ᄒᆞᆫ由니다ᄒᆞ거ᄂᆞᆯ大 이卽爲公函ᄒᆞ야催촉視務케ᄒᆞ얏다니아마龜山이가視務치아니ᄒᆞ면該部大臣은一字一文도不可得見ᄒᆞᆯᄂᆞᆫ지此根因은遞協판金錫徹氏에專權中出來ᄒᆞᆫ事業이라더라

●檢定교官 昨日학部에셔각학校教官을檢定ᄒᆞ야三十人를擇取ᄒᆞ얏다더라

●谷守請願理由 谷山郡守鄭喬씨가身病으로內部에受由請願ᄒᆞ얏ᄂᆞᆫᄃᆡ內部에셔診斷書를呈ᄒᆞ라ᄒᆞᆫᄃᆡ히씨가郡守請由ᄒᆞᆫ診斷云云은今始初聞이라ᄒᆞ고仍卽辭職請願ᄒᆞ얏다더라

●說了又哭 日本明治大학校에셔警務卒業ᄒᆞ고歸國ᄒᆞᆫ高永杓씨가警務廳及各寺刹에周行ᄒᆞ야教育上有益言ᄒᆞᆷ說明ᄒᆞ더니昨日은新門外奉元寺에前往ᄒᆞ야僧侶四拾餘名을對ᄒᆞ야演說ᄒᆞ되大한二字進步ᄒᆞᆯ거슨第一人口인ᄃᆡ我國은爲僧侶者를永防結婚케ᄒᆞᄂᆞᆫ故로一年幾百名式人口損害를當ᄒᆞ니諸僧은決코從此以後로ᄂᆞᆫ婚姻을ᄒᆞ고信佛ᄒᆞᄂᆞᆫ거시可ᄒᆞᆫ줄노一場說明ᄒᆞ고終末에高씨가大한二字를默思ᄒᆞ다가仰天痛哭해다더라

●花月開會 統監府부屬海軍少將官岡씨가각府部에通牒ᄒᆞ되今番嘉禮時에致賀次로來到ᄒᆞᆫ笠置艦長과千代田艦長이入城ᄒᆞ엿ᄂᆞᆫᄃᆡ今二十五日下午六時에花月樓에셔親睦會를開催ᄒᆞᆯ터이니屆期來臨ᄒᆞ라ᄒᆞ얏다더라

●院卿被任說 奉常提調리봉來씨가經理院卿을被任ᄒᆞᆫ다ᄂᆞᆫ說이有ᄒᆞ더라

●機械積置 京城에消防機械가本無ᄒᆞ더니학部參書官洪奭현씨가發論ᄒᆞ야박承祖씨경使在任時에入稟ᄒᆞ야各署에各一座式分給ᄒᆞᄂᆞᆫᄃᆡ경廳에도弗可無一座라ᄒᆞ야六座를下賜ᄒᆞ셧ᄂᆞᆫᄃᆡ히機械을警廳에留置ᄒᆞ야破傷지境에至ᄒᆞ여도尙未分給ᄒᆞᆫ다더라

●借會爲虐

所謂一進會가稱以官許ᄒᆞ고義州水鐵面美山동等地에掘礦採金ᄒᆞᆯ시此機會을乘ᄒᆞ여洪在輔가以申興周猥種으로爲其前導ᄒᆞ야稱以礦官杜礦云ᄒᆞ고隨其大小家戶ᄒᆞ여每戶의幾百金式을欲爲排斂ᄒᆞ니동民이皆不應從이여ᄂᆞᆫ本동居리根植者ᄂᆞᆫ素是性質淳ㅓ之人이러니洪在輔가招致리根植ᄒᆞ야卽討索千金ᄒᆞ되리竟不應ᄒᆞᆫ즉洪이卽入囚於內屋ᄒᆞ고以視威挾ᄒᆞ니리知自人難手ᄒᆞ야不能奪網ᄒᆞ고寫以三百兩標紙로得免困辱이라가後幾日의리更擧論ᄒᆞ여不酬김而還推標矣러니洪이自此結寃ᄒᆞ야誘리以來ᄒᆞ야倒懸爲柱ᄒᆞ고洪進士가親手捯糞安ᄒᆞ哉아 [illegible] 又以自己頹敗家屋으로藉以設立學校라ᄒᆞ고一塊土數枚木으로知不修理爲名ᄒᆞ고洞民處의排以학校修理費라ᄒᆞ고大戶에拾餘兩小戶에七八兩式으로星火勒徵ᄒᆞ니貧寒小民은盤판其錢ᄒᆞ니卽奪取以食ᄒᆞ니乃지類ᄒᆞ야怨聲이如沸ᄒᆞ더라

[illegible]

△政界風濤가近必湧出ᄒᆞ야如山鯨波가飜覆이無常ᄒᆞ니目露戰雲이把作一局ᄒᆞ나公者勝私者敗ᄂᆞᆫ理之常也니現今政府ᄂᆞᆫ誰公誰私ᄒᆞᆫ지

△政界戰雲이尙且未霽ᄒᆞ야白猿枝頭에霜光이觸出ᄒᆞ니吳漢이對局에魯肅이安在오兩相依角에平和가無日ᄒᆞ니法相에仲裁權법으로ᄒᆞᆯ슈업나니지

△國民報ᄂᆞᆫ리容九에機關이오萬歲報ᄂᆞᆫ孫秉熙에機關이라日本에留학生二十一人에斫指同盟ᄒᆞᆫ事에對ᄒᆞ야각自歸咎ᄒᆞ나遁辭所窮에如見肺肝이라ᄒᆞ란이코셔로나몰ᄒᆞᄂᆞᆫ模樣이로고

△留학生二十一人에志氣가高尙强硬ᄒᆞ야來頭학會ᄂᆞᆫ孫리兩人이雖爲支援ᄒᆞ나睡眠退却ᄒᆞ려니와以前六七百圜積債ᄂᆞᆫ綠誰지故오孫리兩人이擔當ᄒᆞ여야經界에當然ᄒᆞ지

△近日泥峴等地에韓人이日店에物品을興成ᄒᆞ다가欧打逢辱이無ᄒᆞᆫ人弗當ᄒᆞ니同價紅裳이면同國商店에買ᄒᆞᄂᆞᆫ거시事理에合當ᄒᆞ거ᄂᆞᆯ무ᄉᆞᆷ取利ᄒᆞᆯ事가有ᄒᆞ야自取其辱ᄒᆞᄂᆞᆫ지韓人은心腸이업더고

雜報

●徽塾義捐

徽文義塾總監閔泳徽氏가韓國留學生斷指ᄒᆞᆫ二十一人의게對ᄒᆞ야金五十圜을捐助ᄒᆞᆫ公函이如左ᄒᆞ니

僕閱각新報上所記二十一血指之渡來海外아然驚惨覺拍案叫苦也嗟吾一般國民우衛時局靡禁歎咤盈衿而所期望者惟靑

年諸君而已

海外絕域離親割愛隻影相吊一心誓國與盡無限搬苦務圖學成歸國其志足以挽回國力况一指之血可能洒二千萬之腦喚醒大韓帝國之精神誠自此始也僕一今一喜夜不能며天明直入我徽文義塾招集學徒以此勸諭猶不能自已醻表徽衷望須諸君決此心勉于學俾世界列邦知有大韓人何幸

●金氏八難 續

解下ᄒᆞ기를明日노約條ᄒᆞᆫ後김氏ᄂᆞᆫ從船에下陸ᄒᆞ야宿旅館ᄒᆞ고翌日平明에鹽둥解下次로出往阜頭則裝鹽船이乘夜逃走ᄒᆞ얏스니망망大海에不知去向故로四處에探知ᄒᆞ다못ᄒᆞ야不勝痛憤ᄒᆞᆫ故로即到本皇城ᄒᆞ야外部에累次呈訴ᄒᆞᆫ則照會於日公館ᄒᆞ미

日公使가通照于木村源一郞所居地方官ᄒᆞ야김氏事件이的實ᄒᆞᆫ答照가兩次來到ᄒᆞᆫ미林公使가當以徵報홈은可컨이와只以恤김數百圜으로防塞ᄒᆞ니김氏가拒絕不受日當捧之錢을不推則恤금名色은雖日幾萬圜이라도決不當受라ᄒᆞ고不勝憤痛ᄒᆞ야即往日公館ᄒᆞᆫ슈 未完

●汾南學校趣旨書

凡國家에基礎ᄂᆞᆫ在養成人才ᄒᆞ고人材의養成은在知識發達ᄒᆞ니학校之不可不擴張이是也라現今時代의列强이競爭ᄒᆞ야固非舊日閉門獨守의斥㶚自足者지比擬則其학問이亦不無損益연革取捨古今지異同일ᄉᆡ惟我同胞二千萬圓顱方趾지人이孰不知埃及波蘭지昭昭前鑑이리오마ᄂᆞᆫ尙불見團結其心ᄒᆞ야進步文明者ᄂᆞᆫ寔由平門路各殊ᄒᆞ고趣志不同ᄒᆞ야泥古者ᄂᆞᆫ不識通變ᄒᆞ야株守舊規지腐習ᄒᆞ고好新者ᄂᆞᆫ弁髦舊학의爭趣虛僞지粉飾ᄒᆞ야恬若無事라가竟至今금금乃已則同病지弊이皆所激切者矣러니何幸挽近의識時知務지家ㅣ處處設校에擴張敎育ᄒᆞ야上承 皇上切至지 恩칙ᄒᆞ고次續政府諸公지熱心ᄒᆞ니國權의來復과生命의維持가將權與于此矣로다生等이亦於汾南의設校聘師ᄒᆞ야敎育爲務ᄒᆞ니凡我諸任員及諸학員ᄂᆞᆫ實心贊助ᄒᆞ며實心敎授ᄒᆞ야時措便宜ᄂᆞᆫ雖有古今지別이나忠孝心道德心은必無新舊학지異同이니參지舊학ᄒᆞ며즐지新학ᄒᆞ야其所設施가皆爲實效면人聚成家요家聚成國이라一人지학問이一家의幸福이요一家지幸福이一國의基礎니箇人箇人은勉지勉지어다

●力不逮志 南門外巡동普通학校ᄂᆞᆫ敎師孫承烈ᄊᆞ가私立ᄒᆞ고多年敎育ᄒᆞ든바當初에ᄊᆞ의父親이敎育ᄒᆞ기爲ᄒᆞ야千餘圜을買田판給ᄒᆞᆫ인데近日來經費가乏絕ᄒᆞ야校樣이殘殘ᄒᆞᆫ지라ᄊᆞ의父親이이말을듯고昨日自금川上來ᄒᆞ야父子相歎曰교育上家產見敗홈은已無可論이어니와미月國庫금七圜五十錢消費ᄒᆞ엿스니公私兩害ᄒᆞ니奈何오ᄒᆞ더라니該ᄊᆞ의有志無力을可歎이라ᄒᆞ더라

●春山打主 龍川龍巖港居리麟貞先山이義州枇峴亭子동에在ᄒᆞᆫ되本邑舊馬停車場에留在ᄒᆞᆫ日人桑垣仙多郞桑垣萬市山本竹次郞뮤욱감通譯김榮호等이憑藉軍用ᄒᆞ고有主松木을無難斫伐ᄒᆞ기로欲問事故ᄒᆞ고價本을推尋次로往彼日人家ᄒᆞᆫ즉彼言이今夜의吾家에留宿이면價本을照數出給ᄒᆞᆫ다ᄒᆞ기로從其渠言ᄒᆞ야留宿ᄒᆞ더니忽然深夜에彼三四等이荷杖拔刀曰軍用에有何價本이리오ᄒᆞ며無數亂打ᄒᆞ기幸得避身ᄒᆞ야幾免死地ᄒᆞ니世豈有如許亡測之事乎아不勝忿冤ᄒᆞ여日辨觀의게三四次裁判에彼等이置지落科이나請推松價ᄒᆞᆫ즉二三朔延타에終不納末ᄒᆞᆫ다더라

◉特別緊急廣告

日本에셔留학ᄒᆞᄂᆞᆫ天道敎派遣學生等은勤々孜々ᄒᆞ야熱心做工ᄒᆞ더니不幸히敎會에셔昨年以來로學資를不送ᄒᆞ야千辛萬苦ᄒᆞ다가頃日에ᄂᆞᆫ食債를未報ᄒᆞ야旅舍에셔被逐ᄒᆞ야留學生監督廳에셔齊留ᄒᆞ더니去五日夜에二拾餘人이一時에勇刀를擧ᄒᆞ야其指를斬斷ᄒᆞ고盟誓曰學業을不成ᄒᆞ면死不歸라ᄒᆞ엿ᄉᆞ니嗚呼라爲我同胞 야뉘가同情之淚를落치아니ᄒᆞ리오本會에셔此悲况을我同胞의게廣布ᄒᆞ오니多少를勿論ᄒᆞ고義捐ᄒᆞ야一時救急ᄒᆞ심을千萬伏望

一 臨時收錢所ᄂᆞᆫ大韓每日申報社로定홈

一 捐금收集期限은二月拾日ᄭᆞ지로定홈

光무拾一年一月八日
在日本東京
太極學會 告白

廣告

◎學員募集廣告

本校第三回入學期를現當ᄒᆞ야法律學及經濟學兩專門科學員을玆에募集ᄒᆞ오니願학人은左記試驗定期內에本校用紙로써早速請願ᄒᆞᆯ事

但法律科ᄂᆞᆫ晝학及夜학으로教授ᄒᆞ고經濟科ᄂᆞᆫ夜학으로教授ᄒᆞᆷ

○脩業年限 三학年

○入學年齡 二十歲以上

○學科目 法律학全部 經濟학全部 備在本校規則

○試驗日字 三月一日(陰曆丁未正月十七日)

○試驗科目

歷史及地誌問對(內國及外國)

讀書及作文(國文及漢文)

筭術(四則以內)

但官公私立학校의普通科以上卒業證書가有ᄒᆞᆫ人은其학力을檢定ᄒᆞᆫ後免試許入ᄒᆞᆷ

○開學日字 三月五日(陰曆正月二十壹日)

光武十一年一月十五日

中署磚洞 普成專門學校 白告

廣告

學員募集廣告

本校에셔小學程度로初等科를姑先設置ᄒᆞ고學員을廣募ᄒᆞ오니願學僉員은本年一月三十一日(陰拾二月拾八日)以內로本校에來議ᄒᆞᆯ事

學員年齡ᄂᆞᆫ八歲以上

入學請願은本校刊行紙로施行

來議時間은自上午拾一時로下午三時

南署長橋 私立長薰學校

◎特別廣告◎

本書舖에셔教育界需用을爲ᄒᆞ야東西洋各種新編書籍을陸續輸入ᄒᆞ오니有志君子ᄂᆞᆫ광臨購覽ᄒᆞ시ᄋᆞᆸ

宗教書類 地誌書類

教科書類 筭學書類

政治書類 傳記書類

歷史書類 雜著書類

語學書類 醫學書類

發賣所 大廣橋書舖 高裕相

分買所 咸南端川邑龍般里 書舖 禹時和

越南亡國史 國漢文 新刊

定價貳拾伍錢

發賣所 京城廣橋高裕相冊肆

鏡南端川郡禹時夏冊肆

布屛下 김相萬 書舖

廣告

本人이齒料諸具를整備ᄒᆞ야호人의게應用케ᄒᆞ며視務時間은午前九時브터午后一時ᄭᆞ지午后一時브터午后五時ᄭᆞ지夜間에ᄂᆞᆫ定約ᄃᆡ로

事務所ᄂᆞᆫ南大門內達城위宮內施醫教醫師後家

美國齒醫師 ᄯᅥ、이、한 告白

西署新門外館동百八十六統三戶

辯護士 前檢事 前判事 正三品 丁明燮

法律事務所 事務員 前主事 吳在淳

朝陽報第十一號廣告

◎

(著作)

「告大官巨公」「害蟲乃忠蟲」「品性修養」「商業衛論」「隨感만錄」「寄書」「世界叢談」「內地雜報」「廣告」

(譯述)

「海卜雜報」「保護國論」「滅國新法論」「政治原論」「泰西教育史」「本朝名臣錄」「갈蘇十傳」「米國大統領」「詞藻」「비스마룩子」「愛國精神談」

◎民事訴訟代理와刑事辯護及訴訟에關ᄒᆞᆫ一切法律事務를迅速處理홈

[illegible]南署[illegible]洞第十七統八戶

辯護士 前檢事 正三品 李[illegible]

法律事務所

[illegible]博士 玉東奎

[illegible] 前議官 金益濟

美國紐育[illegible]煉乳牛乳會社

大韓仁川港 代理店 世昌洋行

一 鷹標罐濃縮牛乳

一 金印罐縮濃縮牛乳

一 [illegible]家用無化乳酪

一 [illegible]製[illegible]

一 合牛乳

以上은常時에貯積ᄒᆞ얏슴

◎九轉[illegible]砂[illegible]本人이妙方[illegible]

◎九轉[illegible]

◎九轉[illegible]砂保命丹[illegible]

◎九轉[illegible]砂[illegible]丹은[illegible]

◎九轉[illegible]砂[illegible]金丹[illegible]

吐血 下血 [illegible] 時疾 痢症에神効ᄒᆞ오

[illegible]上痛 下痛[illegible]

[illegible]

◎本社廣告

○申報價

一張代金 新貨二錢五里

一個月前納 三十錢

三箇月 九十錢

六個月 一元七十錢

一箇年 三元四十錢

郵稅一部 新貨五里

一箇月 十三錢

○廣告料

四號活字 三字詰

每日每英尺一寸에新貨廿五錢

一週日에(每日每行六錢에相當ᄒᆞᆷ) 一圓五十錢

一箇月에(每日每行四錢五里에相當ᄒᆞᆷ) 五圓

(每日每日四錢一里에相當ᄒᆞᆷ)

其期限의長短과字行의多寡를依ᄒᆞ야增減ᄒᆞᆷ이有ᄒᆞᆷ

●大한每日申報各處支社廣告

中署布屛門下 김相萬冊肆

中署農圃洞口越便朱翰榮冊肆

拾八統第二號 鄭禹澤

平壤上水口門內 김浩淵

仝 김叡恒

仁川 林峴開新冊肆 리東皓

宣川邑橋西里 安 潛

義州西門外한西 大藥局

釜山港佐川 徐藥局

三和港築洞 김仁집

咸興朱南社西門外 曹喜林

開城培學校 姜助遠

大한達城 廣文社

載寧邑濟衆院 劉夢澤

鐵山邑東部 安 主

長淵邑 김 龜

元山支店 김乃莊

定州南門內 洪聖麟

京城興仁門外영楓亭

發行兼編輯人 英國人비說 리建赫

發行所

南署石井洞號外地三層洋屋家

大韓每日申報社

第五卷

大韓每日申報
대한매일신보

第四百廿二號

月曜及慶節歲時休日刊

檀君開國四千二百三十九年
箕子元年三千二十八年
大韓開國五百十五年
日本明治四十年
清國光緒三十二年
◉陰曆丙午十二月大初六日戊辰

論說

日本財政

東京아사이新報가日本財政을論述如左인바對其後來景況ᄒᆞ야悲觀的態를自不免焉ᄒᆞ엿스니其後況은明治四十一年以後를特際홈이라即自西曆一千九百九年으로至一千九百十年홈이로다

帝國議會에現將提出될豫算表에普通費用額이將至六億二千萬元ᄒᆞ리니其中四億元은通常經費요二億二千萬元은筭外支出額이라通常經用은永久指定홀뿐不啻라每年增加홀거시甚有其機요筭外額은雖非永久決策이나財政後況을量度컨ᄃᆡ四五年內에ᄂᆞᆫ實未有減削홀거시며四十年度에收入總額은四億元에少過ᄒᆞ니此ᄂᆞᆫ稅金과政府事業의增殖收入을合計홀거시로다

量入計出컨ᄃᆡ通常經費ᄂᆞᆫ自足이나然이나筭外額二億二千萬元은政府가將何以措판耶아其中一億一千萬元은戰役勝利와政府產業을賣渡ᄒᆞᄂᆞᆫ收入金과三十八年度에剩餘額으로補充ᄒᆞ더ᄅᆡ도尙其不足額이一億八百萬元에不下ᄒᆞᄂᆞᆫ도다以其政府方策으로此不足額을過去戰役에增加ᄒᆞ엿던格外徵稅의剩餘豫筭으로充用코ᄌᆞᄒᆞᄂᆞᆫ此餘筭이其欠額을足當홀지ᄂᆞᆫ似有疑訝로다同報가結語ᄒᆞ되政府가今年에現存困難은以其臨時政略으로或能經過ᄂᆞᆫ我財政後運은決未免幽鬱이라ᄒᆞ엿더라

官報

●三千六百六十六號 光武十一年一月十八日

◉宮廷錄事

嘉禮都監都提調臣閔泳奎謹奏本房別監董正三品吳慶喜九品최榮圭加差下使之董役何如 敢 奏 奉

旨依奏

議政府參政大臣臣朴齊純
學部大臣臣李完用謹奏即者表勳院總裁臣閔泳徽疏批令學部幷原疏措辭布諭事臣命下矣原疏所陳義務教育一節曾因從二品尹致昊等獻議自部知照中樞院已經可決故據照內部學部講究方便務圖實施而事係重大有難造次舉行至內外奏判任官差擬事既有文官任用令及地方官銓考規程勅裁現行者則不必因該疏而另爲定式之意謹上 奏 奉

旨依奏

◉敍任及辭令

依願免本官 肇慶廟參奉조在元
順昌園參奉韓鼎基
任肇慶廟參奉 鄭漢郁
任順昌園參奉 沈學鎭
依願免本官 肇慶廟參奉鄭漢郁
順昌園參奉沈學鎭
東明王陵參奉金明玉
任肇慶廟參奉 九品趙在元
任順昌園參奉 六品韓鼎基
任東明王陵參奉 九品李秀經
六品姜進秀
命主殿院電務課分主事 中樞院副贊議金明濬
中樞院副贊議申肯模
中樞院副贊議李定植
幷解任
任公立富平普通學校敎員 前敎員申字均

◉布達

宮內府官制中改正ᄒᆞᄂᆞᆫ件을左갓치定홈이라
光武十一年一月十二日奉
勅 宮內府大臣沈相薰
布達第一百四十六號
宮內府官制第三十六條判事次에知事一人勅任二等八字를添ᄒᆞ고宮內府官吏俸給令第五條判事下에知事二字를添入ᄒᆞ고同勅任官等表二等欄內判事次에知事二字를添入홈이라

◉勅令

●法部令第一號
地方裁判所處務細則

第一條 地方裁判所判事와檢事ᄂᆞᆫ其職務로觀察使稅務監鎭衛大隊長府尹에게互相照牒ᄒᆞ며各郡守에對ᄒᆞ야ᄂᆞᆫ訓指令을行홈

第二條 裁判所의印은本所에常置ᄒᆞ고判事와檢事가互相使用홈

第三條 從前으로該道와及該府에屬ᄒᆞᆫ職員과及使役中裁判所에從事ᄒᆞᆫ人員은仍舊服務케홈

四條 民事刑事를勿論ᄒᆞ고呈訴가無ᄒᆞᆫ時에ᄂᆞᆫ判事와檢事ᄂᆞᆫ事件을審理홈을不得홈 但現行犯이有ᄒᆞᆫ境遇에ᄂᆞᆫ檢事ᄂᆞᆫ卽時搜査審問홈

第五條 民事事件과公訴提起後에刑事事件에審理判決은總히判事가此를專行홈 刑事事件의搜査와公訴提起前에審問은檢事가此를專行홈

第六條 民事事件에原告와被告ᄂᆞᆫ相當ᄒᆞᆫ保證을立홈이可홈 未完

外報

●憲政硏究會 支那報를據ᄒᆞᆫ則憲政硏究會에셔第一次正式으로上海斜橋顧園에大會를開ᄒᆞ얏ᄂᆞᆫᄃᆡ現在入會者가共一百五十二人이라其宗旨ᄂᆞᆫ一은東西各國憲法의何種은能行於中國이며何種은不能行홀거슬硏究홈이오一은社會의智識을增進ᄒᆞ야立憲資格에合ᄒᆞ게홈인ᄃᆡ總副幹事評議員이若干人이

셤羅國과通使立約을擬ᄒᆞ야駐法欽使에게電致ᄒᆞ야其판法을妥籌ᄒᆞ라ᄒᆞ얏다더라

●셤王漫遊 셤羅國王은來四月에日本을經ᄒᆞ야歐米諸國에漫遊ᄒᆞᆯ터이라더라

●清셤條約 清國外務部에셔

라總會ᄂᆞᆫ上海에暫設ᄒᆞ고分會ᄂᆞᆫ各省城市에酌量設立ᄒᆞᆫ다며凡入外國籍者와及品行不端ᄒᆞᆫ고吸食鴉片者ᄂᆞᆫ會員에得充치못ᄒᆞᆫ다더라

●西印度地震 倫敦電을據ᄒᆞᆫ則西印度ᄌᆞ마이가島에劇烈ᄒᆞᆫ地震이有ᄒᆞ야首府킹스통市街ᄂᆞᆫ全部가破壞되고其次에火災가起ᄒᆞ야兵士十名이陸軍病院에셔慘死ᄒᆞ얏다더라

●海軍擴張 桑港電을據ᄒᆞᆫ則美國은二萬餘噸大戰艦外에更히四大戰艦製造에着手ᄒᆞ얏다더라

●德國憾日 伯林報에云ᄒᆞ되德國商務大臣이近日各處商會에報告를見ᄒᆞ고言ᄒᆞ야曰日人의奸惡ᄒᆞᆫ行爲가盜賊과無異ᄒᆞ야德國物貨를自己國에運去ᄒᆞ야若干制度를變ᄒᆞ야自己의製造라發布ᄒᆞ고우리德人의商權과名譽를妨害ᄒᆞ니此ᄂᆞᆫ맛당이特別히注意ᄒᆞ야防備ᄒᆞ여야ᄒᆞ깃다ᄒᆞ더라

●桑港問題 桑港電을據ᄒᆞᆫ則桑港學童問題에ᄂᆞᆫ米國檢事ᄂᆞᆫ訴訟을提起ᄒᆞᆫ時에該市학務課長의게日本學童의入校를求ᄒᆞ얏스나拒絕되얏고且數日內에各小學校로起訴ᄒᆞᆯ터이라더라

雜報

●統監陛見 再昨日에統監代理長谷川氏가陛見ᄒᆞ고무슴事件을奏達ᄒᆞ얏던지當日夜에韓圭설氏와參政大臣朴제純氏가召命으로詣闕ᄒᆞ야下詢ᄒᆞ신事가有ᄒᆞ옵셧다더라

●俱樂不樂 近日官人俱樂部를組織ᄒᆞ기로政府에셔種種開議ᄒᆞᄂᆞᆫ뒤各部奏判任官에게入會股금幾許元式先捧ᄒᆞ고또ᄆᆡ朔幾許元式收納ᄒᆞ기로磨鍊中이나判任官薪俸ᄒᆞᆫ人들은不肯ᄒᆞᄂᆞᆫ者十에八九라ᄒᆞ더라

●警廳探客 警務顧問丸山씨ᄂᆞᆫ偵探客五拾名을使用ᄒᆞᄂᆞᆫ뒤其偵探費ᄂᆞᆫ每朔에八十圓式支給ᄒᆞ야 國에運動人과內地에秘密ᄒᆞᆫ機會를一々히探得ᄒᆞᆫ다ᄂᆞᆫ뒤探偵人中에魁首朴氏ᄂᆞᆫ警務使를遞任ᄒᆞ얏스되如前히其任을實心注意ᄒᆞᆫ다더라

●義將含憤 慶北草溪郡來報를據ᄒᆞᆫ즉前議官盧應圭씨ᄂᆞᆫ宋山丈의勉菴門弟라최勉庵對馬에被拘以後로痛憤을不勝ᄒᆞ야義旅를唱起ᄒᆞ고日한條約을廢棄ᄒᆞ고獨立權을恢復코져ᄒᆞ야心腹徐晦九嚴海潤兩씨를激起ᄒᆞ야永同青山沃川報恩等地에周行ᄒᆞ야日警視와巡檢等을迫害ᄒᆞᆯ計劃으로煽唱ᄒᆞᆫ다더라

●崔、落淚 再昨夜에各署警務官들이陶丘壇近處淸人俱樂部內에셔遞警務使박承祖氏를請요ᄒᆞ야送別會를開ᄒᆞ얏ᄂᆞᆫ뒤警務官최台鉉씨ᄂᆞᆫ悵觖之懷를不禁ᄒᆞ야落淚싸지ᄒᆞ얏다더라

●特別偵探 丸山氏가偵探客使用ᄒᆞᆫ다ᄂᆞᆫ說은別項과如ᄒᆞ거니와近日警務廳內에高等偵探一課를特設ᄒᆞ고政界上一般事爲를秘密정探ᄒᆞ야每日附耳相議ᄒᆞᄂᆞᆫ뒤該課人員數ᄂᆞᆫ日人이二名이오韓人이三名인뒤警務官李某와總巡윤某와權任에윤某諸氏라ᄒᆞ니此三氏ᄂᆞᆫ朴承祖氏와如히日人의게만阿부ᄒᆞᆫ다고巷說이藉々ᄒᆞ더라

●觀察參賀 今番嘉禮後에陳賀時入參ᄒᆞ기로各道觀察使가上京ᄒᆞᆫ다ᄂᆞᆫ說이有ᄒᆞ더라

●番番賞給 自內로武官侍從을ᄆᆡ日一次式別官에命送ᄒᆞ시ᄂᆞᆫ뒤番番히禮단二疋과床一床式賞給ᄒᆞᆫ다더라

●赤社收金 日本赤十字社에셔韓國官人을社員으로募集ᄒᆞ되入社金은ᄆᆡ名에ᄆᆡ年三元式出ᄒᆞ고期限은十個年으로定ᄒᆞ야十年條를都出ᄒᆞᄂᆞᆫ人은二十元을出ᄒᆞ고限內에ᄒᆡ官人이만일遞任ᄒᆞ여도해金三元은ᄆᆡ年如數備給ᄒᆞᆫ다ᄂᆞᆫ뒤ᄒᆡ社ᄂᆞᆫ赤十字社가아니오韓國官人에게職稅金을收取ᄒᆞᆷ과無異ᄒᆞ다고巷說이喧藉ᄒᆞ더라

●汾校漸進 通津私立汾南학校에境內有志지士가贊成금을自願爭出ᄒᆞ야校況이漸就興旺ᄒᆞ며학徒가日加月增ᄒᆞᄂᆞᆫ뒤諸씨의教育上熱心ᄒᆞᆷ을讚賀ᄒᆞ노라

●紙貨之故 安洞別宮은元來北署基址인故로北署長이入直ᄒᆞ더인뒤ᄒᆡ署長은遞任未叙ᄒᆞᆫ故로東署長은晝直ᄒᆞ고西署長은夜直ᄒᆞ미ᄆᆡ日紙貨四元式과一床式下賜ᄒᆞᄂᆞᆫ지라警廳庶務長崔台헌氏가此言을聞ᄒᆞ고庶務課ᄂᆞᆫ別無公務ᄒᆞ니吾亦住直ᄒᆞ리라ᄒᆞ고連日入直ᄒᆞᆫ다더라

●登沭致命 昨日西江에셔行人이登沭ᄒᆞ다가一人이溺斃ᄒᆞ얏다더라

●模寫貞忠 開城培義學校長林圭永校監李면根日本留學生車斗衡三氏가閔忠正公忠節을紀念ᄒᆞ기爲ᄒᆞ야公의寫眞과血竹을模寫ᄒᆞ야筆筒과酒盃을精製ᄒᆞ야一般同胞에게常目慕忠을供給ᄒᆞᆫ다더라

●借舍設校 新門外平동居東學校ᄂᆞᆫ原來普成夜學校가廢止되ᄆᆡ該學徒等이中途廢學ᄒᆞᆷ을慨惢ᄒᆞ야避馮祠居박台秉氏의게一齊進往ᄒᆞ야該학校繼續을請ᄒᆞᄆᆡ박요도校舍의無ᄒᆞᆷ을歎ᄒᆞ더니平동리判書容직氏가윤光普氏와相議ᄒᆞ고自巳家舍를借與ᄒᆞ고박氏가名譽로教鞭을執ᄒᆞ고教授四個月에學員이漸盛ᄒᆞ야可有將就之望이라박氏ᄂᆞᆫ學識이高明하고有志名士라又拾餘年教育에從事ᄒᆞᆫ者오ᄒᆡ씨弟子도此社會에出頭ᄒᆞᆫ者ㅣ多하며ᄒᆡ씨가常言하되吾학校財政이甚窘이나決코他人의補助을請치아니ᄒᆞᆫ다ᄒᆞ고教育으로만爲主라하더라

●太極학會來函 此日本東京에셔留학ᄒᆞᄂᆞᆫ天道教派送학生等은留學以來로勤々孜々ᄒᆞ야熱心做業ᄒᆞᆷ으로학生界에令聞이素著ᄒᆞ옵더니不幸히教會에셔去秋以來로學資를不送ᄒᆞ야非常ᄒᆞᆫ困難을忍耐ᄒᆞ고益勉做工이옵더니頃日에旅舍食費를支給치못ᄒᆞᆷ으로各々旅舍에셔被逐ᄒᆞ와現今漂民保護例를依ᄒᆞ여監督이ᄒᆡ廳에集合ᄒᆞ고保護ᄒᆞᄂᆞᆫ中이온데去五日夜에二拾餘人이異口同聲으로疾聲大呼曰吾儕青年이學業을做成ᄒᆞ야祖國에獻身코져ᄒᆞ야此地에셔苦學ᄒᆞ다가若不成業ᄒᆞ고空返故國ᄒᆞ면是ᄂᆞᆫ反不如死니吾儕ᄂᆞᆫ一死를決ᄒᆞ고吾儕의遠大目的을達ᄒᆞ지ᄒᆞ고一時에剪刀를擧ᄒᆞ야其指를斬斷ᄒᆞ고祖國을向ᄒᆞ야萬歲를齊唱ᄒᆞ얏사오니如此ᄒᆞᆫ悲壯ᄒᆞᆫ事況이何處에更有ᄒᆞ오리가爲我同胞ᄒᆞ야一滴의血淚를不落ᄒᆞᆯ수有ᄒᆞ오리가東京各處에留學ᄒᆞᄂᆞᆫ諸學生이此悲壯ᄒᆞᆫ音報를聞ᄒᆞ고即時히該處에往하야慰問도하며義捐도ᄒᆞ야現今僅僅得生이오나其青年輩를前道를思量하오면言語斷塞이오다本會에셔此事況을本國同胞에게廣布ᄒᆞᆯ義務가有ᄒᆞᆫ故로貴新聞에廣布코저하와廣告文을付呈하오며一邊으로ᄒᆞᆯ거ᄉᆞᆫ非他라貴사ᄂᆞᆫ我邦國民의意向을指導ᄒᆞᄂᆞᆫ權能이有ᄒᆞ온즉某條록健文遠論으로此학生等의悲況을擧論ᄒᆞ야全國有志人士間에健全ᄒᆞᆫ贊論을喚起하야주시옵廣告費五圜을付呈하오니限拾日ᄆᆡ日記載하야주심을伏望

●金氏八難 續 其時公館書記官國分象太郞氏가金氏를招入ᄒᆞ야再三談판ᄒᆞ고言曰鹽價與損害賠償을當徵給ᄒᆞᆯ거시니容俟數月ᄒᆞ라ᄒᆞ더니不過幾日에駐美參書官으로前往ᄒᆞᆫ後光武七年癸卯六月二三日下午二時에金氏가外部에呼訴次로黃土峴을過ᄒᆞ다가望見外部門前則日公使林權助氏가鹽川通譯官을帶同ᄒᆞ고宋壽萬沈相禧氏等에第一銀行券에禁止ᄒᆞᆫ事件에對ᄒᆞ야外部大臣리道宰氏를訪見ᄒᆞ고該人等을捉致嚴懲ᄒᆞ라ᄒᆞ고歸去ᄒᆞᆯ時에金氏가適遇度支部門前ᄒᆞ야大道에直出ᄒᆞ야大呼林公使ᄒᆞ고曰貴國風船이我韓洪州郡長古島巖石에촉破ᄒᆞᆫ船價ᄂᆞᆫ巖石主人이韓國政府라ᄒᆞ야損害賠償을徵推ᄒᆞᄂᆞᆫ章程은잇고元山金斗源에鹽桶盜去ᄒᆞᆫ賊漢에게財錢徵捧ᄒᆞᄂᆞᆫ章程은無乎잇가ᄒᆞ고高聲大叱ᄒᆞ야林公使를扶執ᄒᆞ니人力車軍이驚倒ᄒᆞ야林公使가人力車下에倒墮ᄒᆞᆯ時에該旗手漢이從前突出ᄒᆞ며무슴呼訴를그다지驚動케ᄒᆞᄂᆞᆫ뇨ᄒᆞᆯ次에路上行人觀光者如雲會集이라 未完

●巡甚於賊 南來人의傳說을聞ᄒᆞᆫ즉忠北觀察使윤吉炳氏가該道人民을威脅壓制에謀利肥巳ᄒᆞᄂᆞᆫ뒤該道十八郡에巡檢을多數新設ᄒᆞ야各郡에六七名式派住ᄒᆞ야人口를調査ᄒᆞᆫ다家戶를摘奸ᄒᆞᆫ다淸潔을實施ᄒᆞᆫ다藉稱ᄒᆞ고村々家々에連續羅列ᄒᆞ야如有饒戶면無論有罪無罪ᄒᆞ고吹毫覓疵ᄒᆞ야毆打結縛ᄒᆞ며內庭에突入意閙ᄒᆞ야刑憲之辟과呼冤之情은可謂瘋癲世界라幸免酷禍者ᄂᆞᆫ無一腰帶白銅貨요每戶二拾錢式無名物斂ᄒᆞ되郡守들은觀之而不能禁이라該道ᄂᆞᆫ傾家破産者가種々有에人心이大變ᄒᆞ고最尤甚ᄒᆞᆫ郡은陰城鎭川이라該觀察은開明ᄒᆞᆫ會人資格으로如此ᄒᆞᆫ虐政을行ᄒᆞ니忠北一境은無民乃已라ᄒᆞ더라

▲攢梅把欂▼

△海外에風雲이飜覆ᄒᆞ야列國江山에秦楚가爭衡ᄒᆞ미虎嘯龍鬪에風塵이將起ᄒᆞ니觀盜時代가아닌가

△時哉라壯士ᄂᆞᆫ磨劒ᄒᆞ고英雄은讀兵ᄒᆞ야列强에時機를窺伺라가一掃塵氣에獨步天下ᄒᆞᆯ得意ㄴ秋로고

△法相李夏榮氏가遞任ᄒᆞ다고物論이膾炙ᄒᆞ니以當ᄯᆡ氏에勢力으로도무슴ᄉᆡ닥잇ᄉᆞ야마時勢가도랏지

△遞警使박承祖氏ᄂᆞᆫ丸山氏에爪牙로遞任後에도餘戀이尙存ᄒᆞ야丸山씨와躡足부耳에무슴秘議가如前히密密ᄒᆞ다지

△최台헌氏ᄂᆞᆫ遞警使朴承祖씨大夫人回甲宴에四拜獻壽ᄒᆞ고朴氏餞別宴에雙淚가如注ᄒᆞ엿다니與盡悲來로고

△遞內協최錫敏씨ᄂᆞᆫ警務局長在任時에丸山氏를甘誘ᄒᆞ야該局에招聘ᄒᆞ야內部顧問을因作ᄒᆞ미최씨ᄂᆞᆫ地方局長을超遷ᄒᆞ야협판地位에高坐ᄒᆞ더니忽然히平地落傷이되엿시니可謂鳥盡弓藏이로고

雜報

●鳳鳴學校趣旨　金寶雲述

唯我大韓의儒佛仙三道ㅣ勢如東蘆요峙若鼎足이나然仙如影子라姑勿論이어니와至若儒之六經을口諷牛毛나何多沙白古瓶이며佛之三藏에心通麟角이라全與刻舟求劍ᄒᆞ니誰能明我昏衢之燭이며渡我迷津之筏乎아如是而浸浸然시盡ᄒᆞ야俾我東方禮義之國으로一朝에爲外國之侮視ᄒᆞ며外人之壓制者을雖愚婦孩兒라도自愧不有博識이오니況乎冠儒剃佛之少有思想人이豈無可期回復之方策耶아故今諸方之學校ㅣ或官公之設而私立이尤多ᄒᆞ야青年男婦와僧侶孤兒ㅣ後先踴躍ᄒᆞ야一體趣學ᄒᆞ니幸我嘉運이여爲國之基礎요爲人之指南이於是乎偉矣盛矣로다或이問言ᄒᆞᄃᆡ爲何學教之며爲何益有之오曰覺盡東西洋之新學歷史면奚止漢宋紀之通鑑數編이며明辨彼我國之時局機關이면必知諸物理之開化萬端ᄒᆞ야對傾國之英俊에比之相當이오策懸河之雄辯에與之兩便ᄒᆞ리니我既能禦라孰敢侮我오其於忠君愛國ᄒᆞ며生民產業에捨此奚適이며捨此奚爲오譬如名藥ᄒᆞ야以野茸七分과山蔘三分으로醫我蒼生에옹殘이蘇復則奮臂橫行에傑雄當時ᄒᆞ야　未完

本報를愛讀ᄒᆞ시ᄂᆞᆫ　僉君子ᄂᆞᆫ意覽注燭ᄒᆞ시옵
本社를南署石井洞　皇壇新作路初入北便三層洋屋으로移接ᄒᆞ얏ᄂᆞᆫᄃᆡ修理及各項整頓에經費가大端窘絀ᄒᆞᆯ뿐더러拾年度文簿를磨勘ᄒᆞᆯ지ᄉᆞ오니京鄉間本報購覽ᄒᆞ시ᄂᆞᆫ　諸彥께셔ᄂᆞᆫ價金을送致ᄒᆞ시와愛讀ᄒᆞ시ᄂᆞᆫ厚意를表著ᄒᆞ심을是禱홈
大韓每日申報社　告白

●逐出訟民　般山居劉允민씨가與前視察리舜夏씨로相訟事ᄂᆞᆫ已揭於前報어니와日前呈訴於漢裁하야請願裁判ᄒᆞᆫ즉리씨가隱避弗現타가及其陰曆十二月初二日에始爲來待故로原被告가欲爲同庭質卞ᄒᆞᆫ즉自法庭으로以明日來待云故로翌日에原告가早朝待令하얏ᄂᆞᆫᄃᆡ初以退待爲教라가及其午後에催促判裁ᄒᆞᆫ즉檢事리씨가宣言ᄒᆞ되此訟은非吾所關이라하고號令逐出하얏다더라

●寺中一進　南海郡一進會員張基洪이가同郡花芳寺僧樓鳳虎巖青파釋巖等으로付同ᄒᆞ야日語學校를設立ᄒᆞ얏다ᄒᆞ고寺財寺穀를沒數干沒ᄒᆞ니該寺ᄂᆞᆫ不日將亡ᄒᆞᆯ지고該寺僧等이自稱一進會라ᄒᆞ고僧家事業은全不顧慮ᄒᆞ니一進會에서寺剎을無難이ᄒᆞ미是何經緯인지南來人의怨說이藉藉ᄒᆞ더라

●沃尹請願　沃溝港裁判所判事李榮무氏가法部에請願ᄒᆞ되本官이素以노무之姿로明擲判事之任ᄒᆞ와凡百事務에愆多債誤ᄒᆞ오니不勝悚懍이온바本府情形이莫可措手ᄒᆞ와躊留一日이면添一日竊祿之罪ᄒᆞ고躊留二日이면添二日竊祿之罪이옵기情形之末由의過와職務不可堪任을左開請願ᄒᆞ오니査照ᄒᆞ신後亟施救교之方ᄒᆞ시와使府樣維持케ᄒᆞ시고仍奏遞本職ᄒᆞ시와以安私分케ᄒᆞ라ᄒᆞ얏다더라

●商社出張　漢城共同倉庫株式會社에서江景地方에商業을發達키爲ᄒᆞ야金融機關으로出張所를開設ᄒᆞ얏슴은已爲報道ᄒᆞᆫ바어니와今番에ᄒᆡ地方及全州公州等地에商業狀况을視察ᄒᆞ기爲ᄒᆞ야ᄒᆡ社理事白寅基氏와同支配人藤田禮經氏가昨日에同地方으로向ᄒᆞ야出張ᄒᆞ얏다더라

●宜速公決　再昨日에明進학校贊成員李敏설씨가裁判長署理리源兢氏를訪見ᄒᆞ고금剛山長安寺에所在沓은卽　翼皇后香需之具어ᄂᆞᆯ淮陽居박尙敏이가非理健訟이라가到處狼狽이거날五六朔斬持ᄒᆞ고公決치아니ᄒᆞᄂᆞᆫ事를說明ᄒᆞᆫ즉速히公決ᄒᆞᆯ줄노答ᄒᆞ엿다더라

●令前渡日　平理院에서法部에報告ᄒᆞ되部訓을承準ᄒᆞ와河九鎔과僉交之意警務廳에知照ᄒᆞ얏삽더니本廳公文을接受ᄒᆞ온즉以爲河九鎔이遊學于日本니라ᄒᆞ온바拿致末由이옵기玆에報告ᄒᆞ오니査照爲望이라ᄒᆞ얏더라

●開城居金生이國民新報社에寄書ᄒᆞᆫ全文을請揭於本報가如左　續

然則有寃而訴是爲無頼乎訴而不得號泣于旻天是爲無頼乎若如　貴社之見則斯民有寃莫訴有哀莫泣結舌呑聲而束手就死然後始快於心乎

貴社又云리卿최長이該蔘價二百十兩式出給圖民ᄒᆞ고每頭加給四十兩條ᄂᆞᆫ四萬次에計之ᄒᆞ면百六十萬兩也라

肥已之計如是라가綻露事狀이라ᄒᆞ나謀人陷人何限無術而做此不成說之言乎此則三尺童子猶不見欺况欲欺天下之耳目乎其日事狀綻露則指訐何人ᄒᆞ며執據何事乎아

既曰綻露都無形迹則此非　貴社玄虛烏有之羅法乎若曰肥已則二百十兩週下於民而以二百五十兩勘簿於本院은猶可成說이어니와　未完

廣告

本人이桂동居米廛허ᄂᆞᆫ리景化處當錢一萬兩陰至月二十五日推次於音一片路中遺失故廣告ᄒᆞ오니誰某拾得이라도休紙施行홈
洪州금동居尹泰翊告白

伊藤康氏가東署東小門內土橋東邊에織造機을廣張設施ᄒᆞ야淳昌號를設ᄒᆞ고各色綢緞과紗屬等을織造發賣ᄒᆞ오니貴人은來臨購買ᄒᆞ시며或所用되ᄂᆞᆫ綢紗等屬을預托ᄒᆞ시면依約施行ᄒᆞ깃삽
淳昌號　告白

◎廣告別特◎

生等이閔忠正公紀念ᄒᆞ기爲ᄒᆞ야筆筒과酒盃等物을新造이온데公의寫眞과堂上血竹을挾謄ᄒᆞ야製極精美이오니惟我同胞의均是慕忠ᄒᆞ시ᄂᆞᆫ　僉君子ᄂᆞᆫ來臨購ᄒᆞ시와以供玩賞ᄒᆞ시옵

發起人
開城培義學校長林圭永
全校監李觀根
日本山口縣留學生車斗衡
留置所北署諫洞廿七統一戶　曹秉默家

西署餘慶坊夜照峴三指里大路南邊伏在第二十五統五戶二層洋屋上下各十二間與大堅固煉瓦洋製倉庫二十四間곳을方欲斥賣玆以廣告有意僉君子來議于鍾路電氣會社上層銀行郭漢承爲望홈
郭漢承　告白

鎭南郡守權重찬氏ᄂᆞᆫ結刷를收捧ᄒᆞᄂᆞᆫᄃᆡ他郡은以舊錢八十兩을督刷ᄒᆞ나稅官은與該郡守로利益을分用ᄒᆞᄂᆞᆫ稅官이라猶獨鎭南은郡主事김柄鎬氏로相議ᄒᆞ여以拾二元으로收捧ᄒᆞ와上納을금庫에畢納ᄒᆞ니民間의誦聲이浪藉ᄒᆞ고郡民의更生之時也니惠澤을엇지다말ᄒᆞ리오
鎭南居民김相錫等　告白

本人이去月에國漢文造成ᄒᆞᆫ姓名圖章을路中遺失ᄒᆞ고漢文正字로新刻이오니誰某던지勿爲見欺홈
平壤大同門內黃致秀　告白

◉特別緊急廣告

日本에서留학ᄒᆞᄂᆞᆫ天道教派遣學生等은勤々孜々ᄒᆞ야熱心做工ᄒᆞ더니不幸히教會에셔昨年以來로學資를不送ᄒᆞ야千辛萬苦ᄒᆞ다가頃日에ᄂᆞᆫ食債를未報ᄒᆞ야旅舍에셔被逐ᄒᆞ야留學生監督廳에셔齊留ᄒᆞ더니去五日夜에二拾餘人이一時에剪刀를擧ᄒᆞ야其指를斬斷ᄒᆞ고盟誓曰學業을不成ᄒᆞ면死不歸라ᄒᆞ엿스니嗚呼라爲我同胞ᄒᆞ야뉘가同情之淚를落치아니ᄒᆞ리오本會에셔此悲况을我同胞의게廣布ᄒᆞ오니多少를勿論ᄒᆞ고義捐ᄒᆞ야一時救急ᄒᆞ심을千萬伏望

一 臨時收錢所ᄂᆞᆫ大韓每日申報社로定홈
一 捐금收集期限은二月拾日까지로定홈

光무拾一年一月八日
在日本東京
太極學會　告白

●本社支店을京城興仁門外영楓亭佛教研究會로定ᄒᆞ엿사오니各寺剎에本報를購覽코져ᄒᆞ시ᄂᆞᆫ이ᄂᆞᆫ이리로請求ᄒᆞ시오　本社特白

正三品片容基名字를璿九로改名ᄒᆞ얏기仰布ᄒᆞ오니知舊間照亮ᄒᆞ시오
片용九　告白

廣告

◎學員募集廣告

本校第三回入學期를現當ᄒᆞ야法律學及經濟學兩專門科學員을玆에募集ᄒᆞ오니願ᄒᆞᆫ人은左記試驗定期內에本校用紙로써早速請願ᄒᆞᆷ事

但法律科ᄂᆞᆫ晝학及夜학으로教授ᄒᆞ고經濟科ᄂᆞᆫ夜학으로教授ᄒᆞᆷ

○修業年限 三학年

○入學年齡 二十歲以上

○學科目 法律학全部 經濟학全部 備在本校規則

○試驗日字 二月一日(陰曆丁未正月十七日)

○試驗科目 歷史及地誌問對(內國及外國) 讀書及作文(國文及漢文) 筭術(四則以內)

但官公私立학校의普通科以上卒業證書가有ᄒᆞᆫ人은其학力을檢定ᄒᆞᆫ後免試許入ᄒᆞᆷ

○開學日字 三月五日(陰曆正月二十壹日)

光武十一年一月十五日

中署磚洞 普成專門學校 白 告

學員募集廣告

本校에셔小學程度로初等科를姑先設置ᄒᆞ고學員을廣募ᄒᆞ오니願學僉員은本年一月三十一日(陰拾二月拾八日)以內로本校에來議ᄒᆞᆷ事

學員年齡은八歲以上

入學請願은本校刊行紙로施行

來議時間은自上午拾一時로下午三時

南署長橋 私立長薰學校

◉特別廣告◉

本書舖에셔教育界需用을爲ᄒᆞ야西洋各種新編書籍을陸續輸入ᄒᆞ오니有志君子ᄂᆞᆫ광臨購覽ᄒᆞ시옵

宗教書類 地誌書類 教科書類 筭學書類 政治書類 傳記書類 歷史書類 雜著書類 語學書類 醫學書類

發賣所 大廣橋書舖 高裕相

分賣所 咸南端川邑龍般里 書舖 禹時和

越南亡國史 國漢文 新刊

定價貳拾伍錢

發賣所 京城廣橋高裕相冊肆 鏡南端川郡禹時夏 布屛下 김相萬 書舖

廣告

本人이齒科諸具를整備ᄒᆞ야ᄒᆞᆫ人의게應用케ᄒᆞ며視務時間은午前九時브터午后一時ᄭᆞ지午后一時브터午后五時ᄭᆞ지夜間에ᄂᆞᆫ定約ᄃᆡ로

事務所ᄂᆞᆫ南大門內達城위宮內施蘭敎醫師後家

美國齒醫師ᄯᅵ、이、한 告白

西署新門外鍮동百八十六統三戶

辯護士前檢事正三品 丁明燮

法律事務所 事務員前主事吳在淳

朝陽報第十一號廣告

(著作) 「告大官巨公」「害德乃忠論」「品性修養」「商業概論」「隨感만錄」「寄書」「世界叢談」「內地雜報」「廣告」

◎

(譯述) 「海外雜報」「保護國論」「滅國新法論」「政治原論」「泰西教育史」「本朝名臣錄」「갈蘇士傳」「米國大統領」「詞藻」「비스마룩구」「愛國精神談」

◉民事訴訟代理와刑事辯護及鑑定一切法律에關ᄒᆞᆫ事務를迅速處理ᄒᆞᆷ

京城南署蓁洞第十七統八戶

辯護士前檢事正三品 李冕宇

法律事務所

事務員 前博士 玉東奎 前博士 趙東衡 前議官 金益濟

美國紐育埠보-든쓰 濃結牛乳會社

一手代理店

大韓仁川港 洋行 告白

鷲標鍊濃結牛乳

金印鍊精濃結牛乳

雙家用鍊化乳酪

以上은隨時에貯積ᄒᆞ얏슴

◉九轉靈砂ᄂᆞᆫ本人이祕方으로[illegible]

◉九轉靈砂ᄂᆞᆫ[illegible]

◉九轉靈砂保命丹은[illegible]

◉九轉靈砂黃丹은[illegible]

◉九轉靈砂保命丹은[illegible]

內醫司前주사李[illegible] 告

◎本社廣告

○申報價

一張代金 新貨二錢五里

一個月前納 三十錢

三箇月 九十錢

六個月 一元七十錢

一箇年 三元四十錢

郵稅一部 新貨五里

一箇月 十三錢

○廣告料

四号活字 三字詰

每日每英尺一寸에新貨廿五錢(每日每行六錢에相當홈)

一週日에 二圓五十錢(每日每行四錢五里에相當홈)

一箇月에 五圓(每日每日四錢一里에相當홈)

其期限의長短과字行의多寡를依ᄒᆞ야增減홈이有홈

◉大한每日申報各處支社廣告

中署布屛門下 김相萬冊肆

洞口越便朱翰榮冊肆

中署農圃初八七拾八統第二號 鄭禹澤

平壤上水口門內 김昌洲

仝 김觀恒

仁川紳鏡開新冊肆 리東皓

宣川邑橋西里 安濬

義州西門外한西 大藥局

釜山港佐川 徐藥局

三和港築洞 김仁집

咸興朱南社西門外 曹喜林

開城培學校 姜助遠

大邱達城 廣文社

載寧邑濟衆院 劉夢澤

鐵山邑東部 安호

長淵邑 김龜

元山支店 김方範

定州南門內 洪聖鮮

京城興仁門外영楓亭 리建林

發行兼編輯人 英國人비셜

發行所 南署石井洞號外地三層洋屋家

大韓每日申報社

第五卷　第四百卄三號

大韓每日申報
대한매일신보

月曜及慶節歲時日休

檀君開國四千二百三十九年
箕子元年三千二十八年
大韓開國五百十五年
日本明治四十年
淸國光緖三十二年
◉陰曆丙午十二月大初七日己巳

別報

書俄國組織立憲案後 (支那報譯謄)

西哲이有言치되二十世紀에ᄂᆞᆫ專制國은立足地가無ᄒᆞ리라ᄒᆞ니斯言이吾의腦筋을激刺ᄒᆞ며吾의耳鼓를震撼ᄒᆞᆫ지幾十年矣라不意今日에果見諸實事로니立憲立憲이여俄國이立憲ᄒᆞ미中國이亦不能不立憲일ᄉᆡ風起水湧ᄒᆞ고雲合響應ᄒᆞ야大勢滔滔가抑何神速乃爾오

雖然이나俄國立憲은俄國之國民이數十年困苦를不惜ᄒᆞ야艱危를犯ᄒᆞ며身命을捨ᄒᆞ야血肉으로써購求而博得ᄒᆞᆫ者라無政府黨의風潮가立憲詔旨를宣布ᄒᆞ기前을當ᄒᆞ야其洶湧奔騰이幾遍全國이라人人이後予之悲가有ᄒᆞ며人人이來蘇之望이有ᄒᆞ며人人이知識이有ᄒᆞ며人人이果力이有ᄒᆞᆫ故로今日俄國의組織立憲案이有ᄒᆞᆫ지라

俄國의女子도集會開議ᄒᆞ야또ᄒᆞᆫ選擧權을要求ᄒᆞ니若其當局者가人民의好惡을不拂ᄒᆞ고因時制其宜ᄒᆞ면立憲의福國을超越홈이必有過之오無不及也니而吾國은今猶昏々ᄒᆞᆫ지라民의渾아이既如鹿豕ᄒᆞ고先時官制中에談新學으로厲禁을合고有言立憲者며殺無赦라ᄒᆞ더니近日은立憲之詔가既頒矣라官吏의私愠이必欲其阻撓之ᄒᆞ며破壞之ᄒᆞ며摧滅之ᄒᆞᄂᆞᆫ心意를得遂ᄒᆞᆫ然後에快ᄒᆞᆯ지라林紹年은緩行立憲之務를密呈홈으로因ᄒᆞ야軍機에援入ᄒᆞ고彭翼仲은昌言國政홈으로써封禁을被ᄒᆞ얏다가且借辭罪之ᄒᆞ야繫之獄中ᄒᆞ고福建將軍崇善은立憲詔旨를得ᄒᆞ야秘不肯發홈으로士民의怨독이煩興을致ᄒᆞ고上海道瑞澂은集會演說에干涉ᄒᆞ야至三至再에種々히壓力手段을橫行ᄒᆞ야立憲政治를妨害ᄒᆞᄂᆞᆫ者가幾乎書不勝書ᄒᆞ니嗚呼라何俄民之幸而吾民之不行也오

君子曰此ᄂᆞᆫ可히官吏를責ᄒᆞᆯ것시아니오맛당히吾民을責ᄒᆞᆯ것이라吾ᄂᆞᆫ聞ᄒᆞ니吾國立憲之詔旨가既下에吾民이讀之ᄒᆞ고당目작舌ᄒᆞ야不知作何解者가十之八九라此二三者ᄂᆞᆫ一則曰吾今而後에吾去束縛矣니富者尊者를踐踏之ᄒᆞᆯ터이오官吏가與我者也라ᄒᆞ고一則曰中國亂事時作으로賴策之라도尙且不力이온豈可任其馳빙而過激者리오ᄒᆞ고

又曰中國은無立憲이라中國은非大革命이면不可라ᄒᆞ야日々로其暴動主義를皷吹ᄒᆞ야其私欲을肆코ᄌᆞᄒᆞ니中國民力이旣如此其衰頹ᄒᆞ고民智가又如此頑劣ᄒᆞ니비록十年二十年을期限ᄒᆞᆯ지라도俄國의未經立憲之時代를不及ᄒᆞᆯ지니自玆以往으로뎌엇지能히旣經立憲以後之盛을追及ᄒᆞ리오

然이나吾謂中國者ᄂᆞᆫ實로立憲國의最終點이되리라ᄒᆞ노니其爲大美滿之劇耶아抑爲大慘酷之劇耶아皆未可卜者라然이나其所取鏡者ㅣ既多則其所資鍊者ㅣ必妙라順其大勢ᄒᆞ야利導之ᄒᆞ고激揚之ᄒᆞ면此眞千載一時에難得之機會오五洲萬國의希有之幸福이라

設令暴君汚吏가惡其不便私圖ᄒᆞ야仍藉改革之美名ᄒᆞ야行因循之實政을日復一日ᄒᆞ고年復一年ᄒᆞ면小民의生計가愈屈ᄒᆞ고國勢의困窮이愈張ᄒᆞ리니提倡革命者의播種이無ᄒᆞᆯ지라도吾ᄂᆞᆫ恐컨ᄃᆡ目擊文明之政治ᄒᆞ며習染歐美之醇風이日深ᄒᆞ면其窮則思通之一念이久必如沸如狂ᄒᆞ야火山이爆發에其糜爛之禍가有不可勝言者ᄒᆞ리니噫히로다

官報

●三千六百六十七號 光武十一年一月十九日

◉敍任及辭令

京畿觀察道總巡金龍鎭 任江原道觀察道總巡

慶尙南道觀察道總巡朴致宇 任京畿觀察道總巡

慶尙北道觀察道總巡梁兌煥 任慶尙南道觀察道總巡

務安府總巡具鍾鳴 任慶尙北道觀察道總巡

平壤市總巡全泰興 任務安府總巡

九品鄭雲彩 解侍從院分主事

奉常司提調金炳秀 從二品朴齊부 命宮內府特進官

從二品李泰來 命奉常司提調

六品朴泰奎 度支部稅務主事柳秉龍 任經理院技師

朴敦圭 命侍從院分主事

六品李重夏 金泰淳 命侍從院庶務課分主事

◉部令

●法部令第一號 續

但事件에模樣의依ᄒᆞ야判事ᄂᆞᆫ其保証을免케홈도得홈

刑事事件의告訴人과告發人의關ᄒᆞ야ᄂᆞᆫ前項의規定을準用홈

第七條 民事刑事를勿論ᄒᆞ고證人은身分의如何를不問ᄒᆞ고招致홈을得홈

第八條 各裁判所의互相間은民事及刑事에關ᄒᆞ야照會ᄂᆞᆫ或囑托이有ᄒᆞᆫ時에ᄂᆞᆫ互相事務를補助홈이可홈

但罪犯이重大ᄒᆞ거나或程道가迂回ᄒᆞᆫ境遇를當ᄒᆞ야急要가有ᄒᆞᆫ時ᄂᆞᆫ郡守에게直訓홈을得홈

第九條 刑事事件에關ᄒᆞ야ᄂᆞᆫ裁判所ᄂᆞᆫ該道及該府의警務署巡檢三人을常待服務케홈

且重大ᄒᆞᆫ事件을審判ᄒᆞᄂᆞᆫ境遇에ᄂᆞᆫ隨宜加派홈을得홈

第十條 裁判所管轄區域內에셔親任勅任或現帶奏任官의犯罪가有ᄒᆞᆫ境遇에在ᄒᆞ야ᄂᆞᆫ檢事가其事件을搜査ᄒᆞ야有罪로思慮ᄒᆞᄂᆞᆫ時ᄂᆞᆫ該案에一切書類를添付ᄒᆞ야平理院檢事에게送致홈이可홈 未完

外報

●美國鐵道의統計 美國에셔昨年度에各鐵道의輸送ᄒᆞᆫ人員은八億名、貨物總噸數ᄂᆞᆫ拾六億一千萬噸이오又鐵道로由ᄒᆞ야死ᄒᆞᆫ者ᄂᆞᆫ九千七百三人、被傷者總數ᄂᆞᆫ八萬六千八人에達ᄒᆞ얏니더라

●陸海軍과速射砲 俄國陸軍에셔ᄂᆞᆫ日俄戰爭에實驗을因ᄒᆞ야速射砲의有利홈을確認ᄒᆞ고熱心硏究ᄒᆞ더니今番에速射砲四十個中隊를增設ᄒᆞ기로決定ᄒᆞ얏고又海軍에셔ᄂᆞᆫ주엣速射砲의効力이顯著홈을認ᄒᆞ고各軍艦에採用ᄒᆞ기로決定ᄒᆞ얏다더라

●義務宣講所 合爾賓報를據ᄒᆞᆫ즉吉林風氣가不開ᄒᆞ더니近日警務局學務處에셔由北洋調來ᄒᆞᆫ宣講生으로一官地를擇ᄒᆞ야義務宣講所를設立ᄒᆞ얏ᄂᆞᆫᄃᆡ每週期에以次宣講ᄒᆞ고按班演講ᄒᆞ되風氣를開ᄒᆞ고迷信을破ᄒᆞ기로主義를合아부近小學堂을暫借ᄒᆞ야器具와茶水를備有ᄒᆞ야傍聽을招ᄒᆞᄂᆞᆫᄃᆡ踴躍願助者가多ᄒᆞ다더라

雜報

●赤裁起復 修學院長리載克씨ᄂᆞᆫ赤十字社總裁署理를解ᄒᆞ고義陽君리載覺씨가赤十字社總裁를被任ᄒᆞ고起復行公ᄒᆞ라신處分이下ᄒᆞ셧다더라

●警署實任 中樞院贊議김思默씨가警使署理를被任ᄒᆞ엿더니昨日에實任을被命ᄒᆞ엿더라

●宮相公函 宮內大臣沈相薰氏가在京ᄒᆞᆫ外國各大官의게公函ᄒᆞ되本月二十四日即我皇太子殿下嘉禮慶日也伊日下午九点에在돈德殿賜宴지意恭奉聖旨欽遵仰布屆期進參爲荷라ᄒᆞ엿더라

●門票要求 趙南昇閔丙漢兩氏가門票를不得ᄒᆞ야詣闕치못ᄒᆞᄂᆞᆫᄃᆡ侍從院에셔日警部와屢度交涉中이라더라

●未必得計 近日城內某某氏가日人의强制力을不堪ᄒᆞ야上海等地로率眷前往ᄒᆞᄂᆞᆫ人이頗多ᄒᆞ다더라

●巫術開路 宮禁肅淸ᄒᆞᆫ以後로巫卜等雜術輩가闕內에不敢通涉ᄒᆞ더니近日에무ᄉᆞᆷ挾雜路가復開ᄒᆞᆫ지巫女術客輩가闕內出入ᄒᆞ기를百般運動中이라더라

●四리構박 리址鎔리夏榮리完用리根澤四氏가近日에交誼가更密ᄒᆞ야逐逐附耳ᄒᆞ야內閣을變動ᄒᆞᆯ計劃으로參政朴齊純氏을行政의美ᄒᆞᆫ事가有ᄒᆞ다百方搆誣ᄒᆞ야伊藤씨의게送函ᄒᆞ얏ᄂᆞᆫᄃᆡ答函이不可ᄒᆞ다고來到ᄒᆞ엿다ᄂᆞᆫ傳說이有ᄒᆞ다더라

●偵探酬功 高等偵探客總巡尹某가顧問丸山氏로情誼가秘密ᄒᆞ야巡檢으로總巡을陞差ᄒᆞ얏ᄂᆞᆫᄃᆡ近日에또中署警務官을陞差ᄒᆞᆫ다ᄂᆞᆫ說이有ᄒᆞ니아마該氏ᄂᆞᆫ高等偵探人으로丸山氏의게納媚ᄒᆞ야官職을圖得ᄒᆞᆫ인지未知커니와該氏의偵探은鬼神도莫測이라一般世人이雖尋常過去지言이라도愼지不發이라ᄒᆞ더라

●宴費請求 法部에셔各地方裁判所法務補佐官及補佐官補를請ᄒᆞ야設宴ᄒᆞ기로宴費四百元을度支部에請求ᄒᆞ엿다더라

●日食秘금 警務廳에셔秘密금一千圓을留置ᄒᆞ고秘密事에關ᄒᆞ여出張ᄒᆞᆯ時에支撥ᄒᆞᄂᆞᆫ거신ᄃᆡ近日의ᄂᆞᆫ該秘密금을日本別巡査만分給ᄒᆞᆫ다더라

●裁所費額 光武十一年度각地方裁判所擴張預筭費가第六款의第一項에俸給이七百八十圓이오廳費가六百元이오雜給及雜費가一百九拾二圓이오旅費가六百圓이오法務補佐費가二千圓이오同家舍費가三百六拾圓인ᄃᆡ合計가四千五百三十二圓이라더라

●朴何嫌리 瑞興分署總巡리完圭氏가被任以後로警務에도恪勤ᄒᆞᆯ뿐더러民瘼을躬察ᄒᆞ야五家作統에賊警이屛息ᄒᆞ고市場間雜稅을廢止ᄒᆞ야民間에頌聲이藉藉ᄒᆞ더니權任박某가本以粗解日語者로作弊多端ᄒᆞ야本郡人民이擧口稱怨이더니近者박某奸狀이綻露ᄒᆞ야方今牢囚海州府警署ᄒᆞ얏ᄂᆞᆫᄃᆡ박某가리總巡이以其奸狀現露지憾으로遺憾於리總巡ᄒᆞ야搆誣多端ᄒᆞ다더라

●實地新聞 布哇港에留任ᄒᆞᆫ韓國人民들이愛國誠心으로開明目的으로學校를設立ᄒᆞ야人才를養成ᄒᆞ기로時事新報와韓人敎會報를發行ᄒᆞ야同胞의知識을開導ᄒᆞ더니客年十二月부터希爐港瓦里也基에셔實地新報를發行ᄒᆞ니其進步事業은極히贊賀ᄒᆞᆯ만ᄒᆞ더라

●通信금額 再昨日通信管理局에셔昨年半季收入금額이四拾二萬八千二十五圜이라ᄂᆞᆫ冊子一件과通信機關地圖一件과取扱所에換금ᄒᆞᄂᆞᆫ規式과郵票所付及電報電話所科方略簡鍊ᄒᆞᆫ冊子一件을各部에送交ᄒᆞ얏ᄂᆞᆫᄃᆡ前期半季에比ᄒᆞ면七萬九千六百四十四圜이增加가되얏다더라

●海吏見習 海州書記一人이土地家屋證明規則을見習ᄒᆞᆷ次로法部에來到ᄒᆞ엿더라

●西儒寄函

平安南道儒生한光熙와萬奎成禹永黃海道儒生리秀宰김敎植申裕鎔諸氏가本社에寄函ᄒᆞᆷ이如左ᄒᆞ니

夫內部者ᄂᆞᆫ需材지源也라該大臣리址鎔氏ᄂᆞᆫ賦性이柔弱ᄒᆞ고臆朒軟合ᄒᆞ야善導則可以爲善이오惡導則可以爲惡인ᄃᆡ其家에有四盡一矢ᄒᆞ니四盡者ᄂᆞᆫ리範喬김寬현吳일泳리鍾林也요一矢者ᄂᆞᆫ洪鎭裕也라四人이合謀ᄒᆞ야如有圖官生財等事면弄落而成지ᄒᆞᆯ시리範喬ᄂᆞᆫ先以時勢利害로激怒지ᄒᆞ야抵觸其性則리氏가忽如聞銅雀賦周都督ᄒᆞ야嗔氣勃勃지際에김寬현이入去ᄒᆞ야以其若干所長開化지談으로平順其氣則리氏가又變爲同喫作喜지司馬仲達ᄒᆞ야曰處洪鼎ᄒᆞ고收拾精神ᄒᆞᆯ제吳일泳이緯穌笑容而入ᄒᆞ야非大監이며哭엽國勢ᄂᆞᆫ無人支保요非大監이면塗炭生靈을有誰拯救等句語로推尊其志則리씨가又變爲殷지伊尹과漢지霍光ᄒᆞ야意氣揚揚ᄒᆞ고滿座讙然ᄒᆞᆯ時에리鍾林이搖尾파ᄒᆞᆷ而入ᄒᆞ야以北好個詩句與格談으로唱道康衢烟月과琉璃世界ᄒᆞ야以爽其味ᄒᆞ니比如창施一場이라於斯지間에四人의所言을不敢不從ᄒᆞ야一個內大가若踊躍지上下ᄒᆞ니嗚呼라需材가安能生於其間哉아洪鎭裕씨ᄂᆞᆫ以其直性으로側目而立ᄒᆞ야挽弓搭箭ᄒᆞ야只一矢에欲射殺四盡ᄒᆞ되投鼠忌器ᄒᆞ야晝夜十二時에未得下手지暇ᄒᆞ니此亦可觀也라ᄒᆞ엿더라

●契士付校 北靑郡武人들이一心相應ᄒᆞ야傳守ᄒᆞ던契中에共有田與沓을精一學校에寄附ᄒᆞ기로決議ᄒᆞ야各其名下에捺章ᄒᆞ고靑年子弟을敎育ᄒᆞᄂᆞᆫ方針에熱心勉勵ᄒᆞᆫ다더라

●鏡校卒業 鏡城郡普通學校長命和爾氏ᄂᆞᆫ本以熱心人으로該校敎育에恪勤服務가于玆四年에學徒進就가日新ᄒᆞ더니今番四學年終試驗에卒業ᄒᆞᆫ학徒가최哲岳리雲직리雲碩鄭希賢김龍範諸氏라더라

●奇民悖習 金浦郡居悖類奇哥가無端히該郡守李性직氏를搆날ᄒᆞ야民擾를창起ᄒᆞ다가觀察道에押上牢囚ᄒᆞ얏다더라

●馳馬傷人 昨日上午九時量에校洞等地에셔十餘歲된男兒가一二歲可量된乳兒를負過ᄒᆞ다가日人馳馬에觸傷仆倒ᄒᆞ야乳兒頭骨이重傷流血ᄒᆞᄂᆞᆫᄃᆡ日巡檢가來見ᄒᆞ고人力車로載送ᄒᆞ얏다더라

●僞券奪土 鎭川居劉永顯爲名人이安城邑內典舖日人의通辭劉병學이와符同ᄒᆞ야鎭川等地居民田土를僞造文券ᄒᆞ야典執于日人ᄒᆞ고欲爲乾沒ᄒᆞᄂᆞᆫ故로該等地居ᄒᆞᄂᆞᆫ如干有土者가財產難保라고南來人의傳說이猥藉ᄒᆞᆯ뿐더러上部에呼訴次로上京ᄒᆞᆫ人이多數ᄒᆞ다더라

●최童可附 西友學會館에使傭ᄒᆞᄂᆞᆫ최龍吉은素是眞諺不通지人이라日本留學生의斫指同盟ᄒᆞᆫ事를聞ᄒᆞ고雙眼에感淚를垂ᄒᆞ며新貨十錢을該會書記員에게寄付ᄒᆞ기을請ᄒᆞ얏다니該學生에悲慘景狀은雖無識兒童이라도無不感動ᄒᆞᆫ다더라

●鄭家賊警 南來人의傳說을聞ᄒᆞᆫ則水原廣德面小박동居鄭承旨台㷜氏家에今月初一日에賊漢三名이各持銃劍突入ᄒᆞ야什物를奪去ᄒᆞ고田沓三十餘石落文券을沒數搜去ᄒᆞ얏다더라

●靑會傳道 靑年會에셔本月二十日日曜下午三点半에紳士金麟氏가傳道ᄒᆞ기로演說ᄒᆞᆫ다더라

●事務讓渡 洪月初氏ᄂᆞᆫ元來山門에聲望을高佩ᄒᆞ야國內首寺總攝을薦任ᄒᆞᆫ이職務가浩繁ᄒᆞ야佛敎研究會明進學校都總務及每日申報社事務를該校副總務리寶潭氏에게委任ᄒᆞ고洪月初씨ᄂᆞᆫ但佛敎育에贊成만主管ᄒᆞᆫ다더라

▲盃中片談

▲近日政府大臣이酒泉太守을換作ᄒᆞ야醉裏乾坤에五岳이如撼ᄒᆞ고俯視萬物에擾々若江漢지浮萍ᄒᆞ야定泊이無期ᄒᆞ니何日에나醉夢을大醒ᄒᆞᆯᄂᆞᆫ지

▲此時代를當ᄒᆞ야國力挽回ᄒᆞᆯ思想은夢外에置지ᄒᆞ고爭權競勢로爲一能事ᄒᆞ야圭角이顯露ᄒᆞ니나라일잘되겟쇼

▲第一大關이土地를日人의게見奪ᄒᆞᄂᆞᆫ거시賣官誤國보다甚ᄒᆞ니官職은遞免ᄒᆞ면已矣어니와土地ᄂᆞᆫ一失難得이지오

▲趙民熙氏ᄂᆞᆫ內協바람에觀察를自薦ᄒᆞ고從先上京ᄒᆞ더니南北村호傑들이扼腕而起ᄒᆞ야各自運動ᄒᆞᆷ의未知鹿在誰手니ᄒᆞ肝이탈듯시부지

▲裁判長李允用氏ᄂᆞᆫ自已給島沓訟事件으로嫌碍가有ᄒᆞ야稱病不進ᄒᆞ고々源鎭氏로署理판ᄒᆞ얏다니눈거려베쓰고아옹

▲리容九를학部에셔招待談판ᄒᆞᆯ時에二拾一學生에斫指同盟을歸지救財要名ᄒᆞᆯ計策이라ᄒᆞ고自己의罪責을掩蔽코져ᄒᆞ니리容九의陰險心腸은尤極可痛이로고

雜報

●鳳鳴學校趣旨 金寶雲述 續

獨立乎能立ᄒᆞ며自由乎能由ᄒᆞ야何事ㅣ成이며何敵不服이리오然後에賴新聞之敎育ᄒᆞ야勉夫聖學則如鳥兩翼이요體文明之發達ᄒᆞ야趣諸佛敎則如車二輪이니可謂事理雙修며定慧俱足이니云胡舊學新問之異而雲泥緇素之分公別ᄒᆞ야盖此乾봉은關東大刹이라簇立金剛之南麓이요浩瀾碧海之東涯이며西險曽님嶺又鳳巖이요南望香爐峰與雪山이라數千間梵宇招提요數百名緇徒道場이라奚設學校ᄒᆞ고揭名鳳鳴者ᄂᆞᆫ니同聲相求ᄒᆞ며同氣相應ᄒᆞ여연究爲佛敎海之波瀾ᄒᆞ며參爲新學問之演義ᄒᆞ야以犬馬之誠으로報丘山之恩을一如元曉普照에擲板鹽雨ᄒᆞ며復見西山사溟에効勞矣리니伏請望風君子와면雲衲侶ᄂᆞᆫ賁然光臨에洽然參同ᄒᆞ야熱心團躰로進步開明ᄒᆞ야致吾君於堯舜之上ᄒᆞ며遂使東方에所無之太平으로稽首拜手ᄒᆞ고予祖至도ᄒᆞ노이다 完

●哭勉菴先生文 權學準

夫忠臣烈士之生也天必降之大任誠之以險苦艱難ㄱ狀既危而後有能安厥世者而天之不謀於忠臣烈士者何哉嗚呼痛哉勉菴先生値此否更之運不以이險一其心以經濟 國爲已任局旋於顚沛疑危之間而俘虜於異域今爲三個月遽至燕獄之慘則竟歸於泉臺之下與文山侯握手悲泣而已此非先生之不幸實邦國之不幸尙忍言哉

或謂時지不幸勢지難爲則近與二三殉節諸公不以從容潔身爲疑者此不知先生志者也爲人臣生於亂世獨立於風波懷襄지中不較成敗利鈍其竭力所至事지不可爲而猶且爲지者先生有焉先生一死節義지效超於前綱常지立啓於後其於先生何憾焉嗚呼痛哉

●漢校愛恤 今番東京에셔斷指同盟ᄒᆞᆫ韓國留學生二十一員의激烈ᄒᆞᆫ志氣를爲ᄒᆞ야各社會에셔義捐金을募集ᄒᆞᆷ은世人의知悉ᄒᆞᄂᆞᆫ바어니와此事에對ᄒᆞ야南門外紫岩漢陽學校에셔敎師金晋현氏가一般學員의게出金을寄付ᄒᆞ기를勸勉ᄒᆞ야五圜餘錢을募集ᄒᆞ얏고又該동有志人士의게도義捐을寄付ᄒᆞ기를勸勉ᄒᆞ다더라

●李門設校 忠南韓山郡居리家某某人이學校를設始ᄒᆞ고子弟를敎育ᄒᆞ기로창論ᄒᆞ야該宗契錢葉五千兩과宗畓賭租三十石을捐出ᄒᆞ야校費와敎師月銀을支用케ᄒᆞ고校舍ᄂᆞᆫ리氏門中齋堂에一樓閣이有ᄒᆞᆫ데因爲設校ᄒᆞ고勿煩新構ᄒᆞᆫ다더라

●派巡聽訟 忠北來人의傳說을據ᄒᆞᆫ즉觀察道에셔各郡에派ᄒᆞᆫ巡檢에廳所를設始ᄒᆞ고警務廳과如히各面里里任과面長을任意擇因ᄒᆞ고諸般民事를無不干涉ᄒᆞᄂᆞᆫ故로民怨이猥藉ᄒᆞ다더라

●金氏八難 續 林公使가不□□괴ᄒᆞ야金氏에手를堅執ᄒᆞ□□人外部ᄒᆞ야時任大臣을□□ᄒᆞ며曰金氏之作梗이貧大□所使라ᄒᆞ고舉措駭乖ᄒᆞᆫ□□相이日公使에公躰損失□□얏다ᄒᆞ고金氏를請責ᄒᆞᆫ지라□□使曰金氏ᄂᆞᆫ照律懲懲ᄒᆞ고外部大신은明日에本公舘에來ᄒᆞ야謝過ᄒᆞ라ᄒᆞ고仍卽還去ᄒᆞᄂᆞᆫ데金씨를경務廳으로押送ᄒᆞ얏다가光武七年계卯六月二拾四日에金씨를三年懲役에處ᄒᆞ얏더니卅三個月만의幸蒙赦典放釋ᄒᆞ얏ᄂᆞᆫ데該씨가林公ᄉᆞ의恤金을一向拒絶ᄒᆞ고受去치아니ᄒᆞ야日賠償은可커니와恤金은不當이라ᄒᆞᆷ으로外部會計局에留置ᄒᆞ얏다가其시외部通商局長丁大有氏가公使林權助還任歸國ᄒᆞᆫ다ᄂᆞᆫ말을듯고 未完

●有證更正 去月十六日本報雜報欄內에放賣釜鎭이란問題에關ᄒᆞ야度支部에셔金瓊植氏를派送ᄒᆞ야度支部에셔此等變動지事로結連되야其地段을放賣ᄒᆞᆷ이無ᄒᆞ고但基址與官舍를韓人某等의게認許ᄒᆞ야開墾耕種이되基址ᄂᆞᆫ係是公有니相當稅金을調定收入이고若或外國人의게轉賣或讓與ᄒᆞᄂᆞᆫ境遇에ᄂᆞᆫ本認許ᄂᆞᆫ無效라ᄒᆞᆫ該部公文의憑證을詳示ᄒᆞ미吾儕ᄂᆞᆫ欣納ᄒᆞ야此記事를玆以正誤ᄒᆞ며雖然이나日人이干涉買得ᄒᆞ랴ᄒᆞᄂᆞᆫ境遇에ᄂᆞᆫ其於韓人지無力과日人지有貪欲엔吾儕도無所可奈焉일가ᄒᆞ노라

廣告

廣告

◎學員募集廣告

本校第三回入學期를現當ᄒᆞ야法律學及經濟學兩專門科學員을玆에募集ᄒᆞ오니願ᄒᆞᆫ人은左記試驗定期內에本校用紙로써早速請願홈을事

但法律科는晝학及夜학으로敎授ᄒᆞ고經濟科는夜학으로敎授홈

○脩業年限 三학年

○入學年齡 二十歲以上

○學科目 法律학全部 經濟학全部 備在本校規則

○試驗日字(陰曆丁未正月十七日) 三月一日

○試驗科目

歷史及地誌問對(內國及外國)

讀書及作文(國文及漢文)

筭術(四則以內)

但官公私立학校의普通科以上卒業證書가有ᄒᆞᆫ人은其학力을檢定ᄒᆞᆫ後免試許入홈

○開學日字(陰曆正月二十二日) 三月五日

光武十一年一月十五日

中署磚洞 普成專門學校 白

廣告

學員募集廣告

本校에셔小學程度로初等科를姑先設置ᄒᆞ고學員을廣募ᄒᆞ오니願學僉員은本年一月三十一日(陰拾二月拾八日)以內로本校에來議홈을事

學員年齡은八歲以上

入學請願은本校刊行紙로施行

來議時間은自上午拾一時로下午三時

南署私立長橋長薰學校

◎特別廣告◎

本書舖에셔敎育界需用을爲ᄒᆞ야東西洋各種新編書籍을陸續輸入ᄒᆞ오니有志君子는광臨購覽ᄒᆞ시옵

宗敎書類 地誌書類
敎科書類 筭學書類
政治書類 傳記書類
歷史書類 雜著書類
語學書類 醫學書類

發賣所大廣橋書舖 高裕相

分賣所咸南端川邑龍般里 書舖 禹時和

越南亡國史 國漢文 新刊

定價貳拾伍錢

發賣所京城廣橋高裕相冊肆

鏡南端川郡禹時夏

布屛下 김相萬 書舖

廣告

本人이齒料諸具를整備ᄒᆞ야ᄒᆞᆫ人의게應用케ᄒᆞ며觀務時間은午前九時브터午后一時ᄭᆞ지午后一時브터午后五時ᄭᆞ지夜間에는定約ᄒᆞ며로

事務所는南大門內建城위宮內施蘭敎醫師後家

美國齒醫師 ᄋᆡ、이、한 告白

西署新門外餘동百八十六統三戶

辯護士前檢事前判事正三品 丁明燮

法律事務所

事務員前主事吳在淳

朝陽報第十一號廣告

◎

(著作) 「告大宮巨公」「書翰乃忠告」「品性修養」「商業論」「國感錄」「寄書」「世界叢談」「內地雜錄」「廣告」

(譯述) 「海卜雜[illegible]」「保護國論」「滅國新法論」「政治原論」「泰西敎育史」「本朝名臣錄」「愛國十傳」「米國大統領」「訓蒙」「비스마륵구」「愛國精神談」

◎民事訴訟代理와刑事辯護及登記一切法律에關ᄒᆞᆫ事務를迅速處理홈

漢城南部紫洞第十七統八戶

辯護士前檢事正三品 李冕宇

法律事務所

事務員 前博士玉東奎 前博士[illegible] 前議官金[illegible]

◎九轉靈砂[illegible] 本人이[illegible]

[illegible]老少에[illegible]

[illegible]

◎九轉靈砂[illegible]

◎九轉靈砂保[illegible]

[illegible]

◎九轉靈砂[illegible]丹은[illegible]

◎九轉靈砂紫金丹은[illegible]

[illegible]

以上은常時에貯積ᄒᆞ얏ᄉᆞᆷ

[illegible] 告白

美國紐育港 보든쓰 煉乳會社 一手代理店

大韓仁州港 [illegible]洋行

AMERICAN Gold Seal Brand Condensed Milk

EAGLE BRAND BORDEN'S CONDENSED MILK NEW YORK U.S.A.

一鷹標罐詰濃厚牛乳

一金印罐詰濃厚牛乳

一家庭用煉乳[illegible]

一보든쓰製[illegible]

合牛乳

◎本社廣告

○申報價

一張代金 新貨二錢五里

一個月前納 三十錢

三箇月 九十錢

六個月 一元七十錢

一箇年 三元四十錢

郵稅一部 新貨五里

一箇月 十三錢

○廣告料

四号活字 三字詰

每日每英尺一寸에新貨廿五錢

(每日每行六錢에相當홈)

一週日에 二圓五十戔

(每日每行四戔五里에相當홈)

一箇月에 五圓

(每日每日四錢一里에相當홈)

其期限의長短과字行의多夥를依ᄒᆞ야斟減홈이有홈

●大한每日申報各處支社廣告

中署布屛門下 김相萬冊肆

洞口越便朱翰榮冊肆

中署農圃初人七

拾八統第二號 鄭禹澤

平壤上水口門內 김浩淵

仁川柑峴開新冊肆 최叙恒

宣川邑橋西里 리東皓

義州西門外한西 安濬

釜山港佐川 大藥局

三和港築洞 徐藥局

咸興朱南社西門外 김仁집

開城培學校 曺喜林

大丘達城 姜助遠

載寧邑濟衆院 廣文社

鐵山邑東部 劉夢澤

長淵邑 安도

元山支店 김龜

定州南門內 김乃範

京城興仁門外영楓亭 洪聖麟

리建赫

發行兼編輯人 英國人비說

發行所 南署石井洞號外地三層洋屋家

大韓每日申報社

第五卷

大韓每日申報
대한매일신보

第四百卄四號

月曜及慶節歲時日休刊

檀君開國四千二百三十九年
箕子元年三千二十八年
大韓開國五百十五年
日本明治四十年
淸國光緖三十二年
◉陰曆丙午十二月大初九日辛未

論說

日本之攺良

日本勢力의設立이漢城政界에一未有淸淨之氣ᄒᆞᆷ은今己確普事實이라伊藤侯或其代理人의使用ᄒᆞᄂᆞᆫ權威가雲霧와如히如彼未確ᄒᆞ야韓人의陰謀之習을禁止ᄒᆞ가ᄒᆞ尙且壯勵ᄒᆞᆷ이反有ᄒᆞ도다日人記筆이此地日本手段을論판ᄒᆞᆯ時에ᄂᆞᆫ此陰謀之習이常爲一課라日本이韓國의無力을全然覺悟여ᄂᆞᆯ十八朔以前에彼自摘發ᄒᆞᆫ此事態ᄅᆞᆯ今反利用ᄒᆞ니豈非可惜之事乎아

今者韓國內閣은最惡前人과少無差異어니와參政大臣朴齊純氏의無信實ᄒᆞᆷ이其同僚보다ᄂᆞᆫ或有差少故로李址鎔李根澤이가彼此間異見을暫停ᄒᆞ고박氏ᄅᆞᆯ退出ᄒᆞ기로共謀ᄒᆞᄂᆞᆫ도다

박졔純氏도亦未免失責이니李址鎔欠席之際에暫管內部之機ᄅᆞᆯ利用ᄒᆞ야多數郡守ᄅᆞᆯ擇任ᄒᆞᆯ지라本人量度에其被任者ᄂᆞᆫ應是可堪之人이오且賣官之說을不得聞焉이로ᄃᆡ前郡守等을以要路廢免ᄒᆞᆫ事에對ᄒᆞ야ᄂᆞᆫ忿憤之說이頗多이라被免者拾餘人中에不合於所管人民者ㅣ不過數人矣니박齊純氏行事에도嘗私之昧가豈其全無乎아內閣行政이李根澤과址鎔之下에若在ᄒᆞ면事態가尙加粗惡ᄒᆞ리니以余度之컨ᄃᆡ現今政府의最可恨歎之勢ᄂᆞᆫ日本이韓國政閣에正直之人을擇薦ᄒᆞᆯ權力(非權限)이有ᄒᆞ고互相紛爭ᄒᆞ야自國利益을一無注意ᄒᆞᄂᆞᆫ陰謀黨의現存을許容ᄒᆞᆷ이是也로다

官報

●三千六百六十八號 光武十一年一月廿一日

◉敍任及辭令

依願免本官 度支部主事 韓南洙

免本官 度支部主事 崔鐵興 右ᄂᆞᆫ該員이自願應選ᄒᆞ야敍任旣久에尙不視務ᄒᆞ고肆然請願ᄒᆞ니事躰所在에不可仍置이기是로以ᄒᆞ야免本官

依願免本官
礦山事務局技手 金澤吉
園藝模範場書記 金瀅泰
掌禮院掌禮 리錫國

依願免本官
任掌禮院掌禮敍奏任官四等 典膳司掌膳 梁善謨
任典膳司掌膳敍奏任官四等 六品 리鎭國
秘書監郞 姜遠馨
康陵參奉 金復圭
開城分奉常司主事 셜觀浩

依願免本官
任秘書監郞敍奏任官四等 六品 柳輝錫
任康陵參奉敍判任官八等 寧陵參奉 리達永
任寧陵參奉敍判任官八等 英陵參奉 리範鎔
任英陵參奉敍判任官八等 六品 金復圭
任開城分奉常司主事敍判任官十級 朴瑢鉉
命務安郡官庄査整官 正三品 洪在祺
金相華 石武烈
命務安郡官庄査整委員
外國語學校副敎官 閔丙昇
前主事 全命圭 九品 梁川煥
吳學潛 金學善 리輝翼
任度支部主事敍判任官
任警務使敍勅任官二等 中樞院賛議 金思默
官立日語學校副敎官 崔元植
任園藝模範場書記敍判任官七級

部令

●法部令第一號 續

第拾一條 赦典을奉承ᄒᆞ야放免或減等을修報ᄒᆞᄂᆞᆫ時ᄂᆞᆫ已決未決을無論ᄒᆞ고檢事가事行ᄒᆞᆷ

第拾二條 司法警察官이裁判所의命令을違反ᄒᆞᆫ時ᄂᆞᆫ檢事ᄂᆞᆫ法部大臣의게報告ᄒᆞᆷ이可ᄒᆞᆷ

第拾三條 檢事ᄂᆞᆫ僉致ᄒᆞᆫ被告人을審査ᄒᆞ야無罪로思料ᄒᆞᄂᆞᆫ時ᄂᆞᆫ卽地放免ᄒᆞᆷ이可ᄒᆞᆷ

附則

第拾四條 此細則은各港市裁判所에셔도準用ᄒᆞᆷ

第拾五條 本則은頒布日로븟터施行ᄒᆞᆷ

光武十一年一月五日
法部大臣勳一等 리夏榮 完

外報

●大統領演說 桑港電을據ᄒᆞᆫ則美國大統領은通商條約改正과强大ᄒᆞᆫ艦隊建造의急務됨을演說ᄒᆞ미大喝采ᄅᆞᆯ博ᄒᆞ얏다더라

●巨艦製造 俄國海軍再興委員이水雷艇을製造ᄒᆞᄂᆞᆫ外에英國戰鬪艦또레또노도號와如ᄒᆞᆫ戰鬪艦兩隻을製造ᄒᆞᆷ을議決ᄒᆞ얏다더라

●俄帝와우氏 伯林電을據ᄒᆞᆫ즉俄帝ᄭᅴ셔首相스도리빈伯爵의게特別히親書ᄅᆞᆯ送ᄒᆞ야該伯爵으로首相兼參議院議員을任命ᄒᆞ얏다더라

●美備日患 桑港에셔日本學生과同塾做課ᄅᆞᆯ阻當ᄒᆞᄂᆞᆫ事에對ᄒᆞ야日領事와某某人들이美國大統領의게書ᄅᆞᆯ投ᄒᆞ야言ᄒᆞ기ᄅᆞᆯ如此히背約ᄒᆞᆯ진ᄃᆡ同盟을絶ᄒᆞ겟ᄒᆞᆷ으로大統領이議會ᄅᆞᆯ開ᄒᆞ고相好ᄒᆞᆫ法案을提出ᄒᆞ야贊成ᄒᆞᆷ이可ᄒᆞ다ᄒᆞᄂᆞᆫᄃᆡ上議院에셔ᄂᆞᆫ此議ᄅᆞᆯ反對ᄒᆞ고桑港으로金一百五十萬弗을支撥ᄒᆞ야日本을拒ᄒᆞᆯ水雷艇을佈設ᄒᆞᆫ다더라

●海軍再興의擔任 倫敦電을據ᄒᆞᆫ즉俄國前極東總督阿歷是厚ᄂᆞᆫ現任海軍大臣필니시호中將을代ᄒᆞ야俄國再興의重任을當ᄒᆞ깃다더라

雜報

●奇哉林童 平壤居童蒙林大植은年今十三歲라昨年에遊學日本次로日本神戶에到ᄒᆞ얏더니學費가不至ᄒᆞᆷ으로不得已還歸ᄒᆞ얏더니今番二十一學生에斷指同盟ᄒᆞᆫ事狀을聞ᄒᆞ고其父親에게請得ᄒᆞ야三十錢을西友학會에게來納ᄒᆞ야使之送交케ᄒᆞ얏다더라

●昌校放學 堤川郡私立昌明學校에셔陽一月十三日의冬期試驗을畢ᄒᆞ고放學式을設ᄒᆞ얏ᄂᆞᆫᄃᆡ試驗은日語法語와漢文作文과筭術地志와理學歷史等이라더라

●派員賣土 東萊多大牧位田畓審查派員金禎魯氏가牧田畓有無을審査後에外國人處潛賣ᄒᆞᆫ거시라도授賂ᄒᆞ면掩置ᄒᆞ고殘民이結構資生ᄒᆞᄂᆞᆫ家ᄃᆡᄂᆞᆫ國土의無難犯禁ᄒᆞ니民習可駭라ᄒᆞ며百般으로搆罪ᄒᆞ야政府에報告ᄒᆞ고嚴徵ᄒᆞᆫ다行威ᄒᆞ야討索錢이數萬兩으로四千兩을經理院에報告ᄒᆞ되收賭上納이라僞稱ᄒᆞ고尺文과訓令을圖出ᄒᆞ와牧田畓收賭次로尺文與訓令이下來라呼勢ᄒᆞ고依前倍賭로威刼民間ᄒᆞ야民怨이漲藉ᄒᆞᆯ뿐더러牧畓幾百斗地ᄅᆞᆯ現今外國人處의放賣次로約條ᄒᆞ니金禎魯氏을一個月만派員을因置ᄒᆞ면牧畓을盡爲濫賣ᄒᆞᆯ터이라더라

雜報

●雨露還收 韓皇陛下께옵셔今番斷指同盟ᄒᆞᆫ學生等의情況을矜恤ᄒᆞ사侍從武官李會臣을命ᄒᆞ야五千餘圓을一進會로下賜ᄒᆞ셧다더니參政大臣朴齊純氏가此事件의繳還的으로入奏ᄒᆞ야下賜ᄒᆞ신恩金을還收케ᄒᆞ얏다더라

●嘉禮紀念 今番嘉禮後에文武官吏의게紀念章을 下賜ᄒᆞ실터인ᄃᆡ表勳院에셔紀念章三千餘介를現今製造中이라더라

●出迎賀使 昨日下午四時에日本賀使가南門外停車場에到着ᄒᆞᆯ터인ᄃᆡ各部大臣협판과所屬官廳勅任官은一切知委ᄒᆞ야並以備數出迎事로政府에셔各部에通牒ᄒᆞ얏다더라

●諸衙宜禁 中樞院에셔政府에照會ᄒᆞ얏ᄂᆞᆫᄃᆡ院意를開ᄒᆞᆫ즉座객及筭命과小說等事를一切禁斷ᄒᆞᄂᆞᆫ事이라더라

●高等偵探 李範喬氏ᄂᆞᆫ闕內에秘密事件을偵探ᄒᆞ야李址鎔氏에게通知허기爲ᄒᆞ야帿院之任을久帶ᄒᆞ얏ᄂᆞᆫᄃᆡ該氏의偵探手段은韓國에第一高手이라더라

●內協新任說 內部協판金각현氏가被任ᄒᆞᆫ다ᄂᆞᆫ說이近日에盛行ᄒᆞ더라

●法相演說 昨日下午十一時에平漢兩裁及十三道와十一府와濟州郡에出張ᄒᆞᆫ法務補佐官과補佐官補를一제來會于法部ᄒᆞ얏ᄂᆞᆫᄃᆡ該大臣이私第에設宴款待ᄒᆞ고一場演說ᄒᆞ얏다더라

●內照法部 內部에셔法部에照會ᄒᆞ되貴照會를接準이온바濟州裁判所罪囚費一事ᄂᆞᆫ自有之筭인즉一例支用이거날今何報請ᄒᆞ야지事甚滋惑ᄒᆞ와發訓該所ᄒᆞ오며姑에仍復이라ᄒᆞ얏더라

●觀察遷動說 各道觀察使가一並遷動된다ᄂᆞᆫ說이有ᄒᆞ더라

●事未可必 晉察趙民熙氏에內協運動을학部大臣리完用氏가參政大臣朴제純氏의게周旋ᄒᆞ얏ᄂᆞᆫᄃᆡ內大리址鎔氏가近日不穩之心이有기로趙氏의內協이未可信이라더라

●事勢似然 政府議案에各大臣이聯署ᄒᆞᄂᆞᆫᄃᆡ朴參政리內大가相有憾情ᄒᆞ야敍任件이延타ᄒᆞ다더라

●以蔘求官 前原州隊副官리元來氏가休職된以後로抑鬱之心이不無ᄒᆞ야外任一窠를圖得ᄒᆞᆯ次로人蔘五十斤을買得上京ᄒᆞ얏다더라

●地長新任說 內部地方局長은리應翼氏가敍任ᄒᆞᆫ다ᄂᆞᆫ說이有ᄒᆞ더라

●所犯非輕 侍從院에셔法部에照會ᄒᆞ되本院庶務課長金興潤을本月五日에奏免인바該課所掌嘉禮時所用儀仗修補費中三百二十八圓八十五錢을該員이無難有逋ᄒᆞ야屢度嚴飭에一向遷延ᄒᆞ야緊急莫重之役을無以及期竣功이오니揆以事體에斷不可尋常處之이옵기玆以照會ᄒᆞ오니照亮ᄒᆞ신後發訓漢裁ᄒᆞ시와該員을卽爲拿致ᄒᆞ야所犯公貨를不日督刷送交ᄒᆞ와俾爲竣事케ᄒᆞ라ᄒᆞ얏다더라

●紙銅相持 度支大臣閔泳綺氏가淸風學校補助金一百圓을錄送ᄒᆞ얏ᄂᆞᆫᄃᆡ該校에셔推錢ᄒᆞᆫ則該氏所答內向日所錄이初非紙貨오乃是白銅인즉白銅百元을持去ᄒᆞ라ᄒᆞᄂᆞᆫᄃᆡ銅貨亦尙未出給ᄒᆞᆫ다더라

●藉校斂米 廣州郡守吳泰泳氏ᄂᆞᆫ學校에捐助를憑藉허고每戶에米一斗式排斂허다가郡民이蜂聚ᄒᆞ야民擾가將起ᄒᆞᆷ이卽爲發令勿施ᄒᆞ얏다더라

●妓生先訪 平壤郡守白樂均氏가被任後로該氏ᄂᆞᆫ如何思想이有ᄒᆞᆫ가一般人民이注目瞻視ᄒᆞ더니到任翌日에使令輩가四散招妓ᄒᆞ니아마도妓生尋訪이初公事인ᄃᆞᆺ此亦夢疑中에在ᄒᆞ야不識時代ᄒᆞ니人民이將來困難ᄒᆞᆷ을一層憂慮ᄒᆞᆫ다더라

●靑年講演 今日下午七点半에靑年會에셔牧師奇義男氏가我韓國家와宗教의關係란問題로講演ᄒᆞᆫ다더라

●平賀法部 平理院에셔리裕寅事에對ᄒᆞ야照律事로質稟ᄒᆞ얏ᄂᆞᆫᄃᆡ被告리裕寅을照刑法大全第二百八拾四條에反逆을謀ᄒᆞᆫ者ᄂᆞᆫ已決未決을勿論律第三百二十五應이因치아니ᄒᆞᆫ者를因ᄒᆞ되受財ᄒᆞ야贓이重ᄒᆞᆫ者律第六百三十一條枉法贓八百兩以上律第六百七十八條應爲치못ᄒᆞᆫ事를爲ᄒᆞᆫ者律第百二十九條二罪以上이同時俱發ᄒᆞᆫ境遇에ᄂᆞᆫ其重ᄒᆞᆫ者를從ᄒᆞ야處斷文處絞ᄒᆞ고被告張志遠은照第二百八十四條人을反逆을誣告ᄒᆞᆫ者ᄂᆞᆫ已決未決을勿論律第百三十五條從犯은首犯律에一等을減文處懲役終身被告金章植當照同條同律에一從리裕寅指誘指使至犯重科都由於趙遠所致則參究情跡宜有酌量故於原擬律減壹等處懲役十五年何如該專切書類粘附質稟이라ᄒᆞ얏더라

●俱樂收斂 趙南益金鎔濟徐延岳諸氏가官人俱樂部를發起ᄒᆞ야趣旨書를各部에送交ᄒᆞ얏ᄂᆞᆫᄃᆡ親任官은十圓이오勅任官은五圓이오奏任官은二圓이오判任官은五十錢으로收斂ᄒᆞᆫ다더라

●警官慈善 仁港總巡金某가該港監獄署囚徒間房을一次巡察ᄒᆞ고慨歎不已日男女를一間에同囚ᄒᆞ야分別이無ᄒᆞᆯ뿐더러또病者로雜處ᄒᆞ야汚穢之物이積置ᄒᆞ며醜惡之氣가易染ᄒᆞ리로다ᄒᆞ고金額三百餘元을自備ᄒᆞ야罪囚間을三處에分ᄒᆞ야一樣修理ᄒᆞ며又日人有犯法則罪囚라稱ᄒᆞ어니와因在冷處ᄒᆞ야但以獄料例給으로爲괴즉豈無饑寒이到骨乎아是所책憐矣라其中無病强壯者를隨時拔出ᄒᆞ야近隣各米商의게請託ᄒᆞ야雇傭에付屬ᄒᆞ야飢寒을免ᄒᆞ고生道를賴케ᄒᆞ얏스니該氏에慈善을該港來人이極口稱頌ᄒᆞ더라

●斷指同盟의實況 自日本東京來函을續接ᄒᆞᆫ즉二十一學生의斷指ᄒᆞᆫ實況이如左ᄒᆞ니二十一人의手指를一個小刀로輪回斬斷ᄒᆞᄂᆞᆫᄃᆡ幾個人이斷了ᄒᆞᆫ後ᄂᆞᆫ刀刃이무되여듣지못ᄒᆞᄂᆞᆫ지라彼此間에一人은刀刃을잡아주면一人은自手로石을持ᄒᆞ야刀를擊ᄒᆞ야手指를斷ᄒᆞᄂᆞᆫ者도有ᄒᆞ고自手로刀刃을手指에加ᄒᆞ면他人이石으로刀를擊ᄒᆞ야斷ᄒᆞᄂᆞᆫ者도有ᄒᆞ고或者ᄂᆞᆫ自手로톱질ᄒᆞ드시斷ᄒᆞᄂᆞᆫ者도有ᄒᆞ니皆其左手의第五指라如斯히重傷ᄒᆞ얏ᄂᆞᆫᄃᆡ本國留學生安商浩氏ᄂᆞᆫ原來醫學에卒業ᄒᆞ야慈惠病院에셔視務ᄒᆞᄂᆞᆫ지라此消息을聞ᄒᆞ고急來診視ᄒᆞ고藥을塗ᄒᆞ야血을止케ᄒᆞ고太極學會에셔卽時開會提議ᄒᆞ야義捐金을收合ᄒᆞᆫ바當場人額이三四十圜이라仍又各新聞에廣告ᄒᆞ고各社會에通知ᄒᆞ니神田基督教靑年會館에셔義助금을送交ᄒᆞ엿더라또平壤耶蘇教會와各會에通牒이有ᄒᆞ얏다니如此히悲慘ᄒᆞᆫ情況과猛烈ᄒᆞᆫ氣槩ᄂᆞᆫ歷史上에未之或見者라한國同胞ᄂᆞᆫ此學生에對ᄒᆞ야出義救急이無ᄒᆞ면人心人道가有ᄒᆞ다謂치못ᄒᆞ리라ᄒᆞ노라

●柳氏寄函 前秘書監丞柳時禹氏가本社에寄函ᄒᆞ되乃自太極圖會告白書出人莫不慨然作感僕獨喜賀萬滿古語云天將降大任於人也必先試之以不堪當之地諸員今日遭界不其然乎萬里異域洽藏蠢蠢靑年秀頎正是難勵之困而猶僱夫征邁之或陣所指相誓誠絶對事魁梧氣也英擧升聞惟吾 聖天子特念志士義捐內顧之憂從可得免而志益堅學日進成就裕則遊航他日爲國需用扯有涯耶倩爲之喜賀又喜賀僕嶺外花山人積蔵京師栖屑우凉無所短長於世腕血掛腸開義不克捨力판賦[illegible]耑只一心懸懸於修業龍進焉耳要

●有誤更正 去十四日本報雜報欄에前參政朴齊純氏가召命으로詣闕ᄒᆞᆫ事ᄂᆞᆫ更聞ᄒᆞᆫ則純[illegible]誤探이기玆에正誤ᄒᆞᆷ

△茶半閒話

▲近日政界消息이何如오怒濤狂瀾에政海가飜覆허니擾々一葉에風力을偏受ᄒᆞ야利涉經濟가杳然無期허지

▲桃리園中에一陣狂風이吹撼ᄒᆞ니北嶺一松ᄒᆞᆫ나特立貞幹은性色이自若ᄒᆞ다지

▲內大리지鎔씨門前에一派豪傑이出席ᄒᆞᆫ는데四靈君士가有ᄒᆞ야內大를잘붙여먹는다지

▲四靈叢中에第一有名ᄒᆞᆫ金寬鉉氏ᄂᆞᆫ日人도ᄎᆞ사ᄎᆞ사허고紫烏라稱號허엿스니아마도大端ᄒᆞᆫ방정구러인가보데그려

▲學部大臣은全國教育을管理허ᄂᆞᆫ大臣이라教育擴張은姑舍허고教育方針을反對로爲主ᄒᆞ야教育을妨害ᄒᆞ니請人手段에出ᄒᆞᆷ인지教育大臣이아니라防育大臣이로고

▲一進會總務宋병준씨가學大리完用씨를訪見허고一拾一人留學生事에對ᄒᆞ야協議ᄒᆞ얏다니和何不顧ᄒᆞ다가今乃忽覺ᄒᆞ고一進會도世評을무셔운게로고

雜報

●吳州學會 平南江東郡權湖里에셔有志人士二拾餘人이發起ᄒ야一학會를組織ᄒ고命名曰吳州學會라ᄒ야皇城中央部에在ᄒ西友學會의支會를請認ᄒ얏ᄂᆫ데其趣旨書가如左ᄒ니

吳州ᄂᆫ江東郡古號요學會ᄂᆫ卽境內人士가定期會集ᄒ야時務에必要ᄒ학問을硏究ᄒᄂᆫ바一의名稱이니即前日學契와其名은雖殊ᄂᆫ其意ᄂᆫ一致也라然而나現今時代ᄂᆫ前日과逈別ᄒ야萬國이相通에智識을交換ᄒ야生存競爭에優勝劣敗ᄒ고弱肉强食ᄒᄂᆫ世界니顧我一般國民은目下時局과前途形便을詳察ᄒᆯ지어다

吾人身上에ᄂᆫ固有ᄒ義務를諦行ᄒ라면不敎育을擴張ᄒ야頑固ᄒ舊習慣을一刀快斷ᄒ고文明ᄒ新精神을익然奮發ᄒ야東西洋新학問을參酌講論ᄒ고變遷界新智識을互相開導ᄒ야劣者化優ᄒ고弱者還强ᄒ야始自個人으로漸滋一郡ᄒ며更自一郡으로漸滋全國ᄒ야積小成大에以至我般民力團合되ᄂᆫ時日이有ᄒ然後에야家族을可以保存이오國權을可以挽回也니願我諸君은其各勉之哉어다

發起人 리華濟 리詰례 리容觀 黃錫源 리奎영 黃潤 리東빈 리雲탁 리奎영 리承현 尹환 리靈석 리世珍 리潤根 김尙虎 리奎夏 리善杜 최비植 김영穆 김洪鍾 리賢根 리昌均 김容洛 리元鵬 리春학 리鼎緖 리龍均 리浩俊 리東吉

本報를愛讀ᄒ시ᄂᆫ 僉君子ᄂᆫ 意覽注焉ᄒ시옵 本社를南署石井洞 皇壇新作路初入北便三層洋屋으로移接ᄒ얏ᄂᆫ데修理及各項整頓에經費가大端窘絀ᄒᆯ뿐더러拾年度文簿를磨勘ᄒ깃ᄉ오니京鄕間本報購覽ᄒ시ᄂᆫ 諸彦씌셔ᄂᆫ價金을送致ᄒ시와愛讀ᄒ시ᄂᆫ厚意를表著ᄒ심을是禱喜

大韓每日申報社 告白

●金氏八難 續 餞送次로該公館에前往ᄒ야公사를對ᄒ야禮畢ᄒᆫ後의言ᄒ더前에貴公使게셔元山金斗源恤金與ᄒ것을히人이拒絶不受ᄒ으로謝部에留置ᄒ얏더니貴公使게셔還償ᄒ라ᄒ시기로貴公館通譯官國分象太郎에게該金額을還送ᄒ엿다ᄒ고金氏에狀軸題音에도口館恤金은還送ᄒ事라ᄒ얏스니此事件이非但韓日兩國人習知라抑天下列國人所共傳聞者也니其事情之至寃極痛은孰有不諒哉아其時외部署理大臣최榮夏ᄂᆫ壬寅六月二十三日下午二시에金氏를招入ᄒ야日館恤金를受去을안인다ᄒ고괴疾大罵ᄒ中에김씨를捉囚외部亞房ᄒ얏다가二十九日만에雙巡檢으로押領ᄒ야東大門외써전거리에退出ᄒ얏스니是豈事理之正乎아外部大臣리夏榮氏ᄂᆫ招入ᄒ야日情狀이可矜ᄒ니幾年留連費財幾千兩을支給ᄒ다ᄒ시거날김氏의所答이政府에셔내百姓을愛恤치안여그런거시아니와力不足으로徵推치못ᄒᆷ을아옵거니와 未完

●開城居金生이國民新報社에寄書ᄒ今文을請揭於本報가如左 續

旣以二百五十兩題下示給於拾民更以何錢爲肥巳乎二百五十兩이旣經白 上洞燭則雖一分錢豈有中間操縱之弊且此錢五十兩尙不支撥於民則從何爲肥已之計乎若有致疑於其間則出給五十兩於圖民以觀其如何事狀而執端査究則無論餘額ㄱ五十兩雖先給之二百兩當報還徵圖民無所逃罪今無其實無其情而但以無憑之言減削四十兩云則此非可欺以其方寧可欺天決不可欺斯民也若曰 未完

●外函當布 光武九年十一月十七日한日協約에對ᄒ야外事局長리建春氏가本社에公函ᄒ얏ᄂᆫ대明日刊布ᄒ

●反對高氏 背理而學道者ᄂᆫ未之可也니라結婚生子ᄂᆫ聖人도亦不能免者어ᄂᆯ孰無妻子之樂而弘道流布於萬世者乎아雖然이나僧侶ᄂᆫ本是以戒爲師오如來ᄂᆫ本是淸淨爲法이라欲斷輪廻之本故로離妻子之樂ᄒ며欲長智慧之根故로絶亂飲之味ᄒ며欲保慈悲之源故로愛關係之命이어날今高氏之說이爲國之忠과養民之事에ᄂᆫ緊莫緊說이며重莫重言이나愛欲之本을增長ᄒ고智慧之源이耗損케ᄒ시니氏之說明이善則善矣나金輿洙ᄂᆫ終不取焉ᄒ노라

廣告

◎廣告特別◎

生等이閔忠正公紀念ᄒ기爲ᄒ야繪簡과酒盃等物을新造ᄒ이온데公의寫眞과堂上血竹을撲瀟ᄒ야製極精美이오나惟我同胞의均是慕忠ᄒ시ᄂᆫ 僉君子ᄂᆫ來臨請購ᄒ시와以供玩賞ᄒ시옵

發起人
開城培養學校長 林圭永
仝 校監 李冕根
日本山口縣留學生 車斗衡
留置所北署諫洞廿七統一戶 曹秉默家

●明進學校特別補助記

本部事務所任員秩

部總務 洪月初 鑄貨一百元
副總務 리實濟 二十元
評議長 朴大恩 三十元
教師 朴殷海 二十元
金顯堂 十元
講師 林宜龍 四元
리相贊 十元 未完

本人之男弟玄宗涉性本浮浪將本人田土僞造文券方欲債用次京鄕出沒內外國人切勿見欺以免白失

平壤南兄弟山坊東동玄氏告白

●緊急廣告●

嗚呼痛哉라二十一人同胞學生이여以忠君愛國지誠으로離親棄墓ᄒ고留學遠邦타가經濟窘乏에難遂素志ᄒ야血心決議ᄒ고斷指同盟ᄒ니像想其當場景況則髮衝비裂에血淚沾겸이라若我二千萬同胞知其二拾一烈士지血性則莫셔萬금지財하고부送慈善지금하야使遂本志케하면國家幸甚同胞幸甚

淸州郡普成中學校校友會
發起人 鄭永澤 리章魯
謙室 鄭秦般

但義捐금舘受所ᄂᆫ京城鍾路皇城新聞社內

◎特別緊急廣告

日本에셔留학ᄒᄂᆫ天道敎派遣學生等은勤々孜々ᄒ야熱心做工ᄒ더니不幸히敎會에셔昨年以來로學資를不送ᄒ야千辛萬苦ᄒ다가頃日에ᄂᆫ食債를未報ᄒ야旅舍에셔被逐ᄒ야留學生監督廳에셔齊留ᄒ더니去五日夜에二拾餘人이一時에剪刀를擧ᄒ야其指를斬斷ᄒ고盟誓曰學業을不成ᄒ면死不歸라ᄒ엿스니嗚呼라爲我同胞ᄒ야뉘가同情之淚를落치아니ᄒ리오本會에셔此悲況을我同胞의게廣佈ᄒ오니多少를勿論ᄒ고義捐ᄒ야一時救急ᄒ심을千萬伏望

一 臨時收錢所ᄂᆫ大한每日申報社로定ᄒᆷ
一 捐금收集期限은二月拾日싸지로定ᄒᆷ

光무拾一年一月八日
在日本東京
太極學會 告白

漢城染織會社

本社의셔利益을不顧ᄒ고偉人은故人아라白衣ᄂᆫ紳爾을敗의元素란外人의嘲評을憤慨ᄒ여起業過年의幸蒙各位愛顧ᄒ와전進의榮幸이不無ᄒ온지라各種染色을益加勉勵ᄒ과 僉位의所需를不負ᄒ깃사오니陸숙枉顧ᄒ시되來往의便易를爲ᄒ와左開各處에染物取扱所를設置ᄒ엿사오니從便委托ᄒ시믈敬望

大廣橋 朴勝燁雜貨商店
布屛下 金相萬書肆
亭洞宮兵支所 李鍾浩藥局
南門外逍池洞 兪경烟商店
安洞北松峴初入 宋済斈典舖
社段洞武德門外
漢城染織會社告白

西署餘慶坊夜照峴三拒里大路南邊伏在第二十五統五戶二層洋屋上下各十二間與大堅固煉瓦洋製倉庫二十四間옷을方欲斥賣玆以廣告有意僉君子來議于鍾路電氣會社上層銀行郭漢承爲望喜

郭漢承 告白

本人의畓二日耕在於瀟川店里面四里인바從弟仁燮가性本浮浪ᄒ야僞造畓券ᄒ고期於盜賣ᄒ오니內外國人은切勿見欺喜

平壤城內巡營洞金仁錫告白

廣告

◎學員募集廣告

本校第三回入學期를現當ᄒᆞ야法律學及經濟學兩專門科學員을玆에募集ᄒᆞ오니願ᄒᆞᄂᆞᆫ人은左記試驗定期內에本校用紙로써早速請願ᄒᆞᆷ事

但法律科ᄂᆞᆫ晝학及夜학으로教授ᄒᆞ고經濟科ᄂᆞᆫ夜학으로教授ᄒᆞᆷ

○修業年限 三학年

○入學年齡 二十歲以上

○學科目 法律학全部 經濟학全部 (備在本校規則)

○試驗日字 三月一日(陰曆丁未正月十七日)

○試驗科目 歷史及地誌問對(內國及外國) 讀書及作文(國文及漢文) 筭術(四則以內)

但官公私立학校의普通科以上卒業證書가有ᄒᆞᆫ人은其학力을檢定ᄒᆞᆫ後免試許入ᄒᆞᆷ

○開學日字 三月五日(陰曆正月二十壹日)

光武十一年一月十五日

中署磚洞 普成專門學校 白告

廣告

學員募集廣告

本校에서小學程度로初等科를姑先設置ᄒᆞ고學員을廣募ᄒᆞ오니願學僉員은本年一月三十一日(陰拾二月拾八日)以內로本校에來議ᄒᆞᆷ事

• 學員年齡은八歲以上

入學請願은本校刊行紙로施行

來議時間은自上午拾一時로下午三時

南署私立長橋長薰學校

◎特別廣告◎

本書舖에셔教育界需用을爲ᄒᆞ야東西洋各種新編書籍을陸續輸入ᄒᆞ오니有志君子ᄂᆞᆫ광臨購覽ᄒᆞ시옵

宗教書類 地誌書類
教科書類 筭學書類
政治書類 傳記書類
歷史書類 雜著書類
語學書類 醫학書類

發賣所大廣橋書舖 高裕相

分賣所咸南端川邑龍般里 書舖 禹時和

越南亡國史 國漢文 新刊

定價貳拾伍錢

發賣所京城廣橋高裕相冊肆

鏡南端川郡禹時夏冊肆

布屛下 김相萬 書舖

廣告

本人이齒科器具를整備ᄒᆞ야ᄒᆞᆫ人의게應用케ᄒᆞ며視務時間은午前九時브터午后一時ᄭᆞ지午后一時브터午后五時ᄭᆞ지夜間에ᄂᆞᆫ定約ᄃᆡ로

事務所ᄂᆞᆫ南大門內達城위궁內施蘭敎醫師後家

美國齒醫師 ᄯᅴ、이、한 告白

西署新門外館동百八十六統三戶

辯護士前檢事正三品 丁明燮

法律事務所前判事

事務員前主事吳在淳

朝陽報第十一號廣告

◎

(著作)

「告大官巨公」「害虐乃忠論」「品性修養」「商業概論」「隨感만錄」「寄書」「世界叢談」「內地雜纂」「廣告」

(譯述)

「澤卜雜叢」「保護國論」「滅國新法論」「政治原論」「泰西教育史」「本朝名臣錄」「갈蘇十傳」「米國大統領」「詞藻」「비ᄉᆞ마룩구」「愛國精神談」

(前)民事訴訟代理와刑事辯護[illegible]

[illegible]一切法律에關ᄒᆞᆫ事務

[illegible]辦理ᄒᆞᆷ

漢城南署[illegible]洞第十七統八戶

前檢事正三品 李[illegible]宇

法律事務所

事務員 前博士 玉東奎

前[illegible] [illegible]

前議官 金[illegible]

以上은常時에貯積ᄒᆞ얏습

●九轉靈砂라 本人이妙方을[illegible]老少에無論何症ᄒᆞ고[illegible]ᄒᆞ며[illegible]小兒[illegible]

●九轉靈砂萬應丹은[illegible]保ᄒᆞ오며

●九轉靈砂保命丹은[illegible]生[illegible]症에神効ᄒᆞ오

●九轉靈砂[illegible]丹은[illegible]婦人帶下症에神効ᄒᆞ며

吐血 下血 [illegible] 時[illegible] [illegible]症에神効ᄒᆞ오

●九轉靈砂保金丹은[illegible] 上[illegible] 下[illegible]及[illegible]과諸般[illegible]에無不神効ᄒᆞ오니[illegible]

[illegible]

美國紐育煉乳會社一手代理店

大韓仁州港 [illegible]洋行

鷲標罐[illegible]牛乳

金印罐[illegible]牛乳

[illegible]乳

[illegible]牛乳

◎本社廣告

○申報價

一張代金 新貨二錢五里

一個月前納 三十錢

三箇月 九十錢

六個月 一元七十錢

一箇年 三元四十錢

郵稅一部 新貨五里

一箇月 十三錢

○廣告料

四号活字 三字詰

每日每英尺一寸에新貨廿五錢

(每日每行六錢에相當홈)

一週日에 二圓五十錢

(每日每行四錢五里에相當홈)

一箇月에 五圓

(每日每日四錢一里에相當홈)

其期限의長短과字行의多夥를依ᄒᆞ야增減홈이有홈

●大한每日申報各處支社廣告

中署布屛門下 김相萬冊肆

洞口越便朱翰榮冊肆

中署農圃初人七拾八統第二號 鄭禹澤

平壤上水口門內 김浩淵

仝 최叡恒

仁川[illegible]開新冊肆 리東皓

宣川邑橋西里 安濬

義州西門外한西 大藥局

釜山港佐川 徐藥局

三和港築洞 김仁집

咸興朱南社西門外 曹喜林

開城培學校 姜助遠

大丘達城 廣文社

載寧邑濟衆院 劉夢澤

鐵山邑東部 安도

長淵邑 김龜

元山支店 김乃範

定州南門內 洪埰麟

京城與仁門外영楓亭 리建[illegible]

發行兼編輯人 英國人비說

發行所 南署石井洞號外地三層洋屋家

大韓每日申報社

第五卷　　第四百卄五號

大韓每日申報
대한매일신보

月曜及慶節歲時日休刊

檀君開國四千二百三十九年
箕子元年三千二十八年
大韓開國五百十五年
日本明治四十年
淸國光緖三十二年
◎陰曆丙午十二月大初十日壬申

論說

스토리氏受書

韓國 皇帝씌셔一千九百五年十一月十七日에締結된所稱條約을拒絶ᄒᆞ사뚜글나스、스토리氏의게寄書ᄒᆞ셧심으로倫敦트리뷴新聞에記載된지라今月十六日本報紙上에照謄ᄒᆞ얏더니議政府外事局長李建春氏가本社에寄函ᄒᆞᆫ바以漢文記述故로本記者ㅣ但揭譯文ᄒᆞ노니其如左矣러라

敬啓者本月十六日發刊貴新報上所載光武九年十一月十七日締約韓日協約六個條目擧列事全屬無根訛言玆庸仰佈云云

李氏ᄂᆞᆫ文雅之態에不外ᄒᆞ니不容煩累어니와然이나統監府에機關된京城口報가奮力ᄒᆞ야凌辱之說에有一尾陳ᄒᆞ얏스되韓政府에셔此等假僞的反論이再起ᄒᆞᆷ을制止ᄒᆞ기爲ᄒᆞ야不遠間諭告文을發布ᄒᆞᆯ다ᄒᆞ얏더라

뚜글나스、스토리氏가持去ᄒᆞᆫ公文의眞實을對ᄒᆞ야ᄂᆞᆫ本記者ㅣ可信之證을有ᄒᆞ야스나此實證을今欲署出이면防禦無策ᄒᆞᆫ韓人之頭額에日人之報復을必當ᄒᆞᆯ지라今則停筆이어니와外事局李氏의게ᄂᆞᆫ余今答之ᄒᆞ노니스토리氏의持去文字를其人이若以訛言意之인된其人이全非오十一月十七日條約과日人之對此多說을訛言이라意之면其人이確是也로다

對京城日報ᄒᆞ야亦以答述ᄒᆞ노니日人들이韓國 皇帝씌셔說諭ᄒᆞ야其訴求件을廢棄케ᄒᆞᆯ터이나然이나 陛下씌셔스토리氏의持去書를押印ᄒᆞ실時에ᄂᆞᆫ自意시오勒逼이아니오長谷川大將을對面ᄒᆞ셔ᄂᆞᆫ其境遇가甚異ᄒᆞ신事實은尙可剩留라ᄒᆞ노라

官報

●三千六百六十九號　光武十一年一月廿二日

◎宮廷錄事

詔曰赤十字社事務ㅣ重義陽君리載覺使之起復行公

一月十八日

詔曰命陸軍副將閔炯植爲贊謀官

光武十一年一月二十日　議政府參政大臣朴齊純

侍從院卿리道宰辭職疏

批旨省疏具悉ㅣ步間宂妄自當痊可卿其調理行公

一月二十日

◎敍任及辭令

義陵參奉申泰駿
依願免本官　慶基殿參奉洪在㦤
任義陵參奉敍判任官八等　淑陵參奉리鍾설
任淑陵參奉敍判任官八等　九品張[illegible]根
任慶基殿參奉敍判任官八等　九品金學奎
依願免本官　永懷園參奉리程淳
箕子陵參奉최鍾煥
東明王陵參奉尹應선
任永懷園參奉敍判任官八等　[illegible]
任箕子陵參奉敍判任官八等　[illegible]
任東明王陵參奉敍判任官八等　박[illegible]
解臨時署理赤拾字社總裁事務　修學院長리載克
命臨時署理赤十字社總裁事務　義陽君리載覺
依願免本官　秘書監丞鄭慶澤
依願免兼任掌禮院掌禮　奉常司副提調金炯億
任秘書監丞敍奏任官三等　奉常司副提調金炯億
任奉常司副提調敍奏任官二等　正三品리鍾華
兼任掌禮院掌禮　奉常司副提調리能錫
解臨時署理平理院裁判長事務　法部協辦리源兢
任贊謀官陸軍副將閔炯植

外報

●托購書籍　滿洲報를據ᄒᆞᆫ즉合阜에駐차ᄒᆞᆫ程將軍이駐日公使의게電致ᄒᆞ야日本公私各學校의教科諸書를代買ᄒᆞ기를請ᄒᆞ얏ᄂᆞᆫ데同公使가回電ᄒᆞ야不日에卽行購送ᄒᆞ야各學校의應用을供給케ᄒᆞ얏다더라

●戰艦新造　英國에셔廣者에製造ᄒᆞᆫ戰鬪艦드레쓰도노도號와同一ᄒᆞᆫ戰鬪艦三隻을製造ᄒᆞ기로決定ᄒᆞ고其第一號及第二號ᄂᆞᆫ官立造船에셔昨年十二月頃에工役에着手ᄒᆞ얏고其他一隻은私立造船所에注文ᄒᆞᆯ터이라더라

●俄領移民召還　北京電을據ᄒᆞᆫ則伊犁將軍長庚氏가伊犁邊境人民中에俄國境內로移住ᄒᆞᆫ者를召還ᄒᆞ얏다더라

●陸軍學堂의擴張　同電을據ᄒᆞᆫ則陸軍部에셔保定의陸軍學堂을擴張ᄒᆞ고下士를養成ᄒᆞᆯ目的으로速成科를設置ᄒᆞ얏더라

雜報

●稅主逐送　淸州郵便取扱所에셔稅務主事가結錢을收捧ᄒᆞ되每日三時間을酌定ᄒᆞ야時間外에ᄂᆞᆫ廢務ᄒᆞ며舊貨ᄂᆞᆫ不捧ᄒᆞ고新貨만捧納ᄒᆞᄂᆞᆫ故로結民이遠路에專往ᄒᆞ얏다가多日留連ᄒᆞᆫ浮費가夥多ᄒᆞᆫ지라民擾가起ᄒᆞ야稅務主事를逐送ᄒᆞ고該郡으로收納ᄒᆞ되取扱所에ᄂᆞᆫ四五日符收刷ᄒᆞ다가廢止ᄒᆞ얏다더라

●依幕兵丁　明日東宮嘉禮時에親兆次로連路邊家屋上에依幕帖紙를粘付ᄒᆞᄂᆞᆫ데本宮이나侍從院이나侍衛隊나微上隊나軍部나漢城府나ᄒᆞ야尉官과兵丁이互相爭付ᄒᆞ야光景이駭怪ᄒᆞ니韓尉官과兵丁은軍務上에ᄂᆞᆫ注意치안코此等事爲에熱心ᄒᆞᄂᆞᆫ거시大非軍人行爲라고巷說이喧藉ᄒᆞ더라

●義捐學會　平安南道觀察使리始榮氏와及某々諸氏가太極學會에熱心進步를感激ᄒᆞ야贊成金을募集ᄒᆞ기로一般有志人士의게發起ᄒᆞᆷ이如左ᄒᆞ니現今我韓人民의日本東京에留學ᄒᆞᄂᆞᆫ僉員이太極學會를設立ᄒᆞ고學問上에有益ᄒᆞᆫ事業과後來遊學生을熱心指導ᄒᆞᆷ은本人의常所欽歎ᄒᆞᄂᆞᆫ바러니今에留학生金君志侃이以本學會事로專委渡來인바推此海外학生에不셤旅費로義捐設會ᄒᆞ야學問發達의注意ᄒᆞᆷ이吾人의一口贊同ᄒᆞᆯ義務가有ᄒᆞ기로玆에發起ᄒᆞ니有志僉彦은齊聲捐助ᄒᆞ시믈萬望發起人리始榮金英鎭金寬善朴箕錫리宇榮박承훈박容觀諸더라

●胡不自責　內部警務局長金彰漢氏의行爲不公ᄒᆞᆷ을各新聞上에屢度揭載ᄒᆞ얏더니該氏가某氏를對ᄒᆞ야新聞記者를罪駁ᄒᆞ되總巡의權任을放賣ᄒᆞ야錢幾千圜을新聞社에補助ᄒᆞ엿더면善言揭載ᄒᆞᆯ터인ᄃᆡ無一分補助ᄒᆞ야致此論駁이라ᄒᆞ얏다니元來新聞記者ᄂᆞᆫ公言直筆로無論某人이던지公々私々와善々惡々을隨聞揭載ᄒᆞᄂᆞ니以警一世耳目而已어ᄂᆞᆯ該氏ᄂᆞᆫ自過를不知ᄒᆞ고反嫌新聞論駁ᄒᆞ니該氏의痴愚를聞者莫不鼻笑ᄒᆞ더라

雜報

●內大又使　嘉禮賀使로渡來혼田中氏回國혼後에는答使로內部大臣리址鎔氏가또前往혼다는說이有혼더라

●次官開會　昨日下午一時에各部協판이政府에會同ᄒᆞ야각其事務를確定ᄒᆞ기로次官會를開ᄒᆞ얏다더라

●提燈運動　明日夜에各官立학교학徒들이提燈運動을自大漢門外로鍾路싸지擧行혼다더라

●姓名錄送　禮式院에셔法部로電話ᄒᆞ되各地方法務補佐官이欲覽　官屬云則該員의姓名을一一錄交ᄒᆞ라ᄒᆞ얏더라

●强奸處役　咸南觀察使가法部에質稟ᄒᆞ되日女强奸罪人申泰元을減一等ᄒᆞ여役十年에處ᄒᆞ오미何如홀지ᄒᆞ얏더라

●恩霈特降　法部에셔리裕寅張志遠金準植三氏를照律　奏本을　上奏ᄒᆞ얏더니特爲放送ᄒᆞ라ᄒᆞ옵셧더라

●稱慶停公　因政府通牒ᄒᆞ야各府部院廳에셔今二十三日二拾四日은嘉禮稱慶으로停公혼다더라

●擧案面傳　表勳院에셔各部에通牒ᄒᆞ되今二十四日中和殿行禮時에擧案名片을一切面傳ᄒᆞ라ᄒᆞ얏다더라

●慶祝停학　各官立학校에셔東宮嘉禮時에慶祝ᄒᆞ기爲ᄒᆞ야兩日을停학혼다더라

●檢定何多　日昨학部에셔教員을檢定혼다는說은前報에揭載ᄒᆞ얏거니와教員三十八人을何樣檢定取選ᄒᆞ얏든지卒業生들이教員을檢定ᄒᆞ미다고或請願도ᄒᆞ며或請札도傳致ᄒᆞ야該部秘書課에還至혼다더라

●監董各立　東宮嘉禮時前後所用物種을依例히該部監部監董의指揮를從ᄒᆞ야進排ᄒᆞ는디本房監董이니熟設監董이니ᄒᆞ는諸氏들이諸般物種與果品을各其自己食口로互相爭利進排ᄒᆞ야雖重價先納者라도勢力이不足혼者는還退ᄒᆞ고他人所納을入用ᄒᆞ는故로數千兩式見害者多數ᄒᆞ다더라

●一進督錢　海西來書를據혼즉一進會創設時에愚氓들이無數入會ᄒᆞ얏는디捐助를多數納上이면大臣觀察郡守를任意得之라ᄒᆞ야數年捐助에蕩盡家産ᄒᆞ고流離乞食者至今에不知其數라到今ᄒᆞ야는愚民之意見에도觀察郡守는姑舍ᄒᆞ고一毫所望이絶無혼中當此嚴寒에流連會費를抵當키難ᄒᆞ야退會ᄒᆞ기를請혼즉不得許施ᄒᆞᆯ더러反以威脅曰當初進會時에斷髮開明식힐니기費用이許多라ᄒᆞ고每人에十五兩式勒排ᄒᆞ고恐喝曰入會는任意어니와出會는無可奈何也ᄒᆞ며愚氓들이莫知所措ᄒᆞ야姓名保存ᄒᆞ기를左請右囑ᄒᆞ되終乃不應ᄒᆞ고連日會費라稱托ᄒᆞ고星火督責ᄒᆞ니當此年終貧民이莫重國稅도納呈키難ᄒᆞ거든如是會費之督責에何以支保리오此會目的中財産保護之句語가反爲奪財强盜之目的이라더라

●青年演臺　萬國青年會에셔演說臺二十間을一新建築ᄒᆞ는디不幾日間竣工혼다더라

●沓鐵可推　淸州等地에셔何許日人이韓人의沓參과鐵錢千兩을奪取ᄒᆞ야日本으로逃去ᄒᆞ얏는디該錢主가方今上京ᄒᆞ야辯護士와統監府에交涉ᄒᆞ야逃去혼日人을招還ᄒᆞ야沓參與錢財를推尋ᄒᆞ기로혼다더라

●守亦難禁　淸安來人의傳說을據혼즉巡檢의作弊가尤甚ᄒᆞ야平民을任意捉囚ᄒᆞ며所謂兩班名色은威脅恐喝을甚於奴隸ᄒᆞ야村民이支保無路이되該郡守는不能禁止혼다더라

●試驗不遠　普成專門學校法律夜學課學徒를今月二十九日에卒業試驗을擧行ᄒᆞᆯ터인디一年級學徒는進級試驗이오二年級徒는卒業試驗인故로該學徒들이落試이될가念慮ᄒᆞ야近日工夫를熱心注意ᄒᆞ야奔忙無暇中이라더라

●奏任臨差　官立英語학校教官尹泰憲씨가在職九年에教務가한熟홈으로奏任教官을臨差ᄒᆞ얏다더라

●巡檢行悖　瑞興警務分署巡檢이平山학校校長及教員三人을無端히詬辱捉去혼後에히학校가廢止혼境遇에至ᄒᆞ며또히郡守官房에入坐ᄒᆞ야無禮莫甚ᄒᆞ며口橫長竹ᄒᆞ며民刑事間에無不干涉ᄒᆞ며反責郡守曰舊吏의게起居치아니혼다ᄒᆞ며民間에行悖가比比有之ᄒᆞ여民怨이載路라ᄒᆞ고四人來의傳說이狼藉ᄒᆞ더라

●鳴鼓廬聲　靑陽居前判書리容元氏가新學校提議事로該郡儒林의게鳴鼓를當ᄒᆞ얏다홈은前報에已揭어니와리氏는白首林泉에與世相忘이今已久矣則此等是非가必無之事라ᄒᆞ더라

●淸匪僞命　咸南觀察使가法部에報告ᄒᆞ되三水郡守한徽烈報告를接准ᄒᆞ오니內關에陰九月十九日酉時量에現間島社風憲面告內本月初三日商民四十名이入往淸界蕩海等地ᄒᆞ야貿買蔘葦回路에到于淸界大洞三浦無人之境ᄒᆞ야逢被淸匪三漢手見縛被刺當下致命者爲六名이오被刺後僅到人家에延過二日致命者爲二名이오奔逃致死未得尸軀者爲二名이오被傷在危者爲四名이온바多發戶民ᄒᆞ야爲先埋瘞屍首ᄒᆞ고舁來被傷者ᄒᆞ야方在多般救療者難期生命이오며賊匪三漢中二名은自淸國會寧鍊長이防發砲兵ᄒᆞ야捕押送臨江縣ᄒᆞ고二名은姑未捕捉而商民持物中鹿茸二首白蔘一負은爲其賊手奪去ᄒᆞ고其餘白蔘三百五十八斤은稱量傳授於褓商頭領金基瑞이다온死傷諸人은俱是南北客商則無一押送尸親而惟一褓商同務也라其慘酷은忍不成說이온바人命之變多橫誤가聞不勝驚慘ᄒᆞ와飭送巡校書記ᄒᆞ야使之摘奸이온즉慘酷其變이果如風憲所告라ᄒᆞ얏더라

●晉校請願　東門外石村私立普通학校教師朴準彩氏가教育에熱心ᄒᆞ는故로有志人士吳慶般氏가학校의興旺홈을稱頌ᄒᆞ고히학校가俠窄ᄒᆞ미히써가借屋ᄒᆞ야靑年子弟의教育ᄒᆞ는디히教師가教育혼지于今七八年에卒業成就者二拾餘名이라財政이困難홈을因ᄒᆞ야히事務員吳慶般諸氏가학部에請願ᄒᆞ얏다더라

●德郡設校　忠南德山郡에前進士金東旭씨가教育上에熱心ᄒᆞ야明新학校를設立ᄒᆞ고前後事項을一切擔當ᄒᆞ고盡誠教授ᄒᆞ니附近학問上有志者가日益增加ᄒᆞ야大有進就之望이라더라

●彰社出義　彰信社에셔本社에寄函ᄒᆞ되日本留학生二十一人斷指血盟에對ᄒᆞ야我同胞가不可無捐助이온디本社는創設이未幾에財政이不贍故로金貨二拾圓을忘略汗呈ᄒᆞ오니即爲送交于日本留학生ᄒᆞ와以補萬一之費를千萬敬要라ᄒᆞ얏더라

●陟民怨金　三陟郡人民等의寄函을據혼즉獘民金東호가自稱新儒ᄒᆞ고愚蚩혼農民及津民을誘引ᄒᆞ야校中儒案에入錄ᄒᆞ면兩班이된다ᄒᆞ고甘言好說ᄒᆞ여用費라稱ᄒᆞ고自初小數로錢百式이나分當ᄒᆞ여圖事혼다欺人騙財ᄒᆞ며諭人渠蜚ᄒᆞ야出沒京鄕ᄒᆞ면서納賂請囑ᄒᆞ며好衣好食ᄒᆞ되瓜葛을謂之附人ᄒᆞ야屢百兩과千餘金式次次濫斂ᄒᆞ야數年間葉錢三十餘萬金을冤徵케ᄒᆞ고舊儒는對敵ᄒᆞ야新鄕通錄못ᄒᆞ도록周旋之弊가亦爲二十萬兩ᄒᆞ야彼此比家蕩産이오換錢人도尙今椆屑ᄒᆞ면셔未收淸帳못홈으로民怨이去益藉藉ᄒᆞ다ᄒᆞ얏더라

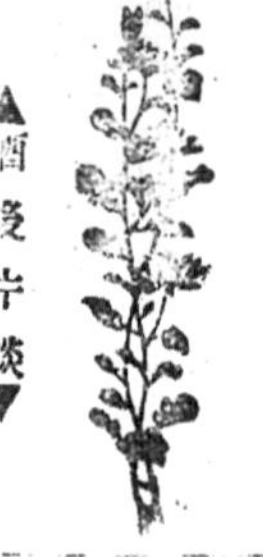

▲酒後片談▼

▲近日漢城에烟塵이未霽ᄒᆞ야那邊同雲에潛蛟가肆虐ᄒᆞ야能生造化ᄒᆞ매雲雨를暗變ᄒᆞ니危險風潮가激起一層ᄒᆞ야幾微가不穩ᄒᆞ다ᄒᆞ고

▲학大리完用氏는一進會와接連ᄒᆞ야무合密議로種々屬耳혼다니所議는何事인지怪哉라학大는一進會학大로고

▲現今政界上官人들이爭權競利로互相擊鬪ᄒᆞ여水火를不相容ᄒᆞ면셔俱樂部를發起혼다니大端히和樂홀걸

▲擴庫만혼金庫大臣은淸國捐助을何心으로紙貨百圓을錄送ᄒᆞ얏다가終末에는白銅百元이라고納白혼다니金庫大臣으로돈이업셔글어홀지그것도節用인지

▲內部에셔는觀찰과地方局長으로爭競이生ᄒᆞ야重任이久空ᄒᆞ니該二窠는爭權ᄒᆞ는地位인지可否者가俱是蚌鷸之勢로고

▲各道觀察이一제히遷動된다는說이喧藉ᄒᆞ미北村무궁이더리擾動ᄒᆞ니觀察使嫪年이들엇더고

雜報

●靑年迎師 米國人木德氏는元來萬國靑年會를熱心勸奬하기로有名한氏라韓國萬國靑年會를觀光할次로本月卄日에入京하는뒤當日下午一時에南大門外停車場에到着한다는通信이來한지라韓國靑年會一般學員들이一齊히該停車場에出往歡迎하며該氏가入城卽時에獨立館에前往하야靑年會學員을會集하고子弟의智識發達上有益홈을演說할터인딕該會員들은演說場에入門票를各持하다더라

●鳩校復興 忠南公州維鳩鄕鳩山學校는本道觀察使金嘉鎭氏와參判李容觀承旨申圭植幼學李達寧諸氏가世界의普通과時宜에急務됨을洞覺하여熱心敎育하더니本以窘掘한財政으로七月水災을偏被한後無奈停學할지라生徒等이以學問上進就할實力으로有始而無終홈을歎惜하야月謝金을自願판出이되永遠히維持할方針이無하더니本道參書官 麟溶 氏가其內容을得聞하고百般援助하며一層贊成하야該校의維持할方針이確有하다더라

●金 氏 八 難 續

엇지生의政府에서쥬시는錢財을受去하면生이집庙房에셔執用하는것과갓사오니事理不當이라하고受去치아니하얏고通商局長丁大有 는김씨呼訴홈을苦厭히여使令만招하여逐送히고其後에統監府를設始홈이駐美參書官으로前往히엿던國分象太郞씨도今在統監府官員이온딕前日談判時에賠償及損害賠償을徵給한다홈말이分明히거놀今至五次呈書히여도視若尋常히고聽若不聞하야頓無徵給之意히니果是背約食言오

統監府總務長官鶴原定吉씨는照覆於我政府者全篇辭意가不有法理히여只是偏護擅權盜去之木村히고멸視한人김斗源지意也라今又再昨日에日本陸軍大將長谷川好道統監署理閣下에上書히엿스니公決은엇지홀는지몰으거니와 未完

●開城居金生이國民新報社에寄書한全文을請揭於本報가如左 續

準給二百五十兩處有圖民之行賂而不給云爾則又豈成說乎雖有昔禁密網未開將來人民慮有行淫而先制其勢者也不識蔘價時勢하고謂以過當하야昨年二百兩을今忽二百五十兩이事屬未妥라하나第一有易曉者하니昨年白蔘一斤爲一百五十兩者今年則至三百兩以上하니後蔘之所出白蔘尙逾倍價況其原蔘乎且物지不齊物지情也라昨年二百兩者今或有千금者하니此豈可以一例束縛지不乎吾儕雖愚亦皆忠君愛國지徒也見本院政令지失當以爲如是則失信於民而不可爲法於天下所以奮然力爭者也不但以蔘價지多少計較於其間也大抵前題還收蔘價減給果係堂々公正지法令而足以爲富强지術則吾儕雖明日餓死請盡納全數蔘價而感欣蹈舞也今不有是而徒損事躰故於官民相愛지義不敢不言而欲歸於正者也 未完

廣告

◎普成專門學校廣告◎

今月二十四日(陰十二月十一日)皇太子殿下嘉禮日에祝賀式을行할터이니本校晝夜學員은伊日上午十時에一齊來校할事

太極學會에對하야有志僉員의義捐金이如左홈

平南觀察使리始榮 五十圓
參書官金英鎭 三拾圓
主事金寬善 二十圓
朴箕錫 二十圓
金錫연 三圓
江西郡守리宇榮 二十圓
永柔郡守朴容觀 二十圓
順安郡守鄭錫文 二十圓
甑山郡守윤泰興 十圓
殷山郡守張德根 十圓
贊務官박承훈 五圓
總巡김형植 七圓
前議官洪錫雲 五圓
前餉官方興周 二十圓
前主事김基玉 五圓
肅川前參奉金俊涉 二圓
士人吳錫泰 二圓
한用설 五十錢
平壤前主事張興植 三圓
京 鄭成玉 二圓
稅務主事리侃宰 三圓
洪明희 五圓
平壤前參奉朴鶴銓 十圓
前主事金均錫 十圓
崔吉俊 一圓 未完

咸安郡一進會人安鍾哲尹成鎬二人이藉會行威을無所顧忌하고民間侵虐이許多有之하니一鄕輿情니因此沸騰하야今年夏間에聲其罪而訴本道러니聽彼兩會人니多民은訟之不得하고郡守을怨之益深하야購訴內部에竟至發訓行査而行査之場에所謂原告가逃避不待하니郡守之被誣은推此卞明이라本郡多民이計戶聯名하야一邊변誣於內部하고一邊說明於總會하얏기玆以廣告홈

咸安郡民 李호연 告白

●明進學校特別補助記

各寺任員記

奉元寺

贊成員한桂雲 二拾圓
최완海 三圓
최西庵 二十圓
評議員宋華月 四圓
張喚菴 二圓
김惺月 一圓
幹事員최德月 四圓
리蓮潭 十圓

會員秩

姜隱庵 舊貨一元
최錦담 四元
김靈運 三十錢
趙晋應 一元
리림셩 五十錢
최雲庵 一元
김英庵 一元
申碧化 五十戔
최德庵 五十錢
최印空 五十戔
楊懶庵 五十錢
리月河 五十錢
具尙仁 五十錢
리興雲 五十錢
鄭敬法 一元
리普心 五十錢
리漢雲 二元
安德察 五拾錢

●緊急廣告●

嗚呼痛哉라二十一人同胞學生이여以忠君愛國지誠으로離親棄墓하고留學遠邦타가經濟窘乏에難遂素志하야血心決議하고斷指同盟하니像想其當場慘況則髮衝비裂에血淚沾검이라若我二千萬同胞知其二拾一烈士지血性則莫셔萬금지財하고부送慈善지금하야使遂本志케하면國家幸甚同胞幸甚

淸州郡普成中學校校友會
發起人 鄭永澤 리章爲
任謙宰 鄭泰殷

但義捐금領受所는京城鍾路 皇城新聞社內

◎廣告特別◎

生等이閔忠正公紀念하기爲하야筆筒과酒盃等物을新造이온데公의寫眞과堂上血竹을摸畵하야製極精美이오니惟我同胞의均是慕忠하시는僉君子는來臨請購하시와以供玩賞하시옵

發起人
開城培義學校校長林圭永
全 校監李冕根
日本山口縣留學生車斗衡
留置所北署諫洞卄七統一戶 曹秉默

◎特別緊急廣告

日本에셔留학하는天道敎派遣學生等은勸々孜々하야熱心做工하더니不幸히敎會에서昨年以來로學資를不送하야千辛萬苦하다가頃日에는食債를未報하야旅舍에서被逐하야留學生監督廳에셔齊留히더니去五日夜에二拾餘人이一時에勇刀를擧하야其指를斬斷히고盟誓曰學業을不成하면死不歸라하엿스니嗚呼라爲我同胞하야누가同情之淚를落치아니허리오本會에셔此悲況을我同胞의게廣布하오니多少를勿論하고義捐하야一時救急하심을千萬伏望

一 臨時收錢所는大한每日申報社로定홈
一 捐금收集期限은二月拾日까지로定홈

光무拾一年一月八日
在日本東京
太極學會 告白

本人之男弟玄宗涉性本浮浪將本人田土僞造文券方欲債用次京鄕出沒內外國人切勿見欺以免白失

平壤南兄弟山坊泉동玄氏 告白

忠北裁判所書記官리興선은開明의進步하야名譽가素著하고文學才藝가兼備하야法律上의尤爲昭明하고敎育上의注目하야後學을開牖할方針을能得하얏시니可謂蘊독之玉이오니僉君子는照亮하시옵

鄭 恭 호 告白

廣告

◎學員募集廣告

本校第三回入學期를現當ᄒᆞ야法律學及經濟學兩專門科學員을若干에募集ᄒᆞ오니願학人은左記試驗定期內에本校用紙로써早速請願ᄒᆞᆷ事

但法律科ᄂᆞᆫ晝학及夜학으로敎授ᄒᆞ고經濟科ᄂᆞᆫ夜학으로敎授ᄒᆞᆷ

○脩業年限 三학年

○入學年齡 二十歲以上

○學費 法律학部全 經濟학部全 備在本校規則

○試驗日字 三月一日(陰曆丁未正月十七日)

○試驗科目

歷史及地誌問對(內國及外國)

讀書及作文(國文及漢文)

筭術(四則以內)

但官公私立학校의普通科以上卒業證書가有ᄒᆞᆫ人은其학力을檢定ᄒᆞᆫ後免試許入ᄒᆞᆷ

○開學日字 三月五日(陰曆正月二十壹日)

光武十一年一月十五日

中署磚洞 普成專門學校 白告

廣告

學員募集廣告

本校에서小學程度로初等科를姑先設置ᄒᆞ고學員을廣募ᄒᆞ오니願學僉員은本年一月三十一日(陰拾二月拾八日)以內로本校에來議ᄒᆞᆷ事

學員年齡ᄋᆞᆫ八歲以上

入學請願은本校刊行紙로施行

來議時間은自上午拾一時로下午三時

南署私立 長橋長薰學校

◎特別廣告◎

本書舖에서敎育界需用을爲ᄒᆞ야東西洋各種新編書籍을陸續輸入ᄒᆞ오니有志君子ᄂᆞᆫ광臨購覽ᄒᆞ시옵

宗敎書類 地誌書類
敎科書類 筭學書類
政治書類 傳記書類
歷史書類 雜著書類
語學書類 書類

發賣所 大廣橋書舖 高裕相

分賣所 咸南端川邑龍般里 書舖 禹時和

越南亡國史 國漢文 新刊

定價貳拾伍錢

發賣所 京城廣橋高裕相冊肆

鏡南端川郡禹時夏冊肆

布屛下 김相萬 書舖

廣告

本人이齒料諸具를整備ᄒᆞ야一般人의게應用케ᄒᆞ며觀務時間은午前九時븟터午后一時ᄭᆞ지午后一時븟터午后五時ᄭᆞ지夜間에ᄂᆞᆫ定約ᄒᆞ고로

事務所ᄂᆞᆫ南大門內達城위宮內施蘭敎醫師後家

美國齒醫師ᄒᆡ이한 告白

西署新門外鈴동百八十六統三戶

辯護士 前檢事正三品 丁明燮

法律事務所 事務員 前主事 吳在淳

朝陽報第十一號廣告

(著作) ◎ (譯述)

「告大宮巨公」「愛國乃忠論」「品性修養」「商業衛論」「頸感만슴」「寄書」「世界叢談」「內地雜報」「廣告」

「海下新報」「保護國論」「滅國新法論」「政治原論」「泰西敎育史」「本朝名臣錄」「갈피十傳」「美國大統領」「詞藻」「비스마룩子」「愛國精神談」

◎本社廣告

○申報價

一張代金	新貨二錢五里
一個月前納	三十錢
三箇月	九十錢
六個月	一元七十錢
一箇年	三元四十錢
郵稅一部	新貨五里
一箇月	十三錢

廣告料

四号活字 三字詰

每日每英尺一寸에新貨廿五錢(每日每行六錢에相當ᄒᆞᆷ)

一週日에 二圜五十錢(每日每行四錢五里에相當ᄒᆞᆷ)

一箇月에 五圜(每日每日四錢一里에相當ᄒᆞᆷ)

其期限의長短과字行의多寡를依ᄒᆞ야增減ᄒᆞᆷ이有ᄒᆞᆷ

●大한每日申報各處支社與告

中署布屛門下 김相萬冊肆

洞口越便朱翰榮冊肆

中署農圃初入ᄂᆞᆫ拾八統第二號 鄭禹澤

平壤上水口門內 김智淵

仝 최觀恒

仁川 開新冊肆 리東暄

宣川邑橋西里 安濬

義州西門外한西 大藥局

釜山港佐川 徐藥局

三和港築洞 김仁집

咸興朱南社西門外 曹喜林

開城培學校 姜助遠

大邱達城 廣文社

載寧邑濟衆院 鄭夢澤

鐵山邑東部 安호

長淵邑 김龜

元山支店 김乃範

定州南門內 洪理麟

京城與仁門外영楓亭 리建福

發行兼編輯人 英國人 배說

發行所 南署石井洞號外地三層洋屋家 大韓每日申報社

第五卷

大韓每日申報
대한매일신보

第四百廿六號

月曜及慶節歲時休日刊

檀君開國四千二百三十九年
箕子元年三千二十八年
大韓開國五百十五年
日本明治四十年
淸國光緖三十二年
◎陰曆丙午十二月大初十一日酉癸

論說

更論스토리氏受書

日昨內閣官報에스토리氏의受書를拒斥ᄒᆞ야頒布ᄒᆞᆷ이如左矣러라

英國人의發刊ᄒᆞᄂᆞᆫ漢文大韓每日申報及英文코리아데일늬뉴스」가本月十六日發刊ᄒᆞᆫ紙上에大韓國
皇帝씌옵서光武九年十一月十七日에締結ᄒᆞᆫ韓日協約을初無認許ᄒᆞ고又不
親押ᄒᆞ셧다ᄂᆞᆫ六個條目을列擧揭載ᄒᆞ고昨年一月에倫敦新聞記者두글니쓰、스토리氏에게附與ᄒᆞ신
親書라稱ᄒᆞ고附記ᄒᆞ얏스니我
大皇帝陛下씌옵셔ᄂᆞᆫ如斯
宸翰을非但初無 書給이옵시고韓協約締結以後로兩國關係의情形을
[illegible]燦ᄒᆞ옵셔交誼가益益親密ᄒᆞ옵시거늘何許不逞之輩의肆然訛[illegible]이莫此爲甚ᄒᆞ니此ᄂᆞᆫ兩國親誼를阻礙코ᄌᆞᄒᆞ야낭造虛僞ᄒᆞᆫ文字이기로玆特廣告事云云
[illegible]ᄂᆞᆫ本記者之所已期오且
皇帝씌셔도將如此拒斥ᄒᆞ실쥴은本人이非不揣摩이어니와如此[illegible]布ᄂᆞᆫ有何力於吾人이리오此公文의眞實ᄒᆞᆷ은自有其證이오且 皇帝씌셔幾乎同一時日에外國으로傳送ᄒᆞ신數種同一訴求文의實證도吾人이亦能探得ᄒᆞ리로다
皇帝씌셔日本을畏忌ᄒᆞ시ᄂᆞ니如此文字를將拒斥ᄒᆞ실거ᄉᆞ甚爲或然之勢어니와內閣의頒布를關係ᄒᆞ야但一指明ᄒᆞᆯ거ᄉᆞ諸大臣이自國人民의一般蔑視ᄒᆞᄂᆞᆫ비라如彼行動이何足爲驚異之擧리오日本主人命令에服事를完結ᄒᆞᄂᆞᆫ거시內閣普通政策의部分이로다

官報

●三千六百七十號 光武十一年一月廿三日

◎宮廷錄事

詔曰命奉常司提調李勝宇爲宮內府特進官 承寧殿提調李輔榮爲奉常司提調 洪陵提調沈相萬爲 承寧殿提調 耆老所秘書長丕鼎九爲 洪陵提調

修學院長李載克辭職疏
批旨省疏具悉旣如是爲懇所辭中敎卿依施

宮內府特進官閔景植辭職疏
批旨省疏具悉所請依施

◎布達

宮內府官制中改正ᄒᆞᄂᆞᆫ件을左又치定奪ᄒᆞᆷ이라

光武十一年一月十九日奉
勅 宮內府大臣陸軍副將勳一等沈相薰

布達第一百四十七號

壇 廟 社 殿 陵 園 墓官特別任用令

第一條 各 壇 廟 社 殿、陵 園 墓判任官은本令을總依ᄒᆞ야任用ᄒᆞᆷ이라

第二條 本令을依ᄒᆞ야任用ᄒᆞᄂᆞᆫ者ᄂᆞᆫ左開資格을具備ᄒᆞᆷ이아니면任用ᄒᆞᆷ을不得ᄒᆞᆷ이라

一 年滿二十以上者

二 普通文筆에鍊達ᄒᆞᆫ者

第三條 本令을依ᄒᆞ야任用ᄒᆞᄂᆞᆫ者ᄂᆞᆫ 宮內府判任官試驗을經치아니ᄒᆞᆷ이라但 宮內府各官廳官吏로移任ᄒᆞᄂᆞᆫ境遇에ᄂᆞᆫ成規의試驗을經ᄒᆞᆷ이아니면移任ᄒᆞᆷ을不得ᄒᆞᆷ이라

第四條 本令中各官의官等俸給은別表를依ᄒᆞᆷ이라

第五條 本令中各官의陞等陞級은在職滿二個年을不逾ᄒᆞᆫ즉行치못ᄒᆞᆷ이라但滿期後라도其勤勞功效를考ᄒᆞ야施行ᄒᆞ되每年六月十二月二期로分行ᄒᆞᆷ이라

第六條 奉常司典事ᄂᆞᆫ本令을准用ᄒᆞᆷ이라

附則

第七條 本令은光武十一年一月十九日로봇터施行ᄒᆞᆷ이라

◎敍任及辭令

依願免本官 掌禮院相禮[illegible]善九

命宮內府特進官敍勅任官三等 奉常司提調李勝宇

命奉常司提調敍勅任官三等 承寧殿提調李輔榮

命 承寧殿提調敍勅任官三等 洪陵提調沈相萬

命 洪陵提調敍勅任官一等 耆老所秘書長丕鼎九

任掌禮院相禮敍奏任官四等 從三品閔[illegible]

命臨時署理侍從院卿秉內大臣事務 表勳院總裁閔泳徽

外報

●遞信省全燒 東京電을據ᄒᆞᆫ즉去廿二日朝에日本遞信省에서出火ᄒᆞ야全部가燒失ᄒᆞ고負傷者ㅣ七名이라ᄒᆞ얏고又同報에云ᄒᆞ되遞信省은烟燼에셔出火ᄒᆞ야御眞影은無事ᄒᆞ나重要ᄒᆞᆫ文簿類ᄂᆞᆫ幷皆燒失ᄒᆞ고其損害ᄂᆞᆫ約一百萬圜假量이라더라

●譯書近量 支那報를據ᄒᆞᆫ즉兩江總督端方氏가曾前出洋ᄒᆞ야德國과美國에在ᄒᆞᆯ時에其內政과軍政과地方自治制度之書의數百種册子를大購ᄒᆞ야始에日本博士를請ᄒᆞ야東文으로譯成ᄒᆞ고再由留東學生ᄒᆞ야漢文으로繙譯ᄒᆞ야名宿을另延ᄒᆞ야删潤十個月間에成帙六七百萬言이라仍히刊布ᄒᆞ고皇帝씌繕錄進呈ᄒᆞ얏다더라

●嚕道教育의實行 滿洲報를據ᄒᆞᆫ즉奉天提 使張鶴齡가到任三個月에教員과校長을整飭ᄒᆞ야每月薪水費를官項으로由ᄒᆞ야發給ᄒᆞ고其餘ᄂᆞᆫ中학小학을毋論ᄒᆞ고均全학生으로學費를繳納ᄒᆞ고改良치못ᄒᆞᆫ私塾肄業은幷不得入케ᄒᆞ며師範文憑을領有치못ᄒᆞᆫ者ᄂᆞᆫ私行開館을不准ᄒᆞ니同提學의此擧가差强人意라ᄒᆞ더라

●黑龍鐵道資金 巴里電을據ᄒᆞᆫ則俄國政府에셔黑龍江鐵道에資金三千萬留를法國에셔措관ᄒᆞ라ᄒᆞ야巴里及里昂銀行家와協議中이라더라

●電鐵速力 米國紐約志加古間에計畫ᄒᆞᄂᆞᆫ電氣鐵道에速力은一時間에百里預定이라云ᄒᆞ니韓里로三百餘里라不完全ᄒᆞᆫ電話用과보다反히急速ᄒᆞ다云ᄒᆞ더라

雜報

●開進社獎 東亞開進教育會ᄂᆞᆫ東亞三國有志紳士가東洋大勢를特念ᄒᆞ야教育開進을方針으로捌設ᄒᆞᆫ바主旨實施은姑舍ᄒᆞ고京畿開籍會生弊ᄒᆞᄂᆞᆫ事가多ᄒᆞ야世論이紛騰ᄒᆞ더니何幸軍部大臣權重顯氏ᄂᆞᆫ會長으로內部前協판金重煥氏ᄂᆞᆫ副會長으로前驛務使李忠求氏ᄂᆞᆫ評議長으로出席ᄒᆞ야積弊를革ᄒᆞ고新規를再定ᄒᆞ야宗旨이라도信奸生弊ᄒᆞᆯ슈가업다ᄒᆞ니此會目的을抵達ᄒᆞᆷ은來頭에어니와爲先遠近間愚昧ᄒᆞᆫ人民에게籍會生弊ᄒᆞ던習慣이休息되더이나此亦爲民大事業이라고界聲이稍々ᄒᆞ다더라

雜報

●日貸日食 日本서借款훈돈을各府部院廳에雇聘훈日本官憲의賞與金과月俸으로沒入훈고餘額이不過幾許라훈니名雖借款이나其實은日人이日貨를自用홈과無異훈다고巷說이沸騰훈더라

●纂輯竣工 北闕內文獻備考纂輯所에서日費를的定훈고正書훈는人員이三千餘名인뒤不幾日內竣書가되깃다더라

●內外官人祇迎 本日嘉禮冊妃奉迎時에各部大臣이布德門內侍從武官府로早朝會同훈얏다가與日本特使로帶同훈야大漢門外에서祇迎훈다더라

●賀使來訪 再昨日特使가陛見後에雲峴宮과完順君리載完義陽君리載覺氏를訪見훈얏다더라

●總巡折臂 再昨日에警務廳總巡鄭熊謨氏가特使를경衛훈다가大漢門外에서落馬훈야兩臂가重傷훈얏다더라

●訪見法相 再昨日上午十一時에統監府法務院長香阪駒太郞氏가法大리夏榮氏를訪見훈얏다더라

●賀使遊覽 賀使田中氏一行이昨日上午十二時에北闕을遊覽훈얏다더라

●贊議被任 遞內協辦錫敏氏가中樞院贊議를被任훈얏더라

●警權幻弄 警務廳內韓日兩國人의부同挾雜허는事件을得聞훈즉庶務課에서는警務官최台鉉氏와補佐官補眞野氏가連腸接肚훈야一般財政을恣意幻弄훈고訊問課에서는總巡尹炳義氏와韓語通譯者丹羽巡査가蹄足附耳훈야該廳權利를欲爲專擅허며警察課에서는總巡박喜旭氏가五署巡檢을無端遷動훈야該廳弊端이層生疊出허되外他경官들은其勢力을畏怯훈야不敢發言훈니더라

●金氏起釁 內部警務局長金彰漢氏가自己家人金主事某氏를全北臨陂等地에委送훈야陳荒處에數百石落畓을開墾훈다더라

●汎濫記者 各部에서新聞記者가入훈면公文을依例히出示훈더니近日則各部顧問室에서汎濫훈는故로各局課官員들이尋常훈公文만出示훈고關係가有훈公文은掩置훈얏다가幾許日後에出示훈다더라

●罪囚越獄 前郡守申喆熙氏가乙未年間慶郡守在任時에公貨葉一萬七千兩犯逋事로六七年을滯囚監獄署이다가昨年分에緣於母喪훈야幸得保放在家러니至於今年훈야有何緊關인지無賴輩三四人으로同伴훈야渡日不歸훈니世人이其無法을誹惑이라훈더라

●穆德先生到韓 穆德先生은北美合衆國紐育城에所在萬國基督教育青年會同盟大總會總판의位에在훈야聲譽가廿世紀에一大偉人이라曾遊五州훈야青年의學問를擔任培養훈여스며今日大韓에艱虞훈情形을觀察次로本月三十日頃의京城에到來훈다는뒤該氏의事蹟은次報에追揭훈깃노라

●紀念銅章 嘉禮後에紀念章을下賜훈신다는說은已爲報道훈얏거니와判任官에紀念章은亦銅으로製造훈얏다더라

●聘使內定 義陽君리載覺氏가赤十社總裁로起復된內容이報聘大使를皇族으로派送훈신다는故이라더라

●別巡撰置 近日警務廳에서盜賊을譏察훈기爲훈야別巡檢을選擇허고匍匐上에不能훈別巡檢은多數除汰훈얏다더라

●私鑄被捉 大廟동等地에서金敬瑞等四人이私鑄허다가日昨警務廳에被捉훈얏다더라

●依幕爭頭 壽洞越便鄭某의布木廛二層洋屋에本宮依幕帖紙를已爲粘付훈얏더니其後에何許兵丁二三名이闖入훈야依幕帖紙를持來훈야本宮依幕帖을割去훈고闕監廳依幕帖을塗付코져훈거늘該廛主鄭某가以先後之別로無數說明훈되該兵丁이藉勢惹鬧에一場風波가爭起훈야路上觀光者如雲훈더니適其時尉官一人이過去훈다가該兵丁을操理責送훈야風波가頓靜훈얏스나切非軍人行爲라고傍觀者莫不唾罵훈더라

●志士義捐 郭山居金昌臺氏는英妙之年에遠大之志를抱훈고前年에日本에遊학훈야勤孜做工훈더니不幸훈야去番에其伯씨의訃音을聞훈고還歸훈제同학諸生이揮涕相別훈지라同氏가發程時에特히太極학會를對훈야百圓金을捐助홈으로有志人士가無不稱頌훈더라

●軍人俱樂 趙性根리熙斗兩氏가發起훈야軍人俱樂部를設施훈는뒤每土曜日에訓鍊院에會集훈야軍務를鍊究훈다더라

●勳章下賜 議政大臣丞秉亥氏는勳一等과侍從副卿宋台觀氏는特敍勳一等下賜太極章훈시고秘書丞丞南升氏는特敍勳三等八卦章을下賜훈셧다더라

●私貸見退 長城居前郡守金虞漢氏가稱以郡守閑得云云훈고金貨二十五萬兩을鳩聚훈야去月에持去日本훈야박泳孝와本無一面之分에使人紹介훈야諸得相面後에右金額을持納則朴氏가還退不受훈는則理責之훈뒤金氏가慚愧而退라훈더라

●吳令見退 江東郡守吳榮錫氏는莅任以後에一切官政을更張훈야校手에專任훈야境內儒鄉을視若仇讐훈故로今番郡主事도儒鄉의[illegible]와不收議훈고郡吏로薦報훈여스며近日에는校宮에洞望奉審훈는實任齋長을巡校林理穆으로差出훈事로一郡儒林의駁論을當훈야避身上京훈얏다더라

●青會演說 教育과宗教의關係로青年會에서紳士尹致오氏가今夕七点半鍾에演說훈다더라

●隱結四分 慶尙南道隱結錢은郡守와稅務官과吏胥가四分分食훈기로酌定훈얏다더라

●新守長逝 新溪郡守成[illegible]永氏가身故훈얏다더라

●慶日休報 本日은韓國皇太子嘉禮日인故로慶賀훈기爲훈야一日停刊홈

●南儒寄書

錦山居前教官朴贊勉氏가本社에寄函훈되

今見新聞上에揭載훈在日本留學生二拾一人이斷指同盟훈辭意에對훈야自不覺心神이飛越허고毛骨이송然훈야拍案而吽曰可矜哉라斯人也여不畜二拾一人에指를斷홈이라我全國人의指를斷홈과如허다훈노니衆口同聲에各心相應허여幷擧霜刃에勇斷血指허나當此時훈야天地晦冥이라生은학識멸劣之人이豈敢以局見曲論으로煩瀆於僉座리오만生亦化育中一物이라四肢가所在와七情之所觸에安可默然而晏視哉아嗚呼라凡留학於外國훈人이於今及今에非不多矣나然이나深究知識허고發達학文훈야洽受文明之氣而來者는難過乎百分之一而其餘則第一長技가依例短髮之隨手攪亂이오服裝外雖襲貌나內實空虛훈야滿腔私慾이伴裝積在훈야出沒勢家에無數辭餘이隨隙突出훈는政界戰雲이有時徘徊훈니是豈有意於文明時代者乎아伏願첨員은守此有勇之心훈야文明旨趣를차程直前훈면日新而又新矣리니何患乎學文之不就며所願之不成이리오終也成就之日오輩同我三千里疆土훈야使列强國으로幷驅而爭權則非但첨位之榮이라實是全國之幸이니惟願諸君子는其勉之哉어다一片靈犀가猶照戀々之懷훈야賦拾貨幣로以表區々之忱훈노라

▲把盃一笑▼

△近日政界에運動手段이變훈야爭鬪手段이生훈여서니決死隊는누구던지撲殺훈[illegible]에怨氣가衛冠훈니무슴大關훈道理가잇는지

△法相李夏榮氏는日本法務補佐官과補佐官補에饌費를私邸에設훈고宴費는金庫에請撥훈엿시니누가식키는把總에감토거경인지

△警視丸山은韓國의秘密事件을偵探훈기爲훈야偵探月銀을每人에幾千式을用훈다니第一偵探리[illegible]에게優待훈얏스면高等偵探이되지

△一進會에서設立훈光武學校는諸般學科는初無훈고但히日語一科로만教授훈는새달게學徒가解躰훈야自退者ㅣ多數라훈니該會의化학爲日的方策이圓滿치못훈깃고

△湖西는古稱士夫巢北이라舊習을難變훈야黑洞之憂을免치못훈더니近日에學校가稍稍發起훈니前進을可望이로고

△所謂一進會機關國民報는그것도新聞이라고本報를敢히論難훈엿시니可笑라말이아니며던단치말지

雜報

●賀德山明新學校之創立　리祖遠

維我湖中은古稱々物之淵藪라經綸도略之才와懷忠戴義之士가頗有相望ㅎ야幾乎不越世而生ㅎ며不虛邑而居러니奈何로近日에至ㅎ야는萎矮ㅎ나損과浮華靡䩆이便爲成性ㅎ야志학者는不過好山水好風月에醉以酒영以詩ㅎ야千金不換ㅎ少壯歲月을抛擲ㅎ고養望者는每稱某之子某之孫ㅎ야岸塵巾蔽蓬窓ㅎ고不遇盛時흠을惆悵長歎ㅎ야屋下에張談一擧으로平山海ㅎ고眼底에見形은六洲가盡蠻夷라ㅎ야論道에無非伊傅之尙友오經邦은盡是管葛之儔流로되若教育原因과社會顯象과國家思想에至ㅎ야는霧中之花를看ㅎ고夢裡지譚을解ㅎ야漠然未盡日殘醉客은不覺庭花去夜飛가豈非指此而言耶아鳴呼라會聞有設一校開一學者ㅎ니山門尙이若彼ㅎ니世道와人心의奮揚發展치못흠은理ㄱ固然이오爲所必到니此는非但吾一個人의私自含愧而抱報者ㅣ라　未完

◎警察遺弊　海西來人의傳說을據ㅎ즉延安은自來監廢郡이라官不堪耐ㅎ고民難支保이온中又況外派한巡檢이弊를添弊ㅎ야警察을置之ㅎ[illegible]邑之大小事務를專[illegible]善流一境에宜若不從이면勸勤自行에無所不爲則該슈는不勝其威ㅎ야辭免ㅎ意로退處私家ㅎ얏다더라

●金氏八難　續

向日照覆中에有日木村源一郞은明治三拾二年七月二十四日鬱陵島에서被殺됨으로其相續人금지助와當時源一郞과同行흔同人의弟乙吉等을對ㅎ야査實흔즉該人等이판償흘義務가업다ㅎ고主장흘뿐더러相續人금지助에財產을內探흔則源一郞은失財흔後其親族덜이貧困흐며昭히여當場糊口도艱辛흔貌樣이오니　未完

●開城居金生이國民新報社에寄書흔全文을請揭於本報가如左　續

敝一言蔘價지給不給且置勿論今日該院一定法令而不變見信於天下院卿終爲賢輔良弼지辭則吾儕雖就刀鋸지刑而手足異處當甘心而不辭ㅎ吾儕지義理則以爲定價減價不可隨人而變出令還令不可予民而奪也此天下公論必將同聲也且父母有過其子諫不聽而號泣隨지者以爲不孝而不言不諫使其父母得罪於鄕黨州閭者是爲至孝乎　未完

告白

海州南門內書舖朴昌鎭씨로本社支社員을認許ㅎ얏스니諸附近僉君子는該支社로本申報를請購ㅎ심을務望

大韓每日申報社　告白

忠北東亞開進教育會支會長은今以ｲ才로請願辭退ㅎ고有名譽흔리秉勳씨로推薦ㅎ얏기玆에廣告흠

尹炳晶　告白

慶南합川月光居曹영默이素以浮浪敗倫之人으로蕩盡世業ㅎ고以擬族之意로僞做文券ㅎ야欺人探價ㅎ니內外國僉君子는切勿見欺흠

曹相述　告白

◎普成專門學校廣告◎

今月二十四日(陰十二月十一日)皇太子殿下嘉禮日에祝賀式을行흘터이니本校晝夜學員은伊日上午十時에一제來校흘事

太極學會에對ㅎ야有志僉員의義捐金이如左흠

順安	進士韓元根	一圜
	桂命夔	五圜
	前議官任泰順	五圜
	大同學校	
	士人리啓圭	二圜
	蔡洙헌	三圜
	朴鎭學	五十戔
	최應斗	二圜
	車宗[illegible]	五十錢
	金永鍵	一圜
前教員	田德湖	一圜
	黃錫龍	一圜

未完

明新학校廣告

夫학務於本而施於用小而학民而用故自三代盛時設學校教衆生培其根達其支欲自明而新民治隆於上俗美於下人材之蔚遂盡矣降自世遠人亡小大之校廢弛神聖之法雖敎方丹人不能講之明而習之眞故上不能聞大道下不能被至澤異端邪慾之說輕浮華靡之習日益熾焉鄕無淳俗世乏良材寔由於學校之不廣也故發憤於見異國之侮慨我邦之危殆爲學校教育方年研究通明於太極宗敎歷史地誌法律軍制算術經綸方針之學人各有自由之權一心團軆之根礎自立鞏固皇室保護生靈屹然獨立於世界上爭衡於歐米諸國則數十年受侮之辱可雪千百代宗主之學可復伏願有志僉君子諒此辭意且相勸論今月二十四日齊臨于德山外面古道谷明新學校千萬望흠

發起人前進士金東旭

前主事한台教

幼學張師彬　告白

●大韓自强會月報

每月一回廿五日發行

定價金一部十五錢

大韓自强會月報의發行이屢期를經ㅎ오니自由의議論을披發ㅎ야國家의權利를增進ㅎ고獨立의精神을淬礪ㅎ야同胞의團結을益堅케ㅎ야全國有志諸公의飽讀ㅎ심을供ㅎ온바現今本會에서一비擴張ㅎ기爲ㅎ야高明흔文章과宏博흔學問으로延致ㅎ야天下大勢의變動과殖産敎育의要素와古今政治의大要를萬國의[illegible]圖卷ㅎ며眼目을一新케ㅎ오니[illegible]ㅎ시는僉君子는血淚을[illegible]ㅎ시고家鄕案頭의隨州購讀ㅎ시오

漢城中署[illegible]統二戶

大韓自强會事務所

●緊急廣告●

嗚呼痛哉라二十一人同胞學生이여以忠君愛國지誠으로離親棄鄕ㅎ고留學遠邦타가經濟窘乏에難遂素志ㅎ야血心決議ㅎ고斷指同盟ㅎ니像想其當場景況則變衝비裂에血淚沾검이라若我二千萬同胞知其二拾一烈士지血性則莫셔萬금지財하고부送慈善지금하야使遂本志케하면國家幸甚同胞幸甚

清州郡普成中學校校友會

發起人　鄭永澤　리章魯

任謙宰　鄭秦殷

但義捐금領受所는京城鍾路皇城新聞社內

◎特別緊急廣告

日本에서留학ㅎ는天道教派遣學生等은勸々孜々ㅎ야熱心做工ㅎ더니不幸히教會에서昨年以來로學資를不送ㅎ야千辛萬苦ㅎ다가頃日에는食債를未報ㅎ야旅舍에서被逐ㅎ야留學生監督廳에서寄留ㅎ더니去五日夜에二拾餘人이一時에剪刀를擧ㅎ야其指를斬斷ㅎ고盟誓曰學業을不成ㅎ면死不歸라ㅎ엿스니嗚呼라爲我同胞ㅎ야뉘가同情之淚를落치아니ㅎ리오本會에서此悲況을我同胞의게廣布ㅎ오니多少를勿論ㅎ고義捐ㅎ야一時救急ㅎ심을千萬伏望

一　臨時收錢所는大한每日申報社로定흠

一　捐금收集期限은二月拾日까지로定흠

光무拾一年一月八日

在日本東京

太極學會　告白

◎廣告特別◎

生等이閔忠正公紀念ㅎ기爲ㅎ야筆筒과酒盃等物을新造이온데公의寫眞과堂上血竹을摸寫ㅎ야製極精美이오니惟我同胞의均是慕忠ㅎ시는僉君子는來臨購ㅎ시와以供玩賞ㅎ시옵

發起人

開城培養學校長林圭永

仝　校監李覺根

日本山口縣留學生車斗衡

留置所北署諫洞廿七統一戶　曹秉默　家

本人之男弟玄宗渉性本浮浪將本人田土僞造文券方欲償用故京鄕間及內外國人切勿見欺以免白失

平壤南兄弟山坊泉동玄氏告白

洪[illegible]旗氏가東署東小門內上[illegible]與邊에織造機를廣張設施ㅎ야[illegible]라ㅎ고各色紬緞과紗屬等을織造叫賣ㅎ오니[illegible]買入은來臨購買ㅎ시며或所用되는緞紗等屬을預托ㅎ시며依願施行흘기삽

[illegible]　告白

忠北裁判所書記官리興섭은開明의進步ㅎ야名盛가素著ㅎ고文華才藝가兼備ㅎ야法律上의尤爲昭明ㅎ고教育上의注目ㅎ야後學을開牖ㅎ기針을能得ㅎ얏사니可謂[illegible]之王이오니僉君子는照亮ㅎ옵

鄭[illegible]호　告白

廣告

◎學員募集廣告

本校第三回入學期를現當ᄒᆞ야法律學及經濟學兩專門科學員을玆에募集ᄒᆞ오니願학人은左記試驗定期內에本校用紙로써早速請願ᄒᆞᆷ事

但法律科ᄂᆞᆫ晝학及夜학으로教授ᄒᆞ고經濟科ᄂᆞᆫ夜학으로教授ᄒᆞᆷ

◎修業年限　三학年

◎入學年齡　二十歲以上

◎學科　法律학全部　經濟学全部　(備在本校規則)

◎試驗日字　三月一日(陰曆丁未正月十七日)

◎試驗科目　歷史(及地誌)國內國及外國) 讀書及作文(國文及漢文) 筭術(四則以內) 但官公私立학校의普通科以上卒業證書가有ᄒᆞᆫ人은其학力을檢定ᄒᆞᆫ後免試許入ᄒᆞᆷ

◎開學日字　三月五日(陰曆正月二十日)

光武十一年一月十五日

中署磚洞 普成專門學校 告白

廣告

學員募集廣告

本校에셔小學程度로初等科를姑先設置ᄒᆞ고學員을廣募ᄒᆞ오니願學僉員은本年一月三十一日(陰拾二月拾八日)以內로本校에來議ᄒᆞᆷ事

學員年齡은八歲以上

入學請願은本校刊行紙로施行

來議時間은自上午拾一時로下午三時

南署私立 長橋長薰學校

◎特別廣告◎

本書舖에셔教育界需用을爲ᄒᆞ야東西洋各種新編書籍을陸續輸入ᄒᆞ오니有志君子ᄂᆞᆫ광臨購覽ᄒᆞ시ᄉᆞ

教科書類　地誌書類　宗教書類　筭學書類　政治書類　傳記書類　歷史書類　雜著書類　語學書類　醫學書類

發賣所 大廣橋書舖 高裕相

分賣所 咸南端川邑龍般里 書舖 禹時和

越南亡國史　國漢文　新刊

定價貳拾伍錢

發賣所 京城廣橋 高裕相

鏡南端川郡 禹時夏冊肆

布屛下 김相萬 書舖

廣告

本人이齒料諸具를整備ᄒᆞ야ᄒᆞᆫ人의게應用케ᄒᆞ며觀務時間은午前九時부터午后一時ᄭᆞ지午后一時부터午后五時ᄭᆞ지夜間에ᄂᆞᆫ定約되로

事務所ᄂᆞᆫ南大門內達城위宮內施闊敎醫師後家

美國齒醫師 띠、이、한 告白

西署新門外翰동百八十六統三戶

辯護士前檢事正三品 丁明燮

法律事務所 事務員前主事 吳在淳

朝陽報第十一號廣告

◎(著作)

「告大韓臣公」「害物乃忠臣錄」「品性修養」「商業概論」「殖產만必要」「物理」「世界叢談」「內地雜報」「廣告」

◎(譯述)

「海外新報」「保護國論」「滅國新法論」「政治原論」「泰西敎育史」「本朝名臣錄」「갈ᄂᆞᆯ十傳」「米國大統領」「詞藻」「비ᄉᆞ마룩구」「愛國精神談」

◎民事訴訟代理와辯護事務와諸般法律에關ᄒᆞᆫ事務一切ᄅᆞᆯ受理ᄒᆞᆷ

漢城南署藝洞第十七統八戶

辯護士前檢事正三品 李冕宇

法律事務所

事務員 前博士 玉東奎 前參書官 金益齋

●明進學校特別補助記

白蓮寺任員記

贊成員	兪東蓍	二十圜
	리完潭	十圜
講師	趙景雲	十二圜
	趙萬城	四圜
評議員	尹性海	二圜
	金西輪	四圜
	金西翁	二十圜
	洪漢谷	四圜
	姜碧城	二圜
幹事員	兪遇明	四圜
	金四湖	四圜
	최德菴	二圜
會員	張錦月	一圜
	兪漢月	二圜
	吳寶峯	一圜
	金錦明	一圜
	朴光庵	一圜
	리春파	一圜
	朴法菴	四圜
	鄭般明	一圜
	金南脩	一圜
	리允和	一圜

명월관확장광고

폐관이ᄭᅵ시이후로ᄂᆞᆫ이익ᄒᆞ시ᄂᆞᆫ귀직제후의ᄅᆞᆯ입사와오ᄂᆞᆯ날ᄭᆞ지한에제일등요리젼으로다외국셔ᄯᅡ아시도록확장ᄒᆞ여가오니되단감ᄉᆞᄒᆞ옴거니와근일ᄂᆞᆫ이충양옥ᄋᆞᆯ광활이신건축ᄒᆞ고다락아리ᄂᆞᆫ온돌밧을ᄭᆞ밀리비치ᄒᆞ고포진범절을식로ᄒᆞ와오시ᄂᆞᆫ귀직이편ᄒᆞ시도록쥬의ᄒᆞ엿ᄉᆞ오며각죵음식은보기에화려ᄒᆞ고먹기에졍미ᄒᆞ게일신奇비ᄒᆞ야다소ᄅᆞᆯ불계ᄒᆞ고주야ᄅᆞᆯ파오되셔양쥬ᄂᆞᆫ잔으로파오매특별신ᄀᆡ량교자음식은오시ᄂᆞᆫ시로부터ᄒᆞ시간이되면몃상이라도곳가져가시도록ᄒᆞ오니외귀직은륙속왕임ᄒᆞ시ᄋᆞᆸ

각식요리음식

각식셔양쥬

각죵경편양요리

각죵일본간스메

각죵여송연

각국권연

진찬합

건찬합

밥교자

특별신ᄀᆡ량교자음식

명창가동졍ᄂᆡ부도유ᄒᆞᆷ

明月館 主人 金東植 告白

漢城染織會社

本社의셔利益을不顧ᄒᆞ고韓人은外人이라白衣로ᄂᆞᆫ韓國衰敗이加ᄒᆞ야外人의嘲笑를慨歎ᄒᆞ여總業週年의營業各位愛顧ᄒᆞ야染色을益益加勸ᄒᆞᄋᆞ와僉位前進의榮幸에不無ᄒᆞ온지라支店所寄ᄒᆞ기ᄉᆞ오며陸全杜爲ᄒᆞ시ᄂᆞᆫ來往의便易을爲ᄒᆞ와左開各處에染物取扱所를設置ᄒᆞ엿사오니從便委托ᄒᆞ시ᄋᆞᆸ

大廣橋 朴勝煥雜貨商店

布屛下 金相萬冊肆

學洞憲兵所 李鴻謨藥局

南門外蓮池洞 兪경煥商店

安洞北松峴初入 송洛중典舖

社稷洞武德門外

漢城染織會社告白

◎本社廣告

○申報價

一張代金 新貨二錢五里

一個月前納 三十錢

三箇月 九十錢

六個月 一元七十錢

一箇年 三元四十錢

郵稅一部 新貨五里

一箇月 十三錢

○廣告料

四号活字 三字詰

每日每英尺一寸에新貨廿五錢

一週日에 一圜五十錢

(每日每行六錢에相當홈)

一箇月에 五圜

(每日每行四錢五里에相當홈)

(每日每日四錢一里에相當홈)

其期限之長短과字行의多寡를依ᄒᆞ야增減홈이有홈

●大韓每日申報各處支社廣告

中署布屛門下 김相萬冊肆

洞口越便朱翰榮冊肆

中署慶洞初入 拾八統第二號 鄭禹澤

平壤上水口門內 김浩淵

仝 최叙恒

仁川一閞開新冊肆 리東皓

宣川邑檢西里 安濬

義州西門外한西 大藥局

釜山港佐川 徐藥局

三和港築洞 김仁집

咸興朱南社西門外 曺喜林

開城培學校 姜助遠

大達城 廣文社

載寧邑濟衆院 劉夢澤

鐵山邑東部 安玄

長淵邑 김龜

元山支店 김乃範

定州南門內 洪聖麟

京城興仁門外영楓亭 리建赫

發行兼編輯人 英國人비説

發行所 南署石井洞號外地三層洋屋家

大韓每日申報社

第五卷

大韓每日申報
대한매일신보

第四百廿七號

月曜及慶節 歲時休日刊

檀君開國四千二百三十九年
箕子元年三千二十八年
大韓開國五百十五年
日本明治四十年
清國光緒三十二年
◉陰曆丙午十二月大初十三日乙亥

論說

滿洲內日本

日本이極東平和를爲ᄒᆞ야生命財産의如彼巨數를費盡ᄒᆞ얏거ᄂᆞᆯ此平和가不至永久ᄒᆞᆯ實證이多有ᄒᆞ도다東三省에現行情形을審査ᄒᆞᆫ清國委員의上奏文을今讀컨ᄃᆡ其報告書文이以五千餘字로成立ᄒᆞ야滿洲內에日本行動을嚴重評論ᄒᆞ얏스되南滿鐵道에日本行政이清國主權을侵犯ᄒᆞᆷ이며日本官憲이茂順과연ᄃᆡ의石炭礦産을適宜所有主되ᄂᆞᆫ清國의게還付ᄒᆞ기를拒絶ᄒᆞ며鴨綠江岸에森林事業을雖以日清資本으로經營ᄒᆞᆫ다ᄒᆞ얏스나日本人이満人과合宜整列ᄒᆞ기以前에材木을所伐ᄒᆞ며日人이清國商人의所有材木을但報虛名價額ᄒᆞ고討求ᄒᆞᆷ이며且一罪過ᄂᆞᆫ日本이清國의架設電線于昌圖ᄒᆞᆷ을對ᄒᆞ야要請ᄒᆞ되其中에若干利益이在於劃議이라ᄒᆞ야干涉於此라ᄒᆞ얏더라

如此呼訴ᄂᆞᆫ非所新聞이라與此同一情形이韓國全幅에盛行ᄒᆞᄂᆞ니由是로本記者ᄂᆞᆫ清國이日清間異見을妥決ᄒᆞ기로提議ᄒᆞᆷ에對ᄒᆞ야自有滿足之心이로다如此提議를進行ᄒᆞᄂᆞᆫ好個事件에韓國의希望이更有ᄒᆞ니蓋爲關係約에日本이清國의게許諾ᄒᆞᆫ거슨韓國이以獨立必存ᄒᆞᆷ거시오其後締約에此整列을變更ᄒᆞᆷ이未有ᄒᆞ니是以로清國이長文提議에一件痛歎을更添ᄒᆞᆷ거시自有ᄒᆞ도다

滿洲問題를關係ᄒᆞ야ᄂᆞᆫ清國官人이頗多激烈ᄒᆞᄂᆞᆫ憂愁에更添ᄒᆞᆫ거시亦有ᄒᆞ니此ᄂᆞᆫ日本貪淫女의紊亂風化ᄒᆞᆷ과日本官憲의驕傲之態가是也로다

官報

●號外 光武十一年一月二十三日

◉宮廷錄事

詔曰皇太妃詣闕時內門路以光明門爲之

詔曰明日册妃奉迎後宗親時原任議政府部大臣侍從卿議長時原任閣臣春桂坊丞史玉堂親上府官將領尉官勅奏任官當賜饌矣留待

●三千六百七十一號 光武十一年一月廿四日

◉宮廷錄事

嘉禮都監都提調臣閔泳奎謹奏各房工役今已完畢諸色工匠並爲依送監造官依例入直堂上郞廳輪回仕進之意敢 奏

光武十一年一月二十一日奉
旨依奏

草士臣奉觀覺辭職疏
批旨省疏具悉公務方亟豈容言私晷刻不可虛徐卽日膺命

◉敍任及辭令

前官立鑄洞普通學校教員윤輔榮 仝金元祐 仝吉昇鎬 仝朴셩根

任官立仁峴普通學校教員敍判任官七級 官立仁峴普通學校教員尹輔榮

兼任官立仁현普通학校長

永懷園參奉羅舜鎔 箕子陵參奉張基支 東明王陵參奉朴鏞치

依願免本官

任永懷園參奉敍判任官八等 九品李程淳

任箕子陵參奉敍判任官八等 九品최鍾煥

任東明王陵參奉敍判任官八等 九品尹應선

秘書監郞柳輝錫 沃川郡守黃演秀

依願免本官

解侍從院庶務課分主事 六品李重夏

命判敦寧司事敍勅任官一等 從一品리헌永

命永禧殿提調敍勅任官三等 奉常司提調리輔榮

命奉常司提調敍勅任官三等 從二品리貞烈

任秘書監郞敍奏任官三等 弘文館侍讀許萬[?]

任弘文館侍讀敍奏任官四等 六品蔡東섭

命侍從院庶務課分主事 姜主臣 리熙用

命耆老所秘書長 永히殿提調沈相萬

免本官 靑陽郡守*泳恪

官立養士동普通學校教員송淳형

任官立京橋普通학校教員敍判任官七級 公立豐德普通學校教員鄭芝錫

任官立養士동普通學校教員敍判任官七級 官立京橋普通학校教員송淳형

兼任官立京橋普通學校長

外報

●清日將來之衝突 遠東報第六十九號에中日將來之衝突이라題ᄒᆞ고日中韓之間에有隙地焉ᄒᆞ니曰間島라蓋한中兩國이於此爭競者가非一日矣라한人은視爲己有허고華人이亦爭爲華地ᄒᆞ니究其實허면此地가原屬[?]國이나須知한國之全土가先[?]에均屬於中國ᄒᆞ얏스니則又何論此島리오故로現時對於此島之問題에殊彩糾葛ᄒᆞ야莫衷一是라特此島之地利가實爲甚富ᄒᆞ야水深土沃허고深林이盤鬱허며礦産이繁多라經營棲止於其地者가多華人이라俄日戰時에此地가曾爲俄據러니今則한地가全屬日人之手故로復將此事提議ᄒᆞ야伊藤이並特派한日專員ᄒᆞ야歷史中記載와舊存文件의此島가한國의所有된거시可證ᄒᆞᆯ者를搜査허니若尋有證據허면立向中政府ᄒᆞ야索還此地ᄒᆞ야歸於한國ᄒᆞ리니한國이旣被日據則與歸日로等이라若中政府가不允ᄒᆞ면日人이當派兵ᄒᆞ야占領此地ᄒᆞᆯ터이오以後情形은中政府의擧動如何를視ᄒᆞᆯ지라該報記者曰按日人之要求가殊無條列可援ᄒᆞ니中政府가定宜駁詰而勿允이라否則一波未平에一波又起허고一地甫讓에一地又爭則將來南滿各處를日人이亦可要求ᄒᆞ야已有를숨우리라ᄒᆞ얏더라

雜報

●閔氏義助 副將閔丙奭氏가端川維新學校에新貨二十圓을付送ᄒᆞ고在郡贊務諸員의게校舍建築의勞力을賀ᄒᆞ며生徒의게學業成就를希望이라고裁書表情ᄒᆞ얏다더라

●西友慶祝 日當은興慶節인故로西友學會에서下午六時에一般會員이本會館에會集ᄒᆞ야慶祝會를開ᄒᆞᆫ다더라

●四校親睦 南門外藥峴光興學校에서紫岩漢陽學校와萬里峴均明學校와青파普遊學校四個所의教師及晝夜科學員을請邀ᄒᆞ야天時不如人和라ᄂᆞᆫ問題로可演에金晉鉉禹鍾國李漢世嚴光三四氏오否演에宋忠源鄭智秀梁在昶尹滄오諸氏가討論ᄒᆞ얏고多數學員이次第續論ᄒᆞ얏ᄂᆞᆫᄃᆡ以上四校가每日曜日이면輪回招請ᄒᆞ야聯合討論ᄒᆞ기로決議ᄒᆞ얏더라

雜報

●嘉禮威儀 再昨日嘉禮時에 皇太子妃께셔自別宮으로入闕ᄒᆞ시ᄂᆞᆫ디文武百官과妓生女伶과內侍及侍衛兵丁이前後陪從ᄒᆞ고軍樂一隊가前導奏樂ᄒᆞ고其他日本賀使一行이騎兵一隊를帶同祗迎ᄒᆞ고各學校學徒들도國旗를高揭ᄒᆞ고黃土현等地에셔祗迎ᄒᆞᄂᆞᆫ디滿城士女觀光者如雲ᄒᆞ더라

●冠服難借 今番嘉禮公故에入參ᄒᆞᆫ官人이三千名假量인디冠服이不足ᄒᆞ야甚至於貰件싸지見乏ᄒᆞᆫ故로貧寒ᄒᆞᆫ官人들은數日困難을經過ᄒᆞ얏다더라

●事務等閒 內部警務局長金彰漢氏ᄂᆞᆫ該部大臣私邸나往訪ᄒᆞ고顧問丸山氏나數々往問ᄒᆞ기만熱心ᄒᆞ고該局諸般事務ᄂᆞᆫ尋常看過ᄒᆞᆫ다더라

●監府移設 昨日에統監府를泥峴新建築ᄒᆞᆫ家屋으로移設ᄒᆞ얏다더라

●提燈慶祝 再昨日嘉禮後下午五時에各學校學徒들이提燈慶祝ᄒᆞ기爲ᄒᆞ야학部로一齊히會同ᄒᆞ야六時量에大漢門前에齊進ᄒᆞ야提燈慶祝을擧行ᄒᆞᄂᆞᆫ디萬歲를崇呼ᄒᆞ고각學校로散歸ᄒᆞ얏다더라

●景孝殿朝見禮 皇太子妃殿下게셔今日에景孝殿朝見禮式을擧行ᄒᆞ셧다더라

●義務敎育實施 中樞院에셔義務敎育實施議案을提呈ᄒᆞ얏스미政府에셔該議案을行將實施ᄒᆞᆯ意로該院에照會ᄒᆞ얏다더라

●果非公言 再昨日嘉禮時에入參ᄒᆞᆫ文武百官에게紀念章頒給ᄒᆞ기를主殿院경리基東氏가主使ᄒᆞᄂᆞᆫ디紀念章을受ᄒᆞᆫ官人이還至ᄒᆞᆷ이리基東氏가精神을收拾지못ᄒᆞ야ᄂᆡ今日公故에官人이多數入參ᄒᆞ기ᄂᆞᆫ紀念章을爲主ᄒᆞᆷ이오爲公ᄒᆞᆷ은아니라ᄒᆞ얏다더라

●移囚平院 警務廳에滯囚ᄒᆞ얏든義兵將閔宗植氏를日昨에平理院으로送交ᄒᆞ얏다더라

●難忘者妓 太醫院卿閔泳瓚氏ᄂᆞᆫ純明妃殿下와男妹間也라懿孝殿提調ᄂᆞᆫ該氏에當來지職이어날自 上으로處分이屢下ᄒᆞ시되該氏가限死謀避ᄒᆞᄂᆞᆫ理由인즉太醫院은妓生을主管ᄒᆞᄂᆞᆫ權限이有ᄒᆞᆷ으로該氏가戀戀花心을難忘ᄒᆞ야不忍捨去ᄒᆞ미라더라

●特放處分의留中 平理院罪囚리裕寅氏를處絞ᄒᆞ기로宣告ᄒᆞ얏더니自 上으로處分을下ᄒᆞ옵시되不無斟量者存ᄒᆞ니特放ᄒᆞ라ᄒᆞ옵셧ᄂᆞᆫ디法部大臣리夏榮氏가아즉留中ᄒᆞ고頒布치아니ᄒᆞ얏다더라

●收錢何意 去八月分에警務中署에셔消防圓을設始ᄒᆞ야雜穀廛近傍에鑿井ᄒᆞ기로鍾路各市民의게收斂ᄒᆞᆫ錢圻이二百餘圜인디消防圓을尙未設始ᄒᆞ니該錢은將何用지인지未知ᄒᆞ깃다고巷說이紛紛ᄒᆞ다더라

●警학卒業 去月二十九日에警학校에셔該교卒業生의證書을授與ᄒᆞᆫ다더라

●是何狂漢 巷說를聞ᄒᆞᆫ즉何許狂悖沒覺ᄒᆞᆫ한國官人이日語通解者와符同ᄒᆞ야日本官人某處에屢次交涉ᄒᆞ야說誘ᄒᆞ되自已로警務使를圖得ᄒᆞ여주면爲先本申報를廢止케ᄒᆞ깃노라ᄒᆞ얏다니한人의獵官運動이至於此極ᄒᆞ니販君賣國을何所不爲며所謂學習日語者도亦是한國人民으로此等居間을樂爲ᄒᆞ니鞠世覇지流가何代無지며日本官人도如차譽行지輩의容接을是好ᄒᆞ니亦可寒心이로다

●反對減俸 平安北道觀察道警務官金찬淵氏가當初에繡屏十次를某大臣에게納賂ᄒᆞ고該職을圖得下去ᄒᆞ얏더니부任以後에警察上行爲가多有不公ᄒᆞᆫ으로該觀察使申泰休氏가內部에免官報告ᄒᆞ얏더니金氏가仍任不遞ᄒᆞ기를運動次로上京逗留ᄒᆞᄂᆞᆫ대該道警視某氏가金氏가逃躲ᄒᆞᆫ줄노內部에報ᄒᆞ얏다ᄂᆞᆫ디하部警務局長金彰漢氏가차事件에對ᄒᆞ야三個月減俸ᄒᆞ기로丸山씨의게屢度請托ᄒᆞ나元來三個月減俸ᄒᆞᄂᆞᆫ章程은初無ᄒᆞᆫ지라하局課長權鳳洙氏가反對堅執ᄒᆞᆫ다더라

●金氏謝過 統監府鶴原總長이內部會計局長김寬현氏를對ᄒᆞ야日公이地方局長을運動ᄒᆞᆫ다니有何才分乎아經費學과政治학을不知ᄒᆞ니會計局長도猶爲濫職이거ᄂᆞᆯ地方局長은一部重任이라安敢擔任이리오果如所聞즉自차以後에ᄂᆞᆫ更不對吾面ᄒᆞ라고一場詰責ᄒᆞᆷ의金氏가僕々謝過ᄒᆞ야日初無차等運動이라ᄒᆞ얏다더라

●等級分別 研成학校長盧伯麟氏가軍校를會集ᄒᆞ고說明ᄒᆞ되將官에對ᄒᆞ야ᄂᆞᆫ閣下라稱ᄒᆞ고領官에對ᄒᆞ야ᄂᆞᆫ令監이라稱ᄒᆞ고尉官에對ᄒᆞ야ᄂᆞᆫ座下라稱ᄒᆞ고兵丁은小人지稱을勿施ᄒᆞ고統히ᄂᆡ라稱ᄒᆞ라ᄒᆞ야該校內兵丁이一遵교長指揮ᄒᆞᆫ지라軍部主事라도該兵丁을對ᄒᆞᆷ의下待나半語를못ᄒᆞᆫ다더라

●祝賀壽校 平安南道觀察使李始榮氏가肅川郡萬壽학校開校式에祝賀가如左ᄒᆞ니此學校를經始ᄒᆞᆫ지已閱星霜토록迄未創立ᄒᆞᆷ을常所慨歎이러니何幸有志諸君에懇切ᄒᆞᆫ誠力으로不日成就ᄒᆞᆷᄋᆞᆫ本使에希望을得遂ᄒᆞᆷ인즉感謝ᄒᆞᆫ衷情을豈可勝名ᄒᆞ리오雖然이나邇來에各處私塾이陸續繼起ᄒᆞ야鮮克有終에缺点을難免ᄒᆞ니寧不可懼아有志諸君은今日開校ᄒᆞᄂᆞᆫ精神을頂点에到達토록一心靡懈ᄒᆞ야他日一省私塾에標準되기를希望이라ᄒᆞ얏더라

●穆德先生事畧

現世有名ᄒᆞᆫ美國大학士穆德先生이今將渡韓ᄒᆞᆷ은前報에已揭ᄒᆞ얏거니와蓋先生의姓은穆德이오名은約翰이니聰明智慧와雅望德器가即二十世紀內一大奇偉ᄒᆞᆫ人物이라

學問爲小中大학校에無不卒業ᄒᆞ고才智爲天地人氐理은無不통曉ᄒᆞ고足跡爲歐美亞非澳五大洲에無不遍蹈ᄒᆞ고其演說也可以叫發人志오其著述也可以勉進後學이라

所以로在美則耶魯大學校에셔以理學士學位로推選ᄒᆞ고在英則王立地理學會에셔會員榮喜을公薦ᄒᆞ얏스니據此數事에世人의趨仰을可知로다

先生의平生大旨가此世界文明前進이或有未及일가ᄒᆞ야以警醒人志로爲已任ᄒᆞ야晝而繼夜에到底研究ᄒᆞ야今也萬國靑年[illegible]大總會總理의位을現帶ᄒᆞ야東西洋各國基督敎靑年會事務를皆先生이總裁ᄒᆞᆷ이라

此次한國에渡來ᄒᆞᆷ은靑年社會를振興코ᄌᆞᄒᆞ야本月三十日頃에皇城에到泊ᄒᆞ다ᄒᆞ니ᄒᆞᆫ國內靑年학生과有志紳士가其德望을莫不欽仰ᄒᆞ고言論을願聞ᄒᆞ야爭先歡迎ᄒᆞᆫ다더라

●漲灘續役 前統營漲灘地理築事로先春에셜國卿氏가農部에承認ᄒᆞ야其開始役이至爲半塗인디爲先三千坪預算이一萬五千餘圓이라該地居留日人某가當初與셜氏同業之意로出資自願이나셜氏ᄂᆞᆫ不可以利로買行犯法之事라ᄒᆞ고決不與外人으로作此土地關係等事業이當當是愛自國之性은一般이어날噫彼日人은含憾其情之不부而搆ᄂᆞᆯ이던지日本統監府로한國農部에交涉ᄒᆞ고使之停役ᄒᆞ야每日八十餘名役夫를廢工朔餘에損害가殆至巨欵矣러니事必歸正으로兩國官憲이互相妥議ᄒᆞ고昨日發訓ᄒᆞ야使셜國卿으로卽爲繼續役事ᄒᆞ야以遂目的케ᄒᆞ라ᄒᆞ얏다더라

●兩闕遊覽 昨日下午一時에賀使一行이北闕과東闕을遊覽ᄒᆞ얏다더라

●慶節休報 本日은韓國興慶節인故로慶祝ᄒᆞ기爲ᄒᆞ야一日休刊ᄒᆞᆷ

▲盃中叢話▼

△海外消息이耳朶를忽驚ᄒᆞ니陣雲이濃染에列强이爭雄ᄒᆞ니六國時代이아닌가從約이織解에戰塗가繼起ᄒᆞ니爭衡圖覇에決雄當世ᄂᆞᆫ古今에一般이로고

△現今政府大臣은各自爭權에小局風塵이掃除가無日ᄒᆞ니日露戰爭도未幾에和平ᄒᆞ더니幾人爭鬪ᄂᆞᆫ尙此支離ᄒᆞ나畢竟은優勝劣敗ᄒᆞ깃지

△李基東氏ᄂᆞᆫ多數納賂로宮客한氏之子를薦耶을圖任ᄒᆞ엿며니朴參政官大署理時에情跡이綻露ᄒᆞ야收付眾勿施事로因以含憾ᄒᆞ야桃李叢中에狂風을同吹ᄒᆞ니四李가五리가되엿고

△勉庵崔先生이디馬島에셔卒逝ᄒᆞ신情節을確聞ᄒᆞᆫ즉先生이義不食日粟이라ᄒᆞ야絕穀幾日에與夷齊로同節ᄒᆞ셧스니首陽薇蕨이千古에無愧로다

△한國政府에셔日本의借欵ᄒᆞᆫ巨額이日本宮憲에月俸과償與金으로盡入ᄒᆞ엿다니日人에돈을日人이分食ᄒᆞ엿스니借欵이라ᄒᆞᆯ것업깃고

△平北觀察申泰休氏ᄂᆞᆫ警務使遞任을圖得ᄒᆞ라고上京ᄒᆞ얏더니경使를金思默氏가已任ᄒᆞ엿스니可謂逐鷄望籬로고

雜報

吊西坂豊君文　雲臺散人

嗚呼ㅡ十世紀中東洋有一烈士曰西坂豊君日本愛知縣人來留我韓欲聯結東亞三國以維持大局保全同種被當路之沮害慨志事之不遂一朝自刃于漢城之旅館時年二十七此千古異事世界奇聞惟其爲奇聞異事也故或疑其義無所據在吾韓人余固知君之深者而至若判此一着亦意想之所不到人之疑之何足怪哉夫從古而來仁人志士忱臣烈士舍生取義見危授命者不乏其人而蓋有擔社稷之寄者矣有任疆場之責者矣有司軍旅之命者矣有爲知己而死焉者矣有爲蹈信而死焉者矣而君固未有是焉

且世亂有立節之士國危有殉難之臣固也現日本造治平之福拊興隆之運兩甲之役戰勝之威讋於宇內廊廟之元勳羽林之宿將馳其榮譽于麟閣之丹靑才俊篮彙征之吉人民享愉快之樂跨據한滿獨占權利虎視東西莫敢誰何凡生於是邦者皆可以志滿意足揚揚得得也

以君英銳之氣宏深지學周旋政界靑雲可致馳빙社會生活亦快乃將其至貴至重之軀命付諸一寸之短刃甘作殊方之苦魂何也誠不忍乎大局之缺裂同種之셔滅也然則其自裁也孰爲爲之今日之聞此者固可以諒君之志而來頭之經驗其必有思君之言者矣彼徒取快於目前之近功小利而イ慮夫同洲全局之大禍福亦獨何哉此吾東洋烈士所以痛心嘔血捨其軀命謝吾同種而已嗚呼哀哉

●**賀德新明학校之創立**（續）

實교南關西之十의所共嗟惜者也며東家西隣之所以指斥而唾笑者也러니幸玆에吾友金上舍東旭氏가歎宗敎之衰弛ᄒᆞ고憤國勢之頽敗ᄒᆞ야圖所以興일ᄉᆡ世間千萬事業이莫非敎育上流出ᄒᆞᄂᆞᆫ줄을思量ᄒᆞ고與한台敎張師紗諸씨로新明학校를設立ᄒᆞ니

其趣旨ᄂᆞᆫ宗敎의一脈을扶植ᄒᆞ고靑年의智識을拓發코져ᄒᆞᆷ이오其課程은經傳과歷史와地誌와法律과筭術을分授ᄒᆞ고加之以經濟學軍制학의二課를添敎ᄒᆞ야設校ᄒᆞᆫ지曾未幾日에出席ᄒᆞᆫ學徒가數十名에已達ᄒᆞ얏스니그新舊을參酌ᄒᆞ고體用을幷存ᄒᆞᆷ이可謂時務의緩急을洞知ᄒᆞ고學術의本末을深得ᄒᆞᆫ者라將來大多ᄒᆞᆫ効果를必然히做成ᄒᆞᆯ지며

우리湖鄕의幾百年蔽痼ᄒᆞᆫ風習을改革ᄒᆞ고幾千百聰明ᄒᆞᆫ子弟를開發ᄒᆞ야一新ᄒᆞᆫ文化의增進ᄒᆞᆯ點頭가未嘗不於此焉始矣니凡在同情에孰不찬頌이리오마ᄂᆞᆫ本人은鄕井之誼가尤有切焉이라額手加敬ᄒᆞ며傾心찬禱ᄒᆞᆷ을區々不已ᄒᆞᄂᆞ라（完）

●**金氏八難**（續）

假令김斗源에訴딘와又치賠償ᄒᆞᆯ義務가有ᄒᆞ다ᄒᆞ더라도到底히其義務를成事키不能ᄒᆞᆯ줄노生覺ᄒᆞᆫ다ᄒᆞ엿스니日本이開明ᄒᆞᆫ法律노自호ᄒᆞᄂᆞᆫ地位에此等理外文字를發ᄒᆞᆷ이大非示人以公平지道인듯ᄒᆞ도다

蓋從前我한我府와日本公使間에以此屢々交涉ᄒᆞ야其時에雖不與금지助等으로對質審판이나김氏에失鹽事狀과木村等에盜去ᄒᆞᆫ情節이明白無疑ᄒᆞᆫ故로其時에林公使가以恤금지意로以言誘지者ᄂᆞᆫ只一塞責지計也니若非理屈則雖一分錢이라도肯許于김씨지理哉며

象一耶ᄂᆞᆫ從當徵給ᄒᆞ기로斷言ᄒᆞ얏스니然則金씨지當捧과木村지當徵은不俟更論이거날今에忽然판償ᄒᆞᆯ義務가無ᄒᆞ다고主張ᄒᆞ다ᄂᆞᆫ說은萬萬白賴臆說이로다大抵天下萬事가是非曲直이自在ᄒᆞ거날金씨에失財ᄒᆞᆫ일은顧念치아니ᄒᆞ고도로혀擅桶盜去ᄒᆞᆫ源一耶失財라ᄒᆞ고또鬱陵島에셔被殺ᄒᆞ얏단말은皆糊塗說去也로다

訴訟法에負訟者가貧窶ᄒᆞᆫ境遇에ᄂᆞᆫ得勝者에對ᄒᆞ야報償ᄒᆞᆯ수업다고抵賴不給ᄒᆞᄂᆞᆫ理由가有ᄒᆞᆫ지假令盜賊이自服ᄒᆞ여도貧窶ᄒᆞ다藉稱ᄒᆞ면賊律을勿施ᄒᆞ며負債者가債主에對ᄒᆞ야貧窶ᄒᆞ다抵賴ᄒᆞ면債金을白失ᄒᆞᄂᆞᆫ지（未完）

●**賊漢失捕**　再昨下午十二時에惠化門外咸德俊家에賊漢이突入ᄒᆞ야錢財를掠奪ᄒᆞᆯ際에巡山巡權及該洞支所巡檢이幷力捕捉ᄒᆞ다가失捕ᄒᆞ얏다더라

●**但捧新貨**　淸州來人의傳說를據ᄒᆞᆫ즉該郡郵便取扱所에셔結錢收捧ᄒᆞ되舊貨ᄂᆞᆫ不受ᄒᆞ고新貨만收捧ᄒᆞᄂᆞᆫ故로稅務主事가民情을顧念ᄒᆞ야新舊貨를交納ᄒᆞ기로ᄒᆞ所日人과交涉ᄒᆞ되日人이終不聽許ᄒᆞᄂᆞᆫ故로民情이嗷嗷ᄒᆞ다더라

●**片雲猜月**　한國內首寺總攝을洪月初氏가薦任ᄒᆞ미金寶雲氏가反對ᄒᆞ야日北漢總攝은是軍門總攝이오非僧侶의總攝이라ᄒᆞ니當차開明時代ᄒᆞ야山門에도學校를廣張ᄒᆞ고人才를敎育ᄒᆞ야隨材需用ᄒᆞᆯ터인ᄃᆡ僧侶와軍門이初非二致어ᄂᆞᆯ寶雲氏에反對ᄂᆞᆫ腐敗ᄒᆞᆫ舊習은未祛ᄒᆞ고文明的思想은暗昧ᄒᆞ미라고巷說이沸騰ᄒᆞ더라

廣告

육세된여아오목이홍양독치마저구리입은아희를일어ᄉᆞ오니남셔어두무골뎡참판일영씨집으로보ᄂᆡ주시면후사ᄒᆞ게ᄉᆞᆸ

뎡지영　고ᄇᆡᆨ

●太極학會에對ᄒᆞ야有志僉員의義捐金이如左ᄒᆞᆷ

平壤前侍御朴任澈　五圜
士人金[illegible]煥　三圜
윤聖運　十圜
前令윤泰中　十圜
前參奉許烈　一圜
前主事金錫英　三圜
前參奉沈商옥　二圜
士人秋孝善　十圜
前參奉韋用錫　二圜
士人康時禎　一圜
한宗涉　一圜
前郡守全孝舜　五圜
前시從김履洙　五圜
進士김能元　二圜
士人비仁涉　一圜
김經燦　一圜
金光校　一圜
리炳洌　一圜
박明濬　五拾錢
金允和　一圜
鄭在命　一圜　未完

平北昌城郡守池[illegible]榮氏가赴任以來로總察民情에結戶上納乙丙兩年度拾萬五千餘兩與經理院上納八千餘兩限內上納은道府間이동知也오日露經擾네民皆逃散ᄒᆞ야邑難支保中네爲念民情ᄒᆞ와自四千金特恤飢民ᄒᆞ니流民이還集ᄒᆞ야各安其業에祝其頌德日我候가來何暮也오訟聲이編滿一境ᄒᆞ면淸閑無事ᄒᆞ니臥而治지라增戶千二餘則救民可知오官烟煩訴ᄒᆞ니善治을孰不欽歎가以表公績으로來訴于內部즉指令內에本郡守政績이若是優著ᄒᆞ니聞甚嘉尙이라如以艮手을何患乎經遷이리오久任責成은自有公議ᄒᆞᆯ지니退去安業ᄒᆞᆯ事라ᄒᆞ시기退安業이더니意外에當차遷政ᄒᆞ니內部指令도都無可信이오撫民도終難免矣라郡民이如失慈母ᄒᆞ와使차池公으로更爲復職千萬仰祝ᄒᆞᆷ

昌城士民金[illegible]　金基己　姜贊雲等　告白

通運社 告白

本社所管에對ᄒᆞ야洪淳說이無不汨戲故로擧公裁決인바所爲가去益파測故로更爲捉囚이고如是廣告ᄒᆞ오니玆今爲始ᄒᆞ야各驛支社ᄂᆞᆫ亦爲諒悉ᄒᆞᆷ

●緊急廣告●

嗚呼痛哉라二十一人同胞學生이여以忠君愛國지誠으로離親棄墓ᄒᆞ고留學遠邦라가經濟窘乏에難遂素志ᄒᆞ야血心決議ᄒᆞ고斷指同盟ᄒᆞ니像想其當場景況則髮衝비裂에血淚沾검이라若我二千萬同胞知其二拾一烈士지血性則莫셔萬금지財하고부送慈善지금하야使遂本志케하면國家幸甚同胞幸甚

淸州郡普成中學校校友會
發起人　鄭永澤　리章儀　[illegible]謙宰　鄭泰殷

但發捐금領受所ᄂᆞᆫ京城鍾路皇城新聞社內

洪淳[illegible]氏가東[illegible]門內土布廛邊에織造機을廣張設施ᄒᆞ야[illegible]을淳昌[illegible]라ᄒᆞ고各色綢緞과紗綢等을織造發賣ᄒᆞ오니僉君子은來臨購買ᄒᆞ시며或所用되로緞紗等屬을預托ᄒᆞ시면依約施丁ᄒᆞ깃삽

淳昌[illegible]　告

本人이鍾路雜穀廛孫仕元許와無日字推尋於音一千四百兩一片을十二月初五日路中셔失故로玆以廣告ᄒᆞ오니內外國人間誰某拾得ᄒᆞ와도休紙施行ᄒᆞᆷ

東幕居　劉文圭　告白

廣告

◎學員募集廣告

本校第三回入學期를現當ᄒᆞ야法律學及經濟學兩專門科學員을玆에募集ᄒᆞ오니願ᄒᆞᆫ人은左記試驗定期內에本校用紙로써早速請願ᄒᆞᆯ事

但法律科ᄂᆞᆫ晝학及夜학으로敎授ᄒᆞ고經濟科ᄂᆞᆫ夜학으로敎授홈

○修業年限 三학年

○入學年齡 二十歲以上

○學科目 法律학部全 經濟학部全 備在本校規則

○試驗日字 三月一日(陰曆丁未正月十七日)

○試驗科目 歷史及地誌問對(內國及外國) 讀書及作文(國文及漢文) 筭術 四則以內

但官公私立학校의普通科以上卒業證書가有ᄒᆞᆫ人은其학力을檢定ᄒᆞᆫ後免試許入홈

○開學日字 三月五日(陰曆正月二十壹日)

光武十一年一月十五日

中署磚洞 普成專門學校 告白

廣告

學員募集廣告

本校에서小學程度로初等科를姑先設置ᄒᆞ고學員을廣募ᄒᆞ오니願學僉員은本年一月三十一日(陰拾二月拾八日)以內로本校에來議ᄒᆞᆯ事

學員年齡은八歲以上

入學請願은本校刊行紙로施行

來議時間은自上午拾一時로下午三時

南署私立長橋長薰學校

◎特別廣告◎

本書舖에서敎育界需用을爲ᄒᆞ야東西洋各種新編書籍을陸續輸入ᄒᆞ오니有志君子ᄂᆞᆫ광臨購覽ᄒᆞ시옵

宗敎書類 地誌書類
敎科書類 筭學書類
政治書類 傳記書類
歷史書類 雜書書類
語學書類 醫學書類

發賣所 大廣橋書舖 高裕相
分賣所 咸南端川邑龍般里 書舖 禹時和

越南亡國史 國漢文 新刊

定價貳拾伍錢

發賣所 京城廣橋高裕相冊肆
鏡南端川郡禹時夏冊肆
布屛下 김相萬書舖

廣告

本人이齒料諸具를整備ᄒᆞ야人의게應用케ᄒᆞ며視務時間은午前九時브터午后一時ᄭᆞ지午后一時브터午后五時ᄭᆞ지夜間에ᄂᆞᆫ定約ᄃᆡ로

事務所ᄂᆞᆫ南大門內蓮城위宮內施蘭敎醫師後家

美國齒醫師 ᄯᅥ、이、한 告白

西署新門外鍮동百八十六統三戶
辯護士前檢事正三品 丁明燮
法律事務所 事務員前主事 吳在淳

朝陽報第十一號廣告

(著作) 「告大官巨公」「告韓乃忠韓」「品性修養」「商業概論」「隨感만錄」「寄書」「世界叢談」「內地雜纂」「廣告」

◎

(譯述) 「海外雜報」「保護國論」「滅國新法論」「政治原論」「泰西敎育史」「水雷名臣錄」「갈蘇士傳」「米國大統領」「詞藻」「비스마룩구」「愛國精神談」

㊟民事訴訟代理와刑事辯護及鑑定一切法律에關ᄒᆞᆫ事務를迅速處理홈

漢城南署苧洞第十七統八戶
辯護士 前檢事正三品 李冕宇
法律事務所
事務員 前博士 玉東奎
前博士 趙東薰
前議官 金益濟

●明進학교特別補助記

守國寺會員 金大輪 二圓
박應三 二圓
津寬寺任員
講師 金완船 六圓
評議員 孫松巖 四圓
會員秩
嚴慶雲 十六圓
최香岳 二十兩
林鶴松 一圓
최桂月 一圓
宋漢景 一圓
鄭應庸 二十兩
리德松 二十兩
林影性 一圓
池敬念 四十錢
張龍城 六十錢

海州南門內書舖朴昌鎭씨로本社支社員을認許ᄒᆞ얏스니該附近地僉君子ᄂᆞᆫ該支社로本申報를請購ᄒᆞ심을務望

大韓每日申報社 告白

명월관확장광고

폐관이ᄀᆡ시이후로ᄋᆡ호ᄒᆞ시ᄂᆞᆫ귀각ᄒᆡ후의를입사와오늘날ᄭᆞ지한애제일등요리점으로내외국에셔다아시도록확장ᄒᆞ여가오니더단갑ᄉᆞᄒᆞ옵거니와근일은이층양옥을광활이신건축ᄒᆞ고다락아래ᄂᆞᆫ온돌방을ᄭᆡ밀리비치ᄒᆞ고포진범절을서로ᄒᆞ와오시ᄂᆞᆫ귀각이편ᄒᆞ시도록쥬의ᄒᆞ엿ᄉᆞ오며각죵음식은보기에화려ᄒᆞ고먹기에정미ᄒᆞ게일신쥰비ᄒᆞ야다소를불계ᄒᆞ고주야로파오되셔양쥬ᄂᆞᆫ잔으로파오며특별신ᄉᆡ랑교자음식은오시ᄂᆞᆫ시로브터ᄒᆞᆫ시간이되면멧상이라도곳가져가시도록ᄒᆞ오니ᄯᅡ외귀각은륙속왕임ᄒᆞ시옵

각식요리음식
각식셔양쥬
각죵경편양요리
각죵일본간스메
각죵여송연
각국권연
진찬합
건찬합
밥교자
특별신ᄉᆡ랑교자음식
명창가동졍거복도유ᄒᆞ옵

明月館 主人 金東植 告白

漢城染織會社

本社의셔利益을不顧ᄒᆞ고韓人은韓人이라ᄂᆞᆫ衣ᄂᆞᆫ[illegible]元業관外人의嘲評을憤慨히녀겨起業ᄒᆞ온週年의營業各位愛顧ᄒᆞ와好進의榮幸이不無ᄒᆞ오나[illegible]種染色會社加勵ᄒᆞ와[illegible]의所請을不負ᄒᆞ깃사오니[illegible]染色의便易를爲ᄒᆞ와左開各處에染料取扱所를設置ᄒᆞ엿사오니從便委托ᄒᆞ심을務望

大廣橋 朴勝煥雜貨商店
布屛下 金相鳥布肆
寺洞 [illegible] 李鴻詩藥局
南門外 蓮池洞 [illegible] 경煥商店
安洞 [illegible] 송洛奎典舖
[illegible] 武橋門外

漢城染織會社告白

◎本社廣告

○申報價

一張代金 新貨二錢五里
一個月前納 三十錢
三箇月 九十錢
六個月 一元七十錢
一箇年 三元四十錢
郵稅一部 新貨五里
一箇月 十三錢

○廣告料

四號活字、三字詰
每日每英尺一寸에新貨廿五錢
(每日每行六錢에相當홈)
一週日에 二圓五十錢
(每日每行四錢五里에相當홈)
一箇月에 五圓
(每日每日四錢一里에相當홈)
其期限의長短과字行의多少를依ᄒᆞ야相議홈이有홈

●大韓每日申報各處支社

中署布屛門下 김相萬冊肆
[illegible]
全州 [illegible]
平壤 [illegible]
仁川 [illegible]
宮川 [illegible]
義州南門外 大昌局
釜山港佐川 [illegible]
三和港 [illegible] 김仁洙
咸興 [illegible] 曹喜林
開城培學校 姜助遠
大邱達城 廣文社
載寧邑 [illegible] 鄭夢澤
鐵山邑東部 安立
長淵邑 김龜
元山支店 김乃範
定州南門內 洪聖麟
京城興仁門外영楓亭 리健赫

發行兼編輯人 英國人 裴說
發行所 南署石井洞號外地三層洋屋家 大韓每日申報社

第五卷 第四百卄八號

大韓每日申報
대한매일신보

月曜及慶節 歲時日休刊

檀君開國四千二百三十九年
箕子元年三千二十八年
大韓開國五百十五年
日本明治四十年
淸國光緒三十二年

◉陰曆丙午十二月大十六日戊寅

論說

韓國法官

日本헤럴드新聞에今月一日所報를接讀ᄒᆞᆫᄃᆡ如左記述이有ᄒᆞᆫ지라其云ᄒᆞ되韓國政府가히고타드地方局에首長나가무라氏와其他司法官十四人과日本法司에書記生十四人을韓國法庭에顧問官으로契約ᄒᆞᆫ지라此諸人을韓國司法諸局에分置ᄒᆞ야韓國法官의行政을勸依補佐ᄒᆞ리라ᄒᆞ얏고日本메일新報의同日紙上에ᄂᆞᆫ其云ᄒᆞᄃᆡ外國人을關係ᄒᆞᆫ諸橋에ᄂᆞᆫ民事刑事를勿論ᄒᆞ고其裁判權을日本理事廳으로交付ᄒᆞᆫ다ᄒᆞᆷ은旣有傳說이어니와多數日本法律顧問官을雇用ᄒᆞ야韓國司法部를新組織ᄒᆞᄂᆞᆫ事實로發生ᄒᆞᄂᆞᆫ意思ᄂᆞᆫ韓國法庭에有何尤分이라確信키不足ᄒᆞ나臨時方便으로最先策은日本裁判所를應用ᄒᆞᄂᆞᆫ거시是也라如此變更이何以能成홀지ᄂᆞᆫ今未確見이나然이나此提議가尙在包胎인줄은可見이라ᄒᆞ얏더라

메일新報記者가如此變更을似知以悲歎이나然이나하國及列强間에締約ᄒᆞᆫ거시如此整列을置之於問外ᄒᆞᆷ은同記者ㅣ尙未覺悟로다何以見之ᄒᆞᆫ지此必可歎之事라日本內에日本司法局이無能ᄒᆞᆷ은已作俗談矣니日本의게熱心ᄒᆞᄂᆞᆫ人士라도本國에셔失敗를旣設ᄒᆞᆫ規制가困難이加多ᄒᆞᆫ外國에셔其能成就ᄒᆞᆯ거슨量度키不能ᄒᆞ리로다韓日人間에司法責任은理事가其或自擅ᄒᆞᆯ지라僞詐凶暴ᄒᆞᆫ日本의犧牲된今此韓人이改良을一未得見ᄒᆞᄂᆞ니呼訴를許容ᄒᆞᄂᆞᆫ法庭이此民의게豈非恩澤이리오列國人을關係ᄒᆞ야ᄂᆞᆫ今彼整列에將至無效ᄒᆞᆯ지라一般吾人이特殊地方權을各有矣니此를除去ᄒᆞ기에日本及메일新報가尙其能乎아

官報

◉三千六百七十二號 光武十一年一月廿五日

◉宮廷錄事

掌禮院副卿윤尙學辭職疏
批旨省疏具悉所請依施

◉布達

宮內府官制中改正ᄒᆞᄂᆞᆫ件을左又치定奪ᄒᆞᆷ이라

光武十一年一月二十二日奉勅
宮內府大臣陸軍副將勳一等沈相薰

布達第一百四十八號
宮內府官制中改正件

宮內府官制第三十九條中主事下六字ᄂᆞᆫ八字로改正ᄒᆞ고第四拾四條中 皇宮警衛局主事下四字ᄂᆞᆫ二字로改正ᄒᆞᆷ이라

◉敍任及辭令

厚陵參奉洪德周
崇德殿參奉朴文益
依願免本官
任厚陵參奉敍判任官八等 吳泰煥
任崇德殿參奉敍判任官八等 九品박基汶
依願免本官 厚陵參奉吳泰煥
任厚陵參奉敍判任官八等 九品洪德周
命宮內府特進官敍勅任官一等 秘書監卿閔丙奭
命秘書監敍勅任官二等 從二品閔景植
從一品李乾夏 仝金聲根 仝한圭설 仝리봉儀 仝金永哲 正二品鄭周永
命宮內府特進官敍勅任官一等
從一品金宗漢 正二品趙同熙 仝徐巨輔 仝리源逸 仝리愚冕 同조鍾弼
命宮內府特進官敍勅任官二等
從二品盧永敬 仝申泰寬 仝리敬夏 仝林永相 仝윤헌 仝리喜元 仝張承遠 仝金宗根 仝閔贊호 仝權榮洙 仝鄭寅學 仝閔哲勳 仝金炳吉 仝姜友馨 仝金甲圭 仝리鍾弼 仝南奎熙 仝尹조榮 仝徐肯淳 仝리明직
命宮內府特進官敍勅任官三等
命宮內府特進官敍칙任官二等 升章閣直學士리容善
命宮內府特進官敍칙任官一等 義陽君리載覺
命宮內府特進官敍칙任官三等 從二品沈相황
任升章閣直學士敍奏任官一等 正三品張世基
任內藏司主事敍判任官四級 主殿院警衛局主事魏洪舜
任內藏司主事敍判任官八級 主殿院警衛局主事박在淳 리면圭 金然光 리善應
金演和 命侍從院分侍衛
任中樞院贊議敍칙任官二等 從二品최錫敏

◉號外 光武十一年一月二十七日

◉宮廷錄事

議政府議政大臣조秉호辭職疏
批旨省疏具悉卿懇卿愼節間因未得攝養轉以彌留誠爲奉慮而感冒勞비而然自可勿藥有喜至如中書之任朕之所倚毘期佇於卿者豈欲繼踰月而便聽其去萬萬不當卿其諒之更加安心調理事遣秘書丞傳諭

外報

◉俄日民情 東京某報를據ᄒᆞᆫ즉俄國義勇艦隊ᄂᆞᆫ現在에民間捐輸之款을得ᄒᆞᆷ이一千八百俄元에足ᄒᆞ얏스니俄國民情이尙不至窮困을可見이오日本의現在情形을論ᄒᆞ건ᄃᆡ大反乎此라日本은日下에義勇艦隊가民間捐輸 款을得ᄒᆞᆷ이七百萬日元에不過ᄒᆞ다더라

◉肅王助女校 北京報를據ᄒᆞᆫ즉女士實淑방氏가獨力으로淑愼女학校一所를崇文門內觀音寺에創設ᄒᆞ고並히女士劉曾書劉益貞兩씨를延請ᄒᆞ야教習을充當ᄒᆞ고又鳳千翔文博亭兩씨가贊成一切ᄒᆞᄂᆞᆫᄃᆡ肅親王이巨款을捐助ᄒᆞ야成立을完주케ᄒᆞ니肅邸의熱心을人皆欽佩ᄒᆞᆫ다더라

雜報

◉화根不絕 昨年分에日貨田氏가財政首手에恐慌을因ᄒᆞ야多數ᄒᆞᆫ弊次를見失ᄒᆞ고于今開業을못ᄒᆞᄂᆞᆫ中인ᄃᆡ至今京城市上形便인즉韓國商고가偉々支保ᄒᆞᄂᆞᆫ거슨所謂手形組合이라고公貨를積立ᄒᆞ고振出人手形後面에保證捺印ᄒᆞᄂᆞᆫ거슬巧妙法으로行ᄒᆞ나外國法에ᄂᆞᆫ手形多用人에게取引이연ᄂᆞᆫ法인ᄃᆡ我國商民中에載植洪鍾와김元植三氏ᄂᆞᆫ手形債券으로營業終事ᄒᆞᄂᆞᆫ것시將來에大有弊根을不可로三氏에對ᄒᆞ여他商을警戒ᄒᆞᆫ다더라

◉東軒不借 全羅北道□山郡에法務補佐官某氏가下去ᄒᆞ야視務處所를定ᄒᆞᄂᆞᆫᄃᆡ該郡東軒을借與ᄒᆞ라ᄒᆞ거날該郡守李相天氏가答ᄒᆞ되東軒을借給ᄒᆞ면本郡守의處所ᄂᆞᆫ何處에定ᄒᆞ며또借與ᄒᆞ기로言之라도上部令칙이無ᄒᆞ니本郡守가不可擅借라ᄒᆞᆫ즉該補佐官이期於히東軒을占奪코져ᄒᆞ야該郡守와계新府任職이無所不至ᄒᆞ고其時在傍人은一場毆打를被ᄒᆞ얏다ᄂᆞᆫᄃᆡ該郡守李相天氏가郡守ᄂᆞᆫ辭職홀지언졍東軒은借給지아니ᄒᆞ기로決心ᄒᆞᆫ다더라

雜報

●宗廟謁見 陰本月十九日에皇太子殿下게오셔宗廟에謁허살次로動駕ᄒᆞ신다ᄂᆞᆫ說이有ᄒᆞ더라

●百官進賀 皇太子妃邸셔再昨日에景孝殿朝見禮式을擧行ᄒᆞ시고文武百官은進賀를行ᄒᆞ얏다더라

●英親王冠禮 英親王殿下冠禮를陰曆正月望念間으로行禮ᄒᆞ신다더라

●英親王定婚 英親王殿下ᄂᆞᆫ故奉朝賀김炳國씨의孫김龍鎭씨의令孃으로定婚內定ᄒᆞ얏ᄂᆞᆫᄃᆡ年今十歲라더라

●婚禮處所 英親王殿下吉禮都監은掌禮院으로定ᄒᆞ고奠鴈處所ᄂᆞᆫ總長議後源씨의新建築ᄒᆞᆫ永橋家로定ᄒᆞᆫ다ᄂᆞᆫ說이有ᄒᆞ더라

●賀使設宴 본月二十日下午七時에賀使田中씨가貞洞孫澤孃家에서各部大官을請邀宴待ᄒᆞᆫ다더라

●恩露特降 今番嘉禮後赦典에無論六犯內외情跡可원者를幷放ᄒᆞ라신處分을下ᄒᆞ옵셧다더라

●內下宴費 陰本月十二日은議政閔泳奎氏에回甲인ᄃᆡ自上으로宴費一萬兩을內下ᄒᆞ시고또當日에賜饌을隆崇히ᄒᆞ옵셧ᄂᆞᆫᄃᆡ各部大官을請邀宴待ᄒᆞ야滿堂佳賓에一門和氣가榮溢無比ᄒᆞ얏다더라

●賀使下仁 再昨日에日本賀使田中氏가仁川港을遊覽次로前往ᄒᆞ얏ᄂᆞᆫᄃᆡ該地居留民덜이歡迎會를開催ᄒᆞ얏다더라

●請邀賀使 內部大臣리址鎔氏가日本賀使田中氏를自己私第로請邀宴待ᄒᆞᆯ터인ᄃᆡ舍廊復道를一新修理ᄒᆞ며宴需를準備ᄒᆞᄂᆞᆫᄃᆡ該費가五萬兩假量을預算ᄒᆞ얏다더라

●賀使歸國 賀使田中氏가本月三十一日에歸國ᄒᆞᆫ다더라

●辭疏理由 민丙漢氏가景孝々殿提調를被任ᄒᆞ얏슴에시從院에셔門票를成給코저ᄒᆞ되日警視某氏가門票에捺章을아니ᄒᆞᆫ故로一次詣闕도못ᄒᆞ고今番嘉禮公故에도入參치못ᄒᆞ더니掌禮院卿으로轉任ᄒᆞᆫ지라ᄒᆞ며氏가仕進視務치아니ᄒᆞ고卽爲辭疏ᄒᆞ얏더라

●晋察待榜 內相리址鎔氏가晋察趙民熙씨를對ᄒᆞ야曰內協을敍任ᄒᆞ리라도還任ᄒᆞ야待榜ᄒᆞᄂᆞᆫ거시當然ᄒᆞ다ᄒᆞᆫ故로趙씨가日昨에下去ᄒᆞ얏다더라

●代錢勿施 今番嘉禮前本宮熟設廳에셔來賓을宴待ᄒᆞᆯ時에或代錢으로次下ᄒᆞᄂᆞᆫ대床帖紙를僞造捺章ᄒᆞ야自外弄奸ᄒᆞᆫ錢이二千餘萬兩이加次된지라情跡이綻露ᄒᆞᆫ後에代錢次下ᄂᆞᆫ勿施ᄒᆞ얏나더라

●慘境拘忌 度支大臣민泳綺씨ᄂᆞᆫ其孫女의慘境에拘忌되야今番嘉禮公故에入參치못ᄒᆞ고陰曆正月內에ᄂᆞᆫ詣闕치못ᄒᆞᆫ다더라

地價不受

漢城判尹朴義秉氏가軍用地調査委員으로平壤에下去ᄒᆞ야地段價를出給ᄒᆞᆫ다ᄂᆞᆫ事ᄂᆞᆫ已爲報道ᄒᆞ얏거니와日人이三次占領ᄒᆞᆫ軍用地가該郡內川坊外川坊龍山坊平川坊을包含ᄒᆞ얏ᄂᆞᆫᄃᆡ該地段還給事로政府에셔統監府에屢次交涉ᄒᆞ야該府에셔該軍用地內에兵舍建築에收容된地段百餘萬坪外에ᄂᆞᆫ還給民處ᄒᆞ기로決定된事實은當時에某報에揭載되얏거니와近日西來人의傳說을據ᄒᆞᆫ즉박義秉氏가日前에又往平壤ᄒᆞ야四坊人民을召集ᄒᆞ야該地段價를每坪七錢假量式勒給ᄒᆞᄂᆞᆫ지라人民이該氏의게呼訴ᄒᆞ야曰此地段價를日人이出給乎아我政府에셔出給乎아該氏答曰自政府出給이라ᄒᆞᆫᄃᆡ人民曰然則彊土ᄂᆞᆫ莫非王土니其時調査ᄒᆞᆫ圖本內其區劃地段은人民에各自無價獻納이어니와其區劃外地段은還付人民ᄒᆞᆯ泣血哀訴者也니願令監ᄂᆞᆫ出示圖本ᄒᆞ야辨別區劃然後에入于軍用地者則無價收用ᄒᆞ고可以還付民處者則還給이可ᄒᆞ거ᄂᆞᆯ圖本은不示于民ᄒᆞ고價文을勒給ᄒᆞ니切非爲民之道요必是調査不公인즉請示其圖本ᄒᆞ라ᄒᆞᆫᄃᆡ該氏가答曰圖本은今不持來인즉不必更考라ᄒᆞ미人民이泣訴曰今日에勒收平壤土地而給人ᄒᆞ면今日에四坊執綱이無矣오明日에勒收一道土地而給人ᄒᆞ면明日에觀察使가無矣오니如是而全國土地가盡歸於他人之手ᄒᆞ야片土가無餘ᄒᆞ면令監도亦無矣리니不以本國土地로讓與他人을先自平壤ᄒᆞ소셔ᄒᆞᆫᄃᆡ該氏가默默無答ᄒᆞ고只以地段價를出給ᄒᆞ기에奮力着手ᄒᆞ면셔彼平川人民은自爲受去여날外川人民은何不受去오ᄒᆞᆫᄃᆡ외川방人民曰平川방은元來海土요외川방居民이蠢蠢無知ᄒᆞ야不知此土之竟歸被奪ᄒᆞ고只悅目前之分錢ᄒᆞ야已爲受去ᄒᆞ얏스나我外川방人民은結心同盟ᄒᆞ야寧無價納土於國家ᄂᆞᆫ自樂甘心이어니와每坪數百兩價値地段을見欺於令監ᄒᆞ야他日日本商民之手中에每坪幾錢之歇價로沒數收入은爲此大한之臣民ᄒᆞ야決不欲爲이니以歇價로空棄가可乎아無價而獻納이可乎아此是吾民지不敢聽從이라ᄒᆞ고擧皆不受而退歸ᄒᆞ미박氏가勢無奈何ᄒᆞ야持去錢은銀行에任置ᄒᆞ고郡守의게委托ᄒᆞ야民人의게分給ᄒᆞ라ᄒᆞ고日前에無聊上京ᄒᆞ얏ᄂᆞᆫᄃᆡ외川방人民은團結ᄒᆞ야히地段價를決不受去ᄒᆞ기로決心ᄒᆞ고將次上京ᄒᆞ야內部에呈訴ᄒᆞᆫ다더라

●藉軍占土 平壤軍用地段事ᄂᆞᆫ別項과如ᄒᆞ거니와히地ᄂᆞᆫ說을據ᄒᆞᆫ즉所謂軍用地가兵舍建築地以외에ᄂᆞᆫ後日日本商民地가되리라ᄒᆞ니今此軍用地로稱托ᄒᆞ고如是廣점ᄒᆞ야歇價로收得ᄒᆞ얏다가日後에ᄂᆞᆫ日本商民이如許歇價에漸次점領ᄒᆞ리라더라

●學部通牒 學部에셔主殿院警務課의通牒ᄒᆞ되陰본月十六日夜月食時에有所擧行ᄒᆞ와公事廳에待令ᄒᆞ깃ᄉᆞ오니臨時門票를繕交ᄒᆞ라ᄒᆞ엿다더라

●贊謀丁憂 贊謀官閔형植氏가三昨日夜에其大夫人喪을遭ᄒᆞ얏다더라

●청願封還 內部의셔谷山郡守뎡喬씨의請願書를封還ᄒᆞ고身病이既如是則調理登程ᄒᆞ라ᄒᆞ엿다더라

●辭過草香 蓋人之成就學問者ㅣ屈指今古에不爲不多로ᄃᆡ其成就者도未必盡行其道ᄒᆞ고其行道者도亦未必盡遂其志ᄒᆞ나니夫志者ᄂᆞᆫ士之心也라所以爲士者ㅣ苟不公其心敬其誠誠其心이면夫安得行其道也歟아今美國大學士萬國基督敎靑年會總務長穆德先生은以晶明博大之學과愛人如己지心으로擔任於現世界文明前步ᄒᆞ야全球五洲에行ᄒᆞᄂᆞᆫ가無不及ᄒᆞ고且其所過에風采聲望이如春川辭草라年前에往法蘭西京셩ᄒᆞ야使지振興於靑年聯合會ᄒᆞ고又往羅馬京ᄒᆞ야鼓動於히셩中自由進步黨ᄒᆞ고又往義大利京셩ᄒᆞ야組織於國民活動會ᄒᆞ고其後에又往阿弗利哥南邦及南米全洲ᄒᆞ야次第視察而歸國ᄒᆞ고今又自比律賓島로將且漢셩에來到ᄒᆞ야본月三十一日午後一時半에新門外獨立舘에셔한國人士에게對ᄒᆞ야有理의有益ᄒᆞᆫ演說을ᄒᆞᆫ다ᄒᆞ니國內有志紳士와靑年子弟의代表인들이一齊歡迎ᄒᆞᆫ다더라

●以五笑百 大丘郡守박重陽씨의히郡城뎹石材放賣ᄒᆞᆫ事ᄂᆞᆫ各新聞에屢揭어니와히씨의親交某씨가此事件에對ᄒᆞ야詰責ᄒᆞᆫᄃᆡ박씨가答曰國土를放賣ᄒᆞᆫ人도有ᄒᆞᆫᄃᆡ石材放賣ᄒᆞᆫ거시有何大關이리오하얏다더라

◎一打玉壺

▲中原消息이近日何如오以若堂堂帝國으로挫氣於三島小局ᄒᆞ야寥々無聞ᄒᆞ더니壯士가賈勇ᄒᆞ야如虎負嵎에風聲이益烈ᄒᆞ다더고

▲桃李風便에一言를寄送ᄒᆞ노니北嶺孤松은歲寒必知ᄒᆞ야狂風이雖起ᄒᆞ나特立難動ᄒᆞᄂᆞ니自已處事를改오ᄒᆞ고人之公正을莫猜ᄒᆞ지

▲那邊陰雲에萬目이指點이라南슈隱雷가一層激烈ᄒᆞ야五十名決死隊ᄂᆞᆫ將何用之오露日戰爭이復起ᄒᆞ나風潮가湧出ᄒᆞ야危險이在邇ᄒᆞ다지

▲晋察趙民熙氏ᄂᆞᆫ內部參書官宋之憲氏의四次內協賀電에徑先上來ᄒᆞ얏다가無聊還任ᄒᆞ엿다고송씨가逢人唱道ᄒᆞᆫ다니可謂如弄小兒로고

▲內部協판座席이久空ᄒᆞ야北村豪傑들이唾手而起ᄒᆞ야各自以爲大將ᄒᆞ더니近日에閔景植씨가굿엇다니新月이一出에群星이斂彩로고

▲內大李址鎔氏ᄂᆞᆫ田中賀使를宴待ᄒᆞ기로宴需費를盛大히准備ᄒᆞᆫ다니히氏ᄂᆞᆫ日使의게納媚ᄒᆞ야報聘大使를圖得ᄒᆞᆯ計畫인지

雜報

●朴氏興學 平壤居朴泰浩氏ᄂᆞᆫ友愛兄弟에睦族和隣이러니戊戌年間의平安南道觀察府主事를叙任ᄒᆞᆷ이同氏가裁判之場에玉石을明分허며視務之場에規程을恪勤허니道內人民이咸稱其名譽러니同氏가在職三四載에本職을請免ᄒᆞ고退居於村庄ᄒᆞ야身隱農圃허고生涯ᄂᆞᆫ晝耕夜讀ᄒᆞ더니此時局을當ᄒᆞ야靑年子弟를敎育ᄒᆞᆯ注意로학部認許를得허고如干所持庄土을斥賣ᄒᆞ야古順和面六里文發島라ᄒᆞᄂᆞᆫ村落에學校를設ᄒᆞ고名曰明進學校라허고教師를延聘ᄒᆞ야自客年春으로教育上에熱心허며同氏가其父親의게陳告ᄒᆞ되當此之時ᄒᆞ야如干錢財를難惜之時오니自祖先以來로爲乃國之臣民ᄒᆞ야何敢垂手傍觀을第一長策으로知乎잇가爲民者不明之故로受恥於外國허니惟我二千萬同胞ᄂᆞᆫ世界上難洗之罪人也라然而免罪之策은非他라教育靑年子弟ᄒᆞ야更吸新空氣ᄒᆞ야以成團躰然後에야挽回國權이리니然則泰山之重罪를庶幾免於萬分之一이오니每年米十石式許給則無衣無家허고有才藝靑年子弟가有ᄒᆞ면入學本校ᄒᆞ야自當衣食허고教育이오니特許ᄒᆞᆷ을哀乞ᄒᆞᆫ즉同氏의父親이快許허며重戒曰汝言이卽臣民之所為也라千百慎之허여有始無終케말나ᄒᆞ니同氏가泣聽其父訓ᄒᆞ고熱心教育ᄒᆞ야학徒가乃爲百餘名인데同氏의夫人金씨가亦從其夫之熱心教育ᄒᆞ야無依ᄒᆞᆫ生徒의衣服을洗給허며食을供ᄒᆞ야至誠寬待ᄒᆞ니生徒亦感其熱心ᄒᆞ야晝夜를不關허고血心做工허니該校之興旺은不言可詳이나各坊各里와隣近諸郡士民이同氏의事績을無不稱賀허며童謠가有허되박校長之熱心教育과諸生徒之血心做工이아니誠心인가이生徒卒業허면國家柱石玆在ᄒᆞ다허며道路에唱歌ᄒᆞᆫ다더라

●郡察同利 晉州觀察使丕民熙氏가前任平安南北道時에以貪吏로擧世所共知어니와今番莅晉州貪饕이亦爲屢萬금이라今此運動이亦出於黃금力ᄒᆞ니爲先顯贓者ᄂᆞᆫ使晉州郡守閔丙星씨로發簡列郡曰吾等이爲同管下郡守ᄒᆞ야隱結及結錢餘利를不可獨喫인즉吾亦先出幾千금矣이니君等도亦幾許을판送云云ᄒᆞᆫ지라這間收捧이合爲廿餘萬圜矣라민守가以其紹介收錢功勞로丕觀察이屢度電報及報稟ᄒᆞ야請爲仍任ᄒᆞ얏다더라

●리家賊警 本月二十六日上午四時量에笠동리益雨家에셔賊漢五六名이乘屋突入ᄒᆞ야各持銃鎗ᄒᆞ고忽擧燈燭ᄒᆞ고衣服汁物을一一搜去ᄒᆞ얏ᄂᆞᆫ디價値가以葉으로爲七萬餘兩인디其夜賊警에一時喧動ᄒᆞ얏시되히방曲巡檢은醉면이深深ᄒᆞ얏ᄂᆞᆫ지視若尋常ᄒᆞ얏ᄂᆞᆫ지切非人民保護之道라고巷說이紛紛ᄒᆞ더라

●巡檢行悖 加平來人에傳說을聞ᄒᆞᆫ즉히郡에巡檢이六名인디村閭에周行ᄒᆞ야討索錢財하되平民을威脅하야以雜技執貰허며所謂班名은逢之則無故毆打ᄒᆞᆫ다더라

●靑年改婚 哲學博士丕元時가靑年會館에셔本日夕七点鐘에婚姻改良의最急務로演說ᄒᆞᆫ다ᄂᆞᆫ디씨ᄂᆞᆫ한國婚姻風俗의腐敗ᄒᆞᆷ을逢人說話ᄒᆞ야改良方針에盡心用力ᄒᆞᆫ다더라

●城門失火 近日長단等地에셔한人無賴輩와日人挾雜輩가互相符同ᄒᆞ야麗塚을穿破ᄒᆞ고磁器를搜取ᄒᆞᄂᆞᆫ弊習이比比有之ᄒᆞᆫ디히郡五也洞後麓에셔孫景甫爲名人이何許日人과麗塚을掘去ᄒᆞᆯ際에히洞居樵夫徐永甫等四五人이適爲入山ᄒᆞᆯ則孫景甫와日人이樵夫等을逐之不見케ᄒᆞ더니孫哥의情跡이綻露ᄒᆞ야히郡分派警察所에被捉取招ᄒᆞᆫ즉孫哥가樵夫徐永甫等과同掘ᄒᆞᆫ줄노口招ᄒᆞ엿던지自히所로巡檢六七名이出來ᄒᆞ야徐永甫을捕縛牢刑에其家産과米租四五石ᄭᆞ지沒數搜去ᄒᆞ얏ᄂᆞᆫ디徐永甫ᄂᆞᆫ以의미蒙放ᄒᆞ얏스나無數惡刑을經ᄒᆞ야幾至死境일뿐더러所奪家産穀苞를尙不出給ᄒᆞᄂᆞᆫ故로徐家人이上京ᄒᆞ야경務廳에此事由를呼訴ᄒᆞ얏다더라

●奪場呼寃 東來人의傳說를聞ᄒᆞᆫ즉김城郡昌道ᄂᆞᆫ通北要路인바戶總則數百戶요人口則幾千口인디人多地狹ᄒᆞ야數百年前設立場市ᄒᆞ고賴市資生ᄒᆞ더니不意去十月分에本郡守가有何做囑인지히동場市를無故革罷ᄒᆞ고合設邑場ᄒᆞ야히동數千口가無以聊生뿐더러朝夕難保ᄒᆞ야擧皆流離之境에至ᄒᆞ야以呼訴次로多數히上京허얏다더라

●警署辨明 警務中署에셔本社에辨明ᄒᆞ되消防團을設備코ᄌᆞᄒᆞᆷ은火事가有ᄒᆞᆯ際에消滅ᄒᆞ기便利ᄒᆞᆷ을爲ᄒᆞ야中署管內有志者로協議ᄒᆞᆫ後에金貨二百五十六圜二十錢을鳩聚ᄒᆞ얏스나但金額이不足ᄒᆞ야消防器具를購入設備치못ᄒᆞ얏거니와資金을增加ᄒᆞᆯ方針으로現今研究이오며前記ᄒᆞᆫ醵金은第一銀行에任置ᄒᆞ고其通帳을當署에保管ᄒᆞ야利殖中에在ᄒᆞᆫ미라더라

廣告

◎學員募集廣告

本校第三回入學期를現當ᄒᆞ야法律學及經濟學兩專門科學員을玆에募集ᄒᆞ오니願학人은左記試驗定期內에本校用紙로써早速請願ᄒᆞᆯ事

但法律科ᄂᆞᆫ晝학及夜학으로敎授ᄒᆞ고經濟科ᄂᆞᆫ夜학으로敎授ᄒᆷ

○修業年限 三학年

○入學年齡 二十歲以上

○學科目 法律학全部 經濟학全部 (備在本校規則)

○試驗日字 三月一日(陰曆丁未正月十七日)

○試驗科目

歷史及地誌問對(內國及外國)

讀書及作文(國文及漢文)

算術(四則以內)

但官公私立학校의普通科以上卒業證書가有ᄒᆞᆫ人은其학力을檢定ᄒᆞᆫ後免試許入ᄒᆷ

○開學日字 三月五日(陰曆正月二十一日)

光武十一年一月十五日

中署磚洞 普成專門學校 告白

學員募集廣告

本校에셔小學程度로初等科를姑先設置ᄒᆞ고學員을廣募ᄒᆞ오니願學僉員은本年一月三十一日(陰拾二月拾八日)以內로本校에來議ᄒᆞᆯ事

學員年齡은八歲以上

入學請願은本校刊行紙로施行

來議時間은自上午拾一時로下午三時

南署私立長橋 長薰學校

廣告

國漢文 新刊 越南亡國史

定價貳拾伍錢

發賣所京城廣橋高裕相冊肆

鐘南端川郡禹時夏冊肆

布屛下 김相萬 書鋪

[illegible] 別廣告 [illegible]

發行所 大廣橋書舖 高裕相

分賣所 咸南端川邑龍般里 書舖 禹時和

廣告

本人이齒料諸具를整備ᄒᆞ야韓人의게應用케ᄒᆞ며視務時間은午前九時븟터午后一時ᄭᆞ지午后一時븟터午后五時ᄭᆞ지夜間에ᄂᆞᆫ定約ᄃᆡ로

事務所ᄂᆞᆫ南大門內蓮城위宮內施蘭敦醫師後家

美國齒醫師ᄯᅡ、이、한 告白

西署新門外谕동百八十六統三戶

辯護士前檢事正三品 丁明燮

法律事務所 事務員前主事吳在淳

朝陽報第十一號廣告

(作者) ◎ (譯述)

[illegible] 「世界叢談」[illegible] 「愛國精神談」 [illegible]

◉民事訴訟代[illegible] 法律事務所 [illegible] 辯護士前檢事正三品 李[illegible]字 事務員法學博士 [illegible] 前議官 金益濟

●明進학교特別補助記

興國寺任員 二十圓

幹事員鄭惠月 二圓

會員金海松 二圓

張甘應 壹圓

리虎榮 日憲 一圓

최斗煥 拾兩

리讚洞 壹圓

리炳模 壹圓

丁德오 拾兩

重興寺任員

贊成員金渦荷 四圓

會員林[illegible]

최寬葉 一圓

金在棋

海州南門內吉福朴昌鎭씨로本社支社員을認許ᄒᆞ얏스니該附近地僉君子ᄂᆞᆫ該支社로本申報를請購ᄒᆞ심을務望

大韓每日申報社 告白

명월관확장광고

폐관ᄒᆞ얏다가[illegible]셥시ᄂᆞᆫ귀직ᄒᆞ후의[illegible]입사와오늘날ᄭᆞ지한에재일류요리점으로ᄯᅥ외국에서[illegible]아시도록확장ᄒᆞ여가오니ᄯᅡᆫ감ᄉᆞᄒᆞ옵거니와근일은이층양옥을광활이신건축ᄒᆞ고다락아릭ᄂᆞᆫ온돌방을온밀리비치ᄒᆞ고포진범절을새로ᄒᆞ와오시ᄂᆞᆫ귀직이편ᄒᆞ시도록쥬의ᄒᆞ엿ᄉᆞ오며각죵음식은보기에화려ᄒᆞ고먹기에정미ᄒᆞ게일신쥰비ᄒᆞ야다소를블계ᄒᆞ고주야로파오되셔양쥬ᄂᆞᆫ잔으로파오며특별신기ᄒᆞᆫ교자음식은오시ᄂᆞᆫ시로븟터ᄒᆞᆫ시간이되면몟상이라도곳가져가시도록ᄒᆞ오니너외귀직은륙속왕임ᄒᆞ시옵

각식요리음식

각식셔양쥬

각죵경편양요리

각죵일본간스메

각죵여송연

각국권연

진찬합

건찬합

밥교자

특별신기ᄒᆞᆫ교자음식

명창가동졍거복도유ᄒᆞ옵

明月舘 主人 金東植 告白

◉漢城染織會社◉

本社의셔利益을不顧ᄒᆞ고韓人은白人이라白衣ᄂᆞᆫ韓國衰敗의元素란外人의嘲評을憤慨ᄒᆞ여設業週年의幸蒙各位愛顧ᄒᆞ와各種進의榮幸이不無ᄒᆞ온지라各補染色을益加勉勵ᄒᆞ와僉位의所請을不負ᄒᆞ깃사오나陸續枉議ᄒᆞ시되來往의便易를爲ᄒᆞ와左開各處에染物取扱所를設置ᄒᆞ얏사오니從便委托ᄒᆞ심을務望

大廣橋 朴勝煥雜貨商店

布屛下 金相萬冊肆

苧洞憲兵支所 李鴻謨藥局

남門外蓮池洞 俞경煥商店

安洞北松峴初入 송洛중典舖

社稷洞武德門外 漢城染織會社告白

◎本社廣告

○申報價

一張代金 新貨二錢五里

一個月前納 三十錢

三箇月 九十錢

六個月 一元七十錢

一箇年 三元四十錢

郵稅一部 新貨五里

一箇月 十三錢

○廣告料

四号活字一三字詰 每日每英尺一寸에新貨廿五錢(每日每行六錢에相當ᄒᆷ)

一週日에 二圓五十錢(每日每行四錢五里에相當ᄒᆷ)

一箇月에 五圓(每日每日四錢一里에相當ᄒᆷ)

其期限의長短과字行의多寡를依ᄒᆞ야增減ᄒᆷ이有ᄒᆷ

●大韓每日申報各處支社廣告

中署布屛門下 김相萬冊肆

中署農圃洞口越便 朱翰榮冊肆

拾八統第三號 鄭禹澤

平壤上水口門內 김浩淵

全[illegible] 최敬恒

仁川桃峴開新冊肆 리東皓

宣川邑橋西里 [illegible]濬

義州西門外한西 大藥局

釜山港佐川 徐[illegible]藥局

三和港築洞 김[illegible]

咸興朱南社西門外 曺[illegible]林

開城培學校 姜助遠

大丘達城 廣文社

穩寧邑濟衆院 劉夢澤

鐵山邑東部 安[illegible]

長淵邑 김[illegible]

元山支店 김乃範

定州南門內 洪聖麟

京城興仁門外영楓亭 리建赫

發行兼編輯人 英國人비說

發行所 南署石井洞號外地三層洋屋家

大韓每日申報社

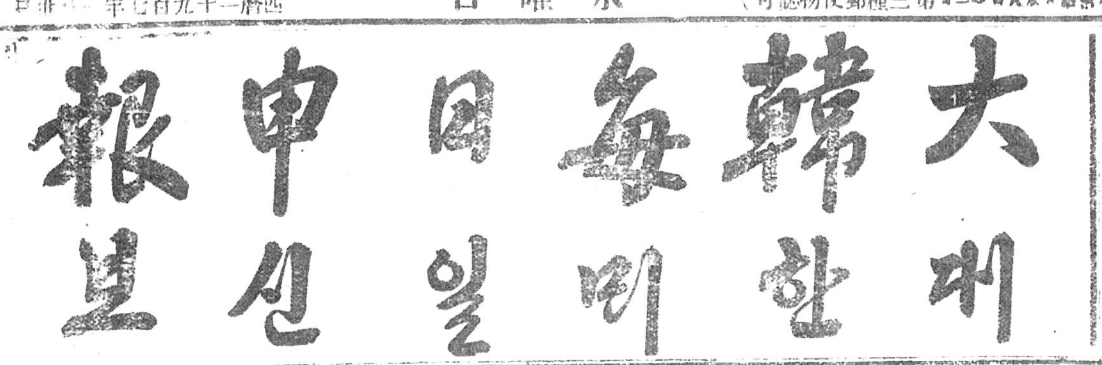

第五卷　第四百廿九號

月曜及慶節歲時休日

檀君開國四千二百三十九年　箕子元年三千二十八年　大韓開國五百十五年　日本明治四十年　大淸光緖三十二年　◉陰曆丙午十二月大十七日己卯

論說

韓國에一外人

倫敦데일니멜늬그리프新報社의特別通信員로우돈氏가向到漢城ᄒᆞ얏스니韓國內에諸般目本行動을表明ᄒᆞ는地에自處矣어날同氏가離自京城以前에意見을可動ᄒᆞᆯ個人上經歷을射當ᄒᆞ지라本記者ㅣ已知此事로되不必揭報矣러니神戶허랠드新報를今接ᄒᆞᆫ즉此說이已聞於日本이라同報를照臨ᄒᆞᆷ이有何危害리오其如左矣러라

大阪지々新報에漢城來電을接讀ᄒᆞᆫ즉東京데일니그리프新報에數日前ᄭᆞ지通信員되얏든로우돈氏가歸國之道에前에韓國皇城에滯留ᄒᆞ더니數日前에嶺西兩日人의攻擊을遭ᄒᆞ야歸傳ᄒᆞᆫ지라同氏가자々新報의探報員과談話ᄒᆞᆷ時에意見을陳述ᄒᆞᆷ이有ᄒᆞᆫ바此는漢城內徒行外人의게暴行이多有ᄒᆞᆷ으로危險ᄒᆞᆷ을未免ᄒᆞᆷ이로다ᄒᆞ며新報探報員이[illegible]ᄒᆞ되[illegible]ᄒᆞ야[illegible]

[illegible]로우돈氏가漢城에公衆秩序를對ᄒᆞ야如彼不睦意見을生ᄒᆞᆷ은本人之遺憾이라同氏를毆打之人은其時泥醉者오且在傍日人도亦被打擊ᄒᆞ얏스나此襲擊이出於排外思想이리오且伊時에與로우돈氏同在ᄒᆞ던水野氏가歸東京之路에今在此地라從此人聞之ᄒᆞᆫ즉로우돈氏가此事端을不以重大意義로認定ᄒᆞ얏다ᄒᆞ더라

本記者ㅣ對此談話ᄒᆞ야有一二添言ᄒᆞ노니當로우돈氏를救護ᄒᆞ든日人은統監府에附屬ᄒᆞᆫ巡檢이라平常洋服을着ᄒᆞ얏고毆打가起端ᄒᆞ든時ᄭᆞ지는此巡査의現影이一無ᄒᆞ더니로우돈氏가壓倒於地上ᄒᆞ든時에卽到救護라가亦被一椎ᄒᆞᆫ지라此巡査가로우돈氏를常時에隨從ᄒᆞᆷ이確然ᄒᆞ니此는日本官憲이外人을保護ᄒᆞ기에用力ᄒᆞᆷ이나何如ᄒᆞᆫ지因此暴擊ᄒᆞ야可以嚴重評論ᄒᆞᆯ거ᄉᆞᆫ日本平民의無法과日本官人의難救ᄒᆞᆯ勢로다[illegible]

官報

同씨가到達倫敦以後에는吾人이此問題를或將更聞ᄒᆞ리로다

◉敍任及辭令

●三千六百七十四號　光武十一年一月廿八日

賜瑞星大勳章　義陽君大勳李載覺

從一品李憲직　正二品○派爾

命宮內府特進官敍勅任官二等

命掌禮院元詛綁敍勅任官三等

　景孝殿提調閔丙漢

命景孝殿提調敍勅任官三等

　從二品尹館學

命宮內府特進官敍勅任官二等

　正二品宋道淳

命宮內府特進官敍勅任官三等

　從二品리완

九品리면主　仝金然光

仝　리喜應　仝金演和

解侍從院分侍御

九品姜호臣　仝리熙用

解侍從院庶務課分主事

리鍾台　리鍾龜　白用基

리康海　리容羲

命侍從院分侍御

重太郎

統監府警務總長　岡喜七郞

通信管理局長　池田十三郞

敍勳三等賜太極章

敍勳三等賜八卦章

統監府技師　中原貞三郞

財政顧問官日本國人　目賀田種太郞

議政府顧問官美國人　須知分

敍勳一等賜八卦章

警務顧問補佐官補日本國警視廳警視　呼子友一郞

敍勳五等賜八卦章

未完

◉宮廷錄事

●三千六百七十五號　光武十一年一月廿九日

掌禮院副卿閔丙漢辭職疏

批旨省疏具悉所請依施

奉常司提調李貞烈辭職疏

批旨省疏具悉所請依施

●敍任及辭令

統監府總務長官　鶴原定吉

統監府商工務總長　木內[illegible]

外報

●日人排斥　北米太北鐵道ㄱ서는從來多數의日本勞働者를使役ᄒᆞ더니桑港에서排日熱心이激昂ᄒᆞ야日本勞働者를排斥ᄒᆞ기로決ᄒᆞᆫ傾向으로以ᄒᆞ야近來에墨西哥利加黑奴로代ᄒᆞ야日本勞働者는멀니大北鐵道外에驅逐ᄒᆞᆷ에至ᄒᆞ얏다더라

●日民拒絶　栢林電에曰桑港通信을據ᄒᆞᆫ즉該地移民委員이布哇로노루로에來到ᄒᆞᆫ日本人二百名의下陸을拒絶ᄒᆞ얏는ᄃᆡ此는加州政府의命令을因ᄒᆞ여拒絶ᄒᆞ얏다더라

●德設無線電話　德國에서無線電話를創판ᄒᆞ야現已設局試판ᄒᆞ얏는ᄃᆡ一局ᄂᆞᆫ伯林에設ᄒᆞ고一局은見港에設ᄒᆞ야相距四十米突이라伯林局에서傳話ᄒᆞ매로港局에至ᄒᆞᆷ모糊不明之處가無ᄒᆞ다더라

●法許淸海軍學生　從來法國은淸國人의學習海軍을不許ᄒᆞ거ᄉᆞᆫ法國海軍학校가限於學額ᄒᆞ야若一外國人이多ᄒᆞ면一本國人이少ᄒᆞᆷ으로以ᄒᆞᆫ지라今法國이淸國人의海軍學校에入ᄒᆞᆷ을許ᄒᆞ는故로留學生應試者가七人이라더라

●滿洲의總督　北京電을據ᄒᆞᆫ즉滿洲에總督을設置ᄒᆞ는ᄃᆡ원世凱씨는總督이되고唐紹儀楊士琴兩씨는巡撫가되ᄒᆞ며또岑春헌씨가總督이되고程德全씨가巡撫된다는說이有ᄒᆞ더라

雜報

●但是自由　高永杓씨가日前新門외奉元寺에서僧侶를對ᄒᆞ야人口減損ᄒᆞᆫ事를憂慮ᄒᆞ야僧侶를許婚信佛ᄒᆞ라고演說ᄒᆞ얏는ᄃᆡ김興洙씨가高씨演說을反對ᄒᆞ야曰人口減損ᄒᆞᆷ은爲國之忠에非不美矣로되佛敎는본是淸淨爲法ᄒᆞ야離妻子ᄒᆞ지樂生長智慧之根이라ᄒᆞ니當此開明時代ᄒᆞ야敎育人材ᄒᆞ야需用於世ᄒᆞ는ᄃᆡ人口減損과智慧損傷이孰重孰輕ᄒᆞᆫ지김興洙씨에反對ᄒᆞ는決非文明的思想이니僧侶中에도非人々修道인즉講道者는使지守戒케ᄒᆞᆯ여ᄃᆡ와不必人々皆守戒ᄒᆞ야致傷化氣ᄒᆞ니守戒許婚이俱是自由則不可執一위規라고物論이有ᄒᆞ더라

●孫家賊警　再昨夜에南署[illegible]동居ᄒᆞ는米商孫明甫家에賊漢四名이各持銃劍突入ᄒᆞ야家貲什物을掠奪以去ᄒᆞ얏다더라

雜報

●英親王婚期 英親王殿下吉禮를陰曆來三月로行禮허신다더라

●婚禮正使 英親王殿下吉禮時에正使는金炳翊씨가된다더라

●振靈有靈 警務使金思默씨가遞任된다는說이有허더니所謂振靈君이라허는金斗煥씨大夫人喪에金警使가誼子로受服直實效로경使地位가完如盤石이라더라

●賀使謝陛 본日午後三時에日本賀使가回國흘기로謝陛흘다더라,

●法院移接 統監府移接事는已爲報道허얏거니와統監府移去흔處所는統監府法務院이移接하엿다더라

●阿日手段 前內協崔錫敏氏가去年年終을當허야該部大臣李址鎔氏가特使로日本에前往흘時에隨從허야一層要媚手段으로日人鹽川氏의게賞與金一百圓을支給허얏더니該部會計局長金寬鉉氏가還國後에此를覺知허고崔氏를論駁허야曰鹽川氏는本部에視務도아니허는데有何效勞를허야如此히厚賞허고可給흘本國人의게는條何不給인지崔氏가今番에中樞院贊議를被任허얏스니該院에도日人이나雇聘허고賞與金支給허기나特別事業으로熱心허리라고該局에서大端論駁허얏다더라

●리氏還鄕 前參判리南珪氏가義兵將閔宗植氏와干連으로平理院에押上被囚흐얏더니無事得放흐야再昨日禮山鄕第로下去흐얏는디其間訊問之場에半刑을無數히當흐얏다더라

●翁家幻燈 昨日에參將嚴俊源씨家에서其婿郞민元植씨가幻燈會를盛設흐얏다더라

●病院新設 大韓病院을新設허는디醫學校는該院에附屬허고醫學校長池錫永씨가該院교育部長이된다더라

●度照學部 度支部에서學部로照會허되水原외十三個處地方公立普通학校職員及교師의俸給을自本月爲始허야各該地方支金庫로推用케하오나公務處理上에實合妥當흐옵기各學校名及職員等의支給흘月額年額을別紙仰布허오니照亮허서各該地方支金庫로斯速遞知흐시와以便推用케허라허얏더라

●穆師迎接 穆德씨가今日에釜山瀛車로上京허는디皇성基督教靑年會總務吉禮泰씨는大丘停車場까지中路迎接허고當日下午九時에新門外停車場에到着흘豫定인고로靑年會員과教會諸人과有志人士덜이歡迎허기로準備中이라더라

●義捐收合 日本留학生二十一人의所指同盟事에對흐야佛教研究會에서出義捐助흐기로一場演說흐얏고明進學校都總務洪月初씨가학徒를會集흐야該학生血盟事로激昂慷慨히演說흐고義捐을收合흐다더라

●秘計私籌 寺洞居前參書李某는元來挾雜으로有名흔人이라去十月望間에自己家人金某와前郡守張某를隱僻處에委送흐야紙貨를私鑄흔다는디張某의家眷은現今柴糧에從乏흐야幾至死境이라더라

●此亦猪日 鐘路黃土峴南門外梨峴等地에서不過之輩가牛糞을掃除흔다稱흐고柴每駄에白銅貨二分式收捧흐는디萬若分錢이無흐야不給흐면周衣와烟竹과網巾을勒奪以去흐는지라傍觀人과柴商等이說明其不然흔즉該挾雜輩가答흐되警務顧問丸山氏에게認許을得흐얏다흐고虐待가無雙흐야柴商이比前半人도안이며丸山의怨聲이藉路흐되顧問이라그러흔지大小事間에無不參涉이라흐더라

●雜技窩主 前副尉리某와前監役金某와前參書리某가校동順學校內리主事家에每日都聚흐야以雜技手段으로奪人錢財흐기를百方做謀흐야設局흐는資本錢主는리參書가擔當흐고誘引居間軍林某를四處로委送흐야探問흐야京鄕人間多錢者를誘引設局흐야幾百元幾千元式欺取흐야諸人이分食흐는디蕩敗家産者가不知幾人이라雜技人의姓名은追後更揭흐깃노라

●金씨熱心 中署琵琶동永進義塾에서學課을一新擴張흐고學員을多數募集흐야誠心教育흐는대教師는金永壽씨가名譽로擔任흐고熱心教授흐는디頗有前進之望이라더라

●爲用牛刀 협谷郡守申泰建씨가公納을以半白半葉으로收捧흐야以白上納흐고以葉錢用케흐야補益於廩況흐고且告示各面흐야自今秋等戶結錢을以納白上納흐라흐고捐廩惠民흐미頌聲이載路흔다더라

●壹年再賭 黃州郡塵洞站明治農場淸水元太郎이가九林坊和洞里田土을買收허고瓜懲이又發허여粟稻等物을打作分去허고又不滿志허여各作人處에賭支穀每卜壹斤式再捧之意로作人을結縛毆打허고火急徵納則當年壹番式農作之殘民이先以半分制給허고再以徵賭면實難支保허여擧皆환散이라허더라

●박씨還京 度支部翻譯官박容九씨가咸鏡道稅務를視察흐고方今釜山에來到허엿는디不日內上京흔다더라

●稅主履歷 昨日붓터度支部에서稅務主事後補生履歷書를領受흔다더라

●[illegible] 總式官嚴達煥氏는本以東峽奸吏로稍解文字흐야京鄕出沒흐다가得意치못흐야暗通日本흐야國事犯某某氏와通逃흐다가趙義淵氏와符同흐야箇中秘機을尊爲醜出더니情跡이綻露흐야조씨를誘引흐야名古屋等地에서逗留흐야十箇星霜을經過흐는디其間行跡인즉一婆벽女를奸陰흐야因作已妾흐고其所有財產을沒吞흐고末乃에조氏와不合흐야조氏에行跡을盡爲記錄흐야懷中에深藏흐고暗渡本國흐야협雜조東完氏를符同흐야改頭換面으로國事犯偵探이라自稱흐고何謀欺瞞흐얏든지一步에水輪主事를敍任흐고再步에參理官參書官을陞任흐고三步에正三品總式官은敍任흠의自以爲揚揚得意흐야北村宰相리씨鬮씨를籠絡흐야日邊에紹介흐야要功흐고宮內大臣拜命흠을乘時흐야自己가勸暑을得付흐얏다흐며錢財를多得흐야一資家產을成흔後에鄕第로歸흘意思가有흐며니懲泯이漲肚흐고貨山이이捨日흐야自足을不知라搖尾甘務흐고丸山씨를甘得흐야城妙術로丸山顧問을蒙弄흐는디紹介書는眞野를先以物膳으로內廳獻揚을一升廢止흐고西門外他人場所를勒奪흐야財產家에許與흐고每朔에利鑄八十圜式收捧分食흐고餼需는依例히進排흐는디此事業은認許料及運動費가三十萬兩인디此金은三人이分食흐얏다더라

●政照法部 政府에서本月二十七日赦典을欽遵擧行허라고法部에照會하얏더라

●경察益密 近日宮城周尺과各坊曲에日巡査와總巡巡檢의巡察이比前益密흐야下午十二時後에는來往인의身躰를搜探흔다더라

●三呼百歲 日昨南署長김相설씨와大夫人回甲宴을明月館에開設하고諸賓을接待하는디來賓七十餘名이擧皆日語한熟人이라就中內部會計課長김寬현씨가김경務官의大夫人을爲흐야祝辭를唱흐는디百歲를三呼흐엿다더라

●江民呼冤 江西郡守리宇榮씨는公貨四萬餘兩을나移하여水郡背畓地에동畓을築하고此錢을加下라稱하야邑底奸鄕鄕主事白舜欽과鄭炳宣金昌濬等을做囑하여每戶에五兩式勒斂하고星火督捧흠으로闔境이愁怨하야觀察道에呼원次로民인等이多數히箕營에上來하얏다더라

▲雪窓茶話▼

△夜來風雨急흔디桃리園中에春色이減却흐니片片離散歸何處오시조나흘마되흐여보세花無十日紅을

△內大리址鎔씨는報聘大使를運動흔다흐니리能裔씨에收置흔富客에黃金은郡守를未販흐고萬里異域에風霜을再閱코저흐니蠻惜흔일이로고

△리道宰씨는廉明强硬으로山斗之望을一世가希望흐더니박參政의靈犀가相照흐야內部大臣을兼任흔다云云흐니그러면政府는無幾乎ㄴ저

△崔錫敏씨는中樞院贊議를敘任흐엿스니中樞院에도丸山씨를甘誘招聘흐야樞院顧問을仍作흐여보지

△內部協판을박勝鳳씨와리鳳來씨가互相爭衡흐야未知鹿在誰手흐니內部協판은大端흔經제자린가보더구

△近日政界가變遷된다고風說이一層沸騰흐니宮大와參政은不日에公正으로僞望흔大臣이라政界에刷新政治을拭目而待흐노라

別報

美國博士스돈氏의讚布哇韓人

余가在布哇時에各處와各農庄에往來ᄒ여目擊ᄒ니該嶋에天主敎와長老敎와美以美敎와救世君이有ᄒ야傳道ᄒ고布敎ᄒ더라

余가英語와獨語와淸語와日語와西班牙語로福音을聽ᄒ얏노니該嶋에大槪天下人種이盡聚以居ᄒᄂᆫᄃᆡ日人이六萬名이오韓人이六千名이오其外에美國人과淸人과歐洲各國人이雜處ᄒ엿더라其中韓人敎會가特別ᄒᆫ滋味를發ᄒ야恒常余를驚케ᄒ고喜케ᄒ더라

余가伊前에韓人을對ᄒ야所失이有ᄒ거ᄉᆞᆯ모저自服ᄒ깃노라今年七月에紐約省에在ᄒᆫ韓國精神이읍ᄂᆞᆫ故로余가大驚ᄒ여兩班을분이敎會를專來ᄒ엿ᄂᆞᆫᄃᆡ其人은맛치美國本土人種과又치異ᄒ고容貌에도셔뭇ᄒᆫ往ᄒᆫ則幾日에失되여韓人의稱頌이沓至ᄒ더라然ᄒ나余가其營을專ᄒ아니ᄒ엿다가八月一日에ᄒ노눌ᄒᆫ韓人敎會에入見ᄒ니其整齊ᄒᆷ과깃븜ᄒᆷ과英語ᄒᆷ과衣表鮮明ᄒᆫ거시余가外國에道地方의셔自前所見中에初見ᄒᆫ거시라驚ᄒ고희ᄒ얏노라 未完

雜報

●巡檢作弊 海西來人의傳說을據ᄒᆫ즉延安郡은素是弊郡으로官不堪奈이온中又况分課ᄒᆫ巡檢이作弊無雙ᄒ야邑之大小事를無不看涉ᄒᄂᆞᆫ故로該郡守ᄂᆞᆫ時次辭職請願ᄒ다ᄒ니該巡檢은郡守ㅅ지兼任ᄒ얏ᄂᆞᆫ지民難支保라ᄒ더라

●守虐吏奸 慶北知禮郡守김황鎭씨가奸吏文炳穆으로合心共謀ᄒ야今七月以後로稱設學校ᄒ고討食民財가多至葉二萬餘兩而猶爲不足ᄒ야各面各동書齋留在錢五千금과田畓五千餘斗落과村里取植鐵幾百兩과取植穀幾百斗를沒食肥已ᄒ고又學徒募集時에不計遠近ᄒ고都會於邑校ᄒ야或有稍饒之子ᄂᆞᆫ稱以拔去學徒ᄒ고八十兩或三十兩式勒捧鐵이亦爲幾千兩이오一郡隱結隱戶錢이爲一萬八千餘兩而官屬은一分도不給ᄒ고但與文炳穆으로분分喫ᄒ고又村閭에或有饒富者면勒差掌議ᄒ야强推葉一千餘금ᄒ고又漢文敎師二員을以甘書利說로誘之曰學徒가爲六十餘名則每名에一朔學稅가爲二兩五錢式收給ᄒᆷ이라ᄒ야敎師ᄂᆞᆫ一分錢도不給ᄒ고自稱敎師라ᄒ야每朔에葉四百八十餘兩式都食ᄒ얏다더라

國文硏究會趣旨書

文字ᄂᆞᆫ言語의符號라符號가無ᄒ면言語가無規ᄒ야以至凡百行動에記事論事가悉皆差誤ᄒ야使人으로捉無所ᄒ리니由此觀之면文字之於生民에關係誠大者로다我世宗大王이深察此理ᄒ시고始制訓民正音二十八字ᄒ야頒行中外ᄒ시니大聖人의裕後啓蒙ᄒ신至意가東土四千年에創有ᄒ신弘業이여날噫라世遠敎弛ᄒ야後之學者가不思對揚ᄒ고一任抛棄故로 未完

廣告

廣告

昌城前郡守池基榮氏가圖得本郡查官야全無之贓錢一萬七千餘兩을謊報上部야善蹟이有신本郡守李澤奎氏를免官케고自觀察道로更報之贓錢을督納오니民皆渙散之境故로將此裁判次로呈訴平理院와押上之發訓이已久에該池氏는有勢之人이라稱病之誣報不待云기로更促訓押付裁判시기爲야玆에廣告홈

平安北道碧동郡 公之赫 金洛洪 河鵬翼 公之榮 等告白

延安西面木洞所在畓十五石落을其作人鄭善益이가僞造文券야暗賣오니勿論內外国人고買之시면假錢을白失을터오니勿爲見欺시옵

畓主開城居최在道 告白

越南亡國史 國漢文 新刊

定價貳拾伍錢

發賣所 京城廣橋高裕相 鐵南端川郡禹時夏 冊肆 布屛下 김相萬 書舖

●明進학교特別補助記

興國寺任員
大古寺會員 조壯善 壹圓
扶皇寺會員
祥雲庵可員질 壯漢庵
奉聖庵會員 최船月
文殊庵會員 리映月 拾圓
元曉菴會員 全影雲 壹圓

●緊急廣告●

嗚呼痛哉라二十一人同胞學生이여以忠君愛國之誠으로離親棄墓고留學遠邦라가經濟窘乏에難遂素志야血心決議고斷指同盟니像想其當場景況則髮衝비裂에血淚沾겸이라若我二千萬同胞知其二拾一烈士之血性則莫셔萬금之財하고부送慈善지금하야使遂本志케하면國家幸甚同胞幸甚

淸州郡普成中學校校友會
發起人 鄭永澤 리章爲 任謙宰 鄭泰殷

但義捐금領受所는京城鍾路皇城新聞社內

●九轉靈砂라 本人이妙方法을硏備야製造之靈丹약되男女老少에無論何징하고通治하오며無病時에도服하면平生의身躰가健康며小兒는四五錢重만服면十歲안에無病기를擔保오며

●九轉靈砂禹應丹은져狂癎징과中風諸疾과耳目諸病과淋疾에神效오

●九轉靈砂保命丹은初生小兒驚風 간氣 咳嗽 腹瘡諸般惡징神效오

●九轉靈砂濟衆丹은酒滯 食滯 血積 吐瀉 霍亂 痢疾 吐血 下血 運氣 時疾 痼징에神效오

●九轉靈砂紫金丹은痔漏 累癧 上疳瘡 下疳瘡及唐瘡과諸般毒瘡惡種에無不神效오니 僉君子는來問시오

內需司前독갑이골上隅第一家 리호延移徙 告白

●大韓自强會月報

每月一回廿五日發行
定價金 一部 [illegible]五錢

大韓自强會月報의發行이[illegible]經오니自由의[illegible]論을鼓[illegible]야國家의權利를增進고[illegible]立의精神을淬礪야同胞의團結을鞏固케야全國有志諸公의愛讀심을供은바現今社會의서一비[illegible]기爲야高明文章과宏博學問家를延致야天下大勢의變動과列强敎育의要素와古今政治의大要를蒐輯야開告니眼目을新케오니愛國시는僉君子는血淚을뭇[illegible]시고家家案頭의隨列對讀시오

皇城中署典洞九統二戶 大韓自强會事務所

學員募集廣告

本校에셔小學程度로初等科를姑先設置고學員을廣募오니願學僉員은本年一月三十一日(陰拾二月拾八日)以內로本校에來議事

學員年齡은八歲以上

入學請願은本校刊行紙로施行

來議時間은自上午拾一時로下午三時

南署私立長橋長薰學校

廣告

◎學員募集廣告

本校第三回入學期를現當야法律學及經濟學兩專門科學員을玆에募集오니願학人은左記試驗定期內에本校用紙로써早速請願事

但法律科는學期及夜학으로敎授고經濟科는夜학으로敎授홈

○修業年限 三학年

○入學年齡 二十歲以上

○願書 法律학 全部 經濟학 全部 備在本校 [illegible]

○試驗日字 三月一日(陰曆正月十七日)丁未

○試驗科目 歷史及地誌(內國及外國) 讀書及作文(國文及漢文) 算術(四則以內)

但官公私立학校의普通科以上卒業證書가有人은其학力을檢定後免試許入홈

○開學日字 三月五日(陰曆正月二十壹日)

光武十一年一月十五日

中署磚洞 普成專門學校 告白

廣告

◎特別廣告◎

本書舖에셔敎育界需用을爲야東西洋各種新編書籍을陸續輸入오니有志君子는광臨購覽시옵

宗敎書類 地誌書類 敎科書類 算學書類 政治書類 衛生書類 歷史書類 雜著書類 語學書類 醫藥書類

發賣所 大廣橋書舖 高裕相
分賣所 咸南端川邑龍般里 書舖 禹時和

本人이齒科諸具를整備야診察時間은午前九時붓터午后一時까지午后一時붓터午后五時까지夜間에는定約디로 事務所는南大門內達城위宮內 美國齒醫師[illegible]後家 이한 告白

西署新門外[illegible]洞 百八十六統三戶 辯護士前判事正三品 丁明燮 法律事務所 事務員前主事 吳在淳

[illegible]

◎本社廣告

○申報價
一張代金 新貨二錢五里
一個月前納 三十錢
三個月 九十錢
六個月 一元七十錢
一個年 三元四十錢
郵稅一部 新貨五里
一個月 十三錢

○廣告料
四號活字 三字詰
每日每英尺一寸에新貨廿五錢 (每日每行六錢에相當홈)
一週日에 一圓五十錢 (每日每行四錢五里에相當홈)
一個月에 五圓 (每日每行四錢一里에相當홈)
其期限之長短과字行의多少를依야增減이有홈

●大韓每日申報各處支社廣告

中署布屛門下 김相萬冊肆
同口越便 [illegible]冊肆
中署[illegible]初入七拾八統第二號 鄭[illegible]
平壤上水口門內 김浩淵
全州 최敬恒
仁川 [illegible]冊肆 리東皓
宣川邑檜西里 安[illegible]
義州西門外 大韓藥局
釜山港佐川 徐[illegible]
三和港[illegible]洞 김[illegible]
咸興朱南社西門外 曹喜林
開城培學校 姜助遠
大邱達城 廣文社
載寧邑濟衆院 [illegible]
鐵山邑東部 安[illegible]
長淵邑 김[illegible]
元山支店 김乃範
定州南門內 洪聖麟
京城興仁門外영楓亭 리建赫
海州南門內書舖 朴昌鎭

發行兼編輯人 英國人 裴說
發行所 南署石井洞號外地三層洋屋 大韓每日申報社

第五卷 第四百卅號

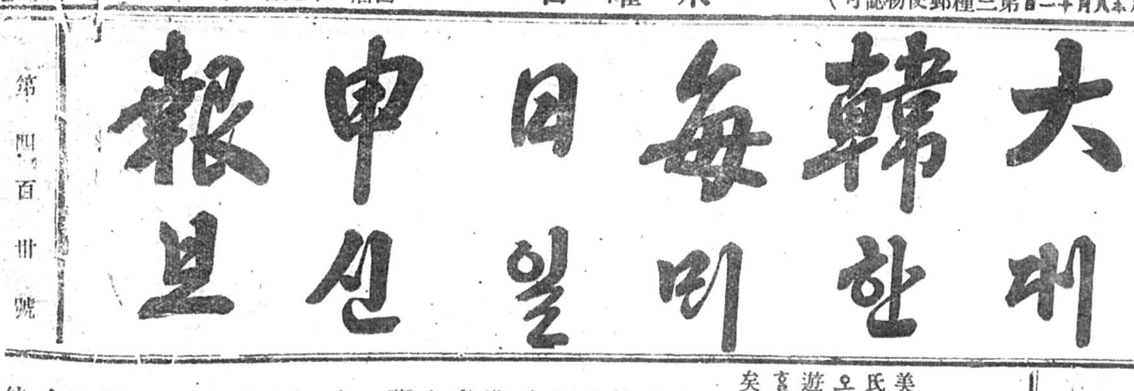

大韓每日申報 대한매일신보

月曜及慶節歲時日休刊

檀君開國四千二百三十九年
箕子元年三千二十八年
大韓開國五百十五年
日本明治四十年
淸國光緒三十二年
◉陰曆丙午十二月十八日庚辰

論說

談論日人

美國最大商業會의首領포스트氏ᄂᆞᆫ日本에多年居留ᄒᆞ든人이오且爲其商業ᄒᆞ야日本을每年遊覽ᄒᆞᄂᆞᆫ바去月桑港에서談話ᄒᆞᆫ時에其學校問題를如左言及矣러라

本人은大統領루스벨트氏를評論ᄒᆞ기에未有謹愼이오且本人量度에ᄂᆞᆫ同氏가對此學校問題ᄒᆞ야其能謹愼ᄒᆞ리로다今必認悉ᄒᆞᆯ거ᄉᆞᆫ若使此國學校로容許日人이면캘니포니아諸般學校가將以日人充滿될거시或然之勢오且日人之在於本土가此國의게爲利矣리로다

蓋日人이天下에最巧之人이오特格好品質을亦有ᄒᆞ얏스나至於彼之德義上原質ᄒᆞ야ᄂᆞᆫ此國人이量度키로不能ᄒᆞ리로다日人이何如敎會에던지入ᄒᆞ야其宣敎師의言語를能通ᄒᆞᆯ時日ᄭᆞ지ᄂᆞᆫ某宗敎던지崇奉ᄒᆞᆫ다自稱이라가其後에ᄂᆞᆫ佛敎에轉入ᄒᆞ야佛宣敎師의言語를更求ᄒᆞᄂᆞᆫ도다日人은不可信이니何如約定이던지爲利益於彼면卽許締結ᄒᆞ고何許締約이던지犯棄ᄒᆞᄂᆞᆫ거시適宜於彼면遵約ᄒᆞ기에無意ᄒᆞ며日人의게遵約ᄒᆞ기를訴求ᄒᆞᆷ은無用이니其官憲이如此抗議에注意를不加ᄒᆞᄂᆞᆫ도다

日人은先祖를崇拜인바彼之深信은自國帝王이其人民의魂靈을爲ᄒᆞ야後世治官의게媒介人과如히行事ᄒᆞᄂᆞᆫ거시라彼之勇敢於戰役과好事於王事를何足驚異리오如此行動이救贖之道인즉彼乃確信이로다

官報

●三千六百七十五號 光武十一年一月廿九日 續

◉敍任及辭令

警務顧問補佐官補日本國경視廳警部 葛城最太郞
仝 酒本勇四郞
敍勳六等賜八卦章
警務顧問通譯官日本國警視廳경部勳六等 渡邊鷹次郞
換賜太極章
日本國特使宮內大臣子爵大勳 田中光顯
賜瑞星大勳章
日本國特使隨員式部次長勳一等 伊藤勇吉
賜太極章
日本國特使隨員侍從武官海軍大佐 大城源三郞
敍勳二等賜八卦章
日本國特使隨員宮內書記官勳三等 栗原廣太
賜太極章
敍勳五等賜八卦章
日本國宮內屬 林健太郞
日本國宮內屬 市野喜作
日本國警視廳警部 高林喜平治
敍勳六等賜八卦章 完

●三千六百七十六號 光武十一年一月三十日

◉宮廷錄事

奉
天承運
皇帝詔曰元良係兆民之望誕膺四重大任爲萬世之嗣體成百爾念惟國家之本々乎忠儲王化之基々乎匹體著太子之文命辭重在宗主是承淑詠續女之行風化肇自家邦以御斯益古聖王所共豈徒我家禮爲然也의我主창옥德承華孝友溫仁行不煩於義訓聰明네知學無待於師資願爲有室奚但父母之至情思得好子寔是宗社之大計不有坤厚之象曷비이明之輝合卒合卺遵先王之彝章從龜從筮謀卿士而大同皇太子妃尹氏德符위녜祥徵沙麓반세服忠진之訓헌妹之令聞夙彰圖史合貞靜之德阿佃之箴戒無施淑質著被괴之容頻繁蘊藻之可托令姿叶加경之儀琴실鐘鼓之可諧拊헌棠而嘉悅朕復何憂行盥계而中規天實所命問寢視膳乃喜佳兒佳婦〃相隨進箴存경庶見愛刑愛助之交須豈但一人之私喜與八域而同慶已於陰曆本月十日祇告太廟本月十一日授칙實定名位仍於本月十四日■殿受賀既成嘉聘之禮詎無廣慶之恩所有合行事宜開列于後 未完

外報

●艦隊召還 伯林電을據ᄒᆞᆫ즉法國及西班牙兩國大使가히兩國의艦隊를다시루地에서召還ᄒᆞ고又마洛哥國에列國共立의警察을設置ᄒᆞᆯ事로德國政府에致書ᄒᆞ얏ᄂᆞᆫ데德國政府에서此에對ᄒᆞ야방助ᄒᆞᆷ을承諾ᄒᆞ얏다더라

●東印度海溢 桑港電을據ᄒᆞᆫ則和蘭領地東印度의사이마루嶋가海溢되야死者ᄂᆞᆫ千五百에不下ᄒᆞ고負傷者數千名에達ᄒᆞ얏다더라

●電訓桑港 華盛頓電을據ᄒᆞᆫ則美國政府에서桑港當局者에게電訓ᄒᆞ되該港에到着ᄒᆞᆫ日本人三百餘名과將次到港ᄒᆞᆯ日本人五百餘名은契約勞働法違反事로審査決定ᄒᆞ기ᄭᆞ지히港에留置ᄒᆞ라ᄒᆞ얏다더라

●土번將滅 桑港共立新報를據ᄒᆞᆫ則美國人커립튼氏가日本령디대만으로븟터日前에還來ᄒᆞ야言ᄒᆞ되日本이대만土번을萬端으로甘誘ᄒᆞ되土人이日本節制를不從ᄒᆞ고時々로日人과衝突ᄒᆞᄂᆞᆫ지、日人이至今은土번을滅種ᄒᆞᆯ計策으로土人居留ᄒᆞᆫ山中에電氣線을暗張ᄒᆞ야此線에犯ᄒᆞ면卽死ᄒᆞᄂᆞᆫ지라土人들은漸々深谷中으로逐去ᄒᆞ고電氣線도隨其去處ᄒᆞ야暗埋設置ᄒᆞ니不久에土人은滅種ᄒᆞ겟고야말니라고ᄒᆞ얏다더라

●軍艦廢期 日本에서現在軍艦中今後五個年以內에廢棄ᄒᆞᆯ者와廢艦期에當ᄒᆞᆫ者가如左ᄒᆞ니三等巡洋艦和泉號와裝甲海防艦鎭遠號와扶桑號와海防艦鎭遠號比叡號葛城號大和號武藏號高雄號와砲艦磐城號攝耶號鳥海號赤城號通報艦八重山號라더라

雜報

●恤金分給 忠淸南北道에水災를被ᄒᆞᆫ恤金을頹戶에ᄂᆞᆫ每戶에二圜式으로政府에서排定ᄒᆞ얏고內下恤금二千圜은臨時分排ᄒᆞ기로ᄒᆞ고分給은其時慰諭使를派送ᄒᆞ자면旅費가不少ᄒᆞᆯ터이니히觀察使로分給케ᄒᆞ자고內部에서公議中이라더라

●警察何事 積城郡東面과南面에賊警이大熾ᄒᆞ야民不安堵ᄒᆞ더니陰十二月初九日夜에賊漢拾餘名이東面松峴里에突入ᄒᆞ야窮民의如干衣服等物을奪去ᄒᆞᆫ뿐외라逢人則結縛而亂打人命ᄒᆞ니地方警務支署에셔ᄂᆞᆫ盜賊을不査ᄒᆞ고雜技가大段ᄒᆞ엿도此亦不禁ᄒᆞ니警察官吏은何事를警察ᄒᆞᄂᆞᆫ지不知ᄒᆞᆯ거니와如彼경官은有不如無라고該郡人民의怨聲이藉々ᄒᆞ다더라

雜報

●경察方針 再昨日下午一時에경務廳에서五署署長을會集ᄒᆞ야경察方針을爛商公議ᄒᆞ얏다더라

●變服巡察 경務廳에서各署에夜巡費로七圓式頒給ᄒᆞ고調察에便利케ᄒᆞ기爲ᄒᆞ야日巡查에게黑周衣三件宕巾三件笠子三件式頒給ᄒᆞ얏다더라

●報欵無路 日本이各國에借欵을請求ᄒᆞᆯ時에東西京과大阪等地를典執ᄒᆞ얏는ᄃᆡ去番國會時에報賞事件을爛商提議ᄒᆞ얏시나淸債無路ᄒᆞ야現政府가大段虞慮中이라더라

●掩之不得 日人義士西阪豊氏의自處ᄒᆞᆫ事는前報에揭載ᄒᆞ얏거니와該氏가日本이한國에對ᄒᆞ야獨立을維持케아니ᄒᆞ면不出幾年에反受其害ᄒᆞᆯ줄노細細說明ᄒᆞ야自己死後라도日本全國人의게確信을布示ᄒᆞᆯ意로滿幅長書ᄒᆞ야胸襟에藏抱ᄒᆞ고因爲自訣ᄒᆞ얏는ᄃᆡ日本警察官이此書를掩置不發ᄒᆞ고一般居留民의게도此等事由를愼之勿泄ᄒᆞ기를嚴加團束ᄒᆞ얏다ᄒᆞ며該氏自處ᄒᆞᆫ後한國人이或吊問次로前往該氏家則日巡查가把門不納ᄒᆞ얏다더라

●度協歸期 度支協판柳正秀氏가現今嶺南等地에留連ᄒᆞ는ᄃᆡ來月五六日頃에回京ᄒᆞᆫ다더라

●학部官吏의義捐 日本留학生二十一人의斷指同盟에對ᄒᆞ야학部一般官吏가一齊히幾元式義捐ᄒᆞ얏다더라

●虎患又生 近日傳說을聞ᄒᆞᆫ則東小門外等地에虎患이又生ᄒᆞ야人命傷害者ㅣ不知其數라더라

●斷指決心 徐午淳氏가湖南鐵道를敷設ᄒᆞᆯ次로經營이巳久ᄒᆞ나股金이總數에未滿ᄒᆞ야着手치못ᄒᆞ더니商業界의有志諸氏와協力ᄒᆞ야期成코자ᄒᆞ는ᄃᆡ金重夏氏로社長을任ᄒᆞ고趙鎭泰成樂英丕彰漢等諸氏가亦是贊成ᄒᆞᆯ터이오徐氏는히鐵道를期成ᄒᆞ기로斷指決心ᄒᆞ얏다더라

●平院權接 前統監府로法務院이移接ᄒᆞ얏더니히院은他處로移去ᄒᆞ고학部에서히府로移設ᄒᆞ고학部는平理院에서히院新建築ᄒᆞ기前에權接ᄒᆞᆫ다더라

●木民電報 木浦式인金仲善等이法部에電報ᄒᆞ되히港檢事朴性燦氏가이任未幾에港民을無罪濫杖ᄒᆞ며納賂行跡이明確ᄒᆞ야民難支保ᄒᆞ니活民ᄒᆞ시기를伏望이라ᄒᆞ얏다더라

●江倅將拿 江界郡守徐廷圭氏가公貨欠逋가八萬七千餘兩에達ᄒᆞᆫ지라不日督刷次로平理院에서行將拿囚ᄒᆞᆫ다더라

●永倅拿囚 永春郡守鄭薰謨氏가刑事上에關係가有ᄒᆞ야平理院에拿囚ᄒᆞ얏다더라

●以洞校名 京城杷谷光明학校는晝학이오永進義塾은夜학인ᄃᆡ二학校을杷成학校라稱ᄒᆞᆷ은杷谷洞名을依ᄒᆞ야杷成ᄒᆞᆫ校라收名ᄒᆞ얏다더라

●反對戶斂 楊根郡守梁在翼氏가該郡鄕校春秋享祀費不足ᄒᆞᆷ으로境內人民의게每戶에正租一斗式收捧ᄒᆞ야殖利補享ᄒᆞ기로官民間협議ᄒᆞ얏더니該郡水余里居青年會員과天主教員四十餘戶는反對不給ᄒᆞᆫ다더라

●掘塚最甚 開城長단豐德等地에賊黨이大熾ᄒᆞ야富人의墳塚를掘去ᄒᆞ는者도有ᄒᆞ며牛隻을奪去ᄒᆞ는者도有ᄒᆞ며或白晝에郎入村閭ᄒᆞ야錢財를掠奪ᄒᆞ는者도有ᄒᆞᆫᄃᆡ墳塚見掘ᄒᆞᆫ人들이錢財幾十萬兩을備給ᄒᆞ고覓尸ᄒᆞᆫ人도有ᄒᆞ고或은兵丁을借派ᄒᆞ야墳塚를守直ᄒᆞ는人도有ᄒᆞ나如干稍饒ᄒᆞᆫ人民이支保無路라ᄒᆞ더라

●日甚於賊 各地方來人의傳說을據ᄒᆞᆫ즉賊黨이牛隻과物件을掠奪ᄒᆞ야日人庖肆와日人典當舖에가셔放賣ᄒᆞ면失物主人이비록自己物인줄確知ᄒᆞ나不敢推得ᄒᆞ며或推尋次로質問ᄒᆞᆫ즉該日人言內에汝國人이持來ᄒᆞ얏기에買得ᄒᆞ얏는ᄃᆡ무숨是非가有ᄒᆞ냐ᄒᆞ고歐逐ᄒᆞ는故로무숨物件이던지賊黨이依例히日人의게放賣ᄒᆞᆫ다더라

●商會組織 吳泳根玄公濂申海容尹炳升等諸氏가大東商會를組織ᄒᆞ고股金은每股에五元으로資本金千餘圓이業已募集ᄒᆞ고來三日에株主總會를開ᄒᆞᆯ터인ᄃᆡ目的은各社員의家用諸物을用達ᄒᆞ고某人이라도股數의多少를不計ᄒᆞ고入會ᄒᆞᆷ을許ᄒᆞᆫ다더라

●特使恤孤 今番特使日本宮內大臣子爵田中光顯氏가韓國孤兒院을贊成ᄒᆞ야金百圓을寄付ᄒᆞᆷ이히院任員與孤兒가右氏의慈善心을感謝不已ᄒᆞᆫ다더라

●賀使付金 田中賀使가各학校를巡視ᄒᆞᆫ後에五百圓을寄付ᄒᆞ얏다더라

●在外贊成 日本東京에서留學ᄒᆞ는[illegible]容喜氏가南門外業岩漢陽학校가日旺月盛ᄒᆞᆫ다ᄒᆞᆷ을聞ᄒᆞ고從弟朴寅喜氏로더부러該校에贊成金三圓을寄附致函ᄒᆞ얏다니留학生의不셤ᄒᆞᆫ학資로如是贊助ᄒᆞᆷ은此兩氏가愛國ᄒᆞ는精神으로教育熱心에[illegible]을表ᄒᆞᆷ이라더라

●五日畢試 普成專門學校와該校內中學校에서年終試驗을再昨日븟터舉行ᄒᆞ는ᄃᆡ法律夜學二年級學徒는卒業試驗을行ᄒᆞ고夜學一年級學徒는進級試驗을行ᄒᆞ고理財科二年級學徒는月終試驗을行ᄒᆞ고中학校학徒는月終試驗을行ᄒᆞ는ᄃᆡ限五日畢試ᄒᆞᆫ다더라

●凍命可憐 昨日水標橋等地에셔年可四十餘歲된人이凍死ᄒᆞ얏다더라

●法訓平院 法部에서平理院에訓令ᄒᆞ되貴院判理李裕寅張志遠은懲役終身에處ᄒᆞ고金璡植은懲役十五年에處ᄒᆞᆯ意로上奏ᄒᆞ얏더니同日奉 旨不無斟量宜有參恕之端幷特減三等換以流配事命下이신바到卽히李裕寅장志遠金璡植等의게 聖旨를布諭後報來ᄒᆞ라ᄒᆞ얏다더라

●豐校方盛 豐德郡公立小학校교員鄭지錫ㅣ가視務五朔에학員이日進ᄒᆞ야校舍狹窄이더니本郡柳志淵씨가於教育上熱心이기로補助金幾十元을出ᄒᆞ야校堂을修理ᄒᆞ며학員의父兄諸씨를도各其補助ᄒᆞᆫ다니開明事業이各郡中第一이라더라

●李師惜去 咸鏡南道咸興私立日新學校는還觀察申箕善氏가開明上에慣發ᄒᆞ야設立ᄒᆞᆫ道內大學校而各郡有志青年을招來ᄒᆞ고前法部主事李基호氏를漢文教師로延聘ᄒᆞ고觀察郡守가各出幾百兩ᄒᆞ야三十餘員生徒가熱心興學ᄒᆞ더니千萬夢外에觀察使가遞任되고新察鄭鳳時氏가陰九月二日에赴任ᄒᆞ야李教師基호氏를改遞ᄒᆞᆫ故로三十餘員生徒가卽爲放學ᄒᆞ고于今開學지못ᄒᆞᆫ故로生徒二員이卽爲上京ᄒᆞ야請願於學部則大臣卽爲認許ᄒᆞ되所謂參與官日人이不許故로數月旅費가千餘兩에過ᄒᆞ얏다더라

●학校寄金 仁川日語학校長金淵晶氏가학部에報告ᄒᆞ되본月二十七日에日본賀使田中光顯氏가仁川에來臨ᄒᆞ옵기本校長이教師教官과학徒를帶同ᄒᆞ고停車場에出迎이온바田中賀使가本校에金一百五十圓을寄付이옵기히金額을領受ᄒᆞ와仁川第一銀行에任置ᄒᆞ엿다고ᄒᆞ엿더라

●一破天荒 忠淸南道泰安郡安民島는本以一隅荒僻之地이러니近日有志幾인이慨然發起ᄒᆞ야私塾을創設ᄒᆞ고名之曰廣英新塾이라ᄒᆞ야一般青年을교育ᄒᆞ는ᄃᆡ設立未幾에生徒가三十인에達ᄒᆞ야塾況이頗히興旺ᄒᆞᆫ다니可謂僻破天荒이라더라

●度部通牒 度支部에서학部에通牒ᄒᆞ되弊部에서請議ᄒᆞᆫ貴部所管漢城日語학교教師渡瀨常吉松本離太郞淸崎初雄三인酬학金五百八十元을預備金中支出事로會議를經ᄒᆞᆫ後上奏ᄒᆞ와 制曰可라ᄒᆞ신議政府指令이來到ᄒᆞ얏기로別紙欵項調製ᄒᆞ야玆以通知라ᄒᆞ얏더라

○茶爐片談

△桂棹해蘭장으로政海를차저가니風濤가危險ᄒᆞ야飄蕩一葉이款泊無期ᄒᆞ니如山鯨浪이杳無涯岸이로다

△近日政府에셔爭競이支離ᄒᆞ야平和가亦難ᄒᆞ니法相李夏榮씨의仲裁手段도竟歸無效ᄒᆞ니各相倚角에有力難同로고

△那邊陰風에五十名決死隊가意見書를各自提出ᄒᆞ엿다니意見書는何書인지氣岸이忽出ᄒᆞ야兩服에生火ᄒᆞᆫ다더고

△湖西一省은昏夢을已醒ᄒᆞ야학校가相起ᄒᆞ야東方이欲曙ᄒᆞ되嶺南一區는古稱老舊之鄕ᄒᆞ야文明思想이當先於人矣어날尙此寥々ᄒᆞ니亦一可歎이로고

△近日々本留학生二拾一人의斷指事에對ᄒᆞ야四方人士에義捐이相繼而起ᄒᆞ니韓國에開明前進을推此可想이로고

別報

美國博士스분氏의
讚布哇韓人 續

우리教會가호노눌누에잇ᄂᆞᆫ基址ᄂᆞᆫ第一勝地를占ᄒᆞ얏스니人民의特別한寬大로如此基址를우리會에屬ᄒᆞ게ᄒᆞ얏ᄂᆞᆫ뒤其中韓人들이熱誠으로補助ᄒᆞ엿다ᄂᆞᆫ說을第一喜聞ᄒᆞ얏노라彼等이二千元을補助ᄒᆞ얏스니此ᄂᆞᆫ東洋人種中新嘉파에居ᄒᆞᄂᆞᆫ淸國富商外에ᄂᆞᆫ如此히補助ᄒᆞᆷ을見치못ᄒᆞ얏도다彼韓人들이비록勞動ᄒᆞᆯ지라도其寬大ᄒᆞᆷ은白人勞動者보다卓越ᄒᆞ더라韓人은聖神感動한이로다超元時氏가該嶋에在ᄒᆞᆯ時에其本土裁判長이韓人의게累名을貽ᄒᆞᆫ事에對ᄒᆞ야文字上과演說場에極力反對ᄒᆞᆫ지數日後에該地觀察에言을聞ᄒᆞ니近來布哇의各國人種中에한人을第一高等으로稱頌ᄒᆞᄂᆞᆫ지라該觀察使의言에日布哇에在ᄒᆞᆫ한人의團體가맛치伊前우리祖先이英國을離ᄒᆞ고新英地(美洲東方)에來ᄒᆞ야教會를立ᄒᆞ고自由를廣ᄒᆞᆷ과如ᄒᆞ도다彼等이農庄에入ᄒᆞ면몬저教會基址를買ᄒᆞ고月給을得ᄒᆞ면會堂을建ᄒᆞ며ᄯᅩ彼等이團體가되야馬와馬車를買得ᄒᆞ야福音을傳ᄒᆞᄂᆞᆫ者의輕便ᄒᆞᆷ을供給ᄒᆞ니異常ᄒᆞᆫ百姓이로다各處農主들이다한人教會人을稱讚이晉至ᄒᆞ니第一精潔ᄒᆞ고禮節을知ᄒᆞ고僻怠치안라ᄒᆞ더라ᄯᅩ農主들이言ᄒᆞ기를耶蘇를信ᄒᆞᄂᆞᆫ한人은每年에他人보다百元價値의事를加作ᄒᆞ야주니참實地農夫갓다ᄒᆞ더라六千名한人에二千名이美以美教會에屬ᄒᆞᆫ教人이니可驚ᄒᆞᆯ事로다 未完

雜報

國文研究會趣旨書 續

御製二十八字中에此ㆆ△ᅙ三字初聲은失傳已久ᄒᆞ야摸擬不得ᄒᆞ고現用反切一百五十一字에도疊音이爲三十六字ᄒᆞ니局勝송歎이리오今我國民의言語文字가每多岐異ᄒᆞ야天을하날이라도ᄒᆞ며하늘이라도ᄒᆞ며하늘이라도ᄒᆞ야無일定規例故로凡屬言語의動輒如右者가十之五六이라由是로國語가無准ᄒᆞ고國文이無法ᄒᆞ니雖欲使吾인으로入於文政之域이나其可得乎아有自國之字典辭典然後에야可以교國民이요國民을以自國文字로교導之然後에야可望其自國精神을注于其腦也리欲做此等事業인된不得不先究國文之源流故로迺與同志로發起意ᄒᆞ야欲糾合高明ᄒᆞ야組織國文研究會ᄒᆞ오니有志君子ᄂᆞᆫ幸勿以인棄言ᄒᆞ시고惠然 賜臨ᄒᆞ야協同贊成ᄒᆞ심을盥手頂祝ᄒᆞ나이다 完

●雜誌發刊 有志吳泳根劉文相玄公濂金大熙等諸氏가雜誌을發刊ᄒᆞᄂᆞᆫ뒤名號ᄂᆞᆫ夜雷報라ᄒᆞ고來五日에第一號를發行ᄒᆞᆯ터이라더라

●開城居金生이國民新報社에寄書ᄒᆞᆫ全文을請揭於本報가如左 續

然則貴社지爲高院경詳者將不免外擧而內毁지者也於吾儕爲院卿지道可謂一切相反矣衆命지生死衆情지悲冤貴社不爲矜恤而又欲按劍相視此非欲哭而打지者乎如是則 貴社지筆可謂不刃而殺人也噫彼囚彼與無賴지稱屬지誰乎吾儕皆盡死力爲農業每年裨益於國庫百萬지額者也今我全國中能如開城圃民者誰敝病國害民自相장殘者是爲善類敗痛矣痛矣不知百姓지休戚不論政令지得失以無告求活지民歸지於無賴欲以暗箭射人是其新聞지本義敗皆陳壽受賂曲筆而無其後筆端지禍福可不懼哉 未完

廣告

忠南江景浦農工銀行
設立所各株主辨明書

每日申報第四百十三號稍銀騙財欄內徐基文을以無據之事로巷說이紛紛ᄒᆞ다ᄂᆞᆫ事에對ᄒᆞ야擧實辨明ᄒᆞ노니其日徐氏가淸人許에得債ᄒᆞ야但欺圃查委員之當場所見이라ᄒᆞ엿스니圃査委員이自京下來ᄒᆞ야債探本社之虛實ᄒᆞᆯ時에若有見欺면其於設立組織에必無循私之理也요又日農工銀行之目的이農事之改良과工業之振興이거날初不聞此等事ᄒᆞ고但田畓穀物을典執然後에야一分錢이라도放債ᄒᆞᆫ다ᄒᆞ엿스니本社이方將組織에尙未開業이거날何暇에典執放債이며又日鄕谷愚味之人이惑於徐씨지風說利害ᄒᆞ야必望於亡身敗家라ᄒᆞ얏시니鄕等이一心團躰ᄒᆞ야將以就共同利益이요確然無聽人從유이거ᄂᆞᆯ豈可謂稍銀騙財리요又日徐基文은本郡吏屬으로奸計無雙ᄒᆞᆫ人이라ᄒᆞ엿시니徐基文지本郡儒族은世所共知요其文雅聲譽를人所仰望이라設或其人지根本이微賤이라도其於共同事業上에有何妨礙이오大抵投書人之회徐主意가爲公乎아爲私乎아莫測其不良지心膓이로다壤損名譽와誘害社會를將有採探歸正이건과先此擧實辨明ᄒᆞᆷ

尹滋参 尹敬重 等 告
洪淳模 鄭東夏 白

本人에名곤稱之곤字를元字로改名ᄒᆞ오니知舊間照亮ᄒᆞ시옵

水原前議官 洪元稱 告白

元山倉前本支社員金乃範氏ᄂᆞᆫ代金收捧키難ᄒᆞᆫ事로請願自退ᄒᆞ얏기로其代에劉七錫氏로支社々員을更定ᄒᆞ얏스니該附近地諸公은右氏의게請求ᄒᆞ시옵

大韓每日新報社 告白

康령郡主事盧脊顚이自叙任後로做嘱郡守ᄒᆞ야詞訟納賂라가使官殿免ᄒᆞ니主事ᄂᆞᆫ罷免ᄒᆞᆯ만ᄒᆞ건니와郡守ᄂᆞᆫ曖昧ᄒᆞ기玆에廣告ᄒᆞᆷ

康령郡人等 李元常 告白

感謝廣告 在日本東京留學生
朴容喜氏 貳圜
朴實喜氏 壹圜
以上兩氏가本校에義捐寄附ᄒᆞ얏기로其厚恩을鳴謝ᄒᆞᆷ

漢陽學校 白

本人家에寄備ᄒᆞᆫ南石이가本以悖類로本郡等地所在田畓家券을竊數盜取ᄒᆞ고因逃于上京ᄒᆞ야付同雜輩에變名曰完石이란兒가欲爲典執及與買코져ᄒᆞ오니京鄕間內外國人은切勿見欺ᄒᆞ시와以免白失ᄒᆞᆷ

洪州郡古毛里 崔榮泰 告白

○特別緊急廣告○

日本에셔留學ᄒᆞᄂᆞᆫ天道教派遣學生等은勤々孜々ᄒᆞ야熱心做工ᄒᆞ더니不幸該教會에셔昨年以來로學資를不送ᄒᆞ야千辛萬苦ᄒᆞ다ᄀᆞ頃日에ᄂᆞᆫ食債를未報ᄒᆞ야旅舍에셔被逐ᄒᆞ여留學生監督廳에셔齊留ᄒᆞ더니去五日夜에二十餘人이一時에剪刃을擧ᄒᆞ야其指를斬斷ᄒᆞ고盟誓曰學業을不成ᄒᆞ면死不歸라ᄒᆞ엿스니嗚呼라爲我同胞ᄒᆞ야뉘가同情之淚를落치아니ᄒᆞ리오본會에셔此悲況을我同胞의게廣布ᄒᆞ오니多少를勿論ᄒᆞ고義捐ᄒᆞ야一時救急ᄒᆞ심을千萬伏望

一臨時收蔆所ᄂᆞᆫ大韓每日申報社로定ᄒᆞᆷ
一捐金收集期限은二月十日까지로定ᄒᆞᆷ

光武十一年壹月八日
在日本東京
太極學會 告白

新書發售廣告

中學文法教科書 一秩 定價新貨 八十四錢
世界近世史 壹秩 壹圜八錢
人群進化論 一冊 六十錢
世界進化史 一冊 九十六錢
英國憲法論 一冊 七十二錢
國憲汎論 一秩 壹圜廾錢
萬國憲法志 一冊 六十錢
國際公法志 一冊 六十錢
英國憲法史 一秩 壹圜四十錢
萬國商業志 一冊 七十八錢
希臘三大哲學家學說 一冊 三十六錢
福澤諭吉譚叢 一冊 四十二錢
治內教育 一冊 三十六錢
學生讀書法 一冊 十八錢
修學篇 一冊 三十二錢
家政學 一冊 四十二錢
中國[illegible]史 一冊 二拾四錢
英吉利史 一秩 八拾四錢
俄羅斯史 一秩 九拾八錢
商工理財術 一秩 五拾四錢
日俄戰役滿洲處分案 一冊 四拾二錢
族制進化論 一冊 三拾六錢
女學生 一冊 二拾四錢
實驗小學管理術 一칙 四拾八錢
士耳機史 一冊 四拾錢
亞剌伯史 一冊 拾錢
東文新法會通 一칙 一圜
支那史要 一칙 九拾六錢

此外各國內外新書籍과學校教科書칙이具備ᄒᆞ오니照亮購覽ᄒᆞ옵심仰望ᄒᆞ옵ᄂᆞ이다

皇城中署布廛屛門下
書舖 金相萬 告白

廣告

越南亡國史 國漢文 新刊

定價貳拾伍錢

發賣所 京城廣橋高裕相冊肆 鏡南端川郡禹時夏

布屛下 김相萬 書舖

●明進학교特別補助記

普光寺任員

普成寺各任 金應松 二圓

評議員 金應城 舊貨二拾元

金元波 二元

會圖秩

김錦支 十兩

김碧山 舊貨壹元

高雲花 念佛首座

리思庵 退俗七月

김紫庵 念佛首座

김仁燮 壹元

박碧峯 壹元

최道順 退俗

박吉峰 壹元

柳雲霧 退俗四月

김龜蓮 壹元

최龍致 壹元

鄭龍海 壹元

申奉傾 壹元

馬信文 退

김應潮 與國寺離去五月

鄭藏潤 十五兩

김德信 壹元

박太應 退

박道安 壹元

任奉蓮 壹元

極樂菴 二元 李寶潭擔當

主掌首座

光武十年八月十八日

本部郡總務兼明進학校々長 洪月初

西郊各寺 住職 下座

●緊急廣告●

嗚呼痛哉라 二十一人同胞學生이여 以忠君愛國지誠으로 離親棄墓ᄒ고 留學遠邦타가 經濟窘乏에 難遂素志ᄒ야 血心決議ᄒ고 斷指同盟ᄒ니 像想其當場景況則 變衛비裂에 血淚沾검이라 若我二千萬同胞知其二拾一烈士之血性則 莫석萬금지財하고 부送慈善지금하야 使遂本志케하면 國家幸甚 同胞幸甚

清州郡普成中學校校友會

發起人 鄭永澤 리章爵 任謙宰 鄭泰殷

但義捐금領受所는 京城鍾路 皇城新聞社內

●九轉靈砂라 本人이 妙方法을 神備ᄒ야 製造ᄒᆞᆫ 靈丹이 되 男女老少에 無論何징하고 通治하오며 無病時에도 服하면 平生의 身躰가 健康ᄒ며 小兒는 四五錢重만 服ᄒ면 十歲안에 無病ᄒ기를 擔保ᄒ오며

●九轉靈砂萬應丹은 저狂 癎징과 中風諸疾과 耳目諸病과 淋疾에 神効ᄒ오

●九轉靈砂保命丹은 初生小兒 驚風 간氣 咳嗽 腹瘡 諸般惡징 神効ᄒ오

●九轉靈砂濟衆丹은 酒滯 食滯 血積 吐瀉 霍亂 痢疾 吐血 下血 運氣 時疾 痼징에 神効ᄒ오

●九轉靈砂紫金丹은 痔漏 累瀝 上疳瘡 下疳瘡及唐瘡과 諸般毒瘡惡種에 無不神効ᄒ오니 僉君子는 來問ᄒ시오

內需司前독갑이골上隅第一家 리ᄒ廷移徙 告白

本人의 族弟龍支處에 五千五百兩債給票一張과 金鼎浩處에 六千兩債給票壹장과 族兄龍雲處에 四千兩於音一장을 陰十二月初四五日間에 失히엿사오니 若有拾得人則 內外國人間休紙施行허심을 爲要

義州古郡面居 韓用長 告白

本人이 ○弘錫許 丙午五月晦日 推次於音當錢二萬五千兩票一張과 同人許葉鐵四百五十兩票一張과 保人鄭文鍾許 推次葉錢一萬五千二百兩을 以米代推之意로 契約ᄒᆞᆫ 手票一張과 忠南收租官이 德山朴宜永許 租七十四石과 德山李化增許 租九十二石과 德山柳學洙 租一百九石 出給事로 告示三張을 南門停車場에서 遺失ᄒ와ᄉ오니 誰某拾得ᄒ야도 休紙施行홈

沔川前承旨 金鍾烈 告白

學員募集廣告

本校에서 小學程度로 初等科를 姑先設置허고 學員을 廣募ᄒ오니 願學僉員은 本年一月三十一日(陰拾二月拾八日)以內로 本校에 來議ᄒᆞᆯ事

學員年齡은 八歲以上

入學請願은 本校刊行紙로 施行

來議時間은 自上午拾一時로 下午三時

南署長橋 私立長薰學校

廣告

◎學員募集廣告

本校第三回入學期를 現當ᄒ야 法律學及經濟學兩專門科學員을 玆에 募集ᄒ오니 願학人은 左記試驗定期內에 本校用紙로써 早速請願ᄒᆞᆯ事

但法律科는 晝학及夜학으로 敎授ᄒ고 經濟科는 夜학으로 敎授홈

○修業年限 三학年

○入學年齡 二十歲以上

○學[illegible] 法律학全部 經濟학全部 (備在本校規則)

○試驗日字 三月一日(陰曆丁未正月十七日)

○試驗科目 歷史及地誌問對(內國及外國) 讀書及作文(國文及漢文) 算術(四則以內)

但官公私立학校의 普通科以上卒業證書가 有ᄒᆞᆫ人은 其학力을 檢定ᄒᆞᆫ後 免試許入홈

○開學日字 三月五日(陰曆正月二十壹日)

光武十一年一月十五日

中署磚洞 普成專門學校 告白

廣告

本人이 齒料諸具를 整備ᄒ야 ᄒ人의게 應用케ᄒ며 視務時間은 午前九時부터 午后一時까지 午后一時부터 午后五時까지 夜間에는 定約되로 事務所는 南大門內達城위宮內施蘭敎醫師後家

美國齒醫師 띄、이、한 告白

西署新門外鍮동 百八十六統三戶

辯護士 前檢事 正三品 丁明燮

法律事務所 事務員 前主事 吳在淳

◎民事訴訟代理와 [illegible]

◎特別廣告◎

本書舖에서 敎育界需用을 爲ᄒ야 西洋各種新編書籍을 陸續輸入ᄒ오니 有志君子는 광臨購覽ᄒ시옵

宗敎書類 地誌書類 敎科書類 算學書類 政治書類 傳記書類 歷史書類 雜書類 語學書類 [illegible]類

發賣所 大廣橋書舖 高裕相

分賣所 咸南端川邑龍般里 書舖 禹時和

◎本社廣告

○申報價

一張代金 新貨二錢五里

一個月前納 三十錢

三箇月 九十錢

六個月 一元七十錢

一箇年 三元四十錢

郵稅一部 新貨五里

一箇月 十三錢

○廣告料

四號活字一三字詰 每日每行一寸에 新貨廿五錢 (每日每行六錢에 相當홈)

一週日에 二圓五十戔 (每日每行四戔五里에 相當홈)

一箇月에 五圓 (每日每行四錢一里에 相當홈)

其期限의 長短과 字行의 多夥를 依ᄒ야 斟減홈이 有홈

●大한每日申報各處支社廣告

中署布屛門下 김相萬冊肆

洞口越便 朱翰榮冊肆

中署農圃初入七拾八統第二號 鄭禹澤

平壤上水口門內 김浩淵

全 최叡恒

仁川[illegible] 開新冊肆 리東皓

宣川邑橋西里 安濬

義州西門外한西 大藥局

釜山港佐川 徐藥局

三和港築洞 김仁집

咸興朱南社西門外 曹喜林

開城培學校 姜助遠

大 達城 廣文社

載寧邑濟衆院 夢澤

鐵山邑東部 安主

長連邑 김龜

元山支店 김乃範

定州南門內 洪聖麟

京城興仁門外영楓亭 리建穌

濟州南門內書舖 朴昌鎭

發行兼編輯人 英國人 비說

發行所 南署石井洞號外地三層洋屋家 大韓每日申報社

第五卷

大韓每日申報
대한매일신보

第□百卄一號

月曜及慶節歲時日休刊

檀君開國四千二百三十九年
箕子元年三千二十八年
大韓開國五百十五年
日本明治四十年
淸國光緖三十二年
◉陰曆丙午十二月大十九日辛巳

論說

大畏伯爵

今月十九日에大畏伯爵이進步黨諸員의게演說을陳述인바其結辭에同伯爵이其首領之任을辭免ᄒᆞ기로宣言矣오且其說話中에同氏가日本財政을甚以悲觀的으로諷詠ᄒᆞ얏스니蓋日本이自國의慓悍人과外國財政家의게合同牽引之力을未免ᄒᆞᄂᆞᆫ如彼財政困難에셔何以能就緖ᄒᆞᆯ지ᄂᆞᆫ吾人도不能見이어니와同氏도亦不能見이로다此會에셔採用ᄒᆞᆫ決議第二條가其如左ᄒᆞ니

蓋政府急先務에其一은預算ᄒᆞᆫ收入及支出間에合宜差數를有ᄒᆞᆯ거시라此兩端이不得相合ᄒᆞᆯ預算은斷不許容ᄒᆞᆯ거시로다ᄒᆞ얏더라

日本이債欵을更圖ᄒᆞ야現今經用을欲充ᄒᆞᆷ은其乃東貸西報오且其同時에貸金之利를報償ᄒᆞᆷ이非輕ᄒᆞᆫ줄은人各確知ᄒᆞ리로다

日本이他放蕩者의行跡을從ᄒᆞ면其同一命運을亦從ᄒᆞᆯ지라放蕩者의所言이他一技局을事望ᄒᆞᄂᆞ니日本을管轄ᄒᆞᄂᆞᆫ諸人은他日戰局을言及일시大畏伯爵으對此失策ᄒᆞ야獨々一致로다

日本의有一機會ᄂᆞᆫ國內에儉略ᄒᆞᆷ과國外에調和ᄒᆞᆷ이是也니日本이世界에善戰之稱을今得ᄒᆞᆷ도或爲一種榮光이나然이나此奢侈가自國勞力之民의게費用이太多ᄒᆞ도다

日本의希望이商務를精確注意ᄒᆞᆷ에但在라ᄒᆞᆷ은同伯爵之言이誠是也오因戰品ᄋᆞᆯ備ᄒᆞ야增加ᄒᆞᄂᆞᆫ費用을同氏가輕視ᄒᆞᄂᆞᆫ거ᄉᆞᆫ有志各人을將訴ᄒᆞ리로다

財政便利를關係ᄒᆞᄂᆞᆫ戰役은勝負를勿論ᄒᆞ고無效之機가多有ᄒᆞ니日本의運籌之人이俄國이나或支那를向ᄒᆞ야更一次開戰ᄒᆞ면過去戰役에損失ᄒᆞᆫ거ᄉᆞᆯ回復ᄒᆞᆯ줄로或思ᄒᆞᆯ터이나其必不忘ᄒᆞᆯ거ᄉᆞᆫ古來格言이니所謂擧盃添唇에幾多漏失을亦未免焉이是也로다日本의往古戰史를考閱ᄒᆞ면後或有失敗之機를彼尙量度ᄒᆞ리니數百年以前에日軍이韓國을奄然占領ᄒᆞ얏스나其後에不得已退歸只木ᄒᆞ얏도다史編을或可復誦ᄒᆞ려니와大畏伯爵의今此警論은日本納稅之民이其必銘心ᄒᆞ리로다

官報

◉三千六百七十六號 光武十一年一月三十日

續

◉宮廷錄事

一歷代帝王陵寢有毁壞者該觀察察明具報于該部以爲修葺

一嶽鎭海瀆神室傾頹者該地方官報明修葺以致誠敬

一自本年陰曆十二月十四日昧爽以後凡內而各府部外而觀察府尹郡守各軍隊領尉官과警察官吏並吏셔皂役等若有貪贓枉法剝削小民者照例治罪不在赦前

一文蔭武朝官七品以下各加一階

一懷괴抱璞隱逸之士堪爲時用及무略出衆者凡所在칙觀察據實擧薦칙部覈實徵聘以便擢用

一孝子節婦事績顯著者有司具實報明以昭奬勸

一人命至重歷代皆有三覆奏之條而失出之罰輕於失入凡問刑官員毋或已見拘循賄囑務在得情

一謀叛强盜殺人通奸騙財竊盜六犯外參究情跡可合減等者各減一等

一各道人民孤貧殘疾無人養섬者該地方官加意撫恤勿令失所

一被水旱災傷去處缺食貧民有司即便勘濟無得坐視民患

一天下之本農爲重각府郡果有勸於耕種務本力作者地方官不時加奬以示鼓勵

一內外文蔭무各官有因公詿誤已免本官者칙部奏免懲戒

一各道道路橋梁有회壞者着地方官査明修理以利行旅

一如有廉潔公正賢能幹濟之人或沉屈不振內而各部外而觀察保明該部以憑需用

一詔內各欵俱要實心奉行務使恩澤及民不負朕惓念元元至意如沿習故套徒以虛々塞責隨其見發重勘

於戲甫樓鶴禁長撫於萬之休麟趾螽斯佇見則百之慶佈告天下咸使聞知

光武十年陰曆十二月十四日

◉敍任及辭令

命英親王府總관叙勅任官三等 英親王府贊尉丕忠夏

任英親王府贊尉叙奏任官四等 英親王府典讀尹喜求

任英親王府典讀叙判任官八級 英親王府典衛尹相鍾

任英親王府典衛叙判任官八級 六品徐相泰

命掌禮院副卿叙勅任官三等 宮內府特進官李明직

任經理院技手叙判任官九級 金守鎭

未完

外報

●마비嚴律 淸國政務處에셔會議ᄒᆞ되마비流毒이較之鴉片에不啻倍사라現在에禁止鴉片은旣已奉旨實行ᄒᆞ얏스나마비一物을尤當切實嚴禁ᄒᆞ야以期杜絶禍源이타運售마비를勸爲禁令ᄒᆞ기로訂定專條ᄒᆞ고通飭京外ᄒᆞ야認眞査판케ᄒᆞᆯ터인ᄃᆡ事關交涉이라日內에行咨外部ᄒᆞ야轉商於駐京英使ᄒᆞ야訂法을議定ᄒᆞ고卽行繕奏ᄒᆞ며請飭各省一律施行ᄒᆞᆫ다더라

●日站火警 長春報에云ᄒᆞ되孟家屯에在ᄒᆞᆫ日人들이本月ᄒᆞ日에門戶에係松黃橘을均插ᄒᆞ고以誌慶賀러니是夜에昌圖大司에셔突然失火ᄒᆞ야二個人이飮酒過醉로被火焚斃ᄒᆞ얏다더라

雜報

●長薰學校趣旨

現世界如葡도牙和蘭白耳義丁抹瑞士等國地幅僅不過幾千方哩者尙能獨立於列强之間勃勃有蒸進自强之色況我有三千里靈淑之氣演二千萬神明之胄姿性之溫良材質之慧敏非他邦之可比徒以偏黔壓力嫌英庸術使聰明錮閉人才衰落檀箕羅麗之胤續將爲丕隷禮義仁賢之敎化浸殊凌夷

嗚呼攬印度之覆轍鑑安南之敗軌爲奴僕爲牛馬可不憤哉可不痛哉方今萬國交通新學大啓於是有志憂國之士始乃悟敎育之爲急國內學校之設比紛並起亡羊補牢雖屬晩矣觀魚結網猶賢乎已苟從此愈奮發人人熱誠於子弟敎育復權之機基礎於斯矣可不옹哉

今城內如興化桂山普光養正普成徽文等諸學塾所在을與有論之鑿迨接巷相綴獨吾長薰陶等坊尙闕如焉識者之所慨咄者久矣今幸二三同志詢謀協贊各出資金爲捌一學堂名曰長薰蓋薰者薰陶也本校主旨在長養智識薰陶德義以成就國家有用之人才是己顧名而思義亦知夫本校設立之趣旨也夫

雜報

●政府議案 昨日上午十壹時에政府에셔各部大臣이會同ᄒᆞ야會議를開ᄒᆞ얏ᄂᆞᆫᄃᆡ其議案은匪徒鎭壓費與濬民費支出事件과教官윤緊憲씨를奏任陞差ᄒᆞᆫ等件이라더라

●宮相報聘說 報聘大使ᄂᆞᆫ宮內府大臣沈相薰氏로派送ᄒᆞ기로內定이되얏다ᄂᆞᆫᄃᆡ其內容은得聞ᄒᆞᆫ즉賀使田中光顯氏도日本宮內大臣인故로韓國에셔도宮大沈相薰氏로派遣ᄒᆞᆫ다더라

●宮相署理說 官內大臣沈相薰氏ᄂᆞᆫ報使로渡日ᄒᆞ고陸軍副將윤澤榮氏가署理ᄒᆞᆫ다ᄂᆞᆫ說이有ᄒᆞ더다

●以田代田 度支部顧問官目賀田氏가日昨에歸國ᄒᆞ고岡田氏가代판親務ᄒᆞᆫ다더라

●餞別賀使 日本賀使田中씨一行이昨日京釜鐵路特別一番列車로發程回國ᄒᆞᄂᆞᆫᄃᆡ韓日兩國官憲이一齊히南門外停車場에셔餞別ᄒᆞ얏다더라

●調查各宮 制度局整理委員長趙병式氏가各宮에指揮ᄒᆞ야各該宮庄士文簿와宮屬人員과宮內所儲諸般汁物과庄士秋收租苞石數를一々히調査ᄒᆞ얏다더라

●資格居何 參政大臣박제純氏가晉祭趙民熙씨로法部協판을叙任ᄒᆞ고法務局長朴勝鳳씨로內部協판을敍任허자ᄒᆞ야內大리址鎔氏와尙今相持中이라니조民熙씨ᄂᆞᆫ內部協판資格은不合허고法部協판資格이可合ᄒᆞᆫ지未知허깃다고巷說이喧藉허더라

●患得患失 近日閭巷間傳說을據ᄒᆞᆫ즉각部奏判任官吏가或有當行지事와當發지論이라도顧問官參與官補佐官의氣焰을畏怯허여不敢着手開口허고謹愼顧身ᄒᆞ야外人의性味만隨時相符ᄒᆞ야惟恐不及에所帶官職이或遞免될가念慮ᄒᆞᆫ다니此ᄂᆞᆫ不過是患得患失지輩라허더라

●仕進時間 內部에셔각局課官人의仕進時間을本日爲始ᄒᆞ야上午十点종으로酌定ᄒᆞ고만일晩時ᄒᆞ거나病勢가有ᄒᆞ면晩字와病字를刻章捺지ᄒᆞ기로協議ᄒᆞ얏다더라

●益守繡傘 益山郡守金正基氏가治蹟이顯著ᄒᆞᆷ으로該郡人民等이萬人傘을持ᄒᆞ고內部門前에來到ᄒᆞ얏더라

●日占東軒 江原道蔚珍郡守尹榮允씨가春川觀察道에上來ᄒᆞᆫ時에義兵이該郡境內에屯聚ᄒᆞᆫ지라原州隊兵丁과日兵이鎭歷次來到ᄒᆞ야日兵이該郡東軒에졈據ᄒᆞ고該郡守ᄂᆞᆫ還官後村家에借接ᄒᆞ얏ᄂᆞᆫᄃᆡ官屬과邑民이四散奔走ᄒᆞ얏다더라

●拒絶孫氏

斷指ᄒᆞᆫ學生二十一人이天道敎主孫秉熙을拒絶ᄒᆞᆫ書가大略如左ᄒᆞ니

座下가稱云輔國安民ᄒᆞ고民財을聚斂ᄒᆞ야學生을敎育ᄒᆞᆷ이取已名譽乎아爲國熱誠乎아若爲國養士則學生之事가不下於爲巳之事여날六七朔學金을一不支撥ᄒᆞ야至於流散이로되余然不願ᄒᆞ고至於爲已ᄒᆞ야ᄂᆞᆫ居處에窮華麗ᄒᆞ며出人에乘馬車ᄒᆞ고二妾三妾으로侍左侍右ᄒᆞ야以快一生之樂ᄒᆞ니平昔에每對人語曰有敎育ㅏ熱心云者而今安在며大抵敎主ᄂᆞᆫ以救世로爲已任이여날龍產流離之同胞가扶老携幼ᄒᆞ고啼寒呼飢之聲이到處亂耳로되聽而不聞ᄒᆞ고所謂巡督을派送各郡ᄒᆞ야傾家之餘物을聚之無厭ᄒᆞ니輔國安民之本意가誠如是乎아否乎아欲言인된長ㅂ故로一以蔽之ᄒᆞ고吾儕ᄂᆞᆫ爲國做業於遠邦이라가不可以困難으로半途而歸일식晝働夜學ᄒᆞ야셔도卒業後保國ᄒᆞ기로決心同盟ᄒᆞ고惟吾二十一人은自今以後로座下의게依賴ᄒᆞᆷ이於義ㅆ當ᄒᆞᆫ故로永爲拒絶ᄒᆞ노라ᄒᆞ얏더라

●玄氏向滬 陸軍參將玄暎運氏ᄂᆞᆫ무ᄉᆞᆷ事端인지其家眷을傾率ᄒᆞ고淸國上海等地로渡去ᄒᆞᆫ다ᄂᆞᆫ說이有ᄒᆞ더라

●偵探頗密 近日巷說을聞ᄒᆞᆫ則한日人探偵客이處々의派出ᄒᆞ야何事을密々聚探ᄒᆞᆫ다ᄂᆞᆫ說이有ᄒᆞ더라

●警察何用 近日錢政이窘艱ᄒᆞᆫ中의歲末을當ᄒᆞ얏ᄂᆞᆫ故로城內外각處의盜賊이處々蜂起허여각種奇異ᄒᆞᆫ械機를持허고財產를掠奪허되都無禁戢지方허니警察은何處에用ᄒᆞᆫᄂᆞᆫ지怨聲이籍々허다더라

●持鷄乞日 公州郡守金甲淳氏가該邑底에來留ᄒᆞᄂᆞᆫ何許日人과頻數交涉ᄒᆞ야交誼가親密ᄒᆞᆫᄃᆡ히日人의所請을準施ᄒᆞ야該郡雙樹山城을許與ᄒᆞᆯ줄노公文을繕付ᄒᆞ얏더니히日人이其公文을帶持ᄒᆞ고農商工部에請願ᄒᆞ야認許을得去ᄒᆞ야히地에家舍를建築코져ᄒᆞᄂᆞᆫ지라히道觀察使金嘉鎭氏가强硬히反對ᄒᆞ야農商工部認許를不准ᄒᆞ고該郡守金甲淳氏를論責ᄒᆞ야日人所請을拒絶ᄒᆞᆫ則日人이賠償金을徵出코져ᄒᆞᄂᆞᆫ지라金甲순씨가鷄烟을買持ᄒᆞ고日人의게無數懇請ᄒᆞ야賠償金數十萬兩을徵給ᄒᆞ고無事妥帖ᄒᆞ얏다ᄂᆞᆫᄃᆡ該觀察使金嘉鎭씨의强硬正直ᄒᆞᆷ을莫不稱頌ᄒᆞᆫ다더라

●熱心擴校 廣州水西동小學校가設立多年에僅存名號러니該郡守吳泰泳氏가該校에躬往ᄒᆞ야一百圓을捐補ᄒᆞ고前承旨리亂鍾氏가熱心協助ᄒᆞ야期於擴張ᄒᆞᄂᆞᆫᄃᆡ大旺中대兩面內에事務員을公選ᄒᆞ야每月二次式會議ᄒᆞ야學務에與旺方針이次第順序된다더라

●失火旋滅 再昨夜十一時量에新門內紫門동居民家에셔偶然失火ᄒᆞ야旋即撲滅ᄒᆞ고別無損害ᄒᆞ얏다더라

●水賊下陸 忠南內浦沿海郡唐津沔川等地에셔水賊이十餘名式成群下陸ᄒᆞ야각持銃劍ᄒᆞ고橫行村閭에掠奪財產ᄒᆞᄂᆞᆫ故로或場市를撤能도ᄒᆞ며居民이安堵無路라ᄒᆞ다더라

●軍照法部 軍部에셔法部에照會허되頃者咸平郡김昌泰獄事에與查官會審次로嚴飭히道裁判所事貴照復은既經在案而現挖發部所派查官帶報則咸平民尙未押致觀察使無壹言上京云矣라查官지多日逗留가誠所可慨고로玆更仰布허오니照亮後電飭于히道裁判所허시와另定委員ᄒᆞ야使即會審케허라ᄒᆞ얏더라

●敦校試驗 忠州郡私立敦明학校에셔今番冬期試驗을經ᄒᆞ얏ᄂᆞᆫᄃᆡ교長김在殷氏와校監孫海鵬氏와교師최昌鳳諸氏가紙物鉛筆等으로각其施賞勸勉ᄒᆞ고臨時교師武田文雄씨ᄂᆞᆫ特別히洋服壹件으로三級最優等林相甲씨의게施賞勉勵ᄒᆞ고萬歲를三唱後散會하얏다더라

●國文敎育 義州月華坊宗교學校교師丞秉準氏ᄂᆞᆫ本以儒林翹楚로育英爲樂이러니卓오時務지緩急ᄒᆞ고參究新학ᄒᆞ야교導後進ᄒᆞᄃᆡ國文이壹般교育上에必要됨을認ᄒᆞ고乃與有志紳士申元현等十三員으로特히坊內에國文會를組織하야農工商中漢文에未熟ᄒᆞᆫ者를無論老少하고壹齊히入會케하야聖經의要旨와新학의急務을譯述교導ᄒᆞᆷ이雖牧童樵夫라도忠君지義와愛國지誠이無불切到ᄒᆞ야壹境지內에漸進於文明지域이라ᄒᆞ니國內교育지家皆如諸씨지血誠開導면何患乎我한文化지不振耶오허더라

●巡禁紙鳶 仁川港警務署總巡김允福씨가本港兒童의紙鳶遊戲場을過巡허다가히遊戲場을嚴禁허고교育場에入하야紙筆을遊戲허라고極力勸諭ᄒᆞᆷ이히兒童의父兄이稱頌弗已ᄒᆞᆫ다더라

●災結替納 公州郡守金甲金氏가稅務官을對ᄒᆞ야曰本郡災結은自已가替納ᄒᆞᆯ터이니稅務官은相關치말나ᄒᆞ얏다더라

▲茶半叢譚▼

△中原時事가風便에耳驚ᄒᆞ니원世凱氏가滿洲總督을新任ᄒᆞ얏스니히씨ᄂᆞᆫ杜蘇지材와管樂지望으로世界가希望ᄒᆞ며니滿洲에着手ᄒᆞ니塵氛을快掃ᄒᆞᆯ깃지

△國慶이綿綴에昇平이有象ᄒᆞ나一派政海에猜雲이濃起ᄒᆞ야開霽가無日ᄒᆞ니北嶺孤月의影子가依迷로다

△政府戰爭이不過是內協虛棄인즉國家安危가此壹窠에不係어날爭權爭利에不過ᄒᆞ니小局風波가이아닌가

△日本셔각國에西京과大阪土地을典執ᄒᆞ고債가無路ᄒᆞ야國會 提出ᄒᆞ야大端憂慮ᄒᆞᆫ다니大한에債欵ᄒᆞᄂᆞᆫ돈으로각國債欵이나報償ᄒᆞ지

△日本人이西阪豐씨가한國에獨立을維持케아니ᄒᆞ면不出幾年에日本이反受其害ᄒᆞᆯ目的으로處義ᄒᆞᆫ事를百方掩匿코져ᄒᆞ나崑山片玉이本色이自露ᄒᆞᆯ깃지

△近日賊警이蜂聚蝟屯하야患及塚墓에生靈이塗炭ᄒᆞ나警官이無效하니都費國祿에用자何處오

別報

美國博士스톤氏의讀布哇韓人 續

또六千名中에도一個도우像을爲ᄒᆞᄂᆞᆫ關係되ᄂᆞᆫ거슨始作ᄒᆞᆫ事가無ᄒᆞ고但各處會堂을建ᄒᆞ나或房貰를出ᄒᆞ야도福音을傳ᄒᆞ기에勤實ᄒᆞ니此ᄂᆞᆫ果然히彼日人과淸人보다卓越ᄒᆞᆫ事로다韓人들ᄂᆞᆫ大槪智慧가有ᄒᆞᆫ百姓이라學校의敎科書ᄂᆞᆫ聖經의次로知ᄒᆞ고學校ᄂᆞᆫ會堂의次로知ᄒᆞᄂᆞᆫ니彼等이各樣으로該嶋에셔開明實地를學得ᄒᆞ야가지고自巳國에還歸ᄒᆞ야不知ᄒᆞᄂᆞᆫ同胞를敎코져홈이로다

余가該嶋에在ᄒᆞᆯ時에三子를有ᄒᆞᆫ韓人을逢着ᄒᆞ야問ᄒᆞ되本國에還歸ᄒᆞ기를希望ᄒᆞᄂᆞ냐ᄒᆞ니其所答에余의三子를大學校卒業식히기를目的을合고余가錢을得ᄒᆞ야三子에敎育식힌後에ᄂᆞᆫ一日이라도밧비本國에還歸ᄒᆞ야不知ᄒᆞᄂᆞᆫ同胞ᄃᆞ를경醒ᄒᆞ기를願ᄒᆞ노라ᄒᆞ니此ᄂᆞᆫ眞箇醒覺ᄒᆞᆫ人의言이라彼三千年을隱居ᄒᆞ얏던國土에百姓들이今日에自然히開明ᄒᆞᆯ機會를得ᄒᆞ매諸般心力을盡ᄒᆞ야進化ᄒᆞᄂᆞᆫ도다ᄒᆞ얏더라

雜雜

●又絶一進 斷指同盟ᄒᆞᆫ二十一人이李容九를拒絶ᄒᆞᆫ書가如左

座下가自數十年以來로稱云輔國安民ᄒᆞ고通行十三府각郡ᄒᆞ야以甘言利舌로聚斂民財ᄒᆞ시니雖蠢蠢愚民이라도感發於輔國安民之說ᄒᆞ야傾家破産에盡力出義를若干擧其大數而計之라도至於幾百萬圓이여날座下가與嚴柱榮之輩로耗盡於肥巳買妾等事而對於國事에不助一臂之力ᄒᆞ고爲其同胞에不濟一夫之困而由來所爲가不過淫辺之事而已라然則言雖輔國安民이나貽害莫甚이오名雖曰敎日會나實則妾世界也라切念破産流離之同포ᄒᆞ면憤然交生에不覺血淚之滿걱이며以學生事言지라도人지子弟를派送於萬里異域ᄒᆞ고六七朔ᄒᆞᆫ費를終不支撥ᄒᆞ야至於流散이로되忘却不顧ᄒᆞ니何如是無義無情乎아吾儕지留學遺邦이注出於愛國熱誠則雖千辛萬苦라도不可半途廢지니惟吾二十一人은自今以後로寧爲勞働苦學이연졍不忠不良無義無情ᄒᆞᆫ座下의게依賴ᄒᆞᆷ이義不可當故로永爲拒絶ᄒᆞ노라ᄒᆞ얏더라

●靑年討論 二月二日土曜下午七点에靑年會에셔人心團合은法律이勝於敎化라ᄂᆞᆫ問題로特別討論會를開ᄒᆞ고法학講習所와敎明義塾學員을請ᄒᆞ야臨時建築ᄒᆞᆫ新演說場에셔新問題로新智識을交換케ᄒᆞ다더라

●硏究會況 日昨은佛敎硏究會通常會日이라會長洪月初氏가明進학校校務를講究ᄒᆞ고會長을辭免ᄒᆞᄂᆞᆫ뒤會長은李寶潭氏로追薦ᄒᆞ고副會長은孫松庵氏로選定ᄒᆞ고써ᄂᆞᆫ自講評議長ᄒᆞ야擴장方針을有志紳士로熱心爛商中인뒤會長李寶潭氏ᄂᆞᆫ奉元寺에셔數十人僧侶가會日에來參ᄒᆞ얏ᄂᆞᆫ뒤宴需를盛備ᄒᆞ야諸學生을接待ᄒᆞ고歡悅閉會ᄒᆞ얏다더라

●狂悖敎員 新門外官立普通學校敎員宋淳형氏가自稱校長ᄒᆞ고同爲祠務ᄒᆞᄂᆞᆫ敎員을壓制ᄒᆞ며諸학徒을對ᄒᆞ야敎育勸勉은姑捨ᄒᆞ고悖談辱說로壓迫이甚ᄒᆞᆫ故로一般학徒덜이不勝憤鬱ᄒᆞ야退學ᄒᆞᄂᆞᆫ者多數ᄒᆞᆫ뒤校況이振興지望은杳然ᄒᆞ다더라

●印刷六千 靑年會의셔昨日獨立館穆德氏演說臺入門票六千장을印刷ᄒᆞ얏다더라

●反不如外人 平安南道殷山金礦은自巳亥年으로英人이到泊ᄒᆞ야採掘ᄒᆞ더니至于今年ᄒᆞ야別無利益故로今春에停役ᄒᆞ고英人이礦民을愛恤ᄒᆞ며本郡守張德根氏를對ᄒᆞ야日該洞形을周察ᄒᆞᆫ즉此礦을停止ᄒᆞ면尤極困難ᄒᆞᆯ거시니郡守가善爲保護ᄒᆞ라ᄒᆞ얏ᄂᆞᆫ뒤一個外國人에破礦을本邑巡檢鄭命彦鄭壽은兄弟가稱以派員ᄒᆞ고每朔稅納을每名의一二兩重或四五錢重과小兒則一錢七八分重式收捧ᄒᆞ고又以水役이라稱ᄒᆞ고每人에七八拾兩式或四五十兩을或勒捧ᄒᆞ야每朔稅金百餘兩重式收捧ᄒᆞ며稅監與巡視三四名을率置ᄒᆞ고店民을杖지囚지ᄒᆞᄂᆞᆫ故로該洞人民이渙散乃巳라ᄒᆞ더라

●有誤必正 三昨日本報雜報欄內振靈有靈이라ᄂᆞᆫ題下에警使김思默씨事를更採ᄒᆞᆷ히써가謫子로受服ᄒᆞᆫ事가初無ᄒᆞ다허기玆에正誤홈

●金氏八難 續

文明國에法律이々려ᄒᆞᆫ가他國民에만對ᄒᆞ여施行ᄒᆞᄂᆞᆫ法律인지未可知也로다昔往에日本이此等事例로我한人에對ᄒᆞ여屢行ᄒᆞᆫ前例가有ᄒᆞ엿ᄉᆞ니自甲午乙未以後로內地의셔人命損害라籍稱ᄒᆞ여其遺族의게恤金ᄒᆞᆫ다ᄒᆞ고幾拾萬圓을徵去ᄒᆞ얏시며

광무八年에公州郡의來住ᄒᆞᄂᆞᆫ日本商民寬辰太郞이軍인과爭鬪ᄒᆞᆫ事件에對ᄒᆞ여損金幾千圓을我한政府의徵捧ᄒᆞᆫ事도有ᄒᆞ니如此ᄒᆞᆫ巳例가皆日本政府의셔先行ᄒᆞᆫ法律의證援比例라今의김氏鹽價의對ᄒᆞ야도木村源一郞의貧富生死를勿論ᄒᆞ고일本政府의셔當然히徵給ᄒᆞᆯ理由가分明ᄒᆞᆫ지라

假令日本國商民이物貨를한人의船에裝載ᄒᆞ얏다가不幸遭無名盜賊지變이라도日政府에셔必應復用前例ᄒᆞ야督迫韓政府ᄒᆞ야徵去賠償을不留時刻ᄒᆞᆯ지거ᄂᆞᆯ今此堂々徵給지物를壹向推위ᄒᆞ고延타歲月者ᄂᆞᆫ此果멸視我한政府지故也로다

不然則豈有如此理ㄴ지行事哉아痛寃莫甚이오며我한議政參政은國지大任을擔負ᄒᆞ야民情을保護ᄂᆞᆫ可커ᄂᆞᆯ今於七八年訴訟ᄒᆞᄂᆞᆫ金斗源事件에無壹言半辭ᄒᆞ고帽佛顧見而只是竊祿尸位而已也오외事局長한昌洙씨ᄂᆞᆫ김씨에訴狀을案독에留置ᄒᆞᆫ지六十餘日만에參贊으로陞差만허고 未完

●開城居金生이國民新報社에寄書ᄒᆞᆫ全文을請揭於本報가如左 續

貴社以吾儕爲無賴請問 貴社지有賴於國家者何也謀害衆民蹂躙一方使我同胞弗見政府지願恤寃死於一壑此其所視ㅈ耶貴社亦一般國民也其於同胞지寃鬱死亡何其無義無禮지甚也此新聞지一出也지裂지曰似此新聞誓不復掛안以汚국광壹言欺衆遂至失望於天下吾儕지見謗見辱姑且不恤而貴社獨不內괴于心乎若以貴社新聞지論評善惡不足爲喜怒而置지則實非吾儕告인以善지義也且聞 貴社虛已受인勇於自新故玆以勸告惟願 貴々勿인其過幡然而改自述其正誤지文而無復도前轍也不然則吾儕百餘인誓與 貴사裁判而共決死生惟 貴사諒處爲幸甚 完

詞藻

輓崔勉菴先生 錦汕尹鳳鎭

大義精忠貌日明
先生一去奈蒼生
可憐馬島長江水
嗚咽千年未盡聲

廣告

廣告

越南亡國史 國漢文 新刊

定價貳拾伍錢

發賣所京城廣橋高裕相冊肆
鏡南端川郡禹時夏冊肆
布屛下 김相萬 書舖

○特別緊急廣告○

日本에셔留學하는天道教派遣學生等은勤々孜々하야熱心做工하더니不幸該教會에셔昨年以來로學資를不送하야千辛萬苦하다가頃日에는食債를未報하야旅舍에셔被逐하여留學生監督廳에셔齊留하더니去五日夜에二十餘人이一時에勇刃을擧하야指를斬斷하고盟誓曰學業을不成하면死不歸라하엿스니嗚呼라爲我同胞하야뉘가同情之淚를落치아니하리오본會에셔此悲況을我同胞의게廣布하오니多少를勿論하고義捐하야一時救急하심을千萬伏望

一臨時收捐所는大韓每日申報社로定홈
一捐金收集期限은二月十日까지로定홈

光武十一年壹月八日
在日本東京
太極學會 告白

元山倉前本支社員金乃範氏는代金收捧키難한事로請願自退하얏기로其代에劉七錫氏로支社員을更定하얏스니該附近社々員은右氏의게請求하시옵

大韓每日新報社 告白

新書發售廣告

中學文法教科書一秩定價新貨八十四錢
世界近世史壹秩 壹圓八錢
人群進化論一冊 六十錢
世界進化史一冊 九十六錢
英國憲法論一冊 七十二錢
國憲汎論 一秩 壹圓卄錢
萬國憲法志一冊 六十錢
國際公法志一冊 六十錢
英國憲法史一秩 壹圓四十錢
萬國商業志一冊 七十八錢
希臘三大哲學家學說一冊 三
福澤諭吉譚叢一冊 四十二錢
胎內教育一冊 三十六錢
學生讀書法一冊 十八錢
修學篇一冊 三十二錢
家政學一冊 四十二錢
中國國債史一冊 二拾四錢
英吉利史一秩 八拾四錢
俄羅斯史一질 九拾八錢
商工理財要術一질 五拾四錢
日俄戰後滿洲處分案一冊 四拾二錢
族制進化論一冊 三拾六錢
女學生一冊 二拾四錢
亞刺伯史一冊 拾錢
士耳機史一冊 四拾八錢
實驗小學管理術一칙 四拾八錢
支那史要一칙 九拾六錢
東文新法會通一칙 一圓

此外各項內外新書籍과學校教科書籍이具備하오니照亮購覽하심을仰望하옵니다

皇城中署布屛門下 書舖 金相萬 告白

●緊急廣告●

嗚呼痛哉라二十一人同胞學生이여以忠君愛國지誠으로離親棄墓하고留學遠邦라가經濟窮乏에難遂素志하야血心決議하고斷指同盟하니像想其當場景況則變衡비裂에血淚沾검이라若我二千萬同胞知其二拾一烈士지血性則莫셔萬금지財하고부送慈善지금하야使遂本志케하면國家幸甚同胞幸甚

濟州郡普成中學校校友會
發起人 鄭永澤 리章爲
任謙宰 鄭泰殷

但義捐금領受所는京城鍾路皇城新聞社內

●九轉靈砂라 本人이妙方法을神備하야製造한靈丹이되男女老少에無論何징이고通治하오며無病時에도服하면平生의身躰가健康하며小兒는四五錢重만服하면十歲안에無病하기를擔保하오며

●九轉靈砂爲癎丹은저狂 癎징과中風諸疾과耳目諸病과淋疾에神効하오

●九轉靈砂保命丹은初生小兒驚風 간氣 咳嗽 腹瘡諸般惡징에神効하오

●九轉靈砂濟衆丹은酒滯 食滯 血積 吐瀉 霍亂 痢疾 吐血 下血 運氣 時疾 痛징에神効하오

●九轉靈砂紫金丹은痔漏 累癧 上疳瘡 下疳瘡及唐瘡과諸般毒瘡惡種에無不神効하오니 僉君子는來問하시오

리호廷移徙 內需司前독갑이골上隅第一家 告白

廣告

◎學員募集廣告

本校第三回入學期를現當하야法律學及經濟學兩專門科學員을玆에募集하오니願학人은左記試驗定期內에本校用紙로써早速請願할事

但法律科는晝학及夜학으로教授하고經濟科는夜학으로教授홈

○脩業年限 三학年

○入學年齡 二十歲以上

○願書 法律학全部 經濟학全部 備在本校規則

○試驗日字 三月一日(陰曆丁未正月十七日)

○試驗科目
歷史及地誌(內國及外國)
讀書及作文(國文及漢文)
算術(四則以內)

但官公私立학校의普通科以上卒業證書가有한人은其학力을檢定한後免試許入홈

○開學日字 三月五日(陰曆正月二十壹日)

光武十一年一月十五日
中署磚洞 **普成專門學校** 告白

廣告

本人이齒料諸具를整備하야한人의게應用케하며視務時間은午前九時브터午后一時까지午后一時브터午后五時까지夜間에는定約되로

事務所는南大門內達城위宮內施醫敎醫師後家

美國齒醫師 띠、이、한 告白

西署新門外 鍮동 百八十六統三戶

辯護士 前檢事正三品 丁明燮
法律事務所 事務員 前主事 吳在溥

◎特別廣告◎

本書舖에셔教育界需用을爲하야西洋各種新編書籍을陸續輸入하오니有志君子는광臨購覽하시옵

宗教書類 地誌書類
教科書類 算學書類
政治書類 傳記書類
歷史書類 雜著書類
語學書類 醫學書類

發賣所 大廣橋書舖 **高裕相**
分賣所 咸南端川邑龍般里 書舖 禹時和

◎本社廣告

○申報價

一張代金 新貨二錢五里
一個月前納 三十錢
三箇月 九十錢
六個月 一元七十錢
一箇年 三元四十錢

鄕紙一部 新貨五里
一箇月 十三錢

廣告料

四号活字 三字詰
每日每英尺一寸에新貨廿五錢
一週日에 一圓五十戔
(每日每行六錢에相當홈)
一箇月에 五圓
(每日每行四戔五里에相當홈)
每日每日四錢一里에相當홈
其期限長短과字行의多寡를依하야增減홈이有홈

●大韓每日申報各處支社廣告

中署布屛門下 김相萬冊肆
同口越便朱翰榮冊肆
中署罷僧洞初入七拾八統第二號 鄭禹澤
平壤上水口門內 김浩淵
全州 최淑恒
仁川 畯開新冊肆 리東皓
宣川邑福西里 安濟
義州西門外한西 大藥局
釜山港佐川 徐藥局
三和港築洞 김仁집
咸興朱南社西門外 曹喜林
開城培學校 姜助遠
大邱達城 廣文社
載寧邑濟衆院 夢澤
鐵山邑東部 安
長連邑 김
元山支店 김乃範
定州南門內 洪聖麟
京城興仁門外영楓亭 리建赫
海州南門內書舖 朴昌鎭

發行兼編輯人 英國人비說
發行所 南署石井洞號外地三層洋屋家
大韓每日申報社

第五卷

大韓每日申報
대한매일신보

第四百卅二號

月曜及慶節歲時休日刊

檀君開國四千二百三十九年
箕子元年三千二十八年
大韓開國五百十五年
日本明治四十年
淸國光緖三十二年
◉陰曆丙午十二月大廿日壬午

論說

德美가有何協同耶

美國쉬카고城에每日新報가倫敦探報員의電信을記載ᄒᆞ얏시되外務部와及美國大使館에셔現今疑訝ᄒᆞᄂᆞᆫ거ᄉᆞᆫ某處에셔英美關係를更欲淸凉ᄒᆞᄂᆞᆫ順次用力을方今增加ᄒᆞᄂᆞᆫ거시니美國大統領이德國皇帝와親信交通이有ᄒᆞ야若日本이白人을威務ᄒᆞ면德美間協同을愛願ᄒᆞᄂᆞᆫ줄노表著되ᄂᆞᆫ도다

去月六日下議院에셔外務部大臣그레이氏의게質問ᄒᆞ되德國이連累ᄒᆞ야戰局이共有ᄒᆞ면德國商船이美國旗下에셔受其保護ᄒᆞᆯ거슬或得聞知耶아ᄒᆞᆫᄃᆡ同氏ᄂᆞᆫ答曰否라ᄒᆞ얏고其後로好說客은如此報告의起因을欲探ᄒᆞ야至於迷亂矣로다

近者紐育來報에著示ᄒᆞᆫ거ᄉᆞᆫ若日本이與美交戰이면英國人民이協助日本ᄒᆞᆷ을必要를免除ᄒᆞᄂᆞᆫ귀諾가英日盟約에不存ᄒᆞ다ᄂᆞᆫ意思를美國內에試圖傳播ᄒᆞᄂᆞᆫ저라依其不明ᄒᆞᆫ거ᄃᆡ如此音思ᄂᆞᆫ同盟約을不然誤解ᄒᆞᆷ이니第一은其締約이極東平和만特計ᄒᆞᆫ거시오第二ᄂᆞᆫ締約兩國이他一國의認許를不得ᄒᆞ고始其戰役ᄒᆞ기ᄂᆞᆫ각其不能이오第三은若其攻擊이第二國의土地權限과特別利益을不犯이면抵抗敵國ᄒᆞ기에他一國을必助ᄒᆞᆯ地位에各其ㅣ居矣로다依其條約之定限이면英國의特別利益은印度國境을關係ᄒᆞᆷ이오日本은韓國을關係ᄒᆞᆷ이나雖然이나至於韓國ᄒᆞ야ᄂᆞᆫ列國의商工業上均等要領을日本이不得違犯ᄒᆞ기로禁斷ᄒᆞ얏도다此要領이締約之三大目的에爲其一이라此盟約이頒布된後에랜스돈氏(締盟時外部大臣)가加言ᄒᆞ얏스되但爲端侵擊ᄒᆞ야被ᄒᆞᆷ에만同盟國의助力을能招ᄒᆞᆯ거시라ᄒᆞ얏고且如此攻擊은同盟約文에指明ᄒᆞᆫ土地權限과特別利益을防禦ᄒᆞᄂᆞᆫ時에必起ᄒᆞᄂᆞᆫ거시니　務部가比律賓을締約ᄒᆞᆫ區外로確實關係ᄒᆞᆷ을每日新報의探報員이信認ᄒᆞᆷ이되얏도다

官報

●三千六百七十六號　光武十一年一月三十日　續

◉叙任及辭令

命奏掌司掛叙勳任官三等　宮內府特進官徐肯淳
九品朴錫台　仝○錫龜
仝　白用基　仝李康海
仝　李容羲

解侍從院分侍御
解主殿院電務課分主事　六品姜進秀
解侍從院庶務課分主事　九品金泰淳
解學部委員　六品玄　釆
金命年　九品尹興植
命學部委員

●三千六百七十七號　光武十一年一月卅一日

◉官廷錄事

弘文館학士南廷哲辭職疏
批旨省疏具悉所請依施
宮內府特進官김聲根辭職疏
批旨省疏具悉所請依施

◉叙任及辭令

日本國艦隊司令官海軍少將寺垣猪三
叙勳一等賜八卦章
日本國艦長海軍大佐　石井義太郎
仝　西山保吉
叙勳三等賜八卦章
叙勳三等賜太極章
日本國艦長海軍中佐　大澤喜七郎
叙勳四等賜太極章
日本國參謀海軍大尉　小松直幹
命弘文館학士叙勅任官二等　宮內府特進官리恩冕
解分太醫院副卿　奉常司副提調윤德榮
正三品申亨雨　仝姜晥熙
六品鄭泰源　仝한用찬
解侍從院分侍從
正三品리龍世　仝兪鎭圭
解侍講院分侍讀
六品沈宗섭　仝李興宰
解侍講院分侍從官
九品한性錫　仝卿錫창
仝　리參烈　仝리載긔
解侍從院分侍御
九品洪영섭　仝申在학
仝　리鍾仁　仝朴敦圭
解侍從院分主事
解侍從院庶務課分主事
九品卞鍾善
六品ᄒᆞ형集
解太醫院分主事
六品리鳳善　仝洪義煥
解主殿院電務課分主事

京畿裁判所檢事沈종大
忠北道裁判所檢事洪면히
忠南道裁判所檢事趙丙勳
全羅北道裁判所檢事윤憲永
全羅南道裁判所檢事洪淳용
慶尙北道裁判所檢事陸鍾면
慶尙南道裁判所檢事朴準性
江原道裁判所檢事리重赫
黃海道裁判所檢事洪祐燮
平安北道裁判所檢事安秉찬
平安南道裁判所檢事金鍾호
咸鏡北道裁判所檢事權赫采
咸鏡南道裁判所檢事金義濟
給七級俸

外報

●金州의日人騷動　北京報를據ᄒᆞᆫ즉盛京將軍趙爾巽가日人이金州에在ᄒᆞ야居民을虐待ᄒᆞᄂᆞᆫ情狀을外部에電告ᄒᆞ얏ᄂᆞᆫ데金州居民이日人의驅逐을被ᄒᆞ야出境ᄒᆞᆫ者가多有ᄒᆞ고田地가今히日人의占據를被ᄒᆞ야日本産業을作ᄒᆞ고幷히村庄名稱을擅改ᄒᆞ야第幾區第幾番이라ᄒᆞ니速히日使의게照會ᄒᆞ야詰問ᄒᆞ라ᄒᆞ니外部에셔北洋大臣의게電咨ᄒᆞ야速히委員을派ᄒᆞ야據實査覈ᄒᆞᆫ後에再行核奪ᄒᆞᆫ다더라

●農務學堂　淸國政府에셔西城根原의舊日工部衙署를將ᄒᆞ야農務學堂을改建ᄒᆞ고組織이齊備ᄒᆞ고一切章程을議定ᄒᆞᆷ을待ᄒᆞ야卽行開판ᄒᆞᆫ다더라

●淸國의鍊兵　淸國政府에셔徐世昌、원世凱、鐵良、三大臣이會同ᄒᆞ야各省의鍊兵事務를판理ᄒᆞᆷ을命ᄒᆞ얏다더라

寄書

李一相氏가本社에寄函ᄒᆞ되僕東東之人買於西民富而國遊歷四海入其境而問其俗則自以利益ㅏ確張爲主西之人商於我韓人之留外者非其傭則ㅓ人賃商所辱者轉縛所轉者溝壑無所申訴乞他保護嗚呼痛哉何無其人萬念成灰一心ㅗ枝轉渡于上海有一商舖琉리窓州확嘸駭人心目懸一額板曰秦茂洋行問其主則한人徐公相集其設施ㅓ略不下於外國余於是乎有感오且覺不可以不曠思不可以自卑義惜我國之不能及外國也今見此號亦不恥於外人庶可慰乎抱恨重到北京門미燦耀商板興旺청此號則曰天成問其人則亦한人金公其宅也其規模反有勝於秦茂豈不欽哉可不欽哉余初以謂徐公獨擅也復見金公之興舉以其快於心者不可無一辭贊揚玆陳所覩使我同胞有志熱心不㽻勉效徐金之業以有補於民國之萬一焉

雜報

●太子妃冠禮 昨日에 皇太子妃殿下冠禮를咸寧殿에셔擧行ᄒᆞ셧다더라

●轉任贊議 義州府尹리民부務安府尹安基현兩씨가中樞院副贊議로轉任ᄒᆞ얏다더라

●署長經議 中署々長有闕代에警務廳總巡박喜旭씨로叙任ᄒᆞ기로政府會議에經議ᄒᆞ얏다더라

●內協新任 再昨日政府會議에內部協판은漢城判尹박義秉氏로叙任허기로決定ᄒᆞ얏다더라

●見慘不幸 內部大臣은侍從院卿리道宰氏가被任허기로單望이라더니該氏가日前에其令愛의慘境을當ᄒᆞ야闕內出入에拘忌가되여內大被任說은自歸虛地라더라

●恩露균被 日本셔斷指ᄒᆞᆫ留學生에게五千圜을 內下ᄒᆞ셧는ᄃᆡ法大리夏榮씨가防禀ᄒᆞᆫ理由를詳聞ᄒᆞᆫ즉法大가上奏ᄒᆞ되日本留學生이七百餘名인ᄃᆡ但斷指生에게만特下ᄒᆞ시면不無向隅之歎이라ᄒᆞ미自 上으로五千圜을還收ᄒᆞ시고一萬圜을政府로 下賜ᄒᆞ시와一躰分給ᄒᆞ라ᄒᆞ셧는ᄃᆡ政府에셔會議ᄒᆞ기를 內下錢만頒給ᄒᆞᆯ슈업시니政府에셔도官吏에義捐을收斂ᄒᆞᆫ後에撥送ᄒᆞ기로決議ᄒᆞ얏다더라

●三氏將免 廣濟院長閔元植씨가該院醫師최衡源金聖培와技手徐凡순三氏를免官ᄒᆞ기로內部에報告ᄒᆞ고同三氏를對ᄒᆞ야請願辭職ᄒᆞ기를勸告ᄒᆞ거날三氏가答ᄒᆞ되多年視務에別無過失인ᄃᆡ今忽請願ᄒᆞ라ᄒᆞ니事甚訝惑이라ᄒᆞ며其抑鬱情勢를遣遣說明ᄒᆞᆫ後請願을아니ᄒᆞ얏더니閔氏가至再至三에屢勸請願ᄒᆞ는지라김聖培최衡源兩氏는不得已請願ᄒᆞ고徐凡순氏는無罪請願이果係抑冤ᄒᆞ야終乃靳持ᄒᆞ더니政府會議席에此事件을提議ᄒᆞ되無故免官이事不妥當이라ᄒᆞ야其時署理大臣成岐運氏가內部로電話ᄒᆞ야三人中에或有請願書라도該請願書를封還ᄒᆞ고免官報告를勿施ᄒᆞ라ᄒᆞ얏는ᄃᆡ閔씨가期於免官ᄒᆞ기로堅執ᄒᆞ더니該部大臣리址鎔氏가歸國視務ᄒᆞᆫ後에閔씨가同三人을免官ᄒᆞ기로再次報告ᄒᆞ얏는ᄃᆡ該大臣이姑爲中止ᄒᆞ야尙未決末中이라더라

●美將美學 日本에駐在ᄒᆞᆫ美國公館補陸軍大尉이스더려크氏가日本人이한國學生을陸海軍學校에許入지못ᄒᆞ게ᄒᆞᆷ을愛惜히여게留學生監督한致愈氏를來見ᄒᆞ여曰自國公館附近에武官學校一個所를新設ᄒᆞ고校中의諸般經費는自擔ᄒᆞᆯ터이니한國留學生中에軍人志願이有ᄒᆞᆫ者를使之入校ᄒᆞ야五個年卒業後에美國에率往ᄒᆞ야一個年을實地見習ᄒᆞ되其教育은日語로用ᄒᆞ고軍制는西法을主ᄒᆞ기로ᄒᆞ는ᄃᆡ한國學生이多數入校ᄒᆞᆫ다더라

●穆師讚韓 穆德先生의入京ᄒᆞᆫ事는前報에揭載ᄒᆞ얏거니와去三十日下午十時半에新門外停車場에到着ᄒᆞ는ᄃᆡ靑年會員五百餘人이一齊히出往歡迎ᄒᆞᆯ식최炳憲氏는城內八個所敎員의代表가되야說明ᄒᆞ되穆德先生이韓國에來臨ᄒᆞ시니將次國益이有ᄒᆞᆯ거시오吾人이穆德先生을對ᄒᆞ니大段有福ᄒᆞᆫ眼이라ᄒᆞ얏고呂炳현氏는一般出迎ᄒᆞᆫ諸氏의代表되야說明ᄒᆞ되穆德先生은世界에一大위人이라其足趾가不到ᄒᆞᆫ邦은可謂不幸이라ᄒᆞᆯ거시오其足趾가韓國에履臨ᄒᆞ시니大段感幸ᄒᆞ다ᄒᆞᆷ의穆德先生이答辭ᄒᆞ되他邦을遊覽ᄒᆞᆷ이韓國ᄭᆞ지三十六國인ᄃᆡ釜山셔列車를搭乘ᄒᆞ고上來ᄒᆞ면셔左右를顧眄ᄒᆞᆫ즉山明水麗ᄒᆞ야숙氣가令人嘆服이라한國이將來大開ᄒᆞᆯ줄을業已思量ᄒᆞ얏고及到京城ᄒᆞ야人品과物情을暫見ᄒᆞ드ᄃᆡ도溫和鮮明ᄒᆞᆯ섄더러諸씨가如是歡迎ᄒᆞ니雖到他邦이나似還吾家라ᄒᆞ며明日演說臺에更見ᄒᆞ기를希望이라ᄒᆞ고旅宿舘에歇宿ᄒᆞ얏다더라

●署長陞任 北署署長은西署總巡丁圭鳳씨로陞任ᄒᆞ라고內部에報告ᄒᆞ얏더라

●局長報部 學務局長兪星濬씨가公州淸州忠州等地學校를視察ᄒᆞ고學校新建築ᄒᆞᆯ基地에票木을揷立ᄒᆞ고該基地를圖形ᄒᆞ야學部로報告ᄒᆞ얏다더라

●國體獨立 再昨日獨立舘演說臺에셔穆德先生이演說허는ᄃᆡ傍聽人員이數千名에達ᄒᆞᆫ지라演說臺가狹窄ᄒᆞ야三處로分置演說ᄒᆞ는ᄃᆡ其演說主旨는實心信敎ᄒᆞ야人民이國脉되야獨立舘과如히獨立허기를證明ᄒᆞ얏다더라

●請願償與 去年年終에廣濟院一般官人의게賞與金을頒給ᄒᆞ는대金聖培氏의賞與金三十三圜과최衡源氏의賞與金二十三圜과徐凡순氏의賞與金二十三圜은頒給지아니ᄒᆞ다가金聖培최衡源兩氏는請願辭職ᄒᆞᆫ後에出給허고徐凡순氏는終不支給ᄒᆞᆫ지라徐氏가其理由를質問ᄒᆞᆫ즉該院財政出納ᄒᆞ는通辯井上鯉一氏가答ᄒᆞ되醫長佐左木씨와院長閔元植씨가指揮ᄒᆞ되請願ᄒᆞ기前에는賞與金을勿爲支給ᄒᆞ라ᄒᆞ기로尙未出給이라ᄒᆞ고終是靳持ᄒᆞᆫ다더라

●警使名譽 경務使김思默氏가一自始仕以後로實心視務에雖暴雨乱雪中이라도仕進을廢허는日이無허고警務局長으로多年視務에該廳諸般事務가한熟ᄒᆞᆯ섄더러或有納賂圖囑之說이면牢却不受ᄒᆞ고是非曲直間에隨事公決ᄒᆞ야該廳一般官吏의게名譽가素著ᄒᆞᆫ故로今番警務使之任도政府에셔公薦敍任ᄒᆞ얏다더라

●셔氏血書 湖南鐵路事件에對ᄒᆞ야셔午순氏가硏指結盟ᄒᆞᆫ事는已爲報道ᄒᆞ얏거니와去月二十九日에該氏血書에云ᄒᆞ되大韓獨立原因이在此湖南鐵道ᄒᆞ니凡我同胞는共力竣工ᄒᆞ야俾免列强之貽笑을至祝ᄒᆞ노라發起人의셔午순氏는書라ᄒᆞ얏다더라

●平漢罪囚 平理院에已決囚가公錢徵納郡守가六十四人이오公錢欠逋郡吏가二十六人이오犯贓觀察郡守가三十人이오雜囚가七十一人이오時囚懲丁이二十八人이오還囚가十人이오押上秩이六人이오漢裁에는時囚懲丁已決슈가二百五人이오還囚及牢囚가七十三人이오押上질이三十人이오監獄署新入懲丁이六人이오警務廳에셔下囚ᄒᆞᆫ罪人이七人이라더라

●嶺儒同盟 今番李裕寅死罪案에法律이爲有ᄒᆞᆫ事에對ᄒᆞ야嶺南來人의探報를據ᄒᆞᆫ즉嶺南多士가斂心結성에血淚成川ᄒᆞ야리裕寅出獄後에自由復讎ᄒᆞ기로發通ᄒᆞᆫ其全文이如左ᄒᆞ더라

嗚呼痛哉라我嶺南은地廣이七十一州요人口가數百萬餘라我國에十分一이니國不可薄待全嶺이오嶺不可暫外國法故로法律上에同胞均有ᄒᆞᆫ資生利益이重大廣濶ᄒᆞᆫ지라如或個人의獨利法을特因ᄒᆞ야同포均益을限外被奪ᄒᆞ면百萬生命의困辱을難免인바彼리裕寅이가全嶺人士六千三十餘人을罔測誣陷ᄒᆞᆫ諸般罪惡은世皆目도에渠自口服ᄒᆞ얏스니斬之劍陋요絞亦耦惜인ᄃᆡ凶賊의宗私宦影이天鑑을蔽明ᄒᆞ야法官이慮勞에世論이沸騰ᄒᆞ도다一賊의陋命을曲宥ᄒᆞ야萬民의均福을損滅ᄒᆞ니是는一天同午에北雨南雪ᄒᆞ며荊原春픽에禾畝秋霜이니嶺運薄厄이라天何敢怨가然이나리裕寅은在囚而國法罪人이요出獄而全嶺讐賊이니國法已勘이나령讐未復ᄒᆞ얏스니誓我同胞는某月某日에自由行動으로리裕寅一賊을萬劍一刺ᄒᆞ야萬讐一復ᄒᆞ기로誓天同盟ᄒᆞ고玆以發通ᄒᆞ니吾령은照亮焉ᄒᆞ라ᄒᆞ얏더라

◉依劍一笑

△列强硬氣가去益强硬ᄒᆞ야風雲이凝聚에虎嘯龍起ᄒᆞ야黑白基中에兩相對局허니翻覆手段는神人이難測이로고

△列國時代로論之허면從約에未幾에從約已解허니和而復戰허고戰而復和는英雄에手段이니牢籠時局에變化를誰知오

△天下事가窮則必變허고變則必通허나니大한之國勢가泰山이壓卵허여滚々不振이今已久矣라天運循環之日이庶幾不遠이로다

△現今政府의셔競爭이未息ᄒᆞᆫ여地方郡守에 闕이多數허되滿任이杳然허니一二人에爭衡으로各地方에字牧이無人이로고

△內大리址鎔씨는爪牙와如ᄒᆞᆫ兪星濬씨에地方局長遷任ᄒᆞᆫ事로因以含憾ᄒᆞ야遂成戰場허여政界가不穩허니可謂一魚濁水로고

△獵官者流는東奔西馳에昏夜哀乞ᄒᆞ고官職現帶人은竊位失之허여百方納媚에不顧傍人之唾罵허니患得患失이俱是一般이로고

雜報

●賀龍浦郡明達學校之剏立　白樂濬

敬啓者夫天道變則世運이亦變ᄒᆞ고世運이變則人事隨而變ᄒᆞ고人事變則學問이亦隨而變ᄒᆞᄂᆞ니其故何也오學問之隨時應用이如用兵者之隨機應變ᄒᆞ야彼衆則我應以寡ᄒᆞ고彼强則我應以强ᄒᆞ여知彼知己에百戰百勝矣라故로善用兵者ᄂᆞᆫ不拘孫武之常法ᄒᆞ고善學問者ᄂᆞᆫ不用子莫之執中ᄒᆞᄂᆞ니古今이殊宜ᄒᆞ고事變이無常ᄒᆞ니決非泥古而笑今ᄒᆞ고執一無權者之所可酬應也로다

嘗考諸上古에歷數千年以降으로積群聖人之經營締造ᄒᆞ야而文明이以啓ᄒᆞ고封建이以成ᄒᆞ야自唐虞로迄夏商周ᄒᆞ야莫之或易이러니洎秦이始幷六國ᄒᆞ야廢諸侯改井田ᄒᆞ야遂一變而爲郡縣之天下矣요秦以後에雖盛衰屢變ᄒᆞ고成敗無常이나而所謂外患者ᄂᆞᆫ不過是凶奴丹西北지塞外耳라

至於今歐洲列强이日肆東漸之勢ᄒᆞ야鯨呑蠶食ᄒᆞ고虎距狼貪ᄒᆞ야環地球九萬里지中에莫不周遊販運ᄒᆞ야無論東西歐亞ᄒᆞ고與之立約聯盟ᄒᆞ야遂營變而爲萬國通商之天下矣라始知物極則變ᄒᆞ고變極則通ᄒᆞᄂᆞ니雖以聖繼聖而興이라도亦有所不能不變ᄒᆞ고不得不變者ᄒᆞ니何則고　未完

●開儒醉夢　開城郡은原來儒案名目者ㅣ有ᄒᆞ야一鄕要任을不辨擇人ᄒᆞ고儒派가依例當任ᄒᆞ더니今番에新郡守赴任以後에擇其可堪ᄒᆞ야曾經鄕首李濟淳氏로糾憲之任을差出ᄒᆞᆫ지라該氏가近來家勢漸敗ᄒᆞ야國貢ᄒᆞᄂᆞᆫ蔘政課에셔執稱資活이더니所謂腐儒及尊位들이常業에從事ᄒᆞ얏다ᄒᆞ고郡內尊位名色이投單退去ᄒᆞ야官意을見코져ᄒᆞᆫ다ᄒᆞ니當此開明ᄒᆞᆫ時代에隨材需用ᄒᆞᆯ터인ᄃᆡ此을反對ᄒᆞ고腐敗ᄒᆞᆫ舊習을未祛ᄒᆞ며文明的思想은暗昧醉夢中이라고巷說이沸騰ᄒᆞ더라

●西友開會　今日(陽二月二日)下午七時에西友學會에셔月例通常會를開ᄒᆞᆫ다더라

●松파興學　廣州松파津에運船營業人들이近年에ᄂᆞᆫ耶蘇敎를勤信ᄒᆞᆷ으로開進思想이大發ᄒᆞ야會社를組織ᄒᆞ야營歸을改良ᄒᆞᆫ外라각其捐금을出ᄒᆞ야該地에學校을設立코져ᄒᆞᄂᆞᆫᄃᆡ該地居民들이其意을感動ᄒᆞ야각其子弟를勸導ᄒᆞ야新學에就케ᄒᆞ며校舍을準備ᄒᆞ기爲ᄒᆞ야有志諸民이各自捐補ᄒᆞᆫ금額이數千元에達ᄒᆞ얏ᄂᆞᆫᄃᆡ該郡守吳泰泳씨가讚成金三百元을補助ᄒᆞ여人民에興學之心을奬勵ᄒᆞ다더라

●斫足奪牛　日昨에楊州비션거리에셔炭商이炭一馱을牛에載ᄒᆞ고夜半에發行上京ᄒᆞ다가惠化門외籬政府坪에셔賊漢幾名이突出ᄒᆞ야斧子로炭商의足을斫ᄒᆞ고牛隻을掠奪而去ᄒᆞ얏다더라

●大開演說　今日下午一時에日本斷指留學生을爲ᄒᆞ여發起ᄒᆞᆫ諸씨가리商在尹致玄晦光禪師鄭雲復리僞魚瑢善김東完尹晶錫英國人리雲林諸씨를請邀ᄒᆞ야新門內前協律社에大演說會를開設ᄒᆞ고斷指ᄒᆞᆫ學生의情況을社會同胞의게發表ᄒᆞᆫ다더라

●徒亂紀律　研成學校教長盧伯麟氏가各隊兵丁을敎諭ᄒᆞ야將官에對ᄒᆞ야例稱小人字를永爲廢止ᄒᆞ라ᄂᆞᆫ事ᄂᆞᆫ前報에揭載ᄒᆞ얏거니와元來軍律章程을上奏ᄒᆞ야裁可가下ᄒᆞᆫ신後에頒布ᄒᆞᄂᆞᆫ거시事躰에當ᄒᆞ거ᄂᆞᆯ盧씨가自意로軍官體例를紊亂케ᄒᆞᄂᆞᆫ故로一般領尉官의是非도紛紜ᄒᆞᆯ뿐더러巷說도大段喧藉ᄒᆞ더라

●警顧發訓　平山郡學校教員을捉囚ᄒᆞᆫ事ᄂᆞᆫ已爲報道ᄒᆞ얏거니와更聞ᄒᆞᆫ즉해教員이滯囚數旬에重杖을被ᄒᆞ야今在死境인ᄃᆡ해校學徒幾人이上京ᄒᆞ야此事由를警顧丸山씨에게呼冤ᄒᆞ얏ᄂᆞᆫᄃᆡ嚴訓을卽發ᄒᆞ되警察官吏ᄂᆞᆫ人民을保護ᄒᆞᄂᆞᆫ職任인ᄃᆡ無端히教員을捉致ᄒᆞ야多日牢囚가穩當치못ᄒᆞᆯ뿐더러若有事實이면當報上部인ᄃᆡ不此之爲ᄒᆞ고民訴가先至ᄒᆞ니事甚慨歎이라ᄒᆞ얏더라

●金氏八難續　新任외事局長리健春씨에게交付ᄒᆞ야訴狀題에旨鹽價償還이都無方針ᄒᆞ니言念情狀에極廣矜惻이나徒煩案독이니切勿更煩ᄒᆞᆯ事라ᄒᆞ얏스니以若壹國法官으로民情에至원ᄒᆞᆫ일을公決치못ᄒᆞ고다만외國勢力에依賴ᄒᆞ야厭刷만ᄒᆞ니民可哀也로다大抵以理推지면去陽曆十月日김씨에呈訴ᄒᆞᆫᄃᆡ로賊漢木源貧富를勿論ᄒᆞ고日本政府에公函催促ᄒᆞ여鹽價與損害賠償금을日政府에셔我國政府에對ᄒᆞ야督迫行用ᄒᆞ던前例ᄃᆡ로八年에八倍을計ᄒᆞᆫ즉肆萬陸千七百子拾壹圓子拾錢을當場徵捧하야出給ᄒᆞᆷ은可커니와壹向置지度외ᄒᆞ니三千里疆土人民이萬無生活지道則可謂痛哭者此也로다本政府食祿지臣三씨에政治도如是ᄒᆞ니國事ᄂᆞᆫ엇지ᄒᆞ고人民은將何處依托乎아國庫에금銀貨幣만虛費ᄒᆞ니엇지痛哭지아니리요하얏다더라

(完)

廣告

●廣英학校補助금如左
徐相贊 蘇彥星 蔡善默 姜
文珪 昔贊豪 최文湜 리祥
應 田慶稷 以上二十元 天
道敎中 以上十元 吳命根
片慶九 金炳樂 朴在淵 鄭
行寬 박成泰 以上各五元
朴喜昌 卜濟寅 許 필 김
商喆 崔台제 元景羲 朴漢
基 以上各四元 金昌섭 송
泰用 리善達 張教煥 朴瀞
龍 片應春 최錫奎 朴載文
姜遠德 리桂哲 鄭東奎 리
鳳珪 余世基 柳正晳 김晋圭
以上各三元 柳廷亓 김善正
以上各二元 宋欽珠 朴聖辰
리公雨 박如春 리根達 김
致道 丕鍾宇 卜昌均　未完

載寧郡余勿坪은本是七宮庄으로正供支定上納而三百餘年無弊作農矣러니不意經理院에셔稱以中賭支ᄒᆞ고率兵勒捧ᄒᆞᆫ則一土兩稅에居民이渙散之境에至ᄒᆞᆫ지라不勝痛冤ᄒᆞ야經理院에呼冤次로農民幾百名이上京ᄒᆞ기로玆先廣告홈
洪益瑞 崔相玄
魯翊明 金文煥 等告白

●特別廣告
在日本斷指學生二十一人의慘酷ᄒᆞᆫ情況을社會同胞의게發表ᄒᆞ기爲ᄒᆞ야演說會를大開ᄒᆞ오니有血有淚ᄒᆞᆫ僉君子ᄂᆞᆫ賁臨參聽ᄒᆞ심을爲要
左開
一處所ᄂᆞᆫ新門內前協律社
一日時ᄂᆞᆫ二月二日土曜下午
一時
一入場券은當席에서十錢賣却홈
義捐發起人 윤致오等 告白

本人의從姪名은基斗요字ᄂᆞᆫ季文인ᄃᆡ性本浮浪ᄒᆞ야蕩敗其家産ᄒᆞ고今又與金正尉성회及其他雜類로符同ᄒᆞ야本人의田沓文券을僞造ᄒᆞ야軍部公錢萬兩을出債ᄒᆞᆫ다假托ᄒᆞ며又或得用日債ᄒᆞᆫ깃다ᄒᆞ며銀行에도典質ᄒᆞᆫ다ᄒᆞ오니現今不動産證明規則이自在ᄒᆞᆫ則無論內外國人ᄒᆞ고如有債給者면畢至難捧홀이니誰某던지見欺치마시옵
忠南禮山郡居金禹煥 廣告

碧동遷郡守리澤奎氏가得罪天則自知理屈可也浮動挾雜之類ᄒᆞ야渠郡査官池基榮氏을誣査라稱ᄒᆞ고呼訴平院ᄒᆞ와押上之據에病不着髮不來待에新聞上稱病是何違折耶再昨日裁判次上京이라元來池公行政이明確觀火이거날嘻彼挾雜之漢이以汚沐玉이던豈可得乎明日裁判則可知玉石이니照亮홈
姜熙祖 姜士弘 告白

日本人諸公이玄景召와多年去來에玄氏가廢業홈을창憐히역이여本人等의게言及ᄒᆞ되玄某가合席則如干什物을放賣ᄒᆞ여多少間淸장ᄒᆞ고更爲營業케ᄒᆞ겟ᄉᆞ기로玆以廣告ᄒᆞ오니照亮後小勿疑慮ᄒᆞ시고不日內로出脚ᄒᆞ시믈希望
廣告人 安榮商
劉世亮 金浩植

廣告

越南亡國史 國漢文 新刊 定價貳拾伍錢

發賣所 京城廣橋 高裕相冊肆
鍾南蹄川 那禹時夏
布屛下 김相萬 書舖

新書發售廣告

中學文法教科書一秩 定價新貨八十四錢
世界近世史壹秩 壹圓八錢
人群進化論一冊 六十錢
世界進化史一冊 九十六錢
英國憲法論一冊 七十二錢
國憲汎論一秩 壹圓廾錢
萬國憲法志一冊 六十錢
國際公法志一冊 六十錢
英國憲法史一秩 壹圓四十錢
萬國商業志一冊 七十八錢
希臘三大哲學家學說一冊 三十六錢
福澤諭吉諺叢一冊 四十二錢
胎內敎育一冊 三十六錢
學生讀書法一冊 十八錢
修學篇一冊 三十二錢
家政學一冊 四十二錢
中國國債史一冊 二拾四錢
英吉利史一秩 八拾四錢
俄羅斯史一질 九拾八錢
商工理財要術一질 五拾四錢
日俄戰後滿洲處分案一冊 四拾二錢
族制進化論一冊 三拾六錢
女學生一冊 二拾四錢
亞剌伯史一冊 拾錢
土耳機史一冊 四拾八錢
實驗小學管理術一칙 四拾八錢
支那史要一칙 九拾六錢
東文新法會通一칙 一圓

此外各項內外新書籍과學校教科書칙이具備ᄒᆞ오니照亮購覽ᄒᆞ옵심仰望ᄒᆞᄋᆞᆸᄂᆞ니다

皇城中署布廛屛門下 書舖 金相萬 告白

○特別緊急廣告○

日本에셔留學ᄒᆞᄂᆞᆫ天道教派遣學生等은勤々孜々ᄒᆞ야熱心做工ᄒᆞ더니不幸該教會에셔昨年以來로學資를不送ᄒᆞ야千辛萬苦ᄒᆞ다ᄂᆞᆫ頃日에ᄂᆞᆫ食債를未報ᄒᆞ야旅舍에셔被逐ᄒᆞ여留學生監督廳에셔齊留ᄒᆞ더니去五日夜에二十餘人이一時에勇刃을擧ᄒᆞ야其指를斷ᄒᆞ고盟誓曰學業를不成ᄒᆞ면死不歸라ᄒᆞ엿스니嗚呼라爲我同胞ᄒᆞ야뉘가同情之淚를落치아니ᄒᆞ리오本會에셔此悲況을我同胞의게廣布ᄒᆞ오니多少를勿論ᄒᆞ고義捐ᄒᆞ야一時救急ᄒᆞ심을千萬伏望

一臨時收捧所ᄂᆞᆫ大韓每日申報社로定ᄒᆞᆷ
一捐金收集期限은二月十日ᄭᆞ지로定ᄒᆞᆷ

光武十一年壹月八日
在日本東京 **太極學會** 告白

元山倉前本支社員金乃範氏ᄂᆞᆫ代金收捧키難ᄒᆞᆫ事로請願自退ᄒᆞ얏기로其代에劉七錫氏로支社員을更定ᄒᆞ얏스니該附近地諸公ᄋᆞᆫ右氏의게請求ᄒᆞ시옵
大韓每日新報社 告白

本人이齒料諸具를整備ᄒᆞ야ᄒᆞᆫ人의게應用케ᄒᆞ며視務時間은午前九時붓터午后一時ᄭᆞ지午后一時붓터午后五時ᄭᆞ지夜間에ᄂᆞᆫ定約되로
事務所ᄂᆞᆫ南大門內達城위宮內旋蘭敎醫師後家
美國齒醫師 ᄯᅵ、이、한 告白

명월관확장광고

폐관이ᄀᆞ시이후로ᄂᆞᆫ익ᄒᆞ시ᄂᆞᆫ귀각·후의를입사와오늘날ᄭᆞ지한ᄇᆡ재일등요리점으로ᄂᆞᆫ외국ᄭᆞ지셔·아시도록확장ᄒᆞ여가오니ᄃᆡ단감사ᄒᆞ옵거니와근일은이층양옥 광활이신건축ᄒᆞ고다락아리ᄂᆞᆫ온돌방을ᄂᆞᆫ밀리비치ᄒᆞᆫ 포진법절을셔로ᄒᆞ와오시·귀각이편·시도록쥬외ᄒᆞ엿ᄉᆞ오며각종음식은보기에화려ᄒᆞ고먹기에정미ᄒᆞ게일신쥰비ᄒᆞ야다소ᄂᆞᆫ불계ᄒᆞ고주야로파오되셔양쥬ᄂᆞᆫ쟌으로파오며특별신ᄀᆡ량교자음식은오시ᄂᆞᆫ시로붓터ᄒᆞᆫ시간이되면몃상이라도곳가져가시도록ᄒᆞ오니ᄂᆡ외귀각은륙속왕림ᄒᆞ시옵

각석요리음식
각석셔양쥬
각종경편양요리
각종일본간스메
각종여송연
각국권연
진찬합
건찬합
밥교자
특별신ᄀᆡ량교자음식
명창가동정거북도유ᄒᆞ옵

明月館 主人 金東植、告白

廣告

◎學員募集廣告

本校第三回入學期를現當ᄒᆞ야法律學及經濟學兩專門科學員을玆에募集ᄒᆞᄂᆞ니願학人은左記試驗定期內에本校用紙로써早速請願ᄒᆞᆯ事

但法律科ᄂᆞᆫ晝학及夜학으로敎授ᄒᆞ고經濟科ᄂᆞᆫ夜학으로敎授ᄒᆞᆷ

○修業年限 三학年
○入學年齡 二十歲以上
○願書 法律학全部 經濟학全部 備在本校規則
○試驗日字 三月一日(陰曆丁未正月十七日)
○試驗科目 歷史及地誌(內國及外國) 讀書及作文(國文及漢文) 算術(四則以內)
但官公私立학校의普通科以上卒業證書가有ᄒᆞᆫ人은其학力을檢定ᄒᆞᆫ後免試許入ᄒᆞᆷ
○開學日字 三月五日(陰曆正月二十壹日)

光武十一年一月十五日
中署磚洞 **普成專門學校** 告白

廣告

西署新門外館동百八十大統三戶
辯護士 前檢事 正三品 丁明燮
法律事務所 前判事
事務員 前主事 吳在淳

[illegible]

●九轉靈砂라 本人이妙方法을神備ᄒᆞ야製造ᄒᆞᆫ靈丹이니되男女老少에無論何징ᄒᆞ고通治ᄒᆞ오며無病時에도服ᄒᆞ면平生의身躰가健康ᄒᆞ며小兒ᄂᆞᆫ四五錢重만服ᄒᆞ면十歲안에無病ᄒᆞ기를擔保ᄒᆞ오며
●九轉靈砂禹應丹은저狂 癎징과中風諸疾과耳目諸病과淋疾에神效ᄒᆞ오
●九轉靈砂保命丹은初生小兒驚風 간氣 咳嗽 腹瘡諸般惡징에神效ᄒᆞ오
●九轉靈砂濟衆丹은酒滯 食滯 血積 吐瀉 霍亂 癎疾 吐血 下血 運氣 時疾 疝징에神效ᄒᆞ오
●九轉靈砂紫金丹은痔漏 累癧 上疳瘡 下疳瘡及唐瘡과諸般毒瘡惡種에無不神效ᄒᆞ오니僉君子ᄂᆞᆫ來問ᄒᆞ시오

內需司前독갑이골上隅第一家 리호延移徙 告白

◎本社廣告

○申報價
一張代金 新貨二錢五里
一個月前納 三十錢
三箇月 九十錢
六箇月 一元七十錢
一箇年 三元四十錢
郵稅一部 新貨五里
一箇月 十三錢

○廣告料
四号活字 三字詰
每日每莬尺一寸에新貨廾伍錢(每日每行六錢에相當ᄒᆞᆷ)
一週日에 二圓五十錢(每日每行四錢五里에相當ᄒᆞᆷ)
一箇月에 五圓(每日每日四錢一里에相當ᄒᆞᆷ)
其他期限之長短과字行의多寡를依ᄒᆞ야瑕減ᄒᆞᆷ이有ᄒᆞᆷ

●大韓每日申報各處支社廣告
中署布屛門下 김相萬冊肆
同口越便 朱翰榮冊肆
中署廣橋初入七拾八統第二號 鄭禹澤
平壤上水口門內 김浩淵
全州 최叙恒
仁川 關新冊肆 리東浩
宣川邑協西里 安澤潘
義州西門外하西 大藥局
釜山港佐川 徐藥局
三和津洞 김仁집
咸興朱南社西門外 曹喜林
開城培學校 姜助逸
大邱達城 廣文社
載寧邑濟衆院 夢洋
鐵山邑東部 安호
長連邑 김
元山支店 김乃範
定州南門內 洪聖麟
京城興仁門外영楓亭 리建默
海州南門內書舖 朴昌鎬

發行兼編輯人 英國人 비諟
發行所 南署石井洞號外地三層洋屋家
大韓每日申報社

第五卷　第四百卅三號

大韓每日申報
대한매일신보

月曜及慶節
歲時日休務

檀君開國四千二百三十九年
箕子元年三千二十八年
大韓開國五百十五年
日本明治四十年
淸國光緖三十二年
◉陰曆丙午十二月大廿一日癸未

別報

合爾賓報를據ᄒᆞᆫ즉論伊藤治한之非라題ᄒᆞ고論說이如左ᄒᆞ니

近來東京日日에한地로由ᄒᆞᆫ消息을接有ᄒᆞ미한境에頗多反對日人之擧動이라日本政治家가謂ᄒᆞ되한國野蠻이如此히頑梗難化에至ᄒᆞᆫ故로日人의在韓施爲가다만泰西各國이北美南非에在ᄒᆞ야黑奴와諸蠻族을對待ᄒᆞ는政策으로相較ᄒᆞᆷ이可ᄒᆞ다ᄒᆞ니日人의自美其政策은姑不박論ᄒᆞ고但以日本而言컨ᄃᆡ實係한國이旣屬古之文明國이오又界於中日兩國之間ᄒᆞ야甚可爲日之蔽故로日人이得以保全其自由ᄒᆞ야以進于文明之域이어ᄂᆞᆯ何至日人이比韓國於野蠻고吾人이聞之에不無詫異라且此語ᄂᆞᆫ日人이亦自受影響이오更自모其祖先이로다蓋日之先人이嘗據한之書籍ᄒᆞ야中國과印度의文化를習知ᄒᆞᆫ지라由是而言컨ᄃᆡ한民의反抗은野蠻無文化之人이라謂치못ᄒᆞᆯ지니蓋日人이한民을激ᄒᆞ야其變亂을致ᄒᆞᆫ것이라日人의所行新法으로必欲使十二兆한民으로盡就殄滅ᄒᆞ고並使한國之名稱으로亦不得存留於地球之上이니한人이能甘之乎아日人이揚言ᄒᆞ야敎한變法으로써爲名ᄒᆞ나實則僅一呑併之主義而已라每變一新法에無非日人의增進一步新利益이오務使한國으로益無地無處而已라日之偵探은文員과武員과交涉員과敎育員과並警察員이한人의擧動을極力監視ᄒᆞᆷ이不有乎아

日本報紙에所記載ᄂᆞᆫ統監伊藤과韓皇及各大臣이集會議政이라ᄒᆞ나世界가無人不知ᄒᆞ되韓皇은虛名이시오韓之大臣은更如외되矣蓋伊藤이自行判事ᄒᆞ야使韓大臣으로爲表面之表面而已니何議政云乎아한人이見日人의在한之恣意橫行ᄒᆞ고且韓皇과諸大臣을欺모ᄒᆞ야外則故作敬態ᄒᆞ나實則玩弄於股掌之上이라故로한人이欲組織反對之事ᄒᆞ야以抗日人之壓制가亦宜也라若한人이不起而抗之ᄒᆞ면世界各國之人이皆唾한人之面ᄒᆞ야謂其無愛國之心이며無腦筋之輩矣라ᄒᆞᆯ지라日人의砲火가雖猛烈ᄒᆞ나한人의愛國心을잔除코져ᄒᆞ면한人此限이是此終古ᄒᆞ야日人이未必能滅絶之라

伊藤之歲月이日趨于老耄ᄒᆞ고腦筋이日見其昏亂ᄒᆞ야不知其欲作何想이고想亦利令智昏의所致라日政府가召之離韓이可謂옳世界之公論이오得世之先見이라觀彼老之所布施컨ᄃᆡ顚倒錯亂ᄒᆞ니早히進就安逸之地ᄒᆞ야使其優遊ᄒᆞ야以終餘年케ᄒᆞᆷ만不如ᄒᆞᆫ지라不然이면壓力이愈甚에反動力이愈高ᄒᆞ야將來日本全國人民으로ᄒᆞ야곰糜爛于戰鬪之役이라도亦不足以償其野心이라ᄒᆞ얏더라

官報

◉三千六百七十九號　光武十一年二月二日

◉敍任及辭令

依願免本官　秘書監丞尹稷善
任秘書監丞敍奏任官三等　正三品李演九
度支部主事沈鍾協　仝趙南駿
仝朴綺陽　仝丕漢宗　仝劉일
仝金裕膺　仝姜鳳秀
陞七級俸
右ᄂᆞᆫ該員等이陞級年限은維云未及이나分掌事務에頗著勤勞이기不拘年限ᄒᆞ고特陞一級ᄒᆞᆷ이라

敍勳一等賜太極章　議政府議政大臣丕秉호
陞敍勳三等賜八卦章　秘書監丞勳四等丕南升
敍勳四等賜太極章　侍從院副卿송台觀
敍勳五等賜八卦章　宮內府禮式官爲麟源
　景恩君李載崑
命　瑢源譜略修正時　國朝御牒書寫官
命　선源譜略修正時纂修監印堂上　宗簿司長리載德
命한美電氣會社檢察官　正三品呂炳헌
任官立校동普通學校副敎員敍判任官七級　金益鏞
任內部協판敍勅任官二等　漢城府尹박義병
任中樞院副贊議敍奏任官三等　務安府尹安其현
任中樞院副贊議敍奏任官四等　義州府윤리民부

度支部令第三十號

本年七月勅令第三十四號會計檢查規程第三條及第十一條를依ᄒᆞ야歲入徵收官、出給命令官及出納官吏의提出証明ᄒᆞᆯ計算書式樣證憑書類及證明次序에關ᄒᆞᆫ收入支出證明規則을左와如히定ᄒᆞᆷ

광武十年十二月日
度支部大臣閔泳綺

收入支出證明規則

第一　歲入徵收額證明

第一條　檢查覽程을依ᄒᆞ야歲入徵收官이調製ᄒᆞᆫ歲入徵收額計算書ᄂᆞᆫ第一號書式을依ᄒᆞᆷ

第二條　歲入徵收額計算書의提出期限은翌年度四月三十日內로定ᄒᆞᆷ但歲入徵收官이遞任ᄒᆞᆯ時ᄂᆞᆫ其在職中徵收額計算書를其時에提出ᄒᆞᆷ이可ᄒᆞᆷ

第三條　左開事項은歲入徵收額計算證備考欄에記載호ᄃᆡ其事類의複雜ᄒᆞᆫ者ᄂᆞᆫ說明書를添付ᄒᆞᆷ이可ᄒᆞᆷ

一　期滿免除를受ᄒᆞᆫ者ᄂᆞᆫ有ᄒᆞᆫ時ᄂᆞᆫ其金額及事由
二　缺損補充을受ᄒᆞᆫ者ㅣ有ᄒᆞᆫ時ᄂᆞᆫ其金額及事由
三　公錢領受員又出納官吏가稅金을亡失ᄒᆞ야其責任을免除ᄒᆞᆷ이有ᄒᆞᆫ時ᄂᆞᆫ其金額及事由　未完

外報

◉德國選擧　伯林電을據ᄒᆞᆫ즉去月二十五日德國에셔總選擧를執行ᄒᆞᄂᆞᆫᄃᆡ伯林市六選擧區에셔社會黨五名이選擧되얏더라

◉女學發達　南京通信을據ᄒᆞᆫ즉郭堅忍과李平子의二女士가幼女學堂을發起ᄒᆞ얏더니意外에微有不合ᄒᆞ야리女士ᄂᆞᆫ退隨ᄒᆞ고郭女士가該學堂을獨판ᄒᆞᆫ지라리女士가又一學社를左衛街頂公館內에設ᄒᆞ야現今은國文과歷史와修身과算學敎科書이오明年봄브터英文과體操等課를添入ᄒᆞᆯ터인ᄃᆡ刻下入學者가多數에達ᄒᆞ얏고來歲에ᄂᆞᆫ特別發達이嘗有ᄒᆞᆯ터인즉女學의前途를未可限量이라ᄒᆞ얏더라

◉西比利亞商業　俄國集報를據ᄒᆞᆫ즉西比利亞의商家新章은農商工部의셔新定ᄒᆞᆫ一議로幾種外國貨物이可히北海諸를由ᄒᆞ야運銷ᄒᆞᆯ터이니握卑河口와葉尼協牙河口等處에樂行免稅라ᄒᆞᆷ이有ᄒᆞᆫ지라如此辦法에且免航海之險ᄒᆞ니實於各국에大有便益이라각商이業已稟請批準ᄒᆞ얏다ᄒᆞ더라

雜報

●恩露及囚　今番赦典에漢裁已決囚可減지人이四十七名이오已決囚可放질이三十八人이오年十五以下放釋질이二名이오未決囚可放지人이三十名이라더라

●度협回期　三昨日에度支協판柳正秀氏가昨日下午一時에回還ᄒᆞᆫ다고電報ᄒᆞ얏다더라

●寧察內移　漢城府윤朴義병氏가內協으로遷任ᄒᆞᆫ代에平北觀察申泰休氏가被任ᄒᆞᆫ다더라

●內大辭疏說　內部大臣李址鎔氏가日間辭職疏를呈ᄒᆞᆫ다ᄂᆞᆫ說이有ᄒᆞ더라

●興盡而歸　內部大臣李址鎔氏가土曜日이면依例히龍山江亭에退臥ᄒᆞ야一二日式疎暢ᄒᆞᄂᆞᆫ뒤昨日에도該氏가江亭에詩會를大設ᄒᆞ고情親狎客을多數招奪ᄒᆞ야盃盤이狼藉ᄒᆞᆫ뒤昨日入城ᄒᆞ얏다더라

●穆師演說後聞　穆德先生의演說을更聞ᄒᆞᆫ즉該氏가靑年會을對ᄒᆞ야曰國지獨立이土地廣大ᄒᆞᆫ뒤도不在ᄒᆞ고人民衆多ᄒᆞᆫ뒤도不在ᄒᆞ고錢財多數ᄒᆞᆫ뒤도不在ᄒᆞ고一心信天ᄒᆞ야天意人心이相合ᄒᆞ야人民이團體된然後에國이自富强에獨立을維持라ᄒᆞᆷ의傍聽ᄒᆞ던數千員이該氏에格言을一聞ᄒᆞᆫ後에前日行爲을自責ᄒᆞ되早不信教信天ᄒᆞ야今日에至ᄒᆞ야外人의게壓制를受ᄒᆞ니아무조록實心信教ᄒᆞ야二千萬同胞가團躰를成ᄒᆞ야外人壓制를速히脫免ᄒᆞ고自由權限을回復ᄒᆞ자ᄒᆞᆫ다더라

●蟹網俱失　廣濟院醫師張衡源의請願顚末를得聞ᄒᆞᆫ즉該院長閔元植氏가請願辭免ᄒᆞ기를屢度催促ᄒᆞ되최氏가終是斬持ᄒᆞ다가末乃에勢不得已ᄒᆞ야閔氏를往見ᄒᆞ고現帶職을依코請願ᄒᆞᆯ거시니本部大臣의게郡守一窠를保薦ᄒᆞ야달나ᄒᆞᆫ즉閔氏가許諾ᄒᆞᄂᆞᆫ지라최氏가郡守所欲에請願書를卽爲繕呈ᄒᆞ얏ᄂᆞᆫ뒤郡守도容易치못ᄒᆞ고現職만見遞ᄒᆞ얏시니眞所謂蟹網을俱失이라ᄒᆞ더라

●欲慰其情　新任內部協판朴義秉氏ᄂᆞᆫ該部大臣리址鎔氏와情誼가親密ᄒᆞᆫ터이라리址鎔氏가슈이遞任이될터인故로其울憤지情을慰勞코져ᄒᆞ야朴義병氏로內協을叙任ᄒᆞ얏다ᄂᆞᆫ說이有ᄒᆞ더라

●股主募集　漢城銀行所에셔一萬五千株로組織ᄒᆞ얏더니近日事務가擴장ᄒᆞ야三千株股主를加爲募集ᄒᆞᄂᆞᆫ뒤每株에五十元式이라더라

●各鑽緊穴　制度局釐正所에셔各宮庄土文簿을調查總管ᄒᆞᆫ즉各屯監任들이多年幹涉ᄒᆞ던所利를見奪ᄒᆞᆯ가ᄒᆞ야制度局에傍蹊曲經을百般鑽穴ᄒᆞ야晝夜奔没ᄒᆞᆫ다더라

●點檢試才　昨日學部에셔各학校教員試才件을點檢ᄒᆞ얏다더라

●經費總計　京畿裁判所檢事與法部輔佐官處所修理費와應用物品所入金額總計가二百七拾九圓三拾五錢이라더라

●刑簿送交　法部에셔各裁判所에訓令ᄒᆞ되刑名簿를月終에繕交ᄒᆞ라ᄒᆞ얏다더라

●兩罪定配　義兵罪人朴梁來와流拾年罪人金德元氏을黃州鐵島로定配ᄒᆞ얏다더라

●僞券現露　去二拾四日에何許日人이ᄒᆞᆫ國에行貨ᄒᆞᄂᆞᆫ拾圓銀行券을僞造ᄒᆞ야日本橫濱港에셔行用ᄒᆞ다가該地第一銀行支店에셔現露ᄒᆞ얏다더라

●繡傘難信　益山郡守김正基씨의繡傘은昨報에已道ᄒᆞ얏거니와히씨가黃금力으로히守을圖得ᄒᆞ얏더니有何事端인지殿最에居中되미萬人傘이內部門前에高揭ᄒᆞ얏스니繡傘도難信이라ᄒᆞ더라

●罪囚逃躲　昌源港監獄罪슈五名이去月拾七日下午七時에穿壁逃躲ᄒᆞ얏다더라

●靑年講道　今日下午三点半에牧師崔炳憲씨가講道ᄒᆞᆫ다더라

●失火傷命　昨日上午一時에黃土峴新作路雲橋西邊彈綿假家에셔失火ᄒᆞ야南草商假家와餠舖假家가連燒ᄒᆞ얏ᄂᆞᆫ뒤倭餠商ᄒᆞᄂᆞᆫ十餘歲兒가烟氣를多吸ᄒᆞ야火毒으로致斃ᄒᆞ얏다더라

●市民呼寃　連山郡南面仁川場市收稅ᄂᆞᆫ該面의셔可堪지人으로望報差出ᄒᆞ야該稅를收捧ᄒᆞ야本面無亡結十結과砲軍藥凡費와橋梁修築費로年々補弊ᄒᆞ얏러니至於今秋ᄒᆞ야ᄂᆞᆫ閔陰城鎭호氏家差人申主事爲名人이自農部로該場市都長을圖差下來ᄒᆞ야稱以京人허고挾勢弄奸허여該稅를濫捧허고行悖無雙ᄒᆞ야衆人交易지場에寃聲이載路라고該市人民이農部에呼訴ᄒᆞᆫ다더라

●參與吟病　學部參與官表孫一씨가歸國ᄒᆞᆫ後에回期가已滿ᄒᆞ얏시나身病으로尙未渡來ᄒᆞᆫ다더라

●補佐發程　南署警部增田彰氏가警視로陞差ᄒᆞ여全北警務署補佐官으로移任ᄒᆞ야昨日京釜鐵路一番列車로發往ᄒᆞ얏다더라

●薰유難合　東京風說을聞ᄒᆞᆫ즉伊藤씨가한國政治에對허여演說허되한國地方에義兵이蜂起ᄒᆞ기ᄂᆞᆫ人民이失業ᄒᆞ야千百成群ᄒᆞ야橫行村閭허다가警視를派送허면解散허고警視를還收허면因而復合ᄒᆞᆷ은國躰가되지못ᄒᆞᆷ이라此弊를除허나면政治가에셔大手段으로便安其業ᄒᆞᆫ터인ᄃᆡ方針이亦難허고淸國셔日本에留學허ᄂᆞᆫ學員이本業을歸國허면背日ᄒᆞᄂᆞᆫ거시穩當치못ᄒᆞᆫ事인즉淸國셔ᄂᆞᆫ學費마虛費허고實用이無ᄒᆞᆫ거ᄉᆞᆫ日本셔教師가教育을實心치못ᄒᆞᆫ事이니此亦別로히方針을研究ᄒᆞᆯ거시라ᄒᆞ얏다더라

●大雪暴風　日昨馬關門司港等地에前無ᄒᆞᆫ大雪이下ᄒᆞ고海上에風浪이大作ᄒᆞ야船路가阻絕ᄒᆞᆫ境에至ᄒᆞ얏ᄂᆞᆫ뒤田中賀使一行이未得渡歸라ᄂᆞᆫ說이有ᄒᆞ더라

●監獄視察　宮川警視가拾三道監獄署를視察ᄒᆞᆯ次로前往ᄒᆞ얏ᄂᆞᆫ뒤該氏가回京ᄒᆞᄂᆞᆫ日에ᄂᆞᆫ監獄署官制를改正ᄒᆞ야巡檢을看守라稱ᄒᆞ고署長과看守長과看守에服裝을改製ᄒᆞᆫ다ᄂᆞᆫ說이有ᄒᆞ더라

●均明義捐　西署萬里峴私立均明學校을創設ᄒᆞᆫ理由ᄂᆞᆫ該동의共同義務로家々出捐ᄒᆞ야校舍를新建築ᄒᆞ고諸般什物을판備ᄒᆞ야校況이漸次興旺ᄒᆞᆷ으로至於國文科와지夜學으로設置ᄒᆞ고漢文에入學ᄒᆞ기不能ᄒᆞᆫ隣里童蒙을悉招教導ᄒᆞᄂᆞᆫ뒤尋常科教師尹濟박氏와事務員嚴緖섭씨가且教且論ᄒᆞ야使히童蒙으로期有實效ᄒᆞ기로已任을作ᄒᆞᆫ다더라

●自强釋疑　自强會員리긔周氏가本社에寄函ᄒᆞ되大垣先生은日本지國土也오自强會員은大한지國民也니先生이無先한後日지義ᄒᆞ고會員이無附日捨ᄒᆞᆫ지理어날而何會與先生이合而爲一乎아此乃ᄒᆞᆫ日兩國人지不能無疑於會與先生者也라긔周ㅣ亦甚疑지러니日에有問於自强會員ᄒᆞ니其言에曰與其疑지믄無寧問也니善哉라問也여大垣先生은우衡宇內ᄒᆞ며經營東亞ᄒᆞ야爲自國百年지計者也니非唯日本國士라抑亦東洋지天下士乎인져所以視ᄒᆞᆫ與淸지利害를亦如自國而已라倘使先生으로先ᄒᆞᆫ而後日則我所謂朝鮮魂者ㅣ必不容彼지無大和魂ᄒᆞᆫ則彼所謂大和魂者ㅣ必不容我지無朝鮮魂也라膠合于漆ᄒᆞ고漆合於膠은各保其性而合者也니若失其性則兩不相合也明矣라會지與先生合一者ㅣ寔在於각保其魂而置重於東洋者乎인져聽畢에如披雲睹靑ᄒᆞ야當日에忝名會簿ᄒᆞ고拜先生于其門ᄒᆞ니盖先生은氣像이魁偉ᄒᆞ고論議이正大ᄒᆞ야果然所見이符於所聞이라因書此ᄒᆞ야以供兩國人지有疑於先生者ᄒᆞ노라

▲把酒長嘯▼

△氣候가失宜ᄒᆞ야寒暖이不適ᄒᆞ니天時도如此커든人事가何況가一盛一衰ᄂᆞᆫ理之自然이니大韓이今雖受制於人이나必有恢復之日ᄒᆞᆯ것슨

△大抵壓制者ᄂᆞᆫ以理制之ᄒᆞ야天意人心이歸之然後爲지ᄒᆞ나니今지壓制者ᄂᆞᆫ自恃惡意ᄒᆞ고徒尙强制ᄒᆞ야世界에公論이自在ᄒᆞ니豈能久乎아

△走者지上에又有飛者ᄒᆞ고强者지上에又有勝者ᄒᆞ나니嬴秦지强으로도楚覇가奪지ᄒᆞ고楚覇지雄으로도西漢이統一ᄒᆞ엿시니前轍을可戒어다

△中原時事를把樽一問ᄒᆞ니袁世凱徐世昌兩將軍이磨劍十年에雄圖을熟講ᄒᆞ야各省에鍊兵을판理ᄒᆞ니陣雲이濃聚에壯觀이又生ᄒᆞᆯ깃고

△內協一窠로政府에一派戰爭이忽起ᄒᆞ야風潮가激烈ᄒᆞ더니漢尹朴義秉氏가出其不意ᄒᆞ엿시니從今으로ᄂᆞᆫ平和가될ᄂᆞᆫ지

△光祭沈相익氏ᄂᆞᆫ觀察新任지初에前習을痛革ᄒᆞ기로對衆大言ᄒᆞ엿다더니千斤紬三千葉에含憾ᄒᆞ야務尹을貶下ᄒᆞ엿다니可謂三年狗尾로고

寄書

●日本二十一留學生이本社에寄函ᄒᆞ되吾儕ᄂᆞᆫ本是草野化裏之氓으로所見은不過鄕黨閭里之間이오所做ᄂᆞᆫ只是尋章摘句之腐러니去甲辰秋에리容九가設一進會ᄒᆞ고所謂薦主를派送於各郡ᄒᆞ야團聚民心ᄒᆞᆯ셰問其趣旨則曰國家獨立基礎를鞏固케ᄒᆞ며人民生命財産을保護ᄒᆞᆷ目的이라ᄒᆞᆷ이

雖年淺識薄이나愛國之誠이於是乎奮發ᄒᆞ야乃斷髮入會而世論時機를耳聞目도ᄒᆞ니新學問은果是國家之急務오靑年之當勉이나難판學費ᄒᆞ여有意未果之際에孫병熙리容九가擧會中衆論ᄒᆞ야選拔靑年에派送留학ᄒᆞᆯᄉᆡ吾儕도亦參其中ᄒᆞ야來學日本이于今三年也라

孫秉熙리容九兩人이若以渠家之財産으로支給學費라도恩則恩也오公則公也니至於爲國ᄒᆞ야ᄂᆞᆫ以正大公法으로聲明其罪가可也어던况孫리兩人은稱云輔國安民ᄒᆞ며藉言敎育學生ᄒᆞ고以甘言利舌로幾百萬國民財를聚斂ᄒᆞ야於國事에一無補益ᄒᆞ고於敎育에亦不成就而數多民財를耗盡於肥己溪壑지事ᄒᆞ얏스니

噫라所曰輔國安民云者實是虛國虐民也오敎育學生云者不過牟利釣名也라究厥兩人之行爲ᄒᆞ고言念同胞之破産이면噫彼孫리兩人은非但吾二十一人지仇讐라乃四十萬會員지仇讐라乃요非但四十萬會員지仇讐라二千萬同胞지仇讐라

然則爲大韓國民ᄒᆞ야依於大韓國仇讐가於節於義에萬々不當故로絕彼孫리兩人을如斷吾指ᄒᆞ야灑血而雪恥ᄒᆞ고勞働若學ᄒᆞ야卒業後還國ᄒᆞ기로決心同盟ᄒᆞ엿거니와

傳聞來說ᄒᆞᆫ즉孫리兩人이聚金已散에尙有未洽ᄒᆞ야稱云敎堂費ᄒᆞ며稱云會所費ᄒᆞ고薦主接主輩를派送各郡ᄒᆞ야傾家之餘物과汗農之所出은收지如定例ᄒᆞ고督之如賦稅云ᄒᆞ니蕩敗餘生이當此財政困難之時ᄒᆞ야國稅奉納도猶爲極難커던又加以如此雜歛則何以支保乎아

人生厥初에稟賦雖同이나遐隅同胞ᄂᆞᆫ聞見이未博ᄒᆞ야不覺兩人之行爲ᄒᆞ고甘聽薦主之諂諛ᄒᆞ야割己肥人ᄒᆞ니爲其同포之情에豈不憫然哉아新聞은萬人之耳目이오一世之木鐸이니貴記者先生은擧正大之筆ᄒᆞ야論懲陰險之習ᄒᆞ며揭公明之說ᄒᆞ야喚起昏沈之睡면此乃二千萬同胞之幸甚이오同胞之幸甚은卽國家之幸福이라ᄒᆞ얏더라

雜報

◎賀鹽浦郡明達學校之粃立 白樂濬 續

檢驗機械ᄂᆞᆫ非千盾의可遏이오瀛輪電線은非傳聊의可壓이오天球與地格致測算理化等學은又非舊日服著의所可控制則以百不如人之頑性陋智로欲與之幷驅爭衡於天演競爭之舞臺戲場인들其可得也리오

嗚呼라茫々青丘에以三千里疆土와二千萬人衆으로何爲々몽々ᄒᆞ야盡在於黑洞々天地之至此아日月이出矣에知其爲晨ᄒᆞ고風雨昏矣에知其爲夜ᄒᆞ야盃酒江山에浪誇覊人之風致ᄒᆞ고丸雨砲烟에自處奚童之莫莫ᄒᆞ야黃口고고에謾說天皇之時代ᄒᆞ고白首皤々에動以文字相尙ᄒᆞ야平日所習이盡是飾외而虛內ᄒᆞ고務華而忘實而彙以歷制가迫之ᄒᆞ고仕宦이病之ᄒᆞ고朋黨이又從以錮之ᄒᆞ야其在野之氓ᄂᆞᆫ不知학問之爲何樣件物而昧々焉無知沒覺ᄒᆞ야彼人拘束ᄒᆞ야頓無自强底意思ᄒᆞ고其上은從事於詩賦귀律之工ᄒᆞ야眞積力久ᄒᆞ야苦心焦思者一盡是鈎章棘귀之雕篆末技而顧無發達智識之思想ᄒᆞ고 未完

●리씨難退 西署藥峴私立光興學校ᄂᆞᆫ創設以來로發起諸人이協力同心ᄒᆞ고校監李澤應氏ᄂᆞᆫ發起中一人이라同校를組織ᄒᆞᆫ지不過幾日에裕康園參奉을被任ᄒᆞ얏ᄂᆞᆫᄃᆡ校務를十分憂慮ᄒᆞ야該參奉之任을仍卽請願ᄒᆞ고晝夜科를設置ᄒᆞ야靑年及蒙養을廣遠招募ᄒᆞ야熱心敎育ᄒᆞᆷ으로一年之間에生徒가百餘名에達ᄒᆞ고本年度로브터自學部로經費를支撥ᄒᆞᆷ의向者에리澤應氏가任員及生徒에게對ᄒᆞ야請歸之意로說明曰挽近以來로事務가畢張ᄒᆞ고復有經費ᄒᆞ니因無患矣라吾不如從此仍退라ᄒᆞᆫᄃᆡ諸員이[illegible]勢在兩難ᄒᆞᆷ으로無不落淚ᄒᆞ야進退을同作ᄒᆞ기로臨決唱聲ᄒᆞ고生徒리快成等七十餘名은願留을宣唱ᄒᆞᄂᆞᆫ지라同氏가勢不得已ᄒᆞ야更爲視務ᄒᆞ기로酌定ᄒᆞ얏다더라

廣告

戰寧郡余勿坪은本是七宮庄으로正供支定上納而三百餘年無弊作農矣러니不意經理院에셔稱以中賭支ᄒᆞ고率兵勒捧ᄒᆞᆫ則一土兩稅에居民이渙散之境에至ᄒᆞᆫ지라不勝痛冤ᄒᆞ야經理院에呼冤次로農民幾百名이上京ᄒᆞ기로玆先廣告ᄒᆞᆷ

洪益瑞 崔相호
魯翊明 金文煥 等告白

洪淳康氏가東署東小門內土橋東邊에織造機을廣張設施ᄒᆞ야稱號를淳昌號라ᄒᆞ고各色綢緞紗屬等을織造發賣ᄒᆞ오니願買人은來臨購貿ᄒᆞ시며或所用대로緞과紗等屬을預托ᄒᆞ시면依約施行ᄒᆞᆯ깃습 淳昌號 告白

●廣英학校補助금如左

淳 姜正五 김延斗 김昌섭 吳元模 리得春 김聖玉 吳運永 김斗헌 최振基 박鄕覲 金文鎮 張奎煥 成基英 片炳七 安致三 김明老 [illegible]建德 以上各一元十錢 柳明俊 申錫喆 鄭明信 박桂錫 최云션 廉尙根 以上各一元 洪承默 文章煥 吳元根 申化實 리昌雨 卜信균 박鍾균 박永佑 申榮균 박仁爀 김漢京 姜興鎬 김俊煥 以上各三十錢 崔升植 최逸三 吳文根 梁明五 趙毅斗 박正八 朱柄斗 리鍾錫 박星七 以上各二十錢 라熙用 十錢

本郡守李萬熙氏가莅任以來로邑弊民瘼를俱爲革去則民蘇吏安ᄒᆞ니今於郡主事지薦報에如何不良之輩가稱以不公ᄒᆞ고擠陷郡守ᄒᆞ야貶題에藉神雜技와郡主事鄕任을明許不公으로使之居下케ᄒᆞ니豈有如許悖類乎아唯我本郡은如失李郡守則渙散이在卽故로玆以仰布ᄒᆞ오니伏願政府ᄂᆞᆫ下燭ᄒᆞ시와ᄒᆞ얏기玆以廣告ᄒᆞᆷ

平安南道順川郡 人民
洪彝叙 金燕錫 李鍾착
金斗學 等 告白

●大韓自强會月報

每月一回廿五日發行
定價金 一部 十五錢

大韓自强會月報의發行이將期을經ᄒᆞ오니自由의言論을鼓發ᄒᆞ야國家의權利를增進ᄒᆞ고獨立의精神을淬礪ᄒᆞ야同胞의團結을益堅케ᄒᆞ야全國有志諸公의愛讀ᄒᆞ심을供ᄒᆞ온바現今本會의셔一비擴張ᄒᆞ기爲ᄒᆞ야高明ᄒᆞᆫ文章과宏博ᄒᆞᆫ學問家를延致ᄒᆞ야天下大勢의變動과殖産敎育의要素와古今政治의大要를究撰ᄒᆞ야開卷ᄒᆞ면限日을一新케ᄒᆞ오니愛國ᄒᆞ시ᄂᆞᆫ僉君子ᄂᆞᆫ血淚를뿌ᄒᆞ시고家家案頭의隨케對讀ᄒᆞ시오

皇城中署典洞九統二戶
大韓自强會事務所

本人니玄湖豐德主人張守門將에게當文壹萬兩丁未正月晦日推次於音을遺失ᄒᆞ얏기로卽爲廣告ᄒᆞ오니內外國人間拾得이라도休紙施行ᄒᆞᆷ

中署巡檢 박鳳鎬 告白

日本人諸公이玄景召와多年去來에玄氏가廢業ᄒᆞᆷ을창悔ᄒᆞ여이여本人等의게言及ᄒᆞ되玄某가合席則如干什物을放賣ᄒᆞ여多少間淸장ᄒᆞ고更爲營業케ᄒᆞᄌᆞᄒᆞ기로玆以廣告ᄒᆞ오니照亮後小勿疑慮ᄒᆞ시고不日內로出脚ᄒᆞ시믈希望

廣告人 安榮商
劉世亮 金浩植

漢城染織會社

本社의셔利益을不顧ᄒᆞ고吾人은엇지ᄒᆞ야라白衣ᄂᆞᆫ韓國衰敗의元素란外人의嘲評을憤慨ᄒᆞ여起業週年의幸蒙各位愛顧ᄒᆞ와전進의榮幸이不無ᄒᆞ온지라各種染色을益加勉勵ᄒᆞ와 僉位의所請을不負ᄒᆞ깃사오니趁今枉議ᄒᆞ시되來往의便易를爲ᄒᆞ와左開各處에染物取扱所를設置ᄒᆞ엿사오니從便委托ᄒᆞ심을務望

大廣橋 朴勝煥雜貨商店
布屛下 金相萬冊肆
學洞寓氏支所 李鴻讓藥局
南門外蓮池洞 兪경煥商店
安洞北松峴勤人 송洛奎典舖
新[illegible]洞武德門外

漢城染織會社告白

廣告

越南亡國史 國漢文 新刊

定價貳拾伍錢

發賣所 京城廣橋高裕相冊肆
　　　 銅峴　議政府　南部　藝川郡禹時夏冊肆
布屛下 김相萬 書舖

新書發售廣告

中學文法敎科書一秩 定價新貨八十四錢
世界近世史壹秩 壹圓八錢
人群進化論一冊 六十錢
世界進化史一冊 九十六錢
英國憲法論一冊 七十二錢
國憲汎論一秩 壹圓廾錢
萬國憲法志一冊 六十錢
國際公法志一冊 六十錢
英國憲法史一秩 壹圓四十錢
萬國商業志一冊 七十八錢
希臘三大哲學家學說一冊 三十六錢
福澤諭吉譚叢一冊 四十二錢
胎內敎育一冊 三十六錢
學生讀書法一冊 十八錢
修學篇一冊 三十二錢
家政學一冊 四十二錢
中國國債史一冊 二拾四錢
英吉利史一秩 八拾四錢
俄羅斯史一질 九拾八錢
商工理財要術一질 五拾四錢
日俄戰後滿洲處分案一冊 四拾二錢
族制進化論一冊 三拾六錢
女學生一冊 二拾四錢
亞剌伯史一冊 拾錢
土耳機史一冊 四拾八錢
實驗小學管理術一칙 四拾八錢
支那史要一칙 九拾六錢
東文新法會通一칙 一圓

○特別緊急廣告○

日本에셔留學ᄒᆞ는天道敎派遣學生等은勤々孜々ᄒᆞ야熱心做工ᄒᆞ더니不幸該敎會에셔昨年以來로學資를不送ᄒᆞ야千辛萬苦ᄒᆞ다가頃日에는食債를未報ᄒᆞ야旅舍에셔被逐ᄒᆞ여留學生監督廳에셔齊留ᄒᆞ더니去五日夜에二十餘人이一時에勇刃을擧ᄒᆞ야其指를斬斷ᄒᆞ고盟誓曰學業를不成ᄒᆞ면死不歸라ᄒᆞ엿스니嗚呼라爲我同胞ᄒᆞ야뉘가同情之淚를落치아니ᄒᆞ리오本會에셔此悲況을我同胞의게廣布ᄒᆞ오니多少를勿論ᄒᆞ고義捐ᄒᆞ야一時救急ᄒᆞ심을千萬伏望

一 臨時收裵所는大韓每日申報社로定홈
一 捐金收集期限은二月十日ᄭᆞ지로定홈

光武十一年壹月八日
在日本東京

太極學會 告白

元山倉前本支社員金乃範氏는代金收捧키難ᄒᆞᆫ事로請願自退ᄒᆞ얏기로其代에劉七錫氏로支社々員을更定ᄒᆞ얏스니該附近地諸公은右氏의게請求ᄒᆞ시ᄋᆞᆸ

大韓每日新報社 告白

此外各項內外新書籍과學校敎科書칙이具備ᄒᆞ오니照亮購覽ᄒᆞ옵심仰望ᄒᆞ옵니다

皇城中署布廛屛門下 書舖 金相萬 告白

本人이齒料諸具를精備ᄒᆞ야韓人의게應用케ᄒᆞ며視務時間은午前九時브터午后一時ᄭᆞ지午后一時브터午后五時ᄭᆞ지發[illegible]에는定約ᄒᆞ되로

事務所는南大門內達城위ᄒᆞ內施蘭敎醫師後家

美國齒醫師 [illegible] 告白

명월관확장광고

폐관이가시이후로고인ᄒᆞᆫ시는귀각에후의를입사와오늘날터한에제일등요리점으로내외국에셔다아시도록확장ᄒᆞ엿가오니터단감ᄉᆞᄒᆞ옵거니와근일은이층양옥ᄀᆞ광활이신건축ᄒᆞ고다락아리는온돌방을윤밀리비치ᄒᆞ고포진범절을셔로ᄒᆞ외오시는귀각이편ᄒᆞ시도록주뢰ᄒᆞ엿ᄉᆞ오며각종음식은보기에화려ᄒᆞ고먹기에정미ᄒᆞ게열신ᄒᆞ비ᄒᆞ야다소를불계ᄒᆞ고주야로파오되셔양쥬는잔으로파오며특별신기ᄒᆞᆫ량료자음식을오시는시로븟터ᄒᆞᆫ시간이되면몃상이라도곳가져가시도록ᄒᆞ오니너외귀각은륙속왕림ᄒᆞ시ᄋᆞᆸ

각식요리음식
각식셔양쥬
각죵경편양요리
각죵일본간스메
각죵여송연
각국권연
진찬합
면찬합
밥표자
특별신기량료자음식
명창가동경거북도유ᄒᆞᆷ

明月館 主人 金東植 告白

廣告

◎學員募集廣告

本校第三回入學期를現當ᄒᆞ야法律學及經濟學兩專門科學員을玆에募集ᄒᆞ오니願ᄒᆞᆫ人은左記試驗定期內에本校用紙로써早速請願ᄒᆞᆷ事

但法律科는晝학及夜학으로敎授ᄒᆞ고經濟科는夜학으로敎授ᄒᆞᆷ

○修業年限 三학年

○入學年齡 二十歲以上

○學科 法律학全部 經濟학全部 備在本校規則

○試驗日字 三月一日(陰曆丁未正月十七日)

○試驗科目 歷史及地誌問對(內國及外國) 讀書及作文(國文及漢文) 算術(四則以內)

但官公私立학校의普通科以上卒業證書가有ᄒᆞᆫ人은其學力을檢定ᄒᆞᆫ後免試許入ᄒᆞᆷ

○開學日字 三月五日(陰曆正月二十壹日)

光武十一年一月十五日

中署磚洞 **普成專門學校** 告白

廣告

南署新門外鍮동百八十六統三戶

辯護士 前檢事 正三品 丁明燮
法律事務所
事務員 前主事 吳在淳

[illegible]事務所[illegible]代理와訴事[illegible]
[illegible]一切法律에關ᄒᆞᆫ事務
[illegible]洞第十七統八戶
[illegible] 正三品 李冕宇
[illegible]事務所
[illegible]博士 玉東奎
[illegible]

●九轉靈砂라 本人이妙方法을神備ᄒᆞ야製造ᄒᆞᆫ靈丹인ᄃᆡ男女老少에無論何징ᄒᆞ고通治ᄒᆞ오며無病時에도服ᄒᆞ면平生의身躰가健康ᄒᆞ며小兒는四五錢重만服ᄒᆞ면十歲안에無病ᄒᆞ기를擔保ᄒᆞ오며

●九轉靈砂萬應丹은져狂痛징과中風諸疾과耳目諸病과淋疾에神効ᄒᆞ오

●九轉靈砂保命丹은初生小兒驚風 감氣 咳嗽 腹痛諸般恶징에神効ᄒᆞ오

●九轉靈砂濟衆丹은滯泄食滯 血積 吐瀉 霍亂 痢疾 吐血 下血 運氣 時疾 痼징에神効ᄒᆞ오

●九轉靈砂紫金丹은痔漏 吊瘵 上疳瘡 下疳瘡及諸瘡과諸般癩瘡惡種에無不神効ᄒᆞ오니 僉君子는來問ᄒᆞ시오

內需司前독갑이골上隅第一家 리호延移徙 告白

●大한每日申報各處支社廣告

中署布屛門下 김相萬冊肆
洞口越便朱翰榮冊肆
中署農圃洞初人七拾八統第二號 鄭禹澤
平壤上水口門內 김浩淵
全州 [illegible] 최觀[illegible]
仁川 [illegible] 리[illegible]
[illegible]川邑[illegible]西里 [illegible]
[illegible]州西門外한西 大[illegible]
[illegible]山港佐川 [illegible]
三和[illegible]洞 김[illegible]
康興[illegible]社[illegible]門外 [illegible]
開城培學校 姜[illegible]
大[illegible] 廣文社
[illegible]邑[illegible]院 [illegible]
[illegible]山邑東部 安[illegible]
[illegible]道邑 김[illegible]
元山支店 김乃範
定州南門內 洪[illegible]
京城韓仁門外연[illegible] 리建[illegible]
海州南門內書舖 朴[illegible]

◎本社廣告

○申報價
一張代金 新貨二錢五里
一個月前納 三十錢
三箇月 九十錢
六個月 一元七十錢
一箇年 三元四十錢
郵稅一部 新貨五里
一箇月 十三錢

○廣告料
四号活字 三字詰
每日每英尺一寸에新貨廾五錢
(每日每行六錢에相當홈)
一週日에 二圓五十錢
(每日每行四錢五里에相當홈)
一箇月에 五圓
(每日每日四錢一里에相當홈)
其期限의長短과字行의多寡를依ᄒᆞ야增減홈이有홈

發行兼編輯人 英國人 裵說
發行所 南署石井洞宮外地三層洋屋家 大韓每日申報社

第五卷

大韓每日申報 대한매일신보

第四百卅四號

月曜及慶節歲時日休刊

檀君開國四千二百三十九年
箕子元年三千二十八年
大韓開國五百十五年
日本明治四十年
淸國光緖三十二年
◎陰曆丙午十二月大廿三日甲申

別報

答二十一留學生

日者에貴二十一學員에斷指同盟ᄒᆞᆫ事ᄂᆞᆫ聞不勝驚악萬々이오繼以喜劇非常이로다盖此指血々噴薄也에天日이爲之慘담ᄒᆞ고鬼神이爲之悽泣이니世界古今에以學生之資格으로豈有如此之悲境乎아慘哉痛哉라然이나此熱血로由ᄒᆞ야國民의腦筋을激刺ᄒᆞ며志士의膽勇을增長ᄒᆞ야衰頹ᄒᆞᆫ氣運을振起ᄒᆞ며活潑ᄒᆞᆫ精神을鼓勵ᄒᆞᆯ것이오足下等將來에驚天動地的事業을操劵可期ᄒᆞᆯ터이니豈不烈乎壯哉아因ᄒᆞ야會員의拒絶孫李兩人ᄒᆞᆫ文字을次第接讀ᄒᆞ니詞意가正大ᄒᆞ고筆鋒이森嚴ᄒᆞ야彼徒의貪淫ᄒᆞᆫ行爲을聲討ᄒᆞ며國民의愚昧ᄒᆞᆫ意見을警醒ᄒᆞ얏스니此ᄂᆞᆫ會員의卒業歸國은不待ᄒᆞ고爲先此一着이足히世道人心에關ᄒᆞ야偉大ᄒᆞᆫ事業을發表ᄒᆞ얏도다

玆又本社에專函이來ᄒᆞ야首尾八百餘言이侃侃切切히彼兩人의欺天誣民ᄒᆞ야聚斂肥已ᄒᆞᆫ行爲를論責ᄒᆞ고또本社에委囑ᄒᆞ야正大ᄒᆞᆫ筆을擧ᄒᆞ야陰險之習을懲ᄒᆞ라ᄒᆞ얏스니大抵彼兩人외行事ᄂᆞᆫ擧國이憤怒ᄒᆞ고世界가唾罵ᄒᆞ니報界筆舌이豈容含默看過리오마ᄂᆞᆫ但彼徒의性質이異常ᄒᆞ야擧國의憤怒와世界의唾罵를頑然無視ᄒᆞ고悍然不顧ᄒᆞ니如干筆討가恐歸無效일서間或公衆의投訴를因ᄒᆞ야警論을略施ᄒᆞ얏스나一篇文字로張皇박論은尙未暇及이러니今玆會員의勇氣를感激ᄒᆞ며委囑을接受ᄒᆞ야不可無言이로ᄃᆡ彼天道敎ᄂᆞᆫ叫敎也오非所謂東學乎아其倡言은曰眞人이自其中出來ᄒᆞ면洋倭를可退라ᄒᆞ며其所誦呪文은曰永世不忘萬事知라ᄒᆞ며符書를持ᄒᆞ면銃丸이不入이라ᄒᆞ며敵軍의銃穴로ᄒᆞ야곰水가出케ᄒᆞᆫ다ᄒᆞ야甲午之歲에大衆을嘯聚ᄒᆞ야大亂을창起ᄒᆞ니東洋天地에戰雲이暗黑ᄒᆞ고百萬生靈의肝腦塗地라幸히王師가勦討ᄒᆞ미徒黨이或死或散이라

于時孫秉熙가走竄他國ᄒᆞ야變姓易名ᄒᆞ고逭其生命이라가七八年之間에陰派其徒于本國ᄒᆞ야一般愚民을對ᄒᆞ야呼風喚雨之術이有ᄒᆞ다ᄒᆞ며濟世安民之策이有ᄒᆞ다ᄒᆞ야其供給을徵求ᄒᆞ니噫彼愚民이信其誑誘ᄒᆞ야貫錢升米를頭會箕斂ᄒᆞ야月々이送ᄒᆞ고年々而納ᄒᆞ얏스니計其數額에當至幾百萬耶아彼乃修然遺國ᄒᆞ야馬車가馳風ᄒᆞ고家屋이連雲ᄒᆞ야橫行國中ᄒᆞ면서自稱曰敎主라ᄒᆞ며ᄂᆡ中央總部라日敎區聖化會라ᄂᆞᆫ許多排置가極其宏壯일서派送巡督于각郡ᄒᆞ야逐獸於已焚之林ᄒᆞ고索魚於已渴之澤ᄒᆞ야使此疲殘之民으로重陷溝壑之境ᄒᆞ니不仁不義가孰甚於此리오上下古今과縱橫世界에果有如是之敎主乎아

彼李容九ᄂᆞᆫ亦其一派로一進會를設始ᄒᆞ고周行于各道各郡ᄒᆞ야橫誘愚民曰入於此會者ᄂᆞᆫ大臣協판과觀察郡守가倘來之物이오富人田地가皆其所有가되리라ᄒᆞ니噫彼愚民이感於利說ᄒᆞ야田土와家舍를爭自斥賣ᄒᆞ야以助會費러니畢竟官爵은渺茫ᄒᆞ고產業은蕩盡이라父母妻子가啼寒呼飢ᄒᆞ니奈何々々오彼於全國同胞의施虐이如是ᄒᆞ고少無羞愧커든況於二十一學生에曾何關念之有리오

況其狐假虎威ᄒᆞ야濟其貪慾之計로甘作外人지利用ᄒᆞ고汚損祖國지體面ᄒᆞ야日宣言書와曰記念宴이니日獻賀伊藤書니ᄒᆞᄂᆞᆫ行動이公衆의憤怒를取ᄒᆞ고各國의恥笑를作ᄒᆞ되肆然無忌에自以爲得ᄒᆞ니不忠不義가孰甚於此리오且彼兩人이以敎育藉口者ᅵ又何說也오夫敎育者ᄂᆞᆫ人의道德을養ᄒᆞ며人의知識을望ᄒᆞ야昧者를明케ᄒᆞ며愚者를智케ᄒᆞ야文明事業에引進ᄒᆞᄂᆞᆫ것이어날彼天道敎ᄂᆞᆫ一種無據지說을창道ᄒᆞ야昧者를益미케ᄒᆞ며愚者를益愚케ᄒᆞ야閭里와流界에驅랍코列ᄒᆞ니與敎育上本旨로可謂黨유不併이오一進會의學校云者ᄂᆞᆫ諸般科學은初不擧論ᄒᆞ고但히日語로만敎授ᄒᆞ니直不過化韓爲日ᄒᆞ야奴隷同胞지目的而已이니豈不寒心哉아

雖然이나自古治亂交換ᄒᆞ고新舊代謝之際에必有此等妖孽이生於其間ᄒᆞ야爲之驅除ᄒᆞ나니觀於歷史에昭然可鑑이라白日이騰空ᄒᆞ면陰魔가自袪ᄒᆞ나니更唯會員은益勵大志ᄒᆞ고克就大業ᄒᆞ야將來好好手段으로掃却陰의之氣ᄒᆞ고導迎文明之化ᄒᆞ야扶國脈於包桑ᄒᆞ고奠生民於衽席을千萬至祝

官報

●三千六百八十號 光武十一年二月四日

◎宮廷錄事

宮內府特進官朴제斌辭職疏
批旨省疏具悉所請依施
宮內府特進官南熙[illegible]辭職疏
批旨省疏具悉所請依施

◎敍任及辭令

지陵參奉한河用
齊陵參奉조鍾禹
依願免本官
任智陵參奉 黃郁堯
任齊陵參奉 金東燁
經理院技手金守鎭
掌禮院掌樂課主事李箕紹
依願免本官
主殿院主事洪日섭
任掌禮院樂掌課主事
任主殿院主事 九品리箕紹
從一品윤用求 仝리正爲
任宮內府特進官
秘書監丞徐丙호 仝金炳億
依願免本官
奉常司副提調尹德榮
任秘書監丞 正三品崔炳哲
任奉常司副提調 正三品金容圭
秘書監丞최炳哲
任掌禮院掌禮

外報

●美國學生의更論 美國미슈월리암大學校에學生五百餘名이美日間現狀으로由ᄒᆞ야討論ᄒᆞᆫ事ᄂᆞᆫ已往騰載ᄒᆞ얏거니와更開ᄒᆞᆫ該學生들의討論ᄒᆞᆫ問題가우리合衆國은맛당이日本移民을禁制ᄒᆞᆯ거시라ᄒᆞ얏ᄂᆞᆫᄃᆡ其日에ᄂᆞᆫ城中紳士와婦人들과百性들이來ᄒᆞ야演說을傍聽ᄒᆞᆷ이學生들의活潑ᄒᆞᆫ議論이더욱激昂ᄒᆞ얏다더라

●禁學又起 桑港에公立學校가中학校小학校幷ᄒᆞ야七十餘處인ᄃᆡ其中四十七學校에ᄂᆞᆫ日人種類가影子도無ᄒᆞ고오직그다른學校小學生이二十三名인ᄃᆡ近日은桑港越便옥클랜도의셔또ᄒᆞᆫ日人학生을排斥ᄒᆞ기로論議ᄒᆞᆫ다더라

●排斥影響 華盛頓電에云ᄒᆞ되美國과日本이方將條約을破ᄒᆞ게됨으로美國은將次日本勞動者들이布哇와及美國內地에入ᄒᆞᄂᆞᆫ거슬禁ᄒᆞᆯ터인ᄃᆡ聞ᄒᆞᆫ則日本政府ᄂᆞᆫ自國勞動者를모다韓國과滿州로돌녀보닌다ᄒᆞ다더라

雜報

●勅諭孤兒 大皇帝陛下게읍셔宮內府參書官劉燦을孤兒院에命送 勅諭ᄒᆞ샤當此嚴冬에孤兒等이無病受業ᄒᆞ고諸教師가善爲教育ᄒᆞᄂᆞᆫ가 下詢ᄒᆞ시니院主와諸任員이不勝惶感ᄒᆞ야諸學徒를領率ᄒᆞ고 奎玉軒門前에齊進ᄒᆞ야萬歲를嵩呼ᄒᆞ니 皇上게읍셔侍從丞南益을 命送ᄒᆞ샤 下諭ᄒᆞ시되孤兒等이如此日寒에在院勤業이勝於嵩呼ᄒᆞ니善受교育ᄒᆞ야期於發達成就ᄒᆞ야不負朕意ᄒᆞ라ᄒᆞ시니院主리愚瑢이 勅命을奉承ᄒᆞ고不勝惶感ᄒᆞ야孤兒의게 勅命을傳 諭ᄒᆞ되惟我학徒ᄂᆞᆫ一心勤工ᄒᆞ야如天 皇恩을萬分지一이라도報答ᄒᆞᄌᆞ고演說ᄒᆞ엿다더라

●完察新任說 前全州郡守權直相氏가全北觀察使를被任ᄒᆞᆫ다ᄂᆞᆫ說이有ᄒᆞ더라

●光察侍湯 光州觀察使沈相翊氏ᄂᆞᆫ其親患急報를聞ᄒᆞ고日昨에上京ᄒᆞ얏다더라

●漢判被任說 漢城判尹은中樞院贊議박承祖氏가被任ᄒᆞᆫ다ᄂᆞᆫ說이有ᄒᆞ더라

●穆師陛見離發 穆德氏가去土曜日下午三時에陛見ᄒᆞ고當日京仁鐵路로離發ᄒᆞ야輪船을搭乘허고呂宋等地로向ᄒᆞ얏다더라

●服費落食 軍警兩廳服裝을韓國人의게製造入用치아니허고期於히日本에委托製來ᄒᆞᆷ은該兩廳會計課財政主管人이日人의게請賛로服裝價折半假量을依例히坐食ᄒᆞᆫ다더라

●夜忽質問 近日에巡檢과日巡查가變服허고夜半에行人을御察허되屛門傍에隱居ᄒᆞ얏다가行人이過去허면忽地突出허여何許人이過去허ᄂᆞᆫ야質問허ᄂᆞᆫ고로行人들이魂魄이飛越ᄒᆞᆫ다더라

●內協視務 內部協판박義병氏가去土曜日에受칙허고當日붓터仕進視務ᄒᆞᆫ다더라

●학相詩會 학相리完用氏家에셔近日詩客을多數會集ᄒᆞ야詩會를逐日開設허고年光을消遣ᄒᆞᆫ다더라

●何故捕縛 再昨日下午四時量에會洞等地에셔巡檢이何許平民二名을捕縛ᄒᆞ야捉去南署ᄒᆞ얏ᄂᆞᆫ데其事根은未知ᄒᆞ깃더라

●稅務將試 度支協판柳正秀氏가各地方稅務를視察허고日昨에入京ᄒᆞ얏ᄂᆞᆫ데稅務見習生을將次試取ᄒᆞᆫ다더라

●有甚事端 再昨下午三時에中署權任崔主福巡檢高泳鎭兩氏를무ᄉᆞᆷ事인지抱川內北面에派送ᄒᆞ얏다더라

●錦察還任 忠南觀察使金嘉鎭氏가今番嘉禮時에參賀하기爲하야上京하얏다가昨日에還任하얏다더라

●稱謝義助 各處義捐이相繼而起하되嶺南一省은寥々無聞ᄒᆞ더니紳士柳時萬氏가先唱捐助ᄒᆞᆷ으로二十一留학生이稱謝不已하엿더라

●義兵捉來 再昨夜에中署警務補佐官宮川警視가各地方監獄署를視察後入來ᄒᆞ얏ᄂᆞᆫ데三南等地에셔義兵十四人을捉來ᄒᆞ얏다더라

●暗收漁功 內部會計局長金寬현氏가向日隨員으로日本에前往時에赤十字社補助金을內大리址鎔氏夫人리洪卿씨에게勸告ᄒᆞ야一百五十圜을捐助케ᄒᆞ고自己ᄂᆞᆫ五十圜만出捐ᄒᆞ고리洪卿씨의捐助가自己功勞로要求ᄒᆞ야終身社員이되얏다더라

●權氏繡傘 昨日延安郡人民等이前郡守權藔燦氏가該郡守在任時에治績이有ᄒᆞ야萬人傘을內部門前에來揭ᄒᆞ고該守을還任ᄒᆞ기로請願ᄒᆞᆫ다더라

●金民押上 連川郡民擾魁首金聖基를平理院으로押上ᄒᆞ얏다더라

●戲臺被燒 再昨日下午十時에南署生民洞日人松島遊戲場에셔失火ᄒᆞ야遊戲臺四十餘間을燒盡허엿다더라

●金家賊警 再昨日下午七時에東署崇信坊金得植家에賊漢이突入허여汁物을奪去허엿다더라

●以銀阿日 鐘路韓日銀行所ᄂᆞᆫ當初에商業會에셔創設허여獨立으로商業發達을期圖허더니該銀行重役鄭東植氏가有何意思인지度支部管轄에付屬코저허여近日에該部叅與室日人과結托허여秘密交涉이라더라

●優等多數 普成中學校學徒가二百餘名인데日昨月終試驗에優等生이一百三十名이라미

●期寡傷命 廣州儀谷面下消溪居沈召史가寡居守節이今爲十年인데不意去月十一日夜半에同郡居金致敬爲名人이無賴輩數拾名을成群突入허여該召史를威脅縛去허엿더니該召史가當夜에脫身逃歸허다가中路에셔飢寒을不堪허여因爲致斃ᄒᆞ얏ᄂᆞᆫ데原犯金致敬은水原觀察道에押上卒囚허엿다더라

●花亦有貫 漢城府에셔京城內에坊長과동長을有風力知事人으로擇差하야爲先花貫을納ᄒᆞᆫ다더라

●萬國聯合 本日下午七点半에青年會舘에셔本會教育部長李商在氏가萬國青年聯合主旨란問題로演說ᄒᆞᆫ다더라

●三補赴任 三和港裁判所法務補官補伊藤太郎氏ᄂᆞᆫ去二十七日에赴任ᄒᆞ고黃海道裁判所法務補佐官栗原藤太郎氏ᄂᆞᆫ去月二十八日에赴任ᄒᆞ고義州裁判所法務補佐官梅原正記氏ᄂᆞᆫ去月三十一日에赴任視務ᄒᆞᆫ다더라

●檢事報部 義州市裁判所判事署理檢事柳甲秀氏가法部에報告ᄒᆞ되法務補佐官補事務室修理及物品購入을不可暑刻暫綏이온바히費額預算이爲二百圜假量이라야似可略略排用이옵기玆에報告ᄒᆞ오니查照ᄒᆞ오셔移照度支部ᄒᆞ시와使卽支撥에得免窘迫케ᄒᆞ라ᄒᆞ얏더라

●個証何關 平北觀察使申泰休氏가義州府尹李民보氏의內部에請願ᄒᆞᆫ事가有ᄒᆞᆫ데申氏가到處說明ᄒᆞ기를萬國歷史價ᄂᆞᆫ金判書宗漢氏에個証이有ᄒᆞ다ᄒᆞ고興化學校補助金은學校個證이有ᄒᆞ다ᄒᆞ고舍音所萬兩錢은營屬救獎個證이自有ᄒᆞ다ᄒᆞ니金判書가觀察使職責이아닌則豈可各郡에勒斂册價이며興化學校補助金도請助於觀察使與郡守者를何可以勒斂於民間이며舍音所萬兩錢도公錢中餘條也라何不充納于國庫而自意補弊가是豈成說乎아此三件事가都非觀察에行政上事務여날行此非理而籍其有個證ᄒᆞ고區區明ᄒᆞ다ᄒᆞ니若使部守與府尹으로民間에排斂ᄒᆞ야幾十萬兩을討食後에分半於京宰ᄒᆞ고日後綻露之場에金判書李判書에個受證이有라ᄒᆞ면公眼을果能掩蔽乎아巷說이大端紛々ᄒᆞ더라

●餞別教師 西門外尾동溫水義塾漢文教師金商憲氏ᄂᆞᆫ本以洪州士人인데文節과實地가兼備ᄒᆞᆫ故로教導에才智가日就月長ᄒᆞᄂᆞᆫ지라今三回冬期試驗을經ᄒᆞ고過歲次로受由還家지際에晝夜學員諸氏와賛교員諸氏가再昨日餞別禮를行ᄒᆞ얏ᄂᆞᆫ데極히穩和ᄒᆞ다더라

●閔氏勸學 賛文學교維持方針에對허여大垣丈夫氏가每朔三圜式賛助ᄒᆞᆷ은前報에已揭어니와內部參書官민元植씨가教育振興ᄒᆞᆷ을喜悅ᄒᆞ야亦以三圜金으로每朔寄付ᄒᆞᆫ다니氏의教育熱心을莫不稱頌ᄒᆞᆫ다더라

▲鄭 孟 泠 笑▼

△沙工아비터여라政海를근너가ᄌᆞ近日은風浪이何如ᄒᆞᆫ지雪後江上趣를回頭問何處오浪花ᄂᆞᆫ水面退ᄒᆞ고氷山은隔一嶺ᄒᆞ니楚水吳山이去去泰山이로고

△리道宰氏ᄂᆞᆫ朴參政과知己ᄒᆞ야內大를云云ᄒᆞ다더니不幸이慘境을遭ᄒᆞ야拘忌로未면必이라ᄒᆞ니박參政은經濟지策을向誰說道ᄒᆞᆯᄂᆞᆫ지可謂獨掌이難鳴이로고

△內部協판을잘ᄒᆞ나못ᄒᆞ나己爲妥帖ᄒᆞ엿거니와地方局長一窠가餘在ᄒᆞ얏시니되ᄂᆞᆫ데로速히差出ᄒᆞ야爭競이나止息ᄒᆞ오得斧失斧지歎을免치못ᄒᆞ리로다

△突島局長金寬현氏가地方局長을被任ᄒᆞᆫ다ᄒᆞ니以若內大에心腹으로ᄯᅢᄂᆞᆫ堂上은좀이나며지갈데잇나庭前梧桐에鳳황은不來ᄒᆞ고突島만츄츄ᄒᆞᆫ다

△穆德先生이渡韓以後로一番演說에韓人에團躰를成立ᄒᆞ야外人에壓制를脫免ᄒᆞ고自由權限이人々萌動ᄒᆞ얏시니賢人所過지處에山川草木이自有呈彩로고

△內協이新出ᄒᆞ미京鄕獵官者流가門前이如市ᄒᆞ다니박氏ᄂᆞᆫ內大爪牙로該任을圖得ᄒᆞ얏더니近日豪傑金玉이盡歸朴氏ᄒᆞ니內部大臣은猶雲을暗허ᄒᆞᆯ것고

雜報

◎賀鹽浦郡明達學校之刱立　白樂濬　續

又其上은高談性命理氣之說而好議論人長短ᄒᆞ고妄是非程法ᄒᆞ야異己者를排之저之ᄒᆞ고勝己者를惡之歷之ᄒᆞ야以至黨論이競起에全國이派分ᄒᆞ야相視如仇讐ᄒᆞ야頓無共同國脉之思想이러니至於今日ᄒᆞ야浸以萎靡ᄒᆞ야綿々延々ᄒᆞ야畏首畏尾에仰人鼻息而風潮激瀾이忽起於不知不覺之中ᄒᆞ야장傾椙摧에莫適所向ᄒᆞ니此職舊日學問之尙虛華而棄實業之所由致也니可不懼哉아

方今世界日闢ᄒᆞ고人文이日進ᄒᆞ야優勝劣敗ᄒᆞ고强食弱肉之報! 日聞於四方ᄒᆞ니坐在今日之時代ᄒᆞ야求所以圖存之術인ᄃᆡ非教育이면不可오而教育之方이又非昔日崇尙虛華之陳腐糟粕也라惟在於研究實業ᄒᆞ야使人으로知其亡國身亾ᄒᆞ고身存國存之理由ᄒᆞ야喚起愛國之精神ᄒᆞ야以遂其智識ᄒᆞ고以成其團躰ᄒᆞ야自十而百ᄒᆞ고自百而千ᄒᆞ야人々이腦髓中自强獨立之思想이充足滿溢則何憂乎宗國之不振이며何畏乎强隣之覬覦哉아昔에普敗於法의全國君民이行將臣妾於人矣러니其相須太仁이曰欲雪大耻된必先教育이라ᄒᆞ야於是에始制義務教育令ᄒᆞ야人七歲以上十三歲以下에不入于學校者는罰其父兄宗族故로謂之强制教育이러니其後六十年에竟使法으로爲城下之盟ᄒᆞ야徵倍償數百萬ᄒᆞ니其將蒙兒杜計曰若論敗法인ᄃᆡ其功이盡歸於學校라ᄒᆞ니可謂知其本矣로다　未完

●奪此與彼　白川郡碧瀾渡人民金聖奎鄭致浩等이學部에請願ᄒᆞ되本人等이自行船業ᄒᆞ야該營業船貰所利中으로設私立學校는業已請認承指이옵더니今自學部로人民自由之生利를奪付海州公立學校케ᄒᆞ시와本洞學校는中途而廢止케ᄒᆞ오니何其編視之甚也오며以若學部之權限으로人民之財産이有何關係而奪此民財ᄒᆞ야付彼學校가豈曰公理乎잇가玆以請願ᄒᆞ오니査照ᄒᆞ신後更爲發訓於該郡ᄒᆞ시와使此人民自由之生利로亦人民自由之教育케ᄒᆞ옵셔幸無煩訴之端케ᄒᆞ심을伏望이라ᄒᆞ얏더라

●吊日本義士西阪豐氏文　雲汀散人리晩洙

嗚呼公지生也其日本乎ㄴ져至義至烈ᄒᆞ야는安得有疆域區別지批論也리오堂々大義는能讀春秋也夫ㄴ져昔者에伯夷지於西山也와魯連지於東海也와屈平지於멱羅也와賈誼지長沙也에但一國지悲觀也而㣲玆東洋全球지所能爲也耶現今한日淸譬如三家一村而一家ㅣ自尊自强ᄒᆞ야雄視同隣이면二家지柔弱雖怒ㅣ不敢言이나內懷憾情ᄒᆞ야頓傷交隣지誼矣리라際玆一大한人이竊其三家지有間ᄒᆞ고縱其無窮지極欲ᄒᆞ야乃試別層手段ᄒᆞ야衝지誘지脅지면三家後有前日親睦지誼耶아若此不已면三家ㅣ其將子虛矣라一時自行苟安在哉아恐惟日本政府當路諸公은千萬思量ᄒᆞ야克算良好政策ᄒᆞ야另圖全球지永遠ᄒᆞ야以酬西阪公지處義也ᄒᆞ라俺은陋巷逸蹤으로性質이鹵莽ᄒᆞ고學識이淺短ᄒᆞ야興亡盛衰를苟不能參古證今이나略干有歷史上看來而不敢枚陳이로다吁嗟乎라我한지閔公과淸國지반公과日本지西阪公은其天縱지而至若三公ᄒᆞ야는千古외未乎ㄴ저百歲流芳지士ㅣ何限無지闘焉이라惟三公지靈은洋々척降ᄒᆞ야佑지保지면東洋이其庶幾乎ㄴ져嗚呼痛矣라

求民訴寃

求禮人民等이平理院에呼寃ᄒᆞ되伏以官지於民에不有大段過惡則其在爲民者지義에何敢有一毫攻訐지萌乎잇가然一向畏其壓制ᄒᆞ고不一言以自鳴則不幾自外於朝庭如傷지澤乎잇가竊伏見本郡守宋大鎭氏가目不識丁ᄒᆞ되舌則如錐라坐尻未煖ᄒᆞ야視民如仇ᄒᆞ야可以生財면無所不爲ᄒᆞ야桁楊棧路ᄒᆞ니囹圄充塞ᄒᆞ야或有寃號者則輒彈鼻冷笑曰內大는吾姻也오觀察은吾姻아也라汝雖欲抗이나其如我何오ᄒᆞ며且又與猾吏尹善玉金在鏞과姦鄕梁在기리相愈等으로乘時逐비ᄒᆞ야表裏朋奸ᄒᆞ여圖境嗷嗷ᄒᆞ여溝壑在前이옵고以其通同見害言之컨ᄃᆡ掩道訓ᄒᆞ고縱吏所如ᄒᆞ여考結租지濫捧也와考結錢지橫염也와戶布지加비也와火粟지物徵也에民弗聊生ᄒᆞ야屢呈議送이온바道訓雖嚴이나營往弁毛ᄒᆞ니是果特其姻아지誼며山동而執綱을一月間에五次改遞ᄒᆞ고且內山동壹面을分爲兩面ᄒᆞ야又置執綱ᄒᆞ니此何私慾이며遣其子獵장山村ᄒᆞ야多率砲軍에作弊百端ᄒᆞ고又勒奪人妾ᄒᆞ니若此弗已면子體壹郡이必將無邑乃已故로玆敢後錄其犯贓諸條及橫斂各色과幷前後訴狀ᄒᆞ여列在左方ᄒᆞ여穿冰登雪ᄒᆞ여來訴于司法지下ᄒᆞ오니伏望兩造質判ᄒᆞ여生等지言이如係誣罔이면甘伏反坐지律이오而弗然이면特賜處分ᄒᆞ사使我祖宗赤子로得免虎狼지吻을弗勝血祝지至

第壹結戶橫斂　壹書員考結錢

每結濫捧四兩式合四千餘兩

一營納考結債每一結一錢五分式合二百八拾兩　已上合錢一萬三千二百八拾兩

春秋戶布錢上納六千兩外濫捧四千餘兩

一八面火粟錢一負一錢七分式濫捧兩年條千餘兩

第二民間討索錢一　송巨郎處一千兩　金相浩處三百兩　文昌奎處二百兩　華寺僧法允處二百四十兩　僧法俊處三百七十兩　已上合葉二千餘兩

第三吏鄕任債錢一鄕長梁在기再次郡主事報時一千五百兩　首書記金鳳儀處二千五百兩　各諸戶長윤相憲處五百兩　吏六次改差哀乞錢一千二百兩　已上合葉百兩

平理院에셔指令ᄒᆞ되誠如此訴면被告의所犯이合有懲판이니到卽另定査官ᄒᆞ여逐底査覈ᄒᆞ여從實馳報니되母或만환케홈事라ᄒᆞ얏더라

●誤植必正　再昨日雜報欄內에均明義捐이라는題下에尹濟보씨의보字를以박字로誤植이기玆以正誤홈

廣告

光明학校와永進義塾이一校內에合設인바晝夜학의名稱이各殊홈이無意이기洞號를依ᄒᆞ야杷成학校로改定홈　杷成학校白

南原경部分署通辯梁基主는素以本郡悖類로警部의韓語弗通홈을因ᄒᆞ야民刑事를無弗干涉ᄒᆞ야專務主索에子婦女而墮胎와勒占柴場에掘人年久兩塚과他人先山에歷偷物장과各面任掌을受賂勒遲와諸般侵虐이無所弗至而警部는韓語弗通홈으로全弗覺悟ᄒᆞ니雖欲公決이나不可得이라梁通辯을若弗退斥則警部에名譽損傷은已無可論이오人民이末由支保이기로玆以廣告홈　南原郡安泰植리聖儀等告白

廣告

越南亡國史 國漢文 新刊 定價貳拾伍錢
發賣所 京城廣橋高裕相冊肆 鏡南端川郡禹時夏 布屛下 김相萬 書舖

○特別緊急廣告○
日本에셔 留學ᄒᆞᄂᆞᆫ 天道教派遣學生等은 勤々孜々ᄒᆞ야 熱心做工ᄒᆞ더니 不幸 該教會에셔 昨年以來로 學資를 不送ᄒᆞ야 千辛萬苦ᄒᆞ다가 頃日에ᄂᆞᆫ 食債를 未報ᄒᆞ야 旅舍에셔 被逐ᄒᆞ여 留學生監督廳에셔 齊留ᄒᆞ더니 去五日夜에 二十餘人이 一時에 勇刃를 擧ᄒᆞ야 其指를 斬斷ᄒᆞ고 盟誓曰 學業을 不成ᄒᆞ면 死不歸라ᄒᆞ엿ᄉᆞ니 嗚呼라 爲我同胞ᄒᆞ야 뉘가 同情之淚를 落치아니ᄒᆞ리오 본會에셔 此悲況을 我同胞의게 廣布ᄒᆞ오니 多少를 勿論ᄒᆞ고 義捐ᄒᆞ야 一時救急ᄒᆞ심을 千萬伏望
一 臨時收捐所ᄂᆞᆫ 大韓每日申報社로 定ᄒᆞᆷ
一 捐金收集期限은 二月十日ᄭᆞ지로 定ᄒᆞᆷ
光武十一年一月八日
在日本東京 **太極學會** 告白

元山官前本支社員金乃範氏ᄂᆞᆫ 代金收捧ᄒᆡ기 難ᄒᆞᆫ 事로 請願自退ᄒᆞ얏기로 其代에 劉七錫氏로 支社々員을 更定ᄒᆞ얏ᄉᆞ니 該附近地諸公은 右氏의게 請求ᄒᆞ시옵
大韓每日新報社 告白

廣告

◎學員募集廣告
本校第三回入學期를 現當ᄒᆞ야 法律學及經濟學兩專門科學員을 玆에 募集ᄒᆞ오니 願학人은 左記試驗定期內에 本校用紙로써 早速請願ᄒᆞᆷ事
但法律科ᄂᆞᆫ 晝학及夜학으로 教授ᄒᆞ고 經濟科ᄂᆞᆫ 夜학으로 教授ᄒᆞᆷ
○脩業年限 三학年
○入學年齡 二十歲以上
○請願日 法律학部全 經濟학部全 備在本校規則
○試驗日字 三月一日(陰曆丁未正月十七日)
○試驗科目 歷史及地誌問對(內國及外國) 讀書及作文(國文及漢文) 筭術(四則以內)
但官公私立학校의 普通科以上卒業證書가 有ᄒᆞᆫ人은 其학力을 檢定ᄒᆞᆫ後 免試許入ᄒᆞᆷ
○開學日字 三月五日(陰曆正月二十壹日)
光武十一年一月十五日
中署磚洞 **普成專門學校** 告白

廣告

西署新門外…동 百八十六統三戶
辯護士 前檢事 正三品 丁明燮
法律事務所 事務員 前主事 吳在淳

●九轉靈砂라 本人이 妙方法을 神備ᄒᆞ야 製造ᄒᆞᆫ 靈丹이오되 男女老少에 無論何징ᄒᆞ고 通治ᄒᆞ오며 無病時에도 服ᄒᆞ면 平生의 身躰가 健康ᄒᆞ며 小兒ᄂᆞᆫ 四五錢重만 服ᄒᆞ면 十歲안에 無病ᄒᆞ기를 擔保ᄒᆞ오며
●九轉靈砂萬應丹은 져狂癇징과 中風諸疾과 耳目諸病과 淋疾에 神効ᄒᆞ오
●九轉靈砂保命丹은 初生小兒驚風 간氣 咳嗽 腹瘡 諸般惡징에 神効ᄒᆞ오
●九轉靈砂濟衆丹은 酒滯 食滯 血積 吐瀉 霍亂 痢疾 吐血 下血 運氣 時疾 疝징에 神効ᄒᆞ오
●九轉靈砂紫金丹은 痔漏 瘰癧 上疳瘡 下疳瘡及唐瘡과 諸般毒瘡惡種에 無不神効ᄒᆞ오니 僉君子ᄂᆞᆫ 來問ᄒᆞ시오
內需司前둑갑이골上隅第一家 리호廷 移徙 告白

洪淳康氏가 東署東小門內土橋東邊에 織造機을 廣張設施ᄒᆞ야 稱號를 淳昌號라ᄒᆞ고 各色綢緞紗屬等을 織造發賣ᄒᆞ오니 願買人은 來臨購買ᄒᆞ시며 或所用대로 緞과 紗等屬을 預托ᄒᆞ시면 依約施行ᄒᆞ깃삽
淳昌號 告白

本人이 齒料諸具를 整備ᄒᆞ야 ᄒᆞᆫ人의게 應用케ᄒᆞ며 視務時間은 午前九時브터 午后一時ᄭᆞ지 午后一時브터 午后五時ᄭᆞ지 夜間에ᄂᆞᆫ 定約ᄃᆡ로 事務所ᄂᆞᆫ 南大門內達城위宮內施蘭敦醫師後家
美國齒醫師 ᄯᅵ、이、한 告白

大韓仁川港 … 洋行

AMERICAN Gold Seal Brand
EAGLE BRAND

◎本社廣告
○申報價
一張代金 新貨二錢五里
一個月前納 三十錢
三箇月 九十錢
六個月 一元七十錢
一箇年 三元四十錢
郵稅一部 新貨五里
一箇月 十三錢
○廣告料
四号活字 三字詰
每日每英尺一寸에 新貨廿五錢(每日每行六錢에 相當홈)
一週日에 二圓五十錢(每日每行四錢五里에 相當홈)
一箇月에 五圓(每日每日四錢一里에 相當홈)
其期限의 長短과 字行의 多寡를 依ᄒᆞ야 增減홈이 有홈

●大한每日申報各處支社廣告
中署布屛門下 김相萬冊肆
洞口越便朱翰榮冊肆
中署農圃初入七拾八統第二號 鄭禹澤
平壤上水口門內 김浩淵
仝 최叙恒
仁川花峴開新冊肆 리東皓
宣川邑橋西里 安○
義州西門外한西 大藥局
釜山港佐川 徐藥局
三和港藥洞 김仁집
咸興朱南社西門外 曹喜林
開城培學校 姜助遠
大邱達城 廣文社
載寧邑濟衆院 ○夢澤
鐵山邑東部 安玄
長連邑 김龜
元山支店 김乃範
定州南門內 洪聖麟
京城興仁門外영楓亭 리建赫
海州南門內書舖 朴昌鎭

發行兼編輯人 英國人 베說
發行所 南署石井洞號外地三層洋屋家
大韓每日申報社

第五卷 大韓每日申報 대한매일신보 第四百卅五號

月曜及慶節 歲時休日刊

檀·開國四千二百三十九年
箕子元年三千二十八年
大韓開國五百十五年
日本明治四十年
清國光緒三十二年
◉陰曆丙午十二月大廿四日乙酉

別報

俄報預言

美國새스폰스토報의云홈

俄羅斯의有力훈雜誌에記錄훈바此後에大戰爭은畢境日本과美國間에起ᄒᆞ리라ᄂᆞᆫ預言이今日美國海陸軍人과財政家의談話ᄒᆞᆯ材料가되얏스니大抵歐羅巴各國은互相窺視ᄒᆞ노라고精神을쓸동안에東便의적은黃人(日本을指홈)은强力을得ᄒᆞ야北便의態(俄國을指홈)을一番打擊ᄒᆞ야잡아其領土를戰勝훈票로占領ᄒᆞ고自今으로ᄂᆞᆫ比律賓을彼黃人眼目에貪愛ᄒᆞᄂᆞᆫ物件으로삼ᄂᆞᆫ도다

日本人은外國에出往ᄒᆞ야耳聞目見을悉皆仔細히記錄ᄒᆞ야軍事上緊要훈거슬偵探ᄒᆞ야自巳本國으로精細히장皐히報告홈으로日俄戰爭에큰效驗을믿드렷스니此ᄂᆞᆫ世界列國을靡蠶으로擊훈것과ᄀᆞᆺ치讐훈비라日人의行動을察ᄒᆞ건ᄃᆡ隱密히寫眞機를懷中에隱ᄒᆞ고美國砲臺를偵探ᄒᆞ다가被捉훈者ㅣ有ᄒᆞ니此ᄂᆞᆫ美國人으로ᄒᆞ야곰尋常知之에不在케홈이라(間略)

然ᄒᆞ나日美間에戰爭이起훈지라도美國이日本을輕侮홀비업ᄂᆞᆫ거스而國의海陸軍力과(間脫)을比較ᄒᆞ면美國이日本보다倍勝ᄒᆞ도다

日本의海軍은大略美國과同等ᄒᆞ나兵艦은美國을當치못훌거시오陸軍으로言ᄒᆞ면日本은常備兵이四十萬이오美國은十萬이라ᄒᆞ나然ᄒᆞ나戰爭時를當훈地境이면美國은五六百萬의兵을能히募集홀터이나日本의一百二十萬의兵을엇지長홀비有ᄒᆞ리오ᄒᆞ얏더라

官報

◉三千六百八十一號 光武十一年二月五日

◉宮廷錄事

法部大臣勳一等臣李夏榮謹奏

赦典舉行時六犯本無特定律或以謀叛强盜殺人通姦騙財竊盜爲六犯而有施行之例或以反亂殺人强盜竊盜强姦與符同外人情理切害者爲六犯而有施行之例碍難指一擧行從玆以後參互己例以謀叛强盜殺人强姦詐騙竊盜六犯著爲定式欽遵施行何如謹

奏

光武十一年一月三十日奉

旨依奏

宮內府特進官金宗根辭職疏

批旨省疏具悉所請依施

宮內府特進官金炳秀辭職疏

批旨省疏具悉所請依施

◉敍任及辭令

淑陵參奉張혀根

莊陵參奉李象麒

依願免本官

任淑陵參奉 敍判任官五等 徐相斗

任莊陵參奉 敍判任官五等 李命求

依願免本官 齊陵參奉金東燁

任齊陵參奉 敍判任官五等 九品丕鍾禹

主殿院營務課技師鄭[illegible]煥

仝 尹龍植

依願免本官

主膳司掌膳李鍾國 仝金應圭

任主殿院電務課技師 敍奏任官四等

從二品鄭龍환 仝[illegible]龍植

任典膳司掌膳 敍奏任官四等

內部繙譯官 九品리能雨

任警務廳警務官 敍奏任官四等 警務廳總巡朴喜旭

任官立漢城英語學校教官 敍奏任官四等 官立漢城英語學校教官尹泰憲

公立仁川普通學校教員丕昆增

公立鏡城普通學校教員仝祀濟

官立漢城漢語學校教官崔永年

依願免本官

任公立寧德普通學校教員 敍判任官八級 李周應

任公立仁川普通學校教員 敍判任官八級 李承獸

◉部令

度支部令第三十號

收入支出證明規則 續

第一 歲入徵收額證明

第四條 收入官吏가現金을領受훌時나又其收入畢額과金庫及郵便官署의領收畢額에差異가有훌時ᄂᆞᆫ第二號式樣을依ᄒᆞ야其領收額及差額을詳記提出홈이可홈

第五條 歲入徵收額計算書에ᄂᆞᆫ第三號乃至第五號의書式을依ᄒᆞ야調定超過及不足額明細書와收入未畢額明細書를添付홈이可홈

港稅에關ᄒᆞ야ᄂᆞᆫ第六號書式을依ᄒᆞ야擔出品、收容貨物、無請求品賣却明細書를添付홈이可홈

第六條 地稅에關훈證憑書類ᄂᆞᆫ如左홈

一 國有地를民有地又ᄂᆞᆫ免稅地를有稅地로定훈時ᄂᆞᆫ主管廳의訓令指令及其他關係書類

二 民有地를國有지又ᄂᆞᆫ有稅지를無稅지로定훈時ᄂᆞᆫ主管廳의訓令指令及其他關係書類

三 水旱其他災害를因ᄒᆞ야減稅又免除에處分이有훈者ᄂᆞᆫ主管廳의訓令指令及其他關係書類

第七條 戶稅에關훈證憑書類ᄂᆞᆫ面長의證印이有훈戶數調査成冊及增減報告書로定홈

第八條 漁塩과稅에關훈證憑書類ᄂᆞᆫ調定에關훈主管廳의訓令及又指令으로定홈

未完

外報

◉桑港學童問題 日本學童問題ᄂᆞᆫ大抵外交談判으로終結홀터인ᄃᆡ該問題에關ᄒᆞ야桑港吏員은大統領國務卿等과協議홈을爲ᄒᆞ야華盛頓에召喚홈이加洲選出代議士ᄂᆞᆫ모도調停되기不遠홈을信ᄒᆞᆫ다더라

◉英俄協商 巴里電을據훈則俄國政府에셔再次英俄協商을開始ᄒᆞ라ᄒᆞᄂᆞᆫᄃᆡ該協商의要項은波斯問題及스간지나비아(瑞典諾威)에關훈者라더라

◉桑港防備 桑港電을據훈今美國元老院의셔桑港市及同港灣의防備를完成ᄒᆞ기爲ᄒᆞ야五拾萬弗을支出ᄒᆞ기로決定ᄒᆞ엿ᄂᆞᆫᄃᆡ其結果ᄂᆞᆫ桑港의各防備物을卽時修理에着手ᄒᆞ고敷設水雷의數를增加ᄒᆞ며海岸重砲數個中隊를設置훈다더라

◉改名憲政會 淸國保皇會ᄂᆞᆫ戊戌政變後에康有爲梁啓超兩氏가創立ᄒᆞ야六七年間에會員이數十萬名이오會所가一百八十餘處오其中機關新聞이十餘種類오各支社와活版所와銀行과商會와軍隊와學生이次第로整頓ᄒᆞ야淸國人民의知識을因導ᄒᆞ더니今日은憲法實施훈詔令이頒布ᄒᆞ고또此後로ᄂᆞᆫ皇帝ᄭᅴ셔危殆홈을免훈지라保皇會의主義를得達훈故로來年陰曆正月븟터ᄂᆞᆫ該會를國民憲政會라名ᄒᆞ고其黨派ᄂᆞᆫ憲政黨이라名ᄒᆞ기로預定ᄒᆞ야日前에會長康有爲氏가其詞義를擧ᄒᆞ야각處會所에布告ᄒᆞ얏더라

雜報

●內下孤院 皇上陛下씌옵셔孤兒院에錢一千圜을下賜ᄒᆞ옵셧다더라

●政府弗參 日昨孤兒院에셔紀念式을舉行ᄒᆞᄂᆞᆫ딕政府大官과各國領事一般官憲의게通牒ᄒᆞ얏더니各領事와統監府官憲이一제히進參ᄒᆞ얏스되唯獨政府大臣만參席지아니ᄒᆞᆫ지라大垣丈夫氏가此件에對ᄒᆞ야政府大臣을一場論駁ᄒᆞ얏다더라

●報聘停止 報聘大使ᄂᆞᆫ宮相沈相薰氏로派遣ᄒᆞᆫ다더니伊藤統監이日昨에電報ᄒᆞ되報聘使ᄂᆞᆫ必要ᄒᆞᆯ것시無ᄒᆞ니停止ᄒᆞ라ᄒᆞ얏다더라

●餞別鶴原 鶴原總長이歸國次로昨日上午에京釜鐵路一番列車로離發ᄒᆞᄂᆞᆫ딕各部大臣이南門外停車場에셔餞別ᄒᆞ얏다더라

●兩大落後 統監府鶴原總長이作別次로再昨日에政府에入來ᄒᆞᆫ지라各部大臣이會同ᄒᆞ야茶椀을進待後各大臣이散會ᄒᆞᄂᆞᆫ딕內相리址鎔氏와參政박齊純氏ᄂᆞᆫ무ᄉᆞᆷ談話를密密히討論ᄒᆞ고追後歸去ᄒᆞ얏다더라

●强請平和 內部大臣리址鎔氏가參政朴齊純氏를對ᄒᆞ야曰往事ᄂᆞᆫ置之勿論ᄒᆞ고前途를和同做去ᄒᆞ자ᄒᆞᆫ즉朴參政이答曰은제ᄂᆞᆫ엇지ᄒᆞ엿소和同與否가무엇잇소ᄒᆞ얏다ᄂᆞᆫ딕外面은和同이되얏스나內容인즉終是不解ᄒᆞᆫ緣이라더라

●晉吏燒簿 南來人의傳說을據ᄒᆞᆫ즉晉州郡守林炳恒氏가到任ᄒᆞᆫ當日에該郡吏셔輩가起擾創言ᄒᆞ되開化郡守가視務ᄒᆞ면吾輩가應食이無ᄒᆞ리라ᄒᆞ야諸般文簿를燒盡ᄒᆞ고一不舉行ᄒᆞ기로酌定ᄒᆞᆫ다더라

●陵屬減省 宮內部에셔各陵을調査ᄒᆞ야香炭도廢止ᄒᆞ고陵軍도減額ᄒᆞ고陵軍의料로耕食ᄒᆞ던沓土을還收ᄒᆞ고陵軍料ᄂᆞᆫ代錢으로支撥ᄒᆞᆫ다더라

●三大相換說 閭巷傳說을聞ᄒᆞᆫ즉內部大臣리址鎔氏ᄂᆞᆫ宮大로轉任ᄒᆞ고宮大沈相薰氏ᄂᆞᆫ內大로轉任ᄒᆞ얏다가農大成岐運氏와相換ᄒᆞᆫ다더라

●議政疏遞 議政大臣趙秉호氏가疏遞ᄒᆞ얏더라

●屠塲何多 東西郊屠獸塲外에南門外典牲署等地에셔何許日人이屠獸塲을又設ᄒᆞ고每日稅錢을收捧ᄒᆞᆫ다더라

●夜雷始發 普成專門學校에셔普專親睦會를組織ᄒᆞ고本月二十五日붓터夜雷雜誌를發刊ᄒᆞ기로昨日內部에請願ᄒᆞ얏다더라

●設壇奪土 前參判元世詢氏가淸州萬東廟毁撤ᄒᆞᆫ後에永同明池谷等地에萬東廟를私自設壇ᄒᆞ고春秋奉享ᄒᆞᄂᆞᆫ딕附近十餘里二十里許에居民私有田畓을享辭補用ᄒᆞᆫ다稱ᄒᆞ고賭租를勒奉ᄒᆞᄂᆞᆫ지라히居民이平理院에呼訴ᄒᆞ야元世詢氏子元道常氏를押上ᄒᆞ야牢囚六朔에更勿侵勒之意로判決以給矣러니元氏가前習을未改ᄒᆞ야[illegible]郡升[illegible]等地로壇을移設ᄒᆞ고附近民土에又爲植木ᄒᆞ기로農商工部에承認下去ᄒᆞ야民有田沓을占領ᄒᆞᄂᆞᆫ지라該民人이農商工部에呼訴ᄒᆞ얏다더라

●有何主意 韓一銀行取締役鄭東植氏가該銀行을日人管理에附屬ᄒᆞ기를運動ᄒᆞᄂᆞᆫ딕其裏許를採探ᄒᆞᆫ즉鄭氏가支配人을兼ᄒᆞ야事務를處理ᄒᆞ미簿記法도不知ᄒᆞ고數字도不明ᄒᆞ야事務方法이先後倒着ᄒᆞᄂᆞᆫ故로銀行諸員이事務에嫺熟ᄒᆞᆫ人員을支配人으로雇聘ᄒᆞ자ᄒᆞ나鄭氏가固執不動ᄒᆞ고隱然히日人管理에附屬ᄒᆞ기를運動ᄒᆞᆫ다ᄒᆞ니可嘆ᄒᆞᆯ事라ᄒᆞ더라

●奪艦紀念 仁川에碇泊ᄒᆞᆫ日本兵艦沖之嶋號ᄂᆞᆫ日露戰爭時에旅順口에셔俄兵의게奪取ᄒᆞᆫ船隻인딕本月十一日에該艦司令長官寺垣氏가紀念宴을開設ᄒᆞ고各部大臣을請邀宴待ᄒᆞᆫ다더라

●罪囚減放 今番赦典에平理院時囚中六犯已決可減秩이二十六人이오可放이一人이오未決囚六犯外에可放이拾八人이오六犯內에七名이더라

●商計活動 大東商會設立에關ᄒᆞ야前報에已揭어니와去日曜에股主總會를박洞普成舘內에開ᄒᆞ고諸般方針과規則을議定ᄒᆞ얏ᄂᆞᆫ딕出席員이五十餘名이라任員選舉에會長은吳泳根氏오理事ᄂᆞᆫ玄公廉金大熙兩氏오監査ᄂᆞᆫ劉文相申海容兩氏오會計ᄂᆞᆫ安國善氏오出納員은尹炳升氏오書記ᄂᆞᆫ최炳玉氏라業務ᄂᆞᆫ各社員의家用諸般物品을用達도ᄒᆞ며相當ᄒᆞᆫ方法으로放債도ᄒᆞ야商業을發達케ᄒᆞᆯ目的인딕將次擴張ᄒᆞ야有力ᄒᆞᆫ商業家와協同ᄒᆞ고大計劃으로活動ᄒᆞᆯ方針이라더라

●達守報部 大丘郡守朴重陽氏가法部에報告ᄒᆞ되土地家屋證明規則을奉準訓令ᄒᆞ와自光武十年十二月一日爲始ᄒᆞ야實行ᄒᆞ옵ᄂᆞᆫ딕爲其동長者規則을不能解ᄒᆞ오니不可不召集鍊熟이오며出帳調査ᄒᆞ와紙筆墨代에初無磨鍊ᄒᆞ오니何如措處ᄒᆞ라시ᄂᆞᆫ지且本郡二百六十六동동長을郡衙에召集ᄒᆞ고少不下五日以上교授ᄒᆞᆫ後에야可以規則에實行을見ᄒᆞᆯ듯ᄒᆞ오니동長每一名一個日食價二十錢式五日食價二百六十圜만爲先劃下ᄒᆞ라ᄒᆞ얏더라

●居昌庶幾 居昌郡守李元호氏가去三月下車以來로邑基後大川이溢漲하야幾壞官舍ᄒᆞ미錢二千兩을自費出給하야坊川이已完하고民瘼을永減ᄒᆞ고民人中得罪者가得屬吏校ᄒᆞ야暗納之錢幾千兩을一切還退ᄒᆞ고反治吏校ᄒᆞ니民無冤訟ᄒᆞ고吏不得奸ᄒᆞ고本郡與他邑獄事明査에枚枚旅費를自當數百金ᄒᆞ고吏廳差役의例食錢四千兩을一切退逐ᄒᆞ고使廉吏로各任其役ᄒᆞ고結錢을捧刷葉錢ᄒᆞ야上納紙貨則每結頭葉錢五兩三錢三分式餘條를出給結民ᄒᆞ고該郡二十四面虛結與乞卜三百七十餘結을永爲減脫ᄒᆞ미頌聲이載路ᄒᆞᆫ다더라

●張氏請願 前咸昌郡守張某가平理院에請願하되本人今日頻訴ᄂᆞᆫ貧民分給ᄒᆞᆫ五百兩替納事로非獨呼寃이오白首殘年에五朔滯囚와再令監獄이莫非片方得謗陷所致오니物不平則鳴而況人乎아蓋咸郡戶總이一千九百三戶內에一千一百七戶을捐廩特賑하고又念民農國稅하야種租을勸富春貸하고使貧秋報ᄂᆞᆫ咸日令使이더니到今日奪富日不報則責近非情이오事有至寃하니其時片富ᄂᆞᆫ獨以陳々穀으로招商夜賣하고逐隣不貸則民怨等訴에渠罪自服이거ᄂᆞᆯ官若偏愛一富하야不恤衆貧이면其責이反不重於奪富며況他동은貸種養農ᄒᆞ고片隣은無種廢農ᄒᆞ야民必離散이오國將失稅면寧奪이나爲民爲國이可乎아奪을嫌ᄒᆞ야失農失稅가可乎아旣有遺報官令則此亦非奪이오即推報이거날衆皆埋怨不報ᄒᆞ고渠亦知罪不推ᄂᆞᆫ何關焉이며渠若有訴하여官果不推면責或有지나라至五年에了無一言은果欲待時搆陷ᄒᆞ야今忽以僞印手記로陷人罔上ᄒᆞᆫ證物을忍作하니大抵官民間手記ᄂᆞᆫ有邑未開이오無官署踏印과寸紙亂打ᄂᆞᆫ有法未見則此皆白視難掩이오賑簿와郡報와證招ᄂᆞᆫ是皆公案莫顯則現今明法에此眞監獄重囚이거날噫噫라非奪非不報ᄒᆞᆫ事實은勿論ᄒᆞ고但曰給責이可微이오民怨印僞ᄒᆞᆫ罪案은姑捨ᄒᆞ고只曰此錢만當報ᄒᆞᆫ즉汲黯私貸ᄂᆞᆫ果有徵穀이며卓瀛設法은徒用捧錢乎잇가此所以不勝其寃而敢訴오니萬加明察公法ᄒᆞ오셔俾無寃結을伏望이라ᄒᆞ얏더라

●詞訟停止 法部에셔平漢兩裁에訓令ᄒᆞ되見今歲除弗遠ᄒᆞ니民情을불可불念이라陰曆本月二十五日노起ᄒᆞ야來正月初五日ᄭᆞ지民刑事詞訟을一切停止ᄒᆞ라ᄒᆞ얏더라

▲梅下煑酒▼

△海外傳說이風便에來到ᄒᆞ니一抹疑山이眞僞를難辨이로다朴泳孝氏特赦問題에對ᄒᆞ야玄興澤氏가密使로渡日ᄒᆞ야무ᄉᆞᆷ密議가有ᄒᆞ얏다지

△近日政界에風浪이稍靜ᄒᆞ나砥柱가特立에頹波가難搖ᄒᆞᆫ지라桃李園中에一席東風이花開동天에吹入ᄒᆞ얏도다

△政府에셔楸평을相對ᄒᆞ야黑白이相換ᄒᆞ니輸贏一局에勝敗를爭視ᄒᆞᄂᆞᆫ딕袖手傍觀에一點過行은루구시오

△前全州郡守權直相氏ᄂᆞᆫ黃金力으로該守를運動ᄒᆞᆫ지라向日風波에과花가落盡ᄒᆞ야更無餘力ᄒᆞᆫ줄노知ᄒᆞ얏더니近日에觀察使를運動ᄒᆞᆫ다ᄒᆞ니秦兵이尙强이로고

△學相리完用氏ᄂᆞᆫ開梅焚樽에랑吟佳句로消度臘尾餘日ᄒᆞ니以若教育之重任으로子刻을可惜이어날淸遊雅趣ᄂᆞᆫ無足可賞이로고

△近日각坊曲에坊長을差出ᄒᆞ야賣淫女에花貰를收納ᄒᆞᆫ다ᄒᆞ고政府에셔ᄂᆞᆫ無名雜稅를革罷ᄒᆞᆫ다ᄒᆞ니花貰ᄂᆞᆫ雜貰가아니고正供인지

寄書

全鳳薰

頃承留日學生斷指之報ᄒᆞ고不勝驚악ᄒᆞ여如狂如醉에神魂을難定이오一哭一歌에悲喜를不禁ᄒᆞ야若干助金을發起所로寄付ᄒᆞ고數行書函을該學生의게裁賀ᄒᆞ야擧國之如何動議를指日기竢이옵더니欽惟我聖上께옵셔眷祐ᄒᆞ사多數金額을下賜ᄒᆞ시고朝議가感深ᄒᆞ야繼以優助ᄒᆞ시니何莫非渾恩普澤이오나近聞政界物議ᄒᆞ고亦承貴報所揭則히學生지決心同盟은雖極嘉尙이나以一般私費生으로不無厚薄지嫌ᄒᆞ여竟不許官費라ᄒᆞ시니此果政府之公議乎아抑亦閭巷지私說歟아今此廿一學生이雖在私費지列이나其苦心血誠과勇志結盟이不可以一般二字로同擬其間이거날乃以厚薄지爲嫌으로終歸一視지同班이是何主論이며毋論官私費生ᄒᆞ고見其進作ᄒᆞ야當厚則厚지ᄒᆞ고當薄則薄지가可謂政界上公々지處事而但以不忍薄지惻情으로提此一般生지汎論이亦何膠執乎잇가言에曰重賞지下에必有勇夫라ᄒᆞ고死馬지且買에生者必至라ᄒᆞ니該學生지只斷壹指가雖若常事나向學지誠은非不嘉尙則必先單褒揚而勸奬지ᄒᆞ여以光於天下지耳目이면忠臣志士지死節殉國者必爭先納首ᄒᆞ리니嗚呼執事諸公은河不開迎賢지門ᄒᆞ고故適獻策지前路이며今我二千萬民族지淬勵精神도必在乎學지壹事ᄒᆞ고三千里疆土之獨立鞏固도亦在乎學지壹事즉學務지爲此時急務ᄂᆞᆫ雖三尺街兒라도亦皆共知어ᄂᆞᆯ爲其學而熟其誠者를何可汎々視之々時乎잇가敢以草々鹵무지說로猥觸堂々高峻지論이雖甚悚恐이오나耳라激報를不忍含默ᄒᆞ여冒悍略陳ᄒᆞ오니特以公筆로益加聳動ᄒᆞ야使此烈々지誠으로俾免落々지歎을千萬至祝ᄒᆞ노라

雜報

●不是自由 人口減傷은傷其全國之躰오智慧모損은損厥個人之用이니個人者重乎아全國者輕乎아天下萬法이非王不令이오非臣不布어날向之高氏ᄂᆞᆫ是不在其位而說明厥事ᄒᆞ시니以金興洙ᄂᆞᆫ終不取焉이러니今以人減智損에重輕을說之ᄒᆞ시니開明之的想과爲國之熱誠이非不美矣로되法不由王臣이면不令不布之事를俱是自由라ᄒᆞ시니愚意엔不是自由라ᄒᆞ노라

●歌曲新唱 昨日下午九時에銅峴某家에셔內部官人幾員과有志紳士幾員이日前閔忠正公紀念筆筒及酒盞을見ᄒᆞ고紀念宴을設ᄒᆞ기爲ᄒᆞ야發起人李晃根氏를請來同席ᄒᆞᄂᆞᆫ뎌大韓酒肴와妓生二名을招來ᄒᆞ야同夜一時싸지醉興이陶然ᄒᆞᄂᆞᆫ뎌紳士姜위史가詩調一篇을製作ᄒᆞ야妓生으로ᄒᆞ야금傳唱케ᄒᆞ얏ᄂᆞᆫ뎌

大韓高節閔忠公은忠則盡命ᄒᆞ여잇고○竭忠輔國崔勉菴은竟死馬島ᄒᆞ엿ᄉᆞ니○아마도日月同光은兩忠公인가

詞林

○讀三國誌及列國史有感

漢室安危在此機但求成事不求
歸吳中玄傑如相貮一決何須競
是非

先生此去豈徒然無語中宵默禱
天却恨當年無電線誰將密語片
時傳

右單道劉皇叔送孔明求救於
吳 評曰成敗利鈍勞我心曲
何弗揷書矢頭射到江陵也

匹馬蒼黃走夕陽壹聲樵笛摠人
膓當時若破英雄志誰使靑氈更
有光

右慕玄德
評曰任重道悠其敢或怠

漢家名士競歸曹玉帛軒裳詫富
豪惟有先王知大義一生盡瘁弗
辭勞

右歎孔明
評曰寒後松栢疾風勁草

風雨徐州暗穢塵弟兄離散背恩
親男兒豈是偷生者只爲前圖在
此身

右歎雲長
評曰權而得中內省弗疚

誰道阿瞞足智謀空留疑塚費虛
籌불知公案千秋在有口爭斬漢
賊頭

右罵曹操
評曰十手十目寘其嚴乎

坑儒銷鏃築長城天可挽回地可
傾壹夜西風秋雨急六鷄爭唱원
呼聲

右笑始皇
評曰强梁好勝理無久全

梁原春草正芳비底意王孫歸불
歸若使强秦先滅魏千秋共奈被
人譏

右論信陵
評曰父母之國불可忘也

理家空說測陰陽好把將來較短
長沃土嘉禾非偶爾名園怪石豈
尋常慣舟불畏風濤急有禍何嫌
雨雪凉千里未能移壹步大洲雲
物望蒼々

右總論
評曰人之生也固非偶然事之成也亦非適然大丈夫處世立功正宜牢確强硬實着脚力불當因循悠汎徒煩形式

셔農謾吟 九首
他山之石可以攻玉
鳥中之凡其必爲鳳

廣告

西署尙동第三拾五統一戶
尙동第三十四統九戶
尙洞第三十四統八戶
唐皮洞第二統四戶
尙동第三十四統四戶
唐皮동第一百七十四統十二戶
冷동第一百八十統二戶
冷동第一百七十五統十六戶
南署長동第一百一統二戶
中署堅坪坊契第三十七統七戶
西署盤松坊池下契冷동第一百七十五統十一戶
冷동第一百七十四統十一戶
西江坊玄石里第十七統加十戶
盤石坊米廛下契第六十六統四戶

右家券十四장을見失ᄒᆞ얏ᄉᆞ니無論內外國人ᄒᆞ고此券을典執ᄒᆞ시오면無效ᄒᆞᆯ터이니照亮ᄒᆞ시옴

南署會동禹順慶 告白

慶南靈山郡由吏具源德이가郡主事을圖得ᄒᆞ되摠置部訓ᄒᆞ고官吏相符ᄒᆞ야改名宗書ᄒᆞ야濟報圖任ᄒᆞ니具宗書의斷不當薦報之事由을條列左開ᄒᆞ오니照亮ᄒᆞ심을伏望ᄒᆞᆷ

左開

辛丑壬寅兩年에以首書記로稱名色ᄒᆞ야每一結의錢一兩式科外加斂ᄒᆞ야合錢四千八百餘兩을幻弄肥己이고莫重正稅ᄂᆞᆫ恣意措縱ᄒᆞ야使其父叔으로典當取利而多放牟麥錢於民間ᄒᆞ야如有未收者則幻弄付卜ᄒᆞ야督刷無餘ᄒᆞ고乙巳冬의渠以戶長으로兼帶稅色ᄒᆞ야誘引村氓ᄒᆞ야以渠所刷結錢으로設雜技都司ᄒᆞ야各人處所負錢을稱以上納ᄒᆞ고發差督推ᄒᆞ야蕩其家產ᄒᆞ며徵兄徵弟ᄒᆞ고今年春의又入首書記ᄒᆞ야稱以衙舍修理ᄒᆞ고每戶의一錢一分式無難斂民ᄒᆞ야從中偷食이고現今結稅段은新貨十二元收納이既有章程이거ᄂᆞᆯ渠以稅色으로不施章式ᄒᆞ고官吏相符ᄒᆞ야葉八拾一兩式督捧ᄒᆞ야紙貨每元의五兩一二錢式貿納于金庫ᄒᆞ니每結의剩餘條葉錢十八九兩也而統計合數즉四萬餘兩也如此凶吏을不可置之於書記온況郡主事乎

郡民 辛疇成 裵文柱 宋鎭國 李庭弼 白

肅川保民동明禮宮庄土和丕任置票를리彰호가暗自推去ᄒᆞ얏ᄉᆞ니內外國人은切勿見欺賣買ᄒᆞ시오

朴容桓 告白

光明학校와永進義塾이一校內에合設인바晝夜학의名稱이各殊ᄒᆞᆷ이無意이기洞號를依ᄒᆞ야把成학校로改定ᄒᆞᆷ

把成학校白

南原경部分署通辯梁甚호ᄂᆞᆫ素以本郡悖類로警部의韓語弗通ᄒᆞᆷ을因ᄒᆞ야民刑事를無弗干涉ᄒᆞ야專務로索에子婦女而墮胎와勒占柴場에掘人年久兩塚과他人先山에壓葬物장과各面任掌을受賂勸遞와諸般侵虐이無所弗至而警部ᄂᆞᆫ韓語弗通ᄒᆞᆷ으로全弗覺悟ᄒᆞ니雖欲公決이나不可得也라梁通辯을若弗退斥則警部에名譽損傷은已無可論이요人民이末由支保이기로玆以廣告ᄒᆞᆷ

南原郡安泰植리聖儀等告白

●大韓自强會月報

每月一回廿五日發行
定價金一部十五錢

大韓自强會月報의發行이歷潮을經ᄒᆞ오니自由의議論을鼓發ᄒᆞ야國家의權利를增進ᄒᆞ고獨立의精神을淬礪ᄒᆞ야同胞의團結을益鞏케ᄒᆞ야全國有志諸公의愛讀ᄒᆞ심을供ᄒᆞᆫ바現今本會의셔一비撰號ᄒᆞ기爲ᄒᆞ야高明ᄒᆞᆫ文章과宏博ᄒᆞᆫ學識家를延致ᄒᆞ야天下大勢의變動과殖產敎育의要素와古今政治의大要를蒐輯ᄒᆞ야開卷ᄒᆞ면眼目을新케ᄒᆞ오니愛國ᄒᆞ시ᄂᆞᆫ僉君子ᄂᆞᆫ血淚를문ᄒᆞ시고家家案頭의隨刊對讀ᄒᆞ시오

皇城中署典洞九統一戶
大韓自强會事務所

廣告

越南亡國史 國漢文 新刊

定價貳拾伍錢

發賣所 京城廣橋高裕相冊肆 鍾南鍋川那禹時夏冊肆 布屛下 김相萬 書舖

○特別緊急廣告○

日本에셔留學ᄒᆞᄂᆞᆫ天道敎派遣學生等은勤々孜々ᄒᆞ야熱心做工ᄒᆞ더니不幸該敎會에셔昨年以來로學資를不送ᄒᆞ야千辛萬苦ᄒᆞ다가頃日에ᄂᆞᆫ食債를未報ᄒᆞ야旅舍에셔被逐ᄒᆞ여留學生監督廳에셔齊留ᄒᆞ더니去五日夜에二十餘人이一時에勇刃을擧ᄒᆞ야其指를斬斷ᄒᆞ고盟誓曰學業를不成ᄒᆞ면死不歸라ᄒᆞ엿스니嗚呼라爲我同胞ᄒᆞ야뉘가同情之淚를落치아니ᄒᆞ리오본會에셔此悲況을我同胞의게廣布ᄒᆞ오니多少를勿論ᄒᆞ고義捐ᄒᆞ야一時救急ᄒᆞ심을千萬伏望

一臨時收髮所ᄂᆞᆫ大韓每日申報社로定홈

一捐金收集期限은二月十日ᄭᆞ지로定홈

光武十一年壹月八日

在日本東京 太極學會 告白

元山會前本支社員金乃範氏ᄂᆞᆫ代金收捧키難ᄒᆞᆫ事로請願自退ᄒᆞ얏기로其代에劉七錫氏로支社々員을更定ᄒᆞ얏스니該附近地諸公은右氏의게請求ᄒᆞ시옵

大韓每日新報社 告白

廣告

◎學員募集廣告

本校第三回入學期를現當ᄒᆞ야法律學及經濟學兩專門科學員을玆에募集ᄒᆞ오니願ᄒᆞᆫ人은左記試驗定期內에本校用紙로ᄡᅥ早速請願ᄒᆞᆫ事

但法律科ᄂᆞᆫ晝학及夜학으로敎授ᄒᆞ고經濟科ᄂᆞᆫ夜학으로敎授홈

○脩業年限 三학年

○入學年齡 二十歲以上

○學部目 法律학全部 經濟학全部 備在本校規則

○試驗日字 三月一日(陰曆丁未正月十七日)

○試驗科目

歷史及地誌問對(內國及外國)

讀書及作文(國文及漢文)

算術(四則以內)

但官公私立학校의普通科以上卒業證書가有ᄒᆞᆫ人은其학力을檢定ᄒᆞᆫ後免試許入홈

○開學日字 三月五日(陰曆正月二十壹日)

光武十一年一月十五日

中署磚洞 普成專門學校 告白

西署新門外鍮동百八十六統三戶

辯護士前檢事正三品 丁明燮

法律事務所 事務員前主事吳在淳

辯護士 …… 李[illegible]

●九轉靈砂라 本人이妙方法을神備ᄒᆞ야製造ᄒᆞᆫ靈丹인ᄃᆡ男女老少에無論何징ᄒᆞ고通治ᄒᆞ오며無病時에도服ᄒᆞ면平生의身躰가健康ᄒᆞ며小兒ᄂᆞᆫ四五錢重만服ᄒᆞ면十歲안에無病ᄒᆞ기를擔保ᄒᆞ오며

●九轉靈砂萬應丹은져狂癎징과中風諸疾과耳目諸病과淋疾에神効ᄒᆞ오

●九轉靈砂保命丹은初生小兒驚風 간氣 咳嗽 腹瘡諸般惡징神効ᄒᆞ오

●九轉靈砂濟衆丹은酒滯 食滯 血積 吐瀉 霍亂 痢疾 吐血 下血 運氣 時疾 疝징에神効ᄒᆞ오

●九轉靈砂紫金丹은痔漏 累癧 上疳瘡 下疳瘡及唐瘡과諸般毒瘡惡種에無不神効ᄒᆞ오니 僉君子ᄂᆞᆫ來問ᄒᆞ시오

內需司前독갑이골上隅第一家로移徙

리호廷 告白

洪淳康氏가東署東小門內士橋東邊에織造機을廣張設施ᄒᆞ야稱號를淳昌號라ᄒᆞ고各色紬緞紗屬等을織造發賣ᄒᆞ오니願買人은來臨購買ᄒᆞ시며或所用대로緞과紗等屬을預托ᄒᆞ시면依約施行ᄒᆞᆯ지습

淳昌號 告白

本人이齒料諸具를整備ᄒᆞ야ᄒᆞᆫ人의게應用케ᄒᆞ며視務時間은午前九時븟터午后一時ᄭᆞ지午后一時븟터午后五時ᄭᆞ지夜間에ᄂᆞᆫ定約ᄃᆡ로

事務所ᄂᆞᆫ南大門內達城위宮內施蘭敦醫師後家

美國齒醫師ᄯᅵ、이、한 告白

大韓仁川港 洋行

以上은 告 時에 貯積ᄒᆞ얏습

◎本社廣告

○申報價

一張代金	新貨二錢五里
一個月前納	三十錢
三箇月	九十錢
六個月	一元七十錢
一箇年	三元四十錢
郵稅一部	新貨五里
一箇月	十三錢

○廣告料

四号活字ㅣ三字詰每日每英尺一寸에新貨廿五錢(每日每行六錢에相當홈)

一週日에 二圓五十錢(每日每行四戔五里에相當홈)

一箇月에 五圓(每日每日四錢一里에相當홈)

共期限의長短과字行의多夥를依ᄒᆞ야增減홈이有홈

●大한每日申報各處支社廣告

中署布屛門下 김相萬冊肆

洞口越便朱翰榮冊肆

中署廣通橋初入七拾八統第二號 鄭禹澤

平壤上水口門內 김浩淵

全 최寬恒

仁川排堤開新冊肆 리東皓

宣川邑橋西里 安濬

義州西門外한西 大藥局

釜山港佐川 徐藥局

三和港築洞 김仁집

咸興朱南社西門外 曹喜林

開城培學校 姜助遠

大丘達城 廣文社

載寧邑濟衆院 劉夢澤

鐵山邑東部 安ᄒᆞ

長連邑 김 鎬

元山支店 김乃範

定州南門內 洪聖麟

京城興仁門外영楓亭 리建赫

海州南門內書舖 朴昌鎭

發行兼編輯人 英國人 비說

發行所 南署石井洞號外地三層洋屋家 大韓每日申報社

第五卷

大韓每日申報

대한매일신보

第四百二十六號

月曜及慶節歲時休日刊

檀君開國四千二百三十九年
箕子元年三千二十八年
大韓開國五百十五年
日本明治四十年
淸國光緖三十二年
◉陰曆丙午十二月大廿九日丙戌

論說

基督敎靑年會

韓國之諸般困難中에其一은韓國이西歐文化의開明意思를從ᄒᆞ야自治ᄒᆞ기에不能ᄒᆞᆫ거시是也라此ᄂᆞᆫ韓國教育의守舊性質을基因ᄒᆞᆷ이니盖其敎育을安逸之人의게만定限ᄒᆞ야以此結果로韓國政府에常時執政之人은惟事懶怠ᄒᆞ야以食民力ᄒᆞᄂᆞᆫ世傳義務가有ᄒᆞᆷ을自度ᄒᆞᄂᆞᆫ者로다

鄰邦情形이與此同一ᄒᆞ던時日에ᄂᆞᆫ韓國이安全ᄒᆞ얏거니와悲慘現形의原因은韓國이止而不進ᄒᆞᆫ時에隣居日本은近代思想으로每事를效成ᄒᆞᆷ에在ᄒᆞ도다由是로韓國의幸福을希願ᄒᆞᄂᆞᆫ人士ᄂᆞᆫ如彼毒害를降衰ᄒᆞᆫ向意에對ᄒᆞ야必各歡悅ᄒᆞᆯ지니使此人民으로敎育을發達케ᄒᆞᆯ何如用力이던지奬勵를必得ᄒᆞ리로다

基督敎宣敎師들이此方向으로美擧를行ᄒᆞᆷ이非不多矣나然이나最速利益을將見ᄒᆞᆯ施設은基督敎靑年會가是라本記者ㅣ此會의宗敎目的에ᄂᆞᆫ無關이나然이나德義上敎訓을採用ᄒᆞᆷ이人民의게利益됨을擧言ᄒᆞ기에自足ᄒᆞ도다

注目ᄒᆞ기에快樂ᄒᆞᆫ事實은此會가韓國人材를養成ᄒᆞᄂᆞᆫ거시어니와此會首領穆德氏가向到京城之時에特格熱情을受ᄒᆞᆷ은韓人의感佩ᄒᆞᆷ을表證ᄒᆞᆷ이로다如此教化之下에셔前日頑固와無其信實ᄒᆞᆷ이變遷ᄒᆞ야改進主義와忍耐及正直을成ᄒᆞ리니極東進步에韓國이參於先驅ᄒᆞᆷ을吾人이或可得見ᄒᆞ리로다

官報

◉宮廷錄事

●號外 光武十一年二月五日

議政府議政大臣조秉式辭職疏

批旨省疏具悉懇懇卿所陳卿亦知此時此職不可决然以去而惟復一直苦心求去豈欲袖手越視不爲過行一着弁髦國民遂以忘情敷殊用歎訝然而蹐跼奔趨勞擾之餘愼節之瘝加不可不念亦不可强挽ᄒᆞ辭遞副卿朋攝卿其諒之事遣秘書郞傳諭

●三千六百八十二號 光武十一年二月六日

◉宮廷錄事

表勳院總裁[illegible]徽辭職疏

批旨省疏具悉卿辭中尙方提調侍從卿署理之任依施

宮內府特進官鄭寅學辭職疏

批旨省疏具悉依施

◉敍任及辭令

厚陵參奉洪德周
長陵參奉閔明植
依願免本官

任厚陵參奉叙判任官五等
姜淵秀
任長陵參奉叙判任官五等
沈宜鍾

九品金宅仁 仝趙元根
解尙方司分主事

官立漢城高等學校長李源鎔
命션源譜略修正時찬修監印郞廳

任主殿院電務課主事叙判任官八級 九品조선增
任主殿院電務課主事叙判任官十級 永懷園參奉李程淳
任永懷園參奉叙判任官五等 車炳觀

依願免本官 法部主事趙重健
侍從院主事金基賢
營繕司主事조秉億 仝金成鎭
厚陵參奉姜淵秀
長陵參奉沈宜鍾
依願免本官

任侍從院主事叙判任官八級
掌禮院掌樂課主事洪日셥
任營繕司主事叙判任官七級
宗簿司主事方敬喜
任營繕司主事叙判任官八級
宗簿司主事金洛純
六品조병億 仝金成鎭
任宗簿司主事叙判任官八級
任掌禮院掌樂課主事叙判任官八級 九品金基賢
任厚陵參奉叙判任官五等
九品洪德周
任長陵參奉叙判任官五等
九品閔宗植
任法部主事叙判任官七級
六品李宰榮
解法部法律起草委員
九品申德休
命法部法律起草委員 金在熙
任農商工學校敎官叙判任官七級 김振션

◉部令

度支部令第三十號

收入支出證明規則

第一款 歲入徵收額證明 續

第九條 船稅에關ᄒᆞᆫ證憑書類ᄂᆞᆫ調定에關ᄒᆞᆫ主管廳의訓令指令及面里長의賣買證明書로定ᄒᆞᆷ

第十條 礦産稅及採取稅에關ᄒᆞᆫ證憑書類ᄂᆞᆫ如左ᄒᆞᆷ

一 礦物産出報告書又或主管廳長官의礦物價格指定書

一 採取稅納入申請書

二 礦區、採取區의設定、增減、變更、消滅에關ᄒᆞᆫ者ㅣ有ᄒᆞᆫ時ᄂᆞᆫ主管廳의訓令又指定

第拾一條 港稅에關ᄒᆞᆫ證憑書類ᄂᆞᆫ如左ᄒᆞᆷ

一 有稅品申請書

二 噸稅納付書

三 減稅又免稅ᄒᆞᆷ이有ᄒᆞᆫ時ᄂᆞᆫ主管廳長官의訓令指令及關係書類

四 諸倉庫料、諸手授料、使用料、罰金等雜收入에關ᄒᆞ야ᄂᆞᆫ各其決定書

五 擔保品、收容物、無請求品其他沒入品賣却에關ᄒᆞ야ᄂᆞᆫ契約書及公告書類

第十二條 印紙收入에關ᄒᆞᆫ證憑書類ᄂᆞᆫ如左ᄒᆞᆷ

一 收入印紙原賣下人의賣下ᄒᆞᆫ領收證書

二 收入印紙原賣下人의收入印紙代金納付書

第拾三條 官業收入에關ᄒᆞᆫ證憑書類ᄂᆞᆫ如左ᄒᆞᆷ

一 物品賣下에關ᄒᆞᆫ領受書

二 官報物品代金納付書

三 前二項書類外에事實을可證ᄒᆞᆯ書類

第拾四條 雜收入에關ᄒᆞᆫ證憑書類ᄂᆞᆫ如左ᄒᆞᆷ

未完

外報

●美人惡感情 美國클리포리아接境와셔론省에在ᄒᆞᆫ製造廠에셔ᄂᆞᆫ已往日本人數三名을雇ᄒᆞ야掃除와其他使役을命ᄒᆞ더니日前에該主人이日人을一齊히逐出ᄒᆞ고更不使用ᄒᆞ기로ᄒᆞ얏다더라

●日使言明 華盛頓에駐찬ᄒᆞᆫ日本公使ᄂᆞᆫ近日各新聞에美日開仗되깃다ᄂᆞᆫ說이紛紛ᄒᆞᆷ으로美人을對ᄒᆞ야言ᄒᆞ기를우리兩國이비록小小ᄒᆞᆫ嫌疑가有ᄒᆞᆯ지라도만다시決裂ᄒᆞᆯ地境ᄭᆞ지ᄂᆞᆫ되지아니ᄒᆞ리라ᄒᆞᆫ다더라

●東三省經略大臣 淸國政府에셔近日에東三省經略大臣을設置ᄒᆞ야東三省事務를整頓케ᄒᆞ기爲ᄒᆞ야民政部尙書徐世昌으로該大臣을任命ᄒᆞ얏다ᄂᆞᆫ說이有ᄒᆞ다더라

雜報

●詔勅留中 主殿院卿리起東氏는祭宮提調로移任ᄒᆞ고其代에豆南승氏가被任ᄒᆞ기로 詔勅이下ᄒᆞ셧ᄂᆞᆫᄃᆡ宮相沈相薰氏가上奏ᄒᆞ고 詔勅을姑爲留中ᄒᆞ얏다더라

●勅喩兩大 向日御前會議에参政박齊純氏와內相리址鎔氏의和同ᄒᆞ라신 勅교를面喩ᄒᆞ옵신故로兩大臣이國事를爲ᄒᆞ야私嫌을勿施ᄒᆞ고平가된다더라

●醫院官制 政府에셔大韓醫院官制를現今磨鍊中이라더라

●奏本在邇 秋等殿最貶下郡守가二十餘窠인ᄃᆡ陰本月內로奏本ᄒᆞᆫ다더라

●勸告和同 参政大臣박제純氏와內部大臣리址鎔氏의和同ᄒᆞ기를爲ᄒᆞ야박参政便은리起東氏오리內相의便은리範喬氏인ᄃᆡ該兩氏가極力勸告ᄒᆞ야期於和同케ᄒᆞᆫ다더라

●晋察報告 晋察丕民熙氏가因事上京ᄒᆞ얏다가去月二十七日에還道ᄒᆞ얏다고京部에報告ᄒᆞ얏다더라

●春察侍湯 春察櫃益相氏가以親患으로請由上京ᄒᆞ얏다더라

●日警率眷 韓國에現聘ᄒᆞᆫ日警官의寓居ᄒᆞᄂᆞᆫ거시穩當치안타ᄒᆞ야日本政府에셔率眷渡去ᄒᆞ라ᄒᆞᄂᆞᆫᄃᆡ該日女의旅費는半船價로定給ᄒᆞᆫ다더라

●內訓平北 內部에셔平北觀察道에訓令ᄒᆞ되新差未부任과被拘未還과投印經歸ᄒᆞᆫ各郡守의姓名을何不臚列인지更查一々報明이고貶下郡守ᄂᆞᆫ隨其新差ᄒᆞ야催促下送이라ᄒᆞ얏더라

●越權犯禁 洪州分署總巡최建호씨가民刑事를一并受理ᄒᆞᄂᆞᆫᄃᆡ有無罪를勿論ᄒᆞ고濫刑犯禁ᄒᆞ기로民訴가遂日遝至ᄒᆞᆫ다고忠南裁判所檢事權丙勳氏가免官懲戒ᄒᆞ라고法部에報告ᄒᆞ얏다더라

●교員選取 學部에셔각學校副교員二十九人을選定ᄒᆞ얏다더라

●三補視務 京畿裁判所法務補佐官嶋村忠次郎氏ᄂᆞᆫ去三十一日에赴任視務ᄒᆞ고務安港補佐官補長濱三郎氏ᄂᆞᆫ去月三十日에赴任視務ᄒᆞ고龍川港法務補佐官松野次郎氏ᄂᆞᆫ去月二十九日에赴任視務ᄒᆞᆫ다더라

●死在絞前 京畿裁判所處絞宣告罪人리長成이가本月四日에因病身故ᄒᆞ얏다더라

●農部設所 農商工部所管度量衡事務所官制ᄂᆞᆫ局長司務官技師各一人과技手五人과書記四人이오工業傳習所官制ᄂᆞᆫ監督所長各一人과技師六人과技手二十人과司監一人과書記三人이오測候所官制ᄂᆞᆫ所長一人技師二人과技手三人이라더라

●兵丁刺日 再昨日下午拾一時에南村等地에셔兵丁四名이日人廣吉氏를小刀로亂刺重傷ᄒᆞ얏다ᄂᆞᆫᄃᆡ該日人은病院으로舁送治療ᄒᆞ고該兵等은現今詗探中이라더라

●惜哉此人 前軍部大臣리根澤氏의子某氏가性本浮悖ᄒᆞᆫᄃᆡ近日何許人家에突入ᄒᆞ야拔劍示威ᄒᆞ고錢財를討索ᄒᆞ다가情跡이綻露ᄒᆞ야警務廳에捉슈ᄒᆞ얏다더라

●無罪必放 遞義州府윤리民보ᄂᆞᆫ其事實証은被告陳供이라明民證辭가明白ᄒᆞ니参究情跡에別無可罪之端故로被告리民보를即爲放免ᄒᆞ라고平理院에셔法部로報告ᄒᆞ얏다더라

●寡鶴結寃 廣州細村面금光里居ᄒᆞᄂᆞᆫ김致良者ㅣ鰥居數年이러니數十日前에閭隣동에有寡婦ᄒᆞ고數十餘人을率ᄒᆞ고暮夜에往于該寡婦處ᄒᆞ여負來러니該寡ᄂᆞᆫ元來貞節이有ᄒᆞᆷ으로翌日夜半에逃走ᄒᆞ다가竟至路上致斃ᄒᆞᆫ事ᄂᆞᆫ已爲報道ᄒᆞ얏거니와本郡警務分派所에셔査實ᄒᆞ여原犯은捉囚ᄒᆞ야驪州本署로押送ᄒᆞ고該同類를逮捕ᄒᆞᆯ際에巡檢이히詗中으로七千九百兩과또千兩을捧賂ᄒᆞ얏더니히동人民等이不勝寃抑ᄒᆞ여本郡슈의게呈訴ᄒᆞᆷ의本郡守가日巡查部長과交涉查實ᄒᆞ얏ᄂᆞᆫ대김병一온千六圓이오其餘三人은十三圓四十五錢式이오귀容培ᄂᆞᆫ六圓분分食ᄒᆞ얏ᄂᆞᆫᄃᆡ장차本署로捉送ᄒᆞᆯ터이라더라

●兩式擧行 普成專門學校셔本日에該學徒卒業章授與式과進級章授與式을擧行ᄒᆞᆫ다더라

●靑會演說 今日下午七点半에靑年會舘에셔牧師최炳憲氏가我韓人民의避亂處란問題로演說ᄒᆞᆫ다더라

●白地難稅 陰曆本年水災ᄂᆞᆫ忠南全道가比他尤甚而至於公州正安面ᄒᆞ야ᄂᆞᆫ該面形地가山高水急ᄒᆞ야沿川庄地ᄂᆞᆫ便成沙溪ᄒᆞ고傍山山土ᄂᆞᆫ忽作子陵이라今年人災에如干沈水覆沙ᄂᆞᆫ尙矣勿論ᄒᆞ고但以成川浦落으로慰諭使와本郡守가親審報部이나尙未蒙탈ᄒᆞᆷ으로白地徵稅가果係抑鬱뿐더러民情이嗷々ᄒᆞ야該面民人數十名이度々部에呼訴次로上京ᄒᆞ얏다더라

●獄鬼難免 平安道嘉山佑김主事某氏가何許內官의게中賂支로買得ᄒᆞᆫ宮庄을見奪ᄒᆞ고不勝抑울ᄒᆞ야平理院에呼訴ᄒᆞ엿더니反爲捉囚ᄒᆞᆫ지于今十四朔인ᄃᆡ冷獄中에飢寒이到骨ᄒᆞ야獄鬼를難免이라더라

●居上難信 白川郡守趙元奎氏가內部에셔移屬ᄒᆞᆫ地面稅다稱ᄒᆞ고每戶에二錢五分式收斂偷食ᄒᆞ고嚴桂完으로ᄒᆞ야금衙中에出入ᄒᆞ야無論某罪人ᄒᆞ고受賂後에放送ᄒᆞ고觀察府에納賂ᄒᆞ야殿最에居上을圖得ᄒᆞ얏다더라

●以主換碑 完島郡슈김商섭씨가該郡鄕長朴永교와協議ᄒᆞ되自己의善政碑를竪立ᄒᆞ여쥬면郡主事를圖施ᄒᆞ마ᄒᆞ야善政碑와郡主事를相換ᄒᆞ얏다더라

●通文과報 鴻山稅務官김寬濟氏가度支部에報告ᄒᆞ되林川郡民人과恩津郡民人等이무슴事件인지會集公議ᄒᆞ기로通文을輪示ᄒᆞᆫ다ᄂᆞᆫᄃᆡ히通文을幷爲과報ᄒᆞ얏다더라

●遞守所爲 可信ᄒᆞᆫ報를更聞ᄒᆞᆫ즉晋州郡守林炳恒氏가日前에赴任次로該郡에到着ᄒᆞ얏ᄂᆞᆫᄃᆡ遞郡守閔丙星氏가印章도交付치아니ᄒᆞ고一般官隷를嚴飭ᄒᆞ야曰新任郡守ᄂᆞᆫ開化郡守라萬壹視務ᄒᆞ게되면汝等所食이無ᄒᆞ리라ᄒᆞ야一不現形케ᄒᆞ고또蔘邊으로人民을교囑ᄒᆞ여自己顯留를圖謀ᄒᆞᄂᆞᆫᄃᆡ印章은□警視의强勸으로因ᄒᆞ야不得已交付ᄒᆞ얏스나新任郡守ᄂᆞᆫ旅舘에孤坐ᄒᆞ야一隷를不見ᄒᆞ니惜甚難處라고ᄒᆞ더라

●怨反爲仇 西署內濟寺居ᄒᆞᄂᆞᆫ龍植氏家에多年如兄如弟ᄒᆞ고錢穀을多數히먹던田鎔圭趙三四人이입을모와暗害ᄒᆞᆯ次로每日議論이大段ᄒᆞ며 闕內로尙宮을締結ᄒᆞ야虛無헌말노먹고外國人에게ᄂᆞᆫ尹氏가外國人을暗害ᄒᆞᆫ다ᄒᆞ나百方으로먹으니田氏暗害ᄂᆞᆫ難測이어니와怨反爲仇을孰不痛駭리오ᄒᆞ더라

●帽子改製 普成專門學校에셔中學校와小學校學徒等이四方帽子를着ᄒᆞ고路上에多數히往來ᄒᆞᄂᆞᆫ고로外國人某、가言ᄒᆞ되四方帽子ᄂᆞᆫ世界각國이大學校學徒만着ᄒᆞᄂᆞᆫ法인ᄃᆡ現今諸학徒가四方帽子를製着ᄒᆞᄂᆞᆫ거시大違格例라ᄒᆞ야是非가紛々ᄒᆞᆫ故로該帽子를將次改造ᄒᆞᆫ다더라

●百二偷食 龍仁郡슈張允遠氏가自稱郡面長ᄒᆞ고度支部에셔今年稅納에百二條로各面長所食除給條를乾沒偷喫ᄒᆞ얏다더라

▲硯池層瀾▼

△近日各部에셔日人에指囑으로秦絲牛毛와如히苛政이式日層生에首尾가相接ᄒᆞ야人皆重足而立ᄒᆞ니秦之商鞅과漢之桑弘羊은後世에公論이잇거니와

△日本셔各國借欵을報償ᄒᆞ기爲ᄒᆞ야各稅納을增加ᄒᆞᆫ다ᄒᆞ니韓國政府에셔도花費와煙稅等名目을創出ᄒᆞ니日本借欵을報給ᄒᆞᆯ計劃인지

△郡守을行賣ᄒᆞ면百里分憂ᄂᆞᆫ姑舍ᄒᆞ고本錢을充數ᄒᆞ라고流毒生靈ᄒᆞᆷ으로世評이紛紛ᄒᆞ거니와齋郎借啣放賣ᄂᆞᆫ賣官이라稱ᄒᆞ지아니ᄒᆞᆯ슈업지마ᄂᆞᆫ一個人에榮華을貪ᄒᆞᆷ이니리址鎔氏게ᄂᆞᆫ宮內大臣이第一當窠지오

△政界에爭競이纔息ᄒᆞ미郡守奏本이不遠ᄒᆞ엿시니內部大臣은內協박義병와相關ᄒᆞ시오

△向日花蔘局에셔돈씨앗던手段이尙在ᄒᆞ엿시니郡守行賣錢도건눌當ᄒᆞᆯ이다

△位至大臣이오富至巨萬ᄒᆞ되愈往愈甚ᄒᆞ야官職을放賣ᄒᆞ고國土을販賣ᄒᆞ기로爲一能事ᄒᆞ니土地人民이盡爲浮去ᄒᆞ면貢금는用之何處오

△門外柴商이牛背에生涯을掛ᄒᆞ고曉頭氷程에十顚九倒ᄒᆞ야飮寒來到ᄒᆞ면南門外柴炭居間四五人이成群而立ᄒᆞ엿다가以棒猛打ᄒᆞ며柴牂牛願이라忽稱警廳顧問分付ᄒᆞ고柴分을收捧ᄒᆞᄂᆞᆫᄃᆡ脫衣奪柴ᄒᆞ니警顧之風이猛哉로다

雜報

◉賀藍浦郡明達學校之設立

白樂濬 續

故로西儒ㅣ有言曰將來世界ᄂᆞᆫ落在教育者手中이라ᄒᆞ니何則고非此教育이면智識이日卑ᄒᆞ고風氣ㅣ日昧ᄒᆞ야不過爲世界之一野蠻未開之國而止耳라彼以智謀에我以樸陋ᄒᆞ고彼以强勇에我以冥頑ᄒᆞ면不知孰優而孰劣이며孰贏而孰輸乎아其不折而入於文明國袖中者ㅣ百無一二焉이라

我韓今日之弊가正坐如此則不可不唱導教育二字ᄒᆞ야以爲二千萬人民之標準也어ᄂᆞᆯ而世之拘文之輩가猶以效法西人으로爲可恥ᄒᆞ니夫恥ㅣ莫恥於不爲人이라智識이不如彼ᄒᆞ고强力이不如彼ᄒᆞ고機械가不如彼則我二千萬人民은來日에當作何狀고獨不以父母가奴隸於他人ᄒᆞ고子弟가被浮於絶域ᄒᆞ고宗國이盡入於汙沼로爲可恥而獨노ᄂᆞᆫ然以效法西人으로爲可恥ᄒᆞ니何其不思之甚也오試觀乎數十年前之波蘭이及과數年前之越南國乎아或者ㅣ又謂教育이非爲弗美로되言念我韓之局勢컨ᄃᆡ遲矣矣晩라雖輕車로鞭之ᄒᆞ고十駕로鞭之라도已無可及則無益이오徒勞耳라ᄒᆞ니是又大弗然이라 未完

●言之醜 永興遞郡守洪淳旭氏의貪贓奸淫事ᄂᆞᆫ累度民訴와及新聞上에揭載公布ᄒᆞ얏거니와本郡守在任時에復職圖得次로時校任陳景萬等을自文自賭으로起送京部ᄒᆞ얏ᄉᆞ며鄕校都教授ᄂᆞᆫ一郡士林之領袖而年少張益三處에捧賂一千二百兩ᄒᆞ고咸興妓鳳仙家에셔出望ᄒᆞ니士論이以此沸騰이오며富民리獻敏處에捧賂七千兩ᄒᆞ고章程廢止之鄕長을差出ᄒᆞ고金容善은曾往咸府ᄒᆞ야倫名願由事로與陳景萬有所爭詰故로符囑警務官ᄒᆞ야搆罪捉囚ᄒᆞ고暗囑麵商幾人ᄒᆞ야題給訴狀ᄒᆞ고容善不食之贓과無根之罪을百般織成ᄒᆞ야報府請勘ᄒᆞ오니無勢殘民이安得聊生이오며今夏日兵酬應馬草價紙貨一千一百元을以葉六兩三錢代金으로捧推而其時의卽不分給于民間ᄒᆞ고到今執用이다가因民訴不得已出給之場에以엽五兩三錢五分坪으로稱以時直分給ᄒᆞ오니民間貽害가豈不可冤이오며捕捉强盜를捧賂擅放ᄒᆞ야民間竊發이在々有之ᄒᆞ니是誰使然이오며昏夜村家에有何觀覽인지無時暗行ᄒᆞ다가或窺闖달ᄒᆞ며或穿墻穴ᄒᆞ다가日謹車哥가批頰亂체甚至逃出두衙ᄒᆞ니官長躰貌가可笑可嘆이라諸般惡習을如欲枚擧면南山之竹이罄竭無餘라ᄒᆞ더라

詞林

勉菴崔先生輓 奈英호

星飄對馬返忠魂涙雨冬虹見異痕盡誠竭誠當分死扶傾濟弱復讎存至今始展先生志從此更高道德門蝶域生靈多感慕臨風一哭到黃昏

廣告

廣告

越南亡國史 國漢文 新刊 定價貳拾伍錢

發賣所 京城廣橋高裕相冊肆
鏡南端川郡禹時夏
布屛下 김相萬 書舖

○特別緊急廣告○

日本에셔留學ᄒᆞᄂᆞᆫ天道敎派遣學生等은勤々孜々ᄒᆞ야熱心做工ᄒᆞ더니不幸該敎會에셔昨年以來로學資를不送ᄒᆞ야千辛萬苦ᄒᆞ다가頃日에ᄂᆞᆫ食債를未報ᄒᆞ야旅舍에셔被逐ᄒᆞ여留學生監督廳에셔齊留ᄒᆞ더니去五日夜에二十餘人이一時에勇刃을擧ᄒᆞ야其指를斬斷ᄒᆞ고盟誓曰學業을不成ᄒᆞ면死不歸라ᄒᆞ엿스니嗚呼라爲我同胞ᄒᆞ야뉘가同情之淚를落치아니ᄒᆞ리오본會에셔此悲況을我同胞의게廣布ᄒᆞ오니多少를勿論ᄒᆞ고義捐ᄒᆞ야一時救急ᄒᆞ심을千萬伏望

一臨時收金所ᄂᆞᆫ大韓每日申報社로定홈
一捐金收集期限은二月十日ᄭᆞ지로定홈

光武十一年壹月八日
在日本東京 **太極學會** 告白

元山倉前本支社員金乃範氏ᄂᆞᆫ代金收捧키難ᄒᆞᆫ事로請願自退ᄒᆞ얏기로其代에劉七錫氏로支社々員을更定ᄒᆞ얏ᄉᆞ오니該附近地諸公은右氏의게請求ᄒᆞ시옵

大韓每日新報社 告白

廣告

◎學員募集廣告

本校第三回入學期를現當ᄒᆞ야法律學及經濟學兩專門科學員을玆에募集ᄒᆞ오니願학人은左記試驗定期內에本校用紙로써早速請願홀事

但法律科ᄂᆞᆫ晝학及夜학으로敎授ᄒᆞ고經濟科ᄂᆞᆫ夜학으로敎授홈

○脩業年限 三학年
○入學年齡 二十歲以上
○學科目 法律학全部 經濟학全部 (備在本校規則)
○試驗日字 三月一日(陰曆丁未正月十七日)
○試驗科目 歷史及地誌問對(內國及外國) 讀書及作文(國文及漢文) 算術(四則以內)
但官公私立학校의普通科以上卒業證書가有ᄒᆞᆫ人은其학力을檢定ᄒᆞᆫ後免試許入홈
○開學日字 三月五日(陰曆正月二十壹日)

光武十一年一月十五日
中署磚洞 **普成專門學校** 告白

廣告

西署新門外鍮동百八十六統三戶
辯護士 前檢事 正三品 丁明燮
法律事務所 事務員前主事吳在淳

◎民事刑事訴訟代理와及[illegible]一切法律에關ᄒᆞᆫ事務를迅速處理홈
[illegible]十七統八戶
辯護士 前檢事 正三品 **李覺宇**
法律事務所
法學士 玉東奎
法學士 [illegible]
事務員 前議官 金益濟

●九轉靈砂라 本人이妙方法을神備ᄒᆞ야製造ᄒᆞᆫ靈丹인ᄃᆡ男女老少에無論何징ᄒᆞ고通治ᄒᆞ오며無病時에도服ᄒᆞ면平生의身躰가健康ᄒᆞ며小兒ᄂᆞᆫ四五錢重만服ᄒᆞ면十歲안에無病ᄒᆞ기를擔保ᄒᆞ오며
●九轉靈砂萬應丹은져狂 癎징과中風諸疾과耳目諸病과淋疾에神効ᄒᆞ오
●九轉靈砂保命丹은初生小兒驚風 간氣 咳嗽 腹瘡諸般惡징에神効ᄒᆞ오
●九轉靈砂濟衆丹은酒滯 食滯 血積 吐瀉 霍亂 痢疾 吐血 下血 運氣 時疾 痢징에神効ᄒᆞ오
●九轉靈砂紫金丹은痔漏 累癧 上疳瘡 下疳瘡及唐瘡과諸般毒瘡惡種에無不神効ᄒᆞ오니 僉君子ᄂᆞᆫ來問ᄒᆞ시오

內需司前동갈이골上隅第一家 리호廷移徙 告白

洪淳康氏가東署東小門內土橋東邊에織造機을廣張設施ᄒᆞ야稱號를淳昌號라ᄒᆞ고各色綢緞紗屬等을織造發賣ᄒᆞ오니願買人은來臨購買ᄒᆞ시며或所用대로綢과紗等屬을預托ᄒᆞ시면依約施行ᄒᆞ깃ᄉᆞᆸ 淳昌號 告白

不人이齒料諸具를整備ᄒᆞ야ᄒᆞᆫ人의게應用케ᄒᆞ며視務時間은午前九時붓터午后一時ᄭᆞ지午后一時붓터午后五時ᄭᆞ지夜間에ᄂᆞᆫ定約ᄃᆡ로.
事務所ᄂᆞᆫ南大門內達城위宮內施蘭敎醫師後家
美國齒醫師ᄯᅵ、이、한 告白.

大韓仁州港 [illegible] **洋行**
美國[illegible]濃結[illegible]
一手代理店
一 [illegible]濃結牛乳
一 [illegible]濃結牛乳
一 [illegible]
一 [illegible]
合牛乳
以上은常時에貯積ᄒᆞ얏ᄉᆞᆸ

◎本社廣告

○申報價
一張代金 新貨二錢五里
一個月前納 三十錢
三箇月 九十錢
六個月 一元七十錢
一箇年 三元四十錢
郵稅一部 新貨五厘
一箇月 十五錢

○廣告料
四号活字十三字詰
每日每英尺一寸에新貨[illegible](每日每行六錢에相當홈)
一週日에 二圓五十錢(每日每行四錢五里에相當홈)
一箇月에 [illegible](每日每日四錢一里에相當홈)
其期限의長短과字行의多少를依ᄒᆞ야增減홈이有홈

●大한每日申報各處支社廣告
中署布屛門下 김相萬冊肆
洞口越便朱翰榮冊肆
中署農圃洞初入七拾八統第二號 鄭禹澤
平壤上水口門內 김浩淵
全州 [illegible] 최[illegible]
仁川[illegible]開新冊肆 리東皓
宣川邑橋西里 安濬
義州西門外한西 大藥局
釜山港佐川 徐藥局
三和港築洞 김[illegible]
咸興朱南社西門外 曹喜林
開城培學校 姜助遠
大邱達城 廣文社
載寧邑濟衆院 [illegible]夢澤
鐵山邑東部 安玄
長連邑 김龜
元山支店 김乃範
定州南門內 洪理麟
京城興仁門外영楓亭 리建[illegible]
海州南門內書舖 朴昌鎭

發行兼編輯人 英國人 비說
發行所 南署石井洞號外地三層洋屋家 **大韓每日申報社**

第五卷

大韓每日申報

대한매일신보

第四百卅七號

月曜及慶節 歲時日休刊

檀君開國四千二百三十九年
箕子元年三千二十八年
大韓開國五百十五年
日本明治四十年
淸國光緖三十二年
◉陰曆丙午十二月大廿六日丁亥

寄書

瑞士建國誌譯述序　謙谷生

夫小說者ᄂᆞᆫ感人이最易ᄒᆞ고入人이最深ᄒᆞ야風俗階級과教化程度에關係가甚鉅ᄒᆞᆫ지라故로泰西哲學家가有言ᄒᆞ되其國에入ᄒᆞ야其小說의何種이盛行ᄒᆞᄂᆞᆫ것을問ᄒᆞ면可히其國의人心風俗과政治思想이如何ᄒᆞᆫ것을覘ᄒᆞ리라ᄒᆞ얏스니善哉라言乎여所以로英法德美各國에學塾이林立ᄒᆞ고書樓가雲擁ᄒᆞ야一切牖民進化의方法이至矣盡矣나愈其小說의善本으로써匹夫匹婦의警鍾과獨立自由의代表를作ᄒᆞ고東洋의日本도維新之時에一般학士가皆於小說에汲汲用力ᄒᆞ야國性을培養ᄒᆞ고民智를開導하얏스니其爲功也ㅣ顧不偉哉아

我韓은由來小說의善本이無ᄒᆞ야國人所著ᄂᆞᆫ九雲夢과南征記數種에不過ᄒᆞ고自支那而來者ᄂᆞᆫ西廂記와玉麟夢과剪燈新話와水滸誌等이오國文小說은所謂蘇大成傳이니蘇學士傳이니張風雲傳이니淑英娘子傳이니ᄒᆞᄂᆞᆫ類가閭巷之間에盛行ᄒᆞ야匹夫匹婦의甚要茶飯을供ᄒᆞ니是ᄂᆞᆫ皆誕無稽ᄒᆞ고淫靡不經ᄒᆞ야適足히人心을蕩了ᄒᆞ고風俗을壞了ᄒᆞ야政教와世道에關ᄒᆞ야爲害가不淺ᄒᆞᆫ지라若使世之覘國者로我邦의現行ᄒᆞᄂᆞᆫ小說種類를問ᄒᆞ면其風俗과政教가何如타謂ᄒᆞ깃ᄂᆞᆫ가乃學士大夫가此等緊要的事에慢不致意ᄒᆞ고學問家의所宗은性理討論의湖洛競爭과儀體問答의蠶絲牛毛而已오功令家의所誦은蘇子瞻의赤壁賦와申光洙의關山戎馬而已니試問ᄒᆞ건ᄃᆡ這般工夫가於國性과於民智에究有何益가反히此를將ᄒᆞ야體俗으로自高ᄒᆞ며文治로自誇ᄒᆞ야世界各國에實地學問과實地事業은鄙夷ᄒᆞ고排斥ᄒᆞ니不亦愚乎아

現今競爭時局을當ᄒᆞ야國力이萎敗ᄒᆞ고國權이墜落ᄒᆞ야究竟他人의奴隷가된原因은卽我國民의愛國思想이淺薄ᄒᆞᆫ緣故라同是圓顱方趾의冠帶之族으로獨히愛國思想이淺薄ᄒᆞᆫ것은一則學士大夫之罪오二則士大夫之罪라余가嘗同志를對ᄒᆞ야小說著作을擬議ᄒᆞ나現方報館에執役ᄒᆞᆷ으로暇隙이甚無ᄒᆞᆯ뿐더러또此等著作이才拙이不及ᄒᆞᆫ지라拘志蹉跎에徒深慨嘆러니

適以微疾로委頓休第ㅣ十餘日에精神이不甚昏모ᄒᆞᆫ時에ᄂᆞᆫ取영의殘書를抽ᄒᆞ야써寓目ᄒᆞ시맛참支那학家政治小說의瑞士建國誌一冊을得ᄒᆞ니披閱數日에殆乎忘病이라

夫瑞士ᄂᆞᆫ歐羅巴洲中央에在ᄒᆞ야疆域은一萬五千九百七十六方英里오人口ᄂᆞᆫ三百十一萬九千六百三十五名에不過ᄒᆞᆫ一小國이라西曆十二世記(卽支那元朝元貞年間)을當ᄒᆞ야强隣日耳曼의所占을被ᄒᆞ야壓力이無限에生靈이塗炭이라牛馬가되고奴隷가되야殆히人理가無ᄒᆞ더니皇天이瑞民을不遺ᄒᆞ샤獨立自由를克復ᄒᆞᆫ大英雄을挺生ᄒᆞ니維霖惕露가其人이라굳起田間ᄒᆞ야奮臂一呼에國民이振起ᄒᆞ야맛참니異國의覊絆을脫ᄒᆞ고共和政治를立ᄒᆞ야萬年不朽ᄒᆞ니彼西國의轟赫宇宙ᄒᆞᆫ拿破崙華盛頓의功業이實로維霖惕露의芳軌를襲ᄒᆞᆫ者라至今泰西의文明制度가皆서士에起點ᄒᆞ야赤十字會와萬國公會와交通郵政會等에區區ᄒᆞᆫ서士가其牛耳를執ᄒᆞ니其遺澤의垂世가豈不遠哉아天下後世에玆서士建國誌를讀ᄒᆞᄂᆞᆫ者ᄂᆞᆫ誰가愛國思想과救民血心이奮發치아니ᄒᆞ리오

余乃病을强ᄒᆞ며忙을撥ᄒᆞ고國漢文을和ᄒᆞ야譯述을竣了에擬將印布ᄒᆞ야我同胞의茶飯閱讀을供코져ᄒᆞ노니惟我國民은傳來小說의諸種은盡行束閣ᄒᆞ고此等文字가代行于世ᄒᆞ면腐習進化에裨益이甚多ᄒᆞᆯ지라異日我韓도彼서士와如히屹然히列强之間에標置ᄒᆞ야獨立自主를鞏固히ᄒᆞ면我同胞의生活이便是地獄을離ᄒᆞ고天國에躋ᄒᆞᆷ이니豈不樂哉아此目的을達코져ᄒᆞ면惟是愛國熱心이打成一團에在ᄒᆞ다ᄒᆞ노라

官報

●號外　光武十一年二月六日

◎宮廷錄事

太醫院都提調丕秉ᄒᆞ乞解藥함仍収叙勳차
批旨省차具悉卿懇愼節之迫此彌留艮用奉慮嘗藥之任姑爲勉前而至於叙勳豈足以酬勞卿不必如是巽讓安心領受事遣秘書郞傳諭

◎叙任

兼任太醫院都提調　領敦寧司事李根命

●三千六百八十三號　光武十一年二月七日

◎宮廷錄事

宮內府▢進官金甲圭辭職疏
批旨省疏具悉所請依施

◎敍任及辭令

依願免本官　莊陵參奉리命求
任莊陵參奉　六品리象麒
命宮內府特進官　正一品趙병호
依願免本官　英陵令金益東
任英陵令　英陵參奉金復圭
任英陵參奉　康陵參奉리達永
任康陵參奉　六品金益東
任警務廳總巡　警務廳監獄署主事윤始鏞

◎部令

度支部令第三十號

收入支出證明規則

第一 歲入徵收額證明　續

第十四條　雜收入에關ᄒᆞᆫ證憑書類ᄂᆞᆫ如左ᄒᆞᆷ

一　物品의賣下貸與及其他收入에關ᄒᆞᆫ契約書及請求書

二　隨意契約及競爭契約을由ᄒᆞᆫ時ᄂᆞᆫ豫定價格의調書

第十五條　滯納處分에關ᄒᆞᆫ證憑書類ᄂᆞᆫ其處分에關ᄒᆞᆫ計算書及缺損處分에關ᄒᆞᆫ訓令又指令으로定ᄒᆞᆷ　未完

外報

●兩國協助　太晤士報를據ᄒᆞᆫ則此次波斯新君이卽位ᄒᆞᆫ뒤頗히英俄兩國의力을得ᄒᆞ나該兩國이並히波斯新君卽位之時에借用國債로써許ᄒᆞ고該英報에又稱ᄒᆞ되波斯新君이또ᄒᆞᆫ兩國의幇助를得ᄒᆞ니現英俄兩國이均히極力으로財政을整理ᄒᆞ야幇助波斯지用을備ᄒᆞ고刻下에波斯民衆의開化와德國이波斯에在ᄒᆞᆫ措置가均히英俄兩國의從中監探保護를極히ᄒᆞ얏다더라

●軍諮府의大臣　上海電을據ᄒᆞᆫ즉慶親王원世凱張之洞端方諸氏가軍諮府大臣을被命ᄒᆞ얏더라

●調査日民　華盛頓電에日美國北部移民의報告를據ᄒᆞᆫ즉이라메다號及고레號를搭ᄒᆞ고美國에到着ᄒᆞᆫ日本人은勞働契約으로써日本移民會社에서輸入된者라ᄒᆞ얏ᄂᆞᆫᄃᆡ駐美日本大使가目下調査中이라더라

雜報

●御前開議 再昨日에各部大臣이政府에會同ᄒᆞ야御前會議를開ᄒᆞ얏다더라

●年終會議 本日上午十一時에政府大臣이陰曆年終會議를開ᄒᆞ고地方郡守와郡主事叙任件과漢城判尹內部地方局長叙任件을提議ᄒᆞᆫ다더라

●兩氏叙任說 漢城判尹은趙鍾緖氏가被任ᄒᆞ고內部地方局長은金寬鉉氏가被任ᄒᆞ기로內定이되얏다더라

●年終停務 陰曆年終이只隔ᄒᆞᆫ故로各府部院廳官人이來日曜日붓터停務ᄒᆞ고各官立普通학校에셔도伊日붓터一제히休학ᄒᆞᆫ다더라

●五守依免 康령郡守閔泳恪大興郡守辛成默中和郡守申大均興海郡守尹奎善鎭安郡守河奎一諸氏가依免ᄒᆞ얏다더라

●花月宴會 今日下午六時에木內總長이鶴原總務長官代판ᄒᆞᄂᆞᆫ宴會를花月樓에開催ᄒᆞ고政府大官을請邀宴待ᄒᆞᆫ다더라

●日警定界 鎭海郡守鄭海八氏가內部에報告ᄒᆞ되日本海軍參謀官及警部가與昌原郡守로來到本郡ᄒᆞ와軍港要塞地를自本郡東面牛山里로至北面常令里及西面鬱飛峙終境ᄭᆞ지定界立票ᄒᆞ미計程이爲三十里이라ᄒᆞ얏다더라

●郡守銓考 昨日內部銓考所에셔地方郡守五十餘窠와郡主事百餘窠를銓考ᄒᆞ얏다더라

●日巡奪齋 信川郡에漢文書齋가有ᄒᆞᆫ되該齋ᄂᆞᆫ日巡査가占據ᄒᆞ고書冊은該郡守가奪取ᄒᆞ고該학徒를逐出ᄒᆞ야학校가永爲廢止ᄒᆞᆫ故로학徒의怨聲이藉々ᄒᆞ다더라

●失火旋滅 再昨日에東署蓮花坊齋동嚴柱文氏家에셔失火ᄒᆞ얏다가旋即撲滅ᄒᆞ얏다더라

●讃議擇用 中樞院副贊議沈宜性氏가下等郡守를依例히政府에셔中樞院副贊議로轉任ᄒᆞᄂᆞᆫ事에對ᄒᆞ야曰從玆以後에ᄂᆞᆫ副贊議를公正可堪之人으로該院에셔推薦叙任ᄒᆞ고下等人을更不受用ᄒᆞ기로政府에建議ᄒᆞ얏ᄂᆞᆫ되此事件도今日政府會議에經議ᄒᆞᆫ다더라

●下賜妓生 今番嘉禮에進參ᄒᆞᆫ妓生每名에錢五百兩과疋木十九端式 下賜ᄒᆞ셧다더라

●申氏運動 武官學校教師申鳳休氏ᄂᆞᆫ英日語을能通ᄒᆞ고또ᄒᆞᆫ新學問을熱心攻究ᄒᆞᄂᆞᆫ되近日有勢力ᄒᆞᆫ某氏와連結ᄒᆞ야要任을運動ᄒᆞᄂᆞᆫ中이라더라

●穆師寄付 穆德先生이慈善的思想으로孤兒院에金貨五十圜을寄付ᄒᆞ얏다더라

●鐵守明眼 西來人에傳說을聞ᄒᆞᆫ즉平北鐵山郡西林面鶴松과香동等地에셔人民들이該地에根據ᄒᆞᆫ賊黨四名을詗捕ᄒᆞ얏ᄂᆞᆫ되自官刑訊之塲에良民을無數亂招ᄒᆞ야捕捉不暇ᄒᆞᄂᆞᆫ故로一境民情이大段騷動ᄒᆞ더니幸히該郡守兪鎭哲씨가極其廉明ᄒᆞᆫ故로亂供에入ᄒᆞᆫ良民을日間放釋ᄒᆞᆫ다더라

●竝牛奪去 南來人의傳說을聞ᄒᆞᆫ則連山魯城等地에賊黨이大熾ᄒᆞ야村民의財産을奪去ᄒᆞ되牛隻이有ᄒᆞᆫ家에ᄂᆞᆫ主人을結縛置之ᄒᆞ고什物을沒數搜探ᄒᆞ야牛背에駄去ᄒᆞᆫ다더라

●校費擔任 京城杷成學校校長李鍾泰氏와事務員朱與均氏가學校를擴張ᄒᆞᆯ方針을研究ᄒᆞ고또諸學員中貧窮ᄒᆞᆫ學徒幾人을寄宿케ᄒᆞ고費用을擔當ᄒᆞ니兩씨의熱心은莫不稱頌이라더라

●退却賻儀 向日최勉菴返柩時에釜山驛郡士女가畢至ᄒᆞ여靈輿를護去ᄒᆞᄂᆞᆫ되東萊參書官崔德씨가適其時에日人의人力車를乘ᄒᆞ고護輿以去ᄒᆞᄂᆞᆫ士女簇擁之間으로驅去ᄒᆞᄂᆞᆫ지라一般士女가其無禮ᄒᆞᆷ을詰責ᄒᆞ엿더니其翌日에최氏가護輿總代를捉囚ᄒᆞ얏다가該郡학徒의齊聲請願을因ᄒᆞ야旋即放送ᄒᆞ고무숨思想으로追後賻儀ᄒᆞ엿거ᄂᆞᆯ勉菴子弟가히賻儀를不受退却ᄒᆞᆫ지라傍人이其理由를問ᄒᆞᆫ대其子弟가答曰吾의父親이緣於日人終世ᄒᆞ셧ᄉᆞ니최씨에行爲ᄂᆞᆫ日人과無異ᄒᆞᆫ故로其賻儀를不受ᄒᆞ얏다더라

●五福歲畵 茶동居리主事某氏가慈善之心으로五福歲畵花紙數百張을圖畵ᄒᆞ야南北村大官家에一張式輪給ᄒᆞᄂᆞᆫ되該圖本인즉五色으로美人手上의五種花를경持ᄒᆞᆫ樣을分明히畵出ᄒᆞ얏더라

●披閱行리 近日停車塲에셔曉頭初車發行時에ᄂᆞᆫ搭客의行裝을披閱調査ᄒᆞᆫ後에搭乘케ᄒᆞ다ᄂᆞᆫ說이有ᄒᆞ더라

●拐騙銷魂 沃溝港居金文局이가환居ᄒᆞᄂᆞᆫ되박存實爲名人이金氏를對ᄒᆞ야日居媒免환케ᄒᆞ마ᄒᆞ더니隣里居金錫守의妹居子婦를許給코져ᄒᆞ야夜半에無賴輩幾十名을領率ᄒᆞ고金錫守家에突入ᄒᆞ야金錫介의出嫁ᄒᆞᆫ女를誤探ᄒᆞ야襁과以去ᄒᆞ다가中路에셔覺知ᄒᆞ고還送本家ᄒᆞ얏다더라

●追想遺尹 義州前監理李民緯氏가府尹被任以後로本府十八面에學校設立ᄒᆞ기爲ᄒᆞ야各面에派員一人式派遣ᄒᆞ야國民교育에發達習識ᄒᆞᄂᆞᆫ義務를家論戶說ᄒᆞ야每面에地方遠近을量宜均平ᄒᆞ야或三四處設校ᄒᆞ며或五六處設校ᄒᆞ야一境에處々學校요家々學徒라教師ᄂᆞᆫ各面에有志青年人士을募集ᄒᆞ여起送于耶蘇教會內中學校ᄒᆞ야師範科目을教受ᄒᆞ여教受學徒케ᄒᆞ고設校ᄒᆞ엿더니未滿一朔에有何審查事ᄒᆞ여遽然上京이至于今三朔空官에更無勸奬之官飭ᄒᆞ야已設學校은自然山崩瓦解라고該郡人民이追想不已ᄒᆞᆫ다더라

●請送通譯 江原道法務補佐官大友歌次氏가法部에報告ᄒᆞ되本職은前已報告이거니와目下通譯不在지致로于今未得執務而現今財政顧問支部及警務顧問支部에所屬ᄒᆞᆫ通譯을雖欲借用이나事務室이散在ᄒᆞ야實多不便하오니通譯一員을不日파送ᄒᆞ시와以便視務케ᄒᆞ라ᄒᆞ얏더라

●約長致函 西邊界鄉約所副約長리完求氏가義州官川皇城耶蘇교堂에公函이如左ᄒᆞ니此界은我한吉林之淸國之邊外라惟吾한民이數十年間流入數萬餘戶라自政府로 奏稟於 聖上ᄒᆞ사特派管理使徐相무ᄒᆞ와我民을管轄ᄒᆞ야屢々下飭이옵기人口調查도ᄒᆞ며哀慶도相救ᄒᆞ며別設鄉約所에各置任目視務이니不可不設料也라所以로각面頭小民이一年二次式圓合ᄒᆞ야數年間에春秋로二三兩式排捧ᄒᆞ와定料分給이옵더니不意去甲辰年分自朝家로召還管理ᄒᆞ온즉此界ᄂᆞᆫ異於內地ᄒᆞ온거시八路無賴之輩가聚合之地에若無法所면難治故로管理가照會本任ᄒᆞ옵기를不過數朔에更爲下來矣니其間以代理云이옵기答照視務이옵더니已過三載에終無下來之期故로這間累次報告政府에終無派官之處分而依前視務ᄒᆞ라指飭이有之이기視務中本界泰平面羅時彩와楡樹面楊子동貴教員數十室이一向沮戲에今當人口成冊也에不參云ᄒᆞ옵고無一分捧納ᄒᆞ오니大抵戶口及田產隱瞞律이刑法大全第三百七十條에在玆이오ᄂᆞᆫ貴教宗旨에推위於政治上ᄒᆞ며全탈於各公錢之規則이或有之온지未知貴教宗旨故로玆에公函ᄒᆞ오니垂察后若有如此之規오면然이오나若無此規則이오면伏願僉座下ᄂᆞᆫ一依貴教之元規ᄒᆞ야致通于此界僉教室ᄒᆞ시와人口成冊과所排公錢을一々收捧케ᄒᆞ야一無교平開生所之弊케ᄒᆞ라ᄒᆞ얏더라

▲茶半香初▼

△近日風說에兩耳가煩聒ᄒᆞ니東京에滯留ᄒᆞᆫ某氏ᄂᆞᆫ已頹之廈을隻手로能扶ᄒᆞᆯ思想이有ᄒᆞ야國權을挽回ᄒᆞ고扼腕運動ᄒᆞᆫ다니果則壯哉로다

△昨日銓考所에셔전考委員을會同ᄒᆞ야現闕郡守을選擇ᄒᆞᆫ다니何等資格을전考ᄒᆞᄂᆞᆫ지履歷만전考ᄒᆞᆯ터이면官榜만보고組任ᄒᆞᆯ지

△近日郡奏가在邇ᄒᆞ미京鄉間獵官者流가東奔西馳ᄒᆞᄂᆞᆫ桃리園中에春色을可弄이로花開동天에莫向去ᄒᆞ라光風이無私ᄒᆞ야汚穢를不受ᄒᆞᄂᆞ니라

△何來一派猜雲이政海에허入ᄒᆞ야波光을擾攘ᄒᆞ더니北苑澄潭은鏡面을已開ᄒᆞ야擾之不濁ᄒᆞ니雲影이已消에水色이增清이로다

△世間十年事를歷數ᄒᆞ면興亡成敗가萍換一局ᄒᆞ니莊園蝶翅에夢中人事가何事苟苟오回瞻紅塵世界하니狗苟蠅營이遝付胡蘆로다

△一事之誤로平生事業을不可覓疵하ᄂᆞ니新月이過空에片雲이乍蔽하고春氣가方生에寒風이暫至하니來頭良策이能救前日之誤하ᄂᆞ니今爲新政首揆ᄒᆞ야以用一規하노라

雜報

◉賀盈浦郡明達學校之創立

白樂濬 續

夫昇平無事之時에一飽一暖과一寢一興이任意自適ᄒ야凡百所欲을弗可勞而致故로思慮ㅣ弗勤而心志ㅣ從以怠惰ᄒ야雖有才智越等者라도卽無所用其才智而歸於流而腐矣어니와若夫困難窮厄之時則動其支躰ᄒ고發其智慮ᄒ야以增益其所弗能故로識見이日進ᄒ고技藝ㅣ日滋ᄒ야多有所擴前人之未發者也라

昔에英法이搆釁ᄒ야轉鬪不休ᄒ야延及百年에庸是苦心焦思ᄒ야始得發明機械ᄒ야遂開海道ᄒ야假器爲用ᄒ야疑有造物者ㅣ相之ᄒ야每經一戰이人材ㅣ挺生ᄒ니此皆困難窮厄지時에廣其學問ᄒ야積數百年研究지功而得지者오非一朝偶得지智也라

故로禍莫慘於宴安이오利莫大於困厄이니我韓今日之困厄이莫甚於此則倘因此時ᄒ야變其舊日務華忘實지學問ᄒ고進其發奮研究지功則人材지挺生이非獨專美於歐洲而他日獨立지其礎ㅣ實關於此矣이라嗚呼라環視域內에孰能擔此義務ᄒ야奮發而導之哉아

盈浦郡은自來蒙昧지鄕也而幸僉貴下ㅣ有此先覺ᄒ야創設學校於本郡ᄒ야命名以明達ᄒ고會一鄕之聰俊子弟而敎之ᄒ니夫明達云者는開明而發達지意也라若使吾鄕入學지僉員으로顧名思義ᄒ야廣其學問ᄒ고進其智識ᄒ야以發其獨立지思想과愛國지精神이면非但一人지幸이라

乃一鄕지幸이오非但一鄕之幸이라乃一國지幸而遠近觀感者ㅣ亦庶幾破風雨昏夜지夢ᄒ야起視東方지白ᄒ야審知大局지既已全變에學問지不可不變ᄒ야遠近이皆來受學ᄒ야至於校舍지不能容矣리니豈不盛哉아生이幷首齊手ᄒ야以賛成貴校지興旺者는盖大以爲全國지幸이오次以爲吾鄕지幸이오又次以爲僉貴下지幸ᄒ노라 (完)

●亦關風化 大丘郡守박重陽氏에不美한政治는各報筆에論駁ᄒ야一世가共知ᄒ는바어니와第一風化에大關한事는該氏에別室이元來大丘生長으로有一女而入錄於妓案ᄒ고上京留連라가與朴氏로同居ᄒ더니該氏가圖得該郡守ᄒ미其別室이偕往矣러니박氏가貪與其別室의前女之天色ᄒ고因以作妾ᄒ고驅逐其別室ᄒ니女子偏性에不勝寃恨ᄒ야每日官門前에呼天悲哭ᄒ니此是大損風化라고該郡來人의傳說이沸騰ᄒ더라

●名士寄函 江西郡名士金最鍵李冕熙等十四諸氏가本社에寄函ᄒ되貴報第四二九號雜報欄內에江民呼寃이라爲題ᄒ은一種鬼怪輩의搆誣ᄒ믈見欺誤載ᄒ엠에不過ᄒ도다大擬本郡守의治績은非特一省之所共知라全國有耳目之人이孰不見聞이리오其所謂排斂一事는亦不可謂無據라第當明言ᄒ리다上年貨幣改正時에以惡貨見害者가乃爲萬有餘金而此是不食之澤라一郡人民이無不稔知而愛戴之情에自發捐補者久矣나每因郡守之力拒ᄒ야有意莫遂러니去九月分에適値空官ᄒ야邑村士民이齊會爛商ᄒ야各自出義者爲萬餘兩이라郡守가嚴斥不受ᄒ고通喩人民曰是何受格外之民助乎아然而既云公歛則莫若付諸公益ᄒ야以圖永遠之效라ᄒ고該額을並付하校ᄒ야以補教育之資에至於江民之呈府呼冤云者는萬不近理라ᄒ얏더라

廣告

●特別廣告●

敬啓者는南署會賢坊會동八十九統二戶地鄭寅獻氏에所有ᄒ얏든瓦家一百三十八間 卽一千坪量)을本月十八日(陰正月初六日) 上午十時에將行公拍ᄒ깃삽기玆에廣告ᄒ오니內外國紳士는伊日伊에會동本家로光臨公買ᄒ심을千萬伏望ᄒ옵但價金은新貨로計筭ᄒ야公買토지三日內에收捧ᄒ터이오며本家內에居住人等은二十日內에移去케ᄒ터이오니照亮ᄒ신後誰某시든지本家되를觀察코져ᄒ시는이는何時든지來臨觀覽ᄒ시옵

鄭寅獻 告白
代理人 鄭진朝

章陵參奉金珍衡의珍字는鎭字로改正ᄒ오니知舊間照亮ᄒ

金鎭衡 告白

貴新報第四百廿一號欄內借會爲唐이란題에對ᄒ야生等이不勝忿歎故玆卞明而本동人리根植은本以ㅣ進會人으로本洞開礦初始役于洪進士在輔氏親山前而洪氏가萬々憂悶ᄒ여以移採他處之意로付托于리根植則리曰用錢則何患不禁이리오此是一동事라我판幾百兩矣進士丈도隨力措판ᄒ여千兩託만판備云故洪氏曰君旣藉以關礦ᄒ고有此理外之說乎아擔理責지矣千兩지說이唱自洪氏라向人澱道라ᄒ의洪씨가萬々忿慨中以學校事로官派員이適到동會日이라李亦來座故洪씨가以其前後遺書으로說明峻責은派員及동人지目視요且倒懸馬柱ᄒ고洪씨가親手撈糞賜李飽食云者尤何說不近理不近事乎當此開進지時雖執法지官이라도決無此事而以若進士지令으로能倒懸平民而勒食糞ᄒ며且甘受其辱者於此世有지哉愚夫愚婦도決歸之狂說이요本동이戶少貧殘ᄒ여學校新設諸般經費가十分難堪中洪氏가特念事務ᄒ야瓦家舍一座를特付學校ᄒ고房舍修理費도壹々自當ᄒ여開校三個月하徒日增有興旺지道非但동人之頌惠라隣面人도亦爲頌感而彼云戶排者天必厭지요又云奪取以食孟所刀라ᄒ니果有是事則何不明其被奪人姓名而如此모糊搗戰乎아以此見之라도不必로々而自可변明이요申興周씨는以本教司務로熱心贊成無在家지時而被人搆誣大抵與訛造謗ᄒ며陷人不義ᄒ여有妨校務ᄒ며壞損洪氏지名譽가箇々忿歎故疾聲廣告凡我同胞照亮爲要

義州府水鎭面美巨洞학校任員
金文俊 姜應浩 崔仲賢

各里々首최학三 박應善
姜萬碩 等告白

本人의姪長吉이字는小伯인ᄃ年今二十一에性本浮浪ᄒ야誤入雜技場ᄒ여家産을蕩敗ᄒ고且以三寸若干田畓을僞造文券ᄒ야典執用債ᄒ라ᄒ니京鄕內外國人은切勿見欺ᄒ

安城烏嶺面東幕金敬五 告白

大韓留學生會學報 每月一回第一日曜發行

日本東京에在ᄒ我韓國留學生이合心併力ᄒ야總成一會ᄒ야學業相勸ᄒ며患難相救ᄒ은朝野의讚美ᄒ을已受ᄒ니어니와自二月爲始ᄒ야學報를發行ᄒ야我學生의團結力을一層鞏固케ᄒ며內國人士와愛國同情을貫通케ᄒ을企圖ᄒ오니有志諸公은速速購覽ᄒ시옵

論說 雄辯과雲
學術 簡明易致
譯叢及雜俎 古今東西奇事高談

定價一部十十錢 郵稅並
三個月先給四十六錢 仝
六個月先給九十錢 仝
一年先給一圓七十四錢 仝

發行所日本東京麴町區中六番町五十番地 大韓留學生會
出張所京城中署長通坊洞口越使三十八統二戶 朱翰榮書舖

林川郡居柳寅夏는以富豪之人으로郡主事를圖得ᄒ기爲ᄒ야上京幾朔納賂幾千兩於某家인지若以此人敍任則非徒一鄕士論이라隣邑이沸騰ᄒ기玆以廣告ᄒ

林春根 告白

本人子名相益字경植容貌則兩目露右鼻陷而年纔十八不良莫甚必將敗家忝先矣니內外國人은土地田畓家屋錢財等事에切勿見欺ᄒ야歸責於本人ᄒ시오

釜山佐川 前總巡李根雨改名乙雨 告白

東幕中契二十五統六戶瓦家八間半買主曹永玉舊板刻文券一장新文記一張을典執ᄒ얏든니見失ᄒ얏스니內外國人間誰某拾得ᄒ야도休紙施行ᄒ시오

劉文珪 姜允文 告白

肅川保民동明禮宮庄土租포任置票를리彰호가暗自推去ᄒ야스니內外國人은切勿見欺ᄒ시오

朴容恒 告白

◎特別廣告

坡山書院享需田土가在於沃溝郡白石堤이온ᄃ不意新昌居成昌호(或稱達호)素以悖類로僞造量案ᄒ야欲爲暗賣於外人ᄒ니內外國人은切勿見欺ᄒ시오

坡山書院 白告

本人이去陰十一月十五日夜에路上에서冠名正字圖章과字號德甫篆字圖章을俱失이오니知舊間照亮ᄒ

平壤李載馨告白

咸南觀察使鄭鳳時氏가管下北靑郡普成學校에新貨一百四十元을寄附ᄒ야教育方針에勉勵ᄒ기廣告ᄒ

咸南普成學校 白

二月十日下午一時에本部(前協律社)에서總會를開ᄒ깃스오니 僉部員은届期來臨ᄒ심을爲要

官人俱樂部

廣告

越南亡國史 國漢文 新刊

定價貳拾伍錢

發賣所 京城廣橋 高裕相冊肆
鏡南端川郡 禹時夏
布屛下 김相萬 書舖

○特別緊急廣告○

日本에셔留學하는天道教派遣學生等은勤々孜々ᄒᆞ야熱心做工하더니不幸該教會에셔昨年以來로學資를不送ᄒᆞ야千辛萬苦하다가頃日에ᄂᆞᆫ食債를未報ᄒᆞ야旅舍에셔被逐하여留學生監督廳에셔齊留하더니去五日夜에二十餘人이一時에勇刃를擧ᄒᆞ야其指를斬斷하고盟誓曰學業를不成하면死不歸라하엿ᄉᆞ니嗚呼라爲我同胞ᄒᆞ야뉘가同情之淚를落치아니하리오본會에셔此悲况을我同胞의게廣布하오니多少를勿論하고義捐ᄒᆞ야一時救急하심을千萬伏望

一臨時收㭍所ᄂᆞᆫ大韓每日申報社로定홈
一捐金收集期限은二月十日ᄭᆞ지로定홈

光武十一年壹月八日
在日本東京
太極學會 告白

元山倉前本支社員金乃範氏ᄂᆞᆫ代金收捧키難ᄒᆞᆫ事로請願自退ᄒᆞ얏기로其代에劉七錫氏로支社々員을更定ᄒᆞ얏ᄉᆞ니該附近地諸公은右氏의게請求ᄒᆞ시옵
大韓每日新報社 告白

廣告

◎**學員募集廣告**

本校第三回入學期를現當ᄒᆞ야法律學及經濟學兩專門科學員을玆에募集ᄒᆞ오니願학人은左記試驗定期內에本校用紙로써早速請願홀事

但法律科ᄂᆞᆫ晝학及夜학으로教授ᄒᆞ고經濟科ᄂᆞᆫ夜학으로教授홈

○**修業年限** 三학年

○**入學年齡** 二十歲以上

○**學科目** 法律학全部 經濟학全部 備在本校規則

○**試驗日字** 三月一日(陰曆丁未正月十七日)

○**試驗科目**
歷史及地誌問對(內國及外國)
讀書及作文(國文及漢文)
筭術(四則以內)
但官公私立학校의普通科以上卒業證書가有ᄒᆞᆫ人은其학力을檢定ᄒᆞᆫ後免試許入홈

○**開學日字** 三月五日(陰曆正月二十壹日)

光武十一年一月十五日
中署磚洞 **普成專門學校** 告白

廣告

西署新門外齡동百八十六統三戶
辯護士 前檢事 前判事 正三品 丁明燮
法律事務所
事務員 前主事 吳在淳

[illegible]

●九轉靈砂라 本人이妙方法을神備ᄒᆞ야製造ᄒᆞᆫ靈丹인ᄃᆡ男女老少에無論何징하고通治하오며無病時에도服하면平生의身躰가健康ᄒᆞ며小兒ᄂᆞᆫ四五錢重만服ᄒᆞ면十歲안에無病ᄒᆞ기를擔保ᄒᆞ오며
●九轉靈砂萬應丹은져狂癇징과中風諸疾과耳目諸病과淋疾에神效ᄒᆞ오
●九轉靈砂保命丹은初生小兒驚風 간氣 咳嗽 腹瘡諸般惡징神效ᄒᆞ오
●九轉靈砂濟衆丹은酒滯 食滯 血積 吐瀉 霍亂 痢疾 吐血 下血 運氣 時疾 疝징에神效ᄒᆞ오
●九轉靈砂紫金丹은痔漏 瘰癧 上疳瘡 下疳瘡及唐瘡과諸般毒瘡惡種에無不神効ᄒᆞ오니 僉君子ᄂᆞᆫ來問ᄒᆞ시오
內需司前두갈이골上隅第一家 리호延移徙 告白

洪淳康氏가東署東小門內土橋東邊에織造機을廣張設施ᄒᆞ야稱號를淳昌號라ᄒᆞ고各色綢緞紗屬等을織造發賣ᄒᆞ오니願買人은來臨購買ᄒᆞ시며或所用대로綢과紗等屬을預托ᄒᆞ시면依約施行ᄒᆞᆫ깃습 淳昌號 告白

本人이齒料諸具를整備ᄒᆞ야ᄒᆞᆫ人의게應用케ᄒᆞ며視務時間은午前九時브터午后一時ᄭᆞ지午后一時브터午后五時ᄭᆞ지夜間에ᄂᆞᆫ定約ᄃᆡ로
事務所ᄂᆞᆫ南大門內蓮城위宮內施醫敎醫師後家
美國齒醫師 ᄯᅵ、이、한 告白

美國紐育[illegible]
一手代理店
大韓仁川港 [illegible] 洋行
[illegible]
以上은常時에貯積ᄒᆞ얏습

◎**本社廣告**

○申報價
一張代金 新貨二錢五里
一個月前納 三十錢
三箇月 九十錢
六個月 一元七十錢
一箇年 三元四十錢
郵稅一部 新貨五里
一箇月 十三錢

○廣告料
四号活字 三字詰
每日每行六錢에相當홈(每日每行六錢에相當홈)
一週日에 二圜五十錢
(每日每行四錢五里에相當홈)
一箇月에 五圜
(每日每日四錢一里에相當홈)
其期限은長短과字行의多寡를依ᄒᆞ야增減홈이有홈

●大한每日申報各處支社廣告
中署布屛門下 김相萬冊肆
中署磚洞口越便 朱翰榮冊肆
中署慶興初入七拾八統第二號 鄭禹澤
平壤上水口門內 김洛淵
仝 封鎭晧
仁川 [illegible]開新冊肆 리東晧
宣川邑橋西里 安準
義州西門外한西 大藥局
釜山港佐川 徐藥局
三和港藥洞 김仁집
咸興朱南社西門外 曹喜林
開城培學校 姜助遠
大邱達城 廣文社
載寧邑濟衆院 [illegible]夢澤
鐵山邑東部 安支
長連邑 김鎬
元山支店 김乃範
定州南門內 洪병麟
京城興仁門外영楓亭 리建蘇
海州南門內書舖 朴昌鎭

發行兼編輯人 英國人 배說
發行所 南署石井洞號外地三層洋屋家
大韓每日申報社

第五卷

大韓每日申報
대한매일신보

第四百二十八號

月曜及慶節歲時日休刊

檀君開國四千二百三十九年
箕子元年三千二十八年
大韓開國五百十五年
日本明治四十年
淸國光緖三十二年
◉陰曆丙午十二月大廿七日戊子

論說

日本及韓國

倫敦타임스新報가日本을何樣警論ᄒᆞ던지其乃稀貴之擧라有何意義인줄노必度ᄒᆞ리로다同報가到今ᄒᆞ야英國政府의機關은아니로ᄃᆡ同報方策이特因外國事態ᄒᆞ야ᄂᆞᆫ與其政府行政으로甚近ᄒᆞ도다

一年之內에타임스報가警論之機를兩次探得ᄒᆞ엿스니初次에ᄂᆞᆫ日本政府의게韓國을征服된國民으로不可以待之라警論ᄒᆞ엿고今次一機ᄂᆞᆫ同報가西國寺候의演說을論陳ᄒᆞᄂᆞᆫ紙上에韓國內日本地位가其能與不能을表示ᄒᆞᆫ것이非輕인바埃及內英國地位의經試ᄒᆞᆫ것보다益重ᄒᆞ다ᄒᆞ엿스며非特止此라한國下等人民。對ᄒᆞ야宥和態度를採用ᄒᆞᆷ이必要ᄒᆞᆫ줄노壓力을加ᄒᆞ엿더라

本記者ㅣ한國內日本進行을諸般評論ᄒᆞᆷ이卽不外乎此端인줄을人可知悉이라한國人民의게日本冒險者의不法蠻行을連續增加ᄒᆞᆷ은日本最好利益ㅅ確然抗逆ᄒᆞᆷ이니伊藤侯가駐在此國ᄒᆞ야事務ᄒᆞᆫ一年에如彼可嘆事態를一無改革ᄒᆞᆷ이豈非驚악之勢리요不得校正ᄒᆞᆫ惡行이旣多ᄒᆞᆫ지라到今ᄒᆞ야ᄂᆞᆫ日本人이雖或着心於做事ᄒᆞ더라도此非自意요出於自外壓力인줄노한人이量度ᄒᆞ리로다

日本冒險者의高等手段과其官人의不合格ᄒᆞᆷ을因ᄒᆞ야韓國人民의心事가何如ᄒᆞᆷ을警示ᄒᆞᆯ一機를今擧ᄒᆞ노라

仁港附近에有一農家인바其所有世傳庄土가尙載舊樣文券矣러니數年前에其悖族이情蕩錢之所致로但僞飾文記ᄒᆞ야此産業全部를歇價賣渡于日人矣요此人習慣을一門이知之故로其眞實文券은深藏已久라知其實渡之事ᄒᆞ고卽論非于日本領事ᄒᆞ며呼訴于本國法庭矣러니自漢城法司로其僞造文券者의罪過를採出ᄒᆞ야二年懲役에處ᄒᆞ얏도다

然이나京城及仁港에在ᄒᆞᆫ日本官憲의게告訴ᄒᆞᆫ거슨一無成效로다其産業의原有主가眞實文券을添附呼訴于本邑ᄒᆞ야其郡守가證明ᄒᆞᆯ時에日本官人이參觀ᄒᆞᆷ도亦有ᄒᆞ거ᄂᆞᆯ日本官憲은尙今認之以未滿ᄒᆞ야年々秋成時에日人이施其勢力ᄒᆞ야收其禾黍ᄒᆞᄂᆞᆫ도다此乃百擧其一이나然이나타임스新報의警論이非早ᄒᆞᆫ거실足以著示ᄒᆞ리로다

官報

●三千六百八十四號 光武十一年二月八日

◉宮廷錄事

詔曰學生之遊學隣邦講習新學蓋非惟自修其身究竟爲國需用無論官費生私費生其在朝家勸奬之地則實不可以岐視也其或志篤而力薄無以自資往往有中途而廢者殊甚歎惜玆特下內帑錢一萬圜其令學部酌量方便隨意支給以示顧恤之意益勉成就之方

宮內府特進官李憲직辭職疏
批旨省疏具悉所請依施
宮內府特進官閔京호辭職疏
批旨省疏具悉所請依施
宮內府特進官鄭周永辭職疏
批旨省疏具悉所請依施
宮內府特進官閔贊호辭職疏
批旨省疏具悉所請依施
宮內府特進官林永相辭職疏
批旨省疏具悉所請依施
宮內府特進官金炳吉辭職疏
批旨省疏具悉所請依施

◉敍任及辭令

任經理院技師叙奏任官四等
正三品全光默
秘書監丞최炳哲
內部廣濟院醫師최衡源
度支部技手宋秉德
依願免本官
命宮內府特進官敍勅任官一等
掌禮院卿金思轍
命掌禮院卿叙勅任官二等
宮內府特進官金宗漢
命奉常司提調叙勅任官三等
宮內府特進官李鍾仁
任秘書監丞叙奏任官二等
從二品洪在鳳
兼任掌禮院掌禮
秘書監丞尹德榮
任度支部技手叙判任官 宋文朝
任警務廳監獄署主事叙判任官七級 金般鎬
給七級俸 內部飜譯官리能雨
康영郡守閔泳恪
大興郡守辛成默
中和郡守申大均
興海郡守윤奎善
鎭安郡守河圭一
依願免本官

外報

●築城防敵 伯林電을據ᄒᆞᆫ즉美國陸軍卿이布哇피에루港에築城허기爲ᄒᆞ야三十五萬弗을請求ᄒᆞ얏ᄂᆞᆫᄃᆡ此ᄂᆞᆫ該群島에敵國의攻擊을防禦ᄒᆞᆯ必要가有ᄒᆞᆫ所以라더라

●奉天의自治局 滿洲報를據ᄒᆞᆫ則奉天省에서擬設自治局一節은早有成說이어니와昨年十一月初에南關前師範學堂의舊址로擇定ᄒᆞ야現已開工修理ᄒᆞ고兼히日本福岡縣事務官墨松氏를延聘ᄒᆞ야該局에行政實學을講授ᄒᆞᄂᆞᆫ敎員을숨아每月薪費ᄂᆞᆫ四百元으로合同을訂立ᄒᆞ얏다더라

●蒙地金産 蒙古合拉合達希道公의旗下兩處地方에金産이頗旺ᄒᆞ야蒙人이前往爭採者ㅣ甚夥ᄒᆞᆫ지라所獲金沙를將ᄒᆞ야附近河水에運至ᄒᆞ야淘之汰之에獲利가尤甚이라是以로朝無炊米에夕獲巨富者ㅣ亦復不少ᄒᆞ니若以西法으로採取ᄒᆞ면其利를不可限量이라더라

雜報

●三興將進 三和港龍井동게創一私立學校허니名曰三興이라校長韓在호校監安根王務員命庚地三氏가多小學費를隨力捐助而得一貫家ᄒᆞ야創立學校에嚴立課程ᄒᆞ야使此一港聰俊子弟로入學四朔에望有將進者乃爲五十名也라校師吳日煥氏ᄂᆞᆫ以本港海關判判으로事務를隨時畢了後에不憚苦勞허고卽入학校ᄒᆞ야數多學徒를熱心教授허ᄂᆞᆫᄃᆡ至若教師之月料도辭却不受ᄒᆞ고但以名譽로晝宵勸課ᄒᆞ야養成人才허니該氏ᄂᆞᆫ可謂世界上罕見之表師也로다今於陽曆一月初吉에該四氏가帶同諸班學徒而先次試驗ᄒᆞ고次第演說中彼盛我衰가本非地育之不靈이며亦非人才之不美라惟我ᄂᆞᆫ膠守舊學之皮殼ᄒᆞ고昧沒新學之肯綮ᄒᆞ야前進後退이今在人後ᄒᆞ니豈不慨嘆哉아望須吾徒은奮勵心志ᄒᆞ야勇往銳進에諸般課條를期圖造詣ᄒᆞ야今日後立이明日前進ᄒᆞ야此世界上文明列國으로於焉필有對를功爲深望云々ᄒᆞ니其時傍聽本港府尹及各官人紳商諸氏가莫不動心而感淚가交下ᄒᆞ얏다더라

雜報

●內下陪從 今番嘉禮時에舉行ᄒᆞᆫ分侍從分侍御와其他桂房一般官人의게頒給ᄒᆞ기로紙貨一千圜을內掌司로 下賜ᄒᆞ엿셧다더라

●迎新還任 光州觀察使沈相翊氏의父親病勢가大段危急ᄒᆞ더니日前못ᄂᆡ快有差道인故로沈觀察이陰曆過歲後에卽爲還任視務ᄒᆞᆫ다더라

●僞書現露 前軍部大臣某氏가政府를變遷ᄒᆞ기로학部大臣리完用氏의書札을僞造ᄒᆞ야其邊에寄付ᄒᆞ얏다가實跡이綻露ᄒᆞ야貌樣이大段愁痛ᄒᆞ엿다더라

●交費層生 各部大臣의月俸이二百五十元에交接費二百五十元을幷ᄒᆞ야五百元式支撥ᄒᆞᄂᆞᆫ디各部協판들도交接費를磨鍊ᄒᆞ기로現今發論中이라더라

●次官開會 再昨日政府에셔各部協판이會同ᄒᆞ야次官會를開設ᄒᆞ얏다더라

●親睦輪回 各部協판이親睦會를組織ᄒᆞ야各其私第에셔輪次開會ᄒᆞ기로酌定ᄒᆞ얏ᄂᆞᆫ디再昨夜에議政府參贊朴昌洙氏家에셔第一次開會ᄒᆞ얏다더라

●校友成會 普成專門학校卒業生들이校友會를組織ᄒᆞᆫ다더라

●局長電信 학務局長兪星濬氏가학校視察次로大丘郡에到着ᄒᆞ얏다고該部에電報ᄒᆞ얏다더라

●金氏電報 木浦民人김中善이가法部에電報ᄒᆞ되檢事박星煥의納賂行跡이綻露無餘ᄒᆞᆫ府尹安甚헌의所爲오檢事에不速辨白은納賂千圓에二百圓先納ᄒᆞᆫ羅丙弘에供招라ᄒᆞ얏더라

●法訓漢栽 法部에셔漢城裁判所에訓令ᄒᆞ되欽奉上月二十七日赦典ᄒᆞ야貴所所管已決未決囚中減等與放釋者及年十五以下放釋件을已經奏下ᄒᆞ얏스니到卽左開人犯의게 聖旨를布諭後減等者ᄂᆞᆫ各減一等ᄒᆞ야照舊囹束而正放釋者ᄂᆞᆫ卽爲放送後形止를報來ᄒᆞ라ᄒᆞ얏더라

●三씨擬望 主殿院卿리基東씨의遞任된事ᄂᆞᆫ已爲報道ᄒᆞ얏거니와其後任은梁性煥閔商호權重顯三씨中에被命ᄒᆞᆫ다더라

●遣服停稅 政府에셔各部에通牒ᄒᆞ되卽者淸總領事府公函이抵到ᄒᆞ엿기譯意를騰本送交ᄒᆞ되我曆丁未正月元旦是日敝館敬辭祝賀因現在總領事官接到本國電報總領事ㅣ祖母於近日逝世是以元旦지日不便接見用特通知敬請届日免勞台駕幷望轉達貴各部大臣及所屬官吏爲荷라ᄒᆞ얏더라

●花炮迎新 漢城府에셔警務廳에照會ᄒᆞ되現駐京日本理事廳公文內開에自舊曆十二月三十日로至來正月五日又同月十三日로至十六日에淸國居留民等이年例을依ᄒᆞ야花炮를燃放ᄒᆞ야慶祝에典을擧ᄒᆞᆫ意로貴府에通知ᄒᆞ라ᄂᆞᆫ淸國總領事의申請ᄒᆞᆷ을因ᄒᆞ야玆以通知ᄒᆞ니電飭各署ᄒᆞ라ᄒᆞ얏더라

●笑中有味 趙南升氏가宮相沈相薰氏에게往問曰方今要窠를運動ᄒᆞᄂᆞᆫ디各部協판과主殿院경兩者中에何者爲勝ᄒᆞᆯ잇가宮相曰卿이낫지ᄒᆞ엿머니其翌日에趙氏가宮相에게質問曰卿이낫지ᄒᆞ시더니져에主殿院경奏本은何事留中고ᄒᆞᆫ디宮相이微笑曰뎌에거짓말을인져야아랏던가卿은허여무엇ᄒᆞ게妓生房이나잘出入ᄒᆞ지ᄒᆞᆫ디趙氏가無聊而退ᄒᆞ얏다더라

●彰社回祿 再昨日下午十一時에南署茶동彰信會社에셔失火ᄒᆞ야典執ᄒᆞᆫ家券과什物를多數히燒燼ᄒᆞ얏다더라

●後補選取 再昨日度支部에셔稅務主事後補生을選取ᄒᆞᄂᆞᆫ디該後補生에保薦은該部勅奏任外에他部官人은不得許薦ᄒᆞᆫ다ᄂᆞᆫ디限五十名選置ᄒᆞᆫ다더라

●稅納施賞 度支部에셔乙巳條稅納을限內淸帳ᄒᆞᆫ郡守ᄂᆞᆫ加資로已爲褒賞ᄒᆞ얏고百分지一에以錢頒賞ᄒᆞᆯ郡守도不幾日間頒給ᄒᆞᆫ다더라

●船貰附校 長淵郡各浦口에無賴輩가假稱派員ᄒᆞ고符同通譯ᄒᆞ야淸船出入을暗捧三千餘兩ᄒᆞ얏기로該郡守가奪取該欵ᄒᆞ야海州普通학校에寄付ᄒᆞ얏다더라

●均明試驗 西署萬里峴義務均明學校에셔昨日에年終試驗을經了ᄒᆞ고校監朱寅植氏가多數ᄒᆞᆫ賞品으로一般優等에게施與ᄒᆞ고因而放學ᄒᆞ얏나더라

●汾南義捐 通津私立汾南學校生徒에리建坐等이本社에寄函ᄒᆞ얏ᄂᆞᆫ디生等이貴新聞을接讀ᄒᆞ온즉日本留學生二十一人에斷指同盟ᄒᆞ고血講修業ᄒᆞᄂᆞᆫ義務에相願약然ᄒᆞ야係之以血淚添衿ᄒᆞ며且生等도受學을益加激勵也라玆以八圜五十錢을鳩取ᄒᆞ야以表同情之誼라ᄒᆞ얏더라

●督刷餘習 全南督刷官白元圭氏가古今島에셔贓行錢三百餘兩을討索ᄒᆞ다가該嶋民擾를만나고康津海南等地에셔稱云屯土査檢ᄒᆞ고非理橫侵ᄒᆞᄂᆞᆫ事가多ᄒᆞ야民難支保라더라

●贊成感義 贊文학校에今番冬期試驗을經ᄒᆞ얏ᄂᆞᆫ디講師ᄂᆞᆫ諸학員을對ᄒᆞ야학業을勸勉的으로說明ᄒᆞ고校監리春世씨와會計員리규錫씨ᄂᆞᆫ日本에留학斷指학生의게義捐ᄒᆞᆯ事로發起ᄒᆞ되本校ᄂᆞᆫ設立未幾에經費窘絀ᄒᆞ나義不可越視ᄒᆞ즉不計多少ᄒᆞ고表情勸학之意로說明ᄒᆞᆫ즉諸學員이齊聲喝采ᄒᆞ얏다더라

●欺人取米

遞軍大리根澤氏子의警務廳에被捉ᄒᆞᆫ事實을詳聞ᄒᆞᆫ즉前郡守趙鍾緖氏의田庄이忠南德山等地에在ᄒᆞᆫ디該舍音의게粮米二拾石을船卜上來ᄒᆞ야西江에到泊ᄒᆞ고船人이船票를携持ᄒᆞ고趙郡守의家를訪來次로入城ᄒᆞ야誤向草洞等地ᄒᆞ야躊躇ᄒᆞᆯ際에리軍大의子某氏가洋服을着ᄒᆞ얏ᄂᆞᆫ대該船人을對ᄒᆞ야曰誰家를訪ᄒᆞᄂᆞᆫ야船人이答曰趙宰陽宅粮米二十石을船卜上來ᄒᆞ야船票를持ᄒᆞ고該宅의傳納次로來訪ᄒᆞ니다ᄒᆞ거ᄂᆞᆯ리軍大의子某씨가答曰吾ᄂᆞᆫ卽趙宰陽李氏也니隨吾以來ᄒᆞ라ᄒᆞ고船人과偕來ᄒᆞ다가何許人家에到ᄒᆞ야船人을門外에留立ᄒᆞ고

리某가門內에卽入旋出曰伯氏令監이適爲出他ᄒᆞ시고만님분부니에날더러江頭에出往ᄒᆞ여粮米를輸來ᄒᆞ라ᄒᆞ시니船票를出給ᄒᆞ라ᄒᆞ거ᄂᆞᆯ船人이初行人京ᄒᆞᆫ지라趙李를何可知之리오信之無疑ᄒᆞ고船票를出付ᄒᆞ고리氏와偕往江頭ᄒᆞ야爲先粮米四石을二駄에輸入ᄒᆞ여南門內米廛김某家에放賣ᄒᆞ고餘十六石은其翌日에沒數히賤金某廛에輸來放賣ᄒᆞ얏스나

該金某인즉年前의리根澤氏의廳直으로擧行ᄒᆞ든者이라ᄒᆞ며趙郡守鍾緖氏ᄂᆞᆫ粮米輸來ᄒᆞᆯ期限이過ᄒᆞᆷ의德山舍音의게送人催促ᄒᆞᆫ즉舍音回報에業已船卜上送이라ᄒᆞ거ᄂᆞᆯ趙氏ᄂᆞᆫ頓然不知ᄒᆞᆫ事인즉連次送人督促ᄒᆞ얏더니舍音과船人이上來ᄒᆞ야리氏에게見欺ᄒᆞᆫ事狀을昭然告及ᄒᆞ고南門內米廛金某의게往ᄒᆞ야其時洋服ᄒᆞᆫ人을示明ᄒᆞ라ᄒᆞ되김某가終不指示ᄒᆞᄂᆞᆫ지라漢城裁判所에呼訴ᄒᆞ야김某를捉囚取供ᄒᆞᆫ즉乃是리軍相의子某씨라警務廳에被囚ᄒᆞ얏다더라

▲警 世 筆 鋒▼

△湖中學家에艮齋田愚氏가嘗著一篇文字ᄒᆞ야門人을戒ᄒᆞ야日新聞을勿覽ᄒᆞ라新聞이린거ᄉᆞᆫ人臣으로不忠케ᄒᆞ고人子로不孝케ᄒᆞᆫ다ᄒᆞ얏스니世界上에新聞이數萬種식되ᄂᆞᆫ나라ᄂᆞᆫ同氏가엇지禁ᄒᆞ고其所謂學識이可發一笑로고

△前義兵將柳麟錫氏의門徒ᄂᆞᆫ到處에學校設立ᄒᆞᆷ을極力妨害ᄒᆞ니是ᄂᆞᆫ國家와人種을滅亡케ᄒᆞᄌᆞᄂᆞᆫ意見인지

△世界上開明國은비록募軍과下隷輩라도新聞을購覽치안ᄂᆞᆫ者가無ᄒᆞ거ᄂᆞᆯ한國은所謂命圈子玉圈子의宰相이라名稱ᄒᆞᄂᆞᆫ者도新聞雜誌를初不掛眼者ㅣ多ᄒᆞ니亦不過動物이지사ᄅᆞᆷ인가

△北村에一宰相은名望이素有라ᄒᆞᄂᆞᆫ디학校等事를聞ᄒᆞ면頭痛이ᄂᆞᆫ다ᄒᆞ니近日학校가處々設立ᄒᆞ민同씨의頭痛은근칠날이업깃고

△近日政府大官은守舊黨도아니오開化黨도아니오不過貪榮慕祿的主義인즉亦是一個動物이지可痛可痛

△趙南升氏가自己資格은不思ᄒᆞ고主殿院卿을不得ᄒᆞ야앙앙之心으로연重ᄒᆞᆫ大臣에게敢히質問ᄒᆞ얏스니近日質問이란文字ᄂᆞᆫ是非曲直을不量ᄒᆞ고語쳐質問ᄒᆞ니質問길녀못살깃고

△北村老論兩班某大臣家에日人三人이納刺ᄒᆞᆫ즉主人大監이황忙히精神을시분별ᄒᆞᆯ다난爐에불피여라여송연가져오너라料理차려라上賓禮로接待ᄒᆞᄂᆞᆫ지라傍觀者가探知ᄒᆞᆫ즉齒科工匠으로生業ᄒᆞᄂᆞᆫ日人이더고

雜報

◉哭閔忠正公文◉

安東乃城留愚居士晩狂生裴淵德以松花餅栢子果再拜痛哭于故閔輔國忠正公靈床之下嗚呼何國不亡何人不死而孰如忠正公之杖義扶國殉死於億萬人同情之外哉乱臣賊子何世無之而孰如我忠正公殉死之時乎言念及此血淚방방衷憤所激毛骨송然

嗚呼愚生卽一介狂夫只以戇酌門者至于幾許而甲午年間以漆子之業猥蒙賜顔之澤出入公之哉然而幸生忠正公之世曾以學之量何足輕重於蹈天蹈海之靈簡之和作斥邪論一說謝公之門歸伏太白山中不復來往於公之門者以家貧親老旣無遠遊之暇又無抽身之資費送光陰者十餘年矣

奈之何罪逆至重齊衰在身奄經一긔去年十一月分聞公之扶國殉節心寒骨冷沺城呼天一場痛哭不知生世之爲榮也卽欲躬晉一哭紛紜天地未知喪身之死於何樣穢手故忍今十二月初丁而발卽日發程今始來哭未知公靈之知耶否耶瞻彼血竹依依然若有情於感遇公眞死耶眞生也

嗚呼公以千萬年純剛至正之氣生於東方君子之國爲聰明男子身者四十餘年而身死於死而生君子之竹公지忠義上自孤竹君지二子至于我東方善竹橋無幾希矣然則公지死死於死可矣生지哭々於哭常也而今日지哭非獨哭公哭我三千年禮義五百年宗社二千萬生靈而非公則無任哭公지哭乃哭國지곡舉聲發哀呼天痛곡者也

◉挽　詞　二　首◉

東國乾坤在此中人々稱曰閔忠公一場風雨鐘樓小萬古綱常史閣雄居以位高名不諱歸於事大世無同生前富貴榮斯死竹帛丹心竹血紅右富貴聰明男子身々於死々忠神々爲滅賊張巡是興復朝鮮文壬辰　未完

●金氏積寃　西來傳說을得聞則平北嘉山郡石浦동은景祐宮庄인ᄃᆡ박奎현의作導掌窠라泥生土推尋時에本土人金景俊으로暫差舍音이러니厥後朴奎현이該導掌을放賣時에金秉彝가給價買得ᄒ니金景俊이舍音落放之嫌으로施惡於奎현ᄒ야誹食三千金ᄒ고移憾於병彝ᄂ無其機而不敢售奸이라金병彝가該土導掌으로逋年江落失秋ᄒ야上納未勘으로導掌文券을代納于該宮ᄒ니金병彝도今亦無關이라昨冬에金秉彝가有所鞫ᄒ야暫往寧邊府러니김景俊이府駐日憲隊ᄒ야捉囚秉니ᄒ고量案고票推尋事로呼訴平理院ᄒ야押上김景俊ᄒ고招待박奎현ᄒ야三造對辨에景舍이箇箇落科ᄒ야判決書繕出이附年ᄃ되景舍이本以惡毒樂禍之物로量案勒고을悖贜不貲之致로隔年滯囚ᄒ니有罪當罰은理可當바어니와噫彼김병니ᄂ積寃莫伸ᄒ고呼泣於道路ᄒ다더라

●普光放學　私立普光學校長李址鎔氏와教師任員諸氏의熱心고授ᄒ은前號에已揭ᄒ얏거니와一月三十日에晝學科年終試驗과夜學科卒業試驗을經ᄒ고優等生金基俊李섭金元祐宗聖氏의게賞品을優數히與ᄒ고因ᄒ야放學ᄒ얏다더라

●誤植更正　昨報雜報欄內에追想逝尹이라題下에李民보之보字를以縛字로誤植이기玆以正誤ᄒᆷ

詞　林

輓勉菴崔先生　春史徐丙斗

服勤家國振綱常玉貫金相百鍊剛齋斧坑疏危杖節採薇執義養無方雨昏南嶋蒼穹遠虹貫寒영白日長竭力殉身今復見경天不愧令文祥

其二

山河正氣賦剛腸流得聲名萬歲芳一木猶能支大廈長繩無奈住斜陽蘇耶持節空吞雪楚老綏冠護履霜許國孤臣能事畢報生以死盡忠長

其三

有始克終古所傳嗟公純節適超然揮戈欲挽西山日撑柱猶扶半壁天人化江南鶴萬里仙歸華表鶴千年渡頭ᄒ露歌聲咽哭送忠魂血淚漣

廣　告

廣告

越南亡國史 國漢文 新刊 定價貳拾伍錢

發賣所 京城廣橋高裕相冊肆
鏡南端川郡禹時夏冊肆
布屛下 김相萬 書舖

○特別緊急廣告○

日本에셔留學하는天道敎派遣學生等은勤々孜々ᄒᆞ야熱心做工하더니不幸該敎會에셔昨年以來로學資를不送ᄒᆞ야千辛萬苦하다가頃日에는食債를未報ᄒᆞ야旅舍에셔被逐하여留學生監督廳에셔齊留하더니去五日夜에二十餘人이一時에勇刃를擧ᄒᆞ야其指를斬斷하고盟誓曰學業을不成하면死不歸라하엿스니嗚呼라爲我同胞ᄒᆞ야뉘가同情之淚를落치아니하리오본會에셔此悲况을我同胞의게廣布하오니多少를勿論하고義捐ᄒᆞ야一時救急하심을千萬伏望

一臨時收捧所는大韓每日申報社로定ᄒᆞᆷ
一捐金收集期限은二月十日까지로定ᄒᆞᆷ

光武十一年壹月八日
在日本東京 太極學會 告白

元山倉前本支社員金乃範氏는代金收捧키難ᄒᆞᆫ事로請願自退ᄒᆞ얏기로其代에劉七錫氏로支社々員을更定ᄒᆞ얏스니該附近地諸公은右氏의게請求ᄒᆞ시옵
大韓每日新報社 告白

廣告

◎學員募集廣告

本校第三回入學期를現當ᄒᆞ야法律學及經濟學兩專門科學員을玆에募集ᄒᆞ오니願학人은左記試驗定期內에本校用紙로써早速請願ᄒᆞᆯ事

但法律科는晝학及夜학으로敎授ᄒᆞ고經濟科는夜학으로敎授ᄒᆞᆷ

○脩業年限 三학年
○入學年齡 二十歲以上
○學科目 法律학部全 經濟학部全 備在本校規則
○試驗日字 三月一日(陰曆丁未正月十七日)
○試驗科目 歷史及地誌問對(內國及外國) 讀書及作文(國文及漢文) 筭術(四則以內)
但官公私立학校의普通科以上卒業證書가有ᄒᆞᆫ人은其학力을檢定ᄒᆞᆫ後免試許入ᄒᆞᆷ
○開學日字 三月五日(陰曆正月二十壹日)

光武十一年一月十五日
中署磚洞 普成專門學校 告白

廣告

西署新門外飴동百八十六統三戶
辯護士 前檢事 正三品 丁明燮
法律事務所
事務員 前主事 吳在淳

●民事訴訟代言와刑事辯護[illegible]
●[illegible]一切法律에關ᄒᆞᆫ事務[illegible]
●迅速處理ᄒᆞᆷ
[illegible]十七統八戶
辯護士 正三品 李冕宇
前檢事
法律事務所
事務員 前博士 玉東奎 前議官 金益濟

●九轉靈砂라 本人이妙方法을神備ᄒᆞ야製造ᄒᆞᆫ靈丹이니男女老少에無論何징하고通治하오며無病時에도服하면平生의身躰가健康ᄒᆞ며小兒는四五錢重만服ᄒᆞ면十歲안에無病ᄒᆞ기를擔保ᄒᆞ오며
●九轉靈砂萬應丹은져狂 痫징과中風諸疾과耳目諸病과淋疾에神効ᄒᆞ오
●九轉靈砂保命丹은初生小兒驚風 간氣 咳嗽 腹瘡 諸般惡징神効ᄒᆞ오
●九轉靈砂濟衆丹은酒滯 食滯 血積 吐瀉 霍亂 痢疾 吐血 下血 運氣 時疾 疝징에神効ᄒᆞ오
●九轉靈砂紫金丹은痔漏 累癧 上疳瘡 下疳瘡及唐瘡과諸般毒瘡惡種에無不神効ᄒᆞ오니 僉君子는來問ᄒᆞ시오

內需司前두갈이골上隅第一家 리主廷移徙 告白

洪淳康氏가東署東小門內土橋東邊에織造機을廣張設施ᄒᆞ야稱號를淳昌號라ᄒᆞ고各色綢緞紗屬等을織造發賣ᄒᆞ오니願買人은來臨購買ᄒᆞ시며或所用대로綢과紗等屬을預托ᄒᆞ시면依約施行ᄒᆞ깃삽 淳昌號 告白

本人이齒料諸具를整備ᄒᆞ야호人의게應用케ᄒᆞ며觀務時間은午前九時브터午后一時까지午后一時브터午后五時까지夜間에는定約되로
事務所는南大門內達城위宮內施醫敎醫師後家
美國齒醫師 씌、이、한 告白

美國紐育港 쏘ㅣ든쓰 濃結牛乳會社
一手代理店
大韓仁川港 [illegible]洋行

一 鷹標[illegible]濃結牛乳
一 [illegible]濃結牛乳
一 [illegible]家用[illegible]
一 [illegible]

以上은常時에貯積ᄒᆞ얏숩

◎本社廣告

○申報價
一張代金 新貨二錢五里
一個月前納 三十錢
三箇月 九十錢
六個月 一元七十錢
一箇年 三元四十錢
郵稅 一部 新貨五里
一箇月 十三錢

○廣告料
四號活字 三字詰
每日每行尺一寸에新貨廿錢
(每日每行六錢에相當ᄒᆞᆷ)
一週日에 一圓五十錢
(每日每行四錢五里에相當ᄒᆞᆷ)
一箇月에 五圓
(每日每日四錢一里에相當ᄒᆞᆷ)
其期限長短과字行의多寡를依ᄒᆞ야增減ᄒᆞᆷ이有ᄒᆞᆷ

●大한每日申報各處支社廣告
中署布屛門下 김相萬冊肆
洞口越便朱翰榮冊肆
中署農圃初入七拾八統第二號 鄭禹澤
平壤上水口門內 김浩淵
全[illegible] 최觀恒
仁川[illegible]開新冊肆 리東皓
宣川邑橋西里 安濬
義州西門외한西 大藥局
釜山港佐川 徐藥局
三和港築洞 김仁집
咸興朱南社西門外 曹喜林
開城培學校 姜助遠
大邱達城 廣文社
載寧邑濟衆院 劉夢澤
鐵山邑東部 安圭
長連邑 김龜
元山支店 김乃範
定州南門內 洪聖麟
京城興仁門外영楓亭 리建赫
海州南門內書舖 朴昌鎭

發行兼編輯人 英國人베說
發行所 南署石井洞號外地三層洋屋家 大韓每日申報社

第五卷 大韓每日申報 대한매일신보 第四百三十九號

月曜及慶節歲時日休刊

檀君開國四千二百三十九年
箕子元年三千二十八年
大韓開國五百十五年
日本明治四十年
淸國光緖三十二年
◉陰曆丙午十二月大廿八日己丑

別報

滿洲革新議 遠東報照謄

革新革新이여大聲이붕핑ᄒᆞ야潮流橫溢이今且逼于中國矣라而滿洲가僅亦如一變之牽動ᄒᆞ야不能不爲之외偏라雖然이나行之期月에不見效ᄒᆞ고行之期年에亦不見效ᄒᆞ야遍躰痲木이行尸走肉과如ᄒᆞ야土地의荒蕪가如故ᄒᆞ고舟車의隔絕이如故라記者가山海關과新民屯과寬城子을由ᄒᆞ야合爾濱에至ᄒᆞ니每至一站에卽一站前途의情形을問ᄒᆞ되無有能答者ᄒᆞ니可異오盜賊의橫行이復如故ᄒᆞᆫ지라一入山海關에巡警則循々有禮ᄒᆞ고製造則烝々日興ᄒᆞ야車馬가喧진ᄒᆞ며山海가紛錯ᄒᆞ고百貨交通ᄒᆞ며萬國이偕至ᄒᆞ야氣象의光昌이형不似滿洲之黑黯ᄒᆞ니嗚呼라此滿洲者ᄂᆞᆫ人民이廢敝아土地가磽敝아君子曰百官이不治耳라故로欲革新滿洲인ᄃᆡ必先革新滿洲之官吏로다滿洲一隅ᄂᆞᆫ三百年來에委之滿人治之ᄒᆞ니始則水草遊牧으로轉徙無常ᄒᆞ야日以侵略爲生計라가繼則移入中原에점染嗜好ᄒᆞ야日以放棄로爲樂事ᄒᆞ니沈々昏々에愈趨愈下ᄒᆞ야一變而成今日之現象ᄒᆞᆫ지라正非驅策雷졍ᄒᆞ고翻倒江海ᄒᆞ야一洗從前之陋習이면不能得其復蘇니烏可以千句之重負로責之尫弱之病夫ᄒᆞ야一任其隨起隨滅ᄒᆞ고自生自死ᄒᆞ야終古蒙昧에長此榛비之風이리오昔則棄置之化外ᄒᆞ야不復加以經營이어니와今則係乎存亡이니豈可稍緩時日이리오

自日俄戰後로旋渦之風潮가亦復急矣라若仍不亟亟圖治ᄒᆞ면必有起而代治者가如日本之於韓國ᄒᆞ야權不我屬ᄒᆞ고猶竊美名이니豈不痛哉아

然이나革新滿洲ᄂᆞᆫ亦不必徒讓虛名이라要在求之實際니苟不能得袁慰帥之來ᄒᆞ야延攬英雄ᄒᆞ야扶植新政인ᄃᆡ無寧移岑雲帥而居之ᄒᆞ야使之艾除舊吏ᄒᆞ고革黜官頑ᄒᆞ야大開川賞之門ᄒᆞ되不與一絲假借ᄒᆞ고一遇頑劣이면痛行懲創이니不如此면不能收其革新之效也라東三省之流弊가不僅在戒飭貪汚오首在力振疲玩이라土地之荒과盜賊之桼과種種行政之不便이皆此執法者가階之厲也라

苟能振刷精神ᄒᆞ야風行雷厲ᄒᆞ야號令所地에斬殺이隨之ᄒᆞ면百司가震慄ᄒᆞ야奉法惟謹ᄒᆞ리니盜賊이卽欲滋蔓이라도官吏가亦必自行艾除라此ᄂᆞᆫ敝設文化之要니以求中外之治安者면猶不迎刃而解가未之有也라吾觀江절及廣西ᄒᆞ니吏治之敗腐가如滿洲ᄒᆞ고盜賊지多가亦如만洲라然而江절廣西ᄂᆞᆫ有糜爛之地ᄒᆞ며亦有完全之鄕이어니와此만洲ᄂᆞᆫ幾無一片乾淨土라官吏之疲劣과軍政之廢弛가更有過之오無不及也라吾何不幸ᄒᆞ야事此目擊傷心之事乎아朝廷이若果泯滿漢之跡ᄒᆞ고但求其有幹才者ᄒᆞ야力去陳腐之見ᄒᆞ고行强迫之敎ᄒᆞ면近者悅矣오遠者來矣라天下之民이擧安矣니豈獨滿洲云乎哉乎아

本記者ᄂᆞᆫ按ᄒᆞ니今日韓滿兩界에腐敗ᄒᆞᆫ情況과悲慘ᄒᆞᆫ境遇가大約相似라韓國現狀도同報所論과如히若非驅策風雷ᄒᆞ고翻倒江海ᄒᆞ야一治從前之陋習이면不能爲功이라故로爲之贍戰ᄒᆞ야以告于韓之執政者ᄒᆞ노라

官報

◉三千六百八十五號 光武十一年二月九日

◉敍任及辭令

依願免本官 秘書監丞리演九
任秘書監丞叙奏任官三等 正三品尹稷善
淑陵令최昌子
義陵令장賓龍
依願免本官
任義陵令敍判任官五等
智陵參奉黃郁冕
任淑陵令叙判任官五等
任智陵參奉叙判任官五等
슉陵參奉徐相斗
리鍾善
任슉陵參奉叙判任官五等
洪淳祚
陸軍步兵副尉金聲國
仝 千應聖
陸軍步兵叅尉최鎭泳
陸軍砲兵參尉박在헌
免懲戒
解軍法會議判士長
陸軍步兵正領李起홍
陸軍砲兵副領王유植
陸軍步兵參領조寧奎
解軍法會議判士

◉部令

度支部令第三十號

收入支出證明規則

第一歲入徵收額證明 續

第十六條 第六條乃至第十五條의證憑書類ᄂᆞᆫ金庫郵便官署又ᄂᆞᆫ收入官吏가送付ᄒᆞᆫ通知書를添付ᄒᆞᆷ이可ᄒᆞᆷ

第十七條 第六條乃至第十六條의證憑書類外에度支部大臣의指定을隨ᄒᆞ야提出ᄒᆞᆷ이可ᄒᆞᆷ

第十八條 各特別會計計算書도本規則을依ᄒᆞ야提出ᄒᆞᆷ이可ᄒᆞᆷ

第二支出證明

第十九條 歲入歲出處理順序各特別會計規則及檢査規程을依ᄒᆞ야出給命令官及其委任을受ᄒᆞᆫ者의提出ᄒᆞᆯ支出計算書ᄂᆞᆫ第七號書式을依ᄒᆞᆷ이可ᄒᆞᆷ

現金先授官吏의提出ᄒᆞᆯ支出計算書ᄂᆞᆫ第八號書式을依ᄒᆞᆷ이可ᄒᆞᆷ 未完

外報

◉當局者의反對 桑港電을據ᄒᆞᆫ즉大統領이가리호루니아州委員의對ᄒᆞ여日本人의게完全ᄒᆞᆫ平等權을讓與ᄒᆞ라고請求ᄒᆞ엿더니桑港當局者가此에ᄒᆞ야反對ᄒᆞ얏다더라

◉足尾의起擾 東京電을據ᄒᆞᆫ즉日本足尾銅山에暴徒가猖獗ᄒᆞ야工業事務長南廷三氏가慘殺을當ᄒᆞᆫ事에對ᄒᆞ야鎭撫ᄒᆞᆯ次로出張ᄒᆞᆫ巡査數名이重傷ᄒᆞ엿고臨檢ᄒᆞ기爲ᄒᆞ야出張檢事ᄂᆞᆫ危險ᄒᆞᆫ虞를防備ᄒᆞᆯ次로避身ᄒᆞ얏ᄂᆞᆫ더軍隊를派遣ᄒᆞ여鎭撫中이라더라

◉官制改正復請 支那報를據ᄒᆞᆫ즉官制改正ᄒᆞᆫ詔勅이頒布된後에內閣軍機處가依然仍舊ᄒᆞ니中外識時務지士가皆言ᄒᆞ되今에大更장之時를當ᄒᆞ야朝廷이因循으로다만幾部新名目을增改ᄒᆞ며幾部無權力지大員만汰去ᄒᆞᆷ으로部員이怨恨ᄒᆞ여四起流言이라ᄒᆞ니總督원世凱씨가亦不以此次改制를爲然이라更히揭奏ᄒᆞ야內閣軍機處權限를改例ᄒᆞ기로請ᄒᆞᆫ지라一般官人이云ᄒᆞ되此次朝廷이입외內閣을裁撤치못ᄒᆞ고其中에許多情弊와許多阻力이有ᄒᆞ니비록원總督의力圖革新主義와聲望으로도亦無奈何라ᄒᆞ總督이非不知자나此奏가有ᄒᆞᆫ것은亦出於不得不言이라더라

●議政遞鄕　遞議政丕秉支氏가昨日上午의京釜鐵路一番列車를搭乘ᄒᆞ고木川鄕第로下去ᄒᆞ얏다더라

●主卿勿施　丕鼎九氏가自己의子丕南升氏로主殿院卿을叙任ᄒᆞ기로運動ᄒᆞ야　勅敎를奉承ᄒᆞ얏다ᄒᆞ고侍從一人을指揮ᄒᆞ야　勅旨를制造ᄒᆞ야先爲按寶ᄒᆞ고　天陛에何樣上奏ᄒᆞ엿던지奉勅ᄒᆞ야官報에頒布ᄒᆞ기를催促ᄒᆞᄂᆞᆫ지라宮相沈相薰氏가丕氏의行爲不正ᄒᆞᆷ을上奏ᄒᆞ고官報揭載ᄒᆞᆷ을停止ᄒᆞ얏다더라

●逐出丕氏　侍從丕南益씨가今番其伯氏主殿院卿運動事件에關係ᄒᆞ야宮相沈相薰氏가逐出ᄒᆞ야近日詣闕치못ᄒᆞᆫ다더라

●六百門票　日昨에宮相沈相薰氏가警務顧問丸山氏를對ᄒᆞ야日承候ᄒᆞᆯ大官도多數ᄒᆞ고陰曆正朝에問安ᄒᆞᆯ官人도多數ᄒᆞᆫ즉不可不門票六百張만加爲造成ᄒᆞ야ᄒᆞ깃다ᄒᆞᆫ즉丸山씨가答曰近日行爲不正ᄒᆞᆫ人이多數出入ᄒᆞ야　宮禁이解弛ᄒᆞᆫ則不可多數制造오五十張만加造ᄒᆞ라ᄒᆞ얏ᄂᆞᆫᄃᆡ沈相薰氏曰門票를出給後에만일不正ᄒᆞᆫ行爲가有ᄒᆞᆫ境遇에ᄂᆞᆫ免官도ᄒᆞᆯ것이오懲治도ᄒᆞᆯ것시니不可不六百장을加爲制造ᄒᆞ깃다ᄒᆞ얏다더라

●門票改制　闕內에出入ᄒᆞᄂᆞᆫ門票를改造ᄒᆞ기로再昨日侍從院에셔官報課에電話ᄒᆞ되門票書式을改制ᄒᆞᆯ터이니官報揭字를姑爲停止ᄒᆞ라ᄒᆞ얏거날該課에셔答電ᄒᆞ되政府로通知ᄒᆞ라ᄒᆞᆫ즉侍從院에셔政府로該事由를電話ᄒᆞ얏다더라

●政府議案　昨日政府會議에漢城府尹과地方局長과現闕觀察使를經議叙任ᄒᆞᆫ다더라

●行巡停止　警務廳에셔各坊曲別行巡을陰三十日正月初一日ᄭᆞ지停巡ᄒᆞ고別行巡額數을半減ᄒᆞ얏다더라

●蔘價還棠　玄副領興澤씨가年前에官蔘價兩處로徵納ᄒᆞᆫ즉此是再徵인故로히씨가弗勝抑鬱ᄒᆞ야上海에滯留ᄒᆞᆫ민泳翊씨의게徵出ᄒᆞᆯ計畫이라더라

●法不可恃　西來人의傳說을聞ᄒᆞᆫ즉宣川郡四歲孤兒車癸復에異姓戚祖되ᄂᆞᆫ六十歲老成한리世正이가壬寅年已爲分執한田沓을凌壓橫奪ᄒᆞᆫ事件으로府部에誣訴ᄒᆞ야其堂叔義煥을平院에一朔半囚ᄒᆞ고脅捧立音ᄒᆞ며誤成判決ᄒᆞ얏스니田沓分執은已經五載ᄒᆞ고계復祖父ᄂᆞᆫ作故今春인즉리哥의誣死蔑生과挾勢凌弱이胡至此極이며況乎孤寡財産을豈能橫奪於其堂叔이리오所以로孤寡가不勝啣血之寃ᄒᆞ야自擅申訴次上京ᄒᆞᆫ다더라

●停訟未判　年前에리舜夏씨가視察使로平安南道下去時에成川居劉基鶴에刀劃陽部致斃事ᄂᆞᆫ累揭各報어니와此事의橫罹ᄒᆞ야敗家幾死ᄒᆞᆫ劉允민이가呼冤于平理院ᄒᆞ야數年延타에一無對質ᄒᆞ다가明타가至於陰曆臘月二十四日에始得對質於漢裁然巧値停訟之日ᄒᆞ야判決未遂에又未知更質何時ᄒᆞ야進士幾年이進退兩難에飢寒을弗勝ᄒᆞ야呼泣道路故로見者莫弗慘惻ᄒᆞ더라

●西坂豐氏의言論　日本義士西坂豐氏의自處ᄒᆞᆫ理由를更聞ᄒᆞᆫ즉該氏가總理大臣西園寺公望氏를往見ᄒᆞ고堂々大義로發論曰當初我國이與淸國開戰도德義二字로創起得勝ᄒᆞ엿고其後에與露國開場도德義二字로亦爲得捷ᄒᆞ엿스니한國을維持ᄒᆞ야以保東洋層面지勢이거놀現今德義二字를抛棄ᄒᆞ고한國을强制占據코져ᄒᆞ니我國이豈能長久乎아ᄒᆞ고長劍을拔ᄒᆞ야自己의腹皮를快手一劃後에長劍을復爲高擧ᄒᆞ고一場演說後에昏倒不起ᄒᆞ얏다더라

●장氏厚誼　武橋等地에셔藥局ᄒᆞᄂᆞᆫ최九顯씨가前參書官장用汲씨에錢財를去來ᄒᆞ다가遺間所負條가爲一百七十餘萬兩인ᄃᆡ판報無路ᄒᆞ야幾剛을廢局ᄒᆞ얏더니장氏가최氏의事勢를聞知ᄒᆞ고一百三十餘萬金을加給ᄒᆞ야更히開局케ᄒᆞ얏다ᄂᆞᆫᄃᆡ장씨의厚誼를莫不稱譽ᄒᆞᆫ다더라

●壯哉洪氏　定州郡城內居商民洪錫麟氏가日人兵站이該地에住在ᄒᆞᆫ後로부터一個日人으로더부러用達商業을又치ᄒᆞ며나該日人이洪氏에金貨六百元을不報ᄒᆞ고暗自逃去ᄒᆞᆫ지라洪氏가奮然曰吾가비록生命을決ᄒᆞᆯ지라도彼日人의게ᄂᆞᆫ財物을自失ᄒᆞᆯ사달기無ᄒᆞ다ᄒᆞ고卽時平壤으로兩夜馳來ᄒᆞ야該日人을許多日人叢中에搜得ᄒᆞ야把執ᄒᆞ고大叱曰汝何賊心으로我의錢을不報ᄒᆞ고逃去ᄒᆞ얏ᄂᆞ나汝若不報코ᄌᆞᄒᆞ면吾與汝로死生을決ᄒᆞ려ᄒᆞ면셔一手로執其日人ᄒᆞ고一手로持六穴砲ᄒᆞ야叱曰錢의報不報로써砲에放不放을決ᄒᆞᄌᆞᄒᆞ니許多日人이觀者如堵ᄒᆞ야該日人을奪去코ᄌᆞᄒᆞ나當場危機에莫可奈何라因ᄒᆞ야司令部로率往ᄒᆞ야處判을要케ᄒᆞ니該日人의眞贓이혼露無餘ᄒᆞᆫ지라司令部에셔言ᄒᆞ기를此ᄂᆞᆫ軍事上相關이아니오民事라本部에셔處決ᄒᆞᆯ道가無ᄒᆞ니右錢의捧不捧은任汝自由爲之ᄒᆞ라ᄒᆞ거날洪氏曰然則此事의結末은本人의게自由權을認許ᄒᆞ니잇가司令部曰然ᄒᆞ다洪氏가該日人을把執ᄒᆞ고叱曰司今部에셔我의自由를許ᄒᆞ얏스니汝ᄂᆞᆫ吾의自由中에在ᄒᆞᆫ者니與吾로同往吾家ᄒᆞ자ᄒᆞ고該日人을人力車에載ᄒᆞ야停車場으로出ᄒᆞᄂᆞᆫᄃᆡ人力車軍이亦日人이라他處로馳往코져ᄒᆞ거날洪氏가人力車軍을一拳打倒ᄒᆞ고停車場에馳來ᄒᆞ야因ᄒᆞ야列車에載ᄒᆞ고定州로還歸ᄒᆞ야家中에執留ᄒᆞ니該郡에在ᄒᆞᆫ監部에셔該日人을爲ᄒᆞ야右錢을出給ᄒᆞ기로擔保ᄒᆞ고使之放還케ᄒᆞ니該日人이旣得釋에謂洪氏曰吾가한國에渡來ᄒᆞ야汝와又치猛毅ᄒᆞᆫ者ᄂᆞᆫ初見이라ᄒᆞ얏더라

●女子義捐　日本無名女子一人이慈善的으로餞料中減分ᄒᆞ야每朔五圜式一個年六十圜金을捐出ᄒᆞ야一孤兒에一年收養之資로爲先一個月分一月條金五圜을孤兒院에寄附ᄒᆞ얏더라

●靑年講道　今日下午三点半에靑年會에셔醫師한大衛씨를請邀ᄒᆞ야福音會를開하고히씨가講道ᄒᆞᆫ다ᄂᆞᆫᄃᆡ씨ᄂᆞᆫ五洲各國中我한이最大ᄒᆞᆫ能力이有ᄒᆞ다評論하ᄂᆞᆫ者이더라

●將有發表　過般斷指同盟ᄒᆞᆫ事에對ᄒᆞ야國內有志人士의義捐이本社로寄送ᄒᆞᆫ것이多有ᄒᆞ온ᄃᆡ將次收合實數를撮ᄒᆞ야廣告로一一揭布ᄒᆞᆯ터이오니照亮ᄒᆞ시믈望ᄒᆞᆷ

●會員感謝　海州府有志人士等이自强支會를設立ᄒᆞ얏ᄂᆞᆫᄃᆡ會館은南門內션상會議所를借得ᄒᆞ미該自强支會員과會議所諸員이互相感謝ᄒᆞᄂᆞᆫ厚意를表ᄒᆞ얏다더라

●汾校施賞　通津私立汾南學校에셔開學後一月月終試驗을經ᄒᆞ얏ᄂᆞᆫᄃᆡ普通科優等李寅祜及第沈相久等二人高等科優等리寅善及第리升容等三人初等科優等리龍順及第成萬基等六人인ᄃᆡ校長沈啓澤氏와學監리冀鍾氏가施賞ᄒᆞ고正三品邊成一氏도筆墨을優數이捐助勸勉ᄒᆞ얏다더라

●西士義捐　平壤大同學校의任員及學員諸氏가過般留日學生二十一人의斷指同盟ᄒᆞᆫ事에對ᄒᆞ야感激涕泣ᄒᆞ고義捐을集ᄒᆞ야金寬善二圜蔡洙현一圜박鎭學車宗호김永鍵김永翩鮮于확崔景植各五十錢式合金七圜을本社로寄送ᄒᆞ얏더라

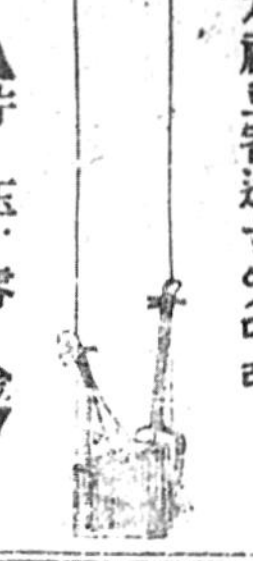

▲片　玉　零　金▼

△近日政界에風波가少靜ᄒᆞ고郡奏가不遠ᄒᆞ미南北村獵官者流가園洞場市에列立ᄒᆞ야如前히져倉李範喬氏와留々與成ᄒᆞᆫ다더고

△花開洞天에惡雨가初霽ᄒᆞ니一峯이特秀ᄒᆞ야依如正芳에氣像이儼然ᄒᆞ니雨後看山山更好로고

△主殿院卿丕南升氏ᄂᆞᆫ무숨事端으로平地落傷이되고梁性煥閔商호權重奭三氏로擬望ᄒᆞᆫ다ᄒᆞ니三氏에人望은向日內部協판運動ᄒᆞ던諸氏와比ᄒᆞ면不可同日而語로고

△各部大臣에交接費가二百五十元인ᄃᆡ各部協판도交接費를磨鍊ᄒᆞᆫ다ᄒᆞ나局長課長은交接費을磨鍊치아니ᄒᆞᄂᆞᆫ지如干殘餘ᄒᆞᆫ國庫金은交接費로銷盡ᄒᆞ깃고

△北村老論大監某氏ᄂᆞᆫ下等日人도上賓으로接待ᄒᆞ면셔鄕國遐鄕親知人이納拜現謁ᄒᆞ면視若不見에但日응ᄒᆞ다가도物品을獻誠ᄒᆞ면情念이忽生ᄒᆞ야寒暄을更叙ᄒᆞᆫ다遠路에平安이왓스며幾年만에相逢ᄒᆞ나該郡守와相得ᄒᆞ나가片紙ᄒᆞ지

△여호世上에일슈읍ᄂᆞᆫ일도잇소唐木倭木이遍滿ᄒᆞ되白木價ᄂᆞᆫ不落ᄒᆞ고創變人이許多ᄒᆞ되網巾價ᄂᆞᆫ漸高ᄒᆞ니이것도時運인지

雜報

◉哭閔忠正公文 續

血竹詩一首

仙리春秋獨保全三竿지竹血堂前盤根地以三千里鍾氣天於五百年

◉血竹歌三章◉

瞻彼典동의々혈竹有斐민公혈化爲竹혜我蒼生孰不仰竹혈竹혈竹竹혜혈혜死혈生竹是公忠혜孰不死矣孰無혈혜我思公公혈忠혈忠혈所格感人心혈不忘公忠是竹是혈

爲國效忠歌壹篇

於我億兆蒼生들아三綱五倫심을쓰오廣大ᄒᆫ天地間에萬古忠臣生覺허니부國安民極盡함이閔忠正公아니신가어셔가자밧비가자萬古忠節여긔로다高臺廣室혈竹堂에누구누구모엿든고陟彼西山에伯夷叔齊採薇曲을노리허고三日不去王子比干空心栢이비치나고원湘廟의楚屈平은秋蘭을역거차고不復臣秦魯仲連은東海로발바오고病卒軍中諸葛亮은次第로안진중의竟死燕獄文天祥은南京을向허보고負帝入海陸秀夫는白晝陽星痛哭ᄒ고前朝忠臣鄭圃隱은善竹橋로차즈오니壯ᄒ시고々々々々閔忠正公壯ᄒ시고

우리나라五百年의閔忠公아니시면禮樂文物다바리고宗廟社稷엇지ᄒᆯ고壯ᄒ도다々々々우리閔公壯ᄒ도다於我蒼生본바드면家々忠臣될거시니五百年後萬年이들뉘가敢히嚇슬손가鄉谷愚生지은歌詞京城士女들어보쇼 未完

●帝國續刊 帝國新聞은去火曜日雜報欄內에檢閱을違背ᄒᆫ事로警務顧問部에셔停刊시켯더니來月曜日에續刊ᄒ다더라

●開儒義捐 開城培義學校僉員이太極學會에寄函이如左하니 嗟乎吾儕學問지志豈在温飽哉一則爲國家思想一則爲國民義務也今에日本留學生二十一人斫指同盟事참哉악哉此豈人所可堪哉然學生此擧寧爲一時苦楚而有此非常지事也寔出於國民義務與國家思想而然也然則二十一指지落也足以動全國二千萬同胞億萬지指也弗亦偉哉吾儕俱以同指지感痛若在身玆以十圓略表區區지忱惟願留學諸兄益復攻苦倍道進就安知異日弗有天運復宋人物煥然而吾儕與二十一子欣然握手於廟堂지上乎所弗諭者有如白日

●斷指請願 咸安大谷面居李泰樹씨가年今二十餘歲인뒤當此世界ᄒ야新學文을研究ᄒᆯ心이懇切하되鄉曲에學校가無ᄒᆯ뿐더러聞見이淺陋하야可히受業ᄒᆯ處가無ᄒᆫ故로京中학校에入학ᄒᆯ次로數十日前에入城하얏ᄂᆞᆫ뒤元來該씨가家勢赤立하야旅費를優數히판備치못ᄒ고空手上來ᄒ얏신즉城內학校ᄂᆞᆫ비록多數ᄒ나寄食工夫ᄒᆯ計料도萬無하고還鄉ᄒ기도難處하야新학文을期於卒業하기로斷指決心하야以指血로請願書를繕書하야학部에來呈하얏다더라

●慕忠歌曲 開城名士林圭永리면根車와漸三氏가閔忠正公에忠節을紀念ᄒ기爲ᄒ야竹筒파酒盞을發起製造ᄒ야頒布ᄒ얏ᄂᆞᆫ뒤雖妓女街童이라도歌謠을新唱ᄒ니△泰山高節閔忠正이忠則盡命ᄒ얏스니△獨忠毅國말근節槩大한日月빗낫도다△아희아竹葉盃가득이부러라同胞의게

廣州中뎌面松파廣成學校趣旨說　副校長리軌鐘

我大한帝國桂庭민忠正公痛國權지將墜悲人種지서溺率[illegible]以白刃自裁寔東亞五千年來初有지精忠大節而公지死爲三千里疆土也爲二千萬人衆其懷中遺書曰某死而不死期助諸君於九泉지下又曰堅乃志氣勉乃學問復我自由獨立則死者當喜笑於冥々지中愚每挑讀嗚咽沸覺血淚汪々也于是義人烈士奔走서告曰大命近止我人族胡爲乎弗能自修而受此慘苦耶玆欲自修舍教育何以哉一週年間以我國人和柔性質觀지此殆國지人士能猛然覺夢於昏々否々지餘鳩聚財款修繕校舍一呼僉同勇邁磨退此可謂得민公지遺意而異日著爲國棟樑復我自由獨立者多出於我校靑年則眞弗負민公實血而永有光於天下萬世矣以是仰告于校長亦以自勉復以傍유于幹事諸員及受學靑年

廣告

越南亡國史 國漢文 新刊 定價貳拾伍錢

發賣所 京城廣橋高裕相冊肆
鏡南端川郡禹時夏
布屛下 김相萬 書舖

○特別緊急廣告○

日本에셔留學ᄒᆞ는天道教派遣學生等은勤々孜々ᄒᆞ야熱心做工ᄒᆞ더니不幸該教會에셔昨年以來로學資를不送ᄒᆞ야千辛萬苦ᄒᆞ다가頃日에는食債를未報ᄒᆞ야旅舍에셔被逐ᄒᆞ여留學生監督廳에셔齊留ᄒᆞ더니去五日夜에二十餘人이一時에勇刃을擧ᄒᆞ야其指를斬斷ᄒᆞ고盟誓曰學業을不成ᄒᆞ면死不歸라ᄒᆞ엿스니嗚呼라爲我同胞ᄒᆞ야뉘가同情之淚를落치아니ᄒᆞ리오본會에셔此悲況을我同胞의게廣布ᄒᆞ오니多少를勿論ᄒᆞ고義捐ᄒᆞ야一時救急ᄒᆞ심을千萬伏望

一臨時收捧所는大韓每日申報社로定홈
一捐金收集期限은二月十日까지로定홈

光武十一年壹月八日
在日本東京 **太極學會** 告白

元山倉前本支社員金乃範氏는代金收捧키難혼事로請願自退ᄒᆞ얏기로其代에劉七錫氏로支社々員을更定ᄒᆞ얏스니該附近地諸公은右氏의게請求ᄒᆞ시옵

大韓每日新報社 告白

廣告

◎**學員募集廣告**

本校第三回入學期를現當ᄒᆞ야法律學及經濟學兩專門科學員을玆에募集ᄒᆞ오니願학人은左記試驗定期內에本校用紙로써早速請願홈事
但法律科는晝학及夜학으로教授ᄒᆞ고經濟科는夜학으로教授홈

○**脩業年限** 三학年
○**入學年齡** 二十歲以上
○**學科目** 法律학全部 經濟학全部 備在本校規則
○**試驗日字** 三月一日(陰曆丁未正月十七日)
○**試驗科目** 歷史及地誌問對(內國及外國) 讀書及作文(國文及漢文) 筭術(四則以內)
但官公私立학校의普通科以上卒業證書가有혼人은其학力을檢定혼後免試許入홈
○**開學日字** 三月五日(陰曆正月二十壹日)

光武十一年一月十五日
中署磚洞 **普成專門學校** 告白

廣告

西署新門外鍮동百八十六統三戶
辯護士前檢事正三品 丁明燮
法律事務所
事務員前主事 吳在淳

◎民事訴訟代理와刑事변호와文案鑑定一切法律에關혼事務를迅速處理홈
中署寺洞第十七統八戶
辯護士前檢事正三品 **李冕宇**
法律事務所
事務員 前博士 玉東奎 前[illegible]士 [illegible] 前議官 金益濟

●九轉靈砂라 本人이妙方法을神備ᄒᆞ야製造혼靈丹인ᄃᆡ男女老少에無論何징ᄒᆞ고通治ᄒᆞ오며無病時에도服ᄒᆞ면平生의身躰가健康ᄒᆞ며小兒는四五錢重만服ᄒᆞ면十歲안에無病ᄒᆞ기를擔保ᄒᆞ오며
●九轉靈砂萬應丹은져狂 癇징과中風諸疾과耳目諸病과淋疾에神効ᄒᆞ오
●九轉靈砂保命丹은初生小兒驚風 간氣 咳嗽 腹瘡諸般惡징神効ᄒᆞ오
●九轉靈砂濟衆丹은酒滯 食滯 血積 吐瀉 霍亂 痢疾 吐血 下血 運氣 時疾 疝징에神効ᄒᆞ오
●九轉靈砂紫金丹은痔漏 累癧 上疳瘡 下疳瘡及唐瘡과諸般毒瘡惡種에無不神効ᄒᆞ오니 僉君子는來問ᄒᆞ시오

內需司前두갑이골上隅第一家 리호廷移徙 告白

洪淳康氏가東署東小門內土橋東邊에織造機을廣張設施ᄒᆞ야稱號를淳昌號라ᄒᆞ고各色綢緞紗屬等을織造發賣ᄒᆞ오니願買人은來臨購買ᄒᆞ시며或所用대로緞과紗等屬을預托ᄒᆞ시면依約施行ᄒᆞ깃삽 淳昌號 告白

本人이齒科諸具를整備ᄒᆞ야一般人의게應用케ᄒᆞ며視務時間은午前九時븟터午后一時까지午后一時븟터午后五時까지夜間에는定約ᄃᆡ로
事務所는南大門內達城위궁內施蘭教醫師後家
美國齒醫師떠、이、한 告白

美國紐育港보ㅣ든쓰煉結牛乳會社
一手代理店
大韓仁川港 [illegible]洋行

以上은常時에貯積ᄒᆞ얏숩

◎**本社廣告**

○申報價
一張代金 新貨二錢五里
一個月前納 三十錢
三箇月 九十錢
六個月 一元七十錢
一箇年 三元四十錢
郵稅一部 新貨五里
一箇月 十三錢

○廣告料
四号活字 三字詰
每日每英尺一寸에新貨廿五錢(每日每行六錢에相當홈)
一週日에 一圓五十戔(每日每行四戔五里에相當홈)
一箇月에 五圓(每日每日四錢一里에相當홈)
其期限의長短과字行의多移를依ᄒᆞ야增減홈이有홈

●大한每日申報各處支社廣告
中署布屛門下 김相萬冊肆
洞口越便朱翰榮冊肆
中署農圃初人七拾八統第二號 鄭禹澤
平壤上水口門內 김浩淵
全 최叡恒
仁川[illegible]峴開新冊肆 리東皓
宣川邑橋西里 安濬
義州西門外한西 大藥局
釜山港佐川 徐藥局
三和港築洞 김仁집
咸興朱南社西門外 曹喜林
開城培學校 姜助遠
大丘達城 廣文社
載寧邑濟衆院 [illegible]夢澤
鐵山邑東部 安主
長連邑 김龜
元山支店 김乃範
定州南門內 洪聖麟
京城興仁門外영楓亭 리建赫
海州南門內書舖 朴昌鎭

發行兼編輯人 英國人비說
發行所 南署石井洞號外地三層洋屋家
大韓每日申報社

第五卷

大韓每日申報
대한매일신보

第四百四十號

月曜及慶節歲時休日刊

檀君開國四千二百三十九年
箕子元年三千二十八年
大韓開國五百十五年
日本明治四十年
清國光緒三十二年
◉陰曆丙午十二月大卅日庚寅

論說

伊藤侯와韓國

一國元老가公然說話를作홀時에其言辭를正直言及홀것보다益加注意홀거슨其說話가常有蘊意홈이로다伊藤侯가日本東洋協會에셔한國問題로演述ᄒᆞᆫ거슬別項에無偏報導하얏거니와本報의此問題論述을常覽ᄒᆞ던諸人이今能實認홀거슨本報의數種確言을同侯가何如證明홈이니此ᄂᆞᆫ統監府가한國政府를對ᄒᆞ야勸告홈以外에無他權能이어니와此權能도한國 皇帝와拒絶公文이有홈으로未免定限이로다何如ᄒᆞᆫ지伊藤侯의今此公直은異於常時矣니若同侯가한國人民의게如彼同一正直ᄒᆞ얏더면多數不美之端을必免ᄒᆞ얏슬거슨無所疑訝로다伊藤侯가置之於不言故로本記者ㅣ古談을更시ᄒᆞ노라同氏의演述이한國內地行政에日本責任을全然拒絶ᄒᆞ야發言ᄒᆞ되한人이爲主라ᄒᆞ얏스니果其然乎아日本巡査와偵探軍으로宮闕을圍요케홈이 皇帝의天意이신줄노人能量度耶아陸見時에伊藤侯或長谷川大將의參列홈을 皇帝씌셔召對ᄒᆞ신줄노人或量度耶아栢卓安을目賀田으로交替홈이 皇帝의自由이신줄노誰或像想耶아目賀田丸山及加藤諸氏가擧皆한國政府의顧問官이오外交顧問須知分氏도亦彼之多小信任이니此顧問官諸人이自統監府分立ᄒᆞ야行政之權을運用ᄒᆞᄂᆞᆫ지라伊藤侯가此諸人을指揮ᄒᆞ기에其能이어놀此人의何如責任이던지巧避ᄒᆞ얏도다同氏之言에한人이爲主라ᄒᆞ얏스니同氏가更到한國之時에 皇帝씌如彼直奏ᄒᆞ야諸般日人이勸告홀以外에ᄂᆞᆫ不能爲他라ᄒᆞ며 皇帝씌셔自國便利를爲ᄒᆞ사行政ᄒᆞ시기에尙今有自由라確奏홀지어다爲此以後에ᄂᆞᆫ大한每日申報의敵意를怨恨홀거시未有其理로다欺瞞之術은本人之所厭忌어니와한國人民의進益을眞實시圖홈에ᄂᆞᆫ當奮力應助ᄒᆞᆯ깃노라

官報

●三千六百八十六號 光武十一年二月十一日

◉宮廷錄事

宮內府特進官李喜元辭職疏
批旨省疏具悉所請依施
宮內府特進官徐臣輔辭職疏
批旨省疏具悉所請依施
景孝殿提調金學洙辭職疏
批旨省疏具悉所請依施

◉敍任及辭令

依願免本官 和陵參奉東輪善
任和陵參奉敍判任官五等 金成昌
肇慶廟參奉丕在元
慶基殿參奉金學奎
章陵令李容圭
依願免本官
任肇慶廟參奉敍判任官五等 嚴柱運
任慶基殿參奉敍判任官五等 梁在球
任章陵令敍判任官五等 六品李容圭
永禧殿令李明畵
任永禧殿令敍判任官四等
懿孝殿祀丞金炳樂
永懷園參奉車炳觀
依願免本官
命景孝殿提調敍勅任官一等 正三品丕同熙
任懿孝殿祀丞敍判任官四等
義親王府典衛李重麟
主殿院電務課主事
任永懷園參奉敍判任官五等
任義親王府典衛敍判任官八級 六品金炳樂

◉部令

度支部令第三十號

收入支出證明規則 續

第二歲入徵收額證明

第二十條 支出計算書의提出期限은每月分을翌月二十五日內로定홈

第二十一條 左開事項은支出計算書備考欄에記載ᄒᆞᄃᆡ事由와複雜ᄒᆞᆫ者ㅣ有ᄒᆞᆫ時ᄂᆞᆫ說明書를添付홈이可홈

一 科目訂正이有ᄒᆞᆫ時ᄂᆞᆫ其金額及事由
二 過給誤給等還收ᄒᆞᆫ金額과還納금은其年度定額中에還入ᄒᆞᆫ者ㅣ有ᄒᆞᆫ時ᄂᆞᆫ其金額及事由
三 缺損補充을受ᄒᆞᆫ者ㅣ有ᄒᆞᆫ時ᄂᆞᆫ其金額及事由

第二十二條 年度末支出計算書에ᄂᆞᆫ年度末日에現存ᄒᆞᆫ人員及官等俸給明細書를添付홈이可홈

第二十三條 特別會計에關ᄒᆞᆫ年度末支出計算書에ᄂᆞᆫ前條明細書外에左開書類를添付홈이可홈

一 固定資本增減表와運轉資本明細書
二 支出未畢額으로翌年度에推移ᄒᆞᆫ者ㅣ有ᄒᆞᆫ時ᄂᆞᆫ其金額及事由의明細書
三 收支計算書 未完

外報

●露佛同盟 倫敦電을據ᄒᆞᆫ즉佛國資本家ᄂᆞᆫ露國公債募集에對ᄒᆞ야協議ᄒᆞᄂᆞᆫ中이더라外務卿은露國財政紊亂의風說을否認ᄒᆞ고露佛同盟은歐洲平和의基礎가된다고明言ᄒᆞ얏더라

●市長反對 桑港電을據ᄒᆞᆫ즉桑港市長시밋도氏가大統領의會議에參與ᄒᆞ기爲ᄒᆞ야桑港及가리포루니아州의勞働黨을代表ᄒᆞ야華盛頓으로發向ᄒᆞ얏ᄂᆞᆫᄃᆡ同氏가桑港事件에關ᄒᆞᆫ事實을調査ᄒᆞ야詳細ᄒᆞᆫ統計를携帶ᄒᆞᆫ故로此를証據ᄒᆞ야大統領及其內閣에서日本學童排斥의命令을撤回케홈을盡力ᄒᆞᄂᆞᆫ事에對ᄒᆞ야極力反對ᄒᆞ리라더라

●清國陸軍規則 北京電을據ᄒᆞᆫ즉陸軍部에셔全國陸軍規則을改正ᄒᆞ고士官以上은上京ᄒᆞ야試驗後赴任케ᄒᆞᆫ다더라

●使臣의資格 北京電을據ᄒᆞᆫ즉清國政府에셔在外各公使의資格을酌定ᄒᆞ야大使ᄂᆞᆫ各部尙書와同等으로磨鍊ᄒᆞ고全權公使ᄂᆞᆫ各部侍郞과同等이된다더라

雜報

●下仁參會 昨日은仁川港에碇泊ᄒᆞᆫ日本軍艦沖之嶋紀念宴인ᄃᆡ參政以下各大臣이一齊히被邀下仁ᄒᆞ얏다더라

●選取教官 學部에셔三月四日에各部學校교官을試驗選取ᄒᆞᆯᄃᆡ各種學校卒業生과其他에學力이超越ᄒᆞᆫ者가試驗을應코져ᄒᆞ거든請願書와履歷書를本部에提呈ᄒᆞ라ᄒᆞ얏더라

●調査不動 議政府에셔委員崔秉相氏와補佐官補山口慶一氏를派遣ᄒᆞ야全羅道內各郡에不動産法을調査ᄒᆞᆫ다더라

●曉諭視務 再昨日에東署各支所의셔油炭이乏絶ᄒᆞ여當日下午十점時로븟터昨日上午壹時ᄭᆞ지廢務ᄒᆞ엿더니該署警務官이曉諭ᄒᆞ야視務케ᄒᆞ얏다더라

●子樂不俱 再昨日에官人俱樂部會를前協律社內에開設ᄒᆞ고軍樂을迭奏ᄒᆞ엿ᄂᆞᆫᄃᆡ參席ᄒᆞᆫ官人이稀少ᄒᆞ야俱樂의盛況을呈치못ᄒᆞ엿다더라

雜報

●伊藤演說 東京에셔開催ᄒᆞᆫ東洋協會大會에셔伊藤侯의演說을神戶헐일드新聞에記載ᄒᆞ얏ᄂᆞᆫ데其槪意가如左ᄒᆞ더라

余가韓國에在ᄒᆞ야最히難事로思惟ᄒᆞᄂᆞᆫ點을述ᄒᆞ야諸君의參考를供ᄒᆞ노니第一에韓國內政改善에關ᄒᆞ여ᄂᆞᆫ伊藤與其僚員이再昨年十一月韓日協約에就ᄒᆞ여盡務ᄒᆞᆯ責任의定質로以ᄒᆞ야大端히困惱ᄒᆞ니此協約에對ᄒᆞ야日本所有權限은不過勸告而已니然則日本은勸告者이오大韓은主人이라何許改良件이던지實施以前에日本顧問官들이韓國政府當局者로ᄒᆞ여곰其緊要件의料度과提出ᄒᆞᆷ을知悉케ᄒᆞᆷ이第一必要ᄒᆞᆫ데此ᄂᆞᆫ容易치못ᄒᆞᆫ事라韓國은獨立國이니外交權만日本셔主管ᄒᆞᆯ뿐而已오其他ᄂᆞᆫ素是韓國政府에存在ᄒᆞ고韓國土ᄂᆞᆫ臺灣에比ᄒᆞ면七八倍오人口ᄂᆞᆫ一千二三百萬에不下ᄒᆞ고文化程度도與日本으로同時代에開發ᄒᆞ얏고團結力도亦應此而强ᄒᆞᆫ事實이니此ᄂᆞᆫ臺灣에比ᄒᆞ면至難ᄒᆞᆫ所以라且尙有他事焉ᄒᆞ야又有重大者ᄒᆞ니韓國內新聞에所有ᄒᆞᆫ非常權力也라伊藤의百言보다新聞의一筆이韓人을感動케ᄒᆞᄂᆞᆫ力이太强ᄒᆞᆫ데加之에現今韓國에셔發刊ᄒᆞᄂᆞᆫ一외國人의每日報ᄂᆞᆫ確証이有ᄒᆞᆫ日本의제般惡政을反對ᄒᆞ야韓人을煽動ᄒᆞᆷ이連續不絕ᄒᆞᆫ데此에關ᄒᆞᆫ機會에就ᄒᆞ야ᄂᆞᆫ統監이難可受責이로다

日本人中의韓人을迫害ᄒᆞᄂᆞᆫ者不無ᄒᆞᆷ이외人等은彼等을矜憐ᄒᆞ야此等事件을記出ᄒᆞ며其聲이開于世界ᄒᆞᆫ지라故로余ᄂᆞᆫ利彼利我之方針을執ᄒᆞ야專門的智識으로不可不硏究ᄒᆞᆯ지라ᄒᆞ얏고又終末에緊切ᄒᆞᆫ說明ᄒᆞ기有ᄒᆞᆫ데再三顯著히說明ᄒᆞ여日日本의方策은大韓의領土와獨立을維持ᄒᆞᆷ에在ᄒᆞ고吞幷ᄒᆞᆯ意想은全無ᄒᆞ고日本의對韓眞策은韓人日人이互相享利ᄒᆞ기爲ᄒᆞ야韓國의富源을開發케ᄒᆞᆷ에在ᄒᆞ다ᄒᆞ얏더라

●門票發行 陰曆正朝의 景孝殿別茶禮에各府部院廳勅任官以上人만入參ᄒᆞᆯ터인ᄃᆡ히官人의年齡과居住姓名을二度式昭詳註錄ᄒᆞ야시從院으로送交ᄒᆞ여 宮殿門票를發行케ᄒᆞᆫ다더라

●奏本延期 地方官敍任件은陰正月初旬內에奏本이된다더라

●兩씨轉任 憲兵司令官權重顯씨가參謀長으로轉任ᄒᆞᆫ代에參將閔商鎬씨가被任ᄒᆞ얏더라

●三氏轉任說 內部地方局長은度支部會計局長김寬鉉씨가被任ᄒᆞ고其代ᄂᆞᆫ度支部參書官조漢錘氏가轉任ᄒᆞ고其代ᄂᆞᆫ善山郡守洪鎭裕氏가移任ᄒᆞᆫ다더라

●四守依免 牙山郡守리冕永氏와實城郡守윤錫祺氏와延安郡守리容九氏와懷仁郡守洪祐純氏ᄂᆞᆫ依願免官ᄒᆞ얏다더라

●俱樂總會 再昨日에普成專門學校內의셔大韓俱樂部總會를開催ᄒᆞ엿다더라

●先囚後報 忠南裁判所의셔法部로報告ᄒᆞ되洪州總巡최建호를爲先囚禁ᄒᆞ엿ᄉᆞ니別般嚴治ᄒᆞ라ᄒᆞ엿더라

●法官訴法 平理院檢事李僑氏가起訴ᄒᆞ기를今番國家卒有之慶會를因ᄒᆞ야 皇上陛下씌셔恩綸을特下ᄒᆞ샤各國罪囚六犯內外에다ᄭᆡ가普及ᄒᆞ옵셧ᄂᆞᆫ데法部의大臣과협판이奏不以實ᄒᆞ야 天恩을壅遏ᄒᆞ며刑事局長金洛憲氏ᄂᆞᆫ平理院所管에已決未決罪囚報部案件에對ᄒᆞ야擅自存廢ᄒᆞ야 恩典을遮反ᄒᆞᆫ事로彈劾起訴ᄒᆞ엿ᄉᆞᆫ즉一大裁判이必有ᄒᆞᆯ지라其起訴狀은別項에更揭ᄒᆞ노라

●處事得中 日昨에珍山郡守리漢翊氏와公州郡守金甲淳씨가參政박齊純氏의게各々紙貨二十圜을書札中에密封納送ᄒᆞ얏ᄂᆞᆫ데參政이披封示傍人曰김甲淳은自來富客인즉以餞遺我가容或無怪어니와리漢翊은家本赤立ᄒᆞ고況此薄眈으로及人錢財가萬不近理ᄒᆞ거니러當此歲除ᄒᆞ여各郡守가或以酒瓶及食物로以情餽遺도即欲退却이나似近於釣名故로已爲受之어니와至於紙貨之密送ᄒᆞ야ᄂᆞᆫ受之不義라ᄒᆞ고並爲退却ᄒᆞ얏ᄂᆞᆫᄃᆡ박參政의處事得中을萬口稱頌ᄒᆞ더라

●陳家賊警 日昨廟洞居副尉陳某家에賊漢四名이突入ᄒᆞ야主人을結縛ᄒᆞ고家產什物을沒數搜探ᄒᆞ야구루마에載太ᄒᆞ얏다더라

●六訴一池 前昌城郡守池基永氏은寧邊府下屬으로협雜爲事ᄒᆞ여身致巨富의流毒一省은紳人共憤也라昨冬의昌城郡를納賂圖得ᄒᆞ야居官壹年의其所剝割이不可形言이오貪虐無雙之新觀察申泰休씨을符同ᄒᆞ여自爲鷹犬의其所貪財가不計其數而楚山碧동朔州三邑查官의多率營屬ᄒᆞ고威脅郡수를如前日御史出道樣ᄒᆞ고捉入鄉人의無數笞刑ᄒᆞ여勒招勒贓이是豈人性이며威脅平民ᄒᆞ여無難奪財가是何賊習고今番三邑之民이과足千里ᄒᆞ야來訴平理院而池씨를押上하야方今就囚의尙未裁判이나申觀察이符同貪虐之罪를心內自怯하야熱心周旋中이라더라

●片網김羅 咸昌匠人巨富片方得은甲辰六月의渠의姑母女子을受금盜賣ᄒᆞ고其跡을欲掩ᄒᆞ야與其姑母夫로買去人을同打致死則京中으로逃避ᄒᆞ야內部辦務局長김彰漢氏의權利을倚聞ᄒᆞ고금作贖刑ᄒᆞᆯ計로家庄田畓을多納ᄒᆞ얏ᄂᆞᆫ데今春에김彰漢氏妻男徐主事가咸郡에下去ᄒᆞ야三年前獄事檢費에賣用ᄒᆞᆫ家與畓을勒奪문券ᄒᆞ니買主郡吏김在恒김在明이京風에喫㥘ᄒᆞ야不敢一言ᄒᆞ고當初片家ᄂᆞᆫ戶隻이片片打碎ᄒᆞ야只存一片空墓故로김在恒이埋其妻矣러니以금늑금ᄒᆞ야別計幾千금則김吏가自度納劵掘塚이면幸免餘殃일가ᄒᆞ야即掘其塚ᄒᆞᆫ則更討下來浮費故로果納數百금이ᄂᆞᆫ猶爲不足ᄒᆞ야又日刺家ᄂᆞᆫ如前新立ᄒᆞ고伐木은依舊生立ᄒᆞ라하나김在恒이率眷離去ᄒᆞ야不知住處라하더라

●借舍亦勢 安洞嘉禮宮後家屋三四座가히宮基地內所屬인ᄃᆡ今番嘉禮後空家가된故로閭巷間貧寒ᄒᆞᆫ人들이借居ᄒᆞ기로互相競爭ᄒᆞ여有勢力家의셔ᄂᆞᆫ或公事廳內侍를符同ᄒᆞ야 칙令이라藉托ᄒᆞ고先借ᄒᆞᆫ人을强迫逐出ᄒᆞᆫ다ᄯᅢ라

●閉戶避債 近日閭巷間商路興利ᄒᆞᄂᆞᆫ人들이금融이枯渴ᄒᆞ여陰曆歲末을當ᄒᆞᆷ의錢主의督債를不堪ᄒᆞ여門戶를閉鎖ᄒᆞ고來人을不接ᄒᆞᆫ다더라

●辛兩將判 靑陽郡守민泳恪氏가學校를藉稱ᄒᆞ고 勒斂ᄒᆞᆫ事도有ᄒᆞ고民財를貪虐ᄒᆞᆫ事도有ᄒᆞ다ᄒᆞ야히郡民人이內部에來言ᄒᆞ거날內部에셔大興郡守辛成默氏의게秘訓ᄒᆞ야靑陽郡守의行政不美를查實報來ᄒᆞ라ᄒᆞ얏더니辛成默氏가郡主事를靑陽郡에替送ᄒᆞ야審查를不公ᄒᆞ야何樣誣報가有ᄒᆞ얏던지민泳恪氏가已爲遞任ᄒᆞ며大興郡主事의誣報를因緣ᄒᆞ야遞任되얏다ᄒᆞ고辛成默氏와裁判ᄒᆞᆫ다ᄂᆞᆫᄃᆡ辛氏가郡主事로替送ᄒᆞᆷ은格例에大違ᄒᆞᆷ이라고巷說이有ᄒᆞ더라

●棄兒慘狀 昨日上午六時에北署壯동牛井洞川中에新生兒를裸파棄置ᄒᆞ얏ᄂᆞᆫᄃᆡ其慘狀을人不忍見이더라

●靑會演說 今日下午七点半에靑年會館의셔美國紳士訖法氏가韓國靑年이英文을學習ᄒᆞᆷ이重要ᄒᆞᆷ이란問題로演說ᄒᆞᆫ다더라

●迎新休刊 明日은即舊曆元朝日이라迎新ᄒᆞ기爲ᄒᆞ야自明日로休刊ᄒᆞ야日曜日에續刊ᄒᆞᆷ

▲栢樽迎歲▼

△歲色이隔一宵ᄒᆞ니人事가自紛忙이라獵官者流에湲慾이尤急ᄒᆞ야郡守運動에兩脚이如浮ᄒᆞ야桃李名園에栢樽을爭實이로다

△여보銓考所에셔郡守를銓考ᄒᆞ면公正히銓考ᄒᆞᆯ지소銓考委員도此政府官人이아닌가젼考委員버럼젼考ᄒᆞ엿시면ᄎᆞᆺ소젼考所ᄂᆞᆫ憑公營私거리지

△李範喬氏가向日鄉曲富客의黃금을收納ᄒᆞ고義州富客김( )○等을젼考所에履歷書를納送ᄒᆞ엿시니젼考을雖恃로고

△中樞院議議呂炳鉉氏가贊議ᄂᆞᆫ郡守에殿最에居下人을移任ᄒᆞᄂᆞᆫ조린즉卽不過부졍푸리ᄒᆞᄂᆞᆫ處所라고政府에建議ᄒᆞ엿시니樞院이其庶幾乎ㄴ져

△近日에俱樂部가盛行ᄒᆞ야韓日俱樂部와大韓俱樂部와軍人俱樂部와官人子樂部을設施ᄒᆞ엿시니子樂이라名稱ᄒᆞ면셔爭競은厝生ᄒᆞ니何事를子락ᄒᆞᄂᆞᆫ지

△明日은新年丁未를歡迎ᄒᆞᄂᆞᆫ日이라大韓同胞ᄂᆞᆫ國權을恢復ᄒᆞ야百福을아納ᄒᆞ오幾日를休暇ᄒᆞ엿시니隔歲情緖가悵然ᄒᆞ오

雜報

●法官起訴 平理院檢事李僞氏가起訴ᄒᆞ얏ᄂᆞᆫᄃᆡ本職이國家生命財產에代表된者라刑法上大關係有혼時에起訴ᄒᆞᄂᆞᆫ權限이自有ᄒᆞ옵기敢此仰達ᄒᆞ오니伏乞 俯燭焉ᄒᆞ옵쇼셔大抵今番 赦典은國家에罕有혼慶會를因緣ᄒᆞ야我 皇上陛下ᄭᅴ옵셔十行恩綸을特降ᄒᆞ샤囹圄罪囚六犯內外에覃霈가普及ᄒᆞ엿삽ᄂᆞᆫᄃᆡ其 赦典奏本에對ᄒᆞ야大臣閣下及協辦閣下ᄭᅴ셔도奏不以實ᄒᆞ고未克周察ᄒᆞᆫ신責이無ᄒᆞ다謂치못ᄒᆞᆯ깃삽거니와被告金洛憲은以現任當該局長으로本院所管已決未決罪囚報部案件에對ᄒᆞ야已決囚中谷山民擾事件張斗衡等三人과謀殺未遂事件金一濟等十人과未決囚中民擾事件金聖基와勸票事件민能호等을並擅自拔去ᄒᆞ야上으로 聖上廣蕩之 恩典을違反ᄒᆞ며下로罪囚의寃咨를惹起ᄒᆞ고國中에和氣를傾傷케ᄒᆞ야何厚何薄ᄒᆞ며偏愛偏憎ᄒᆞ야法을枉혼行爲가十目을難掩ᄒᆞ옵기被告金洛憲의犯罪를法에照ᄒᆞ니刑法大全第三百三十一條恩赦나特赦에囚徒를放免或減等ᄒᆞᆯ時에操縱이有혼者ᄂᆞᆫ第三百二拾八條出入人罪律諸項에依ᄒᆞ야科斷ᄒᆞ고罪人에本刑은依律改正홈이란文에依ᄒᆞ야本條第一項合히放出ᄒᆞ거나故入ᄒᆞᆫ者ᄂᆞᆫ犯人의罪에合抵홈이란文에處홀만혼者라ᄒᆞ엿더라

●日商行悖 群港住居沙器商長谷川이가한人의基地를抑奪코져ᄒᆞ야百端謀害ᄒᆞ다가方今京城으로周旋혼다ᄒᆞ니日人의行惡이若是不已ᄒᆞ면한國人民은支保無路라고南來人의傳說이有ᄒᆞ더라

●銀市賊警 忠南扶餘郡銀山場市ᄂᆞᆫ峽中大市인ᄃᆡ該場市日의賊黨數百名이各持銃劍ᄒᆞ고突入橫行ᄒᆞ여錢財를沒數奪去ᄒᆞᄂᆞᆫᄃᆡ市人三四名이被害ᄒᆞ엿고當日場市가撤罷ᄒᆞ엿다더라

廣告

釜港影島居김基道訴訟一丈과鄕武作廳捧票一丈을臘月十六日監署裁判가셔姑未裁判ᄒᆞ고還來時의셔失ᄒᆞ얏스니此문券拾者ᄂᆞᆫ以携紙施行이고本主을還給則以功報給홀事

釜山鎭影島김基道 告白

豐基郡主事을郡守가稱之自辟ᄒᆞ고冊室忠淸道淸州居李敦榮選報矣러니敦榮이改名敏榮ᄒᆞ야敍任稅務主事이온즉今番젼考의又爲敍任云ᄒᆞ니恐存改頭換面者接起ᄒᆞᆯ가慮홈

豐基黃在中 告白

就業勸告趣旨

本人나外史雜誌를披覽ᄒᆞ온즉世界文明國開化初에或以當人意見으로不業ᄒᆞᄂᆞᆫ同胞의게互相責善勸勉事가多有效力ᄒᆞ온지라惟我一般同胞中에失業ᄒᆞ신 僉君子ᄂᆞᆫ早速히就學就業ᄒᆞ기爲ᄒᆞ야時務勸詞二十句로廣告金을虛費ᄒᆞ고同胞就業勸告ᄂᆞᆫ爲國思想進步오니新聞購覽 僉座先生忘勞此詞布明伏望

就業進步詞

天地萬物合긴후에 오직ᄉᆞ롬最貴ᄒᆞ다
五倫行實根本ᄉᆞᆷ고 人道事業義務ᄒᆞᆯᄉᆞ
天賦人權平等旣은 智識發達然後事라
一成學業關躬ᄒᆞ면 公私光榮自致로다
波蘭埃及印度越南 諸國所經慘史보면
前鑑昭々警醒處라 速求開見精神쓰셔
男女老少勿論ᄒᆞ고 愛國思想熱心ᄒᆞ야
今來又加進一步로 發達時務盡力ᄒᆞᆯ事
學校資格學校가고 勞働資格勞働ᄒᆞ세
一勸天下無難事라 如金是日虛送何오
無恆產과無恆心이 遊衣遊食웃지ᄒᆞ며
無學無業冶遊同胞 時務不知何處用고
產業업시浮蕩ᄒᆞ면 不置人類悔嘆니라
隨其分內精神차려 寸陰是競虛度마오
因時取宜許多中의 進學就業最急務요
各自前程發達事며 外債憂國思想處라
凡我失業同胞님네 速就職業銘念ᄒᆞ야
身分上에當爲事로 公益上에有助ᄒᆞ면
墜失權利恢復ᄒᆞ고 國富民强文明ᄒᆞᆯ사
大韓獨立開明時代 進步詞奏萬々歲라

勸告發起人康洪斗 (廣告)

△特別告白▽

本人의子商鎭이年今十九에渠以性拙로弗出門外러니今二十三日에一出未還이至於両日이러니二十五日에初而弗知鄭달源이가稱以時陽城郡守鄭泰魯가公錢幾千元을債給於商鎭이라하고時日督促하니侍下年淺지人의게初無的確典執지物ᄒᆞᆫ고輕給巨欵이萬弗近理가明若觀火어날如是督促ᄒᆞ니世豈有如許賊漢乎아未成年혼稚子를內外國人은切勿相關홈

雞동 林墉 告白

通川郡居民朴尙敏等이與金剛山長安寺僧錦虛로沓土相訟事를平理院에셔判事박有觀氏가審판中인ᄃᆡ該沓土二拾餘石落은本是寺沓으로寺中에셔民間에放賣ᄒᆞ야轉相賣買가今爲六拾餘年之久라不意壬寅年七月에該僧이內部에因何攀緣ᄒᆞ야其時內部大臣이成出完文量案ᄒᆞ야該沓을每石落에二百兩式出給該民ᄒᆞ고沒數勒奪ᄒᆞ야燒火沓券ᄒᆞ고以給該僧ᄒᆞ니一石落價二百兩이一斗落價에不過혼지라民寃이亙天ᄒᆞ니該大臣의遺芳遺臭ᄂᆞᆫ天下春秋筆이自在ᄒᆞ며該民等三拾餘人이失此沓土ᄒᆞ니難免離散이라不勝抑鬱ᄒᆞ야呼訴本郡ᄒᆞᆫ즉本郡슈가擧此民情ᄒᆞ야同年九月에內部에報告ᄒᆞᆫ즉其時內部大臣이ᄒᆡ報告에指令曰所報가旣若是則有難遽許라務使民情으로無至呼寃케홈이爲宜事라ᄒᆞ얏스니ᄒᆡ大臣의特矜民情은去而益詠이며平理院에셔此訟顚末을詳査ᄒᆞ야內部에照探ᄒᆞ얏스니內部에셔該完文量案을繳銷홀ᄂᆞᆫ지ᄒᆡ僧을祖護홀ᄂᆞᆫ지回覆如何ᄂᆞᆫ姑難預知어니와內部에셔完文量案을成出ᄒᆞ야民有沓을勒奪燒券ᄒᆞ야僧徒에게出給ᄒᆞᆫ之曲直과僧之挾雜은愚夫愚婦라도知之不難인데況判事박有觀氏에剛明公正은衆所共知어ᄂᆞᆯ至于多朔에尙不判決ᄒᆞ니ᄒᆡ僧의權力을或難抑制ᄒᆞ야然홈인지ᄒᆡ승의挾雜을期欲痛懲ᄒᆞ야然홈인지諸判事와裁判長과法律開明ᄒᆞᆫ補佐官이合議公決ᄒᆞᆯ터이니奸僧의寂滅道術이變幻無雙이라ᄒᆞᆫ들開明ᄒᆞᆫ公法을焉得掩蔽ᄒᆞ리오民惟邦本에本固邦寧이라ᄒᆞ얏스니使民無散이可ᄒᆞᆯᄂᆞᆫ지使승助惡이可ᄒᆞᆯᄂᆞᆫ지待其判決ᄒᆞ야自當確知이기玆以廣告

朴尙敏 等 告白

華東學校捐助금如左

主殿院警務官 黃信秀 拾元
警務官 劉永烈 拾元
警務官 김錫煥 拾元
總巡 박承欽 五元
前總巡 리周明 拾元
前參書 千就植 拾元
前五衛將 吳贊奎 廿元
前博士 리鍾직 拾元
前參尉 리章직 五元
김浦郡守 리性직 拾元

華東學校 告白

謹賀新年

昨年中諸君의厚情을感祝ᄒᆞ오니다新年의도諸君의贊成ᄒᆞ시기伏望

日宗生命保險株式會社
한國出張所京城募集係
飯野健次 廣告

本人이陽城郡守鄭泰魯氏에委任을受ᄒᆞ야筆동居林商鎭處에ᄒᆡ郡公錢貳千圓推覓次往見則商鎭之父墉이가其子商鎭은使之隱避ᄒᆞ고出座酬應曰商鎭이不在라ᄒᆞ고又曰商鎭所用은吾所不知라하야釀出施惡ᄒᆞ報之計ᄒᆞ야悖說無數ᄒᆞ고且謄載於公々紙上ᄒᆞ니商鎭出現之日엔其擠用之緊不緊과與受之明不明과林墉之無據施惡은自然綻露ᄒᆞᆯ지니內外國人은照亮홈

鄭達源 告白

洪淳康氏가東署東小門內土橋東邊에織造機을廣張設施ᄒᆞ야稱號를淳昌號라ᄒᆞ고各色綢緞紗屬等을織造發賣ᄒᆞ오니願買人은來臨購買ᄒᆞ시며或所用대로緞과紗等屬을預托ᄒᆞ시면依約施行ᄒᆞ깃삽

淳昌號 告白

廣告

越南亡國史 國漢文 新刊

定價貳拾伍錢

發賣所 京城廣橋高裕相冊肆
鏡南端川郡萬時夏
布屛下 김相萬 書舖

◎特別廣告

坡山書院享需田土가在於沃溝郡白石堤이온ᄃᆡ不意新昌居成昌ᄒᆞᆫ(或稱達ᄒᆞᆫ)素以悖類로僞造量案ᄒᆞ야欲爲暗典於外人ᄒᆞ니內外國人은切勿見欺ᄒᆞ시오

坡山書院 白告

教員試驗檢定廣告

本部에셔三月四日(陰曆正月二十日)에教員을試驗選取ᄒᆞᆯ터이기ᄉᆞ니凡各種學校에셔卒業ᄒᆞᆫ人이나其他學力이超過ᄒᆞᆫ者가試驗을應코ᄌᆞ하거든二月二十八日(陰曆正月十六日)內로請願書와履歷書를學部로提呈ᄒᆞ고試驗定期日上午十時에本部로來ᄒᆞ야應試ᄒᆞ되科目은如左ᄒᆞᆷ事

必須科 修身 教育 國語 漢文 歷史 地理 數학 理科

隨意科 日語 圖畵 音樂 體操 手工 農業 商業

必須科ᄂᆞᆫ全科를應試ᄒᆞ고隨意科ᄂᆞᆫ必須科外에一科或數科를應시ᄒᆞᆯ事

專科教員及副教員

漢文 圖畵 音樂 體操 手工 農業 商業

專科ᄂᆞᆫ一科或數科를應시ᄒᆞᆯ事

學部

廣告

◎學員募集廣告

本校第三回入學期를現當ᄒᆞ야法律學及經濟學兩專門科學員을玆에募集ᄒᆞ오니願하人은左記試驗定期內에本校用紙로써早速請願ᄒᆞᆯ事

但法律科ᄂᆞᆫ晝학及夜학으로教授ᄒᆞ고經濟科ᄂᆞᆫ夜학으로로教授ᄒᆞᆷ

○修業年限 三학年

○入學年齡 二十歲以上

○學費 法律학全部 經濟학全部 備在本校規則

○試驗日字 三月一日(陰曆丁未正月十七日)

○試驗科目 歷史及地誌問對(內國及外國) 讀書及作文(國文及漢文) 算術(四則以內)

但官公私立학校의普通科以上卒業證書가有ᄒᆞᆫ人은其학力을檢定ᄒᆞᆫ後免試許入ᄒᆞᆷ

○開學日字 三月五日(陰曆正月二十壹日)

光武十一年一月十五日

中署磚洞 普成專門學校 白告

西署新門外鍮동百八十六統三戶
法律事務所
辯護士前檢事正三品 丁明燮
事務員前主事吳在淳

湖南鐵道株式會社廣告

本社事務를一層擴張ᄒᆞ기爲ᄒᆞ야事務所ᄂᆞᆫ大廣橋川邊前紙廛小都家로本月六日에移接ᄒᆞ고社長以下整理委員을選定ᄒᆞ고玆에左開ᄒᆞ야廣告ᄒᆞ오니株主에應募ᄒᆞ실有志僉君子ᄂᆞᆫ陸續來議ᄒᆞ심을爲望

社長 金基永
總務部長 成文永
整理委員 尹晶錫
白完혁 趙鎭泰 趙秉澤
鄭東植 孫錫基 孟덕敏
朴泓일 鄭斗煥 白寅基
한相龍 趙彰漢
等 告白

●特別廣告●

敬啓者ᄂᆞᆫ南署會賢坊會동八十九統二戶地鄭寅猷氏에所有ᄒᆞ얏든瓦家一百三十八間(卽一千坪量)을本月十八日(陰正月初六日)上午十時에將行公拍ᄒᆞ깃삽기玆에廣告ᄒᆞ오니內外國紳士ᄂᆞᆫ伊日伊에會동本家로光臨公買ᄒᆞ심을千萬伏望ᄒᆞ옵

但價金은新貨로計算ᄒᆞ야公買ᄒᆞᆫ지三日內에收捧ᄒᆞᆯ터이오며本家內에居住人等은二十日內에移去케ᄒᆞᆯ터이오니照亮ᄒᆞ신後誰某시든지本家ᄃᆡ를觀察코져ᄒᆞ시ᄂᆞᆫ이ᄂᆞᆫ何時든지來臨觀覽ᄒᆞ시옵

鄭寅猷 代理人 鄭진朝 告白

本人이齒科諸具를整備ᄒᆞ야ᄒᆞᆫ人의게應用케ᄒᆞ며視務時間은午前九時브터午后一時ᄭᆞ지午后一時브터午后五時ᄭᆞ지夜間에ᄂᆞᆫ定約ᄃᆡ로

事務所ᄂᆞᆫ南大門內達城위宮內施蘭敎醫師後家

美國齒醫師 ᄯᅴ、이、한 告白

一月三十日下午二時量에本港商民金仲善으로爲商民代表ᄒᆞ고鄭雲龍氏等이率衆民百餘ᄒᆞ고名稱質問於參書朴星煥ᄒᆞ고直入府庭ᄒᆞ야其目的은參書가文致明羅炳弘訟案에對ᄒᆞ야受賂勒供에使曖昧文哥로嚴囚受刑則民不可支保라ᄒᆞ야喧詰之場에參書答曰吾無受賂라金仲善曰若然則文致明之請單한社辭意에証據가확實이거ᄂᆞᆯ何不受賂云耶아參書大怒曰汝何質問고都是沒滋味라ᄒᆞ니衆民이벽掌齊聲之際에有梁成律이曰公同裁判之場에有何官民之分義리요在地質問이不可라ᄒᆞ고一齊上堂ᄒᆞᆫ즉衆民曰可라ᄒᆞᆫ즉參書가大呼逆賊ᄒᆞᆫ즉衆民이尤爲肆惡ᄒᆞ야言往言來之際에文致明之請單于會社一件을見ᄒᆞ라投入故로見ᄒᆞᆫ즉其辭意에以曖미事受刑에笞가七十度오背笞가爲百餘度오脚笞가爲百餘度가皆是抑寃이란辭意에參書之到任未幾에濫刑行賂에法官之不法을何不說乎아大會商民ᄒᆞ야當質問于法官일事見畢에衆民曰汝何納賂濫刑고ᄒᆞ고又質問曰爲敬三은何故로濫刑捉囚오參書答曰吾ᄂᆞᆫ爲之前後文軸則犯於刑事故로至於此라ᄒᆞ고時已暮에衆氏이退去矣러니參書曰金仲善無許突入法庭에有律文이라ᄒᆞ야即捉致金仲善梁成律施刑之際에衆民三百餘名이擁立府庭ᄒᆞ야辱說呼聲에精神이眩暗ᄒᆞᆫ時에金仲善曰如此裁判所ᄂᆞᆫ放火可也라ᄒᆞᆫ즉衆民이벽掌제聲에未得行笞ᄒᆞ고更以納賂事로相質에會社書記가聽此一片書ᄒᆞ라ᄒᆞ고낭讀辭意에文致明在囚時에吾往見參書私邸ᄒᆞ고問之則叅書答曰羅民은用賂ᄒᆞ야사니文民은未免終身役이나文民이更用賂幾百元則可以翻訟에無事妥貼爲言故로出言文之書記則書記가往言文之父ᄒᆞ니文之父가爲其子命ᄒᆞ야僅판幾百元ᄒᆞ야親給參書之事를確知어ᄂᆞᆯ豈曰無此等事云耶아參書默默無言矣러니文昌義曰참書가都是年淺昧事ᄒᆞ니更不爲此等事爲ᄒᆞ라ᄒᆞ고揮衆出去러니文昌義ᄂᆞᆫ文致明家留食呼宗人也라其夜에暗請김仲善及數人與참書ᄒᆞ야相爲더罷ᄒᆞ고即往料理店ᄒᆞᆫ즉참書大喜樂從에大醉發歌용舞ᄒᆞ고翌日에참書請來김仲善ᄒᆞ야曰自此後로ᄂᆞᆫ每事相議云而使김仲善으로差出港內民長ᄒᆞ야符同挾雜ᄒᆞ기玆以廣告홈

忠淸北道槐山居朴成辰告白

章陵參奉金珍衡의珍字을鎭字로未知何許雜類가偷名暗改ᄒᆞᆫ故로更以珍字로正誤홈

章陵參奉金珍衡 告白

◎本社廣告

○申報價

一張代金 新貨二錢五里
一個月前納 三十錢
三個月 九十錢
六個月 一元七十錢
一個年 三元四十錢
郵稅一部 新貨五里
一箇月 十三錢

○廣告料

四号活字十三字詰
每日每英尺一寸에新貨廿五錢
(每日每行六錢에相當ᄒᆞᆷ)
一週日에 二圓五十戔
(每日每行四戔五里에相當ᄒᆞᆷ)
一箇月에 五圓
(每日每日四錢一里에相當ᄒᆞᆷ)
其期限의長短과字行의多寡를依ᄒᆞ야增減ᄒᆞᆷ이有ᄒᆞᆷ

●大한每日申報各處支社廣告

中署布屛門下 김相萬冊肆
中署農圃初入七拾八統第二號 鄭禹澤
平壤上水口門內 김浩淵
仝 최叙恒
仁川杻峴開新冊肆 리東皓
宣川邑橋西里 安濬
義州西門外한西 大藥局
釜山港佐川 徐藥局
三和港築洞 김仁집
咸興朱南社西門外 曹喜林
開城培學校 姜助遠
大邱達城 廣文社
載寧邑濟衆院 鄭夢澤
鐵山邑東部 安圭
元山支店 劉七錫
定州南門內 洪聖麟
京城興仁門外영楓亭 리建稣
海州南門內書舖 朴昌鎭

發行兼編輯人 英國人비說
發行所 南署石井洞號外地三層洋屋家
大韓每日申報社

第五卷　大韓每日申報 대한매일신보　第四百四十一號

月曜及慶節 歲時日休刊

檀君開國四千二百四十年
箕子元年三千二十九年
大韓開國五百十六年
日本明治四十年
淸國光緒三十三年
◉陰曆丁未正月小初五日丁酉

舊曆新年의祝詞

本日은大韓光武十一年舊曆丁未元月第五日이라自本月一日로男男女女와老老幼幼가新衣服과新冠履로互相往來에迎新候問이津津不已라官人을對ᄒᆞ면高官大爵을祝賀ᄒᆞ며農과工과商賈의實業人을對ᄒᆞ면饒財巨富를祝賀ᄒᆞ며或身躰康健을祝賀ᄒᆞ며或子孫昌盛을祝賀ᄒᆞ니此ᄂᆞᆫ人生之所願이오同胞之至情이라乃其一般社會上에前所未有ᄒᆞᆫ祝賀가有ᄒᆞ니日今年은獨立國民이되야自由生活을得ᄒᆞ얏다ᄒᆞᆷ이是라以此觀之ᄒᆞ면目下韓人의遭値ᄒᆞᆫ境遇가何如ᄒᆞ며希望ᄒᆞᄂᆞᆫ思想이何如ᄒᆞᆫ것을可以惻然商度ᄒᆞ리로다大抵普天之下大陸之上에同一邦國과同一人民으로原來何國의獨立權이無ᄒᆞ며何人의自由權이無ᄒᆞ리오明明ᄒᆞ신上天이至公無私ᄒᆞ사何許邦國이며何許人民이던지獨立과自由의權能을均一히賦與ᄒᆞ셧거날今에大韓國家ᄂᆞᆫ何故로獨立權을不保ᄒᆞ며大韓人民은何故로自由權을全失ᄒᆞ얏ᄂᆞ뇨其隊失ᄒᆞᆫ所以를反省ᄒᆞ면其恢復ᄒᆞᆯ方針이必生ᄒᆞᆯ지라

譬ᄒᆞᆫ건ᄃᆡ一父母의衆子孫이有ᄒᆞ야生育恩德을同得ᄒᆞ며付與ᄒᆞᆫ產業을均霑ᄒᆞ얏스나能히德行을罔愆ᄒᆞ야門戶를光榮케ᄒᆞ며職業을無怠ᄒᆞ야箕子을保有ᄒᆞᄂᆞᆫ者ᄂᆞᆫ肖子라爲ᄒᆞ깃고持身不謹ᄒᆞ야陷於不義하고游乎怠惰ᄒᆞ야失其世業者ᄂᆞᆫ不肖子라謂ᄒᆞᆯ지니今에大韓國民도天賦ᄒᆞ신權能을稟受ᄒᆞ기ᄂᆞᆫ他人과一也어날乃其獨立과自由의權을不能保守ᄒᆞ엿스니엇지上天의罪人이아니라謂ᄒᆞ리오苟其良心과彝性이有ᄒᆞᆫ者면또엇지痛自悔責ᄒᆞ고勇於遷改ᄒᆞ야自求多福을不爲ᄒᆞ리오

今其所失ᄒᆞᆫ所以를言ᄒᆞ면一曰愚昧ᄒᆞ야知識不明ᄒᆞ며一曰怠惰ᄒᆞ야職業을不勉ᄒᆞ며一曰民氣가疲劣ᄒᆞ야勇往을不能ᄒᆞ며一曰衆心이渙散ᄒᆞ야團體가不成ᄒᆞᆫ緣故라加之政教가陵夷ᄒᆞ고風俗이汚濁ᄒᆞ야無論上下ᄒᆞ고但其私利를徒貪에公益을不圖ᄒᆞ며私權을是爭에民國을全忘ᄒᆞ야自相侵奪ᄒᆞ고自相殘害ᄒᆞ야精神이不存ᄒᆞ고血脈이不通ᄒᆞ야其人焉一箇動物과如ᄒᆞ고其國焉一箇肉塊와如ᄒᆞ니엇지他人의踐躪과呑噬를免ᄒᆞ리오雖然이나往者ᄂᆞᆫ不諫이오來者를可追라大韓은原來文明國이니山川이淸秀ᄒᆞ고人心이淳厚ᄒᆞ야固有ᄒᆞᆫ美質은較諸他邦ᄒᆞ면實有過之오無不及也라但其閉鎖許久에習慣이固陋ᄒᆞ야時局의變遷을不知ᄒᆞ고舊來規模에自足自逸ᄒᆞᆫ所致라

卽自今日로惕然改圖ᄒᆞ고奮然向前ᄒᆞ야學問을勉勵ᄒᆞ야知識을開發ᄒᆞ며作業을勸孜ᄒᆞ야殖產을務圖ᄒᆞ며百折不撓ᄒᆞᄂᆞᆫ勇氣를振作ᄒᆞ며一心忠愛ᄒᆞᄂᆞᆫ團體를固結ᄒᆞ고從前鄙陋ᄒᆞᆫ思想과薄惡ᄒᆞᆫ行爲ᄂᆞᆫ一切抛却ᄒᆞ고新時代에新精神과新氣力이活潑進就ᄒᆞ면上天의眷佑를蒙受ᄒᆞ며世界의同情을獲得ᄒᆞ야獨立權과自由權을不遠而復ᄒᆞᆯ지라新年祝賀가空言에不歸ᄒᆞ고實效를可覩니勉哉勉哉어다

官報

◉三千六百八十七號　光武十一年二月十二日

◉宮廷錄事

宮內府特進官李正爲言事疏
批旨省疏具悉疏辭令掌禮院稟處
宮內府特進金炳翊辭職疏
批旨省疏具悉所辭中特進之任依施

◉敍任及辭令

奉常司提調徐肯淳
命宮內府特進官
主殿院경李基東
命奉常司提調
命主殿院卿　秘書監丞丕南升
智陵參奉리鍾善
淑陵參奉洪淳丕
依願免本官
任智陵參奉　九品한河用
任淑陵參奉　九品장형根
숭德殿參奉朴基汶
依願免本官
任崇德殿參奉　九品朴文益
肇慶廟參奉嚴柱運
慶基殿參奉梁在球
奉常司副提調丕鎭설
義陵參奉리鍾설
純陵參奉리暎善
東明王陵參奉尹應善
孝昌園參奉徐明순
牙山郡守리冕永
寶城郡守윤錫祺
延安郡守리容九
懷仁郡守洪祐純
依願免本官
任肇慶廟參奉　九品丕在元
任慶基殿參奉　九品김學奎
侍講院詹事丕漢國
命宮內府特進官
太醫院卿민泳인
命侍講院詹事
宮內府特進官리源逸
命太醫院卿
命秘書監丞[illegible]殿院卿　丕南升
正三品金憲[illegible]
任奉常司副提調
任義陵參奉　김斗箕
任純陵參奉　한何치
任東明王陵參奉　文喆漢
任孝昌園參奉　朴昌순
裕康園參奉리辰應
主殿院主事리基紹
依願免本官
任裕康園參奉　한永洙
掌禮院掌樂課主事김準植
任主殿院主事
六品리基紹
任掌禮院掌樂課主事

◉三千六百八十八號　光武十一年二月十三日

◉宮廷錄事

宮內府特進官리鳳儀辭職疏
批旨省疏具悉所請依施
宮內府特進官申泰寬辭職疏
批旨省疏具悉所請依施

◉敍任及辭令

依願免本官　和능參奉김成昌
任和陵參奉　九品리輪善
義陵令黃郁면　숭능令徐相斗
依願免本官
任義능令　六品장箕龍
任숭능令　六品최昌耉
義능參奉김斗箕
純능參奉한何치
孝昌園參奉朴昌순
東明王능參奉文喆漢
懿능參奉리八應
依願免本官
未完

外報

●日打洋人　퓰텨발通信을據ᄒᆞᆫ則該地에셔鐵道의勞働ᄒᆞᄂᆞᆫ日人四十名이西洋勞働者一名을歐打ᄒᆞ얏ᄂᆞᆫᄃᆡ卽時巡檢이出張ᄒᆞ야其中十五名日人을捉去ᄒᆞ얏ᄂᆞᆫᄃᆡ學校問題로感情이된것이라더라

●俄淸談판　北京電을據ᄒᆞᆫ則淸國에셔陰曆正月末에俄淸談판을開始ᄒᆞ기로內定ᄒᆞ얏ᄂᆞᆫᄃᆡ唐紹儀氏로談판케ᄒᆞ고慶親王那桐子鴻儀三氏로裁決케ᄒᆞᆫ다더라

●戰艦提議　伊太利政府에셔今後三年間一萬六千噸되ᄂᆞᆫ砲塔戰艦四隻을製造ᄒᆞ기로提議ᄒᆞ얏다더라

雜報

●冠禮定期 英親王殿下冠禮吉日를陰正月念後로擇定ᄒ신다더라

●英王夫人揀擇 英親王夫人揀擇을令掌禮院으로擧行ᄒ라ᄒ옵셧다더라

●春察運動 前府尹崔錫肇氏가江原觀察使를運動中이라더라

●甚於內協 漢城府尹이近日에現闕되미北村老論兩班들이奔競이益甚ᄒ야倍勝於向日內協運動이라더라

●宴日人 昨日下午一時에度支大臣閔泳綺氏가日本人을請邀宴待ᄒ얏다더라

●賞金停止 公錢을限內에淸帳ᄒ郡守를賞金을給與ᄒ다는說은已爲報道ᄒ얏거니와更聞ᄒ즉賞金을政府에經議決定ᄒ얏는디度支顧問室에서應諾지아니ᄒ야已爲停止ᄒ얏다더라

●附屬經院 各능園沓土와各宮庄土를調查ᄒ後에經理院으로付屬ᄒ다더라

●下賜勳章 皇太子殿下씌셔叙鳳大授勳章을 下賜ᄒ옵셧다더라

●仍任運動 開城警務署總巡鄭某가日警部某氏로民事를無不相關ᄒ야民怨이狼藉ᄒ故로警務廳에서總巡박致宇씨로相換ᄒ얏는디鄭氏가終不上京ᄒ고仍任ᄒ기를運動ᄒ다더라

●不用卒業 內相李址鎔氏가某氏를對하여日本에前往ᄒ야所謂卒業生이라稱ᄒ는者들이對人酬酌에無尊卑躰例ᄒ고雖大官의게라도抗拒無禮ᄒ야豈無可堪之才ᄒ니毋論誰某이든지外國卒業生은更不收用이라ᄒ얏다더라

●國民開會 國民教育會에서依例히日曜日이면辯士를請邀ᄒ야教育上必要ᄒ演說노一般國民의智識을開導ᄒ는대來日曜日은停會ᄒ고來二十四日(陰正月十二日)에開會ᄒ다더라

●賞罰不明 近日地方郡最에下等郡守를或內職으로轉任ᄒ며或依願免本官도ᄒ니前古所無之事쁜더러政府에서躰例를損傷ᄒ이라고壹般輿論이沸騰ᄒ다더라

●權氏發行 內部警務課長權鳳洙氏가咸北軍用地를調查ᄒ次로本日京義線路로發往ᄒ다더라

●試取學徒 昨日에警務廳에셔警務學徒를試取ᄒ얏다더라

●新年剃髮 忠北觀察使尹吉炳氏가管下各郡守를對ᄒ야日陰曆歲初부터는一제히剃髮ᄒ고來見ᄒ라고勸告ᄒ얏다더라

●官人仕進 各府部院廳一般官吏들이陰曆歲初에休暇停務ᄒ얏더니昨日부터一齊히仕進視務ᄒ다더라

●訟必印紙 各地方訟民의게도印紙放賣ᄒ라는部訓道飭이切嚴ᄒ故로詞訟間貧寒ᄒ村民들이怨聲이狼藉ᄒ다더라

●僞造紙貨 日本京都市二條馬場居鈴木爲名者가한國事情을慣通ᄒ日人小林과川口兩人으로同謀ᄒ야自己는畵工雕刻ᄒ는術法이能通ᄒ으로昨年八月에自己家二層樓上에機械를藏置ᄒ고한國에셔使用ᄒ는第一銀行券五圜十圜兩種紙貨를僞造ᄒ야小林川口兩人을大坂神戶等地에委送ᄒ야淸한兩國人의게使用ᄒ事가綻露ᄒ야京都警察署에被捉ᄒ야僞造紙貨를沒數押收ᄒ얏는디其間使用額이三萬圜以上이라더라

●晋守視務 晋州郡吏擾事는前報에揭載ᄒ얏거니와近日則官屬輩十七名이擧行ᄒ는故로該郡守林炳恆氏가郡務에着手ᄒ얏다더라

●賊奪軍器 南原郡에出駐ᄒ光州隊兵丁이一百名인디賊黨數百名이突入ᄒ야前日留置洋銃並ᄒ야二百柄을掠奪ᄒ고該隊尉官一人이重傷ᄒ얏다고日昨夜軍部에電報가到達ᄒ얏다더라

●賊漢被捉 陰曆十二月望間에沃川郡赤嶺里居金應濟金觀煥家에强盜十餘名이放銃突入衝火ᄒ야租五十餘石을沒燒ᄒ고該賊이且往北上里민士有家ᄒ야拔劍威脅에一萬兩於音을二十五日出給之意로勒討以去ᄒ얏는디自該面으로本郡守의게報告ᄒ야巡檢과砲軍을一齊히派送到ᄒ야永同郡東面揷峙下에셔히賊黨을捕縛ᄒ야忠州府에押上牢囚ᄒ얏다더라

●令人落淚 義兵事로滯囚ᄒ閔宗植氏家下人의所傳을得聞ᄒ즉히氏의夫人李氏가一介女下人을領率ᄒ고相思동等地某人家협戶一間을借得住接ᄒ야獄飯을供괴ᄒ는디민氏의平日所着ᄒ던衣服과自己新婚時衣服等件을沒數放賣ᄒ얏시나俗所謂錦衣一食이라供飯이無路ᄒ야勞心盡力ᄒ는情境은不忍目擊이라ᄒ며閔氏家如干秋收ᄒ는田庄이公州定安面等地에在ᄒ디昨年秋收를日人이沒數收去ᄒ얏고家產什物도沒數搜去ᄒ얏는디夫人李氏가獄飯은求乞供進ᄒ다가竭力自盡ᄒ地境인디閔氏宗族間富饒ᄒ家에는一不往見이라ᄒ다더라

●大同設會 北米大한大同教育會趣志書と業已本報에記載ᄒ얏거니와此會는本來我한同胞가米國에住在ᄒ諸氏가該會를組織ᄒ고大同公報를發刊ᄒ야靑年男女를運輸留學케ᄒ고內外情形을互相通涉케ᄒ意로米國에留在ᄒ會員이三百餘人인디近日內地에서도京鄕間有志者들이同會를內地에도組織ᄒ야氣脉을相通ᄒ며教育을振興케ᄒ라ᄒ얏더라

●書記請聘 仁港米商會社에서有志靑年을募集ᄒ야商用簿記專門을講習ᄒ야今已卒業ᄒ얏는디實地에試用코ᄌᄒ야京鄕各銀行及會社에서複式簿記ᄒ書記를請聘ᄒ다더라

●總巡折腰 鏡城觀察府總巡리觀白氏은鏡城警務署權任으로行公ᄒ다가不過數月에總巡을陞差ᄒ얏는디此人이경務章程은姑舍ᄒ고魚魯不辨之人으로依勢於駐在경視廳ᄒ고公私間挾雜으로爲主ᄒ기로咸北十一郡官民間이欲食其肉이久矣러니去臘月分에此人이出來於吉州郡ᄒ야甲午以後鄕校賣任ᄒ거슬查實ᄒ다ᄒ고校奴三名과首書記를捉致ᄒ야五十度式重杖ᄒ야吉州分署에牢囚ᄒ고明川居前郡守리鍾漢氏을無罪히捉致ᄒ야結縛亂杖에幾至死境故로一洞人民이會集ᄒ야리郡守를奪去ᄒ고總巡리觀白을無數亂杖ᄒ야折腰된故로至今吉州郡에서治療ᄒ나命在朝夕이라니惡者可殺은理所當然이거놀緣於此事ᄒ야鏡城경務署에서巡檢五名과日巡查三名을派送ᄒ야吉明兩郡은如逢亂離라ᄒ고北來人의傳說이有ᄒ더라

●宋씨義捐 釜港學校任員宋運用써가留日二十一학生斷指同盟事의對ᄒ야義捐ᄒ公函이如左ᄒ니日本의留학生中某某諸씨는夷險一節이卓爾不群ᄒ야爲家國顧名義ᄒ고以二十一指之血노感二千萬人之心하니言念及此의嗚呼且偉라僕은十有年前新學問學校未備之時의就學於釜港日本학校하야外國言與文을略于研究者而至今則諸多私累와微末公任으로躬難修업하고遽遵學年이라恨之奈何오使제子姪로競寸習時ᄒ되但以力不섬으로姑未遂多般有誠之事ᄒ니恒庸愧然ᄒ지라玆者留학生제씨의瀝血同盟을中心慕仰이나無以효答허와祇將拾圜新貨로赧表微衷이라ᄒ얏더라

●漢校盛況 漢南學校는昨年陰正月初三日에內部前協판金重煥氏가漢江有志諸氏를勸起發起ᄒ얏는디一週年間에헝校進就는世人이皆知ᄒ는바어니와日昨金曜日에諸學徒들이一齊히金重煥氏家에來到ᄒ야發起紀念을賛祝ᄒ얏다더라

▲新 年 新 作▼

△屠蘇一盃에俯仰宇宙ᄒ니空氣가益明ᄒ야萬象이俱新ᄒ되現今政府는斆治를刷新ᄒ는지

△郡守叅本이次第在前ᄒ니人物을權衡ᄒ야執政이有誰오金神이尙强ᄒ야暮夜暗行ᄒ나天知神知에何謂無知리오

△書籍은國民의利益을開導ᄒ기爲ᄒ야刊行ᄒ는것인디反히貪虐官吏의牟利件이된지라學邊觀察申泰休氏의冊價行世가可觀이로고

△學部는全國教育을主管ᄒ는責任인디李完用氏는教育에對ᄒ야全不注意ᄒ뿐더러反히妨害ᄒ는行動이有ᄒ니아마韓國은學部를緣ᄒ야亡ᄒ깃다지

△黃州郡守한澤履氏는今番殿最에居中이되고其子는南中에下去ᄒ얏다가火賊黨에參入ᄒ엿던지果川等地에서別巡檢에게被捉되엿스니禍不單行이로고

△靑陽郡守閔泳恪氏와康령郡守민泳恪氏가今番殿最에居下遞任ᄒ엿시니恪字爲名에居不恪하엿던지兩恪이不吉이로고

△日本九州에서無前大雪이降하얏고한國에는雪花가쪽飛하얏스니天時가變換하야한國에는蕭氣가方生하고日本에는冷氣가漸至로다

雜報

●度시多寃　二月八日에度支部에셔稅務見習生을시取ᄒᆞᄂᆞᆫ데히部局課長이各二人式保薦ᄒᆞ고大臣과協판이各幾人式保薦ᄒᆞ기로內定이되얏ᄂᆞᆫ데及其시日ᄒᆞ야人員數효가八十餘名인데局課長保薦人數가四十名이오大臣과協판이四十餘名을保薦ᄒᆞ얏ᄂᆞᆫ대시驗科目은訓令과告示와筭術과日語로시驗을ᄒᆞᆫ다더니及其시驗之則作文인데稅政刷新之事各人民處랍問題로시取ᄒᆞᄂᆞᆫ데限二時허고諸員이시驗을見ᄒᆞᄂᆞᆫ데先作員은納于시官矣러니少頃에一員主事가入于시驗房ᄒᆞ야公布허되協판長言內에各其面시ᄒᆞᆯ터이니各員이各持作文而入送허라허ᄂᆞᆫ지라諸員等이各帶作文허고入去面시後少頃에各其歸家하야明正午에來到허라허ᄂᆞᆫ지라諸員等이會合議論曰夫시驗者ᄂᆞᆫ大端重大之事인데規則未定中但시作文則文章을求허ᄂᆞᆫ지未知허거니와諸事에履歷과筭術과新學問之有無도不可不시取인데但시顔貌爲主則面시에何事가緊用인지未可知라허더라

◎哭忠正公文　續

墓所祭文

留愚居士晩狂生비淵德以松花餠栢子果再拜痛哭于故에輔國忠正公之葬日嗚呼ㅂ星之昭랑혜公之精耶岳川之방웅혜公之形耶勁爲髓혜貞爲鷹不隨死以云亾天地范廓혜壹粟之眇而可與大古今悠혀혜壹瞬之忙可與長嗟時運之屯塞혜彼强隣之渝盟奸乘釁而逞毒혜乃主辱而邦傾

公於是乎捐身혜碧血淋리以秋霜惟精靈之不昧혜倏來往於四方升太虛而訴上帝혜可以신邦家之命涉大洋而告萬國혜噫東土之人士혜苟皆忠公之忠宜其生靈復蘇國祿再崇顧余愚陋受知門下병彝感激懷憤不舍親制繞闕直走京師吐告腔血

追挽一首

今我來斯雨雪霏々霏風雪是公歸漢南山水藏忠骨將使吾人淚滿衣

是月望日丁丑奠于靈床翼日墓所爲計爲雨所戲乃知寅日不祭越翼日己卯早朝發程午到墓所三告荒詞之際風雪大作精難收拾의伏床石作追挽一首係。詞曰

公之生也事於王事公之死也死於王事公之葬也不還乎王城公之靈想彷황於漢陽雲臺之上矣有何恨於冥々中哉云々小侫開晴日復如初晚後還程歸告靈床

完

●義捐孤兒　리性默氏자慈善的思想으로孤兒院에金貨二圓式自今爲始ᄒᆞ야每個月寄附ᄒᆞᆫ다더라

●砲隊行賍　日昨砲兵隊參尉白南俊氏가兵丁五六名을領率ᄒᆞ고廣州松波津에往來ᄒᆞᄂᆞᆫ데來往問該江運船會社船隻을執乘渡涉ᄒᆞᄂᆞᆫ지라該船規則이大爲公平ᄒᆞ야毋論某人ᄒᆞ고每人一渡에一錢五里式均同受捧ᄒᆞᄂᆞᆫ데該砲隊等은一分도不給空過코져ᄒᆞᄂᆞᆫ지라該社事務員이尉官에게正言曰大江을渡涉에一錢五里船貫가至極歇價여날此亦不給이면人民之營業을剝害홈이라ᄒᆞᆫ즉該尉官等이事務員을毆打ᄒᆞ야衣冠ᄭᆞ지破毀ᄒᆞ고船貰ᄂᆞᆫ不給ᄒᆞ얏다고民怨이藉々ᄒᆞ더라

●處役奪券　全義郡守송병和氏ᄂᆞᆫ日人의게負債가累萬餘兩인데該債를淸帳허기爲ᄒᆞ야首書記와暗做謀計ᄒᆞ야悖類柳致祚爲名人과符同허여壹百六十餘石秋收허ᄂᆞᆫ田土를立案成給ᄒᆞ야上京典執허고柳致祚ᄂᆞᆫ八百兩만給허고該郡守와首書記가分用허기로周旋허다가實跡이綻露허여柳致祚가警務廳에被捉되여役幾年에處허고該郡守의立案문蹟을奪取ᄒᆞ얏다더라

●奇哉金童　元山支社長劉ㄷ錫씨가寄函ᄒᆞ되本港上里金大根氏ᄂᆞᆫ身故ᄒᆞ고夫人최씨가子壽榮을率ᄒᆞ고治家之道와教育上熱心을隣人이皆是稱頌ᄒᆞ며乳子壽榮은年方十一歲에讀書勤工과奉母至孝을人皆愛之러니今二十一日에徒斷指血盟에對ᄒᆞ야涕淚悲憤而誓ᄒᆞ되一進會ᄂᆞᆫ前何心으로募集學徒ᄒᆞ야日本으로留學ᄒᆞ고後何心으로旅費不渡ᄒᆞ니庶幾乎饑死라가將至此景况ᄒᆞ니豈無慨爲가ᄒᆞ더니義金募集文을讀ᄒᆞ고歸家告母하되送舊迎新의衣服收良하ᄂᆞᆫ費金을許給허시면二十壹員의萬壹之助를表허깃노라허니寡母도亦感此意허여二圓紙貨를得ᄒᆞ야ᄂᆞᆫ自題義金表著文을持허고引請交付이옵기로其文을貼連送呈이라ᄒᆞ얏ᄂᆞᆫ데壽榮之義金文이如左허니敢此二圓金으로表著同胞情ᄒᆞ오니倣工乃返國이면脂血復青々일가허옵ᄂᆡ다

發行兼編輯人 英國人 배說
發行所 南署石井洞號外地三層洋屋家
大韓每日申報社

第五卷

大韓每日申報
대한매일신보

第四百四十二號

月曜及慶節歲時日休刊

檀君開國四千二百四十年
箕子元年三千二十九年
大韓開國五百十六年
日本明治四十年
淸國光緒三十三年
◉陰曆丁未正月小初七日己亥

論說

日本과美國

海外電報를接讀컨뒤桑港事件結局에關호야는正當히解決호기에至호기難호도다

日本外務大臣은桑港學校當局者들이日本兒童을격離호기에試圖호는것이適當히決定되고外他爭點이入于論박호야將爲反對호기를熱心主張호느니此는十分合理호거니와不爲眞的혼듯호도다勞動者問題는分明히此爭點에緊要혼擧動인뒤兩便에서此事案을解決홈에至호기를希望호는듯호나勞動者問題는爭點之眞實問題라고云홈이尤爲正當이오許多患難이迫頭혼故로學校에서日本學童을排斥호는事件은只是緊切혼즁노忠告호는것이非不穩當이로다兩政府間에서는此問題를穩和解決코져希望홈이十分明白호나然이나人民間에는平和思想을發顯치아니호니日本勞動者가美國에서排斥을受혼事로美國勞動者가日本에서排斥을受혼境遇를爲호야新條約을取締혼다는거슨可笑혼뿐而已라美國은勞動者도無호거니와此條約은但昇淸人排斥行動을復倡호는意思로다

美國의感情은十分平穩혼지라戰爭之說이紛紜而起호얏스나此兩國間戰爭은全然히此問題以外事件인즉을些少一念이라도亦足以論破호리로다覺오一件이無疑而將至홀지니此는美國人民의게悅納홈이될거시오日人의게는煩惱를胎홀거시라日人은장ᄎ此苦藥을吞耐호야待時而往홀지니戰爭은其無乎ㄴ져然이나彼日人이此苦藥을善爲消化호리라고吾儕는不可謂言이로다

官報

●三千六百八十八號 光武十一年二月十三日

◉敍任及辭令

任義陵參奉 六品李鍾설
任純陵參奉 九品李暎善
任孝昌園參奉 九品徐明淳
任東明王陵參奉 九品尹應善
任懿陵參奉 金宜泰

侍從院侍從金寧鎭
秘書監郞李文求
掌禮院掌禮尹禧永
仝 梁善謨
掌禮院相禮민히泰
主殿院假務課技師李鍾國
仝 金應圭
義親王府典衛林之相
裕康園忠義李鍾默

依願免本官

命宮內府特進官敍勅任官一等 典膳司提調李容泰
命主殿院卿敍勅任官二等 軍部參謀局長梁性煥
命宮內府特進官敍勅任官三等 奉常司提調李範仁
命奉常司提調敍칙任官三等 奉常司長金大鎭
命奉常司長敍칙任官三等 秘書監丞리範喬
命宮內府特進官敍勅任官三等 侍講院副詹事成健호
補軍部參謀局長 憲兵司令官權重奭
任憲兵司令官 陸軍參將閔商호
任秘書監丞敍奏任官三等 正三品리秉赫
任侍講院副詹事敍奏任官一等 從二品南奎熙
任侍從院侍從敍奏任官三等 議政府參書官金宅鎭
任議政府參書官敍奏任官三等 正三品金寧鎭
任秘書監郞敍奏任官四等 六品리載乾
任掌禮院掌禮敍奏任官四等 四品金錫龍 六品리範설
兼任掌禮院相禮 耆老所守直官金駿漢
英親王府典讀윤相鍾
任義親王府典衛敍判任官八級 英親王府典衛姜漢欽
英親王府典讀敍判任官七級
任英親王府典衛敍判任官七級 六品林之相
任懿陵參奉 九品리八應
任裕康園參奉 黃필善

●三千六百八十九號 光武十一年二月十四日

◉敍任及辭令

順昌園參奉韓鼎基
昭慶園參奉리祖承
崇善殿參奉金煥斗

依願免本官

任順昌園參奉 黃珪豪
任昭慶園參奉 金榮俊
任崇善殿參奉 許宗燁

秘書監丞리병赫
秘書監郞리載乾
健元陵參奉徐丙敦
思陵令리麟應
順昌園參奉黃珪豪
昭慶園參奉金榮俊
崇善殿參奉許宗燁

依願免本官

任秘書監丞敍奏任官三等 正三品閔히泰
任비書監郞敍奏任官四等 六品윤柱成
任健元陵參奉 惠능參奉리範筭
任思능令 思陵參奉리載찬
惠능參奉 徐丙轍
任惠능參奉 六品徐丙敦
임順昌園參奉 六品한鼎基
임昭慶園參奉 九品리祖承
임숭善殿參奉 九品金斗煥
依願免本官 敬陵參奉黃彥性
임敬陵參奉 成在源
비書監丞洪在봉 仝 閔히泰
侍講院侍從官金升鎭
敬陵參奉成在源
侍從院侍從한병九
依願免本官
正三品리文求 仝 沈衡澤
임비書監丞敍奏임官三等
임侍講院侍從官敍奏임官四等 懿孝殿祀丞리重麗
임經理院技師서奏임官四等 正三品리起命
임敬陵參奉 九品黃彥性
임懿孝殿祀丞셔判임官三等 義親王府典讀리範圭
임義親王府典讀셔判임官六級 六品金升鎭

外報

●桑港市長의要求 華盛頓電을據혼즉桑港市長슈밋도씨가大統領이萬若日本人으로허여금白人학校에入學홈을許허면同時에他法律을制定호야勞動排斥의條件을具備홈을要求호얏다더라

●鐵路研究會 支那報를據혼즉河南省學界諸人이以爲허되本國鐵路가 前에久ㅣ自판宮으로太半이나外人掌握에入혼지라比來風氣大開호야贖路自판이各省繼起호는뒤猶獨該省이寂然無聞호니若不急議興修호면外人之窺覬와奸商之串賣가隨在可慮라호야同志를相約호야河南鐵路研究會를創立허고職員의擧定과聯合의全체와助款의募集을次第議定허고同鄕各官紳과東西洋에留학諸員의게公函호야판法을妥籌호야利權을挽回허기로혼다더라

●東方曉報 合爾賓報를據혼則該埠의셔白척를用호야東方曉報를發刊허기로股本을招集호고鉛字와機械를運到호야開舘出報혼다더라

雜報

●冠禮吉日擇定 英親王殿下冠禮吉日을陰曆本月二十七日로擇定ᄒ얏다더라

●英王婚期內定 英親王殿下夫人初揀擇은陰曆二月初三日이오再간擇은同月初十日이오三간擇은同月二十二日이오吉禮는三月十六日로內定이되얏다더라

●儀節減一 英親王殿下吉禮都監處所를明禮宮으로定ᄒ다는ᄃ堂上은一堂二堂만差下ᄒ고諸般節次는 皇太子嘉禮時보다三分一을減下ᄒ다더라

●開進暴動 日本國會에셔滿韓方針과統監府預算을多數可決ᄒ얏더니開進黨에셔此可決案을反對ᄒ야暴動이大起ᄒ얏다는電報가日昨에到達ᄒ얏다더라

●兩氏轉任說 漢城判尹은某某氏가運動ᄒ나學務局長金星濬氏가轉任ᄒ고其代에는編輯局長申海永氏가被任ᄒ다는說이有ᄒ더라

●三察內定 中樞院賛議리忠求氏는大丘觀察使를被任ᄒ고寧邊觀察使申泰休氏는京畿觀察使로轉任ᄒ고金珏현氏는寧邊觀察使를被任ᄒ기로內定이되얏다더라

●三씨還임說 近日閭巷風說이一層紛紛ᄒ야漢城判尹은內部협박義秉씨가還임ᄒ고內協은中樞院賛議최錫敏씨가還임ᄒ고地方局長은劉猛씨가還임ᄒ다더라

●海察上京 海州觀察使박彝陽씨가日昨에請由上京ᄒ얏다더라

●便戰嚴禁 昨日警務廳에셔東西南三署와郊各洞임을招致ᄒ야雖兒童이라도所謂便戰이라稱ᄒ고會集ᄒ야弊가有ᄒ면各洞임은難免重罰이라고申飭ᄒ얏다더라

●木民卞電 木浦民人金仲善이가法部에電報ᄒ되檢事박星煥納賂行跡이綻露無餘ᄂ니府尹安基현의所爲오檢事의不食변白事로更次電禀이옵고三次電禀은最初電禀에府尹安基현이가羅丙弘의게受賂一千元의二百元先捧ᄒ事를檢事박星煥의受賂가的確ᄒ옵기茲伏電이라ᄒ얏더라

●亦一異事 平南觀察리始榮씨가歲底를當ᄒ야飢寒之民을救恤ᄒ기爲ᄒ야主事로ᄒ여곰錢米를持ᄒ고城內에巡回ᄒ는ᄃ擧皆有業人民으로桂玉之患이無ᄒ야恤금을不受ᄒ고但老而無子者와夫妻俱老之人의게만恤금을施ᄒ얏다더라

●兩人宜逐 侍從丞南益김寧鎭兩씨가咫尺 天陛에無難出入ᄒ면셔密々히誣奏를되此人則某之子오此人은不可괄視라ᄒ야비書丞과參奉借啣이無日不出ᄒ더니 皇上씌옵셔兩人의譖罔之習을洞察ᄒ스깁寧鎭씨는政府參書로移임ᄒ고丞南益씨도未久逐出ᄒ신다더라

●兩露普洽 今番赦典에江原道裁判所六犯內外已決未決囚中可放者가十三人이오可減者가五人이오平北裁判所六犯內外可放者二人이오可減者가十六人이오平南裁判所六犯外減等者가二人이오海州府裁判所六犯內외可放者가六十九人이오沃溝港裁判所六犯외可減者가一人이라더라

●日奪한校 平壤城內崇英학校를自日本司令部로軍事上必要라藉稱ᄒ고該校학徒를公立小학校로逐送ᄒ고軍用物品을輸入ᄒ더니今者에는日本兒童小학校로仍用ᄒ니日人이한民의家屋을到處强奪이俱係無理之事인ᄃ今此학校를藉稱軍用ᄒ고占奪ᄒ얏다가仍作日人학校ᄒ니無理强奪이胡至此極고ᄒ더라

●聖神感應 平壤耶穌教會中에七歲幼兒가信教主義와時局形便과國家와人民의困難혼情況을慷慨演說ᄒ고三晝夜에寢食을廢却ᄒ니該教會中諸人이皆曰此는聖神感應의所致라ᄒ니大抵精誠所到에神明感應은固然之理니平壤人民의實心信教와熱心進步는實로天地神明의感應이有홈이며한國維新文化는必基礎於此가確然이라ᄒ노라

●稅官有人 南來의傳說을聞혼則昌原稅務官姜몽섭씨는赴任以後로一遵章程ᄒ야確立稅規ᄒ니嚮各郡々民이前郡守의徵收가皆是違法이라ᄒ야同씨의頌聲이藉々ᄒ니同씨는多年海외留학ᄒ야政治思想과財政方針으로財務를處理ᄒ다더라

●還付一笑 三昨日下午八時量에官人某氏가長橋로過去ᄒ는ᄃ何許大官一人이人力車를乘ᄒ고兵丁一名이佩刀後從ᄒ고烟軍一名이前導ᄒ야自泥峴等地로來ᄒ는模인ᄃ左右行人을喝道ᄒ는지라官人某氏가其醜習을可憎ᄒ야故不避步而行ᄒ야該大官이爲誰某를審知코저ᄒ던次에該大官이前軍大리根澤氏의門前에到ᄒ야大門을開鎖ᄒ라혼즉門下人이業已困면中이던지頓無應答之聲인ᄃ該大官인즉即리根澤이也라官人某氏가路上에佇立ᄒ야리根澤氏의行動을察視혼즉히兵丁日何許人이路上에久立ᄒ얏는야ᄒ며逐到ᄒ야上下를熟視ᄒ거놀官人某氏가無語故立혼즉兵丁이官人某氏의剃髮혼樣을察視ᄒ고無語還去혼際에大門을開鎖ᄒ는지라리根澤氏가即入還鎖ᄒ거놀官人某氏가一笑而歸ᄒ얏다더라

●日賊被捉 新義州居柳興善씨家에日人賊漢一名이突入ᄒ야柳씨內外와其父泰根씨를以刀亂刺ᄒ얏는대日人賊漢를히郡理事廳에捉囚ᄒ얏다더라

●豈望賞乎 한國에疏廳을許多히設施ᄒ야一三不成功ᄒ되年前에 皇上陛下씌옵셔俄館에播遷ᄒ실時에忠義之士가會集上疏ᄒ야還御ᄒ셧스니疏廳浮費로緣ᄒ야家舍를放賣ᄒ고風찬露宿ᄒ는人이有ᄒ되尙未酬功ᄒ얏다더라

●妙僧反囚 平北妙香寺에佛養畓을觀察使申泰休氏가屬公於度支라ᄒ고自意賣食에憑藉度支ᄒ는故로來訴於平理院矣러니有勢力혼申氏가何樣運動ᄒ야原告僧을反囚ᄒ얏스나公眼所在에貪名을何免고ᄒ더라

●靑會演說 今日下午七点半에靑年會舘에셔該會工藝科教師宮川總郎氏가化學的變의作用이란問題로演說ᄒ나더라

●墾士賣庄 內部警務局長金彰漢氏가全羅道全州臨陂等地陳荒地開墾ᄒ는事는前報에揭載ᄒ얏거니와開墾ᄒ는所入이屢百萬而인ᄃ臨피郡守의게幾千圓을貸用ᄒ고其他郡守의게도幾千圓을貸用ᄒ고도猶爲不足ᄒ야咸安郡에所在自己田庄을放賣補用ᄒ기로現今願買者를廣求ᄒ다더라

●調查退定 內部경務局課長權鳳洙氏의咸北軍用地調查ᄒ다는說은更聞혼즉鏡城々津等地北進軍建築地를調查혼次로日昨에發向혼다더니現今該北進軍이交遞가되야釜山御用船이無혼故로來三月間에發往調查ᄒ기로退定ᄒ얏다더라

●亦一戰場 再昨日東門外巫女川에셔人民이會集ᄒ야便戰을ᄒ는ᄃ警察課長리憲규씨는六穴砲를佩ᄒ고巡檢八十名과日巡查二十名과南署巡檢三十餘名이洋銃을持ᄒ고東馳西走ᄒ야便戰을禁止ᄒ는ᄃ一小戰場을成ᄒ얏다더라

▲倚劍冷笑▼

△日前自强會演壇에大垣丈夫氏의演說大旨를聞혼즉現今韓國急務를論ᄒ는者曰敎育이急務이니工業이急務이니漁業이急務이니ᄒ나余는以爲ᄒ되政界官人을改良ᄒ는것이第一急務라現在官人을仍置ᄒ고는敎育도흘슈업고實業도獎勵흘슈업다ᄒ엿시니果是格言至論이오

△近日京鄕富客의郡守運動ᄒ는黃金이리範喬氏手中으로輻湊혼다니該氏는某大臣에게權力을專恃ᄒ고國內片錢을無遺ᄒ니前日松京불가살이가또생겻고

△內部一판은豪傑男子가風雨곳치모여들어群舌이紛々ᄒ야該大臣을놀내셔賣官納賂ᄒ는場市가되엿시니韓國에는內部가읍는貌樣이로고

△日本留二十一學生의斷指同盟事를徐午淳氏와리泰樹氏가效빈ᄒ엿스나擧世가不信ᄒ야徐午淳氏는頭를剃ᄒ여야血誠을表홀것시오리泰樹氏는臂를斷ᄒ여야誠意를表홀이로다

△各地方의警務官과總巡을派送ᄒ면怙勢作弊ᄒ야人民이難保ᄒ니該督官은個々히有權力혼政府大臣에妾男인즉妾男이니면사름이읍는지

△平北觀察申泰休氏가某大臣을對ᄒ여日觀察로在任ᄒ면各大臣에請簡이아니ᄒ여도ᄒ다가無顔을當ᄒ엿시니自己觀察使治蹟은아니ᄒ고지안케ᄒ얏는지

雜報

●婦人義捐　洪鳳鉉氏의夫人鄭松貞氏가本社에寄函이如左ᄒᆞ니

伏啓者ᄂᆞᆫ全國의同胞라謂ᄒᆞᆷ은男女를通稱ᄒᆞᆷ인즉同胞를爲ᄒᆞ야出義ᄒᆞᄂᆞᆫ地에엇지男子만專管ᄒᆞ고女子ᄂᆞᆫ含默ᄒᆞ리요噫라日本留學ᄒᆞ시ᄂᆞᆫ二十一員의斷指同盟事ᄂᆞᆫ今古에初聞ᄒᆞ얏ᄉᆞᆫ즉其同胞된切情에驚惜ᄒᆞᆷ이何辭로譬ᄒᆞ리요貴社로셔發義收金ᄒᆞ시와期欲勉學ᄒᆞ시며全國僉位男公이各其義憤으로隨力添助ᄒᆞ얏ᄉᆞᆫ즉女子의寸腸인들激發ᄒᆞᆷ이豈無ᄒᆞ리오本人이年今十九에文字를粗解ᄒᆞ얏더니女學校에入參ᄒᆞ야內外國書籍을講習ᄒᆞ옵게學費義捐에더옥感厲ᄒᆞ와子銀壹圜을冒略貢呈ᄒᆞ오니諒納傳致ᄒᆞ오셔同胞兄妹의至誼를表ᄒᆞ시기를千萬敬祝

●永昌學校趣旨書

夫學校者ᄂᆞᆫ薰陶之門이오富强之礎라古昔聖王이培養元氣ᄒᆞᆫᄃᆡ家有塾黨有庠術有序國有學ᄒᆞ야正心修身과齊家治國의道로人民을敎授ᄒᆞ더니至于叔季ᄒᆞ야務之々術이稍々變易ᄒᆞ니曰詩賦八股之文과狗曲蛙鳴之하이剽竊模倣ᄒᆞ고杜撰無稽之說과汗牛充棟之書가舉多荒誕ᄒᆞ야塗人慧두ᄒᆞ니滔々一世가浸々然入於黑々乾坤矣라可勝歎哉아乃自通商으로維新學術이優勝劣敗ᄒᆞ며天演公例가競爭生存ᄒᆞ니際此時代ᄒᆞ야我韓同포ᄂᆞᆫ奚獨泥膠於舊日학規哉아京鄕坊曲에維新학校을然奮興이러니의敷松陽에有十七同志家ᄒᆞ야熱心於敎育ᄒᆞ고着肚於愛國ᄒᆞ여竭力鳩財에創一학堂ᄒᆞ니名曰永昌이라歷史筭術과地誌象셔ᄒᆞ고淑氣雲蒸이라自此松京에頑愚之俗이漸歸文明ᄒᆞ고榛비之風이咸臻發達ᄒᆞ리니顧此학校ᄂᆞᆫ眞昏夜警鐘이오迷津慈筏이라寧不美哉아伏願同志僉尊은贊成本校ᄒᆞ사薰陶我青年ᄒᆞ며鞏固我基礎ᄒᆞ고富强我國權ᄒᆞ며永창我國運케ᄒᆞ심이實本校趣旨也夫ㄴ져

●夫人寄函　리夫人온卽리俊氏의夫人이라日本二十一留學生에게寄函ᄒᆞᆷ이如左ᄒᆞ니

본인은ᄃᆡ한국니천만동포중일기미천ᄒᆞᆫ녀ᄌᆞ라학식도업고집안셩이의골몰ᄒᆞᆫ가온ᄃᆡ야세ᄉᆞᆼ을불변ᄒᆞ오나다만제국신문ᄒᆞᆫ미일모물인ᄒᆞ야일전본신문ᄉᆞᆼ에기재ᄒᆞᆫ바일본동경에유학ᄒᆞ신ᄂᆞᆫ일진회파견ᄒᆞᆫ학원니십일인니학비업ᄉᆞ무로감독부에와셔익락ᄒᆞ얏다ᄒᆞ고인ᄒᆞ야열려분이단지ᄒᆞᆫ혈셔ᄂᆞᆫ목격득달ᄒᆞ기ᄂᆞᆫ동맹ᄒᆞᆫ셔면만삼ᄒᆞ보오니본인이비록녀ᄌᆞ나외국ᄒᆞᆫᄂᆞᆫ마음으로착혈누ᄂᆞᆫ금치못ᄒᆞ다가도로케셩각ᄒᆞ니여러분을닌피실ᄒᆞ게되엿스니엇지감화치아니리요일변슬푸고일변깃분마음으로쟈전니십일환을보ᄂᆡ오니여러분ᄭᅴ셔칙ᄒᆞᆫ권식이라도ᄉᆞ보시고더옥열심ᄒᆞ시와국권회복ᄒᆞᆯ목적을득달ᄒᆞ압시기를쳔만복망ᄒᆞ압나니다

●僧亦挾雜　寧邊郡妙香寺僧普峯爲名人이自稱히寺頭目ᄒᆞ고身着洋服에出入該郡公堂ᄒᆞ야無憚吸烟ᄒᆞ고힘山歷百年禁養松木을放賣ᄒᆞ여憑籍日踏학校를設立ᄒᆞ고境內各寺刹에학徒一名에每朔三十元式勒捧ᄒᆞᄂᆞᆫ故로該僧을警務廳에셔捉囚ᄒᆞ얏다더라

●箕校盛況　平壤箕明學校ᄂᆞᆫ天主教會中設立인ᄃᆡ一般任員이教務에熱心ᄒᆞ고學徒父兄과他人ᄭᆞ지千金을不惜ᄒᆞ고校費를義助ᄒᆞ야校況이漸進興旺ᄒᆞ고晝夜科八十餘人學徒도勤實修業ᄒᆞ야日昨第一學年試驗에進級生이晝學科甲班에최岐鳳李文俊金相현玄學昇리炳崋全樂壽鄭경哲최鳳周鄭完勉癸秉克玄信호요乙班에全學壽리長孫張斗淳리炳薰姜鎭秀池氷奎都保祿金亨吉金觀洽諸人인ᄃᆡ其施賞日에來賓과各ᄊᆡ徒父兄ᄭᅴ付與ᄒᆞᆫ賞品이七十餘圜價値에達ᄒᆞ얏고觀察使리始榮氏와郡守白樂均氏도優厚施賞ᄒᆞ고勸奬ᄒᆞ얏다더라

●溢稅例事　창原府윤리긔씨ᄂᆞᆫ 勅令도奉치아니ᄒᆞᄂᆞᆫ지結鑛을每結에新貨十二元式收捧ᄒᆞ라신 勅令이稅務章程內에熄々昭載이거ᄂᆞᆯ府尹은每結頭에葉八千枚라고만民間에傳令ᄒᆞ여一朔內에督捧ᄒᆞᆫ錢이엽二拾餘萬兩인ᄃᆡ拾二元稅로計ᄒᆞᆫ즉加捧濫食이八千餘元이니此ᄂᆞᆫ官私를詐欺ᄒᆞ야得財ᄒᆞᆫ거시라郡民리相詰等이八千餘元을還給民間ᄒᆞ라고數次請願ᄒᆞᆫ즉相詰等十餘人을警署에捉囚ᄒᆞ고猛杖大喝曰汝ᄂᆞᆫ亂民이라當以亂律로照ᄒᆞ깃다ᄒᆞ니民皆畏伏ᄒᆞ여怨聲이漲天이라더라

●熱心贊成　平安北道渭川府兪魚允迪씨가학校를設立ᄒᆞᄂᆞᆫᄃᆡ該邑楊下面立岩里에立成ᄒᆞᆫ校를創設ᄒᆞᆷ의民心이團和共立ᄒᆞ야一體贊成ᄒᆞᆷᄋᆡ校費의艱乏ᄒᆞᆷ을爲ᄒᆞ야魚允迪씨가依訓飭ᄒᆞ야該里淫祀廟物을학교의劃付ᄒᆞ야生徒의教育을興旺케ᄒᆞᆫ다더라

●達城失火　本月十三日午後一時에大子東門外에셔失火ᄒᆞ야五十八戶가延燒ᄒᆞ얏다더라

●학員日增　水原水北面栢峰居前參奉徐相天씨가教育上에熱心ᄒᆞ야特히資本금을捐出ᄒᆞ야近동靑年子弟를聚集ᄒᆞ야方在教育中인ᄃᆡ학校名稱은須成학校요資本금은紙貨五千元이요학校임員中校長에徐相天씨요贊成員長은本郡守리完鎔씨오校監은前主事徐相熲씨오修業ᄒᆞᄂᆞᆫ학員이實數가五十三名인ᄃᆡ現今入학ᄒᆞᄂᆞᆫ者ㅣ逐日增加ᄒᆞᆫ다더라

●朴也誣鄭　日昨本報에仍任運動이라ᄂᆞᆫ題下에對ᄒᆞ야更聞ᄒᆞᆫ즉開城總巡朴致宇氏ᄂᆞᆫ內部大臣리址鎔氏의妾男으로該任을圖得ᄒᆞ고總巡鄭氏를無端搆誣ᄒᆞ얏ᄂᆞᆫᄃᆡ鄭氏ᄂᆞᆫ原來持身謹拙ᄒᆞ야民事相關은決無ᄒᆞ다더라

詞林

八道山川마邏靑
舊封箕子不神靈
般商血屬猶存汝
晉楚干戈可有名
保護有人寧遣使
太平無事可裁兵
漢陽姬씨於今盡
周鼎摩々目不瞑

淸國保皇政黨領袖康有爲씨가往年에北美에在ᄒᆞ야大한의獨立이亡ᄒᆞᆷ을聞ᄒᆞ고此詩를吟ᄒᆞ야한國人民을遠吊ᄒᆞ얏더라

廣告

發行兼編輯人 英國人 비說
發行所 南署石井洞號外地三層洋屋家 大韓每日申報社

第五卷

大韓每日申報
대한매일신보

第四百四十三號

月曜及慶節 歲時日休刊

檀君開國四千二百四十年
箕子元年三千二十九年
大韓開國五百十六年
日本明治四十年
淸國光緖三十三年
◉陰曆丁未正月小初八日庚子

論說

讀康南海弔韓人詩

淸國志士保皇會政黨康南海有爲氏가北美에在ᄒᆞ야再昨年冬에한國獨立이破壞ᄒᆞᆫ消息을聞ᄒᆞ고慨恨을不禁ᄒᆞ야詩一首로써한人을遠弔ᄒᆞᆷ은昨報에已揭ᄒᆞ얏ᄉᆞ니嗚呼라한國人士가擧同受此弔詞矣라孰不扼腕流涕於此이며孰不失聲痛哭於此哉아吾儕도亦同此心懷일ᄉᆡ更히逐句注演ᄒᆞ야反覆誦道ᄒᆞ노니嗟々한人의有心者여

第一句에八道山川마遞靑은擧目山河에風景이不殊也오第二句에舊封箕子不神靈은仁賢之化ㅣ忽焉替矣니嗚呼太師여豈不靈哉아悲慟之極에怨天怨神은情之常也라第三句에殷商血屬猶存汝는哀哉二千萬衆이孰非神聖血屬而遽作奴隸賤種耶아第四句에晉楚干戈可有名은弱國이介於大國之間ᄒᆞ야犧牲玉帛이日待于境上ᄒᆞ되晉楚之兵이不恥無名ᄒᆞ니豈不憐哉아第五句에保護有人寧遣使는主權이去矣라外交絕矣니彼之保護가果是保護인가第六句에泰平無事可裁兵은客兵이代守ᄒᆞ니士兵을焉用가泰平無事가果是痛哭之秋오第七句에漢陽姬氏於今盡은同族之邦이被人滅盡에恥莫甚焉이며懼莫大焉이오第八句에周鼎摩사目不瞑은問鼎觀兵이逼于境上ᄒᆞ니鼎헤鼎헤여其將淪矣라泉下之目이其何能瞑耶아

惟此康南海의詩意가一以弔한人이오一以弔淸國이니한之二千萬衆과淸之四萬々衆이對此弔詞ᄒᆞ야其何以爲心耶아昔에楚人이江國은滅ᄒᆞ미秦穆公이爲之素食徹樂曰同盟이滅ᄒᆞ니雖不能救나敢イ自懼乎아ᄒᆞ얏고漢陽諸姬를楚實盡之ᄒᆞᆫ것을晉文公이深恥之ᄒᆞ얏ᄉᆞ니使此二公으로遭般思想이無ᄒᆞ얏ㅅ면何能做當日之패業乎아然則한國之不保가豈非淸人之深恥며淸國之不振이亦非한人之大懼耶아

蓋此兩國의種族은同一血屬이오文物制度는同一源流오風俗人心이最相親愛的關係가有ᄒᆞ니輔車脣齒之勢가豈他邦之比擬哉아況康有爲氏는甲午戰役前十九年을先ᄒᆞ야固已斷言曰不出幾年에日本이必圖朝鮮이라ᄒᆞ얏ᄉᆞ니若한國之存亡이無關於淸國이면同氏가何必如是大聲疾呼哉아且甲午之役에日人이藉稱義擧ᄒᆞ고한國獨立을聲明ᄒᆞ얏ᄉᆞ니皇天后土가實聞斯言이며世界各國이擧認其約ᄒᆞ얏고日이在上ᄒᆞ고白水在彼ᄒᆞᆯ뿐더러日露開仗之始에日皇陛下의宣戰詔勅이有曰維持東亞大局이라ᄒᆞ며曰擁護한國獨立이라ᄒᆞ얏ᄉᆞ니當此之時ᄒᆞ야誰不信之仰之이며伊藤侯는日廷元老오東洋人傑로始也에한國獨立을自己가主張ᄒᆞ고終也에自手로破壞ᄒᆞ니士也不爽에二三其德이라大丈夫行事는決不如此反覆이로다然則日人之心은路人所知니其所謂維持大局ᄒᆞ며保全同種云者는不過是欺人弄人ᄒᆞ야逞其野心的手段而已라

然則日本이한國主權을强奪ᄒᆞᆷ은卽是淸國主權을蔑視ᄒᆞᆷ이니此는兩國人士가所以同情飮泣ᄒᆞ고同聲痛哭者라吾儕는對此兩國人士ᄒᆞ야更一申告ᄒᆞ노니夫極則必反이오窮則思通이라目下兩國의遭値ᄒᆞᆫ境遇는可謂悲哉慘哉나一般人士의知恥自厲ᄒᆞ고發憤自强的思想을觀察ᄒᆞ건ᄃᆡ實로勃然莫遏之勢가有ᄒᆞᆫ지라

現二十世紀에新文化를普通收入ᄒᆞ야一步가更進一步ᄒᆞ고一日이增高一日ᄒᆞ야靑丘三千里江山과支那四萬里幅員이一齊超登於文明富强之域ᄒᆞ면其兄弟之好를聯結ᄒᆞ며脣齒之勢를鞏固히ᄒᆞ면彼日人의狡焉思啓之圖는必不能售矣니吾儕는兩國人士들爲ᄒᆞ야額手而祝ᄒᆞ고식目而待ᄒᆞ노라

官報

●三千六百十三號 光武十一年二月十九日

◉敍任及辭令

依願免本官　德源府主事李尙升
柳昌烈 丁奎燦 洪德裕
조漢翊 金雨식 九品송
변儀 박熙鎔 九品李章
夏 許 호

任度支部技手敍判任官八級
李泰熙 金炳珍 李창호
金在승 柳俊浩 박秀益
申鵬均 김鍾夏 변日均
洪祐憲 文恒善 車熙東
李宗根 김贊文 박熙正

任度支部技手敍判任官九級
김교炎 玄히榮 梁호哲
李般호 김潤豐 南廷穆
박潤정 丁範鎭 丁完鎭
嚴禹현 崔연植 桂英三
李漢國 九品金형植 南
相就 具潤書

右는該員等이本部測量見習生으로測量技術에今既한熟이기技手를敍任ᄒᆞᆷ이라

任通川郡主事 金東赫
任鏡城仝 鄭元一
任江華仝 黃의周
任抱川仝 許 섭
任金川仝 九品金炳亮
任順安仝 한潤根
任德川仝 任基면
任利原仝 姜永翰
任々實仝 九品宋濬浩
任載寧仝 奇在東
任星州仝 박贊東
任泰仁仝 金思謙
任德川仝 九品吳鍾泳
任奉化仝 姜 승
任茂長仝 金濬섭
任全州仝 박 汶
任公州仝 九品리支헌
任麗津仝 윤錫昌
任富寧仝 九品張仁甲

未完

外報

●日人愁色　東京電을據ᄒᆞᆫ즉桑港에日本學童問題는移民法修正案에導火線이되야混沌紛따허여極히容易解決ᄒᆞᆯ狀인ᄃᆡ已往桑港에在ᄒᆞᆫ日本人이深히愁色을帶ᄒᆞ얏다더라

●排日貫徹　同電을據ᄒᆞᆫ즉加州代表者는移民法修正會議에要求허기를日本勞動者移住制限을學童問題에替ᄒᆞ야排日主張을貫徹ᄒᆞᆫ다더라

●艦隊增加　美國발에亞에서發ᄒᆞᆫ通信을據ᄒᆞᆫ즉華盛頓政府에서大西洋艦隊中最大ᄒᆞᆫ軍艦四隻을太平洋艦隊로附屬ᄒᆞ야太平洋船隊의勢力을增加허기로決定되얏는ᄃᆡ自今으로明年싸지는太平洋의在ᄒᆞᆫ戰鬪艦이十六隻이될거시오明年末[illegible]其後는二十四隻戰鬪艦으로編成ᄒᆞᆫ艦隊가되리라더라

●海軍擴張費　的確ᄒᆞᆫ通信을據ᄒᆞᆫ즉美國々會에서海軍擴張費美金九千五百萬元을特用허기로決案이되얏다더라

雜報

●諸所部監 皇太子妃殿下의本宮族譜를將次修正ᄒᆞᆯ터인대該部監處所를敦寧府內에設始ᄒᆞ다더라

●勅任經議 政府에셔各部에通牒ᄒᆞ되勅任官議案과奏判任官任免件을繕送ᄒᆞ라ᄒᆞ얏ᄂᆞᆫᄃᆡ該理由를得聞ᄒᆞᆫ즉勅任官도政府會議에經議ᄒᆞ야可否取決ᄒᆞᆫ後에敍任ᄒᆞᆫ다더라

●次官開會 昨日政府의셔各部協판이會同ᄒᆞ야次官會를開催ᄒᆞ얏다더라

●捺章履歷 內部에셔各地方窠闕郡守를不日間奏本ᄒᆞᆯ터인ᄃᆡ再昨日에郡守履歷書를該部大臣이處판捺章ᄒᆞ야전考所로越交ᄒᆞ얏다더라

●統監歸國 統監署理長谷川씨ᄂᆞᆫ漢城에住在ᄒᆞᆫ軍司令事務와其他協議件이有ᄒᆞ야日本政府에셔召命이有ᄒᆞᆷ으로來月上旬內로發程歸國ᄒᆞᆫ다더라

●兩件實施 政府의셔向日中樞院建議로因ᄒᆞ야陰陽術書를廢止ᄒᆞ며賞與金을授ᄒᆞ야賊徒를捕捉ᄒᆞᆫ條件을會議에決定ᄒᆞ야內部로照會ᄒᆞ되卽爲實施케ᄒᆞ라ᄒᆞ얏다더라

●壓匪撥費 軍部에셔各地方에匪徒가蜂起ᄒᆞᆷ을鎭壓ᄒᆞᆯ次로兵丁을派送ᄒᆞᆫ旅費支撥事件으로度支部와聯署ᄒᆞ야政府에請議ᄒᆞ얏ᄂᆞᆫᄃᆡ錢四百五拾圜五拾八錢을奏禀裁下ᄒᆞ얏다더라

●洪守化仙 洪州郡守孫永吉氏가日前에身故ᄒᆞ얏다더라

●巡行納贖 忠北觀察使尹吉炳氏가管下十七郡에巡行ᄒᆞ야隱結을査得ᄒᆞᆫ다稱ᄒᆞ고所到各郡에首書記를捉待嚴杖ᄒᆞᆫ즉該書記輩가嚴刑을不堪ᄒᆞ야葉幾千兩式納贖ᄒᆞ며自外放送ᄒᆞ야各郡收贖錢이爲幾萬兩이라고南來人의傳說이狼藉ᄒᆞ더라

●囑托視務 學政囑托俵孫一氏가歸國ᄒᆞ얏다가日前에渡한하야昨日븟터視務ᄒᆞᆫ다더라

●經義試才 學部에셔各道經義問答生을來四月一日에該部에會集ᄒᆞ야試才出榜ᄒᆞᆫ다더라

●請願繳還 再昨日에平理院檢事리僞氏가今番赦典에不公ᄒᆞᆫ事에對ᄒᆞ야法部에請願ᄒᆞ얏더니該部文書課에셔쟉還ᄒᆞᆫ지라리씨가更히法部에來ᄒᆞ야一場說明ᄒᆞ얏다더라

●權任試選 再昨日경務廳에셔權임金庚熙씨請願代에各署巡檢一人式書記三人合八人을合集ᄒᆞ야試才選取ᄒᆞ얏다더라

●校長請願 學務課長閔健植氏가師範學校長을兼任ᄒᆞᆫ故로職務上에妨害가有ᄒᆞ다ᄒᆞ야校長之任을請願ᄒᆞ얏다더라

●酒麯設會 近日城內에紳士某々氏가營業上事爲로酒麯會社를設始ᄒᆞ기爲ᄒᆞ야現今財政을鳩聚ᄒᆞᄂᆞᆫ中이라더라

●原訴送交 法部의셔平理院檢事鄭錫圭氏의게通牒ᄒᆞ되貴院檢事리僞이謂以權限이라ᄒᆞ고今番赦典放未放에對ᄒᆞ여本部에起訴ᄒᆞᆫ辭意가極涉無理이기退却矣러니接準該訴에致以請願이나其辭意則小無異同ᄒᆞ니換以體制에本課長이有難接受ᄒᆞ겟더러히員이身爲官人ᄒᆞ여有此犯科이옵기玆將原訴送交라ᄒᆞ엿더라

●借廳人室 龍山松昌林은卽大韓靈地라又有公衞軍器廠ᄒᆞ야自國以來로庶民도不許侵入이더니日前에龍山松昌林에日本娼里를設定ᄒᆞ다ᄒᆞ야日人等이東奔西走ᄒᆞ야娼里를指定於隣接松昌林ᄒᆞ고運動이已久라頃日에京城理事官의許可公文이有ᄒᆞ다ᄒᆞ니何不一次交涉于軍器廠ᄒᆞ고理事官이自意로認許ᄒᆞ되現今政府ᄂᆞᆫ視若尋常ᄒᆞ니此國土地ᄂᆞᆫ便同無主라고巷說이紛々ᄒᆞ더라

●山林賊警 近日南署山林동等地에賊警이尤甚ᄒᆞ야再昨夜에憲兵隊正尉洪中裕씨家에賊漢이突入ᄒᆞ야什物을沒數偸去ᄒᆞ고三昨夜에ᄂᆞᆫ히洞米廛家에突入ᄒᆞ다가見逐ᄒᆞ얏스나히洞人民이夜不穩寢ᄒᆞᆫ다더라

●法官慈善 平理院檢事리僞氏ᄂᆞᆫ每日仕進時에先入獄中ᄒᆞ여閱覽罪囚後에以改過遷善지事와有冤必伸지理를善爲曉諭ᄒᆞ고或有病臥者면使지溫處調理케ᄒᆞ고同씨케所關事件은從速公決ᄒᆞ야毋至未決久囚케ᄒᆞ니同氏지持心仁慈와用法平理을推此可想矣라더라

●平報法部 平理院裁判長리允用氏가法部에報告ᄒᆞ되本部指令을承准內開에貴第十四號報告ᄂᆞᆫ閱悉이며과依例ᄒᆞ具案質報ᄒᆞ와待指令處판ᄒᆞᆯ案件을不由本部ᄒᆞ고直行판理ᄒᆞᆷ은職務上에難免踈忽之責이기當該判事ᄂᆞᆫ施以懲戒ᄒᆞ려니와失錯之責이奚獨專在於补晩緖一員乎아히宣告書에聯署捺章ᄒᆞᆫ裁長以下諸判事를一並緘來事等因이온바此를査ᄒᆞ와히리德鎭判決書宣告書에聯署捺章ᄒᆞᆫ裁判長以下諸判事를左開報告라ᄒᆞ얏ᄂᆞᆫᄃᆡ裁判長署理法部協판리源號判事安致潤同박晩緖同박有觀同리容成諸氏더라

●三港義捐 三和港경務署에최象鎭諸氏가本社에寄函이如左ᄒᆞ니嗚乎라人之膽熱은血氣也오身之指使ᄂᆞᆫ手足也라雖曰一指之血이라도如非肝膽激發이면豈能斫之々如草芥乎아日本留학生二十一人斫指血盟之書에對ᄒᆞ야世皆悲愉而惟獨我等之反爲喜悅者ᄂᆞᆫ以二十一會盟之血誠으로鼓發於二千萬同胞之肺나則民氣를可以振作ᄒᆞ며國權을可以挽回ᄒᆞ야使我大한으로鞏固獨立지基礎矣리니豈不悅乎며豈不樂乎아古語에云三軍지勇은可奪이어니와匹夫지志ᄂᆞᆫ不可奪이라ᄒᆞ얏스니此三七人지憤激이豈非全國지表著乎아一指지血이將有光於天下百世ᄒᆞ기를期ᄒᆞ야惟吾十一人이義捐金十圜을鳩聚ᄒᆞ야呈ᄒᆞ오니卽爲寄附于日本留학生等處ᄒᆞ심을千萬幸甚

●西民將訴 平壤에牧畜場設置ᄒᆞᄂᆞᆫ事로已往屢揭ᄒᆞ얏거니와日人岡部子爵이主張ᄒᆞ야平壤江東祥原地方에標木을植立ᄒᆞ얏ᄂᆞᆫᄃᆡ其區域의犯入ᄒᆞᆫ地段과家屋墳墓를該地民人等이調査ᄒᆞᆫ즉該區域이長으로六十里오廣으로四十里오家屋이五千六百七十六戶에間數ᄂᆞᆫ二萬三千四百三十三間이오人口가二萬二千七百五十名이며田畓結數가二千九百一結七十三負六束인ᄃᆡ其內에官有地結數가六結二十四負오墳墓가三萬二千五百八十塚이오耶蘇敎堂이十五處에間數가瓦草家幷ᄒᆞ야一百二十四間이오學校가七十三處에間數ᄂᆞᆫ瓦草幷ᄒᆞ야二百八十三間이라該道人民이總代孔在顯리東植兩씨를選定ᄒᆞ야本道觀察府에呼訴ᄒᆞᆫ즉上部處分을待ᄒᆞ라ᄒᆞᄂᆞᆫ故로更히議政府와內部에請願次로上京ᄒᆞ얏나더라

●役丁病斃 監獄署에役終身罪人金亨國이가本月十八日下午四時에病斃ᄒᆞ얏다고平理院에셔法部에報告ᄒᆞ얏다더라

●有領必受 法部에셔十一裁判所에訓令ᄒᆞ되俸給與家舍料請求時에合二件式受領受人捺章上送然後에可以支撥이라ᄒᆞ얏더라

●普校시驗 南陽郡細串面堂山동耶蘇敎堂內에셔私立普成小학校을昨年五月븟터創設ᄒᆞ야학徒을募集ᄒᆞ고良師를延聘ᄒᆞ야國文漢文作文筭術翻譯法律速成科로熱心敎育ᄒᆞ온바히校에셔今番年終시驗을經ᄒᆞ엿다더라

▲筆 端 容 金▼

△리址鎔氏ᄂᆞᆫ特使로日本에往ᄒᆞᆫ時에匿名書의至毒ᄒᆞᆫ辱을喫ᄒᆞ고含憾于留學生ᄒᆞ야曰外國卒業生은無一可用이라ᄒᆞ니同氏의報毒心이또ᄒᆞᆫ至毒ᄒᆞ다謂ᄒᆞᆯ깃고

△官人은髮을斷ᄒᆞ고도網巾을着ᄒᆞ며黃門은勢가無ᄒᆞ여도姬妾을畜ᄒᆞ니網巾과姬妾이互相身世를談論ᄒᆞ면可憐ᄒᆞᆫ情境가有ᄒᆞᆯ깃고

△韓國內에西北人士ᄂᆞᆫ開明前途에奮發進就ᄒᆞ고東南人士ᄂᆞᆫ桃源鄕裏에酣眠이自若ᄒᆞ니來頭地位가孰居優等이며孰居劣等ᄒᆞᆯᄂᆞᆫ지不出幾年에必有可觀이로고

△法部大臣은用法不公으로檢事리僞氏의彈駁이有ᄒᆞ얏ᄂᆞᆫᄃᆡ他各部에官僚ᄂᆞᆫ大臣의行政不善을彈駁ᄒᆞᄂᆞᆫ이가無ᄒᆞᆫ가

△平北觀察申泰休氏가京畿觀察로移任ᄒᆞᆫ다니該氏ᄂᆞᆫ歷史等冊子을善爲行商ᄒᆞᄂᆞᆫ手段이라京畿道內에도冊子가必多廣布ᄒᆞᆯ것시니該道內人民은冊價나預備ᄒᆞ여두지

△各地方에한國警吏와日警部가星羅碁置ᄒᆞ되賊警은去益熾盛ᄒᆞ니擧國이擾攘ᄒᆞ야倍甚於警官設置之前ᄒᆞ니今日警吏ᄂᆞᆫ用之何處오都是國祿而已로다

△北村老論生員님이南村生員님을비방ᄒᆞᄂᆞᆫ말이可觀이로다現今時代가아무리開化世上이라ᄒᆞ되政府大官이皆是우리便色인즉南村골알이가開化가速成ᄒᆞ야便色이업서지기를企待ᄒᆞ여도안되기

雜報

●美博士論韓 한日兩國教會監督美國하리쓰博士가韓國을論ᄒᆞ되伊前韓國은退去ᄒᆞ고各處에셔夢미을醒覺ᄒᆞ야文明을願慕홈이如渴求飮ᄒᆞᆷ으日本이韓人의게機會만予ᄒᆞ면文明世界에日本과共進ᄒᆞᆯ精神이有ᄒᆞ니誰某이던지伊前韓國인을로韓國人의價格을論ᄒᆞᄂᆞᆫ者ᄂᆞᆫ夢미中에在ᄒᆞᆫ者라ᄒᆞ얏다더라

●罪囚寃聲 罪囚等父母妻子들이呼寃이有ᄒᆞ되悲夫라罪囚여哉哀라罪囚여 皇太子殿下嘉禮를希望ᄒᆞ고欣忭蹈舞에日夜慶祝이夢미에輒呼ᄒᆞ야互相賀道ᄒᆞ되是日은死者復生ᄒᆞ고絕者復續이라ᄒᆞ야和氣融融ᄒᆞ더니恩赦日를當ᄒᆞ미各爭과足ᄒᆞ야立族呼名ᄒᆞ고流離자乞ᄒᆞ든父母妻子가雲屯雨集ᄒᆞ야仰瞻獄門ᄒᆞ다가恩픠가乍止ᄒᆞ고所活이不均ᄒᆞᆷ애呼泣道路에血淚紛々ᄒᆞ고立族ᄒᆞ든罪囚들은喪魂落魄ᄒᆞ야一齊氣絕ᄒᆞ며至今偷生沒覺ᄒᆞ다恤囚之政이昨今不同ᄒᆞ더니赦典減等이更無ᄒᆞ다法官說明始聞일세 國家大慶嘉禮外에復何有아更無餘望必死로다우리罪囚畢竟同作一坑鬼라尋常罪囚二年三年未決ᄒᆞ니刑法大典何日用이며許多獄案虛絞懲役依舊ᄒᆞ니 祖宗登錄一朝變가萬端苦楚그만두고早向泉臺良策이라ᄒᆞ야各尋死所ᄒᆞ기로愁雲이冲天ᄒᆞ고寃霧鎖獄ᄒᆞ야前日和氣頓絕ᄒᆞ고悲風霜落ᄒᆞ니聞者亦爲之허欷라ᄒᆞ더라

好事多魔

仁川港居徐相彬氏가年前의活人所를設始ᄒᆞ야無室無家ᄒᆞᆫ同胞의有病者를熱心救療ᄒᆞᄂᆞᆫ故로該港人民等이徐氏의慈善事業을讚揚ᄒᆞ야活人佛이라稱號ᄒᆞ고또昨年以來로徐氏가港內汚穢物를掃除ᄒᆞ기爲ᄒᆞ야淸潔所를另設ᄒᆞ고文明衛生의大段注意ᄒᆞ미人民等이徐氏의名譽를感戴ᄒᆞ야民議長이라推選ᄒᆞ고淸潔事務所의贊成ᄒᆞ든姜允讓氏와康洪國氏兩人을總務로定ᄒᆞ야港內民務를擔任ᄒᆞ미民議長徐氏와總務姜康兩氏가活人所와淸潔所事務를極善遲理ᄒᆞ더니去月에宋濟仁이가民議長徐氏와曾前私嫌이有ᄒᆞᆫ者ㅣ라徐씨의名譽盛大ᄒᆞᆷ을妨害코저ᄒᆞ야無賴輩를嘯聚ᄒᆞ야徐씨를論駁ᄒᆞ야民議長을遞免ᄒᆞ고厥黨中의無智識ᄒᆞᆫ崔鎭輸者를面長으로陞名ᄒᆞ야推稱ᄒᆞ고淸潔活人兩所事務를執行ᄒᆞ미總務姜康兩씨ᄂᆞᆫ지免出ᄒᆞ고面長은崔氏의家人으로總務를塡充ᄒᆞ엿ᄂᆞᆫ데淸潔事務가有名無實ᄒᆞ고活人所救療方法이萬不成樣ᄒᆞ야港內人民等이遞民議長徐相彬氏의盡善事業을還思ᄒᆞ고面長최鎭輸을逐出ᄒᆞᆯ야고方在會議中이라더라

●淸潔待春 三和港居리秀榮等이去陰曆四月에民役社를創設ᄒᆞ야街路를淸潔케ᄒᆞ더니一無實效ᄒᆞᆫ故로該社員等에月銀二千餘兩을懲出ᄒᆞ야來春에淸潔費補用次로第一銀行에입置ᄒᆞ엿다더라

●一朔二暇 開城私立派창學校의發達ᄒᆞᄂᆞᆫ盛況은本紙에已所報道ᄒᆞᆫ바어니와一般學員이莫不熱心敎育而副校長민派해씨와校監元漢圭씨가自己家事를不顧ᄒᆞ고校務에만念念在玆ᄒᆞ며學徒의上學ᄒᆞᄂᆞᆫ規模도別定ᄒᆞ야一朔에二日만休暇케ᄒᆞ니諸學徒의誠勤做業에奮發進步홈이大有前頭之望이라더라

●濟校試賞 濟寧學校ᄂᆞᆫ仁港轉運會社에셔協同創立ᄒᆞᆫ비라教師徐丙斗氏가晝夜熱心ᄒᆞ야去月曜日에年終試驗을經ᄒᆞ고校監金貞坤氏와監督崔致洪氏가賞品으로써학徒百餘名의게施與ᄒᆞ얏ᄂᆞᆫ데來賓諸씨가학員의成就홈을稱頌ᄒᆞ얏다더라

●瀛車傷命 十六日下午四点에開城不朝峴近地에서開城居姜亨萬이가年今四十八에瀛車에碾斃ᄒᆞ얏ᄂᆞᆫ데腰絕兩段ᄒᆞᆫ慘狀은目不忍見이라더라

●賣土總代 平壤外城地段價를田主等이誓死不受홈으로該委員朴義秉氏가無聊而歸홈은前報에已揭이니와何許日人이做出論計ᄒᆞ여雜輩리養鳳楊遜朝黃錫煥等을紹介ᄒᆞ여地段幾百畝를放賣ᄒᆞᄂᆞᆫ데當中楊遜朝黃錫煥은原是保土總代로變爲賣土總代則一般人民이奮激莫甚ᄒᆞ야崔化錫等諸氏가辭告ᄒᆞ되此漢은賣國賊種類니殺之無惜이라ᄒᆞ야一場風波에該漢等이姑爲藏頭隱尾나外城土地ᄂᆞᆫ盡賣乃已라ᄒᆞ더라

●박氏捐助 陸軍副尉朴勝俊氏가太極學會에函問이如左ᄒᆞ니嗚呼痛哉라以籌計困乏으로見彼侮辱ᄒᆞ니此是放買生지哭이나然이나憂國事而見屈은自古常事연만我한三千里疆土獨立權을肩上에擔負ᄒᆞᆫ烈士二十一人이斷指盟約後使有實效를表케ᄒᆞ여可戒暗夜지人故로不勝欷歎이기以慰萬里絕域憂世지客ᄒᆞ와紙貨五圜金을忘略汗呈ᄒᆞ오니勿却考領千萬伏望

●鏡士興학 咸北鏡城咸一학校ᄂᆞᆫ七八年前부터ᄒᆞ郡有志紳士諸氏가發起創設ᄒᆞ여普通專門兩科로教授ᄒᆞᄂᆞᆫ데經費가不敷ᄒᆞ여幾乎廢止ᄒᆞᆯ境에瀕ᄒᆞ엿더라郡守리翼호씨와警務官박正善씨가熱心으로贊成하야一郡紳士를倡起ᄒᆞ야義金을優數捐助홈ᄋᆡ郡內紳士리義陽리敏求南秉極리丙균리병極鄭元一최병哲리義德한규셕諸씨가一心협力ᄒᆞ야期於擴장維持ᄒᆞ도록贊助홈으로ᄒᆞᆫ校ᄂᆞᆫ漸次發達의望이有ᄒᆞ다더라

廣告

越南亡國史 國漢文 新刊

定價貳拾伍錢

發賣所 京城廣橋高裕相冊肆
鏡南端川郡禹時夏冊肆
布屛下 김相萬 書舖

大韓留學生會學報 每月一回第一日曜發行

日本東京에在흔我韓國留學生이合心併力ᄒᆞ야總成一會ᄒᆞ야學業相勸ᄒᆞ며患難相救흠은朝野의讚美를已受흠니어니와自二月爲始ᄒᆞ야學報를發行ᄒᆞ야我學生의團結力을一層鞏固케ᄒᆞ며內國人士와愛國同情을貫通케흠을企圖ᄒᆞ오니有志諸公은速速請購ᄒᆞ시옵

論說 雄辯파要
學術 簡明易致
譯叢及雜俎 古今東西奇事高談

定價 一部十七錢 郵稅並
三個月先給四十六錢 仝
六個月先給九十錢 仝
一年先給一圜七十四錢 仝

發行所 日本東京麴町區中六番町五十番地 大韓留學生會
出張所 京城中署長通坊洞口 越便三十八統二戶 朱翰榮書舖

西署新門外鍮동百八十六統三戶
辯護士 前檢事正三品 丁明燮
法律事務所 前判事 事務員前主事吳在淳

廣告

◎學員募集廣告

本校第三回入學期를現當ᄒᆞ야法律學及經濟學兩專門科學員을玆에募集ᄒᆞ오니願학人은左記試驗定期內에本校用紙로써早速請願흘事

但法律科는晝학及夜학으로敎授ᄒᆞ고經濟科는夜학으로敎授흠

○修業年限 三학年

○入學年齡 二十歲以上

○學科目 法律학部 全 經濟학部 全 備在本校規則

○試驗日字 三月一日(陰曆丁未正月十七日)

○試驗科目 歷史及地誌問對(內國及外國) 讀書及作文(國文及漢文) 筭術(四則以內)

但官公私立학校의普通科以上卒業證書가有흔人은其학力을檢定흔後免試許入흠

○開學日字 三月五日(陰曆正月二十壹日)

光武十一年一月十五日

中署磚洞 普成專門學校 告白

廣告

湖南鐵道株式會社廣告

本社事務를一層擴張ᄒᆞ기爲ᄒᆞ야事務所는大廣橋川邊前紙廛小都家로本月六日에移接ᄒᆞ고社長以下整理委員을選定ᄒᆞ고玆에左開ᄒᆞ야廣告ᄒᆞ오니株主에應募ᄒᆞ실有志 僉君子는陸續來議ᄒᆞ심을爲望

社長 金基永
總務部長 成文永
整理委員 尹晶錫
白完혁 趙鎭泰 趙秉澤
鄭東植 孫錫基 孟덕敏
朴泓일 鄭斗煥 白寅基
한相龍 趙彰漢
等 告白

●九轉靈砂라 本人이妙方法을神備ᄒᆞ야製造흔靈丹인ᄃᆡ男女老少에無論何징ᄒᆞ고通治ᄒᆞ오며無病時에도服ᄒᆞ면平生의身躰가健康ᄒᆞ며小兒는四五錢重만服ᄒᆞ면十歲안에無病ᄒᆞ기를擔保ᄒᆞ오며

●九轉靈砂萬應丹은져狂 癎징과中風諸疾과耳目諸病과淋疾에神效ᄒᆞ오

●九轉靈砂保命丹은初生小兒驚風 간氣 咳嗽 腹瘡諸般惡징에神效ᄒᆞ오

●九轉靈砂濟衆丹은酒滯 食滯 血積 吐瀉 霍亂 痢疾 吐血 下血 運氣 時疾 疝징에神效ᄒᆞ오

●九轉靈砂紫金丹은痔漏 瘰癧 上疳瘡 下疳瘡及唐瘡과諸般毒瘡惡種에無不神効ᄒᆞ오니 僉君子는來問ᄒᆞ시오

內需司前독갑이골上隅第一家百三統一戶 리호廷 告白

명월관확장광고

폐관이ᄆᆞ시이후로고익ᄒᆞ시는귀ᄀᆡᆨ에후의를입사와오늘날ᄃᆡ한에제일등요리점으로ᄂᆡ외국에셔다아시도록확장ᄒᆞ여가오니더단감ᄉᆞᄒᆞ옵거니와근일은이층양옥을광할이신ᄎᆞᆨᄒᆞ고다락아ᄅᆡ는온돌방을은밀리비치ᄒᆞ고포진범절을셔로ᄒᆞ와오시는귀ᄀᆡᆨ이편ᄒᆞ시도록쥬의ᄒᆞ엿ᄉᆞ오며각죵음식은보기에화려ᄒᆞ고먹기에정미ᄒᆞ게일신쥬비ᄒᆞ야다소를불게ᄒᆞ고주야로파오되셔양쥬는잔으로파오며특별신ᄎᆡ량교자음식은오시는시로부터ᄒᆞ시간이되면몃상이라도곳가져가시도록ᄒᆞ오니ᄂᆡ외귀ᄀᆡᆨ은륙속왕임ᄒᆞ시옵

각ᄉᆡᆨ요리음식
각ᄉᆡᆨ셔양쥬
각죵경편양요리
각죵일본간스메
각죵여송연
각국권연
진찬합
건찬합
밥교자
특별신ᄎᆡ량교자음식
명창가동정거북도유ᄒᆞ옵

明月舘 主人 金東植 告白

洪淳康氏가東署東小門內土橋東邊에織造機를廣張設施ᄒᆞ야稱號를淳昌號라ᄒᆞ고各色綢緞紗屬等을織造發賣ᄒᆞ오니願買人은來臨購買ᄒᆞ시며或所用ᄃᆡ로緞과紗等屬을預托ᄒᆞ시면依約施行ᄒᆞ깃삽 淳昌號 告白

●大韓自强會月報 每月一回廿五日發行 定價金 一部 十五錢

大韓自强會月報의發行이歷朔을經ᄒᆞ오니自由의議論을鼓發ᄒᆞ고獨立의精神을淬礪ᄒᆞ야國家의權利를增[illegible]ᄒᆞ고[illegible]의團結을益堅케ᄒᆞ야全國有志諸公의愛讀ᄒᆞ심을[illegible]ᄒᆞ온바現今本會의셔一層擴張ᄒᆞ기爲ᄒᆞ야高明ᄒᆞᆫ文章과宏博ᄒᆞᆫ學問家를延致ᄒᆞ야天下大勢의變動과近世敎育의要素와古今政治의大問題를蒐輯ᄒᆞ야開發을[illegible]ᄒᆞ야眼目을一新케ᄒᆞ오니愛國ᄒᆞ시는僉君子는血淚를不惜ᄒᆞ시고家家案頭에隨刊對讀ᄒᆞ시오

皇城中署典洞九統二戶 大韓自强會事務所

●漢城染織會社

本社의셔利益을不顧ᄒᆞ고韓人은白衣人이라白衣를[illegible]染色의元素란外人의嘲評을慨惜ᄒᆞ야起業週年의幸運이各位愛顧ᄒᆞ와前進의榮幸이不無ᄒᆞ온지라各種染色을益加勉勵ᄒᆞ와僉位의所請을不償ᄒᆞ기로枉議ᄒᆞ시되來往의便易를爲ᄒᆞ와左開各處에染物取扱所를設置ᄒᆞ엿사오니從便委託ᄒᆞ시믈務望

大廣橋布廛下 朴勝煥雜貨商店 金相萬冊肆
學洞憲兵支所 李源說藥局
남門外蓮池洞 兪경煥商店
安洞北松峴初入 李洛종典舖
社稷洞武德門外

漢城染織會社告白

◎本社廣告

○申報價

一張代金 新貨一錢五里
一個月前納 三十錢
三箇月 九十錢
六個月 一元七十錢
一箇年 三元四十錢
郵稅一部 一箇月 新貨五里 十三錢

○廣告料

四号活字十三字詰 每日每英尺一寸에新貨[illegible](每日每行六錢에相當)
一週日에 二圜五十錢(每日每行四錢五里에相當)
一箇月에 五圜(每日每日四錢一里에相當)
其期限의長短과字行의多寡를依ᄒᆞ야增減흠이有흠

●大韓每日申報各處支社發行

中署布屛門下 김相萬冊肆
平壤上水口門內拾八統第二號入七 鄭禹澤
仝 김浩淵 최觀恒
仁川柳峴朝新冊肆 리東皓
宣川邑橋西里 安濬
義州西門外한西 大藥局
釜山港佐川 徐藥局 劉夢澤
三和港築洞 김仁집
咸興朱南社西門外 曺喜林
開城培學校 姜助遠
大邱達城 廣文社
鐵山邑東部 劉七錫
元山支店 安立
定州南門內 洪聖麟
京城興仁門外영楓亭 리建赫
海州南門內書舖 朴昌鎭

發行兼編輯人 英國人비說
發行所 南署石井洞號外地三層洋屋家 大韓每日申報社

第五卷

大韓每日申報
대한매일신보

第四百四十四號

月曜及慶節歲時日休刊

檀君開國四千二百四十一年
箕子元年三千二十九年
大韓開國五百十六年
日本明治四十年
淸國光緒三十三年
◉陰曆丁未正月小初九日申丑

論說

不可歎者

桑港아곤오트新聞의論述ᄒᆞᆫ거슬接讀ᄒᆞᆷ의一段思想이激發인바其推斷을容易히看得出來치못ᄒᆞ리로다大抵其論述이特異ᄒᆞᆫ거시有ᄒᆞ거니와尤其特異者ᄂᆞᆫ露日戰爭之際에日本榮譽을事々件々의注意ᄒᆞ야非常奔忙히刊出치아니ᄒᆞᆫ者가大不列顛과美洲之間에一箇新聞도未有ᄒᆞ얏스니此非常之事ᄂᆞᆫ明白히教唆ᄒᆞᆫ効果오完全ᄒᆞᆫ判決은아니러라

然이나此等誘惑之事에對ᄒᆞ야辨解ᄒᆞᆯ거시許多ᄒᆞ니最爾ᄒᆞᆫ日本으로써北方巨强으로더부러交鋒ᄒᆞᆯ시其自在ᄒᆞᆫ一念이惟其武勇本性을盡力還出ᄒᆞ얏스니全是眇少ᄒᆞᆫ兒孩가碩大ᄒᆞᆫ壯丁을打倒ᄒᆞᆷ이오

況且日本이自國存亡을爲ᄒᆞ야戰爭ᄒᆞᆫ것인ᄃᆡ其諸般飾非와騙詐를反覆釀出ᄒᆞ야誠實에近似ᄒᆞᆫ듯시開仗時에唱道ᄒᆞ기를滿洲ᄂᆞᆫ清國에還附ᄒᆞ며韓國獨立을扶植ᄒᆞᆫ다ᄒᆞ미可歎以方이되얏고

末松金子兩男爵이英美間에奔馳ᄒᆞ야日本의武道와日本上流戰士의膽略을眩惑之說로贊揚ᄒᆞᆫ거슨不可信聽ᄒᆞᆯ거스로信認ᄒᆞᆷ而已라

此全體의始末이既爲卑陋ᄒᆞ얏고其酷熱ᄒᆞᆫ氣勢가都是英美人의金囊之纓을解綏케ᄒᆞᆫ一件에不過ᄒᆞᆫ줄노到今ᄒᆞ야ᄂᆞᆫ事實아되얏스며韓國과滿洲에關ᄒᆞ야約定ᄒᆞᆫ거슬既是酷毒히犯越ᄒᆞ얏스미此戰役에侵略者ᄂᆞᆫ露國이아니오即是日本인줄노現今은世界가洞悉ᄒᆞᆫ지라

其厭嫌이必至ᄂᆞᆫ理之固然이나若此히迅速ᄒᆞ기ᄂᆞᆫ吾儕所料之外라我輩同業者들도現今은其假飾ᄒᆞ든恩德이衰盡ᄒᆞ야盜獲ᄒᆞᆫ贓物이海濤에掃滌ᄒᆞᆫ것ᄀᆞᆺ치公直을現示ᄒᆞ얏스니往者에日本셔派遣ᄒᆞ얏든善爲納拜者들도回顧而自問ᄒᆞ기를彼等이如許背理的으로交結黨類ᄒᆞ얏든功効가烏有오ᄒᆞᆯ지니當此之時ᄒᆞ야ᄂᆞᆫ一般輿論의變態가連次而至ᄒᆞ리로다

아곤오트報에도正直記述로攻擊ᄒᆞ야發言ᄒᆞ되韓國과滿洲를盡呑ᄒᆞᆷ이露國이其曾有乎아市場은開設ᄒᆞ얏스려니와威嚇行動은未有ᄒᆞ엿스리라ᄒᆞ얏더라

官報

◉三千六百九十三號 光武十一年二月十九日

續

依願免本官 度支部稅務主事한東錫

◉敍任及辭令

任草溪郡主事 曹基達
任宣川仝 박宜衡
任山淸仝 黃승熙
任富平仝 九品리濟翼
任懷仁仝 仝 朴순衍
任중山仝 仝 羅周源
任新寧仝 金在錫
任龍宮仝 安祥慶
任橫城仝 朴基斗
任定平仝 한鍾秀
任延安仝 崔殷協
任文化仝 禹翰相
任襄陽仝 前議官김益濟
任殷栗仝 鄭昌祿
任平壤仝 九品玄道徹
任三陟仝 金헌卿
任丹陽仝 장奭根
任益山仝 李[illegible]헌
任京畿觀察道通譯官補車在貞
任忠淸北道仝 박興烈
任忠淸南道仝 鄭熙찬
任全羅南道仝 九品최益夏
任慶尙南道仝 仝 김世穆
任江原道仝 正三品全奎基
任咸鏡北道仝 九品康世鎭
任平安北道仝 六品姜根道
任黃海道仝 九品김元植
任德源府仝 조景順
任東萊府仝 九品한益瓚
任沃溝府仝 仝 리圭澤
任務安府仝 宋元섭
任三和府仝 九品최元植
任昌原府仝 仝 박容觀
任義州府仝 鄭用夏
任城津府仝 리應還

全羅南道觀察道主事洪台섭
任度支部主事 金炳直 宋奎煥
임度支部稅務主事 六品김澤吉
임平安南道觀察道通譯官
任咸鏡南道仝 六品박宗烈
任全羅北道仝 九品김鳳鎭
完

◉宮廷錄事

◉三千六百九十四號 光武十一年二月二十日

宮內府特進官沈相학辭職疏
批旨省疏具悉所請依施

外報

◉元老院의可否 華盛頓電을據ᄒᆞᆫ즉美國元老院에서日本人問題에關ᄒᆞᆫ提案을受ᄒᆞ야本月十六日에投票로써可否를決ᄒᆞ다더라

◉八旗의强迫教育 滿洲報를據ᄒᆞᆫ즉現在黑龍江省에八旗學堂이雖已開[illegible]이나入學肄業者가甚屬寥々ᄒᆞ더니近日程將軍이八旗甲長을申飭ᄒᆞ야每甲에學生六名式起送ᄒᆞ되年齡은均在二十歲以上者라ᄒᆞ더라

◉內廷戒烟 淸國皇太后가於戒烟一事에甚爲注重ᄒᆞᄂᆞᆫᄃᆡ內監中此癖을染ᄒᆞᆫ者가十居六七이라內務大臣이皇太后의懿旨를奉ᄒᆞ야吸烟人數를實行察査ᄒᆞ야從速戒斷ᄒᆞᄂᆞᆫᄃᆡ內監等이聞之ᄒᆞ고一齊히該大臣에게奏請寬緩을懇乞ᄒᆞᆫ다더라

◉演壇宣講 合부程將軍이鐵路公司院을借ᄒᆞ야宣講所一處

를再設ᄒᆞ고各局의諳練ᄒᆞᆫ委員을派ᄒᆞ야日々로歷史와地理와博物等事를講說ᄒᆞ미聽者가日多ᄒᆞ니該地에民智日開를可驗이라ᄒᆞ더라

雜報

●日兵生獘 北靑郡來人確報를據ᄒᆞᆫ즉自俄日開戰後로該郡屯駐兵站이浩煩ᄒᆞ야馬駄輸運과鷄卵柴炭等物品을時直으로賣買則遠近이輻湊ᄒᆞ야軍需上의大有便利어ᄂᆞᆯ不此之爲히고陷於乘辯之혐雜과鄕吏之操縱히여尙此排歛於民戶而其價則時直半減也라由此로民難支保之餘에況近日則히郡十五里以內에日兵이三々五々히作隊ᄒᆞ야突入民家而掠鷄奪卵ᄒᆞ야鷄乏之餘種而民益驚慌ᄒᆞ야亂離中途에若避虎豹ᄒᆞ니在京司令部ᄂᆞᆫ胡不省察고ᄒᆞ더라

●佛堂太守 北靑郡守洪祐元氏ᄂᆞᆫ自到任後荒於酒迷於色ᄒᆞ야不顧民情ᄒᆞ고不理詞訟ᄒᆞ니可謂壺中太守오況日兵站之交涉과新警察官吏之威脅에民情이去益嗷々ᄒᆞ야潰散乃已ᄒᆞ니普天之下에靑民은尤何罪也오況昨臘에該郡掌議幾十名抑賣錢萬餘兩을携帶ᄒᆞ고安邊釋王寺에來到ᄒᆞ야祈禱ᄒᆞᆫ다ᄒᆞ니北民이稱以佛前太守라ᄒᆞᆫ다더라

●靑會演說 今日下午七点半에靑年會舘에서紳士金奎植氏가盖時樣必由人而至矣人不必待時自至矣란問題로演說ᄒᆞᆫ다더라

雜報

●吉禮正使　英親王殿下吉禮正使는金炳翊氏가輔國을陞資혼後被命혼다더라

●秘密銓考　內部銓考所에셔今番에는別般規則이有혼지秘密히銓考혼다더라

●政府議案　昨日上午十二時에政府에셔會議를開催호얏는뒤히議案은漢城判尹과內部地方局長叙任等事件이라더라

●勸勉警察　警務顧問丸山씨가日間歸國혼더인뒤警部와警視를招集호야自己往還間警察事務를勤實視務호라고勸勉호얏다더라

●視察各校　各部大臣에子婿弟姪中十五人을選取호야日本에派送호야各種학校를視察혼다더라

●訓飭巡檢　內部의셔十三道경務署에訓飭허되近日各地方에巡檢의作弊가在々入聞혼즉嚴密히禁칙허라호얏더라

●光守將買　光察沈相익氏가全州富客白議官某氏와結托호야광州郡守를某氏의게買得허기로向日에同伴上京호야리範喬氏와相約허고紙貨二千圓에광州郡守를興成허고白씨에履歷書를전考所에納送호얏더라

●金氏大卓　內部경務局長金彰漢氏가再昨日에盃盤一卓을盛設호야히部內로載來호야一般官吏를宴待호얏다더라

●俱樂財政　本日政府에셔官人俱樂部財務員을會同호야히部財政方針을組織혼다더라

●德守奏免　德源郡守沈宜德氏를奏免호얏다더라

●免官乃已　廣濟院醫師金聖培氏가內部에請願허되히院長이請願허기를要求허는줄노辭意를繕呈혼故로히請願書를작還허엿는뒤김씨는不得不免官이된다더라

●依報叙主　內相李址鎔氏가地方郡主事叙任事件에對호야日各該郡守가自己思量에는境內可堪之才로薦報호엿거놀전考所에서其人의可不可을何以預知호야郡報를再三退却호얏는나一幷依郡報施行호라혼슥該部協판박義秉氏가日既往退報는更難收用이거니와從今以後에는依郡報施行이라호얏다더라

●質問固當　平理院檢事李僞氏가拘拿를當혼事에對호야大한自强會에서法部와平理院에質問호기로決議호얏다더라

●法官蔑法　平理院檢事李僞氏가今番赦典에自法部로擅自存拔혼事에對호야法部에控訴혼事는各報에揭載와論說이明白張皇호얏거니와文書課長리鍾協氏는接受與繳還호는權限뿐인뒤謂之犯科라혼것이法所不許오平理院首班檢事리建호씨는上部의訓令이初無호거날無罪혼同僚를擅行拘拿호얏스니如此蔑法은古所未聞이오世所未有라고輿論이紛々호더라

●無料服役　楊州郡守洪泰潤氏가地方官制가屢度變改혼後에官屬을減省호야餘存者無幾로되一不退散호고依舊服役日吾等이今雖減却이나賢守가尙爲在任호니以其無料로一時相捨가係是不幾라호야幾個人月給을平均分食호며恪勤服役호야惟待洪씨之還歸라혼다더라

●稍稍開趣　笠洞리益雨氏家에셔葉七萬兩價値를賊黨의게被奪혼事는已爲報道호얏거니와日昨에該賊黨을警務廳에捉囚호고見失物品을推覓호는뒤警務廳에서리益雨氏에仲父前郡守리奎九씨를請待호야門賊黨을捕捉호야物品을推覓호는뒤爲先所推者能膽一보伴과石金一封인즉持去호라혼뒤리奎九氏가能膽을披視曰此非吾物인즉不可受去라혼뒤警務官吏가說明호야曰賊漢에게贓物을推尋혼슥熊膽은已爲放賣於某藥局云호야往推藥局혼즉亦已放賣혼지라元來賊贓은以價代推호는格例가無호야以物代推호얏슨즉雖非見失之物이나卽爲持去호라혼뒤리奎九씨曰寧爲不覓이언졍非其物推去는義所不爲라호고再三固辭혼즉警官曰此物은處置無路혼슥卽爲持去호라호고石金一封을又爲出給혼즉리奎九氏曰石金은初無見失인즉切不可受去라혼뒤경官曰其他物品은隨覓隨傳호마호얏다니한國에도경察規則이稍有開進지望이라고巷說이有호더라

●二人被打　去二十三日에安東縣寓居호는한國役夫四人이聚黨호야新義州에越來호야有何事端인지崔文學을捕殺혼다호는故로該동分派署에서說喩禁難혼슥終不聽從호고反脅巡檢혼際에該里人民이聚集호여日彼等이乘夜暗來는似是强盜라호고一時驅逐혼際에彼黨中金興俊리一千이가被打호여幾至死境이라더라

●傷命可慘　再昨日東門外與天寺草幕에셔失火호야二間이燒신호얏고炊飯허든年八十婁姓女人이燒死호얏다더라

●義郡綠林　義州水鎭面[illegible]門동박春興家에强盜四名이各持銃劍허고暮夜突入호야히家眷率을結縛毆打허고家産什物을沒數奪去호얏다더라

●道難擅裁　慶北裁判所判事署理檢事陸鍾冕씨가法部에報告호되管下英陽郡押來匪徒리昌英丕俊容을自本所嚴訊取供이온즉稱托義兵호고聚黨百餘名호야刦掠村閭에奪取財産혼狠藉情節이犯係强盜이옵기刑法大전에財産을겁取혼計로徒黨을嘯聚호야兵仗을持호고閭巷或市場에攔入혼者는首從을不分호고絞에處홈이란律에照호야該리昌英丕俊容을幷絞에處판호마호오나律係命案에道難擅裁호와히犯罪供案與宣旨書를帖付質稟이라호얏더라

●存拔不公　今番赦典에罪囚를放釋호는뒤竊盜에首犯된者는蒙放호고從者는不放홈으로히犯等이平理院官員을向호야呼訴혼즉所謂法官에對答이此는法部에셔혼事오本院에所關이아니호얏다더라

●李氏請願

平理院에在囚혼리僞氏가法部에請願이如左호니有寃必伸은理지常也어날區々一箇李僞지寃은將向何得伸乎잇가本人이現以檢事지職으로對今番赦典에放釋罪囚에本部刑事局長金洛憲이가擅拔罪囚허엿스니渠之犯罪를爲得免乎며本部文書課長리鍾協이本人의請願書를작還本院檢事之通牒內開에本人을謂지犯法이라호야照亮판理허라호얏스니該課長이法所不許지事를行호얏스니職權有違지律이自在호옵고本院首班檢事리建호之初不承本部訓指令허고只因리鍾協지通牒호야擅自拘引同僚호야拘囚院獄호얏스니刑事上拿引狀은看作渠之私行書札허고莫重院獄은看作渠之私室監禁허니如此蔑法지類는古所未聞이오今始初睹也니本人所遭는已無暇論이어니와從此로法部지司法二字와平理院지平理二字를轉覓無路이옵고本人지抱寃은無處伸訴허오니以此동燭허시와該犯等三人을並拘拿懲판허기爲호야玆에請願이라호얏더라

●鎭郡賊警　鎭岑郡守鄭崙永氏가義匪의게公錢四千兩見奪혼事는前報에揭載호얏거니와義匪가再到該郡호야鄭崙永氏를結縛亂打호고十萬兩을討索호는뒤事勢危急호야五千兩을판給호고困境을免호엿다더라

●再請建築　綿紬廛市民等이都家를燒燼호얏는뒤該基地에更히建築허기로內部에再次請願호얏더라

▲畵中有聲▼

△近日春氣가漸舒호야萬和가萌動호니政海에怒濤가小靜호야平和意思가復生호는지郡守奏本이在邇호다지

△內大李址鎔氏가今番郡守에社會上名譽가有혼人과曾經守令의治績이有혼人을公正이選用혼다고某報에稱道호얏스나擾擾未定혼人에啓說을深信키難호니來頭를보아야알지

△李址鎔氏는大舍廊을洞開호고門前이如市호야南北村獵官者流를閱覽호고前日에來訪不接혼者에게無數히謝過혼다니新年丁未에開市大吉이로고

△近來新規式과新發明혼事가厚生호야某大臣은陰曆歲前에歲饌納送호는書簡을無暇答送호야物品領受證을印刷以給호얏시니領收証이란거슨無處不當이로고

△女學校々長河相驥氏夫人이該學生에歲饌을求情혼事로一場說明호고物品을不受호엿스니該氏廉明은世人이稱道호는비여니와河相驥氏는黃金思想이撑滿腔裏호야醜聲을難免호얏스니該夫人은未得善配로고

△各地方에學校가處々울興호야한國에도文明空氣가稍々허入호야國力을挽回홀基礎를指日可待로되湖南一省人民은土地나外人에게放賣호고富客은官職이나買得호기로爲一能事호야維新思想은半點도無호니春香歌나한마듸호여보세全羅道山川은奢麗호야人心이奸惡호고

雜報

●國債一千三百萬圜報償趣旨

大丘廣文社長金光濟徐相敦氏等公函

敬啓者夫爲臣民者仗忠尙義則其國以之興民以之安不忠無義則其國以之亡民以之滅非但於古今歷史上班班有據現今歐州中其所富强者與抵滅亾者莫不由乎忠義仗尙之如何也歷代之古歐州之遠尙矣而顧我東洋之切隣近事尤有所目睹者卽日本是也

向與淸露開仗也以小勝大者兵有敢死隊有決死血雨肉風赴若樂地在家之民掘屨鬻佩女子則聚指環以資兵費竟成東西歷史上剏有之絶大偉功威우光榮振動環宇此職五千萬民族之箇々是熱心血誠出於忠義故也豈非欽歎效慕者乎嗚呼我二千萬同胞迫此民國危難之會無一人決心無一事籌劃只見我

皇上之宵旰深憂手袖岸坐以致滅亡可乎試觀近世新史國亡民族隨以殄滅卽埃及越南波蘭皆可爲徵只知有身家不知有君國則此乃自陷自滅也及今淬厲精神奮發忠義果非其時乎今有國債一千三百萬圜卽我韓存亡지關係也報則國存不報則國亡勢所必至而現自國庫勢難판報則三千里疆土將非我國有民有者矣土地一去非徒復之無術烏得免起南等國ㄱ民族乎

一般國民之於此債以義務言之ㅓ可曰不知以時勢言之亦不可曰不報有報償之一道能不勞不損而成鳩聚之方矣就使二千萬人衆限三個月廢止南草吸烟以其代金每名下每朔二十錢式徵收聚籌庶可爲一千三百萬圜設有未充應有自一元十元百元千元拔例出捐者矣

人之於當然底義務有此暫時決心比之於日本決死隊掘屨民收環女之事則孰重孰輕孰難孰易乎嗟我二千萬同胞中苟有一毫愛國思想者必不携貳矣鄙等敢此發起警函繼之以血淚伏願爲我大한臣民之 僉君子覧卽以言以書轉相警告俾無一人不知지斃而期於實施上以報答

聖明下以維持疆土之地千萬幸甚

●要路鐵線 傳說을得聞혼즉近日々本東京의有力혼實業家들이發起하여한國內要路에電氣鐵道를布設할様으로計畫하여既히京城仁川間、龍山釜山間、京城開城間、群山全州等지에布設혼다는請願狀을日本統監府에提呈하엿다는說이有하더라

●義婦舌戰 三昨日南署薰陶坊等地에人民이多數會集하야便戰을開하는디日憲兵이騎馬突出하야一場揮散하는지라年可五十歲된一婦人이其광景을傍觀하고大聲疾呼曰此等些少혼便戰에도壓迫强制을被하고一齊解散하니한國々權을何日何時에恢復홀고我한人民은不如微物이라하더라

●組織俱樂 官人俱樂部에셔任員을組織하얏는디評議員長이一人인대宮內大臣沈相薰씨로選定하고評議員이十九人인디各部大臣과協판으로薦定하고財務員이三十六人인디各部會計官吏로推薦하엿는디親任官의入部金은五圓으로月捐금은三圓으로定하고勅任官의入部금은三圓으로月捐금은一圓으로定하고奏任官의入部금은一圓으로月捐금은五十錢으로定하고判任官의入部은五十錢으로月捐금은二十錢으로酌定하얏다더라

●商學開校 前主事鄭禹澤氏가前參奉洪淳陽正三品崔錫彰氏와協議發起하야동口內等地에商業학校를創設혼다는說은已爲揭報하얏거니와追後更聞혼즉동口內禁衛營直房을請願借求하야一新修理하고陰二月初頃에開校혼다는디校長은現時實業家로有名혼從二品리根培氏로選定하고校監은學識裕餘혼洪淳陽氏로會計는최錫彰씨로히校諸般書記與事務는鄭禹澤씨로規定되야會任外國에商業卒業혼김大熙씨가名譽로敎授하기로自擔하얏다하며特別速成課를另設혼다더라

●敎師廉勤 會寧郡私立會興學校는實賴本郡諸彦지義願하야業已廣張은本報에屢揭어니와學徒지湊集이日新月增하야但敎師一人으로左敎右授에尙有非便지嘆矣러니本郡志士金遇中氏는漢文으로羅亨權氏는算術로林春景氏는體操로各自分課敎授하되至於酬勞하야는分金不受하고實心敎授하야學徒에進就지力이快有奮效라고一郡賛頌혼다더라

●賣舍補校 開城私立普昌學校는經費을元來敎育總會에셔支用하더니該會의財政이乏絶흠으로將至廢校러니校監에金基夏氏가素所貧寒혼디自已生活은全不顧念하고其家舍을賣渡하야幾月經費을補用하야校況이復興케하니해氏의文明敎育을擔負흠은可謂此世에難見혼事이라고頌聲이揚々하더라

廣告

廣告

越南亡國史 國漢文 新刊

定價貳拾伍錢

發賣所京城廣橋高裕相冊肆
鏡南端川郡禹時夏冊肆
布屛下 김相萬書舖

大韓留學生會學報每月一回第一日曜發行
日本東京에在ᄒᆞᆫ我韓國留學生이合心併力ᄒᆞ야總成一會ᄒᆞ야學業相勸ᄒᆞ며患難相救홈은朝野의讚美를已受홈니이니와自二月爲始ᄒᆞ야學報를發行ᄒᆞ야我學生의團結力을一層鞏固케ᄒᆞ며內國人士와愛國同情을貫通케홈을企圖ᄒᆞ오니有志諸公은速速請購ᄒᆞ시옵

論說 雄辯과雲
學術 簡明易致
譯叢及雜俎 古今東西奇事高談

定價一部十七錢 郵稅並
三個月先給四十六錢 仝
六個月先給九十錢 仝
一年先給一圓七十四錢仝

發行所日本東京麴町區中六番町五十番地
大韓留學生會
出張所京城中署長通坊洞口
越便三十八統二戶
朱翰榮書舖

西署新門外鍮동百八十六統三戶
辯護士前檢事正三品 丁明燮
法律事務所前判事
事務員前主事吳在淳

廣告

◎學員募集廣告

本校第三回入學期를現當ᄒᆞ야法律學及經濟學兩專門科學員을玆에募集ᄒᆞ오니願학人은左記試驗定期內에本校用紙로써早速請願ᄒᆞᆯ事

但法律科ᄂᆞᆫ晝학及夜학으로敎授ᄒᆞ고經濟科ᄂᆞᆫ夜학으로敎授홈

○脩業年限 三학年

○入學年齡 二十歲以上

○學科目 法律학部 經濟학部 全 全 備在本校規則

○試驗日字 三月一日(陰曆丁未正月十七日)

○試驗科目 歷史及地誌問對(內國及外國) 讀書及作文(國文及漢文) 筭術(四則以內)

但官公私立학校의普通科以上卒業證書가有ᄒᆞᆫ人은其학力을檢定ᄒᆞᆫ後免試許入홈

○開學日字 三月五日(陰曆正月二十壹日)

光武十一年一月十五日

中署磚洞 普成專門學校 告白

廣告

湖南鐵道株式會社廣告

本社事務를一層擴張ᄒᆞ기爲ᄒᆞ야事務所ᄂᆞᆫ大廣橋川邊前紙廛小都家로本月六日에移接ᄒᆞ고社長以下整理委員을選定ᄒᆞ고玆에左開ᄒᆞ야廣告ᄒᆞ오니株主에應募ᄒᆞ실有志 僉君子ᄂᆞᆫ陸續來議ᄒᆞ심을爲望

社長 金基永
總務部長 成文永
整理委員 尹晶錫
白完혁 趙鎭泰 趙秉澤
鄭東植 孫錫基 孟덕敏
朴泓일 鄭斗煥 白寅基
한相龍 趙彰漢
等 告白

●九轉靈砂라 本人이妙方法을神備ᄒᆞ야製造ᄒᆞᆫ靈丹인ᄃᆡ男女老少에無論何징하고通治하오며無病時에도服하면平生의身躰가健康ᄒᆞ며小兒ᄂᆞᆫ四五錢重만服ᄒᆞ면十歲안에無病ᄒᆞ기를擔保ᄒᆞ오며

●九轉靈砂萬應丹은져狂 痼징과中風諸疾과耳目諸病과淋疾에神効ᄒᆞ오

●九轉靈砂保命丹은初生小兒驚風 간氣 咳嗽 腹瘡諸般惡징에神効ᄒᆞ오

●九轉靈砂濟衆丹은酒滯 食滯 血積 吐瀉 霍亂 痢疾 吐血 下血 運氣 時疾 痲징에神効ᄒᆞ오

●九轉靈砂紫金丹은痔漏 累瘻 上疳瘡 下疳瘡及唐瘡과諸般毒瘡惡種에無不神効ᄒᆞ오니 僉君子ᄂᆞᆫ來問ᄒᆞ시오

內需司前독갑이골上隅第一家百三統一戶 리호廷 告白

명월관확장광고

폐관이마시이후로고익ᄒᆞ시ᄂᆞᆫ귀긱께후의를입사와오ᄂᆞᆯ날ᄭᅵ지한에제일등요리점으로너외국에셔다아시도록확장ᄒᆞ여가오니ᄃᆡ단감ᄉᆞᄒᆞ옵거니와근일은이층양옥ᄒᆞᆫ광합이신건축ᄒᆞ고다락아리ᄂᆞᆫ온돌방을ᄂᆞᆫ밀리비치ᄒᆞ고포진범절을신로ᄒᆞ와오시ᄂᆞᆫ귀긱이편ᄒᆞ시도록쥬션ᄒᆞ엿ᄉᆞ오며각죵음식은보기에화려ᄒᆞ고먹기에정미ᄒᆞ게일신쥰비ᄒᆞ야다소를불계ᄒᆞ고주야로파오되셔양쥬ᄂᆞᆫ잔으로파오며특별신미량교자음식은오시ᄂᆞᆫ시로붓터ᄒᆞᆫ시간이되면몟상이라도곳가져가시도록ᄒᆞ오니너외귀긱은륙속왕림ᄒᆞ시옵

각식요리음식
각식셔양쥬
각죵경편양요리
각죵일본간스메
각죵여송연
각국권연
진찬합
건찬합
밥교자
특별신미량교자음식
명창가동정거북도유ᄒᆞ옵

明月館 主人 金東植 告白

洪淳康氏가東署東小門內土橋東邊에織造機을廣張設施ᄒᆞ야稱號를淳昌號라ᄒᆞ고各色綢緞紗屬等을織造發賣ᄒᆞ오니願買人은來臨購貿ᄒᆞ시며或所用대로緞과紗等屬을預托ᄒᆞ시면依約施行ᄒᆞᆯ깃ᄉᆞᆸ 淳昌號 告白

●大韓自强會月報

每月一回廿五日發行 定價金一部十五錢

大韓自强會月報의發行이屢朔을經ᄒᆞ오니自由의議論을鼓發ᄒᆞ야國家의權利를增進ᄒᆞ고ᄌᆞ立의精神을淬礪ᄒᆞ야兩腦의團結을益鞏케ᄒᆞ야全國有志諸公의愛讀ᄒᆞ심을供ᄒᆞᆫ바現今本會의셔一비擴張ᄒᆞ기爲ᄒᆞ야高明ᄒᆞᆫ文章과宏博ᄒᆞᆫ學問家를延致ᄒᆞ야天下大勢의變動과列邦의敎育의要素와古今政治의大學를蒐輯ᄒᆞ야開卷ᄒᆞ면眼目을一新케ᄒᆞ오니愛國ᄒᆞ시ᄂᆞᆫ僉君子ᄂᆞᆫ血淚를둔ᄒᆞ시고家家案頭의隨列對讀ᄒᆞ시오

皇城中署典洞九統二戶
大韓自强會事務所

漢城染織會社

本社의셔利益을不顧ᄒᆞ고本人은紙人이라白衣ᄂᆞᆫ韓國衰敗의元素란外人의嘲評을憤慨ᄒᆞ여起業週年의幸蒙各位愛顧ᄒᆞ와進進의榮幸이不無ᄒᆞ온지라各種染色을益加勉勵ᄒᆞ와外의所需을不負ᄒᆞ깃사오며僉位ᄂᆞᆫ陸續枉臨ᄒᆞ시되來往의便易를爲ᄒᆞ와左開各處에染物取扱所를設置ᄒᆞ엿사오니從便委托ᄒᆞ시믈務望

大廣橋布屛下 朴勝煥雜貨商店
金相萬冊肆
學洞鷹兵支所 李鴻謨藥局
南門外蓮池洞 俞경煥商店
安洞北松峴初入 송洛중與舖
社稷洞武德門外

漢城染織會社告白

◎本社廣告

○申報價
一張代金 新貨二錢五里
一個月前納 三十錢
三箇月 九十錢
六個月 一元七十錢
一箇年 三元四十錢
郵稅一部 新貨五里
一箇月 十三錢

○廣告料
四號活字十三字詰
每日每英尺一寸에新貨十五錢(每日發行六錢에相當홈)
一週日에 二圓五十戔(每日每行四戔五里에相當홈)
一箇月에 五圓(每日每日四錢一里에相當홈)
其期限의長短과字行의多寡를依ᄒᆞ야增減홈이有홈

●大韓每日申報各處支社廣告
中署布屛門下 김相萬冊肆
中署農圃初入七拾八統第二號 鄭禹澤
平壤上水口門內 김浩淵
仝 최敬恒
仁川杻峴開新冊肆 리東皓
宣川邑橋西里 安濬
義州西門外한西 大藥局
釜山港佐川 徐藥局
三和港築洞 김仁집
咸興朱南社西門外 曹喜林
開城培學校 姜助遠
大丘達城 廣文社
載寧邑濟衆院 劉夢澤
鐵山邑東部 安호
元山支店 劉七錫
定州南門內 洪聖麟
京城興仁門外영楓亭 리建재
海州南門內書舖 朴昌鎭

發行兼編輯人 英國人비說
發行所 南署石井洞號外地三層洋屋家
大韓每日申報社

第五卷

大韓每日申報
대한매일신보

第四百四十五號

月曜及慶節歲時休日刊

檀君開國四千二百四十年
箕子元年三千二十九年
大韓開國五百十六年
日本明治四十年
淸國光緖三十三年
◉陰曆丁未正月小初十日壬寅

寄書

義州金義坤

敬告我二千萬同胞

現今時代는開明치못ᄒᆞ고富强치못ᄒᆞ고는生存을不得ᄒᆞᄂᆞ니我二千萬同胞는生存을不顧ᄒᆞᄂᆞᆫ가開明富强을何不速圖오開明富强이至難ᄒᆞᆫ事가아니라其實은愚夫愚婦가ᄯᅩᄒᆞᆫ能히ᄒᆞᄂᆞᆫ것이오彼東西洋에開明富强ᄒᆞᆫ國民도其性靈의知覺과手足의運動이우리와一般이오各國人民이皆其能爲ᄒᆞᄂᆞᆫ거슬우리만獨히不能ᄒᆞᆯ理치가잇소開明富强的事業이箇々自已身上에擔在ᄒᆞ얏스니決코高遠難行之事가아니오今에愚夫愚婦가能히開明富强ᄒᆞᆫ事實로ᄡᅥ我同胞兄弟의게敬告ᄒᆞ옵ᄂᆞ이다

昔에一婦人이有ᄒᆞ야富家之女로富家에出嫁ᄒᆞ니遊衣遊食ᄒᆞᆫ지幾年間에家產이蕩盡ᄒᆞ야糊口無策ᄒᆞᆫ境遇에至ᄒᆞ얏ᄂᆞᆫᄃᆡ其良人도亦是富家子弟로졸地에勞動ᄒᆞ기는苦勞ᄒᆞ고羞恥ᄒᆞ야束手頷함이러니

一日은三朝夕을絶火ᄒᆞᆫ지라其夫人이歸于本家ᄒᆞ야告急於其母曰母親의家는錢穀이陳腐ᄒᆞ고女息은方在絶火中이오니錢穀間救濟ᄒᆞ야주옵쇼셔其母曰貧者救濟는國亦不能이라ᄒᆞ얏스니救貧之說은開口치勿ᄒᆞ라女가更請曰方在三朝夕을闕食ᄒᆞ얏스니雖一升米라도救活ᄒᆞ소셔母曰三日을不食ᄒᆞ얏스면米를貧來ᄒᆞᆯ者가有ᄒᆞ리라ᄒᆞ고不許ᄒᆞ거ᄂᆞᆯ女가還家ᄒᆞ니米를貧來ᄒᆞᄂᆞᆫ者가無ᄒᆞᆫ지라ᄯᅩ三日을闕食ᄒᆞ고更往母家ᄒᆞ야泣請曰三日은姑舍ᄒᆞ고六日을闕食ᄒᆞ야도米를貧來ᄒᆞᄂᆞᆫ者가無ᄒᆞ니此是虛言이외다願컨ᄃᆡ毋親은一升米만許給ᄒᆞ와人命을救活ᄒᆞ소셔母又答曰三日을不食ᄒᆞ야도米를貧來ᄒᆞᄂᆞᆫ者가有ᄒᆞᆯ터인ᄃᆡ六日을闕食ᄒᆞ얏스니米와錢을並히貧來ᄒᆞᆯ者가有ᄒᆞ리라ᄒᆞ고ᄯᅩ不許ᄒᆞ거ᄂᆞᆯ女가無奈還家ᄒᆞ야母의言으로ᄡᅥ其夫의게告ᄒᆞ고抱兒而泣曰女之餓死를毋亦不救ᄒᆞ니母之富를何賴리오望之無益이라ᄒᆞ고

於是에其夫를隣家에勸送ᄒᆞ야勞動日貰로米錢을得來ᄒᆞ야炊飯得活이라乃覺今是而昨非ᄒᆞ야自歎曰天生萬民의必授之職이라ᄒᆞ얏스니人生斯世에勤乃天授之職이라衣我之衣ᄒᆞ며食我之食이第一良策이라父母가富者어니同生富者어니ᄒᆞ고自職을不勤ᄒᆞ면飢死가맛당ᄒᆞᆫ者라ᄒᆞ고內外가決心ᄒᆞ고勤做職業ᄒᆞᆫ지幾年에有宅有田ᄒᆞ야富饒를致ᄒᆞ얏스니其母가貧을不救ᄒᆞᆫ것이初若無情이나實則其女를愛홈이오其女가業을自勤ᄒᆞᆫ것이憤心으로由ᄒᆞ야其母의意를稱홈이니其母의主義는出於職汝職也오其女의目的은成於職我職也니此則古之愚婦가開明富强ᄒᆞᆫ者오

今에義州松長面前郡守申雲祥氏는家產이稍饒ᄒᆞ야其從弟雲基의衣食을擔當以給ᄒᆞᆫ지十餘年이라雲基가年近三十에稍有識字ᄒᆞ며力能負馬馱之卜ᄒᆞ며腹能食斗量之飯ᄒᆞ고頭髮이黃色인故로鄕人이名之曰黃將帥라ᄒᆞ되一分職業을不修ᄒᆞ야資身之策이無홈으로但知懸口於從兄이라

雲祥氏는本來智識이有ᄒᆞ고族戚을愛ᄒᆞᄂᆞᆫ지라自已에家計가漸零ᄒᆞ고從弟의失業을悶歎ᄒᆞ야再昨年冬에謂其從弟曰我의家產도漸零ᄒᆞ고汝亦失業ᄒᆞ니汝之前程이極爲可悶이라我가汝를十餘年衣之食之ᄒᆞᆫ것이汝를愛홈이아니오反히汝를愚케홈이라今에錢三百兩을給ᄒᆞ노니以此爲資本ᄒᆞ야職汝之직ᄒᆞ야恒產을勿失ᄒᆞ라自今以後는汝不汝직이면雖餓死라도一分錢一粒米를不給ᄒᆞᆯ터이니汝修汝직ᄒᆞ야衣汝之衣ᄒᆞ고食汝之食ᄒᆞ라ᄒᆞ니其從弟가憤々히持錢而來ᄒᆞ야或着手於鷄卵商ᄒᆞ며或接足於步行商同事ᄒᆞ야得米則粥ᄒᆞ며得錢則商ᄒᆞᆫ지不過期年에數千金의利益을獲得ᄒᆞ야衣食이饒足ᄒᆞ니乃自歎曰自助를天助라ᄒᆞ얏스니余가何故로十餘年을依賴於從兄ᄒᆞ야徒作生而死ᄒᆞ며人而若養猪之樣ᄒᆞ엿던고從兄이早有此敎ᄒᆞ얏스면我가億萬金富者가될번ᄒᆞ엿도다ᄒᆞ니其從兄이衣食을不爲繼給홈이初若無義나實則從弟를愛홈이오從弟가職業을自勤홈이憤心으로由ᄒᆞ야從兄의意를稱홈이니從兄의主義는出於직汝직也오從弟의目的은成於직我직也니此則今之愚夫가開明富强ᄒᆞᆫ者라

由此觀之컨ᄃᆡ開明富强이實非難事오責之自已而已니惟我同胞는何故로開明富强을速圖치안코永히他人의奴隷가되고져ᄒᆞᄂᆞᆫ가同胞同胞여依賴於人之心을斯速擲棄ᄒᆞ고責在於我之意를斯速覺得ᄒᆞ야苟能人々이開明富强이면何患乎國家之不能開明富强이리오勿謂無識而自棄ᄒᆞ며勿謂年高而自棄ᄒᆞ고求助於人之心을早速劃斷ᄒᆞ고卓拔不撓之心으로勉力自助ᄒᆞ야個人의開明富强과全國의開明富强을成就ᄒᆞ여봅시다

官報

●三千六百九十五號　光武十一年二月二十一日

◎宮廷錄事

詔曰久駐京城之日本軍隊將官以下에可無示意陸軍少將東條英教陸軍々醫監藤田嗣章幷特敍勳一等陸軍大佐淸水金生島野翠幷特敍勳二等陸軍少佐宮地久壽馬陸軍等三獸醫正坂野武次郞幷特敍勳三等各賜八卦章陸軍中佐岩谷龍太郞井口吉五郞古賀要三郞隈本末熊幷特敍勳三等各賜太極章

光武拾一年二月十九日

表勳院總裁閔泳徽

奉常司提調李基東辭職疏

批旨省疏具悉所請依施　未完

外報

●極東의俄兵　俄國이北滿洲鐵道守備를減省ᄒᆞᆫ後에其領土內에排置ᄒᆞᆫ兵力이甚多ᄒᆞ야貝加爾以東에九個師團을有ᄒᆞ고其主力을海蔘威、니고리스구、하바로후스구에聚集ᄒᆞ야諸般設備를完成ᄒᆞ얏다ᄒᆞᄂᆞᆫᄃᆡ俄國軍事當局者는今後三十萬名의兵力을恒常極東에養成ᄒᆞ기로希望ᄒᆞᆫ다더라

●戰艦製造　法國의셔戰鬪艦四隻을四大私設造船所에注文ᄒᆞ얏다더라

●土民被虐　薩合連來信에云ᄒᆞ되樺太島中에土人一族이有ᄒᆞ야名은愛伊擾族이라先時에日本이該半嶋를占據ᄒᆞ기前에는相待가頗優ᄒᆞ고幷히特別利益이有홈으로許ᄒᆞᆫ故로此族이樂爲之用터니近時日人이南半島를占據ᄒᆞᆫ後로視彼族을如異類ᄒᆞ야苛虐百端ᄒᆞ야貢物을勸索ᄒᆞ며苦役을過作ᄒᆞ고雇金을不給ᄒᆞᄂᆞᆫ故로多數히北島俄地로暗移ᄒᆞ고又土人阿耳昌族類가亦皆北徙ᄒᆞᆫ다더라

雜報

●精察仍由 各部大臣의子姪十五人이日本에視察ᄒᆞᆫ다ᄂᆞᆫ理由ᄅᆞᆯ得聞ᄒᆞᆫ즉現今時勢形便이外國에留學ᄒᆞ야新知識을發達ᄒᆞᆫ後에야官爵에進級이될터인故로視察ᄒᆞᆫ다委托ᄒᆞ고前往ᄒᆞ야將次留학ᄒᆞᆯ計料라더라

●盡力方針 日本民黨副領首恆屋氏가大韓方針에對ᄒᆞ야大段盡力ᄒᆞᆫ다더라

●子弟質問 平理院檢事리儁氏가該院에被囚ᄒᆞ얏다가昨日에保放ᄒᆞ얏다ᄂᆞᆫ데該氏의弟與子某氏가法部에前往ᄒᆞ야何事捉囚ᄒᆞᆷ을質問ᄒᆞᆫ즉文書課長리鍾協氏가答曰請願書ᄅᆞᆯ작還ᄒᆞ라고平理院에通牒ᄒᆞ얏스나捉囚ᄒᆞ란文字ᄂᆞᆫ無라ᄒᆞ얏다더라

●暴動姑息 日本開進黨의暴動事ᄂᆞᆫ前報에揭載ᄒᆞ얏거니와暴動이아즉頓定이되얏스나更히起鬧ᄒᆞᆯᄂᆞᆫ지未知ᄒᆞ깃다고東京電報가日昨에達ᄒᆞ얏다더라

●偵探義擾 南原郡義擾ᄅᆞᆯ偵探次로警務廳에셔總巡一人과日巡査二人巡檢五名을日昨에派送ᄒᆞ얏다더라

●廣求守材 郡守奏本이在邇ᄒᆞᆫ데今番에ᄂᆞᆫ名譽와公正ᄒᆞᆫ人을擇用ᄒᆞᆫ다더니一說을據ᄒᆞᆫ즉內部大臣리址鎔氏가自己의緊切ᄒᆞᆫ食口某々氏의게委托ᄒᆞ야郡守運動ᄒᆞᄂᆞᆫ者ᄅᆞᆯ四處探求ᄒᆞ되食口에도緊不緊되로郡守의多少數ᄅᆞᆯ分排委托하얏다ᄂᆞᆫ데多者ᄂᆞᆫ二十餘名假量을擔着ᄒᆞ고少者ᄂᆞᆫ四五人八九人을擔着ᄒᆞ얏다더라

●更爲通牒 學部에셔副教員二十九人을試選ᄒᆞ야官報에揭載ᄒᆞ기로政府로送交ᄒᆞ엿더니政府에셔邀還ᄒᆞ고該人等의履歷書ᄅᆞᆯ繕送ᄒᆞ라ᄒᆞ엿거ᄂᆞᆯ該部에셔更히說明通牒ᄒᆞ되已爲卒業生도有ᄒᆞ고點檢ᄭᆞ지ᄒᆞ엿스니官報課로越交揭載ᄒᆞ라ᄒᆞ엿다더라

●手下親兵 內大리址鎔氏가該部會計局長金寬현氏로情若膠漆ᄒᆞ야度支檢査局長을移任ᄒᆞ고警務局主事五漢喆氏로手下親兵을삼을計劃이라더라

●司庭新司 宮內府에內庭司ᄅᆞᆯ新設하고各陵園畓土及香炭과各官庄土ᄅᆞᆯ該司로附屬ᄒᆞᄂᆞᆫ데該司長은勅任官이오其外에官人도多數히設置ᄒᆞᆫ다더라

●代관警顧 警務顧問丸山씨가歸國ᄒᆞᄂᆞᆫ데回還前에ᄂᆞᆫ警視永田幸次郎씨가代관ᄒᆞᆫ다더라

●事務命托 日本留學生囑托日本文部參書官松木順吉씨가學部에報告ᄒᆞ되文部省屬官梟屋淸次郎氏로한國留學生監督部事務ᄅᆞᆯ命托ᄒᆞ고月給은十元으로支給ᄒᆞ기로酌定ᄒᆞ엿다더라

●稅規實施 度支部에셔內部에照會ᄒᆞ되광무十一年度地方稅ᄅᆞᆯ依該規第十五條ᄒᆞ야業已編成頒布이온즉此不容不迅速實施이옵기玆以仰照ᄒᆞ오니照亮ᄒᆞ신後訓飭우漢城府及各觀察府윤ᄒᆞ시와本年三月十五日爲始하야一切開捧케ᄒᆞ라ᄒᆞ엿더라

●藉巡討索 警署別巡檢等이陋習을不改ᄒᆞ고巡檢의勢力을藉ᄒᆞ고商民處에多數히物品을請求勒討ᄒᆞᄂᆞᆫ故로警務中署의셔此弊瘼을禁止ᄒᆞ여도一向尤甚ᄒᆞ다고民怨이浪藉ᄒᆞ더라

●軍隊別宴 今回歸還ᄒᆞᄂᆞᆫ日本第十五師團은來二十二日의京城을出發ᄒᆞᆫ다ᄒᆞ미長谷川軍司令官이再昨日午後六時에同師團將以下各將校等百餘名을日本人俱樂部의招待ᄒᆞ야送別宴을開ᄒᆞ얏다더라

●勢似然矣 各宮을調査ᄒᆞᄂᆞᆫ데ᄒᆞ官行廊下의借居ᄒᆞᆫ人을一齊히逐出ᄒᆞᄂᆞᆫ故로卒地見逐ᄒᆞᆫ者의怨聲이狼藉ᄒᆞ다더라

●鎭兵反厭 各地方來人의傳說을據ᄒᆞᆫ즉防賊次로派送ᄒᆞᆫ地方隊兵丁이何樣으로討索ᄒᆞ던지暫時賊患은被ᄒᆞᆯ지언뎡兵丁의來到ᄒᆞᆷ은反히厭苦ᄒᆞᆫ다더라

●巡檢鳴寃 광무十年十一月間에리基東氏가主殿院경을이任後에別巡檢等을會集演說ᄒᆞ야曰吾가前日에罪惡이大端ᄒᆞ더니此身을漢江水에마져하얏다고하더니不過幾日에別巡檢十七人을無故除汰ᄒᆞ고自家에食口와圖囑으로塡代ᄒᆞ얏ᄂᆞᆫ데其間에醜說은不必掛齒어니와右人等이多年服役ᄒᆞ야警察에한熟하고視務도勤幹ᄒᆞᆫ데無故除汰ᄒᆞᆷ이公政上에大段誤錯이오人各有父母妻子ᄒᆞᆫ데無他技業하고月給에賴活하다가平地風波에生맥을坐失ᄒᆞ야號呼煩連之狀이道路의愁慘ᄒᆞ니私分上에何等抑寃ᄒᆞᆫ데且況年終賞與金도一年勤務者가無故見退之地에合有分等出給이거ᄂᆞᆯ數月間服務者가一年賞與금을沒呑而止ᄒᆞ니天下에豈有如許事理乎아不勝憤歎하야本院에等訴하던지法部에等訴ᄒᆞ던지歸正乃已라고히別巡檢等이本社에脫寃ᄒᆞ더라

●教務講究 昨日下午四時에普成專門學校講師諸氏가會同하야新募學員二百餘人의教育方針과講師延聘ᄒᆞᆯ事件을爛商議定하얏다더라

●起業增資 近日南大門內起業合資會社에서事務를一層擴張ᄒᆞ고資本金一百萬圜을增資ᄒᆞ고株式會社를組織ᄒᆞᆫ다더라

●靑會慰問 萬國基督教靑年會員리준씨가平理院에拘介ᄒᆞᆫ故로該會에셔總代二人을選定ᄒᆞ여慰問ᄒᆞ얏다더라

●靑年親睦 向日萬國靑年聯合同盟會總辦穆德氏가國民演臺에셔演說ᄒᆞᆫ後에感化悔改하야自願入教ᄒᆞᆫ人이合三百餘人인데靑年會에셔交誼을敦睦ᄒᆞ기爲하야本日下午三点鐘에親睦會을開ᄒᆞ고請邀宴待ᄒᆞᆫ後道德을暢論ᄒᆞᆫ다더라

●特告法徒 리德洙씨가特告于普成專門學徒僉位ᄒᆞ되貴학徒가他專門을棄ᄒᆞ고獨法律專門으로入ᄒᆞᆷ은幾十年來로枉法이多ᄒᆞ여國가々此境에至ᄒᆞᆷ을痛恨ᄒᆞᆫ故라誰其不然이리오然ᄒᆞᆫ즉今에檢事리준씨가法律로競爭ᄒᆞᆷ은貴學徒를爲ᄒᆞ여準備ᄒᆞ엿다ᄒᆞ여도無妨ᄒᆞᆫ事라盛哉라貴학徒여如此히好競爭에曷不研究ᄒᆞ여以爲實地見習ᄒᆞᆯ이오ᄒᆞ엿다더라

●視察爭衡 日本各學校에視察次로各大臣에子婿弟姪을選送ᄒᆞᆫ다ᄂᆞᆫ事已爲報道ᄒᆞ엿거니와五南益리範裔閔泳五閔健植리會九리載崐윤肅榮諸氏인데軍大ᄂᆞᆫ其子를送ᄒᆞ고農大ᄂᆞᆫ其婿을送ᄒᆞ다ᄂᆞᆫ데首觀察은閔京鎬閔泳麟兩씨가方在爭衡中이라더라

●製塩試驗 度支部에셔仁川府尹에게訓令ᄒᆞ되製塩試驗地開設次로本府米安面于瀉地에業行定界立票인바愚民輩가慮或有犯界拔票之弊ᄒᆞ야另玆訓飭하니到即各別嚴飭ᄒᆞ라ᄒᆞ엿더라

●學徒試取 來土曜日에경務廳에셔警務學徒限十人을選取ᄒᆞᆫ다더라

●漢判被任說 五南升氏가漢城判윤을被任ᄒᆞᆫ다ᄂᆞᆫ說이有ᄒᆞ더라

●內照統府 內部에셔統監府에照會ᄒᆞ되成川郡守五鼎允定山郡守리寅用全義郡守宋병和振威郡守白南奎蔚山郡守리호瀕江西郡守리宇榮報告를接準內開에郵便取扱所長이書記廳巡校廳戶長廳鄕廳을居接ᄒᆞ여官屬이樓府에公務를廢止인즉民有가舍를買得ᄒᆞ던지公廨를修理ᄒᆞ든지히費額을支撥事等因인바히取扱所長借與ᄒᆞᆫ算外多額을實難支撥야기玆에仰布ᄒᆞ니히所長의게訓칙ᄒᆞ여取扱所를別定他處ᄒᆞ고所居公廨ᄂᆞᆫ即속還給ᄒᆞ라ᄒᆞ얏다더라

▲一笑紅塵▼

△韓國政府에셔爭競이纔息ᄒᆞ더니一派가又生ᄒᆞ야不穩ᄒᆞᆫ情態를將呈ᄒᆞ거시오日本셔도開進黨이暴動ᄒᆞ야大端히危險ᄒᆞ다니아마도此世界ᄂᆞᆫ戰爭時代로고

△內部銓考를別般規則이有ᄒᆞ야秘密히考ᄒᆞ다니郡守을叙任ᄒᆞ야甕中에藏置ᄒᆞ야ᄂᆞᆫ지秘密ᄒᆞᆫ일이何關은업서나지

△平理院檢事李儁氏가今番救典에自法部로擅自存拔ᄒᆞᆷ으로控訴ᄒᆞ야一大問題가되얏시니法官中에一二人이李氏와强硬파如ᄒᆞᆫ人이有ᄒᆞ면法司에春夢이몽롱ᄒᆞᆷ을喚起ᄒᆞ지

△法部刑事局長金洛憲氏ᄂᆞᆫ리儁씨에起訴를被ᄒᆞ야私邸에退歸ᄒᆞ야該事妥決ᄒᆞ기前에ᄂᆞᆫ雖未出仕ᄒᆞ나月俸은臥受ᄒᆞᆫ다니臥食八字가아닌가

△리址鎔氏가최錫敏氏에게見欺ᄒᆞᆷ을慨歎ᄒᆞ거날在傍人이韓國이中庶ᄂᆞᆫ心腸이異常ᄒᆞ야不可親近이라ᄒᆞᆫ데內大가拍膝大省ᄒᆞ며니其後에內大가韓鎭昌氏에公正ᄒᆞᆷ을開ᄒᆞ고內協으로薦用코ᄌᆞ거날傍人이又曰韓氏도庶얼인즉中庶가一般이라ᄒᆞᆫ데內大가大驚曰幾乎又欺라ᄒᆞ얏다니可謂傷於虎者로고

△內協朴義秉氏가花套局에돈을奪取ᄒᆞᆫ든엄흠ᄒᆞᆫ手段이尙此神異ᄒᆞ니內部大臣에暗弱ᄒᆞᆫ人셤으로ᄂᆞᆫ今番郡奏에精神을암만차려도넘석야말걸

雜報

●誘人奪財 經理院在囚人楊根郡居ᄒᆞᄂᆞᆫ金教河母李召史가該院에呈訴ᄒᆞᆫ內槩가如左ᄒᆞ니 老寡身勢가二十歲獨子教河을率ᄒᆞ야治生自保이옵더니本年陰二月分에一進會員柳黃錫이教河을向ᄒᆞ야入會을勸勉ᄒᆞ되汝若叅會ᄒᆞ면官爵이自來오權勢가自高라甘誘ᄒᆞ되形影相吊之人이一朝爵高勢來如虛無之說인듯ᄒᆞ여猶預未決ᄒᆞᆫ즉終爲勅力剃髮에擅意題名ᄒᆞ며因薦爲會長之任ᄒᆞ고巧言說去ᄒᆞ니未知裏許ᄒᆞ고氷々隨從ᄒᆞᄂᆞᆫ듸柳也又曰身爲會長則會中費은依例擔當이라ᄒᆞ고一千三百兩勒捧ᄒᆞ고又曰舍音欠逋에會長補助不可無之리니二千兩備納ᄒᆞ야以生名譽라誘捧ᄒᆞ고其外見誣白徵이數甚夥多ᄒᆞ여官爵權勢은姑舍而幾至家產蕩破之境矣러니昨年會長鄭樂永及柳黃錫이與同年舍音鄭樂潤으로嘯聚和應ᄒᆞ야乙巳度屯賭租上納을多數乾沒ᄒᆞ고暗生嫁禍之計ᄒᆞ야支部會長安泰俊의게付囑ᄒᆞ야虛無做說ᄒᆞ되會員所逋公納을臨時會長金教河處의責捧이라ᄒᆞ야速完될意로搆成公函ᄒᆞ야送報于收租官ᄒᆞ야由收租官而矣子教河가橫爲犯逋者ᄒᆞ야至此院獄滯囚가今爲屢朔이온今大抵賭租ᄂᆞᆫ舍音收納이已是定例則該舍音鄭樂潤이自在ᄒᆞ고假使會長이替納ᄒᆞᆯ境遇라도其時會長鄭樂永이自在이온고奚此丙午年二月後始任ᄒᆞᆫ會長金教河徵納이라越責ᄒᆞ오문無他라乙巳年舍音會長鄭哥兄제가其남柳黃錫을締結ᄒᆞ야陷人不測之地故也이온듸如是橫罹曠囚가極甚抑冤ᄒᆞ오니所欠賭租ᄂᆞᆫ該犯人處責捧ᄒᆞ시고曖昧ᄒᆞᆫ教河ᄂᆞᆫ特爲放送ᄒᆞᆫ事指令內開의苟係橫責이면初何捉付ᄒᆞ야致此煩訴인지其委折을詳查報來ᄒᆞᆫ事云故로指令을往付收租官則初以從公報明으로明日來라爲教이러니過其日夜ᄒᆞ야更爲分付ᄒᆞ되我已言告于院경閤下則勿煩退去ᄒᆞ라ᄒᆞ고不爲修報ᄒᆞᄂᆞᆫ故로今方擧由更訴于經理院ᄒᆞᆫ다니將未知如何歸決이어니와一進會員柳鄭三人之誘人子蕩產케ᄒᆞ고猶爲不足ᄒᆞ야渠輩之偷食國租을另欲替徵ᄒᆞ니痛惡其習은不可形論이고收租官之拒令不報ᄒᆞᄂᆞᆫ實是아惑이라ᄒᆞ더라

●闡成開會 京城杷谷杷成學校內私立教育闡成會에서來土曜日下午二点鍾에特別通常會을開ᄒᆞᆫ다더라

●日人世界 傳說을聞ᄒᆞᆫ즉近日南門內한人의家舍가日人의게盡爲放賣ᄒᆞ야不久日間毁徹ᄒᆞᆫ다더라

●天然痘發行 京畿道陽智郡南山面等地의過日來로天然痘가發生ᄒᆞ야한人이死亡의罹ᄒᆞᆫ者ㅣ甚多ᄒᆞ다더라

●喪中花柳 東署梨峴居ᄒᆞᄂᆞᆫ金泰鎭氏ᄂᆞᆫ本以家勢가富饒ᄒᆞᆫ대客月末의其父喪을當ᄒᆞ야現在居憂中인듸梨峴居ᄒᆞᄂᆞᆫ悖類左雲澤李慶雨劉善行諸人이暗生凶計ᄒᆞ야金氏을萬端誘引ᄒᆞ야數百金을籠賂ᄒᆞ야各處賣淫家로浪遊ᄒᆞ야一日消費額이乃至二千金이라金氏ᄂᆞᆫ髮을剃ᄒᆞ고家舍을全然不顧ᄒᆞᄂᆞᆫ故로該家에서大端憂慮中이라더라

●李氏請願 近日蚕桑試驗場學徒李榮赫金榮德박勝運李鏞형劉英相張基주金秉濟諸氏가農商工部에請願哀訴ᄒᆞ얏다ᄂᆞᆫ說을得聞ᄒᆞᆫ즉本學徒等이陰曆本年六月分에被選于本課學徒ᄒᆞ와于今受業이옵더니今有教師岩田次郎所言內에謂以今此放學後에各自歸家營業이든지又或有實地修業者면從後請願于龍山婦人會ᄒᆞ야春夏秋三期를更爲修業ᄒᆞ라ᄒᆞ오며且本部局長與場長言內에本課ᄂᆞᆫ附屬于龍山婦人會ᄒᆞ고학徒ᄂᆞᆫ今姑放학ᄒᆞ엿다가以待明春ᄒᆞ야更爲招集云々이오나學徒等之勤々修業은志在實地上卒業이옵거날今此半途而廢가是豈本意오며且明春發芽時에若不招集이오면非徒前功之可惜이라必無實業之證書이오니豈非抑鬱乎잇가玆敢齊聲請願ᄒᆞ오니查照ᄒᆞ신後特念情狀ᄒᆞ와使之繼續修實業케ᄒᆞ라ᄒᆞ얏ᄂᆞᆫ듸陰三月初旬間에繼續修業卒業키로決定ᄒᆞ얏다더라

詞林

哭挽勉庵崔先生 復性齋 金선穆

狂洋水黑甚於漆焉미先生一片心未了경天身已운二千萬口共哀音

萬死非難々一死先生惟獨得其難苟且偷生々亦恨斜陽痛哭海聲寒

畢隕光芒石不轉무侯文相共泉臺臨風一뇌非無酒未斫賊頭爲飲盃

廣告

本校에서日語夜學專門速成科生徒를增募ᄒᆞ더이오니願學僉員은本月二十七日(陰正月十五日)內로速枉問議ᄒᆞᆷ

中署河橋板井洞 私立前進學校 告白

本郡守張鳳煥氏가莅政未幾에聖廟에地衣無ᄒᆞᆷ을憂ᄒᆞ야捐廩二百金ᄒᆞ야一新ᄒᆞ고彩雲橋가涂水에頹圮ᄒᆞ야來往人이利涉키難ᄒᆞᆷ으로出二百修築ᄒᆞ고五浦에年々官納ᄒᆞᄂᆞᆫ鹽代金四百八十兩을革罷ᄒᆞ고蘭芝島에歲納鹽가爲二十負而亦勿施ᄒᆞ고學校를新設ᄒᆞᄂᆞᆫ듸爲先補助六百餘金ᄒᆞ야學舍를修建ᄒᆞ고聽訟必公ᄒᆞ고見弊輒祛ᄒᆞ야頌聲籍動ᄒᆞ더니有何事端인지棄官決歸ᄒᆞ기로民人等이一邊으로解衣遮路長嘆曰保此嬰兒ᄒᆞ야無至失哺이어다ᄒᆞ며衆民이內部에願留次로呼訴ᄒᆞ기로廣告ᄒᆞᆷ

唐津郡儒生等 成壽根 리台永 金在禧

●緊急廣告● 典동官立漢語學校內私立中東夜學에서漢語日語兩課를教授ᄒᆞᄂᆞᆫ바에陰曆春期上學을陰曆正月十一日에開學ᄒᆞ오니舊學僉員과願學人員은本日下午六点에來臨問議ᄒᆞ심을爲要ᄒᆞᆷ

中東夜學校校監崔興模 告白

尙州郡居車一龍田畓五百十三斗五升落을甲辰乙巳兩年에買得ᄒᆞ와新舊文記와踏印量案이自在ᄒᆞ고況二三年收賭ᄒᆞ온有主지庄을全在祐爲名人이稱以車一龍孫永翰에게有捧債ᄒᆞ고誣囑日人ᄒᆞ와同往該郡ᄒᆞ여威脅郡守ᄒᆞ와執行田畓ᄒᆞ고成量案踏印上來ᄒᆞ와得訓令放賣云故로不無盜賣지慮ᄒᆞ야玆先廣告ᄒᆞ오니內外國人은切勿見欺ᄒᆞ시옵

巫東瑨 告白

敬啓者泰仁郡居張致榮爲名者을年前에收養成취을식키고性本悖惡ᄒᆞ야爲還送渠지本家이러니同致榮이가逗留於群港等地ᄒᆞ야假稱本人지子라ᄒᆞ고符同雜類ᄒᆞ야債錢을得用ᄒᆞ고本人에게徵出코저ᄒᆞ니無論內外國人ᄒᆞ고如此ᄒᆞᆫ浮浪悖類의게見欺치마오

全北泰仁郡下金演秋 告白

大丘達城廣文社內에本支社事務를廢止ᄒᆞ고大丘市廳街一弘氏로移設視務케ᄒᆞ얏스니廣文社로購覽ᄒᆞ신申報價를街一弘氏게로傳致ᄒᆞ시고該附近地願覽諸公도該氏에게請求ᄒᆞ심을務要

大韓每日申報社 告白

唐草藥을俱備ᄒᆞ와乾材로發賣ᄒᆞ오니濟衆과衛生에注意ᄒᆞ신僉尊은陸續來購ᄒᆞ심을敬要

清州南門外市邊東一藥房 郭泰현 告白

本人再從弟鍾國字佑英性習浮浪偽造本人圖章與田畓文券及本官家印章得債於日本人十河政吉擬欲徵出本人與日本人對質官庭眞偽盡露鍾國則率眷逃避內外國人切勿見欺

樂安郡 郭春景 告白

本店에各色筆墨과諸般材料具備ᄒᆞ며別品所請ᄒᆞ시ᄂᆞᆫ僉員은西小門外鐵路邊蓋井橋筆墨旗立家로來購ᄒᆞᆷ

筆墨商店 廣告

本人之子載源가性本浮浪ᄒᆞ야符同雜流ᄒᆞᆫ事로新聞廣告에屢載ᄒᆞ얏거니와終不改過ᄒᆞ고雜流輩金振元具然昌等을符同ᄒᆞ야於音과手記을裁成ᄒᆞ고文券을偽造ᄒᆞ야內外國人의게出債ᄒᆞᆫ다고悖習이無所不至ᄒᆞ니內外國人은以此照亮ᄒᆞ시와切勿見欺ᄒᆞᆷ

中署水標橋川邊 朴明煥 告白

前監察金相佑에名字를以寅濟로改定ᄒᆞ오니知舊間照亮ᄒᆞ시옵

金寅濟 告白

廣告

越南亡國史 國漢文 新刊
定價貳拾伍錢
發賣所 京城廣橋高裕相冊肆
鏡南端川郡禹時夏
布屛下 김相萬 書舖

大韓留學生會學報 每月一回第一日曜發行
日本東京에在ᄒᆞᆫ我韓國留學生이合心倂力ᄒᆞ야總成一會ᄒᆞ야學業相勸ᄒᆞ며患難相救ᄒᆞᆷ은朝野의贊美를已受ᄒᆞᆷ니어니와自[illegible]學報를發行ᄒᆞ야一國結力을一層鞏固케ᄒᆞ며內國人士와愛國同情을貫通케ᄒᆞᆷ을企圖ᄒᆞ오니有志諸公은速速請購ᄒᆞ시옵
論說 雄辯과雲
學術 簡明易致
譯叢及雜俎 古今東西奇事高談
定價 一部 十七錢 郵稅並
三個月先給 四十六錢 仝
六個月先給 九十錢 仝
一年先給 一圜七十四錢 仝
發行所 日本東京麴町區中六番町五十番地 大韓留學生會
出張所 京城中署長通坊洞口越便三十八統二戶 朱翰榮書舖

西署新門外鍮동百八十六統三戶
辯護士 前檢事正三品 丁明燮
法律事務所 事務員 前主事 吳在淳

廣告

◎學員募集廣告
本校第三回入學期를現當ᄒᆞ야法律學及經濟學兩專門科學員을玆에募集ᄒᆞ오니願학人은左記試驗定期內에本校用紙로써早速請願ᄒᆞᆯ事
但法律科는晝학及夜학으로教授ᄒᆞ고經濟科는夜학으로教授ᄒᆞᆷ
○脩業年限 三학年
○入學年齡 二十歲以上
○學科目 法律학全部 經濟학全部 備在本校規則
○試驗日字 三月一日(陰曆丁未正月十七日)
○試驗科目 歷史及地誌問對(內國及外國) 讀書及作文(國文及漢文) 筭術(四則以內)
但官公私立학校의普通科以上卒業證書가有ᄒᆞᆫ人은其학力을檢定ᄒᆞᆫ後免試許入ᄒᆞᆷ
○開學日字 三月五日(陰曆正月二十壹日)
光武十一年一月十五日
中署磚洞 普成專門學校 告白

廣告

湖南鐵道株式會社廣告
本社事務를一層擴張ᄒᆞ기爲ᄒᆞ야事務所는大廣橋川邊前紙廛小都家로本月六日에移接ᄒᆞ고社長以下整理委員을選定ᄒᆞ고玆에左開ᄒᆞ야廣告ᄒᆞ오니株主에應募ᄒᆞ실有志 僉君子는陸續來議ᄒᆞ심을爲望
社長 金基永
總務部長 成文永
整理委員 尹晶錫
白完혁 趙鎭泰 趙秉澤
鄭東植 孫錫基 孟덕敏
朴泓일 鄭斗煥 白寅基
한相龍 趙彰漢
等 告白

●九轉靈砂라 本人이妙方法을神備ᄒᆞ야製造ᄒᆞᆫ靈丹인ᄃᆡ男女老少에無論何징ᄒᆞ고通治ᄒᆞ오며無病時에도服하면平生의身躰가健康ᄒᆞ며小兒는四五錢重만服ᄒᆞ면十歲안에無病ᄒᆞ기를擔保ᄒᆞ오며
●九轉靈砂萬應丹은져狂 癎징과中風諸疾과耳目諸病과淋疾에神効ᄒᆞ오
●九轉靈砂保命丹은初生小兒驚風 간氣 咳嗽 腹瘡諸般惡징에神効ᄒᆞ오
●九轉靈砂濟衆丹은酒滯 食滯 血積 吐瀉 霍亂 痢疾 吐血 下血 運氣 時疾 疝징에神効ᄒᆞ오
●九轉靈砂紫金丹은痔漏 累瀝 上疳瘡 下疳瘡及唐瘡과諸般毒瘡惡種에無不神効ᄒᆞ오니 僉君子는來問ᄒᆞ시오
內需司前독갑이골上隅第一家百三統一戶 리호延 告白

명월관확장광고
폐관이마시이후로고익ᄒᆞ시는귀긱에후의를입사와오늘날대한에제일등요리점으로ᄂᆡ외국에셔다아시도록확장ᄒᆞ여가오니ᄃᆡ단감ᄉᆞᄒᆞ옵거니와근일은이층양옥을광활이신건축ᄒᆞ고다락아ᄅᆡ는온돌방을온밀리비치ᄒᆞ고포진범절을식로ᄒᆞ와오시는귀긱이편ᄒᆞ시도록쥬의ᄒᆞ엿ᄉᆞ오며각죵음식은보기에화려ᄒᆞ고먹기에정미ᄒᆞ게일신쥰비ᄒᆞ야다소를불계ᄒᆞ고주야로파오되셔양쥬는잔으로파오며특별신미량교자음식은오시는시로붓터ᄒᆞᆫ시간이되면몟상이라도곳가져가시도록ᄒᆞ오니ᄂᆡ외귀긱은륙속왕임ᄒᆞ시옵
각석요리음식
각석셔양쥬
각죵경편양요리
각죵일본간스메
각죵여송연
각국권연
진찬합
건찬합
밥교자
특별신미량교자음식
명창가동졍거북도유ᄒᆞ옵
明月館 主人 金東植 告白

洪淳康氏가東署東小門內土橋東邊에織造機를廣張設施ᄒᆞ야稱號를淳昌號라ᄒᆞ고各色綢緞紗屬等을織造發賣ᄒᆞ오니願買人은來臨購買ᄒᆞ시며或所用대로緞과紗等屬을預托ᄒᆞ시면依約施行ᄒᆞ깃삽 淳昌號 告白

●**大韓自强會月報** 每月一回廿五日發行
定價金一部十五錢
大韓自强會月報의發行이歷朔을經ᄒᆞ오니自由의議論을鼓發ᄒᆞ야國家의權利를增進ᄒᆞ고獨立의精神을淬礪ᄒᆞ야同胞의團結을益鞏케ᄒᆞ야全國有志諸公의愛讀ᄒᆞ심을供ᄒᆞ온바現今本會의셔一ᄇᆡ擴張ᄒᆞ기爲ᄒᆞ야高明ᄒᆞᆫ文章과宏博ᄒᆞᆫ學問家를延致ᄒᆞ야天下大勢의變動과殖産敎育의要業과古今政治의大要를蒐輯ᄒᆞ야開卷ᄒᆞ면眼目을一新케ᄒᆞ오니愛國ᄒᆞ시는僉君子는血淚를뭇ᄒᆞ시고家家案頭의隨刋對讀ᄒᆞ시오
皇城中署典洞九統二戶
大韓自强會事務所

漢城染織會社
本社의셔利益을不顧ᄒᆞ고韓人은紙人이라白衣는韓國衰敗의元素란外人의嘲評을憤慨ᄒᆞ여起業週年의幸蒙各位愛顧ᄒᆞ와前進의榮幸이不無ᄒᆞ온지라各種染色을益加勉勵ᄒᆞ와 僉位의所請을不負ᄒᆞ깃사오니陸續枉臨ᄒᆞ시되來往의便易를爲ᄒᆞ와左開各處에染物取扱所를設置ᄒᆞ엿사오니從便委托ᄒᆞ기務望
大廣橋 朴勝煥雜貨商店
布屛下 金相萬冊肆
苧洞富兵 李鴻謨藥局
支所
南門外蓮池洞 俞경煥商店
安洞北松峴初入 송洛중典舖
社稷洞武德門外
漢城染織會社告白

◎本社廣告
○申報價
一張代金 新貨二錢五里
一個月前納 三十錢
三箇月 九十錢
六個月 一元七十錢
一箇年 三元四十錢
郵稅一部 新貨五里
一箇月 十三錢
○廣告料
四号活字ㅣ三字詰
每日每英尺一寸에新貨廿五錢
(每日每行六錢에相當ᄒᆞᆷ)
一週日에 二圓五十戔
(每日每行四戔五里에相當ᄒᆞᆷ)
一箇月에 五圓
(每日每日四錢一里에相當ᄒᆞᆷ)
其期限의長短과字行의多夥를依ᄒᆞ야增減ᄒᆞᆷ이有ᄒᆞᆷ

●大한每日申報各處支社廣告
中署布屛門下 김相萬冊肆
中署農圃初入七拾八統第二號 鄭禹澤
平壤上水口門內 김浩淵
仝 최叡恒
仁川杻峴開新冊肆 리東皓
宣川邑橋西里 安濬
義州西門外한西 大藥局
釜山港佐川 徐藥局
三和港築洞 김仁집
咸興朱南社西門外 曹喜林
開城培學校 姜助遠
大丘市廳 최一弘
載寧邑濟衆院 劉夢澤
鐵山邑東部 安主
元山支店 劉七錫
定州南門內 洪聖麟
京城興仁門外영楓亭 리建穌
海州南門內書舖 朴昌鎭

發行兼編輯人 英國人비說
發行所 南署石井洞號外地三層洋屋家
大韓每日申報社

第五卷

大韓每日申報
대한매일신보

第四百四十六號

月曜及慶節歲時日休刊

檀君開國四千二百四十年
箕子元年三千二十九年
大韓開國五百十六年
日本明治四十年
淸國光緒三十三年
◉陰曆丁未正月小十一日巳卯

論說

在於隱密

韓國內日人의形勢에關ᄒᆞ야重要ᄒᆞᆫ秘密件이尙此保存ᄒᆞ얏스니痛歎哉ㄴ져伊藤侯가正實히公言ᄒᆞ기를日人은韓國에셔勸告者가될ᄲᅮᆫ이오無他道라ᄒᆞ얏스나此隱匿狀態ᄂᆞᆫ明白히不要ᄒᆞᆯ거시어ᄂᆞᆯ吾儕所見에ᄂᆞᆫ尙存ᄒᆞᆫ거시去金曜日에日本代議院에셔國會委員이韓國情況을査問ᄒᆞᆷ에對ᄒᆞ야鶴原定吉氏가隱諱ᄒᆞ야答言ᄒᆞ얏스니此ᄂᆞᆫ抑留不布코져ᄒᆞᆷ이라

鶴原氏ᄂᆞᆫ能幹之人인줄노吾儕ᄂᆞᆫ信認ᄒᆞ노니氏가純粹ᄒᆞᆫ能力으로勸告ᄒᆞ면韓人도悅納ᄒᆞᆯ줄노吾儕가料知ᄒᆞ나然이나氏가緊要事項에就ᄒᆞ야隱諱ᄒᆞ기를勉力ᄒᆞᄂᆞᆫ거슨自已게나日本이나韓國에나某人의게나不利ᄒᆞᆯ줄노理會ᄒᆞ노라

國會委員中一人이鶴原氏의게請問ᄒᆞ기를日本軍事當局者들이韓國의森林採伐權을旣已認得ᄒᆞ야隨其所欲되로可以處置ᄒᆞᆯ事實이其有乎否아ᄒᆞᆫ즉鶴原氏가公正ᄒᆞᆫ答言을厭避不言ᄒᆞ얏스니

此隱諱ᄒᆞᄂᆞᆫ目的은不能推察이로니若日本軍事當局者가韓國森林開採權을既是正式으로承認ᄒᆞ얏스면據何理而爲隱密乎아若其不然ᄒᆞ야此等契約이無ᄒᆞᆫ진ᄃᆡ此事案에對ᄒᆞ야鶴原氏의含默無言ᄒᆞᆷ은但是疑訝를惹起ᄒᆞᆯ거시明確ᄒᆞ니白日과明之下에能히保有치못ᄒᆞᆯ特權을日本이乖悖之道로써强求取獲ᄒᆞᄂᆞᆫ줄을使民致疑케ᄒᆞᆯᄲᅮᆫ而已라韓國의腐敗之說은既是多有流傳ᄒᆞ얏스며日人의施政改善之告示文도既是布聞于地極處ᄒᆞ얏스되晦暗秘密ᄒᆞᆫ隱匿狀態가連綿不絕ᄒᆞ니不久에共同感想이發起ᄒᆞ야日本이慚愧之事를見ᄒᆞ리로다

吾儕ᄂᆞᆫ屢屢頻頻히韓人의事機를代言ᄒᆞ야報道ᄒᆞ기를此兩國間에友誼를篤立ᄒᆞᄂᆞᆫ거시互相間에平穩과幸福이되리라ᄒᆞ얏고且以明白說話로教導日人ᄒᆞ야善待韓人ᄒᆞ라ᄒᆞ얏거니와韓人의木材事業을不當ᄒᆞ게吸取ᄒᆞ고剪徑掠奪이라고解說ᄒᆞᆯ만ᄒᆞᆫ行動에對ᄒᆞ야彼等이辯論을尙然隱諱ᄒᆞᄂᆞᆫ도다開伐以來로日本軍事當局者가木材를採伐ᄒᆞ야擅爲己物ᄒᆞᆫ事에關ᄒᆞ야鴨綠豆滿兩境之間에셔號함이大開ᄒᆞ얏스며近者에日本新聞을接讀ᄒᆞ야知悉ᄒᆞᆫ바此積多木材를自軍隊로輸送于日人商會라ᄒᆞ니此等處事行動은可히一番眼觀에現出ᄒᆞ리로다

戰爭之時에在ᄒᆞ야ᄂᆞᆫ許多ᄒᆞᆫ蠻風과悖習을可容宥恕어니와然이나日本政府가自國을富裕케ᄒᆞ기爲ᄒᆞ야韓國內에셔戰爭之狀態을永續不止ᄒᆞ기를明白히慾望ᄒᆞᄂᆞᆫ거슨正直ᄒᆞᆫ一般白人들이장ᄎᆞ其解說ᄒᆞ기를詰求ᄒᆞ리로다

此隱密之事를解說ᄒᆞᆫ거시日本의政客을滿足케ᄒᆞ얏슬연마ᄂᆞᆫ日本의政客들은世界를滿足케ᄒᆞ지아니ᄒᆞ리로다

官報

●三千六百九十五號 光武十一年二月二十一日

◎敍任及辭令

命不動產法調查委員　六品石鎭衡
陞正三品　主衛局員최翼彬
　宮內府禮式官嚴達煥
陞甲號四級俸
　宮內府秘書官金明濟
　宮內府禮式官조在升
　營繕司技師吳允默
　仝　李宗雲
陞甲號六級俸
命兼任工業傳習所監督
　農商工部工務局長徐丙珪
命兼任度量衡事務局長
　農商工部工務局長徐丙珪
任豐基郡主事　李敦寧
任長津仝　梁龍훈
任寧邊仝　鄭泰玉
任豐川仝　盧重헌
任三水仝　禹炯鼎
任砥平仝　조瓊호
任義興仝　申泰慶
任安邊仝　최命沼
任孟山仝　方處觀
給五級俸
　議政府參書官金寧鎭
　秘書監丞梁善讚
　思陵參奉徐丙轍
依願免本官
任秘書監丞敍奏任官三等
　正三品윤憲섭
依願免兼任掌禮院掌禮
　秘書監丞尹德榮
兼任掌禮院掌禮
　秘書監丞李文求
正三品孫容德　六品金洛龜
解各宮事務整理委員
　制度局參書官兪致衡
　仝　白時鏞
命各宮事務整理委員
任思陵參奉　조龍載
依願免本官　德川郡守沈宜德

●三千六百九十六號 光武十一年二月廿二日

◎宮廷錄事

宮內府特進官李완 辭職疏
批旨省疏具悉所請依施
慶尙北道觀察使韓鎭昌辭職疏
批旨省疏具悉所請依施
　義州경務署總巡박文淵
任平安北道觀察道警務署總巡
任度量衡事務局技手　리來爾
任工業傳習所技手　金有聲
　梁在昶　金熙祚　張和섭
任度量衡事務局臨檢員
　智陵參奉한河用
　箕子陵參奉조鍾完
依願免本官
任智陵參奉　姜道衡
任箕子능參奉　金明賢
　莊능參奉리象麟
　기子능參奉金明賢
依願免本官
命奉常司提調敍勅任官三等
　經理院技師金榮灝
任莊陵參奉　河在衡
任箕子陵參奉　九品조鍾完
任警務廳경官敍奏任官三等
　警務廳總巡丁奎鳳

外報

●英美比較　英國에기스부레스新聞이美國及英國의富를比較ᄒᆞ야曰英國의富ᄂᆞᆫ一週間에七百萬弗式增加ᄒᆞᆷ에不過ᄒᆞ되美國의富ᄂᆞᆫ一日에一千萬弗式增加ᄒᆞᆫ다ᄒᆞ얏더라

●法國艦隊의東航設備　法國에셔近時에交趾支那等에殖民地沿岸에嚴重히防禦工役을施ᄒᆞ고有事日에供用ᄒᆞ기爲ᄒᆞ야海東에艦隊가極東에達ᄒᆞᄂᆞᆫ二大航路의要害處에根據地를設施ᄒᆞᆫ다더라

●振徐兩使密奏要件　支那報를據ᄒᆞᆫ즉振貝子와徐世昌兩欽使가조爾巽將軍으로더부러密議ᄒᆞᆫ事의八欵을回京奏聞ᄒᆞ얏스니一은鎭撫馬賊之法이오一은整頓奉天鹽政之法이오一은經理鐵路지法이오一은籌辦爭回金礦지法이오一은保衛地方지法이오一은修睦外交지法이오一은保衛陵寢지法이오一은籌欵鍊兵지法이라더라

雜報

●擇用久勤 日間郡守를奏本ᄒᆞᆯ터인ᄃᆡ南北村四色과景孝殿祀丞과陵官久勤과桂房久勤과左右侍御久勤之人으로擇用ᄒᆞᆫ다더라

●好官反勞 內部協판朴義秉氏가參與室龜山鹽川兩氏를對ᄒᆞ야今番郡守奏本에ᄂᆞᆫ積仕久勤之人을叙任ᄒᆞ기로該部大臣이酌定ᄒᆞ얏다ᄒᆞᆫ즉龜山塩川兩氏가答ᄒᆞ되久勤之人은便利ᄒᆞᆫ好官을叙任ᄒᆞ지勞苦ᄒᆞᆫ地方郡守를何可叙任乎아ᄒᆞ얏다더라

●達察䟽遞 慶北觀察使韓鎭昌氏가䟽遞ᄒᆞ얏더라

●稅主逃躱 淸道郡稅務主事姜某가該郡守를對ᄒᆞ야日稅務主事를多數納賂ᄒᆞ고圖得下來ᄒᆞ얏스니イ可不錢幾千元을貸給ᄒᆞ라ᄒᆞ거날該郡守가不應ᄒᆞ얏더니其後稅錢을收捧ᄒᆞ야四千元을帶持ᄒᆞ고逃라ᄒᆞ얏ᄂᆞᆫᄃᆡ不知去處라더라

●李氏控訴 平理院에셔李僖氏를不應律로笞一百에處ᄒᆞ다ᄂᆞᆫᄃᆡ該氏가再昨日該院에또控訴ᄒᆞ얏다더라

●兩察一윤 中樞院贊議金在豐氏ᄂᆞᆫ達察을被任ᄒᆞ고該院贊議李忠求氏ᄂᆞᆫ咸北觀察을被任ᄒᆞ고前局長劉猛氏ᄂᆞᆫ義州府윤을被任ᄒᆞᆫ다더라

●四守奏免 楚山橫城江東江界四郡守를奏免ᄒᆞ엿다더라

●政府議案 日昨政府議案을得聞ᄒᆞᆫ즉度支部令地方稅規則施行細則과內部令警務廳及地方警務署權任巡檢雇員使隷旅費支給規程과建築所官制中改正件과警務廳總巡丁奎鳳任警務官事와牛疫消防及獸醫俸額支出件과平壤軍用地調査委員往還旅費支給件과리淳謨救療費支出等請件이라더라

●丁七將叙 전考所에郡守履歷書가數百度에達ᄒᆞ얏ᄂᆞᆫᄃᆡ日間奏本에ᄂᆞᆫ十七窠뿐叙任ᄒᆞᆫ다더라

●人參耆社 特進官李憲직씨가年德이俱尊ᄒᆞᆫ故로今日耆老所에入社ᄒᆞᆫ다더라

●露書記入來 再昨日下午十時에露國領事館記書二人이入城ᄒᆞ얏다더라

●觀察전考 再昨日內部에셔觀察使를叙任ᄒᆞᆯ터인ᄃᆡ二拾餘人을전考ᄒᆞ얏다더라

●總巡試取 總巡丁奎鳳氏가中署長으로陞任ᄒᆞᆫ代에경務廳에셔各署權任을會集ᄒᆞ야試取ᄒᆞ얏다더라

●非安則리 地方官奏本에內部主事中久勤으로一人을叙任ᄒᆞᆯ터인대히部主事리興雨리升采安基宅三氏中에擇差ᄒᆞᆫ다더라

●學協呤病 학部協판閔衡植氏가身病이有ᄒᆞ야仕進視務치못ᄒᆞᆫ다더라

●巡檢減額 警務廳과各署巡檢이合七百八人인ᄃᆡ四十六人을減額ᄒᆞᆫ다더라

●三守依免 綾州郡守박龍勳과善山郡守洪鎭裕와洪州郡守孫永吉三氏가依免되얏더라

●公錢見奪 蔚珍郡守尹榮兌氏가義兵에게公錢一萬兩을見奪ᄒᆞ얏다ᄂᆞᆫ說이有ᄒᆞ더라

●不入調査 洪陵과裕康園奮士ᄂᆞᆫ今番調査中에勿爲擧論ᄒᆞᆫ다더라

●咸裁赦典 今番赦典에咸北裁判所已決未決中可放秩이五人이오可減秩이八人이라더라

●海守賣日 德山郡에來留ᄒᆞᄂᆞᆫ日人이海美郡守리洵升氏를招請ᄒᆞ야該郡稅納의遲滯됨을詰責ᄒᆞ거날리洵升씨가抗言ᄒᆞ여日本郡守의所職은治民ᄒᆞᄂᆞᆫ權限에止ᄒᆞᆯᄯᆞ름이오至於稅納ᄒᆞ야ᄂᆞᆫ稅務官과稅務主事가自在ᄒᆞ니若本人의職務를失墜ᄒᆞᆷ을詰責ᄒᆞ면自當僕僕어니와今에所管ᄒᆞᆫ以外事을詰責ᄒᆞᆷ은甚是無理ᄒᆞᆷ이오또本人도亦大한의官人이라一個日本人이면大한官人을任意로呼來斥去ᄒᆞᆷ이是何蠻習고ᄒᆞ야强硬히詰駁ᄒᆞᆫᄃᆡ該日人이果是失敗라고屢謝不已ᄒᆞ얏다더라

●僞貨期詷 第一銀行所出納에新貨僞造貨가混出ᄒᆞ기로日昨內部에셔十三道에訓令ᄒᆞ되値兹貨制改新ᄒᆞ야僞貨混入이면財政整釐와貨幣流通에障碍多大이깃기兹에訓令ᄒᆞ니所管警署에嚴明操飭ᄒᆞ야僞貨發見의根因을査得ᄒᆞ야贋造ᄒᆞᆫ者을期詷捕獲ᄒᆞ고形止를報來ᄒᆞ라ᄒᆞ얏다더라

●法部奏本 法部에셔平理院檢事리僞씨을有審査事ᄒᆞ야業以傘四라ᄒᆞ엿다더라

●湖鐵設社 湖南鐵道株式會社를組織ᄒᆞ고直時着手ᄒᆞᆯ터인ᄃᆡ社長은金基永씨總務部長成文永씨株式課長鄭顯哲씨文書課長윤胄榮씨會計課長丕彰漢씨監理課長리應翼씨營業部長윤晶錫씨運輸課長徐相瑢씨工務課長邊永勳씨保線課長孫錫基씨工作課長吳繼永씨가每日會集ᄒᆞ야自來發起人等이其間에煩雜을容ᄒᆞᆫ事ㅣ有ᄒᆞᆷ으로諸般方針을一新ᄒᆞ야前弊를革袪ᄒᆞ고株式을增募ᄒᆞ야業務를計劃ᄒᆞᆫ다더라

●支社收金 農圃동本社支社長鄭禹澤씨가今番日本斷指留學生의對ᄒᆞ야發起義捐ᄒᆞᆫ目的으로支社에셔義金을多數募集ᄒᆞ야日本의在ᄒᆞᄂᆞᆫ留학生에게寄附ᄒᆞᆫ다더라

●鄭씨何心 한一銀行을日人管理에附屬코져ᄒᆞ야鄭東植씨가運動ᄒᆞᆷ은一般世人이注目ᄒᆞᆯ뿐아니라商業會議所常談役西原龜三씨ᄂᆞᆫ日本人으로도鄭씨를勸告ᄒᆞ야其不可ᄒᆞᆷ을說明ᄒᆞ얏다ᄂᆞᆫᄃᆡ鄭씨ᄂᆞᆫ有何主義로一向固執ᄒᆞ야日人에게附屬코져ᄒᆞᄂᆞᆫ지其心을不可推測이라고輿論이紛々ᄒᆞ더라

●商會仲裁 往十里居한人이牛皮를日人에게賣却ᄒᆞ고其代價ᄂᆞᆫ第五十八銀行에小切手로領受ᄒᆞ야該銀行에往ᄒᆞ야推尋코져ᄒᆞᆫ즉支撥치아니ᄒᆞ고抑勒로該小切手ᄂᆞᆫ無用이라ᄒᆞᄂᆞᆫ지라商業會議所에往ᄒᆞ야仲裁를請ᄒᆞ미常談役西原씨가히銀行과談判ᄒᆞ야其錢額을推給ᄒᆞ얏다ᄒᆞ니日人은如此ᄒᆞᆫ銀行이라도可히信用ᄒᆞ기難ᄒᆞ다ᄒᆞ더라

●樂参烟社 仁港紳商會社에셔박元淳鄭在洪等諸氏가斷烟同盟會를組織ᄒᆞ고該社使喚禹昌根等五人을招待ᄒᆞ야平日에雖有使喚之别이나國民된義務를言之ᄒᆞ며毫無差等ᄒᆞ니若有志願者則一般會員이라ᄒᆞᆫᄃᆡ該使喚五人이樂應入會ᄒᆞ얏ᄂᆞᆫᄃᆡ히港有志人들이願入ᄒᆞᄂᆞᆫ者가不知其數라더라

●巡弊益甚 近日한國各地方의配置ᄒᆞᆫ巡檢들이무ᄉᆞᆷ勢力을依恃ᄒᆞᄂᆞᆫ지民間의作弊가無雙ᄒᆞ야鄕谷愚氓들을無端壓制ᄒᆞ며驕傲ᄒᆞᆫ態度ᄂᆞᆫ一筆難盡이어니와群山港總巡巡檢의行惡이比前尤甚ᄒᆞ야民難支保라고怨聲이藉々ᄒᆞ더라

●日兵만暑 再昨日中署農圃洞居ᄒᆞᄂᆞᆫ正三品柳錫膺씨家의日人二名과한人通辨一人이內庭突入ᄒᆞ야極惡ᄒᆞᆫ擧措을施威ᄒᆞ미히家의셔罔知所措ᄒᆞ야支所의呼訴ᄒᆞᆫ則日兵과通辨이不知去處ᄒᆞ얏다더라

▲政界月朝▼

△近日政海에外面은春氷이薄凝ᄒᆞ야波瀾이稍靜ᄒᆞ나千尺水心의怒濤가隱伏ᄒᆞ야馬潮가橫馳ᄒᆞ니面面相看에笑中有刀로고

△各地方郡守窠闕은三四十窠에不過ᄒᆞᆫᄃᆡ銓考所에收納ᄒᆞᆫ履歷書ᄂᆞᆫ二千百餘度에達ᄒᆞ얏시니其中에何等人을銓考ᄒᆞᄂᆞᆫ지官職履經之人만收用ᄒᆞᆯ터이면郡守叙任ᄒᆞ기前에도各自睡手ᄒᆞ깃고

△미警視와日財務官이各地方에下去ᄒᆞ야郡衙를占奪ᄒᆞ고郡守ᄂᆞᆫ或有家나或吏廳에寓接ᄒᆞ고何許日人이던지各郡守를繩難히捉來ᄒᆞ야發號施令에[illegible]奴隷ᄒᆞ니郡守가아니라日人의奴隷로다

△郡守가이깃치賤ᄒᆞᆫ건마ᄂᆞᆫ近來獵官者流ᄂᆞᆫ黃金을不惜ᄒᆞ야於音을手持ᄒᆞ고東西奔馳ᄒᆞ야昏夜乞哀ᄒᆞ니雖下等뎨隷라도納贖免賤코져ᄒᆞ건마ᄂᆞᆫ獵官者덜은奴隷를納賂自願ᄒᆞ니奴隷心腸에不過ᄒᆞ도다

△倭筒이니우물동경이니許多苛政이近日閭巷에風靜浪息ᄒᆞ고京城에悍黨을稍稍히捉ᄒᆞ야閭里가息閙ᄒᆞ니警使金思默氏ᄂᆞᆫ近似ᄒᆞ게로고

△學部視學官魚瑢善氏ᄂᆞᆫ社會上輿論을對ᄒᆞ야리僞氏를貶抑ᄒᆞ고法大리夏榮氏와金洛憲리建ᄒᆞᆫ諸氏를爲ᄒᆞ야祖護之說이滔々ᄒᆞ니法大의침을마졋ᄂᆞᆫ지

△侍從金寧鎭氏大夫人이其子弟가宮內府에見逐ᄒᆞᆫ事實을聞ᄒᆞ고大責ᄒᆞ야當場에辭職疏를呈上케ᄒᆞ엿시니可謂虎母犬子로고

△辨護士리冕宇氏에伯氏리喆宇氏가向日에리容相氏를爲ᄒᆞ야本社에代판質問ᄒᆞ더니또沈相翊氏을爲ᄒᆞ야代판質問ᄒᆞ니質問辯護士가또셩겻고

雜報

●是兄是弟 振威居前承旨리範昌씨와前參奉리範철씨ᄂᆞᆫ兄弟一心으로忠愛誠이有ᄒᆞ야年前山林川澤事에리範昌씨가倡設疏廳ᄒᆞ여陳荒地를外人의게見奪치아니케ᄒᆞᆷ은世人에稔聞ᄒᆞᆫ바어니와昨春브터振興義塾을獨擔私立ᄒᆞ고近處四五十生徒를募集ᄒᆞ야新학을教育ᄒᆞ며리範철씨은自來仗義踈財ᄒᆞᄂᆞᆫ風度가裕餘ᄒᆞ여凶年이면義捐穀을自出ᄒᆞ야近동貧民을救恤ᄒᆞ며惠民會사를自設ᄒᆞ되朱子社倉例를依倣ᄒᆞ여至今ᄭᆞ지一鄕이賴力ᄒᆞ며昨年브터各동에國文學校를獨擔多設ᄒᆞ고農民子姪을夜학으로熱心教育ᄒᆞ여樵重牧竪라도目不識丁ᄒᆞᄂᆞᆫ歎이無케ᄒᆞ며本郡쉬백南규씨와相議ᄒᆞ고興學會를組織ᄒᆞ여教育殖產方針과地方自治制度를研究ᄒᆞᄂᆞᆫ디來二月八일에千秋慶節祝會를大開ᄒᆞ고有知識ᄒᆞᆫ辯士를多請ᄒᆞ여實施方略을講究演說ᄒᆞᆫ다ᄒᆞ니有志人士ᄂᆞᆫ伊일往參ᄒᆞ시면可聞ᄒᆞᆯ說이多ᄒᆞ깃다더라

●愛國誠意 梨峴布木廛ᄒᆞᄂᆞᆫ박承직씨가開明上의注意ᄒᆞ야近日하國國債一千五百萬圓備報ᄒᆞᄂᆞᆫ事의對ᄒᆞ야七十餘元을募集ᄒᆞ야廣文社의寄附ᄒᆞ얏다ᄂᆞᆫ디富客全安峽은付之冷笑ᄒᆞ며一分도義捐치아니ᄒᆞᆷ으로無不唾罵ᄒᆞᆫ다더라

●南方賊警 일前에火賊六十名이鎭岑郡衙에突入ᄒᆞ야郡쉬정崙永씨를結縛毆打ᄒᆞ야錢一千兩을奪去ᄒᆞᆫ事ᄂᆞᆫ已爲報道ᄒᆞ얏거니와又入히郡注里岩최參奉家ᄒᆞ야최씨內外를歐打ᄒᆞ고錢一千五百兩을奪去ᄒᆞ얏ᄂᆞᆫ디郡쉬와최씨ᄂᆞᆫ重傷ᄒᆞ야幾至死境이오일前에火賊이又入連山銅峴김庇仁家ᄒᆞ야錢數千兩을奪去ᄒᆞ고仍入豆溪市ᄒᆞ야酒店과商民에게錢數百兩을奪去ᄒᆞ얏ᄂᆞᆫ디重傷ᄒᆞᆫ人이四人이오衝火가一處라ᄒᆞᄂᆞᆫ디火賊의根居地ᄂᆞᆫ連山場谷이라더라

●衆供明確 平理院檢事리建호씨가法部에報告ᄒᆞ되被告리民보處分放免之由를業經報告이온바部指令을承准ᄒᆞ온內開에報辭ᄂᆞᆫ閱悉이거니와白民表誠之票를被告가責其非理ᄒᆞ고卽令還給而白已還鄕ᄒᆞ여末由還給이라ᄒᆞ얏슨즉被告가自爲持有乎아使리明善持有乎아嫌疑之地에不可不愼이거날히票를尙今留置라가竟至被訴ᄒᆞ얏스니該票留置之委折을更加盤覈報來ᄒᆞᆷ이可ᄒᆞᆫ事等因이온바리民보가責其非理ᄒᆞ고還給該票之口에리明善이欲爲還給白民ᄒᆞᆫ즉白已還鄕에未詣其所住동名ᄒᆞ야裁書傳致于該鄕廳ᄒᆞ야使之轉傳케ᄒᆞ고리明善이適因事上京之日에히票를還付于리民보ᄒᆞ야以爲白民見書來訴後還給케ᄒᆞ얏ᄂᆞᆫ디리明善은在京不還ᄒᆞ고白民은仍不來而리涵이經訴本院ᄒᆞ야리民보를被拿上來ᄒᆞ야持票現納이온즉其尙爲留置頗末이如右에非徒리民보之陳供이爲然이라리明善之證辭가一切吻合이올ᄲᅮᆫ더러슌庚興之所供에도白學曾이持去四千兩任置票以後에更無有人來踏이라ᄒᆞ온즉리民보之留置該票가實由事勢之末由요不是染指之意志ᄂᆞᆫ證於衆供而明確이라ᄒᆞ얏더라

●觀察爲有 前大丘郡守金漢鼎씨가某觀察使을圖得ᄒᆞᆯ様으로有力ᄒᆞᆫ日人某에게別般委托ᄒᆞ야幾萬圜票을書給ᄒᆞ얏든說은已爲報道어니와更히探聞ᄒᆞᆫ則其運動ᄒᆞ든觀察使ᄂᆞᆫ歸於虛地ᄒᆞ고幾萬圜票ᄂᆞᆫ已爲出給ᄒᆞ얏다ᄒᆞ야김씨가不勝憤恨ᄒᆞ야히日人과方將裁判ᄒᆞᆫ다더라

●連絡廣學 大丘廣文社文會會名은大東廣文會라改稱ᄒᆞ고會長은朴海齡氏로副會長은社長金光濟氏로推薦ᄒᆞ고日本東亞同文會와淸國廣學會를連絡ᄒᆞ야務圖親睦ᄒᆞ고擴張教育ᄒᆞᆷ으로主旨를完定ᄒᆞ얏다더라

●烹妻可駭 再昨夜中署동口內等地에肉水賣商營業ᄒᆞᄂᆞᆫ리鯉魚爲名人이與其妻로爭鬪ᄒᆞ다가肉湯鼎에投入ᄒᆞ야現今幾至死境이라더라

廣告

廣告

越南亡國史 國漢文 新刊

定價貳拾伍錢

發賣所京城廣橋高裕相冊肆
鍾路匯川郡誤時夏
布屛下 김相萬書舖

大韓留學生會學報每月一回第一日曜發行

日本東京에在ᄒᆞᆫ我韓國留學生이合心倂力ᄒᆞ야總成一會ᄒᆞ야學業相勸ᄒᆞ며患難相救홈은朝野의讚美를已受ᄒᆞᆫ니어니와自二月爲始ᄒᆞ야學報를發行ᄒᆞ야我學生의團結力을一層鞏固케ᄒᆞ며內國人士와愛國同情을貫通케홈을企圖ᄒᆞ오니有志諸公은速速請購ᄒᆞ시옵

論說 雄辯파雲
學術 簡明易致
譯叢及雜組 古今東西奇事高談

定價一部十七錢 郵稅並
三個月先給四十六錢 仝
六個月先給九十錢 仝
一年先給一圓七十四錢 仝

發行所日本東京麴町區中六番町五十番地
大韓留學生會
出張所京城中署長通坊洞口越便三十八統二戶
朱翰榮書舖

西署新門外鍮동百八十六統三戶
辯護士前檢事正三品 丁明燮
前判事
法律事務所
事務員前主事吳在淳

廣告

◎學員募集廣告

本校第三回入學期를現當ᄒᆞ야法律學及經濟學兩專門科學員을玆에募集ᄒᆞ오니願학人은左記試驗定期內에本校用紙로써早速請願ᄒᆞᆯ事

但法律科ᄂᆞᆫ晝학及夜학으로敎授ᄒᆞ고經濟科ᄂᆞᆫ夜학으로敎授홈

○修業年限 三학年

○入學年齡 二十歲以上

○學科目 法律학全部 經濟학全部 備在本校規則

○試驗日字 三月一日(陰曆丁未正月十七日)

○試驗科目
歷史及地誌問對(內國及外國)
讀書及作文(國文及漢文)
筭術(四則以內)
但官公私立학校의普通科以上卒業證書가有ᄒᆞᆫ人은其학力을檢定ᄒᆞᆫ後免試許入홈

○開學日字 三月五日(陰曆正月二十壹日)

光武十一年一月十五日

中署磚洞 普成專門學校 告白

廣告

湖南鐵道株式會社廣告

本社事務를一層擴張ᄒᆞ기爲ᄒᆞ야事務所ᄂᆞᆫ大廣橋川邊前紙廛小都家로本月六日에移接ᄒᆞ고社長以下整理委員을選定ᄒᆞ고玆에左開ᄒᆞ야廣告ᄒᆞ오니株主에應募ᄒᆞ실有志 僉君子ᄂᆞᆫ陸續來議ᄒᆞ심을爲望

社長 金基永
總務部長 成文永
整理委員 尹昌錫
白完혁 趙鎭㮾 趙秉澤
鄭東植 孫錫基 孟덕敏
朴泓일 鄭斗煥 白寅基
한相龍 趙彰漢
等 告白

●九轉靈砂라 本人이妙方法을神備ᄒᆞ야製造ᄒᆞᆫ靈丹인딕男女老少에無論何징ᄒᆞ고通治ᄒᆞ오며無病時에도服ᄒᆞ면平生의身躰가健康ᄒᆞ며小兒ᄂᆞᆫ四五錢重만服ᄒᆞ면十歲안에無病ᄒᆞ기를擔保ᄒᆞ오며

●九轉靈砂萬應丹은져狂 癎징과中風諸疾과耳目諸病과淋疾에神効ᄒᆞ오

●九轉靈砂保命丹은初生小兒驚風 간氣 咳嗽 腹瘡諸般惡징에神効ᄒᆞ오

●九轉靈砂濟衆丹은酒滯 食滯 血積 吐瀉 霍亂 痢疾 吐血 下血 運氣 時疾 疝징에神効ᄒᆞ오

●九轉靈砂紫金丹은痔漏 累癧 上疳瘡 下疳瘡及唐瘡과諸般毒瘡惡種에無不神効ᄒᆞ오니 僉君子ᄂᆞᆫ來問ᄒᆞ시오

內需司前독갑이골上隅第一家百三統一戶 리호廷 告白

명월관확장광고

폐관이마시이후로고이ᄒᆞ시ᄂᆞᆫ귀직예후의를입사와오늘날ᄯᅥ한에제일등요리점으로ᄂᆡ외국에셔다아시도록확장ᄒᆞ여가오니미단간ᄉᆞᄒᆞ옵거니와근일은이층양옥ᄋᆞ로광활이신건축ᄒᆞ고다락아리ᄂᆞᆫ온돌방을ᄯᅩ밀리비치ᄒᆞ고포진범절을새로ᄒᆞ와오시ᄂᆞᆫ귀직이편ᄒᆡ시도록쥬의ᄒᆞ엿ᄉᆞ오며각종음식은보기에화려ᄒᆞ고먹기에저미ᄒᆞ게일신쥰비ᄒᆞ야다소ᄂᆞᆫ불계ᄒᆞ고주야ᄅᆞ파오되셔양쥬ᄂᆞᆫ잔으로파오며특별신긔랑교자음식은오시ᄂᆞᆫ시로붓터ᄒᆞᆫ시간이되면몃상이라도곳가져가시도록ᄒᆞ오니ᄂᆡ외귀직은륙속왕림ᄒᆞ시옵

각쇡요리음식
각쇡셔양쥬
각종경편양요리
각종일본간스메
각종여송연
각국권연
진찬합
건찬합
밥교자
특별신긔랑교자음식
명창가동젼거북도유ᄒᆞᆷ

明月舘 主人 金東植 告白

洪淳康氏가東署東小門內土橋東邊에織造機을廣張設施ᄒᆞ야稱號를淳昌號라ᄒᆞ고各色綢緞紗屬等을織造發賣ᄒᆞ오니願買人은來臨購買ᄒᆞ시며或所用대로綢과紗等屬을預托ᄒᆞ시면依式施行ᄒᆞ깃삽 淳昌號 告白

●大韓自强會月報

每月一回廿五日發行 定價金一部十五錢

大韓自强會月報의發行이歷朔을經ᄒᆞ오니自由의輿論을鼓發ᄒᆞ야國家의權利를增進ᄒᆞ고獨立의精神을洋溢케ᄒᆞ야全國의團結을益堅케ᄒᆞ야全國志士諸公의愛讀ᄒᆞ심을供ᄒᆞ온바現今本會의셔一層擴張ᄒᆞ기爲ᄒᆞ야高明ᄒᆞᆫ文章과宏博ᄒᆞᆫ學問家를延致ᄒᆞ야天下大勢의變遷과殖産敎育의맛樂와古今政治의大要를蒐輯ᄒᆞ야開卷ᄒᆞ면眼目을一新케ᄒᆞ오니愛國ᄒᆞ시ᄂᆞᆫ僉君子ᄂᆞᆫ血淚를示ᄒᆞ시고家家案頭의隨刊對讀ᄒᆞ시오

皇城中署典洞九統二戶
大韓自强會事務所

●漢城染織會社

本社의셔利益을不顧ᄒᆞ고韓人은他人이라白衣를韓國衰敗의元素란外人의嘲評을慨憤ᄒᆞ여起業週年의幸蒙各位愛顧ᄒᆞ와진進의榮幸이不無ᄒᆞ오지라各種染色을益加勸勵ᄒᆞ와僉位의所請을不負ᄒᆞ깃사오니陸續枉顧ᄒᆞ시되來往의便易를爲ᄒᆞ와左開各處에染物取扱所를置開ᄒᆞ엿사오니從便委托ᄒᆞ심을務望

大廣橋 朴勝煥雜貨商店
布屛下 金相萬冊肆
學洞 李鴻漢藥局
支所
南門外蓮池洞 兪경煥商店
安洞北松 송洛주典舖
觀初入
社稷洞武德門外

漢城染織會社告白

◎本社廣告

○申報價
一張代金 新貨二錢五里
一個月前納 三十錢
三箇月 九十錢
六個月 一元七十錢
一箇年 三元四十錢
郵稅一部 新貨五里
一箇月 十三錢

○廣告料
四號活字一三字詰
每日每英尺一寸에新貨廿五錢
(每日每行六錢에相當홈)
一週日에 二圓五十戔
(每日每行四戔五里에相當홈)
一箇月에 五圓
(每日每日四錢一里에相當홈)
其期限의長短과字行의多寡를依ᄒᆞ야增減홈이有홈

●大韓每日申報各處支社廣告
中署布屛門下 김相萬冊肆
中署農圃洞入七拾八統第二號 鄭禹澤
平壤上水口門內 김浩淵 최敬恒
仁川港峴開新冊肆 리東皓
宣川邑橋西里 安濬
義州西門外한西 大藥局
釜山港佐川 徐藥局
三和港築洞 김仁집
咸興朱南社西門外 曹喜林
開城培學校 姜助遠
大丘市廳 최一弘
載寧邑濟衆院 ?夢澤
鐵山邑東部 安圭
元山支店 劉七錫
定州南門內 洪聖麟
京城興仁門外영楓亭 리建赫
海州南門內書舖 朴昌鎭

發行兼編輯人 英國人 뷔說
發行所 南署石井洞號外地三層洋屋家
大韓每日申報社

(第三種郵便物認可)　日曜日　西曆一千九百七年二月廿四日 (一)

第五卷

大韓每日申報
대한매일신보

第四百四十七號

月曜及慶節歲時日休刊

檀君開國四千二百四十年
箕子元年三千二十九年
大韓開國五百十六年
日本明治四十年
淸國光緒三十三年
◉陰曆丁未正月小十二日庚辰

別報

論營口商務破壞之理由　支那報照謄

營口地方은中國이已取還矣라日本이先期에交還營口於中國은何以故오此는不可不營口要端에就ᄒᆞ야一次研究ᄒᆞᆯ지라夫營口之要端은非商務乎아從前奉天港口가以營口로爲獨步ᄒᆞ야凡奉天以北의商務는皆彙萃於營口러니後此營口之商務가果能復昔日之盛乎아

該記者ㅣ斷言ᄒᆞ야曰營口商務가苟能如昔日之盛이면日本이斷不肯先期交還於中國이로다大連灣은不凍港口오營口는入冬而凍ᄒᆞ니此는天時之不如大連灣也라然이나但僅係天時ᄒᆞ면營口商務가尙不致十分衰敗로ᄃᆡ今則日人의陰謀가層出不窮ᄒᆞ야凡可以破壞營口之商務者를無不竭力以爲之라

擧其大者ᄒᆞ면二端이有ᄒᆞ니一은營口에有稅關而大連에無稅關이라今於大連入內地之要道에비록設一稅關을議ᄒᆞ나然이나稅關이離阜太遠ᄒᆞ야偷漏가必多ᄒᆞᆯ지라貨旣上岸에必就繞道避稅니稅關이與不設關으로等也오一은營口는至鐵嶺路遠而火車之運費가反賤이라此二者는即日人之謀奪營口商務ᄒᆞ야欲使滿洲輸入輸出之貨物로悉歸大連而不復彙萃於營口也라商賈는喜趨利便ᄒᆞᄂᆞ니若中國政府가尙無善法以挽回之ᄒᆞ고聽其如是ᄒᆞ면營口商務가尙能復繼昔日之盛乎아

夫稅關之必可는理論이固矣어니와即以車價로論컨ᄃᆡ南滿鐵路가昔爲中俄合辦之路러니今即爲中日合辦之路ᄒᆞ니不可與日本國內鐵路로同日而語者라故로車價之低昂이可히日本으로由ᄒᆞ야獨自斷制之理가斷無ᄒᆞᆫ지라

且鐵路每里와貨物每石에裝運之費若干이固當有一定不易之數니使以大連之路ㅣ遠而取貸ㅣ廉者가爲合於定數면營口車價之貴가爲欺商人이오使以營口路ㅣ近而取費貴者가爲合於定數면大連車價之賤이爲欺股主라一面으로勸中國人入股ᄒᆞ야爲股主ᄒᆞ고一面으로欺股主ᄒᆞ면셔謂中國은不可以與之理論은無是理也라

雖然이나理論之效果는其半이在ᄒᆞ고其半이在人故로理論之外에尤必注意於抵制라抵制之策이維何오卽接築山海關鐵路가是라接築山海關鐵路ᄒᆞ고廉其運費ᄒᆞ면鐵路等處에輸出輸入之貨物이封河以前엔彙萃於秦皇島ᄒᆞ야大連이不能專其利矣라吾는願컨ᄃᆡ接收營口者는勿以營口之歸吾로爲喜ᄒᆞ야不注意於商務之集點이라ᄒᆞ노라ᄒᆞ얏더라

官報

●號外　光武十一年二月廿二日

◉宮廷錄事

宮內府特進官趙秉式乞收濫賞차

批旨省차具悉卿懇歷月奔趨勞旣多矣此何足以酬之경其勿爲巽讓安心領受事遣地方官傳諭

●三千六百九十七號　光武十一年二月廿三日

◉敍任及辭令

任公立海州普通學校副教員　丁奎榮
仝大子　九品金鍾禹
仝晉州李奎榮　仝全州李相晉
仝慶州金容德　仝江華魚秉善
仝富平李光來　仝雲山李允瑞
仝郭山金弘龜　仝南陽金正錫
仝金浦魚允珏　仝陽川申台錫
仝振威朴斗永　仝洪州申孝錫
仝安岳金孝燦　仝豐德李達用
仝淮陽최浩관　仝文川鄭堂和
仝通津박喜陽
從一品리憲직
奉常司提調박鳳柱
命宮內府特進官　奉常司長리繼裔
命奉常司提調
命奉常司長　正三品리贊承
依願免本官　恭陵參奉洪淳參
任恭능參奉　金會洙

◉部令

度支部令第三十號

收入支出證明規則

第二歲入徵收額證明　續

第二十四條　年度末支出計算書를提出ᄒᆞᆯ時에現金先授의精算未甲額과先授金支出ᄒᆞᆫ製造及購買品의姑未完結ᄒᆞᆫ者ㅣ有ᄒᆞᆫ時는其金額及事由와完結期限을記載ᄒᆞᆫ明細書를添付ᄒᆞᆷ이可ᄒᆞᆷ

第二十五條　支出計算書의添付提出ᄒᆞᆯ證憑書類는如左ᄒᆞᆷ
一　正當債主의領收証書
二　工事又는物件의賣買及貸借에關ᄒᆞ야는其契約書及請求書

第二十六條　俸級及其他一定支給ᄒᆞ는者로其給額에變更이生ᄒᆞ거나又其規程의期限을不依ᄒᆞ는者ㅣ有ᄒᆞᆫ時는其事由及年月日을證憑書類에付記ᄒᆞᆷ이可ᄒᆞᆷ

第二十七條　旅費의領收証書或精算書에는其職務와旅行及滯留日數、年月日、里程宿泊處所等을詳記ᄒᆞᆫ明細書를添付ᄒᆞᆷ이可ᄒᆞᆷ

第二十八條　隨意契約을依ᄒᆞᆫ工事又는物件의賣買及貸借에關ᄒᆞᆫ証憑書類에는監督官吏又는技術者가調製ᄒᆞᆫ調書를添付ᄒᆞᆷ이可ᄒᆞᆷ
競爭契約을依ᄒᆞᆫ工事又는物件의賣買及貸借에關ᄒᆞᆫ証憑書類에는廣告書及預定價格調書를添付ᄒᆞᆷ이可ᄒᆞᆷ

外報

●移民改正의調印　華盛頓電을據ᄒᆞᆫ즉米國大統領은去二十日正午에移民改正法을調印ᄒᆞ고日本靑木大使와相互的勞動者渡航禁止條約을協定코져ᄒᆞ는ᄃᆡ該條約은成立이無疑ᄒᆞ고自今一週間後桑港市長이歸着ᄒᆞ면直時日本兒童을通學케ᄒᆞ고日本人의渡米는禁止되나同胞의迫害不止ᄒᆞ깃고在留民은渡航禁止條約締結에對ᄒᆞ야크게反對運動을起코져ᄒᆞᆫ다더라

●外蒙古派兵　北京電을據ᄒᆞᆫ즉淸國은外蒙古에在ᄒᆞᆫ自國商民을保護ᄒᆞ기爲ᄒᆞ야守備隊을派遣ᄒᆞ는ᄃᆡ武官一名과兵卒二十餘名이出發ᄒᆞ얏다더라

●英商의售書妙策　英國太晤士報社에셔新刊ᄒᆞᆫ百科全書가淸國에來ᄒᆞ야銷售ᄒᆞ는ᄃᆡ北京大學堂等處에各學生의樣本을指名函寄ᄒᆞ야每人一本이오又淸國郵遞傳夫가異常히奔忙ᄒᆞ야各商家에每號每人의信一封을分送ᄒᆞ니蓋是書를購買ᄒᆞ는法則과精印圖樣一紙인ᄃᆡ英商이天津으로由ᄒᆞ야寄來ᄒᆞᆫ者라尤可奇者는京城에經商之人이難以數計인ᄃᆡ該英商이能히鋪號住地各人姓名을將ᄒᆞ야詳細書寫를一々無訛ᄒᆞ니實로商戰招往의妙策이라ᄒᆞ더라

雜報

●義親王歸國 東京에滯留하시든 義親殿下씌셔ᄂᆞᆫ今番 英親王冠禮前에渡來ᄒᆞ신다ᄂᆞᆫᄃᆡ來月二拾日에出來허신다ᄂᆞᆫ電報가到達ᄒᆞ얏나더라

●處子單子受納 英親王殿下夫人揀擇處子의單子를漢城府에셔受納ᄒᆞᄂᆞᆫᄃᆡ現今二十餘度에達ᄒᆞ얏다더라

●內大獨擅 今番奏本에ᄂᆞᆫ銓考도無用이오各部大臣도無關ᄒᆞ고存拔取捨를內大李址鎔氏가獨擅ᄒᆞᆫ다ᄂᆞᆫ說이有ᄒᆞ더라

●兩老又參 特進官李憲직氏의耆老所에入社ᄒᆞᆷ은昨報에揭載ᄒᆞ얏거니와前判書리正魯氏와金鶴鎭兩氏도年今七旬인故로同日入社ᄒᆞ얏다더라

●借啣履歷 地方銓考所에셔奏判任間에幾年間實職行公ᄒᆞ던人만履歷書를受納ᄒᆞᆫ다더니借啣人도履歷書를多數修呈ᄒᆞ얏다더라

●忠義所激 國債를報償ᄒᆞᆯ計劃으로烟金을募集事에對ᄒᆞ야出義錢持來人이每日盈門ᄒᆞᄂᆞᆫᄃᆡ其中特異ᄒᆞᆫ人은南문內布木廛田得永氏에子十二歲學童이의然良心이隨義而發ᄒᆞ야歲拜錢舊貨二元을手納ᄒᆞ엿고相思동리召史ᄂᆞᆫ婦女偏見으로國家思想에斷々無他ᄒᆞ야首飾銀차를放賣ᄒᆞ야舊貨四元을本社에寄送ᄒᆞ미帝國新聞社로指送ᄒᆞ얏스니雖婦人兒童이라도忠義가激出ᄒᆞ니韓國에前進을大有可望이라ᄒᆞ더라

●通譯發程 統監府通譯官鄭진홍씨가日本에前往ᄒᆞᆯ次로昨日京釜線路로發程ᄒᆞ얏다더라

●文會義捐 再昨日苑洞女子敎育會의셔通常會를開ᄒᆞ고諸般事務를處理ᄒᆞᆫ後日本斷指留學生의게特別義捐ᄒᆞᆯ目的으로會中의公布ᄒᆞ미伊日收合金이新貨三十七圓五十錢을募集ᄒᆞ얏다더라

●院卿棄公 傳說을聞ᄒᆞᆫ즉主殿院卿梁性煥씨가히院에權任이多數ᄒᆞᆷ을보고一幷除汰ᄒᆞᆫ다더라

●海外義捐 北美桑港加州羅省共立協會諸員이本社를對ᄒᆞ야金貨三十五圓의寄付가有ᄒᆞ니蓋美州에旅居ᄒᆞᄂᆞᆫ한國同胞가祖國을忠愛ᄒᆞ고文化에進步ᄒᆞᄂᆞᆫ熱心은吾儕가深히感賀攢祝ᄒᆞᄂᆞᆫ바러니又此義捐이屢萬里滄海를渡來ᄒᆞ얏스니此ᄂᆞᆫ報筆이開導人民ᄒᆞᄂᆞᆫ責任이有ᄒᆞᆫ거슬爲ᄒᆞᆷ이니一層感銘이非直在物이다로

●割肉可痛 年來日本人이한國에渡來ᄒᆞ야土地를買取ᄒᆞᄂᆞᆫᄃᆡ直接으로買得코저ᄒᆞᆫ則한人中有士者들이或國人의是非를顧畏ᄒᆞ야斬持허ᄂᆞᆫ者가有ᄒᆞᆫ지라於是에한國內奸民挾雜輩가日人의以利誘之ᄒᆞᄂᆞᆫ甘言을被惑ᄒᆞ야乃其한人이與成ᄒᆞᄂᆞᆫ樣으로姓名을變換ᄒᆞ야決價買得ᄒᆞᆫ後에日人의게賣渡ᄒᆞᄂᆞᆫ者가無處無之ᄒᆞ니若此不已허면不出數年에한國土地가盡歸於日人ᄒᆞᆯ터이니彼奸民輩의居間牟利者ᄂᆞᆫ將於何處에寄生ᄒᆞᆯ가割肉充腹에渠亦必斃니豈不寒心哉아最甚可痛者ᄂᆞᆫ粗解日語者들이此等惡習을모行者가多有ᄒᆞ니惟願한國同胞ᄂᆞᆫ十分戒惕ᄒᆞ야此等奸惡術中에陷치勿ᄒᆞ고아모조록生命財産을務圖保全ᄒᆞ야將來에溝壑之慘을得免ᄒᆞ기로申々警告ᄒᆞ오니愼之戒之어다

●理屈詞窮 再昨日에平理院檢事리建호씨가自强會事務所에來到ᄒᆞ야今番리僞씨控訴事件에對ᄒᆞ야法部와平理院에셔公平處決ᄒᆞ얏다고노노說明ᄒᆞ다가該會總務尹孝定氏가逐條質辨ᄒᆞᆫ則리씨가理屈詞窮ᄒᆞ야無聊而退ᄒᆞ얏다더라

●恤금經議 忠淸南北道에昨年水災엄死人恤金一萬二千圜를經議支出ᄒᆞ얏다더라

●監督依免 日本留學生監督尹致오氏ᄂᆞᆫ病難赴任이라고辭職請願을因ᄒᆞ야依免ᄒᆞ얏다더라

●表氏試選 警務廳總巡을試才ᄒᆞᆫ다ᄂᆞᆫ說은昨報에已揭어니와該廳訊問課權任表振模씨가試選ᄒᆞ얏다더라

●리漢逃라 再昨日下午一時에明동支所巡檢이竊盜嫌疑로西署芳橋리壽昌을捕捉拘留矣러니昨日上午五時에看守巡檢文永放昌의溺時를潛窺ᄒᆞ야已爲逃라ᄒᆞ얏다더라

●義黨押上 安東郡義兵餘黨權在重高晃動等外六名을去十七日에捕縛ᄒᆞ여日前에경務廳으로押上ᄒᆞ얏다더라

●兩氏依免 延日郡守리圭鎔氏와江原道叅書官鄭海運氏가依免ᄒᆞ얏다더라

●日馬撤歸 日本軍隊가二師團이한國에出駐ᄒᆞ더니一師團이日前에撤歸ᄒᆞᄂᆞᆫᄃᆡ軍馬百餘匹이北運ᄒᆞᆯ時에已爲疲羸生病ᄒᆞ야便是棄物이라幼年학校長리熙斗氏가 皇上陛下씌謁奏ᄒᆞ여日今番日本撤歸軍馬가皆是良馬인즉不得不買置軍隊라ᄒᆞᆫᄃᆡ 自上으로允下ᄒᆞ신지라該氏가與日人으로符同허고病馬百匹을與成ᄒᆞᄂᆞᆫᄃᆡ每匹에紙貨六拾五圜을結價買得ᄒᆞ고馬百匹은騎兵隊로換置ᄒᆞᄂᆞᆫᄃᆡ該隊에騎馬ᄂᆞᆫ每匹에紙貨二拾圜에放賣ᄒᆞ고各隊尉官를防口허기爲ᄒᆞ야日本馬幾匹을分給허엿스니同氏ᄂᆞᆫ國庫에損害를不顧허고口文에私利로緣ᄒᆞᆷ인지與論이藉々ᄒᆞ더라

●契員處役 釜山港人民等이設契ᄒᆞ기로警務署에請願承認ᄒᆞ야每朔에例納錢을警務署에六十元敎育支所에四十元巡檢廳에二十元巡檢朴明玉에게十元式納ᄒᆞ기로設契ᄒᆞ얏더니東萊府叅書官최德氏가罷契ᄒᆞ라ᄂᆞᆫ令도無ᄒᆞ고忽地에官隷를派送ᄒᆞ야該契員等을捉囚ᄒᆞ고계錢一百六拾元三拾六錢을稱以贓錢ᄒᆞ고沒數奪取ᄒᆞ고該계員을竊盜律로役三年에處ᄒᆞ얏ᄂᆞᆫᄃᆡ該港人民等이최氏의不法行爲를法部에陳訴ᄒᆞ얏다더라

●韓減日增 日本巡查ᄂᆞᆫ多數招來ᄒᆞ고韓國巡檢은多數減額ᄒᆞᆫ다니一般輿論이沸騰ᄒᆞ되한國警務廳이아니라日本警務廳이라허더라

●柴商呼冤 道路를淸潔ᄒᆞᆫ後에柴馱牛隻의糞을一切掃除ᄒᆞᄂᆞᆫᄃᆡ巡檢들이牛糞發見이라도路上에遺漏ᄒᆞᆫ거슬보면糞壞을收拾ᄒᆞ야柴商周衣幅에과給도허고或口中에勸入도ᄒᆞ야困辱이無數ᄒᆞᆫ故로柴商等이衆口合冤허되壹週日間만柴馱를城內에不入허ᄌᆞᄒᆞ야怨聲이漲藉ᄒᆞ다더라

●宮屬失業 各宮이革罷된다ᄒᆞ미허宮所屬使役輩들이生脈이永絶이라ᄒᆞ야呼泣道로ᄒᆞᄂᆞᆫ者無數ᄒᆞ다더라

●强盜被捉 再昨日上午十二時에孝橋等地의셔行警巡檢이强盜김鳳浩를捕捉허여前後情跡을訊問ᄒᆞᆫ則龍동리兩柄家에突入ᄒᆞ야財産을奪取ᄒᆞ엿다自供ᄒᆞ고所持凶器ᄂᆞᆫ五足鎗一箇요히黨은慕華館等地에根據ᄒᆞ얏다허ᄂᆞᆫ故로現今譏詗中이라더라

●중山沒燒 北署楊花津중山里山麓에셔失火ᄒᆞ야該麓壹坂이沒燒ᄒᆞ얏ᄂᆞᆫᄃᆡ巡山巡檢은行巡치아니허고何事를警察ᄒᆞᄂᆞᆫ지未知허깃다고該近人民의傳說이紛々허더라

●日新出義 近日鐘路近地東床廛都家에設立ᄒᆞᆫ私立日新義塾의셔發起ᄒᆞ야大丘廣文社會의셔國債報償ᄒᆞᄂᆞᆫ事의對ᄒᆞ야該會의義助ᄒᆞᆯ計劃으로多小을不拘ᄒᆞ고義金을募集ᄒᆞᆫ다더라

▲荷萍一曲▼

△近日落拓一黨派가明滅燭下에促膝圍坐ᄒᆞ야耳語[illegible]ᄒᆞ니指點政界에猜雲이層生이라陰險談괴가神籌를運出ᄒᆞ나百計不中ᄒᆞ니運[illegible]奈何오

△郡奏가在即ᄒᆞ미四色仕入勸이니日四色별이니ᄒᆞᄂᆞᆫ許多名色이依舊히復生ᄒᆞ니이것시內大李址鎔氏에今番에ᄂᆞᆫ公正히奏本ᄒᆞᆫ다고說道ᄒᆞᆫ事인지

△여보地方民情좀生覺ᄒᆞ오日人은土地家屋을占奪ᄒᆞ고賊黨은生命財産을掠取ᄒᆞ야民將魚肉에愁雲이慘淡ᄒᆞ니所望者守宰여날廟材을任用ᄒᆞ면國事를엇지ᄒᆞ잔말이오

△韓國金融이去益枯渴ᄒᆞ야生靈塗炭이便同涸鮒라中央金庫에셔財政方針이杳然無聞ᄒᆞ니金庫大臣은所爲事가何事인지籌劃은만컨마ᄂᆞᆫ所見은

△國債을報償ᄒᆞ기로同胞에南草吸烟을三個月만廢止ᄒᆞ고代金每朔每人에二十錢式收合ᄒᆞᆯ事로徐相敦氏가發起ᄒᆞ얏ᄂᆞᆫᄃᆡ漢城內에屛門勞動人이忠憤所激에烟草代金을爭相聚合ᄒᆞ니現今政府大臣은勞動者보기가엇더ᄒᆞᆯ고

△農協黃鐵氏ᄂᆞᆫ扶桑東天에惡風을吸收ᄒᆞ야此詰農商一部나世稱독갑이칫슈이라ᄒᆞ니독갑이칫슈이란別號ᄂᆞᆫ何意인지

雜報

●鄭雲장全東銘諸氏가政府에再次上書호全文이如左호니

伏惟政府之汲汲於今日者其條有四허니第一은用人也라夫銓考之設이未始非用人之別方針然이나地方견考는只以履歷書로一經銓考則日奏任이라호니奏任中에豈必盡爲可用之人乎아曾有履歷이라도不合於今日之資格則不可也며曾無履歷이라도正合於今日之開進則當可也요且乎日之借官曾卿者紹介熱門호야圖得外任이比々有之호니是可日履歷乎아彼各門食口는何如人也오各賣其主而網羅四方獵官者호야暗相關節호야自取其利호고貽累名於主人호니是其爲食口之本意耶아 未完

●聯合演說 今番法部平理院間에關係된法律行爲에對호야各社會의論議가沸騰호은前報에已記호얏거니와國民지於法律에其關係의直接됨을講論호기爲호야各社會有志人士와特히高明호法律家諸氏가二十五일(日曜일)下午一時에國民演說臺(卽獨立館)에셔聯合聯說會를開호고傍聽을許호는뒤演題와辯士는如左호더라

人權은不可不尊重 尹孝定
民不信法의原因 廉仲模
檢事의職權 리면宇
民不知法의弊害 洪在기
法律과輿論 兪承兼
法官의持心 鄭雲復
法律은治安의機關 全德基
恩澤은可均不可偏 김明濬
生命財產의如何保護 姜윤熙
腐敗호司法은文明의讐敵 吳世昌

●靑會講說 今日下午三点半에靑年會館에셔福音會를開허고平壤셔多年講道호야名譽가頗多호신吉長老씨가講說호다더라

●坡衙火變 京畿來人의說을聞호즉本月十三日에坡州衙內의셔出火호야半部가燒燼호얏는뒤起火호原因인즉溫突傍에堆積호柴駄에落火호비라더라

●定山賊警 南來人傳說을聞호즉近日忠南定山郡等地에凶器를持호火賊이作黨호야到處의殺人奪財홈으로民不安堵호다더라

●桐原警視의不法 貞동居金麟氏의山坂은東署踏深里에在호고茶동居千就植氏의山坂은西署龍山에在호되彼此相換호야金氏가其妻葬을龍山에入葬호얏더니意外에日本人畑彌右衛門이가該山坂을欲奪코ᄌᆞ호야桐原警視의계誣囑호즉桐原氏가金氏의弟然澈을正月初二日에西署로捉囚호고百般恐喝호야該山을勒買코ᄌᆞ호야日若不歇價면不買라호고寒天冷獄에于今不釋호고再昨日에亍就植氏를西署로又爲捉囚호야相換호文券을奪取호고千氏더러히山을更爲還退호야日人의게歇價로放賣호라허니是何不法乎아如此行爲호는野만國人의悖習이오火賊黨의裒奪호는惡行과無異호지라日政府에셔如此不正호人을警官으로用호고大한사지派送호야만警을行케호니엇지文明國이라稱호리오桐原氏갓튼者는적其國名譽을損傷케호는種類라호더라

●研會討論 本月二十五日月曜日下午七点에貞동第一會堂에셔基督敎眞理研학會를開호고大한宣敎師최炳憲氏와紳士리益采崔斗榮鄭昌燦諸氏가農業이勝於工業이란問題로討論호는뒤傍聽을許호고有志諸君이來臨호심을希望호다더라

●김氏義務 西署南門外紫巖私立漢陽학校의創設호原因을據호즉該동居前僉知김義현氏가家屋을借與호야有志幾人의熱心으로組織허엿는뒤挽近에敎育制度가精益求精홈으로該동家養이無不入學이라더라

●俄士來한 露國地理學會會員亞歷山모루도히도씨가學術上視察次로來한호다더라

●喝道可惜 한國大官等이舊일惡習을未祛허여巡檢과別陪가前後擁衛호야로上에馳過허면셔喝道辟人에威勢가堂々허니一般人民이無不痛嫉日彼輩의功名은不過賣國賊臣으로生靈을도毒허고 宗社를危險케호者라反히人民을對호야驕傲自尊의惡風을施與허니殊甚可憎이라허더라

●可堪止此 京畿道參書官金漢睦氏가現今視察理를視務호는뒤管下各郡主事를招集호야히人等의文算과資格을試驗호즉三四人만郡務에可堪이오其外에는一無可用之人이라不可不更薦叙任호깃다호얏다더라

●姦反爲賊 平壤에居留호는法人某씨가일本女人을作妾同居호더니히女人이賊心이忽生호야錢一萬五千元을偷去逃라호얏는뒤히女人을근捕호는者有호면五百元을施賞호다더라

●聯絡遲滯 釜山셔馬關에往來호는聯絡船이再昨일에風波를遭호야十個時間을遲滯호얏다더라

●以砲敵砲 一進會長송병쥰씨家가陽智郡에在호되히家를保護허기爲호야日憲兵一名이派駐허더니히郡稅務主事가訪到宋家호야與日憲兵으로酬酌허는뒤把酒戲학호다가日憲兵에六穴砲가忽發호야稅務主事의手掌을貫穿호지라稅務主事가卽放六穴砲호야일憲兵이連中三穴허여幾至死境호얏는뒤稅務主事는히近理事廳에押囚허엿다더라

●慶裁報部 慶尙南道裁判所檢事박準性씨가法部에質稟호되現今各郡에派駐호경察官吏가每與히郡守로互相權理衝突호와叢生枝節이種種人廉호오니此由於職務之無別이온지라各其權限을不容不區別訓飭호와俾便共濟가恐合事宜이오나攸關이非輕에不敢擅便이옵기別付開錄호와玆以質稟호오니査照指令호라호얏더라

●役丁化仙 忠淸南道裁判所에懲役終身罪人김平仲이가本月四일에病斃호얏다더라

廣告

廣告

越南亡國史 國漢文 新刊 定價貳拾伍錢

發賣所京城廣橋高裕相冊肆
鏡南端川郡禹時夏
布屛下 김相萬 書舖

大韓留學生會學報 每月一回第一日曜發行

日本東京에在ᄒᆞᆫ我韓國留學生이合心併力ᄒᆞ야總成一會ᄒᆞ야學業相勸ᄒᆞ며患難相救ᄒᆞᆷ은朝野의讚美를已受ᄒᆞᆷ니어니와自二月爲始ᄒᆞ야學報를發行ᄒᆞ야我學生의團結力을一層鞏固케ᄒᆞ며內國人士와愛國同情을貫通케ᄒᆞᆷ을企圖ᄒᆞ오니有志諸公은速速請購ᄒᆞ시옵

論說 雄辯파要
學術 簡明易致
譚叢及雜俎 古今東西奇事高談

定價一部十七錢 郵稅並
三個月先給四十六錢 仝
六個月先給九十錢 仝
一年先給一圜七十四錢仝

發行所日本東京麴町區中六番町五十番地 大韓留學生會
出張所京城中署長通坊洞口越便三十八統二戶 朱翰榮書舖

西署新門外諭동百八十六統三戶
辯護士前檢事正三品 丁明燮
法律事務所 事務員前主事吳在淳

廣告

◎學員募集廣告

本校第三回入學期를現當ᄒᆞ야法律學及經濟學兩專門科學員을玆에募集ᄒᆞ오니願ᄒᆞᆫ人은左記試驗定期內에本校用紙로써早速請願ᄒᆞᆷ事

但法律科ᄂᆞᆫ晝학及夜학으로敎授ᄒᆞ고經濟科ᄂᆞᆫ夜학으로敎授ᄒᆞᆷ

○修業年限 三학年

○入學年齡 二十歲以上

○學科目 法律학全部 經濟학全部 備在本校規則

○試驗日字 三月一日(陰曆丁未正月十七日)

○試驗科目 歷史及地誌問對(內國及外國) 讀書及作文(國文及漢文) 筭術(四則以內)

但官公私立학校의普通科以上卒業證書가有ᄒᆞᆫ人은其학力을檢定ᄒᆞᆫ後免試許入ᄒᆞᆷ

○開學日字 三月五日(陰曆正月二十壹日)

光武十一年一月十五日

中署磚洞 普成專門學校 告白

廣告

湖南鐵道株式會社廣告

本社事務를一層擴張ᄒᆞ기爲ᄒᆞ야事務所ᄂᆞᆫ大廣橋川邊前紙廛小都家로本月六日에移接ᄒᆞ고社長以下整理委員을選定ᄒᆞ고玆에左開ᄒᆞ야廣告ᄒᆞ오니株主에應募ᄒᆞ실有志 僉君子ᄂᆞᆫ陸續來議ᄒᆞ심을爲望

社長 金基永
總務部長 成文永
整理委員 尹晶錫
白完爀 趙鎭泰 趙秉澤
鄭東植 孫錫基 孟덕敏
朴泓일 鄭斗煥 白寅基
한相龍 趙彰漢
等 告白

●九轉靈砂라 本人이妙方法을神備ᄒᆞ야製造ᄒᆞᆫ靈丹인ᄃᆡ男女老少에無論何징ᄒᆞ고通治ᄒᆞ오며無病時에도服하면平生의身躰가健康ᄒᆞ며小兒ᄂᆞᆫ四五錢重만服ᄒᆞ면十歲안에無病ᄒᆞ기를擔保ᄒᆞ오며

●九轉靈砂萬應丹은져狂 癎징과中風諸疾과耳目諸病과淋疾에神效ᄒᆞ오

●九轉靈砂保命丹은初生小兒驚風 간氣 咳嗽 腹瘡諸般惡징에神效ᄒᆞ오

●九轉靈砂濟衆丹은酒滯 食滯 血積 吐瀉 霍亂 痢疾 吐血 下血 運氣 時疾 疝징에神效ᄒᆞ오

●九轉靈砂紫金丹은痔漏 累癧 上疳瘡 下疳瘡及唐瘡과諸般毒瘡惡種에無不神效ᄒᆞ오니 僉君子ᄂᆞᆫ來問ᄒᆞ시오

內需司前독갑이골上隅第一家百三統一戶 리主廷 告白

명월관확장광고

폐관이마시이후로고의ᄒᆞ시ᄂᆞᆫ귀직에후의를입사와오ᄂᆞᆯ날ᄭᅡ지한애제일등요리점으로너외국에셔다아시도록확장ᄒᆞ여가오니티단감ᄉᆞᄒᆞᆫ거니와근일은이층양옥을광활이신築ᄒᆞ고다락아리ᄂᆞᆫ온돌방을은밀리비치ᄒᆞ고포진범절을새로ᄒᆞ와오엿ᄉᆞ오며각죵음식은보기에화려ᄒᆞ고먹기에정미ᄒᆞ게일신쥰시ᄂᆞᆫ귀직이편ᄒᆞ시도록쥬의ᄒᆞ비ᄒᆞ야다소ᄅᆞᆯ블계ᄒᆞ고주야로파오되셔양쥬ᄂᆞᆫ잔으로파오며특별신기ᄒᆞᆫ교자음식은오시ᄂᆞᆫ시로븟터ᄒᆞᆫ시간이되면몃상이라도곳가져가시도록ᄒᆞ오니ᄂᆡ외귀직은륙속왕임ᄒᆞ시옵

각식요리음식
각식셔양쥬
각죵경편양요리
각죵일본간스메
각죵여송연
각국권연
진찬합
건찬합
밥교자
특별신기량교자음식
명창가동경거북도유ᄒᆞ옵

明月館 主人 金東植 告白

洪淳康氏가東署東小門內土橋東邊에織造機을廣張設施ᄒᆞ야稱號를淳昌號라ᄒᆞ고各色綢緞紗屬等을織造發賣ᄒᆞ오니願買人은來臨購買ᄒᆞ시며或所用대로緞과紗等屬을預托ᄒᆞ시면依約施行ᄒᆞ깃ᄉᆞᆸ 淳昌號 告白

●大韓自强會月報

每月一回廿五日發行 定價金一部十五錢

大韓自强會月報의發行이歷朔을經ᄒᆞ오니自由의議論을鼓發ᄒᆞ야國家의權利를增進ᄒᆞ고獨立의精神을淬礪ᄒᆞ야同胞의團結을益堅케ᄒᆞ야全國有志諸公의愛讀ᄒᆞ심을供ᄒᆞᆫ바現今本會의셔ᄂᆞᆫ擴張ᄒᆞ기爲ᄒᆞ야高明ᄒᆞᆫ文章과宏博ᄒᆞᆫ學問家를延致ᄒᆞ야天下大勢의變動과施設敎育의要素와古今政治의大要를蒐輯ᄒᆞ야開卷ᄒᆞ면眼目을一新케ᄒᆞ오니愛國ᄒᆞ시ᄂᆞᆫ僉君子ᄂᆞᆫ血淚를둔ᄒᆞ시고家家案頭의隨刊對讀ᄒᆞ시오

皇城中署典洞九統二戶 大韓自强會事務所

●漢城染織會社●

本社의셔利益을不顧ᄒᆞ고韓人은紙人이라白衣ᄂᆞᆫ韓國衰敗의元素란外人의嘲評을憤慨ᄒᆞ여起業週年의幸蒙各位愛顧ᄒᆞ와前進의榮幸이不無ᄒᆞ온지라各種染色을益加勉勵ᄒᆞ와 僉位의所責을不負ᄒᆞ깃사오며陸續枉議ᄒᆞ시되來往의便易를爲ᄒᆞ와左開各處에染物取扱所를設置ᄒᆞ엿사오니從便委托ᄒᆞ심을務望

大廣橋 朴勝煥雜貨商店
布屛下 金相萬冊肆
苧洞憲兵支所下 李鴻謨藥局
南門外蓮池洞 俞경煥商店
安洞北松峴初入 송洛중典舖
社稷洞武德門外

漢城染織會社告白

◎本社廣告

○申報價
一張代金 新貨二錢五里
一個月前納 三十錢
三箇月 九十錢
六個月 一元七十錢
一箇年 三元四十錢
郵稅一部 新貨五里
一箇月 十三錢

○廣告料
四号活字三字詰
每日每英尺一寸에新貨五錢
(每日每行六錢에相當ᄒᆞᆷ)
一週日에 二圜五十錢
(每日每行四錢五里에相當ᄒᆞᆷ)
一箇月에 五圜
(每日每日四錢一里에相當ᄒᆞᆷ)
其期限의長短과字行의多寡를依ᄒᆞ야增減ᄒᆞᆷ이有ᄒᆞᆷ

●大한每日申報各處支社廣告

中署布屛門下 김相萬冊肆
中署農圃初入七拾八統第二號 鄭禹澤
平壤上水口門內 김浩淵
仝 최敬恒
仁川杻峴開新冊肆 리東皓
宣川邑橋西里 安濬
義州西門外한西 大藥局
釜山港佐川 徐藥局
三和港築洞 김仁집
咸興東南社西門外 曹喜林
開城培學校 姜助遠
大丘市廳 최一弘
載寧邑濟衆院 禮夢澤
鐵山邑東部 安立
元山支店 劉七錫
定州南門內 洪聖麟
京城興仁門外영楓亭 리建林
海州南門內書舖 朴昌鎭

發行兼編輯人 英國人비說
發行所 南署石井洞號外地三層洋屋家
大韓每日申報社

第五卷

大韓每日申報
대한매일신보

第四百四十八號

月曜及慶節 歲時日休刊

檀君開國四千二百四十年
箕子元年三千二十九年
大韓開國五百十六年
日本明治四十年
淸國光緒三十三年
◉陰曆丁未正月小十四日壬午

論說

日本及韓國

日本크로늬클新報에記載된訛法氏의寄書

所稱韓日新條約을拒斥ᄒᆞᄂᆞᆫ스토리氏의帶去書를關係ᄒᆞ야日本크로늬클新報上에有一寄書인바頗多着味處러라

記載員 閣下

韓國政府를教導宣言ᄒᆞ야스토리氏의報告를全歸無稽케ᄒᆞᄂᆞᆫ日本官人의用力이有志之人에게ᄂᆞᆫ不將遠及ᄒᆞᆯ지니今此宣言之人은伊時所遇之事를一無所知라但能實言ᄒᆞᆯ거슨如彼交涉을未得知悉이라ᄒᆞᆯ것이어니와本人은 皇帝씌셔스토리氏의게親書ᄒᆞ시든其時에叅列之人과接見談話ᄒᆞᆷ이有ᄒᆞ니一人의目擊事實ᄒᆞᆫ確證의效力이千人之不見을豈其不能當이리오스토리氏가蒙受此書ᄒᆞ던時日에本人은在於華盛頓ᄒᆞ야 皇帝씌셔該地國務院 傳送ᄒᆞ라신電信을本人이蒙受ᄒᆞ기바其辭意가스토리氏의受函과實際上으로同一ᄒᆞ얏스니때電信의通路를本人우知悉ᄒᆞᄂᆞᆫ지라 皇帝씌셔卽發ᄒᆞ신슴을確然無疑로다

既著評論으로御之컨되 皇帝씌셔今日當行之務ᄂᆞᆫ華盛頓에論非之書가到達됨을合中國官憲이確然知悉ᄒᆞ얏다發言ᄒᆞ실거시是也니惟其秘密을應用ᄒᆞᆷ은其計策의破裂을預防ᄒᆞᆷ이라本人이今此發言ᄒᆞᆷ은若用熟思之策이런들此書를不送ᄒᆞ얏겟다ᄂᆞᆫ風說이既有ᄒᆞᆷ을因ᄒᆞᆷ이로라

蓋日人思想에華盛頓으로送函ᄒᆞᆷ이掠取한國을妨礙ᄒᆞᆯ줄노計筭ᄒᆞ얏ᄂᆞᆫ지ᄂᆞᆫ如左事實노可以量度이라其帶書之人이發行前夜에漢城內日本高等官人을接見ᄒᆞ야阿諛之言을得聞ᄒᆞ얏스니若傾聽其言이런들停止其行ᄒᆞ얏슬거시오橫濱港出帆之際에日本偵探者(非日人)를逢着인바其人은自已所事를完全隱諱ᄒᆞᆯ手術이未有러라

其次ᄂᆞᆫ漢城에셔締約을威脅ᄒᆞ기에何如急速手段을運用ᄒᆞ얏ᄂᆞᆫ지記憶ᄒᆞᆯ거시니二日之際에極甚活動이有ᄒᆞ얏스나似無成效라及其末也ᄒᆞ야ᄂᆞᆫ日人이人於闕內이되成事以前에ᄂᆞᆫ不復退闕ᄒᆞ기로得ᄒᆞ얏도다

其書函이華盛頓에到着ᄒᆞ던同夕에所稱條約이締結되얏스니此但偶然一致나然이나惟其奇異ᄒᆞᆫ거슨 皇帝씌셔送此書函허심이使日人如彼急遽做事ᄒᆞ야萬國公議와法律上權限을拒棄케ᄒᆞ셧도다所謂其條約은非依法調印ᄒᆞᆫ거시오 皇帝의自意認許를不得ᄒᆞᆫ거시며非特止此라不可泛視ᄒᆞᆯ且一事端은其條約이依規召集된內閣會議에셔不得調印ᄒᆞᆫ거시니日人이使首席大臣으로開催會議ᄒᆞ기를試圖ᄒᆞ얏스나同大臣은拒絕ᄒᆞ얏고日人이召集權限을得ᄒᆞ기前에內閣大臣을召集ᄒᆞᆫ거시是也로다或將有言ᄒᆞ되華盛頓寄書가運命極点을墮落케ᄒᆞ얏스니反生危害ᄒᆞᆯ터이나日本이何如事機로던지同点을得ᄒᆞ얏슬줄을有誰疑訝耶아其不法手段이使彼行動으로저奪을未免矣오締約은不着矣니由是로此한國人民은惟其能行ᄒᆞᆯ時機가至ᄒᆞ면此條約을拒斥ᄒᆞᆯ法律上完全恕容이自有ᄒᆞᆫ지라如此時日이將至ᄒᆞᆯ지ᄂᆞᆫ其機甚密하야諸人이不見하ᄂᆞ니誰能預言이리오　未完

官報

●三千六百九十八號　光武十一年二月廿五日

◉叙任及辭令

命官內府特進官叙勅任官三等　懿孝殿提調金德漢
命懿孝殿提調叙勅任官三等　宗簿司長[illegible]載德
命宗簿司長叙勅任官二等　從二品리逵鎔
江原道觀察道參書官鄭海璉
延日郡守리圭璿
依願免本官

免本官　東萊府主事리규東
右ᄂᆞᆫ該員이偏聽巡檢搆날ᄒᆞ고本港警署食主人을勒稱處役ᄒᆞ고計錢夥多ᄒᆞ야旣露府査ᄒᆞ니揆以事躰에極爲該悖이기是以로免本官

綾州郡守朴龍勳
善山郡守洪鎭裕
洪州郡守孫永吉
依願免本官

外報

●日人의售賣軍機　長春通信을據ᄒᆞᆫ즉日本人이寬城子에在ᄒᆞ야公然히街市廣衆之中의셔匪徒를結連ᄒᆞ야銃械를售賣ᄒᆞ되自國의名譽와官吏의禁令을不顧ᄒᆞ고爲時未幾에寬城에運入ᄒᆞᆫ銃械가四萬餘柄之多에至ᄒᆞ며半已售出ᄒᆞᆫ지라此等奸商이已與胡匪結連ᄒᆞ야秘密交接이有ᄒᆞᆫ즉將來北滿地方에無窮之害가되리라고合爾賓報에揭布ᄒᆞ얏더라

●海軍預算　倫敦電을據ᄒᆞᆫ즉米國元老院은一億七萬弗에海軍預算案을可決ᄒᆞ야더라

●張氏頑冥　北京電을據ᄒᆞᆫ則張之洞은司法權獨立이目下의時勢에不適ᄒᆞᆯ뿐아니라甚히危險ᄒᆞ다ᄂᆞᆫ理由로反對ᄒᆞ더라

●日人捕縛　合爾賓에서日本人二名이果物箱十四個에彈丸을盛ᄒᆞ야所持ᄒᆞᆫ者가發覺ᄒᆞ야被縛되얏다더라

雜報

●國債演說　中署農圃동本社社長鄭萬澤氏가今番韓國國債報償事의對ᄒᆞ야不勝感賀ᄒᆞ야農圃의居主ᄒᆞᄂᆞᆫ同胞들을招集ᄒᆞ야一塲演說ᄒᆞ되今日我한國債一千三百萬圓借欵ᄒᆞᆫ事의對ᄒᆞ야日日月月히利息이漸至增加ᄒᆞ야我한形勢가殆至危業之境키로不勝恐懼ᄒᆞ야每嘗限歎더니今聞大丘廣文社副會長徐相敦氏가熱血發起ᄒᆞ야斷烟同盟ᄒᆞ야我한國債은期死報償ᄒᆞᆫ發論ᄒᆞᄆᆡ同聲相應者ㅣ不知其數라ᄒᆞ얏스니吾儕ᄂᆞᆫ齊聲發起의多小를不拘ᄒᆞ고義金을募集ᄒᆞ야아모조록一千三百萬圓國債을報償코ᄌᆞ注意ᄒᆞ야如是會集ᄒᆞ니惟我同胞의게抵死勸告ᄒᆞ노니大한帝國國民의堂々ᄒᆞᆫ義務를勿失ᄒᆞ기를切望ᄒᆞ노라齊聲相應者ㅣ多數ᄒᆞ야出義金이乃至貳拾圓假量이募集되얏다더라

●너醫高明　廣濟院外科醫師內田徒志씨에高明術法은新報에屢揭어니와前主事최榮喜씨가十餘年耳病으로東西醫家에盡誠治療허되毫無佳效러니日前에內田씨의계一次診察後某豚에浮氣가有허다허여針破惡血ᄒᆞᆫ즉卒地聽聞이如前詳聽허니허씨ᄂᆞᆫ一世華扁이라고稱贊不已ᄒᆞᆫ다더라

●三部遺漏　今番奏本에各部久勤之人을分排ᄒᆞᆫ다더니학部와法部와軍部에셔ᄂᆞᆫ銓考所에履歷書를繕送치아니ᄒᆞᆫ故로히三部官人은遺漏가되얏다더라

●조씨陞任　內部秘書課主事조漢철씨가히部文書課長으로陞任ᄒᆞᆫ다더라

雜報

●寧察被任說 學部協辦尹衡植氏가寧邊觀察使를被任ᄒᆞᆫ다는說이有ᄒᆞ더라

●達察遞任理由 大邱觀察使한鎭昌氏가大邱郡守박重陽氏의不公行爲를臚列ᄒᆞ야內部에報罷ᄒᆞ얏더니依報施行치아니ᄒᆞ는지라한鎭昌氏가박日龍兌前에는不可視務라ᄒᆞ야三次辭疏를奉呈ᄒᆞ야遞任ᄒᆞ얏다더라

●郡主升叙 內相李址鎔氏가郡主敍任事件에對ᄒᆞ야日今番則未差ᄒᆞᆫ郡主를無遺漏受報ᄒᆞ야一番에叙任ᄒᆞ기로決定ᄒᆞ얏다더라

●郡奏呈上 郡守履歷書를三昨日에銓考ᄒᆞ얏는ᄃᆡ各府部院廳久勤之人이十七人이오其外積仕人三人을加選ᄒᆞ야合二十窠인ᄃᆡ昨日에奏本ᄒᆞ얏다더라

●樞院通常 昨日中樞院에셔通常會를開催ᄒᆞ얏다더라

●日兵交遞 近日城內日兵이交遞次로退去ᄒᆞ는ᄃᆡ京仁列車를搭乘치아니ᄒᆞ고鷺梁津으로乘船渡去ᄒᆞ야仁川等地로陸續發向ᄒᆞ는故로히津附近人民들이交遞兵인줄不知ᄒᆞ고何等風說이喧藉ᄒᆞ더라

●稅主頌聲 咸陽山靑等地派送ᄒᆞᆫ稅務主事徐丙완氏가稅納收捧時에有何善政이던지民心이悅服ᄒᆞ야木牌가叢立ᄒᆞ얏는ᄃᆡ向日度協會正秀氏가南中視察時에該氏木牌中處事公平에人皆悅服句語를目擊ᄒᆞ고大加稱讚ᄒᆞ얏다더라

●巡檢悖行 北署樓閣洞居參領劉漢性이가與親友四人으로會飮聽歌之際에警務廳巡檢金致德主殿院巡檢金某及無賴輩가稱以聽歌ᄒᆞ고內室에突入ᄒᆞ야無端詰難ᄒᆞ며甚至於唔投片石ᄒᆞ야劉씨가警務廳에質問ᄒᆞ얏는ᄃᆡ金致德은見機逃走ᄒᆞ얏더라

●國民報火警 昨日上午十時에國民新報社編輯室에셔失火ᄒᆞ야旋卽撲滅ᄒᆞ얏다더라

●增額請撥 平理院에셔法部에報告ᄒᆞ되本院公務가煩劇ᄒᆞ고使役이數小ᄒᆞ야其所難便은不可形言이온바本院輔佐官處所를另設ᄒᆞ이온즉廳使一名을不得不增設이오月給을不可不增額이오며且增設判事二員과主事二員에法服을卽爲新備然後에可無妨判上着用之實礙이옵기法服諸具預算明細書를粘附ᄒᆞ와玆에報告ᄒᆞ오니査照ᄒᆞ신後度支部에移照ᄒᆞ오셔廳使一名月給과法服預算額을卽爲支撥ᄒᆞ라ᄒᆞ얏더라

●銓考選拔 전考에選拔된人이리章遠김晋年黃䥹燮安承烈리興雨리升來조완九徐相勉安甚宅丁九셥리公雨김祥演丁文셥南麟熙김然尙리文用諸씨라더라

●전考收去 去土曜日에內部大臣리址鎔씨가郡守전考件을收取ᄒᆞ야히部主事조漢喆씨를帶同ᄒᆞ고龍山江亭으로出往ᄒᆞ얏다더라

●閔氏憂慮 閔京鎬閔泳麟兩氏가日本視察로爭衡ᄒᆞᆫ다는事는已爲報道ᄒᆞ얏거니와閔京鎬氏가對人而言ᄒᆞ야日吾本生長於外人交涉이오且無才能ᄒᆞ고幷遊外國에徒費國財ᄒᆞ면歸國之日에無實效면羞恥를難고이라ᄒᆞ며方在憂慮中이라더라

●觀察運動 現今見窠ᄒᆞᆫ觀察이京畿、大邱、寧邊이오將次見闕ᄒᆞᆫ觀察이平壤、光州、인ᄃᆡ運動ᄒᆞ는人員은李忠求金在豐조鍾緖申泰休金각현諸氏라더라

●南方義擾 南來人의傳說을據ᄒᆞᆫ즉忠南鴻山靑陽等地에賊黨이稱以義兵ᄒᆞ고晝則屯據一處ᄒᆞ고夜則解散各處ᄒᆞ야村民에財產을掠奪ᄒᆞᆫ다더라

●壬錄不見 閭巷間에古談을閱覽ᄒᆞ는人民들이壬辰錄을購覽코져ᄒᆞ되近日市上에該錄이稀貴ᄒᆞ다는ᄃᆡ巷說을得聞ᄒᆞᆫ즉日人이該冊을隨見買去ᄒᆞᆫ裏由라도ᄒᆞ며或說은日人이此冊을切憎之ᄒᆞ는故로市民들이放賣치아니ᄒᆞ는故라ᄒᆞ더라

●窮婦忠義 大安동居康召史는無依無家ᄒᆞ야一官人家內房에셔寄宿ᄒᆞ는生活로今番國債報償事에對ᄒᆞ야屑金所得으로한貨四元을義捐ᄒᆞ얏더라

●可笑願留 平北관察申泰休氏의貪虐ᄒᆞᆫ事로平北碧동楚山衆民等이來訴于內部ᄒᆞᆫ즉殿飭不納ᄒᆞ는故로政府에呈ᄒᆞ얏다는ᄃᆡ申氏는自己家人으로願留狀을內部에呈ᄒᆞ얏다ᄒᆞ니聞者莫不大笑ᄒᆞ더라

●普校不公 普成專門學校에셔法律講師를延聘ᄒᆞ기로학徒를試取ᄒᆞ얏는ᄃᆡ及其被選에는優等에居ᄒᆞᆫ學徒는不參ᄒᆞ고該校事務員의徇私로自已의親近者를應聘케ᄒᆞᆷ으로一般학徒의與論이甚히不平ᄒᆞ다더라

●保護皇宮 近日한國 慶運宮內의非常ᄒᆞᆫ火災가有ᄒᆞᆯ時의急히消防키爲ᄒᆞ야主殿院경과九山顧問間의種々協議ᄒᆞᆫ結果로三昨日의한國扈衛隊八百名中의年齡軀格의合當ᄒᆞᆫ者六十名을選擇ᄒᆞ야御殿側의該所을設ᄒᆞ고三十이三晝夜交代ᄒᆞ야 皇宮警備와消防施設이漸次擴張ᄒᆞ야一大改良ᄒᆞᆫ다더라

●夫人愛國 牙山郡居ᄒᆞ는一夫人이帝國新聞社에寄函이如左ᄒᆞ니본人이現自鄕第로來覲親庭이옵다가貴新聞을奉讀ᄒᆞ오미憂國하시는僉君子계옵셔國債報償에對ᄒᆞ야勸諭同胞ᄒᆞ와募集義금ᄒᆞ시는盛擧가有ᄒᆞ오니본인이雖是一箇閨中女子이오나固亦大한國民之一이온즉彝性所發에感淚自零이오나家計淸貧에力不逮誠하와僅將한貨二十元ᄒᆞ야仰呈于貴社하오니鑒此微忱하오셔考納하심을伏望하옵나이다하얏는ᄃᆡ히夫인은主殿院경柔性煥씨의令孃으로牙山白岩居리씨宅에出嫁하야早寡餘生으로二子를敎養하야至於成立하니懿行夙著하고大義에素明ᄒᆞᆷ이라더라

●總校長推選 西友學會에셔師範養成ᄒᆞ기爲ᄒᆞ야師範學校를設立ᄒᆞ고校長은本會員朴殷植氏로校監은會員金達河氏로選定ᄒᆞ고學生을募集ᄒᆞ고敎師五人이勤實敎授ᄒᆞ는ᄃᆡ該道에漸次義務敎育이實施되야各處校務가日見其進步라該會에셔議決ᄒᆞ기를本道校況이處々振起ᄒᆞ는境遇에는맛당이宰相中文學德望이素著ᄒᆞᆫ야士民의모用이有ᄒᆞᆫ이를總校長으로選定ᄒᆞ야該會의聯絡ᄒᆞᆫ各校를總轄케ᄒᆞ여야愈其完美ᄒᆞᆯ터인ᄃᆡ此에適合ᄒᆞᆫ이는內大臣리道宰氏가素是本道士民의慕用이有ᄒᆞ고又且本會贊成員인즉推薦에可決이되고該會員의通旨가來ᄒᆞ니리大臣이日吾於平日에社會上干涉이未有ᄒᆞ엿더니至於西友ᄒᆞ야는自來情誼가相부ᄒᆞᆯ뿐더러現今西道文風이蔚興ᄒᆞ야將來實效를可覩ᄒᆞ깃스니此를辭避키難ᄒᆞ다ᄒᆞ고總校長을擔任ᄒᆞ얏다더라

●全氏寄函 全鳳薰씨가本社에寄函ᄒᆞ되壯哉라徐相敦等之志也여快哉라徐相敦等之盟也여是志是盟이足可徵萬腦警醒之鐘也요一한復舊之礎也로다以一千三百萬圜之國債로三千里疆土는幾乎漂去ᄒᆞ고二千萬民族은畢竟滅亡乃已러니今幸幾個義男이先唱此議ᄒᆞ야皷動天下鬱憤之心ᄒᆞ오니雖遐陬至愚之夫婦들孰不欣々然蹈舞樂從이리오生之眷口가弱妻稚子와幼婦穉孫이共爲五口也而五口가各出金貨一圜ᄒᆞ야合五元을忘略先納이라ᄒᆞ얏더라

▲夕陽寸心▼

△桃李園中에春色을獨擅ᄒᆞ야梅柳가不爭에群芳이斂輝ᄒᆞ니龍山江上에百尺布帆이無恙往來ᄒᆞ야意氣가揚々이로다

△今回郡守銓考草錄을略閱ᄒᆞᆫ즉叙任이不過十七八窠 春桂坊과左右侍御久勤外에內部主事遞任現任中五六人이入參ᄒᆞ엿시니이것시內大所謂公正인지郡守奏本이라稱ᄒᆞ지말고內部奏本이라稱ᄒᆞ지

△申泰休조鍾緖兩氏는內大李址鎔氏에倡鬼라百方敎囑에神算妙策이近爲一等功臣ᄒᆞ야조鍾緖氏는平北觀察使로申泰休氏는京畿觀察을被任ᄒᆞᆫ다ᄒᆞ니兩道百姓불상ᄒᆞ다

△平南觀察李始榮氏는治蹟이有ᄒᆞ야近來에初有ᄒᆞᆫ觀察이라ᄒᆞ며니今番殿最에老論中六郡守을貶下ᄒᆞᆷ으로因ᄒᆞ야遞任이된ᄂᆞ니殘弱ᄒᆞᆫ少論名色으로老論兩班을근들엿시니地位의危殆ᄒᆞᆷ을免ᄒᆞᆷ쇼인나

△法大李夏榮氏는今番赦典에不公히存拔ᄒᆞ다가리僞氏에起訴를被ᄒᆞ야一般社會에與論이沸鬱ᄒᆞᆷ을開ᄒᆞ고近日에薪憂가有ᄒᆞ다稱ᄒᆞ야仕進을廢止ᄒᆞ고杜門謝客ᄒᆞᆫ다니아마쎄병이지

△平壤셔는義務敎育에實施되야各面里에學校를設立ᄒᆞᆫ다는ᄃᆡ所謂政府主務大臣들은義務敎育불一向斬持ᄒᆞ니彼等는但以賣國手段뿐이오發達國民的事業은夢外에置之ᄒᆞ니可痛可痛이로고

雜報

●寄付西校　內大臣리道宰씨가西友學校에總校長으로推選되온別項에已揭어니와同씨가年前에平安北道관察使로在任時에江北匪徒가大爲邊患이라陰雨之備를爲ᄒᆞ야管下各郡紳士人民과協議ᄒᆞ야忠義社를設置ᄒᆞ고鄉砲를教鍊ᄒᆞᄂᆞᆫ디其經用은同씨의捐廩과道內士民의出義로磨鍊ᄒᆞᆫ것이라及其遞歸後에因軍部訓ᄒᆞ야忠義社ᄂᆞᆫ廢止되얏스니其立本錢은尙今自在ᄒᆞᆫ지라該道士民이發議ᄒᆞ기를此ᄂᆞᆫ原來本道人民을保護ᄒᆞ기爲ᄒᆞ야設立ᄒᆞ얏든것이오其經用에資本은리大臣의捐廩과一般人民의出義ᄒᆞᆫ것인즉萬一他邊에所用이되면本道人民이決不聽從홀것이오本道教育上에補用ᄒᆞ면事甚正當ᄒᆞ다ᄒᆞ고總校長리道宰씨의게提呈ᄒᆞ야該社資金을西友學校에寄付ᄒᆞ기로議決ᄒᆞ얏다더라

●達裁赦典　慶北裁判所에今番赦典에已決未決中可减者가二人이라더라

●賊漢夜呼　南署山林동賊黨은已爲報道ᄒᆞ얏거니와近日은賊黨이尤甚ᄒᆞ야暮夜인즉賊漢이門前에來呼ᄒᆞ야錢財를討索ᄒᆞᄂᆞᆫ故로該洞人民이難堪홈으로該署에請願ᄒᆞ얏다더라

●請日作惡　陰城郡孟동面上敦里居박海淑本以利川郡人으로托名耶蘇教ᄒᆞ고討索殘民作惡無雙故로被黜於本教桀牧師ᄒᆞ야越境於히郡矣러니寓居本郡之後로猶不悛習ᄒᆞ고挾雜行悖가有浮於前日리러니稱以今則入參於徐牧師教會云ᄒᆞ고聚黨四五拾名ᄒᆞ야暴虐殘民이非一非再러니同里居鄭仁壽ᄂᆞᆫ本以愼信守拙之人而謂之不入教會라ᄒᆞ고會家出동에百番恐喝毆打ᄒᆞ야現在難保之中ᄒᆞ고鎭川郡加尺동居教人丕敬三處에勒捧酒價壹千五白兩ᄒᆞ고又與日本人山本등으로符同ᄒᆞ야勒掘鎭川郡士沃洞居金監役之新葬ᄒᆞ고勒捧一千五百兩於舊山主孫申兩人處ᄒᆞ고傳道於본郡김目面程단里居金七星處而勒奪三斗落畓券ᄒᆞ고自稱設立日語學校云ᄒᆞ고討索一千五百兩於本동居千德順金成玉處ᄒᆞ고且稱開化之世에無班이라ᄒᆞ고本面下敦居許녹을無端毆打ᄒᆞ야竟嬰終身之疾ᄒᆞ고且本동居高明先을以謎イ入教로께달ᄒᆞ고作黨毆打ᄒᆞ여幾至死境ᄒᆞ고且挾其教人威勢ᄒᆞ고勒奪同里居리斑陳荒之地ᄒᆞ야起墾之後에舊畓洑水를無難찬奪ᄒᆞ야附近ᄼ地幾萬戶生靈을使之失農ᄒᆞ야將至渙散之境이라ᄒᆞ더라

●群兒傾囊　平壤돌串坊覺令이라하ᄂᆞᆫ村에셔有志人士강弘濟씨가학校의創셜홈을發起ᄒᆞ야瓦家八間을寄付ᄒᆞ고每年에正租二十石式義捐ᄒᆞ야青年을教育ᄒᆞ셔正當新元이라ᄒᆞᆫ地風俗에長老에게新歲를拜賀홈의兒童은錢物을與ᄒᆞᄂᆞᆫ지라一般兒童이히학校의셜立홈을大喜하야如干歲拜錢幾兩式을傾囊出付하야다ᄂᆞᆫ데히義兒의姓名은강善黄童과강貞斗輩라하니본記者每於關西에欽嘆其風氣者가非他州之比러니今聞此校童之美舉하니自不覺喜而不寐也로다

●靑會演說　萬國靑年會에셔奇義男氏를請邀ᄒᆞ야今日下午七点半에演說ᄒᆞᆫ다더라

廣告

本人의子鄭泰興이가年今十九歲에性本浮浪ᄒᆞ야每與悖類로互相符同ᄒᆞ여僞造手票ᄒᆞ며贋成於音ᄒᆞ여假稱債錢幾萬幾千兩이라ᄒᆞ고勒侵본人ᄒᆞ오니自今以後로或有此弊면捉懲警務廳ᄒᆞ여別般痛治ᄒᆞᆯ터이니內外國人은切勿見欺後悔홈

西署玄湖　鄭召史　告白

本人姓名張翼鵬方章陰曆丙午十二月路中셔失故玆以廣告矣誰某拾得無効

仁港장翼鵬字南圖　告白

●義州合資保産會社廣告●

現今地方에錢幣의艱關홈과民産에困難홈을保護ᄒᆞ기爲ᄒᆞ야본社를創설ᄒᆞ고事務所ᄂᆞᆫ大東門內김永哲家에定ᄒᆞ얏ᄉᆞ오니有志ᄒᆞ신 僉君子ᄂᆞᆫ陸續來議ᄒᆞ시오資본은一千株로홈

壹株ᄂᆞᆫ拾圜으로홈

社長前郡守김志온　總務員前主事최取律　會計員前主事최錫夏　幹事員前司果김永哲　김鼎孝　최晋淑　告白

平壤돌串坊三里私立覺今學校義捐錄이如左홈

前議官康弘濤　瓦家八間　每年正租三十通
前奉參康基鎭　前議官康基錢
進士洪在雲　每年正租各四通式
前主事康基헌　仝　康基錄
幼學康基훈　康基錠　崔忠植
康晉斗　每年各二通式
김斗善　蔡承主　朴宗欽
金健海　康觀斗　康秉斗
康聖斗　김賢錫　김致錬
김忠彦　羅泰建　車越南
김萬圭　金成說　康履錫
김永杰　丕學默　金夢壽
최末力　郭達元　石泰慶
장仁周　蔡觀默　채容默
康弘涉　洪乃錫　洪景學
每年各壹通式
前侍從丕炳殷　紙貨拾元
丕弘均、　二十元
강泰斗　壹元

童蒙義捐
강仙香童　五十錢
강昌升　三十錢
김末力　최四次　리澤周
各十七錢五里　채昌祿
朴바위　김中兒　車七星
김二次　김小兒　송昌燁
강元섭　최福孫　강曾孫
채三次　김秋夕　채山川
강鐵峯　작山川　강三次
강元斗　강七星　丕有德
김小兒　강漸斗　丕三次
최炳澤　채小兒　강三次
各二十錢　강貞斗
김在豐　강石孫　十五錢
강觀音　十戔　未完

本人에子章泰가年今十八에開城夜학校學徒로數年肄業ᄒᆞ더니覲親次로長단本家에出來ᄒᆞ엿다가不幸家中火災에受傷이酷慘ᄒᆞ야兩眼이傷瞎ᄒᆞ고手足이爛折ᄒᆞ되猶存喉間一縷故로治療救活次로卽擔往十開城日한病院ᄒᆞ나家素貧窶ᄒᆞ여醫資難辨ᄒᆞ니調治沒策ᄒᆞ야自分必死러니공稅司巡檢리夏현씨가本以熱心開明ᄒᆞ고衛生保護ᄒᆞ기로頗有名譽ᄒᆞ더니見此境遇ᄒᆞ고不勝惻은ᄒᆞ야其所親知某某를訪元ᄒᆞ고演說勸告ᄒᆞ기를此人의客地情境이若無人救助ᄒᆞ면義理安在오ᄒᆞ고先出四十元ᄒᆞ야補助醫資ᄒᆞᆫ즉諸人이亦或二十元或十元五元式合心出義ᄒᆞ야至爲六七十元ᄒᆞ고該씨가每日에米飮一器와肉膾一器를手持來괴ᄒᆞ되身或上番無暇ᄒᆞ면其母親과同生弟가代相傳괴ᄒᆞ야數朔如一日ᄒᆞ야病者가賴以回甦ᄒᆞ야점向差道ᄒᆞ니리씨의樂善好仁은此世에一人이오本人의感恩頌德은生死에難忘이옵기所遭事實을槩此暴白ᄒᆞ오니如此ᄒᆞᆫ善心德行과義氣仁風을世界上에褒揚키爲ᄒᆞ야玆以廣告홈

長단居金興善　告白

大丘達城廣文社內에本支社事務를廢止ᄒᆞ고大丘市廳崔一弘氏로移設視務케ᄒᆞ얏ᄉᆞ니廣文社로購覽ᄒᆞ신申報價를崔一弘氏게로傳致ᄒᆞ시고該附近地願覽諸公도該氏에게請求ᄒᆞ심을務要

大韓每日申報社　告白

本人에圖章을賊人에게見失ᄒᆞ엿ᄉᆞ오니勿論內外國人ᄒᆞ고勿爲施行ᄒᆞ시옵

大구將동金德裕　告白

本店에各色筆墨과諸般材料具備ᄒᆞ니別品所請ᄒᆞ실僉員은西小門외鐵路遊畓井橋筆墨旗立家로來購홈

筆墨商店　廣告

敬啓者泰仁郡居張致榮爲名者을年前에收養成취을식키고性本悖惡ᄒᆞ야永爲還送渠지本家이러니同致榮이가逗留於群港等地ᄒᆞ야假稱本人지子라ᄒᆞ고符同雜類ᄒᆞ야債錢을得用ᄒᆞ고本人에게徵出코저ᄒᆞ니無論內外國人ᄒᆞ고如此ᄒᆞᆫ浮浪悖類의게見欺치마오

全北泰仁郡下金演秋　告白

●學員募集廣告●

本校에셔學員을增募ᄒᆞ오니願學人은本月二十六日（陰正月十四日）內로本校用紙를以ᄒᆞ야請願홀事

修業年限　三學年
入學年齡　十六歲上
學課　中學科
試驗日字　二月二十六日　陰正月十四日
試驗科目　國漢文
讀書　作文　筭術（四則）（以內）
開學日字　二月二十八日　陰正月十六日

壽洞私立興化學校

廣告

越南亡國史 國漢文 新刊

定價貳拾伍錢

發賣所 京城廣橋高裕相冊肆
鏡南端川郡禹時夏
布屛下 김相萬 書舖

大韓留學生會學報 每月一回第一日曜發行
日本東京에在ᄒᆞᆫ我韓留學生이合心併力ᄒᆞ야總成一會ᄒᆞ야學業相勸ᄒᆞ며患難相救ᄒᆞᆷ은朝野의諸彦을已受ᄒᆞᆷ니어니와自二月爲始ᄒᆞ야學報를發行ᄒᆞ야我學生의團結力을一層鞏固케ᄒᆞ며內國人士와愛國同情을貫通케ᄒᆞᆷ을企圖ᄒᆞ오니有志諸公은速速請購ᄒᆞ시옴

論說 雄辯과雲
學術 簡明易致
譯叢及雜俎 古今東西奇事高談

定價一部十七錢 郵稅並
三個月先給四十六錢 仝
六個月先給九十錢 仝
一年先給一圓七十四錢仝

發行所日本東京麴町區中六番町五十番地
大韓留學生會
出張所京城中署長通坊洞口越便三十八統二戶
朱翰榮書舖

西署新門外鍮동百八十六統三戶
辯護士前檢事正三品 丁明燮
法律事務所
事務員前主事吳在淳

廣告

◎學員募集廣告

本校第三回入學期를現當ᄒᆞ야法律學及經濟學兩專門科學員을玆에募集ᄒᆞ오니願학人은左記試驗定期內에本校用紙로써早速請願ᄒᆞᆯ事

〇修業年限 三학年 但法律科ᄂᆞᆫ晝학及夜학으로 教授ᄒᆞ고經濟科ᄂᆞᆫ夜학으로 教授ᄒᆞᆷ

〇入學年齡 二十歲以上

〇願書日 法律학全部 經濟학全部 備在本校規則

〇試驗日字 三月一日(陰曆丁未正月十七日)

〇試驗科目
歷史及地誌問對(內國及外國)
讀書及作文(國文及漢文)
筭術(四則以內)
但官公私立학校의普通科以上卒業證書가有ᄒᆞᆫ人은其학力을檢定ᄒᆞᆫ後免試許入ᄒᆞᆷ

〇開學日字 三月五日(陰曆正月二十壹日)

光武十一年一月十五日
中署磚洞 普成專門學校 告白

廣告

湖南鐵道株式會社廣告

本社事務를一層擴張ᄒᆞ기爲ᄒᆞ야事務所ᄂᆞᆫ大廣橋川邊前紙廛小都家로本月六日에移接ᄒᆞ고社長以下整理委員을選定ᄒᆞ고玆에左開ᄒᆞ야廣告ᄒᆞ오니株主에應募ᄒᆞ실有志僉君子ᄂᆞᆫ陸續來議ᄒᆞ심을爲望

社長 金基永
總務部長 成文永
整理委員 尹晶錫
白完혁 趙鎭泰 趙秉澤
鄭東植 孫錫基 孟덕敏
朴泓일 鄭斗煥 白寅基
한相龍 趙彰漢
等 告白

●九轉靈砂라。本人이妙方法을神備ᄒᆞ야製造ᄒᆞᆫ靈丹인ᄃᆡ男女老少에無論何징ᄒᆞ고通治ᄒᆞ오며無病時에도服ᄒᆞ면平生의身躰가健康ᄒᆞ며小兒ᄂᆞᆫ四五錢重만服ᄒᆞ면十歲안에無病ᄒᆞ기를擔保ᄒᆞ오며
●九轉靈砂萬應丹은져狂 癎징과中風諸疾과耳目諸病과淋疾에神効ᄒᆞ오
●九轉靈砂保命丹은初生小兒驚風 간氣 咳嗽 腹瘡諸般惡징에神効ᄒᆞ오
●九轉靈砂濟衆丹은酒滯 食滯 血積 吐瀉 霍亂 痢疾 吐血 下血 運氣 時疾 痲징에神効ᄒᆞ오
●九轉靈砂紫金丹은痔漏 累瘻 上疳瘡 下疳瘡及唐瘡과諸般毒瘡惡種에無不神効ᄒᆞ오니僉君子ᄂᆞᆫ來問ᄒᆞ시오
內需司前독갑이골上隅第一家 百三統一戶 리主廷 告白

명월관확장광고

폐관이미시이후로고의ᄒᆞ시ᄂᆞᆫ귀각ᄭᅦ후의를입사와오ᄂᆞᆯ날ᄭᅥ지한에제일등요리점으로ᄂᆡ외국ᄒᆞ셔。아시도록확장ᄒᆞ여가오니ᄯᅥ단감ᄉᆞᄒᆞ옵거니와근일은이층양옥。광활이신건축ᄒᆞ고다락아리ᄂᆞᆫ온돌방을ᄯᅩ밀리비치ᄒᆞ고 포진범절을섞로ᄒᆞ와오시ᄂᆞᆫ 귀각이편 시도록쥬션ᄒᆞ엿ᄉᆞ오며각종음식은보ᄂᆞᆫ이에자려ᄒᆞ고ᄯᅩ먹기에정미ᄒᆞ게일신ᄒᆞᆷ비ᄒᆞ야다소를불계ᄒᆞ고주야로파오되셔양쥬ᄂᆞᆫ잔으로파오며특별신기량교자음식은오시ᄂᆞᆫ시로붓터ᄒᆞᆫ시간이되면몃상이라도곳가저가시도록ᄒᆞ오니외귀각은륙속왕임ᄒᆞ시옵

각석요리음식
각석셔양쥬
각종경편양요리
각종일본간스메
각종여송연
각국권연
진찬합
건찬합
밥교자
특별신기량교자음식
명창가동젼거복도유ᄒᆞ옵
明月館 主人 金東植 告白

洪淳康氏가東署東小門內土橋東邊에織造機을廣張設施ᄒᆞ야行號를淳昌號라ᄒᆞ고各色綢緞紗屬等을織造發賣ᄒᆞ오니願買人은來臨購貿ᄒᆞ시며或所用대로緞과紗等屬을預托ᄒᆞ시면依約施行ᄒᆞ깃습 淳昌號 告白

●大韓自强會月報 每月一回廿五日發行
定價金一部十五錢

大韓自强會月報의發行이應期經ᄒᆞ오니自由의議論을鼓發ᄒᆞ야國家의實利를增進ᄒᆞ며獨立의精神을淬礪ᄒᆞ야國脈의關係를益壯케ᄒᆞ야全國會志有公의愛讀ᄒᆞ심을供ᄒᆞ온바現今本會에셔一般擴張ᄒᆞ기爲ᄒᆞ야高明ᄒᆞᆫ文章과宏博ᄒᆞᆫ經綸家를延致ᄒᆞ야天下大勢의變動과萬國敎育의學業과古今政治의大要를蒐輯ᄒᆞ야開發ᄒᆞ며限日을一新케ᄒᆞ오니愛國ᄒᆞ시ᄂᆞᆫ僉君子ᄂᆞᆫ血淚를뿌리ᄒᆞ시고家家案頭의隨何購讀ᄒᆞ시오
皇城中署興洞九統二戶
大韓自强會事務所

漢城染織會社

本社의셔利益을不顧ᄒᆞ고韓人은白衣라白衣ᄂᆞᆫ韓國衰敗의元素란外人의嘲評을憤慨ᄒᆞ야起業週年의幸業各位愛顧ᄒᆞ와前進의榮幸이不無ᄒᆞ오지라各種染色을益加勤勵ᄒᆞ와僉位의所需를不負ᄒᆞ깃사오니陸續枉臨ᄒᆞ시되來往의便易를爲ᄒᆞ와左開各處에染物取扱所를設置ᄒᆞ엿사오니從便委托ᄒᆞ심을務望

大廣橋 朴勝爕紬緞貨商店
布屛下 金相萬冊肆
寺洞藥兵支所 李鴻謨藥局
南門外蓮池洞 俞경煥商店
安洞北松峴初入 송洛중典舖
社稷洞武德門外
漢城染織會社告白

◎本社廣告

〇申報價
一張代金 新貨二錢五里
一個月前納 三十錢
三箇月 九十錢
六個月 一元七十錢
一箇年 三元四十錢
郵稅一部 新貨五里
一箇月 十三錢

〇廣告料 四號活字 三字詰
每日每行尺一寸에新貨廿五錢 (每日每行六錢에相當ᄒᆞᆷ)
一週日에 二圜五十錢 (每日每行四錢五里에相當ᄒᆞᆷ)
一箇月에 五圜 (每日每行日四錢一里에相當ᄒᆞᆷ)
其價限의長短과字行의多寡를依ᄒᆞ야增減ᄒᆞᆷ이有ᄒᆞᆷ

●大한每日申報各處支社廣告
中署布屛門下 김相萬冊肆
中署農圃初入七拾八統第二號 鄭禹澤
仝平壤上水口門內 김濬淵
仁川桃峴開新冊肆 최叙恒
宣川邑橋西里 리東皓
義州西門外한西 安濬
釜山港佐川 大藥局
三和港築洞 徐藥局
咸興朱南社西門外 김仁집
開城培學校 曹喜林
大邱市廳 姜助遠
載寧邑濟衆院 최一弘
鐵山邑東部 □夢澤
元山支店 安玄
定州南門內 劉七錫
京城興仁門外영楓亭 洪聖麟
海州南門內書舖 리建祿
朴昌鎭

發行兼編輯人 英國人비說
發行所 南署石井洞號外地三層洋屋家
大韓每日申報社

第五卷

大韓每日申報
대한매일신보

第四百四十九號

月曜及慶節
歲時日休刊

檀君開國四千二百四十年
箕子元年三千二十九年
大韓開國五百十六年
日本明治四十年
淸國光緖三十三年
◎陰曆丁未正月小十五日癸未

論說

日本及한國

日本크로늬클新報에記載된訖法氏의寄書 續

日本人의信任혼何如外國人이諷言ᄒᆞ되華盛頓으로傳書ᄒᆞ기에必要혼錢額을以假僞之言으로取得이라ᄒᆞ니對此不可無一言이라實豈其然이리오한美間條約으로觀之면한國이緊急之用을聲明혼時에美國은한國의保守를爲ᄒᆞ야自國友誼를應用혼義務가特有矣며且한國皇帝씌셔日本이圓滿赦罪를旣得ᄒᆞ야非難之議를免除혼줄은不得知悉ᄒᆞ셧고事態가以公正進就홀줄을量度ᄒᆞ셧시니論非之書를若傳於華盛頓이면美國政府가한國을放棄ᄒᆞ기以前에再三熟思홀줄노深信ᄒᆞ실거슨自有其理며且美國政府와及人民間友誼의確證을聽聞ᄒᆞ심이二十年餘라한國內에美國臣民을常以非常禮儀로待之ᄒᆞ심이러니今日에說이維何오한國政府가腐敗ᄒᆞ야改良이必要홈으로美國이讓渡한國于日本ᄒᆞ기에以此辨明云이로다

請使余로試問一言이여다日人이不能較正홀거슬著示혼所謂腐敗가한國內美國臣民의權限及利益에有何衝突耶아土耳其의失政이土耳其內에美人利益과抵觸되는範圍에는此不足爲十分之一이라此地에居留ᄒᆞ는美國商民은每有好機ᄒᆞ얏스니鐵道及礦産事業을美國人의게最先許與혼지라以余識見으로度ᄒᆞ건ᄃᆡ此簒奪이若未有之矣면美國礦産營業家가今日한國內에서數億圓價値되는金礦及他礦을利用ᄒᆞ리로다本人이一身上으로는此諸般事에無一圖關係矣니何由로余今如此陳言홈은本人이知之로다

自然起頭ᄒᆞᆫ一問題는美國政府가何由로正實史編及傳說에如彼違反되는手段을取行ᄒᆞ얏슬거시是也라現今所知로는日本이平和를作홀거시有ᄒᆞ얏스니血戰의結局을欲求ᄒᆞ야한國을以作犧牲ᄒᆞ는거슨非必要問題矣어니와且戰局이今旣畢矣며雖戰局이尙今不休홀지언정美國이自國과圓滿締約혼一國의賣渡를當行홀거슨史編上前例와法律上巧辯이合衆國에一未有之矣로다

然이나有人發言ᄒᆞ되此事를更何言及耶아今已畢矣라偶然事가旣出其末이라ᄒᆞᄂᆞ니史編上에는未有出末이라韓國을殲滅者ㅣ已習事實을何可隱諱리오日本이無力盟國을若欲欺陷인된隨其便宜ᄒᆞ야有力盟國을欺陷홀才能을自示홈이로다史編이重復ᄒᆞᄂᆞᆫ거슨有其基因이니此는社會及國民性質이一致ᄒᆞ야同一盛敗之機에同一機關을用ᄒᆞ야自著重復ᄒᆞᄂᆞᆫ事實이라日本이對面ᄒᆞ얏던興衰之機는同盟友隣을騙奪홈이爲其必要ᄒᆞ얏스니若吾人이忍耐待之면史編이將有重復之讃ᄒᆞ리로다

然이나此編에首陳問題를更論ᄒᆞ노니日本이何由로스로리氏의報告가無信用ᄒᆞ기를希願耶아無他라此報告가若其眞實이면今者日本의占據한國이明白혼簒奪이오法律노保守홀地位가아님이어날此至設立ᄒᆞ니極東復權에似可有效홀機關을人不可快速斷言이로다

一千九百七年二月四日漢城居留人訖法 完

官報

●號外 光武十一年二月廿五日

◎宮廷錄事

領敎寧司事리根命辭職차批旨省ᄎᆞ具悉卿戀愼節自是衰暮例有之證行當勿藥而旣如是固請所辭醫院지任今姑勉副경其諒지事澄秘書郞傳諭

◎敍任
宮內府特進官閔泳奎
兼任太醫院都提調

●三千六百九十九號 光武十一年二月廿六日

◎宮廷錄事
平安北道觀察使申泰休辭職疏
批旨省疏具悉所誠依施

◎敍任及辭令

陞嘉義 經理院參政課長리健혁
陞從二品 侍從院分侍從姜晩熙
仝 侍從武官리會臣
仝 兼典醫리海昌
仝 正三品白永基
仝 陸軍正尉리炳엽
仝 陸軍正尉리圭振
仝 陸軍參尉리熙台
陞二級俸 侍從院主事리明宇
陞三級俸 侍從院主事金近永
警務廳警務官朴喜旭
仝 丁奎鳳
給七級俸
任寧遠郡主事 九品金濟民
任합川郡主事 金薰
任求禮郡主事 梁在祺
任延日郡主事 金洪久
任警務廳總巡 表振模
任官立漢城漢語學校副教官 리貞宰
官立漢城英語學校教官윤泰憲
解兼任官立漢城英語學校書記
官立漢城英語學校教官鄭一龍
兼任官立漢城英語學校書記

◎部令

度支部令第三十號
收入支出證明規則
第二歲入徵收額證明 續

第二十九條 事業의全部或一部의竣功에對ᄒᆞ야工事費의部分支撥을行혼時는竣工明細書及監督官吏의檢査書를年度末支出計算書証憑書類에添付홈이可홈

第三歲入歲出外現金出納證明

第三十條 會計法及檢査規程을依ᄒᆞ야出納官吏의提出홀歲入歲出外現金出納計算書는第九號書式을依홈이可홈

外報

●育嬰堂成立 淸國各地方에從前育嬰堂이有ᄒᆞ얏스나嬰口를育成혼實行은未有ᄒᆞ더니現江南魚子港地方에紳士等이育嬰新堂一區를營建ᄒᆞ고開堂禮式을設行ᄒᆞᄂᆞᆫᄃᆡ官紳到者가頗히一時盛況을呈ᄒᆞ얏다더라

●加州人의滿足 桑港電을據ᄒᆞᆫ則美國가리호루니아州人이移民條例에規定혼日本勞動者排斥條項을滿足히녁인다더라

●英國의富力 有名혼統計家하리스氏가熱心調査ᄒᆞ야皇立統計協會에報告혼바를據혼즉英國의富力이總計九十一億八千八白五十五萬九千六百五十四磅이니十二年間(再昨年間)ᄭᆞ지에每年略七千二百萬磅式增加ᄒᆞ얏다더라

●迫害尤甚 桑港에서는市街鐵道에日本人만載ᄒᆞᄂᆞᆫ勞働者의車輛을製造혼다ᄂᆞᆫᄃᆡ此에有ᄒᆞ뎌聯邦政府는是로爲ᄒᆞ야日本의感情을害ᄒᆞ고勞働者渡航禁止條約의締結을妨害가有ᄒᆞᆯ가ᄒᆞ고憂慮혼다더라

雜報

●大哉皇言 國債報償事로人民이斷烟ㅎ고代金을募集ㅎ다는事를自 上으로入聞ㅎ시고 大皇帝陛下께옵셔下敎ㅎ샤曰哀我赤子가國債를報償ㅎ기爲ㅎ야烟價를募集ㅎ니朕이不可吸烟이라ㅎ시고烟草를不御ㅎ신다더라

●團領習儀 英親王殿下冠禮習儀時에宗親文武百官이黑團領으로中和殿에셔行禮ㅎ다더라

●服裝經議 文官規則付標添入中에漸次二字를刪去홈이妥當ㅎ事로日昨中樞院總會에셔經議可決ㅎ얏다더라

●老宰義捐 前參政大臣金聲根氏가國債募集事에對ㅎ야本社에來臨ㅎ야舊貨百元을手傳ㅎ고간切히一般人民의忠義를感激ㅎ는意를表ㅎ니年高德卲ㅎ宰相에爲國ㅎ는誠意를感荷ㅎ노라

●大官斷烟 日昨에普東學校贊成事로李容稙氏家에閔泳韶李鍾健申圭沈相薰尹東潤李恩晃尹固熙諸씨가齊會ㅎ얏는뒤國債報償問題에對ㅎ야閔泳韶씨가發論ㅎ기를大皇帝陛下께옵셔卷烟을進御치아니ㅎ신處分이有ㅎ시다ㅎ니吾儕가何可吸烟이리오ㅎ뒤參座諸氏가卽其時斷烟ㅎ고償債前에는更不吸烟ㅎ다고同盟ㅎ얏다더라

●玉礦許日 向日日本賀使田中과顯氏가韓國에渡來時에日人某氏가宮內府某大官을甘誘ㅎ야曰今番貴國莫重大慶에賀使가出來ㅎ니自貴府로似有表情인즉開城北方十里에玉苗가發見ㅎ니玉礦을許給이何如오ㅎ되某大官이答曰吾不可擅便이라ㅎ얏나니該日人이有何幹旋이던지黃金이奪神ㅎ야該玉礦을許與ㅎ얏다는說이有ㅎ더라

●同盟斷烟 官立英語學校에셔國債募集事件에對ㅎ야校長以下와一般學徒와至於使喚씨지라도一齊斷烟ㅎ야代金은國債를報償ㅎ기로同盟ㅎ고非但今番이라學業에妨害가有ㅎ다ㅎ야永爲斷烟ㅎ다더라

●內大還第 再昨日午後에內部大臣李址鎔氏가龍山江亭에셔還來ㅎ얏는뒤該氏子婦가江亭에陪從前往ㅎ다가落傷ㅎ얏다더라

●風流寂寞 尹東完氏가卒逝ㅎ얏다고某新聞에揭載어니와詳聞ㅎ즉該氏가本是豪華風流郎으로用錢如水ㅎ다가蕩敗家產ㅎ고公債도如山ㅎ中近者에下南村數間草屋에寂寞度了ㅎ다가不勝鬱氣ㅎ여飮藥自斃ㅎ얏다더라

●局長入京 學務局長兪星濬씨가各地方학校를視察ㅎ고日昨에入京ㅎ얏다더라

●請議技師 內部主事尹漢喆씨를度支部技師로請議ㅎ얏더라

●翻譯未詳 度支大臣閔泳綺氏가外國百科書를貿來ㅎ야外語能通人으로翻譯ㅎ야刊出廣布次로印刷所에輸送ㅎ얏더니該印刷所에셔翻譯이모호ㅎ다ㅎ야開刊치아니ㅎ고或은善手翻譯이라ㅎ는뒤度大는未知孰是ㅎ야該翻譯書를自巳私第에積置ㅎ고以待後日發刊ㅎ기로酌定ㅎ다더라

●司長轉任說 度支部理財局長李奎相氏가內廷司長을轉任ㅎ다더라

●鐵路測量 軍用鐵道監部에셔近日鐵道沿路를測量ㅎ다는뒤鐵道左右로當初에六十餘米突로定界ㅎ지라測量後三十米突里을左右로減ㅎ다는說이有ㅎ더라

●鹽井視察 度支部各稅課長金敎聲氏가數日間富平仁川兩郡鹽井을視察次로出往ㅎ다더라

●宜擇實處

國債報償금募集趣旨書를奉讀感荷이오며此發起會員들이本社로收錢所로配定인바若此忠義與讚成之奮發ㅎ야는本社亦爲之同情이나然이나未曾確諾ㅎ거슨此收合錢을全數히任置ㅎ만ㅎ適當ㅎ收合處를決定ㅎ기前에는本社는此事에何許措處를姑且謝辭ㅎ노라

●是母是子 北村人力車軍리某가母子同居ㅎ야每日履價를多少間에這々히其母를授ㅎ더니日前에는其母에게幾十錢만달나ㅎ미其母가所用處를問ㅎ즉其子가答ㅎ되國債一千三百萬元報償ㅎ는뒤不可不出捐ㅎ다ㅎ즉其母가答ㅎ되如此ㅎ면何謂幾十錢고小不下四元은ㅎ겟시라ㅎ고四元을出給其子ㅎ얏다더라

●胡不禁止 近日新門外等地華국人家、셔한人浮浪悖類가數十名式聚集ㅎ야一大賭技場을設ㅎ고晝夜을不分ㅎ야設局雜技ㅎ는뒤何許日人輩는多數ㅎ錢財을持ㅎ고雜技의이各種什物을重邊典執ㅎ야無理抑奪ㅎ다는뒤一日加平錢이乃至幾百금이라ㅎ니한국警察은何處의用ㅎ지는物件인지不知ㅎ다고與論이藉々ㅎ다더라

●釜鎭放賣後聞 민健植씨가釜山鎭을外國人의게放賣ㅎ얏다는說을更聞ㅎ즉泥峴等地居留ㅎ는日人田中倘太郞씨가該鎭基地를한人에姓名으로得買ㅎ야仁港居留日人富田藤太郞씨의게讓與ㅎ얏는뒤遺間에何樣事端이有ㅎ던지日人兩씨가該港理事廳에裁判ㅅ지되얏다더라

●大有疑處 平壤觀察道參書官金英鎭氏는月銀이三十元에不過ㅎ뒤侈用無度ㅎ야妓生三名을作妾ㅎ고每朔濫用이三百元에至ㅎ는뒤自日人鐵道監部로同氏의所用을酬應ㅎ니一般人民이皆曰同氏가以其薄況으로有何變通ㅎ야若是濫用이며日人監部의셔는有何裏許ㅎ여同氏의過多之用을酬應ㅎ는가무合秘密ㅎ周旋이有ㅎ지無覺은民國間에不少ㅎ損害를貽ㅎ리라고大段疑慮中이라ㅎ니同氏도一半分祖國思想이有ㅎ書면엇지一身上窮心志之所慾으로非常ㅎ患害를釀出ㅎ가其在公眼에殊甚파測이라ㅎ노라

●四件更議 中樞院에셔義務敎育과漢城內自治規制와巫겨術書等四弊禁斷事와懸賞捕盜事件을政府에建議ㅎ얏더니尙無如何施措ㅎ故로該院에셔히四件議案을幷圖亟施ㅎ라고更히起案ㅎ얏다더라

●秘計必中 晉州觀察尹民熙氏가管下각郡殿最時에府主事를紹介ㅎ야各郡郡守에게下等貶題를預書ㅎ야慨歎ㅎ는樣을示ㅎ즉該郡守들이府主事의게百般懇請ㅎ야優數納賂ㅎ면上等褒題를許施ㅎ얏다는뒤尹氏가前寧邊觀察在任時에도此秘計를用ㅎ야多數奪錢ㅎ더니今番晉州에셔도如此行計ㅎ다더라

●日人惡習 桐原警視의不法行爲은本報에已揭ㅎ얏거니와警署에셔罪人을廿四時間에裁判所로移送ㅎ는法이어날金然철千就植兩씨를無故捉囚ㅎ여多日不釋ㅎ고兩氏山坂을歇價로抑買코져ㅎ니山坂의相換權파賣買權이山主의게有ㅎ거날捉牢抑奪은蠻種의行爲라日人이役夫를募集ㅎ여該山坂을將爲開基ㅎ고娼樓를建코져ㅎ니任意行惡은可謂無法天地요且開鄕曲土地를或稱牧畜場ㅎ며或爲植木處ㅎ야不給分錢에隨意裁處ㅎ으로한民怨恨이痛入骨介ㅎ지라他日의禍胎를漸々釀成ㅎ니東津平和를엇지希望ㅎ리오此는日本政府의失計誤筭이라ㅎ다더라

▲木鐸初鳴▼

▲窮陰이已盡에三陽이始動ㅎ고載魄이已虧에載明이初生ㅎ는니大韓乾坤에曉天이欲曙ㅎ야新年好消息에一夢이初醒이로다

▲人民은法律을依ㅎ야生命과財産을保有ㅎ는니故與不公ㅎ事에對ㅎ야再昨日國民大會에셔一般社會에辯士가演說ㅎ는뒤傍聽者數千이一致激昂ㅎ니天理人情之大同을於此可見이로고

▲그러ㅎ나宮內府大官某氏는開城北方十里에玉礦을日人의게賣渡ㅎ야黃金을私탁ㅎ얏스니人民은國債를報상ㅎ고官人은國土를賣渡ㅎ니該官人도大韓心腸인지

▲內協朴義秉氏가永興郡守李鼎煥氏를對ㅎ야日前郡守洪淳旭氏가未滿爪期에已爲歸遞ㅎ얏스니卽爲請願ㅎ면洪氏를更任ㅎ겟다고ㅎ얏스니內部一판은無法天地로고

▲한國一般人民이斷烟同盟ㅎ엿시니大抵烟草에獎ㄴ細烟影裏에良田美金이暗消ㅎ에少無利巳ㅎ니國債報상ㅎ後라도永爲斷廢ㅎ야도亦一頁策이지오

▲忠北觀察尹吉炳氏가管下各郡守를新年에는一齊히斷遞ㅎ라ㅎ얏는뒤存遞ㅎ郡守에게는贖錢을收ㅎ얏스니此遞所에셔는理遞代금을受ㅎ더니該觀察은存遞代금을受ㅎ는고

雜報

國債報償期成會趣旨書

夫借債云者ᄂᆞᆫ何也오有大事業大殖産ᄒᆞ야可以利民興國者ㅣ在前而苦無資斧之藉手ㅣ면必稱貸於人ᄒᆞ야以資其事ᄒᆞᄂᆞ니此法이固屬應爲나然이나若視此爲正途ᄒᆞ야一借再借而不知止則其國勢成何底止也리오向者英法之借債於埃及也에初心이豈必欲禍埃也리오마ᄂᆞᆫ但債人의판理가不善ᄒᆞ야爲人藩土ᄒᆞ니大抵爲國民者ㅣ如若出餘資ᄒᆞ야上以應國家之需用ᄒᆞ고下以成人民之富强ᄒᆞ면亦何樂而捨我所固有ᄒᆞ고而向人乞貸也리오向者我政府가急於進步ᄒᆞ야借債ㅣ至一千三百萬圜矣라其心에豈不曰賴此成資ᄒᆞ야以起國家之大事業也리오然이나今以我二千萬衆으로假如人出一圜이면爲二千萬圜이오如五十錢이면爲一千萬圜이리니此不可以報人債負耶아且捐輸之法이任其志願多小ᄒᆞ야一時送來者ᄂᆞᆫ實屬便快에固不暇論이오其餘則或按月或分期ᄒᆞ야每次五錢十錢不等而畢竟出於我之力量而後已ᄒᆞ면豈不更妙且易哉아

本人等이犄志未遂ㅣ固有叫矣러니今幸嶺南之東萊大丘等處에諸君子가創止烟報債之論ᄒᆞ야發起不幾日에捐輸者가日至ᄒᆞ니可以見我人民에愛國如家ᄒᆞ고保彊保族之盛懷也로다旣曰止烟則我土之産도尙可戒也여던況遠從數萬里如埃及呂宋等烟之價昂者及淸烟之味劣者乎아且捐輸云者ㅣ事力이旣殊ᄒᆞ고貧富가亦懸ᄒᆞ니馬馱千斤과蟻負一粟이亦理之常也라向者普法之役에其國人이有捐數百萬數十萬者ᄒᆞ고亦有納一錀匙者ᄒᆞ니錀匙云者ㅣ於數百萬에其多小輕重이固何如哉아然이나其共公扶國之心則一也라玆者本人等이欲追與東萊大丘等諸公으로團合一脉ᄒᆞ야組成此會ᄒᆞ니名曰國債報償期成會라玆以布告我同胞ᄒᆞ야要盡我국民義務ᄒᆞ노니嗚呼라국이亡ᄒᆞ면人民이亦亡ᄒᆞᄂᆞ니勉哉我同胞여且待幾許時ᄒᆞ야族국債淸完然後에購得世界第一等香馥之佳烟數千萬枝ᄒᆞ야擧全국內男婦少長이臨風噴吸에遣我淸興이如何오

一 本會ᄂᆞᆫ日本에對ᄒᆞᆫ國債一千三百萬圜을報償ᄒᆞ기로目的홈

一 報償方法ᄂᆞᆫ一般국民의義金을募集홈

一 但金額은多少를不拘홈

一 本會에義김을納ᄒᆞᆫ人員은本會會員으로認定ᄒᆞ고氏名及金額을新聞에公布홈

一 本會와目的이同一ᄒᆞᆫ各團會ᄂᆞᆫ互相聯合ᄒᆞ야目的을達ᄒᆞ기를務圖홈

一 義金ᄂᆞᆫ取合ᄒᆞ야右額에達ᄒᆞ기ᄭᆞ지信用이有ᄒᆞᆫ本국銀行에任置홈

但收合金額은每月末에新聞으로布告홈

一 本會ᄂᆞᆫ目的을達ᄒᆞᆫ後에解散홈

收錢所ᄂᆞᆫ如左홈

中署磚동十二統一戶普成館內

夜雷報館臨時事務所

中署布屛下廣學書舖金相萬

南大門外桃동乾材藥局劉漢謨

西署石井동大韓每日申報社

南大門內尙洞靑年學院事務所

南署大廣橋卅七統四戶書舖高裕相

中署罷朝橋越便書舖朱翰榮

●兵童俱寄 上犂동李局長家床奴孟七福은年今十四에國債錢六十錢을出義ᄒᆞ얏고徵上一隊에셔兵丁每名下에義捐金四十錢式募集ᄒᆞᄂᆞᆫᄃᆡ一中一小隊兵丁김成五가該隊所收ᄂᆞᆫ依例納上ᄒᆞ고ᄯᅩ本社에新貨四元을手納ᄒᆞ니一童一兵이俱是可尙이로다

●本社斷烟 今番國債報償事에對ᄒᆞ야上自 皇室及公卿家與各學校에셔擧皆斷烟이온바本社社員도一般義務로同盟斷烟홈

●製造寫眞 現今漢語學校의修業ᄒᆞᆫ申章均氏ᄂᆞᆫ年今十八이라去年에日本의渡去ᄒᆞ야寫眞術의原理를硏究ᄒᆞᆫ結果로寫眞機械을精緻히製造ᄒᆞ야廉價發賣ᄒᆞᆫ다더라

●强盜被捉 再昨日下午一時量의警務廳別巡檢이何許强盜四名을捕捉以去ᄒᆞ얏다더라

●校監丁憂 私立長薰學校의維持方針이完全ᄒᆞ고諸般制度가精美ᄒᆞᆷ은各報에已揭어니와學員百餘名이已爲募集되야來三月初에開學ᄒᆞᆯ터인ᄃᆡ該校學監丞在赫氏가去二十四日에其所后家父우을丁ᄒᆞᆷ을因ᄒᆞ야該校新設事務에自多窒碍ᄒᆞᆫ깃다더라

●知郡飭辭 知禮郡守김黃鎭氏가該郡南面居김某에게鄕長差帖을出送ᄒᆞ고棄錢千兩을勒討ᄒᆞ얏ᄂᆞᆫᄃᆡ김某가不勝抑冤ᄒᆞ야內部에呼訴ᄒᆞ얏더니該部에셔慶尙北道觀察使의게訓令ᄒᆞ야立風郡守로定查官明查ᄒᆞ야該錢一千兩을還推ᄒᆞ야以給김某ᄒᆞ얏다ᄂᆞᆫᄃᆡ해郡守의不公行政이非一非再인ᄃᆡ知禮一境이將至魚肉이라고南來人의傳說이狼藉ᄒᆞ더라

●賄賂存髮 忠北觀察使尹吉炳氏가各郡守의게削髮ᄒᆞ기를勸告ᄒᆞ되만일削髮을아니ᄒᆞᆯ터이면早決去就ᄒᆞ라ᄒᆞ미郡守들이削髮을아니ᄒᆞ랴고納賂圖免ᄒᆞᄂᆞᆫᄃᆡ下至葉五百兩이라더라

●西路福星 平南觀察使리始榮씨와平壤郡守白樂均씨의敎育熱心은全國居最ㅣ런더러西友ᄒᆞᆨ會의趣旨도極力贊成ᄒᆞᄂᆞᆫ故로士友와학校興旺이兩씨仁風이오一路福音이라고萬口騰頌ᄒᆞ더라

第五卷

大韓每日申報

대한매일신보

第四百五十號

月曜及慶節 歲時休日

◉陰曆丁未正月小十六日甲申

檀君開國四千二百四十年
箕子元年三千二十九年
大韓開國五百十六年
日本明治四十年
淸國光緖三十三年

寄書

國債報償의對ᄒᆞ야敬告同胞 심의철

근일더구셔샹돈씨동취지셔에 담븨ᄭᅳᆫ어국채일쳔삼빅만원갑쟈ᄒᆞᄂᆞᆫ일너더ᄒᆞ야본인야얼마콤감ᄉᆞᄒᆞ고얼마콤다힝ᄒᆞ야두어번번치못ᄒᆞᆯ말노우리이쳔만동포에게고ᄒᆞ오니잠시시간ᄒᆞ비ᄒᆞᆷ을악씨지마시고보양주시기를바라나니다뎌저국채보샹ᄒᆞ쟈ᄂᆞᆫ일이우리나라에쳐음은됴흔의논이요인민의지식이이지경ᄭᆞ지ᄀᆡ명ᄒᆞᆷ을표시ᄒᆞᆷ이니누가조아아니ᄒᆞ며누가찬셩아니ᄒᆞ리요그러나혹잇더ᄒᆞᆫ사ᄅᆞᆷ들이말ᄒᆞ기를그돈을ᄂᆡ가써나남이ᄊᆞ게라도ᄒᆞᆫ푼이나누가구경ᄒᆞ엿나왜우리ᄆᆡ러물나ᄂᆞᆫ고무슨돈을일쳔삼빅만원담이나차관ᄒᆞ여셔다무엇에써나우리가츄렴ᄂᆡ여물어쥬면잠이가잇셔또더고차관만ᄒᆞ게ᄒᆞ나니그ᄉᆞᄅᆞᆷ들의말이혹그러ᄒᆞᆯ듯ᄒᆞ나조곰잘못싱각ᄒᆞᆯ듯ᄒᆞ오잠간비유ᄒᆞ여말ᄒᆞᆯ지면부모가잇셔셔세간ᄉᆞ리를엇더ᄒᆞᆫᄉᆞᄅᆞᆷ에게원ᄅᆞᆯ막겨ᄂᆞᆫ데그ᄉᆞᄅᆞᆷ이오활ᄒᆞ야그것ᄂᆞᆫ지물ᄂᆡᆫ을모르고요랑업시써셔그렷ᄃᆞᆫ지혹이옷ᄉᆞᄅᆞᆷ을고부동ᄒᆞ야집안을판니라고드럿든지빗을산갓치져셔긔한에ᄂᆡ지못ᄒᆞ야빗장이가와셔집에다쳡을박든지식구를다ᄂᆡ쏫ᄂᆞᆫ다든지젼토를ᄲᅢ아셔간다든지ᄒᆞᆯ지경이면그아달여러형제가잇셔셔그돈을ᄂᆡ가아니써다든지쓰ᄂᆞᆫ구경도못ᄒᆞ얏다든지쓰지아니ᄒᆞᆫ데써다든지ᄒᆞ고그빗을아니갑파야올케쇼셔령그세간ᄉᆞ리ᄒᆞ든ᄉᆞᄅᆞᆷ이미워셔갑고십지안트리도가옥젼토를다ᄲᅢ앗기고보면그부모와집안식구를다엇다두며제몸은엇다담으며무엇을먹고살겟소그러케되고보면그쟈식들이어ᄃᆡ가셔ᄉᆞᄅᆞᆷ이라고힝세ᄒᆞᆯ슈잇쇼지금국채일졀도그와비슷ᄒᆞ오우리나라ᄉᆞ세를가량ᄒᆞ여보면십년동안에어셔돈이나셔일쳔삼빅만원을갑겟소더쓰지나말면다힝이지요그런즉우리가일심ᄒᆞ야갑파보쟈고ᄒᆞ여볼밧게슈가업소나라의토지를ᄲᅢ아긴다든시지샨ᄂᆞᆫ씨아긴다든지ᄒᆞ면우리가엇지싱활ᄒᆞᆯ슈잇소대한ᄉᆞᄅᆞᆷ이라고어ᄂᆞ나라에가셔힝세ᄒᆞᆯ슈잇소셔샹돈씨말ᄉᆞᆷ과담븨ᄭᅳᆫ차고만ᄒᆞ얏시마ᄂᆞᆫᄂᆡ심각갓트면술도ᄭᅳᆫ느면엇더케소또비단옷입은ᄉᆞᄅᆞᆷ은보병옷ᄒᆞ여입고밥먹든ᄉᆞᄅᆞᆷ은쥭쑤어먹고타고단기든ᄉᆞᄅᆞᆷ은거러단겨셔그러케모아셔빗좀갑파보면엇더케소보병옷입고쥭먹고거러다니고술담븨다ᄭᅳᆫ어도아모어려운일도업고아모부ᄭᅳ러운일도업고아모히로운일도업소

그쉬운일를못ᄒᆞ야셔나중에나라를쳡박게되면그모양엇지되겟소우리결심ᄒᆞ고ᄒᆞᆫ번ᄒᆞ여봅시다민츙졍됴츙졍갓흔여러분은나라를위ᄒᆞ야쥭기도ᄒᆞ엿소우리ᄒᆞ라ᄂᆞᆫ일이쥭기보다ᄂᆞᆫ쉬울듯ᄒᆞ오이일이셩공ᄒᆞ고보면텬ᄒᆞ만국에그만콤빗날일이업고국권도회복ᄒᆞᆯ날이잇소이일를못ᄒᆞ고보면이쳔만동포를일시에염ᄒᆞ야쳔ᄀᆡ를덥펴지다시ᄒᆞᆯ슈업소이누누히ᄒᆞᄂᆞᆫ말삼이누가모르실것이아니로되본인의미련ᄒᆞᆫ소견ᄃᆡ로ᄯᅥ강궁문으로젹어동포남미에게고ᄒᆞ니유식ᄒᆞᆫ신제군ᄌᆞ가웃고용셔ᄒᆞ여보시면혹은두귀절취ᄒᆞᆯ실말도잇슬듯ᄒᆞ오리다

官報

●三千七百號 光武十一年二月廿七日

◉敍任及辭令

任官立漢城德語學校副教官敍判任官七級 리仁植
依願免本官 莊陵參奉河在衡
任莊능參奉 六品리象獻
宮內府特進官兪咄轍
命興勝미提調敍칙任官二等
任內部번譯官補 九品兪鍾和
江原道觀察道번譯官補수조
三和府番譯官補최元植
依願免本官
解陸軍步兵特務正校 리元夏
任陸軍步兵特務正校 陸軍步兵正校金東植
免本官 度支部稅務主事리康爽
右ᄂᆞᆫ該員이職在稅務官吏ᄒᆞ야不遵規程ᄒᆞ고문亂稅政ᄒᆞ며初不請由ᄒᆞ고擅自上京이기是로以ᄒᆞ야免本官

◉部令

度支部令第三十號
收入支出證明規則
第二歲入徵收額證明 續

第三十一條 歲入歲出外現金出納計算書의提出期限은年度經過後二個月以內로定ᄒᆞᆷ
但出納官吏가交遞ᄒᆞᆫ時ᄂᆞᆫ其在職中執行ᄒᆞᆫ計算은其交遞ᄒᆞᆫ後一個月以內에提出ᄒᆞᆷ이可ᄒᆞᆷ

第三十二條 出納을證明ᄒᆞ기爲ᄒᆞ야提出ᄒᆞᆫ證憑書類ᄂᆞᆫ如左ᄒᆞᆷ

一 收入에關ᄒᆞ야ᄂᆞᆫ主管廳의訓令指令及關係書類
二 支出에關ᄒᆞ야ᄂᆞᆫ正當債主及代理人의領收證書
三 度支部大臣의指定ᄒᆞᆫ書類

第四證憑書類의編纂

第三十三條 證憑書類ᄂᆞᆫ計算書에記載ᄒᆞᆫ事項을隨ᄒᆞ야各目마다區分編纂ᄒᆞᆷ이可ᄒᆞᆷ但歲入歲出外現금出納計算에在ᄒᆞ야ᄂᆞᆫ收入支出의二種으로大別ᄒᆞᆷ이可ᄒᆞᆷ

編찬ᄒᆞᆫ證憑書類에ᄂᆞᆫ各目마다장數及금額等을記載ᄒᆞᆫ表紙를添付ᄒᆞᆷ이可ᄒᆞᆷ

第三十四條 證憑書類中外他計算書에業已提出ᄒᆞᆫ者ㅣ有ᄒᆞᆫ時ᄂᆞᆫ其事由를計算書備考欄에記載ᄒᆞ고又返還을要ᄒᆞᆯ者ㅣ有ᄒᆞᆫ時ᄂᆞᆫ此를請求ᄒᆞᆷ이可ᄒᆞᆷ

附則

第三十五條 本規則은광무十年度分브터施行ᄒᆞᆷ

第三十六條 光무十年度支出計算書ᄂᆞᆫ第七號書式을依ᄒᆞ야總括支出計算書를提出ᄒᆞᆷ이可ᄒᆞᆷ

完

外報

●郡制廢止案 東京電을據ᄒᆞᆫ즉郡制廢止案에委員選擧에對ᄒᆞ야大同俱樂部ᄂᆞᆫ政友會와衝突ᄒᆞ고互相感情이隔離ᄒᆞ기로同俱樂部ᄂᆞᆫ進步黨과交涉ᄒᆞ야該案을否決ᄒᆞ기로決ᄒᆞ얏더라

●黑龍對岸의露軍 奉天電을據ᄒᆞᆫ즉露軍은漸次北滿洲로撤退ᄒᆞ나黑龍對岸에露領一帶地에兵營을設ᄒᆞ고치라불나고에하발노수、니꼴니수等地에二十萬大兵을駐屯케ᄒᆞ얏다더라

●對米問題同盟會 米國의排日問題에對ᄒᆞ야日本의不平ᄒᆞᆫ有志家ᄂᆞᆫ對米問題同盟會라ᄒᆞᄂᆞᆫ것을組織ᄒᆞ얏더라

●岙徐轉任 北京報를據ᄒᆞᆫ즉岙爾巽은民政部尙書로徐世昌은奉天將軍으로轉任ᄒᆞᆫ다ᄂᆞᆫ說이有ᄒᆞ더라

雜報

●非한則조 平北觀察使는韓鎭昌조錄緖耐씨中에被任혼다는說이有ᄒᆞ더라

●姓名書送 昨日詔闕허는勅任官의居住姓名을侍從院으로書送ᄒᆞ야以便門鑑케ᄒᆞ얏다더라

●公判更續 리儁氏事에對ᄒᆞ야再昨日平理에셔公開裁判을開ᄒᆞ는뒤判決이못되야本日에또繼續裁判혼다더라

●制度新設 壽進宮內에制度局을設始허고四宮과內需司諸般汁物을壽進宮으로都聚허고各宮內人과무슈리를一幷出送허고尙宮만姑爲留接케혼다더라

●不許聯署 內大리址鎔氏가今番奏本을參政朴齊純氏가不許聯署ᄒᆞ는事에對ᄒᆞ야內大가親切人을參政에게送ᄒᆞ야私和를請혼뒤參政이答ᄒᆞ여曰擇用人才라ᄒᆞ는問題가雖爲近日茶飯이나擇人之難은古聖도試可오乃已라ᄒᆞ셔시니何況到今에豈可容易說去耶所謂젼考所는젼考官人에履歷則今日吊人이只是舊樣人物이면政治는更無維新之日흘이니吾所不取오且以銓考로論之라도各府部院廳에另擇久勤之人ᄒᆞ야這這分排흘거시여날只以內部中五六人을將敍ᄒᆞ고其餘則皆是權門下에乞哀之人인즉必是젼考委員之作奸이니雖無黃금恩寵이나妨害國事는不下於納賂則是以로不許聯署라혼뒤該客이答曰內大가其間履歷書收納件을沒數都聚ᄒᆞ고每日十장式與젼考所委員으로相確存拔ᄒᆞ온즉必是公平히選擇혼다혼뒤박參政曰第觀來頭爲之혼다ᄒᆞ얏다더라

●服裝宜一 文官服裝이頒布已久에尙未齊一ᄒᆞ야或着新制ᄒᆞ고或用舊制ᄒᆞ야凡於公班에斑駁이太甚ᄒᆞ니雖緣財政之窘拙이나同朝文物이令人可怪혼지라現今間은大禮服을未備혼官員은以燕尾服으로代着施行흠이無妨흘意로中樞院에셔建議ᄒᆞ얏다더라

●通譯試選 日昨에度支部에셔地금庫에通譯흘主事三人을試選ᄒᆞ얏다더라

●徐氏漸冷 農商工部農務局長徐丙肅씨가中樞院副贊議로轉任ᄒᆞ얏더라

●呼名銓考 今番젼考는履歷書를詳考치아니ᄒᆞ고呼名으로銓考ᄒᆞ엿다는說이有ᄒᆞ더라

●十分之六 各宮衆役의受價흔錢이屢百萬금인뒤明禮宮衆役輩가此錢을受價허기爲ᄒᆞ야財政顧問의게請囑허되十分에六分만差下허고四分은置之허라혼故로其外他宮衆役輩가稱怨이浪藉허다더라

●孫氏獻議 平安道중山郡居孫觀柱씨가人才를擇用ᄒᆞ야政治를改善혼意로內部에請願書를繕呈허고또中院에獻議ᄒᆞ얏다더라

●志士演說 南門外紫岩漢陽學校에셔來금曜日正午에藥峴光興學校와萬里峴均明學校와靑坡靑蓮學校等諸校學員을招請聯席ᄒᆞ고今番歸國滯留中에在혼安昌浩氏를請邀演說혼다는뒤수씨는北美合衆國桑港에在흔我한共立協會總代로東洋의學生界에觀察ᄒᆞᆯ務를帶來ᄒᆞ얏고兼ᄒᆞ야博識雄辯家라수漢陽學校에셔此를先探請邀흠이라遠近闇來聽흠을希望혼다더라

●리氏病逝 海參威電을據혼則海參威에滯在ᄒᆞ던리容翊氏는去二十四日朝에病逝ᄒᆞ얏다더라

●長谷 陸辭 日本長谷川大將은今回에交遞歸還ᄒᆞ는平壤駐屯第十五師團長陸軍中將과師團參謀長步兵大佐와同副官少佐를帶同ᄒᆞ고昨日午後四時半에詣闕陛辭ᄒᆞ얏다더라

●奧國皇族遊覽 再昨日上午十時에奧國皇族이騎馬ᄒᆞ고東大門까지遊覽卽還ᄒᆞ얏다더라

●巡監俱除 日昨에監獄署在勤巡檢吳景根이와무監徐漢淳等三名이娼妓家에셔相詰ᄒᆞ다가互相毆打혼事로該무監은奉勅除汰ᄒᆞ얏스니該巡檢도罷免혼다고主殿院에셔監獄署에電飭ᄒᆞ얏다더라

●靑會幼燈 皇城基督敎靑年會에敎育上所用으로精美혼幻燈器具를美國에注文以入ᄒᆞ얏는뒤今日下午七点半에本會學監具禮九씨가美國靑年會敎育情形을五十餘種圖解로演說흘터이니[illegible]에有志靑年은來臨허심을기圖혼다더라

●靑津日弊 富寧郡靑津에日本商民數三人이守備隊에依勢ᄒᆞ야作梗無數뿐不是라慾浸을噴起ᄒᆞ야强制力으로該地주局百餘戶人民을浚壓ᄒᆞ야土地家屋을勒買허되隊兵을敎唆行悖ᄒᆞ니히地生涯는只一海產營業이거날兼爲防碍ᄒᆞ야生民이塗炭ᄒᆞ야流離壞散혼다더라

●參領禁路 大丘鎭衛隊參領梁在薰씨는月夜에大燈으로前導ᄒᆞ고兵丁을多率ᄒᆞ고白衣長竹으로街路에緩步ᄒᆞ며來往人民을稱以犯路ᄒᆞ고拳打足척ᄒᆞ야行路가杜絶ᄒᆞ얏다더라

●鐵道停止 西氷庫二可亭에設置ᄒᆞ얏든京原鐵道監部를近日廢止ᄒᆞ고龍山監部에合付ᄒᆞ얏다는뒤財政이窘掘허여京原鐵道는停止되는貌樣이라는說이有ᄒᆞ더라

●九處火警 再昨日下午十時間에北署帶동半井동通谷樓閣동等地에或大門과路邊簷下에無根火가起혼家가九處인뒤旋卽撲滅ᄒᆞ얏다더라

●兵丁辭窮 日昨校洞等地居何許人이大醉허여무슴事段이有허던지以自處코져허는지라該동支所巡檢이該醉人을支所에綁縶허엿더니何許醉兵一名이該人을解放허라ᄒᆞ야互相爭詰ᄒᆞ는뒤巡檢은니警察衛生이라허고兵丁은日護保權이有허다ᄒᆞ야期欲解放허는뒤一場광景이頗有可觀터니畢竟은兵丁이辭窮而默去ᄒᆞ얏다더라

●是母是女 前侍御朴衡輔氏에女兒와其小室리芙蓉氏가國債義捐금新貨各一圓을普成館收錢所에傳納ᄒᆞ엿다더라

●김萬可尙 昌禮동리順天家床奴김鳳吉이가國債義捐금新貨一圓을普成館收錢所에傳納ᄒᆞ엿다더라

●校士賣日 土地를外人에게斥賣흠은國之大禁이여늘始興鄕校有司李容이가校畓三石落을當坪七千兩에賣於日人ᄒᆞ니身爲士林이요畓是公土여날況以至歇價로偸賣於外人ᄒᆞ되其郡郡守는知若不知ᄒᆞ니可謂官不知法이요士不知法이라더라

●拔劍惹鬧 齋동洪水동居張召史가죠文植爲名人으로本是親切혼데조文植이가鰥居허는故로張召史를對ᄒᆞ야免鰥혼女人求請흠미難恕허여一女를指示허얏더니同居허다가其女가逃走ᄒᆞ얏는뒤죠哥가張召史더러搜索허여달나흠의張召史가言허되但指示흘뿐이오去就는吾所不知라ᄒᆞ얏더니日昨夜에죠哥가持劍來到ᄒᆞ야日殺汝後我死라허고惹鬧흘際에巡檢이入來ᄒᆞ야該署로捉去ᄒᆞ얏다더라

●狂人衝火 西署管內石橋左川邊居鄭鍾協의妻가本有狂증이러니再昨日上午六時半에門間積柴에衝火ᄒᆞ얏다가旋卽撲滅ᄒᆞ얏더라

●火警何多 再昨日上午十一時에紫橋掌內南政峴박在明家에셔失火ᄒᆞ야旋卽撲滅ᄒᆞ얏다더라

▲一盃治聾▼

△上元天氣에聽耳一杯酒가喚醒人々聾聵ᄒᆞ니大韓天地에新年好風說이兩耳가如洗ᄒᆞ니新精神을刷勵ᄒᆞᆯ깃도다

△各學校學徒는倍加熱心ᄒᆞ야新知識을發達ᄒᆞ고各社會에셔는義務를擴張ᄒᆞ야一心으로團結ᄒᆞ고全國人民은愛國思想으로誠意를激發ᄒᆞ면國權을挽回흘基礎로다

△中央金庫大臣은全國財政을專管ᄒᆞ는大臣이라日本서巨額을借款혼것시니責在於誰오近日全國人民이國債를報償ᄒᆞ기로義金을募集ᄒᆞ니髥參軍은羞愧之心도無혼지人而無恥면

△藥房妓生三十餘名이斷烟代金二十餘元을募集ᄒᆞ고總代三人을選定ᄒᆞ야帝國社에送ᄒᆞ엿더니該社員이卷烟을勸ᄒᆞ다가無顏을當ᄒᆞ엿다니藥房妓生참향긔나는妓生이로고

△內部전考所에셔觀察使는前日에貪虐이有ᄒᆞ던지重律을當혼人은不參ᄒᆞ기로規則이已成ᄒᆞ얏는뒤近日銓考에觀察使材木은此等罪名이無혼人인지

△再昨日平理院에셔李儁氏事件에對ᄒᆞ야公同裁判을開ᄒᆞ얏는뒤該裁長李允用氏가壓制手段으로李儁氏를强制ᄒᆞ다가傍聽諸人의不平혼情態가有흠을見ᄒᆞ고後門을從ᄒᆞ야避身ᄒᆞ엿시니走爲上策이로고

雜報

國債報償西道義成會趣旨書

夫有土而後有民ᄒᆞ고有民而後有國은世界萬邦之常理ㅣ라今我　國家伊來多艱ᄒᆞ야不能自安일ᄉᆡ外債가乃至一千三百餘萬元之多矣以其歲入總額으로算其歲出總額則常患不足ᄒᆞ니首尾도不相顧커던何暇論於利子之償還가年々增息이其數無量ᄒᆞ야不待干戈ᄒᆞ고國自消削ᄒᆞ리니哀我生民이將安所에接息가國은民之首也오民은國之脉也니無首면人何得生이며土ᄂᆞᆫ民之田也오民은土之種也니無土면種何得生이리오嗟我二千萬同胞여三千里疆土를箇箇擔負ᄒᆞ야理不去義不忘이니當此國事岌業之時ᄒᆞ야豈可楚越相視리오國債ᄂᆞᆫ勢將償還後已라言至于此ᄒᆞ니毛骨竦然ᄒᆞ고血淚縱橫ᄒᆞ야乃大聲大呼曰維我西道同胞여維我西道同胞여

一本會ᄂᆞᆫ外國에對ᄒᆞᆫ國債一千三百萬元을報償ᄒᆞ기로目的홈

一報償方法은一般國民의義金을募集홈

一但金額은多少를不拘홈

一本會의義金을納ᄒᆞᆫ人員은本會々員으로認定ᄒᆞ고姓名及金額을新聞에公佈홈

一義金은收合ᄒᆞ야右額에達ᄒᆞ기ᄭᆞ지信用이有ᄒᆞᆫ本國銀行에任置홈

一本會ᄂᆞᆫ目的을達ᄒᆞᆫ後解散홈

一中署長通坊長橋四統二戶金潤영家로事務所를定홈

●夫妻決心　한鼎烈氏가本社에寄函ᄒᆞ되本人이每讀貴報타가今聞國債一千三百萬元이我國臣民間每名下五十錢式이면罷有報債云ᄒᆞ니豈不喜且悅乎아讀此今報에不知手之舞之足之蹈일ᄉᆡ傍有家人타가見其喜悅에고問其喜色ᄒᆞᆫ데余答曰吾雖清貧莫測이나豈無誠心이리오我大韓이以外債로幾乎失之러니二千萬同胞가斷烟同盟ᄒᆞ야以烟草代錢으로報債云ᄒᆞ니如此則大韓이存矣오吾儕가復甦이니吾亦斷烟爲盟ᄒᆞ노라ᄒᆞ니妻曰吾가自幼로常有鼈腹ᄒᆞ야未嘗不吸烟이三十年矣라今斷則尙有烟動矣로ᄃᆡ至於爲國ᄒᆞ야ᄂᆞᆫ閔忠正公도잇ᄉᆞᆸ거던何況斷烟타가鼈痛이豈有大端가縱死라도我甘受ᄒᆞ리니自今으로亦爲同盟이라ᄒᆞ고若干針工殘錢開國白銅貨二元을即出ᄒᆞ며曰納于本社ᄒᆞ라ᄒᆞ거ᄂᆞᆯ余曰我亦今世紙貨도고만두고開國白銅貨二元을出合曰此銅은即我한國創造也니與他紙貨로不同이라ᄒᆞ고合四元을僅々鳩聚ᄒᆞ와以若干忱으로以補萬一를千萬伏望이라ᄒᆞ얏더라

●稀貴慈善　漢城裁判所押牢리正禧가以四個月俸으로監獄셔罪囚每日裁判次來往時에無論如何罪囚ᄒᆞ고凍餒者ᄂᆞᆫ買食괴之ᄒᆞ고病者ᄂᆞᆫ亦괴溫飯血特護調治케ᄒᆞ야幾百名罪囚가皆稱리正禧之慈善이溢於獄中ᄒᆞ야傳播於世ᄒᆞ니此人은即從민忠公陪從人이라더라

●新創一校　西署巡洞私立小學校ᄂᆞᆫ前敎員孫承烈氏가獨出經費ᄒᆞ야敎育이于玆四年의府有就緖러니昨年十二月分에有何事故이던지罷校還鄕ᄒᆞᆫ지라該학徒等이彷徨道路의不業浪遊러니該동居砲兵副領김鼎禹氏ᄂᆞᆫ본以憂國之士로向年의留學日본ᄒᆞ야修學六七年의文明空氣을吸收ᄒᆞᆫ人이라每患敎育之不進이러니聞此校之罷ᄒᆞ고慨然一歎의與紳士김永植리重運全東爀氏等十一人으로同盟設校ᄒᆞ야以日漢兩科로編成ᄒᆞ야期圖進就ᄒᆞᆫ다더라

●海東義捐　東署蓮花坊齋동私立海東新塾에셔昨年冬期試驗을經ᄒᆞ얏ᄂᆞᆫ데甲班優等生에ᄂᆞᆫ한병敎리應洙白俊基三氏요及第ᄂᆞᆫ全興龍扈榮壽鄭在均金保永諸氏을乙班優等生에ᄂᆞᆫ박久祚高永斌金舜集三氏요及第에ᄂᆞᆫ金學淵安世鉉한內셥리点用한一成諸씨인데塾長閔濬鎬씨가多數ᄒᆞᆫ書冊紙筆等으로施賞ᄒᆞ고日本留學生二拾一人의斷指同盟ᄒᆞᆫ事를擧ᄒᆞ야勸勉演說ᄒᆞᆫ後에又日本人名譽敎師藪內長五郞씨及贊成員諸씨로勸勉的으로演說ᄒᆞ고日本留學生二拾一人斷指事에對ᄒᆞ야신塾으로收金捐助ᄒᆞ기를提議ᄒᆞᆫ서閔濬鎬씨가紙貨五圜出捐ᄒᆞ얏다더라

●宜毁反署　本月三日夜에黃海道海州警務서巡檢리冕裕가被酒如泥ᄒᆞ고橫行街路ᄒᆞ다가申飭燈火라가有何不遵者이던지歐打被傷ᄒᆞ민該서警務官이不可仍循이라고報道罷免後仍爲捉囚ᄒᆞ고躬往摘奸後에帶同日本醫士ᄒᆞ고屢次躬往治療ᄒᆞᆫ즉人民이個々喜悅ᄒᆞ고被傷者도感悅ᄒᆞᆫ다더라

●鄭雲장全東爀諸氏가政府에再次上書ᄒᆞᆫ全文이如左ᄒᆞ니　續

韓괴門下에歐陽이在焉ᄒᆞ고司馬公家에蘇軾이留焉ᄒᆞ니今之執政諸公이取歐陽蘇식之士ᄒᆞ야爲門下隨率則豈不爲今日之韓괴司馬乎잇가

至若各道觀察使ᄒᆞ야도管下褒貶之日에有原事則척교爲廉長ᄒᆞ고否則공貴이爲貪汚ᄒᆞ니大抵젼遷任用之實이願安在哉아文官전考ᄂᆞᆫ只以卒業章으로一經젼考則日判任之中에豈必皆爲可用之才乎아十餘歲幼稚로一入學校ᄒᆞ야幾個年限에ᄒᆞᆫ盡新學ᄒᆞ야私嘱陞等者太半이라及其用也에十無一能ᄒᆞᆫ데各部各學校에務用靑年ᄒᆞ니敎育이發達乎아　未完

廣告

越南亡國史 國漢文 新刊 定價貳拾伍錢

發賣所 京城廣橋高裕相冊肆
鏡南螭川郡禹時夏
布屛下 김相萬 書舖

大韓留學生會學報 每月一回第一日曜發行

日本東京에在ᄒᆞᆫ我韓留學生이合心併力ᄒᆞ야總成一會ᄒᆞ야學業相勸ᄒᆞ며患難相救ᄒᆞᆷ은朝野의讚美를已受ᄒᆞᆷ니어니와自二月爲始ᄒᆞ야學報를發行ᄒᆞ야我學生의團結力을一層鞏固케ᄒᆞ며內國人士와愛國同情을貫通케ᄒᆞᆷ을企圖ᄒᆞ오니有志諸公은速速請購ᄒᆞ시옵

論說 雄辯과要
學術 簡明易致
譯叢及雜俎 古今東西奇事高談

定價 一部十七錢 郵稅並 全
三個月先給四十六錢 全
六個月先給九十錢 全
一年先給一圜七十四錢 全

發行所 日本東京麴町區中六番町五十番地 大韓留學生會
出張所 京城中署長通坊洞口 越便三十八統二戶 朱翰榮書舖

西署新門外鍮동 百八十六統三戶
辯護士 前檢事 前判事 正三品 丁明燮
法律事務所 事務員 前主事 吳在淳

廣告

◎學員募集廣告

本校第三回入學期를現當ᄒᆞ야法律學及經濟學兩專門科學員을玆에募集ᄒᆞ오니願학人은左記試驗定期內에本校用紙로써早速請願ᄒᆞᆯ事

但法律科ᄂᆞᆫ晝학及夜학으로教授ᄒᆞ고經濟科ᄂᆞᆫ夜학으로教授ᄒᆞᆷ

○修業年限 三학年
○入學年齡 二十歲以上
○學科目 法律학部 全 經濟학部 全 備在本校規則
○試驗日字 三月一日(陰曆丁未正月十七日)
○試驗科目 歷史及地誌問對(內國及外國) 讀書及作文(國文及漢文) 筭術(四則以內)

但官公私立학校의普通科以上卒業證書가有ᄒᆞᆫ人은其학力을檢定ᄒᆞᆫ後免試許入ᄒᆞᆷ

○開學日字 三月五日(陰曆正月二十壹日)

光武十一年一月十五日
中署磚洞 普成專門學校 告白

廣告

湖南鐵道株式會社廣告

本社事務를一層擴張ᄒᆞ기爲ᄒᆞ야事務所ᄂᆞᆫ大廣橋川邊前紙廛小都家로本月六日에移接ᄒᆞ고社長以下整理委員을選定ᄒᆞ고玆에左開ᄒᆞ야廣告ᄒᆞ오니株主에應募ᄒᆞ실有志 僉君子ᄂᆞᆫ陸續來議ᄒᆞ심을爲望

社長 金基永
總務部長 成文永
整理委員 尹晶錫
白完혁 趙鎭泰 趙秉澤
鄭東植 孫錫基 孟덕敏
朴泓일 鄭斗煥 白寅基
한相龍 趙彰漢
等 告白

●九轉靈砂라 本人이妙方法을神備ᄒᆞ야製造ᄒᆞᆫ靈丹인ᄃᆡ男女老少에無論何징하고通治하오며無病時에도服하면平生의身躰가健康ᄒᆞ며小兒ᄂᆞᆫ四五錢重만服ᄒᆞ면十歲안에無病ᄒᆞ기를擔保ᄒᆞ오며

●九轉靈砂萬應丹은셔狂 癎징과中風諸疾과耳目諸病과淋疾에神効ᄒᆞ오

●九轉靈砂保命丹은初生小兒驚風 간氣 咳嗽 腹瘡諸般惡징에神効ᄒᆞ오

●九轉靈砂濟衆丹은酒滯 食滯 血積 吐瀉 霍亂 痢疾 吐血 下血 運氣 時疾 疝징에神効ᄒᆞ오

●九轉靈砂紫金丹은痔漏 累瀝 上疳瘡 下疳瘡及唐瘡과諸般毒瘡惡種에無不神効ᄒᆞ오니 僉君子ᄂᆞᆫ來問ᄒᆞ시오

內需司前돌갑이골上隅第一家 百三統一戶 리호廷 告白

명월관확장광고

폐관이마시이후로고이ᄒᆞ시는귀긱에후의를입사와오늘날텨한에제일등요리졈으로ᄂᆡ외국에셔다아시도록확장ᄒᆞ여가오니듸단감ᄉᆞᄒᆞ옵거니와근일는이층양옥을광활이신건축ᄒᆞ고다락아ᄅᆡ는온돌방을ᄂᆞ밀리비치ᄒᆞ고포진범절을쉬로ᄒᆞ와오시ᄂᆞᆫ귀긱이편ᄒᆞ시도록쥬의ᄒᆞ엿ᄉᆞ오며각죵음식은보기에화려ᄒᆞ고먹기에정미ᄒᆞ게일신쥰비ᄒᆞ야다소를불게ᄒᆞ고주야로파오되셔양쥬는쟌으로파오며육별신마량교자음식은오시는시로붓터ᄒᆞᆫ시간이되면멧상이라도곳가져가시도록ᄒᆞ오니ᄂᆡ외귀긱은륙쇽왕임ᄒᆞ시옵

각식요리음식
각식셔양쥬
각죵경편양요리
각죵일본간ᄉᆞ메
각죵여송연
각국권연
진찬합
건찬합
밥교자
륙별신마량교자음식
명창가동경거복도유ᄒᆞ옴

明月館 主人 金東植 告白

洪淳慶氏가東署東小門內土橋東邊에織造機를廣張設施ᄒᆞ야稱號를淳昌號라ᄒᆞ고各色綢緞紗屬等을織造發賣ᄒᆞ오니願買人은來臨購買ᄒᆞ시며或所用대로緞과紗等屬을預托ᄒᆞ시면依約施行ᄒᆞ깃ᄉᆞᆸ 淳昌號 告白

●大韓自强會月報

每月一回廿五日發行 定價金一部十五錢

大韓自强會月報의發行이歷朔을經ᄒᆞ오니自由의輿論을鼓發ᄒᆞ야國家의權利를增進ᄒᆞ고獨立의精神을淬礪ᄒᆞ야同胞의團結을益密케ᄒᆞ야全國有志諸公의愛讀ᄒᆞ심을供ᄒᆞ온바現今本會의셔一비擴張ᄒᆞ기爲ᄒᆞ야高明ᄒᆞᆫ文章과宏博ᄒᆞᆫ學問家를延致ᄒᆞ야天下大勢의變動과殖產敎育의要素와古今政治의大要를蒐輯ᄒᆞ야開務ᄒᆞ며眼目을一新케ᄒᆞ오니愛國ᄒᆞ시ᄂᆞᆫ僉君子ᄂᆞᆫ血淚를뿌ᄒᆞ시고家家案頭의隨列對讀ᄒᆞ시오

皇城中署典洞九統二戶 大韓自强會事務所

漢城染織會社

本社의셔利益을不顧ᄒᆞ고韓人은私人이라白衣ᄂᆞᆫ韓國衰敗의元素란外人의嘲評을憤慨ᄒᆞ야起業週年의幸蒙各位愛顧ᄒᆞ야와진進의榮幸이不無ᄒᆞ온지라各種染色을益加勉勵ᄒᆞ와僉位의所請을不負ᄒᆞ깃사오니陸續枉臨ᄒᆞ시되來往의便易ᄅᆞᆯ爲ᄒᆞ와左開各處에染物取扱所를設置ᄒᆞ엿사오니從便委托ᄒᆞ심을務望

大廣橋 朴勝煥雜貨商店
巾房下 金相萬冊肆
芋洞宣兵 李鴻謨藥局
支所
남門外蓮池洞 俞경煥商店
安洞北松峴初入 송洛증典舖
社稷洞武德門外

漢城染織會社告白

◎本社廣告

○申報價
一張代金 新貨二錢五里
一個月前納 三十錢
三箇月 九十錢
六個月 一元七十錢
一箇年 三元四十錢
郵稅一部 新貨五里
一箇月 十三錢

〇廣告料
四号活字十三字詰
每日每英尺一寸에新貨廿五錢 (每日每行六錢에相當ᄒᆞᆷ)
一週日에 二圜五十錢 (每日每行四錢五里에相當ᄒᆞᆷ)
一箇月에 五圜 (每日每日四錢一里에相當ᄒᆞᆷ)
其期限의長短과字行의多寡를依ᄒᆞ야增減ᄒᆞᆷ이有ᄒᆞᆷ

●大한每日申報各處支社廣告

中署布屛門下 김相萬冊肆
中署農圃初入七拾八統第二號 鄭禹澤
平壤上水口門內 김浩淵
全 최叙恒
仁川排峴開新冊肆 리東皓
宣川邑橋西里 安滄
義州西門外한西 大藥局
釜山港佐川 徐藥局
三和港築洞 김仁집
咸興朱南社西門外 曹喜林
開城培學校 姜助遠
大五市廳 최一弘
載寧邑濟衆院 趙夢澤
鐵山邑東部 安圭
元山支店 劉七錫
定州南門內 洪聖麟
京城興仁門外영楓亭 리建穌
海州南門內書舖 朴昌鎭

發行兼編輯人 英國人 빅說
發行所 南署石井洞號外地三層洋屋家
大韓每日申報社

第五卷

大韓每日申報
대한매일신보

第四百五十一號

月曜及慶節歲時日休刊

檀君開國四千二百四十年
箕子元年三千二十九年
大韓開國五百十六年
日本明治四十年
淸國光緖三十三年
◉陰曆丁未正月小十七日乙酉

論說

한人忠愛

東自東西自西인셔西洋人이東洋人의意見을從키不肯ᄒ노니吾儕ᄂ共是人類로動作과目的은雖是一般이나其大志와與結果에必行與否ᄂ各其國風에特性이固有ᄒ도다

對如此模範ᄒ야可以注意ᄒᆯ거슨韓國人民中에現今振起ᄒᄂ公衆意思라此意見과同一ᄒᆫ往跡이史編上에或有ᄒᆫ지不能記憶ᄒ니와西人心上에如此計策이曾未有實蹟인거슨確實ᄒ노라

人民이國債를還償ᄒ자ᄂ提議가現今韓國에四方輪傳인바其正義發言은韓國이日本債金을不報ᄒᄂ時에ᄂ獨立을斷不可復이라ᄒ며且日露戰役에日本이成功ᄒᆷ은其人民의克己忠愛ᄒᆷ을多賴ᄒᆫ事實이라此를深感ᄒ야力言ᄒ되韓國人民도與此同一奮發을警示ᄒᆯ거시今日이라ᄒᄂ도다

日本之奪取韓國의分義가有效인지無效인지ᄂ不消發言이로되但何如던지日本을脫免ᄒᄂ거시人民의提議로다

韓國人이此確然不能ᄒᆫ提議를卽時許除ᄒ우實所驚異之擧라與此同一之議가外他邦國에셔ᄂ必受無情이어ᄂᆯ此地에셔ᄂ多受熱情ᄒ야此計策을成就ᄒᆯ議愼向意가有ᄒ도다

多數한人이義捐金과趣旨案을帶持ᄒ고本社에도來到ᄒ나本記者ᄂ此計策이明確形態에至ᄒ기前에ᄂ無所可爲라何如失敗을預防ᄒ기에ᄂ何許傍助던지不惜ᄒ리니如此可讚之事를以報紙可助ᄒᆯ거슨樂爲之ᄒ로다然이나此問題를更願詳聞ᄒ노니愛讀한人은各述意見以敎之어다

官報

◉敍任及辭令

●三千七百一號 光武十一年二月廿八日

中樞院副贊議朴用元 依願免本官

農商工部農務局長徐丙肅 任中樞院贊議敍奏任官一等

◉部令

度支部令第三十一號

本年七月勅令第三十四號會計檢査規程第三條에依ᄒ야物品出納官吏의提出ᄒᆯ計算書式樣、證憑書類及證明次序에關ᄒᆫ物品出納證明規則을左와如히定홈이라

光武十年十二月卄四日 度支部大臣閔泳綺

物品出納證明規則

第一條 物品會計官吏가調製ᄒᆫ物品出納計算書ᄂ左開式樣에據홈이可홈이라

第二條 物品出納計算書의提出期限은翌年二月末日內로定홈이라 但交替ᄒᆯ時에ᄂ前任物品會計官吏의提出期限은其交替ᄒᆫ日로봇터二個月以內로定홈이라

第三條 物品出納計算書에ᄂ左開區分을準ᄒ야適宜히類別ᄒ야每品마다此를列記홈이可홈이라 但通常物品을限ᄒ야同名稱의品種은集計ᄒ야도無妨홈이라

一 通常物品에在ᄒ야ᄂ備品、消耗品、器具、機械、動物等으로區分홈이可홈이라

二 作業會計所屬物品에在ᄒ야ᄂ生産品、材料素品、機械運轉用品、工業用器具、機械、作業場用備品消耗品等으로區分홈이可홈이라

第四條 物品出納의證憑書類로提出홈이可ᄒᆫ者ᄂ如左홈이라

一 受入物品의對ᄒ야ᄂ買入生産及其他受入에關ᄒᆫ各納品證書

二 支出物品에對ᄒ야ᄂ物品會計規程第十二條의規程에據ᄒᆫ領收證書

三 不用物品의放賣에對ᄒ야ᄂ領收證書外에當該上官의認許書

四 亡失毁損又ᄂ棄却ᄒᆫ物品에對ᄒ야ᄂ其物品數量價格及事實等을詳記ᄒᆫ當該官吏의證明書類並當該上官의認定書와其辨償에係ᄒᆫ者ᄂ尙且品名數量及辨償金額等의明細書 (未完)

外報

●四國聯盟 支那報를據ᄒᆫ則倫敦電이라題ᄒ고英法俄日이將次四國聯盟을成ᄒᆫ다喧傳ᄒᄂᆫ딕現에英國外交場中은均히英國이日本之盟을辭却ᄒ야其在淸國大開商阜之事에不預聞케ᄒᆫ然後에國際勢利場中에自行其事ᄒ기를願ᄒᆫ다ᄒ얏스니果然이면東方에多事ᄒ리라ᄒ얏더라

●滿洲總督 北京電을據ᄒᆫ즉直隷總督袁世凱氏가派爲滿洲總督ᄒ야一切要政을擧辦ᄒ셔馳驛赴任ᄒ라고皇帝의諭旨를奉ᄒ얏다더라

●俄帝暗殺報 桑港電을據ᄒᆫ즉俄帝께셔本月二十一日夜에哥薩克近衛兵一人의게暗殺이되얏다더라

雜報

●奇哉此童 西小門外牛井洞居全昌鉉氏의子南樞이가年方十歲인ᄃᆡ本申報에揭載ᄒᆫ國債報償金募集ᄒᄂᆫ趣旨를聞ᄒ고正初歲拜所得錢韓貨一元을持ᄒ고本社에委來ᄒ야手納以去ᄒᄂᆫ딕聽言觀貌에의然忠愛가出於天眞ᄒ니可愛可尙이어다

●孝哉此人 忠南德山郡樓山居ᄒᄂᆫ金東洙가年今十餘歲인ᄃᆡ村塾에入學ᄒ야文理를粗解ᄒ더니其父親이病革將死라金東洙가日夜呼泣ᄒ야至誠侍病ᄒ다가斷指用血ᄒ야幸得回甦ᄒ니一鄕長老가其年幼行篤홈을莫不嗟賞ᄒ더라

●斷烟請申 楊州居丞東敏氏가本社에寄函ᄒ되敬啓者ᄂᆫ本人이貴申報를接讀이온바大哉皇言句에至ᄒ야 大皇帝陛下에옵셔恤愛我二千萬赤子ᄒ시ᄂᆫ巍巍ᄒ신 聖恩을切念ᄒ오니喜懼交集에感淚를不禁이라惟我同胞之合心國躰와愛國誠意를可見於今此一擧요挽回國權과鞏固獨立이可基乎今此決心이니豈不念懼恐惶哉아自今以後로一般國民中雖閭巷間愚夫愚婦라도決不可一含吸烟이오如或有吸烟買烟者면難免乎國家之罪人과同胞之仇讎也니座下ᄂᆫ以此意로同盟說一幅을另念揭載ᄒ야以作國內之春秋法筆을爲希라ᄒ얏더라

●리童可尙 農圃동本社支社長鄭禹澤氏家에居ᄒᄂᆫ廊下人리今萬은年今十四歲인ᄃᆡ本支社의發起ᄒᆫ趣旨를聞ᄒ고不勝感賀ᄒ여新貨二十錢을義捐ᄒ엿다더라

●天然痘流行 近日泥峴等地에天然痘가蔓延ᄒ야한日人家의罹病者ㅣ甚多ᄒ다더라

雜報

●英王定字　英親王殿下定字를光天으로定ᄒᆞ셧다더라

●英妃別宮　英親王妃殿下ᄂᆞᆫ三揀擇ᄒᆞ신後에別宮을明禮宮으로內定이되얏ᄂᆞ니라

●副學被任　從二品閔亨植氏가弘文館副學士를被任ᄒᆞ얏더라

●農長新任　農務局長은六品鄭鎭弘氏가被任ᄒᆞ얏더라

●副學更選　宮內府官制를改正ᄒᆞᆫ後弘文館副學士가今番被任ᄒᆞᆫ裏由인즉英親王殿下의定字御字를定ᄒᆞᆯ터인ᄃᆡ大學士만不可獨行인故로副學士를更選ᄒᆞ얏다더라

●休學不公　京城各學校에셔陰本月十四日十五日休學ᄒᆞ기로學部에請願ᄒᆞ얏더니該部視學官魚瑢善氏ᄂᆞᆫ原來部令에도伊日休학이無ᄒᆞ다고許施치아니ᄒᆞ얏ᄂᆞᆫᄃᆡ全州公立普通학校에셔休학事로請願ᄒᆞᆫ것슨臨時休학을許施ᄒᆞ얏스니休학도公平치못ᄒᆞ다ᄂᆞᆫ說이有ᄒᆞ더라

●權氏搭船　內部警務局課長權鳳介氏가北進軍建築地를視察次로本日京釜線路로離發ᄒᆞ야釜山에到着ᄒᆞ야御用船을搭乘ᄒᆞ고鏡城으로前往ᄒᆞᆫ다더라

●府尹云任　法官養成所教官김祥演氏가務安府尹을被任ᄒᆞᆫ다ᄂᆞᆫ說이有ᄒᆞ더라

●死生未詳　리容翊氏의病逝ᄒᆞ얏다ᄂᆞᆫ電報가其本家의ᄂᆞᆫ不至ᄒᆞᆫ지라該家에셔信否를未知ᄒᆞ야日昨海參威로電報를發ᄒᆞ얏ᄂᆞᆫᄃᆡ아즉回電이無ᄒᆞ다더라

●總會選長　斷烟償債ᄒᆞ기로發起人김광濟徐相敦諸氏가各道人民의게確實ᄒᆞᆫ信義를布示ᄒᆞ기爲ᄒᆞ야皇城內에總議所를設始ᄒᆞ고平日에德望이有ᄒᆞᆫ人을推薦ᄒᆞ야總議長副議長을選定ᄒᆞ고各社會名譽人으로任員을組織ᄒᆞ야義務를另行ᄒᆞ기로酌定ᄒᆞ얏다더라

●日制韓役　大路邊家屋前汚穢物을每日巡檢이該家主를申飭ᄒᆞ야掃除ᄒᆞᄂᆞᆫᄃᆡ日前相思동等地日人商店門前을日巡查가韓國懲丁으로掃除ᄒᆞᆷ이懲丁이壓制力에不得已掃除ᄒᆞ며曰吾儕가日人門前ᄭᆞ지掃除ᄒᆞᄂᆞᆫ懲丁아니여든此何强制乎아ᄒᆞ더라

●休暇不許　再昨日은陰曆正月上元佳節이라各府部院廳에셔休暇廢務ᄒᆞᄂᆞᆫᄃᆡ학部에셔ᄂᆞᆫ頻數히休暇ᄒᆞᆷᄂᆞᆫ거시不可ᄒᆞ다ᄒᆞ야仕進視務ᄒᆞ고各官立普通학校에도休학지아니ᄒᆞ얏다더라

●勸告府尹　務安府參書官박性煥氏가無理不法으로民擾ᄭᆡ지맛낫ᄂᆞᆫᄃᆡ統監府書記鹽川氏가朴씨로府尹陞差ᄒᆞᆷ을勸告ᄒᆞ얏다더라

●西友開會　明日下午六時에西友學會에셔通常會를開ᄒᆞᄂᆞᆫᄃᆡ平壤居安昌浩氏가年前에出洋ᄒᆞ야留學美洲ᄒᆞ고今番歸國ᄒᆞ미同氏를爲ᄒᆞ야歡迎會를兼行ᄒᆞᆫ다더라

●請裁爲用　曾承煥徐相八鎭泰三氏가日前에食料를盛設ᄒᆞ고各社會會員을請邀ᄒᆞᆫ事에對ᄒᆞ야某新報에論駁揭載ᄒᆞ얏더니該三氏가質問ᄒᆞ고將次裁判을請ᄒᆞᆫ다더라

●覽修正　普成專門학校에셔每月月終이며該校諸般經用과학徒의試驗科程을修整ᄒᆞ야御覽一件을依例히奉呈ᄒᆞᆫ다더라

●田氏壽職　靑陽士林田秉坤씨가年今百歲인ᄃᆡ宮大沈相薰씨가奏稟ᄒᆞ야從一品을特下ᄒᆞ셧더라

●有愧於奴　內大리址鎔씨家奴김三同이가國債報償금舊貨半元을普成館收錢所로傳納ᄒᆞ얏ᄂᆞᆫᄃᆡ巷議가紛紜ᄒᆞ되其主ᄂᆞᆫ賣國ᄒᆞ고其奴ᄂᆞᆫ國債에出義ᄒᆞ니可謂主賊奴忠이라ᄒᆞ더라

●全守報部　全義郡守宋秉和씨가法部에報告ᄒᆞ되本郡首書記黃敏植이自前等以後로因任擧行이온바凡於公事上에或有錯誤之端이오되邑殘料薄之致로前日吏額이擧皆退去ᄒᆞ야初無可堪之人ᄒᆞ와因循到今이옵더니噫彼黃敏植이身爲首書記ᄒᆞ야擧行之善否ᄂᆞᆫ且置勿論ᄒᆞ옵고僞造印信ᄒᆞ야成出官旨ᄒᆞ야稱以田畓文券ᄒᆞ고典執於外國人而得채가不知幾處이온故로捉囚査問之境에現納僞造木印ᄒᆞ와綻露奸狀ᄒᆞ오니如許冦法之漢은不可自郡懲治오合處當律이온故로爲先捉囚郡獄ᄒᆞ옵고擧報于本道裁判所라ᄒᆞ얏더라

●選定財務　大丘來函이如左ᄒᆞ니三南草代금으로國債報償ᄒᆞᆯ趣旨ᄂᆞᆫ業已輪布而本事務總會所에셔ᄂᆞᆫ各部各郡에馳函警勸ᄒᆞᄂᆞᆫ義務만擔任ᄒᆞ고收合錢財ᄂᆞᆫ切不着手ᄒᆞ오니其收聚方法은各自道郡으로另別立規ᄒᆞ되此界人民의寒淚熱血로竭力판補者ᄂᆞᆫ雖一文錢이라도如其有泛忽者면卽全國之大罪人也라ᄒᆞ얏ᄂᆞᆫᄃᆡ大丘郡事務所에셔ᄂᆞᆫ김炳淳徐相敦兩씨로財務員을選定ᄒᆞ야親執收捧ᄒᆞ고尙州郡會에셔ᄂᆞᆫ김在익박正準兩씨로財務員으로選定ᄒᆞ야領受케ᄒᆞ고漢城에셔ᄂᆞᆫ帝國新聞社로寄付都聚ᄒᆞᆫ다더라

●法案聯合　法案研究聯合臨時會發起人정호冕徐丙轍리敏卿諸씨가各社會에公函ᄒᆞᆷ이如左ᄒᆞ더라敬啓者今番法部平理院間赦典不公平問題에國民이共同研究ᄒᆞᆯ意로日前聯合演說會를開ᄒᆞ야法律이人民의게直接되ᄂᆞᆫ關係如何를各自了解ᄒᆞ셧슬터이오去二十六日公開裁判에司法官의說明이疑眩難解ᄒᆞ온즉該件을精細研究ᄒᆞᆷ이必要ᄒᆞᆫ故로各社會代表人을請邀ᄒᆞ야法案研究聯合會를臨時設立코져ᄒᆞ와玆에仰布ᄒᆞ오니貴會에셔도此事에對ᄒᆞ야研究進行ᄒᆞ기에適合ᄒᆞᆫ總代委員二人을選定ᄒᆞ와來月二日下午二時에紙廛都家로合同相議ᄒᆞ심을務望이라ᄒᆞ얏더라

●呼薦章還　日昨內部전考所에各郡守를選擇ᄒᆞᆫ理由를詳聞ᄒᆞᆫ즉전考委員이各其親切人으로幾人式呼薦ᄒᆞᄂᆞᆫᄃᆡ金寬현氏가出席ᄒᆞ야日나도하나呼薦ᄒᆞ오리나李章遠이오ᄒᆞ얏다ᄂᆞᆫᄃᆡ李章遠氏ᄂᆞᆫ曾前에厚昌郡守赴任時에吏屬을對ᄒᆞ야發論曰距此觀察府가道里絕遠ᄒᆞᆫ즉觀察使도似可諒恕ᄒᆞᆯ거시니不可馳進이라ᄒᆞ고一不往見ᄒᆞ다가貶下에遞任ᄒᆞ고今則內大李址鎔氏家에寄食ᄒᆞᄂᆞᆫ人物이라더라

●自薦可笑　前위原郡守徐榮九氏가日昨에전考所에往詣ᄒᆞ야曰今聞銓考規則ᄒᆞᆫ즉曾往에有犯逋之人은不許라ᄒᆞ나吾則위原郡守在任時에雖有七百兩犯逋條나若敘一守ᄒᆞ면卽爲還納ᄒᆞᆯ거시니少勿爲慮ᄒᆞ라ᄒᆞᆫᄃᆡ전考委員이答以愛惜ᄒᆞᆫ즉該氏가노々不已ᄒᆞᆷ을世人이莫不唾罵ᄒᆞᆫ다더라

●婦人義助　廟동居김召史가年今三十의혈々單身으로寡居ᄒᆞ야針工으로爲業資生ᄒᆞ더니今番국債報償事의對ᄒᆞ야不勝感激ᄒᆞᄂᆞᆫ意로自已所持銀指環을新貨二元의典當ᄒᆞ야가지고農圃동本社支社員鄭禹澤氏의게交付ᄒᆞ얏다더라

●達市義捐　陰本月十二日大邱市塲에셔國債報償에對ᄒᆞ야甚至於草鞋商과太菜女商과酒食餠等物을行商ᄒᆞᄂᆞᆫ村婆等이皆以五六十錢一二元으로爭來捐出ᄒᆞᄂᆞᆫ지라士儒等도廉隅所在에尤不可以坐觀故로公議가大發ᄒᆞ야特別出義ᄒᆞᆫ다더라

○硯波層瀾○

▲近日政界에風色이不好ᄒᆞ여桃李園中에春色을自弄ᄒᆞ다가廿四番風이節序가尚早ᄒᆞ야嬋姸情態를不能獨擅ᄒᆞ니早發元蔘를亦一可戒로다

▲南北村獵官者流가晝則高枕閒臥ᄒᆞ야說道時事에口中雌黃이無意紅塵ᄒᆞ다가夜色이迫窓ᄒᆞ면壹尺重壹燭籠으로權門下에哀乞ᄒᆞ니蝙蝠行色이안인가

▲日前北村某大官門前에何許金圈子一官人이納剌請謁ᄒᆞ다가ᄒᆡ家保護巡檢이拒納ᄒᆞ니如是者十五次라金圈子가忽生怒氣曰아니꼬옵다ᄒᆞ니主人이아니꼬가지가아니꼬子息이지

▲內大리지鎔氏坐席에郡守를哀乞ᄒᆞᄂᆞᆫ者가市塲을成ᄒᆞᄂᆞᆫᄃᆡ酬酌이如意ᄒᆞ면若登龍門ᄒᆞ여逢人說道ᄒᆞ기를內大가雖黍於五字中이나近日處事가公正ᄒᆞ야以改前日之過라ᄒᆞ고若不如意ᄒᆞ면五賊之首라ᄒᆞ니究其心腸ᄒᆞ면過於五賊이遠矣로다

▲內部전考所에셔ᄒᆡ所委員이履歷은不考ᄒᆞ고各其親近ᄒᆞᆫ人으로姓名만呼薦ᄒᆞ야謂之전考選取라ᄒᆞᄂᆞᆫᄃᆡ김寬현氏가리章遠씨를呼薦ᄒᆞᆷ이是也라銓考所라稱號치말고呼薦所稱號ᄒᆞ지

▲日昨平理院의셔리儁氏事件으로公同裁判을開ᄒᆞᆫ時에ᄒᆡ院罪囚가呼天痛哭에哭聲이徹天ᄒᆞ야天日이爲之慘淡ᄒᆞ니法司官人은冤氣所及에될것읍깃지

雜報

●國債報償義捐勸告文

夫富饒者之典執給債ᄂᆞᆫ專爲乎貪利取殖也요貧窶者之典當用債ᄂᆞᆫ寔出乎困迫計活也라用債者以其出債之錢으로能營業有方ᄒᆞ고관理有條則可以償還其債ᄒᆞ고剩得其利ᄒᆞ야俾有債用之實效이어니와若濫用無節ᄒᆞ야債上加債ᄒᆞ고愆期未報ᄒᆞ야利上加利則其當初典當之森林田土家藏什物이沒數爲給債者之所奪ᄒᆞ고도反有未了之債ᄒᆞ야作爲債奴ᄂᆞᆫ亘萬古薄四海自然之理勢也라凡人與人之私債도猶然커든況國與國之公債이며其國이爲債奴於他國則爲債奴國의民者雖有陶朱之富라도未免爲債奴ᄲᅮᆫ더러畢竟其所有財產도亦不能保護維持ᄂᆞᆫ明若觀火也라其果然乎아不然乎아噫라今我國이有一千三百萬圜借金於日本者ᄒᆞ니此未能屆期償報則以上所論을何可免ᄒᆞ리오然則爲大韓臣民者孰不戒懼捐輔하야務圖報償之道哉아所以京城에有國債報償期成會ᄒᆞ고大丘에刱義助會ᄒᆞ야雖愚夫愚婦라도爭先義捐ᄒᆞ니今日此擧가可以挽回我國權也라曷勝蹈舞欽抃이리오惟我關西之人이義不可緩於此而後於人故로茲構文하오니毋論男女長幼허고隨力捐助하시와脫彼日債則國家幸甚臣民幸甚

光武十一年二月 日發文人

·金仁植·金潤영·金均錫·金昌烈

金台圭·金時鳳

再에義捐金은勿拘多少하고隨所聚ᄒᆞ야人名錢數를昭詳修成冊上送于大韓每日申報社次

關西四十四郡大小人民 座下

●吸烟被捉 再昨夜九時量에警務中署別巡檢이水標橋等地에서何許吸烟者四名을緊緊捕捉以去ᄒᆞ얏다더라

●白米養老 慶源郡守김柄윤氏ᄂᆞᆫ陰曆歲時에郡下老人을調査ᄒᆞᆫ則七十以上男女가合六百二十二人이라每名下白米二升式封파紙囊ᄒᆞ야分傳各面에以供歲需ᄒᆞ니一境이咸頌ᄒᆞᆫ다더라

●壓制尙存 北署淸風溪遠心庵基址ᄂᆞᆫ金判書宗漢氏家에生祠堂대後인ᄃᆡ三十年前에放賣ᄒᆞ야轉相賣買ᄒᆞ야已經五六主人이더니張驥遠氏ᄂᆞᆫ三年前에金用杬處에買得ᄒᆞ야建築次로漢城府에請願ᄒᆞᆫ則該府官人이金氏와有何親分이든지私情으로許復于金氏家則此基址을欲以歇價還退라ᄒᆞ야囑托官人ᄒᆞ야使勿認許케ᄒᆞ니五六次轉賣基址을直接還退가全沒經緯오壓制舊習이니張氏ᄂᆞᆫ建築次로材瓦價與輸運費가二萬餘元이라其損害을不可勝言이라ᄒᆞ더라

●日新斷烟 鍾路近地東床廛都家에設立ᄒᆞᆫ私立日新義塾에서今番國債報償事에對ᄒᆞ야義금을募集ᄒᆞᆫ事ᄂᆞᆫ前報에已爲揭報어니와再昨日該校에서募集금額이貳拾餘圜에達ᄒᆞ얏고外國卷烟을一切斷烟ᄒᆞ기로一齊酌定ᄒᆞ야一般教師與諸학徒들이決心同盟ᄒᆞ얏다더라

●義校擴張 平壤義成學校ᄂᆞᆫ本是金義庚氏兄弟의創立ᄒᆞᆫ바이오京城有志紳士의寄附金으로學費를支用ᄒᆞ더니基本金은幾盡無餘ᄒᆞ고校舍를尙未確定ᄒᆞᆷ으로該校長金義庚氏가惜其前功之斷케ᄒᆞ며憤其來效之播地ᄒᆞ며校室을購買ᄒᆞ며學費를自擔ᄒᆞ야生徒를多數募集ᄒᆞ고教務를一層擴장ᄒᆞᄂᆞᆫᄃᆡ本城內學務員諸氏가熱心贊成ᄒᆞ야確有進就之望이라고西來人이一口稱頌ᄒᆞ더라

●鄭雲장全東𢇁諸氏가政府에再次上書ᄒᆞᆫ全文이如左ᄒᆞ니 (續)

視務開熱乎아雖士庶人家라도無老成人이면不能扶持온況國家乎아召公지告歸에周公지挽留가正以此也니今此履歷中에擇人取才ᄒᆞ고卒業지中에擇人用才ᄂᆞᆫ卓越人才ᄂᆞᆫ多在於사會지中ᄒᆞ고抱負宿儒ᄂᆞᆫ亦多於草野지間ᄒᆞ니別設用人科程하야採지於社會ᄒᆞ고選지於草野ᄒᆞ야雜用於履歷卒業지間이면人何非公正지人이며才何非俊乂지材乎잇가

廣告

現今自內部改正地方官制而各郡儒鄕與現任書記中資格可堪人公천叙任郡主事猶獨本郡則許多儒鄕中可堪人置之勿問乃以資格違反人商民리東稷爽報至承違格退報之部訓更以리東稷瞞報期於郡主事叙任而不過數朔一郡生靈將至魚肉莫保之境故據實呼訴于道郡及內部而玆先廣告ᄒᆞᆷ

平安南道安州郡居 리元吉

광쥬산운니판윤집일은한심ᄒᆞ고니모가미업더라ᄃᆡ저승린이파양ᄒᆞᆯ쎄도니봉님의죠모가거화ᄒᆞ고장례원에언서로써서정ᄒᆞᆫ거슨세샹이즁소공지요승니이가맛참출타ᄒᆞᆯᄉᆞ이에승린으로복양ᄒᆞ엿다ᄒᆞᄂᆞᆫᄃᆡ원족두현이가쟈층분장ᄒᆞ고승니을모합ᄒᆞ여상쇼거지ᄒᆞ고승져ᄒᆞᆫ문져온물시ᄒᆞ라ᄒᆞ여스니두현에ᄆᆞ옴이음흉ᄒᆞ니세샹의그런인ᄉᆞ가어ᄃᆡ잇스며저도일명인ᄃᆡ뇌물을취ᄒᆞ여그리ᄒᆞᆫ거시니우리ᄃᆡ한이찬만동포드른그리아시오

셔교육동이호리셩직· 고빈

本校夜學科에서陰曆正月二十日에開學ᄒᆞ오니諸學員은屆期上學ᄒᆞ려니와新學員도增募ᄒᆞᆷ

中署동니內私立普光學校

自明日 金曜日
至第三明日 日曜日

北署諫洞二十五統五戶板家見失內外國人間切勿典執ᄒᆞᆷ

安鶴允 告白

現今時代가國之富强과民之開發이亶在於商業力은更無枚論이건이와況且本市場은素稱교南大都會라金山知禮開寧一般商民이感覺이有ᄒᆞ야衆議를박유ᄒᆞ고團躰를組成ᄒᆞ야文明的商業會議所의機關을設立ᄒᆞ기로同心盟志ᄒᆞᆫ後에農商工部에請願ᄒᆞ야認可를承ᄒᆞ고玆에仰告ᄒᆞ오니 內外國僉君子ᄂᆞᆫ照亮ᄒᆞ시믈望ᄒᆞᆷ

慶尙北道金山郡金泉商業會議所 告白

會頭朴지華 副會頭李鍾秉
發起人石致業 朴志逸 金達瑞 朴相根 비局彦 김景三 曹化瑞 최鎭台 박春明 李喜在 尹海炳 김銀洙 鄭鍾大 최聖九 비구七 安大潤 김亨健 崔振龍 鄭致淳 黃蘭周 郭泰益 韓奉洙 文武若 林仲善 田大賢 孫百見 박克明 리聖瑞 박聖有 鄭九京 김東奎

◎學員募集廣告◎

本塾에서英語夜學專門科를擴장ᄒᆞ야學員을增募ᄒᆞ고한熟ᄒᆞᆫ教師李秉元陳셩烈兩氏를招請ᄒᆞ야精密教授ᄒᆞᆯ터니願학人은陰本月二十日內로速枉問議ᄒᆞᆷ

南門內暘谷 廣化新塾

水橋布木廛리鼎興許正月十五日推次第三百六十一號當坪五千二百五十一兩五分於音을鍾路에서遺失ᄒᆞ얏스니誰某拾得ᄒᆞ와도休紙施行ᄒᆞ시오

會동#商東來号 告白

學員募集廣告

本校에서學科와校舍를改良擴장ᄒᆞ고學員을增募ᄒᆞ오니願학人은三月四日(陰正月二十日)內로本校用紙를以ᄒᆞ야請願ᄒᆞᆯ事

◎修業年限 三學年

◎入學年齡 十六歲以上

◎入學試驗日字 三月五日(正月二十一日)

◎入學試驗科目 國漢文、讀書、作文、筭術 (四則以內)

壽洞私立興化學校

本店에各色筆墨과諸般材料具備허니別品所請허실僉員은西小門외鐵路邊鹽井橋筆墨旗立家로來購ᄒᆞᆷ

筆墨商店 廣告

本人의子鄭泰興이가年今十九歲에性本浮浪ᄒᆞ야每與悖類로互相符同허여僞造手票허며贋成於音허여假稱債錢幾萬幾千兩이라허고勸侵本人허오니自今以後로或有此弊면捉懲警𢷎廳허여別般痛治ᄒᆞᆯ터이니內外國人은切勿見欺後悔ᄒᆞᆷ

西署玄湖 鄭召史 告白

廣告

越南亡國史 國漢文 新刊

定價貳拾伍錢

發賣所京城廣橋高裕相冊肆
鏡南鋪川郡禹時夏冊肆
布屛下 김相萬 書舖

大韓留學生會學報每月一同第一日曜發行

日本東京에在ᄒᆫ我韓留學生이合心倂力ᄒ야總成一會ᄒ야學業相勸ᄒ며患難相救홈은朝野의讚美를已受홈니어니와自二月爲始ᄒ야學報를發行ᄒ야我學生의團結力을一層鞏固케ᄒ며內國人士와愛國同情을貫通케홈을企圖ᄒ오니有志諸公은速速請購ᄒ시옵

論說 雄辯파雲
學術 簡明易致
譚叢及雜俎 古今東西奇事高談

定價一部十七錢 郵稅並
三個月先給四十六錢 仝
六個月先給九十錢 仝
一年先給一圓七十四錢仝

發行所日本東京麴町區中六番町五十番地
大韓留學生會
出張所京城中署長通坊洞口越便三十八統二戶
朱翰榮書舖

西署新門外鍮동百八十六統三戶
辯護士前檢事正三品 丁明燮
法律事務所
事務員前主事吳在淳

廣告

◎學員募集廣告

本校第三回入學期를現當ᄒ야法律學及經濟學兩專門科學員을玆에募集ᄒ오니願학人은左記試驗定期內에本校用紙로써早速請願홀事

但法律科ᄂᆞᆫ晝학及夜학으로教授ᄒ고經濟科ᄂᆞᆫ夜학으로教授홈

○脩業年限 三학年

○入學年齡 二十歲以上

○學期日 法律학全部 經濟학全部 備在本校規則

○試驗日字 三月一日(陰曆丁未正月十七日)

○試驗科目

歷史及地誌問對(內國及外國)

讀書及作文(國文及漢文)

筭術(四則以內)

但官公私立학校의普通科以上卒業證書가有ᄒᆫ人은其학力을檢定ᄒᆫ後免試許入홈

○開學日字 三月五日(陰曆正月二十壹日)

光武十一年一月十五日

中署磚洞 普成專門學校 告白

廣告

湖南鐵道株式會社廣告

本社事務를一層擴張ᄒ기爲ᄒ야事務所ᄂᆞᆫ大廣橋川邊前紙廛小都家로本月六日에移接ᄒ고社長以下整理委員을選定ᄒ고玆에左開ᄒ야廣告ᄒ오니株主에應募ᄒ실有志 僉君子ᄂᆞᆫ陸續來議ᄒ심을爲望

社長 金基永
總務部長 成文永
整理委員 尹晶錫
白完혁 趙鎭泰 趙秉澤
鄭東植 孫錫基 孟덕敏
朴泓일 鄭斗煥 白寅基
한相龍 趙彰漢
等 告白

●九轉靈砂라 本人이妙方法을神備ᄒ야製造ᄒᆫ靈丹인ᄃᆡ男女老少에無論何징하고通治하오며無病時에도服하면平生의身躰가健康ᄒ며小兒ᄂᆞᆫ四五錢重만服ᄒ면十歲안에無病ᄒ기를擔保ᄒ오며

●九轉靈砂萬應丹은져狂 癎징과中風諸疾과耳目諸病과淋疾에神効ᄒ오

●九轉靈砂保命丹은初生小兒驚風 간氣 咳嗽 腹瘡諸般惡징에神効ᄒ오

●九轉靈砂濟衆丹은酒滯 食滯 血積 吐瀉 霍亂 痢疾 吐血 下血 運氣 時疾 痲징에神効ᄒ오

●九轉靈砂紫金丹은痔漏 累瘻 上痔瘡 下痔瘡及唐瘡과諸般毒瘡惡種에無不神効ᄒ오니僉君子ᄂᆞᆫ來問ᄒ시오

內需司前득갈이골上隅第一家百三統一戶 리主廷 告白

명월관확장광고

폐관이마시이후로ᄀᆡ익ᄒ시ᄂᆞᆫ귀직에후의를입사와오늘날ᄯᅥ한에제일등요리점으로ᄂᆡ외국에셔다아시도록확장ᄒ여가오니ᄯᅥ단감ᄉᆞᄒ옴거니와근일은이층양옥을광활이신건축ᄒ고다락아리ᄂᆞᆫ온돌방을ᄂᆞᆫ밀리비치ᄒ고포진범절을새로ᄒ와오시ᄂᆞᆫ귀직이편ᄒ시도록쥬외ᄒ엿ᄉᆞ오며각죵음식은보기에화려ᄒ고먹기에정미ᄒ게일신츈비ᄒ야다소를불게ᄒ고주야로파오되셔양쥬ᄂᆞᆫ잔으로파오며특별신키량교자음식은오시ᄂᆞᆫ시로부터ᄒᆫ시간이되면몟상이라도곳가져가시도록ᄒ오니ᄂᆡ외귀직은륙속왕임ᄒ시옵

각석요리음식
각식셔양쥬
각죵경편양요리
각죵일본간스메
각죵여송연
각국권연
진찬합
건찬합
밥교자
특별신키량교자음식
명창가동경거북도유ᄒ옵

明月館 主人 金東植 告白

洪淳康氏가東署東小門內士橋東邊에織造機를廣張設施ᄒ야稱號를淳昌號라ᄒ고各色綢緞紗屬等을織造發賣ᄒ오니願買人은來臨購買ᄒ시며或所用대로綢과紗等屬을預托ᄒ시면依約施行ᄒ깃삽 淳昌號 告白

●大韓自强會月報

每月一回廿五日發行
定價金一部十五錢

大韓自强會月報의發行이已經數朔을經ᄒ오니自由의輿論을鼓發ᄒ야國家의權利를增進ᄒ고獨立의精神을淬礪ᄒ야同胞의團結을益堅케ᄒ야全國有志諸公의愛讀ᄒ심을供ᄒ온바現今會의셔一비擴張ᄒ기爲ᄒ야高明ᄒᆫ文章과宏博ᄒᆫ學識家를延致ᄒ야天下大勢의變動과殖産敎育의要素와古今政治의大要를蒐輯ᄒ야開卷ᄒ면眼目을一新케ᄒ오니愛國ᄒ시ᄂᆞᆫ僉君子ᄂᆞᆫ血淚를뭇ᄒ시고家家案頭의隨利對讀ᄒ시오

皇城中署典洞九統二戶
大韓自强會事務所

●漢城染織會社

本社의셔利益을不顧ᄒ고韓人은私人이라ᄒ白衣ᄂᆞᆫ韓國衰敗의元素라外人의嘲評을憤慨ᄒ여起業週年의幸蒙各位愛顧ᄒ와種染色을益加勉勵ᄒ와僉位의所請을不負ᄒ깃사오니陸續枉臨ᄒ시되來往의便易를爲ᄒ야左開各處에染物取扱所를設置ᄒ엿사오니從便委托ᄒ시기務望

大廣橋 朴勝煥雜貨商店
布屛下 金相萬冊肆
學洞巡檢廳兵 李鴻謨藥局
支所
南門外蓮池洞
安洞北松峴初入 兪ᄒ煥商店 송洛중典舖
社稷洞武德門外

漢城染織會社告白

◎本社廣告

○申報價
一張代金 新貨二錢五里
一個月前納 三十錢
三箇月 九十錢
六個月 一元七十錢
一箇年 三元四十錢
郵稅一部 新貨五里
一箇月 十三錢

○廣告料
四号活字十三字詰
每日每英尺一寸에新貨廿五錢
(每日每行六錢에相當홈)
一週日에 二圓五十錢
(每日每行四錢五里에相當홈)
一箇月에 五圓
(每日每日四錢一里에相當홈)
其期限의長短과字行의多寡를依ᄒ야增減홈이有홈

●大韓每日申報各處支社廣告
中署布屛門下 김相萬冊肆
中署農圃初入七拾八統第二號 鄭禹澤
平壤上水口門內 최敬恒 김濬淵
仁川桃峴開新冊肆 리東皓
宣川邑橋西里 安濬
義州西門外한西 大藥局
釜山港佐川 徐藥局
三和港樂洞 김仁집
咸興水南社西門外 曹喜林
開城培學校 姜助遠
大邱市廳 최一弘
載寧邑濟衆院 黎夢澤
鐵山邑東部 安支
元山支店 劉七錫
定州南門內 洪理錫
京城興仁門外영楓亭 리建헉
海州南門內書舖 朴昌鎭

發行兼編輯人 英國人 비說
發行所 南署石井洞號外地三層洋屋家
大韓每日申報社

第五卷

大韓每日申報
대한매일신보

第四百五十二號

月曜及慶節
歲時日休暇

◎陰曆丁未正月小十八日丙戌
淸國光緖三十三年
日本明治四十年
大韓開國五百十六年
箕子元年三千二十九年
檀君開國四千二百四十年

論說

敗民

日本이勒借ᄒᆞᆫ金額을韓國人民이欲以捐助還償ᄒᆞᆷ은其乃稀貴之擧라고日昨本報에略說ᄒᆞ얏거니와其思想은大奮發之心에셔出ᄒᆞᆷ이오日人의肥己之慾이韓人을剝削ᄒᆞᆷ이層生疊出ᄒᆞ야日益增加ᄒᆞᄆᆡ韓國人民은此를防遏ᄒᆞᄂᆞᆫ何許計劃을贊助ᄒᆞᄂᆞᆫᄃᆡ決斷코錢財를吝惜치아니ᄒᆞᆯ것은許多明證이有ᄒᆞ니此計劃이善則善矣나尙且中央에合所와廉潔公正ᄒᆞᆫ措置을確立ᄒᆞᆫ後에야眞實踐行이되리라고可以觀念이로다

如此之際에他一運動이亦有ᄒᆞ니此ᄂᆞᆫ韓國內日人에게나及其黨派不正ᄒᆞᆫ韓國官人의게頗多ᄒᆞᆫ困惱를加與ᄒᆞᆯ것시라近日에聯合演說會를開設ᄒᆞᆫ바크게政治的思想을包有ᄒᆞ얏스니其惡行으로控訴를被ᄒᆞᆫ人은法部大臣李夏榮이오其罪를告訴ᄒᆞᄂᆞᆫ者ᄂᆞᆫ各社會에代表人인ᄃᆡ一進日兩會와及天道敎가謗員을合幷ᄒᆞ야日本保護下에在ᄒᆞᆫ司法人의不法不當ᄒᆞᆫ處置를論非ᄒᆞ기로一致ᄒᆞ얏도다

此論非ᄂᆞᆫ合宜ᄒᆞ다謂ᄒᆞ기를本人도嚴實希望ᄒᆞ거니와諸李氏가信實ᄒᆞᆫ韓國臣民이라고ᄂᆞᆫ不能自托ᄒᆞᆯ것시오且其人이在官ᄒᆞ얏ᄂᆞᆫ雖一日이라도韓國人民의不肯給予ᄒᆞᄂᆞᆫ月料만徒然浪用ᄒᆞᆷ이로ᄃᆡ航行及漁業權을無交換代物而空手讓渡于日本者非李氏耶아彼自不知나他人은能知이며且與日交涉에弁髦及無能을著示之人이亦非李氏耶아對此公訴ᄒᆞᄂᆞᆫ眞實運動이始起ᄒᆞ니本記者ㅣ見之亦喜어니와同氏의게ᄂᆞᆫ恕諒도不及ᄒᆞᆯ것이오慈悲도不施ᄒᆞᆯ지니韓國事에混亂이此에至ᄒᆞᆫ은國務大臣은卽人民의使役인줄을同氏가不知ᄒᆞᆷ으로由ᄒᆞ얏고且同氏의德義上勇氣가空乏ᄒᆞᆫ데셔多生ᄒᆞ얏도다

日人權力下에保守ᄒᆞᄂᆞᆫ其他內閣諸員의廢敗ᄒᆞ고邪曲ᄒᆞᆫ責을必當審問ᄒᆞᆯ지니此公衆運動이不潔之窺를洗滌ᄒᆞᆯ줄노吾儕ᄂᆞᆫ信且希望ᄒᆞ노라

官報

●號外 光武十一年二月卄八日

◎宮廷錄事

詔曰命表勳院總裁閔泳徽爲英親王冠時賓從一品[illegible]爲贊

宮內府大臣沈相薰謹
奏 英親王定字單子書入之意謹上 奏奉旨依 奏

英親王正字
光天 天九 奉
字圈定字用光天二字欽此

宮內府大臣沈相薰謹
奏 英親王定字單子旣已
奏下矣招致禮耶傳授之意敢
奏奉 旨依奏

本月卄七日에參任太醫院都提調閔泳升에게
親任式을行ᄒᆞᆫ事

●三千七百二號 光武十一年三月一日

◎宮廷錄事

掌禮院卿臣金宗漢謹
奏謹考前例則 親王冠禮時賓贊以公侯伯中差出矣今番則何以爲之乎敢 奏奉
旨賓正一品贊從二品差出

掌禮院卿臣金宗漢謹
奏冠禮々成後會羣臣禮載在禮文而各年膺餙皆不擧行今亦置之何如謹上 奏奉 旨依奏

掌禮院卿臣金宗漢謹
奏 英親王冠禮後
朝謁禮時 殿座處所及
英親王出入門以何殿何門磨鍊乎敢 奏奉 旨殿所以卽阼堂爲之門路以乾元門爲之

◎敍任及辭令

農商工部參書官김準用
解文官전考所委員
農商工部參書官박照陽
命文官전考所委員
三和府윤변鼎相
龍岡郡守尹起元
命西京役費調査委員
任農商工部農務局長 六品鄭鎭弘

◎部令

●度支部令第卅一號 續

作業會計所屬物品에對ᄒᆞ야ᄂᆞᆫ前項외에左開書類를提出ᄒᆞᆷ이可ᄒᆞᆷ이라

一 價格을評定ᄒᆞ거나改定ᄒᆞᆫ者가有ᄒᆞᆫ時ᄂᆞᆫ每件에其評價調書나改定價格調書

二 不用物品에替入ᄒᆞᆫ者가有ᄒᆞᆫ時ᄂᆞᆫ每件에其元價測量價格及事由等을詳記ᄒᆞᆫ當該上官의認定書

收入印紙에對ᄒᆞ야ᄂᆞᆫ第壹項외에左開書類를提出ᄒᆞᆷ이可ᄒᆞᆷ이라

一 交換越交者로損傷汚染等에係ᄒᆞᆫ者ᄂᆞᆫ其種類員數及事由等을詳記ᄒᆞ히上官의認定書

二 棄却에對ᄒᆞᄂᆞᆫ其類員數及事由等을詳記ᄒᆞᆫ當該上官의認定書及立參官吏의證明書

第五條 前條의證憑書類ᄂᆞᆫ受撥에大別ᄒᆞ여物品出納計算書에揭ᄒᆞᆫ種類마다其區畫의順次를依ᄒᆞ야此를編纂ᄒᆞ고其表紙에ᄂᆞᆫ數量幷價格의合計及證憑書類의紙數等을記載ᄒᆞᆷ이可ᄒᆞᆷ이라

證憑書類中에數種의物品을記載ᄒᆞᆫ者가有ᄒᆞᆫ時ᄂᆞᆫ該證書에每類別의數量及價格을朱記ᄒᆞ야此를甲類別部에編入ᄒᆞ고乙以下의類別部에ᄂᆞᆫ其品名數量價格及原書編入의類別名等을주記ᄒᆞᆫ明細書編入ᄒᆞᆷ이可ᄒᆞᆷ이라

未完

外報

●査閱軍械 山海關通信을據ᄒᆞᆫ즉檢閱巡警局에셔近日에天津總局의札飭을承ᄒᆞ야大進營口等處에日本商人이銃械를運到ᄒᆞ미頗히奸商이內省에販至ᄒᆞ야漁利를希圖ᄒᆞᄂᆞᆫ事가多有ᄒᆞᆫ故로搭車客商의行李箱籠이沈重ᄒᆞᆫ者가有ᄒᆞ면巡警이一律檢視ᄒᆞᆫ다더라

●太平洋艦隊 美國大統領은去月卄一日에海軍省當局者와會議ᄒᆞ야大西洋南米洋兩艦隊에셔軍艦을割ᄒᆞ야太平洋艦隊로編入ᄒᆞ야同艦隊를强力ᄒᆞ기로決定ᄒᆞ얏다더라

●英國陸軍預算 英國來年度陸軍預算은二千七百七十六萬磅인ᄃᆡ本年度보다二百六十萬磅이減少ᄒᆞ얏고其內에騎兵과並히野戰速射砲兵의改良費三百十一萬六千磅이라더라

●對米同志會 東京電을據ᄒᆞᆫ즉日本對米同志會ᄂᆞᆫ去二十七夜錦輝館에大演說會를開ᄒᆞ얏ᄂᆞᆫᄃᆡ大統領을向ᄒᆞ야移民法改正은日本國民의面目을傷ᄒᆞ고日米의親交를損傷ᄒᆞᆷ인즉此를改正ᄒᆞᆷ을望ᄒᆞᆫ다ᄂᆞᆫ電報를發送ᄒᆞ얏다더라

雜報

●十七郡守 今回郡守奏本에新任이十二窠오遷轉이五窠인ᄃᆡ其姓名이如左ᄒᆞ니 義州劉猛 寶城丁九섭 洪州김祥演 懷仁김永德 中和김然尙 鎭安리文用 新溪리址善 延日安基宅 靑陽黃祐찬 牙山鄭翰朝 延安呂圭亭 楚山리章遠 善山丁喜섭 咸안김秉吉 綾州權重冕 珍島리병化 橫城沈興澤 諸氏라더라

●春參新任 江原道參書官은丁元섭氏가被任ᄒᆞ얏더라

●兩氏賓贊 英親王殿下冠禮時에賓은表勳院總裁閔泳徽氏오贊은從二品權膺善氏라더라

●觀察派送 日本各廳觀察派送ᄒᆞᆫ다ᄂᆞᆫ說은前報에揭載ᄒᆞ얏거니와派送ᄒᆞᄂᆞᆫ諸氏의姓名을詳聞ᄒᆞᆫ즉조東潤閔泳麟리起東조南益洪運杓權톤煥송之憲閔泳五한相鶴리會九閔健植리能和리明秀權直相沈장섭諸氏라더라

●奧國親王離發 奧國親王이昨日京釜線路一番列車로離發ᄒᆞ야日本으로前往ᄒᆞ얏다더라

●裁長辭疏 裁判長리允用氏가辭職疏를奉呈ᄒᆞ얏ᄂᆞᆫᄃᆡ內容을得聞ᄒᆞᆫ즉리僞氏事件에對ᄒᆞ야裁判을謀避ᄒᆞᆫ事이라더라

●郡守會同 全北觀察使김升熙氏가去月二十六日에各郡守를會同ᄒᆞ야該觀察은會同大旨를說明ᄒᆞ고參書官은普通行政을說明ᄒᆞ고稅務官과財政顧問은財政上을說明ᄒᆞ고檢事와補佐官은民刑事上을說明ᄒᆞ고警務官警務顧問은警察行政을說明ᄒᆞ고府윤과各郡守ᄂᆞᆫ意見을說明ᄒᆞ얏다더라

●或撤或仍 再昨日下午十壹時에主殿院總巡리應鎭씨가警務廳에電話ᄒᆞ되永禧殿洪능금谷裕康園四處에派送ᄒᆞᆫ巡檢은一幷撤還ᄒᆞ고長生殿에派送ᄒᆞᆫ巡檢만仍置ᄒᆞ라ᄒᆞ얏다더라

●應試者多 普成專門學校에셔學徒를試取ᄒᆞᄂᆞᆫᄃᆡ應試者四百餘名에達ᄒᆞ얏다더라

●兩主何漏 今番郡守奏本에內部主事中久勤之人리升采리興雨兩氏가漏奏ᄒᆞᆫ故로不公正ᄒᆞ다ᄂᆞᆫ輿論이紛々ᄒᆞ더라

●公錢買土 藍浦居리致範이가興德郡上納錢二千元을挪換ᄒᆞ야盡爲買土ᄒᆞᆫ事로內部에셔忠南觀察道警務署에訓令ᄒᆞ되即發巡檢ᄒᆞ야該漢을捉囚ᄒᆞ고嚴懲督捧ᄒᆞ라ᄒᆞ얏더라

●窄獄病囚 地方各裁判所에셔輕罪重罪를勿論ᄒᆞ고狹獄에皆囚ᄒᆞᆫ則衛生上에極害가될ᄲᅮᆫ더러三冬冷獄에居處ᄒᆞ던人이解凍節을當ᄒᆞ야百病이傳染ᄒᆞ야幾至死境者太半이라더라

●學童出義 仁현官立普通學校學徒十歲前小學童四童이各其新貨二十錢或十錢을國債報償금으로普成館期成會로傳納ᄒᆞ얏더라

●此童又奇 大안동윤承旨家床奴十四歲兒김六鳳이가舊貨一元을國債報償금으로普成館期成會로傳納하얏다더라

●김氏義捐 南門외里門동居正三品김鎭헌氏가本社에寄函ᄒᆞ되國家深憂가莫大乎此而報償方略을有人首倡ᄒᆞ니人人感應은固是天性이라紙貨貳拾圓으로敢補萬一ᄒᆞ오니伏願同胞ᄂᆞᆫ克圖終始千萬幸甚이라ᄒᆞ엿ᄂᆞᆫᄃᆡ該錢은普成館收錢所에傳納ᄒᆞ엿더라

●兩童可尙 泥동朱錫연氏家床奴田福男이가舊貨一元과桃洞小童徐還甲이가新貨四十錢을國債報償금으로普成館期成會로傳納ᄒᆞ얏다더라

●請撥彈丸 江原道警務官文升復氏가內部에報告ᄒᆞ되本道匪擾가憑藉擧義ᄒᆞ고剽窃擄奪이比比有之인故로本道所在回龍銃二十柄을請求ᄒᆞ와江陵驛蹄旌善各郡分派所에分給ᄒᆞ얏ᄉᆞ오나彈子一無ᄒᆞ오니參照軍部ᄒᆞ와彈丸一千一百發을請求下送ᄒᆞ라ᄒᆞ얏다더라

●義通又起 제川丹陽等地에義兵이通文을輪示ᄒᆞᄂᆞᆫ故로該道警務官이內部에電報ᄒᆞ얏다더라

●冷獄飮恨 김麟氏의弟然澈씨가尙今西署에滯囚ᄒᆞ야冷獄에無罪ᄒᆞᆫ人으로飮恨케ᄒᆞᆷ이桐原驚視와不法行爲를壹般輿論이唾罵ᄒᆞ더라

●兩校移設 무官學校와幼年학校를興化門외前무官학校로移設ᄒᆞᆫ다더라

●斷烟鳩금 國債報償期成會收금所로義금을續々來納ᄒᆞᄂᆞᆫᄃᆡ中署리奉天氏ᄂᆞᆫ一百人이斷烟ᄒᆞ기로同盟ᄒᆞ고義금一百十八圓을收合ᄒᆞ야普成館으로送ᄒᆞ얏스며仁현普通학校生徒徐寶同等三四人도未成年者의吸烟이不可ᄒᆞᆷ과國債報償의當然ᄒᆞᆷ을覺悟ᄒᆞ고烟草價로消費ᄒᆞᆯ錢兩을期成會로送ᄒᆞ얏고社稷동김思漢씨家에床奴김福伊ᄂᆞᆫ其主人의納금ᄒᆞᆷ을見ᄒᆞ고所貯ᄒᆞᆫ一元錢을來納ᄒᆞ얏다ᄒᆞ니其愛國思想은實로嘉尙ᄒᆞ더라

●天民可貴 長橋居劉卿리根영씨의子龍봉이가年方九歲인ᄃᆡ新聞에國債報償금을募集ᄒᆞᆫ다ᄂᆞᆫ事를聞ᄒᆞ고天民에忠愛가感發ᄒᆞ여正初에歲拜所得錢을封於利에藏置ᄒᆞᆫ거시有ᄒᆞᆫ지라昨日本社에委來ᄒᆞ여벙어리와錢額을幷히持納ᄒᆞᄂᆞᆫᄃᆡ合이新貨四元九十錢이러라

●婦人義捐 弘門洞居김熙川夫人이舊貨四元과盤松坊新동장夫人이新貨二十戔과산林동리召史가新貨二十錢과新門외김召史가新貨十錢을國債義捐금으로普成館期成會로傳納하얏더라

●侍衛出義 侍衛聯隊에寄函을據ᄒᆞᆫ즉今此國債報償事에對ᄒᆞ야惟我同胞여孰不贊成이리오與隊將校等이不拘多少ᄒᆞ고三十圓을普成館期成會에付呈이라ᄒᆞ얏고該隊正校六人이一齊斷烟ᄒᆞ고六圓을期成會로傳納ᄒᆞ얏더라

●斷酒又奇 西署石橋吳賢奎氏에寄函을據ᄒᆞᆫ니僕도亦是化匣中一蠢動之物也라國債報償事에國民義務가엇지滄海一粟之助가無ᄒᆞ리오僕이自初로嗜烟을不吸ᄒᆞ오니原無烟價之客用이어니와一身上絲穀外에按月有酒價之費而每不下銅貨五元假量ᄒᆞ오니自今日爲始ᄒᆞ야不飮一滴酒ᄒᆞ고代金五元을國債淸償前에逐朔판納ᄒᆞ기를計料ᄒᆞ오니斷烟斷飮이名雖殊而義務則一般也라陽曆三月條五元을爲先普成館收錢所로爲先費呈이라ᄒᆞ얏더라

●淸店火炮 再昨夜에水標橋와布屛左右等地淸人各商店의셔燈燭을輝煌히懸ᄒᆞ고花砲를轟大히放ᄒᆞ야盛況을呈ᄒᆞᄂᆞᆫᄃᆡ觀광人士가如雲會集ᄒᆞ얏더라

●塾長有人 徽文義塾의塾長張世㦤氏가請願辭免ᄒᆞᆫ代에正三品張志淵氏로選定ᄒᆞ엿더라

●醫師試選 廣濟院에셔醫師三人을試選ᄒᆞ기로日昨부터連三日에醫術精妙ᄒᆞᆫ人을試驗ᄒᆞᄂᆞᆫᄃᆡ應試者ᄂᆞᆫ醫學校에卒業人외에ᄂᆞᆫ不許應試ᄒᆞᆫ다더라

●稅主稱頌 南來人의傳說을據ᄒᆞᆫ즉鴻山稅務官김寬濟氏가結民의稅錢을隨其徵納收捧ᄒᆞ야初無嚴督之弊ᄒᆞ고所管各郡稅務所에輪回巡視ᄒᆞ야稅務主事의視務ᄒᆞᆷ을實心勸告ᄒᆞᄂᆞᆫ故로該管列郡民人이莫不稱頌ᄒᆞᆫ다더라

●罪囚化仙 京畿裁判所에處絞囚徒罪人최永山이가以身病으로去二十八日에身故ᄒᆞ얏다더라

●광守質稟 全南裁判所判事署理광주郡守洪蘭裕氏가法部에質稟ᄒᆞ되[illegible]樂九ᄂᆞᆫ懲役十五年에處ᄒᆞ고北道淳昌郡處成日은笞八十에處ᄒᆞ옵고申訴期限이已過ᄒᆞ얏기同宣告書를茲에質稟ᄒᆞ오니査照指飭ᄒᆞ라ᄒᆞ얏더라

▲운窓閒話▼

△楚漢이對局에楚伯之强暴로廢視漢帝之寬仁ᄒᆞ다가楚伯은失衆而亡ᄒᆞ고漢帝ᄂᆞᆫ得衆而興ᄒᆞ니今日大韓人民이一脉團結이면可以人衆勝天이로다

△人必有激以後에忠義가感發ᄒᆞᄂᆞ니以日本借欵事로大韓人民이一層激昂ᄒᆞ야捐金을募集에一心同盟ᄒᆞ니日本은大韓之良將이로다

△日本軍司令部에셔龍山平壤義州三處軍用地을更히調査ᄒᆞ야區域內에所有ᄒᆞᆫ家屋墳墓를四五月間으로毀破ᄒᆞ라ᄒᆞ얏다니生者ᄂᆞᆫ回屋도猶云痛迫이어니와千古靑山에枯骨이何罪오

△裁判長리允用氏ᄂᆞᆫ리僞氏更判事에對ᄒᆞ야忽地生病ᄒᆞ야不得仕進ᄒᆞ고辭職疏를奉呈ᄒᆞ니必是不病而自病인즉何等良劑를用ᄒᆞ여야厥症이快祛ᄒᆞᆯᄭᅡ

△內大리址鎔氏에保護巡檢박齊勳氏가忠義所激에國債報償금을寄付ᄒᆞ얏스니以若堂々毅士로賣國賊의保護되ᄂᆞᆫ大端嗟惜ᄒᆞᆫ일이로고

△齋동前承旨리某가自己前娶丈母喪에其後娶夫人을抑制發喪ᄒᆞ얏다고某報에謝道ᄒᆞ얏스니該氏ᄂᆞᆫ完南後裔로自稱知禮古家라ᄒᆞ더니同氏ᄂᆞᆫ別樣禮文이新製ᄒᆞ얏ᄂᆞᆫ지

雜報

●鄭雲장全東鎬諸氏가政府에再次上書ᄒᆞᆫ全文이如左ᄒᆞ니　續

第二ᄂᆞᆫ家屋田土之典執放賣也라我人之於外人에或有卽時放賣者ᄒᆞ며或有典執而打給者ᄒᆞ니夫尺寸之地도莫非王地也라賣屋賣土가便是賣國이니是可忍也리오如此不已면未至幾年에不爲외國之有幾希矣라古人所謂日蹙國百里者正道今日時事也니自後로別立科程ᄒᆞ야一切嚴禁則雖舊俗치泯이라도豈有私擅之道乎잇가第三은地方竊盜也라竊盜四熾ᄒᆞ야白日철염ᄒᆞ고黃昏放火ᄒᆞ야行人ᄂᆞᆫ被其血刃ᄒᆞ고官吏ᄂᆞᆫ奪其印章ᄒᆞ며士夫ᄂᆞᆫ見掘其塚ᄒᆞ고婦女ᄂᆞᆫ見失其行이라時體如此ᄒᆞᄃᆡ該方官이當禁而不禁者ᄂᆞᆫ無他故라今守收之不盜於民者環殺人爲오自念以其所爲로較諸所爲則不甚相遠이라中心自愧ᄒᆞ야視若茶飯이요且派送京軍도驅動民間ᄒᆞ야其害尤甚於彼ᄒᆞ니泰山寡婦之苛政猛於虎者不幸近之라民何以聊生乎아징捕權限을認ᄒᆞ야於該方官ᄒᆞ고若不遵施어던責도可也요免官도可也第四ᄂᆞᆫ各道徵稅官이라夫徵稅上納은本是該方官之責任也而今徵稅官者ᄂᆞᆫ以其爲省弊나然ᄒᆞ나爲徵稅官者勢必無弊於郡守乎아此ᄂᆞᆫ空費許多月銀ᄒᆞ야徒損國財而已니徵稅官을廢止ᄒᆞ고使地方官으로仍舊貫이何如잇고右四條가果合於時措則隨卽實施를伏望　完

●保巡義捐　內大保護巡檢에寄函을據ᄒᆞᆫ즉有土以後에有民ᄒᆞ고有民以後에有國ᄒᆞᆷ은活動ᄒᆞᄂᆞᆫ生靈으로豈能不知리ᄉᆞ마ᄂᆞᆫ三千里小邦이一千三百萬元之重債를晝夜言念의貧國貧民으로報償無路ᄒᆞᆷ을痛歎不已러니開導　僉君이國家事狀의深究方策ᄒᆞ야至於募금之境ᄒᆞ니我國이世界에野蠻國指目을未免이더니至於此事ᄒᆞ야獨立基礎와二千萬同胞가漸進開導ᄒᆞᆷ을確然可知라欣喜를不堪ᄒᆞ야舞蹈ᄒᆞ야도不勝感喜로다僕이年纔二十이나亦是한國臣民也라五百餘年國民된義務와國恩을思想ᄒᆞ야奮身躬往ᄒᆞ여募금事務의一隅를補코져ᄒᆞ나貧寒所致로巡檢事役의身纏골沒故로未得如意이옵기玆以一圜금을伏呈이라ᄒᆞ얏더라

●光校斷烟　昨日西署藥峴私立광興學校에셔今番國債報償ᄒᆞᆷ에對ᄒᆞ야校監리덕應氏가任員及生徒을會同ᄒᆞ야愛國思想으로一場說明ᄒᆞ고斷烟ᄒᆞ기로同盟ᄒᆞ얏다더라

●孩兒義捐　北署司圃동居安濟氏의子衛楨이年今六歲이온ᄃᆡ其父兄의國債報償會義捐금齎送ᄒᆞᆷ을見ᄒᆞ고孩兒의良心이發ᄒᆞ야吾亦出義금云이기父兄이責ᄒᆞ야曰若汝幼兒輩ᄂᆞᆫ不可相關이라ᄒᆞ되終不聽之ᄒᆞ고日吾與父同往이라ᄒᆞ며隨行出門이기舊貨二元을出給ᄒᆞ고借來手納ᄒᆞ고其奴ᄃᆞ忠憲도此를見ᄒᆞ고十五錢을出ᄒᆞ얏다더라

●醉客載去　再昨日黃土현新作路等地에셔롱산居何許人이大醉昏倒ᄒᆞ야幾至死境이더니適其時車夫가過去ᄒᆞ다가牛車上에駄載而去ᄒᆞ얏다더라

廣告

◎本社廣告
○申報價
一張代金 新貨二錢五里
一個月前納 三十錢
三個月 九十錢
六個月 一元七十錢
一個年 三元四十錢
郵稅 一部 新貨五里
一個月 十三錢
○廣告料
四號活字十二字
每日新貨尺一寸에新貨廿五錢
(每日每行六錢에相當홈)
一週日에 二圜五十錢
(每日每行四錢五里에相當홈)
一個月에 五圜
(每日每日四錢一里에相當홈)
其期限의長短과字行의多寡를依ᄒ야增減홈이有홈

●大韓每日申報各處支社廣告
中署布屛門下 김相萬冊肆
中署農圃初入七拾八統第二號 鄭禹澤
平壤上水口門內 김浩淵
全 최叙恒
仁川 峴開新冊肆 리東皓
宣川邑橋西里 安濬
義州西門外한西 大藥局
釜山港佐川 徐藥局
三和港築洞 김仁집
咸興朱南社西門外 曹喜林
開城培學校 姜助遠
大邱市廳 최一弘
載寧邑濟衆院 夢澤
鐵山邑東部 安主
元山支店 劉七錫
定州南門內 洪聖麟
京城興仁門外영楓亭 리建赫
海州南門內書舖 朴昌鎭

發行兼編輯人 英國人 비說
發行所 南署石井洞號外地三層洋屋家
大韓每日申報社

第五卷

大韓每日申報
대한매일신보

第四百五十三號

月曜及慶節 歲時日休刊

檀君開國四千二百四十年
箕子元年三千二十九年
大韓開國五百十六年
日本明治四十年
淸國光緖三十三年
◉陰曆丁未正月小十九日辛亥

論說

日本의所向標準

蓋心確之人은商務나社會나政治를勿論을始其指揮之前에該問題를自顧ᄒᆞᄂᆞ니此乃利機耶아先問ᄒᆞᆯ거시오其次에ᄂᆞᆫ幾分政確ᄒᆞᆫ標準을置之於前ᄒᆞ야向此做去ᄒᆞᆯ거시며且在手器具가於其做事에足用될與否와就緖以後에其所得이這間勞力及資金을足以報償홀與否를自度自斷ᄒᆞᆯ거시라已之就向이何處인지를不知ᄒᆞ던지或其所有財源을不得預筭ᄒᆞ고入於做事之場이면其人의後運은事之全部를僨誤ᄒᆞᆯ거시是也로다反박ᄒᆞᆫ憂慮가別無ᄒᆞᆫ言辭를今可述也니蓋支那政策을關係ᄒᆞᆫ파如히極東商業에關係된列强이日本의眞實所向이何處인지熱心으로探問ᄒᆞᄂᆞᆫ지라若日本이上項下句에說明ᄒᆞᆫ人類에屬ᄒᆞ야不知所向ᄒᆞ고隨風無帆파如히行止를任於事情之變이면此ᄂᆞᆫ彼之友人이나或彼之阿諛ᄒᆞᄂᆞᆫ者가謂ᄒᆞᆫ信用於彼ᄒᆞᄂᆞᆫ것보다敏捷ᄒᆞᆷ이加少ᄒᆞ도다如此假定은或謂之ᄒᆞᆯ지라若日本이不屬於此ᄒᆞ야前有明確標準이된其標準이維何인지願知者ㅣ多矣로다

英德美의大望이維何인지若問이면此를商量ᄒᆞ기가不甚遲久ᄒᆞᆯ더이나然이나日本이自關慾望에何如定限을宣言ᄒᆞ던지或不然이면日本이無定限ᄒᆞᆫ줄노確認ᄒᆞᄂᆞᆫ方向을指示ᄒᆞ기까지ᄂᆞᆫ列國事가靜寂無言에更不至矣리니日本이領土擴張을旣遂ᄒᆞ고到今ᄒᆞ야ᄂᆞᆫ但商業을掌握ᄒᆞ기를關係耶아製造及貿易事의解決노將以滿心耶아製造에需用되ᄂᆞᆫ物質을收得ᄒᆞᆯ天然財源의管轄을亦將要請耶아右陳問題가未確을足以警示인바此未確은雖영國之同盟人이라도其必存心ᄒᆞᆯ거시로다若日本이太平洋羣島를置之於前ᄒᆞ야獲得財源之策을追求ᄒᆞ면영國의應動를不能久支ᄒᆞ리니此ᄂᆞᆫ영國이比律賓及布哇의安全을美國에게質言ᄒᆞᆷ이太多ᄒᆞᆷ이로다

若日本의前望이在於商業이면此ᄂᆞᆫ영國之活動力의實質을犯入ᄒᆞᆷ이라韓國俗說에孝子가問其親之甚飢ᄒᆞ야割己肉而供之라ᄒᆞᄂᆞ니今에英國이淸國市上에日人之開路를稱揚ᄒᆞᆷ우與此俗說노甚近이어날同國內英人의合宜請求ᄂᆞᆫ日本이嫌猜妨碍ᄒᆞᄂᆞᆫ도다

本人意思에ᄂᆞᆫ日本이自國計策에適宜ᄒᆞᆫ時日까지만영人種族에게親誼를示ᄒᆞᆯ거시오且其大慾은極東패權에在ᄒᆞᆫ바此ᄂᆞᆫ今者割肉供之ᄒᆞᄂᆞᆫ人民의利益을泛忽ᄒᆞᄂᆞᆫ거시로다

官報

●三千七百二號 光武十一年三月一日

◉宮廷錄事

宮內府特進官張承遠辭職疏批旨省疏具悉所請依施

◉敍任及辭令

命判敦寧司事敍勅任官一等 從一品조秉弼
從二品尹甲炳
仝 박潤秀
正三品金興潤
六品뎡宅朝
仝 徐相珍
九品具英會
仝 리舜應

免懲戒 弘文館侍講최東섭
恭陵參奉김曾수

依願免本官
任弘文館侍讀敍奏任官四等 秘書監郞김鵬秀
任秘書監郞敍奏任官四等 九品김鴻洛
任恭陵參奉 九品洪淳參
文錫헌 최崙源 조漢옥
박彝병 任度支部主事
陪從武官長조東潤
侍講院詹事閔泳인
陸軍副領리甚東
侍從院侍從조南益
仝 리載恒

議政府參書官洪運杓
中樞院參書官權익煥
內部參書官송之憲
度支部參書官閔泳五
度支部稅務官韓相鶴
학部參書官리會九
仝 閔健植
官立漢城法語학校敎官리能和
陸軍參尉리明秀
正三品權直相
六品沈장섭
命觀察日本國各官廳事務

弘陵令郭昌현
箕子陵參奉조종完
仝 최종煥

依願免本官
任弘능令 宣능令박海斗
任宣陵令 永陵令리載浩
任영陵令 孝陵令리熙俊
任孝陵令 孝陵參奉박仁和
任孝陵參奉 郭漢봉
任箕子능參奉 윤국 許섭

依願免本官 秘書監丞윤덕榮
弘文館侍講辛泳학
任秘書監丞敍奏任官三等 奉常司副提調김容圭
任奉常司副提調敍奏任官三等 正三品윤덕榮
任弘문館侍講敍奏任官四等 四品박啓현
任弘문館副학士敍奏任官一等 從二品□亨植

外報

●露日再戰準備 二十八日着路透電을據ᄒᆞᆫ즉露國노부에우메민야新聞에云ᄒᆞ되海蔘威ᄂᆞᆫ實際上으로孤立之勢에在ᄒᆞᆷ으로他黑龍江河口와幷리코라에부스크와스리에덴스크와보크로봇스싸와와ᄒᆞ바로부스싸와부라고베덴스크에築城ᄒᆞ고黑龍江鐵路로延長ᄒᆞ야리코라오부스크에達케ᄒᆞᆯ거시라고提言ᄒᆞ얏고又再論ᄒᆞ기를次來露日戰爭에ᄂᆞᆫ露軍의策應地ᄂᆞᆫ聖彼得보에置치아니ᄒᆞ고不可不西伯利何地點에置ᄒᆞᆯ거시라ᄒᆞ얏더라

●日人被逐 西班牙葛里沙野沿海等地에日本人二名이到泊ᄒᆞ야新聞記者라自稱ᄒᆞ고同地漁業에關ᄒᆞᆫ利益을覘奪코져ᄒᆞ다가其漁業者等의預度ᄒᆞᆷ을被ᄒᆞ야同會社의觀覽ᄒᆞᆷ을禁止ᄒᆞ고또ᄒᆞᆫ葡도牙等地에서尤爲虐待ᄒᆞ며各處에在ᄒᆞᆫ支社에도此等日人은切勿許入ᄒᆞ라고這々通文ᄒᆞ얏다더라

●對美報復計畫 今番美日問題가日本에大端不利ᄒᆞᆯ뿐아니라美國가리호루니아州의排日氣焰이日本國民의感情을害ᄒᆞᆷ이有ᄒᆞᆫ故로日本有力ᄒᆞᆫ政治家及實業家等이政府의國際交涉以외에國民的感情을皷動ᄒᆞ야貿易上報復手段을實行ᄒᆞ라ᄒᆞᆫ다더라

●飢民作擾 上海報를據ᄒᆞᆫ즉楊子江地의서飢饉ᄒᆞᆫ中耐ᄒᆞᆫ者五百流離ᄒᆞ야官命을抗拒ᄒᆞ고或官衙에聚集ᄒᆞ야米穀을哀乞ᄒᆞᄂᆞᆫ지라按撫次로派送ᄒᆞᆫ官員이亦被毆打ᄒᆞᆷ으로該地가大端紛擾中이라더라

雜報

●英王夫人內定說 英親王殿下夫人을前議政閔泳규氏孫女로內定이되얏다더라

●非權伊김 再昨日 英親王殿下冠禮執儀時贊權府善氏가在戚第ᄒᆞ야不得進參故中樞院贊議김晩秀氏로改定擧行ᄒᆞ얏다더라

●南民不叅 叅政大臣박齊純씨가今番郡守敘任事件에對ᄒᆞ야日義州郡守劉猛氏ᄂᆞᆫ不可不內職으로叙用ᄒᆞᆯ터이니地方으로出送치못ᄒᆞᆯ지고延日郡守呂규亨씨ᄂᆞᆫ文翰은優餘ᄒᆞ나地方形便을不知ᄒᆞ니郡守를不可敘任이라ᄒᆞ야該兩씨를奏本記中에刪去上奏ᄒᆞ얏다더라

●法官密議 再昨日에法部官員과平理院一般官員이法部大臣리夏榮씨家에會同ᄒᆞ야리偶氏事件에公開裁判을勿許ᄒᆞ고리偶씨一人만招待裁判ᄒᆞ기로爛商密議ᄒᆞ얏다더라

●籍외壓民 리偶氏事件으로昨日上午十一時에平理院의셔繼續裁判을開ᄒᆞᄂᆞᆫᄃᆡ該院門外와典동屛門과壽동병門에巡檢과日憲兵일巡査를多數把守ᄒᆞ야傍聽人을一不許入ᄒᆞ고裁判長리允用氏ᄂᆞᆫ巡査二名이前後保護ᄒᆞ야該院으로仕進ᄒᆞ더라

●鄭氏渡日 新任農務局長鄭鎭弘氏ᄂᆞᆫ被任ᄒᆞ기前에自己의子를日本에留학ᄒᆞᆯ次로帶同前往ᄒᆞ얏다더라

●長書內容 自政府以下로觀察郡守까지大小官員의一朔月俸이十五萬圜인ᄃᆡ國債報償事件에對ᄒᆞ야某氏가政府에上書ᄒᆞ되全國人民은斷烟捐금ᄒᆞ고政府官人은一朔月俸을捐補ᄒᆞᄂᆞᆫ거시可ᄒᆞ다고長書를繕呈ᄒᆞ얏다더라

●학相宴會 학部大臣리完用氏가本日下午六時에該部官人과外國官憲을日본人俱樂部로請邀宴待ᄒᆞᆫ다더라

●叅書電部 咸北觀察使署理參書官柳학根氏가法部에電報ᄒᆞ되勅令第六十五號土地家屋證明規則第八條가刑法大全第二條五項에抵觸되와理事官請求에難處ᄒᆞ오니指一處分ᄒᆞ라ᄒᆞ얏더라

●全察電部 全北觀察使김규熙氏가法部에電報ᄒᆞ되經費를何不支撥하야窘塞無窮이라하얏다더라

●伊藤歸任 伊藤統監은本月五日에東京을出發ᄒᆞ여神戶馬關等地에셔四五日을滯留ᄒᆞ다가本月望間에歸任ᄒᆞᆫ다더라

●囑托任免 ᄒᆞᆨ部에셔일本留學生監督囑托倉知鐵古를解ᄒᆞ고文部省參事官松本順吉에게監督囑托을任ᄒᆞ얏다더라

●期成特會 普成館國債償금募集期成會에셔本日下午一時에特別會를開하고諸般事務를整理ᄒᆞᆫ다더라

●ᄒᆞᆨ徒試取 昨日警務廳에셔警務학徒를試取ᄒᆞ얏다더라

●養閨학徒義捐 養閨義塾女學徒김柔淑이가年今十歲에聞國債報償事ᄒᆞ고忠義感發ᄒᆞ야捐助금卅錢을本社에手傳ᄒᆞ더라

●西友開학 西友학會에셔師範夜학科를來火曜일로봇터繼續開학ᄒᆞᆫ다더라

●亦一怪事 日昨參政大臣박제純氏家에何許人이木櫃一座를封物櫃樣으로以繩緊束ᄒᆞ야來納ᄒᆞᆫ지라受而開見즉木櫃內에又有角櫃一坐ᄒᆞᆫᄃᆡ角櫃內에似有殊常之物이라折見치아니ᄒᆞ고警務廳으로付送ᄒᆞ얏ᄂᆞᆫᄃᆡ其根因을方在搜探中이라더라

●實守貶ᄒᆞ裏由 實성郡結民의게者卜債를每結頭에自來正租四斗式收捧ᄒᆞ야民弊가滋蔓ᄒᆞᆫ지라遞郡守윤錫彪氏가此弊를革祛코저ᄒᆞ야每結頭에葉一兩으로磨鍊ᄒᆞ얏더니奸吏輩가觀察府에上去ᄒᆞ야沈相翊씨의게幾千兩을納賂圖囑ᄒᆞ야租四斗式依舊收捧ᄒᆞ기로自辟主事의書簡을該郡守의게得納하고百般懇請ᄒᆞ거ᄂᆞᆯ윤郡守가不聽ᄒᆞᆫ즉該色輩가엽一千兩을納賂ᄒᆞ고自辟主事의請札을又爲討納ᄒᆞ거ᄂᆞᆯ윤氏가영爲拒納不應ᄒᆞ고民弊를革罷ᄒᆞ얏더니及其殿最時ᄒᆞ여沈相익氏가下等貶題로某氏를紹介ᄒᆞ야納賂改題ᄒᆞ기를要求ᄒᆞᄂᆞᆫ지라윤氏가自已의公直ᄒᆞᆷ을信之ᄒᆞ고沈觀察의非理請求ᄒᆞᆷ을牢却ᄒᆞ얏더니畢竟下等遞歸ᄒᆞ얏다더라

●奇哉權童 齋동普通學校에修業ᄒᆞᄂᆞᆫ權寧鶴은年今十三歲인ᄃᆡ今番국債報償ᄒᆞᄂᆞᆫᄃᆡ對ᄒᆞ야不勝感祝ᄒᆞ야新貨卅錢을판備ᄒᆞ야農圃동本社의交付ᄒᆞ면셔募集期限까지판納ᄒᆞᆫ다더라

●檢事公平 前中和郡守金應龍氏가在任時에何許ᄒᆞᆫ饑民을東學軍이라捉囚ᄒᆞ고錢二千餘兩을奪食ᄒᆞ얏더니該民이今番平安南道檢事의法律이公正ᄒᆞᆷ을聞ᄒᆞ고起訴ᄒᆞ미金應龍氏가自服ᄒᆞ고上部에轉報치아니ᄒᆞᆷ을懇乞ᄒᆞᆫ지라該贓錢을出給ᄒᆞ기前까지ᄂᆞᆫ姑爲保放ᄒᆞ얏ᄂᆞᆫᄃᆡ馬草價와役夫錢과鄕餘錢에도着嚼處가多ᄒᆞ다ᄒᆞ야中和一郡人民이連續呼訴ᄒᆞᆫ다더라

●幽體感發 前議官鄭擇薦氏ᄂᆞᆫ白首經濟가慨然有當世之志ᄒᆞ더니今聞國債報償事ᄒᆞ고對宗戚故舊ᄒᆞ야言論이激切慷慨ᄒᆞ미聞者莫不感義ᄒᆞ야各出義捐ᄒᆞ니合爲新貨六十八圓八十錢이라該錢은普成館期成會에傳納ᄒᆞ얏고出義員姓名은別項에記載ᄒᆞ노라

●年幼義高 中署避馬屛門居方慶龍이가年方九歲인ᄃᆡ國債報상금으로舊貨一元을普成學校期成會로傳納ᄒᆞ얏다더라

●八賊被捉 全北觀察道警視警部가南原賊黨을偵探次로出장ᄒᆞ야賊黨八名을詷捉ᄒᆞ야該觀察道警務署에押囚ᄒᆞ얏다더라

●水道起工 京城쏵라온氏의經營中에在ᄒᆞᆫ던京城水道工事ᄂᆞᆫ三昨日에鐵管其他材料가仁川에到着ᄒᆞ얏다ᄂᆞᆫᄃᆡ目下役夫을多數募集ᄒᆞ야起工의着手ᄒᆞ얏다더라

●幻燈繼會 今月四日月曜下午七点半에靑年會에셔月例事務會를開ᄒᆞᆫ後該會학監具禮九氏가幻燈會를繼設ᄒᆞ고僉位會友가携帶會標ᄒᆞ시고光臨觀覽ᄒᆞ시옴切望ᄒᆞᆫ다더라

●月俸請撥 咸北觀察署理參書官柳학根氏가通譯官이尙未差送ᄒᆞ야交涉之節이不便하와煩解일語一人을臨時雇立ᄒᆞ엿고月給은二十元式略定이오나판出이末由ᄒᆞ와玆에報告라ᄒᆞ얏더라

●書記見習 瑞山郡守박承俊씨가法部에報告ᄒᆞ되本部訓令을奉承ᄒᆞᆫ온바土地家屋證明講를卽當實施之不暇이오되書記減額後에各自渙散하야擧行이末由ᄒᆞ고昧例新式하와各條細則을見習次로本郡書記송慶憲을玆以起送하오니分付于主務課ᄒᆞ시와使之解覺ᄒᆞ야以便郡務케하라하얏더라

●일艦沈沒 仁川八尾島에셔일本御用船一隻이沈沒ᄒᆞ얏ᄂᆞᆫᄃᆡ所載物은軍用彈丸三十餘櫃을沈水되얏다더라

●학童義捐 蓮花坊避馬동居김濟元씨가寄函ᄒᆞ되生이淺薄識으로김重헌씨에借塾ᄒᆞ와聚蒙論학矣러니伏聞諸公이斷烟同盟ᄒᆞ고國債報상ᄒᆞᆯ趣旨에對하야鄙塾에셔도雖一錢貨나학童中으로義捐ᄒᆞ기를自願中이옵더니家主김重헌씨가別助금으로新貨一元을義捐ᄒᆞ와合新貨三圓六十錢을僅판仰呈이라ᄒᆞ얏더라

●학徒義捐 新門외普成館학徒김泰홍이가年今十七에국債報상事로義捐금五十錢을普成館긔成會로傳納ᄒᆞ얏다더라

▲寒牛叢話▼

△近日政府에셔牛角이忽生ᄒᆞ야各是己見에徒弄唇舌ᄒᆞ고實地ᄂᆞᆫ不踏ᄒᆞ니群儒가舌戰ᄒᆞ게孔明이對局ᄒᆞ니現今政界에對局이有誰오

△日昨政府에셔郡守奏本에對ᄒᆞ야박參政이發論ᄒᆞ되劉猛은持心公正ᄒᆞ고臨事强硬ᄒᆞ고呂圭亨은博通書籍에涉獵時務ᄒᆞ얏스니兩人資格은不比於百里之才인則郡守奏本에不可編入이라고相持ᄒᆞ얏다니果然인지

△김一堂김石子박悔堂三씨가國債報償금募集事에對ᄒᆞ야減餐會를特設ᄒᆞ고餐금을另募ᄒᆞᆫ다니婦人減餐이比諸男子斷烟ᄒᆞ면一層激昂ᄒᆞ도다

△昨日平理院에셔리偶氏公同裁判事件에對ᄒᆞ야裁長리允用氏가法相리夏榮氏와密議ᄒᆞ고該院門前에日巡査로把守ᄒᆞ며傍聽을不入ᄒᆞ고리偶氏一人만裁判ᄒᆞᆫ다니近日法律에ᄂᆞᆫ公開裁判하ᄂᆞᆫ法을改正ᄒᆞ얏ᄂᆞᆫ지

△國債報償금募集은閭巷僻婦女兒童이爭先出義ᄒᆞ야忠義所激에良心이已發ᄒᆞ니大한開明進就을推此可見이로다

△학大리完用氏가俱樂部에셔內外官人을請邀宴待ᄒᆞᆫ다니人民은國債募集에忠義가激切ᄒᆞ고各社會에셔ᄂᆞᆫ向日歡典不公ᄒᆞᆫ事로法律에紊亂ᄒᆞᆷ을鬱沸ᄒᆞᄂᆞᆫᄃᆡ該氏도한國大官인ᄃᆡ有何樂事ᄒᆞ야此時에宴樂하ᄂᆞᆫ지

寄書

望蘇子

余吟病散潮의閉戶야苦ᄒᆞ야日事力圭의莫知世事而臥矣러니自社會中一友有寄函ᄒᆞ니內稱於上年韓國々債一千三百萬之借額이實係國家大是誤大關慮處니挪用은雖屬先天이나가晳은必在後日이니豈日無憂아來頭大閱이니況其爲國初有巨額得償之擧乎아

竊惟償用底本意면毋論公用與私計ᄒᆞ고另籌其本股利殖之計限無違와完算不錯ᄒᆞ야出入量計와與受信意가毫無差爽이라야無害於營業之實이오亦無欠於債家之本ᄒᆞ야捧受錢約이互相無爭이誠爲財家經緯어ᄂᆞᆯ罔念前後利害禍福ᄒᆞ고如得空財ᄒᆞ야用以無節ᄒᆞ며報以失期ᄒᆞ其應限案完의運無和意ᄂᆞᆫ人心之常揣라 未完

雜報

●研會演說 本月四日月曜下午七点에貞洞第一會堂에서辯士최炳憲氏가十字架要義란問題의生活的覺醒을ᄒᆞ다더라

●靑會講道 今日下午三点半에不壞서數年傳道ᄒᆞ야名譽가頗多ᄒᆞᆫ吉長老씨가靑年會에서講道ᄒᆞᆫ다더라

●國債報償금義捐人員이如左

리台承 三円
리昌承 三円
리根裔 三円
리根晶 三圜
리根星 三圜
리根슈 四十錢
리珽薰 十圜
리肅薰 一圜
리光薰 二圜
리祖薰 一圜
리덕薰 二圜
리公薰 一圜
리明薰 一圜
리舜薰 一圜
리道九 一圜
리命九 一圜
리忠九 一圜
리東九 一圜
리騰九 一圜
리應九 一圜
리英九 一圜
리南九 一圜
리充九 六十錢
리鶴九 六十錢
리丞九 六十錢
리洪九 六十錢
리宗九 六十錢
리振九 六十錢
리毅九 六十錢
리鳳九 三十錢
리哲九 三十錢
리春雨 二十錢
김喜鐘 五圜
김喜周 四圜
安奇陽 二圜
宋在善 一圜
김喜老 一圜
김喜俊 一圜
리鎰榮 六十錢
박東彦 六拾錢
리基봉 六拾錢
김善英 六拾錢
安禹英 六拾錢
安禹明 六拾錢
김喜寬 五拾錢
김喜允 五拾錢
김顯수 三拾錢
박台煥 三拾錢
柳龍운 五拾錢
김興濟 二拾錢
김綺成 二拾錢
리東寬 二拾錢
김德潤 四拾錢
박尙基 拾五錢
박興福 二拾錢

廣告

本人이本月廿四일에姓名章을見失하얏시니內외국人拾得ᄒᆞᆫ여도無效홈

徐丙肅 廣告

西友師範夜學校 敬告

本校에셔今五日(火曜日)브터開學ᄒᆞ온니僉學員은及期上學ᄒᆞ시옵

前參奉丘大憲의大字를以병字로改稱홈

丘秉憲 告白

◎學員募集廣告

本校에셔학員을募集ᄒᆞ오니志願人은來臨問議ᄒᆞ시옵

●教科目
養하漢文科 習字 算術 地誌 歷史 體操
夜학日語科 會話 算術 讀本 地理 理科 作文

開학日字ᄂᆞᆫ陰正月二十日
開ᄒᆞᆫ後에도許入홈

南門외巡廳동私立ᄒᆞᆫ校告白

公州泉偶居前定山梁회介氏ᄂᆞᆫ本以寬厚公正ᄒᆞ야隣里救濟를如自己之事而嫌其人心不古ᄒᆞ야不意의還故砥平故로各동人民이無所依托ᄒᆞ와數百名이齊聲等訴官庭則題內의公正寬厚闡甚好辭然而至撤移事ᄂᆞᆫ官不可强挽事이온若不强挽이면民無支保ᄒᆞᆯ깃ᄉᆞ니僉君子ᄂᆞᆫ照亮ᄒᆞ시옵

面長申宜俊 柳綏爵 李海承 박洛元 尹정赫 조ᄇᆡᆼ淵 최潤吉 최德輔 김紳濟 리根 槿權用國 김仁濟 리舜模 김在順 박衡善 郭漢九 박在興 윤종赫 白樂善 柳相철 告白

◎學員募集廣告◎

本校에셔三月四日(陰今廿日)開學ᄒᆞ오니數학生徒ᄂᆞᆫ依前上학ᄒᆞ고新入生徒ᄂᆞᆫ三月三日陰(今十九日)上午十二点鐘에取選ᄒᆞ깃ᄉᆞ오니限日前에來議ᄒᆞ시고屆期應試ᄒᆞ심을爲要

一試驗科目은如左홈
一國文 讀書 作文 寫字
一漢文 讀書 作文 寫字
一算術 問對
一歷史 問對
一地誌 問對
一年齡三十五歲以下
右列課目에一課만應試ᄒᆞ야도許入홈

晝學科程은如左홈 工學美術專門 附科 日英語 算術
夜학科程은如左홈 數학專門 附科 日英語

校舍位置 中署동州敎化門前에以前班列庭房廟舍로定홈

工業학校 謹告

本會決議를依ᄒᆞ야本月三日下午一時(陰十九日)에特別會를開ᄒᆞ오니會員과有志人士ᄂᆞᆫ박洞普成館으로齊會ᄒᆞ심을爲要

國債報償期成會 告白

廣文社長金廣濟徐相敦氏斷烟償債ᄒᆞ자ᄂᆞᆫ趣旨를依ᄒᆞ야一般同胞가無不熱心矣라本道에도償債義務會를本支會所로設立ᄒᆞ오니惟願南北道諸公은一心努圖

全北全州大東廣文支會
申曼雨 韓承履 合憲奎
李광秀 金顯晉
全南光州大東廣文支會
高昇柱 申耕植 鄭公源
洪大英 李丙星 김潤煥

開店廣告

當行은自本年二月二十二日노忠南公州府에開店ᄒᆞ오니動産及不動産을擔當償給ᄒᆞ고預金貸越及約束荷物爲替手形割引等을極히低利로相議ᄒᆞ야各地에送ᄒᆞᄂᆞᆫ物品과貸金之授取等을些小之手料로써各店請求을應ᄒᆞ야諸預金은如左한集合ᄒᆞ고其他銀行一般之業務ᄂᆞᆫ確實이親切홈을主張ᄒᆞ며大段便利을取扱ᄒᆞᆯ깃ᄉᆞᆸ기玆에廣告ᄒᆞ오니僉君子ᄂᆞᆫ勿慮ᄒᆞ옵시고來臨相議于本銀行支配人ᄒᆞ시믈企望홈

預金利息割合
定期預金(百圓利息은壹個年)(외八圓)
(六箇月외七圓)
(三箇月외六圓)
當坐預金百圓利息은一日의壹錢寄厘
小額當坐預金百圓利息은一日의壹錢五厘

株式會社公州農工銀行
銀行長尹滋參
支配人小阪耕三

現今時代가國之富强과民之開發이重在於商業力은更無枚論이건이와況且本市場은素稱교南大都會라金山知禮開寧一般商民이感覺이有ᄒᆞ야衆議를박유ᄒᆞ고團맥을組成ᄒᆞ야文明的商業會議所의機關을設立ᄒᆞ기로同心盟志ᄒᆞᆫ後에農商工部에請願ᄒᆞ야認可를承ᄒᆞ고玆에仰告ᄒᆞ오니內外國僉君子ᄂᆞᆫ照亮ᄒᆞ시믈望홈

慶尙北道金山郡金泉商業會議所 告白

會頭朴지華 副會頭李鍾秉
發起人石致業 朴志遠 金遠瑞 朴相根 비局彦 김鍾三 曹化瑞 최鎭台 박春明 李喜在 尹海炳 김錫洙 鄭鍾大 최聖九 비子七 安大潤 김亨健 崔振龍 鄭致淳 黃蘭周 郭泰益 韓奉洙 文武若 林仲善 田大賢 孫百見 박克明 리聖瑞 박聖有 鄭允京 김東奎

本校夜學科에서陰曆正月二十日에開學ᄒᆞ오니諸學員은屆期上學ᄒᆞ려니와新學員도增募홈

中署동口內私立普光學校

水橋布木廛리鼎화許正月十五日推次第三百六十一号掛五千二百五十一兩五分於音을鍾路에서遺失ᄒᆞ얏ᄉᆞ니推來拾得ᄒᆞ와도休紙施行ᄒᆞ시오

會동 商東來号 告白

本郡守石明선氏創立光明學校熱心敎育政淸理明多[illegible]績治蹟故爲口成碑一邑公議[illegible]廣布

伊川[illegible]成朴[illegible]植 告白

◎本社廣告

○申報價

一張代金	新貨二錢五里
一個月前納	三十錢
三個月	九十錢
六個月	一元七十錢
一個年	三元四十錢
郵稅一部	新貨五里
一個月	十三錢

○廣告料

四號活字二三字詰每日每行八一寸에新貨拾錢 (每日每行六錢에相當)
一週日에 二圜五十錢 (每日每行四錢五里에相當흠)
一箇月에 五圜 (每日每日四錢一里에相當흠)
其間限의長短과字行의多寡를依ᄒᆞ야增減흠이有흠

●大한每日申報各處支社廣告

中署布屛門下	김相萬冊肆
中署農商洞初入七拾八統第二號	鄭禹澤
平壤上水口門內	김浩淵
仝	최敬恒
仁川桃峴開新冊肆	리東皓
宣川邑橋西里	安濬
義州西門外한西	大藥局
釜山港佐川	徐藥局
三和港築洞	김仁집
咸興朱南社西門外	曹喜林
開城培學校	姜助遠
大邱市廳	최一弘
載寧邑濟衆院	夢澤
鐵山邑東部	安玄
元山支店	劉七錫
定州南門內	洪聖麟
京城興仁門外영楓亭	리建緜
海州南門內書舖	朴昌鎭

發行兼編輯人 英國人비說
發行所
南署石井洞號外地三層洋屋家
大韓每日申報社

第五卷 第四百五十四號

大韓每日申報
대한매일신보

月曜及慶節歲時日休刊

檀君開國四千二百四十年
箕子元年三千二十九年
大韓開國五百十六年
日本明治四十年
淸國光緖三十三年
◉陰曆丁未正月小廿一日癸丑

論說

吊韓國法律之命運

去土曜日은大韓法律問題에大關係가有ᄒᆞ니三千里江山이就於光明도此日이며墮於闇黑도此日이오二千萬人衆이登於天堂도此日이며陷於地獄도此日이니吾人이世界公議를主張ᄒᆞ며人民의生命을扶助ᄒᆞᄂᆞᆫ責任이有ᄒᆞᆫ즉安得不十分注意於此哉아是日에

本社代表人이平理院門前鐘路後동을經過ᄒᆞᆯ새日憲兵巡査等이該近地屛門의左右를緊緊把守ᄒᆞ야往來行人을一切禁止ᄒᆞ니本社員이또ᄒᆞᆫ阻당을被ᄒᆞ야通過를不得ᄒᆞᆫ지라乃악然異之曰今日此地에有何不測之事變ᄒᆞ야日本軍人과警官이頗히多數에至ᄒᆞ야如此ᄒᆞᆫ戒嚴이有ᄒᆞᆫ요當場광景이可謂天日이慘담이오山川失色이라

於是에韓國巡檢을向ᄒᆞ야其裏由를欲探ᄒᆞᆫ즉但云今日平理院內에有事라ᄒᆞ고麾驅叱退ᄒᆞ거날一層疑訝가益甚ᄒᆞ야從傍探問ᄒᆞᆫ즉曰向日李儁氏의控訴事件으로如此히非常ᄒᆞᆫ擧措가有ᄒᆞ다ᄒᆞᄂᆞᆫ지라論李儁氏가司法의公平主義를執守ᄒᆞ야 皇上의恩澤을普及케ᄒᆞ며人民의生命을保護ᄒᆞᆫ目的으로自己의孤危를不顧ᄒᆞ며當局의疆禦를不避ᄒᆞ야實로自家一身으로써全國人民의犧牲을甘作코저ᄒᆞᄂᆞᆫ意氣가有ᄒᆞᆫ지라

彼法官等이此를嫉之愈甚ᄒᆞ고壓之愈力ᄒᆞ니社會上公議가峻發ᄒᆞ고輿憤이沸騰ᄒᆞᆷ이亦其固然之勢라乃當日早朝에日巡査等이李儁氏를捉入該院ᄒᆞᆫ後法官等이無狀ᄒᆞᆫ壓制로判決을直取ᄒᆞ고控訴人의不服與否ᄂᆞᆫ初不擬議라ᄒᆞ더라

然則彼四五法官等아上으로天日의光明을擁蔽ᄒᆞ며下으로公衆의物議를壓抑ᄒᆞ야全國人民의生命關係되ᄂᆞᆫ法律을恣行撲滅코져ᄒᆞ미多少難關이有ᄒᆞ니不得不强國의兵力을乞ᄒᆞ야凱歌를奏ᄒᆞ얏스니是豈人臣之所敢行者이며人道之所忍爲者乎아

大抵法律者ᄂᆞᆫ天地를範圍ᄒᆞ며世界를綱維ᄒᆞ며億兆人衆을約束ᄒᆞᄂᆞᆫ權能이有ᄒᆞᆫ지라是以로通世界萬國에上自帝王으로以至政界와社會의一般人類가皆其條規를奉遵ᄒᆞ며命令을服從ᄒᆞ야其國이愈富强者ᄂᆞᆫ法律之力이愈盛强ᄒᆞ고其人이愈文明者ᄂᆞᆫ法律之効가愈著明ᄒᆞ거날在此韓國ᄒᆞ야ᄂᆞᆫ法律二字가無容喙地ᄒᆞ니一般國民이엇지魚肉之慘을免ᄒᆞ리오然則當日法律의命運은即是國民의命運이니豈不悲哉며豈不痛哉아

本記者ㅣ於是에大한人民의紀念을作ᄒᆞ며世界公眼에評論을供給ᄒᆞ기爲ᄒᆞ야大書特書曰大한光武十一年三月二日에한國法官等이 皇上의恩澤을壅遏ᄒᆞ며人民의公議를威壓ᄒᆞ야法律을撲滅ᄒᆞᄂᆞᆫ手段을取ᄒᆞᆯ새日本의兵威를乞ᄒᆞ야其毒謀를遂ᄒᆞᆫ者ᄂᆞᆫ誰也오首領은曰法部大臣리夏榮平理院裁判長리允用이오爪牙ᄂᆞᆫ曰刑事局長金洛憲文書課長리鍾協平理院檢事리建ᄒᆞᆫ諸人이러더라

官報

●號外 光武十一年三月三日

◉宮廷錄事

詔曰處子收單日限已過捧入零星揆以事躰極爲駭然內部大臣姑先施以譴責不日內一一收納事另加嚴飭

●三千七百二號 光武十一年三月四日

◉敍任及辭令

典膳司掌膳鄭龍煥 任典膳司掌선 正三品姜敬熙
任主殿院電務課技師 郭重根
任官立한城日語學校副教官 黃錫龍
任公立平壤普通學校副教員

外報

●極東駐屯兵 露國은北滿洲兵을西伯利亞에引揚ᄒᆞ야此를護境兵을合ᄒᆞ야滿洲里附近과及처타에駐屯케ᄒᆞ야鐵道線沿各地에屯田村을定ᄒᆞ야兵士를排置ᄒᆞᆯ計畫인ᄃᆡ一朝有事之時에ᄂᆞᆫ二十萬大兵을南下케ᄒᆞᆯ方針이라더라

●北韓에海軍根據地 日本에서四十年度預算으로北한에根據地松田灣內海軍軍用地에給水地貯炭所를設ᄒᆞ고豆滿江을隔ᄒᆞ야俄國포셋도灣과互相對峙ᄒᆞᆯ計畫이라더라

●民政部尙書後任 北京電을據ᄒᆞᆫ즉民政部尙書徐世昌氏ᄂᆞᆫ滿州總督을轉任ᄒᆞ고肅親王이其後任을承ᄒᆞ다더라

●美國富人의收入 美國有名ᄒᆞᆫ富人롯구훼라氏의昨年收入이一億二千萬元의巨額에達ᄒᆞ얏ᄂᆞᆫᄃᆡ此를時間에分排ᄒᆞ면一時間收入이一萬三千七百餘元에達ᄒᆞᆫ다더라

雜報

●開城討論 本月土曜日下午一時에開城各學校學徒가聯合討論會를新築ᄒᆞᆫ私立송明學校內에設ᄒᆞ고公立普通學校私立韓英書院培養學校開城學堂永昌學校光明學校普昌학校春雨학堂生徒가齊會ᄒᆞ니約八百員이오來賓은一府紳士와教育總會員과各학校校長校監教師評成員과傍聽士女가近萬名이라

討論問題ᄂᆞᆫ文明初步가智識交換에在ᄒᆞᆷ으로可否를討論ᄒᆞᆯ새韓英書院生徒白南石이年十四에其演이敏捷영悟ᄒᆞᆫ才藝와愛國思想이令人感覺ᄒᆞᆯ만ᄒᆞ고培義學校生徒김與祚가活動ᄒᆞᄂᆞᆫ剛力을奮發ᄒᆞ야演說ᄒᆞ고各校生徒가各其知識으로討論ᄒᆞᆯ새 當峴子劉元杓氏가稱以教育總會總代라ᄒᆞ고生徒의演說善不善을總察ᄒᆞ야越權壓制ᄒᆞᄂᆞᆫ故로臨時會長리禹鏞氏가以弱冠初手로大呼曰今日我學徒가此에言權을失ᄒᆞ면我大한三千里疆土를不能復權이라ᄒᆞ고체체肅肅ᄒᆞᆫ威風이凜凜ᄒᆞ니萬學齊抃이라當峴之號가適合其意라以若初程學生으로規律이井井ᄒᆞ야雖以舊日鄕飮禮와行陣律이라도果不能라夫以屢百年久屈之地로人士가奮發義氣ᄒᆞ야各自設校ᄒᆞᆫ지未滿半年에其所進步가如此ᄒᆞ니於是乎我大한之將來ᄂᆞᆫ其庶幾乎し져最後에培義학校長林圭永氏가演壇에登ᄒᆞ야학生의進就ᄒᆞᆷ을稱謝ᄒᆞ이志氣를鼓發ᄒᆞᆯ새其聲音이碎玉ᄒᆞ고言辭가吐珠ᄒᆞ야衆人의義氣를奮起ᄒᆞ미此等忠愛ᄒᆞᆫ語ᄂᆞᆫ南遷以後에同士가可謂鳳鳴朝陽이라ᄒᆞᆯ만ᄒᆞ더라

●青會演說 今日下午七点半에青年會館에서禍福이란問題로前參贊리商在氏가演說ᄒᆞᆫ다더라

雜報

●政府會議　昨日下午二時에各部大臣이政府에會同하야무否會議를하엿다더라

●又往江亭　內相리址鎔氏가去土曜日에該部에暫時仕進ᄒᆞ얏다가龍山江亭으로出往ᄒᆞ야幾日間閒養ᄒᆞᆫ다더라

●參政正論　參政大臣박齊純氏가自己門下에頻々히來往ᄒᆞᄂᆞᆫ賓客을對ᄒᆞ야日後을來見치말고實地上工夫를熱心ᄒᆞ라ᄒᆞ얏다더라

●一進勸告　一進會長리容九氏가리쥰氏事件에對ᄒᆞ야總代를法部大臣리夏榮氏에게委送ᄒᆞ야辭免ᄒᆞ기를屢度勸告ᄒᆞ얏다더라

●履歷更納　內部銓考所에셔曾往에受納ᄒᆞᆫ郡守에履歷書를封鎖ᄒᆞ고資格에可合ᄒᆞᆫ履歷書를更納ᄒᆞᆫ다더라

●插置軍票　金海郡守梁私默씨가內部에報告ᄒᆞ되日本陸軍中佐泊醫部諸員이以更塞隊定界次로來到本郡ᄒᆞ와南自녹山面玉浦里로北至長有면上금里ᄒᆞ야亘二十五里에插置軍港境界標ᄒᆞ얏삽기玆以報告라ᄒᆞ얏다더라

●金씨視務　法部刑事局長金洛憲씨가辭職請願ᄒᆞ얏더니昨日仕進視務ᄒᆞ얏다더라

●副敎試選　學部에셔地方學校副敎員을試選ᄒᆞᆫ다ᄂᆞᆫ說은前報에揭載ᄒᆞ얏거니와該部에셔昨日試取ᄒᆞᄂᆞᆫᄃᆡ應試者가百餘名에達ᄒᆞ얏다더라

●囑托被命　內部警務局에셔監獄事務를多年服務ᄒᆞᆫ高橋會次郞으로監獄事務囑托을命ᄒᆞ얏다더라

●三士視務　學部三士參與官이敎課書를編輯ᄒᆞ여가지고昨日에視務ᄒᆞ얏다더라

●野澤來訪　再昨日上午十二時에法部參與官野澤武지助가該部大臣리原榮씨를訪見ᄒᆞ얏다더라

●警官還京　宮川警視와警務廳總巡한甲써及日巡查三人과巡檢七人이南原等地을視察ᄒᆞ고再昨日에上京ᄒᆞ얏다더라

●박리耳語　昨日上午十二時에海察박彝陽씨가學大리完用씨를該部에來訪ᄒᆞ야數時間무合秘密酬酌이有ᄒᆞ얏다더라

●石原視察　學部事務官石原씨가海州平壤等地에학校基地를視察次로日間發程ᄒᆞᆫ다더라

●是豈人情　昨日上午十時에日憲兵이鍾路上으로騎馬馳去하ᄂᆞᆫᄃᆡ年可四十餘歲된女人이該馬蹄에觸傷하야幾至死境인ᄃᆡ該憲兵은不顧而馳去하얏다더라

●印局建築　龍山印刷局은昨年夏間에火災로因ᄒᆞ야大損害를當ᄒᆞ얏ᄂᆞᆫᄃᆡ今回에三十萬圓預算으로同地二千餘坪에印刷局을新建築ᄒᆞᆫ다더라

●賊患預防　平山郡으로京義鐵路를改設ᄒᆞ고金礦도開設이되미賊警은有ᄒᆞᆫᄃᆡ鐵路役夫와礦軍이會集ᄒᆞ면民情이尤極嗷々ᄒᆞ깃고官隷ᄂᆞᆫ無過數三人이니弊端을不可禁止ᄒᆞ깃스니設置巡檢ᄒᆞ야預防ᄒᆞ겟다고히郡守가內部에報告ᄒᆞ얏다더라

●리씨處分　平理院裁判長리윤用가法部에報告허되被告리쥰案件由檢事公訴審理則被告以赦典奏本不公平지意彈駁法部大臣及協판送投起訴狀於法部大臣而及其拿審지場지裂法部文書課長通牒지其事實証被告陳供及諸証據物明白被告리쥰照刑大全第二百七十九條自已訴冤을除ᄒᆞᆫ外에本管官을告訴ᄒᆞᆫ者律第四百十八條官司에文書를棄毁ᄒᆞᆫ者律第百二十九條二罪以上이同時에俱發된境遇의ᄂᆞᆫ其各等ᄒᆞᆫ者ᄂᆞᆫ從一科斷文處笞一百이라ᄒᆞ엿더라

●日巡看檢　日巡查一名이平理院에리쥰氏牢囚ᄒᆞᆫ間에把守看檢ᄒᆞᄂᆞᆫᄃᆡ該院官員이日巡查를對ᄒᆞ야曰既爲宣告押囚ᄒᆞ얏슨즉不必看檢이라ᄒᆞ되該巡查가固執看檢ᄒᆞᆫ다더라

●會員聯合　各會僉員이鍾路紙廛都家에聯合會를設ᄒᆞ고리쥰氏壓制裁判事에對ᄒᆞ야法律研究會를開ᄒᆞ얏ᄂᆞᆫᄃᆡ將次法部에勸告ᄒᆞ야枉法ᄒᆞᆫ一般官人을退去케ᄒᆞᆫ다더라

●裁判光景　去土曜日平理院에셔리쥰氏裁判事件을得聞ᄒᆞᆫ則當日傍聽人은自强會員三人과一進會員三人과國民敎育會員二人만進參ᄒᆞ고其외에ᄂᆞᆫ勿許進聽ᄒᆞᄂᆞᆫᄃᆡ日憲兵三十餘名과日巡查가乘平服三十餘名과巡檢二十餘名이該院內外에簇擁保護ᄒᆞ고리쥰氏를取供ᄒᆞᄂᆞᆫᄃᆡ判事박晥緖씨曰檢事의職權은但檢事而已어날上官을起訴ᄒᆞ얏스니大失體例요文書課長의公文을裂破ᄒᆞ얏스니亦非格例요赦典의罪有存拔ᄒᆞᆷ은上官의皆行之事이거ᄂᆞᆯ檢事가能히論駁ᄒᆞ얏스니此是越權이니笞一百에宣告허고罪수間에牢囚코져ᄒᆞ거ᄂᆞᆯ리쥰씨가不服ᄒᆞ야曰박判事가日本에法律을卒業ᄒᆞ얏다더니今日之則法律에全昧ᄒᆞ도다　君上이有過에臣下諫之ᄒᆞ고其父有過則其子諫之허ᄂᆞᆫᄃᆡ上官이有枉法則下官이豈不彈駁乎아허고宣告書에納고치아니ᄒᆞᆫ즉日警官某氏가强迫納고ᄒᆞ거ᄂᆞᆯ리쥰氏가大呼曰以若又明國人으로如是枉法乎아我將日本에前往ᄒᆞ야此等法律을裁判ᄒᆞ깃다허며雖死라도不服이라ᄒᆞᆫᄃᆡ壓制力으로宣告牢囚ᄒᆞ고裁判長리윤用씨가日巡查로保護出去ᄒᆞ고其後一般官吏가散去ᄒᆞ얏다더라

●伊民呼冤　伊川郡東五軍田은本是民有土라素無上府實給지資而甲午革罷以後라도田主가自在이거ᄂᆞᆯ去辛丑年分에何許奸輩가圖訓勒賣이온바合錢一萬二千六百兩內에本守吳應善씨가一千五百兩乾喫이고春府리冕의이查檢官으로來到ᄒᆞ야該軍錢九千兩과無名色條三千九百兩을偷食이고餘文二千一百兩은鐵原皇壇建築費로納捧하고無一分零餘而自甲辰陰臘으로稱以히鐵條利ᄒᆞ고年々三千兩式督捧지意로捧稅官의照文이頻來ᄒᆞ온즉히郡에셔無本利條를區處無路ᄒᆞ야起訟數年에呼訴府院이러니客年陰至月에再訴春府ᄒᆞ야幸得特題請裁則被告면의이自知理屈ᄒᆞ고乘夜逃躱이온바觀察使가被告를期於押上次로發訓各郡이되終不露蹤이니現今避匿于京城ᄒᆞ야圖得勢家緊簡云々則府察지施不施ᄂᆞᆫ未知커니와伊民이採探次로上京逗留中인즉終末은허리씨의論計가不中乃已라ᄒᆞ더라

●酒政太守　平壤郡守白樂均氏가赴任未幾에各坊民履例債三千二百兩을勒徵허고每日長飮에朝醉暮醉ᄒᆞ야對民聽訟에辱說을勒加허며猛杖을亂施ᄒᆞ니壺裏乾坤에曲直何判이리오且各坊饒民을成冊허여籍稱학校設立ᄒᆞ고勒排補助曰如不順從이면杖囚之意로威脅허니虐民强本이ᄒᆞᆫ莫甚이라ᄒᆞ더라

●賊强官聚　本月初에平山郡邑邸民家에火賊數十名이放銃突入하야家產汁物을掠奪以去하ᄂᆞᆫ대該郡守가救護코져ᄒᆞ나官屬이但奴令三名뿐이라力不能抵當ᄒᆞ야坐而視지ᄒᆞ얏다더라

●銀行見習　今番日本에視察派遣ᄒᆞᄂᆞᆫᄃᆡ各銀行과共同倉庫會社手形組合重役에子姪로一人式派送ᄒᆞ야銀行實地를見習시깁다ᄒᆞᄂᆞᆫᄃᆡ派遣人이如左ᄒᆞ더라

天一銀行金錫鎭　한一銀行도炳毅　漢城銀行리鎭九　農工銀行白진圭　倉庫會社徐東權　手形組合金允鎭

▲雲裏첨峰▼

▲海外東天에一片歸雲이任自往還ᄒᆞ야消息이不還ᄒᆞ니影子가徘徊에風雲을暗聚ᄒᆞ니淺深을難測이로다

▲晉察됴民熙氏가管下各郡守에貶題를暗裏預示ᄒᆞ야黃金을飽食ᄒᆞᄂᆞᆫ智囊을含ᄒᆞ더니光察沈相翊氏가某氏를紹介ᄒᆞ야寶城郡守에게納賂改題ᄒᆞ기를要求ᄒᆞ다가牢却을當ᄒᆞ얏다니天下에無不對로고

▲泰川郡守리秉應氏ᄂᆞᆫ內大리址鎔氏에至親이라該氏가不善ᄒᆞᆫ治蹟이有ᄒᆞ야視察使에貶下도遭ᄒᆞ고新聞上에論駁도有ᄒᆞᆫᄃᆡ內大가該氏에게私書로往復ᄒᆞ야如前視務ᄒᆞ고不必上來라ᄒᆞ얏고永興郡守洪淳旭氏ᄂᆞᆫ已爲遞歸ᄒᆞ고리鼎煥氏가被任이日久ᄒᆞ얏ᄂᆞᆫᄃᆡ內協박義병氏가洪氏를還任케ᄒᆞ기를運動ᄒᆞ얏시니內大와內協은한바리짐이로고

▲內大리址鎔氏ᄂᆞᆫ龍山江亭에頻々出往ᄒᆞ야消度閒日에世間萬事를付之紅裙歌曲ᄒᆞ니可謂昇平宰相이라蘇東坡九日詞之미에餘興을復續이로다

▲農協黃鐵氏독갑치속에毒風이漸猛ᄒᆞ야該部官人幾人을揮落ᄒᆞᆫ다ᄂᆞᆫᄃᆡ農務局長徐丙肅氏가비두에쩌러젓다지

▲최相敦氏ᄂᆞᆫ協律社를刱設ᄒᆞ야滋味가大端ᄒᆞ더니該社가革罷ᄒᆞ미官人俱樂部를唱起ᄒᆞ야該社로又設ᄒᆞ니同氏에計策은던질션마름쇠로고

◉◉本社廣告◉◉

國債報償金을本社로持來ᄒᆞᄂᆞᆫ이가逐日沓至ᄒᆞ오나本社에셔ᄂᆞᆫ如此重大之事에對ᄒᆞ야善後之策을確實講定ᄒᆞ기前에ᄂᆞᆫ領受키難ᄒᆞ기로姑不收捧ᄒᆞ오니僉君子ᄂᆞᆫ照亮ᄒᆞ시옴

大韓每日申報社告白

寄書

仁港 龍洞 박三洪

生은本以草野魯鹵로聞見이未廣ᄒᆞ오니豈定與論於時務哉리오마ᄂᆞᆫ人無知愚히稍俱彝性者면孰無愛國熱誠이리요槩見年來時事之差池ᄒᆞ고痛心落淚者爲日久矣러니近閱申報에大邱徐相敦氏가國債償還事로斷烟同盟會를發起ᄒᆞ야使全國同胞로熱血을鼓動ᄒᆞ야至於閭巷孀婦와勞働愚夫도樂而向應ᄒᆞ야立會義捐이逐日增加ᄒᆞ고乃若仁川은烟草을難傳ᄒᆞ니衆心之團合을從此可知이오며古語에云ᄒᆞ되衆心成城이라ᄒᆞ니顧我二千萬同胞가合心若此則何患底事之不成이리오然則國債償還이必有其期요國權之回復도計日可待이오며竊念土壤成山ᄒᆞ고細流歸海라ᄒᆞ니謂其合小聚大之義也라我大韓人口가二千萬中無用吸烟者略六百萬名可量而每日每人費가新貨二錢五里每日計가十五萬元一年計가五千四百萬元이요且以戶總言之라도原四百萬戶에每日每戶食粮中二匙米식貯置ᄒᆞ면一朔六十匙作一升에價新貨十錢一年計一圓二十錢總戶合計四百八十萬元이요且以飮酒者로言之라도略三百萬名假量인즉每人每日酒用이新貨十錢인즉一日合三十萬元一年合一億○八百萬元인즉統都合一年計가一億六千四百八十萬元也라此三件事은不爲則已어니와爲之則非不能也니若使同胞로合心强作ᄒᆞ야做過一年則內有合資之實ᄒᆞ고外有輸出之益ᄒᆞ리니然則國債一千三百萬元償還은자々有餘地요至若鐵道等土地議與權도次第可推ᄒᆞᆯ지ᄂᆞᆫ生亦國民之一數故로提此芻요之說ᄒᆞ오니勿以人廢言ᄒᆞ시고揚諸報償ᄒᆞ야使全國同胞로各自留神ᄒᆞ야一以償國債ᄒᆞ고一以復國權을千萬々々

大子郡守金漢鼎氏가遞歸後內患으로閱月焦心ᄒᆞᆫ中新聞所傳의觀察使圖得ᄒᆞᆫ다ᄂᆞᆫ고로愁悶中屬之虛無矣러니追歲ᄒᆞ여內艱不幸ᄒᆞ여喪葬草率中日前新聞의또揭載ᄒᆞᆫ中日人과鑛坪으로裁判中이라ᄒᆞᆫ바日人과初無相關의虛無孟浪之說이可再揭ᄒᆞ기로如是廣告ᄒᆞ오니辨明爲望

崔重默 告白

雜報

●鳳芚新校 한山리氏宗中에셔子弟를敎育ᄒᆞ기爲ᄒᆞ야私立學校를該郡봉芚菴에設立ᄒᆞ고陰本月十日에開校式을擧行ᄒᆞᄂᆞᆫ데校長은前贊政리容직氏로副校長은前參贊리商在씨로推薦ᄒᆞ고贊成長은本郡守金基潤씨로薦定ᄒᆞ얏ᄂᆞᆫ데校長副校長은京鄕路左ᄒᆞ야出席치못ᄒᆞ얏스나敎育方針을將次贊助ᄒᆞᆯ터이오贊成長金基潤씨만當日出席ᄒᆞ야勸學ᄒᆞᄂᆞᆫ趣旨를一場演說ᄒᆞᆫ後新貨三十元을卽施ᄒᆞ고日本通信屬員鈴木彬씨와通譯淺井武雄씨가亦爲參席ᄒᆞ야本校創設을大加贊論ᄒᆞ고一般任員學員二百餘名이會集ᄒᆞ야茶果를進ᄒᆞᆫ後에萬歲를崇呼ᄒᆞ얏ᄂᆞᆫ되幾百年來初有ᄒᆞᆫ盛況을呈ᄒᆞ얏다더라

●感義出捐 詩동店雇傭賈生ᄒᆞᄂᆞᆫ최雲鶴이가國債報償금六十錢을보成館期成會로傳納ᄒᆞ엿다더라

●義捐多數 梨峴內人力車軍鄭化善의十歲女兒가舊貨十五錢과同地박承稷家에셔貰傭ᄒᆞᄂᆞᆫ寡婦에十歲女가舊貨二十錢과社직동鄭章憲씨의子兄弟十二歲兒十歲兒가舊貨各四十錢과校동普通學校學徒金点童이가舊貨四十錢과楊州郡東眞館里南草廛中參尉金顯敬박衛浩諸人이新貨四元을國債義捐金으로普成館에傳納ᄒᆞ얏다더라

●軍人義捐 徽上第三大隊小隊長리萬셕씨가國債報償에對ᄒᆞ야該隊에셔諸氏와同然이二圜을捐助ᄒᆞ고또特別이二十圜를持來本社ᄒᆞ야日微誠所激에不可但以二圜而止니今此二十圜을國債報助軸中에添入ᄒᆞ야달나ᄒᆞ기錢則長橋金潤영家收錢所로指送ᄒᆞ얏스나推此一事라도其尉官에忠愛를可知ᄒᆞᆯ지여다

●한씨愛國 前參書官한龍植씨ᄂᆞᆫ國勢의日非ᄒᆞᆷ을恆常慨歎ᄒᆞᄂᆞᆫ有志人士라今番國債報償의美擧를聞ᄒᆞ고特別히新貨一百圜을期成會로送ᄒᆞ엿다더라

●汾校斷烟 國債報償ᄒᆞ려ᄂᆞᆫ倡論에通津私立汾南學교에셔도교長以下任員諸씨가忠義奮激ᄒᆞ야一齊히斷烟同盟ᄒᆞ며因其事務室로義金收合臨時會所를議定ᄒᆞ며境內愛國人民의게出義ᄒᆞᆯ趣旨書를場市에揭示廣布ᄒᆞ얏다더라

●捆屨出義 新門外柳海宗씨ᄂᆞᆫ年今八十二歲에捆屨賣生이러니國債報償事를聞ᄒᆞ고中心發義ᄒᆞ야老病을强策ᄒᆞ고期成會로來ᄒᆞ야日每日捆屨ᄒᆞ여餘干錢分으로老妻와同居ᄒᆞ더니비지를每日五塊式買食ᄒᆞ던거슬三塊式에減ᄒᆞᆫ大로決心ᄒᆞ고新貨二圜을來納ᄒᆞ노라ᄒᆞᄂᆞᆫ데其情境이悲恨ᄒᆞ고言辭가中心에셔實出ᄒᆞ야聞者ㅣ亦是感淚를不覺ᄒᆞ깃더라

●女生徒出義 明新女學校生徒白淑卿白賢卿姊妹가新貨五十錢式을期成會로來納ᄒᆞ엿ᄂᆞᆫ데年今十一歲와九歲의幼齡으로言語와行動이大段賢淑ᄒᆞ더라

●忠竹歌 一泉生李斗馥

斑斑ᄒᆞᆫ瀟湘竹은虞女에餘烈이尙存ᄒᆞ고외외ᄒᆞᆫ긔園竹은衛公외盛德을難忘이라孝誠이格天은孟宗의雪上之筍이忽럭ᄒᆞ고朝廷을不負ᄂᆞᆫ萊公외祠祠之竹이再蒼이라誤君則枯ᄒᆞ고忠君則生은牧隱의灘上竹이그아니며白骨爲塵ᄒᆞ되丹心無改은圃隱의橋頭竹이그아닌가貞忠所在에古今一理라

蒼然瀟瑟桂庭竹은熱血爲竿又爲葉을枝枝化爲霹靂手ᄒᆞ면滿地妖얼이莫能接ᄒᆞ리一枝로驅詈諸賊罪ᄒᆞ고一枝로打破虜兒勢ᄒᆞ세三枝四枝束爲혜ᄒᆞ야腥風血雨掃如洗ᄒᆞ면披脫黑洞지獅미ᄒᆞ고復睹化界지淸今ᄒᆞ리니嗚呼我大ᄒᆞᆫ同胞여胥勿忘桂庭軒上지竹ᄒᆞᆯ지여다

廣告

越南亡國史 國漢文 新刊

定價貳拾伍錢

發賣所京城廣橋高裕相冊肆
鏡南甾川郡禹時夏
布屛下 김相萬 書舖

大韓留學生會學報 每月一回第一日曜發行

日本東京에在호我韓留學生이合心併力호야總成一會호야學業相勸호며患難相救홈은朝野의讃美를已受호니어니와自二月爲始호야學報를發行호야我學生의團結力을一層鞏固케호며內國人士와愛國同情을貫通케홈을企圖호오니有志諸公은速速請購호시옴

論說 雄辯파雲

學術 簡明易致

譚叢及雜俎 古今東西奇事高談

定價一部十七錢 郵稅並
三個月先給四十六錢 仝
六個月先給九十錢 仝
一年先給一圓七十四錢 仝

發行所日本東京麴町區中六番町五十番地
大韓留學生會
出張所京城中署長通坊洞口
越便三十八統二戶
朱翰榮書舖

西署新門外餘동百八十六統三戶
辯護士前檢事正三品 丁明燮
法律事務所
事務員前主事吳在淳

學員募集告廣

本校에셔學科와校舍를改良擴장호고學員을增募호오니願학人은三月四日(陰正月二十日)內로本校用紙를以호야請願홀事

◎**修業年限** 三學年

◎**入學年齡** 十六歲以上

◎**入學試驗日字** 三月五日(陰正月二十一日)

◎**入學試驗科目** 國漢文、讀書、作文、筭術(四則以內)

壽洞私立興化學校

本店에各色筆墨과諸般材料具備허니別品所請허실僉員은西小門외鐵路邊並井橋筆墨旗立家로來購홈

筆墨商店 廣告

本人의子鄭泰興이가年今十九歲에性本浮浪호야每與悖類로互相符同허여僞造手票허며贋成於音허여假稱債錢幾萬幾千兩이라허고勒侵본人허오니自今以後로或有此弊면捉懲警務廳허여別般痛治홀터이니內外國人은切勿見欺後悔홈

西署玄湖 鄭召史 告白

湖南鐵道株式會社廣告

本社事務를一層擴張호기爲호야事務所는大廣橋川邊前紙廛小都家로本月六日에移接호고社長以下整理委員을選定호고玆에左開호야廣告호오니株主에應募호실有志 僉君子는陸續來議호심을爲望

社長 金基永
總務部長 成文永
整理委員 尹晶錫
白完혁 趙鎭泰 趙秉澤
鄭東植 孫錫基 孟덕敏
朴泓일 鄭斗煥 白寅基
한相龍 趙彰漢
等 告白

●九轉靈砂라 本人이妙方法을神備호야製造호靈丹인터男女老少에無論何징하고通治하오며無病時에도服하면平生의身軀가健康호며小兒는四五錢重만服호면十歲안에無病호기를擔保호오며

●九轉靈砂萬應丹은져狂 癎징파中風諸疾파耳目諸病파淋疾에神効호오

●九轉靈砂保命丹은初生小兒驚風 긴氣 咳嗽 腹瘡諸般惡징에神効호오

●九轉靈砂濟衆丹은酒滯 食滯 血積 吐瀉 霍亂 痢疾 吐血 下血 運氣 時疾 痂징에神効호오

●九轉靈砂紫金丹은痔漏 累癧 上疳瘡 下疳瘡及唐瘡파諸般毒瘡惡種에無不神効호오니 僉君子는來問호시오

內需司前독갑이골上隅第一家百三統一戶 리호廷 告白

명월관확장광고

폐관이되시이후로교익호시는귀긱에후의를입사와오늘날터한에제일등요리졈으로너외국에셔다아시도록확장호여가오니터단감사호옵거니와근일은이층양옥을광활이신건축호고다락아릭논온돌방을은밀리비치호고포진범절을식로호와오시논귀긱이편호시도록쥬와호엿사오며각종음식은보기에화려호고먹기에정미호게일신쥰비호야다소를불게호고주야로파오되셔양쥬논잔으로파오며륵별신식량교자음식은오시논시로붓터호시간이되면멧상이라도곳가져가시도록호오니너외귀긱은륙속왕림호시옵

각식요리음식
각식셔양쥬
각종경편양요리
각종일본간스메
각종여송연
각국권연
진찬합
건찬합
밥교자
륵별신식량교자음식

명창가동졍거북도유호옵

明月館 主人 金東植 告白

洪淳康氏가東署東小門內土橋東邊에織造機을廣張設施호야稱號를淳昌號라호고各色綢緞紗屬等을織造發賣호오니願買人은來臨購貿호시며或所用대로緞파紗等屬을預托호시면依約施行호깃삽 淳昌號 告白

●**大韓自强會月報** 每月一回廿五日發行

定價金一部十五錢 郵稅一部一錢

大韓自强會月報의發行이屢朔을經호오니自由의言論을鼓發호야斷亂의[illegible]을[illegible]호고獨立의精神을淬礪호야國胞의團結을益鞏케호야全國有志諸公의愛讀호심을供홈은바現今本會의셔一比擴張호기爲호야高明호文章과宏博호學問家를延致호야天下大勢의變遷과殖産敎育의要素와古今政治의大要를蒐輯호야開發호야新케호오니愛讀호시는僉君子는血淚를흘리시고家家案頭의隨列對讀호시오

皇城中署典洞九統二戶
大韓自强會事務所

漢城染織會社

本社의셔利益을不顧허고韓人을爲허와衣食[illegible]이라外人의嘲笑를[illegible]起業過年의[illegible]전進의[illegible]染色을[illegible]의所[illegible][illegible]

大廣橋 朴勝煥雜貨商店
布屛下 金相萬冊肆
學洞[illegible]兵 李鴻謨藥局
支所下
南門外 兪경煥商店
蓮池洞
安洞北松 송洛香典舖
[illegible]初入

社稷洞武德門外

漢城染織會社告白

◎本社廣告

◎申報價
一張代金 新貨二錢五里
一個月前納 三十錢
三箇月 九十錢
六個月 一元七十錢
一箇年 三元四十錢
郵稅一部 新貨五里
一箇月 十三錢

◎廣告料
四号活字十三字詰
每日每英尺一寸에新貨廿五錢
(每日每行六錢에相當홈)
一週日에 二圓五十錢
(每日每行四錢五里에相當홈)
一箇月에 五圓
(每日每日四錢一里에相當홈)
其期限의長短과字行의多寡를依호야增減홈이有홈

●大한每日申報各處支社廣告

中署布屛門下 김相萬冊肆
中署農圃洞初入七拾八統第二號 鄭禹澤
平壤上水口門內 김浩淵
全 최敬恒
仁川畓洞新冊肆 리東皓
宣川邑橋西里 安濬
義州西門外한西 大藥局
釜山港佐川 徐藥局
三和港築洞 김仁집
咸興朱南社西門外 曹寄林
開城培學校 姜助遠
大邱市廳 최一弘
載寧邑濟衆院 최夢澤
鐵山邑東部 安호
元山支店 劉七錫
京城興仁門外영楓亭 洪聖麟
定州南門內 리建赫
海州南門內書舖 朴昌鎭

發行兼編輯人 英國人비說
發行所 南署石井洞號外地三層洋屋家
大韓每日申報社

第五卷 第四百五十五號

大韓每日申報

대한매일신보

月曜及慶節歲時日休刊

檀君開國四千二百四十年
箕子元年三千二十九年
大韓開國五百十六年
日本明治四十年
清國光緒三十三年
◎陰曆丁未正月小廿二日甲寅

別報

驅專制文

支那報를據ᄒᆞᆫ즉陰曆歲除를當ᄒᆞ야驅專制文一篇이有ᄒᆞ니其序에曰韓文公이除夕에有送窮文은誠以窮也者는人生最困難之境也故로文以送之러니吾는以爲ᄒᆞ되專制가亦窮苦境也오亦人類最困難之境也故作此文以驅之云이러라

嗚呼라汝ㅣ毒我中國이可謂至矣라自秦政混一로逮及今日에其間暴君汚吏가藉汝毒燄ᄒᆞ며憑汝威福ᄒᆞ야塗炭我生民ᄒᆞ며戮辱我賢士大夫ᄒᆞ며滅絕我神明種胄者는汝之罪狀이已擢髮難數어니와下至女子小人도亦竊汝威力ᄒᆞ야覆人邦家ᄒᆞ며斬人宗嗣ᄒᆞ얏스니試取一部廿四史ᄒᆞ야掩卷思之ᄒᆞ면孰非由汝作禍ᄒᆞ야破人家亡人國者耶아遠者는吾不具論ᄒᆞ고近代朱明天啓一朝에汝가一淫賤之客氏와一刑餘之魏忠賢으로더부러相依作奸ᄒᆞ야竟使正人君子로汝의鞭箠之下에悉斃케ᄒᆞ얏스니汝之慘毒이殆無人理ᄒᆞ야四海憤怒ᄒᆞ되莫敢誰何라

設若西國에盧騷氏가作ᄒᆞ야人道之正을창ᄒᆞ며民約之論을著ᄒᆞ야正汝之罪ᄒᆞ야驅汝於魑魅之鄕者가無ᄒᆞ얏스면汝ㅣ日肆其狂燄ᄒᆞ야今日에尙復成何世界耶아咄爾專制여昔則人道가滅絕ᄒᆞᆷ으로可以任汝猖獗ᄒᆞ야橫流가泛濫於全球各國ᄒᆞ야竟使人類로力莫能禦어니와今則天道復昌ᄒᆞ고人格이漸進ᄒᆞ야竟使汝로無立足地ᄒᆞ며無容喙地ᄒᆞ얏는ᄃᆡ近日我中國이雖與後來之嗟나尙有來蘇之望ᄒᆞ야立憲之詔已頒矣라汝가雖苟延殘喘於我亞東古國ᄒᆞ얏스나今且歲除矣라明年則我中國의立憲第一歲第一日이니人類復生之新紀元이라

於此時也에汝則日奔百里ᄒᆞ며日奔千里ᄒᆞ야汝之蹤跡이殆不可以名狀이오我亞洲神明之胄는日進無疆ᄒᆞ야恢復我威嚴ᄒᆞ며整飭我區域ᄒᆞ며還我文明ᄒᆞ며復我自由ᄒᆞ야濺伐汝ᄒᆞ며감감伐金ᄒᆞ야皆將執干戈ᄒᆞ야以與汝戰ᄒᆞ며烈山澤ᄒᆞ야以焚汝居ᄒᆞ야以報我數千年受여踐踏之恨ᄒᆞ리니嗚呼여의窮凶之象이日甚一日이라여之遊魂이將不日隨腐草衰螢ᄒᆞ야以歸於烏有ᄒᆞ리니吾暢言至此ᄒᆞ고吾ㅣ懸揣其象ᄒᆞ면吾ㅣ不覺發噱狂笑ᄒᆞ야震動宇宙ᄒᆞ고吾ㅣ神色이飛舞ᄒᆞ야勇氣百倍라吾가恨不立섬爾數千百年蹂躪人類之凶賊ᄒᆞ며立援我同胞ᄒᆞ야速登於文化之域ᄒᆞ야以自顯其昌明氣象ᄒᆞ고快大衆之意ᄒᆞ노니吾輩가久已厭見여面目ᄒᆞ며惡聞여聲音ᄒᆞ야久欲사刃於여ᄒᆞ야滅여醜類ᄒᆞ며犂爾庭宇ᄒᆞ며滅爾巢穴이라吾ㅣ雖無斧柯ᄒᆞ야不能制爾死命이나吾有喉舌이라吾敢倡率人類ᄒᆞ야筆伐口誅ᄒᆞ야剪除羽翼ᄒᆞ며蕩滌爾餘毒ᄒᆞ리니爾는專制之虎狼耶아爾는專制之蛇蝎耶아爾는專制之鷹鸇耶아爾는專制之鬼魅耶아爾는血腥塗汚ᄒᆞᆫ專制之歷史耶아爾는歪僻慘酷ᄒᆞᆫ專制之歷史耶아爾는自恣自雄自肆ᄒᆞ는專制之儀文耶아爾는イ公不正不平ᄒᆞᆫ專制之法度耶아爾其盡僭爾族以行ᄒᆞ야逃竄於渺渺茫茫지別一星球耶아吾輩의所處ᄒᆞ는此世界中은二十世紀에無여藏身지地인즐여가早已聞知ᄒᆞ얏는가無論立憲國共和國ᄒᆞ고皆非여所樂居라人皆知爾가爲人類之仇讎이며爲人類之大魔障ᄒᆞᄂᆞ니爾亦斷不敢여其鋒ᄒᆞ며窺其疆界ᄒᆞᆫ지라我中國은爾의留戀이最久ᄒᆞ고의寨이最甚ᄒᆞ고淩踏이最苦ᄒᆞ야搜척我骨髓ᄒᆞ야以供爾져嚼ᄒᆞ며剝奪我膏血ᄒᆞ야以供爾豪侈ᄒᆞ얏스니人不여仇라도여亦可以早去矣라

여가苟不自量ᄒᆞ고徘徊自誤ᄒᆞ다가는他日에進化가日취ᄒᆞ고民智가日開ᄒᆞ야必不容여의稍留其影ᄒᆞ야以自留患害ᄒᆞ야爲各國所恥笑ᄒᆞ리니咄爾專制는速去勿止ᄒᆞ라여가若不自行ᄒᆞ야早避賢路ᄒᆞ고仍欲遷延觀望ᄒᆞ야以求所佚ᄒᆞ면吾恐法蘭西之大慘劇이將復見於今日이니是則여지毒吾國也ㅣ殘且忍이오吾國지報爾也ㅣ必酷且烈ᄒᆞᆯ지라天道昭々ᄒᆞ고殷鑑이不遠ᄒᆞ니勿謂神州陸침ᄒᆞ야遂可任爾橫行也ᄒᆞ라吾將見이無츠類矣리니咄셔子는縮頭去ᄒᆞ야急々如律令ᄒᆞ라

官報

●三千七百五號 光武十一年三月五日

◎宮廷錄事

詔曰奧國레오폴드쿨네멘스필닙아우구스트마리아親王特叙大勳位贈金尺大綬章隨員陸軍中尉토렌스르미하엘特叙勳五等賜太極章

光武十一年二月廿七日 表勳院總裁閔泳徽

◎敍任及辭令

依願免本官 智陵參奉姜道衡
依願免兼任掌禮院掌禮 秘書監丞리文求
任侍講院副詹事 奎章閣直學士장世基
任奎章閣直學士 從二品成健호
命宮內府特進官 侍講院副詹事南규熙
任智陵參奉 九品한柄用
秘書監丞金容규
兼任掌禮院掌禮 姜在衡 洪國鍾
任工業傳習所技手 九品金澤榮 四品김教奭
任工業傳習所書記 長淵郡守박始淳 順川郡守리萬熙 寧遠郡守張教遠
依願免本官

外報

●英米親交 米國大統領루스벨트氏는英國大使쩨임스부라인氏를引見ᄒᆞᆫ際에熱心으로안싹로식구손人種의共同動作을希望ᄒᆞ는旨로語ᄒᆞ얏다더라

●日米開戰과日英 獨逸國海軍擴張論者쎄쓰엔도伯이一論文을草ᄒᆞ야日英同盟이恆久不變의與否를疑問ᄒᆞ야日美ㅣ開戰時에는即時日英同盟이解散ᄒᆞᆯ時라고說ᄒᆞ얏더라

●俄人의新聞刱設 奉天電을據ᄒᆞᆫ즉俄國政府는奉天에在ᄒᆞᆫ俄人의資金을供給ᄒᆞ야奉天에一大新聞을創設ᄒᆞ야南滿洲에言論社會를크게雄飛ᄒᆞ기로試圖ᄒᆞ는ᄃᆡ此는何等政治的意味가有ᄒᆞ다더라

●政海變兆 日本政界가近來에至ᄒᆞ야種々動搖가生ᄒᆞ는ᄃᆡ大同派의反覆과政友會의狼狽와憲政本黨의波瀾이頗히奇怪ᄒᆞᆫ觀을呈ᄒᆞᆫ다더라

●美艦向比島 桑港來電을據ᄒᆞᆫ즉美國巡洋艦二隻이何等使命을帶ᄒᆞ고比律賓을向ᄒᆞ는ᄃᆡ桑港의日美兩國民은疑心中이라더라

雜報

●奏本勿施 日昨에內部에서郡守奏本을무솜委折인지勿施가되다ᄂ巷說이有ᄒ더라

●兼職疏遞 參政大臣박齊純氏가辭職疏를奉呈ᄒ얏ᄂᄃ弘文學士지任만蒙遞ᄒ얏더라

●受取改稱 通信局에셔各地方受取所를改定ᄒ야郵便所라ᄒ얏다더라

●過限讞責 漢城府윤代판김宇헌씨ᄂ今此報擇單子捧入日字가已過定限에收單이無多ᄒ나申飭지下에豈容若是리오事狀所在에不可無警이기是以譴責이라ᄒ얏더라

●不讓男子 國債報상에對ᄒ야南北村某々家夫人들이會集ᄒ야國債報상夫人會事務所를大安동故判書金丌洪씨家에定ᄒ고義捐金을募集ᄒ야國債를報상ᄒ기로ᄒ고熱心周旋ᄒ여男子를讓頭치아니ᄒᆫ樣이라ᄒ더라

●報請興學 平北觀察使署理參書官장孝根씨가學部에報告ᄒ되管下各郡公私立學校基本金以ᄒ니衙社立本錢十三萬二千七百二十二兩六錢八分移ᄒ야補用而今依軍部訓飭調査理由已設지校今至廢棄交涉軍部ᄒ여依舊興學케ᄒ라ᄒ얏더라

●檢事報部 咸南裁判所檢事金義濟氏가法部에電報ᄒ되判事가刑事罪人을擅自放送ᄒ고踏印을斬持ᄒ여公務가積置라ᄒ얏더라

●厖隅似然 昨日下午六時에學部官人과外國人請宴ᄒᆫ다ᄂ說은前報에已揭어니와詳聞ᄒᆫ즉日本人은奏判任이幷參ᄒ되該部에觀象所奏任과判任官은參宴치못ᄒ고此宴인즉該大臣에交接費를多數히沒食ᄒ미厖意所在에未免赧然ᄒ야該宴을設ᄒ얏다고巷說이紛々ᄒ더라

●魚網鴻罹 知禮郡守金황鎭氏가金某에게錢財勒討ᄒᆫ事로玄風郡守明斉지場에金郡守가推위於郡主事文병默ᄒ야文氏가免官을當ᄒ얏다더라

●吉巡名譽 吉州總巡白錫鏞氏가警察上事務에毫無錯誤ᄒ고人民保護를極히ᄒᄂ故로該郡人民이大小事間訴訟ᄒ不由本郡守ᄒ고經訴於警察署ᄒ야聽訟과警察에暫無閒隙ᄒᆫ故로不堪其苦ᄒ야請願코져ᄒᆫ다더라

●逐兒何意 再昨日下午三時量에龍동等地에셔何許醉兵이年可十六七歲되ᄂ兒童을은逐ᄒ야銅峴小廣橋로逐去ᄒ미該兒가避身ᄒ야돗골노入夫ᄒᄂᄃ該兵丁이革帶를解持揮打ᄒ미該兒가翻身落橋ᄒ야一足이折傷ᄒ미傍觀諸人이該兵을捉去南署ᄒ다가該署分派所憲兵이奪去ᄒ얏다더라

●日買地段 平壤來言을據ᄒᆫ즉平壤軍用地段을已爲放還ᄒ얏스나日人들이其切要地段을具爲買收後에軍用票木을拔去ᄒ고方今暗自買收ᄒᆫ다ᄒ며또憲兵이他外國人處放賣ᄒᄂ거ᄂ嚴禁ᄒ나日人이買收ᄒᄂ거ᄂ隱然不禁ᄒᆫ다ᄂ風說이泯藉ᄒ고近日에日人이軍用地段을買收次交涉에每一畝에新貨五圓式許給ᄒ며懇請ᄒᄂ事實을目擊ᄒ얏다더라

●教人都會 近日各地方天道教人이무솜事件이有ᄒᆫ지陸續上京ᄒ야該教總部로都會ᄒᄂᄃ不知幾百名이라더라

●박必弄奸 往在甲辰年에平壤外城民有地를軍用地로標定ᄒ고告示ᄒ되該界內에勿許耕作이라ᄒ미該地人民이總代를派送ᄒ야內部大臣에게質問ᄒᆫ則大臣言內에植物ㅏ損害費를相當計給ᄒ나ᄒ더니今番委員박義秉氏가植物損害를賠償ᄒᆯ時에每坪에七十錢으로計給ᄒᆫ지라內大의人民總代을對ᄒ야ᄒᆫ所言ᄒᆫ者와大相經庭ᄒᆫ즉想必박某之作奸이라고民怨이嗷々ᄒᆫ다더라

●築室塞路 南門外七牌谷井洞等地에徐昌植이가家屋을新建築ᄒᄂᄃ行路를杜塞ᄒ니비록小路나大路와如히行人이不絶ᄒ고隣里汲水에最是捷路라該人이自意塞路에行路가困難케ᄒ니該坊曲巡檢은知而不禁ᄒᄂ지

●更懇私和 曹承煥徐相八金鎭泰三氏가食料를準備ᄒ고各社會員을請邀宴待ᄒᆫ理由를某新報에論駁ᄒ얏더니히三氏가此事件에對ᄒ야裁判을屢度來請ᄒᄂ지라某報社員이對質次로再昨日에漢城裁判所로히往ᄒ얏더니히三씨가有何恩量이던지裁判을勿論ᄒ고私和ᄒ기를懇請ᄒᄂ지라某報社員이不得已許和而歸ᄒ엿다더라

●蘆庄實日 西來人의傳說을聞ᄒᆫ즉黃州郡蘆庄은已亥年分에付屬內藏院ᄒ여定稅金ᄒ야年々上納ᄒᄂ公土인ᄃ該郡居金永默金永섭김亨淳김成鏞鄭道一等이僞造文券ᄒ야外國人樋口長吉處에暗賣ᄒᆫ蔵跡이綻露되미김永섭김成鏞両漢은經理院에捉囚ᄒ고김永默김亨淳뎡道一等三漢은方今詗捉中이라더라

●日商致斃 林川郡守리用维氏가內部에報告ᄒ되陰正月初八日夜에賊漢十七名이突入本郡內頂里羅興三家ᄒ야毆打周年ᄒ고米商日人中尾ᄂ中砲卽斃ᄒ고貿米錢二千餘兩을奪去ᄒ얏라더라

●後來居上 京畿觀察道主事김泰植씨ᄂ히府設始初主事로于今十二年지間에積仕久勤이可爲第一이어ᄂᆯ其間內部에서借啣主事를買用ᄒ노라고히씨의課를數次搖動ᄒᆷ으로其十二年久勤이五年勤仕로變ᄒ야히府에셔近日銓考를收單ᄒᄂᄃ追後入仕ᄒ야六七年勤仕ᄒᆫ主事ᄂ전考收單에入參ᄒ고김泰植씨ᄂ參考치못ᄒ여府中輿論이紛々ᄒ다ᄒ니借함主事賣用의害가無所不及이라더라

●罪囚身故 咸南警務署在囚強盜罪人김錫周가以時症으로去月十日에身故ᄒ얏다더라

●三囚病斃 漢城裁判所々管監獄署在佘私鑄罪人뎡時重은二月廿二일에因病白斃ᄒ고忠南裁判所에強盜未決수뎡化甫ᄂ以時令으로二月廿六일에身故ᄒ고元산港裁判所에在囚強盜罪人최仕一은以身病으로二月十六일에身死ᄒ엿다더라

●仁港火變 昨日上午四時半에仁港圻浦에셔失火ᄒ야五百餘戶가延燒ᄒ고傷命이數三人이라더라

●魚業成社 近日에某々氏가農部에請願承認ᄒ고魚業會社을創立ᄒᄂᄃ社長은權重顯氏副社長은張駿遠氏監督은尹進學ᄂ總務ᄂ金潤영氏理事ᄂ沈宜碩諸氏인ᄃ資本은金貨二千圓式各出ᄒ야事務가不日內로擴張ᄒ다더라

●巡檢行悖 釜山來人의傳說을聞ᄒᆫ즉本年一月各里戶口調査時에本港巡檢최輪益이가來留釜山面二拾日에留連雜費를自本面으로一々備給而臨發時에藥錢五兩式討索于拾一동ᄒ고結錢督刷지日에巡檢朴明玉이가出來ᄒ여藥錢五兩式拾一동犬矢處에討索則夫矢等이以畏怯官人舊習으로依言出給ᄒ엿스며同박明玉이가警察雜技지場에捕捉則不以顯公而務自도索이다가雜技房寄宿人處에搜索其囊ᄒ여角紙錢二百兩을도食이라가商民이詰責ᄒᆫ즉박明玉이가流伊給報라ᄒ니巡檢은章程을知而不行이라ᄒ더라

●義금傳送 本社에셔地方數三處와城內幾個人에國償報償금來到二百十三元九十四錢五里를期成會로傳送ᄒ노라

▲筆 下 奇 談▼

▲近日政海에水雷艇이隱伏ᄒ야瀛船이雖疾이나利涉이亦難이라百尺船頭에艦長이高坐ᄒ야指南鐵端에前路을指點ᄒ니波心不穩은慧眼을莫欺로다

▲現任大官에子婿弟姪을選擇ᄒ야日本에派送ᄒ야各官廳을視察ᄒᆫ다니何事을視察ᄒᄂ지條往숙來가徒損國庫ᄒᆫ近來獵官者流ᄂ一派東風에好官이在前이라지

▲司稅局長李健榮氏ᄂ中央金庫에多年執權ᄒ야파花가滿室이라觀察使를運動ᄒ다가妙計가不中ᄒ미地方稅務視察을委任ᄒᆫ다니視察이不如觀察ᄒ나察字行列은一般이지

▲刑事局長金洛憲氏ᄂ李僞氏의告訴을因ᄒ야廢務ᄒ엿다니李僞氏가被囚되미該氏가卽日仕進ᄒ엿다니너무揚々自得말지

▲農協黃鐵氏ᄂ該部官人을更히試才存拔ᄒ다가二人主事에게反對을當ᄒ얏다니該部大臣은黃鐵氏에試才을아니ᄒᄂ지

▲內大리址鎔氏가무솜事故가有ᄒ야杜門謝客ᄒ다니江亭에疎暢ᄒ엿다또杜門養痾ᄒ다가仕進視務ᄒᆯ날은몃칠이오

▲沈相翊氏에討索事件으로萬歲報에論駁ᄒ얏더니沈氏가代言으로漢裁에裁判ᄒ다가該社員이探報人에姓名을不言ᄒᆷ은世界新聞에常例여ᄂᆯ沈氏에勢力으로該社員을拘囚ᄒ엿스니內部大臣에四寸妹夫가大端히무섭고

◉◉本社廣告◉◉

國債報償金을本社로持來ᄒᆞᄂᆞᆫ이가逐日沓至ᄒᆞ오나本社에셔ᄂᆞᆫ如此重大ᄒᆞᆫ事에對ᄒᆞ야善後之策을確實講定ᄒᆞ기前에ᄂᆞᆫ領受ᄒᆞ기難ᄒᆞ기로姑不收捧ᄒᆞ오니僉君子ᄂᆞᆫ照亮ᄒᆞ시옴

大韓每日新報社告白

寄書

望蘇子 續

閭巷間債殖이頗多라도則其報償ᄒᆞ야毫有欠短이면口角이相爭의好反爲惡이거든矧乎以巨欵으로負諸外債而政府諸公之擔保於其間也哉아惟韓國內臣民이念諸斯債면必爲食息不甘而勢將督詰의撥遣沒策ᄒᆞ니實爲憂悶ᄂᆞᆫ不知何居리니何幸有志諸益이函布出義ᄒᆞ야以圖國債之償完ᄒᆞ니壯哉라斯人이여一國之內의如許義激之士가有幾個大丈夫耶아閱來函意에以若劣로興感昌言ᄒᆞ야扶病感激의雙手奉경ᄒᆞ니是心自悅은不知收拾라略記實際ᄒᆞ야槩論其狀然而愚有深歎者切矣라

한國內三千里疆土와二千萬同胞가莫不有義憤所發ᄒᆞ야雖遐陬至愚지人이라도聞此皷動의義捐湧出이되惟京下紳士諸公은亦今於斯人之後ᄒᆞ니實爲慨歎所及然而胡爲乎其然가國債所報의必倍用力於斯民지切而一語一言이不存於其間ᄒᆞ니抑揣人情이면泯묵之中에自有底道理而然乎아古人所稱不動聲色이眞宰相이近之者耶아以是自勉ᄒᆞ야第觀來後妥至之如何ᄒᆞ기로姑爲一筆ᄒᆞ야更擬論之ᄒᆞ노라　完

雜報

西北學生親睦會趣旨書

易에曰君子ㅣ以ᄒᆞ야朋友講習이라ᄒᆞ며論語에曰君子ᄂᆞᆫ以文會友ᄒᆞ고以友輔仁이라ᄒᆞ며記에日相觀而善이라ᄒᆞ얏스니學文社會가其來遠矣라矧今時代ᄂᆞᆫ世界人類가智識競爭ᄒᆞᄂᆞᆫ秋라吾人社會에在ᄒᆞ야若其親睦의主旨로써團體를結合ᄒᆞ야學理討論과智識交換이完備치못ᄒᆞ면工夫進就와事業將來에缺点이必多ᄒᆞᆯ지니如此ᄒᆞᆫ世界競爭의中에處ᄒᆞ야엇지足히天賦ᄒᆞᆫ신權能을不失ᄒᆞ고人生의責任을極盡ᄒᆞ리오何況吾儕ᄂᆞᆫ俱以靑年으로遠離鄕井ᄒᆞ고留學漢城은現存思想과將來希望이誠何如也오期於一點鐵成금琢玉器ᄒᆞ야國家의棟幹이되며人民의票準이되야任重道遠ᄒᆞᆫ目的을得達코져ᄒᆞᆷ이니學理硏究와智識開拓이엇지最其必要ᄒᆞᆫ者아니리오且吾儕ᄂᆞᆫ西北三道之産이라聲氣相近과臭味相合이固有親切者ㅣ存焉이오千里旅距이各其우凉ᄒᆞᆫ情況이有ᄒᆞ니相愛相扶가尤係必須라所以로本會를創起ᄒᆞ야凡吾三道內의留學漢城ᄒᆞᄂᆞᆫ兄弟ᄂᆞᆫ一層親睦의團體를結合ᄒᆞ고學理討論과智識交換을麗澤相滋ᄒᆞ고同明相照로日新又新ᄒᆞ고有始有終ᄒᆞ야吾儕의希望ᄒᆞᄂᆞᆫ目的을到底貫徹ᄒᆞ면前途의效果가반다시非常ᄒᆞᆫ光輝를播揚ᄒᆞᆯ지니唯吾同志ᄂᆞᆫ念哉勉哉어다

●海西人士의趣旨

國富則民富ᄒᆞ고國貧則民貧은卽萬古自然지理勢也라現今我한지國債가至爲一千三百萬圜之巨欵而此若未상이면此年彼年에利上添利하야畢竟에國爲債主지典物이오民爲債主지奴隷하리니是國是民이焉敢望生存지策乎아所以嶺南지先唱과各社지響應이都出於爲國爲民지義務也니嗟我海西殘省이雖在遠僻지鄕이나豈可讓後於人이리오府郡坊曲에少長男女가勿拘多少ᄒᆞ고互相勸助에期圖脫債ᄒᆞ야國爲獨立지國ᄒᆞ고民爲自由지民을한쳐祝天海西二十三郡大小人民僉閤下

發起　全봉薰　한鼎夏

再에毋論某郡某村ᄒᆞ고所助지金이若至百圓이면써名錢數을須卽錄送于每日申報社

●商會感義　平壤商業衆議所來函을據ᄒᆞᆫ즉此時ᄂᆞᆫ歲首지月이오十五지夜라本地商業衆議所議員數十人이會于事務室ᄒᆞ야商界에情況如何도討論ᄒᆞ며財政에融通方針도講究ᄒᆞ더니有一兒童이來叩月下지門ᄒᆞ고傳致一張新聞일시次第閱覽라가至於大邱金光濟徐相敦氏等斷烟同盟에國債報償지句ᄒᆞ야ᄂᆞᆫ大聲而呼지曰快哉라斯言이여壯哉라斯言이여一拜復一拜에不覺足지蹈지에手지舞지라悲喜交지에熱血이沸中ᄒᆞ야齊聲而讚지ᄒᆞ고弁頭而謝지라此消息이何消息고新年第一大好消息이라豈可無同情지表와同聲지應乎아ᄒᆞ고卽席出義者二百餘圜에達ᄒᆞᆫ지라更開特別會ᄒᆞ고濟々會員處에如此好消息을廣布ᄒᆞᆯ뿐더러特設國債報償會ᄒᆞ고一般同胞의게聲明廣告ᄒᆞ야期不負徐金兩氏亘天지大義ᄒᆞᆯ지니凡我大韓人民은乘此好時機ᄒᆞ야勿失國民지義務哉여다

●義哉李童　北署諫동居ᄒᆞᄂᆞᆫ淸道郡守閔泳五氏家의床奴리百石乙이가今番國債報償錢新貨五十錢을典衣辨得ᄒᆞ야農圃동支社의寄附ᄒᆞ얏다더라

●채氏出義　南署冷井동居채東根氏ᄂᆞᆫ年今七十五歲老人으로門外에起動을不能ᄒᆞᄂᆞᆫ데國債報償의說을聞ᄒᆞ고新貨三元을代人으로期成會에送傳ᄒᆞ얏다더라

●夫人義助　從二品元世性氏의夫人南宮氏가國債報償事에對ᄒᆞ야新貨三十錢을판備ᄒᆞ야農圃동支社의交附ᄒᆞ얏다더라

●孤兒出義　孤兒院學徒都班長리南泳外三人이七十二名學徒의總代로期成會에來ᄒᆞ야正月上元에該院長이每名下新貨五十錢式브름價로下給ᄒᆞᄂᆞᆫ데此錢으로國債報償의一千三百萬分一이라도補充ᄒᆞᆷ조고一齊決議ᄒᆞ얏다고三圜六十錢을期成會에來納ᄒᆞ얏다더라

●夫人義捐　前贊政金思濬氏大夫李氏가國債報償事에對ᄒᆞ야大官家에셔義捐金을出ᄒᆞᆷ이無ᄒᆞᆷ을慨歎ᄒᆞ고其채를典執ᄒᆞ야新貨二圜을期成會로送ᄒᆞ얏다더라

廣告

現今時代가國之富强과民之開發이亶在於商業力은更無枚論이건이와況且本市場은素稱교南大都會라金山知禮開寧一般商民이感覺이有ᄒᆞ야衆議를박유ᄒᆞ고團躰를組成ᄒᆞ야文明的商業會議所의機關을設立ᄒᆞ기로同心盟志ᄒᆞᆫ後에農商工部에請願ᄒᆞ야認可를承ᄒᆞ고玆에仰告ᄒᆞ오니內外國僉君子ᄂᆞᆫ照亮ᄒᆞ시물望ᄒᆞᆷ

慶尙北道金山郡金泉商業會議所　告白

會頭朴지華　副會頭李鍾秉

發起人石致業　朴志逸　金達瑞　朴相根　비局彦　김景三　曹化瑞　최鎭台　박春明　李喜在　尹海炳　김銀洙　鄭鍾大　최뫼九　비구七　安大潤　김亨健　崔振龍　鄭致淳　黃蘭周　郭泰益　韓奉洙　文武若　林仲善　田大賢　孫百見　박克明　리聖瑞　박聖有　鄭允京　김東奎

本人의子鄭泰興이가年今十九歲에性本浮浪ᄒᆞ야每與悖類로互相符同ᄒᆞ여僞造手票ᄒᆞ며賣成於音ᄒᆞ여假稱債錢幾萬幾千兩이라ᄒᆞ고勒侵本人ᄒᆞ오니自今以後로或有此弊면捉懲警務廳ᄒᆞ여別般痛治ᄒᆞ겟ᄉᆞ오니內外國人은切勿見欺後悔ᄒᆞᆷ

西署玄湖　鄭召史　告白

本人의子在奎ᄂᆞᆫ散속이가數年雜技에浪遊타가家産을盡費ᄒᆞ야無立錐之地親戚棄父母ᄒᆞ고去年에居于密陽下面龍北동이浮浪지輩로協同ᄒᆞ야高을得用ᄒᆞ고三四寸의産業을盡코저ᄒᆞ니內外國僉君子ᄂᆞᆫ切勿見欺ᄒᆞᆷ

機張郡一동面奇龍店동居　리洛彦　告白

京居閔承旨廣植氏의田庄이在於忠南稷山二北面安陽里ᄋᆞᆫ데燕岐居洪在긔가假稱舍主의外戚이라ᄒᆞ고圖章을僞造ᄒᆞ야秋收를放賣ᄒᆞ며又稷山郡々主事을符同ᄒᆞ야畓券을僞造典執ᄒᆞ얏스니內外國人은照亮ᄒᆞ와休紙로施行ᄒᆞᆷ

平澤西亭里　閔泳克　告白

◎學員募集廣告

本校에셔학員을募集ᄒᆞ오니志願人은來臨問議ᄒᆞ시옵

●敎科目

晝학漢文科　習字　算術　地誌　歷史　躰操

夜학日語科　會話　筭術　讀本　地理　理科　作文

開학日字ᄂᆞᆫ陰正月二十日

開ᄒᆞᆫ後에도許入ᄒᆞᆷ

南門외巡廳동私立ᄒᆞᆫ校　告白

廣告

神聖天子大韓國에
賢良太守濟州郡을
어와우리同胞엄닉
太平歌로노라보세
我侯新任三日만의
刷新規則明々허다
各浦例納不些財와
一島所納數萬金을
一幷革去不受허니
不寶金玉이아니며
主事書記擇定홀식
一從衆薦任用허니
惟賓賢人이안인가
愛賢斥姦허이시고
偏愛偏憎아니시니
公平正直初ㅣ일식
苞苴私囑屛跡허니
訟淸如水이안인가
將羅出村막엇스니
狗不夜폐太平일식
官器官鹽革罷허니
陶漁民이舞蹈로다
學校振興시키시니
文翁治蜀復見이라
蚕桑事業實施허니
桑無附枝漁陽歌라
商業發達시키시니
會社旗가生色이라
墟市創設시기시니
穰々熙々樂歲로다
閒曠地가要地되니
利用厚生根本이라
每男種木三十株와
女人樹桑十五株는
險路修治坦道되니
作農허기方便허다
每月兩次百姓모와
愛國愛民演說ᄒᆞᆫ다
人而木石아니어던
孰不感而不化리오
國家忠臣이아니며
民之父母그누신고
거리々々木碑셔고
사람々々口碑로다
召父杜母恩澤으로
視民如子同樂얼식
古今賢良屈指ᄒᆞᆫ들
이우에야더ᄒᆞᆯ손가
漢라山이靈秀ᄒᆞ니
濟州泰運도라완내
어화우리同胞님닉
이런賢候어되잇쇼
堯舜ㄱ튼우리 聖上
南顧憂民夙夜하사
勳四等尹剛領을
日여往撫ᄒᆞ이시니
濟州郡의十萬生靈
水火中의拯出이라
昇平烟月上元夜의
康衢謠로祝壽허서
大皇帝陛下萬歲々々萬々歲
皇太子殿下千歲々々千々歲
郡守閣下百歲々々百々歲

高萬鐘
김泰源等 告白

越南亡國史

國漢文 新刊

定價貳拾伍錢

發賣所 京城廣橋高裕相冊肆
鏡南端川郡禹時夏
布屛下 김相萬 書舖

西署新門外鈴동百八十六統三戶
辯護士 前檢事正三品 丁明燮
法律事務所
事務員 前主事 吳在淳

湖南鐵道株式會社廣告

本社事務를一層擴張ᄒᆞ기爲ᄒᆞ야事務所ᄂᆞᆫ大廣橋川邊前紙廛小都家로本月六日에移接ᄒᆞ고社長以下整理委員을選定ᄒᆞ고玆에左開ᄒᆞ야廣告ᄒᆞ오니株主에應募ᄒᆞ실有志 僉君子ᄂᆞᆫ陸續來議ᄒᆞ심을爲望

社長 金基永
總務部長 成文永
整理委員 尹晶錫
白完혁 趙鎭泰 趙秉澤
鄭東植 孫錫基 孟덕敏
朴泓일 鄭斗煥 白寅基
한相龍 趙彰漢
等 告白

◉九轉靈砂라 本人이妙方法을神備ᄒᆞ야製造ᄒᆞᆫ靈丹인ᄃᆡ男女老少에無論何징ᄒᆞ고通治ᄒᆞ오며無病時에도服하면平生의身躰가健康ᄒᆞ며小兒ᄂᆞᆫ四五錢重만服ᄒᆞ면十歲안에無病ᄒᆞ기를擔保ᄒᆞ오며

◉九轉靈砂萬應丹은져狂 癎징과中風諸疾과耳目諸病과淋疾에神効ᄒᆞ오

◉九轉靈砂保命丹은初生小兒驚風 간氣 咳嗽 腹瘡諸般惡징에神効ᄒᆞ오

◉九轉靈砂濟衆丹은酒滯 食滯 血積 吐瀉 霍亂 痢疾 吐血 下血 運氣 時疾 痳징에神効ᄒᆞ오

◉九轉靈砂紫金丹은痔漏 累瘯 上疳瘡 下疳瘡及唐瘡과諸般毒瘡惡種에無不神効ᄒᆞ오니 僉君子ᄂᆞᆫ來問ᄒᆞ시오

內需司前독갑이골上隅第一家百三統一戶 리호廷 告白

명월관확장광고

폐관이ㄱ시이후로고의ᄒᆞ시ᄂᆞᆫ귀직에후의를입사와오ᄂᆞᆯ날ᄯᅥ한에제일등요리점으로ᄂᆡ외국에셔다아시도록확장ᄒᆞ여가오니ᄯᅡ단갑ᄉᆞᄒᆞ옵거니와근일은이층양옥을광활이신건츅ᄒᆞ고다락아리ᄂᆞᆫ온돌방을ᄂᆞᆫ밀리비치ᄒᆞ고포진범절을시로ᄒᆞ와오시ᄂᆞᆫ귀직이편ᄒᆞ시도록쥬션ᄒᆞ엿ᄉᆞ오며각죵음식은본ᄃᆡ에화려ᄒᆞᆯ고먹기에졍미ᄒᆞ게일신쥰비ᄒᆞ야다소를볼계ᄒᆞ고주야로파오되셔양쥬ᄂᆞᆫ잔으로파오며특별신ᄆᆡ량교자음식은오시ᄂᆞᆫ시로븟터ᄒᆞᆫ시간이되면멧상이라도곳가져가시도록ᄒᆞ오니ᄂᆡ외귀직은륙속왕림ᄒᆞ시ᄋᆞᆸ

각석요리음식
각식셔양쥬
각죵경편양요리
각죵일본간스메
각죵여송연
각국권연
진찬합
건찬합
밥교자
특별신ᄆᆡ량교자음식
명창가동졍거복도유ᄒᆞᆸ

明月館 主人 金東植 告白

洪淳康氏가東署東小門內士橋東邊에織造機을廣張設施ᄒᆞ야稱號를淳昌號라ᄒᆞ고各色綢緞紗屬等을織造發賣ᄒᆞ오니願買人은來臨購貿ᄒᆞ시며或所用대로緞과紗等屬을預托ᄒᆞ시면依約施行ᄒᆞ깃솜 淳昌號 告白

大韓自强會月報

每月一回廿五日發行

定價金一部 十五錢

大韓自强會月報의發行이屢朔을經ᄒᆞ오니自由의言論을鼓發ᄒᆞ야國家의權利를增進ᄒᆞ고獨立의精神을涵養ᄒᆞ야同胞의團結을益强케ᄒᆞ야全國有志諸公의愛讀ᄒᆞ심을供ᄒᆞᆫ바現今本會에셔一비撰ᄒᆞ기[illegible]明ᄒᆞᆫ文章과宏博ᄒᆞᆫ學問家를延致ᄒᆞ야天下大勢와世界動靜과産業教育의要素와古今政治의大要를萬輯ᄒᆞ야開發ᄒᆞ며眼目을一新케ᄒᆞ오니愛國ᄒᆞ시ᄂᆞᆫ僉君子ᄂᆞᆫ血淚를뭇ᄒᆞ시고家家案頭의隨刊對讀ᄒᆞ시오

皇城中署典洞九統二戶
大韓自强會事務所

◎本社廣告

◎申報價
一張代金 新貨二錢五里
一個月前納 三十錢
三箇月 九十錢
六個月 一元七十錢
一箇年 三元四十錢
郵稅一部 新貨五里
一箇月 十三錢

◎廣告料
四号活字十三字詰
(每日每英尺一寸에新貨十五錢)
(每日每行六錢에相當홈)
一週日에 二圓五十錢
(每日每行四錢五里에相當홈)
一箇月에 五圓
(每日每日四錢一里에相當홈)
其期限의長短과字行의多寡를依ᄒᆞ야增減홈이有홈

漢城染織會社

本社에셔利益을不顧ᄒᆞ고韓人은紙人이라ᄒᆞ[illegible]衣[illegible]國衰敗의元素라外人의嘲評을[illegible]起業週年의[illegible]先進의[illegible]種染色을益加勉勵ᄒᆞ와[illegible]의所需을不貲ᄒᆞ깃사오니[illegible]杠繼ᄒᆞ시되來往의便易를爲ᄒᆞ와左開各處에染物取扱所를設置ᄒᆞ엿사오니從便委托ᄒᆞ심을務望

大廣橋 朴勝模雜貨商店
布屛下 金相萬冊肆
學洞廳兵 李鴻謨藥局
支所下
南門外蓮池洞 俞경煥商店
安洞北松峴初入 宋洛奎典舖
社稷洞武德門外

漢城染織會社告白

大韓每日申報各處支社廣告

中署布屛門下 김相萬冊肆
中署農圃洞初八統第二號 鄭禹澤
平壤上水口門內 김浩淵
仁川栗峴開新冊肆 최致恒
宣川邑橋西里 리東皓
義州西門外한西 安濬
釜山港佐川 大藥局
三和港築洞 徐藥局
咸興朱南社西門外 김仁집
開城培學校 曹喜林
大邱市廳 姜勛遠
載寧邑濟衆院 최一弘
鐵山邑東部 劉夢濬
元山支店 安主
定州南門內 劉七錫
京城興仁門外영楓亭 洪聖麟
海州南門內書舖 리建赫
朴昌鎭

發行兼編輯人 英國人 裵說
發行所 南署石井洞號外地三層洋屋家
大韓每日申報社

第五卷

大韓每日申報
대한매일신보

第四百五十六號

月曜及慶節歲時日休刊

檀君開國四千二百四十年
箕子元年三千二十九年
大韓開國五百十六年
日本明治四十年
淸國光緒三十三年
◎陰曆丁未正月小廿三日乙卯驚蟄

論說

田中子爵及一塔

日本特使田中子爵이日本 皇帝의게韓國 皇帝의贈物노松都塔을欲得이라가此試圖가止於失敗홈은向已記述이어니와盖內部에連結된何人이同特使에게該贈物의必許될거슬確言혼지라田中子爵이歸國次로陛見之際에該贈物을爲ᄒᆞ야感謝之意를奏陳ᄒᆞ얏스나 皇帝께셔松都塔과如ᄒᆞᆫ史編上貴品을分與ᄒᆞ실向意가未有ᄒᆞ시다고拒言ᄒᆞ심은其計ㅣ出於萬全矣로다

然이나日昨 皇闕에到達된報告를得聞ᄒᆞᆫ즉日本凶悍人의從已欲取行ᄒᆞᆫ거시著示라有效報導를今聽ᄒᆞᆫ즉三四日前에武器를持ᄒᆞᆫ日本人(各異樂算을從ᄒᆞᆫ거시其人數가自一百三十으로至二百)이塔在處를襲入ᄒᆞ야地方官과及其人民의論非를不顧ᄒᆞ고塔片을分取ᄒᆞ야松都停車場으로運搬ᄒᆞ야釜山으로載去ᄒᆞ얏고如此掠奪을施ᄒᆞᆯ時에日本巡査一哨가停車場을四面圍繞ᄒᆞ얏도다

此報告ᄂᆞᆫ松都地方官이親自補來ᄒᆞᆷ이나然이나如此格外事가本人의橫暴行動을著示ᄒᆞ며韓國 皇帝及人民思想에苦痛을加ᄒᆞᆫ거시라此事實이明確報導된줄노深信ᄒᆞ기를厭忌ᄒᆞ노라

若此報가果有實證이면田中子爵의使節이此國民을故意輕侮ᄒᆞᆷ인줄은人各確知ᄒᆞ리로다韓國人民이壓行及侮辱을其能抗立ᄒᆞᆯ거슨旣自表示矣어니와若田中子爵이此貴品地界의遷移를果爲之矣면同氏가其能量度ᄒᆞᆯ것보다加多ᄒᆞᆫ困難을作ᄒᆞ얏도다

官報

●號外 光武十一年三月五日

◎宮廷錄事

議政府參政大臣박齊純辭職疏

批旨省疏具悉卿懇兼職未必有妨於廟務而申複固辭旣如是至章學士之任依施事遵府郞宣諭

●三千七百六號 光武十一年三月六日

◎宮廷錄事

掌禮院경金宗漢辭職疏

批旨省疏具悉경其勿辭行公

◎敍任及辭令

給乙號二級俸 英親王府總판丘忠夏

仝 永寧殿提調李輔榮

仝 景孝殿提調尹倘學

仝

仝八級俸 掌禮院副경李明지

仝二級俸 典膳司掌膳윤龍植

給甲號六級俸 秘書監丞丘南升

給乙號六級俸 侍從院侍從金宅鎭

仝 秘書監丞리文求

仝二級俸 秘書監丞윤憲섭

仝六級俸 懿孝殿提調리載德

仝八級俸 秘書監丞金容圭

仝二級俸 典膳司掌膳姜敬熙

侍講院副詹事張世基

命全羅北道庖肆稅調查委員 洪性益

命咸鏡南道庖肆稅調查委員 車世煥

◎布 達

宮內府所管各宮事務管理ᄒᆞᄂᆞᆫ件을左갓치定奪ᄒᆞᆷ이라

光武十一年二月廿四일奉

勅 宮內府大臣沈相薰

布達第一百四十九號

內需司 龍동宮 於義宮 壽進宮에仕役ᄒᆞ든職員及卜屬을廢止ᄒᆞ고該 宮司에關ᄒᆞᆫ事務管理를左갓치定ᄒᆞᆷ이라

一 壽進宮內에 供進所를置ᄒᆞ고此를各 宮事務整理所(宮內府內)에서管理ᄒᆞ야自來 內需司 龍洞宮 於義宮 明禮宮 壽進宮에서掌理ᄒᆞ든 御供及祀典擧行에關ᄒᆞᆫ事務를掌케ᄒᆞᆷ이라

一 內需司 龍洞宮 於義宮 明禮宮 壽進宮 毓祥宮 宣禧宮 景祐宮에關ᄒᆞᆫ宮庄處理及 宮敷上納等事務ᄂᆞᆫ各宮事務整理所에서管理케ᄒᆞᆷ이라

◎部 令

●度支部令第卅一號 續

第六條 證憑書類中外他의計算證明上에提出케된者有ᄒᆞᆫ時ᄂᆞᆫ其意를物品出納計算書備考에記載ᄒᆞᆷ이可ᄒᆞᆷ이라

第七條 槪算으로受ᄒᆞᆫ物品에對ᄒᆞᆫ出給精算書에ᄂᆞᆫ其槪算으로受ᄒᆞᆫ物品의領收證書를添付ᄒᆞ되他證憑書類와區別ᄒᆞ야別冊으로編찬ᄒᆞᆷ이可ᄒᆞᆷ이라

附則

第八條 本令은光武十一年度分브터施行ᄒᆞᆷ이라

備考一 物品會計官吏가交替ᄒᆞᆷ을因ᄒᆞ야一會計年度를通過치못ᄒᆞᆯ時ᄂᆞᆫ表題及末端證明ㅎ言中何年度次에其處理에係ᄒᆞᆫ期間을記載ᄒᆞᆷ이可ᄒᆞᆷ이라

一 本書ᄂᆞᆫ改刪塗抹ᄒᆞᆷ을不許ᄒᆞᆫ若或誤記脫字等이有ᄒᆞ야修正을要ᄒᆞᆯ時ᄂᆞᆫ二線을朱획ᄒᆞ고主任者ㅣ此에捺印ᄒᆞᆷ이可ᄒᆞᆷ이라

一 用紙ᄂᆞᆫ質强ᄒᆞᆫ者를用ᄒᆞ되橫이六尺五分縱이九寸假量되게ᄒᆞᆷ을要ᄒᆞᆷ이라

完

外報

●露日再戰說 露國半官報노비샤레야新聞에記載ᄒᆞ야日前陸軍大臣子로팟킨氏ᄂᆞᆫ本社主筆과談ᄒᆞᄂᆞᆫ中에露國이日本과戰端을再開ᄒᆞᆷ은早晚間에免치못ᄒᆞᆯ바인ᄃᆡ露國이一艦隊를不有ᄒᆞᆷ은不勝慨歎이라ᄒᆞ얏더라

●日本政界風雲 五日發東京電을據ᄒᆞᆫ즉進步黨과大同俱樂部의聯合會ᄂᆞᆫ前日에失敗를恢復ᄒᆞ기爲ᄒᆞ야다시原內相의不信任案을緊急動議로ᄒᆞ야突然히次回本會議에提出ᄒᆞᆯ것이라ᄂᆞᆫ說이專혀政界에傳播ᄒᆞᆷ의政友會幹部에서ᄂᆞᆫ嚴重히此를警戒ᄒᆞ야反對派의策戰偵察에勉力ᄒᆞ고自派代議士의게禁足을命ᄒᆞ야非常히準備ᄒᆞ며進步大同의二派도亦是自派代議士의게禁足을對抗戰에苦ᄒᆞ니左右間一二日內一大問題가生ᄒᆞ야一世에耳目을聳動ᄒᆞᆯ것다더라

●日人의反對運動 桑港電을據ᄒᆞᆫ즉加州々會에서日本及支那人에對ᄒᆞᆫ事件卽外國人은市民되지못ᄒᆞᄂᆞᆫ條件을可決ᄒᆞ얏ᄂᆞᆫ대該條件인즉外國人은五年以上을土地를所有치못ᄒᆞ며一年以後에前記借地를禁止ᄒᆞᄂᆞᆫ法案이라日本人은上院에對ᄒᆞ야極力反對ᄒᆞ기로運動中이라라더

●無線電線架設 清國張之동또가兩江總督을向ᄒᆞ야江寧湖北間에無線電線을架設ᄒᆞ기로協議ᄒᆞ야承諾을得ᄒᆞᆷ으로不遠間實施ᄒᆞ리라더라

雜報

●聖意如天 英親王殿下吉禮를陰曆三月로完定ᄒᆞ셧더니今番國債報償事에對ᄒᆞ야大皇帝陛下게오서一般人民의愛國思想이憤發홈을可尙이녀이사百姓은國家事에이ᄀᆞᆺ치血誠이激發ᄒᆞᄂᆞᆫ디朝家에셔ᄂᆞᆫ晏然히吉禮를行홈이不可라ᄒᆞ시고陰曆七月로退定이되얏다더라

●揀擇日子 英親王夫人初간擇은陰正月二十八日이라더라

●政府議案 日昨政府議案件을得聞ᄒᆞᆫ즉新年宴會費支出件과軍用地民有田畓價支出件과俘虜救還費支出件과限前畢納ᄒᆞᆫ各郡守償與金支出等件이라더라

●學童罵大官 英語學校의一般生徒가國債報償ᄒᆞᆯ計畫으로皆同盟斷烟ᄒᆞ고至於該校使喚人ᄭᆞ지一致感激ᄒᆞ야烟具를毁棄ᄒᆞᆫ지라同學徒等이在於路上에聯袂而行ᄒᆞ다가農商大臣이車上에셔呂송烟을吸홈을見ᄒᆞ고大叫而罵曰今에 皇上陛下게옵셔烟草를不御ᄒᆞ시고一般人民이皆矢心斷烟이거날彼賣國大臣輩가獨不斷烟이로다彼大官의所吸烟은卽是國을賣ᄒᆞ야食ᄒᆞᄂᆞᆫ것이라ᄒᆞ니同大臣이聽若不聞ᄒᆞ고疾馳而去ᄒᆞ얏다더라

●銓考작還 內部전考所에셔向日郡守奏本件을政府로越交ᄒᆞ얏더니該奏本件을內部로작還ᄒᆞ고전考委員을譴責ᄒᆞ얏다더라

●達察新任 中樞院贊議리忠求氏가大구觀察使를被任ᄒᆞ얏다더라

●履歷更考 昨日전考所에셔郡守履歷書를전考ᄒᆞ얏다더라

●奏判有別 日本各廳觀察차行에通譯官三四人을差送ᄒᆞᄂᆞᆫ디通譯官은奏任官인디沈장섭氏ᄂᆞᆫ判任官인故로通譯官等이言ᄒᆞ되判任官通譯을差任ᄒᆞ기가昌彼ᄒᆞ다고現今言論이紛紜ᄒᆞ다더라

●皇族運動 國債報償事에對ᄒᆞ야全國人民이莫不熱心ᄒᆞᄂᆞᆫ디今又 皇室宗族이以義捐次로方今運動ᄒᆞᆫ다더라

●內大感悟 內大리址鎔氏가對人而言曰我한同포가國債報償金捐助에忠義가激切ᄒᆞ니官人은何不捐助乎아世人이責我以賣國賊이라ᄒᆞ니果是痛入骨髓인디至於國債報償에對ᄒᆞ야斷烟絕飮ᄒᆞᄂᆞᆫ人도多ᄒᆞ고且年幼尺童과無依女子ᄭᆞ지라도捐助ᄒᆞᄂᆞᆫ디稱以官吏ᄒᆞ고晏然坐視ᄒᆞ다가何面目으로對吾同胞ᄒᆞ리오ᄒᆞ고他部ᄂᆞᆫ未知로되至於內部ᄒᆞ야ᄂᆞᆫ自大臣以下로一般官人이幾年이過ᄒᆞᆫ던지決코國債畢償前에ᄂᆞᆫ月給은廢止ᄒᆞᆯ깃다고重盟ᄒᆞ얏다더라

●紀念請牒 本月十日은日本軍人紀念祭인디統監府의셔各府部院廳大官의게請牒ᄒᆞ얏다더라

●廣田視察 統監府학務囑托廣田氏가黃州海州平壤新義州等地日本人學校를視察次로本日京義鐵路를搭乘ᄒᆞ고出發ᄒᆞ얏ᄂᆞᆫ디往還은二週日間으로預定이라더라

●軍奏將呈 軍部에셔日間奏本을上奏ᄒᆞᆫ다더라

●追封獻議 正三品康洪斗氏가 興宣大院君府大夫人兩位封爵追尊지禮를 上奏膺錄지意로掌禮院과宮內府에獻議ᄒᆞ얏다더라

●武校請設 前議官康洪奮氏가各地方에무官학校를設立ᄒᆞ고靑年子弟를敎育ᄒᆞ기로中樞院에獻議ᄒᆞ얏다더라

●赦典奏本 昨日法部에셔赦典奏本을奉呈ᄒᆞ얏다더라

●監獄移設 監獄署를南署管內日鑑亭後坪으로移設ᄒᆞ기로決定ᄒᆞ얏ᄂᆞᆫ디該基址가宮內府官有地인故로內部의셔經理院으로照會ᄒᆞ얏다더라

●最忌報章 再昨日內部大臣리址鎔氏가仕進ᄒᆞ야秘密公文을各新聞探報을出視ᄒᆞ얏다고該部秘書課官人을一場大責ᄒᆞ얏다ᄂᆞᆫ디理由ᄂᆞᆫ日昨에郡守奏本記을謄示ᄒᆞᆫ事라더라

●一葉獨靑 再昨日에學大리完用氏가日本俱樂部에셔設宴ᄒᆞᆫ事ᄂᆞᆫ昨報에揭載어니와來參諸賓이一齊히洋服을着ᄒᆞ얏ᄂᆞᆫ디學務局長兪星濬氏만獨히周衣을着ᄒᆞ고參會ᄒᆞ얏다더라

●리氏視務 法部文書課長리鍾協씨가身病으로請由ᄒᆞ고治療次로平壤等地에下去ᄒᆞ얏다가再昨日에回京ᄒᆞ야昨日붓터仕進視務ᄒᆞ얏다더라

●兩씨免官 慶北警務官金燦淵廣濟院醫師金聖培兩氏ᄂᆞᆫ免官이되얏더라

●事務被任 度支部建築所事務官은從二品金明濟氏오技師ᄂᆞᆫ內部主事丘漢哲과前翻譯官리贊益兩씨오事務官은技師兪承謙氏가被任ᄒᆞ얏더라

●兩守依免 智島郡守洪世永陰竹郡守秦尙彦兩氏ᄂᆞᆫ依免이되얏더라

●普校演說 本日上午十二時에普成專門學校에셔今番試取ᄒᆞᆫ學徒二百餘人을會同ᄒᆞ야經濟法律上大旨를演說ᄒᆞᆫ다더라

●靑會演說 我한靑年이英文을學習홈이重要홈이란問題로前中學校敎師로名譽가頗多ᄒᆞᆫ訖法氏가靑年會館에셔今日下午七点半에演說ᄒᆞᆫ다더라

●資金宜給 西來人의傳說을聞ᄒᆞᆫ즉黃海道遂安郡務동石金礦은衆人이各出資本ᄒᆞ야年來開採生業矣러니再昨年九月分에美國人이稱有政府認可ᄒᆞ고忽地奪礦則該人等이不勝抑寃ᄒᆞ야資本金推給事로請願이非止一再인디政府에셔終不推給ᄒᆞ니假使政府로該礦을旣爲許給美國人則民礦之所入資本은推給該民이事理當然이오且美國人은開明上一等國人이라他國民有礦資本을依數出給ᄒᆞᆯ計劃이라더라

●斷烟同盟旨趣書

商務會議所

大抵人生이無地면無國이오無家오無衣食이니何以聊生이리오有死而已曰何以言之오曰維我大韓은四千年禮義邦國이오三千里錦繡江山이라苟於今日臣隣中에有如拿巴崙華盛頓이면可以爲獨立之美利堅이오可以爲共和之法蘭西也而과耐政府諸公이泥古昧今ᄒᆞ야甘聽强隣之誘唆ᄒᆞ고典以三千里土地ᄒᆞ고借得千萬圜虛貨ᄒᆞ야曰水道曰治道ᄂᆞᆫ總歸烏有ᄒᆞ고二朔利一朔邊은將至尾閭이니限滿則我無報完之道인디彼索所執之土이니那時에雖欲不與나得乎아 可使土로讓與彼之日에政府諸公所座之家屋과所置之田畓은其能지之乎아反覆思惟에熱淚被面이라가繼之以血이라曰我同胞여有一方針ᄒᆞ니惟我二千萬同胞가斷幾個月吃烟이면可以償債而完土也니此卽涓滴之源이乃至懷裏이오蟻루之垤이可做邱陵이라且以烟茶性質로言之라도吹火呑烟에必傷臟腑ᄒᆞ고努口곤涎에頗失容儀볼더러因此而失火者多ᄒᆞ고因此而損目者多ᄒᆞ고因此而鋪陳衣말이多受汚점ᄒᆞ니其不利於人을不可枚擧也라個人一個月烟費가可爲二三十錢乃爲四五十錢也니以此無益之費用으로湊作有功之貨物이豈非方便이며豈非幸福가伏願同胞ᄂᆞᆫ將此盟意ᄒᆞ야一告十十勸百百勉千千布萬萬播億ᄒᆞ야無不知以此爲義務則法國十五年斷염지苦心과美國九個年斷羊지主旨가合此爲三絕이올더이니同胞々々여勿渝此盟ᄒᆞ고鞏固盟士면天地父母게옵서降生無量福利ᄒᆞ실거시니勉지勉지어다

▲紙上雲烟▼

▲魯一變이면至於道라ᄒᆞ니現今大韓天地에雲霧가忽捲ᄒᆞ고眞面이欲露ᄒᆞ야雖愚夫愚婦라도愛國思想이人々發見이로다

▲沃川郡彰明學校에셔補助金을有志ᄒᆞᆫ各大官에게請求ᄒᆞᄂᆞᆫ디就中學相李完用氏와度相閔泳綺氏ᄂᆞᆫ初不接允ᄒᆞ고自外逐送ᄒᆞ얏다고某報에揭載ᄒᆞ얏스니閔泳綺氏ᄂᆞᆫ以若金庫大臣으로貧寒ᄒᆞ여고러ᄒᆞᆫ여니와李完用氏ᄂᆞᆫ全國敎育大臣으로學校을蔑視ᄒᆞ니이것시敎育大臣에當行之事인지

▲今番郡守銓考가不公正홈으로參政大臣이聯署처아니홈의內大李址鎔氏가自已에所管이瓦解ᄒᆞᆫ지라鬱火가大發ᄒᆞ야江亭烟波에心火을欲消ᄒᆞᄂᆞ水不降火ᄒᆞ면深祟을易致홈이로다

▲平理院判事朴晩緒氏ᄂᆞᆫ日本셔法律을卒業ᄒᆞ얏다ᄒᆞ야普成專門學校에셔敎師을擇任ᄒᆞ얏ᄂᆞᆫ디日昨리偶氏裁判에循私不公ᄒᆞ얏스니此等敎師ᄂᆞᆫ反히學徒에게受業ᄒᆞ야法律을稍解ᄒᆞ얏스면좃켓고

▲各地方吏屬이每年隱戶隱結로資生供役ᄒᆞ더니隱結戶을調査ᄒᆞ야沒數히陞總되미擧皆請願渙散ᄒᆞᆫ다니吏屬이無ᄒᆞ면行政홈슈읍슐가

雜報

國債報償義助勸告文 湖中紳士等

夫有民然後에有國ᄒᆞ고有國然後에安民은古今天下不易之常理也라今有民而不得保安이면國從以弱ᄒᆞ고有國而不得富强이면民從以亡ᄒᆞᄂᆞ니是故로民之患難에國必救恤ᄒᆞ고國之危急에民必扞衛가是謂國而國民而民者也라

今我國步多艱에財政日蹙ᄒᆞ야外債之多ㅣ至爲一千三百萬圜은 僉君子ㅣ想已悉燭이어니와若不趁期淸完이면其勢ㅣ將至國不國而民不民矣러니伊時同聲就死가曷若今日同心擧義哉아噫라大廈之傾에一木이扶之ᄒᆞ고百川之倒에一柱로回之ᄒᆞᄂᆞ니此誠竭力盡心之科也라惟幸大邱에叛止烟之會ᄒᆞ고京城에設期成之會ᄒᆞ니此即我同胞之第一義務也오結果之日에ᄂᆞᆫ即我同胞之第一幸福也라本人等이오抃雀躍에不勝欣喜而顧念我湖中이亦不可自後於他省故로玆庸敬告ᄒᆞ오니毋論男婦老幼ᄒᆞ고斷飮止烟에隨力捐義ᄒᆞ야剋報國債에重回國權則仙리長春이復延於二十八世之實녹ᄒᆞ고太和瑞氣가更回於二千萬口之同胞矣리니是爲國家之幸福人民之幸福

再에義助金은不拘多少ᄒᆞ고隨其所聚ᄒᆞ야氏名下에錢數를昭詳懸錄ᄒᆞ야一々成冊上送于大한每日申報社則揭載廣布ᄒᆞᆯ次

忠淸南北道五十四郡大小人員
僉君子 座下

●天民可愛 茶洞金鎭秀子快文이가年方十歲인ᄃᆡ近日國債報償期成會趣旨로因ᄒᆞ야義金出捐ᄒᆞᄂᆞᆫ義務를見ᄒᆞ고曰全國人心이如是團合ᄒᆞ니開明富强을何不速圖耶아ᄒᆞ고天民忠愛之心이激發ᄒᆞ야入學後紙筆等價零在가僅以新貨五十錢과同隣居金德秀家同志人數十人이方應期成會趣旨矣러니主人지稱孫弘重이가年今十歲라國債報償ᄒᆞᄂᆞᆫ義捐記錄을見ᄒᆞ고曰國民義務가如此ᄒᆞ니開明지基礎라ᄒᆞ며入학後學資金零瑣數가爲五百兩也라ᄒᆞ고期成會에傳納ᄒᆞ얏다더라

●元童嘉尙 相思동居元慶石年今十一歲인ᄃᆡ歲拜錢四十錢을國債報상金으로期成會에傳納ᄒᆞ얏다더라

●淸隊出義 淸州鎭衛隊隊大長柳冀元氏의寄函을據ᄒᆞᆫ則貴報中에斷烟報國債지論說을閱覽一場에不覺手舞而足蹈也라我國一千三百萬圜借款을報상이無期ᄒᆞ야惟我二千萬同胞에晝宵憂慮者也러니徐相敦氏의斷烟同盟지說이如披雲看月ᄒᆞ야滿心爽快라一隊軍人이奮然發起ᄒᆞ야三朔斷烟條을計數이온本領尉官士卒三百十八員人에合爲一百九十圜八十錢이온지라爲先以一朔條六十三圜六十錢으로玆以先送이라ᄒᆞ얏ᄂᆞᆫᄃᆡ該錢은期成會로傳送ᄒᆞ노라

●校直感義 私立普光學校에셔今番國債報상에對ᄒᆞ야校監閔丙斗氏와諸教師가愛國思想으로一塲說明ᄒᆞᆫ后에야各出義金ᄒᆞ고報償以前에ᄂᆞᆫ一切斷烟ᄒᆞ기로決心同盟ᄒᆞᄌᆞᄒᆞᆷ의諸學員이感淚縱橫ᄒᆞ야爭先出金ᄒᆞᄂᆞᆫᄃᆡ校直兄弟가亦有感發ᄒᆞ야前進曰小童도人民의義務가有ᄒᆞ다ᄒᆞ고一朔月給을奉呈ᄒᆞ니一校中이贊々不已ᄒᆞ더라

●校長捐金 東興學校校長沈啓澤氏가該校況이零星ᄒᆞᆷ을慨歎ᄒᆞ야銅貨壹百圜을捐出ᄒᆞ야姑先維持케ᄒᆞ니氏ᄂᆞᆫ汾南學校을負擔成立ᄒᆞᆫ手段이라到處教育上熱心을人皆攢頌ᄒᆞ더라

●宣市撤烟 宣川郡市民들이會議ᄒᆞ되國債報償을爲ᄒᆞ여斷烟도實踐ᄒᆞ려니와 皇帝陛下씌셔斷烟이시라ᄒᆞ니爲我臣民者ᄂᆞᆫ尤極感泣이라ᄒᆞ고爲先烟草의營商을不爲ᄒᆞᆷ이可라ᄒᆞ미齊聲同盟ᄒᆞ고廛頭에卷烟散賣ᄒᆞ기를廢ᄒᆞ얏다더라

●賊漢失捕 再昨十時에梨峴等地에賊漢五六名이凶器을持ᄒᆞ고大路上來往ᄒᆞᄂᆞᆫ男女를勿論ᄒᆞ고衣服을奪取ᄒᆞᄂᆞᆫᄃᆡ東署에셔巡檢을多發ᄒᆞ야逐ᄒᆞ미一黨은東大門을向ᄒᆞ야走ᄒᆞ고一派ᄂᆞᆫ安동等地로逃去ᄒᆞ얏ᄂᆞᆫᄃᆡ該賊捕捉次로當夜에梨峴等地에來往ᄒᆞᄂᆞᆫ行人의身上을巡檢等이搜探ᄒᆞ얏다더라

●釋家愛國 東門外映楓亭佛教研究會에셔去日曜下午一時에通常會를開ᄒᆞ고諸般事務를處理ᄒᆞᄂᆞᆫᄃᆡ又一問題를提出ᄒᆞ되今此國債報償에對ᄒᆞ야本會의셔國內各寺刹에通餙ᄒᆞ야一般僧侶가隨力出義ᄒᆞ자ᄒᆞ고總務리寶潭과評議長洪月初有志禪師壹百五十餘員이演說決議ᄒᆞ얏다더라

●明進開학 東門外映楓亭明進학校에셔去四日陰本月廿日에春期開학을始ᄒᆞ얏다더라

廣告

湖南鐵道株式會社廣告

本社事務을一層擴張ᄒᆞ기爲ᄒᆞ야事務所ᄂᆞᆫ大廣橋川邊前紙廛小都家로本月六日에移接ᄒᆞ고社長以下整理委員을選定ᄒᆞ고玆에左開ᄒᆞ야廣告ᄒᆞ오니株主에應募ᄒᆞ실有志僉君子ᄂᆞᆫ陸續來議ᄒᆞ심을爲望

社長 金基永
總務部長 成文永
整理委員 尹晶錫
白完혁 趙鎭泰 조秉澤
鄭東植 孫錫基 孟덕敏
朴泓일 鄭斗煥 白寅基
한相龍 趙彰漢 等 告白

●九轉靈砂라 本人이妙方法을神備ᄒᆞ야製造ᄒᆞᆫ靈丹인ᄃᆡ男女老少에無論何징하고通治하오며無病時에도服하면平生의身躰가健康ᄒᆞ며小兒ᄂᆞᆫ四五錢重만服ᄒᆞ면十歲안에無病ᄒᆞ기를擔保ᄒᆞ오며

●九轉靈砂萬應丹은져狂 癎징과中風諸疾과耳目諸病과淋疾에神効ᄒᆞ오

●九轉靈砂保命丹은初生小兒驚風 간氣 咳嗽 腹瘡諸般惡징에神効ᄒᆞ오

●九轉靈砂濟衆丹은酒滯 食滯 血積 吐瀉 霍亂 痢疾 吐血 下血 運氣 時疾 疝징에神効ᄒᆞ오

●九轉靈砂紫金丹은痔漏 累瘰 上疳瘡 下疳瘡及唐瘡과諸般毒瘡惡種에無不神効ᄒᆞ오니 僉君子ᄂᆞᆫ來問ᄒᆞ시오

內需司前두간이골上隅第一家
百三統一戶 리ᄒᆞ廷 告白

명월관확장광고

폐관이마시이후로고익ᄒᆞ시ᄂᆞᆫ귀긱에후의를입사와오늘날ᄃᆡ한에제일등요리점으로ᄂᆡ외국에셔다아시도록확장ᄒᆞ여가오니ᄃᆡ단감ᄉᆞᄒᆞ옴거니와근일은이층양옥을광활이신건축ᄒᆞ고다락아리ᄂᆞᆫ온돌방을본밀리비치ᄒᆞ고포진범절을ᄉᆡ로ᄒᆞ와오시ᄂᆞᆫ귀긱이편ᄒᆞ시도록쥬외ᄒᆞ엿ᄉᆞ오며각죵음식은보기에화려ᄒᆞ고먹기에졍미ᄒᆞ게일신쥰비ᄒᆞ야다소를불게ᄒᆞ고주야로파오되셔양쥬ᄂᆞᆫ잔으로파오며특별신지량교자음식은오시ᄂᆞᆫ시로붓터ᄒᆞᆫ시간이되면멧상이라도곳가져가시도록ᄒᆞ오니ᄂᆡ외귀긱은륙속왕임ᄒᆞ시옵

각식요리음식
각식셔양쥬
각죵경편양요리
각죵일본간스메
각죵여송연
각국권연
진찬합
건찬합
밥교자
특별신지량교자음식
명창가동졍거복도유ᄒᆞ옵

明月館 主人 金東植 告白

洪淳康氏가東署東小門內土橋東邊에織造機을廣張設施ᄒᆞ야稱號를淳昌號라ᄒᆞ고各色綢緞紗屬等을織造發賣ᄒᆞ오니願買人은來臨購買ᄒᆞ시며或所用ᄃᆡ로緞과紗等屬을預托ᄒᆞ시면依約施行ᄒᆞ깃삽 淳昌號 告白

●大韓自强會月報

每月一回廿五日發行
定價金 一部 十五錢

大韓自强會月報의發行이服朔을經ᄒᆞ오니自由의議論을鼓發ᄒᆞ야國家의權利를增進ᄒᆞ고獨立의精神을淬礪ᄒᆞ야同胞의團結을益鞏케ᄒᆞ야(僉)會有志諸公의愛讀ᄒᆞ심을供ᄒᆞᆫ온바現今本會의셔一비擴張ᄒᆞ기(爲)ᄒᆞ야高明ᄒᆞᆫ文章과宏博ᄒᆞᆫ學問家를延致ᄒᆞ야天下大勢의變動과殖產敎育의要素와古今政治의大要를蒐輯ᄒᆞ야開務ᄒᆞ며眼目을一新케ᄒᆞ오니愛國ᄒᆞ시ᄂᆞᆫ僉君子ᄂᆞᆫ血淚를뭇ᄒᆞ시고家家案頭의隨刊對讀ᄒᆞ시오

皇城中署典洞九統二戶
大韓自强會事務所

●漢城染織會社●

本社의셔利益을不顧ᄒᆞ고韓人은紙人이라白衣ᄂᆞᆫ韓國衰敗의元素란外人의嘲評을慣慨ᄒᆞ여起業週年의幸蒙各位愛顧ᄒᆞ와前進의榮幸이不無ᄒᆞ온지라各種染色을益加勉勵ᄒᆞ와僉位의所請을不負ᄒᆞ깃사오니陸續枉臨ᄒᆞ시되來往의便易를爲ᄒᆞ와左開各處에染物取扱所를設置ᄒᆞ엿사오니從便委托ᄒᆞ시務望

大廣橋 朴勝煥紬緞商店
布屛下 金相萬冊肆
苧洞憲兵支所-- 李鴻謨藥局
남門外蓮池洞 俞경煥商店
安洞北松峴初入 송洛종典舖
社稷洞武德門外

漢城染織會社告白

仁川港

紙卷烟及烟草會社

◎本社廣告

○申報價
一張代金 新貨二錢五里
一個月前納 三十錢
三箇月 九十錢
六個月 一元七十錢
一個年 三元四十錢
郵稅一部 新貨五里
一箇月 十三錢

○廣告料
四号活字十三字詰每日每英尺一寸에新貨廿五錢(每日每行六錢에相當홈)
一週日에 二圜五十錢(每日每行四錢五里에相當홈)
一箇月에 五圜(每日每日四錢一里에相當홈)
其期限의長短과字行의多寡를依ᄒᆞ야增減홈이有홈

●大한每日申報各處支社廣告

中署布屛門下	김相萬冊肆
中署農圃初入七拾八統第二號	鄭禹澤
平壤上水口門內	김浩淵
仝	최叙恒
仁川柳峴開新冊肆	리東皓
宣川邑橋西里	安濬
義州西門外한西	大藥局
釜山港佐川	徐藥局
三和港築洞	김仁집
咸興朱南社西門外	曹喜林
開城培學校	姜助遠
大邱市廳	최一弘
載寧邑濟衆院	劉夢澤
鐵山邑東部	安志
元山支店	
定州南門內	劉七錫
京城興仁門外영楓亭	洪聖麟
海州南門內書舖	리建赫
	朴昌鎭

發行兼編輯人 英國人 베說
發行所 南署石井洞號外地三層洋屋家

大韓每日申報社

大韓每日申報
대한매일신보

第五卷　第四百五十七號

月曜及慶節歲時日休刊

檀君開國四千二百四十年
箕子元年三千二十九年
大韓開國五百十六年
日本明治四十年
淸國光緖三十三年
◎陰曆丁未正月小廿四日丙辰

論說

國債報償

韓國人民이收合義捐ᄒᆞ야日本이貸給ᄒᆞᆫ紙上金額을欲以淸帳ᄒᆞᆷ은本記者ㅣ以幾許懸念으로注目ᄒᆞ거니와蓋其意思ᄂᆞᆫ吾人의圖滿同情을表ᄒᆞᄂᆞᆫ바오且果忠愛之擧니誰不稱揚이리오然이나對其實行之策ᄒᆞ야ᄂᆞᆫ未免有畏心이니蓋日本이幾多金額을韓國에借與ᄒᆞ얏ᄂᆞᆫ지確知之人은但自日人이라如此諸人이此不幸國民의久來重負를脫免ᄒᆞ기에致何助力ᄒᆞᆯ지ᄂᆞᆫ似未可期로다

何如ᄒᆞᆫ지此國債가未滿一千五百萬圓이라ᄒᆞ더ᄅᆡ도現金에如此額이流通上에必無ᄒᆞᆯ거시며雖百萬圓을收合積置ᄒᆞ더ᄅᆡ도商業上拘束을引生ᄒᆞᆯ거시오雖不然ᄒᆞ더ᄅᆡ도目賀田氏의白銅韓化之策을施行ᄒᆞ던時에經驗ᄒᆞᆫ財政厄運을必起ᄒᆞ리로다此問題를十分商量ᄒᆞ기ᄂᆞᆫ無暇나然이나可히曉解ᄒᆞᆯ거슨財政을聚積ᄒᆞᄂᆞᆫ方策은必止於災難ᄒᆞᆯ거시니此國內에略少錢額은流通中에必在ᄒᆞᆯ거시로다然則他方策을講求ᄒᆞ야以其集合錢額으로外國에輸出될製造物品과金及他礦産과米穀과牛皮及材木之類를買收ᄒᆞᆷ이必要ᄒᆞ니如此면錢額은尙在流通中이로ᄃᆡ物質이外國에셔錢料를作ᄒᆞ리로다

如此計策을進行ᄒᆞ기에ᄂᆞᆫ頗多費用을要ᄒᆞᆯ지라本記者의此提議에도加減을必許ᄒᆞᆯ터이나然이나對其發起人ᄒᆞ야猶可托言ᄒᆞᆯ거슨此提議가其乃基礎的發言이오且於成就之道에惟一計劃이라ᄒᆞ노라

韓國이現今負債의三倍라도淸帳ᄒᆞ기ᄂᆞᆫ其能容易ᄒᆞ리니此國의財政能勢가多大ᄒᆞ고且其人民의自欲免負ᄒᆞᄂᆞᆫ大志ᄂᆞᆫ欲貯費用以報國債ᄒᆞ야酒草를斷絶ᄒᆞᄂᆞᆫ事實노만觀之라도十分證明矣로다

其目的은何以觀之던지特著오且可讚揚이라實行之道를必探ᄒᆞᆯ거시나然이나其首領之人은憂慮를亦未可免이니日本之人이各異ᄒᆞᆫ勢力으로如此運動을自然反抗ᄒᆞᆯ거시오且財政及경察顧問官도反對運動을必作ᄒᆞ리로다

由是로其擔務之人은嚴加謹愼ᄒᆞ야人民의合金을處理ᄒᆞᄂᆞᆫᄃᆡ雜行이不得其路케ᄒᆞ고其收合金額은合宜手中에置ᄒᆞᆷ이必要ᄒᆞᆫ지라特其發起諸人은世界事를博識ᄒᆞᄂᆞᆫ人士와國民信用에首居ᄒᆞᄂᆞᆫ人士로一緫代會를組織ᄒᆞ기에勿失其時어다

官報

◎三千七百七號　光武十一年三月七日

◎布達

宮內府 廟 社 殿 宮各 陵 園 墓官制中改正ᄒᆞᄂᆞᆫ件을左갓치定奪ᄒᆞᆷ이라

光武十一年三月四日奉
勅　宮內府大臣沈相薰

布達第一百五十號

廟 社 殿 宮各 陵 園 墓官制中 華寧殿職員中令一人判任下水原郡守例兼六字를刪去ᄒᆞ고令次에參奉一人判任六字를添入ᄒᆞᆷ이라

◎敍任及辭令

度支部主事李輝寔

依願免本官　正一品閔泳韶　正二品尹德榮

命宮內特進官　中樞院贊議李忠求

任慶尙北道觀察使　農商工學校敎官安衡中

任工業傳習所技師　內部主事丕漢喆

任度支部技師　仝技手吳台煥

任度支部建築所技師　前翻譯官補李能益

任度支部建築所事務官　前主事兪承兼

任度支部水道局技師　前技手兪경煥

解兼任建築所事務官　度支部參書官김敎聲

任度支部建築所事務官　從二品金明濟

熙川郡守李京直　智島郡守洪世泳　陰竹郡守秦尙彦

依願免本官　內部廣濟院醫師金聖培

免本官　右ᄂᆞᆫ該員이全昧治療之方ᄒᆞ야不堪其實이옵기免本官

平安北道觀察道警務官金燦淵　右ᄂᆞᆫ該道觀察使申泰休의報告書를據ᄒᆞᆫ즉該員이裁判所處役罪人案件에有所干預ᄒᆞ야行爲乖當이라ᄒᆞ옵기로以로免本官

◎部令

度支部令第七號

光武十年十二月七日度支部令第廿七號度支部建築所工業部煉瓦製造作業會計規程中第二條를左와如히改正ᄒᆞᆷ이라

第二條　煉瓦製造所의固定資本은금二十萬九千圓으로運轉資本은金五萬六千圓으로ᄒᆞᆷ이라

광무十一年二月廿三日　度支部大臣閔泳綺

◎學部令第三號

學部所管日本留學生規程

第一條　留學生은日本國에留學ᄒᆞᆷ이必要ᄒᆞᆫ學術技藝를履修케ᄒᆞ기爲ᄒᆞ야身體學力及品行을檢定ᄒᆞ야適當ᄒᆞᆷ으로認定ᄒᆞᆫ者에對ᄒᆞ야學部大臣이此를命ᄒᆞᆷ이라

但官立高等學校나又此와同等程度以上의官立學校卒業生에對ᄒᆞ야ᄂᆞᆫ學力試驗을不行ᄒᆞᆷ도有ᄒᆞᆷ이라

第二條　留學生의履修學科、在留地、學校、及留學期日、은學部大臣이此를指定ᄒᆞᆷ이라

第三條　留學生을被命ᄒᆞᆫ者ᄂᆞᆫ壹週間以內에第一號書式의誓約書를提呈ᄒᆞᆷ이라

第四條　留學生은留學中에在ᄒᆞ야凡事를留學生監督의指揮監督을受ᄒᆞᆷ이라　未完

外報

◎中米戰乱의干涉　東京電을據ᄒᆞᆫ즉中米戰亂에關ᄒᆞ야米國은兵力으로써干涉코져ᄒᆞᆫ다더라

◎政界暗雲　仝電을據ᄒᆞᆫ즉桂伯과進步黨의大石正己氏ᄂᆞᆫ去三日夜에會見ᄒᆞ얏스나其時進步黨과大同俱樂部兩派의提携에對ᄒᆞ야ᄂᆞᆫ何等穩藉ᄒᆞᆫ談話가無ᄒᆞ얏다더라

◎軍器購買　淸國北洋陸軍이最近者에外國의셔購入ᄒᆞᆫ軍器費가六百萬兩이니其中二百萬兩은日本에셔一百萬兩은德國의셔其餘ᄂᆞᆫ英法日奧諸國의셔購入ᄒᆞ얏다더라

◎總督任命　北京電을據ᄒᆞᆫ즉民政部尙書徐世昌은滿洲總督、御史唐炳麟은奉天巡撫、楊士琦ᄂᆞᆫ吉林巡撫、程德全은黑龍江巡撫를任命ᄒᆞ기로內定ᄒᆞ얏다더라

雜報

●揀擇看相 英親王殿下夫人揀擇에入參ᄒᆞᆫ修單處子家에內人이前往ᄒᆞ야處子의善不善을一々看相ᄒᆞ얏다더라

●政府通牒 政府에셔內部에通牒ᄒᆞ되外國囑托官에品階와官職及捧額을昭詳錄送ᄒᆞ라ᄒᆞ얏더라

●兩守請裁 光州觀察使沈相익氏가行政上에勅計不公ᄒᆞᆫ事가多ᄒᆞᆷ뿐더러管下郡守를無故貶下ᄒᆞᆫ故로寶셩郡守尹錫基氏가將次沈氏로裁判을請ᄒᆞᆫ다더라

●觀察無人 內部大臣李址氏가某氏를對ᄒᆞ야曰觀察使資格可合ᄒᆞᆫ人을李忠求金在豐兩人을擇定ᄒᆞ얏거니와其外에ᄂᆞᆫ可堪之材가思量에入지아ᄂᆞᆫ다ᄒᆞ얏다더라

●兩氏拔去 今番郡守奏本中右侍御金然尙氏와桂坊官員에李文用氏兩人을拔去ᄒᆞ엿다더라

●香坂出發 香坂法務院長이法務視察次로昨日京仁一番鐵道로仁川에發往ᄒᆞ얏ᄂᆞᆫ대群山港과木浦까지向ᄒᆞᆫ다더라

●共修學報 日本留學生이共修學報를編輯ᄒᆞ야一号一冊을各部에送致ᄒᆞ얏더라

●新路將開 南大門內生祠동等地로新作路를開設ᄒᆞᆫ다ᄂᆞᆫ說이有ᄒᆞ더라

●宮相感泣 安동故判書金奎弘氏家에셔夫人會를設ᄒᆞ얏ᄂᆞᆫᄃᆡ國債義捐金募集名錄을宮相沈相薰氏가借來閱覽ᄒᆞ고感淚가交下ᄒᆞ며該名錄을自己夫人과別室에게輪示ᄒᆞ얏다더라

●家稅私徵 南來傳說을聞ᄒᆞᆫ즉木浦居金仲善爲名人이本以無知悖類로符同無賴輩ᄒᆞ야官民間에협雜이無所不爲이다가幸今締結參書官ᄒᆞ야圖差無前之民長名號ᄒᆞ야刑事民事을暗囑售奸이罔有其極ᄒᆞᆯ뿐더러稱以公立學校經費不足條一千七百餘兩을充用이라고港內十三동家屋稅을每朔에每間七分式排斂則一年統計가爲五千七百餘兩矣라又稱民役所設置ᄒᆞ고事務員書記下人所料을磨鍊云ᄒᆞ니所謂民役所ᄂᆞᆫ有何所用인지於公於民에無一補益而行此無據之事ᄒᆞ니此乃憑公營私ᄒᆞ야欲爲肥已之意也라參書官告示와所謂民長金仲善之通文으로方行勒捧ᄒᆞ니民難支保에黎情이沸騰ᄒᆞ야方將起擾ᄒᆞ리라더라

●槐巡名譽 忠北來人의傳說을聞ᄒᆞᆫ즉槐山主任巡檢閔厚業氏가出駐五朔에團束巡檢ᄒᆞ야一無弊習ᄒᆞ고方御盜ᄒᆞ야方內之民이業安枕甘이요民心이感服ᄒᆞ야恐或速遞ᄒᆞ니巡檢行政은忠北第一이라고稱頌이載路ᄒᆞ며民皆曰同氏ᄂᆞᆫ可以陞差警察官이라도足於其材라ᄒᆞ고間有虛言而移任歸署라ᄒᆞ야吏民이預備願留ᄒᆞ니一箇巡檢으로均化一方이如此ᄒᆞᆫ거슨果是初聞이라고民論이藉々ᄒᆞ다더라

●張氏運動 警務廳訊問課長張宇根氏가主殿院卿을運動中이라더라

●達守鄙行 大邱郡守박重陽씨의行爲ᄂᆞᆫ各新聞에屢揭어니와히氏가官隸로同坐吸烟ᄒᆞ며白丁으로더부러呼兄呼弟ᄒᆞ며邑市日이면市街에周行ᄒᆞ야諸般物件을問價興成ᄒᆞ되若不合價ᄒᆞ면市民과弄談으로鬪酌ᄒᆞ야行已가甚히鄙陋ᄒᆞ다고南來人에傳說이口々嘖藉ᄒᆞ더라

●監查又出 日本國府에셔統監府內에外務總長과財務監查를設置ᄒᆞᆫ다ᄂᆞᆫᄃᆡ財務監查에職任은韓國財政을主管ᄒᆞᆫ다더라

●學相運動 農商工學校書記權鴻周氏가視務多年에忽地空落되미學大리完用氏가該氏에久勤을愛惜ᄒᆞ야外職을周旋ᄒᆞᆫᄃᆡ權氏外에學部官人積仕ᄒᆞᆫ數人을郡守叙任을運動中이라더라

●醉巡妄言 再昨日에新門內西闕前大路中에主殿院巡檢鄭道植이가泥醉ᄒᆞ야不成人事ᄒᆞ고倒臥道中ᄒᆞ야奉職書를出持於手ᄒᆞ고言ᄒᆞ되余ᄂᆞᆫ 宮內府巡檢인ᄃᆡ行人이不知ᄒᆞ고視若不見ᄒᆞᆫ다고辱說이無雙ᄒᆞᄂᆞᆫᄃᆡ夜珠峴支所巡檢이來見ᄒᆞ고人力車에駄載ᄒᆞ야該家로送致ᄒᆞ얏다더라

●研究設施 셩內有志紳士들이學問研究會를設始ᄒᆞ기로現今會議中이라더라

●德官電信 德國公使館附武官一員이韓國觀察次로來到ᄒᆞᆫ다고某處에電報가來ᄒᆞ얏다더라

●火災報告 乗任官立仁川日語學校長仁川府윤金潤晶씨가學部에報告ᄒᆞ되五日上午三時量에本港圻浦日人商店에셔偶然失火ᄒᆞ야連燒日商店家屋五百餘戶而日人三名이亦爲被燒致斃이오며我民家屋이亦燒十八戶이온바本校ᄂᆞᆫ與被燒家屋으로相距稍遠ᄒᆞ와幸免其禍이오나現狀이極爲愁慘이라ᄒᆞ얏다더라

●順安賊警 順安郡公因面自作面等地에賊黨이大熾ᄒᆞ야夜則相戰ᄒᆞ되本郡守ᄂᆞᆫ視若不允ᄒᆞ니巡檢은何處에用ᄒᆞ며同面美上里居ᄒᆞᄂᆞᆫ韓利仲家에셔陰十二月二十二日夜에賊漢六七名이突入ᄒᆞ야錢一千二三百個量을奪取以去ᄒᆞ얏ᄂᆞᆫᄃᆡ韓氏ᄂᆞᆫ重傷ᄒᆞ얏시나本郡守ᄂᆞᆫ聽若不聞ᄒᆞᆫ다더라

●順郡民屢 順安郡守柳錫祜氏가昨年七月에該郡十一面에發訓ᄒᆞ되各一面에셔民屢一名式設立ᄒᆞ야官門擧行케ᄒᆞ라ᄒᆞ고ᄒᆞ되民等은不諾ᄒᆞ나一面에民屢料錢이라ᄒᆞ며或五百五十兩或六百兩式督捧之際에或有遲滯ᄒᆞᄂᆞᆫ동里則其동中에嚴罰ᄒᆞ되今에戶數人口調查也와家屋土地契券分給也와結戶督刷也와各項文簿去來也에擧行이萬分時急이거ᄂᆞᆯ該里가初不立民屢云ᄒᆞ니令到卽刻에本面民屢을設立ᄒᆞ야來待官門ᄒᆞ야以爲擧行之地ᄒᆞᆯ事라ᄒᆞ니該郡民이면々相顧曰吾順安은民屢를勒設ᄒᆞ니各其近邑으로移居ᄒᆞ야財產을保護ᄒᆞᆯ깃다더라

●稅主醉妄 鴻山郡稅務主事某씨가泥醉忘形ᄒᆞ야該郡吏屬의內房에突入ᄒᆞ야婦女를劫奸코저ᄒᆞ다가見逐ᄒᆞ야不知去處라ᄒᆞ고某處에書信이到達ᄒᆞ얏다더라

勸告法大

法案研究會에셔法大李夏榮氏의게勸告가如左ᄒᆞ니 國依於民ᄒᆞ고民依於法ᄒᆞ니雖有善良法律이라도若用不公平則民無由生而國無由保ᄂᆞᆫ卽天下萬國之所同也라今者本會之研究法案者ᄂᆞᆫ實國家之事요非一人之私議니願閣下ᄂᆞᆫ平氣而虛受焉ᄒᆞ쇼셔今番 恩赦ᄂᆞᆫ寔曠世之盛典이라 詔勅中精白審閱ᄒᆞ라신 聖意를對揚之不暇어ᄂᆞᆯ從中擅弄ᄒᆞ야有失大正至公之案ᄒᆞ니如始興民擾罪人成禹慶等과返逆誣告罪人李裕寅張志遠김準植等은雖在罔赦者而冒錄放釋이고谷山民擾時從犯之모糊者와謀殺未遂罪件김一濟等十人과德川民擾事件未決囚김聖甚와勒娶事件閔龍熙等은雖於逾常赦典이라도可合放釋者를擅拔不放ᄒᆞ얏스니其不公不平은一世之耳目을難掩이온바各報紙面之式日論列과一般輿情之轉益沸鬱이實出於天然之公評이니爲其主務者면然躇仍은決非君子反省之道也라竊爲閣下恥之일시玆에冒송仰布ᄒᆞ오니亟須奉身而退ᄒᆞ와一以解民憾一以重國典ᄒᆞ심을務望이라ᄒᆞ얏더라

▲唾成珠玉▼

▲海東風便에消息이來到ᄒᆞ니政界風波가一層激烈ᄒᆞ야黨派各立에勝負를未判ᄒᆞ니對外戰爭이無ᄒᆞ면自內戰爭이有ᄒᆞᆫ거슨古來多險이로다

▲日本借欵을報償ᄒᆞᆯ次로全國人民이各自出義ᄒᆞᄂᆞᆫ거ᄉᆞᆯ日本人이暗裏沮戲ᄒᆞ야百方設計ᄒᆞ다니日本人이近日에厭惘ᄒᆞᆯ가怨生ᄒᆞ야借欵을消滅ᄒᆞᆯ나ᄂᆞᆫ지

▲政界上某々大官이各社會에公論을憎惡ᄒᆞ야一網打盡ᄒᆞᆯ計畫으로某處에周旋ᄒᆞ되某處에셔應ᄒᆞ고政府에提議ᄒᆞ되參政이反對ᄒᆞ얏다ᄂᆞᆫ說이有ᄒᆞ니彼某大官은全國人民에生命을초絶ᄒᆞ기ᄂᆞᆫ不顧ᄒᆞ나世界萬國에公議도不知ᄒᆞᄂᆞᆫ지

▲됴완九氏가郡守전考에參人ᄒᆞ엿ᄂᆞᆫᄃᆡ內大가拔去ᄒᆞ야曰此人은年前韓日協約時에時任內部主事로極力反對ᄒᆞ야至於棄官ᄒᆞ얏스니使我當之라도事固當然이라我以內大로此人을選用ᄒᆞ면實非此人待接이라ᄒᆞ얏다니얼으고쌈치ᄂᆞᆫ貌樣이로고

▲日本셔消防機械ᄂᆞᆫ火災를預防ᄒᆞ라고多數金額으로大韓에賣渡ᄒᆞ더니日昨仁川圻浦에셔日人家屋五百餘戶가一時에燒燼ᄒᆞᄂᆞᆫᄃᆡ良好ᄒᆞᆫ消防機械를用ᄒᆞ야도非常ᄒᆞᆫ慘禍를遭ᄒᆞ얏스니運之否泰ᄂᆞᆫ人力이難致로다

▲近日觀察使現闕이多數ᄒᆞ미南北村豪傑들이唾手而起ᄒᆞ야夜則某大臣門前에坐燭籠이成市ᄒᆞ야耳語가密勿ᄒᆞ니近日官職은耳語中에出來ᄒᆞᆫ다지

◉◉本社廣告◉◉

國債報償金을本社로持來ᄒᆞᄂᆞᆫ이가逐日沓至ᄒᆞ오나本社에셔ᄂᆞᆫ如此重大지事에對ᄒᆞ야善後之策을確實講定ᄒᆞ기前에ᄂᆞᆫ領受키難ᄒᆞ기로姑不收捧ᄒᆞ오니僉君子ᄂᆞᆫ照亮ᄒᆞ시옵

大韓每日新報社告白

雜報

忠淸北道沃川郡國債報償斷烟義務會趣旨書　鄭德溶等

今我國家ㅣ有外債一千三百萬圜之多ᄒᆞ니今年未報ᄒᆞ고來年未報ᄒᆞ야年々如是면其利가當々其本ᄒᆞ리니若此不已면國家를難保ᄒᆞ고國家를難保ᄒᆞ면嗟我同胞가將安所에寄生命耶아每一念至此에이憂耿々ᄒᆞ야不覺雙淚之縱橫터니何幸國債報償之論이自嶺至京ᄒᆞ야義聲一播에莫不相應ᄒᆞ고多少捐助를如恐人後ᄒᆞ니此時가何時오可以挽回我　國權之日也요再生我民命之秋也니凡我同胞ᄂᆞᆫ孰不欣抃蹈舞리오鄙等도熱心所激에義不敢緩ᄒᆞ야敢設國債報償斷煙義務會於忠淸北道沃川郡ᄒᆞ옵고玆以仰布ᄒᆞ오니惟我同胞ᄂᆞᆫ不失此時ᄒᆞ고隨力捐助ᄒᆞ와俾償外債則　國家幸甚이오臣民幸甚

光武十一年三月三日

一本會目的은國債報償ᄒᆞ기로定홈

一報償方法은義金을募集홈

一義金은各隨其力ᄒᆞ야多少를不拘홈

一本會의義金을捐出ᄒᆞᆫ人員은氏名과金額을新聞에公布홈

一本會臨時事務所ᄂᆞᆫ本郡邑內海昌號卷店으로定홈

●申氏義擧　參將申泰休氏가正租一百石과自已及同夫人이使用ᄒᆞ던銀匙箸各一件과銀茶鍾一介及銀沙匙一介를國債報償期成會로付送ᄒᆞ얏스니同氏의日常使用ᄒᆞᄂᆞᆫ器皿을捐助홈은足히全國人心을皷動ᄒᆞ며鄙夫의愛物ᄒᆞᄂᆞᆫ心을羞愧케홀만ᄒᆞ더라

●具童可尙　齋洞普通學校學徒具廣昌은年今十四歲인ᄃᆡ近日國債報상金新貨二十錢을판備ᄒᆞ야農圃동本支社에送交ᄒᆞ얏더라

●林媛義擧　平壤ㅊ洞居ᄒᆞᄂᆞᆫ林召史가當地國債報償會에對ᄒᆞ야金三圜을義捐ᄒᆞ고寄書ᄒᆞᆫ槩意에身雖女子나國民은一般이라涓埃의微誠으로金三圜을仰呈ᄒᆞ오나勿却ᄒᆞ심을伏望이라ᄒᆞ얏더라

●酒婆義擧　平壤셔國債報償會組織ᄒᆞᆷ을酒姬三十一人이相謂曰我等이雖是賤業이나國民된義務ᄂᆞᆫ一般이라豈可含默看過리오ᄒᆞ고義捐金三十二圜을괴送ᄒᆞ미滿塲諸人拍掌喝采에熱心이層生ᄒᆞ얏다더라

●銀刀出捐　平壤居林基磬氏ᄂᆞᆫ단瓢屢空之士也라今番國債報償ᄇᆡ組織時에大勢를一塲演述後慨歎曰余ᄂᆞᆫ家眷이七人이라各出一圜金ᄒᆞ야二千萬同胞中一個人義務를塞責ᄒᆞ노라ᄒᆞ고歸家ᄒᆞ야其夫人에게右顚末을說話則同夫人崔信實氏가正色責之曰國家的觀念과天賦之自由ᄂᆞᆫ人皆有之라此等義務ᄂᆞᆫ余當履行이라ᄒᆞ고嫁혐中銀粧刀一個를卽爲捐出ᄒᆞ미聽聞者莫不欽慕ᄒᆞᆫ다더라

●夫人義助　陸軍參尉윤戴植氏의夫人이今番國債報償의對ᄒᆞ야針工錢新貨二十五錢을판備ᄒᆞ야農圃동本支社의寄附ᄒᆞ얏더라

●商會組織　本社支社員鄭禹澤氏의發起中의在ᄒᆞᆫ商業專門學校ᄂᆞᆫ陰二月頃에創設開校ᄒᆞᆫ다ᄂᆞᆫᄃᆡ該校에셔商業贊成會을組職ᄒᆞ고韓國內商務을擴張ᄒᆞᆯ目的이라더라

●斷烟同盟　侍從武官府使喚兵三十人이斷烟ᄒᆞ기로一濟同盟ᄒᆞ야烟草價로六圜二十錢을收合ᄒᆞ야期成會로送ᄒᆞ얏더라

●老寡實心　北署院동居ᄒᆞᄂᆞᆫ老人寡婦가新貨一圜을期成會로持來ᄒᆞ야言曰年今九十四歲에七十女息과同居ᄒᆞ다가나라님이빗을만히져서여러군ᄌᆞ님이이쳐럼ᄒᆞ시니너무고맙고감격ᄒᆞ야나라이곤고ᄒᆞ면부모되시ᄂᆞᆫ상감님의근심이니자식된마ᄋᆞᆷ이엇지편안ᄒᆞ리오정셩으로壹圜을가져왓노라ᄒᆞ더라

●銀租出義　申泰休氏가國債報상의美擧를大贊ᄒᆞ야直錢만收合ᄒᆞᆷ은社會의有物無錢者로義금을出키不能ᄒᆞ리니特히銀物等의奢侈物을自今廢止ᄒᆞ야國債報상의幾分을補充ᄒᆞ리라ᄒᆞ고銀藥器一件과銀酒煎子一件과銀사匙箸二件及正租一百石을齋洞國債報상期成會事務所普成館으로送ᄒᆞ얏다더라

경고아부인동포라

우리가합기녀자몸으로규문에쳐ᄒᆞ와삼종지의에간셥ᄒᆞᆯ사무기업사오나 나라위ᄒᆞᄂᆞᆫ마음과빅셩된도리에나엇지남녀가다르리요듯ᄉᆞ오니국채를갑푸랴고이쳔만동포드리셔ᄃᆞᆯ간연초ᄅᆞᆯ은니먹고대전을구취ᄒᆞᆫ다ᄒᆞ오니족히사람으로흥감케ᄒᆞᆯ지요젼쟤에아름다오미라그러ᄒᆞ오나부인은물논ᄒᆞᆫ다니ᄃᆡ저여자넌나라빅셩이아니며화육중일물이안니요본인등은여ᄌᆞ에소쳐로일신소존이다만패물등속이라ᄃᆡ산니흑등이를사냥치안니ᄒᆞᆯ고ᄒᆞᆯ해가가ᄂᆞᆫ물을가리지안니ᄒᆞ기로저그무로큰거슬도우나니유지ᄒᆞ신부인동포드른다소를물구ᄒᆞ고협심의련ᄒᆞ와국채를쳥장ᄒᆞ시미쳔만행심

정미졍월십엽일　발긔인에

ᄃᆡ구동상남일동

졍운갑모셔시　은지환일봉 두냥즁

셔병규쳐졍시　은중도일미 두냥등

졍운화쳐김시　은지환일봉 한냥구돈중

셔하균쳐졍시　은지환일봉 두냥중

셔셕균쳐최시　은지환일봉 한냥오돈중

셔뎌균쳐리시　은지환일봉 한냥오돈중 은가지삼기

김슈원쳐비시　은연화등일기 두냥구돈중

廣告

特別廣告

近以國債報償事로我韓同胞가용躍出錢ᄒᆞ니其愛國之誠이足以成自主獨立之基礎요可以免奴隷之禍일시竊不勝欣幸矣러니不意何許無賴之輩가做出諸般沮戲之說ᄒᆞ야巷說이紛々而至於帝國新報上에有日(인민에간신호돈을모아셔무단이국채를갑ᄂᆞᆫ다ᄂᆞᆫ것도일이안니라)ᄒᆞ야眩惑民心ᄒᆞ니彼何心腸耶아夫忠　君愛國은天地之常經也라豈可以恠鬼沮戲之說노自廢忠愛之常經乎아伏願同胞君子ᄂᆞᆫ勿信彼言ᄒᆞ고益加勉焉ᄒᆞ야期於報償國債ᄅᆞᆯ是所顒祝홈

南署竹동윤聖善　윤泰鼎　리白熙　告白

本人의子在奎字ᄂᆞᆫ敬숙이가數十年雜技에浪遊라가如干田畓을盡費ᄒᆞ야無立錐之地後에離親棄業父母ᄒᆞ고去年艮中에移居于南陽下面龍北동이러니與浮浪지輩로協同ᄒᆞ야高邊重債ᄅᆞᆯ得用ᄒᆞ고三四寸間産業을蕩盡코저ᄒᆞ니內外國僉君子ᄂᆞᆫ切勿見欺홈

機張郡一동面奇龍店동居　李洛彦

木浦羅炳弘文致明債訟事에對ᄒᆞ야該府朴參書ᄂᆞᆫ受賂와作奸이無ᄒᆞ고府尹安基현氏가受賂ᄒᆞᆫ奸情이綻露됨으로已爲發電揭載이옵더니不意日昨에皇城新聞第二千四百十三號隨聞記載란下에朴參書가文某에게受賂三百圓으로何許挾雜人이事實을作奸ᄒᆞ여新聞에揭載ᄒᆞ엿ᄂᆞᆫ지本人은初無納賂뿐더러朴氏에正々曖昧ᄒᆞᆫ걸憤惜ᄒᆞ야皇城新聞社에正誤을請ᄒᆞ고玆以廣告ᄒᆞ오니內外國人은挾雜人의揭載을準信치마시고박氏에曖昧ᄒᆞᆫ걸照亮ᄒᆞ심을伏望

本港文致明　告白

本人의子鄭泰興이가年今十九歲에性本浮浪ᄒᆞ야每與悖類로互相符同ᄒᆞ여僞造手票ᄒᆞ며厦成於音ᄒᆞ여假稱債錢幾萬幾千兩이라ᄒᆞ고勒侵본人ᄒᆞ오니自今以後로或有此弊면捉懲警務廳ᄒᆞ여別般痛治ᄒᆞ겟ᄉᆞ오니內外國人은혀勿見欺後悔홈

西署玄湖　鄭召史　告白

本人이李駿九氏許正月廿三日推次新貨三百圜魚음을遺失ᄒᆞ얏스니誰某拾得休紙施行홈

仁港鄭在寬　告白

越南亡國史

國漢文　新刊

定價貳拾伍錢

發賣所　京城廣橋高裕相冊肆　鏡南端川郡禹時夏　佈屛下김相萬書舖

西署新門外錦동百八十六統三戶

辯護士　前檢事正三品　丁明燮　前判事

法律事務所　事務員前主事吳在淳

廣告

湖南鐵道株式會社廣告

本社事務을一層擴張ᄒᆞ기爲ᄒᆞ야事務所ᄂᆞᆫ大廣橋川邊前紙廛小都家로本月六日에移接ᄒᆞ고社長以下整理委員을選定ᄒᆞ고玆에左開ᄒᆞ야廣告ᄒᆞ오니株主에應募ᄒᆞ실有志僉君子ᄂᆞᆫ陸續來議ᄒᆞ심을爲望

社長 金基永
總務部長 成文永
整理委員 尹晶錫
白完혁 趙鎭泰 조秉澤
鄭東植 孫錫基 孟덕敏
朴泓일 鄭斗煥 白寅基
한相龍 趙彰漢 等 告白

●九轉靈砂라 本人이妙方法을神術ᄒᆞ야製造ᄒᆞᆫ靈丹인ᄃᆡ男女老少에無論何징하고通治하오며無病時에도服하면平生의身躰가健康ᄒᆞ며小兒ᄂᆞᆫ四五錢重만服ᄒᆞ면十歲안에無病ᄒᆞ기를擔保ᄒᆞ오며

●九轉靈砂萬應丹은져狂癎징과中風諸疾과耳目諸病과淋疾에神効ᄒᆞ오

●九轉靈砂保命丹은初生小兒驚風 간氣 咳嗽 腹瘡諸般惡징에神効ᄒᆞ오

●九轉靈砂濟衆丹은酒滯食滯 血積 吐瀉 霍亂 痢疾 吐血 下血 運氣 時疾征징에神効ᄒᆞ오

●九轉靈砂紫金丹은痔漏 累癧 上疳瘡 下疳瘡及唐瘡과諸般毒瘡惡種에無不神効ᄒᆞ오니 僉君子ᄂᆞᆫ來問ᄒᆞ시오

內需司前독갑이골上隅第一家 百三統一戶 리主廷 告白

명월관확장광고

폐관이ᄆᆡ시이후로고익ᄒᆞ시ᄂᆞᆫ귀ᄀᆡᆨ에후의를입사와오ᄂᆞᆯ날ᄯᅢ한에제일등요리점으로ᄂᆡ외국에셔다아시도록확장ᄒᆞ여가오니ᄃᆡ단감ᄉᆞᄒᆞ옵거니와근일은이층양옥을광활이신건축ᄒᆞ고다락아리ᄂᆞᆫ온돌방을온밀리비치ᄒᆞ고포진범절을서로ᄒᆞ와오시ᄂᆞᆫ귀ᄀᆡᆨ이편ᄒᆞ시도록쥬의ᄒᆞ엿ᄉᆞ오며각죵음식은보기에화려ᄒᆞ고먹기에졍미ᄒᆞ게열신즁비ᄒᆞ야다소를불게ᄒᆞ고주야로파오되셔양쥬ᄂᆞᆫ쟌으로파오며득별신긔량교자음식은오시ᄂᆞᆫ시로붓터ᄒᆞᆫ시간이되면몟상이라도곳가져가시도록ᄒᆞ오니ᄂᆡ외귀ᄀᆡᆨ은륙속왕임ᄒᆞ시옵

각식요리음식
각식셔양쥬
각죵경편양요리
각죵일본간스메
각죵여송연
각국권연
진찬합
건찬합
밥교자
득별신긔량교자음식
명창가동졍거복도유ᄒᆞ옵

明月館 主人 金東植 告白

洪淳康氏가東署東小門內土橋東邊에織造機을廣張設施ᄒᆞ야稱號를淳昌號라ᄒᆞ고各色綢緞紗屬等을織造發賣ᄒᆞ오니願買人은來臨購買ᄒᆞ시며或所用ᄃᆡ로緞과紗等屬을預托ᄒᆞ시면依約施行ᄒᆞ깃삽 淳昌號 告白

●大韓自强會月報

每月一回廿五日發行
定價金一部十五錢

大韓自强會月報의發行이屢朔을經ᄒᆞ오니自由의議論을鼓發ᄒᆞ야國家의權利를增進ᄒᆞ고獨立의精神을淬礪ᄒᆞ야同胞의團結을益鞏케ᄒᆞ야全國有志諸公의愛讀ᄒᆞ심을供ᄒᆞ온바現今本會의셔一비擴張ᄒᆞ기爲ᄒᆞ야高明ᄒᆞᆫ文章과宏博ᄒᆞᆫ學問家를延致ᄒᆞ야天下大勢의變動과殖産敎育의要素와古今政治의大要를蒐輯ᄒᆞ야開卷ᄒᆞ면眼目을一新케ᄒᆞ오니愛國ᄒᆞ시ᄂᆞᆫ僉君子ᄂᆞᆫ血淚를뭇ᄒᆞ시고家家案頭의隨刊對讀ᄒᆞ시오

皇城中署典洞九統二戶
大韓自强會事務所

●漢城染織會社

本社의셔利益을不願ᄒᆞ고韓人은賤人이라白衣ᄂᆞᆫ韓國衰敗의元素란外人의嘲誚를憤慨ᄒᆞ야起業週年의幸蒙各位愛顧ᄒᆞ와진進의榮幸이不無ᄒᆞ온지라各種染色을益加勉勵ᄒᆞ와僉位의所請을不負ᄒᆞᆯ깃사오니時令枉臨ᄒᆞ시되來往의便易를爲ᄒᆞ와左開各處에染物取扱所를設置ᄒᆞ엿사오니從便委托ᄒᆞ시ᄆᆞᆯ務望

大廣橋 朴勝煥雜貨商店
布屛下 金相萬冊肆
学洞 李鴻謨藥局
支所
남門外 兪경煥商店
蓮池洞
安洞北松峴初入 송洛종典舖

社稷洞武德門外
漢城染織會社告白

大韓帝國仁川港
濟物浦紙卷烟及烟草會社

◎本社廣告

○申報價

一張代金	新貨二錢五里
一個月前納	三十錢
三箇月	九十錢
六個月	一元七十錢
一箇年	三元四十錢
郵稅一部	新貨五里
一箇月	十三錢

○廣告料

四号活字十三字詰
每日每英尺一寸에新貨廿五錢
(每日每行六錢에相當홈)
一週日에 二圓五十錢
(每日每行四錢五里에相當홈)
一箇月에 五圓
(每日每日四錢一里에相當홈)
其期限의長短과字行의多寡를依ᄒᆞ야增減홈이有홈

●大한每日申報各處支社廣告

中署布屛門下 김相萬冊肆
中署廣通橋入七拾八統第二號 鄭萬澤
平壤上水口門內 김浩淵
仝 최敬恒
仁川栫峴開新冊肆 리東皓
宣川邑橋西里 安濬
義州西門外한西 大藥局
釜山港佐川 徐藥局
三和港築洞 김仁집
咸興朱南社西門外 曹喜林
開城培學校 姜助遠
大邱市廳 최一弘
載寧邑濟衆院 ■夢澤
鐵山邑東部 安主
元山支店 劉七錫
定州南門內 洪聖麟
京城興仁門外영楓亭 리建鉉
海州南門內書舖 朴昌鎭

發行兼編輯人 英國人비說
發行所 南署石井洞號外地三層洋屋家
大韓每日申報社

第五卷

大韓每日申報
대한매일신보

第四百五十八號

月曜及慶節
歲時日休刊

檀君開國四千二百四十年
箕子元年三千二十九年
大韓開國五百十六年
日本明治四十年
淸國光緖三十三年
◉陰曆丁未正月小廿五日丁巳

論說

大韓帝國海關

日本新報를據閱컨ᄃᆡ與此韓國으로海關을聯盟홀日本運動이似是堅確이라其議案細則은公布홈에不至ᄒᆞ엿스나以其事實노ᄂᆞᆫ去月二十八日에此問題로議院總代會를院開設ᄒᆞᆫ바總代以外에諸人은參席을不得케ᄒᆞ고處務를秘密히ᄒᆞ엿도다何如ᄒᆞᆫ지吾人은其議案의內容을略干知悉ᄒᆞᆫ깃스니此ᄂᆞᆫ하야미氏가日本國會下議院의決案을應助ᄒᆞ야演述홈이有ᄒᆞᆫ바因此可推라其言辭가如左矣러라

官憲의職責은韓國의財貨經濟上意思로發達홈에在ᄒᆞ거니와日韓間에定界되ᄂᆞᆫ職務ᄂᆞᆫ兩國의互相利益으로行事홀거시라此問題에何如反對가起홈은眞實事狀을全不留心홈이니保護者와及其被保護者間에海關稅納을廢止홈이有何困難이리오ᄒᆞ엿더라

同氏의意見도東京報筆의應助를得홈이여니와日本內에此提議가三十餘朔前에始起됨을吾人이可以記臆이니此計策이明確形態를成홈과且日本政府의意向이欲實行此策인줄은無所疑訝로다

然이나彼能實行耶아此變革이韓國財政에大有損害홀以外에日本商民은外國商人의費金으로沾利ᄒᆞ리로다我國之與韓締約이今尙有效力인바其如左矣로다

以此約定ᄒᆞᄂᆞᆫ거슨大英國政府와官憲과人民이此條約의實行되ᄂᆞᆫ其日노物貨와製造品을輸入或輸出홈에稅金을特關ᄒᆞ야ᄂᆞᆫ大韓國皇帝陛下계셔他列强政府와官憲과人民의게既已許與ᄒᆞ신것과或此後에許與ᄒᆞ신ᄂᆞᆫ諸般權限과免稅와利益을共享홀事

此ᄂᆞᆫ日本이한國外交를擅行ᄒᆞᆫ事實이나然이나如此顯厚提議가包容될如彼格外犯行을列國政府가其或認許홀지ᄂᆞᆫ吾人이暫時라도係想키不能이로다

官報

●號外 光武十一年三月七日

◉宮廷錄事

詔曰揀擇處子入來時只塗粉而勿爲成赫衣服毋敢踰紬苧事分付內部

掌禮院卿臣金宗漢謹
奏今此 英親王夫人揀擇單子京中則既已收捧初간擇吉日以何間推擇乎敢 奏奉
旨陰曆正月晦前擇入

掌禮院卿臣金宗漢謹
奏 英親王夫人初간擇吉日以陰曆正月晦前擇入事 命下矣吉日令日官金東杓推擇陰曆正月廿八日未時爲吉云以此日時定行乎敢 奏奉
旨以此日擧行

掌禮院경臣김宗漢謹
奏今此 英親王夫人간擇時處所及處子出入門路以何處擧行乎敢 奏奉
旨處所을明堂爲之門路生陽爲之

●三千七百八號 光武十一年三月八日

◉宮廷錄事

從二品康洪大改名疏
批旨省疏具悉所請依施

◉敍任及辭令

從一品趙慶호
命弁章閣學士兼侍講院日講官
宗廟署令南星熙
任華寧殿令
健陵參奉尹日榮
任華寧殿叅奉
康陵參奉金益東
任宗廟署令
김芝洙
任康陵參奉
九品김哲洙
任健능參奉
京畿觀察道叅書官김漢睦
正三品崔東弼
命華寧殿儀物修改時別監董
從二品康洪大
任陸軍三等軍醫長
醫學校敎官安祐瑢
仝 한佑根
仝 윤相萬
仝 리秉學
仝 池成윤
仝 崔國헌
仝 車顯聲
仝 姜元永
仝 리基正
仝 朴世恒
仝 洪鍾旭
仝 吳章煥
仝 朱昌謙
仝 張基茂
仝 洪鍾殷
仝 洪錫厚
仝 尹重익
任陸軍三等軍醫 內部主事丘聲九
內部廣濟院技手徐凡淳
平康郡主事全義直
依願免本官 扶餘郡主事한聖혁
免本官

右ᄂᆞᆫ度支部大臣閔泳綺의照會內槩現接鴻山郡稅務官金寬濟報告則該員이僞造民狀ᄒᆞ고掩匿公文ᄒᆞ야莫重稅納을無以收捧ᄒᆞ니似此悖類ᄂᆞᆫ不可仍置라ᄒᆞ얏기是以로免本官

任平安北道觀察道警務署警務官 叅領리大珪
命慶尙南道鎭海灣軍港地調査委員 漢城府參書官金宇헌

外報

●公債報償 東京電을據ᄒᆞᆫ즉三十七年度에發行ᄒᆞᆫ六分利付로英國에서募集ᄒᆞ던公債二千二百萬磅을償却ᄒᆞᄂᆞᆫ件을本日에告示ᄒᆞ다더라

●公債募集 루-터電을據ᄒᆞᆫ즉此番歐洲에서募集中의日本公債二千六百萬磅(一磅ᄂᆞᆫ約十圜)은來週中에九十九방半(百방에對ᄒᆞ야)으로其半額은英國倫敦에서他半額은法國巴里에서發行ᄒᆞ게되얏다더라

●英國海軍 倫敦電을據ᄒᆞᆫ즉英國海軍大臣트에도마우스氏가聲言ᄒᆞ되現政府에서海軍에關ᄒᆞ야前內閣의政策을繼續實行홀라ᄒᆞ다ᄒᆞ얏더라

●山東匪擾 北京電을據ᄒᆞᆫ즉山東省曹州府에匪徒가依然히猖獗ᄒᆞᆫ다더라

●革命黨派偵探 淸國政府에셔曩日以來로紛起ᄒᆞᆫ평鄕의亂黨山東의刀匪奉天의湖匪等은皆是革命黨이協助煽動홈이라現今四方에探偵을派送ᄒᆞ야該黨員의行跡을嚴探ᄒᆞᆫ다더라

雜報

●改服再請 女子教育會에셔服色改量ᄒᆞ기로政府에請願ᄒᆞᆫ지라政府에셔中樞院에該事件을咨詢ᄒᆞ얏더니中樞院에셔否決ᄒᆞᆫ지라政府에셔因中樞院否決ᄒᆞ야題給ᄒᆞ얏더니該教育會에셔期於實施ᄒᆞ여달나고또政府에請願ᄒᆞ얏다더라

●輔仁設업 城內某某有志諸氏가輔仁學會를設施ᄒᆞ고會長은前參書官한萬容氏오總務ᄂᆞᆫ副領安宗煥氏오評議員은陸軍法院長嚴柱益氏等二十餘人인ᄃᆡ教育義務에注意ᄒᆞᆫ다더라

雜報

●監査新出 統監府內에財政監査長과外務總長을設置ᄒᆞᆫ다ᄂᆞᆫ事ᄂᆞᆫ昨報에揭載어니와財政監査長은度支部顧問目賀田氏가被任ᄒᆞ고監査官은二十名이오外務總長은鍋島書記官이陞任ᄒᆞᆫ다더라

●內參新任說 內部文書課長을洪鍾㯖氏가被任ᄒᆞᆫ다ᄂᆞᆫ說이有ᄒᆞ더라

●電奏各國 京城에駐在ᄒᆞᆫ各國領事가大韓人民의國債報償金募集事에對ᄒᆞ야大端히贊成ᄒᆞ고各其政府로電報ᄒᆞ얏다더라

●委員不黜 再昨日地方銓考所에셔郡守履歷書를銓考ᄒᆞ기로各委員의게通牒ᄒᆞ얏다더니備員이못되야銓考치못ᄒᆞ얏다더라

●咸察不願 中樞院贊議金在豐氏ᄂᆞᆫ咸北觀察使를被任ᄒᆞ다더니道里가煩遠ᄒᆞᆯ뿐더러身病이有ᄒᆞ야該職을叙任ᄒᆞ여도辭免ᄒᆞ기로酌定ᄒᆞᆫ다더라

●試在其中 農商工部協辦黃鐵氏가該部一般判任官의資格을試驗코져ᄒᆞ야每日二人式訓令艸件을起案ᄒᆞ라ᄒᆞ야起案ᄒᆞᆫ後에ᄂᆞᆫ自己手쟈中에收置ᄒᆞᆫ다더라

●小島運動 日本人小島氏가韓國沿海邊諸島空閒地와森林을起還所代ᄒᆞ기爲ᄒᆞ야多數金錢으로宮內府顧問加藤增雄氏의게百般運動ᄒᆞᆫ다더라

●李氏化仙 李容翊氏病逝ᄒᆞ얏다ᄂᆞᆫ確據ᄒᆞᆫ電信이再昨日에其家族의到達ᄒᆞ얏다더라

●孰日不可 統監署理長谷川氏가韓國人民의國債報償에對ᄒᆞ야曰國民義務를誰敢沮遏이리오ᄒᆞ얏다더라

●學協視務 學部協辦閔衡植氏가腫氣로屢日呻苦ᄒᆞ더니昨日븟터仕進視務ᄒᆞᆫ다더라

●法訓忠裁 法部에셔忠北裁判所檢事洪冕喜에게指令ᄒᆞ되報辭ᄂᆞᆫ閱悉이거니와判事檢事가警察官에게其職權으로命令ᄒᆞᆫ라ᄂᆞᆫ法規가自在ᄒᆞᆫ則該警察官이必無不知之理이거ᄂᆞᆯ以照以訓間初無公文格式이라ᄒᆞ야今忽報請訓示가誠切訝歎이라依定章行訓ᄒᆞ야以濟事務가可라ᄒᆞ얏더라

●軍警葛藤 向日便戰時에徵上隊兵丁리聖祿을警務西署에被捉ᄒᆞ얏ᄂᆞᆫ데軍部에셔懲治ᄒᆞ야달나ᄒᆞ야도不聽ᄒᆞ고該署에셔重刑ᄒᆞᆫ後에야憲兵隊로越送ᄒᆞ얏ᄂᆞᆫ데軍部에셔軍警間葛藤을做出ᄒᆞᆫ다ᄒᆞ고內部로照會ᄒᆞ야內部에셔警務廳으로訓令ᄒᆞ얏다더라

●電問答覆 再昨夜에侍從院에셔法部에電話ᄒᆞ되答七十에爲免官乎아法部入直人이答ᄒᆞ되答七十에ᄂᆞᆫ不必免官이라ᄒᆞ얏ᄂᆞᆫ데又電話曰리儁事가奏下ᄒᆞ라ᄒᆞ셧다더라

●恩可特降 別項과如히리儁氏를笞一百으로奏本奉呈ᄒᆞ얏더니特減三等ᄒᆞ라신 恩旨가下ᄒᆞ오셔笞七十에處ᄒᆞᆫ다더라

●非農伊軍 再昨日本報雜報에呂宋烟을吸ᄒᆞ다가學徒에게辱說을被ᄒᆞᆫ事를更聞ᄒᆞᆫ즉農商大臣이아니오軍部大臣이라고ᄒᆞ더라

●閔庄賣日 忠南來人의傳說을據ᄒᆞᆫ즉懷德柳川等地의閔忠正家畓四十五石落과田八十五石落이有ᄒᆞᆫ바該地居南廷觀南廷晉兄弟가以閔忠正家切戚人으로十年舍音을主管ᄒᆞ더니其間濁亂도測量업거니와當此本家放賣之日ᄒᆞ야南氏가갑을十一萬兩의作定ᄒᆞ고本國人願買處ᄂᆞᆫ무合凶計로一倂退却ᄒᆞ고日人의게暗買ᄒᆞ얏다니此家庄土를日人의게許賣ᄒᆞᆫ것도義理의關ᄒᆞ거니와該地居民千餘戶가農業의失望ᄒᆞᆯ뿐더러渙散ᄒᆞᆯ地境의當ᄒᆞᆫ故로장차政府에請願ᄒᆞᆫ다더라

●賊魁被捉 龍仁水原振威等地에賊黨數十名이出沒村閭ᄒᆞ야掠奪民財가比日有之ᄒᆞ더니巡檢七名이水原烏山等地에셔賊魁金順京金元順兩漢을捕捉ᄒᆞ얏다더라

●蕉校開式 日昨에長蕉學校에셔開校式을擧行ᄒᆞᄂᆞᆫ데學徒가二百三十餘名에達ᄒᆞ얏다더라

●日掘古塚 龍山典圜局後麓中央에在ᄒᆞᆫ田半日耕假量을日人某가한人리成賈處에買得이라藉稱ᄒᆞ고該麓左右全局에在ᄒᆞᆫ各人墳墓八百餘塚을自手掘去ᄒᆞ야白骨이暴露에現狀이痛迫ᄒᆞᆫ지라該塚의子孫數百名이不勝痛원ᄒᆞ야漢城府에呼訴ᄒᆞᆫ즉該府에셔出往調査ᄒᆞ더니尙無如何措處ᄒᆞᆷ으로昨日上午十時에該塚主等이漢城府에更爲呼원이라ᄒᆞ니大抵日人의買得ᄒᆞᆫ것은不過一個人이田土인데該山麓左右全局을占奪ᄒᆞᆫ것이是何不法이며八百餘塚의白骨을掘去ᄒᆞᆫ것이決非人道之所當爲也라ᄒᆞ노라

●以隱充虛 竹山郡守南廷면氏가度支에報告ᄒᆞ되本郡指徵無處之虛結이無面無之ᄒᆞ야每年作부以後에各동尊位與戶首之冤訴가逐日還至이오나有數結總을不可不充納乃已이온즉或동中徵納ᄒᆞ고或戶首徵納ᄒᆞ야民間隱冤을矯子無術ᄒᆞ온當所憂悶이옵더니昨秋作부時에乃査稅額이온즉各面隱結爲十五結十二負九束이온다以此査結노充彼虛卜즉문亂稅政은從此匡正이요抑冤民막은隨以革祛이옵기虛卜實數을令飭於各面里使之抄報ᄒᆞ야計算合數이온즉爲十四結四負七束이온故로修成册兩件報告ᄒᆞ오니査照ᄒᆞ신후以査得結노充納虛卜ᄒᆞᆫ意로特下指令ᄒᆞ시고成册一件反졉下送ᄒᆞ옵고以爲正結政杜弊源케ᄒᆞ시며餘結一結八負二束싼은臨總ᄒᆞ시믈伏望이라ᄒᆞ얏더라

●義金傳送 國債報償金을各地方에셔本社로寄送ᄒᆞᆫ金額이合爲一百八十五圜四十錢이기期成會로傳送ᄒᆞ얏노라

大邱西門外壽昌社國債志願金收合事務所公函이如左

敬啓者禁烟償債事로民議僉同ᄒᆞ야本會를陰曆本年正月初九日에郡下北亭下에大開ᄒᆞ고趣旨書를랑讀則滿場人民이揮涕呑淚ᄒᆞ고所持烟竹을一齊落下ᄒᆞ고義金을爭先捐出ᄒᆞᄂᆞᆫ데當初開會定規가婦女兒童은勿論義金이러니閨中婦女가激成婦人之會ᄒᆞ고樂捐패物ᄒᆞ며甚至乞人白丁馬夫采女酒婆婢子雇傭싸지亦合ᄒᆞ니可見天意人心이의然有日有國後有民이라ᄒᆞ고多數연生々氣者也라此豈非二千萬同胞再造之日乎아況禁烟會ᄂᆞᆫ自是文明國衛生上一事而吾民之今日禁烟會ᄂᆞᆫ卽全國土地人族之衛生也라有何關係於外交而開會翌日에自本道警署로招入會民ᄒᆞ야詰責曰此會之目的은雖好나無地方官認許則散會가可也라ᄒᆞ오되民心激昻ᄒᆞ야向於十二日市에更爲設會於北亭ᄒᆞ고一場演說則義金이紛々投入之際에日巡査가拿去演說之民ᄒᆞ야期欲解散ᄒᆞ니威以脅之胡至此極也오一郡四民이齊聲共忿ᄒᆞ야代表人徐相夏都正浩리根泒을另送ᄒᆞ고趣旨書와規則을幷以上送ᄒᆞ오니照亮交涉ᄒᆞ시와以圖共濟之地敬要라ᄒᆞ얏더라

▲筆鋒碎玉▼

▲近日政海에波濤가翻覆ᄒᆞ야新內閣이組織되여若干名譽가有ᄒᆞᆫ某々氏가云々ᄒᆞ나時機를暗察ᄒᆞ면不成乃已로다

▲人必有非常之苦然後에有非常之樂ᄒᆞ나니現今大韓天地가東方이欲曙ᄒᆞ야人民團結之幾가漸回ᄒᆞ야國家思想이人々胸膜ᄒᆞ면獨立之復을指日可待로다

▲法大李夏榮과學大리完用兩氏가自强會와一進會을解散시키라고百般運動ᄒᆞ다가妙計가不中ᄒᆞ얏다니또무合冲突을일이킬는지

▲內部銓考所ᄂᆞᆫ地方官을選택ᄒᆞᄂᆞᆫ處所라ᄒᆞ더니該所委員이人材ᄂᆞᆫ택用치아니ᄒᆞ고履歷만銓考ᄒᆞ야循私不公에百弊가俱生ᄒᆞᆷ으로政府에셔革罷ᄒᆞᆫ다니廢亦何妨고

▲日本셔美國借欵은不報ᄒᆞ고大韓의借欵을勸許ᄒᆞ야人民이出義ᄒᆞᄂᆞᆫ境遇에至ᄒᆞ엿시니究厥心腸ᄒᆞ면엇더타ᄒᆞᆯ는지

▲何許一官人이今番奏本에與辛히入參ᄒᆞ얏더니奏本이勿施되얏시니窮人謀事ᄂᆞᆫ每事不成이라ᄒᆞ고痛飮泥醉ᄒᆞ얏다니酒泉太守나ᄒᆞ여보지

▲三南等地에셔賊漢을捕捉ᄒᆞ면忠淸南北道에某々知名家子姪이라ᄒᆞ니湖南士大夫家도잘되엿고

雜報

●철粥尤奇 牙山郡屯浦居前郡守李贊熙氏에寄函을據ᄒᆞᆫ즉本人이蟄伏鄕谷ᄒᆞᆫ지十三有年에歲月이荏苒ᄒᆞ고世事蹉跎ᄒᆞ야不忠貿國之徒가墮於謠中ᄒᆞ야森林浦港을典執借欵ᄒᆞ야三千里疆土가漸盡無餘則二千萬同胞가將爲彼輩之奴隷라每切漆室之憂더니何幸一二諸公이特出爲國之方策ᄒᆞ야斷烟草脫國債가不勝感泣故先招迷兒愚僕ᄒᆞ야計以斷烟則所剩이不過四五十金이라又入內室ᄒᆞ야與老妻炊婢로相議則三朔喫粥이면所剩이幾倍斷烟故로一家內外와上下老少가欣々相告ᄒᆞ야斷烟喫粥爲約ᄒᆞ고舊貨一百元으로以助泰山之一ᄎᆡᄒᆞ오니期圖實效에復振國勢ᄒᆞ심을千萬祈祝이라ᄒᆞ얏더라

●一成設校 楊州郡下道面鹿동의一成學校를創設ᄒᆞ온바本校長洪泰潤氏가但教育에專力ᄒᆞ야校費를自擔ᄒᆞ고同志人本校々監前主事리喆鎔氏와監督에幼學姜秀遠氏로相議ᄒᆞ고本洞에設校ᄒᆞᄂᆞᆫᄃᆡ現今學員이多數募集이되얏다더라

●簪環補捐 忠淸北道陰城郡金目面無極里에一般紳士等이國債償金募集에對ᄒᆞ야義연금額이한貨一百七十九圓四十錢이오銀簪一介가並ᄒᆞ얏고又二十名夫人의義연은醋簪一介와銀指環八介와菊花簪一介와指環代錢이十五元二十錢이本社에來到ᄒᆞ얏기로期成會收금所에傳致케하며該郡男女의愛國ᄒᆞᄂᆞᆫ一致義擧ᄂᆞᆫ果是世界上罕有之事라ᄒᆞ노라

●特別義연 相思동崔영集氏ᄂᆞᆫ一家中의義금을收合ᄒᆞ야二十五圓을期成會로送ᄒᆞ고또國債報상의目的을期成하라고期成會經費로特別히一圓을寄付ᄒᆞ얏다더라

●藉勢行虐 群港居朴景回爲名人이出沒沿海邊諸嶋中ᄒᆞ야各處所在竹林을稱以度支部上納이라ᄒᆞ고無難斫伐放賣ᄒᆞ며烟島之下와七山之上各處漁基와漁船柴塲과甚至於網船釣船이라도藉托京宰家有文券供物이라고漁基每處에葉錢一百二十兩式濫捧ᄒᆞ며漁船每隻에葉錢六十兩式勒捧ᄒᆞᄂᆞᆫ故로沿海邊漁業資生ᄒᆞᄂᆞᆫ人民들이支保無路ᄒᆞ야法司에呼寃次로上京ᄒᆞᆫ다더라

●奮發義氣 水原居리夏榮林勉슈金台濟三씨가國債報償事에對ᄒᆞ야先爲倡論ᄒᆞ야使府內人民이로咸有愛國輕財之心케ᄒᆞ고國漢文趣旨를自備發刊ᄒᆞ야逢人輒給에以啓其奮發之心ᄒᆞ얏다더라

●民會義捐 平壤民會의셔國債報償事에對ᄒᆞ야各社會와各學校에通牒ᄒᆞ야去金曜日에齊會于明倫堂ᄒᆞ야國民義務를一塲說明ᄒᆞᆫ後諸씨의感義出捐ᄒᆞᆫ금額이四百餘圓에達ᄒᆞ얏다더라

●一동美擧 楊根南終面分院동은僅不過二百戶의殘洞으로今番國債報償事를聞ᄒᆞ고忠義所發에鄭世漢氏ᄂᆞᆫ愛犢을市賣ᄒᆞ고成東憲리春植김明善리成道리敬求김興瑞리熙豐뎡般漢김汝俊諸씨ᄂᆞᆫ家産을太半이나捐出ᄒᆞ고柳召史廉召史兩夫人은針工錢으로僅々得生ᄒᆞᄂᆞᆫᄃᆡ其所貧을不顧ᄒᆞ고先出義金ᄒᆞᆷ으로一동人民이爭相聚金ᄒᆞ야一夜之內에三百九十五圓五十五錢을得ᄒᆞᆫ고로히洞任리鍾浩氏와里長鄭般漢禹祥각兩씨를總代로派送ᄒᆞ야右금額을期成會로專納ᄒᆞ얏다더라

●減米捐義 東大門外佛巖寺僧玄庵이가國債報상에對ᄒᆞ야三朔預算供佛米中에若干升合을節減ᄒᆞ야新貨一圓을義捐ᄒᆞ얏더라

●父女同義 平壤府內居한景贊氏의養女正綺가國債報償에對ᄒᆞ야銀環一雙과銀釵一股를捐助ᄒᆞ고其父景贊氏ᄂᆞᆫ十元을同日出捐ᄒᆞ얏다더라

●連次出義 蛤洞小學校生徒十二歲兒陰點爽이ᄂᆞᆫ國債報償事에對ᄒᆞ야該學校로義會을出ᄒᆞ고또期成會로도新貨二十錢을送ᄒᆞ고更히三次送金ᄒᆞ겟다고其父母를조른다ᄒᆞ니小學生徒의激感이社會에所稱有志者라ᄒᆞᄂᆞᆫ人보다더하더라

●玉동烟消 新門外玉포동人等이斷烟同盟하고義金六十元을收合ᄒᆞ야期成會로送ᄒᆞ얏더라

●賣油出義 礴동賣油家의雇傭하ᄂᆞᆫ리廷桂가國債報償ᄒᆞᆫ다ᄂᆞᆫ說을聞하고雇金五十錢을普成館期成會로來納ᄒᆞ얏다더다

●窈窕嘉尙 新門外養園義塾學徒三十三人이國債報償說을聞하고我等도비록幼穉女子나大한臣民의一般分子라엇지忠債의誠이無하리오하고四圓二錢을收合ᄒᆞ야普成館期成會로總代六名이持來하엿ᄂᆞᆫᄃᆡ其容止와服飾이恭謹제整ᄒᆞᆯᄲᅮᆫ더러該學徒ᄂᆞᆫ年十二歲에筆名이業瞀ᄒᆞᆫ故로使寫一行則小無슈삽하고措筆立寫하니字々精妙라滿座가鳴采하얏다하니我한夫人社會가將雄文明ᄒᆞᆷ을推此可占ᄒᆞᆯ지더라

●非日伊한 本報第四百五十四號雜報欄內에日憲兵이鐘路에馳馬ᄒᆞ다가女人을觸傷ᄒᆞ얏다ᄂᆞᆫ事ᄂᆞᆫ砲兵隊長에來書를據ᄒᆞᆫ즉日憲兵이아니오該隊副校金德仲이가巡視軍器廠ᄒᆞ고回還ᄒᆞ더니廣橋東邊에過去ᄒᆞ미自後面으로電車之聲이忽發ᄒᆞᆫ즉馬驚疾馳ᄒᆞᆯ際에有一女人이驚倒ᄒᆞᄂᆞᆫ지라問其傷處則無ᄒᆞ나僕々謝過而歸ᄒᆞᆫ事라더라

湖南鐵道株式會社廣告

本社事務을一層擴張ᄒᆞ기爲ᄒᆞ야事務所ᄂᆞᆫ大廣橋川邊前紙廛小都家로本月六日에移接ᄒᆞ고社長以下整理委員을選定ᄒᆞ고玆에左開ᄒᆞ야廣告ᄒᆞ오니株主에應募ᄒᆞ실有志僉君子ᄂᆞᆫ陸續來議ᄒᆞ심을爲望

社長 金基永
總務部長 成文永
整理委員 尹晶錫
白完혁 趙鎭泰 丕秉澤
鄭東植 孫錫基 孟덕敏
朴泓일 鄭斗煥 白寅基
한相龍 趙彰漢 等 告白

●九轉靈砂라 本人이妙方法을神備ᄒᆞ야製造ᄒᆞᆫ靈丹인ᄃᆡ男女老少에無論何징하고通治하오며無病時에도服하면平生의身体가健康ᄒᆞ며小兒ᄂᆞᆫ四五錢重만服ᄒᆞ면十歲안에無病ᄒᆞ기를擔保ᄒᆞ오며

●九轉靈砂萬應丹은져狂 癇징과中風諸疾과耳目諸病과淋疾에神效ᄒᆞ오

●九轉靈砂保命丹은初生小兒驚風 간氣 咳嗽 腹瘡諸般惡징에神効ᄒᆞ오

●九轉靈砂濟衆丹은酒滯 食滯 血積 吐瀉 霍亂 痢疾 吐血 下血 運氣 時疾 疝징에神効ᄒᆞ오

●九轉靈砂紫金丹은痔漏 累[illegible] 上疳瘡 下疳瘡及唐瘡과諸般毒瘡惡種에無不神効ᄒᆞ오니 僉君子ᄂᆞᆫ來問ᄒᆞ시오

內需司前둑간이골上隅第一家 百三統一戶 리호廷 告白

명월관확장광고

폐관이마시이후로ᄀᆞᆫ익ᄒᆞ시ᄂᆞᆫ귀ᄀᆡᆨ쎄후의를인사와오ᄂᆞᆫ날ᄃᆡ한에제일등요리졈으로ᄂᆡ외국에셔다아시도록확장ᄒᆞ여가오니ᄃᆡ단감ᄉᆞᄒᆞ옵거니와근일은이층양옥을광활이신건츅ᄒᆞ고다락아ᄅᆡᄂᆞᆫ온돌방을ᄂᆞᆫ밀리비치ᄒᆞ고포진범절을새로ᄒᆞ와오시ᄂᆞᆫ귀ᄀᆡᆨ이편ᄒᆞ시도록쥬의ᄒᆞ엿ᄉᆞ오며각죵음식은보기에화려ᄒᆞ고먹기에졍미ᄒᆞ게일신쥰비ᄒᆞ야다소를볼게ᄒᆞ고주야로파오되셔양쥬ᄂᆞᆫ잔으로파오며특별신ᄀᆡ량교자음식은오시ᄂᆞᆫ시로붓터ᄒᆞᆫ시간이되면몃상이라도곳가져가시도록ᄒᆞ오니ᄂᆡ외귀ᄀᆡᆨ은륙속왕임ᄒᆞ시옵

각식요리음식
각식셔양쥬
각죵경편양요리
각죵일본간스메
각죵여송연
각국권연
진찬합
건찬합
밥교자
특별신ᄀᆡ량교자음식
명창가동졍거북도유ᄒᆞ옵

明月館 主人 金東植 告白

洪淳康氏가東署東小門內土橋東邊에織造機을廣張設施ᄒᆞ야稱號를淳昌號라ᄒᆞ고各色綢緞紗屬等을織造發賣ᄒᆞ오니願買人은來臨購買ᄒᆞ시며或所用ᄃᆡ로緞과紗等屬을預托ᄒᆞ시면依約施行ᄒᆞ깃삽 淳昌號 告白

●大韓自强會月報

每月一回廿五日發行
定價金一部十五錢

大韓自强會月報의發行이爲朔을經ᄒᆞ오니自由의讜論을鼓發ᄒᆞ야國家의權利를增進ᄒᆞ고獨立의精神을淬礪ᄒᆞ야同胞의團結을益鞏케ᄒᆞ야全國有志諸公의愛讀ᄒᆞ심을供ᄒᆞ온바現今本會의셔一비擴張ᄒᆞ기爲ᄒᆞ야高明ᄒᆞᆫ文章과宏博ᄒᆞᆫ學問家를延致ᄒᆞ야天下大勢의變動과殖産敎育의要素와古今政治의大要를蒐輯ᄒᆞ야開卷ᄒᆞ면眼目을一新케ᄒᆞ오니愛國ᄒᆞ시ᄂᆞᆫ僉君子ᄂᆞᆫ血淚를문ᄒᆞ시고家家案頭의隨刋對讀ᄒᆞ시오

皇城中署典洞九統二戶
大韓自强會事務所

●漢城染織會社●

本社의셔利益을不厭ᄒᆞ고韓人은衒人이라白衣ᄂᆞᆫ韓國衰敗의元素란外人의嘲評을憤慨ᄒᆞ여起業週年의幸蒙各位愛顧ᄒᆞ와前進의榮幸이不無ᄒᆞ온지라各種染色을益加勉勵ᄒᆞ와 僉位의所請을不負ᄒᆞ깃사오니陸續枉議ᄒᆞ시되來往의便易를爲ᄒᆞ와左開各處에染物取扱所를設置ᄒᆞ엿사오니從便委托ᄒᆞ심務望

大廣橋 朴勝煥雜貨商店
布屛下 金相萬冊肆
学洞鳳兵支所下 李鴻謨藥局
남門外蓮池洞 俞경煥商店
安洞北松峴初入 송洛중典舖

社稷洞武德門外
漢城染織會社告白

大韓帝國仁川港
濟物浦紙卷烟及烟草會社

○申報價
一張代金 新貨二錢五里
一個月前納 三十錢
三箇月 九十錢
六個月 一元七十錢
一箇年 三元四十錢
郵稅一部 新貨五里
一箇月 十三錢

○廣告料
四号活字十三字詰
每日每英尺一寸에新貨十五錢
(每日每行六錢에相當ᄒᆞᆷ)
一週日에 二圓五十錢
(每日每行四錢五里에相當ᄒᆞᆷ)
一箇月에 五圓
(每日每日四錢一里에相當ᄒᆞᆷ)
其期限의長短과字行의多寡를依ᄒᆞ야增減ᄒᆞᆷ이有ᄒᆞᆷ

●大한每日申報各處支社實告
中署布屛門下 김相萬冊肆
中署廣通橋入七拾八統第二號 鄭禹澤
平壤上水口門內 김浩淵
全州 최敬恒
仁川枾峴開新册肆 리東皓
宣川邑橋西里 安濬
義州西門外한西 大藥局
釜山港佐川 徐藥局
三和港築洞 김仁집
咸興朱南社西門外 曹喜林
開城培學校 姜助遠
大邱市廳 최一弘
載寧邑濟衆院 □夢澤
鐵山邑東部 安玄
元山支店 劉七錫
定州南門內 洪聖麟
京城興仁門外영楓亭 리建醂
海州南門內書舖 朴昌鎭

發行兼編輯人 英國人비說
發行所
南署石井洞號外地三層洋屋家
大韓每日申報社

大韓每日申報
대한매일신보
第五卷　第四百五十九號

月曜及慶節歲時日休刊

檀君開國四千二百四十年
箕子元年三千二十九年
大韓開國五百十六年
日本明治四十年
淸國光緖三十三年
◉陰曆丁未正月小廿六日戊午

寄書

報債義捐現狀記　桂白山人

爾來에我同胞諸君子가念國事之艱難ᄒᆞ야창義捐報債之擧ᄒᆞ니從此로抹去之我大韓國號가可以復存乎世界地圖上矣라豈天이或者哀我人民之無辜ᄒᆞ야默啓諸公之心耶아又或我人種之祖若宗之英靈이暗伏陰護耶아未可知也로다然이나總以言之ᄒᆞ면自今以後로我困苦勞悴已亡已滅之同胞數千萬이可以向人揚眉吐氣ᄒᆞ야俯仰無작ᄒᆞ리니就敢侮予民人이無國家思想耶아

且此言이一發之後에義捐者가頂踵이相接ᄒᆞ야有如赴市ᄒᆞ고乃其中黃髮未冰燥者及子僂村嫗가步履蹣跚ᄒᆞ고手執十錢廿錢不等ᄒᆞ고來請捐補ᄒᆞᄂᆞᆫ지라問其年ᄒᆞ면卽老耄不能記者及五六齡髫兒라朝而繼暮ᄒᆞ고翌日又如之ᄒᆞ거ᄂᆞᆯ初疑其有指使而然也러니繼以思之ᄒᆞᆫ딘伶졍老身이鍾漏幷歇에有何希覬ᄒᆞ야作此假套耶이設有之라도擧數十百人이何不自來ᄒᆞ고必一時並擧에勞苦作此幻狀耶아必不然也오

且其中에又有流涙承졉에咽不成聲者ᄒᆞ니然則哭亦可以强爲耶아且幼兒輩가何知완대能傾囊慨捐ᄒᆞ고以領証으로誇于小伴曰吾爲國捐金이라ᄒᆞ니豈棗與栗之甘이不及一擲之快也아雖感於父兄之言而然이라ᄒᆞ나若無義之心則豈有此哉아且一兒가行之에群兒ㅣ羨之ᄒᆞ야至有結社創會에爭以氣義로相勉勵ᄒᆞ니吾料此輩가操心이未確에固不能持久成立이나然이나此ᄂᆞᆫ千古所無之事也라異哉異哉로다

且兵士則久在戎間ᄒᆞ야爲國干城ᄒᆞ니其心이雖應逈異於他人이나然이나一營이同盟에甘心輸捐ᄒᆞ니試問其俸幾何에有此盛擧오能無妻女仰屋之嗟耶아其他如鄕僻田舍等處에樵童漁子와屋軍傭僕의目不識丁之類가聞風蹶起ᄒᆞ야莫不咨嗟太息曰此ᄂᆞᆫ吾曹効死之秋오而國家存滅이繫於今日이라ᄒᆞ고鬻鼎者와販屨者와捐穀者와捐布者及典質裙차粧子者가有之ᄒᆞ고其甚者ᄂᆞᆫ家徒四壁에奚論長物이리오乃將七鬠盆앙不直數金之物ᄒᆞ야都委於人而稱貸ᄒᆞ고至於仁港一地ᄒᆞ야ᄂᆞᆫ義婦烈孃이每發減食ᄒᆞ고積其餘후ᄒᆞ야以供捐資ᄒᆞ며又復沿門勸導ᄒᆞ야有若叫化ᄒᆞ고其相遇於途者ᄂᆞᆫ농농喞喞에聞其語ᄒᆞ면皆曰國債報償也라ᄒᆞ고見其色ᄒᆞ니惶惑如被逐ᄒᆞ야一處가如此에他處가奚獨不然이리오乃擧國이若狂에如心病者然ᄒᆞ니試問此事를誰其尸之며暑將焉歸오握管欲寫에手戰膽驚ᄒᆞ야呆如白痴ᄒᆞ고擲筆裂楮에幾不欲覩息敎此人間世가久矣라

然이나少須臾不死者ᄂᆞᆫ皇天이無私ᄒᆞ야作善降福ᄒᆞ시ᄂᆞ니今我國人이皆善矣라福자必降을可翹足以待ᄒᆞ리니喜何如之며慶何如之오此日此事ᄂᆞᆫ乃我大韓帝國의國威國光이尊於萬國之日也라豈不偉且盛哉아

且吾讀埃及國史矣라今距三十年前에債欵이山積ᄒᆞ다가因以全國財權이被奪於人ᄒᆞ야乃外人居官者ㅣ千計오而本國官人則次第擅易ᄒᆞ야存者ㅣ無幾ᄒᆞ고兵額을全減ᄒᆞ야使無抵抗之力ᄒᆞ고而農民則甘言强威로誘脅百端ᄒᆞ야全國土地가太半歸於英法二國ᄒᆞ고農商俱廢에餓부가滿道ᄒᆞ고囹圄가充滿에慘無人理ᄒᆞ다가畢竟埃王이被廢於債主ᄒᆞ고而所謂新王云者ᄂᆞᆫ亦債主이擁立也라乃의人이不堪其虐ᄒᆞ야生路가全絶然後에始敢與外敵爲難이라가其債主가挾의王攻의民ᄒᆞ야使全애로歸於滅亡ᄒᆞ니夫外債지毒과客卿지惡이元來如此ᄒᆞ거날애人則官民이互相漠視ᄒᆞ고全不在意라가至於不可救療而後에方怨尤他人ᄒᆞ니豈不愚哉아乃我國民人은大異於此ᄒᆞ야慮於其始ᄒᆞ고謀於未然ᄒᆞ며防其微而杜其漸이如此ᄒᆞ니其智且勇이固何如哉아試問世界萬國에有如此赴義若渴者耶아但可恨者ᄂᆞᆫ全국이眦裂髮指에氣衝斗牛ᄒᆞ거날而爲政者ㅣ一言을不發ᄒᆞ야處之如無事ᄒᆞ니吾未知其何以爲心也오

且吾ㅣ聞之ᄒᆞ니一千三百萬圓內에未來者가爲五百萬이라ᄒᆞ니若然則已來者가只八百萬이라其輕且小를可知也니吾民之負擔이直九牛一毛라何幸如之며何慶如之오

官報

●號外　光武十一年三月八日

◉宮廷錄事

詔曰今年卽 景祐宮嘉禮周甲之再回也仰念창慕之孝思愈切彌久홀追之忱誠當於陰曆二月十二日親行酌獻禮祭文親撰以下矣

●三千七百九號　光武十一年三月九日

◉宮廷錄事

草土臣朱錫冕辭職疏

批旨省疏具悉卿其勿辭行公

陸軍參將張華植自引疏

批旨省疏具悉不必如是爲引

奉常司提調金大鎭辭職疏

批旨省疏具悉所請依施

宮內府特進官金德漢辭職疏

批旨省疏子悉所請依施

◉敍任及辭令

陞從二品　正尉金相說

陞正三品　參尉리啓賢

弘文館侍講朴啓헌

依願免本官

任弘文館侍講　四品蔡東섭

外報

●露太后倫敦行　倫敦電을據ᄒᆞᆫ즉露國皇太后ᄂᆞᆫ英國皇后를訪問ᄒᆞ기爲ᄒᆞ야七日倫敦에到着ᄒᆞ얏ᄂᆞᆫ디倫敦타임스ᄂᆞᆫ其社說에皇太后歡迎之辭를述ᄒᆞ고且今也英露協商은漸々妥協的으로進行ᄒᆞ니昔日에誤解ᄂᆞᆫ全然히除去ᄒᆞᆷ을得ᄒᆞ리라ᄒᆞ얏더라

●兒童隔離案　加州上院委員會ᄂᆞᆫ六日會議에十歲以上日本兒童을東洋公立學校初等科에入學ᄒᆞᆷ을禁止ᄒᆞᄂᆞᆫ法案에同意ᄒᆞ기로決ᄒᆞ얏스니此案에ᄂᆞᆫ日本人을爲ᄒᆞ야隔離學校를設立ᄒᆞᄂᆞᆫ規程이有ᄒᆞ고本案은州會를通過ᄒᆞᆯ지라더라

●提學使發行　淸國湖北提學使黃仲波氏가今番勅命으로써新設되ᄂᆞᆫ山東曲阜學堂에建築監督次로不日間該地로發行ᄒᆞᆯ다ᄂᆞᆫ디該學堂은皇室에셔十萬兩을下賜ᄒᆞ얏더이오其餘不足額은湖北省에셔負擔ᄒᆞᆫ더이라더라

雜報

●靑年講道　今日下午三點半에靑年會館에셔福音會를開ᄒᆞ고前總務로日本에滯留ᄒᆞ야我韓留學生에게熱心傳道ᄒᆞ야信徒가頗多ᄒᆞᆫ金貞植氏를請邀ᄒᆞ야講道ᄒᆞᆫ다더라

雜報

●天恩及日 韓皇陛下께옵셔 昨日에日本陸軍紀元式擧行ᄒᆞᄂᆞᆫ데對ᄒᆞ야再昨日에內帑金壹千圜을下賜ᄒᆞ옵셧다더라

●受賀節次 英親王殿下冠禮翌日에西宮行禮受百官拜禮時에宗親文武百官四品以上은朝服이오五品以下ᄂᆞᆫ黑團領으로入參ᄒᆞᆫ다더라

●軍務與修 軍部奏本을其間上奏ᄒᆞ엿더니무슴曆節이有ᄒᆞᆫ지奏本記를勿施ᄒᆞ고更히修正奏本ᄒᆞᆫ다더라

●內下萬貨 今番간擇時에修單ᄒᆞᆫ處子를日前에內人들이先爲看善ᄒᆞ얏다ᄂᆞᆫ說은前報에揭載어니와看善ᄒᆞᆫ後에간擇日入參ᄒᆞᆯ節次費를爲先一萬兩式一々히內下ᄒᆞ셧다더라

●內大抗言 日人某氏가內大리址鎔氏를請對ᄒᆞ여曰貴국人民이稱以국채報償ᄒᆞ고人心을煽動ᄒᆞ야事係治安妨害ᄒᆞ니各地方에卽爲發訓禁止ᄒᆞ라ᄒᆞᆫ되內大가抗言曰至於국채事ᄒᆞ야ᄂᆞᆫ全國人民이各自憤發ᄒᆞ야義金을募集ᄒᆞᆫ즉人心이卽天心이니有雖禁止며且以吾로言지라도年前協約에世稱賣國賊ᄒᆞ니至於此事ᄒᆞ야ᄂᆞᆫ雖死라도弗可發訓이라ᄒᆞ얏다더라

●兩眉찬憂 近日內相李址鎔氏가勢力이漸次減却ᄒᆞ야愁色이眉間에滿찬ᄒᆞ야來賓酬接에興況이全無ᄒᆞ다ᄂᆞᆫ說이有ᄒᆞ더라

●可合何少 日昨에學部에셔副教員試取ᄒᆞᆫ다ᄂᆞᆫ說은前報에揭載ᄒᆞ얏어니와應試者가一百三四人에可合지人이無過七八人이라ᄂᆞᆫ說이有ᄒᆞ더라

●前後詮考 昨日에內部詮考所에셔郡守詮考를始作ᄒᆞᆫ다ᄂᆞᆫ데日昨에奏本ᄒᆞ려든人도今番에更히젼考ᄒᆞᆫ다ᄂᆞᆫ說이有ᄒᆞ더라

●學電晋校 昨日學部에셔公立晋州普通學校長윤喇求氏에게電報ᄒᆞ되校務引繼ᄒᆞᆯ托理事務初無무筮出發後一遵觀察指揮校務防害無케ᄒᆞ라ᄒᆞ얏더라

●罪囚病逝 全南警務署에셔盜賊已決囚處絞罪人林珍守가去月二十七日에因病自斃ᄒᆞ얏다더라

●學生窮困 日本留학生監督한致愈氏가학部에報告ᄒᆞ되一進會에셔派送ᄒᆞ얏던學生等이窮無所歸ᄒᆞ여와本監督部에來留ᄒᆞᄂᆞᆫ意와昨年七月至十二月衣食채四千餘圜이見督ᄒᆞᄂᆞᆫ情由ᄂᆞᆫ前巳仰報이온바經數朔에尙無如何處分이옵고日夕俟命ᄒᆞ와一日如年이온巾衣商食店에채督이式日踵門ᄒᆞ와其急如火에實難堪耐이옵고且以該학生等言지ᄒᆞ오면以若青年과以若妙志로有堅確弗拔지氣ᄒᆞ고有百折弗撓지勇이오나只緣학費지告盡ᄒᆞ와掘井而弗能及泉ᄒᆞ고爲山이將至虧궤ᄒᆞ와朝夕困難지狀이極令人嘉尙이온지라本監督에仰報가無ᄒᆞᆯ지라도早晩間處分이必有ᄒᆞ심을實所仰揣이오나채督에見困과學年에空曠가時日이爲急이옵기煩瀆을弗避ᄒᆞ고玆更仰報ᄒᆞ오니照亮ᄒᆞ신後宿채四千餘圜과前頭學費를亟爲措處ᄒᆞ시와卽下指令ᄒᆞ라ᄒᆞ얏더라

●賊漢押去 昨日上午十二時量에安동等地에셔別巡檢이賊漢一名을捕捉ᄒᆞ야警務廳으로押去ᄒᆞ얏다더라

●冤及白骨 桐原警視가日人畑彌氏의請囑을因ᄒᆞ야不法ᄒᆞᆫ事ᄂᆞᆫ本報에已載ᄒᆞ얏거니와更聞ᄒᆞᆫ즉畑彌氏가役夫를募集ᄒᆞ야金麟씨의山坂을任意鏟破ᄒᆞ셔該山近地에累々ᄒᆞᆫ人墳塚를盡爲破掘ᄒᆞ고碎骨ᄒᆞ기를瓦礫又치ᄒᆞᆫ즉塚主千餘名이漢城府와內部에呼冤ᄒᆞ고로漢城府에셔審査ᄒᆞᆫ則塚破掘이八百餘處라日本理事의게交涉ᄒᆞ야禁止ᄒᆞ기를請ᄒᆞ되日本理事가聽若不聞ᄒᆞ고自巳국民만曲護ᄒᆞᆫ다더라

●點檢設會 昨日下午一時에學部에셔點檢會를開ᄒᆞ고教員을選拔ᄒᆞᆫ다더라

●海察還任 海察朴彝陽氏가因病請由ᄒᆞ고上京ᄒᆞ얏다가再昨日에還道ᄒᆞ얏다더라

●警廳試取 昨日警務廳에셔警務學徒를試取ᄒᆞᆫ다더라

●便戰禁止 再昨日訓鍊院에셔兒童輩가便戰ᄒᆞᄂᆞᆫ데警務東署에셔巡檢을派遣ᄒᆞ야禁止ᄒᆞ얏다더라

●義將長逝 義兵將盧應奎氏ᄂᆞᆫ卽勉庵崔先生門弟也라開先生燕獄지計ᄒᆞ고揮淚謂家人曰我則家有父兄지讎이未報ᄒᆞ고국有君父지辱이未雪ᄒᆞ고今又有師門지讎ᄒᆞ니我欲獨生이나生且何爲오ᄒᆞ고乃向忠北黃간地ᄒᆞ야欲與同志로共擧大義라가爲彼人所捉ᄒᆞ야押付京司令廳監獄타가於今月初四日에卒逝云ᄒᆞ니都弗知身死지裏由라聞者莫弗慘然下淚ᄒᆞ더라

●巡檢悖習 宣川郡派駐巡檢五人等이稱以警察ᄒᆞ고橫行村閭에脅縛民財ᄒᆞ야是채殺千圓標도勒捧ᄒᆞ며拔刃示威에行悖無比ᄒᆞ니該郡守가如此行爲를據理責諭ᄒᆞᆫ즉該巡檢輩가反曰大言曰爾守其職에有何相關고ᄒᆞ며無所忌憚에恣肆悖ᄒᆞ니一般宣民이擧皆疾蹙曰如此巡檢은反弗如弗置라自郡으로불可불論嚴除汰ᄒᆞ고馴良公直人으로更爲擇差然後에야民可支保라ᄒᆞᆫ다더라

●擅賣국土 宮內府審査主事崔相宜氏가昨冬에東萊郡牧土審査次下去ᄒᆞ야與前派員金貞晳氏로符同협雜ᄒᆞ여牧民處에恐刑勒奪錢이爲紙貨二千餘圜이오牧地舍音을金貞晳名下에圖得ᄒᆞ야도錢이比前倍捧ᄒᆞ니牧民지情境은可矜ᄒᆞ되都是최命肥已지慾이오且猶爲弗足ᄒᆞ야牧土餘地百餘斗落을賣食지意로釜港日人大池와幷爲上京ᄒᆞ야紙貨一千圜을先捧ᄒᆞ고左右周旋ᄒᆞ야日間歸正ᄒᆞᆫ다ᄒᆞ니以一個審査主事로莫重국土을私自暗賣ᄒᆞ야도法律이如是解弛ᄒᆞ다고巷說이紛々ᄒᆞ더라

●遊獵消鬱 研成ᄒᆞᆫ校長노伯麟씨가該校副尉官中無識年高ᄒᆞᆫ니와弗勤視務ᄒᆞᄂᆞᆫ尉官은休職出送ᄒᆞ고該人半俸月銀을文算使餘ᄒᆞ고勤務勤實ᄒᆞᆫ尉官의게添ᄒᆞ야原俸으로磨鍊ᄒᆞ야該校教育事務를擴장케ᄒᆞ기로軍部에請議ᄒᆞᆫ즉軍相이反對ᄒᆞᄂᆞᆫ지라노氏가弗勝鬱氣ᄒᆞ여一朔을受由ᄒᆞ고黃海道等地에前往馳獵ᄒᆞ다가近日에入京視務ᄒᆞᆫ다더라

●告廟剃髮 普成專門학校학員前議官黃轍洙氏의剃髮ᄒᆞ를一般학員들이勸告ᄒᆞᆫ데該氏가答曰剃髮ᄒᆞ라도目的이無ᄒᆞᆯ뿐더러鄕第에下去ᄒᆞ야告廟ᄒᆞ기前에ᄂᆞᆫ弗可剃髮이라ᄒᆞ얏다더라

●夜々賊患 南門內大平동近地에賊경이大치ᄒᆞ여家々人々이弗能安眠ᄒᆞ되警察官은全然弗知인지知아弗捕인지巷說이有ᄒᆞ더라

●竹守善政 竹山郡守南廷면씨가該郡에指徵無處ᄒᆞᆫ虛結이多有ᄒᆞᆷ으로人民의橫徵지弊를甚憂ᄒᆞ여特以隱結로似充虛卜ᄒᆞᆷ은度支部보告ᄒᆞᆷ이昨보와如ᄒᆞ거니와今차美擧가一以正문乱稅務ᄒᆞ고一以除年久民瘼ᄒᆞ엿스니於民於官에兩幸이甚矣라該郡士民이惠澤을莫불感銘ᄒᆞᆫ다더라

●三和新校 三和白强會長魯大涉氏와李時龍等諸氏가協議發起ᄒᆞ야又新學校를設立ᄒᆞ고漢文教師와日語教師를延聘ᄒᆞ야熱心教育이未過四朔에學徒가四十餘員에達ᄒᆞ엿고境遇內有志人士에出義贊成ᄒᆞᆷ으로校況이漸次興旺ᄒᆞ다더라

▲揶揄一嘯▼

▲登彼泰山ᄒᆞ야俯察ᄒᆞ西ᄒᆞ니列强世界에挺出이爲稀ᄒᆞ야腷噫이漫々ᄒᆞ니眼珠가흥흥ᄒᆞ고胸海가恍惚ᄒᆞ야那邊消息이不那漫無而若未能預謀로다

▲日吉及今히政府大官이一個人에[illegible]ᄒᆞ니法人[illegible]典에不公ᄒᆞᆫ事로[illegible]로遵ᄒᆞ고法案研究官이[illegible]而退ᄒᆞ다고勸告가有ᄒᆞ러니不期에親右輔[illegible]소爵ᄒᆞ시기소

▲日人畑彌ᄂᆞᆫ[illegible]花場을建築ᄒᆞ기爲ᄒᆞ야一片田을懇請ᄒᆞ고金局을圖奪ᄒᆞ야千餘塚을掘破ᄒᆞ고白骨을暴露ᄒᆞ니千古靑山에冤恨이悠々ᄒᆞ야看花場裏에冤氣가鬱結ᄒᆞ면花卉自落ᄒᆞᆯ이로다

▲政府에셔昨年에金貨十萬圜을鑄ᄒᆞ엿고本年度에二十萬圜리十萬圜을加鑄ᄒᆞᆫ다니이것시財政을整理ᄒᆞᆯ方針인지

▲政府에셔銓考委員이不公ᄒᆞᆷ으로十五郡守奏本案을銓考所에繳還ᄒᆞ얏고軍部奏本도무슴事端이有ᄒᆞ야更히修正ᄒᆞᆫ다니近日에奏本을更修ᄒᆞᄂᆞᆫ것시亦一成風이로고

▲大韓遺俗이舊曆歲初를當ᄒᆞ면逢人첩賀ᄒᆞ여曰百福을아納ᄒᆞ고萬事亨通ᄒᆞ시오ᄒᆞ더니今年元正을當ᄒᆞ미遺俗이忽變ᄒᆞ야국權을恢復ᄒᆞ엿다지賀語가紛々ᄒᆞ니人心이已回에天意을可見이로다

◉◉本社廣告◉◉

國債報償金을本社로持來ᄒᆞ는이가逐日沓至ᄒᆞ오나本社에서는如此重大지事에對ᄒᆞ야善後之策을確實講定ᄒᆞ기前에는領受키難ᄒᆞ기로姑不收捧ᄒᆞ오니僉君子는照亮ᄒᆞ시옵

大한每日新報社告白

雜報

●리奪命狀　南來傳說을聞ᄒᆞᆫ즉今正月日에淸道郡居俞度寅이가以捧債事로呈訴本郡ᄒᆞ야更訴於觀察府裁判所인바大邱府內居前營吏리汝見者가有何心腸으로符同裁判所書記ᄒᆞ야俞度寅에訴狀을無端히中間勒奪ᄒᆞ고終不出給ᄒᆞ니世豈有如是章程인지俞度寅이가緣由로平理院에鳴원ᄒᆞᆫ다더라

●一동感義　廣州猴子洞居朴齊선閔天植金澤鎭三氏가국채報상事에對ᄒᆞ야該동民人외게埃及을龜鑑ᄒᆞ야국民義務를皷發ᄒᆞᆫ미一時에收合이十六元에至ᄒᆞᆫ故로期成會로傳納ᄒᆞ얏다더라

●晉守報部　晉州郡守林炳恒씨가法部에報告ᄒᆞ되本郡守가陰曆上年十二月十一日에부任ᄒᆞᆯ次로馳到距郡二十里許支山章ᄒᆞ와得附郡下直象則雜魁張斗用이與郡主事뎡쥬祜로稱以顧留ᄒᆞ고晙動無賴지輩ᄒᆞ와私邸에出處ᄒᆞᆫ前郡守를還入政堂ᄒᆞ라고沮戲印章ᄒᆞ여불得賣送케ᄒᆞ며截斷新郡守越涉津船ᄒᆞ여부任치못ᄒᆞ게ᄒᆞᆫ다ᄒᆞ온中果然郡主事鄭진호가出站ᄒᆞ엿는ᄃᆡ印章을불爲賣待이옵거날實其事體乖當ᄒᆞ오니郡主事云持印章出來지際에爲亂民지所奪ᄒᆞ와불得已舊官處任置라ᄒᆞ옵기使지貯待五里亭케ᄒᆞ고及到五里亭ᄒᆞ오니印章을尙불持待이라仍爲抵到郡下ᄒᆞ여過數時토록印章을私自相持라가本道巡檢與

三月九日本報雜報欄內日搦한塚이란題下에日人處賣士人은리成實이가아니오徐秉熙이기玆에辨明홈

리世鎔　告白

日巡査等이奪取賣送이온바초불可泯默ᄒᆞ와招引張斗用質問後拿下이施笞三十度ᄒᆞ오되從불首實故로又笞三十度이오僅取初供ᄒᆞ고嘗舊曆歲除ᄒᆞ야暫爲保放이옵더니彼輩가構虛捏誣ᄒᆞ와有何運動이던지自本道警務補佐官所로謂지濫刑이라ᄒᆞ고張斗用拿來ᄒᆞᆫ時에擧行ᄒᆞᆫ者을捉囚警署라가數日後放釋ᄒᆞ니오며以鄭진祐로言지라도在於郡守補佐지責任以所謂補佐事務가불過協同雜類ᄒᆞ여恣行불法지乖擧ᄒᆞ며謀還印章ᄒᆞ여交傳悖習이証佐가明ᄒᆞ온지라차불可불懲創이옵기玆에報告라ᄒᆞ엿더라

廣告

東萊府國債報償一心會趣旨書

夫國債者는國庫之所公貸而人民이有擔합之義務ᄒᆞ고民財者는民産之所私蓄而政府가有保護之責任이라民之豐阜가必由乎國家之文明이오國之富强이亦在乎人民之智識ᄒᆞ느니現今天下萬國이如有大事業大費用則或重其國民課稅而補充ᄒᆞ며或借他隣國債欵而彌縫은果是通行지例나然이나加稅與借債가但爲一時지權宜지政이요有非永久應行지事也라頃於光武九年十年에自我政府로借債於日本金額이至爲一千三百萬元이온今此必有大事業大費用而伊時政府會議가不爲加稅徵收ᄒᆞ고有차他債 貸가認出於恤民産慮民歛지盛意이오나擧境還상은捨我國民而孰任善後乎아觀於今年國庫總算ᄒᆞ면各項收入金이合爲一千三百十八萬九千三百餘元이오各項支出金이合爲一千三百九十六萬三千餘元이온今較計歲入歲出ᄒᆞ면不足額이猶爲七十餘萬元이라以若事狀으로는所謂債欵은將何以淸帳乎아不惟本欵지爲無락이라逐年利殖이亦爲巨欵ᄒᆞ리니若過一年二年ᄒᆞ여至於十年二十年則其數無量ᄒᆞ리니將以我擧國疆土而代償乎며抑以我全國民産而報完乎아有國有民則必償必完乃已而第念一千三百萬元이雖云巨欵이나以我二千萬民衆으로各其出力則不過此略干金出이라頃自吾州釜山港商務會로有志於此債報償ᄒᆞ야先倡斷烟同盟ᄒᆞᆷ미繼自大邱廣文社로同聲公布ᄒᆞ고又自京城으로既設國債報償期成會ᄒᆞ얏스니從此三百州二千萬衆이必當次第就盟矣라盖此斷烟이無傷於營業이오不害於衛生ᄒᆞ며初非食飮中緊需요不過日用上浪費則斷此爲盟ᄒᆞ야不過數朔에國債를庶幾償完홀지니孰不感應이며孰不樂爲리오惟我全國男女同胞여以若愛國之心으로推想此斷烟一事ᄒᆞ면必有無限感發ᄒᆞ야富饒諸氏는宜其有隨力捐輸라有不必加勉이어니와假令每日對食에減一膳而捐輸者도愛國心也요終日行酒에減一盃而연輸者도愛國心也며勞働者週日不休業而연輸도愛國誠也요商賈者每市計得利而연輸도愛國誠也며愛國而不有家도義務也요愛國而不顧身도義務也니惟願闔境同胞는一齊同盟成冊ᄒᆞ야將與釜港商務會大邱廣文社京城報償會로次第聯合ᄒᆞ야必與全國各州로誠意相感ᄒᆞ고盟約互成ᄒᆞ야報完國채케ᄒᆞ되第其연輸지節은任其志願多少ᄒᆞ야或一時了納ᄒᆞ며或分期繼輸ᄒᆞ야必盡其力量이了勘이면於是乎一千三百萬債欵을一時淸完ᄒᆞ여庶可無聖上宵旰지憂이옵고亦可杜政府借貸지論ᄒᆞ리니勉哉同胞여務盡我共公扶國지熱心血性을幸甚幸甚　應行節目은列錄于左

一本會는國債一千三百萬元을報償ᄒᆞ기로目的홈

一報償方法은一般국民의義金을募集ᄒᆞ되金額은從其志願ᄒᆞ야多少를不拘홈

一차同盟은無論大小民人男女老少ᄒᆞ고一併入參홈

一各面은面長이爲發起人ᄒᆞ고각洞은동長이爲勸諭人ᄒᆞ야一般人民을開悟케務圖홈

一人民勸諭ᄒᆞ기爲ᄒᆞ야每市에發起員事務員이市街上에演說會를開홈

一收錢所는爲先以本會事務所로定ᄒᆞ되연納人氏名金額을每月終에抄錄ᄒᆞ야新聞에布告홈

光무十一年三月日發起人　文秉喜　金敎柱　鄭漢정　宋商宗　崔翕河　李완　吳德根　金鎭永　李相근　文泰演　辛明錄　秋斗永　尹轍炳　金元淑

本人의子鄭泰興이가年今十九歲에性本浮浪ᄒᆞ야每與悖類로互相符同ᄒᆞ여偽造手票ᄒᆞ며屢成於音ᄒᆞ여假稱債錢幾萬幾千兩이라ᄒᆞ고勒侵본人ᄒᆞ오니自今以後로或有此弊면提懲警務廳ᄒᆞ여別般痛治홀터이니內外國人은切勿見欺後悔홈

西署玄湖　鄭召史　告白

咸鏡北道富寧居京有司金錫河

本道各郡三綱錄刊出各道郡分送于各子孫分秩次로發程홈

京約所　告白

本人에再從弟培가性本浮浪ᄒᆞ야益山金川兩處沓十斗와先山松楸를偽造文券ᄒᆞ야欲爲放賣云々故로本人이內大宅에永爲放賣ᄒᆞ얏스니內外國人以此照亮홈

益山除石面温水동　金容培　告白

本人의庶叔母ㅣ方今寡居이고所生者는年今八歲이오外無主長이러니今月分에姻戚間挾雜輩가覬其無主ᄒᆞ고本郡南面松坪里所在沓三十五斗落과淸州修時面嚴政里閑柳洞兩동所在畓十三石落과全義東面太牛洞所在沓五斗落合四十八石五斗落文券을偽造ᄒᆞ야方今內外國人處에放賣云々이오니內外人은見欺치마시믈望홈

木川南面加德里居柳寅澤　告白

東署長位里十四統五戶草家板刻文券을辛丑年分失災時亦入燒燼ᄒᆞ얏기玆에廣告홈

李學俊　告白

內需司龍동於義宮明禮宮壽進宮에屬意導掌上納及各項上納丙午條丁未納을都納個人納을勿論ᄒᆞ고本月三十日以內로一切整理所(宮內府內)로來納홈事

光武十一年三月八日

各宮事務整理所

●本人에子樞辰이가性本浮浪ᄒᆞ야每與悖類로互相符同ᄒᆞ여出沒東西에無論內外國債ᄒᆞ고欲圖出債ᄒᆞ오니惟願內外國僉君子는幸勿見欺ᄒᆞ시와無至白失之地를爲望

鐵山豐川嚴學鉉　告白

廣告

東亞開進教育會勸勉歌

黃海道沿郡支會長

晩松鄭秀元

於我우리同胞들은
生於列强競爭世ᄒᆞ야
一心團體아니ᄒᆞ면
保國保身못ᄒᆞ리라
時代가一變ᄒᆞ니
古今이不同일세
歐羅地球諸各國은
社會로成業ᄒᆞ네
同文三國有志紳士
熱心으로贊成ᄒᆞ니
東亞開進教育會가
世界上에興起로다
於我우리同胞들은
勸勉歌들들러보오
周文王에作人效는
地方百里興ᄒᆞ시고
周武王에順天命은
有臣三千一心이라
우리 皇上聖神文武
光武日月中天일세
大韓疆土三千里에
有衆同포二千萬은
莫非王土莫非王臣
一心으로團會ᄒᆞ여
社會事業成立ᄒᆞ고
聖上恩德報答ᄒᆞ세
天生萬民必授지職
士農工商이아닌가
孔夫子에지으신春秋
萬古大義正筆이오
神農氏에맨든耒耜
天下大本稼穡이며
教人日中爲市ᄒᆞ니
交易而退商業이오
軒轅氏에지은舟車
以濟不通工業이라
士農工商조은業을
古來聖人가르첫네
於我우리同胞들은
四民職業일치말고
廣設學校主旨삼아
各出義捐不惜ᄒᆞ오
人誰敢侮讀書士며
天不能窮力穡家라
靑年子弟教育ᄒᆞ여
高等卒業ᄒᆞ고보면
立身揚名거긔잇고
富貴榮華여긔잇네
萬國交通ᄒᆞᄂᆞᆫ世界
與世推移아니ᄒᆞᆯ가
舊日習慣다바리고
半夜昏夢깁쳐보세
舍經從權아니ᄒᆞ면
膠柱鼓瑟그아닌가
因時制事合宜ᄒᆞ니
經權幷行ᄒᆞ여보세
聖經賢傳躰를숨아
新學科程用을숨아
德行才藝發達ᄒᆞ고
學問智識開明ᄒᆞ면
어ᄂᆞ누게壓制보며
어ᄂᆞ누가壓制ᄒᆞᆯ가
爲人壓制붓타말고
在我才德닥가보세
自侮受侮ᄂᆡ게잇고
知義就善ᄂᆡ가ᄒᆞᆯ일
得能莫忘久不忘ᄒᆞ고
改過遷新維日新ᄒᆞ오
萬里東京卄一學生
斷指血盟壯烈ᄒᆞ여
有死지心無生氣ᄒᆞ니
國力挽回可期로다
於我우리同포들은
卄一學生本을바다
熱心으로教育ᄒᆞ고
熱心으로團躰ᄒᆞ여
忠君愛國血誠ᄒᆞ면
獨立權이도라오네
皇帝陛下萬々歲오
大韓疆土萬々歲라

廣告

湖南鐵道株式會社廣告

本社事務을一層擴張ᄒᆞ기爲ᄒᆞ야事務所ᄂᆞᆫ大廣橋川邊前紙廛小都家로本月六日에移接ᄒᆞ고社長以下整理委員을選定ᄒᆞ고玆에左開ᄒᆞ야廣告ᄒᆞ오니株主에應募ᄒᆞ샬有志 僉君子ᄂᆞᆫ陸續來議ᄒᆞ심을爲望

社長 金基永
總務部長 成文永
整理委員 尹晶錫
白完혁 趙鎭泰 조秉澤
鄭東植 孫錫基 孟덕敏
朴泓일 鄭斗煥 白寅基
한相龍 趙彰漢 等 告白

●九轉靈砂라 本人이妙方法을神備ᄒᆞ야製造ᄒᆞᆫ靈丹인ᄃᆡ男女老少에無論何징ᄒᆞ고通治ᄒᆞ오며無病時에도服하면平生의身躰가健康ᄒᆞ며小兒ᄂᆞᆫ四五錢重만服ᄒᆞ면十歲안에無病ᄒᆞ기를擔保ᄒᆞ오며

●九轉靈砂萬應丹은져狂 癎징과中風諸疾과耳目諸病과淋疾에神効ᄒᆞ오

●九轉靈砂保命丹은初生小兒 驚風 간氣 咳嗽 腹瘡諸般惡징에神効ᄒᆞ오

●九轉靈砂濟衆丹은酒滯 食滯 血積 吐瀉 霍亂 痢疾 吐血 下血 運氣 時疾 疝징에神効ᄒᆞ오

●九轉靈砂紫金丹은痔漏 累癧 上疳瘡 下疳瘡及唐瘡과諸般毒瘡惡種에無不神効ᄒᆞ오니 僉君子ᄂᆞᆫ來問ᄒᆞ시오

內需司前독갑이골上隅第一家 百三統一戶 리호廷 告白

명월관확장광고

폐관이긔시ᄒᆞᆫ후로교익ᄒᆞ시ᄂᆞᆫ귀긱졔후의를입사와오늘날ᄭᆞ지한에제일등요리점으로ᄂᆡ외국에셔다아시도록확장ᄒᆞ여가오니더단갑ᄉᆞᄒᆞ옵거니와근일은이층양옥을광활이신건축ᄒᆞ고다락아리ᄂᆞᆫ온돌방을ᄒᆞᆫ일리비치ᄒᆞ고포진범절을식로ᄒᆞ와오시ᄂᆞᆫ귀긱이편ᄒᆞ시도록주의ᄒᆞ엿ᄉᆞ오며각죵음식은보기에화려ᄒᆞ고먹기에졍미ᄒᆞ게일신즁비ᄒᆞ야다소를볼게ᄒᆞ고주야로파오되셔양쥬ᄂᆞᆫ쟌으로파오며특별신긔ᄒᆞᆫ량교자음식은오시ᄂᆞᆫ시로붓터ᄒᆞᆫ시간이되면몃상이라도곳가져가시도록ᄒᆞ오니외귀긱은륙속왕림ᄒᆞ시옵

각식요리음식
각식셔양쥬
각종경편양요리
각죵일본간스메
각죵여송연
각국권연
진찬합
건찬합
밥교자
특별신긔량교자음식
명창가동졍거복도유ᄒᆞ옵

明月館 主人 金東植 告白

洪淳康氏가東署東小門內土橋東邊에織造機를廣張設施ᄒᆞ야稱號를淳昌號라ᄒᆞ고各色綢緞紗屬等을織造發賣ᄒᆞ오니願買人은來臨購買ᄒᆞ시며或所用대로綢緞과紗屬等을預托ᄒᆞ시면依約施行ᄒᆞ깃삽 淳昌號 告白

●大韓自强會月報

每月一回廿五日發行

定價金一部 十五錢

大韓自强會月報의發行이經年에營ᄒᆞ오니自由의權利를增進ᄒᆞ고國家의精神을淬礪ᄒᆞ야同胞의團結을鞏固ᄒᆞ야全國有志諸公의愛讀ᄒᆞ심을供ᄒᆞᆫ바現今本會에셔一層擴張ᄒᆞ기爲ᄒᆞ야明ᄒᆞᆫ文章과宏博ᄒᆞᆫ論說로國家를致ᄒᆞ야天下大勢의變動과殖產敎育의實業와古今政治의大要를蒐輯ᄒᆞ야開發ᄒᆞ여眼目을一新케ᄒᆞ오니愛國ᄒᆞ시ᄂᆞᆫ僉君子ᄂᆞᆫ血淚를뭇ᄒᆞ시고家家案頭의隨刊對讀ᄒᆞ시오

皇城中署典洞九統二戶
大韓自强會事務所

漢城染織會社

本社의셔利益을不顧ᄒᆞ고韓人은衣人이라白衣ᄂᆞᆫ韓國衰敗의元素라外人의嘲評을憤慨ᄒᆞ며起業週年의幸蒙各位愛顧ᄒᆞ와迅進의榮幸이不無ᄒᆞ온지라各種染色을益加勉勵ᄒᆞ오며金價의所謂을不顧ᄒᆞ고사오니陸續杜講ᄒᆞ시되來往의便易를爲ᄒᆞ야左開各處에染物取扱所를設置ᄒᆞ엿사오니從便委托ᄒᆞ시ᄆᆞᆯ務望

大廣橋 朴勝煥雜貨商店
布屛下 金相萬冊肆
苧洞憲兵支所下 李鴻謨藥局
南門外蓮池洞 俞경煥商店
安洞北松峴初入 송洛奎典舖
社稷洞武德門外

漢城染織會社告白

本社廣告

○申報價

一張代金 新貨二錢五里
一個月前納 三十錢
三個月 九十錢
六個月 一元七十錢
一個年 三元四十錢
郵稅一部 新貨五里
一箇月 十三錢

○廣告料

四號活字十三字詰
每行每英尺一寸에新貨廿五錢
一週日에 (每日每行六錢에相當홈) 二圜五十錢
一箇月에 (每日每行四錢五里에相當홈) 五圜
(每日每日四錢一里에相當홈)
其期限의長短과字行의多寡를依ᄒᆞ야增減홈이有홈

●大韓每日申報各處支社廣告

中署布屛門下 김相萬冊肆
中署濃洞初入拾八統第二號 鄭禹澤
平壤上水口門內 김浩淵
仝 [illegible] 최錫恒
仁川 柳峴開新冊肆 리東皓
宣川邑橋西里 安濬
義州西門外한西 大藥局
釜山港佐川 徐藥局
三和港築洞 김仁집
咸興朱南社西門外 曹喜林
開城培學校 姜助遠
大邱市廳 최一弘
載寧邑濟衆院 熟夢澤
鐵山邑東部 安圭
元山支店 劉七錫
定州南門內 洪聖麟
京城興仁門外영楓亭 리建默
海州南門內書舖 朴昌鎭

發行兼編輯人 英國人 비說
發行所 南署石井洞號外地三層洋屋家
大韓每日申報社

(明治三十八年八月十一日第三種郵便物認可) 火曜日 西曆一千九百七年三月十二日 (一)

第五卷

大韓每日申報

대한매일신보

第四百六十號

月曜及慶節歲時日休刊

檀君開國四千二百四十年
箕子元年三千二十九年
大韓開國五百十六年
日本明治四十年
淸國光緖三十三年
◉陰曆丁未正月小廿八日庚申

說論

誤導ᄒᆞᄂᆞᆫ忠愛

國債를報償ᄒᆞ야日本의拘束을免脫ᄒᆞ라ᄂᆞᆫ韓人의勇力을對ᄒᆞ야셔울프리쓰報가此題目을賦與ᄒᆞ엿도다他方에셔ᄂᆞᆫ차運動을出於排日이라ᄒᆞ나니事實노ᄂᆞᆫ차將爲排日이나然이나其意思ᄂᆞᆫ負債者가壓制ᄒᆞᄂᆞᆫ債主를免脫ᄒᆞ라고各用其力ᄒᆞᄂᆞᆫ以外에無復反抗지勢로다

日人이차計策을甘心ᄒᆞᆯ거ᄉᆞᆫ不能期也니차ᄂᆞᆫ韓國人民의經濟지術이日人商業에將有減損ᄒᆞᆯ거슬뜻ᄒᆞᆷ이라烟草와麥酒와賣淫家와雜技店과及其他諸般輸入이將未免受害ᄒᆞ리로다今者運動이如차結果를向意ᄒᆞᆷ이아니언마ᄂᆞᆫ如차反動은難免지勢니蓋諸般節儉이華麗物品을爲業ᄒᆞᄂᆞᆫ者의게反動ᄒᆞᄂᆞᆫ것과同一ᄒᆞ도다

韓國人民의게實노必要ᄒᆞᆫ거슬其能提言ᄒᆞᆯ日人은甚少ᄒᆞ거니와今於차事에ᄂᆞᆫ한人의節儉이日本物貨輸入에將有減削結果ᄒᆞᆯ거슬推度ᄒᆞᄂᆞᆫ도다由是로日本新聞이차計策에反對句語를試加ᄒᆞᆷ은本記者ㅣ特不驚異어니와[illegible]刊ᄒᆞᄂᆞᆫ서울프리쓰報의當行지論은一句에不過ᄒᆞ니차를引用如左ᄒᆞ노라

日本이한國에게拂渡ᄒᆞᆫ金額을報償ᄒᆞᄂᆞᆫ거시善策인줄노한人이量度ᄒᆞᆫ진딘吾人은必不有反對ᄒᆞ리니차ᄂᆞᆫ財政上에國지擔負를欲脫ᄒᆞᆷ이無疑ᄒᆞᆷ이로다ᄒᆞ얏더라

然이나同報ᄂᆞᆫ日本이한國의게何如錢額을拂渡ᄒᆞ엿다고言及ᄒᆞ기에未有正義ᄒᆞ니第一은한國이借款을請求ᄒᆞᆷ이斷未有지矣요第二ᄂᆞᆫ한國이他處에셔優勝ᄒᆞᆫ契約으로借款을能得ᄒᆞ얏겟도다

何如ᄒᆞᆫ지國지負債를免脫ᄒᆞᆷ이한國人民의게善策인줄노本記者ᄂᆞᆫ量度ᄒᆞ거니와今者한人의試圖가但在於차ᄒᆞ니셔울프리쓰報가차運에反對를加ᄒᆞᆷ은實無恕容件이로다

官報

●號外 光武十一年三月十日

◉宮廷錄事

今陰曆正月二十七日

傳 制正時巽初々刻
英親王冠禮正時丙初々刻
朝謁禮正時午初二刻

詔曰明日當展謁
眞殿矣行禮時承史閣臣待令

詔曰明日 眞殿展謁時
東宮亦當行禮矣春桂坊及相禮使지待令

詔曰明日當自內詣
景孝殿展拜
東宮亦當展謁矣百官行禮置지

詔曰明日宗親原任議政府部大臣侍從卿議長閣臣承史玉堂春桂坊親王府官侍從副卿侍從禮式官侍陪從ᄆ官勅任官以上當賜饌矣留待

官內府大臣々沈相薰謹
奏明日 出宮門路以何門爲지
平敢 奏奉 旨乾元門爲지

●三千七百九號 光武十一年三月十日

◉敍任及辭令

命宮內府特進官正二品金思濬
命宮內府特進官正二品申泰休
命奉常司提調奉常司長李贊承
命奉常司長 從二品김大鎭
依願免本官崇義殿參奉王會鍾
任崇義殿參奉 王在衡
免本官江原道觀察道 金禎鎭
右ᄂᆞᆫ該君이敍任閱月에尙不부任이기是以免本官
任觀象書記 金永善

◉部令

●學部令第三號

學部所管日本留學生規程 續

第五條 留學生을被命ᄒᆞᆫ者ᄂᆞᆫ被命ᄒᆞᆫ日로붓터二週間以內에居住地를出發ᄒᆞᆷ이라

留ᄒᆞᆨ生이卒業ᄒᆞᆫ時나留ᄒᆞᆨ期限이滿了된時나或歸國의命을受ᄒᆞᆫ時ᄂᆞᆫ其翌日로붓터二週間以內에出發歸國ᄒᆞᆷ이라

右二項과如ᄒᆞᆫ境遇에疾病이나其他不得已ᄒᆞᆫ事故를因ᄒᆞ야期限內에出發ᄒᆞ기不能ᄒᆞᆫ時ᄂᆞᆫ其事情을具ᄒᆞ야第一項의境遇에ᄂᆞᆫ學部大臣에게申請ᄒᆞ고第二項의境遇에ᄂᆞᆫ留學生監督에게申請ᄒᆞᆷ이라ᄒᆞ야認可를受ᄒᆞᆷ이라

第六條 留學生이留學地에到着ᄒᆞᆫ時의ᄂᆞᆫ留學生監督의게歸국ᄒᆞᆫ時에ᄂᆞᆫ학部大臣의게迅速報告ᄒᆞᆷ이라

前項과如ᄒᆞᆫ境遇에ᄂᆞᆫ留學生이第二號書式의旅行日記를繕製ᄒᆞ야到着日로붓터一週間以內에학部大臣의게報告ᄒᆞᆷ이告ᄒᆞᆷ이라

外報

●英帝의法西訪問 倫敦電을據ᄒᆞᆫ則英帝께셔巴里로發向ᄒᆞ얏ᄂᆞᆫ데又西班牙로發向ᄒᆞ야皇帝와會見ᄒᆞ실터이라더라

●禁日人上陸 桑港報를據ᄒᆞᆫ則布哇로부터來ᄒᆞᄂᆞᆫ날미다船便에日人三百二十名과고라아船便에日人四百名을海關官員이巡檢을帶同ᄒᆞ고登船ᄒᆞ야下陸을不許ᄒᆞ얏ᄂᆞᆫ데其事由ᄂᆞᆫ始未不知라ᄒᆞ더라

●州會形勢 米國加奈太州會에在ᄒᆞᆫ日人士地所有權問題ᄂᆞᆫ日本에불利가되ᄂᆞᆫ形便이有ᄒᆞᆷ으로居留日本人等은此를反對ᄒᆞᄂᆞᆫ運動을開始ᄒᆞ얏다더라

●美富付校 美國巨富셔우락헬너氏ᄂᆞᆫ紐約에在ᄒᆞᆫ敎育總部로三億五千萬元을寄付ᄒᆞ얏다더라

雜報

●齋校義금 齋동普通學校生徒李春鳳孟桂弘금義石ᄀ在用李老마趙東植崔開文리敏龍田壽同等은各二十錢金永熙姜福萬尹六祉張鳳山金用植金鼎祿辛守完申忠植千二孫林占石ᄀ成進等은各拾錢을期成會로送ᄒᆞ얏더라

●郵換義금 開城培養學校生徒김裕成이가郵便小爲替로新貨三圓을期成會로送ᄒᆞ고其書信에本人은年今十三이온데得見新聞ᄒᆞ온즉諸員이國債報償에血心ᄒᆞ신다ᄒᆞ옵기心懷感激ᄒᆞ야言告父母ᄒᆞ고新貨三圓을仰呈ᄒᆞ오니補充ᄒᆞ심을伏望이라ᄒᆞ얏더라

●海西義捐 海州紳士가국債報償會에對ᄒᆞ여該道內의發文勸諭ᄒᆞ야義금을募集ᄒᆞᆯ次로一會를設立ᄒᆞᆫ다더라

● 安州平洞居김裕홍氏가국債報償의對ᄒᆞ여爲吾국民者孰不同意哉이만ᄂᆞᆫ本郡居김九煥氏ᄂᆞᆫ本以不섬지人으로국債報償금新貨五拾圓先出ᄒᆞ고發文一郡ᄒᆞ야勸告人民ᄒᆞ니김氏지爲국誠心을稱頌不已ᄒᆞ노라

●漢校武畜 南村筆洞等地에漢南學校를設立ᄒᆞ고南村武將家子姪十五歲以上十八歲以下人을募集ᄒᆞ야普通科로敎授ᄒᆞ야試驗成廣이有ᄒᆞ면幼年學校에入學ᄒᆞ야三年後에또武官學校에升學ᄒᆞ야三年後에士官卒業을証授與ᄒᆞᆫ다더라

雜報

●收單多却 今番英親王殿下간擇에各地方處子까지單子를廣收ᄒᆞ라ᄒᆞ고自上으로處分이下ᄒᆞ시미收單에入參ᄒᆞᆫ地方處子가上京ᄒᆞᆫ즉內大리址鎔과리容稙兩氏가協議ᄒᆞ야日大內에서收單ᄒᆞᆫ處子에게一萬兩式下賜ᄒᆞ라ᄒᆞ시니간擇이多數ᄒᆞ면錢財만空費라ᄒᆞ고京鄕間處子收單을多數히退却ᄒᆞ얏다더라

●전考勿施 參政大臣박齊純氏가地方官전考所를勿施ᄒᆞ기로決定ᄒᆞ얏다더라

●辭疏停止 리儁씨事件에對ᄒᆞ야笞一百으로法部에서奏本ᄒᆞ얏더니不公ᄒᆞᆫ事狀을參政大臣이上奏ᄒᆞ야笞七十에減等이되미法大리夏榮씨가因以含憾ᄒᆞ야辭職疏를奉呈ᄒᆞ랴ᄒᆞ야疏本을修繕ᄒᆞᆯ際에學相리完用씨가訪到ᄒᆞ야辭職疏本을閱覽ᄒᆞ고握手挽止ᄒᆞ며日非但大監이라吾亦未久에見逐ᄒᆞᆯ터이니與吾로同退ᄒᆞ지ᄒᆞᆫ듸法大가疏本을歛却ᄒᆞ고法部顧問官野津씨를請邀帶同ᄒᆞ고長谷川大將을訪見ᄒᆞ고리준氏事件을移時說話ᄒᆞ얏다더라

●國分手段 統監府書記官國分象太郞씨ᄂᆞᆫ久히韓國에來留ᄒᆞ야言語가慣熟ᄒᆞ고智巧가頗多ᄒᆞ야韓廷某々大官이皆其結托을得ᄒᆞ야手段을利用ᄒᆞᆷ으로히氏가 御前通辯과統監府周旋에挾私用計가極其巧猾ᄒᆞ야兩國間政策을多誤케ᄒᆞᆫ다더라

●遞前전考 郡守履歷書를昨日전考ᄒᆞ기로酌定ᄒᆞ얏더니內相리址鎔氏가去금曜日에전考委員의게指揮ᄒᆞ되協판박義병이가日間遞任되니郡守전고를協판遞任前에ᄒᆞ라ᄒᆞᆫ故로去土曜日에委員이會同전고ᄒᆞ얏다더라

●漢判還任 內部協辦박義秉氏가遞任되얏ᄂᆞᆫ듸漢城判윤ᄒᆞᆫ遞서ᄒᆞᆫ다더라

●內協運動 광州觀察使沈相의氏가內部협판으로轉任ᄒᆞ기를極力運動中이라더라

●전고兩派 전고委員이兩派가分成ᄒᆞ야韓昌洙리源兢柳正秀兪星濬四氏가爲一派ᄒᆞ고박義병김관현兩氏가爲一派ᄒᆞ얏다더라

●松官解任 學部에學政事務官松宮春一郞氏가解任이되얏다더라

●醫院官制 大韓醫院官制에院長顧問이各一人이오醫員이十七人이오敎官이七人이오藥劑師가九人이오通譯官及技師가各三人이오通譯官補가五人이오事務가十人이라더라

●三十盡고 郡守現闕이府尹幷ᄒᆞ여三十窠인듸向日奏本ᄒᆞᆫ여든十三人과今番에十七人을전고ᄒᆞ야幷爲奏本ᄒᆞᆫ다더라

●試選十二 學部에서副敎員點檢ᄒᆞᆫ다ᄂᆞᆫ事ᄂᆞᆫ前報에揭載어니와十二人을試取ᄒᆞ얏다더라

●전考風波 日昨內部전考所에서郡守七窠를전考ᄒᆞᆯᄂᆞᆫ듸內大리址鎔氏가전考委員에게囑托ᄒᆞ여日今番奏本에五窠ᄂᆞᆫ有雜팔處ᄒᆞ야不得不吾自擔保ᄒᆞᆯ터이니전考案件에以廉明으로懸錄ᄒᆞ라ᄒᆞ미전考委員이唯々聽命ᄒᆞᆫ즉只餘二窠ᄒᆞᆫ지라김寬현氏가出席ᄒᆞ야尉官兪鎭榮氏을呼薦ᄒᆞᆫ듸兪星濬氏가反對ᄒᆞ야日兪氏ᄂᆞᆫ小人이라不可라ᄒᆞ니김寬현氏ᄂᆞᆫ元來無識之人이라전考規則에文우通用이란句語를不味ᄒᆞ야末能辨明ᄒᆞ고赧然無色ᄒᆞ더니리源兢氏가宮內府官人某氏를薦望ᄒᆞᆫ대김寬현氏가反對ᄒᆞ야日資格이不及이라ᄒᆞᆫ즉리源兢氏가變色日此人資格을何以知之오ᄒᆞᆫ듸김寬현氏가高聲大言日전考委員이各薦食니ᄒᆞᆫᄂᆞᆫ듸於吾에不許ᄂᆞᆫ何오ᄒᆞ며전고委員之任은吾當退去라ᄒᆞᆫ듸리源兢氏가叱責日其退其留ᄂᆞᆫ自諒爲之ᄒᆞ란즉김寬현氏日向日전고委員隨貫時에ᄂᆞᆫ於吾에不漏ᄒᆞ더니今日薦用食口之時에ᄂᆞᆫ弗許參入은何오ᄒᆞ고風波가大起ᄒᆞ얏다더라

●春裁電報 春川裁判所에서法部에電報ᄒᆞ되廳費가甚急ᄒᆞ니卽爲支撥ᄒᆞ라ᄒᆞ얏더라

●笞刑受贖 平理院에서法部에報告ᄒᆞ되承准部指令ᄒᆞ와處笞壹百罪人리儁減三等事로聖旨를布諭後該犯리儁笞七十受贖放送ᄒᆞ엿다더라

●警使報部 警務使金思默氏가法部에報告ᄒᆞ되광무八年十一月頃에中署養士동居리秉常이가日本滯留리준鎔名으로僞造書簡及私印ᄒᆞ야前慶州郡守金允闓을詐欺ᄒᆞ야藥錢四萬五千兩을騙取ᄒᆞᆫ事로該리병常을逮捕審査ᄒᆞ온고取其所供ᄒᆞ온즉現任咸鏡南道檢事김義濟와共謀情節을節節自服이옵기該犯ᄒᆞ並一併書類ᄒᆞ와押交于漢城裁判所이오며김義濟ᄂᆞᆫ身以官人으로做此凶悖之習이甚爲所可駭에合施申律이옵기所關書類를謄本報告ᄒᆞ오니査照處판ᄒᆞ라ᄒᆞ얏라

●紀念盛況 再昨日軍司令部에서軍器紀念祭設行ᄒᆞᆫ다ᄂᆞᆫ說은已爲報道이어니와各部大官과軍警兩廳官人을請邀宴待ᄒᆞᄂᆞᆫ듸韓妓三十名과日妓數十名이合席歌舞ᄒᆞ야風流가迭宕ᄒᆞ얏고또韓兵日兵이臨戰交鋒式을擧行ᄒᆞ얏다더라

●逵察發程 慶北觀察使리忠求氏가赴任次로陰本月晦日에發程ᄒᆞᆫ다더라

●民島斫松 忠南오川郡安民島森林은元來國有物로屢百年禁護ᄒᆞᄂᆞᆫ바인듸該嶋派監리涉씨가到任後로稱以養松ᄒᆞ고松木枝葉을無數斫伐ᄒᆞᄂᆞᆫ中大松二百餘株를작賣ᄒᆞ고凡事가無非眩荒ᄒᆞ야島民이不能安堵라고南來人의傳說이浪藉ᄒᆞ며라

●蜜啞演說 再昨日女子教育會에서蜜啞子劉元杓씨를公函請邀ᄒᆞ야勸勉演說을開ᄒᆞ얏ᄂᆞᆫ듸該씨舌鋒은世所共知어니와男女의分擔義務와時代의的當方法을明辨確論ᄒᆞ미滿場會員의拍手喝采ᄂᆞᆫ姑捨ᄒᆞ고人山人海의傍聽紳士中윤致호리基東뎡恒謨諸씨가弗勝興感ᄒᆞ야次第演說ᄒᆞ얏슨즉可謂社會上初有ᄒᆞᆫ盛會가되얏더라

●死守玉塔 開城豊德兩郡接界에在ᄒᆞᆫ경天塔은高麗恭민王時公主의紀念ᄒᆞ기爲ᄒᆞ야磁玉寶石으로細除層을建塔ᄒᆞᆫ야屢百年舊物이라料外에何許日人이該塔을毀壞ᄒᆞ야日本으로輸去ᄒᆞ다ᄒᆞ기로兩郡人民들이如雲會集ᄒᆞ야決死불許ᄒᆞ기로同盟ᄒᆞ얏다더라

●工業設校 特進官리容泰氏가敎化門前에工業學校를設始ᄒᆞ고錢二千圜을捐出ᄒᆞ야校舍를現今修理中이라더라、

●紳襟講道 前判書申箕善씨家의서某々大官들이會集ᄒᆞ야大東紳襟講道會를設始ᄒᆞ기로爛商會議ᄒᆞ고趣旨書를發行ᄒᆞᆫ다더라

●日士演說 今日下午七点半에靑年會館에서信念과品行이란問題로日本紳士大垣丈夫씨가演說ᄒᆞᆫ다ᄂᆞᆫ듸惟我有志諸君은多數光降을希望ᄒᆞᆫ다더라

●泰成商會 吉州郡人士가泰成商會를組織ᄒᆞ고株式合資로商業에興利ᄒᆞᆯ目的뿐아니오라將來國家及社會에一大公益ᄂᆞᆯ成就ᄒᆞᆯ計劃이有ᄒᆞ옵고爲先發起ᄒᆞᄂᆞᆫ日에股금이一萬二千餘圜에達ᄒᆞ얏다더라

●安씨有女 故安경壽씨의夫人이與其女息으로僅々保命에家勢가甚貧ᄒᆞ더니其女甲龍ᄂᆞᆫ校洞女學校에入參ᄒᆞ야頗見進步러니今番國채報상에關ᄒᆞᆫ新聞을見ᄒᆞ고泣請母씨ᄒᆞ야賣其如干器物ᄒᆞ야僅得新貨二圜ᄒᆞ야期成會로托送ᄒᆞ얏다ᄂᆞᆫ듸年今십四歲라더라

▲茶爐叢話▲

▲侠士가獻圖에飢광ᄒᆞᆫ深歎ᄒᆞᆯ고盲者가擊筑에鉛鐵이未露ᄒᆞ니現今政界에燕丹이有誰오指點那邊에早春二枝花가老眼이暸농ᄒᆞ니依히霧中看이로고

▲郡守發表이在邇ᄒᆞ니內部一派의서慾浪이忽起ᄒᆞ야鯨波가頻作ᄒᆞ니郡守전考를着作旨泉ᄒᆞ야欲尤其且ᄒᆞ니전考之銓字를錢字로正誤ᄒᆞᆸ시다

▲銓考委員김寬현氏ᄂᆞᆫ前日전考에리卓遠氏를呼薦ᄒᆞ더니日昨銓考의ᄂᆞᆫ兪鎭榮氏를呼薦ᄒᆞ다가無顔을當ᄒᆞ얏다니該氏ᄂᆞᆫ銓考委員이아니라呼薦委員이로고

▲農協黃鐵氏ᄂᆞᆫ對人輒稱ᄒᆞ되以吾開化眼目으로觀지ᄒᆞ면人臣도不可用이오上自局長으로下至使喚ᄭᆞ지라도皆是不用이오惟吾獨立이라ᄒᆞ니該氏의面皮가大厚ᄒᆞᆷ을世人이唾罵ᄒᆞ니黃鐵이가黃皮가되엿고

▲人材를擇選ᄒᆞᆫ다더니借力壯士리址善氏와天文異人리병哲氏가전考에入参ᄒᆞ얏다니兩씨ᄂᆞᆫ各其才能으로 天聽을聳薇ᄒᆞ던人物를用ᄒᆞ얏스니이것시人材擇用인지

▲現今大한人民이국債報상에感義ᄒᆞ야雖幼兒輩라도踐拜萎으로出捐ᄒᆞ되老人契에서ᄂᆞᆫ門外名寺에서大宴을設施ᄒᆞ고酒池肉林에妓樂이跌宕ᄒᆞ니該老人은국채에ᄂᆞᆫ無心ᄒᆞ고酒色에만浪費ᄒᆞ니小兒가붓그럽지안ᄒᆞᆫ지

◉◉本社廣告◉◉

國債報償金을本社로持來ᄒᆞᄂᆞᆫ이가逐日沓至ᄒᆞ오나本社에셔ᄂᆞᆫ如此重大之事에對ᄒᆞ야善後之策을確實講定ᄒᆞ기前에ᄂᆞᆫ領受키難ᄒᆞ기로姑不收捧ᄒᆞ오니僉君子ᄂᆞᆫ照亮ᄒᆞ시ᄋᆞᆷ

大韓每日新報社告白

雜報

●向斷烟同盟會大聲贊賀 梅堂生 리祖遠

我東洋二十一代歷々上에其治亂興亡者何限이나至於國以債亡者ᄂᆞᆫ所未聞所未睹之說也라是以로鄕キ盡民의疑点이乍起ᄒᆞ나其實証은將於埃及等々에可徵이니知ᄒᆞᆯ지오

一千三百萬圓의금額이弗出幾年ᄒᆞ야其利息이總以計지면三千里와分以計지면八萬九千方里가될지라從今以往으로만打算ᄒᆞᆯ지라도幾何方里가已爲消入ᄒᆞ엿스니一日所縮이弗啻百里라民은依土以活ᄒᆞ고國은依民以立ᄒᆞ나니江山이漂去ᄒᆞ면國將無矣라無士無국이면民何聊生고展足지地가無ᄒᆞᆷ은姑舍ᄒᆞ고置髮지地가將無ᄒᆞ며立錐지地가無ᄒᆞᆷ은勿論ᄒᆞ고行將錐也亦無ᄒᆞ리니乃父乃祖ᄂᆞᆫ受神이無所ᄒᆞ고若子若孫은教育이何處오 未完

●初無是事 平壤郡人士의來函을據ᄒᆞᆫ즉該郡守白樂均씨가境內有志紳士와協議ᄒᆞ야各面에學務員을派送ᄒᆞ야該面內公共財產이有ᄒᆞᆫ거나或有志人士의義助를待ᄒᆞ야高等小學校를設立ᄒᆞ되勢力이不及ᄒᆞᆫ面은私塾에教課만改良ᄒᆞᆯ뿐인즉藉稱設校ᄒᆞ고勸排補助等說은初無是事라ᄒᆞ더라

●誘人浪遊 所謂老人契ᄂᆞᆫ年老輩가結合ᄒᆞ야隨期及樂ᄒᆞᆷ이其目的인ᄃᆡ閔泳釆씨와尹青派씨ᄂᆞᆫ四十에未滿ᄒᆞ야老人이아니어ᄂᆞᆯ김永振씨等이該兩씨를契中에誘入ᄒᆞ고妓生三十餘名을帶同ᄒᆞ야日前東大門外永道寺에出往ᄒᆞ야질湯遊樂ᄒᆞ고浮費를該兩씨의게負擔ᄒᆞ얏더라

●勸告義연 始興所下里居李淵哲氏가本以불선家力으로국채報償金十圓을판出ᄒᆞ고人民을對ᄒᆞ야激切히勸告ᄒᆞ되貧寒ᄒᆞᆫ近동人民이各出一二圓ᄒᆞ다더라

廣告

慶尙北道大邱郡國債擔報金第一回持捐ᄒᆞᆫ人員姓名과金額이如左ᄒᆞᆷ

前主事 都正浩 二圓六十錢
尹東彦 五圓
前守郡 金允蘭 百圓
幼學 蔡斗錫 三圓
●酒商 金召史 一圓
菜商 文召史 二十錢
幼學 金應守 五圓
白丁 金昌寧 二十錢
聖立學校 二十圓
幼學 崔德裕 一圓
李致玉 一圓
최仁淳 一圓
金光瑞 一圓
朴元善 十圓
최周興 二圓
徐德潤 一圓
郭致彦 一圓
李善如 五圓
馬錫훈 三圓
金聖集 一圓
金德三 一圓
劉敬彦 一圓
徐聖五 五圓
田在瑞 五圓
리應文 貳圓
金鼎三 拾圓
前參奉 朴炳益 拾圓
前委員 박炳兌 五圓
前主事 최鍾崙 三圓
前議官 리寬周 五圓
前主事 리完秀 五圓
馬夫 黃雲瑞 六拾錢
前觀察 徐相돈 百圓
前承旨 鄭圭각 百圓
幼學 徐士綱 壹圓
鄭大鴻 壹圓
金德乃 壹圓
박太奉 貳拾錢
孫亨仲 壹圓
兪應五 壹圓
개乞 鄭萬權 壹圓
前主事 金乃順 拾圓
前五衛將 최大汝 四拾錢
幼學 鄭子善 壹圓
吳南瑞 四拾錢
金永植 貳圓
리載敏 貳圓
陸基瑞 壹圓
뎡泰汝 壹圓
뎡相卿 壹圓
笠商 리成魯 壹圓
苧商 金致一 壹圓
金두鉉 壹圓
박甲東 壹圓
酒買 黃召史 壹圓
前參奉 박병옥 四圓
進士 박民東 五圓
前五衛將 리孝淳 壹圓
校奴 金致彦 壹圓
商民 申相화 壹圓
金士元 壹圓
馬雲一 壹圓
리雲用 貳圓
리根求 壹圓
김和益 壹圓
리性直 三圓
河性翻 貳圓
前五衛將 馬舜翊 壹圓
前教官 朴晶東 壹圓
局長 兪星濬 五圓
前參奉 리冕周 貳圓
徐相旭 壹圓
幼學 박昇東 壹圓
都聖호 壹圓
리重寬 壹圓
張敎赫 壹圓
리宗熙 壹圓
리병斗 壹圓
酒買 박召史 壹圓
뎡順卿母親 貳圓
仝人 姨母 貳圓
뎡雲甲母徐召史銀脂環二兩重
서丙奎妻뎡召史銀粧刀二兩重
뎡雲夏妻김召史銀脂環一兩九錢重
서學均妻뎡召史仝 二兩重
서石均妻최召史仝一兩五錢重
서德均妻리召史仝一兩五錢重
김守遠妻裵召史仝二兩九錢重
前五衛將 馬冀興 貳拾圓
前郡守 리玄斧 拾圓
進士 리根重 拾圓
前委員 리根夏 壹圓
幼學 리根泳 壹圓
최載林 六拾錢
柳鎭睦 六圓
박律伊 壹圓
池仁元 壹圓
池義元 壹圓
리亨集 壹圓
리大乘 貳拾錢
박병德 貳圓
兪鎭禧 壹圓
具在書 貳圓
김守遠母뎡召사銀粧刀一兩八錢重
뎡雲俊妻蘇召史仝一兩五錢五分重
박殷益妻김召史仝一兩七錢重
최君錫妻김召史仝五錢五分重
서喆奎妻비召史仝一兩六錢五分重
김守遠女김召史 四拾錢
김順式母김召사 六拾錢
商民 許順逸 壹圓
劉允玉 壹圓
姜子鎭 三圓
池道一 貳圓
都相기 貳拾錢
酒買 김召샤 壹圓
宋召사 五拾錢
幼學 宋致文 五拾錢
리相岳 貳拾陸圓
務安警署權任 김錫魯 廿錢
梁麟植 貳拾錢
務安警署巡檢 김鎭行 廿錢
咸鯛永 貳拾錢
박鍾肅 貳拾錢
김基允 貳拾錢
김雲卿 貳拾錢
方允泳 貳拾錢
김道寧 貳拾錢
리基昌 貳拾錢
前議官 김弘培 陸拾錢
前主事 박魯爀 壹圓
리舜明 壹圓
前參奉 박最東 壹圓
商民 김孔淑 壹圓
서基夏 五圓

大丘國채擔報會事務所 廣告

김海김씨忠簡公山所가慶北永川郡道有동이齋室祭田養松을何許悖類김景律과김성培가暗賣ᄒᆞ다ᄒᆞ니內外國人은切勿見欺ᄒᆞᆷ

京居宗孫 正三品 김영培
前郡守 김谷培
前郡守 김雲培

安州居劉先祚ᄂᆞᆫ本是巨富也라同郡人리命호山訟에對ᄒᆞ야山是금山이오越谷他麓에挾勢道郡에非理늑葬ᄒᆞ기命호가事至抑寃ᄒᆞ여來訴平理院이自院으로押上劉哥이온데劉哥가四五日前入城ᄒᆞ여秘密運動ᄒᆞ오니以黃금力으로氷玉又ᄒᆞᆫ法官에明政公決을斷損케ᄒᆞᆷ이오

리君樹 告白

本報第四百五十九號本人辨明廣告中日人處賣土人서병照가아니라林병喜기로玆正誤ᄒᆞᆷ

리世鎔 告白

廣告

●本人게子楓辰이가性本浮浪ㅎ야每與悖類로互相符同ㅎ여出沒東西에無論內外國債ㅎ고欲圖出債ㅎ오니惟願內外國僉君子ᄂᆞᆫ幸勿見欺ㅎ시와無至白失之地을爲要

鐵山嘐川畯興謨 告白

內需司龍洞宮於義宮明禮宮壽進宮에屬ᄒᆞᆫ導掌上納及各項上納內午條丁未納을郡納個人納을勿論ᄒᆞ고本月三十日以內로一切整理所(宮內府內)로來納ᄒᆞᆯ事

光武十一年三月八日

各宮事務整理所

本人에再從叔培가性本浮浪ᄒᆞ야益山全州兩處沓土와先山松楸ᄅᆞᆯ僞造文券ᄒᆞ야欲爲放賣云々故로本人이內大宅에永爲放賣ᄒᆞ얏ᄉᆞ니內外國人以此照亮ᄒᆞᆷ

益山除石面温水동 金容培 告白

本人의子鄭泰興이가年今十九歲에性本浮浪ᄒᆞ야每與悖類로互相符同ᄒᆞ여僞造手票ᄒᆞ며贗成於音ᄒᆞ여假稱債錢幾萬幾千兩이라ᄒᆞ고勒侵본人ᄒᆞ오니自今以後로或有此弊면捉懲警飭ᄒᆞ여別般痛治ᄒᆞᆯ터이니內外國人은切勿見欺後悔ᄒᆞᆷ

西署玄湖 鄭召史 告白

洪淳康氏가東署東小門內土橋東邊에織造機ᄅᆞᆯ廣張設施ᄒᆞ야稱號ᄅᆞᆯ淳昌號라ᄒᆞ고各色綢緞紗屬等을織造發賣ᄒᆞ오니願買人ᄂᆞᆫ來臨購買ᄒᆞ시며或所用대로緞과紗等屬을預托ᄒᆞ시면依約施行ᄒᆞ깃ᄉᆞᆸ

淳昌號 告白

湖南鐵道株式會社廣告

本社事務ᄅᆞᆯ一層擴張ᄒᆞ기爲ᄒᆞ야事務所ᄂᆞᆫ大廣橋川邊前紙廛小都家로本月六日에移接ᄒᆞ고社長以下整理委員을選定ᄒᆞ고玆에左開ᄒᆞ야廣告ᄒᆞ오니株主에應募ᄒᆞ실有志 僉君子ᄂᆞᆫ陸續來議ᄒᆞ심을爲望

社長 金基永

總務部長 成文永

整理委員 尹晶錫

白完혁 趙鎭㮈 丕秉澤

鄭東植 孫錫基 孟덕敏

朴泓일 鄭斗煥 白寅基

한相龍 趙彰漢 等 告白

●九轉靈砂라 本人이妙方法을神備ᄒᆞ야製造ᄒᆞᆫ靈丹인ᄃᆡ男女老少에無論何징ᄒᆞ고通治ᄒᆞ오며無病時에도服하면平生의身躰가健康ᄒᆞ며小兒ᄂᆞᆫ四五錢重만服ᄒᆞ면十歲안에無病ᄒᆞ기ᄅᆞᆯ擔保ᄒᆞ오며

●九轉靈砂萬應丹은져狂癇징과中風諸疾과耳目諸病과淋疾에神効ᄒᆞ오

●九轉靈砂保命丹은初生小兒驚風 간氣 咳嗽 腹瘡諸般惡징에神効ᄒᆞ오

●九轉靈砂濟衆丹은酒滯食滯 血積 吐瀉 霍亂 痢疾 吐血 下血 運氣 時疾 疝징에神効ᄒᆞ오

●九轉靈砂紫金丹은痔漏 累瀝 上疳瘡 下疳瘡及唐瘡과諸般毒瘡惡種에無不神効ᄒᆞ오니 僉君子ᄂᆞᆫ來問ᄒᆞ시오

內需司前독갑이골上隅第一家百三統一戶 리호廷 告白

大韓帝國仁川港

濟物浦紙卷烟及烟草會社

●大韓自强會月報

每月一回廿五日發行

定價金 一部 十五錢

大韓自强會月報의發行이[illegible]를經ᄒᆞ오니自由의言論을鼓[illegible]ᄒᆞ야國家의權利를增進ᄒᆞᆷ[illegible]立의精神을淬礪ᄒᆞ야[illegible]結을益[illegible]케ᄒᆞ야[illegible]國者志[illegible]의愛讀ᄒᆞ심을與ᄒᆞᆫ바現今[illegible]의셔一비[illegible]ᄒᆞ기[illegible]明ᄒᆞᆫ[illegible]安[illegible]致ᄒᆞ야天下大勢의變動과[illegible]敎育의[illegible]古今政治의大[illegible]를蒐輯ᄒᆞ야[illegible]新케ᄒᆞ오니[illegible]ᄒᆞ시ᄂᆞᆫ僉君子ᄂᆞᆫ血淚를분ᄒᆞ시고家家案頭의隨刊對讀ᄒᆞ시오

漢城中署典洞九統二戶

大韓自强會事務所

漢城染織會社

本社의셔利益을不顧ᄒᆞ고[illegible]은[illegible]이라白衣로[illegible]衰敗의元素란外人의嘲評을慨慨ᄒᆞ여起業週年의幸蒙各位愛顧ᄒᆞ와前進의榮幸이不無ᄒᆞ온지라各種染色을益加勉勵ᄒᆞ와僉位의所需을不負ᄒᆞ깃사오며陸續枉臨ᄒᆞ시되來往의便易ᄅᆞᆯ爲ᄒᆞ와左開各處에染物取扱所ᄅᆞᆯ設置ᄒᆞ엿사오니從便委托ᄒᆞ심을務望

大廣橋 朴勝煥雜貨商店

布廛下 金相萬冊肆

苧洞憲兵支所 李鴻謨藥局

남門外蓮池洞 俞경煥商店

安洞北松峴初入 송洛중典舖

社稷洞武德門外

漢城染織會社告白

◎本社廣告

○申報價

一張代金 新貨二錢五里

一個月前納 三十錢

三箇月 九十錢

六個月 一元七十錢

一箇年 三元四十錢

郵稅一部 新貨五里

一箇月 十三錢

○廣告料

四号活字十三字詰

每日每英尺一寸에新貨[illegible]

(每日發行)六錢에相當ᄒᆞᆷ

一週日에 二圓五十錢

(每日每行四錢五里에相當ᄒᆞᆷ)

一箇月에 [illegible]圓

每日每日四錢一里에相當ᄒᆞᆷ

其期限의長短과字行의多寡ᄅᆞᆯ依ᄒᆞ야增減ᄒᆞᆷ이有ᄒᆞᆷ

●大한每日申報各處支社廣告

中署布屛門下 김相萬冊肆

中署農圃洞初入七拾八統第二號 鄭禹澤

平壤上水口門內 김濟潤

全仁川柿峴開新冊肆 최敬恒

宣川邑橋西里 리東皓

義州西門外한西 安濬

釜山港佐川 大藥局

三和港築洞 徐藥局

咸興朱南社西門外 김仁집

開城培學校 曹喜林

大邱市廳 姜助遠

載寧邑濟衆院 최一弘

鐵山邑東部 [illegible]夢澤

元山支店 安호

定州南門內 劉七錫

京城興仁門外영楓亭 洪聖麟

海州南門內書舖 리建赫

發行兼編輯人 朴昌鎭

發行所 英國人비說

南署石井洞號外地三層洋屋家

大韓每日申報社

第五卷

大韓每日申報
대한매일신보

第四百六十一號

月曜及慶節歲時休日表

檀君開國四千二百四十年
箕子元年三千二十九年
大韓開國五百十六年
日本明治四十年
淸國光緒三十三年
◉陰曆丁未正月小廿九日辛

論說

出爾反爾

日本貯貨의價格을自誇ᄒᆞ던거시人民과及其新聞記者心中에自譽ᄒᆞᄂᆞᆫ도다自結和以來로日本財政家가不定之位에處ᄒᆞᆫ지라謹愼練熟ᄒᆞᆫ處理를要ᄒᆞᆷ은普通知悉ᄒᆞᆫ바어니와事實이如此ᄒᆞᆷ으로本記者ᄂᆞᆫ日本事業上에過多捐金ᄒᆞᆫ다ᄂᆞᆫ報導를常以輕視ᄒᆞ얏노니蓋其行用이總是紙本이오眞實ᄒᆞᆫ金錢을國內로輸來ᄒᆞᆫ交涉은一未有之矣로다日本이二億二千萬圓借欸을整列ᄒᆞᆷ은果其實報이나然이나此但轉換ᄒᆞᆯ意思오實地金額은一不到日本ᄒᆞ리니其時에反動之勢가有ᄒᆞᆯ거슨欲避不得이로다過去戰役時에日本人民이榮光之說노自滿ᄒᆞ얏더니及其結和之日ᄒᆞ야ᄂᆞᆫ其戰役이出於無心志ᄒᆞᆷ을全然探知ᄒᆞ얏도다敏猾ᄒᆞᆫ財政家ᄂᆞᆫ此時를利用ᄒᆞ야前日損害를欲充ᄒᆞᆫ지라公衆이從之러니今有歎泊지機로다今其失責은如此危險事業을所行ᄒᆞᆫ者에게在ᄒᆞ나眞實責任은人民의게實情을欺瞞ᄒᆞ기에猶豫之態가未有ᄒᆞᆫ政府에게自歸라日本人民이政府의欺騙지實을計算ᄒᆞᆯ거시將有其日이바其日은卽在不遠間이로다

◉部令

●學部令第三號

學部所管日本留學生規程 續

第七條 留學生이歸國ᄒᆞᆫ時ᄂᆞᆫ第三書式의留학始末書와卒業或修了證書의謄本을帖付ᄒᆞ야학部大臣에게提呈ᄒᆞᆷ이라

但학部大臣이必要ᄒᆞᆷ으로認定ᄒᆞᄂᆞᆫ時ᄂᆞᆫ卒業或修了證書의原本을提呈케ᄒᆞᆷ도有ᄒᆞᆷ이라

第八條 留學生은第四號書式을依ᄒᆞ야每年四月及十月二回에其留학中에關ᄒᆞᆫ事項을學部大臣에게呈報ᄒᆞᆷ이라

第九條 留學生은留학地를擅離ᄒᆞᆷ을不得ᄒᆞᄂᆞ니若休暇或旅行이나其他事由를因ᄒᆞ야留학地를離去코저ᄒᆞᄂᆞᆫ時ᄂᆞᆫ其日數를預定ᄒᆞ야留학生監督에게申請ᄒᆞ고其請由ᄒᆞᆫ日數를延期코저ᄒᆞᄂᆞᆫ時에도亦同ᄒᆞᆷ이라

留학生은擅便히休학ᄒᆞᆷ을不得ᄒᆞᄂᆞ니若疾病이나其他不得已ᄒᆞᆫ事故를因ᄒᆞ야休학코저ᄒᆞᄂᆞᆫ時ᄂᆞᆫ休학期限을預定ᄒᆞ야留학生監督에게申請ᄒᆞ고其休학期限을延期코저ᄒᆞᄂᆞᆫ時에도亦同ᄒᆞᆷ이라

留學生監督은右二項의申請을受理ᄒᆞᆫ時에其事由를調査ᄒᆞ야不得已ᄒᆞᆷ으로認ᄒᆞᄂᆞᆫ時ᄂᆞᆫ此를許可ᄒᆞᆷ이라

第十條 留學生에게ᄂᆞᆫ別表를依ᄒᆞ야往復旅費、束裝費、學資金及滯在費를支給ᄒᆞᆷ이라

束裝費ᄂᆞᆫ本國에在ᄒᆞ야留학을被命ᄒᆞᆫ者에게支給ᄒᆞᆷ이라

學資金은就學ᄒᆞᆫ학校種類를隨ᄒᆞ야別表範圍內에셔學部大臣이此를定ᄒᆞ야入學日로붓터其就學中에支給ᄒᆞᆷ이라

滯在費ᄂᆞᆫ左와如ᄒᆞᆫ境遇에支給ᄒᆞᆷ이라

一 留學地에到着日로붓터就學前日ᄭᆞ지

一 學部大臣의命令을受ᄒᆞ거나留학生監督의指揮를因ᄒᆞ야一時休暇ᄒᆞᄂᆞᆫ時

一 卒業又ᄂᆞᆫ留學期限이滿了되야歸國의命令을受ᄒᆞᆫ日로붓터其在留地를出發ᄒᆞᄂᆞᆫ日ᄭᆞ지

滯在費ᄂᆞᆫ學資金과重疊支給ᄒᆞᄂᆞᆫ事가無ᄒᆞᆷ이라

留學地를變更ᄒᆞᄂᆞᆫ時ᄂᆞᆫ相當ᄒᆞᆫ旅費를支給ᄒᆞᆷ이라

第十一條 留學生이左開各項中一項에犯ᄒᆞᆫ者ᄂᆞᆫ學部大臣이該留學生을解除ᄒᆞ고已給ᄒᆞᆫ金額의全部或幾部分을償還케ᄒᆞᆷ이라

一 品行不正ᄒᆞ야留학生의體面을汚損ᄒᆞᄂᆞᆫ所爲가有ᄒᆞᆫ者

一 本則이나又ᄂᆞᆫ學校命令을違背ᄒᆞᆷ과或은留學生監督의命令을服從치아니ᄒᆞᄂᆞᆫ者

第十二條 학業이不進ᄒᆞ야卒業의所望이無ᄒᆞᆫ者와疾病을因ᄒᆞ야就學키不能ᄒᆞᆫ者ᄂᆞᆫ學部大臣이卽時歸國ᄒᆞᆷ을命ᄒᆞᆷ이라

第十三條 留學生이學部大臣에게提呈ᄒᆞᄂᆞᆫ書類ᄂᆞᆫ總히留學生監督을經由ᄒᆞᆷ이라

第十四條 留學生監督은留학生에關ᄒᆞᆫ학部大臣의指揮命令을傳布ᄒᆞ고又留학生이학部大臣에게提呈ᄒᆞᄂᆞᆫ書類에意見을帖付ᄒᆞ야迅速히呈報ᄒᆞᆷ이라 未完

外報

●總督相換 北京電을據ᄒᆞᆫ則雲貴總督岑春헌과四川總督錫良은相換되고其他荊州西安廣州將軍과察合爾都統도任命되얏더라

●鐵道工役 北京電을據ᄒᆞᆫ則京長工役은長陽隧道의開鑿이困難ᄒᆞᆷ으로法國商人에게新機械를購入ᄒᆞ얏다더라

●俄國議會 俄都來電을據ᄒᆞᆫ則國民議會를開ᄒᆞ고莫斯科地方議會의고로이ㅣ氏로議長을選擧ᄒᆞ얏ᄂᆞᆫ더市中은비록靜穩ᄒᆞ나警官이該民의歷々균集ᄒᆞᆷ을制壓ᄒᆞ야數名의負傷者를出ᄒᆞ얏다더라

●反對歸化 桑港電을據ᄒᆞᆫ則加州上院은昨土曜日滿場一致로日本人歸化에反對ᄒᆞ고加州選出의國會議員及元老院會議에對ᄒᆞ야如是有害ᄒᆞᆫ法律을制定ᄒᆞᄂᆞᆫ事에大反對ᄒᆞ기를警告ᄒᆞ얏더라

●英露協商 倫敦電을據ᄒᆞᆫ則英露兩國의交涉은最近十日間에非常히進行ᄒᆞ얏ᄂᆞᆫ지라此ᄂᆞᆫ露國의融和的態度와駐露英國大使의盡力에緣ᄒᆞᆷ이니英露協商은二個月以內에必成ᄒᆞᆯ깃고日露의交涉問題로漸次運行ᄒᆞᄂᆞᆫ貌樣이더라

雜報

●自强開會 大한自强會의셔來十六日(陰二月三日)土曜下午一時에通常會를開ᄒᆞ고會務를處理ᄒᆞᆫ後에左開三題演說ᄒᆞᆫ다더라

국民의義務 南宮薰
斷烟의利害 박治勳
輿論의私見 李商在

●奉三校況 奉三學校ᄂᆞᆫ黃海道安岳郡문花동에有志ᄒᆞᆫ諸人이協力創設ᄒᆞᆫ비라去月에年終試驗을經ᄒᆞ고校監金贊氏와贊敎師玉正氏와敎師최榮輝씨가賞品으로써生徒七十餘名의게施與ᄒᆞ고학員의父兄諸氏가來臨ᄒᆞ야賞與金二十餘元을捐出ᄒᆞ고學員에成就ᄒᆞᆷ을稱頌ᄒᆞᆯ뿐아니라各々協奬지說로熱心勸勉ᄒᆞ얏ᄂᆞᆫ딕甲班優等이리완英리在根장若來최엽馨申學輝諸氏오乙班優等은박振찬丕尙彬姜周禹三氏라더라

雜報

●四十九單　昨日英親王夫人初간擇에進字를書ᄒᆞᆫ處子가四十九人이라더라

●리遞成任　內部大臣리址鎔氏가遞仕ᄒᆞ고農商大臣成岐運氏가被任ᄒᆞᆫ다ᄂᆞᆫ說이有ᄒᆞ더라

●局長歸誰　학部編輯局長申海永氏가日本留學生監督을被任ᄒᆞᆫ代에該部參書官中에敍任이된다더라

●박氏頗緊　內部協판박義병氏遞任ᄒᆞᆫ代에法制局長박勝鳳法部協판리源兢광州觀察沈相익三氏가互相運動中인ᄃᆡ就中박勝鳳氏가被任되리라ᄂᆞᆫ說이頗緊ᄒᆞ더라

●改稱監査　度支部顧問官目賀田氏가財政監査長이된故로各地方財政官을改定ᄒᆞ야財政監査官이라稱ᄒᆞᆫ다더라

●漢윤被任　內部협판박義秉氏가漢城府윤을被任ᄒᆞ얏더라

●檢事仕進　平理院檢事리儁氏가今日에仕進視務ᄒᆞᆫ다더라

●特別視察　昨日度支部司稅局長리健榮氏가忠淸南北道稅務視察次로發程ᄒᆞ얏ᄂᆞᆫᄃᆡ차視察은特別이稅務官과各郡守行政을視察ᄒᆞᆫ다더라

●軍務視察　陪從武官長조東潤씨와비從武官魚潭氏ᄂᆞᆫ日本국軍務視察次로前往ᄒᆞᆫ다더라

●軍大挾私　今番軍部奏本에該部大臣權重顯씨가循私不公ᄒᆞᆫ事로一部中輿論이沸騰ᄒᆞ다ᄂᆞᆫᄃᆡ最尤可歎者ᄂᆞᆫ前淸州隊參領박鼎煥씨ᄂᆞᆫ犯贓이有ᄒᆞᆫ者인ᄃᆡ軍大의緊切ᄒᆞᆫ狎客이라軍大가박氏로써敎育局編修課員窠闕에塡充코저ᄒᆞᆫ즉一部中이皆爲反對라軍大가暗生一計ᄒᆞ야同박氏를力士로擧薦ᄒᆞ야 皇上陛下ᄭᅦ誣奏홈이 陛下ᄭᅦ옵셔박氏의來歷을洞燭ᄒᆞ심으로允許ᄒᆞ심이無ᄒᆞ거날軍大가部中에셔發論ᄒᆞ되朴某ᄂᆞᆫ自 上으로處分이有ᄒᆞ나不可不敍任이라ᄒᆞ얏ᄂᆞᆫᄃᆡ該事實이綻露ᄒᆞ야一般輿論이軍大의誣上用私ᄒᆞᄂᆞᆫ行爲를莫不唾罵ᄒᆞᆫ다더라

●義守被任說　前江原道參書官뎡海運氏가義州郡守를被任ᄒᆞᆫ다더라

●內大勢孤　內部大臣李址鎔氏의爪牙가박義秉金寬현兩氏인ᄃᆡ近日李內相이勢力이漸滅ᄒᆞ미박義병氏가見機自退ᄒᆞ야內協을辭免ᄒᆞ고漢判을自求홈이라ᄂᆞᆫᄃᆡ리址鎔氏ᄂᆞᆫ可謂孤立이라ᄒᆞ더라

●局長有二　학部會計局에ᄂᆞᆫ該部事務官道前씨가來坐ᄒᆞ야該局財政을干涉ᄒᆞᄂᆞᆫ貌樣인즉該局에ᄂᆞᆫ局長이二人인지不知ᄒᆞ겟다ᄂᆞᆫ說이有ᄒᆞ더라

●田中視務　日語학校敎師田中玄黃氏가休학지際에歸국ᄒᆞ얏다가日昨에渡來ᄒᆞ야再昨日에視務ᄒᆞᆫ다더라

●玄閔裁決　淸국上海의在勤ᄒᆞᆫ日本理事가大한宮內府에報告ᄒᆞ얏ᄂᆞᆫᄃᆡ槩意인즉閔泳翊玄興澤兩氏가官蔘價相關事로缺席裁判이되얏다ᄂᆞᆫᄃᆡ該報告를即其時에政府外事局으로送交ᄒᆞ얏다더라

●학生斷烟　在日本留학生이本國人民의國債報償ᄒᆞᆯ計畫으로斷烟同盟ᄒᆞ고 한皇陛下ᄭᅦ옵셔卷烟을不御ᄒᆞ심을聞ᄒᆞ고留학生總會를開ᄒᆞ야斷烟次로動議를提出ᄒᆞ야曰夫經濟ᄂᆞᆫ국家의要大緊急ᄒᆞᆫ問題라法律로만은國이되지못ᄒᆞ나니法律이高明ᄒᆞᆫ羅馬국도經濟를未解홈으로遂망ᄒᆞ엿스니況我國이如차ᄒᆞᆫ悲境을當ᄒᆞ야經濟를不講홈이可乎아經濟者ᄂᆞᆫ以小推大ᄒᆞ야行ᄒᆞᆯ지라我유學生으로言ᄒᆞ면近八百人이라每日에朝日一匣式이라도一人이每日에六錢이오一人이一朔에一圓八十錢이니百人一朔에相乘ᄒᆞ면一千四百四十元이라一年을通計ᄒᆞ면一萬七千二百八十元이니以八百人計지에一年烟費가不少ᄒᆞ거든況全國人乎아食物을斷ᄒᆞ면死키로未能이어니와無益ᄒᆞᆫ烟草를斷ᄒᆞ기何難지有리오一齊斷煙ᄒᆞ고國債에萬分지一을助ᄒᆞ자고可決되얏다더라

●雙柱將備　한國유學生中에軍人入學의志願者을日人이不許홈으로恒常痛恐ᄒᆞ더니美國哲學博士兼醫學博士이쓰들네익씨와及其子陸軍將官이學校를設ᄒᆞ고한國학生을敎育홈은젼報에已揭어니와又聞ᄒᆞᆫ則該校內에受業者가二十人이라日젼總會時의同博士가請邀를弗待ᄒᆞ고來臨ᄒᆞ야演說曰貴國은家屋으로比ᄒᆞ면緊要ᄒᆞᆫ雙柱가無홈과如ᄒᆞ도다陸軍이一柱가되고海軍이一柱되거날陸海軍이全無ᄒᆞ니奈何오又曰貴國에雙柱될陸海軍을自己가擔任ᄒᆞ야敎育ᄒᆞ리니陸軍에五十人과海軍에五十人을爲先氣質峻秀者로擇送ᄒᆞ라ᄒᆞ고生徒의寄宿舍를自己家內에新設ᄒᆞ고來年봄에학校를更ᄒᆞ야巨大케設立ᄒᆞ고幾年工夫를經過ᄒᆞᆫ後에ᄂᆞᆫ米國으로率往ᄒᆞ야敎育ᄒᆞᆫ다ᄒᆞ니至今은日人이自己학校에入ᄒᆞ라ᄒᆞ고監督의게請ᄒᆞ되학生等이弗從ᄒᆞᆫ다더라

●大東新會　申貫善氏家에셔紳襟講道會를設始ᄒᆞᆫ事ᄂᆞᆫ昨報에揭載ᄒᆞ얏거니와該會를更히大東學會라命名ᄒᆞ야設會ᄒᆞᄂᆞᆫ趣旨를再昨日警務廳에公函ᄒᆞ얏다더라

●試取師範　學部에셔本月十八日에師範學徒를試取ᄒᆞᆫ다더라

●移獄基址　本月八日에警務使金思默氏가監獄署建築ᄒᆞᆯ事로訓鍊院城底에往ᄒᆞ야審視形便ᄒᆞᆫ즉高조淨潔이可合衛生ᄒᆞ고鍊兵塲으로ᄂᆞᆫ相距稍遠ᄒᆞ고亦無附近人家ᄒᆞ야基地가適當ᄒᆞ니從速妥판ᄒᆞ야不日始役ᄒᆞ라고內部에報告ᄒᆞ얏다더라

●罪囚致斃　全北警務署에셔未決囚罪人리奉天이가本月七日에因病致斃ᄒᆞ얏다더라

●박씨결訟　平理院判事박有觀씨가密陽吏윤喜升沓訟사에對ᄒᆞ야윤吏가納賂數千금圖囑ᄒᆞ다가逢彼지怒하야自公庭으로還却하고因即捉囚照律ᄒᆞᆫ다더라

●晉察報部　慶尙南道觀察使조民熙씨가法部에報告ᄒᆞ되晉州郡守林炳恒이本郡人장과用濫官事로本道檢事박準性이已爲報告于平理院이온바該郡守가方以土地家屋證明事와戶口調査와結稅査勘에專力視務지時에實難曠官이옵기玆에報告ᄒᆞ오니査照ᄒᆞ오셔以本道裁判所로質판ᄒᆞ게處分ᄒᆞ시와俾免往還지費日에行程에遲碍가無케ᄒᆞ라ᄒᆞ얏다더라

●校舍移接　官立漢城法語학校長리能和씨가학部에報告ᄒᆞ되학務局指揮를承ᄒᆞ와昨日에本校舍를空虛ᄒᆞ옵고現今즉德語학校後邊家屋으로搬移ᄒᆞ얏숩기玆에報告라ᄒᆞ얏더라

東京電報

●美국沈沒船　三月十一日午後九時着　白濱沖에셔沈沒ᄒᆞᆫ다코타号ᄂᆞᆫ拯出ᄒᆞᆯ希望이無ᄒᆞ야大北滊船會社에셔ᄂᆞᆫ放棄ᄒᆞ기로決定하얏다ᄂᆞᆫ通知가有ᄒᆞ더라

●刑法改正　上仝　衆議院刑法改正委員會의셔ᄂᆞᆫ內亂에關ᄒᆞᆫ罪及死刑을廢止ᄒᆞ고又官吏侮辱罪를削除ᄒᆞ기로決ᄒᆞ얏다더라

●伊藤還任　上仝　伊藤統監은今朝(十一日)村田少將、古谷秘書官、小山技師等을隨ᄒᆞ야大磯를發ᄒᆞ야京都에向ᄒᆞ얏ᄂᆞᆫᄃᆡ一二日後에神戶에셔渡韓ᄒᆞᆯ터이라더라

▲結絲假高▼

▲海外列强에黑白이對局ᄒᆞ니敵手가有誰오勝敗關頭에過行이傍觀ᄒᆞ야遲々一點이下手가亦難이라風雲에天에星月이闕光ᄒᆞ야消息이先到ᄒᆞᆫ지

▲向日內協이見窠ᄒᆞ미晉察의民熙氏가內部遺墟에船遊ᄒᆞ잘ᄒᆞ더니近日에內協交椅가又空ᄒᆞ야沈相익리源兢박勝鳳三氏가春水政海에爭先發船ᄒᆞ니欸乃聲中에兩屑이自警이로다

▲宮內府에셔도젼考所를設置ᄒᆞ고南北村四色家十世譜를擇正ᄒᆞ야職務上에適當ᄒᆞᆫ人을擇用ᄒᆞᆫ다고某報에說道ᄒᆞ얏스니各府部院廳에셔ᄂᆞᆫ幾色銓考所를設施ᄒᆞᆫ지

▲扶桑海天에空氣ᄂᆞᆫ不受ᄒᆞ고穢氣만染腸ᄒᆞ야揚々歸國ᄒᆞ야傍若無人에抵賴이起ᄒᆞᄂᆞᆫ者幾人고第一座ᄂᆞᆫ독갑이최춘黃鐵씨오第二座ᄂᆞᆫ突島局長김寬현씨오第三座ᄂᆞᆫ大邱郡守박重陽씨라지

▲向日勿施된奏本을更히銓考ᄒᆞ얏ᄂᆞᆫᄃᆡ또政府에셔勿施ᄒᆞ엿다니銓考委員이飽喫骨董飯ᄒᆞ고向人吐氣에惡臭가觸鼻ᄒᆞ니政府高處에慧眼이若照ᄒᆞ면宜乎勿施로다

▲近日에自稱開化者가頭髮을剃ᄒᆞ고黑衣를着ᄒᆞ얏스니外亦日人이오日語를학習ᄒᆞ고行爲을效放ᄒᆞ니內亦日人이라至於尋常書札에도必用御中與殿字ᄒᆞ니字義ᄂᆞᆫ全昧ᄒᆞ고徒尙日風ᄒᆞ니化韓爲日ᄒᆞᄂᆞᆫ物件이로다

◉◉本社廣告◉◉

國債報償金을本社로持來ᄒ는이가逐日沓至ᄒ오나本社에셔는如此重大지事에對ᄒ야善後之策을確實講定ᄒ기前에는領受키難ᄒ기로姑不收捧ᄒ오니僉君子는照亮ᄒ시옵

大한每日新報社告白

雜報

●向斷烟同盟會大聲贊賀　梅堂生 리祖遠　續

嗚乎痛哉라維蟻有封ᄒ고維鳩有巢라ᄒ니彼虫者禽者도猶有棲息커든噫噫我同포는何獨無지오망々苦海에濟涉이無期로다然이나吾儕가旣如此非常훈艱厄지會를際生ᄒ얏슨즉弗辰지歎은縱無底止나善後지策은弗容虛셔ᄒ니此乃셔相敎셔所以斷烟同盟을倡論훈者라排火이撐湯은同一臂也며嗔苦이叫快는同一舌라

全邦지內에貴々賤々의男女老幼가莫弗響諾ᄒ야投捐義금者正與東風으로爭速ᄒ니幾ㅂ幾月을更度ᄒ면一금一錢의所積이無慮爲百萬千萬지黃標紫標니快哉我東半島二千萬同胞가萬丈地獄의業障을超脫ᄒ고三千大天大世界에上等人位을始占ᄒ야悲悼殿屎지況을消絕ᄒ고極樂乾淨지福을享受ᄒ지니卜大夫張安昌의捐財獻國ᄒ야助君濟무者로는其相懸이果何如哉오嗚呼勉지哉어다

今日에용習을斬各ᄒ면他日에苦楚을備嘗ᄒ리니涓流弗防ᄒ면將來懷襄ᄒ고絲毫弗除ᄒ면終尋斧柯ᄒ나니嗟我同胞는其早速計圖을宜如迅雷으로相先ᄒ지어다俄來道上에風聲이過耳ᄒ는ᄃ孔雀이啣泥의淘河嚇落ᄒ고七年大旱에慈雲一片을毒龍이吸收ᄒ리라는巷說이似有ᄒ니此는三思지惑에自미ᄒ야自己에品行을自卑自侮홈을弗免ᄒ는者라轉丸은甌臾에自

陰曆昨年十二月二十四日에本人의家券十四장셔失事로本社新聞에廣告ᄒ엿고即爲下鄉ᄒ얏다가日전上來ᄒ와探聞ᄒ온즉何許凶漢이今年陰曆正月初七日에本人의姓名을偸竊贋造ᄒ와家券이自在훈樣으로更히廣告ᄒ와ᄉᆞ오니豈有如許人心乎아本人의家券十四장은的實見失ᄒ와샤오니勿論內外國人ᄒ시고典執或買得ᄒ야도無效훌거시니勿爲見欺홈

韓廷셔代人會동우順慶告白

止ᄒ리니엇지同胞諸公에게辨惑을敢望이라ᄒ리오鄙生도分義所在에宜自効誠이久客殘락에錢葉이己枯ᄒ야僅히五拾錢貨을法官養成所로寄送ᄒ야涓埃지益을敢冀ᄒ오니駿背千斤과蜂足一粒이於各盡其力에何傷乎리오　完

●학究出義　美國유학生리承晩씨父親리敬善씨가家貧年老ᄒ야訓學爲業ᄒ더니國債報償금을以學童一朔供금舊貨拾圓으로出義ᄒ얏다더라

廣告

本報第四百五十九號本人辨明廣告中日人處賣士人徐병熙가아니라林병喜기로玆正誤홈

라世鎔　告白

●학員募集廣告

本校에셔학科와校舍를改良擴張ᄒ고晝夜학々員을募集ᄒ오니入학志願者는今月二十日內로本校에來臨相議ᄒ시옵

一晝학은尋常高等兩課에分ᄒ야小학教科로教授홈

一夜학은師範通常兩課에分ᄒ야師範課에는師範훈地誌、算術、法律이오通常課에는日語地誌、算術法律等科로教授홈

但教師諸員은內外國에셔卒業훈高明ᄒ신諸씨로雇聘ᄒ엿삽

平壤勅洞義成학校　告白

泰安郡主事以吏三報見退則該郡守又以退吏金병善望外添人ᄒ고士人김병善이라瞞報內部훈故該郡儒林等訴內部二次退却ᄒ얏사오니京鄉儒林은以此照亮

泰安郡儒林리時春等　告白

開城教育總會捐助人員錄

前開城府尹 韓永源 金五拾圓
蔘政課長 李健혁 貳百圓
前秘書丞 金麗熤 貳百圓
金民鏞 貳百圓
崔在烈 貳百圓
前令 李命炎 貳百圓
前郡守 金鳴烈 壹百四拾圓
秦成濂 壹百四拾圓
朴遠炯 壹百四拾圓
玄在德 壹百肆拾圓
鄭泰섭 壹百肆拾圓
前侍讀 최在道 壹百肆拾圓
前令 馬行達 壹百肆拾圓
進士 白樂仁 壹百肆拾圓
前警務官 李漢植 壹百肆拾圓
前主事 朴순 壹百四拾圓
前郡守 黃옥 壹百四拾圓
前參書官 설孝錫 壹百圓
前郡守 최永烈 八拾圓
金형植 八拾圓
高亨厚 八拾圓
박昌植 八拾圓
金壽榮 八拾圓
張道鎭 八拾圓
前監察 金홍復 八拾圓
韓膺錫 八拾圓
前監役 河承烈 八拾圓
前司諫 王性淳 八拾圓
前令 孫錫權 八拾圓
前侍從 孔應奎 八拾圓
麗陵令 박宇현 八拾圓
前正郎 박守林 八拾圓
前參奉 최聖求 八拾圓
前主事 張翼晋 八拾圓
高貞厚 八拾圓
幼學 최時祐 八拾圓
최基昌 八拾圓
박宜春 八拾圓
前郡守 金戴都 四拾圓
蔡行源 四拾圓
박昌爵 四拾圓
金聲永 四拾圓
최基鼎 四拾圓
前參奉 趙유 四拾圓
文器섭 四拾圓
蔡戴奎 四拾圓
前議官 韓廷鎬 四拾圓
박性主 四拾圓
前都正 金始善 四拾圓
前主事 金觀鎔 四拾圓
馬箕八 四拾圓
前侍御 車尙翩 四拾圓
前參書官 河영 四拾圓
前監察 禹東淵 四拾圓
前令 禹익漢 四拾圓
前監役 리宅鎭 四拾圓
韓啓善 四拾圓
副尉 劉元杓 參拾圓
前侍御 尹應斗 貳拾圓
前都事 全진 貳拾圓
幼학 馬箕敬 貳拾圓
리彦周 貳拾圓
丘箕增 貳拾圓
林炳均 貳拾圓
幼학 리箕星 貳拾圓
徐相健 貳拾圓
리東根 貳拾圓
丘重奎 貳拾圓
黃柱東 貳拾圓
韓景玉 貳拾圓
리海文 貳拾圓
박升喆 貳拾圓
박永鎭 貳拾圓
金永國 貳拾圓
穆淸殿參奉 林升永 貳拾圓
前主事 金應善 貳拾圓
閔泳필 貳拾圓
禹相훈 貳拾圓
全慶완 貳拾圓
全 완 貳拾圓
前參奉 楊祚葉 貳拾圓
金得형 貳拾圓
金容權 貳拾圓
金顯鍾 貳拾圓
尹斌烈 貳拾圓
前監役 金升寶 貳拾圓
前教官 金戴禧 貳拾圓
張亮漢 貳拾圓
김鍾德 貳拾圓
前侍從 尹鎭亨 貳拾圓
前郡守 설寶錫 貳拾圓
前侍御 高定厚 貳拾圓
馬承升 貳拾圓
전監察 리升暎 貳拾圓
최命亮 貳拾圓
전郡守 박致장 貳拾圓
전警務官 최象永 貳拾圓
리升弘 貳拾圓
전監役 김鏡謨 貳拾圓
전監察 張源達 貳拾圓
幼학 丘重夏 拾圓
韓冕玉 拾圓
高應厚 拾圓
鄭寅勤 拾圓
최泰亨 拾圓
김淳昇 拾圓
전主事 최東혁 拾圓
리基顯 拾圓
윤泰觀 拾圓
孫봉祥 拾圓
전郡守 김셕南 拾圓
進士 리有興 拾圓
전總巡 姜福源 拾圓
幼학 리明叔 貳圓
윤尙鼎 貳圓
梁셕命 貳圓

김海김씨忠簡公山所가慶北永川郡道有동이齋室祭田養松을何許悖類김景律과김셩培가暗賣ᄒ다ᄒ니內外國人은切勿見欺홈

京居宗孫　正三品김영培　前郡守김谷培　前郡守김鬐培

廣告

명월관확장광고

폐관이마시이후로고의ᄒᆞ시ᄂᆞᆫ귀긱에후의를입사와오늘날뎌한에제일등요리점으로너외국에셔다아시도록확장ᄒᆞ여가오니뎌단감ᄉᆞᄒᆞ옴거니와근일은이층양옥을광활이신건츅ᄒᆞ고다락아릐ᄂᆞᆫ온돌방을오밀리비치ᄒᆞ고포진범절을새로ᄒᆞ와오시ᄂᆞᆫ귀긱이편ᄒᆞ시도록쥬의ᄒᆞ엿ᄉᆞ오며각죵음식은보기에화려ᄒᆞ고먹기에정미ᄒᆞ게일신쥰비ᄒᆞ야다소를불게ᄒᆞ고주야로파오되셔양쥬ᄂᆞᆫ잔으로파오며특별신긔량교자음식은오시ᄂᆞᆫ시로붓터ᄒᆞᆫ시간이되면몃상이라도곳가져가시도록ᄒᆞ오니너외귀긱은륙속왕임ᄒᆞ시옵

각식요리음식
각식셔양쥬
각종경편양요리
각종일본간스메
각종여송연
각국권연
진찬합
건찬합
밥교자
특별신긔량교자음식
명창가동정거북도유ᄒᆞ옴

明月舘 主人 金東植 告白

洪淳康氏가東署東小門內土橋東邊에織造機을廣張設施ᄒᆞ야稱號를淳昌號라ᄒᆞ고各色綢緞紗屬等을織造發賣ᄒᆞ오니願買人은來臨購買ᄒᆞ시며或所用대로緞과紗等屬을預托ᄒᆞ시면依約施行ᄒᆞ깃삽

淳昌號 告白

湖南鐵道株式會社廣告

本社事務를一層擴張ᄒᆞ기爲ᄒᆞ야事務所ᄂᆞᆫ大廣橋川邊前紙廛小都家로本月六日에移接ᄒᆞ고社長以下整理委員을選定ᄒᆞ고玆에左開ᄒᆞ야廣告ᄒᆞ오니株主에應募ᄒᆞ실有志 僉君子ᄂᆞᆫ陸續來議ᄒᆞ심을爲望

社長 金基永
總務部長 成文永
整理委員 尹晶錫
白完혁 趙鎭泰 조秉澤
鄭東植 孫錫基 孟덕敏
朴泓일 鄭斗煥 白寅基
한相龍 趙彰漢 等 告白

●九轉靈砂라 本人이妙方法을神備ᄒᆞ야製造ᄒᆞᆫ靈丹인ᄃᆡ男女老少에無論何징하고通治하오며無病時에도服하면平生의身躰가健康ᄒᆞ며小兒ᄂᆞᆫ四五錢重만服ᄒᆞ면十歲안에無病ᄒᆞ기를擔保ᄒᆞ오며

●九轉靈砂萬應丹은져狂 癎징과中風諸疾과耳目諸病과淋疾에神効ᄒᆞ오

●九轉靈砂保命丹은初生小兒驚風 간氣 咳嗽 腹瘡諸般惡징에神効ᄒᆞ오

●九轉靈砂濟衆丹은酒滯 食滯 血積 吐瀉 霍亂 痢疾 吐血 下血 運氣 時疾 痼징에神効ᄒᆞ오

●九轉靈砂紫金丹은痔漏 累癧 上疳瘡 下疳瘡及唐瘡과諸般毒瘡惡種에無不神効ᄒᆞ오니 僉君子ᄂᆞᆫ來問ᄒᆞ시오

內需司前독갑이골上隅第一家百三統一戶 리호廷 告白

大韓帝國仁川港

濟物浦紙卷烟及烟草會社

TELESCOPE

SPIDER

●大韓自强會月報

每月一回廿五日發行
定價金 一部 十五錢

大韓自强會月報의發行이屢朔을經ᄒᆞ오니自由의言論을鼓發ᄒᆞ야國家의權利를增進ᄒᆞ고獨立의精神을淬礪ᄒᆞ야同胞의團結을益堅케ᄒᆞ야全國有志諸公의愛讀ᄒᆞ심을供ᄒᆞ온바現今本會의셔一비擴張ᄒᆞ기爲ᄒᆞ야高明ᄒᆞᆫ文章과宏博ᄒᆞᆫ學問家를延致ᄒᆞ야天下大勢의變動과殖産敎育의要素와古今政治의大要를蒐輯ᄒᆞ야開卷ᄒᆞ면眼目을一新케ᄒᆞ오니愛國ᄒᆞ시ᄂᆞᆫ僉君子ᄂᆞᆫ血淚를문ᄒᆞ시고家家案頭의隨列對讀ᄒᆞ시오

皇城中署典洞九統二戶
大韓自强會事務所

●漢城染織會社

本社의셔利益을不顧ᄒᆞ고韓人은職人이라白衣ᄂᆞᆫ韓國衰敗의元素란外人의嘲評을慣慨ᄒᆞ여起業週年의幸蒙各位愛顧ᄒᆞ여와前進의榮幸이不無ᄒᆞ온지라各種染色을益加勉勵ᄒᆞ와 僉位의所請을不負ᄒᆞ깃사오며陸續枉臨ᄒᆞ시되來往의便易를爲ᄒᆞ와左開各處에染物取扱所를設置ᄒᆞ엿사오니從便委托ᄒᆞ심을務望

大廣橋 朴勝煥雜貨商店
布廛下 金相萬冊肆
學洞濬兵支所下 李鴻謨藥局
남門外蓮池洞 俞경煥商店
安洞北松峴初入 수洛종典舖
社稷洞武德門外

漢城染織會社告白

◎本社廣告

○申報價
一張代金 新貨二錢五里
一個月前納 三十錢
三箇月 九十錢
六個月 一元七十錢
一箇年 三元四十錢
郵稅一部 新貨五里
一箇月 十三錢

○廣告料
四号活字十三字詰
每日每英尺一寸에新貨廿五錢
(每日每行六錢에相當홈)
一週日에 二圓五十錢
(每日每行四錢五里에相當홈)
一箇月에 五圓
(每日每日四錢一里에相當홈)
其期限의長短과字行의多夥를依ᄒᆞ야增減홈이有홈

●大韓每日申報各處支社廣告
中署布屛門下 김相萬冊肆
中署農圃初入七拾八統第二號 鄭禹澤
平壤上水口門內 김浩淵
全 최淑恒
仁川枏峴開新冊肆 리東皓
宣川邑橋西里 安濬
義州西門外한西 大藥局
釜山港佐川 徐藥局
三和港築洞 김仁집
咸興朱南社西門外 曹喜林
開城培學校 姜助遠
大邱市廳 최一弘
載寧邑濟衆院 劉夢澤
鐵山邑東部 安ㅈ
元山支店 劉七錫
定州南門內 洪聖麟
京城興仁門外영楓亭 리建猷
海州南門內書舖 朴昌鎭

發行兼編輯人 英國人비셜
發行所 南署石井洞號外地三層洋屋家

大韓每日申報社

第五卷 第四百六十二號

大韓每日申報
대한매일신보

月曜及慶節 歲時日休刊

檀君開國四千二百四十年
箕子元年三千二十九年
大韓開國五百十六年
日本明治四十年
淸國光緖三十三年
◉陰曆丁未二月大初一日壬戌

論說

日美關係

日本허랠드新聞에今月一日論說이如左인바日本이財政理由를關係ᄒᆞ더리도美國과從速開戰은不願ᄒᆞᆷ인줄을著示ᄒᆞ얏도다

報紙上電信을閱讀ᄒᆞᆫ즉德國報筆이豫言ᄒᆞ얏스되日美間戰端이若不急起ᄒᆞ더리도一年內에必生ᄒᆞ리라ᄒᆞ얏스니其預言이頗爲過張이라報館記筆이爭端의實地를遠離ᄒᆞ야但以電信으로諒悉ᄒᆞᄂᆞᆫ事態를其何如彼確信인지ᄂᆞᆫ其理由를難解로다

日本이現今에ᄂᆞᆫ他一戰役을更不希願ᄒᆞᄂᆞ니財政厄運이未有ᄒᆞ더리도過去戰役에셔快復ᄒᆞ기ᄂᆞᆫ必要幾年ᄒᆞᆯ거시오且日本이大有激怒然後에야其政府가乃可決鬪ᄒᆞᆯ거거確然ᄒᆞ도다何如預言이던지開口ᄒᆞ기前에完全量度ᄒᆞᆯ거슨日露戰役과日美間戰役에各有不同ᄒᆞᆫ거시是也라

日本이與露開戰之始에ᄂᆞᆫ明確ᄒᆞᆫ獲利品을期望ᄒᆞ얏스니南滿土地以外에韓國을管轄ᄒᆞᆯ것과旅順을占領ᄒᆞᆯ것시며日本獨立을維支ᄒᆞᆯ거시自在其中矣로다盖露國이極東으로漸次侵入ᄒᆞ야勢力을伸張ᄒᆞ며日本의增加ᄒᆞᄂᆞᆫ權力을威하ᄒᆞᄂᆞᆫ지라

由是로日本이與露交戰에ᄂᆞᆫ特別目的이有ᄒᆞ얏스니此目的은自國商買를爲ᄒᆞ야土地를新占ᄒᆞᆯ뿐不啻라本國獨立이自至甚固ᄒᆞᆯ거시是也어니와與美交戰에ᄂᆞᆫ如此目的이未著ᄒᆞ고但沙場을耕作ᄒᆞᆷ과如ᄒᆞ니日本어美國領有地에比律賓과如ᄒᆞᆫ거시라도獲得ᄒᆞ기를能望耶아不免有疑訝로다美國의弱点이所有群島에在ᄒᆞᆷ은無疑나然이나美國이此諸處를維支ᄒᆞ랴고嚴烈戰鬪를必作ᄒᆞᆯ거시確然ᄒᆞ니日本이對馬海峽에셔會戰ᄒᆞ던후敗ᄒᆞᆫ軍艦을不得遭遇ᄒᆞᆯ거어오財源이幾乎無限ᄒᆞᆫ邦國과數百年海戰에從事ᄒᆞ던國人의子孫이守備ᄒᆞᆫ海軍을必遇ᄒᆞᆯ지라疎忽ᄒᆞᆫ勇壯이如此戰鬪를敢禦ᄒᆞ야成功ᄒᆞ기를何可期也리오

美國大陸에損害를試加ᄒᆞ기ᄂᆞᆫ必難ᄒᆞ리니西班亞領地에卒然定界된美西戰役에美國의行動을日本이寧欲眞復ᄒᆞᆷ이나然이나其時美軍의企圖ᄒᆞᆫ成功을欲得ᄒᆞᆷ은幸運보다過ᄒᆞᆫ거ᄉᆞᆯ期待ᄒᆞ리로다

日本의來次戰役이必與美국이라고預言ᄒᆞᄂᆞᆫ多數日人이亦有ᄒᆞᆷ을本記者ㅣ確知오且本人도與此一致ᄒᆞᆷ은東西競爭之日이必有ᄒᆞᆯ거슬因ᄒᆞᆷ이나然이나如此時日이今姑不知라後幾多年之際에나此破裂을或可見也오若其時에라도平和辯護가維支ᄒᆞ면此或至退限ᄒᆞ리로다

官報

●三千七百二號 光武十一年三月十三日

◉敍任及辭令

弘文館侍講김鶴秀
圜丘壇祠祭署參奉宋完섭
康陵參奉김芝洙
裕康園參奉宋元會
東明王陵參奉리爲經
依願免本官

弘文館副學士閔亨植
命宮內府特進官叙勅任官三等
任弘文官侍講叙奏任官四等

秘書監郎윤柱成
任秘書監郎叙奏任官四等

六品김鶴秀
任圜丘壇祠祭署參奉

딩敎澤
任康陵參奉

華寧殿參奉윤日榮
任華寧殿參奉

九品김芝洙
任裕康園參奉

리鍾純
任東明王參奉

丘禮均
任經理院技師叙奏任官四等

正三品閔致章
依願免本官

內藏司主事한면愚
任內藏司主事

營繕司主事김宇植
任營繕司主事

九品한면愚
命宮內府特進官叙勅任官二等

掌禮院卿김宗漢

未完

外報

●海軍擴장 桑港電에日俄國來報를據ᄒᆞᆫ즉俄國에셔海軍擴장을計畫ᄒᆞ야極東에派送次로戰鬪艦二萬一千噸二隻을製造ᄒᆞᆫ다더라

●俄兵守備 寬城子電을據ᄒᆞᆫ즉俄國이守備兵外에鐵道大隊四大隊를滿洲里니꼬리스구間에排置ᄒᆞ고松花江支流에守備兵을多數히駐屯ᄒᆞᆯ計畫이라더라

東京電報

●淸國留學生

三月十二日午后十時着

淸國留學生은監督員을指目ᄒᆞ야學生中政府를反對ᄒᆞᄂᆞᆫ革命員을檢察ᄒᆞᄂᆞᆫ者라ᄒᆞ야暴行을加ᄒᆞ야重傷을負케ᄒᆞᆫ事가有ᄒᆞᆷ미淸國公使館에셔ᄂᆞᆫ懲戒ᄒᆞ기爲ᄒᆞ야一時學資金支給을停止ᄒᆞ니學生等이怨而飛檄ᄒᆞ야橫濱其他에셔不穩ᄒᆞᆫ密議를凝ᄒᆞᆫ다더라

雜報

●國債報償慶南贊成會趣旨書

金容孝等

以국債一千三百萬元斷吸烟報償事로先有達城廣文社之首倡發文ᄒᆞ고繼有京城期成會와西道義成會之趣旨書ᄒᆞ야全國人士가爭先赴義ᄒᆞ니民智發達이始至實際오我大皇帝陛下ᄭᅴ옵셔此事를入聞ᄒᆞ시고下敎ᄒᆞ사曰哀我赤子가국債報償을爲ᄒᆞ야烟價를募集ᄒᆞ니朕不可吸烟이라烟草를進御치말나ᄒᆞ시니爲臣民者感淚泉湧ᄒᆞ야衣금이盡濕이라국債報償前에ᄂᆞᆫ誓斷烟而募金이니苟或依舊吸烟而只售代價면此是虛影이오非熱心也라後來當行이豈止斷烟之擧而已며且一千三百萬圓之利子가時潤日殖ᄒᆞ야遲速之間에利害懸焉이라爲念國事에寸陰을是競이어날何可以月日로俄然哉아惟我慶南同胞ᄂᆞᆫ傳相告達ᄒᆞ야雖僻谷窮峽이라도俾無不殷之誠케ᄒᆞ고誠血成海ᄒᆞ야國債淸勘之日에共設開烟之宴ᄒᆞ야大家同樂을頂祝々々

一 本會ᄂᆞᆫ日本에對ᄒᆞᆫ國債一千三百萬圓을報상ᄒᆞ기를目的ᄒᆞᆷ

一 報償方法은一般國民에斷烟義金을募集ᄒᆞᆷ

但金額은多少를不拘ᄒᆞᆷ

一 本會와目的이同一ᄒᆞᆫ各個會ᄂᆞᆫ互相聯合ᄒᆞ야目的을達ᄒᆞ기를務圖ᄒᆞᆷ

一 義金을收合ᄒᆞ야右額에達ᄒᆞ기ᄭᆞ지信用이有ᄒᆞᆫ本國銀行或大丘財務員의게任置ᄒᆞᆷ

但收合金額은每月終에氏名及金額을新聞에公佈ᄒᆞᆷ

一 本會ᄂᆞᆫ目的을達ᄒᆞᆫ後에解散ᄒᆞᆷ

雜報

●首望被選 再昨日英親王殿下夫人初揀擇을擧行ᄒ얏ᄂᆞᆫ듸前議政閔泳奎氏孫女와前判書俞思轍氏孫女와俞龍鎭氏令孃과朴宰緒氏令孃四處子中에首望을擇定ᄒᆞᆫ듸議政閔泳奎氏孫女가被選ᄒ얏다더라

●優數內下 英親王殿下夫人揀擇은別項과如ᄒ거니와當日入參ᄒᆞᆫ京鄕間處子가合爲四十八人인듸每處子에一萬兩式四十八萬兩을內下ᄒ셧다더라

●運動內移 光州觀察使沈相익氏가內移ᄒ기로百般運動中이라더니該觀察之任을尸蒭辭免ᄒ다더라

●決心不退 法相李夏榮氏가李僑氏事件으로各社會에셔退去ᄒ라고屢度勸告ᄒᆞᆫ事ᄂᆞᆫ前報에揭載ᄒ얏거니와該氏가期於히辭職지아니ᄒ기로決心ᄒ얏다더라

●黃李謝却 參政大臣이李基東黃鐵兩氏를對ᄒ야日頻々訪我ᄂᆞᆫ有甚意思오必是官職思想인즉雖不見吾라도當不忘却ᄒᆯ거시오無端히朝夕相從이卽不過偵探吾之行動이라ᄒ고謝却不見ᄒ다더라

●法相無法 皇上陛下ㅣ오셔特旨로리僑을減三等ᄒ야笞七十에放釋ᄒ라신詔勅을下ᄒ옵시미法大리夏榮氏가特旨를奉承ᄒᆞᆫ後에卽往統監府ᄒ야長谷川氏를訪見ᄒ고日今番에리僑을依律重勘ᄒ라더니自 上으로셔減三等特旨를下ᄒ오시니行政官이되야法律을行ᄒᆯ슈업다ᄒ되長谷川氏가答ᄒ되無論某국ᄒ고大權命令을爲臣下者가엇지ᄒᆯ슈업ᄂᆞ니라ᄒᆞᆫ즉리夏榮氏가赧然而歸來ᄒ얏다ᄂᆞᆫ대該事件에對ᄒ야一般社會上에셔大端히駁論이有ᄒ다더라

●長谷 陛見 昨日下午三時에長谷川大將이 陛見ᄒ엿ᄂᆞᆫ듸瑞星大勳位를 下賜ᄒ셧다더라

●內大醉過 再昨日下午十時量에內部大臣李址鎔氏가白泥峴等地로從來ᄒᆞᄂᆞᆫ듸春酒를泥醉ᄒ고人力車上에半臥ᄒ야神魂을不能收拾ᄒᄂᆞᆫ樣인듸左右傍觀人들이言ᄒ되當차汲菜之時ᄒ야國務大臣이行政上關念은少無ᄒ고酒色에沈惑ᄒᆷ을不勝咄歎이라ᄒ더라

●兩派異論 內大리址鎔氏가光察沈相익氏를內協으로移任코져ᄒᄂᆞᆫ듸內大黨派中에又生二派하야一派ᄂᆞᆫ沈相익씨가雖有前日之過라도改之爲貴하니不必以此爲嫌이라하고一派ᄂᆞᆫ名譽之人이非一非再則擇其尤者而薦用이可也니何必待沈相익之改過리오ᄒ야論議가不一허다더라

●義兵被捉 警務廳에셔蔚珍郡에義兵討捉事로出장ᄒ얏다가義徒二十名을捕捉하고軍器도多數히搜探ᄒ얏다더라

●학部撮影 昨日學部에셔一般官人이寫眞을撮影하얏다더라

●通譯兼任 慶興裁判所判事장淵起氏가法部에報告ᄒ되現에各道與各港市場裁判所에檢事를派送ᄒ시되至於本所ᄒ여ᄂᆞᆫ尙無設策ᄒ시와本判事가法務를專任판理ᄒ온바今에法務補佐官이赴任視務ᄒ온즉亦無日語通辯ᄒ와每於裁判之事에問答이多礙ᄒᄂᆞ니通辯을不可不設이옵고檢事ᄂᆞᆫ旣無設置이오나此在權宜지道ㅣ本府總巡으로檢事職務을代판케ᄒ여本所法務에協贊從事ᄒ오미恐未知何如ᄒ올지玆에報告ᄒ오니査照ᄒ시와檢事代판과通辯使用如何를指令ᄒ라ᄒ엿더라

●禁止作廁 再昨日上午十二時에日本五十一聯隊士官佐藤林穗씨가率擠銃兵三拾名ᄒ고東小門外安岩동一統八戶리周夏家外廊에出往ᄒ얏ᄂᆞᆫ듸其家則廣昌大君祠堂所在家인데該日兵이繩장戰地에方欲作廁故로巡山巡檢이卽往禁止나聽若弗聞ᄒ고期於始役故로東署補佐官補가出往ᄒ여禁斷ᄒ엿다더라

●討隊會集 討伐隊總指揮官坂田警視가江原慶尙兩道에義兵鎭壓次로出장ᄒ엿ᄂᆞ니近日에義兵이寢息이되여日昨에大邱로會集ᄒ얏다더라

●請議繕置 內部에셔向日郡守奏本ᄒ라든中에金然尙리文用兩씨만拔去하고奏本ᄒ라고請議書를繕置ᄒ얏다더라

●視察發行 學部協판閔衡植씨가學政事務官小杉씨가兩西各學校基址視察次로本月二十日頃에發程ᄒᆞᆫ다더라

●申池兩貪 平理院에셔平北民十餘名이前昌城郡守池씨와連日裁判에觀察使申씨之符同貪虐ᄒᆞᆫ罪狀이連續露出ᄒᆞᆫ다더라

●濫捉還捕 晋州前郡守池炳厚氏가昨年에遞任이되얏ᄂᆞᆫ듸跧坐私家ᄒ야當晋千郡主事皮郡人張斗永日吾之仍任은內大許에已爲受諾이라ᄒ고新官到任日에津頭에集會使之取隱타가新官이不意上官ᄒ니印章을不傳ᄒ고匿之私家러니三日後에傍人이勸而傳授ᄒᆞᆫ바ᄂᆞᆫ已爲報道ᄒ얏거니와新官林炳恒氏가先聚結民ᄒ야曉諭日每結頭八十兩所納者은二十兩推去ᄒ고未納者ᄂᆞᆫ每結六十兩式備納ᄒ라ᄒ고愛民을比同赤子ᄒ니塗炭中晋民이孰不欣仰哉아曖彼張斗永이抑何心腸인지使其兄張君珍으로送于京城ᄒ야搆誣新官ᄒ야呈于各部云ᄒ니各部에若認此等裏許면所謂張哥은必照重律ᄒᆯ듯ᄒ다더라

●秩序方針 今番에申海永씨가留學生監督을被任前往ᄒᄂᆞᆫ事由인즉前後로학生을派遣ᄒ야도秩序가尙無하미該씨를派送ᄒ여別般方針과秩序를歸正ᄒᆯ事이라ᄒᄂᆞ니라

●法律演說 今日下午七点半에辯護士리冕宇씨가社會進步와法律에關係란問題로靑年會館에셔演說ᄒᆞᆫ다ᄂᆞᆫ듸有志諸君이多數光臨하심을希望ᄒᆞᆫ다더라

●消防設壇 龍山居留日本人이今將仁港에回祿ᄒᆷ을見ᄒ고消防壇을設施ᄒᆯ次로錢財를收歛ᄒ여實施ᄒ다더라

●박김相詰 木浦港民김仲善이가屢次電報于法部事ᄂᆞᆫ當初文致明雜병弘兩人의爭訟이係是刑事인즉非府윤시所掌이오卽檢事지職務也라檢事가稱以公결ᄒ고被告文致明의게受賂夥少矣러니追後其罪狀이綻露ᄒ여木民김仲善이가民擾長頭로檢事를對ᄒ여納賂一事를詰問ᄒᆞᆫ즉檢事가當時免禍지計가無ᄒ야김仲善ᄒ야暗爲符同ᄒ야港內民장을豫出ᄒ고且該漢으로전後事項을卞明차로屢々電報于法部ᄒ야隨咎於安府윤이나其時府윤은受由上京차로治行故로無民事所關이라도亦委任於檢事이거날況此刑事一款에府윤이豈有受賂지事乎아誠是曖昧ᄂᆞᆫ木民이所共知라더라

●四賊被捉 日昨中署校동等地에셔强盜四名이警務廳에셔捕捉하얏ᄂᆞᆫ듸該賊이銃劍이俱在하고餘黨도有하다더라

●俱樂別宴 學部에셔松宮春一郞氏ᄂᆞᆫ歸國하고申海永씨ᄂᆞᆫ監督으로日本에前往하고閔建植씨ᄂᆞᆫ視察로發程하게되미該部高等官人들이各出二圓五十錢式하야昨日下午五時에泥峴日本俱樂部에作別宴을盛設ᄒ얏더라

●技手試取 昨日內部에셔治道局技手를加設ᄒᆯ次로技手를試取ᄒ다더라

●金家設校 金鎭赫씨가自己家에다夫人學校를設ᄒ고教師ᄂᆞᆫ該씨가擔任ᄒᆞᆫ다더라

▲容 金 有 聲▲

▲春水가初生에장鳥가聯翩ᄒ야放乎政海ᄒ니未及中流ᄒ야如山白浪이忽地翻覆ᄒ니百舸이漂泊ᄒ야歇泊이無定ᄒ니今白鏡波에怒目疾視ᄒ니舟中之人이皆敵國이로다

▲近日東風에風說이紛紛ᄒ야一邊云々은海外逃客이日間還歸ᄒᆞᆫ다ᄒ고一邊云々은歸期가杳然ᄒ다ᄒ야促膝屬耳에便作秘密消息ᄒ니可謂風聲鶴唳로고

▲內協은向日紛競中에박영씨가意外突出ᄒ더니不過幾日에무삼事端이有ᄒ든지因卽遞任ᄒ미一代豪傑이唾手而起ᄒ니內部協판은不過是京兆尹이로고

▲法部協판리源兢씨ᄂᆞᆫ平日에名譽가有ᄒ더니出脚以後로寥々無聞ᄒ야向日平理院ᄒ長署理時에有何誤着이든지統監府의셔遞任ᄒ기를勸告ᄒ다니遞任勸告가또ᄉᆡᆼ겻고

▲擯斥만ᄒᆞᆫ大臣은무삼弗平ᄒᆞᆫ事가有ᄒ야日前政府에셔怒髮가上指ᄒ고眼炬가忽生ᄒ야金氣가撑腸에金聲이噴口ᄒ니是何大臣인지

▲여보今世富客을守錢虜로稱號ᄒᆷ이合當ᄒ오國債報償이나教育經費에ᄂᆞᆫ分錢을愛惜ᄒ되官職圖得ᄒᄂᆞᆫ運動費ᄂᆞᆫ萬金을不惜ᄒ도다

◉◉本社廣告◉◉

國債報償金을本社로持來ᄒᆞᄂᆞᆫ이가逐日沓至ᄒᆞ오나本社에셔ᄂᆞᆫ如此重大지事에對ᄒᆞ야善後之策을確實講定ᄒᆞ기前에ᄂᆞᆫ領受키難ᄒᆞ기로姑不收捧ᄒᆞ오니僉君子ᄂᆞᆫ照亮ᄒᆞ시옵

大한每日新報社告白

寄書

國채報상ᄒᆞ기前에吸煙者ᄂᆞᆫ同胞의게罪人　김汶植

僕이淺學을不顧ᄒᆞ옵고敬告ᄒᆞ오니不惜暫時間ᄒᆞ시고俯覽ᄒᆞ심을伏祝ᄒᆞ옵ᄂᆞ니다

夫我國이雖小나四千年禮義지국이오三千里錦繡江山이어ᄂᆞᆯ何를因ᄒᆞ야국勢가今日此境에至ᄒᆞ도록桃李園中에深夢을未醒ᄒᆞ야一千三百萬餘圓의巨額을借款ᄒᆞ얏ᄂᆞ뇨

嗚呼라其原因을推究ᄒᆞ면人民의腦脉力과愛國思想이無ᄒᆞᆫ然故라豈不驚歎哉며豈不痛哭哉아

然이나近日大丘有志ᄒᆞ신徐相돈씨等趣旨書에三個月間斷烟ᄒᆞ고其代金으으國채一千三百萬圜報償ᄒᆞ자ᄂᆞᆫ事에對ᄒᆞ야男女老少貴賤을勿論ᄒᆞ고同聲相應ᄒᆞ야隨力捐助홈이不是라或典執ᄒᆞ며或金銀지物로爭先出義ᄒᆞ시며一脉로결心斷烟ᄒᆞ시고凡我

大皇帝陛下씌옵셔下敎ᄒᆞ사曰哀我赤子가國債를報償ᄒᆞ기爲ᄒᆞ야烟債를募集ᄒᆞ니朕不可吸烟이라ᄒᆞ시고烟草를不御ᄒᆞ시니僕은愚昧지所見으로以ᄒᆞ야東西을分別치못ᄒᆞ되當今此事ᄒᆞ야ᄂᆞᆫ愛國血誠이奮發홈인지不勝惶悚ᄒᆞ옵고不勝多幸ᄒᆞ옵거ᄂᆞᆯ有志ᄒᆞ신我同胞여誰不蹈舞ᄒᆞ시며誰不贊成ᄒᆞ시리오

然이나或街路上에셔乘車以行者은呂松烟을吸ᄒᆞ며着衣冠步行者은애及朝日等을吸ᄒᆞ며至於十餘歲尺童々지吸ᄒᆞᄂᆞᆫ者往往有지ᄒᆞ니臣民된義務에是何平아其人은國家에罪人이오同胞의仇讐오禽獸이既無可論이나此日이何日이며此事가此事平아同胞지合心國脉와愛국誠意를此事一擧에顯示홈이오挽回國權과鞏固獨立이只在此日決心이니豈不송懼恐惶哉아一般국民中閭巷間愚夫愚婦라도自今以後로決不吸烟ᄒᆞ야不作莫大지罪人ᄒᆞ고淸帳外債ᄒᆞ심을千萬仰祝홈

雜報

●光興校況　伊川郡광興학校에셔昨年十二月에冷期試驗을經ᄒᆞ얏ᄂᆞᆫ디학徒가日增月加ᄒᆞ고學校經費ᄂᆞᆫ校長에該郡守贊成員諸氏가自擔辦捐ᄒᆞ야維持方針을往々相議ᄒᆞ야爭先贊成홈으로校費가不窘ᄒᆞ고英語敎師鄭興根氏ᄂᆞᆫ英語ᄂᆞᆯ敎授홀ᄲᅮᆫ외라校內諸般事務를擔任ᄒᆞ고各班學徒를會集ᄒᆞ야連日体操를敎授ᄒᆞ미該氏의熱心敎育홈을人皆讚頌ᄒᆞᆫ다더라

●綢契出義　相동綢市商契中에셔四十一人이各出義捐ᄒᆞ야合二十圓五十二錢五厘를期成會에持來ᄒᆞ얏다더라

●義금傳送　平壤居金履介氏가국債報償金五十拾錢을出義ᄒᆞ야郵便으로付送ᄒᆞ얏기期成會로傳送ᄒᆞ얏더라

●遂守兩捐　遂安郡守李承仁氏ᄂᆞᆫ節用同盟會開會時에郡守名稱으로韓貨二百元을義捐ᄒᆞ얏더니翌日開會場에會員으로韓貨二十二元을又爲義捐ᄒᆞ고極力贊成ᄒᆞ얏더라

●海西同盟　海西居리均호氏等이節用同盟會를設立ᄒᆞ고當日開會에入會員이百餘名이오義捐金이五六百元에達ᄒᆞ갓다더라

●五婆義捐　南署西氷庫居五老女人이國債募集ᄒᆞᆫ다ᄂᆞᆫ說을聞ᄒᆞ고忠義之心이感發ᄒᆞ야五人이各其所持銀簪을收合ᄒᆞ야期成會로送傳ᄒᆞ얏다더라

●僧尼出義　終南山미陀寺女僧翠海寺等四十人이義金을各出ᄒᆞ야合八圓을期成會에持來ᄒᆞ얏ᄂᆞᆫ디其中致海란僧은自已隱師봉적의亡靈을爲ᄒᆞ야一圓을特出ᄒᆞ얏다더라

●和윤奬학　三和府尹변鼎相氏가該府私立ᄒᆞᆫ又新學校에捐俸優助ᄒᆞ고熱心勸奬ᄒᆞ미학員이日增ᄒᆞ고課業이蔚興ᄒᆞᆫ다더라

●靑年祈禱　靑年會에셔各학校에通牒ᄒᆞ되來十七日正午에國民演說臺會集ᄒᆞ야祈도ᄒᆞ자ᄒᆞ얏더라

●舊習尙存　廣州宮里居前承旨李允宗氏ᄂᆞᆫ現今內大一家요昔日兩班의藉勢ᄒᆞ고尙今도平民을自家로捉去ᄒᆞ야威之脅之ᄒᆞᄂᆞᆫ舊惡을肆行ᄒᆞᆫ다ᄂᆞᆫ디又以近日에ᄂᆞᆫ該郡松파市大路를遮絶ᄒᆞ고該江下流一里許三田頭로新路를出ᄒᆞᆫ後一般人民을使彼來往케ᄒᆞ고楊州新川江沙工等七人을請論曰汝等이每人一千五百兩式만新津價를出ᄒᆞ면此ᄂᆞᆫ渠리氏동학校費와新津開設허ᄂᆞᆫ農商工部認許中費를用ᄒᆞᆫ後使汝로來此營業케ᄒᆞ마ᄒᆞᆫ지라愚迷沙工輩가其言을恃聽ᄒᆞ고一千五百兩式을納于리氏허고松파大路ᄂᆞᆫ行人을不得來往케ᄒᆞᄂᆞᆫ지라從此松파ᄂᆞᆫ無人來往에自歸敗동之悲境인故로該동居民과運船會社에셔請願禁制ᄒᆞᆫ다더라

●楔中出義　紫岩孝義楔中에셔二十一人이會同ᄒᆞ야本楔儲金中二十一元을收合ᄒᆞ야期成會로送傳ᄒᆞ얏더라

●布廛義捐　會동趙仁植氏布木廛에셔一百八人이團會ᄒᆞ야九十七圓十錢을收合ᄒᆞ야期成會로來納ᄒᆞ얏더라

●靑年感義　西署玄石里靑年十八人이偶會一處ᄒᆞ야談古話今이다가慨然相謂曰今聞國債義捐에人心이感發하야婦女童稺가各自연助ᄒᆞ니吾儕가雖人微識淺이ᄂᆞ亦化圈中一物也라ᄒᆞ고義捐金二十一圜을收合ᄒᆞ야期成會로送傳ᄒᆞ얏더라

●夫人奮義　河橋정규명氏夫人박氏가衣服을典執ᄒᆞ야四十錢을來納ᄒᆞ얏고南署草동前敎官박光善氏夫人丕氏ᄂᆞᆫ針工裟二十五錢을送致ᄒᆞ얏고履洞居前參奉박秀鳳氏家에안잠자ᄂᆞᆫ郭氏夫人은新貨五十錢을幷以期成會로送納ᄒᆞ얏스니其思想을可欽ᄒᆞ깃더라

◎本社廣告

○申報價
一張代金 新貨二錢五里
一個月前納 三十錢
三箇月 九十錢
六個月 一元七十錢
一箇年 三元四十錢
郵稅一部 新貨五里
一箇月 十三錢

(一)廣告料
四号活字十三字爲[illegible]
每日每英尺一寸에 新貨廿五錢
(每日每行六錢에 相當홈)
一週日에 二圓五十錢
(每日每行四錢五里에 相當홈)
一箇月에 五圓
每日每日四錢一里에 相當ᄒᆞ며 其期限의 長短과 字行의 多寡를 依ᄒᆞ야 增減홈이 有홈

●大한每日申報各處支社廣告
中署布屛門下 김相萬冊肆
中署磻洞初入七拾八統第二號 鄭禹澤
平壤上水口門內 김浩淵
仝 최叙恒
仁川朴峴開新冊肆 리東皓
宣川邑橋西里 安濬
義州西門外한西 大藥局
釜山港佐川 徐藥局
三和港築洞 김仁집
咸興朱南社西門外 曹喜林
開城培學校 姜助遠
大邱市廳 최一弘
載寧邑濟衆院 鄭夢澤
鐵山邑東部 安호
元山支店 劉七錫
定州南門內 洪聖麟
京城興仁門外영楓亭 리建蘇
海州南門內書舖 朴昌鎭

發行兼編輯人 英國人 비說
發行所 南署石井洞號外地三層洋屋家
大韓每日申報社

第五卷　大韓每日申報　대한매일신보　第四百六十三號

月曜及慶節 歲時日休刊

檀紀四千二百四十年 箕子元年三千二十九年 大韓開國五百十六年 日本明治四十年 淸國光緖三十三年
◎陰曆丁未二月大初二日癸亥

寄書

外債國禍之大者　在日本學生변永周

古之滅人國也以兵今之滅人國也以債古之亡國削其名號廢其宗社政府而至其人民固使之因舊就新以服吾化而已矣今之亡국滅其宗教絶其種族古之亡국之民無而已今之亡國之民並其家而無之是故古之憂國其任在於君相其責在於士君子今之憂국其任其責無人不擔無物不包雖草木土石苟其국內之物皆不可不明目張膽盡其義務呈其敵괴況方趾圓顱之人乎假使貧而乞괴賤而屠牛坦誰不生子長孫耶今至於滅種之秋爲在貴賤貧富之有間於憂國乎伊尹以爲何事非君何事非民孔子曰不在其位不謀其政此皆太古未開時代自治同言同文同種國之小政治家及厭於諸侯專制愼於個人自保之老成儒偶發之囈語也非今廿世紀之我大韓人所宜據以爲言者也夫然則國債者滅國之原本而其結果之至於亡국無人不慶其화此誠國民廝頂放踵誓天盟神之日也今擧世界列國지以公債而或瀕於滅亾或陷於危殆者臚列如左而非理論上必至지假想乃事實上已然지確據也

摩洛哥負欠於佛蘭西爲額甚巨久不能辨故權名義之下遂歸佛保護雖其中間有種種事情지與英전締者然其濫觴則公債也其後德逸人亦以一千萬馬克貸金欲分權均勢累有違言於佛兩虎交鬪該國幾至於身無完膚

埃及國貧而無節積巨逋於英吉利口實지下遂保管其財政

支那지淸還日本비金也露人實承其借欵而以東三省爲質然露亦無巨欵지可貸人者但作保於佛金而儼然以債主自處魚肉滿洲肆其壑慾馴致日露지役而寰宇振動弱者失其位置

日本戰費孔大廣募內外債其數至二十萬々元(六萬々元內債)雖以戰勝餘威卒然寬一頭地於列强伍伴而經濟界識者多作悲觀據世界國富力統計表日本國富力爲一百三十萬々元而公債乃二十四萬萬圓幾及其國富力지二(各國公債皆以國富力十지一爲極度)伊太利近代國勢日臻强盛製造亦多新發明號爲天下六强지一然公債累加至五萬萬零五百방據國富力統計表伊太利國富力爲卄一萬萬六六千방則其公債亦幾及國富力十지二故各國皆危其財政善後지責而甚者以爲伊太利後將無國加以民貧多盜汚穢不治見侮於西歐年年不可不償還外債故金銀正貨流出四遠而自國通用惟紙幣而已故物價騰貴商界蕭然夫以日本지武强伊太利지文明而不見許以完實樂國者以公채太高故也況乎不及數國者耶

公債지盛行於國中如猛獸毒藥未有不裂肝碎首者也我邦今日處積弱지地種種悲酸不免立至坐待而至於官民지食租衣稅亦不得自由外債實爲지장本口實也徐相돈氏素是實業界偉人今日此擧必無近來我邦憑公營私惡風蠻習足以致國於衰滅지慮者則惟願同胞繼援其後而克完大業也同胞々々此實大韓盛衰興亡지機會也假令國民氣力至不能辨此則此後絶大冒險絶大忍苦又不知爲幾百千種則可以抵當耶且不見夫佛蘭西乎當普意那波崙第三지被虜於布魯士也滿目兵화民皆失業然講和後未及三年盡還其비金六十萬々방於布魯士而今復不失爲廾世紀一等富强國使世界無不驚羅甸民族之奮發特性況我升平般實本無寸刀一丸지費而禁節三個月不生產的烟草無足以感苦楚於心者乎吾知同胞지富於愛國心者固不待此過計지言矣同胞々々三個月烟草金即我大韓二千萬人生前死後子々孫々千萬歲安衣穩食自由極樂지幸福資本位

官報

●三千七百二號　光武十一年三月十二日

◎敍任及辭令

秉任掌禮院卿　侍從院卿리道宰
典膳司掌膳姜敬熙
義親王府典衛김병樂
依願免本官
任典膳司掌膳叙奏任官四等
義親王府典衛　正三品리義德
任穆陵參奉　穆陵參奉申현甲
昌原府主事김병哲
任經理院技手　孔석鐸
完

●號外　光武十一年三月十三日

◎宮廷錄事

英親王殿下씌太極一等章을授與ᄒᆞ신事

詔曰總판민鳳植女幼學金容九女前主事曹秉集女前主事沈恒섭女進士木炳喆女進士金헌卿女幼學洪淳範女再揀擇入之其餘並許婚

◎叙任及辭令

●三千六百九十五號　光武十一年二月二十一日

依願免本官　礦山事務局技手金斗섭
陸軍硏成學校附陸軍步兵參領리大珪　仝正尉金斗錫　仝咸斗柄　仝박冀泳　仝梁柱興　仝최在익　仝權承穆　仝康利周　仝權寧奎　仝副尉梁在옥　仝金鍾九　仝參尉金鼎升　仝최기烈　仝沈相烈　仝孫義明　仝韓順敎　仝韓仁復　仝金錫周　仝최承鶴　仝金호善　命休職
未完

外報

●宮中女학　淸國皇太后는近에貴胄女學이一時에尙雖興판홈을因ᄒᆞ야先在宮中ᄒᆞ야女학堂一所를立ᄒᆞ고專히親王의福晉格格과官女等을教育ᄒᆞᆫ다더라

●師範開學　支那報를據ᄒᆞᆫ즉北洋에서師範學堂을設立ᄒᆞ야一切規模制度를悉히日本學校를倣行ᄒᆞ야上年陰曆十二月初一日로該堂開학之期를定ᄒᆞ얏는ᄃᆡ袁宮保는公要를因ᄒᆞ야未能到堂ᄒᆞ고提學使盧某의게委任ᄒᆞ야府縣各官을會同ᄒᆞ야開校式을擧行ᄒᆞ는演說로勸勉ᄒᆞ는盛況을呈ᄒᆞ얏다더라

雜報

●咸北來信　會寧郡守박노학씨는莅臨之後에專事貪虐에剝民肥己ᄒᆞ야擧議差帖一장에葉三十兩이오校監ᄃᆡ동차홈에葉二十兩이오役夫雇價不足代錢이라稱ᄒᆞ고每戶에葉二兩五錢式勒斂故로民不能安業ᄒᆞ고擧皆流離渙散ᄒᆞ야或渡淸地ᄒᆞ고或渡俄領ᄒᆞ야呼泣之聲이漲天ᄒᆞ니如此郡守를若容叚째則會寧一邑은必至成子墟乃已ᄒᆞ더라

●餉商出義　於義동餉商等八人이國債報償期成會에舊貨九圓을來納ᄒᆞ얏더라

雜報

●再揀擇定 英親王夫人再揀擇은陰二月十日이라더라

●接客不許 再昨夜에郡守奏本을奉呈ᄒᆞ다고內部大臣리址鎔氏私邸에셔保護巡檢이緊々把守ᄒᆞ야來賓을弗許接見ᄒᆞ얏다더라

●梟嘶行色 光州觀察使沈相의氏가內部協판으로轉任ᄒᆞᆫ다ᄂᆞᆫ說이猥藉ᄒᆞᆷ의郡守를圖囑ᄒᆞᄂᆞᆫ人들이近日該氏家에陸續來往ᄒᆞ야郡守一窠를預先緊托ᄒᆞᄂᆞᆫ者多數ᄒᆞ다더라

●전海風波 向日전考所風波를因緣ᄒᆞ야內相리址鎔氏가學務局長兪星濬氏의전考委員을避免ᄒᆞᆫ다ᄂᆞᆫ說이有ᄒᆞ더라

●憾情必還 檢事리偶氏가箚七十에特放이되얏ᄂᆞᆫ데法部大臣리夏榮씨가憾情이去益甚ᄒᆞᆫᄒᆞ야特旨로放釋ᄒᆞ신大權을弗顧ᄒᆞ고期어히偶씨를免官ᄒᆞ랴고官吏의行爲가弗正이라ᄒᆞ야日昨免官奏本을上奏ᄒᆞ얏다ᄂᆞᆫ데再昨日政府에셔參政大臣박齊純씨가該奏本을理由를質問ᄒᆞ기爲ᄒᆞ야法部秘書課長리鍾協씨를招請ᄒᆞᆫ즉該課長이有病弗進이라ᄒᆞ거ᄂᆞᆯ박參政이또該部主事一人을招請ᄒᆞᆫ즉該主事도亦弗往見ᄒᆞ얏다더라

●十八郡守 再昨日內部에셔郡守十八파를奏本ᄒᆞ얏ᄂᆞᆫ데善山丁喜燮咸安김병吉綾州權重晃珍島리명化槓城沈興澤智島丘漢唐洪州김祥濱靑陽黃祐燦鎭安安漢老泥川리章遠實城丁九셥牙山鄭翰朝義州鄭海運延日閔容植新溪리병哲興海리碩權中和김然尙懷仁김永德諸氏더라

●增設二課 統監府에外務一窠를增設ᄒᆞᆫ다ᄂᆞᆫ說은已爲報道어니와該總長은前報와如히鍋島書記官으로陞任ᄒᆞ기로決定이되고總長以下에二課를設置ᄒᆞᆫᄂᆞᆫ데第一은外事課요第二ᄂᆞᆫ外政課인데外事課ᄂᆞᆫ外國領事及外人相關ᄒᆞᆫᄂᆞᆫ事項과외國人條約을掌理ᄒᆞ고外政課ᄂᆞᆫ한國政府交涉事와叙勳事項及 陞見ᄒᆞᄂᆞᆫ事를掌理ᄒᆞᆫ다더라

●恩露又降 政府에셔法部에照會ᄒᆞ되本月十二日 詔曰今玆慶會朕心嘉喜宜有둠惠지擧老弱지淹滯간最所矜憫令法部陸軍法院各該裁判所六犯內外年七十以上十五以下勿論已決未決幷特放釋以示廣慶지意라ᄒᆞ시옵기玆에照會ᄒᆞ오니照諒欽遵이라ᄒᆞ얏더라

●仝參免官 全南觀察道參書官馬駿榮씨ᄂᆞᆫ免本官되얏더라

●內參新任 前郡守洪鍾裕씨ᄂᆞᆫ內部參書를被任하얏더라

●身後免戒 正三品리容의씨가免懲戒ᄒᆞ얏더라

●法訓各道 法部에셔典當權에報行法을實施ᄒᆞ기爲ᄒᆞ야各道各郡에訓令ᄒᆞ얏다더라

●學生退去 十餘日前에太學儒生等이무슴事인지一齊히退去하야昨日은焚香日인고로日昨에히館長任善準씨가學部에報告ᄒᆞ얏더니指令ᄒᆞ기를儒生이無如학徒이니히長이善爲措處하라ᄒᆞ더니히館長에指揮弗受ᄒᆞᆫ儒生十八人이退去ᄒᆞ엿다고學部에報告ᄒᆞ얏ᄂᆞᆫ데太學館을一空ᄒᆞ고儒生等이退去ᄒᆞᆷ은古今에初有지事라고巷說이有ᄒᆞ더라

●善隣設校 日本人大倉喜八郞씨가學部에善隣商業學校를設立ᄒᆞ기로ᄒᆞᆫ校規則과章程을粘付ᄒᆞ야承認ᄒᆞ여달나고請願ᄒᆞ얏다더라

●沈尹裁判 前實城郡守윤셔基氏가光州觀察沈相의氏로裁判ᄒᆞᆫ다ᄂᆞᆫ說은前報에揭載ᄒᆞ얏거니와윤氏의一般親交를이挽止ᄒᆞ여曰沈相의氏ᄂᆞᆫ元來不足取實이니不必裁判이라ᄒᆞ되윤氏가不勝憤歎ᄒᆞ야期어히裁判을請ᄒᆞᆫ터인ᄃᆡ自己季氏龍城郡守로代言人을定ᄒᆞ야弗幾日間請願ᄒᆞᆫ다ᄂᆞᆫ데裁判에對質ᄒᆞᄂᆞᆫ日에ᄂᆞᆫ沈相의氏가곳落科ᄒᆞᆯ이라ᄒᆞ고一般輿論이喧藉ᄒᆞ더

●又一文會 城內有志紳士들이大東廣文會를設始ᄒᆞ고再昨日益即동安某家의會集ᄒᆞ야設會方針을講演ᄒᆞ얏다더라

●助手任用 廣濟院醫師최榮섭金聖培技手徐凡淳三氏免官ᄒᆞᆫ代試取ᄒᆞᆫ人을助手로任用ᄒᆞᆫ다더라

●貪守伏罪 前宣川郡守白樂三씨가民訴를因ᄒᆞ야拿囚된事ᄂᆞᆫ前報에已揭ᄒᆞ얏거니와昨日平理院에셔裁判을開ᄒᆞ얏ᄂᆞᆫ데以前日凶猾手段으로在於該郡時에僞造文券을憑籍코져ᄒᆞ다가原告의証明書를見ᄒᆞ고弗敢出頭이自伏其罪ᄒᆞ얏스며檢事도亦知被告지非理ᄒᆞ고依鐵山博川兩郡査報ᄒᆞ야該贓錢을一々推給지意로被告를爲先拿囚ᄒᆞ얏다더라

●한土歸日 平壤內川坊紬網白致九씨ᄂᆞᆫ日人齋田과齋藤과符同ᄒᆞ야本坊人民에田土을勒買ᄒᆞᄂᆞᆫ데百元價値가되ᄂᆞᆫ田은三十圓을勒給ᄒᆞ고千圓價値에田은三百圓으로勒買ᄒᆞᆫ後에日本人에게ᄂᆞᆫ準價放賣ᄒᆞ여十餘萬圓을偷食ᄒᆞ얏시니內川坊에土地ᄂᆞᆫ日本土地뿐이오한人에土地ᄂᆞᆫ一片도無ᄒᆞ다더라

●陵官吸錢 仁陵令리鐘準氏가老慾이昏妄인지廣州廉谷曺喜益이去戊子年에葬其親山於其先壠而山在仁陵外히字界外인ᄃᆡ히氏가入葬于히字內로誣報掌禮院而本院題音을示之喜益ᄒᆞ고無數恐喝ᄒᆞ야初謂納錢二千五百兩ᄒᆞ다가再呼二千兩ᄒᆞ되爾塚之掘未掘은在我低昂手段이라ᄒᆞ고萬端恐喝ᄒᆞ기喜益이以元非犯葬지意로呼訴本陵令ᄒᆞ얏더니該씨題音內에更爲詳査則汝塚이非入于히內矣라如有後弊면以此憑考次로往訴于上府라ᄒᆞ고도二千兩錢은一向討索ᄒᆞ기로不勝痛冤ᄒᆞ야將訴于掌禮院ᄒᆞᆫ다더라

●昌守濫稅 昌寧郡人民等이度支部에呼訴ᄒᆞᄂᆞᆫ데現今野邑結價를每結에十二元式納上ᄒᆞ라ᄒᆞ시와朝飭이在ᄒᆞ온데唯獨被告人은仍執舊謬ᄒᆞ야常平棄八十兩式督納ᄒᆞ오니比較新貨ᄒᆞ오면加捧이爲棄十八兩八錢也라故로郡民中成子明이願以新貨發令收刷之意로請願ᄒᆞ온즉被告人을移囚于他郡ᄒᆞ고期以八十兩畢捧施尺ᄒᆞ오니本郡結三千九百十結八十四負七束에加捧이爲一萬四千四百十八圓三十錢이온ᄃᆡ一境民人이不勝憤抑ᄒᆞ야將欲告訴于法司ᄒᆞ온즉被告人恐露譴討之罪ᄒᆞ야帖印出給ᄒᆞᆫ尺文을還々還爲奪入ᄒᆞ왓삽ᄂᆞᆫ데幸爲大谷而尺文을不爲見奪ᄒᆞ얏삽기玆以來告ᄒᆞ오니被告人을押上審判ᄒᆞ시와加捧錢을推播民間ᄒᆞ시고懲其欺騙之罪ᄒᆞ라ᄒᆞ얏더라

●學會組織 前判書申箕善씨의大東학會設始ᄒᆞᆫ다ᄂᆞᆫ事ᄂᆞᆫ前報에揭載ᄒᆞ얏거니와昨日陽동光成學校內로申箕善리容직박容大徐相薰趙重應諸씨가會集ᄒᆞ야該會事務를組織ᄒᆞ얏다며라

●引水有器 全州筆川里居金敬初氏ᄂᆞᆫ原來才智가過人ᄒᆞ더니近者에引水器를新發明으로自製ᄒᆞ얏ᄂᆞᆫ데小兒라도一日에能히壹石落을灌水ᄒᆞ깃다더라

●祈禱設會 鍾路萬國基督敎靑年會에셔萬國학生聯合祈도會를今月十七日(日曜)下午二時에新門外國民演說臺에셔設行ᄒᆞᄂᆞᆫ데各學校학生을請邀ᄒᆞᆫ다더라

●殺妻處役 旌義郡西中面東石貴里吳邦安이가與其妻梁召史로乘醉ᄒᆞ야說往說來ᄒᆞ며相爭ᄒᆞ다가以食刀로其妻지腹部를刺ᄒᆞ야落胎卽死ᄒᆞᆫ故로濟州裁判所에셔役十五年에處하얏다더라

△權衡一世△

▲海外扶桑에寸膚黑雲ᄒᆞᆫ東風이ᄒᆞ送ᄒᆞ니影子가徘徊에雨意를醞釀ᄒᆞ니惡雨가來ᄒᆞᆯᄂᆞᆫ지喜雨가來ᄒᆞᆯᄂᆞᆫ지喜惡을難辨이로다

▲法相李夏榮氏ᄂᆞᆫ李偶氏事件이特旨로放釋된의辭職退去ᄒᆞ랴다가무ᄉᆞᆷ思想이有ᄒᆞ던지排於히不爲辭職ᄒᆞ기로決心ᄒᆞ엿다니大端이碌々落々ᄒᆞᆫ걸音節死義ᄒᆞ깃소

▲日本셔大韓에輸入ᄒᆞᆫ物品에近來大坂셔製造ᄒᆞᆫ物品이粗惡ᄒᆞ야輪用ᄒᆞ는漸減ᄒᆞ나價格은不落ᄒᆞᆫ다고商業界에셔憂慮ᄒᆞ니欺人取物이지나셔欺國取物이로다

▲최相敦氏의生財手段은神鬼가莫測이라協律社가繼罷ᄒᆞᆷ에官人俱樂部를創設ᄒᆞ고雖判任官의至薄月俸이라도月終이면除去ᄒᆞ니俱樂部가아니라生寃窟이로고

▲近日開化者가日本에一次만遊覽ᄒᆞ면學識有無ᄂᆞᆫ姑舍ᄒᆞ고揚々歸國ᄒᆞ야祖國을視作蠻國ᄒᆞ고言必稱日本ᄒᆞ니此所謂얼開化라얼開化ᄂᆞᆫ사람잡지

▲무엇시開化요頭髮이나削ᄒᆞ고洋服이나着ᄒᆞ고日語나稍解ᄒᆞ면開化가아니라新知識新학問을融通ᄒᆞ야世界形便을權衡ᄒᆞ고處事得宜가開化오

▲今番국債報償에對ᄒᆞ야海州에리載林氏ᄂᆞᆫ二萬元과金壽駿氏ᄂᆞᆫ一萬元을出義ᄒᆞ엿스니兩씨高義ᄂᆞᆫ可謂積而能散이로다

伯林電報

●諸株下落　十三日午后八時着
歐洲에在호各取引所에셔ᄂ歐米諸國의金融이逼迫홈으로諸株ᄂ下落에傾ᄒ다더라

雜報

節用同盟會勸告文　遂安李均鎬

古語에曰陷之死地而後에生ᄒ고置之亡地而後에存이라ᄒ니現今我韓全國이死亡之地에陷置ᄒ얏스되生存ᄒ方針을思想치못ᄒ니可謂痛哭者也로다去乙巳丙午兩年에我國이日本에借款ᄒ債額이乃爲一千三百萬圜인ᄃ三千里疆土가此券에將入ᄒ고二千萬人衆이債奴를難免ᄒ境遇에當ᄒ얏스니嗚呼라前日借款之契가卽今日典國之券이될가ᄒ얏더니何幸慶北에斷烟同盟會를倡起ᄒ고漢城에國채報償會를繼發ᄒ얏ᄂᄃ聲聞所及에影響相應ᄒ야自　上京都로下至鄕曲이爲我國臟方趾之類가莫不捐義ᄒ야爭圖報債中에至於市井商客도獻其臟力之所得ᄒ고勞働役夫도獻其肢力之所得ᄒ며甚至於京城三十九之妓가解首髻ᄒ야助義ᄒ고八歲之兒가得弁錢이獻誠ᄒ니驟可見人々箇々지秉彝爲國이死ᄒ며爲君이死者也로다如此義務를何敢緩於此이後於人也리오所以로不揆資劣ᄒ고與衆內憂時愛國士로節用同盟會를不日組織ᄒ고一般公衆에勞力을必資코저ᄒ노니夫節用者ᄂ何也오凡於民生日用事物酬應지間에所當用이用지者ᄂ用지ᄒ고不當用이用지者ᄂ不用ᄒ야帛於斯者ㅣ布於斯ᄒ며弃於是者ㅣ粥於是ᄒ고忍其所欲ᄒ며制其所耽ᄒ야奢者就儉ᄒ며濫者就約ᄒ야積日이至月ᄒ고積月이至年則一年所剩餘者를毋論貧富貴賤ᄒ고不勞力不思想이所得者인즉 未完

●安城義捐　安城郡西里柳會根氏等이國채報償金募集所를設ᄒ고義金을收合ᄒᄂᄃ二十圜을寄送ᄒ엿기期成會로傳送ᄒ엿노라

●兩兒可尙　平壤居박鳳輔氏에兩子가年幼ᄒᄃ國債報상에對ᄒ야歲拜錢各一圜을出義ᄒ야郵便으로寄送ᄒ얏기期成會로傳送ᄒ얏노라

●平妓義捐　平壤妓生十八名이新貨五十錢式各出ᄒ야牌長뎡봉쥬씨로期成會에待納ᄒ얏더라

●국치보상부인회취지셔
대져 국치ᄅ갑ᄒ여금 나라하ᄃᆡ평치못허옵실바에야 녀자도 국가우로지택을입사와이 국셩심이업ᄉ오면신민의도리가아니오니녀ᄌ등도다소참네코져동심합녁이로소이다본회에셔의금내시난부인은본회회원으로셩칙에올니고ᄯᅩ씨명과금액ᄋ신문에공포ᄒ겟ᄉ오니전국동포부인은조량ᄒ시압
광무십일년정미정월　일
대안등사무소ᄉ십ᄉ통ᄉ호
발긔인 리씨 송씨 김씨
박씨 계씨 엄씨 한씨
뎡씨 신씨 오씨 윤씨등

●誤植必正　平壤金履弁氏에국채報償金五十圜지圓字를昨報에以拾字로誤植이기玆에正誤

廣告

前議官金炳駬名字를炳집으로改稱홈　南署居金炳潗　告白

全南北道儒生爲崔勉菴建祠通文大槩如左　伏以勉菴최先生志切報國창率義旅伸大義於天下生同武侯지忠死若文山지節靈네出海虹雷呈露可見天意지有感婦隸爭莫盖驗人心지攸同贈爵　賜諡第侯　朝家지處分建祠철享寔綏士林지忱誠先生講磨창義於全北泰仁郡建祠于此以寓尊敬允合公議故一省지士合辭走告伏願全國僉君子其在慕賢衛忠지義豈後於人各自出義倂竣崇報지儀幸甚
鄭海鵬　閔在호　李謙臣　白益洙　高永柱　金直述　吳在新　宋恒섭　權在一　告白

本人堂姪相基字攸範이가性本浮浪迂闊지質로與何許雜類金敎學爲名人이僞成本人의牙山所在畓結名宗福二十一石餘斗落文券ᄒ야方欲得채於外國人이다온玆布告ᄒ오니內外國人은切勿見欺홈
新昌家小東面曲橋鎭翼斗告白

本人이長단松南面汾池川廣大坪洑을已亥年分에買得收稅이다가甲辰年九月分에欲爲放賣則최永云名不知金議官阿峴居李世영宋仁植等이居間興成之意로舊文券을持去이더니洑價도不給ᄒ고舊文券은셔失云ᄒ고金議官이待秋收給價之意로成手票以給이러니終無形影故로以該手票及新文記一張을昨年에已爲放賣ᄒ니舊文券은自爲休紙라內外國人은以此照亮홈且長단松南面遠洞居崔永運與姪子최仙禑叔姪自古로浮浪之類로雜類符同ᄒ야遠近族中에欺人聚物ᄒ며먹그며ᄉᄂ일가라도무ᄉ모홈ᄒ야못살게ᄒ며난셜리지ᄉ가ᄃᆡᄉᆫ이부족이니혹유此보지事로內外國人間符同ᄒ야勒奪지意로作事이면강져으로同律홀ᄎ오니國內外人與外國人照亮ᄒ시옵
최荷翁　告白

本報第四百五十九號雜報欄內擅賣國土라ᄂ題下에최相宜金禎鎬兩氏가東萊郡牧士挾雜ᄒ얏다ᄂ事ᄂ今에牧地居民의辯論을聞호즉최金兩氏가攝民訴率府訓ᄒ야前監理時에潛賣호牧士를審査還推홀次로理事廳에談판ᄒ고宮內府에報明ᄒ야尙未歸正故로居民等이更訴次上京ᄒ니彼隻中何許輩가畏其奸狀綻露ᄒ야中傷沮戲지計로如是搆揑ᄒ얏스니眞所謂賊反荷杖이라居民等이方在搜探其人ᄒ야裁判懲治ᄒ깃기玆先廣告홈
朴杜栢　告白

實城郡考卜債事에對ᄒ야光州觀察使沈相翊氏가該郡都吏處에捧賂一千兩ᄒ고自辟主事로書托ᄒ야如前收捧케ᄒ라ᄒ되該郡守윤錫祺氏가一直不應홈으로貶下云々之說은千萬不當ᄒ지라實城郡考卜債中年例府納이三千兩이라本使莅任以後에各郡書員輩考卜債濫捧이爲民大痼瘼홈을동察ᄒ야先自府納條而減革ᄒ니每結一兩外에ᄂ雖分錢이라도勿爲加捧事로論理訓飭于各郡이不啻再三而實城郡守가不爲施行ᄒ고如前以黃租五斗로濫捧ᄒ얏고又稱ᄒ事ᄂ一省이確然的知요考卜浪藉之致로殿最에不得已居下戶에七八兩式徵收ᄒ야이民怨東軒修葺ᄒ고各面各동宋秕每債濫捧條를還徵還派之意로屢度訓飭이되終不實施ᄒ고該郡官吏間에年例條三千兩을輸納홀더이니闔眼爲好樣으로書托面囑于自辟主事가至於舌弊辭竭이나本觀察이終始退却홈은一府中所共知라沈觀察이如有垂련之意則何不取多數之三千兩而甘聽於數少之一千兩ᄒ야書托일지由來年倒府納其數로만言之라도此說이無據不近理홈은推以可知이기玆以廣告홈
柳穉烈　告白

本會에셔國債償金募集에對ᄒ야提議可決을通過인바惟我會員은各其捐金을本會館으로送交ᄒ오면正實確立호收金所로付納홀터이오니　照諒踐行ᄒ심을望홈
西友學會　告白

仁川港私立小學校四十間草屋집을本港牛角洞에建築홀터이니此에志願者ᄂ本港面議所에來ᄒ야該圖形을持去ᄒ고來三月二十日下午一時에入札홈入札保證金百分二十이오開札은仝時에卽開홈
仁川港栗木洞面議所內
專擔體約者鄭在洪　廣告

會洞셔客主ᄒ든韓延셕은素是奉侍姜錫호氏差人으로與利次家舍를多數買得이다가以其文券으로傳掌於姜氏則姜氏가受置타가姜한兩氏ᄂ今以不在ᄒ고該文券은現任於姜氏親婦家이거늘何許人이該文券을見失호樣으로登出新聞上廣告ᄒ오니究其設心에以姜한兩氏지不在로爲一幸事而若是誣做者明矣然韓氏買得也姜氏에傳掌也親婦家任置也來歷이昭詳ᄒ오니今此誣出廣告ᄂ乃是欺騙賊心이오니從今以後로若或有此이여든期於挽執本社ᄒ시고卽爲通奇于磚洞十統三戶朴仁혁前名驥秉家ᄒ야以爲辯懲지地希望
朴仁혁　告白

本人지義子鳳호字曰順命者年今二十四而海州所羅坊李建宇지子ㅣ라壬辰年分率養敎지以義方이性本陰險行動凶悖累犯倫常故責以義理待其改過矣去益放蕩又作倫罪乘機逃躲永無形影此實難化지類故ㅣ得已罷遂　天陛의蒙罷養지恩命故如是廣布京鄕知舊切勿相關見欺홈
內官鄭文沼　告白

廣告

學部의 認准을 承ᄒᆞ야 西署陽동이 設立ᄒᆞᆫ 私立光成商業學校를 私立光成實業學校로 改定ᄒᆞ얏기 玆廣告ᄒᆞᆷ

校監徐相勉 告白

湖南鐵道株式會社廣告

本社事務를 一層擴張ᄒᆞ기 爲ᄒᆞ야 事務所는 大廣橋川邊前紙廛小都家로 本月六日에 移接ᄒᆞ고 社長以下整理委員을 選定ᄒᆞ고 玆에 左開ᄒᆞ야 廣告ᄒᆞ오니 株主에 應募ᄒᆞ실 有志 僉君子는 陸續來議ᄒᆞ심을 爲望

社長 金基永
總務部長 成文永
整理委員 尹晶錫 白完혁 趙鎭泰 丕秉澤 鄭東植 孫錫基 孟덕敏 朴泓일 鄭斗煥 白寅基 한相龍 趙彰漢 等 告白

명월관확장광고

폐관이 개시 이후로 고익ᄒᆞ시는 귀ᄀᆡᆨ께 후의를 입사와 오늘날 ᄃᆡ한에 제일등 요리점으로 ᄂᆡ외국에셔 다 아시도록 확장ᄒᆞ여 가오니 ᄃᆡ단 감사ᄒᆞ옵거니와 근일은 이층양옥을 광활이 신건축ᄒᆞ고 다락 아레는 온돌방을 은밀리 비치ᄒᆞ고 포진범절을 ᄉᆡ로ᄒᆞ와 오시는 귀ᄀᆡᆨ이 편ᄒᆞ시도록 쥬의ᄒᆞ엿ᄉᆞ오며 각종음식은 보기에 화려ᄒᆞ고 먹기에 정미ᄒᆞ게 일신쥰비ᄒᆞ야 다소를 불계ᄒᆞ고 주야로 파오되 셔양쥬는 잔으로 파오며 특별신기량교자음식은 오시는 시로붓터 ᄒᆞᆫ 시간이 되면 몃상이라도 곳 가져가시도록 ᄒᆞ오니 ᄂᆡ외귀ᄀᆡᆨ은 륙속왕임ᄒᆞ시옵

각석요리음식
각식셔양쥬
각종경편양요리
각종일본간스메
각종여송연
각국권연
진찬합
건찬합
밥교자
특별신기량교자음식
명창가동정거북도유ᄒᆞ옵

明月館 主人 金東植 告白

●九轉靈砂라 本人이 妙方法을 神備ᄒᆞ야 製造ᄒᆞᆫ 靈丹인ᄃᆡ 男女老少에 無論何징하고 通治하오며 無病時에도 服하면 平生의 身躰가 健康ᄒᆞ며 小兒는 四五錢重만 服ᄒᆞ면 十歲안에 無病ᄒᆞ기를 擔保ᄒᆞ오며

●九轉靈砂萬應丹은 狂癇징과 中風諸疾과 耳目諸病과 淋疾에 神効ᄒᆞ오

●九轉靈砂保命丹은 初生小兒驚風 간氣 咳嗽 腹瘡 諸般惡징에 神効ᄒᆞ오

●九轉靈砂濟衆丹은 酒滯 食滯 血積 吐瀉 霍亂 痢疾 吐血 下血 運氣 時疾 疝징에 神効ᄒᆞ오

●九轉靈砂紫金丹은 痔漏 瘰癧 上疳瘡 下疳瘡及唐瘡과 諸般毒瘡惡種에 無不神効ᄒᆞ오니 僉君子는 來問ᄒᆞ시오

內需司前독갑이골上隅第一家 百三統一戶 리호廷 告白

大韓帝國仁川港 濟物浦紙卷烟及烟草會社

●大韓自强會月報

每月一回廿五日發行
定價金一部十五錢

大韓自强會月報의 發行이 四期를 經ᄒᆞ오니 自由의 輿論을 鼓動ᄒᆞ야 國家의 觀念을 增進ᄒᆞ고 國文의 精神을 涵養ᄒᆞ야 四胞의 團結을 發揮ᄒᆞ야 全國有志ᄒᆞ신 公의 愛讀ᄒᆞ심을 供ᄒᆞ온바 現今 本會의셔 一層擴張ᄒᆞ기 爲ᄒᆞ야 高明ᄒᆞᆫ 文章과 宏博ᄒᆞᆫ 學問家를 延致ᄒᆞ야 天下大勢의 變動과 殖産敎育의 要素와 古今政治의 大要를 蒐輯ᄒᆞ야 開發ᄒᆞ라 眼目을 一新케ᄒᆞ오니 愛國ᄒᆞ시는 僉君子는 血淚를 뿌리시고 家家案頭의 隨刊對讀ᄒᆞ시오

皇城中署典洞九統二戶
大韓自强會事務所

西署新門外鍮동 百八十六統三戶
辯護士 前檢事 前判事 正三品 丁明燮
法律事務所
事務員 前主事 吳在淳

越南亡國史 國漢文 新刊

定價貳拾伍錢
發賣所 京城廣橋 高裕相書舖
鏡南 端川郡 禹時夏
布屛下 김相萬冊肆

洪淳康氏가 東署東小門內土橋東邊에 織造機을 廣張設施ᄒᆞ야 稱號를 淳昌號라 ᄒᆞ고 各色綢緞紗屬等을 織造發賣ᄒᆞ오니 願買人은 來臨購買ᄒᆞ시며 或所用대로 綢과 紗等屬을 預托ᄒᆞ시면 依圖施行ᄒᆞ깃삽 淳昌號 告白

◎本社廣告

○申報價
一張代金 新貨二錢五里
一個月前納 三十錢
三箇月 九十錢
六個月 一元七十錢
一箇年 三元四十錢
郵稅一部 新貨五里
一箇月 十三錢

○廣告料
四號活字十三字詰
每日每英尺一寸에 新貨廿五錢 (每日每行六錢에相當홈)
一週日에 二圜五十錢 (每日每行四錢五里에相當홈)
一箇月에 五圜 (每日每日四錢一里에相當홈)
其期限의長短과字行의多寡를依ᄒᆞ야增減홈이有홈

●大한每日申報各處支社廣告

中署布屛門下 김相萬冊肆
中署農圃初入七拾八統第二號 鄭禹澤
平壤上水口門內 김浩淵
仝 최叙恒
仁川林峴開新冊肆 리東皓
宣川邑橋西里 安濬
義州西門外한西 大藥局
釜山港佐川 徐藥局
三和港築洞 김仁집
咸興州南社西門外 曹喜林
開城培義學校 姜助遠
大邱市廳 최一弘
載寧邑濟衆院 鄭夢澤
鐵山邑東部 安支
元山支店 劉七錫
定州南門內 洪成麟
信川邑 李源植
海州南門內書舖 朴昌鎭

發行兼編輯人 英國人 비說
發行所 南署石井洞號外地三層洋屋家
大韓每日申報社

大韓每日申報
대한매일신보

第五卷 第四百六十四號

月曜及慶節 歲時日休刊

檀開國四千二百四十年
箕子元年三千二十九年
大韓開國五百十六年
日本明治四十年
淸國光緖三十三年
◉陰曆丁未二月大初三日甲子

寄書

日人思想

漢城內에셔發刊ᄒᆞᄂᆞᆫ日人新報를閱覽컨ᄃᆡ今月九日紙上에別有一條記述ᄒᆞ니始言에ᄂᆞᆫ日人을怨恨ᄒᆞᄂᆞᆫ影響이自桑港으로及於韓國이라論陳ᄒᆞ얏고其下續論은韓國人民의報償國債ᄒᆞᄂᆞᆫ用力을諷詠ᄒᆞᆫ거시며亦言ᄒᆞ되日本의財政形勢가他戰役을今不可更備란報導를韓人이傳播ᄒᆞᆷ이有ᄒᆞ다ᄒᆞ얏고且義捐을募集ᄒᆞ야國債를還報ᄒᆞ라ᄂᆞᆫ韓人의運動이出於排日思想이오美國이此를敎唆ᄒᆞᆫ비라ᄒᆞ얏더라

如此意見은嚴加注目을得ᄒᆞ기不能이로되何如턴지日人의思想은可以普示라日人과及其新報ᄂᆞᆫ韓人의忠愛之擧를非難ᄒᆞᆷ이何其甚也오吾人所見에ᄂᆞᆫ此運動에一未有誤失이오此意見이美國으로從生ᄒᆞ얏다ᄒᆞᆷ은全歸無稽之言이라計策이韓人心中에셔自起ᄒᆞ얏ᄉᆞ니成敗ᄂᆞᆫ勿論ᄒᆞ고但以稀貴之擧로關係ᄒᆞᆯ거시며國內或國外에셔有何煽動인줄은確未有可信之據로다

官報

●三千七百十三號 光武十一年三月十四日 續

◉敍任及辭令

陸軍步兵參領金潤昌 仝
沈흥澤 仝正尉김思稷 仝
仝송學介 仝副尉김元興 仝
김敎익 仝리起鐵 仝
仝陳錫九 仝장基承 仝
丘邦顯 仝리承麟 仝리
啓錫 仝參尉吳天默
補陸軍研成학校附
九品리찬 吳命根
命軍法會議判士長
任內部主事敍判任官七級
陸軍步兵參領리承七
陸軍砲兵正尉자然昌
陸軍步兵副尉리敏와
仝 參尉任命호
仝 申昌休
命軍法會議判士
兼任掌禮院典儀
掌禮院贊唱課主事김龍圭
解韓美電氣會社檢察官
六品梁起鐸
任漢城府尹敍勅任官二等
內部協判박義병
任礦山事務局技手
礦山事務局書記리泰夏
仝 박秀憲
完

●三千七百十四號 光武十一年三月十五日

◉宮廷錄事

詔曰今玆慶會朕心嘉喜宜有覃惠之擧而老弱之淹滯ᄀᆞᆫ공最所矜惻令法部陸軍法院各該裁判所大犯內外年七拾以上拾五歲以下勿論已決未決幷特放釋以示同慶之意

光武十一年三月十二日
議政府參政大臣박齊純

奏章閣學士丘慶호辭職疏
批旨省疏具悉경其勿辭行公

◉敍任及辭令

任義州府尹 前參書官鄭海運
任洪州郡守 法官養成所敎官金祥演
任寶城郡守 內部參書官丁九섭
任靑陽郡守 議政府主事黃祐찬
任鎭安郡守 內部主事安基宅
任中和郡守 侍從院右侍御김然尙
任懷仁郡守 景孝殿令김永禧
任興海郡守 侍從院左侍御李碩판
任新溪郡守 侍講院侍從官李병哲
任善山郡守 咸安郡守丁희셥
任咸安郡守 丹城郡守김병吉
任綾州郡守 珍島郡守權重冕
任珍島郡守 淸風郡守李병化
任橫城郡守 鬱島郡守沈興澤
任智島郡守 旌義郡守蔡洙康
任楚山郡수 正三品리章遠
任延日郡수 六品閔容植
任牙山郡수 六品鄭翰朝
任內部參書官 前郡수洪鍾裕
江原道觀察道主事丁元섭
任江原道觀察道參書官
任度支部稅務主事 度支部主事리基世

外報

◉議院選擧 彼得보電을據ᄒᆞᆫ則俄曆二月六日에選擧를擧行ᄒᆞ니共히各省을由ᄒᆞ야選中議員이四十五人인ᄃᆡ民權立憲黨에十二人이오左黨에(分派未詳)十一人이오社會民權黨에十二人이오和平進步黨에五人이오社會黨에(或名勞働黨)四人이오十月十七日組에二人이오社會革命黨에一人인ᄃᆡ以上所擧議員에反對黨이三十八人이오平和黨이五人이오政府黨은僅히二人이라더라

◉女子選擧法案의否決 伯林電을據ᄒᆞᆫ즉英國下院에셔女子의選擧權을許與ᄒᆞ라ᄂᆞᆫ法案을否決ᄒᆞ얏다더라

◉英俄協商 倫敦電을據ᄒᆞᆫ즉英俄協商은特히波斯에適用ᄒᆞᄂᆞᆫ者니同國에셔兩國의通商的勢力範圍를劃定ᄒᆞ랴ᄒᆞᆫ다더라

雜報

◉國債報償金募集趣旨書 元山港商會所

國家ᄂᆞᆫ民族團躰로組成ᄒᆞᆫ者라古今을勿論ᄒᆞ고一般國民의忠愛思想은自衛主義에셔感發ᄒᆞᆷ이니自衛의主義를思量ᄒᆞ면국民의義務를當盡ᄒᆞᆯ지라我의天賦權利를享有ᄒᆞᆷ도국家를是賴ᄒᆞ며公同生命을保維ᄒᆞᆷ도亦국家를是仰ᄒᆞᄂᆞ니國家의興替榮辱이國民의身體財産에密接影響됨은智愚를不問ᄒᆞ고一般揣度ᄒᆞᆫ바라無須贅論이온바現著국債一千三百萬圓報상一事로有志지士가林々唱道ᄒᆞ야或斷烟而同盟ᄒᆞ며或減飯而醵金ᄒᆞ니其忠愛目的을孰不額手贊賀리오本人等이亦國民團體中一部分이라擔負지義務가一般이기로團合同志에組成一會ᄒᆞ고玆庸廣布ᄒᆞ오니凡我忠愛지同胞여自衛지主義를當念ᄒᆞ시고國民된義務를勿失ᄒᆞ오셔多少를不拘ᄒᆞ고隨方捐金ᄒᆞ오셔一괴가雖少ᄒᆞ나흠흠無已ᄒᆞ면九仞도可成이오行潦가雖細나涓々不息ᄒᆞ면河海를可致이오니念玆在玆에勉哉游哉ᄒᆞ심을臨風切祝ᄒᆞ노라

◉西北親睦 西北道의留學生等이親睦會를組織ᄒᆞ기爲ᄒᆞ야本月十七日上午十二時에河橋西友學會館內로會集商確ᄒᆞᆫ다더라

◉夫人義捐 茶洞金昌一氏夫人당씨가國債報상事에對ᄒᆞ야契錢出給錢新貨二十一元과該家內寓居ᄒᆞᄂᆞᆫ安召史洪召史兩夫人이六十錢式各出ᄒᆞ야期成會로送傳ᄒᆞ얏더라

◉童捐可讚 海州西邊細井居金議官奎현氏第二孫ㄱ二歲童天德이가今番國債報償ᄒᆞᆷ을聞ᄒᆞ고歲拜錢五十錢을上京人便에付托ᄒᆞ야期成會로來納ᄒᆞ얏더라

雜報

●風波稍靜　參政大臣朴齊純氏와內部大臣리址鎔氏가近日에和同이되야今番郡守奏本도박參政이快許ᄒᆞ고光霽沈相翊氏로內協叙任ᄒᆞ기를亦爲肯諾ᄒᆞ얏다더라

●緊嘱內相　宮協리範九度支參書官趙漢鏞兩씨가內相리址鎔氏의게沈相翊氏內協運動을極力周旋ᄒᆞ야緊緊傍助에不得已何如를不顧ᄒᆞ고叙任ᄒᆞ기로快許ᄒᆞ얏다더라

●政府通牒　再昨日政府에셔來月曜日會議ᄒᆞ기로各部에通牒ᄒᆞ얏다더라

●請撥月俸　中樞院副贊議月俸을尙不支撥ᄒᆞᆫ故로日昨該院에셔月給을支撥ᄒᆞ라고政府에照請ᄒᆞ얏더라

●罪坐密議　再昨夜에內大리址鎔氏와度大閔泳綺氏가리載克氏家에會同ᄒᆞ야무솜密議가有ᄒᆞᆫ지罪坐耳語에眉語가細細ᄒᆞ얏고及其擧盃談話之際에리載克氏가婿耶昌寧郡守閔丙吉氏에濫稅事로該郡人民이呈訴ᄒᆞᆷ을度大를向ᄒᆞ야言托ᄒᆞᆫ되度大日大監은少勿爲慮ᄒᆞ시오慶尙一道ᄂᆞᆫ非但昌寧이라一道가皆是濫捧인되其中狹雜輩가叫足上京ᄒᆞ야呼訴가단지ᄒᆞ나該濫捧條를還給民處로論之라도必有中間消융之慮ᄒᆞ니不必還給이오必自度支로推尋ᄒᆞ야國庫에補用ᄒᆞ깃다ᄒᆞ얏더라

●必建家舍　政府에셔外國人被雇ᄒᆞᆫ人中에奏任以上되ᄂᆞᆫ人은家舍를建設ᄒᆞ야준다더라

●赴任延期　慶北觀察使리忠求氏가陰本月初八日　皇太子誕辰後에赴任ᄒᆞᆫ다더라

●具氏上京　南來人의傳說을聞ᄒᆞᆫ즉前警務使具完喜氏가報恩鄕第에셔上京차로發程ᄒᆞᆫ다고一般親友와該郡吏屬輩가奔走ᄒᆞ며來餞ᄒᆞ더라더라

●救弊問題　政府에셔中樞院으로各部救弊問題로長書를製送ᄒᆞ라ᄒᆞ야現今에該院贊議諸씨가各部救弊ᄒᆞᆯ作文을分掌ᄒᆞ야製述ᄒᆞᆫ다더라

●兩氏黜會　大東學會의셔從二品金教碩씨ᄂᆞᆫ小論에셔不知ᄒᆞᄂᆞᆫ人이오前秘書丞김聖根氏ᄂᆞᆫ雖安東金氏나不知ᄒᆞᆫ人이라ᄒᆞ고兩씨를出會ᄒᆞ얏다더라

●請議政府　各地方及各港市裁判所에法務補佐官을派遣ᄒᆞ고外國人의關ᄒᆞᆫ訴訟이漸次浩繁ᄒᆞ오니通譯官을不容不設置ᄒᆞ야民刑事上에一應通譯事務를掌케ᄒᆞᆯ깃ᄂᆞᆫ되經用이不敷ᄒᆞ야新設키難ᄒᆞ온즉現今間은各道府에在ᄒᆞᆫ通譯官補로兼任ᄒᆞ고裁判上通譯事務에從事ᄒᆞ오미事宜妥合ᄒᆞ기로此段勅令案을別紙繕附ᄒᆞ와會議에提呈ᄒᆞ기로法部에셔請議ᄒᆞᆫ다더라

●消防設施　仁港人民이五百圜을收合ᄒᆞ야引水機器를買得ᄒᆞ야消防團을設施하얏다더라

●匪徒押裁　軍部에셔法部에照復ᄒᆞ되貴照會를接准ᄒᆞ와南原駐隊捉囚匪徒를並即押送該地方裁判所ᄒᆞᆯ事로訓飭該駐隊ᄒᆞ옵고玆庸仰復이라ᄒᆞ얏더라

●忠裁報部　忠北裁判所檢事洪면희氏가法部에報告ᄒᆞ되本裁判所修理費五百圜以內로ᄂᆞᆫ萬難經紀이온즉警廳所用事務室製錦堂을官卽修理가以爲便當이오나交涉于內部ᄒᆞ시와以相當官舍定給換處之意로卽速歸正케하라하얏더라

●兩件提議　學部에셔農商工學을三月卅一日廢止하ᄂᆞᆫ事件과平壤에日語學校設立ᄒᆞᆫ件을政府에經議ᄒᆞ야上奏ᄒᆞᆫ다더라

●箕察善教　平安南道中和郡唐村居丹陽리氏ᄂᆞᆫ該鄕世族으로舊來鄕約規模를篤슈물替하더니現觀察使리始榮氏가嘉其操슈하야躬往ᄒᆞ야父老를會集ᄒᆞ고時局의形便과新학問의緊要를一場說明ᄒᆞ고학校를設하야子弟教育을勸勉ᄒᆞ니ᄒᆡ同人士가翻然感悟하야爭相出義設校하ᄂᆞᆫ되至於賣牛賣犢하야期於成立하니觀察使의熱心教育은人皆觀感稱頌ᄒᆞᆫ다더라

●海警盡職　海州警務署警務官金相淳氏가賊警을禁否하야인民保護ᄒᆞᆷ次로一道에巡察ᄒᆞᄂᆞᆫ되到處마다인民을對하야某條文明에進하ᄂᆞᆫ意로說諭ᄒᆞ며譏詞賊情에摘伏如神ᄒᆞ니賊黨이越境遠避ᄒᆞ며民弊를革祛ᄒᆞ여民皆安堵ᄒᆞ나니郡民이永世頌德之意로境內立碑ᄒᆞ엿스니碑文日巡察一道草거郡弊ᄒᆞ니誦聲百里萬民安堵가民日我候大旱望雨요明決賊黜玉石何焚가ᄒᆞ엿다더라

●移獄完定　監獄署를移設ᄒᆞᆫ다ᄂᆞᆫ說은前報에揭載어니와該署移設ᄒᆞᆯ基地를下都監等地에完定ᄒᆞ고日間始役ᄒᆞᆫ다더라

●館長報部　成均館儒生等이退去ᄒᆞ얏다ᄂᆞᆫ說은昨報에揭載어니와文廟祭享時에諸執事를儒生이擧行ᄒᆞ더니釋奠祭가在邇ᄒᆞ얏ᄂᆞᆫ되諸執事擧行之人이無ᄒᆞ니何以爲之ᄒᆞᆯᄂᆞᆫ지ᄒᆞ고該館長任善準氏가學部에報告ᄒᆞ얏다더라

●한人無處所　慶北觀察道參書官白南奎씨가內部에報告ᄒᆞᆫ즉槩意를得聞ᄒᆞᆫ즉該道公廨二十餘處를日本官憲이沒數居接ᄒᆞ야한國官人은容接ᄒᆞᆯ處所가無ᄒᆞ니統監府와交涉ᄒᆞ야處所를還給케ᄒᆞ라ᄒᆞ얏다더라

●三債獨徵　再昨日下午四時에漢城府윤박義秉氏의長子와前議官禹恒鼎씨의第三子와宮內府外事課長金鎔濟氏의子三人이明동自行車貰주ᄂᆞᆫ日人家에往ᄒᆞ야下午六時로限ᄒᆞ고訓鍊院等地에往還ᄒᆞᆫ다ᄒᆞ고各其貰出ᄒᆞ야가지고即往山林洞日人渡邊典當局에自行車三坐를典當ᄒᆞ야紙貨三十五圓을得ᄒᆞ다ᄒᆞ얏ᄂᆞᆫ되該車主人이過限ᄒᆞ야下午九時가되며南署에呈訴ᄒᆞ야禹氏가被捉하야問招하미即爲納供ᄒᆞᆫ지라禹씨家에셔該錢를판出하야該車를覔給ᄒᆞ엿다더라

●舒守不還　舒川郡守호根錫씨가到任ᄒᆞᆫ지不過三四朔에上京ᄒᆞ야尙不還任에邑事民情을頓不顧念ᄒᆞᆯ뿐더러該郡의셔月前에殺獄이起ᄒᆞ야他邑檢查官이來到ᄒᆞ야作弊가無雙ᄒᆞ야民情이嗷々ᄒᆞ되本郡守ᄂᆞᆫ本第에安臥ᄒᆞ야還官ᄒᆞᆯ思想이無ᄒᆞ다고南來人의傳說이狼藉ᄒᆞ더라

●親睦會報　昨日普成專門學校內親睦會의셔會報를發刊ᄒᆞ야各府部院廳에一冊式送致ᄒᆞ얏다더라

●青年討論　今日下午七点半에青年會館에셔討論會를開ᄒᆞ고殖産之方은種植이勝於牧養이란問題로討論ᄒᆞᆫ다더라

●館長撤號　學生退去ᄒᆞᆫ事ᄂᆞᆫ別項과如ᄒᆞ거니와更聞ᄒᆞᆫ즉館長任善準씨이가學生이국債報償의對ᄒᆞ야先爲義捐ᄒᆞ야使各道士林으로聞風興感코ᄌᆞᄒᆞᆫ事를阻遏ᄒᆞᆷ과書院事의對ᄒᆞ야干涉阻戲ᄒᆞᆫ事로士論憤激ᄒᆞ야一제空齋ᄒᆞ미仍爲退去케ᄒᆞ고密令教授로太學號를撤去ᄒᆞ엿다더라

●학校와民國　沃溝府윤리무榮氏가教育에熱心ᄒᆞ야尋常高等中等三科를編制ᄒᆞ고女학徒를加選ᄒᆞ미出席生徒가百五인에達ᄒᆞ고每朔연廩五元ᄒᆞ야模範을作ᄒᆞᆷ으로港民이出義補助ᄒᆞ야校況이興旺ᄒᆞ고에히巷民團을設立ᄒᆞ고規則을本府에報告ᄒᆞ얏더니히府補佐官補鈴林次郎氏가贊成ᄒᆞᆫ다더라

●博士演說　今日下午二時에監理教會有名ᄒᆞᆫ監督히리쓰博士가國民의開明을爲하야獨立館국民演說臺에셔有志ᄒᆞᆫ紳士를請邀ᄒᆞ야演說ᄒᆞ고明日上午十一時에ᄂᆞᆫ南大門內尙동禮拜堂에셔演說ᄒᆞᆫ다더라

▲砭耳一針▼

▲海外留學生八百人은一齊斷烟ᄒᆞ얏고遐方商民들은烟草廛을一幷撤閉ᄒᆞ얏거날漢城內街路上에ᄂᆞᆫ卷烟吸ᄒᆞᄂᆞᆫ者가如前不絕ᄒᆞ니愛國心에有無를於此可見이로고

▲法大리ᄂᆞᆫ檢事리偶氏의게對ᄒᆞ야退職勸告ᄒᆞ고自己의行爲가不正ᄒᆞ다ᄒᆞ야免官奏本을上ᄒᆞ얏스니自己ᄂᆞᆫ無君無民無法ᄒᆞᆫ行爲ᄂᆞᆫ否反省치안ᄂᆞᆫ가

▲近日에某大官이內大리址鎔氏家에往訪ᄒᆞ야把門巡檢에게納刺을請ᄒᆞᄂᆞᆫ되言辭를下待ᄒᆞ다가辱說이無數ᄒᆞ미當場에ᄂᆞᆫ不敢一言ᄒᆞ고歸家에怒氣가勃々ᄒᆞ나ᄲᅮᆯ지途辱ᄒᆞ에왜ᄌᆞ소

▲日前南山下本願寺에셔戰死軍人慰魂祭에大韓多數男女가參席ᄒᆞ얏ᄂᆞᆫ되何許一女史가乘轎來到ᄒᆞ야捲簾叱責ᄒᆞ여日한人으로此席에參列ᄒᆞᆫ者ᄂᆞᆫ逆賊이라ᄒᆞ엿다니此女史에高識ᄂᆞᆫ勝於男子에遠矣로다

▲近日政界가不平ᄒᆞ야黨派가相分ᄒᆞ미南北村獵官者流가一層注目ᄒᆞ야隊々逐々이昏夜穿穴ᄒᆞ야臭味을探聞ᄒᆞ니不過是쉬파리떼로고

▲大邱에셔ᄂᆞᆫ乞人이國債報償에對ᄒᆞ야一제히出義ᄒᆞ엿스나大한人民에愛國思想이腦髓에漸入ᄒᆞᆷ은推此可知ᄒᆞ나京城內富客은隨力出義가尙此寥々ᄒᆞ니錢客鐵額은錐末이不入이로다

伯林電報

●飛檄起徒 十三日東京經由露國々會社會黨은국民의게檄文을飛ᄒ야大赦令을交涉ᄒ기爲ᄒ야武裝ᄒ고暴徒를起ᄒ기를要求ᄒ얏더라

●德國代表 土耳其駐在德國大使리벨쓰타인男爵은海牙에셔開催ᄒ는平和會議에德국代表者로任命되얏더라

雜報

節用同盟會勸告文

遂安李均鎬

以此節用所得으로各自出義報國지日에曰十金曰百金曰千金이多寡雖殊나其爲國지義則一也니馬馱千斤과蟻負一粟이其理固然也라何論輕重於其間也리오勿爲一人지濫用이無損於一國지儉約이라ᄒ고勿謂一人지不助가無損於全國지報償이라ᄒ야毋論上下老少男女ᄒ고如是節用이如是出力ᄒ야以至於家々洞々面々郡々이莫不皆然則國債ᄂ脫如敝屣ᄒ고國家가安如磐石ᄒ야大한帝國이卓然富强於全球지上則六洲列國이莫不敬服我大한ᄒ며五種民族이崇奉我大한ᄒ리니凡我海西二十三郡內에頂天履地지人은如此好機會를勿失ᄒ고各自盡力盡議ᄒ야漢城지忠과慶北지義를少讓치마시고此節用趣旨를一躰聯合ᄒ야右巨額을一力처報ᄒ야以死回生ᄒ고以亡圖存이어다惟我同胞여

●孝女愛國 平南祥原郡居李召史가本社에寄函ᄒ되本人이早年喪夫ᄒ고親家父母를依托居生ᄒ옵는ᄃ不意乙巳年四月分에隣居리先達爲名人이金宗雲과無故爭鬪ᄒ던지際에本人의父리根培가其在隣誼에挽止以送ᄒ얏더니김宗雲은本來간疾이有ᄒ者라渠家에還去ᄒ後에또本症이發作ᄒ야因爲致死ᄒ즉當初爭鬪ᄒ던리先達은恐겁ᄒ야即時逃走ᄒᆷ으로捕捉지못ᄒ고本人의父를其時干連이有ᄒ나ᄒ야懲役三十年에處ᄒ미本人의父가年今六十餘歲에獨子慘境을當ᄒ後에失性ᄒ야死코ᄌᄒ던次에如此ᄒ曖昧지事를當ᄒ야獄中에셔死코ᄌᄒ는것슬本人이哀乞ᄒ야今日ᄭ지保全ᄒ얏스나初次에十五年減等ᄒ고其後에五年減等ᄒ고去年皇太子嘉禮時에또三年減等ᄒ얏는ᄃ 大皇帝陛下ᄭ옵셔特下詔勅ᄒ사處絞罪外에는擧皆放送ᄒ다ᄒ기에弗遠千里ᄒ옵고上京ᄒ와解放되기만晝夜祝手苦待허여도終是解放이아니되는故로法部에三四次請願허여도放送치아니ᄒ고또本人父親이獄中에셔病이重ᄒ야幾至死境이다急報가來到ᄒ얏기로本人이곳下去코져ᄒᆯ際에듯ᄉ온즉 大皇帝陛下ᄭ옵셔他國에債를多數히지시고져경이되신다ᄒ여二千萬臣民이無論男女貴賤ᄒ고雖分錢이라도隨其力出捐ᄒ야國債를報償ᄒ다ᄒ기에本人이雖賤ᄒ女人이나聞來에心神이爽快ᄒ야紙貨一圜을補助ᄒ오니本人의至寃極迫ᄒ온情勢를恕燭ᄒ라ᄒ얏더라

●西北學生親睦會組織總會를本月十七日(陰二月四日)上午十二時에河橋西友學會會館內에셔開ᄒ오니黃平及漢北學生은一齊來臨ᄒ오

發起人 尹益善 韓景烈 韓光호等 白

●軍校義捐 日本留陸海軍學徒장建相氏等이本社에寄函이如左ᄒ니

生等이軍人目的으로留學次로日本에渡來ᄒ얏시나未開ᄒ韓人으로敢히文明ᄒ日本陸海軍學校에入學치못ᄒ고明月寒天에回首故國ᄒ고涕淚로日月만費送ᄒ더니千萬夢外에米국人이시흘이크氏가憐愛我等ᄒ사特設一校ᄒ고使我로許入ᄒ기로滿腹感謝之心허고互相携袂而入ᄒ와方今在學中而人數ᄂ二十二名이나日々添數ᄒ온즉未知將來之幾百幾千이어니와每當懷國之時즉心之우鬱이如坐無燭晦宵러니近聞禁烟募集金事件則如渴者之逢泉이옵기生等도不可以閉談爐前에消烟種々ᄒ와禁烟同盟ᄒ고每人前二十錢式으로每朔納付ᄒ와萬一之稗라도ᄒ기作定ᄒ와爲先在學中二十二名이四元四十錢을納付ᄒ오니笑而推捧ᄒ심을千萬伏望ᄒᆷ

●西京師範 平壤郡民會와西友學會가協同ᄒ야義務敎育을實施ᄒ온各新聞에揭載ᄒ바어니와本月十一日에師範講習所에開校式을擧行ᄒ얏ᄂᆫᄃ美國에多年遊學ᄒ든安昌호氏가該校에趣旨를說明ᄒ고學問大家崔光玉氏가祝辭를랑讀ᄒᆷ의辭意之懇切이諸生腦髓에貫徹ᄒ지라當日入學ᄒ師範學生이六十餘名에達ᄒ지라將來國家獨立의호矢가될것은吾必以關西로爲証ᄒ로라

●泰民何罪 泰川郡守리秉膺氏의行政不善은前已隨聞揭載어니와同氏ᄂ到任以後로以酒爲政ᄒ고以骨牌爲事ᄒ는ᄃ이오邑務民事는委諸鄕吏之手ᄒ고都不關念ᄒᆷ으로一郡生靈이魚肉이될地境인ᄃ內大리址鎔氏가以其放親之私誼로曲爲庇護ᄒ야觀察의貶下가亦無効力ᄒ니有비之民은何罪에ᄒ더라

●國民會演說 來日曜日下午七時에國民敎育會에셔蜜吧子劉元杓氏를請邀ᄒ야學問의實的이라ᄂ問題로演說ᄒ다더라

●纖屨出義 平壤郡林原坊淸水里ᄂ僻在북土ᄒ야居民이太半捆屨生活ᄒᄂᆫᄃ今番國債報상金募集之說을因風得聞ᄒ고捆屨代金으로各自義捐ᄒ다더라

●義無貧賤 孫鑄男祖母가年今七十에家勢가貧寒ᄒ야他家에雇傭ᄒ는ᄃ昨年臘月에其主人이歲資로銅貨一圜을給ᄒ즉鑄男의祖母가千金을如得ᄒ듯ᄒ야深藏不用이러니今番에國債報償婦人會를大安동金判書家에設ᄒ얏ᄂᆫᄃ深藏ᄒ엿든一元錢을來納ᄒ며言ᄒ기를我雖愚痴나諸婦人의愛國誠心을感激ᄒ야此錢을仰納ᄒ노라ᄒ고로稱頌이藉々ᄒ더라

●小兒愛國 西署倉洞居金甲慶은年今十歲요南署會동居安玉돌은年今九歲인ᄃ國債報償事를父兄의게聞ᄒ고各二十錢式期成會로來納ᄒ얏더라

●軍人出義 陸軍硏成學校敎成隊八十一人이四十五圜五十二錢五厘를取合ᄒ야期成會로送致ᄒ얏는ᄃ其中一等卒河永洙二等卒한用학兩씨ᄂ一朔捧給을沒數捐送ᄒ얏다니此兩씨의忠義ᄂ可히世食國祿에守錢虜者의鑑戒가되깃더라

廣告

本人지義子鳳호字日順命者年今二十四而海州所羅坊李建宇지子而壬辰年分率養敎지以義方이性本陰險行動凶悖累犯倫常故로以義理待其改過矣去益放蕩又作倫罪乘機逃躲永無形影此實難化지類也故不得已裏逐 天陛외蒙罷養지恩命故如是廣布京鄕知舊切勿相關見欺ᄒᆷ

內官鄭文沼 告白

賢哉郡主 正得其人 美哉郡主 我郡幸福 吳公正烈 禀性蘊玉 年纔冠餘 持心如簡 聽事藹民 萬口擧頌 至敏且寬 一郡咸樂 敢不發揚 玆以揭白

金顯榮 告白

本人이長단松南面汾池川廣大坪沓을已亥年分에買得收稅이다가甲辰年九月分에欲爲放賣則최永云名不知金議官阿峴居李世영宋仁植等이居間與成之意로舊文券을持去이더니沓價도不給ᄒ고舊文券은셔失云ᄒ고金議官이待秋收給價之意로成手票以給이러니終無形影故로以該手票及新文記一張을昨年에已爲放賣ᄒ니舊文券은自爲休紙라內外國人은以此照亮ᄒ且長단松南面遠桐居崔永運與姪子최仙福叔姪自古로浮浪之類로雜類符同ᄒ야遠近族中에欺人聚物허며그ᄯ에는일가라도무손모홈ᄒ야못살게ᄒ며난셜리지ᄉ가ᄒ는이부ᄌ이니ᄒ유此보지事로內外國人間符同ᄒ야勒奪지意로作事이면강져으로同律ᄒ차오니國內外人與外國人照亮ᄒ시옵

최荷翁 告白

本會에셔國債償金募集에對ᄒ야提議可決을通過인바惟我會員은各其捐金을本會館으로送交ᄒ오면正實確立ᄒ收金所로付納ᄒ더이오니 照諒踐行ᄒ심을望ᄒᆷ

西友學會 告白

本人堂姪相基字攸範이가性本浮浪迂闊지質로與何許雜類金敎學爲名人이僞成本人의牙山所在畓結名宗福二十一石餘斗落文券ᄒ야方欲得債於外國人이다온玆布告ᄒ오니內外國人은切勿見欺ᄒᆷ

新昌郡小東面曲橋錢翼斗告白

廣告

學部의認準을承ᄒᆞ야西署陽동이設立ᄒᆞᆫ私立光成商業學校를私立光成實業學校로改定ᄒᆞ얏기玆廣告ᄒᆞᆷ

校監徐相勉　告白

湖南鐵道株式會社廣告

本社事務를一層擴張ᄒᆞ기爲ᄒᆞ야事務所ᄂᆞᆫ大廣橋川邊前紙廛小都家로本月六日에移接ᄒᆞ고社長以下整理委員을選定ᄒᆞ고玆에左開ᄒᆞ야廣告ᄒᆞ오니株主에應募ᄒᆞ실有志　僉君子ᄂᆞᆫ陸續來議ᄒᆞ심을爲望

社長　金基永
總務部長　成文永
整理委員　尹晶錫
白完혁　趙鎭泰　丕秉澤
鄭東植　孫錫基　孟덕敏
朴泓일　鄭斗煥　白寅基
한相龍　趙彰漢　等　告白

명월관확장광고

폐관이ᄀᆡ시이후로고이ᄒᆞ시ᄂᆞᆫ귀킥께후의를입사와오ᄂᆞᆯ날ᄃᆡ한에제일등요리점으로ᄂᆡ외국에셔다아시도록확장ᄒᆞ여가오니ᄃᆡ단감ᄉᆞᄒᆞ옵거니와근일은이층양옥을광활이신건축ᄒᆞ고다락아리ᄂᆞᆫ온돌방을원밀리비치ᄒᆞ고포진범절을시로ᄒᆞ와오시ᄂᆞᆫ귀킥이편ᄒᆞ시도록쥬의ᄒᆞ엿ᄉᆞ오며각종음식은보기에화려ᄒᆞ고먹기에정미ᄒᆞ게열신쥬비ᄒᆞ야다소를불게ᄒᆞ고주야로파오되셔양쥬ᄂᆞᆫ잔으로파오며특별신ᄀᆡ량교자음식은오시ᄂᆞᆫ시로붓터ᄒᆞᆫ시간이되면몟상이라도곳가져가시도록ᄒᆞ오니ᄂᆡ외귀킥은륙속왕임ᄒᆞ시옵

각석요리음식
각석셔양쥬
각종경편양요리
각종일본간스메
각종여송연
각국권연
진찬합
건찬합
밥교자
특별신ᄀᆡ량교자음식
명창가동정거복도유ᄒᆞ옵

明月館　主人　金東植　告白

●九轉靈砂라　本人이妙方法을神備ᄒᆞ야製造ᄒᆞᆫ靈丹인ᄃᆡ男女老少에無論何징ᄒᆞ고遍治하오며無病時에도服하면平生의身躰가健康ᄒᆞ며小兒ᄂᆞᆫ四五錢重만服ᄒᆞ면十歲안에無病ᄒᆞ기를擔保ᄒᆞ오며

●九轉靈砂萬應丹은져狂　癎징과中風諸疾과耳目諸病과淋疾에神効ᄒᆞ오

●九轉靈砂保命丹은初生小兒驚風　간氣　咳嗽　腹瘡諸般惡징에神効ᄒᆞ오

●九轉靈砂濟衆丹은酒滯　食滯　血積　吐瀉　霍亂　痢疾　吐血　下血　運氣　時疾　疝징에神効ᄒᆞ오

●九轉靈砂紫金丹은痔漏　累瀝　上疳瘡　下疳瘡及唐瘡과諸般毒瘡惡種에無不神効ᄒᆞ오니　僉君子ᄂᆞᆫ來問ᄒᆞ시오

內需司前독갑이골上隅第一家
百三統一戶　리호정　告白

大韓帝國仁川港

TELESCOPE

SPIDER

●大韓自强會月報

每月一回廿五日發行
定價金　一部　十五錢

大韓自强會月報의發行이屢朔을經ᄒᆞ오니自由의議論을鼓發ᄒᆞ야國家의權利를增進ᄒᆞ고獨立의精神을淬礪ᄒᆞ야同胞의團結을益堅케ᄒᆞ야全國有志諸公의愛讀ᄒᆞ심을供ᄒᆞ온바現今本會에셔一비擴張ᄒᆞ기爲ᄒᆞ야高明ᄒᆞᆫ文藝과宏博ᄒᆞᆫ學問家를延致ᄒᆞ야天下大勢의變動과殖産致富의學業과古今政治의大要를蒐輯ᄒᆞ야開發ᄒᆞᆫ眼目을一新케ᄒᆞ오니愛國ᄒᆞ시ᄂᆞᆫ僉君子ᄂᆞᆫ血淚를쓷ᄒᆞ시고家家案頭의隨刊對讀ᄒᆞ시오

皇城中署典洞九統二戶
大韓自强會事務所

西署新門外鍮동百八十六統三戶
辯護士前檢事前判事正三品　丁明燮
法律事務所
事務員前主事吳在淳

越南亡國史　國漢文　新刊

定價貳拾伍錢
發賣所京城廣橋高裕相書舖
鏡南端川郡禹時夏
布屛下　김相萬　冊肆

洪淳康氏가東署東小門內土橋東邊에織造機를廣張設施ᄒᆞ야稱號를淳昌號라ᄒᆞ고各色綢緞紗屬等을織造發賣ᄒᆞ오니願買人은來臨購貿ᄒᆞ시며或所用대로緞과紗等屬을預托ᄒᆞ시면依施行ᄒᆞ깃ᄉᆞᆸ　淳昌號　告白

◎本社廣告

○申報價
一張代金　新貨二錢五里
一個月前納　三十錢
三箇月　九十錢
六個月　一元七十錢
一箇年　三元四十錢
郵稅一部　新貨五里
一箇月　十三錢

○廣告料
四号活字十三字詰
每日每欸尺一寸에新貨廿五錢
(每日每行六錢에相當ᄒᆞᆷ)
一週日에　二圜五十錢
(每日每行四錢五里에相當ᄒᆞᆷ)
一箇月에　五圜
(每日每日四錢一里에相當ᄒᆞᆷ)
其期限의長短과字行의多寡를依ᄒᆞ야增減ᄒᆞᆷ이有ᄒᆞᆷ

●大한每日申報各處支社廣告
中署布屛門下　김相萬冊肆
中署廣通橋初入七拾八統第二號　鄭禹澤
平壤上水口門內　김浩淵
仝　최敬恒
仁川바峴開新冊肆　리東皓
宣川邑橋西里　安濬
義州西門外한西　大藥局
釜山港佐川　徐藥局
三和港築洞　김仁집
咸興州南社西門外　曹喜林
開城培義學校　姜助遠
大丘市廳　최一弘
載寧邑濟衆院　劉夢澤
鐵山邑東部　安主
元山支店　劉七錫
定州南門內　洪成鍊
信川邑　李源植
海州南門內書舖　朴昌鎭

發行兼編輯人　英國人　비說
發行所　南署石井洞號外地三層洋屋家
大韓每日申報社

(光武九年八月二十二日 明治卅八年八月廿八日 第三種郵便物認可) 土曜日 西曆一千九百七年三月十六日 (一)

大韓每日申報第四百六十四號附錄

國債報償期成會義金廣告 第一號

◎謹告

本會ᄂᆞᆫ因於忠義所激ᄒᆞ야設於倉猝故로諸般設備가未有整頓ᄒᆞ고各項任員을姑未分定ᄒᆞ와事務의煩劇과書類의積堆之致로迄今廣告치못ᄒᆞ얏ᄉᆞ오니誠切愧悚이오나勢使然矣라原亮ᄒᆞ시옵

光武十一年三月十六日

國債報償期成會 白

韓龍植 壹佰圜 李源逸 伍拾圜
金鎭鉉 貳拾圜 朴允陽 拾四圜
安 濤 李召史 高裕相 李禹珪
以上各十圜
趙重完 黃信泰 金潤榮 李敎植 丁奎興
以上各五圜
韓錫周 張容汲 安洙定 金顯哲
以上各四圜
金思澳 三圜 金熙川夫人 二圜
洪大英 趙炳義 金奉吉 鄭琦源 金文鎬
金範伊 尹輔永 韓聖淵 安衛植 嚴健永
金永來 리漢用 權錫祺 李命求 廉殷基
成載夏 兪石舟 趙致鉉 金相鎬 郭亨根
張泰鳳 孫亮漢 以上各一圜
金順文 李元輿 崔永燮 李夏錫 咸鍾錫
安 淳 朴光胤 韓仲賢 田福男 金長根
康在根 金景玉 金道濟 姜載東 朴枝俊
金六鳳 金泰煥 韓哲源 以上各五十錢
金錫昊 趙永泰 各六十錢
金振默 金奎鳳 各六十五錢
鄭弼和 金三同 李昌傳 崔壽男 金炳일
以上各二十五錢
辛成澤 徐貫同 姜龍珪 崔和得 金殷奉
申光俊 鄭福龍 宋範伊 張夫人 李召史
柳昌大 白壽男 李壽福 朴壽鳳 鄭福慶
以上各二十錢
宋無疆 李興龍 李熙用 金召史 各十錢
盧濬敬 鄭忠憲 李範伊 各十五錢

閔致和 李榮來 徐還甲 鄭世慶
以上各四十錢
浪春鳳 李有承 各三十錢
盧順根 一圜二十錢 吳賢圭 二圜五十錢
奉常寺典守廳 二圜八十錢
金鍾九 二圜 沈禹澤 一圜 金德龍 十錢
景陵衆奉 李殷弼 二圜
計三百二十二圜四十錢也
李允永家 二圜八十錢
陸軍衛生院內代表 李泓鎭 十六圜
孤兒七十一名代表人李南永 合三圜六十錢
計四十七圜六十錢

○本社收條

金聲根 金履洙 各五十圜 吳胤善 五圜
李龍奉 四圜九十四錢五里 金成五 四圜
韓鼎烈 孫昆七 各二圜
元宗植 崔常旭 各一圜五十錢
朴齊勳 金重鉉 朴瀞瀅 朴今石 金仁時
孫丙哲 孫南在 李德文 李和成 馬禎圭
韓元錫 孫啓昌 以上各一圜
孟七福 崔雲鶴 各六十錢
金南極 權永禧 黃致龍 方慶龍 리午永
金濟元 各五十錢
女學生金柔淑 三十錢 金鍾學 金甲成
全壽南 金弘善 金容復 高福돌 金南山
池鳳伊 車鳳哲 리巨福 金黃龍 姜伊岩
리聖鳳 김甲童 리巨福 高玉돌 리興福
金五龍 朴造勳 崔正倫 車鳳顔
以上各十錢
計一百三十九圜五十四錢五里
釜山商務會議所三十六人
安舜克 鄭子範 兪鎭珏 김永圭 김道翊
박克明 孫聖杓 리周瑞 愼尙翼 高玄初
김允弈 吳仁奎 林枝春 玄景振 鄭鳳雲
리裕明 鄭奎源 全漢載 鄭允淑 權順度
安鍾萬 김性準 吳仁原 具榮필 김宇淑
김子文 김聖佑 김成玉 리成煥 김聖弼
김敬伯 妓李花 竹葉 南壽 蟾月 錦花
以上各三十錢

△淸州鎭衛隊將卒合三百十八人一朔斷烟金
六十三圜六十錢
計七十四圜四十錢
△官立京橋普通學校生徒七十三人
梁容完 吳萬吉 各六十錢 리虎榮 權寧伯
各五十錢
尹元燮 박壽南 各三十錢
孫舜鳳 二十五錢
박世秉 閔壽萬 최聖男 羅大舜 리聖貪
金大龍 林福同 金氏三 梁熙春 申德根
김鎭川 박泰成 박順得 以上各二十錢
리順用 박順福 吳榮根 박德慶
以上各十五錢
邊用根 尹宗得 裵巨福 裵鎭先 박秉和
리貴鉉 리文榮 金貴元 梁錫允 金福成
車点東 盧皮得 宋儀淳 金福滿 리福萬
魚武英 박命男 洪三龍 白点童 林桂福
梁熙成 盧壽福 金文成 金萬福 김愧童
金萬基 리順奉 黃福童 金小吉 林恒善
劉壽吉 林福童 金成룡 趙興臻 리錫晋
申桂鳳 姜壽同 姜三돌 박開治 金点童
黃靑룡 劉秉勳 以上各十錢
吳甲童 柳룡雲 文舜룡 최小鳳 金돌男
리奉錫 以上各五錢
姜壽天 十二錢五厘
計十圜八十七錢五厘
△中署相思洞최瀅集家會同
최瀅集 五圜
金演采 朴泰秀 林健相 裵學奎 尹寬玉
以上各二圜
金允仲 劉命赫 朴羲濬 梁俊植 리興玉
以上各一圜六十錢
金亨九 裵善翼 各一圜
計二十五圜

◎特謝厚意

中署相思洞二十七統三戶六品최榮集氏家에셔有志十三人이會同ᄒᆞ야義金二十五圜을聚送ᄒᆞ시고特히本會經費一圜을義捐ᄒᆞ얏삽기玆에公佈ᄒᆞᆷ

○中署松泉李奉天家百人同盟
李奉天 五拾圜
金孝信 李德榮 白瑢鎭 李圭奭 金龍鎭
以上各貳圜
吳漢默 吳聖根 林元植 安光福
以上各一圜
李圭復 盧允植 張允遠 李圭星 盧壽福
吳德根 金元昌 盧聖福 吳喜胤 金再昌
劉種烈 吳喜永 金世昌 劉泰英 林在春
李圭濟 林元瑞 林祿山 李靑龍 林孝成
安世鉉 李甲得 洪致壽 安龍鉉 白漢甲
洪興孫 任華準 金戊釗 張錫圭 任鳳鎬
白在錫 崔東植 任壽範 申圭煥 金泰璟
金龍根 申敬煥 金斗永 김順成 申明煥
金聖基 김漢甲 리元成 宋興錫 金甲辰
金又三 金弘植 金甲成 全一成 全壽開
鄭寅玉 鄭基俊 리春九 申光雲 鄭小基俊
朱致善 申錫煥 朱松阿只 朱南山 朱業伊
朴岩回 申敬玉 申辰甲 車龍運 車輔汝
廉敬善 廉萬千 金俊大 리順汝 金興福
曹希文 朴潤秀 朴甲童 朴台星 金鎭源
金雲瑞 리基淵 金元杜 리永煥 리斗煥
盧聖集 金鎭泰 朱寬龍 朴明淑 金仁默
朴元榮 趙君甫 曹興祿 朴元集 리鶴聲
以上各六十錢
計壹百拾捌圜
○南門內田得泳家四十四人會同
田得泳 三圜 田有根 二圜
宋用圭 龍永祚 鄭昌英 金春植 李明煥
以上各一圜
李明煥夫人 權宅洙 리弘基 리在根
리完基 崔明振 金在浩 林善奎 金用錫
劉相鎭 以上各伍拾錢
禹興集 四十錢
南禹昌 尹永祚 以上各三十錢
都成象 二十五錢
鄭順基 趙德良 李壽成 金弘植 崔圭軒
李成玉 元允貞 李元祚 金成源 孫士文
趙漢明 李順煥 南相圭 金敬鎭 都春基
以上各二十錢

(二)

林銀釗 리景植 金明根 리淳明 리致善
梁順根 孫應模 以上各十錢 南福吉 五錢
計二十圓

○師範學校生徒二十七人
尹定老 彭鐘獻 各一圓
리根性 朴勝瑚 金百植 各五十錢
申範休 리漢膺 尹畊植 以上各三十錢
朴齊선 盧白容 崔基昇 趙鍾律 李起鳳
柳寅皓 金魯卿 李寅鉉 張聲敎 柳壹寧
李松年 金泰植 兪致義 柳濟珉 金在延
金振國 金泰錫 趙炳驥 以上各二十五錢
趙重彙 二十錢
計九圓拾錢

○北署嗜洛洞申錫昌氏家十七人會同
申錫昌 金昌殷 各二圓 池湿源 一圓
趙行俊 鄭寅洙 安宗泰 崔範疇 崔光順
金潤卿 南仁植 趙完吉 朴鎭根 金在錫
以上各五十錢
崔用瑞 金成實 林應天 金容錫
以上各十錢
計十圓四十錢

○西署麻浦大井洞
金敎熙 二圓 李東九 張源植 金潤洙
金龍熙 李晃九 以上各五十錢
金瀅洙 三十錢 盧俊鎬 二十五錢
金世熙 金呑熙 洪萬燮 高鳳鎭
以上各二十錢
金奎熙 十錢 李基周 五錢
計六圓

○陽川郡內面孔岩里
金老植 二圓四十錢 金振植 一圓
金春日 劉宗範 李順元 郭允敬 申相淳
金敬順 金德鉉 文春澤 朴允文 朱光岩
金興植 朴俊植 文基順 朴建植 李益三
李俊弘 李春元 金興元 崔信通 吳德成
김所會 吳山伊 以上各三十錢
計十圓

○麗水郡
김漢永 김漢昇 各一圓五十錢
김漢星 一圓 김漢鍾 김漢卿 各五十錢
計五圓

○主殿院警衛局
外直所權任巡檢等 十六圓
吳鎭遜 劉永烈 各五圓
嚴夏永 김錫煥 各三圓
延時泰 一圓
김性根 李漢九 李兢淳 吳斗泳 徐丙植
趙秉鍵 朴承欽 朴熙權 李應鎭 김學信
鄭寅健 以上各一圓
崔成燁 張孝鎭 김炫圭 韓晳源
以上各五十錢 使令房 五十錢
計四十六圓五十錢

李根馨 柳哲永 各十圓
李昇鉉 太永善 各五圓
孫昌祖 二圓
孔殷錫 黃龍珪 各一圓五十錢
朴尙悅小室及女息 各一圓
김翼濟 弟廣濟 各一圓
妻 子東晃 女 各五十錢
陳尙源 尹大燮 各一圓
김文燮 一圓二十錢 黃龍鶴 一圓二十五錢
李祺榮 四十錢 李文翊 二十錢
김文讚 六十錢 桂元淳 十圓
桂道淳 十圓
計六十六圓十五錢

○平壤徵上第三大隊將卒合六百八十人
洪昌길 拾圓 康文경 貳圓伍拾錢
韓仁洙 劉錫奎 金仁成 尹錫祜 徐丙德
李萬燮 白潤民 李濟楨 吳承根 李圭範
具亨祖 梁昇煥 丁仁涉 以上各貳圓
金思錫 壹圓伍拾錢
李濟奎 李俊泰 李俊燮 金永國 金炳철
李秉續 李觀지 兪炳瓚 金均祥 劉漢用
宋淳永 李忠植 李濟憲 兪政淳 沈在億
韓泰洙 張榮根 張民和 尹壽鉉 金相俊
吳惠善 李鎬楨 李大永 盧成鎬 尹홍植
閔泳甲 李台淳 申可均 宋鍾文 嚴載洙
金用善 鄭鶴朝 韓泰善 李基永 李達鎬
張永基 任大根 柳錫祚 金京善 金濟玄
以上各壹圓
康錫河 趙義善 成承鎬 崔永訓 朴永洌
崔炳權 林宗民 金辰善 金養珍 尹基澤
崔明善 朴仁寬 李泰化 吳鼎瑞 梁尙龍
金澤鉉 朴雲益 朴容大 辛德鉉 表永完
韓川珍 金官浩 羅成烈 李文혁 朴基善
金贊浩 玄能文 閔淳福 黃致淳 劉文元
康基贊 崔永道 金春成 玄德善 韓宗亨
李漢模 宋完川 羅萬午 洪淳京 金奉俊
宋利貞 金貞益 劉時亨 李淳澤 金漢植
閔泳九 皐甫贊 崔春福 田贊玉 申守萬
朴天學 李興模 金三龍 鄭川三 全吉孫
安興斗 韓鳳千 以上各伍拾錢
張桂福 柒拾錢 黃宗律 肆拾錢
리炳俊 鄭昌殷 以上各參拾伍錢
全鎔煥 金善京 金俊錫 鄭昌烈 宣寅秀
金得麟 方汝七 吳尙龍 리光允 尹永贊
金致官 리泰錫 朴永熙 趙乃德 石哲甫
韓興元 리春根 金大殷 朴俊九 金宗洙
金致善 金仁宅 리昌涉 吳基川 金珍官
千泰麟 朴永河 崔應斗 全丙學 리昌訓
姜濟根 金春奉 金龍成 徐京植 鄭永俊
崔大淳 康龍九 리善道 曹昌植 安承益
朴龍澤 朴永益 吳珍涉 金永化 姜奉燁
金昌善 崔淳玉 張必奉 閔應俊 全基福
鄭興洙 金明玉 金奉祈 金成珍 리昌福
金貴男 리奉南 康允鉉 리元植 裵川根
劉致奉 金明善 鄭承浩 리珍成 林昌浩
吳八龍 리京煥 林奉西 鄭達善 朱基化
車鉉圭 白仁涉 田昌善 以上各參拾錢
金承浩 金順각 金化山 趙基鉉 權亨植
朴興三 鄭在善 金貞洛 張斗丙 金德奉
以上各二十五錢
元仁明 蔣益漢 吳鳳顯 延昌典 吳元國
金信默 李昌秀 金賢杜 金貞河 金德根
吳承範 朴濟玉 文龍雲 孫昌成 姜汝範
張取元 林奉祿 金成業 李喜洙 吳永俊
李道國 高奉益 金順龍 金仁弘 宋仁明
咸濟民 崔學俊 李允泰 金丙俊 金台鉉
張天京 金成元 崔尙俊 韓在化 金成玉
洪元甫 趙定鎬 李亨植 李丙龍 李明淳
金弘植 朴尙燮 朴建極 安澤洙 金贊善
李丙夏 金德淳 朴良元 李官必 朴基弘
趙松德 朱玄順 李允善 李丙煥 金龍雲
金貞淳 蔡圭贊 崔大福 金在玄 韓貞希
吳永植 龐治玄 金炳鎭 文洛煥 林正國
秦周玉 洪淳京 張時俊 徐正坤 李化植
金大吉 安奉俊 安德煥 趙仁철 鄭國必
張泰善 金呂澤 朴尙謙 田志泰 方允贊
崔 鉉 朴德兼 鄭仁淳 崔成官 崔奉洛
金龍吉 明丁官 田應淳 王汝仲 元尙根
柳昌淳 金濟珍 羅成文 李化道 李永祚
李龍成 安應敎 李希永 文元贊 金文植
金南海 羅昌奎 朴永基 鄭益淳 金俊宗
李東植 高泰淳 文仲善 朴俊恒 金龍益
李宗善 金奉雲 李春植 金應烈 郭川俊
鄭孝實 吳學善 金昌基 金淳日 崔福成
中泰成 金應洙 吳昌根 金丙河 安香官
趙利弘 김奉浩 리成烈 리仁權 安台錫
리永泰 崔貞烈 리善學 朴京植 姜益祚
리昌雨 김明植 朴興祚 김明根 宋基泰
김奉和 김奉益 김千日 김丙涉 林順國
鄭仁基 리官川 郭利俊 리贊益 康珍國
김基弘 崔白萬 朴基善 尹松學 김成龍
김樂道 김守汝 崔賢敎 崔仁道 리逢春
鄭利範 邊漢泰 洪宗植 朴宗九 崔根浩
咸明玉 元光洙 朱泰鉉 김取明 리永道
吳根川 玄尙奉 劉丙贊 리己八 김昌鉉
김成祿 김正玉 鄭日遠 康成七 趙永瑞
김辰永 高濟範 김丙國 吳學淳 朴萬祚
全周玉 崔長福 리致雨 김春奉 박奉吉
김致瑞 김興龍 김在欽 尹基泰 明日善
리龍洙 崔占山 崔利斗 崔明植 尹基煥
梁大煥 김桂穆 리奉儀 박贊西 洪大運
김昌九 김良元 김成完 박元涉 鄭應在
韓永順 김啓化 최守岩 김長鉉 梁在鎬

柳成龍 林弘淳 鄭日和 洪明철
張在益 박龍心 白洛九 吳承台 김辰八
玄丙奎 박河成 安錫杜 김永基 蔡得必
文木德 김元石 김龍洙 김允贊 楊承煥
徐弼淳 洪官浩 韓珍赫 최國珍 陳龍雲
리淳明 曹昌植 김貞浩 鄭昌周 林丙河
全達周 리化連 리漢俊 박在化 郭尙益
以上各二十錢
리基浩 리日燁 박允植 任養涉 김台錫
박永根 김京呂 김丙직 趙贊成 沈承烈
姜石周 郭在弼 김善叔 高達俊 吳辰權
리養植 潘圭濂 康文華 高成根 張成希
리京春 김學豐 徐淳興 리在植 김永祚
김啓玄 高文旭 高明煥 김基豐 金基奉
張益魯 沈和善 孫得福 咸永洙 楊泰洙
任錫萬 潘圭洛 金龍三 리善泰 文萬洙
吳致善 李允文 최己完 吳貞甫
以上各十五錢
白永善 拾貳錢伍厘
田有成 方得官 韋京燮 洪能福 박昌夏
蔡奉德 박基煥 金仁洙 裵允弘 金亨權
高豐益 박根植 金化成 金德鉉 劉春錫
沈道俊 최贊俊 高泰煥 金長石 金元浩
高京俊 郭利默 박建涉 최守萬 李仁恒
리相奉 金亨圭 趙昌善 方基燦 金有成
林奉河 金成燁 安京浩 宋昌善 沈完植
林在奉 崔達弘 崔致永 柳京植 金善京
崔東涉 金炳浩 金先璟 崔根成 朴昌俊
權守貞 金成龍 崔俊化 金永瑞 金奉俊
金三成 鄭昌雲 崔成根 林時天 徐利元
姜鎭權 金丙涉 李貞煥 高應模 鄭元烋
李允浩 李德淳 趙允錫 金日龍 鄭啓鉉
李日贊 毛貞洙 金用植 韓亨模 安奉祚
金廷善 李在玄 金成七 金仁德 韓益成
安春先 金昌先 張丙根 車永淳 崔致訓
李基淳 朴能化 薛明浩 宋石念 金宅念
玉仲善 洪志根 姜允奉 崔文贊 鄭仁奎
金仁錫 崔京俊 金奎鉉 尹永在 金龍文
咸道七 安永植 金仁善 金尙洛 盧禮俊

宋春善 金丙國 太基善 盧桂福 崔京瑞
柳應洙 金福成 崔致三 李永泰 尹永根
金基煥 金永先 徐永瑞 崔德日 鄭必周
姜宗億 鄭昌一 崔永化 金相秉 池應南
리明龍 田基浩 太三德 李丙龍 朱興植
金貞吉 林成培 崔基泰 朴明淳 金尙殷
李石周 金化春 金連洙 陳興錫 龍明春
李德三 李石圭 崔允成 李錫龍 延 興
金光善 李春甫 朱炳道 宋承点 金致成
金昌善 車應斗 白贊永 梁春植 鄭孔達
金俊成 李春成 朴奉九 林有述 徐昌基
李興國 邊時玄 金學熙 辛成植 尹斗万
安俊吉 安章祿 申龍權 車應成 吳應年
朴仁京 金永在 金철模 李正信 金在龍
金宗根 金永淳 朴元益 洪應철 李萬千
康處璜 黃京雲 李石祚 蔡東烈 朴奉九
李永淳 金得川 李宗淳 金允浩 羅寬先
金永斗 黃桂俊 柳學淳 元昌浩 李永化
金應相 以上各拾錢
李尙吉 李昌植 各五錢
以上計貳百拾圓七拾二錢五厘也
○楊根南終面分院洞民二百五十四人
리成道 咸東憲 以上各二十圓
리熙豐 十五圓
김興瑞 十三圓二十五錢
김明先 鄭世漢 라春植 김汝俊 리敬求
鄭殷漢 以上各十圓
咸東義 七圓 趙昌熙 六圓五十錢
鄭文漢 리喜澈 咸寧燮 卞柱憲 리奎哲
以上各六圓
許景三 咸元汝 朴昌根 以上各五圓
김昌漢 리敬三 安錫胤 咸致元 咸東錫
鄭基元 朴元植 田敬植 以上各三圓
리昌植 三圓五十錢
卞柱國 김永國 許德煥 김浩葉 張儀俊
咸春範 리鍾振 以上各三圓
崔養善 리鍾淳 禹季鈺 禹尙鈺 龐忠直
김鼎弼 林敬壽 安春根 김允泰 김洙豐
禹昌鈺 柳德基 禹錫俊 池潤根 김士善

리敬睦 以上各二圓
池永國 咸秉敎 趙華植
以上各一圓五十錢
박齊誠 최養鎬 趙鍾七 卞爽浩 리鳳韶
趙春熙 리元心 鄭雲漢 박聖業 洪澤先
咸秉基 리南杓 리川義 리敬煥 김敬秀
卓敬雲 鄭基弘 柳漢求 리命求 龐召史
咸永表 韓東雲 리基彩 尹泰和 리順敬
以上各一圓
김汝長 八十錢
리明求 리春燮 김龍甫 리志鉉 全昌珠
全昌浩 박和先 姜善馨 以上各六十錢
최三童 박善明 리敬昌 리熙弼 박允先
張京熙 洪永熙 박熙成 리聖達 洪善行
姜汝玄 劉貞奎 김鍾根 龐完成 琴明憲
咸順寬 박京熙 趙貞熙 奇聖天 김貞淑
咸春敎 咸英錫 리成伯 김弼成 千世榮
安德祚 김順弼 리鍾洛 金元順 박春敎
張伯玄 리善裕 박聖俊 리秉斗 石壽奉
卞永舜 池永義 리川求 韓相貞 김允根
박勝玉 박元甫 박鳳春 박應奎 김學奎
리汝三 尹致三 尹致彦 金文先 鄭春元
閔得信 리道連 리鍾河 리元協 金致先
以上各五十錢
卞柱植 池濱植 尹順甫 柳川玄 咸永文
琴禹善 陰定鉉 최九奉 리永心 리昌培
金春明 박文岩 金昇允 姜德星 卞致學
孫致瑞 金明和 南天益 金振國
以上各四十錢
金致伯 鄭殷先 孫永錫 姜順先 姜季弘
張珠壽 宋永春 申泰順 韓順根 박元根
최永祚 리觀浩 咸春元 金益甫 任俊先
리德淳 金三甫 張世煥 方順弼 金昇文
鄭基連 金敬植 박敬熙 金英圭 金學俊
延春三 鄭元益 孫英順 以上各三十錢
박汝田 許洛玄 柳赫駿 姜順一 徐相雲
鄭召史 裵順葉 金萬甫 柳召史 金英順
金公弼 리凡瑞 金敬七 리化榮 金求鉉
리云植 리英培 박永仁 卞相浩 鄭寅燮

金敬天 卞汝根 金允培 洪英根 뎡德信
金行俊 리鍾根 姜順文 南興雲 金益成
최高斗 安敬壽 리敬烈 金君一 許永三
金東云 金貞憲 리聖川 柳益燮 韓聖天
宋學先 尹成根 柳敬澤 延明先 金寬知
뎡大燮 리昌熙 黃春植 千世德 박良甫
張順先 金寬錫 徐聖化 리順熙
以上各二十錢
뎡德鎭 金德仁 裵宗五 金鍾植 琴禹聖
리長先 張東舜 金大鉉 金明汝以上各十錢
計參百陸拾五圓五拾五錢
○劉漢模家收條
姜熙然 최廷植 各六十錢
池喜春 高學基 張元圭 韓昌熙 리振鎬
全泰一 뎡宅三 金敬憲 以上各五十錢
리完基 리明俊 리順文 리開龍 金春心
金石崇 以上各四十錢
박鎭永 金奎完 以上各三十錢
孫德文 元致順 리元根 徐東根 禹永俊
柳永烈 張希瑞 金佑鉉 金敎弼 申敬鎬
金泰鍾 韓鍾律 張元伯 印聖文 리貞樂
羅文成 金君相 宋용珠 리開童
以上各二十錢
閔泰星 十錢
計十二圓十錢

◎雜報

平安北道嘉山郡嶺美停車塲前大東會社김鍾遐方興爽氏外七人이本會趣旨書을接讀흔후卽時發文ᄒ야不幾日에多數히募集되얏다더라

◎至急警告

近來閭港間에或本會의會員이라稱ᄒ고私自成冊ᄒ야点戶强喩ᄒ는獘端이有ᄒ다ᄒ니莫重義擧에不勝駭嘆이라玆에警告ᄒ노니僉君子는照亮ᄒ시옵

光武十一年三月七日

國債報償期成會 白

(四)

◎新門外慕華館石橋上舘後玉瀑洞民一百九十
二人
鄭祥一 鄭寅植 各二圓
金英鐸 千英淳 리秉一 金聖洛 吳正奎
具聖俊 리鴻來 吳德奎 金興瓚
以上各一圓
김致賢 河德賢 池昌旭 權永喜 張仁煥
安順七 安成大 리根植 張聖順 權致成
김致洙 金鎭默 김鎭台 김東熙 嚴柱學
김錫煥 徐允一 鄭順弼 梁鳳洙 김順台
김漢俊 具昌賢 金聖在 鄭元協 鄭錫基
以上各五十錢
宋永根 四十錢
金秋成 鄭明淵 文宗運 安東信 金興一
韓永錫 劉章鶴 全景善 金景汝 리明瑞
羅喜奎 以上各三十錢
崔聖九 安台鎬 崔禹錫 朴光淳 崔文煥
朴台俊 車元俊 李會壽 以上各二十五錢
俞龍煥 金尙演 朴東秀 都舜河 林卓洙
朴鎭弘 姜桂順 金興瑞 趙伯賢 金完培
裵興俊 劉春伯 朱喜永 朴龍武 禹重命
吳貞善 洪元燮 全在坤 金仁根 宋秉圭
金東俊 徐在學 金濟允 黃基三 金善恒
朴昌基 劉興九 姜昌植 全宅士 全德柱
金芝鉉 陳斗煥 崔源基 高厚三 朴完淳
梁南洙 趙聖俊 韓永祚 林基俊 朴在根
韓錫基 崔在德 梁杜源 李重杓 金善台
千明鎬 宋熙奎 全彰鉉 리鎭圭 廉昇烈
金世極 全導亨 閔伯源 千東完 全應煥
以上各二十錢
金壽根 洪善鍾 各十五錢
리殷川 劉泰運 陳錫弘 김致成 劉致祚
리漢模 韓鳳洙 김應三 리承熙 崔奎祥
鄭錫基 金奎熙 鄭昌基 延泰基 全在益
鄭俊亨 孫宅柱 姜昌順 金化鎭 리順烈
박得珠 李喜珠 김聖完 具昌煥 김順模
林德興 朴景俊 김鍾寬 김順文 車奎直
洪在之 趙英淳 金元根 洪壽萬 金成五
리明春 韓德源 최鍾燮 金興周
金錫範 姜泰仁 최錫奎 申春成 王景鉉
宋基俊 吳源根 安應弼 黃景德 리福烈
리昌翼 黃源俊 박昌培 김德化 嚴柱철
申泰亨 鄭壽山 鄭珠元 김英甫 김順祚
張義澤 박在成 丁召史 黃德俊 김昌淳
宋秉睦 리興秀 최永瑞 박晶基 張壽鉉
咸元俊 리明鳳 以上各十錢
梁漢秀 七錢五俚
金聖春 六錢五里
韓明心 六錢
리學善 廉元模、各五錢
鄭景文 洪在應 各伍圓
計陸拾圓

◎侍從武官府使喚兵
權大植 김寅淳 申景煥 田聖化 田聖淳
李寅南 李守東 宋春盛 高永九
以上各二十五錢
洪眞玉 五十錢
朴仁植 文君範 林貴東 洪駿用
以上各三十錢
曹惠成 李三範 崔福東 金昶植 金鳳淳
金善玉 以上各二十錢
林鳳雲 十五錢
李聖三 金寅復 崔昌業 柳龍成 吳明俊
鄭壽鳳 金大鳳 曹基南 姜晩成
以上各十錢
計金六圓二十錢

◎養閨義塾學員
李享子 李蓉子 李淑례 金明子 成義子
尹孝子 金眞子 李仁逃 金淳子
以上各二十錢
李文子 李松子 李미子 金柔淑 石健子
禹福順 李鳳順 金仁子 金英子 高淳子
高簡子 沈蘭子 金娥子 方美子 方弘子
朴銀子 廉熙子 金瓊子 鄭玉順 張簡子
禹淑子 禹福子 尹良子 朴道子
以上各十錢
計金肆元貳拾錢

◎侍衛步兵第一聯隊二大隊四中隊正校以下百
七十四人
朴昌鉉、金永默 金奉宜 高守明 김景春
車守福 洪聖日 曹明煥 李允男 朴在漢
萬在得 김用默 權春三 김相德 池守東
方漢成 朴興寬 김今業 李熙弼 韓俊伯
朴宗浩 김致順 崔千文 梁貴男 元順興
김春三 尹泰吉 梁大辰 김奉云 朴允用
김泰福 李宗泰 김元守 韓眞元 尹昌燮
嚴三用 김興元 吳昌守 李景男 李聖日
김元植 徐興天 朴仁榮 李元吉 김用植
朴三敎 曹殷善 김成辰 邊殷圭 吳商根
安点東 池應辰 鄭永化 李命石 白性云
崔仁順 崔丙圭 徐相鉉 趙永圭 김順明
朴英七 韓日天 林相元 嚴命善 安작天
裵景祜 黃在浩 朴元泳 김景悅 權應萬
김大奉 김泰順 沈福祿 安錫順 李宗宇
羅昌凡 田萬用 李元景 安相儀 高永順
扈用順 李萬成 梁泰煥 李景宗 趙巨福
文昌植 李元燮 尹元文 李興俊 宋奉成
李자근用 高昌祿 金文成 李完직 姜福萬
表萬奉 김日云 鄭仁守 김今釗 邊世昌
李吉成 李景五 黃吉東 沈相用 林相起
高順吉 洪守男 裵東曄 黃奉石 權萬石
朴明浩 韓今奉 李民化 金允興 李興三
최學圭 朴明鉉 尹元根 徐眞煥 朴昌順
김春成 尹源根 安守云 田弘基 洪順吉
陳殷用 吳云景 張春奉 김眞守 李興祿
黃完吉 趙學圭 朱今釗 김奉石 梁永守
김明根 趙三奉 李鍾禹 林光春 金基俊
金成用 최昌植 朴川煥 朴相云 金順宗
姜千萬 李昌植 柳命述 최用伊 康鎭元
黃用伊 金相玉 趙重祐 黃道吉 徐南山
金東元 柳元成 安福東 金永化 白基完
金守奉 尹完根 柳永植 金相振 柳長孫
表敬元 咸光石 尹宗植 洪熙泰 金福吉
李碩穆 徐八孫 李眞坤 咸永萬
以上各二十錢
計三十四圓八十錢

◎忠淸北道陰城郡金目面無極里洞民等
鄭燮憲 尹泰鎭 各五圓
朴泰陽 七圓
鄭최善 최鶴基 鄭寅銖 朴齊龍
各二圓五十錢
趙斗元 安鐘烈 宋海源 朴之甫
各二圓
尹炳善 李潤植 安光淳 金基陽 林濟亨
各一圓五十錢
安鐘瑞 李景植 鄭用찬 박齊七 林仁洙
金敬春 김聲達 朴基煥 尹永祚 申永均
金聖云 河義重 崔周命 千應成 鄭致心
吳聖文 鄭泰喜 申云西 石順西 鄭好善
鄭國鎭 李聖集 禹二萬 李漢吉
以上各一圓
金東益 李保國 박化心 崔光業 李長年
박炳佑 郭聖云 邊于天 千김駿 李順一
박斗煥 金元植 李海용 金翊性 김泰源
盧春西 柳聖化 김鶴喜 리道榮 리常宇
徐士弘 張萬甫 李源植 李春心 李龍瑞
김商郁 리永化 리載得 리秉禹 高聖範
以上各伍十錢
劉鎭綺 김元三 盧聖民 김化實 朴炳元
김貞順 김元一 各三十錢
崔健基 韓士俊 李應七 리七用 申德順
朴遠道 김敬老 孔明云 安壽吉 김元五
姜致弘 鄭致凡 千士國 孫斗成 鄭寬永
鄭龜善 김永五 김元實 王孝成 千元弼
朴昌浩 김允默 김士元 以上各二十錢
김俊汝 김亨植 各四十錢
리成用 二十五錢
김景順 十五錢
計八十九圓七十錢

◎西署盤石坊西小門外車洞屛門四巨里雇夫
等
박善明 박順善 金敬化 吳景順 許致道
李東俊 葛春化 韓仲甫 高順明 盧致命
孔昌植 朴舜之 柳元甫 申性七 尹聖實
許順五 已上各金二十錢式
計三圓二十錢

第五卷　　第四百六十五號

大韓每日申報
대한매일신보

月曜及慶節 歲時日休刊

第檀君開國四千二百四十年
箕子元年三千二十九年
大韓開國五百十六年
日本明治四十年
清國光緒三十三年
◎陰曆丁未二月大初四日乙丑

寄書

今日之禍甚於壬辰　長吁生

向者秀吉이興無名之師ᄒᆞ야蹂躙我八域ᄒᆞ고剪劉我萬姓ᄒᆞ여遂令我國勢로委靡不振이로다迺我之祖若宗이畢被慘禍ᄒᆞ여父哭其子ᄒᆞ고弟訣其兄ᄒᆞ고妻女가相失ᄒᆞ고宗族이다滅ᄒᆞ며伏屍百萬에流血千里라其截耳作塚과斷鼻紀功과炙肉穿腸의諸多凶暴之狀은皆伊之性情習慣也라今我국民餘種이皆其劔林彈雨中에셔萬死一生者之遺體也니此雖前世之事나究其所爲면畢竟是何思인지慘달不可言이로다然이나此是蠻族時代니姑不且具이어니와

乃今日則萬국이大通에公義가炳然ᄒᆞ니向者日俄之戰에豈不曰欲保한국獨立云耶아吾ㅣ以爲天良이尙存ᄒᆞ여欲補舊日之愆이라ᄒᆞ엿더니乃幸奏小捷에便爾夜郞自大ᄒᆞ고目中無인ᄒᆞ여勒兵要盟에奚恤인言이며刧脅愚夫에因作외리ᄒᆞ며賢良을害之ᄒᆞ고奸回를엽之ᄒᆞ며財權을奪之ᄒᆞ고軍隊를散지ᄒᆞ고政令을亂지ᄒᆞ고民産을剝지ᄒᆞ고土地를占領之ᄒᆞ고商業을壟斷지ᄒᆞ며礦山樹林農工漁業을盡攫取지ᄒᆞ며其他官舍民居와牛馬鷄犬以至零細骨董及敗皺지皮等이라도無不予取予求ᄒᆞ야溢我壑慾ᄒᆞ야擧국內一般人生의日常所需지物을悉括搶掃ᄒᆞ고窮搜覓得ᄒᆞ야一絲가不存ᄒᆞ고一粒을亦奪ᄒᆞ니

向者仁港開戰지初에砲聲이震振百里라我한人이皆仰天祝天曰日本의차擧는乃大仁大義라願天은助之ᄒᆞ쇼셔ᄒᆞ더니及聞俄艦이破ᄒᆞ고大喜過望曰天豈無心이시며隣誼도實可感이라ᄒᆞ고滿城士女가歡迎若家인父子曰吾曹가從차로拔於塗炭而處於임席이라ᄒᆞ야有虛望而請邀者ᄒᆞ고有慕義而捨錢者ᄒᆞ고有感泣者ᄒᆞ고有喜躍者ᄒᆞ야輸其輜重ᄒᆞ고輸其軍械ᄒᆞ고輸其糧草홀식莫不爭先恐後ᄒᆞ야旣不要貰錢ᄒᆞ고又不失甘歡心ᄒᆞ며築其道路橋梁ᄒᆞ고偵其敵情虛實曰吾等이雖不能被堅執銳ᄒᆞ야從事於疆場이나豈不盡我心力ᄒᆞ야誓死相報耶아ᄒᆞ야擧국內折耗錢지가屢千萬計오而筋疲骨倒에神形이俱斃ᄒᆞ니可謂不遺餘力矣라

然則我지於此役에實有遺於日本也라我曾이謂耶아且當此時ᄒᆞ야非只我한人이爲者同胞라卽世界各국이亦莫不相賀曰日本은東洋義人也라從此로天下가太平而한人이蒙其福矣라ᄒᆞ니然則한人이有何負於日本耶아向者波蘭與越南則開은俄法이爲數百年而互相仇視ᄒᆞ야波越이存則俄法이不利故로竟一擧滅지라然이느試問俄法지於波越에有如此지急且暴耶아雷不掩耳에令人昏倒로다天理가尙存ᄒᆞ니一時지强을爲可特也리오旣內省自欲에又恐他人지振々有詞也ᄒᆞ야偶語가有罪ᄒᆞ고규步가俱難이라動輒得咎에我安適歸오

乃出洋이亦非大禁이오而하問則尤其所痛斥深絕者也라萬般事爲가莫非錮蔽人心이오一切經營이惟在殄滅我種ᄒᆞ야以怨報德에以惡爲能ᄒᆞ니蛇蝎이無其毒이오豺狼이遺爲仁이라試問天下萬古에有如此人心耶아乃猶揚々然告於人曰我가保其獨立ᄒᆞ고我가改其政治ᄒᆞ고我가開導其民ᄒᆞ고我가富强其國ᄒᆞ고我가盡我仁ᄒᆞ고我가盡我義ᄒᆞ야墨子도無我愛ᄒᆞ고尾生도無我信ᄒᆞ고於陵도無我廉이오且我가雖償負如山ᄒᆞ나力排我日本金國之輿論ᄒᆞ고尙出血錢千萬ᄒᆞ여爲한人起大事業ᄒᆞ니한人이能不感乎며環顧天下에尙有如我지仁愛普救가澤及隣邦者耶아ᄒᆞ니試問此諸言이果能欺돈魚耶아돈魚도不可欺어든況能欺天下萬國人耶아掩耳盜鈴에愚孰甚焉고其言이眞令人償飯捧腹而大笑也로다

然則壬辰之禍는止於八年이오今日지禍는永無窮期ᄒᆞ니可奈何오然이나彼雨가不終朝ᄒᆞ고弩末이難穿縞ᄒᆞᄂᆞ니何不思지甚也아且自謂文明云者ㅣ起一娼樓ᄒᆞ면叫處無地와대必掘人千塚ᄒᆞ야破骸散骨ᄒᆞ니鬼哭이啾々라試問生前에有何罪業ᄒᆞ야有此果報오一處가如此ᄒᆞ니他處를可知오乃娼樓之設이無盡期而從此로我國에永無父祖之墳墓矣오且人水道가何關於我와日必損人鉅萬ᄒᆞ야添入價帳ᄒᆞ니借款이累累라試問此事가以何名義로强擄於我인지此頂이如是ᄒᆞ니他頂을可知라乃水道等之利彼損我者가無窮期而從此로我國이永貧虛錄之借款矣오乃義擧이起則居爨滿城ᄒᆞ고正論이行즉巧言感世ᄒᆞ야雖假粧權威나而心實彷황이오乃自作狐詐에而面目이可憎이라淸夜自思에能不愧汗이며利令智昏이一至此乎아　未完

官報

●三千七百十五號　光武十一年三月十六日

◉宮廷錄事

詔曰任民任農周禮之所以分職也通商惠工衛文之所以富國也上古歷史旁觀世界凡興利足民之道不外於農商工三者頃自設部以來當局有司專心從事迄未有實效挽近農場工所銀行會社等種種事業稍稍設立詎徒設規模雖由於官而合力成就終資乎民惟爾官民同心一致備蓄集財以爲資本務圖實業則內政之修擧外債之淸償可指日期矣從今以後無相推弁勉勵節約振興産業各保其家使是爲國家隆昌之基也朕言止此咸須諒悉

光武十一年三月十四日

議政府參政大臣박齊純

侍從院卿李道宰辭職疏

批旨省疏具悉所辭中掌禮卿之任依施

◉敍任及辭令

依願免本官　秘書監丞尙容圭

任秘書監丞敍奏任官三等　奉常司副提調윤덕榮

任主殿院電務課技師　典膳司掌膳李義덕

主殿院電務課技師鄭龍환

任典膳司掌膳

兼任掌禮院掌禮　秘書監丞尹憲섭

陞從二品　秘書監丞金容圭

陞正三品　四品박啓헌

任主殿院電務課技師　營繕司主事趙션增

任營繕司主事　內藏司主事金宇植

任內藏司主事　六品玉東奎

外報

●東京雪積　東京電을據ᄒᆞᆫ즉去十五日朝에寒氣가太甚ᄒᆞ고雪이積ᄒᆞ얏다더라

●俄傳撤革命黨　伯林電을據ᄒᆞᆫ즉俄國革命黨이國民의게檄을傳ᄒᆞ야大赦令을强請홀次로暴動을惹起홈을要求ᄒᆞ얏다더라

●美國兵額　美國陸軍省의計算을據ᄒᆞᆫ즉美國에서有事時에國民兵으로徵發홀人員이一千三百人이니其中紐育州에는一百三十九萬四千人오하요州에는百八萬四千六百人이오卽時出兵홀人員十一萬二千三百人에不過ᄒᆞ다더라

雜報

●天日難蔽　法部大臣리夏榮氏가檢事리儁씨事件에期於逞憾ᄒᆞ야免官奏本을參政大臣의聯署도不由ᄒᆞ고直히上奏ᄒᆞᆷ이秘書丞이裁可를蒙코저ᄒᆞᆫ際에　皇太子殿下게옵셔敎曰리儁은無罪지人이라該奏本은姑爲留中ᄒᆞ라ᄒᆞ옵셧ᄂᆞᆫᄃᆡ不意에該奏本이公布가된지라皇上陛下씌옵셔震怒ᄒᆞ옵셔何人이차奏本을擅自公布ᄒᆞ얏ᄂᆞᆫ지査核以入ᄒᆞ라ᄒᆞ옵셧다더라

●吉禮定日　英親王殿下夫人三간擇日子ᄂᆞᆫ陰曆本月廿二日로內定이되고吉禮日字ᄂᆞᆫ陰三月十六日로內定ᄒᆞ얏다더라

●禮卿疏遞　掌禮院卿리道宰氏ᄂᆞᆫ疏遞ᄒᆞ얏다더라

●義王歸國說　義親王殿下게오셔千秋慶節前에回國ᄒᆞ신다ᄂᆞᆫ電報가來ᄒᆞ얏다ᄂᆞᆫ說이有ᄒᆞ더라

●禮服入參　參政大臣박제純氏가千秋慶節에外國人을重明殿으로請邀宴待ᄒᆞᄂᆞᆫᄃᆡ服色은大禮服으로入參ᄒᆞᆫ다더라

●兩協云遞　學部協판閔衡植氏와法部協판리源兢氏가遞任된다ᄂᆞᆫ說이有ᄒᆞ더라

●還納還給　洪淳範氏令孃이今番간擇中에入參ᄒᆞ얏ᄂᆞᆫᄃᆡ內下錢一萬兩을還納ᄒᆞᆫ지라其時內人이該事由를奏稟ᄒᆞ얏더니自上으로還出給ᄒᆞ라신處分을下ᄒᆞ옵셧다더라

●銓考何考　今番郡守奏本中에旌義郡守蔡洙康氏ᄂᆞᆫ不治로有名ᄒᆞ더니智島로陞移ᄒᆞ고鬱島郡守沈興澤씨ᄂᆞᆫ殿最에貶下ᄒᆞ얏더니橫城으로陞移ᄒᆞ고함安郡守丁喜燮氏ᄂᆞᆫ民擾를當ᄒᆞᆫ守令인ᄃᆡ善山으로陞移ᄒᆞ얏스니銓考委員에造化手段은神鬼가莫測이라고輿論이紛紜ᄒᆞ더라

●次第敍任　內部主事리興雨리升采兩氏가今番郡守奏本에敍任된다더니不參된理由ᄂᆞᆫ내部官人만多數히敍任ᄒᆞᄂᆞᆫ것시有所碍眼ᄒᆞᆫ故인ᄃᆡ來頭奏本에ᄂᆞᆫ兩氏가並爲敍任ᄒᆞᆫ다ᄂᆞᆫ說이有ᄒᆞ더라

●但取日語　學部會計課長장憲植氏로編輯局長을敍任ᄒᆞ기로奏本을奉呈ᄒᆞ얏ᄂᆞᆫᄃᆡ其代에ᄂᆞᆫ該部主事中日語한熟ᄒᆞᆫ人으로敍任ᄒᆞ고弗問資格ᄒᆞᆫ다더라

●視察發行　學部視察官魚鎔善씨와小杉事務官과石原技師三氏가兩西각學校基址視察次로今十九日에發行ᄒᆞᆫ다더라

●法規成會　法規研究會를皇城警衛ᄒᆞᄂᆞᆫ警察官人等이組織ᄒᆞ고會長은葛城最太郞씨로定ᄒᆞ고監督은呼子警視가되야日昨午前十時에敦德殿에셔開會ᄒᆞ고趣旨와法規을談論ᄒᆞ고下午一時에閉會ᄒᆞ얏다더라

●報償方針　西來人의傳說을開ᄒᆞᆫ즉國債報償ᄒᆞᄂᆞᆫᄃᆡ貪贓이有ᄒᆞᆫ郡守에贓錢도推索ᄒᆞ야報償에萬一을補助ᄒᆞ자고公議가有ᄒᆞ다더라

●以支擴장　度支部에셔法部에照復ᄒᆞ되貴照會內開에敝部所管第六欵一項裁判所擴장費中旅費가十三道裁判所에ᄂᆞᆫ旣爲立筭이어니와十一府와濟州裁判所에ᄂᆞᆫ初無立筭이ᄂᆞᆫ바弗得弗算外支撥이라야乃可勘辨이옵기玆에照會ᄒᆞ오니照亮後依已照明細額ᄒᆞ야添筭支撥ᄒᆞ심을爲要等因이옵기窃查該費額을弗必筭外支出이라以擴장費中措판支用이라ᄒᆞ얏더라

●賊走砲遺　公州郡에셔假稱義兵이라ᄒᆞ고民家에突入ᄒᆞ야討財ᄒᆞᄂᆞᆫ賊徒十六名을該警務署에셔聞知ᄒᆞ고四處로趕捕ᄒᆞ미賊黨은一幷逃避山中ᄒᆞᄂᆞᆫᄃᆡ六穴砲一介와紙貨三十圜에遺棄物이一馱인ᄃᆡ경務廳에報告ᄒᆞ얏다더라

●禁止民戲　慈仁厚昌會民等이稅務上에百般沮戲ᄒᆞᄂᆞᆫ故로該경務分署에셔禁止ᄒᆞ얏다더라

●河何不淸　河東郡슈리규三氏가父兄의勢力만밋고新式을좃지아니ᄒᆞ고六房官屬을仍舊排置ᄒᆞ야火東을加捧ᄒᆞ며사녕ᄒᆞᆫ다稱ᄒᆞ고河東南海兩郡間에官屬數百餘員과妓女六名을前後領率ᄒᆞ고娛樂橫行ᄒᆞ며使民驅獵ᄒᆞ며親荷양砲ᄒᆞ고所過지處에放卒濁亂ᄒᆞ니民怨이徹텬ᄒᆞ다고南來人의傳說이頗多ᄒᆞ더라

●忠察忘國　忠北來人이傳說ᄒᆞ되陰城無極市에셔國債報償事로前府使鄭夔憲尹泰楨諸氏가各自出義收合之際에本觀察尹吉炳氏ᄂᆞᆫ抑何心腸으로多發巡卒ᄒᆞ야鄭윤兩氏를捉去艱煉ᄒᆞ니윤吉炳氏가本是一滙之魁ᄂᆞᆫ世所共知나今此悖凶은衆論이藉々ᄒᆞ더라

●校主追悼　普成學校에셔校主리容翊氏長逝ᄒᆞᆷ에對ᄒᆞ야本日追悼會를開設ᄒᆞ고또親睦會臨時總會를兼設ᄒᆞᆫ다더라

●學會一回　三昨日光成學校內에大東學會第一回를開會ᄒᆞ고會長申箕善評議長閔丙奭氏以下리道宰리容직리重夏박齊斌김晩秀南奎熙洪承穆呂圭亨徐相훈리明직池석永魚鎔善조重應諸氏와其他紳士合六十餘人이出席ᄒᆞ얏ᄂᆞᆫᄃᆡ魚鎔善池석永兩氏가該會趣旨를一場演說ᄒᆞᆫ後下午五時量에散會ᄒᆞ얏다더라

●佛口蛇心　法部大臣리夏榮氏가리儁씨事件을統監府에前往ᄒᆞ야說明ᄒᆞᆫ事에對ᄒᆞ야該部協판리源兢씨가法相의不公ᄒᆞᆷ을何樣論難ᄒᆞ얏던지리法相이大端憎惡ᄒᆞ야該部參與官野澤武지助씨를挾囑ᄒᆞ야리源兢씨의辭職退去ᄒᆞ기를勸告ᄒᆞ고또리法相이리源兢씨를對ᄒᆞ야好面勸勉曰日人이如是勸告ᄒᆞ니不如早退라ᄒᆞ얏다더라

●警官厭民　平安南道警務官박承훈氏ᄂᆞᆫ持心이한毒ᄒᆞ고章程에素昧ᄲᅮᆫ더러弗思保護生民ᄒᆞ고徒事壓制人民ᄒᆞ야以無理지事로精權派檢ᄒᆞ야該地商務協同社々長安리國氏를捉囚警署重獄ᄒᆞ고多日不放ᄒᆞᆷ으로欲訴于觀察使ᄒᆞᆫ즉該道裁判所主事리洛應씨가拘於박氏지顔私ᄒᆞ여自外沮遏ᄒᆞ고訴狀을不入ᄒᆞ케ᄒᆞ니伸訴無處라一般商民이去益冤抑ᄒᆞ야如차無端壓制ᄒᆞᄂᆞᆫ警官지下에難保生命財產이라ᄒᆞ야鳴冤次로該社總代二人이昨日上京ᄒᆞ얏다더라

●槐守沮校　槐山郡슈장紀淵氏가히郡普明學校校錢二千餘兩隱匿乾沒ᄒᆞᆫ事로該校任員이內部에呼訴ᄒᆞ얏더니忠北觀察윤吉炳氏의게嚴査回報ᄒᆞ라고訓飭ᄒᆞᆫ故로該部主事김鎭五를派送ᄒᆞ야査定ᄒᆞᄂᆞᆫᄃᆡ장紀淵씨隱匿ᄒᆞᆫ錢二千餘兩이綻露된故로該校에셔這々推尋ᄒᆞ얏ᄂᆞᆫᄃᆡ장紀淵이가觀察의게如何히運動ᄒᆞ얏던지客年秋冬殿最에熱誠敎育ᄒᆞ니何傷悖類誹謗가ᄒᆞ고該校敎師리졍九ᄂᆞᆫ逐送시기고任員리載暁은觀察府로嚴徵次押上ᄒᆞ란故로避身ᄒᆞ고諸學員은四散廢工ᄒᆞ야該校ᄂᆞᆫ破散乃已라더라

●典舖回祿　再昨日下午十一時量에罷朝橋等地典當舖에셔失火ᄒᆞ야家舍와諸般典執物件을沒燒ᄒᆞ얏다더라

●非女伊男　十四日雜報김家設校란題下에夫人學校ᄂᆞᆫ아니라男子學校라더라

●賣鄕惡習　咸南裁判所檢事權혁采氏가法部에報告ᄒᆞ되現에鏡城郡居車正淳等告訴를據ᄒᆞᆫ와鏡城前郡슈김在淵에校鄕任賣帖ᄒᆞᆫ案件을方在受理中인바히犯이係是曾經奏任官故로刑法大全第五條를依ᄒᆞ야玆에告라ᄒᆞ얏더라

●囚賊病斃　京畿道警務署에賊漢未決囚罪人김在成이가以身病으로本月十四에因斃ᄒᆞ얏다더라

△硯池片玉△

▲政海에問津이有誰오白馬潮頭에怒波가少退ᄒᆞ니桃리園中에東風이허送ᄒᆞ야一葉瓢船이無恙高揭ᄒᆞ니欸乃聲中萬古心이로다

▲海島藤蔓이當春延長ᄒᆞ야向東復渡허니細雨天中에雲霧가彌滿ᄒᆞ야無數疑山이前路를弗辨허니恐有葛蔓이暗秀深林이로다

▲向日전考所郡守奏本을政府의셔相持ᄒᆞᆷ미一般世人이公平ᄒᆞᆷ을注目허더니至於奏本이裁下ᄒᆞᆷ이只是舊樣人物이라其間曆節은外人이莫知허나亦一失望이로다

▲近日京城에社會가層生ᄒᆞ야각有目的에一體團結허니大韓에文明基礎가從차而始허니黑洞々天에東方이欲曙로다

▲向夜東村에셔三大官이鼎坐ᄒᆞ야密議가何事인지罪々談패가意在何處오暗裏指造에笑中有刀로고

▲本報ᄂᆞᆫ必待請求然後에發送ᄒᆞᄂᆞᆫᄃᆡ現今三百餘郡々守中에請覽이弗過四郡이되郡守의弗善行爲를論駁허면不幾日에質問이必至ᄒᆞ니必是自過를自料에預先等對로고

▲今番국債報償에對ᄒᆞ야安洞셔夫人會를設허고女子敎育會의셔募集所를設ᄒᆞ얏스니婦人에開明을從차可期로다

雜報

湖西國債報상期成義務社趣旨書 한山 金商의等

夫債者는受責於人也라債之爲字가人與責이合以成지ᄒᆞ니此는千萬古造字者의所垂戒라是故로家有負債則一家가受其責ᄒᆞ고國有負債則一국이受其責ᄒᆞ나니家之負債는全家受責은雖不待노說而明이나國之負債를擧國이受其責은何也오

人生乎世ᄒᆞ여義務가有二焉ᄒᆞ니爲國爲家이라家在乎其國內ᄒᆞ여國步與旺則寰域內家々人々이皆與지隨旺ᄒᆞ고國步蹇鈍則除非昇天入地外의는禍固難免이니此는剖判後頤圓趾方者의所擔義務가雖有大小而其務則一也라推此以言ᄒᆞ면국若有負而趁未상還則非但受責於인국이라終必底于亡ᄒᆞ나니埃及지爲英藩土가是其懲轍而天下萬국의所共知者라헤我政府가急於進步ᄒᆞ여債貸가至一千三萬圓인바其爲則雖出於資此以成大事業이나現尙未完而每年利子가爲一百餘萬圓矣라脫若今年而未상ᄒᆞ고明年而又未상則勢必利倍於本矣리니此지責은實吾二千萬同胞지有血性者의所難甘睡處而何幸千々萬々夢不到想不到지地에止烟상債지論이創自慶北大邱廣文社而起ᄒᆞ야繼而又京城국債報상期成會지有起는차實吾本이等의所夙夜大願이라 未完

●**陵官出捐** 네陵參奉리仁默氏가主唱ᄒᆞ야 禧陵令權重萬氏와 昭慶園參奉리祖承氏三씨는各十圓이며 禧능守護軍七十名이十四圓이며 禧陵守護軍五十名이十一圓이며昭慶園守護軍二十二名이五圓合六十圓을期成會로送致ᄒᆞ얏더라

●**奉侍義捐** 農圃居奉侍康世允씨는其月俸으로一朔柴糧을資ᄒᆞ더니國債報償事에對ᄒᆞ야二月朔俸十圓을沒數히期成會로送致ᄒᆞ얏다니該氏의忠義는實노守錢者의鑑戒가되깃더라

本人의家券十四장서失事로新聞上廣告도ᄒᆞ얏거니와中間偷取ᄒᆞ야典執ᄒᆞ다가原家主의計現發ᄒᆞ야方今漢城裁判所에提囚ᄒᆞ고査實지ᄒᆞᆫ에奸狀이綻露ᄒᆞ야弗日內官庭에推納ᄒᆞᆯ意로納ᄒᆞ고ᄶᅵ지ᄒᆞ고도면然面目으로新聞上에以姜석호씨親婦家에任置樣으로布告ᄒᆞ야ᄉᆞ오니박仁혁의凶腸으로他人의財産을乾沒偷食ᄒᆞ라는賊心이明確ᄒᆞ오니內外國人은見欺치마시옵기爲望 禹順慶 告白

●**부인지회** 강화군길샹면츄지동거ᄒᆞ는전의관민즁식씨부인장씨가익국셩심이시극ᄒᆞ야뎌안동부인총회로신화일원을보니엿는ᄃᆡ본회에셔장씨의열심을탄복ᄒᆞ야강화군에부인회를셜시ᄒᆞᆯ라고공함ᄒᆞ야그졍심을찬송ᄒᆞ얏더라

●**硏會討論** 來十八日下午七点에貞洞第一會堂內셔習勝於兵力이란問題로討論ᄒᆞᆫ다더라

●**大東學會趣旨書**

何以爲人曰學何以爲學曰道々也者所以修身濟世之具人不可須臾離者也往哲先賢無不學講道立事功而澤民國淑人心이隆世道所謂士爲國之元氣者也自世級日降爲士者不復學其或學爲者初不講道이惟功令尋摘之是尙名爲奉儒教이其實則蔑如也今功令雖廢이學無道晦則尤甚於前其弊大槩有三綺紈잠纓之家則猶承藉先蔭以仕宦爲이家無教處則惰嬉出則훤분況値世界開明지日社會競進지際이獨委靡頹墮絶無振奮지想此學지全不講者也間有老成謹飭지人林번藏修지士雖玩心墳典篤信聖賢然空談性命이昧世法事口耳이少實解膠瑟守株不知時務지變遺世絶物甘作閉門지踪並與五洲歷史萬國新聞이亦不屑寓目妄懷排外지想遂失吾道中庸지眞面目此學지躰偏이用缺者也又有新進輕銳지輩航海遊覽지人苟慕列强지隆盛目眩心醉不揣本이趨其末襲皮毛學躍步自謂開化이笑昔人지無聞知遺親後君蔑禮喪恥不識倫綱道義지爲何物此學지躰闕이用亂者也如是지故俗頹이民散淪셔이莫救世지人遂以儒道爲腐敗無用지教이紳士지類永爲盡天地지一棄物嗚呼此豈儒道지罪이人性지獨不善哉眞由儒道지未會講故也雖然獘當更장事在强勉尋墜緖이迴狂瀾惟在用力지如何此吾大東學會지所由設也凡我卿大夫士中外縉掖지人合幷老少斟酌新舊老者溫舊學이發新知少者設專校이業課程嚴阿儒門中年章甫지倫另聚一所究紬傳지大義以倡斯道闡外國지書籍以解執滯務要立體達用守孔孟지宗旨明事物지時宜便正德利用厚生三者幷行不廢則庶幾儒教復明吾人免爲棄物이全國同胞二千萬人族共躋文明可以幷駕於五洲世界矣玆以書佈惟야同志諸君子합體此意齊會實務亟圖實施是所분祝焉

發起人 申箕善 閔丙奭 리容직 洪承穆 박齊斌 리應翼 徐相喜 洪祐哲 丘重應

●**傳지者誤** 昨日雜報欄內兩氏照會事는聞是無根이기玆以正誤홈

廣告

平安南道永柔郡西部面松橋동居김寡女의子鼎樞이가年少悖類로敗家蕩産ᄒᆞᆫ者라締結雜類ᄒᆞ야僞造田券手票로典執得債코져ᄒᆞ니內外國人은切勿見欺홈 김召史 告白

前參奉丕昌熙의昌字를찬字로改定ᄒᆞ오니知舊間照亮ᄒᆞ시옵 青陽碧涵亭丕 璨熙 告白

本郡藥令이會是幾百年古例이더니遺間廢止爲十有餘年ᄒᆞ야商業이凋殘ᄒᆞ고物貨가不通ᄒᆞ야將至膠盧지境이더니本郡守金泳圭氏가爲念民情ᄒᆞ야具由請報於本道觀察府矣러니自觀察府로騰報農商工部ᄒᆞ야承蒙許指이옵기擬장立令지規則ᄒᆞ고日字則以春二月二十五日과秋九月二十五日爲定ᄒᆞ고先玆廣告ᄒᆞ오니京鄕僉君子는照亮ᄒᆞ시옵 江原道原州郡居孫善學等告白

日昨每日申報上에揭載되온中本家에서長동居韓廷석과錢兩去來ᄒᆞ던事는有ᄒᆞ나韓氏家券을受置ᄒᆞᆫ事가無ᄒᆞ고設或受置ᄒᆞ얏슬지라도親家의가잇는子婦에게任置ᄒᆞᆯ理由가萬無ᄒᆞᆫ事인ᄃᆡ박仁赫爲名人이本家에서典執ᄒᆞ야달닌다假稱ᄒᆞ고內外國人을欺騙ᄒᆞᆯ여ᄒᆞ며또虛無ᄒᆞᆫ지事를新聞에ᄶᅡ지廣告ᄒᆞ얏ᄉᆞ오니其前後凶計를難測이라毋論內外國人은切勿見欺ᄒᆞ시옵 姜석호家幹事人姜龍秀 告白

本人에先山이在於廣州仁陵外히字界外이온바去戊子年分에葬其親山於先壠ᄒᆞ고于今二十年을無事守保이옵더니仁陵令李能準氏가牛膽執탈ᄒᆞ야히字內라ᄒᆞ고本人을無數恐喝ᄒᆞ야初謂納錢二千五百兩ᄒᆞ다가再呼二千兩ᄒᆞ되爾塚지掘不掘은在於我之手段이라ᄒᆞ고萬端恐喝ᄒᆞ기本人이以元非犯葬之意로呼訴本陵ᄒᆞ얏더니該氏題音內에更爲詳查則汝塚이非入于히內矣라如有後弊면以此憑考次로往訴于上府라ᄒᆞ고도二千兩錢은一向討索ᄒᆞ니世豈會如此非理奇事乎잇가不勝痛冤ᄒᆞ와玆에廣告홈 廣州廉谷居曹喜益 告白

賢哉郡主 正得其人 美哉郡主 我郡幸福 吳公正烈 稟性蘊玉 年纔冠餘 持心如簡 聽事臨民 萬口擧頌 至敏且寬 一郡咸樂 합不褒揚 玆以揭白 金顯榮 告白

忠南懷德一道面당山居ᄒᆞ는曹寡의親家은昌寧曹世賢지女오시家는박五衛將元東의子恭孫에妻라寡가十六歲에出嫁ᄒᆞ야舅姑의게孝誠이甘旨起居가至極ᄒᆞ옵기로鄕黨이稱ᄒᆞ더니千萬意外에恭孫을永訣ᄒᆞ고遺腹子을産ᄒᆞ니一鄕黨稱道ᄒᆞ되孝誠餘慶이잇다ᄒᆞ더니彼蒼者天이여曷其有極고遺腹이七歲에柿木에落傷되야卽地永訣ᄒᆞ니금石又은肝膓인들豈不變哉리오마는시舅의게孝誠이如初ᄒᆞ야遺爲시舅慰勞ᄒᆞ며老舅孀婦혈혈相居ᄒᆞ되人不敢間言ᄒᆞ오며親家에서哀其無子孤居ᄒᆞ야意欲嫁지ᄒᆞ되小無動念ᄒᆞ고矢言曰禽獸지行을吾不爲지라ᄒᆞ며孝事老舅ᄒᆞ야去益善言ᄒᆞ야以終餘年ᄒᆞ니舅가享年이八十有餘라曹寡哀痛曰舅主의血脈全無ᄒᆞ니孰能哀毁리오ᄒᆞ고泣血三年ᄒᆞ니以若草野農婦로셔豈不孝烈乎古有烈女러니今有烈孝지婦ᄒᆞ니可惜可歎이로다歲月如流ᄒᆞ야召史年當四十有五라養子을六寸子前主事明셔ᄒᆞ야孫兒繞膝ᄒᆞ고家産稍饒ᄒᆞ니豈非孝烈所感에天道有眷乎一鄕一道가發論제起ᄒᆞ야出天孝烈이라ᄒᆞ야天聽表旌ᄒᆞᆫ다더라 前參奉리建九 告白

本會에서國債償金募集에對ᄒᆞ야提議可決을通過인바惟我會員은各其捐金을本會館으로送交ᄒᆞ오면正實確立ᄒᆞᆫ收金所로付納ᄒᆞᆯ터이오니照諒踐行ᄒᆞ심을望홈. 西友學會 告白

● 國債報償期成會 義金 廣告

韓百祐貳圓 大夫人壹圓 夫人壹圓 長子鳳澤 長婦 次子龜澤 三子靈澤 以上各五拾錢 三月十三日 海州西邊龜井 金天德五拾錢 西署下芳橋四十一統三戶 金汶植五拾錢 三月十三日 金昌一夫人鄭氏貳拾圓 安召史 洪召史 以上各陸拾錢 三月十三日 평양기싱 김금힝김화희 최보픠 명난심 방경셤감난엽 윤소회최진홍 오지회김학션 리부용죠산월 리산월김화션 김연홍셔취윤 김계홍 김난쥬 픠장덩봉주 合九人各金五拾錢 南署泥峴崔人成布木廛會同 최仁成 申熙元 以上各三圓 金漢植貳圓 金元植 朴元明 李圭煥 邊雲祥 최漢景 以上各壹圓 金士賢 네泰權 姜正善 申龍喜 姜周형 리聖틱 申相均 以上各陸拾錢 李元瑞 五拾錢 洪九植 李順瑞 鄭聖道 高雲瑞 金德裕 金相健 以上各貳拾錢 洞口內水門洞 陳昌錫貳圓 金德順壹圓 崔顯明貳拾錢 以上合文新貨貳拾壹圓九拾錢也 光武十一年三月一日 西署西湖賀中里會同 邊鴻振肆圓 吳泰善貳圓 최文益 沈敬瞮 윤周一 以上各壹圓 林春榮壹圓肆拾錢 申敬伯 金亮濟 以上各捌拾錢 金文濟 咸敬振 李相允 郭萬鎔 金泰亨 以上各陸拾錢 리仲玉 리學榮 以上各五拾錢 金容濟 申喆求 張瑞麟 金鎭泰 黃民秀 리相淳 金元興 리泰鎭 以上各肆拾錢 張天汝 金致善 以上各三拾錢 金永澤 金鴻鎭 김斗山 陳永錫 朴敬成 리興玉 高在龍 최鎭玉 리相玉 리龍儀 김형權 洪鍾浩 김大根 리敬秀 최鴻大 鄭東協 리愚善 申聖基 김樂鎭 朴敬玉 咸在英 丘鳳伊 박敬益 張英純 張潤明 박致淵 申錫休 南汝化 박興順 林召史 以上各貳拾錢 김英壽 劉澤龍 柳元錫 以上각拾錢 合五十八人錢合貳十陸圓拾錢 西署新水鐵里義捐錄 張在明拾五錢 孝義契貳圓 박承錫壹圓 劉敬賢 鄭敬順 劉興澤 宋赫봉 리聖根 최敬三 송昌振 각陸拾錢 張燕 申泰赫 리演元 安澤 최聖煥 許興心 덩公善 南汝文 김顯謨 曾化三 沈永澤 김善極 박純伊 각五拾錢 최文煥 리演奎 송赫準 김世弘 黃允學 각肆拾錢 丁喜셥 白聖培 리敬寬 리演學 白仁根 리春根 송致大 孫益成 윤學順 리先敎 김德賢 黃順龍 윤豐儀 韓敬玉 安仁國 각貳拾錢 禹順國 申泰亨 리一增 黃福玄 禹聖道 洪興根 김元成 김民濟 安百源 김永濟 南瑞玉 김元成 리平國 리泰敬 리益三 리載元 리明善 리云善 吳德化 리亨辰 최致明 김汝壽 송汝安 韓致連 리龍云 丘仁弘 최振三 以上각貳拾錢

廣告

學部의認準을承ᄒᆞ야西署陽洞이設立ᄒᆞᆫ私立光成商業學校를私立光成實業學校로改定ᄒᆞ얏기玆廣告홈

校監徐相勉 告白

명월관확장광고

폐관이개시이후로고이ᄒᆞ시ᄂᆞᆫ귀직에후의를입사와오ᄂᆞᆯ날ᄭᅡ지한에제일등요리점으로너외국에셔다아시도록확장ᄒᆞ여가오니더단감ᄉᆞᄒᆞ옵거니와근일은이층양옥을광활이신건축ᄒᆞ고다락아리ᄂᆞᆫ온돌방을은밀리비치ᄒᆞ고포진범절을서로ᄒᆞ와오시ᄂᆞᆫ귀직이편ᄒᆞ시도록쥬의ᄒᆞ엿ᄉᆞ오며각종음식은보기에화려ᄒᆞ고먹기에정미ᄒᆞ게일신ᄒᆞ비ᄒᆞ야다소를블게ᄒᆞ고주야로파오되셔양쥬ᄂᆞᆫ잔으로파오며특별신미량교자음식은오시ᄂᆞᆫ시로붓터ᄒᆞᆫ시간이되면몃상이라도곳가져가시도록ᄒᆞ오니너외귀직은륙속왕임ᄒᆞ시옵

각석요리음식
각석셔양쥬
각종경편양요리
각종일본간스메
각종여송연
각국권연
진찬합
건찬합
밥교자
특별신미량교자음식
명창가동경거복도유ᄒᆞ옵

明月館 主人 金東植 告白

湖南鐵道株式會社廣告

本社事務를一層擴張ᄒᆞ기爲ᄒᆞ야事務所ᄂᆞᆫ大廣橋川邊前紙廛小都家로本月六日에移接ᄒᆞ고社長以下整理委員을選定ᄒᆞ고玆에左開ᄒᆞ야廣告ᄒᆞ오니株主에應募ᄒᆞ실有志 僉君子ᄂᆞᆫ陸續來議ᄒᆞ심을爲望

社長 金基永
總務部長 成文永
整理委員 尹晶錫
白完爀 趙鎭泰 丕秉澤
鄭東植 孫錫基 孟덕敏
朴泓일 鄭斗煥 白寅基
한相龍 趙彰漢 等 告白

●九轉靈砂

●九轉靈砂라 本人이妙方法을神備ᄒᆞ야製造ᄒᆞᆫ靈丹인ᄃᆡ男女老少에無論何징ᄒᆞ고通治ᄒᆞ오며無病時에도服하면平生의身躰가健康ᄒᆞ며小兒ᄂᆞᆫ四五錢重만服ᄒᆞ면十歲안에無病ᄒᆞ기를擔保ᄒᆞ오며

●九轉靈砂萬應丹은져狂 癎징과中風諸疾과耳目諸病과淋疾에神効ᄒᆞ오

●九轉靈砂保命丹은初生小兒驚風 간氣 咳嗽 腹瘡諸般惡징에神効ᄒᆞ오

●九轉靈砂濟衆丹은酒滯 食滯 血積 吐瀉 霍亂 痢疾 吐血 下血 運氣 時疾 痂징에神効ᄒᆞ오

●九轉靈砂紫金丹은痔漏 累瘧 上疳瘡 下疳瘡及唐瘡과諸般毒瘡惡種에無不神効ᄒᆞ오니 僉君子ᄂᆞᆫ來問ᄒᆞ시오

內需司前독갑이골上隅第一家百三統一戶 리主廷 告白

● 大韓自强會月報

每月一回廿五日發行
定價金 一部 十五錢

大韓自强會月報의發行이曆朔을經ᄒᆞ오니自由의議論을鼓發ᄒᆞ야國家의權利를增進ᄒᆞ고獨立의精神을淬礪ᄒᆞ야同胞의團結을益鞏케ᄒᆞ야全國有志諸公의愛讀ᄒᆞ심을供ᄒᆞ온바現今本會의셔一비擴張ᄒᆞ기爲ᄒᆞ야需明ᄒᆞᆫ文章과宏博ᄒᆞᆫ學識을[illegible]延致ᄒᆞ야天下大勢의變動과施措敎育의實業과古今政治의大要를蒐輯ᄒᆞ야開發ᄒᆞ며眼目을一新케ᄒᆞ오니愛國ᄒᆞ시ᄂᆞᆫ僉君子ᄂᆞᆫ血淚를문ᄒᆞ시고家家案頭의隨列對讀ᄒᆞ시오

皇城中署典洞九統二戶
大韓自强會事務所

西署新門外鍮동百八十六統三戶
辯護士前檢事前判事正三品 丁明燮
法律事務所
事務員前主事吳在淳

越南亡國史 國漢文 新刊

定價貳拾伍錢
發賣所京城廣橋高裕相書舖
鏡南端川郡禹時夏
布屛下 김相萬 冊肆

洪淳康氏가東署東小門內土橋東邊에織造機을廣張設施ᄒᆞ야稱號를淳昌號라ᄒᆞ고各色綢緞紗屬等을織造發賣ᄒᆞ오니願買人은來臨購買ᄒᆞ시며或所用대로緞과紗等屬을預托ᄒᆞ시면依此施行ᄒᆞ깃삽 淳昌號 告白

◎本社廣告

○申報價
一張代金 新貨二錢五里
一個月前納 三十錢
三箇月 九十錢
六個月 一元七十錢
一箇年 三元四十錢
郵稅一部 新貨五里
一箇月 十三錢

○廣告料
四號活字十三字詰
每日每行尺一寸에新貨拾錢
(每日每行六錢에相當함)
一週日에 二圜五十錢
(每日每行四錢五里에相當함)
一箇月에 五圜
(每日每日四錢一里에相當함)
其期限의長短과字行의多寡를依ᄒᆞ야增減홈이有홈

●大한每日申報各處支社廣告
中署布屛門下 김相萬冊肆
中署農圃洞初入七拾八統第二號 鄭禹澤
平壤上水口門內 김浩淵
全
仁川柳峴開新册肆 최敬恒
宣川邑橋西里 리東皓
義州西門外한西 安潛
釜山港佐川 大藥局
三和港築洞 徐藥局
咸興州南社西門外 김仁집
開城培義學校 曹喜林
大邱市廳 姜助遠
載寧邑濟衆院 최一弘
鐵山邑東部 정夢澤
元山支店 安主
定州南門內 劉七錫
信川邑 洪成麟
海州南門內書舖 李源植 朴昌鎭

南署石井洞號外地三層洋屋家
發行所
發行兼編輯人 英國人비說
大韓每日申報社

第五卷

大韓每日申報
대한매일신보

第四百六十六號

月曜及慶節 歲時日休刊

檀君開國四千二百四十年
箕子元年三千二十九年
大韓開國五百十六年
日本明治四十年
淸國光緖三十三年
◉陰曆丁未二月大初六日丁卯

論說

又一長森藤吉

四十八條로成立된一提議가內閣大臣數人을經由ᄒᆞ야 皇帝께達ᄒᆞᆫ바此提議ᄂᆞᆫ日人의게셔從生ᄒᆞᆫ거시니其人의姓名은字音으로繙譯ᄒᆞᆫ즉樽井藤吉이더라

該提議에長述序文이有ᄒᆞᆫ바要領으로發言ᄒᆞᆫ거슨其記述者의前日意見이韓日之合成一國에在ᄒᆞ얏더니此意ᄂᆞᆫ이因外洋勢力ᄒᆞ야成就之道를既失이라ᄒᆞ얏고

今復提議ᄒᆞᆫ거슨東洋國民이地方政府를各有ᄒᆞ되首府ᄂᆞᆫ東京을以ᄒᆞ야地方政府의權限은純然ᄒᆞᆫ地方自治오中央政府ᄂᆞᆫ軍事와外務와稅納과立法을主管ᄒᆞᆯ거며且一件은所稱盟國에ᄂᆞᆫ稅關장碍를不施ᄒᆞᆯ거시로다 日本메일新聞은本記載ㅣ他一無理之言을探聞ᄒᆞ얏다ᄒᆞ고將言ᄒᆞᆯ터이나何如ᄒᆞᆫ지日本人의未有公格ᄒᆞᆫ提議數本이二日之際에 皇帝께至ᄒᆞᆷ은可以注目ᄒᆞᆯ處로다

如此夢想은日人의夢想위즐이無疑나然이나韓國內閣大臣幾人이此計策에自爲代行된事實을觀之컨ᄃᆡ此幾人이隣國의勉勵或壓力을受ᄒᆞᆫ거시著示矣로다 內閣大臣들이此를似甚冷視矣라提議抄本은雖供於 乙覽ᄒᆞ얏스되可否間何如言辭를對此陳述ᄒᆞᆷ은不知로다然이나如此議件의傳達을肯許ᄒᆞᆷ은多少間與此同情ᄒᆞᆷ이로다

本記者ᄂᆞᆫ此計策을兩端으로觀ᄒᆞ리니韓國及英國을關係ᄒᆞᆷ이라韓國事로觀之면日本에完全服事를作ᄒᆞ야乃至無望ᄒᆞᆯ거시니韓國은政府도未有ᄒᆞ며立法도未有ᄒᆞ며稅納도未有ᄒᆞ며財政經理도未有ᄒᆞᆯ지라한人은能於勞役이면能生ᄒᆞ리로다

英國事로觀之면今此提出ᄒᆞᆫ海關聯盟이英한間通商을何與容易히減削ᄒᆞᆯ거슬可見이니海關稅納으로不能封廢ᄒᆞᆯ거슨內地收稅로其能制止ᄒᆞ리로다及其末也에ᄂᆞᆫ世界上에一最大邦國이日本手中에墮落ᄒᆞᄂᆞᆫ거시라益日本이軍事及工作上에聲譽ᄂᆞᆫ既得이어니와體質品行及聰明이與彼人人同等되ᄂᆞᆫ一千五百萬人民의權限을橫奪ᄒᆞᄂᆞᆫ名義ᄂᆞᆫ維何인지德義或法律上으로表示키不能이로다

官報

●號外 光武十一年三月十七日

◉宮廷錄事

詔曰再補擇日子退定以入

●三千七百十六號 光武十一年三月十八日

◉敍任及辭令

陞從二品 全州郡守權直相
陞正三品 六品閔泳鵬
正三品李돈應 仝孫容德
仝 張溶鎭 九品成樂현
命帝室會計審查委員
慶尙北道前觀察使韓鎭昌
解兼任慶尙北道裁判所判事
命兼任慶尙北道裁判所判事
慶尙北道觀察使리忠九
解兼任慶尙北道稅務監
慶尙北道前觀察使韓鎭昌
命兼任慶尙北道稅務監
慶尙北道觀察使리忠九
依願免本官
主殿院電務課技師리義德
任侍講院侍從官叙奏任官四等
六品리海昇
任景孝殿令
景孝殿祀丞리相七
任景孝殿祀丞
敬陵參奉黃彥性
任敬陵參奉
六品리種甲
任侍從院左侍御
正三品盧炳穆
任侍從院右侍御
九品金文煥
任主殿院電務課主事
南廷奎

◉廳令

警務廳令第六號
第一 警務本廳處務細則
第一章 通則

第一條 本則은警察課庶務課訊問課에適用홈이라

第二條 課長은所屬員을指揮監督ᄒᆞ고各主管事務에就ᄒᆞ야ᄂᆞᆫ整理의責任이有홈이라

第三條 警察課庶務課의課長下에係長을置ᄒᆞ되總巡或主事로充ᄒᆞ고上官의命令을承ᄒᆞ야其主管事務를掌理ᄒᆞ며部下官吏를監督홈이라

第四條 課員及係員은總巡及主事로充ᄒᆞ고上官의命令을承ᄒᆞ야其課或係의庶務에從事홈이라

第五條 警務學校의敎長은總巡으로充ᄒᆞ고上官의命令을承ᄒᆞ야警察官吏敎習事務에從事홈이라 未完

外報

●報界發達 近來俄京所出事門報가日多一日ᄒᆞᄂᆞᆫ대當下에共計此等報가十八分지多가巳有ᄒᆞ얏고每禮拜에一出者가四分이오每月에出兩分者가十分이오此外에尙有四分이出無定期라現在에又鐵匠의照相彩畵書記等專報가出ᄒᆞ야不日에登印ᄒᆞᆫ다더라

●獨佛衝突 倫敦電을據ᄒᆞᆫ즉올제시라쓰條約解釋에關ᄒᆞ야獨佛間에重大ᄒᆞᆫ意見衝突이有ᄒᆞ다더라

●移民制限法 桑港市敎育局은日本學童隔離命令을撤回함을通知ᄒᆞᆫ지라此로因ᄒᆞ야大統領은本日에日本移民制限法實施에對ᄒᆞ야署名ᄒᆞ얏다더라

雜報

●박恒來權창植錦山郡國債報償同盟趣旨書 高濟學等

敬啓者今我國債報償에關境煽動而義捐同胞가若恐或後則庶幾我大東進步之基礎也大抵有土地焉ᄒᆞ며有人民焉ᄒᆞ니若非土地면人民이其何以居之며非人民이면土地를亦將焉用고土地人民이俱爲無用이며貯金千萬을將何處而用之오若此巨欵을一年二年에至於十年二十年而不爲消完則子母之額이豈徒一千三百萬元哉아然則此非國家之大關이라乃箇箇人自身上之所當則豈不勉哉며豈不懼哉아至若斷烟同盟ᄒᆞ야血誠愛國에豈拘義捐之多少哉아惟我一郡僉員은各面各洞에家喩說戶ᄒᆞ야以知不得不急先務之義的케ᄒᆞ며扶國丹忱으로盡其量力而細流成海와壞土成泰之義로以補一千三百萬分之一을千萬幸甚々々應行節目如左

一報償方針은一般同胞[illegible]을盟無論大小民人男女老少ᄒᆞ고募集ᄒᆞ되不拘多少홈
一此同盟人參홈
一義捐僉員에氏名을每月終에新聞에揭載홈

●柳童吉加尙 藝館농居卿喜氏次子萬福이가方年十一歲인ᄃᆡ官立仁峴普通학校에工夫ᄒᆞᄂᆞᆫᄃᆡ今番國채報상에對ᄒᆞ야正初에歲拜錢五拾錢을期成會로來納ᄒᆞ야다더라

雜報

●追尊太公 國太公興宣大院君殿下尊號를興宣大院王으로追尊ᄒᆞ신다더라

●淑儀冊封 英親王殿下夫人간擇은嚴鳳植氏令嬢으로首選이되얏다ᄂᆞᆫ說은已爲報道ᄒᆞ얏거니와嚴鳳植氏令嬢씨셔自嬰孩時로淑德이素著ᄒᆞ야雖尊常遊戲時라도菓栗果品等物을必分給諸兒ᄒᆞᄂᆞᆫ데自有條理ᄒᆞ고言笑戲弄에德儀가發見ᄒᆞ얏다더라

●再간退定 英親王夫人再간擇을陰三月十四日로退定ᄒᆞ얏다더라

●禮卿新任 掌禮卿리道宰氏跡遞ᄒᆞᆫ代에리胄榮씨가被任ᄒᆞ얏더라

●法協已遞 法部協판리源兢씨ᄂᆞᆫ奉常司提調로轉任ᄒᆞ얏더라

●統監滯留 伊藤統監이渡韓ᄒᆞ다가馬關에到着ᄒᆞ야玄海洋에風波가大起ᄒᆞ야滯在ᄒᆞ얏다더라

●義王隨人 義親王殿下씨오셔歸國ᄒᆞ신다ᄂᆞᆫ說은前報에報道ᄒᆞ엿거니와義親王殿下一行도玄海洋風波에阻路ᄒᆞ여千秋慶節에當參치못ᄒᆞ시고率來ᄒᆞ시기를리圭完鄭蘭敎具然壽諸氏外에數人이有ᄒᆞ고且劉世南한應履장寅根三씨도亦來ᄒᆞᆫ다더라

●兩씨請由 白川郡守趙元규씨와全北裁判所檢事윤憲求씨가請由上京ᄒᆞ얏더라

●應試者多 昨日學部에셔師範學徒를募集試取ᄒᆞᄂᆞᆫ데應試者二百餘名에達ᄒᆞ얏다ᄒᆞ더라

●法部裁下 平理院檢事리승씨를法部에셔免官奏本을裁可前頒布치아냣더니再昨日에야下가되얏더라

●浮說孰甚 再昨日法部大臣리夏榮氏가檢事李儁氏의免官奏本을留中ᄒᆞ얏더니秘書丞윤憲섭氏가法大의爪牙가되여皇上陛下ᄭᅴ恐動ᄒᆞ야說노裁奏ᄒᆞ야終乃免官이되얏다더라

●果則國賊 忠州武基場市에셔人民男女가會集ᄒᆞ야國債報상金을隨力捐出ᄒᆞᄂᆞᆫ데女人들은銀釵銀指環等屬을多數捐補ᄒᆞ야男女의愛國血心을可見인데該道觀察使윤吉炳氏가巡檢을派送ᄒᆞ야一幷散會시키고更不會集지意로嚴飭ᄒᆞ얏다고忠州來人의確傳이有ᄒᆞ더라

●白馬設砲 長谷川大將이平安道에視察ᄒᆞᆫ後로義州龍川等地에白馬山이淸國셔渡韓ᄒᆞᄂᆞᆫ要衝지地로知ᄒᆞ야該地에砲臺를築ᄒᆞ고守備隊를實施ᄒᆞᆫ다ᄂᆞᆫ說이有ᄒᆞ더라

●取扱收額 度支部金庫稅金을각地方에散在ᄒᆞᆫ郵便局取扱所로命ᄒᆞ야受ᄒᆞ라고昨冬爲始ᄒᆞ얏ᄂᆞᆫ데自二月至三月初사지收入額이六百三十萬九千八百九十八圓이라더라

●金民暴動 金海郡守梁弘默씨가稅錢二萬六千六百圓을增稅ᄒᆞᆫ事로郡民等이暴起ᄒᆞ야該警務署에셔出張鎭撫ᄒᆞ되해民等이不爲服從ᄒᆞᆫ다고해郡의셔京部로電報ᄒᆞ얏다더라

●內協運動 社會上에도稍有名譽라고自稱ᄒᆞᄂᆞᆫ某次官이沈氏의內協을熱心運動ᄒᆞᆫ다니自己의名譽ᄂᆞᆫ忘却ᄒᆞᆫ지未知ᄒᆞ깃더라

●遺疏奬意 李容익氏가臨終時에遺囑가有ᄒᆞ다ᄂᆞᆫ데其奬意를詳明ᄒᆞᆫ즉國家獨立이人才教育에在ᄒᆞᆫ則學校를多數設立ᄒᆞ야人民의智識을發達케ᄒᆞ되官立學校를多設ᄒᆞ면必然日人의沮戲가有ᄒᆞᆯ거시니京鄕間에私立學校를廣設敎育ᄒᆞᆯ意로疏辭가懇切ᄒᆞ다더라

●檢査黑病 去十四日以後로淸국을經ᄒᆞ여釜山港에渡泊ᄒᆞᆫ船隻을該港理事廳의셔檢疫을派送ᄒᆞ여乘船자人에病자有無를檢査ᄒᆞᄂᆞᆫ대其理由인則淸國沿海에黑死病이發ᄒᆞᆫ緣故이라더라

●通譯催任 三和港裁判所判事변鼎相씨가法部에報告ᄒᆞ되本所에法務補佐官補가到任視務지後로諸般法律上에言語를不通ᄒᆞ야每多장碍이옵기報告ᄒᆞ오니査照ᄒᆞ신後通譯官을迅速叙任下送ᄒᆞ라ᄒᆞ얏더라

●尙郡換籍 경尙北道尙州郡에士夫家戶籍을該郡戶長리東珂와該色손東旭이가及其起草지日에一齊히換父易祖ᄒᆞᆫ故로一鄕物議가譁然ᄒᆞ여或有抱籍來示京城者多ᄒᆞ니其時郡守와該掌色等은有何意諦인지鄕士夫家가大設鄕會ᄒᆞ야將有別般擧措ᄒᆞᆫ다고傳說이頗多ᄒᆞ더라

●學訓規則 學部에셔日本留學生監督部에規則訓令ᄒᆞ되監督이學部所管日本國留學生規程에基因ᄒᆞ야指관ᄒᆞᆯ事項은總히囑托과協議ᄒᆞᆷ이可ᄒᆞᆷ
一監督或監督을經由ᄒᆞ야學部大臣의게出ᄒᆞᆯ文書ᄂᆞᆫ總히監督이囑托에게出示ᄒᆞ야捺印케ᄒᆞᆷ이可ᄒᆞᆷ
一學部大臣이發送ᄒᆞᆫ文書로監督或監督을經由ᄒᆞᆯ것은總히監督이囑托에게出示ᄒᆞ야捺印케ᄒᆞᆷ이可ᄒᆞᆷ

●日人挾囑 內部셔에治道局書記四名을叙任ᄒᆞ되該部大臣과該局事務官이協議ᄒᆞ야可堪人을擇用ᄒᆞᆯ터인데該事務官은全然不知ᄒᆞ고該部大臣李址鎔氏가二名을食口로區處ᄒᆞ고地方局長代관金寬鉉氏가食口로一名을區處ᄒᆞ고技師兪倫求氏가食口로一名을區處ᄒᆞ되該局囑托事務長濱榮三氏가請囑으로一名을區處ᄒᆞ야合書記五名을推用ᄒᆞ미無論某職ᄒᆞ고日人의挾囑이無處無之라고一般輿論이紛々ᄒᆞ더라

●沈氏補助 前秘書丞沈理섭씨가私立광東學校에紙貨二十圓을연助ᄒᆞ고曰我國五百年來에夫人이學校設立ᄒᆞᆫ것이初有ᄒᆞᆫ事이오教師諸씨의熱心教育ᄒᆞᄂᆞᆫ일이다可히贊成ᄒᆞᆯ만ᄒᆞ다ᄒᆞ얏ᄂᆞ니라

●追悼會況 普成專門學校에셔昨日曜日追悼會設行ᄒᆞᆫ다ᄂᆞᆫ事ᄂᆞᆫ已爲報道어니와當日參會人員이黑紗條를左臂에纏ᄒᆞ야吊儀를表ᄒᆞᆯ시一齊히校主리容익氏令孫리鍾호氏의게揖ᄒᆞ야慰禮를行ᄒᆞ고該氏遺書와追悼文을랑讀ᄒᆞ고追悼記念을爲ᄒᆞᄒᆞ야寫眞을撮影ᄒᆞ고校主ᄂᆞᆫ리容익氏令孫리鍾호氏로推定ᄒᆞ고學校萬歲를唱ᄒᆞᆫ後散會ᄒᆞ얏다더라

●尙工演說 今日下午七点半에工學士尙호氏가工業에必要란問題로靑年會館에서演說ᄒᆞᆫ다더라

●靑會派員 萬國基督教靑年會에셔今番上海에셔開ᄒᆞᄂᆞᆫ東洋聯合會와日本東京에셔開ᄒᆞᄂᆞᆫ萬國靑年聯合會에委員을派送ᄒᆞᄂᆞᆫ데윤致호金奎植金필淳姜泰膺諸씨를該會에셔推薦ᄒᆞ야三昨日前에上海로發行ᄒᆞ엿더라

●能無自愧 日昨釜山停車場의셔某々郡守가吸烟ᄒᆞᄂᆞᆫ데役夫日人이詰지而言曰朝鮮人이國債報상으로斷烟ᄒᆞᆫ다더니郡守라稱ᄒᆞ고吸烟이저러ᄒᆞ니朝鮮人의心腸을可知로다아나斷烟아나斷烟ᄒᆞ고相顧相笑而去ᄒᆞ얏다더라

●靑守醜行 北靑郡守洪祐元氏가前正尉金重현氏의有子ᄒᆞᆫ小室眞珠를通奸ᄒᆞᆷ의감씨가不勝憤鬱ᄒᆞ야平理院에呈訴ᄒᆞ야郡守與眞珠남妹를査實차로押上ᄒᆞ라ᄒᆞ얏더니該道觀察府에即往請囑ᄒᆞ야防報妥帖ᄒᆞ얏다더라

●染色生色 中署中谷染織會社金聖창氏가把成학校에贊成ᄒᆞ기爲ᄒᆞ야學員八拾名의周衣를一致ᄒᆞ게自願染色ᄒᆞ여쥬되染價ᄂᆞᆫ一分도不受ᄒᆞᆫ다니該씨의敎育上義務熱心을人皆稱頌ᄒᆞᆫ다더라

▲躍爐精金▼

▲春到山河에東風이吹送ᄒᆞ니一層風波에心目이眩眩이라世界上堆積塵埃를一掃淨盡ᄒᆞ야眞面을露ᄒᆞ면錦繡江山을春來可見이라지

▲學相리完用氏ᄂᆞᆫ各學校生徒를一齊히斷髮ᄒᆞ며洋服을着ᄒᆞ기로上奏ᄒᆞ엿다가聖旨을未蒙ᄒᆞ엿다니學大ᄂᆞᆫ隨件事를敎育에先務로知ᄒᆞ고上奏ᄒᆞ얏ᄂᆞᆫ지必是學費百十萬圓이暗伏其中이로다

▲內相리址鎔氏ᄂᆞᆫ近日에有何不快之事인지忽地稱病에重門을深鎖ᄒᆞ고來賓을不接ᄒᆞᆫ다니意在射鵠에病非眞病이로다

▲農協黃鐵氏ᄂᆞᆫ海外穢氣를取入肺腑ᄒᆞ고歸渡祖國ᄒᆞ야眼孔에無人ᄒᆞ야망냥神鞭을揮弄當時ᄒᆞ더니神鞭이無靈ᄒᆞ야農協이浮去ᄒᆞᆫ다니독갑이칙슈을두루지말고망냥그물을廣買ᄒᆞ지

▲忠北觀察使尹吉炳氏ᄂᆞᆫ國債報償에對ᄒᆞ야發起人員을捉去煅煉ᄒᆞ얏다니該觀察이雖是一進之魁나似難深信이어니와果若所聞이면忠北一省은亦非大幸所有로다

▲河東郡守리圭三氏ᄂᆞᆫ父兄의勢力을怙恃ᄒᆞ고親荷洋銃ᄒᆞ고田獵境內에妓樂이前導ᄒᆞᆫ다니妙年風流가雖云迭宕이나前程을可惜ᄒᆞ나其父兄은現今何大官에居ᄒᆞ얏ᄂᆞᆫ지

◉◉本社廣告◉◉

國債報償金을本社로持來ᄒᆞᄂᆞᆫ이가逐日沓至ᄒᆞ오나本社에셔ᄂᆞᆫ如此重大지事에對ᄒᆞ야善後之策을確實講定ᄒᆞ기前에ᄂᆞᆫ領受키難ᄒᆞ기로姑不收捧ᄒᆞ오니僉君子ᄂᆞᆫ照亮ᄒᆞ시옵

大韓每日新報社告白

寄書

今日之禍甚於壬辰　長吁生　續

吾ㅣ聞之矣라日本之民黨은能通曉曲直ᄒᆞ고持盈戒滿ᄒᆞ야引敗伐爲鑑懼ᄒᆞ고欲保其始終이어ᄂᆞᆯ乃竪子가老而不悟ᄒᆞ야不納良謀ᄒᆞ고妄自跳梁ᄒᆞ니豈天奪其魄ᄒᆞ야自貽伊戚耶아何不追聽西坂之尸諫ᄒᆞ고翻然改오ᄒᆞ야旣爲自國造福ᄒᆞ고又不必誅鬪於隣人耶아如非然者면三戶之存이尙有楚人ᄒᆞ고千手所指에不病自死ᄒᆞᄂᆞ니愼毋謂我言之不早也ᄒᆞ라且皇天이鑑臨矣라荒地及礦山之到處裏貨와祝融之四面示警이爲日本害者가豈淺少哉아

然則天之告戒가亦至矣라如猶不信我言인ᄃᆡ請俟一年半載ᄒᆞ라韓人之目이已明ᄒᆞ고韓人之耳가已聰ᄒᆞ고韓人之心이已智ᄒᆞ고韓人之痛이已白ᄒᆞ며且世界之公議가已定ᄒᆞ고萬國之聲討가卽至ᄒᆞ리니神人이共憤ᄒᆞ고天下가皆敵이라雖百萬其師나其何以爲力乎아縱不愛隣人이나又驅自國無辜之民ᄒᆞ야陷於必死가豈仁與智者之事乎아殘暴以逞은古人所戒오瘡痍지餘에能保其不敗乎아吾乃悲東洋之論胥及溺이오而日本則如妖魔가舞空타가隨棒花乍發타가旋卽墮落ᄒᆞ리니豈不大可懼哉아

寄語伊侯ᄒᆞ노니務保晩節은君子所重이오英雄末路가每多蹉跌ᄒᆞᄂᆞ니傘破翁도尙然커든况君耶아不從吾言이면恐老體가不勝其悔ᄒᆞ야有誤頣養ᄒᆞ리라且無効秀吉爲也ᄒᆞ라禍福이無不自已求지者오無謂秦無人ᄒᆞ라繞朝之鞭을尙可贈也로다

雜報

湖西國債報償期成義務社趣旨書　續　韓山　金商翊等

嗟乎噫희라泰華가雖高나始於壤積ᄒᆞ고河海가雖深이나基於涓摔則止烟之義捐이雖不過壤涓之微而義無大小ᄒᆞ고연無多寡ᄒᆞ니唯我　韓人々口々가資於此ᄒᆞ야或按月而捐或按日而補則瞭彼一千三百萬圜債之受人國貴雖日高且深이나必將不幾日에自口이免矣리니苟能如是ᄒᆞ면向者晋法之役에捐錙匙皷勁一國者의義務가奚獨專美於世界各國야ᄋᆞ所以로本人等이組起一社ᄒᆞ니名曰湖西國債報償期成義務社라要與京鄕等處諸公으로國合一躰ᄒᆞ야期盡我國民兗ㅅ貴之義務ᄒᆞ노니嗚呼라現今烟物이近이我土産과遠이從埃及呂宋等稱者ㅣ雖雜枚擧나최盡如彼之下ㅅ吾人의口雖吸이心如烟霧ᄂᆞᆫ究窄難述인즉其萃其劣이適足爲助愁之資이니奚暇에論厥味哉아從玆이我同胞가一心國務ᄒᆞ야勇於止陛捐陛補ᄒᆞ야상盡國債에愛國如家之誠을六大洲에表著ᄒᆞᆫ後에購吸世界上各種烟香則其一般淸意味가更何如오勉哉我同胞兄弟여

發起人韓山郡派駐主事金商翊　同郡士人盧明호　同郡郡主事盧觀民　同郡前主事洪岙裕　完

●孝門求義　平壤外城居盧寬植씨ᄂᆞᆫ事親至孝홈으로一鄕이稱盧孝子ᄒᆞᄂᆞᆫᄃᆡ家無擔石지資ᄒᆞ야食蔬衣葛ᄒᆞ되不減如也러니今番國債報償홈을聞ᄒᆞ고織席貲金으로盡傾ᄒᆞ야금貨四圓을義연홈으로鄕人이皆稱以求義士於孝子지門이라ᄒᆞ더라

●老少熱心　平壤郡私立日新學校ᄂᆞᆫ觀恒郭龍훈金壽哲諸씨가以靑年有志로出義創設훈바인ᄃᆡ學徒지進步가日益將就라一郡父老가嘉尙其靑年지篤志ᄒᆞ야熱心贊我홈으로大有進取지望이라ᄒᆞ더라

●稅錢濫捧　南來人의傳說을聞훈즉密陽郡은稅務官이到任ᄒᆞ기前에郡守에게輸納훈稅錢이十에四三分이나되고舊集八十兩例로先納이거날度支部에셔ᄂᆞᆫ何如處分이姑無ᄒᆞ고該道에貢納ᄒᆞ던先納錢은八十兩으로區別ᄒᆞ라고訓令이잇셔던지自郡으로遐托道訓ᄒᆞ고仍不出給ᄒᆞ고先納ᄒᆞᆫ民은濫耤加納ᄒᆞ야旣不虧勘者ᄂᆞᆫ尙今抵賴ᄒᆞ고旣爲畢帳者ᄂᆞᆫ推尋於該里長許ᄒᆞ오니各里長도實是狼狽오尙此不納者ᄂᆞᆫ不啻五六朔利殖이라後年爲始ᄒᆞ야指導國民ᄒᆞ야使不先納延타지根本也라더라

●鐵械傷花　廣濟院에셔賞花室을檢事ᄒᆞᄂᆞᆫᄃᆡ鐵機械를用ᄒᆞ야下門이重傷훈女가七八人인ᄃᆡ寶淫夫들이차後에ᄂᆞᆫ檢事를아니시길거시로決心ᄒᆞ며曰所謂醫ᄒᆞᆫ卒業ᄒᆞ얏다ᄂᆞᆫ外國醫師가無病之女를生病케하얏다고怨言이紛々ᄒᆞ다더라

●郡民愛국　晋州郡에셔儒鄕이發起ᄒᆞ야愛國報償償所를設施ᄒᆞ얏고同郡耶蘇教友商業諸員도償債所를設立ᄒᆞ얏다더라

●信地任留　ᄃᆡ안동국채보상부인회ᄉᆞ무소의셔난미일의년금봉슈ᄒᆞᄂᆞᆫᄃᆡ로슈시신용처도보니여두ᄂᆞᆫᄉᆞ건ᄂᆞᆫ집의두ᄂᆞᆫ거시죵ᄂᆞᆫ타ᄒᆞ야다만긔원긔십전이라도그시로유치케ᄒᆞ니미우분명ᄒᆞ고견고케ᄒᆞᆫ다더라

●부인의금　ᄃᆡ안동국채보상부인회에여러부인이의금ᄒᆞᆫ니전ᄒᆞᄂᆞᆫᄃᆡ김ᄃᆡ션씨ᄂᆞᆫᄒᆞᆫ화일원리송셕씨ᄂᆞᆫ한화일원맹현최소사ᄂᆞᆫ신화이십전히쥬협의판규화이원박용남씨ᄂᆞᆫ신화일원송광신화이십전현씨부인고씨ᄂᆞᆫ지씨부인강씨쥰자친팔십노인이ᄂᆞᆫ지화이원죵다동각감안영셕입더라

廣告

平安南道永柔郡西部面松橋洞居김寡女의子鼎樞이가年少悖類로敗家蕩産훈者라綿結雜類ᄒᆞ야僞造田券手票로典執得債코져ᄒᆞ니內外國人은切勿見欺홈

김召史　告白

國債報償義務所

敬啓者大丘廣文社金光濟徐相敦氏의國債一千三百萬圓을報상ᄒᆞᄌᆞᄂᆞᆫ趣旨書에對ᄒᆞ야凡爲大韓臣民者ㅣ孰不踐行其義務며奮發其志氣리오漢城지期成會와各道지義成會가接踵而起ᄒᆞ야甚至窮婦床奴々지莫不典최傾囊而助納ᄒᆞ니의盛哉라人心이大同에國可以復權이오民可以保族이로다東諺에曰호ᄃᆡ無債則生이라ᄒᆞ니國債를若不償還이면國亡이오國亡이면民將何依며民無所依면子孫宗族이爲人奴隷오家屋田土가非我所有니在昔阿根國과埃及之以債滅亡이爲前鑑者也라湖南一省은俗尙敦義ᄒᆞ야人多忠孝ᄒᆞ니其秉彝捐義지擧가必不後於人故로玆以爾布ᄒᆞ오니僉君子ᄂᆞᆫ照亮ᄒᆞ오셔竭誠義연ᄒᆞ야以爲完償國債ᄒᆞ심을敬要

光武十一年三月　日

發起人全北全州　申曼雨　金憲圭　金顯晉　李광秀　李康珠　최相麟　全南光州　高鼎柱　鄭公源　리丙星　洪大英　金允煥　申耕植

本人이南門外停車場西川邊에庫舍二百坪方米突을新建築ᄒᆞ옵고名稱普순倉庫라ᄒᆞ오며貰金은依沿江例ᄒᆞ오니某物이든지輸送ᄒᆞ심을敬要홈

朴宗潤　告白

永平梁文山坂仁興若出所賜牌禁養지地也支孫中에셔茂宗손殘弱ᄒᆞ고將欲斥賣于木ᄒᆞ오니內外國人은切勿見欺買작홈

宗손李漢鎔　告白

前參奉조昌熙의昌字를瓚字로改定ᄒᆞ오니知舊間照亮ᄒᆞ시옵

靑陽碧涵亭조찬熙　告白

本郡藥令이自是幾百年古例이더니遺間廢止爲十有餘年ᄒᆞ야商業이凋殘ᄒᆞ고物貨가不通ᄒᆞ야將至虛지境이더니本郡守金泳走氏가爲念民情ᄒᆞ야其由를請報於本道觀察府矣러니自觀察府로謄報農商工部ᄒᆞ야太蒙許指이옵기擴장立令ᄒᆞᆯ지規則ᄒᆞ고日字則以春二月二十五日과秋九月二十五日爲定ᄒᆞ고先玆廣告ᄒᆞ오니京鄕僉君子ᄂᆞᆫ照亮ᄒᆞ시옵

江原道原州郡居孫善쑥等告白

楊根郡守梁在翼氏ᄂᆞᆫ公正恭儉으로注意開明ᄒᆞ야革祛弊瘼에務盡實的ᄒᆞ야現行政蹟을不可一々枚擧이ᄂᆞᆫ刑法大典을國文翻譯ᄒᆞ야頒布面里ᄒᆞ고痛禁雜技에民無蕩産ᄒᆞ고家諭戶說에興農勸學ᄒᆞ고平生所嗜를一切節飮ᄒᆞ고周察孤窮ᄒᆞ야연保賑恤ᄒᆞ고視民如傷에不闕化지ᄒᆞ니來何晩矣오民得其蘇로다不勝忭蹈에玆以廣布홈

楊根郡大小民人申현과等告白

本人의姓名辛慶錫信四字正刻홈四方圖章與字聖憲二字篆刻홈四方章並爲陰丁未正月十一日의遺失而若有拾得이면不傳지意로付廣告於本郡各街矣러니終無影響故로慶字를以鍚字改刻行用ᄒᆞ오니內外國僉君子ᄂᆞᆫ照亮ᄒᆞ시옵

全羅北道扶安郡　前議官辛鍚錫　告白

國債報償期成會

義金 續 廣告

리公五 奇永澤 黃錫奎 以上各五拾錢 리順兼 리淵봉 각貳拾錢 김東煥拾錢 박源根四拾錢 김文京五拾錢 權相日貳拾錢 孫貴甫拾五錢 印永云三拾錢 리泰仁貳拾錢 장應晰 김乃習 박成七 安吉壽 姜又昌 김善培 리世俊 박春澤 리明哉 高壽福 김弘植 리喜演 리允七 리順元 리致善 沈永日 黃錫俊 黃允澤 김平魯 리徽春 윤泰俊 리亨順 柳聖日 김允江 박寬興 姜元根 박光善 김道明 김允根 各三拾錢 한敎日 김文植 卞興壽 김允弘 高龍賢 귀應奎 김允凡 최俊植 송化成 리在壽 김明化 김昌云각貳拾錢 中央書館收入금 琵琶동居 리夫人年八十壹圓 全孫夫人年八十三拾錢全孫 年三十貳拾錢 全 寄居人 김夫人 年七十貳拾錢 全 全 洪氏 貳拾錢 全 全 최氏 二十錢 全 使喚女兒 貳拾錢 全 鄭氏夫人 貳拾錢 合貳圓五拾錢 東署東學養士洞內會동 劉福吉五拾錢 리昌龜五拾錢 辛在奎五拾錢 河命瑞五拾錢 鄭聖實五拾錢 명石규井五錢 申福伊廿五錢 釜山港김英鎬五拾錢 計三圓五拾錢 武藝廳 統長 김宗九壹圓 全 孫裕順壹圓 武監 一百五十人 각二拾錢式 合三拾圓 軍士八人 各拾錢式 合捌拾錢 洞口內 리基薰氏 五拾錢 養士洞 김夫人貳拾錢 始興加里峰박昌基拾錢 以上合三拾三圓六拾錢也 高裕相書舖收入金 任冕宰四圓 任胤宰 리光一各貳圓 洪淳규壹圓 최峻何拾圓 計拾九圓 김相萬書舖收入金 리濟英壹圓 장永成貳拾錢 辛成鐸貳拾錢 子鴻男貳拾錢 子永福 子基福各拾錢 리德俊 朴鳳秀貳拾錢 巡檢申起賢 崔祐五拾錢 김榮기 리鴻基壹圓 김學永貳圓 黃義謙三拾錢 리斗榮 安泳植 子규浩 박桂登 子允基 리萬亨 子仁元 김弘臣 南澤규 송창吉各貳拾錢 鑄동藥局會同 최의龍 리明吾 리舜吾壹圓 송聖俊 리德順 김昌植五拾錢 리 김泰俊 孫창植貳拾五錢 리규浩 장義植 리種春 리熙俊 김龍植 송聖仲貳拾錢 徐廷善 徐廷玉 김泰煥 최學鎭 박雲先 任봉宰 孫世창各拾錢 布屛下勞働會同 됴德順 김允先 김澤和 김慶順貳拾錢 朴聖根 김有先 元原明 박景必 리德和 김永壽 徐仁西 김山周 高景三 김仲甫 박應先 리明先 최永日 장景順 김景達 洪學仁 김善日 됴敬寬 리命西 김興錫 姜仁寬 中學奉 拾錢 리成龍四拾錢 計十九圓八拾五錢

廣告

學部의認准을承ᄒᆞ야西署陽동이設立ᄒᆞᆫ私立光成商業學校를私立光成實業學校로改定ᄒᆞ얏기玆廣告홈

校監徐相勉 告白

명월관확장광고

폐관이가시이후로교이ᄒᆞ시ᄂᆞᆫ귀각ᄭᅴ후의를입사와오ᄂᆞᆯ날더한에제일등요리점으로너외국에셔다아시도록확장ᄒᆞ여가오니뎌단감ᄉᆞᄒᆞ옵거니와근일은이층양옥을광활이신건축ᄒᆞ고다닥아리ᄂᆞᆫ온돌방을은밀리비치ᄒᆞ고포진범절을셔로ᄒᆞ와오시ᄂᆞᆫ귀각이편ᄒᆞ시도록쥬의ᄒᆞ엿ᄉᆞ오며각종음식은보기에화려ᄒᆞ고먹기에정미ᄒᆞ게일신쥰비ᄒᆞ야다소를불게ᄒᆞ고주야로파오되셔양쥬ᄂᆞᆫ잔으로파오며특별신미량교자음식은오시ᄂᆞᆫ시로부터ᄒᆞᆫ시간이되면멧상이라도곳가져가시도록ᄒᆞ오니너외귀각은륙속왕임ᄒᆞ시옵

각석요리음식
각석셔양쥬
각종경편양요리
각종일본간스메
각종여송연
각국권연
진찬합
건찬합
밥교자
특별신미량교자음식
명창가동정거복도유ᄒᆞ옵

明月館 主人 金東植 告白

湖南鐵道株式會社廣告

本社事務를一層擴張ᄒᆞ기爲ᄒᆞ야事務所ᄂᆞᆫ大廣橋川邊前紙廛小都家로本月六日에移接ᄒᆞ고社長以下整理委員을選定ᄒᆞ고玆에左開ᄒᆞ야廣告ᄒᆞ오니株主에應募ᄒᆞᆫ僉有志 僉君子ᄂᆞᆫ陸續來臨ᄒᆞ심을爲望

社長 金基永
總務部長 成文永
整理委員 尹晶錫
白完혁 趙鎭泰 丞秉澤
鄭東植 孫錫基 孟덕敏
朴泓일 鄭斗煥 白寅基
한相韶 趙彰漢 等 告白

●九轉靈砂라 本人이妙方法을神備ᄒᆞ야製造ᄒᆞᆫ靈丹인ᄃᆡ男女老少에無論何징ᄒᆞ고通治ᄒᆞ오며無病時에도服ᄒᆞ면平生의身躰가健康ᄒᆞ며小兒ᄂᆞᆫ四五錢重만服ᄒᆞ면十歲안에無病ᄒᆞ기를擔保ᄒᆞ오며

●九轉靈砂萬應丹은져狂 癇징과中風諸疾과耳目諸病과淋疾에神効ᄒᆞ오

●九轉靈砂保命丹은初生小兒驚風 간氣 咳嗽 腹瘡諸般惡징에神効ᄒᆞ오

●九轉靈砂濟衆丹은酒滯 食滯 血積 吐瀉 霍亂 痢疾 吐血 下血 運氣 時疾 疝징에神効ᄒᆞ오

●九轉靈砂紫金丹은痔漏 累瘻 上疳瘡 下疳瘡及唐瘡과諸般毒瘡惡種에無不神効ᄒᆞ오니 僉君子ᄂᆞᆫ來問ᄒᆞ시오

內需司前득갑이골上隅第一家 百三統一戶 리호廷 告白

●大韓自强會月報

每月一回廿五日發行
定價金 一部 十五錢

大韓自强會月報의發行이歷朔을經ᄒᆞ오니自由의議論을鼓發ᄒᆞ야國家의權利를增進ᄒᆞ고獨立의精神을淬礪ᄒᆞ야同胞의團結을益堅케ᄒᆞ야全國有志諸公의愛讀ᄒᆞ심을供ᄒᆞᆫ바現今本會의셔一비贊成ᄒᆞ기爲ᄒᆞ야高明ᄒᆞᆫ文章과宏博ᄒᆞᆫ獨系를逐延致ᄒᆞ야天下大勢의變動과殖產敎育의要素와古今政治의大要를蒐輯ᄒᆞ야開發ᄒᆞ며明日을一新케ᄒᆞ오니愛國ᄒᆞ시ᄂᆞᆫ僉君子ᄂᆞᆫ血淚를灑ᄒᆞ시고家家案頭에隨刊對讀ᄒᆞ시오

皇城中署典洞九統二戶
大韓自强會事務所

西署新門外龠동 百八十六統三戶
辯護士 前判檢事正三品 丁明燮
法律事務所
事務員 前主事 吳在淳

越南亡國史

新刊 國漢文 定價貳拾伍錢
發賣所 京城廣橋高裕相書舖
鏡南端川郡禹時夏
布屛下 김相萬 冊肆

洪淳康氏ᄀᆞ東署東小門內土橋東邊에織造機를廣張設施ᄒᆞ야稱號를淳昌號라ᄒᆞ고各色綢緞紗屬等을織造發賣ᄒᆞ오니願買人은來臨購買ᄒᆞ시며或所用대로緞과紗等屬을預托ᄒᆞ시면依施行ᄒᆞ깃ᄉᆞᆸ

淳昌號 告白

◎本社廣告

○申報價
一張代金 新貨二錢五里
一個月前納 三十錢
三箇月 九十錢
六個月 一元七十錢
一箇年 三元四十錢
郵稅一部 新貨五里
一箇月 十三錢

○廣告料
四号活字十三字計
每日每英尺一寸에新貨 [illegible]
(每日每行六錢에相當)
一週日에 二圜 [illegible]
(每日每行四錢五里에相當)
一箇月에 五圜
(每日每日四錢一里에相當)
其期限의長短과字行의多少를依ᄒᆞ야增減홈이有홈

●大한每日申報各處支社와賣所
中署布屛門下 김相萬書肆
中署農圃初入七拾八統第二號 鄭匡澤
平壤上水口門內 김[illegible]
全 仁川紐峴開新冊肆 최[illegible]
宣川邑備西里 리東[illegible]
義州西門外한西 安[illegible]
釜山港佐川 大藥局
三和港築洞 徐藥局
咸興州南社西門外 김仁집
開城培義學校 曹[illegible]林
大丘市廳 姜助遠
載寧邑濟衆院 최一弘
鐵山邑東部 鄭夢澤
元山支店 安[illegible]
定州南門內 劉七錫
信川邑 洪成麟
海州南門內書舖 李源植 朴昌鎭

發行兼編輯人 英國人 비셜
發行所 南署石井洞號外地三層洋屋
大韓每日申報社

第五卷

大韓每日申報

대한매일신보

[illegible]號

月曜及慶節歲時日休刊

曆 ◦ 開國四千二百四十年
箕子元年三千二十九年
大韓開國五百十六年
日本明治四十年
清國光緒三十三年
◉陰曆丁未二月大初七日戊辰

寄書

大最緊急忠告　日本留晴笠生

近日貴報上所載國債還償事는今日爲大韓臣民者ㅣ孰不惶恐感服ᄒᆞ야手ㄱ舞之ᄒᆞ며足之蹈之리오恰然如草木이向陽春ᄒᆞ야乘綻花發之時ㅣ며而病者愈ᄒᆞ고憂者樂之秋也ㅣ로다然이나愚生의忠告事件은別無他奇妙之良策이라有二大事件ᄒᆞ니第一은自日本國으로一千三百萬元借款中剩條幾何를決算ᄒᆞᆯ거시오

第二ᄂᆞᆫ今番各大官子婿諸姪의日本각官衙視察을停止件이是也라以上兩件을大略說明ᄒᆞᆯ터이오니伏願同胞ᄂᆞᆫ張目視之ᄒᆞ시오

第一一千三百萬圓中剩條決算事ᄂᆞᆫ無他라如此巨額을不過一年에用處업시空費ᄒᆞᆫ쓸일은萬無ᄒᆞᆯ뿐더러自大阪造幣局으로尙未遣幣者가幾萬圓間有ᄒᆞ리니該額을調査除之ᄒᆞ고餘條마還상ᄒᆞ면幾分間이라도還償이輕ᄒᆞ리니此亦一大好計오

第二視察停止件은緊緊急急之[illegible]年以來로學務視察이니農務視察이니[illegible]視察이니[illegible]視察이니무ᄉᆞᆫ視察이니무ᄉᆞᆫ視察이니ᄒᆞ면셔五六年間에某大臣某協判某局長이來往不絕에非止一再로되巨額의國庫金만虛費ᄒᆞ고視察功效ᄒᆞ나잇나視察一行幾十人이東京에到達ᄒᆞ면高樓巨閣三層旅館에留在ᄒᆞ면셔視察은姑舍ᄒᆞ고第一急務洋服注文九段坂下洋鞋집에革靴短靴注文ᄒᆞ기神田區天賞堂에時計眼鏡注文ᄒᆞ기日本橋吳服店에단屬紬屬與成ᄒᆞ기區町々勸工場에玩好之物買得ᄒᆞ기有力紳士招待ᄒᆞ야흠흠이讌찬會며博物館動物園公園等地漫遊ᄒᆞ니이러ᄒᆞᆫ데精神쓰고奢侈에視察ᄒᆞᆯ가그렁저렁지내다가日子가促迫ᄒᆞ고財政이渴乏ᄒᆞ면視察ᄒᆞ러간다ᄒᆞ고數三處往타가忽地에回國ᄒᆞ니무얼가져다가模範實施ᄒᆞ여볼가噫噫고曉喜도다爲國盡忠못ᄒᆞᆯ졍一千萬圓借款中에如此虛費不可로다無用의視察말고觀察費收合ᄒᆞ여國債還償補用ᄒᆞᆷ

大皇帝陛下ᄭᅴ오셔도御膳不御ᄒᆞ시거든而況臣民된者歟은空費ᄒᆞᆯ가今番國債還償에對ᄒᆞ야大韓帝國臣民된者는아니經濟補用ᄒᆞᆯ가보시오哀兒歲拜錢九十老寡義捐金酒婦人針工[illegible]賣酒婢衛使喚勞動錢各種分錢모와國債還상고만두고大官의게補助ᄒᆞ라오슬푸고슬푸도다어이그리어리셕소우리同胞二千萬에一千三百萬圓分排ᄒᆞ면平均六十五錢에不過ᄒᆞ오如此些少ᄒᆞᆫ金額에他人의게奴隸된거슬앎에도生覺지아니ᄒᆞ고빗니가지고구경만다니다가敗家亡身ᄒᆞᄂᆞᆫ놈에誰怨誰咎ᄒᆞᆯ잔말가답々ᄒᆞᆫ이兩班님斷烟도고만두고아모것도고만두고이러ᄒᆞᆫ만收合ᄒᆞ야도當年內로還상되오어리셕은말슴이나古書에말슴ᄒᆞ기를狂夫之言도聖人이擇之라ᄒᆞ얏스니부ᄃᆡ々々깁피々々

官報

●三千七百十七號　光武十一年三月十九日

◉**宮廷錄事**

掌禮院卿臣李容植謹奏再간擇日字更爲擇入事命下矣吉日令日官金東杓推擇則陰曆三月十六日巽時爲吉云以此日時定行乎敢奏

광武十一年三月十七日奉旨以此日時定行

◉**敍任及辭令**

日本국軍司令將官陸軍大將男爵大勳　長谷川好道
陞賜瑞星大綬章

財政顧問官日本국人勳一等目賀田種太郎
議政府顧問官美국人勳一等須知分
換賜太極章

統監府農商工務總長日本국人勳二等　木内重四郎
陞敍勳一等賜八卦章

日本국海軍中將　出羽重遠
敍勳一等賜八卦章

日本국海軍少將　中尾雄
日本국海軍大佐　西신六郎
仝山屋他人　仝石井義太郎
仝山本正勝
敍勳二等賜八卦章
敍勳三等賜太極章

日本국海軍中佐山本竹次郎
敍勳三等賜八卦章

日本국海軍少佐　金丸清緝
日本국海軍大尉　松岡精雄
仝　森初次
敍勳四等賜太極章

領敦寧司事勳一等리根命
表勳院總裁勳一等閔泳徽
陞叙大ᄒᆞᆫ賜李花大綬章

任度支部技手　邊時鵬
仝　박同九

給三級俸
度支部建築所事務官金明濟
度支部技師吳台煥
度支部建築所事務官兪承兼
仝　李鏡益
度支部建築所技師조漢喆
度支部水道局技師兪경煥
給七級俸

外報

●排日問題會議의停會　華盛頓電을據ᄒᆞᆫ則美國가리포루니아州下議院議員세텔드氏가大統領의게對ᄒᆞ야가리포루니아州議會에셔日本人排斥에關ᄒᆞᆫ法案을議決치아니ᄒᆞ고停會ᄒᆞᆫ意로通牒ᄒᆞ고尙且同氏가大統領의政策을방助ᄒᆞᆯ意로保證ᄒᆞ얏다더라

●迷信可笑　滿洲報를據ᄒᆞᆫ則黑龍江省南門城樓에大仙이有ᄒᆞ야居住ᄒᆞᆫ다ᄒᆞᆷ으로每年臘月에城內外居民이不論男女ᄒᆞ고均皆登樓ᄒᆞ야졈香扣禱ᄒᆞ고去年에又値此期ᄒᆞ야闔城男女가爭先祈禱이繁盛一時ᄒᆞ니下關迷信難破라ᄒᆞ얏더라

東京電報

●日人協會電請
三月十七日午后六時着
加州在留日本人協會ᄂᆞᆫ杉田議長의게電報ᄒᆞ야日本政府ᄂᆞᆫ日本人排斥定約에同意ᄒᆞ얏ᄉᆞ니閣下ᄂᆞᆫ盡力ᄒᆞ야成立치못ᄒᆞ게ᄒᆞ기를請ᄒᆞᆫ다ᄒᆞ얏더라

雜報

●女會討論　女子教育會에셔本月二十三日(陰二月十日)下午一点鐘에第十七回通常會를開ᄒᆞ고討論問題ᄂᆞᆫ富强之要ᄂᆞᆫ工業이勝於商業이라ᄒᆞ고高貴ᄒᆞᆫ婦人諸氏가討論ᄒᆞ며且紳士金大熙李商在玄국박正鍾諸氏를延請ᄒᆞ야高明ᄒᆞᆫ知識을交換케ᄒᆞᆫ다더라

●學童義捐　梨峴朴議官永浩氏家書堂學童十五兒가各其禮式或十錢或二十錢式合一元九十錢을收合ᄒᆞ야期成會로來付ᄒᆞ얏더라

●三童出義　國債報상에對ᄒᆞ야亭洞최三龍과박貫男과박龍進三童이各二十錢을捐出ᄒᆞ야期成會에納致ᄒᆞ얏다더라

雜報

●政府議案　再昨日政府會議案件을得聞ᄒᆞᆫ즉贊議官리根澤氏ᄂᆞᆫ陪從武官長으로轉任ᄒᆞ고陪從武官長丘東潤씨ᄂᆞᆫ侍從武官長으로轉任ᄒᆞ고侍從武官長李鍾健씨ᄂᆞᆫ贊謀官으로轉任ᄒᆞ고리甚東氏ᄂᆞᆫ中樞院贊議를被任ᄒᆞ고學部參書官장德植씨ᄂᆞᆫ編輯局長으로陞任ᄒᆞ고光州觀察使沈相익氏ᄂᆞᆫ內部協판으로轉任ᄒᆞᆫ件과龍港地調査委員旅費支出件과度支部建築所經費支出等諸件이라더라

●參政慨歎　리僞씨免官事에對ᄒᆞ야參政大臣이慨然長歎曰政府事가若是紊亂ᄒᆞ니豈不寒心哉아此事件을上奏ᄒᆞ야明於히歸正ᄒᆞᆫ다더라

●落莫還任　江原觀察使權益相氏ᄂᆞᆫ內部協판을熱心運動ᄒᆞ야多日滯京ᄒᆞ더니沈相익씨勢力에壓倒ᄒᆞ야成事치못ᄒᆞ미日間還任次로發程ᄒᆞᆫ다더라

●學大不參　日昨政府會議에學部大臣리完用氏ᄂᆞᆫ무ᄉᆞᆷ事件이有ᄒᆞᆫ지出席지못ᄒᆞ얏다더라

●南守上京　南原郡守박台榮氏가請由上京ᄒᆞ얏다더라

●統監入城　伊藤統監이本日下午四点에入京ᄒᆞᆫ다ᄂᆞᆫ電信이到達ᄒᆞ얏다더라

●是何故也　學部大臣리完用씨가有何事故인지連日仕進視務치아니ᄒᆞᆫ다더라

●顧問何多　大東學會에셔日人某씨로顧問으로選定ᄒᆞ고該會事務를協議ᄒᆞᆫ다니韓國人은政府던지社會上이던지依例히日人으로顧問을聘置ᄒᆞᄂᆞᆫ俗習이되얏다고巷說이喧藉ᄒᆞ더라

●出迎義王　義親王殿下씌오셔歸朝ᄒᆞ신다ᄂᆞᆫ說은昨報에揭載어니와該宮에셔再昨日에義親王殿下迎接차로多數히釜港에前往ᄒᆞ얏다더라

●師範卒業　官立師範學徒速成科卒業式을本日午後二時에校洞日語學校內로擧行ᄒᆞᆫ다더라

●警顧歸國　警務顧問官丸山씨가本月二十五日에歸國ᄒᆞᆫ다더라

●開拓規則　農商工部에셔荒無地開拓ᄒᆞᄂᆞᆫ事에對ᄒᆞ야林野法規則을制定ᄒᆞᆫ다더라

●滿漢設兵　長谷川大將은伊藤統監이渡韓ᄒᆞᆫ後에限一朔ᄒᆞ고歸國ᄒᆞ야陸軍參謀部에滿洲와韓國에設兵ᄒᆞᆯ形便을盡告ᄒᆞᆫ다더라

●電燈請求　仁港에셔今番火災後로每日에電燈請求ᄒᆞᄂᆞᆫ人이多數ᄒᆞ다더라

●死不忘國　리容익氏가海蔘威等地에셔臨終時에其令允리賢在氏의게遺言ᄒᆞ되國恩을萬分之一이라도報答지못ᄒᆞ고至此命盡ᄒᆞ니其所含恨은不可盡言이어니와我死後에韓國獨立權을回復ᄒᆞ기前에ᄂᆞᆫ運柩以歸치말나ᄒᆞ더니該氏屍體를飲襲入관後에其令允리賢在氏가故國에還葬ᄒᆞᆯ次로運柩코즈ᄒᆞᆫ즉該관과이砥柱와如ᄒᆞ야不遷動ᄒᆞᆫ다더라

●農付善隣　日本人大倉喜八郞氏가善隣學校를開設ᄒᆞᆫ뒤ᄂᆞᆫ前報에揭載어니와該校設ᄒᆞᆫᄂᆞᆫ事由를得聞ᄒᆞᆫ則農商工部를廢止ᄒᆞ야付之該校ᄒᆞ고舘五百圓式支給ᄒᆞ고京城學校舍ᄭᆞ지給與ᄒᆞ야設校ᄒᆞᆫ다라

●덩씨還任　新任ᄒᆞᆫ農商部農務局長鄭鎭弘씨가외국現在ᄒᆞ얏더니數日間에還來ᄒᆞᆫ다더라

●文筭又試　再昨日學部에셔師範學徒를試取ᄒᆞᄂᆞᆫ뒤應試者三百餘名에達ᄒᆞ얏고試驗科程은專以孟子로面講ᄒᆞ야昨日上午十一時半에畢了ᄒᆞ고算術作文은本日上午九点半에試驗을爲始ᄒᆞᆫ다더라

●西民將訴　平安北道觀察使申泰休씨가莅任半載에一無行政ᄒᆞ고專事貪饕ᄒᆞ야雲山學區三處에勒奪錢文三千五百兩과寧邊張用杰等三人許에寃徵錢一千兩을還尋次로上來ᄒᆞ며各郡에新學問冊原價外에加捧條를推覓차儒林이呈部ᄒᆞ기도上京ᄒᆞᆫ다더라

●挾雜卒業　西來消息을據ᄒᆞᆫ즉平南參書官김英鎭氏ᄂᆞᆫ多年日本에遊學ᄒᆞ야政治課를卒業ᄒᆞᆫ者라歸國初에好樣事業을多少做出ᄒᆞᆯ가ᄒᆞ야政府에셔採用ᄒᆞ기를勸告ᄒᆞᆫ者도有ᄒᆞ더니一自被任以後로無半点好個思想ᄒᆞ고府下협雜輩로附耳連肚ᄒᆞ야終晝終夜에從事乎妓酒之間ᄒᆞ야一妻二妾이猶爲不足ᄒᆞ고三日小宴에五日大宴ᄒᆞᄂᆞᆫ뒤本無積貯에只以四十圓月俸으로用錢如水ᄒᆞᆫ즉外國遊學이必是협雜卒業인지씨의奇妙手段은神鬼莫測이라ᄒᆞ더라

●중南通船　大同江이日昨에야解氷되여중南浦로行船ᄒᆞᆫ다더라

●溺斃可慘　鴨綠江이三月七日에解氷되얏ᄂᆞᆫ뒤溺斃ᄒᆞᆫ人이一人이라더라

●鄕習可惜　龍川府所謂鄕人輩六七名이一自移府지後로寄食於龍巖浦ᄒᆞ고聚頭相會ᄒᆞ야亂人公堂ᄒᆞ야首鄕文學시白學曾文師顧白源리徽正리셔潤김用希等人이聚會ᄒᆞ야以文學시로爲發文主ᄒᆞ고輪布各面ᄒᆞ야去二十日에同類를會集府下에稱云鄕契ᄒᆞ고每戶에一兩五錢式收合ᄒᆞ야鄕廳을新建ᄒᆞ고鄕會長과鄕都監을設置ᄒᆞ야官政을補佐ᄒᆞ고鄕規를明正ᄒᆞ여야吾鄕班이可保오각面長을敎囑ᄒᆞ되此契不參지人은戶籍을閉录收畢ᄒᆞ겟다無知ᄒᆞᆫ百姓을惑亂煽動ᄒᆞᆷ이一境이沸騰ᄒᆞ고本府尹魚允迪씨ᄂᆞᆫ奸鄕袖中에入ᄒᆞ야府中에학校도設치못ᄒᆞ고巳革ᄒᆞᆫ鄕廳을更設ᄒᆞᆫ다더라

●廣學新會　前郡守최훈柱具哲祖리敎英三씨가漢城廣學會를發起ᄒᆞ야再昨日東關水門동京約所內에臨時事務所를設始ᄒᆞ고會員百餘名이團會ᄒᆞ얏ᄂᆞᆫ뒤學長은前判書김鶴鎭氏로副學長은前判書南廷哲李容직兩氏로講演長은呂圭亨氏로總務ᄂᆞᆫ최훈柱氏로推定ᄒᆞ얏다ᄂᆞᆫ뒤該會趣ᄂᆞᆫ孔孟之學으로宗敎를扶植ᄒᆞ고各地方林下讀書之士四十歲以上人을推薦ᄒᆞ야新學問을硏究ᄒᆞ야開明進步에發達ᄒᆞ야日後國家多士의需用지材를爲ᄒᆞᆷ이라더라

●唾°罵°國°賊°

价川居박容介氏가忠北觀察使윤吉炳씨의게致函ᄒᆞᆫ槪要가如左ᄒᆞ니

敬啓者今此國債報상義務ᄂᆞᆫ即我韓興亡之大關係也叶雖愚夫愚婦라도莫不竭衷盡力者ᄂᆞᆫ出於秉彛之天ᄒᆞ야凡有血氣이同聲에如水就下ᄒᆞ고且自淸日英美法德各國으로亦莫不贊助者ᄂᆞᆫ以表其人道之同情故也而惟貴下ᄂᆞᆫ以何心腸이며以何主見으로道內發起人덩變憲尹泰植諸氏를捉囚押牢ᄒᆞ고限死沮戱耶아貴若有彛性之萬一者면豈容若是리오於心에倒鹽三千里疆土ᄒᆞ고殄滅二千萬生命然後에自以爲爽快而然耶아切爲貴下不取也ᄒᆞ노니天日을仰睹ᄒᆞ라ᄒᆞ얏더라

●國旗禮拜　西署萬里峴義務均明학校에셔去월歸國ᄒᆞ얏든美國留학生安昌호씨가生徒에게對ᄒᆞ야勸勉ᄒᆞᆫ內開에美國각種학校에셔ᄂᆞᆫ愛國思想으로每日上학前에國旗에禮拜ᄒᆞ고愛國歌을唱ᄒᆞᆷ을見ᄒᆞᆫ즉其開明模範을令人感昻이라然則凡吾학校도從今施行ᄒᆞᆷ즉ᄒᆞᆷ으로該校에셔去月曜日로爲始ᄒᆞ야拜旗唱歌例을擧行ᄒᆞᆫ다더라

△倚劍長嘯△

▲東天消息을回首一問ᄒᆞ니一片陰雲이海上에徘徊ᄒᆞ야雨意를含蘊ᄒᆞ니隔在數天에影子가不遠이라幾箇枯苗ᄂᆞᆫ雨澤을企待ᄒᆞ도다

▲伊藤統監이還任ᄒᆞᆫ다니[illegible]地方局長김寬鉉氏와[illegible]黃鐵氏가初頭에[illegible]를欲樹ᄒᆞ다가[illegible]長이나굿치[illegible]位를堅固케ᄒᆞᆯ[illegible]

▲近日大官이[illegible]히宮內府奉常司長으[illegible]니中樞院發議가[illegible]任ᄒᆞᄂᆞᆫ處所가[illegible]府에提議ᄒᆞ야[illegible]니奉常司ᄂᆞᆫ如前히[illegible]ᄒᆞ니奉常二字ᄂᆞᆫ[illegible]로고

▲成均館長任善準씨ᄂᆞᆫ該館[illegible]生이一齊히退去ᄒᆞᆫ事로辭職가[illegible]共知ᄒᆞᄂᆞᆫ비어니와同氏가[illegible]리完用씨와關係勢力을[illegible]ᄒᆞ고自退學生은初不勸入ᄒᆞ고一升新選ᄒᆞ얏다니學子先生이아니라勢力先生이로다

▲學務局長尹致旿씨의遞任되ᄂᆞᆫ內容인즉向日郡守詮考時에內相所薦人中에反對가多ᄒᆞᆷ으로因以挾感ᄒᆞ야不可置而府上이라ᄒᆞ니전考委員이亦一憂患이로고

▲今番國債報償에對ᄒᆞ야泗川郡人民과婦女兒童이라도各自出義ᄒᆞ되京城內富客은銅山高高築ᄒᆞ야田土만欲取ᄒᆞ니但知利두ᄒᆞ고胸無他計ᄒᆞ니三千里江山이浮去ᄒᆞ야도銅山田土를渠能獨守ᄒᆞᆯᄂᆞᆫ지

◉◉本社廣告◉◉

國債報償金을本社로持來ᄒᆞᄂᆞᆫ이가逐日沓至ᄒᆞ오나本社에서ᄂᆞᆫ如此重大ᄒᆞᆫ事에對ᄒᆞ야善後之策을確實講定ᄒᆞ기前에ᄂᆞᆫ領受키難ᄒᆞ기로姑不收捧ᄒᆞ오니僉君子ᄂᆞᆫ照亮ᄒᆞ시오

大한每日新報社告白

雜報

●芙蓉吐香 晋州妓芙蓉에寄函을據ᄒᆞᆫ즉僕이幼年命薄에淪落敎坊ᄒᆞ야吹彈之場에光陰이如箭ᄒᆞ니世間無限情恨이便是一場夢婆로다晩遇着一個老措學究ᄒᆞ야甘作終身之計ᄒᆞ니眞所謂門前冷落鞍馬稀老大嫁作商人婦라本月六日에適過儀鳳樓下ᄒᆞ니士女雲擁九嘆十淚커날問知則幾位紳士가倡設愛國債償會ᄒᆞ고登樓演說者也라妾이歸謂同志曰吾輩도會以化育中一物로서伊昔全盛之時에誕辰盃盤과嘉禮進연에曜近天顔ᄒᆞ고屢蒙恩賞터니顧瞻瓊樓에如在天上이라當此償債義務ᄒᆞ야ᄂᆞᆫ反哺之鳥가豈有雌雄이리오於是에衆口一談에遂結婦人愛國會ᄒᆞ고鳩聚殘貨ᄒᆞᆯ식嗟呼라此事多魔ᄒᆞ고痴人多猜로다城中에有一箇武斷人姜周석者ᄒᆞ야遣人誘引曰吾亦別창一會ᄒᆞ니汝曾所聚金貨를輸納吾會ᄒᆞ야互爲總支가可也라座中에有王孫滿이却之曰報國之心은각出個人義務ᄒᆞᄂᆞ니禮不同席에義難混會니라須臾에那姜周이가多率獰黨ᄒᆞ고伴着日巡査一人ᄒᆞ야突入內庭에動威沮會ᄒᆞ니當塲光景은可謂雪撲花田이오전入蠻叢이라妾이以愛國本意로寃々說明則日巡査ᄂᆞᆫ元是開明的國人이라唯々而退ᄒᆞ고姜周이ᄂᆞᆫ元是天生的潑皮라終是沮會故로不勝悲憤ᄒᆞ야玆敢仰達ᄒᆞ오니伏惟 尊社ᄂᆞᆫ春秋筆法이요月朝評案이라揭布此文ᄒᆞ와聲討沮會之人을敬要 晋州愛國婦人會發起人芙蓉

●藥舖義捐 各藥舖에서國債報償에對ᄒᆞ야卷烟의吸烟을斷ᄒᆞ기로一致同盟ᄒᆞ고一百七十八人이義金六百三圜七十五錢을收合ᄒᆞ야期成會로送ᄒᆞ얏더라

●樵童出義 楊根分院의樵童等이國債報상의說을聞ᄒᆞ고不勝感激ᄒᆞ야賣柴賣屨ᄒᆞᆫ錢三元을收合ᄒᆞ야期成會로送ᄒᆞ고該洞白丁金三用도四十錢을寄送ᄒᆞ얏다더라

●鄭氏奬勸 德山郡紳士諸氏의國債報상會를發起ᄒᆞᆷ은別項에記載ᄒᆞ얏거니와鄭委員寅英氏ᄂᆞᆫ素以淸貧ᄒᆞᆫ家業으로開明上有志ᄒᆞᆫ人이라家勢를不顧ᄒᆞ고多數捐義ᄒᆞ야ㅆ郡人을奬勸ᄒᆞ얏다니該氏의熱誠이甚可嘉尙이라고南來人의頌聲이有ᄒᆞ더라

●一동義捐 龍寧上栗海倉동人民이國民義務을自覺ᄒᆞ야團結一心ᄒᆞ고國債報상에對ᄒᆞ야義捐金五十四元十錢을鳩聚ᄒᆞ야期成會로寄送ᄒᆞ얏더라

●國채報償義金募集趣旨書 忠南德山郡有志ᄒᆞᆫ리斗馥丘鍾灝 리斗宰 리봉求紳士諸氏가國債報償會을發起ᄒᆞ고時勢의不可不然과義務의不容不爾ᄒᆞᆷ을懇惻說明함의附近人士가莫不雷應ᄒᆞ야當日所募ᄒᆞᆫ金額이三百元에已達ᄒᆞ얏스니該鄕同胞의愛國熱誠이可謂湖西列郡의先進이라吾儕가大[illegible]贊祝ᄒᆞ거니와其函布ᄒᆞᆫ즉文이如左

夫有國然後에有民은乃天經地緯之常理也라今我大韓이有國民危難之大機關ᄒᆞ니卽國債一千三百萬元底事라以此로皇上有旰宵之憂而在庭諸臣은束手無策ᄒᆞ야但見外侮日至ᄒᆞ고國事日非ᄒᆞ니爲我臣民者孰不痛恨熱血이리오近見徐相敦金光濟兩氏公函則以國債報償之意로仗忠尙義之辭가令人感泣이고其鳩財之方略에曰就使二千萬人衆으로限三個月廢止南艸吸烟ᄒᆞ고以其代金으로每名下에每朔二十錢式徵收聚算ᄒᆞ면庶可爲一千三百萬圜이라ᄒᆞ니伏願爲我大韓國民之僉君子ᄂᆞᆫ覽仰以言以書轉相警告ᄒᆞ야期於實施ᄒᆞ야上以答聖明ᄒᆞ고上以維持疆土云々이라ᄒᆞ얏스니此兩氏之一幅公函이可作大韓國昏衢之明燭이니孰不喚醒而肯從哉아玆通告ᄒᆞ니維願境內同胞ᄂᆞᆫ忠君愛國之心을團結ᄒᆞ야각自義捐ᄒᆞ야以了國債ᄒᆞ고以復國權ᄒᆞ야以至國泰民安之地千萬옹祝

●事必歸正 日前本報欄內에廣州宮里前承旨리允宗氏가舊習尙存이라고已爲揭載ᄒᆞ얏더니更聞ᄒᆞᆫ즉該郡三田渡ᄂᆞᆫ入京直路인대年前에津頭家屋이燒盡ᄒᆞ야行船於松波ᄒᆞ니行人이往來回十餘里故로隣里水西동學校에서地方과農部에承認ᄒᆞ야本月初에開津行船이러니松波船人三十餘人이作黨來鬧ᄒᆞ야毆打沙工ᄒᆞ고奪取船隻ᄒᆞ야繫泊于松波ᄒᆞᆫ故로方今裁判ᄒᆞᆫ다더라

廣告

本人이自轉車八座를昨年陰十二月二十一日典執於鐘路永泰盛號典當舖得債紙貨五百元이러니今年陰正月二十六日本典을逢賊ᄒᆞ야什物中의셔失ᄒᆞ얏기로玆仰告ᄒᆞ오니無論內外國人ᄒᆞ고拾得則休紙施行ᄒᆞ옵쇼셔

南署曲橋居金佑益 告白

平安南道成川郡守趙鼎윤氏가年前監理時에稅貿금과沿江稅와公土打半과江慈屋三郡은年例蔘皮封進時에作奸이라고平北民리五友等이有何嫌端인지國民新聞社에寄函ᄒᆞ얏스나以本事言之면각礦稅金은掛單名數成冊에昭詳ᄒᆞ고貿金段은西北開礦幾十年에日巡營曰本府曰別將이歐價貿取之前例而丕써監理則依經理院訓飭ᄒᆞ야貿紬貿皮ᄒᆞᆫ納上佃証이自在요公士事ᄂᆞᆫ각郡金音之文簿과本院納上之成冊이自在矣라年前에一進會員이稅貿金査實事로裁判于 部院이毫無執贓이며其檢察官이亦無査出ᄒᆞ고公土事後ᄂᆞᆫ乙巳年에會員이面々村々에支舍音으로査實過准則됴씨之上納이猶爲於其數ᄒᆞ고江稅事ᄂᆞᆫ됴씨之前에一年作定稅가不過四五萬兩矣러니됴씨以來로每年上納數十萬兩ᄒᆞ고昨年丙午에監理時에別無上納ᄒᆞ니前鑑후轍에됴씨爲 國公心은推此可知요某等지誣訴ᄂᆞᆫ不言可想也라且財務官에게삼皮納賂지說은尤極未解者라三百兩些少지善賜가財務官지淸白ᄂᆞᆫ可커니와됴씨지賄賂ᄂᆞᆫ不可也라三百兩지物이豈爲因事賄賂리요既以 國債報償으로爲一大題目則近來貪汚지執贓記載가不知幾萬々而反斥於至公至正一淸曰지됴씨者其熱誠歟아不過是借名報嫌지習이니反有損於償債지義務也라惟我二千萬同胞은自强奮發하야惟義是務허고幸勿過聽非理지言허오人誰嫌矣리오非此됴 事라以箇人지嫌으로借名於 國債ᄒᆞ야北等陷人을不可勝屈이리니國民新報에所報ᄒᆞᆷ을正誤허와玆에廣布홈

平安南北道 金覽五 吳用讚 玄在水 김亨泰 김창奎等 告白

함鏡北道種痘委員趙鼎국이藥種은不給ᄒᆞ고押取民賂ᄒᆞ니民有逃散之弊ᄒᆞ고瞪貿卒業帖紙ᄒᆞ니擧皆呼怨ᄒᆞ기로是故廣告홈

박世奉 告白

本報第四百六十三號廣告中碑洞十統三戶朱仁혁은寧侍강석호씨親查間인티강씨의買賣ᄒᆞᆫ家務事에對ᄒᆞ야已爲判然이맛타잇ᄂᆞᆫ廣告을ᄒᆞ얏스되不知禹順慶강龍秀兩漢이誤家務ᄂᆞᆫ서失ᄒᆞᆫ樣으로屢屢廣告ᄒᆞ니彼漢에果有遺失家券이면卽訪本人家가宜當커날一不現身ᄒᆞ니此漢兇獰ᄂᆞᆫ可知라각新聞社나內外국ᄉᆞ閭禹강兩漢을挽來本人家하시면特爲厚謝ᄒᆞ깃스니照亮하심을望홈

朴仁혁 告白

本人名仁善을元欽으로改名하오니知舊照亮홈

海州居前委員姜元欽 告白

全羅南北道都有司金在仁三綱錄刊出ᄒᆞ야각道郡의存案分送後本孫의게分秩ᄒᆞ고遺漏單子收印次로發行홈

京約所 告白

本人이南門外停車場西川邊에庫舍二百坪方米突를新建築ᄒᆞ옵고名稱曰普순倉庫라ᄒᆞ오며貰金은依沿江例ᄒᆞ오니某物이든지輸送ᄒᆞ심을敬要홈

朴宗潤 告白

本人의姓名辛震錫信四字正刻ᄒᆞᆫ四方圖章與字號憲二字篆刻ᄒᆞᆫ四方草[illegible]爲陰丁未正月十一日의遺失而若有拾得이면亦傳지意로付廣告於本報[illegible]러니終無影響故로[illegible]字改刻行用ᄒᆞ오니[illegible]子ᄂᆞᆫ照亮ᄒᆞ시옵

全羅北道扶安郡 前議官辛震錫 告白

國債報償期成會 義金續廣告

景福宮內警衛局 리東華 南冕祐 리春根 洪坤섭 김仁혁 吳鎭根 各五拾錢 鄭喜龍 四拾錢 박淳奎 文信敎 嚴淳謨 김應煥各三拾錢 강壽東 리光善 장錫昌 劉漢模 林鶴來 리永根각貳拾五錢 김종顯 鄭錫鎮 魏元植 장相鏞 劉時彥 姜元奎 김尙潤 김泰允 리장宇 魏亨植 반明환 韓大用 김亨植 김容圭 김容德 黃文秀 윤昌錫 梁鍾혁 김潤德 池錫壽 林春成 김善良 윤明善各貳拾錢 合計拾圓七拾錢 西署龍山坊桃花洞內 契紅門동坪井동 묘完壁 리周卿 김敬俊 한在衡 각五拾錢 白雲祥壹圓 沈相익 김永化 김敬雲 申仁植 各四拾錢 박大현 김應淵 姜太植各三拾錢 南錫元 姜聖弼 宋喜志各貳拾五錢 白允在 최善永 장大有 鄭興七 리昌元 리永振 박成元 한致浩 김允昌 박聖叔 林順源 리成玉各貳拾錢 任化春 리順用 박完澤 各拾錢 計八圓九拾五錢 西署南門外 藥峴私立광興學校 리振鎔三圓 리澤應 한智洙 김光祥 康壽福 리海元 申順萬 각壹圓 鄭順甲八拾錢 리快成 七拾五錢 洪一善 七拾錢 송忠源 한基東 洪元杓 김봉漢 리士吉 김萬植 南德

星 반壽男 김慶龍 리각吉 洪福祿 김信童 리興吉 김占龍 各五拾錢 김石松四拾錢 河龍吉 리聖德 최老味 洪孝奉 리千石 各三拾錢 김九淵 蔡永吉 각貳拾五錢 리돌明 沈壽男 林貴男 덩台永 高漢甲 姜三龍 박봉龍 申占쇠 安基成 김종童 元命童 박光胤 최龍範 리壽童各貳拾錢 洪永歡 南萬吉 박鎰壽각拾錢 合貳拾三圓七拾五錢也 東署昌善坊 呂南植拾圓 김應념 리鍾成 김興祿 吳貞根 孫云昌 리丌庠 리丌翼 리丌復 각貳圓 鄭東遂 崔東植 리潤在 朴春相 車永基 리興根 김允甫 黃允창 徐興秀 김允植 裵善榮 卞敬善 張俊泓 各壹圓 김弘珠六拾錢 리丌섭 리和慶 리仁善 리鍾漢 리鎬稷 리逢雨 최永完 강濟元 金顯成 김顯文 朴聖현 리漢興 劉志훈 최광春 김顯世 權世환 咸壽永 咸完丌 白雲祥 김弘俊 金春相 金興西 金永根 各五十錢 박仲현 柳相䃏 강學善 각四拾錢 林春根 김東현 洪完泰 김完植 元仁化각三拾錢 리壽漢貳拾五錢 南氣元 高雲耕 리盛智 韓明介 孫광漢 리聖福 김奎漢 鄭善行 비興一 權世應 車秉極 김應환 송致云 윤明善 최云景 최형식 박永相 金在炫 박雲澤 金元植 權潤 리有泌 劉道永 최聖현각貳拾錢 計五拾捌圓捌拾五錢

廣告

本郡藥令이會是幾百年古例이더니適間廢止爲十有餘年ᄒᆞ야商業이凋殘ᄒᆞ고物貨가不通ᄒᆞ야將至僭濫지境이더니本郡守金泳圭氏가爲念民情ᄒᆞ야具由請報於本道觀察府矣러니自觀察府로牒報農商工部ᄒᆞ야承蒙許指이옵기擬장立令지規則ᄒᆞ고日字則以春二月二十五日파秋九月二十五日爲定ᄒᆞ고先玆廣告ᄒᆞ오니京鄕僉君子ᄂᆞᆫ照亮ᄒᆞ시옵

江原道原州郡居孫善學等告白

大韓自强會月報

每月一回廿五日發行 定價金 一部 十五錢

大韓自强會月報의發行이屢期를經ᄒᆞ오니自由의議論을鼓發ᄒᆞ야國家의權利를伸進ᄒᆞ고獨立의精神을淬礪ᄒᆞ야同胞의團結을益鞏케ᄒᆞ야全國有志諸公의愛讀ᄒᆞ심을供ᄒᆞ온바現今本會의셔一비擴張ᄒᆞ기爲ᄒᆞ야高明ᄒᆞᆫ文章과宏博ᄒᆞᆫ學問家를延致ᄒᆞ야天下大勢의變動과殖産敎育의要素와古今政治의大要를蒐輯ᄒᆞ야關係ᄒᆞᆫ面目을一新케ᄒᆞ오니愛國ᄒᆞ시ᄂᆞᆫ僉君子ᄂᆞᆫ血淚를뿌리시고家家案頭의隨刊對讀ᄒᆞ시오

皇城中署典洞九統二戶 大韓自强會事務所

명월관확장광고

폐관이ᄆᆡ시이후로고의ᄒᆞ시ᄂᆞᆫ귀긱에후의를입사와오ᄂᆞᆯ날ᄂᆡ한에제일등요리점으로ᄂᆡ외국에셔다아시도록확장ᄒᆞ여가오니ᄃᆡ단감ᄉᆞᄒᆞ옵거니와근일은이층양옥을광활이신건츅ᄒᆞ고다락아ᄅᆡᄂᆞᆫ온돌방을은밀리비치ᄒᆞ고포진범절을식로ᄒᆞ와오시ᄂᆞᆫ귀긱이편ᄒᆞ시도록쥬외ᄒᆞ엿ᄉᆞ오며각종음식은보기에화려ᄒᆞ고먹기에졍미ᄒᆞ게일신쥰비ᄒᆞ야다소즐겁게ᄒᆞ고주야로파오되셔양쥬ᄂᆞᆫ잔으로파오며특별신긔ᄒᆞᆫ요리자음식은오시ᄂᆞᆫ시로붓터ᄒᆞᆫ시간이되면ᄆᆡᆺ상이라도곳가져가시도록ᄒᆞ오니외귀긱은륙속왕임ᄒᆞ시옵

각석요리음식
각석셔양쥬
각종경편양요리
각종일본간스메
각종여송연
각국권연
진찬합
건찬합
반교자
특별신긔량교자음식
명창가동졍거복도유ᄒᆞ옵

明月館 主人 金東植 告白

越南亡國史 國漢文 新刊

定價貳拾伍錢

發賣所 京城廣橋高裕相書舖 鍾路下 南屛川郡 禹時夏冊肆 김相萬

前參奉玄昌熙의昌字를瓚字로改定ᄒᆞ오니知舊間照亮ᄒᆞ시옵

青陽碧涵亭玄찬熙 告白

●九轉靈砂라 本人이妙方法을神備ᄒᆞ야製造ᄒᆞᆫ靈丹인ᄃᆡ男女老少에無論何징하고通治하오며無病時에도服하면平生의身躰가健康ᄒᆞ며小兒ᄂᆞᆫ四五錢重만服ᄒᆞ면十歲안에無病ᄒᆞ기를擔保ᄒᆞ오며

●九轉靈砂萬應丹은져狂 癇징과中風諸疾과耳目諸病과淋疾에神効ᄒᆞ오

●九轉靈砂保命丹은初生小兒驚風 간氣 咳 腹滯諸般惡징에神効ᄒᆞ오

●九轉靈砂濟衆丹은酒滯 食滯 血積 吐瀉 霍亂 癘疾 吐血 下血 運氣 時疾 疝징에神効ᄒᆞ오

●九轉靈砂紫金丹은痔漏 累瀝 上疳瘡 下疳瘡及唐瘡과諸般毒瘡惡種에無不神効ᄒᆞ오니 僉君子ᄂᆞᆫ來問ᄒᆞ시오

內需司前독갑이골上隅第一家 百三統一戶 리호廷 告白

洪淳康氏가東署東小門內土橋東邊에織造機를廣張設施ᄒᆞ야稱號를淳昌號라ᄒᆞ고各色綢緞紗屬等을織造發賣ᄒᆞ오니顧買人은來臨購買ᄒᆞ시며或所用대로綢과紗等屬을預托ᄒᆞ시면依約施行ᄒᆞ깃솜

淳昌號 告白

西署新門外鍮동 百八十六統三戶
辯護士 前檢事正三品 丁明燮
法律事務所 前判事
事務員 前主事吳在淳

◎本社廣告

○申報價

一張代金	新貨二錢五里
一個月前納	三十錢
三箇月	九十錢
六個月	一元[illegible]
一箇年	三元[illegible]

郵稅一部 新貨[illegible] 一箇月 [illegible]

○廣告料

四号活字十三字[illegible] 每日每英尺一[illegible]

(每日每行六[illegible]) 一週日에 一[illegible]

(每日每行四[illegible]) 一箇月에

(每日每日四錢一[illegible]) 其期限의長短과字行을依ᄒᆞ야增減홈이有홈

●大한每日申報各處支社

中署布屛門下 김相在 中署農圃初入七拾八統第二號 鄭[illegible] 平壤上水口門內 김[illegible] 全[illegible] 최[illegible] 仁川枾峴開新冊肆 리東[illegible] 宣川邑橋西里 安[illegible] 義州西門外하西 大藥局 釜山港佐川 徐藥局 三和港[illegible]洞 김仁집 咸興州南社西門外 曹[illegible]林 開城培義學校 姜[illegible] 大邱市廳 최一弘 [illegible]寧邑濟衆院 [illegible]夢洋 鐵山邑東部 安玄 元山支店 劉七錫 定州南門內 洪成[illegible] 信川邑 [illegible]源植 海州南門內書舖 朴昌鎭

發行兼編輯人 英國人 배說
發行所 南署石井洞號外地三層洋屋家 大韓每日申報社

第五卷

大韓每日申報
대한매일신보

第四百六十八號

月曜及慶節歲時日休刊

檀君開國四千二百四十年
箕子元年三千二十九年
大韓開國五百十六年
日本明治四十年
淸國光緒三十三年
◉陰曆丁未二月大初八日己巳

論說

戰役及財政

以余度지컨디日本의財政窘迫이俄日戰役을結局ᄒᆞ기에必要를作ᄒᆞᆷ은普通知悉ᄒᆞᆫ바ㅣ라其國民이財政上에病毒을旣受ᄒᆞ엿거니와其最末回復은尙今未確이니由是로本記者ᄂᆞᆫ世界가因戰局 利ᄒᆞ야增殖財庫ᄒᆞᄂᆞᆫ人民의게不加注意ᄒᆞᆷ을驚異ᄒᆞ노라

錢財를享有ᄒᆞᆫ者와或巨欵錢額을其能管轄ᄒᆞᆫ人民이向者日本의從事ᄒᆞᆷ과如ᄒᆞᆫ戰役에其實責任이된지라外國資本家ᄂᆞᆫ日本借欵에優美ᄒᆞᆫ酬勞金을得ᄒᆞ기가其能이어니와日本設計者도同國人民의게利益을獲取ᄒᆞ야所稱過去戰役의事業을利用ᄒᆞᆫ지라오구라商會와如ᄒᆞᆫ大契約家ᄂᆞᆫ多大幸運을必得矣어니와아ᄉᆞ노氏及쉬부ᄉᆞ와氏와如ᄒᆞᆫ財政家가國民지不幸을際ᄒᆞ야直接或間接으로蒙利ᄒᆞᆫ錢額도或至數百萬圓矣리로다

蓋戰爭이勇敢榮貴를誓示ᄒᆞᄂᆞᆫ거ᄉᆞᆫ其機가尙今多有나然이나惟一不能拒言ᄒᆞᆯ거ᄉᆞᆫ近代戰役이古代에兩國君王이所有軍兵을自相指揮ᄒᆞ야短兵交戰ᄒᆞᆷ과逈異ᄒᆞᆫ거시是也로다

近日戰局에ᄂᆞᆫ彈藥及彈丸이惟一問題인바如此物料를得ᄒᆞ기ᄂᆞᆫ但以錢額이라야其能이라由是로某國이던지欲入戰場이면錢財를竭力借得ᄒᆞ나니此乃財政家之好機故로爲其資本家者ㅣ戰役을歡迎ᄒᆞᆯ거시오愈甚者ᄂᆞᆫ做事於後面ᄒᆞ야戰端을起ᄒᆞᆷ도或有ᄒᆞᆯ지라是以로或何結言ᄒᆞᆯ거ᄉᆞᆫ組合或個人이巨欵錢額을貯藏지日에世界一隅에서戰爭之機가常有ᄒᆞᆯ거시로다

巨大資産을累積ᄒᆞᆷ에對ᄒᆞ야防過或制限ᄒᆞᄂᆞᆫ提議가屢度에至ᄒᆞ엿스나此提議ᄂᆞᆫ未有分毫ᄒᆞ야隣人을猜忌ᄒᆞᄂᆞᆫ者의게셔普通發出ᄒᆞᆫ거시라吾人意思에ᄂᆞᆫ各人이充分을欲得ᄒᆞᆷ은自己義務어니와適宜奢侈에足用ᄒᆞᆯ것보다加多ᄒᆞᆫ資産을探求者ᄂᆞᆫ亦未免鄙夫로다然이나對此可爲之事가維何오此를整理지道ᄂᆞᆫ斷未有지矣리니對此諸般提議ᄂᆞᆫ幾乎同歸於無效ᄒᆞ리로다

吾人이資産을有ᄒᆞᆯ진된累億巨欵이可也나如此지人이有ᄒᆞᆫ處에ᄂᆞᆫ戰爭의危慮가常存ᄒᆞ리로다

官報

●號外 光武十一年三月十九日

◉宮廷錄事

洪陵提調李昇應辭職疏

批旨省疏具悉卿懇職是閑暇固無妨於怡養卿不必言辭事遣秘書郎傳諭

◉宮廷錄事

●三千七百十八號 光武十一年三月二十日

侍從武官府武官長李鍾健辭職疏

批旨省疏具悉所請依施

◉敍任及辭令

命享祀釐費查整委員長
宮內府特進官金宗漢
命掌禮院卿敍勅任官二等
宮內府特進官리胄榮
命奉常司提調敍勅任官三等
奉常司長金大鎭
命奉常司長敍勅任官三等
法部協판리源兢
韓興源 윤泰榮
任度支部主事
九品朴尙浩 柳光烈
리文煥 리圭相
任內部治道局書記
任侍從武官長
陪從武官長丘東潤
任陪從武官長
陸軍副將리根澤
任贊謀官
陸軍副將리鍾健
任內部協판敍勅任官二等
全羅南道觀察使沈相익
任中樞院贊議敍勅任官二等
從二品리基東
任學部編輯局長敍奏任官一等
學部叅書官張憲植

外報

●大統領候補者 桑港電을據ᄒᆞᆫ즉美國大統領루스벨트氏ᄂᆞᆫ次回에大統領候補者로타흐트를推薦ᄒᆞ얏더라

●移民排斥法의細則 華盛頓電을據ᄒᆞᆫ즉美國大統領은移民排斥法一旅行券을携帶치아니ᄒᆞᆫ外國人의入國을禁止ᄒᆞᄂᆞᆫ法의細則을頒布ᄒᆞ얏다더라

●吉林의俄兵 北京電을據ᄒᆞᆫ則俄兵三百名이吉林城內에住屯ᄒᆞ다ᄂᆞᆫ說이有ᄒᆞᆷ으로外務部에셔該省將軍의게照會ᄒᆞ얏더니俄국領事官保護兵으로三十名이駐屯ᄒᆞᆫ意로回電來到ᄒᆞ얏다더라

雜報

●漢北國債報償團成會趣旨書 박有豐 金演祐等

古人云靡不有初나鮮克有終이라ᄒᆞ니凡於[illegible]事에尤所戒懼者也近者新聞上으로連接見國債報償趣旨書ᄒᆞ고自不覺舞蹈而感泣이나更究這裏則有兩件事ᄒᆞ니曰幸與不幸이라在初에有志數士가倡發滿강지忠義ᄒᆞ야皷動同胞지彝性ᄒᆞ니雖孺婦尺童이라도感發愛國지誠心ᄒᆞ야響應而義捐者如水지就下ᄒᆞ니若此不已면將不過幾箇月에外債를期可淸勘이오국權을丁寧挽回ᄒᆞ리니是可曰莫大지幸也오若使同胞지秉彝로或爲威力所奪ᄒᆞ며或爲强迫所壓ᄒᆞ며或沮戱所撓ᄒᆞ며或爲己吝所牽ᄒᆞ야遂巡觀望에報成이無日이면其爲列强所睹의眞不免一封蟻屯ᄒᆞ야䧟轢이尤倍前日ᄒᆞ야國將未國이오民亦不民死將無地ᄒᆞ리니若此則反不如不營此件事지前也니豈有加此지不幸耶아噫生民지存沒이係此一擧ᄒᆞ니凡我同胞은懲此不幸지心ᄒᆞ고團結愛國지誠ᄒᆞ야互相勸勉에雖遐土鄕曲이라도ㅅ日誓捐ᄒᆞ야期圖克終維持國權ᄒᆞ며得保性命ᄒᆞ야同唱萬歲千萬幸甚

一本會目的은國債報償ᄒᆞ기爲ᄒᆞ야設ᄒᆞᆷ 一義捐金은多少을不拘ᄒᆞᆷ 一義捐人氏名을每月終에詳細臚傳于本事務所ᄒᆞ야事지揭諸新聞ᄒᆞᆷ 一或有挾私ᄒᆞ야遺脫義捐人氏名與金額ᄒᆞ면使不容世界上ᄒᆞᆷ 一自郡으로會同各面長各동任ᄒᆞ야使僻村窮峽으로無一不知케ᄒᆞᆷ 一各面長과各동任이各掌區域收納ᄒᆞ되隨其所納에不必勒討ᄒᆞᆷ 一自各郡으로定信實處ᄒᆞ야收納義金ᄒᆞ야交付于本事務所ᄒᆞᆷ 一各동任이通計該동人數ᄒᆞ야納與不納을區別馳通ᄒᆞᆷ 一本會臨時事務所은定于舘後茶동十七統三戶ᄒᆞᆷ

◉비씨奮義 廣州石村前主事비犀煥씨가國債報償에對ᄒᆞ야徐相敦氏의發起ᄒᆞᆷ을感謝ᄒᆞ고一齊히斷烟ᄒᆞ기로約束ᄒᆞ고自家ᄂᆞᆫ가권디로義金을내고또學校을創建ᄒᆞ고事務에熱心ᄒᆞ야連日演說場에凡我同盟지人은아모됴록開明進步ᄒᆞ여우리대한을다시興復ᄒᆞ기로勸告ᄒᆞ얏다더라

雜報

●調用爲望 英親王殿下夫人揀擇에入參ᄒᆞᆫ處子의父親中幼學人들이初仕調用ᄒᆞ기를大段希望ᄒᆞ야自 上으로處分有無를各其要路로探問中인ᄃᆡ今番揀擇인즉 皇太子嘉禮時보다單子數爻가夥多ᄒᆞᆫ故로齋郞借啣이되지아니ᄒᆞᆫ다더라

●追參再擇 김教頭鄭完모김聖根三氏令孃이今番 英親王殿下夫人初揀擇時에退黜되얏더니再간擇에入參ᄒᆞ라ᄒᆞ고 處分이有ᄒᆞ셧다더라

●參政慰謝 李儁氏가日前에參政大臣朴齊純氏를訪見ᄒᆞ고曰已往免官前에ᄂᆞᆫ上下官體例가有ᄒᆞ야不敢仰陳ᄒᆞ얏거니와至此免官ᄒᆞ야ᄂᆞᆫ平民과如ᄒᆞᆫ즉遺憾無經風波를詳細陳達이라ᄒᆞ고法官의不公正ᄒᆞᆫ行爲를一場說明ᄒᆞᆫᄃᆡ朴參政曰該事件에抑울ᄒᆞᆷ은擧世共知ᄲᅮᆫ더러吾亦稔知者也라不勝慨歎ᄒᆞ거니와於君에小無名譽損傷이니留俟他日이면將有復伸之道라ᄒᆞ얏다더라

●民黨隨來 伊藤博文氏가渡韓後에日本民黨이伊藤氏에對ᄒᆞᆫ方針을何如히做去ᄒᆞᆷ을察視코저ᄒᆞ야該黨中有名譽ᄒᆞᆫ某々氏가渡韓ᄒᆞᆫ다ᄂᆞᆫ說이有ᄒᆞ더라

●銓考考錢 日前郡守奏本中與海智島珍島三郡守ᄂᆞᆫ幾十萬兩式納賂圖得ᄒᆞ얏다ᄂᆞᆫ巷說이紛紜ᄒᆞ니젼考之錢考ᄂᆞᆫ鬼神도莫測커든參政一人이엇지見欺치아니ᄒᆞ리오ᄒᆞ더라

●金融爛用 伊藤博文氏가統監府經費增額事와韓國政治關係에對ᄒᆞ야日本국會에多數ᄒᆞᆫ金融機關을使用ᄒᆞᆫ結果로無碍通過ᄒᆞ얏다더라

●內相兼任 內部大臣리址鎔씨가大한醫院長을兼任ᄒᆞ얏더라

●教官陞任 官立英語學校教官尹泰憲씨가英語學校長을陞任ᄒᆞ얏더라

●視察日社 赤十字社事務박永大씨를派送ᄒᆞ야日本國十字社事務를視察ᄒᆞ라ᄒᆞ엿더라

●出迎統監 昨日각部大臣이伊藤統監이渡한ᄒᆞ미迎接차로多數出往ᄒᆞ얏ᄂᆞᆫᄃᆡ學部大臣리完用氏ᄂᆞᆫ該部에暫時仕進ᄒᆞ얏다가下午一時에水原으로前往ᄒᆞ얏다더라

●視察出發 政府參書官元應常씨가地方不動産을調查視察홀차로日昨에發往ᄒᆞ얏다더라

●試取不應 學部에셔師範學徒를試取ᄒᆞᄂᆞᆫᄃᆡ請願書만繕呈ᄒᆞ고應試치아니ᄒᆞᆫ人이二百餘名이라더라

●慶節盛況 千秋慶節에각部에慶祝費를二拾圓式 下賜ᄒᆞ옵셧ᄂᆞᆫᄃᆡ或立食을備ᄒᆞ고本國料理로校子數坐를設備ᄒᆞᄂᆞᆫᄃᆡ軍部에셔第一盛備ᄒᆞᆫ다더라

●兼任請願 學部學務局長兪星濬氏가內部地方官젼考委員을改遞ᄒᆞ야달나고請願ᄒᆞ되本職이學務局長지任이浩多ᄒᆞ야不能兼任ᄒᆞ겟스니젼考委員지任을改遞ᄒᆞ라ᄒᆞ얏더라

●市制新會 城內紳士조윤鏞尹榮宅玄東임秦學胄諸氏가發起ᄒᆞ야한城市制準備會를組織ᄒᆞᄂᆞᆫᄃᆡ其目的은한城市制를公法에頒布ᄒᆞᆫ後實行의方法을研究ᄒᆞ기로文明ᄒᆞᆫ講師를請邀ᄒᆞ야每土曜日에演述ᄒᆞᆫ다더라

●賊打官吏 本月十四日上午十時三十分에義州警務分署에在囚ᄒᆞᆫ強盜處絞罪人梁奉吉과役終身罪人金貞三리允贊과私鑄犯役拾年罪人朱永濟와竊盜犯役一年罪人최其善等五名이一時에납함ᄒᆞ고破壁逃走ᄒᆞᄂᆞᆫᄃᆡ該署補佐員松坂政三郞과監囚巡檢張利祚최貞灝三人이欲爲逐捕라가返被犯人等지亂打重傷ᄒᆞ얏ᄂᆞᆫᄃᆡ該犯等은永爲逃躱ᄒᆞ야方在詗探ᄒᆞᆫ다더라

●妖術召妖 內部衛生課長閔元植氏가廣濟院에雇聘ᄒᆞᄂᆞᆫ日人의게무ᄉᆞᆷ妖術을學得ᄒᆞ엿던지自己妻家에셔該妖術을試驗ᄒᆞ다가失眞ᄒᆞ야仕進視務치못ᄒᆞᆫ다더라

●銀行視察 각銀行과其他金融機關으로設立ᄒᆞᆫ會社에셔重役一人式을日本에派遣ᄒᆞ야金融經濟에關ᄒᆞᆫ事情을視察ᄒᆞᆯᄃᆡ其人員은漢城農工銀行長白完赫씨와漢城手形組合長조鎭泰氏와天一銀行取締役윤晶錫氏와漢城銀行總務韓相龍氏와한一銀行取締役鄭東植氏와漢城共同倉庫會社理事白寅基씨로定ᄒᆞ얏다더라

●恤金請求 學部에셔觀象所書記리兌슈씨에身故ᄒᆞᆫ恤金을度支部에請求ᄒᆞ야七十五圓을支給ᄒᆞ얏다더라

●夫人知義 安동國債報상金募集夫人會에셔趣旨書를輪回ᄒᆞ야各其義務로勸奬만ᄒᆞᆫ다더라

●罪囚病逝 江原道裁判所檢事리東赫氏가法部에報告ᄒᆞ되本道경務署에現囚ᄒᆞᆫ江陵郡押上懲役終身罪人리召史가以其年老疲융지物로沈病多月에漸至危독故로藥巳具由馳報ᄒᆞ와旣承立信保調理指令이온바該女가以其遠地지蹤으로族戚無人뿐더러病狀이沈重ᄒᆞ야屎尿須人則擧皆厭避ᄒᆞ야一無自願擔保지人이옵기仍置本監獄女間矣러니本月拾六日에仍爲殞斃라ᄒᆞ얏더라

●義助學會 副將閔丙奭氏가西友學會의教育事業을贊成ᄒᆞ기爲ᄒᆞ야金貨肆百圓의寄付가有ᄒᆞ니西路人士가擧皆感悅興起ᄒᆞ야學務前進에一大奬勵가되리라더라

●郡巡作弊 南來人의傳說를聞ᄒᆞᆫ즉全羅北道雲峰郡巡檢尹載信박漢介兩人이自稱判任官巡檢ᄒᆞ고邑村間作弊가不知其數인ᄃᆡ其中所共知ᄒᆞᆫ證憑으로말ᄒᆞ면東面牛斤里安玉朱子息獄事私和者를威脅起端ᄒᆞ야新貨一百二十圓을討食ᄒᆞ고大井里박化益處淫奸事가有ᄒᆞ다ᄒᆞ고一百四圓을討食ᄒᆞ고北下面釜동居徐甫汝處에弟嫂를逼奸ᄒᆞ얏다ᄒᆞ고錢四十圓과牛一隻을討食ᄒᆞ고新至鄭甫玄處에九夫金中吉妾을和奸ᄒᆞ얏다ᄒᆞ고錢十圓을討食ᄒᆞ얏스며其外小々ᄒᆞᆫ作弊ᄂᆞᆫ一郡이難保之境에至ᄒᆞ얏다더라

●靑年演說 今日下午七点半에善職者英雄이란問題로靑年會館에셔牧使최炳憲씨가演說ᄒᆞᆫ다ᄂᆞᆫᄃᆡ凡我有志諸君이一齊光臨ᄒᆞ심을希望ᄒᆞᆫ다더라

●白영히配 黃海道長淵署理檢事松禾郡守徐相喆씨가法部에報告ᄒᆞ되訓令을承准ᄒᆞ와本郡白영島定配流十年罪人리戰規와流二年半罪人한弘錫에게 聖旨를布諭後幷爲放送ᄒᆞ얏다더라

●姑爲領收 水原英國神父夫在烈氏와한人傳教師金萬俊氏가去日曜日聖堂에셔 上帝ᄭᅴ祈禱ᄒᆞ되大한全國을爲ᄒᆞ야痛哭ᄒᆞ며禱求ᄒᆞᆫ後에擧手廣布曰近以國債報償事로我同胞들이용躍出연ᄒᆞ니如此愛國足以成自主獨立지基礎可以免奴隸지恥笑라 皇上陛下에愛民ᄒᆞ신聖意와全國兄弟에斷烟지意를討論ᄒᆞ미男女教人이一졔히識心出義ᄒᆞ야各自出捐ᄒᆞ니舊貨一百二拾元四拾錢을本社에寄送ᄒᆞ얏기將次確實ᄒᆞᆫ委員에게傳致홀意로姑爲收置하노라

●慶節休刊 本日은 皇太子殿下千秋慶節인故로慶祝ᄒᆞ기爲ᄒᆞ야一日休刊홈

▲錢 裏 姸 醜▼

▲海東風濤에水雷艇一隻이中央政海에漂入ᄒᆞ야波心深淺을測量工事에着手ᄒᆞ니水面八大艦이抵觸을戒嚴ᄒᆞ야百尺布帆을風前에高揭ᄒᆞ니搖々不定이로다

▲日昨政府會議에內大리址鎔氏가沈相翊氏를內協으로薦任ᄒᆞ기로提出ᄒᆞ미參政大臣이反對ᄒᆞ얏더니內相이發論ᄒᆞ되從多數取決ᄒᆞᄂᆞᆫ거시妥當ᄒᆞ다ᄒᆞᄂᆞᆫ지라各大臣은元來參政의公直ᄒᆞᆷ을猜嫉ᄒᆞ야可字가如出一口ᄒᆞ니可謂衆楚咻ᄒᆞ거로고

▲沈相익氏ᄂᆞᆫ妙年手段이貴金을籠絡ᄒᆞ야好官美爵을任意圖取ᄒᆞᄂᆞᆫ지라內大리址鎔씨와心犀가相通ᄒᆞ고臭味亦同ᄒᆞ야百方妙策을神鬼가莫測ᄒᆞ더니內大外內協이兩手相合ᄒᆞ얏시니地方事務ᄂᆞᆫ且置勿論ᄒᆞ고金礦事務ᄂᆞᆫ잘되겟고

▲成均館學生이館長任善準氏와相詰ᄒᆞ야一齊히退去ᄒᆞ미釋奠大祭에執事가無人ᄒᆞ야學大가官立漢城師範學校高等學校生徒中에有髮者로指擧行禮ᄒᆞ고學相이日前에각學徒를一졔히斷髮ᄒᆞ기로上奏ᄒᆞ얏다니今番에有髮者도有用處가잇ᄂᆞᆫ지

▲각大官에子서弟姪이日本각官廳視察次로發行ᄒᆞᆫ다니何事를視察ᄒᆞᄂᆞᆫ지豪華子弟에玩賞之資로國庫金만消費ᄒᆞ니蕩敗子姪遊債에家産만蕩敗ᄒᆞᄂᆞᆫ格이로고

▲軍大權重顯氏가內相리址鎔씨私邸에往訪ᄒᆞ야數時間을躡足附耳에무ᄉᆞᆷ議論이密勿ᄒᆞ얏다니近日에각大臣이偶語가何多인지子房이安之오招問이無人이로다

◉◉本社廣告◉◉

國債報償金을本社로持來ᄒᆞᄂᆞᆫ이가逐日沓至ᄒᆞ오나本社에셔ᄂᆞᆫ如此重大ᄒᆞᆫ事에對ᄒᆞ야善後之策을確實講定ᄒᆞ기前에ᄂᆞᆫ領受ᄒᆞ기難ᄒᆞ기로姑不收捧ᄒᆞ오니僉君子ᄂᆞᆫ照亮ᄒᆞ시ᄋᆞᆸ

大韓每日申報社告白

雜報

●玉塔奪去의續聞

開城에在ᄒᆞᆫ玉塔을日人이奪去ᄒᆞᆫ事ᄂᆞᆫ業已揭論ᄒᆞ엿거니와今又該地來信을據ᄒᆞᆫ즉豐德郡西面敬天里距邑十餘里地에高麗時代王朝에元朝爲國公主ㅣ出嫁時에石塔지具를携來ᄒᆞ야該洞後谷에建設ᄒᆞ니漢城中에寺동塔과同時建築而形狀相脫々의顯塔인ᄃᆡ其石은似玉非玉이오似石非石이라其彫刻人物지形이亦與寺동塔으로相似ᄒᆞ며下層의人物形은無知ᄒᆞᆫ婦孺의琢傷을被ᄒᆞ얏고上層의人物形은完然得全ᄒᆞ니蓋六百餘年舊物이라去正月六日에日人數十名이役夫를多率ᄒᆞ고文憑도업시毁撤ᄒᆞ다ᄒᆞᄂᆞᆫ고로該郡吏廳의셔聞지ᄒᆞ고禁阻코저ᄒᆞᆫ즉伊日은方營毁撤에ᄃᆞ란長木等과輸未以留ᄒᆞ얏더니初十日에往見ᄒᆞᆫ則塔已盡撤ᄒᆞ야幾個車에運去ᄒᆞ얏고餘存이僅十餘塊러라其翌撤時情況을詳探ᄒᆞᆫ則初八日에內部에務顧問의通譯官渡邊鷹次郎等이稱以査察石탑事ᄒᆞ고來到該郡守가留一日同往ᄒᆞ야禁其輸運ᄒᆞ며逐送役夫ᄒᆞ고約以內部文憑到付後에輸去爲言ᄒᆞ고其時郎照會于開城理事廳警部秋野直十郎ᄒᆞ며又報于內部及觀察道ᄒᆞ고招該洞民人數十名ᄒᆞ야限幾日登山守直ᄒᆞ얏더니無奈日人幷役夫等이放銃揮劍ᄒᆞ며셔十餘車에輸去ᄒᆞ얏니洞民이不能執留라ᄒᆞ기로該郡守가馳往看之則迢數輪去에無一餘存이라ᄒᆞᆷ이지吏屬則昨年秋에名不知爲監理者가日僧黠貝大國惠明三人의請願으로탑前敬天寺舊址에重建一刹이라ᄒᆞ더니今番此事를日人이歸之於黠貝等이라ᄒᆞ더라

●平壤국債報償會趣旨書 林基磬 朴鳳輔 等

現今國債一千三百萬圓의報償을究何方針고言念及此에血沸膽掉라但痛哭者ᄂᆞᆫ惟我民習가商層噪然ᄒᆞ야使靑邱大勢로幾在乎累卵之危이라ᄃᆡ何幸剝盡而復生ᄒᆞ야新春福音이開自大丘ᄒᆞ니卽國債報償之一大問題也라一般同胞ᄂᆞᆫ此時機를捨ᄒᆞ며此義務를失ᄒᆞ면埃及의覆轍을復蹈ᄒᆞᆯ지니曷不危險哉아今以吾儕之如干捐輸로言ᄒᆞ면卽個々人의烟液茶酒之殘金으로足可淸償ᄒᆞᆯ리니暨諸捐身殉國之人에其難易가果何如哉아同胞々々여勿儉勿吝ᄒᆞ야國祚民權을從此回復ᄒᆞ기로擠之哉여다

一(會名)本會ᄂᆞᆫ國債報償會로써稱ᄒᆞᆷ

一目的日本에借欸한國債一千三百萬圓을報償ᄒᆞᆯ事

一位置本會事務所ᄂᆞᆫ平壤에置ᄒᆞᆯ事

一方法一般國民에義金을蒐集ᄒᆞ되多少를勿拘ᄒᆞᆯ事

一入會에義金을捐出ᄒᆞᆫ人員은是會員으로認定ᄒᆞ고民名及金額은新聞에公布ᄒᆞᆯ事

一貯金右金을收合ᄒᆞ야目的을達ᄒᆞ기ᄭᆞ지信用이有ᄒᆞᆫ銀行에任置ᄒᆞᆯ事

一解散本會ᄂᆞᆫ目的을達ᄒᆞᆫ後에解散ᄒᆞᆯ事

●咸校蔚興 咸興紳士한瀚藩朱우諸씨가同志를鳩合하야豐興학校를已爲擴張하얏ᄂᆞᆫᄃᆡ학費ᄂᆞᆫ二千餘圜이며학徒出席은八十餘人이며各面에設立ᄒᆞᆫ支학校ᄂᆞᆫ五十餘處에達ᄒᆞ얏다더라

●私校同捐 西門外蛤洞私立學校生徒李圭俊等三十人이六圜十錢을期成會로來納ᄒᆞ얏더라

●一洞義捐 報恩동下村三十八家人民이國債報償事에對ᄒᆞ야一心團結ᄒᆞ고萬方鳩聚ᄒᆞ야新貨二十二圜十錢을期成會로寄送ᄒᆞ얏ᄂᆞᆫᄃᆡ函辭가甚爲激感ᄒᆞ얏더라

●父子義捐 萬頃郡居前郡守郭翰斗氏가其子東錫으로더부러義金三十圜과收入所經費補助一圜을期成會에傳人送來ᄒᆞ니其愛國ᄒᆞᄂᆞᆫ心은可賀ᄒᆞᆯ것도다

●우씨송함 젼군슈현병운씨부인우계영씨가뎌안동국채보상부인회로공함ᄒᆞ엿ᄂᆞᆫᄃᆡ수계엉운연금이십솜이되도록산간벽촌에무쳐잇셔세상소식과국국형편을듯지못ᄒᆞ엿더니풍편에듯ᄉᆞ온즉여러부인게셔와무로못ᄌᆞ와이국ᄒᆞ시ᄂᆞᆫ셩심이갑발ᄒᆞ신단말솜을듯ᄉᆞᆸ고우의ᄒᆞᆫ마음에지극감격ᄒᆞ와흥금이널니오나가빈소치로간신쥬션ᄒᆞᆫ은거시지화숨원이옵기로모렴복정ᄒᆞ오니ᄒᆞ량ᄒᆞ심을쳔만々々이로소이다ᄒᆞ엿다더라

廣告

本人이南門外停車場西川邊에庫舍二百坪方米突를新建築ᄒᆞ옵고名稱普全倉庫라ᄒᆞ오며貰金은依沿江例ᄒᆞ오니某物이든지輸送ᄒᆞ심을敬要ᄒᆞᆷ

朴宗潤 告白

陰二月初二日夜에本人家屋에셔失火ᄒᆞ야家產汁物을沒燒而他人의家券典執ᄒᆞᆫ것시亦入於燒燼中ᄒᆞ야更爲請願於漢城府ᄒᆞ야將欲新出家券이옵기左開列錄廣告ᄒᆞᆷ

一南署誠明坊晦동第五十七統十一戶草五間戶主박昌根

二仝 樂善坊瓦有豆里契第五十四統三戶草四間戶主박春景

三仝 樂善坊鑄동契中墨동第十二統加一戶草六間戶主吳宗煥

四仝 誠明坊運城府契大山林동第三十二統加一戶草六間戶主金光仁

五仝 明哲坊南小동第四十八統三戶草八間半戶主金善一

南署誠明坊晦동第五十七統六戶 柳務冰 告白

광쥬산운동거리판윤지일은전고에놈의업ᄂᆞᆫ일이니한심ᄒᆞ고가이업더라리승린이가두현파부동ᄒᆞ여세간집물을몰슈이한양골승린이집으로올여오고사우채시모셔왓ᄂᆞᆫᄃᆡ리봉님도업ᄂᆞᆫᄉᆞ이에묘막에리봉님ᄌᆞ친과안악만몸만잇게ᄒᆞ엿스니세샹에이런변이어ᄃᆡ잇ᄉᆞ오리잇가필경나죵지ᄉᆞᄂᆞᆫ싱ᄉᆞ지폐가날모양이기ᄌᆞ이광고ᄒᆞᆷ

셔교십이동일호리셩직 고빅

본인이국한문으로샹신이라한표도쟝을셔실ᄒᆞ엿ᄉᆞᆸ기도쟝을신각ᄒᆞ고이ᄎᆞ광고ᄒᆞᆷ

남셔홍문동거김희천부인 고빅

本人이日力車八座를昨年陰十二月二十一日典執於鍾路永泰盛號典當舖得債紙貨五百元이러니今年陰正月二十六日本典號를逢賊ᄒᆞ야物中의셔失ᄒᆞ얏기로玆仰告ᄒᆞ오니無論內外國人ᄒᆞ고拾得則休紙施行ᄒᆞᆷ

南署由橋居金佑益 告白

平安南道成川郡守趙鼎允氏가年前監理時에稅貿금과沿江稅와公土打半과江慈厚三郡은年例蔘皮封進時에作奸이라고平北民리五友等이有何嫌端인지國民新聞社에寄函ᄒᆞ얏스나以本事者之면각礦稅錢은掛頭名數成冊에昭詳ᄒᆞ고貿金段은西北開礦ᄒᆞ年에日巡檢日本府日別將이欲償貿取之前例而丕씨監理則依經理院訓飭ᄒᆞ야貿紬貿皮ᄒᆞᆫ納上領證이自在요公土事ᄂᆞᆫ각郡舍音之文牒과本院納上之成冊이自在矣라年前에一進會員이稅貿金査實事로裁判于部院이毫無執贓이며其檢察官이亦無查出ᄒᆞ고公土事後ᄂᆞᆫ乙巳年에會員이面々村々에支舍音으로查實ᄒᆞᆫ則丕씨之上納이猶過於其數ᄒᆞ고江稅事ᄂᆞᆫ丕씨之前에一年作定稅가不過四五萬両矣러니丕씨以來로每年上納이數十萬両ᄒᆞ고昨年丙午新監理時에則無上納ᄒᆞ니前鑑이卓轍에丕씨爲公心은推此可知요其某等지誣佈ᄂᆞᆫ不言可想也라且財務官에게賂物을納賂지說은尤極孟浪라三百両些少지善賄가財務官지淸白을可커니와丕씨지贓賂ᄂᆞᆫ不可也라三百両지物이豈爲國事賄賂리오旣以國債報償으로爲一大題目則近來貪汚지執贓配之가不知幾萬々而反斥於至公至正一淸白지丕씨寃罪誣獄아不過是借名報嫌지習이니反有損於償債지義務也라惟我二千萬同胞은自强奮發하야倂義是務허 幸勿遽聽非理지言허오 人誰嫌矣리오非ㅣ丘事라以箇人지嫌으로借名於國債ᄒᆞ야此等陷人을不可勝屈이러니國民新報에所載ᄒᆞᆷ을正誤ᄒᆞ와玆에廣布ᄒᆞᆷ

平安南北道 金寬五 吳用讚 玄在水 김亨泰 김창원等 告白

함鏡北道種痘委員趙鼎구이藥種은不給ᄒᆞ고抑壓民賂ᄒᆞ니民有逃散之弊ᄒᆞ고暗賣不粟帖紙ᄒᆞ니擧皆呼怨ᄒᆞ기로玆以廣告ᄒᆞᆷ

박世奉 告白

●國債報償期成會

義金 續 廣告

硏成學校將卒 正尉鄭炳貳圓五拾錢 副尉 柳錫泰貳圓 正校김斗完壹圓五拾錢 仝 리熙俊壹圓 玄順益壹圓 兵卒河永洙四圓七拾五錢 韓用學四圓五拾錢 尹炳模貳圓 리基宅 申聖述각壹圓 高永植七拾五錢 김千奉 徐進淳 具봉基 최連守 韓厚吉 윤興善 韓聖창 리元學 梁元泰 林一文 김成奉 김聖汝 梁占錫 리昌夏 김基化—김在信 김明辰 裵喜京 리鍾鎭 文占用 康濟淵 최守景 리德在 최辰元 리昌수 羅守福각五拾錢 김奉用三拾七錢五厘 吳基永三拾錢 丁今福三拾錢 김澤涉 김奎三 김秉智 비順基 리相奉 김順興 김永煥 姜景順 김聖雲 김永和 윤忠求 리用稷 김宗先 김澤先 리辰元 洪永來 박相玉 彭宗植 김春元 方大福 리南守 文萬成 최相圭 김國斌 邊福同 文守明 박順西 김守得 方化中 윤炳七 全景植 김漢洙 全光泰 각二拾五錢 김東植 김德현 徐應植 각貳拾錢 장辰긔 趙元吉 김德吉 김春元 각拾五錢 宋興福拾錢 計四拾五圓五拾二錢五厘 廣州退村面篠子洞 박用敬貳圓 박齊선 리긔相 각壹圓拾錢 김澤鎭 조致賢 각壹圓 陳浩섭 리聖賢 丘雲成 김文八 최春凡 柳四成 元聖熙 윤昌섭 閔天植 각五拾錢 박成文 四拾錢 김敬化 김聖根 최順伯 각三拾錢 林云敎 崔寬平 崔寬日 林云參 咸仲先 丘希甫 장德永 柳漢日 김仁在 리奇然 廉永錫 丘云先 김尙玉 廉春化 김順元 段元天 박順日 김成汝각貳拾錢 김尙允 尹益參 權古石 姜千孫 各十錢 計拾陸圓 南門外厚岩동中五十四人 太弘奎貳圓 김致三 리永根 各壹圓五拾錢 박龍현 박義현 리聖長 太弘根 太春根 리英根 박春日 리聖현 車化景 김景淳 각壹圓 박致寬捌拾錢 리景 김景三 조긔榮 太正彬 리成來各陸拾錢 김弘武 김殷景 리聖云 리英植 리化榮 리봉현 韓石根 嚴盛根 梁成實 김鎭弘 孫榮환 各五拾錢 박振夏 박景瑞 최盛實 韓云先 各四拾錢 박致호 박忠根 비今甫 김大亨 田헌得 各三拾錢 리英鎬 박永根 申德긔 申昌鉉 崔祥根 최召史 김鎭玉 범石汝 孫榮순 吳龍澤 장世衡 各貳十錢 林奉升貳拾五錢 박允호 최召史 강漢秀 장点쇠 각拾錢 以上計貳拾九圓陸拾五錢 利川栢面金谷 김恒升 리範祐 各拾圓 김炳遠五圓 리병大 김긔滐 각貳圓 김永墳 劉亨善 各壹圓

廣告

本報第四百六十三號廣告中碑洞十統三戶朴仁혁은奉侍姜錫호氏親査間인ᄃᆡ姜氏의買置ᄒᆞᆫ家券事에對ᄒᆞ야已爲昭然이맛타잇ᄂᆞᆫ廣告를ᄒᆞ얏스되不知禹順慶姜龍秀兩漢이該家券을셔失ᄒᆞᆫ樣으로屢々廣告ᄒᆞ니彼漢이果有遺失家券이면卽訪來本人家가宜當커ᄂᆞᆯ一不現身ᄒᆞ니此漢凶獰은可知라各新聞社나內外國人間禹姜兩漢을挽來本人家ᄒᆞ시면特爲厚謝ᄒᆞ깃스니照亮ᄒᆞ심을望홈

박仁혁 告白

●大韓自强會月報

每月一回廿五日發行 定價金一部十五錢

大韓自强會月報의發行이屢朔을經ᄒᆞ오니自由의議論을鼓發ᄒᆞ야國家의權利를增進ᄒᆞ고獨立의精神을淬礪ᄒᆞ야同胞의團結을益堅케ᄒᆞ야今國有志諸公의愛讀ᄒᆞ심을供ᄒᆞ온바現今本會의셔一비擴張ᄒᆞ기爲ᄒᆞ야高明ᄒᆞᆫ文章과宏博ᄒᆞᆫ學問家를延致ᄒᆞ야天下大勢의變動과殖産敎育의要素와古今政治의大要를蒐輯ᄒᆞ야開發ᄒᆞᆯ面目을一新케ᄒᆞ오니愛國ᄒᆞ시ᄂᆞᆫ僉君子ᄂᆞᆫ血淚를끈ᄒᆞ시고家家案頭의隨判對讀ᄒᆞ시오

皇城中署典洞九統二戶 大韓自强會事務所

명월관확장광고

폐관이마시이후로고이ᄒᆞ시ᄂᆞᆫ귀직에후의를입사와오ᄂᆞᆯ날ᄭᅵ지한에제일등요리점으로ᄂᆡ외국에셔다아시도록확장ᄒᆞ여가오니ᄯᅢ단감ᄉᆞᄒᆞ온거니와근일ᄂᆞᆫ이층양옥을광활이신건ᄒᆞᆸ고다ᄅᆞ아리ᄂᆞᆫ온돌방을은밀리비치ᄒᆞᆸ고포진범절을셔로ᄒᆞ와오시ᄂᆞᆫ귀직이편ᄒᆞ시도록쥬외ᄒᆞ엿ᄉᆞ오며각죵음식은보기에화려ᄒᆞ고먹기에졍미ᄒᆞ게일신쥰비ᄒᆞ야다소를불계ᄒᆞ고주야로파오되셔양쥬ᄂᆞᆫ잔으로파오며특별신미량ᄑᆞ자음식은오시ᄂᆞᆫ시로부터ᄒᆞᆫ시간이되면몃상이라도곳가져가시도록ᄒᆞ오니ᄂᆡ외귀직은륙쇽왕림ᄒᆞ시옵

각쇠요리음식
각식셔양쥬
각죵경편양요리
각죵일본간스메
각죵여송연
각국권연
진찬합
건찬합
밥ᄑᆞ자
특별신미량ᄑᆞ자음식
명창가동정거복도유ᄒᆞ옵

明月館 主人 金東植 告白

國漢文 新刊 越南亡國史

定價貳拾伍錢

發賣所 京城廣橋高裕相書舖 鍾南川郡禹時夏書舖 布屛下 김相萬冊肆

前參奉조昌熙의昌字를暎字로改定ᄒᆞ오니知舊間照亮ᄒᆞ시옵

青陽碧涵亭조찬熙 告白

●九轉靈砂라 本人이妙方法을神備ᄒᆞ야製造ᄒᆞᆫ靈丹인ᄃᆡ男女老少에無論何징ᄒᆞ고通治ᄒᆞ오며無病時에도服하면平生의身體가健康ᄒᆞ며小兒ᄂᆞᆫ四五錢重만服ᄒᆞ면十歲안에無病ᄒᆞ기를擔保ᄒᆞ오며

●九轉靈砂萬應丹은져狂 癎징과中風諸疾과耳目諸病과淋疾에神効ᄒᆞ오

●九轉靈砂保命丹은初生小兒驚風 간氣 咳嗽 腹瘡諸般惡징에神効ᄒᆞ오

●九轉靈砂濟衆丹은酒滯 食滯 血積 吐瀉 霍亂 痢疾 吐血 下血 運氣 時疾 疝징에神効ᄒᆞ오

●九轉靈砂紫金丹은痔漏 累癧 上疳瘡 下疳瘡及腐瘡과諸般毒瘡惡種에無不神効ᄒᆞ오니 僉君子ᄂᆞᆫ來問ᄒᆞ시오

內需司前독갑이골上隅第一家 百三統一戶 리호廷 告白

洪淳慶氏가東署東小門內土橋東邊에織造機를廣張設施ᄒᆞ야稱號를淳昌號라ᄒᆞ고各色綢緞紗屬等을織造發賣ᄒᆞ오니願買人은來臨購買ᄒᆞ시며或所用대로綢과紗等屬을預托ᄒᆞ시면依約施行ᄒᆞ깃숩

淳昌號 告白

西署新門外鍮동百八十六統三戶
辯護士前檢事正三品 丁明燮
法律事務所
事務員前主事吳在淳

◎本社廣告

○申報價
一張代金 新貨二錢五里
一個月前納 三十錢
三箇月 九十錢
六個月 一元七十錢
一箇年 三元四十錢
郵稅一部 新貨五里
一箇月 十三錢

〇廣告料
四号活字十三字占
每日每英尺一寸에新貨十[illegible]
(每日每行六[illegible])
一週日에 一圓[illegible]
(每日每行四錢五里에相當홈)
一箇月에 五圓
(每日每日四錢一里에相當홈)
其期限의長短과字行의多寡를依ᄒᆞ야增減홈이有홈

●大韓每日申報各處支社員名
中署布屛門下 김相萬冊肆
中署磻橋初入七拾八統第二號 鄭禹澤
平壤上水口門內 김治淵
仝 최敬恒
仁川[illegible]峴開新冊肆 리東皓
宣川邑橋西里 安瀅
義州西門外한西 大藥局
釜山港佐川 徐藥局
三和港築洞 김仁집
咸興州南社西門外 曹喜林
開城塔義學校 姜助還
大ㅅ市廳 최一弘
載寧邑濟衆院 [illegible]夢澤
鐵山邑東部 安支
元山支店 劉七錫
定州南門內 洪成鱗
信川邑 [illegible]源植
海州南門內書舖 朴昌鎭

發行兼編輯人 英國人비설
發行所 南署石井洞號外地三層洋屋家
大韓每日申報社

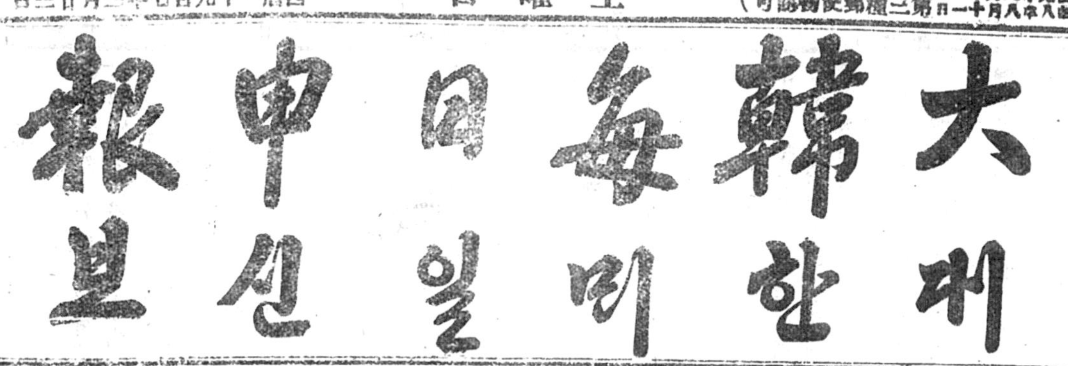

第五卷
第四百六十九號

月曜及慶節歲時日休刊

檀君開國四千二百四十年
箕子元年三千二十九年
大韓開國五百十六年
日本明治四十年
淸國光緖三十三年
◉陰曆丁未二月大初十日辛未

論說

偏見

蓋偏見의解義ᄂᆞᆫ他人의位置를揣量ᄒᆞ기에不能홈이라偏見을欲避면他人位置가維何인지推究ᄒᆞᄂᆞᆫ거시急先要務어니와今以韓國內日本之勢로觀之컨ᄃᆡ其地位가維何인지認定ᄒᆞ기가果難이니其言與行이不得一致ᄒᆞ야偏見을釀生ᄒᆞᄂᆞᆫ고로日本所志를人不能確斷일식但以已之所聞之說노推度ᄒᆞ야明確을不得홈으로適宜解釋ᄒᆞ기에不能ᄒᆞᄂᆞ니對此明辨을本記者ㅣ要請ᄒᆞ노라

若欲能辨인ᄃᆡ已之豫想과箇人들의樂與不樂을推察ᄒᆞᆯ거시니如此면已之審辨上에結搆를能除ᄒᆞ려니와發言以此ᄒᆞ면亦一著示ᄒᆞᄂᆞᆫ거슨知悉이不완ᄒᆞᆫᄃᆡ셔만偏見이非特發生홈과本記者ㅣ自無偏見인줄을確悉홈이本記者ㅣ他人의未免有偏見을確悉홈만은不如홈이로다何如政策을勿論ᄒᆞ고實行ᄒᆞ시處에셔講究ᄒᆞᄂᆞᆫ거시發言지處에셔講究ᄒᆞᄂᆞᆫ것보다優勝ᄒᆞ니一製造廠에進行을若欲知悉인ᄃᆡ兩計가有ᄒᆞᆫ지라初次에ᄂᆞᆫ新聞及雜誌上에廣告를遍覽ᄒᆞ야優劣을量度ᄒᆞᆯ거시나然이나他一優勝자策이亦有ᄒᆞ니製造廠에躬往周行其內ᄒᆞ야何如히件物을製成ᄒᆞᄂᆞᆫ지歷覽ᄒᆞᆯ거시可也로다

此兩端探究間에何者가實質을完全知悉ᄒᆞ기에有效ᄒᆞᆯ지ᄂᆞᆫ良久默思를不用ᄒᆞ리니其歷覽지人이製造廠內에셔該會社에最末計策이維何인지ᄂᆞᆫ暫忽間에見知키未能이나此를講究ᄒᆞᄂᆞᆫ道理ᄂᆞᆫ歷覽後에即有ᄒᆞ리로다

由是로本記者ᄂᆞᆫ何人이던지此地情形을無偏之心으로親自覺考ᄒᆞ기前에ᄂᆞᆫ한국內에日本의策及施設이其何인지諒悉ᄒᆞᆫ者ㅣ未有라特言ᄒᆞ노니事實을目擊ᄒᆞᄂᆞᆫ거시偏見을可避지道인ᄃᆡ本記者ㅣ此處形態에對ᄒᆞ야偏見을極減ᄒᆞᆯ地位에自處ᄒᆞ엿노라日本人이此地에彼所行動을不欲露示홈은偏曲及詭詐의脫籍을欲見ᄒᆞᄂᆞᆫ英美지人의普通希望을直徑으로反對홈이로다

自不得成功홈으로資本家를抗敵ᄒᆞᄂᆞᆫ如此之人의게諸般許容을施ᄒᆞᆫ後에ᄂᆞᆫ英美兩國內에人士가瑕疵를覔出ᄒᆞ려ᄂᆞᆫ德義上意志를大發홈은自有ᄒᆞ나然이나日本人이此地에셔瑕疵를露出ᄒᆞ기를果愛ᄒᆞᆫ者ㅣ未有矣며且한國人民의產業權을保守ᄒᆞ기에라도一言을加ᄒᆞ야日本의最末大利를專尙ᄒᆞᆫ者도亦有之矣로다

官報

◉敍任及辭令

●三千七百十九號 光武十一年三月二十一日

命宮內府特進官 從一品申箕善
正二品鄭周永
太醫院卿李源逸
命宮內府特進官 弘文館學士李愚冕
命太醫院卿 宮內府特進官閔泳韶
命弘文館學士 宮內府特進官尹德榮
任議政府主事 龍川府主事리杜邦
任公立金海普通學校副教員 박延秀
任公立昌原普通學校副教員 權[illegible]淵

●三千七百二十號 光武十一年三月二十二日

◎宮廷錄事
景孝殿提調[illegible]

命宮內府特進官 從二品閔丙漢
命宮內府特進官 從二品徐丙[illegible]
從二品[illegible]
從二品[illegible]
依願免本官 宮內府特進官[illegible]
穆陵令리海明
任穆陵令叙判任官 鐥陵令[illegible]
任鐥陵令叙判任官 六品리海明
官立漢城英語學校敎官泰尹憲
任官立漢城英語學校長

外報

●米國大洪水 米國펜실뻬니아二州에洪水가起ᄒᆞ야뇌쓰월구市及알쿠한쿠河도汎濫ᄒᆞ야각工塲事業을休止ᄒᆞ고溺死者가數萬이오家屋을失ᄒᆞᆫ者가三萬人이오死者가甚多ᄒᆞ고損害가二百萬磅이라더라

雜報

◉工數學校趣旨書

古昔支那聖人之書曰形而上謂之道形而下謂之器蓋道與器同出乎一道爲脉而器爲用故道固重於器也然道之爲體冲漠無聨不可形容而器之爲用明的有範可以摸捉則器亦不謂不重也工者器者也數者範工者也非數無以爲工非工無以爲器而古者國道不重器故工爲四民之第三藝數爲六藝之第六焉近世以來海宇漸闢玉帛干戈聯絡縱錯而智巧日長事巧日就네晩수우道以古之所謂道者一切歸之于賤之鄕繁縟之飾而彼蒸蒸日上以至觸天亘宙者乃向所謂器者也今若膠守古常不能恢拓新見將至於國不可以爲國然則器之爲用豈有重於道之爲體也我國家照洽旣久崇極而圮政治富强之術日用利厚之業無一修擧挽近學校之設非不多也惟工數二學未之講焉數不過近易四則而工則闕如 玆豈非急先之論歟工以美術專門爲教科之目則實業先就於始學之初數以測量代數爲成就之方則彌綸立乃於運擧之中夫欲爲興復之基本發達之事業舍是而奚以哉是以募集聰俊另設規範以爲樂育作成之所是校之設有以預卜民國之富强利厚而我大韓可以與東西列强幷亞而同驅矣此工數學趣旨之大略也其大綱細目具在規則册中玆擧其槪以告我同胞助成之諸君子云爾

校長 李容泰 副校長[illegible]宗錫
校監姜윤熙 學監李相益 總務宋世熙 評議長鄭貴洙 書記羅重顯 楊明介 [illegible]性燦 金容穆 宋錫진

●東人出義 中署선전人力車夫장승관等二十三人이국債[illegible]貨二十五錢式ᄒᆞ야合五元七十五錢을期成會로送納ᄒᆞ얏더라

●협잡가동 금번국채보상에ᄃᆡᄒᆞ야부인회를ᄃᆡ안동에셜시ᄒᆞ고국채로취지셔를보니엿ᄂᆞᆫᄃᆡ부인회목젹인즉식금쁜역할노수렴ᄒᆞᄂᆞᆫ거시아니라무론누구시든지의금을가저오시면로슈봉ᄒᆞᆯ뿐이여놀근일 잇더헌여인이집집마다가셔의금을니라독촉ᄒᆞ여바다간다ᄒᆞ오니익금이라ᄒᆞᄂᆞᆫ거슨ᄌᆞ긔의의국셩심으로ᄒᆞᄂᆞᆫ거시온ᄃᆡ엇더한여인이[illegible]도가며칙에져그[illegible]ᄂᆞ며안동국채보상부인회에셔ᄂᆞᆫ취지셔도로ᄒᆞ의금을가저오ᄂᆞᆫ대로바들뿐이라더라

雜報

●雨露又降　公道와六犯外에勿論已決未決과年七十以上과十五以下를精白審査ᄒᆞ야減放ᄒᆞ라신　聖旨를下ᄒᆞ옵셧더라

●女學徒觀鑑　再昨日　皇太子殿下千秋慶節에女子學徒가大漢門外의셔慶祝ᄒᆞᄂᆞᆫ대自內로셔臨時門票를出給ᄒᆞ시고召喚ᄒᆞ사觀鑑ᄒᆞ옵셧ᄂᆞ더라

●義王歸國　義和王殿下씌셔ᄂᆞᆫ本日에入城ᄒᆞ신다더라

●伊藤陛見　伊藤統監이去火曜日下午八点에入京ᄒᆞ야其翌日上午十一時에各部大臣과帶同陛見ᄒᆞ얏다더라

●兩氏贊議　韓鎭창南규회兩氏가中樞院贊議를被任ᄒᆞ얏더라

●龜山歸國　龜山경視가令孃의慘境을當ᄒᆞ야日昨에歸國ᄒᆞ얏다더라

●郡守新任　日昨政府에셔郡守十一窠를奏本ᄒᆞ얏ᄂᆞᆫ대淸風에金考年德川에安承烈順川에리熙雨加平에徐相勉陰城에南麟ᄒᆡ長湍에리公雨沃川에任철宰陰竹에박周憲高陽에박準설江界에김用來朔寧에최홍俊諸씨더라

●監督促送　日本留學生監督韓致愈氏가學部에報告ᄒᆞ되家有私喪ᄒᆞ야歸國코져ᄒᆞ옵ᄂᆞᆫ데監督이新差가되얏ᄉᆞ오니監督을斯速起送ᄒᆞ와歸國게ᄒᆞ라ᄒᆞ얏다더라

●兩氏移任　平理院判事박有觀氏ᄂᆞᆫ同院檢事로移任ᄒᆞ고前檢事金澤氏ᄂᆞᆫ平理判事를被任ᄒᆞ얏더라

●송氏陞任　度支部技師송文賢씨ᄂᆞᆫ該部參書官을陞任ᄒᆞ얏더라

●錦營運動　公州郡守金甲淳氏ᄂᆞᆫ鄕任中挾雜輩를符同ᄒᆞ야萬人傘을新製ᄒᆞ고該費ᄂᆞᆫ每戶에葉五錢式收斂ᄒᆞᄂᆞᆫ데히守가闕內大리址鎔氏로相通ᄒᆞ야現今錦察을運動ᄒᆞᄂᆞᆫ지라繡傘價餘額은히運動費로補用ᄒᆞᆫ다더라

●提燈慶祝　再昨日千秋慶節에普成學徒가自大한門에셔鐘路ᄭᆞ지提燈慶祝ᄒᆞ얏다더라

●老嫗慶祝　再昨日　皇太子殿下誕辰에各學校學徒들이國旗를高揭ᄒᆞ고大漢門前에齊進ᄒᆞ야慶祝ᄒᆞᄂᆞᆫ데何許一보薩老嫗가念珠를목에걸고諸學徒背後에來立ᄒᆞ야　皇帝陛下萬歲와　皇太子殿下千歲를連呼ᄒᆞ며合掌拜禮ᄒᆞ거ᄂᆞᆯ把門巡檢이來見ᄒᆞ고止拜而退去ᄒᆞ기를勸告ᄒᆞ되該老嫗가不聽ᄒᆞ고數百番拜禮祝壽後에退去ᄒᆞ얏다니該嫗拜祝이佛性所感인듯ᄒᆞ더라

●農部風波　再昨日千秋경節에各部에셔妓樂을勿施ᄒᆞ고略設茶果로경祝ᄒᆞᄂᆞᆫ데農商工部에셔ᄂᆞᆫ妓樂이迭宕ᄒᆞᆫ지라幼年학徒某씨가傍觀ᄒᆞ다가演說ᄒᆞ되現今一般國民이國債報償에熱心義捐ᄒᆞ야興況이無ᄒᆞ거ᄂᆞᆯ貴部官員은有何嘉況ᄒᆞ야惟獨히妓樂風流가迭宕ᄒᆞᄂᆞᆫ야ᄒᆞᆫ즉左右觀光人들이該演說을聽罷에石子가亂投ᄒᆞ야琉璃窓이片々破碎에風波가大起ᄒᆞ얏다더라

●恩霑特赦　全羅南道珍嶋郡金甲島終身流配罪人安明善씨가今番赦典에蒙放되얏더라

●義捐明新　日昨에長湍川大將이박동明新女學校에觀覽ᄒᆞ고五拾圓을出捐ᄒᆞ얏다라

●向隅지歎　日昨學部의셔師範學徒試取ᄒᆞᆫ事ᄂᆞᆫ已爲報道어니와初차面講試驗人이二百拾五名인데点數不滿ᄒᆞᆫ人一百廿五名을減省ᄒᆞ고滿点人九拾名만其翌日에作文試才ᄒᆞᄂᆞᆫ대減省中水原居최某가試所에入ᄒᆞ야質問ᄒᆞ되昨日面講에有何不通ᄒᆞ야置지落第오ᄒᆞ거ᄂᆞᆯ參書官閔健植씨가其不解文理ᄒᆞᆷ을說明ᄒᆞ고退去ᄒᆞ라ᄒᆞᆫ데최씨가一向不服ᄒᆞ고試官이협私가有ᄒᆞᆫ줄노言ᄒᆞ거ᄂᆞᆯ協판閔衡植씨가또曉諭退去ᄒᆞ되최씨가愈往氣盛ᄒᆞ야孟子全篇을容易慣誦ᄒᆞᆫ다ᄒᆞ거ᄂᆞᆯ學務局長兪星濬씨가최씨를對ᄒᆞ야曰孟子를慣誦ᄒᆞᆫ다니當場背講ᄒᆞ깃ᄂᆞᆫ야ᄒᆞᆫ데최씨曰他人은面講ᄒᆞ고我獨비講ᄒᆞ리오ᄒᆞ거ᄂᆞᆯ兪星濬씨가從容ᄒᆞᆫ處所로최氏를携去ᄒᆞ야孟子를다시面講ᄒᆞᄂᆞᆫ데최氏가文理를不通ᄒᆞ얏든지自服退去ᄒᆞ얏다더라

●丕씨正論　各銀行의重役一人式을日本에派遣ᄒᆞ야經濟事情을視察ᄒᆞᆫ다ᄒᆞᆷ은已爲揭載ᄒᆞ얏거니와其中에漢城手形組合長丕鎭泰氏ᄂᆞᆫ국庫金만徒費ᄒᆞ고視察의必要가無ᄒᆞ다ᄒᆞ야視察員을自退ᄒᆞ얏다더라

●巡檢作弊　南來人의傳說을據ᄒᆞᆫ즉扶安古阜金堤等郡의셔新設ᄒᆞᆫ巡檢을吏胥輩로擇設ᄒᆞ바該等郡吏習이自前有名ᄒᆞᆫ데該郡守들은不知其習ᄒᆞ고亦置例觀ᄒᆞ야都不申飭ᄒᆞᄂᆞᆫ故로該巡檢이橫行村閭에作弊無雙ᄒᆞ여村民이難以支保라ᄒᆞ더라

●拒納質問　日昨一進會의셔리僞氏事件에對ᄒᆞ야總代趙法部에派送ᄒᆞ야質問코져ᄒᆞᆫ데히部大臣리夏榮氏가稱以公事弁擾ᄒᆞ고弗爲接見ᄒᆞ거ᄂᆞᆯ總代某씨가留侯閒隙ᄒᆞ야리法大가開門出視曰是何人乎아ᄒᆞ거ᄂᆞᆯ總代某氏曰一進會總代로리僞씨事件에質問차로來到ᄒᆞ엿노라ᄒᆞᆫ즉리法大가厲聲曰政府의셔何如히措處ᄒᆞ든지社會上의셔有何質問乎아ᄒᆞ거ᄂᆞᆯ總代某氏가一塲相詰ᄒᆞ다가出來ᄒᆞᄂᆞᆫ데聯合會의셔總代二人이又爲踵至ᄒᆞ야該事件을質問ᄒᆞ얏다ᄂᆞᆫ대結末에何如히歸正이되얏ᄂᆞᆫ지未知ᄒᆞ겟다더라

●靑會討論　今日下午七点半에靑年會舘의셔成就지望은學不厭이勝於敎不倦이란問題로可否便이互相討論ᄒᆞᆫ다라

●嶺察電報　嶺南觀察使가法部에電報ᄒᆞ되本道檢事임義濟가謂有親病ᄒᆞ고弗時經發이라ᄒᆞ얏더라

●木民電部　木浦港民柳濟섭명森弘이가法部에電報ᄒᆞ되伏請國民新報第二百七十九에港民呼冤題下에參會官박星煥씨와遞任而長김仲善씨等로本港民請願書에民等은當初不知ᄒᆞᆫ쏠外라本無此事이온데何許雜類輩가有名報部ᄒᆞ얏ᄉᆞ오니爲事ᄒᆞᆫ者를査覈ᄒᆞ시와以懲國法ᄒᆞ시기를伏望이라ᄒᆞ얏더라

●廣明新校　龍川郡楊西面有志紳士等이本社에寄函ᄒᆞ되本面각동有志人士가公同協議ᄒᆞ야創一廣明학校於本坊中央ᄒᆞ야暨ᄒᆞ고陰曆正月七日에開校式을擧行ᄒᆞᆫ데士氣가濟々ᄒᆞ고禮容이肅々ᄒᆞ야文明進步를預先可期라ᄒᆞ얏ᄂᆞᆫ데該校發起人은김川煥氏오校長은뎡鳳九씨오校監은리命元씨오教師ᄂᆞᆫ김必필김賢옥兩씨오監督은김道善黃河제兩씨오事務員은劉道成뎡학珍박致萬諸씨더라

●仙동義捐　廣州草月面仙長동과坎동의居ᄒᆞᄂᆞᆫ張씨宗中에셔國債報상금二圓五拾錢을期成會로送納ᄒᆞ엿다더라

●平南廢業　平南警務官박承훈씨의無理壓民ᄒᆞᆫ事ᄂᆞᆫ前報에記載ᄒᆞ얏거니와此等警吏지下에ᄂᆞᆫ民難支保뿐더러求生弗得이라ᄒᆞ야再昨日에撤市廢業ᄒᆞ야南況이蕭滯라더라

▲雜　峰　尤　奇▼

△昨夜東風에陰氣을허入ᄒᆞ야滿城雲影이片々生疑ᄒᆞ니政界消息이邇來何如오各自疑懼ᄒᆞ야而々相顧에來頭機變은淺深을難測이로다

△大韓軍權이去益減削ᄒᆞ야不多軍額을一減二減에餘在가無幾ᄒᆞ더니近日各隊에一百名을又爲減省ᄒᆞᆫ다니軍權이權어俱爲虛却ᄒᆞ면大韓에所存者何오

△大同與學會ᄂᆞᆫ何色兩班으로組織ᄒᆞᄂᆞᆫ데許위氏가出席大獸日所謂新學은一切廢止ᄒᆞ고五百年傳來ᄒᆞ던舊學을[illegible]ᄒᆞ자ᄒᆞ니[illegible]紳士가一[illegible]起用[illegible]氣奔[illegible]富貴者[illegible]故로[illegible]許위가虛驕ᄒᆞ야[illegible]果然名不虛得이로고

△漢內館長[illegible]氏ᄂᆞᆫ太[illegible]生을驅逐ᄒᆞ얏다더니[illegible]議論이有ᄒᆞ더니太[illegible]前日에ᄂᆞᆫ碧松亭神貸[illegible]有ᄒᆞ고神武門獄事時에有ᄒᆞ고今番[illegible]館長의驅逐이有ᄒᆞ다ᄒᆞ얏ᄉᆞ니五百年以來에三大驅逐이또ᄒᆞᆫ儒林家에非常ᄒᆞᆫ奇變이로고

△忠北觀察使尹吉炳氏가國債報償의對ᄒᆞ야發起人員을捉囚煅煉ᄒᆞ얏다고確信이有ᄒᆞ기로本報에論述ᄒᆞ얏더니尹氏가其親弟를本社에起送ᄒᆞ야辨明ᄒᆞ여日發起人捉囚事ᄂᆞᆫ該警部의所爲오觀察은無關이라ᄒᆞ니職在觀察ᄒᆞ야人民의爲國ᄒᆞᄂᆞᆫ義擧을姑害ᄒᆞ다가日警部에게歸咎ᄒᆞ니非我也라兵也로고

△地方人民을保護ᄒᆞ기爲ᄒᆞ야警吏와日警部를廣設ᄒᆞ더니警官의虐民이日甚ᄒᆞ야生靈이魚肉ᄒᆞ니賊警은不息ᄒᆞ고警吏ᄂᆞᆫ尤虐이라지

◉◉本社廣告◉◉

國債報償金을本社로持來ᄒᆞᄂᆞᆫ이가逐日沓至ᄒᆞ오나本社에셔ᄂᆞᆫ如此重大지事에對ᄒᆞ야善後之策을確實講定ᄒᆞ기前에ᄂᆞᆫ領受키難ᄒᆞ기로姑不收捧ᄒᆞ오니僉君子ᄂᆞᆫ照亮ᄒᆞ시욤

大韓每日新報社告白

東京電報

●露國撤兵　三月十九日午后十一時着

露國政府ᄂᆞᆫ合爾賓、長春、新民屯等地撤兵을終了ᄒᆞ고昨今에ᄂᆞᆫ黑龍江方面의輸送을開始ᄒᆞ얏더라

伯林電報　上仝

●英艦進水

英國률나쓰코에셔大巡洋艦印度미데이블號進水式을行ᄒᆞ얏ᄂᆞᆫ되同艦은一萬八千二百五拾噸이오其速力廿五海里되ᄂᆞᆫ巨艦이라더라

北京電報

●淸廷增兵　三月二拾日午后四時着

陸軍部에셔ᄂᆞᆫ滿洲에셔新兵을募集ᄒᆞ야現在駐兵과合ᄒᆞ야五個師團을置ᄒᆞᆯ計畫인되齊々合爾에一師團吉林에一師團奉天에三師團을置ᄒᆞ기로亞爾巽氏와協議進行ᄒᆞᆫ다더라

寄書

●全州南隱松里리康元氏가本社에寄書ᄒᆞ되

凡天下지事合力則易成ᄒᆞ고分力則難成이니今此斷烟지事可謂合力이라每論事을如此면何事不成이리오顧惟發起諸公의祖國精神이○然于外ᄒᆞ니雖其殘少荒村이라도齊民感動이奮然于中이라敝州府南隱松里ᄂᆞᆫ十室지殘이오三戶지弱으로於我同胞에焉能爲有無리오마ᄂᆞᆫ其忠愛所性ᄒᆞ야豈以殘弱而爲有無也리오自不○零○ᄒᆞ고欲從諸公지義ᄒᆞ야○集殘貨七拾二圜五拾五錢ᄒᆞ야以補萬一이라ᄒᆞ얏ᄂᆞᆫ되該錢은期成會로傳送ᄒᆞ엿노라

●自强寄函　姜엽리正主府氏가本社에寄函ᄒᆞ되　여山郡自强支會會員들이邑底에셔新聞을閱讀이라가至於國債報償斷烟等說ᄒᆞ야不覺流涕相謂曰世界에有如此好箇言好箇事乎아爲韓人者孰不感動哉아ᄒᆞ고爭相廢烟이러니適有雇傭輩數十人이以農樂으로皷舞而過라가見此景光ᄒᆞ고聚相問지여날會員이以國債報償斷烟지義務로一場曲暢演說이러니同雇傭等이莫不動容에盟止吸烟ᄒᆞ고爭以雇金으로願助ᄒᆞ엿ᄂᆞᆫ되郡書記幾人이倪服於雇傭ᄒᆞ야亦以月給幾圜條로捐補ᄒᆞ야一境이謹悅이어ᄂᆞᆯ邑底酒媼一人이聞此趣旨ᄒᆞ고欣然歎曰此足以感動人心이로다斷烟도美矣나酒者ᄂᆞᆫ伐性지狂藥이오消耗지巨欸이니斷飮數朔이면可以倍多於烟費矣리니如我酒業者도敗月停業이니國民義務라ᄒᆞ고好飮士人의게斷飮을勸勉ᄒᆞᄂᆞᆫ지라自强會員이見此人心지興發ᄒᆞ고國債報償會을設立ᄒᆞ고方行收金ᄒᆞᆫ다더라

●學童出義　東署養士동私塾에셔拾一兒童이국債報상義捐금五圜二拾錢을收合ᄒᆞ야期成會로來納ᄒᆞ얏더라

廣告

●慶尙道蔚山凡西內沙里居金현碩素不學無識이로되七十老母棄世에斷指用血卒然甦生至三日而遺言曰身躰髮膚受之父母勿爲輒傷更歸其後三年侍墓其婦黃氏亦一孝行出天故玆以廣告각道諸君子盛諒ᄒᆞ옵소셔

同里居金종洙　告白

蔚山西府面昌成谷居리基伯凡西內沙里居金璟嘉前推尋債錢二百兩至於四年故一去書之則其人哀乞曰貧寒至此京內雖有緊事車費無路故未去云錢文一百兩更增永給故玆以廣告각道僉君子盛諒ᄒᆞ소셔

同郡居金종命　告白

沃溝府와舒川郡與오川郡前岸諸島中開也島竹島兩處에海物陸產口文이本以均役稅外沈讖政宅買有尊掌인바陸海物賣買을會自沈宅이例定主人ᄒᆞ야看檢이더니內外國商民이所敎物品을私自賣買ᄒᆞ니非徒主人之失業뿐더러許多獘瘼이層生於私自賣買之間ᄒᆞ야商販이非使ᄒᆞ기로度支部에請願ᄒᆞ얏더니題飭內開也島竹島ᄂᆞᆫ旣有完文施行이어ᄂᆞᆯ파所謂陸海物與船主人은係是稅則所在니往訴于各該稅務所일事라ᄒᆞ엿다더라

京漢洞五十八統四戶　朴興會　告白

忠淸北道永同郡國債報償

趣旨書

大抵國이富則民이富ᄒᆞ고國이貧則民이貧은古今自然之理也라現今我大韓國債가至爲一千三百萬圜之巨欸而今年不報ᄒᆞ고明年又不報則年々利子가利上添利ᄒᆞ야全國疆土가乃爲債主지物이오八域同胞가未免債主지奴矣若如是則是國是民이爲敎生存於其間乎思至此境의不覺泣血寒噤也凡我國民이豈可泯默例視哉아惟願각隨其力ᄒᆞ야多小義捐에以補國債萬一지報幸甚々々

應行節目列錄于左

一 本會ᄂᆞᆫ國債報償ᄒᆞᆯ目的홈

一 報債方法은義金을募集ᄒᆞ되金額은從其願ᄒᆞ야多少를不拘홈

一 各面각동의使지勸諭ᄒᆞ야大小民人男女老少를開悟케務圖홈

一 人民勸諭를爲ᄒᆞ야每市上의發起事務員이演說會를開홈

一 收錢所ᄂᆞᆫ以本會事務所로定ᄒᆞ되捐納人氏名及金額을抄錄ᄒᆞ야新聞上에布告홈

發起人　鄭龍錫　최창瑜　林東根　洪元섭　오麟根　孫仁譽　金炳韵　孫泰能　孫貫헌　金炳駿　張萬섭　朴贊一　金東夏　白璟介　조炳[illegible]　金炳浩　리相于　최舜謙等

本人이南門外停車場西川邊에庫舍二百坪方米突를新建築ᄒᆞ옵고名稱曰[illegible]倉庫라ᄒᆞ오며貰金은依沿江例ᄒᆞ오니某物이든지輸送ᄒᆞ심을敬要홈

朴宗潤　告白

陰二月初二日夜에本人家屋에셔失火ᄒᆞ야家產什物를沒燒而他人의家券與執音것사亦入於燒燼中ᄒᆞ야更爲請願於漢城府ᄒᆞ야將欲新出家券이옵기左開列錄廣告ᄒᆞᆷ

一 南署誠明坊峒동第五十七統十一戶草五間戶主박昌根

二 仝　樂善坊瓦有豆里契第五十四統三戶草四間戶主박春景

三 仝　樂善坊蟲동契中蟲동第十二統加一戶草六間戶主吳宗煥

四 仝　誠明坊連城尉契大山林동第三十二統加一戶草六間戶主金光仁

五 仝　明哲坊南小동第十八統三戶草八間半戶主金善一

南署誠明坊[illegible]동第五十七統六戶

柳秀泳　告白

平安南道成川郡守趙鼎允氏가年前監理時에稅貿금과沿江稅와公土打半파江[illegible]三郡은年例華皮封進時에作奸이다고平北民리乳友等이有何嫌端인지國民新聞社에寄函ᄒᆞ얏스나以本事言之면각礦稅金은掛銀名數成冊이昭詳ᄒᆞ고貿金段은西北關礦幾十年에因巡營日不府日別將이收償貿取之前例而丕貿皮ᄒᆞᆫ納上館訕이自在ᄒᆞ고公土事ᄂᆞᆫ각郡舍音之文簿와本院納上之成冊이自在矣라年前에一進會員이稅貿金査實事로裁判于部院이毫無執臟이며其檢察官이亦無査出ᄒᆞ고公土事後ᄂᆞᆫ乙巳年에會員이面々村々에支舍音으로査實恐催則도씨之上納이猶過於其數ᄒᆞ고江稅事ᄂᆞᆫ도씨之前에一年作定稅가不過四五萬兩矣러니도씨以來로每年上納數十萬兩ᄒᆞ고昨年丙午新監理時에綢繆上納ᄒᆞ니前鑑후轍에도씨爲國公心은推此可知요某等지誣ᄂᆞᆫ不言可想也라且財務官에게삼皮納賂지說은尤極未詳者라三百兩些少지善賜가財務官지淸白ᄂᆞᆫ可키니와도씨지防賂ᄂᆞᆫ不可也라三百兩지物이豈以國債報償으로[illegible]一大烟日則近來食淸지[illegible]가不知爲萬々而反民於至公至正一淸日지도씨者其熱誠歎야不過是借名報嫌지計이니反有損於償債지義務也ᄂᆞ惟我二千萬同胞은自强奮發하야惟襲是務ᄒᆞ幸勿過聽非理지言ᄒᆞ오人誰嫌矣리오非但도事라以箇人지嫌으로借名於國債ᄒᆞ야此擧陷人者何勝痛哉리니國民新報에正誤ᄒᆞ되玆에廣布홈

平安南北道　吳用讃　金在水　김학泰　김차[illegible]等　告白

본인이국채보상셩에 표도지운셔신 엿ᄉᆞᆸ 도적을 신각ᄒᆞ고이치ᄒᆞ고 남셔ᄒᆞᆫ문동 김희칠부인

◉國債報償期成會

義金 續 廣告

盧奉석 김漢德 安所爲 金義濟 박得用 元光돌 柳德根각五拾五錢 리成九 廉孝眞각肆拾五錢 김容茂 徐尙吉 任鶴準 각三拾五錢 김大긔 윤德헌 최福景 김敬光 姜允泰 리必龍 許昌긔 리漢貫 리린호 리仁成 安用燦 최茂쇠 林善敬 孫順龍 김熙植각貳拾錢 윤德헌拾五錢 리敬光 김君必 陰龍伊 黃甲得 김汝壽 梁道日 조龍伊 奇順根 리永心 鄭正龍 김龍漢 리士鳳 김日成 김萬成 박尙福 리熙在 리奉云 林긔돌 리在用 박只孫 강召史 許順一 盧致英 黃權伊 김應允 沈培孫 리學敎 馬千里 리在用 김性集 박龍환 김學西 김善汝 리周哲 리斗崇 각拾錢 박敬文 장三孫 柳應俊 김興福 각五錢 리福孫 金萬석 각貳拾錢五厘 石福伊 一錢五厘

以上計肆拾三圓拾壹錢五厘

楊根公立普通學校 리秉烈 四圓 鄭東弼 三圓 朴俊範 二圓 리容俊 池汝誠 禹潤基 리種역 咸仁셥 卞泰회 함규信 리聖福 뎡允奉 김萬셥 김增百 조萬俊 禹鎭泰 리新昌 리漢永 各壹圓 리秉斗 리台文 김寬셥 조容弼 鄭壽敦 리載豊 鄭巨벽 김根錫 함順用 김긔셥 리漢哲 김在基 卓成龍 리用奉 김中興 리点本 최榮根 최榮德 김돌福 함昌國 리振永 千眞福 각五拾錢 리巨福三拾錢以上計三拾五圓三拾錢

白川郡西村三里 장祐承 吳喜濟 池壽鏞 김基錫 각拾圓 조元植 五圓 劉淳燁 貳圓 리芳珪 윤平호 송南浩 魯泰植 吳奎濟 劉基源 송亨信 金亨彬 각壹圓 高元根 조東濟 吳世彰 송久永 송聖瑞 윤平一 洪善亨 김召史 柳召史 各五拾錢 全雲德四拾錢 盧基瑞三拾錢 梁德奎三拾錢 조景호 리亨載 劉漢豐 김東奎 劉長國 윤致政 吳成福 리舜珪 池時演 各二拾錢 以上計六拾二圓三拾錢

每日申報支社農圃收金 장濟英 리東實각壹圓 리貴童貳拾錢 元世性壹圓 夫人南宮氏貳拾錢 김회瑗廿錢 梁杜興貳圓 劉淑 拾錢 리창根三拾錢 리種喆五拾錢 김형厚拾錢 具廣창貳拾錢 윤載植夫人貳拾五錢 최興澤貳拾錢 吳般慶貳圓 리五돌五拾錢 洪憲祚壹圓 鄭禹澤夫人함氏二拾錢 子봉吉拾錢 佛岩寺 吳孝菴 김華雲 白碧波 各貳拾錢 리셜河 김玄菴 리靑운 各五拾錢 黃東河 文圓照 박肯法 各拾錢 計拾三圓四拾五錢

바齊庚 百圓 龍山灘頂契 安國헌 等 五拾壹圓 박性緖 貳拾壹圓 南廷규 權泰益南門外笠廛都中圓各貳拾圓

廣告

越南亡國史 國漢文 新刊

定價貳拾伍錢

發賣所 京城廣橋高裕相書舖 鏡南端川郡禹時夏書舖 布屛下 김相萬冊肆

前參奉조昌熙의昌字를瓚字로改定ᄒᆞ오니知舊間照亮ᄒᆞ시옵

青陽碧涵亭 조찬熙 告白

◉大韓自强會月報

每月一回廿五日發行

定價金 一部 五錢

大韓自强會月報의發行이歷湖를經ᄒᆞ오니自由의論을鼓發ᄒᆞ야國家의權利를增進ᄒᆞ고獨立의精神을淬礪ᄒᆞ야同胞의團結을益鞏케ᄒᆞ야全國有志諸公의愛讀ᄒᆞ심을供ᄒᆞ온바現今本會의셔一비擴張ᄒᆞ기為ᄒᆞ야明ᄒᆞᆫ文章과宏博ᄒᆞᆫ學問家를延致ᄒᆞ야天下大勢의變動과殖産敎育의要素와古今政治의大要를蒐輯ᄒᆞ야開卷ᄒᆞ면眼目을一新케ᄒᆞ오니愛國ᄒᆞ시ᄂᆞᆫ僉君子ᄂᆞᆫ血淚를문ᄒᆞ시고家家案頭의隨刋對讀ᄒᆞ시오

皇城中署典洞九統二戶

大韓自强會事務所

명월관확장광고

폐관이마시이후로고의ᄒᆞ시ᄂᆞᆫ귀긱에후의를입사와오ᄂᆞᆯ날ᄭᅡ지한에제일등요리점으로너외국에셔다아시도록확장ᄒᆞ여가오니더단감ᄉᆞᄒᆞ옵거니와근일은이층양옥을광활이신건축ᄒᆞ고다락아리ᄂᆞᆫ온돌방을만히드리비치ᄒᆞ고포진범절을새로ᄒᆞ와오시ᄂᆞᆫ귀긱이편ᄒᆞ시도록쥬션ᄒᆞ엿ᄉᆞ오며각죵음식은보기에화려ᄒᆞ고먹기에졍미ᄒᆞ게셜신ᄒᆞ비ᄒᆞ야다소를물게ᄒᆞ고주야로파오되셔양쥬ᄂᆞᆫ잔으로파오며특별신미량묘자음식은오시ᄂᆞᆫ시로붓터ᄒᆞᆫ시간이되면멧상이라도곳가져가시도록ᄒᆞ오니너외귀긱은륙속왕임ᄒᆞ시옵

각쇡요리음식

각쇡셔양쥬

각죵경편양요리

각죵일본간스메

각죵여송연

각국권연

진찬합

건찬합

밥묘자

특별신미량묘자음식

명창가동졍거북도유ᄒᆞ옵

明月館 主人 金東植 告白

◉九轉靈砂라 本人이妙方法을神備ᄒᆞ야製造ᄒᆞᆫ靈丹인ᄃᆡ男女老少에無論何징ᄒᆞ고通治ᄒᆞ오며無病時에도服하면平生의身躰가健康ᄒᆞ며小兒ᄂᆞᆫ四五錢重만服ᄒᆞ면十歲안에無病ᄒᆞ기를擔保ᄒᆞ오며

◉九轉靈砂萬應丹은져狂 癲징과中風諸疾과耳目諸病과淋疾에神効ᄒᆞ오

◉九轉靈砂保命丹은初生小兒驚風 간氣 咳嗽 腹瘡諸般腦징에神効ᄒᆞ오

◉九轉靈砂濟衆丹은酒滯 食滯 血積 吐瀉 霍亂 痢疾 吐血 下血 運氣 時疾

◉九轉靈砂紫金丹은痔漏 累癧 上痔瘡 下痔瘡及唐瘡과諸般瘡瘇瘀種에無不神効ᄒᆞ오니 僉君子ᄂᆞᆫ來問ᄒᆞ시오

內需司前골上隅第一家百三統一戶 리호廷 告白

洪淳康氏가東署東小門內土橋東邊에織造機을廣張設施ᄒᆞ야稱號를淳昌號라ᄒᆞ고各色綢緞紗屬等을織造發賣ᄒᆞ오니願買人은來臨購貿ᄒᆞ시며或所用ᄃᆡ로緞과紗等屬을預托ᄒᆞ시면依約施行ᄒᆞ깃ᄉᆞᆸ

淳昌號 告白

辯護士 前判事 前檢事 正三品 丁明燮

西署新門外鍮동百八十六統三戶

法律事務所

事務員前主事吳在淳

◎本社廣告

○申報價

一張代金 新貨二錢五里

一個月前納 三十錢

三箇月 九十錢

六個月 一元七十錢

一箇年 三元四十錢

郵稅一部 新貨五里

一箇月 十五錢

○廣告料

每日每行 □字□□

(每日每行 □□□□)

一週日에 二圓五十錢

(每日每行四號五里에相當ᄒᆞᆷ)

一箇月에 五圓

(每日每日四錢一里에相當ᄒᆞᆷ)

其期限의長短과字行의多夥를依ᄒᆞ야增減ᄒᆞᆷ이有ᄒᆞᆷ

◉大한每日申報各處支社廣告

中署布屛門下 김相萬冊肆

中署農圃初入七拾八統第二號 鄭禹澤

平壤上水口門內 김浩淵

仝 최徹恒

仁川柳峴開新冊肆 리東皓

宣川邑橋西里 安濬

義州西門外한西 大藥局

釜山港佐川 徐藥局

三和港築洞 김仁집

咸興州南社西門外 曹喜林

開城培義學校 姜助遠

大邱市廳 최一弘

載寧邑濟衆院 夢澤

鐵山邑東部 安호

元山支店 劉七錫

定州南門內 洪成麟

信川邑 李源植

海州南門內書舖 朴昌鎭

發行兼編輯人 英國人비說

發行所 南署石井洞號外地三層洋屋家

大韓每日申報社

第五卷　　第四百七十號

大韓每日申報
대한매일신보

月曜及慶節歲時日休刊

檀君開國四千二百四十年
箕子元年三千二十九年
大韓開國五百十六年
日本明治四十年
淸國光緖三十三年
●陰曆丁未二月大十一日壬申

論說

虛忘之言

盖實言이虛說보다表異되은種種有之어니와셔울프리쓰新報가無氣力ᄒ言辭와日字의誤記되을但論ᄒᄂ니本記者ᄂ喜讀如此之論이로다

以今記憶컨ᄃ同報가始其發刊之日에發言ᄒ되同記者가諸般事態를但以公正無偏之說노論陳ᄒ기를希望ᄒ다ᄒ으로本報가此意로一二事端을請問ᄒ앗더니同報가答辭ᄂ不陳ᄒ고日本메일新報에셔照騰ᄒ罵詈之言을但揭ᄒ바英國法律에ᄂ此未免誹謗之罪矣로다

然이나本記者ㅣ對此行動을不取ᄒ고但同報에虛名으로責任된一英人을警論ᄒ되若有再犯이면不幸之害을卽當ᄒ리라ᄒ얏더니此後에同報가卽時閉杜ᄒ얏고到今ᄒ야ᄂ同報에記載及整理之人이純然以日人成立ᄒ얏스니巨額費金은不用ᄒ고誹言을揭布ᄒ기에幾乎無限ᄒ權力을包有ᄒ얏도다

日人은能히本記者를評議ᄒ더라도本記者ㅣ英國法律之下에在ᄒ야對此揭載ᄒ은其爲不正을自度ᄒᄂ지라對此默然이니其不平을[illegible]이리오吾人의地位가當至明確이니吾人은稱揚及評論을各許ᄒ고但本報或他報에셔提起ᄒ事端만詳論ᄒ기를快樂ᄒ리로다

誹謗을關係ᄒ야ᄂ日本法律이庇護所를作ᄒ야使此셔우프리스新報로本記者의當行ᄒ法律上動作을避免케ᄒᄂ도다然이나愛讀僉員이孰是孰非를辨別ᄒ기에或有誤ᄒ실지ᄂ本記者ㅣ不憚어니와셔울프리쓰報가何如同情을引生ᄒᄂ지ᄂ亦不能信이로다

彼雖以英文發刊이나其思想은日本이니豈非雜[illegible]리오本記者ᄂ한國의實情을揭報ᄒᄂ니同報가本報를稱揚ᄒ기ᄂ姑不能이로다

官報

●三千七百廿一號 光武十一年三月二十三日

◎敍任及辭令

侍從무官長조東潤
侍從무官魚 담
命視察日本國軍務事務
任奉常司副提調敍奏任官三等
正三品리恒九
從二品윤致호　仝최셕敏
解中樞院贊議
宮內府特進官南규희
任中樞院贊議敍勅任官二等
從二品한鎭창
任平理院檢事敍奏任官四等
平理院判事박有觀
任平理院判事敍奏任官三等
前檢事김 澤
任度支部參書官敍奏任官三等
度支部技師송文賢
依願免本官
朔寧郡守리康우
任江界郡守敍奏任官三等
天安郡守김用來
任陰竹郡守敍奏任官四等
高陽郡守박周憲
任高陽郡守敍奏任官四等
陰城郡守박準설
任淸風郡守敍奏任官四等
平理院主事김耆年
任沃川郡守敍奏任官四等
加平郡守任喆宰
任朔寧郡守敍奏任官四等
和順郡슈최홍俊
任長湍郡슈敍奏任官四等
漢城府主事리公雨
任陰城郡슈敍奏任官肆等
仁川府主事南麟희
任順川郡슈敍奏任官四等
內部主事리興雨
任加平郡슈敍奏任官四等
農商工部主事徐相勉
任德川郡슈敍奏任官四等
度支部主事安承烈
六品김相天
任官立漢城法語學校副教官

外報

●學童의入學規則　桑港學務局에셔日本學童排斥令을勿施ᄒ고其入學規則을修正ᄒ얏ᄂᄃ其條件을聞ᄒ즉(一)九歲以上者ᄂ初級에入ᄒ을不許ᄒ고(二)十六歲以下者ᄂ小학校에無論何級ᄒ고入ᄒ을不許ᄒ고(三)入學者ᄂ其級의上下를勿論ᄒ고總히試驗을受ᄒ다ᄒ얏ᄂᄃ此規則은修正後入學에만適用ᄒ고現在入學者에ᄂ適用치아니ᄒ다더라

●中美와北美　巴里電을據ᄒ즉니가라가共和國暴氏의排美運動이益甚ᄒ야其首魁가포쥬라스及살봐들의暴徒가相應ᄒ다더라

●移民條約의反對　桑港日本人協會에셔日本에電報ᄒ바를據ᄒ즉美國가리호루니아州에셔日本人排斥案을經過ᄒ故로十餘年來로苦心經營ᄒ야獲得ᄒ土地十五萬에가에每年五十萬元以上이되ᄂ收入歸虛의境에至ᄒ즉故國同胞의援助를依ᄒ야此危害를除去ᄒ기를切望ᄒ얏다더라

雜報

●贊育研法所趣旨書　勸則進ᄒ고惰則退ᄒ며誠則實ᄒ고僞則虛ᄂ理之所固然이오人之所共知者也니進退實虛가顧不在於勸惰誠僞之間乎아迺者華東學校贊成諸員은皆老成有志之人이라同氣相求ᄒ며同聲相應ᄒ야組織一所于本校ᄒ고名之曰贊育研法이라ᄒ니蓋以協贊敎育研究法律로爲主旨故也라所謂協贊敎育은不惜努力ᄒ고作成人才ᄒ야以致文明富强으로爲準이오所謂연究法律은先正其心ᄒ고補佐政治ᄒ야以致公允欽恤로爲的者也니此誠時務지所當先이나然이나有始而鮮終은人지通患이라可不戒哉아伏願同志君子ᄂ立志不撓를如頹波지砥柱ᄒ며持節不改을如大冬지松栢ᄒ야能進而無退ᄒ며誠而無僞則惰變爲勸ᄒ고虛反爲實을可指日而待니互相勉勵ᄒ야勿以年暮自棄ᄒ며時晩自畫ᄒ야卄步暫縮ᄒ며食息暫忘ᄒ야毋或孤負我設所之本意면將於他日에當知吾儕지苦心과此擧지有力云爾

●排斂弗可　國債報償金募集이是出於國民血心義務인즉雖幾十錢幾百元이라도各隨其力出捐ᄒ야不待人言이오亦不可責徵인ᄃ南來人의傳說을聞ᄒ즉牙山木川淸州淸安等郡에셔校中儒林들이發論ᄒ야貧富을勿論ᄒ고每戶에葉六兩或三四兩式收斂ᄒ다니此非義捐이오戶斂과如ᄒ즉該郡儒林들은此重大ᄒ義務方針을深量ᄒ야逐戶均斂을勿施ᄒ고愚夫庸民의게報償義捐의裏由만說明ᄒ야隨其力판出케ᄒ이妥當ᄒ듯ᄒ더라

路透電報

●荷船擱座　三月廿二日午後三時發　荷蘭國郵船린지리헤요니號ᄂ暗礁에각座ᄒ結果로劇烈ᄒ損害를ᄒ야蘇士運河의通行을防害ᄒ으로郵船차이나號外二拾餘隻瀛船은淀滯中이라며라

雜報

●義將々釋　義兵將閔宗植氏가多月滯囚ᄒᆞ더니別無實罪ᄒᆞᆫ故로不久히放送ᄒᆞᆫ다ᄂᆞᆫ說이有ᄒᆞ더라

●參政訪問　參政大臣박齊純氏가再昨日上午八時에伊藤統監을其私邸로訪問ᄒᆞ얏다더라

●兩씨依免　平理院判事조經九박晩緖兩氏ᄂᆞᆫ依免ᄒᆞ얏다더라

●觀察云任　光州觀察使ᄂᆞᆫ前丞旨金鎭洪氏가被任ᄒᆞᆫ다ᄂᆞᆫ說이有ᄒᆞ더라

●法相將遞　法部大臣리夏榮氏가今番赦典에不公ᄒᆞᆫ事가有ᄒᆞᆷ으로統監府에셔駁論이有ᄒᆞ야法大를勸告退去케ᄒᆞᆫ다ᄂᆞᆫ說이有ᄒᆞ더라

●醫官新任　正三品리규션씨ᄂᆞᆫ大韓醫院醫員을叙任ᄒᆞ고池錫영劉世煥劉秉觀三氏ᄂᆞᆫ該院教官을被任ᄒᆞ얏더라

●法語卒業　本月廿五日上午十一時에漢城官立法語學徒卒業式을本校內에셔舉行ᄒᆞᆫ다더라

●意見備述　法部에셔刑法改正案을各府部와平漢裁及法官養成所와각道府와補佐官의게頒送ᄒᆞ고本年四月末內로各其意見書를備述ᄒᆞ야本部에提出ᄒᆞ라ᄒᆞ얏더라

●身體檢查　昨日학部에셔官立각학校長을會集ᄒᆞ야각학徒에身躰檢查을公議ᄒᆞᄂᆞᆫᄃᆡ將次醫師를各학校로派送ᄒᆞ야檢査ᄒᆞᆫ다더라

●창守拿囚　平理院檢事리建호씨가法部에報告ᄒᆞᆫᄃᆡ據稱居창郡居김準告訴ᄒᆞ야該郡守리元호를業已拿囚라ᄒᆞ얏더라

●安박拿致　平北裁判所檢事安병찬氏와慶南裁判所檢事박準性氏ᄂᆞᆫ民訴가有ᄒᆞ야平理院에셔拿致ᄒᆞᆫ다더라

●윤氏遭故　漢城裁判所判事윤邦현氏가再昨日에其母憂를遭ᄒᆞ얏더라

●無麵지탄　日昨에학部에셔農商工학校에通牒ᄒᆞ기를貴校卒業授與日字를今月某日로定ᄒᆞ얏스나以此施行ᄒᆞᆫ지라然ᄒᆞ나該호校ᄂᆞᆫ今已廢止ᄒᆞ얏스미학徒가無ᄒᆞ거ᄂᆞᆯ부合卒業式을ᄒᆞᆫ다ᄂᆞᆫ지該校長이학務局에來ᄒᆞ야質問ᄒᆞ되視학官魚용善氏가出席大叱曰一般학校에모도通文ᄒᆞ얏거ᄂᆞᆯ何以多言고ᄒᆞ며大責一聲ᄒᆞ미該校長이無言이退去하얏ᄂᆞᆫᄃᆡ廢校ᄒᆞᆫ되卒業式을舉行ᄒᆞᄂᆞᆫ거시新章程이有ᄒᆞᆫ지학務局長과視학官은精神이나좀차려스면조켓다ᄂᆞᆫ巷說이有ᄒᆞ더라

●木民電訴　木浦府內面臨時面長全季春等이法部에電報ᄒᆞ되本港稅務官김榮圭에差人박用采가秘密返往府中에參書官朴星煥씨가遞任面長김仲善事에對ᄒᆞ야無根지說로각新聞에揭載ᄒᆞᆷ과今番에投名請願ᄒᆞᆫ誣告確情이綻露되야昨日뎡基弘柳衡섭이가已爲電達이거과港民이憤鬱ᄒᆞ와共開裁判後에朴用采等을捉囚ᄒᆞ고等訴ᄒᆞ오니査照ᄒᆞ심을伏望이라ᄒᆞ얏더라

●學童義勇　咸北來信을據ᄒᆞᆫ則吉州郡守沈혁之氏가昨年陰除夕日에本郡에守備隊日兵이招妓還綏事로所持銃劍으로亂打郡守에血流淋漓ᄒᆞ며氣息이엄엄ᄒᆞ야當日邑校에一郡이騷動ᄒᆞ야莫知攸措而郡內修進普成學校中十餘歲되ᄂᆞᆫ學童三名이互상痛哭曰郡守의被打ᄂᆞᆫ即我一郡지侮辱이라ᄒᆞ고當夜에走往城津ᄒᆞ야入見駐兵隊日本中尉而泣曰貴國은禮以開明지國ᄒᆞ고現住兵於敝境而兵丁도必知軍律이어ᄂᆞᆯ招致娼妓에欲張淫樂ᄒᆞ다가招待遲緩으로毆打郡守에方在危境ᄒᆞ니是何蠻兵지暴動乎아願貴下ᄂᆞᆫ急往鄙郡ᄒᆞ야嚴査措處가可也라ᄒᆞ니該中尉도感其學童지言辭激切ᄒᆞᆫ故로即時馳來ᄒᆞ야該作梗ᄒᆞᆫ日兵四名을捕縛以去ᄒᆞ니一郡人民이學童의見義勇敢ᄒᆞᆷ을稱頌不已ᄒᆞ더라

●學徒卒業　今番에師範學徒速成科卒業生이卅二人이라더라

●安씨請由　平北裁判所檢事安병찬氏가法部에電報ᄒᆞ되本官有親患急報ᄒᆞ와檢事署理를本所主事金薰으로檢事章을面傳上京을伏望ᄒᆞ오니限二週日給由ᄒᆞ라ᄒᆞ얏더라

●明月兩卓　學部編輯局長장憲식씨와視學官리晩규씨가학部一般官人을昨日明月館으로請邀ᄒᆞ야晩餐會를設ᄒᆞ얏ᄂᆞᆫᄃᆡ장氏ᄂᆞᆫ局長卓이오리씨ᄂᆞᆫ加資ᄒᆞᆫ卓으로兩씨가合力設宴ᄒᆞ얏다더라

●櫻井逐送　日人櫻井藤吉이가韓日兩國聯邦組織ᄒᆞᆫ다稱ᄒᆞ야該條目幾千件을謄書ᄒᆞ야輪示ᄒᆞ얏더니統監府에셔該書을收取ᄒᆞ고該日人을日本으로逐送ᄒᆞ얏다더라

●私鑄失捕　東關等地에셔何許人이銅貨를私鑄ᄒᆞ다가蹤跡이綻露ᄒᆞ야該人은逃타ᄒᆞ고私鑄器械만警務廳에셔搜取ᄒᆞ얏다더라

●雕飾可痛　南來人의傳說을得聞ᄒᆞᆫ則漆谷郡守최현達氏가結錢을每結에以新貨十二圓收捧이係是章程이어ᄂᆞᆯ以葉錢八十兩으로勒捧ᄒᆞ니以新貨로詰지ᄒᆞ면每結에十六圓이라郡合加捧이八千餘圓인ᄃᆡ欲防民口ᄒᆞ야戶布를蠲減ᄒᆞᆫ다ᄒᆞ니戶布量比於結錢加捧條ᄒᆞ면十分지一도못되ᄂᆞᆫ것은愚夫도亦知ᄒᆞᄂᆞᆫ비오亦長聽聞ᄒᆞ야尺文을還收ᄒᆞᆫ다니尺文還收ᄂᆞᆫ聽聞이안되ᄂᆞᆫ지凡百行爲가無非此等外飾이라ᄒᆞ더라

●日人狠習　龍山軍器廠後麓所在金麟氏의山坂을日人畑彌가無理勒奪코ᄌᆞᄒᆞ야桐原警視의게嗾囑ᄒᆞᆫ事狀은累々記載어니와去月分에金麟氏와畑彌가西署에셔裁判ᄒᆞᆯ時에畑彌가該山坂을千競植氏의게買得越價ᄒᆞ얏다謊陳ᄒᆞ기로伊時金氏가買得ᄒᆞᆫ文券과越價ᄒᆞᆫ領收證의有無를問ᄒᆞᆫ則畑彌所答이千씨의信任ᄒᆞᄂᆞᆫ人의게越價ᄒᆞ고文券과領收證은無ᄒᆞ고但以口舌로約條ᄒᆞ얏다ᄒᆞ더니不意今者에文券과領收證이有ᄒᆞ다ᄒᆞ고西署에셔日警視ᄂᆞᆫ內部顧問室로報告ᄒᆞ기를今番龍山에셔畑彌가韓人의墳墓八百三十塚을破掘ᄒᆞᆫ事ᄂᆞᆫ全無ᄒᆞ다ᄒᆞ고本署長에게自己報告와同一ᄒᆞ게警務廳에報告ᄒᆞ라고勒請ᄒᆞ얏다더라

●花浪被捉　陰曆本月初一日警務廳에被捉ᄒᆞᆫ賊漢徐相璿가本以慶北大邱等地人으로京鄕間沒ᄒᆞ야慶州延日等地所在田土의券立旨를修成冊子ᄒᆞ야以原價로論지ᄒᆞ면數百萬兩假量이라或倩放貸ᄒᆞ며或云典執ᄒᆞᆫ즉浮雜지輩가財慾所牽에信聽其言ᄒᆞ고晝夜連絡ᄒᆞ야挾雜이無所不至ᄒᆞ더니陰正月望念間에該挾雜輩들이財産富饒ᄒᆞᆫ一寡婦를徐哥의게別室로紹介得給ᄒᆞ야同居未幾에徐哥가賊漢으로警務廳에被捉ᄒᆞᆷ이該寡의家産汁物을沒數ᄒᆞ니賊贓으로見奪ᄒᆞ고該寡도同爲被捉ᄒᆞ야現今監獄署에牢囚ᄒᆞ얏다ᄂᆞᆫᄃᆡ該寡ᄂᆞᆫ徐가々賊漢인줄은漠然이知ᄒᆞ고數百萬兩沓券지說에富客으로知ᄒᆞ고許約ᄒᆞᆷ이라더라

●魚氏講道　明日下午三点半에靑年會館에셔福音會를開ᄒᆞ고濟衆院醫士魚비信씨을請邀ᄒᆞ야講道ᄒᆞᆫ다더라

△鄕金有聲△

▲園中桃李가春光을欲擅허되東風이厭却ᄒᆞ야片時春夢에장蝶이未化라的歷二樹花가쇼창向東立ᄒᆞ니十日지[illegible]時郞이로다

▲리根澤씨ᄂᆞᆫ軍大遞任ᄒᆞᆯ計策으로長谷川大將의게左請右囑ᄒᆞᄂᆞᆫᄃᆡ長谷川大將의[illegible]

▲[illegible]

▲[illegible]政府會議席에法部協辦리源兢씨ᄂᆞᆫ遷任ᄒᆞᆫ事에對ᄒᆞ야리夏榮씨가怒氣勃發ᄒᆞ고法相件을私席에셔談話ᄒᆞᄂᆞᆫ거슨容或無怪ᄒᆞ나政府會議席에셔發論ᄒᆞᆷ은不可ᄒᆞ다ᄒᆞ얏스니私席에셔發論ᄒᆞ얏스면虛心容受ᄒᆞᆯ가

▲法相리夏榮씨ᄂᆞᆫ리僞리源兢兩씨를逐出ᄒᆞ고또조經九박晩緖兩씨를逐出ᄒᆞ니同氏ᄂᆞᆫ各社會에셔辭職勸告가逐日還至되ᄒᆞ晏然不動ᄒᆞ니異己者排斥은小人心腸이오笑罵從他ᄂᆞᆫ鄙夫行爲로ᄃᆞ

▲金命수씨ᄂᆞᆫ忠察運動에庶幾지望이有ᄒᆞ야一邊으로運動費를持來ᄎᆞ로沃川郡에專人ᄒᆞ얏다고某報에說道ᄒᆞ얏스니近日園동近處에黃金만多用ᄒᆞ면何事를不成ᄒᆞ리오

◉◉本社廣告◉◉

國債報償金을本社로持來ᄒᆞᄂᆞᆫ이가逐日沓至ᄒᆞ오나本社에셔ᄂᆞᆫ如此重大지事에對ᄒᆞ야善後之策을確實講定ᄒᆞ기前에ᄂᆞᆫ領受키難ᄒᆞ기로姑不收捧ᄒᆞ오니僉君子ᄂᆞᆫ照亮ᄒᆞ시옵

大한每日新報社告白

雜報

●金氏寄函 長連郡金聖初氏가本社에寄函ᄒᆞ되生은本以京城人으로流寓此郡이已經三載인바절觀此邑이處在山취海우ᄒᆞ야地狹民貧ᄒᆞ고風氣古朴ᄒᆞ야桃源春夢이方深ᄒᆞ고愛國思想이未達ᄒᆞᆷ을常心嘆惜ᄒᆞ더니一日은本郡守金裕定氏가新聞을讀ᄒᆞ시다가大丘徐相敦氏의斷烟報債趣志에對ᄒᆞ야感淚一灑ᄒᆞ고우然嘆曰我二千萬國民에志氣思想이一致如此ᄒᆞ면此債報償ᄲᅮᆫ不啻라百事를皆可爲라ᄒᆞᆫ지라一般人民이此說을聞ᄒᆞ고奮發心이不謀自同ᄒᆞ야一唱百應에立地成會ᄒᆞ고各輸義金ᄒᆞ야一日지內에千餘元이達ᄒᆞ고就中에奇絶事가有ᄒᆞ니小學校學徒等이相謂曰吾輩도亦二千萬國民中一人이라義務를不可不爲오此費를父兄의게貽慮ᄒᆞᆷ은不可라ᄒᆞ고각其伐薪或採菜의從事ᄒᆞ야該代金으로願輸ᄒᆞ고耶蘇教女學徒최氏ᄂᆞᆫ來納銀環一部曰身無長物ᄒᆞ고只以此環이卽手中에平生愛玩ᄒᆞ던物이라此를納ᄒᆞ야以表同情이라ᄒᆞ니於是에生지往日思想이誤解에歸ᄒᆞᆫ지라如此志氣思想은人莫不有지ᄒᆞ야遇有事物에感觸이라야始乃奮發이로다維願同胞ᄂᆞᆫ今日志氣思想을游憂勿替ᄒᆞ고期成會發起ᄒᆞᆫ同胞도愼思審計ᄒᆞ시며原始要終ᄒᆞ야以竣鉅大事業ᄒᆞ야以副二千萬國民에山海期望ᄒᆞᆷ을옹祝ᄒᆞ옵ᄂᆞ이다

●贊揚學生 今番斷烟償債事에對ᄒᆞ야日本東京에셔遊學生들이會同ᄒᆞ야一제斷烟ᄒᆞ고各其出捐ᄒᆞᄂᆞᆫ딕日本政府에셔도大端이贊揚ᄒᆞ얏다더라

江原道安峽郡龍達坪은元帳簿所係第一膏유之地라昨春京居沈宜教金泳華가本郡前郡守리報徹在任時에同司[illegible]狀後沈金兩漢이以不良之心으로假稱陳荒지地ᄒᆞ고認訴觀察道ᄒᆞ야欲爲分半劃沓故로諸田主가呈于漢裁ᄒᆞ야依前約每斗落水貫租四斗式에受지意로판決ᄒᆞ고甚至於兩次移照於觀察道이거ᄂᆞᆯ觀察署理녕海運이聽囑於沈宜教金泳華等ᄒᆞ고期欲劃沓ᄒᆞ야或派巡檢ᄒᆞ며或派庭吏ᄒᆞᆷ으로數多沓主가擧皆上京ᄒᆞ야方今京部에呼冤ᄒᆞᆫ깃기玆에廣告ᄒᆞᆷ

安峽居리子仝 告白

●敎師熱心 日新義塾에셔一班教師리斓善과二班教師박廷來와三班教師許섭三氏가名譽教師로每日教授에熱心이特異ᄒᆞ야塾況이漸就ᄒᆞᄂᆞᆫ대他處에셔厚俸延聘을謝絶ᄒᆞ고該義塾을期於成就ᄒᆞ기로決心ᄒᆞᄂᆞᆫ故로莫不稱頌ᄒᆞ더라

●研會演說 今二十五日月曜下午七点半에貞동眞理연學會에셔國지富强은在於教化란問題로牧師全德基氏를請邀ᄒᆞ야演說ᄒᆞᄂᆞᆫ듸有志紳士ᄂᆞᆫ來臨을希望ᄒᆞᆫ다더라

●果是烏有 本報第三百五十號雜報欄內에鴻山稅務主事某氏가泥醉忘形ᄒᆞ야突入該郡吏屬內房이라가見逐ᄒᆞ얏다ᄂᆞᆫ事를更聞ᄒᆞᆫ즉其時稅務主事ᄂᆞᆫ歲初歸家지時인즉此等行爲ᄂᆞᆫ果是烏有라고ᄒᆞ더라

●義民義捐 義州保産會社에셔國債상還義捐금募集所任員최錫夏等十一人이義捐금合計六十八元二十錢을本社에送到ᄒᆞ얏기로該錢을期成會로傳送ᄒᆞ얏노라

廣告

○算術新書 一帙二冊 定價八十錢

此算術이近者絶種ᄒᆞ와學界上缺點이기로今加校正發刊ᄒᆞ얏사오니僉彥은速々來購ᄒᆞ심을至면

發賣所 布屛下 金相萬書舖

本舖에셔今月初二日夜의失火로沒燒ᄒᆞ온바ᄂᆞᆫ旣爲僉君子洞悉ᄒᆞ신바어니와回祿中의所入지物은不可擧論이오나若干所救지物은遺々鳩聚ᄒᆞ옵고本舖門外에揭布ᄒᆞ오니來三月晦內로推去ᄒᆞ심을千萬希望ᄒᆞ옵

洞口下隅開興號典當舖告白

鍾成兄이何至此境고不言卽覺이나事久則難免醜聲이라欺騙沒名이何忍言哉아暫沒酒色이常事也니不計遠近ᄒᆞ고貴臨鄙家則同往某主許謝過後期於妥帖이오若不然則雖越境이라도某主가擧實廣告면如鏡地球上捉來反掌에非但懲律이오何處容納乎아實善을執迷不聽則反受其殃에晩悔가分明ᄒᆞ니勿爲범聽ᄒᆞᆷ

李弟啓忠 告

西江私立牛山學校校舍修葺時有志諸氏의贊成金額이如左ᄒᆞᆷ

本校內贊成俱樂部會員 梁在春六圜 李啓源 박宗潤 박容健 文應[illegible] 金鼎濟 金容培 金然홍 黃民秀 沈敬翮 리光雨 尹永培 金永澤 尹洪植 辛冕鎮 以上十圜式 鐵內 嚴柱益 리徤赫 廣信社 以上三十圜式 박昌善二十圜 리乾夏 윤容植 劉臣赫 리哲宇 金時衡 千就植 孫셔基 孫昌源 安永基 宋병潤 高允默 리容復 以上十圜式 沈宜碩 八圜 閔衡基 윤황 徐丙贊 송應圭 申景千 邊鴻振 林春榮 비東혀 리相鼐 [illegible]永喜 명東植 최思永 최在鵬 [illegible]龍植 金宗源 金鎭셥 安창孝 彰信社 박鍾培 최學圭 洪泰潤 金相萬 리順元 崔이明 高濟弘 朴治勳 尹致오 최셔聖 吳台현 黃寅淵 姜창熙 윤철圭 郭景明 金셔俊 石鎭衡 韓民濟 朱瀚榮 以上五圜式 未完

本人이日本大阪商業家와特約ᄒᆞ고日本內地產出各種物品과西洋各種物品及機械等物을我大韓에輸入ᄒᆞ와委托을便利케契約ᄒᆞ얏ᄉᆞ오니商工業에有意ᄒᆞ신僉君子ᄂᆞᆫ某物이든지請求ᄒᆞ코져ᄒᆞ시거든本社로來議ᄒᆞ시오本社에셔ᄂᆞᆫ手數料金만領受ᄒᆞᆷ

開城北部祥洞 興業社本店
支店京城南門內水橋五十一統六號培養會社
仝仁港內동廣濟號

本人의從孫道默이가年今二十四에性本浮浪ᄒᆞ야自昨年으로與日人同商矣러니渠家產萬餘兩을蕩破ᄒᆞ고外他雜類로亦爲符同에或請債於外國人ᄒᆞ야今又商業稱托이計在徵族지意故로預先仰布ᄒᆞ오니勿論內外國人ᄒᆞ고若有債給者면境至難捧矣리니誰某던지勿爲見欺ᄒᆞᆷ

義州古城加老동白召史告白

本人等家가在新村而三昨夜에失火ᄒᆞ야二家沒燒ᄒᆞ야呼泣道路中近동居前參奉金聲圭氏가慘境을矜憫ᄒᆞ여三人處에紙貨六元式補助ᄒᆞ니厚恩을稱頌ᄒᆞᆷ

金榮호 具창龍 池香善 告白

平安南道成川郡守趙鼎允氏가年前監理時에稅買금과沿江稅와公土打半과江慈厚三郡은年例參皮封進時에作奸이라고平北民리五友等이有何嫌端인지國民新聞社에寄函ᄒᆞ얏ᄉᆞ나以上本事言之면각礦稅金은掛單名數成冊이昭詳ᄒᆞ고買金段은西北開礦幾十年에日巡營日本府日別將이歇價買取之前例而丕씨監理則依經理院訓飭ᄒᆞ야買賣皮ᄒᆞᆫ納上領証이自在요公土事ᄂᆞᆫ각部舍音之文簿와本院上納之成冊이自在矣라年前에一進會員이稅買金査實事로被判于 部院이毫無執贓이며其檢察官이亦無査出ᄒᆞ고公土事後ᄂᆞᆫ乙巳年에會員이面々村々에支舍音으로査實恩准則丕씨之上納이猶過於其數ᄒᆞ고江稅事ᄂᆞᆫ丕씨之前에一年作定稅가不過四五萬兩矣러니丕씨以來로每年上納數十萬兩ᄒᆞ고昨年丙午新監理時에別無上納ᄒᆞ니前鑑후轍에丕씨爲 國公心은推此可知요某等誣佈ᄂᆞᆫ不言可想也라且財務官에게상反納賂지說은尤極未解者라三百兩些少지善賜가財務官지淸白은可커니와丕씨지賄賂ᄂᆞᆫ不可也라三百兩지物이豈爲因事賄賂리오旣以 國債報償으로爲一大題目則近來貪汚지執贓記載가不知幾萬々而反斥於至公至正一淸白지丕씨者其熱誠歟아不過是借名報嫌지習이니反有損於償債지義務也라惟我二千萬同胞ᄂᆞᆫ自强奮發ᄒᆞ야惟義是務ᄒᆞ고幸勿過聽非理지言ᄒᆞ오玆에廣布ᄒᆞᆷ

平安南道 金寬五 吳用讚 玄在水 김亨泰 김창奎等 告白

國債報償期成會義金廣告續

韓應斗 鄭禹昌 閔範植 김弘章 최在鵬 吳允默 리淵哲 한應壽 리東薰 各拾圓 김顯大拾圓 리쥬완 리昌均 各壹圓 張宜根拾圓 송在洙五圓 朴正和壹圓 權壽昌貳拾錢 송熙完 貳圓 子學均 孫錫範 各壹圓 林俊澤 林相奎 각壹圓 林相翊 五拾錢 玄釆 洪형周 곡陸圓 鄭龍환家 최恒鏞 申在永 김창烈 김善鎬 김긔善 리孝健 최禹洛 김德起 리敬善 김南植 漢一典舖 리鍾星 丘榮淳 최昶夏 各五圓 淑元根 梁柱百 김顯敬 리宗雲 劉海鍾 丘漢禎 各四圓 리喬永三圓五拾錢 명錫昌 蔡東根 沈相宇 리寅鎔 박享來 開城居金褡成 各三錢 조선增貳圓五拾錢 김鍾大 한得元 김近永 梁化成 沈相允 리相鶴 梁興秀 김思濬大夫人 姜文환 徐泰星 柳海宗 원운상부인 林炳贊 김字植 리泌榮 리淵봉 리承範 조重協 方夏容 김尙中 각貳圓 劉漢駿 壹圓五拾錢 安光龍 壹圓拾圓 安昌龍 壹圓五厘 玄斗暎 김祺濟 魚允敬 魚允欽 權致善 李承舜 김秉徵 조勉淳 김鼎植 安範龍 僧震夏 리承鍾 김容鎭 김灝植 白熙洙 全경秀 리宣호 김仁德 김仁福 김点得 리禮헌 명寅權 梁在明 김炳八 僧김顯菴 丁佐鎭 白興긔 최순祚 黃召史 方敬善 김鎭宇 吉完根 박啓弘 趙鍾哲 徐起淳 리斗用 김昌植 池逸찬 鄭泰植 김弘규 鄭善甫 최致弘 丘鍾德 김萬中 김時쉬 김봉규 리鍾源 최永瑞 박致明 申泰徹 박容奎 閔弘基 廉求衡 黃致三 각壹圓 計五百九拾八圓八拾五厘

김炳연四圓 徐相긔 리敏和 리熙台 洪奭求 김鼎基 方회周 곡貳圓 計拾六圓 全萬千貳圓 리命信等貳圓六拾錢 梁俊긔貳拾錢 洪振섭壹圓 大夫人리氏六拾錢 夫人文氏五拾錢 女息戊盛貳拾錢 洪壽福八拾錢 김東翼 김正호 沈相夏 김演承夫 洪德永 南龍회 徐廷麟 人各六拾錢 吳富戊伊 김致鴻 姜信五 조範셔 윤相烈 盧永萬 김洪伊 全德俊 김致明 趙春甫 김泰興 魚회淳 한忠植 리明瑞 리明天 리창호 김興瑞 윤啓창 任雲景 白淑경 邊賢경 리始秀 子丙涉 劉喆相 박允植 박商환 리台應 宣鏞均 南春植 김快文 池在환 박漢駿 千一桓 리相基 리敬儀 黃大淵 윤相德 김鼎헌 김龍雲 최相謙 한千萬 리泰興 김鎭完 김章學 成樂弘 리廷杜 리明夏

權輔相 김긔善家備女 리종완 劉潤植 김在浩 리正華 文永슈 셔有善 김得龍 丘南稷 박秀鳳家 郭氏 김소史빅당 김빅당家송칠득 김天德 郭高完 리桂환 김德鎭 南永喜 崔英根 최榮源 丁台셥 陳창호 洪善求 러규復 송창善 梁升환 각五拾錢

廣告

本人이南門外停車場西川邊에庫舍二百坪方米突을新建築ᄒ옵고名稱普순倉庫라ᄒ오며貰金은依沿江例ᄒ오니某物이든지輸送ᄒ심을敬要흠

朴宗潤 告白

●大韓自强會月報

每月一回廿五日發行

定價金 一部 十五錢

大韓自强會月報의發行이屢朔을經ᄒ오니自由의議論을鼓發ᄒ야國家의權利를增進ᄒ고獨立의精神을淬礪ᄒ야同胞의團結을益鞏케ᄒ야全國有志諸公의愛讀ᄒ심을供ᄒ온바現今本會의셔一비擴張ᄒ기爲ᄒ야高明ᄒ文章과宏博ᄒ學問家를延致ᄒ야天下大勢의變動과殖產敎育의要素와古今政治의大要를蒐輯ᄒ야開卷ᄒ면眼目을一新케ᄒ오니愛國ᄒ시ᄂ僉君子ᄂ血淚를문ᄒ시고家家案頭의隨刊對讀ᄒ시오

皇城中署典洞九統二戶

大韓自强會事務所

명월관확장광고

폐관이ᄆ시이후로고이ᄒ시ᄂ귀긱에후의를입사와오늘날ᄯ한에제일등요리점으로너외국에셔다아시도록확장ᄒ여가오니ᄯ단감ᄉᄒ온거니와근일은이층양옥을광활이신건축ᄒ고다락아리ᄂ온돌방을은밀리비치ᄒ고포진범절을셔로ᄒ와오시ᄂ귀긱이편ᄒ시도록쥬의ᄒ엿ᄉ오며각죵음식은보기에화려ᄒ고먹기에정미ᄒ게일신쥰비ᄒ야다소를불게ᄒ고주야로파오되셔양쥬ᄂ잔으로파오며특별신ᄆ량교자음식을오시ᄂ시로붓터ᄒ시간이되면옛상이라도곳가져가시도록ᄒ오니ᄯ외귀긱은륙속왕임ᄒ시옵

각식요리음식
각식서양쥬
각죵경편양요리
각죵일본간스메
각죵여송연
각국권연
진찬합
건찬합
밥교자
특별신마량교자음식
명창가동정거북도유ᄒ옵

明月館 主人 金東植 告白

越南亡國史

國漢文 新刊

定價貳拾伍錢

發賣所 京城廣橋高裕相書舖
鏡南端川郡禹時夏
布屛下 김相萬 冊肆

●九轉靈砂라 本人이妙方法을神備ᄒ야製造ᄒ靈丹인ᄃ男女老少에無論何징하고通治하오며無病時에도服하면平生의身躰가健康ᄒ며小兒ᄂ四五錢重만服ᄒ면十歲안에無病ᄒ기를擔保ᄒ오며

●九轉靈砂萬應丹은져狂 癇징과中風諸疾과耳目諸病과淋疾에神効ᄒ오

●九轉靈砂保命丹은初生小兒驚風 간氣 咳嗽 腹瘡諸般惡징에神効ᄒ오

●九轉靈砂濟衆丹은酒滯 食滯 血積 吐瀉 霍亂 痢疾 吐血 下血 運氣 時疾痼징에神効ᄒ오

●九轉靈砂紫金丹은痔漏 累瘧 上疳瘡 下疳瘡及唐瘡과諸般毒瘡惡種에無不神効ᄒ오니 僉君子ᄂ來問ᄒ시오

內需司前독갑이골上隅第一家 百三統一戶 리호廷 告白

洪淳康氏가東署東小門內土橋東邊에織造機을廣張設施ᄒ야稱號를淳昌號라ᄒ고各色綢緞紗屬等을織造發賣ᄒ오니願買人은來臨購買ᄒ시며或所用대로緞과紗等屬을預托ᄒ시면依約施行ᄒ깃솝

淳昌號 告白

西署新門外錦동
百八十六統三戶
辯護士前檢事正三品 丁明燮
法律事務所
事務員前主事吳在淳

◎本社廣告

○申報價

一張代金 新貨二錢五里
一個月前納 三十錢
三箇月 九十錢
六個月 一元七十錢
一箇年 三元四十錢
郵稅一部 新貨五里
一箇月 十五錢

○廣告料

四号活字十三字詰
每日每英尺一寸에新貨拾五錢
(每日繼行六錢에相當)
一週日에 一圜五十錢
(每日繼行四錢五里에相當)
一箇月에 五圜
(每日每日四錢一里에相當)
其期限의長短과字行의多寡를依ᄒ야增減흠이有흠

●大韓每日申報各處支社廣告

中署布屛門下 김相萬冊肆
中署廣通橋初入七拾八統第二號 鄭禹澤
平壤上水口門內 김浩淵
全 최敎恒
仁川畓峴開新冊肆 리東皓
宣川邑橋西里 安濬
義州西門外한西 大藥局
釜山港佐川 徐藥局
三和港築洞 김仁집
咸興州南社西門外 曹喜林
開城培義學校 姜助遠
大丘市廳 최一弘
載寧邑濟衆院 夢澤
鐵山邑東部 安호
元山支店 劉七錫
定州南門內 洪成麟
信川邑 李源植
海州南門內書舖 朴昌鎭

發行兼編輯人 英國人비說
發行所 南署石井洞號外地三層洋屋家
大韓每日申報社

第五卷

大韓每日申報
대한매일신보

第四百七十一號

月曜及慶節歲時日休刊

檀君開國四千二百四十年
箕子元年三千二十九年
大韓開國五百十六年
日本明治四十年
淸國光緖三十三年
◉陰曆丁未二月大十三日甲戌

別報

論日本報紙之掩飾詞　支那報照謄

嗚呼라日人이在中國南滿ᄒᆞ야施其强悍手段이已達極點矣어ᄂᆞᆯ中國政府가竟不思收回自主之權乎아當其擴奪南滿鐵路ᄒᆞ며占據遼東半島ᄒᆞ야外人이且有爲之髮指者이어ᄂᆞᆯ中國이竟順受之而無一言은何也오彼尤無禮者ᄂᆞᆫ違背北京之約章ᄒᆞ야擅開撫順天然之礦産ᄒᆞ며阻止東省電線之設立ᄒᆞ니中國政府가現亦知所넘넴矣라每自相謀日日人의如此暴擧가實爲他國所ᄒᆞᆫ有니如不思設法以抵制之면恐컨ᄃᆡ將來에彼의凶悍險毒之計로或輔以其他强國之兵力이면南滿日後之慘禍가豈有窮盡乎아非今日의所能想像者ㅣ明也어ᄂᆞᆯ中國政府가果何無決定一抵制之計耶아

今之在荷京弭兵會ᄒᆞ야控告以來로方針이幾爲之一變이라卽今現在會中ᄒᆞ야爲中國ᄒᆞ야重開一大會라도不過將日人在滿洲之無禮擧動ᄒᆞ야宣之於會中而已오其實은究無濟也前此中國이派振徐兩使而東來也도無亦爲調査日人無禮之實擄而來乎아不然이면政府가何以派駐美欽使ᄒᆞ야探聽美政府之對於中國에開立平和會之意見何如乎아雖然이나此擧가在中國엔尙無强大關係오美日은有絶前反對지風潮ᄒᆞ니應須格外注意라想컨ᄃᆡ美政府가當關心此事而早爲지計로다使目下에有一反對日本者ㅣ出이면日人이必驚訝ᄒᆞ야爲中國從來未有지奇局이라ᄒᆞᆯ지오中國政府가更欲將其滿洲지暴擧ᄒᆞ야宣之於會中이면吾知日人이屆時에必巧於粧飾而自命爲文明지邦ᄒᆞ야以自解也로다

三年以前에日人이與俄宣戰지際에日人이曾發何等議論於國中而今竟忘지오近且日本報紙가無故히加怒中國ᄒᆞ며大罵中國ᄒᆞ고更爲簧鼓其說ᄒᆞ야以搖惑世界지聽聞ᄒᆞ니抑何無信乃爾오大阪每日新聞이其尤者也라彼曾侃侃而談日淸國이經營滿洲ᄒᆞ야挽回一切은吾人이自不必反對此擧라然이나中國이亦何至竟與日本으로有不兩立지勢리오任爾中國의竭力自强이오日人의經營滿洲가亦非意外지擧라尤可笑者ᄂᆞᆫ淸國愚矣가不明乎此ᄒᆞ야昏昏然如墮水中ᄒᆞ야一若無處覓岸者라然이나滿洲交涉은惟淸日俄三國지交涉이오他國의所不與也어ᄂᆞᆯ彼等愚夫가竟涉妄想耶아奈何로竟欲他國이來此ᄒᆞ야干涉此事也오縱他國人이曾有來滿洲貿易者ᄒᆞ야亦獲利益이나然이나究竟他국은未必肯預我淸日俄지事라雖中國이擬自行擧판ᄒᆞ고平和會가亦任其聚集他國이라도吾知將來預會者ᄂᆞᆫ惟日俄이已ᄒᆞᆯ노라엇지當日에日俄가在美國開會時에淸政府가欲與會ᄒᆞᆫ것을美統領이弗許ᄒᆞᆷ을不思ᄒᆞᄂᆞᆫ가此等如痴如夢지想은其亦可以置지不問矣라ᄒᆞ얏더라

該報가如此히大肆譏彈ᄒᆞ니可謂妄지又妄矣라無亦藉此虛言ᄒᆞ야以掩飾其在南滿지擧動乎아抑自知無禮이思逃出文明국國지公論乎아不知其在南滿지暴動이有非謠言의所純掩盖者耶아該報ᄂᆞᆫ可謂誤用心機라ᄒᆞ얏더라

官報

●三千七百廿二號　光武十一年三月二十五日

◉敍任及辭令

任大한醫院醫員敍奏任官四等　正三品李圭선
任大한醫院敎官敍奏任官二等　正三品池錫永
正三品劉世煥　仝劉秉필
任大한醫院敎官敍奏任官四等
任大한醫院醫員　六品皮秉俊　九品최규翼
任大한醫院敎官　六品權泰亢　九品리應遠
六品金相선
任大한醫院藥劑師
任大한醫院通譯官補　九品李般楫
任大한醫院事務員　七品劉日煥
九品朴聲來　六品金철
周任大한醫院事務員　未完

外報

●皇帝親祀孔子　北京報를據ᄒᆞᆫ즉陰二月八日에先師孔子廟에皇帝께서親行祭禮ᄒᆞ심을爲ᄒᆞ야先期에步軍統領으로由ᄒᆞ야國子監에傳知ᄒᆞ야應行經過ᄒᆞᆯ各街道修理와蹕路敬謹을預備一切ᄒᆞ얏다더라

●淸兵北進　大連電을據ᄒᆞᆫ즉崑統領의領率ᄒᆞᆫ淸國軍隊ᄂᆞᆫ本月十八日븟터新民屯及孟家屯에輸送을開始ᄒᆞ얏다더라

●德國의製艦計畫　倫敦電을據ᄒᆞᆫ즉德國海軍이一萬九千二百噸되ᄂᆞᆫ裝甲巡洋艦과日本戰鬪艦薩摩號보더强大ᄒᆞᆫ戰鬪艦二隻을製造[illegible]라ᄒᆞ더라

雜報

春川郡國債報상同盟趣旨書

郡守李明來조斗夏李肯鐘等

大凡家有巨欵지債於他人而以産業지不足으로因循不能報勘則其家必敗ᄒᆞ고國有巨欵지債於隣邦而以經用지不足으로延타未克淸償則其國이必傾ᄒᆞᄂᆞ니於家於國에其大小ᄂᆞᆫ雖異나其於興敗지機關ᄂᆞᆫ一也니此不待智者而可辨이라

今我政府가急於經用ᄒᆞ야一千三百萬圜을借用於外國은亦一般人民에曾所開知라政府經用이量入計出ᄒᆞ야도常患不足이어든當此財政蹙竭지日ᄒᆞ야當以何貨로상此巨欵乎아此若不報면難保家國이오難保家國이면嗟我同胞ᄂᆞᆫ身將安寄오言念及此에心寒骨冷ᄒᆞ더니乃者奉讀大邱廣文社長金光濟徐相敦氏等斷烟報國債지公函則不覺感激에繼以欽歎萬々也로다嗚呼我二千萬民心이皆如兩氏지心이면何憂乎外債지不報며何憂乎國權지不復이리오

切爲兩氏賀지ᄒᆞ며又爲同胞賀지ᄒᆞ고繼玆布告于同胞諸君子ᄒᆞ노니金徐兩氏斷烟지議만奚獨爲美리오吾輩도亦二千萬同胞中一分子耳라雖減餐減衣라도報償國債가是乃國民지義務也니二千萬人이각出一圜이면可至二千萬圜이오각出五十錢이면可至一千萬圜이니多寡分等에각隨其力ᄒᆞ야絶長補短ᄒᆞ야一千三百萬圜을足可充數ᄒᆞᆯ거시니

嗚呼我同胞ᄂᆞᆫ奮發興起ᄒᆞ야轉相警告에期圖報償國債ᄒᆞ고發達民智ᄒᆞ야使我大한으로有광世界ᄒᆞ면豈不盛哉아惟我同胞ᄂᆞᆫ念지勉지ᄒᆞ심을千萬幸甚

光武十一年陰曆丁未正月日

一有志君子가각其面里에會集男婦老幼ᄒᆞ야說明此由ᄒᆞᆯ事

一義金은不拘多小ᄒᆞ고亦不可强責ᄒᆞᆯ事

一義金收合後에送付京社지方은來議本人等ᄒᆞ시면務圖從便ᄒᆞᆯ事

一義金捐出ᄒᆞ시ᄂᆞᆫ姓名金額은新聞에公布ᄒᆞᆯ事

雜報

●義王入京 義親王殿下게오셔再昨日釜山에到着ᄒᆞ옵셔特別車를搭乘ᄒᆞ시고入京ᄒᆞ실터인ᄃᆡ特別車가未及되야滯留ᄒᆞ셧ᄂᆞᆫᄃᆡ本日下午五時에南門外停車場에還着ᄒᆞ신다더라

●宴需未頒 皇太子殿下嘉禮時에本宮宴需費十五萬圓을內下ᄒᆞ옵셧ᄂᆞᆫᄃᆡ該宴需費가不足ᄒᆞ야各物種價四百萬兩假量을尙未出給故로各種進排人들이困難中에在ᄒᆞᆫᄃᆡ本宮에셔陰來三月內에頒給ᄒᆞ기로定限ᄒᆞ얏다더라

●法院附設 日昨에中樞院을統監府法務院으로移設ᄒᆞ고法務院은尙未移去ᄒᆞ야즉該院內에附設ᄒᆞ얏다더라

●睚眦必報 前平理院判事趙經九朴晩緖兩氏가向者리僞氏事件으로初次公開裁判ᄒᆞ던翌日에趙經九박晩緖兩씨가平理院에셔法大리夏榮氏의不公ᄒᆞᆷ과리僞氏의無罪ᄒᆞᆷ을尋常說話ᄒᆞ얏더니該院官員中리法大의押客이趙박兩氏의談話ᄒᆞ던說을何樣搆告ᄒᆞ얏든지라法大가趙박兩氏를辭職勸告ᄒᆞᆫ지라該兩氏가請願依免되얏다더라

●徐家成市 近日政府參書官徐丙業氏가有何勢力인지該氏家의來賓이如市ᄒᆞ다더라

●軍大遭變 軍部大臣權重顯씨가昨日上午十時量에仕進次로出來ᄒᆞᄂᆞᆫᄃᆡ寺동支所幕近地에到ᄒᆞᆫ즉何許人三名이軍大所乘人力車後에곤到ᄒᆞ야口呼逆賊ᄒᆞ며六穴砲를放ᄒᆞ얏ᄂᆞᆫᄃᆡ軍大ᄂᆞᆫ彈丸을弗中ᄒᆞ얏시나魂魄이飛越ᄒᆞ야該地윤乙炳家에避入ᄒᆞ고保護ᄒᆞ던巡檢과兵丁이該放砲人三名을逐捕ᄒᆞ다가二名은失捕ᄒᆞ고一名은表勳院近處에곤到捕捉ᄒᆞ야警務廳으로押交ᄒᆞ얏고權軍大ᄂᆞᆫ精神을收拾ᄒᆞ야自已本家로還歸ᄒᆞ얏다가下午二時量에仕進ᄒᆞ얏ᄂᆞᆫᄃᆡ警務廳에셔該根因을現今訊問中이라더라

●行具先送 義親王殿下行具卜馱을日昨에入來ᄒᆞ야筆洞南宮으로輸送ᄒᆞ얏다더라

●生辰設宴 義親王殿下生辰이陰本月十六日인데盛宴을設ᄒᆞ신다더라

●視察會同 昨日에今番日本各廳視察로往ᄒᆞᄂᆞᆫ諸氏을政府에一齊히會同ᄒᆞ야各其視察ᄒᆞᆯ事을說明ᄒᆞ얏다더라

●船費支撥 白完赫丕彰漢兩씨子와實業家某々씨에子弟을銀行及實業視察ᄒᆞ기로度支部에셔命令ᄒᆞ야日本에派遣ᄒᆞᄂᆞᆫᄃᆡ來往船費도度支部에셔支給ᄒᆞᆫ다더라

●實業新會 學部參書官洪셔鉉박正銑兩씨와其外實業有志諸씨가再昨日박正銑씨家에會同ᄒᆞ야實業硏究會를設施ᄒᆞ기로趣旨書을製述ᄒᆞ얏다더라

●務尹將叙 農商工학校長洪禹觀씨ᄂᆞᆫ務安府尹을叙任ᄒᆞ기로府에셔決定ᄒᆞ얏다더라

●稅官轉任 京畿稅務官ᄒᆞᆫ相鶴氏가太僕司長을轉任ᄒᆞ얏더라

●法使遊京 淸국北京에駐在ᄒᆞᆫ法국公使가介人的으로日間에ᄒᆞᆫ국遊覽次로入城ᄒᆞᆫ다더라

●靑會演說 今日下午七点半에靑年會舘에셔紳士呂炳현氏가冒險과進步의要素란問題로演說ᄒᆞᆫ다ᄂᆞᆫ대有志諸君이多數光臨ᄒᆞ심을希望ᄒᆞᆫ다더라

●學徒剃髮 각官立普通學校學徒를一제히剃髮ᄒᆞ기로學部에셔日間發訓ᄒᆞᆫ다더라

●檢事促送 平南裁判所判事리始榮씨가法部에電報ᄒᆞ되安리국案件處판事務가繁劇ᄒᆞ오니檢事김鍾호를由限前催促下送ᄒᆞ라ᄒᆞ얏더라

●日人蠻行 再昨日下午七点에尙동屛門에셔何許日人七名이作黨攔道ᄒᆞ야過去婦女를抱腰ᄒᆞ야擧措가罔測ᄒᆞ다가胃頭裳을奪取이去ᄒᆞ거ᄂᆞᆯ該婦女가歸家告急ᄒᆞᆫᄃᆡᄒᆞᆫ人이出往ᄒᆞ야覓取其裳ᄒᆞᆫ즉日人이張拳猛打ᄒᆞ야風色이將起ᄒᆞᄂᆞᆫᄃᆡ日巡査와ᄒᆞᆫ巡檢이適到觀광ᄒᆞ다가該日人을捕捉ᄒᆞ고져ᄒᆞᆯ際에忙步逃走ᄒᆞ거ᄂᆞᆯ追到結縛ᄒᆞ야泥峴等地로捉去ᄒᆞ더라

●大東新會 近日某々諸氏가大東文友를組織ᄒᆞᄂᆞᆫᄃᆡ其裏許를詳聞ᄒᆞᆫ즉總裁ᄂᆞᆫ英親王殿下로總판은皇族으로目的은親好東亞라ᄒᆞ더라

●有關風化 黃州郡居尹泰敬이數十年前에京居ᄒᆞᆫ哥女를勸奸生子ᄒᆞ야名曰正봉이라ᄒᆞ고稱曰粟지血塊라ᄒᆞ야人莫不目지以泰敬지子ᄒᆞ니宜其率養인ᄃᆡ噫彼頑物이只吝其財ᄒᆞ고仍置勿問이이날正봉이年旣稍長에不待渠父지命ᄒᆞ고匍匐下往矣러니竟至迫逐에乞道路ᄒᆞ니窮天極地에寧有似此痛寃乎아本郡에訴求ᄒᆞ얏더니郡守ᄒᆞᆫ宅履써가윤ᄃᆡ敬의게有何賄私인지循私弗公ᄒᆞ기로掌禮院에原情ᄒᆞ얏더니得蒙至公지題ᄒᆞ야天倫을다시발키여주시기該郡에到付ᄒᆞ고裁判을請ᄒᆞᆫ즉ᄃᆡ敬지言이 勅令이가셔도ᄒᆞᆯ슈업다고ᄒᆞᆫ다ᄒᆞᆫ宅履써ᄂᆞᆫᄃᆡ敬에족嘱을遵ᄒᆞ야京部指칙을視同弁髦ᄒᆞ고終弗裁決ᄒᆞᆫ다더라

●會長電部 平壤商民共同會長최應斗氏가法部에電報ᄒᆞ되경務官박承薰이가協同社長安泰국을無故히捉囚ᄒᆞᆫ事에一般商民이撤市廢業ᄒᆞ고去二十日電遞하온바有商務지指飭故로民不開市ᄒᆞ고玆敢電遞ᄒᆞ오니同警官을依律處판ᄒᆞ신後卽速電飭을伏望이라ᄒᆞ얏더라

●藉社侵民 합北來信을據ᄒᆞᆫ즉一進會지實國病民은一世共憎而本郡內에亦有차等슈種ᄒᆞ야俄兵來時에稱云建議所허고日陣北進時즉改名一進ᄒᆞ야諸般弊況은弗可枚陳而今者本郡會員김辰信者가藉稱海產會社設立허고市場에魚物賣買하ᄂᆞᆫᄃᆡ셔雜魚每貼에五兩式이오北魚每馱에二兩式을勒捧侵奪ᄒᆞ야稱云章程所在허고莫敢誰何허며且云進興會社ᄂᆞᆫ上部特許라허고無論商民爲名者ᄂᆞᆫ依例拾圓式來納허라督捧허니如차弗法지類ᄂᆞᆫ果有上部指使인지民怨이漲天이며本郡警署總巡白儀鏞씨ᄂᆞᆫ禁沓차弊이나一向弗悛ᄒᆞᆫ다더라

●害及族戚 平北來說을聞ᄒᆞᆫ즉各郡々主事가多是平日에濁亂官政ᄒᆞ든奸鄕猾吏輩라郡主事을被任ᄒᆞᆫ後로愈益橫恣ᄒᆞ야公錢犯逋가日々增加ᄒᆞᆷ으로其害가將及於族戚間인ᄃᆡ泰川과寧邊等郡이最甚ᄒᆞ다더라

●困窮恤금 罷朝橋等地변容규與舘가失火燒燼ᄒᆞᆷ은前報에揭載ᄒᆞ얏거니와十八銀行所에셔其情境을矜恻ᄒᆞ야新貨六元을補助ᄒᆞ얏다더라

●藉日虐民 一進總會評議員高영實이가率日本人及渠兄하고봉山군沙里원에來到ᄒᆞ야日吾則經理院경高영喜써의從弟요彼日人은統監부官人也라봉山載寧兩군所在經理院句管中賭租를調査後에革罷ᄒᆞᆫ다ᄒᆞ고봉山居김明海최덩汝최ᄃᆡ夏等을兩郡作人處에派送ᄒᆞ야統監부交涉費라稱ᄒᆞ고錢財를排斂於作人處ᄒᆞ야誅脅督捧지致로民難支保지境이라더라

●學徒勒削 養正義塾學徒等이該學徒中姑未削髮ᄒᆞᆫ幾人을鎖門勒削허려다가知機逃避ᄒᆞᆫ즉無數亂打ᄒᆞ얏다허니髮지削弗削은自由지權인ᄃᆡ如是乱打勒削은決非開明上義理라허며라

●陵軍義捐 昌陵書員及陵軍四十一人이각出義금ᄒᆞ야合十一圓二十錢과趣旨書一度를該陵令김海秀씨에게委托ᄒᆞ야期成會로傳納ᄒᆞ얏더라

△盃前叢話△

▲扶桑海外에遺落一派가風雲을暗허ᄒᆞ야奇觀이又生ᄒᆞ니政海萬里에疑山이無數ᄒᆞ야尖峰疊장에花雨가霏々ᄒᆞ니二月天氣에春已이方新이로다

▲東園深藪에猛虎가負隅ᄒᆞ야烈風이凛々ᄒᆞ야人皆畏伏에縮頭喪氣ᄒᆞ더니白額風聲에猛虎가躍起ᄒᆞ야全身을露出ᄒᆞ니一箇豹文에不過하도다

▲山人興業會社에셔ᄒᆞᆫ국田畓買收ᄒᆞᆫ數효를調査ᄒᆞᆫ즉上等土地로만三南等地에九千餘石이오黃平兩西에ᄂᆞᆫ六千餘石이라ᄒᆞ니西南膏油지地가已非大ᄒᆞᆫ의所有則ᄒᆞᆫ日地界에鴻溝를劃半이로다

▲리根澤氏가向日失勢時에其弟리根湘氏가一時墮落에寥々無聞ᄒᆞ더니리根澤씨가日前에出脚ᄒᆞᆷ에리根湘氏도又爲出脚ᄒᆞ니同失同得을任意籠絡ᄒᆞ니리家兄弟ᄂᆞᆫ不可當이로고

▲刑事局長김洛憲씨ᄂᆞᆫ法相리夏榮氏에鷹犬으로向日救與에不公ᄒᆞᆫ手段이一等功臣이되더니리夏榮氏가法協리源兢氏를逐出ᄒᆞ고金洛憲씨로法協을시킨다니可謂有攻必賞이로고

▲成均舘長任善準氏ᄂᆞᆫ東西南北齋의懸板을撤去ᄒᆞ고偏黨을革祛ᄒᆞ자고학部에報告ᄒᆞ얏다니偏黨지習을欲거ᄒᆞ면셔自已ᄂᆞᆫ學相勢力下에學生驅逐을任自意爲지ᄒᆞ니아거슨偏黨지習이아닌가

伯林電報

●露국撤兵 露국駐屯軍은旣是滿洲에셔撤兵을了ᄒ얏더라

●杜廷排淸人 杜蘭是勃政府는광산에셔漸次淸국勞働者을排斥ᄒ기로準備ᄒ다더라

雜報

●鎭岑長水兩郡國債報상趣旨書 리宗珍 리始煥 等

夫國지有外債가猶民지負租也라今年明年에延타不報則終至於難報지境ᄒ리니三千里疆土를何以安保며二千萬同胞가豈可安堵乎아漆室深憂가雙淚를難禁터니幸 國債報償지論이自嶺至京ᄒ야義捐지言이播於全국ᄒ니雖遐陬至愚지人이나聞此鼓動ᄒ고豈無感激湧出지意乎아鄙等도熱心所發에義不敢人後ᄒ야玆以仰布ᄒ오니望須僉君子는竭力盡心ᄒ야多少出義ᄒ야以至淸帳外債지日則국權지回復과獨立지긔礎가自此以固ᄒ리니吾民지大福이요국家지幸甚

一本會目的은국債報상ᄒ기로定홈 一義金은各其隨力ᄒ야多少를不拘홈 一義金捐助ᄒ신人員씨名과該金額은新聞에公布ᄒ며領証을繕呈홈 一募集金額은隨所入ᄒ야陸續送呈于京城每日申報社홈

●熱誠協償 元山商議所評議員申錫富氏와한校生徒리永述氏가國債報償에對ᄒ야今二月五日에前出市中ᄒ야滿市人民의게勸諭演說ᄒ되維我二千萬同胞가皆爲外국奴隷된줄로각自知悉인바俗語에日負債지奴라ᄒ니現今國債가至爲一千三百萬元에孰不外國지奴며誰無壯眉지愁也리오何幸國運이恢復ᄒ고民心이感發ᄒ야一縮錢一元金을収合圖報ᄒ니而兄而弟은多少를不拘ᄒ라ᄒ되滿市男女가無불感泣ᄒ야投入금이數불可勝이라더라

●三씨發起 국債報償事로忠北發起人에權봉슈박道陽曹冀煥三씨가發起ᄒ야先出義捐ᄒ미道內同志가一心感應ᄒ야日々成就혼다더라

●三씨奮義 水原府居金濟九리夏榮林勉슈三씨는基督教人으로愛국誠이奮發ᄒ야今番국債報償에熱心周旋ᄒ야特셜一會ᄒ고趣旨書數百度를發刊ᄒ야京畿各郡에廣布ᄒ는딕不過二三日에곡處義捐금이五百餘圓에達ᄒ얏다더라

廣告

夫國勢의進明과人志의發達이實在於學校蔚興ᄒ고尤在於教育程度는別無枚論이거니와況本鄕은乃 太祖龍興지地也라一般紳士가公論이奮發ᄒ고團體를組織ᄒ야文明的教科의擴張을義務로矢心決志ᄒ고각自出義ᄒ야校況이漸次成就이기人員姓名을玆에廣布홈

觀察使鄭鳳時六十六圓前參政申箕善二百圓前主事朱정섭幼學韓台彬韓仁淑前令朱 우前奉事韓穆淵前贊議朱鍾冀技師柳秉龍前主事韓基봉教員鄭洙英前令文會寅前奉事朱 璧前察訪申錫煥前令金경集已上各拾圓前奉事金昇煥二十圓前令韓翊濟幼學韓晃순한有落前祭訪鄭면鎭幼學金璧集리種建前主事韓稷淵前參奉한昌淵幼學崔有현前直長金孝根幼學박孝近金濬호前僉使張경슈幼學崔智翰前委員朴彰述前令쥬華셥前參判金駿호已上각四圓主事魏경우前教員한相威幼學리廼호박駿셥한부면리教英丘鍾律柳俊根前直長張錫覲幼學高敬元前主事리容相宋영셥前議官前主事申錫定金昌史幼學文錫必前令都近호已上各五圓前委員魏大源前令리容翩幼學元翩鎭鄭始철參奉리星烈已上각三圓前正言柳榮壯前參奉한부憲進士趙仁호已上各六圓幼學리憁한경照한用均한章슉리象호한斗教한啓치한긔鶴黃鍾衡孔지근權炳호쥬東규리泰翼쥬방文道션한泰孝박基昇한斗泳박忠會姜世翼박逸萬元夏鎭박建赫박孝遠쥬章善쥬在濬리셔九金永寬박長厚최鏞憲한면각박리쇼쥬문鶴리升周한大興한면최리穆현한熙相한泳祿박允필슈在祜한般教리판珠박長賢리주周박熙林리炳셥혼徽維박熙祿리셔杞박向규리在爲박熙明리 翼오周協혼鼎순쥬允鏞柳承龍리俊三라斗현혼회윤박孝인혼鼎述혼學祚혼遂윤洪斑枃혼晩龍혼瑜翩쥬在션혼驥金리셔咸혼一瓊元氣會혼相彦혼派濟혼金善박璧會최景슈쥬찬리圭冀리旭烈元鼎烈徐병셥쥬光셥혼明學혼熙斎쥬在健혼국봉任俊默쥬정默洪光一鄭在필쥬義훈前主事쥬頤鍾前正字혼회元前參奉金麟호리獻昇進士리統賢前奉事쥬 堂前議官魏정立進士혼道善前教員盧제根進士혼弘斗前主事박회豐進士오숙泳前縣監박長鴻前主事혼游教前贊議박長石前教員리민英前主事혼鎭東正三品박寅洽進士박道彬前主事조셔教前教員박孝謙前主事 益永斗已上각二圓 未完

咸與郡豐興學校任員

쥬鍾冀 申셔定 告白

○算術新書 一帙二冊 定價八十錢

此算術이近者絕種ᄒ와學界上缺點이기로今加校正發刊ᄒ얏사오니僉彦은速々來購ᄒ심을至면

發賣所 布屏下 金相萬書舖

平安南道成川郡守趙鼎允氏가年前監理時에稅貿금과沿江稅와公土打半과江慈厚三郡온年例蔘皮封進時에作奸이라고平北民리五友等이有何嫌端인지國民新聞社에寄函ᄒ얏스나以本事言之면각礦稅金은掛頭名數成冊이昭詳ᄒ고貿金段은西

海平尹氏世譜를開刊ᄒ옵는딕譜所는定于北松峴第ᄒ九統八戶ᄒ엿사오니京鄕僉宗은照燭ᄒ옵고斯速修單以來ᄒ옵심을是希

丁未二月 日 譜所 告白

●濟州義成會趣旨書

一家仁이면一國이興仁이라ᄒ니今番慶尙北道大丘居徐相敦金光濟兩氏國債報償趣旨를據ᄒ則孰無感激지誠哉아本島가雖僻在海隅는偏 列聖朝五百年柔遠지澤ᄒ야涵養于三千里同班지地也라本島有志人들이一時斷烟ᄒ고義成會를設ᄒ야義捐金을鳩聚ᄒ기爲ᄒ야一場演說ᄒ니其趣旨는此債를不報則國勢가貧不能自存而富强이無日이니爲其臣民者孰無愛國지誠哉리오嗚呼同胞는隨其貧富ᄒ며각盡其力ᄒ야願効涓埃지報라ᄒ니卽日에衆至數百餘人이기玆以廣告홈

義成會發起人

洪平규 송文玉 申창和
安祐權 장志우 康봉根
曹泰承 洪淳容 高元叔
金洪셔 김邦혁 박明效
송瑞仲 송셔禹 리行斌
송포籌 송셔洪 김淳寧
高文圭 한致謙

濟州靑年들이國債報상지意로김광濟徐相敦兩씨의公函이新聞上揭載홈을보고伏忠尙義지辭를感泣ᄒ야斷烟會를設ᄒ는딕當日에衆至數百名이라義捐금을鳩聚ᄒ기爲ᄒ야演說지場에蓮동村曹寡婦가家產汁物을失火燒燼無餘ᄒ야衣食치木綿를貿홀ᄎ로市場에왓다가演說을聞ᄒ고感泣曰王化所霑는男女一般이라ᄒ고持來金一元을本會로納ᄒ니雖婦女라도愛國血誠을不可泯默이가玆에廣告홈

濟州斷烟義成會 告白

北開礦發十年에曰巡營曰本府曰別將이歇價貿取之前例而됴씨監理則依經理院飭ᄒ야貿納貿皮ᄒ納上領証이自在요公士事는각郡舍音之文簿과本院上納之成册이自在矣라年前에一進會員이稅貿金査實事로裁判于 部院의毫無執贓이며其檢察官이亦無查出ᄒ고公土事後는乙巳年에會員이面々村々에支舍音으로查實憑准則됴씨之上納이猶過於其數ᄒ고江稅事는됴씨之前에一年作定稅가不過四五萬兩矣러니됴씨以來로每年上納數十萬兩ᄒ고昨年丙午新監理時에則無上納ᄒ니前鑑후轍에됴씨爲 國公心은推此可知요某等지謬佈는不言可想也라且財務官에게삼皮納賂지說은尤極未解者라三百兩些少지善賜가財務官지淸白은可커니와됴씨지賄賂는不可也라三百兩지物이豈爲因事賄賂리오旣以 國債報償으로爲一大題目則近來貪汚지執贓記載가不知幾萬々而反斥於至公至正一淸曰됴씨者其熱誠歟아不過是借名報嫌지習이니反有損於償債지義務也라惟我二千萬同胞은自强奮發하야惟義是務허고幸勿過聽非理지言허오人誰嫌矣리오非됴事라以箇人지嫌으로借名於 國債ᄒ야此等陷人을不可勝屈이리니國民新報에所報홈을正誤허와玆에廣布홈

平安南北道 僉寬玉 吳用讚
玄在水 김亨泰
김창奎等 告白

●國債報償期成會

義金 廣告 續

白樂訓 洪壽吉 윤副領女永
梅 吳景善 兪喆兼 元慶石
大山林洞 윤召史 최仁升
家女下人 윤胄榮氏夫人安氏
뎡규병夫人박氏 각四拾錢
윤仁섭 三拾五錢 全壽天
리千吉 申德澤 權重澤
김宅수 최錫昶 徐丙斗 각
參拾錢 박三鳳 박允善夫人
坵氏 徐丙旭 최榮根各貳拾
五錢 玄慶姫貳拾貳錢五厘
安음전 拾五錢 權福萬 리
召史 權春善 김老味 리漢
각 權裕哲 徐淑石 김点童
廉又福 뎡用吉 뎡用喆
윤德쇠 김應漢 김道致 박
明實 김德長 崔致凡 김漢
甫 김明順 權相億 호今福計
六拾圓五拾七錢五厘 리召史
陰點爽 柳鍾益 朴春根
김啓南 김應션 김智션 全
孝根 최享洛 김義載 沈相
國 安末佛 리濟根 田禹圭
김從植夫人姜容숙 최召史
최慶昌 뎡世永 뎡元永
최顯明 리承薰 全永基 김
興奎 尹尙玉 김德哉 各貳
拾錢 齋洞普通學校 리春봉
孟桂弘 김義石 김在用
리老마 죠東植 최開文 리
敏龍 田壽童各貳拾錢 김永회
姜福萬 윤六祉 張봉山 김
周植 김鼎祿 辛守完 申忠
植 千三孫 林点石 김成進
計貳圓九拾錢 리千應 리淳
燁 김者斤同 박承稷家寡
婦女兒 各拾錢 鄭化善女七
錢五厘 김福龍五錢 明新女
學校 校長壹圓 박成圭 리
슉 各五拾錢 최文永 禹
義창 김봉雲 女下人 ㅈ二
拾錢 日本教師壹圓 通辨貳
拾錢 計四圓 리光一 貳圓
洪淳奎 壹圓 白麟鎭六拾
錢 夫人박氏貳拾錢 白永洙
六拾錢 夫人太氏貳拾錢 白
창슈六拾錢 夫人金氏貳拾錢
白壯得 白順得 各拾五錢
計五圓七拾錢 竹동車夫
김性三五拾錢 池학先三拾錢
리洛瑞貳拾錢 최景化 리
仁祿 姜順起 윤舜伯 박治
先 各貳拾錢 太和宮牌將
변鍾植 뎡順澤 김聲振 盧
順根 扈振權 安貞敏 한萬
壽 姜龍植 박仁淳 박貫成
邊聖괴 박聖泰 한興植
장俊煥 高完榮 김福萬 成
壽玉 千學先 김石철 최汝
善 各貳拾錢 計肆圓 南松
峴紙廛 吳競默五圓 吳膺默
吳基泳 김熙善 各壹圓
리元根 全斗衡 김文환
池學슈 리圭憲 한致貞 리
時亨 安千石 ㅈ六拾錢 計
拾貳圓捌拾錢 西署玄石里
박性緖 太泳善 南壽範 리
斗卿 리台卿 리漢卿 各貳
圓 全봉韶 全東혁 장爽鎭
張昌환 최柄德 뎡行슉
각一圓 리相德 김澤麟 최
柄濬 장世甲 장學鎭 리輔
卿 各五拾錢 計貳拾壹
圓

廣告

本人의從孫道默이가年今二十四에性本浮浪ᄒᆞ야自昨年으로與日人同商矣러니渠家産萬餘兩을蕩破ᄒᆞ고外他雜類로亦爲符同에或請債於外國人ᄒᆞ야今又商業稱托이라計在懲族지意故로預先仰布ᄒᆞ오니勿論內外國人ᄒᆞ고若有債給者면畢境至難捧矣리니誰某던지勿爲見欺흠

義州古城加老동白召史告白

本人이南門外停車場西川邊에庫舍二百坪方米突를新建築ᄒᆞ옵고名稱普순倉庫라ᄒᆞ오며貰金은依沿江例ᄒᆞ오니某物이든지輸送ᄒᆞ심을敬要흠

朴宗潤 告白

●大韓自强會月報

每月一回廿五日發行
定價金一部十五錢

大韓自强會月報의發行이매册을經ᄒᆞ오니自由의議論을鼓發ᄒᆞ야國家의權利를增進ᄒᆞ고獨立의精神을淬礪ᄒᆞ야同胞의團結을益堅케ᄒᆞ야全國有志諸公의愛讀ᄒᆞ심을供ᄒᆞ온바現今本會의셔一層擴張ᄒᆞ기爲ᄒᆞ야高明ᄒᆞᆫ文章과宏博ᄒᆞᆫ學問家를延致ᄒᆞ야天下大勢의變動과殖産敎育의要素와古今政治의大要를蒐輯ᄒᆞ야開卷ᄒᆞ면眼目을一新케ᄒᆞ오니愛國ᄒᆞ시ᄂᆞᆫ僉君子ᄂᆞᆫ血淚를븟ᄒᆞ시고家家案頭의隨刊對讀ᄒᆞ시오

皇城中署典洞九統二戶
大韓自强會事務所

명월관확장광고

폐관이마시이후로교익ᄒᆞ시ᄂᆞᆫ귀긱예후의를입사와오늘날떠한에제일등요리점으로너외국에셔다아시도록확장ᄒᆞ여가오니터단감ᄉᆞᄒᆞ옵거니와근일은이층양옥을광활이신건축ᄒᆞ고다아아리논온돌방을은밀리비치ᄒᆞ고포진범절을새로ᄒᆞ와오시ᄂᆞᆫ귀긱이편ᄒᆞ시도록쥬의ᄒᆞ엿ᄉᆞ오며각죵음식은보비에화려ᄒᆞ고먹기에정미ᄒᆞ게열신ᄒᆞ비ᄒᆞ야다소를불계ᄒᆞ고주야로파오되셔양쥬ᄂᆞᆫ잔으로파오며특별신긔ᄒᆞᆫ료리자음식은오ᄂᆞᆫ시로븟터ᄒᆞᆫ시간이되면예상이라도곳가져가시도록ᄒᆞ오니너외귀긱은특쇽왕임ᄒᆞ시옵

각석요리음식
각석셔양쥬
각죵경편양요리
각죵일본간스메
각죵여송연
각국권연
진찬합
건찬합
밥교자
특별신긔ᄒᆞᆫ료리자음식
명창가동정거부도유ᄒᆞ옵

明月館 主人 金東植 告白

越南亡國史

國漢文 新刊
定價貳拾伍錢

發賣所 京城廣橋高裕相
鍾南鍮川郡禹時夏書舖
布屏下 김相萬 冊肆

●九轉靈砂라 本人이妙方法을神備ᄒᆞ야製造ᄒᆞᆫ靈丹인ᄃᆡ男女老少에無論何징ᄒᆞ고通治하오며無病時에도服하면平生의身躰가健康ᄒᆞ며小兒ᄂᆞᆫ四五錢重만服ᄒᆞ면十歲안에無病ᄒᆞ기를擔保ᄒᆞ오며

●九轉靈砂萬應丹은져狂 癎징과中風諸疾과耳目諸病과淋疾에神効ᄒᆞ오

●九轉靈砂保命丹은初生小兒驚風 간氣 咳嗽 腹瘡諸般惡징에神効ᄒᆞ오

●九轉靈砂濟衆丹은酒滯 食滯 血積 吐瀉 霍亂 痢疾 吐血 下血 運氣 時疾 痼징에神効ᄒᆞ오

●九轉靈砂紫金丹은痔漏 累瘻 上疳瘡 下疳瘡及唐瘡과諸般毒瘡惡種에無不神効ᄒᆞ오니 僉君子ᄂᆞᆫ來購ᄒᆞ시오

內需司前독갑이골上隅第一家
百三統一戶 리호廷 告白

洪淳康氏가東署東小門內土橋東邊에織造機을廣張設施ᄒᆞ야稱號를淳昌號라ᄒᆞ고各色綢緞紗屬等을織造發賣ᄒᆞ오니願買人은來臨購貿ᄒᆞ시며或所用대로緞과紗等屬을預托ᄒᆞ시면依約施行ᄒᆞ깃ᄉᆞᆸ

淳昌號 告白

西署新門外鍮동
百八十六統三戶
辯護士 前檢事正三品 丁明燮
法律事務所
事務員 前主事 吳在淳

◎本社廣告

○申報價
一張代金 新貨二錢五厘
一個月前納 三十錢
三箇月 九十錢
六個月 一元七十錢
一箇年 三元四十錢
郵稅一部 新貨五厘
一箇月 十三錢

○廣告料
四号活字十三字詰
每日每段尺一寸에新貨廿五錢
(每日每行六錢에相當홈)
一週日에 一圓五十錢
(每日每行四錢五厘에相當홈)
一箇月에 五圓
(每日每行四錢一厘에相當홈)
其間限의長短과字行의多寡를依ᄒᆞ야增減ᄒᆞ이有홈

●大韓每日申報各處支社廣告
中署布屛門下 김相萬冊肆
中署壽洞第八統七拾八統第二號 鄭禹澤
平壤上水口門內 김浩淵
仝 최嶽恒
仁川畑遺開新冊肆 리東皓
宣川邑橋西里 安浩
義州西門外한西 大藥局
釜山港佐川 徐藥局
三和港築洞 김仁집
咸興州南社西門外 曹夢林
開城瑞義學校 姜助遠
大邱市廳 최一弘
載寧邑濟衆院 一夢澤
鐵山邑東部 安호
元山支店 劉七瑞
定州南門內 洪成麟
信川邑 李源植
海州南門內書舖 朴昌鎭

發行兼編輯人 英國人 裵說
發 行 所
南署石井洞號外地三層洋屋
大韓每日申報社

(第三種郵便物認可) 水曜日 西曆一千九百七年三月二十七日

第五卷 第四百七十二號

大韓每日申報

대한매일신보

月曜及慶節歲時休刊

檀君開國四千二百四十年
箕子元年三千二十九年
大韓開國五百十六年
日本明治四十年
淸國光緖三十三年
◉陰曆丁未二月大十四日乙亥

論說

痛哭告大한實業家

世界上에最大最緊ᄒᆞ고至慘至劇ᄒᆞᆫ것은實業競爭이是라彼國際上干戈競爭은비록伏屍百萬ᄒᆞ고流血千里ᄒᆞᄂᆞᆫ慘狀이有ᄒᆞᆯ지라도近則二三年이오遠則七八年에其禍가止息ᄒᆞ면太平之象을復呈ᄒᆞ고또兵火不及處에ᄂᆞᆫ民皆按堵如故ᄒᆞ야全國人種이殄滅無餘ᄒᆞᆯ境遇에ᄂᆞᆫ不至ᄒᆞ거니와

萬若實業上競爭에關ᄒᆞ야退縮失敗ᄒᆞᆫ者ᄂᆞᆫ其生命이永히萬刧地獄에墮落ᄒᆞ야拯拔回生之期가更無ᄒᆞ고國民種族이無一不被其毒害ᄒᆞ야畢竟一箇孑遺가無ᄒᆞᄂᆞᆫᄃᆡ至ᄒᆞᆯ지라

嗚呼라大한同胞여至于今日에始乃警惕奮發的思想이有ᄒᆞ야或教育發達에注意ᄒᆞ며或社會結合에勉力ᄒᆞ며至於國債報償에義捐이相續ᄒᆞ니可히國家를忠愛ᄒᆞᄂᆞᆫ人民이라謂ᄒᆞᆯ지라本記者가此諸般事業에對ᄒᆞ야實노同情贊成을不遺餘力ᄒᆞ거니와

最히大한同胞의實業權이滔銷暗鑠ᄒᆞ야退縮失敗가日甚一日ᄒᆞᄂᆞᆫᄃᆡ至ᄒᆞ야ᄂᆞᆫ實노無窮ᄒᆞᆫ慘惻悲吊을不禁ᄒᆞᄂᆞᆫ故로大聲疾呼로痛哭以告ᄒᆞ노니側耳細聽ᄒᆞ며銘心存念ᄒᆞ시오夫實業이라ᄒᆞᄂᆞᆫ것은農業과商業과工業의殖産資生을謂홈이라

今에大한人民이良田沃土와家屋과基地를無탄히外人의게賣渡ᄒᆞ야日加月增에無處不有ᄒᆞ니未知커라將次何處로轉往ᄒᆞ야農業도經營ᄒᆞ며居處도占得ᄒᆞᆯᄂᆞᆫ가已失ᄒᆞᆫ國權은回復ᄒᆞᄂᆞᆫ道가有ᄒᆞ거니와已賣ᄒᆞᆫ田地도還退ᄒᆞᄂᆞᆫ權이有ᄒᆞᆫ가엇지ᄒᆞᄌᆞ고土地를賣渡ᄒᆞ오割肉充腹도分數가有ᄒᆞ지此ᄂᆞᆫ大한人民이永滅ᄒᆞᄂᆞᆫ機關이오

全國財政이外人掌握에歸ᄒᆞᆫ後로부터金融이枯渴ᄒᆞ야經濟가困難홈으로一般商業이種種撤廢ᄒᆞᄂᆞᆫ境遇에臨迫ᄒᆞ얏고外人의商店은日益廣拓ᄒᆞ야錐刀之利를無不攫取ᄒᆞ니哀此한商은蠅頭微利를從何得霑가此ᄂᆞᆫ大한人民의永滅ᄒᆞᄂᆞᆫ機關이오

至於工業ᄒᆞ야ᄂᆞᆫ自來陋拙否유가不堪設想이어니와當此時代ᄒᆞ야工業이不進이면一切利權이皆歸外人之手ᄒᆞ야自國殖産으로實力養成은決無可望이니此ᄂᆞᆫ大한人民의永滅ᄒᆞᄂᆞᆫ機關이라

以此觀之ᄒᆞ면即於今日에統監府와司令部와各部顧問官과理事廳과警視等이盡行撤去ᄒᆞ고大韓獨立을世界에聲明ᄒᆞᆯ지라도但히日本商民의勢力으로足히히三千里江山을次第占領ᄒᆞᆯ것이오二千萬種族의生命을殄滅無難ᄒᆞᆯ지니大한同胞ᄂᆞᆫ此를生覺ᄒᆞᄂᆞᆫ가못ᄒᆞᄂᆞᆫ가噫라仰事俯育에瓶잉이俱磬ᄒᆞ면비록子弟入學을志願ᄒᆞ나學費가無ᄒᆞ니奈何오비록政黨을聯合ᄒᆞ야國力을挽回코져ᄒᆞ나飢寒이到骨ᄒᆞ고溝壑이在即에무含氣魄으로重大ᄒᆞᆫ事業을成立ᄒᆞᆯ깃ᄂᆞᆫ가今에大한同胞가萬衆一心으로獨立思想이有ᄒᆞ야國權回復을옹祝ᄒᆞ나國權回復도國民의實業權을維持ᄒᆞᆫ然後事라至急ᄒᆞ고至急ᄒᆞ니諸般團體ᄂᆞᆫ且置ᄒᆞ고爲先實業家團躰를組合ᄒᆞ야一般同胞와決心同盟ᄒᆞ되勸儉二字로根基를確立ᄒᆞ야外國의輸來ᄒᆞᄂᆞᆫ奢侈ᄒᆞᆫ物品은一切拒絶ᄒᆞ고實業家等이資金을鳩合ᄒᆞ야名城大市에銀行을設立ᄒᆞ고農工商事業을振興ᄒᆞ기爲ᄒᆞ야互相融通ᄒᆞ며互相扶助ᄒᆞ면一脉生機를倘可挽回ᄒᆞᆯ지니大한同胞ᄂᆞᆫ時刻을放過치勿ᄒᆞ고急速히着力ᄒᆞ야아모죠록生存ᄒᆞᆯ方針을維持ᄒᆞ여보시오

官報

●三千七百廿二號 光武十一年三月二十五日 續

◉叙任及辭令

官立漢城英語학校長윤泰憲
命兼任官立漢城英語學校教官 平理院判事조經九
仝 박晚緒
依願免本官
給七級俸 工業傳習所技師安衡中
完

●三千七百二十三號 光武十一年三月二十六日

◉叙任及辭令

解法部法律起草委員 九品김在희
命法部法律起草委員 六品沈자섭
任官立漢城師範학校教官叙奏任官四等 九品박成규

永川郡守徐廷철
龍宮郡守김炳기
仁同郡守徐相[illegible]

右는該道觀察使署理參書官白南奎의報告書를據ᄒᆞᆫ즉面동里名與數成冊報來事로奉承部飭ᄒᆞ야連發促訓이되該員等이觀若文具ᄒᆞ고彌月不報ᄒᆞ니揆以事躰에不可無경이라ᄒᆞ얏기是以로並重譴責에處ᄒᆞ는事

外報

●美國陸軍 美國政府의셔比律賓島에守備ᄒᆞᄂᆞᆫ兵力이薄弱ᄒᆞᆫ故로陸軍部의셔白人과黑人中으로馬兵과步兵을募集ᄒᆞᄂᆞᆫᄃᆡ能히書를讀ᄒᆞ고字를寫ᄒᆞᄂᆞᆫ者로入格이된다더라

●巨艦新造 華盛頓通信을據ᄒᆞᆫ즉上議院의셔世界第一最大軍艦을製造ᄒᆞ기로提議ᄒᆞᄂᆞᆫᄃᆡ長이五拾一丈八尺半이오廣이八丈五尺四寸이오測水深이二丈九尺이오大砲ᄂᆞᆫ五層에三拾八座라ᄒᆞ얏더라

●長吉路權 滿洲報를據ᄒᆞᆫ즉由吉林至長春之鐵路ᄂᆞᆫ淸國이自行開판을決定ᄒᆞ얏ᄂᆞᆫᄃᆡ日本外務省의셔謂호ᄃᆡ此路가淸日協約에本定爲兩국合판이거날今忽淸國이自欲建造ᄂᆞᆫ違背原約이라ᄒᆞ야駐北京公使林權助로ᄒᆞ야금淸政府를向ᄒᆞ야交涉ᄒᆞ되淸政府가不允ᄒᆞᆫ다더라

雜報

●陽郡義捐 陽川郡々內面加麻동에셔金顯大氏等二十人이會同ᄒᆞ야八圓十錢을期成會로送致ᄒᆞ얏더라

●白郡出捐 白川郡雲山面江西洞老少人士三十八人이出義ᄒᆞ야新貨十一圓十錢을聚集ᄒᆞ야期成會로送納ᄒᆞ얏더라

●永郡會捐 永平一東面禾ᄃᆡ里ᄂᆞᆫ九十戸인ᄃᆡ家々히出捐會集ᄒᆞ야十九圓四十錢을期成會에박京玉으로罔夜送納ᄒᆞ얏더라

●廣民義捐 廣州郡草月面大雙嶺里에紳士人民及學童等이國債義金韓貨五十圓五十七錢을收合ᄒᆞ야期成會로送致ᄒᆞ얏더라

●廣村募捐 廣州退村面上牛山에셔리ᄃᆡ應氏等二十八이會同ᄒᆞ야拾圓四拾錢을期成會로來納ᄒᆞ얏더라

雜報

●義王入京 義親王殿下계오셔特別車가未及ᄒᆞ야釜港에셔滯留ᄒᆞ시다가昨日入京ᄒᆞ신다ᄂᆞᆫ說은已爲報道어니와詳聞ᄒᆞᆫ즉農商工部鐵道局長이鐵道監部에通牒ᄒᆞ야指揮ᄒᆞᆫ後에特別車를等待ᄒᆞᄂᆞᆫᄃᆡ遲滯가된故로再昨日에도自闕內로셔該局長최相敦氏에게申飭이下ᄒᆞ셧ᄂᆞᆫᄃᆡ再昨日에統監府에셔該監部로指揮가有ᄒᆞ되延期가되야本日下午五時에入京ᄒᆞ신다더라

●出迎義王 今日義親王殿下入城ᄒᆞ실時에各官人을一졔히出迎ᄒᆞ라고 自上으로申飭이계신故로至於각學校學徒와國脉家와各社會에셔도出迎ᄒᆞᆫ다더라

●學相威儀 再昨日軍大가遭變ᄒᆞᆫ後로各部大臣이威儀를盛張ᄒᆞ얏ᄂᆞᆫᄃᆡ學大리完用氏ᄂᆞᆫ四人轎에兵丁二名이擔銃ᄒᆞ고巡檢二名과日巡查等이擁衛ᄒᆞ고昨日仕進ᄒᆞ얏다더라

●軍大運動 陪從武官長리根澤氏가某處에運動力이一層宏大ᄒᆞ야軍部大臣을不久히被任ᄒᆞᆫ다더라

●經義試取 來四月一日에각道經義生試取ᄒᆞᆫ다ᄂᆞᆫ說은前報에揭載ᄒᆞ엿거니와試所ᄂᆞᆫ成均館으로定ᄒᆞ고試官은學部大臣과協판及學務局長과成均館長이라더라

●長谷發程 日本司令長官長谷川氏가歸國次로昨日上午에京釜線路一番列車로離發ᄒᆞ얏다더라

●宮相兼公 리根호氏가主殿院卿으로內定이되미宮相沈相薰氏가奉勅치아니ᄒᆞ고私第에歸臥ᄒᆞ엿더니再昨日에自宮內府로沈相薰氏에게電話ᄒᆞ되主殿院卿은리載克으로更爲내定ᄒᆞ엿시니卽爲進府奉勅ᄒᆞ라ᄒᆞ얏다더라

●軍大遭難의續報 再昨日軍大權重顯氏을謀害ᄒᆞ라다가경務廳에被囚ᄒᆞᆫ者ᄂᆞᆫ內浦等地居ᄒᆞᄂᆞᆫ康元相氏인ᄃᆡ目不識丁字ᄒᆞ고以農爲業ᄒᆞ고稱爲최勉菴門生이라勉菴先生은既爲棄世ᄒᆞ야裏禮을已畢ᄒᆞ야스나遺言과遺書가有ᄒᆞᆫ대擧義치아니ᄒᆞ면遺言을施行아니ᄒᆞ게되고擧義코ᄌᆞᄒᆞ면無罪鄕民이塗炭中에들ᄲᅮᆫ외라京兵이니警官이니下來ᄒᆞ야被害을當ᄒᆞᄂᆞᆫ것도擧義에穩當치안라ᄒᆞ고該黨三百餘名이相議ᄒᆞ기를十八名만選拔上京ᄒᆞ야大官一人에三人式當ᄒᆞ기로的定上京ᄒᆞ야該十八人이日前종路에셔分散ᄒᆞᄂᆞᆫᄃᆡ康元相氏은軍大을當ᄒᆞ기로再昨日에軍大을下手ᄒᆞᄂᆞᆫ지라六穴砲三放을發ᄒᆞ미一放은未發ᄒᆞ고一放은該大臣을向ᄒᆞ야放ᄒᆞ고一放은保護日巡查을向ᄒᆞ야放ᄒᆞ고日巡查을數次毆打ᄒᆞ얏다ᄂᆞᆫᄃᆡ該黨魁首ᄂᆞᆫ黃華瑞氏라ᄒᆞ고該犯康元相氏은力士라ᄒᆞ더라

●張氏兼任 學部會計課長張憲植氏가編輯局長으로轉任ᄒᆞᆫ代에該課長을敘任ᄒᆞᆯ터인ᄃᆡ預算이不足이라ᄒᆞ야他人으로敘任치아니ᄒᆞ고장憲植氏가兼任視務케ᄒᆞᆫ다더라

●增設顧問 각府部院廳局課마다日人顧問官을增置ᄒᆞ기로日本셔官人幾百名이將次渡韓ᄒᆞᆫ다ᄂᆞᆫ說이有ᄒᆞ더라

●閔氏病蘇 內部衛生課장閔元植氏가身病이快有動靜ᄒᆞ야再昨日부터仕進視務ᄒᆞᆫ다더라

●盧氏麤習 前參判盧泳敬씨가宮大沈相薰씨를往見曰人材를登用이라야國家이恢復ᄒᆞᆫ다ᄒᆞ거ᄂᆞᆯ윤광濟씨가在傍曰令監을登用ᄒᆞ면忽地에國權이恢復ᄒᆞ것소ᄒᆞᆫ즉盧씨가不答ᄒᆞ고更向宮大而言曰대監도事業ᄒᆞ시오慶州에박김兩씨ᄂᆞᆫ陵殿參奉이依舊ᄒᆞ되昔씨ᄂᆞᆫ尙無參奉名字ᄒᆞ니今番은ᄃᆡ監이昔家에積善ᄒᆞ오ᄒᆞ고노씨가歸去旅邸ᄒᆞ야昔哥年少에게壯談ᄒᆞ고當文一萬兩을受賂라ᄒᆞ니노지事業은每々可觀이라더라

●更電促送 平南觀察使리始榮씨가法部에電報ᄒᆞ되安ᄐᆡ국案에今日內로칙檢事ᄒᆞ여卽爲下送ᄒᆞ라ᄒᆞ얏더라

●警官署理 함南觀察使鄭鳳時씨가法部에電報ᄒᆞ되檢事代理을警務官이爲지라ᄒᆞ얏더라

●巡檢滋弊 각地方에巡檢이作弊ᄒᆞ나ᄂᆞᆫ事ᄂᆞᆫ屢度揭載어니와扶餘定山等군에셔ᄂᆞᆫ巡檢이稱以警察官ᄒᆞ고군守와抗體ᄒᆞ며民間橫行ᄒᆞ여無罪平民을任意捉囚放免ᄒᆞ여錢財를討索ᄒᆞᄂᆞᆫ弊가許多ᄒᆞᆫ故로村民이支保無路라ᄒᆞ고南來人의傳說이狼藉ᄒᆞ더라

●平市撤廛 平壤商民共同會々長최應斗等이法部에電報ᄒᆞ되本道警務官박承薰이가商民安泰國을無故이捉囚ᄒᆞᆫ事로一般商民이撤市廢業ᄒᆞᆫ지大日에觀察道에逐日呼訴ᄒᆞ되延拖不決故로竿頭之勢를不堪ᄒᆞ와三次泣訴ᄒᆞ오니卽速公決電飭을伏望이라ᄒᆞ엿더라

●慈善家觀察 美國富戶中慈善家로有名ᄒᆞᆫ우드와드숍ᄂᆞᆫ면兩씨가極東社會의進步됨을觀察次로今日下午十一点에釜山列車로到京ᄒᆞ야이스터旅館에서幾日間留ᄒᆞᆫ다ᄂᆞᆫᄃᆡ氏ᄂᆞᆫ美京華盛頓으로셔來到ᄒᆞᄂᆞᆫ旅中이라더라

●全氏被捉 日昨夜에齋동全景春藥局에何許人이製藥次來ᄒᆞ야開門ᄒᆞ라ᄒᆞ거ᄂᆞᆯ全씨가開門ᄒᆞᆫ則該人이卽入ᄂᆡ庭ᄒᆞ야越墻逃走ᄒᆞᄂᆞᆫ지라全씨가十分疑訝지際에別巡檢幾人이來索曰今方入來지人이何在오ᄒᆞ거ᄂᆞᆯ全씨가越墻逃라ᄒᆞᆷ을說明ᄒᆞᆫᄃᆡ別巡檢等이니에其人은賊漢이라置지不出이라ᄒᆞ고全씨를捉去ᄒᆞ엿다더라

●度照法部 度支部에셔法部에照會ᄒᆞ되歲入歲出處理順序에歲出所屬年度가合其區分이有ᄒᆞ와不可侵越되옵기效仰布ᄒᆞ오니照亮ᄒᆞ신後實所管十年度預算內出給命令書에支撥要求ᄒᆞ시와併便勘簿ᄒᆞ라ᄒᆞ엿더라

●리氏請救 女史리善媛氏가五六前年에帝國新聞에何許人의擁誣ᄒᆞᆷ을遭ᄒᆞ야名譽損傷ᄒᆞᆷ이常時忿歎ᄒᆞ야再昨日平理院에訴狀을親呈ᄒᆞᆫ즉該訴狀을民事室에서ᄂᆞᆫ刑事室로送ᄒᆞ고刑事室에서ᄂᆞᆫ民事室로送ᄒᆞ야相爲推托ᄒᆞ거ᄂᆞᆯ리善媛氏가高聲大言曰稱以法官ᄒᆞ면셔民刑事를不辨ᄒᆞ고兩相推托ᄒᆞ니法律之不明은推此可知라ᄒᆞ고立促裁決ᄒᆞᆫᄃᆡ法官이懇乞ᄒᆞ여曰近日此院에法官이多遞ᄒᆞᆫ緣故인즉第待三日後에更爲入來ᄒᆞ라ᄒᆞ미리善媛氏가不得已歸來ᄒᆞ야將次共同裁判을請ᄒᆞᆫ다더라

●韓土賣日 平壤내川執網白致九爲名漢과遞군守彭漢周씨가外人扁倉組를符同ᄒᆞ여居民田土를每壹畝에七元式威脅抑買ᄒᆞ되民不肯賣ᄒᆞ면捉지슈지ᄒᆞ여困辱이無數에民畏其威ᄒᆞ여依令放賣則彭白兩人이又爲혐雜ᄒᆞ여幻弄文記ᄒᆞ여二十畝를三十畝라稱ᄒᆞ고每畝에五十元式放賣日人ᄒᆞ니見利가卄餘萬元이라郡懲이又爲不滿ᄒᆞ여外村民田土를抑買爲料ᄒᆞ니民情이嗷々ᄒᆞ여難以支保라더라

●興守遂錯 大興前郡守辛成默氏가青陽前郡守閔泳恪氏의對ᄒᆞ야查報不實ᄒᆞᆫ所以로閔郡守가渙拔의請願ᄒᆞ야屢次質판ᄒᆞ다더니辛슈之報部違錯이自有明証인故로刑法大全第二百十五條上司의申報ᄒᆞᄂᆞᆫᄃᆡ錯誤ᄒᆞᆫ者律에照ᄒᆞ야笞四十의宣告ᄒᆞ얏다더라

△春雷發聲△

▲滿天烟雾이春來濃聚ᄒᆞ더니那邊隱雷에一聲이忽發ᄒᆞ니世界寂寞耳가昨夜에忽驚ᄒᆞ야月上何天에魂鳥가啼去오八公山草木이總是疑兵이로다

▲內部大臣리址鎔氏ᄂᆞᆫ軍大遭變以後로心內에恐畏ᄒᆞ야人力車를廢止ᄒᆞ고四人轎를換乘ᄒᆞ고戒嚴이益密ᄒᆞ다니軍大驚動에內大가何關고權重顯씨砲響에리址鎔씨威儀ᄂᆞᆫ尤極壯大ᄒᆞ고

▲宮相沈相薰씨ᄂᆞᆫ向日조南升씨의主殿卿內定時에極力反對ᄒᆞ야奉勅지아니ᄒᆞ더니日前리根호씨가主殿卿을內定ᄒᆞᆷ의又是奉勅지아니ᄒᆞ니宮相에强硬手段은人所難及이로고

▲伊藤博文씨가日昨陛見時에奏稟ᄒᆞᆫ槩意를聞ᄒᆞᆫ즉今番國債報상에人民이義金을募集ᄒᆞᄂᆞᆫ事에對ᄒᆞ야人民의國家思想이若是히發達된거슬奏賀ᄒᆞ얏다니惟義所在에夫孰日不可리오

▲度支部官人某씨가日昨夜某座席에셔發論ᄒᆞ되國債事로四處의셔趣旨를發起ᄒᆞ나我度支部一般官僚ᄂᆞᆫ此가決不成事ᄒᆞᆯ줄노確信ᄒᆞ노니此若成事ᄒᆞ면我의目을拔ᄒᆞ고我의指를焚ᄒᆞ라ᄒᆞ얏다ᄒᆞ니某報에揭載ᄒᆞ얏스니義金은畢竟成事되고야말거시니該部의ᄂᆞᆫ無目無指ᄒᆞᆫ官人들이되깃고

▲여보世上에알슈업ᄂᆞᆫ일도만소近日에郡守運動費를葉一萬五千兩으로依例酌定ᄒᆞ고國동近處에輻湊ᄒᆞᆫ다니郡守에一年月俸을統計ᄒᆞ야도運動費에不及ᄒᆞ니밋지ᄂᆞᆫ장ᄉᆞ를왜ᄒᆞᄂᆞᆫ지

伯林電報

●露國議會 三月廿五日午後十二時着 露國議會ᄂᆞᆫ饑饉救護委員의選擧를可決ᄒᆞ고又大多數로一般大赦令의要求ᄂᆞᆫ其時機가아죽아니라ᄒᆞ야否決ᄒᆞ얏더라

●留國擾亂 루메니아國의擾亂은아죽鎭定치못ᄒᆞ얏다더라

雜報

●진주부용형젼ᄉᆞ례셔 련도가순환ᄒᆞᄂᆞᆫ국채보상에민심이단결되야의무가발달ᄒᆞ오나단군ᄉᆞ쳔년과입아조오빅년에여차경ᄒᆡᆼ은쳐음이온지라이몸이녀ᄌᆞ오나이쳔만동포등에참여ᄒᆞ온몸이온즉국가화육등일물이라국채보상발긔ᄒᆞ야부인회를셜시ᄒᆞ엿사오나이마음이붓그러온바ᄂᆞᆫ무식소치온등다ᄒᆡᆼᄒᆞ바난동포부인계셔열심ᄒᆞ오시니동동ᄎᆞᆨᄒᆞ온마음일야간식각기를애국셩심은남녀가일반이요경향이업ᄉᆞ온ᄃᆡ향곡 셔엇더ᄒᆞᆫ신부인계셔ᄉᆞ업을셩입ᄒᆞ오셔일체합심ᄒᆞᆯ랴난지회소식드르랴ᄒᆞᆫ각신문졈검터니쳔만의외에진주군부용형이의국부인회를고동ᄒᆞ오시니진주에난미논기씨가계시옵고평양에난계월향씨계시드니애국셩심이진ᄒᆞ야현에ᄉᆞ의발달ᄒᆞ니ᄉᆞ셩ᄉᆞᄌᆞ난고금이업ᄉᆞ온듯냥액에나리업셔곳가셔차ᄒᆞ치못ᄒᆞ오나남산에난지남셕이잇고북산에난쇠가잇난이냥인두고이름인듯형에ᄉᆞ의를우리나라신민으로어늬누가감동치아니리잇가갸국지인도찬송치아니리업사올듯감주시이라ᄒᆞᆯ난지난아지못계라엇더ᄒᆞᆫ지이관되강포와셰력을밋고감히져희코자ᄒᆞ니이는만민에죄인이요나라에도젹이라신명이지상ᄒᆞ오시니엇지앙화가업사리잇가강지식에만만층악ᄒᆞᆫ죄상은ᄎᆡ로셩ᄒᆞ와이천만싱명에공분ᄒᆞᆫ요물신셜ᄒᆞ올거시니원컨ᄃᆡ부용형은ᄃᆡ의를바리지마르심도내에유지ᄒᆞᆫ신동포부인들과단결합심ᄒᆞ우셰셔형과데와갓흔녀ᄌᆞ들도국은일만분지인이라도갑파보기를쳔만번축수바라옵나이다

경셩대안동ᄉᆞ십동ᄉᆞ무소슨소당

鍾成兄長橋所爲ᄂᆞᆫ事久則難免欺騙이니貫臨弟家則同往某主許謝過善後策第一也貴善執迷後悔無及喜 리啓弟 告白

●賣舍연金 故判書金永穆氏夫人이今番國債報償ᄒᆞᆫ다ᄂᆞᆫ說을聞ᄒᆞ고自己家舍를放賣ᄒᆞ야一千兩을義연ᄒᆞ고自己ᄂᆞᆫ다시小家舍를買得居接ᄒᆞᆫ다니該夫人의血誠出義를莫不贊誦ᄒᆞᆫ더라

●雲谷新校 平南祥原郡雲谷居前郡守金鍾重氏ᄂᆞᆫ教育에有志ᄒᆞ야學校를自費設立ᄒᆞ고日本教師를雇聘ᄒᆞ야一境學徒를熱心教育ᄒᆞᆫ다더라

●是母是女 상사동박교관은식씨부인차씨씨가동화일원과차씨부인의뎡양이동화이십냥을대안동부인회로엿고안현리금ᄉᆞ즁씨부인리일졍씨가신화구십전과리씨부인영녕리금룡씨가신화숨십전을보내엿다더라

●是何虛聲 廿四日本報雜欄內花泣賊竊이란題下에報徐相培가賊漢으로破捉ᄒᆞᆫ事를更聞ᄒᆞᆫ則初無捉囚ᄒᆞᆫ事오富饒ᄒᆞᆫ別室도初無ᄒᆞᆫ事라더라

廣告

海平尹氏世譜를開刊ᄒᆞ옵ᄂᆞᆫᄃᆡ譜所ᄂᆞᆫ定于北松峴第十九統八戶ᄒᆞ엿ᄉᆞ오니京鄉僉宗은照燭ᄒᆞ옵고斯速修單以來ᄒᆞ옵심을是希

丁未二月 日 譜所 告白

경북용궁김응셔와니필문니협잡지유로去정월에嚴柱連참봉관보을持ᄒᆞ고嚴柱연家의와셔所입젼팔백원을督出故로답왈구실 연ᄌᆞ와 연ᄒᆞ연 ᄌᆞ부 동ᄒᆞᆫ고ᄯᅩ講ᄒᆞᆫ바도옵다ᄒᆞᆫ즉有구무언ᄒᆞ야가셔본관의청ᄎᆞᆨᄒᆞ다가불청헌즉흉계를행치못허야양ᄉᆞ허니내외국인은如此흉유를상관마시옵

開慶嚴柱호白

本會에셔通常會를進定於本月廿九日(二月十六日)ᄒᆞ고兼行講硏會ᄒᆞ야同日上午十二時에會集於光成實業學校內ᄒᆞᆯ터이오니本會僉員은屆期來臨ᄒᆞ시에

大東學會 告白

本人이南門外停車場西川邊에庫舍二百坪方米突을新建築ᄒᆞ옵고名稱曰金倉庫라ᄒᆞ오며貰金은依沿江例ᄒᆞ오니某物이든지輸送ᄒᆞ심을敬要홈

朴宗淵 告白

開城居金弘根이가同母生兄弟二人으로同居三十年이더니父先亡ᄒᆞ고偏母在ᄒᆞ얏ᄂᆞᆫᄃᆡ弟名弘鏞者가本性이狂悖ᄒᆞ야父喪을입엇ᄉᆞ나種々帶醉ᄒᆞ고ᄒᆞᄂᆞᆫ말이我是僞哥之子라ᄒᆞ기로以狂言置之ᄒᆞ고曉喩ᄒᆞ얏더니其間에本郡居최士亨者가回甲宴을ᄒᆞᄂᆞᆫᄃᆡ弘鏞의게寄書ᄒᆞ야甲日에來參ᄒᆞ여天倫을完全케ᄒᆞ라ᄂᆞᆫᄃᆡ弘鏞이가目不識字故로廬人송병옥에게往見其書ᄒᆞ얏더니此言流傳되엿고其宴日에弘종이가往參ᄒᆞ엿슨즉최之子된말이無人不知된즉弘根이가無他親近ᄒᆞ고兄弟世事侍ᄒᆞ엿다가此言을聞ᄒᆞᆫ즉魂魄이喪ᄒᆞᆫ지라人告於其母ᄒᆞᆫ즉已往에如此事가有ᄒᆞᆫ즉天倫이이分間치안일길잇ᄂᆞᆫ야ᄒᆞᆫ즉弘根이가當此境ᄒᆞ야엇지ᄒᆞᆯ길업서往議於其伯父則伯父曰我當親問ᄒᆞ야明其虛實然後에自當措處하깃다ᄒᆞ고又詰於其母則所答이如前이라伯父의말이姑爲掩置家中ᄒᆞ야第俟下回차하엿더니弘根에生母가又逝ᄒᆞ야幷居喪ᄒᆞᆯ時弘根之心은尙爲哀憐其弟이건만弘종이가尤生悖逆之心ᄒᆞ야每日泥醉하고入室則作梗이無所不至하야至於毁破甕缸하고伯父世以刀刺傷ᄒᆞ옵고挾雜之人을符同하야稱以弘根이가專爲家財奪取지計로自己을逐出이라累次呈官되여査實文案이藏在이요至于今番訟卞하와도弘종지所爲가아니라一二挾雜輩不嚼이온데幸賴本군守明決ᄒᆞ시와三四裁判에渠以實情自服하고최哥로歸正됨을自願ᄒᆞ온즉此事公決은一府人民이莫不以爽快稱頌이라自今以後로金門中에서弘종을外人으로認定하고家中秩序를整頓ᄒᆞ와玆에廣告ᄒᆞ오니京鄉知舊ᄂᆞᆫ照亮ᄒᆞ시옵

開城居金永玉 金弘教 告白

●新聞草件 伏以國債報償事로大丘士人徐相敦씨에斷烟趣旨書를揭布於新聞上故로亦自本郡公立學校로腔血이沸騰ᄒᆞ야正月十八日에布告一郡而演說於市上則不數日에義연금이乃至六百餘圓矣就中邑中士人金孝英氏ᄂᆞᆫ素是操行端潔ᄒᆞᆫ俊彦으로見此發起書ᄒᆞ고傍聽演說에興起熱心ᄒᆞ야特以新貨五百圓巨額을盡力義연ᄒᆞ야爲倡導於民ᄒᆞ니大小民人이ᄉᆡ計多小ᄒᆞ고鱗次投單이라盖김孝英씨ᄂᆞᆫ一布衣也而ᄉᆞ計民事에如是聲譽가籍울於西士ᄒᆞ야來頭補助ᄂᆞᆫ抑未知幾何而從後義연諸氏에姓名은亦爲揭報伏計홈

安岳公立學校任員發起人

時教員 金孝燦
前參奉時校長 金덩혁
前教員時監督 姜濟림
前參奉時校監 리麟培
前主事時監督 崔容和
前進士時事務員 金膺升
리文源 元仁常 林亨관

◯算術新書 一帙二冊 定價八十錢

此算術이近者絕種ᄒᆞ와學界上缺點이기로今加校正發刊ᄒᆞ얏사오니僉彦은速々來購ᄒᆞ심을至盼

發賣所 布屏下 金相萬書舖

當文一萬兩二千五百兩於音二片遺失ᄒᆞ오니誰某間拾得休紙施行ᄒᆞ오

리泰榮 告白

忠南恩津郡이多年曠官에百弊層延ᄒᆞ야民難支保러니本郡守李尙萬氏下車以後에視民如傷ᄒᆞ고窮行村閭ᄒᆞ야勸勉學校ᄒᆞ며周察農民ᄒᆞ야官民相得ᄒᆞ니一郡이病蘇ᄒᆞ기로玆以廣告홈

金文淵 告白

西江私立牛山學校舍修葺時有志諸氏의贊成金額이如左홈

本校內贊成俱樂部會員

韓光洙박基源朴敬澤박君善申景七윤德佑박德來리昌九김敎熙成文永白寅基조信鎬김興셥以上四圓式덩基好리병均장호鎭以上三圓式리奉天됴병濟洪忠현리병武嚴柱承趙宗호김德秀車錫基리君弼嚴柱東吳東根以上二圓五拾錢김相형손秉희리胤九김完集高在셥尹奉셥박泓일박陽瑞박容九申敬均김相玉김火容林昌默以上二圓式吳命善리聖賢리仲秀申철求金元重金元根咸友植吳健植金大根리永賢리世白村寅植뎡光호以上壹圓式 未完

廣告

南港億兩機國債報償團義會義捐金 廣告

前同敦 張漢模 六十元
長子進士璧賢 三元
次子 觀炷 三圓
長姪 泰헌 二圓
再從 遠模 一圓
從孫前注書世瑢 二圓
長從孫 世瑛 一圓
從孫 世완 五十錢
從孫 世덩 五十錢
長孫 世胄 一圓
孫 世님 一圓
孫 世우 一圓
孫 世郁 一圓
孫 世普 五十錢
孫 世게 五十錢
孫 世增 五十錢
姪 昌헌 五十錢
姪 道鉉 五拾錢
姪 國현 五拾錢
姪 義현 五拾錢
姪 圭현 五拾錢
從曾손 鳳鎭 五拾錢
從曾손 學鎭 五拾錢
從曾손 龍鎭 二拾錢
從曾손 麟鎭 二拾錢
從曾손 鴻鎭 二拾錢
손婿 金澤현 五拾錢
姪婿 朴基호 一圓
斷義會事務鄭應基 二圓
南陽七歲兒박藥山 五圓
韓광瑞 一圓
安岳人 趙秉弼 一圓
李丙祚 一圓
前主事 李泰學 一圓
五宗煥 五拾錢

봉山舍人坊萬和亭
前參奉 吳季晉 五拾錢
金宗夏 仝
安宗勳 仝
弟昌勳 仝
리영希 仝
김行坤 三拾錢
김文益 仝
리永德 仝
子乙龍 二拾錢
柳相益 仝
文永煥 仝
鄭斗烈 仝
박泰和 仝
金萬根 仝
文致禹 仝
金貞彬 仝
金宗九 仝
박甚奎 仝
文千石 仝
洪斗杓 三拾錢
任봉호 五拾錢
리영國 二拾錢
方國千 仝
姜召史 仝
以上合一百二圓六十錢
安岳郡大德面光風里
前參奉 柳運赫 拾圓
柳種和 一圓
金丙潤 仝
進士 柳以赫 仝
柳承周 二拾錢
童蒙 柳正赫 仝
十歲兒 禹雙同 仝
柳希浩 五拾錢
柳致연 仝
柳淳赫 仝
學徒 柳鍾林 拾錢
八歲兒 柳相진 五錢

柳鍾潤 二十錢
禹貞權 仝
禹貞涉 仝
김達念 仝
김昌浩 仝
박承祚 拾錢
姑 任召史 三圓
婦 申召史 二圓
김達雲 三拾錢
柳召史 拾錢
柳希天 仝
姜得豐 二拾錢
柳敏赫 五拾錢
任應호 拾錢
柳石贊 仝
任昌俊 三拾錢
柳弘혀 拾錢
柳셔연 仝
柳種洙 七拾五錢
以上合二拾四圓

●大韓自強會月報

每月一回廿五日發行
定價金一部十五錢

大韓自強會月報의發行이歷個月을經ᄒᆞ오니自由의議論을鼓發ᄒᆞ야國家의權利를增進ᄒᆞ고獨立의精神을淬礪ᄒᆞ야同胞의團結을益鞏케ᄒᆞ야全國有志諸公의愛讀ᄒᆞ심을供ᄒᆞ온바現今本會의셔一비擴張ᄒᆞ기爲ᄒᆞ야高明ᄒᆞᆫ文章과宏博ᄒᆞᆫ學問家를延致ᄒᆞ야天下大勢의變動과殖產敎育의要素와古今政治의大要를蒐輯ᄒᆞ야開卷ᄒᆞ면眼目을一新케ᄒᆞ오니愛國ᄒᆞ시ᄂᆞᆫ僉君子ᄂᆞᆫ血淚를문ᄒᆞ시고家家案頭의隨刊對讀ᄒᆞ시오

皇城中署典洞九統二戶
大韓自強會事務所

명월관확장광고

폐관이마시이후로고인ᄒᆞ시ᄂᆞᆫ귀직에후의를입사와오ᄂᆞᆯ날ᄭᆞ지한에제일등요리점으로니외국에셔다아시도록확장ᄒᆞ여가오니뎌단감ᄉᆞᄒᆞ옵거니와근일은이층양옥을광활히신건축ᄒᆞ고다락아릭는온돌방을운밀리비치ᄒᆞ고포진범절을셔로ᄒᆞ와오시ᄂᆞᆫ귀직이편ᄒᆞ시도록쥬의ᄒᆞ엿ᄉᆞ오며각죵음식은보기에화려ᄒᆞ고먹기에정미ᄒᆞ게일신쥰비ᄒᆞ야다소를불계ᄒᆞ고주야로파오되셔양쥬ᄂᆞᆫ잔으로파오며특별신미량교자음식은오시ᄂᆞᆫ시로붓터ᄒᆞᆫ시간이되면메상이라도곳가져가시도록ᄒᆞ오니뎌외귀직은륙쇽왕임ᄒᆞ시옵

각식요리음식
각쉬셔양쥬
각종경편양요리
각종일본간스메
각종여송연
각국권연
진찬합
건찬합
밥교자
특별신미량교자음식
명창가동정거북도유ᄒᆞᆸ

明月館 主人 金東植 告白

越南亡國史

國漢文 新刊
定價貳拾伍錢
發賣所京城廣橋高裕相書舖
鏡南端川郡禹時夏書舖
布屛下 김相萬 冊肆

●九轉靈砂라 本人이妙方法을依倣ᄒᆞ야製造ᄒᆞᆫ靈丹인ᄃᆡ男女老少에無論何징하고通治하오며無病時에도服하면平生의身體가健康ᄒᆞ며小兒ᄂᆞᆫ四五錢重만服ᄒᆞ면十歲안에無病ᄒᆞ기를擔保ᄒᆞ오며

●九轉靈砂萬應丹은져狂 癲징과中風諸疾과耳目諸病과淋疾에神効ᄒᆞ오

●九轉靈砂保命丹은初生小兒 驚風 간氣 咳嗽 腹瘡諸般惡징에神効ᄒᆞ오

●九轉靈砂濟衆丹은酒滯 食滯 血積 吐瀉 霍亂 痢疾 吐血 下血 運氣 時疾 血징에神効ᄒᆞ오

●九轉靈砂紫金丹은痔漏 瘰癧 上疳瘡 下疳瘡及唐瘡과諸般梅瘡惡種에無不神効ᄒᆞ오니 僉君子ᄂᆞᆫ來問ᄒᆞ시오

內需司前독갑이골上隅第一家百三統一戶 리호廷 告白

洪淳康氏가東署東小門內土橋東邊에織造機을廣張設施ᄒᆞ야稱號를淳昌號라ᄒᆞ고各色綢緞紗屬等을織造發賣ᄒᆞ오니願買人은來臨購貿ᄒᆞ시며或所用대로緞과紗等屬을預托ᄒᆞ시면依約施行ᄒᆞ깃ᄉᆞᆸ 淳昌號 告白

西署新門外鍮동百八十六統三戶
辯護士前檢事前判事正三品 丁明燮
法律事務所
事務員前主事吳在淳

◎本社廣告

○申報價
一張代金 新貨二錢五里
一個月前納 三十錢
三箇月 九十錢
六個月 一元七十錢
一箇年 三元四十錢
郵稅一部 新貨五里
一箇月 十三錢

○廣告料
四号活字十三字詰
每日每英尺一寸에新貨廿五錢
(每日每行六錢에相當홈)
一週日에 二圓五十錢
(每日每行四錢五里에相當홈)
一箇月에 五圓
(每日每日四錢一里에相當홈)
其期限의長短과字行의多寡를依ᄒᆞ야增減홈이有홈

●大韓每日申報各處支社廣告
中署布屛門下 김相萬冊肆
中署農圃初入七拾八統第二號 鄭禹澤
平壤上水口門內 김浩淵
仝 최叡恒
仁川桃峴朋新冊肆 리東皓
宣川邑橋西里 安濬
義州西門外한西 大藥局
釜山港佐川 徐藥局
三和港築洞 김仁집
咸興州南社西門外 曹喜林
開城培義學校 姜助遠
大丘市廳 최一弘
載寧邑濟衆院 劉夢澤
鐵山邑東部 安호
元山支店 劉七錫
定州南門內 洪成麟
信川邑 李源植
海州南門內書舖 朴昌鎭

發行兼編輯人 英國人비說
發行所
南署石井洞號外地三層洋屋家
大韓每日申報社

第五卷　大韓每日申報 대한ᄆᆡ일신보　第四百七十三號

月曜及慶節 歲時日休刊

檀君開國四千二百四十年
箕子元年三千二十九年
大韓開國五百十六年
日本明治四十年
淸國光緖三十三年
(陰)陰曆丁未二月大十五日丙子

別報

桑港가루報의論說

日本人이人心을不得이라ᄂᆞᆫ問題로가루報의論說이如左ᄒᆞ니日本이淸國의隣邦이로ᄃᆡ또ᄒᆞᆫ善鄰이아니라驕慢ᄒᆞ고奸詐ᄒᆞᆫ거ᄉᆞᆫ原來日本人의性質이라滿洲戰爭에但히俄羅斯만勝ᄒᆞᆷ이아니오並히淸國을勝ᄒᆞ얏도다平和結局된後에日人이滿州를占據ᄒᆞ야詭計를施行ᄒᆞᄆᆡ淸國人의感情이層生ᄒᆞ고또ᄒᆞᆫ日本政府의偵探軍으로所謂佛敎僧徒가多數히淸國에渡往ᄒᆞ얏ᄂᆞᆫᄃᆡ淸政府가其裏許를知得ᄒᆞ고境外로逐出케ᄒᆞ얏스며昨年淸國大練習에各國武官三名式參預ᄒᆞ기로ᄒᆞ얏ᄂᆞᆫᄃᆡ俄羅斯ᄂᆞᆫ四名의參預ᄒᆞ기를請求ᄒᆞᆫ거슬日本의反對로不參이되ᄆᆡ俄人이日本을怨恨ᄒᆞ며操練ᄒᆞᆯ時에日兵이多數히淸兵의服裝을着ᄒᆞ고日政府의偵探軍이됨을俄國이더욱憤痛ᄒᆞ야日本을攻擊ᄒᆞᆯ心이深切有之ᄒᆞ얏더라驕慢ᄒᆞᆫ日本兒가恒常外國의釁端을挑出코저ᄒᆞ나아즉日本政府의財政이無ᄒᆞᆷ으로敢히動치못ᄒᆞᄂᆞᆫ바라淸國이至今브터新式으로十年을操練ᄒᆞ면精兵이一百五十萬에達ᄒᆞᆯ지니日本이반다시淸國의敵國이될지라엇지淸國을不足畏也라謂ᄒᆞ리요ᄒᆞ얏더라

按此報所論컨ᄃᆡ淸國이日本에對ᄒᆞ야感情이有ᄒᆞᆫ것은確實之証이어니와俄國과美國도日本을憤痛憎惡ᄒᆞᆷ은또ᄒᆞᆫ普通知悉ᄒᆞᄂᆞᆫ바라日本이但其强力을憑恃ᄒᆞ야德義를蔑棄ᄒᆞ고貪慾을恣行ᄒᆞᆷ으로世界各國의集矢之的이되얏스니東洋天地에風雲이更起ᄒᆞᆷ은免不得之勢라目下韓國과滿洲를攫取ᄒᆞᄂᆞᆫ行動이비록一時貪欲을欲充ᄒᆞ나畢竟糜爛生靈의慘禍ᄂᆞᆫ連續不絕ᄒᆞ리니彼日政府의現行政策은但히東洋의禍首가될뿐不是라自國人民의게도太平之福을付與ᄒᆞᆷ은아니니將來世界上可憐可哀者가엇지韓滿兩界의人民뿐이리오西坂氏의憤痛自裁가其將歷史上에遠識先見이有ᄒᆞᆫ것을表明ᄒᆞ리라ᄒᆞ노라

官報

●三千七百二十四號　光武十一年三月二十七日

◎敍任及辭令

給甲號二級俸　掌禮院稽制課長리哲宇
給七級俸　內部參書官洪鍾裕
給四級俸　義州府윤리海運
善山郡守丁회섭
給六級俸　橫城郡守沈興澤
智島郡守蔡수康
寶城郡守丁九섭
綾州郡守權重冕
給七級俸　江原道觀察道參書官丁元섭
洪州郡守金祥演
靑陽郡守黃祐찬
鎭安郡守安基宅
中和郡守金然尙
懷仁郡守金永德
興海郡守리硯권
新溪郡守리秉哲
延日郡守閔容植
牙山郡守명輪朝
珍嶋郡守리병化
咸安郡守金병吉
楚山郡守리章遠
給八級俸　江界郡守金用來
給六級俸　高陽郡守박準설
給七級俸　陰竹郡守박周憲
淸風郡守兪耆年
沃川郡守任龍學
朔寧郡守최홍俊
長淵郡守리公雨
順川郡守리興雨
加平郡守徐相勉
德川郡守安承烈
陰城郡守南麟회
給八級俸
命奉常司長敍勅任官三等　奉常司提調金大鉞
命奉常司提調敍勅任官三等　從二品윤용섭

侍講院侍讀박제황
依願免本官
任侍講院侍讀敍奏任官四等　六品리元世
任內部主事　박正來　洪承구
命奉常司提調敍勅任官三等
太僕司長리恩明
命太僕司長敍勅任官三等
度支部稅務官韓相鶴
度量衡事務局臨檢員梁在昶
仝金熙祥　仝張和섭
任度量衡事務局技手

外報

●內閣宣言　彼得堡電을據ᄒᆞᆫ즉俄國도루이찐氏가內閣의宣言書를朗讀ᄒᆞ고諸般改革案을會議에提出ᄒᆞ얏ᄂᆞᆫᄃᆡ其中에ᄂᆞᆫ海參威를閉鎖ᄒᆞ고絕東地方에俄국의貿易을保護ᄒᆞ라ᄂᆞᆫ計畫이有ᄒᆞ더라

●派兵士匪　奉天電을據ᄒᆞᆫ즉安東縣來報에日淸國官兵이本月十日以來로土匪를擊退ᄒᆞ야潰散케ᄒᆞ얏스나尙且不穩ᄒᆞᆫ情況이有ᄒᆞ더라

●强制敎育　奉天報를據ᄒᆞᆫ즉北京의戶數를調査ᄒᆞᆫ故로學部에서强制敎育을施行ᄒᆞᆫ다더라

雜報

●黃海道觀察部報誠所趣旨書　近閱各社新報則以국債一千三百萬元報상事에對ᄒᆞ야環宇輿情이激發感義ᄒᆞ야或以斷烟絕酒而出연ᄒᆞ고或以有減餐費麗而爭상ᄒᆞ니喜懼交集에感淚不禁이라維我同胞지合心臨躰와雜我同胞지愛국血誠이今於此擧에可見天賦로다哲夫국은人지肢體오民은人지血脉이라肢躰不健則血脉이不通ᄒᆞ고血脉이不通則肢躰將來은常지經也오理지鑑也이다은因外債지巨款ᄒᆞ야竟국家지難保이면三千里疆土을爲可以得全이며二千萬民衆은將何以得生乎잇가伏念 국勢에毛骨송然ᄒᆞ고竊想民情ᄒᆞ면痛哭何益가際此 국民지岌桑ᄒᆞ야豈可秦楚지相視리오本人等도亦是化育中微物노聞此喜報에自發感誠ᄒᆞ와玆敢發起公布ᄒᆞ오니惟願同胞렴君子ᄂᆞᆫ擔負宗社지深憂ᄒᆞ고俯諒民生之急救ᄒᆞ시와互相勸告에各日義연ᄒᆞ와保爲萬一지報가 국民幸甚 發起人리禎鴻 최榮호 司計員최永周 金基熙 財務員최在경 鄭在裕 一本所ᄂᆞᆫ국債一千三百萬元을報償ᄒᆞᆷ에對ᄒᆞ야義금募集ᄒᆞᄂᆞᆫ旨ᄒᆞᆷ 一금額은多少을不拘ᄒᆞᆷ 一本所社ᄒᆞ야義금을納ᄒᆞᆫ人員을通知于新聞社ᄒᆞ야姓名及금額을揭載ᄒᆞᆷ 一義금은隨所收合ᄒᆞ야以郵便으로換納于大한每日申報社ᄒᆞᆷ 一收合事務所ᄂᆞᆫ本邑東部뎡在裕家로定

●宗中同捐　全北高山郡樂安面吳氏宗中二十一人이각出義捐ᄒᆞ야二十五圜二十錢을聞成會로來納ᄒᆞ얏더라

●酒家義捐　중서동곡거ᄒᆞᄂᆞᆫ셔ᄉᆞᄉᆞ가매주조싱ᄒᆞᄂᆞᆫᄃᆡ에의국셩심이지극ᄒᆞ야술판돈신화삼십젼을ᄃᆡ한동부ᄋᆡ회로공홉ᄒᆞ여보내엿더라

雜報

●義王出迎 昨日上午十二時에各部大臣이南門外停車場에出往ᄒ야義親王殿下를迎接ᄒ고下午二時에御前會議를開ᄒ얏더라

●義王陛見 昨日下午一時에義親王殿下ᄭ셔日本中村少將을帶同陛見ᄒ시고三時에退闕ᄒ사馬車를乘ᄒ시고騎兵과憲兵이擁護ᄒ고寺洞本宮으로出往ᄒ셧다더라

●法官銓考 平理院判事丘經九박晩緖兩氏와檢事리僞써遞任ᄒᆫ代에叙任ᄒ기爲ᄒ야法部에셔日間法官銓考를實行ᄒᆫ다더라

●達察運動 리根洪氏가大邱觀察使를極力運動中이라더라

●禮卿遞任 掌禮院卿리胄榮氏가遞任되고리道宰氏가遷任ᄒ얏다더라

●兩리出脚 리載克氏ᄂᆞᆫ主殿院卿을被任ᄒ고리根湘氏ᄂᆞᆫ修學院長을被命ᄒ얏더라

●運動何多 리根호氏가晋州觀察使를運動ᄒ다가主殿院卿을被任ᄒ기로內定이되얏더니沈相薰氏反對에事不如意ᄒ얏ᄂᆞᆫᄃᆡ現今은內部大臣을極力運動ᄒᄂᆞᆫ中이나內部大臣리址鎔氏가協판沈相翊氏로合力周旋ᄒ야坐席이堅固ᄒ야遷動ᄒ기가容易치못ᄒ리라더라

●軍大威儀가獨壯 昨日義親王殿下迎接次로各部大臣이南門外停車場에出往하ᄂᆞᆫᄃᆡ四人轎를乘ᄒ고兵丁巡檢日巡査를前遮後擁ᄒ얏ᄂᆞᆫᄃᆡ度大ᄂᆞᆫ但近隨兵丁二名에人力車를乘ᄒ얏고박參政도人力車를乘ᄒ얏ᄂᆞᆫᄃᆡ軍大ᄂᆞᆫ日巡査一人이四人轎前에前導ᄒ고後에ᄂᆞᆫ副官二人이騎馬ᄒ고左右에ᄂᆞᆫ憲兵巡檢擔銃兵丁이雙々으로擁衛ᄒ얏더라

●檢事催送 法部에셔平南商民安泰國의處理事로得由上京ᄒ얏던該道檢事김鍾호氏를再昨日에催促下送ᄒ다고該道觀察使에게電飭ᄒ얏다더라

●鶴原飛渡 鶴原總務長官이渡韓ᄒᆯ次로四月一日에大坂에셔發程ᄒᆫ다더라

●請給屋價 忠北觀察使윤吉炳씨가內部에報告ᄒ되本道官宅費八百圜과修理費二百圜을立算請下事로上年十月에已報이옵더니指令內開官舍僻在ᄒ며視務難便은誠屬可憫이나民家買價와其所修理ᄂᆞᆫ現無立算ᄒ니莫可遽議事等因이온바旣承指飭之地에無敢煩報이오되觀察使의執務處所를借盡無餘ᄒ고只存二間房而居接難堪ᄒ야民戶를買爲官宅ᄒ옵고該價를尙未簒畫ᄒ야不得出給ᄒ온즉官民間相부지地에大損躰貌이옵고情亦切憫이옵기玆又責報告ᄒ오니査照ᄒ신後轉照度支部ᄒ시와俾卽畫下ᄒ라ᄒ얏다더라

●鄕客調査 再日昨에軍相이遭難以後에경務廳의셔警察上에倍加嚴密ᄒ야閭巷間步行旅客을巡檢이這々히査調ᄒᄂᆞᆫᄃᆡ嶺南客留宿ᄒᄂᆞᆫ家에ᄂᆞᆫ再三探問ᄒ며一般來留客의何事留京과居住姓名을一々摘査ᄒᆫ다더라

●龍市焚草 龍川郡士民等이斷烟同盟ᄒᆫ後에烟草廛을廢止케ᄒ기로決議ᄒ고鍾閣을隣集ᄒ야商廛에所有烟草를給價買得ᄒ야一處空地에積置ᄒ고衆人을會同ᄒ야卽行焚燒ᄒ고商民을曉諭ᄒ야曰烟草價금을不給ᄒ고燒却ᄒ면同胞의損害를貽ᄒᆯ짓기로今番은給價ᄒ얏거니와此後에更하烟草를販賣ᄒᄂᆞᆫ者가有ᄒ면價금을勿論ᄒ고燒却ᄒᆯ터이니此同盟을永久不變ᄒ자ᄒ얏다더라

●掌議辭退 成均掌議강吉錫氏ᄂᆞᆫ十八學生退去ᄒᆫ事에對ᄒ야勸入ᄒᆯ方針을設ᄒ다가隻手障瀾ᄒ기果難ᄒᆫ故로日昨에辭遞ᄒ얏다더라

●리씨拿囚 前義州府윤리民부氏를因內部照會ᄒ야有審査事로平理院에拿囚허기로法部의셔上奏ᄒ야裁下ᄒ얏다더라

●青年演說 今日下午七点半에青年會館에셔紳士뎡雲復씨가社會의製裁力이란問題로演說ᄒᆫ다ᄂᆞᆫᄃᆡ有志諸君이如此盛會에來參ᄒ심을希望ᄒᆫ다더라

●鏡巡不法 鏡城警務署日本巡査等이昨年歲底에明川石峴리鍾漢逮捕事로數十名이當地에出來ᄒ야該동內男女老少를勿論ᄒ고見촙捕縛ᄒ야打척亂杖에如逢乱離라其中리鍾元은折脚되고婦女老幼ᄂᆞᆫ押囚一家ᄒ고百般鍛鍊ᄒ야末乃露貨七百圜을納賂放免ᄒ고동人丘老김一松은捉去鏡署에數日滯囚ᄒ야金雖放釋이나김一松은被打餘痛으로方在吐血中인ᄃᆡ將次上部에呼訴裁判ᄒᆫ다더라

●日人設校 日人平田氏가楊州等地에學校를新建築ᄒ고學徒를募集ᄒ야日語를敎授ᄒᆯᄃᆡ인ᄃᆡ該校建築費와諸般學用을自當捐補ᄒᆯ짓시니認許ᄒ라고學部에請願ᄒ얏다더라

●春期放學 各官立普通學校에셔春期試驗을再明日에設行ᄒ고學徒를幾日間放學ᄒᆫ다더라

●日促撤案 興業會社에셔三南等地에九千餘石落畓土와黃平兩道六千餘石落畓土를買有ᄒ얏다ᄂᆞᆫ說은已爲揭載ᄒ얏거니와該會社에셔現今內部에交涉ᄒ야量案成出ᄒ기를催促ᄒᆫ다더라

●法訓각裁 法部의셔各地方及港市裁判所判事檢事々務署理에關ᄒᆫ件을本月廿三日에勅令第拾九號로頒布ᄒ얏기玆에訓令이라ᄒ얏다더라

●聯合演說 聯合會의셔來二十九日下午一時에演說會를국民演說臺에開ᄒ고傍聽을許ᄒᄂᆞᆫᄃᆡ演說問題와辯士氏名은左와如ᄒ다더라

人權自由論 劉猛
法官行政論 뎡雲復
法不活動論 윤孝定
可畏無恥論 김明濬
法律低昂論 리면宇

●罪囚病逝 元山港경務署在囚强盗罪人김正三은本月拾九日에病斃ᄒ고懲役終身罪人강京三은十三日에病死ᄒ얏다더라

●科程速成 長단郡石柱院에廣成學校를開設ᄒ고校長尹호榮씨와評議長黃發軾씨가熱心勸告ᄒ야學員을募集勸敎ᄒ되焚膏繼晷ᄒ여速成을期圖ᄒ니此에一年지學이他에三年지工을可成이라고학徒轉進ᄒ야庠舍가難容ᄒᆫ다더라

●李氏毅校 南來人의傳說을確聞ᄒᆫ즉牙山군屯浦私立普成學校에셔去陰曆正月望間의開學하얏ᄂᆞᆫᄃᆡ不過數旬의現今入學學員이三十餘名이오今番千秋節의該校諸任員과一鄕有志人士가會同ᄒ야慶祝會를開設ᄒ고諸學員이愛國歌를唱和ᄒᄂᆞᆫᄃᆡ觀光者雲屯ᄒ야盛祝을騰ᄒ얏스니該校ᄂᆞᆫ前郡守李贊熙氏가數萬金을捐補ᄒ야校舍를創建ᄒ고各項費用을專當ᄒ야青年子弟를期於히敎育成就코져ᄒᄂᆞᆫ故로遠近人士가莫不稱頌ᄒᆫ다더라

●褓商捐義 忠南학産八邑褓商數千名이국債報償에對ᄒ야一齊收聚ᄒ여銀行에任置次로日間上京ᄒᆫ다더라

▲靑평論價▼

▲近日政海에風雲이一變ᄒ야雷뎡이忽發ᄒ니百尺布帆이利涉이無計ᄒ야萬里風濤에前路가迷茫ᄒ니霹靂神椎가眼際에去來로다

▲內大리址鎔氏ᄂᆞᆫ向日郡守奏本에公比히選用ᄒ다고對衆發落ᄒ더니銅山이隱映ᄒ엿고現闕觀察使와該部地方局長을名器가有ᄒᆫ人으로擇任ᄒ기로對衆發言ᄒ다나홍山鸚鵡能言語ᄒ나飛鳥에不離로다

▲參相內相이軍大一隊砲聲에出行威儀를倍加戒嚴ᄒ야巡憲彈巡이左右擁衛ᄒ다니一身保護ᄂᆞᆫ威儀가何關고以若羸奏지虎威로도博浪沙中에鐵椎가忽擧ᄒ니在德不在威ᄂᆞᆫ古今이何異리오雖至今日이라도각盡其職ᄒ야국權만恢復ᄒ면單騎匹馬로橫行天下라도有何抵備리오

▲度支部官人은國債報상에對ᄒ야沮戱가多端ᄒ니其故ᄂᆞᆫ何也오該部大臣閔泳綺씨가借款時에口文을多入ᄒ야借款을報상ᄒ면口文을吐出ᄒᆯ가慮ᄒ야該部에心腹을煽動ᄒ야國計가百出ᄒ니畢竟은口文을還吐乃已ᄒᆯ이로다

▲大邱妓生鸚鵡가國債義金一百元을收聚ᄒ야持來하야曰今番義金에隨力판出ᄒᄂᆞᆫ거시國民에義務여ᄂᆞᆫ女子로셔敢히男子보다一分이라도加出ᄒᆯ수가업시니誰某시던지幾千圜을出捐ᄒ면抵死隨行ᄒ다ᄒ니이妓生은참鸚鵡又ᄒᆫ妓生이로고

▲近日京鄕間猾官吏이言必稱五賊ᄒ면셔郡守運動ᄒᄂᆞᆫ於音을手持ᄒ고國동近處에昏夜哀乞ᄒ니究其行爲ᄒ면可謂五賊지賊이로고

伯林電報

●軍備制限　三月二十六日午后十時着 伊國通信을據훈則日本國은海牙平和會議에셔軍備制限問題에關하야反對치안키로明言하얏더라

雜報

國債報償慶南會趣旨書

發起人姜周제安憲姜경鎬等

問國之本은何며民之本何오忠孝乎아財政乎아忠孝도不可不存이며財政도亦不可無로다昔에管子曰衣食足而知榮辱이라하고董公이言知天지天者는王事를可成이라하야날何我

鍾成兄長橋所爲는事久則難免欺瞞이니貫臨弟家則同往某主許謝過善後策第一也貫善執迷後悔無及홈　리啓弟　告白

韓國은入近홈으로　皇府也와公買也와官用也와民情이遣事를緣하야外債가乃至一千三百萬餘圜이로디受彼侮蔑을還如甘蜜가嗚呼嘆哉라我兄弟여噫可忍是리오마는遼志而未發하야惶항忘措러니際此에김光濟徐相敦兩씨가猛然奮起하야首唱斯義하니雖賤띠孤婦라도解곽誠服으로樂心助赴를니於戲庶幾ㅣ져然而惟我慶南同胞는或有小起나尙不及於他하야昏々夢々者多하야外債를不報하면無國을不覺矣리니何嘆可及이리오今我本會지국債報償을稱홈은側管窺天이恰如로다望泰山不可越而退步가客力所謂요聚細流成海가理所固有일시玆敢本人等이不顧不佞하고發意組會하고仰俟同胞지感應하오니嗟我慶南同胞여特激忠義壯元하야勿顧自己富貴하고願以自已忠孝로爲大義否아國肥則民肥하고國瘦則已瘦는祖已有衷矣러니何卒助力同意하야報국淸債하고禎祿外憂하야共享安樂於父母지邦을血淚泣以敬要하노라

一本會目的은국債報상하기爲하야組會日국債報상慶南會라홈　一大小人民의助金은多少를不拘하고聽受홈　一助金은收入하야相當훈銀行에任置하얏다가國限時국債를報상케홈　一助금氏名은新聞에記載홈　一事務所는晋州邑大安一洞姜周제家로定홈　開會日字는本月九日로定홈

●醫徒請願　醫學校三年級學徒等이卒業期限이不遠하기로普通科日語算術을姑爲停止하라고該學校教官에게請願하얏다더라

●斷烟有歌　去千秋慶節日에醫學校에셔慶祝歌와愛國歌를唱훈後에該學校校長이教官諸氏와학徒等에對하야吸연이衛生과經濟에關훈理由를說明하며斷烟同盟歌唱하얏다더라

●里中感捐　恩津花山面中里에셔四十九人이會同하야二十三圜三十錢을期成會에傳納하얏더라

●會同捐義　西門外四巨里김聖源氏家에셔六十一人이義금을收集하야七十一元五錢을期成會로來納하얏더라

●四里同捐　永平郡一東面水月里上嘉溪에六十一人이七十九元九十六錢과水入里에셔七十五人이十七元九十錢과社堂里에셔十二元四拾錢과峨洋里에셔三元二十錢을會集하야期成會로傳納하얏더라

●유시모유시녀　전비셔승용인회씨부인박씨가신문의무국이면무민이란말숨을보시고죡시의금을원일부인회소무소로내젼하얏는데그시게십이세되는여아가조긔가진뉵젼오푼즁은지환을버셔노흐면셔국가사상이야남녀노소가업다하며의연하고갓다하니이른녀조의애국셩심이더욱회훈하다충송이조조하더라

●됴씨송합　다동박졍위유풍씨의부인조죡사씨가뎌안동부인회로구화사원을보내고공합하엿난대국치보셩에뎌하야귀첨좌께옵셔애국혈셩이분발하시와전국녀조에뎌포가되시와입회발긔하시와규즁우부로하여금츙심을교동케하시오니아무리문견읍는녀조라도엇지감동치아니하오릿가본일도인반국민에의무를표하이구화사원을약쇼훈뎌로복졍하오니만일지보를하시와긔여이실효되기나이다리셔ᄉ틔영를간졀간졀바라옵

●비삭의연　즁셔아리어궁안씨대부인리씨가호화일원을셔송하얏는뎌미삭일원식숨마월을보닌다하니여ᄎ훈혈셩은회훈하다하더라

●부인의금　최참봉재혁씨부인ᄎ씨기동화일원김흥뎍씨모친신씨가호화일원　훈동김주사셔영씨부인김씨가신화오십전　재동오청송부인리씨가사십전　교동김참서봉션씨부인김씨가삼십전　운교엄씨부인이호화십냥을뎌안동부인회로니전하엿다더라

●醫奸可畏　水原來人의傳說을聞훈즉沈靑平公의孫永섭씨가不幸有病沈重훈대리宜柄紹란者가自稱扁鵲하고甘誘病人하야用藥을他人은不知케하고七朔用藥에幾至危境하고數萬금을偷食하고도家事를無불干涉하야家產을蕩敗훈境의至하며挾誘洋鼻女하야四面祈禱하니리宜와洋鼻女를逐出치아니하면沈씨家事가將불知何境이라他人은듯고憤罵弗已하되沈씨門中의셔는坐視其敗가弗知何故오雜宜는法司에入廉되면嚴治하여야他人의게도害가弗及하깃다하더다

廣告

●國債報償期成會

義金 廣告 續

警務廳學校巡檢 김根培 김翼烈 김鼎穀 申태봉 楊喜벽 具潤書 鄭셕긔 리□ 丘寶회 金致극 김東선 송其榮 윤 珪 명昌셕 洪安賢 김益成 한尙호 장浩鎭 김珏洙 김周鉉 玄東轍 김봉濟 權寧壽 各三拾錢 吳漢永 郭台植 각貳拾錢 計七圓三拾錢 每日申報社收金 前郡守리贊회五拾錢 鄭民教 번永周 각壹圓 釜山港信洋号內 최헌旭 김桂喜 各壹圓 리鍾년 丕英伯 각五拾錢 윤俊壽 貳拾錢 計三圓貳拾錢 義州保産會社 최셕夏 리弘직 각貳拾圓 한正奎 拾圓 權在호 五圓 리明煥 三圓 김永哲 김鼎孝 최晉淑 劉成淳 沈致祚 각貳圓 徐奉國 貳拾錢 計陸拾捌圓貳拾錢 黃州儒生等 김準烈 趙錫훈 각貳圓 김錫環 壹圓三拾錢 安泰亨 丘셕泰 黃大淵 리桂伯 김致玉 丕鼎彬 朴俊禎 김貞珍 덩觀희 徐致福 김박敏道 梁達海 김貞寶 弘洙 魯澤瑞 리根永 박來봉 趙成환 丘鼎弘 각壹圓 장應洛 安濟豊 安相稷 安相基 柳召史 김秉제 김炳涉 김成初 김利俊 김昌均 김昌셥 各五拾錢 한召史 貳拾錢 計三拾錢 水原龍珠寺僧徒 車聽虛 成龍海 姜晩悟 盧松月 김□菴 김창전 박性幸 各壹圓 申松隱 박智岸 任善法 權奉문 各五拾錢 김雨潭四拾錢 韓義現 리法雨 各參拾錢 김西應 김虎岩 장坦船 리再善 박富오 南昌業 리尙燁 千在一 沈在文 各貳拾錢 박致銀 쟈惟安 計拾貳圓 安城西里 柳會根 五圓 리東秀 三圓 리世源 鄭晉朝 朴勝九 각壹圓 리源喆 송圭德 리호信 蘇輝龍 리膺鎭 各壹圓 박勝友 柳章烈 각五拾錢 計貳拾圓 相동市商契中 김基善 貳圓 徐相國 申基模 리致文 박成一 리극在 김圭壽 각壹圓 劉仁碩 리炳禹 皮淳冑 元在貞 김益三 박占首 千敬永 박近植 表龍成 리龍文 김永道 최學淳 姜行春 朴完台 리泰현 각五拾錢 姜俊相 林化敬 리泰應 리鶴봉 리봉玉 文百珍 김成龍 김봉鶴 김首男 김成봉 박禹成 김碩和 박景順 각三拾錢 윤永植 二拾錢 洪順朝 윤元日 文興朝 申善한 各貳拾錢 리衫和七錢五厘 計貳拾圓五拾二錢五厘 禹順國 申泰亨 리一增 黃福玄 禹聖道 洪興根 김元成 김民濟 安百源 김永濟 南瑞玉 각拾錢

●正誤 去廿四日期成會廣告中第一段第七行에송회完의송字는쥬字로誤植홈

廣告

西江私立牛山學校校舍修葺時有志諸氏의贊成金額이如左홈

本校內贊成俱樂部會員 김榮호 姜長환 韓병옥각一圓 南汝化六拾錢 리相玉 盧元根以上五拾錢 仁川港 鄭船會社拾圓 紳商會社 米商會社 魚商會社 日韓協同運輸會社以上五圓式 勸業社三圓 安仁긔貳圓五錢 김鏞泰 김觀悅以上貳圓式 崔應三一圓五拾錢 김世卿 최禹敢 명賢澤 鄭永和 리병浩 沈能德 全善道 孫星七 任順元 吳南根 리平汝 박元淳 林平伯 박永俊 朴英환 명順澤 강鎭환以上五拾錢 김星七貳拾五錢 未完

경북용궁김응서와나필문니협잡지유로去정월에鰕柱運착봉관보을持ㅎ고鰕柱연家의와셔所입젼팔백원을督出故로답왈구실연조와연흥연조부동ㅎㅁ로還請ㅎ바도ㅁ다ㅎ며有구무언ㅎ야가셔본관의청촉ㅎ다가불쳥헌즉흥계를행치못ㅎ야양々ㅎ니내외국인은如此흔유를상관마시옵 開慶鰕柱호白

一 鷹標鏈煉乳牛乳

一 金印鷹標濃縮牛乳

一 無糖素用氣化乳常

一 一은些製藥化

合牛乳

以上은常時에貯積ㅎ얏슴

美國紐育港샏ー돈쓰濃縮牛乳會社

一手代理店 大한仁川港 世昌洋行

●九轉靈砂라 本人이妙方法을神備ㅎ야製造흔靈丹인더男女老少에無論何징ㅎ고通治ㅎ오며無病時에도服ㅎ면平生의身体가健康ㅎ며小兒는四五錢重만服ㅎ면十歲안에無病ㅎ기를擔保ㅎ오며

●九轉靈砂萬應丹은大狂 瘋疾에神效ㅎ오

●九轉靈砂保命丹은初生小兒驚風 간氣 咳嗽 腹瘡諸般瘛징에神效ㅎ오

●九轉靈砂濟衆丹은酒滯 食滯 血積 吐瀉 霍亂 痢疾 吐血 下血 運氣 時疾 痲징에神效ㅎ오

●九轉靈砂紫金丹은痔漏 累瘻 上疳瘡 下疳瘡及唐瘡과諸般瘡瘍瘛種에無不神効ㅎ오니 僉君子는來問ㅎ시오

內需司前독갑이골上隅第一家百三統一戶 리호廷 告白

洪淳慶氏가東署東小門內士橋東邊에織造所를廣張設施ㅎ야稱號를淳昌號라ㅎ고各色綢緞紗鳳等을織造發賣ㅎ오니願買人은來臨購買ㅎ시며或所用대로綢緞과紗等屬을預托ㅎ시면依約施行ㅎ깃삽 淳昌號 告白

西署新門外鑄동百八十六統三戶

辯護士前檢事正三品 丁明燮

法律事務所

事務員前主事吳在淳

越南亡國史 國漢文 新刊

定價貳拾伍錢

發賣所京城廣橋高裕相書舖 鏡南鐵川郡禹時夏 布屛下 김相萬 冊肆

◎本社廣告

○申報價

一張代金 新貨二錢五里

一個月前納 三十錢

三箇月 九十錢

六個月 一元七十錢

一箇年 三元四十錢

郵稅一部 新貨五里

一箇月 十三錢

○廣告料

四号活字十三字詰

每日每英尺一寸에新貨廿五錢

(每日每行六錢에相當흠)

一週日에 二圓五十錢

(每日每行四錢五里에相當흠)

一箇月에 五圓

(每日每日四錢一里에相當흠)

其期限의長短과字行의多寡를依ㅎ야增減흠이有흠

●大한每日申報各處支社廣告

中署布屛下 김相萬冊肆

中署鐵洞初入七拾八統第二號 鄭禹澤

平壤上水口門內 김浩淵

仝 리觀恒

仁川 新冊肆 리東皓

宣川邑 安濬

義州西門外 大藥局

釜山港佐川 徐藥局

三和港築洞 김仁집

咸興州南社西門外 曹喜林

開城培義學校 姜助遠

大丘市廳 최一弘

鐵寧邑濟衆院 劉夢澤

鐵山邑東部 安호

元山支店 劉七錫

定州南門內 洪成麟

信川邑 李源植

海州南門內書舖 朴昌鎭

發行兼編輯人 英國人비셜

發行所 南署石井洞대外地三層洋屋

大韓每日申報社

國債報償志願金總合所規程

夫一社會라도均各定章ᄒᆞ야以守其規커든況國債報償志願金總合所之設者乎아償債義務와捐金捧納에對ᄒᆞ야論ᄒᆞ진딘各省衆民이日연月聚가顧其實際면初雖浩大나終有紛담이니其爲會合一事가若不另立規則이면末流紛라之弊가必浮於未合之前이로다是以成條規하야以警衆心하노니事無大小히隨成規矩라야理無障碍하고爭有就緒고로本所의一切應行事宜를均宜條明하야開列于左하노니一般人民과各支收所에서도亦應照亮ᄒᆞ시와俾使收到케ᄒᆞ심을爲望

左開

第一條　本所는國債報償志願金總合所라稱ᄒᆞ야漢城에設置ᄒᆞᆫ事

第二條　本所는一般國民의志願金을集合ᄒᆞ야國債壹千三百萬圜을報償ᄒᆞ기로目的ᄒᆞᆫ事

第三條　本所는각社會信用人及公發起人中보任者로隨其應用ᄒᆞ야推薦ᄒᆞ되遇有事務浩大라도百名以內로組織ᄒᆞᆫ事

第四條　本所總合金額은毋論內外國ᄒᆞ고信實ᄒᆞᆫ銀行에付令臨人任置ᄒᆞ야以完償還이되臨判撥ᄢ計殖ᄒᆞ며將任該銀行ᄒᆞ되其契約은一依第五條規法ᄒᆞ야無遺施行ᄒᆞᆫ事

第五條　國債報償志願金은聚合이不得過ᄒᆞ니合宜規約을決定ᄒᆞ되國니殺益難措이로擔任金額時에一從該銀行取殖規則ᄒᆞ야以爲任置하야俾利益一之助이되報償時推金方法은各新聞에限一箇月廣告ᄒᆞᆫ後各收金所에서異議가無ᄒᆞᆫ時에總所員이聯署하야從約推還ᄒᆞᆫ事

第六條　外債報償ᄒᆞᄂᆞᆫ事外에ᄂᆞᆫ該銀行領受人이毋得許推ᄒᆞᆫ事

第七條　本所에서ᄂᆞᆫ各支收所에서送交하ᄂᆞᆫ金額을無滯任置于銀行하고該金額을新聞에揭載하며每月終에總額數目을亦詳廣告ᄒᆞᆫ事

第八條　銀行에서ᄂᆞᆫ領納金額을從第七條ᄒᆞ야來領額을從該銀行規則하고付臨事業年期規式ᄒᆞ야總額與利殖을並詳廣告ᄒᆞᆫ事

第九條　京鄕各處에서收合ᄒᆞᆫ金額은本所에都聚하야銀行에附置케ᄒᆞ며納金人의居住姓名과金額을成冊ᄒᆞ야本所에送交ᄒᆞ야以使憑後케ᄒᆞᆫ事

第十條　志願金을來納ᄒᆞᆫ後의居住姓名金額이ᄡᅥ年月限의遺漏ᄒᆞᆫ時ᄂᆞᆫ收金人의게質ᄒᆞ야改正ᄒᆞᆫ事

第十一條　中外間雜之徒가或此目的을託ᄒᆞ고假作名目ᄒᆞ야或藉公行奸ᄒᆞ며或煽動人心者ᄂᆞᆫ另加査探하야設法防禁ᄒᆞ되且有未安處이ᄂᆞᆫ特爲派員行査하며照法懲治ᄒᆞᆫ事

第十二條　志願金은多少를不拘ᄒᆞ고自願되로本所或支收所에來納ᄒᆞ되勸募ᄒᆞᄂᆞᆫ弊ᄂᆞᆫ一切嚴禁ᄒᆞᆫ事

第十三條　本規則은一般收金所에通用ᄒᆞᆫ事

第十四條　本所事務處理를爲하야左開任員을名譽로設置ᄒᆞᆫ事

一所長	一人	一評議員	二十人	
一副所長	一人	一會計	二人	以內
一會計監督	二人	一書記	三人	以內
一檢査員	三人	一事務員	十人	以上

第十五條　所長은一切任員及事務를監督總轄ᄒᆞᆫ事

第十六條　副所長은一切事務를協贊ᄒᆞ고所長이有故ᄒᆞᆫ時ᄂᆞᆫ代理ᄒᆞᆫ事

第十七條　會計監督은所內一切金額을監督整理ᄒᆞᆫ事

第十八條　檢査員은所內收入金額及文簿를隨時檢査ᄒᆞᆫ事

第十九條　評議員은所內重要ᄒᆞᆫ事項을隨時開會議決ᄒᆞᆫ事

第二十條　會計ᄂᆞᆫ所內一切會計에從事ᄒᆞᆫ事

第二十一條　書記ᄂᆞᆫ一切文簿에從事ᄒᆞᆫ事

第二十二條　事務員은所內一切事務를協議辦理ᄒᆞᆫ事

第二十三條　一般任員은總會에서公選ᄒᆞᆫ事

第二十四條　本所目的에必要로認하ᄂᆞᆫ時ᄂᆞᆫ本所長이相當官廳에交涉ᄒᆞᆷ을得ᄒᆞᆫ事

第二十五條　本所總會ᄂᆞᆫ每箇月第一日曜日下午一時로評議會ᄂᆞᆫ第三土曜日下午七時로開會ᄒᆞᆫ事
但緊要ᄒᆞᆫ事項이有ᄒᆞᆫ時ᄂᆞᆫ臨時開會ᄒᆞᆫ事

二十六條　本所나支收所에셔應辦費ᄂᆞᆫ각其所員이擔當하고或殷成금이나寄附금으로支用하되義捐금中에서ᄂᆞᆫ毫分犯用이無케ᄒᆞᆫ事

二十七條　本所總會ᄒᆞᆫ時에支收所所員도參席ᄒᆞᆷ을可得ᄒᆞᆫ事

第二十八條　本所解散期ᄂᆞᆫ國債畢報日로限ᄒᆞᆫ事

第二十九條　本規程에未備ᄒᆞᆫ事項과應行細則은評議會에서隨時議定ᄒᆞᆫ事

總合所臨時事務所ᄂᆞᆫ大韓每日申報社內

國債報償志願금總合所公函

敬啓者夫事不歸壹ᄒᆞ면易致紛나ᄒᆞ고苟不任專ᄒᆞ면終涉退沮ᄒᆞᄂᆞᆫ勢所必致者也라近日에국債報상壹事ᄂᆞᆫ寔出於我한一般人民의忠義所激ᄒᆞ야毋論京鄕ᄒᆞ고在々發起ᄒᆞ야組成團躰ᄒᆞ고互相勉勵ᄒᆞ야雖婦人孺子라도莫不樂助而勇赴ᄒᆞ니天道ᄂᆞᆫ祚순ᄒᆞ고民心ᄂᆞᆫ思護ᄒᆞᆷ을於此足見이니目的의成就ᄒᆞᆷ은指日可期라然이나各處報상會와收錢所가各自成立ᄒᆞ고不相統攝ᄒᆞ야專一ᄒᆞᆫ機關이尙無ᄒᆞᆫ즉日後에紛나退ᄌᆡ의弊가無ᄒᆞᆷ을難保ᄒᆞᆯ지니此乃總合所之所由設也라嗚呼라凡我同胞의生ᄒᆞᆫ之土ᄒᆞ며衣ᄒᆞᆫ지衣ᄒᆞ며食ᄒᆞᆫ지食者ㅣ試思컨ᄃᆡ今日이爲何等時며我ᄒᆞᆫ이處何等地오其有不潸然下淚者乎아국之不存이면家將焉住며家지弗存이면身將焉托고此誠忠臣志士의竭力效死지秋也라人有其軀에도猶將捐지커든況有錢而弗捐乎아然이나始勤終怠ᄂᆞᆫ非信也오徘徊觀望은非義也라惟我同胞ᄂᆞᆫ終始一心ᄒᆞ야爭先出力ᄒᆞ야期完大事지地를千萬血祝

光武十一年三月　日

李鍾一	金光濟
朴容奎	徐丙珪
李冕宇	吳象根

第五卷　大韓每日申報　대한매일신보　第四百七十四號

月曜及慶節歲時日休刊

檀君開國四千二百四十年
箕子元年三千二十九年
大韓開國五百十六年
日本明治四十年
淸國光緖三十三年
◉陰曆丁未二月大十六日丁丑

論說

東京時間

近接風說컨ᄃᆡ日人이韓國內에셔日本時間을强使效用ᄒᆞ던愚計를廢止ᄒᆞ기로熟思ᄒᆞᆫ다ᄒᆞ니此地居人이對此風說ᄒᆞ야略有快樂이요多有暗想이라風說의虛實은不能質言이로ᄃᆡ四月一日에奮制時間으로反轉ᄒᆞᆫ다ᄒᆞ니懷疑者의게言料를其或供給ᄒᆞ리로다

今者變易이當爲有志之擧ᄒᆞ리니盖時針만移動ᄒᆞ야半時間을速行케ᄒᆞᄂᆞᆫ거ᄉᆞ로ᄂᆞᆫ累萬年來에定行ᄒᆞ든太陽의線路를變更ᄒᆞ거나或其出沒을半時間이나太早케ᄒᆞ기ᄂᆞᆫ不能ᄒᆞᆯ거슬敏速覺悟ᄒᆞᄂᆞᆫ日人이今必探出矣리로다

此를若欲深論인ᄃᆡ日人의施政改善과及其移民으로以ᄒᆞ야善與惡間에許多苦惱를受ᄒᆞᆫ此人族의게東京時間을應用케ᄒᆞᆷ은彼日人이何許利益을期望ᄒᆞᆷ인지知悉키不能이나此ᄂᆞᆫ一箇些少思想이오亦不過是京仁鐵道停車場의地名을變更ᄒᆞ야英文으로取音ᄒᆞᆷ과類似ᄒᆞ도다

何如턴지此傳說을其或眞實ᄒᆞᆫ거ᄉᆞ로量度ᄒᆞᆯ진ᄃᆡ日本의最末寬大之機가其何理由인지人必自問ᄒᆞᆯ거시라韓人의自救之道에此乃一讓許인줄노關係ᄒᆞ기를其或期望耶若然則此讓許가頗爲晩時인가或恐ᄒᆞ노니盖韓人이橫奪ᄒᆞᄂᆞᆫ日人의게如彼受苦ᄒᆞᆫ지라何人이던지今此時間을還完ᄒᆞᆫ다ᄂᆞᆫ傳說노欲悅韓人이면彼將放笑ᄒᆞᆯ거시요且韓國內에셔日人以外의ᄂᆞᆫ何人이던지東京時間을不用ᄒᆞᆫ事實을指明ᄒᆞ리로다

太陽과文明이韓國에셔보다日本에셔早發ᄒᆞ거니와日人은韓國의셔보다日本에셔先沒ᄒᆞ나니文明도亦然ᄒᆞ리로다

官報

◉三千七百二十五號　光武十一年三月二十八日

◉宮廷錄事

詔曰　景祐宮酌獻禮時獻官以下別單書入

◉敍任及辭令

內部大臣리址鎔
命兼任大한醫院々長
弘文館侍講김萬濟
依願免本官
秘書監郞김鴻洛
任弘文館侍講
六品辛泳學
任秘書監郞
김基영 김永壽 邊錫升 박鏞天
任度支部主事

外報

◉增兵計劃　北京電을據ᄒᆞᆫ즉淸國陸軍部에셔滿州에新兵을募集ᄒᆞ야現在駐兵合五個師團을增置ᄒᆞ라ᄂᆞᆫ計劃을定ᄒᆞ고제々合爾에一師團吉林에一師團奉天에三師團을置ᄒᆞᆯ次로奉天將軍趙爾巽과協議ᄒᆞᄂᆞᆫ中이라더라

◉淸俄聯盟의風說　合爾賓報를據ᄒᆞᆫ즉淸國政府가擬與俄國聯盟ᄒᆞ야東亞利權을維持코져ᄒᆞᄂᆞᆫᄃᆡ法國政府가從中運動ᄒᆞ야現在密議中이라ᄒᆞ나未知確否라ᄒᆞ얏더라

◉日人이密探蒙地　同電을據ᄒᆞᆫ즉日本人이蒙古扎薩圖王旗에來至ᄒᆞ야居戶某家에投寓ᄒᆞᆫ지已經多日에行跡이詭密ᄒᆞ야晝則遊視地勢ᄒᆞ고夜則細繪地圖ᄒᆞ며頗通漢語ᄒᆞ야如遇蒙人이면佯爲殷勤誘詢ᄒᆞ야　地情形과蒙人所欲者何物과何惡者何件과何旗에出何產이며均營何業을纖細無遺ᄒᆞ니豈其後日戰爭地를預備ᄒᆞᆷ인가ᄒᆞ얏더라

◉美국學校費額　一千九百六年에美國內公私立學校에費用된金額이三百七十六兆九億九萬六千四百七十五元이라더라

雜報

安城郡西里국債報償趣旨書

柳會根李源世鄭耆朝等

近日京鄕에僉君子가愛국熱心으로國債一千三百萬圓을報償ᄒᆞᄂᆞᆫ事에對ᄒᆞ야全국同胞의게發論ᄒᆞ니國債을報償ᄒᆞ면국이天下世界에同等국을作ᄒᆞ야民이天下世界에同等民을作ᄒᆞ고국債를不報ᄒᆞ면국이天下世界에奴隷국을作ᄒᆞ며民이天下世界에奴隷民을作ᄒᆞ리니국이同等국을作ᄒᆞ면국이獨立에地位을復ᄒᆞ야民이滿足한福祉을享受ᄒᆞ더이요民이奴隷民을作ᄒᆞ면至賤ᄒᆞᆫ犧牲을未免ᄒᆞ야所保生命과所居土地과所食穀米와所着布褐와至於日用百物이皆非本국人民에所存이요債權外人에所存인즉報償ᄒᆞᄂᆞᆫ方針을量度ᄒᆞ되全국同胞二千萬人中每人이每朔에吸烟ᄒᆞᄂᆞᆫ價値가少不下一圓이니국債報償前에ᄂᆞᆫ吸烟을斷ᄒᆞ야吸烟에價値로국채를報償ᄒᆞᆷ이可ᄒᆞ다ᄒᆞ니此誠愛국之論也라於是乎아本국五百年祖々父々子々孫々爲국民之彝性이一齊樂從ᄒᆞ야上自一品大官으로下至萬姓民人이出義捐助ᄒᆞᆯ식黃童白叟와妓女靑樓가皆知報償지義務ᄒᆞ야傾簪脫衣에不顧自身之有無ᄒᆞ야不幾日에鳩聚錢이十餘萬圓에達ᄒᆞ니思之欽歎에不覺感淚ㅣ先下也로다惟我本郡이處在幾何之內ᄒᆞ야均是국民中圓顱方趾頂天立地之人也라豈無愛국之思想이리요本人等이不揆참妄ᄒᆞ고玆에發告ᄒᆞ오니其謂연助云者ᄂᆞᆫ事力旣殊ᄒᆞ고貧富不同ᄒᆞ니鯨噴千頃과蟻負一粒이亦理지之常也라不計多少ᄒᆞ고각연其力ᄒᆞ야合此幾多幾少ᄒᆞ면庶可助万々지一矣니於共公扶국之義에豈有老少男女貧富之異乎아국이亡ᄒᆞ면民이亦亡ᄒᆞ고국이存ᄒᆞ면民이亦存ᄒᆞ나니嗟我一郡同胞ᄂᆞᆫ勉念此義ᄒᆞ야一以熱誠을務望흠

◉國債報償趣旨書

夫國民之義務ᄂᆞᆫ豈在於愛국而愛國之忱은專係乎保國安民이라不在枚論이어니와一千三百萬圜外債之說이傳播於國中以後로一般有志士民이非無相顧太息流涕者矣로대未嘗有奮發創論에計報此巨額이러니何幸忠義州칭이先激於嶺南雖區ᄒᆞ야斷烟同盟이鼓動我二千萬同胞之腦髓ᄒᆞ미閭巷愚夫痴婦와隻童幼孩와至於病軀乞々지竭力義捐에自願應募者如雲集水湧이라我至聖至仁ᄒᆞ신皇上陛下게옵셔洞恤民情ᄒᆞ사特下卷烟不御지勅敎ᄒᆞ시고政府大官某々氏도又有斷烟義연지確報ᄒᆞ니此非皇天이眷顧我大한而然歟아壯哉偉哉라斷烟同盟會지倡論이여忠哉義哉라大丘廣文社長지奮發이여此果非人力所致則確信皇天지眷顧也로다國權지獨立이必在於此擧요民權지自由도亦在於此擧則苟爲我한臣民者孰不欲協力贊成也哉아忠義所激에不計先後일시玆設一會ᄒᆞ고效此公布ᄒᆞ니幾西同胞여勿拘多寡ᄒᆞ고隨力義연에報상外채ᄒᆞ야以保我三千里疆土ᄒᆞ고以保我二千萬生命을泣血懇祝

水原英語學校贊成會々長김濟九　書記리夏榮　林勉[illegible]

雜報

●御前例會 各部大臣이再昨日下午二時에御前開會ᄒᆞ얏다더니更開ᄒᆞᆫ즉當日下午一時에各部大臣이一齊히南門外停車場에出往ᄒᆞ야義親王一行을迎接ᄒᆞᆫ後政府로會同ᄒᆞ야무슨事件을臨時關係ᄒᆞ고五時量에詣闕ᄒᆞ야御前會議를開催ᄒᆞ고六時量에散ᄒᆞ고退闕ᄒᆞ얏다더라

●旋臨南宮 再昨日義親王殿下ᄭᅦ셔陛見後寺洞本宮에暫時歷臨ᄒᆞ셧다가鑄동南宮으로旋往ᄒᆞ셧다더라

●從手難除 內部大臣李址鎔氏가該部地方局長을自己押客으로敘任ᄒᆞ라ᄒᆞ고法部大臣리夏榮氏ᄂᆞᆫ該部協판을自己押近ᄒᆞᆫ人으로敘任코저ᄒᆞᄂᆞᆫ事에對ᄒᆞ야參政大臣朴제純氏가反對ᄒᆞ야尙未敘任ᄒᆞ얏시나現今政府黨派가參政이孤立ᄒᆞ야畢竟은反對力이無效ᄒᆞ리라ᄂᆞᆫ說이有ᄒᆞ더라

●銓考不遠 內部에셔郡守와郡主事를除本月念內로젼考奏本ᄒᆞᆫ다더라

●進時不吉 리鍾喬氏가內部協판沈相翊氏를對ᄒᆞ야日何必內協을如此ᄒᆞᆫ時에ᄒᆞ얏ᄂᆞ냐ᄒᆞᆫ즉沈相익氏가答曰其亦財數不吉에奈何오ᄒᆞ얏다더라

●義親王宮의賜饌 再昨日에自內로셔寺동義親王宮에賜饌을盛備ᄒᆞ옵셧다더라

●義王謝客 再昨日義親王殿下ᄭᅦ오셔寺동本宮에數時留來客을接見ᄒᆞ신後에筆동新宮으로行駕ᄒᆞ오셔무슨事인지來客을辭絕ᄒᆞ야宮相沈相薰氏와其外각大官을壹並欵接지아니ᄒᆞ셧다더라

●宮相承批 宮內大臣沈相薰氏가辭職疏를奉呈ᄒᆞ얏ᄂᆞᆫᄃᆡ卿其勿辭調理行公ᄒᆞ라신優批를下ᄒᆞ옵셧다더라

●閔氏視察 詹事閔泳인氏가日本國宮內省事務視察로被命ᄒᆞ얏다더라

●警官相換 黃海道경務官김相순氏와全北경務官리德應씨가相換ᄒᆞ얏다더라

●廣田還城 學部學務局囑托廣田氏가兩西에學校視察次로前往ᄒᆞ얏다가再昨日에入城ᄒᆞ얏다더라

●地長云任 學部參書官閔健植氏가內部地方局長을被任ᄒᆞᆫ다ᄂᆞᆫ說이有ᄒᆞ더라

●以卵對烟 泥峴日本居留인들이한國인民의斷烟同盟ᄒᆞᆫ事에對ᄒᆞ여不勝憤氣ᄒᆞ여壹제히決議ᄒᆞ되從玆以後로ᄂᆞᆫ한國鷄卵을都不買食ᄒᆞ지ᄒᆞ엿다ᄂᆞᆫ說이有ᄒᆞ더라

●稅錢濫捧 南來人의傳說을聞ᄒᆞᆫ즉蔚山郡稅務主事가稅務章程을置지ᄒᆞ고每結頭葉八十兩式結民의게勒捧故로民怨이狼藉ᄒᆞ다더라

●英語退學 官立英語學校에셔舊學徒의學期ᄂᆞᆫ最遠ᄒᆞ고新募學徒의學期ᄂᆞᆫ最近ᄒᆞᆫ故로該校二班三班學徒들이一제히請願退學ᄒᆞ얏다더라

。。。。。

●可哀平民 平壤警務官박承훈氏가商民을藉勢淩역ᄒᆞᆫ事로因緣ᄒᆞ야壹般商民이七八日撤市ᄒᆞ야尺布升米를不爲出賣ᄒᆞᆷ으로城內居留ᄒᆞᄂᆞᆫ內外國인의損害ᄂᆞᆫ不知幾百萬금이오生活上困難이無復餘地ᄒᆞ야其所落怨害額지狀은慘不忍見인ᄃᆡ該告박承훈氏ᄂᆞᆫ무슨運動을ᄒᆞ[illegible]지昨日滊車로上京ᄒᆞ얏다더라

●勒占宮墻內地 西京豐慶宮墻垣內에日인이推石[illegible]ᄒᆞᆫ故로其時入直參奉이[illegible]으로該標를拔去ᄒᆞ얏더니其翌日早朝에自日憲兵部로入直參奉을招去하야威嚇이備至ᄒᆞ고該地段을本郡守의認准을得하얏노라藉稱ᄒᆞ고期於占有라ᄒᆞ더라

●郡主貪饕 寧邊郡主事閔濟泰ᄂᆞᆫ有名的奸鄕으로郡主지任을被ᄒᆞ얏ᄂᆞᆫᄃᆡ前後公私逋가幾萬兩이됨으로該郡인民等이發其實數ᄒᆞ야法司에呈訴ᄒᆞᆫ다더라

●初無認准 內部의셔學部에照復ᄒᆞ되貴照會를接准ᄒᆞ온즉平壤郡境內三拾二坊城황基地를該郡昌東學校에盡付ᄒᆞᆫ事實이有ᄒᆞᆫ지照亮示明等因인바該郡城황基地와材木을昌東學校에付屬ᄒᆞᆫ事로壹進支會에請願等因ᄒᆞᆫ本郡報告를曾接ᄒᆞ여該郡셩황基地中에昌東壹校에建築은認許ᄒᆞᆯ뿐이오外他城황堂及森林을ᄒᆞᆫ校에付屬ᄒᆞᆫ은初無認許이옵거놀該會民等이冒稱認許ᄒᆞ고又藉郡訓ᄒᆞ여或以犂地로放賣基地ᄒᆞ고所在森林을亦爲斫賣ᄒᆞ여稱云校費라民訴가荐至이옵기各里城황堂基地ᄂᆞᆫ各히里齋塾에付與ᄒᆞ야以奬教育ᄒᆞ고森林은另加培養ᄒᆞ고該會民의유習은本道裁判所에照請ᄒᆞ여依律處斷ᄒᆞᆯ事로發訓該道이옵거놀今차[illegible]等이[illegible]城황堂神木與城지를以付校ᄒᆞᆫ로[illegible]部에[illegible]이다做出[illegible]ᄒᆞ여貴部에請願ᄒᆞᆷ이誠極駭然이라ᄒᆞ엿더라

●[illegible]難保 [illegible]의[illegible] [illegible]가多[illegible]記ᄒᆞ여[illegible]總[illegible]ᄒᆞ고[illegible]雜[illegible]ᄒᆞ야各面[illegible]里[illegible]紙貨로或四拾元式或六拾元式을額外加捧ᄒᆞ여無難徵存이紙貨로[illegible]元이라金島生[illegible]을[illegible]作[illegible]上지物ᄒᆞ야使지難保케ᄒᆞ더絕島若生이呼冤無處러니何幸稅務官이到郡初政에[illegible]項稅[illegible]上文簿를引繼次로周行三郡타가聞ᄎ民冤ᄒᆞ고額외加捧條를即欲推給ᄒᆞ야剔還調査色吏ᄒᆞ여躬行각里에調査ᄒᆞᆫ즉額외加捧이乃爲三百餘元也라其餘를調査ᄒᆞᆯ際에郡守가有何曲折인지ᄒᆞᆫ調査色吏를不時發差ᄒᆞ며使面長秦正國으로星火捉入ᄒᆞ라訓令이至嚴故로不得調査이오나萬若각面各里를竝爲調査ᄒᆞ고討索錢을皆爲抄出ᄒᆞᆫ지커ᄃᆡ紙貨로可謂數萬元也라然則絕島蒼生이豈不呼冤哉잇가郡守가永々更不得調査케ᄒᆞᄂᆞᆫ故로稅務官이ᄒᆞᆫ事實을ᄒᆞᆫ郡守의게質問ᄒᆞ고박吏의罔民騙財ᄒᆞᆫ罪狀을這々說明ᄒᆞ야ᄒᆞᆫ錢을推給코ᄌᆞᄒᆞᆫ즉ᄒᆞᆫ郡守가罔民亂政ᄒᆞᄂᆞᆫ法律은置지勿論ᄒᆞ고박吏ᄂᆞᆫ一向擁護ᄒᆞ야ᄒᆞᆫ討索錢도壹不推給ᄒᆞ고ᄒᆞᆫ調査色吏를反欲加罰ᄒᆞᄂᆞᆫ故로調査色吏梁勝祉가逃躱上京ᄒᆞ야期欲裁判歸正ᄒᆞᆫ다더라

●博士演說 美국有名ᄒᆞᆫ베일大學校教授리드博士가한國之物制度를精密히觀察次로到京ᄒᆞᆷ은壹般例論과如ᄒᆞ거니와該氏가高明博識으로到處演說ᄒᆞ야名譽의崇高ᄒᆞᆷ은不陳可知而來土曜下午七点半에青年會館의셔[illegible]園과社會進步의關係로演說ᄒᆞᆫ다ᄒᆞ고又來日曜月曜의도演說ᄒᆞ여使한國青年諸彦으로社會上團躰를鞏固케ᄒᆞᆫ다ᄒᆞ니凡我靑年은勿失此機ᄒᆞ고該會에爭先往參ᄒᆞ야該氏言辭의如何ᄒᆞᆷ을注意ᄒᆞᆯ진저

●紀念盛祝 貞동第壹會堂의셔耶蘇基督十字架의苦難當ᄒᆞ시든日을紀念코저今日上午十点半에禮式을設行ᄒᆞᆫ다ᄒᆞ고來日曜의ᄂᆞᆫ天下基督教宗教國의셔壹大名節노紀念慶祝ᄒᆞᄂᆞᆫ復活主日이라同會堂의셔上午拾点븟터慶祝禮式을擧行ᄒᆞᆫ다ᄂᆞᆫᄃᆡ節次가盛大ᄒᆞᆯ이라더라

●獄囚化仙 監獄署에監禁七箇月罪인리景淑이가本月廿七日에病斃ᄒᆞ엿다더라

●名節休刊 本日은西洋名節日인故로壹日休刊ᄒᆞᆷ

▲倚 劍 長 嘆▼

▲東風이吹渡에近ᄂᆞᆫ風說이一層沸騰ᄒᆞ야海外流蹤이不久에歸來ᄒᆞᆫ면政界가忽變ᄒᆞ야改革政治를식日而待라ᄒᆞ니평換碁場에一點을誰着고

▲平壤商民은一個警務官에無理歷制로由ᄒᆞ야撤市廢業이八九日을經ᄒᆞ미一般人民의損害가累巨萬에達ᄒᆞ야[illegible]이空虛ᄒᆞᆫ地境에臨迫ᄒᆞ엿ᄃᆡ[illegible]影響이[illegible]亡國[illegible]有ᄒᆞ[illegible]너亦一欠[illegible]로다

▲陪從武官[illegible]大臣을[illegible]셔ᄂᆞᆫ宮內大臣[illegible]向日에리氏[illegible]ᄒᆞ다가무상[illegible]一時에[illegible]ᄒᆞ나니軍部大臣과宮內大臣은리氏家物件인지

▲丁九섭氏ᄂᆞᆫ元來內[illegible]研究로寶城郡守를圖得ᄒᆞᆫ지라該氏가某座席에發論ᄒᆞ야曰內大가今番癸丞에丁喜섭에게葉萬兩을受賂ᄒᆞ고善山으로遷轉시켜시니內大에錢癖은고疾이已深이라ᄒᆞ니同씨ᄂᆞᆫ可謂愛而知其惡이로다

▲全國인民은國채報상에若是激昻ᄒᆞᆷ은疆土를保全코저ᄒᆞ미여ᄂᆞᆯ三南인民은田土를日인의게賣渡ᄒᆞ야日인地界가太半이나되엿시니是可忍也온孰不可忍也리오

雜報

●勸告國債募捐諸君子 義州金義坤

國債를報償ᄒ야拘束을免脫ᄒ고國權을回復ᄒ라ᄂ發起諸君子의忠義ᄂ不勝讚賀이오며八九歲兒之歲拜錢義捐과大邱京城間婦人會에셔首飾指環等義捐과及其捆屨人雇傭人之義捐은誠出於忠良之心而然也니萬古希貴之義擧也라爲大韓人民者孰不感心欣賀哉며孰不熱心義務哉리오마ᄂ其捐금勇力은在於二千萬人民지愛國血心也오其報償成就ᄂ在於一二三任員지處事方策也일가ᄒ노이다古語에云ᄒ되善作者ᄂ不必善成이오善始者ᄂ不必善終이라ᄒ얏스니善成者別有ᄒ고善終者別有홈을謂홈이오大한每日申報第四百五十七號國債報상論說에日財政을聚積ᄒᄂ方策은必止於災難홀거시니他方策을講求ᄒ야以其集合錢額으로外國에輸出ᄒ야錢料를作홀物品을買收홈이必要다ᄒ며其擔務지人은嚴加謹愼ᄒ야人民의合금을處理ᄒᄂᄃ雜行이不得其路케ᄒ고其收合金額은合宜手中에置홈이必要홀지라特其發起諸人은世界事를博識ᄒᄂ人士와國民信用에首居ᄒᄂ人士로一總代會를組織ᄒ기에勿失其時어다ᄒ얏스니于此計畫이天時人事을明察ᄒ심이오한國에國權을回復ᄒ기爲ᄒ야善爲指導ᄒ신비라惟我한人은奸猾雜類讒詭譎手中에久年見欺지人으로事지虛實은無論ᄒ고應疑者를不疑ᄒ며不疑者를疑지ᄒ야一人이疑지則十人이疑지ᄒ고十人이疑지則百千萬人이疑지ᄒ나니今에不疑者를疑지ᄒᄂ形狀으로告ᄒ오리다

現今國債一千三百萬元을分排於二千萬人則無論男女老少ᄒ고每名에六十五錢式擔負ᄒ거ᄂ不待計算而知ᄒ거신ᄃ각處에셔義捐ᄒᄂ消息을聞ᄒ즉七八人口지家도止於二十錢也오十餘人口지家도止於二三十錢也오守錢者則尙無如何出義라ᄒ니此ᄂ無他라該人지心에疑点이忽生ᄒ야不得已以略少例錢으로出義者也니當此지際ᄒ야大한每日申報論說을依ᄒ야世界事를博識ᄒᄂ人士와國民信用에首居ᄒᄂ人士로一總代會를速키組織ᄒ야明示信證이면二十錢出義者二圓出義ᄒ고三十錢出義者三圓出義ᄒ야一인이信지則十인이信지ᄒ고十인이信지則百千萬인이信지ᄒ야日今日은국債을報상ᄒ야國權을重回ᄒᄂ日也오民族은復生ᄒᄂ日也라ᄒ야自城至村에轉相勸告ᄒ야斷烟斷飮ᄒ고節用節食ᄒ야老々幼々男々女々가각其盡力義연ᄒ야惟恐後인ᄒ리니苟能如是면大한이雖日東中島一小貧國나一千三百萬圓負채淸帳ᄒ기ᄂ其能容易홀터이오니早速圖지ᄒ야期於成就則民지幸福이오國지幸福이외다僕은大한自强會義州支會會員이온ᄃ本會로셔諸會員이一齊團會ᄒ야斷烟斷飮ᄒ기로同盟ᄒ고義연금을收合ᄒᄂ故로僕의所率인口가鐵山所在子息輩싸지合六인口也니二千萬分지六分也라玆以로六分금每名에六十五錢式三圓九十錢을本會義연금募集所로送納이오니照亮ᄒ심을千萬千萬

鍾成兄長橋所爲ᄂ事久則難免欺騙이니貫臨弟家則同往某主許謝過善後策第一也貫善執迷後悔無及홈 리啓弟 告白

●婦人義연 釜港水晶里박春必씨弟妹와前侍從김智泰씨夫人김씨가今番국채報상에對ᄒ야우리도一般국民으로愛國義捐에安有男女리오ᄒ고박春必씨弟妹ᄂ銀簪八錢重과김시從夫人김씨ᄂ銀環一兩九錢四分重을本支社로送ᄒ고田周汝夫人吳氏ᄂ金四拾錢을送ᄒ고김致弘女息拾六歲兒가鳩聚針工金壹圓ᄒ야傳納ᄒ얏고淸道人리成根ᄂ金四拾錢을持來ᄒ얏다더라

●洪郡義연 咸鏡南道洪原郡에셔국채報상事에對ᄒ야興仁會를創設ᄒ고補助金數千圓을募集이온ᄃ其中總務ᄂ김鎭河오창義演說의崔鏵이오財務監督의박寅포김션浚이오文書照査의全京社諸氏더라

●誤聞必正 去二拾四日本報雜報欄內에平北裁判所檢事安秉贊氏拿致事ᄂ更聞ᄒ즉純是無根이기玆에正誤홈

●正誤 西署藥峴光興學校국채報상義금欄內에리任吉을士吉로誤植이기正誤홈

廣告

廣告

창原馬山港國債報償義捐所趣旨書

夫爲國之誠이專在於忠ᄒ고事親之道가亦關於孝而忠與孝가俱是誠心之一端이라 國家將危에忘其身奮發忠義ᄒ야匡扶社稷은卽是爲臣之道也요父母有疾에盡其誠進供良劑ᄒ야以完全軀ᄂ亦是爲子之本也라現今我한形便이勢至將危有疾之境ᄒ야俸祿與經費之支撥이自多窘拙이온況有外債一千三百萬圓之借欵을未暇交還者乎아凡我匝域臣庶가俱在赤子之列ᄒ야見此岌업之光景ᄒ고一向執迷에如無匡扶進供之良策이면四千年之疆土를莫可領守ᄒ고二千萬지生靈이無處依賴라事至此境이면雖有堯舜之智와孟賁之勇이라도悔無及矣요覆巢之下에亦無完卵之理而此皆人々自己之事則可不愼哉며可不懼哉아凡他經用之窘拙은姑치一邊ᄒ고最先急務가惟在債欵이라二千萬同胞가一人一朔之吸草價額이不過一兩七八錢二兩假量而休吸三朔之烟草ᄒ고鳩聚價額則足상債欵에猶有餘存矣라所以로上自都城으로下至大處히有志人員이討論是事ᄒ야演說棕核則人皆服從에誰曰不可而雖是게男乞女와愚婦匹夫라도隨其力出義捐助ᄒ니豈可以人力으로皷發其心이며亦非天意人心之俱合哉아惟我同胞ᄂ勿以野蠻之性으로爲心ᄒ고必以堯舜之民으로爲期ᄒ야雖幾兩幾錢이라도隨力出義ᄒ야以補萬一則此果細流之成海ᄒ고亦是塵合之爲山이라畢竟債欵淸帳之日에ᄂ疆土를可以保存이요生靈이亦可依지요의及越南波蘭等國지自滅前轍을庶可免矣라嗚呼라同胞여勵淬精神에效忠奮義ᄒ야務圖國權지維持어다

左開

一 國債擔報ᄒ기爲ᄒ야義연所를設立홈
一 本所開會日字ᄂ本年陰正月二十九日上午十時에爲定홈
一 報상方針은一般국民으로義金을募集ᄒ되金額은從其志願ᄒ야不拘多少홈
一 義金領收証은印刊以給ᄒ며연助人氏名錢數은新聞上揭載廣布홈
一 義연收取金은使信實인으로薦定財務員ᄒ야從收拾任ᄎᄒ되上納節次ᄂ以一回二回三回로爲定홈
一 面은以面으로爲勸告人ᄒ고각동은以里長으로爲面論人ᄒ야使執迷人으로務圖開오케홈
一 有志士에演說을開ᄒ야一般人民으로激奬케홈
一 本所々費ᄂ會員이出斂支用ᄒ고義金中에ᄂ切勿犯用홈
一 本所義務ᄂ限三箇月爲定홈

發起人 박祐永 리圭哲 孫振巨 金正基 리相召 박在榮 리源鍾 김禎權 최禮敦 彭석才 박兌烈

김馨權 김兌權 辛容午 丁泓섭 玉경헌 洪在甲 金孝源 김봉根 김彰鍾 김大振 鄭泰午 河석龍 김仁奎

西江私立牛山學校校舍修葺時有志諸氏의贊成금額이如左홈 續

群山港 리무榮 商會社 以上拾圓式 海關稅務事中林思孝氏 박尙浩 송完中 최鍾河 以上五圓式 郭慶根三圓 臥판山지內種一氏 申泰俊 최淳翼 박永信 윤태益以上二圓式 리士進 윤滋春

김永셥 全東환 리邦珪 리南圭 盧哲愚 以上一圓式 金堤 도東宇五圓 조秉憲三圓 萬頃 리在洪二拾圓 郭址鎬五圓 덩업圭二圓 臨陂郡守林農셥拾圓 本坊內에輪入某物ᄒ고賣買口錢中百推五로年々補助贊成ᄒ시ᄂ諸氏가如左홈 리光雨 김重默 박宗潤 박容健 최永喜 康永淳 윤永비 沈景弼 車元淳 윤弘植 최浩榮 邊鴻振 申景千 鄭仲協 吳泰善 김亮濟 林春榮 장璟集 郭진 文光淳 김景萬 禾完

合牛乳

以上은常時에貯積ᄒ야

美國紐育港

一手代理店

大한仁川港 世昌洋行

●九轉靈砂라 本人이妙方法을神備ᄒ야製造ᄒᆫ靈丹인ᄃ男女老少에無論何징하고通治하오며無病時에도服하면平生의身躰가健康ᄒ며小兒ᄂ四五錢重만服ᄒ면十歲안에無病ᄒ기를擔保ᄒ오며

●九轉靈砂萬應丹은저狂癲징과中風諸疾과耳目諸病과淋疾에神效ᄒ오

●九轉靈砂保命丹은初生小兒驚風 간氣 咳嗽 腹瘡諸般惡징에神效ᄒ오

●九轉靈砂濟衆丹은酒滯 食滯 血積 吐瀉 霍亂 痢疾 吐血 下血 運氣 時疾 痲징에神效ᄒ오

●九轉靈砂紫金丹은痔漏 累歷 上疳瘡 下疳瘡及唐瘡과諸般毒瘡惡種에無不神效ᄒ오니 僉君子ᄂ來問ᄒ시오

內需司前도갑이골上隅第一家 百三統一戶 리호廷 告白

洪淳康氏가東署東小門內土橋東邊에織造機을廣張設施ᄒ야稱號를淳昌號라ᄒ고各色綢緞紗屬等을織造發賣ᄒ오니願買人은來臨購買ᄒ시며或所用대로緞과紗等屬을預托ᄒ시면依約施行ᄒ깃숩 淳昌號 告白

辯護士前判事正三品 丁明燮
法律事務所 西署新門外鍮동 百八十六統三戶
事務員前主事吳在淳

新刊 國漢文 **越南亡國史** 定價貳拾伍錢
發賣所 京城廣橋高裕相書舖 鏡南鏑川郡禹時夏書舖 布屛下 김相萬冊肆

◎本社廣告

○申報價 一張代金 新貨二錢五里 一個月前納 三十錢 三箇月 [illegible] 六箇月 [illegible] 一箇年 [illegible] [illegible]

其期限과長短과[illegible]의多寡를依ᄒ야[illegible]홈

◎大한每日申報各處支社廣告

中署布屛門下 김相萬冊肆
中署農圃洞入七拾八統第二號 鄭禹澤
平壤上水口門內 김浩淵
仝 최毅恒
仁川 龍峴開新冊肆 리東皓
宣川邑橋西里 安瀅
義州西門外한西 大藥局
釜山港佐川 徐藥局
三和港藥洞 김仁집
咸興州南社西門外 曹喜林
開城培義學校 姜助遠
大丘市廳 최一弘
載寧邑濟衆院 [illegible]夢澤
鐵山邑東部 安𡊨
元山支店 劉七錫
定州南門內 洪成麟
信川邑 李源植
海州南門內書舖 朴昌鎭

發行兼編輯人 英國人비說
發行所 南署石井洞號外地三層洋屋家
大韓每日申報社

第五卷

大韓每日申報
대한매일신보

第四百七十五號

月曜及慶節
歲時日休刊

檀君開國四千二百四十年
箕子元年三千二十九年
大韓開國五百十六年
日本明治四十年
淸國光緖三十三年
◎陰曆丁未二月大十八日己卯

論說

來次戰役

日本이過去戰役에巨大損失을今欲回復ᄒᆞ야來一二年間에戰端을更起ᄒᆞᆯ거슨普通知悉ᄒᆞᆫ비라多數預言者들은我貪欲同盟國의來次注目이在於支那라確言ᄒᆞ얏스나本記者ᄂᆞᆫ戰役이向者에交鋒ᄒᆞ든日俄間에更起ᄒᆞᆯ거슬保信ᄒᆞ노라

下句에摘要記載ᄒᆞᆫ거시雖其簡單이나亦可示預兆로다

彼得堡來報를據ᄒᆞᆫ즉俄국武備艦隻이來四月에自黑海로ᄯᅡ드넬스에過去ᄒᆞᆯ거슨土國이一致ᄒᆞ얏고此艦隻은俄國漁業을無法侵賊에셔救護코져ᄒᆞ야極東으로發向ᄒᆞᄂᆞᆫ거시라ᄒᆞ얏더라

俄국이平和主意를確執ᄒᆞ야日本要求의幾乎每件을時之所致로欲許ᄒᆞᆷ이著示矣어니와日本메일報에記述이日人普通思想의著機인즘노吾人이若以量度인ᄃᆡᆫ西伯里亞鐵道의全部를横貫滿洲ᄒᆞᄂᆞᆫ其代에俄국土地로從ᄒᆞ야敷設ᄒᆞᆯ것다ᄂᆞᆫ俄國의此提議도戰役意思의表證이라고我島國隣友가料解ᄒᆞᄂᆞ니메일報의確言이如此鐵道ᄂᆞᆫ極東平和를更一次威脅ᄒᆞᆯ거시라ᄒᆞᆷ은今可記憶이로다

蓋現今局勢가白旗로休戰ᄒᆞᆫ樣態보다優勝ᄒᆞ다고ᄂᆞᆫ言之키不能이라向者戰士가何如時機에던지更作困難ᄒᆞᆯ形勢가多有ᄒᆞ니但以漁業問題로만言之라도一月에一次式은挑戰ᄒᆞᆯ原因을供給ᄒᆞᆯ거시오且若兩국이並不有平和主意면俄國의北滿勢力과日本의南滿勢力을關係ᄒᆞᆫ紛爭이幾乎每日起端ᄒᆞ리로다

官報

●號外 光武十一年三月廿八日

◉宮廷錄事

宮內府大臣沈相薰辭職疏批旨省疏具悉卿懇職豈遽解病實如此卿其調理行公事遣部郞宣諭

●號外 光武十一年三月二十九日

◉宮廷錄事

宮內府特進官리載克命臨時署理宮內府大臣事務

●三千七百二十六號 光武十一年三月二十九日

◉敍任及辭令

依願免本官 官立校洞普通學校敎員金益鏞

解內部地方官銓考委員 學部學務局長兪星濬

依願免本官 黃海道觀察道警務署警務官金相淳 全羅北道觀察道경務署警務官리德應

任黃海道觀察道경務署경務官叙奏任官四等 前경務官金相淳

任全羅北道觀察道경務署경務官叙奏任官四等 全羅北道觀察道警務署總巡高明煥

任江原道觀察道警務署總巡判任官七級

任慶尙北道觀察道警務署總巡叙判任官七級 韓甲艮

任全羅北道觀察道경務署總巡敍判任官七級 金東杜

中樞院副贊議安基헌

仝 金志洙

度支部稅務主事金駿植

依願免本官

任中樞院副贊議敍奏任官三等 正三品리舜夏

六品리敏應

昌原府參書官최鎭

任中樞院副贊議敍奏任官四等

解兼任義州市裁判所判事 義州前府윤리民부

命兼任義州市裁判所判事 義州府윤뎡海運

外報

●英俄歡情 英국皇帝의特別ᄒᆞᆫ招命을依ᄒᆞ야포마우스에滯泊ᄒᆞᆫ俄國艦隊士官以下水兵百廿名은倫敦에着ᄒᆞ야盛大ᄒᆞᆫ歡迎을受ᄒᆞ고셔랜드호뎰의셔午餐의饗應을受ᄒᆞ얏ᄂᆞᆫᄃᆡ席上의셔英俄兩皇帝의万歲를祝ᄒᆞ야熱誠에千盃禮를行ᄒᆞ엿더라

●女敎師管理 黑龍江省의通信을據ᄒᆞᆫ즉同省幼女學校에셔刻下에二班學生을招集ᄒᆞ고學務局總理慶恩氏의妹慧眞女史를延聘ᄒᆞ여敎授케ᄒᆞ고校中一切를管理케ᄒᆞ얏다더라

●日報將設 吉林地方에旅居ᄒᆞᄂᆞᆫ日本商民이逐日增加ᄒᆞᄂᆞᆫᄃᆡ消息이不甚靈通ᄒᆞᄂᆞᆫ고로히地日고가集資ᄒᆞ야日報를創立ᄒᆞ야專히吉林北方及滿洲商務情形을記載ᄒᆞᆫ다더라

雜報

國債報償關西同盟趣旨

我韓之所負國債至爲一千三百萬圓之多而國貧民殘勢難淸상爲我 大韓臣民者孰不寸心吐血圖所以報勘之策乎大邱廣文社長金光濟徐相敦兩氏等以國債報償事先發其趣壯哉此擧也其忠肝義膽熱心血誠足以振我三千里山河之精氣矧我二千萬具性之臣民焉不欽歎效慕也哉夫國依于民々依于國五洲一轍而國富民强者莫不由臣民之履行義務也現我大韓有此巨欵之國채而報償無術若延타數年則利息日增將陷於埃及之覆轍矣同胞々々靜言思之今此報償國債之擧實爲挽回國權的一大基礎也奚特廢止吸烟而已哉一動一靜念在報國一日而除一飮一月而除一衣傾箱倒협各盡忠義淸장我國債庶無愧於國民之義務也嗚呼同胞鑒此血祝

光武十一年三月一日

發起人吳大圭 許슈 최景植 文秉鎭 金永弼 玄[illegible] 리基世 金學磬 金東[illegible] 한重銓 劉始澤 丘豫均 리輔賢 遜永煥 金啓胤 鄭[illegible]用 安泰魯 朱學根 金면益

一募集義금報償國채事
一收금所定于本國平壤農工銀行事
領收證自該銀行直接交去事
一義금或分二回三回寄送事
一義금旣納員氏名及금額每月兩次公布新聞事
一本所稱乎국債報償同盟事務所事
一本所각樣經費諸任員專擔事
一本所達乎目的後廢止事

●平守勸義 平山郡守洪應祖氏가該郡에有志人民을會集ᄒᆞ고[illegible]야국債報償事로說明ᄒᆞ기를國債報償ᄒᆞ라ᄒᆞ야斷烟도ᄒᆞ고減饌도ᄒᆞ며동稚와婦女도出義ᄒᆞᄂᆞᆫᄃᆡ雖在鄕谷이라도我ᄒᆞᆫ臣民이되야一般同胞에義와臣民에分에晏然視之ᄒᆞᄂᆞᆫ거시道理가아니라ᄒᆞ얏더니衆民이一齊히應聲ᄒᆞ야各出義捐助ᄒᆞᄂᆞᆫᄃᆡ當場出捐금이三十餘圓이되여皇城新聞社로上送ᄒᆞ얏다더라

●[illegible]博士演說 美國셔新到ᄒᆞᆫ博士[illegible]氏의[illegible]畧은本報에已爲揭載ᄒᆞ얏거니와本月三十一日日曜日下午一点에ᄂᆞᆫ宗敎와社會改革의關係로[illegible]月一日日曜日下午七点半에ᄂᆞᆫ敎育과國民富强의關係란問題로靑年會에셔演說ᄒᆞᆫ다더라

雜報

●訪謁義王 再昨日上午十時에參政大臣박제純氏가官立漢城學校에訪問ᄒᆞ고또義親王殿下를訪謁ᄒᆞ얏다더라

●辟除生風 近日각部大臣이出入ᄒᆞᆯ時에ᄂᆞᆫ巡査와巡檢이緊密保護ᄒᆞ야路上行人을左右에近過치못ᄒᆞ게一切嚴禁ᄒᆞᆫ다더라

●伊藤陛見 昨日午后三時에伊藤統監이리트博士及倉知書記官을帶同ᄒᆞ고重明殿에陛見허미陪食을賜ᄒᆞ셧다더라

●此答果眞 官人某氏가軍相權重顯氏를訪見ᄒᆞ고放砲ᄒᆞᆫ事에對ᄒᆞ야日白晝大都中에砲響이轟發ᄒᆞ니大監은雖生而不生이라木人과無異ᄒᆞ니施政改善을못ᄒᆞᆯ터이면不如辭職退去라ᄒᆞᆫ딕權軍相이答ᄒᆞ되甘受其責에無辭可答이라ᄒᆞ얏다더라

●大砲視威 近日日兵이大砲를馬車에載ᄒᆞ야路上에往來ᄒᆞ야人民의게視威ᄒᆞᆫ다더라

●卿則一般 副將리根主氏가主殿院卿을被任ᄒᆞᆫ다ᄂᆞᆫ說은各報에揭載어니와更히平理院경을運動ᄒᆞᆫ다더라

●北郡置隊 北靑郡에地方隊六百名을設置ᄒᆞ기로酌定ᄒᆞ얏다더라

●編成旅團 各軍隊를一제히侍衛隊로稱號ᄒᆞ고旅團을編制ᄒᆞᆯ터인딕兵丁은減額ᄒᆞ고尉官을增置ᄒᆞ며旅團長은梁性煥씨가被任ᄒᆞᆫ다ᄂᆞᆫ내此是某處勸告라더라

●리氏意見 定州郡前主事리德슈씨가本社에寄函허되現今국債報상事에對ᄒᆞ야각處趣旨가連續發布ᄒᆞ거니와本人意見의ᄂᆞᆫ國內에錢額이有限ᄒᆞᆫ딕巨款을募集ᄒᆞᄂᆞᆫ境遇에ᄂᆞᆫ經濟가困難ᄒᆞᆯ慮가有ᄒᆞ니不得不別究方策이라惟我二千萬兄弟姊妹의所有金銀簪環佩物等屬을取合ᄒᆞ야金庫에儲藏ᄒᆞ야元位화의資本을積置ᄒᆞ고其數를准ᄒᆞ야本국紙貨를製出ᄒᆞ야簪環佩物主人의게分ᄒᆞ야財政을流通케ᄒᆞᆷ이善後良策이라ᄒᆞ얏ᄂᆞᆫ딕其趣旨와規則은次號에揭載ᄒᆞ여國人의可否를更探ᄒᆞᆯ깃노라

寄金多謝

北美에留ᄒᆞᄂᆞᆫ大한同胞諸氏가本國情況을慨歎不已ᄒᆞ야萬里異域에行탁이罄渴ᄒᆞᆯ터인대祖國에文明進就ᄒᆞᄂᆞᆫ機關으로本報를興旺ᄒᆞ기爲ᄒᆞ야美화拾五圓을醵聚ᄒᆞ야北美河邊洞地方會長김永一씨가本社에函送ᄒᆞ얏기殊域寄蹤에故국思想을特爲多謝ᄒᆞ노라

●須氏解歸說 政府顧問官須知分氏ᄂᆞᆫ匪久에解歸ᄒᆞ고리드博士가其代를襲ᄒᆞᆫ다ᄂᆞᆫ風說이有ᄒᆞ더라

●學相屑々 學部大臣리完用氏ᄂᆞᆫ무슴事件을因ᄒᆞᆷ인지政府顧問須知分氏를頻數히尋訪ᄒᆞ얏다더라

●隣馬無경 近日皇城內에道路를修築ᄒᆞ야人民을便利케爲ᄒᆞ야五署管內에壹例治道ᄒᆞ얏ᄂᆞᆫ딕獨히南署管內만治道치아니ᄒᆞ야車馬가通行ᄒᆞ기極難ᄒᆞ야三昨日에義親王殿下ᄭᅴ오서寺동本宮으로봇더出往ᄒᆞ시다가寺동等地에셔落馬ᄒᆞ셧ᄂᆞᆫ딕幸히別경은無ᄒᆞ셧다더라

●商業團體 日本人김子柏松이가三湖김洛夏吳斗永兩씨에食鹽一千六百餘石을偸買乾沒ᄒᆞᆯ여다가奸狀이綻露ᄒᆞ야本物은還推케되고該日人은方今理事廳에囚禁中이라ᄒᆞᆷ은각報에揭佈ᄒᆞ얏거니와歷百年壓制下에在ᄒᆞ든商民이能히團聚ᄒᆞ야成立ᄒᆞ고外국人에無理行動을逐條懲戒ᄒᆞ엿다더라

●商品列館 京城商業會議所附屬商品陳列館은愈々準備竣頓이됨으로自四月一日봇더開館ᄒᆞ야公衆에縱覽을許ᄒᆞᆫ다ᄂᆞᆫ딕同館에目的은我大한商工業을改善發達ᄒᆞ고我國民에觀聽을新鮮케ᄒᆞ며各國과直接貿易을開始ᄒᆞᄂᆞᆫ紹介機關으로設立ᄒᆞ야將來我國商民은同館을介ᄒᆞ야直接去來에途를開ᄒᆞ면其利益이莫大ᄒᆞᆷ이될터이라더라

●先招後拿 原來勅奏任官에民訴를當ᄒᆞ면依例히刑法大全第八條타ᄒᆞ고即爲拿致ᄒᆞ든法을改定ᄒᆞ야先爲招牒으로招來審査ᄒᆞ야實事가有ᄒᆞᆫ境遇에야拿致奏本을奉呈ᄒᆞ고拘拿ᄒᆞ고若無是事면即爲出送ᄒᆞ기로改定ᄒᆞᆫ故로地方官人이라도招牒이有ᄒᆞ면請由上京ᄒᆞᆫ다더라

●奏任爲判 今番日本각官廳視察事務로被命ᄒᆞᆫ洪運표氏가前往치못ᄒᆞ고其代에、府參書官高源植씨가前往ᄒᆞ고通譯官은通譯이라稱ᄒᆞ야雖已經奏任官이라도判任官으로下等ᄒᆞ얏다더라、

●日人蠻行 忠州來說을聞ᄒᆞᆫ즉日本人財務官森山誠之가忠州에到來ᄒᆞᆫ後로許多ᄒᆞᆫ貽害生民之事ᄂᆞᆫ不可一々枚擧요第壹可痛可惡可醜ᄒᆞᆫ事狀인즉無論何許女人이든지路上에서逢着ᄒᆞ면必隨其後ᄒᆞ야即入其家에첩坐房內ᄒᆞ고以不聞之言으로橫豎說去에强欲行奸則女人이驚惶에落胎者多有ᄒᆞ고倒傷者亦多ᄒᆞ며忠州倅令禹돌孫之女ᄂᆞᆫ畢竟强奸後紙화壹圓을投地而去則該女가燒火紙錢ᄒᆞ고終日痛哭에絶食三日타가僅爲保生이나尙今稱寃이在中ᄒᆞ고居漢한夢戍에女壻逢路上에携入田中ᄒᆞ야亦爲强奸則該女도呼泣路上ᄒᆞ얏스며居漢김萬用에未嫁女弟가年今十六에已定婚事러니森山誠之가每日四五次式往入其家ᄒᆞ야亦欲强奸日與渠結親則給錢生活케ᄒᆞᆫ다ᄒᆞ고威之脅之에其男兄萬用을招待恐喝에擧措忘測ᄒᆞ며其外惡行은不可形言故로忠州之人이皆欲納履나去將安之오寃聲이徹天ᄒᆞᆫ다더라

●稀貴慈善 각法司에罪囚食料가無ᄒᆞᆷ으로罪囚의飢餓者가無獄無之라況漢城裁判所ᄂᆞᆫ罪囚가最多ᄒᆞᆷ으로飢餓者가亦多ᄒᆞ거ᄂᆞᆯ首押牢리正禧가四元月給으로飢者를買飯以餉ᄒᆞ며有病者ᄂᆞᆫ求藥以治ᄒᆞ야極盡其誠ᄒᆞ니此ᄂᆞᆫ世所罕有之慈善이오

●焚草捐금 載寧邑部內某々有志紳士가近日國債報상事에對ᄒᆞ야熱心洞屬ᄒᆞ야境內각坊曲에忠言義務로發起勸告ᄒᆞ고每市日를當ᄒᆞ면民國形便을對衆演說曉諭ᄒᆞ야爭先願연금額이巨額에達ᄒᆞ엿다ᄂᆞᆫ딕個中該部石里坊城황村梁成玉氏가本以貧寒農民으로自己周年所農煙草四拾把를放賣ᄒᆞ야交易農粮次로日前의背負入邑觀市ᄒᆞ다가聞국債報상之演說ᄒᆞ고對市衆發論後의奮然下淚曰今此國債ᄂᆞᆫ爲其臣民者不得不報요况是大皇帝陛下ᄭᅴᄋᆞᆸ셔도烟草를不爲 進御ᄒᆞ신다ᄒᆞ시니吾之擬賣農草를義不敢自吸이오亦不可轉賣他人이라ᄒᆞ고該草四拾把를當場自燒ᄒᆞ고義금二圓을亦爲東西雜판出捐ᄒᆞ엿다ᄒᆞ니以若僻村農民으로若是出義ᄂᆞᆫ今古稀罕이라擧國人心이皆如同氏ᄒᆞ면壹千三百萬圓之國債를必也容易淸勘ᄒᆞᆯ터이오大한前道가永遠無窮ᄒᆞ리라더라

名節休刊

來月曜日은西洋名節인故로一日休刊ᄒᆞᆷ

△壹粲閒話△

▲不雨靑天에一片黑雲이長空에飛渡ᄒᆞ야雨意를온釀에那邊隱雷가故意不發ᄒᆞ니政界心目이疑眩을不定ᄒᆞ야躡足附耳에偶語가何多오

▲向日리根湘씨의主殿院卿과리根湘씨의制度局總裁任事로宮相沈相薰씨가極力反對ᄒᆞ더니宮相이辭疏를奉呈ᄒᆞ엿더니職克씨가宮相署理를被任ᄒᆞ얏시니宮相署理가[illegible]ᄂᆞᆫ時哉々々로다

▲內部地方局長[illegible]政界豪傑客이唾手而起ᄒᆞ야自以爲大將ᄒᆞ더니日前政府會議席에參政大臣이[illegible]前局長[illegible]氏를提出ᄒᆞ엿던바各大臣에意見이壹致可決ᄒᆞ여該部被任ᄒᆞ얏스니地方政治에前途를庶幾望之로다

▲內部協판은內大가自己의所牙沈相익氏ᄂᆞᆫ皆曰不可之人으로不顧體面ᄒᆞ고極力圖任ᄒᆞᆷ은大臣協판이團結壹體ᄒᆞ야[illegible]를鞏固코져ᄒᆞᆷ이나沈氏ᄂᆞᆫ原來不好ᄒᆞᆫ人이라[illegible]이면保益은姑舍ᄒᆞ고[illegible]데잇다별々맛지

▲淸國의趙春平吳樹田兩氏가大한人의국債報상을贊成ᄒᆞ기爲ᄒᆞ야特히義금을연助ᄒᆞ얏스니淸人의親睦ᄒᆞᆫ厚誼ᄂᆞᆫ大可感賀ᄒᆞᆯ뿐더러한人의愛國ᄒᆞᄂᆞᆫ義氣도壹層增長ᄒᆞ리로다

▲平壤商民의撤市罷業은경務官의無理壓制로由ᄒᆞ엿거ᄂᆞᆯ日人報筆의謂ᄒᆞ되平民이[illegible]於排日熱心이라ᄒᆞ얏스니何其說不近오大한人이生命財產의損害를不顧ᄒᆞ고撤市罷業이官吏不法之下에出於迫不得已인즉此其可哀可矜者이어날反히排日運動이라무稱ᄒᆞ니又何不仁之甚也오

◎特別社告◎

國債報償의義捐金을至今븟터本社에셔收捧ᄒ기로定ᄒ엿스며收捧ᄒ는ᄃ로錢額과氏名을逐日廣告에揭佈ᄒ며當日로電氣會社內銀行으로姑先貯置ᄒ얏다가巨額에達ᄒ時에는世界에有信用ᄒ會社나銀行의結托ᄒ야善後方策을採用ᄒᆯ터이오며至於收合方法ᄒ야는本社에ᄒ額을收納ᄒ며事項을相議ᄒ는國體와는一응聯絡ᄒ려니와外他는一切無關ᄒ

大韓每日申報社

雜報

●嘆平壤撤市多日 連日平壤來信을據ᄒ則全城人民이一警官의壓制行政으로由ᄒ야一齊히撤市廢業이十個日에至ᄒ얏스니吾儕가彼一箇警官의行爲를對ᄒ야足히筆舌을煩ᄒᆯ바無ᄒ듯ᄒ나惟是幾萬人民의生命財產關係되는것을思惟ᄒ며且其損害가全國商界에無處不及ᄒ는影響을推度ᄒ건ᄃ此亦韓國內에非常ᄒ災難이라實로惻然憫念ᄒ며慨然憂歎을不勝ᄒ이기로特히全城人民을代ᄒ야大聲疾呼로當局者을警告ᄒ노니

從來韓國官吏는人民을犧牲으로待遇ᄒ야壓制侵暴로써謂例當然ᄒ고其休戚禍福을對ᄒ야漠不動念者이나今乃一個경官을庇護ᄒ기爲ᄒ야幾萬人民의生命財產을略不顧念ᄒ니如許官吏輩는歷史上에人民의모賊이라謂ᄒᆯ뿐이오國家의大蠹라稱ᄒᆯ뿐이로다

夫官吏는人民의供給ᄒ는바를資賴ᄒ야其生命을保全ᄒ느니其恩德을思想ᄒ면可히尊敬ᄒ고壓伏지못ᄒᆯ것이며可히親愛ᄒ고疎遠치못ᄒᆯ지라萬若人民을對ᄒ야壓制를加ᄒ고侵暴를行ᄒ면是는天理를蔑棄ᄒ고生命의本源을戕賊ᄒ이니畢竟禍患이自己身上에迫及ᄒ는것을免치못ᄒᆯ지라

試觀ᄒ라世界歷史에民權을壓屈ᄒ고其國이不亡ᄒ者ㅣ有ᄒ가彼波蘭과印度와越南等國의顚覆ᄒ原因을소究ᄒ면皆其官吏가恣行壓制ᄒ야民權이不振ᄒ으로由ᄒ얏고東西大洲에富盛强大之國은皆其人民의自由權을均享ᄒ으로以ᄒ얏스니民權之與替는卽國家의存亡關係라

今에大韓國勢가如此히萎弱ᄒ며國權이如此히墮落ᄒ것이從來壓制政治로衆心이渙散ᄒ야國體가不成ᄒ緣故라彼官吏輩가稍히人心人性이有ᄒ者면宜乎往轍을懲戒ᄒ고方來를思想ᄒ야一般同胞의權利와權限을비與ᄒ야上下國合ᄒ야公으로國家를維持ᄒ며私으로自己를保全ᄒ기로猛省深圖ᄒᆯ것이어놀乃同舟遭溺ᄒ야互相越視ᄒ고同室遭焚ᄒ야更相讎怨ᄒ니엇지波蘭越南等遺族의悲慘ᄒ情況과凄凉ᄒ身世를得免ᄒ리오

今以平壤撤市로言之ᄒ면尺布升米가不出於廛이十個日에至ᄒ얏스니其富商大賈라도多大ᄒ損害를被ᄒ야졸地狼狽를可히計算치못ᄒᆯ것이오至於媒介人等은皆朝得錢而夕謀食者로多日廢業에其父母妻子가寧有不啼飢呼寒者乎아且商界情況이一處受虧ᄒ면他處에亦及ᄒ느니平壤商界의撤閉曠日이至此之久ᄒ얏슨則東西南北各商界에貨物之凝滯不通者를何可勝筭乎아

夫所謂警官者는人民의生命財產을保護ᄒ으로써職任을擔荷ᄒ者인ᄃ彼平壤경官은人民의生命財產을損害케ᄒ이若是其多大ᄒ야全국商界가從以淪亾ᄒ境遇에臨迫ᄒ얏거날所謂當局者가越視秦瘠에漠不動念가亦可哀痛而已矣로다

●研會討論 今四月一日月曜日下午七点半에貞동眞理研學會에셔百世流芳이勝於一代榮樂이란問題로紳士崔炳憲金瑗善蔡升興崔斗榮諸氏가討論ᄒ는대傍聽을許ᄒ다더라

●蘭妓熱心・鎭川郡廣惠院等地에셔翠蘭이라稱號ᄒ는妓生이女子教育會를設始ᄒ고教師를聘置ᄒ야熱心教授ᄒ는ᄃ今番國채報상에對ᄒ야愛國心이壹層奮發ᄒ야義捐금을多數募ᄒ엿다더라

●부인의연 뎡씨부인유씨부인남・부인신화각사십젼식쳐ᄌ유졍이분남이신화각삼십젼그집노츄무임이가신화이십젼을안동부인회로내랍ᄒ엿다더라

●일본단지학싱의연금모집문

녯사롬이말ᄒ기를졍셩이지극ᄒ면금셕도뚤어지고또다시일르기를모사는지인이라ᄒ얏스니졍셩이지극ᄒ고셰ᄒ기를졍잘ᄒ면못될일이업슬거슨확실이알니로다

슬흐다우리ᄃ훈나라톄재엇더ᄒ가남의굴네못면ᄒ고ᄃ졉은엇지반나님의로예되얏도다은영충모관원들노피인에게반말듯고그다음은ᄒ라ᄒ니그헤모그신세에지산우무엇ᄒ며호ᄉ논무엇ᄒ나그쳔ᄃ를밧드래도일죵이나부지ᄒ야불행죵살깃논ᄃ울밀ᄒ솔밧속에무숨쵸목잘아던가우리죠상살던로ᄃ누애먹듯업셔지고우리동포ᄌ미들은솔밧속에풀슬듯키좀소옴속업셔짐은파란국이죵거로세렬도ᄃ단군용ᄃ로이러더리ᄈ앗길줄그뉘라셔뜻히ᄉ며지졍권리차지ᄒ야더의세리분식ᄒ줄쉼에니생각힛나

불상ᄒ우리동포ᄆ흠니며애써번돈그아이원동ᄒ가지논일은그만두고내두ᄉ나의눈ᄒ세금ᄉ망을버셔메고로네문권차조려면무엇이량책인가지식업신무가내오지식을구ᄒ랴면교육이근본일세교육을ᄒ랴ᄒ면졍신비양쥬장이오그졍신을길너죱은우리일반동포보셰

기ᄅᆡᄒ고장ᄒ도다단지학싱이십일인누구위해열심인가나라일에피흘녓네부모병환단지합은효자라고닐으나나라병에단지함은충의지ᄉ분명ᄒ다단지본의어ᄃ잇나지생갑련뿐이로다

훈사람의셩의로도ᄒ날이감동커든이십일인그졍셩이ᄒ날에ᄉ모치며국권회복어려울가ᄎ졍공의목에피는젼국인의기름이오이십일인손에피는국권회복ᄭ치로다그ᄭ치싱긴후는열매보기시급ᄒ고열매를보랴ᄒ며그ᄭ남게물을쥬어배양안코엇지ᄒ나각ᄉ회유지인ᄉ의연금을모집ᄒ야물쥬기를힘들쓸졔우리녀ᄌ샤회즁에부인상졈리일뎡씨이십일환마시ᄒ니녀ᄌ싱광되지문논남녀를물논ᄒ고국민의ᄆ는일반이오슈효도ᄯ등허너남ᄌ가일원내면우리논일젼내여돈수효는적을망졍정성이야못표할가 미완

廣告

廣告

國債報償會에서義금收合
이如左홈
陸軍副尉景基鎬氏婦人文粉南
新貨拾圓 유過殷母親壹圓
金德□婦人五圓 徐祥順五拾
錢 童蒙年十二歲 김德仁四
拾錢居三嘉 文봉玉拾錢童蒙
年七歲 韓判道舊貨五分童蒙
年十歲 리敬善壹圓 리相淑
五拾錢 리化淑五拾錢 윤士
享貳圓 리正順壹圓 김尙玉
壹圓 趙應孝舊화二錢 文章
現十圓 成允七舊貨壹圓 安
宅重五圓 김龍伊子貨一錢 李
現重五圓 리致安貳拾圓 吳
有辰□圓 김鎭祐舊貨五錢
박汝□舊貨三錢 김龍九舊貨
壹錢 童□年九歲 리聖祐舊
貨一兩 리洛瑞舊貨三錢 최
桂官舊貨一錢九分 리斗益壹
圓 鄭相現舊貨壹兩 韓判道
舊貨五錢 최鶴九壹圓童蒙年
十二歲 최敬源 母親舊貨十
兩 리德中舊貨壹錢五分 童
蒙年九歲 姜甲成舊貨一錢五
分 童蒙年四歲 安鍾洙壹圓
리石雨壹圓 曹亨卿舊貨三錢
童蒙年十歲 徐珍五壹圓 최
萬秀舊貨二兩童蒙年十歲 강
敬錫拾錢 姜敬錫婦人拾錢
김尙玉舊貨二錢童蒙年十二歲
姜世馨舊貨壹錢五分 童蒙
年十四 최水用舊貨一錢五分
童蒙年十歲 리海일姑親舊貨
壹兩 成洪錫舊貨五錢童蒙年
三歲 成洪석祖母舊貨五錢
김永植貳圓 리化一母親舊화
二兩 朴永植 貳圓 김相긔
舊貨一錢 리春瑞五拾錢 리
允玉壹圓 김召史고화貳錢
曹大숙구화二錢 鄭孝演고화
二兩 최唱五구화一兩 박在
文구화壹錢童蒙年十二세 景
甲成구화二兩五錢동몽年四세
洪긔슈구화壹錢동몽年十一세
徐廷支壹圓 妓경波壹圓
徐克明壹圓

本郡守최헌達氏淸德善政은非
但一邑이라一道咸頌ᄒᆞᄂᆞᆫ中인
듸忻許嫌人이以何惡心으로搆
捏傳說ᄒᆞ야貴社申報第四百七
十號에棄錢勒捧戶布獨減외飾
等說로見載ᄒᆞ니誣何甚也오漆
邑이距大邱二十里라觀察道와
支금庫와財務官이森立ᄒᆞᆯ뿐더
러稅務署와派駐稅務主事가自
在ᄒᆞᆫ즉雖欲捧棄인들豈可得乎
아况我侯到任後兩年에捐廩斥
士ᄒᆞ야自家錢으로撫惠一邑이
數至夥額인듸豈有々意於結剩
이며且兩年間結稅事로初無咎
一民囚一民之事인듸勒捧二字
가是豈成說乎아漆邑結錢은紙
葉間任民自納은本郡과稅務主
事告示가自在ᄒᆞᆫ슉無容更明이
요至於居峽之民이開捧初頭에
劃利ᄂᆞᆫ未詳ᄒᆞ고其時幣價ᄂᆞᆫ稍
高ᄒᆞᆷ으로以棄收捧ᄒᆞᆫ任員處에
幣剩을査出ᄒᆞ야各該동에還付
ᄒᆞ야戶布를孀子永防ᄒᆞ얏시니
實政所及에漆民之頌은萬口一
辭이온듸一魚가爲敢濁巨海리
요마ᄂᆞᆫ如此興訛害善之徒ᄂᆞᆫ不
容不另探覈罪ᄒᆞᆯ깃기로爲先廣
告홈
漆谷鄕中 柳寅숙 曹重환
리貞魯 權應度 沈馨澤 리
以壕 리大陽 리承彬 한正
杓 柳宗魯 리完五 朴相善
리以杓 비錫洪 等 告白

西江私立牛山學校校舍修葺
時有志諸氏의贊成금額이如
左홈 續
리永賢 김淡益 尹均
車公필 김聖元 權台植
權春植 리允弘 최應五
김文俊 김文甚 高在澤
박元俊 完

本人이全南遞次에羅州郡守리
在正氏와羅州郡守김聖基兩氏
의治績을聞ᄒᆞᆫ즉七十老者를賜
之米肉ᄒᆞ고靑年才子를熱心敎
育ᄒᆞ야현誦지聲이不絕ᄒᆞ고村
不見吏에民皆歸化ᄒᆞ야繁訟이
日息에五日一聽政ᄒᆞ니萬口咸
頌曰召父杜母요공遂黃픽라ᄒᆞ
니政府에셔如斯지人만各郡에
擇差ᄒᆞ시면後見聖世昇平지日
ᄒᆞᆯ깃기로玆以廣告홈
大邱蔡鎭植 洪川김殷植告白

坡平尹氏世譜를開刊ᄒᆞ옵ᄂᆞᆫ듸
譜所ᄂᆞᆫ定于北松峴第十九統八
戶ᄒᆞ엿ᄉᆞ오니京鄕僉宗은照燭
ᄒᆞ옵고斯速修單以來ᄒᆞ옵심을
望希
丁未二月 日 譜所 告白

AMERICAN
台牛乳
以上은常時에貯積ᄒᆞ얏슴
大한仁川港
世昌洋行
代理店

●九轉靈砂라 本人이妙方法
을神備ᄒᆞ야製造ᄒᆞᆫ靈丹인듸男
女老少에無論何징ᄒᆞ고通治ᄒᆞ
오며無病時에도服ᄒᆞ면平生의
身體가健康ᄒᆞ며小兒ᄂᆞᆫ四五錢
重만服ᄒᆞ면十歲안에無病ᄒᆞ기
를擔保ᄒᆞ오며
●九轉靈砂萬應丹은져狂□
징과中風諸疾과耳目諸病과淋
疾에神効ᄒᆞ오
●九轉靈砂保命丹은初生小兒
驚風 간氣 嘔吐 腹痛諸
般驚징에神効ᄒᆞ오
●九轉靈砂濟衆丹은酒滯 食
滯 血積 吐瀉 霍亂 痢疾
吐血 下血 運氣 時疾
痲징에神効ᄒᆞ오
●九轉靈砂紫金丹은痔漏 累
瘰 上疳瘡 下疳瘡及唐瘡과
諸般癬瘡惡種에無不神効ᄒᆞ오
니 僉君子ᄂᆞᆫ來問ᄒᆞ시오
內醫院前돌다리上隅第一家
百三統一戶 리호廷 告白

洪淳康氏가東署東小門內士爐
東邊에織造機을廣張設施ᄒᆞ야
稱號를淳昌號라ᄒᆞ고各色綢緞
紗屬等을織造發賣ᄒᆞ오니願買
人은來臨購買ᄒᆞ시며或所用대
로緞과紗等屬을預托ᄒᆞ시면依
約施行ᄒᆞ깃슴 淳昌號 告白

西署新門外鍮동
百八十六統三戶
辯護士前檢事 正三品 丁明燮
法律事務所
事務員前主事吳在淳

新刊 國漢文 越南亡國史 定價貳拾伍錢
發賣所京城廣橋高裕相書舖
鍾南 仁川郡 □時夏 書舖
布屛下 김相萬 冊肆

◎本社廣告
○申報價
一張代金 新貨二錢五里
一個月前納 三十錢
三個月 九十錢
六個月 一元七十錢
一箇年 [illegible]
○廣告料
四號活字十三字詰
每行一寸에 新貨 十五錢
一週日에 二圓五十錢
一箇月에 五圓
其他限의長短과字行의多寡를依ᄒᆞ야增減홈이有홈
●大韓每日申報各處支社廣告
中署布廛屛門下 김相萬冊肆
[illegible] 鄭鴻亭
[illegible] 최叔恒
仝 김浩淵
仁川□□□新冊肆 리東皓
宜川邑松西里 安淳
義州西門外한西 大藥局
釜山港佐川 徐藥局
三和港築洞 김仁집
咸興州南社西門外 曹喜林
開城培義學校 姜助遠
大邱市廳 최一弘
載寧邑濟衆院 □夢澤
鐵山邑東部 安支
元山支店 劉七錫
定州南門內 洪成麟
信川邑 李源植
海州南門內書舖 朴昌鎭

發行兼編輯人 英國人배說
發行所 南署石井洞號外地三層洋屋家
大韓每日申報社

廣告

白川開興學校補助金續
박濟柄 홍순면 김成赫 以上二拾元 박창根 리承셔 니창현 리顯秀 以上拾二圓 니國노 됴鍾국 拾元 셜相호 黃우셥 윤明鎭 오山동中 니병규 한昌국 김允寬 以上八元 김時默 리殷恒宗中 多壽井동中 리晋點 以上六元 閔德호 劉긔龍 김東슈 김亨甫 김容三 김成植 박景浩 리致順 호興雲 김ᄑ貞 리相獻 以上四圓 최영祿 최錫찬 徐文壽 林俊學 林在셔 辛在호 禹德榮 박경호 安浚호 吳德有 丕듸元 됴鍾봉 以上二元

본인의姪時般은性본浮浪허여渠지從祖善範이가村閭에셔養牛作農허ᄂᆞᆫ거슬做出凶計ᄒᆞ야본邑退校김某태로付同ᄒᆞ야渠從조가거家에셔銀화二百五拾圓을盜去라恐藉허고본邑경務셔무訴則該셔에셔卽地捉囚본獄허고此日彼日에무숭계경인지良民捉囚를변明코저본郡守께본동인民이壹齊等訴則僅爲변明되여被囚六日白放되고同時般은반즈지눕로被囚허엿ᄉ니世上天下의인倫을破傷허고조孫間相訟허라交囑허여他인偏財ᄒᆞᄂᆞᆫ김某泰又런類가豈有此世리오諸門族인이沸騰憤慨ᄒᆞ야김리兩漢지패절을懲治次爲先廣布ᄒᆞ오니텸君子照亮홈

平北定州
海山坊一里 리東昇 告白

享祀ᄂᆞᆫ聖廟지大祭也儒林中正勤人을擇ᄒᆞ야以誠享祀ᄂᆞᆫ莫重지法而今此校長은曾未經享禮지인으로擅白使柳ᄒᆞ야今春享祀에以郡底全정龍으로定奉香入齋케허니정龍은본是弗正인也라儒林中으로郡守에게等稟허기를如左허허니先聖지四勿온遺게명感也라以全정龍으로定奉香入齋云허니정龍ᄂᆞᆫ竊主日인허여賊鷄村閭허며구辱官長허미弗正無理혼類로壹郡이동知也라정龍은黜齋後에以正勤지士로擇定허시와享祀奉香지地를伏望이라허되官弗廻而入齋허니蔑視儒林과掩護정龍은推此可想이라然이나儒林中으로議論이沸騰허여享祀弗誠허니更爲향祀ᄅᆞᆯ爲料홈

順安儒林 告白

通津郡私立汾南學校에捐助金廣告 續
士인閔完植拾貳圓 仝申鍾夏貳圓 仝沈普澤五圓 仝리강셔四圓 仝閔泳伯拾圓 仝閔範호拾錢 六品宋啓殷貳圓 正三品최成龍陸圓 前參奉洪슌珪拾圓 前郡守申鍾協五圓 仝리병協捌圓 進士姜호錫四圓

國債報상海西同情會第一回義연인姓名及金額廣告
리承駿三百元 리承謨四拾元 同夫인박씨壹百五拾元 同子泰직拾元 김應奎 劉훈榮 각壹百元 莊明成 김泳澤각五拾元 김인璧 박원教 趙派漢 최泯숭, 김鳳쥐 各二拾元 리圭숭三拾元 김鴻程 김義錫 각拾五元 朴在龍 김時權 元壽顯 申守命 辛承취 최俊丑 孔天규 元景召 리承烈 각拾元 리種뎌八元 同夫인張씨三元 同孫子瓛坤壹元 리根슈八元 同夫인박씨三元 同子在文壹圓 최承셔八圓 同子丙夏二圓 송周玉七圓 同子榮泰三圓 同孫東셥壹圓 김澤熙 자炳祚 각六圓 뎡秀元五圓 同夫인박씨二圓 同子冀셥 규셥각二圓 同孫有福壹圓 복昌鎭 장喜션 동蒙學校中高鏞達 최영植 리良培 오鴻周 복창漢 리致幹 각五圓 同子경호二圓 子션호영호각壹圓 同子瑢호五拾錢 仝孫庸필二拾錢 孫庸觀 庸夏 庸俊각拾錢 김夏현五圓 子영셔四圓 子영善壹圓 뎡漢根 오萬긔 元容赫 최允植 장良긔 니圭황 복仁瑞 김영根 각四圓 리承憲 박孝欽 김義昌 송明규 리英善 리成根 辛在德 리化成 박在明 박能호 각三圓 車召史三圓 子吳明환壹圓 女妓비翠壹圓 뎡斗麟三圓 子亨錫壹圓 라永호 김致都 최戩瓆 리洪根 김泰榮 박昌九 리相善최顯柱 爾德裕 송순貞 됴承祿 孔철鎔 뎡連哲 姜允泳 安明호 김能현 姜元호 吳基叔 申順종 리貞根 리承培 최호達 孔泰一 리지泳 김益현 洪俊植 김汝集 姜鳳飲 方能敎 김鼎七 孔규一 한允필 孔召史 池召史 同子應夏 김永權 김淑규 각貳圓 박禹셔貳圓 同夫인김씨壹圓 鄭升영貳圓 同夫인김씨壹圓 됴영增 吳學寬 송允환 김東都 윤창규 윤德弘 리華文 장원긔 리德敏 김赫션 리義林 최獻萬 리병儀 김景儀 김義슌 원병喜 원병셔 최鴻國 김承祚 命蘭형 오震목 김곽守 송병철 뎡仁教 니치俊 安九현 니긔雙 니仁根 김긔彦 최원夏 복順益 니國셔 오成福 김行深 孔伯源 리應祿 박昌丕 한成根 仵公弼강完吉 김銀阿 박冀면 최在林 張京學 김貞현 舜善亭 송基호 仝원셕 최熙원 오益三 오규煥 오昌永 安仁弼 박潤默 김致션 김尙호 오鍾煥 복承丕 원尙植 최창岩 리창煥 安조호 강貞순 오봉源 한창순 妓윤花峯 뎡環영 김相봉 同夫인리씨 오ᄂᆞᆫ호 김益烈 오庚潤 오圭南 니斗善 김호善 뎡安넌김규潤김任善 김영守 安光玉 鄭俊원 됴明二 簡千壽 니光필 김龍凡 원봉生 뎡斗섭 자澤준 高鏞哲 한源模 김召史 同女妓明雲 次女妓明玉 각一圓 孫윤善壹圓 同丕景祚四十錢 同丕貞祚四十錢 오世호壹圓 仝丕九셕六拾錢 뎡義坤 김洛雲 니德行 니學善 뎡召史 許召史 각六十錢 妓荷연홍 銀치五錢七分重 됴召史 니賢教 김치홍 김영實 복봉輝 복준면 오君集 니승면 김汝善 김圭成 뎡汝京 김봉學 송貞敏 장창律 김仁甫 劉치烈 梁漢石 洪순命 니치셔 장得규 리成春 김宗漢 최斗환 簡창壽 뎡貞셔 孔義象 孔伯三 오世창 리斗星 各五拾錢 뎡召史 리和實 牟聖순 奇明吉 김봉셔오창洽 김順南 安行善 리應觀 安庚七각肆拾錢 김振玉 장吉明 殷長河 丁창仁 安치達 嚴德賢 鄭河連 김긔俊 김長文 方順庚 김召史 각參拾錢 同김召史六嚴女拾錢 김召史 김召史 黃東彬 김光수 김仁權 김文셔 강智善 김喜원 김文숨 兪鎭明각二拾錢 張東욱拾圓 許심 拾圓 同夫인강씨六圓 同子寅肆圓 장召史 니東根 許蜜각壹圓 閔召史 許林 許瀨 강봉문각五拾錢 김汝九 許명 許模 허榮 허海 허원 李俊영각二拾錢 허호三拾錢 최召史 安順긔 각四拾錢 김德誠 최仁셔 허킈 허형 허현 허潗각拾錢 李在林二百圓 仝人八拾二圓四拾錢 所居본里인口四百拾二口每口二拾錢式替연條
已上合計壹千七百七拾四圓四拾錢

咸南咸興郡南居淸風김氏漢鳳字季皓丁酉生去辛巳秋自平北鄕試來寓龍川站齋風本爲業矣昨年五月七日棄世葬于站前燈경山下子孫族戚間返襄爲要

平北龍川居張性植 告白

本人이合資會社晩成商會倉庫部를設立于南大門外紫岩동ᄒᆞ와萬商僉位의게便利를注意ᄒᆞ고左開布告ᄒᆞ오니有志僉商은照亮ᄒᆞᆷ

營業注目

一荷物去來지處의保商代금으로爲主ᄒᆞ오니便利

一荷物買賣時正當時勢則卽放이오니와萬一時勢不合則積置後從時ᄒᆞ여貸금ᄒᆞᆯ事

一邊利를銀行파同一ᄒᆞ여永久貿易ᄒᆞᆯ지라도少無損害ᄒᆞ니大所便利爲要事

一본社의금額을引用ᄒᆞ야貿易次相送時委托을受絡ᄒᆞ와待其時勢ᄒᆞ며寶賣ᄒᆞ오니是以便利事

一貴客枉臨後住接所를본二層洋屋內에敷設ᄒᆞ얏ᄉᆞ니衛生에安穩을務圖ᄒᆞᆷ

一當此入庫지物의若有天災時變이라도銀行保險을擔當ᄒᆞ야오니少弗念慮요永爲失敗事

一청商荷物길去時에有無는弗關ᄒᆞ고心情을確實然後에無典貸금ᄒᆞ며以少買主로易大問지意를爲根ᄒᆞ오니第一穩當事

一본商會荷物을輸運方送의從便爲지ᄒᆞ와各지處의支店을설立ᄒᆞ와目商任意를從便로록爲主ᄒᆞ오니商賈大道의亦無장碍

部長 住任 비相洛

無限責任 吉成秀지介

發起任員 宋台弘

京南ᄃᆡ門外紫岩

合資會社 三 晩成商會倉庫部

○算術新書 一帙二冊 定價八十錢

此算術이近者絕種ᄒᆞ와學界上缺點이기로今加校正發刊ᄒᆞ얏사오니僉彦은速々來購ᄒᆞ심을至면

發賣所 布屛下 金相萬書鋪

本人이南門外停車場西川邊에庫舍二百坪方米突를新建築ᄒᆞ옵고名稱普순倉庫라ᄒᆞ오며貫金은依沿江例ᄒᆞ오니某物이든지輸送ᄒᆞ심을敬要ᄒᆞᆷ

朴宗潤 告白

鎭川居박東權은自來有名奸吏로郡守마다狐迷於其奸猾權變ᄒᆞ야壹郡人民이無不被其陰毒ᄒᆞ며現任鄕長與府々동長ᄒᆞ야동當與동山古木을恣意賣食ᄒᆞ며皮漢處肉種與燭無下記入用ᄒᆞ며猶爲不足ᄒᆞ야抑稱有所捧ᄒᆞ고五千兩錢을欲爲討索ᄒᆞ미皮漢이撤包居散ᄒᆞ얏ᄉᆞ니以若요마鄕吏로其行爲가如是悖戾ᄒᆞ니今此郡主事薦報時에納賂於前官ᄒᆞ고初報ᄒᆞᆫ것시退却되미몇名以濟定更報ᄒᆞ야又爲退却ᄒᆞᆫ것會新官이不察其奸ᄒᆞ고數次更報ᄒᆞ얏다니萬壹此人이郡主事叙任되면十五面人民이畏其陰毒ᄒᆞ야上部에等訴ᄒᆞ깃기玆先廣布ᄒᆞᆷ

鎭川府內리秉奎 告白

審査局主事최相宜宮內府派員김禎魯兩氏가外人處見失ᄒᆞᆫ牧土를調査ᄒᆞ야該土를還推ᄒᆞ고居民을安堵케ᄒᆞᆯ事로理事廳에强硬談판ᄒᆞ고宮內府에屢次論報ᄒᆞ야盜賣ᄒᆞᆫ각漢을移照平理院ᄒᆞ야方在拘覈이ᄀᆞ牧堵稅錢段은每年舍音이上納은只爲四千兩이고私라이過半故로兩氏가査報府院ᄒᆞ야今年上納을增爲九千餘兩이거ᄂᆞᆯ何許漢이搆誣兩氏ᄒᆞ고ᄂᆞᆫ造廬名ᄒᆞ야廣告本報인지此必査報中所犯人이畏其露奸ᄒᆞ고欲沮事ᄒᆞ야如是搆誣인바凡我牧土居民百餘戶千餘名이幸賴兩氏明査ᄒᆞ야外人處見失土地를庶望還推之際에何漢이造名ᄒᆞ야如是作戱ᄒᆞ니從當搜得ᄒᆞ야裁判嚴懲이거과爲先廣告卞明ᄒᆞ오니 僉位照亮ᄒᆞ옵

釜山港富平동牧地居民

朴致伯 김致敬 具贊彦

김春伯等 告白

國債報상之論이始自釜山으로爰及大丘ᄒᆞ고輪布全國ᄒᆞ야期成會와義務所는處々興起ᄒᆞ고趣旨書와勸告文은家々皷動ᄒᆞ여協誠如斯ᄒᆞ니可透금石이라此案을必成지秋에際ᄒᆞ온슈豈弗感且怍哉리오본人等四拾四名이擧皆釜山지人으로冀接본港者旣有年所而職[illegible]生業이有志莫就ᄒᆞ여毎名所挽금四拾圓으로仰糶萬壹이온바望須全國同胞ᄂᆞᆫ初心弗改ᄒᆞ고始終如壹ᄒᆞ야俾有實效를千萬幸甚

仁港勤業社中

뎡永吉 김其柱 리基현
한始龍 秋允植 河錫현
송山言 김德七 鄭贊普
윤昇化 장仁彦 리根明
최翼相 김ᄃᆡ顯 최永約
박元瑞 金文和 具창祖
김成玉 박守玉 리仁善
文守年 박聖우 박明化
鄭有明 김炳林 박순汝
박聖化 김亨瑞 張善必
張士文 김守連 박봉汝
郭瑞益 김今玉 梁良玉
장善行 박善化 김應吉
최봉守 리成九 박在成
兪基玉 김義俊

명월관확쟝광고

폐관이ᄆᆡ시이후로고이ᄒᆞ시ᄂᆞᆫ귀ᄀᆡᆨ에후의를입사와오ᄂᆞᆯ날ᄯᅥ한에제일등요리졈으로ᄂᆡ외국에셔다아시도록확쟝ᄒᆞ여가오나ᄃᆡ단감샤ᄒᆞ온거니와근일은이층양옥을광활이신건축ᄒᆞ고다락아리ᄂᆞᆫ온돌방을은밀리비치ᄒᆞᆯ고포진범절을새로ᄒᆞ와오시ᄂᆞᆫ귀ᄀᆡᆨ이편ᄒᆞ시도록주의ᄒᆞᆯ옛ᄉᆞ오며각죵음식은보기에화려ᄒᆞᆯ고먹기에졍미ᄒᆞ게셜신ᄒᆞ비ᄒᆞ야다소를불계ᄒᆞ고주야로파오되셔양주ᄂᆞᆫ잔으로파오며특별신ᄆᆡ량교자음식은오시ᄂᆞᆫ시로브터ᄒᆞᆫ시간이되면ᄆᆡ상이라도곳가져가시도록ᄒᆞ오니ᄂᆡ외귀ᄀᆡᆨ은륙속왕임ᄒᆞ시옴

각식요리음식
각쉬셔양주
각종경편양요리
각종일본간스메
각종여송연
각국권연
진찬합
건찬합
밥교자
특별신ᄆᆡ량교자음식
명창가동정거북도유ᄒᆞᆯ옵

明月館 主人 金東植 告白

第五卷 第四百七十六號

大韓每日申報
대한매일신보

月曜及慶節歲時日休刊

檀君開國四千二百四十年
箕子元年三千二十九年
大韓開國五百十六年
日本明治四十年
淸國光緖三十三年
◉陰曆丁未二月大廿一日壬午

別報

合爾賓報를據ᄒᆞᆫ則日人이在吉林之無禮라ᄂᆞᆫ時評이如左ᄒᆞ니

此次吉林에來ᄒᆞᆫ日人이大都來自韓國일ᄉᆡ彼의在한國習慣은한民을任其欺能ᄒᆞ며한官을任其侮慢이라가乃吉省에一到ᄒᆞ면中國官員이日人을待遇ᄒᆞᆷ이日官에較ᄒᆞ면비록稍厚ᄒᆞ나한官에較ᄒᆞ면弗如ᄒᆞᆫ지라日이한國에在ᄒᆞ든野蠻自由와如코저ᄒᆞ나不得이라

於是의淸官의待彼之薄을怨望ᄒᆞ니大阪朝日新聞에屢々히滿洲淸官之非禮를論載ᄒᆞ얏스나然이나其所引事實을査ᄒᆞᆫ건ᄃᆡ(一)淸국이日人의私自租屋者와租房者의人品을嚴行盤詰ᄒᆞ고(二)淸官이形迹可疑者日人一名을拘送ᄒᆞ야附近日官의게交ᄒᆞᆫ지라日人來言者가甚衆ᄒᆞ야領事駐찰의保護가無ᄒᆞ니其人民이他人之國에赴ᄒᆞᆷ을聽ᄒᆞ되其行爲如何를不顧라버록形迹可疑者가有ᄒᆞᆯ지라도領事館의擔保가無ᄒᆞ니淸官이不敢擅自處治ᄒᆞᆯ것인ᄃᆡ엇지淸人이國際法을不知ᄒᆞᆷ이日人所料와如ᄒᆞᆫ가ᄒᆞ얏고大阪朝日新聞에云ᄒᆞ얏스되吉林에旅居ᄒᆞᄂᆞᆫ日人이淸政府에要求ᄒᆞᆫ兩事를商議ᄒᆞᆫ다ᄒᆞᄒᆞ얏스니(一)淸政府에要求ᄒᆞ되日人이吉省에在ᄒᆞ야南滿鐵路一帶에在ᄒᆞᆷ과如ᄒᆞᆫ權利을得享ᄒᆞᆷ이오(二)吉林交涉局總理員이淸日人民의交涉을판理ᄒᆞ되頗不公平ᄒᆞ니淸政府에要求ᄒᆞ야該員을撤還케ᄒᆞᆯ지라以上二欵을商議妥當ᄒᆞ고卽速히駐京日使의게達ᄒᆞ야淸政府와交涉ᄒᆞ기를請ᄒᆞᆫ다ᄒᆞ니本館이都中訪員의來函을因ᄒᆞ야獲此異聞ᄒᆞᆫ지라本館은以爲ᄒᆞ되淸政府가此等要求에必不能允諾이라ᄒᆞ노니何也오

萬國通例를按ᄒᆞ면人民이他國에旅居ᄒᆞ면領事保護가必有ᄒᆞ고旅居外國之民이所居之國에官吏와直接交涉이無ᄒᆞ고必本國領事가爲之紹介어ᄂᆞᆯ乃日本은倂히領事가來吉駐찰이無ᄒᆞ고所來日人은率皆無賴라청官이未肯一律拒絶ᄒᆞ고容之入境ᄒᆞ야以重邦交러니誰知此等無賴가淸官之德은不感ᄒᆞ고反히淸官之任을撤ᄒᆞ기를要求ᄒᆞ야동喝ᄒᆞ니

彼가以吉林으로爲朝鮮地耶아不然이면何狂妄如是오ᄒᆞ얏더라

官報

●號外 光武十一年四月一日

◉宮廷錄事

宮內府大臣臨時署理宮內府特進官리載克辭職疏

批旨省疏具悉職是已試病宜自强卿其勿辭行公事遣部郞宣諭

●三千七百二十六號 光武十一年四月一日

◉宮廷錄事

詔曰今日急務莫先於教育故朕嘗권々於興學之政官立公立學制略備而養士之區每患苟艱渠々廈屋卒難遍搆矣列郡所在館舍其奉闕牌以外尙有許大間架且無使賓止泊之例一任其荒무葺理充作평舍俾容多士之肄業事措辭知委於各該道臣

광무十一年三月廿九日

議政府參政大臣박齊純

侍從院卿리道宰辭職疏

批旨省疏具悉病姑難强卿其調理行公

◉敍任及辭令

任工業傳習所技手 리道榮

依願免본官永懷園參奉 리程淳

任永懷園參奉 全창熙

依願免본官永懷園參奉 全창熙

任永懷園參奉 九品리程淳

命宮內府特進官從一品리載克

任內部地方局長正三品玄 은

中 식

解慶尙北道庖肆稅調査委員

김啓군

命慶尙北道庖肆稅調査委員

윤相德

命平安南道庖肆稅調査委員

解法部法律起草委員長 法部前協판리源兢

解兼任法部法律起草委員 前判事박晩緖

命兼任法部法律起草委員 法部參書官리鍾協

●三千七百廿九號 광무十一年 月二日

◉宮廷錄事

典膳司提調金思轍辭職疏

批旨省疏具悉경其勿辭往省

奉常司提調尹奎셥辭職疏

批旨省疏具悉本職許遞

◉敍任及辭令

度支部主事리相德

依願免본官 仝 閔麟호

任度支部主事 安鍾哲 명渙鎔

任礦山事務局書記九品洪鍾驥

外報

●兩宮注意報紙 北京報를據ᄒᆞᆫ則淸國皇太后와 皇帝ᄭᅴ옵셔宮內人員을密派ᄒᆞ야各處報紙를定購ᄒᆞ야按期呈進ᄒᆞ야御覽을供케ᄒᆞ시니盖兩宮이時政得失에甚히注意ᄒᆞ시ᄂᆞᆫ故로報章을命購ᄒᆞ야耳目之助을資ᄒᆞ신다더라

●學生激昂 去月二十五日에日本早稻田大學校의討論會에셔한國皇帝의게華族의稱號를奉呈ᄒᆞᆯ可否를論ᄒᆞ미同校의在學ᄒᆞᄂᆞᆫ한國學生은非常히激昂ᄒᆞ야沒數히同校에셔退學ᄒᆞ기로ᄒᆞ얏다더라

●東歐騷亂 桑港電을據ᄒᆞᆫ則羅馬尼알나냐地方의形勢ᄂᆞᆫ愈益不穩ᄒᆞ야農民이虐殺을被ᄒᆞᆫ者ㅣ日益衆多ᄒᆞ야스팔넥기노에셔ᄂᆞᆫ被殺者가三百名에達ᄒᆞ얏더라

雜報

忠北報恩郡國債報상斷烟同盟募集金趣旨書

경哉々々어다夫我二千萬同胞ᄂᆞᆫ一心警哉어다有民有政府요有政府有民則政府가不可不恃民이요民亦不可不知政府라近者에挪用의債가至一千三百萬圓之多ᄒᆞ야杳無報償之日ᄒᆞ니이요民何可以居生乎아如此而치之則不過幾年에利倍於本ᄒᆞ리니然則國不可以爲國所以先自교南으로金光濟徐相敦兩氏가發起後에八域이同聲ᄒᆞ야각出義금ᄒᆞ야惟恐後人ᄒᆞ니此時가何時오可以挽回我國權之秋也요再生我生民之時也라惟我一鄕同胞도自成一國ᄒᆞ야募集金額ᄒᆞ야限二月晦內ᄒᆞ고鳩聚케ᄒᆞ야以답自己上國民義務케ᄒᆞ시믈同盟ᄒᆞᆷ

光武十一年三月日發起人 리吉善 리謹瓛 방胤赫 張斗煥

一本會社ᄂᆞᆫ邑新塲ᄃᆡ리謹瓛家로定ᄒᆞᆷ 一隨其力義助ᄒᆞ되多小ᄂᆞᆫ不拘ᄒᆞᆯ事 一誰某이던지訪其會執員ᄒᆞ야面傳後受領証ᄒᆞ야以憑後考ᄒᆞᆯ事 一義助金出捐人에姓名을記載于新聞ᄒᆞᆯ事 一沒義之輩가藉托本社人員ᄒᆞ고藉行鄕曲者어던一函發覺明于本會ᄒᆞ야以爲懲創ᄒᆞᆯ事

雜報

●秘密陛見 日昨伊藤博文氏가무슴事端이有한지政府외事局에도通知치안이하고秘密히陛見하야數時間을 上奏하얏는뒤元來외使의 陛見하는格例가自政府로 陛見을請한後에入 闕하더니今番에는統監이秘密히 陛見함은必有欺慢之事라고與論이紛々하더라

●內容未知 再昨日에各部大臣이伊藤統監에게被招하야一齊히統監官邸로會同하야무슴問題가有한지內容은未知하거것다더라

●有何問題 伊藤統監이將次一大問題가有하다는뒤一般世人이拾分疑訝한다는說이近日狠藉하더라

●統邸開議 각部大臣이伊藤統監官邸의招集한事는別項과如하거니와該邸의서散會한後一제히政府로會同하야무삼事件을臨時開議하고下午七点半에散會하얏다더라

●農會贊成 大韓農會會長閔丙奭氏가同會財政에困難함을慨歎하야金百圜을捐助한故로該會에서會務를擴張實施하기에方在準備中이라더라

●是何人斯 日昨下午五時量에諫동等地에셔何許剃髮人이該동居某人家에來하야檢査를마치라하다가主人이出來한즉該人이도走한지라主人이追捕하야適其行巡하는憲兵의게押付하얏다더라

●先訪統監 日본국官廳事務視察할諸氏가伊藤統監을訪見한後의卽爲辭陛한다더라

●檢官差定 全南裁判所에서法部에電報하되本道內拾四郡驪官隣郡獄事의初覆檢官差定에甚爲葛藤이오니以郡守署郡主事로行檢함이何如하올지與否를卽回示하라하얏더니法部의서答電하되郡主事로差定檢官이不可라하엿더라

●毀城賣石 電車와車馬行路에便利케로京城東南을一幷撤撤하기로政府에서會議上 奏하엿는뒤히石材는日본人이買用한다더라

●博覽會式 再昨日商業會所에서物品을陳列하고博覽式을擧行하엿는뒤每名에票錢이壹錢式인대博覽會에來參人員이二千名에達하얏더라

●徐氏被拿 警務廳에서法部에報告하되去二十七일京畿水原경務署에서行動殊常者池八文을逮捕押上이온바히犯은일前에軍大謀殺者康元相의同黨으로同盟書를帶持하얏스오며히犯所供을據한즉中署廳동前郡守徐彰輔가有所干犯云이온즉今將拿致이온뒤히員이係是勅任官판理公使云이옵기玆의報明하오니査照하신後 上奏拘拿라하엿는뒤法部의셔指令하되前郡守徐彰輔拘拿지由를業經奏下하엿스니到卽히員을卽行拿致審查後報來함이可하기로玆의訓令이라하얏더라

●洪氏被任 再昨일法部의셔法官을銓考하얏는뒤慶北檢事陸鍾면氏가平理院判事로移任한代에는法部主事洪龍杓氏가被任한다더라

●日拓荒蕪 日人岡十郞氏가山崩縣에서한國에荒蕪地를開拓할株式會를設하고每股에五十圓式인뒤百萬圓利는八分으로定하고股主中에得用하기는八里로定하얏는뒤日人만設社하는거시穩當치아니하다하야農商工部에公議하얏더니商業會의서會員이應諾하야一千股를買한다더라

●導江城內 日본인菊池가漢江을南門々지引水하야地線으로城內의汚穢物을五間水로掃除케하기로한다더라

●礦例採石 近일의경務廳의서各處石材를不浮하기로禁止하야公私役間의中止함미呼寃이日至하더니農商工部의셔礦山例를依하여採掘을準許하기로하엿는뒤此는統監府勸告라하더라

●김氏移任 平理院首班判事趙經九氏依願免代의法部民事局長金基肇氏가移任한다더라

●恩露偏降 今番皇太子殿下誕辰에 詔勅으로六犯內外에可恕지人과七拾以上拾五歲以下赦典에漢城裁判所所管罪人은五名인뒤再昨日에放釋하얏다더라

●殊常行跡 일昨夜에何許三人이持六穴砲하고突入于박參政家하엿는뒤保護巡檢이知機하고電話로通奇於警務廳하엿더니巡檢이多發하야參政家하미히三人이見機하고越墻도走하얏는뒤日前에參政大臣박제純氏가政府에仕進하야一般官吏를對하야日白晝砲聲과黑夜劍광이蠢蠢我政界에諸大臣을謀殺하야는凶計인즉以今일지危險은로는來頭을不可預想이니眞是可惧지機라諸君으로長久히相對할望이無하다하며셔悵지色이自然顯露하얏다더라

●被捉旋放 今番軍部大臣權重顯氏에게發砲한者를경務廳에서現今搜索中이라는뒤日昨에門外居하는리性爲人者가供招에出하야경務廳의셔發捕하얏더니히리某가適其時의在家치아니한故로其老母와其妻를捕捉하얏더니리某가還家하야히事實를得聞하고卽時경務廳의入하야其無罪함을證明하는故로히廳에서卽時放釋하얏다더라

●綍시將廢 學部大臣리完用氏가近日博士시取에奔忙한뒤伊藤統監이責曰當此施政改善之일하야實際上教育은注意치아니하고前일科擧與習에從事하야奔走不暇하니是豈教育主務의責任乎아함의學大가伏罪哀乞曰自今以後는博士시取를廢止하리라하얏다더라

●西友開會 本月六일(陰二月廿四일)下午七時는卽西友學會通常會인뒤會務도處理하려니와特別히國債報償問題로討論할터인뒤兩西에서來留하는諸氏는一제來參하기를希望이라하얏더라

●以牛換砲 連山魯城等地에賊黨이大熾하야村閭農牛를隨處率去하야群港外국人의게六穴炮와相換한다더라

●警法相리夏榮氏 滄浪子

嗚呼壯哉라리法相의一代榮貴여素以釜港賤蹤으로日人福田氏의게雇傭하더니외國方言을略解함으로靑雲洛橋에策仕階梯를得하야品秩이日高하고天恩이罔涯하야出使入相으로于今二十餘載에官不離身하며置宅城外에京都甲第라한天勢力은能奪君權하며驚世法律은逐出官寮하니翼乎鴻毛는順風을遇하며沛乎巨魚를大壑에縱함과同하니揚眉吐氣에喧動一世라回顧昔年情形컨뒤可謂奔化爲龍이요氷生寒水니誠是盡世豪華요誤국奸凶이로다

嗚乎痛哉라리法相의眼中無君이여際遇가若是隆渥하고位품이旣登極要則雖肝腦塗地하고磨頂放踵이라도鞠躬盡瘁하야국恩을報答함이人臣의義務요天命을順受하며民心을悅服함이司法者의本分이여놀噫彼凶頑이今番赦典에 天聰을壅蔽하며외勢를藉賴하야罪在망赦에국人이皆曰可殺者는胃錄放釋하고國人이皆曰可釋者는擅拔不放하엿스니萬目所視에百口難掩이라

上으로仁慈하신 君父를欺망하고下으로直言하는同寮를免逐하되리偽뜨事件인則 皇上께서特減三等하스答七十에處하심은職任을因存케하심이놀勅下 奏본에擅行免官하얏시니如此頑習은實로眼中無君이요不顧臣分이라是可忍也온天下에豈有難事리오其妬賢嫉能은리林甫지口蜜腸금이오陷害忠直은奈下枝지금牌班師로다

△紙上波瀾▽

▲近日風說이厝生하야幾個條는問題가出自那邊하니心目이疑眩하야雷聲이將發에同雲이彌空이로다

▲日本早稻田大學校에서討論會를開하고韓國皇帝를廢位號를奉呈하기로可否를取決하미該校에在한韓國學生이不勝忿痛하야沒數退學하엿다니大韓臣民에罔極之痛은不如無生이로고

▲稷山郡杏亭居金敎鳴名人은日人의게土地를居間賣渡하기爲하야田土文券을多數收去하얏다니金哥의牟利之計은是何人道로써責할거시無하거니와該地人民들은昇天入地는할는지

▲英語學徒의進級狀과賞與狀不予함은學徒의勸奬하는本意도無하고成績可據도無하다하야一齊히自退하엿시니學部官人은日人에게納媚하야日語學徒는極力贊成하되英語學徒는學徒로不認이로다

▲度支大臣閔泳綺氏는新聞上에論駁을大端憎惡하야度支部官人과稅務官과稅務主事에게新聞을購覽치勿하라고命令하겟다니壓制勢力이若是宏壯한가

▲學部大臣리完用氏는成均館에서經義生을試取하는日에憲兵과巡査의多數保護를請求하하얏시니試取場에도戒嚴할事가有한지한廷大官은無非傷弓之鳥로고

◎特別社告◎

國債報償의義捐金을至今봇터本社에셔收捧ᄒᆞ기로定ᄒᆞ엿스며收捧ᄒᆞᄂᆞᆫ대로錢額과氏名을逐日廣告에揭佈ᄒᆞ며當日로電氣會社內銀行으로姑先貯置ᄒᆞ얏다가巨額에達ᄒᆞᆫ時에ᄂᆞᆫ世界에有信用ᄒᆞᆫ會社나銀行의結托ᄒᆞ야善後方策을採用ᄒᆞᆯ터이오며至於收合方法ᄒᆞ야ᄂᆞᆫ본社에ᄒᆞᆫ額을收納ᄒᆞ며事項을相議ᄒᆞᄂᆞᆫ團體와ᄂᆞᆫ一응聯絡ᄒᆞ려니와外他ᄂᆞᆫ一切無關ᄒᆞᆷ

大韓每日申報社

路透電報

●留國殺戮 三月卅一日午后五時
留馬尼亞國에ᄂᆞᆫ叛民의殺傷을猶然繼行ᄒᆞᄂᆞᆫᄃᆡ財產損害를受ᄒᆞᆫ者其額이非常ᄒᆞᆫ巨額에達ᄒᆞ얏다云云

●比律議會 四月壹일午后拾時着
美국大統領루쓰벨트씨ᄂᆞᆫ比律賓群島의基督敎徒在住者ᄂᆞᆫ至今은全然히平和的狀態가되얏심으로全嶋第壹回議會에選擧準備ᄒᆞ라고命ᄒᆞ얏ᄂᆞᆫᄃᆡ選擧日은七月三拾일로定ᄒᆞ얏더라

北京電報

●飢民困難 四月二일午后壹時着
廣西安徽兩省에窮民은四百萬人의多數에達ᄒᆞ여其形勢가甚히不온ᄒᆞ다ᄂᆞᆫ報를接ᄒᆞ얏스나北京政府ᄂᆞᆫ某等救助지道가無ᄒᆞᆷ으로困難이甚ᄒᆞ다더라

雜報

●三氏自現 再昨日에前注書羅寅永前主事吳基鎬前主事金寅植三氏가平理院에自現就囚ᄒᆞ면셔自現狀을供ᄒᆞᆷ이如左ᄒᆞ니嗚呼痛哭嗚呼痛哭이라惟我大韓三千里獨立疆土와五百年祖宗社稷으로今日之悲境에淪ᄒᆞ야政權은腐敗而墜失ᄒᆞ고生靈은塗炭而糜爛ᄒᆞ야馴致乎無國無民케ᄒᆞᆷ이伊誰之罪오一則政府諸姦也二則政府諸姦也라維 光武九年十一月十七日에堂々我 帝國之外權을肆然賣渡ᄒᆞ야所謂條約을擅自調印ᄒᆞ얏시니世所謂五賊이란者ᄂᆞᆫ非特我 大皇帝陛下之賊臣이라亦爲 祖宗之賊臣이오抑可爲天下萬古之元惡也라凡爲我韓臣民者ㅣ孰不欲食其肉而寢其皮也리오嗚呼痛哉라本人이本月二十五日에不勝忿憤所激ᄒᆞ야欲遂人々得誅之義務ᄒᆞ야遣人而欲斬諸姦이라가謀雖未遂나此事에對ᄒᆞ야本人等이實爲指使者也오若其下手者ᄂᆞᆫ皆其隨從也라幾日潛踪ᄒᆞ야不即自現者ᄂᆞᆫ擬圖更擧ᄒᆞ야快雪國耻러니竊觀近日自警廳으로網打無辜善類ᄒᆞ야脅勒贓訛에漸致玉石俱焚之禍故로本人等이玆에當初做事ᄒᆞ든可據文字에斬姦狀과日本統監府의罪司令部와各國領事館에通牒과坊曲과及日本人租界內所告文과自新會趣旨書와愛國同盟歌와斬姦後自現狀等各草件을一々抱持ᄒᆞ고自現就囚ᄒᆞ오니伏惟 本院은司法也라欲除國賊而未遂者를謂之謀殺未遂라ᄒᆞ야如有可徵典文이어든本人等이甘伏其罪ᄒᆞ깃사오니 裁亮處판ᄒᆞ심을伏望이라ᄒᆞ얏더라

●傳聞必誤 漆谷郡守최현達氏가勒捧엽錢ᄒᆞ고戶布矯구와飾等事ᄂᆞᆫ追後可信ᄒᆞᆯ報道을採ᄒᆞᆫ즉엽捧之事ᄂᆞᆫ初無ᄒᆞ고獨戶지事ᄂᆞᆫ實有ᄒᆞᆫ대此ᄂᆞᆫ히郡守가各面領收員이ᄌᆞ結民處에엽捧條을考其尺文奪去ᄒᆞ야一々還付ᄒᆞ고히동矯구戶錢ᄒᆞᆫ事件인즉此實爲均惠지政인ᄃᆡ嫌疑者가인緣搆說ᄒᆞ야至於傳聞지誤이라더라

廣告

본人名善媛二字를東信媛으로改名ᄒᆞ얏ᄉᆞ니知舊間照亮ᄒᆞᆷ
리東信媛

學員募集廣告

本校에셔豫科學員을試選ᄒᆞᆯ터오니入學志願者ᄂᆞᆫ四月十一日木曜(陰曆二月二十九日)以內로入학請願書를本校에具呈ᄒᆞ고伊日上午十時에本校로齊赴應試ᄒᆞᆯ事

入學試驗科目
一漢文(講讀)(作文)
一國文(作文)
一日語(初步)
一算術問對(整數四則初步)
一年齡十二歲以上
一入學請願書ᄂᆞᆫ印刷紙에精書ᄒᆞ되本月二十六日官報廣告에照行ᄒᆞᆯ事

官立漢城高等學校長李源鎔

本人이外川坊一里在ᄒᆞᆫ世傳家대을昨年九月分金春澤處渡賣이온ᄃᆡ凶彼從孫宗圭가外國人處에潛賣之意運動이기玆以廣告ᄒᆞ오니內外國人切勿見欺ᄒᆞᆷ
平壤靑滄坊楸洞李泳柱 告白

學員募集

今次에本校學員約五十名을募集ᄒᆞ니志願者ᄂᆞᆫ左開各項을遵ᄒᆞ야入學請願書에履歷書를添付ᄒᆞ야四月十五日(陰三月三三日)內로本校에提出ᄒᆞᆯ事
一志願者資格 年齡滿十二歲以上普通學校卒業生과或是와同等ᄒᆞᆫ學力이有ᄒᆞᆫ者
一入學試驗期日 四月十八日(陰三月六日)上午九時에來校應試ᄒᆞᆯ事
一試驗科目 日語初步、漢文、算術(四則初步)國內地理
一學資給與 學員의게ᄂᆞᆫ志願을據ᄒᆞ야學資로每朔金五圓式給與ᄒᆞᆷ도有ᄒᆞᆷ
一入學志願者의注意要件과其他詳細件은本校에來問ᄒᆞᆯ事

광武十一年三月 日
京城明동
韓國財團法人普隣
商業學校

本書館에셔耶蘇敎聖書와百外국敎科書를多數購入ᄒᆞ야廉價發賣ᄒᆞ오니四方僉君子ᄂᆞᆫ陸續來購ᄒᆞ시옵
平壤西門內東華
福音書館主人 鮮于석 告白

再昨日大한每日申報分傳同時에國債報償志願金總合所規程에公函尾附ᄒᆞᆫ者一通이配達되온바本兩人의姓名이添錄되얏사오니本兩人은無關ᄒᆞᆫ事인故로玆에仰布ᄒᆞ나니다
金光濟 告
李鍾一 白

美國셔購ᄒᆞᆫ留聲機ᄂᆞᆫ大韓歌曲을奇妙奏唱ᄒᆞ기로每回二十曲調에新貨一圓式貰給ᄒᆞ오니愛覽ᄒᆞ시ᄂᆞᆫ 僉君子ᄂᆞᆫ勿論晝夜ᄒᆞ고陸續請求ᄒᆞ시옵
南署苧동北便藥局에來問ᄒᆞᆷ

本郡守최현達氏淸德善政은非但一邑이라一道咸頌ᄒᆞᄂᆞᆫ中인ᄃᆡ何許嫌人이以何惡心으로搆날傳說ᄒᆞ야貴社申報第四百七十號에葉錢勒捧戶布矯飾等說로見載ᄒᆞ니誠何甚也오漆邑이距大邱二十里라觀察道와支金庫와醫務官이森立ᄒᆞᆯ뿐더러稅務署와派駐稅務主事가白在ᄒᆞᆫ즉雖欲捧葉인들豈可得乎아況我侯到任後兩年에捐廩斥士ᄒᆞ야自家錢으로抛患一邑이敗至夥額인ᄃᆡ豈有々意於結剩이며且兩年間結稅事로初無苟一民囚一民之事인ᄃᆡ勒捧二字가從豈成說乎아漆邑結錢은紙葉間任民自納은本郡과稅務主事告示가自在ᄒᆞᆫ즉無容更明이요至於居峽之民이開捧初頭에劃利ᄂᆞᆫ未詳ᄒᆞ고其時幣價ᄂᆞᆫ稍高ᄒᆞᆷ으로以葉收捧ᄒᆞᆫ任員處에幣剩을査出ᄒᆞ야各該ᄒᆞ에還付ᄒᆞ야戶布를矯구永防ᄒᆞ얏스니實政所及에漆民之頌은萬口一辭이온ᄃᆡ一魚가爲敗濁巨海리오마ᄂᆞᆫ如此興訛害善之徒ᄂᆞᆫ不容不另採覈罪ᄒᆞ깃기로爲先廣告ᄒᆞᆷ
漆谷鄕中 柳寅兪 曹重환 리貞鎬 權應度 沈鶴澤 리以璪 리大陽 리承彬 韓正杓 柳宗魯 리完五 박相善 리以杓 ○益洪等 告白

本인의長子得華ᄂᆞᆫ年紀浮浪ᄒᆞ田產都文을僞造ᄒᆞ야日인姬野諒八의게典執得채라가平壤觀察使의廉明ᄒᆞ심을幸蒙ᄒᆞ와被囚懲習이옵더니김泰烈이가又與得華로做出凶計ᄒᆞ야七十老昏지母親을萬端誘惑ᄒᆞ야乘夜率去而欲出重채ᄒᆞ야附於濫收지境ᄒᆞ오니內外國인은切勿見欺ᄒᆞᆷ
定州壇坊김德玹 告白

本人의從弟南哲의字士彦인ᄃᆡ性本浮浪ᄒᆞ야위造文券ᄒᆞ야京鄕出沒ᄒᆞ야欲爲得債ᄒᆞᆫ다니勿論京鄕間內外國人ᄒᆞ고勿爲給債見失ᄒᆞᆷ
舒川外東部面牙浦白南杓告白

咸南咸興郡南居淸風김氏漢鳳字季皓丁酉生去辛巳秋白平北鄕試來寓龍川站齋風本爲業矣昨年五月七日棄世葬于站前坮경山下子孫族戚間返葬爲要
平北龍川居張性植 告白

本人이日本大阪商業家와特約ᄒᆞ고日本內地產出各種物品과西洋各種物品及機械等物을我大韓에輸人과委托을便利케契約ᄒᆞ얏ᄉᆞ오니商工業에有意ᄒᆞ신僉君子ᄂᆞᆫ某物이든지請求코져ᄒᆞ시거든本社로來議ᄒᆞ시오本社에셔ᄂᆞᆫ手數料金만領受ᄒᆞᆷ
興業社本店
開城北部祥洞
支店京城南門內水濟五十一統六號培養會社
全仁港內동廣濟號

廣告

본인의姪時般은性본浮浪ᄒᆞ여渠지從祖善範이가村閭에셔養牛作農ᄒᆞ는거슬做出凶計ᄒᆞ야본邑退校김其태로付同ᄒᆞ야渠從조가거家에셔銀화二百五拾圓을盜去라遷籍ᄒᆞ고본邑경務셔무訴則該셔에셔卽地捉囚본獄ᄒᆞ고此日彼日에무숌계경인지見民捉囚를변明코저본郡守씨본동인民이壹齊等訴則僅爲번明되여被囚六日白放되고同時般은반不지눌로被囚ᄒᆞ여슨니世上天下의인倫을破傷ᄒᆞ고죠孫間相訟ᄒᆞ라交囑ᄒᆞ여他인偏財ᄒᆞ는김其泰곳흔類가豈有此世리오諸門族인이弗勝憤慨ᄒᆞ야김리兩漢지패習을懲治次爲先廣布ᄒᆞ오니ᄒᆞᆫ君子照亮홈

平北定州海山坊一里 리東昇 告白

本人이合資會社晩成商會倉庫部를設立于南大門外紫岩동ᄒᆞ와萬商僉位의계便利를注意ᄒᆞ고左開布告ᄒᆞ오니有志僉商은照亮홈

營業注目

一荷物去來지處의保商代금으로爲主ᄒᆞ오니便利

一荷物買賣時正當時勢則卽放이오니와萬一時勢不合則積置後從時ᄒᆞ여貸금ᄒᆞᆯ事

一邊利를銀行과同一ᄒᆞ여永久貿易헐지라도少無損害ᄒᆞ니大所便利爲要事

一본社의금額을引用ᄒᆞ야貿易次相送時委托을受絡ᄒᆞ와待其時勢ᄒᆞ며放賣ᄒᆞ오니是以便利事

一貴客枉臨後住接所를본二層洋屋內에敷設ᄒᆞ왓스니衛生에安穩을務圖홈

一當此入庫지物의若有天災時變이라도銀行保險을擔當ᄒᆞ오니少弗念慮요永爲失敗事

一첨商荷物길去時에有無는弗關ᄒᆞ고心情을確實然後에無典貸금ᄒᆞ며以少貢主로易大商지意를爲根ᄒᆞ오니第一穩當事

一본商會荷物을輸運方送의從便爲지ᄒᆞ와各지處의支店을설立ᄒᆞ와ᄒᆞᆫ商任意를從便도록爲主ᄒᆞ오니商賈大道의亦無장碍홈

合資會社 晩成商會倉庫部

部長 비相洛
任任 吉成秀지介
無限責任 宋台弘
發起任員
京南ᄃᆡ門外紫岩

本人이南門外停車場西川邊에庫舍二百坪方米突를新建築ᄒᆞ옵고名稱曾全倉庫라ᄒᆞ오며貰金은依沿江例ᄒᆞ오니某物이든지輸送ᄒᆞ심을敬要홈

朴宗潤 告白

東萊草梁居김鍾畿의畿字을古字(德)字로改名ᄒᆞ오니知舊間照亮ᄒᆞ시오

김鍾덕 告白

本人에庄土在於載寧雪坪三支江이온ᄃᆡ何許雜類가稱以買得云하고欲爲放賣하오니內外국人은見欺치勿ᄒᆞ옵

沓主玄興澤 告白

명월관확장광고

페관이마시이후로고의ᄒᆞ시는귀ᄀᆡᆨ에후의를입사와오늘날ᄃᆡ한에제일등요리점으로ᄂᆡ외국에셔다아시도록확장ᄒᆞ여가오니ᄃᆡ단감ᄉᆞᄒᆞ옵거니와근일은이층양옥을광활이신건축ᄒᆞ고다락아ᄅᆡ는온돌방을은밀리비치ᄒᆞ고포진범절을ᄉᆡ로ᄒᆞ와오시는귀ᄀᆡᆨ이편ᄒᆞ시도록쥬외ᄒᆞ엿ᄉᆞ오며각종음식은보기에화려ᄒᆞ고먹기에정미ᄒᆞ게열신쥰비ᄒᆞ야다소를볼게ᄒᆞ고주야로파오되셔양쥬는잔으로파오며특별신마량교자음식은오시는시로붓터ᄒᆞᆫ시간이되면멧상이라도곳가져가시도록ᄒᆞ오니ᄂᆡ외귀ᄀᆡᆨ은륙속왕임ᄒᆞ시옵

각식요리음식
각식셔양쥬
각종경편양요리
각종일본간스메
각종여송연
각국권연
진찬합
건찬합
밥교자
특별신마량교자음식
창가동정거북도유ᄒᆞ옵

明月館主人 金東植 告白

一 ■標煉濃結牛乳
一 金印煉結濃結牛乳
一 ■■家用■化乳■
一 보ᄅᆞ든쓰製■■■
合牛乳

以上은常時에貯積ᄒᆞ얏삽

美國紐育港보ᄅᆞ든쓰濃結牛乳會社

一手代理店

大한仁川港 世昌洋行

●九轉靈砂라 本人이妙方法을神備ᄒᆞ야製造ᄒᆞᆫ靈丹인ᄃᆡ男女老少에無論何징ᄒᆞ고通治ᄒᆞ오며無病時에도服ᄒᆞ면平生의身體가健康ᄒᆞ며小兒ᄂᆞᆫ四五錢重만服ᄒᆞ면十歲안에無病ᄒᆞ기를擔保ᄒᆞ오며

●九轉靈砂萬應丹은셔狂 癎징과中風諸疾과耳目諸病과淋疾에神効ᄒᆞ오

●九轉靈砂保命丹은初生小兒驚風 간氣 咳嗽 腹瘡諸般惡징에神効ᄒᆞ오

●九轉靈砂濟衆丹은酒滯 食滯 血積 吐瀉 霍亂 痢疾 吐血 下血 運氣 時疾 疝징에神効ᄒᆞ오

●九轉靈砂紫金丹은痔漏 累癧 上疳瘡 下疳瘡及唐瘡과諸般毒瘡惡種에無不神効ᄒᆞ오니 僉君子ᄂᆞᆫ來問ᄒᆞ시오

內需司前독갑이골上隅第一家百三統一戶 리호廷 告白

洪淳康氏가東署東小門內土橋東邊에織造機을廣張設施ᄒᆞ야稱號를淳昌號라ᄒᆞ고各色綢緞紗屬等을織造發賣ᄒᆞ오니願買人은來臨購買ᄒᆞ시며或所用대로緞과紗等屬을預托ᄒᆞ시면依約施行ᄒᆞᆯ깃삽

淳昌號 告白

法律事務所
辯護士前檢事 正三品 丁明燮
西署新門外鍮동百八十六統三戶
事務員前主事吳在淳

越南亡國史 國漢文 新刊

定價貳拾伍錢
發賣所 京城廣橋高裕相書舖
鏡南踰川耶禹時夏書舖
布屛下김相萬冊肆

◎本社廣告

○申報價

一張代金 新貨二錢五里
一個月前納 三十錢
三箇月 九十錢
六個月 一元七十錢
一箇年 三元四十錢
郵稅一部 新貨五里
一箇月 十三錢

○廣告料

四号活字十三字詰
每日每英尺一寸에新貨廿五錢
(每日每行六錢에相當홈)
一週日에 二圓五十錢
(每日每行四錢五里에相當홈)
一箇月에 五圓
(每日每日四錢一里에相當홈)
其期限의長短과字行의多寡를依ᄒᆞ야增減홈이有홈

●大한每日申報各處支社廣告

中署布屛門下 김相萬冊肆
中署農圃初入七拾八統第二號 鄭禹澤
平壤上水口門內 김浩淵
全 최敎恒
仁川桃峴開新冊肆 리東皓
宣川邑橋西里 安濬
義州西門外한西 大藥局
釜山港佐川 徐藥局
三和港築洞 김仁집
咸興州南社西門外 曹喜林
開城培義學校 姜助遠
大丘市廳 최一弘
載寧邑濟衆院 鄭夢澤
鐵山邑東部 安玄
元山支店 劉七錫
定州南門內 洪成麟
信川邑 李源植
海州南門內書舖 朴昌鎭

發行兼編輯人 英國人비說
發行所 南署石井洞號外地三層洋屋家
大韓每日申報社

第五卷 第四百七十七號

大韓每日申報
대한매일신보

月曜及慶節 歲時休日休刊

檀君開國四千二百四十年 箕子元年三千二十九年 大韓開國五百十六年 日本明治四十年 淸國光緒三十三年
◎陰曆丁未二月大廿二日未癸

別報

述한日之締約及日人在한之橫行 遠東報照謄

倫敦特來賓報訪員司托禮近著一論關乎한日協約及締約時之각情形英國諸報皆載之千九百五年司托禮君已到漢城한國官場頗敬重之是한日交涉司君得知詳細

한皇並有親筆論日人無禮書寄司君書中要點有一千九百五年十一月十七日한日協約實日本專使與한國宰相二人所締並無한皇之允諾一也한日條約係以日文爲準 한皇並未認可二也한皇志在籌策自主乃無端落於日本主權之下實出自日人之强迫三也일한協約所載日政府應代한國관理外交並無干涉한國內政之權今일本並한國之內而掌握之四也한皇並未允日人派統監來하監督한國之行政五也

한皇撰請各强國出爲保全한국지主權會同指導한國內政外交以五年爲限司托禮君得 한皇書之後此書於英國各報當即登出而일人誣爲此書係僞造豈知此種繁々有拠지事實雖百方掩飾亦無益也況漢城宮內之一舉一動自是有關時局者歷廿四小時無不知者不惟한國一隅之人知지即全地球지人亦皆知지矣而日본美爾(著音)報猶復掩飾其醜而放囈語曰일政府지待한國無一不合公法天下人豈盡是童子而能受此欺耶

美國華盛頓科力落文)報主人得韓京電讀 韓皇反對일人지晉知한일지約 한皇並未畫諾 著論云該約既無 한皇지允諾自當作廢並將原函專達合衆國政府以便約合衆國問일政府之罪幷指示 韓皇以救急之策冀若請各國保護韓國主權脫離日本之掌握用一已之力反抗日人是何異對貧人而言金對跛者而言競走也韓國之現狀已至此吾人誰有若干言言之教한國事未必有濟然吾有不忍不言者非僅爲한國計乃爲全球弱國知한國之失着勿蹈其覆也世界愈久愈文明而民族之爭化有形於無形滅語言滅文字滅人種之禍愈慘愈劇優勝劣敗物競而天自擇也吾人寧可忽耶

南한地方有한國巡撫署日本兵隊及警察隊來而强占焉及日本派財政委員來한駐차當自覓匪之處所幷日兵移居於此居數日仍遷回巡撫署而將巡撫驅出該撫稍一反對日員以兵嚇之하撫無法另覓小房一所作爲新撫署當時한民雖大起公憤然其力實不及只得含垢忍辱國於地球上者目覩在人主權下之國之官可憐耶否耶

科力落文報主人 席爾爲特)君在한最久亦愛한者也曾條陳 皇한請각國保護脫離日人之掌握此策實公法所許可乃不謂美總統於한國事頗ィ關心以致迄今未能관到誠可惜也至於日人在한國之人民之官吏之政府無禮即對於歐美人亦然彼日人在한各處偵探외國之官商學士來한者日人無不窮詰即不干政治之傳教師亦當受其盤詰平時探偵尙如此有軍務時又當如何

官報

◎三千七百三十號 光武十一年四月二日

◎宮廷錄事

議政府參政大臣陸軍副將勳一等臣박제純內部大臣陸軍副將勳一等臣李址鎔軍部大臣陸軍副將勳一等臣權重顯謹 奏東南兩大門係是皇城通衢人肩相磨車馬輻湊況又電車貫通中間有難回避每多抵觸其於況通運輸不容不另究便宜之方門樓左右城堞各八間毁撤俾爲電車出入之線跡元定門路一任人民來往恐無紛十雜沓之弊謹將圖本恭備乙覽伏候聖裁

光武十一年三月三十日奉旨制日可

◎敍任及辭令

任憲兵隊書記 리源常

任法官養成所教官 前判事박晩緖

慶尙北道裁判所檢事陸鍾면 任平理院判事敍奏任官四等

解兼任法官養成所教官 前判事박晩緖

解兼任農林學校長 農商工部前農務局長徐丙肅

命兼任農林學校長 農商工部農務局長뎡鎭弘

解兼任園藝模範場長 農商工部前農務局長徐丙肅

命兼任園藝模範場長 農商工部農務局長뎡鎭弘

依願免本官 度支部稅務官申泰俊

任度支部稅務官敍奏任二等 正三品한相鶴

外報

◎俄艦訪英 英國急進派의代議士及英국艦隊가曩者에俄국을訪問ᄒᆞ랴다가俄국物情이不穩ᄒᆞᆷ으로中止ᄒᆞ얏더니今에俄國艦隊가反히英國軍海을訪問ᄒᆞᆫ다ᄒᆞ니俄國々情의變遷ᄒᆞᆷ을괄目改觀ᄒᆞᆯ者가有ᄒᆞ다더라

◎馬賊猖獗 北京電을據ᄒᆞᆫ즉黑龍江省에馬賊이益々猖獗ᄒᆞᆷ으로淸國政府는鎭定ᄒᆞ기爲ᄒᆞ야馬玉崑의部下兵을急派ᄒᆞ얏스나兵力이不足ᄒᆞᆫ故로不日間에增援隊를更派ᄒᆞᆯ터이라더라

雜報

◎國債報償斷烟義務會趣旨書

發起人 리규淵 뎡德溶等

今我國家ㅣ有外債壹千三百萬圓之多ᄒᆞ니今年未報ᄒᆞ고來年未報ᄒᆞ며連年如是면其利가當々其本ᄒᆞ리니若此不已면국家를難保ᄒᆞ고國家를難保ᄒᆞ면嗟我同胞가將安所에寄生命耶아每一念이至此에이憂耿々ᄒᆞ야不覺雙淚지縱橫더니何幸國債報償지論이自嶺至京ᄒᆞ야義聲이一播에莫不相應ᄒᆞ되多小捐助를如恐後人ᄒᆞ니此時가何時오可以挽回我國難지日也요再生我民命지秋也니凡我同胞는孰不欣忭舞蹈리오鄙等도熱心所激에敢設國債報償斷烟義務會於忠北沃川郡ᄒᆞ옵고玆以仰佈ᄒᆞ오니惟我同胞는不失此時ᄒᆞ고隨力捐助ᄒᆞ와俾償外債則國家幸甚이오臣民幸甚

本會目的은국債報償ᄒᆞ기로定ᄒᆞᆷ 報償方法은義金을募集ᄒᆞᆷ 義金은각隨其力ᄒᆞ야多小를不拘ᄒᆞᆷ 본會義금을出ᄒᆞᆫ入員은氏名과금額을新聞에公布ᄒᆞᆷ 本會臨時事務所는本郡內海昌號商店으로定ᄒᆞᆷ 本會는目的을達ᄒᆞᆫ後廢止ᄒᆞᆷ

◎內閣捐俸 奎章閣에셔直閣待制主事四人이各其연俸을ᄒᆞ야六圓을國債報償期成會로送交ᄒᆞ엿다니內閣은自來奮규인데如是捐俸이稀貴지事러라

◎補助感荷 尙州郡金在익等諸氏가國채의義務所를發起ᄒᆞ고義金을募集ᄒᆞ는데特히本社를對ᄒᆞ야紙貨三元의寄付가有ᄒᆞ니尤庸感荷不已ᄒᆞ노라

雜報

●財政又管 日皇의勅令으로ᄒᆞᆫ국度支部財政을監査ᄒᆞ기爲ᄒᆞ야統監府內에監査長과監査役과外他一般官吏를置ᄒᆞ기로酌定ᄒᆞ고일前에伊藤統監이政府로照會ᄒᆞᆫ지라政府에서該照會를等因ᄒᆞ야度支部로照會ᄒᆞ얏다ᄂᆞᆫᄃᆡ該部財政은第一銀行에附屬ᄒᆞᆫ다더라

●放逐內官 일前伊藤統監이陛見陪食時의闕內內官을一제히放逐ᄒᆞ기를上奏ᄒᆞ얏다더라

●李氏被捉 再昨日午後四時에前宮內大臣李容泰氏가警務廳顧問部에捕縛을被ᄒᆞ얏ᄂᆞᆫᄃᆡ向日軍部大臣遭難ᄒᆞᆫ事件에關係가有ᄒᆞ다더라

●訊問三人 日昨에前注書羅某와金某와吳某三인이平理院에自現ᄒᆞ되일前軍大의게放砲ᄒᆞᆫ事件은余三인이主謀ᄒᆞᆫ事이오其餘幾十名은余等의指揮를受ᄒᆞᆯ뿐이니不必捕捉이오余三인ᄲᅮᆫ治지ᄒᆞ라賣국逆賊을謀殺ᄒᆞ려다가未遂ᄒᆞᆫ거시有何大段犯律乎아ᄒᆞ며激憤聲言ᄒᆞᄂᆞᆫ지라該院의셔警務廳으로電話ᄒᆞ야該三인을押囚ᄒᆞ고現今訊問中이라더라

●內相吟病 內部大臣리址鎔氏가일昨統監府에被招ᄒᆞᆫ後에有何大問題인지자已私第에稱病杜門ᄒᆞ고來賓을不接ᄒᆞᆫ다더라

●公貨植利 慶南蔚山郡稅務主事박鏞允氏가公錢四十萬兩을棄錢으로督捧ᄒᆞ야紙貨商을大行ᄒᆞ다가紙幣價가現今低落ᄒᆞ미旋以五分邊으로放債ᄒᆞᆫ다고南來人의傳說이喧藉ᄒᆞ더라

●地長請願說 新任ᄒᆞᆫ內部地方局長玄은氏ᄂᆞᆫ有何事由인지辭免請願ᄒᆞᆫ다더라

●被拿理由 前판理公事徐彰輔氏가今番에軍大權重顯氏事件에共謀ᄒᆞᆷ으로警務廳에被捉ᄒᆞ얏다ᄂᆞᆫ說은昨報에揭載어니와被捉된理由를得聞ᄒᆞᆫ즉該鄕客들이徐씨家에셔買食ᄒᆞ고留宿ᄒᆞ얏다ᄒᆞ고該犯供招에出ᄒᆞᆫ바로被捉ᄒᆞ얏다더라

●燈臺設立 平安道宣川大和嶋ᄂᆞᆫ船舶往來에標目이되ᄂᆞᆫ處所라去月二十八일노봇터燈臺를設立ᄒᆞ고每夜에掛燈ᄒᆞᆫ다더라

●院長新任 特進官리根湘씨가修學院長을被任ᄒᆞ얏다더라

●鄭씨又捉 今番軍相權重顯씨를謀殺코져ᄒᆞᆫ事에對ᄒᆞ야前警務使徐相大씨가教唆ᄒᆞᆫ바이되야拘拿ᄒᆞ얏다ᄂᆞᆫ事由ᄂᆞᆫ詳聞ᄒᆞᆫ즉該事運動費가一千五百餘圓에達ᄒᆞᆫ事가綻露가되야再日下午四時에警務廳으로被捉이되얏ᄂᆞᆫᄃᆡ一說을聞ᄒᆞᆫ즉서씨外에該運動費同出ᄒᆞᆫ前郡守鄭寅국씨도同捉되얏다ᄂᆞᆫ說有ᄒᆞ더라

●嚼舌不服 軍大權重顯씨를謀殺ᄒᆞ려다가未遂被착ᄒᆞᆫ康相元우嚼舌ᄒᆞ고呑吐弗服ᄒᆞᆫ다더라

●夏帽輸額 각國에셔夏節에所用ᄒᆞᄂᆞᆫ夏帽를麥藁으로製造ᄒᆞᄂᆞᆫᄃᆡ近者에한國에來購ᄒᆞᄂᆞᆫ者夥多ᄒᆞᆫᄃᆡ昨年ᄭᆞ지輸出ᄒᆞᆫ거시九拾萬圓이요今年에輸出될거시數萬圓可量이된다더라

●송乃反對 再昨일국債報상聯合總會를自强會事務所에開設ᄒᆞ고各社會有志인士가會同ᄒᆞ야規則을通過ᄒᆞᆯ時에前參書官石鎭衡씨가發論ᄒᆞ되至今我문이總會를設ᄒᆞᆫ意ᄂᆞᆫ各處財政收合과方針을定코져ᄒᆞᆷ이니現開總會所가有已發起處ᄒᆞ니不必離設이오再儐ᄂᆞᆫ贊成이可也라ᄒᆞᆫᄃᆡ一進會長송병쥰씨가大段反對ᄒᆞ야此厚無狀ᄒᆞ야一場風波가大起ᄒᆞ얏다더라

●請氏請願 向日農商工部風波事件으로該部技師리秉夏氏와憲兵이陸軍法院에셔裁判이되야該兵을牢囚ᄒᆞ얏더니憲兵隊尉官某某씨가陸軍法院에前往ᄒᆞ야捉囚ᄒᆞᆫ憲兵을放釋ᄒᆞ라고屢度催促ᄒᆞᄂᆞᆫ지라該院理事以下一般官人이一제히請願ᄒᆞ얏다더라

●觀광博會 日昨에南大門外停車場近處에滊車博覽會를設立ᄒᆞ고統監府一般官吏가出席演說ᄒᆞ얏ᄂᆞᆫᄃᆡ觀光者가數千名에達ᄒᆞ얏다더라

●罪囚病逝 慶南경務署에監禁在囚懲役終身罪인孫은西가以熱病으로去月二十八일에仍爲致死ᄒᆞ얏다더라

●觀死如歸 昨年에慶尙南道內에義兵으로捉囚ᄒᆞ엿던任何二名을數日前에鎭衛隊에셔砲殺코져ᄒᆞ야刑場에豎立ᄒᆞ고砲殺執行ᄒᆞᆫ다ᄒᆞ고遺言ᄒᆞ라ᄒᆞᆫ즉任哥ᄂᆞᆫ大聲詠詩ᄒᆞ며從容受砲ᄒᆞ고何哥ᄂᆞᆫ微笑就刑ᄒᆞᄂᆞᆫᄃᆡ傍觀者가莫不下淚ᄒᆞ얏다더라

●池氏演說 今日下午七点半에靑年會館에셔紳士池錫永氏가吸烟의害란問題로演說ᄒᆞᆫ다더라

●大東通信 日本紳士가大東通信社를한국京城에置ᄒᆞ고日本각新聞社와聯合通信ᄒᆞ기로理事廳과契約ᄒᆞ고該社를校동等地에設始ᄒᆞ얏ᄂᆞᆫᄃᆡ社主ᄂᆞᆫ日本人山口氏오社長은리學宰氏로推薦ᄒᆞ얏다더라

●徵塾試楞 去三月終에徵문義塾에셔第二學期試驗을經ᄒᆞ얏ᄂᆞᆫᄃᆡ該學徒의成績이良好ᄒᆞ야中學에ᄂᆞᆫ優等生이閔天植張在轍閔奎植閔丙宣劉鍾烈沈友섭具然和박應和金基安洪완植權永禧申龜永洪彝基金延규리載源리德英申輔均丘升元吳明善由相俊리建和宋申用白斗현徐廷烈리殷의等二十五人이오及第生이리泰흉리鍾完等三十一인이오高等小學科에ᄂᆞᆫ優等生이申斓浩송在起閔丙薰金膺善閔華植申錫雨趙永殷等七인이오及第生이리俊相柳丙秀等二十六인이더라

●困倩結項 日昨洞口內後山에셔何許人이松枝에結項ᄒᆞ거ᄂᆞᆯ槃峴居김善汝氏가適過타가見其結項ᄒᆞ고急求ᄒᆞ얏스나死生을未판이라김씨가ᄒᆞ人을人力車에乘ᄒᆞ야自己家의셔治療ᄒᆞᆫ지數日에精神이回生키로其姓名과結項ᄒᆞᆫ曲折을問ᄒᆞᆫ즉答曰吾ᄂᆞᆫ朱在鶴이라負債가太多ᄒᆞ되報給ᄒᆞᆯ道理ᄂᆞᆫ萬無ᄒᆞ고債主ᄂᆞᆫ督促이已甚ᄒᆞ니苟有人性ᄒᆞ고야엇지還報치안ᄒᆞ리오마ᄂᆞᆫ時運이不幸ᄒᆞ여本人도擇友를不端ᄒᆞ야自恃欺他에不過一年而數十萬金財産을無餘一分盡敗지時에玄景八리東老兩人의게當文十餘万兩을債用而今至三四年에一分도報給지못ᄒᆞ니엇지無顔치안ᄒᆞ리오況乎李玄兩人이逢着則辱지打지ᄒᆞ一時難堪故로寧弗如死而弗知故行此妄擧러니幸蒙君지厚惠ᄒᆞ여求此殘命은多謝無比나生留豈日ᄎᆞ世則當二日ᄭᅥ死辱ᄒᆞ니君지生我로生此斯世ᄒᆞ야ᄂᆞᆫ必無受賀於吾요反爲雪上加霜이라ᄒᆞ기로김氏가無限히弗然ᄒᆞᆫ理由를說明ᄒᆞ여小爲安心ᄒᆞ엿ᄉᆞᆫ즉玄리兩人은初有厚誼而給債라가終結惡意而淸치ᄒᆞ니是可日忍乎아朱氏가若有報상之道면豈可結項이며리玄兩人이寬限事力ᄒᆞ여不絕厚意則必有報給지日이거ᄂᆞᆯ持此惡意ᄒᆞ여至於結項ᄒᆞ니此所謂一去兩失이요若朱某不幸이면後患이必起라고所聞이喧藉ᄒᆞ더라

●塾師義捐 廣州廉谷의私塾師金濟龍氏가國債報상의對ᄒᆞ야一日三飯에一飯을減ᄒᆞ기로學徒를向ᄒᆞ야勸說ᄒᆞ고捐金을募集ᄒᆞ니學徒十四人과隣居二人이同力出義ᄒᆞ야合新貨七圓七拾二錢五厘를期成會로傳納ᄒᆞ얏더라

▲靑萍倚笑▼

▲燕趙悲歌가寸心이不平ᄒᆞ야抱筑斜陽에彷황不去ᄒᆞ니宋子堂이安在오劍歌一曲에許身何處오鴻毛泰山이一擲輕重이로다

▲那邊疑山이延綿雲間ᄒᆞ야牢籠宇宙ᄒᆞ니三千疆域이眼前에沈이라農人이倚帶에將有ᄒᆞ야西疇ᄒᆞ니此時가何時오[illegible]將셔로다

▲中央金庫[illegible]財政顧問[illegible]種太郞氏ᄂᆞᆫ統監府財政[illegible]을被任ᄒᆞ엿다니監督[illegible]財政을管理ᄒᆞᆯ지知ᄒᆞ며니와一身兩役이豈不難哉아

▲各隊兵額을二百名式減削ᄒᆞ고侍衛隊ᄂᆞᆫ近侍隊로改稱ᄒᆞᆫ다니定額은漸減ᄒᆞ고旅團은新成ᄒᆞ며旅團長은新出ᄒᆞᆫ즉누구ᄂᆞᆫ旗들고누구ᄂᆞᆫ북치ᄂᆞᆫ지

▲日前自强會에셔國債報償에對ᄒᆞ야一進會總長송秉畯을請邀會議ᄒᆞ다가송병쥰이極口反對ᄒᆞ여日韓國이有何財政ᄒᆞ야巨款을收取耶아早卽自破ᄒᆞ라ᄒᆞ엿스니송병쥰은宣言ᄒᆞ던魁首을各會員은송병쥰의心腸을不諒ᄒᆞ고請來會議ᄒᆞ얏ᄂᆞᆫ지

▲三昨日에各大臣이政府에會同ᄒᆞ얏다가統監官邸에前往ᄒᆞ야무슴密議가有ᄒᆞ얏다니秘密案件은何事인지所言이公인던公言之ᄒᆞ깃지晝々夜々히密勿耳語가亦一恠哉로다

▲日昨成均館博士試取時에應試者二百餘名이毛綾備巾에道袍를着ᄒᆞ얏스니舊式으로論ᄒᆞ면道袍備巾은猶可論也로되洋毛綾備巾은極可絕倒ᄒᆞ도다

漢城裁判所셔지延燒ᄒᆞ얏더라

◎特別社告◎

國債報償의義捐金을至今븟터本社에셔收捧ᄒᆞ기로定ᄒᆞ엿스며收捧ᄒᆞ는ᄃᆡ로錢額과氏名을逐日廣告에揭佈ᄒᆞ며當日로電氣會社內銀行으로姑先貯置ᄒᆞ얏다가巨額에達ᄒᆞᆫ時에는世界에有信用ᄒᆞᆫ會社나銀行의結托ᄒᆞ야善後方策을採用ᄒᆞᆯ터이오며至於收合方法ᄒᆞ야는本社에ᄒᆞ額을收納ᄒᆞ며事項을相議ᄒᆞᄂᆞᆫ團體와는一응聯絡ᄒᆞ려니와外他는一切無關홈

大韓每日申報社

本社에셔國債報償義연金收合ᄒᆞᆫ中에셔新貨壹千○八十三圜三十二錢五里를韓美電氣會社銀行에任置ᄒᆞ고又有餘額이나該金은銀行換票와郵便換票로領受ᄒᆞᆫ것인故로數三日內로總合金額을廣告ᄒᆞ깃ᄉᆞᆸ

本社 告白

寄書

螢啞生琴南

現今各地方形便을察而思之ᄒᆞ면諸未出咽에淚先拖眼이로다無論某港市某邑都某村閭ᄒᆞ고華樓巨閣과良田沃畓ᄒᆞ盡是外人지所占이오農場模範과商界實益이亦屬외人지掌握則安지樂土鳩居者도외人 오勃々氣生活與者도亦외人인ᄃᆡ哀我生民은以何厄運이로士遺穴居ᄒᆞ고縮坐膝行ᄒᆞ야呼吸을不得自由ᄒᆞᄃᆡ食息을不得任放ᄒᆞ야晝夜勞動者者이人지募役이오身命所歸者外人지鞭朴이라語其情景ᄒᆞ고究其顚末ᄒᆞ면非但寒心疎骨이라可謂叩地痛哭이어날 未完

雜報

●김泉義금 慶北김泉국債報償會에熱心ᄒᆞᆫ事ᄂᆞᆫ前報에已揭ᄒᆞ얏거니와김泉은三南大都會市인ᄃᆡ리秉宰김安瑞김順瑞三氏가國債報償에熱心ᄒᆞ야每日該社에셔懸河辨口로舌弊唇焦도록向人演說ᄒᆞᄂᆞᆫᄃᆡ毛骨疎竦이오胆血이層激ᄒᆞᄂᆞᆫ지라遝至ᄒᆞᄂᆞᆫ捐義금은將一々揭載ᄒᆞᆯ여니와場市居南甫라ᄒᆞᄂᆞᆫ酒婆가年前巨欵을負逋ᄒᆞ고至今은無他生計ᄒᆞ야와笠小屋에셔賣酒圖活ᄒᆞᄂᆞᆫᄃᆡ五元貨을特히捐義ᄒᆞ얏다더라

廣告

육셰된남아가실홈은일용이요목관ᄉᆞ연두저구리에분홍돌대남깃다라입고미지는양목ᄃᆡ러온바지에겨른신신고今月二十日이러사오니누고시던지아헌북셔굴루물게도셕택이집으로저주옵는시면후ᄉᆞ게ᄒᆞ게ᄉᆞᆸ니다

아헌 됴셕틱 고빅

本店에셔四月一朔동안所有物品을特別減價ᄒᆞ야出售ᄒᆞ오니陸續來購ᄒᆞ시옵

貞동源泰洋服裁縫店 告白

本人에子東溝ㅣ年今十七歲에橫入於浮浪지類ᄒᆞ와日借를推用ᄒᆞ려ᄒᆞ오니內외국人은切爲見欺홈

安州西汀리鶴秀 告白

●慶北淸道郡국債義捐趣旨 伏以無士면無국이오無국이면無民이古今之公理也오有債면當償士ᄒᆞ고不足則以至役身은天下지通患也라噫我ᄒᆞᆫ국債가多至一千三百萬圜이擧국지所知오以蔵入으로不足以報상도亦擧국지所知라借欵지日雖限償還지期ᄒᆞ나今年이如是ᄒᆞ고明年이又如是ᄒᆞ야不出五年에利倍於元貨졸擧半島지국而不得盡報ᄒᆞ리니當此지日ᄒᆞ야將驚我子女後昆乎아將若越南人而賣其天乎아近日達府지人이先創斷烟지議ᄒᆞ야上聞 天陛ᄒᆞ시고八方이踊躍ᄒᆞ야甚至酒婆菜商과屠兒丐乞이自一圜二圜으로或十錢二十錢을爭相出捐이如恐人後ᄒᆞ니彝性所激이果如是乎아苟使二千萬同胞로皆有是心즉惟我君臣上下가當自食其土ᄒᆞ고自居其室ᄒᆞ야同我婦子에永享幸福을指日可見矣라所聞雖有先後나所見必無異同故로玆敢發文ᄒᆞ야奉告我一鄕僉君子ᄒᆞ노니伏望指日齊會ᄒᆞ야無負국民國躰지義務ᄒᆞ고五勉個人自贖지效力이千萬

起發人 金駟俊 박병현 박龍在 金明玉 리庭禹

本人族弟壤年少狂蕩者去壬寅西宮지役何許凶漢教唆曰若願助十萬兩則龜城郡守圖得云而壤自稱本人子鎭ᄒᆞ萬兩標僞造以給不意教唆지凶漢暗囑曰人欲爲物捧本人伸寃於府郡已得決書完문然後凶漢一向彌詐欲爲圖捧故玆以下明內外국人諒悉

龍川鶴松里居鮮于垻 告白

本人이南門外停車場西川邊에庫舍二百坪方米突를新建築ᄒᆞ옵고名稱普순倉庫라ᄒᆞ오며貰金은依沿江例ᄒᆞ오니某物이든지輸送ᄒᆞ심을敬要홈

朴宗潤 告白

本人의田庫가在於平安南道平壤大寶坊及을次串接境雲川橋稍字丁이온ᄃᆡ此田이本以下私屯으로往於咸豐庚申에以平役庫料米一千六百八十餘石充完次로邑三廳이公議發賣者也라自厥後私相買賣ᄒᆞᆫ歷印文券이昭々可考이온ᄃᆡ至庚子春ᄒᆞ야謂以公土지漏在ᄒᆞ고錄入于內藏院故로前後轉買文券與呈府公文帖連呼寃之意로往年乙巳五月에上京이다가適以身양으로未得訴寃이고瀛車下還홀時에文券與公文을姻兄主事尹應杓處에任置矣러니是年九月에尹主事가在旅館身故後所任文簿를全爲見失이오니內外국人中에誰가拾得이던지休紙施行伏望

平壤洪在雲 告白

本人의庄土가在於全羅北道臨陂北一面居尺里亭子山堯동大谷月浦聖동安亭동合十九石十八斗落이新舊文記와量案이自在이거날從兄前教員仁雨氏가符同雜類ᄒᆞ야偷賣지意로舊文記를火賊의게失이라稱ᄒᆞ고昨年五月分에臨陂署 沃溝守의게謳訴ᄒᆞ야新畓案을圖得ᄒᆞ엿다니內外국人은切勿見欺ᄒᆞ시오

忠淸南道藍浦佛恩面東谷里 리昇雨 告白

◎特別廣告◎

嗚呼라民心은卽天意也라天欲不喪我二千萬同胞지命ᄒᆞᄉᆞ誘衷我 一千萬同胞지義ᄒᆞ야雖倡優輿ᄃᆡ와鰥寡孤獨과以至疲융殘疾이라도莫不爲國而忘家ᄒᆞ며莫不爲國而忘身ᄒᆞ야皆知家國存亾이寔在乎國債지상與不償ᄒᆞ고中外義金이繼至輻湊ᄒᆞᄃᆡ惟獨資本大家와退息縉紳이一是國民으로有何思想ᄒᆞ야尙此觀望인ᄉᆞ吾不敢知어니와大抵都聚巨欵지際에苟非資本大家면莫可處理오中외人心亦非資本大家면必不信服ᄒᆞ리니然則국債지償與不償이實有關於大家지動與不動이라雖至愚小民이라도尙知此義어든況信用大家가豈不知此리오愼勿玩ᄒᆞᄒᆞ고挺身擔務가賢於捐金百萬ᄒᆞ니此非一人지言이라卽全國지論也니惟此大家는以爲無國而獨有家乎아無國而獨有身乎아何其不思지深世오惟願爲國忘身ᄒᆞ고出而擔務ᄒᆞ야上不負國恩ᄒᆞ고下而副衆望ᄒᆞ시와本月二十七日에開會于紙廛都家ᄒᆞ오니照亮ᄒᆞ신後僉尊同胞는屆期枉臨ᄒᆞ심을千萬幸甚

中央義務社 布白

學員募集廣告

本校에셔學員을增募ᄒᆞ깃ᄉᆞ오니志願ᄒᆞ시는靑年은本月十日內로入學願書를呈出홈

科程、英語、日語、筭術、地志歷史

官立水下洞普通學校內
懿法夜學校

學員募集

今次에本校學員約五十名을募集ᄒᆞ니志願者는左開各項을據ᄒᆞ야入學請願書에履歷書를添付ᄒᆞ야四月十五日(陰三月三日)內로本校에提出홀事

一志願者資格 年齡滿十二歲以上普通學校卒業生과或是와同等ᄒᆞᆫ學力이有ᄒᆞᆫ者

一入學試驗期日 四月十八日(陰三月六日)上午九時에來校應試홀事

一試驗科目 日語初步、漢文、筭術(四則初步)國內地理

一學資給與 學員의게는志願을據ᄒᆞ야學資로每朔金五圜式給與홈도有홈

一入學志願者의注意要件과其他詳細件은本校에來問홀事

광武十一年三月 日

京城明동
韓國財團法人普隣
商業學校

本書館에셔耶蘇教理書와百外국教科書를多數購入ᄒᆞ야廉價發賣ᄒᆞ오니四方僉君子는陸續來購ᄒᆞ시옵

平壤西門內 華
福音書館主人 鮮于석 告白

本人이刻川坊一里在ᄒᆞᆫ世傳家대을昨年九月分에春巡遞囊資이온ᄃᆡ凶彼徒孫宗書가外國人處에潛賣之意運動이기玆以廣告ᄒᆞ오니內外國人切勿見欺홈

平壤府 坊楸洞李泳柱 告白

特別廣告

本會에셔義金을出ᄒᆞᆫ신同胞의氏名과金額을大韓每日申報에鱗次揭布ᄒᆞ오나紙面未敷之致로廣告件이積滯ᄒᆞ와송悶無地이옵기更히萬歲報에도逐日揭告ᄒᆞ오니 照亮ᄒᆞ시옴

國債報상期成會 告白

●國債報償期成會 廣告 續

김元成 리平國 리泰敬 리益三 리載元 리明善 리云善 吳德化 리亨辰 최致明 김汝壽 송汝安 ᄒᆞᆫ致連 리龍云 됴仁弘 최振三 각拾錢 西署新水鐵里廣告中 以上二十七人이各出十錢놀 以上二十錢으로課錄ᄒᆞ앗기正誤事 四百六十四号第二面第二頁十五行中桂道淳十圓은五圓으로正誤홈

죵남산미타ᄉᆞ녀승등 비군니 취취 비군니치홍 비군니만 보 부홍 묘완 치죱 법환 게헌 묘경 티온 보업 졍훈 묘셩 웅합 치히 현국 돈조 션근 션쥬 듣긔 듣셥 셩인 졍ᄒᆞ 묘홍 상죵 경화 죵현 듣형 티현 묘눈 경운 죵오 경온 묘득 광셩 운문 운일 현오 졍씨 쥬씨 각貳拾錢 치해가망온ᄉᆞ봉졍으로출일원 計九圓 西署新水鐵里廣告續 김滋洛 梁允化 南延日 張汝會 최根昌 徐元日 白光賢 姜德賢 許興天

김雲善 김振明 孔仁成 僉望化 김敬植 梁泰成 박宗完 김元日 林孝源 黃永환 奇永植 劉應守 權亨植 白在永 각拾錢 以上二十三人은二十日廣告中漏落故玆以廣告홈 侍衛步兵第一聯第三大隊第二中第三小隊參尉申규植五圓 副校裵潤植五拾錢 兵卒김順澤 윤守福 申萬用 리日用 丁昌셥 김萬北 리봉春 姜容弼 각五拾錢 박興福四拾錢 姜壽彦 崔成仁 鄭夏雲 리億石 김顯益 각三拾錢 김先吉 리泰영 각貳拾貳錢五厘 白春成 리基俊 鄭在善 김萬호 申有成 扈明先 池三同 吳奉用 石光南 ᄒᆞᆫ영順 김用伊 安順三 申京俊 ᄒᆞᆫ泳德 각貳拾錢 최今用 龍允實 각拾五錢 김順石拾貳錢五厘 리千用 朴桂同 鄭坤明 김丙文 각拾錢 計拾五圓五拾貳錢五厘 김德秀五拾圓 김昌一貳圓 김鎭秀 리漢朝 柳졍 禹弘鼎 범영基 리靈景 리化汝 김창翊 김昌漢 姜善植 김壽謙 羅鍾국 최景植 김龍三 각壹圓 吳喜周 김君實 리化景 姜弘植 김明鉉 辛肯셕 최貞환 최益환각六拾錢 윤善學 김顯긔 김元根 김德현 姜民회 최貞植 김東규 閔元錫 姜俊煥 리규필 각五拾錢 리學현 김光鉌 閔德順 리枝榮 文德中 林德三 리壽同 吳鎭永 姜희文 김昌호 김汝善 최相元 각四拾錢 梁世煥 리範用 각三拾錢 송永國 리敬杓 각貳拾錢 計捌拾壹圓陸拾錢

南署后동三巨里 · 송宇錫壹圓四拾錢 리鳳호 吳寅善 ᄒᆞᆫ應澤 全聲遠 강운회 리根榮 柳永善 각壹圓 ᄒᆞᆫ周玉 黃仁秀 김永현 뎡派俊 김顯龜 盧元植 ᄒᆞᆫ俊호 리昌운 리俊景 됴承호 趙春植 됴完根 柳興寬 ᄒᆞᆫ秉연 리시鎔 리泰鎔 각五拾錢

學員募集廣告

本校에셔豫科學員을試選ᄒᆞᆯ터이오니入學志願者ᄂᆞᆫ四月十一日木曜(陰曆二月二十九日)以內로入학請願書를本校에具呈ᄒᆞ고伊日上午十時에本校로齊赴應試ᄒᆞᆷ事

入學試驗科目

一漢文(講讀)(作文)
一國文(作文)
一日語(初步)
一筭術問對(整數四則初步)
一年齡十二歲以上
一入學請願書ᄂᆞᆫ印刷紙에精書ᄒᆞ되本月二十六日官報廣告에照行ᄒᆞᆷ事

官立漢城高等學校長李源鎔

本人이合資會社晩成商會倉庫部를設立于南大門外紫岩동ᄒᆞ와萬商僉位의게便利를注意ᄒᆞ고左開布告ᄒᆞ오니有志僉商은照亮홈

營業注目

一荷物去來지處의保商代금으로爲主ᄒᆞ오니便利
一荷物買賣時正當時勢則卽放이오니와萬一時勢不合則積置後從時ᄒᆞ여貸금홈事
一邊利를銀行과同一ᄒᆞ여永久貿易ᄒᆞᆯ지라도少無損害ᄒᆞ니大所便利爲要事
一본社의금額을引用ᄒᆞ야貿易次相送時委托을受給ᄒᆞ와待其時勢ᄒᆞ며放賣ᄒᆞ오니是以便利事
一貴客往臨後住接所ᄂᆞᆫ본二層洋屋內에敷設ᄒᆞ왓ᄉᆞ니衛生에安穩을務圖홈
一當此入庫지物의若有天災時變이라도銀行保險을擔當ᄒᆞ오니少弗念慮요永爲失敗事
一졈商荷物길去時에有無ᄂᆞᆫ弗關ᄒᆞ고心情을確實然後에無典貸금ᄒᆞ며以少買主로易大商지意를爲根ᄒᆞ오니第一穩當事
一본商會荷物을輸運方送의從便爲지ᄒᆞ와각티處의支店을셜立ᄒᆞ와目商任意를從便토록爲主ᄒᆞ오니商賈大道의亦無장碍홈

部長 비相洛
住任 吉成秀지介
無限責任
發起任員 宋台弘
京南디門外紫岩

合資會社 晩成商會 倉庫部

美國셔購ᄒᆞᆫ留聲機ᄂᆞᆫ大韓歌曲을奇妙奏唱ᄒᆞ기로每回二十曲調에新貨一圓式貰給ᄒᆞ오니愛覽ᄒᆞ시ᄂᆞᆫ僉君子ᄂᆞᆫ勿論晝夜ᄒᆞ고陸續請求ᄒᆞ시옵 南署苧동北便藥局에來問홈

●九轉靈砂라 本人이妙方法을神備ᄒᆞ야製造ᄒᆞᆫ靈丹인ᄃᆡ男女老少에無論何징ᄒᆞ고通治ᄒᆞ오며無病時에도服하면平生의身躰가健康ᄒᆞ며小兒ᄂᆞᆫ四五錢重만服ᄒᆞ면十歲안에無病ᄒᆞ기를擔保ᄒᆞ오며
●九轉靈砂萬應丹은져狂 癇징과中風諸疾과耳目諸病과淋疾에神効ᄒᆞ오
●九轉靈砂保命丹은初生小兒驚風 간氣 咳嗽 腹痛諸般惡징에神効ᄒᆞ오
●九轉靈砂濟衆丹은酒滯 食滯 血積 吐瀉 霍亂 痢疾 吐血 下血 運氣 時疾 痼징에神効ᄒᆞ오
●九轉靈砂紫金丹은痔漏 累癧 上痄瘡 下疳瘡及唐瘡과諸般毒瘡惡種에無不神効ᄒᆞ오니 僉君子ᄂᆞᆫ來問ᄒᆞ시오

內需司前독갑이골上隅第一家百三統一戶 리호廷 告白

洪淳康氏가東署東小門內土橋東邊에織造機를廣張設施ᄒᆞ야稱號를淳昌號라ᄒᆞ고各色綢緞紗屬等을織造發賣ᄒᆞ오니願買人은來臨購買ᄒᆞ시며或所用대로緞과紗等屬을預托ᄒᆞ시면依約施行ᄒᆞ깃숩 淳昌號 告白

西署新門外鍮동百八十六統三戶
辯護士 前檢事 前判事 正三品 丁明燮
法律事務所
事務員前主事吳在淳

新刊 國漢文 越南亡國史
定價貳拾伍錢
發賣所 京城廣橋高裕相
鏡南端川郡禹時夏書舖
布屛下 김相萬 冊肆

◎本社廣告

○申報價
一張代金 新貨二錢五里
一個月前納 三十錢
三箇月 九十錢
六個月 一元七十錢
一箇年 三元四十錢
鄭税一部 新貨五里
一箇月 十三錢

○廣告料
四号活字 ...
每日每英尺一寸에新貨...
(每日每行六錢으로計算홈)
一週日에 二圓五十錢
(每日每行四錢五里에相當홈)
一箇月에 五圓
(每日每日四錢一里에相當홈)
其期限의長短과字行의多寡를依ᄒᆞ야增減ᄒᆞᆷ이有홈

●大한每日申報各處支社廣告
中署布屛門下 김相萬冊肆
中署農圃洞初八七拾八統第二號 鄭鼎澤
平壤上水口門內 김浩淵
仝 최敬恒
仁川杻峴關新冊肆 리東晧
宣川邑橋西里 安淳
義州西門外한西 大藥局
釜山港佐川 徐藥局
三和港築洞 김仁집
咸興州南社西門外 曹喜林
開城培義學校 姜助遠
大市廳 최一弘
載寧邑濟衆院 夢澤
鐵山邑東部 安호
元山支店 劉七錫
定州南門內 洪成麟
信川邑 李源植
海州南門內書舖 朴昌鎭

發行兼編輯人 英國人비說
發行所 南署石井洞號外地三層洋屋家
大韓每日申報社

第五卷 大韓每日申報 대한매일신보 第四百七十八號

月曜及慶節 歲時日休刊

檀君開國四千二百四十年
箕子元年三千二十九年
大韓開國五百十六年
日本明治四十年
淸國光緒三十三年
◉陰曆丁未二月大廿三日甲申

論說

日本及한國

하나이氏와其他諸人이한日間關係를質問홈에對ᄒᆞ야去水曜日에日本外部大臣이衆議院에答述홈이如左矣로다

한日間의聯合稅則을設立ᄒᆞᆯ可否問題ᄂᆞᆫ兩국의經濟上關係와海外商業을嚴査ᄒᆞᆫ然後에야決定ᄒᆞᆯ거시니帝國政府가此方向에ᄂᆞᆫ何如決定이姑無ᄒᆞ거니와한國內에帝國優越權位ᄂᆞᆫ政府가世界에常時宣布ᄒᆞᆫ비라官憲을對ᄒᆞ야逆行態度를賦與홈이未有ᄒᆞ고且列國關係나或約章을妥定ᄒᆞᄂᆞᆫᄃᆡ한國保護權을拒言홈도亦未之有也라ᄒᆞ엿도다

日本타임스新報에去月二十九日記述

吾人을驚動ᄒᆞᄂᆞᆫ거슨한國內日本이兩難間에處ᄒᆞᆫ거시니此勢가一邊으로ᄂᆞᆫ明確을不得이요一邊으로ᄂᆞᆫ決定을亦不得이라由是로彼等이分黨爭鬪者를區分ᄒᆞᄂᆞᆫ愛爾蘭警部와如히行止ᄒᆞᄂᆞᆫ다ᄒᆞ엿고

日본에일新報에去月二十九日記述

한國內에日本行政이西歐列强의保護國內行事와全然不同ᄒᆞ야나弱劣捆을著示ᄒᆞ엿도다ᄒᆞ엿고

日本進步黨의首領오이쉬氏의演說을摘要홈도亦有ᄒᆞ도다

한國內日政策及地位에三種異說이在此ᄒᆞᆫ지라日本外部大臣과오이쉬氏와메일新報記者가如彼各異意見을著示ᄒᆞᄂᆞᆫ此時에한國內에人士가此國後運의姑未確定을信認홈이有何過失이리요

林董男爵의有何謹愼之態를可見이니同氏가自言ᄒᆞ되한國內優越權을日本이常時確說ᄒᆞ엿다ᄒᆞ엿고且其報導의正意로觀之면列國과諸般約章을商議ᄒᆞᆯ時에此優越權이何如反對를受홈이無ᄒᆞ다ᄒᆞ얏스니此問題를依例如此發言ᄒᆞᆫ거슨英俄兩국이한國內日本의何如特別利益을旣許ᄒᆞ엿고其後에侵掠한國이諸般締約上에記述ᄒᆞᆫ定限外에在홈을對ᄒᆞ야英俄間何國이던지論非를表著ᄒᆞᆫ公報ᄂᆞᆫ遽今未有홈이로다

非特止此라한國內日本이澥氷을履ᄒᆞᆫ다홈이似是公正結言이라오이쉬氏의拒言과메일新報의恨嘆을不拘ᄒᆞ고本記者의尙今探見ᄒᆞᄂᆞᆫ거슨日本政策에兩意가常在ᄒᆞ야權限우實行ᄒᆞ되責任은逃避ᄒᆞ려ᄂᆞᆫ向意를着明ᄒᆞᄂᆞᆫ거시로다

此非新外交요且한國이나或其他締約列强의게不爲正其이라現今日本이居於其間ᄒᆞ야한人의게此言을發ᄒᆞ야世界의게他言을發ᄒᆞ나ᄂᆡ列强及한國은相距가遠矣로다

官報

◉宮廷錄事

●三千七百二十一號 光武十一年四月四日

宮內府特進官趙鍾翮辭職疏 批旨省疏具悉所請依施

宮內府特進官리重夏辭職疏 批旨省疏具悉所請依旅

◉敍任及辭令

陞從二品 陸軍正尉丁면섭

陞從二品 侍從院右侍卿금然尙

解法官銓考委員長 法部前協판李源兢

外報

●禁止學生吸烟 北京報를據ᄒᆞᆫ則學部에셔ᄀᆞᆨ省에通行ᄒᆞ야ᄀᆞᆨ處中小學堂之學生에吸食烟草者를各學堂管理員과及敎師의게責成ᄒᆞ야吸烟을禁止ᄒᆞ얏다더라

●擬改良農器 北京報를據ᄒᆞᆫ則淸國農工商部에셔駐日本公使의게行咨ᄒᆞ되本部農政所有의農業各事를均應切實講求니振興農務된必先改良農器라日本農務가久已設立專省管理ᄒᆞ얏스니ᄀᆞᆨ種新式의農器圖式을代爲調査ᄒᆞ야咨覆본部ᄒᆞ면通行ᄀᆞᆨ省仿造ᄒᆞ야振興農政ᄒᆞᄂᆞᆫ基礎를삼으리라ᄒᆞ얏더라

雜報

●有寃將訴 去壬寅年分의全南광州居리潤洪素以悖類로每欲用債徵族之禍心타가符同靈光居리義甲ᄒᆞ야私自上京ᄒᆞ야稱以先塋神碑竪立ᄒᆞ고明川居金汝振으로협雜ᄒᆞ야銅貨四千四百兩을執換挪用於該役이라ᄒᆞ고宗府訓令을圖付於觀察府ᄒᆞ고發訓各郡宗中ᄒᆞ야一並押上徵出이即如星火라日巡檢之足채라日獄中之所費라許多名目의蕩敗四散中所謂役費入用則只一千二百兩은其時傍觀人지所知而未知其餘三千二百兩用於何處矣라自宗中으로迫於火色ᄒᆞ야八千餘兩을收給이던니凶彼金哥只受一千九百兩云ᄒᆞ고朱錫면氏在觀察時의金哥가特其同鄕之誼ᄒᆞ고敢生凶計ᄒᆞ야又爲呈訴의宗中諸人을押命府獄ᄒᆞ고又徵一千三百六拾三兩ᄒᆞ니二次所徵이爲엽三千二百六拾三兩則與白銅貨로加計가自在ᄒᆞ니除其本數ᄒᆞ고도猶爲加給이어놀朱氏以가何私情으로及其遭喪遞歸之時에借印於署理ᄒᆞ야暗自書給判決書於金가ᄒᆞ고更推엽一萬兩云ᄒᆞ니世豈有如許法理乎아빅銅貨四千餘兩換에以葉三千二百餘兩으로判決이可乎아쥬氏之挾私와김가堅懲과潤洪之々題習은於法可懲이라光광李潤이不勝抑寃ᄒᆞ야리文麒리창섭가裏足來訴平理院ᄒᆞ야김가를押上對質於法司ᄒᆞ다더라

●夫人연布 端川郡石山里居金완氏ᄂᆞᆫ早喪父母ᄒᆞ고流離他鄕館ᄒᆞ야勞動人學에勸成學文ᄒᆞ니年及三十에還歸故鄕ᄒᆞ야娶妻廉氏ᄒᆞ니其婦人에品行이端正ᄒᆞ야事夫지道와寒家經濟홈을一동男女가無不稱善ᄒᆞ더니同婦人이持十二升生細布一疋ᄒᆞ고同里居劉一憂氏家에來言ᄒᆞ되現今國債報상云々ᄒᆞ니此身도一般食土國民오로不忍恬視ᄒᆞᆯ와所有者條布一疋로國民表誠홈이니遞送京國債報金所ᄒᆞ시와萬一之助를希望ᄒᆞ노라ᄒᆞ얏다고劉氏가本社에寄函ᄒᆞ얏더라

●德民義연 德川郡耶蘇敎人김문根氏가國債報상義捐勸告文를屢回講讀ᄒᆞ고國民이되야此에捐補아니면人民된義務도아니요人類라稱ᄒᆞᆯ슈업다一場演說ᄒᆞ고自己ᄂᆞᆫ爲先新貨拾圓를出ᄒᆞ미傍聽人이觀感激發ᄒᆞ야김창華김基恒兩氏ᄂᆞᆫ新貨各三圓를出ᄒᆞ고김珍根박창鎭兩氏ᄂᆞᆫ新貨ᄀᆞᆨ五圓를出ᄒᆞ고仍即事務所를設ᄒᆞ고義금를勸告收集ᄒᆞ미一郡이樂從ᄒᆞ야男女長幼가爭先義助ᄒᆞᆫ다ᄒᆞ니峽民이嘉尙ᄒᆞᆯ뿐더러大同人心이如水就下라더라

●張童出연 洪州松枝谷松亭居ᄒᆞᄂᆞᆫ童蒙張鳳春은年今十三인ᄃᆡ국債報事를聞ᄒᆞ고舊貨三圓을期成會로傳納ᄒᆞ얏더라

雜報

●義當辭職 度支部建築所事務官兪承兼씨가辭職請願ᄒᆞ엿다ᄂᆞᆫ데其理由인즉同씨가今番統監府에셔財政監査長을置ᄒᆞ고度支部諸般事務를監査케ᄒᆞ니該監査ᄂᆞᆫ非大韓 皇帝陛下之勅令으로任ᄒᆞᆫ者요直接으로日本政府에任ᄒᆞ얏슨즉世界各國에被保護國도如此事가無ᄒᆞ다고ᄒᆞ며部大臣閔泳綺씨의게說明ᄒᆞᆫ즉該大臣이答ᄒᆞ기를此非初當之事인즉同官도知ᄒᆞᆫ바아니나ᄒᆞᆫ즉兪씨가不勝憤恨ᄒᆞ야卽地出來ᄒᆞ야辭職次로請願ᄒᆞ엿다더라

●日巡搜覔 安동紅峴等地居人家에日巡査가無難히內庭에突入ᄒᆞ야這々搜探ᄒᆞᄂᆞᆫ故로人情이송懼ᄒᆞ야如坐針席이라ᄒᆞ더라

●三씨押交 前主書羅寅永前主事金寅植吳基ᄒᆞᆫ三씨가平理院에自現ᄒᆞᆫ事ᄂᆞᆫ前報에已揭어니와日司令部에셔警務廳으로交涉ᄒᆞ야該三씨를押交ᄒᆞ라ᄒᆞ얏다더라

●發程退期 日本에셔視察次로前往ᄒᆞᄂᆞᆫ諸씨가昨日發程ᄒᆞᆫ다더니更히明日로退期離發ᄒᆞᆫ다더라

●滅火景狀 再昨日에度支部에셔失火ᄒᆞᆫ事ᄂᆞᆫ已爲報道어니와該部量地課와庫舍四十餘間이燒火되고量地課에셔ᄀᆞᆷ處量地文書와倉庫會社에셔典執ᄒᆞᆫ石油南草等物이幷燒ᄒᆞ얏ᄂᆞᆫ데該部內洋屋에銀貨紙貨等貯置ᄒᆞ얏ᄂᆞᆫ데該屋에犯火ᄒᆞᆯ가ᄒᆞ야히좌을第一銀行에셔日人數十人이來ᄒᆞ야蓮池中에다가投入ᄒᆞ고히日人이圍坐經夜ᄒᆞ얏고連爐於漢城裁判所ᄒᆞ야檢事廳棟椽에犯火ᄒᆞᄂᆞᆫ거슬撲滅ᄒᆞ얏스나庫間八間은燼燒ᄒᆞ얏스며히所에汁物舖置之物及文簿ᄂᆞᆫ一幷移送法部會計課와前判事處所에分置ᄒᆞ고巡檢四인이派駐ᄒᆞ야終夜守直ᄒᆞ얏ᄂᆞᆫ데法部에入直主事김敎明씨와主事沈遠明리宰榮兩씨ᄂᆞᆫ經夜ᄒᆞ고野澤參與官松寺參與官鷲田事務官中村事務官四씨ᄂᆞᆫ入來ᄒᆞ야慰問ᄒᆞ고히部秘書課長尹性普시도追後入來ᄒᆞ얏ᄂᆞᆫ데自內로셔火勢를探問ᄒᆞ시ᄂᆞᆫ電話가不絕ᄒᆞ얏다더라

●徐씨放免 日昨에警務廳에被捉된徐彰輔씨ᄂᆞᆫ히廳에셔審問ᄒᆞᆫ즉但賣食於客인이오其외他事ᄂᆞᆫ未知라ᄒᆞ야所犯이無ᄒᆞᆫ거시明白ᄒᆞ야旋卽放免ᄒᆞ얏다더라

●慰問失火 再昨日下午七時量에統監府法務院長香阪駒太郞、通信管理局長池田十三郞、平理院補佐官中村升藏、漢裁補佐官安住日太郞、統監府法務院評定官淺見倫太郞、三宅長策、橫田完雄、統監府通信事務官漁郡中藏、用達池田長兵衛、森安吉、岩見伊勢松、寺尾平吉諸씨가度支部失火ᄒᆞᆫ事로法度農학四部에慰問ᄒᆞ얏다더라

●押去光景 리容泰씨被捉ᄒᆞᆫ事ᄂᆞᆫ已爲揭載어이와리씨가內房에셔自已大夫인을侍側進飯ᄒᆞᆯ際에日巡査와巡檢이不意突入ᄒᆞ거날리씨가正責曰我是勅任官인즉만일捉去ᄒᆞᆯ터이면拘全奏ᄒᆞᆫ이有ᄒᆞᆫ然後에可也요또汝是巡檢으로突入內庭ᄒᆞ니是何道理오ᄒᆞᆫ데巡檢曰日巡査가혼入ᄒᆞ기에不得已隨入ᄒᆞᆫ거시오또捉去ᄒᆞ랴ᄂᆞᆫ거시아니라모시러왓다ᄒᆞ거ᄂᆞᆯ리씨曰我가彼착ᄒᆞᆫ事由도無ᄒᆞ거니와모셔간다ᄒᆞ되도書간이有ᄒᆞ야去ᄒᆞ깃다ᄒᆞ고無數히詰難ᄒᆞ다가日巡의게押去ᄒᆞ얏다더라

●晋死守土 西來인에傳說을聞ᄒᆞᆫ즉義州軍用地所入墳墓田土가數甚夥多ᄒᆞ니爲子孫者何忍見先祖遺骸之掘辱이며爲耕作者將不免父母妻子之飢餓塡壑ᄒᆞ야皆有決死之心이오無生存之意ᄒᆞ니痛迫之極에寧欲無言이라且一坪地一間屋에七錢式出給云하나價之厚薄은不必擧論이오假令地價를多給이라도地是국土則賣土於외국인이實非국民의務也나勿論價之多小ᄒᆞ고決死守土로結心同盟ᄒᆞ엿다더라

●일兵暴行 咸興郡來說을聞ᄒᆞᆫ즉히地駐屯ᄒᆞᆫ일兵等이民間婦女를刼辱ᄒᆞᄂᆞᆫ暴行이往々有ᄒᆞᆫ지라ᄂᆞᆫ데히郡城외撫里에셔ᄂᆞᆫ民家에突入ᄒᆞ야婦女를刼辱코저ᄒᆞ되히婦女가抵死抗拒ᄒᆞᆫ즉頭骨을打傷ᄒᆞ고又於下四里에셔ᄂᆞᆫ民家主인을結縛懸之ᄒᆞ고其妻를其夫脚間에縛置ᄒᆞ얏ᄂᆞᆫ티其主인의出家ᄒᆞ얏든女子가聞變이來ᄒᆞ야痛哭求哀ᄒᆞᆫ즉釋之以去ᄒᆞ얏다더라

●김非한인 平南觀察道參書官김英鎭씨가以其薄況으로縱酒貪色ᄒᆞ야用錢如水ᄒᆞᄂᆞᆫ티日인이其所用을擔當ᄒᆞᆷ으로一般輿論이大段疑訝ᄒᆞᆯ事ᄂᆞᆫ已爲報道어니와今番히道각ᄒᆞᆨ校聯合大運動에會集觀光者ㅣ數千인인대一個吸烟者가無ᄒᆞ거ᄂᆞᆯ김英鎭씨가獨히呂송烟을稠廣中에口吸ᄒᆞ니有一ᄒᆞᆨ徒가厲聲叱日方今學국인民이一致斷烟之일에彼吸煙者何인고ᄒᆞ니김시가赧然이退ᄒᆞ얏ᄂᆞ더라

●幸人不幸 連山鎭岑魯城等地에賊黨이大熾ᄒᆞ야以牛換炮ᄒᆞᆫ다ᄂᆞᆫ說은已爲報道어이와該地에셔日巡査와巡檢이賊漢五六名을詷捉訊問ᄒᆞᆫ즉賊漢口招에農牛一隻을牽去ᄒᆞ야論江等地日人의게六穴炮一介式相換ᄒᆞᆫ다ᄂᆞᆫ티日人들이牛隻을貿得ᄒᆞ기爲ᄒᆞ야六穴炮를買置ᄒᆞ고賊漢來到ᄒᆞ기를苦待ᄒᆞᄂᆞᆫ티히等地農民들은擧皆失牛ᄒᆞ야廢農ᄒᆞᆯ地境인티人情이大段嗷々ᄒᆞ다더라

●一進作梗 開城郡守劉漢容시가法部에報告ᄒᆞ되본군一進會가治政一欵을無不干涉ᄒᆞ야煽動인民ᄒᆞ며협制官府ᄒᆞ야公罪在囚者를放送ᄒᆞ라ᄒᆞ고聚衆官門前ᄒᆞ야凌辱惹鬧가罔有紀極ᄒᆞ며所謂總代가輪次來言ᄒᆞ야生臆다端ᄒᆞ오니若此不已면凡於政治가勢必無餘옵기玆에報告ᄒᆞ오니査照ᄒᆞ신後其中肰頭者二三인을派巡押上ᄒᆞ시와依律懲勘ᄒᆞ라ᄒᆞ얏더라

●黃금觀察 忠北觀察使윤吉炳씨ᄂᆞᆫ何種人物인지今番國債報償發起人을捉囚沮戲ᄂᆞᆫ已爲報道어니와김浩英爲名者를符同ᄒᆞ야陰城郡금目面五甜동石샤兩금礦에潛探手段이神出鬼沒ᄒᆞ야每朔收금이以至拾餘兩重ᄒᆞ니可謂黃금觀察이오農商工部에셔下送派員에認許証與訓令을到付ᄒᆞ면巡檢을多數派送ᄒᆞ야逐送ᄒᆞ고聲言ᄒᆞ기를我본一進會로又兼觀察之任ᄒᆞ고日본이在前에所謂農商工部란거슨何오ᄒᆞ고洋々自得ᄒᆞᆫ다더라

●廣학總會 漢城廣학會에셔來日曜日에臨時總會를徽文義塾內에開催ᄒᆞ고任員組織과諸般方針을議決ᄒᆞᆯ터인티有志첨君子ᄂᆞᆫ一제히來臨ᄒᆞ기를希望ᄒᆞᆫ다더라

△筆下曆瀾△

▲老鯨이東渡에海水를吞吐ᄒᆞ니如山浪花가忽地翻空이라潮頭馬客이在昔伊誰오精靈이不味ᄒᆞ야怒目疾視로다

▲內大리址鎔氏ᄂᆞᆫ一自伊藤統監을訪問以後로무ᄉᆞᆷ秘計가不中ᄒᆞ던지杜門謝客ᄒᆞ고仕進을廢止ᄒᆞᆫ다니同씨所望이今已失矣라爲厥心病에不病而自病이로다

▲法協리源兢씨遞任代에某々諸씨가疾足而逐ᄒᆞ야未知鹿在誰手러니前平理院判事리규桓씨로內定이되얏다니該씨ᄂᆞᆫ法相리夏榮씨와族誼가有ᄒᆞᆫ지라羽翼을欲成코저ᄒᆞ야法大가極力運動ᄒᆞ니法部一판은宗中노름이로고

▲度支部ᄂᆞᆫ全國金融의機關이라金融이ᄑᆞ渴ᄒᆞ야生靈이塗炭ᄒᆞ고該部財政을第一銀行으로又爲附屬ᄒᆞᆫ다더니再昨日에該部의셔回祿之變을當ᄒᆞ엿스니現今金庫大臣은ᄒᆞᆫ嚴商誌에所看이何事오져崩搨은참不吉ᄒᆞᆫ嶷搨이로고

▲日본觀察一行이日昨에伊藤統監을作別ᄒᆞᆫ즉該씨가觀察一行을對ᄒᆞ야曰한국觀察委員을外國에派送ᄒᆞ되一無實效ᄒᆞ고外國物品이나賀來ᄒᆞᆫ다ᄒᆞ얏다니雖是蔑視나言則是也로고

▲近日박동明新女학校에셔愛국歌ᄂᆞᆫ日本愛국歌를唱ᄒᆞ고萬歲ᄂᆞᆫ大한 皇帝陛下萬歲를唱ᄒᆞ얏다니日本歌曲에 韓皇祝辭ᄂᆞᆫ意致가全沒이로다

▲日本人堤廣吉씨ᄂᆞᆫ萬國通義로國채報償에對ᄒᆞ야五圓금을寄附ᄒᆞ고人民義연을勸告ᄒᆞ얏다니國民義務ᄂᆞᆫ한日이一般이로다

▲成均博士待榜次로학部門前에各處多士가齊立ᄒᆞ얏ᄂᆞᆫ티리僞씨가適過타가多士를對ᄒᆞ야說明ᄒᆞ여曰現今國家의事肰을思念ᄒᆞ고經義問對ᄒᆞᄂᆞᆫ實力으로他營業에注意ᄒᆞ든지新學問을修ᄒᆞ든지ᄒᆞ라ᄒᆞ얏다니靑春作賦에皓首窮經이用之何處오

◎特別社告◎

國債報償의義捐金을至今붓터본社에셔收捧ᄒᆞ기로定ᄒᆞ엿스며收捧ᄒᆞᄂᆞᆫᄃᆡ로錢額과氏名을逐日廣告에揭佈ᄒᆞ며當日로電氣會社內銀行으로姑先貯置ᄒᆞ얏다가巨額에達ᄒᆞᆫ時에ᄂᆞᆫ世界에有信用ᄒᆞᆫ會社나銀行의結托ᄒᆞ야善後方策을採用ᄒᆞᆯ터이오며至於收合方法ᄒᆞ야ᄂᆞᆫ본社에ᄒᆞᆫ額을收納ᄒᆞ며事項을相議ᄒᆞᄂᆞᆫ團體와ᄂᆞᆫ一응聯絡ᄒᆞ려니와外他ᄂᆞᆫ一切無關ᄒᆞᆷ

大韓每日申報社

寄書

蜜啞生琴南　續

邇來觀察郡守을以何等舊代之屬種惡物노견考叙任인지目見此狀ᄒᆞ고連接此訴이되頓無片占愛연之意ᄒᆞ고益창滿腹黑동之慾ᄒᆞ야不當無思慰恤이라反而驅之壓迫ᄒᆞ야空以無根之徵過로勒成有實之罪案ᄒᆞ야捉之囚之에討之虐지ᄒᆞ니此果牧民之官耶抑亦장民之賊歟아不勝苛毒ᄒᆞ고無處呼訴ᄒᆞ야或假兵而唱發ᄒᆞ고錢聚黨而作擾ᄒᆞ며或도命而附賊ᄒᆞ야道啓郡報가逐日還至ᄒᆞ니此亦民生之樂而爲之耶아抑非官吏之驅而教之歟아소本究源ᄒᆞ면專由於觀察郡守之不善擇任이거ᄂᆞᆯ近間內외官吏견考之規程則實非견考人材之可否라只是銓取判奏什間幾年在職之履歷이라ᄒᆞ니然則曾經之玉관金子은皆可爲長相賢候며今日之白面紳士은皆爲不用之人物耶아似非在位之識見이요殆近街우之兒戲也니如是而豈敢望存國保民之前道乎아況今地方局長之任은非但中央政府之重課라即각地方總督지大責이여ᄂᆞᆯ有闕多月에尙不叙任ᄒᆞ니抑或不得其人而然耶아愛惜其任而然歟아

此若不擇이면中央政務지錯亂은已無可言이요地方情形지慘毒尤倍前日ᄒᆞ리이惟望當局諸公은別般商量ᄒᆞ야必以新知識이確實ᄒᆞ고신精神이刷潔ᄒᆞ야公共的思想이必有ᄒᆞ고愛國的血誠이團結ᄒᆞᆫ人씨로另加擇敘ᄒᆞ시고繼以각地方官吏을勿拘履歷ᄒᆞ고只取公正廉빅者而一切擇選ᄒᆞ야외人지침侮을爲先交涉禁防ᄒᆞ고닉地지民情을極加撫恤整頓이면창의지兵匪와聚黨지民擾와丐掠지賊警이庶可屛息ᄒᆞ리니슈言勿棄은聖訓在玆라勿謂人卑而見淺ᄒᆞ고曠露東窓에顧一식眼而淸鑑ᄒᆞ노이다　完

路透電報

●土國地震　四月四일着

土耳其國피土리스에서激烈ᄒᆞᆫ地震이有하야死傷이甚多ᄒᆞ고財産의損害가亦甚大多하고市民들은雪中에露立ᄒᆞ얏ᄂᆞᆫᄃᆡ尙今雨雪이不絶ᄒᆞ고衣食이乏絶ᄒᆞ여慘酷ᄒᆞᆫ景狀이甚多ᄒᆞ다더라

雜報

●正誤　昨日本報에前경務使徐相大씨被捉事ᄂᆞᆫ可信ᄒᆞᆫ報道를據ᄒᆞᆫ즉的是無根지說이기로玆以正誤ᄒᆞᆷ

廣告

本人의名字光吉을泰禎으로改稱ᄒᆞ오니知舊間照亮ᄒᆞ시옵

鄭泰禎　告白

本人의曾祖位土十四斗落이在於豊德郡西面堂頭浦이온ᄃᆡ宗孫次子煜이出沒京鄉의事事虛濫ᄒᆞ야右畓欲賣故로玆以廣告ᄒᆞ오니內外國人은切勿見欺ᄒᆞᆷ

京孟峴居李種完　告白

南門外靑坡四十統八戶秦順七許推次當坪七千五百兩內五千兩上ᄒᆞᆫ於音一片과大龍동九十四統四戶布木廛박泓찬許推次當坪於音四千五百兩과姓名圖章과紙貨二十圜을賊漢의게見失ᄒᆞ얏스니誰某拾得ᄒᆞ와도內外國人은休紙施行ᄒᆞᆷ

元敬常　告白

本人이南門外停車場西川邊에庫舍二百坪方米突를新建築ᄒᆞ옵고名稱普순倉庫라ᄒᆞ오며貰金은依沿江例ᄒᆞ오니某物이든지輸送ᄒᆞ심을敬要ᄒᆞᆷ

朴宗潤　告白

本書館에셔耶蘇教聖書와百外국教科書를多數購入ᄒᆞ야廉價發賣ᄒᆞ오니四方僉君子ᄂᆞᆫ陸續來購ᄒᆞ시옵

平壤西門內東華福音書館主人　鮮于셔　告白

安峽郡에셔二百四十餘人이出力補助ᄒᆞ야邑下에設校러니因觀察府訓令ᄒᆞ야中在五朱南龍黃東煥諸씨가各面補助로各其面에設校則本郡守가疾之如讐ᄒᆞ더니국債報償에對ᄒᆞ야同諸씨가發起則一里에爲先義연金이一百六拾圜二拾錢이오各面에趣旨書를輪示ᄒᆞᆫᄃᆡ郡守리渭爲씨가入邑ᄒᆞᆫ發起人은使令輩五名으로吹라叭鳴金逐出邑外ᄒᆞ고朱南龍씨ᄂᆞᆫ發差捉致ᄒᆞ야建旗鳴皷에徇市ᄒᆞ고동後着가嚴囚本郡경署ᄒᆞ고打殺ᄒᆞᆫ다ᄒᆞ니郡守ᄂᆞᆫ非大한官吏이오쥬씨ᄂᆞᆫ死亦猶榮이오本守民間勒奪錢이棄數千兩이기如是廣告ᄒᆞᆷ

東亞開進教育會　告白

本人이去乙巳三月分에京居李女를二千七百六十兩錢을入費ᄒᆞ고作妾居生次로瓦草幷九間半家舍를價折三萬二千兩買給矣러니凶哉彼女가暗與金永浩爲名漢으로和姦而稱以四寸男妹ᄒᆞ오니誰知其間夫잇가然而鄕第下去時念或其往還間解産ᄒᆞ야産需三十兩價値를買給ᄒᆞ고後十餘日만에上來觀之則與金哥로互相符同ᄒᆞ야擅落滿朔腹　中胎兒ᄒᆞ얏기棄而下鄕矣니該女가立卽下來ᄒᆞ야無復失行之意로哀懇이나仍爲斥之이더니京在家舍汁物을暗自擅賣盜食ᄒᆞ고今則本人에게對ᄒᆞ야幾萬兩推尋ᄒᆞᆫ다고反訴于四處ᄒᆞ니世豈有如許奸凶淫女哉아不勝痛恨ᄒᆞ야玆에廣告ᄒᆞᆷ

坡州坡平面늠느리居崔順智

本人의田庫가在於平安南道平壤大寶坊及을次出接境雲川橋糟字丁이온데此田이本以下私屯으로往於咸豊庚申에以平役庫料米一千六百八十餘石充完次로邑三廳이公議發賣者也라自厥後私相賣買ᄒᆞᆫ歷印文券이昭々可考이온데至庚子春ᄒᆞ야謂以公土지漏在ᄒᆞ고錄入于內藏院故로前後轉買文券與呈府公文帖連呼寃之意로往年乙巳五月에上京이다가適以身양으로未得訴寃이고流車下還ᄒᆞᆯ時에文券與公文을姻兄主事尹應윤主事가在旅館身故後所任文簿를全爲見失이오니內外국人中에誰가拾得이던지休紙施行伏望

平壤洪在雲　告白

本人이外川坊一里在ᄒᆞᆫ世傳家대을昨年九月分金春澤處放賣이온ᄃᆡ凶彼從孫宗圭가外國人處에潛賣之意運動이기玆以廣告ᄒᆞ오니內外國人切勿見欺ᄒᆞᆷ

平壤靑ᄇᆡ坊楸洞李泳柱　告白

前郡守**金榮培**　枉臨望ᄒᆞᆷ

中학前權參領宅金庸훈　告빅

明溫宮에셔龍岡郡金川谷面濟동浦畓동甲辰丙午兩年秋收冊을本年陰二月拾八日에見失ᄒᆞ얏ᄉᆞ오니內外國人은或挾雜輩에게見欺치마시오

本宮人金萬石　告白

本人名樂晋改以樂永親知間照亮爲要正三品白樂永　告白

茂朱郡二安面井泉里任益俊姪本浮浪蕩敗家産叔父田庄委造文券放賣次橫行京完間內외國勿爲見欺ᄒᆞᆷ　任益三　告빅

洪淳康氏가東署東小門內土橋東邊에織造機을廣張設施ᄒᆞ야商號를淳昌號라ᄒᆞ고各色綢緞紗屬等을織造發賣ᄒᆞ오니願買人은來臨購買ᄒᆞ시며或所用대로緞과紗等屬을預托ᄒᆞ시면依約施行ᄒᆞ깃삽　淳昌號　告白

西署新門外鍮동百八十六統三戶
辯護士前檢事前判事正三品　丁明燮
法律事務所
事務員前主事吳在淳

越南亡國史　國漢文　新刊

定價貳拾伍錢
發賣所京城廣橋高裕相書舖
鏡南端川郡禹時夏　冊肆
布屛下　김相萬　冊肆

第二期學員募集　廣告

本塾에서今年에宏濶ᄒᆞᆫ教場을建築ᄒᆞ며教務를擴張ᄒᆞ야一層整備ᄒᆞ고法學科學員을新募ᄒᆞ오니願학人은本塾에前期來臨ᄒᆞ야請願ᄒᆞ고左開日에應試ᄒᆞᆷ학科及規則은本塾에來問ᄒᆞᆷ事

()試驗科目
國漢文　讀書　作文
筭術　(四則以內)
○試驗日字
陽五月五日　陰三月廿三日
光武十一年四月　日
西署英語학校後동
私立**養正**義塾　告白

廣告

本人이日本大阪商業家와特約ᄒᆞ고日本內地產出各種物品과西洋各種物品及機械等物을我大韓에輸入과委托을便利케契約ᄒᆞ얏ᄉᆞ오니商工業에有意ᄒᆞ신僉君子ᄂᆞᆫ某物이든지請求코저ᄒᆞ시거든本社로來議ᄒᆞ시오本社에셔ᄂᆞᆫ手數料金만領受흠

興業社本店
開城北部詳洞
支店京城南門內水橋五十一統六號培養會社
仝仁港內동廣濟號

學員募集廣告

本校에셔豫科學員을試選ᄒᆞᆯ터오니入學志願者ᄂᆞᆫ四月十一日木曜(陰曆二月二十九日)以內로入학請願書를本校에具呈ᄒᆞ고伊日上午十時에本校로齊赴應試ᄒᆞᆯ事

入學試驗科目
一漢文 (講讀)(作文)
一國文 (作文)
一日語 (初步)
一筭術問對 (整數四則初步)
一年齡十二歲以上
一入學請願書ᄂᆞᆫ印刷紙에精書ᄒᆞ되本月二十六日官報廣告예照行ᄒᆞᆯ事

官立漢城高等學校長李源鎔

本人예子東肅이年今十七歲에橫入於浮浪지類ᄒᆞ와日債를推用ᄒᆞ려ᄒᆞ오니內외국人은切爲見欺흠 安州西江리鶴秀告白

본人이合資會社晩成商會倉庫部를設立于南大門外紫岩동ᄒᆞ와萬商僉位의게便利를注意ᄒᆞ고左開布告ᄒᆞ오니有志僉商은照亮흠

營業注目

一荷物去來지處의保商代금으로爲主ᄒᆞ오니便利
一荷物買賣時正當時勢則卽放이오니와萬一時勢不合則積置後從時勢ᄒᆞ야貸금흠事
一邊利를銀行과同一히ᄒᆞ여永久貿易ᄒᆞᆯ지라도少無損害ᄒᆞ니大所便利爲要事
一본社의금額을引用ᄒᆞ야貿易次相送時委托을受絡ᄒᆞ와待其時勢ᄒᆞ며放賣ᄒᆞ오니是以便利事
一貴客枉臨後住接所를본二層洋屋內에敷設ᄒᆞ왓ᄉᆞ니衛生에安穩을務圖흠
一當此入庫지物의若有天災時變이라도銀行保險을擔當허오니少弗念慮요永爲失敗事
一청商荷物길去時에有無ᄂᆞᆫ弗關ᄒᆞ고心情을確實然後에無典貸금허며以少買主로易大商지意를爲根ᄒᆞ오니第一穩當事
一본商會荷物을輸運方送의從便爲지ᄒᆞ와ᄀᆞ각處의支店을설立ᄒᆞ와렴商任意를從便토록爲主ᄒᆞ오니商賈大道의亦無장碍흠

部長 비相洛
住任 吉成秀지介
無限責任 宋台弘
發起任員 京南ᄃᆡ門外紫岩

合資會社 晩成商會 倉庫部

◎特別廣告◎

嗚呼라民心은卽天意也라天欲不喪我二千萬同胞지命ᄒᆞᆫ즉誘衷我二千萬同胞지義ᄒᆞ야雖倡優與ᄃᆡ와鰥寡孤獨과以至疲癃殘疾이라도莫不爲國而忘家ᄒᆞ며莫不爲國而忘身ᄒᆞ야皆知家國存亡가實在乎國債지상與不償ᄒᆞ고中外義金이繼至輻湊ᄒᆞᆫᄃᆡ惟獨資本大家와退息縉紳이一是國民으로有何思想ᄒᆞ야尙此觀望인지吾不敢知어니와大抵都聚巨欵지際에苟非資本大家면莫可處理오中외人心亦非資本大家면必不信服ᄒᆞ리니然則국債지償與不償이實有關於大家지動與不動이라雖至愚小民이라도尙知此義어든況信用大家가豈不知此리오愼勿玩게ᄒᆞ고挺身擔務가賢於捐金百萬ᄒᆞ니此非一人지言이라卽全國지論也니惟此大家ᄂᆞᆫ以爲無國而獨有家乎아無國而獨有身乎아何其不思지深世오惟願爲國忘身ᄒᆞ고出而擔務ᄒᆞ야上不負國恩ᄒᆞ고下而副衆望하시와本月二十七日에開會于紙廛都家ᄒᆞ오니照亮ᄒᆞ신後僉尊同胞ᄂᆞᆫ屆期枉臨ᄒᆞ심을千萬幸甚

中央義務社 布白

學員募集廣告

本校에셔學員을增募ᄒᆞ깃ᄉᆞ오니志願ᄒᆞ시ᄂᆞᆫ靑年은本月十日內로入學願書를呈出흠
科程、英語、日語、筭術、地志歷史

官立水下洞普通學校內
懿法夜學校

●九轉靈砂라 本人이妙方法을神備ᄒᆞ야製造ᄒᆞᆫ靈丹인ᄃᆡ男女老少에無論何징ᄒᆞ고通治하오며無病時에도服하면平生의身躰가健康ᄒᆞ며小兒ᄂᆞᆫ四五錢重만服ᄒᆞ면十歲안에無病ᄒᆞ기를擔保ᄒᆞ오며

●九轉靈砂萬應丹은져狂癎징과中風諸疾과耳目諸病과淋疾에神效ᄒᆞ오

●九轉靈砂保命丹은初生小兒驚風 간氣 咳嗽 腹瘡諸般惡징에神效ᄒᆞ오

●九轉靈砂濟衆丹은酒滯食滯 血積 吐瀉 霍亂 痢疾吐血 下血 運氣 時疾癥징에神效ᄒᆞ오

●九轉靈砂紫金丹은痔漏 累瘵 上疳瘡 下疳瘡及唐瘡과諸般毒瘡惡種에無不神効ᄒᆞ오니 僉君子ᄂᆞᆫ來問ᄒᆞ시오

內需司前독갑이골上隅第一家百三統一戶 리ᄒᆞᆫ廷 告白

本店에셔四月一朔동안所有物品을特別減價ᄒᆞ야出售ᄒᆞ오니陸續來購ᄒᆞ시옵

貞동源泰洋服裁縫店 告白

本人族弟壎年少狂蕩者去壬寅西宮지役何許凶漢敎唆曰若願助十萬兩則龜城郡守圖得云同壎自稱本人子鎭ㅏ萬兩標僞造以給不意敎슌지凶漢暗囑日人欲爲物捧本人伸寃於府郡已得決書完문然後凶漢一向舞詐欲爲圖捧故玆以下明內外국人諒悉

龍川鶴松里居鮮于坦 告白

명월관확장광고

페관이마시이후로피이ᄒᆞ시ᄂᆞᆫ귀괵ᄭᅦ후의를입사와오늘날ᄯᅥ한에제일등요리졈으로ᄂᆡ외국에셔다이시도록확장ᄒᆞ여가오니ᄃᆡ단감ᄉᆞᄒᆞ온거니와근일은이층양옥을광활이신건축ᄒᆞ고다락아리ᄂᆞᆫ온돌방을은밀리비치ᄒᆞ고포진범절을식로ᄒᆞ와오시ᄂᆞᆫ귀괵이편ᄒᆞ시도록쥰뷔ᄒᆞ엿ᄉᆞ오며각죵음식은보기에화려ᄒᆞ고먹기에졍미ᄒᆞ게셜신쥰비ᄒᆞ야다소를불계ᄒᆞ고주야로파오되셔양쥬ᄂᆞᆫ잔으로파오며특별신기량교자음식은오시ᄂᆞᆫ시로붓터ᄒᆞᆫ시간이되면몟상이라도곳가져가시도록ᄒᆞ오니ᄂᆡ외귀괵은륙속왕림ᄒᆞ시옵

각식요리음식
각식셔양쥬
각죵경편양요리
각죵일본간ᄉᆞ메
각죵여송연
각국권연
진찬합
건찬합
밥교자
특별신기량교자음식
창가동졍거북도유ᄒᆞ옵

明月館主人 金東植 告白

美國셔購ᄒᆞᆫ留聲機ᄂᆞᆫ大韓歌曲을奇妙奏唱허기로每回二十曲調에新貨一圜式貰給ᄒᆞ오니愛覽ᄒᆞ시ᄂᆞᆫ 僉君子ᄂᆞᆫ勿論晝夜허고陸續請求ᄒᆞ시옵

南署苧동北便藥局에來問흠

◎本社廣告

○申報價

一張代金 新貨二錢五里
一個月前納 三十錢
三箇月 九十錢
六個月 一元七十錢
一箇年 三元四十錢
郵稅一部 新貨五里
一箇月 十三錢

○廣告料

四号活字十三字詰
每日每英尺一寸에新貨仟五錢
(每日每行六錢에相當흠)
一週日에 二圓五十錢
(每日每行四錢五里에相當흠)
一箇月에 五圓
(每日每日四錢一里에相當흠)
其期限의長短과字行의多寡를依ᄒᆞ야增減흠이有흠

●大한每日申報各處支社廣告

中署布屛門下 김相萬冊肆
平壤上水口門內 김浩淵
仝 최敎恒
仁川栅峴開新冊肆 리東皓
宣川邑橋西里 安濬
義州西門外한西 大藥局
釜山港佐川 徐藥局
三和港築洞 김仁집
咸興州南社西門外 曹喜林
開城培義學校 姜助遠
大丘市廳 최一弘
載寧邑濟衆院 劉夢澤
鐵山邑東部 安ᄒᆞ
元山支店 劉七錫
定州南門內 洪成麟
信川邑 李源植
海州南門內書舖 朴昌鎭

發行兼編輯人 英國人비說
發行所 南署石井洞號外地三層洋屋家
大韓每日申報社

國債報償義捐金收入廣告

全州副領白南信 二百환
仁港勸業社鄭永吉等四拾四환
沔川義務所
發起人進士金東旭 五환
天安邑前牧使沈賢澤 五환
開城北部鞍谷셜氏 貳환
順天長明동金영默 五환
宜寧前參奉리贊夏 拾환
平澤停車場大韓運輸會社主人
최應九씨夫人申씨 拾환
嘉山봉鳴學校敎師金愚謙貳환
全州正三品白봉洙 四拾환
任實生員白樂顯 貳拾환
鐵山前參奉김德濂 貳圓
宣川鄭治鍵 五圓
寧邊邑김興俊 壹圓
懷德郡靑柳김漢洙 貳圓
洪原樓村安炳道 五圓
祥原리召史 壹圓
水原英聖堂內夫在烈等 六拾圓貳拾錢
合肆百拾九圓貳拾錢
○馬山港김志觀夫人최시貳圓
子女三人各三拾錢
合貳圓九拾錢
○釜山草梁리益善 貳圓
子元大 次子潤大 三子正大
四子健大 五子盛大 각貳拾錢
合三圓
○義州玉川학校
校長 朴宗詢 三圓
贊成 林炳遠 三圓
김仁爵 貳圓
前宣傳林炳夏 壹圓
敎師 白鎭珪 貳圓
校監 김益헌 貳圓

白종哲 박成珍 각壹圓
박成基 五拾錢
生徒 林英峻貳圓 최善沃貳圓
박貞珪 壹圓 리根燁 五拾
錢 김鎭坤 五拾錢 김承源
三拾錢 生徒父兄 김奉律
安尙祿 安尙福 각壹圓
安尙元 林炳杜 崔東峻
김긔善 김孝봉 박成和
김得貞 리奇션 리尙峻
각五拾錢 박成綸 김宅柱
뎡碩龍 김昌秀 김時珍
리承德 김인喆 각三拾錢
合三拾壹圓四拾錢
○黃州邑
前五衛將任道準 三圓
方應긔 三圓 任權호 貳圓
김병晴 壹圓五拾錢
김允成 壹圓貳拾錢
김文浩 壹圓 申德俊 壹圓
김得水 六拾錢
邦正益 趙德成 高聖老
申在福 任昇宰 리龍雲
리永浩각六拾錢 리영默
韓仁奎 리燦有 리淳成
邊在勳 각三拾錢 姜承穆
伍拾錢 리正植 肆拾錢
林處봉 리東植 김成俊
각參拾錢 吉州人 송창運
壹圓 鏡城人 張柄奎
壹圓 開城人 劉永蕃
貳圓肆拾錢
合貳拾伍圓貳拾錢
○北靑武官幼年학校
事務長正尉韓相烈 參圓
敎官參尉장重圭 貳圓
梁琦允 林慶화 朴熙恩
事務員前司果박淳根 김載軾
최相文 前參奉리鍾弼

각貳圓 一學徒 리표영
리景슈 全홍창 丘周協
한仁穆 리益源 최龍환
梁景鴻 한仁洽 한昇옥
최仲得 김柄建 박긔孝
박筍培 朴최聖 각壹圓
使동 김박돌 伍拾錢
리병호 伍拾錢
合參拾伍圓
○釜山草梁通運社々中 伍圓
社員 김聖담 丘炳善
김太綱 최應玉 김斗황
각貳圓 童蒙蔡仁슈伍拾錢
合拾伍圓伍拾錢
釜山面路下里
김希瑞 肆拾錢 한尙瑞 六
拾錢 김化瑞 六拾錢
김千允 壹圓 최益喜 捌拾
錢 김章彦 陸拾錢 리佑卿
壹圓 김德瑞 徐在用
김生汝 각肆拾錢 김尙根
六拾錢 리聖伯 參拾錢
김瑞一 壹圓 박聖今 六拾
錢 박聖彦 田尙吉 각參拾
錢 김奇先 사拾錢 辛允洪
박善伊 한周贊 裵奉先
각貳拾錢 黃永一 六拾錢
박允五 壹圓 김永旭 사
拾錢 梁性鵬 김광甫
박突伊 黃河一 김業伊
黃仁守 각卄錢 김聖伍
리景化 각卄錢 박周瑞
六拾錢 김륙瑞 參拾錢
김학先 六拾錢 김학根
二拾錢 김士彦 參拾錢
최문一 貳拾錢 최聖문
사拾錢 安仁瑞 參拾錢
김起坤 박億서 각卄錢

박榮必 六拾錢 김서根
박善一 김永玉 김守일
니世奉 鄭善五 주鍊道
각卄錢 ᄒᆞᆫ英沃 拾錢
김英贊 貳拾錢 리광郁
壹圓 김今突 리億述
김召史 각卄錢 許仁汝
사拾錢 朴和淑 박슉伊
丁順三 각卄錢 김周甲
壹圓 김贊守 五拾錢
비景학 貳拾錢 윤平汝
샤拾錢 리春老 具得用
김在先 김셩祚 김禹立
秋元伯 김弘益 각卄銓
ᄒᆞᆫ守五 사拾錢
合貳拾大圓샤拾錢
○延安西部三里
리敏植 一圓五拾錢
閔錫鎬 三圓 玄書說
一圓五十錢 리윤찬
玄書殷 車大輪 니建학
박允千 ᄒᆞᆫ允셩 申淳一
高仁植 리윤述 박仁西
全셩문 김贊基 각一圓
니東植 니봉鎭 최東海
니亨植 閔春호 박雲谷
박규비 박基善 김仁甫
김順甫 김윤守 全致비
박인弘 김尙雲 최明규
池伯서 각伍拾錢 니潤七
니潤默 박윤汝 니윤봉
김景서 金셩七 송京晩
陳在哲 각卄전 니潤成
ᄒᆞᆫ호石 박景石 閔泳祚
高인化 니昌호 최동윤
박君서 朴末東 니吉록
玄書稷 孫德현 ᄒᆞᆫ百萬
니有복 全셩엽 全雲셩

全셩윤 全셩安 최明凡
각卄錢 合卅二圓卄錢
○仁同郡
김로安 洪순雨
각壹圓五十錢
윤伯衡 윤武현 김진基
洪순河 各壹圓
김 堅 壹圓五拾錢
합八圓五拾錢
○龍川英신학校
林병무 黃正憲 니창栗
各壹圓
김永憲 五拾전 김用尙
壹圓 니正沃 卅錢
金熙舜 五拾전
합五圓卅전
○安城東面福巨里
리元魯 合元 陳聖春
五拾錢 리鳳규 一元
리八貴 五拾錢 리九淳
一元五拾錢
合六元五拾錢
○濟州斗墨동
前主事 김景培 二圓
金濟林 壹圓 安尙訓
合圓 安斗玉 壹圓
安實培 拾錢
合七圓拾錢
○載寧郡읍內西部橋井商店
김봉秀 김泰熙 각壹圓
安義協 니윤心 송錫根
延在찬 曺相호 김데默
김天京 각五拾전
合五圓五拾전
○振威郡丙파面蛤井里
최應九 최광국 柳成슌
김化三 尹亨일 김希문
合二十圓

●釜山港水晶동
林亨필 五元
김台振 拾圓
前先達최貴호 壹圓
前主事빅南植 二元
장長沃 三元
ᄒᆞᆫ元吉 샤십전
박敬贊 십圓
김興希 二圓
니敬伯 오圓
全明化 二圓
오重沃 삼圓○二전
權士珍 오圓
김祥彦 숨圓삼십전
김셩根 二圓
김永振 二圓
박圭서 일圓
김化서 오圓
長子 漢五 二圓
次子 봉彦 壹圓
三자 龍엽 壹圓
김윤和 一圓
강셩문 壹圓
河貞九 五십전
林春吉 壹圓
김性슈 壹圓
김봉吉 壹圓
林泳규 壹圓
박광서 사십전
박興서 壹圓
宋益明 사십전
니넌길 五십전
김문서 샤십전
김ᄉᆞ玉 사십전
니化서 二拾錢
김윤澤 二元五전
조 英贊 二元二전
尹二明 二십전

權萬守 二십젼
ᄌᆞ 權周元 參십젼
ᄌᆞ 明玉 四십젼
安其元 五십젼
니源八 일원
金규華 십원
박夏윤 사十젼
ᄌᆞ 스弘 合拾젼
김仕益 壹圓
니亨錫 壹圓
박종善 卅錢
田周汝 일圓
田周汝부인오氏四十젼
김致弘女息 壹圓
니셩根雇傭人 샤십젼
박春必弟妹八젼重
박召史銀響八젼重 代금사圓
젼시從김智泰부人 오십젼
銀環壹兩九젼너푼重
합壹百參圓肆십九젼
總합七百四십七圓십九젼

大韓每日申報社

南原駐隊長김熙根시가淸潔明하야到隊以後로兵卒心服하고士民稱頌ᄒᆞ야各面木비가如林ᄒᆞ니駐隊設始ᄒᆞᆫ後에初有ᄒᆞᆫ茂績인ᄃᆡ命運不幸ᄒᆞ야昨年臘月晦夜半의亂類不測지變을逢當ᄒᆞ야幾乎見害러니幸히脫身ᄒᆞ야率兵追襲ᄒᆞ야軍器를推還ᄒᆞ고彼徒의頭領을捕捉ᄒᆞ야一時에平定ᄒᆞ니闔境이無事ᄒᆞ고生民이萬幸이라如此良材가아니요倉卒지變을當ᄒᆞ야ᄒᆞᆫ無所措ᄒᆞ얏던滿城生靈이安得免禍리오然ᄒᆞ나軍紀所在에責을免치못ᄒᆞ와김熙根시가休職遞歸ᄒᆞ니본境士民과商民等이遑々如失ᄒᆞ야願留ᄒᆞᆯ意로軍部에請願ᄒᆞ고玆廣布ᄒᆞᆷ 김性澤 告빅

본郡守윤元求시가勵精도治ᄒᆞ야位未一周에恩威並著ᄒᆞ니吏民服이라若其학校지발起와商社지興왕과場市지신設과詞訟지公平과種슈지勸課을悉難枚擧而歌以召杜에ᄌᆞ由報答ᄒᆞ고切欲廣布於萬국耳目이나신聞上揭載가難以一二인지毀譽로取信이오且海외千里에眞위을莫憑故로各面各里에頭老尊경이각답도書ᄒᆞ고姓名着啣ᄒᆞ야謄其비문而仰告ᄒᆞ니其治績지有實은近古所無라照亮ᄒᆞ시와俾무泯沒이爲要

中面二拾五동頭民 高永信 김致元 ᄒᆞ爾信 高斗玉 뎡是赫 김봉규 김炳善 김達會 吳致允 梁元桂 김應조 김高셩문 리膺호 김중伯 김啓元 申병均 夫英奎 姜昇문 蔡休林 김在休 뎡시勳 김旺희 洪永寬 夫用寬

신左面九동頭民 愼규烈 박宗哲 김致五 김永학 高元학 吳昌好 高漢淑 김海得

○舊左面拾三동頭民 康시奉 김來吉 夫元植 洪셕九 吳昌斌 리基安 許溫 리元化 부周학 부珠平 姜尙孝 김信洪 김聖元

○신右面拾九동頭民 高奉八 김永豪 梁京式 姜汝규 梁南便 康書與 박應문 張斗七 高性寬 김化吉 高明玉 김규杓 康應호 姜聖元 梁達현 김斗汝 姜澔俊 秦時演 高應鶴

○舊右面廿二동頭民 吳性국 梁順吉 김基혁 김用圭 梁在錫 梁用珠 趙信圭 高時호 김永슈 高景호 김性喜 南斗호 김明호 김俊行 左明愛 高千松 梁建孝 문用信 문仁用 姜在문 김셕환 김斗行 等告빅

海州居鄕進士秀元씨가國債報償會에對ᄒᆞ야發起ᄒᆞᆷ은젼報에已揭어니와뎡씨熱心으로光武拾一年三月四일에黃海道卄三郡同胞의게발起勸諭文如左허니

敬函者ᄂᆞᆫ自古로국泰이民不安허고국亡而民독存은未지聞也顧我大한國勢지岌業이未有甚於此時則一般국民固當憂懼存亡지秋也어놀夫何年來에派分守舊開化ᄒᆞ야不能國和ᄒᆞ고互相圭角ᄒᆞ니若徒能讀聖賢書衣長주日守舊라ᄒᆞ고爲국연義를不知ᄒᆞ면其所守者何事며徒能학외국語衣洋服曰開化라ᄒᆞ고忘국背義를無愧ᄒᆞ면其所開者何事오毋論守舊開化ᄒᆞ고爲國義務ᄂᆞᆫ一也라恨未見國體ᄒᆞ야心常鬱々터니近일新紙上에有一事拍案而𠰳者ᄒᆞ니大邱廣문社長徐相敦等제시가合民力報國債事로발起ᄒᆞ야斷烟同盟後不數일지間에應者如雲ᄒᆞ야京城김成喜시제인이國債報償期成會를발起設立ᄒᆞ니市井商客과勞働役夫와孀婦尺童이爭先獻力ᄒᆞ고京大安동康召史ᄂᆞᆫ無家窮婦로雇금所得한화肆圓을義연ᄒᆞ고藥房妓生卅인이신화卄餘圓을연助ᄒᆞ고牙山梁夫인은早寡餘生으로한화貳拾圓을義연ᄒᆞ니奇哉라此女子等지愛국獻침을猶恐或後者ㅣ豈非인心天意乎국力挽回를可期權輿於ᄎᆞ則聞ᄎᆞ消息ᄒᆞ고覽ᄎᆞ趣旨에粗有彝性지丈夫야況豈不與起이樂從이며全국民庶가莫非我

陛下君父지赤子則[illegible]々肩上에孰非擔ᄎᆞ국債乎아愚等이亦化中一物노忠憤이自激ᄒᆞ고感淚가先下ᄒᆞ야另設국債報상會지意으布諭境內矣러니闔境士民이一齊響應ᄒᆞ야각先발起ᄒᆞ고碧城婦女가亦從以與起ᄒᆞ야五相勸勉에爭先出義ᄒᆞ니豈不喜賀哉아본會趣旨書를廣布于一省ᄒᆞ고兼ᄒᆞ오니仰惟 쳠尊은愛국血誠이必弗後於인矣러니將ᄎᆞ通사與趣旨ᄒᆞ야轉布于境內ᄒᆞ와鼓動勸諭에俾無一인弗知케ᄒᆞ며募義集금ᄒᆞ야期見국채報상還지日則借款지隣국이其必日忠哉라大한人이여開風지列强이亦必日義哉라大한인이여ᄒᆞ리니然後에국權可復을何患지有리요惟我二千萬衆지一心이弗讓於古周臣三千則我ᄒᆞᆫ舊邦이其命維신이리니惟願同胞ᄂᆞᆫ日守舊이니日開化이니勿相岐論ᄒᆞ고濟國事로爲大지ᄒᆞ야團躰合力에以順天使지인心을仰希照亮焉

海西士民等吳義泳 告빅

學員募集

今次에本校學員約五十名을募集ᄒᆞ니志願者ᄂᆞᆫ左開各項을據ᄒᆞ야入學請願書에履歷書를添付ᄒᆞ야四月十五日(陰三月三日)內로本校에提出ᄒᆞᆯ事

一志願者資格 年齡滿十二歲以上普通學校卒業生과或是와同等ᄒᆞᆫ學力이有ᄒᆞᆫ者

一入學試驗期日 四月十八日(陰三月六日)上午九時에來校應試ᄒᆞᆯ事

一試驗科目 日語初步、漢文、筭術(四則初步)國內地理

一學資給與 學員의게ᄂᆞᆫ志願을據ᄒᆞ야學資로每朔金五圓式給與ᄒᆞᆷ도有ᄒᆞᆷ

一入學志願者의注意要件과其他詳細件은本校에來問ᄒᆞᆷ事

광武十一年三月 日

京城明동

韓國財團法人善隣

商業學校

本人의庄土가在於全羅北道臨陂北一面居尺里亭子山堯동大谷月浦堲동安亭동合十九石十八斗落이新舊文記와量案이自在이거날從兄前教員仁雨氏가符同雜類ᄒᆞ야偷賣지意로舊文記를火賊의게失이라稱ᄒᆞ고昨年五月分에臨陂署ㆍ沃溝감守의게誣訴ᄒᆞ야新沓案을圖得ᄒᆞ엿다니內外국人은切勿見欺ᄒᆞ시오

忠淸南道藍浦 佛恩面東谷里 리昇雨 告白

陰二月十五日玄石里居리南日處推次於音一千九百兩一片을서失ᄒᆞ얏ᄉᆞ오니內外國人以此照諒ᄒᆞᆷ

廝浦孝敬동洪景秀 告빅

西曆一千九百七年四月六日 　　土曜日　　（明治三十八年八月十二日第三種郵便物認可）

第五卷　　第四百七十九號

大韓每日申報

대한매일신보

月曜及慶節 歲時日休刊

●檀君開國四千二百四十年 箕子元年三千二十九年 大韓開國五百十六年 日本明治四十年 淸國光緖三十三年
◉陰曆丁未二月大廿四日乙酉淸明

論說

한국森林

近日에셔울프리쓰新報가차問題를兩次論述ᄒᆞ엿ᄉᆞ니本記者ㅣ讀ᄒᆞ에驚異지心에微小ᄒᆞᆷ에猶過라該記者의採用ᄒᆞᆫ高見의溫柔態度가一遂으로笑戱에無過나차亦不可輕視ᄒᆞᆯ日人思想을著示ᄒᆞᆫ거시로다

現今日人이鴨綠豆滿兩江岸에豐富森林을不分老치ᄒᆞ고所代ᄒᆞ기에從事ᄒᆞᆷ은衆人所知라셔울프리쓰報가한국中央과及其南部를關係ᄒᆞ야如彼恨歎ᄒᆞᄂᆞᆫ事態ᄂᆞᆫ江岸兩地에셔日인做出ᄒᆞᄂᆞᆫ도다

同報가發言ᄒᆞ되국財現形으로觀之컨대한政府가樹木을多種ᄒᆞᆫ거슨不問可知라ᄒᆞ더니其後에ᄂᆞᆫ한국內에森林培養費가以二拾九萬參千圜으로決定되엿다ᄒᆞᆷ을吾人이得聞矣로다

본記者ᄂᆞᆫ何人이此計算을決定ᄒᆞ엿ᄂᆞᆫ지不知며且其金額을何如히當用ᄒᆞᆯ것도亦不知로ᄃᆡ何如ᄒᆞᆫ지차費額을日人의게急速利益될仁川水道와其他治道巨費에比較ᄒᆞ면不足充分이로다

한國森林의培養이一大急務라차問題를實行ᄒᆞᄂᆞᆫ뒤로國之利益이速着ᄒᆞ려니와惟一不幸ᄒᆞᆫ事實은한人의柴炭之料가樹木에全係ᄒᆞᆫ거시니由是로森林培養之策이山림에無時斧斤을加ᄒᆞᄂᆞᆫ現行지習을防遏ᄒᆞᆯ方法과若不均一進行이면其計策은空費心力ᄒᆞᆯ而已로다

日本內에旅行ᄒᆞ야吾人의經閱ᄒᆞᆫ樁山과及其長遠距里에未有樹木ᄒᆞᆫ거시한國에셔遽今得見ᄒᆞᆫ것보다猶甚이어ᄂᆞᆯ尙其同報ᄂᆞᆫ談論ᄒᆞ되熟達之人을全國의派送ᄒᆞ야森림行政官으로補充ᄒᆞᆯ靑年敎育한人을租合ᄒᆞᆷ이要務라ᄒᆞ고人民의게演說ᄒᆞᄂᆞᆫ거시可也라ᄒᆞ엿ᄉᆞ니自度컨대熟達之인은爲其日人이라此雖無味之擧나對此所行이都出於此實情矣리로다

以余度之컨대方長之木을硏代ᄒᆞᄂᆞᆫ거시經濟上에不合ᄒᆞ야但其耗損ᄒᆞᄂᆞᆫ거시라ᄒᆞ고人民의게曉諭ᄒᆞ기에ᄂᆞᆫ持異熟達之人을不要ᄒᆞᆯ거시어니와非特止차라韓國人民이嚴冬寒節에溫ᄒᆞᆷ을以他道理로設備ᄒᆞ기以前에ᄂᆞᆫ世界에諸般立法과演說이有何效力일지不信ᄒᆞ노라

官報

●三千七百二十二號　光武十一年四月九日

◉敍任及辭令

任官立平壤日語學副敎官　조樂鴻
依願免본官　秘書監丞리문求
命宮內府特進官　懿孝殿提調박容大
宮內府特進리容植
命修학院長　宮內府特進官李根湘
命懿孝殿提調　奉常司提調리恳明
命太僕司長　從二品조命鎬
命奉常司提調　從二品洪在鳳
命秘書監丞　宮內府特進官김容규
命奉常司提調
任度支部稅務主事　金在寬
依願免本官　中樞院副贊議李民부
任中樞院副贊議　高靈郡守윤夏榮

外報

●憲法新書　天津報를據ᄒᆞᆫ즉去年預備立憲의諭旨를屢次頒발ᄒᆞᆫ으로부터擬由天津ᄒᆞ야先行시판ᄒᆞᆯ시現在天津府에地方自治局을設立ᄒᆞ고並히名儒를聘ᄒᆞ야憲法신書를編譯ᄒᆞ야將次告成ᄒᆞᆷ의大約今春에卽可出版이라더라

●萬國大會　東京電을據ᄒᆞᆫ즉本月三日부터五月間本地에셔基督敎靑年會萬國大會를開ᄒᆞᆫ다더라

●美國洪水　去番에美國加奈太地에洪水가忽生ᄒᆞ야水害를被ᄒᆞᆫ處가多ᄒᆞ고其中該地方에移住ᄒᆞᆫ日本人農業者의被害가大端ᄒᆞ야桑港日本領事館에셔救助次로滊船一隻을雇入ᄒᆞ야同地方에派送ᄒᆞᆯ計劃이라더라

雜報

●寄金光校　再昨일下午六時量에南門內광成實業學校에셔第四回卒業式을行ᄒᆞ얏ᄂᆞᆫᄃᆡ伊時學協閔衡植氏가來參ᄒᆞ야一場勸勉祝賀ᄒᆞᆫ後新貨二十圓을寄附ᄒᆞ얏다더라

●女敎勸勉　女子敎育會副會長김雲谷씨가學徒를對ᄒᆞ야勸勉書가如左ᄒᆞ니學徒의願學ᄒᆞᄂᆞᆫ奮發心을보니我大한婦人社會가將次發旺ᄒᆞᆯ지라엇지ᄒᆞ여婦人社會의發旺ᄒᆞᆷ을希望ᄒᆞᄂᆞᆫ고ᄒᆞ니西儒가말ᄒᆞ엿ᄉᆞ되ᄉᆞ람은社會的動物이라稱ᄒᆞ얏고學問이無ᄒᆞᆫ즉野蠻이라稱ᄒᆞ여人類에參預치못ᄒᆞᄂᆞᆫ지라由此觀지면우리一千萬姊妹ᄂᆞᆫ野種을免치못ᄒᆞ얏ᄂᆞᆫ지라엇지讀恨치아니ᄒᆞ리오그런고로總裁陛下게오셔熱心注意ᄒᆞ시와오날々이學院이成立ᄒᆞ얏ᄉᆞ니前途에進步ᄂᆞᆫ諸生徒의勸工成就ᄒᆞᆷ에在ᄒᆞᆫ지라願컨ᄃᆡ諸姊妹ᄂᆞᆫ學問成就치못ᄒᆞ면野만될生覺을晝宵에잇지말고勤지勉지어다ᄒᆞ엿더라

●兒童出연　西小門외車동居童蒙김창成이ᄂᆞᆫ年今十四인ᄃᆡ國債報상事를聞ᄒᆞ고新貨六拾錢을期成會로來納ᄒᆞ얏더라

●車夫出義　西十字閣屛門人力車夫拾七名이新貨二拾錢式各出ᄒᆞ야合三圜四拾錢을期成로來納ᄒᆞ얏더라

●富郡연의　富平郡玉山面航동에셔金顯達씨等二拾一人이拾壹圜三拾錢을期成會로送付ᄒᆞ얏다더라

●兩리熱心　東來인의傳說을聞ᄒᆞᆫ즉楊根公山里居前秘書丞리範弘氏와前宣傳리敬濂氏가국債報상에熱心贊成ᄒᆞ야先自斷烟ᄒᆞ고鄕曲인民을逢첩勸諭ᄒᆞ며勸告문을作ᄒᆞ야遠近에布示ᄒᆞ고場市에親往ᄒᆞ야一場演說ᄒᆞ니聞者ㅣ莫不感發ᄒᆞ야爭先出捐ᄒᆞᆫ다더라

●有死이已　平壤츄작문外居民等의來函을據ᄒᆞᆫ則平壤居留ᄒᆞᆫ民團長과日경視兩人이平壤郡守와參書官에게交涉ᄒᆞ야昨日分의通路修繕ᄒᆞᆯ事로來待ᄒᆞ라기民等이一제人去則分付ᄒᆞ기를히門외東西側의商業ᄒᆞᄂᆞᆫ제民家二十餘戶를折半毁破ᄒᆞ고其中인民가ᄂᆞᆫ沒數毆黥ᄒᆞ고爲言則彼此對변之場에民等이哀乞曰如此酷黜ᄒᆞᄂᆞᆫ境遇에ᄂᆞᆫ數多殘弱之民이未免飢死ᄒᆞ겟다ᄒᆞ고一제呼訴ᄒᆞ옵고又於百以恐之ᄒᆞ야도被打而死ᄒᆞ거나飢餓死ᄒᆞ거나死ᄒᆞᆫ則一般이기民等言ᄒᆞ기를勒奪ᄒᆞᆯ가라도效死勿去라ᄒᆞ오즉日경視와參書官兩인이日汝民等이死則政府에셔惠給ᄒᆞᆯ신ᄎᆡ가損害金이라ᄒᆞ고幾千圜을下來ᄒᆞ여슨즉世전으로汝民等을葬埋云ᄒᆞ니此國국官員은殺理人民ᄒᆞᄂᆞᆫ官員이니世界萬국에ᄒᆞᆫ국人民과如히慘酷ᄒᆞᆫ情理가ᄀᆞ有ᄒᆞ리오ᄒᆞ얏더라

雜報

●度支引繼 統監府에서度支部를引繼ᄒᆞ기로照會ᄒᆞᆫ事에對ᄒᆞ야政府에서統監府에交涉ᄒᆞ야國際上大關係되ᄂᆞᆫ問題를依例히防遏ᄒᆞᆯ터인ᄃᆡ政府에셔度支部로印地照會ᄒᆞ야引繼事務에着手케ᄒᆞᆫ다ᄂᆞᆫ故로一般輿論이大段沸騰ᄒᆞᆫ다더라

●義王省楸 義親王殿下씌옵셔明日東門外和陵寺等地親山에省楸之行을ᄒᆞ신다더라

●視察委派 今番日本國各官廳事務視察員이視察ᄒᆞᆫ後回國ᄒᆞ면更히高等官人中으로一百五十名을派送視察ᄒᆞᆫ다ᄂᆞᆫ說이有ᄒᆞ더라

●金庫浮去 度支部文簿를日昨에統監府로沒收ᄒᆞ야持去ᄒᆞ얏고中央金庫ᄂᆞᆫ小廣橋等地로移設ᄒᆞ고第一銀行에指揮를承ᄒᆞ게ᄒᆞᆫ다더라

●修費算報 漢城裁判所에셔法部에報告ᄒᆞ되今番本所延燒時에損害補修費二百八十一圓四十二錢伍里를聚算ᄒᆞ야別紙에製調粘付報告ᄒᆞ오니查照ᄒᆞ오셔臨時支出ᄒᆞ심을爲望이라ᄒᆞ얏더라

●查後報來 法部에셔警務廳에訓令ᄒᆞ되正二品리容泰拘拿之由를已經奏下ᄒᆞ얏스니到卽히리容泰를拿致審查後報來ᄒᆞᆷ이可라ᄒᆞ얏다더라

●七大三協 今番警務廳에被捉ᄒᆞᆫ者口招에大臣七人과協판三人을謀害ᄒᆞ라ᄒᆞ얏고하大리完用씨를先爲下手ᄒᆞ려다가未及ᄒᆞ고再次法部大臣리夏榮씨를犯ᄒᆞ려ᄂᆞᆫᄃᆡ行車가如飛ᄒᆞ야未及ᄒᆞ얏고第三次軍相權重顯씨의게放炮ᄒᆞ얏다더라

●終不遷柩 리容翊氏의屍躰를運動치못ᄒᆞᆫ다ᄂᆞᆫ說은前報에揭載어니와該氏의子리賢在氏가晝夜로柩前에哭泣伏祝ᄒᆞ되數萬里異域에寃구를暫時留置이爲子之道에不勝悶畓ᄒᆞ오니速히故山에還葬ᄒᆞ겟다ᄒᆞ되該구가終不運動ᄒᆞᆫ다더라

●獨立基礎 日本早稻田大學校學生日人某가히學校討論問題의至尊에犯逼ᄒᆞᆫ事ᄂᆞᆫ已爲報道ᄒᆞ얏거니와此事件에對ᄒᆞ야該校韓國留學生一般이會同ᄒᆞ야該校々監과히問題提出ᄒᆞᆫ人을幷히打殺ᄒᆞ기로決議ᄒᆞ고一邊은日本政府에交涉ᄒᆞ야期於히히犯等을處刑ᄒᆞ기로以死同盟ᄒᆞᆷ의日巡查가히校를嚴密히保護ᄒᆞᆫ다니留學生諸氏의熱血沸騰ᄒᆞᆷ과團體活潑ᄒᆞᆫ氣像은世界有志人士로ᄒᆞ야금讚祝拜賀ᄒᆞᆯ만ᄒᆞ며美國獨立基礎도學生等을基因ᄒᆞ더니韓國學生의此擧가不獨專美於美國學生이라ᄒᆞ더라

●鄕客受刑 徐彰輔氏被捉신問之場에鄕客의게賣食한外에ᄂᆞᆫ別無他事라ᄒᆞᆫ則買食ᄒᆞᄂᆞᆫ人을遣還히供招ᄒᆞ라ᄒᆞ야無數ᄒᆞᆫ笞刑을受ᄒᆞ얏다더라

●把守리門 리容泰氏被捉ᄒᆞᆫ後에其私第門前의別巡이緊々把守한다더라

●請邀記者 警務顧問丸山氏가明日각新聞社員을請邀宴待ᄒᆞᆫ다더라

●屛及貞忠 南來人의傳說을據ᄒᆞᆫ즉閔忠正公祠宇를建築ᄒᆞ기爲ᄒᆞ야각郡에幾百兩式排定收斂ᄒᆞᄂᆞᆫᄃᆡ한山郡은葉九百兩을排定ᄒᆞ야閔정植씨가收錢派員으로來到ᄒᆞ야히郡守를訪問ᄒᆞ고民間에發令收刷ᄒᆞ기를請ᄒᆞᆫᄃᆡ히郡守日此非公事則官不可發令이니往議於校中儒林ᄒᆞ라ᄒᆞᆫᄃᆡ閔씨가히郡鄕校儒林을訪見ᄒᆞ고排定錢九百兩을收捧ᄒᆞ기를相議ᄒᆞᆫ즉處씨가各面長과何樣協議ᄒᆞ얏든지히郡內千戶每戶에葉二젼五分式排斂ᄒᆞ기로妥算ᄒᆞᆫ즉合一千四百兩이라九百兩은閔시를出給ᄒᆞ고餘젼五百兩은處시와各面長이分食ᄒᆞ기로酌定되ᄆᆡ士論이沸騰ᄒᆞ야姑未遂戶收刷ᄒᆞ고面長이收刷한結錢中에서先爲劃給ᄒᆞ고將次收斂補充ᄒᆞᆯ計料인ᄃᆡ民怨이狼藉한다더라

●三派劍客 政府諸大臣을謀害ᄒᆞ라ᄂᆞᆫ黨派가內浦派水原派抱川派合이三派인ᄃᆡ抱川派ᄂᆞᆫ日昨에三人이捕捉이되얏ᄂᆞᆫᄃᆡ此派ᄂᆞᆫ向日參政大臣家에火藥投入ᄒᆞᆫ者라더라

●胡不早知 日昨某處宴會席에각部大臣이參與ᄒᆞ얏ᄂᆞᆫᄃᆡ參政大臣朴齊純씨가諸大官을向ᄒᆞ야言ᄒᆞ되吾等이重任을屢年擔任ᄒᆞ얏셔도顯著ᄒᆞᆫ功績이無ᄒᆞᆫ故로風波가種々ᄒᆞ니晝夜警衛ᄒᆞᄂᆞᆫ若身數가不吉ᄒᆞ면警衛ᄒᆞᄂᆞᆫ겻도未信이오遂變을ᄒᆞ기가十常八九인즉亟히辭職ᄒᆞ고早歸ᄒᆞᄂᆞᆫ겻이上策이라ᄒᆞᄆᆡ諸大臣은默々無言ᄒᆞ고坐中에某협판이答ᄒᆞ되대監之言이當然ᄒᆞ다ᄒᆞ얏다더라

●犯人請刑 日本留學生의停學同盟ᄒᆞᆫ事ᄂᆞᆫ別項과如ᄒᆞ거니와히학生千餘名이一제히會集ᄒᆞ야監督韓致愈ᄂᆞᆫ다려外務省에交涉ᄒᆞ고學部에照會ᄒᆞ야히犯을受刑케ᄒᆞ라ᄒᆞᄂᆞᆫ故로ᄒᆞᆫ致愈씨도方在困難中이오히犯日人은隱避ᄒᆞ얏다더라

●老少皆腐 今番學部에셔博士出방ᄒᆞᄂᆞᆫᄃᆡ三十三人이擢是老人이요其中最少ᄒᆞᆫ人이四十八歲之人一人인ᄃᆡ昨日何許之人이학部門前에匿名書를揭付ᄒᆞ얏ᄂᆞᆫᄃᆡ老人으로만科擧를選ᄒᆞ야爲用이며年少人은何時에選用ᄒᆞᆯᄂᆞᆫ지如此不公正ᄒᆞᆫ거슬內외國人이共知라ᄒᆞ얏더라

●花草攘奪[?] 新門외蠶業所를權重顯氏가農大時에家舍를七千환에賣收ᄒᆞ얏ᄂᆞᆫᄃᆡ其時家價을今에比ᄒᆞ면半헐ᄒᆞᆫ時인ᄃᆡ重價을受ᄒᆞ고賣ᄒᆞ엿고今에ᄂᆞᆫ히氏가農大를遞ᄒᆞ야相關이無ᄒᆞᆫᄃᆡ히所花草를自己之物과가치持去ᄒᆞ얏다더라

●仁校會況 東門外石村인昌학校에셔本月四日에贊成會를開ᄒᆞ고校長洪[?]潤시와학務局長兪星濬시와各社會有名ᄒᆞᆫ紳士諸시와隣近동有志諸人이來臨ᄒᆞ얏ᄂᆞᆫᄃᆡ학校擴장ᄒᆞᆯ方針으로兪星濬兪猛리偶諸시가演說ᄒᆞ고一般학徒가愛國歌를唱ᄒᆞ며萬歲를呼ᄒᆞ고下午六時에廢會ᄒᆞ얏스니東郊十里에初有ᄒᆞᆫ一代盛事라더라

●報牒錯誤 法部에셔慶北裁判所檢事陸鍾면씨에게指令ᄒᆞ되貴報告ᄂᆞᆫ閱悉이견과頃接ᄒᆞᆫ즉强盜罪인權永守을另加年因ᄒᆞ야待經奏發訓後執刑之로已爲發訓인바今此貴報에强盜綫罪인權用守가病死ᄒᆞ얏스니貴所年囚罪인權用守와에又有權用守인지永守之永字를以用字誤書인지報部文字가何等錯慎而如是錯誤歟아到卽히犯之名者相左理由를昭詳馳報ᄒᆞ라ᄒᆞ얏더라

●已無是事 日前朴參政家에何許三人이六穴砲를持ᄒᆞ고突入ᄒᆞᆫ事ᄂᆞᆫ更聞ᄒᆞᆫ則未有ᄒᆞᆫ事라ᄒᆞ더라

●靑會討論 今日下午七点半에靑年會舘에셔特別討論會를開ᄒᆞ고名譽素習ᄒᆞᆫ신紳士尹孝定劉猛金宅鎭박治勳兪承兼石鎭衡諸氏가實地經驗이勝於학理所究란問題로互相討論ᄒᆞᆫ다ᄂᆞᆫᄃᆡ有志諸君은一齊來參ᄒᆞ심을希望ᄒᆞᆫ다더라

●罪囚化去 慶北경務署在囚殺獄正犯罪人명用述이가去月二十八일에致死於監獄ᄒᆞ얏다더라

●朝陽新校 咸興郡上朝陽社有志人士박희豐리昇周兩氏가私立學校를設ᄒᆞ고晝學은新學문普通科로ᄒᆞᆯ뿐더러夜學을國文科로特立ᄒᆞ고樵夫牧童이幷皆發達ᄒᆞᆫ다더라

▲一 拍 書 案▼

△夕陽燕士가劍頭에默立ᄒᆞ야상林秋霜에主事을不言ᄒᆞ니誰知何處에一步가從容고回裏秋蓮이空自不平이로다

△日前各大臣이密議時에傍觀人의所傳을據ᄒᆞᆫ즉각大臣이面々相顧ᄒᆞ야氣色이[illegible]大리址鎔氏가[illegible]知所措[illegible]지知치[illegible]

△統監府에셔財政[illegible]ᄒᆞ고度支部事務[illegible]으로處理ᄒᆞ미히部[illegible]비가아니오日本政府[illegible]ᄂᆞᆫᄃᆡ大韓 皇帝[illegible]兼氏가不勝憤恨ᄒᆞ야[illegible]綺氏을對ᄒᆞ야[illegible]이泰然說道日此非[illegible]之事인즉同官은不知乎아ᄒᆞ얏다니[illegible]儕公은有膓公子인지[illegible]인지

△再昨日明新女學校에셔[illegible]ᄒᆞᄂᆞᆫᄃᆡ內大리址鎔氏夫人과[illegible]大權重顯氏夫人諸씨[illegible]錦繡有勢ᄒᆞᆫ夫人만迎接上座ᄒᆞ고ᄌᆞ와신설로飮食接이별이젓ᄂᆞᆫᄃᆡ貧寒ᄒᆞᆫ夫人이參座ᄒᆞ랴면日女로ᄒᆞ야금牽手逐出ᄒᆞ얏다니此女學校ᄂᆞᆫ教育發達ᄒᆞᄂᆞᆫ學校가아니오富貴을誇張ᄒᆞᄂᆞᆫ學校로다

△日인演劇場에셔旋旗鳴鉦ᄒᆞ고通街에周行ᄒᆞ면셔卷烟을道路에播散ᄒᆞ면街童走卒이爭來拾取ᄒᆞ니下等社會라不足深責이어니와全國人民은國債報償으로斷烟同盟ᄒᆞᄂᆞᆫᄃᆡ或買吸焚烟者도有之ᄒᆞ고或自焚烟草者도有之ᄒᆞ니此人에比ᄒᆞ면禽獸에不過ᄒᆞ도다

◎特別社告◎

國債報償의義捐金을至今ᄭᆞ지本社에셔收捧ᄒᆞ기로定ᄒᆞ엿스며收捧ᄒᆞᄂᆞᆫᄃᆡ로錢額과氏名을逐日廣告에揭佈ᄒᆞ며當日로電氣會社內銀行으로姑先貯置ᄒᆞ얏다가巨額에達ᄒᆞᆫ時에ᄂᆞᆫ世界에有信用ᄒᆞᆫ會社나銀行의結托ᄒᆞ야善後方策을採用ᄒᆞᆯ터이오며至於收合方法ᄒᆞ야ᄂᆞᆫ本社에ᄒᆞᆫ額을收納ᄒᆞ며事項을相議ᄒᆞᄂᆞᆫ團體와ᄂᆞᆫ一응聯絡ᄒᆞ려니와外他ᄂᆞᆫ一切無關ᄒᆞᆷ

大韓每日申報社

雜報

●一동奮義　西署東幕上中契동中에셔一百三拾三人이會同ᄒᆞ야合八百九拾圓五拾錢을出연ᄒᆞ야期成會로傳送ᄒᆞ얏ᄂᆞᆫᄃᆡ其中前承旨한秉욱氏와前參書高允默氏ᄂᆞᆫ각貳百圓이오前承旨沈亨澤氏ᄂᆞᆫ壹百圓을出연ᄒᆞ얏더라

●學童感연　廣州廉谷塾私學童十四人이聞국채報상之說ᄒᆞ고奮然歎曰我等도국民也라豈可泛過리오ᄒᆞ고一齊每日午飯을減ᄒᆞ야每人舊貨壹拾式과鄕友二人과合拾七人이舊貨拾五圓四拾ㅁ錢을學감김齊龍氏가期成會로傳納ᄒᆞ얏더라

●㐐門出의　平南甑川郡居金東奎氏가國債報償事에對ᄒᆞ야一門諸族의게忠의로勉勸ᄒᆞ고新貨二十元을募集ᄒᆞ야本社로寄到ᄒᆞ얏더라

●原郡義擧　原州郡李敏황최在民兩氏가國債報償의對ᄒᆞ야勇進之心으로義助所를設立ᄒᆞ고布告一郡에大小民人이爭先義捐ᄒᆞᆫ다더라

●雇夫義연　德源赤田社新豐里居ᄒᆞᄂᆞᆫ金鎭五氏ᄂᆞᆫ今年五十餘歲에都無親戚而無依無家ᄒᆞ야常爲他人雇工이러니今番國債報償ᄒᆞᄂᆞᆫ事件을聞ᄒᆞ고卽時雇工錢新貨一元을出연ᄒᆞ며曰多捐ᄒᆞᆯ生覺은懇切ᄒᆞ나所有財産이都是이뿐이에다ᄒᆞ고付送于元山義연募集所ᄒᆞᆷ의聞者ㅣ血誠을稱讚ᄒᆞᆫ다더라

●兩家出의　咸興郡居高景필氏ᄂᆞᆫ藥舖營業으로資生之人이라今番國債報償에對ᄒᆞ야新興社으로五圓을出의ᄒᆞ고該邑의捐으로百圓을出ᄒᆞ고母親은十圓을捐ᄒᆞ고又同郡居金셔寅氏ᄂᆞᆫ冊舖營業으로冊舖로二圓五十錢을彰興社로三圓을出ᄒᆞ고兄嫂최氏ᄂᆞᆫ烈行이素著ᄒᆞ야已往徐判書正淳氏之按節諸道時에氏의烈行을表章ᄒᆞ야紀적ᄒᆞᆫ事가有ᄒᆞᆫ지라針工所得十圓을所重處需用之意로委任於시弟러니國債報償이莫重義務라ᄒᆞ야有此義捐ᄒᆞ고其子世鳳氏도五十錢이오셔寅氏의子九歲兒도三十錢을出ᄒᆞ얏더라

●一村出의　春川郡北中泉面丘里에셔오富泳씨을專委上京ᄒᆞ야拾六圓拾錢을磚동期成會로送ᄒᆞ致얏더라

●帽子寄付　私立養正義塾에셔學員의帽子를一定ᄒᆞᄂᆞᆫᄃᆡ紳士尹晶錫씨가其帽子七八十件을寄付ᄒᆞᆫ다더라

●일본단지학싱의닌금모집문

국권이업어지면국고금은고ᄉᆞᄒᆞ고ᄉᆞᄉᆞ지물보젼ᄒᆞᆯ기의복을ᄒᆞ샤ᄒᆞᆫ들쳔듸를면ᄒᆞᆯ손가지물액겨무엇ᄒᆞ며호샤ᄒᆞ야무엇ᄒᆞ나여보시오여보시오녀ᄌᆞᄉᆞ회형님내들우리비록녀ᄌᆞ로되나라판계지죵ᄒᆞ니형세되료엄마식을깃부게내게드면ᄒᆞᆫ날이감응키는남ᄌᆞ보다나ᄒᆞᆯ지라녀ᄌᆞ의원약함이ᄒᆞᆫ날에삼으치의오월에셔리오고솜년감ᄒᆞᆫ들엇나니우리졍셩미치ᄂᆞᆫ곳원슈도갑흘터오국권회복무란ᄒᆞ니앗나무에물주기를지셩으로힘써보세ᄒᆞᆫ번이나주고말면그다음은엇지ᄒᆞᆯ나우리장안녀ᄌᆞ슈가심만명예갓가우니ᄒᆞᆫ지ᄒᆞᆫ의일젼으로상지상에십빈환을제일이추렴ᄒᆞ야죠흔방법강구ᄒᆞ야본젼은세워두고달달이변리ᄯᅡ셔더옷납계물ᄇᆞᆫ주면죠렵ᄒᆞ야결실셔지근合업시공부ᄒᆞ고그학싱뿐야니라간구ᄒᆞᆫ으ᄒᆞᆫ동포만이길너드라와셔나라집에기동되야나타집슈죵슈ᄒᆞ고문명부강되게디면녀ᄌᆞ수회ᄯᅡ라열녀자유권리확실ᄒᆞ니지졍도퐁족ᄒᆞ고되절도상등밧녀그ᄯᅢ가셔돈도벌고의복음속호샤ᄒᆞ야평싱안락ᄒᆞ여보세집안이간구ᄒᆞᆫ데호샤를죠화ᄒᆞᆫ면욕먹기를ᄌᆞ청이오검소함ᄒᆞᆫ슈장ᄒᆞ면칭찬밧고리익잇내비단듸신명쥬입고명쥬디신무명입고순금대신은가지도신체싱명손해업고출입ᄒᆞᆯ늬막을가무당판슈불공ᄉᆞᆼ상복록은고사ᄒᆞ고ᄒᆞᆫ날이미어보샤앙화ᄒᆞ죽시나니그런대신쓰ᄂᆞᆫ체로십시일반보죠ᄒᆞ면큰ᄉᆞ업이안일손가이말을미천말노아지말ᄂᆞᆫ남의ᄉᆞ졍싱각ᄒᆞ소

반을노짐으기노지극하여럼거ᄉᆞ네손으로목지르고손가락신음젹에피ᄀᆞ으작셜어스며그결심이엇더ᄒᆞᆫ가누구위해피흘렷나부모처ᄌᆞ상관업고우리나라위함이오우리동표위함일세동포위ᄒᆞ야그지경에악간지산보죠ᄒᆞᆫ길언으누가근지ᄒᆞᆯ가우리동포누구더지줄겁게연죠ᄒᆞ면렬디신명감응ᄒᆞ야국가중흥인민부강확살이밋을바니깁히깁히싱각ᄒᆞ야우리나라회복ᄒᆞ샤이다

광무십일년ㅅ월　일

발긔인　리동신원

廣告

◎特別廣告◎

鳴呼라民心은卽天意也라天欲不喪我二千萬同胞지命ᄒᆞᄉᆞ誘衷我二千萬同胞지義ᄒᆞ야雖倡優輿대와鰥寡孤獨과以至疲융殘疾이라도莫不爲國而忘家ᄒᆞ며莫不爲國而忘身ᄒᆞ야皆知家國存亾이莫在乎國債지상與不償ᄒᆞ고中外義金이繼至輻湊호되惟獨資本大家와退息紳士ᄂᆞᆫ一是國民으로有何思想ᄒᆞ야尙此觀望인지吾不敢知어니와大抵都聚巨欵지際에苟非資本大家면莫可處理오中외人心亦非資本大家면必不信服ᄒᆞ리니然則국債지償與不償이實有關於大家지動與不動이라雖至愚小民이라도尙知此義어든况信用大家가豈不知此리오愼勿玩ᄒᆞ며ᄒᆞ고挺身擔務가豈於捐金百萬ᄒᆞ니此非一人지言이라卽全國지論也니惟此大家ᄂᆞᆫ以爲無國而獨有家乎아無國而獨有身乎아何其不思지深也오惟願爲國忘身ᄒᆞ고出而擔務ᄒᆞ야上不負國恩ᄒᆞ고下而副衆望하시와本月二十七日에開會于紙塵都家ᄒᆞ오니照亮ᄒᆞ신後僉尊同胞ᄂᆞᆫ屆期枉臨ᄒᆞ심을千萬幸甚

中央義務社 布白

◎本社廣告

○申報價
一張代金 新貨二錢五里
一個月前納 三十錢
六個月 [illegible]
一個年 [illegible]

[illegible]

◉大韓每日申報支社廣告
中署布屛門下 김[illegible]

平壤上水口門內 김浩淵
仝 [illegible]
仁川港內開新耕 리東浩
宣川邑橋西里 安瀅
義州西門外한西 大藥局
釜山港佐川 徐藥局
三和港築洞 김仁집
咸興州南社西門外 曹喜林
開城培義學校 姜助遠
大邱市廳 최一弘
載寧邑濟衆院 鄭夢澤
鐵山邑東部 安主
元山支店 劉七錫
定州南門內 洪成麟
信川邑 李源植
海州南門內書舖 朴昌鎭

發行兼編輯人 英國人ᄇᆡ說
發行所 南署石井洞號外地三層洋屋家 大韓每日申報社

國債報償義捐金收入廣告

●北靑郡拱北集義會
克明학校 五圓 김稚南
四十錢 全時五 一圓
김병鏞 五拾錢 김秉微
楊학紳 康寧奎 김在夏
김衡義 최병리 각壹圓
리正植 四拾錢 윤忠休
五拾錢 김龜澤 壹圓
오亨根 六拾錢 오春根
卅錢 오亨섭 五拾錢
오[illegible]섭 오貞섭 각壹圓
오泰섭 三圓 오奎섭
壹圓 오烈섭 五拾錢
오恒섭 卄錢 오秉섭
壹圓 오敏섭 五拾錢
오[illegible]섭 卄錢 오인섭
卅錢 오蓮섭 오봉섭
오[illegible]섭 오舜섭 오相섭
오禹섭 각卄錢 오[illegible]升
五拾錢 오[illegible] 오[illegible]
각[illegible] 오禧謙 升錢
오[illegible]섭 壹圓 오유일
卅錢 오유원 五십錢
오유[illegible] 四拾전 오유昌
오유品 오유완 오유현
오유立 오與[illegible] 오與[illegible]
오[illegible] 오[illegible] 오[illegible]
오[illegible] 童 오[illegible]道
童 오[illegible]봉 童 오[illegible]
각[illegible] 오[illegible] 五拾錢
오[illegible] 童 오[illegible] 오홍[illegible]
全羅道 童奎學 童 각壹圓
리[illegible]귀 卅전 박正化
五拾錢 劉甚온 壹圓
劉相善 박成大 亯用和

리明華 각卄錢 張경龍
全德鎭 각壹圓 리창萬
卄錢 姜위항 卅錢
張경應 壹圓 趙병協
五拾錢 楊盛在 윤殷衡
각卄錢 장寅규 장翼斗
장익恒 김긔鴻 全榮鎭
각壹圓 全晶默 卅전
리완奎 五십전 尹宗민
壹원 윤宗薰 五십錢
윤宗根 卅錢 리봉호
卄錢 김甲澤 김炳根불
全山川岩 각拾錢 김晳孫
卄錢 김達경 卅錢
河在亨 卄錢 리규烈
四拾錢 리규환 리규熙
각壹圓 五鶴山 五拾錢
精一齋 六圓 二惟會
貳圓 丙丁戊三陽社 三圓
全興섭 卄錢 劉漢秀
김誠衡 각壹圓 박昌仁
五拾錢 김千根 壹圓
김창福 박明植 윤忠勳
각五拾錢 박民斗
壹圓 박賢根 五十錢
[illegible]熙원 壹圓 郭헌泰
女 郭珍珠 각五拾錢
隆報社 三圓
合八拾壹圓六拾錢

●[illegible]津[illegible]山耶蘇敎會
김철현 貳圓 리性根
林炳[illegible] 리興[illegible] 김병旭
黃[illegible] 亯[illegible]敎 김鴻제
김[illegible]文 각壹圓 김性泰
박建實 리允長 최相변
각六拾錢 김[illegible]培 壹圓
박誠賢 許贊化 리仁培
장仁善 김水[illegible] 林京順

박士執 許成 김漢국
김聖天 김京甫 鄭宗立
박致環 김在[illegible] 김明瑞
池광熙 各五拾錢
송益善 四拾錢 리云化
리性七 羅永彦 姜順七
김順京 梁致寬 丁用瑞
文學三 魚洋善 각卅전
羅봉錫 柳基永 최회同
姜性德 김致化 김[illegible]규
高性先 各卄錢
김永[illegible] 拾錢

▲婦人
文씨美利岩
리씨水山[illegible]
김씨京섭母親
리씨觀[illegible]母親 각卄錢
陸씨月[illegible]
김씨山[illegible]美
송씨鶴[illegible]
박시老利時
최씨馬[illegible]
김씨美鹿
빅씨洛[illegible]
김씨樓[illegible]
김씨[illegible]母親 각拾錢
合卄七圓七拾錢

●全州西門外
進士柳禮根 貳拾圓
柳培根
前監察柳台根
柳洋根
柳大根
柳東煥
前監察柳鎭煥
柳[illegible]煥
柳[illegible]煥
柳[illegible]
柳圭환
柳貞煥
主事柳翼煥
前主事柳斗환 柳致환
仝 柳參환 各四拾錢
류振환 류慶환
류興환 류房환 류장환
류德圭 류性圭 류琪규
류仁규 류春규 류福규
류창규 류炳규 류[illegible]규
柳錫규 柳貞규 柳[illegible]鎭
幹事人리景淑 丁敬환
김석仁 雇傭人리 셕
林太복 박仲然 朴학秀
황宣同 김判成 林[illegible]福
各四十拾 김在萬 壹圓
合卅八圓卄錢

●龍川[illegible]化面川[illegible]동
박元默 壹圓 리文一
貳拾圓 장[illegible] 壹圓
鄭濟原 拾圓 鄭재乘
貳圓 鄭[illegible] 壹圓五拾전
鄭尙胤 壹圓 리찬[illegible]
三圓 최[illegible]弘 壹圓
뎡[illegible]默 뎡혁周 각五拾錢
뎡[illegible] 卄[illegible] 김元善
김仲찬 각五拾錢
김[illegible]善 卅錢 뎡尙俊
뎡成호 各卄錢 뎡世安
鄭[illegible]吉 김仲欽 各卄錢
김[illegible]엽 六拾五錢
자긔伯 卄錢 姜元吉
卅錢 박[illegible] 김鳳호
각五拾錢 장尙엽
卄錢 鄭吉云 뎡汝則
各卄錢 장[illegible]化 卄錢
김應[illegible] 五拾錢 趙斗학
升錢 宗夢[illegible] 拾錢
뎡[illegible]守 卄錢

▲本동학校生徒
鄭己孫 年九
리長年 年拾
뎡濟一 年拾二 各升젼
리次孫 年拾二 拾五젼
뎡成烈 年拾壹 五拾젼
김[illegible]善 年拾五
뎡제仁 年拾二 各拾젼
김석柱 年拾二 卄젼
合五拾圓

●日본留美國[illegible]留학校학徒
장廷相 等 二拾二人 四圓四拾錢

●義州 亯得錄 卄五젼

●[illegible]山留[illegible]陽人姜世[illegible] 壹圓五拾전
童[illegible] 韓元錫 壹圓

●居창郡 라병敎 卄錢

●京城合동 秦常奎 三圓
秦京호 二圓
合십二圓卅五錢

●加平郡[illegible]上面林[illegible]里
魚찬[illegible] 鄭在鵬 咸春楷
각二圓
徐三用 一圓六十錢
김千用 一圓四拾錢
沈召史 南仁切 南千案
各一圓
리元汝 八拾전
具德석
具龍석 安기承 具병[illegible]
박億쇠 黃鎭淵 [illegible]병一
각五拾錢
具敎[illegible] 四拾錢
安[illegible] 南열[illegible] 申[illegible]存
各二拾錢
南癸成 安好承 徐[illegible]山
安益承 梁吞甲 南[illegible]
成敬在 성應運 成孝석
황鍾明 윤輔榮 황九凡
徐慶回 黃鍾旭 魚允浩
김一萬 각二拾錢
리懷心 拾錢
合貳拾壹圓四拾錢

●東萊[illegible]里下[illegible]里
뎡德祚 [illegible]六拾錢
뎡敬祚 壹圓[illegible]拾錢
張允楨 壹圓[illegible]拾전
吳錫允 壹圓
최[illegible]志 六拾錢
張允弘 邊成[illegible] 최[illegible]
박永三 최敬俊 [illegible]永[illegible]
沈致順 金平心 [illegible]
姜成在 丁建植 金[illegible]元
[illegible]永文 金[illegible] 各拾錢
최元在 장順弘 [illegible]환
최永俊 金[illegible]元 高[illegible]禹
각[illegible]단
申敬先 金泰成 [illegible]卿
權[illegible]根 [illegible]文 [illegible]東
[illegible]汝伯 車[illegible]根 [illegible]
박[illegible] [illegible] 각[illegible]錢
각[illegible]전 리호[illegible] [illegible]楣
김[illegible]혁 김致[illegible] 뎡[illegible]順
김[illegible]경 [illegible] [illegible]五錢
[illegible]石수 [illegible]史 [illegible]
姜世[illegible] [illegible]秀 [illegible]
[illegible]俊 [illegible]秀 徐[illegible]俊
高允[illegible] 김[illegible] [illegible]史
김[illegible] [illegible]致仲 김[illegible]澤
김德[illegible] 박承[illegible] [illegible]俊
최[illegible]五 金順宅 [illegible]在
[illegible]在 [illegible]德[illegible] 최[illegible]완
吳[illegible] 全德心 [illegible]모
뎡敬[illegible] 비仁元 [illegible]
니[illegible]윤 南善[illegible] 뎡[illegible]卿
니[illegible] 柳[illegible]順 유敬仲
리[illegible]化 黃仁先 洪元敬
沈理伯 각貳拾전
리理集 拾五錢

黃永俊 니瑨五 金善德
김元뎍 니致元 뎡喜成
金德五 劉셩默 니天圭
邊弘根 金周鉉 장셕元
元道常 니俊根 黃德賢
박春瑞 洪徽老 박俊興
金化成 니公成 金順영
洪福汝 니德周 金君談
김俊汝 뎡東植 高셩환
姜周成 니호경 高順宅
니仁春 뎡汝裕 비善行
비윤行 金仁成 林順元
김龍述 申景현 曹石환
윤德三 박應圭 김振成
니셕汝 뎡국先 각拾젼
김公善 七면五里
니景元 六면
合三拾貳圓肆拾八면伍里

● 三和鄕佩物廢止婦人會
김경지부인김씨 은지환훈쌍 운장도훈기
대금오원오십젼
정의흥부인김씨 대금五圓
빅우힝부인리씨 대금貳圓
임봉취자당표씨 대금伍圓
김봉관자당차씨 대금五十젼
안셕죠부인김씨 대금五十젼
박졔상부인 대금五십젼
김인욱웬당죠씨 대금일원五십진
合貳拾圓오拾젼

● 全北錦山郡
徐호셕 年十一 壹百圓
박긔緖 三圓 김遇澤
三圓 前委員 뎡志철
貳圓 前委員 김명화
오圓 前主事 卞永宗
오圓 前委員 김漢根
三圓 前委員 文종贊

박贊德 박贊徽 뎡勉鍾
各壹圓 任徽洙 貳拾젼
合壹百貳拾오圓貳拾젼

● 全北錦山郡
首書記 김相윤 오圓
任洛桓 三圓 김東煥
壹圓 김世龍 三圓六拾젼
뎡近鍾 김基仲 김演斗
嚴漢尙 김셕贊 각壹圓
김百鍊 오拾젼 김海龍
九拾젼 뎡在淑 九拾젼
김德潤 오圓 김履弘 一圓
高元엽 三圓 뎡志문
뎡先鍾 陸창셕 任平柱
각壹圓 김奇斗 三圓
변殷周 貳圓 뎡萬鍾
一圓 김셕鵬 高濟相
각오拾젼 김鍾인 壹圓
뎡형종 壹圓 정志承
오拾면 정황默 壹圓
정在連 오拾면 정在善
三圓 任承準 壹圓
김來슈 六拾면 김明辰
參圓 김讚祚 壹圓
정在榮 壹圓 김遇현
壹圓 韓澤문 壹圓
任元淳 貳圓七拾면
合오拾八圓貳拾면

● 錦山商務右支社
뎡永슈 최振羽 각三圓
뎡景운 김성道 任景云
김性佐 각貳圓
高景善 뎡性卓 黃仁셥
리云京 유준국 훈긔셔
김士규 최性俊 각一圓
리化實 리應三 각九拾젼
黃樂三 任景鶴 뎡景西
최性局 김윤祚 강大洪

뎡在植 김明五 孫景은
김치云 김尙호 각五十면
최元슈 박士順 盧士윤
김치뎍 김준三 리元七
박景守 윤應三 具士必
죠한植 김士홍 김明甫
郭景슈 장景日 장龍順
김化春 각卄五면
朴君西 윤亨西 박用宅
황云五 田萬엽 각卄젼
林在術 都順哲 문治玄
김인永 김윤日 문善國
리士權 장應化 김汝仲
송今石 뎡春湖 황千萬
김性인 吉德五 김春景
田士홍 뎡化順 리道善
박順西 김永宅 림石道
박영局 史達千 白鶴汝
최뎍문 송셩連 嚴景三
曹윤昌 김贊植 김恩九
김應빅 한윤執 김日善
김亨直 박明三 安문준
김윤徹 嚴汝景 全긔준
梁云執 죠甫京 任景윤
리公有 최光彦 장인化
박在홍 뎡亨汝 任景三
陸영祚 윤應西 뎡正西
김自학 吳뎍辰 강益슈
池문日 회뎍化 雁긔호
림士汝 梁道連 박경春
각貳拾젼 최元希 김洛玄
박化實 장局玄 장治西
박경化 리春三 全경뎍
강윤玉 孫문在 박경甫
회汝玉 김順日 宋숙凡
朱윤빅 金문玉 회눈參
金興執 裴尙恩 金넌寬
愼京善 조학셔 황경玉

金化實 김樂道 김문규
변斗尙 김셩오 南道玄
회德규 뎡京슈 각拾젼
김넌贊 한用준 김治셔
嚴光汝 김治參 황士元
김春영 각오면
合오拾壹圓捌拾오젼

● 牙山敦義面城동
지셕範 壹圓 池東範
池功유 각오拾젼
池셩植 四拾젼 池龍림
池셩준 池셩모 各卅젼
윤啓炳 車相은 池셩넌
각卄젼
池은範 卅젼 池公림
池以範 池光範 각卄젼
池셩建 김넌植 윤셩학
池盛님 각拾오젼
池셩信 拾젼 복셩安
拾오젼 장셩有 지넌淵
림相喜 지셩彩 비建셩
지順림 지正範 윤福셩
각拾젼
合六圓四拾五면

總合五百二拾五圓九十參錢五厘
前號總合七百四拾七圓拾九젼
都總合一千二百七拾三圓十二젼伍里

大韓每日申報社

廣告

본인에열흡신원을곳치옵고동신원숨쓰로곳쳣ᄉ오니지구간됴량

리동신원 고빅

國債報償事議設補셩會발告于境內각面惟我僉尊隨力연補廣效愛國之誠千萬

楊州古州內面補셩會發起인
前參奉 정寅형
進士 죠종九
윤 협 告빅

本郡守리圭三씨가下車以後로政淸訟簡에奸雜이遠屛ᄒ고慈인惠恤에窮부가復蘇ᄒ며狗不夜폐에闔境이晏如ᄒ고한熱外交에村邑이賴靜ᄒ며捐俸補費에修理校官ᄒ고還收胃圖에痛革譏뿔ᄒ니士氣가賴以復振ᄒ고民心이莫不樂動ᄒ야揭板記蹟과竪비頌德을現方次第始役之際에본郡守가歸寧次로受由上京ᄒ미全郡대小넌民이或有恐失之慮ᄒ야一齊會議ᄒ고以勿限年願留次로數拾鄕員이請願于內部次上來ᄒ와대한每日申報月前記載에何不淸이란雜報辭意가非此無實이요必是奸猾輩不得於官者攆날虛無키로玆에廣布ᄒ오니照亮ᄒ심을伏望

慶南河東郡鄕民 리亮來 金영호 박桂亨 告白

沈靑寧公家의리宜炳韶씨를毀言홈은本인씨病을九朔宜治ᄒ야有效有攻하고潔行高士요初無一毫此等事를何許挾雜輩가做捏反間ᄒ니豈有如ᄎ變怪乎爲先廣告ᄒ오니切勿準信홈

沈永셥 告白

本人의姓名圖章을遺失ᄒ야사오니內外國인照亮홈

方世榮 告白

本人이大邱商店客主로以爲資生矣리니近來商政이漸殘에凡用은日增ᄒ야人不當出에坐食山空이라각넌所負가於焉不貲에所推則難捧故所持家藏什物을各人이攎如分去ᄒ야시되入債가尙未了고로來寓京邸ᄒ야湖北債票을買參者은若得高等則以報人債면死亦명目이라暗々祝天이더니一圓二拾錢等이出ᄒ얏삽기債票一장을更買ᄒ오니皇天은下憐ᄒ시을伏祝ᄒ오다

李振沃 告빅

北靑郡守洪祐元氏가治民의善政은一境함頌ᄒ며러학校를設立ᄒ고敎育上方針을熱心勉勵ᄒ기로玆에廣告홈

上老德而함南普成學校 告白

本島한人學校敎師에炳球씨ᄂ素以良之性과純厚之資가無愧於古人而來此布哇以後로開明目的과愛國誠心으로학校를謀得ᄒ야인才를養成ᄒ고新聞을發刊ᄒ야耳目을開發ᄒ고同胞中若有病者면力濟扶護ᄒ야使之治療ᄒ고若有罪者면極隔法所ᄒ야使之免役ᄒ니同씨의愛同胞之熱誠이令人感謝이온中右씨가학識의熱心을有ᄒ야方向北美ᄒ校ᄒ니布哇에在ᄒ同胞ᄂ所謂流離에무維持이오涉險ᄒ遊節履이도다吾黨ᄂ悵悵之心이有ᄒ와玆에廣告ᄒ오니僉君子ᄂ照亮홈

美領布哇한인 高衛俊 安元奎 洪得秀 金利濟 申공鎬 等告白

第五卷

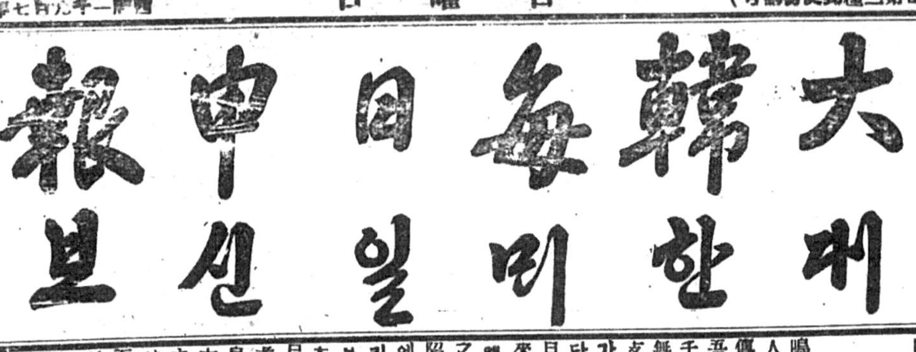

大韓每日申報
대한매일신보

第四百八十號

月曜及慶節歲時日休刊

檀君開國四千二百四十年
箕子元年三千二十九年
大韓開國五百十六年
日本明治四十年
淸國光緖三十三年
◎陰曆丁未二月大廿五日丙戌寒食

論說

金庫歸日說

嗚呼라 大韓財政之權이 歸于日人手中者ㅣ 盖數年矣라 若如所傳이면 今日은 乃大歸之日이니 吾人이 四千年舊國의 命運과 二千萬民族의 生命을 爲ᄒᆞ야 不可無一場痛哭以疾呼也로다 盖度支者ᄂᆞᆫ 全國財政之總部라 度支가 無ᄒᆞ고ᄂᆞᆫ 국土와 국民이 有ᄒᆞ다 謂치 못ᄒᆞᆯ지라

目賀田氏가 該部顧問을 被任以來로 한國財政이 專히 彼之掌握에 在ᄒᆞ야 經濟界之困難과 국債之夥多重負가 皆彼의 手段으로 陷此한국於悲慘之境者ㅣ니 伊時에도 該部를 大한금庫라고 稱謂키 難ᄒᆞ나 然이나 其表面에 名稱은 猶是大韓度支部라ᄒᆞ며 所謂大臣協判局長參書之屬이 雖是尸位素餐으로 事仰他人之指揮者나 猶是大한官人이오 大ᄒᆞᆫ皇帝ᄭᅴ셔 授任ᄒᆞ신 臣僚라ᄒᆞ며 大ᄒᆞᆫ人民도 猶是自국金庫로 認ᄒᆞ며 目賀田氏도 ᄒᆞᆫ廷으로 由ᄒᆞ야 雇聘ᄒᆞᆫ者라ᄒᆞ더니

至于今日ᄒᆞ야ᄂᆞᆫ 目賀田氏가 直히 日本 皇帝의 勅令으로 統監府監查長을 被任ᄒᆞ얏고 又聞ᄒᆞᆫ則 該庫ᄂᆞᆫ 廣橋로 移築ᄒᆞ고 一切文簿를 沒數取去ᄒᆞ야 第一銀行에 附屬ᄒᆞᆫ다ᄂᆞᆫ 說이 有ᄒᆞ니 向日에ᄂᆞᆫ 其實이 雖無ᄒᆞ나 其名은 猶存이어니와 今則 並其空名而無之ᄒᆞ리니 尤豈不痛哉아

甚矣라 日人之掠奪한國이여 擧一국三千里內에 一草一木과 一金一石과 一羽一毛의 錙銖之利와 絲忽之益을 無不刼奪而괄取ᄒᆞ고 終乃국庫의 全部를 擧ᄒᆞ야 屬之自手ᄒᆞ되 並其空名ᄒᆞ야 直行抹去於史編上을 顧指氣使에 略無些少顧忌ᄒᆞ면 是豈世界歷史之所曾有者乎아

彼其巧猾的手段과 無厭的貪慾이 非盡取한지 土地ᄒᆞ며 非盡易한之種族者면 其意가 未滿ᄒᆞᆯ거슨 吾人지 所已料者라 所謂文明交際니 平和主義니 萬國公法이니 ᄒᆞᄂᆞᆫ 거슬 何可擧論於彼리오

以韓廷大官으로 言지ᄒᆞ면 彼其平日行事가 暴著於世界지 耳目ᄒᆞ야 萬口一辭로 莫不罵지 曰賣국賊臣이오 誤국小人이오 亡국大夫라ᄒᆞ니 其罪惡이 固已上通于天이오 遺臭萬年이라 至于此事件에도 傳說과 如ᄒᆞᆯ진ᄃᆡ 所謂參政大臣朴제純과 主務ᄃᆡ臣閔泳綺가 不過統監府의 指揮에 奔국財政部를 擧ᄒᆞ야 皮毛不遺ᄒᆞ고 讓度우彼ᄒᆞ되 一言半辭에 持難之色이 無ᄒᆞ다ᄒᆞ니 彼輩賣국習慣으로 奴事外人ᄒᆞ야 惟恐不及이 其來久矣라 對此要求ᄒᆞ야 亦惟令是從ᄒᆞᆯ것은 依例지事라 於渠何誅이어니와 悲夫라 大한山川이여 哀哉라 大한人民이여

官報

●三千七百三十二號 光武十一年四月五日

◎敍任及辭令

法部主事송選用
咸鏡北道裁判所主事徐丙설

依願免本官 漢城裁判所主事 리周敞
任法部主事 法部法律起草委員 金相圜
任平理院主事 前委員 金重國
六品 유敎興
任漢城裁判所主事 平安南道裁判所主事 리應洛
任함鏡北道裁判所主事 九品 文鳳儀
任平安南道裁判所主事 함鏡南道裁判所檢事 金義濟
免本官
右ᄂᆞᆫ 該員이 初不請由ᄒᆞ고 投章逃去ᄒᆞᆷ은 事體罔當이기 是以免本官
任함鏡南道裁判所檢事 前委員 楊孝健
任慶尙北道裁判所檢事 正三品 皮相範

外報

●漁業紛議 奉天電을 據ᄒᆞᆫ則 營口秦皇島一帶의 漁業에 關ᄒᆞ야 日清兩국간에 紛議가 起ᄒᆞ얏다더라

●法國留학生의 派送 北京電을 據ᄒᆞᆫ則 袁世凱氏가 學部에 協議ᄒᆞ고 直隸學堂중에서 法語를 通ᄒᆞᄂᆞᆫ 학生을 選擇ᄒᆞ야 五個年 期限으로 法國에 留학케 ᄒᆞᆫ다더라

●覓房無所 吉林通信을 據ᄒᆞᆫ則 近에 日本人이 多數히 각衙에 在ᄒᆞ야 房屋의 租借를 尋覓ᄒᆞ되 房主가 皆官中에서 出租를 禁止ᄒᆞᆷ으로써 相告ᄒᆞ니 각日人이 徘徊無所라 云ᄒᆞ얏더라

雜報

●儆告于二千萬兄弟姊妹 리德주

嗚呼라 我二千萬兄弟姊妹여 目下所치ᄒᆞᆫ 境遇를 思想ᄒᆞ면 能히 生命을 維持ᄒᆞ며 財産을 保有ᄒᆞ리라 謂ᄒᆞᆯ깃ᄂᆞᆫ가 一切財權이 外人掌握에 歸ᄒᆞᆫ 後로부터 國內에 通用ᄒᆞᄂᆞᆫ 金額이 오즉 外國人의 遍샤行用ᄒᆞᄂᆞᆫ 第一銀行券뿐이오 本國에서 製용ᄒᆞᄂᆞᆫ 錢幣ᄂᆞᆫ 影響을 不見ᄒᆞ니 然則 吾人의 生命財産을 對ᄒᆞ야 操縱予奪ᄒᆞᄂᆞᆫ 權이 誰의게 在ᄒᆞᆫ가 此ᄂᆞᆫ 智愚을 莫論ᄒᆞ고 皆知ᄒᆞᄂᆞᆫ 바요

國債의 數額이 一千三百萬元에 至ᄒᆞ얏스니 萬若 此을 償還치 못ᄒᆞ면 我兄弟姊妹ᄂᆞᆫ 永々히 外人의 債奴을 贖得ᄒᆞᆯ 時期가 無ᄒᆞᆯ지라 於是에 一般有志의 同盟斷烟ᄒᆞ야 國債報상ᄒᆞᄌᆞᄂᆞᆫ 問題가 起ᄒᆞ미 男女老幼와 貧富貴賤이 一呼萬應에 義금을 爭投ᄒᆞ니 此ᄂᆞᆫ 我二千萬兄弟姊妹의 愛國思想이 一致奮發ᄒᆞᆫ 所以니 孰不感泣於此며 踊躍於此哉아 然이나 區々憂慮가 國內現行ᄒᆞᄂᆞᆫ 錢額이 有限ᄒᆞᆫ대 如許巨欵을 募集ᄒᆞᄂᆞᆫ 경遇에ᄂᆞᆫ 經濟上困難을 必不能免ᄒᆞᆯ지니 엇지 別般方策을 講行치 아니ᄒᆞ리오 愚루를 不拘ᄒᆞ고 晝思夜度에 一得을 더得ᄒᆞ와 我兄弟姊妹의게 通告ᄒᆞ노니다

大抵 本國에서 製用ᄒᆞᄂᆞᆫ 錢幣가 無ᄒᆞ면 生命財産을 自主自保ᄒᆞᄂᆞᆫ 權이 無ᄒᆞᆫ지라 然則 本國元位貨의 紙幣을 製용코ᄌᆞᄒᆞ면 基本金의 積置가 有ᄒᆞᆫ 然後에니 本人意見에ᄂᆞᆫ 我二千萬兄弟姊妹의 簪계와 指環珮物과 器명物等屬에 金銀과 富戶에 儲存ᄒᆞᆫ 金銀를 各自연出ᄒᆞ야 一處收合ᄒᆞ야 貯置所을 作ᄒᆞ고

各其所有主의 氏名과 物品을 昭詳懸錄ᄒᆞ고 此로서 元位貨의 基本을 作ᄒᆞ되 其數을 照ᄒᆞ야 本國紙幣를 製出ᄒᆞ야 各其出捐ᄒᆞᆫ신 諸氏의게 一々分俵ᄒᆞ오면 物品은 自在ᄒᆞᆫ것시오 財政은 融通ᄒᆞᆯ 터이ᄋᆞ기 玆에 趣旨을 發布ᄒᆞ오니 我二千萬兄弟姊妹ᄂᆞᆫ 生命財産의 關係을 思量ᄒᆞ시와 空前絕後ᄒᆞᆫ 一大偉擧을 同力就緖ᄒᆞ시믈 千萬切면

●一동感義 東門外仁昌坊長仕里普通私立小學校校監吳慶般氏가 該학校事務에 熱心ᄒᆞᆯ뿐더러 國債報상을 對ᄒᆞ야 多少間 與該學徒로 義捐金을 收合ᄒᆞ쥬 該洞人民도 同心同力ᄒᆞ야 一日[illegible]合ᄒᆞ기로 定約ᄒᆞᆫ다더라

●開守惜김 開城郡居김始善의 差人박有完이가 平山郡公전을 나用ᄒᆞ야 南草十二萬價치를 貿置ᄒᆞ얏더니 平山郡守가 박有完의게 上納ᄒᆞ기를 催促ᄒᆞᆫ뒤 박有完이가 買置한 南草票를 出給ᄒᆞ거ᄂᆞᆯ 該草를 持去放賣코ᄌᆞᄒᆞᄂᆞᆫ뒤 金始善이가 有何心장인지 開城郡守와 符同ᄒᆞ야 南草를 執留不給ᄒᆞᄂᆞᆫ지라 開城四大區頭目이 會審判決ᄒᆞ야 該郡守劉漢容氏의게 報告ᄒᆞ얏더니 白退不聽ᄒᆞᄂᆞᆫ 故로 平山郡守가 使其子봉현으로 水原裁判所에 請願ᄒᆞ얏더니 題旨內에 詳考稟題ᄒᆞ라 有四大區收議之飾而該報ᄂᆞᆫ 胡爲뫼退이며 初不判決而題以往訴上部者 抑何委折인지 聽訟이 殊甚模호나 不肯不聽庭審查니 被告김始善을 卽刻起送이되 無或稽滯ᄒᆞ미 可라ᄒᆞ야 到付該郡ᄒᆞ얏더니 亦爲白退ᄒᆞ고 畿裁題旨ᄂᆞᆫ 奪持ᄒᆞᄂᆞᆫ 故로 洪氏가 更呈于畿裁ᄒᆞᆫ다더라

楊校來函

楊州私立興學校校長 정寅호氏가 本社에 寄函ᄒᆞ되

楊州下道面直동居ᄒᆞᄂᆞᆫ 前郡守뎡寅호氏가 昨年正月에 所居家舍의 與興學校를 私立ᄒᆞ고 自己가 학部師表試驗을 經ᄒᆞ고 認准를 承ᄒᆞ야 英俊子弟를 誠勤敎授ᄒᆞ다가 敎師를 更聘ᄒᆞ고 뎡寅호氏ᄂᆞᆫ 本學校長으로 公薦被選ᄒᆞ야 熱心勸學ᄒᆞ더니 同年十月에 隣동居ᄒᆞᄂᆞᆫ 리철鎔이가 發論ᄒᆞ되 曾往에ᄂᆞᆫ 校長이 贊成校務ᄒᆞ얏시니 今後ᄂᆞᆫ 自己가 校務를 贊成ᄒᆞᆯ터이니 本學校를 自己家舍로 移接ᄒᆞᄌᆞᄒᆞᄂᆞᆫ 故로 뎡寅호가 從其議而許지ᄒᆞ야 高等學員을 移接ᄒᆞ고 肆常學員ᄂᆞᆫ 本校에서 繼續敎授ᄒᆞ더니 今年正月에 리喆鎔이가 初無協議於校長ᄒᆞ고 東興學校縣板을 拔去ᄒᆞ고 自意로 一成學校라고 改名懸板ᄒᆞ고 校長은 本郡守洪리潤氏로 自定ᄒᆞ고 東興학校敎科書와 敎具와 學員을 一成學校로 面目을 換ᄒᆞ얏스니 敎育上體面이 豈有是理리오 ᄂᆞᆫ 뎡寅호ᄂᆞᆫ 於此於彼에 敎育發達만 希望ᄒᆞ고 忍耐泯默ᄒᆞ얏스니 是誠歎惜處也라 本校設立以後에 뎡寅호가 校費凋殘ᄒᆞᆷ을 憂慮ᄒᆞ야 學部에 請願ᄒᆞ쥬 學部에셔 爲其勸學ᄒᆞ야 본郡鄕校畓土를 移付學校事로 屢有指飭이나 本郡守洪祭潤씨가 連爲防報ᄒᆞ야 會未歸正ᄒᆞ고 已爲過歲이온뒤 리철鎔이가 欲掩奸狀之計로 衛動鄕校ᄒᆞ야 鄕교掌議等이 陰通文於楊州全郡ᄒᆞ야 陰曆二日三十日에 齊會于뎡寅호家ᄒᆞ야 聲其罪而攻之ᄒᆞ고 黜其家而黜之ᄒᆞ야 以示存羊之義라ᄒᆞ얏고 又秘密暗謀ᄒᆞ되 뎡寅호를 打殺ᄒᆞᄌᆞᄒᆞ얏다니 楊州郡守兩兄弟여 차時가 何時인뒤 何如是暗昧耶아 現今廿世紀時代ᄂᆞᆫ 人이 新學問新知識이 無ᄒᆞ면 飮獸與禽와 同一ᄒᆞᆫ 動物일ᄯᆞ름인 [illegible] 走肉行尸也라 엇지 萬物中最貴ᄒᆞᆫ 地位에 立ᄒᆞ리오 一個人身分에만 然ᄒᆞᆷ이 아니라 一국興亡盛에도 亦然ᄒᆞ니 可不懼哉며 可不勉哉아

雜報

●本紙擴張 本紙之發行이今爲四百八十號矣라世界에公議를維持ᄒᆞ며國民의智識을開牖ᄒᆞ기爲ᄒᆞ야滿腔熱血이日々紙面에寓出ᄒᆞᆫ것은愛讀僉員이俱已諒悉ᄒᆞ시는바어니와大抵世界各國에文化程度는報紙의發售로셔占驗ᄒᆞ나니目下本紙의發行이日々增加ᄒᆞ야四千二百餘枚에達ᄒᆞ니此를歐米各國大報舘에比較ᄒᆞ면猶是涓滴之於滄海나然이나以我國內가報로比例以觀ᄒᆞ면報告多數라民智의漸開와文化의漸進을於此可見이니區區喜幸이不特爲本紙之前途로다玆에愛讀ᄒᆞ시는 僉員의眼目을新々開廣ᄒᆞ기爲ᄒᆞ야自本日로紙面을一層擴張ᄒᆞ오니僉員은照亮ᄒᆞ시옴

●秦求無已 日前伊藤統監이李政府齋藤綱氏와度大臣閔泳綺氏와內大臣李址鎔氏를其私邸로請邀ᄒᆞ야左右을벽之ᄒᆞ고秘密히發論ᄒᆞ야曰現今大韓港口日本人租界에日人이居生ᄒᆞᆫ則日人租界稅納은日本으로許與ᄒᆞ라ᄒᆞᆫᄃᆡ度大內大臣은面如土色ᄒᆞ야不能出聲言ᄒᆞ고叅政大臣이反對ᄒᆞ야曰日人租界稅納을許與日本ᄒᆞ면是卽割土讓與ᄒᆞ는거시오所謂叅政名色으로論之컨ᄃᆡ라도在前新條約以後로一大罪人되여今雖生存이나死已久矣라此身은不足惜이여니와租界稅納은不可許라ᄒᆞᆫᄃᆡ統監이勃然變色ᄒᆞ야怒目疾視ᄒᆞ여曰三大臣이卽爲散歸ᄒᆞ얏다더라

●政照法部 議政府에셔法部에照會ᄒᆞ되現接統監府總務長官鶴原定吉來文을接ᄒᆞᆫ則本官이歸朝中統監代理를農商工務長官木內重四郞이代理를被命ᄒᆞ온바本官이本日歸任等因이옵기玆에照會ᄒᆞ오니照諒ᄒᆞ라ᄒᆞ얏더라

●惟命是從 軍大權重顯氏가農大在任時湖南鐵道를契約ᄒᆞ얏는ᄃᆡ該契約書를漏失ᄒᆞ야或外國人에게轉及ᄒᆞᆯ虞가有ᄒᆞ야該約書를[illegible]藏置ᄒᆞ고開金은大臣이持ᄒᆞ얏다가遞任이되미農大成岐運氏가該開金을推覓ᄒᆞᆫ즉權氏가言ᄒᆞ되雖農大를遞任ᄒᆞ얏셔도該開金을統監이使我로捧受ᄒᆞᆫ거시기로給送치아니ᄒᆞᆫ다고ᄒᆞ얏다더라

●拯銅附銀 日前度支部에셔失火ᄒᆞᆫ時에金庫中所儲銅貨를ᄒᆞᆫ部後池中에投入ᄒᆞ얏다가再昨日에遵爲拯出ᄒᆞ야第一銀行로所沒數移去를ᄒᆞ얏다더라

●一鴻色舉 今番軍相遭變事로前總巡리鴻來씨가千運ᄒᆞᆫ事가有ᄒᆞ든지逃躲ᄒᆞ얏는ᄃᆡ現今警務廳에셔廣探中이라더라

●讀習類合 主殿院巡檢中無識지人은該院經務官韓信泰氏가一並類合을每日讀習ᄒᆞ게ᄒᆞ얏다더라

●深更出외 軍大權重顯氏는近日에仕退ᄒᆞᆫ則門人內堂ᄒᆞ야來客를辭絶ᄒᆞ고夜深ᄒᆞᆫ後에外堂에셔出宿ᄒᆞᆫ다더라

●勸告不聽 伊藤統監이東京에셔鶴原總務長을對ᄒᆞ야今番渡韓에는率眷ᄒᆞ라고勸論ᄒᆞ얏는ᄃᆡ該氏가有何主意인지勸告를不聽ᄒᆞ고獨行ᄒᆞ얏다더라

●高田僞報 元山港法務補佐高田氏가法部에電報ᄒᆞ되元山民白石行이가沮戱地方稅務ᄒᆞ야聚黨數百에突入稅所ᄒᆞ야毆打稅務主事ᄒᆞ얏기方今査覈이라ᄒᆞ얏다더라

●財務會同 度支部를引繼ᄒᆞ고更有何事인지各地方에財務官을本月晦內로一并上京ᄒᆞ라ᄒᆞ야財務官을會同ᄒᆞ야무삼件議를ᄒᆞᆫ다더라

●見習試取 度支部에서稅務見習生을本月八日上午十時에試取ᄒᆞᆫ다더라

●樞議留案 中樞院에서져考所廢止ᄒᆞᆯ議案十一提出ᄒᆞ야可否取決ᄒᆞ야아즉政府에建議치아니ᄒᆞ고該院에留案ᄒᆞ얏다더라

●出自송리 陪從武官長리根澤氏가一進會송秉중씨를連絡ᄒᆞ야日人某氏를紹介ᄒᆞ야聯邦組織ᄒᆞᆯ方針을提議ᄒᆞ되日人日可라ᄒᆞ거늘리根澤씨와송병준씨가該條約을成立ᄒᆞᆯ次로何樣協議ᄒᆞ얏던지송병준씨를日本에委送ᄒᆞ고리根澤씨는 皇上陛下께緊急히奏達ᄒᆞᆫ事가有ᄒᆞ다ᄒᆞ야陛見을請ᄒᆞ야日人이聯邦을組織ᄒᆞᆫ다擬務ᄒᆞᆫ즉 皇上께오셔ᄒᆞ事件을下問ᄒᆞ옵시되何以爲好耶아ᄒᆞ신ᄃᆡ리根澤씨가以奸言奏呈ᄒᆞ되아모죠록聯邦組織을勿施ᄒᆞᆷ을노擔保退斷ᄒᆞ얏는ᄃᆡ송병준씨는日本셔何樣契約을ᄒᆞ얏는지還爲歸國ᄒᆞᆫ後에聯邦之說이世界에紛紜ᄒᆞ야陪從武官長으로出脚ᄒᆞ얏다더라

●文明更治 昌城郡守김相範씨는社會上名譽가素著ᄒᆞᆫ者라到任以後에爲先民智를開導ᄒᆞ기爲ᄒᆞ야公議所를創置ᄒᆞ야規則을製定ᄒᆞ고鄕校內에學校를設立ᄒᆞ야聰俊을敎育ᄒᆞ되先히師範의材料를養成케ᄒᆞ고郡內각面에學校를一致設立케ᄒᆞ고각面각里에新聞을購覽케ᄒᆞ고且殖産方針을與民協議ᄒᆞ는ᄃᆡ爲先郡市를開設ᄒᆞ니民皆感發興起ᄒᆞ야發達지點이有ᄒᆞ다더라

●承訓不訓 普成학校事務員리鍾夏씨가학校生徒가一齊削髮함의히씨도斷발코ᄌᆞᄒᆞᆫᄃᆡ히씨父親某씨가禁止ᄒᆞ야日四千年守來ᄒᆞ든髮발을不可毁朝斷去라ᄒᆞ는故로리鍾夏씨가히事務를辭願退去ᄒᆞ얏다더라

●죠씨熱心 中署廟동居秘書承죠南升씨가敎育에熱心ᄒᆞ야新設督監學校에每朔五十환금式연助敎育ᄒᆞ기로結定ᄒᆞ얏다고有志君子가莫不稱頌ᄒᆞ다더라

●茂守貪收 南來人의傳說을聞ᄒᆞᆫ즉茂長郡守徐相경시는昨年春에藉託學校ᄒᆞ고排斂濫侵錢이二萬二千兩이오郡主事를賦個鄕論ᄒᆞ고以本郡奸吏김用섭으로捧賂攬報ᄒᆞ야符同貪虐에一境이魚肉되고結稅錢은發務主事下來時에唱嘱吏民ᄒᆞ야使지不納케ᄒᆞ고每結紙貨十二圓外에加排葉五兩ᄒᆞ야務捕督捧ᄒᆞ고至於今番國債報償ᄒᆞ야도本郡士民이聞風興起ᄒᆞ며同聲相應ᄒᆞ야各自出義ᄒᆞ는ᄃᆡ히守가亦以挾雜지計로自稱收刷ᄒᆞ야無論貧富ᄒᆞ고物排濫捧ᄒᆞᆫ다더라

●卒業舉行 日本東京府第一中學校에한國留學生二十五人이日昨에普通卒業式를擧行ᄒᆞ얏다더라

●賊漢被捉 再昨日上午十一時에賊漢一名을捕縛ᄒᆞ야경務廳에別巡檢으로押去ᄒᆞ얏다더라

●二員追發 時日에日本各官廳事務視察一行이發程ᄒᆞ얏는ᄃᆡ죠東潤魚潭兩氏는무ᄉᆞᆷ事이有ᄒᆞᆫ지追後發行ᄒᆞᆫ다더라

●失毬質問 再昨日下午에普成中學校生徒덜이副領魚潭씨의게質問ᄒᆞᆫ事가有ᄒᆞ얏는ᄃᆡ其事由인즉魚씨家와히校가連墻ᄒᆞᆫ지라히校生徒들이蹴毬ᄒᆞᆯ時에毬가히씨家垣墻間에越入ᄒᆞᆫ지라諸生徒들이送人覓毬ᄒᆞᆫᄃᆡ魚씨가匿而不給ᄒᆞ거ᄂᆞᆯ生徒들이總代一人을委送ᄒᆞ야毬를청還ᄒᆞᆫᄃᆡ魚씨가終是不給ᄒᆞ고日墻瓦破傷賠상금을徵給ᄒᆞ던지校長의謝過狀을持來然後에可以出給ᄒᆞ깃다ᄒᆞ거ᄂᆞᆯ諸生徒들이一齊히魚氏家에제進質問ᄒᆞ얏는ᄃᆡ히구는尙未覓出ᄒᆞ얏다더라

●親病請由 三和港裁判所法務補佐官伊藤孫太郞氏가法部에請由ᄒᆞ되父病으로覲親ᄒᆞ깃다ᄒᆞ얏더라

●墨報慘聞 墨西哥留ᄒᆞᆫ人來書을據ᄒᆞᆫ則所謂通辯權丙淑이虐待ᄒᆞᆫ人에俱在死境而幸賴淸人宋元宜之憐助ᄒᆞ야交셥海關에或使지移避우墨西京者有지나然ᄒᆞ나初入ᄒᆞᆫ農庄形便은以權也지使毒으로哀我同胞가舉在困難ᄒᆞ얏시니更勿越送募集이고深討權罪ᄒᆞ야使지知畏케ᄒᆞ라ᄒᆞ얏시니權丙淑은未知何許物而苟有豈毫人心이면同國同胞를若是虐待ᄒᆞ야萬國公論이自在ᄒᆞ니第觀渠來頭지如何라고ᄒᆞ더라

●殷교盛況 殷栗郡殷明學校는境內有志지人이義연鳩財ᄒᆞ야私立開교ᄒᆞ얏는ᄃᆡ교長김정敎시와敎師홍性淵시박勝源시의熱心敎授함으로學徒雲集ᄒᆞ고普通科第一期試驗ᄒᆞᆫ優等人은特別科의홍순恪홍鎭師홍奉基甲級本科의김규ᄃᆡ鄭 何홍셕ᄒᆞᆫ高학쥰乙級本科의김仁錫홍봉모이成五김義錫丙級본科의최榮규이贊鍾홍김孫홍完基라더라

●志學不娶 釜山港草梁居김成律씨는年今二十二歲인ᄃᆡ貧家子로學問을不事ᄒᆞ더니去年三月로부터本國形便이日益危殆ᄒᆞ고外人의壓制가日益增加ᄒᆞᆷ을慨歎ᄒᆞ야曰此는我한人民이他國人과갓치學識이發達치못ᄒᆞᆫ緣故라吾儕가及今에도學問을不事ᄒᆞ면엇지奴隸를脫免ᄒᆞᆯ日이有ᄒᆞ리오ᄒᆞ고히港開成學校에入學ᄒᆞ야勤々做業ᄒᆞ는ᄃᆡ其家兄과親友等이婚娶를勸告ᄒᆞᆫ즉曰學問成就ᄒᆞ기前에는婚娶를不行ᄒᆞᆫ다ᄒᆞ고斷々自誓ᄒᆞ더라

●武校斷烟 前參判리延규씨가曰 今 皇帝陛下斷烟日로烟具與長竹을折廢ᄒᆞ고烟草代금十元을爲先明成會로付送ᄒᆞ얏다더라

▲硯北叢話▼

▲一派愁雲이허入政界ᄒᆞ야眉첨에濃聚ᄒᆞ야相顧相訝에換作疑山ᄒᆞ니萬장千峯이乍起乍滅ᄒᆞ야政海萬里에蜃樓가變幻이로다

▲昨日政府大臣을統監官邸에招集ᄒᆞ얏는ᄃᆡ統監歸任後第一回會集인즉旣往幾個月間政務의經過를開知ᄒᆞ고將來施政方針을諭示ᄒᆞᆷ으로推知ᄒᆞᆫ다고某報에揭載ᄒᆞ얏스니將來施政方針은方針이維何오土地를割與ᄒᆞ고金融을收奪ᄒᆞᆫ것시施政方針인지

▲近日各大臣家에戒嚴이益密ᄒᆞ야其寢所를多數히設置ᄒᆞ고每夜輪庭ᄒᆞ는故로雖家人이라도當夜에就寢所를不知라ᄒᆞ니自顧自省에畏懼ᄒᆞᆫ事가無ᄒᆞ면雖雷霆이在前이라도不足動念인ᄃᆡ今此各大臣之戒嚴은必有自겁지事ᄒᆞᆫ것이로다

▲今番學部에셔成均博士出榜ᄒᆞᆫ後에老儒만敍任ᄒᆞ얏다고何等人物이匿名書를揭付ᄒᆞ얏스니一個博士는白首殘年에背出이不遺ᄒᆞᆫ老翁으消遣法으로來試參榜은猶可說也어니와妙年英才로當此開明時代ᄒᆞ야何事을不爲며何業을不成이리오腐敗ᄒᆞᆫ舊習을不改ᄒᆞ고埋頭從事ᄒᆞ다가飮啖지歎이有ᄒᆞ야反爲怨謗ᄒᆞ니還可哀哉로다

▲晋州郡守閔丙璟氏가新除이到任ᄒᆞ되印章을不交ᄒᆞ며[illegible]興郡守洪淳旭氏도新官이[illegible]ᄒᆞ되印章을不得ᄒᆞ니[illegible]郡守는朝令을不遵ᄒᆞ고[illegible]自由ᄒᆞ는것시[illegible]滯鎭留後와恰似ᄒᆞ도다

▲平壤은古來繁華治遊處으로有名ᄒᆞ더니近日風氣가一變ᄒᆞ民志가發達ᄒᆞ야向日각種學校運動에會集觀光者萬餘名이오되妓生名色과燒酒商은影子가無ᄒᆞ고吸烟ᄒᆞ는者는一無ᄒᆞ얏다ᄒᆞ니奇哉壯哉라한國의開明은平壤이先進이되깃고

▲向日留日斷指學生의情況을自 上동燭ᄒᆞ사一萬元을下賜ᄒᆞ셧는ᄃᆡ政府에셔協議ᄒᆞ고恩賜金으로一座圖書舘을設立ᄒᆞ야六千元은建築費로ᄒᆞ고四千元은書籍費로定ᄒᆞ얏고히學生에게는政府에셔每朔二十元式三個年補助ᄒᆞ기로計畫ᄒᆞᆫ다니一般學生界에深切祝賀ᄒᆞᆯ事로다

▲各地方來信을據ᄒᆞᆫ則各處에本報購覽員에게報紙分傳이十傳八落ᄒᆞ야催促이逐至ᄒᆞᆷ인郵便局에셔遺落ᄒᆞᆷ으로知ᄒᆞ얏더니水原來人의確報을聞ᄒᆞᆫ즉不漏來到ᄒᆞᆫ다ᄒᆞ니以此推想ᄒᆞᆫ건ᄃᆡ郵便局에셔遺落된게아니오必是각郡郡主事가不卽播傳ᄒᆞᆫ것시니郡主事는郵便事務를兼帶ᄒᆞ고所幹이何事인지

◎特別社告◎

國債報償의義捐金을至今붓터본社에셔收捧허기로定허엿스며收捧허는디로錢額과氏名을逐日廣告에揭佈허며當日로電氣會社內銀行으로姑先貯置허얏다가巨額에達훈時에는世界에有信用훈會社나銀行의結托허야善後方策을採用헐터이오며至於收合方法허야는본社에훈額을收納허며事項을相議허는團體와는一응聯絡허려니와外他는一切無關홈

大韓每日申報社

雜報

함興郡국債報償期成會趣旨書發起人朱장謙等七拾五人

夫국債者는無形戰之一銃礮라埃及之民은不爲淸勘而亾焉허고佛蘭之民은能行報상而興焉허니無論歐亞허고凡爲國民者가遂其已興之道而施焉者는其국이必興허고循其巳亡之迹而行연者는其國이必亡허리니理勢固然에可不愼哉아我국이近年以來에因教育與衛生及交通之費허야以貧외債가至爲壹千三百萬圓허니此雖出於向明之急務나學校也水道也治道也但歸消융이오不見滋殖이라且國欵이入不敵出허야無以辨상허고顧彼債帳則利子漸滋허야茫々국土가將歸債權之占有니哀我同胞가于何棲止오我之祖先허己葬玆土허고我之子孫이將居玆土이거늘若使玆土로移屬他手면祖先遺骸가必暴露數이오子孫無辜가必爲奴隸니我亦有腸이며腸豈不斷이며我亦有안에안豈不淚리오雖然이나徒爲斷腸이無益於국이오徒爲洒淚가無補於民이라火未燎原에可以撲矣오水未치災에可以防矣라是以로嶺南同胞가창出斷烟報償之論허고京中同胞가繼設報償期成會之會허야義聲風動에義金雲集허니惟我北道同胞는獨非국民이며獨無義氣乎아玆者에組成一會허고名曰국債報償支會라허오니伏願僉同胞는奮保疆之熱誠허며發扶族之慈心허야多少義捐에淸完국債허야鞏固獨立케홈을千萬幸甚이라허얏더라

●靑會講道 今日下午七点半에靑年會館에셔徐相崙氏가講道훈다는디氏는承洞禮拜堂에셔主務허는紳士이라더라

●研會討論 來八日月曜下午七点中에貞洞眞理研學會에셔社會에名譽가素著훈紳士諸氏를請邀허야討論허는대有智청君子은光臨허심을希望훈다더라

廣告

敝社瀛船修理畢今月九日(陰今月廿七日)依前開業홈

洌航會社

본人이陰本月廿一日夜姓名圖章을平壤鐘路의셔見失故如是廣布허니內외국쳠君子는見欺치마시오

吳德衍 白告

本人의姓名圖章을遺失허야사오니內外國인照亮홈

方世榮 告白

本人去辛丑年分北署壯동間五十入統四戶瓦十六間草四間高廷翼家舍買得板券見失玆以廣告

申命祜 告白

咸興郡國債報償期成會發起員

朱장謙 任百禹 金병潤
崔日홍 박재達 黃相勳
金鴻鎭 金호俊 權敏植
朱정셥 박長柱 韓尙敏
金寅봉 됴夏教 한道善
金勉爾 한有은 蔡興周
한台彬 柳永海 權重杓
南相찬 한창遠 都尙珪
덩敏煥 金濚鎔 李宗範
李宗潤 金昇煥 한用寶
한啓宰 金正규 玄基龍
洪仁默 金寅煥 都鎭三
權炳崙 張셔親 權敦植
최德彦 金裕鎔 宋賢秀
曹九正 申昌희 張績會
김병源 김경集 쥬규運
趙仁호 吳烈模 金守謙
高敬必 羅泰헌 都殷규
김永弼 高敬植 채漢默
한樞柱 權尙澔 덩在璨
김衡基 장昇奎 黃相然
金相鴻 김晉善 김永寬
曹喜林 黃辰河 김達림
박潤夏 김슈梧 김相곤
김順益 김 濠 리炯植

晉州稅務官리丙儀氏가各郡結稅引繼後에各郡之捧舊納新홈를恬若不知허고暗欲流淫於其剩이나各郡守가不順從則毘陽최爽人과河東居其族人리奉來을指揮告訴허야私慾만得副허얏는지加捧錢은初無遺派於民間허고以付雜收八而要買家屋허며而長也任員也領收員中으로將薦稅務主事云則浮雜之弊가甘聽其言허고圖差其任者頃背相續허야人々任員家々領收員也라丑苴盈戶허고錮臯滿巷허니民何可恃요慨歎不已허와玆에仰布허오니照亮之地爲要

慶南固城 리敬浩
○川 최邈宋
宜寧 鄭仁權 告白

본人이合資會社晩成商會倉庫部를設立于南大門外紫岩동허와萬商僉位의게便利를注意허고左開布告허오니有志僉商은照亮홈

營業注目

一荷物去來지處의保商代금으로爲主허오니便利

一荷物買賣時正當時勢則卽放이오니외萬一時勢不合則積置後從時허여貸금훈事

一遞利를銀行과同一허여永久貿易헐지라도少無損害허니大所便利爲要事

一본社의금額을引用허야貿易次相送時委托을受絡허와待其時勢허며放賣허오니是以便利事

一貴客枉臨後住接所를본二層洋屋內에敷設허왓스니衛生에安穩을務圖홈

一當此入庫지物의若有天災時變이라도銀行保險을擔當허오니少弗念慮요永爲失敗事

一청商荷物길去時에有無는弗關허고心情을確實然後에無典貸금허며以少買主로易大商지意를爲根허오니第一穩當事

一본商會荷物을輸運方送의從便爲지허와각디處의支店을셜立허와더商任意를從便토록爲主허오니商賈大道의亦無장碍홈

合資會社 晩成商會倉庫部

部長
住任 비相洛
無限責任 吉成秀지介
發起任員 宋台弘
京南디門外紫岩

本人예子東肅이年今十七歲에橫入於浮浪지類허와日債를推用허려허오니內외국人은切爲見欺홈

安州西江리鶴秀告白

本島한人學校教師尹炳球씨는素以偏長之性과純厚之資가無愧於古人而來此布哇以後로開明目的과愛國誠心으로학校를謀得허야人才를養成허고新聞을發刊허야耳目을開導허고同胞中若有病者면力遷病院허야使之治料허고若有罪者면極圖法所허야使之免役허니同씨의愛同胞之熱誠이令인感謝이온中右씨가학識의熱心이有허야方向北美大학校허니布哇에在훈同胞는可謂流離에무雜枏이오涉險에遺錦이로다吾輩는悵悵之心이有허와玆에廣告허오니僉君子는照亮홈

美領布哇한인 최衡俊 安元奎 洪得秀 金利濟 車봉鶴 等告白

本人의庄土가在於全羅北道臨陂北一面居尺里亭子山堯동大谷月浦聖동安亭동合十九石十八斗落이新舊文記와量案이自在이거날從兄前教員仁雨氏가符同雜類허야偷賣지意로舊文記를火賊의게失이라稱허고昨年五月分에臨陂署에沃溝장守의게誣訴허야新畓案을圖得허엿다니內외국人은切勿見欺허시오

忠淸南道藍浦
佛恩面東谷里 리昇雨 白告

本人이日本大阪商業家와特約허고日本內地產出各種物品과西洋各種物品及機械等物을我大韓에輸入과委托을便利케契約허얏스오니商工業에有意허신僉君子는某物이든지請求코져허시거든本社로來議허시오 本社에셔는手數料金만領受홈

興業社本店 開城北部祥洞
支店京城南門內水橋五十一統六號培養會社
仝仁港內동廣濟號

●九轉靈砂라 本人이妙方法을神發허야製造훈靈丹인데男女老少에無論何징허고通治하오며無病時에도服하면平生의身躰가健康허며小兒는四五錢重만服허면十歲안에無病허기를擔保허오며

●九轉靈砂萬應丹은셔狂癲징과中風諸疾과耳目諸病과淋疾에神効허오

●九轉靈砂命丹은初生小兒驚風 간氣 咳嗽 腹痛諸般惡징에神効허오

●九轉靈砂濟衆丹은酒滯 食滯 血積 吐瀉 霍亂 痢疾 吐血 下血 運氣 時疾 疝징에神効허오

●九轉靈砂紫金丹은痔漏 累槯 上疳瘡 下疳瘡及唐瘡과諸般毒瘡惡種에無不神効허오니僉君子는來問허시오 內需司前동갑이골上隅第一家百三統一戶 리호廷 告白

越南亡國史 文 國漢 新刊
定價貳拾伍錢
發賣所 京城廣橋高裕相書舖
鏡南嵋川郡禹時夏冊肆
布屏下 김相萬 冊肆

西署新門外鍮동百八十六統三戶
辯護士前檢事正三品 丁明燮
法律事務所 事務員前主事吳在淳

美國셔購훈留聲機는大韓歌曲을奇妙發唱허기로每回二十曲調에新貨一圓式貫給허오니愛覽허시는僉君子는勿論晝夜허고陸續請求허시옵 南署苧동北便藥局에來問홈

本店에셔四月一朔동안所有物品을特別減價허야出售허오니陸續來購허시옵

貞동源泰洋服裁縫店 告白

명월관확장광고

폐관이거시이후로피임허시는귀직에후의를입사와오늘날터한에제일등요리점으로너외국에셔다아시도록확장허여가오니더단감사허음거니와근일은이층양옥광활이신건축허고다락아리는온돌방을온밀리비치허고포진범절을신로허와오시는귀직이편허시도록쥬의허엿사오며각종음식은모기에화려허고먹기에정미허게일신슈비허야소를불게허고주야로파오되셔양쥬는쟌으로파오며시로부터허시간이되면예상이라도끗가져가시도록허오니허외귀직은특속왕임허시옵

각쉭요리음식
각종셔양쥬
각종경편양요리
각종일본간스메
각종여송연
각국권연
진찬합
건찬합
밥교자
특별신긔량교자음식
창가동정거복도유허옵

明月館主人 金東植 告白

洪淳康氏가東署東小門內土橋東邊에織造機를廣設施허야稱號를淳昌號라허고各色綢緞紗屬等을織造發賣허오니願買人은來臨購貿허시며或所用대로綢緞紗屬을預托허시면依約施行허깃숍

淳昌號 告白

明溫宮에셔龍岡郡金川谷面濟동浦畓동甲辰丙午兩年秋收畓을本年陰二月拾八日에見失허얏스오니內外國人은或挾雜허야도見欺치마시오

本宮人金萬石 告白

國債報償義捐金

收入廣告

●洪州城枝面山陽里
前五衛將林延和 二圓
前議官林炳熙 貳拾圓
前議官林炳鼎 六圓
林창來 壹圓八拾먼
先鍊림星來 壹圓
前五衛將申明秀 壹圓
림延晋 五拾먼
김顯明 니忠夏 각三拾먼
니셩老 五拾戔
송元七 니道一 각三拾전
田應七 二拾전
강云才 장化春 丘化三
니셩天 강영필 박正友
박春萬 각三拾전
南正쇠 림敬來 강解奉
각拾젼
니春甫 죠셩伯 각貳拾전
김錫壽 최益三 뎡난壽
丘君三 림炳珪 니化實
김윤先 金洛先 김德孺
림병一 각三拾전
合四拾圓
●홍州城枝面下梧里
前議官림鶴來 貳圓
니종進 문봉舜 高斗參
송榮규 김致西 각二拾錢
림병元 四拾錢
니셩호 니正行 니쥰言
송春儱 김난數 각拾錢
合參圓九拾錢
●高陽周南面栗里동中
니경완 전득운 각六拾錢
니경신 노셩순 각五拾錢
김긔션 卅錢 니슈보
죠명슈 각廿錢 니홍주
五拾錢 김홍쥰 김치슘
김치션 김지순 김쟝근
각廿錢
니원내 니보여 각拾錢
니여숌 廿錢 차용운

김원겸 김연봉 비영화 각拾錢
윤승옥 廿錢 비영션
니윤슘 황경규 최승운
김홍쥰 니춘오 각十錢
죠명운 拾五錢
박슌셔 비화경
廿錢 김지홍 니순만
니경츈 각拾錢 니경익
전득주 각廿錢
니순경 증셩여 十三錢
차지숙 김만슈
김경옥 최복만 윤슈달
중인홍 니츈홍 김션운 각捌錢
合八圓
●茂주郡義捐社
김炳澤 리九和 壹百圓
李愚錫 김흔규
柳廷桓 陳병義 각貳拾圓
김英괴 陳貞基 각拾圓
賣酒리召史 五圓六拾六錢
吳九泳 吳健泳 각五圓
리承龍 리셔宗 曹用俊
김貴男 각參圓
김東셥 김致하 리在植
黃先明 各二圓
김洪괴 라士克 陳炳履
송善슈 김英朝 리載熙
김洙永 김聖天 김在元
리準淵 박炳祚 김京甫
김成瑞 리敬賴 박汝長
리中允 高保天 權允若
리端和 各壹圓
趙華瑞 九拾四錢三厘
權京化 洪處玉 각卅七전七厘
廿錢七厘
박西面介 六拾錢
盲人리南山
栗萬甫 박成春 리甲辰
리春才 김贊杜 김之成
뎡成七 朴煐增 김仁玉
姜창祚 리永文 박同伊
林和一 리晶今 姜尙元

김永信 박明卜 각十八錢八厘
林成玉 朴奉石 박得永
김德玉 朴千同 김夢述
李命駿 박德水 姜二錫
김基弘 李道宗 김祥필
뎡병基 李晩철 김南元年
十歲 各廿錢
리興淵 김학규 김 鵬
니文仲 徐基봉 김漢然
리逢春 리병澤 각拾八전
김召史 十壹錢三厘
박광福 廿八圓卅전
●茂朱北面
뎡和숙 壹圓五拾전
林英玄 박德元 申成善
림應七 鄭乃永 뎡京悅 각壹圓
죠聖和 각五拾전
뎡광道 뎡致先 뎡京先
뎡武今 鄭君實 各拾五錢
뎡善克 뎡乃允 뎡京哉
죠永進 申成心 리平中
김萬汝 림俊明
박春五 뎡致瑞 각拾전
申成在 林榮化 申成슈
뎡德權 鄭京兆 鄭京云
리致明 리自淵 徐千一
장同善 각五전
朴永守 장同根 壹圓
김先甫 흔致守 각五拾錢
김奉日
각卄錢
흔京슈 박石汝 김致彦
김承知 각拾錢
申柄鎬 貳圓
申京五 壹圓五拾錢
김乃允 박文先 김允先
각壹圓
김京玄 김以有 각五拾전
김明云 廿錢
김乃元 김乃先 각拾錢
●茂朱柳加面廣浦
김榮周 리乃홍 리道永

黃成辰 丁基元 丁在玉
具贊文 高贊植 각卅七錢七厘
김在成 리甲九 황中玉
리允九 尹宗玄 박成煥
리乃슈 리用齊 리周安
黃允澤 황元一 각拾八戔八厘
丁玄權 黃永一 壹吉녹
리奉九 김道先 리尙九
張禹秦 각九錢四厘
●茂朱新豐面吉旺里 卅七錢七里
李漢祚 門中 四圓
박彩浩 壹元
合三百四拾貳圓七拾貳
錢二厘
●安山郡草山面牧岩里
申헌九 뎡寅영 각貳圓
申鉉雲 박春成 각五拾錢
申헌大 李思亨 뎡昌順
각卅錢
申헌德 壹圓
申헌夏 뎡泳鎭 박致先
池云象 各廿錢
合七圓七拾錢
●竹山郡西二面麻田里
姜泰셔 四圓
강泰鐘 강泰규 각貳圓
리春榮 박仁泰 각壹圓
박在興 七拾錢
박仲連 許 국 각五拾錢
강泰헌 박尙默 申永碩
朴仲윤 각五拾錢
吳鎭默 四十錢
박理陽 윤 홍 리榮규
姜泰阜 박順根 리景甫
뎡寅應 박景七 박景八
權春先 栗元甫 각卅錢
리셩根 許 경 許 永
姜킈元 姜킈景 박致述
박景玉 리景倫 김應화
박致尙 黃春瑞 박和順
鄭南山 뎡春化 리順日
박致奉 니普연 安德舜

각廿錢 황元瑞 拾錢
合廿壹圓拾錢
●竹山西二面장項里
니秉晥 니起夏 각壹圓
元用直 權在約 니호榮
죠東奎 죠東日 元用필
김敎萬 禹建榮 禹大榮
權弘洙 각五拾錢
元用國 丘東필 홍一杓
禹世均 각四十錢
니寬植 高南山 三十錢
윤셔夏 元 根
禹永默 吉元景 任셔黙
김道汝 權容植 김四君
최萬吉 孫應然 뎡貞植
丘載義 呂起錫 각貳拾錢
禹章默 수德默 權昌植
홍性祚 김寅헌 홍性윤
홍좌杓 윤貞國 權병서
홍淳達 각拾錢
合拾貳圓三拾錢
竹山西二面沙峰里
許 옥 許 習 한晥源
許 遵 각壹圓
五拾錢
니영淵
許春 許 영 林大成
許호 四拾錢
송基鎭 許 훈 각三拾錢
허建 許셩 許 渡
허搜 허 희 허 흔
히遲 林春根 허 병
김行吉 秋千用 한鎭庾
각貳拾錢
合七圓九拾錢
●철原郡發起所
丘鍾大 五圓 박萬業
五拾錢 리應明 김昌浩
각五圓 리暢夏 黃明슈
각貳圓五拾錢
최鳳규 池應뎍 각貳圓
趙鍾九 죠긔윤 김철會
장셩우 윤基슈 강德汝
리根영 김俊영 윤玉현
박桂鳳 오華龍 김東吾

김教鐘 김在天 宋春成
閔泳樵 全德亮 각壹圓
김仁植 김正器 최應환
丘順敬 京萬里ㅅ 최成玉
김德徽 박觀秉夫人니씨
송召史 김창秀 김셔有
김命濟 리宙夏 김星규
각五拾錢
최우謙 송仁澤 김敬順
京阿峴丘東植 김東烈 각卅錢
박봉九夫人김씨 김今同
김仲瑞 리命吉
廉善云夫人송씨 리召史
각貳拾伍錢
리영臻 延秉德 任봉澤
니치順夫人박氏 각卄錢
죠德伊 박煥병 兪慶吾
權鍾燦 梁善慶 니般哲
각拾錢
池昌淵 五拾錢
合五拾貳圓九拾五錢
●楊口內面高뎌里進士최창혁 貳拾圓
●楊口內面大同里議官김寬熙 拾圓
●延安東面食峴七里
侍御최觀식 壹圓
●嘉山高奉守 오拾錢
●北署壯동니원七 貳拾錢
●中署典동前執義安鍾晃 貳圓
●掌禮院主事康台헌 樓동 壹圓
●仝 鄭弘烈大龍동 壹圓
●仝 張世호漢井동 參尉河相우 壹圓
●南署錢橋 大夫人皮시 오拾錢
合三拾八圓貳拾錢
總合五百三拾四圓七十七
錢二里
前號總合一千二百七十三
圓十二錢五里
都總合一千八百○七圓八十九
錢七里

大韓每日申報社

發行兼編輯人 英國人裴說
發行所
南署石井洞號外地三層洋屋內
大韓每日申報社

第五卷

大韓每日申報

대한매일신보

第四百八十一號

月曜及慶節歲時日休刊

檀君開國四千二百四十年
箕子元年三千二十九年
大韓開國五百十六年
日本明治四十年
淸國光緖三十三年
(陰)陰曆丁未二月大廿七日戊子

論說

早稻田討論事件

去月二十四日에日本早稻田大學校에셔發論이有ᄒᆞ되來次討論會ᄂᆞᆫ日本國會를依倣ᄒᆞ야擧行ᄒᆞ고演題ᄂᆞᆫ韓國 皇帝ㅅ의日本華族의稱號를加ᄒᆞᆫ것이便宜로決定ᄒᆞᆫ지라特別辯護士에日新報記者도自許ᄒᆞ되如此演題를提出之人은前日琉球국王의降等이되믄其或存心ᄒᆞᆷ이라ᄒᆞ얏스니凡爲한국臣民者가此를聞ᄒᆞ고孰不變指眦裂ᄒᆞ야忿憤欲死乎아況한國學生等이該光景을目擊ᄒᆞ얏슨則怒氣가塡胸ᄒᆞ고熱血이沸騰ᄒᆞ야決死詰駁은固然ᄒᆞᆫ情理라此事件이播傳一時ᄒᆞ야歎不已者라本報가對ᄒᆞ야事件ᄒᆞ揭載各報ᄒᆞ니한人은且置ᄒᆞ고비록局外傍觀에在ᄒᆞᆫ東西各國之人이라도此等悖擧ᄂᆞᆫ實所痛ᄒᆞ야初不暇張皇論非이고但幾個字의短評을略述ᄒᆞ얏스니以其事實言之ᄒᆞ면彼의討論이國會를依倣ᄒᆞᆫ즉ᄒᆞ얏고以其公義言之ᄒᆞ면世人의譏評이合有ᄒᆞᆫ지라

大抵該校日人이비록政界上實任이有ᄒᆞᆫ者가아니오社會上代表가되ᄂᆞᆫ者가아니나學界上討論이一般生徒의意向을指導ᄒᆞ고公衆의觀聽을變動ᄒᆞᄂᆞᆫ地라今乃鄰邦 皇帝의名位를對ᄒᆞ야如彼無禮ᄒᆞᆫ問題를提出ᄒᆞ얏스니此를엇지薄物細故라謂ᄒᆞ리오且한국學生의非常ᄒᆞᆫ激昻이喧藉遠近ᄒᆞ얏스니報界上秉筆者가聽若無聞ᄒᆞ고泯默不言이可乎아

噫라統監府의機關新聞이一分公正主義를抱ᄒᆞᆫ者면宜乎自國人의虔越行動을責望ᄒᆞ고友邦臣民의게其失을陳謝ᄒᆞ야感情을慰解ᄒᆞ도록注意ᄒᆞᆯ거시어ᄂᆞᆯ乃本報를向ᄒᆞ야張皇辨駁ᄒᆞ되한人의排日思想을鼓吹ᄒᆞᆫ다ᄒᆞ며兩國의友誼를沮害ᄒᆞᆫ다ᄒᆞ얏스니何其不諒之甚也오

以排日思想言之ᄒᆞ면한人은天性이柔順馴良ᄒᆞ야德義로交際ᄒᆞ면親愛之情을易得이오況數年前한國物情이有所希望於日本者果何如耶아今乃日人의歷側迫害가日甚一日ᄒᆞ야其ᄃᆡ毒을不堪ᄒᆞ야於是乎種々寃痛을自鳴ᄒᆞ거ᄂᆞᆯ日人報筆이輒日愚昧ᄒᆞᆫ한人이排日思想이有ᄒᆞ다ᄒᆞ며無智ᄒᆞᆫ한人이排日思想이有ᄒᆞ다ᄒᆞ니究其原因ᄒᆞ면使此한人으로排日思想을衝動激生ᄒᆞ야去益堅固케ᄒᆞᆫ者ᄂᆞᆫ誰之爲也오此를反省치안코乃局外公言者의게歸咎ᄒᆞ니豈不謬哉며以兩國交際言之ᄒᆞ면한人이何嘗先失友誼於彼며傍觀者ㅣ亦何嘗有左右於其間耶아强迫行動과無禮言論이致此한人之痛入骨髓者ㅣ亦誰之爲也오此를自諒치안코反히吾儕를指斥ᄒᆞ야友誼를阻害ᄒᆞᆫ다ᄒᆞ니似此悖謬을其誰信之리오嶶一言ᄒᆞ고何許事件이든지大한每日申報를勿懲ᄒᆞ라惟其公平信實ᄒᆞᆫ德義心으로한人을指導ᄒᆞ고한國을扶植ᄒᆞᄂᆞᆫ大義가表著ᄒᆞ면吾儕도續不容口ᄒᆞ고極力贊成ᄒᆞ리로다

官報

●三千七百三十四號 光武十一年三月八日

◎敍任及辭令

任內部治道局技手 김毛헌 梁漢錫 김明규 김克서 김應숀 元경규

解仁川府種痘事務委員 리敬廳

命仁川府種痘事務委員 申셔均

命江原道種痘事務委員 리性善

命平安北道種痘事務委員 京畿觀察道總巡車喜均

依願免本官 황海道觀察道總巡리完규

任京畿觀察道總巡 六品全봉薰

任황海道觀察道總巡

外報

●德國海軍의巨艦 德國海軍擴張ᄒᆞᄂᆞᆫ計畫을聞ᄒᆞᆫ則德帝ᄭᅴ셔近者에議會改選後에政府로ᄒᆞ여금世界最優等의甲裝巡洋艦을請求케ᄒᆞ얏더라

●西班牙海軍大擴장 西班牙에셔今番新艦製造費三億九千六百萬法으로써一萬四千噸되ᄂᆞᆫ戰鬪艦八隻及巡洋艦九隻을製造ᄒᆞᆯ計畫인ᄃᆡ現今製造中이라더라

●淸國新外債 上海電을據ᄒᆞᆫ則淸國은今回에一千萬兩의外債를起ᄒᆞ고져ᄒᆞ니右ᄂᆞᆫ新政所用費에充ᄒᆞ기爲ᄒᆞᆷ이라ᄒᆞ며或은軍用工場과京장鐵道敷設의費用에充ᄒᆞ기爲ᄒᆞᆷ이라고相傳ᄒᆞ더라

雜報

國債報償豐德郡義務會趣旨書

孟子曰樂民지樂者ᄂᆞᆫ民亦樂其樂ᄒᆞ고憂民지憂者ᄂᆞᆫ民亦憂其憂라ᄒᆞ시니其爲民者ㅣ孰弗欲先君지樂ᄒᆞ고先君지憂哉아試看今日ᄒᆞ면有可樂者歟며有可憂者歟아

嗚呼라國步多艱ᄒᆞ고民權已墜ᄒᆞ니誠君民不暇先後憂之日也라今又國債가至爲一千三百萬圜지巨額ᄒᆞ니三千里疆土가將爲債券지物ᄒᆞ고二千萬民衆이難免債奴지名ᄒᆞ니然則哀我民生이從何以食이며從何以家爲가欽惟我

大皇帝陛下ᄭᅴ옵셔宵旰軫念ᄒᆞ옵셔憂先於民ᄒᆞ시니民豈後其君而憂其憂乎아何幸嶺南志士倡斷烟同盟ᄒᆞ야爲국債報償지義務이온바朝野同聲ᄒᆞ야莫不踊躍ᄒᆞ고至於尺童지獻誠와丐乞지助義ᄂᆞᆫ弗待勸誘而然矣니此可見秉彝者愛國的一段忠激也라

惟我豐德郡이僻在海우에識見曚昧ᄒᆞ나亦化育中一物也라忠憤所激에不可後於此而後於他也일셰玆群情蔚然에僉議協同ᄒᆞ와義務所를確立ᄒᆞ고捐金을募集ᄒᆞ오니惟願同胞ᄂᆞᆫ亟報萬壹ᄒᆞ와上以分君父지憂ᄒᆞ고下以共國民지樂幸甚

壹本會ᄂᆞᆫ국債報償에對ᄒᆞ와義금을募集ᄒᆞ기爲ᄒᆞ야設立ᄒᆞᆷ

壹義金은多寡를不拘ᄒᆞᆷ

壹義捐ᄒᆞᆫ氏名과금額은新聞에公布ᄒᆞᆷ

壹本會事務所ᄂᆞᆫ玉山리鍾學氏家로定ᄒᆞᆷ

壹擧債員은本郡々主事로定ᄒᆞᆷ

壹各面에事務員壹人式定ᄒᆞ야히面里執綱으로協議募集ᄒᆞ야事務를分擔케ᄒᆞᆷ

壹募集期限은陰曆二月卅日로定ᄒᆞᆷ

壹本會ᄂᆞᆫ目的을達ᄒᆞᆫ後에廢止ᄒᆞᆷ

發起人 리鍾學 趙斗植

●國債報償尙州義務所趣旨書

夫民生지於國이猶木지有根ᄒᆞ고水지有源ᄒᆞ니是以로木固則枝茂ᄒᆞ고源深則流長ᄒᆞ고國富則民安이라古今天下에焉有無根지木과無源지水와無國지民哉아恭惟我三千里疆土에二千萬生靈이無非五百年化育中涵養者ㅣ온況復我

大皇帝陛下御極四紀에仁覆憫下ᄒᆞ야蕩々乎天이샷다然而不幸當九六지會와否屯지運ᄒᆞ와국瘁民病에許多難支지狀은指弗勝屈而國庫지預算이窘拙ᄒᆞ고支撥이無策ᄒᆞ야一千三百萬圜巨額을借款於外國而每年正供을量入計出ᄒᆞ면常患不足거든奚暇에報完哉아

若過幾年에轉々尾大ᄒᆞ면便成痼瘼ᄒᆞ야國難爲國ᄒᆞ리니天地雖大나民安適歸리오田土家產이非徒我有라身軀妻孥도亦歸無何ᄒᆞ리니有財何用이며有穀誰飼오興言及此에不覺痛哭이라

何幸達府社會에金徐兩氏가出義先창ᄒᆞ야以爲全國內人口三個月烟草지費로도洽過債數라ᄒᆞ야曉衆연金ᄒᆞ야期圖淸帳ᄒᆞ니京都府郡지間에聲氣相感ᄒᆞ야莫不響應ᄒᆞ니秉彝지天은人所共賦오率土지濱이莫非王臣이라嗟我環尙土幾萬同胞도別設支社ᄒᆞ고各自輪誠ᄒᆞ되何特斷烟가節其平時酒肉虛糜之費ᄒᆞ고收拾錢財ᄒᆞ야壹圖報償으로至千至萬히隨其力附金於本社ᄒᆞ야以報國家萬一지深恩厚澤焉ᄒᆞ소셔

人々如是ᄒᆞ고邑々皆然ᄒᆞ면可謂累土成山ᄒᆞ고衆水爲海니不過幾朔에足以勘상이라ᄒᆞ니不云乎아魚도可欲也오熊掌도可欲也로ᄃᆡ必也捨魚而取熊이라ᄒᆞ시니義지所在에舍生取死도猶可爲也온而況乎不大費力而爲民國兩全지道哉아嗚呼同胞ᄂᆞᆫ勉之々々

發起人 余在익 박正淳

●剪髮捐金 北靑郡咸南普成學校學徒들이今於國債報償에對ᄒᆞ야相謂曰吾儕가當此爲國지際에不可無特別表義者라ᄒᆞ고각自其擇頭髮지所長ᄒᆞ야截지販賣得十元金而送此誠呈於皇城新聞社ᄒᆞ얏스니如斯ᄒᆞᆫ愛國思想은大可贊揚ᄒᆞᆯ만ᄒᆞ더라

●溫郡義금 溫陽邑內面左部里前府使리源老씨가發起ᄒᆞ야新貨一百二十圜七十錢을期成會로送致ᄒᆞ얏ᄂᆞᆫᄃᆡ其中時任郡守리昔相씨가五十圜을出연ᄒᆞ얏더라

●光校有望 鎭川光惠院居前參奉윤炳虎氏가借家買土ᄒᆞ야광韓學校를設立ᄒᆞᆫ지不滿十日에近동有志紳士와野叟酒媼도該校에財力이不惜ᄒᆞᆷ을慶歎ᄒᆞ여自家에生涯를不拘ᄒᆞ고興起之心이皆發ᄒᆞ야自願補助ᄒᆞ얏다니該校지興旺과氏忘지發達은不勝欽歎이라ᄒᆞ더라

●濟民義연 南來人의傳說을ᄒᆞᆫ즉濟州郡健入里ᄂᆞᆫ戶不過百餘요業不過使船而爲國債報償對ᄒᆞ야一齊會議曰吾生이臨海險殘命이나亦是化中지物이니饒噴千頃과蟻負壹粒이至誠은一般이라ᄒᆞ야義연을盡出ᄒᆞ기을爭出收聚ᄒᆞᆫ[illegible]

雜報

●政府質問 再昨日政府에셔參政大臣이各部大臣을會集發論ᄒᆞ야여曰日本早稻田學徒輩가我 大皇帝陛下씌辱及혼事ᄂᆞᆫ各報館에論駁혼비여이와吾儕가一自新條約以後로自願自身에世界에難容이라近日危險이在所難免인즉徒접公器라가今當主辱臣死之日을ᄒᆞ야不可無一番ᄒᆞ니吾儕가一齊히統監府에前往ᄒᆞ야質問ᄒᆞᄌᆞ한즉各大臣이擧曰可라ᄒᆞ야參政內大度大가當夜에統監府에齊進ᄒᆞ야該事件을質問혼즉統監이對曰히學徒에行動은不勝痛駭ᄒᆞ나此不過是雜類에亂動이니貴國에도若狂悖之類ᄒᆞ고獘邦에도有狂悖之類ᄒᆞ니今此悖擧ᄂᆞᆫ一切非政府와民黨에指使라ᄒᆞ야一切討遊ᄒᆞ얏고且曰向日各港口에領有日인租界故로稅納을請求ᄒᆞ얏더니更하思量혼즉似有妨礙於交隣厚誼혼즉更不擧論혼다ᄒᆞ얏다더라

●視察發程 日本에視察次前往ᄒᆞᄂᆞᆫ됴東潤씨가今日發程혼다더라

●往泰比館 再昨日上午十二時에泰政大臣박제純씨가比國領事館宴會에往參ᄒᆞ얏다더라

●仕進間斷 近일參政以下각部大臣이무ᄉᆞᆷ불穩혼事端이有혼지各部仕進觀務를多有間斷혼다더라

●리氏運動 비從武官長리根澤씨가某部大臣을被任ᄒᆞ라고運動力이第一層宏大ᄒᆞ다더라

●調査已畢 政府參書官元應常씨가각地方부動産을調査ᄒᆞ고日昨回京ᄒᆞ얏다더라

●文券何典 內ᄉᆞ리址鎔씨가무ᄉᆞᆷ緊用이有혼지自巳田庄文書를多數허典執ᄒᆞ얏다ᄂᆞᆫ說이有ᄒᆞ더라

●事務請願 度支部建築所事務官兪承兼씨가請願辭職ᄒᆞ얏더니該請願書를작還혼지라該씨가期於히辭免ᄒᆞ기로또請願書를繼呈혼다더라

●華溪屬日 泥현日人本願寺에셔總代郭某를暎楓亭佛敎研究會로派遣ᄒᆞ야曰華溪寺ᄂᆞᆫ從今以後로本願寺에附屬혼다흠으로該會에셔평議를開ᄒᆞ고總代를送ᄒᆞ야質問혼즉所答이如前ᄒᆞ고該寺에土地家屋과什物을一一調査ᄒᆞ야本願寺에附屬이되얏다더라

●申시長逝 日本에逗留ᄒᆞᄂᆞᆫ申應희시父親申식씨가日昨上午八時에長逝혼지라其子應熙씨의게電報ᄒᆞ얏ᄂᆞᆫ대元來該시가赤貧혼뿐더러强近지族이無ᄒᆞ야治喪無路라더라

●醉中綻砲 京畿裁判所判事署理京畿道參書官김漢睦씨가法部에報告ᄒᆞ되前경務官리容承이陽智郡郵便局取扱所事務員으로與該所事務員日本人近源之助로夜間同飮ᄒᆞ야醉至半酣에誤引在傍六穴砲開見타가弗意綻丸ᄒᆞ야리容承之左手中指가被傷ᄒᆞ고仍爲透向日人左肩上而中傷이나幸弗至傷重이온바因日人之所訴ᄒᆞ야히員리容承에所犯을審査後刑法大全諸項에所爲로日人을傷혼者ᄂᆞᆫ鬪毆傷人律에依ᄒᆞ야三等을減律로炮으로人을傷혼者律에三等을減ᄒᆞ야禁獄十箇月에處판이라ᄒᆞ더라

●四齋撤板 成均館에셔向日에學生等退學혼後에居齋ᄒᆞ든四齋懸板을廢止혼다ᄂᆞᆫ說이有ᄒᆞ더니日昨에該四齋懸板을廢止ᄒᆞ고館長任善準씨가학部에報告ᄒᆞ얏다더

●학生勸入 日本早稻田大학교학生日人某가至尊에犯逼혼問題로留학학生千餘名이一齊히停학會同혼事에對ᄒᆞ야伊藤統監이일本政府에電報ᄒᆞ야히犯人은退학시기고留학學生을曉諭ᄒᆞ야依前入학케ᄒᆞ라ᄒᆞ얏다며라

●又往江亭 內部大臣리址鎔시가身病으로屢일辭啓ᄒᆞ더니去금曜에仕進視務ᄒᆞ고再昨上午十二時龍山江亭으로前往ᄒᆞ얏다더라

●放砲黨派 豐德郡에셔賊派參名을捕捉ᄒᆞ야取招ᄒᆞ민今番軍部大臣權重顯시를謀害허려다가被捉혼黨與와干連이되여히郡守가경務廳으로報告ᄒᆞ야히廳에셔巡檢을派送ᄒᆞ야押上ᄒᆞ얏다더라

●欠點有二 西來人의確報를據혼則淑寧邑에家戶ᄂᆞᆫ不過六七百호요人口ᄂᆞᆫ不過三千人이나각新聞雜誌月報購覽ᄒᆞᄂᆞᆫ거시百有餘度에還ᄒᆞ고靑年들은新學問을愛好흠으로學校가三四處에設立이되얏스며至今全國이共同ᄒᆞᄂᆞᆫ國채報償ᄒᆞᄂᆞᆫ대도各社團外에셔義金혼거시數千餘元에達ᄒᆞ얏스니將來에ᄂᆞᆫ幾萬元收合이容易ᄒᆞ깃스며又千秋慶節에도家々히國旗를슈ᄒᆞ며毬燈을懸ᄒᆞ고各學徒들이一제허會集ᄒᆞ야演說ᄒᆞ며慶祝禮를行ᄒᆞᄂᆞᆫ딕耶蘇敎中女學徒들이數千觀光者中에셔愛國問題로論說ᄒᆞ며其夜에報償金이五六十元에지나스며本郡守리容翩氏ᄂᆞᆫ與民同樂ᄲᅮᆫ아니라每市日마다有志人士와共同往來ᄒᆞ며國債報償ᄒᆞᄂᆞᆫ거시國之義務됨을盡心說明ᄒᆞ야民智을開發케ᄒᆞ며又西洋宣敎師들은耶蘇敎을熱心傳道ᄒᆞ야愚蠢혼頑氓을悔改歸正케흠으로信敎者가五六百名에지나가고美國人黃孝理醫士ᄂᆞᆫ濟衆院을建設ᄒᆞ야神妙혼醫業으로疾病을救療ᄒᆞ니可히開進之望이有ᄒᆞ깃스나但淸人幾名居留ᄒᆞ면서鴉片을廣賣ᄒᆞ되所謂巡檢輩ᄂᆞᆫ경察의無意ᄒᆞ야民弊ᄂᆞᆫ不思ᄒᆞ고如干紛경에만用意ᄒᆞ니此二件이欠點이라더라

●賊漢被捉 昨日上午拾一時量에別巡檢과巡檢이賊漢一名을捕捉ᄒᆞ야香署로押去ᄒᆞ얏다더라

●[illegible] 喜歡

去番에平壤觀察使리始榮시와江西郡守리宇榮시가發起허야平남二十三郡각학徒春期大運動혼盛況은각報에已揭허얏거니와當時에密아子劉元杓시가請邀를因허야往參허고回來혼時에友人을對허야히處景況을說明ᄒᆞᄂᆞᆫ뒤余가前일에平壤이刷신地方으로만聞知허얏더니금番에觀察혼즉全국內에可히師範되얌즉혼美俗이五件이有혼지라

運動當일에학徒와觀광人이二萬人에治滿혼즉一箇人에朝日卷烟一匣式만먹어도白銅貨四萬枚를消費혼지니白銅貨四萬枚ᄂᆞᆫ即신貨壹千圜也인뒤一個人도吸烟者ㅣ弗有ᄒᆞ얏슨즉ᄎ一美俗이오

當일運動場에假商餠商飴商茶商等許多商幕이處々有지허되至於酒商ᄒᆞ야ᄂᆞᆫ一人도弗有ᄒᆞ얏스니弗禁而自弗來혼風敎가차一美俗이오

학徒의賞與物品으로言지ᄒᆞ면觀察使以下諸般官紳과각處社會와각樣廛市와至於勞動擔負軍이라도莫弗연遣ᄒᆞ얏스니차一美俗이오

小학校中학校師範학校大亨校等各학徒의衣帽制度가如一ᄒᆞ야신鮮風氣를粧出하얏스니此亦美俗이오

明倫堂前에演說場을開ᄒᆞ고余가兩日을演說ᄒᆞᄂᆞᆫ뒤壹般紳士와一般학徒와壹般傍聽이人山人海를成ᄒᆞ얏스나혼번叩肅혼後ᄂᆞᆫ箇々히整坐肅靜ᄒᆞ며一人도呼吸聲이頓無하얏스니차一美俗이라차五件美俗은世界에足히과矜홀만혼事이요全國에可이模範홀만혼事이라ᄒᆞ더라

●靑會開演 今日下午七點半에靑年會館에셔牧使李雲林氏가美國南北戰爭時南方大將李의事蹟이란問題로演說혼다ᄂᆞᆫ되凡我有志諸君이多數來참ᄒᆞ심을希望혼다더라

●西民決歸 平南警務官박承혼氏가商民을凌虐혼事實은本報에已揭ᄒᆞ얏거니와日昨平理院에셔박承혼씨와平壤人民等의對質裁判홀時에檢事박裕寬氏가偏護박써ᄒᆞ야初不依法裁判ᄒᆞ고糊塗說去曰官雖不法이나民當順從이오無罪人民을捉囚重獄혼거슨巡檢에所爲라ᄒᆞ야旣爲罷免ᄒᆞ얏슨즉罪在巡檢이오不在警官이라ᄒᆞ며경官이不法行爲ᄒᆞ얏기로與汝等으로今爲裁判ᄒᆞ니此亦勘罪則不可加律이라敝一言ᄒᆞ고即歸安業ᄒᆞ야無相葛藤ᄒᆞ라ᄒᆞ미平壤人民等이警官에所犯과法律制定을條々說明則檢事가無辭可答ᄒᆞ야大聲叱責曰此非演說場이니何其多言이며我국에ᄂᆞᆫ法律이尙此未備혼데焉用文明국法律乎아ᄒᆞ고申飭庭員ᄒᆞ야威脅逐出ᄒᆞᄂᆞᆫ지라該民等이忿不自勝ᄒᆞ야聚首相謂曰如此無法天地에伸冤無處라ᄒᆞ야唾手切齒ᄒᆞ고決心歸去ᄒᆞ얏다더라

◉英校退學理由

官立漢城英語學校第五學年生退學理由가如左ᄒᆞ니

○新規則에卒業期限이三個年인뒤退學者의학年履歷은適超於此ᄒᆞ고改規以後에退學生의게授與卒業狀於今春之意로有敎育官憲지布告혼事

○新規를依ᄒᆞ야今春試驗으로爲學年시驗ᄒᆞ고此期에卒業狀을授與ᄒᆞ깃다ᄒᆞ야昨冬에進級치아니혼事

○自初로각히班科目으로시驗혼다ᄒᆞ얏고一班科目을準備혼力量이작有餘地로뒤當事者不此지爲ᄒᆞ고卒地에同試命令을下혼事

○退學生의學力은同校程度에對ᄒᆞ야無絶對的差異ᄒᆞ고且學問界의時機를察ᄒᆞ야不必要혼語학에五六年광陰을虛擲흠이不可혼지라오즉實際에就ᄒᆞ야實學을修흠이必要흠으로目的혼事

○學徒지愿情也에到底抑制ᄒᆞ고請願書를納혼즉指令이十餘日에라至ᄒᆞ야學徒의去就를迷亂케혼事

○玆後에학徒가不得已退학請願書를申呈혼즉言辭로ᄂᆞᆫ許退ᄒᆞ고指令文字에ᄂᆞᆫ上학ᄒᆞ라ᄒᆞᄂᆞᆫ事

○退학請願者를除ᄒᆞ고更爲組班ᄒᆞ얏ᄂᆞᆫ뒤二年生을一班에陞ᄒᆞ야明春에卒業ᄒᆞ기로許可制定ᄒᆞᄂᆞᆫ지라語학敎育지大旨에寔爲윤台이나退학生의게偏憎의態度를現혼事

○退학生은眞實학的目的을伸ᄒᆞ야皆普成專門학교에入학혼事라더라

◎硯 池 生 波◎

▲東風이一吹에漢城風說이一層沸騰ᄒᆞ야萬吹弗同에一傳十演ᄒᆞ니心目이疑眩ᄒᆞ야弗平心緒가一時激烈ᄒᆞ니風[illegible]이一鶴이又鳴ᄒᆞ고

▲各部大臣中에一部가變遷ᄒᆞ야宮內大臣리載克씨ᄂᆞᆫ原任이되고農大ᄂᆞᆫ軍大權重顯씨가移任ᄒᆞ고成岐運씨ᄂᆞᆫ空落이된다니軍大ᄂᆞᆫ誰가被任이되ᄂᆞᆫ지弗知커니와一大現闕이出ᄒᆞ니落拓혼某大官은運動力이一倍尤壯ᄒᆞ깃고

▲日前伊藤統監이각大臣과面談ᄒᆞ야日人民을[illegible]面事弗和諧ᄒᆞ면[illegible]가發生홀거시오각項[illegible]論지ᄒᆞ면世界列邦에[illegible]에六畜이라도[illegible]와한국人民[illegible]雜稅를排斂ᄒᆞ면[illegible]다ᄒᆞ얏다니한[illegible]察ᄒᆞ면서改[illegible]이로ᄎ

▲한國留學生은[illegible]演戱로痛哭이[illegible]早稻田討論으[illegible]얏스니異國風[illegible]을種々目擊일[illegible]ᄒᆞ면誰不爲之痛哭이리오

▲日本에留학ᄒᆞᄂᆞᆫ학生中에셔會報를大한각[illegible]送交홀時에成均館에도一[illegible]送ᄒᆞ얏더니成均館에셔ᄂᆞᆫ該會報를還送ᄒᆞ고公函ᄒᆞ여曰此等冊子ᄂᆞᆫ閱覽치아니혼다ᄒᆞ얏다니成均館학生의腐敗혼性質은果是夏虫은弗可以語氷이로고

▲一進會總長宋병畯이ᄂᆞᆫ宜書書를唱出ᄒᆞ고新條約紀念宴을設ᄒᆞ고국債報償을反對ᄒᆞ고向日日本에前往ᄒᆞ야日人某시를紹介ᄒᆞ야聯邦條約을運動ᄒᆞ얏다니同시ᄂᆞᆫ한인面目에日人心腸으로日本을爲ᄒᆞ야效忠盡力은去益到底ᄒᆞ나別賞與은無ᄒᆞ니枉費心力이로고

◎特別社告◎

國債報償금에昨日所捧은姑未合計이고伊前日所捧總合四千九拾九圓은電氣會社銀行의貯置하얏고義捐人姓名은逐日廣告함

大韓每日申報社

奉天電報

●森林條約　東京四月六日發　露國은吉林地方에서材木을亂伐하야石炭을代用하는故로淸國官憲은東淸鐵道總판과談判하야黑龍松花兩江附近에在한森林條約을協定하고亂伐을禁하얏더라

●總督赴任　日露撤兵이終了하는데로徐世昌시는總督으로奉天에赴任한다고昨日에北京御史에게서丞將軍의게電報가有하더라

雜報

●興校實施　咸興郡有志紳士가同志糾合하야興學校를創立하고多士를實心敎育함은前報에已揭어니와該校々監魏경濬氏는機淵한仁淑氏와掌簿朱鍾英氏와掌財金昇煥氏와敎師朱경섭諸氏가矢心決志하고敎育에維新한方針을研究하야期有實效라더라

●義捐寄函　載寧郡席灘동中人民이연금寄函을據한則現今國債報償一事은卽我한家국存亡한關係지秋라다朝野臣民이孰不奮發出力하리오生等이雖退處僻鄕이나聞此報道하고不勝感激하야減飮斷烟하며傾항賣貸하야若干셤貨二十五圓九十錢을價판付納이라하얏더라

●水商出捐　京城에在한北靑人水商等參十人이각出義捐하

야十圓六十錢을期成會로來納하얏더라

廣告

홍川郡內面三省堂員斯字답二石十貳斗落과田二十四日경과瓦家三十二間과廊戶六戶와亭子與左右園림을放賣할터이오니願買僉君子는美동三十統四戶로來臨相議할事　답主　조禹瑞　告빅

英語學員최鶴永의鶴字를以駿字로改定함　최준永　告白

洌航會社

敝社瀛船修理畢今月九日(陰今月廿七日)依前開業함

忠南稷山郡三四面農村坪舊券字号에天字沓八斗落新契券과地字沓八斗落과同字답七斗落新契券과住東坪也字답二斗落新契券合三張을陰二月二十三日路中遺失하얏사오니無論某人하고拾得하거든休紙施行함　리庸來　告빅

忠北鎭川郡栢谷面芝谷居金연면의第四子好卿이年今貳十餘에性木浮浪而不農不商하고出沒京鄕하야技酒從事而符同雜類하야其二十餘寸金演九의답土을僞造文券하야欲爲偸賣於外國人故廣布하오니毋論內外國人하고切勿見欺함　鎭川居　金演九　告빅

南署薰陶坊椒洞七十四〇一戶草八間半　戶主리容순　中署長通坊中谷契中部동四十三〇三戶瓦十間半草二間　戶主金世奎　以上兩處家券典執서失故誰某拾得休紙施行事　최誠鏞告白

本人이去乙酉年上京時의治明박文善家封留葉八千兩於音逢賊事로奉侍金圭錫을素有親信故로右由을書及矣러니卽其時외규錫氏가而托於刑判大監丘병호氏하야竊去人姜鎭豐을捉囚牢刑後右錢八千兩을照數捧置于該曹이고屢日不給故로事甚訝惑하야問於圭錫則答曰右錢을히曹修理事로傳敎有하다云이기追後査探則히曹修理事는萬不當然而雖知認讀이나强弱不同故로莫敢枝梧則其時寃痛之心은雖曰裂腸廢膾나勢無奈何而泣歸故鄕이乃至十餘年矣더니今此開明世界에抑弱勸養錢을或有遺推者比々有之故로本人이과足上來하야右錢推尋次로今此質問則히氏所答이稱托不知而出何證據則其時家人中에或有知事人이나贓縮主權하야莫敢擧實而皆曰不知라하니世豈有如許誣賣　迺主而退士殘氓之當給錢을不給而詭發者乎리오裁判歸正次로玆以廣告하니上自政府로下至閭巷히照鑑하심을伏望　平壤府居前進士曹景煥　告白

驚猾의名字는本名으로還稱하오니　知舊間　照亮하시옵　韓基準　告白

리參奉條雜米廛禹順明許任置當錢一千三百兩場遺失故廣告休紙施行事　金希文　告白

本人에陰二月四日에開城鍾路에서紙貨十九圓을서失하얏더니然只洞居權鍾遺氏와培養學校학徒安周호兩氏가路中拾得而廣告于南大門하야探問貨主出給하오니世無如차仁厚之人이옵기其厚德之義를公布함　開城南部惠谷居林用萬告白

鎭川光惠院光韓學校補助金錄　本郡守申긔秀葉三百兩尹炳虎百圓閔元植貳拾圓丘澈允윤병子申世均鄭恒善朴得志已上各拾圓朴重赫鄭朝海鄭雲和許錫九尹炳德李文燦金鳳欽已上各五圓姜麟善柳春秀金萬植林鍾已上各三圓李順擧丘俊成朴仁吾已上各貳圓鄭雲龍李炳儀金志浩리起秀任弼宰任權鎬盧慶憲任武호金春輔任仁宰리源柳聖敎리時白리德根石德輔金容裵淸一鄭海說金鎭一孫致遠錫用陰錫祚徐相긔梁明煥已上各壹圓金敬煥리圭錫鄭元日최學鳳朴明秀梁舜基朴命源朴周鼎리明운威正業비基현박克心孫夏源沈還喜리奉錫박聖輔박浩鎭윤긔섭已上各五拾錢張春成孫錫泰리昌根孫홍道鄭允祖洪淳英박春興리윤成任禮宰金東亨咸公汝曹天五林春先박德俊安上燮덩敬春金운五리公필林元成리成玉徐召史徐性國金平實金聖輔任元準池正伍리明善已上各貳拾錢　校監尹炳虎告白

陰正月初十日大한每日申報雜報欄內에中花柳題下에梨峴居한는悖類丘雲澤리慶雨劉善行三씨가梨峴雜貨店營業하는金泰鎭씨를萬端誘引하야각賣淫家로周行하면서一日消費錢이乃至幾千兩이오物食錢이二千兩이라하얏스니如此虛無孟浪之說이何處에서做出하얏는지大端無根之說이깃고必是申報社誤探이깃기本人이不勝憤恨하야玆에發明次로以此廣布함　東署梨峴居　金泰鎭告白

本人에圖形太極陰陽姓名圖章을서失하얏사오니　僉君子은以此知悉爲要　윤派元　告白

本島한人學校敎師尹炳球씨는素以溫良之性과純厚之資가無愧於古人而來此布哇以後로開明日的과愛國誠心으로학校를謀得하야인才를養成하고新聞을發刊하야耳目을開導하고同胞中若有病者면力還病院하야使之治料하고若有罪者면極圖法所하야使之免役하니同씨의愛同胞之熱誠이令인感謝이온中右씨가학校와熱心이有하야方向北美大학校하니布哇에在한同胞는可謂流臨에무維楫이오涉險에遺笻履이로다吾輩는悵悵之心이有하와玆에廣告하오니僉君子는照亮함　美領布哇한인　최衡俊　安元奎　洪得秀　金利濟　車봉鶴　等告白

本人의庄土가在於全羅北道臨陂北一面居尺里亭子山堯동大谷月浦聖동安亭동合十九石十八斗落이新舊文記와量案이在이거날從兄前教員仁雨氏가符同雜類하야偸賣지意로舊文記를火賊의게失이라稱하고昨年五月分에臨陂署에沃溝守의게誣訴하야新沓案을圖得하엿다니內外국人은一切勿見欺하시오　忠淸南道藍浦佛恩面東谷里　리昇雨　白告

本人이日本大阪商業家와特約하고日本內地產出各種物品과西洋各種物品及機械等物을我大韓에輸入하와委托을便利케契約하얏사오니商工業에有意하신僉君子는某物이든지請求코저하시거든本社로來議하시오　本社에서는手數料金만領受함　興業社本店　開城北部祥洞　支店京城南門內水橋五十一統六號培養會社　仝仁港內동廣濟號

●九轉靈砂라　本人이妙方法을神備하야製造한靈丹인티男女老少에無論何징하고通治하오며無病時에도服하면平生의身躰가健康하며小兒는四五錢重만服하면十歲안에無病하기를擔保하오며

●九轉靈砂萬應丹은셔狂瘋징과中風諸疾과耳目諸病과淋疾에神效하오

●九轉靈砂保命丹은初生小兒驚風　간氣　咳嗽　腹痛諸般惡징에神效하오

●九轉靈砂濟衆丹은酒滯　食滯　血積　吐瀉　霍亂　痢疾　吐血　下血　運氣　時疾　痼징에神效하오

●九轉靈砂紫金丹은痔漏　累瘻　上疳　下疳瘡及唐瘡과諸般惡瘡惡징에無不神效하오니　僉君子는來倘하시오　內需司前동갈이골上隅第一家百三統一戶　리호延　告白

越南亡國史　新刊　國漢文　定價貳拾伍錢　發賣所京城廣橋高裕相書舖　鍾路鎭川郡馬時夏　書舖　布屛下　김相萬　冊肆

西署新門外鏡동百八十六統三戶　辯護士前檢事正三品　丁明燮　法律事務所　事務員前主事吳在淳

美國에서購來한留聲機는大韓歌曲을益妙奏唱하게로發回二十曲調에新貨一圓式貰給하오니愛覽하시는僉君子는勿論晝夜허고陸續請求하시옵　南署苧동北便藥局에來問함

本店에셔四月一朔동안所有物品을特別減價하야出售하오니陸續來購하시옵　貞동源泰洋服裁縫店　告白

명월관확장광고

폐관이계시이후로피이함이시는귀긱에후의를입사와오늘날터한에제일등요리점으로뇌외국에셔다아시도록확장하여가오니뎌단감스하옵거니와근일은이층양옥을확활이신건축하고다락아린는온돌방을인리비치고요포진범절을새로히와오시는귀긱이편하시도록쥬의하엿스오며각종음식은보기에신션려고먹기에정미도가계일신로비하야다소를불계하고주야로파오되서양쥬는잔으로파오며특별신긔량교자음식은오시는시로부터시간이되면뎨상이라도곳가져가시도록하오니와귀긱은륙속왕림하시옵

각식요리음식　각식서양쥬　각종편양요리　각종일본간스메　각죵연송연　각국권연　진찬합　건찬합　밥교자　특별신긔량교자음식　창가동정거복도유숙홈　明月館主人　金東植　告白

洪淳康氏가東署東小門內土橋東邊에織造機을廣張設施하야稱號를淳昌號라하고各色綢緞紗屬을織造發賣하오니購貿하실人은來臨購買하시며或所用대로綴組과紗等屬을預托하시면依約施行하깃습　淳昌號　告白

本人이陰本月廿一日夜에姓名圖章을京城에서見失故로如是廣布하니內外국僉君子는見落치마시오　吳德行　白告

國債報償義捐金

收入廣告

●杆城郡乾봉寺봉鳴學校
校長秦學純 壹圓
副校長김鶴林 校監김寶雲
學監金詩隱 評議長명만化 각壹圓
幹事김碧應 拾錢
니性海 오拾錢
王鏡月 貳拾錢
김印虛 최雲담 각오拾錢
敎師김正히 貳圓
書務명混源 貳拾錢
김寶蓮 十錢
會計박日쉼 五十전
卓波庭 二十錢
김泰運 五十錢
김東운 參十錢
評議員최西念 十錢
玄東林 五拾錢
김月松 二拾錢
유性潭 拾錢
黃普應 五拾錢
박明虛 壹元
김龍源 拾錢
리운坡 三拾錢
림淵月 五拾錢
황應化 拾錢
변祥운 二拾錢
리應湖 拾錢
한雪巖 三拾錢
김雪谷 拾錢
박寧隱 拾五錢
丁園파 五拾전
흔봉谷 拾전
김龍셩 五拾전
金古波 四拾전
뎡錦션 오拾전
贊成員김慧菴 壹圓
윤碧담 壹圓
박雙月 四拾전
金漢月 拾錢
金뿌如 四拾錢
梁景담 卄錢
니浦蓮 壹圓
金靑庵 五拾錢
니湛海 張月庵 각壹圓
니錦菴 김鶴巖 박玄應
니雪吼 각五拾錢
뎡萬雨 三拾젼
김月虛 申三疃 각貳拾젼
니東源 拾전
최영수 貳拾면
卓弘介 拾五면
최普광 徐能孝 高智衍 각貳拾錢
김斗敏 김德蓮 니泰華 각三拾錢
니智允 拾錢
니波雲 한應典 卞祥雲
吳春珠 각貳拾錢
김永根 五拾전
申智月 니문協 박栗菴
김相烈 김大榮 김復雲 각拾젼
申鼎熙 拾壹錢
김봉紀 三拾젼
學徒박光憲 拾錢
니봉冠 洪東근 니桂祥
함寬永 김東元 鄭리恩
박宗운 함五峯 洪應敏 각貳拾錢
니東一 拾五錢
姜性完 全壽天 林致容
김錦完 김愷察 池大成
송侑간 全性甲 김병根
뎡普明 니侑宗 김善봉
김桂弘 김壽찬 각拾젼
장台셕
뎡在根 貳拾錢
龍意珠 함建祚 김定禪
니奉玉 趙在順 니元明
최知宗 함玄覺 김在英 각拾錢
장봉現 貳拾錢
文應機 니應訓 각五錢
尼僧正心 廣喜 각壹圓
金午知順 三眞 恩必 富永 각五拾錢
南興각廿錢
義謙 一三 昌福
禮典, 慈惠 奉撕각拾錢
快得 三義 壹圓
法益 恩相 五拾錢
박召史
박召史
함召史 리召史각 貳拾錢
使喚 權敬念 黃成玉 拾錢
김致燁 리興雲 全致學
함巨門 리澤善 安希天
具仕允 林雲集 安仕玄
리敬瑞 리景善 南重吉
박允祥 김正根 최應三 ㄱ拾錢
洪在洙
林春瑞
김松岳 成學贊 김黃龍 貳錢
리相福 김守根 장台演
김太文 김成和 高先童
김龍伊 安聖三 김聖文 각五錢
김병淳 각三錢
梁占石 함命哲 貳錢
리白源 五拾錢
김百源 壹百圓
萬日會念佛契中
合壹百四拾六圓七拾六錢
●永柔郡中部面龍田里
丘象淳 五圓
夫人김氏 壹圓
堂姪婦최氏 壹圓
從孫仁成 壹圓
從孫婿康丙贊 壹圓
前議官申병均 壹圓
從孫女 五圓
母李氏 三圓
夫人김氏 貳圓
雁人崔允瑞 貳圓
前主事白成기 五圓
夫人김氏 貳圓
弟嫂玄氏 貳圓
女二歲兒 壹圓
김正鍊 四圓
夫人리氏 壹圓
九歲女兒 壹圓
七歲女兒 壹圓
六歲子 壹圓
田슴九 五圓
리益薰 三圓
夫人申氏 貳圓
김秀확 리長涉 林哲俊
主事리益鎭 각三圓
文寅英 康仁守 최鎭明
參奉최成奎 각貳圓
康泰華 壹圓五拾젼
全明華 潘학權 최允華
리成觀 김丁瑞 趙경셥
리晃夏 니昌夏
主事박廷儀 元成俊
丁用鎬 柳泰善 ㄱ壹圓
參奉김有헌 최榮華
김斗贊 김貫국 安召史
田巳岫 方命善 宋啓煥 각五拾錢
뎡松萬 韓召史 각三拾錢
合八拾八圓拾錢
●南陽郡屯知串面新靜동
리萬相 리星善 각八拾錢
김學永 六拾錢
김榮植 五拾錢
리學善 김甫然 김學根
각四拾錢
김正潭 김仁植 박致伯
김興植 ㄱ三拾錢
한基선 김撤植 김尙云
平壤人羅炳斗 박致達
김順必 김順甫 리允善
각貳拾錢
合六圓七拾錢
●平南龍川右上面道莊里
김병奎 김병셥 ㄱ參圓
김병赫 五圓
김병銓 김秉照 각三拾錢
김병稔 五拾錢
김병휘 김병善 각三拾錢
김洛정 壹圓
김基麟 四圓
김基鵬 김基駿 김胤欽
김순징 각五拾전
김胤鍵 三拾錢
合貳拾圓
●忠北永동鶴內面校동
李義然 拾五圓
從叔相寅 拾圓
相호 相규 相世
相덕 각壹圓
니相기 貳拾錢
從弟彩然 壹圓
리學然 貳圓
리源春 貳拾錢
리병周 三拾戔
니鎭九 五圓
니相祿 拾錢
니化允 貳拾錢
金順一 延成羽 각壹圓
윤滋德 五拾錢
윤滋善 任百김 각拾錢
박來根 박喜鏞 각壹圓
박龍夏 南世元 각五拾錢
리鎭哲 장셕貴 각壹圓
合四拾五圓七拾錢
●廣州退村面水東동
박春三 安相照 沈永祚
梁在玉 丘天侑 柳源永
林甫현 成岐玄 김有賢
沈赫鎭 김明中 梁在彦
박受玄 니斗셔 梁有煥
林正현 김伯中 셩載萬
梁復煥 洪夬봉 각貳拾錢
合四圓
●英陵
令김復圭 貳圓
參奉리遠영 貳圓
書員高榮植 오拾錢
守僕니敬在 吉셩萬
吉源先 梁福石 김般石
東直니石崇 廳直니吉伊 각二拾錢
全守業 山直니順福
니漢甲 孫正吉 림福萬
貧木安仁澤 각拾전
合六圓三拾전
●釜港彰興社
박여三 拾圓
최君天 洪撤仲 박元五
김子헌 박인甫 都道一 각壹圓
최봉鏞 최殷三
회長德 리면順 김潤卿 각二圓
김有鎭 김在榮 김麗源
뎡玉헌 유達鉉 리亨根 각壹圓
최智용
니昌源 三圓
吳基호 徐병默 니斗경
니明振 廉道정 윤병祚 각壹圓
廉子安 參圓
박能甫 康준明 니逸河
빅承문 김文華 申明셔
니종恒 회弘규 김貞順
安汝舜 金翼重 니致彦
廉致翼 廉致健 리정문 각壹圓
김均集
최봉鶴 오拾전
合오拾九圓오拾전
●함南北靑郡장項里
姜윤照 貳圓
夫인김씨 仲弟珍照 각壹圓
三弟문照
子信喜 姪信鍵 각오拾전
孫二歲兒 女子十四歲兒 각貳拾오전
合六圓伍拾전
●加平朝宗面九汀동
前主事成리용 貳圓
成周寧 五拾錢
前主事成周昇 壹圓
成周玄 오拾전
成周영 卄오전
合四圓卄오전

總合三百八拾七圓八十壹錢
前號總合一千八百〇七圓八十九錢七里
都總合貳千壹百九拾九圓七十錢七里

●正誤 본報第四百八十號茂朱郡義務社廣告欄內니南山은盲인이아니오박西面介의誤植이옵기正誤홈

大韓每日申報社

發行兼編輯人 英國人비셜
發行所 南署石井洞號外地三層洋屋內
大韓每日申報社

第五卷

大韓每日申報
대한매일신보

第四百八十二號

月曜及慶節
歲時日休刊

檀君開國四千二百四十年
箕子元年三千二十九年
大韓開國五百十六年
日本明治四十年
淸國光緒三十三年
◉陰曆丁未二月大廿八日己丑

別報

俄國々會의前途 支那報照謄

俄國議院에新議長哥羅文君의開議會時演說을各國志士가聞之에莫不稱贊ᄒᆞ며且俄국의前途를爲ᄒᆞ야頂賀ᄒᆞ며俄국각黨派의其目的은雖不同ᄒᆞ나於哥羅文君之演說에亦皆心悅誠然ᄒᆞ니左黨이所以敬服者ᄂᆞᆫ其平和主義를持ᄒᆞ야政府로더부러反對치아니ᄒᆞᆷ을服ᄒᆞᆷ이라

哥君이謂ᄒᆞ되차議會가可히第一次議會를代ᄒᆞ야국人의目的을達ᄒᆞᆯ지니千九百五年十月十七日立憲諭旨의所特許之件을實行이라云々ᄒᆞᆫ故로左黨과以及極反對黨이無不贊成其說者라議長이幷謂ᄒᆞ되議院日的은卽憲法을實行ᄒᆞᆷ이라關於政治社會界지重要問題로凡第一次議會에서俄皇演說지書中에所陳판法을答ᄒᆞ되無可更動이니此次議院이自當認可라

其第一次議會에要求가有四ᄒᆞ니日組織責任內閣이오曰赦放有公罪之人犯이오曰除去死刑이오曰軍營을例不得用於民間이오又地方官이不得有無限之權이니當時에此四端要求를預備ᄒᆞ야倘히政府윤諾을經ᄒᆞ면後에仍有數端要求ᄒᆞ니

(一)人民의代表政躰를實行ᄒᆞ야公共選擧의章程을應用ᄒᆞᆷ이오

(二)五大自由를實行ᄒᆞ되言論自由와身躰自由와信教自由와出版自由와黨會自由等이오

(三)人民의階級을除去ᄒᆞ야其權限을平均ᄒᆞᆷ이오

(四)歲入歲出의預算表를應히議院에交ᄒᆞ야核議ᄒᆞᆷ이오

(五)捐稅를整頓ᄒᆞ야公允을務期ᄒᆞᆷ이오

(六)地方行政을改良ᄒᆞ야地方自治를悉行ᄒᆞ며選擧之法을悉行ᄒᆞᆷ이오

(七)農人所需之件이頗多ᄒᆞ니均應從速판理ᄒᆞ야移民地를開墾ᄒᆞ되官地가固屬緊要라特히富豪所養之田은每包租於人에包租地畝者가分租他人ᄒᆞ야以圖漁利ᄒᆞ니不識轉若干人에乃至耕種之農人의手租價가較包租ᄒᆞ면大至倍사ᄒᆞ니必須令富豪로將其所有之地ᄒᆞ야分售農人ᄒᆞ야以便農人ᄒᆞ야得享平等之生活이라

俄議院의對於政府之要求를觀ᄒᆞ니國家의專制性質이未去時를當ᄒᆞ얏스면絶無許可지理라今日支那人이倘敢向支那政府ᄒᆞ야言此要求ᄒᆞ면政府之不能許可가必也니以其專制性質이尙未去也라玆에俄政府가決意코憲法을實行ᄒᆞᆯ시凡議院에要求ᄂᆞᆫ卽政府지所欲擧行者라議院所擧代議士에左黨(反對黨)이雖占多數나然이나觀其現今之目的컨ᄃᆡ乃實行憲法ᄒᆞ야無反對政府지意見이라是以로俄國此次議會가定存成効ᄒᆞ야俄國前途의無量福을可卜이라ᄒᆞ얏더라

官報

●號外 光武十一年四月八日

◉宮廷錄事

洪陵提調리昇應辭職䟽

批旨省䟽具悉卿懇衰年例詣行當祭可何如是固辭卿其更勿爲煩事遣秘書郞傳諭

●三千七百三十五號 光武十一年四月九日

◉宮廷錄事

議政府參政大臣박齊純度支部大臣閔泳리謹奏本月三日酉時度支部量地課失火廨宇被燒爲四十五間半漢城裁判所亦爲延燒四間至四日丑時始爲박滅量地課內如干器械及文簿僅得拯救而失火根因方令警務廳査核之意謹上奏奉 旨依奏

宮內府特進官李秊翊辭職䟽

批旨省䟽具悉所請依施

◉敍任及辭令

依願免本官 法部主事具健書
平理院主事李文世
任法部主事 九品具健書
任平理院主事 李萬榮
命法部法律起草委員 尹謙普

外報

●平和會議와準備案 倫敦電에日俄國이海牙平和會議事件으로외國의發送ᄒᆞᆫ通牒을據ᄒᆞᆫ則該會議를六月十五日봇터開會ᄒᆞᄂᆞᆫ意로提議ᄒᆞ얏고又該通牒에ᄂᆞᆫ該會議에議事案件을記載ᄒᆞ얏스나軍備減縮案을刪去ᄒᆞ얏더라

●俄國議會의論戰 伯林電을據ᄒᆞᆫ則俄國의會에서近日以來로預算案事件으로激烈히論戰ᄒᆞᆫ다더라

●女학生派遣 奉天通信을據ᄒᆞᆫ則奉天學務公所에서女學生을選派ᄒᆞ야日本實踐女學校에赴ᄒᆞ야留學ᄒᆞᆯ시共히廿五名을取ᄒᆞ고並히외省에年齡稍長ᄒᆞ고程度較高ᄒᆞᆫ女生三四名을選ᄒᆞ야輪流照料를便케ᄒᆞ얏다더라

雜報

●端川郡發元會趣旨

現今我국이內政外交를弗備ᄒᆞ야국勢委靡ᄒᆞ며外人지壓制와官吏의行暴와豪强輩의武斷이風因火起와如ᄒᆞ니上天이以吾로賦與ᄒᆞ신生命財産을難保ᄒᆞ깃스니以吾同胞로智識에鼓發ᄒᆞ고生命財産을自保自護ᄒᆞ기爲ᄒᆞ야自治的으로本面同志諸人이組成一會ᄒᆞ고名曰發元會라ᄒᆞ고本會趣旨書ᄂᆞᆫ如左ᄒᆞᆷ

本會ᄂᆞᆫ吾人民의夰汚習慣을革祛ᄒᆞ고腦髓에精神을大振ᄒᆞ고道德과智識을區々히養成ᄒᆞ기爲ᄒᆞ야同鄕同志諸人이組合ᄒᆞ야發元會라表準을立ᄒᆞ고其敎育에目的을實踐되미四時지中에元陽之氣로萬物을滋成ᄒᆞᆷ과如ᄒᆞ노니

元夕지氣로正々히發ᄒᆞ야上天이賦予ᄒᆞ신吾의生命과財産을自保自護치못ᄒᆞ거나他인의均有ᄒᆞᆫ者를或損或害케ᄒᆞ면인民의當然ᄒᆞᆫ道理에違反ᄒᆞᆷ뿐아니라上天에得罪ᄒᆞ야인世에難容ᄒᆞᆯ지니上런에得罪ᄒᆞᆷ도免ᄒᆞ고吾인의道理를守코저ᄒᆞᆯ진ᄃᆡ惟智識에明達ᄒᆞᆫ然後에成効를可望ᄒᆞᆯ지라

智識이明達치못ᄒᆞ면何者善何者惡을불辨ᄒᆞ고何以生何以死를불知ᄒᆞᆷ이形骸만徒存ᄒᆞ야禽獸虫魚와同一ᄒᆞᆫ動物뿐인즉便是行尸走肉이라엇지萬物之衆에最貴ᄒᆞᆫ地位에立ᄒᆞᆷ이오

차ᄂᆞᆫ個인身分에만然ᄒᆞᆷ이아니라個인智識通閉에邦國興亡盛衰도在ᄒᆞ야體樂文物이雖云極備로ᄃᆡ인民지識이아니면虛僞文具에불過ᄒᆞᆯ깃고鎗糧甲兵이雖云富强이라도인民의지識이亦無ᄒᆞ면貪暴驕傲의불過ᄒᆞ니所以로現今地球列邦이民지開明一事로元首急務ᄒᆞᆷ이라

然ᄒᆞ나지識은由何生고교育이아니면불能ᄒᆞ야雖庸材라도準繩을被ᄒᆞ면大廈의備用되고港泥의醜石이라도萬瞬琢磨를經ᄒᆞ면醜陋의質을大變ᄒᆞ야峻宇盤礎의能히可用되니

如是木石도工手를被ᄒᆞ면大하峻宇에可用材되거든況吾人質ᄒᆞ야敎之導之면何負於木石이리오噫々二千萬生靈은불濟敎育ᄒᆞ야불達智識ᄒᆞᆷ에人々이각其心ᄒᆞᆷ이星散落恭에如ᄒᆞ야相愛相救를互相失之ᄒᆞ엿시니誰可救之며誰可憐之리오然ᄒᆞᆷ으로東緯도自致오死亡도亦自致니唯我同胞ᄂᆞᆫ寸陰을如惜千金ᄒᆞ고敎之학之에智識交換ᄒᆞ야스ᄃᆡ

國家的思想은自然히血沸膽裂ᄒᆞᆷ이心々相印ᄒᆞ깃고團體的은百川이불約而東流에大海를成ᄒᆞᆷ에如ᄒᆞᆯ니百忙지中에도敎지ᄒᆞ지ᄒᆞ고千辛萬苦지域에도敎지하지ᄒᆞ야上天이賦予ᄒᆞ신責任을불失ᄒᆞ얏스면波蘭埃及에同歸一轍ᄒᆞᆷ我한을恢復ᄒᆞ깃고北米의紅인과印度의黑奴와同咽滅辱을可免ᄒᆞ고獨立權을鞏礎에挽回ᄒᆞ얏스면인物에配府ᄒᆞ고萬物最貴ᄒᆞᆫ地位에可立ᄒᆞ깃스니차ᄂᆞᆫ곳生命에大然과如ᄒᆞᆷ에知ᄒᆞ고個々히勉지勉지ᄒᆞ쇼서

함鏡南道端川郡利上面發元會
發起인 劉一憂 金 완

●閔氏熱心 靑蓮學校長閔丙奭氏가國民敎育에熱心盡力ᄒᆞᆷ은我同胞에深賀ᄒᆞᄂᆞᆫ바어니와近日該校任員과學徒에게帽子一個式買與ᄒᆞ야一齊히斷髮케ᄒᆞ얏다ᄒᆞ니該氏의文明上有意ᄒᆞᆷ을聞者贊頌ᄒᆞᆫ다더라

●杷校試驗 京城杷成학교에서春期試驗을經ᄒᆞ얏ᄂᆞᆫᄃᆡ優等生은三年級에뎡南洛박在英최永셕諸씨오二年級에온최榮澤최봉셕徐貫龍諸씨오一年級에ᄂᆞᆫ리得雨리相一리雨植諸씨라더라

●民情可見 금番河忠烈公致祭時에嶺남紳士數千名이來參ᄒᆞ얏ᄂᆞᆫᄃᆡ忠烈지孫종환시가국債報상에義務를演說ᄒᆞᆫ則會客이卽地발분ᄒᆞ야拾五日에都會于安東ᄒᆞ야都會長及都廳을定ᄒᆞ고爭상義연ᄒᆞ야一夜지間에三千餘兩에達ᄒᆞ얏다니民情을大可見이라더라

●五門出捐 南來人의傳說을據ᄒᆞᆫ즉忠南大姓家懷德송씨와連山金씨恩城윤씨ᄒᆞᆫ山리씨林川조씨等諸氏家에셔ᄂᆞᆫ國債報償금뿌각기門中으로收合ᄒᆞ야京城總合所에來納ᄒᆞ기로決議ᄒᆞ야多小間隨其力연出ᄒᆞᆫ더라

●寡婦義捐 南來人의傳說을聞ᄒᆞᆫ則濟州郡健入里申瑞鳳之妻洪氏가歷年寡居에勢不稍優而聞國債報償之說ᄒᆞ고感發愛國之誠心ᄒᆞ야資金이無聊ᄒᆞ고弁衣製造次買置綿紬운斥賣後捧價紙貨十二圜ᄒᆞ야十圜ᄂᆞᆫ本里國債報상期成會로送置ᄒᆞ고二圜ᄂᆞᆫ三徒里婦人會社로送交ᄒᆞ니至誠이闔島蒼生이贊頌不已ᄒᆞᆫ다더라

雜報

●義王憐孤 義親王殿下게옵셔孤兒院에特爲下念ᄒᆞ샤金百圓을寄付ᄒᆞ셧다더라

●揀擇退期의理由 英親王殿下夫人再揀擇退期된理由를得聞ᄒᆞᆫ즉민봉식氏令孃이首望인ᄃᆡ민씨의夫人이方今胎中인故로退期가되얏다더라

●宮大正任 宮內府大臣沈相薰시가特進官으로遷任ᄒᆞᆫ代에署理리載克시가正任을被ᄒᆞ얏다더라

●補佐의旅費支出 度支部에셔法部에通牒ᄒᆞ되該部에셔請議ᄒᆞᆫ貴部所管各裁判所法務補佐官召喚旅費七千八百六十五圓二十六錢을十年度預算금中支出事로會議를經ᄒᆞᆫ後에上奏ᄒᆞ야制日可라ᄒᆞ신政府指令이來到ᄒᆞ얏기玆에通知라ᄒᆞ얏더라

●象任校長 平南觀察使리始榮시가象任平壤日語학校長이라더라

●歸國旅費 度지部에셔학部에通牒ᄒᆞ되貴部所管參與官事務官松宮春一郎解任歸국旅費及ᄉᆞ금三百圓을預算금中지出事를政府會議를經ᄒᆞᆫ後에奏裁ᄒᆞ얏다더라

●경報法部 경務使김思默시가法部에報告ᄒᆞ되本月五日貴訓令을承准在按이온바查此本年一月十八日에김德鎭박潤식郭漢一黃英秀경在호及민宗식리容圭等七名을以內亂犯으로移送于平理院ᄒᆞ옵고諸犯人에現囚監獄署ᄒᆞᆫ事를成案越交ᄒᆞ야領證ᄒᆞ온바其後錯誤ᄂᆞᆫ無關於弊廳이옵기玆에報告라ᄒᆞ얏더라

●財務召集 度支部顧問官目賀田시가今月廿일頃에각道의財務官을召集ᄒᆞ야本年度의關ᄒᆞᆫ事務方針을指揮ᄒᆞᆫ다더라

●統監北行說 現今北한地方에春風이漸煖ᄒᆞᆫ時候를乘ᄒᆞ야伊藤統監은來拾七八일頃에平壤地方巡視ᄒᆞᆫ道에就ᄒᆞᆫ다더라

●探露兵 慈성厚창兩郡地清國近境에셔露兵이多數히來留ᄒᆞᄂᆞᆫ故로該郡경務分派所에셔現今詷探中이라더라

●烟毒致斃 去月에雲山郡금礦에셔礦軍羅문玉等八人이該鑛機械所用石炭烟를吸ᄒᆞ고치斃ᄒᆞ얏다더라

●八犯移囚 今番경務廳에被捉된康相元等八名을昨日監獄署로移囚ᄒᆞ얏다ᄂᆞᆫ說이有ᄒᆞ더라

●夫人慈善 금山壽枝子ᄂᆞᆫ統監府書記官금山尙志지夫人이라前일에失其長子ᄒᆞ고今又永訣其夫ᄒᆞ니以若末망지人으로似無情況而慈善지心이未嘗少弛ᄒᆞ야去月二拾六日에금三拾圓을孤兒院에寄附ᄒᆞ고今月八日에금五拾圓을又爲寄附ᄒᆞ얏다더라

●寃囚呼寃 皇太子嘉禮後赦典에勿論京鄉裁判所ᄒᆞ고罪囚放不放이不公不均ᄒᆞᆷ이多ᄒᆞᆷ은前報에屢揭어니와忠北罪囚의父兄子弟가法部에呼寃次上京ᄒᆞ얏다더라

●夫인義연 平北宣川郡에셔今番국채報상事에對ᄒᆞ야該邑內夫인이義成會를組織ᄒᆞ고虹橋上에셔一場演說ᄒᆞ니인皆感泣에爭先義연이되就中前主事김熙緯씨夫인은금一圓과銀指環一雙을義연ᄒᆞ고前五衛將김리彦씨夫인은紙貨五元을出ᄒᆞ니夫인지義가如是可尙은一州지인이無불贊頌이라더라

●平妓志學 西來人의傳說을聞ᄒᆞᆫ則遣浴에蜜啞子劉元杓씨가平壤大運動에下往ᄒᆞ야演說ᄒᆞᆯ時에該地各般신士가유씨를清人料理樓館으로請延ᄒᆞ고八仙床五座에다各樣饌品을排置ᄒᆞ고宴ᄒᆞᄂᆞᆫᄃᆡ該地所產妓女를一人도不招ᄒᆞᆫ지라제妓等이相聚而歎日此地五百年來에如今始初有로다必是學問先生을彼ᄒᆞᆫ盛會에妓生이不參ᄒᆞᆫ事ᄂᆞᆫ延接ᄒᆞᆷ으로我等賤人은不招ᄒᆞ얏스니蜜啞先生의演說에도勸告ᄒᆞᆫ바어니와다시ᄂᆞᆫ賣身지業을棄却ᄒᆞ고女學校에實學工夫ᄒᆞ야組織針線醫學蠶桑等完業을受學ᄒᆞ야人間에賤待도밧지말고生涯에實職이되리라고들ᄒᆞ얏다더라

●賊猶知義 忠州郡居人이國債義捐을募集ᄒᆞ야上京ᄒᆞ다가中路에셔賊黨의게被奪ᄒᆞᆫ지라該人等이賊黨을對ᄒᆞ야日此是國債報償金이니吾雖見奪이나汝等은不過幾十里에難免致斃ᄒᆞ리라ᄒᆞᆫᄃᆡ賊漢等이악然日此果國債金인즉漠然不知라ᄒᆞ고허금을還給ᄒᆞ며또十圓을加給日國債에補用ᄒᆞ라ᄒᆞ거ᄂᆞᆯ該人等問其姓名ᄒᆞᆫᄃᆡ賊漢等日吾人의姓名은不可露出이니上京ᄒᆞ거던忠州等地에셔賊黨이국債報償금十圓을義捐ᄒᆞ얏다고新聞에揭載ᄒᆞ라ᄒᆞ얏다더라

●김守善政 長連郡守김稽定시ᄂᆞᆫ到任以後에周行村閭에학校를勸設ᄒᆞ고鄉廳에讀法회를創設ᄒᆞ고每月一次式開회ᄒᆞ고吏民을團회ᄒᆞ야刑法대全을逐條解論ᄒᆞ며吏民의自省自治ᄒᆞᆯ方向이此로從ᄒᆞ야기礎가될지며每當慶節에학徒와吏民을회同慶祝ᄒᆞ고吸吸演說ᄒᆞ미民心이悅服ᄒᆞᆫ다더라

●第獨義捐 釜山佐二里韓守五氏가年當八旬에膝下無人ᄒᆞ고只有一稚孫ᄒᆞ야一旬三食을못ᄒᆞᄂᆞᆫᄃᆡ今番國債報償事로本支社에扶杖而來ᄒᆞ야舞蹈而賛曰全國同胞의義務를聞之에國權이可復이니今而後死可명目이라ᄒᆞ고鳩聚金四十錢을袖呈이라더라

●金家逢賊 日昨夜壽洞等地壽進宮庫直金某家에賊漢이六入ᄒᆞ야國債報償금千圓만義연ᄒᆞ라ᄒᆞ거ᄂᆞᆯ金某日국民道理에非但千圓이라雖萬圓이라도연補ᄒᆞᆯ터이나吾지家勢가不然ᄒᆞ야千圓을不能판出일뿐더러夜中에來推ᄒᆞᄂᆞᆫ거시實非국債募集지道이니歸去ᄒᆞ면吾當從此판送ᄒᆞᆷ아ᄒᆞᆫ즉居無何의洋服人二名이突入ᄒᆞ야拔劍示威ᄒᆞ고內外를搜探ᄒᆞ고紙貨九十圓을奪去ᄒᆞ얏ᄂᆞ더라

●會寧善學 北來인傳說을聞ᄒᆞᆫ즉會寧郡守박鳳學氏ᄂᆞᆫ一進會인이라該會勸告로郡守를圖得ᄒᆞ야莅任之初에有若善治ᄒᆞ더니밋遵新制ᄒᆞ고巳革ᄒᆞᆫ座首와ᄃᆡ同監과鄕所의巡校와吏窠를加設ᄒᆞ고官用經費와該任等月給을民戶에秉一萬二千餘兩을加斂ᄒᆞᄂᆞᆫᄃᆡ戶錢은每戶三兩定式을變更ᄒᆞ야上戶의엽九兩을勒捧ᄒᆞ고結錢은稅務官의所掌인ᄃᆡ自意濫비ᄒᆞ고紙幣一元의엽六兩零은應行時價인ᄃᆡ民間에五兩으로勒定捧上ᄒᆞ야稱以금庫上納이라ᄒᆞ고傭鄕任帖를無難放賣ᄒᆞ얏다더라

●商校試賞 南門內廣信商業學校에셔中학期試驗을經ᄒᆞᆫ後에日前東小門외新興寺에셔運動會를擧行ᄒᆞ얏ᄂᆞᆫᄃᆡ優等生徒를對ᄒᆞ야內有志紳士諸씨가學問에必要로演說勸勉ᄒᆞ고賞品을賜與ᄒᆞ얏다더라

●普校景況 開城府今陽普院에普창學校ᄂᆞᆫ校長리東취氏와校監金基夏氏가熱性으로建設ᄒᆞᆫ게인ᄃᆡ經費則兩氏가自京으로東貸西取ᄒᆞ야于今又維持ᄒᆞ얏스나去冬에ᄂᆞᆫ金基夏氏家券을二百元에典執ᄒᆞ더니今春에ᄂᆞᆫ李東취氏家券을또二百元에典執ᄒᆞ얏스니積立資本은素無ᄒᆞ고維持之方은無策인ᄃᆡ다만兩氏의熱誠으로만支렁ᄒᆞ즈ᄒᆞ야如彼ᄒᆞᆫ동足放瀾之擧를行ᄒᆞ나將何以支保乎아該地진紳宿儒가現今國家情況을關念ᄒᆞ야教育人民ᄒᆞᆯ心性이발ᄒᆞ기前에ᄂᆞᆫ普昌學校ᄂᆞᆫ畢境閉鎖ᄒᆞᆯ터이라더라

痛哭告二千萬同胞

日本留 嘗膽生

日本東京早稻田大學校에셔職員과生徒等이年例로議會를假設ᄒᆞ고事項을提出ᄒᆞ야討論ᄒᆞᆫ次問題를講堂에揭付ᄒᆞ얏ᄂᆞᆫᄃᆡ其題에日特旨로써韓國 皇帝를日本國華族에列ᄒᆞ기를奏請ᄒᆞᆫ事라ᄒᆞ얏더라

該校에通學ᄒᆞᄂᆞᆫ我學生이此題를得見ᄒᆞ고卽取裂之後에學監에게質問ᄒᆞᆫ즉答日此題ᄂᆞᆫ學生田淵豐吉이提出ᄒᆞᆫ비오學監은不知라ᄒᆞᄂᆞᆫ지라於是에該校에通學ᄒᆞ든我學生十六人은一齊同盟退校ᄒᆞ얏스나東京에在留ᄒᆞᆫ我一般학生이此報를聞ᄒᆞ고當山監督廳에聚集ᄒᆞᆫ者三百餘名이憤激을不勝ᄒᆞ야卽時該校에奔往ᄒᆞᆫ즉學監及主務者等은皆隱身不現ᄒᆞᄂᆞᆫᄃᆡ校門內外에巡查數三十名이防衛嚴密ᄒᆞ야不得擅動케ᄒᆞᄂᆞᆫ故로勢不得已로至夜歸來ᄒᆞ며一제停學을約定ᄒᆞ고連日聚會ᄒᆞ야悲憤商議ᄒᆞᄂᆞᆫ中이나必也問題의着落은合憤退修ᄒᆞ야臥薪嘗膽ᄒᆞᆯ밧게無ᄒᆞᆯ뜻ᄒᆞ더라

大抵現今文明世界에在ᄒᆞ야箇人이個人에對ᄒᆞᆫ凌辱이라도不敢ᄒᆞ거든엇시鄰國 皇帝에對ᄒᆞ야凌辱이如斯悖妄ᄒᆞ리오今日한日兩國의形式關係로論지ᄒᆞ면雖愚夫癡兒라도此等思想은心頭에不留ᄒᆞᆯ거시어놀況日本政治家에第一有名ᄒᆞᆫ大隈重信이創設ᄒᆞ야生徒八千餘名을教育ᄒᆞᄂᆞᆫ大학校에셔此題를提出ᄒᆞ며講堂에連日揭付ᄒᆞ얏스니此ㅣ엇지大隈의意思範外라ᄒᆞ며大隈의意思가엇지全國人民의精神範外라ᄒᆞ리오日本國民上下의精神이如斯ᄒᆞᆫ故로一自成約以來로我國에對ᄒᆞ야無碍侵奪ᄒᆞᄂᆞᆫ거슨不可枚數어니와所謂宮禁肅淸이라稱ᄒᆞ고 皇位지尺에셔無難悖行은于今目擊ᄒᆞᄂᆞᆫ비오且近日警務顧問丸山이渡來ᄒᆞ여巡查五千名을派送ᄒᆞ여我國人民을束縛ᄒᆞᆯ毒計를運動ᄒᆞᄂᆞᆫ거슨或知得ᄒᆞ얏ᄂᆞᆫ지嗚呼痛哉라今日我한三千里江山이皆日本所有에歸ᄒᆞ얏스되大한二字에名稱이尙存ᄒᆞᆷ은오직 皇室과人民이有ᄒᆞᆯ뿐이라

若斯ᄒᆞᆫ危急에處ᄒᆞ야一向恬然坐觀ᄒᆞ다가實로日人의所思所施와如히人民이束縛되고 皇帝가華族되면五千年流來民種과六百年傳來社稷이一朝滅亡ᄒᆞᆯ터이니此將奈何오哀我同胞아人生死期의長短이엇지朝暮에別이有ᄒᆞ리오憐我兄弟아發憤勵精ᄒᆞ야爲國致身ᄒᆞ여봅시다

▲春酒閑話▼

▲無根一山이換作疑山ᄒᆞ야漢城春天에聚散이無常ᄒᆞ니指點政界에空自疑眩이라一口萬傳에風潮가益湧이로다

▲內大리址鎔씨ᄂᆞᆫ昇平宰相에開事業을作ᄒᆞ야龍山風烟에春日을消遣ᄒᆞ니居官十日內에九日河之미ᄂᆞᆫ蘇東坡에興致로고

▲리根湘씨ᄂᆞᆫ向日制度局總裁을運動ᄒᆞ다가宮相沈相薰씨의强硬反對로落莫이莫甚ᄒᆞ더니日間宮相을被任ᄒᆞᆫ다고某報에揭載ᄒᆞ얏스니同씨ᄂᆞᆫ反對ᄒᆞ던宮相을壓倒ᄒᆞ고該地位을圖得ᄒᆞ니方可謂지運動手段이로고

▲日人의劇烈壓制로한人의排日思想을激生케ᄒᆞ면셔日人報筆에言必稱愚昧ᄒᆞᆫ한人이排日思想이有ᄒᆞ다ᄒᆞ며無智ᄒᆞᆫ한人도排日思想이有ᄒᆞ다ᄒᆞ니한人이開明ᄒᆞ고有智ᄒᆞ게되면日人을大段히親愛ᄒᆞᆯ걸

▲合爾賓報를據ᄒᆞᆫ則前日에ᄂᆞᆫ한國一進會를附日黨이라고指斥譏罵ᄒᆞ더니近日에ᄂᆞᆫ同報에云ᄒᆞ얏스되一進會가實情은排日黨이라ᄒᆞ야滑流로稱譽ᄒᆞ얏스니알수업ᄂᆞᆫ일이오

▲交南은風氣가古박ᄒᆞ고人性이强硬ᄒᆞ야頑固지譏을免치못ᄒᆞ더니國債報償發起을創始ᄒᆞ얏고近日에ᄂᆞᆫ滊車를不乘ᄒᆞ기로一齊하決心ᄒᆞ야乘車者稀少ᄒᆞ다ᄒᆞ니果然이면支那人에電車을不乘ᄒᆞᄂᆞᆫ性質에不讓ᄒᆞᆯ깃도다

▲한국人民이國債報償의義務로斷烟도有ᄒᆞ고斷酒도有ᄒᆞᆫᄃᆡ日人報筆이此를行不得지事라고譏太嘲笑ᄒᆞ얏스나昔年에法國人民이普國의게見敗ᄒᆞᆫ後에一日三食에午餐費를節減貯蓄ᄒᆞ야屢億萬의賠금을償完ᄒᆞ엿거ᄂᆞᆯ한人의斷烟斷酒가엇지結果를不能이라謂ᄒᆞ리오

路透電報

●露帝攝政 四月八日午后七時着 露國皇帝ᄂᆞᆫ今後一箇月以內에帝位를皇太子에게讓與ᄒᆞ고미가엘親王이攝政ᄒᆞᆫ다ᄂᆞᆫ報가有ᄒᆞ더라

紐約電報

●對日策의排斥 美國紐約洲콜놈비아大學總長밀네마르로써ᄂᆞᆫ大統領의對日策에對ᄒᆞ야斷々意見을發表ᄒᆞ야紐約의意見을極端비斥ᄒᆞ다더라

雜報

●兪氏義捐 봉山郡赤城坊兪漢모氏가報償金壹百圓과會費二圓을期成會로傳納ᄒᆞ얏더라

●隨報更揭 本報第四百七十八号雜報欄內義當辭職이란題下에度支事務官兪承兼氏가財政監督廳問題에關ᄒᆞ야該部大臣과直接面請ᄒᆞᆫ事實이無ᄒᆞ고兪氏의辭職ᄒᆞᆫ理由ᄂᆞᆫ今番境事務上에關係되ᄂᆞᆫ日人과意思不合ᄒᆞᆫ데在ᄒᆞᆫ듯ᄒᆞ다더라

警告

敬啓者夫國而有憂則民有擔之ᄒᆞ고民而有願則國有從之이라야可爲上達下通ᄒᆞ야國泰民安之大道이온바今此國事를凡我同胞가盡忠竭力은국憂民擔之義務이옵고民之所願은何也오貪官이狗假饕餮ᄒᆞ고明吏를不能연選ᄒᆞ야奸僞漸進ᄒᆞ고賢能擇退ᄒᆞ오니비諭人之有病에元氣를不補나客病이未除ᄒᆞ야氣미雜和라仰惟立賢無方ᄒᆞ며坐朝問道은今日政府전考지職이오니츄요之言도可聽ᄒᆞ시면竪동之認도박採ᄒᆞ시와若衡之不偏爲ᄒᆞ시며如鏡之無私焉ᄒᆞ옵소셔往在게묘年十月에平安北道願助錢一百六十萬兩各郡分排時에督刷官价川郡守全孝舜氏觀察使閔衡植氏寧邊郡守尹寧求氏與監董堂上민泳喆氏로이應外合ᄒᆞ야名之曰願助錢十一例十六萬兩을加排於各郡ᄒᆞ야方在督捧而未畢에觀察使上京ᄒᆞ고其時덕川郡守조정允氏가以觀察使署理로入府ᄒᆞ야十一例十六萬兩을一並勿施之意로發訓各郡ᄒᆞ야使民息肩則或問지曰日後新使及監董堂上이下來更責이면何以當지요조씨答曰既己勿施發訓則不可失信於各郡이라若有更責지擧면吾自當納ᄒᆞ리라果未幾에新觀察白性긔씨到任翌日에發令각郡曰十一例十六萬兩을何可勿施리오准捧經用次로訓辭截嚴者ᄂᆞᆫ此時監董堂上이指囑新觀察지故也라同年十月拾六日西京奉安時監董堂上南北道觀察郡守진紳儒鄕等大會中덕川수조씨가質判曰願助전者ᄂᆞᆫ人民이自願助役지錢也라若役費不足이면民當지여ᄂᆞᆫ所謂拾壹例名目ᄂᆞᆫ何義也오鄕錄전지拾三例도謬例어ᄂᆞᆯ願助錢에亦於其例乎아曾者觀察署理時革罷發訓이파在각郡ᄒᆞ야有耳目者皆聞知則署理지印章과正任지印章則一般而印跡未乾ᄒᆞ야更曰독捧則其於民間失信에何요在前有言曰後來監董堂上及新觀察更責此전이면署理自當지意로言出如金ᄒᆞ야不可更變이라同전拾六萬兩을吾請自當矣리니然則덕川슈자自當名擧와新觀察지物捧損政이果何如오ᄒᆞᆫ즉而面相顧ᄒᆞ야ᄂᆞᆫ然相答타가됴郡守의寸舌公談이其直如矢ᄒᆞ고其銃似鋒ᄒᆞ미理不可敵ᄒᆞ야畢경還寢ᄒᆞ니傍聽지人괴파傳지民이有口皆비요二拾壹郡幾百萬家衆이莫不被其澤而頼其生이오되甲乙客兵지擾에각自遠名遐居ᄒᆞ야念不暇於제擘稱揚矣러니今伏聞각郡願助錢을定査官調査ᄒᆞ고官員治蹟善否를自政府전考ᄒᆞ신다ᄒᆞ옵기北道各郡人民이發文會同ᄒᆞ야국償報償지義를研究布論於各爲ᄒᆞ며其吏褒揚지事를제訴於內部이옵거니와조덩윤씨가曩任成川郡守而論其茂蹟則非但四欵지大惠民間이라南北道監理時到處付惠撫民曰寧可損上益下연뎡不可損下益上이라爲국經用에彌竭補益지誠心이요使民樂從에영슈不忘지惠政이오니如此賢良은只任百里一處則遠外列郡人民이更無均被其化이올다오査照廳布ᄒᆞ시와조政府로부ᄐᆞ民情에發訓査實ᄒᆞ시고奏達 天聰에特陞方伯ᄒᆞ시와副此衆望ᄒᆞ오며좁他貪오케ᄒᆞ시을敬要

平안北道二拾一郡民等
박承윤 금규薰 금宣鎬
금翔周 최濟源 리봉來
금文京 금慶善 금玉川
郭병박 문武완 全興烈
금壽益 리龍烈 리明규
윤致說 康得河 ᄒᆞᆫ一權
리煖모 吳達信 유元규 白

本人의庄土가在於全羅北道臨陂北一面居尺里亭子山堯동大谷月浦聖동安亭동合十九石十八斗落이新舊文記와量案이自在이거날從兄前教員仁雨氏가符同雜類ᄒᆞ야偷賣지意로舊文記를火賊의게失이라稱ᄒᆞ고昨年五月分에臨陂署 沃溝監理의게誣訴ᄒᆞ야新畓案을圖得ᄒᆞ엿다니內外국人은切勿見欺ᄒᆞ시오
忠淸南道藍浦佛恩面東谷里 리昇雨 告白

本人子相진年淺잔覺被誘雜類蕩敗家産終不止沓陰本月二十日楊根松湖田沓文券欺父持去將欲典賣而此券則會是渠自僞造旣爲放賣지無用舊券不過休紙且況父在抱川子在楊根相距百餘里其於僞造典賣又或他債其父何關猶恐欺騙他人玆先廣告內外國人切勿相關爲要
抱川內所面居 南百熙 告白

忠南稷山郡三西面農村坪舊保字号에현字沓八斗落新契券과揔字沓八斗落과同字沓七斗落新契券과佳東坪也字沓二斗落新契券合三장을陰二月二十三日路中遺失ᄒᆞ얏사오니無論某人ᄒᆞ고拾得ᄒᆞ거든休紙行施ᄒᆞᆷ
리膺來 告白

본인이이현충니잡화상허곡金元相점에서고용하든니元相은달븐상을설표하ᄂᆞᆫ고로본포ᄂᆞᆫ그아우元포와의론ᄒᆞ고염가로넘게준즉그감격ᄒᆞᆷ을첨군ᄌᆞ에계광포하온니죠량하시옵
김鍾憲 고ᄇᆡᆨ

南門內廣信商業학校에서半學期試驗을經ᄒᆞᆫ後에運動會를東小門外新興寺로擧行ᄒᆞ얏ᄂᆞᆫᄃᆡ遊戱場에優等生徒의賞品物을盛備分給ᄒᆞᆫ後에內외有志紳士諸씨ᄂᆞᆫ학問의必要ᄒᆞᆫ演說로次第勸勉ᄒᆞ고午后七時에閉會ᄒᆞ얏ᄂᆞᆫᄃᆡ當日寄附ᄒᆞᆫ씨名이如左
講師金大熙 安기善 김東完
민丙석 拾圓 丕重應 參圓
각貳圓 校長郭긔현 拾圓
校監박仁창 贊務員김永壽
리尙림 김봉源 김益壽
각五圓 裵明식 김應헌
박潤根 각貳圓
大島千代子 大河內久子
草野千代子 香雪씨
賞品物각種
廣信商業學校 告白

安明善의明字를國字로改定ᄒᆞ오니知舊間照亮ᄒᆞ시옵
安國善 告白

韓涓의名字ᄂᆞᆫ本名으로還稱ᄒᆞ오니 知舊間 照亮ᄒᆞ시옵
韓基準 告白

리용奉條雜米廛禹順明許任置當錢一千三百兩渠遺失故廣告休紙施行事
金希文 告白

本人에陰二月四日에開城鐵路에셔紙貨十九圓을셔失ᄒᆞ얏더니墨只洞居權鍾遠氏와培義學校학徒安周호兩氏가路中拾得而廣告于南大門ᄒᆞ야探問貨主出給ᄒᆞ오니世無如차仁厚之人이옵기其厚德之義를公布ᄒᆞᆷ
開城南部惠谷居林用萬告白

南署薫陶坊倣洞七十四〇一戶草八間半 戶主리容순
中署長通坊中谷契中部동四十三〇三戶瓦十間半草二間 戶主金世奎
以上兩處家券與執서失故誰某拾得休紙施行事 최誠鏞 告白

忠北鎭川郡栢谷面芝谷居金연면의第四子好卿이年今貳十餘에性本浮浪而不農不商ᄒᆞ고出沒뎌鄕ᄒᆞ야技酒從事而符同雜類ᄒᆞ야其二十餘寸金演九의답土을僞造文券ᄒᆞ야欲爲偷賣於外國人故廣布ᄒᆞ오니毋論內外國人ᄒᆞ고切勿見欺ᄒᆞᆷ
鎭川居 金演九 告ᄇᆡᆨ

홍川郡內面三省堂員斯字답二石十貳斗落과田二十四日경과瓦家三十二間과廊戶六戶와亭子與左右園림을放賣ᄒᆞᆯ터이오니願買ᄒᆞᄂᆞᆫ君子ᄂᆞᆫ美동三十統四戶로來臨相議ᄒᆞᆯ事
답主 丕禹瑞 告ᄇᆡᆨ

本島한人學校教師尹炳球씨ᄂᆞᆫ素以溫良之性과純厚之資가無愧於古人而來此布哇以後로開明目的과愛國誠心으로학校를謀得ᄒᆞ야인才를養成ᄒᆞ고新聞을發刊ᄒᆞ야耳目을開導ᄒᆞ고同胞中若有病者면力遷病院ᄒᆞ야使之治料ᄒᆞ고若有罪者면極圖法所ᄒᆞ야使之免役ᄒᆞ니同씨의愛同胞之熱誠이令인感謝이온中右씨가학識의熱心이有ᄒᆞ야方向北美大학校ᄒᆞ니布哇에在ᄒᆞᆫ同胞ᄂᆞᆫ可謂流臨에무維楫이오涉險에遺笻履이로다吾輩ᄂᆞᆫ悵悵之心이有ᄒᆞ와玆에廣告ᄒᆞ오니僉君子ᄂᆞᆫ照亮ᄒᆞᆷ
美領布哇한인 최衡俊 安元奎
洪得秀 金利濟 車봉鶴 等告白

敝社汽船修理畢今月九日(陰今月廿七日)依前開業ᄒᆞᆷ
洌航會社

新刊 國漢文
越南亡國史
定價貳拾伍錢
發賣所京城廣[illegible]書舘
鏡南[illegible]川郡禹時夏書舖
布屛下 김相萬 冊肆

西署新門外鍮동百八十六統三戶
辯護士前檢事正三品 丁明燮
法律事務所
事務員前主事吳在厚

本店에셔四月一朔동안所有物品을特別減價ᄒᆞ야出售ᄒᆞ오니陸續來購ᄒᆞ시옵
貞동源泰洋服裁縫店 告白

本인의族孫송柱大兒名富가懸痴ᄒᆞ야陷於其妻族리與서勝引ᄒᆞ야先영位土을欲爲盜賣次百般運動ᄒᆞ오니內외온국인勿見欺ᄒᆞ시오
慶北尙州靑南面송규漢 告白

日本博覽協會々員募集

主意 戰後의日本은顯著히其面目을一新ᄒᆞᆫ世不是리今也東京에ᄂᆞᆫ勸業博覽會의부設이有ᄒᆞ고其他京都、大阪等의各般狀況을觀察ᄒᆞ야써我한國殖産興業에資ᄒᆞᆷ은現下의尤極急務로知ᄒᆞᄂᆞᆫ비라故로吾人有志者가相圖ᄒᆞ야本會를組織ᄒᆞᆷ이有志僉彦은奮發贊同ᄒᆞ심을伏望

第一回會員募集 每回五十名을一團으로ᄒᆞ고渡往ᄒᆞ니速히請入ᄒᆞ시옵但請入節次ᄂᆞᆫ事務所或은各請入所로來應ᄒᆞ시옵

巡遊地 東京、大阪、京都、橫濱、神戶
往復日數 大凡十七日間
會費 手數料合 金四十八圓
出發豫定日 四月十五日
現金捧納所 五十八銀行京城支店
請入所 五十八銀行京城支店、天一銀行日本人商業會議所、京城日報社、大韓日報社、帝國新聞、皇城新聞社、萬歲報社、大韓每日申報社、林田商店
事務所 京城南門通一丁目東亞商會內 電話八三七 日本遊覽協會

協贊者 (順序不同)
山口太郎衛、和田常市、正三品白寅基、송秉畯、淵上貞助、曾我勉、濱野德次郎、高遠謙讓、齊[illegible]修次、鮎貝房之進、廣衛長康、田中常次郎、吉岡儀平、淸水淺吉、井口平治、大庭貫一
경城日報社、大한日報社、萬歲報社、皇城新聞社、大한每日申報社、帝國新聞社、國民新報社

國債報償義捐金

收入廣告

●함南함興府彰興支社
니宗範 拾圓
김世문 김子信 김惟日
송賢秀 盧民직 高敬必
김문선 김重瑞 각五圓
김씨高敬必母親 拾圓
박氏김문善母親 拾圓
姜氏니聖獻母親 三圓
김氏니增寬母親 壹圓
김卿趾 니重根 김경集
김셔寅 니銘駿 김基俊
최夏鎔 김홍植 김垣澤
각參圓
奎乃문 김源一 張셔覲
박于漸 니聖獻 니養順
김應善 김문규 김澤彦
니文甫 김德聲 박昌문
박寅션 安汝明 강필成
박泰春 최乃心 장子浚
김順鳩 각貳圓
宋셔麟 洪寅默 孫興吉
최鏞漢 김九汝 니宗셤
都봉瑞 김병림 윤永心
니병우 盧重직 박寅坤
니俊元 孫乃天 김鼎淵
高尙규 니면順 니泰植
김基衍 장셔晉 盧漢셔
최티봉 니秀陽 김基閑
權昇徑 최斗運 니昌信
김趾聲 김應權 니昌源
奎柄옥 니用乾 김致聲
니셥朝 黃誠종 니창淑
니昌漸 김창徹 김壁漸
都창규 김厚植 장龍會
김用林 한基祜 리興院
퇴崇珍 盧應직 石鼎漸
한象輝 로昌직 김하範
최순회 박永福 黃정植
김헌秀 니良華 박照周
니明修 김寬숙 한鳴輝
安광림 洪鍾益 니春和
김升연 한泳호 김爽夏

曹喜林 니增寬 한承규
김舜命 니夏珪 吳明根
都鎭함 洪基鎭 최基南
김九漢 김子完 윤應八
鄭基永 黃鎭植 김晉玉
김性煥 김均集 楊文봉
각壹圓
徐星汝 高乃던 김宗九
김贊聲 朱在福 申雄植
蔡裕榮 니秀任 김基셜
김有鎭 박亨九 니셥烈
박在陽 김基範 니明佑
김昌슈 니宗和 김大連
김璧基 김庚河 윤宗默
玄긔宗 高敬殷 장乃建
윤應輔 安철규 장于源
장셔鼎 리志鴻 감셕근
김鍾甲 장文漢 김昌德
김긔牧 南廷셥 김履俊
김긔淳 김晉浩 니宗澤
니世현 윤亨喆 유봉셥
申宅善 박在옥 박在益
黃寅죵 朱京欽 김浩鎭
都鎭漸 弓在영 김炳리
박于셥 각五拾錢
김규煥 三拾錢
合貳百四拾九圓三拾錢
布병門下支社김相萬書舖收금

●忠北永同郡
本郡商業會 拾五圓
前參判姜斗欽 拾圓
前參奉뎡範錫 貳圓
前議官최昌翰 壹圓
前參奉吳麟根 壹圓五拾錢
前主事洪元셥 壹圓
郡主事장 숙 壹圓
前敎官林東根 五圓
前敎員장文호 壹圓
前議官孫亮承 壹圓
前司果孫亮황 五圓
前參奉白聖수 五圓
前參奉박來璜 壹圓
前委員丘柄植 壹圓
幼學孫允仲 三圓
孫德元 參圓

김炳駿 貳圓
니承호 니龜鍾 張萬셤
니遠鍾 니文卿 權제奉
김東夏 김天弘 김信규
宋병회 김京云 각壹圓
孫티能 七拾錢
朴贊日 김병豹 申國均
장基호 장台셤 비忠헌
장寅철 김쥽修 장相쮔
박德文 김文善 孫良植
孫有國 최聖國 손萬伊
徐京兆 김應千 김仁達
비雄헌 奎宗實 한廷直
張在根 각五拾錢
姜鳳호 四拾六錢五里
姜信龍 최春京 각四拾錢
니承祐 三拾五錢
김병호 윤希仲 徐문三
김順甫 김致彦 김德明
박宗實 김光西 卓化西
장善汝 비聖守 김振玉
朴殿回 김正西 權爽규
김永同 奎在東 鄭景春
손光哲 成建樞 니병위
김光錫 安在祐 김允吉
閔致根 孔在煥 뎡雲章
安箕호 각三拾錢
丘奉化 장大奉 김順京
姜八錫 리학魯 鄭海淸
酒買林氏夫人
김道三
최聖得 김化實 강乃成
김順西 니正俊 鄭聖五
김自仁 高良西 김德章
徐京三 니在哲 강碩欽
강壽永 김壽達 강英欽
박準弘 박建來 뎡溫고
강萬永 林鳴호 니秉玉
김永範 林榮周 梁和슈
니芝英 니榮돌 뎡긔連
柳學봉 니承學 니병儀
閔致善 安在應 閔哲호
손在源 安在順 閔致홍
각貳拾錢
郭明숙 柳和基 각拾五錢
박致道 최德允 申奇봉

니海鎭 魚物商니氏夫人
奎應樞 林凡伊 니福문
홍호班 뎡廳셔 奎建煥
뎡基셔 陳成叔 니鎭華
니龍雲 리時用 김學淵
강祐永 니用石 뎡安春
洪在英 김元明 奎千一
김尙業 정富春 尹萬봉
林炳夏 뎡一春 陳成洛
니敬호 김用學 니致호
김敬植 박티根 니봉규
김學錄 강信玉 延문羽
니斗振 김高福 김義根
김辰甲 니尙甲 김昇八
박티병 니範龍 박範夏
장在賢 金永문 박仁호
박문호 박重賢 閔致龍
孔在賛 孔在창 安明호
박萬호 安漢호 김학官
안문호 각拾錢
조光문 拾貳錢五里
大韓會社役夫丁致權
한碧선等七人 貳圓
華坪樵夫金台환 뎡成萬
權병哲等七人 七拾五錢
目赤里樵夫니承壽 呂五丁
金每也지等七人 四拾錢
金九與 六錢
강判石 雇備童蒙뎡点述
金介童 金德玄 각五錢
合壹百拾圓

●京城大廟동北靑會館留紳士
李泰河 拾圓
김光植 호봉錫 馬희律
리종完 각貳圓
奎홍庠 리九규 奎홍국
奎홍序 朴枝俊 康홍魯
김履模 리東乙 리정林
김긔鳳 리容순 高性순
李윤호 각壹圓
김在憲 七拾錢
高錫弘 김應鎭 리烈性
朴景萬 劉티悅 리膺體
丘永柱 장進玉 김周호

박應윤 조九顯 호秉序
호英淑 김元經 리圓林
손政봉 박根培 김在錫
鄭泰用 丘命玉 김炳憲
김正義 리鍾셜 리건在
劉恒彬 최긔봉 장在星
박긔律 조誠天 리偶
강晩憲 姜병植 各五拾錢
강윤熙 四拾錢
김駿煥 김瑞經 리明煥
김永協 김鍾긔 김知萬
비긔洙 리麟錫 奎弘國
각三拾錢
姜錫夏 조희增 호긔述
최應斗 호倚漢 조永柱
리仁弘 리鍾헌 朴철根
朱學林 奎庚셥 奎弘益
김治學 高德淳 조國仁
김錫敎 奎允규 吳學善
뎡南葉 鄭亨숙 오鎭泰
김春和 劉丙述 리時老
梁滋柱 리杜植 리時文
車學嗣 김文植 뎡南乙
劉河龍 김긔완 리榮남
리時建 리求準 각廿錢
高錫柱 拾錢
合五拾七圓九拾錢

●東萊府沙下面富平동中
리문華 廿圓
具翰會 장贊益 黃在和
조士玉 各壹圓
김致敬 五拾전
리性필 리致化 安윤汝
南明彦 各壹圓
김德善 田珍규 徐致見
張珍玉 각五拾錢
리大彦 卅錢
白性有 廿錢
千性根 四十錢
강明汝 崔性玉 각廿錢
리德문 五拾錢
柳환新 최병植 각二拾錢
兪性守 五拾錢
박九玉 壹圓

朴긔彦 니正化 박度化
각五拾錢
니敬瑞 김順瑞 宋贊益
각壹圓
禹守先 卅錢
송成伯 卞正彦 박士俊
각一圓
최達서 김德숙 각廿錢
니德化 六拾錢
박致伯 卅五錢
박致伯夫人 拾五戔
辛春西 최明玉 각廿錢
張致一 최明植 각五拾錢
니海守 貳錢
金德八 박文七 각廿錢
蔡奉三 四拾錢
韓윤西 뎡化仲 각卄錢
송九彦母親 劉在文母親
池石史 허敬仲 각拾錢
金成七母親 卄錢
박化俊母親 拾錢
金佑益夫인 廿錢
童蒙니凡伊 拾錢
뎡斗星母親 廿錢
丁相三母親 拾錢
丁相三夫인 拾錢
뎡用서夫인 貳錢
비圭見 七拾錢
장치彦 廿錢

●富平동明月樓妓生等
金化一 최奉化 香蘭
菊香 柳色 秋月
봉仙 明月 梅花
桃紅 花仙 羿月
각壹圓

●富平동望海樓妓生等
죠善英 니윤玉 雲仙
明月 桂香 初月
仙桃 각貳圓
仙玉 月仙 菊香
山홍 桃花 竹香
月香 玉仙 柳仙
梅香 桂花 炊童
炊童 각壹圓
五拾錢

合八拾六圓九拾四錢
總合五百〇四圓拾四錢
前號總合貳千壹百九拾五圓七十錢七里
都總合二千六百九拾九圓八拾四錢七里

大韓每日申報社

發行兼編輯人 英國人비設
發行所 南署石井洞號外地三層洋屋家
大韓每日申報社

(明治三十八年八月二十一日第三種郵便物認可)　木曜日　西曆一千九百七年四月十一日 (一)

第五卷　第四百八十三號

大韓每日申報

대한매일신보

月曜及慶節
歲時日休

檀君開國四千二百四十年
箕子元年三千二十九年
大韓開國五百十六年
日本明治四十年
西國光緒三十三年
◉陰曆丁未二月大廿九日庚寅

論說

共立協會의詳報

北米桑港地方에旅居ᄒᆞᄂᆞᆫ韓國人士等이一個團躰를組成ᄒᆞ야曰共立協會라該會狀況은業已風聞을從ᄒᆞ야揭보ᄒᆞᆫ바有ᄒᆞᆫ즉此國內一般同포가想應知悉이어니와近日該地方으로從來ᄒᆞᆫ人의게詳細ᄒᆞᆫ說話를據ᄒᆞᆫ즉可히該會의歷史가될만ᄒᆞᆯ뿐더러또ᄒᆞᆫ韓人의固有ᄒᆞᆫ美質이足히世界에誇張ᄒᆞᆯ만ᄒᆞ기로申此揭論ᄒᆞ야愛國僉員의閱悉을供ᄒᆞ노니惟願國內一般人士ᄂᆞᆫ彼海外絶域에旅居ᄒᆞᄂᆞᆫ同포의苦心血誠을十分躰念하시오

今에該會歷史를略論ᄒᆞᆫ건ᄃᆡ大抵韓民中에最先北米에渡航ᄒᆞᆫ者ᄂᆞᆫ西道蔘商이是라距今數十年前에義州蔘商덜이淸國東部에流人行商ᄒᆞ다가絶海中舊金山(布哇島)新金山(桑港)이라ᄒᆞᄂᆞᆫ等地에淸人이移居ᄒᆞ얏ᄂᆞᆫᄃᆡ黃金이多産ᄒᆞᆫ다ᄒᆞᆷ을得聞ᄒᆞ고幾個韓商이冒險心을起ᄒᆞ야一次涉航에果然預想ᄒᆞ얏든以上의好結果를載歸ᄒᆞ니以後로ᄂᆞᆫ蔘商의來往(無論自上海로)이頻頻不絶ᄒᆞ나其交際通商ᄒᆞᄂᆞᆫ區域은全혀淸國人社會에畫限ᄒᆞ고或留學生이渡去ᄒᆞ엿다ᄒᆞᆫ지라도未過幾人에莫有擧論이러니

其後에학生도漸次逐年增加ᄒᆞ고또三四年以來로ᄂᆞᆫ布哇島로移住ᄒᆞ얏든韓人中에셔轉往ᄒᆞᄂᆞᆫ者가日加月增ᄒᆞ야市都에셔半役半工ᄒᆞᄂᆞᆫ者도有ᄒᆞ며或地方農場에셔部落을成ᄒᆞ야農業에從事ᄒᆞᄂᆞᆫ者도有ᄒᆞ고或鐵道에셔勞動ᄒᆞᄂᆞᆫ者도有ᄒᆞ나零落蹤跡이無依無護ᄒᆞ야各自圖生으로其日々々에生活를是營ᄒᆞ더니

於此에有志人士가발起唱導ᄒᆞ야同胞의共通機關으로一會를組織ᄒᆞ니曰共立協會라會員이七八百名에達ᄒᆞ얏ᄂᆞᆫᄃᆡ其本部ᄂᆞᆫ桑港에置ᄒᆞ고各히適當ᄒᆞᆫ地方에ᄂᆞᆫ支會를設立ᄒᆞᆫ後에子々殘族이五相團合ᄒᆞ야聯絡相通으로携導相進ᄒᆞ야患難을相救ᄒᆞ며苦楚를相慰ᄒᆞᄂᆞᆫ目的이라其膏血로得ᄒᆞᆫ金錢을本國에付送ᄒᆞ야家族도保養ᄒᆞ며一邊으로ᄂᆞᆫ隨力醵出ᄒᆞ야其中에聰俊ᄒᆞᆫ靑年을公選修學케ᄒᆞ며一邊으로ᄂᆞᆫ新聞을發刊ᄒᆞᆷ이如此히千辛萬苦를備嘗ᄒᆞ야國家와社會上에莫大ᄒᆞᆫ利益을供獻ᄒᆞ니

壯哉라韓人의居留者여美哉라韓人의居留者여誰가韓國民을腐敗ᄒᆞᆫ性質이라謂ᄒᆞ며無能無爲의民族이라譏ᄒᆞ리오彼流離ᄒᆞᆫ情踪과勞動ᄒᆞᄂᆞᆫ身世로社會를團結ᄒᆞ며學業을勉勵ᄒᆞ며신聞을發行ᄒᆞ야忠愛目的과문明步趣가北米洲에在ᄒᆞ야一新ᄒᆞᆫ面을造成ᄒᆞ얏도다

噫라內地에在ᄒᆞᆫ同胞들은如此ᄒᆞᆫ發達ᄒᆞᆫ時代를當ᄒᆞ야悲慘ᄒᆞᆫ境遇에에迫ᄒᆞ얏스나如何ᄒᆞᆫ思想이有ᄒᆞ얏스며如何ᄒᆞᆫ事業이有ᄒᆞ얏소

官爵居賣에流涎餘利ᄒᆞ고姬妾豪狂에自謂得意者ᄂᆞᆫ宰相事業이오一貫半級에蠅營狗苟ᄒᆞ야奴顔婢膝이習與成性者ᄂᆞᆫ兩班家의行狀이오假托慷慨ᄒᆞ고志在利祿ᄒᆞ야高言壯談에實無樹立은遊士의長技오外人의鼻息을伺ᄒᆞ야同胞의膏血을吸取ᄒᆞᄂᆞᆫ者ᄂᆞᆫ開化者의功名이라

彼北米에在ᄒᆞ야勞動ᄒᆞᄂᆞᆫ同胞의高尙ᄒᆞᆫ志事와比例以觀ᄒᆞ면羞愧欲死ᄒᆞᆯ듯ᄒᆞ오思之念之ᄒᆞ여보시오

官報

◉號外 光武十一年四月九日

◉宮廷錄事

領敎寧司事李根命辭職ᄒᆞᆫ批旨省疏具悉卿懇卿罔既無妨於暫曠紀勳亦豈必爲多讓而省攝지行情理固然卿其安心往來事 遣秘書郞傳諭

◉敍任

宮內府特進官李載克
任宮內府大臣

◉三千七百二十六號 光武十一年四月十日

◉敍任及辭令

宮內府參書官유燦
依願免本官

六品沈장섭
任宮內府參書官

兪鎭완
任陽城郡主事

박[illegible]
任鎭川仝

장潤환
任靑山仝

감在禎
任錦山仝

김학현
任□靜仝

平安南道觀察使리始榮
命兼任平壤일語학校長

憲兵正尉장潤卞
命軍法회議判士

ᄒᆞᆫ府亂 曹일承 리규치 林相鶴 강龍純 리규彩 김勉濟 呂尙섭 申胤休 曹泳환 尹봉秀 박永喜 金봉薰 文容獻 박龜슈 리喜 리봉鎭 최亨鎭 權內說 ᄒᆞᆫ慶厚 뎡衡朝 뎡顯翰 ᄒᆞᆫ弘슈 김根培 姜信昌 김炳모 김尙源 오復根 權寧萬 뎡卿셔 申유하 김홍셔 리德坤
任成均館博士

外報

◉平和會議期日 路透電을據ᄒᆞᆫ則萬國平和會議ᄂᆞᆫ六月十五日로其開會ᄒᆞ기로決定되고露國에셔提出ᄒᆞᆫ軍備制限案은平和會議의問題에셔除외되얏ᄂᆞᆫᄃᆡ特別委員會ᄂᆞᆫ來五月에開會ᄒᆞ야同委員會에셔ᄂᆞᆫ同問題를討議ᄒᆞᆯ터인ᄃᆡ德國과墺太利에셔ᄂᆞᆫ同委員會에代表者의出否를未定이라더라

◉東三省改制의傳聞 北京報를據ᄒᆞᆫ則淸國政府의王과大臣이振徐兩督撫와會同ᄒᆞ야東三省의政制形을連日籌議ᄒᆞ고遼東遼西遼中의三省을分ᄒᆞ야總督과提督은遼中에駐차ᄒᆞ고巡撫ᄂᆞᆫ遼東遼西에駐차ᄒᆞᆫ다ᄂᆞᆫᄃᆡ趙爾巽은遼東巡撫로程德全은遼西巡撫로其餘尙其亨과史念祖ᄂᆞᆫ布政使의望이有ᄒᆞ다더라

雜報

◉定州郡國債報상會趣旨書

敬啓者ᄂᆞᆫ忠君愛國은臣子지職義也오變時憤世ᄂᆞᆫ仁士지同情이라惟我한은東方禮義지국而三千里疆土가非不沃也며二千萬인衆이非不强也며四千年禮樂文物이非不燦然이로ᄃᆡ但古今이殊宜ᄒᆞ고興替가無常ᄒᆞ야以至今에국勢가發萎ᄒᆞ고金庫가罄竭ᄒᆞ야以至外債가乃爲壹千三百萬圜之多而此則巨款重疊也라爲率土臣民者孰非思所以補報國지方針哉아近接대한每일申報欄內揭載되丘廣文社々長김광濟徐相敦兩씨가국債報상에斷烟同盟ᄒᆞ야先唱義擧지事ᄂᆞᆫ全國인士가想必感而擧起어니와되拔物極則變ᄒᆞ고變極則通은理지常也라然則似此巨款지額을如弗勉力圖報에拔本塞源이면弗出幾年에利上添殖ᄒᆞ야膾大於腹則三千里江山이竟歸他인지手而불可保有요二千萬인衆이將爲他인지奴而弗得자存은是待智者而可揣也라凡我同胞ᄂᆞᆫ雖婦인孺子라도開時局지形便ᄒᆞ고量事勢지情況ᄒᆞ야각以熱心血誠으로奮발忠義ᄒᆞ야各其義연을爭先恐後則因流成海가何難지有며合塵爲山이何力지有乎아於是乎脫巨額於一朝ᄒᆞ고復舊權於今일則堯舜이且於斯可見矣리니惟我同포僉君子ᄂᆞᆫ左開諸條를次第詳覽ᄒᆞ시고以言以書로轉相傳告ᄒᆞ와使遠近諸公으로合心幷力ᄒᆞ야期圖實施에表萬一지誠ᄒᆞ야上以報答聖旨ᄒᆞ고下以維保疆土케ᄒᆞ심을千萬幸甚

발起인 박貴顯 安宗禧

通津私立汾南學校에셔國債報償義捐收合所趣旨書

天道ㅣ循環ᄒᆞ야窮則必通은理지常也오 聖德이普洽ᄒᆞ샤民皆忠義ᄂᆞᆫ性所同然이로다挽近에公私財産ᄒᆞ야 國債지擔負於日本이爲一千三百萬圜則人民의愛国心이有ᄒᆞᆫ者ㅣ孰不寒擧廢寢ᄒᆞ야憂悶지不暇리오마ᄂᆞᆫ事係重大의智計未及이러니何幸近일에嶺南지大邱盆山等地人김光濟徐相敦諸씨가先倡止烟報償지說에遠近이響應ᄒᆞ야京鄕각社會가踵而發起ᄒᆞ고稚孩匹婦도間或有傾囊助者ᄒᆞ니同賦之性이宜其然矣로다此說入聞에 天聽ᄒᆞ사烟草를郞不進 御ᄒᆞ시니凡我臣民되者ㅣ能無念愧奮感之心歟아上下感應이如是影響ᄒᆞ니何等感祝也리오故로本校에셔亦卽止烟同盟ᄒᆞ고각出義연금ᄒᆞ야以效義務지萬一而惟我본郡同胞와行路商旅도必爲激感ᄒᆞ야義연에心이有ᄒᆞᆯ지라도각社僉愛國가其爲落々而或恐難치ᄒᆞ기로校中事務室에會社를設ᄒᆞ고玆에廣布ᄒᆞ오니有志兄弟ᄂᆞᆫ義金에多少를勿拘ᄒᆞ고본社로來納ᄒᆞ시면假使一인으로一元義助라도其原因을思ᄒᆞᆫ즉國債一千三百萬圜을國인々々에報상ᄒᆞᆯ바이오國債를報償ᄒᆞᆫ즉國光民義가如何ᄒᆞ다謂ᄒᆞ리오ᄒᆞ얏더라

發起인沈啓澤 리敎환 김冀종 南廷容 리寅赫

◉忠民出義 忠州居ᄒᆞᄂᆞᆫ承鄕씨가上京時에安鍾和洪庸植이各出二圜ᄒᆞ고安鍾善과鴻遇ㅣ각出壹圜ᄒᆞ고座上에春川居安鍾寬이一時過客으로此擧를보고行所留ᄒᆞᆫ二十錢을出捐ᄒᆞ얏고安鍾和의夫人卿氏가針工錢을鳩聚ᄒᆞ야貳圜을出연ᄒᆞ야合舊貨十二元廿錢을本社에來傳ᄒᆞ더라

◉陽陵義捐 成津陽陵學校校監金禹淳氏와敎師金東섭氏가國債報償에對ᄒᆞ야樂淺演說에熱誠深源ᄒᆞ야大呼痛哭에數多ᄒᆞᆫ徒七一齊演說ᄒᆞ야今纔義연金募集中이라더라

◉婦人再捐 북셔원동거ᄒᆞᄂᆞᆫ황쇼사ᄂᆞ이구삽스세인ᄃᆡ국채보상함을듯고신화일원을긔셩회로이왕금을보내엿스니금이십육일또일환을보내엿스니그부인에이국ᄉᆞ상은칭찬ᄒᆞᆯ만ᄒᆞ더라

雜報

●墾島設官 再昨日中樞院에셔北墾島居民의設官請願을等因ᄒᆞ야政府로照會ᄒᆞ얏다더라

●秘密何件 內部大臣이政府에셔는例會로會同ᄒᆞ고秘密ᄒᆞᆫ事件으로統監府에會同開議ᄒᆞᆫ다더라

●宮大內遞說 新任ᄒᆞᆫ宮內大臣李載克씨는未久䟽遞가되고修學院長李根湘씨가敍任된다는巷說이有ᄒᆞ더라

●勸告處刑 今番에軍大를謀害ᄒᆞ려다가被捉된諸犯者의事件을統監이政府大臣을對ᄒᆞ야言ᄒᆞ되今番諸罪人은不分首從ᄒᆞ고一幷死刑에處ᄒᆞ여야以懲後弊가될터이라고勸告ᄒᆞ얏다더라

●稅務應試 度支部에셔稅務見習生을試取ᄒᆞ는ᄃᆡ應試者百餘名中에入格ᄒᆞᆫ人이八名이라더라

●郡主更考 已往에叙任ᄒᆞᆫ각地方郡主事를更히叙任ᄒᆞ기로履歷書를受納ᄒᆞᆫ다는說이有ᄒᆞ더라

●日報論罪 日本東경某신聞을據ᄒᆞᆫ즉日本學生의不用意ᄒᆞᆫ行動은往往에慶應義塾에셔一次韓國學生의怒를買ᄒᆞ얏더니今又早稻田大학校에셔再次其怒를買ᄒᆞ얏는ᄃᆡ其怒는或是適當ᄒᆞᆫ態度에超過ᄒᆞ나吾人은此를買ᄒᆞᆫ我學生이不用意홈을咎ᄒᆞ노니交通이日開ᄒᆞ고往來가日緊ᄒᆞ니國民과國民之間에交際가日盛ᄒᆞ는今日에國民은盡是外交官으로自處홈을要ᄒᆞᆯ터인ᄃᆡ況學生乎아不用意ᄒᆞ거는一個罪惡이라ᄒᆞ고不可不記述이라ᄒᆞ얏더라

●白貨無效 郭山郡居金某는其子를爲ᄒᆞ야博士를圖得次로白貨五千元을持ᄒᆞ고上경ᄒᆞ야寺동宋씨家에留ᄒᆞ다가成事가못되얏다더라

●李移監獄 경務廳에被捉ᄒᆞᆫ박容린氏를日昨에監獄署로移囚ᄒᆞ얏다더라

●苦待出仕 內部에郡守現窠가十二窠인ᄃᆡ其間地방局長玄은씨가出仕치아니ᄒᆞᆫ故로塡闕이못되얏는ᄃᆡ該局長이昨日起復頒布가되미군守運動者가奏本을苦待ᄒᆞ는ᄃᆡ현局長이以身病으로即時出仕치못ᄒᆞᆫ다ᄒᆞ더라

●雜稅更出 釜山港은自開港以來로客主與商民이商會所를設施ᄒᆞ고口錢을規定하야商與客主가互相交易ᄒᆞ더니該港府尹之外사寸者가該港居孫仲모와홈興居김창壽等을付同ᄒᆞ야何樣周旋이더니農商工部에셔訓飭이截嚴ᄒᆞ고且該人輩가劍舌刀唇으로暗囑於府尹ᄒᆞᆫ즉히府尹이각項雜稅를更設ᄒᆞᆯ뿐더러數十年前에設立ᄒᆞᆫ商會所를欲奪ᄒᆞᆫ즉商民與客主가終弗聽從하는지라히府尹이挾雜輩와협同ᄒᆞ고商民客主를革罷하라고告示ᄒᆞ미客主等이不勝抑鬱ᄒᆞ야府尹의게呈訴ᄒᆞᆫ즉終不許題ᄒᆞ는지라撤館撤市日에巡査가府尹과商民間에居間ᄒᆞ야以好言說誘ᄒᆞ나尚未出末ᄒᆞ얏다고南來인의確信이有ᄒᆞ더라

●日巡換服 近日경務廳에雇聘ᄒᆞᆫ日巡査들이한國衣冠을換着ᄒᆞ고경察ᄒᆞᆫ다더라

●리氏自供 경務廳에被囚ᄒᆞᆫ리容틱씨를取招ᄒᆞ는데上下衣服을並脫식이고日人四五人이각持靑笞一介式ᄒᆞ고言ᄒᆞ되若不陳供이면此笞로打之ᄒᆞᆯ터이니傷身後에야陳供치말고即招自服ᄒᆞ라ᄒᆞ고施威ᄒᆞ미該씨가自服ᄒᆞ기를果然家劵을三千元에典當ᄒᆞ야機械도買得허고運勤勞로所用허얏다는說이有허더라

●組織總會 本月八日下午七点에本사內에國債報償總合所時事務所에셔總會를開ᄒᆞ고任員을公選ᄒᆞ얏다는ᄃᆡ左와如ᄒᆞ더라

所長한圭설 副所長金宗漢 會計監督박容圭徐丙珪兩씨 檢査員은리康호梁起鐸리면宇三씨요事務員은安德瑢윤致호씨等十二人이오評議員은각샤會有志人씨로二十人이라더라

●法律何論 黃海道黃州군田本人所設신設明治農業會사에셔該군九林面庄土를買入ᄒᆞ는ᄃᆡ秋收는其三割一은自會사로收八케ᄒᆞ고其三割二는作人이收入ᄒᆞ기로定約ᄒᆞ얏더니及其秋收也에는元條例外에每伏上에大豆百官升式加도勒捧故로其時面長林재선씨가以其非理지樣으로屢次升除이러니其後히會사差人服部與村田爲名者가率通辯趙致각ᄒᆞ고馳到于林씨家ᄒᆞ야六穴砲를連次亂放에히씨의頭邊이被傷ᄒᆞ얏스미告訴于平군警務分派所則히補佐員靑松直太郞씨가誣報于瑞與分署ᄒᆞ야不問曲直ᄒᆞ고히日人은還爲無事放送ᄒᆞ고同씨與동民六名을無故捉囚가乃至數朔에至於廢農之境ᄒᆞ니如斯ᄒᆞᆫ法律은出自何國인지西來人의傳說이藉々ᄒᆞ더라

●清守濁政 清州군슈閔泳殷씨는晝錦之鄕에在任ᄒᆞ야不顧政躰ᄒᆞ고礦夫에每朔金幾個식受賂ᄒᆞ고默許採掘ᄒᆞ야民田美沓이幾盡礦中하니黃金도可愛어니와蒼生은何辜ᄒᆞ고ᄒᆞ야兩來人의傳說이有ᄒᆞ더라

●학生便利 경城中署大寺동表勳院內居ᄒᆞ는前令에郭昌헌氏은本是有志之人으로社會上에已有名譽矣라四年前에該氏에令允漢룡及漢七兩氏을日本東경에送ᄒᆞ야使之遊學케ᄒᆞ고경城에遊학ᄒᆞ는退鄕靑年子弟에寄宿不便홈을可惜ᄒᆞ고廉價로每床에葉八錢式供饋ᄒᆞᆫ다더라

●日人檢査 日軍司令部에셔한國각地方에居留ᄒᆞ는日人成年者를招集ᄒᆞ야身體를檢査ᄒᆞᆫ다더라

●普校討論 普成專門學校에서본月二十八日에法律討論會를訓연院에開設ᄒᆞ고傍聽을許ᄒᆞᆫ다더라

●魚不謝過 普成專門學校生徒가副領魚潭氏의게質問ᄒᆞᆫ다는事는前報에揭載ᄒᆞ얏거니와魚氏가該生徒等을對ᄒᆞ야日亡국ᄒᆞᆫ一進會員과無異ᄒᆞᆫ亂類輩라ᄒᆞᆫ지라히生徒들이期於質판ᄒᆞᆯ次로每日魚氏家에前往ᄒᆞ야質問ᄒᆞ되魚씨가종是謝過치아니ᄒᆞ는故로研成學교長盧伯麟씨가該事件에對ᄒᆞ야謝過ᄒᆞ는거시妥當ᄒᆞᆫ줄노書간을往復ᄒᆞ얏다더라

●赤總遞任 신任宮內府大臣니載克씨가赤十字々總裁를遞任허엿더라

●상시高見 長連군長陽거장義澤시는海西문明의初点이라教育을熱心ᄒᆞᆫ結果로長子膺濬시는當今博學士라日本에留학ᄒᆞ며한국留학生으로太極학회를組織ᄒᆞ고학報를編刊ᄒᆞ야祖국全幅에신空氣를吹送허고父義澤시는卓越高見으로東西의古今학文이淹博ᄒᆞᆫᄃᆡ年來로各種教化를研究허다가肉界靈界에耶蘇시教化가獨一無二ᄒᆞ다ᄒᆞ고說志悔改ᄒᆞ야引家歸道ᄒᆞ야傳道教育ᄒᆞᆫ다더라

●贓自服 仁川港裁判所判事命潤品씨가法部에質稟ᄒᆞ되窃盜俞石伊案件을由檢事公訴審理ᄒᆞ온즉被告가以窃盜犯으로本所에處役一年半이라가本年陰曆正月三十日에報滿蒙放後本港日人家에潛入ᄒᆞ야衣箱子二件을偷取ᄒᆞ야紙貨八元에典當이고又於本年陰曆二月初一日夜에本港牛角동布木廛에潛入ᄒᆞ야白木二疋宕巾一箇銀지一箇銅貨六元을偷取ᄒᆞᆫ其事實은被告供陳自服에証ᄒᆞ야明白ᄒᆞ온지라此를法에照ᄒᆞ니刑法大全但項律에處홀만ᄒᆞ나被告가身嬰癈疾이옵기其情狀을酌量ᄒᆞ야原律에一等을減홀마ᄒᆞ오나恐未知何如이옵기玆에質稟ᄒᆞ오니查照指飭ᄒᆞ라ᄒᆞ얏더라

●宣守報部 宣川군守俞鎭濬씨가法部에報告ᄒᆞ되訓令을奉承ᄒᆞ야前군守박起一處贓錢出給條一千五百兩을査覈觀察道指令內槩히錢은係是無名與受니宜乎屬公이라法部上納次報告狀修正下送ᄒᆞ니即納後受証粘報事等因이옵기박起一을捉入ᄒᆞ야督納該전이온즉所供內前군슈의게所推贓전中四百兩온直전已推ᄒᆞ고사百兩은馬一四을定價計推ᄒᆞ고七百兩은金熙緯의게移計故로互合전一千五百兩을播給諸民次金熙緯에게七百兩을採督則所言內前군슈가전數을誤出이다四百九十兩쌀出給이옵고二百十兩은未推이오며馬一匹은今難放賣이온즉實전이爲八百九十兩故로被討諸民處에已위播給이다온바招致該等ᄒᆞ야欲爲收納則所供內已爲分전을繼又還徵이實係抑鬱이다衆口嗷々이옵기勢難强督하야上納이遲滯되여不勝惶悚이오나更待處分하옵고報告라ᄒᆞ얏더라

●俞氏演說 今日下午七点半에靑年會舘에셔紳士俞星濬氏가혈의價値란問題로演說ᄒᆞᆫ다는ᄃᆡ有志諸君이多數來參ᄒᆞ심을希望ᄒᆞᆫ다더라

●必有一非 楊州郡一成學校々監리철鎔氏가水社에寄函ᄒᆞ되本人이去七月分에楊州下道面直동東與學校에評議長을被任ᄒᆞ여視務ᄒᆞ온즉校長명寅호氏가校中事務를信實치못ᄒᆞ니學員及教師間에不便之端이多々ᄒᆞ기로上下道面會々議可決ᄒᆞ여學校位置를本人私邸로移置ᄒᆞ얏더니校長이校務을一不視察ᄒᆞ고至於本郡守補助金一千兩과閔承旨補助金五百兩을歸之私탕ᄒᆞ는故로本人이質問次로臘月分에上京ᄒᆞᆫ즉명寅호氏가適因被囚故로不得質問ᄒᆞ고本校諸般事務가萬々時急ᄒᆞ여學校維持方針이全無ᄒᆞ기로不得已本郡守洪泰潤氏와往議ᄒᆞ여東與學校는反對ᄒᆞ고一成學校로發起ᄒᆞ야本郡守는校長으로推薦ᄒᆞ고本人은校監이되여학部認許을承準ᄒᆞ와學校가完成되여學徒日增ᄒᆞ는中이오東興學校教科書卌餘券과薄松板十四立과漆板一座及地圖二本을還送ᄒᆞ디家이러니噫彼명寅호氏가自非을不知ᄒᆞ고反生害人之心ᄒᆞ여開本人이衝動鄕校儒生ᄒᆞ야自已을打殺ᄒᆞ기로秘密暗謀라ᄒᆞ고貴신聞上에搆陷記載ᄒᆞ니世豈有如許極凶極陰之人乎아不勝可味故로玆以辨明이라ᄒᆞ얏더라

▲酒後快談▼

▲夜來花雨에草樹가發生ᄒᆞ야滿地錦繡가新春消息을忽覺ᄒᆞ니大韓人民에程度가與春俱新ᄒᆞ야喜事가日生ᄒᆞ면非久에新世界를復見ᄒᆞᆯ가

▲統監府에[illegible]移民合資社에請願을因ᄒᆞ야政府로公函ᄒᆞ기를營業發展홈을爲ᄒᆞ야移民條例를實施케ᄒᆞ라ᄒᆞ얏다니日本人民은大한으로移殖ᄒᆞ면셔大한人民은異域으로移去ᄒᆞ면大한彊土는自然히日人만居生ᄒᆞ깃고

▲再昨日에각部大臣이政府에會同ᄒᆞ야一切政務를爛商ᄒᆞ얏다ᄒᆞ니政府에서會議ᄒᆞ는綱領ᄒᆞᆫ건만改善政治는一毫無關ᄒᆞ고所議事는何事런고外國人[illegible]에齊進參與ᄒᆞᆫ會議인지

▲一二日間에內閣[illegible]地方전者委員會[illegible]開ᄒᆞ고[illegible]及參書官輔弼[illegible]銓考ᄒᆞᆫ다[illegible]今番에는何等人物이전[illegible]ᄒᆞᆫ지知치못ᄒᆞ거니와경[illegible]客이園동近處에[illegible]世上장샤가利益이皆有ᄒᆞ되[illegible]日원장사는밋지는장샤라지

▲法大리夏[illegible]氏는身病이更發ᄒᆞ야仕進視務치못ᄒᆞᆫ지가一週日에至ᄒᆞ얏다ᄒᆞ니同씨의病[illegible]는何其頻數ᄒᆞᆫ지難處事가有ᄒᆞ면番々稱病ᄒᆞ니病非眞病이라症在避難ᄒᆞ니難[illegible]이라도難醫厥症이로다

▲沃川郡居洪某가郡守一窠를自期ᄒᆞ고園동晉信만苦待ᄒᆞ야도終是如意치못ᄒᆞ는故로近日에화김에雜技로爲業ᄒᆞ다가家產을多數蕩敗ᄒᆞ얏다고某報에揭載ᄒᆞ얏스니郡守運動費를先給ᄒᆞ엿다가白地見失ᄒᆞ고火病이忽生ᄒᆞ야去益見敗ᄒᆞ엿스니郡守運動이蕩敗홀張本이지

▲今番日本宮內廳觀察次로派送ᄒᆞᆫ觀察員中某々씨는日本物品을買來ᄒᆞᆯ次로千元式帶去ᄒᆞ얏다니각官廳事務觀察은度外置之ᄒᆞ고一國精神이物品買來ᄒᆞ기에在ᄒᆞ니觀察委員이아니라買物委員이로고

◎特別社告◎

國債報償의義捐金을至今븟터本社에셔收捧ᄒᆞ기로定ᄒᆞ엿스며收捧ᄒᆞᆫ딕로錢額과氏名을逐日廣告에揭佈ᄒᆞ며當日로電氣會社內銀行으로姑先貯置ᄒᆞ얏다가巨額에達ᄒᆞᆫ時에ᄂᆞᆫ世界에有信用ᄒᆞᆫ會社나銀行의結托ᄒᆞ야善後方策을採用ᄒᆞᆯ터이오며至於收合方法ᄒᆞ야ᄂᆞᆫ本社에ᄒᆞᆫ額을收納ᄒᆞ며事項을相議ᄒᆞᄂᆞᆫ團體와ᄂᆞᆫ一응聯絡ᄒᆞ려니와자他ᄂᆞᆫ一切無關홈

大韓每日申報社

伯林電報

●英西會議 (四月九日午後十二時着) 英、西、兩國皇帝陛下及西班牙內閣員이參列ᄒᆞ야會議를開ᄒᆞ얏ᄂᆞᆫ딕此ᄂᆞᆫ兩國間에同盟締約을準備ᄒᆞ기를爲ᄒᆞᆷ이라더라

東京電報

●美國艦隊 (上仝) 美國亞細亞艦隊ᄂᆞᆫ橫濱에到港ᄒᆞ야敬意를表ᄒᆞ기爲ᄒᆞ야來十二日에日本皇帝씌謁見ᄒᆞᆯ터이라더라

雜報

●國債報償趣旨書

盖今國庫가蕩竭에債欵지積이至爲一千三百萬圓지多ᄒᆞ니如弗報상則國難지保而顧我三千里江山에二千萬同胞가莫非列聖朝五百年化育中物이라雖愚夫愚婦라도莫弗痛歎曰국勢末由ᄒᆞ니依誰而生이며爲誰而存고ᄒᆞ야或有痛哭者ᄒᆞ며或有長歎者러니效忠慕義지士가出於嶺起於湖ᄒᆞ야料人未料ᄒᆞ고能人弗能ᄒᆞ야欲扶難保지국脉에激起弗死지人心ᄒᆞ니感弗知攸服이요頭雖稱其言이라所以奮發연금지義가弗待家諭而戶曉故處閭이脫環者許多ᄒᆞ고行乞이醵탁者無數ᄒᆞ니況爲世祿지臣과耕讀지家가理義所在에忍弗如處閭行乞者乎아是以로각自竭誠ᄒᆞ야연금이多至數萬圓ᄒᆞ고少至幾百圓ᄒᆞ니是豈非弗期然而然者耶아今我靑山에士習이濟々ᄒᆞ고民俗이淳々ᄒᆞ야感義奮忠이較諸三百州弗讓矣라何可緩於此지後於彼哉玆以輪告于各面僉座ᄒᆞ니各以國憂로爲己憂ᄒᆞ고국債로爲己債ᄒᆞ야上以答宵旰지憂ᄒᆞ고下以遂犬馬지誠이如何오義無貴賤지分이오연無多寡지較이誠心爲主니豈待此告리오餘付左開홈

發起인靑山郡居니문求 송秉心 박勝철 송대洙

●麒校贊成 한山麒山學校에有志諸씨가贊成補助ᄒᆞ얏다ᄂᆞᆫ딕前贊政리容植씨ᄂᆞᆫ新貨四拾圓前參贊리商在前參判리廷珪掌禮院卿副卿리明직三씨ᄂᆞᆫ各拾圓前協判金重煥陸軍參將리병武成均館任善準前承旨리庚직進士金星斗五氏ᄂᆞᆫ各五圓內部主事리홍규씨ᄂᆞᆫ參圓을寄付ᄒᆞ얏다더라

●乃父乃子 甲午年全州城內에匪徒가突入猖獗時에肇慶廟影정을背負奉安ᄒᆞ고避禍于牟岳山城ᄒᆞ던李시周鎭의子李源철시가其父死後에미宅無家ᄒᆞ고流離미乞ᄒᆞ더니今番國債報상時에其父忠義를是繼ᄒᆞ야分乞得ᄒᆞᆫ舊貨一圓을本社에納付ᄒᆞ얏다ᄒᆞ니可謂乃父乃子라ᄒᆞ더라

●東一校況 義州府月華面申원헌씨의寄函을據ᄒᆞᆫ則本府東一學校ᄂᆞᆫ在於治東古군面中古巖山兩里之交而교長前校理최鳳瑞씨와副교長士人김來준시가兩里民人을招集ᄒᆞ야奮發激昻에人々協心ᄒᆞ며家々연義ᄒᆞ야교舍을仍舊增築而舊號樂川을改以東一ᄒᆞ고漢文教師洪錫祈시와신學教師김鼎參시가俱爲熟心教育ᄒᆞ니開學이纔過四오朔에生徒가六十名에達ᄒᆞ얏다더라

●廣告正誤 本報第四百八十二号廣告第三欄內에李종憲의告白을金鐘憲으로誤植이기正誤홈

廣告

本學회總會를今四月十四日(陰三月初二日)下午一時에西署義盈동養正義塾內에開ᄒᆞ오니첨회員은趁期來臨ᄒᆞ심을爲要

輔仁學會 告白

安明善의明字를國字로改定ᄒᆞ오니知舊間照亮ᄒᆞ시옵

安國善 告白

第二期學員募集 廣告

本塾에셔今年에宏濶ᄒᆞᆫ教場을建築ᄒᆞ며教務를擴張ᄒᆞ야一層整備ᄒᆞ고法學科學員을新募ᄒᆞ오니願學人은本塾에前期내臨ᄒᆞ야請願ᄒᆞ고左開日에應試홈學科及規則은本塾에내問홈事

○試驗科目
國漢文 讀書 作文
筭術 (四則以內)

○試驗日字
陽五月五日(陰三月廿三日)

光武十一年四月 日

西署英語學校後동

私立養正義塾 告白

本人의父卿이金圭錫氏온딕風증으로病廢ᄒᆞ신지幾近十年也라平壤居盧장氏가吾家에先生으로來留ᄒᆞᆯ時에其甥曹景환이가亦爲親近來往이多年矣러니不意日前에不知人이帶同外國人而來ᄒᆞ야出覩錄紙故로見之則曹景환이가去乙酉年上京時에엽錢八千兩을見失於他人ᄒᆞ고來言于吾父親ᄒᆞ야雖爲遺推나不入渠手라ᄒᆞ고責出而吾親은病昏ᄒᆞ와不能記억ᄒᆞ고又無信蹟故로本人이請來曹景환ᄒᆞ야確實証據를言ᄒᆞ라ᄒᆞᆫ즉不敢指的이기로本人이更言於曹가曰其時汝之事를盧장氏가詳知ᄒᆞᆯ터이니率來對質ᄒᆞ라ᄒᆞᆫ則曹가ᄂᆞᆫ默默無答ᄒᆞ고同來諸人도皆知理屈ᄒᆞ고後悔其來而退矣러니今爲誣布於新報가事甚無據故로玆以下빙廣告ᄒᆞ오니內外國人은咸須知悉홈

北署壯洞居 金世旭 告白

本人에陰二月四日에開城鍾路에셔紙貨十九圓을셔失ᄒᆞ얏더니畢只洞居權鍾遠氏와培義學校학徒安周호兩氏가路中拾得而廣告于南大門ᄒᆞ야探問貨主出給ᄒᆞ오니世無如차仁厚之人이옵기其厚德之義를公布홈

開城南部惠谷居林用萬告白

本人等이雖曰微賤이나亦在二千萬同포之例ᄒᆞ야愛國誠이與人同情이라今於國債報償에不勝感읍ᄒᆞ야각一圓式忘略義연ᄒᆞ오니凡我同志君子ᄂᆞᆫ熱心出力ᄒᆞ시와愛國誠을表ᄒᆞ시기를옹祝ᄒᆞ야廣告홈

廣州退村面石村 安永今 安明今 安百今 安洪植 安昌石 安召史 安召史 安召史 外孫車錫鳳 告白

本館이開業經年에 僉君子의愛顧ᄒᆞ심을蒙ᄒᆞ와漸進興旺이온바 一層擴張ᄒᆞ기爲ᄒᆞ야諸般機械와活字를一新改良ᄒᆞ고書籍印刷ᄒᆞ시ᄂᆞᆫ諸君子의게隨意方便을務圖ᄒᆞ오며費額도低廉ᄒᆞ오니江湖 諸君子ᄂᆞᆫ陸續來議ᄒᆞ심을望홈

京城南署會동八十五統四戶

普文館 告白

◎大韓俱樂部告白

本月十四日(陰三月初二日)下午一時에磚동普成專門學校內에셔總會를開ᄒᆞ오니첨部員은來臨ᄒᆞ시오

本人의庄土가在於全羅北道臨陂北一面居尺里亭子山堯동大谷月浦聖동安亭동合十九石十八斗落이新舊文記와量案이自在이거날從兄前教員仁雨氏가符同雜類ᄒᆞ야偸賣지意로舊文記를火賊의게失이라稱ᄒᆞ고昨年五月分에臨陂署理沃溝監理의게誣訴ᄒᆞ야新沓案을圖得ᄒᆞ엿다니內外국人은切勿見欺ᄒᆞ시오

忠淸南道藍浦佛恩面東谷里 리昇雨 告白

北米桑港地方에居留ᄒᆞᄂᆞᆫ我同胞가勞動生活로협會를組織ᄒᆞ며救育을勉勵ᄒᆞ며新聞을發行ᄒᆞ야祖國에利益ᄒᆞᆫ供獻코ᄌᆞ홈은國內同胞도想應知悉이외다然이나在彼ᄒᆞᆫ同포의勞動所得으로ᄂᆞᆫ會務와教育과新聞에關ᄒᆞᆫ諸般事業을維持做去키難ᄒᆞ오니寧不可惜可민乎잇가惟我국內同포ᄂᆞᆫ此를諒燭ᄒᆞ오셔隨力贊成ᄒᆞ시믈千萬옹祝홈

安昌호 告白

本島한人學校教師尹炳球씨ᄂᆞᆫ素以偏艮之性과純厚之資가無愧於古人而來此布哇以後로開明目的과愛國誠心으로학校를謀得ᄒᆞ야인才를養成ᄒᆞ고新聞을發刊ᄒᆞ야耳目을開導ᄒᆞ고同胞中若有病者면力還病院ᄒᆞ야使之治料ᄒᆞ고若有罪者면極圖法所ᄒᆞ야使之免役ᄒᆞ니同씨의愛同胞之熱誠이令인感謝이온中右씨가학識의熱心이有ᄒᆞ야方向北美大학校ᄒᆞ니布哇에在ᄒᆞᆫ同胞ᄂᆞᆫ可謂流離에무維持이오涉險에遺節履이로다吾輩ᄂᆞᆫ悵悵之心이有ᄒᆞ와玆에廣告ᄒᆞ오니僉君子ᄂᆞᆫ照亮홈

美領布哇한인 최衡俊 安元奎 洪得秀 金利濟 車봉鶴 等告白

越南亡國史 國漢文 新刊

定價貳拾伍錢

發賣所京城廣橋高裕相書舖 鎭南浦川郡禹時夏 布屛下 김相萬 冊肆

西署新門外鍮동百八十六統三戶

辯護士 前檢事正三品 丁明燮

法律事務所 事務員前主事吳在淳

本店에셔四月一朔동안所有物品을特別減價ᄒᆞ야出售ᄒᆞ오니陸續來購ᄒᆞ시옵

貞동源泰洋服裁縫店 告白

忠北鎭川郡栢谷面芝谷居金연면의第四子好卿이年今貳十餘에性本浮浪而不農不商ᄒᆞ고出沒京鄕ᄒᆞ야技酒從事而符同雜類ᄒᆞ야其二十餘寸金演九의답士을僞造文券ᄒᆞ야欲爲偸賣於外國人故廣布ᄒᆞ오니毋論內外國人ᄒᆞ고切勿見欺홈

鎭川居 金演九 告백

日本博覽協會々員募集

主意 戰後의日本은顯著히其面目을一新홈은不是리今也東京에ᄂᆞᆫ勸業博覽會의부設이有ᄒᆞ고其他京都、大阪等의各地狀況을觀察ᄒᆞ야써我한國殖產興業에資홈은現下의尤極急務로知ᄒᆞᄂᆞᆫ비라故로吾人有志者가相圖ᄒᆞ야本會를組織홈이有志僉彦은奮發贊同ᄒᆞ심을伏望

第一回會員募集 每回五十名을一團으로ᄒᆞ고渡往ᄒᆞ니速히請入ᄒᆞ시옵但請入節次ᄂᆞᆫ事務所或은各請入所로來應ᄒᆞ시옵

巡遊地 東京、大阪、京都、橫濱、神戶

往復日數 大凡十七日間 會費 手數料合 金四十八圓

出發豫定日 四月十五日

現金捧納所 五十八銀行京城支店

請入所 五十八銀行京城支店、天一銀行日本人商業會議所、京城日報社大韓日報社、帝國新聞、皇城新聞社、萬歲報社、大한每日申報社、林田商店

事務所 京城南門通四丁目東亞商會內 電話八三七 日本遊覽協會

協贊者 (順序不同)

山口大郎衛、和田常市、正三品白寅基、송秉준、淵上貞助、曾我、勉、濱野德次郎、菊地謙讓、杏、儀次、鮎貝房之進、廣衛長康、田中常次郎、吉田儀平、淸水淺吉、井口平治、大庭貫一

경城日報社、大한日報社、萬歲報社、皇城新聞社、大한每日申報社、帝國新聞社、國民新報社

國債報償義捐金

收入廣告

●富平郡東內面
前議官니규亂 壹百圜
조祖培 박濟병 각八圜
박春병 四圜
宋春錫 二圜五拾錢
鄭行俊 니秉常 書記所
使喚所 각貳圜
禹致俊 니興心 丘九헌
최平汝 각壹圜
김致敎 文學甫 각六拾錢
林雲鶴 林聖鶴 송泰俊
丘大헌 盧喜德 니秉學
梅玄豐 高載환 玄貞默
최仁甫 兪春燁 박容선
각五拾錢
한顯履 니建植 丕商元
박春逸 杜聖連 니守헌
許辰化 김東根 윤창雲
김致根 黃聖習 각四拾錢
뎡仁相 林升淳 吳君瑞
김致壽 姜奉헌 羅召史
方春同 각三拾錢
蔡道學 宋周連 김主俊
장元植 김致連 김己主
김用西 김俊學 뎡善日
니元日 김聖烈 박建榮
黃應協 니完西 김春先
김公益 김文玉 全永祚
윤才興 김奉用 박春瑞
김奉天 白東升 林相煥
최根讃 김京헌 김啓天
김仁宅 杜福童 林升元
김俊宅 徐聖民 鄭〃升
朴泰奉 김順日 니春凡
니道亨 全東安 丕春石
문聖完 池明玉 김性老
김順周 林尙根 卓永祚
徐永植 니仲協 吳白汝
許順日 황昌旭 김永植
김仲玉 方喜允 兪德順
박容植 尹德俊 秋京菊
니東明 박元병 윤明安
김允集 申興云 王允奉

각貳拾錢
니병默 김善明 송士連
김甲石 崔泰興 송明來
김창一 김樂均 方敬烈
박敬遠 한占山 김京化
뎡建植 니興孫 全壽甫
함用云 송云善 뎡漢升
김春興 니石升 鄭昌夏
林龍봉 뎡忠廷 黃龍起
梅致順 김永植 김順主
梅桂成 빅聖先 한根亨
셜明俊 김三龍 兪錫煥
홍就植 表성元 김宗應
柳基淵 한德才 徐順元
각拾錢
合壹百六拾四圜七拾錢
●富平郡東面兵房里
幼學박承祚 四圜
前司果박昌병 壹圜
幼學朴鶴병 朴承赫
박承澤 박厚병 김興順
김化成 각五拾錢
윤鵬柱 강致主 박萬用
강奉熙 박承準 최致旭
각四拾錢
徐京夏 박致成 박承福
김京文 박光직 강성德
前主事洪典周 각三拾錢
幼學윤聖會 김順西
朴承根 김병漢 박鎭用
박致京 姜元根 강聖允
김永巡 니俊陽 각貳拾錢
김永先 김永壽 니今福
明宜順 朴景實 姜뒤云
박元필 박京煥 각拾錢
合拾五圜三拾戔
●富平郡龍宗里
최致云 최셩順 김云先
각五拾錢
최셩柱 최春五 각四拾錢
니春攝 김成弘 각三拾錢
최成化 니元巳 김己化
최文환 김順集 강允化
각貳拾錢

박성二 拾六錢
김호辰 徐致順 김千用
니云實 박巳先 김應交
김順奉 徐셩集 박永培
최甲順 高允心 각拾錢
한弘伊 五錢
合五圜四拾一錢
●富平郡박村里
박綏병 貳圜
丘셩銀 壹圜
丕白云 九拾錢
김漢덕 洪命셥 각五拾錢
조炳俊 니才文 박時병
박容광 박容稷 니興升
각三拾錢
조白준 김漢柱 홍命安
윤花春 趙병柱 趙白先
박容赫 박容德 니元命
朴益병 각貳拾錢
丘連宅 박晃병 김漢先
각拾錢
박寅병 五錢
合九圜五錢
●富平郡林鶴동
白樂元 五拾錢
강奉熙 김在셕 김仲엽
김相福 각四拾錢
니海冕 김京賢 각三拾錢
김箕膺 니海弘 김建日
김貴헌 강申九 김在식
각貳拾錢
김箕範 니永益 김順甫
各拾錢
合四圜貳拾錢
●富平郡西面化田里
前叅奉니병會 貳圜
前監察니병律 貳圜
니병德 貳圜
니舜敎 壹圜五拾錢
前參奉니병基 壹圜
니병喆 壹圜
蔡셩默 니晩永 박寅병
니병裕 니병周 니병윤
니병龍 김즁헌 김景化

니병建 리演榮 리演弘
리演淑 니병儀 니셩敎
각五拾錢
니演南 니병봉 각三拾錢
니병蘇 니병成 각廿五錢
김尙柱 김봉榮 니舜奉
김根裕 니公習 柳在勳
각貳拾錢
合拾九圜三拾錢
●富平郡신대里
安弘植 壹圜五拾錢
감漢權 김善日 김善權
김영信 각壹圜
김順化 六拾錢
황云益 최致玉 최영澤
니升錫 각五拾錢
安仲三 徐有경 각四拾錢
김漢彬 최德仁 각三拾전
뎡先溶 高金化 김京西
최영勳 김元春 문奉三
최영學 김영식 유應준
최用浩 김景玉 김長헌
김元澤 각貳拾錢
申億奉 拾六전
니熙祥 拾四전
申凡實 拾전
合拾貳圜五拾전
●富平郡鶴井里
김成辰 壹圜五拾전
김公化 壹圜
張景祚 문윤五 김成銀
각五拾전
김石祚 문눈西 각三拾전
鄭公三 김贇경 文눈日
박連叔 김士彦 김弘云
김춘興 김경云 김눈言
김明三 각貳拾전
김宗鉉 拾六전
김召史 니承훈 각拾전
김成五 五전
合七圜壹전
●富平군葛月里
니海鵬 니榮秀 눈심
니思憲 각壹圜
니德基 니體秀 니奎秀

니思願 각六拾전
니正秀 니元瑞 니思圓
方桂문 니會淸 니會偷
니肯宇 니敏宇 각五拾전
니在秀 됴병和 殷翼星
박춘和 니봉秀 니海문
각四拾전
김홍권 姜致영 니周영
니회寬 각三拾전
柳호영 方桂元 니周東
니思文 殷翼相 니應秀
박用主 각貳拾전
니義슈 김善友 니쥬生
姜치榮 丕슌德 김龍業
리廣슈 박쥬光 각拾錢
合拾六圜貳拾전
●富平郡後井里
申完植 申성克 文用甫
각壹圜
林善根 李善日 申在根
김致根 유景文 박春交
成聖連 신성甫 김成克
각五拾錢
김近培 卌錢
김成七 김春先 최熙植
河景順 林永俊 효明화
김聖吉 김성三 박春根
김聖玄 申興植 신近有
신셩根 신셩淑 신士윤
신셩主 신近엽 申셩千
申近必 신셩西 각卄錢
신光玉 신致成 各拾錢
합拾貳圜
●富平郡馬場面曉星里
前校理任百영 三圜
前主事沈遠驊 貳圜
仝 니東宇 貳圜
任成常 니泰凡 각壹圜
김箕潤 六拾錢
김炳山 김병俊 任熙準
각五拾錢
김箕圭 任魯常 김箕學
각四拾錢
任百창 卌錢
任百健 任百엽 柳셔永

김一永 니會信 安雲海
니亨宇 니聖儀 閔仁基
니來儀 박元敎 김箕紳
張命윤 각廿錢
니利宇 니弘宇 梁東환
니會明 니順成 任謹常
니병鶴 任百應 任百雲
김益洙 任和準 任빅吾
成麒願 윤永根 각拾錢
합拾六圜六拾錢
●富平郡山花村
리在文 池有翰 각壹圜
황셕周 리化京 김雲三
각五拾錢
리元凡 四拾錢
리化成 奇先京 리윤鐸
리셩綱 리化順 리元涉
김京兆 각廿錢
리仲番 拾五錢
리춘根 安道信 김성主
리春明 김成才 황友京
池仁吾 김元엽 池道京
각拾錢
합六圜卅五錢
●富平郡淸川里
김斗淵 壹圜
河石헌 김永化 김東浩
리致主 리치셜 김晩秀
河石云 각五拾錢
김淳西 최云象 리치弘
林喜成 각卌錢
리致業 리宗順 김順主
김興문 河봉雲 김性玉
김치玉 成桂化 리桂金
각廾錢
白樂여 拾五錢
김伯玄 河외京 김敬化
박明云 리致升 리치云
김슌보 리셩化 김守同
강好成 현在應 리健用
任빅春 박性根 리치보
河貴實 리先奉 리致局
리先基 각拾錢
合九圜五拾五錢
●富平郡石串面新峴里

幼하윤 旭 壹圜六拾錢
니起광 윤 塾 니鳳헌
각壹圜
김尙雲 八拾錢
윤準榮 六拾錢
니孝金 河善明 각五拾錢
김振成 四拾錢
니鐵儀 니定儀 박儀道
김敬우 윤 圻 장성鶴
김桂榮 각卌錢
尹朵榮 니升儀 김德윤
김슌明 니德柱 김允비
박성云 김뒤雲 하益창
장大龍 박仲主 김슌集
니德文 孫永헌 최敬준
김영學 孫영雲 김德化
孫영主 니凡龍 各卄錢
權宅主 秦昌善 니봉宇
김桂完 김윤玉 각拾戔
合拾四圜
●富平郡毛月串面公村里
최昌根 六拾錢
●龍山坊孔德里契新孔湖洞
張 權 妻송씨 각六拾전
次子薰섭 三子完섭
각四拾전
●孔德里漆木동居
송元三 壹圓
合三圓
總合三百十五圜七拾七錢
前號總合二千六百九拾九
圓八拾四錢七里
都總合三千〇十五圓六拾壹錢
七里

●正誤 四百七十号義金廣告
中開城居金裕成은全裕成으로
正誤홈

大韓每日申報社

發行兼編輯人 英國人비擧
發行所
南署石井洞號外地三層洋屋
大韓每日申報社

第五卷

大韓每日申報
대한매일신보

第四百八十四號

月曜及慶節 歲時日休刊

檀君開國四千二百四十年
箕子元年三千二十九年
大韓開國五百十六年
日本明治四十年
淸國光緖三十三年
◉陰曆丁未二月大卅日辛卯

論說

美人之評論日本

美國셔來到ᄒᆞᆫ最近報紙等을接讀ᄒᆞᆫ즉該地人民이今始知悉ᄒᆞᆫ바日人은但히優雅武俠으로稱許ᄒᆞᆯ者가아니오其他種類가亦有ᄒᆞ다ᄒᆞ얏ᄂᆞᆫᄃᆡ其中에特有ᄒᆞᆫ著名ᄒᆞᆫ一新報가記述ᄒᆞ얏스되日人中에優等人類도不無ᄒᆞ나其外에凶暴悍惡ᄒᆞ야彼의契約과或其他責任을不顧ᄒᆞᄂᆞᆫ者가如彼衆多ᄒᆞ야國民의特異ᄒᆞᆫ性質을發露ᄒᆞᄂᆞᆫ도다

日本衆民이西人과競爭ᄒᆞᆯ才能이足ᄒᆞᆷ을自信ᄒᆞ나니其勞役과戰役에從事ᄒᆞ든民等은自國內에셔權限이有ᄒᆞᆫ競爭만固執ᄒᆞᆯᄲᅮᆫ不是라世界各國에往ᄒᆞ야該地原居民과競爭ᄒᆞ려ᄒᆞᄂᆞᆫ도다

日人의此等定意가如彼甚固ᄒᆞ니若其政府가他邦人의自有ᄒᆞᆫ土地管轄과地方組織의完全ᄒᆞᆫ權限을許與ᄒᆞ고紛爭을不事ᄒᆞ얏스면日本의叛亂ᄒᆞᆯ機가多有ᄒᆞ얏스리라ᄂᆞᆫ報道를聞ᄒᆞᆫ즉一多矣어니와

東京으로從來ᄒᆞᄂᆞᆫ傳說이種々有之ᄒᆞ되日人中에其威力을世界에伸張코저ᄒᆞᄂᆞᆫ凶暴黨가往々히其政府에貽憾ᄒᆞᆷ을著示ᄒᆞ나나其官憲이此等性質을管束ᄒᆞ기에將次何如困難이有ᄒᆞᆯ지ᄂᆞᆫ吾人之所未可信이로ᄃᆡ惟一記憶ᄒᆞᆯ것은日本內에셔困難을釀生ᄒᆞᄂᆞᆫ等屬ᄂᆞᆫ勞動移住民中에多有ᄒᆞ고且吾人이갈니포니아內에彼之現存者를反對ᄒᆞᄂᆞᆫ理由ᄂᆞᆫ彼等이自國政府에貽되ᄂᆞᆫ性質이有ᄒᆞᆷ에在ᄒᆞ다ᄒᆞ얏더라

此篇을覽畢ᄒᆞᆫ즉如彼人士가必其東洋에誰某가有ᄒᆞᆫ것을始悟ᄒᆞᆷ이顯然ᄒᆞ거니와如右評論의實證을欲探ᄒᆞᆫ즉한국內에日人과日人셔리自國官憲의게何如히關係됨을試觀ᄒᆞᄂᆞᆫ것이可ᄒᆞᆫ지라漢城에駐箚ᄒᆞᆫ日本領事中一人이嘗히西人을對ᄒᆞ야言及ᄒᆞ되此地日人은管轄키甚難이라ᄒᆞ얏고且其他多數ᄒᆞᆫ高等日人도한국人民의所有權限을無視ᄒᆞᄂᆞᆫ者ᄂᆞᆫ日民中不法지類가有ᄒᆞᆷ이라ᄒᆞ얏스니彼가ᄎᆞ言으로ᄡᅥ恕容件을舍ᄒᆞ얏더라本記者ᄂᆞᆫ日人의不法이非止於下等이라ᄒᆞ고指言ᄒᆞᆷ이非止一次어니와以次觀之ᄒᆞ면日本駐箚ᄒᆞᆫ傷害가果何如也오

萬若日本이有力官인의盜取以去ᄒᆞᆫ豐德塔도不能禁止ᄒᆞ고許多下民의掠奪ᄒᆞᆫ土地도不敢發止ᄒᆞ면他人의게餘存ᄒᆞᆯ것은將次何物인고但히家屋에셔路上으로逐出ᄒᆞ고路上에셔海壑으로打倒가될것이로다

本記者로ᄒᆞ야금恒常驚怪之心과悲歎지歎를大발케ᄒᆞᄂᆞᆫ것은此地에居留ᄒᆞᄂᆞᆫ日人中에一人이라도或한人을人類로待遇ᄒᆞᆷ이可ᄒᆞ다고請求ᄒᆞᄂᆞᆫ者를未見ᄒᆞ얏도다幸히一人이有ᄒᆞ야自國人의行動을不以爲是ᄒᆞ얏더니彼의官憲이歸國을卽命ᄒᆞᆫ지라歸국ᄒᆞᄂᆞᆫ代에其生命을自棄ᄒᆞ얏도다

然이나此地日人中에ᄂᆞᆫ教育을受ᄒᆞ야正義가무엇인지略知ᄒᆞᄂᆞᆫ聰明지인이或韓인을爲ᄒᆞ야奮起ᄒᆞ여한人의權限을自保케ᄒᆞᆷ이可ᄒᆞ다고呼請ᄒᆞᄂᆞᆫ者ᄂᆞᆫ一人도無ᄒᆞᆫ가若果未有면淺短ᄒᆞᆫ日本文明에評論을更加ᄒᆞᆯ意義가沒有ᄒᆞ도다

官報

◉宮廷錄事

宮內府特進官리正爲辭職疏
批旨省疏具悉所請依施
奎章閣學士조慶ᄒᆞᆫ辭職疏
批旨省疏具悉所請依施

●三千七百三十七號 光武十一年四月十一日

◉敍任及辭令

宮內府參書官沈장셥 依願免本官
正三品劉燦 任宮內府參書官
宮內府參書官劉찬 兼任宮內府大臣官房外事課長
主殿院電務과主事南廷奎 依願免本官
義陽君리載覺 解臨時署理赤十字社總裁事務
宮內府大臣沈相薰 命宮內府特進官
裕康園參奉홍영슈 仝
忠義확필善 仝
吳熙순 任裕康園參奉
확덕영 任裕康園忠義
영同군守이晦稙
海南군守리容稙
長단군守윤宗求 解兼捕官

外報

●신太平洋艦隊 今回米國에셔신太平洋艦隊ᄂᆞᆫ巡洋艦砲艦水雷艇合三十二隻을成ᄒᆞ고乘組員은將校四百名이고士卒九千名인ᄃᆡ提督푸론손將軍의巡洋艦四隻에直屬ᄒᆞ얏다더라

●俄국의極東經營 俄국大臣會議에셔ᄂᆞᆫ向日內務大臣의提出에關ᄒᆞᆫ樺太島石炭採掘事案을商工務대臣의手로移케ᄒᆞ되由來의囚人을使役지아니ᄒᆞ고相當ᄒᆞᆫ役備가有ᄒᆞᆫ一局을創設ᄒᆞ야盛히採掘에從事ᄒᆞᆯ方針을取ᄒᆞᆫ事와全沿海州에利益을爲ᄒᆞ야爲港及요東각港灣間에定期航路를繼續케ᄒᆞᆯ事에對ᄒᆞ야規定에保護金支出案을議會에提出ᄒᆞᆯ事二件을議決ᄒᆞ얏다더라

雜報

慶北星州군稅務所國債報償趣旨書

發起人 리承熙 비遇鴻

嗚呼人生天地之間所以自異於禽獸者以其有三綱也子死父事臣死君事妻死夫事天地之常經也身且死之況身外지財貨乎父有債而子不償君有債而臣불償夫有債而妻불상則不可謂有子有臣有妻矣臣지死於君尤有別焉況今天下萬國皆能以愛國爲忠合國爲義國有大役則行者血雨肉風身死於事거者實履躚貝以代其身由是則小可以敵大弱可以와强若民安榮如英美諸國是也反是則大者小强者弱宗사旣亡이民種亦滅如埃及波蘭諸국是也其至於我한何獨불然况我한人民乃四千年我성賢所敎五百年我先王所育綱仁義지彝性也當爲天下萬국지先況我聖上慈仁불稅지心父母我貮千萬生靈者五拾年矣我二千萬生靈何敢불爲我성上報지以父母지恩哉今국채一千三百萬원卽我국家存亡지機也국庫호然廟堂束手則大韓土地非大韓有大韓人民將無爲生終亦死且滅이已이恬爲朝夕坐待死至지日乃日此국家事非人民所知此痛哭流涕이불知止者也

嗚呼禁烟상債之議口之於萊港文之於達府達于경城聲于列省凡有耳者皆聞之矣暫停毫毛不關之一小物了得死生存亡之一大事則凡有身有家者皆應樂之矣此不必言抑又有說爲此非人力也乃天所以賜我大한人民也今以一烟草이例之則凡物之不急於軀命者皆可停也如不急지食無事지飮尙不可節歟견견지픽찬々지錦尙不可연歟以국채이例지則凡事지必關於국命者皆可爲也人士宗教庶或興지工商業作庶或精지內政擬墜庶或振지外侮恐凌庶或平지伏願我大한人民自今각自奮發必以效忠合義爲一大標準物々이推此理事々이盡此義此報채一款自參個月六十전以上至十百千萬각盡其力각充其義不負爲吾성上綱常教化지民泣血至祝

●出義可尙 德山군侍동뇨議官仁원시家廊底에거留하ᄂᆞᆫ老嫗림召史ᄂᆞᆫ年今七十에無夫無子ᄒᆞᆫᄃᆡ國債報償金募集ᄒᆞᆫ다ᄂᆞᆫ說을聞ᄒᆞ고廿전을募金所로送納ᄒᆞ얏다더라

●리門出義 거昌군山圃里에五世동거하ᄂᆞᆫ延安리시ᄂᆞᆫ卽英廟戊申殉節功臣忠剛公後孫而世稱忠義之家敦睦之族也라今於國債報償ᄒᆞᆫ事에一門老少가齊회ᄒᆞ야設盟斷烟하고至於婢女와小兒ᄭᆞ지각出義연금이爲數百圓之多ᄒᆞ더라

●日聞喜聞 慶州郡主事金輸般氏가國債報償ᄒᆞ기에熱心ᄒᆞ야爲先斷烟ᄒᆞ기로決心ᄒᆞ고境內紳商을結托ᄒᆞ니金德憲金周復等諸氏의同盟斷烟者三十餘人이오一邊으로儒鄕을勸起ᄒᆞ야國債報상同志會를규합케ᄒᆞ니同郡吏서與妓生等各其儕流에게를發通會集ᄒᆞ야義연을收合ᄒᆞᄂᆞᆫ者許多ᄒᆞ다더라

●卜夫出연 南門외자嚴동卜夫等이本社에來言ᄒᆞ되國債報償事로斷烟同盟을發起하야一般同포의心情을感動케ᄒᆞ와奴隷를脫免케ᄒᆞ오니十死一生ᄒᆞ여도更無餘限이라ᄒᆞ고八圓七十錢을出捐하더라

●一家義연 開城居金容觀氏四兄弟와其子從兄弟가국債報償義金으로二百二十五圓을期成會로輸送ᄒᆞ얏더라

●賣釜醫刀 宜川郡身獨島김道熙氏ᄂᆞᆫ家貧妻病ᄒᆞ고傭以窮餬學究爲生인ᄃᆡ廚下에只有兩箇小釜이ᄋᆞ則償如眼孔且破이라국債報償ᄒᆞᆫ다ᄂᆞᆫ言을聞ᄒᆞ고歎日국存이면日後에我可有釜어니와국不存焉이면有釜何掛리오ᄒᆞ고留其破釜이拔賣其新者ᄒᆞ야出연ᄒᆞ얏고其姪은牛廐傍에잇ᄂᆞᆫ所刀를半價발賣ᄒᆞ야義연ᄒᆞ얏다더며

●貧廚연金 宜川郡貧廚某氏ᄂᆞᆫ擔盆을背負ᄒᆞ고周行閭里ᄒᆞ다가國채報償이란말을듯고람루ᄒᆞᆫ衣食에셔幾拾錢을出捐ᄒᆞ며차錢을불出ᄒᆞ면我가死ᄒᆞ야도外국人의地에葬ᄒᆞᆯ것다ᄒᆞ얏다더라

●柳氏宗中出연 今番國債報상一款에對ᄒᆞ야安東河回豐山柳氏宗中에셔의金을收合ᄒᆞ야六十五圓四十五錢을期成會로傳送ᄒᆞ얏다더라

雜報

●英將又경 英국騎兵少左월보쓰氏ᄂᆞᆫ일昨에平壤으로봇터日本人旅舘에셔投宿ᄒᆞ얏다더라

●統府會同 再昨日에各部大臣이暫爲仕進ᄒᆞ얏다가統監府로一제히旋往會同ᄒᆞ야무삼事件을密議ᄒᆞ얏다더라

●統監招來 昨日에自日憲兵隊로平服憲兵二名과通譯一人이南大門외靑坡契葛月里의密派ᄒᆞ야該동統監을招來ᄒᆞ얏ᄂᆞᆫ대其槪意ᄅᆞᆯ聞ᄒᆞᆫ則該동統監이日人을符同ᄒᆞ야軍用地을暗賣ᄒᆞᆫ事가有ᄒᆞ다ᄒᆞ야審問次招來ᄒᆞ얏다더라

●漢裁視務 漢城裁判所에셔向日回祿之災ᄅᆞᆯ因緣ᄒᆞ야諸般문簿ᄅᆞᆯ修整ᄒᆞᆯ次로多日停務ᄒᆞ얏ᄂᆞᆫ데本月十四日부터視務ᄅᆞᆯ開ᄒᆞᆫ다더라

●洪씨運動 光州郡守洪關裕씨가該道觀察使ᄅᆞᆯ陞任ᄒᆞ기로極力運動中이라더라

●判事有인 漢城裁判所判事리容相씨가平理院判事로移任ᄒᆞ고其代에ᄂᆞᆫ正三品太明식씨가敍任ᄒᆞ얏더라

●改稱稅關 各海關을改稱ᄒᆞ야稅關이라ᄒᆞᆫ다더라

●郡主倂考 內部에셔郡守資格을本月望內로銓考敍任ᄒᆞᆯ터인ᄃᆡ郡主事履歷書도伊시에並爲전考ᄒᆞᆫ다더라

●懲丁屬大官 再昨日午後에犁동等地로一大官이兵丁과巡檢과日巡查ᄅᆞᆯ緊々保護過去ᄒᆞᄂᆞᆫᄃᆡ適其時懲丁四名을巡檢이帶同來着ᄒᆞᆫ지라懲丁四名中二名에該大官을指而辱說曰彼非리根澤乎아如無作罪면巡査와兵丁이何如是擁去리오吾輩之懲役도彼五賊輩의國法을문亂케ᄒᆞᆷ이니吾輩가放出ᄒᆞᄂᆞᆫ日에ᄂᆞᆫ彼五賊을期於打殺ᄒᆞᆯ것이다ᄒᆞ거ᄂᆞᆯ帶同而去ᄒᆞᄂᆞᆫ巡檢이禁止ᄒᆞ야日저놈이大官보고辱ᄒᆞ다가죽으랴고ᄒᆞᆫ다ᄒᆞ되該懲丁이口不絶辱ᄒᆞ더라더라

●禍及主人 數日前에南大門外梨太院에셔日人이ᄒᆞᆫ人의家屋을撤毁ᄒᆞ얏다ᄂᆞᆫᄃᆡ其理由인즉梨太院日本軍建築場에셔ᄒᆞᆫ人役夫幾名이多日勞働의疲困을不勝ᄒᆞ야食主人家에一日休業ᄒᆞ더니日人數名이來言曰何故不來오ᄒᆞ며셔該役夫等의食主人家屋을沒數히撤毁ᄒᆞ얏다더라

●禁毬不得 副領魚潭씨가再昨일에종셔의呼訴ᄒᆞ야總巡一人과巡檢一名을普成學校에派送ᄒᆞ야히학徒의蹴毬ᄒᆞᆷ을禁止ᄒᆞ거ᄂᆞᆯ히學徒들이說明ᄒᆞ되蹴毬場이非但히校基地ᄲᅮᆫ더러此亦躰育上運動이라ᄒᆞᆫ되히總巡某씨가言ᄒᆞ되學徒蹴毬ᄂᆞᆫ世界上同一ᄒᆞᆫ規模오魚씨家墻垣이甚低ᄒᆞᆫ故로蹴毬時마다依例越去ᄒᆞᆯ것이다ᄒᆞ고學徒의蹴子ᄒᆞᆷ을勸勉ᄒᆞ얏다더라

●巨民慘景 巨濟ᄂᆞᆫ全島之地라農耕이[illegible]陸穀을運食ᄒᆞᄂᆞᆫ中에黍숙을播耕ᄒᆞᄂᆞᆫ地ᄂᆞᆫ兵站軍用地에沒人ᄒᆞ고數島生靈이漁基로爲業資生ᄒᆞᄂᆞᆫᄃᆡ近年에漁基派員이藉托付公ᄒᆞ고陸民의게重價放賣ᄒᆞ미島民은廢業飢死之境에至ᄒᆞ야昨年春에宮內府에鳴寃ᄒᆞ야히島漁基ᄅᆞᆯ島民의게成完문ᄲᅧ屬ᄒᆞ얏ᄂᆞᆫᄃᆡ昨年派員金봉珠와鑛主鄭在錫等이히漁基ᄅᆞᆯ更欲勒奪ᄒᆞ야府備와署巡과外국人을運動ᄒᆞ야鳴民을漁貫結縛ᄒᆞ야無數亂打ᄒᆞ고設網捉魚하ᄂᆞᆫ數百漁基ᄅᆞᆯ更奪ᄒᆞ미哭聲이海上에漲動ᄒᆞ고一嶋衆民이失業渙散하얏ᄂᆞᆫ지라히漁긔가 義親王府에移屬ᄒᆞᆷ을聞하고島民百餘人이上來ᄒᆞ야日昨에 義親王府에上訴ᄒᆞ얏ᄂᆞᆫ데訴意則本嶋漁긔ᄅᆞᆯ島民의게認許ᄒᆞ시면稅納은派員上納例로每年上納하고數萬殘命을保存ᄒᆞᆫ다ᄒᆞ얏다ᄂᆞᆫ데金봉슈鄭在錫等이尹在학을借名ᄒᆞ야今年派員을更爲圖得ᄒᆞ얏스나島民은決死ᄒᆞ고歸正ᄒᆞᆫ다더라

●일憲渡한 일本內地에셔編製ᄒᆞᄂᆞᆫ例와如히設施ᄒᆞᆫ다고일昨에憲兵二十二人과正副參校各二인式渡한ᄒᆞ얏다더라

●洪리相換 학部參書官洪[illegible]씨ᄂᆞᆫ教育上手段이有ᄒᆞ다ᄒᆞ야高等학校長리源錡씨와相換되다더라

●印章鑄送 일本留학生監督印章을政府에提議한後鑄送ᄒᆞ얏다더라

●리守將拿 江原道裁判所檢事리重赫씨가法部에報告ᄒᆞ되現接金化民[illegible]大종告訴ᄒᆞ야金化前郡守리源福을行將拿致而히員이係是會經奏任官故로依刑法뎨全第五條ᄒᆞ와玆에報告라ᄒᆞ얏더라

●香阪歸국 統監府法務院長香阪駒太郞시가일本司法會에往參次로일昨에發程ᄒᆞ얏다더라

●靑守所遭 靑山郡守가納賂聽囑ᄒᆞ고自尙州로移寓人元容九로該郡齋長을差出ᄒᆞ얏더니校中儒林이一제發通會集ᄒᆞ야元씨ᄅᆞᆯ聲討코ᄌᆞᄒᆞᆫ되該郡守가長頭을着가牢囚ᄒᆞᆫ지라境內士林이更起會集ᄒᆞ야期於聲罪ᄒᆞ기로酌定이라더라

●漆守治明 漆谷郡슈최현達씨ᄂᆞᆫ부任以後로爲老饑肉ᄲᅡ川結원結지稅瘼과至若稅納ᄒᆞ야도紙貨로都捧ᄒᆞ야計落利剩은從民願ᄒᆞ야蠲減戶布ᄒᆞ얏고郡主事薦報時에一邑儒鄕與書記ᄅᆞᆯ聚集ᄒᆞ야而試後優等으로報部ᄒᆞ얏다더라

●徽文美擧 徽文義숙에셔一般學員의學業을勸進ᄒᆞ기爲ᄒᆞ야連三次試驗을經ᄒᆞᆫ最優等一座生에게徽章을製給ᄒᆞᄂᆞᆫ데其式樣인즉銀質에上은慇旗오下ᄂᆞᆫ리花라第壹號에閔天植씨가領受ᄒᆞᆷ이숙長장志淵씨가諸學員을對ᄒᆞ야勸勉表示ᄒᆞ얏다더라

●勅諭鐵道會社 湖南鐵道會社에來函이如左ᄒᆞ니世界營業利益과國民忠愛義務가莫先乎鐵道敷設也라我國則國탕不셤ᄒᆞ고民智未還ᄒᆞ야都城內電氣鐵道와京仁京釜京義鐵道ᄅᆞᆯ一不着手ᄒᆞ야有識窮歎이더니湖南鐵道ᄅᆞᆯ敷設ᄒᆞ면利益攬括이有倍于他인바有志人士가政府에交涉ᄒᆞ야認許ᄅᆞᆯ受出ᄒᆞ고會社ᄅᆞᆯ組織ᄒᆞ야方今始役ᄒᆞᄂᆞᆫ中인되欽惟我 大皇帝陛下게옵셔國民된義務에熱心ᄒᆞᄂᆞᆫ거ᄉᆞᆯ홍燭ᄒᆞ옵시고昨日에侍從리龍在씨ᄅᆞᆯ會社에 命送ᄒᆞ사嘉尙之意ᄅᆞᆯ 勅諭ᄒᆞ시고社務情形과株數와株主誰某ᄅᆞᆯ一々 下詢ᄒᆞ옵시미社員들이 聖意ᄅᆞᆯ感祝찬誦ᄒᆞ고株主名簿一冊을奉納ᄒᆞ얏스니一般國民은盡心贊成ᄒᆞ야 聖意ᄅᆞᆯ報答ᄒᆞ고利益을永圖ᄒᆞᆯ지어다ᄒᆞ얏더라

●履歷詳報 法部에셔각地方裁判所判事檢事主事에履歷書와居住統戶ᄅᆞᆯ限五日內로昭詳報來ᄒᆞ라ᄒᆞ얏더라

●視學問議 昨日학部에調查會ᄅᆞᆯ開ᄒᆞᄂᆞᆫ데히部大臣리完用씨ᄂᆞᆫ病身이有ᄒᆞ야仕進치못ᄒᆞ

●觀察請由 平南觀察使리始榮시가其先親祥期가在邇ᄒᆞ야往還間二週일ᄋᆞᆯ請由上京ᄒᆞᆫ다더라

ᄂᆞᆫ故로視학官리晩규시가躬往于히大臣家ᄒᆞ야問議以리ᄒᆞ얏다더라

●贊曹無明証 北壯동김世욱씨家에平壤居盧장씨가先生으로來留ᄒᆞᆯ時에其甥曹景환씨가亦爲來往ᄒᆞ더니일前에何許人이까국人을帶同而來ᄒᆞ야錄紙ᄅᆞᆯ出示曰去丁酉年上京時에錢八千兩을見失於他인ᄒᆞ고來言于감씨父親ᄒᆞ야雖爲還推나不入渠手ᄒᆞᆫ事라ᄒᆞᄂᆞᆫ되히씨에父親은年老病昏ᄒᆞ야不能記憶ᄒᆞ고又無信証ᄒᆞ니盧장씨ᄅᆞᆯ率來對質ᄒᆞ라ᄒᆞᆫ즉曹己無言而退ᄒᆞ얏다더라

●籍일徵債 南來인의傳說을聞ᄒᆞᆫ즉忠淸북道陰城郡金目面無忌市居ᄒᆞᄂᆞᆫ尹元邦이가私設典局ᄒᆞ고邊利則每朔每兩頭에十二分式定捧ᄒᆞ고邊利을每一朔式收捧ᄒᆞ며督債下인이雖一二三里ᄂᆡ往이라도所謂步行貰을葉二三兩式討索ᄒᆞ며用債인이少違期限이면籍托于일인ᄒᆞ고威脅毆打에押囚典局ᄒᆞ야多有族徵之獘ᄒᆞ며有或雜技私봉債則符同典局ᄒᆞ야稱曰일인之邊전이라ᄒᆞ고與假稱일인輩로ᄉ入村家內庭ᄒᆞ야行悖作獘가罔有其極故近處富饒家子姪이多至敗家之境ᄒᆞ니此世界에如此典局이容或有之乎아若此不已면不過一二年에隣近邑까지擧ᄉ難保라ᄒᆞ니히郡슈히觀察히경察이都不聞知인지尙無禁戢之道ᄒᆞ니甚爲訝惑지事라ᄒᆞ더라

●弟子替너 度支部建築所技師ᄅᆞᆯ일本工博士高山시ᄅᆞᆯ雇聘ᄒᆞ얏더니히시가以身病으로其弟子ᄅᆞᆯ先爲替送ᄒᆞ얏다더라

●興校帽製 興化學校學徒들帽이子ᄅᆞᆯ一齊히新製着ᄒᆞ얏시되唱子線을靑色으로ᄒᆞ고前面리花板에ᄂᆞᆫ血竹을鍍ᄒᆞ얏ᄂᆞᆫ데其靑色理由ᄂᆞᆫ閔忠正公의血脈을應ᄒᆞᆷ으라더라

●何以越徵 安州郡守김一현씨小宰의家產等物을김九현이가典執以用ᄒᆞᆫ지라漢城裁判所에셔金九鍾을捉囚ᄒᆞ얏다가還爲保放ᄒᆞ고金九鍾의妹夫김主事家產의什物을沒數執行ᄒᆞ니金主事ᄂᆞᆫ接居道路중이라더라

●禁烟演說 再昨일下午六時半에靑年會舘에셔美국博士某씨가紛烟과鷄烟禁斷ᄒᆞ다ᄂᆞᆫ問題로演說ᄒᆞᄂᆞᆫ되普성專門學校와中學校校長以下一般학員을請邀傍聽ᄒᆞ얏다더라

●徽숙運動 徽文義숙에셔本일春期運動을東小門外三仙坪으로定ᄒᆞ얏ᄂᆞᆫ되壹般任員及教師와學員二百餘인이行伍ᄅᆞᆯ整제ᄒᆞ고幷々出去ᄒᆞ더라

▲花下對酌▼

▲海外風便에風說이又到ᄒᆞ야一二流蹤이非久에渡海ᄒᆞᆫ다고消息이喧傳ᄒᆞ나幾千里外未詳事을有誰確信ᄒᆞ리오空自疑眩이로다

▲法大李夏榮氏가一週日을杜門吟病ᄒᆞᆫ다더니學相李完用씨가또身恙이有ᄒᆞ야昨日에仕進치못ᄒᆞ얏다니學相이新憂ᄂᆞᆫ緣何所祟인지未知커니와近日法學兩部에ᄂᆞᆫ傳染病이流行ᄒᆞᄂᆞᆫ것이로고

▲內相리址鎔씨ᄂᆞᆫ有何緊急用處인지家舍와田畓文券을典執得債ᄒᆞ얏다니知치못ᄒᆞᆯ事어니와五湖風烟에片棹가安歸오晦쥬鷗夷가變幻이無常ᄒᆞ니計之上策이로다

▲忠察尹吉炳씨ᄂᆞᆫ각郡巡歷時에懷仁郡에無名色ᄒᆞᆫ葉一千兩을隱結로物奪ᄒᆞ얏고永同郡에셔五百兩을隱結로奪去ᄒᆞ얏고青山郡에셔一千五百兩을計奪ᄒᆞ얏고報恩郡에셔도隱結을不少히奪去ᄒᆞ얏다고某報에揭載ᄒᆞ얏스니同씨의貪虐悖擧ᄂᆞᆫ참확金觀察이라稱號ᄒᆞᆯ만ᄒᆞ고

▲日本早稻田大學校에셔退學ᄒᆞᆫ留學生이歸國ᄒᆞ여日留學生中에勿論官私費生ᄒᆞ고國合發起ᄒᆞ기ᄅᆞᆯ今番본國視察員이下陸時에一切勸告ᄒᆞ야還爲歸國케ᄒᆞᆯ즈ᄒᆞ얏ᄂᆞᆫ되其理由인則空費國庫金ᄒᆞ고視察ᄒᆞᆯ必要가無ᄒᆞ다ᄒᆞ니該學生은異域風霜에閱歷이旣多ᄒᆞ야已往視察員行의爲을經驗ᄒᆞᆷ이로다

▲永興郡守洪金旭氏가遞任上京ᄒᆞᆫ時에其別室과冊客을該邑底에留住ᄒᆞ고揚聲大言曰吾先上京ᄒᆞ야一番만運動ᄒᆞ면此郡을更赴ᄒᆞᆯ것시니姑爲留此ᄒᆞ라ᄒᆞ고因卽上京ᄒᆞ야何樣周旋이有ᄒᆞ던지向日박義秉씨內協在任時에永興新守을請願ᄒᆞ라고勸告ᄒᆞ더니洪씨가還任ᄒᆞ얏다니同씨ᄂᆞᆫ官職去就ᄅᆞᆯ任意籠絡ᄒᆞ니무슴手段이有ᄒᆞᆫ지必是金力運動이지

▲近日軍部에셔將官會議ᄅᆞᆯ開ᄒᆞ고陸軍旅團編製ᄒᆞᆯ事와將領尉官의服裝은日本軍人의服裝模範을多少間變改ᄒᆞᆯ事ᄅᆞᆯ協議ᄒᆞ얏다니軍額은일縮ᄒᆞ되軍務擴장ᄒᆞᆯ方針은未聞ᄒᆞ고服裝改良과旅團編成이第一急務인지

▲財政顧問部이셔ᄂᆞᆫ각道顧問支部에配置ᄒᆞᆫ財務補佐官補拾五名을일本으로招聘ᄒᆞ기로決ᄒᆞ고히人員ᄂᆞᆫ來十五일頃에ᄂᆞᆫ京城에來着ᄒᆞᆯ터인즉本部에召集ᄒᆞ야一場訓示ᄒᆞ고각支部로부任케ᄒᆞᆫ다ᄒᆞ니한國財政을爲ᄒᆞ야財務官을設置ᄒᆞ미金融이枯渴ᄒᆞ더니又是增置ᄒᆞ면財政이尤困ᄒᆞᆯ깃고

特別社告

國債報償金에 昨日所捧은 姑未合計이고 伊前日所捧總合五千三百三十三圜七拾八錢은 電氣會社銀行의 貯置ᄒᆞ얏삽고 義捐人姓名은 逐日廣告함

大韓每日申報社

廣告

●學員募集廣告●

本校에셔 晝夜學科를 定ᄒᆞ고 學員을 募集ᄒᆞ더이오니 入학志願者는 四月十三일(陰曆三月初一일)以內로 入학請願書를 本校에 具呈ᄒᆞ고 伊日上午九時에 本校에 齊赴홀事

科程 漢文 地誌 歷史 일語 英語 筭術 體操

南大門外藥峴聖堂內藥明學校

本人의從孫忠北裁判所第四事件爲名下訴狀法部訴狀一平理院訴狀一觀察道訴狀二本郡訴狀一合五장을陰今月水標橋等地에셔遺失ᄒᆞ얏사오니誰某拾得ᄒᆞ셧거든寺동三十七統十戶鄭共鐘家로來傳ᄒᆞ시면厚謝홀터이오니照亮ᄒᆞ시오

忠淸北道淸州郡居李道敏告白

母親廣州李氏以宿患 十一日午前七時別世 僉君子 照亮

四月十一日 子 張寅根 宇根 宜根 憲根

本學회總會를今四月十四日(陰三月初二日)下午一時에西署養盛동養正義塾內에開ᄒᆞ오니첨회員은趾來臨ᄒᆞ심을爲要

輔仁學會 告白

國債報償倚州義務所廣告

朴正準 貳拾圜 김在益 陪母白氏 貳圜 子寅爵 屢爵 貫爵 孫漢秀 漢榮 漢祜 각壹圜 差人張德淳 應直김德秀 馬夫리龍伊 각六拾錢 리敎運 貳拾圜 弟璣運 祥運 각壹圜 拾圜 子信吉 信立각壹圜 부室덩氏三圜 姜爽熙 貳圜 김善悟 윤相勳 박寅陽 각拾圜 박時리 拾圜 子正碩 從孫錫龍 順龍有龍 각壹圜 副室丘씨貳圜 張敎翊 김文化각四拾圜 孫宅 車敬安 壹圜八拾전 孫宅仁 三圜 子正輪 壹圜 副室박氏 貳圜 박時有 三圜 子正集 正沃 각壹圜 黃德賢 貳圜 子京白 壹圓 車仁浩 貳圜 子象鎭 壹圜 商民孫汝長等六拾八人 合貳拾壹圜七拾전 靑山面河亭동朴順烈等十三人 合貳圓 外西面南上동中김運洙等拾人合壹圓六拾전 內北面新溪동中박命喜等 二拾七人 合四圓五拾전 挾山동최門中合四圓사십전 박佑和 子東鉉 麟煥 각壹圓 김輪永 리鍾萬 리致云門中 각三圓 김林熙 가叢先 리상섭 김尙元 김文伯 姜驥熙 쥬德윤 리成實 최寬숀 박騰문 김元之 리聃旭 趙文淑 리鍾默 리炳尙 리東河 김翼周 皮병翰 리鳳來 주致心 각貳圓 申틱영 박周穆 김在구 車載亨 成栻 리明夏 孫東奎 리準承 박쉬홍 김東슈 박挺漢 한필규 김云善 리인壽 孫성欽

김필昇 김致敬 박陽善 朴亨瑞 박來홍 강在旭 최基守 황性澤 김敬旭 니炳旭 김병憲 강三文 리成玉 洪順巨 丘京三 김達元 權景云 홍云祚 김敬善 박順祚 리敬三 니相필 박致云 강兌회 車禹위 리鼎三 박윤石 吳최根 김益卿 김相夏 石倉슌 林在헌 김聖헌 니東셥 김東필 김셩舜 김性云 김炳準 徐元伯 각壹圓 김在회 박규相 김홍奎 김在衍 박寧澤 니培雨 강奉桓 리東舜 김리爵 林守奉 리象龍 덩忠國 장영云 김性遠 김尙鎭 劉順明 김學文 김京萬 車셩錄 車南轍 車南히 車南셥 奇道인 김宗히 曹병均 孔晩龍 김成八 河斗슈 박히욱 各六拾전 윤致述 박致욱 김元西 리馬孔 박性遠 박寅容各오拾전 池성云 김寬西 김化슈 林學瑞 김鎭日 강道인 김相敬 리榮根 리귀東 趙時載 조敎年 리碩雨 각사拾전 池致彙 嚴世連 김在麟 황春福 車南星 각三拾면 徐相堯 손國仁 손東욱 김셩得 김道奎 리長금 손龍伊 尹永雲 장善七 김基鎭 姜斗寅 吳봉煥 김連成 리귀述 趙明植 각二拾면

計三百五십參圓參십면

本店에셔四月一朔동안所有物品을特別減價ᄒᆞ야出售ᄒᆞ오니陸續來購ᄒᆞ시옴

貞동源泰洋服裁縫店 告白

敬啓者夫國而有憂則民有擔之ᄒᆞ고民而有願則國有從之이라야可爲上達下通ᄒᆞ야國泰民安之大道이온바今此國事를凡我同胞가盡忠竭力은국憂民擔之義務이옵고民之所願은何也오食官이尙爾魘謬ᄒᆞ고明吏를不能언選ᄒᆞ야奸僞漸進ᄒᆞ고賢能將退ᄒᆞ오니비諸人之有病에元氣를欲補나客病이未除ᄒᆞ야氣믹難和라仰惟立賢無方ᄒᆞ며坐朝問道은今日政府전考지職이오니芻요之言도可聽ᄒᆞ시면堅偏爲ᄒᆞ시며如鏡之無私焉ᄒᆞ옵동之謳도박採ᄒᆞ시와若衡之不소셔往在계묘年十月에平安北道願助錢一百六十萬兩各郡分排時에督刷官价川郡守金孝舜氏觀察使閔衡植氏寧邊郡守尹寧求氏與監董堂上민泳詰氏로이應外合ᄒᆞ야名之曰願助錢十一例十六萬兩을加排於各郡ᄒᆞ야方在督捧而未畢에觀察使上京ᄒᆞ고其時틱川郡守조정允氏가以觀察使署理로入府ᄒᆞ야十一例拾六萬兩을一並勿施之意로發訓各郡ᄒᆞ야使民息肩則或問지日後新使及監董堂上이下來更責이면何以當지요조씨答曰旣已勿施發訓則不可失信於各郡이라若有再責지擧면卉自當納ᄒᆞ리라果未幾에新觀察白性기씨到任翌日에發令各郡日十一例十六萬兩을何可勿施리오准捧繹用次로趣辭截嚴者는此時監董堂上이指嗾新觀察지故也라同年十月拾六日西京寧安時監董堂上南北道觀察郡守진紳儒鄉等大會中틱川수조씨가質問曰願助전者는人民이自願助役지錢也라若役費不足이면民皆當지여놀所謂拾壹例名目은何義也오鄉錄전지拾三例도謬例어놀願助錢에亦添其例乎아會者觀察署理時草龍發訓이과在各郡ᄒᆞ야有耳目者皆聞知則署理지印章과正任지印章則一般而印跡未乾ᄒᆞ야更曰독捧則其於民間失信에何요在前有言曰後來監董堂上及新觀察更責此전이면署理自當지意로言出如金ᄒᆞ야不可更變이라同전拾六萬兩을吾請自當矣리니然則틱川슈지自當名譽와新觀察지物捧損政이果何如오홀쥬面面相顧ᄒᆞ야는然相答라가丘郡守의寸舌公談이其直女矢ᄒᆞ고其銳似鋒ᄒᆞ미理不可敵ᄒᆞ야事경遂寢ᄒᆞ니傍聽지人과파傳지民이有口皆비요二拾壹郡幾百萬家衆이莫不被其澤而賴其生이오되甲乙客兵지憂에각自遠名遐居ᄒᆞ야念不暇於제聲稱揚矣러니今伏聞各郡願助錢을定査官調査ᄒᆞ고官員治蹟善否를自政府전考ᄒᆞ신다ᄒᆞ옵기北道各郡人民이發文會同ᄒᆞ야국債報償지義를研究布諭於各郡ᄒᆞ며長吏褒揚지事를제訴於內部이옵거니와조덩윤씨가峴任成川郡守而論其茂蹟則非[illegible]四歎지大惠民間이라南北道監理時到處付惠撫民日寧可損上益下연덩不可損下益上이라爲국經用에彌縫補益지誠心이요使民樂從에영슈不忘지惠政이오ᄀ如此賢長은只任百里一處則遠外列郡人民이更無均被其化이올다오査照聽布ᄒᆞ시와조政府로부터民情에發訓査實ᄒᆞ시고奏達 天聽에特陞方伯ᄒᆞ시와副此衆望ᄒᆞ오며杳他倉오케ᄒᆞ시울敬要

平안北道二拾一郡ᄂ等

박承윤 금규熏 금宣鎬 금翔周 최濟源 리봉來 금文京 금慶善 금玉川 郭병박 문武완 주興烈 금齡益 리龍烈 리明규 윤致說 康得河 흔一權 리煐모 吳達信 유元규白

本館이開業經年에 僉君子의愛顧ᄒᆞ심을蒙ᄒᆞ와漸進興旺이온바 **一層擴張**ᄒᆞ기爲ᄒᆞ야諸般機械와 活字를 **一新改良**ᄒᆞ고書籍印刷ᄒᆞ시는諸君子의게隨意方便을務圖ᄒᆞ오며 **費額도低廉**ᄒᆞ오니江湖 諸君子는陸續來議ᄒᆞ심을望홈

京城南署會동八十五統四戶

普文館 告白

◎大韓俱樂部告白

本月十四日(陰三月初二日)下午一時에磚동普成專門學校內에셔總會를開ᄒᆞ오니첩部員은來臨ᄒᆞ시오

本人의庄土가在於全羅北道臨陂北一面居尺里亭子山堯동大谷月浦聖동安亭동合十九石十八斗落이新舊文記와量案이自在이거날從兄前教員仁雨氏가符同雜類ᄒᆞ야倫賣지意로舊文記를火賊의게失이라稱ᄒᆞ고昨年五月分에臨陂署 沃溝監理의게謳訴ᄒᆞ야新沓案을圖得ᄒᆞ엿다니內外국人은切勿見欺ᄒᆞ시오

忠淸南道藍浦 佛恩面東谷里 리昇雨 告白

北米桑港地方에居留ᄒᆞ는我同胞가勞動生活로협會을組織ᄒᆞ며救育을勉勵ᄒᆞ며新聞을發行ᄒᆞ야祖國에利益홀供獻코ᄌᆞ홈은國內同胞도想應知悉이외다然이나在彼홀同포의勞動所得으로는會務와教育과新聞에關홀諸般事業을維持做去키難ᄒᆞ오니寧不可惜可민乎잇가惟我국內同포는此를諒燭ᄒᆞ오셔隨力贊成ᄒᆞ시믈千萬옹祝홈

安昌호 告白

越南亡國史 國漢文 新刊

定價貳拾伍錢

發賣所京城廣橋高裕相書舖 鏡南端川郡禹時夏書舖 布屏下 김相萬 冊肆

西署新門外錦동百八十六統三戶

辯護士前檢事正三品 丁明燮

法律事務所

事務員前主事吳在淳

本人에陰二月四日에開城鍾路에셔紙貨十九圓을서失ᄒᆞ얏더니卑只洞居權鍾遠氏와培義學校학徒安周호兩氏가路中拾得而廣告于南大門ᄒᆞ야探問貨主出給ᄒᆞ오니世無如차仁厚之人이옵기其厚德之義를公布홈

開城南部惠谷居林用萬告白

第二期學員募集廣告

本塾에셔今年에宏濶홀校場을建築ᄒᆞ며敎務를擴張ᄒᆞ야一層整備ᄒᆞ고法學科學員을新募ᄒᆞ오니願學人은本塾에前期내臨ᄒᆞ야請願ᄒᆞ고左開日에應試홈事學科及規則은本塾에내問홀事

○試驗科目
國漢文 讀書 作文
筭術 (四則以內)

○試驗日字
陽五月五日(陰三月廿三日

光武十一年四月 日

西署英語學校後동

私立養正義塾告白

安明善의明字를國字로改定ᄒᆞ오니知舊諸照亮ᄒᆞ시옴

安國善 告白

本人祖父母山所在於陽川將軍面新機里이온ᄃᆡ弟在旭字士文性本浮浪ᄒᆞ야蕩敗家產ᄒᆞ고先山松楸를將欲暗賣ᄒᆞ니切勿見欺홈

東湖숑在國 宋在永 告白

國債報償義捐金

收入廣告

中署椎동居니셩根 六拾전
北署鍮동居趙昌金 五拾전
西署瞬雲臺居한宅淳 五拾전
西셔孔德里廉동居梁肯환 四拾錢
●함남北靑郡
前參奉康基환 貳圓
●加平郡南面虎鳴里二十二戶 拾圓
됴東駿等
●全北益山군簡村
沈宜창 沈宜式 沈宜슈
沈宜旭 沈一澤 각貳拾전
合拾五圓
●原州며乃面上斗玉
한鎭孝 됴碣石 白興吉
니先福 홍箕源 각五拾錢
合貳圓五十전
●延安邑氏
박世호 拾圓
邊錫周 八圓
박舜吾 김暢淳 각貳圓
김暢栽 三圓
申子道 윤京順 廉聖賢
김창祚 김允甫 吳相烈
吳在吉 김承厚 비舜卿
홍순應 각壹圓
김吉星 全大亨 朱鍾協
김相默 최北山 니永八 각五拾錢
김明在 宋吉明 니龍厳
송漢圭 박聖實 徐士필 각三拾錢
梁聖寬 楊和瑞 뎡봉云
송鍾大 박世永 박昌起 각貳拾전
됴應순 송實賢 각拾전
合四拾壹圓貳拾錢
●忠州蘇坡面甲山동徐相哲等 貳圓
前司長徐相晳 壹圓
正三品安必中 壹圓
前郡守閔永祚 壹圓

前郡事權大謙 三拾전
前主事니義종 五拾錢
幼學安肯烈 壹圓五拾전
權대일 拾五전
權틱綏 김濟萬 각三拾錢
니현樞 貳拾전
合七圓貳拾五錢
●望門床廛
都中 貳拾圓
김兌植 四圓
김德潤 니完植 최命煥
김學泌 박元炯 박又형
니寅植 千河俊 김在돈 각壹圓
최문奎 송哲厚 文明守 각五拾錢
白성三 김相元 각二拾錢
김仁基 김興奎 각卄五錢
박延植 高俊杓 白在弘
김潤善 최慶澤 홍창헌
池相德 송셔基 許 煥 각貳拾錢
黃셩基 安文헌 각拾錢
合三拾六圓拾錢
●平南中和唐村丹陽니氏
門 契 社約契 리禧一 각拾圓
니濟셥 五圓
니禧五 니承龍 리廣헌 각貳圓
니근셥 니定鉉 니輔헌
리齊헌 리相헌 리庸헌 각壹圓
리承武
리正헌 祖母윤氏 毋한시 각貳圓
妻리氏 壹圓
子承璽 五拾錢
니允셥 니商셥 리旭셥
리錫셥 리셩셥 니禧顯
김泰규 리희學 니회培
니회燁 니회甸 니翻헌
니호헌 니煌헌 니承봉 각五拾전
니殷셥 니學셥 니東셥

니周셥 니元셥 니회澌
니회東 니회默 니회秋
니회홍 니회필 黃 涵 각三拾전
니蒙셥 니종셥 니薰셥
니教셥 니돈셥 니엽셥
니宙셥 리曙셥 니당셥
니회연 니회廣 니회西
니회문 니회老 니회乾
니회杰 니회八 니회源
니회哲 니회禴 니회咨
니회澗 니회七 니찬셥
니胄헌 니炳헌 니承曦
黃得鍊 각貳拾錢
리봉셥 리회彬 리睢헌
박필찬 각拾五錢
리好셥 리회斗 리회訥
리회詮 리회謂 리회行
니회학 니회조 리회환
리회렴 리腑헌 리南헌
김致能 리회南 각拾錢
童 蒙 리회진 리회澥
니信헌 니達헌 니唐헌
니承麟 각拾錢
니承祜 壹圓
니철헌 니承復 각五拾錢
니培根 니達根 각拾五錢
니회漢 貳拾錢
社約堂直박京호 拾錢
合七拾七圓四拾錢
●楊根西終面梨峙
前郡守南廷薰 貳圓
니灌 七拾전
니灝 卄전
니회 壹圓
니셕 六拾圓
니경 卅전
니연 卄전
니儀 四拾전
廉貫成 壹圓
김三福 卄전
김順셩 六拾전
安順男 四拾전
安黃龍 김水萬 陳山伊
니千奉 徐達天 孫有鐵

安順福 각卄錢
박石根 卅전
니正春 윤自斤鐵 各卄錢
김윤돌 廉今成 각拾오져
合拾圓
●西署養生坊大平契生祠동第七拾四統八戶私塾
沈相根 장在植 김昞澤
니셕俊 沈相완 박德순 각壹圓
리봉相 柳致俊 김昌淳
吳순志 김永根 확창雲 각五拾錢
河漢容 貳拾錢
니松栢 뎡致烈 각四拾錢
김鎭默
學員
沈昌龍 심吉龍 吳俊基
김允成 박有成 각五拾錢
김鎭台 四拾錢
박俊植 장照俊 리鎭永
박俊英 柳福成 송所回
장在鳳 송自斤所回 각三拾錢
뎡壽영각 貳拾錢
장在龍 리致祥 리三龍 각拾錢
合拾五圓拾전
●廣州細村面壽進동
니영順 八拾錢
니明吾 五拾錢
최今淑 八拾拾
니性仁 六拾錢
니영皓 五拾錢
박聖武 八拾錢
김東山 四拾錢
林明實 최元俊 니連興 각五拾錢
全聖業 八拾錢
南台熙 四拾錢
니聖泰 陸拾錢
니眞叔 五拾錢
니尙奉 니贊叔 각八拾錢
니豐石 니晨孫 각六拾먼
니셩萬 니春甫 全學伊

徐昌成 林明俊 각卅錢
니尙云 니萬셔 安華用 각卄錢
林興先 니平叔 각卅錢
최元叔 니온叔 각卄錢
林興叔 林學甫
니龍安 니聖泰 니聖奎 각卅錢
니윤集 니仁先 최元오
니仲寬 니泰石 各卄錢
송成云 卅錢
니氏萬 卅錢
니大振 卅錢
니弘식 卄錢
니喜連 四拾錢
박雲경 卅錢
니明根 李春植 니敬來 卅錢
니今石 리長率 黃貴秀
崔元實 각拾五錢
니奇逢 卄五錢
니億奉 十五錢
니聖均 卅錢
니仲奉 卅錢
김云化 卅錢
니龍환 니順긔 각卄전
安山辰 洪敬周 니昌順 각拾五錢
林用놀 니允先 각卄錢
뎡德集 십五錢
沈黃눈 拾五錢
김順明 卄錢
김永順 拾오錢
니치教 卅錢
니창植 拾四錢五里
합德先 니多善 니치善 각卄錢
김틱連 拾오錢
니應슈 全윤극 각卄錢
최元필
前主事南창회
니틱山 卄錢
方仁甫
合貳拾四圓五拾九錢五里
●竹山遠參面荷洞 里
한鋼履 장世範 各壹圓
한升履 五拾錢

한ㅈ履 한用소 각壹圓
黃淵稷 四拾전
홍仁教 홍仁厚 리셔祚 각拾錢
한用周
홍秉履 홍德履
홍吉履 한用甲 한道履
홍復履 한文教 홍正教
뎡周源 홍景履 홍趙教 각貳拾전
김長天 뎡七龍 김珍用 각拾전
吳壽弘
合七圓九拾전
●京畿道江華郡下道面長串동
前議官朱潤창 卅圓
朱時默 朱時珍 각貳圓
通政朱完셥
쥬載道 쥬旺셥 쥬載모 쥬楷셥 각壹圓
쥬牧호 쥬夏셥 五拾錢
쥬載勉 쥬載範 쥬載憲 각卅錢
쥬載實 쥬載錫
쥬載조 쥬明셥 쥬守셥
쥬載吉 쥬載學 각卄錢
쥬載邦 쥬載九 四圓
쥬良셥
柳星烈 柳永俊 柳元俊 각壹圓
柳忠烈
柳聖在 五拾錢
柳在日 柳금순 각四拾錢
柳石순 卄錢
김義培 김根培 각貳圓
김顯煥 김顯文 김顯業 각壹圓
김顯祚 김顯澤 김顯學 김顯순
김允植 각五拾錢
김文비 김顯冬 각四拾전
김道植 김伯源 각卅전
김顯山 김伯叔 김현烈
김顯碩 김顯都 각卄전
김顯信 김南植 各十전
通政됴致增 됴錫增
됴鍾晨 각壹圓

됴鍾玉 卅전
됴鍾엽 됴봉數 각卄전
됴봉哲 拾전
리杏榮 貳圓
五衛將車貴錫 壹圓
니興엽 五拾전
參奉니道헌 四拾전
김鎭國 參奉송善玉 各卅전
니春京 김京文 각貳拾전
劉貴孫 장틱萬
張돌履 김興현 卅전
최星萬 흥 써 卅전
쥬萬福 각拾전
합六拾사圓
總合三百〇壹圓〇四錢五里
前號總合一千〇十五圓六拾壹錢七里
都總合三千參百拾六圓六拾六錢二里

大韓每日申報社

發行兼編輯人 英國人비셜
發行所
南署石井洞號外地三層洋屋
大韓每日申報社

第五卷

大韓每日申報
대한ᄆᆡ일신보

第四百八十五號

月曜及慶節時休日

大韓開國五百十六年 日本明治四十年 清國光緒三十三年

◎陰曆丁未三月小初一日壬辰

論說

更論盜取玉塔

田中子爵의使節로松都玉塔을取去ᄒᆞᆫ事ᄂᆞᆫ其乃展失이라고日昨셔울프리스報에恨歎ᄒᆞᆫ바有ᄒᆞ니本報激論을同報가容許ᄒᆞᆷ은惟此一件이로다同記者의願然悲歎과且其辨解가頗히明白ᄒᆞᆫ形態를呈ᄒᆞ얏슴진뎌本記者가其事狀을不欲更論이나然이나日人은假飾의謝過를辭히ᄒᆞᄂᆞᆫ者라此玉塔事를若不嚴密說破ᄒᆞ면其事態가長如今日ᄒᆞᆯ지니蓋韓국은玉塔을失ᄒᆞ고恨歎을得ᄒᆞ얏스되日本의게ᄂᆞᆫ玉塔을添有ᄒᆞ고所損은未有ᄒᆞ얏도다

同報가發言ᄒᆞ되萬若伊藤侯가此에在ᄒᆞ얏던들如彼ᄒᆞᆫ怪擧가必無ᄒᆞ얏스리라ᄒᆞ얏고且日人의不美行爲를欲以輕減論지ᄒᆞ야一箇日人의奇品買賣ᄒᆞᄂᆞᆫ者를차問題에援入ᄒᆞ야該玉塔移去에關ᄒᆞ야留心運動者ᄂᆞᆫ此奇品賣買人이라고稱托ᄒᆞ얏고又一托言件이有ᄒᆞ니田中子爵이此事狀을內部大臣과宮內大臣의게言及ᄒᆞ야同意를得ᄒᆞᆷ이有ᄒᆞ얏다ᄒᆞ고且諸大臣을經由ᄒᆞ야 皇帝의認許를得 ᄒᆞ얏다云이러라

本記者의前日所言과如히 皇帝끠셔此認許를得ᄒᆞ기ᄂᆞᆫ其能勢가非不有지나然이나田中子爵이歸국次로陛見時에 皇帝끠셔차六百餘年古跡의移去ᄒᆞᄂᆞᆫ事를必然不肯ᄒᆞ셧슬지니오設或以차로禮物을삼지라도 皇帝의掌中으로由ᄒᆞ야出처아니신것은日使도亦必知지ᄒᆞ얏슬것이오今其酬答을當ᄒᆞᆫ奇品買賣人은此事를行ᄒᆞᆯ時에何如ᄒᆞᆫ快樂이有ᄒᆞ얏슬것은亦可着味處로다

吾人探聞에ᄂᆞᆫ其運去人이電信及鐵道官憲의助力을得ᄒᆞ얏고且武備一隊가同行示威ᄒᆞᆷ을並ᄒᆞᆫ지라其時鐵道官人이玉탑全部를滊車에載去ᄒᆞ얏거날此報를漢城에電達치아니ᄒᆞᆷ도亦其非常지擧로다

若伊藤侯가此에在ᄒᆞ엿던들차事가必無ᄒᆞ얏스리라ᄒᆞᆷ은言或然矣나然이나차言이엇지足히韓人을慰解ᄒᆞ리오若同侯爵이韓國內日人을爲ᄒᆞ야何如責任을自擔ᄒᆞᆯ진뎌其煩煩欠席지時에適合지人으로代理를擇ᄒᆞ얏슬지라本記者가對此發言ᄒᆞᆷ을겸이奚特止차리오만은但히還完玉탑의勸告로써차篇을結了ᄒᆞ노라

官報

●號外 光武十一年四月十一日

◎宮廷錄事

宮內府大臣리載克辭職疏

批旨省疏具悉卿懇必不聽許卿其更勿爲煩事遣府郎宣諭

●三千七百三十八號 光武十一年四月十二日

◎敍任及辭令

陞從二品 正尉金在治

度支部稅務主事김긔華

依願免本官

漢城裁判所判事리容相

任平理院判事 正三品太明식

任漢城裁判所判事 九品윤謙普

解法部法律起草委員

命法部法律起草委員 洪成근

外報

●書報로代爲片 北京報을據ᄒᆞ야近年妓館이皆設煙具ᄒᆞ야嫖客으로ᄒᆞ야금吸食鴉煙ᄒᆞ야對面談笑로爲快ᄒᆞ더니自去歲臘月一日로妓館에셔연具를禁ᄒᆞᆫ後에均히案頭에紙筆과報章과各種小說신書를堆積ᄒᆞ야與好遊人과消遣ᄒᆞᆷ을期ᄒᆞᆫ다더라

●平和會議通牒 東京電을據ᄒᆞᆫ則第二回萬國平和會議ᄂᆞᆫ六月十五日海牙에셔開會ᄒᆞᆫ다고日本外務省에公式의通牒이到着ᄒᆞ얏다더라

●學校寄付三億圓 倫敦電을據ᄒᆞᆫ則米國富豪가ー네기氏ᄂᆞᆫ핏쓰벅市所在技藝學校에三千四百萬圓을寄付ᄒᆞ얏ᄂᆞᆫ뒤同氏가今日까지歐米學校에寄付ᄒᆞᆫ總額金은二億二千萬圓이라더라

●撤兵通告 駐清日本公使林權助氏ᄂᆞᆫ清廷外部에對ᄒᆞ야滿洲에在ᄒᆞᆫ日本軍隊ᄂᆞᆫ鐵道守備를除ᄒᆞᆫ外에全部의撤還을了ᄒᆞ얏다ᄂᆞᆫ意로通牒을送ᄒᆞ얏더라

雜報

●慶南晉州愛國償債所發文

散啓者ᄂᆞᆫ昔有一婦人이胖厚而多產育ᄒᆞ니首男은已長成ᄒᆞ고其次ᄂᆞᆫ仰母而育者又六七個瓦장이라一일에婦人이浣於滿上ᄒᆞᆯ시値陡風昏倒於地ᄒᆞ니忽天이沛雨ᄒᆞ야山谷暴漲이掩至의魚腹滄溟이判在頃刻이라六七子女ᄂᆞᆫ環母傍號哭ᄒᆞ고長男은從岸上徘徊ᄒᆞ다가따群弟而避之曰母躰가胖重且病ᄒᆞ시니非吾力의動彈得이라汝輩ᄂᆞᆫ免致淪셔ᄒᆞ라我也ᄂᆞᆫ早판衾과ᄒᆞ고備設大譙ᄒᆞ리라個中七歲末男이唱出一謀ᄒᆞ야解其반帶而結母裙ᄒᆞ고蟻附而一제拔起ᄒᆞ니呼耶一聲의病母ᄂᆞᆫ登岸ᄒᆞ고淚刼은過去ᄒᆞ니殆哉奇哉라須臾의母亦慢睡而安過ᄒᆞ니라向使胖母로不產寧馨的此兒男이러ᄃᆞᆫ瀟湘江上의帝子班竹과女嬰寒집이終古淒凉이리라嗚呼라現今吾邦之外債一千三百萬圓이不啻若山谷暴漲之禍이거ᄂᆞᆯ在岸徘徊ᄒᆞ야準備衾과著ᄂᆞᆫ當路諸公이是也오自然天倫이不避淪셔ᄒᆞ고環母號哭者ᄂᆞᆫ我二千萬兄弟是也오唱出機權ᄒᆞ야拯救母溺者ᄂᆞᆫ今日국債報상斷烟會發起也諸兄이是也라吾輩도曾一環母號哭지一個同胞로셔當此本會擴장이自경而嶺ᄒᆞ야次第激發ᄒᆞ니吾省三十二군原隔지禍鍚도不可泯默일식玆取仰布하오니至若斷煙지名目ᄒᆞ야ᄂᆞᆫ以斷烟지義로爲同盟지主矢오非以斷烟자利로爲淸치지準的이라聞경城幾婦人이減種捐助라ᄒᆞ니推此爲心에斷烟지義務를庶可諒曾이라晨起草函ᄒᆞ니雙眸의淚遞ᄒᆞ고五內의血涕라曉我인兄인弟와善姊善妹와勿顧爲富貴壯元ᄒᆞ고願爲忠孝壯元ᄒᆞ야以左開趣旨로淸상국치ᄒᆞ고同享安樂於父母지邦을敬要ᄒᆞᆷ

●雇傭同盟 永同邑內雇傭人의頭目을稱号曰大房이라ᄒᆞᄂᆞᆫ뒤該大房이邑底一般雇傭人을會集演說曰吾等이雖爲人雇傭이나亦一國民인즉今番국債報償募集에豈可無補十一之力哉아一介人의一月烟草價가엽一兩則三朔條三兩을主人다려預納ᄒᆞ라ᄒᆞ면無論何主人이든지不應ᄒᆞᆯ理가萬無ᄒᆞ니一齊히三兩式持來ᄒᆞ라ᄒᆞᆫ뒤諸雇傭人이一心樂從ᄒᆞ야엽三兩式收合ᄒᆞ고三朔을斷烟ᄒᆞ기로同盟ᄒᆞ얏다더라

●賣刀義연 義州古城面台山居車日煥氏ᄂᆞᆫ國채報상事에對ᄒᆞ야所佩小刀을放賣ᄒᆞ야七十錢을판備ᄒᆞ니本統內諸氏가貲金鳩聚ᄒᆞᆷ이二十餘兩에至ᄒᆞ니合參十四兩을義捐ᄒᆞ야保產會社로轉送ᄒᆞ얏다더라

●貧寡愛國 鐵山邑耶穌教徒鄭氏磐石은地無立錐而只率一女兒ᄒᆞ고十圜稅房에寓居ᄒᆞᄂᆞᆫ貧寡로셔國채報상에對ᄒᆞ야의金一圜을該邑發起ᄒᆞᆫ國채報상捐助募集所에傳納ᄒᆞ얏다더라

●宗親義償 李建섭리禹리象般學三씨가今番國債報상에對ᄒᆞ야發起ᄒᆞ되臣民연義에吾儕가特以皇室苗裔로不可無確議라ᄒᆞ야각派宗孫世宗正院에會同準事ᄒᆞᆯ터이라더라

●星州出義 慶北星州郡國債報償義務會를陰曆二月初七일에開設ᄒᆞ얏ᄂᆞᆫ뒤會者數千인이라前議官리회榮시가一場演說에衆手제拍ᄒᆞ고연命이雲集ᄒᆞᆷ식該郡倅김興긔씨가百원을奉致ᄒᆞ고衆民을向ᄒᆞ야流涕再拜ᄒᆞ야以謝其愛국지義ᄒᆞ야고준南光州居ᄒᆞᄂᆞᆫ부시깃장ᄉᆞ장道宣시가納면拾兩ᄒᆞ고卸擔而歸ᄒᆞ며豆菜商장京甫妻김氏ᄂᆞᆫ傾甕판出ᄒᆞ야納新貨壹圜ᄒᆞ며妓女ᄂᆞᆫ投環하고寡婦ᄂᆞᆫ脫簪ᄒᆞ야當日義금이千餘圜에達ᄒᆞᆷ이前前參奉리긔澈시와前主事비相洛兩시가即時上京ᄒᆞ야皇城新聞社에來納ᄒᆞ얏다더라

●兩郡爭연 尙州郡에셔金在익姜信圭諸氏가各其二十圜式先연ᄒᆞ고償債所를設施ᄒᆞ얏고善山郡에셔ᄂᆞᆫ沈廷섭氏가一百元李愚烈氏가二十圜先연ᄒᆞ고斷烟상債所를建設ᄒᆞ야兩郡에男女老少가奮義爭연ᄒᆞᆫ다더라

●金氏義연 茂長郡居金進士大一氏가素是家貧ᄒᆞᆫ터今番債報償에對ᄒᆞ야愛國之誠心으로新貨一圜을期成會에納付ᄒᆞ얏더라

●車費義연 正三品鄭煥圭氏의鄕第ᄂᆞᆫ水原이라留京ᄒᆞᆫ지數十年에今當其父親生辰ᄒᆞ야下去ᄒᆞᆯ터인ᄃᆡ車費一圜을판備ᄒᆞ야乘車코ᄌᆞᄒᆞ다가其貲金을國債義捐에充納ᄒᆞ고徒步ᄒᆞ얏다더라

●稅納清帳 徐榮九시가위原郡倅在任時에欠逋가有ᄒᆞᆫ事로吏閭ᄒᆞᆫ즉사百餘兩은前郡守학胄가替納ᄒᆞ얏고사百五十一兩사分은其時鄕長송夏徵處이査徵上納ᄒᆞ얏다더라

●聖義將就 義州府有志紳士김道준씨等百人이協贊教育ᄒᆞ야私立小學校를本郡關帝廟齋室에建設ᄒᆞ고命名聖義학校라ᄒᆞ고開校ᄒᆞᆫ지壹朔에學徒出席이壹百員에達ᄒᆞᆫ지라本校長비炳善校監최錫夏總務張明호事務盃奐善김道彬諸氏가學徒의課工에熱心注意ᄒᆞ며駐隊副尉리弘직參尉朴東元兩씨가公退지暇에逐日參席ᄒᆞ야體操運動諸般教授를熱心擔着ᄒᆞ니學徒가益加踴躍ᄒᆞ야일就월將에定有就緖시望일뿐더러校내諸씨의熱心과隊長兩씨의名譽ᄂᆞᆫ一邑士林아無불贊誦이라더라

雜報

●樞院建議 再昨일中樞院에셔政府에建議흔案件을槪聞흔즉各觀察使와郡守는可堪지才도各部大臣이保薦ᄒ고各道府ㅅ尹官과郡主事는勿施ᄒ고成均館은셩均大學교로改稱ᄒ야經학科藝術科를置ᄒ고각道明倫堂에는中學교를置ᄒ고各郡明倫堂에는小學교를置ᄒ야人才를教育ᄒ자ᄒ얏다더라

●古寺民有 軍部에셔訓鍊院鍊兵場긔址를確장흔次로民有地段을無償公用홈에對ᄒ야히附近地居民等이軍部大臣의게訴請ᄒ얏시나姑無如何題흠이라ᄒ고民等數百年轉相買賣ᄒ든土地를一朝에見失흔境遇에至ᄒ니此人口가作地資生ᄒ다가一地風波를當ᄒ야道路에棲屑흔樣이라더라

●宮相診脈 再昨일에宮大權重顯씨가무삼병이有흔지漢城병원에前往ᄒ야診脈以來ᄒ얏다더라

●大勳勳章 太醫院卿閔泳韶贊謀官勳二等리鍾健侍從院卿리道宰修學院長리根湘四씨는幷特叙勳一等이오主殿院卿梁在璣시는特叙勳參等이오表勳院技師勳六等辛紳默吳維泳兩氏는幷特叙勳五等을 下賜ᄒ셧더라

●학照度部 학部에셔度支部에照會ᄒ되弊部拾年度預算各欵項에所用經費를方今計算勘簿中이오나곡項預算中不足이生ᄒ야支撥未畢處가尙有ᄒ옵기각款同欵內에餘額을나移淸償코져ᄒ와玆에각項餘額及不足나額을左開仰布라ᄒ얏더라

●物議稱寃 前秘書丞金升문씨의目上年四月로明동司令部에囚ᄒ얏다가九月에南大문內로移囚흔事는世皆知悉ᄒ는바어이와近聞흔則日人이新門外舊鐵營에監獄署를置ᄒ고金씨를又爲移囚於此라ᄒ니金씨의罪狀은初無明白인딩何故酒囚가至於兩年에又此移囚也오其在物情에殊甚寃鬱이라ᄒ더라

●自請譴責 農商工部技師李린夏씨와憲兵이陸軍法院에셔裁判흔다는事는前報에揭載ᄒ얏거니와該事件이日昨에判決이되얏는딩該院에셔리린夏씨를捉去흘時에冠宕이破裂흔價直은憲兵에게徵出ᄒ기로的定ᄒ고無事安決ᄒ얏는딩리씨가該院理事를對ᄒ야日農部로照會ᄒ야自己를譴責ᄒ여달나고ᄒ얏다더라

●일巡渡한 일本셔巡査六百餘名이將次渡한ᄒ다는딩각港口와각地方에增置흔다더라

●辭令頒日 학部에셔각地方官立普通학校教師日本人參拾人을再昨일과昨日兩일에召集ᄒ야辭令書를頒給ᄒ얏다더라

●善隣校務 統監府總務長鶴原定吉氏가善隣商業학校規則認可提出事와학校補助金請求ᄒ는것을학部에照會ᄒ얏다더라

●門爨請求 學部參與官房事務官일本人澁谷元良及각학校教師四拾八人이本月拾五일上午九時에景福궁德壽宮觀光次로入去흘터이니門票를繕交ᄒ라고학部에셔禮式課로通牒ᄒ얏다더라

●何厚何薄 向日大한各大臣家에경備ᄒ기爲ᄒ야日憲兵隊에셔憲兵一二人式派送ᄒ얏더니自今年爲始ᄒ야幷皆撤還흔中李根澤씨는日本軍司令官長谷川大將에게무슴運動이有ᄒ던지日憲兵數名이至今ᄭ지경備ᄒ되軍大權重顯씨게는向日遭難後로卽時日憲兵派送홈을長谷川씨歸國ᄒ기前에極力運動ᄒ되終不得ᄒ얏다더라

●自强紀念 本月十四日은大흔自强會의第一回紀念日인故로該會事務所內에셔紀念會를開ᄒ다더라

●今之弦高 咸興郡居金石寅氏는行商營業之人으로一般국民의學識을開進ᄒ기爲ᄒ야上年봇터他營業은置之ᄒ고冊肆를廣設ᄒ야兵學農學化學電學漢學礦學醫光重학과政治法律工藝等書籍이皆備ᄒ얏고近日에又新書千百秩을賀得ᄒ야瀛車에載去ᄒ얏는딩金氏의愛國誠心은今世之弦高라고士林이皆稱ᄒ더라

●巡檢討財 砥平來人에確信을聞흔즉該郡保谷居리根豐씨가元來饒名이有ᄒ더니與隣동賈酒女로戱謔ᄒ는딩淨土宗會長梁益鉉씨가執頃以有夫女로戱謔ᄒ다ᄒ고敎人十餘名을派送捉去흘際에一동이抗拒ᄒ얏더니梁씨가該郡巡檢徐廷克과符同ᄒ야驅使二名을率來ᄒ고리씨를捉去ᄒ는시其族人리德蓮씨가問其曲折흔딩巡檢廳使가無數亂打ᄒ야幾至死境ᄒ엿고리根豐씨는牢囚該郡경署ᄒ야錢財를討索中이라더라

●改稱別探 南大門外里門居金順玉爲名人은自來로日憲兵隊에隨從ᄒ야或稱別偵別巡檢이라ᄒ며閭巷間에挾雜이無雙ᄒ더니近日에는日本理事廳과경察署別探이라改稱ᄒ며더라

●日憲兵行爲 關東來人의傳說을聞흔則十餘日前에日憲兵이該地方에來到ᄒ야居民을逢着ᄒ면所去道路를指導ᄒ라ᄒ며四方으로勒率ᄒ야或數十里를伴行ᄒ다가放釋ᄒ며夕陽時에는旅館을指示ᄒ라고白晝戱학ᄒ는故로居民이見輒逃避ᄒ다더라

●把守兩門 東南兩大門上層樓隅에何許人이掛書흔以後로일巡査가該兩門에緊々把守ᄒ다는說이有ᄒ더라

●探問鄕客 경務廳에셔巡檢을派送ᄒ야漢城內外각步行旅館에留連ᄒ는鄕客을逐일詗査ᄒ야年紀와居處姓名과何事來留ᄒ는理由를遣遣히探問ᄒ는대一일二次式來探ᄒ는故로鄕客들이不勝其苦흔다더라

●酒商販介 廣州시ᄂ마酒店洪先達家에셔보商幾許人이留宿ᄒ고익朝에移發흔後紙匣一件이遺落흔시라히主人이拾得開見흔즉紙貨二千五百兩이在其中이어ᄂ卽爲追上一拜ᄒ고야呼보商問曰一行中에或有失物乎아ᄒ즉一人이行裝을搜探ᄒ더니紙匣을遺失ᄒ얏다ᄒ거ᄂ洪先達이又問曰然則紙匣中에有何物乎아보商曰紙貨二千五百兩을儲置라ᄒ거ᄂ홍先達이무疑還給흔딩히보商이無數致謝而上京ᄒ얏다가回路에홍先達를訪見ᄒ고葉二拾兩을施給흔딩홍先達이固辭不受ᄒ얏다는딩히人의廉潔흠을行路가莫不稱贊흔다더라

●水產開會 釜山港居留일本人이水產協會를設施ᄒ고從此以後로沿海理事廳所在處에居留ᄒ는일人中有志人으로會員을選定ᄒ기로ᄒ고來십五일에開式을擧行흘터인딩統監府에셔水產課長表孫一氏를派送觀察흔다더라

●靑年演說 今일下午七點半에靑年會館에셔討論會를開ᄒ고人心지熱이勝於太陽지曝이란問題로可否便들이互相討論ᄒ다더라

●今回演說 美國셔來到흔博士리드씨가靑年會館에셔自本月十六일로십八일ᄭ지각학校教育家를爲ᄒ야삼次演說ᄒ다ᄂ딩凡我국학校教師가多數來參ᄒ심을希望ᄒ다더라

●劉시奠居 前協판劉世南시가今番에歸國ᄒ야셔는中셔相동等地에家屋을買ᄒ고家眷을安堵케ᄒ얏는딩히시가今番에ᄂ永久히在國흘計畫이라는說이有ᄒ더라

●拔鎗刺股 今昨일下午今時에北셔花開동等地에셔何許兵丁이大醉ᄒ야街路上行人을挽執ᄒ고無端이詰難ᄒ는지라히제居김寬식이가傍觀타가히兵丁을曉諭勸送ᄒ려흔즉히兵에言辭가不順ᄒ미김寬식이가憤怒ᄒ야打頰ᄒ얏더니히兵이拔其佩鎗ᄒ야김寬식의股를刺ᄒ고逃走ᄒ얏다더라

●殺夫處刑 함鏡北道裁判所檢事櫟赫采시가法部에報告ᄒ되部訓을奉准ᄒ야四月一일下午二時量에本官이與法務補佐官으로前往경務셔ᄒ와殺夫罪人최召天을鏡城郡古獄에押致ᄒ야指揮執刑흔後屍身을保卽出埋ᄒ얏다고報告ᄒ얏더라

●留日學生의來函

東京市內早稻田大學校는日本國朝野에有名望흔前內閣總理大臣이오今進步黨의首領大隈伯의創立흔學校인故로東京帝國大學校之次位에處ᄒ야有名譽흔大學校로世人共知ᄒ는바이러니該校政治科學徒中所謂急進黨派田淵豐吉爲漢이以若蠻習으로不分天地ᄒ고渠輩組織흔所謂擬國會討論問題에莫嚴莫尊흔堂々我大한皇室에對ᄒ야以維不可書口不可言目不可見之問題（特旨로以ᄒ야한國王과華族에列흔事를奏請흔事）를肆然提出ᄒ얏ᄂ딩贊成學徒가三十九名・遂ᄒ얏더라該問題를揭示場看板에揭示흔事件에對ᄒ야該校留學ᄒ는我한학生리亨雨씨等十六이不勝撤天之痛憤ᄒ야학監高田助苗의게質問ᄒ고田淵豐吉을處以重罰ᄒ고贊成흔學徒三十九名도卽行黜校ᄒ라ᄒ즉答以該問題는已爲撤去ᄒ얏고處罰一欵은此是校內之權이오非한국학生의干預라ᄒ며認以例事ᄒ즉

我학生이不勝憤激ᄒ야此校之變行이何若是滋甚고與不共天日之讐로豈可同校受業이리오大聲呼유ᄒ고卽皆退학狀ᄒ야投人히校ᄒ고聽我학生會ᄒ야語未及出에淚先산然이라在傍諸生이莫知裏許에爲々驚악ᄒ야願聞其詳則不忍口道ᄒ고書而示之ᄒ니滿座학生이放聲大哭에天日無色이라伊日은卽參月二十八日上午八點鐘也라自此日爲始ᄒ야諸학生이撤歸학業ᄒ고會集於麴町區舊公使館內ᄒ니人員이殆近二百有餘人이오일已酉矣라不勝憤激ᄒ야質問討罪次제到于早稻田학校則只有幹事一名故로選擇能言總代二人ᄒ야 未完

▲揮筆一笑▼

▲漢水一帶가有如其빗이라千里東流에往々怒濤가激起不平ᄒ야注人胸海ᄒ니不過悲歌가空自慷慨ᄒ야燕趙斜陽에傍若無人이로다

▲近日政府大官은或杜門吟病ᄒ고或江亭에閒養ᄒ야政界奇變은視若尋常ᄒ고佯作昇平氣相ᄒ니不知胸中에有甚經濟어니와當此時代ᄒ야以善政治ᄒ寂若無聞ᄒ니卽不過自爲身謀로다

▲政府에셔무슴會議흘事가有ᄒ면統監官邸에齊進會議ᄒ야統監官邸를視作政府ᄒ니亦一可歎흔事라近日政府가雖云日人壓制下에在ᄒ나如或日本게關係흔事가有ᄒ면交涉決之은猶可說也어니와一々面議는納媚에不過ᄒ도다

▲日前中樞院에셔詮考所를廢止ᄒ라고建議ᄒ얏더니政府에셔히院建議를依ᄒ야詮考를廢止흔다니近日詮考委員은有何力흔官人이되얏더니忽地에廢止ᄒ면히官人은落莫이莫甚ᄒ깃고

▲東南兩大門上層門樓隅에何許人이怪異흔六字를匿名揭付ᄒ얏는딩南北村無事客이此六字語意를解釋지못ᄒ야面々相否에爲一問題ᄒ니知亦何爲오한人에迷信ᄒ든習慣을於此可見이로다

▲平理院裁判長리允用씨는有何事件인지四五일을仕進調務치아니ᄒ야遐鄕訟民이訴狀을推覓치못ᄒ야道路에屛處ᄒ다ᄒ니히裁長은訟案이堆積ᄒ되視作等閑文具ᄒ니不諒民情이何其甚也오

▲開明흔目的으로先爲洋服을製着ᄒ는딩費額이太多ᄒ니爾明表習가洋服에在흔줄노知ᄒ니일人은自稱先開흔國人이라ᄒ나前일일本衣制를多着ᄒ얏ᄉ니開與不開가洋服에爲在리오

▲各地方에警官을多設흠은人民을保護ᄒ기爲흠이라ᄒ더니巡檢에作弊가去益滋蔓ᄒ야人民은犧牲으로視ᄒ야塗炭이益甚ᄒ니保護는姑舍ᄒ고人民을剝割ᄒ는警吏로다

特別社告

국債보償금에昨日所捧은姑未合計이고伊前日所捧總合五千八百七十六圜四拾六연은電氣會社銀行의貯置ᄒᆞ얏삽고義연人姓名은逐日廣告ᄒᆞᆷ

大韓每日申報社

雜報

◎國民會演說　來일曜일下午八時에國民敎育會에서일本紳士大垣丈夫씨를請邀ᄒᆞ야根本的改良이라ᄂᆞᆫ問題로演說ᄒᆞᆫᄃᆡ國內紳士의多數傍聽ᄒᆞ기를希望ᄒᆞᆫ다더라

◎傳聞之誤　本報第四百二十六号雜報欄內에稅主遞送이란題下에其實을更問ᄒᆞᆫ즉郵便局收取扱所에ᄂᆞᆫ相關이無ᄒᆞ다더라

廣告

◉學員募集廣告

大韓醫院敎育部에서官費生及私費生으로學員을試選ᄒᆞᆯ터이니入學志願者ᄂᆞᆫ四月二十五日(陰曆三月十三日)以內로入학請願書를本部(中署勸洞前醫학교)에具呈ᄒᆞ고翌日上午十時에本部로齊赴應試ᄒᆞᆯ事

入學試驗科目

一年齡은十八歲以上三十歲以下

一身體檢査

一漢文讀書

一國漢文作文

一算術問答

一中학校卒業証書가有ᄒᆞᆫ者ᄂᆞᆫ免試許入ᄒᆞᆯ事

一入학請願書紙ᄂᆞᆫ本部로來ᄒᆞ야請用ᄒᆞᆯ事

大韓醫院敎育部

北米桑港地方에居留ᄒᆞᄂᆞᆫ我同胞가勞動生活로協會를組織ᄒᆞ며敎育을勉勵ᄒᆞ며新聞을發行ᄒᆞ야祖國에利益ᄒᆞᆯ供獻코ᄌᆞ홈은國內同胞도想應知悉이외다然이나在彼ᄒᆞᆫ同포의勞動所得으로ᄂᆞᆫ會務와敎育과新聞에關ᄒᆞᆫ諸般事業을維持做去키難ᄒᆞ오니寧不可惜可민乎잇가惟我국內同포ᄂᆞᆫ此를諒燭ᄒᆞ오셔隨力贊成ᄒᆞ믈干萬옹祝홈

安昌호 告白

記戰法普

譯者 玄采 室白

(鐵拾四冊 定價 全一冊)

當時普法兩國의戰略과 [illegible] 本書ᄂᆞᆫ距今三十七年前西曆一千八百七十年에 [illegible] 我國男兒ᄂᆞᆫ必此愛國精神을感而興起ᄒᆞ면 [illegible] 唯ᄒᆞᆫ뎌

(館書央中)(館書民新)

元兌發

逐越橋朝鮮書中　逐川邑川宣兌平

本社申報第四百七十사호雜報中南來人傳說內에蔚山郡稅務主事林鍾윤시稅務章程叚乙ᄒᆞ고每結每엽捌십四式勒捧而又사百七십七兩零中公錢사십兩을以엽錢貿捧ᄒᆞ야紙貨兩되行而紙貨價現今低落ᄒᆞ야旋以五分邊放債云인바林主事收稅方針을依章程십二圓例로從民願收봉ᄒᆞ야毫無貽弊則一境莫不讚頌이더니何許浮雜輩有何猜嫌인지做出無據之說ᄒᆞ야登諸新聞이기玆에廣告홈

울川頭民박良壞等告백

美林金弼柱許於二月拾六日所捧五百兩票를雙街里에셔遺失ᄒᆞ야則誰某拾得ᄒᆞ와도休紙施行홈

平壤安州동 金召史 告白

濟州島旌義郡西中面爲美里金문玉이가再昨年十二月一日夜에本人에妻을暗欲强奸ᄒᆞ가未成現捕而頑役文옥이가反荷賊杖ᄒᆞ야맹打本人之老父ᄒᆞ고一目이重傷이온바彼漢所捕가俱係當律이기自該郡至本島裁判所ᄒᆞ야對質裁判者不知幾次이되拕今三年에事未出稍ᄒᆞ온바該漢之恃敎挾勢所致也라今自本島裁判所로修報于平理院則原被告가對質次上來之際에該文옥이가自知理屈ᄒᆞ야中間隱匿ᄒᆞ고多日不現ᄒᆞ기玆以廣告홈

旌義郡西中面爲美里 李宰南 告白

北署觀광坊昭格동第六十一統七戶瓦家十二間草家五間半合十七間半板券을셔失ᄒᆞ얏사오니誰某拾得ᄒᆞ야典執或論賣ᄒᆞ거든內外國人은切勿見欺ᄒᆞ시오

家主 具範書 告白

西署餘慶坊廣濟橋契舊西部동第四十四統四戶瓦家三十間半板刻文券을遺失ᄒᆞ얏기玆에廣布ᄒᆞ오니內外國人間拾得ᄒᆞ셔도休紙로施行ᄒᆞ시옵

嚴柱源 告白

本學會總會를今四月十四日(陰三月初二日)下午一時에西署義盈동養正義塾內에開ᄒᆞ오니僉회員은一齊來臨ᄒᆞ심을要

輔仁學會 告白

◉大韓俱樂部告白

本月十四日(陰三月初二日)下午一時에礡동普成專門學校內에셔總會를開ᄒᆞ오니僉部員은來臨ᄒᆞ시오

敬啓者夫國而有憂則民有擔之ᄒᆞ고民而有願則國有從之이라故로一國之大道이온바今此國事를凡我同胞가盡忠竭力은국憂民擔之義務이오民之所願은何也오 [illegible] 貪官이폐國害民ᄒᆞᄂᆞᆫ者를 [illegible]

[illegible] 各郡ᄒᆞ야使民息肩則政府之處分이ᄒᆞ니 [illegible] 十一例十六萬兩을何可勿施 [illegible]

本人豆湖최경心인ᄃᆡ不知何許人이假稱英親王宮舍音ᄒᆞ고華川所在租包一百石을放賣之意로斷斷相約ᄒᆞ고萬兩於音을出給後更査則리龍安이假稱爲名人이니虛無故玆에廣告ᄒᆞ오니內外國人은此於音에勿欺홈

豆毛浦 최경心 告白

白川開與學校補助金續

박濟炳 김成赫 以上貳拾圜　리承錫 리顯秀 以上貳拾圜　김鍾國 김教植 설相호 황祐섭 以上拾圜　윤明鎭 오山동中 리병奎 김운寬 以上八圜　김時默 리般恒宗中 多壽 以上陸圜　한昌國 관德호 劉基龍 김容삼 김東수 김亨南 김성植 朴景浩 李致順 한興奎 金敎貞 李相載 以上四圜 최永祿 최석찬 徐文壽 林俊學 林在석 辛在호 洪승錫 박창根 리昌헌 니國燮 馬德榮 박禎浩 安俊호 吳德유 趙斗원 以上貳圜

本館이開業經年에僉君子의愛顧ᄒᆞ심을蒙ᄒᆞ와漸進興旺이온바一層擴張ᄒᆞ기爲ᄒᆞ야諸般機械와活字를一新改良ᄒᆞ고書籍印刷ᄒᆞ시ᄂᆞᆫ諸君子의게隨便을務圖ᄒᆞ오며費額도低廉ᄒᆞ오니江湖諸君子ᄂᆞᆫ陸續來議ᄒᆞ심을望홈

京城南署會동八十五統四戶 普文舘 告白

西署新門리錦동百八十六統三戶 辯護士前檢事正三品 丁明燮 法律事務所 事務員前主事吳在學

本人에陰二月四日에開城鍾路에셔紙貨十九圜을셔失ᄒᆞ얏더니爲只洞居權鍾遠氏와培義學校학徒安周호兩氏가路中拾得而廣告于南大門ᄒᆞ야採問貨主出給ᄒᆞ오니世無如차仁厚之人이옵기其厚德之義를公布홈

開城南部惠谷居林用萬告白

第三期學員募集廣告

本塾에셔今年에宏闊ᄒᆞᆫ敎塲으로建築ᄒᆞ며敎務를擴張ᄒᆞ야一層整備ᄒᆞ고法學科學員을新募ᄒᆞ오니願學人은本塾에前期내臨ᄒᆞ야請願ᄒᆞ고左開日에應試홈學科及規則은本塾에내問홀事

○試驗科目

國漢文 讀書 作文

算術 (四則以內)

○試驗日字

陽五月五日(陰三月廿二日)

光武十一年四月 日

西署英語學校後동

私立 養正義塾 告白

本人祖父母山所在於陽川將軍面新機里이온ᄃᆡ弟在旭字士文性本浮浪ᄒᆞ야蕩敗家產ᄒᆞ고先山松楸를將欲暗賣ᄒᆞ니切勿見欺홈

東湖송在國 宋在永 告

●學員募集廣告●

本校에셔晝夜學科를定ᄒᆞ고學員을募集ᄒᆞᆯ터이오니入학志願者ᄂᆞᆫ四月十三일(陰曆三月初一일)以內로入학請願書를本校에具呈ᄒᆞ고仍日上午九時에本校에齊赴ᄒᆞᆯ事

科程 漢文 地誌 歷史 英語 算術 體操

貞동源泰洋服裁縫店 告白

國債報償義捐金

收入廣告

●竹山川南一面山北山뎌동
呂東哲 오拾젼
박鎭龍 ᄉ拾뎐
리命哲 三拾뎐
니和知 高景鎭 각貳拾錢
高時台 貳拾四錢
최順필 됴창호 曹日杉
한光셔 한明슈 黃斗淵
呂규셕 呂즁셥 니在杞
趙炳憲 조병훈 조병喆
니明國 김明호 呂德興
呂규學 김興昌 각拾젼
됴興起 송淳完 각八젼
柳遠호 박東愚각七젼五里
柳和連 呂希셥 박龍伊 각五錢
합四圓
●始興郡上北面遠芝牧里
니鍾遠 壹圓
徐東昇 뎡致善 각六拾錢
柳在福 權魯슈 柳伯현 각五拾錢
柳景烈 柳九현 됴東슈
뎡致三 윤興云 千仁善 각四拾錢
윤四成 뎡致凡 柳직현
柳在周 각三拾젼
權鍾祐 柳在衡 죠東麟
죠建夏 죠東奎 니學규
뎡順吾 강明玉 니公先
뎡致奉 金敬實 安永善
박甫賢 각貳拾錢
權셔규 權종祿 權興슈
柳重현 郭大宗 니聖教
뎡致順 뎡敬五 뎡元一
뎡順根 김聖完 한百龍
鄭元順 죠東承 윤學云
한春日 劉春到 쟝云善
김德昌 김元三 각拾젼
죠憲九 김召史각七젼五里
뎡天瀾 五錢
合拾貳圓拾錢

●南陽郡雙阜鳴汀面古溫浦外동
니丙台 五拾젼
니丙鼎 니丙찬 각八拾뎐
니彦秀 니丙恒 니丙창
리필宇 최永玉 최新如
니伯호 강性文 각四拾錢
니뒤秀 니明秀 니丙行
니丙極 박春西 姜漢甫
최春根 니道和 김和西
池般守 池慶允 姜性玉
장西根 각貳拾錢
▲南陽郡雙阜鳴汀面古溫浦內동
全在根 김興汝等 廿餘戶 五圓六拾錢
▲南陽郡雙阜鳴汀面古溫浦內동天道教人十戶
니규學 白樂溫 白樂興
白樂호 김敬然 각廿四錢
白樂攸 白樂深 각廿젼
文永喜 梁在善 鄭寅赫 각拾전
合拾五圓ᄉ拾전
●楊州郡上道面畓동
니建泰 壹圓
니爽應 四十전
白用基 五拾錢
夫人박씨 拾錢
김甲슈 五拾錢
김愚東 貳拾전
니建明 한榮履 각三拾錢
니建七 니면夏 각五拾錢
리吉應 六拾전
王赫壽 貳拾錢
孫順山 五拾錢
김完吉 六拾錢
김大吉 柳셔鎭 각三拾錢
김千吉 김範用 孫山伊
孫自斤山伊 孫春山
김億萬 王赫大 각貳拾錢
니建괴 니建赫 니建民
니광夏 리명夏 각三拾錢
니麟夏 六拾錢
祖母윤씨 貳拾전
리 풍 김在壽 각貳拾전

權 懲 三拾전
한필履 四拾錢
리종遠 廿錢
母親南宮씨 拾錢
리聖仲 리景立 리明遠
니象羲 니建華 각三拾錢
니建極 八拾錢
리建學 七拾錢
柳長祿 貳拾錢
니建穆 三拾錢
리完在 拾錢
니景夏 리三吉 각三拾錢
合拾六圓貳拾錢
●忠南溫陽郡一北面可樂地
正三品安鞦承 五圓
先達安龍善 拾錢
安弘璿 四拾錢
安봉용 拾五錢
니致叔 拾貳錢
安鵬善 니善明 각拾錢
박鳳鎭 壹圓
從弟學성 三拾錢
뎡順哲 六拾錢
姪 奇峯 貳拾錢
송正雲 弟 云峯 劉昌셕
丁完福 ᄀ五拾전
姪 上奉 拾錢
김壽萬 妹弟正卜 각拾錢
리台山 四拾錢
윤八用 貳拾錢
尹召史 김興吉 黃三峰
康千峰 니敬善 박興옥
최今록 박到連 각拾錢
郭德用 安桂峯 각貳拾錢
合拾貳圓貳拾五錢
●陰竹南面長湖院石橋村
前司果니德興 貳拾圓
前參奉孫聖化 拾圓
前都事최永基 拾圓
김九彬 김元培 각五圓
前五衛將리德汝 사圓
前先達니德仲 ᄉ圓
김道成 安勳景 각사圓
前主事김錫壽 貳圓
前主事김濟安 貳圓

前參奉김濟獻 壹圓
니仁植 安聖秀 각貳圓
孫敬輒 壹圓五拾錢
니君實 됴永善 각壹圓
林春景 貳圓
孫禹현 壹圓
前主事니春協 貳圓
前守門將김顯璧 壹圓
劉泰淳 段亨옥 각壹圓
니士善 六拾錢
吳仁默 됴性환 趙汝옥
安敬瑞 강봉春 송致德
니化景 니化성 任敬武
文善日 洪化實 리英俊
元德瞻 劉셩숙 각五拾錢
前先達김永甫 五拾錢
徐善敬 김聖九 니聖云
김應叔 니宗옥 니禹春
ᄀ三拾젼
柳周邦 四拾젼
權君三 최汝順 申萬甫
송德智 니德文 柳召史
김周成 박明洙 申德洙
송致文 김聖容 申敬善
박忠根 申德元 각貳拾젼
黃敬天 강泰奉 김元文
禹敬西 安元五 權셩道
홍寬日 盧承運 徐敬伯
申君西 安鶴西 뎡大有
각拾젼
니化셩令孃 銀指環壹兩重 代金貳圓
합壹百○貳圓八拾전
●陰竹南面華峴
盧秉玉 壹圓貳拾전
盧秉俊 壹圓
盧병원 八拾뎐
로병浩 삼拾뎐
로병셕 張小현 林春化
김明先 니壽百 김順必
김榮三 王春先 각六拾뎐
김春明 禹根實 崔名玉
孫원象 裵順甫 최千吾
각四拾錢
南致壽 拾錢
林順秉 김群先 王一三
니正範 王汝先 박明言
니京玉 박致先 김致원
최寬보 최원一 表順明
徐根實 김慶先 윤榮運
니用西 吳善慶 각삼拾錢
朱錫化 二拾錢
김汝長 拾錢
合拾六圓

●楊根北面草谷동檜谷里
喜用昌 壹圓
최寬淳 五拾젼
리성魯 최基호 ᄀ壹圓
元德喜 洪숨就 各五拾젼
元容甫 최永漢 安基秀 각사拾젼
柳在學 문셔金 각卄뎐
니在基 五십뎐
元鏡常 洪成云 洪錫基 각卄젼
니海德 元厚常 송원一
元容숨 元敬喜 元容信
빅德起 문광錫 문長셩
全龍옥 卜仁承 安哲喜
김병碩 張인基 文春긔
柳春셔 元容榮 元容周
元容학 원容淳 원俊喜
원昌喜 원允喜 니弘祿
원容홍 원鐵常 盧仁슈
장聖化 陳寬錫 全영셔
니원玉 니春식 김뎌식
田殿回 죠照규 각卄전
니官承 卄뎐
합拾五圓
●仁川田反面二里梅着동
니文濟 貳圓
니裕德 梁柱弘 니佑根
崔榮熙 김聖初 奇允化 各壹圓
尹致功 윤春功 각八拾전
蔡元重 니규星 니泰榮
규世翎 김山汝 윤敬實

김順善 니圭영 강興俊
曹公근 각五拾錢
奇春成 ᄉ拾錢
奇春善 니유賢 奇春凡
김順交 니道敵 각卄젼
니周榮 니舜榮 니유商
니應俊 孔完錫 니和榮
니啓煌 윤順山 뎡舜祖
成龜植 리圭봉 니啓弘
윤寬平 朴윤道 니圭호
각卄젼
장順九 拾九젼
윤敬順 拾貳錢
奇春植 니호榮 尹景春
김君善 尹학보 各拾錢
安召史 六錢
合貳拾圓卄七錢
●居창郡熊陽面山圃里
幼學 니有賢 子 즁道 각拾圓
니有敏 니有教 각貳圓
니有敦 壹圓
正三品니즁學 拾圓
子 靈약 七歲
니즁亨 子 현옥 각壹圓
니즁世 二圓
前參奉니즁岳 八圓
子 현克 貳圓
前參奉니즁식 拾圓
子 현輔 四圓
正三品니즁셥 拾圓
前主事니즁成 四圓
子 현說 현八 甲承十歲
壬承八歲 各壹圓
니즁옥 貳圓
子 현三 니즁九 니즁英
니즁文 니즁鴻 니즁儀
니즁禹 前主事니즁達
니즁碩 니즁元 각壹圓
前都事니현규 貳圓
子 夏永 孝永 文永 각壹圓
前主事니현도 貳圓
前議官니현용 三圓
子 혜丙七歲 壹圓

前主事니현彬 六圓
子 奉出八歲 壹圓
進士 니죤永 三圓
子 明和 壹圓
幼學 니仁永 貳圓
합一百拾八圓
●居창熊陽面山圃里
婦人義연記
니현규母親鄭시 貳圓
夫人송시 貳圓
니즁成母親河시 壹圓
니즁鴻母親全시 四拾錢
니즁文叔母김시 六拾錢
니즁學夫인姜시 貳圓
從妹박씨婦 사拾전
니즁世夫인愼시 샤拾錢
니즁岳夫인박시 貳圓
니즁식夫인鄭시 三圓
니즁셥夫인뎡시 壹圓
니즁達夫인박시 卄錢
니즁道夫인뎡시 壹圓
니현도夫인뎡시 사拾전
니현용夫인曽씨 샤拾전
니현彬夫인뎡시 貳圓
니祚永夫인卞시 壹圓
합拾九元八拾錢
總合三百五十壹圓九十貳전
前號總合三千參百拾六圓六拾六錢二里
都總合삼千六百六拾八圓五十八전貳里

大韓每日申報社

◎本社廣告
○申報價
一張代金 新貨二錢五里
一個月前納 三十錢
三箇月 九十錢
六個月 一元七十錢
一箇年 三元四十錢
郵稅一部 新貨五里
一箇月 十三錢
發行兼編輯人 英國人배說
發行所 南署石井洞號外地三層洋屋
大韓每日申報社

第五卷

大韓每日申報
대한매일신보

第四百八十六號

月曜及慶節歲時日休刊

檀君開國四千二百四十年
箕子元年三千二十九年
大韓開國五百十六年
日本明治四十年
淸國光緖三十三年
◉陰曆丁未三月小初二日癸巳

別報

論滿洲朝鮮兩處日官之近事
(滿洲報照謄)

中外商業新報가近著一論ᄒᆞ야滿洲와韓國兩處에日官의行事를言ᄒᆞ얏스니極히令人으로讀之生笑라其所言을擬하건ᄃᆡ日官의品行이愈趨愈下ᄒᆞ야現에惟利是圖ᄒᆞᄂᆞᆫᄃᆡ至ᄒᆞ니貪贓行賂之事와如ᄒᆞᆫ것은習以爲常ᄒᆞ야近亦不足恠者러라

ᄒᆡ日官等의遠離鄕土ᄒᆞ고均屬客身ᄒᆞ니應當如何히謹愼供職ᄒᆞ야以俟異日에歸耀鄕里어ᄂᆞᆯ乃ᄒᆡ日人等이終일에無所事々ᄒᆞ고惟以賭博狎遊로爲消遣ᄒᆞ니如此則其俸금이豈足供其揮霍이리오旣不足供其揮霍이라晏安이已久에習以爲常하니更히辛苦를能耐치못ᄒᆞᆯ지라於是에其異天을向ᄒᆞ야生財之法을開想ᄒᆞᄂᆞᆫ것이弗一而足ᄒᆞ니其弗欲行賂貪贓인들豈可得哉아

口本셔踞南滿之文武大小각官이現在終日에擅作威福ᄒᆞ고且過事鑽營ᄒᆞ야務求得利ᄒᆞᆫ後에乃已ᄒᆞ니民間詞訟지事를遇ᄒᆞ면弗必問其誰是誰非하며亦不必問其判斷지公正與否ᄒᆞ고但視其袒護某人이면必是某人所給지賄가倍於他人이라

日本官員의蕪嗇如此ᄒᆞ다고謂홈은아니라間有一二自愛하야弗肯爲非者라도弗得弗稍히隨이苟且ᄒᆞᄂᆞᆫ지라倘果超然不群ᄒᆞ야自行古道ᄒᆞ면必群起이攻ᄒᆞ야使지去位이後에乃已라

嘗見ᄒᆞ미陸軍二等軍司正尉某君者ᄂᆞᆫ潔身自愛ᄒᆞ야粹然古君子라君이與新進少年각武員으로同部治事ᄒᆞᆯ시伊輩所爲를見ᄒᆞ미實非人類라羞與爲伍ᄒᆞ고又求去弗得일ᄉᆡ竟乃日本의古時故事를學ᄒᆞ야腹切을作ᄒᆞ야死ᄒᆞ니腹切者ᄂᆞᆫ自以利刃으로腹을劃ᄒᆞᄂᆞᆫ것이라在昔日本人이存心無愧者가弗見諒於人하면往々剖腹이死ᄒᆞ니欲使人으로見其心이知其無他也라某君이今學차故事ᄒᆞ야以自盡ᄒᆞ니亦示其心이弗與衆同也라

其君自死지後로滿洲에在ᄒᆞᆫ各日官들이總督으로由ᄒᆞ야在官지末職까지皆欲掩蔽此事ᄒᆞ야弗令內국政府로聞知나然이나愈掩愈彰ᄒᆞ야政府가反히多生疑두ᄒᆞᆫ故로兵部大臣寺內氏를派遣ᄒᆞ야滿洲一切事宜를尋察ᄒᆞᆫ故로此中外商業新報가深히寺內大臣이速至滿洲ᄒᆞ야舊習을痛除ᄒᆞ고一切事를認眞察판ᄒᆞ야偶爾過遇로敷衍了事를萬勿ᄒᆞ기를切望ᄒᆞ나니前者欽差之行도果爾ᄒᆞ얏스면滿洲民이生矣라ᄒᆞ엿더라

此篇을續ᄒᆞ건ᄃᆡ日本官憲이韓滿兩界에在ᄒᆞ야不潔不法ᄒᆞᆫ行動이不一而足ᄒᆞᆫ것은可以知悉ᄒᆞᆯ지라又차兩界內에셔絕大叫奇的事가有ᄒᆞ니한國에셔ᄂᆞᆫ西坂君이日官의壓制行爲를忿歎ᄒᆞ야畢竟自刃ᄒᆞᄂᆞᆫ대至ᄒᆞ얏고滿洲에셔ᄂᆞᆫ正尉某君이其僚屬의弗正處事를愧恨ᄒᆞ야終乃剖腹而死ᄒᆞ얏스니此兩人의決心自躇이何其壯烈而同也며彼日官等이欲掩蔽其事ᄒᆞ되愈益彰著者가又何相類也오此兩件事가可히世界萬國에公眼을對ᄒᆞ야韓滿兩界에眞正ᄒᆞᆫ證案을供給ᄒᆞ리라ᄒᆞ노라

官報

●三千七百三十九號 光武十一年四月十二日

◉宮廷錄事

宮內府特進官리乾하炎蒙
批旨省疏具悉疏辭令掌禮院稟處分就

◉辭令

度支部主事김영根
免本官

右ᄂᆞᆫ此員이財務協贊으로派在南原군ᄒᆞ야行爲乖當에聰聞駭然ᄒᆞ니事體所在에不可仍置이기是로以ᄒᆞ야免本官

外報

●新造砲艦의命名 支那報를據ᄒᆞᆫ則야州總督張之동氏가日本川崎造船所에向ᄒᆞ야所製ᄒᆞᆫ水雷艇四隻의名을定ᄒᆞ되湖鵬湖악湖鶚湖燕이라ᄒᆞ얏ᄂᆞᆫᄃᆡ其湖鵬湖악은現已竣工ᄒᆞ얏더라

●宗室留學 上海電을據ᄒᆞᆫ즉淸국陸軍學校에셔ᄂᆞᆫ皇族生徒廿名을軍事研究ᄒᆞ기爲ᄒᆞ야英德兩國에派遣ᄒᆞ기로決定ᄒᆞ얏다더라

●女界通報發出 北京電을據ᄒᆞᆫ今志士某君이有ᄒᆞ야北京女學이漸々開進ᄒᆞ야비록學堂數處가有ᄒᆞ나맛참ᄂᆡ敎育普及을不能이라諸同志와商確ᄒᆞ야一女界通報를組織ᄒᆞᄂᆞᆫᄃᆡ事히女界知識을開進ᄒᆞ기爲ᄒᆞ야現在籌畫中이라더라

雜報

宜寧郡덕谷書堂國債報償期成會발文

伏以人지所以異於禽獸者以其有忠孝仁義也今차國채報償지論先創於嶺南八域響應차世非蒙我
列聖朝化育餘澤及
聖上仁慈지盛德而忠義感발지致歟大哉차論也人각其心好지弗曾若自其口出寔能保我子孫乎ᄃᆡ抵我국々채壹千參百萬圓卽我民국俱亾지機關也劃地典海稅額旣縮국庫蕩殘無可報지力라過幾年則利過於本督지務지又將劃地民無所適而未充其利小有餘存者百倍요役民罷沒實其士其家竟無了償지時幾何埃及波蘭等諸亡國新史乎古지其不論서而殄滅也晉弗觀越南興國則君臣爲一脉國事如一家過一事上下皆得言지今지亡國則國自國而民自民但知有身有家弗知有君有국차乃自滅而自亡者也可勝嘆哉

范文正爲秀才時以天下爲已任顧亭林亦書社稷存亡匹夫有責古今哲人未有不求盡其責任者也迫此국勢岌業之時何幸高論限參個月我二千萬同胞同盟廢止南草吸烟以代금每名每月新貨二十錢式義捐則庶可爲償債之資云雖愚夫愚婦聞此事樂而小有愛
國愛家愛身的思想則孰不感咲揮淚而隨其力義연乎如此擧國鼓動無論男女行論續以同聲相應之際況我備林尙차默然是啻平일講忠孝明倫序愛家국之道乎玆敢發告于本군각門及국邑僉員伏願趣到之일以拔例出義之意국自勸告以今月十六일來會于德谷書堂以敎國채報償期成會지事千萬幸甚

●국債報상歌

愛國心혜々々々
大丘徐公相敦일세
一千三百萬圓국債
設立同盟斷烟會라
勉實지心發揚ᄒᆞ니
大한國民分明ᄒᆞ다
今我國家艱難際여
孰可能有此熱誠가
慶尙大丘徐公等은
人々마다贊美로다
福州館下我同胞여
大丘싸만니라土나
大한二千萬人衆에
徐相敦만ᄉᆞ람인가
蝸鄕天地吾儕들도
한國百姓안일넌가
外人負債年々利殖
其數多夥不能當을
不待干戈國自消면
嗟我生民何處居오
此國疆土업게되면
家屋田庄뉘것인고
隨其力혜貧富인들
國民되고楚越視아
九세兒孩李龍봉도
歲拜得錢補助커든
感發코다感發코다
忠愛之心感發코다
圓동사ᄂᆞᆫ安衡식이
年今六歲兒孩로셔
見其父之義金ᄒᆞ고
舊貨二元出納이라
愛國思想如許ᄒᆞ니
天民可貴ᄒᆞ리로다
大歲九歲兒孩들도
外人債에져러커든
僉君子歟々々々
不待失時報償ᄒᆞ오
庶有國債畢報時면
豈不喜且悅乎哉아
勉之哉져々々々
惟我蝸川諸君子여

蝸川郡南門外國채報償所發起人 리병德 김인化 等

●罪囚義연 忠북忠州군警務서懲役罪囚等이본社에函告가如左ᄒᆞ니僕等이草野루蟻로犯律處役이雖有경重遠邇之別이나不見ᄐ일ᄒᆞ고尙此延命이莫非我
聖上好生之德也라卽伏聞국채報償之說ᄒᆞ고용躍奔走於牢獄之중ᄒᆞ야數三役徒同聲相應日吾輩之일費 國庫ᄒᆞ야以保生命이于금幾年矣라豈무報答其萬一乎或捆履ᄒᆞ며或有節食者ᄒᆞ야六환六十錢을鳩聚上送ᄒᆞ오니勿以賤役이遐棄ᄒᆞ고使지願合지地千萬幸甚이라ᄒᆞ얏더라

●彰社齊義 北道商民等이行販上共同便利를爲ᄒᆞ야彰興社를組成ᄒᆞᆫ은前巳記載어니와盖北魚에轉販은必由釜港故로釜港이北商都會가된지라上年設社也에釜山이本社가되고咸興이支社가된지라今日國債義捐의對ᄒᆞ야釜港本社에셔五拾九圓零을연ᄒᆞ고咸興支社에셔二百四拾九圓零을연ᄒᆞ고各郡支社도亦將次鳩出연ᄒᆞᆫ다더라

●一洞出義 西署龍山坊東幕居前叅書高淳職氏及秘書丞沈亨澤씨와ᄒᆡ동諸氏가僉夫人義금을勉勵收合中인ᄃᆡ爲先聽里下契諸夫人義금貳拾四圓을大安동天人會로來傳ᄒᆞ얏다더라

雜報

●揀擇退定 英親王夫人再揀擇은陰曆五月十七日로退定ᄒᆞ얏더라

●統監密議 伊藤統監이今番韓국에再히渡來ᄒᆞ야무삼事件을圖得ᄒᆞ기爲ᄒᆞ야秘密히陛見도ᄒᆞ고각大臣을連日會集ᄒᆞ야密密提議ᄒᆞ더니日前에內大李址鎔씨와自己私邸에셔또密議ᄒᆞ얏다더라

●借欵餘額

日本셔借欵ᄒᆞᆫ壹千參百萬圜內에其間費用條와未來ᄒᆞᆫ餘額이如左ᄒᆞ니

▲參百萬圜은각銀行과會社에分給ᄒᆞ고

▲壹百七拾萬圜은水道局과衛生等에費用ᄒᆞ고

▲壹百萬圜은日本留學生學費로除給ᄒᆞ고

▲壹百萬圜은口文으로消融ᄒᆞ고

▲六百參拾萬圜은日本셔尙未賚來ᄒᆞ얏다더라

●倭屋占領 경務顧問以下補佐官及補佐官補等의게家屋建築에許與ᄒᆞᆫ基址가無ᄒᆞ야北壯동前農桑案內로定ᄒᆞᆫ다ᄂᆞᆫ說이有ᄒᆞ더라

●解任視務 學部學務局長張憲植氏가陞任ᄒᆞᆫ後에도會計課長視務를ᄒᆞᆫ다ᄂᆞᆫ巷說이有ᄒᆞ되該씨가會計課長을多年視務ᄒᆞ야ᄒᆞᆫ熟ᄒᆞᆫ故인지他人이視務ᄒᆞ면該氏在任時文簿가不正ᄒᆞ야現露가될念慮가有ᄒᆞᆫ지未知라ᄂᆞᆫ說이有ᄒᆞ더라

●印費未撥 文獻備考찬輯所에셔該文獻備考集印刷ᄒᆞ기로政府에셔經費를預算ᄒᆞ야度支部로交送ᄒᆞᆫ지가已久ᄒᆞ되度支部에셔尙未支撥ᄒᆞ야印刷치못ᄒᆞᆫ다더라

●大官偵探 近日政府大官들이閭巷所聞과其外各種秘密運動을探知ᄒᆞ기爲ᄒᆞ야偵探客幾人式을締結ᄒᆞ얏다더라

●館儒試取 日昨에成均館儒生闕額十八人을試驗充代ᄒᆞ얏다더라

●誤砲斃人 去月廿九日에黃州居김티根이가日本人大庭윤과素有親分ᄒᆞ야伐木次登山之路에要看其所佩六穴砲則大庭윤이가依其言而解砲ᄒᆞ야退丸欲贈타가誤發ᄒᆞ야正中於金泰根之臍肚右邊稍上ᄒᆞ야當下殞絕ᄒᆞ고該犯大庭윤은自平壤理事廳으로捉去ᄒᆞ얏다더라

●俱樂雜誌 大한俱樂部第一回와普專親睦會雜誌第二回ᄂᆞᆫ明일發刊ᄒᆞ고보셩專門학校內校友會雜誌法律經濟雜誌ᄂᆞᆫ來五月九일發刊ᄒᆞᆫ다더라

●種菜無地 訓鍊院等地菜田이沒入於교鍊ᄒᆞᆫ故로呼원이紛々ᄒᆞᆫ中에東署蓮동等地에幾十坪은師範學校附屬養士동학校를建築ᄒᆞ고栢동은大한病院을建設ᄒᆞ고梨花亭等地ᄂᆞᆫ工業傳習所를設置ᄒᆞᆫ대城內에菜田ᄂᆞᆫ更無餘地가되얏다ᄂᆞᆫ巷說이有ᄒᆞ더라

●費減兵存 軍部에셔徵上一二三隊兵丁을二百名式減額ᄒᆞ야北青隊를設置ᄒᆞ기로酌定ᄒᆞ얏더니徵上三大隊參領洪昌杰氏가軍部에請議ᄒᆞ되六百名經費를支撥ᄒᆞ면八百名을存ᄒᆞᆯ터이니三隊兵丁은減額치말나ᄒᆞᄂᆞᆫ故로一二隊兵丁만二百名式減下ᄒᆞ얏다더라

●兵丁增俸 各地方鎮衛隊에參領이或有或無ᄒᆞ되從今以後로ᄂᆞᆫ각地方派駐所에參領一人式增置ᄒᆞ고兵丁의月給도勿論京鄕各隊ᄒᆞ가舊貨一원四十錢式增撥ᄒᆞᆫ다더라

●孤兒開店 朝鮮新報社主催聯絡濟車博覽會에셔孤兒院에賣店一處를許借故로該院에셔孤兒數名을起送ᄒᆞ야隨處開店則觀光及買物者에輻湊ᄒᆞ야昨日龍山驛에셔開會ᄒᆞᆫ바今日에義州로前往ᄒᆞ야第次開會ᄒᆞᆫ다ᄒᆞ더라

●老宰化仙 前判書金學洙氏가昨日上午六時에長逝ᄒᆞ얏다더라

●法外작伐 陽川等地에培養ᄒᆞᆫ白楊木과桑木이有ᄒᆞᆫ되該地段인즉各人私有地라每年數百원式費用ᄒᆞ야于今七八年間無익守護ᄒᆞ얏ᄂᆞᆫ되陰去月二十일午後에砲隊에셔兵丁八人이服馬八隻을牢ᄒᆞ고來到該地ᄒᆞ야四十餘株를작伐馱歸ᄒᆞᆫ지라各地主들이不勝抑冤ᄒᆞ되未敢呼訴ᄒᆞᆫ다니私有地森林을無難작伐ᄒᆞᆷ이軍事上公用徵收를依ᄒᆞ야此擧를行ᄒᆞᆷ인지如此히强制徵收ᄒᆞᆷ은法律을侮視ᄒᆞᄂᆞᆫ軍隊라ᄒᆞ더라

●李氏被捉 再昨日경務廳에셔刑事上審查事가有ᄒᆞ다ᄒᆞ야로師範學校教官李긔氏를捉去ᄒᆞ고학部에報告ᄒᆞ얏다더라

●青年講道 今日下午三点半에福音會를開ᄒᆞ고紳士최斗榮氏가青年會館에셔講道ᄒᆞᆫ다더라

●四囚病斃 漢城裁判所所管監獄署在囚罪人金德甫가本月十一일에病死ᄒᆞ고忠南경務署在囚금局西ᄂᆞᆫ本月五일에致斃ᄒᆞ고役十年罪人劉星辰이ᄂᆞᆫ本月六일에致死ᄒᆞ고强盜擬絞罪人安德汝ᄂᆞᆫ身病으로本月八일에自斃ᄒᆞ얏다더라

●民冤滔天 黃海道海州東面四坊交界에英親王宮狀동이有ᄒᆞᆫ되該동設施가自壬寅年으로甲辰年에至ᄒᆞ야水稅로논동畓을塡當치못ᄒᆞᆫ事勢인즉該동幹攝ᄒᆞᄂᆞᆫ人이동下民人處에總名式赴役지意로懇請ᄒᆞ고또官筋이잇기로民人이宮役을取ᄒᆞ여겨蒙利ᄒᆞᆫ里를從ᄒᆞ야二合日式부役ᄒᆞ얏더니料外에宮監비善永爲名者가來ᄒᆞ야동役을看檢ᄒᆞᄂᆞᆫ되宮에셔役民午料錢으로四五千兩出給ᄒᆞᆫ것도沒食ᄒᆞ고또元부役外에三倍나부役을勒徵으로加役시키고비哥에말이宮에셔下敎가有ᄒᆞ기로부役시긴다ᄒᆞ고또捧稅時에稅租壹斗受捧ᄒᆞᆯ거슬一斗五升式加捧ᄒᆞᆫ後上納時에ᄂᆞᆫ每石頭에二斗式出ᄒᆞ야食ᄒᆞ고또民에게私히落色租라稱ᄒᆞ고壹斗式加捧ᄒᆞ니이런人은國民間에盜漢이라故로四坊民이不勝痛원ᄒᆞ야上京官에出入ᄒᆞ고有勢ᄒᆞᆫ者라左右ᄒᆞ여宮에呈訴ᄒᆞ랴ᄒᆞᆫ즉비哥ᄂᆞᆫ請囑ᄒᆞ야訴狀도白退ᄒᆞ니民은邦의本이라宮에셔이다지一個비哥를爲ᄒᆞ야萬民에冤을伸치아니ᄒᆞᄂᆞᆫ지上來ᄒᆞᆫ狀民이呼訴ᄒᆞᆫ다더라

●研會演說 來十五日下午七占半에真洞眞理硏학會에셔前檢事李儁氏를請邀ᄒᆞ야人民의習慣을不可不改良이란問題로演說ᄒᆞᄂᆞᆫ되有志紳士가來臨ᄒᆞ시를希望ᄒᆞᆫ다더라

●留日學生의來函 (續)

質問田淵豊吉之問題提出ᄒᆞ고聲討其罪則校內諸幹事ᄂᆞᆫ舉皆學監主管이오非幹事之所知라ᄒᆞ며推위於學監故로要見학監則適値出他ᄒᆞ니更約明日云矣라忿激所使에打殺幹事ᄒᆞ고破碎該校코저ᄒᆞ야輪困意氣가一場沸騰라가事係重大에不可輕遽라含憤忍辱ᄒᆞ고對학監聲討其罪然後에事不諧意則伊時暴動도亦爲未晩이라ᄒᆞ야衆夜가斃라가其翌二十九日에少長이咸集于公館內ᄒᆞ니人員이殆近三百餘人이라數時間會議를開ᄒᆞ고的當ᄒᆞᆫ目的으로各出意見ᄒᆞ야討論則同聲相應의決一死字러라仍卽總代三人을選定ᄒᆞ니卽李珍雨柳承欽文乃郁三氏라本月上午十一點鍾에早稻田學校에再往ᄒᆞ니伊日則日本巡查가多數來到에似是警察樣矣라諸學生이突入于校內ᄒᆞ야渾成一團而聚立ᄒᆞ고入送總代ᄒᆞ야要見학監而討罪則學監高田助苗ᄂᆞᆫ隱避不現ᄒᆞ고只有幹事一名ᄒᆞ야不得已應接矣라我總代가勵聲論罪而欲見학監則答以又約明日이면當爲應接云々矣라以若當場激憤으로ᄂᆞᆫ砲殺幹事漢ᄒᆞ고欲行危險之事라가反以思之而殺一幹事가無益於事라ᄒᆞ야敢以蠻行으로觸犯至尊至嚴ᄒᆞ야損傷國際之和好가所謂文明國有名學교가如是耶아只以論駁ᄒᆞ고又約明日而還來之際에所謂早稻田大學生徒가頭戴四方帽子에前付早稻之表章ᄒᆞ고羅列觀光者가數近百有餘名矣라互相談笑에韓國生徒가可憐可矜(불샹ᄒᆞ다)之說로嘲謔이喧藉에拍手大笑ᄒᆞ야擧措가駭妄이라所謂大學校生徒가處身罔測ᄒᆞ니此校之교育紊亂은推一可知에不足與論이로다 未完

徽塾運動盛況

再昨日徽文義塾學徒等이東小門外三仙坪에前往ᄒᆞ야春期運動을行ᄒᆞᆫ다ᄒᆞᆷ은已報어니와仝日上午九時에該塾任員及교師諸氏가학徒를領率出去ᄒᆞᄂᆞᆫ되학徒等이一제히斷髮ᄒᆞ고帽子와衣服을一色으로整제ᄒᆞ고皷手와喇叭이前導ᄒᆞ야行陣法으로羅列前進ᄒᆞᆷ의街路에觀光者林立波舞ᄒᆞ야학校의盛況을稱讚ᄒᆞ며

仝十時에式場에到ᄒᆞ야肴幕을高張ᄒᆞ고處所를分定ᄒᆞ니太極국旗ᄂᆞᆫ東風에飄颺ᄒᆞᄂᆞᆫ되其節次ᄂᆞᆫ二百競走百步競走廣走高跳提燈競走計算競走果拾競走旗取角저拉綱打毬凡十一種인되一二三等을分ᄒᆞ야一等賞은曆史讀本各一帙空冊三卷地圖一장石板二件鉛筆三打石筆五介護謨一件이오其次ᄂᆞᆫ一件式만減ᄒᆞ얏ᄂᆞᆫ되

總監閔泳徽氏가特히雨傘一柄式을一等人의게賞給ᄒᆞ고西日이欲暮ᄒᆞᆷ이春興이ᄂᆞᆫ만ᄒᆞᆫ지라運動歌를齊唱ᄒᆞ고獨立萬歲를三呼ᄒᆞᆫ後에隊五를整齊ᄒᆞ고罷歸ᄒᆞ얏다더라

●藏名義연 西洋名士一人이本社에來言ᄒᆞ여日貴國에셔국債報償ᄒᆞ기爲ᄒᆞ야義金을募集ᄒᆞᄂᆞᆫ事ᄂᆞᆫ世界列邦에初聞ᄒᆞᆫ事라聞此義捐ᄒᆞ고卽欲多數出義나行락이適乏ᄒᆞ야只以四元으로연助ᄒᆞ오니以此些少之物로姓名을新聞에頒布ᄒᆞ면於心에自愧ᄒᆞ니切勿揭載ᄒᆞ라ᄒᆞ더라

▲延舌權衡▼

▲向日政界에猜雲이嫌月ᄒᆞ야風潮가激切ᄒᆞ더니東風이吹到ᄒᆞ미怒濤가少靜ᄒᆞ나面々疑懼에地位를恐失ᄒᆞ야納媚態度가亦一可觀이로다

▲天下泰平ᄒᆞ고人民이安樂ᄒᆞ니宰相事業은家屋이나建築ᄒᆞ지花開동天에三層洋屋이半空에湧出ᄒᆞ니昔年北壯동구셕에셔數間破屋中에居生ᄒᆞ던情況과比較ᄒᆞ면天堂地獄之判이로고

▲大官에게勳章이特下ᄒᆞ시니該大官은有何勳勞ᄒᆞ야연然甘受ᄒᆞᄂᆞᆫ가시何心에安享코저ᄒᆞᄂᆞ無功有勳은遐受恥笑ᄒᆞᆯ事라冷嘲銀飾이胸前에高掛ᄒᆞ나胸中은愧赧ᄒᆞᆯ걸

▲日本軍政事務를觀察ᄒᆞ기爲ᄒᆞ야丘東潤魚潭兩氏가昨日에出發ᄒᆞ얏다ᄒᆞ니大한에軍額은日々減縮ᄒᆞ면서日本軍務만觀察ᄒᆞ면軍政事務가自然히擴張될ᄂᆞᆫ지

▲農商協辦黃鐵氏ᄂᆞᆫ該部官人을自意로黜척ᄒᆞᄂᆞᆫ되神鞭揮威에造化가必生ᄒᆞ니該部大臣成岐運氏ᄂᆞᆫ精神을顚失ᄒᆞ고坐如泥소ᄒᆞ야俯首聽命而已라지

▲內部에셔近日에已往殿最에下等으로解任ᄒᆞᆫ各郡守를調查ᄒᆞ야貶下郡守를更히銓考收用ᄒᆞᆫ다니各觀察어殿最를不信ᄒᆞᆷ境遇에ᄂᆞᆫ郡守을更히調查말고觀察에公不公을調查ᄒᆞ지

▲向日平南學校聯台大運動에順安郡守가該郡學徒를領率ᄒᆞ고運動에參與케ᄒᆞᄂᆞᆫ되日教師가學徒와ᄀᆞᆺ치入來ᄒᆞ면서日本語로愛國歌를唱ᄒᆞᄂᆞᆫ되各學교學徒가大聲叱退曰大한學校運動場에日本學徒원일인가ᄒᆞᆫ즉히日教師와學徒等이그만달아나不知去處라ᄒᆞ니順安郡守生ᄂᆞᆫ잇지

▲한國內各學校에일교師를一々排置ᄒᆞ기로酌定ᄒᆞ얏스니한人을교育ᄒᆞᄂᆞᆫ意想이아니오한人을束縛ᄒᆞᄂᆞᆫ手段이로고

▲일前侍講院에셔諸寮가會飮ᄒᆞᆯ시朴齊황宋鍾國兩씨가門벌을各相誇장ᄒᆞ다가弄假成眞이되야朴씨가辭職請願ᄒᆞ얏다니宋은同春之後요朴은定齋之後라兩班자랑ᄒᆞᆯ만ᄒᆞ나此時何時오世界列國이大則人種競爭이오小則國權競爭인되한國兩班은腐敗ᄒᆞᆫ門벌競爭만ᄒᆞ니精神이잇ᄂᆞᆫ子息들인가

路透電報

●工場罷工 (四月十二일午後八時着) 露國쓰리안쓰鐵工製造所를閉塲ᄒᆞ얏ᄂᆞᆫᄃᆡ全所職工五千餘名은同盟罷業ᄒᆞ야亂暴를行홈으로附近人民二萬餘人은糊口지途에切迫ᄒᆞ고又職工等의暴行은終是全工塲副支配人을殺害홈에至ᄒᆞ얏더라

雜報

●海外학生義捐 일本東京에留학ᄒᆞᄂᆞᆫ同寅會諸員이국債報償에對ᄒᆞ야忠憤所激으로斷烟同盟ᄒᆞ고義金二十二圓七十錢을寄送ᄒᆞ얏더라

●藏牌討錢 慶南蔚山郡警務分署巡檢이見其主家賣酒錢貯置ᄒᆞ고暗生非理之心ᄒᆞ야暗置骨牌于主婆裳底ᄒᆞ고稱以所有覓ᄒᆞ야骨牌를搜得ᄒᆞ고結縛主婆ᄒᆞ야欲囚경署ᄒᆞᆫᄃᆡ희主婆가껍於威脅ᄒᆞ야納錢五百兩而放免ᄒᆞ얏ᄂᆞᆫᄃᆡ巡檢이경察職務에生命財產保護ᄂᆞᆫ姑捨ᄒᆞ고勒討錢財ᄒᆞ다고南來人의傳說이狼藉ᄒᆞ더라

●奪恂與愛 忠北淸州郡雙樹驛穀包主人송과用써가收租官署理金文五를符同ᄒᆞ야收賭時에도濫捧ᄒᆞᆯ뿐더러東作이方殷ᄒᆞᆫ田畓을任意로移作ᄒᆞ되奪其所恂ᄒᆞ야與其所愛ᄒᆞᄂᆞᆫ故로農民이臨時奪耕ᄒᆞ야莫援無路라더라

●인港義연 인川港居ᄒᆞᄂᆞᆫ前參書훈뎡烈리佑根諸氏가與其同知로勸奬ᄒᆞ야不日內로新貨貳拾圓二拾七진을鳩聚ᄒᆞ얏다더라

●柳童可尙 南署甲동ᄒᆞᆫ協판家床奴柳石이가年今拾四歲인ᄃᆡ국채報償에募금ᄒᆞᆫ단말을듯고夾囊中에셔新貨五十錢을나出ᄒᆞ야本社에來納ᄒᆞ얏더라

廣告

本人이居於외城一里라가甲辰에일兵이來駐故被逐於美林矣러니父者本人의庶堂叔承燁이가心懷凶計ᄒᆞ야일人通辯金春澤을同心締結ᄒᆞ고本人의家ᄃᆡ를僞券暗賣라가綻露되야觀察道에已爲呈訴落科인ᄃᆡ吁彼가反以荷杖지習으로渠의今名派柱로新聞에搆虛廣告ᄒᆞ엿스니誣何甚也오本문券이昭在ᄒᆞ고境內人이通知ᄒᆞᄂᆞᆫ有主지物이니內外國人은以此照亮홈

平壤美林三里 리容圭 告白

本人의堂叔容泰의字ᄂᆞᆫ仁明인ᄃᆡ性本浮浪ᄒᆞ야酗酒雜技로爲業ᄒᆞ고勒徵宗族으로爲事ᄒᆞ야僞造文券ᄒᆞ고方將出債於四處이온則內外國人은切勿見欺홈

全羅北道臨陂郡二面孤山里居 金演珏 告白

本人豆湖최경心인ᄃᆡ不知何許리龍安이假稱英親王宮舍音ᄒᆞ고華川所在租包一白石를放賣之意로斷斷相約ᄒᆞ고萬兩於音을出給後更査則리龍安爲名人이虛무故玆에廣告ᄒᆞ오니內外國人은此於音를勿欺홈

豆毛浦 최경心 告白

西署餘慶坊廣濟橋契舊西部동弟四十四統八戶瓦家三十二間半板刻文券을遺失ᄒᆞ야기玆에廣布ᄒᆞ오니內外國人이拾得ᄒᆞ셔도休紙로施行ᄒᆞ시옵

嚴柱源 告白

●群山港客主商會社 국債報償義務社趣旨書

大韓皇恩普洽百由甸疆土 偃一재民義激起二千萬生靈 曝草美風 愚生等 化囿中物 芹餘恫 漆室同憂 窮念國債之淸勘 每豫算之不實難與情之보合 雖恒產之有餘孰背연助 伏讀新聞 斷烟爲국足累致借欵 出義 의교南兩氏之首 倡至賢상酬 嗟吾東萬姓之心 感世縣華門捐靑黃之優額 至若 鄙부屋補銖寸之些ᄌ 愚夫賤卒願同情於此圖 圖報之婦尺童恐漏名於是社 衆心卽地 此所謂兄弟同胞 惟願 一天 孰不日民物國體 擧心勸告 연不怯於황金缺報外국効忠 誓有如於白水恢復國權치

一 本會目的은國치壹千參百萬圓報상ᄒᆞ기를爲홈

一 一般국民이三朔烟草를斷ᄒᆞ야義金을募集홈 但金額은從其志願ᄒᆞ야不拘多少홈

一 義金을納ᄒᆞᆫ人員은本社員으로認定ᄒᆞ고氏名과금額은新聞上에揭載홈

一 本會目的을達ᄒᆞᆫ後에解散홈

一 受金事務所ᄂᆞᆫ商會社로定ᄒᆞ오니納金後에領証를受홈

一 募集金額은隨其所入ᄒᆞ야皇城中央義務社로送致홈

一 受金所々費ᄂᆞᆫ商會社로專擔ᄒᆞ고義務金은雖一分이라도勿爲欠縮홈

光武十一年三月十三일 群山港發起人

金錫玄 金仁淅 金炳숀
金洪斗 송秉周 金봉뎐
李建무 박尙浩 金明俊
박順浩 鄭寅철 金采문
車允進 車敬辰

普法戰記

(全一冊 正價四拾錢)

白堂玄采君譯

[illegible]

發兌元

(中央書館) 漢城鍾路 [illegible]
(新民書會) [illegible]

學員募集廣告

大韓醫院教育部에셔官費生及私費生으로學員을試選ᄒᆞᆯ터이니入學志願者ᄂᆞᆫ四月二十五日(陰曆삼月十삼日)以內로入學請願書를本部(中署勸商前醫학교)에提呈ᄒᆞ고翌日上午十時에本部로來赴試驗ᄒᆞᆯ事

入學試驗科日

一 年齡은十八歲以上삼十歲以下

一 身體檢査

一 漢文讀書

一 國漢文作文

一 算術問答

一 中학校卒業証書가有ᄒᆞᆫ者ᄂᆞᆫ免試驗入학事

一 入학請願書ᄂᆞᆫ本部로來ᄒᆞ야騰用ᄒᆞᆯ事

大韓醫院教育部

第三期學員募集廣告

本塾에셔今年에宏濶ᄒᆞᆫ敎塲을建築ᄒᆞ며敎務를擴張ᄒᆞ야一層整備ᄒᆞ고法學科學員을新募ᄒᆞ오니願學人은本塾에前期내臨ᄒᆞ야請願ᄒᆞ고左開日에應試ᄒᆞ되學科及規則은本塾에來問ᄒᆞᆯ事

○試驗科目 國漢文 讀書 作文 算術 (四則以內)

○試驗日字 陽五月五日(陰三月廿三日)

光武十一年四月 日

西署英語學校後동

私立 養正義塾 告白

本人이祖父母山所在於陽川將軍面新機里이온ᄃᆡ弟在旭字士文이性本浮浪ᄒᆞ야蕩敗家產ᄒᆞ고先山松楸를將欲暗賣ᄒᆞ니切勿見欺홈

東湖숑在國 宋在永 告

西署新門外鑄동 百八十六統三戶
辯護士 前檢事正三品 丁明燮
法律事務所
事務員 前主事 吳在淳

本店에셔四月一朔동안所有物品을特別減價ᄒᆞ야出售ᄒᆞ오니陸續來購ᄒᆞ시옵

貞동 泰洋服裁縫店 告白

北米桑港地方에居留ᄒᆞᄂᆞᆫ我同胞가勞動生活로協會를組織ᄒᆞ며敎育을勉勵ᄒᆞ며新聞을發行ᄒᆞ야祖國에利益을供獻코ᄌᆞᄒᆞᆷ은國內同胞노想應知悉이외다然이나在彼ᄒᆞᆫ同포의勞動所得으로ᄂᆞᆫ諸般事業을維持ᄒᆞ기難ᄒᆞ오니寧不可惜可민乎잇가惟我국內同포ᄂᆞᆫ此를諒燭ᄒᆞ오셔隨力贊成ᄒᆞ믈을千萬송祝홈

安昌호 告白

日本博覽協會々員募集

主意 戰後의日本은願著히其面目을一新ᄒᆞᆷ世不是리今也東京에ᄂᆞᆫ勸業博覽會의半設이有ᄒᆞ고其他京都、大阪等의各觀狀況을觀察ᄒᆞ야써我韓國殖產興業에資ᄒᆞᆷ은現下의允極急務로知ᄒᆞᄂᆞᆫ비라故로吾人有志者가相圖ᄒᆞ야本會를組織ᄒᆞᆷ이有志僉彥은奮發贊同ᄒᆞ심을伏望

第一回會員募集 每回五十名을一團이로ᄒᆞ고渡往ᄒᆞ니速히請入ᄒᆞ시옴但請入節次ᄂᆞᆫ事務所或은各請入所로來應ᄒᆞ시옴

巡遊地 東京、大阪、京都、橫濱、神戶

往復日數 大凡十七日間

會費 手數料合 金四十八圓

出發豫定日 四月十五日

現金拂納所 五十八銀行京城支店

請入所 五十八銀行京城支店、天一銀行、日本人商業會議所、京城日報社、大韓日報社、帝國新聞、皇城新聞社、萬歲報社、大韓每日申報社、林田商店

事務所 京城南門通四丁目東亞商會內 電話八三七 日本遊覽協會

協贊者 (順序不同) 山口大郎、和田常市、正三品白眞基、金秉奎、淵上貞助、宮武勉、濱野德次郎、菊地謙讓、杏傳次、鮎貝房之進、廣衛長藏、田中常次郎、吉見儀平、淸水達吉、井口平治、大臨貫一

京城日報社、大韓日報社、萬歲報社、皇城新聞社、大韓每日申報社、帝國新聞社、國民新報社

●九轉靈砂라 本人이妙方法을硏究ᄒᆞ야製造ᄒᆞᆫ靈丹인ᄃᆡ男女老少에無論何病ᄒᆞ고通治ᄒᆞ오며無病時에도服ᄒᆞ면平生의身體가健康ᄒᆞ며小兒ᄂᆞᆫ四五錢重만服ᄒᆞ면十歲안에無病ᄒᆞ기를擔保ᄒᆞ오며

●九轉靈砂萬應丹은셔狂癘직과中風諸疾과耳目諸病과淋疾에神效ᄒᆞ오

●九轉靈砂保命丹은初生小兒驚風 간氣 咳嗽 腹瘡諸般惡질에神效ᄒᆞ오

●九轉靈砂淸衆丹은酒滯 食滯 血積 吐瀉 霍亂 痢疾 吐血 下血 運氣 時疾에神効ᄒᆞ오

●九轉靈砂紫金丹은痔漏 累瘻 上疳瘡 下疳瘡及唐瘡과諸般惡瘡에無不神效ᄒᆞ오니 僉君子ᄂᆞᆫ來問ᄒᆞ시오

內需司前다동갈이골上隅第一家百三統一戶 리容廷 告白

本人이日本大阪商業家와特約ᄒᆞ고日本內地產出各種物品과西洋各種物品及機械等物을我大韓에輸入ᄒᆞ며委托을便利케契約ᄒᆞ얏ᄉᆞ오니商工業에有意ᄒᆞ신僉君子ᄂᆞᆫ某物이든지請求코져ᄒᆞ시거든本社로來議ᄒᆞ시오本社에셔ᄂᆞᆫ手數料金만領受홈

興業社本店 開城北部鮮洞
支店 京城南門內水橋五十一統六號 培義會社
仝 仁港內동廣濟號

洪淳康氏가東署東小門內土橋東邊에織造機를廣設施ᄒᆞ야惟號ᄂᆞᆫ淳昌號라ᄒᆞ고各色綢緞紗屬等을織造發賣ᄒᆞ오니願買人ᄂᆞᆫ來臨購買ᄒᆞ시며或所用대로綢과紗等屬을預托ᄒᆞ시면依約施行ᄒᆞ깃솜

淳昌號 告白

國債報償義捐金收入廣告

●堤川市面각동

▲高尺

니德敏 五십錢
최基봉 삼십錢
宋教鎭 五拾錢
許 炫 千化西 朴仲賢
리鍾漢 니明魯 각二拾錢
曺益煥 池벼先 뎡寅식
김炳문 각拾錢
니得魯 빈南交 각五錢
리鍾魯 鄭성一 ㅋ卄錢
김학西 김道心 각拾五錢
曾문西 拾錢
任明宰 五拾錢
許 헌 박祥文 김德順
리時魯 니庚鎭 각拾錢
니文노 각五錢
成日先 니卜男 二拾錢
니誠노 각五錢
김象彥 申창均 각五錢
니ᆞ得 申正均 각십錢
박性封 장仁封 각五錢
申明均 박성根 김全汝 각십錢
任百舍 卅錢
박炳亓 五錢
짱老郞

▲後동

니禹鼎 四십錢
丕天五 십錢
리斗영 리養文 김光植 ㅋ卅錢
김壽億 二십錢
리正默 리載碩 각십錢
리祐영 五십錢
丕天補 沈錫求 二십錢
리載心 三십錢
沈준彥 五십錢
리升영 조 형 리德順
김三卜 각拾전
김元卜 리保鼎 각二십錢
김龍식 卅錢

許 운 五十錢
조 경 十젼
김裕成 韓長祿 각廿錢
沈漢求 김영霖 각十젼

▲汎器彝

니般필 申大有 김景修
한셩先 각五拾錢
文셩必 拾전
니셩天 니章汝 貳拾전
김致景 김教昇 각五十錢
文化先 김景식 吳汝三
니聖七 립春三 각貳拾전
申德삼
김平西 각拾전
김景련 五錢
니桂先 김聖有 四拾錢
박聖甫
김今보 각貳拾錢
拾錢

▲龍면里

丕昌섭 貳拾錢
리창亓 니章默 니하鼎
니履鼎 具黃植 니希仁
柳日문 니云定 니允定
任泰鎭 니종浩 박聖三
姜景業 강用凡 최원西
윤致國 柳 敦 니일혁
각拾錢

▲馬橋

김東희 김東煥 니종運
윤起運 각壹圓
박召史 拾錢
니종謹 文華慶 五拾錢
장春쇠
니종成 박舜保 각貳拾전
니敬華 拾錢
박周榮 니承春 각貳拾錢
니命完 七錢
박定學 三拾錢
박壽男 니在호 각貳拾錢
박萬萬 拾錢
徐春保 朱敬天 니三龍
柳興쉰 柳興烈 니白虎

김○○ 貳圓
박聲童 吳敬수 각貳拾錢
니命鎭 박春일 각貳拾錢
니圭호 四拾錢
강春明 拾錢

▲小亭里

任舜宰 니희哲 니희元
김東섵 ㅋ五拾錢
송世顯 三拾錢
니鼎勳 니희爲 박承슈 각貳拾五錢
박承勛 拾五錢
니致玉 김碩興 송文顯
니ㅐ應 劉東필 니龍勳
都然興 각貳拾錢
劉仁源 丁진섭 劉觀源
니禧氷 劉泰源
김鴻儀 유道源 유龜源
유順源 유병九 니희鵬
유병台 김昌植 김季三
김廷植 許 鎭 니貞지
孫致雲 니학亓 니亨지
니희貞 리희七 니희龜
니尙根 김益豐 權台集
申長公 權承식 ㅋ拾錢
印培
윤석求 徐廷亓 許 壇
각五拾錢
김仁性 五拾壹錢
박光勳 貳拾五錢
박광顯 申春西 許貴童
윤星求 박光귀 각拾錢
박光喜 송南會 윤性求
박秀教 각貳拾錢

▲龍坪

김教純 김教承 각壹圓
김昌熙 박善一 각五拾錢
김教訓 四拾錢
耶蘇教人김教寬
김教敬 김正夏 郭道섭
丕起섭 니敬化 김교興
각貳拾錢
김德熙 拾錢
김교赫 三拾錢
김教應 拾四錢

丘文明 김錫○ 각貳拾錢
박容眞 拾錢
柳寅甲 貳拾五錢
天道教員김用云 貳拾錢
丕順明 貳拾錢
최孔善 김順興 각拾錢
김明眞 五錢
김教三 니瞻甫 柳寅섭
김봉熙 각拾錢
一進會員김順희 貳拾錢
仝 김教重 武拾錢
仝 郭重섭 五拾錢
仝 黃行吉 四拾錢
三拾저

▲水北동

김周元 壹圓二錢
김學仁 김學瑞 김錢長
각五拾錢
김萬孫 壹圓
니元實 최純보 각五拾錢
김周性 김學황 각拾錢
김龜元 김寬心 각貳拾錢
김士弘 김明云 김明化
김致奎 김成甫 각拾錢
김士勳 三拾五錢
김群集 김國보 김致好
김德萬 박承穆 박承五
니在純 니在栢 각拾錢
孫德化 拾五전
니敬五 貳拾錢
池百元 拾錢
劉汝長 三拾전
趙明玉 니敬云 각拾변
니公食 니用필 ㅋ二拾면
홍永壽 니창根 니平叔
安元明 강雲敬 장聖五
최敬호 니元明 홍千元
니聖一 각拾면
仝化敬 三拾면
최德甫 拾五전

▲廣峴

니홍承 김聖必 安今보
각壹圓
安炳欽 김春三 閔永祚
김教필 각五拾전

박○西 박敬叔 ○○權
丕今宰 각二拾면
安致敬 黃太云 니淡보
김千京 安仁先 니光通
박英俊 尹錫柱 니법伊
각拾전
니春根 三拾전

▲巛泉동

한봉教 한時教 한창教
김희元 林春식 각五拾전
최文伯 四拾전
김顯根 한廣履 최문玉
명祥섭 任仁宰 ㅋ二拾전
뎡化書 拾전
김鳳원 三拾전
丘永和 한性履 각拾전
김學順 한敬履 한應履
梁眞슈 각二拾전
趙明先 삼拾면
김春先 拾젼

合七拾壹圓五拾면

●忠南木川郡北面典谷里

丕東吉 리鍾憲 각壹圓
柳君彩 許 温 許 찬
元容亓 각五拾전
元喆常 丘成熙 元容德
柳德魯 柳 沐 각三拾전
元容九 최병鶴 김學肇
許 석 각二拾전
최千石 拾錢
김瑞卿 三拾錢
許 根 김石燦 각二拾전
柳冀현 柳明魯 각拾전
김洛俊 원有常 김병玉
니養榮 權容吉 각二拾전
柳景문 리完喆 각拾전
許 東 元容直 각二拾전
柳冀鵬 니寬榮 각拾면
김弼鎌 박喜用 각二拾전
김鎔國 拾전
丘寧희 二拾전
박順철 禹冀福 각拾전

合拾圓

●京畿川郡上北面神坐里

幼學리창仁 壹圓
幼學니鼎仁 壹圓
前主事吉永植 三圓
林永實 壹圓
최仁五 니伯先 각五拾전
高눈植 최儀先 각六拾면
林石山 明萬一 각二拾전
安道連 卅전
林士榮 禺弘辰 각二拾전
林士五 五拾錢
安致伯 四拾錢
秦近先 卅錢
박近培 五拾錢
니平心 二拾전
니德賢 四拾전
송今龍 卅전
홍春和 김德順 각二拾전
趙雲交 김相根 각卅전
文창瑞 二拾전
陳好삼 김漢明 각五拾전
김伯元 니興道 ㅋ二拾전
비龍鳳 林士勳 黃慶祚
니昌순 洪奇成 ㅋ二拾전
洪奇甫 장福汝 각卅전
高銀銖 니弘植 각二拾전
김仁壽 四十전
김用賢 최順奉 각卅전
孔有福 김永三 각二拾전
김學云 秦仲先 각二拾전
南리俊 四十錢
김洛順 김相云 각五十전
니定成 卅전
니喜慶 禹昌義 각二拾전
陳好삼 盧近日 각四拾錢
김士克 五十錢
최億兆 二十錢
니永西 卅錢
니永壽 김士宣 각二十錢
南德壽 八拾錢
김洛瑞 拾五錢
姜원集 黃春興 盧學奉
김德千 김德三 각二拾錢

合貳拾四圓五拾五錢

前號總合삼千六百六拾八圓○五전
五十八젼貳里
都總合三千七百七十四圓六拾三錢貳里

●正誤 本報第四百八十五號咸陽郡義捐금廣告欄內니致淑의十二錢은二十錢이오仝號楊根郡義연金欄內의文석金은文金錫으로正誤홈

大韓每日申報社

◎本社廣告

○申報價

一張代金 新貨二錢五里
一個月前納 三十錢
三箇月 九十錢
六個月 一元七十錢
一箇年 三元四十錢
鄕耗一部 新貨五里
一箇月 十三錢

●大한每日申報各處支社廣告

中署布屛門下 김相萬冊肆
平壤上水口門內 김浩淵
仝 최敬恒
仁川栍峴開新冊肆 리東皓
宣川邑橋西里 安 濬
義州西門外한西 大藥局
釜山港佐川 徐藥局
三和港築洞 김仁집
咸興州南社西門外 曺喜林
開城培義學校 姜助遠
大丘市廳 최一弘
載寧邑濟衆院 劉夢澤
鐵山邑東部 安 玄
元山支店 劉七錫
定州南門內 洪成麟
信川邑 李源植
海州南門內書舖 朴昌鉉

發行兼編輯人 英國人비說
發 行 所
南署石井洞號外地三層洋屋家
大韓每日申報社

第五卷

第四百八十七號

月曜及慶節歲時日休刊

檀君開國四千二百四十年
箕子元年三千二十九年
大韓開國五百十六年
日本明治四十年
淸國光緖三十三年
◉陰曆丁未三月小初四日乙未

論說

萬國基督敎靑年聯合會

此會의將來好結果로一會議를東京에셔開設ᄒᆞ얏ᄂᆞᆫᄃᆡ熱心會發ᄒᆞ야恭席ᄒᆞᆫ人員이衆多ᄒᆞ얏더라此會議顚末의全篇을報道ᄒᆞ기ᄂᆞᆫ今姑未暇어니와韓人代表者尹致昊氏의演說要旨만大綱揭載ᄒᆞ노니同씨의演述을關係ᄒᆞ야日本인드버라이씨新聞이評論ᄒᆞ얏스되

此會席에셔演說ᄒᆞᆫ諸員이尹致昊氏만吾自然ᄒᆞᆫ眞心歡迎을受ᄒᆞᆫ者ㅣ未有ᄒᆞ니蓋同씨ᄂᆞᆫ高等學識과雅美辯說과基督敎人의謙遜ᄒᆞᆫ性質을兼備ᄒᆞᆫ지라其溫和ᄒᆞᆫ才智와宿抱ᄒᆞᆫ演題가溫良ᄒᆞᆫ心氣와明確ᄒᆞᆫ眞實을幷ᄒᆞ야聽者의中心을悅服케ᄒᆞ얏도다同氏가優美ᄒᆞᆫ英語로演述ᄒᆞ고且以日語로譯述ᄒᆞᆫ지라此會席에其他演說은同氏의演說과又치可以紀念의이되야愈往愈人銘心케ᄒᆞᆫ者ᄂᆞᆫ一個도無ᄒᆞ다ᄒᆞ얏더라

尹致昊氏의議論을摘要ᄒᆞ미如左ᄒᆞ니

本人의今日問題ᄂᆞᆫ新東洋靑年이라待遇의便宜ᄒᆞᆷ을爲ᄒᆞ야此題目에趣旨를三種으로分ᄒᆞ노니第一은舊東洋靑年이오第二ᄂᆞᆫ新東洋靑年이오第三은其人의責任이라

舊東洋靑年으로言之컨ᄃᆡ其人의品格이何者를謂ᄒᆞᆷ이且年紀로써ᄒᆞᆷ이안인가十七歲를靑年이라謂ᄒᆞ고七十歲를老年이라謂치아니ᄒᆞ얏소吾人은不可不才智와學理와活氣의範圍로써靑年의至要ᄒᆞᆫ品格을注目ᄒᆞᆯ것이니大略言지ᄒᆞ면改良과革新ᄒᆞᄂᆞᆫ데로增進ᄒᆞᄂᆞᆫ壯力과活氣ᄂᆞᆫ靑年의至要ᄒᆞᆫ性質의眞實目的이오緩慢과不動과退步ᄂᆞᆫ老年의性質이라此果實言이면但히其人의品格을依ᄒᆞ야七十歲에도靑年이라可稱ᄒᆞ깃고十七歲에도老年이라可稱ᄒᆞ리로다

으리先祖ᄂᆞᆫ古代靑年의宏大事業을自擔ᄒᆞ야新鮮ᄒᆞᆫ연究와新鮮ᄒᆞᆫ發明과恆久不絶ᄒᆞᄂᆞᆫ進步로實行치안코二千餘年間에盡皆一習慣에墮ᄒᆞ而已라其習慣은何오ᄒᆞ면某々聖賢와文章과學士가累百年前에生存ᄒᆞ얏다가而今不在ᄒᆞ니人生의老年은必不免ᄒᆞᆯ인즉노思度ᄒᆞᆷ이로다

舊東洋에우리先祖가如此ᄒᆞᆫ誤想으로以ᄒᆞ야自已의居生ᄒᆞᄂᆞᆫ世界를把ᄒᆞ야老人養成ᄒᆞᄂᆞᆫ製造廠을變作ᄒᆞ얏스니其時舊東洋에恒言을ᄒᆞᄃᆡ이다음에ᄂᆞᆫ只此一言而已로다

死者ᄂᆞᆫ死者의게任ᄒᆞ야葬케ᄒᆞ고善界를結ᄒᆞ야地球에充滿케ᄒᆞ고世界를克服ᄒᆞ라ᄒᆞ얏스니차ᄂᆞᆫ基督敎에셔新東洋靑年의게輸來ᄒᆞᆫ文字라

吾가結末ᄒᆞ야言之ᄒᆞ노니新東洋의吾同胞되ᄂᆞᆫ諸君之心이無ᄒᆞ고但用屈服ᄒᆞᄂᆞᆫ卽處心城의民人들이四千年來에我문을庇視ᄒᆞ얏고證據ᄒᆞᄂᆞᆫ群衆이有ᄒᆞ야我문을監守ᄒᆞ나니如此責任을當ᄒᆞ야大數地方靑年保羅使徒를從事치아니ᄒᆞᆫ이有ᄒᆞ니然則此等之事에對ᄒᆞ야其誰爲能乎아新東洋의一尊貴ᄒᆞᆫ後生되시마氏의所言ᄃᆡ로吾儕ᄂᆞᆫ屈膝ᄒᆞ고前進ᄒᆞᆯ지어다ᄒᆞ얏더라

官報

◉號外 광武十一年四月十三日

◉宮廷錄事

詔曰再揀擇日子更爲退定以入

◉號外 光武十一年四月十四日

◉宮廷錄事

本月十三日에宮內府大臣리載克에게親任式을行ᄒᆞ심

◉宮廷錄事

◉三千七百四十號 光武十一年四月十五日

詔曰太醫院卿國泳詔既多歷試之績尤有可紀지勞特敍勳一等贊議官勳二等리承健已多歷試可紀효勞侍從院卿勳二等리道宰恬勤供職優有勞績修學院長勳二等리根湘已시勳간可紀其勞幷特陞敍勳一等主殿院卿梁性煥勤々厥職糾々有擧特敍勳三等表勳院技師흥六等辛純默吳재泳俱有恪勤之勞幷特陞敍勳五等各賜八卦章

光武十一年四月十一日

表勳院總裁閔泳徽

◉辭敍任及令

帝室會計審査局長박鏞和辭職跪批旨省疏具悉所辭申署理지任依施

度支部稅務主事吳혁根

依願免本官

任內部治道局技手 최宗虎

度支部主事조容澳

任度支部稅務主事

官立漢城高等학校長리源鎔

任학部參書官

학部參書官홍弼헌

任官立漢城高等學校長

外報

◉法政學堂의監督 北京報를據ᄒᆞᆫ則現在進士館을改ᄒᆞ야京師法政學堂이라ᄒᆞ고학部에셔喬樹枏氏를奏派ᄒᆞ야該堂監督을삼앗더라

◉師範傳習所 天津報를據ᄒᆞᆫ則該地師範傳習所를去陰曆二月初四日에新學徒四十名을試取ᄒᆞ야學期ᄂᆞᆫ一年으로定ᄒᆞ고卒業後에各縣傳習所敎員으로分派ᄒᆞᆫ다더라

◉英西同盟說 桑港電을據ᄒᆞᆫ則英西同盟이成立되면西班牙ᄂᆞᆫ戰時에對ᄒᆞ야其港灣을英國에使用케ᄒᆞ고英國은차에對ᄒᆞ야外交及財政上에援助를西班牙에與ᄒᆞ리라고喧傳ᄒᆞ더라

雜報

◉義州保産會社國債償還發언金募集敬告一州同포文

窃念有身則有家ᄒᆞ고有家則有國은古今之定例也요國亾則家망ᄒᆞ고家亡則身망은理勢지固然也라然而只知有身者則日美吾衣甘吾食ᄒᆞ야以終吾지世라ᄒᆞ나殊不知國망則身隨亾이니雖欲安樂이終世인들豈可得乎며只知有家者則日廣吾宅長吾田ᄒᆞ야以傳吾子孫이라ᄒᆞ나曾不知國망則家亦亡이니雖欲永久이傳孫이나豈可得乎아

嗚呼라今일이何일고國權이墜地ᄒᆞ고民族이爲隸라忠憤慷慨지士痛哭於新亭ᄒᆞ고婦孺孺요之愚愁歎於漆室ᄒᆞ니論其義則尙矣오若其情즉慼矣라시涙相看에有何비益이며束手相對에有何施措리오夕陽이雖暮나急步可進이오滄波雖險이나輕葦可渡니凡我同胞가上下一脉ᄒᆞ야大者ᄂᆞᆫ獻其謀ᄒᆞ고小者ᄂᆞᆫ效其力ᄒᆞ야蹈뎡확이불避ᄒᆞ며碎근骨이불悔즉豈無恢국權拯民族지道乎아

夫국貧즉弱ᄒᆞ고국弱즉망ᄒᆞ나니顧今壹千三百萬圓他邦借款지일이卽我二千萬民국論汲지秋라壹年이불상즉其息也百萬이오十年이不상즉其數也二倍요若차미幾十年즉必至於百千萬이니雖賣萬국지身하며賣萬국지家라도猶不足以상其채거든況能畢終其世傳其孫乎아是以近일에遠城智士首唱止烟지議ᄒᆞ고漢陽同志繼起期成지會ᄒᆞ니偉歟壯矣라凡我頂던髮地數服緣身지類孰不感泣되號ᄒᆞ야以效일分지力乎아聰라涓流合이成海ᄒᆞ고셤塵積이셩山ᄒᆞ나니

今我州同胞에農者ᄂᆞᆫ賣幾包지穀ᄒᆞ며商者ᄂᆞᆫ賣幾端지布ᄒᆞ며匠木者ᄂᆞᆫ연鋸架의지手料ᄒᆞ며匠鐵者ᄂᆞᆫ연賣관爐지工전ᄒᆞ며店老ᄂᆞᆫ公用一병지酒ᄒᆞ며雇夫ᄂᆞᆫ慮擠幾石지物ᄒᆞ고至於富호지家와簪纓지族ᄒᆞ야ᄂᆞᆫ上自幾千으로下至幾百히奮義而爭投ᄒᆞ며竭力이各輸즉計以萬戶에可得萬圓이니其於全體지擧에豈無一비지助리오

聽라爲國而殉身者도有ᄒᆞ며爲國而沼家者도有ᄒᆞ던農商家幾包穀幾端布가有何大損이며木鐵匠一架의一爐가有何大勞며一병之價가能爲店老之平生計乎며幾石之雇가能爲擠夫지百年產乎아積金積銀이非富豪지榮福이오藏둑藏혐이非잠纓지厭而이니今若竭心竭力ᄒᆞ며연小연大ᄒᆞ야賴此而淸完國채則列邦忠義지士開지而칙舌ᄒᆞ며强隣비예지徒聞지이縮首ᄒᆞ고後지병筆者大書史冊日某年某일에

대ᄒᆞᆫ국義州民人이募금이상국채라ᄒᆞ면其爲榮耀豈止於終其世傳其孫이已리오將有辭於天下萬世니豈不快哉며豈不快哉아本社目的이乃是保民產이保家국故로玆敢瀝血仰布ᄒᆞ오니咸須지悉에各自勉전幸甚

報恩郡國채報償斷烟同盟募金趣旨書

경哉경哉어다夫我二千萬同胞ᄂᆞᆫ一心경哉어다有民有政府요有民則政府가不可不시民이오民亦不可不知政府라近者나罔외져가至一千三百萬원지多ᄒᆞ야果無報상지日ᄒᆞ니如此而延지즉不過幾年에利비於本ᄒᆞ가然즉國不可以爲國이요民何可以居生乎아所以先自교南으로ᄇᆡ광洲徐相敦諸氏가發起後에八域니同聲ᄒᆞ야各出의金ᄒᆞ야惟恐人後ᄒᆞ니此時가何時오可以挽回我국權지秋也요再生我生民지時라惟我一鄕同胞도一圈ᄒᆞ야非直斷烟이라雖絶烟라도募集금額ᄒᆞ야限二月晦內ᄒᆞ야鳩聚ᄒᆞ야以擠自已上국民의務케ᄒᆞ시믈同盟ᄒᆞᆷ

發起人 리吉善 리鍾敏等

◉兒童奮義 桂山學校學徒張在輪元弘植玄慶孫安德洙等은年齡이不過十一二歲인ᄃᆡ春初에國債報償ᄒᆞᆫ다ᄂᆞᆫ說을聞ᄒᆞ고그等兒童끼리發起ᄒᆞ야國債報償會를組織ᄒᆞ고各其同伴에게勸告ᄒᆞ야于今것募集ᄒᆞᆫ金額이十四圓五十五錢인ᄃᆡ日昨에皇城新聞社로傳送ᄒᆞ고又將第二回募集을劣力ᄒᆞᆫ다니兒童의此等美擧ᄂᆞᆫ自然에感發이니豪富家의積貧吝惜ᄒᆞᄂᆞᆫ者은此童等에對ᄒᆞ야愧恥ᄒᆞ리라고物議가喧藉ᄒᆞ더라

雜報

●政會案件 日前政府회議案件을得聞ᄒᆞᆫ則邊界森林契約을實施ᄒᆞᆫ次로營林廠을設始ᄒᆞ고廠長과事務官과技師等官人을置ᄒᆞᆯ事件이라더라

●大官門禁 近日그部大臣家에門禁去益嚴密ᄒᆞ야來賓을不接ᄒᆞ고名啣만納ᄒᆞ면情近ᄒᆞᆫ人만不得已接見ᄒᆞᆫ다더라

●侍院門票 再昨日侍從院에셔門票를多數出送ᄒᆞ야각奏判任官의게頒給ᄒᆞ얏다더라

●軍大醫齒 軍相權重顯씨가漢病院에前往治療ᄒᆞᆫ다ᄂᆞᆫ說은已爲揭載어니와該씨가齒痛이闖發ᄒᆞ야拔去數齒次로히院에數次委往ᄒᆞ얏다더라

●度顧來京 度支顧問目賀田씨ᄂᆞᆫ十一日신橋에셔出발ᄒᆞ야十五日에急行列車로京성에到着ᄒᆞ얏다더라

●李氏運動 修學院長李根湘氏가經理院卿을轉任ᄒᆞ기로運動ᄒᆞᆫ다ᄂᆞᆫ說이有ᄒᆞ더라

●法律贊育 前贊政李容직氏家에셔閔泳韶申箕善리道宰리鍾健한圭설丕東潤南규熙諸氏가會同ᄒᆞ야法律贊育所를設始ᄒᆞ고二周間에一次會集ᄒᆞ야聽講ᄒᆞᆫ다ᄂᆞᆫᄃᆡ講師ᄂᆞᆫ兪致衡氏로延聘ᄒᆞ얏다더라

●會議剃髮 日前中樞院에셔會議를開ᄒᆞ고該院一般官人이一齊히剃髮ᄒᆞ기로決定ᄒᆞ얏다더라

●門票未頒 홍在봉씨가秘書丞을被任ᄒᆞᆫ지가已有多日인ᄃᆡ侍從院에셔門票를尙未出給ᄒᆞᆫ故로詣闕치못ᄒᆞ얏ᄂᆞᆫᄃᆡ明日公故에ᄂᆞᆫ문票가出來ᄒᆞᆯ듯ᄒᆞ다고希望ᄒᆞᆫ다더라

●樂部開會 再昨日大韓俱樂部에셔定期총會를開ᄒᆞᆯ터인ᄃᆡ人民이未備ᄒᆞ야開會치못ᄒᆞ얏다더라

●實業會組織 됴鎭泰李吉善丘병澤박正銑洪奭현安國善白完혁氏等三十餘人이實業硏究회會를發起ᄒᆞ야農工商業에發達獎勵ᄒᆞᆯ機關을設ᄒᆞᆯ터인ᄃᆡ本月二十一日에發起人會를鍾路商業會議所會議室로開ᄒᆞᆫ다더라

●視察固辭 度支部에셔各銀行과各會社에對ᄒᆞ야一人式日本에派送ᄒᆞ야視察ᄒᆞ라ᄒᆞᆷ으로其派送人員을定ᄒᆞᆷ은前報에已揭어니와한一銀行長됴秉澤氏ᄂᆞᆫ國庫金만徒費ᄒᆞ고視察을爲名ᄒᆞᆷ이不可라ᄒᆞ야한一銀行에셔ᄂᆞᆫ視察을派遣치아니ᄒᆞᆫ깃다고固辭ᄒᆞ얏다더라

●白退呼寃 忠북觀察道罪囚의父兄子弟들이不勝抑寃ᄒᆞ야法部에呼寃次로上京ᄒᆞ얏다ᄂᆞᆫ說은前報에已揭ᄒᆞ얏거니와히人等이法部에呼訴ᄒᆞ얏더니該部에셔稱以已決法案이라ᄒᆞ야訴狀을白退ᄒᆞᄂᆞᆫ故로道路에呼泣ᄒᆞᄂᆞᆫ情境은人不忍見이라ᄒᆞ더라

●日巡打한巡 日前에中서일巡查佐藤補佐員이被酒泥醉ᄒᆞ야該서內에한국巡檢을無端이無數亂打ᄒᆞᆫ故로히서巡檢等이一並自退請願ᄒᆞ얏더니히서長이巡檢을撫摩ᄒᆞ고일巡查ᄂᆞᆫ無一言責지ᄒᆞ얏다더라

●喪例初見 再昨日에장寅根씨의慈親發引을ᄒᆞᄂᆞᆫᄃᆡ喪輿에造花로장飾ᄒᆞ고前路에ᄂᆞᆫ일本治喪例로旗旒와花을前導ᄒᆞ고本願寺일僧도列行ᄒᆞ고장寅根씨ᄂᆞᆫ陸軍正尉大禮服을着ᄒᆞ얏고장宇根씨ᄂᆞᆫ경務官대禮服을着ᄒᆞ고仲季兩씨ᄂᆞᆫ洋服을着ᄒᆞ고同夫人ᄒᆞ야馬車를乘ᄒᆞ고隨喪ᄒᆞ얏ᄂᆞᆫᄃᆡ如此喪例ᄂᆞᆫ開國以來에初有ᄒᆞᆫ事이라더라

●셔人憂慮 平南觀察道參書官金英鎭씨의일用浪費를일人이關應ᄒᆞᄂᆞᆫ것ᄉᆞ與論이ᄃᆡ段疑아ᄒᆞᆷ은前報에已揭어니와更聞ᄒᆞᆫ則同씨가일人處에多數金額을債用ᄒᆞ면셔何許地段을賣與ᄒᆞ기로契約을密爲締給ᄒᆞ고觀察셔理만ᄒᆞ게되면捺章以給ᄒᆞ기로ᄒᆞ얏다ᄂᆞᆫᄃᆡ今에觀察使리始榮씨가受由上京ᄒᆞ니김씨가萬若셔理가되면密約事件이必爲結果라고人皆憂慮ᄒᆞᆫ다ᄂᆞᆫ說이狼藉ᄒᆞ다더라

●無不干涉 近者에日巡查一名이ᄒᆞᆫ服으로通譯一人을帶同ᄒᆞ고各義金領收所에來到ᄒᆞ야國債의義金額과出捐人數를探查ᄒᆞ얏다니有何意思인지不知ᄒᆞ겟다더라

●洪倅圖治 洪州郡守金祥演氏가一百二十餘圜의月俸을受ᄒᆞ고京城各學校에從事ᄒᆞ다가四十一圜薄俸에不過ᄒᆞᄂᆞᆫ洪州郡守를被任ᄒᆞ야到任ᄒᆞᆷ은其所學ᄒᆞᆫ政治學을實地에應用ᄒᆞ야地力政治를刷新코ᄌᆞᄒᆞᆷ이어ᄂᆞᆯ人民이其本意를不知ᄒᆞᄂᆞᆫ故로각地揭示ᄒᆞ고有知鑑ᄒᆞᆫ父老를會集ᄒᆞ야地方自治行政의方針을說明ᄒᆞ고舊式의訴訟節次를改良ᄒᆞ야自治制度의基本을立ᄒᆞᆯ터인ᄃᆡ如此ᄒᆞ다가其意見ᄃᆡ로成치못ᄒᆞ고一向前習을未改ᄒᆞ야開明ᄒᆞᆫ政治를行키不能ᄒᆞ면辭職上京ᄒᆞᆫ깃다고其親友에게書簡ᄒᆞ얏다더라

●判事셔理 全南裁判所檢事洪숀璿씨가法部의報告ᄒᆞ되現承部訓令內開에判事檢事셔理케ᄒᆞᄂᆞᆫ規則이本年 勅令第十九号로頒布ᄒᆞ엿기ᄒᆞ判事々務를更以광州군守洪鎭裕로差定ᄒᆞ엿기玆에訓令ᄒᆞ니차를依ᄒᆞ야施行事等因이옵기判事印章을卽爲交付ᄒᆞ옵고玆에報告ᄒᆞ라ᄒᆞ얏더라

●偕同視察 學部학政參與官三土씨가히部主事尹世용씨를帶同ᄒᆞ야신義州와滿洲等地학政視察次로일間發程ᄒᆞᆫ다ᄂᆞᆫᄃᆡ滿洲에도ᄒᆞᆫ國學교가在ᄒᆞᆫ지학部主事가滿洲에前往ᄒᆞᆫ意ᄂᆞᆫ知치못ᄒᆞᆯ깃다ᄂᆞᆫ說이有ᄒᆞ더라

●廣學總會 漢성廣學會에셔再昨日에評議회를南廷哲씨家에開設ᄒᆞ고諸般方針을評議ᄒᆞ얏ᄂᆞᆫᄃᆡ來日曜日에總議會를開ᄒᆞ고任員을組織ᄒᆞ기로決定ᄒᆞ얏다더라

●總會可否 再昨일鍾路紙廛都家에某々諸씨가會集ᄒᆞ야國債報償中央總會를開ᄒᆞ고總代를皆成館에파送ᄒᆞ고각處에在ᄒᆞᆫ國채報상所를統合ᄒᆞᄂᆞᆫ거시妥當타고說明ᄒᆞ야演說ᄒᆞ미可便이多數ᄒᆞ얏다더라

●地長視務 신任內部地方局長玄은시가會經히部에局課長인ᄃᆡ히서의公正을人所共知어니와일昨에仕進視務ᄒᆞ미히시에行政을注目ᄒᆞᆫ다더라

●青會演說 今日下午七点半에青年會館에셔紳士韓大衛氏가齒料學術이란問題로演說ᄒᆞᆫ다ᄂᆞᆫᄃᆡ凡我有志諸君이多數光臨ᄒᆞᆷ을希望ᄒᆞᆫ다더라

●輔仁會議 輔仁學會에셔小學校를二三處設立ᄒᆞ고人材를教育發達ᄒᆞ기로會議ᄒᆞ얏더라

●豐군里會 豐川守군成樂英씨가赴任以後로里會規則을設施ᄒᆞ고每朔二次會集演說ᄒᆞ야人民에團體을勸奬ᄒᆞ미人民이해군巡檢에불法行爲을質問ᄒᆞ되巡檢等이民間에討索ᄒᆞᆫ錢財을還給ᄒᆞ얏다더라

●全氏意見 黃海道新任總巡全奉薰氏가昨日受帖次內部경務局의往ᄒᆞ야局課長을訪見ᄒᆞ고發論ᄒᆞ되近間各社新報ᄒᆞ고又闢地方形便則各郡巡檢輩가非但與該郡守高騰이라人民之討索勝迫이無所不至라ᄒᆞ오니生命保護ᄂᆞᆫ警察上一大準的이여ᄂᆞᆯ如此悲擧가抑何委折이온지第當下去後剔抉搜飭ᄒᆞ오려니와最其情境難勘者ᄂᆞᆫ不可不念이오外라各該郡巡檢을試選分派ᄒᆞᆫ時에廬其容奸生弊ᄒᆞ야此郡人을彼郡으로移送ᄒᆞ고彼군之人을此郡으로換派ᄒᆞ야初無原鄕仍住之際이요俱是他貫旅援之勢而以其旅費로言之ᄒᆞ오면朝夕兩時代金이不下二十錢이오午占及烟草代金이亦不下十錢이온즉一日用金을雖滯之薄用이라도至爲三十錢則一月用이合爲九환假量而一月之俸은只是五환인ᄃᆡ一月之用이至爲九圜則俸外不足을有誰顧助乎아古語에云衣食足而知禮節이라ᄒᆞ니足食足衣ᄂᆞᆫ不敢望也어니와不糊其口ᄒᆞ며不掩其身ᄒᆞ고야何可奉職乎니가히民救飢ᄂᆞᆫ勢所必至라然以原俸五환으로각其本郡군에仍派ᄒᆞ야乃脩乃率이自판自供ᄒᆞ얏스면數口生涯라도似可支用이다온加俸之方策을雖不可遽請이나爲先각該군巡檢을原鄕郡으로仍派住接케ᄒᆞ오면目下窘境도庶免찬皮ᄒᆞᆫ러이오討民根委를亦可防杜이라ᄒᆞᆫ즉該局長이答云事勢固然이니第當另籌措處라ᄒᆞ얏다더라

●留日學生의來函 續

嗚呼痛哉라我大韓學生三百餘人이當此難洗無韓之辱ᄒᆞ고忍辱이出早稻田校門外ᄒᆞ니天地黑暗에前途難分이러라其翌三十일에連次開會會議지際에麴町區派出所경官一名이來到于我韓監督部ᄒᆞ야要見會員이說明慰諭云云故로即爲逐送ᄒᆞ立選定總代一人ᄒᆞ니即최麟氏也라即爲派往于早稻田학校ᄒᆞ야要見학監高田助苗則所謂幹事者一名이突出應接이答云학監이現在校內나若非文部省及外務省소ᄀᆞ면不得接見이라ᄒᆞ고高田助苗ᄂᆞᆫ隱避不現ᄒᆞ니詭譎지計가胡至此極가總代최麟氏가不勝憤激ᄒᆞ야我지此行이欲見汝校학監ᄒᆞ고論駁汝校지教育문亂이러니학監이旣爲隱匿不見ᄒᆞ니對汝一個幹事ᄒᆞ야不足與論이라ᄒᆞ고還歸會中ᄒᆞ야報告此事ᄒᆞ니諸학生이叩地叫天에施措無計ᄒᆞ야只以殉身報國으로奮發激憤之際에美國哲학博士理學博士이스르비氏ᄂᆞᆫ即爲我大韓學生ᄒᆞ야陸海軍學校를捐金設立ᄒᆞ고熱心교授ᄒᆞᄂᆞᆫ義氣堂々ᄒᆞᆫ紳士也라忿歎此事지駭忘ᄒᆞ고贊揚學生之義擧ᄒᆞ야來參會中而青年忿激이似有過度ᄒᆞ야易致僨誤ᄒᆞ니切勿忘動ᄒᆞ고益勉做工하야以圖後日大韓지文明ᄒᆞ고鞏固獨立基礎ᄒᆞ야與列强幷立而期成大業이是我ᄋ祝이란問題로移時演說ᄒᆞ얏스니孰不感歎가伊後四月一日은自上午五時로大雨暴注라諸學生이冒雨團會ᄒᆞ야一次暴動에殉身報國之外에ᄂᆞᆫ無他良筭이라고痛哭一場에淚如雨下러라 未完

▲揶筆一笑▼

▲兩樹桃李가春色을欲媚ᄒᆞ야故向東風에慇懃有情ᄒᆞ니黃粱枕上에富貴가如夢이라當此三月好時節ᄒᆞ니十日之紅을復見ᄒᆞ이로다

▲日本셔借款ᄒᆞᆫ一千三百萬圓中에一百萬圓은口文으로消融ᄒᆞ엿다니口文은누가干섭ᄒᆞ엿ᄂᆞᆫ지全國財政을主管ᄒᆞᄂᆞᆫ命脈大臣은此責을難免ᄒᆞᆯ거시니人民은斷酒減飯에殘金을出捐ᄒᆞ니렬보大監은能安於心ᄒᆞᄂᆞᆫ지

▲日本大政治家에셔政府大臣을對ᄒᆞ야發論ᄒᆞ여日한國에內亂이起ᄒᆞ던지暴徒가起ᄒᆞ던지日본兵力으로殄滅ᄒᆞᆯ거시니少勿爲慮ᄒᆞ라ᄒᆞ얏다니각大臣에憂慮ᄂᆞᆫ快釋ᄒᆞ려니와人民은日人에虐待苛政을不堪ᄒᆞ야內亂파暴徒가種々ᄒᆞᆫ거슬且以日本兵力으로殄滅ᄒᆞᆫ다니질으고셔ᄂᆞᆫ貌樣이로고

▲內部에셔地方郡守를未久에奏本ᄒᆞᆫ다ᄂᆞᆫᄃᆡ該部協판沈相익氏ᄂᆞᆫ近日經濟가문亂ᄒᆞ야군守買得作者가無ᄒᆞᆷ을方在恨歎中이라ᄒᆞ니該氏ᄂᆞᆫ內協를千辛萬苦ᄒᆞ야幸히圖得ᄒᆞ얏다가金融이枯渴ᄒᆞᆫ時代를當ᄒᆞ야군守一處도販賣치못ᄒᆞ면可謂逢時不幸이로고

▲鄭寅國氏에被捉ᄒᆞᆫ內容인즉其三從叔鄭창朝씨가密報ᄒᆞᆫ情跡이綻露되야ᄃᆡ寅國씨子ᄃᆡ하讓씨가其四從祖ᄃᆡ창朝를唾罵逐出ᄒᆞ얏다고某報에揭載ᄒᆞ얏스니果如所聞이면是亦骨肉生變이로다

▲各地方에日巡查를多數히파送ᄒᆞᆷ은한人을保護ᄒᆞ기爲ᄒᆞ야ᄒᆞᆷ이라ᄒᆞ나日人이한人을毆打ᄒᆞ며婦女을劫奸ᄒᆞᄂᆞᆫ許多蠻行이兩耳가如括ᄒᆞ되日巡查ᄂᆞᆫ視若尋常ᄒᆞᆫ다니助桀爲虐이안인가

▲警務廳에셔日本人顧問官補佐官의가舍를建築以給ᄒᆞᆯ터이나相當ᄒᆞᆫ괴址가無ᄒᆞ야北壯洞前農桑墅괴址로定ᄒᆞ얏ᄀᆞ니일人이南山을占領ᄒᆞ야片土가無餘ᄒᆞ미니또北山을占領ᄒᆞ짓고

● 海外電報

●中美戰爭 四月十四일午后二時着 中央亞米利加의戰爭은終結을 告하얏는디혼주라쓰의대統領 은니카라쓰軍의게降服하얏더 라

●루마니아 仝上 叛亂혼루마니아國의農民等은 終乃降服홈에至하얏스나政府 에셔는條約을履行홈이라自其 業을回復지아니하야安堵홈에 不至하니국家는所以로황廢에 歸하다더라

雜報

前月廿六日火曜에定平高山 面民員이大會時에咸興邊道 乾氏國債報償義擧는民權自 立의긔礎라고演說혼全文이 如左하니

夫國存則民隨以安하고國亡則 民隨以滅은愚夫愚婦도亦皆必 知矣니今有不亡不滅之道여눌 只思眼前之損害하고誤作噬臍 者는譬之牛馬에牛馬猶貴하고 譬之木石에木石이猶惜이라是 以로國債報償의義를人々相告 하고家々相喻하야今日國會諸 公이想必旣皆知之어니와此義 擧는民權自立의긔礎됨으로說 明하노니老少僉公은勿爲泛聽 하쇼서大抵국債報償의義務를 吾二千萬同胞로하여금알게혼 은發起혼徐相敦氏의先覺職責 이나然이나鄙人은써하되此義 擧가一個人의私計所致가아니 오實노天命所致라하노라何以 言之오 大抵此國債의關係를略言하면 出債時當局者의所以는姑捨勿 論하고日本이본디貪變혼국으 로外國에負債가夥多하거놀도 로져我한에放債홈은買國하려 는政策이니차債를不報하면不 過幾年에國家와民族이혼께敗 亡滅하깃거놀今에吾二千萬 同胞가國債報償에義務를人皆 知之하얏스니此가엇지皇天이 吾同胞無辜홈을顧哀하신所致 가아니리오然則人皆出연하야 도非爲他人이라各爲自己之利 며국立自己之權이니壯哉快哉 라此好時機也여다셔人이有言 하되國有自立之權者는由其人 民이有自立之權이오自立之權 은由人々이有自立之志와自立 之行이라하니今也에風士旣開 혼都會地는姑舍하고如此혼深 山窮谷에셔도國債報償의問題 로家々相議하고人人각勉홈은 非他라自立之志로自立之行을 行코져홈이니多寡를莫論하고 義金을出연홈이自立之行에初 程이될지니吾 大한이비록舊邦이나天命維신 은實노此時라天時에響건되國 債報償趣旨로公函이發起혼日 은冬至陽生이라可謂하깃고國 債報償을淸帳혼日은立春大吉 이라可謂혼지라然이나造物이 無私하사栽者를培之하고傾者 를覆之하나니願諸公은皆以人 一能之어든己百之하고人十能 之어든己千之々義로爲心하옵 쇼서

●一면出捐 江原道鉄原군松 內面國債義金募集에前都正리 在教氏가先倡하야募金有司는 命貞규리나九両氏로選定하야 一面之內에貴賤貧富을勿論하 고以義勸奬하야本社에輸送혼 金額이신貨五拾五圓二十二錢 이더라

●檢事서理 京畿裁判所서理 京畿觀察道參書官金漢목씨가 法部에報告하되本裁判所檢事 沈종덕가間로辭狀하옵고尙不 還所親務이온바道內刑案지多 일曠滯가極庸민沓이옵기玆에 報告하오니査照하시와허檢事 事務를以本道경務官金善涞의 暫行서理케허라하얏더라

●리씨熱心 황澗군公立普通 學校副教員리承晉씨가年少聰 俊으로外국語와문算이한熟혼 대教育에熱心하야自己每朔月 俸을學校費로補用하야無一分 相關하고首教員某씨는京성人 이라依例히買食홈더인되該씨 가自己家에셔空食하게하고校 務을擴장하는故로聞者莫不稱 譽혼다더라

●專校試驗 義주普通專對학 校에셔第三回年終試驗을經하 얏는바甲班優等生박奉燁한仁 權白寅善최京植홍鍵五諸씨오丙 乙班優等生장文華白敬尙최文 華金照遠조重賢김善학文道善 白학淵리긔杜한成權諸시오丙 班優等生최道賢시인되間以事 故로不得趁時行禮라가本月十 二일에副校長前군守김志연시 가卒業証과進級証을一々頒給 後에特別賞品을副校長與校員 김현玉박탄裕諸시가優數施給 하고諸학員에對하야학問程度 와국家思想을到底演說하야勉 勵將進하얏다더라

●仁校開會 東門外石村私立 仁창學校에셔本月十八日(陰 三月六日)上午十一時에贊成 員會를開하오니有志僉君子는 屆期광臨을敬要라하얏더라

廣告

國債報償義捐金

收入廣告

●西署內需司內二拾九統二戶 박터秉 五圓
●上黑동倉里五統七戶 主殿院경衛局權任박윤陽 壹圓
●氷동南面竹里 니源喆 五拾전
●함南文川郡雲林面德坪 김寶卿 壹圓
合七圓五拾錢
●洪州上田면山水동
權泰好 二拾錢
權泰顯 八拾錢
權터岳 權寧奎 權寧中
權寧周 각拾전
權寧國 二拾錢
權重烈 니命魯 安根
김益壽 김德三 김成振
鄭化景 각拾전
盧載元 貳拾錢
合貳圓五拾錢
●陰竹군東면老坪동
뎡萬五 壹圓
홍聖化 朴景千 각五拾錢
全雲先 니병主 前先達
千東植 洪光云 각四拾錢
장周日 全雲三 김明花
셜景五 皮正伯 김興원 각三拾錢
韓春先 貳拾錢
張洛連 皮正西 申元三
각三拾錢
장洛元 三拾五錢
김洛興 貳拾錢
合七圓五錢
●陽川南山面嶝동里 六拾錢
秋元植
柳遠仁 秋元蘭 각五拾錢
秋春瑞 卅錢
卞和俊 徐永友 김千一
비順瑞 장雲學 김宗善

權聖春 秋元順 각貳拾錢
장允實 吳甫현 朴春元
한千甫 文元順 니致明
秋啓允 각拾錢
●牙山屯浦 合四圓
耶蘇敎미屬長리병權 壹圓五拾錢
니載龍 三圓
訓長홍경섭 五拾錢
有司박允圭 貳拾錢
송允슈 壹圓
許云執 六拾錢
會員 송周會 方漢植
니榮三 각壹圓
최奎昌 六拾錢
비成俊 五拾錢
김性玄 卄錢
뎡順五 申光三 卄錢
禹龍成 최永淳 柳樂俊
니仲燁 박紀勳 한鎭龍
池在涉 뎡致順 각拾五錢
合拾壹圓六拾五錢 각拾錢
●龍仁郡水余面각동
▲北동
조俊元 조병斗 박喜俊
조萬元 조亨元 許 澈 各壹圓
최上天 뎡斗鎔 김顯基
安千일 劉順明 각五拾錢
박善汝 박터山 劉順일
조炳鎬 조진원 각四拾錢
조병규 조병찬 조重원
조鍾殷 박貫學 조병哲
劉恩학 劉大天 鄭원根
홍正甫 한俊伊 니致先
嚴石崇 김君伯 니汗集
조大元 조병庸 吳用舜
李송大 元俊學 조병션 각二拾錢
梁斗崇

정順七 禹致文 喜順學
조性眞 뎡聖眞 니春美
박七山 김化山 조奇元
조영元 각拾錢
조舜元 조문원 조병旭
조台元 각廾錢
최化春 五錢
新店里中 五圓五拾錢
▲西동
申泰현 貳圓
安夏용 安在鶴 김 潤
최重식 林容河 장洛현
니台善 니원善 니규鴻
김在寬 김在弘 김 淳
최点셔 최命奎 조性玉
니창業 劉奉業 박成五
뎡仁水 최터玄 元석奉
元起豐 高廷周 장셕현
申돌夢 박貞甲 安周용
최光汝 최창식 郭文玉
喜云西 김順汝 니千萬
니敏榮 장汗식 장禮煥
박禹현 鄭元實 뎡元根
니裕황 각卄錢
▲驛동
丁友셥 壹圓
子 규漢 卄錢
규炯 拾錢
丁대升 丁규益 각壹圓
喜基赫 박원西 김官心
각五拾錢
鄭셔긔 최景天 각卌錢
丁鶴셥 崔광셔 김春엽
니寅成 安聖원 최聖云
각卄錢
丁규원 喜喆主 丁인셥
丁克셥 丁範셥 丁華셥
김景春 김正긔 方漢秀
김春京 林빅현 니元甫
니鶴應 조五慶 김鶴셔
뎡允集 각十錢
丁明셥 박召史 任召史
김일욱 각五錢
▲禮直里
吳翼善 壹圓五拾錢

高在厚 오학善 오萬善
오德善 김其鎭 각壹圓
睦孝信 高在右 각五拾錢
김基祿 김긔赫 김基主
高洛현 김터식 각四拾錢
김基稷
高宗현 高在允 각卌錢
조英年 김春진 白南奎
俞海련 丁壽甫 김基壽
池鯨來 田山玉 禹창셕
니來植 김긔奎 김긔榮
니병奎
睦仁信 김긔홍 각卄錢
高터현 김元善
▲東陳里 각拾錢
윤匡五 壹圓
니龍主 강台欽 각五拾錢
安翼商 四拾錢
뎡燦긔 뎡煥철 뎡仁鎔
니문秀 申德卜 뎡환창
각卄錢
최昨年水 拾四錢
任應主 니뎡信 喜奉敎
니義敏 니才根 喜景主
강漢영 安萬遜 니學仙
김오돌 니且돌 니得順
니用학 조得遜 河先用
각拾錢
윤益현 七錢五里
니英셥 五錢
▲林院里
박太彬 白樂貫 梁章환
丁大弘 김영舜 각四拾錢
니勉澄 니象현 니象국
니현규 김永殊 송益榮
丁터仁 빅南益 丁文敎
각卄錢
里中殘戶 貳圓卄錢
▲海谷
김敎順 홍 혁 김正連
김英植 김正秀 김正필
각四拾錢
김正寬 김正弘 김寅植
김正年 김희규 각卄錢

김正哲 김교윤 김正猷
김明植 니敎석 김正澤
각拾錢
▲吉業里
박貞在 송永元 각五拾錢
장元五 申터윤 각四拾錢
박爲和 박聖來 김亨긔
安병烈 각卌錢
박爲봉 김廣植 南啓소
송榮哲 송然主 각卄錢
박爲還 박麟來
梁柱宣 申석구 김홍셔
각拾錢
송榮萬 박爲일 각五錢
▲虎동
니主述 貳圓
김긔主 壹圓
辛萬홍 卌錢
동中 삼圓
▲터材里
오明默 오用션 오규션
柳 혜 김寬濟 각壹圓
동中 七圓
下里殘戶 宋堯主等 貳圓
▲眞米里
니主七 三圓卄錢
許 회 七拾錢
김貫豐 송堯臣 柳 식
柳德養 柳春養 梁仁煥
柳啓根 柳章根 柳鎭根
柳東根 니치경 니致馨
김榮默 柳華養 柳 찬
柳世根 김顯셔 뎡致年
니元奉 박일萬 각卄錢
合九拾七圓八拾壹錢五
里
●振寧銀叱只坊廣灘洞中 五圓
조炳勳
前通政니在益 前出身
김愼楷 니源道 니源芳
前參奉조炳俊 조永錫
니源模 孫東植 각壹圓
윤命信 조병日 김尙晉
김眞슈 李淳睦 조병斗
니터益 한應七 니漢현

권 濬 니常현 奇在綱
김龍均 니源周 吳允九
장眞규 각五拾錢
閔涑수 孫貞吳 최奉영
孫貞談 孫창談 송터涉
니在學 孫東淳 최一成
奇宗洛 니源策 최창建
閔應主 각卌錢
니源희 니致슈 리裕相
任尙俊 홍致영 각廾錢
合廿五圓九拾錢
●南署東동輔국 조秉式 四圓
●北署齋동前判書南廷哲 五拾圓
●南署大平坊弘門동박鍾培 五拾圓
●嘉華館居김鐘의 廿五錢
●北署觀광방東十字橋十一統 拾圓
九戶최익明
●서署新孔德里居 五拾錢
前監察 林병셔
同夫人김氏 五拾錢
●中서校동居최相主 五拾錢
●水原郡松동面柿谷里
曹익承 卅錢
曹경煥 曹병完 각卅錢
●果川上北面倉堂里동中
장斗煥 김창亨 각六圓
●豐德郡東面望浦居
士人니淵敎 三圓
●봉山沙里院니亨根 五拾錢
●淸道군외서面牧谷里
김斗庚 五圓
●淸道郡龍山面元塀里박水輿 五圓
●開城碑동 前參奉죠유 五圓
●開성鞍谷손際祥 七拾錢
合壹百肆拾七圓捌拾五錢
●懷德군山內면瓦旨
前監役 憲穆 송漢用
前參奉송世用 각五圓
송學用 송遠用 각壹圓
合拾七圓

●中서東谷
閑尉박勝奎 貳圓
祖母 비씨 五拾錢
터夫人리씨 五拾錢
夫人 오씨 五拾錢
三圓五拾錢
總合三百廿四圓七十六전
五厘
前號總合三千七百七十四圓
六拾三錢貳里
都總合四千〇九十九圓卅九錢
七厘

大韓每日申報社

發行兼編輯人 英國人비說
發行所
南署石井洞號外地三層洋屋家
大韓每日申報社

第五卷

第四百八十八號

月曜及慶節歲時日休刊

檀君開國四千二百四十年
箕子元年三千二十九年
大韓開國五百十六年
日本明治四十年
清國光緖三十三年
◉陰曆丁未三月小初五日丙申

論說

이氏義擧의詳報

美국哲學博士象晉學博士이스를네의氏가日本東京에셔韓국學生의軍人志望을爲ᄒᆞ야학교를設置ᄒᆞᆫ事ᄂᆞᆫ業已數次揭載어니와今又早稻田事件에同氏가한국學生의忠憤을愛惜ᄒᆞ야慰勞가甚至ᄒᆞ니차ᄂᆞᆫ世界에廳絕ᄒᆞᆫ義氣오大한社會에無量ᄒᆞᆫ福音이라玆에大韓留學生會報를閱讀ᄒᆞ미其立校ᄒᆞᆫ事實이更히詳確ᄒᆞᆫ故로又此謄載ᄒᆞ야使內外人士로該校歷史를詳悉케ᄒᆞ노라

當年來한국學生이靑年銳氣로軍事學에有志ᄒᆞ야日校에入學코져ᄒᆞᄂᆞᆫ者ㅣ頗多ᄒᆞ나日人이한人을未開人類로待遇ᄒᆞ야軍人學校에顧入을拒絕ᄒᆞ미한人이憤慨恨歎ᄒᆞ더니이스를네의氏가此를矜憐히역여其令胤美국步兵尉官라ㅣ저氏와共히한人을爲ᄒᆞ야軍事學을敎授ᄒᆞᆯ次로一學校를東京本鄕區西片町에設立ᄒᆞ고去二月初旬부터開學ᄒᆞ야現今학徒가三十一人인뎌父子兩人의熱心訓導ᄒᆞᄂᆞᆫ盛意ᄂᆞᆫ孰不感激鳴謝이오며同博士가去月留學生總會에來臨ᄒᆞ야一場演說이有ᄒᆞ니其槪意가如左라

국家에第一必要ᄒᆞᆫ것은다限量업시國民의愛國心을多言ᄒᆞ나然이나國民의愛國心으로마ᄂᆞᆫ國家를維持ᄒᆞᄂᆞᆫ뎌오히려겸然ᄒᆞ니何也오今日此時에在ᄒᆞ야世界各국이다투어軍備를擴장ᄒᆞᆯ뿐아니라軍備가擴장ᄒᆞᄂᆞᆫ뎌로器械가精良ᄒᆞ야지나니此精良ᄒᆞᆫ器械ᄂᆞᆫ但히愛國心으로만敵當치못ᄒᆞᆯ지라然則不可不新式의器械를使用ᄒᆞ며新式의戰術을學修ᄒᆞᆫ然後에야愛국心을發揚ᄒᆞᆯ介가잇슬지로다

大抵軍備ᄂᆞᆫ국家의城壁인뎌陸海軍은卽城門의兩柱라萬一門柱가不實ᄒᆞ면성壁이반다시破壞ᄒᆞᆯ것이오성壁이破壞ᄒᆞ면其內部가可히安全無事ᄒᆞᆷ을得ᄒᆞ깃ᄂᆞᆫ가此實國家가軍備를不可不務ᄒᆞᆯ緣由오또ᄒᆞᆫ陸海兩軍을幷時整備치아니치못ᄒᆞᆯ緣由라不佞이비록無狀ᄒᆞ나韓國을爲ᄒᆞ야라兩門柱를製作供獻코져ᄒᆞ노ᄒᆞ얏더라

又開ᄒᆞᆫ則該校에셔美國領尉官中幾人을延聘ᄒᆞ야七月頃에來着ᄒᆞᆯ預定이라ᄂᆞᆫ뎌限百名되기를待ᄒᆞ야別노校舍를建築ᄒᆞ고志願ᄃᆡ로陸海軍을分半教授ᄒᆞᆯ터이라ᄒᆞ고又今番早稻田事件에同씨가日本학徒의駭妄을憤歎ᄒᆞ며한국學生의義擧를贊揚ᄒᆞ야留學生會中에來參ᄒᆞ야或靑年忿激의過度로분誤를致ᄒᆞᆯ가念慮ᄒᆞ야切勿妄動ᄒᆞ고益勉做工ᄒᆞ야써大한의文明을進就ᄒᆞ야獨立基礎를鞏固히ᄒᆞ야列强과幷立ᄒᆞᆯ大事業을期成ᄒᆞᄂᆞᆫ것이是我옹祝이라ᄂᆞᆫ問題로一場演說에人皆感泣이라ᄒᆞ얏다니同博士의한人을慈愛ᄒᆞ며敎導ᄒᆞ며勸勉ᄒᆞᄂᆞᆫ誠意ᄂᆞᆫ實로皇天이한人의無辜를垂憐ᄒᆞ샤特히이스를네의氏의手를假ᄒᆞ야大한中興基礎를建立케ᄒᆞ심이니한國一般人士ᄂᆞᆫ奚但一時敬意를表ᄒᆞᆯ뿐이리오아모조록차機會를因ᄒᆞ야奮發向學ᄒᆞ며刻苦做工ᄒᆞ야將來完美ᄒᆞᆫ効果를得ᄒᆞ기로十分옹祝ᄒᆞ노라

官報

●三千七百四十一號 光武十一年四月十六日

◉宮廷錄事

掌禮院卿臣李青榮謹奏再揀擇日子更爲退定以入事命下矣吉日令日官金東杓推擇則陰曆五月十七日丙時爲吉云以此日時定行乎敢 奏奉 旨以此日定行

奉常司提調조命호辭職疏批旨省疏子悉所請依施

◉辭敍任及令

官立漢城日語학校副教官 文應善
依願免本官
九品김振선
任官立漢城일語학校副教官
仁川港總巡김윤福
任京畿觀察道總巡
務安港總巡全리興
任全羅南道觀察道總巡
沃溝港總巡박來春
任全羅北道觀察道總巡
창原港總巡ᄒᆞᆫ用信
東萊港總巡權容九
任慶尙南道觀察道總巡
德源府總巡河至홍
任咸鏡南道觀察道總巡
성津港總巡최창郁
任咸鏡北道觀察道總巡
慶興府總巡吳甚舜
任平安南道觀察道總巡
三和港總巡최象鎭
任平安北道觀察道總巡
龍川港總巡리英來

外報

●日人이强占市房 吉林來信을據ᄒᆞᆫ則刻下吉林에到來ᄒᆞᆫ日人이甚多ᄒᆞᆫ뎌其人이無執業者가多ᄒᆞᆫ지라房主가官廳의告示를遵ᄒᆞ야租與를不肯ᄒᆞ면日人이戶主를强迫ᄒᆞ야交涉局에赴ᄒᆞ야理論ᄒᆞᆫ다더라.

●中米戰報 桑港電을據ᄒᆞᆫ則혼줄나스大統領은암팔나에셔니갈나파兵의重圍에陷ᄒᆞ야降服ᄒᆞ얏더라

●大統領聲望 倫敦電을據ᄒᆞᆫ則美國大統領루스벨트氏의聲望이益高ᄒᆞ야第三回大統領候補者를삼고ᄌᆞᄒᆞᄂᆞᆫ運動이盛ᄒᆞ더라

雜報

國債報償中央義務社再告全國同胞書

吁희乎殆哉急矣라嗟我 聖朝五百年培養之二千萬同胞여욱之識어다우희乎殆哉急矣라嗟我五百年培養之二千萬同胞여念지哉警지哉어다曾見有無國而有其家者乎아無家而能有其身安其父母妻子者乎아又見有父有巨債未報而子能保其産業其業者乎아우희乎殆哉急矣라近弗閒波蘭埃及지禍慘지弗忍言者乎아現今我國計發業하야嗟我二千萬同포지死生存亡이亶在乎一千三百萬圜國債지상與弗상ᄒᆞ니嗟我同포의一般憂懼가寧有中外上下貴賤貧富彼此之別乎아第觀域中之興情奮義가弗啻火水之就조合이라卽有建령지勢하야朝發一文에夕結一社ᄒᆞ야嗜煙者斷烟ᄒᆞ고嗜酒者絕飮ᄒᆞ며婦女減料饌하고兒童納佩錢ᄒᆞ며勞動이聚屆金하고娼婦解粒銀하야凡在圖願方趾者莫弗용躍爭先ᄒᆞ야惟恐人後ᄒᆞ니是豈一二人智力之所使爲哉아民心은卽天意也라順天者興ᄒᆞ고逆天者亡ᄒᆞ나니孰然之勢와天然之心을孰能禦之며孰能勸之哉아然事係重대ᄒᆞ고數至巨額而中外區域이遼近弗均하야有弗可都聚一處요亦弗可家喩戶說故로創設義務社於漢성中央者ᄂᆞᆫ以其均於四方而全국之表準也요特以皇성新聞社로議定收금所者ᄂᆞᆫ以혀社가實我한創立第一社而爲全國所信者也라

대抵차義也ᄂᆞᆫ建諸宇宙而弗悖ᄒᆞ고質諸列强而弗惑ᄒᆞ고昭揭于日月ᄒᆞ야以曜衆人之晦盲而無疑也라說樂者雖일萬至라도血誠所到에斷々無他라蚊可갑樹요鳥可塡海요齊聲이나에라山亦拔이온況我二千萬同胞의병彝之熱心乎아우희呼殆哉急矣라嗟我同포여家국存亡이在차一機ᄒᆞ니决弗可玩게一일이요亦弗可만환一念故로特又廣告ᄒᆞ오니無論中外ᄒᆞ고覽차僉君子ᄂᆞᆫ各認以直接本社公函ᄒᆞ시고眞諺飜謄ᄒᆞ야揭付방曲場市邑村山野ᄒᆞ시와各任以自巳義務ᄒᆞ시고亦轉相告引ᄒᆞ며或演說皷動하야二千萬同포가結二千萬同社ᄒᆞ시와父以是戒子하고子以是告父ᄒᆞ며夫以是謀婦하고婦以是警夫ᄒᆞ야家結一社ᄒᆞ고人結一社하야京而諸셔각방각동각統戶首와鄕이諸道列군각면각里之長이각以義聚ᄒᆞ야終歸于一이면불出幾月일에卽可成其數보其채ᄒᆞ야上불負五百年化育之 恩하고下以保二千萬生靈之命ᄒᆞ야爲天下萬世第一等義民ᄒᆞ리니嗟我동포여욱哉勉哉어다念哉勉哉어다

●老寡義捐 平壤居故楊進士의夫人李氏ᄂᆞᆫ年今老白首라阨言國家의義務를擔任홈은男女의分이無ᄒᆞ다ᄒᆞ며니今番國債報償의說을聞홈의紙貨五十圜을義연ᄒᆞ고婦人界에懇懇勸勉홈으로銀環金簪으로연助ᄒᆞᄂᆞᆫ者肩背相望이라ᄒᆞ니吾儕도不勝攢賀ᄒᆞ노라

●二回出義 大韓運輸會社仁川支店斷烟同盟人金明煥氏等三十六人이국債報償에對ᄒᆞ야第二回義金七圜二十錢을期成會로送致ᄒᆞ얏다ᄒᆞ니同氏等의애國誠은實로感歎ᄒᆞᆯ事더라

●合衆出捐 果川郡上西面外飛山동大小民人七十四人이국債報償에對ᄒᆞ야貳拾貳圜八十젼을出義ᄒᆞ얏다더라

●斷髮賣衣 平安北道江界郡女학徒女교師丘德淳氏의來函를據ᄒᆞᆫ則國채報償에對ᄒᆞ야司학校女학徒들이亦是국民된義務로各各愛국誠을表ᄒᆞᄂᆞᆫ中에女학徒千逸新氏ᄂᆞᆫ家甚貧寒홈으로納采ᄒᆞᆫ비단上衣一次를義연ᄒᆞ얏고女학徒강日泰씨ᄂᆞᆫ以慈城郡女子히校에셔留학ᄒᆞᄂᆞᆫ뎌手無分錢홈으로其母親의惠賜ᄒᆞᆫ바綿紬幾尺을義연ᄒᆞ얏고女학徒리順德氏ᄂᆞᆫ芳年이十五라以爲愛我國家에豈惜頭髮乎리오ᄒᆞ고斷其珍愛之雲髮ᄒᆞ야賣得新貨一元五十錢ᄒᆞ야義연ᄒᆞ얏나ᄒᆞ니該女학徒之愛國熱誠은令人嘆服이라ᄒᆞ더라

●賣床出연 端川군倉峴里居沈相호씨ᄂᆞᆫ至貧之人으로數年眼病에辛苦틀甚ᄒᆞ며朝夕生活이至極無路ᄒᆞᆫ뎌所在物이壹個冊床이라國채에忠愛之心이激發ᄒᆞ야放賣冊床ᄒᆞ야紙貨十圜을補助ᄒᆞ얏다더라

報

●春宮患候　太子殿下께옵셔痔疾로未寧ᄒᆞ시다더라

●毅王陛見　再昨日下午三時에 義親王殿下께셔陛見ᄒᆞ시고五時에退闕ᄒᆞ셧다더라

●將官提議　軍部에셔各將官ᄋᆡ提擬規則을政府에請議ᄒᆞ얏더니政府에셔中樞院으로咨詢ᄒᆞ얏다더라

●參政反對　侍從武官長리根澤시가被任ᄒᆞ기로熱心運動ᄒᆞ되參政大臣박제純씨가極力反對를ᄒᆞᄂᆞᆫ故로리氏의運動力이一分減却ᄒᆞᆫ樣이라더라

●京城首府　新成學校에셔각附學時間式日語를敎授ᄒᆞᄂᆞᆫᄃᆡ敎師某씨가世界列國의京都를漆板에翻畫以示ᄒᆞ되倫敦은英國京都요華盛頓은美國京都오東京은日本京都라ᄒᆞ고漢陽은한國首府라書ᄒᆞ얏거ᄂᆞᆯ附官中某씨가敎師의게質問曰各국은京都라書ᄒᆞ고至於漢陽ᄒᆞ야ᄂᆞᆫ한국首府라書ᄒᆞ얏스니觀察府지首府란말이오同等皇帝국에何如是層下가有ᄒᆞ오ᄒᆞᆫᄃᆡ敎師가答曰非我名지也라일語冊에如是翻譯故로因此書示ᄒᆞ얏스니其意를詳知ᄒᆞ랴거든일人을對ᄒᆞ야質問ᄒᆞ라ᄒᆞ거ᄂᆞᆯ히附官이其不可홈을一場詰難ᄒᆞ얏다더라

●權氏回電　內部경務課長權봉수씨가鐵성等地에셔回京次로不日離發ᄒᆞᆫ다고昨日에電報가該部에到達ᄒᆞ얏다더라

●公債運動　公州郡守金甲淳氏가該道觀察使를運動ᄒᆞ랴고某大官의게錢十萬兩을納賂ᄒᆞ얏다ᄂᆞᆫ說이藉々ᄒᆞ더라

●雪上加霜　리容뎐氏가경務廳에被捉ᄒᆞᆫ後該씨家文書를搜探ᄒᆞᄂᆞᆫᄃᆡ私鑄鑄器械가現露ᄒᆞ야該廳으로持去ᄒᆞ얏고또私鑄ᄒᆞᆫ紙貨二張이手帒中에儲置ᄒᆞ얏더라

●寶士推還　辯護士홍在祺氏가務安港近地宮庄檢査官으로赴往ᄒᆞ야該庄土를逐々히調査ᄒᆞᆫ즉民人等이多數히일人의게潛賣ᄒᆞᆫ지라홍在祺씨가일領事의게詰곤ᄒᆞ야賣渡ᄒᆞᆫ土地를沒數還推ᄒᆞ얏다더라

●寧光지中　中樞院贊議金在豐氏ᄂᆞᆫ光州나寧광이나兩道觀察使中被任ᄒᆞᆫ다ᄂᆞᆫ說이有ᄒᆞ더라

●漢裁勝務　漢성裁判所에셔多日停務ᄒᆞ더니再昨日븟터更히視務ᄒᆞᆫ다더라

●리씨更訊　리容뎐씨를監獄署에移囚ᄒᆞ엿더니昨일에更히訊問次로경務廳으로押去ᄒᆞ얏다더라

●陳賀賜宴　再昨일은陰曆上己節인故로伊일午后四時에文武高等官이重明殿에進賀ᄒᆞ얏ᄂᆞᆫᄃᆡ 大皇帝陛下께옵셔勅任官陳賀를受ᄒᆞ신後에賜宴ᄒᆞ옵셧다더라

●治道協議　內部治道局技師가再昨일會同ᄒᆞ야工事方針을協議中이라더라

●德川渡海　일本貴族院秘長德川家達氏가한국을觀察次로일間渡航ᄒᆞᆫ다더라

●관測官制　일本셔勅令으로統監府관測所官制를定ᄒᆞ야本月一일爲始ᄒᆞ야仁川관測所ᄂᆞᆫ히本港으로定ᄒᆞ야技師를置ᄒᆞ고釜山木浦鎭南浦元山성津각港에ᄂᆞᆫ支所로定ᄒᆞ야技手를置ᄒᆞ고所長을兼任케ᄒᆞ엿다더라

●申乞無效　前秘書丞金升민氏가憲兵司令部에經年滯囚ᄒᆞ야幾至死境에聞者莫不慘然ᄒᆞᄂᆞᆫ바라數三日前에其伯氏가同已之情으로該部에前往ᄒᆞ야一次판決ᄒᆞ기를懇訴ᄒᆞ되終無如何措處ᄒᆞ고推背叱逐ᄒᆞ고申乞書를빗退ᄒᆞ얏다더라

●釜港警官　釜山港役夫起鬧ᄒᆞᆫ事件에因ᄒᆞ야該港前경務官리裕明씨를히港裁判所에拿致ᄒᆞ얏다더라

●延郡賊警　去月卅일에延安邑內에火賊八名이放銃ᄒᆞ고民家에突入ᄒᆞ야牛二隻과衣服等物五拾圜價値를掠奪以去ᄒᆞ얏다더라

●일送일迎　昨日漢성官立高等學校교官諸씨가금一圜九拾三錢式판出ᄒᆞ야新任ᄒᆞᆫ校長홍셔현씨와遞校長리源生씨에餞迎宴會를漢陽館에開催ᄒᆞ얏다더라

●民塚催移　伊리院等地에軍用地所用으로各人塚을掘去ᄒᆞᄂᆞᆫ事에對ᄒᆞ야措手無路ᄒᆞᆫ民은卒地에移埋ᄒᆞᆫ費을판出지못ᄒᆞᄂᆞᆫ故로衆寃이太甚ᄒᆞ다더라

●家埋遷　東門外둑島에셔設施ᄒᆞᆫ水도局이竣工實施가漸進ᄒᆞ야東門內等地家家에設을近일埋置ᄒᆞ얏다더라

●尹氏情況　今日下午七点半에ᄂᆞᆫ萬國聯合總會에李代로派送ᄒᆞ엿던尹致昊氏가上海와東京의情況으로演說ᄒᆞᆫ다더라

●日打韓人　南大門內巡檢派出所前에셔平服ᄒᆞᆫ日憲兵이韓人某을相逢ᄒᆞ야數語談際에該平服憲兵이리某言辭가不恭홈을詰責ᄒᆞ다가無數亂打ᄒᆞ얏다더라

●可畏者日　日本權任一名과韓國巡檢一人及平服일人一名이再昨早朝未及起寢지時에倉동等地에家戶의內庭ᄭᆞ지突入ᄒᆞ야搜索房內에將作不測之態ᄒᆞᄂᆞᆫᄃᆡ各自晝甘ᄒᆞᆫ지라其理由인즉日人이小蠹一介를路邊에遺ᄒᆞ얏다가見失ᄒᆞᆫ故로推覓ᄒᆞᄂᆞᆫ次이라더라

●監督發程　日本留學生監督申海영씨가本月二十日에發程ᄒᆞᆫ다더라

●龍鶴寶山　奉化郡太빅山中에守護ᄒᆞᄂᆞᆫ覺華寺僧侶ᄭᆞᆫ 이가內에請願ᄒᆞ되本寺가山셩史庫를五百餘年守護이온바恪勤ᄒᆞ야公이옵더니本寺所有僧龍鶴堂이라ᄒᆞᄂᆞᆫ者가本寺所有略干田畓을盡爲否賣偸食ᄒᆞ와僧徒가末由支保에寺宇流乞魚散ᄒᆞ와史庫지守護와佛宇시供養이萬무其道이온바至於昨年秋間ᄒᆞ야悖僧龍鶴이가冒得本寺總셤後에本山所莫重封山을又爲放賣이온즉其在於公豈不愧송悶迫乎니가不勝痛迫ᄒᆞ야玆以伏乞이라ᄒᆞ얏더라

●電車觸傷　再昨日에종路停車場에셔一官人이電車에觸觸ᄒᆞ야重傷ᄒᆞ얏고龍동等地에셔도一人이電車에觸傷ᄒᆞ야一脚을折骨ᄒᆞ얏다더라

●兩씨渡東　鍋島外務總長과高崎男爵兩씨ᄂᆞᆫ昨日東京셔出發ᄒᆞ얏다더라

●觀察發程　侍從武官長趙東潤씨가日本軍務를觀察次로前往ᄒᆞᆫ다ᄂᆞᆫ事ᄂᆞᆫ已爲報道ᄒᆞ얏거니와日前에씨旅費와滯在費을準備치못ᄒᆞ야姑未登程ᄒᆞ더니日費一千圓을下附ᄒᆞᆫ으로日間出發ᄒᆞᆫ다더라

●待令執行　忠淸南裁判所判事김嘉鎭씨가法部에報告ᄒᆞ되박光三案件을檢事公訴에由ᄒᆞ와審理ᄒᆞ온즉被告가겁掠재物ᄒᆞ고突入人家에至有殺越ᄒᆞᆫ事實은被告가陳供自服의証ᄒᆞ야明빅ᄒᆞᆫ읍기强盜가糾監을行ᄒᆞᆫ時에人을殺ᄒᆞᆫ者ᄂᆞᆫ首從을不分律에照ᄒᆞ야絞에處ᄒᆞᆫ意로宣告經期ᄒᆞ얏기待指令執刑차로히供案을謄本上送이라ᄒᆞ얏더라

●靑會演說　今日下午四덤半에博士래드氏가敎師의用意란問題로靑年會館에셔演說ᄒᆞᆫ다ᄂᆞᆫᄃᆡ各學校敎育家가一齊光臨ᄒᆞᆷ을希望ᄒᆞᆫ다더라

●총会又開　國債報償志願金총合所에셔事務處理ᄒᆞ기爲ᄒᆞ야本月十八日下午七点종에特別총會를開ᄒᆞᆫ다더라

●巡檢不法　平北嘉山郡巡檢金炳식과金昌洽緞병必발가該郡內南里民장命建을誣稱 奸事ᄒᆞ고討索二百金라가執贓이無ᄒᆞ야捕捉良民ᄒᆞᆫ事로該장族이道郡間呼訴가有ᄒᆞ고且읍底居ᄒᆞᄂᆞᆫ金京순爲名者가장門의節穀을刼奪코ᄌᆞᄒᆞ다가擧公되야其原因을訊問ᄒᆞᆫ즉金哥의招供이巡檢金창洽發가如此하ᄒᆞ라고ᄒᆞ얏다니近일각地方巡檢의不善行爲가比々有지ᄒᆞ다고公報上에屢登ᄒᆞ거니와至若嘉山ᄒᆞ야ᄂᆞᆫ最尤甚ᄒᆞᆫ則隨現隨罰치아니ᄒᆞ면民莫支保라고怨聲이嗷々ᄒᆞ다더라

●贓錢送交　度支部에셔法部에照復ᄒᆞ되貴照會內開에釜山港裁判所贓錢一百五十九圜六十錢과三和港裁判所장錢四圜九十錢을中央金庫에納付ᄒᆞ신通知書二度를接閱ᄒᆞ와部案에登記ᄒᆞ옵고玆에送交ᄒᆞ오니照亮查收라ᄒᆞ얏더라

●留日學生의來函　續

際玆早稻田學校職員陸軍工兵少佐正六位勳五等功六等金子昌明과麴町區警務署署長巡查部長室小太郎이率保護巡查ᄒᆞ고稱以謝罪而來到하야以我監督한致愈氏소키로欲見我學生諸人故로名以謝罪에理不可不見이라ᄒᆞ야應接이入矣러니謝罪言內에貴국 皇室至尊至嚴之地에觸犯問題提出ᄒᆞᆫ田淵豐吉은罪不可仍置ᄒᆞ야今旣黜學이나此事之施措가萬々無理의難免不善敎育지責이라ᄒᆞ며統擧早稻田學校에謝罪ᄒᆞ고卽爲謝罪로體雪此辱ᄒᆞ야連日停학退去ᄒᆞ얏스나以차兩個校員지ᄒᆞ고日々會議ᄒᆞ다가至於四月四日ᄒᆞ야我學生지出韻修業이事爲我人한씨文明及獨立긔礎이거ᄂᆞᆯ今차停學이殆近一旬니學業則依前做去ᄒᆞ며每日曜日團會ᄒᆞ야從長措處ᄒᆞᄌᆞᄒᆞ고姑爲停會ᄒᆞ얏스나今차一事께豈不驚醒奮發가痛入骨髓ᄒᆞ나無處控訴故로所經事實을略此書呈ᄒᆞ오니
照亮ᄒᆞ신後 貴報에揭載ᄒᆞ시와使我內地同胞로咸須知悉케ᄒᆞ심을伏望　完

●山門설校　全羅北道全州郡威鳳山城의居ᄒᆞᄂᆞᆫ吳慶山씨ᄂᆞᆫ北道各刹警轄ᄒᆞᆫ都總攝인ᄃᆡ敎育上에熱心注意ᄒᆞ야봉翔學校를設立하고管下各寺靑年僧侶와隣近聰俊子弟을募集ᄒᆞ야百餘員이至ᄒᆞ얏ᄂᆞᆫᄃᆡ明進學校敎師朴東鎭日本人富士동壯兩씨을雇聘ᄒᆞ얏다더라

▲硯北餘叢▼

▲春水政海에波光이如天ᄒᆞ야七隻巨艦이太平洋上에無恙往來ᄒᆞ더니那邊春霧에지尺을難판이라水雷艇一隻이暗裏隱伏ᄒᆞ니測量工事에特別着手로다

▲궁部大臣이再昨日에統監府에前往ᄒᆞ야무삼政務에關ᄒᆞᆫ事項을協議ᄒᆞ얏ᄂᆞ니近日에各大臣에事務가緊劇이太甚ᄒᆞ도다各部에도仕進ᄒᆞ고御前에도例會ᄒᆞ고政府에도會議ᄒᆞ고또統監府에도會同協議ᄒᆞ니食少事緊이나안될는지

▲리根澤리根湘兄弟兩씨ᄂᆞᆫ聯邦條約이니經理院이니運動ᄒᆞᄂᆞᆫ事가웨그리만소修學院長과侍從武官長이猶爲不足ᄒᆞ야運動手段이一層敏活ᄒᆞ니리家兄弟ᄂᆞᆫ不可當이로다

▲度支預算은增加ᄒᆞᆫ方針은絕無ᄒᆞ고道參書와郡主事와稅務官과稅務主事와道檢事에許多官制를加設ᄒᆞ니該部大臣ᄋᆡ有무合計劃이有ᄒᆞᆫ지知치못ᄒᆞ거니와有限之財로用之無限ᄒᆞ면歸決이何如ᄒᆞᆯᄂᆞᆫ지

▲內大리재극氏와경務廳顧問官丸山重俊氏와巳爲協約ᄒᆞ고日巡査六百餘名을雇聘ᄒᆞ야各地方에派送ᄒᆞᆫ다ᄒᆞ니한國巡檢에경察도日巡査에不讓ᄒᆞ것마ᄂᆞᆫ期於히外國巡査을招聘ᄒᆞ나抑何意思오大한天地ᄂᆞᆫ日巡査天地가되고말깃고

▲陸軍各隊에兵卒減額ᄒᆞᆫ다ᄂᆞᆫ說이發生ᄒᆞᆫ後로兵卒이逐日逃躱ᄒᆞ야各隊에現闕이少不下數十名이라고某報에揭載ᄒᆞ엿스니旅團編制ᄂᆞᆫ何許兵丁으로編制ᄒᆞᆯᄂᆞᆫ지可謂士卒亾者過半이로고

▲警務局長金彰漢氏가內部大臣의命意로경務廳에通牒ᄒᆞ되近日各團體가不一其名인바人民을會集演說ᄒᆞ니巡檢을該演場에派送ᄒᆞ야演說ᄒᆞᄂᆞᆫ趣旨와氏名居住을昭詳報來ᄒᆞ라ᄒᆞ얏다니政府大臣은日人指揮下에在ᄒᆞ야不能屏息ᄒᆞ면셔人民을壓制ᄒᆞᄂᆞᆫ强力은一層倍加ᄒᆞ도다

▲內部전考所에셔地方官전考會를明日븟터전考委員會로開ᄒᆞ고現闕ᄒᆞᆫ郡守를銓考ᄒᆞᆫ다니京鄕間禰官者流에紛競거리가또싱겻고

伯林電報

● 露帝嘉賞 (四月十五日午後六時着)
露國皇帝ᄂᆞᆫ大藏大臣이議會에셔豫算討議ᄒᆞᆯ際에勇悍ᄒᆞᆫ辨度를示ᄒᆞᆷ을嘉賞ᄒᆞ샤感謝를表ᄒᆞ셧더라

● 露國國債 (仝上)
露國大藏大臣은本年度에國債募集額을貳億留로計上ᄒᆞ얏더라

● 普國公債 (仝上)
普魯西國政府ᄂᆞᆫ近日에多額의四步利公債를發行ᄒᆞᆫ다더라

雜報

平壤紳士等의義金募集文
國은非君主之獨有요卽民人之共有라君은國을治ᄒᆞ고民은國을保ᄒᆞᄂᆞ니국이無ᄒᆞ면君이無ᄒᆞᆯ뿐더러民도從ᄒᆞ야無ᄒᆞᆯ지니爲民者豈可曰國은君主之國也니民人은不關이라ᄒᆞ고安坐而視ᄒᆞ야興亡을不顧ᄒᆞ고위지於君主而已乎아故로血心愛국者ᄂᆞᆫ非但愛君지然也요尤愛其身也라
方今국勢지岌業과국土지削弱이莫甚於此者은皆由於群奸지不忠不信而反誤其국ᄒᆞ야馴致外債之山積ᄒᆞ고肥馬輕裘而歌舞於妓女로日費萬錢而無非國財之消融ᄒᆞ야至於차數ᄒᆞ고今年未報ᄒᆞ며明年未報則日夜生息之物이不過幾年에將多於三千里疆土矣리니當其時ᄒᆞ야彼此督責則何以報償고勢必以全국納地而無尺寸지餘土則噬彼賣國지群奸은固當其罪어니와哀我無辜지民生이其將俱焚於烈火지中矣라自惜歎以後로民人지稍有知覺者孰無憂國지心이리오만은學識淺短ᄒᆞ야慨無經濟지良策이ᄂᆞᆫ바顧當時事의只切賈生지痛哭ᄒᆞ고每念王事의不堪哀安之流涕러니幸天理未泯ᄒᆞ고民智稍開ᄒᆞ야向日徐金兩氏가實心愛국ᄒᆞ야發謀出慮ᄒᆞ야以斷烟報償지說로唱告于世界上同胞ᄒᆞ니一聞此言의如雷지振蟄ᄒᆞ며長者지경면ᄒᆞ야自鄕邑지紳士ᄒᆞ야以至於田野夫婦지愚와市井興販지賤과山峽之樵童牧豎가舉皆欣然ᄒᆞ야奮發激昂ᄒᆞ야卽日斷烟ᄒᆞ고隨力義捐ᄒᆞ야不計日月ᄒᆞ고期於盡償乃已ᄒᆞ니此非家諭戶說而然也요亦非勒排脅徵而然也라一片腔血이流出於국之至誠ᄒᆞ야不謀而同ᄒᆞ며不令而行ᄒᆞ야一心團躰로爭先樂趨ᄒᆞ니차實明之기礎而富强之根本이라此世此民이로無論某事ᄒᆞ고國合心力을每每如此則何事不成이며何爲無效리요一城지堅으로能破智伯지衆ᄒᆞ고三戶지小로亦滅强秦지暴ᄒᆞ니國家興亡이果繫乎民心지向背ᄒᆞ고不在於軍力지多小ᄒᆞ니將來智見지發達을預驗於此矣라鄙等忝在章紳지列ᄒᆞ야不揣如干資ᄒᆞ야爲先送呈ᄒᆞ거고隨後續捐ᄒᆞ야至於淸刷지日이며又有一得지慮ᄒᆞ야玆以仰布ᄒᆞ오니勿以人廢言ᄒᆞ고澄神垂察ᄒᆞ시오
券烟지禁은京鄕內外의斷不放犯이어니와硫黃砂糖지物을一體嚴禁則民間利益이不此뿐더러自起黃지盛行으로男女儕意ᄒᆞ야初不致意於爐ᄒᆞ고只取自起지快速ᄒᆞ나一或不謹이면火災輒發ᄒᆞ야穀物柴草가삼時成火者比比有之ᄒᆞ니차乃實生上最凶之物也라自五色丸糖지遍行으로兒稚之嗜甘을難禁ᄒᆞ야便作痼痛지病疾ᄒᆞ야積成胸腹ᄒᆞ야甚者ᄂᆞᆫ傷命ᄒᆞ고輕者ᄂᆞᆫ病身뿐더러學校지童이緣此廢工者往往有之ᄒᆞ니차乃衛生上最害지物也라此兩種을亦爲痛禁ᄒᆞ야不遵者ᄂᆞᆫ照律嚴懲則令行禁止ᄒᆞ야庶有富給지效이오니伏望貴社僉君子은以此揭載於申報ᄒᆞ야布告于世界同胞을千萬爲要

● 補助爲荷 龍川府商會社長金柄朴씨가국債報償의義務로商會諸員과一齊同盟斷烟ᄒᆞ고義金을募集ᄒᆞᆫᄃᆡ本社에補助ᄒᆞ기爲ᄒᆞ야金三圜을ᄇᆞᆯ혀會中代황燕保씨가委來袖傳이기로深庸感荷不已ᄒᆞ노라

謹告

본인이본ᄃᆡ남양군으로용산형졔ᄀᆡ경계미젼박흥셔의게숑월쵸오일츄심ᄒᆞᆯ오쳔양어음의일권을빗양ᄒᆞ얏고여재삼쳔오빅의음과지화ᄉᆞ쳔오빅양을가지고남문외이문골남양식쥬인집영ᄒᆞ더집에셔자다가셔실ᄒᆞ얏ᄉᆞ니무론니외국인ᄒᆞ고어엇은쟈지로시힘ᄒᆞ오니죠량ᄒᆞ옵
남양빅셔포 리흥복 고빅

本驛○達셩運送店을金子號이創立ᄒᆞ야各驛○店으로連絡ᄒᆞ다가前月에廢止ᄒᆞ고本人이○店을設立ᄒᆞ오니金子號會計은本人이不關ᄒᆞ오니僉員은照亮ᄒᆞᆷ
大邱北門外○浦上店
李容壽 告白

師範學校速成科第二回卒業生中在京ᄒᆞᆫ者ᄂᆞᆫ本月十八日上午十二時에本部로來會ᄒᆞᆷ事
學部

南門內大平동藥局주인鄭喆任이置業二百五十兩標를失ᄒᆞ왓스니廢紙로施行ᄒᆞᆷ 廣告ᄒᆞ오니勿論內외국人은拾得休紙施行ᄒᆞᆷ
이영諸 告白

普法戰記

(全一冊 定價四拾錢)
白堂玄采君譯

本書ᄂᆞᆫ距今卅七年前西曆一千八百七十年歐羅巴의一大戰爭되ᄂᆞᆫ普法兩國의戰爭事蹟을記ᄒᆞᆫ者니前에ᄂᆞᆫ普國이奈翁征服을受ᄒᆞ야久히法國羈絆에在ᄒᆞᆫ지八十年間臥薪嘗膽으로一朝復讐的戰爭을起ᄒᆞ야竟乃普軍의勝利卽比斯麥의鐵血政略과法蘭西의頑狠挫折ᄒᆞᆫ恥辱을負ᄒᆞᆷ과當時普法兩國民의愛國精神은想像ᄒᆞ면唯我愛國男兒ᄂᆞᆫ必此觀感而興起哉ᄂᆡ저

發兌元
(中央書館) 中署鍾閣
(新民書會) 平北宣川邑

●學員募集廣告

大韓醫院教育部에셔官費生及私費生으로學員을試選ᄒᆞ리니入學志願者ᄂᆞᆫ四月二十五日陰曆삼月十삼日以內로入학請願書를本部(中署勳洞前醫學校)에具呈ᄒᆞ고翌日上午十時에本部로來ᄒᆞ야應試ᄒᆞᆷ事

入學試驗科目
一 年齡은十八歲以上삼十歲以下
一 身躰檢査
一 漢文讀書
一 國漢文作文
一 算術問答
一 中학校卒業證書가有ᄒᆞᆫ者ᄂᆞᆫ免試許入ᄒᆞᆷ事
一 入학請願書紙ᄂᆞᆫ本部로來ᄒᆞ야請用ᄒᆞᆷ事

大韓醫院教育部

第三期學員募集 廣告

本塾에셔今年에宏濶ᄒᆞᆫ教場을建築ᄒᆞ며教務를擴張ᄒᆞ야一層整備ᄒᆞ고法學科學員을新募ᄒᆞ오니願學人은本塾에前期내臨ᄒᆞ야請願ᄒᆞ고左開日에應試ᄒᆞᆷ學科及規則은本塾에내問ᄒᆞᆷ事
○試驗科目
國漢文 讀書 作文
算術 (四則以內)
○試驗日字
陽五月五日(陰三月廿三日)
光武十一年四月 日
西署英語學校後동
私立養正義塾 告白

本人祖父母山所在於陽川將軍面新機里이온ᄃᆡ弟在旭字士文性本浮浪ᄒᆞ야蕩敗家產ᄒᆞ고先山松楸를將欲暗賣ᄒᆞ니切勿見欺ᄒᆞᆷ
東湖송在國 宋在永 告

西署新門外鍮동百八十六統三戶
辯護士前檢事前判事正三品 丁明燮
法律事務所
事務員前主事吳在淳

本店에셔四月一朔동안所有物品을特別減價ᄒᆞ야出售ᄒᆞ오니陸續來購ᄒᆞ시옵
貞동源泰洋服裁縫店 告白

本校々長李根培氏ᄂᆞᆫ因病辭免ᄒᆞ고經理院卿高永喜氏가公選되야視務ᄒᆞᆷ
私立長薰學校 告白

本人의堂叔容泰의字ᄂᆞᆫ仁明인ᄃᆡ性本浮浪ᄒᆞ야酗酒雜技로爲業ᄒᆞ고物徵宗族으로爲事ᄒᆞ야僞造文券ᄒᆞ고方將出債於四處이온則內外國人은切勿見欺ᄒᆞᆷ
全羅北道臨陂郡北二面孤山里居
金演玨 告白

日本博覽協會々員募集

主意 戰後의日本은顯著히其面目을一新ᄒᆞᆫ바不是리今也東京에ᄂᆞᆫ勸業博覽會의부設이有ᄒᆞ고其他京都、大阪等의各般狀況을觀察ᄒᆞ야써我한國殖產興業에資ᄒᆞᆷ은現下의尤極急務로知ᄒᆞᄂᆞᆫ비라故로吾人有志者가相圖ᄒᆞ야本會를組織ᄒᆞᆷ이有志僉彦은賛發同ᄒᆞ심을伏望
第一回會員募集 每回五十名을一國으로ᄒᆞ고渡往ᄒᆞ니速히請入ᄒᆞ시옵但請入節次ᄂᆞᆫ事務所或은各請入所로來應ᄒᆞ시옵
巡遊地 東京、大阪、京都、橫濱、神戶
往復日數 大凡十七日間 會費 手數料合 金四十八圜
出發豫定日 四月十五日
現金捧納所 五十八銀行京城支店
請入所
五十八銀行京城支店、天一銀行日本人商業會議所、京城日報社大韓日報社、帝國新聞、皇城新聞社、萬歲報社、大한每日申報社、林田商店
事務所 京城南門通四丁目東亞商會內 電話八三七 日本遊覽協會
協賛者 (順序不同)
山口大邱衛、和田常市、正三品白寅基、송秉畯、淵上貞助、曾我、勉、濱野德次郎、菊地謙讓、杏、優次、鮎貝房之進、廣衛長康、田中常次郎、吉貝儀平、淸水淺吉、井口平治、大庭貫一
京城日報社、大한日報社、萬歲報社、皇城新聞社、大한每日申報社、帝國新聞社、國民新報社

●九轉靈砂라 本人이妙方法을神僊ᄒᆞ야製造ᄒᆞᆫ靈丹인ᄃᆡ男女老少에無論何징하고通治하오며無病時에도服하면平生의身躰가健康ᄒᆞ며小兒ᄂᆞᆫ四五錢重만服ᄒᆞ면十歲안에無病ᄒᆞ기를擔保ᄒᆞ오며
●九轉靈砂萬應丹은져狂 癎징과中風諸疾과耳目諸病과淋疾에神効ᄒᆞ오
●九轉靈砂保命丹은初生小兒驚風 간氣 咳嗽 腹瘡諸般惡징에神効ᄒᆞ오
●九轉靈砂濟衆丹은酒滯 食滯 血積 吐瀉 霍亂 痢疾 吐血 下血 運氣 時疾 疝징에神効ᄒᆞ오
●九轉靈砂紫金丹은痔漏 累癧 上疳瘡 下疳瘡及唐瘡과諸般毒瘡惡種에無不神効ᄒᆞ오니 僉君子ᄂᆞᆫ來問ᄒᆞ시오
內需司前독갑이골上隅第一家百三統一戶 리호延 告白

本人이日本大阪商業家와特約ᄒᆞ고日本內地產出各種物品과西洋各種物品及機械等物을我大韓에輸入ᄒᆞ와委托을便利케契約을맺ᄉᆞ오니商工業에有意ᄒᆞ신僉君子ᄂᆞᆫ某物이든지請求코져ᄒᆞ시거든本社로來議ᄒᆞ시오本社에셔ᄂᆞᆫ手數料金만領受ᄒᆞᆷ
興業社本店
開城北部祥洞
支店京城南門內水橋五十一統六號
培養會社
仝仁港內동廣濟號

洪淳康氏가東署東小門內土橋東邊에織造機을廣張設施ᄒᆞ야稱號를淳昌號라ᄒᆞ고各色綢緞紗屬等을織造發賣ᄒᆞ오니願買人은來臨購買ᄒᆞ시며或所用대로緞과紗等屬을預托ᄒᆞ시면依約施行ᄒᆞ깃ᄉᆞᆸ
淳昌號 告白

國債報償義捐金
收入廣告

●西署南門外蓮동
元敬民 壹圓
元君民 元能宗 각九拾전
박奎卿 壹圓
吳聖根 孫운환 김龍龜
조문植 니弘基 니明환
각五拾錢
흥東順 六拾錢
予基得 次子基福
三子基奉 각二拾錢
박承益 박炳奎 김광찬
니世根 김明根 니周煥
니학奎 南禹창 최禹헌
김榮淑 각貳拾錢
니泰一 林景數 강春植
김永植 니在得 각拾錢
合九圓七拾錢

●忠州牧溪居
홍承필 二圓
安鍾和 夫人柳氏 각壹圓
洪肅植 壹圓
니鴻過 安鍾善 각五拾錢
春川居安鍾寬 貳拾錢
合六圓貳拾錢

●高陽巳浦大化동김氏宗中
前都事김溶萬 壹圓
正三品김溶헌 김溶龜
김溶復 김溶亨 각四拾錢
김溶澤 김溶德 각五拾錢
김溶회 김溶植 김溶斗
김溶泰 각貳拾錢
김溶哲 김溶甲 김溶範
각拾錢
正三品김性權 貳圓
김錫權 壹圓
김世權 김敏權 각六拾錢
김永權 五拾錢
김尙權 김始權 각四拾錢
김成權 김英權 김興權
김善權 김正權 김周權
김重權 각三拾錢
김夏權 김振權 김俊權
김南權 김九權 김智權
김敏權 김丙權 김필權
김廷權 각貳拾錢
김應權 김학權 김日權
김玩權 김台權 김寅權
각拾錢
六品김형奎 壹圓
김형谷 五拾錢
김형德 四拾錢
김형銀 貳拾錢
김형雲 김永培 각拾錢
合拾七圓二拾錢

●東署於義동杵橋
니建章 김斗鍾 각壹圓
김元植 박九긔 김德헌
각五拾錢
김一萬 김善良 각四拾錢
崔景玉 윤興順 니聖헌
高直心 申尙善 김春三
각三拾錢
김景善 田順弼 申相헌
宋榮春 각卄五錢
니雲元 최영煥 黃致潽
김致永 박榮默 최창헌
許天奉 김仁學 김泰甫
니긔용 니召史 김元齊
김富大 徐相烈 황仁洽
각貳拾錢
김喜永 貳拾五錢
合拾圓三拾五錢

●黃海道白川郡
김容益 조應夏 각貳圓
니台根 五圓
김淳瑞 閔子玉 閔春元
니晋默 方成五 김敎貞
각壹圓
조億俊 劉升창 최明雲
劉汝培 閔元汝 閔淳元
邊致升 김순根 각五拾錢
閔聖春 閔魯範 됴긔元
각四拾錢
閔允良 조聖學 각三拾錢
車仲玉 뎡洛權 조학瑞

김京于 송俊긔 조在三
조大景 됴聖文 황致章
조允元 민泳南 니章炯
高允榮 丁영瑞 沈時龍
박士賢 각貳拾錢
吳明玉 吳京三 최明吉
조明和 김禧福 安聖大
니伯石 리元成 조仲良
민允甫 민티보 조士振
孔윤章 민桓升 황興福
조斗星 林秋成 최洛賢
林振萬 각拾錢
合貳拾五圓九拾錢

●楊州伊淡面봉岩里
니규봉 리秀政 리祚永
강덕회 姜純鎭 각壹圓
김弼헌 四圓
姜文熙 拾圓
유長회 貳圓
合貳拾壹圓

●竹山郡遠壹面內동
니熙善 貳圓
김賛淵 壹圓
尹文순 강容션 六拾錢
前主事成文永 沈宜哲
각五拾錢
윤鍾晥 김홍魯 김基창
김긔萬 김道性 徐慶ㅎ
각四拾錢
윤仁순 김遂性 김鎭浩
리裕션 鄭汝化 니象德
沈宜덕 각卅錢
成孝영 김顯모 니龜善
김東敎 윤鍾善 成召史
박獻의 尹性燁 흔鎭友
김升壽 安광삼 조삼率
김基英 니회命 각卄錢
윤鍾티 조才봉 각拾五錢
具然東 윤종덕 뎡汝兆
김尙淵 安允升 조돌쇠
김萬爽 조東煥 호升源
윤종應 각拾錢
合拾三圓八拾錢

●安山郡瓦里面鵲谷
니泮亨 윤九헌 각壹圓
윤萬헌 五拾錢
윤樂億 卅錢
니根培 니根水 각卄錢
니根智 니광魯 각拾錢
合三圓四拾錢

●양주시북면가좌동
김경화 오십전
비윤학 ᄉ십전
림치순 림치홍 림덕삼
림덕운 오문종 림문빈
강학셔 면지순 홍셩리
현경운 각이십전
차한션 강덕종 림덕슈
김샹운 황문션 김덕순
현경오 김셕기 왕덕길
뎡치션 리치션 강원실
강덕화 강원순 리셕화
박도심 림일보 각십전
합ᄉ원륙십전

●南陽郡雨井八동
김종國 貳圓
김思信 壹圓
김慶基 김元基 김종화
각卄錢
김用긔 김종寬 각五拾전
니順京 卅錢
김順긔 五拾錢
김應基 卅錢
김大긔 壹圓
윤호汝 卅錢
朱治俊 五拾錢
조明五 四拾錢
김洛긔 五拾錢
合八圓四拾錢

●南陽雨井一동
송允호 니종順 니종호
김顯益 최윤셔 리종德
리仲西 송建호 송召史
최창셔 리君西 니景七
리英호 니君규 강召史
녜종덕 최종셔 최文셔
최大셔 니종화 김元明

朴承順 김滋긔 김顯德
김종德 沈相興 김召史
니在호 委員金鎭긔
박承晩 조萬보 박春숨
박병薰 김顯玉 리君삼
朱셕運 禹奉俊 김召史
니治江 禹守吉 禹先학
김先化 沈相斌 沈九섭
沈相殷 沈相郁 리承티
장일星 沈貞澤 심相運
니德守 심益澤 심永澤
심相爽 심理섭 심윤셥
合拾圓

●永平郡內面水東里
▲삼미압
김相爽 김相稷 각貳拾錢
김봉源 五拾錢
김相福 貳拾錢
박定祐 申榮회 각三拾錢
申厚熙 貳拾錢
김永孫 三拾錢
申能熙 申文회 각貳拾錢
▲파주굴
尊位최聖헌 四拾錢
최永셔 四拾錢
최긔信 리炳萬 니炳周
최漢連 김反石 최긔成
최긔福 각貳拾錢
최영周 三拾錢
니긔桓 玄相俊 각二拾錢
김顯永 니긔同 최긔弘
최同윤 최永樟 최永寬
김윤萬 최輔헌 최긔雲
각拾전
최긔榮 二拾錢
리炳云 六전
合七圓二拾전

●安山군月谷面下草坪
朴奎셔 뎡창열 각壹圓
뎡슈창 뎡웅열 뎡계열
박直원 박동건 뎡덕열
량춘명 각五拾전
前敎官 뎡상열 뎡슈의
각卅전

니용의 前五衛將김치션
뎡지혁 각卄전
뎡언열 구춘조
附戶童蒙박무남
備戶문홍업 방순용
각拾錢
合七圓廿전

●忠州郡경務署懲役罪囚等
니澤珪 민肯헌 최善일
김황鎭 申영實 周日元
니白元 뎡雲石 박斗河
申道均 權孟文 각五拾전
니承필 馬긔柱 각二拾전
니彥容 三拾전
니善汝 김世회 각二拾전
合六圓六拾전

●長단郡小南면弘化里拔加山
沙器店商民等
김亨根 김셕圭 梁德升
박承伯 각二圓
김병汝 壹圓
송틱식 六拾전
沈相秀 陳在헌 니今用
金士得 각五拾전
具滋玉 四拾전
리긔正 최永俊 니永根
최在守 吳喜正 김봉윤
각三拾전
二拾五전
羅益瑞 김영수
니東明 任官瑞 申金川
장聖필 高應俊 니敬叔
陳順식 白受給 우창洙
윤哲求 우行植 강聖祚
조致正 梁文환 申官甫
梁春瑞 조긔豐 梁在先
조君和 全景元 林致三
리吉甫 니班섭 빅元益
安聖学 박連슈 각二拾전
拾五전
우行津
김士賢 최明俊 니簡東
김春德 박聖根 니完喆
김긔默 각拾전
合貳拾圓三拾전

總合一百七十一圓八拾五
전
前號總合四千〇九十九圓卅
九錢七厘
都總合四千二百七十一圓貳拾
四錢七里

大韓每日申報社

發行兼編輯人 英國人裴說
發行所 南셔石井洞號外地三層洋屋
大韓每日申報社

第五卷
大韓每日申報
第四百八十九號

月曜及慶節 歲時日休刊

檀君開國四千二百四十年
箕子元年三千二十九年
大韓開國五百十六年
日本明治四十年
淸國光緖三十三年
◉陰曆丁未三月小初六日丁酉

論說

其或妄談

近日韓國에異常호電信에來到호얏스니차는現今俄國皇帝의讓位之說이라據其來報컨대俄國皇帝께셔幼主사빗취의게遜位호고該幼主가未及成年之際에는太公미칠이其將攝云政호니蓋俄國皇帝의現當困難호境遇를推度홈으로는此報告가或其實事라호더라도驚愕치아니홀者가多호려니와차果確報면驚악홀者가亦無限加多호지라

俄國皇帝는何如히觀호던지怯懦호者가아니오도로혀憲法上에는柔弱호다홀지라도德義上에는勇强호證據가多有호도다同國皇帝께셔心計로發狂호얏다云호고또一個月以內에皇位를虛케호리라云호나此報는可信키難호도다

若其誣告的心計로發狂된것이卒然間風說로由호얏스면차公布에就호야人이반다시얼마큼밋는마음을두려니와過去호數年지際에俄國政略을憸神注目호던諸人들이萬若俄皇의발狂지說이屢次現出호얏스면必其確知호얏슬터인딕凡其諸人과英美國에新聞記者들이俄國皇帝의接見談話를屢蒙호後에皇帝께셔普通處事上에敏活聰明홈을雄辯으로擧證호거슬亦可記憶홀지라

何如던지此報가果然實事가될진딕露西帝國의後運은將次太公미칠의게係在홀것이오且其友邦은其新設政策을甚히掛慮호야必然注目호리니미칠公爵은二人이有호딕皇帝니콜나스의叔父되는第一公爵이必其攝政지務를當홀것이오且同氏는嚴威호武班이며自국後運에信仰지人이되는者라誰가皇位에居호던지何關이리오

俄국이世界命運에一關係가되는地境에到達호야現在止息中이며暫時退後는二年前에已當지事어니와書往宵來는理자常也라其損失이엇지回復지機가無호리오如차時日이至호면한人의게도또호好果가有홀지니現今보다尤甚不利홀것이未有홀은的確호도다

官報

◉三千七百四十二號 光武十一年四月十七日

◉辭敍任及命

命규章閣학士李象任侍講院日講官

命弘文館學士 弘文館학士윤德榮

正二品南廷哲 宮內府特進官閔丙漢

命홍陵提調 리容漢

任農商工部主事 園藝模範場書記최元植

任園藝模範場技手

外報

●黑龍艦隊 俄國에셔黑龍江艦隊를千八百五十年에비로셔編成호얏스나其勢力이微弱호야尙今司令官를任命치아니호軍戰時中水雷艇數隻을派送홀說이러니現後砲艦十隻을製造호야其中一部分은鐵道로輸送호고其餘은方今製造中이라호則漸次輸送호後에는未久에艦隊가編成될터인딕砲艦十隻各百八十三噸式 外에水雷艇數隻이有호다더라

●改良戱曲 漢城民政部會議에改良戱曲의問題로各省演戱場所에就호야加意改良호되務使名義純正호며詞曲簡明호야以爲移風易俗之助호고其戱劇中에有礙及風化者는一律嚴禁호야以正人心이端風俗等語로각省에通咨호야査照辦理케호고又內外城廳에札飭호야妥即籌辦케호다더라

雜報

慶南蔚原鎭海固城晉州河東사川昆陽南海幷山東萊機張等郡漁民김鳳五等三百二十人이 義親王府에等訴호얏더라

夫漁民者는無他片農호고只以捉魚로爲必生之資而昨年漁긔派員金봉슈의鑄主鄭觀爲等이來到本道호야其於海浮魚가徵民骨髓호야漁民家々에書揭二人姓名호고誓以終身勿忘이라호니其前後侵虐은不可枚陳이오略擧而達지호오니細々垂燭焉호쇼셔

本道각郡漁긔지名이有五호니一曰鎭上條也오二曰官條也오三曰而條也오四曰등條也오五曰民私條也라鎭上條는自來로另有句管則不必擧論이오官而등條는本是衆民지物而區總호고民私條는一民지有文券自有傳來지物故로再昨年乙巳에宮內府大臣黃稿리制書로監이旨意를奉承호와六年付公지物을別定派員호야調査還給而金봉슈鄭觀셔이以何心腸이로붙知일月지東西호고只懷貪慾호야官面純條放賣也에使十餘無賴輩로設公拍場호고大小漁긔를三倍呼價호야이寺已買去者는盡皆濁奪호고怨其重價而붙買者는卒地失業호야數千漁戶가一敗到地케호고

又橫侵民私條호야遂欲勒奪則條主日昨年에 旨意로還給本主호신民物을君何更奪乎아鳳슈日我亦有 勅令이로다日 勅令이安在오日近日 勅令은不揭乎公文이라호고勝乘巡檢與外人호야百般威脅호며

又使一個頭著로위敎경巡檢호야驅迫漁民故로宋其職書則無矣라於是에民心이激昂호야金鳳수代人을到在곳과鄭觀셔을縛懸于鎭南군受降樓下호야關了一場호얏라衆民數百이呼訴于經理院호야民私條則還不見奪이오나於斯지際에設網이時晩하야擧皆慘敗호야其一時遭毒이將於十年에不可脫却하니豈有如此지慘담乎잇가

今伏聞本道漁긔가移屬於本宮호고昨年派員金봉슈가以其鎭主더觀셔食主人을在勺姓名으로假冒派호야又欲奧漁民幾閣지腦髓호오니深觸호오셔上納則依數先捧호시고更擇公正人派遣호와便數千漁戶로安堵營業케호라호얏다더라

●永守前檢 忠北裁判所檢事洪冕熹씨가法部에報告호되沃川군伊南面乾川里에有송召史致死獄事하야新군守가未及赴任호는군守署理主事宋綱슈가初檢以報호와슨바檢案이揑合格例이오되莫重命獄을以군主事에初檢으로雖以遠斷故로別定영春군守徐晦輔이覆檢이온즉待其報査理이을견과郡主事지命獄擧行지定程無宮붙己從後各郡이認有確施지例然後에臨時無疑擧行지의端어옵기故에報告호오니査照호신後히郡主事理郡務件命獄擧行與否를特爲指敎하라호얏더라

●高靈民援 徵稅事件에關호야激昂호던高靈郡民은已爲解散호얏더니巨괴數名이逮捕호으로民情이怫鬱호야十四日夜에數百名이更聚호야郡衙을襲擊호다는急報가有호야附近에在호日補佐官과한國巡檢이鎭撫次로前往호얏다더라

●老臣愛국 慶尙北部星州군居前承旨張셕진씨는年老家貧호야內弁升斗之儲호고의無立錐之地호는더今番에如干産物을括盡斥賣호야金僅僅이十圜八十錢이라該군國債報상會에出義贊成호고子손을招托日此會期成前에은何必斷烟이리오沽酒市脯도勿入于吾家호라호고其他烟이知簡에도成擬旨書會製送호연서勸勉호고或發起文을輪示호면셔鼓動호이該시의忘家愛국的熱心은人所欽嘆이라聽聞이藉藉호더라

●申씨義捐 端川군東천里居申召史金召史 母親이문明書籍에

●貧牛義捐 端川군古성학谷居廉相仁씨가邑場에來호얏다가국채에對호야愛국心이발應호여放賣農牛호야貳拾圜을補助호얏다더라

●徐童可尙 錦山島村居徐호錫은年今十一歲也라國채報상事에內告其母親日外聞에국채報상을기로人々이或斷烟도호며或減飯도호야금額을판納호다호고且負채호고難保호기는家與國이一般인니國채가極爲多々호다니自吾家로錢千起나연納호야국채를報償케홈이何如호잇가其母親이欲시其意호야佯答日吾가에本無所貯호고孤寡牧士이어늘何以措辦고호셔이答告日向讀通鑑에爲國者는不顧가라호니設或가勢가拂셔이라도國債未報가與가債未보로無異홀둥호오니期於연納홉시다호거눌其母親이心甚嘉尙호야依其言許지호딕호錫이가中에來往호는賓客을外請호야日국債보상事에猶貸豊千兩을捐出호기로我承母旨호얏스니諸客은願與我合募호야以圖보償호즈호되賓客이聞지者莫弗齒異而歎服日可謂有是父有是子라호고遂乃合收호족금額이乃爲壹百貳拾五圜貳拾錢也라호더라

●宋玉愛國 南셔擧道山등居호는송창根의寶姪女宋玉이는年今十八인딕今番國債報償事에對호야新貨貳圜을出義호며一切외국卷烟은廢止호기로決心호얏다더라

●李童可尙 中셔泥동居호는리議官源영氏子貴童이가年今十一歲인딕今番국채報償事에對호야新貨拾전을期成會에傳納호얏다더라

●日人慈善 鐵道管理局員日本人一條忠耶의其慈親이病患으로去月十三日에日本에在히야長逝홍지라其葬費을節用호고其餘額一百二十五圜을京城孤兒院에寄附호얏는딕葬費餘額으로以호야孤兒의矜卹호것을願恤樂與호호로慈善心表出홉이라딕該院에셔如此히願恤홈을尤益感謝홈붜祝호다더라

雜報

●義王出遊　義親王殿下게옵셔再昨日에彰義門外에前往ᄒᆞ셔馳馬運動ᄒᆞ셧다더라

●賢君無上　學部大臣李完用씨에게自　上으로三等勳章을下賜ᄒᆞ옵셧더니히씨가言ᄒᆞ되侍從도南益도三等勳章을下賜ᄒᆞ셧ᄂᆞᆫ디以若大臣으로同等勳章이反爲羞恥라ᄒᆞ야히勳章을還爲奉呈ᄒᆞ얏더니自　上으로更히二等勳章을下賜ᄒᆞ옵셧다더라

●何其妄率　前外部編輯局長리鍾引氏가曾往에進明叢編을리鍾泰氏를亦爲招待ᄒᆞᄂᆞᆫ디別刊行ᄒᆞ얏더니內部에셔會報를發刊ᄒᆞᆷ으로誤認ᄒᆞ고再昨日에巡檢二名을派送ᄒᆞᆫ지라리氏가別巡檢來到ᄒᆞᆷ을見ᄒᆞ고무삼大關事가有ᄒᆞᆫ가ᄒᆞ야一場恐怯ᄒᆞ얏더니及至該部警務局ᄒᆞ야會報發行ᄒᆞᆷ을誤認ᄒᆞᆷ이라警務局長金彰漢氏가大段無顔ᄒᆞ얏다더라

●又一束縛　再昨日內部경務局에셔各雜誌發行代表人을招集ᄒᆞᆫ理由를得聞ᄒᆞᆫ則該局長金彰漢氏가各代表人을對ᄒᆞ야曰雜誌中文字가或有治安防害ᄒᆞ니發行前에檢閱을經ᄒᆞ라ᄒᆞ거ᄂᆞᆯ其代表人들이答ᄒᆞ되至於雜誌ᄒᆞ야新聞과異ᄒᆞ니영爲廢止ᄒᆞᆯ지언졍檢閱은不受ᄒᆞᆯ깃다ᄒᆞᆫ즉김氏曰廢止ᄒᆞᆯ게아니라發刊ᄒᆞᆯ時에二冊式送交ᄒᆞ면世界耳目에大段關係되ᄂᆞᆫ句語가有ᄒᆞ면存拔ᄒᆞᆯ깃다ᄒᆞ얏다더라

●鯨面不當　務安木浦港參書官박星煥氏가政上不公正ᄒᆞᆫ事가多ᄒᆞᆷ으로히港總巡全泰興씨로互相葛藤인대內部에셔히事件을總巡리與氏로査實報來ᄒᆞ라ᄒᆞ얏다ᄂᆞᆫ디總巡은判任이오參書官은奏任뿐아니라兼檢事인즉檢事ᄂᆞᆫ卽司法경察官의長官이라公格上에鯨面도不可ᄒᆞᆯ뿐더러互相葛藤지地에不無偏聽지嫌이라고與論沸騰ᄒᆞ다더라

●谷幸渡韓　韓國企業株式會社를設ᄒᆞᆫ日本人技師谷幸次郞氏가韓國農業視察次로日昨에釜山港에來着ᄒᆞ얏다더라

●課長兼任　新任ᄒᆞᆫ學部文書課長리源鎔씨ᄂᆞᆫ時課長으로히學務課長代판에兼任師範學校長ᄒᆞ얏다더라

●沈門如市　現今郡守闕窠가十二窠인데銓考가日間된다ᄒᆞ미郡守運動ᄒᆞᄂᆞᆫ人들이內部協판沈相익씨家에輻湊如市ᄒᆞᆫ다더라

●討罪會議　尹泰鼎氏等六人이日本早稻田大學校學生이至尊에嫌逼ᄒᆞᆫ問題에對ᄒᆞ야政府에長書ᄒᆞ야統監府에交涉ᄒᆞ야該犯을期於聲討ᄒᆞ기로昨日紙臺部家에會集議定ᄒᆞ얏다더라

●戰服廢止　再昨日中樞院議案을槩開ᄒᆞᆫ즉副贊議리舜夏氏가官人의戰服을廢止ᄒᆞᄌᆞᄂᆞᆫ問題를提出ᄒᆞ야可否取決ᄒᆞᆫᄂᆞᆫ디否字가四人이오可字가五人이라더라

●日館補囑　學部에셔각觀察道及各郡守에게訓令ᄒᆞ되貴公立普通학校副教員을叙任派往ᄒᆞ며同教師日人을補囑赴校케ᄒᆞ고玆에訓令ᄒᆞ니照亮後另使誠勸教授ᄒᆞ야望有實效케ᄒᆞ라ᄒᆞ얏더라

●林廠官制　西北營廠林官制를설置ᄒᆞ얏ᄂᆞᆫ디長一人ᄋᆞᆫ勅任이오或奏任이오事務官五人은奏任이오技師技手은隨時增減ᄒᆞ고主事은五人을置ᄒᆞᆫ다더라

●仁川賊警　京畿來人傳說을聞ᄒᆞᆫ則近日인川蛇川場等地에火賊黨이各持銃劍ᄒᆞ고白晝에突入ᄒᆞ야錢財를掠奪ᄒᆞ다ᄂᆞᆫ디該蛇川場의放火ᄒᆞ야一面소진ᄒᆞ야見狀이慘慘ᄒᆞ다더라

●殖林營業　農商工部殖림事業에問ᄒᆞᆫ平壤木原大子等地에課員을配置ᄒᆞᄂᆞᆫ대大子木原兩處ᄂᆞᆫ旣是着手ᄒᆞ얏고平壤은昨日에派遣ᄒᆞ얏다더라

●義將公判　平理院에拘囚ᄒᆞᆫ義將兵閔宗식씨事件은豫審決了ᄒᆞᆫ바어니와來十九일에公判을開廷ᄒᆞᆫ다더라

●御苑賜宴　來十九日正午의昌德宮內에御苑宴을開ᄒᆞᄂᆞᆫ디來賓은伊藤統監以下勅任이下와各顧問官이오　義親王殿下와각部大官四十餘員이라더라

●種樹雲동　빅雲동모範殖木場三十餘町을開拓ᄒᆞ고櫃木三십萬本을種植ᄒᆞᄂᆞᆫ대이木진木楓木을일本셔數日前에農業工部로輸來ᄒᆞ얏다더라

●淸使向日　淸국總領事馬廷長씨ᄂᆞᆫ近일에京釜鐵車를搭乘ᄒᆞ고東京으로向ᄒᆞᆫ다더라

●佛館宴會　昨夜七時에佛國領事館에셔晩餐會를開ᄒᆞ고主客十餘員이俱樂ᄒᆞ얏다더라

●揭報是虛　傳說을聞ᄒᆞᆫ則陪從武官長리根澤氏ᄂᆞᆫ三十五萬圜의金力으로軍部大臣과經理院卿을倂허圖得ᄒᆞ기를運動中인듸或何許新聞에揭載될가念慮中이라더라

●還索其價　近日南셔管內에居ᄒᆞᄂᆞᆫ人家에何許人이日人을帶同ᄒᆞ고糞價를逐戶收捧ᄒᆞᄂᆞᆫ듸每人의게一朔條錢式推捧ᄒᆞ되督如星火ᄒᆞᄂᆞᆫ故로히셔內居民들은衛生은姑舍ᄒᆞ고糞價督促에不堪其苦라고巷說이沸騰ᄒᆞ니惟獨南셔內에만此弊가有ᄒᆞ다더라

●地段請還　平壤郡外川坊民人盧錫萬等이히道觀察使에게請願ᄒᆞ되伏以本坊人民等도亦大化育中人物이오本坊土地도亦大한一分子地라니多少民物이盤斯耕斯러니不意甲辰年當日開仗지日ᄒᆞ야千餘民家와萬餘田畝가沒入於軍用地與鐵路ᄒᆞᆫ지라ᄒᆞ야民非流離則亦在溝壑에舊侯平和以後還付지契約이러니今則平和已久오明治詔勅과軍用地之還付民戶云々ᄒᆞ니以此相信ᄒᆞ야會望耕鑿之樂이러니今者還付二字ᄂᆞᆫ已屬烏有ᄒᆞ고更査엊立標軍用地라ᄒᆞ며倒木鐵柵曰管理部基址라ᄒᆞᆯ니括人疆土之計요又禁民耕作ᄒᆞ고使渠奚民耕作케ᄒᆞ니他日國計가將至何境고伏願閤下ᄂᆞᆫ深燭國民事理ᄒᆞ시와轉報于京師ᄒᆞ시며交涉于日官ᄒᆞ와兵舍과此ᄂᆞᆫ鐵道建築之外에ᄂᆞᆫ這使按課ᄒᆞ며又日人耕作은理外ᄒᆞ고此ᄂᆞᆫ責之禁지ᄒᆞ시며自甲辰後로植物上損害地損害을一々推給ᄒᆞ시와使本방一分지疆土化育지物로俾爲安保지地를伏望이라ᄒᆞ얏다니히道觀察使리始榮氏가히請願書를等因ᄒᆞ야內部에報告ᄒᆞ얏더니指令ᄒᆞ되此를准査ᄒᆞᆫ즉該郡에接邊ᄒᆞᆫ民情은不見是圖所願이雖無리도豈不矜惻이리오然ᄒᆞ나旣已畫定ᄒᆞᆫ軍用地와鐵道地段은國際上關係가有ᄒᆞᆫ즉還付一款은姑難遽議어니와調査定界以外에自意耕作ᄒᆞᄂᆞᆫ것人의弊端이有ᄒᆞ거든當該理事官과據理商판ᄒᆞ야期關禁戢ᄒᆞᆯ거시오如或本國奸猾輩가從中幻弄ᄒᆞᄂᆞᆫ者有ᄒᆞ거든裁判所에移照ᄒᆞ야按律嚴懲ᄒᆞ라ᄒᆞ얏더라

●擁護營氏　洪州分署總巡최健鎬氏ᄂᆞᆫ擅自越權과非理討索ᄒᆞᆫ事로예道檢事權丙勳氏가法部에報告ᄒᆞ고최總巡을萬端擁護ᄒᆞᄂᆞᆫ人이多ᄒᆞ더라

●美博士演說　哲學博士리드씨ᄂᆞᆫ大美國에有名ᄒᆞᆫ에일大學校敎授로二十五年을勉勵ᄒᆞ얏스니氏ᄂᆞᆫ哲學이高名ᄒᆞᆷ으로文學博士와神學博士와哲學博士의榮任을帶ᄒᆞ얏고美國에著名ᄒᆞᆫ多數紳士가先生의薰陶를受ᄒᆞᆷ뿐아니라海外諸國에도有名人士가先生의敎授를受ᄒᆞᆫ者多ᄒᆞ더니多幸히今에到京ᄒᆞ야其宏博ᄒᆞᆫ學問으로一般教育家를請邀ᄒᆞ야師範에學으로幾次演說코즈ᄒᆞᆷ은吾人이其厚意에對ᄒᆞ야其欣謝ᄒᆞᆷ을不勝ᄒᆞᆯ지라如是ᄒᆞᆫ高明ᄒᆞᆫ言論을聽受ᄒᆞ야大韓敎育界에一大實效를作ᄒᆞᆷ을千萬伏望이라더라

●請願理由　京畿裁判所檢事沈鐘大씨辭職請願ᄒᆞᆫ事由를得聞ᄒᆞᆫ즉히警務獄셔에重輕囚勿論ᄒᆞ고渾合ᄒᆞᆫ거시事不穩之格인故로輕囚ᄂᆞᆫ拘留所을設置ᄒᆞ고囚徒ᄂᆞᆫ거시便當ᄒᆞ야累此交涉ᄒᆞ야도如意치못ᄒᆞ야해씨가自出ᄒᆞ야未決輕囚拘留間을셜ᄒᆞ고未決囚를拘留ᄒᆞ얏더니警務顧問이監獄셔로歷次下囚ᄒᆞ라ᄒᆞ되不然이라ᄒᆞ說明ᄒᆞ고不聽ᄒᆞ얏더니補佐官과協議符同ᄒᆞ고未決輕囚幾十名을驅制로奪囚ᄒᆞᆫ故로檢事權을失ᄒᆞ얏다ᄒᆞ야請願辭職ᄒᆞ얏더니法大리夏榮씨가쟉還ᄒᆞᄂᆞᆫ更히請願ᄒᆞ얏더니日昨에補佐官을招來ᄒᆞ야沈씨와對質시키ᄒᆞ엿ᄂᆞᆫ듸補佐官은終不屈言ᄒᆞᄂᆞᆫ故로沈씨ᄂᆞᆫ無경위ᄒᆞᆫ듸對ᄒᆞ야棄官키로ᄒᆞᆫ다더라

●陳列漸旺　鍾路商品陳列所에上下層間數合이一百五十六間인듸品物이三十六間에充在ᄒᆞ야漸漸旺盛ᄒᆞᆫ다더라

●靑會演說　今日下午七点半에靑年會館에셔紳士盧丙善氏가鄕客旅行이란問題로演說ᄒᆞᆫ다ᄂᆞᆫ디有志會員이多數來參ᄒᆞᆷ을希望ᄒᆞᆫ다더라

●光校就緖　禹東植金鼎根金祖亨金世植諸氏ᄂᆞᆫ關西에有志人이라追此競爭時代ᄒᆞ야靑年修業時를失ᄒᆞᆷ을慨惜히녀여趣旨書를一鄕에廣布ᄒᆞᆫ後에設校方針을一場說明ᄒᆞᆷ의當日義捐이葉六千餘金이오位置ᄂᆞᆫ儒林都所廳으로定ᄒᆞ고陰正月에延聘敎師於漢城ᄒᆞ야姑以普通으로授業ᄒᆞᄂᆞᆫ대學員이三十餘人에達ᄒᆞ얏ᄂᆞᆫ듸惟所欠點者ᄂᆞᆫ積立의無ᄒᆞᆷ이라新任郡守의金然舜氏ᄂᆞᆫ妙年長吏로校況을維持ᄒᆞ기爲ᄒᆞ야一日은特設鄕會ᄒᆞ고國民에義務擔上으로敎育의擴장ᄒᆞᆷ을硏究ᄒᆞᆫ즉一口食意諭同ᄒᆞ야儒林中으로學契田七十餘斗落을付屬于學校ᄒᆞ고各處祠堂을줘破ᄒᆞ야付屬于學校ᄒᆞ얏다니該郡士林의醒覺과郡守의熱心敎育ᄒᆞᆷ은攢賀ᄒᆞᆯ만ᄒᆞᆫ事이라더라

●日用答罰　近日韓국警務中署에셔重罪輕罪者을隨ᄒᆞ야重罪者ᄂᆞᆫ依律勘處ᄒᆞ고輕罪者은笞罰로放送ᄒᆞᄂᆞᆫ듸韓國의雇聘渡來ᄒᆞᆫ日巡査들이視務ᄒᆞᆫ後로有無罪間酷毒ᄒᆞᆫ笞杖을濫用ᄒᆞ다더라

▲一朶茶話▼

▲滿城紅塵에一면을未醒ᄒᆞ야富貴가如夢이라宦海花柳가空自搖々ᄒᆞ야扶桑東風에春色을欲媚ᄒᆞ니醜態가百生이로다

▲中樞院에셔日昨에提議ᄒᆞ고道府參書官과各郡主事를設置ᄒᆞᆫ後로凡百行政事務에一無實效오諸般弊瘼만層生ᄒᆞᆫ다고廢止ᄒᆞ기로決議ᄒᆞ야政府에照會ᄒᆞ얏다니近日政府에셔官制增置ᄒᆞ기로爲一事業ᄒᆞ나改善政治ᄂᆞᆫ杳然無聞이로다

▲度支部에셔來六月頃에十三道分派ᄒᆞᆫ稅務主事ᄂᆞᆫ一切召還ᄒᆞ고新選ᄒᆞᆫ主事五十名을派遣ᄒᆞ야各項新定稅額及舊來結戶兩稅及其外稅額의收捧方法을實施ᄒᆞ기로決定ᄒᆞ얏나니該主事를以舊換新ᄒᆞ면稅務方針이一新擴장될는지

▲河東郡守李圭三氏ᄂᆞᆫ以若全國法律을主管ᄒᆞᄂᆞᆫ大臣李夏榮氏之子로自己에貪饕不法ᄒᆞᆫ行爲을摘發ᄒᆞᆯ리확來를年囚亂打ᄒᆞᆯ뿐아니오其他各般惡政에民情이嗷々ᄒᆞ야該郡人民이暴動ᄒᆞ엿다고確電이來到ᄒᆞ니히씨에父親은向日赦典에不公ᄒᆞᆫ事로各社會에論駁을當ᄒᆞ고히씨ᄂᆞᆫ民擾를當ᄒᆞ얏스니可謂有是父有是子로고

▲中樞院贊議들이或藍戰服挑紅帶를燦然掛着ᄒᆞᆫ인도有ᄒᆞ고或剃髮洋服에新進人도有ᄒᆞ야一院之中에形々色々으로不一其規인則守舊衣製ᄂᆞᆫ一齊히廢止ᄒᆞ기로可決하얏다니該院官人의腐敗ᄒᆞᆫ舊習이一新改良이될는지

▲江界郡에駐在ᄒᆞᆫ日本守備隊에셔該郡城北兩門城첩을毁撤ᄒᆞ야히守備隊水道와層臺를修築ᄒᆞ니日人所到處에ᄂᆞᆫ城첩이毁撤無餘ᄒᆞ니亦一碧海桑田이로고

▲東大門外돈지미等地에日兵이軍用地을占領ᄒᆞ고墳墓을掘移ᄒᆞ라고人民을强迫ᄒᆞ니千古靑山에枯骨이何罪오日人毒風이及於白骨ᄒᆞ니한人의死者ᄂᆞᆫ水火葬이나ᄒᆞ지

◎特別廣告◎
국債보償금에昨日所捧은姑未
合計이고伊前日所捧總合八千
三百五十圜〇〇一錢은電氣會
社銀行의貯置ᄒᆞ얏삽고義연人
姓名은逐日廣告ᄒᆞᆷ
大韓每日申報社

雜俎

龍川府楊市商會員이國채報償에義금募集文

竊惟有國而後有士々々而後有民即理지固然也旣有其國又有其土而有民則今日之國是誰지國歟今日之土是誰지土歟今日지民是誰지民歟皆莫非吾君지국吾君지土也亦莫非吾君지民也以吾君지民生吾君지국食吾君지土吾君지德莫此爲重矣莫此爲大矣迨此국危世難지時命可授지忠可盡지圖報萬一此誠吾臣民지所當爲底分來事也安忍視지以楚越殆若無知可乎嗚呼當此否往泰來지際국勢十分岌業實危急存亡지秋也夫何受制隣邦求償經年지胡貽辱宗社雖雪今日지恥可不爲지一痛哭耶若夫莫奈於此채지未곤劃지以土地假지以국權暗中彼固願지欲則將至於秦求無已也果如是則此無국無土지日也亦無民지日也家何保焉身何保焉凡爲吾君지臣民而有熱血忠憤者孰不摩拳擦掌ᄒᆞᆯ願一死於爲君爲국乎아此無他焉其所以人지병彝지本心不待勉强而天下지情自爾不期而同者也의歟美哉近閱申報大邱府徐相敦김光濟씨以국債報償事에發起斷烟同盟會使全國同胞皷動熱血지旨趣便作倡義지一호矢何其志지壯而謀지大耶自不覺令人拍案一타奇而手舞足蹈之不暇也惟차鄙社不佞之輩俱是遐士賤蹤而亦化育中一物也旣不添寸緜지榮只自守本分之揷雖未有文相國경天지手終不無송田夫負日지誠間此好消息義憤所激必不無洛鍾지應於是乎自鄙社特定發起人數三使지주行各坊諭지以理勸지以義將欲發起衆情而自歸感悟未주一坊擧皆心悅誠願自請捐助者殆若影隨響應人々擊節個々感激咸稱曰快事也好事也莫不爭頭獻金頃刻지間乃至於五百餘人지多而金額지數亦爲五百餘圜也此等盛事古亦有지歟未지聞也 未完

●與奪無是 本報第四百八十六號에奪憎與愛라ᄂᆞᆫ題下에對ᄒᆞ야更聞ᄒᆞᆫ則宋斗用氏ᄂᆞᆫ穀包만主幹ᄒᆞᆯ뿐이오收租官셔理와符同ᄒᆞ야田沓을任意移作ᄒᆞ야愛憎으로與奪ᄒᆞᆷ은初無是事라ᄒᆞ더라

廣告

蔚山郡稅務主事林鍾允씨가派駐即時에依章程每結新貨十二圜式告示民間ᄒᆞ고각面各里에排置領收員及田員ᄒᆞ야依所捧진納于取扱所ᄒᆞ고毫無越科之弊이거날萬口咸頌인ᄃᆡ何許浮浪之類가有甚私嫌인지ᄒᆡ任을圖差ᄒᆞᆯ奸計인지每結에舊貨八十兩式勒捧ᄒᆞ야放債殖利ᄒᆞᆫ다고本報雜報內에累々揭載ᄒᆞ오니世豈有如此誣陷良善者乎아本人等이不勝慨忿ᄒᆞ와玆에廣告ᄒᆞ오니첨君子ᄂᆞᆫ照亮ᄒᆞ시오
蔚山郡民 金東호 최현豹 金觀鶴 告白

本人이東署彰泉리興號리圭復典舖에任置紙貨五十圜標을昨夜逢賊時遺失故ᄒᆞ標ᄂᆞᆫ休紙施行
參領沈홍澤 告白

夫民者ᄂᆞᆫ官지赤子也오官者ᄂᆞᆫ赤子지父母也라故로愛지則頌ᄒᆞ고失지則冤은民지常情也라毫無偏隅於其間이온바本府尹署理參書官박星煥씨ᄂᆞᆫ本以法律卒業官으로新刷行政에利便民情이非只一二라一은依新章程ᄒᆞ야地方制度新刷지意로本港十三동頭民을招來ᄒᆞ야從民願新설一面ᄒᆞ고以置面長이되從民지勸点多數ᄒᆞ야以金仲善으로面長을擇定ᄒᆞ야以救民瘼ᄒᆞ고一은鍊熟外交ᄒᆞ야商業上交易이無礙ᄒᆞ고一은新설學校ᄒᆞ야勸奬人材ᄒᆞ고開導民智ᄒᆞ니一境지民이함誦來且지暮矣러니不意稅務官金영규가與參書官으로有何私嫌이던지符同不良悖類박鏞치ᄒᆞ야박星煥씨與金仲善을以無根之說로濫載신聞ᄒᆞ며僞名等訴ᄒᆞᆫ奸情이綻露故로一港之民이不勝憤冤ᄒᆞ야電稟于法部ᄒᆞ고等訴于內部ᄒᆞ야以正國法이오나豈有如許無據悖習乎金영규지濫捧結錢八九十兩事로各郡民訴가非一非再則鄙悖行爲ᄂᆞᆫ推此可知오니如차則官無善蹟이오民無怙依이기玆以廣布ᄒᆞ오니鮮察ᄒᆞ覽ᄒᆞ시옵
全南木浦港民洪元杓等告白

高靈朴氏大同譜所定于京寺동六統一戶前郡守朴照斌氏家京鄕僉宗以此照亮
高靈박氏譜所 告白

本驛仌遞성運送店을命子號이創立ᄒᆞ야各驛仌店으로連絡ᄒᆞ다가前月의廢止되고本人이仌店을設立하오나金子號會計은本人이不關ᄒᆞ오니僉員은照亮ᄒᆞᆷ
大邱北門外仌浦上店
李容壽 告白

普法戰記

白堂玄采君譯
(全一冊 正價四拾錢)

本書ᄂᆞᆫ距今卅七年前西曆一千八百七十年歐羅巴의一大戰爭되ᄂᆞᆫ普法兩國의戰爭事蹟을記載ᄒᆞᆫ者니前일普國이奈翁征服을受ᄒᆞ야久히法國羈絆에在ᄒᆞᆫ지六十年間臥薪嘗胆으로一朝復讐的戰爭을起ᄒᆞ야竟乃普軍의勝利即比斯麥의鐵血政略과法蘭西의狼狽塗地ᄒᆞᆫ恥辱을與ᄒᆞᆷ과當時普法國民의愛國精神을想像ᄒᆞ면唯我愛國男兒ᄂᆞᆫ必此觀感而興起哉ᆫ저

發兌元
中署罷朝橋越邊 (中央書館)
平北宣川邑川邊 (新民書會)

●學員募集廣告
大韓醫院教育部에서官費生及私費生으로學員을試選ᄒᆞᆯ터이니入學志願者ᄂᆞᆫ四月二十五日(陰曆삼月十삼日)以內로入학請願書를本部(中署勸洞前醫학교)에具呈ᄒᆞ고翌日上午十時에本部로제赴應試ᄒᆞᆯ事

入學試驗科目
一年齡은十八歲以上삼十歲以下
一身體檢査
一漢文讀書
一國漢文作文
一算術問答
一中학校卒業証書가有ᄒᆞᆫ者ᄂᆞᆫ免試許入ᄒᆞᆯ事
一入학請願書紙ᄂᆞᆫ本部로來ᄒᆞ야購用ᄒᆞᆯ事
大韓醫院教育部

第三期學員募集廣告
本塾에서今年에宏濶ᄒᆞᆫ敎場을建築ᄒᆞ며敎務를擴張ᄒᆞ야一層整備ᄒᆞ고法學科學員을新募ᄒᆞ오니願學人은本塾에前期내臨ᄒᆞ야請願ᄒᆞ고左開日에應試ᄒᆞᆷ學科及規則은本塾에서問ᄒᆞᆯ事
○試驗科目
國漢文 讀書 作文
算術 (四則以內)
○試驗日字
陽五月五日(陰三月廿三日)
光武十一年四月 日
西署英語學校後동
私立養正義塾 告白

西署新門外鍮동百八十六統三戶
辯護士 前議官正三品 丁明燮
法律事務所
事務員前主事吳在淳

本店에서四月一朔동안所有物品을特別減價ᄒᆞ야出售ᄒᆞ오니陸續來購ᄒᆞ시옵
貞동源泰洋服裁縫店 告白

本校々長李根培氏ᄂᆞᆫ因病辭免ᄒᆞ고經理院卿高永喜氏가公選되야視務ᄒᆞᆷ
私立長薰學校 告白

本人의堂叔容泰의字ᄂᆞᆫ仁明인ᄃᆡ性本浮浪ᄒᆞ야酗酒雜技로爲業ᄒᆞ고勿徵宗族으로爲事ᄒᆞ야僞造文券ᄒᆞ고方將出債於四處이온即內外國人은切勿見欺ᄒᆞᆷ
全羅北道臨陂郡東二面狐山里居
金演珏 告白

南門內大平동藥局全홍默許任置葉二百五十兩標見失ᄒᆞ로玆廣告ᄒᆞ오니勿論內외국人은拾得休紙施行ᄒᆞᆷ
朴영祐 告白

師範學校速成科第二回卒業生中在경ᄒᆞᆫ者ᄂᆞᆫ本月十八日上午십二時에本部로來會ᄒᆞᆯ事
학部

日本博覽協會々員募集
主意 戰後의日本은顯著히其面目을一新ᄒᆞᆫ바不是리今也東京에ᄂᆞᆫ勸業博覽會의開設이有ᄒᆞ고其他京都、大阪等의各般狀況을觀察ᄒᆞ야써我한國殖産興業에資ᄒᆞᆷ은現下의尤極急務로知ᄒᆞᄂᆞᆫ바라故로吾人有志者가相圖ᄒᆞ야本會를組織ᄒᆞᆷ이有志僉彦은贊發贊同ᄒᆞ심을伏望
第一回會員募集 每回五十名을一回으로ᄒᆞ고渡往ᄒᆞ니速히請入ᄒᆞ시ᄋᆞ但請入節次ᄂᆞᆫ事務所或은各請入所로來應ᄒᆞ시옵
巡遊地 東京、大阪、京都、橫濱、神戶
往復日數 大凡十七日間 食費 手數料合 金四十八圜
出發豫定日 四月十五日
現金捧納所 五十八銀行京城支店
請入所
五十八銀行京城支店、天一銀行日本人商業會議所、京城日報社大韓日報社、帝國新聞、皇城新聞社、萬歲報社、大한每日申報社、林田商店
事務所
京城南門通四丁目東亞商會內 電話八三七 日本遊覽協會
協贊者 (順序不同)
山口大邱衛、和田常市、正三品白寅基、송秉俊、淵上貞助、官我、勉、濱野德次郎、菊地謙讓、杏、優次、鮎貝房之進、廣衛長康、田中常次郎、吉貝儀平、淸水淺吉、井口平治、大庭貫一
京城日報社、大한日報社、萬歲報社、皇城新聞社、大한每日申報社、帝國新聞社、國民新報社

●九轉靈砂라 本人이妙方法을神術ᄒᆞ야製造ᄒᆞᆫ靈丹인ᄃᆡ男女老少에無論何정ᄒᆞ고通治하오며無病時에도服하면平生의身體가健康ᄒᆞ며小兒ᄂᆞᆫ四五錢重만服ᄒᆞ면十歲안에無病ᄒᆞ기를擔保ᄒᆞ오며
●九轉靈砂萬應丹은서狂 癲징과中風諸疾과耳目諸病과淋疾에神效ᄒᆞ오
●九轉靈砂保命丹은初生小兒驚風 간氣 咳嗽 腹痛諸般惡징에神効ᄒᆞ오
●九轉靈砂濟衆丹은酒滯 食滯 血積 吐瀉 霍亂 痢疾 吐血 下血 運氣 時疾 癨징에神効ᄒᆞ오
●九轉靈砂紫金丹은痔漏 累瘇 上疳瘡 下疳瘡及唐瘡과諸般毒瘡惡種에無不神效ᄒᆞ오니 僉君子ᄂᆞᆫ來問ᄒᆞ시오
內需司前투갑이골上隅第一家百三統一戶 리ᄒᆞᆫ廷 告白

本人이日本大阪商業家와特約ᄒᆞ고日本內地産出各種物品과西洋各種物品及機械等物을我大韓에輸入과委托을便利케契約ᄒᆞ얏ᄉᆞ오니商工業에有意ᄒᆞ신僉君子ᄂᆞᆫ某物이든지請求ᄒᆞ져ᄒᆞ시거든本社로來議ᄒᆞ시오本社에셔ᄂᆞᆫ手數料金만領受ᄒᆞᆷ
興業社本店
開城北部群洞
支店京城南門內水橋五十一統六號 培養會社
仁川港內동廣濟號

洪淳康氏가東署東小門內土橋東邊에織造機을廣張設施ᄒᆞ야稱號를淳昌號라ᄒᆞ고各色綢緞紗屬等을織造發賣ᄒᆞ오니願買人은來臨購買ᄒᆞ시며或所用대로綢과紗等屬을預托ᄒᆞ시면依約施行ᄒᆞ깃ᄉᆞᆸ
淳昌號 告白

國債報償義捐金 收入廣告

●京畿道砥平郡上西面長梧동
六品徐相升 叅奉徐丙敎
徐丙敎 각貳圓
正三品김天逵 六品최相구
리在鶴 김운友 김敎潤
리鍾晷 高永俊 각壹圓
니戴錫 捌拾錢
正三品김봉洲 한甲祿
正三品리 淑 九品리存相 각六拾錢
六品洪獻杓 正三品한응저
正三品咸春吉 各五拾錢
리奉和 한判吉 徐金玉
한百슈 윤韶榮 리在衡
최得宗 니在和 최貴宗
김敎晉 金商浩 김鶴濟
姜百萬 各四拾錢
니億萬 梁聖煥 뎡夏錫
姜봉成 민百俊 姜운聲
김平仲 김曽錫 각卄錢
徐相夏 千昌奉 호基永
호命奉 니三萬 姜千쇠
니五福 姜千福 김元興
장福石 김光玉 徐壯軍
徐光奉 호順興 니孝成
鄭九錫 鄭用奉 뎡天문
김百萬 함用伊 柳華一
박日祜 김順培 김必信
니병玉 成在슈 邊召史
각卄錢 姜福成 拾錢
合三拾圓六拾錢

●益山南一面裡里
前司果郭公善 김炯鼎
前敎官김운敬 김容彩
장亨植 리國홍 김性奉
박君益 壹圓
박性重 八拾錢
김殷哲 前五衛將김成化
林仲玉 吳成仲 前五衛將
김輔仁 니德心 각六拾錢
梁絡汝 前五衛將강子英 각四拾錢
德元슈 元仁澤 조益守 각卄錢
뎡國信 卄七錢
김友三 박根守 김子成
뎡順才 박眞明 각貳拾錢
梁守福 卄五錢
孫京五 郭永執 溫文守
김益先 리君象 梁福同
장興祚 김成寬 白永녹
김돌伊 니巨福 김得順
김士有 니夫人 장夫人
김貴女 박贊西 박京守 각貳拾錢
최其化 김春玉 박眞元
니俊京 김興春 文甲千
梁守穆 김成一 장允奇
高長連 김千一 각拾錢
박白順 拾五錢
奇女守 니東連 각八전
김今山 成킈云 郭學先
柳順一 각六錢
림順甫 五錢
박基玄 白成仲 호永先
申京西 장化西 각四錢
白奉用 貳錢
合貳拾圓捌拾肆錢

●南陽郡分鄕面新동
김德현 홍 장 김大현 각八拾錢
김炳헌 박容潜 김周헌 각六拾錢
박廣浩 五拾錢
박順瑞 五拾錢
니啓善 박킈호 申榮休
김永時 각四拾錢
김永구 洪廣淵 김漢洙 각三拾錢
김永周 조敏柱 니天奉 각貳拾錢
김召史 拾錢
合八圓六拾錢

●南陽郡分鄕面上동
成河運 柳興祖 각貳圓
호義會 成周興 호翊雲
河仁瑞 車完永 車寬永 각壹圓
成周황 壹圓拾錢
成周봉 車受永 成周伯
河益瑞 각六拾錢
박啓섭 五拾錢
吳仁化 박拂枝 卒春己
박匡杓 니鍾鳴 曹源承 각四拾錢
高永根 각卅錢
成召史 河光俊 河英西
리德련 김周京 김永穆
柳澤基 羅順先 각貳拾전
成慶運 한永執 洪致兼
徐聖玄 林致성 裴德佑
니壽奉 河致成 文々章
되尙順 河希安 柳興悅
柳德긔 柳석基 徐衡슌
니道安 니承賛 비斗永
柳聖基 비德守 니秀根
柳完基 되元瑞 卒學祚
文興山 安弘壽 각拾전
合貳拾圓六拾錢

●金浦古縣內面楓舞동
니淑寧 六拾錢
김국欽 八拾錢
니喜寧 五拾전
니鍾禮 니邦寧 각卅전
니義泰 니會哲 호召史
니義玉 니明求 김俊欽
니智淵 니병彰 니윤寧
김重順 니極寧 니義麟
니義貫 니종億 니福寧
김石崇 각拾전
卞榮龜 니병建 니喜寧 각五전
니化寧 卄전
合四圓四拾五전

●金浦郡古縣內面沙偶里
니恒寧 柳석鼎 壹圓
니章寧 니장熙 각五拾전
니心영 니義文 각卅錢
니義宰 니구熙 柳석東
니義東 니卞영 니義鶴
니以영 니義福 니의立
柳민洙 조慶福 최東順
최東根 최東植 각卄錢
니秉熙 니義胤 兪貴植
니의馨 니寅영 김景彦
니의馨 각拾五錢
柳寅인 니외綱 니召史
니의俊 니의哲 니觀영
니영회 洪永준 니의元 각拾전
柳봉슈 니경熙 각拾五전
合八圓拾五전

●豐德郡南面士동里江陵金氏門中
金學淳 梁珪 각壹圓
병岐 五拾전
병확 四拾錢
병식 병進 각卄錢
學周 四拾錢
學文 병堯 각卅錢
병舜 五拾錢
병稷 병權 각卄錢
병확 卅錢
梁桂 병材 병丌 각卄錢
梁孝 卅錢
병弘 병貞 각卄錢
演穀 卅錢
演義 五拾錢
演誠 卄錢
演主 五拾錢
演豐 卅錢
演升 五拾錢
演完 卅錢
演信 卄錢
演祜 四拾錢 演奎 卄錢
演心 演暉 演德 演긔
演福 演點 각卄錢
演五 五拾錢
演敎 演基 각卅錢
演述 演七 演郁 演周
演宋 演윽 卄錢
演五 五拾錢 演旭 卄錢
演봉 卅錢 연亨 연愚 각卅錢
연弼 五拾錢 연佐 연輔 각卄錢
연國 卅錢 연復 연오
연악 연興 연龍 연式
연七 연鍾 병熏 병福
병瑢 병淵 병文 각卄錢
병雲 연競 각拾錢
世卿 佐卿 각卅전
晉卿 五拾전 연雄 카면
星卿 卅錢 봉卿 福경
般경 瑞경 需경 春경
연百 각廾錢
연極 拾전
合貳拾貳圓

●豐德南面士동里
한行敎 吳允돌 史英出
池致先 각拾錢
合四拾錢

●龍仁郡東亞開進教育會
邊明先 卅錢
니化先 뎡景遠 김汝艮
千洛水 김敎行 각廿貳錢
니公八 니公烈 박齊元 각拾八錢
박致弘 千明順 김敎秀 각拾壹錢
니順甫 安士삼 각七錢
박公烈 되善興 김士然 각五錢
김順景 박汝엄 黃順石
趙德和 김海用 박河西
뎡興일 뎡云仙 高德윤
림春실 김正喜 박德順
千元明 니善文 宋元삼
니致西 楊玄來 박順景
최德셔 朴五衛將
니雲셔 沈孔益 子强天
조德再 호문玄 최尙默
최厚헌 홍學先 니士弘
김致오 김致弘 최봉植
權창植 박雨養 申明叔
김建衡 申議官 權明建
朴永建 니學心 김石玄 각拾四전
孔貴伯 朱平云 김敎仁
張完植 니德삼 오善如
박景律 김善景 蔡준일
니君凡 박永大 林聖云
김士윤 박영集 강景오
姜景元 김士文 황千一
박春先 김明心 미致寬
김수敏 니영實 니德헌
뎡致빅 니錫주 최廣삼
니仁先 박一出 박久헌
김謹平 박雲선 徐영實
니賢一 니현文 申明新
니鳳셔 니癸星 니和순
千英준 박尙根 車々逸
權基順 김在德 權萬秀
최영植 權永秀 權明順
박仁弘 김國京 최致合
윤和셔 丘仲화 김致西
최學先 니碧동 니龍仁
니善戰 黃디建 유仁和
유仁壽 니抱川 서영海
김龍仁 김致셔 박龍인
진迎和 蔡東宇 각七전
合十三圓〇六錢

●豐德南面士동里順興安氏門中
安用謙 炳烈 각壹圓
孝植 四拾錢 居楓川
俊植 卅전 東江居亨植 四拾錢
斗植 卅전 炳熙 炳섭 각四拾錢
炳升 炭谷 炳창 각卅전
東江居 병善 병旭 각卅拾錢
安淳 卄錢
合五圓捌拾錢

●忠北陰城法旺面堤內里
경卓濂 權漢升 網內억 各五拾錢
合壹圓五拾錢

總合十百五十六圓

前號總合四千二百七十一圓 貳拾四錢七里
都總合四千四百〇七圓二十四錢七里

大韓每日申報社

◎本社廣告

○申報價
一張代金 新貨二錢五里
一個月前納 三十錢
三箇月 九十錢
六個月 一元七十錢
一箇年 三元四十錢
郵稅一部 新貨五里
一箇月 十三錢

○廣告料
四号活字十三字詰
每日每英尺一寸에新貨廿五錢
(每日每行六錢에相當홈)
一週日에 二圓五十戔
(每日每行四戔五里에相當홈)
一箇月에 五圓
(每日每行四錢一里에相當홈)
其期限의長短과字行의多寡를依ᄒᆞ야增減홈이有홈

●大韓每日申報各處支社廣告
中署布屛門下 김相萬冊肆
平壤上水口門內 김浩淵
全 최叙恒
仁川柑峴開新冊肆 리東皓
宣川邑橋西里 安濬
義州西門外한西 大藥局
釜山港佐川 徐藥局
三和港築洞 김仁집
咸興州南社西門外 曹喜林
開城培義學校 姜助遠
大五市廳 최一弘
報寧邑濟衆院 鄭夢玄
鐵山邑東部 安玄
元山支店 劉七錫
定州南門內 洪成鱗
信川邑 李源植
肅州南門內書舖 朴昌鎭

發行兼編輯人 英國人배說
發行所
南署石井洞號外地三層洋屋
大韓每日申報社

廣告

國債報償海西同情會義捐金
第二回募집

●海州月谷面中桑림村
吳亨根壹百圓 吳元根廿圓
吳文煥拾圓 오鍾泳 七圓
오仁泳 오升泳 오行根
오聖善 각一圓 니長石
七拾錢 오正煥 오昌煥
오德환각六拾五錢 오汶根
康連杜 오永石 니鳳石
각六拾錢 鄭창셥 오宜泳
정裁斗 니鍾宜 오聖根
오宗根 박昌北 송二星
각五拾錢 김긔환 니龍孫
됴元常 박浩傑 오貞石
니萬긔각四拾錢 최昌孫
김澤龍 김千石 김永化
오在영 김在河 각二拾錢
김益현 김興孫 니順石
孫行祚 최창祿 송行吉
김龍澤 리學率 오用石
김守吉 리창成 康信甫
경聖云 죠基형 니時彦
각廿전 오錫환 拾五전
최承후 壹圓 뎡喜셥
五拾젼 최載翰 四拾五錢
오成根 壹圓 오準根
廿五錢 니七星 六拾錢
合壹百六拾壹圓貳拾錢

▲州內面廣石村
김漢奎 삼拾圓 黃根七
사圓 徐明순 高창培
각三圓 윤致亨 니현基
김윤局 각貳圓五拾錢
車俊元 김基淵 각貳圓
최萬亨壹圓五拾錢 니창슈
김吉伊 全處順 車道吉
니乃善 黃七星 劉聖模
각壹圓 니必先 김基녕
각六拾錢 全창健 오允祚
니正華 安뒤倫 黃順興
니元厚 김允健 니辰五
姜正九 김福仁 각五拾錢
全學健 한仲叔 니成實
安召史 김召史 황在華 니善教
車道敬 池成連 황順甫
각四十錢 高仁슈 최錫範
됴光彬 安龍默 니儀教
宋召史 니順셔 宋致永
全石道 黃靑石 각三拾전
니伯광 최善旭 니澤龍
魯順默 긔致寬 林星壽
윤龍孫 박슌봉 車道현
장三聖 全古長 高七星
박明壽 최致寬 뎡仲連
閔孝誠 니正福 오국瑞
니녕祿 니뒤憲 姜善九
강正宅 리應憲 김致文
김召史 니漢녕 全福吉
安景善 김明瑞 니應善
윤召史 全正吉 全石俊
高녕哲 김德孝 김창興
김官吉 김玄吉 김應죠
元召史 니창죠 니龍天
徐뒤슌 니行吉 安成福
成七星 박正元 黃世憲
니슌宅 각廿錢 최仲三
오京죠 최齊石 林召史
박應化 한順學 각拾錢
合八拾三圓六拾전

▲西邊面東一里
니在朋 삼拾圓 니在㵎
柳承鳳 각貳圓 徐裕녕
정翼善 同別室니氏
林益圭 張成謙 申應[illegible]
리達成 니達수 白萬긔
각壹圓 니範教 八拾전
장益슌 徐봉현 각五拾전
장斗植 복長瑞 니녕文
김봉夏 최녕수 최봉슌
김致遠 김龍辰 각四拾전
니承일 니源震 최호吉
셔황녕 최원益 니吉五
복根수 張긔賢 각삼拾전
奇行萬 周聖根 니鼎善
장봉규 니萬枝 장긔셕
邊창五 윤福麟 車敬萬
최壽明 빅淡石 오順植
오德岩 박창順 白七星
김士明 장셕현 니源沁
장錫긔 장成哉 장明哉
각廿錢 장龍錫 장鼎식
각拾錢
合五拾四圓八拾錢

▲雲谷面一里斗동
최庚章 貳拾圓 복世詢
五圓 복貞教 오圭錫
각貳圓 김圭方 孔定현
김東식 孔舜九 각壹圓
박在麟 셔辰述 김德哉
김元達 羅于卿 각六拾錢
김二成 오拾錢 任仁守
김明규 김子叔 셔行文
각四拾錢 박在봉 安學仁
김百年 김녕年 오大吉
윤俊甫각삼拾錢 김七星
민녕삼 任季弘 윤召史
김汝죠 林亨모 姜召史
리龍明 리奉學 許致亨
각貳拾전
合四拾壹圓九拾전

▲[illegible]鴨島동中
송긔周 삼圓 박善國
윤成澤 각壹圓 송允直
文敬五각陸拾전 文聖寬
오拾전 송창周 송興國
魯在天 윤汝尙 박連호
文敬홍각四拾전 김敬슌
林培根 송尙默 송明슌
오뒤헌 文셩孝 각貳拾전
高뒤삼 拾전
合拾圓四拾전

▲州內面汗井村
황永石 壹圓 同夫人박氏
貳拾전 죠明福 六拾전
리錫규 니東필 각오拾전
박守貞 복슈哲 박致호
박應죠 方命죠 최景雲
각廿전
合四圓

▲栗枝面
니世창 오圓 니鍾국
奉寅녕 각貳圓 니亮世
니鍾舜 각壹圓
合拾壹圓

▲松林面嘉坪
朴彦鎭 貳圓 長子準敏
次子準星 각壹圓 박긔來
一圓 오召史 子在긔
오창雲 오龍臣 박根輔
김鼎삼 子伯운 각五拾전
오成죠 오德삼 오成俊
오成道 오龍문 오明龜
오元默 오雲鶴 각二拾전
合拾圓拾전

▲海南面下二里
孔 필 貳圓 리春儀
孔 슉 윤尙슌 각壹圓
리智宇 孔祖胄 윤尙창
강周會 각六拾전
方遠伯 니景宇 니寰宇
니益茂 정秀현 니興茂
니貞宇각五拾전 정勵녕
김鼎植 정秀호 元春호
니智茂 니應茂 김긔敦
각四拾전 閔致죠 니會允
최載喜 니斑茂 니時무
리창宇 각卅전 許 鎭
니喜녕 吳긔善 각貳拾전
合拾陸圓拾전

▲西邊面花坪
니承눈 삼拾전 니東식
감녕식 한順善 각貳拾전
安哲好 니康직 각拾전
合壹원拾전

▲西邊面文村
죠章夏貳원五拾전 子東元
五拾전 申泰孝 박景善
됴能夏 任萬긔 각五拾전
박相敦 四拾전 됴東國
최福善 죠원夏 各廿五錢
죠漢九 孔在善 곽七星
각삼拾전 安뒤壽 김홍愛
니承모 니承龍 문福亨
각貳拾전
合八원九錢

▲州內面
笠房都中貳拾원 車鍾爵
車裁坤 각拾원 리창호
林병창 각五원 妓리映紅
리憲녕 柳召史 김榮晥
각四원 黃洛舖 죠承學
김應化 각參원 車漢轍
河인寬 김輔燮 박啓환
林明규 죠華삼 니成죠
田子裕 니君善 조承祜
최형긔 니긔豐 再次
니在潤 각貳원同夫人오씨
五拾전 長子智春 壹원
次子智弘 壹원四拾전
삼子智영陸拾전 長孫明鎭
參拾전 次孫규鎭 貳拾전
죠東燦 최之형 니根在
니녕원 니긔필 田萬吉
니成환 니教문 丁陽섭
최宗호 리景田 죠承澤
니창源 각壹원 김召史
복姉十月각陸拾전 車光允
박龍和 정裕根 申行元
盧應斗 張文三 각五拾전
牟漢用 니종淑 각四拾전
송學元 송창連 각卅전
方聖岩 박漢俊 廉在明
各廾錢 呂巨福 拾二전
誠信契 卅圓 최창俊
六圓 송鎭國 五圓
김슌彦 니봉岩 各四圓
최창헌 송根孝 각貳圓
박녕슌 박녕됴 김仁鶴
박乃文 강應三 장斗환
각壹圓 吳在원 吳在明
林仲호 각壹圓 니召史
六十錢
合一百八十六원九十二戔

●東江面上九里
김仁俊 二元 장世基
니元儀 장宇景 호基源
장漢巨 姜녕쥬 安눈九
各一元 정基녕 五拾전
장 任 김長成 복春成
정협녕각四拾전 장漢녕
니周明 장世奎 정均녕
정根녕 김봉益 각卅전
장世文 정원협 각卄전
장 형 拾전
合拾三圓四拾錢

●海州경務署罪囚
廳使 김눈乂 拾전
罪囚 눈學西 安녕元
박行涉 각卅전 니齊石
二拾전 김봉大 최在긔
니元實 니在明 김俊보
김子辰 눈긔녕 강好連
눈병열 죠辰爵 各十錢
徐學눈 니明학 최承建

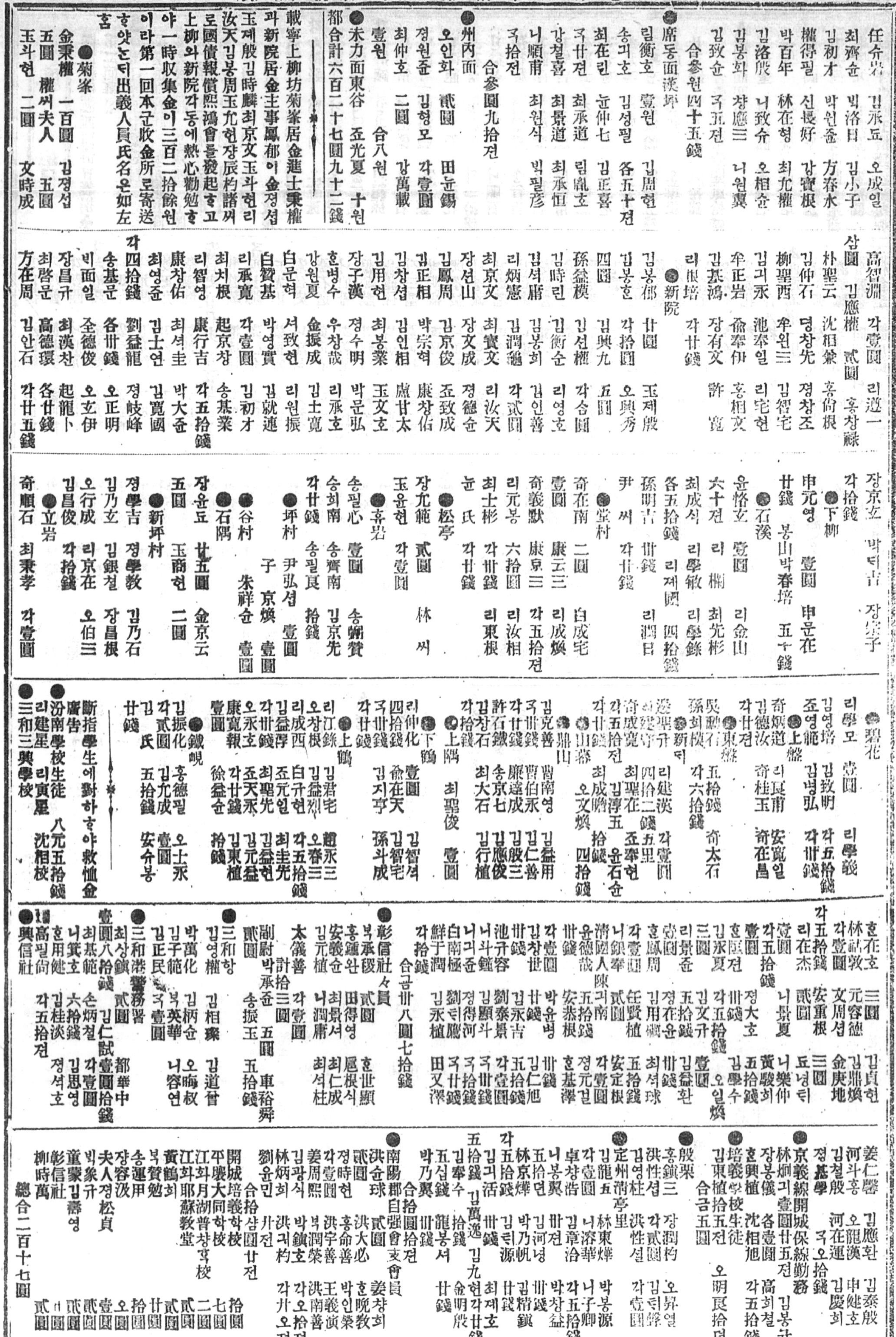

任슈岩 김永旦 오成일
최齊순 빅洛日 김小子
김初才 박원준 方春水
權得필 신長好 강寶根
박百年 林在형 최允權
김洛般 니致슈 오相순
김봉화 장應三 니원裏
김致순 각五젼
合參원四十五錢
●席동面漢坪
림衡호 壹원 김周현
송긔호 김성필 各五十젼
최在린 윤仲七 김正喜
각廿젼 최永道 림亂호
강철喜 최景道 최永恒
니順甫 최원식 빅필彦
각拾젼
合參圓九拾젼
●州內面
오인화 貳圓 田슌錫
정원준 김형모 각壹圓
최仲호 二圓 강萬載
壹원 合八원
●未力面東谷 조光夏 十원
都合計六百二十七圓九十二錢

載寧上柳坊菊峯居金進士秉權과新院居金主事鳳都이金정섭玉재般김時麟최京文玉斗현리汝天김봉周玉允현장辰杓諸씨로國債報償熙鴻會를發起ᄒ고上柳와新院각동에熱心勸勉ᄒ야一時收集金이三百二拾餘원이라第一回本社收金所로寄送ᄒ얏ᄂᆞᆫ뒤出義人員氏名은如左ᄒᆷ

●菊峯
金秉權 一百圓 김정섭
五圓 權씨夫人 五圓
玉斗현 二圓 文時成

高智淵 각壹圓 리遵一
삼圓 김應權 貳圓 홍창祿
朴聖云 沈相兼 홍尙根
김仲石 뎡창先 정창조
柳聖西 牟원三 김智宅
김긔永 池奉일 리宅현
牟正岩 兪奉伯 홍相文
김基鴻 장有文 許寛
리根培 각廿錢
●新院
김봉都 廿圓 玉재般
김봉호 각拾圓 오興秀
四圓 김興九 五圓
孫益模 김선權 각合圓
김時린 김衡순 리영호
김석庸 김봉희 김인善
리炳憲 김潤龜 각貳圓
최京文 최寶文 리汝天
장선山 장文成 정德순
김鳳周 김京俊 조致成
김正相 박宗혁 康창佑
김창섭 김인相 盧廿太
김用현 최봉業 玉文호
장子漢 정수明 박문弘
훈병수 우창哉 리承호
강원夏 金振成 김士寛
白문혁 셔致현 리원振
白贊基 박영實 김就連
리承寛 각壹圓 김初才
최치根 起京창 송基業
리智영 康行吉 각五拾錢
康창佑 최셕圭 박大준
최영준 김士연 김寛國
각四拾錢 劉益龍 정岐峰
송基문 各卅錢 오正明
비面일 全德俊 오玄伯
장昌규 최漢찬 起龍卜
최啓문 高德環 各廿錢
方在周 김안石 각廿五錢

장京玄 박되吉 장宗子
각拾錢
●下柳
申元영 壹圓 申문在
廿錢 봉山박春培 五十錢
●石溪
윤恪호 壹圓 리金山
六十젼 리㮰 최先彬
최成식 리學敏 리學錄
各五拾錢 리재國 四拾錢
孫明吉 卅錢 리潤日
尹씨 각廿錢
●堂村
奇在南 二圓 白成宅
壹圓 康云三 리成煥
奇義默 康京三 각五拾젼
리元봉 六拾圓 리汝相
최士彬 각卅錢 리東根
눈氏 각廿錢
●松亭
장允範 貳圓 林씨
玉윤현 각壹圓
●亭岩
송필心 壹圓 송嫻贊
송희南 송齊南 김京先
각廿錢 송필良 拾錢
●坪村 尹弘섭 壹圓
子京煥 壹圓
●谷村 朱祥순 壹圓
●石隅
장윤됴 廿五圓 金京云
五圓 玉商현 二圓
●新坪村
정學吉 정學教 김乃石
김乃호 김銀철 장昌根
오行成 리京在 오伯三
김昌俊 각拾錢
●立岩
奇順石 최秉孝 각壹圓

●碧花
리學모 壹圓 리學皦
김영培 김致明 각五拾錢
조영範 김병弘 각卅錢
●上盤
奇炳道 리良甫 安寛일
김德汝 奇桂玉 奇在昌
각廿젼
●東盤
吳勳石 五拾錢 奇太石
孫회模 각六拾錢
●新디
遷聖圭 리建漢 각壹圓
[illegible]建守 四拾二錢 五里
奇成寬 최聖在 조奉현
각五拾젼 김淳五 윤石순
각廿錢 최成贈 拾錢
●山幕 오文煥 四拾錢
●鼎山
김克善 曹南영 김益用
각卅錢 曹伯永 김仁善
각廿錢 廉達成 김殷三
許石鐵 송京七 김應俊
김창石 최大石 김行植
각拾錢
●上隅 최聖俊 壹圓
●下鶴
리仲化 壹圓 김智셕
四拾錢 兪在天 김智宅
각卅錢 김지亨 孫斗成
각廿錢
●上鶴
리江錄 김君宅 趙永三
오창根 김益烈 오春三
리成西 白규현 각五拾錢
김益淳 조元일 최圭先
각卅錢 최聖先 김益현
오永호 조天永 김元益
康寛報 각廿錢 김東植
壹圓 徐益순 拾錢
●鐵峴
김振化 홍德필 오士永
각貳圓 김允成 壹圓
김氏 五拾錢 安슈봉
廿錢

斷指學生에對ᄒ야救恤金廣告
●汾南學校生徒 八元五拾錢
리建星 리寅星 沈相校
●三和三興學校

호在호 三圓 김貞헌
林祜敦 元容德 김鼎煥
각壹圓 文周섭 金庚地
각五拾錢 安重根 三圓
리在杰 貳圓 됴녕뒤
壹圓 니景夏 니樂仲
각五拾錢 정大호 黃駿회
壹圓 卅錢 五拾錢
호恒젼 각五拾錢 김學수
김永夏 김文규 오일煥
三圓 五拾錢 壹圓
리景준 김在윤 김益환
壹圓 김用徹 卅錢
호鳳周 任賢植 최셕球
각壹圓 貳圓 五拾錢
니銀奉 긔南 安定根
淸國人陳 五拾錢 각壹圓
윤德哉 安恭根 정元길
卅錢 박윤병 호基澤
각壹圓 廿錢 김仁旭
김창世 김永吉 五拾錢
卅錢 劉泰斗 각壹圓
池斗容 김顯河 각卅錢
니斗鉉 정得河 각拾錢
니긔준 劉킈應 각廿錢
白南極 김永植 田又澤
鮮于潤
각拾錢
合금卅八圓七拾錢
●彰信社々員
북承稷 貳圓 호世顯
홍鍾완 田得영 扈根식
安義순 최景셔 최仁成
김元植 니潤庸 최셕杜
太儀善 각壹圓
計拾三圓 五圓 車裕舜
副尉 박承준 송振玉 五拾錢
貳圓
●三和항
김영權 김相璨 김道晳
박萬化 김炳순 오晦叔
김子範 북英華 니容연
김正民 각壹圓
●三和港警務署 貳圓
최상鎭 손炳철 都華中
壹圓八拾錢 김仁試 壹圓拾錢
최基範 六拾錢 각壹圓
니箕호 김桂淡 김思영
호用健 각五拾젼 정셕호
高필尙
●興信社

姜仁馨 김應환 김泰殷
河斗홍 오龍漢 申健호
김철般 河在運 김慶희
정基學 각오拾錢
●京義線開城保線勤務
林炯긔 壹圓廿五젼
장봉儀 各壹圓 김봉규
호興植 沈相旭 高희철
培義學校生徒 각五拾錢
김東植 五拾五전 오明良拾뎐
合금五圓
●殷栗
홍鎭三 장潤杓 오昇열
洪性섭 각貳圓 김킈鉨
김영杜 洪性설 각壹圓
●定州淸亭里
김龍五 林東燁 박봉源
각壹圓 니溶華 니子卿
卓창浩 김章洽 각五拾錢
니봉翼 卅젼 박창益
五拾면 김河녕 卅錢
林京燁 박乃帆 김精鎭
五拾錢 김킈源 廿錢
김긔活 卅錢 최제호
각五拾錢 김萬逸 김九현 각廿錢
김奉수 拾錢 金明殷
五십錢 龍봉서 廿錢
박乃翼 卅錢
合拾圓拾전
●南陽郡自强會支會員
洪순球 貳圓 姜창회
洪圓 洪大必 호晩敎
정時현 홍命善 박인榮
각壹圓 洪宇善 王義演
姜周熙 북潤榮 洪南善
김광식 박鎭호 각오拾젼
林炳회 洪긔杓 각廾오젼
劉윤민 卄전
合拾삼圓廿전
開城培義학校 拾圓
平壤大同학校 七圓
江화月湖普창학校 二圓
江화耶蘇敎堂 貳圓
黃鶴회 廿圓
북贊勉 拾圓
송運用 오圓
장容汲 壹圓
夫人정松貞 淸圓
빅象규 淸圓
童蒙김壽영 卄圓
彰信社 貳圓
柳時萬
總合二百十七圓

第五卷

大韓每日申報

第四百九十號

月曜及慶節歲時日休刊

西曆一千九百七年四月十九日
大韓開國五百十六年
日本明治四十年
淸國光緒三十三年
◉陰曆丁未三月小初七日戊戌

論說

玉塔과及其行狀

近日漢城에風說이有호되向者에盜去호얏든玉塔을現將持來호야彼日人이無狀호恣意로移動호던該地(松都附近)에更爲置지라호니此風說을恒常善히探聞호と處에셔取信이됨을吾人이知悉호얏스니是로由호야統監府가雖此一箇慈惠지擧라도竟能行지호가吾人의可信的希望이略有호도다

此玉塔의還附홀其將慈惠지擧라고稱許홀것은彼가諸般事爲에對호야旣已言지行지홀後에と何人이던지使彼變改케홈을弗能히것을吾人이見비知지호と緣由로其還附가出於慈惠지擧라고可稱호려니와雖然이나此玉塔의還附를結了호後と此擧를純然히彼의自意로由호얏다고其將不許홀者도亦有호니何以證지오

蓋此事狀이苟若大韓每日申報의激論과日本크로니클新報紙上에說法氏의論非를因홈이아니면必不至再次擧論호야已是忘域에在호엿을것이오한人은玉塔을因호야但히吁嘆을抱홀뿐이로다

此玉塔事를因호야將次必要홀主意가生出호리니第一은伊藤侯가其將察와及其他日人들이한人의所有와彼의所有와如히專行取用호と態度를不從호と意思를한人의게示호것이오第二と日人의縱許專行取用호것이不至영久홀것을亦可存念케홀지라

然則韓國人民이日本軍人의게强占을被호地段도或適宜호代價을得홀가호と希望이略有호것이오且韓國主權도更히還附호と데至호야所有郵電과軌車와及其他諸件을本國政府가更하一次處理홀가호と夢想이亦有호리로다

官報

◉三千七百四十三號 光武十一年四月十八日

◉宮廷錄事

中樞院贊議金鶴鎭辭職疏
批旨省疏具悉文苑之卿非可遽解固懇如此所辭中贊議之任依施

◉敍任及辭令

奉常司副提調 김憲奎
依願免本官
命奉常司提調 從二品張世升
任奉常司副提調 正三品최命鎬
主殿院警衛局總巡 문敬淳
任經理院技手 金錫胤
任主殿院警衛局總巡
學部參書官 閔健식
解兼任官立漢城師範學校長
學部書記官 리源鎔
命兼任官立漢城師範學校長

外報

◉露艦東洋派遣 伯林電을據호則勘察加及오고스와海에巡邏의命令을受호야農務省所屬守備巡洋艦六隻이오데사港에서出發호야東洋으로向홀터이라더라

◉太公暗殺未遂 同電을據호則露國太公이凶行者의暗殺을當호게되얏든際에警官이禁止호얏다더라

◉美國軍備擴장 美國海軍省의總預算이千九百七年度에と十億一千六萬六千四百七十弗이러니千九百八年度에と十一億五千四百四十四萬九百五十弗인터其中一千二百七十萬三千九百十五弗은海軍擴장의工役費及機械費요九百萬弗은裝甲板及兵器費요고十萬弗은외三千九百十五弗外에尙且實費로一百七萬六千一百九十四弗이增加되얏고又同國陸軍大臣이議會에提出호本年度預算이昨年度에比호면八百七十二萬四千三百三拾五불이增加호얏다더라

雜報

龍川府楊市商會員이國債報償에義捐募集文 (續)

其在識達高明지人則雖或可矣不必揚論而乃目由夫牧叟지無貲者와孀女愚兒지沒覺者貿婦傭夫지窮乏者步商酒婆지艱蹙者以至於屠庖者柳木匠지類亦莫不血誠顧助猶恐後於人而不及是曷故ᄅ須不可知也차乃天命지有所眷顧而然歟抑邦運지有所未支而然歟亦人心지有所不忘 聖德而然歟以차觀지則人心卽天心也

天心苟如차人心又如彼吾東三千里疆士五百年宗社庶復有維신지漸於今日不待시龜而可판者也何患乎국지무士지무인民지무哉竊以爲차數인從當빛지於正爲進於上聞誠極可尙者亦可歎恐弗官확때지沈에견혜지截匿故敢先차敬述其所記者지姓名及其可歎者지實由幷開錄우左以청大인表揚獎지意卽布揭우申報上使同胞諸君子지觀者有以知貧窮者지愈切憂국而以차홍感起所伏望

發起人 장基홍 김영秉 黃菊保

左開

▲田父장二健은素以村野農夫로勤於耕耨라가如何近年에過飮成祟호야失性發狂터니附차國債報償의斷烟同盟을고心喜歡悅호야乃曰彼以斷烟金으로報國債則吾當以斷酒金으로報國채라하고乃招其幼子호야擧此理由說明하고卽償出拾圜而자二圜式補助後에영爲斷飮而復其本性호얏고

▲牧叟林吉孫은素以樵牧지夫로貧乎自存者也라聞國채報償演說호고手攜足蹈에放聲大呼曰是吾大社二千萬同포의同樂지日也라호고賣柴金五민을表誠연助호고數일誠飯이라호며

▲貿婦김씨役모と其夫리曾淳이四五年前에以商業次로出往외國호야未知風雲於何處호고只率一個乳兒이母子相依爲命에영々子影이托足無地호야東乞이西食호며西貿而東居러니一日은貿鹽次로往우溪雄라가聞국債報상演說호고遂投滿裨이奮然來到우演說場호야聽未數語에探其腰間破囊호야粘出結縛錢五민이先納호고猶有未洽시誠호야又斷其髮以賣지하야五민銅을亦爲納付商會社故로불勝感호야右五민銅을還爲出給이論지曰女인지五민錢先納이猶屬罕尙커든何況加添五민乎云云固辭弗受이去호얏고

▲孀婦文氏と年今順餘라以靑孀으로素無一点血肉호되自晏自樂러니聞국債報償事호고委到商會社하야納以二민銅曰吾雖四窮지二也나亦率士化育中一物也라국지報상지誠이何必曰男子乎云호얏고

▲傭夫迷董김봉律은早喪父母호고又無依家호야東食西宿에以屋汲資生터니汲水過路에至국채보상연說場호야水價三圜錢을表誠以納하고

▲步商金斗贊등홍海と居忠淸道이以他館萬쇼商으로來到本市라가聞국채보상事호고不勝欣喜호야各각以壹圜五拾錢으로自願연助호얏고

▲柳木匠리士영이壹圜猪廛김得化壹圜리奉인이壹圜右三인中에一是柳木匠이오二是叩刀수市者라身係賤役호되心切爲국호야각出연금이補助호얏고

▲演戱명서實貝一일에發起諸인이行過市上호야演說국債보償호시터나여가適當壚飛觴라가遂停客盃호고笑捲靑염에以냥々細語로歡以迎지호야說道諸人지熱心호고自出연금貳圜而補助호얏고

▲盲人박仁보以瞽者로或賣卜호며或誦經次出他홀시使차환으로擁小鼓이前立지호고源々杖으로追到우國債報償演說場호야側耳以耽聽良久에弗見者등가東閃이西忽호며歸歯者捲帘이左셔右유라가乃爲지放聲大唱曰어화우리同胞들아各各其職業勤이호야國채보상熱心호묘爲立基礎安保호셔數曲을唱和라가乃援抱이皷지호니皷與唱應에似有激感活動지氣像也라唱罷에以五민銅으로경手低首이願納호얏고

▲屠漢中未亦申京俊金武圓爲人이愚迷하고所業이至賤이라以屠牛雇금으로각出연금이補助호얏다더라 完

咸興州北面國報상靑年會趣旨書

有沆海者忽於中流獰風傾장覆檣이舟人大懼各自圖存或과匙避濕或貪實匿懷至於傾者推者茫然忘救於是傾益傾摧益摧命危頃刻中有一梢工大呼曰同力則各存각心令並沒何不早救乎一言頓醒乃一心扶傾百力支摧小焉風歇浪定幸涉登岸矣夫國者船也外債者風浪也凡爲國民者不知身國一體지義則竟必淪胥以亡에異舟人지各存乎何幸嶺南창斷烟지論京中繼設期成지會乃呼醒지梢工也次吾州日新育英兩學徒發起長老同聲旣設會捐義將以補撲炎자一勺이嗟我靑年前途益遠擔負尤重理當倍加奮義玆於面內或設支會名曰靑年會嗟我靑年同胞念同舟시勢熱誠연補期淸國채共享獨立지福伸千萬幸甚

一은국債報상호目的홈
一은義연은勿拘多少홈
一은義金을聚聚報상會로送홈
一은義연人氏名금額을揭載新聞홈
一은義金募集所と本面壯동於口藥局

發起人 흥宗滿 安昇현
흥弘植 흥식柱
米斗燦 朱養豹
리成春 박處觀
홍현섭 等

雜報

●巡檢保護 參政大臣박재純氏家에每日警務廳에서依例히下午五時부터明日巡査五名을派送保護ᄒᆞ고拔劍擔銃ᄒᆞ고終夜行巡ᄒᆞ다가十午七時면解散而去ᄒᆞᄂᆞ니라

●리氏自供 리容泰氏를日昨경務廳에서再訊ᄒᆞᄂᆞᆫ대히氏가自據曰今番大事件이都是自己周旋인즉萬若處絞ᄒᆞ려거든他人은放釋ᄒᆞ고自己만治罪ᄒᆞ라ᄒᆞ얏다더라

●전考鞏固 內部전考所가勿施될다ᄂᆞᆫ說이誤傳ᄒᆞ더니만일전考를廢止ᄒᆞ면觀察과郡守叙任ᄒᆞᄂᆞᆫ權利를內大가獨擅치못ᄒᆞᆯ터인故로內相리址鎔氏와協판沈相익氏가該所를極力維持케ᄒᆞ야전考가依前更固케ᄒᆞ얏다더라

●素餐何意 政府大臣官房秘書官徐丙業씨ᄂᆞᆫ仕進視務치아니ᄒᆞ고月料로月俸만徒食ᄒᆞᆫ다니參政대臣의切戚이라然ᄒᆞᆷ인지秘書課에ᄂᆞᆫ事務가無ᄒᆞ야然ᄒᆞᆷ인지未知ᄒᆞᆯ깃다고輿論이紛々ᄒᆞ더라

●哭忠血書 再昨日下午의何許鄕客이典동閔忠正公家에來到ᄒᆞ야血竹을要見ᄒᆞ거ᄂᆞᆯ其家人이答曰竹已枯死ᄒᆞ니不須완賞이라ᄒᆞᆫ데該客이固請見之어ᄂᆞᆯ開門許入ᄒᆞᆫ데該客이見竹拜哭타가周紙一幅을請借어ᄂᆞᆯ依請許施ᄒᆞᆫ즉該客이自囊중으로提出小刀ᄒᆞ야左手無名指를裂破出血ᄒᆞ야濡毫題詩曰壯哉閔公혈化爲竹天下無雙萬古第一이라ᄒᆞ고一場痛哭而去ᄒᆞ얏다ᄂᆞᆫ데該客ᄂᆞᆫ全南海南郡居윤周伯氏라더라

●慕忠破指 海南人윤周伯氏가閔忠正公혈竹을對ᄒᆞ야裂指問罪事ᄂᆞᆫ別項과如ᄒᆞ거니와윤氏가題詩歸去後에別巡檢一名이來到ᄒᆞ야히人의蹤跡을採問ᄒᆞ더니再次服裝巡檢一인이又到ᄒᆞ야히인의動靜을詳問而去後에三次日本巡査가又爲來到ᄒᆞ야히人의去留를探問ᄒᆞ더니再昨夜에히尹氏를경務廳에捉囚ᄒᆞ얏다니慕忠吊客이有何治安防害ᄒᆞ야捉囚ᄒᆞᄂᆞᆫ지未知ᄒᆞᆯ깃다고巷說이喧騰ᄒᆞ더라

●忠魄歸泉 前贊政최益현氏의葬期ᄂᆞᆫ陰四月一日로擇定ᄒᆞ고葬地ᄂᆞᆫ鴻山郡杏村이라더라

●衛生視察 內部衛生課長閔元식씨가兩西衛生視察차로明일발程ᄒᆞᆫ다더라

●顧問視務 度支部顧問官目賀田氏가歸國ᄒᆞ얏다가三昨日에渡한ᄒᆞ얏ᄂᆞᆫ데再昨일븟터度支部와總海關에仕進視務ᄒᆞ얏다더라

●何故被捉 昨日上午에靑石동等地에서鄕客八名을경務廳으로捉去ᄒᆞ얏ᄂᆞᆫ데其事由ᄂᆞᆫ姑未詳ᄒᆞ다더라

●美人幻燈 再昨夜靑年會館에서美國人某氏가幻燈會를開設ᄒᆞ얏다더라

●補佐視察 慶尙南道法務補佐官이히道管下各郡에司法경察을視察ᄒᆞᆫ다더라

●口獄移設 新門外前平壤隊營門을日本軍司令部監獄署로定ᄒᆞ야近日修理中인ᄃᆡ現今南ᄃᆡ門內監獄서도히營으로移付ᄒᆞᆫ다더라

●전考設會 昨일內部에서전考委員이會同ᄒᆞ야現窠郡守를敘任ᄒᆞᆯ次로전考ᄒᆞ얏다더라

●庖亦歸日 自昨年以來로開城府居留ᄒᆞᄂᆞᆫ日人結田等二三人이해府西部等地에擅自設庖ᄒᆞ고官許가有ᄒᆞᆫ庖肆營業ᄒᆞᄂᆞᆫ한人等의게沮戲가無雙ᄒᆞᆷ으로히民等이起訴ᄒᆞ야禁斷ᄒᆞ얏더니近者에히日人等이又爲私設庖厨ᄒᆞ고期於히한人營業을破撤ᄒᆞᆯ計畫으로百般運動ᄒᆞᆷ으로宰人等이일本理事廳과한國法庭에累々呼訴ᄒᆞ나某處勸告가有ᄒᆞᆫ지終弗聽理ᄒᆞ미히民等이不得已退歸ᄒᆞ얏다더라

●賊化爲民 南來寄函을據ᄒᆞᆫ則永川慶州等地에火賊黨이道路에揭榜ᄒᆞ되現今국債報償에對하야勿論貴賤男女ᄒᆞ고人々捐義어ᄂᆞᆯ夫何我等은如此良民을侵害ᄒᆞ리오自今以後로我等도願爲良民ᄒᆞ야국債를報償ᄒᆞ고如或依前行惡者ᄂᆞᆫ我等이共擊之라ᄒᆞ얏스니今此상債一事에匪類改過ᄂᆞᆫ성是국民지幸福이라ᄒᆞ더라

●研臂禁教 北署阿현三洞老姑山里居ᄒᆞᄂᆞᆫ金德仁이가自己父兄의强硬禁止ᄒᆞᆷ을不從ᄒᆞ고耶蘇教堂에暗自投入ᄒᆞ얏더니其父兄이不勝忿怒ᄒᆞ야광伊로右臂를忽斫ᄒᆞ고仍爲逐出ᄒᆞᆫ지라其隣里居人이惨其情狀ᄒᆞ고極救治療ᄒᆞ나히臂ᄂᆞᆫ永爲折骨되얏나더라

●附日隱身 西署萬里현坪村居ᄒᆞᄂᆞᆫ한致成爲名人이本是悖類로凌侮自豪ᄒᆞ야히동老幼가無不受侮矣로되置지勿問이러니近日에以狗鬪지事로四寸兄家에乘夜破門ᄒᆞ야叱辱兄嫂ᄒᆞ며毆打姪婦ᄒᆞᆷ으로히동이招喩次會同則詬辱無難ᄒᆞᄂᆞᆫ지라히동民이불勝痛憤ᄒᆞ야西署에擧訴ᄒᆞ얏더니派送巡檢ᄒᆞ야方在詷捕中인ᄃᆡ所謂日人변護士을符同ᄒᆞ야閃忽隱身ᄒᆞᆫ다더라

●日打老人 日昨一老人이南大門을通過ᄒᆞᄂᆞᆫ데히老人은南大門道路左右를分別ᄒᆞᄂᆞᆫ格例을不知ᄒᆞ야주躇ᄒᆞ더니其時把門日巡査가히老人을對ᄒᆞ야高聲大責曰汝何故로路上의徘徊ᄒᆞᄂᆞ냐ᄒᆞ고打지踢之ᄒᆞ니히老人이不知理由ᄒᆞ고驚怯이歸ᄒᆞ얏다더라

●辯權運動 日本辯護士等이渡韓ᄒᆞᆫ지數年의于今韓人詞訟에ᄂᆞᆫ辯護ᄒᆞᆫ權이無ᄒᆞ나日辯護等이自稱曰韓國司法官의命令은不受ᄒᆞᆫ다고盟誓ᄒᆞ더니近日은統監府로自由辯護權을運動ᄒᆞᆫ다더라

●偵探會事 東京早稻田學校事에對ᄒᆞ야鍾路紙廛都家에有志人士가會集ᄒᆞᆫ事ᄂᆞᆫ已爲據道ᄒᆞ얏거니와경務廳顧問部에서日人特務及韓國特務를派送ᄒᆞ야該會動靜과趣旨書를謄記ᄒᆞᄂᆞᆫ데其時傍觀ᄒᆞᆫ人中에洋服禮帽를着ᄒᆞᆫ人이該會將來趣旨의成不成을質問ᄒᆞ니該人은即日司令部通譯이라더라

●廣學總會 漢城廣學會에서再明일에第三回總會를普成館에開催ᄒᆞ고諸般方針을擬장ᄒᆞ다ᄂᆞᆫ데各地方학問家林下士數百名이參會次로上京ᄒᆞ얏다더라

●承認無效 南來人의傳說을據ᄒᆞᆫ則靑山郡居鄭泰安家에서自家山坂松楸를伐賣次로히郡警務署에請願承認ᄒᆞ야작賣ᄒᆞ얏더니其後히署補佐官日人某氏가鄭氏家山坂近處로過去ᄒᆞ다가餘松이無히沒數작伐ᄒᆞᆷ을執탈ᄒᆞ야뎡氏를捉去牢囚ᄒᆞ야無數ᄒᆞᆫ困境을當ᄒᆞ얏다ᄂᆞᆫ데認許後捉囚가大非경官지道理라ᄒᆞ더라

●金高自誇 全羅南道昌平郡居高正柱와古阜郡居金경中兩氏가郡守를買去할次로多數황金을持來ᄒᆞ야內大從氏李範普씨의게留置ᄒᆞ고郡守를運動ᄒᆞᄂᆞᆫ데金씨가對高씨誇言曰리氏가近日來賓을不肯接晤이ᄂᆞᆫ吾若往지ᄒᆞ면卽請寢室而秘議이라ᄒᆞ며事當今來奏本의斷無遺意다ᄒᆞ며金씨가對高誇話則高씨ᄂᆞᆫ不勝自悅ᄒᆞ야方在待勝中이라더라

●江西優等 江西郡守리孚榮氏의治績지優美와教育지熱心은本報에屢揭어니와去番平南各學校聯合大運動에히郡學徒가優等賞을得ᄒᆞ니一般學徒의勤勉做工과郡守의教育實效가愈益彰著ᄒᆞ얏다더라

●訓飭警吏 內部에서十三道에訓令ᄒᆞ되地方에行政司法警察에官憲을分設함은各盡其職ᄒᆞ야國家秩序를維持ᄒᆞ고人民에幸福을增進케ᄒᆞᆷ이어ᄂᆞᆯ夫何挽近以來로地方警官이關念職務ᄒᆞ고行政司法에越俎行動ᄒᆞᆷ을因ᄒᆞ야府郡報辭와人民呼冤이踏至ᄒᆞ기로管下各署各所에發飭操束ᄒᆞ야行政司法官의게一從指揮ᄒᆞ고無或諸抗紛ᄒᆞ라케ᄒᆞᆫ意로本部訓令이已經月餘이거ᄂᆞᆯ駭異ᄒᆞᆫ聽聞이一如前일ᄒᆞ니上部令飭을視同弁髦인지爲能審愼操奇이면故至斯境가書念及此에極爲駭歎이라職在監督ᄒᆞ야紊亂秩序ᄒᆞᆷ은責有所歸이기로玆更申訓ᄒᆞ노니一依前後飭ᄒᆞ야行政司法上에警察官吏가如或越權行動이거든明確ᄒᆞᆫ證據를調査修報ᄒᆞ야以便懲創케ᄒᆞ며防止를騰報ᄒᆞ라ᄒᆞ얏다더라

●淸匪行刺 去月廿五일夜에新義州津里塔下里居희信가氏家에淸인四名이來到宿泊이더니翌일未明에히淸인輩가無故拔刀ᄒᆞ야揮打主인ᄒᆞ야破傷頭部ᄒᆞ고又以刀打背ᄒᆞ며其女人을以銃放지ᄒᆞ고以刀刺지ᄒᆞ야兩脚을斷折ᄒᆞ고卽爲逃타ᄒᆞ얏다더라

●巡檢捉賊 金川郡北面빅雲동리鄭洪이가內部에呼訴ᄒᆞ되本人等이近以賊警으로正月初에會坐守夜ᄒᆞ다가以無聊ᄒᆞ야爲一分賭技矣러니忽有一人이突入房中ᄒᆞ야拔劍揮打ᄒᆞ야身被重傷而察其擧措則似是賊漢故로동민이詰問則乃是本郡巡檢리雲서也라互相發和矣러니至翌에巡檢一인과使五名이到本동ᄒᆞ야勿論男女老少ᄒᆞ고逐村毆打ᄒᆞ야十數村落이擧[illegible]

●死在配前 慶南裁判所에서審理ᄒᆞᆫ智島郡古群山流七年罪人高리수가發配前에致死ᄒᆞ얏다더라

●[illegible] 南대門內일本監獄署에서罪囚몃名이白晝에逃[illegible]

▲[illegible] 一歌▲

▲統率諸院에東風이利人ᄒᆞ니細柳가生心ᄒᆞ야黃金이欲織ᄒᆞ[illegible]

▲內部銓考所에서郡守를銓考ᄒᆞᆫ다고京郡에遊官者流가金力을任自擅賣이로다

▲近日各定守에一年月俸을統計ᄒᆞ야도一千五百圓定價額에太半不及ᄒᆞ니무合利益을取ᄒᆞᆫ야百般運動에埋頭沒身ᄒᆞᄂᆞᆫ지想ᄒᆞ건心腸에비ᄒᆞ고郡守를買得ᄒᆞ야ᄒᆞ니究其心腸ᄒᆞ면賣國賊에不下ᄒᆞ도다 各字ᄒᆞ니主筆大臣의愛金手段만論ᄒᆞᆯ거시아니라買官者의鄙悖心法이尤極可痛ᄒᆞ도다

▲抱川郡上下松隅場市ᄂᆞᆫ四九日로定ᄒᆞ야四日은下松隅오九日은上松隅가三百餘年이더니設市ᄒᆞ야監開ᄒᆞ니常備隊가一六日로改定ᄒᆞ다ᄒᆞ되該郡守리海懸扣告示ᄒᆞ야市場入民이渙散ᄒᆞᆫ境遇에至ᄒᆞ야數百名이上京ᄒᆞ야呼訴ᄒᆞ니該郡守ᄂᆞᆫ日人에命令이라ᄒᆞ면猶恐不及ᄒᆞ야不報上部ᄒᆞ고擅自發令ᄒᆞ니即不過日郡守로고

▲日本毛橋日人寫眞館에서許一鋪衣絲丞官人이呂宋烟을口含ᄒᆞ고奴生寫眞을觀覽ᄒᆞ다가不覺火落ᄒᆞ야在傍之兵丁에服裝ᄒᆞᆫ焼ᄒᆞ야該兵丁이烟을服裝ᄒᆞ야該人口中에熱入ᄒᆞ다니當此隣國의賊謀에壓人當夫라도同情暗憫ᄒᆞᆯ터어ᄂᆞᆯ該兵丁은賤者에口含ᄒᆞ고聲討치못ᄒᆞ고反爲屈裂火燃ᄒᆞ야怒氣가勃發ᄒᆞ얏스니何爲不快로고

▲鳳山郡守리承鐵氏가自己生日에히郡各洞頭民及富人의게扇子一柄과紗帽一介式頒給ᄒᆞ고或五十兩或一百兩을收斂ᄒᆞ야入하며四千餘兩에達ᄒᆞ얏다니히郡守의善頁手段은마ᄂᆞᆫ가지고잇어잇ᄂᆞᆫ고

▲日昨警務顧問이各雜誌發行人을招集ᄒᆞ야雜誌도檢閱을受ᄒᆞ라ᄒᆞᆫ즉雜誌ᄂᆞᆫ發行치아니ᄒᆞ야도檢閱은不受ᄒᆞ라ᄒᆞᆫ데分傳ᄒᆞ기前에一日ᄒᆞ야二卷식入送ᄒᆞ면關係되ᄂᆞᆫ句語만削除ᄒᆞ야送ᄒᆞ다ᄒᆞ얏다니日人에壓迫强力이無處不到ᄒᆞ야牛毛蠶絲에細微事項도弗得自由로다

▲近日鄉曲間稍饒ᄒᆞᆫ人家에셔粧板紙를磨鍊키難ᄒᆞ야木棄을細截ᄒᆞ야洋灰水에漬ᄒᆞ야粥과又치된後에麥末을和而貼ᄒᆞ야야房에塗벽ᄒᆞ고油漆을略干ᄒᆞ면粧板의黃色과堅固ᄒᆞᆫ것이紙種塗벽보다勝ᄒᆞ다ᄒᆞ니亦一新發明이로고

特別社告

本報代金을各支店에셔多有延滯ᄒᆞ中平壤支店에셔ᄂᆞᆫ九年十年兩年度의未納額이三百餘元에至ᄒᆞ얏스니本社經費ᄂᆞᆫ何以支過乎잇가購覽ᄒᆞ시ᄂᆞᆫ僉員은延滯餘額을還淸鳩合ᄒᆞ야該支店으로送交ᄒᆞ심을務望홈

大韓每日申報社

雜報

清州郡國債報상會趣旨書

理哉라短壯士之氣ᄒᆞ며足下英雄之淚ᄂᆞᆫ窮이是也라我韓이處在三面交鄰之地ᄒᆞ야五百年文明之治와三千里盤泰之勢로二千萬忠愛之民이ᄀ富且强이연만은顧今日之勢컨ᄃᆡ國不能自振ᄒᆞ고民不能自强ᄒᆞ야國이作債欵之證券ᄒᆞ고民이載債奴之名ᄒᆞ야埃之前轍을寔爲復蹈ᄒᆞᆯ지니是曷故焉고

嗚呼痛哉라國債一千三百萬圜은是已孕禍胎於光武九年十月頃也라以何方策으로ᄂᆞᆫ지若不爭急淸帳ᄒᆞ고滅去年邁ᄒᆞ면非但本欵之巨額이라逐年利殖이亦爲巨欵ᄒᆞ야畢竟無底坑沈淪에至ᄒᆞ리니海之何及가惟我同胞여此將奈何오頂可畏也로다倘念一千三百萬圜이雖云巨欵이나以我二千萬民衆으로각其自擔國民之義務ᄒᆞ고盡力捐輸則不過是若干金으로繳贖之歷泰山과細流之成河海也라奚止於報償而已哉리오是故로有志之士가發起京鄉則斷指也血書也滅膳也義捐之擧가皆出於誠發ᄒᆞ야無處不然ᄒᆞ니是所謂與國存民之一機會也라本人等이於此天與人和之時ᄒᆞ야組織報償會ᄒᆞ야경告我境內同胞ᄒᆞ오니盡心竭力而爭先捐付ᄒᆞ야贖身千萬千萬

發起人　金九五　박齊洪　李東信　等

부산항좌쳔리부인회감션(減膳)의연취지서

나라이잇난뒤에빅셩이잇고빅셩이잇난뒤에나라이잇난지라외채일쳔삼빅만원을갑지못ᄒᆞ면우리ᄃᆡ한강토삼쳔리을보존키어려와라월남파익급이라는외ᄎᆡ로서국토을견탈ᄒᆞ고인민이진멸ᄒᆞᆫ니전감불원이라

익국ᄒᆞ시난군ᄌᆞ시니황연ᄃᆡ각ᄒᆞ옵시와단연보ᄎᆡᄒᆞᆫᄌᆞ신니ᄒᆞᆼ의도장ᄒᆞ시고경윤도거록ᄒᆞ다그러나남ᄌᆞ만국토에사는거시안니라녀ᄌᆞ도싱명보ᄎᆡᄒᆞᆫ난기손일반이라충군익국지심이엇지남녀가다르리요

옛말에ᄒᆞ엿시되가빈에사현처요국난에사량상이라ᄒᆞ엿신니우리는치산ᄒᆞᆫ난녀셔국가에경승파ᄀᆞᆺ탄지라정승이어지지못ᄒᆞ면나라을직키지못ᄒᆞ고안ᄒᆡ가어지지못ᄒᆞ면집을직키지못ᄒᆞᆫ난거신니제가는치국지본이라우리가치산을잘ᄒᆞ여야군ᄌᆞ시내의무를보상ᄒᆞᆯ려니와우리도위션살님에결용ᄒᆞ야죠셕민션가에미일삼사푼식만감ᄒᆞ여도일월지간에남는거시신화이십진가량이나될거신니국최보상ᄒᆞᆫ난ᄃᆡ연익지보라도다쇼난물구ᄒᆞ고수력구취ᄒᆞ와국토을완전ᄒᆞ고국권을회복ᄒᆞ옵시ᄆᆡ

●海囚義연　海州通信을據ᄒᆞᆫ즉本道경務署에서罪囚尹學西安영元等이義金三圜四十五錢을該郡同淸會로集送ᄒᆞᆫ文이如左ᄒᆞ니罪人等이俱是賤性이ᄋ餘頑ᄒᆞ야法理에金昧ᄒᆞᆷ으로如是犯科가구시可愧이오나亦吾邦上化物이라際此國債報상之時ᄒᆞ야豈無誠心出力之理ᄒᆞ리잇가故人等이金下漢窓板ᄒᆞ며ᄒᆞ야實寒耐飢에織鞋放錢이如此數此ᄒᆞ오나特爲參諒照納을伏望이라ᄒᆞ얏더라

廣告

普法戰記

(定價拾四錢正　冊一全)

蕭君采玄堂　白

本書ᄂᆞᆫ距今卅七年前西曆一千八百七十年普魯士와法蘭西의一大戰爭의前後事蹟을記載ᄒᆞᆫ者니前에ᄂᆞᆫ法國이普國을征服ᄒᆞ야久히法國覇絆에在ᄒᆞ더니六十年間에臥薪嘗膽으로一朝復讐ᄒᆞ야鐵血政略으로竟乃普軍의勝利를得ᄒᆞ니此斯麥의當時普法兩國의狼狽ᄒᆞᆫ勝負ᄒᆞᆫ事가我國男兒의愛國精神을鼓動ᄒᆞᆯ지라覽者ᄂᆞᆫ想像ᄒᆞ면是哉ㅣ저

元充發

(舘書央中)　漢城鍾路唱音冊中

(會書民新)　漢川邑川宣化班

高靈朴氏大同譜所定于京寺동大統一戶前郡守朴熙斌氏家京鄉僉宗以此照亮

高靈박氏譜所　告白

南門外蓮동林寬와處推次當錢二千五百兩四月晦日字一片遺失ᄒᆞ야기廣布ᄒᆞ오니雜棄拾得休紙施行흠

倉동　田有根　白

第三期學員募集廣告

本塾에서今年에宏潤ᄒᆞᆫ校場을建築ᄒᆞ며敎務를擴張ᄒᆞ야一層整備ᄒᆞ고法學科學員을新募ᄒᆞ오니願學人은本塾에前期내臨ᄒᆞ야請願ᄒᆞ고左開日에應試홈學科及規則은本塾에來問홈事

○試驗科目　國漢文　讀書　作文　算術（四則以內）

○試驗日字　陽五月五日(陰三月廿三日)

光武十一年四月　日

西署英語學校後동　私立養正義塾　告白

西署新門外翰동百八十六統三戶

辯護士前法官事正三品　丁明燮

法律事務所　事務員前主事吳在淳

本店에셔四月一朔동안所有物品을特別減價ᄒᆞ야出售ᄒᆞ오니陸續來購ᄒᆞ시옵

貞동源泰洋服裁縫店　告白

●學員募集廣告

大韓醫院敎育部에서官費生及私費生으로學員을試選ᄒᆞᆯ터이오니入學志願者ᄂᆞᆫ四月二十五日(陰曆삼月十삼日)以內로入學請願書를本部(中署勸洞前醫학교)에具呈ᄒᆞ고翌日上午十時에本部로齊赴應試홈事

入學試驗科目

一年齡은十八歲以上삼十歲以下

一身體檢査

一漢文讀書

一國漢文作文

一算術問答

一中학校卒業証書가有ᄒᆞᆫ者ᄂᆞᆫ免試許入ᄒᆞᆫ事

一入학請願書紙ᄂᆞᆫ本部로來ᄒᆞ야請用홈事

大韓醫院敎育部

日本博覽協會々員募集

主意　戰後의日本은顯著히其面目을一新ᄒᆞᆫ世不是리今也東京에ᄂᆞᆫ勸業博覽會의부設이有ᄒᆞ고其他京都、大阪等의各狀況을觀察ᄒᆞ야써我한國殖産興業에資ᄒᆞᆷ은現下의九極急務로知ᄒᆞᄂᆞᆫ비라故로吾人有志者가相圖ᄒᆞ야本會를組織ᄒᆞᆷ이有志僉彦은奮發贊同ᄒᆞ심을伏望

第一回會員募集　每回五十名을一團으로ᄒᆞ고渡往ᄒᆞ니速히請入ᄒᆞ시옵但請入節次ᄂᆞᆫ事務所或은各請入所로來應ᄒᆞ시옵

巡遊地　東京、大阪、京都、橫濱、神戶

往復日數　大凡十七日間

會費　手數料合　金四十八圜

出發豫定日　四月十五日

現金捧納所　五十八銀行京城支店

請入所　五十八銀行京城支店、天一銀行日本人商業會議所、京城日報社大韓日報社、帝國新聞、皇城新聞社、萬歲報社、大한每日申報社、林田商店

事務所　京城南門通四丁目東亞商會內　電話八三七　日本遊覽協會

協贊者（順序不同）　山口大郎衛、和田常市、正三品白寅基、송秉준、淵上貞助、曾我、勉、濱野德次郎、菊地謙讓、杏、陶次、鮎貝房之進、廣衛長康、田中常次郎、吉貝儀平、淸水淺吉、井口平治、大庭貫一、京城日報社、大한日報社、萬歲報社、皇城新聞社、大한每日申報社、帝國新聞社、國民新報社

●九轉靈砂라　本人이妙方法을神備ᄒᆞ야製造ᄒᆞᆫ靈丹인ᄃᆡ男女老少에無論何징ᄒᆞ고通治ᄒᆞ오며無病時에도服하면平生의身躰가健康ᄒᆞ며小兒ᄂᆞᆫ四五錢重만服ᄒᆞ면十歲안에無病ᄒᆞ기를擔保ᄒᆞ오며

●九轉靈砂萬應丹은져狂癇징과中風諸疾과耳目諸病과淋疾에神效ᄒᆞ오

●九轉靈砂保命丹은初生小兒驚風　간氣　咳嗽　腹痛諸般惡징에神效ᄒᆞ오

●九轉靈砂濟衆丹은酒滯　食滯　血積　吐瀉　霍亂　痢疾　吐血　下血　運氣　時疾　痛징에神效ᄒᆞ오

●九轉靈砂紫金丹은痔漏　累㾌　上疳瘡　下疳瘡及唐瘡과諸般惡瘡惡癘에無不神効ᄒᆞ오니　僉君子ᄂᆞᆫ來問ᄒᆞ시오

內需司前독갑이골上隅第一家百三統一戶　리호延　告白

本人이日本大阪商業家와特約ᄒᆞ고日本內地産出各種物品과西洋各種物品及機械等物을我大韓에輸入파委托을便利케契約ᄒᆞ얏스오니商工業에有意ᄒᆞ신僉君子ᄂᆞᆫ某物이든지請求코저ᄒᆞ시거든本社로來議ᄒᆞ시오本社에셔ᄂᆞᆫ手數料金만領受홈

興業社本店　開城北部祥洞

支店京城南門內水橋五十一統六號　培養會社

仝仁港內동廣濟號

洪淳巖氏가東署東小門內士橋東邊에織造機를廣張設施ᄒᆞ야號를淳昌號라ᄒᆞ고各色綢緞紗羅等을織造發賣ᄒᆞ오니願買人은來臨購買ᄒᆞ시며或所用ᄃᆡ로緞과紗等屬을預托ᄒᆞ시면依約施行ᄒᆞ깃삽　淳昌號　告白

명월관확장광고

폐관이마시이후로고익ᄒᆞ시는귀ᄀᆡᆨ의후의를입사와오늘날ᄃᆡ한에제일등요리점으로너외국에셔다아시도록확장ᄒᆞ여가오니터단감사ᄒᆞ옵거니와근일은이층양옥을광활이신건축ᄒᆞ고다락아ᄅᆡ는온돌방을만들리비치ᄒᆞ고포진범절을ᄉᆡ로ᄒᆞ와오시는귀ᄀᆡᆨ이편ᄒᆞ시도록쥬ᄇᆡᄒᆞ엿ᄉᆞ오며각죵음식은보기에화려ᄒᆞ고먹기에정미ᄒᆞ게일신쥰비ᄒᆞ야다소를볼게ᄒᆞ고주야로파오되셔양쥬는잔으로파오며특별신귀량료자음식은오시는시로붓터ᄒᆞ시간이되면ᄃᆡ상이라도곳가져가시도록ᄒᆞ오니너외귀ᄀᆡᆨ은륙속왕임ᄒᆞ시옵

각석요리음식
각석셔양쥬
각죵경편양요리
각죵일본간스메
각죵여송연
각국권연
진찬합
一건찬합
밥교자
특별신미량교자음식
창가동정거북도유ᄒᆞ옵

明月舘主人　金東植　告白

越南亡國史

國漢文　新　定價貳拾伍錢

發賣所京城廣橋高裕相冊舖　鍾南舘川郡蟲時鍾書舖　布屏下　김相萬　冊肆

師範學校第成科第二回卒業生中在京ᄒᆞᆫ者ᄂᆞᆫ本月十八日上午十二時에本部로來會홈事

學部

國債報償義捐金 收入廣告

●釜山本支社々員
前參奉 徐棟啓 卅錢
前敎官 辛翊孝 卅錢
前參奉 張箕相 卅錢
前待從 金在회 卅錢
홍千壽 前參奉 朴在영 각卅錢
前議官 김明玉 壹圓
김亨九 김明見 崔鳳圭
孔址洙 니源八 각三拾錢
合四圓卅錢

●釜山港佐川里居民
王禮鎭 貳圓
前五衛將 박정喜 壹圓
子宰見 五拾錢
前主事 박吉化 김仁玉
辛敬淳 죠광흔 니乃金
黃龍俊 김性允 각壹圓
前議官 김致彦 김壽浩
秋聖雲 각壹圓
장德瑞 六拾錢
김致善 孔文淑 김瑞旭 각五拾錢
황俊若 々拾錢
죠광喜 니日瑞 愼明五
前主事 니謹雨 成국顯
김仲浩 김聲遠 각卅전
김文贊 鄭陽朝 김子中
辛元瑞 각廿전
成致伯 卅전
林度汝 廿錢
김亨淑 죠장洪 됴장杜 각拾錢
前五衛將김영和 拾圓
子윤明 次子丙文 각五圓
김윤瑞 權敬實 각卅錢
開成學校釜山分校佐川齋學徒中 五圓
合四十五圓五十錢 加入廿錢

●釜山鎭九一里
김康沃 윤긔彦 죠致三

니余홍 具春業 妓금蘭
妓梅香 妓絲輝 각卅錢
佐一里김學韻母親 貳圓
合사圓사拾錢

●釜山佐川里婦인會減膳義金
박졍히처숙부인쟝씨 일원
왕례진부인박씨 삼십전
신상효부닌리씨 이십전
리구일부닌강씨
최영턱모친강씨
셔동노부닌김씨
김죵호부닌박씨
김셩언부닌림씨
강윤익부닌리씨
리건우부닌졍씨
리무옥부닌문씨
추셩운부닌박씨
죠판현부닌리시
김인옥부닌김시
공문교부닌박시
김만식모친박시
김자죵모친최시
김졔히처숙부닌김시
김치언부닌감시
박길화부닌박시 각이십젼
合四圓九拾錢

●東萊府龜浦毛應商民等
沈奇서 죠일好 리호汝
리慶善 비仲七 김漢숙
林長春 강文五 각卅전
姜德先 五拾전
池禹瑞 成永玉 김士章
徐敬문 김윤相 최永숙
김敬一 각廿션
合四圓卅면

●忠淸南道木川郡一東面半溪
尹行稷 四拾錢
윤行旭 윤行禹 각卅錢
윤行謨 四拾錢
윤寶현 윤葵현 윤五현
윤希현 윤璘현 윤義현
윤祥현 윤慶현 윤禮현
윤中현 각卅錢

윤東현 사拾錢
윤鍇현 윤武현 윤建현
윤駿현 윤玉현 윤叔현 각卅錢
윤티奎 々拾錢
윤티彦 윤티乾 윤티壽
윤泰衡 윤티馨 윤티升
윤仁현 각卅錢
合新貨九圓拾錢

●忠淸南道木川二東面三問
윤티夏 사拾錢
윤티五 윤티峻 윤티회
윤東찬 각卅錢
윤병哲 사拾錢
윤병綬 卅錢
윤병昇 사拾錢
윤병吉 윤병球 윤병珪
각三拾錢
윤병翊 윤廟섭 각々拾錢
윤廷섭 卅錢
윤重섭 사拾錢
合新貨五圓拾錢

●忠淸南道木川郡一東面花山
윤行義 々拾錢
윤옥현 윤鏞현 윤의현 각卅錢
合新貨壹圓卅錢

●木川郡二東面梅勺
윤行範 사拾錢
윤行謙 윤成현 각三拾錢
合新貨壹圓

●木川郡葛田面勉實
윤命현 々拾錢
윤健현 윤謹헌 윤티瑞
윤티雲 윤병션 각三拾錢
合新貨壹圓九拾錢

●木川郡北面坪里
尹行周 사拾錢
尹行玄 윤行봉 윤惠현
윤티塔 각卅錢
合新貨壹圓六拾錢

●京畿道廣州府草月面西下里
申揆熙 申翎熙 申庭熙 각壹圓

申用均 김商儆 각四拾錢
김敎義 壹圓
김石兆 김元宅 각六拾錢
徐相旭 壹圓
曹敬集 최然淳 김玉汝
安允好 安億三 각五拾錢
김益東 孫仁先 최然好
니云伯 吳延壽 安亓光
각四拾錢
徐丙聖 五拾錢
徐丙憲 四拾錢
徐相興 拾錢
니先甫 니聖伯 최致道
최君明 曹文有 김英漢
김石숀 강信元 林元在
林元參 윤元明 김允道
각廿錢
曹聖吾 卅錢
吳汝伯 니甫文 최興西
김德兆 姜仁交 徐相漆
김春景 리仁甫 니儀京
호善有 송昌甫 나善々
니德在 安允逸 김春凡
吳應卜 김云先 김是甫
함淸風 曹聖漆 김善吾
김益參 니春明 리壬辰
니영先 김周玄 徐周參
서商高 徐丙駿 각拾錢
安順오 壹圓
曹正深 서相洪 각卅錢
孫順元 죠宜俊 니汝善 각拾錢
合貳拾圓四拾錢

●安城所村面
前委員니基台 貳圓
小東山동中 壹圓
洪思容 壹圓
內所村동中 四圓
沈敎員應河 壹圓
馬峴里동中 貳圓
郭宗文 壹圓
中里 貳圓
巨淸里동中 三圓

上모山동中 六拾錢
니炳大 壹圓
士峴동中 壹圓六拾錢
김在杰 壹圓
保頭里동中 三圓
김主事在興 貳圓
中모山동中 壹圓六拾錢
下모山 壹圓九拾錢
內芝山동中 壹圓拾錢
俞致鮮 壹圓
外芝山동中 三圓五錢
윤明甫 五拾錢
合三拾五圓三拾五錢

●安城見니面
辰岈柳應秀 貳圓
柳遠重 貳圓
동中 六圓
鵲村柳芝馨 壹圓
동中 四圓
關沙里동中 六圓
安靜里동中 捌圓
合貳拾九圓

●洑川泛川面孔浦義同會
박喜信 四圓
姜信吉 姜信日 각貳圓
니升鎬 김英培 각壹圓貳拾錢
姜有회 박喜信夫人 각壹圓
扈仁翊 捌拾錢
方栽셩
김鳳連 買元集 김命七
최基淵 박永根 文광翎
박光積 김元敬 리周伯 각六拾錢
才人박基春 四拾錢
池彦成 박光守 吳元汝
서春命 함德守 김基淵
池彦필 박永春 각卅錢
김友贒 김命德 姜善益
林致貴 鄭致弘 徐鳴九
姜영會 됴命守 각貳拾錢
文々成 니星玉 張彦守 박貴善

죠性言 각拾錢
김順필 拾五錢
셔卜實 七錢五厘
合廿四圓卅二錢五厘

●金川郡古縣面嶋湖會동
니演德 六拾錢
니用玉 壹圓
니用相 廿錢
니應상 五拾錢
니봉상 壹圓
正三品니義상 五圓
夫인한氏 壹圓五拾錢
長子燦星 貳圓五拾錢
次子燦勳 壹圓
十歲兒孫價긔 六圓
니燦錫 각貳圓
니찬祐 니찬浩 壹圓
니찬식
니찬述 니찬祿 니찬八 각五拾錢
니찬容 니찬祚 니찬陽 각々拾錢
니찬在 三拾錢
니찬경 니찬益 각廿錢
니찬邦 六拾錢
니찬韶 니찬雲 각々拾錢
니찬克 貳拾전
니在긔 拾圓
니學基 五圓
니亨基 貳圓
니應基 니潤긔 각壹圓
니命긔 五拾전
니玉긔 貳拾전
니元긔 三圓
니宅긔 貳圓
니長긔 리병긔 각壹圓
니聖긔 니永基 각五拾전
니錫회 壹圓
니셔準 々拾전
니啓源 三圓
니應祚 五拾錢
니봉贒 六拾연
죠演龜 壹圓
죠河龜 廿연

嚴元西 五拾전
參奉 황宗源 三拾전
최致培 貳拾錢
박應守 拾전
任鎭豐 六拾전
박聖필 五拾전
合新貨六拾七圓九拾전
總合二百六十圓三十七錢五里
前號總合四千四百〇七圓二拾四錢七里
都總合四千六百六十七圓六十二錢二里

大韓每日申報社

◎特別廣告◎

국債보償금에昨日所捧은姑未合計이고伊前日所捧總合八千三百五十圓〇〇一먼은電氣會社銀行의貯置ᄒᆞ얏삽고義연人姓名은逐日廣告함

大한每日申報社

發行兼編輯人 英國人빗說
發行所
南셔石井洞號外地三層洋屋內
大韓每日申報社

第五卷

第四百九十一號

月曜及慶節
歲時日休刊

◉檀君開國四千二百四十年
箕子元年三千二十九年
大韓開國五百十六年
日本明治四十年
淸國光緒三十三年
◉陰曆丁未三月小初八日己亥

論說

斷烟同盟의結果預期

現今大韓人民社會中에셔日本公債報償에問題로發誓同盟ᄒᆞ고斷烟과斷酒와減餐과婦女의脫簪擲環等義擧가次第發現하니全國二千萬民族이果能一致決心ᄒᆞ야有進無退ᄒᆞ면將來效果가엇지公債報償에만止ᄒᆞ리오回復국權ᄒᆞᆯ大事業이基礎於是ᄒᆞ야顯揚其과輝于世界歷史矣니可不勉哉아玆에留日本學生의發行ᄒᆞᄂᆞᆫ太極報를閱讀ᄒᆞ리一千八百七十年普佛戰爭後에후랑스大國民的精神이라題ᄒᆞ고譯述이如左ᄒᆞ니

세단의陷落은佛國에空前ᄒᆞᆫ恥辱이오후란구후홀드의條約은佛民의無上ᄒᆞᆫ遺恨이라公憤을齊發ᄒᆞ야晝養點心을自禁ᄒᆞ야其所貯蓄의金額으로賠償金을還報ᄒᆞ야巴里에駐屯ᄒᆞᆫ普兵五萬을先期招還케ᄒᆞ고小學校敎育에竭力ᄒᆞᆷ이普국敎育에不下ᄒᆞᆯ섇더러每年一次式후란구후홀드條約에割與普國ᄒᆞᆫ아륵사스、로ㅣ트린게地境까지全學校生徒를率來指示ᄒᆞ야曰此土地ᄂᆞᆫ某年에普국의게被奪ᄒᆞᆫ바니爾輩ᄂᆞᆫ祖국을爲ᄒᆞ야克復을一分間이라도勿忘ᄒᆞ라ᄒᆞ고또當年戰爭에被創ᄒᆞᆫ壯士等ᄋᆞᆫ平時에其子孫을床前에招致ᄒᆞ고瞑諭曰此ᄂᆞᆫ普奴의創痕이니爾等은乃父를爲ᄒᆞ야復讎를勿忘ᄒᆞ라ᄒᆞ고또其臨終에ᄂᆞᆫ遺言曰余의愛兒야爾等은乃父에게對ᄒᆞᆫ孝誠과祖國에對ᄒᆞᆫ義務가普국을粉碎ᄒᆞᆷ에在ᄒᆞᆷ을永世勿忘ᄒᆞ라ᄒᆞᆫ故로至今까지佛民의一動一擧ᄂᆞᆫ다ㅣ復讎에在ᄒᆞ며言必稱普奴도亦其念々不忘에原因이러라

同報譯者曰昔佛國民의强悍勇敢이不下高句麗民族이나嗚呼라現今宇內之亡국民族이야爾敢效彼兩國々民而能較其大국民之精神ᄒᆞ야奮發數千年沉滯之天性乎아

人生一世에欲忘不得者ᄂᆞᆫ少時之見聞이며幼時之敎訓이며臨終之遺言이오

國民之最難關은飮食之節減이어ᄂᆞᆯ彼佛民은能敢能果ᄒᆞ야納酒食而補국財ᄒᆞ니一人의一日晝食平均額을日貸十錢으로假定ᄒᆞᆫ진ᄃᆡ佛국全국民의一日省費가略三百萬圜이오我國의一人一日晝食平均額을五錢으로假定ᄒᆞᆫ진ᄃᆡ全국一日省費가一百萬圜이며烟酒에平均額도晝食에不下ᄒᆞᆯ지니萬若一日決心만ᄒᆞᄂᆞᆫ境遇에ᄂᆞᆫ一日에略二百萬圜의國庫補助를得ᄒᆞᆯ지니莫大의財源救急方策이안인가ᄒᆞ얏스니참眞個果敢的精神을有ᄒᆞᆫ국民이라엇지好個國民을모範치아니ᄒᆞ리오ᄒᆞ얏더라

本記者도向日本報에佛국人民이年發費를節蓄ᄒᆞ야보國의償金을還報ᄒᆞᆫ事實을略已摘要揭示어니와惟願大韓同胞ᄂᆞᆫ斷烟과斷酒와減餐等事에決心을益々堅固케ᄒᆞ야彼佛國民과如하一動一擧가오즉回復國權에在ᄒᆞ야念々不忘ᄒᆞᆯ지어다萬一此를不能ᄒᆞ면世界上亡국民族을免치못ᄒᆞᆯ지니嗚呼라大韓同胞여

官報

◉三千七百四十四號　光武十一年四月十九日

◉宮廷錄事

宮內府特進官權榮洙辭職疏
批旨省疏具悉所請依施
江原道觀察使權益相辭職疏
批旨省疏具悉所請依施

◉敍任及辭令

贈議政府贊政 리健實
贈議政府參政大臣
贈議政府參贊 리學愚
贈內部大臣
贈秘書院丞 리五秀
贈內部協판
以上從一品崇政大夫侍從院卿兼任內部大臣李道宰考祖考曾祖考依法典追 贈
贈內部[illegible]郞 김箕韶
從二品嘉善大夫前度支部協판金在豐考依法典追 贈
奉常司提調 김容圭
命宮內府特進官
命奉常司提調 從二品沈健澤
尹泰權
任公立昌原普通學校敎員
김達源
任公立鏡城普通學校敎員
敦寧府都正 리承紀
贈內部協판
贈秘書監丞 通德郞 리한在
以上掌禮院副卿리明직考祖考依法典追 贈
贈內部協판 學生 宋憲謙
贈秘書監丞 學生 奉仁
贈掌禮院掌禮 學生 송一槇
以上從二品嘉善大夫侍從院副卿송台觀考祖考曾祖考依法典追 贈
解法部法律起草委員 九品 리萬榮
命法部法律起草委員 리世根

外報

◉日本佛敎擴張 淸國민省下流附近에日本人이前往傳敎ᄒᆞ야敎會를設立ᄒᆞᄂᆞᆫᄃᆡ城石방에在ᄒᆞᆫ淨土敎一會로計之라도其人敎者已至四百餘人이라淸국政府가密飭민省ᄒᆞ야先爲防患ᄒᆞ나더라

◉英伊兩帝會同 倫敦電을據ᄒᆞᆫ則英伊兩國皇帝ᄂᆞᆫ十八日伊國게타에셔會見ᄒᆞᆫ깃고兩國皇后도同席ᄒᆞᆯ터이라더라

◉政府態度一變 同電을據ᄒᆞᆫ則俄국政府ᄂᆞᆫ議會를解散ᄒᆞᆯ意思가無ᄒᆞ고期於히和衷을計ᄒᆞᆯ터이라고公言ᄒᆞ얏다더라

◉墨國大地震 桑港電을據ᄒᆞᆫ則去十五日墨西哥에셔大地震이有ᄒᆞ야死者五百名이오無食無家者ㅣ五萬에及ᄒᆞ얏스니其勢가確實이桑港大地震보다猛烈ᄒᆞ다더라

雜報

平安南道中和郡看東場國債報償同志會義助勸告文

蓋聞天下에有民有國이오有國有民이라是以로天地定位에國民이幷焉ᄒᆞ니正不可缺一者也라故로民爲邦本이니本固則邦寧ᄒᆞ고國爲民首니國泰則民安이라인身에有四肢百骸ᄒᆞ니動作使令은手足之所任이오保持全體ᄒᆞ며顚倒傾側은頭腦之總管이라推此觀之면國民之關係ᄂᆞᆫ豈非極重且大哉아我大皇帝陛下ᄂᆞᆫ仁慈寬弘ᄒᆞ사愛民을視赤子一般ᄒᆞ시며塗炭을慮渴喉之急ᄒᆞ샤慶惻 政府에婦救政法ᄒᆞ시와使我黎庶로各安其業ᄒᆞ니爲民者孰不感頌且戴乎아我韓區域內二千萬同胞ᄂᆞᆫ當此時局裝業之際ᄒᆞ야奮發愛君盡忠之誠ᄒᆞ며各懷輔國協力之義ᄒᆞ야인々이決心鞏固獨立則各得自由에不由他制矣리니果何如哉아噫라今我國이日本債欵者現計一千三百萬圜이라有此巨額을未能屆期還報則我국之山林川澤은指徒국有而實輸於他인제두ᄒᆞ며二千萬同胞ᄂᆞᆫ終作債奴국之臣民ᄒᆞ야雖胸朱之富라도未免債奴之恥ᄒᆞ고其有田土財産과家屋汁物을不能保持自有ᄒᆞ고必奪乃已則哀我同胞야勢局之到此地頭에觀若秦越而甘受壓制下奴隸乎否아奮氣勵志ᄒᆞ야維國輔국而克己臣民之職則我國之江山은국有之ᄒᆞ고我家之産業은我有之ᄒᆞ야不怕列强而動作自若ᄒᆞ며特立乎世界同等國民矣리니將擬債奴自主에果何擇而何棄焉야正是我仝胞ᄂᆞᆫ靜坐默量ᄒᆞ시와各出義연이以輔土壤則何慮日本之債還乎아

我한幅圓이雖小나三千里區域에二千萬人口라然以有志君子들이국채報償方針으로慶北에創斷烟同盟會ᄒᆞ고京城에設立期成會ᄒᆞ고義捐勸告文을輪布十三府縣而現今各地方에셔義연者雲屯霧集ᄒᆞ야爭先願助ᄒᆞ야可認如斯之인은滿腔愛國沸血을無路泄漏타가當此挽回國權ᄒᆞ며脫奴就主之局ᄒᆞ야直射二千萬身上者也라嗟夫世界列國을環眺ᄒᆞᆯ지라도可落淚太息處ᄒᆞ며可痛哭切齒者하니露之殄滅波蘭也에始이財略ᄒᆞ야漸握國權ᄒᆞ고畢竟呑噬에波蘭之宗廟社稷은只留其墟ᄒᆞ고億萬民生을塡壑不已ᄲᅮᆫ더러移來西伯利亞北塞ᄒᆞ야便波父母妻孥로各失其居ᄒᆞ고不毛曠野에接息無門ᄒᆞ며彷徨離奔ᄒᆞ여竟至哀號餓死之盡ᄒᆞ니此無他라其국之臣民이各願己有ᄒᆞ고不重其國之存亡關係라가終當斯境ᄒᆞ니後悔何及가此前鑑을驗之戒懼痛哭者요日之蠶食琉球也에初이保護其국이"暗籌殖民之計ᄒᆞ야愈漸强壓이其국이蔑有ᄒᆞ고其民을離視ᄒᆞᆷ은還時節인民이長臥甘眠故也라琉球之民富은世所盛稱이其富者이今安在哉아此前轍莫蹈지경醒落淚者也라推此度之에不覺毛骨之송然이汗流浹背者이라我儕가欲効牛毛之衷ᄒᆞ야本港에特설同志회ᄒᆞ고敢將佈告于中和郡十五面愛국諸君子ᄒᆞ오니我同포ᄂᆞᆫ當차保持국家之秋ᄒᆞ야齊聲疾呼에각盡義연則국家幸甚臣民幸甚

發起인 김창根　玄봉周

◉老婆出捐 釜山鎭佐一里居金[illegible]母親이年踰八旬에聞此국債報償之說ᄒᆞ고扶杖而來ᄒᆞ社ᄒᆞ야新貨貳환을義捐曰我亦國民이라以此爲연埃之補라ᄒᆞ니인心感服을推此可知ᄒᆞ깃더라

◉附義氣 安岳郡의一婦인等이국채報償의義務로脫環留簪組合ᄒᆞ고錢貨及佩物을滿城內某處收金所로送納ᄒᆞ야더니해處에셔錢貨ᄂᆞᆫ領收ᄒᆞ고佩物은火點을經ᄒᆞᆫ後에處置가難ᄒᆞ다ᄒᆞ고還爲出給ᄒᆞᄂᆞᆫ故로美동銀房희明元處에持往ᄒᆞ야改修ᄒᆞ고工錢을除爲出給則희씨曰一般婦인도愛國心誠으로珍愛ᄒᆞᄂᆞᆫ佩物을不惜出연ᄒᆞᄂᆞᆫ데吾가엇지雇錢을甘受ᄒᆞ리오ᄒᆞ며固辭不受ᄒᆞ고南門內床廛金永玉廛에佩物영子로決價沽得ᄒᆞᆫ後에價錢을欲給ᄒᆞᆫ즉희씨가亦爲不受ᄒᆞ얏나더라

雜報

●政府會議 本日政府에셔각大臣이會同ᄒᆞ야무슴事件을提議ᄒᆞᆫ다더라

●尉官試取 日前侍衛參隊에셔히隊尉官을純漢文으로作文試取ᄒᆞ얏다더라

●監督送別 留학生監督申海永氏가陰曆本月十一日發程ᄒᆞᆯ터인ᄃᆡ보成학校任員講師諸氏가昨日下午八時에布屛第一樓料理店에셔送別宴을盛설ᄒᆞ얏다더라

●籍公營私 學部大臣리完用氏가自己伯兄리允用氏家後空垈基地를二千餘萬兩에結價ᄒᆞ야學校를建築ᄒᆞ고新門外官立보通학校를移設ᄒᆞ기로決定ᄒᆞᆫ다니國庫에財政이窘迫ᄒᆞᆫ이ᄃᆡ러ᄒᆞᆫ보通學校가ᄒᆞᆷ窄ᄒᆞ지도안컨만國庫에巨額을許費코ᄌᆞᄒᆞ니此不過自已伯氏의空垈를重價로賣渡ᄒᆞᆯ計策이라고巷說이紛紛ᄒᆞ다더라

●四氏轉任 軍部協관리熙와氏가研成학校長으로移任ᄒᆞᆫ代에陸軍法院長嚴柱益氏가被任ᄒᆞ고其代에ᄂᆞᆫ軍務局長박性규씨가轉任ᄒᆞ고叅將김昇升氏ᄂᆞᆫ軍務局長을被任ᄒᆞ얏더라

●博士又取 向日經義問對에老人博士를試取ᄒᆞ얏다ᄂᆞᆫ說은已爲揭載어니와日間名擧博士十二人을敍任ᄒᆞᆫ다더라

●情理固然 리容틱씨가警務廳에被捉ᄒᆞᆫ以後로히氏의九十되ᄂᆞᆫ夫人이食飲을全廢ᄒᆞ야氣息이奄奄ᄒᆞᆫ다더라

●調捉不絕 일昨경務廳에셔鄕客三十名을調捉ᄒᆞ얏다ᄂᆞᆫ說이有ᄒᆞ더라

●首席接賓 昨일창德宮宴會에 義親王殿下ᄭᅴ옵셔 大皇帝陛下代表로來賓을接待ᄒᆞ셔기로定ᄒᆞ얏더니再昨夜붓터患候로未寧ᄒᆞ옵셔參宴치못ᄒᆞ시미義陽君리載覺氏가 皇室代表로首席에셔來賓을款待ᄒᆞ얏다더라

●機械發明 前司果김義集씨가軸轤機械와造米機械를新發明ᄒᆞ얏ᄂᆞᆫᄃᆡ軸轤機械ᄂᆞᆫ五十餘丈水深을引汲ᄒᆞ고造米機械ᄂᆞᆫ租包三十餘石을一日에造米ᄒᆞᆫ다니한國에도如許ᄒᆞᆫ才能이有ᄒᆞ다고莫不稱譽ᄒᆞᆫ다더라

●獄囚多飢 경務廳과監獄署에被囚ᄒᆞᆫ罪人의供饋을一日二時던지三時던지時間을定給ᄒᆞ야만일時限을違過ᄒᆞ면獄飯을不納ᄒᆞ야罪囚가飢腸을難免ᄒᆞᆫ다더라

●飲非將廢 漢江水道를通ᄒᆞ야鐵物橋等地ᄭᆞ지到達ᄒᆞ얏ᄂᆞᆫᄃᆡ城內人家에通灌ᄒᆞᄂᆞᆫ日은閭巷間飲非을盡爲廢止ᄒᆞᆫ다더라

●僞帖被汰 再昨일에宮內府에셔官帖을捺印ᄒᆞᄂᆞᆫᄃᆡ官報에出ᄒᆞ지아니ᄒᆞᆫ長陵參奉박文陽씨의帖紙를捺印ᄒᆞ다가히府ᄃᆡ臣에게現露이되여히帖紙僞作之人를査得ᄒᆞᆫ즉히府直이리仁順의所作이라ᄒᆞ야리仁順을即地汰去ᄒᆞᆫ다더라

●平察上京 平南관察리始榮씨가其父親祥期로請願得由ᄒᆞ고昨일에上京ᄒᆞ얏더라

●統監助校 去月廿七일에伊藤統監이水原보通학校에觀察ᄒᆞ고히校에七十圜을연助ᄒᆞ얏다더라

●郡主銓考 再昨일內部에셔郡守전考會를開ᄒᆞᆫ다ᄂᆞᆫ說은已爲報道ᄒᆞ얏거니와伊일에郡主될젼者만ᄒᆞ얏다더라

●仇視忠愛 北來人의傳說을聞ᄒᆞᆫ즉합興郡人民이國債報償금募集事로會議ᄒᆞᄂᆞᆫᄃᆡ日兵이議會所에突入ᄒᆞ야所揭門牌를剝投渠中ᄒᆞ고會民을驅逐ᄒᆞ며會中幾人을拔囚ᄒᆞ고無理ᄒᆞᆫ詰難으로竟夜ᄒᆞ야익日에放釋ᄒᆞ니以此觀之ᄒᆞ면日人이韓國을債券으로奪取코ᄌᆞᄒᆞᄂᆞᆫ毒計가明若觀火라고與情이愈益沸騰ᄒᆞ더라

●寄咨恤孤 孤兒院主리恩琼氏가昨年春間에日本岡山縣孤兒院觀察時에我韓咸興郡孤兒리君秦가該院에留學ᄒᆞᆷ을見ᄒᆞ고本國孤兒가轉入於他국之院ᄒᆞᆷ을允恤ᄒᆞ야領率歸國次로請願於該院則該院에셔亦不肯許ᄒᆞᆯᄲᅮᆫ더러此兒之言이卒業後歸國云故로嘉賞其言ᄒᆞ야紙筆墨價每月一圓金式限三年寄附ᄒᆞ기로約而歸라더니금十圓을昨日에又爲寄附ᄒᆞ얏다더라

●悖僧賣松 報恩郡俗離山大法珠寺主장僧坦應은素以富僧으로締結各宮ᄒᆞ야權力을自擅ᄒᆞ고隣近雜類로設局賭技ᄒᆞ야數萬金을蕩敗ᄒᆞ고且好美色ᄒᆞ야財産이幾盡이라該僧이假稱認許ᄒᆞ고俗離山慶百年국禁胎峯松樹十圍지大數百株를引鉅所板ᄒᆞ야數千金을偸食ᄒᆞ고自知其罪ᄒᆞ고仍爲逃躱ᄒᆞᆫ즉青山郡署權任孫海震氏가摘奸ᄒᆞ야餘存松板二十立을該寺僧鏡셩에게任置ᄒᆞ얏다더라

●以燭被囚 草동洋燭會社리光秀氏가경務廳에被捉ᄒᆞᆫ지月餘라히氏가曾往日本에遊학ᄒᆞ야洋燭製造法을學知ᄒᆞ고京城에還歸ᄒᆞ야洋초를製造販賣ᄒᆞ더니今番에히씨被囚ᄂᆞᆫ무삼事端을知치못ᄒᆞ나韓人中洋초製造ᄂᆞᆫ히씨뿐인ᄃᆡ日人이洋초會社을禁止코ᄌᆞᄒᆞᆷ이라고一般世人이疑아ᄒᆞ더라

●卒難措手 昨일伊藤統監이창德宮宴會에赴參ᄒᆞ기로東闕至校동等地ᄭᆞ지히셔에셔治道中치를ᄒᆞ야治途ᄒᆞᄂᆞᆫᄃᆡ히동貧民等이卒地에措手치못ᄒᆞ야民情이拂鬱ᄒᆞ다ᄂᆞᆫ說이有ᄒᆞ더라

●摘奸派送 近일에花柳次로無論男女老少ᄒᆞ고東북兩 闕에雜類가無難擅入ᄒᆞᄂᆞᆫ故로侍從院에셔別摘奸을每일派送ᄒᆞᆫ다더라

●衛生害生 漢城內에所有屠獸場을日人이衛生에有害ᄒᆞ다藉稱ᄒᆞ고屠獸營業을奪取ᄒᆞ야西署에屠獸場을置ᄒᆞ더니히地ᄂᆞᆫ人烟이稠集ᄒᆞᆫ방里라日解數十牛則血川糞山이炎日烝蒸에腐爛臭氣가聞於數里則鄕府人이觸鼻逆子가間間有之ᄒᆞ니衛生을爲ᄒᆞ야空曠地로設場이라든니翰林동은空曠地로隱ᄒᆞ고設ᄒᆞ얏ᄂᆞᆫ지衛生ᄋᆞᆫ姑捨ᄒᆞ고可謂殺生害生이라ᄒᆞ더라

●開城學校大運動 本月二十四日에開城郡內各學校生徒와大運動을設行ᄒᆞᄂᆞᆫᄃᆡ運動場은滿月臺로定ᄒᆞ고各學界社會에觀광諸員을一切請邀ᄒᆞ더라

●鄭氏熱心 水原郡烏島山場寓居鄭漢教氏가私塾을設ᄒᆞ고隣人子弟을熱心教育ᄒᆞᆫ지三年에學徒三十餘人이漢國文地誌歷史算術等課에誠心做工ᄒᆞ야日益將就ᄒᆞᆷ으로학校에基礎가確立ᄒᆞ얏다더라

●圖寫학校 南셔동前中樞院괴지에處分으로圖寫학校를建설ᄒᆞ고曾往圖畵書ᄒᆞ든人의子姪中으로학徒廿名을募集ᄒᆞ야十名은寫字을教習ᄒᆞ고十人은圖畵을교習ᄒᆞ기로학徒每人每朔十圜式支給ᄒᆞ기로일昨에開학ᄒᆞ얏다더라

●元港撤市 近日에元山港商民은數日을撤市ᄒᆞᆫ理由ᄂᆞᆫ度支部収貫派員爲名人이來到本港ᄒᆞ여正月分에三市日을各項物種貫納을物捧ᄒᆞ고牛稅ᄂᆞᆫ間々吩捧ᄒᆞ고至于今日ᄒᆞ야ᄂᆞᆫ百物을收稅ᄒᆞᄂᆞᆫᄃᆡ色減家人力車軍의게ᄭᆞ지毒捧稅納ᄒᆞ니港民이大端困難ᄒᆞ나本府에呼訴ᄒᆞᆫ즉本府윤觀병教氏ᄂᆞᆫ派員과同心ᄒᆞ야一제撤市ᄒᆞ고決死爲主ᄒᆞᄂᆞᆫ衆民을諷諭ᄒᆞ되我가善히裁判ᄒᆞ야百姓이便利ᄒᆞ게ᄒᆞ깃다ᄒᆞ고招入官庭에裁判은勿論ᄒᆞ고我가演說ᄒᆞᆯ터이니聽ᄒᆞ라ᄒᆞ면셔演說은開口치도아나ᄒᆞ고密請日本巡査ᄒᆞ야不問曲直ᄒᆞ고十六人을捉去于日理事廳ᄒᆞ야嚴囚體治ᄒᆞᆫ다더라

●高校運動 官立漢城高等학校에셔來五月三일에南山下장忠壇에셔運動을開ᄒᆞᆯ터인ᄃᆡ伊일經費ᄂᆞᆫ二十圜假量으로定ᄒᆞ얏다더라

●학訓各寺 皇城東門外明進學校長尙ᄒᆞ씨와學監리徵설씨와贊成員申海永씨와佛教研究會都總務리寶潭諸氏가學部에請願ᄒᆞ되現今時勢에教育靑年이我국에緊急ᄒᆞᆷ은愚夫愚夫라도共知인바各道各郡寺刹에分學區설支校ᄒᆞ야一般僧侶를教育ᄒᆞᆯ터인바佛粮寺士와寺菴ᄒᆞ址를或有横侵者ᄒᆞ야各寺菴이以是로不能維持ᄒᆞ깃스니轉照內部ᄒᆞ시고已往被奪ᄒᆞᆫ沓土를附屬本校ᄒᆞ야以達教育케ᄒᆞ심을伏望이라ᄒᆞ얏ᄂᆞᆫᄃᆡ學部에셔依所願ᄒᆞ야十三道觀察府로訓令ᄒᆞ고轉飭管下各郡ᄒᆞ야自各히郡으로輪飭管下각寺刹ᄒᆞ야히寺內에可以設校者ᄂᆞᆫ설校教育케ᄒᆞ고力불能설校而幼少僧侶에有可教育者어든使入于附近公私立學校ᄒᆞ야一切로養成人才케ᄒᆞ며移照于內部ᄒᆞ야각寺에沓土所屬은각府郡으로嚴禁ᄒᆞ라ᄒᆞ얏다더라

●自强開會 大韓自强會에셔來二十日(陰三月八日)土曜下午一時에通常會를開ᄒᆞ고會務를處理ᄒᆞᆫ後左開三題로演說ᄒᆞᆫ다더라

忍耐의校力　劉秉필
生存의競爭　李　僞
本會의將來　尹致호

●靑會討論 今日下午七点半에靑年會館에셔討論會를開ᄒᆞ고學問은奮勝於新이란問題로可否便演議들이互相討論ᄒᆞᆫ다더라

●親睦開會 西北學生親睦總會를四月廿一日(陰三月初九日)上午十時에西友學會々館에셔開ᄒᆞᆯ터인ᄃᆡ西北三道의在京學生은一々來參ᄒᆞ기를希望ᄒᆞᆫ다더라

●無冤錄新刊 無冤錄은按獄의最要ᄒᆞᆫ律文이라廣學書舖主人金相萬氏가法家의要覽을供給ᄒᆞ기爲ᄒᆞ야法部에認許를承ᄒᆞᆫ後에數千卷을新刊發售ᄒᆞᄂᆞᆫᄃᆡ法律學에有志ᄒᆞᆫ이와字牧之任에居ᄒᆞᆫ이ᄂᆞᆫ不可不覽이러라

●國民演說 來日曜日下午八時에국民教育會에셔紳士尹孝定氏를請邀ᄒᆞ야士君子立志라ᄂᆞᆫ問題로演說ᄒᆞᆫ다더라

▲茶半閑話▼

▲海外雲霧가漢城에濃吹ᄒᆞ야雨意을醞釀ᄒᆞ니萬目이矇농ᄒᆞ야如醉如夢이라政海舟楫이搖々不定ᄒᆞ야放乎中流ᄒᆞ니歇泊이無處로다

▲內部에셔今番銓考에積仕久勤人으로選擇敍任ᄒᆞᆫ다니人品高下ᄂᆞᆫ且置勿問ᄒᆞ고但考履歷에必擇久勤ᄒᆞ면白首幾年에歷仕郎官之人은不問可知爲某郡守ᄒᆞᆯ것신ᄃᆡ其中에도或參或不參ᄒᆞ니久勤도未可信이로고

▲리施斎氏가郡守癸本마다宮客의黃金을收聚하야運動이秘密ᄒᆞ니히氏의愛김症은華扁이難醫어니와今番에ᄂᆞᆫ沈相翊씨와相逢ᄒᆞ엿스니峨洋曲中에爾鍾吾牙가生並一世ᄒᆞ얏스니畢竟은幾箇郡守ᄂᆞᆫ念慮업시ᄒᆞ여먹깃지

▲前參領리敏稷씨ᄂᆞᆫ金庫大臣閔泳綺씨가內大리址鎔의게極力勸告ᄒᆞ야淸州郡守을圖得ᄒᆞᆫ다니擬參軍은ᄒᆞᆫ일마다香臭가진動ᄒᆞ니왜그리ᄒᆞ오淸州百姓불상ᄒᆞ다

▲完順君리載完氏ᄂᆞᆫ再昨日에孟峴私邸에午餐會를開ᄒᆞ고外國紳士와多數請邀ᄒᆞ얏다니同씨ᄂᆞᆫ文雅宰相으로世人이指目ᄒᆞ더니近日에時體로盛行ᄒᆞᆫ外國紳士에宴會를開設ᄒᆞ얏스니開化格式에新發明이로고

▲公州郡守金甲순씨ᄂᆞᆫ莅任幾朔에政治가何如ᄒᆞ던지萬人傘이市街에突出ᄒᆞ야即向觀察府門前ᄒᆞᆫ즉觀察使가萬人傘下에周立ᄒᆞᆫ數人을招入ᄒᆞ야繡傘價値와錢之出處을問ᄒᆞᆫ즉元價ᄂᆞᆫ五十圜이오浮費竝ᄒᆞ야一百五十圜을自郡으로出給ᄒᆞ야上京買來ᄒᆞ얏다고某報에揭載ᄒᆞ얏스니히씨의繡傘은大端히生色날걸

▲軍部에셔軍政事務에對ᄒᆞ야士卒의月給加額ᄒᆞᆯ件과각聯隊의編制改良件을政府에請議ᄒᆞ얏다니軍額은日々減縮ᄒᆞ면셔月給과編制만改良ᄒᆞ면軍務을擴장ᄒᆞᄂᆞᆫ方針인지

▲합興셔日兵이國債償金募集所에突入ᄒᆞ야無理ᄒᆞᆫ詰責과恠悖ᄒᆞᆫ行爲로百万沮戲ᄒᆞᆫ다니日人이債券으로한國疆土을沒吞코져ᄒᆞ다가人民이奮義ᄒᆞ야捐금募集을疾之如讐ᄒᆞᄂᆞᆫ情態ᄂᆞᆫ如見肺肝이로다

特別社告

本報代金을各支店에셔多有愆滯ᄒᆞᆫ中平壤支店에셔ᄂᆞᆫ九年十年兩年度의未納額이三百餘元에至ᄒᆞ얏ᄉᆞ니本社經費ᄂᆞᆫ何以支過乎잇가購覽ᄒᆞ시ᄂᆞᆫ僉員은愆滯餘額을這這鳩合ᄒᆞ야該支店으로送交ᄒᆞ심을務望홈

大韓每日申報社

伯林電報

●德국殖民政策 十八日午后五時卄分東京發 德逸帝국議會豫算委員會ᄂᆞᆫ中央黨及社會黨의反對를不關ᄒᆞ고從來의外務省殖民局을獨立ᄒᆞ야帝국殖民省을設ᄒᆞ고其長官은大臣을置ᄒᆞ기로可決ᄒᆞ얏더라

●露國經營 上仝 露국商務대臣은露領사가린島를開發케ᄒᆞ기爲ᄒᆞ야一委員會를組織ᄒᆞ얏다더라

●獨보兩國의起債 上仝 德逸帝국及보로西亞兩국은二億馬克의債券을發行ᄒᆞ얏ᄂᆞᆫᄃᆡ利率은四分利로五年後에還상ᄒᆞ고발行價格은九十九이라더라

雜報

●婦人贊成 安城郡商業課諸員이국債報상金을募集ᄒᆞᄂᆞᆫᄃᆡ該郡場터동의一般婦人들이同心發起ᄒᆞ야義金을鳩聚ᄒᆞ야本社로送納ᄒᆞ얏더라

●居留民出義 海參威港居留ᄒᆞᄂᆞᆫ人民等三十六人이國債報償에對ᄒᆞ야五十五圓을期成會로收送ᄒᆞ고發有文字ᄒᆞ야海外森居와愛國思想을寫出ᄒᆞ얏ᄂᆞᆫᄃᆡ辭意激切ᄒᆞ야令人感淚케ᄒᆞ깃더라

●리門出役 [illegible]

廣告

慶北禮安군里라씨門中에셔국債報상事로陶山試士壇에鄕會를大開ᄒᆞ고前郡守리中철씨로會長을推薦ᄒᆞᆫ則리씨가出席ᄒᆞ야국民義務를一場說明ᄒᆞᆫ則僉議詢同의爭先出義ᄒᆞ야或有貫연義者而安東郡柳氏門中에亦然云ᄒᆞ니禮安은自古鄒魯之鄕이오現今守舊之人이라국債報상을知以국民義務則聰俊敎育과革舊從新이亦是今일국民義務也先爲着手於義금則從玆以後로次第發達을吾人이確信ᄒᆞ노라

本人이東셔梨花동皮物店김德猶許所推條三月晦日一萬兩於音一片四千兩一片을遺失ᄒᆞ와사오니內外國人間拾得ᄒᆞ와도休紙施行홈 리귀창 告白

○伏以矣等所居本동은卽月山君賜牌之地而賜牌年紀今爲三百餘年이온바大抵本동賴始之初에村落이零星이다가稍稍成村ᄒᆞ야無片土之空閑ᄒᆞ고동里邊에略設市井而有米廛故로以無失賜牌基地之意로使米廛主人으로月山大君祭需次로每年一百四兩式納卜爲定ᄒᆞ와自米廛으로該市場所生物品賣買之人에ᄂᆞᆫ葉錢一分式收捧而始于月山宮幹事人金鎭슈ᄒᆞ야使之納宮而已오初無家屋及垈稅之至屢百年由來之例이옵더니至甲午ᄒᆞ와各名雜稅革罷之場에該市基稅納도亦爲革罷ᄒᆞ고自月山宮으로도亦無督稅이옵더니不意北署비雲동居前參領姜昌熙가稱以去戊戌年分에該市基를買得於金鎭슈處이다ᄒᆞ고場市收稅ᄂᆞᆫ渠自捧法ᄒᆞ고家屋稅ᄂᆞᆫ初無其言이더니本陽曆三月分에場市內居民二十八戶處에家稅를督推이오니是豈成說乎잇가該基址가素是月山宮基址인則莫重宮基址를必無買賣之理이거ᄂᆞᆯ渠何敢擅自稱買이며設或買有라도二十八戶家屋은渠非所建인대豈有其稅며且渠所謂買得文券지其僞造的確이古老도初未聞知也라本年正月分에小姓平贓日巡檢한賓植이가問其委折則平藏所答이姜昌熙處에買得云故로矣等이不勝憤惋ᄒᆞ와此意로先呈本署ᄒᆞ고且欲本府齊訴矣러니강창熙가知其事不諧意ᄒᆞ고卽地來言曰此非放賣라以窘迫之致로暫欲典執矣러니至此齊訴之境ᄒᆞ니該標木을當自拔去ᄒᆞ고卽爲渠手拔去ᄒᆞ니初使日人插之ᄒᆞᆯ가後自拔去가豈非嚴覺且挾雜乎며且况渠言光武五年分에矣等二十八戶家屋을使不得典執放賣之意로至承本府認許云ᄒᆞ오니元不勝心寒膽표이온지라他人家屋을渠自擅便ᄒᆞ며又欲放賣於日人ᄒᆞ오니亦豈有如許無據蔑法之人乎잇가前者강창熙弟강來春之事로請願于本府ᄒᆞ온題旨를奉讀ᄒᆞ온其嚴明處分은不勝惶恐感謝ᄒᆞ오되히家戶之각有其主ᄂᆞᆫ尙矣勿論이오히市場之官괴自有賜牌案이온지라吁彼강昌熙가以鬻慾으로不顧嚴明題而必復有起鬧故로玆以擄實齋鑿仰請ᄒᆞ오니伏乞동燭後에강창熙을卽爲捉致ᄒᆞ시와嚴繩僞券之律而前券을不日推納케ᄒᆞ와以杜後弊之地伏望

林昌슈　金賢友
崔文圭　林元亨　許敬順
李應善　金창大　高允和
鄭華七　金大龍　李尙賢
崔文煥　최敬天　金春浩
南道元　金士元　盧敬烈
權聖云　리致順　李聖善
李興仁　최召史　林順汝
金允七　金明順　姜善文
姜召史　金應成　李敬元
白允一等　告白

本人의所陽刻圖章을見失ᄒᆞ얏ᄉᆞ니該章은勿爲擧論홈 安山馬遊面山北里柳志英告白

本人의從弟德三이性本浮浪ᄒᆞ야雜技爲業ᄒᆞ고出沒각兵店ᄒᆞ며將欲出債於四處이온則內外國人은切勿見欺홈 黃海道平山郡新邑面台씨居李德仁 告白

南門外蓮동林敬완處推次當錢二千五百兩四月晦日字一片遺失ᄒᆞ야기廣布ᄒᆞ오니誰某拾得休紙施行홈 倉동 田有根 白

慶南漁基派員事로漁民三百二十人이呼訴于義親王府也에狀頭은以金雲五로書之ᄒᆞ야三月初六日申報上에現載ᄒᆞ엿시나同雲五은本無干涉ᄒᆞᆫ樣으로極口發明ᄒᆞ더러派員事로論ᄒᆞ와도金鳳슈덩廠셔之施虐等說이亦是無中生有인바不知何許挾雜輩가派員圖得ᄒᆞᆯ奸計로如是借名做訛ᄒᆞ야陷人不測ᄒᆞ엿ᄂᆞᆫ지아지探得지못ᄒᆞ엿시나爲先正誤ᄒᆞᆯ意玆에廣佈홈 洞口內四十九統九戶 劉東爀 金雲五 告白

本人의家사南署明哲방逌井동七十五統三戶草家八間契券을與當於南署誠明방晦동居柳秀浹許矣러니同秀浹이가陰曆二月初二日에不幸其家사沒燒ᄒᆞ야本人의家券이亦入於回祿中이기로將欲請願於漢城府ᄒᆞ옵기先玆廣佈홈 吳在淳 告白

普法戰記

白堂玄采君譯

(全一冊 正價四拾錢)

本書ᄂᆞᆫ距今卅七年前西曆一千八百七十年歐羅巴의一大戰爭되ᄂᆞᆫ普法兩國의戰爭事蹟을記ᄒᆞᆫ者니前에ᄂᆞᆫ普國이奈翁征服을受ᄒᆞ야久히法國羈絆에在ᄒᆞ더니 [illegible] 我愛國男兒ᄂᆞᆫ必此觀 [illegible]

發兌元 (中央書館) (新民書會)

高靈朴氏大同譜所定于京寺동六統一戶前郡守朴熙斌氏家京鄕僉宗以此照亮 高靈박氏譜所 告白

◉增修無冤錄大全

壹秩 壹白七十貳頁 定價金新貨七拾五錢

此增修無冤錄大全은法律家의最緊要ᄒᆞᆫ書籍이온ᄃᆡ年來現本이殆히絶種에至ᄒᆞᆫ지라故로法部에認可를得ᄒᆞ옵고此를新刊ᄒᆞ얏삽ᄂᆞᆫᄃᆡ國漢文으로解釋ᄒᆞ야模糊ᄒᆞᆫ句節이無ᄒᆞ오니法律學에有志ᄒᆞ신니와學校之任에居ᄒᆞ신니ᄂᆞᆫ不得不覽ᄒᆞᆯ冊子이오니注意購覽ᄒᆞ시옵 中署布屛下 廣學書舖 金相萬 發售所

師範學校速成科第二回卒業生中在경ᄒᆞᆫ者ᄂᆞᆫ本月十八일上午십二時에本部로來會ᄒᆞᆯ事 학部

第三期學員募集 廣告

本塾에셔今年에宏濶ᄒᆞᆫ敎場을建築ᄒᆞ며敎務를擴張ᄒᆞ야一層整備ᄒᆞ고法學科學員을新募ᄒᆞ오니願學人은本塾에前期내臨ᄒᆞ야請願ᄒᆞ고左開日에應試ᄒᆞᆯ學科及規則은本塾에내問ᄒᆞᆯ事

○試驗科目 國漢文 讀書 作文 筭術 (四則以內)

○試驗日字 陽五月五日(陰三月廿三日)

光武十一年四月 日 西署英語學校後동 私立養正義塾 告白

西署新門外鍮동百八十六統三戶 辯護士前判事正三品 丁明燮 法律事務所 事務員前主事 吳在淳

本店에셔四月一朔동안所有物品을特別減價ᄒᆞ야出售ᄒᆞ오니陸續來購ᄒᆞ시옵 貞동源泰洋服裁縫店 告白

●學員募集廣告

大韓醫院敎育部에셔官費生及私費生으로學員을試選ᄒᆞᆯᄃᆡ이니入學志願者ᄂᆞᆫ四月二十五日(陰曆삼月十삼日)以內로入학請願書를本部(中署勳洞前醫학교)에具呈ᄒᆞ고翌日上午十時에本部로제赴應試ᄒᆞᆯ事

入學試驗科目

一 年齡은十八歲以上삼十歲以下
一 身躰檢査
一 漢文讀書
一 國漢文作文
一 筭術問答
一 中학校卒業證書가有ᄒᆞᆫ者ᄂᆞᆫ免試許入ᄒᆞᆯ事
一 入학請願書紙ᄂᆞᆫ本部로來ᄒᆞ야購用ᄒᆞᆯ事

大韓醫院敎育部

●九轉靈砂라 本人이妙方法을神備ᄒᆞ야製造ᄒᆞᆫ靈丹인ᄃᆡ男女老少에無論何징ᄒᆞ고通治ᄒᆞ오며無病時에도服하면平生의身躰가健康ᄒᆞ며小兒ᄂᆞᆫ四五錢重만服ᄒᆞ면十歲안에無病ᄒᆞ기를擔保ᄒᆞ오며

●九轉靈砂萬應丹은셔狂 癎징과中風諸疾과耳目諸病과淋疾에神效ᄒᆞ오

●九轉靈砂保命丹은初生小兒驚風 간氣 咳嗽 腹疳諸般惡징에神效ᄒᆞ오

●九轉靈砂濟衆丹은酒滯 食滯 血積 吐瀉 霍亂 痢疾 吐血 下血 運氣 時疾 和징에神效ᄒᆞ오

●九轉靈砂紫金丹은痔漏 累瘧 上疳瘡 下疳瘡及唐瘡과諸般毒瘡惡種에無不神效ᄒᆞ오니 僉君子ᄂᆞᆫ來問ᄒᆞ시오 內需司前독갑이골上隅第一家百三統一戶 리호延 告白

本人이日本大阪商業家와特約ᄒᆞ고日本內地產出各種物品과西洋各種物品及機械等物을我大韓에輸入ᄒᆞ와委托을便利케契約ᄒᆞ얏ᄉᆞ오니商工業에有意ᄒᆞ신僉君子ᄂᆞᆫ某物이든지請求코져ᄒᆞ시거든本社로來議ᄒᆞ시오本社에셔ᄂᆞᆫ手數料金만領受홈

興業社本店 開城北部祥洞
支店京城南門內水橋五十一統六號 培養會社
仝仁港內동廣濟號

洪淳康氏가東署東小門內土橋東邊에織造機를廣張設施ᄒᆞ야稱號를淳昌號라ᄒᆞ고各色綢緞紗屬等을織造發賣ᄒᆞ오니願買ᄒᆞ시ᄂᆞᆫ人ᄉᆞ來臨購買ᄒᆞ시며或所用대로綢과紗等屬을預托ᄒᆞ시면依約施行ᄒᆞ깃ᄉᆞᆸ 淳昌號 告白

國債報償義捐金

收入廣告

●和川居洪元셥 壹圓
●安山瓦里면時雨동二統四戶 김필호 拾圓
●白川無仇面六里 丕赫金 四拾전
●全北益山郡內面西邊里 參奉니辰憲 拾圓
●忠州木川郡二東面明溪里居 前郡슈셔相萬 壹圓
●下米廛三所任 池永昌 김弘辰 張世혁等 拾圓
合三拾貳圓四拾전
●竹山川南二面上台峰
니時榮 五십전
니恩成 윤孝榮 각三拾전
니順식 五拾전
元容元 姜召史 니茂植 각拾전
니勉植 郭 필 閔達支 각拾전
니演夏 각貳拾전
민建支 壹圓
▲下台峰
鄭明五 황公汝 니弘一 각三拾면
니起元 四拾전
權敬五 김壽吉 郭支京
九歲女子玉禮 郭聖必
郭德玄 니和西 박致大
황敬汝 鄭周福 황平汝
박셩順 각貳拾錢
홍士心 박致元 김光萬
박聖允 김奉쇠 각拾전
合七圓九拾전
●抱川郡內面下城北里白石村
니衡支 니章支 각貳拾錢
김信규 각拾錢
니健模 사拾錢
朱周錫 拾錢
楊義秀 니貞模 니慶模
리敬敏 각貳拾錢
니泰模 丕完秀 니允模 박寬逆 貳拾[illegible]
니順支 각拾錢
니炳順 貳拾錢
니炳仁 니敦敏 楊吉成
楊命根 최斗현 각拾錢
니漢模 貳拾錢
合參圓三拾五錢
●白川芝村面水原橋
강仁欽 壹圓
子源永 從孫회元
최斗현 장春植 니成源 각五拾錢
丕顯金 三拾錢
吳炳旭 리希鍾 김鎭寬
니得회 丕鍾天 洪淳永
徐東福 趙회金 丕明金
元致相 元德祚 김興瑞 각貳拾錢
元창根 拾錢
合六圓三拾錢
●楊州郡邑內乘鶴橋
니在信 貳圓五拾錢
弟在興 貳拾五錢
在龍 在선 각貳圓
子賛錫 五拾錢
冕셔 貳拾五錢
合七圓五拾錢
●楊根南始面交殿里
니建鵬 貳圓拾五錢
張元根 六拾今錢
장玄石 김奉吉
니基衡 각五拾三錢五里
全順吉 姜石돌
姜世영 윤命求 각三拾三錢五里
김已成 장호彩 장允石 각廿四錢
장호未 黃晉石 황長孫
김奉쇠 徐道治 명順萬
니庚得 니漢承 장元和 각貳拾三錢五里
황氏孫 각拾八錢五里
合八圓貳拾錢
●豐德郡南面下照江里
김澤東 三拾錢
김永福 拾六錢
니俊文
劉錫根 박在天 장弘식 각拾錢
니敎勳 김晉현 김鳳奎 각貳拾錢
니君化 六錢
洪承烈 리徹영 貳拾錢
洪承필 洪承龍
니현九 니承集 김永金
林仁順 丘宗夏 니永順
니景先 니道凡 니영植 각拾錢
홍창善
김義헌 貳拾錢
申善日 洪영根 니善七 각拾錢
니福眞 參拾錢
니헌重
강春化 홍承욱 洪文植 五錢
니順明
김致先 安貞均 각拾錢
강達馨 田春先 申德應
김梁東 니雲植 니창支 각拾錢
羅興萬 니喜和 貳拾錢
林晉셔
니巽世 김玉현 盧允香 각拾錢
梁致瑞
合五圓八拾七錢
●豐德西面中蓮里
니鍾濂門內 參圓四拾錢
邊셕慎門內 壹圓七拾錢
니빈지門內 八拾錢
申泰興 五拾錢
니玄重 鄭成敎 八拾錢
자金德 任德載 김利均
姜最祉 許 시 니台회
柳德魯 함永祚 高錫朋
김重烈 각貳拾錢
合拾圓
●興동私立中東夜學校
校長吳世昌 三圓
校監최興模 貳圓
敎師柳광烈 壹圓
學員
박容文 박容浚 壹圓五拾錢
丕炳基 니寅支 각壹圓
니영秀 柳昌烈
張 철 윤明老 孫政淳
申틱鍾 김容濟 최觀興
리石峴 成河一 박容南
니秀英 홍在설 니爽烈 각五拾錢
邊永圭 朴賛병
尹宗穆 丕炳奎
박龍九 沈遵敎 각二拾錢
박병賛 權틱善
文규相 명東彩 各貳拾五錢
최斗漢 최井漢 윤師秀
박순選 김應鐘 김병殷
申틱일 徐相霖 김永昌
박支병 南相說 閔廷基
丕漢雄 니支榮 리필商 각二拾錢
鄭樂舜
梁建시 拾五錢
니完秀 장 옥 成仁永
秦學悅 니敏道 각拾錢
合貳십三圓七拾錢
●峯山郡沙里院
김틱현 二圓
명淳和 壹圓八拾錢
車禹範 壹圓
合四圓八拾錢
●陰竹郡上栗面本栗동
前議官김틱卿 五圓
김思직 五圓
김時演 四圓
前主事김思容 貳圓
吳鵬默 貳圓
김大演 沈相學 김文演 각壹圓
柳章셥 김桂演
김膺演 白樂榮 徐晉善
니和善 박聖範 成壽永 각五拾錢
김德三 김思浴
김德化 각三拾錢
김思樞 廿五錢
김秀演 吳炳默 니是鎔
김益商 김敬演 林炳철
명保敎 河化殷 박元景 각二拾錢
김思元 김彰演 成儀永
河광哲 主景化 김萬甫 각拾전
合貳拾七圓八拾五錢
●公立靈山보通學校學徒
白俊英 니병각 니承玉
김봉五 박學杜 白泰斗 각五拾錢
니창星 丕京麟 각廿錢
정基柱 김봉千 康文흥
니秉洽 김亨틱 니在支 각二拾錢
吉賛국 김應각 니觀浴 니秉成
김應善 니觀泳 니汝善
니汝帆 최千洙 니병현 각拾錢
김병슈 拾五錢
김德甫 김京龍 각五錢
강應文 拾錢
房子김應三 五拾錢
合五圓八拾五錢
●大興郡還東面新泉全州니氏宗中
니昇秀 니思正 니思峻
니思元 니貞圭 니勝규
니錫규 니仁규 니鴻圭
니鍾大 니鍾萬 니善浩
合貳拾圓
●廣州退村面石村
安永淳 安百金 安明金
安홍植 安昌石 安召史
安召史 安召史 車錫鳳 각一圓
合九圓
●中署長通坊孝橋北川邊박東
厚家會同 壹圓
박東厚 陸拾錢
子틱煥 子元吉 吳錫泳
子命煥 각貳拾錢
金興규 三十錢 吳命슈
吳學슈 장瑞根 金相雲
金斗甫 최明善 田順弼
劉漢圖 金元植 孫聖雲
김敬煥 각貳拾錢
徐相潤 니根植 咸聖佑 각壹圓
合九圓
●豐德郡晉州柳氏宗中
柳昶魯 柳성魯 柳熙魯
류燦魯 류冀赫 류셕규
류寅金 류冀學 류錫東
류錫範 류셕틱 류冀슈
류冀仲 류冀山 류冀담
류冀福 류冀홍 류셕大
류冀星 류셕支 류셕旭
류셕규 류冀九 류冀황
柳主事류冀舜 류冀滿
류셕麟 前主事류기駿
류기화 류기祿 류기中
류기百 류기옹 류기규
류기燁 류기連 류기틱
류기北 류기현 류기각
류기션 류기勳 류기馨
류기和 류기斗 각貳拾錢
前主事柳기達 一圓貳拾錢
류셕龜 류穎魯 四拾錢
柳東魯 柳기俊 각三拾錢
柳기景 柳기行 柳南로
柳기一 각貳拾錢
柳기根 柳기雨 柳馨로
柳謙로 柳기春 유기詰
유기容 유기薰 유기모
각拾錢
前主事유豐로 一圓
유기潤 捌拾錢 유기鼎
유셕홍 각卄錢 유기三
유기祚 유셕영 유成로
유기商 각貳拾錢
유기福 유기亨 각拾五錢
유기應 유셕漢 유기仁 각拾錢
유環로 유廣로 각四拾錢
유기定 유기重 유馨로
유기輔 유기同 유仕로
유益로 유得로 유[illegible] 각二拾錢
유英로 유鶴로 유기亨
유기辰 유永로 유셕華 각拾錢
유기貞
유慶로 유긔로 각貳拾錢
通政유定로 유기栢 각五拾전
유셕濂 四拾전 유셕린
유기演 유기麟 유기音
유셕鎭 유기遜 유기鏈
유益로 유기元 유기化 각貳拾전
宗中報償금 合貳拾捌圓拾전 四圓

總合二百〇五圓八十二錢
前號總合四千六百六십七圓六十二錢二里
都總合四千八百七十三圓四十四전二里

大韓每日申報社

◎特別廣告◎

국債보償금에 昨日所捧은 姑未合計이고 伊前日所捧總合一萬〇四百九十五圓九十七면은 電氣會社銀行의 貯置ᄒᆞ얏삽고 義연人姓名은 逐日廣告함

大韓每日申報社

◎本社廣告
○申報價
一張代金 新貨二錢五里
一個月前納 三十錢
三箇月 九十錢
六個月 一元七十錢
一箇年 三元四十錢
郵稅一部 新貨五里
一箇月 十三錢
發行兼編輯人 英國人비셜
發行所 南셔石井洞號外地三層洋屋家
大韓每日申報社

第五卷

第四百九十二號

月曜及慶節
歲時日休刊

檀 開國四千二百四十年
箕子元年三千二十九年
大韓開國五百十六年
日本明治四十年
淸國光緖三十三年
◉陰曆丁未三月小初九日庚子

論說

日本財政景況

東京아사이新聞은日本의經濟槩況을論述하얏스되過去戰役으로由혼야國用의支出이無前增加혼지라日本人民이來數年間에財政困難은其將經歷혼려니와同記者의所見으로는如此落膽될事態가但其暫時요日本經濟界에有力혼時日이將至혼줄을信認혼다혼엿스니同記者의如彼自信은日本財政의過去史篇을基因홈이라同報所論이如左혼도다

日本이四十年間에戰役을三次經過혼얏스니明治十年(西曆一千八百八十二年)에는삿스마叛亂이有혼얏고西曆一千八百九十四五兩年에는淸日戰役을經혼얏고一千九百四五兩年에는露日戰局을閱歷혼바諸般機會에셔帝國財政의能力을經驗혼지라삿스마叛亂에는東京政府에셔費用혼總額이四千三百萬圓에不過혼엿스나但時財政界는如彼困窮情形에至혼야財庫에셔紙票를發行혼야以作矯救之策이러니其紙票每百圓이七十或八十圓으로低落되엿다가明治十五年에纔到혼야此低落紙票가銀貨와同列을成혼엿스며其後十五年을經혼야淸日戰役이起혼바차戰局에日本이消費혼錢額은二億五千萬圓이니차는삿스마反亂에費額보다七倍가增加혼지라由此觀之日本財政能力의發展이前者버보다七倍增加됨을可知로다以上錢額은但國內에셔募集혼거시며且淸日戰爭後에는叛亂後와如혼財政界에危險과紙貨價額의減下가未有혼얏도다及其露日戰役혼야는日本의支出金이二十億圓이니淸日戰役時費額에比혼면八倍가尙加혼지라其中巨額은雖是自外借金이나然이나國內財政界는露日戰役時나或其後에何如困難을不受혼얏스며亦可注目홀거슨日本銀行이今番戰役에는定限外票券을發行홈이未有혼거시니由是觀之컨딕日本의財政能力이明治之始로常時發達됨뿐可悉이라혼엿도다

東京아사이新報가如右諸般事實을推察홈으로日本財政後運을關係혼야樂觀的態度를持혼나本記者는如彼論述을不拘혼고日本財政이同報의說明과如혼好況을果有혼지는甚有疑訝로다日本財政家들이彼之擴務를欲就혼야極力혼形勢에處함을人所共知라今日샤지는每見成就혼야終末에成就홀것도不甚有疑慮나然이나如右論述은如彼事實을使人深信케혼려는政府敎唆을被홈이니太甚確然이로다日本人民의게課稅가極度에至혼얏스니但以此觀之라도其國에財政이危境에在홈은可知라아사이新報는樂觀的에居혼얏스나去次戰費를借與혼外人의意思는悲觀的으로向혼는다

官報

●三千七百四十五號　光武十一年四月二十日

◎宮廷錄事

官內府特進官李源逸辭職疏批旨省疏具悉所請依施

◎敍任及辭令

任度支部主事　李경순
外國語學校副敎官辛泰斌
리錫圭　韓相舜　秦柄正
최庚植

任度支部主事
義친王府典讀金升鎭
裕康園參奉리種純

依願免本官
義親王府典衛尹相鐘

任義親王府典讀　九品金리鎭
任義親王府典衛　鄭덕烈
任裕康園參奉　六品韓承鴻

任度支部稅務主事
陸軍步兵特務正校리萬喜

免本官
右는該員이行爲鄙陋혼야有損軍紀이기免官懲罰事
軍部協판리熙斗

補陸軍研成學校長
陸軍法院長嚴柱益

任軍部協판
軍部軍務局長白性基

任陸軍法院長
陸軍參將金昇圭

補軍部軍務局長
警務廳總巡張友植

免本官
右該員이逢着罪犯혼야疎漏失捕혼은甚非警察本意이기是以免本官
陸軍研成學校長
陸軍步兵正領　盧伯麟
命停職

外報

●波蘭民亂激烈　倫敦電을據혼則波蘭로스市의民乱은其後未曾有혼激烈을加혼야民主黨과社會的과鬪爭혼야勞動者의死者가百五十名의達하얏는딕경察官도一名의死者가有혼며醫士의負傷도亦多혼라더라

●墨西地震後報　桑港電을據혼則南部墨西가의地震은尙今不止혼얏다더라

●新兵募集　淸國馬玉崑氏가昨年에安徽敦陽縣一帶地에委員을派送혼야新兵七營을募集혼야通州에駐차케혼얏더니今에三營을選拔혼야奉天省昌圖府에派送혼고又昌圖에駐屯혼北洋後路先鋒隊는三營을選拔혼야南苑에駐차케혼고又安徽敦陽에委員을派送혼고新兵五營을募集혼야不日間滿洲에派送혼다더라

雜報

北米紐育留박鳳來씨寄函이如左혼니

本人이再昨年墨西哥移民時에植民會社契約中에農夫子女를教育혼次학校샤지설立혼다혼기로幾卷書冊를携혼고四月初四日의墨國柔加丹에到혼니前後約條는一分도不施되문姑사혼고爲先本人의家率一行은먼저教堂으로보닉여三朔이되도록한人의形影과學校설立與否의消息을不見不聞이옵더니一日은農主洋人마야스라혼는사람이通辯權丙叔으로더부러本人의旅所에와셔말혼기를학校가셜立이못되니遺國혼기로周旋혼깃노라혼기로所望이竟成蕭餠이라萬端相詰에終無奈何혼야다만한人情形이나혼번보기를請혼고五六處農庄에가셔보온則한人男女老少及鰥夫等을一處에或三十人式或二拾人十人五人二三人式分去혼되相距가英里로或百里七八十里或二三十里式되며每日十時千式허는일은山田과荒蕪지地와가시나무버하기요그價는每日墨貨五十仙를給허되衣食費라稱허고二十仙을減허여가며입는것은단고이적삼이오먹는것은옥슈슈떡이며居處飲食허는形像이참아바라見키難혼中에水土極惡허여土疾과장氣가盛行炎熱이酷火又혼며日射病이種々나셔人民이죽으며兼허여毒蛇猛虫과百病千疾이俱有허여不過一朔에한인男女死者共二十餘인이며兼허여公使와領事나保護허는곳시업스미禽獸牛馬又치驅遂혼며俄以牢囚更以施罰허여만일不堪做工혼者는稱謂인相食허는野蠻골노보닌다허고去處를모르게보닌며如차혼漏泄이本國에나갈가허여農主가通辯權丙叔과議論허고農夫의書信을모다미리떼여본후萬端作奸허며東洋往來허는要港싸리나크로港에는일本인伊東正雄과別府豐彦兩인이잇셔한인潛逃를査察허며所謂通辯權丙叔은農主의一喜혼을愛허여同포의萬苦혼을不恤혼은已往붓터나려오며傳허는同根相煎의말은입의모를者업거니와本인이再昨年七月의墨國京城을遊覽허고卽時美國紐育으로入來허여旅墨淸인의게細々혼消息을採問허며旅美淸인의신聞을據혼則墨인이한인虐待을일益甚焉허여女인혼나는土인의抑姦을受허여自處허여죽고또혼男子三인이投水이死혼얏스며子女가有혼農夫드른艱苦혼을不勝허여淸인의게ᄯ롤八九拾元或二三拾元式밧고팔며其外에寄々惟々혼萬端情況은不勝枚擧이온지라우今의하와이에셔는한인時事신報은보온則駐한일本統監府의셔駐墨일本領事의게探問혼則所答이決無如시情況云이라혼고墨國移민會社를다시셜始혼다허오니차所謂二拾世紀以리미見미聞지一大怪事也온지라嗟平同胞는目睹口詰허든차漢이在玆혼니他인異族의香餌지言을勿聽허고鑑차流淚忠告지言혼야俾無一인再蹈차禍지地千萬伏望

●姑置勿問　平南裁判所檢事김鍾호氏가法部에質稟혼되本道平壤商務協同會社々長리국案件에對혼야律無定條혼事由를質稟혼옵더니卽到指令內開貴質稟書는閱悉이건과安民지불遵令狀이雖違當律이니刑法大全監官을違혼者律에照판放送홈이可혼事등因이시온바竟涉장大혼야甚至罷市廢業이衆商지藉此滋端이事雖細微中安뒤국을困當照판이오되蓋此온바本檢事代판혼事가爲安商情혼야同安뒤국혼承指令放送矣라衆情이纔安에安民을更爲捉囚照法즉非但不足爲示경이라치時民情을宜其撫慰이事屬過境이온今姑置勿問이恐未知何如이을지玆에質稟혼오니査照指令이라혼얏더라

●一時千元　慶北高령郡에셔國債報償會를陰正月廿九日에開設혼얏는딕同日起源을開혼죽該郡居前參奉리규紳리寅梓리相義諸氏가首唱發起혼야當日에一郡人民을일제團會혼고右諸氏가本會趣旨를字々解釋혼야일場演說혼옥一團人民이莫不涕淚혼는딕리규신씨는연金百圜을先出혼죽郡民이爭先出연혼야一時지間에乃至千餘元혼고仍後數日之內에乃至數千元인대日間에漢城期成會로來納혼다더라

雜報

●有何密議 三昨日下午五時量에內相李址鎔氏와該部協판沈相翊씨가參與官日人某氏를帶同ᄒᆞ고統監府에前往ᄒᆞ야伊藤氏를訪見回來ᄒᆞ얏다가夜間八時量에又爲前往ᄒᆞ야무삼事件을密勿相議ᄒᆞ얏다더라

●伊藤陛見 再昨日伊藤統監이昌德宮內宴會를罷ᄒᆞᆫ後下午五時量에陛見ᄒᆞ얏다더라

●爲先存拔 銓考規則이郡守履歷書를銓考所에셔可不可를揀差ᄒᆞ야젼考件을內部大臣에게轉送ᄒᆞ더니從今以後로ᄂᆞᆫ郡守履歷書를十件이던지二十件이던지內大가先爲存拔ᄒᆞ야전考所로送交ᄒᆞ야考試ᄒᆞ기로酌定ᄒᆞ얏다더라

●新貨流通方針 度支部에셔舊貨을沒收後新貨流通ᄒᆞᆯ方針을確議次로農商銀行長과各支所銀行長을招集會議ᄒᆞᆫ다더라

●三씨參將 義陽君李載覺씨와正二品尹澤榮씨와正領李起弘氏가陸軍參將을被任ᄒᆞ얏다더라

●一轉一任 義親王府總관閔봉植씨가侍講院副詹事로轉任ᄒᆞᆫ代에義親王府贊府김澤긔씨가陞任ᄒᆞ얏다더라

◎家屋買收 內部에셔漢城府에訓令ᄒᆞ되南大門左右城첩各八間式毁撤作路事로奏下인바히附近家屋을買收然後에可이施行而히圖본을帖付發訓ᄒᆞ이此係公路인즉從實調查ᄒᆞ야外國人家屋은히理事廳과交涉ᄒᆞ야相當價額을出給買取ᄒᆞ고본국人家屋은從時價買得ᄒᆞ야卽速修報이되擅自남擬ᄒᆞ야부至實有所歸케ᄒᆞ라ᄒᆞ얏더라

●發程延期 留學生監督申海영氏가二十二日에發程ᄒᆞ다미니一日延期ᄒᆞ야二十三의日離發ᄒᆞ기로退定ᄒᆞ얏ᄂᆞᆫᄃᆡ自己別室을帶同前往ᄒᆞᆫ다더라

●梨亭開式 昨일下午二時에東署梨花亭工業傳習所에셔開所式을擧行ᄒᆞᄂᆞᆫᄃᆡ各部大官이進參ᄒᆞ얏다더라

●京報云止 京城日報ᄂᆞᆫ무숨關係가有ᄒᆞᆫ지永히廢止ᄒᆞᆫ다ᄂᆞᆫ說이有ᄒᆞ더라

●신路又作 來往人民을便利키爲ᄒᆞ야中學橋에셔戶曹橋싸지東便川邊에신路를作ᄒᆞᄂᆞᆫᄃᆡ民家ᄂᆞᆫ九戶을買入ᄒᆞ고司僕西墻이相關되ᄂᆞᆫᄃᆡ司ᄂᆞᆫ宮內府所管인故로히墻毁撤ᄒᆞᆯ事로內部에셔宮內府로照會ᄒᆞ얏다더라

●此亦疑案 忠淸北道裁判所檢事洪면喜씨가法部에報告ᄒᆞ되본道警務署警務官洪達榮所報罪囚石士玄聽取書을接查ᄒᆞ온즉陰曆正月二십一일에有過去患病者가忠州살味面小香山石士玄處에來到請宿則拒而不납ᄒᆞᄂᆞᆫᄃᆡ以木枕으로兩次擧打ᄒᆞ야移臥隣家而二宵後致命ᄒᆞᆫ바隣人이擔屍以來ᄒᆞ니渠自淹埋ᄒᆞ고探請死者兄與妹夫而和應相妥ᄒᆞᆷ이警察에足可謂疑獄而且其淹埋가安知無別樣奸狀이올지案涉眩惑에弗可但以審查遽斷ᄒᆞ와使忠州郡守김在般으로卽爲行檢케ᄒᆞ왓ᄂᆞᆫ다고埋지屍을지於間檢이似難擅便이온ᄃᆡ此弗可以安의者로便是藏置屍首이온즉弗無變幻與移遷지慮이옵기爲先發訓檢驗ᄒᆞ옵고玆에報告라ᄒᆞ얏더라

●處絞多數 再昨일法部에셔各裁判所에處絞罪人一百五名을上奏ᄒᆞ얏ᄂᆞᆫᄃᆡ四名은特減되고一百一人만處絞되얏더라

●稅主惠民 黃澗영同兩郡은忠北終界인故로純業鎰만至于今公私間行貨ᄒᆞᄂᆞᆫᄃᆡ영同郡稅務主事閔宰식氏가稅納收捧을純白銅行貨ᄒᆞᄂᆞᆫ郡例로收捧ᄒᆞᆷ미一郡民人等이閔氏에察民情ᄒᆞᄂᆞᆫ惠澤을萬口頌德ᄒᆞ야面面村村이木碑가立ᄒᆞ고萬人傘을造成ᄒᆞ라ᄂᆞᆫ거슬該氏가挽止禁之ᄒᆞ미未能造傘ᄒᆞ고石碑을耕建ᄒᆞ고該郡民人이度支部에다該氏에公政을來報ᄒᆞ얏다더라

●活動寫眞 新門外新橋北隅洋製屋에셔活動寫眞所를新設ᄒᆞ얏ᄂᆞᆫᄃᆡ寫眞도新本이오며活動도新術이오며勿論東西洋ᄒᆞ고絶勝ᄒᆞᆫ山川城市에四時景色과男女中卓越ᄒᆞᆫ人物과諸般禮式과戰爭과嬉遊와古談中에奇妙ᄒᆞᆫ形跡을無不兼備ᄒᆞ와天然幻出ᄒᆞ옵나이다略擧其類言之컨ᄃᆡ勝狀으로各國都城과瀑布及火出之類며人物노ᄂᆞᆫ超倫豪傑과絶代佳人지類며其他禮式及嬉遊와奇妙形跡은難可以筆端盡記오니博覽을志願ᄒᆞ시ᄂᆞᆫ男女僉員은一次과顧ᄒᆞ시옵天下壯觀을坐可而擧이라ᄒᆞ더라

●金品寄孤 日本人鈴木謙지助가金十圓과書冊圖畵等十二種品을孤兒院에寄附ᄒᆞ얏다더라

●徐리更裁 韓山리氏와達城徐氏兩家山訟事ᄂᆞᆫ平理院에셔屢度裁判ᄒᆞ야決判이못되얏더니再昨日平理院에셔또裁判을開ᄒᆞ얏ᄂᆞᆫᄃᆡ리隻이徐氏를對ᄒᆞ야日既云賜牌之地則賜牌文跡을出示ᄒᆞ라ᄒᆞᆫᄃᆡ判事日賜牌地로言ᄒᆞ면刑事所關이오非民事所關인즉不可處決이라ᄒᆞ고裁判을停止ᄒᆞ얏ᄂᆞᆫᄃᆡ二十四日에更히裁判ᄒᆞᆫ다더라

●蔑弱奪山 忠淸南道海美郡居童蒙박학根의先祖拾餘代墳墓에屢百年禁養ᄒᆞᄂᆞᆫ山板을瑞山郡居리基牧兄弟가藉其豪强히고茂林박童房弱ᄒᆞ야欲爲勒奪ᄒᆞᄂᆞᆫ故로박學根이가屢呈道郡에終未伸雪ᄒᆞ야平理院에呼訴가有ᄒᆞ더라

●普校巡覽 普광學校에셔本日에春期巡覽을東小門외永道寺에擧行ᄒᆞᆫ다더라

●尹氏運故 大韓自强會長윤致호氏의大夫人이去陰三月六日에別世ᄒᆞ얏ᄂᆞᆫᄃᆡ同月十二日에葬禮를行ᄒᆞᆫ다더라

●巡檢益甚 恩津來人의傳說을據ᄒᆞᆫ즉該郡巡檢이村閭에出沒ᄒᆞ야稱以雜技禁斷ᄒᆞ고屢年前雜技ᄒᆞ든人을任意捉囚ᄒᆞ고錢財를討索ᄒᆞᄂᆞᆫ故로如干稍饒ᄒᆞᆫ平民이安接無路라ᄒᆞ더라

●박씨流配 法部에셔義兵으로被捉된박樂九ᄂᆞᆫ流拾五年으로照律ᄒᆞ야奉奏ᄒᆞ얏다더라

●忠察報部 忠南觀察使김嘉鎭씨가內部에報告ᄒᆞ되金義郡守송병和를自本道裁判所로有罪思量ᄒᆞ와證據書類를道致平理院ᄒᆞ온즉案件은業有報告이온바現承부指令內開에히倅ᄂᆞᆫ當施重警ᄒᆞᆫ지니事實에前後肯계를更加詳察ᄒᆞ야報來이되證據書類幷押收物을自히所로業經搜索ᄒᆞ야一切送致于平理院ᄒᆞ옵고關係罪인을現囚히所ᄒᆞ니公格所在에弗可强請其移交이올뿐더러히郡守송병和가亦在京中ᄒᆞ와詰探이難이온즉始俟平理院審加ᄒᆞ와以爲措處ᄒᆞᆷ이何如ᄒᆞ올지玆以報告라ᄒᆞ얏더라

●일隊演習 昨일일本第五拾一聯隊第一中隊ᄂᆞᆫ東門外附近에셔第八中隊ᄂᆞᆫ北門外附近에셔各其發火演習을行ᄒᆞᆫ다더라

●失刀被打 月前咸興市場에셔일兵이한인商店에所賣刀을竊取ᄒᆞ다가해店主에게發覺되지라일兵을堅執ᄒᆞ고을駐隊에呼訴ᄒᆞᆫ즉히隊일兵이成群出來ᄒᆞ야불問曲直에고店主을無數亂打ᄒᆞᆫ際의偷刀ᄒᆞ던일兵은逃躲ᄒᆞᆫ지라일兵長官이히商民을空然執탈ᄒᆞ야無數詰難ᄒᆞ면셔明일裁判ᄒᆞᆫ다ᄒᆞ더니其익일에ᄂᆞᆫ히商民을逐出ᄒᆞ얏다더라

●郡倅濫殺 應田郡守김東희씨가히郡江신面高旺山윤씨家에雇傭柳縣을有何罪狀인지牢四八일에밍笞三百餘度ᄒᆞ야放遣즉斃ᄒᆞ얏다더라

●仁校卒業式 東門外仁창學校에셔補習科第一回卒業式을擧行ᄒᆞᄂᆞᆫᄃᆡ卒業生이九人이오普通科各班進級生이二拾六인인대校長홍ᄐᆡ潤氏가開式祝辭ᄒᆞ고卒業証書를授與ᄒᆞ고賞品을給與ᄒᆞ고益加熱心勉强ᄒᆞᆷ을勸勉ᄒᆞᆫ즉學徒中김彦模씨가代表ᄒᆞ야答辭ᄒᆞ고紳士鄭雲復씨가一般學徒에게對ᄒᆞ야勸勉으로演說ᄒᆞ고學徒父兄에게對ᄒᆞ야教育을잘식혀我全國에第一학校學徒되기를바라노라ᄒᆞ고下午二시에更히贊成員會를開하고贊成長을閔丕호씨로公薦出席ᄒᆞ고紳士劉猛김益南장錫英리敏卿ᄒᆞᆫ긔準諸씨가演說ᄒᆞ고김ᄐᆡ寬씨가學徒를勸勉ᄒᆞ고下午五시量에閉會ᄒᆞ니京鄕來賓이四五拾員이라더라

●林炳찬氏의疏본

伏以臣본庸愚最居人下惟是愛君憂國之心出於天性乃與臣師故贊政臣최益현共擧義師討賊其事實大略已具於昨年閏四月臣師疏본及臣疏지入 徹與否臣未敢知而今臣以萬死餘喘生還故國理官減形山中不敢復出對人然既受臣師遺疏지托不容不遣達

天陛而遺疏辭意頗有曲折又當槃陳지然後可以解國人지惑矣盖臣師擧義時不知臣不肖約與共雪國恥臣始弗量才而妄許지及到淳창遇全州南原兩隊兵신師及신以爲所嚮在倭奴有與我兵相殺지理遂騙諭勿相戰則兩隊兵皆弗肯聽亂放銃丸殺義士명時海於신師座上於是義旅皆散惟신林炳찬及儒生高石鎭김濟學김箕述又達환梁在海林顯周丘愚植리容吉丘泳善羅긔德柳海용拾二인共守신師誓死弗離左右已이 未完

●模寫認許 農協黃鐵과鎔道局長최相敦兩씨가昨일의湖南鉄道臨時事務所의齊到ᄒᆞ야統監의知委라ᄒᆞ고히鐵道認許狀을謄抄ᄒᆞ고捺帖ᄒᆞᆫ印章과發起인셔午순씨의捺ᄒᆞᆫ姓名章을模寫以去ᄒᆞ얏다더라

●리氏演說 美國博士리드씨가靑年會의請邀로今일下午二點鐘에신門外國民演說臺의셔國家富强의五元氣란問題로演說을開ᄒᆞᆫ다더라

▲盃中飯話▼

▲大風이東吹에風潮가益湧ᄒᆞ니漢城風聲이市虎가三傳ᄒᆞ야疑懼를未定ᄒᆞ야口々相傳에空自驪訛ᄒᆞ니傷弓지鳥가復怯曲枝로다

▲所謂聯邦組織의文字로以ᄒᆞ야大한全國의一時騷動이殆如鼎沸ᄒᆞ니樽井藤吉氏의手段도어지간하고

▲今番地方官銓考에現闕郡守뿐不是라各郡守에限滿者를多數히遷轉ᄒᆞᆫ다ᄒᆞ미現任郡守들이多數上京ᄒᆞ야東奔西馳ᄒᆞ며雄州巨牧으로遷任ᄒᆞ기를百般運動ᄒᆞ고積仕久勤에落拓不遇ᄒᆞᆫ人은新任ᄒᆞ기로某々處에昏夜乞哀ᄒᆞ니患得患失이俱是一般이로고

▲內部에셔治道局事務官人을日人으로十餘人雇聘ᄒᆞ얏ᄂᆞᆫᄃᆡ每朔月俸은每人에一百圓式이라ᄒᆞ니한國에셔日人顧問官參與官囑托官日教師財務官事務官경視경部巡查等許多名目을招聘ᄒᆞ니度支預算이消融無餘ᄒᆞᆯ거시니大한官人月俸은必無乃已ᄒᆞᆯ이로다

▲陸軍武官學校員役들이例變ᄒᆞ고宕巾을着ᄒᆞ얏더니히官人이發論ᄒᆞ되官人도着宕ᄒᆞ고員役도着宕ᄒᆞᄂᆞᆫ거시未安ᄒᆞ다고禁止ᄒᆞᄂᆞᆫ고로勢不得已ᄒᆞ야網巾을還着ᄒᆞ얏다고某報에說道ᄒᆞ얏스니例變도上下가有ᄒᆞ고宕巾도尊卑가有ᄒᆞᆫ지

▲湖南人民은列車를不乘ᄒᆞ기로同盟ᄒᆞ고嶺南人民은日本物貨를不用ᄒᆞ기로同盟ᄒᆞ얏스니日人이韓人을虐待ᄒᆞᆷ으로如此ᄒᆞᆫ反動力이生ᄒᆞ얏스니日人의自取가아니라고ᄒᆞᆯ슈업지

▲南原稅務所에셔結民이或滯納ᄒᆞᄂᆞᆫ者有ᄒᆞ면罰金을非理濫討ᄒᆞ며每結에六錢式加捧ᄒᆞ고尺文紙價一장에二分式收捧ᄒᆞᆫ다ᄒᆞ니히稅務官의聚斂手段은食虐郡守에不下ᄒᆞ도다

▲高原郡官衙與各公廨를日본守備隊에셔一幷占領ᄒᆞ야壹無空비故로히郡守以下主事書記使隸等이容接이無處ᄒᆞ야國家에借寓ᄒᆞ얏다니日人이各地方에公廨占領이無處無지ᄒᆞ니可謂客反爲主로고

▲한國人民이無論男女老少ᄒᆞ고국채를出捐ᄒᆞᄂᆞᆫᄃᆡ婦女에奮義가一層激烈ᄒᆞ야銀飾佩物을廢止ᄒᆞ고頭髮을斷賣ᄒᆞ야雖磨頂放踵이라도少不顧忌ᄒᆞ니百姓은堯舜적百姓이언마ᄂᆞᆫ政府ᄂᆞᆫ

特別社告

本報代金을各支店에셔多有徭滯ᄒᆞᆫ中平壤支店에셔ᄂᆞᆫ九年十年兩年度의未納額이三百餘元에至ᄒᆞ얏스니本社經費ᄂᆞᆫ何以支過乎잇가購覽ᄒᆞ시ᄂᆞᆫ僉員은徭滯餘額을這這鳩合ᄒᆞ야該支店으로送交ᄒᆞ심을務望ᄒᆞᆷ

大韓每日申報社

路透電報

●墨國震災 最近報를依ᄒᆞᆫ즉墨西哥震災의死傷者ᄂᆞᆫ三拾八名이오負傷者ᄂᆞᆫ九拾三名이라더라

桑港電報

桑港풀신聞은日露戰爭以來로日본人이屢遭紙幣ᄒᆞ야億六千萬圓을行使ᄒᆞ야東洋經濟界의大紊亂을惹起ᄒᆞ리라ᄒᆞᆫ다傳ᄒᆞ고被害銀行은露清銀行香港上海銀行帝國銀行等을擧名ᄒᆞ얏고右와如히大强行的으로紙幣를贋造ᄒᆞᆷ은日본政府의默認인즉到底히目的을達ᄒᆞᆷ을得ᄒᆞ리라ᄒᆞ야暗히日본政府도關係됨과如ᄒᆞᆫ記事를非常히揭載ᄒᆞ얏더라

雜報

●研究討論 今二十二日月曜下午七占半에貞洞眞理研究會에셔討論會를開ᄒᆞ고工夫ᄂᆞᆫ勤勝於才란問題로可否便演議가互相討論ᄒᆞᆫ다ᄂᆞᆫᄃᆡ有志諸君은來臨ᄒᆞ심을希望ᄒᆞᆫ다더라

廣告

本人與朴有제有完兄弟로素有親分이더니昨年五月에有제來言曰妻父洪應祖氏가現任平山郡守로故로該郡結錢十餘萬兩을貸用貿置南草라가時價不利姑爲轉放賣而其結錢은見督甚急ᄒᆞ야卽當償還이미與當南草得償事로累累懇乞ᄒᆞᆫ되本人이念其情勢ᄒᆞ야某樣得貸十三萬兩ᄒᆞ야代報其結錢이고以七月晦還償事로渠之兄弟同貸手標와南草所在處各人任置標를交付於得償處矣러니當限不報之故로該南草를放賣計算코ᄌᆞᄒᆞ니朴有完이更囑退期十月晦而又不報償ᄒᆞ고不意十一月에平山守子홍봉현이來其妹夫박有제家ᄒᆞ야互相結托ᄒᆞ여박之兄弟로隱避ᄒᆞ고홍봉현이自往南草所在處ᄒᆞ야藉稱公錢ᄒᆞ고威脅人ᄒᆞ야勒斷南草二百七拾八駄ᄒᆞ야任置標ᄒᆞ니盡與草得償以報結錢而又欲抑奪與執之物錢以公錢言乙再徵于他人萬々無理ᄒᆞ니是以로之呈訴본郡에본守劉漢容氏以公決次로付之市廛會議이고此事之曲直은一郡所共知也어ᄂᆞᆯ以본守之明政으로何可見欺於홍之抑訟乎아홍봉현不覺自過ᄒᆞ고明白郡守를構出討論於各新聞ᄒᆞ니豈有若是無法者ᄒᆞ며且莫重結錢을不即上納ᄒᆞ고翁婿男妹가無難往來私相殖利ᄒᆞ다가終乃做此乖悖之擧ᄒᆞ야誣告報館이極爲痛恨故로據實略陳ᄒᆞ오니僉君子照亮ᄒᆞᆷ

開城寓居前都正 金始善 白

본人이與同郡人車學모로去丁酉冬에본郡所在신동田畓을同出資본ᄒᆞ야同事買得而到今이初是破동인故로役費錢四千餘兩을亦各分當ᄒᆞ야以成完동矣에自戊戌至辛丑四年秋收을如數分食矣러니忽於壬寅夏에車學모가留京多年이라가신동畓을付屬莊洞祥宮이다圖出본宮公文ᄒᆞ야以渠子로差出宮舍音ᄒᆞ야使之永久擧行이고自본郡으로 御覽量案을踏驗ᄒᆞ니이온바리世正이가卽爲上京ᄒᆞ야據理實請ᄒᆞ즉車答曰히[illegible] 御覽量案은已納본宮에莫敢誰何라ᄒᆞ야互相爭詰이온中同學모가又以거子로圖出大邱관察道主事ᄒᆞ야替往히道ᄒᆞ야逗留數三年에上納外費也와詞訟也雜也에富爲石崇이오權重관察이라가至於甲辰夏ᄒᆞ야始爲歸家故로리世正이가以面以書에屢次提言이되車學모가히신동畓을一直藉宮ᄒᆞ고反加恐喝타가逮夫甲辰臘月에只以沙土所在田畓同事買有지一半薄土로代給而止지ᄒᆞ니리世正이得不補失에積冤지鬱矣러니纔過一年而至於昨夏ᄒᆞ야車學모身死後에納宮云々지畓券이露出於거家故로본인이確知其欺騙ᄒᆞ고送子於車家曰藉宮金奪지奸狀이今旣現露則신동沙土田畓을如前分半이可也云則車姪義환이大談恐嚇ᄒᆞ며烟竹揮打에藉其京鄕聞豪勢ᄒᆞ고施悖無比故로始爲起訟於郡查道判지場에同義환이가칭聽거查頓박子[illegible]訟訴於일번顧[illegible]涉이다온본인[illegible]宮則週日번[illegible]라ᄒᆞ고仍爲手[illegible]본이지子가粘[illegible]院ᄒᆞ야宮訓院[illegible]야自번道로以[illegible]繕給판決書이[illegible]가弗遵公決ᄒᆞ[illegible]ᄒᆞ야리世正이[illegible]야兩造質查지[illegible]답士을假托付[illegible]과히秋收을詐[illegible]謀計와히書札[illegible]畢皆現露하야[illegible]末乃只分其穀[illegible]로번인이불勝[illegible]法부ᄒᆞ와自平[illegible]指令ᄒᆞ야更查[illegible]彰ᄒᆞ고車供이悉證ᄒᆞ야車已身死의罪불深究나히土ᄂᆞᆫ依前分半次持ᄒᆞ고히秋收도調查分給지意로繕給判決書이옵고仍下訓令於본道ᄒᆞ야自본道로綜詳調查次로車義환及동監車在希等을起送지意로翻飭於본郡ᄒᆞ야自본郡으로翻訓告示於히面里任者至於五六次의一向頑拒故로指示分派所巡檢이되彼車義환은與거頑박承彩로隱伏京中이做奸하고車義환지兄若姪은暗嗾동監車在希ᄒᆞ야今陰正月의同車在希가率거群從輩ᄒᆞ야각持木棒ᄒᆞ고卒到리世正지子家ᄒᆞ야打破內外門戶ᄒᆞ고曳出婦女ᄒᆞ야縛肩曳髮ᄒᆞ며足적拳毆ᄒᆞ야驅至五里許地이幸賴隣里지救護ᄒᆞ야僅得生還인바번인이急告於面里任ᄒᆞ고赴訴우본官及分派경務所ᄒᆞ야自面里로摘奸報官ᄒᆞ고自分派所로派送巡檢ᄒᆞ야捉致車在希지際에히車黨數십名이追及中路ᄒᆞ야欲縛巡檢이奪罪인故로巡檢이僅得捕拿ᄒᆞ니是ᄂᆞᆫ暴民也요亂民也라自본官으로方爲擧實報道ᄒᆞ야照律霏判이나彼車黨가族戚相黨ᄒᆞ야專事詐欺하고又加暴亂ᄒᆞ야將未免民불民이法불法지歎云ᄒᆞ니頑彼車黨ᄂᆞᆫ眞可謂欺騙지惡類也요亦可謂暴亂지惡黨이옵기玆의廣布ᄒᆞᆷ

宣川 리世正 告빅

◎活動寫眞廣告◎

四月二十日로부터歐美各國에有名ᄒᆞᆫ活動寫眞을新門外停車越便(新橋西便)洋屋에셔開催이온바戲景이宛如生活ᄒᆞ고頗有興味ᄒᆞ오니觀光ᄒᆞ실 僉君子ᄂᆞᆫ左開時間에 枉臨ᄒᆞ시옵

每日下午七時半

入場料 一等신貨三拾錢 二等 拾五錢

南門外蓮동林徽와處推次當錢二千五百兩四月晦日字一片遺失ᄒᆞ야기廣布ᄒᆞ오니誰某拾得休紙施行ᄒᆞᆷ

倉동 田有根 白

慶南漁基派員事로漁民三百二十人이呼訴于義親王府事에狀頭은以金雲五로書之ᄒᆞ야三月初六日申報上에現載ᄒᆞ엿시나同雲五은本無干涉ᄒᆞᆫ樣이로極口發明ᄒᆞ더려派員事로論ᄒᆞ와도金鳳수ᄃᆡ댁셔之施虐等說이亦是無中生有인바不知何許挾雜輩가派員을得ᄒᆞᆯ計로如是借名做訛ᄒᆞ야陷人不測ᄒᆞ엿ᄂᆞᆫ지아직探得지못ᄒᆞ엿시나爲先正誤ᄒᆞᆯ意玆에廣佈ᄒᆞᆷ

洞口內四十九統九戶

劉東植 金雲五 告白

本人의家사南署明哲방週井동七十五統三戶草家八間契券을典當於南署誠明방晦동居柳秀泳許矣러니同秀泳이가陰曆二月初二日에不幸其家사沒燒ᄒᆞ야本人의家券이亦入於回祿中이기로將欲請願於漢城府ᄒᆞ옵기先玆廣告ᄒᆞᆷ

吳任淳 告白

●第二期학員募集

本校에셔본通科학員을新募ᄒᆞ오니入학志願者ᄂᆞᆫ來五月拾日(陰三月二十八日)內로본校에來議ᄒᆞ되年영은십一歲로십七歲ᄭᆞ지定ᄒᆞᆷ

私立淸風學校 告빅

本人田이在於東署祭基防築下인ᄃᆡ히文券을昨日路上遺失故廣告ᄒᆞ니誰某拾得ᄒᆞ와ᄂᆞᆫ休紙施行ᄒᆞᆷ

工後동 장錫珪 告白

師範學校速成科第二回卒業生中在경ᄒᆞᆫ者ᄂᆞᆫ本月十八일上午십二時에本部로來會ᄒᆞᆯ事

학部

普法戰記

白堂 玄采 君譯

(全一冊 正價四拾錢)

本書ᄂᆞᆫ距今卅七年前西曆一千八百七十[illegible]

發兌元

[illegible]

高靈朴氏大同譜所定于京寺동六統一戶前郡守朴熙斌氏家京鄕僉宗以此照亮

高靈박氏譜所 告白

◎增修無冤錄大全

壹帙壹白七十貳頁 定價金新貨七拾五錢

此增修無冤錄大全은法律家의最緊要ᄒᆞᆫ書籍이온ᄃᆡ年來現本이殆히絕種에至ᄒᆞᆫ지라故로法部에認可를得ᄒᆞ옵고此를新刊ᄒᆞ얏삽ᄂᆞᆫᄃᆡ國漢文으로解釋ᄒᆞ야模糊ᄒᆞᆫ句節이無ᄒᆞ오니法律學에有志ᄒᆞ신니와字牧之任에居ᄒᆞ신니ᄂᆞᆫ不得不覽ᄒᆞᆯ冊子이오니注意購覽ᄒᆞ시옵

中署布屛下

廣學書舖 金相萬 發售所

江原道高城郡金剛山楡점寺楡신學校告白

開學日字ᄂᆞᆫ陰二月廿九일

普通科程如左

內典 外典 語學 地誌

歷史 算術 國文 習字

第二期學員募集廣告

本塾에셔今年에宏濶ᄒᆞᆫ教場을建築ᄒᆞ며教務를擴張ᄒᆞ야一層整備ᄒᆞ고法學員을新募ᄒᆞ오니願學人은本塾에前期내請願ᄒᆞ고左開日에應試ᄒᆞ되學科及規則은本塾에내問ᄒᆞᆯ事

○試驗科目

國漢文 讀書 作文

算術 (四則以內)

○試驗日字

陽五月五日(陰三月廿三日)

光武十一年四月 日

西署英語學校後동

私立養正義塾 告白

西署新門外솔동百八十六統三戶

辯護士前檢事正三品 丁明燮

法律事務所 事務員前主事吳任淳

本店에셔四月一朔동안所有物品을特別減價ᄒᆞ야出售ᄒᆞ오니陸續來購ᄒᆞ시옵

貞동源泰洋服裁縫店 告白

●學員募集廣告

大韓醫院教育部에셔官費生及私費生으로學員을試選ᄒᆞᆯ터이니入學志願者ᄂᆞᆫ四月二十五日(陰曆삼月十삼日)以內로入학請願書를本部(中署勵洞前醫학교)에具呈ᄒᆞ고翌日上午十時에本部로來赴應試ᄒᆞᆯ事

入學試驗科目

一 年齡은十八歲以上삼十歲以下

一 身體檢査

一 漢文讀書

一 國漢文作文

一 算術問答

一 中학校卒業證書가有ᄒᆞᆫ者ᄂᆞᆫ免試許入ᄒᆞᆯ事

一 入학請願書紙ᄂᆞᆫ本部로來ᄒᆞ야購用ᄒᆞᆯ事

大韓醫院教育部

國債報償義捐金收入廣告

●楊根邑內面長安동
前主事니定世 六拾錢
조鍾水 洪時學 니啓世
조鍾九 홍時哲 박承祐
정洛헌 白時슌 송德順
니春心 송仁壽 白自善
윤八十 박元實 文士俊
申承云 林石긔 리敬天
니雲心 林完實 각貳拾錢
김時浩 九拾錢
文리卒 五拾錢
명正化 니完心 최淳汝
니敬元 김敬五 김敬浜 각三拾錢
니和先 林完甫 文春鼎
니洪駿 니明心 니창成
姜春西 윤明甫 각拾錢
▲東終面中동
前博士趙炳哲 壹圓
前主事조斗源 壹圓
前宣傳官니敬濂 貳圓五拾錢
中동동中錢 拾圓
▲西始面蹄灘동伏浦
白聖心 梁点先 니順承
각六拾錢
邊正一 장桂창 김鳳熙
김창煥 許萬植 김漢承
김應元 김리회 최봉각
각四拾錢
김聖業 洪鍾實 각三拾錢
니俊祜 禹萬헌 김基煥
文聖鎭 박俊喜 김吉헌
김容회 김淳得 니仁俊
니殷承 김聖환 각廿전
邊 桂 니容基 리鳳錫
최道治 박學봉 김聖玉
각拾錢
▲셔시面大灘동新村里
됴봉植 김龍主 方順成
각貳圓
許大成 方文植 각壹圓
박致實 方在學 각六拾錢

니儀俊 吳仁西 각四拾錢
徐致善 尹奉業 각三拾錢
명仲善 徐元達 方順西
박末叱山 徐用化 홍壽得
方性五 許萬用 方萬根
方昌植 각貳拾錢
김炳斗 趙元實 方順伯
方富成 徐奉셔 김正達
吳萬西 각拾錢
▲大灘동上心里
從二品김喜洙 五圓
車相晋 盧漢成 盧甲戌
최漢福 裴雲吉 각貳圓
卞甲동 김壽童 최長出
김容祿 각壹圓
洪龍門 洪弘文 각六拾錢
廉七봉 명億男 최봉鶴
奇祥權 각五拾錢
김斗崇 池倍云 각四拾錢
廉壽봉 三拾錢
梁順石 김弘祿 김俊祿
박리根 김順龍 김順石
김承主 박壽萬 宋德智
각二拾錢
김憲中大夫人徐氏
銀指環一件壹兩壹錢七分重
代金二圓五拾錢
車相晋王大夫人吳氏
銀簪一件八錢五分重
代金壹圓七拾錢
김喜숴長子婦鄭氏 五拾錢
徐寬興大夫人변氏 廿一錢
최召史 貳拾錢
김今春大夫人니氏 拾二錢五里
▲셔시面大雅동香多里
姜文회 申봉均 龍聖淵
柳建用 각壹圓
강甫회 六拾錢
申富均 申命均 申弘均
각卅錢
니善有 權 식 강友熙
각廿錢
리秉九 박用셔 강德用
吳鶴承 강正熙 梁雲先

박時用 方셩云 각拾錢
▲셔시面陶谷동
박用國 五圓
大夫人니氏 五拾錢
又銀잠壹件七錢五分重
代價文壹圓五拾錢
박치和 二圓
니蕙夏 壹圓
니萬奉 六拾錢
呂규白 홍鍾혁 呂穆헌
呂運成 方明成 니貞均
方厚石 方喜德 方順集
비百男 方常福 呂규正
니鎭榮 각五拾錢
니七봉 任公先 方致明
方敬文 方喜安 각四拾전
니奉榮 方德俊 呂규台
니善陽 方三龍 김春明
方晋用 니鍾八 각卅錢
文今蘇 廿五錢
方忠成 方仁福 方哲福
김一台 方喜萬 方訓龍
馬壽敬 方리山 각廿錢
▲셔시面牛長里
方萬奉 八拾錢
김聖旨 七拾錢
조益西 六拾錢
니喜然 劉쇠돌 각四拾錢
명定寬 니喜男 각卅錢
비雲先 劉辰守 각廿전
김元先 拾錢
合壹百○九圓拾八전五里
●始興西面鞍峴里
강영교 五圓
강션일 貳圓
박용규 니션듄 각五拾錢
손인교 廿전
니술옹 廿五전
장션교 니셩현 최천오 각五拾전
류풍엽 손종문 신셩헌 각廿전
평운경 윤춘경 리범쥰

리기보 각拾전
손남보 廿전
●北靑郡拱北集設會第二回捐金 拾壹圓拾五전
니容協 김丙회 각壹圓
최萬元 三拾錢
장致순 張達순 각壹圓
장辰明 五拾錢
장敬眞 장敬和 각壹圓
장敬文 장敬主 장敬勳
張敬煥 각卅錢
장英斗 박芝實 박在善
박在洪 박道協 박芝龍 각貳拾錢
楊寅熏 壹圓
楊寅煥 四拾錢
楊春在 楊春三 揚春郁 각貳拾錢
조松業 김찬 박창혁
박成煥 김慶河 각壹圓
김炳헌 四拾錢
김正漢 김薰 조萬德
조弘國 각五拾錢
니冕植 四拾錢
馬道正 申致主 각廿錢
조正璧 壹圓
조면辰 김慶達 각四拾錢
童김進培 니明혀 각廿錢
니昇根 니昇喆 각五拾錢
박南薰 壹圓
쟝奎翼 五拾錢
조창成 리基셔 김丙主
각廿錢
조宜俊 조聖俊 ㄱ壹圓
조호俊 조英俊 각五拾錢
조仁俊 壹圓
童全義岩 童全義孫 각三拾錢
조박돌 貳拾錢
馬周益 壹圓
馬周漢 五拾錢
韓德厚 三拾錢
니性源 四圓
童리得介 壹圓

니得洪母親 五拾錢
童리宗介 壹圓
니宗介祖母 니宗介母親
童니宗介妹 각五拾錢
康 懋 니重主 楊寅郁
각六拾錢
조景勳 五拾錢
장道의 김贊식 각廿錢
박權春 三拾錢
최仲立 五拾錢
鄭리俊 宣炳헌 ㄱ壹圓
合四拾四圓捌拾錢
●官立水原農林學校生徒
教授補윤리重 번國瑢
學員曹병和 각壹圓五拾錢
申헌承 리思震 김榮祥
장斗柄 최泰鏞 김宗元
각壹圓
申완식 八拾錢
曹鼎煥 七拾錢
니필寧 兪爽濬 權彝哲
吳盛根 權셔圭 文衡션
김龍植 조載億 박宗규
니必회 김勳 윤哲헌
安喜承 홍在夏 姜大션
申헌九 김運鏞 김元日
安규應 김尙謙 김義鎔
김正學 김元河 김化쥰
김贊五 각六拾錢
合貳拾ㄷ圓
●抱川東村面芝峴里
幼學任봉準 니일濟 宋相益
韓用규 楊병九 郭元福
조士用 郭庚戌 ㄱ壹圓
한澤履 任龍準 七拾錢
니周필
楊병쥰 楊秉禧 郭萬福
郭萬成 김壯돌 郭三成
니憲秀 니東秀 姜仁셔
니병元 각六拾錢
됴在德 五拾錢
강守萬 강性셔 각스拾錢
니文필 김守돌 郭季돌
각三拾錢

니武弼 니在主 양규혁
니會明 장學福 郭니遜
郭今星 곽庚福 곽凡伊
곽季福 강五甲 비창謹
任英準 조洪準 趙命山
곽今돌 김致聖 곽正先
리承鎭 任貫主 강仲福
니容觀 양秉喆 박化迹
곽才龍 김千應 리明鎭
許貫童 각廿錢
니德三 니병岳 곽仁達
곽肅卦 각拾錢
合貳拾肆圓九拾전
●牙山郡敎義應峴
鄭祐承 二圓
▲二西文曽
前主事뎡翰承 貳圓
▲一西牙헌
鄭樂션 壹圓
▲一西岩寺
鄭景好 壹圓
▲一西牙헌
뎡世영 六拾전
▲敎義應헌
뎡周承 뎡樂쥰 각六拾전
▲二西大角
뎡爽承 五拾전
▲一셔牙헌
뎡元承 뎡樂範 뎡台承
뎡達承 뎡殷承 각卅전
뎡舜好 廿五전
▲敎義面大寺동
홍기裕 홍承裕 홍思說
홍洛鎭 홍慶厚 各六拾전
홍思寧 홍台裕 홍建厚
方德晉 各五拾전
△敎義加洛里동中 拾圓
△敎義藥신堰동中 九圓
△敎義洪串里동中 貳圓
△堰里동中 壹圓廿전
合三拾七圓貳拾五전
●豐德郡東面佳林동
劉識錫 貳圓
兪益三 壹圓

박기쥰 六十전
박기成 兪致奉 각四拾전
니義雨 兪德三 각三拾전
니敬一 니敬春 니敬玉
徐相振 뎡敬主 김承化
니奇主 吳君甫 장聖翮
김광主 각貳拾전
兪鎭海 니亨達 김聖康
김聖鎭 니相鎭 각拾전
合七圓五拾전
總合二百六십一圓七十八錢五里
前號總合四千八百七十三圓四十四전二里
都總合五千壹百삼십五圓貳십貳전七里

大韓每日申報社

發行兼編輯人 英國人비說
發行所
南셔石井洞號外地三層洋屋
大韓每日申報社

第五卷

大韓每日申報

第四百九十三號

月曜及慶節歲時日休刊

神聖四千二百四十年
箕子元年三千二十九年
大韓開國五百十六年
日本明治四十年
淸國光緖三十三年
◉陰曆丁未三月小初十日壬寅

別報

嗚呼誰之罪乎 (日人所刊仁港)(朝鮮新報譯載)

我在韓同胞가其勢力範圍가次第擴장ᄒᆞᄂᆞᆫᄃᆡ로韓人의게對ᄒᆞ야近來에侮蔑嘲弄ᄒᆞᄂᆞᆫ行爲를恣行ᄒᆞ야敢自凌辱코져ᄒᆞᄂᆞᆫ狀이有ᄒᆞᆷ은東洋先進국이되고셔ᄂᆞᆫ못ᄒᆞᆯ거시니保護국에對ᄒᆞᄂᆞᆫ躰面上에不可不頗爲注意ᄒᆞᆯ事이라ᄒᆞ노라

彼車夫職工之徒가韓人下等者流의게對ᄒᆞ야惡罵亂暴를逞ᄒᆞᄂᆞᆫ事實은地方到處에現象이有ᄒᆞ니此亦一々히深咎ᄒᆞᆯ事情이아니미아니나此間에堂々ᄒᆞᆫ紳士와官人之輩가徒히同胞之勢力을恃ᄒᆞ고無辜ᄒᆞᆫ韓人을凌辱ᄒᆞᄂᆞᆫ例가往々히不尠ᄒᆞᆫᄃᆡ近者에可信處의談話를據ᄒᆞᆫ즉京城에在留ᄒᆞᄂᆞᆫ日人下等者流ᄂᆞᆫ無難히韓人을輕蔑愚弄ᄒᆞ야遂히亂打負傷케ᄒᆞᄂᆞᆫ者도有ᄒᆞ미適其時에警官이出張ᄒᆞ야說諭ᄒᆞ려ᄒᆞᆫ즉도로혀경官을韓國警官인줄誤認ᄒᆞ고一段亂暴를惹出ᄒᆞ며其言動이眞是不可露出ᄒᆞᆯ者도有ᄒᆞ다ᄒᆞ니我同포ᄂᆞᆫ何故로如斯히一時小康에安ᄒᆞ야公德에悖ᄒᆞᆫ行爲가多ᄒᆞ나世界에셔ᄂᆞᆫ統監府의施設에關ᄒᆞ야云ᄒᆞ기를箇人의自由를束縛ᄒᆞᄂᆞᆫ弊가有ᄒᆞ다ᄒᆞᄂᆞᆫ諸가有ᄒᆞ나吾人은차라하寬大에셔過ᄒᆞᆫ措置라ᄒᆞ노니只是日本의統治方針을於心에不好ᄒᆞᄂᆞᆫ上流한人은原來下層土民의게至ᄒᆞ기ᄭᆞ지無故히凌辱ᄒᆞᆷ을甘受ᄒᆞᆷ은決코中心에셔出ᄒᆞᆫ本意가안인줄을知悉ᄒᆞᄂᆞᆫᄃᆡ況此에셔尤甚痛歎ᄒᆞᆯ一種報告가有ᄒᆞᆫᄃᆡ吾人은此排日熱心이發生ᄒᆞᄂᆞᆫ現下에特히當局者의경戒를要코져ᄒᆞ노니其報告에曰

嚮日에창德宮內에셔 賜宴을開催ᄒᆞᆯ터인故로檢査次로宮內府官吏가同官門前에至ᄒᆞᆫ즉適時에拜觀ᄒᆞ든日人六七名이出來ᄒᆞᄂᆞᆫ대各其手에桃리花를携來ᄒᆞᄂᆞᆫ지라如斯히宮苑의風致를傷害ᄒᆞᄂᆞᆫ無法行爲를看過키難ᄒᆞ다ᄒᆞ고同宮警衛巡檢의게嚴重히其職責을糺問ᄒᆞᆫ즉巡檢이答曰雖爲制止나毫無聽從ᄒᆞ니勢無奈何라ᄒᆞ얏다ᄒᆞᄂᆞᆫᄃᆡ目下에宮中에셔ᄂᆞᆫ日人의亂暴ᄒᆞᆷ을惹許ᄒᆞ미
皇帝陛下ᄭᅴ 登聞이되여宮苑保存上에非常히 宸襟을惱ᄒᆞ사禮式課長을伊藤統監邸에派遣ᄒᆞ사交涉ᄒᆞᆷ이有ᄒᆞ다ᄒᆞ며차報告에就ᄒᆞ야探聞ᄒᆞᆫ즉宮中의花를折ᄒᆞᄂᆞᆫ者ᄂᆞᆫ獨히日人뿐아니라ᄒᆞᆫ人中외도闖入折花ᄒᆞᄂᆞᆫ者ㅣ不少ᄒᆞ고特히日人中에ᄂᆞᆫ怪乖ᄒᆞᆫ婦人을伴ᄒᆞ고酒食을携帶ᄒᆞ고終末에ᄂᆞᆫ醉歌狂舞를演ᄒᆞᄂᆞᆫ等이甚多ᄒᆞ다ᄒᆞ니我對한政策의根源은所謂挫强扶弱으로出ᄒᆞᆫ者이어ᄂᆞᆯ엇지今日에從然히弱을凌ᄒᆞ야公德을沒케ᄒᆞᄂᆞᆫ愚를學ᄒᆞ리오況我皇室의親善ᄒᆞ신
韓國皇室의宮苑에對ᄒᆞ야如斯ᄒᆞᆫ無禮를行케ᄒᆞᆷ은한국皇室에對ᄒᆞ야實노其敬意를欠케ᄒᆞᄂᆞᆫ거시라고云ᄒᆞᆯ지고如斯ᄒᆞᆫ無禮ᄒᆞᆫ同胞人을禁苑에拜觀ᄒᆞᆷ을聽許ᄒᆞᄂᆞᆫ거ᄉᆞᆫ果然誰之罪乎아然而浮說流言이百出ᄒᆞ야我同胞의措置를列國에訴告ᄒᆞ야排日思想을煽動ᄒᆞᄂᆞᆫ筆頭에當하야若차不正式ᄒᆞᆫ邦人의狂體를演出케ᄒᆞᆷ은油를薪에注ᄒᆞᆷ과恰似ᄒᆞ야其排日的材料를供呈ᄒᆞᆷ에無異ᄒᆞ니엇지某宣교師의使嗾을待ᄒᆞ며엇지한字記者의煽動을待ᄒᆞ리오

ᄉᆞᄉᆞ로排日熱을發生케ᄒᆞᆷ이라吾人은統監府의統治方針을愈々確定ᄒᆞ며共히在한邦人이偏히愼重ᄒᆞᆫ態度를以ᄒᆞ야各般經營에從事ᄒᆞ야輕조지擧를警ᄒᆞ기를切企지至라ᄒᆞ얏더라

官報

◉三千七百四十六號 光武十一年四月廿二日

◉宮廷錄事

掌禮院卿臣리胄榮謹奏卽接長단郡守윤宗求報告書則本郡所奉麗王陵守護郞명學西所告內陰曆正月廿九日不知何許賊漢斫破麗王第二陵々上云故卽爲馳進看審則陵上西南方斫破周回以山尺爲兩尺深丈爲兩尺陰曆二月初九日麗王第一陵又有變경云故卽爲馳進看審則陵上南方斫破周回以山尺爲三尺深丈爲兩尺五寸該犯期於詗捉而修改之節時日爲急云矣守護지地有차無前지變聞極驚駭作變지漢刻期詗捉照法勘處有랄處修改지節令地方官從便擧行旣有已今亦依此擧行事分付何如謹上 奏奉
旨前代陵寢連有此變不勝驚歎히犯不日詗捉照律嚴繩修改지節依已例令地方斯速修改事畢後遣秘書致祭

◉敍任及辭令

宮內府特進官강友馨辭職疏
批旨省疏具悉所請依施
義親王府總관閔봉식辭職疏
批旨省疏具悉所請依施
營繕司技手조漢禎
任營繕司主事 六品成규운
任掌禮院掌樂課主事 九品강텩均
任營繕司技手 義陽君리載覺
知敎寧司事윤澤榮
陸軍正領리起홍
任陸軍參將 度支部稅務官金永규
官立漢城日語學校敎官柳一宣
依願免본官
前議官洪鼎厚 仝徐萬熙
任度支部稅務官

外報

◉私塾改良 北京報를據ᄒᆞᆫ즉淸국의敎授童蒙ᄒᆞᄂᆞᆫ舊法은私設學塾이甚多ᄒᆞ고敎師가太半頑固로藉此糊口者러니現在敎育을振興ᄒᆞ미此頂敎師가全不合法ᄒᆞᆫ지라外城第三學區에셔勸學員魏子鴻內城勸學員志仲제兩씨가一特別지法을商確ᄒᆞᆯ야京城所有私숙의敎讀者를詳細調査ᄒᆞ니共計略干名이라各學區地方에分派ᄒᆞ야每日晩에敎授於法으로써蒙學師範夜學課를숨아日間敎讀을不廢ᄒᆞ야敎育童蒙을逐漸改良ᄒᆞᆫ다더라

◉商業學堂의創設 北京報를據ᄒᆞᆫ즉商界某志士가中국에商務不振파學術不精으로現에北京에在ᄒᆞ야商業學堂을組織ᄒᆞ야商業을推廣ᄒᆞ고利權을挽回ᄒᆞ기로ᄒᆞᆫ다더라

雜報

◉탈환회취지셔

대저ᄒᆞ나님ᄭᅴ셔내이신비사람은남녀가일반이라우리ᄂᆞᆫ한국의녀ᄌᆞ로학문에종ᄉᆞ치못ᄒᆞ고다만방젹에골몰ᄒᆞ고반찬에분쥬ᄒᆞ야사람의의무를알지못ᄒᆞ옵더니근일에들니ᄂᆞᆫ말이국채일쳔삼백만원에젼국흥망이걸고못갑ᄂᆞᆫ대잇다고ᄒᆞ매드ᄂᆞᆫ말을듯고싱각ᄒᆞ니

슬푸다우리ᄂᆞᆫ라졍부집졍ᄒᆞ신분네들이여강토를경히녀여도지들면당ᄒᆞ고국채를ᄂᆡ판ᄒᆞ여ᄉᆞ니갑ᄌᆞᆷ을ᄒᆞ기로연ᄒᆞ고일년잇히십년을갑지못ᄒᆞ고보면ᄉᆞ쳔년고국에오빅년종샤와삼쳔리강토에이쳔만싱령이빗갑세다웁셔져도졍장이못되고쳐귀가될터이오니

우리각사람의몸둔곳손나라히라깃시업드러지ᄋᆞ리엇지완젼ᄒᆞᆫ알이잇사리오슬푸다우리동포ᄌᆞ매여귀빈년알졔알에ᄌᆞ유지락을다일코의복음식에소죵합파아달ᄯᆞᆯ의천역지경을싱셔지락으로아옵ᄂᆡ니국가위ᄒᆞᆫ말한번귀ᄒᆞ들으이리ᄒᆞᆫ일렷무엇시며ᄉᆞ랑ᄒᆞᆫ것쓸데잇소나라ᄒᆞᆫ번위ᄒᆞ고보면당상에늘근부모ᄂᆞᆫ장챵어ᄂᆡ곳셰장ᄉᆞᄒᆞᆯ며강보에어린ᄋᆞ히ᄂᆞᆫ장챵뉘에종이될ᄂᆞᆫ지오말파싱각이이지경에니르매심장이샹ᄒᆞ야눈물을검쳐못ᄒᆞ고련지가아득ᄒᆞ종강보에쳥부지와된즁에남여를분별치못ᄒᆞᄂᆞᆫ이히ᄂᆞᆫ장챵뉘의죄로사람권를보지못ᄒᆞᆫ고뉴리ᄒᆞ야남의노예를면치못ᄒᆞ리니

아닯나아무엇ᄒᆞ며ᄯᅩᄂᆞᆫ길너무ᄒᆞᆯ가이런고로유지신ᄉᆞ들이즈초을굿친다김반을ᄒᆞᆫ다여러가지로랄채ᄒᆞᆯ방침을연구ᄒᆞ야젼국이분울 오니우리도이쳔만인구즁ᄒᆞᆫ사람이라아득ᄒᆞᆫ마음에싱각고싱각ᄒᆞ니깃부고깃부다국채일쳔삼빅만원에슈는엄마나만은지축량ᄒᆞ기어렵ᄉᆞ오니갑흘방침은우리동포에마암가온ᄃᆡ잇는줄알고깃붐을측량치못ᄒᆞ옵ᄂᆡ다

대법이쳔만즁녀ᄌᆞᄀᆞ일쳔만이오일쳔만즁에지환잇ᄂᆞᆫ이가반은남될터이오니지환ᄒᆞᆫ쌍에이원식만셈ᄒᆞ고보면일쳔만원이녀닌슈즁에잇다ᄒᆞᆯ슈잇ᄉᆞᆸᄂᆡ다도로혀지환에리히울싱각ᄒᆞ여봅시다더그물예물건되거시니귀즁에ᄉᆞᆫ관ᄒᆞᆫ이업고다만손가락을속박할것뿐이오녀인의사랑ᄒᆞᄂᆞᆫ비나ᄌᆞ녀의야비한손가우리나라기년종귀가닐용ᄉᆞ물농소용업ᄂᆞᆫ거슬이러ᄆᆞ랑ᄒᆞᄂᆞᆫ거ᄉᆞ우슴닐인지알지못ᄒᆞ엿더니오날날이쥭터호ᄉᆞᄅᆞᆯ셩취할려예비함이로다이런못시국채를갑고보면국권만회ᄒᆞᆯᄲᅮᆫ아니라우리여ᄌᆞ의흠ᄂᆡ셰샹에면파ᄒᆞ야남녀동등권을찾슬거시니

여보시오여보시오우리녀자동포님네동셩일심ᄒᆞ여ᄯᅥᆨ일치말고지환한번벗게되면님쳔만명무명지께슈박ᄒᆞᆫ것벗슴으로외빈슈모부지ᄒᆞ고자유국권회복ᄒᆞ여독립긔초이날이니홍군의국ᄒᆞᄂᆞᆫ민죵정최면암신셩명도앗기지안코학문종ᄉᆞᄒᆞᄂᆞᆫ님번류ᄒᆞᆯ셍ᄂᆞᆫ손가락도잘엇거든ᄒᆞᆯ며쓰터업ᄂᆞᆫ지환으로보셩명지체그아니욕이ᄒᆞᆫ오동포님네동포님들을김피깁피싱각ᄒᆞ면못ᄒᆞᆯ닐이아니오니어셔속히결단ᄒᆞ여님시벗는날는나리이힘이오셩령이힘이위다

장 명

닐회명은국채보샹탈환회로흠
님의연ᄂᆞᆫ패물과금익을모집ᄒᆞ
님의연물품ᄂᆞᆫ번군취셩회로헤
되가쇼를불ᄒᆞᆷ
송ᄒᆞ여써명과금익을신문에공포홈

발긔닌장의군장모공씨
김덕유조모엄씨등

雜報

●議案延期 參政大臣박제純氏가창德宮內宴會와工業傳習所開式에進參ᄒᆞ노라ᄒᆞ고連日仕進視務치못ᄒᆞᆫ故로內府會議가延期되얏ᄂᆞᆫᄃᆡ該議案은諸般支出件이라더라

●旅團開議 軍部旅團編制件을政府에서中樞院으로咨詢ᄒᆞ얏더니日昨該院에셔開議可決ᄒᆞ얏ᄂᆞᆫᄃᆡ日間頒布가된다더라

●興盡而歸 內部大臣리지鎔氏가去土曜日에龍山江亭에出往ᄒᆞ야春興을消遣ᄒᆞ고今日入城ᄒᆞᆫ다더라

●經院運動 修學院長리根湘氏가經理院卿을現極力運動ᄒᆞᆫ다ᄂᆞᆫ說이有ᄒᆞ더라

●박氏被刺 再昨日下午八時에孟峴居宮內府審査局長박鏞和氏가親交四五人으로列坐談話際에何許洋服ᄒᆞᆫ刺客二名이左右手에各持砲銃ᄒᆞ고突入房中ᄒᆞ야先發六穴砲一放ᄒᆞ고卽犯박氏ᄒᆞ야以劒으로該씨腹部를又ᄒᆞᆫ後에히ᄌᆞ客이六穴砲를連發施威ᄒᆞ고히家後로卽爲逃躱ᄒᆞ얏ᄂᆞᆫᄃᆡ박씨를治療次로擔去漢셩病院ᄒᆞ다가鍾物橋等地에到來ᄒᆞ야永爲致命ᄒᆞᆫ故로身軀만檢査ᄒᆞᆫ後에히家로屍身을返往ᄒᆞ얏다더라

●戒嚴尤甚 三淸동初入동口와孟峴上쏘파花開동初入동口에巡檢과別巡檢을多數把守ᄒᆞ야來往客을詗察하되全身搜探ᄒᆞ며至於雇傭人ᄭᅡ지라도這這詗探ᄒᆞᄂᆞᆫ故로道路에尋常行人이甚히不便ᄒᆞ다더라

●任員組織 大한俱樂部에셔再昨日東門외永道寺에總會를開催ᄒᆞ고任員을組織ᄒᆞᄂᆞᆫᄃᆡ學部視察官魚鎔善氏ᄂᆞᆫ部長으로內部ᄉᆞ務官□洙氏ᄂᆞᆫ總務로推薦ᄒᆞ고內部大臣리址鎔氏ᄂᆞᆫ新貨一千圓을寄附ᄒᆞᆫ故로特別部部員으로薦定ᄒᆞ얏다더라

●日兵建舍 會寧종셩等地에日本兵舍를現方建築中인ᄃᆡ히經費預算이一千五百萬환에達ᄒᆞ얏다더라

●恤금送了 斷指學生恤금事에對ᄒᆞ야本社에서太極會의委托을承ᄒᆞ야募集금額이合新貨二百十七환인ᄃᆡ先此所送이二十二圜이오今回에一百八十八환이오七圜은廣告料로計除ᄒᆞ고救恤ᄒᆞ신諸員의姓名은廣告欄內에揭明홈

●일人請求 義州龍川兩郡界에在ᄒᆞᆫ古津江上流三川橋를일本人藤浦萬治가請求ᄒᆞ얏다더라

●翻譯依免 平安北道翻譯官補장긔도씨가依免ᄒᆞ얏다더라

●視務無所 함鏡北道觀察使署理參書官柳學根씨가內部로電報ᄒᆞ되現無事務所ᄒᆞ야停務多일에極涉未安ᄒᆞ오니回電伏望이라ᄒᆞ얏더라

●士卒涕泣 陸軍연成학校敎長노伯麟씨ᄂᆞᆫ磊落광明ᄒᆞᆫ胸次와忠厚正直ᄒᆞᆫ心法이實로大한軍人界에罕有匹儕ᄒᆞᆫ者라向일에曖昧ᄒᆞᆫ事件으로軍大權重顯씨의過度ᄒᆞᆫ遲憾을被ᄒᆞ야停職을當ᄒᆞ미일昨에僚友와兵丁들이訓錬院에서送別會를開ᄒᆞ얏ᄂᆞᆫᄃᆡ一般士卒이皆流涕不已ᄒᆞ얏스니同씨가平일에撫養敎率ᄒᆞ야得其歡心ᄒᆞᆫ것은於此可見이라ᄒᆞ더라

●午餐孤兒 昨일에伊藤統監이以孤兒午餐次로변五十圜을送餽ᄒᆞ니院ᄒᆞ야七十餘名孤兒가飽喫ᄒᆞ얏다더라

●何不歸一 再昨日鍾路紙廛都家의셔國채事로中央義務社와聯合會議所가會同하야歸一지意로爛議ᄒᆞᄂᆞᆫᄃᆡ兩處人員이會名을競爭ᄒᆞ다가中央의셔ᄂᆞᆫ社장丕鎭泰以下諸씨가終是不應ᄒᆞ고奮激退歸ᄒᆞ얏더라

●林송將裁 求禮郡守宋大鎭氏가民訴를因緣ᄒᆞ야平理院에捉囚ᄒᆞ얏ᄂᆞᆫᄃᆡ該郡居前郡守林용현氏가自己의買山置票를히郡宋大鎭氏가無故掘去ᄒᆞ얏다고對質裁判次로平理院에請願ᄒᆞ얏다더라

●監督病電 일本留학生監督한致愈씨가因病廢務ᄒᆞ얏다고學部에電報ᄒᆞ얏더라

●閔第宴會 昨일下午二時에度支大臣閔泳긔씨가設宴ᄒᆞ고各부대臣과顧問官을一幷請待ᄒᆞ얏ᄂᆞᆫᄃᆡ協판은度協柳正秀씨만參宴ᄒᆞ얏다더라

●김씨放釋 일本司令部에拘囚ᄒᆞ얏던前秘書丞김升민씨가再昨일에放釋되얏다더라

●觀院寄금 리鼎來氏가孤兒院을觀察ᄒᆞ고該學徒의敎育을贊成ᄒᆞ야금五圜을寄附ᄒᆞ얏다더라

●毁譽不一 稅務濫捧事로嶺南全南等地에ᄂᆞᆫ民擾가處處에蜂起ᄒᆞ되長기延일兩郡외ᄂᆞᆫ稅務主事의木碑가街路에羅立ᄒᆞ얏다고南來人의傳說이有ᄒᆞ더라

●債帳現露 京畿觀察使署理參書官감漢睦氏가內部에報告ᄒᆞ되陽셩郡守鄭泰爲가公貨二千圓의債貸가現露公庭ᄒᆞ야聽聞이駭然ᄒᆞ고躰面損失ᄒᆞ온즉此不可尋常仍置이온故로玆에報告ᄒᆞ오니查照ᄒᆞ오셔從重施警ᄒᆞ오셔俾爲惕勵케ᄒᆞ라ᄒᆞ더니指令ᄒᆞ되히郡守가公貨債라가現露公庭ᄒᆞᆫ前後情節을昭詳吏報ᄒᆞ라ᄒᆞ얏더라

●奸狀現露 釜港客主鄭가口文濫捧ᄒᆞ야一物의三四口을疊捧ᄒᆞ고商務所를私設ᄒᆞ고旅商을牢籠ᄒᆞ야貽害於商民ᄒᆞ기로商民이農部에呼訴하야히부의니其弊를동知ᄒᆞ고客主의濫捧ᄒᆞᆫ口文을禁ᄒᆞ고商務所를廢止ᄒᆞ라嚴飭訓하얏더니客主鄭가와商民孫仲模장과英이對質官庭ᄒᆞ야客主의疊口奸狀이一々綻露되얏다더라

●廣學開會 漢城學會總會ᄂᆞᆫ前報와如히去日曜日에普成館에서開會ᄒᆞ고評議員과講員을選定ᄒᆞ고學長은更히會長으로定ᄒᆞ얏다더라

●靑會開演 今日下午七点半에靑年會館에셔今番上海에셔開ᄒᆞᆫ東洋總會와日本東京셔開ᄒᆞᆫ萬國總會總代로派送ᄒᆞ얏든紳士中金奎植氏가在日本한國留學生의情形이란問題로演說ᄒᆞᆫ다ᄂᆞᆫᄃᆡ有志諸君이多數光臨ᄒᆞ믈希望ᄒᆞᆫ다더라

●旅費請撥 元山港裁判所判事趙秉敎씨가法部에請願ᄒᆞ되本判事가외以非才로叨忝司法之職ᄒᆞ야莅任數朔에徒切素餐之愧ᄒᆞ고臨事三思에猶速毁瓦之譏이온中竊念本裁判所ᄂᆞᆫ百度未備에半籌를莫展이옵고隨處生疚에整理無述이오니有究病源ᄒᆞ오면其所從來久矣라如或우古姑息이襲謬蕭規이온즉債誤刷신지主義에孤負對揚지責任이온지라現伏聞인本東京博覽會에內外國官紳이多有往觀云이옵기本裁判所補佐官補의業經妥商ᄒᆞ옵고히博覽會의前往觀광ᄒᆞᆯ뿐不是라東경各裁判所의一般制度를觀察模範ᄒᆞ옵기爲ᄒᆞ야補佐官補高田慶次郞과伴行ᄒᆞᆯ터이오며隨伴一人이必要ᄒᆞ옵기로主事權賢설을帶同前往ᄒᆞ깃ᄉᆞ옵기玆의請願ᄒᆞ오니三인의往還旅費를支撥ᄒᆞ시와事務整理ᄒᆞᄂᆞᆫ方法의一層注意케ᄒᆞ라ᄒᆞ얏더라

●林炳찬疏本 續

일兵至俘신師以下幷拾三人囚於京城일司令部者四旬至七月初八일送신師及신於彼國對馬島拘於其警備隊內以下拾一人則先後皆放신師及신到彼지일히隊渠師初見신々以免冠剃髮홍州義士九인已先監禁於此矣勒협신사自始被執奴詈賊罵至是又叱罵弗已顧謂신曰寧斷頭이死弗可斷髮이生吾志決矣遂却食弗食手草遺소授신曰吾死後當以此進呈君 君旣이其大隊長以下皆自來謝曰此譯인誤傳耳仍懇乞勸食불止신師曰雖然如此吾義불食爾食彼又曰飮食지費皆自大한來非일본食也於是臣及諸義士지同囚者皆引古設論萬端勸食至於三일然後始食然自此氣力顚消榮衛枯渴일시月餘風症闖發終至십一月십七일而卒逝嗚呼寃哉臣師始不忍國家지將亡而八질擧義萬里絶域竟致文山지死天乎々々胡寧忍斯今其疏中以却食自盡爲辭而臣師지當일不死曲折如右臣若以疏辭差殊隱不進呈恐無以빅亡師畢忠지志又徑進其疏而不詳其故是使國人疑於槩死矣此臣所以奉疏涕泣不得不詳陳其故者也至其쇼본々신師口呼천寫者故不能備例具書且彼中苦無我紙只以行中小紙書出而신今불能移謄他紙者皆所以存신師지舊也嗚呼惜哉신旣弗能與신師同死而弗意以舊일面目重踏皇城지路耳眼所觸無非可痛哭者實弗知苟生지爲幸也신無任嗚咽경塞지至謹昧死以 聞 完

●必由私憾 正領盧伯麟氏와停職을被ᄒᆞᆫ事ᄂᆞᆫ別項에已揭어니와盖軍大權重顯氏가盧氏를對ᄒᆞ야三件事로執嘖ᄒᆞ고停職을식엿ᄂᆞᆫᄃᆡ其實을詳聞ᄒᆞᆫ즉硏成學校內에受業ᄒᆞᄂᆞᆫ尉官을自習ᄒᆞ라고命令ᄒᆞᆫ것은自是敎長의權限內事오逾越法權ᄒᆞᆫ事가아니오兵丁이將官을對ᄒᆞ야니라小人이라ᄒᆞᄂᆞᆫ問頭ᄂᆞᆫ日本敎官이野外演習場에在ᄒᆞ야兵卒노ᄒᆞ야금將官의게니라고稱ᄒᆞ게ᄒᆞ얏슨즉校內에셔도野外演習時와又치同一히니라稱ᄒᆞᆫ것이라謂ᄒᆞᆷ이오軍法上에關係가되ᄂᆞᆫ것은아니오以平服事言지ᄒᆞ면其時盧氏가適以身病으로請由ᄒᆞ미勢不能着軍服ᄒᆞᆷ으로一時間平服을ᄒᆞᆫ것이라設或此事件이舊來習慣으로懲過라謂ᄒᆞᆯ지라도不過譴飭ᄒᆞ매處ᄒᆞᆯ것인ᄃᆡ今乃停職ᄭᆞ지될것은軍大의挾憾으로由ᄒᆞᆫ바라고確信ᄒᆞᆫ報道가有ᄒᆞ더라

▲冷笑寒談▼

▲俠窟煙霞가眉上에凝聚ᄒᆞ야擊劍斜陽에襟期가不平이라白猿枝頭에一身이欲死ᄒᆞ니荊漸悲歌가往々不絶이로다

▲近日郡守를獵得ᄒᆞᄂᆞᆫ者流가握手相逢ᄒᆞ면心肝을吐出ᄒᆞ여日近日郡守가非但月俸뿐아니라至今도可堪ᄒᆞᆫ郡守ᄂᆞᆫ아즉도人心이淳古ᄒᆞ야下三南에第一이오且現今에郡守를被任ᄒᆞᄂᆞᆫ것은宅號나得ᄒᆞᆫ다ᄒᆞ니人心에淳古을取ᄒᆞᆷ은行政上便利을取ᄒᆞᆷ이아니라貪虐에便利을取ᄒᆞᆷ이니今之獵官者ᄂᆞᆫ民財을剝削ᄒᆞ고宅號나圖得ᄒᆞ기로爲一能事로다

▲前贊政金思濬氏ᄂᆞᆫ近日自靡가太甚ᄒᆞ야雖堂上이라도烟竹을橫ᄒᆞᆷ을不許뿐아니라或有橫竹者면深不好ᄒᆞᆫ氣色이外樣에顯著ᄒᆞᆫ故로該氏宅에往ᄒᆞᄂᆞᆫ者ᄂᆞᆫ敢히橫竹지못ᄒᆞᆫ다ᄂᆞᆫ某報에說道ᄒᆞ엿스니當此國債에對ᄒᆞ야斷烟을同盟ᄒᆞᄂᆞᆫ日同氏의功을論ᄒᆞ면斷烟에ᄂᆞᆫ第一이로고

▲財政顧問部에서各處農工銀行支店長及支配人을召集ᄒᆞ야京鄕各處에流行ᄒᆞᄂᆞᆫ舊貨을從數히收入ᄒᆞᆫ後新貨를融通시길目的으로提議ᄒᆞ얏다니히部에서財政融通ᄒᆞᆫ預算을日々發出ᄒᆞ나金融은漸枯ᄒᆞ니今番에啓飮新用이流通ᄒᆞᆯ方針이될ᄂᆞᆫ지

▲挽近日人이渡한ᄒᆞ야京城及龍山間에住接ᄒᆞᆫ戶數가四千六百十五戶인ᄃᆡ前月보다二百四十七戶增加ᄒᆞ얏고人口가一萬五千八百九十名인ᄃᆡ前月보다五百六十八名이加殖ᄒᆞ얏다니元來人戶가稠集ᄒᆞᆫ漢城龍山에日人이日々增加ᄒᆞ면兩處人民은何處에居生ᄒᆞᆯᄂᆞᆫ지

▲成均館에居齋ᄒᆞ던任衡宰氏가四五年에히씨名下로副敎員이官報에頒布되얏ᄂᆞᆫᄃᆡ其時에ᄂᆞᆫ有何事件인지帖紙을覓去치안코月前에帖紙를給與ᄒᆞ라고학部에請願ᄒᆞ얏다니히씨ᄂᆞᆫ居齋時에ᄂᆞᆫ一副敎員을等閒視ᄒᆞ더니退齋以後ᄂᆞᆫ帖紙을推覓ᄒᆞ니前後가不同이로고

▲再昨日新門外리斗淵氏生일에滿座諸賓이醉興이陶然ᄒᆞ더니就中一人이發論ᄒᆞ여日吾儕가今일爲始ᄒᆞ야一切剃髮ᄒᆞᄌᆞᄒᆞᄃᆡ或反對者도有ᄒᆞ나同意者多ᄒᆞ야十餘人이剃髮ᄒᆞᆫ지라同氏生일에신面目을成ᄒᆞ얏스니生일잔체거륵ᄒᆞ고

▲近일名亭各寺에細柳開花가春景을可賞이라妓歌簫鼓와對樽吟詠질宕風流가外面은昇平氣像이라奚타花爛春셩에萬花方暢이로다

特別社告

本報代金을국支店에셔多有徵滯호中平壤支店에셔는九年十年兩年度의未納額이三百餘元에至호얏스니本社經費는何以支過乎잇가購覽호시는僉員은從滯餘額을這這鳩合호야該支店으로送交호심을務望홈

大韓每日申報社

路透電報

◉英伊兩帝會見

廾일前十一時廾分東京發

英國兩陛下는伊太利게다에着호얏는디伊國皇帝幷外務大臣은英帝의乘船에上호미英帝는伊帝를迎호야熱心으로互相抱擁호後에英帝는伊帝를其座乘船에答訪호고晝餐의饗應을受호얏더라

◉平和會議와英海軍

英國々會에셔海軍省政府委員은海牙平和議에셔軍備制限問題가不結果로終호고列國이各海軍을擴張호境遇에는英국도海軍을維持호터이라호얏더라

雜報

◉日報의玉塔記

大阪朝日新聞第九千六號紙面에玉塔寫眞이有호고其說이甚多호디其略如左호니

敬天寺塔은立於東京博物館

古來朝鮮에有二基之名塔호니一立於京城鍾路舊圓覺寺호고一立於豐德郡之古敬天寺內러니豐公(平秀吉)征韓之役에加藤清正이欲移於我國云之說이塔을移於我國則無類珍品이爲我國美術界之幸福이라하야過入於田中宮相之耳호야其中一般使節之時에懇願於朝鮮國王한廷이了其意호야今回朝鮮國王이에셔寄贈敬天塔於我宮內省호시니立於博物館前호고永久保全云云

탑形之略陳

탑高가約四丈二尺而灰빗色大理石으로作十三層호니上五層은四角而刻三佛호고中二層은刻五佛호고下之五層은十二角而刻三佛호고最上之一層은以金屬으로製造호니精巧甚焉이라塔之懸板石에刻華嚴會及大東金石書元史豐德邑志金陰集等諸書호야稱異가甚多호고又有觀音보살論佛之形容跡상호니爲寶甚大라說者가謂호되其價值을論호면한국公債의太半을抵當호리라호얏더면

本記者ㅣ일人의盜去玉탑혼事實을擧論이非止一再어니와玆에開셩郡士人혼昌明氏가大阪조日新聞을閱讀호다가如右記述에對호야悲憤痛寃을不禁호야本社에寄函이有혼故로乃揭其梗槪호야愛讀僉員의紀念件을供給호노라

兩氏愛國 忠北來人의傳說을聞혼즉槐山郡居前郡守安□溶氏와前敎官金守헌兩氏가國債報償호기爲호야發起人으로自任호고方今義금을募集호는中이라더라

廣告

本人子과河의字는淸一이니性本愚蚩호와年過二十에浮浪輩의誘引홈을被호야僞造文劵으로得償코차호오니內外國人은切勿見欺홈

慶北慈仁郡大亭里 김敬原 빅

本人先영이在於始興西面加里峰而洪州宗人김龍漢以不足지心으로位답五斗落田四日耕을欲爲偸賣호오니內外국人은見欺치勿호시옵

김佐漢 告白

녀子도모집광고

남문안달셩궁내에 녀학교를설시호엿는디 과정은 셩경 국문 호문 영어 산술 디지인터 원학 호시는부인은 내림문의호쇼셔

스크랜튼 로부인

咸興郡州北面壯동於口國채報상所趣旨書

夫君民之大義猶父子之情分也라有人於此호니家素羸餽而子與諸孫이連綿多產호야一家人丁이幾至四十餘口호니自是로衣食凡用이逾度호야數千金家産이盡爲融雪이라生涯窘掘호야他人處의執其家券호고채出數百金이러니及其報給之限호야都無相計[illegible]則鍛鍊은姑捨호고一家人口將歸虛地耳라於是에子與諸孫이上顧老爺지憂호고下察裴身지困호야書宵喟少不手호고雖是一分錢一兩金이라도勤々募集호야退其家劵호고產業如舊호니閭里老少皆稱其家風俗이러라現今我한國이亦負외채一千三百萬圓지多則爲其臣民者孰不曠感哉오리四千年疆土에二千萬生靈이雖是厘男乞女와愚婦匹夫라도隨其力出義捐助호니豈可以人力으로皷發其心이며亦非天意人心지俱合哉아惟我年少青英도一般國民이라各以傾여酌海지力으로欲作聚塵成山지功호니嗚呼同胞은效忠衛義호야疆土를可以保存이면庶或近於還退家劵지子孫乎니져

光武十一年三月二일

發起人 호永彬 洪헌斗 호鳴훈 朴회爽 홍鳳俆 리吉혁 朴蒙호 박象會 김明律 호虎俆 황夏鎔 호國何 최景浩 호鵰훈 리希觀 [illegible]

●第二期학員募集

本校에셔본通科학員을新募호오니入학志願者는來五月拾日(陰三月二十八日)內로본校에來議호되年영은십一歲로십七歲싸지定홈

私立清風學校 告白

本人田이在於東署祭基디防築下인디히文券을昨日路上遺失故로廣告호니誰某拾得호와도休紙施行홈

工後동 장錫珪 告白

◎活動寫眞廣告◎

四月二十日로부터歐美各國에有名혼活動寫眞을新門外停車越便(新橋西便)洋屋에셔開催이온바戱景이完如生活호고頗有興味호오니觀光호실 僉君子는左開時間에 枉臨호시옵

每日下午七時半

入場料 一等 신貨三拾錢 二等 拾五錢

번인이남문외포목전원경민처에봉유던二千兩票을노중견실호얏스오니슈모습득호야도휴지시행홈

김리환 빅고

咸平郡守박瑞承氏가불幸호야今年正月일에在喪호야不赴히郡호기로爲主혼쥬境內百性이히써가不復赴任홀가憂慮호야期服부任호기를융望호야內部에請願혼次로과足千里호야入성逗留이기玆廣告홈

리戰판 최鳴秀 告白

洪淳康氏가東署東小門內土橋東邊에織造機을廣張設施호야稱號를淳昌號라호고各色綢緞紗屬等을織造發賣호오니願買人은來臨購貿호시며或所用대로緞과紗等屬을預托호시면依約施行호깃삽

淳昌號 告白

慶州郡서譜所設于禁府後동三十六統四戶吳相一家僉宗從速收單上送望홈

校正有司 文海 告白

記戰法皆

譯者 玄采 宣白

(定價 四拾錢 一帙)

本書는距今卅七年前西曆一千八百七十年歐羅巴의一大戰爭되는普法兩國의戰爭事蹟을記載혼者ㅣ니當時普國이奈者征服을受호야久히法國羈絆에在호지六十年間臥薪嘗膽으로一朝復讎的戰爭을起호야竟乃普軍의勝利와比斯麥의鐵血政略과法國의覆敗와[illegible]當時普法國民의愛國精神을[illegible]我國男兒는必此讀過호고[illegible]

發兌元

(中央書館) (新民書會)

京城鍾路東書館中 宣川邑川宣北平

◉增修無冤錄大全

壹匣壹百七十頁 定價金新貨七拾五錢

此增修無冤錄大全은法律家의最緊要혼書籍이온디年來現本이殆히絕種에至혼지라故로法部에認可를得호얍고此를新刊호얏삽는디國漢文으로解釋호야模糊혼句節이無호오니法律學에有志호신니와字牧之任에居호신니는不得不覽홀册子이오니注意購覽호시옵

中署布屛下 廣學書舖 金相萬 發售所

江原道高城郡金剛山楡점寺楡신學校告白

開學日字는陰二月廿九일

普通科程如左

內典 外典 語學 地誌 歷史 筭術 國文 習字

第三期學員募集廣告

本塾에셔今年에宏濶혼敎場을建築호며敎務를擴張호야一層整備호고法學科學員을新募호오니願學人은本塾에前期내臨호야請願호고左開日에應試홈
學科及規則은本塾에내問홀事

○試驗科目

國漢文 讀書 作文

筭術 (四則以內)

○試驗日字

陽五月五日(陰三月廿三日)

光武十一年四月 日

西署英語學校後동

私立養正義塾 告白

西署新門外錦동百八十六統三戶

辯護士前判事正三品 丁明燮

法律事務所

事務員前主事吳在淳

本店에셔四月一朔동안所有物品을特別減價호야出售호오니陸續來購호시옵

貞동源泰洋服裁縫店 告白

●學員募集廣告

大韓醫院敎育部에셔官費生及私費生으로學員을試選홀터이니入學志願者는四月二十五日(陰曆삼月十삼日)以內로入학請願書를本部(中署勵洞前醫학교)에具呈호고翌日上午十時에本部로제赴應試홀事

入學試驗科目

一年齡은十八歲以上삼十歲以下

一身躰檢査

一漢文讀書

一國漢文作文

一筭術問答

一中학校卒業證書가有혼者는免試許入홈事

一入학請願書紙는本部로來호야購用홀事

大韓醫院敎育部

●일본遊覽者募集

一遊覽會員募集 人員는五十名으로一團을成호니한일人을不問호고速히請入호시옵

一巡遊地 東京博覽會橫빈京都大阪神戶

一往復일數 디抵十七일間

一浮費 遊覽費及手數料을合호야總計四十八圓

一出發일 請入順次를從호야出發三일前에直接히通知홈

一請入所 在京셩各신聞社五十八銀行경셩支店 天一銀行

一會員은遊覽을終호야開散호後는本會와關係가小無홈

一南대門셔釜山으로直行호던지或은東경으로直行하는者의對호야도同一便法으로同行請人을應諾홈

일本人遊람協會事務所경셩南대門通

東亞商會

越南亡國史 國漢文 新刊

定價貳拾伍錢

發賣所京城廣橋高裕相書舖

鏡南彌川郡禹時夏

布屛下 김相萬 冊肆

本人이日本大阪商業家와特約호고日本內地產出各種物品과西洋各種物品及機械等物을我大韓에輸入호와委托을便利케契約호얏스오니商工業에有意호신僉君子는某物이든지請求코져호시거든本社로來議호시오本社에셔는手數料金만領受홈

興業社本店 開城北部祥洞

支店京城南門內水橋五十一統六號

全仁港內동廣濟號 培養會社

國債報償義捐金 收入廣告

●廣州彦州面浦一동
曹명成 니奎玉 각一圓
石公西 石容權 각八拾錢
石明수 石季煥 石大用 각四拾錢
니東헌 五拾錢
뎡寅順 曹公云 石明煥
니文甫 김永順 각三拾錢
石達煥 廿五錢
최相云 羅明源 윤龍鎭
石德模 石明西 김興春
石完杜 張善文 盧元甫
장奎植 任元日 馬興서
馬興奎 리老馬 石雲西 各貳拾錢
니山伊 石三煥
니士守 馬興善 한成煥 각拾錢
石文在 貳拾錢
合拾圓七拾五錢

●東亞開進教育支會
京畿左道勝散商民 壹圓
事務뎡樂憲 壹圓
教務林容河 各貳拾錢
白鍵介 김聖澤
殷德修 니昌서 박仁秀
뎡安城 각四拾錢
최德在 三拾錢
김呂九 貳拾錢
학鍊植 김君實 각拾錢
林安城 卅五錢
곽宗實 최尙州 각三拾錢
김京畿 貳拾錢
三巨里니叅奉 廿五錢
박啓陽 박蔚山 비安東
김新寧 한竹嶋 김晉州
權義城 沈安東 한槐山
千蔚山 비竹島 劉安城
趙靑松 김南陽 박開慶
니尙州 니堤川 김坡州
리晉州 丘淸州 니橫城
조呂州 김ㄱ甫 安開慶
홍竹山 한京畿 한龍仁
김博川 각拾錢

니敬日 뎡北靑 니淸州
니水原 徐龍仁 梁松都
徐木川 徐大丘 徐寧海
홍京畿 김新영 楊大丘
高忠州 뎡南原 김新昌
김木川 니淸道 윤達俊
박廣州 강養성 뎡김山
柳海州 니龍仁 曹京畿
徐楊根 鄭北靑 리淸道
閔水原 니永川 장平壤
김水原 강龍仁 徐順汝
김聖學 梁開慶 徐영川
吳尙州 孫比安 박牙山
박水原 니平壤 최德헌
林聖俊 楊龍仁 최水原
김安邊 김혜선 김京畿
安한興 서김海 楊김海
成竹山 최槐山 崔京기 각八전
合拾三圓祇拾貳전

●高陽沙里大面氷石洞私立學校戒誠齋學童
校長 白樂倫 卅錢
副校長 니秀亭 卅錢
學徒 니正지 최銀학 각拾錢
니永根 丕龍기 각廿錢
廉仁萬 白弘根 각廿錢
김福得 니오成 廉龍完
니正學 洪동庭水 廉셕돌
廉順男 각拾錢
최千쇠
合貳圓四拾錢

●高陽沙里大面文峰
白徹洙 李濟壽 각壹圓
니敏善 六拾錢
김창鎭 四拾錢
니敎국 최命春 各廿錢
김元鎭 拾錢
니甲孫 廿錢
니貴同 拾錢
김祿伊 리萬鎭 각廿錢
김龍漢 拾錢
김命甲 김윤成 각廿錢
니萬善 五拾錢

니順寧 니壽吉 홍能成 각拾錢
최仲玉 卅錢
廉玉돌 廿錢
安英吉 김寬吉 각卅錢
니壽天 ㅅ拾錢
니明善 卅錢
니祥善 廿錢
니景善 拾錢
니濟春 廿錢
니七孫 卅錢
니德順 니道창 각拾錢
홍永周 廿錢
박貴成 卅錢
安德振 拾錢
니寬錫 廿錢
廉在根 三拾錢
한能福 文萬吉 홍祐善 각拾錢
니輝大 廿錢
뎡聖龍 四拾錢
니忠敎 니鼎夏 廉壽吉 각貳拾錢
安振成 卅錢
安致應 卅錢
安문成 廉三成 각拾錢
安榮秀 니守慶 貳拾錢
니셔鎭 각拾錢
廉元植 니濟順 각廿錢
최祿伊 최三祿 安致亨 각拾錢
丕元福 卅錢
김宜甲 拾錢
니濟東 壹圓
니濟兄 卅錢
合拾四圓四拾錢

●高陽沙里大面遊山里
리俊永 貳圓
김性集 六拾錢
김澤能 三拾錢
김商主 拾錢
南宮洛 김키在 김性德
김明在 최前卜 각貳拾錢
김蘭能 四拾錢

김性澤 拾錢
김都在 壹圓
김鶴在 廿錢
김渴在 壹圓
김前同 拾錢
니明善 卅錢
니漢셔 壹圓八拾錢
리致萬 니景允 각廿錢
김창在 五拾錢
김性善 四拾錢
김聖在 니雲文 각貳拾錢
니種益 四拾錢
니夏永 拾錢
니祉永 廿錢
니佑영 拾錢
김達成 廿錢
김貴成 五拾錢
吳羽相 卅錢
김性潤 김性格 각廿錢
최一寬 壹圓
김命在 四拾錢
최命石 貳圓
최大寬 六拾錢
최貴老未 四拾錢
김俊吉 安台玉 각廿전
송순德 拾전
리승옥 김達在 각卄전
김丌在 김性儀
김奭在 김聖奉 각拾전
최銀石 廿전
최順돌 卅전
최辰申 廿전
김性韶 六拾전
김性庸 禹召史 吳翼相 각拾전
合卄拾圓卅전

●남문외미젼목ᄀ동종
뎡치셩 리치범 리군옥
박션명 김학슈 김진오
최지문 셩션옥 김츈심 각삼십젼
리츈시 림경록 ᄀ이십젼
리영호 김경집 박만슈

용셩비 박경운 젼군보
리동운 최사림 함응죠 각십젼
김웅구 리연근 김윤션
박더션 김학신 박영보
박경쥰 송츈션 권셕원
리화삼 박광션 리화슌
리우영 권경호 송경화
김문현 최션경 셔군션
김경팔 리빅원 김광필
리셩관 빅경천 윤문도
박긔운 김갑셩 윤유북
뎡봉용 박논산 김흥만
로셩용 빅더윤 림셩엽
뢰문빅 장봉용 최션초
엄셩쥬 박영쥰 최공삼
박경오 송흥션 김근섭
뎨경도 김춘서 김빅원
김흥문 박正근 각십면
합팔원칠십면

●高陽神穴面津寬內里
김윤션 五拾젼
뎡응규 윤명쥰 각四拾젼
뎡응쥰 리봉순 리슌긔
뎡상열 김청슌 뎡뉸슌
구원근 김익현 뎡긔옥 각卄젼
뎡셩근 륜셔현 륜명션
뎡원쥬 뎡인시 김응슌 각拾젼
권우현 卄젼
리충근 김홍슌 뎡닌근
김경천 김창화 각拾젼
죠웅틱 七젼五厘
뎡응릭 현슌빅 긔용릭 각五젼
오낙서 卄젼
리평슌 김슌션 김원슌
최셩일 각拾젼
合五圓廾貳연五厘

●高陽神穴面津寬外里
최炳薰 五拾젼
최炳晥 김善京 吳錫範
김聖환 각壹圓

니炳규 六十錢
朱德헌 홍洛奎 김允植
김周헌 각五拾젼
리周敬 김敬順 박文三
각四十錢 니聖玉 貳拾젼
김德헌 김順敬 각拾젼
니益敬 박文伯 각四拾젼
니春順 趙德進 각拾젼
뎡티헌 니召史 吳興瑞
吳命順 吳敬善 각貳拾젼
김善奎 김善文 白仁培
元正根 뎡宗根 각四拾젼
吳長順 셔在봉 장春秀 각二拾젼
니伯놈 셔셕根 ᄀ拾젼
니永祿 니福萬 각貳拾젼
니順敬 니今시 니原根
니原지 니長玉 각拾면
朱씨男 吳其云 김윤根
김永禧 元凡用 權用淳 각貳拾젼
오壯학 셔윤根 각拾젼
合拾五圓四拾젼

●高陽新穴四牌津寬里
牟應杓 牟應柱 鄭티根
鄭聖燁 牟亨柱 김善周
박召史 ᄀ拾면
김聖云 貳拾젼
뎡聖寬 김광현 각拾젼
牟義헌 拾五젼
牟永根 卄젼
牟應善 拾젼
梁化辰 拾五젼
牟忠祿 卄錢
니東根 拾錢
廉春경 七錢五里
뎡文五 四拾錢
김六지 拾錢
김今甫 卄錢
김봉규 五錢
한景智 卄면
김景俊 五젼
김在헌 五拾젼
김티順 卅錢

全戌振 김티云 김殷 각
鄭基千
니寬汝 김致국 각
셔善明
合ᄉ圓六拾貳전五ᄆ
總合九十五圓〇二錢
前號總合五千壹百삼십五圓貳십貳전七里
都總合五千二百三十圓二十四錢七里

大韓每日申報社

◎特別廣告◎

국債보償금에昨日所捧은姑未合計이고伊前日所捧總合一萬一千六百三十三圓三十壹전이온電氣會社銀行의貯置ᄒᆞ얏삽고義연人姓名은逐日廣告함

大韓每日申報社

◎本社廣告

○申報價
一張代金 新貨二錢五里
一個月前納 三十錢
三箇月 九十錢
六個月 一元七十錢
一箇年 三元四十錢
郵稅一部 新貨五里
一箇月 十三錢

○廣告料
四号活字十三字詰
每日每英尺一寸에新貨廿五錢
(每日每行六錢에相當홈)
一週日에 二圓五十錢
(每日每行四錢五里에相當홈)
一箇月에 五圓
(每日每行四錢一里에相當홈)
其期限의長短과字行의多寡를依ᄒᆞ야增減홈이有홈

發行兼編輯人 英國人비셜
發行所
南서石井洞號外地三層洋屋內
大韓每日申報社

第五卷 大韓每日申報 第四百九十四號

月曜及慶節 歲時日休刊

檀君開國四千二百四十年
箕子元年三千二十九年
大韓開國五百十六年
日本明治四十年
清國光緒三十三年
◉陰曆丁未三月小十一日癸卯

寄書

時事問答

日本留 夢遊生 記

余ㅣ頃夜夢中에過一山麓ᄒᆞᆯ시何許老人이對坐相談ᄒᆞᆷ으로傍聽之ᄒᆞ엿스나似非個人所有故로玆用廣布ᄒᆞ노니請勵精看了어다

(甲)我等은임의黃泉客이되엿스니아모것도不能ᄒᆞ나其生存ᄒᆞᆫ人物들은至今에무엇하는지沓々ᄒᆞ오

(乙)여보沓々ᄒᆞᆫ말이야測量ᄒᆞᆯ슈잇소그러나民智는半開ᄒᆞᆫ모양입듸다國債報償에爭先捐義ᄒᆞ는거시

(甲)五百年壓制下에서下民이作事ᄒᆞ기難ᄒᆞᆫ걸政府官吏들이어셔精神을좀채리려스면

(乙)여보그런말삼마오政府官吏들에無膓公子가精神이란무엇시요아모셰든지國家興亡이며民心에잇는거시니民智가漸開ᄒᆞ여自由權을恢復ᄒᆞ는날에는政府官吏들은自然히쥐구멍찻소

(甲)民智가半開ᄒᆞ다니참반가오그려나아즉머럿소如차ᄒᆞᆫ時代에博士圖得ᄒᆞ려誠心으로新學이나修得ᄒᆞ얏스면族譜改刊ᄒᆞ는錢財로國債나報償ᄒᆞ얏지博士는博恩ᄒᆞ고族譜는足保ᄒᆞ지、나그兩班놈들見聞이凶惡ᄒᆞ지國家와民生이今日此極에至ᄒᆞᆷ이四色黨派의遺罰로認定ᄒᆞ오早稻田學校일듯지못ᄒᆞ든지

(乙)참爽快ᄒᆞᆫ말삼이오그러ᄒᆞᆯ뿐아니라許多ᄒᆞᆫ것만으나중已破矣지、나는民智開發ᄒᆞ가만츅슈ᄒᆞ오

(甲)至今報紙는幾箇所가有ᄒᆞ되每日申報는春秋筆權을握有ᄒᆞ얏스나其他皇城帝國은某處에拘束ᄒᆞ야ᄒᆞᆯ말도못ᄒᆞ고國民報는本是某會에셔發刊ᄒᆞ는거시니某處에齒牙요其餘는不足掛論이니民智開發이何處에셔做生ᄒᆞᆯ가

(乙)每日報는道德心으로民心을或揚之或貫지ᄒᆞ고其他某人發刊ᄒᆞ는거슨淩侮를主唱ᄒᆞ나善惡이皆師라는말과又對善者는贊而助之ᄒᆞ고惡者는戒而懲之ᄒᆞ며또一當百이란말이엇지안쇼

(甲)나는近日新聞을보면심々ᄒᆞ나排日派와親日派가나라爲ᄒᆞ기는彼此一般이지만혹ᄒᆞ면排日思想이나排日運動이니ᄒᆞ엿스니五臟을빼가도가마니잇셔야渠心에滿足ᄒᆞᆯ는지언제는附日ᄒᆞᆯ줄알엇는지

(乙)그것노야 마시요排日이란句語가어셔排日ᄒᆞ라는激勵이요盜賊이、발、제린것과재밋들어、남、뷔기요

(甲)아미가、는나가셔무엇ᄒᆞ는지西坂이自裁ᄒᆞᆫ일싱각ᄒᆞᄒᆞ고제옴만발광ᄒᆞ나不期日에前功可惜될걸

(乙)ᄒᆞᆫ일만치軍港地占領이며ᄒᆞ千三百萬圜의借欵을强加ᄒᆞ니蠶食ᄒᆞᆫ妙策은참神出鬼沒ᄒᆞ지

(甲)寵鄭兩可를引繼有年에肥巳만ᄒᆞ더니財政機關을또引繼ᄒᆞᆫ다니過食ᄒᆞ면致病ᄒᆞ지過食ᄒᆞᆫ病에는藥도無用ᄒᆞ고吐ᄒᆞ는거시第一이지

(乙)참ᄒᆞᆫ일可惜ᄒᆞ지 皇室을尊嚴ᄒᆞ다ᄒᆞ면셔押近不恭ᄒᆞ기일슈요今番早稻田事件도莫大ᄒᆞᆫ自責을言辭로만一個學生놈의게歸咎ᄒᆞ니前日英皇을英王이라譯述ᄒᆞᆫ時에同國에受責ᄒᆞᆫ일싱각못ᄒᆞ는지

(甲)肅淸宮禁ᄒᆞᆫ다고門票를授受ᄒᆞ고出入ᄒᆞ게ᄒᆞ니遊劇場아니어든門票란것무엇시요渠輩는無難出入ᄒᆞ는것會肅淸宮禁이리오참肅淸ᄒᆞᆯ人은某々嘗膽客이지

(乙)肅淸을眞實로尙知ᄒᆞ엿소某公使가來駐ᄒᆞᆫ다는데提挾하야某處ᄒᆞ구絕豚시긴거시지

(甲)개런나무리、무엇ᄒᆞ게、나눈먼것만可憐ᄒᆞ지國債報償ᄒᆞ는데所謂富者란것들은아즉五厘를出義ᄒᆞ지아니ᄒᆞ나多數히隱合ᄒᆞ여장차壹千參百萬圜을獨當ᄒᆞ려는지

(乙)아겻져것다말ᄒᆞ면限이업소生存ᄒᆞᆫ人物들은生存ᄒᆞᆫ罪로나 그러라지、우리는무슨罰로地下에셔집도업시彷황ᄒᆞ게되엿는지

自評

其他言辭가多有奇絕ᄒᆞ고或有漏說이나瞥終乙之結言을傺想컨ᄃᆡ右老人이아마鐵道附近地에在ᄒᆞ든墳塋로셔被逐ᄒᆞᆫ神魂인가ᄒᆞ노라

官報

●三千七百四十七號 光武十一年四月二十三日

◉宮廷錄事

宮內府特進官宋道金辭職疏

批旨省疏所請依施

◉訓令

訓令平理院及各裁判所

各該所管囚徒案을每月終에修上ᄒᆞᆷ은由來定規인바其式樣이不齊ᄒᆞ고注明이未詳ᄒᆞᆯ뿐더러已決未決을混雜分類ᄒᆞ야考閱之難便은猶屬歇后이고若其欄內에刑名及刑期를失序錯亂이면利害關係가亦當何如며且犯人의老幼를區別ᄒᆞ야論罰치아니ᄒᆞᆷ과特別이許贖ᄒᆞᆷ는法文所載인즉各該名下에年齡을懸錄ᄒᆞᆷ이豈不必要哉리오所以로已決未決의囚徒表原本式樣을二種으로分類ᄒᆞ야著爲定規ᄒᆞ얏스니嗣后는左開別表에依ᄒᆞ야一遵無違ᄒᆞᆷ이可ᄒᆞᆷ가로玆에訓令ᄒᆞ나此를依ᄒᆞ야施行事

光武十一年四月十八日

法部大臣李夏榮

刑事已決囚徒表 某月某日調査

姓名 男女	年齡	犯罪種類	刑名及刑期	判決年月日	執行年月日	減刑	實餘刑期

死刑計幾名
役刑計幾名
禁獄刑計幾名
已上合計幾名

刑事未決囚徒表 某月某日調査

姓名 男女	年齡	犯罪性質	提起年月日	備考

已上合計幾名

◉敍任及辭令

依願免本官 秘書監丞 현
奎章閣直學士成健호
義親王府贊尉金澤基
命義親王府總辦
兼任內大臣秘書官 侍從院侍從金宅鎭
任秘書監丞 正三品李文求
侍講院副詹事張世基
任奎章閣直學士
兼任太醫院副卿 비書監丞尹덕榮
任侍講院副詹事 正三品閔鳳植
任義親王府贊尉 正三品南章熙
任警務廳總巡 金鍾元

外報

●加拿多의排日案 桑港電을據ᄒᆞᆫ則英領加拿多고론비아州立法會議에셔敎育試驗을因ᄒᆞ야印度人及日본人을排斥ᄒᆞᆷ을計畫ᄒᆞ더라

●蒙養女學院添設 北京通信을據ᄒᆞᆫ則學部嚴侍耶夫人이提學司嚴君의게請ᄒᆞ야蒙養女學院을設立ᄒᆞ는ᄃᆡ現에노學司의允準을經ᄒᆞ고生徒를招募ᄒᆞ는ᄃᆡ年齡은五歲以下者로定ᄒᆞ고陰二月二十日로봇ᄃᆡ開學ᄒᆞ얏다더라

●英艦進水 路透電을據ᄒᆞᆫ則英國大巡洋艦잉푸인씨부리號는엘레크造船所에셔進水ᄒᆞ얏는ᄃᆡ詳細事項은非常히秘密ᄒᆞ더라

雜報

●船費捐助 全南長興居ᄒᆞ는正三品全炳都氏가月前에因事上京ᄒᆞ얏다가今此輪船還去之際에對國債報償ᄒᆞ여以船費中으로韓貨四元을義연ᄒᆞ고徒步下去ᄒᆞ얏다더라

●盲人出捐 義州百業齋盲人等十七人이國債報償에對ᄒᆞ야五圓十錢을本社로寄附ᄒᆞ얏더라

●박媍出연 海州南門外박處幹氏의媍十月이年今八歲인ᄃᆡ隣家婚禮時幣帛錢六十錢을得來ᄒᆞ야國債報상에唯我同胞가六十錢各出ᄒᆞᆯ義務가有ᄒᆞᆷ을聞ᄒᆞ고同錢을同情會로送呈ᄒᆞ얏더라

●特異義捐 德山內面鳳동居童蒙리觀求난年今十二歲인ᄃᆡ開會日新貨五十錢을納上ᄒᆞ엿고內面侍동居任召史난年今六十餘歲ᄃᆡ인無依無托ᄒᆞᆫ單獨一身으로新貨二十錢을納上하얏고侍동雇傭人童蒙金才華난年이十五인ᄃᆡ新貨五十錢을納上ᄒᆞ얏고侍동雇傭人童蒙洪九奉은年今十三歲ᄃᆡ新貨三十錢納上ᄒᆞ얏고侍동雇傭人權鍾式年六十餘歲ᄃᆡ신貨六십錢을納上ᄒᆞ얏고본會有司張載甲은素以至貧之人으로聞此義擧ᄒᆞ고忠義之心이激發ᄒᆞ야會中所任을自請ᄒᆞ고신貨二圓을納上ᄒᆞ얏고七器店寡居朴召史은年今七십의又兼至貧인ᄃᆡ二십錢을納上ᄒᆞ얏고土기店雇傭鄭致文은年六십歲ᄃᆡ二십錢을納下ᄒᆞ얏고二月初三일即본郡大川市場인ᄃᆡ自본所로趣旨를演說于衆人之後有一喪人入座曰罪生은居于仁川港杳동ᄒᆞ온리괴鼎연바義연一朔金은已納仁川본會所이나適過此地라가今聞貴會所演說본意則均是同胞臣民으로不可越視而過去故一期김二십錢을又玆납上이라ᄒᆞ얏더라

●林氏義學 長連樓동居ᄒᆞ는林敎官國承氏는以前漢語學校에셔卒業ᄒᆞ고번郡에還到ᄒᆞ야郡內公헌학校의廢止됨을慨嘆히너여名譽로一年을敎授ᄒᆞ미校況이振장되고又其본노舊齋에進明학校를設立ᄒᆞ고熱心敎育하미弗幾일에학徒가四拾餘名에達ᄒᆞ야舜舍를隘容ᄒᆞᆷ미陣近有志者ᄃᆡ리爭先捐助ᄒᆞ니來頭希望ᄒᆞ可期이라더라

雜報

●降詔隱卒　詔曰此宰臣頗有彈竭之衷忽被亂昧之禍聞甚驚慘可勝傷哉卒霍査局長박鏞和喪葬需令宮內府從優輸送節惠之典待諡座學行成服日遣秘書丞致祭

●內大驚刼　內部大신리址鎔씨가同夫人ᄒᆞ고龍山江亭에前往ᄒᆞ야日間春興을消遣ᄒᆞ더니再昨日박鏞和씨의被刺ᄒᆞᆫ事를得聞ᄒᆞ고不勝驚겁ᄒᆞ야該夫人과旋卽入城ᄒᆞ얏다더라

●不合之故　軍部協판리熙斗氏가연成학校長으로轉任된內용을得聞ᄒᆞᆫ즉權重셕氏가軍협을被任ᄒᆞ랴고百般運動中이나軍部大신權重顯氏가親戚間으로협판을叙任ᄒᆞ면他人所視에嫌疑가不無ᄒᆞᆫ故로嚴柱益氏로叙任ᄒᆞ얏ᄂᆞᆫ딕大신權重顯氏와前협판리희斗氏間에本來意合지아니ᄒᆞᆫ소以라더라

●調査廢止　各陵을調査ᄒᆞ야香炭費와陵官의月俸을加數磨鍊ᄒᆞ다더니調査文簿를預筭ᄒᆞ야본즉支出額이倍多於收入額數라ᄒᆞ야調査件을因爲廢止ᄒᆞ얏다더라

●宮相弄장　三昨일에宮相리載克氏가弄장지慶를見ᄒᆞᆫ故로一七일詣闕치못ᄒᆞᆫ다더라

●聯合운動　본月三十일에官立私立名학徒가聯合운動ᄒᆞᆫ다더라

●학협西行　昨일학협閔衡植씨가학部主事윤弘植氏을帶同ᄒᆞ고敎課書冊을持ᄒᆞ고開城郡學校에前往ᄒᆞ얏다더라

●일官召集　統監府에셔각港口理事廳에在留ᄒᆞᄂᆞᆫ일本人判任書記五십餘名을召集ᄒᆞ야再昨日부터五일間을每日上午十時로下午五時ᄭᆞ지何等事件을협議ᄒᆞᆫ다더라

●運動無効　建元陵令과獻陵令과敬陵令과장陵令四씨가一제히遣故ᄒᆞ야已爲多日이되擧皆隱匿ᄒᆞ고起復運動을暗裡周旋ᄒᆞ던지情跡이顯露ᄒᆞ야至於天聽ᄭᆞ지된지라自 上으로該事由을遣々査實ᄒᆞ라신 處分이嚴重ᄒᆞ신故로自宮內府로一々査得ᄒᆞ야盡爲免官ᄒᆞ얏다더라

●일打憲兵　再昨일下午四時에何許일人四五十名이作隊ᄒᆞ야南署管內奬忠壇을玩賞코져ᄒᆞ야無難欄入ᄒᆞᄂᆞᆫ지라派守憲兵이拒絶ᄒᆞᆫ즉히일人이憲兵을無數亂打ᄒᆞᄂᆞᆫ故로擧皆逃走ᄒᆞ얏ᄂᆞᆫ딕일巡査가其時作梗者々名을捕縛以去ᄒᆞ얏다더라

●無故被捉　再昨日에巡檢과일巡査가旅館에留客을一々摘査ᄒᆞ되剃髮與否와服色何樣을探問ᄒᆞᄂᆞᆫ딕小安동等地步行旅館에留宿ᄒᆞᄂᆞᆫ現帶官職一人과鄕客二名을無故히北署로捉去ᄒᆞ야多時間訊問後初無所犯ᄒᆞ야旋爲放送ᄒᆞ얏다ᄂᆞᆫ딕警察上事爲가如是錯誤ᄒᆞ야旅館留客이如坐針席이라고巷說이紛々ᄒᆞ더라

●嫌疑被捉　박鏞和씨事件에對ᄒᆞ야嫌疑者二名은中署에捕捉되고壹名은南署에捕捉되얏다ᄂᆞᆫ딕果然下手者인지眞假를未知ᄒᆞ야取招ᄒᆞ기大端困難中이라더라

●江寺消暢　侍從院卿閔경植씨ᄂᆞᆫ일昨에斗毛浦彌타寺에出往ᄒᆞ야數일을逍宕ᄒᆞ얏다더라

●儲금移銀　農商工部협판黃철씨가度支部會計局儲存금額을沒數이第一銀行으로移置ᄒᆞ고諸會計課를封庫ᄒᆞ얏ᄂᆞᆫ대히大신도莫知其故ᄒᆞᆫ다더라

●內訓晋察　慶南觀察使趙民熙氏가內部로報告ᄒᆞ되部訓令을承准內開김海郡에셔稅젼을濫捧事로人民이亂入郡衙ᄒᆞ야大爲擾亂이다有所入聞이기査實報來事로已有電飭인바三嘉郡에셔ᄂᆞᆫ結젼徵收ᄒᆞᆫ事젼으로所謂許 갑爲名者가會집各面面長ᄒᆞ고發起謀판에差額을遣給ᄒᆞ라現方騷動이라ᄒᆞ며固城郡守ᄂᆞᆫ稅務主事한擘東을符同ᄒᆞ야郡便取扱所로納稅ᄒᆞᆷ을嚴禁ᄒᆞ고稅젼은신貨로取納ᄒᆞ야交換差額을利得코져ᄒᆞ며該郡民리鎭柄이招집人民ᄒᆞ야納稅에關ᄒᆞᆫ事로演說ᄒᆞ얏다稱ᄒᆞ고嚴囚郡獄이다ᄒᆞ며宜寧等地에도稅納事項으로人民이擾亂이다聽聞이浪藉이기玆以發訓ᄒᆞ니니各郡情形을査覈馳報事等因이온바김海事ᄂᆞᆫ該郡守가當往場市移設事로人民이激動이오其外각郡은是乃初無虛황지說이옵기ᄌᆞ에報告라ᄒᆞ얏더니更爲指令ᄒᆞ되來報辭意가無非掩護니在道擧行이是豈事躰리오三嘉固城兩郡事로先此발訓이니依訓辭從實修報하라ᄒᆞ얏더라

●罹病可悶　忠北裁判所檢事홍覓희씨가法部에보告ᄒᆞ되本所監獄署內에時疾이熾盛ᄒᆞ야飭行消毒方法이오되傳染不除ᄒᆞ와一旬內에未결囚지罹患自故者至爲肆名지多故로次第檢驗ᄒᆞ옵고姓名罪目과檢驗埋葬書를別紙具報ᄒᆞ올거와當此暄節換지際에罪囚지連罹症患이極爲悶然이라하얏더라

●일校운動　京城泥峴일本人의尋常고等小학校와京城幼稚園각학校에셔來五月五일에春季大운動會를訓鍊院前坪에設行ᄒᆞᆫ다더라

●請完公廨　咸南洪原郡守최九鶴氏가內部로報告ᄒᆞ되本郡官舍及公廨를日本進北時占設守備隊ᄂᆞᆫ상已下燭이自本年二月以後로日兵이庶幾撤歸에時存者不過拾名이나雖一處라도可以留宿이온딕處졍각히ᄒᆞ야郡守ᄂᆞᆫ處於前鄕廳ᄒᆞ옵고官屬等은失其處所에凡諸視務가未由ᄒᆞ온바悶迫지由를玆以報告ᄒᆞ오니交涉于統監府하시와官舍와각히를還完ᄒᆞ와俾便公事케ᄒᆞ라ᄒᆞ얏다더라

●實업研究會　實업研究會를發起ᄒᆞᆫ次로일曜일에商업會議所樓上에셔開ᄒᆞ고農商工部協판황鍾氏로臨時議長을選定ᄒᆞᆫ後諸般事務를協議ᄒᆞ얏ᄂᆞᆫ딕安국善은該會趣旨書及規則을랑讀ᄒᆞ고高等학校長洪셔현氏ᄂᆞᆫ趣旨와起源을演說ᄒᆞ고規셜委員五名을選出ᄒᆞ야來五月五일에總會를開ᄒᆞᆯ次로實업家有志者의게일々通知ᄒᆞ얏다더라

●實業新聞　商業會議所에셔商業新聞을發刊ᄒᆞᆯ차로計畫中이더니實業研究會에셔實業신聞을發刊ᄒᆞ기로결定ᄒᆞᆷ에商業과實業兩신聞을合同發刊ᄒᆞᆫ다더라

●漢裁質稟　漢城裁判所에셔法部에質稟ᄒᆞ되一般計贓科罪에신貨一圓을十兩으로計贓ᄒᆞ올지五兩으로計筭ᄒᆞ옵고舊貨一圓은二兩五젼으로計筭科罪ᄒᆞ올ᄂᆞᆫ지玆에質稟이라ᄒᆞ얏ᄂᆞᆫ딕指令ᄒᆞ되貴質稟書ᄂᆞᆫ知悉인바신貨ᄂᆞᆫ卽法定通화也라一圓을以五兩計算ᄒᆞᆷ은무容更議인즉舊화一圓은例不得不以二兩五젼으로計ᄒᆞᆷ이可ᄒᆞ기로玆에指令이라하얏더라

●敎育模範　平壤郡의義務교育이實施된은業已報道ᄒᆞ얏거니와今其實況을更聞ᄒᆞᆫ즉官民이協議ᄒᆞ고義務敎育을實施ᄒᆞ야학界를改良ᄒᆞ기로昨年十月分에該郡民會事務所에師範夜學科를設置ᄒᆞ고各私塾學究를募集ᄒᆞ야現今養成ᄒᆞᄂᆞᆫ者五六인인딕爲先時務敎師로需用ᄒᆞ고其餘資格이未完者ᄂᆞᆫ更히師範學科로指導ᄒᆞ고廢止ᄒᆞᆫ私塾학徒를時務學校로집合ᄒᆞ야西友학會에셔講定ᄒᆞᆫ敎課書로一例敎授케ᄒᆞᄂᆞᆫ딕學費金區劃事로道郡物論이文明各국에義務敎育을倣ᄒᆞ야均排賦施케ᄒᆞ다니該郡人士의一般熱心과該觀察과郡守의誠心贊成은實로國中에模範이될만ᄒᆞ더라

●直哉此人　再昨日에鐵山郡居ᄒᆞᄂᆞᆫ吳主事達泳氏가相思洞奉景源氏酒肆에至ᄒᆞ야囊中所有拾圓貨을知以一圓貨ᄒᆞ고出給酒母ᄒᆞᆫ즉酒母도亦以一圓으로知之ᄒᆞ고貨一圓六十錢을計給之ᄒᆞ얏ᄂᆞᆫ딕吳氏가受歸ᄒᆞ얏다가醒後思之則昨日路上所給이的是拾圓貨이기로往而問之ᄒᆞᆫ즉主人이云ᄒᆞ되一日賣酒錢을夕必照數ᄒᆞ더니昨日所賣錢中에拾圓貨一장이雜在이거ᄂᆞᆯ招妻而問之日此貨가若無任置지人이면必是誰某가誤給者ㅣ라世無리滿仙이이거든豈有一席之飮이現至四百乎아夫妻가共致疑아者라ᄒᆞ고卽爲還給ᄒᆞ얏스니奉景源의廉直無欺ᄒᆞᆷ을聞知者莫不嘖嘖稱善ᄒᆞᆫ다더라

●尙忠校況　龍川楊上面忠北里居김應키金聲珍김義涉金若三諸氏가本以草野農業之人으로時局에發業ᄒᆞᆷ을慨歎ᄒᆞ야隣居첨員과제會ᄒᆞ고他국文明과我韓未開ᄒᆞᆫ原因을到底說明ᄒᆞ며또國에興旺ᄒᆞ미學校盛不盛에在라ᄒᆞᆫ즉僉員도亦是時勢을慣憂ᄒᆞ던人이라져壓奮起ᄒᆞ야本동에原有ᄒᆞᆫ書齋을前面으로擴張ᄒᆞ고愛國尙忠之意을取ᄒᆞ야名曰尙忠學校라ᄒᆞ고高明ᄒᆞᆫ敎師을延聘ᄒᆞ며俊乂ᄒᆞᆫ靑年을募集ᄒᆞ야一切新學問을熱心敎授ᄒᆞᆫ다더라

●吳氏義擧　西北學生聯合運動會를從近設行ᄒᆞ기로西友漢北兩會에셔方在準備ᄒᆞᄂᆞᆫ中인딕漢北學會長吳相圭氏가該運動時所入費를自擔ᄒᆞᆫ意로昨日西北學生親睦會席에셔說明ᄒᆞ미一般學生들이其勸奬ᄒᆞᆫ誠意를感銘稱頌ᄒᆞᆫ다더라

●臨別勸勉　普成專門學校長申海永氏가留日本學生監督을被ᄒᆞ야赴任ᄒᆞᆫ次로昨日第一番列車에出發ᄒᆞᄂᆞᆫ딕普成專門學校와中學校의生徒千餘名이一제히停車場에出往ᄒᆞ야送別을告ᄒᆞᄂᆞᆫ딕申氏가臨行에一般學徒를對ᄒᆞ야演說로勸勉하야日諸君은아모조록학業을悠悠放過치勿ᄒᆞ고眞實心地와刻苦工夫로학業을成就ᄒᆞ야國家의需用이되야我大韓帝국에自强自立ᄒᆞᄂᆞᆫ光輝를世界에發達케ᄒᆞ라ᄒᆞ얏다더라

●電線破壞　光州晉州間에電線이破壞됨으로電信이不通ᄒᆞ다더라

▲花間放筆▼

▲近日政界에疑懼가層生ᄒᆞ야牢籠何處에風雲이無色ᄒᆞ고枕頭爲夢이擾々不定ᄒᆞ야風聲起處에兩耳가初驚이로다

▲內部에셔日間地方官銓考委員이會同ᄒᆞ야現闕ᄒᆞᆫ郡守二十餘窠를銓考敍任ᄒᆞᆫ다니今番에ᄂᆞᆫ何等資格을전考ᄒᆞᄂᆞᆫ지某處에勸告만有ᄒᆞ면俯首聽命에猶恐不及ᄒᆞ고貢命力이暗動ᄒᆞ면各自呼籲에無復餘地ᄒᆞ니전考ᄂᆞᆫᄒᆞ여무엇ᄒᆞᆯ고

▲朝鮮新報에日人이한人을侮蔑虐待ᄒᆞᆷ으로排日思想을釀出케ᄒᆞᆫ다고統監府의失政을論非ᄒᆞ얏스니日人報界中에如此ᄒᆞᆫ公言은可謂一條特色이로고

▲再昨日中樞院會議席에秘紅帶와藍戰服을被ᄒᆞᆫ人이一無ᄒᆞ얏스니該院에셔去月曜日에衣服制度가不一ᄒᆞᆷ을議決ᄒᆞ던效驗을今日可見이로다

▲咸北觀察署理參書官이視務ᄒᆞᆯ處所가無ᄒᆞ야多日停務ᄒᆞ얏다ᄒᆞ니該府에도日人이公廨을占領ᄒᆞ고한國官人을逐出ᄒᆞᆷ이니이것도日人의虐待가아니라ᄒᆞᆯ슈잇나

▲北村碧동等地某官人家에셔賭局을設ᄒᆞ고幾日을질宕ᄒᆞᄂᆞᆫ딕座上賭技客은沒數히金玉을耳後着ᄒᆞ얏다ᄒᆞ니該技局을金玉賭局이라稱ᄒᆞᆯ만ᄒᆞ나坊曲巡檢도知而不禁ᄒᆞ니至今도金玉이大端이長刼ᄒᆞᆫ게로고

▲國債報償에對ᄒᆞ야京鄕間婦人의感義가激烈ᄒᆞ야銀飾簪環佩物을本社로寄送ᄒᆞᄂᆞᆫ딕西人이此를見ᄒᆞ고한國婦人의奮義을特感ᄒᆞ야紀念物로認ᄒᆞ고該物을時價外倍價을許給買收ᄒᆞ기에價額을廣告에頒布ᄒᆞ거니와佩物로出捐ᄒᆞᄂᆞᆫ婦人과倍價로買收ᄒᆞᄂᆞᆫ히員이俱是高義로다

▲前參將玄영運氏ᄂᆞᆫ平理院裁判長을運動ᄒᆞᆫ다ᄒᆞ니同氏ᄂᆞᆫ往年에風雲을挽回ᄒᆞ던手段으로寥々無聞ᄒᆞ더니무含好風이更吹ᄒᆞ야又爲出脚ᄒᆞᆫ다지

▲日昨龍山列航會社에셔內相軍相農相학相四大臣이往參ᄒᆞᄂᆞᆫ딕楊花島ᄭᆞ지下去ᄒᆞ야仙遊寺에遊覽ᄒᆞ얏다니名花細柳에白鷗淸興을暇日偸閒ᄒᆞ엿스니外平日月에開窂相에事業이로다

特別社告

本報代金을各支店에셔多有愆滯홈中平壤支店에셔는九年十年兩年度의未納額이三百餘元에至ᄒ얏스니本社經費는何以支過乎잇가購覽ᄒ시는僉員은愆滯餘額을這這鳩合ᄒ야該支店으로送交ᄒ심을務望홈

大韓每日申報社

路透電報

●德請英官 (廿二일午前十一時廿分發) 伯林市長은倫敦市長과及英국地方長官에게五月末에伯林을來訪ᄒ라는招待狀을發送ᄒ고同時에德國各신聞社는英국記者의게向ᄒ야伯林其他德국각地를訪問ᄒ야달나고報請ᄒ얏더라

●驅逐沉沒 (仝上) 驅逐艦아리엘은말타嶋港外에셔夜襲演習ᄒ는際에沉沒ᄒ야艇長一名이溺死ᄒ얏더라

雜報

●爲國血誠 三和港碑石동耶蘇敎信人들이國債報償에對ᄒ야爲先夫人班列에셔忠憤心이激起ᄒ야放賣銀飾佩物ᄒ며或賣食鼎器皿或賣月子等物ᄒ며或賣針工洗衣等雇ᄒ야爭相義捐ᄒ는데額이금三拾餘圓에達ᄒ얏고該敎會小학校男女生徒들은各其父兄의게或一個月或二個月學費請求ᄒ야合募集흔거시現額이金二拾餘圓에達ᄒ얏는데待其優收ᄒ야都合上送코져姑爲封留ᄒ고男女學徒들이三路通街나市場에일三出往ᄒ야국債報償然後에大韓疆土가爲韓民土地란問題와爲國臣民者不報國債면近於賣國賊一例이란問題로互相演說ᄒ야激起民志ᄒ얏다더라

●문魚枉法 慶南密陽居니達憲씨가德谷孫敬국씨와爭訟이有ᄒ야郡守게裁判홀제本郡居前梁山郡守는本達憲中ᄒ야免官을얏든安鍾契씨가身爲萬石巨富ᄒ야孫敬국게문魚一軸을捧食ᄒ고郡守의게部囑ᄒ야리達憲을落訟케ᄒ미로達憲의損害가廿餘萬금이라方欲呈訴裁判ᄒ다더라

廣告

農商工部認許運車株式營業廣告

今番本營業所에셔各項貨物을運送ᄒ기爲ᄒ야牛馬車及荷車를勿論ᄒ고營業을組織ᄒ야牛馬車와荷車에소載홀物品을自今爲始ᄒ야本營業소에셔精實無損ᄒ고迅速無滯ᄒ도록恪勤勉勵홈을已任運送홀터이오니內外國僉君子는소載홀物品이有ᄒ시거든不拘多少遠近ᄒ시고本營業所나出張소로來議ᄒ시와物品運搬에無礙酬應홀터이오니或有私職지弊면必有生梗지端矣리니以차諒悉홈을如左홈

本營業소와出張소所在處가大韶동四巨里上東邊洋屋家

●營業所 ●東門外出張所 ●龍山出張所 ●麻浦出張所

營業長
副長 금世貞
取締役 山口玉吉
會計役 細川雄藏
總務 柳台연
事務員 김龍昭
仝 鄭진영

◎活動寫眞廣告◎

今番에始作흔活動寫眞은法국巴里京에셔名흔거시오뎌흔大韓국 皇室에셔도먼져看品ᄒ셧고始作흔지數日에遊覽ᄒ시는쳠君子가多數枉臨ᄒ시와坐處가넘쳐셔晩到ᄒ시면不便ᄒ오니速々枉臨홈

活動은自下午八点至九点自九点至十点
名唱善舞歌童과唱和吹笛은
賣票時 七点半始爲
入場票 上等三十錢 中等新貨十五錢 小童十錢

法人 馬田 告白

本人子와河의字는淸一이니性本愚蠢ᄒ와年過二十에浮浪輩의誘引홈을被ᄒ야僞造文券으로得債코자ᄒ오니內外國人은切勿見欺홈

慶北慈仁郡大亭里 김敬原 告백

本人이水原貝松面ᄂ안위所在畓九章畓十四斗五升落을買得ᄒ야新舊文記를推尋同路에旅宿於龍珠寺이다가該畓券中九斗五升落舊券을見失ᄒ얏시니誰某拾得ᄒ야도休紙施行홈

龍仁葛川居 金致德 告白

本人이昨年秋分에京畓打租壹百七十二石九斗를置積于本人家ᄒ고領受票를即爲出給이옵더니今三月八日에該畓主가稱以失票ᄒ고更促出票ᄒ옵기로本人이昏迷中에又爲成票出票ᄒ엿亽오니無論內外國人ᄒ고已前失票를拾得ᄒ니라도勿爲行票爲要

天安與德面十장堰舍音 劉善元

本人田이在於東署祭基ᄃ防築下인ᄃ其文券을昨日路上遺失ᄒ엿기故廣告ᄒ니誰某拾得ᄒ와도休紙施行홈

工後동 장錫珪 告白

●第二期학員募集 本校에셔본通科학員을新募ᄒ오니入학志願者는來五月拾日(陰三月二十八日)內로본校에來議ᄒ되年영은십一歲로십七歲까지定홈

私立淸風學校 告 빅

洪淳康氏가東署東小門內七橋東邊에織造機을廣張設施ᄒ야稱號를淳昌號라ᄒ고各色網紗紗屬等을織造發賣ᄒ오니願買人은來臨購買ᄒ시며或所用대로緞과紗屬을預托ᄒ시면依約施行ᄒ깃삽

淳昌號 告白

녀학도모집광고

남문안달셩궁내에 녀학교를셜시ᄒ엿ᄉᆞᆸ는ᄃᆡ 과졍은 셩경 국문 한문 영어 산술 디지인ᄃᆡ 원ᄒᆞ시는부인은 내림문의ᄒᆞ쇼셔

스크랜톤 로부인

本人先塋이在於始興西面加里峰而洪州宗人김龍漢以不良之心으로닷五斗落田四일耕을欲爲偸賣ᄒ오니內外국人은見欺치勿ᄒ시옴

김佐漢 告白

本人이天安可樂里前後坪扇執兩字畓三十斗落을牙山石栄박泰瑞氏에게永々放賣而三十斗落舊文記內에六斗落舊記만出給ᄒ고其他舊記는中間遺失ᄒ와未能出給ᄒ옵기로玆以廣告ᄒ오니日後에誰某間若有拾得이라도永爲休紙홈

忠南新창供串 張潤玉 告白

平北龍川府主事有關흔代에參政大신박제純씨가京인朴鬯을爲ᄒ는次로府尹의게緊切信托ᄒ얏스니차大신內에今위보來ᄒ얏스니쳠私外公正흔態度은金國通知ᄒ시오

김丙奎 告白

慶州郡지譜所設于禁府後동三十六統四戶吳相一家僉宗從速收單上送望홈

校正有司 文海 告白

普法戰記

譯者 宋玄堂 白
(全一冊 正價四拾錢)

本書는距今卅七[illegible]年歐羅巴의一大[illegible]爭事蹟을記載흔[illegible]服을受ᄒ야久히[illegible]年間頭新營阻으[illegible]ᄒ야覺乃普軍의[illegible]略과法蘭西의可[illegible]即時普法國民의[illegible]我愛國男兒는必[illegible]

元兌 發

(中央書館)(新民會書館)

◎增修無冤錄大全

壹帙壹白七十頁 定價金新貨七拾五錢

此增修無冤錄大全은法律家의最緊要흔書籍이온ᄃᆡ年來現本이殆히絶種에至ᄒ지라故로法部에認可를得ᄒ옵고此를新刊ᄒ얏삽는ᄃᆡ國漢文으로解釋ᄒ야模糊흔句節이無ᄒ오니法律學에有志ᄒ신니와字牧之任에居ᄒ신니는不得不覽홀冊子이오니注意購覽ᄒ시옵

中署布屛下 廣學書舖 金相萬 發售所

江原道高城郡金剛山楡岾寺楡신學校告白

開學日字는陰二月廿九일

普通科程如左
內典 外典 語學 地誌 歷史 算術 國文 習字

第二期學員募集廣告

本塾에셔今年에宏潤흔敎場을建築ᄒ며敎務를擴張ᄒ야一層整備ᄒ고法學科學員을新募ᄒ오니願學人은本塾에前期來臨ᄒ야請願ᄒ고左開日에應試ᄒ되學科及規則은本塾에來問홈事

○試驗科目 國漢文 讀書 作文 算術(四則以內)

○試驗日字 陽五月五日(陰三月廿三日)

光武十一年四月 日

西署英語學校後동 私立養正義塾 告白

西署新門外錦동百八十六統三戶
辯護士前判事正三品 丁明燮
法律事務所
事務員前主事 吳在淳

本店에셔四月一朔동안所有物品을特別減價ᄒ야出售ᄒ오니陸續來購ᄒ시옵

貞동源泰洋服裁縫店 告白

●學員募集廣告

大韓醫院敎育部에셔官費生及私費生으로學員을試選ᄒ오니入學志願者는四月二十五日(陰曆삼月十삼日)以內로入學請願書를本部(中署勤洞前醫학교)에具呈ᄒ고翌日上午十時에本部로來赴應試홈事

入學試驗科目

一 年齡은十八歲以上삼十歲以下
一 身躰檢査
一 漢文讀書
一 國漢文作文
一 算術問答
一 中학校卒業証書가有흔者는免試許入홈事
一 入학請願書紙는本部로來ᄒ야購用홈事

大韓醫院敎育部

●일본遊覽者募集

一 遊覽會員募集 人員은五十名으로一團을成ᄒ니한일을不問ᄒ고速히請入ᄒ시옴
一 巡遊地 東京博覽會 橫濱 京都 大阪 神戶
一 往復日數 凡抵十七일間
一 浮費 遊覽費及手數料를合ᄒ야總計四十八圓
一 出發일 請入順次를從ᄒ야出發三일前에直接히通知홈
一 請入所 在京城신聞社 五十八銀行京城支店 天一銀行
一 會員은遊覽을終ᄒ야解散흔後는本會와關係가小無홈
一 南대門셔釜山으로直行ᄒ던지或은東京으로直行ᄒ는者의對ᄒ야도同一便法으로同行請入을應諾홈

일本人遊람協會事務所 경성南대門通 東亞商會

越南亡國史

國漢文 新刊 定價貳拾伍錢

發賣所 京城廣橋南裕相書舖 鍾路鍾川郡禹時夏書舖 布屛下 김相萬 冊肆

本人이日本大阪商業家와特約ᄒ고日本內地產出各種物品과西洋各種物品及機械等物을我大韓에輸入ᄒ와委托을便利케契約ᄒ얏ᄉᆞ오니商工業에有意ᄒ신僉君子는貨物이든지請求코져ᄒ시거든本社로來議ᄒ시오本社에셔는手數料만領受홈

開城北部祥洞 興業社本店
支店京城南門內水橋五十一統六號 培養會社
仝仁港內리동廣濟號

國債報償義捐金收入廣告

●京畿道高陽求知道面花水里
前委員 趙鍊 五拾錢
弟 錫 拾五錢
●丕廷廉 윤升炳 윤俊炳
윤?炳 윤珠炳 윤伯重
니秀用 니蘇九 니鍾鎭
니升興 김栢順 全龍雲 각廿錢
니升相 貳圓
弟升先 五拾錢
長子鍾헌 次子鍾玉 각三拾錢
장芝煥 方永文 方雲鎭 각卅錢
윤談炳 니貴童 김大福
玄春學 김明先 니化春
김광七 丘廷佑 니寶連
니학俊 리景道 각拾錢
合捌圓拾五錢

●高陽求知道面西幸信里
丁升爽 四拾錢
丁明教 拾錢
丁升稷 김元同 뎡봉錫
니平山 각廿錢
김永大 四拾錢
김興녹 김영俊 각拾錢
김元興 김民崇 김上同
김泳成 각廿錢
뎡基玄 四拾錢
뎡德辰 니俊植 각廿錢
김今山 拾錢
김壽同 貳拾錢
김師之 拾錢
니上用 니杜玄 니聖云 각廿錢
鄭基周 四拾錢
鄭基大 최元會 김長쇠 각廿錢
박用云 六拾錢
姜漢吉 貳拾錢
강漢石 五拾錢
合六圓八拾錢

▲高陽求知道面一牌里
김守福 池昌成 각六拾錢
김上福 五拾전
김錢元 최奉來 각四拾錢
박尙玉 박元均 劉영云
김順玉 김永根 박永信
박與石 최景春 김학奉
최德文 니先豐 황健實
박奉成 박用吉 김永振 각卅錢
皮先命 김영돌 박永彦
尹桓 박用凡 박夫吉
박用石 朴同均 朴大吉
朴弘均
김甲辰 박互元 김銀宗 각廿錢
方福돌 김日奉 박學均
박福吉 김仕明 김明奎
박영春 니賢邦 劉元實
김春浩 박今돌 김億千
박元石 김景俊 김漢국
박銀吉 박창均 박千應
박古돌 박石文 김昌升
尹洪一 白潤三 최長돌
니貴文 김致云 김聖吾
김奉學 김今同 황健和
申行吉
池宜根 각拾錢
拾貳圓四拾錢

▲求知道面陵동
니斗柄 三拾錢
柳寅喆 貳拾錢
韓鏡源 니周顯 吳泳準 각拾錢
뎡信通 貳拾錢
최銀西 拾錢
韓俊敎 吳成鎭 貳拾錢
니承顯 五拾錢
니鎔顯 각卅錢
니斗三 貳拾錢
니相顯 五拾錢
니禹顯 니益顯 安敎煥 각拾錢
吳相鎭 貳拾錢
吳泳식 拾四錢
니斗七 河永之 각拾錢
合三圓九拾四錢

▲求知道面外城동下里
니健寧 五拾錢
니會英 니뎌和 김順甫 각廿錢
니濟寧
김云集 沈昌潤 니聖儀 각拾錢
김相一 五拾錢
김炯텬 각貳拾錢
裵春培 니容範 각貳拾錢
김應圭 捌拾錢
니亨培 四拾錢
柳창玉 貳拾錢
장輝 拾錢
뎡在協 四拾錢
뎡在셔 鄭在셜 니會星 각拾錢
申武永 四拾錢
김義澤 니元彙 각拾錢
리允韶 柳明順 각廿錢
니承福 四拾錢
柳允集
合六圓三拾錢

▲求知道面三省堂
宋述현 六拾錢
송在德 송逸현 各卅錢
송達현 四拾전
송樂현 貳拾전
한永文 샤拾전
韓永守 五拾전
한永先 廿五전
한영在 五拾전
한景植 宋文龜 한영實 각廿전
한九童 卌전
한文成 廿전
尹聖九 拾전
니貴男 한順集 한九先 각貳拾전
최景順 四拾전
최元必 趙聖文 흥洛眞
니順化 흥景連 林奇準 각廿전
흥九集
리東寧 七拾五전
뎡順交
▲高陽中面禹頭里
都有司 리正宇 壹圓

合九圓

●高陽求知道面二牌里
許邇 廿전
김亨默 拾전
최秉창 전
흥基周 拾전
최致文 二전五里
니基학 大전
니勳돌 廿전
김順孫 김雲日 각拾전
林聖化 廿전
方돌伯 捌拾전
김斗植 卌전
申興祿 廿전
丕起연 卌면
장辰根 五拾전
니福돌 拾전
方돌奉 卌전
丕元根 六拾연
니奉春 五전
최松문 拾貳전五里
方得福 五전
박二萬 拾전
千鼎圭 五拾전
김漢默 六拾전
김守山 捌拾전
김長石 拾전
박老味 廿전
김守命 卌전
千順伊 拾전
丕起興 박萬福 方鶴仁 각拾전
김烋成 廿전
박性玉 拾전
方奋영 五拾전
方奋玄 方起先 각拾錢
方今福 김順玉 각廿면
최世官 方二萬 최漢一 各拾전
최順宅 卌면
方錫俊 拾錢
方億萬 大拾錢
方完吉 김元命 각拾錢
최仁官 ᄉ拾錢
최既奉 貳拾錢

方先福 拾전
方命成
方台景 김石崇 拾貳전五里
박完福 각廿전
니膺淳 八전
김정石 拾전
白在龍 廿전
方萬應 拾전
方봉雲 柳京雲 각廿전
최召史 方金石 각拾전
方應萬 方應山 각廿전
高億吉 송德秀 高京녹 각拾전
高億哲 拾五전
김守根 高在成 각拾전
高在吉 ᄉ拾전
김守同 貳拾전
윤학汝 각십전
니春根 貳십전
김英吉 십전
方金吉 샤십전
김奋成 拾전
황金根 貳拾전
高得봉 高性봉 高明玉 七전五里
니돌豐 각貳拾전
宋捧 八전
十전
合拾六圓○貳전

●高陽元堂面新院里
니杜彦 김順龍 각四拾錢
權永顯 니龍億 김今星 ᄀ卅錢
니元셔 四拾錢
니敏淳 安億쇠 각貳拾錢
김億萬 김德洙 한聖則 각拾錢
權永基 니창셔 니병三 각三拾錢
김所院 송鶴升 方福辰 각拾錢
리봉輝 박永俊 박道安
니順億 각貳拾錢
한占得 拾錢
한聖玉 四拾錢
權永夏 삼拾錢
權俊宋
김雲俊 박春식 각廿錢

니業成 니玉金 각拾錢
박貴쇠 卅錢
니萬成 拾七錢五里
니膺淳 四拾錢
니萬셔 三拾錢
최三同 니太文 각卄錢
한慶集 拾錢
니應섭 四拾錢
合八圓七錢五里

●高陽元堂面一牌上里
權重학 니秉茂 니康連
장順彙 車致文 각二拾錢
장德日 玄창俊 각拾錢
朱德淡 二拾전
장永元 십五전
한學順 拾전
리重舜 니永根 全德三
玄順明 장順元 朱德云 각貳拾전
장弘植 한金順 니영化 각拾전
宜昌業 廿전
奏順泰 八전
宜昌業 斉德千 斉德奋 각拾전
斉致凡 八전
高興植 리영寬 각拾전
김先業 廿전
장弘九 拾五전
흥適甫 拾貳전
吳昌西 김영根 徐仁汝 각拾전
徐氏宗 車文西 각五전
니元順 文命官 각拾전
장應九 니영安 拾五전
장巳元 五拾전
니영主 廿면
니明壽 廿면
니奋石 장用雲 각拾면
장又哲 池聖元 각廿전
合六圓六拾五전

總合七十七圓三十三錢五里
前號總合五千二百三十圓二十四錢七里
都總合五千三百○七圓五拾八錢二里

大韓每日申報社

◎特別廣告◎

國債報償金에昨日所捧은姑未合計이고昨前日所捧總合一萬貳千貳百六十肆圓七十貳전은電氣會社銀行의貯置ᄒᆞ얏삽고義捐人姓名은逐日廣告함
大韓每日申報社

◎本報價 ◎廣告

○申報價
一張代金 新貨二錢五里
一個月前納 三十錢
三箇月 九十錢
六個月 一元七十錢
一箇年 三元四十錢
郵稅一部 新貨五里
一箇月 十三錢

○廣告料
四号活字十三字詰
每日每英尺一寸에新貨拾五錢
(每日每行六錢에相當홈)
一週日에 二圓五十錢
(每日每行四錢五里에相當홈)
一箇月에 五圓
(每日每行四錢一里에相當홈)
其期限의長短과字行의多夥를依ᄒᆞ야增減홈이有홈

●大韓每日申報各處支社廣告
中署布屛門下 김相萬冊肆
平壤上水口門內 김浩潤
仝 최淑恒
仁川 ?規開新冊肆 리東皓
宣川邑檣西里 安濬
義州西門外한西 大藥局
釜山港佐川 徐藥局
三和港榮洞 김仁집
咸興州南社西門外 曹喜林
開城培義學校 姜助遠
大邱市廳 최一弘
報寧邑濟衆院 劉夢澤
鐵山邑東部 安玄
元山支店 劉七錫
定州南門內 洪成鱗
信川邑 리源植
海州南門內書舖 朴昌鎭

發行兼編輯人 英國人비說
發行所
南셔石井洞號外地三層洋屋家
大韓每日申報社

第五卷

第二百九十五號

月曜及慶節時日休刊

檀君開國四千二百四十年
箕子元年三千二十九年
大韓開國五百十六年
日本明治四十年
淸國光緖三十三年
◉陰曆丁未三月小十三日甲辰

論說

日本의眞實友人

日본에일新報와其他極東에在ᄒᆞᆫ數種新報가言及ᄒᆞ되한國內漢城에特其排日黨이有ᄒᆞ야한日間惡意를惹起ᄒᆞ며또日본이한國人民을爲ᄒᆞ야多少好事를旣已成就ᄒᆞᆫ것도拒而不許ᄒᆞᆫ다고無根之說을重複記述ᄒᆞᆫ지라本報가此를辨論홈은已於前日紙上에有所致意어니와若以본報言之ᄒᆞ면本人이能히正直ᄒᆞᆫ言論으로主張ᄒᆞᆫ것은盖본報筆端의常時一念이오쟉韓國은한人之國이라ᄒᆞᄂᆞᆫ此一言에但在ᄒᆞ얏고且本報에從事ᄒᆞᄂᆞᆫ者ᄂᆞᆫ此半島全部居民의利益을爲하야注意ᄒᆞᆯ而已로다

且若本報가此地에派駐ᄒᆞᄂᆞᆫ日本官憲의게强硬之言을或加ᄒᆞ엿스면必是日본官憲이其譏評을當ᄒᆞᆯ만ᄒᆞᆫ理由가有ᄒᆞᆫ것이라大抵韓국內에在ᄒᆞᆫ何如白人이든지此地日人行動에關係로其厭惡를不受ᄒᆞᆫ者가未有ᄒᆞ니其故ᄂᆞᆫ何也오萬若일本이兵器로써韓國을征服ᄒᆞ얏스면其事態가或他種意見으로計料홈이有ᄒᆞ려니와今乃事實이與此형異之地에如彼ᄒᆞᆫ行動이有ᄒᆞ니雖日人이라도反而省之ᄒᆞ면於心自愧ᄒᆞᆫ者가多有ᄒᆞᆫ奸計로써此帝國을取得ᄒᆞᆫ것을吾人이不幸히見知ᄒᆞ얏도다意匠險之行이未有ᄒᆞ고平和之質을但持ᄒᆞᄂᆞᆫ韓國個人들이日本軍人과巡査와警官守備者와苛虐을常被홈은吾人이目擊ᄒᆞ얏스며各部院의多數部分이彼纂奪者手中에歸ᄒᆞᆫ것도吾人이經閱ᄒᆞ얏스며雖俄國人이라도不能阻止ᄒᆞᄂᆞᆫ偵探軍을多數施설홈을吾人이亦皆目覩ᄒᆞᆫ지라차等諸般事爲가皆韓國인民의利益을爲ᄒᆞ야施行홈이라고稱托ᄒᆞᄂᆞᆫ것을吾인이記憶ᄒᆞ노라

歐洲及日美間에在ᄒᆞᆫ一般善流들은한국內에日本行事를對ᄒᆞ야每於報紙上에自已閱讀ᄒᆞᄂᆞᆫ뒤로信認ᄒᆞ기가쉽거니와但彼의閱讀ᄒᆞᄂᆞᆫ報紙ᄂᆞᆫ其記述主意가본是令人快悅코져ᄒᆞ야謹愼ᄒᆞᆫ筆法으로備設ᄒᆞᆫ것이니諸般不美之味를香料로掩飾ᄒᆞᆫ지라彼로ᄒᆞ여금不美ᄒᆞᆫ實味를得嘗케ᄒᆞᆫ者가未有ᄒᆞ얏스니由是로日人의不美ᄒᆞᆫ眞狀은暴著키不能이라吾인도彼와ᄀᆞᆺ치信認ᄒᆞ기를希願치아니ᄒᆞ미아니오且吾人도한國內에不居ᄒᆞ엿더면列國에在ᄒᆞᆫ諸友와ᄀᆞᆺ치此地實情에全昧ᄒᆞ엿스리로다

日本인은오쟉實心으로한國을試爲扶助ᄒᆞ야凡事를當然지理로履行ᄒᆞᆯ지여다若其正當ᄒᆞᆫ行事가有ᄒᆞ야世界公眼에稱揚과感謝를取ᄒᆞᆯ處가有ᄒᆞ면本人은當先於諸人ᄒᆞ야稱揚을發ᄒᆞ며感謝를表ᄒᆞᆯ지노라本人이決非日本지弊敵이오亦爲한국之友人인것을可以明言이오一般世人이亦可諒悉이로다

官報

◉三千七百四十八號 光武十一年四月廿四日

◉宮廷錄事

議政府參政大臣陸軍副將勳一等臣朴제純內部大臣陸軍副將勳一等신리址鎔謹奏近來群不逞之徒嘯聚黨類潛伏蹤跡秘온醞釀禍機以向日軍部大신權重顯所遭書之白晝通衢使用器械雖云幸免茂法干紀誠一變怪而其根因尙未盡究去夜亥時强盜二名突入審査局長박鏞和家揮刃放砲박鏞和身被刃傷竟爲殞命賊漢卽爲도逸尙未捕獲平時경察苟能嚴明寧至此境경務使김思默不可無警施以重譴責仍令히廳別般譏詷刻期의獲지意嚴飭何如謹上奏奉

旨依奏安有如是變怪而種々此弊其必有根지矣不卽猛加止香後來不可불念嚴飭警務使別般譏詷刻日捕捉毋或疎漏重犯不能勝職지罪事分付

◉敍任及辭令

官立仁峴普通學校教員吉昇규
公立김城仝 명슈英
依願免本官
任牙山郡主事 김照
任連山仝 九品김鏻洙
任天安仝 六品孟蘷述
任永興仝 林始英
任丹陽仝 최厚林
任朔州仝 김時韡
任古阜仝 九品殷在吉
任淸風仝 박璋喆
任김堤仝 九品趙年式
任金溝仝 溫大根
任黃州仝 김相郁
任禮安仝 申相𨦟
任陽智仝 김斗榮
任安東仝 리穆호
任文義仝 九品리儀卑
任尙州仝 송긔顯
任熊川仝 비명元
任楊口仝 任賢익
任果川仝 六品리秀丙
任漆谷仝 蘇輝茂
任明川仝 김뒤憲
任興德仝 리식
任長連仝 申桓均
任慈山仝 九品리昌模
任淸道仝 박貞默
任善山仝 장箕相
任定州仝 六品盧鎭約
任김海仝 許局
任鐵原仝 權英集
任三登仝 朱긔觀
任善城仝 九品梁柱興
任報恩仝 김文熙
任順興仝 六品徐延麟
임淸安仝 九品리相泰
임松禾仝 孫致洛
임海美仝 蔡相晩
임林川仝 강錫能
임靈巖仝 朴善의
임利川仝 뎡起鎔
임河東仝 뎡순五
임楊根仝 리온哲
임鬱嶋仝 田在恒
임梁山仝 六品嚴宇영
임江陵仝 최긔集
임漢城府仝 九品리영슈
未完

外報

◉各省의實業학堂 淸國實業學堂은現已農商工部의管理에歸ᄒᆞ얏ᄂᆞᆫ데비록各省의公私立學堂이日見增多ᄒᆞ나오작實業一門이仍屬缺少ᄒᆞᆫ지라故로該部堂憲이各省督撫의게電咨ᄒᆞ야所屬實業學堂을調査ᄒᆞ야其所屬境內에該學堂을未立ᄒᆞᆫ者가有ᄒᆞ면速行設立ᄒᆞ고幷히列冊報部ᄒᆞ며또派員各處ᄒᆞ야其情況을資考ᄒᆞ야振興實業ᄒᆞ기를務圖ᄒᆞᆫ다더라

◉東露漁業家對日運動 最近黑龍官報를據ᄒᆞᆫ즉黑龍江畔에在ᄒᆞᆫ니코라이우스크市에漁業家의大部ᄂᆞᆫ聯合ᄒᆞ야운動委員을彼得堡에派遣ᄒᆞ고目下일露間交涉ᄒᆞᄂᆞᆫ漁業條約에關ᄒᆞ야黑龍水域에在ᄒᆞᆫ漁業은결코日本人에게許可치말고다만露國에게만許可ᄒᆞ여달나ᄂᆞᆫ請願書를中央政府에提出ᄒᆞ고尙少意志를貫徹ᄒᆞ기爲ᄒᆞ야多額에費用도準備ᄒᆞ얏다ᄒᆞ니其理由인즉若地方漁業을日본人에게許可ᄒᆞᆫ진딘(一)露國漁業에妨碍나或은停滯를야起ᄒᆞᆯ자오(二)露國漁夫의生業을失케ᄒᆞᆯ지오(三)니코라이우스크市에잇ᄂᆞᆫ貿易商業運轉를縮少케ᄒᆞ야其結果가畢竟漁業을專門ᄒᆞᄂᆞᆫ黑龍水城에住民으로써生活之道를失케ᄒᆞᆫ다홈에在ᄒᆞ야該請願書ᄂᆞᆫ운動委員의拔擢된市會緣及漁業象全躰에連署로써黑龍江統督의手를經ᄒᆞ야中央政府에提出홈이라ᄒᆞ더라

雜報

◉崔勉菴疏本 臨死臣최益현在日本對馬嶋警備隊內謹西向再拜上言于 皇帝陛下伏以臣之擧義大略具已疏陳于今年閏四月始事之初原疏之登徹與否臣未可知也但臣擧事無狀竟遭俘囚之辱以七月初八日被押到日本之對馬島現囚於其所謂警備隊內自分必死無望生還今此賊始欲以勅剃加臣終復以殺辭解說然賊情叵測必欲殺之而後已且伏念臣入此以後一匙之米一勺之水皆從賊手出則設使賊雖無殺臣亦不忍以口腹自累遂決意却食以追古人自靖獻先王之義臣生年七十四歲死何足惜但迎賊不能討寇讐不能滅國權未復疆土未還而四千年華夏正道汚於糞壤而莫之扶三千里先王赤子化爲魚肉而莫之救此臣雖死而目不能瞑也然臣竊料倭賊有必亡之形而遠不過四五年之間但恐我之所以應之者未能盡其道耳今淸俄兩國日夜切齒於此賊而英美諸國亦未必十分與此賊相好則早晩必自相攻且其國도兵之餘民窮財竭衆怨其上夫外有僨之敵內有怨上之民其亡可翹足以待也伏願陛下勿遽以爲國事之不可爲而奮發 乾剛廓立 聖志振頹廢起因循勿忍其不可忍勿恃其不可恃勿過出於虛威勿甘聽於弁說益固自主之謀而永斷依賴之心益堅薪膽之志而究盡自修之方招納英俊撫養軍民以四方지便而於中取事焉則斯民也固皆有尊君愛國之心而又諸論於先王五百年盛德至善之澤者也豈無爲陛下出死力以復大讐而雪深恥者哉其機只在乎 陛下之一心耳伏願 陛下勿以臣臨死之言而有少忽焉則臣於地下亦當結手而待矣臣臨命神荒所欲言者不能陳其一二無此付同囚人前郡守신林炳찬이死使之待時以呈伏乞 陛下哀憐而垂察焉臣無任涕泣영訣之至謹昧死以聞

◉竹郡義연 竹山郡近二面某里居하ᄂᆞᆫ前府使沈仁澤氏外十四人士가국채報상을協議ᄒᆞ기爲ᄒᆞ야發起成會ᄒᆞ고近隣諸郡面에通文頒佈ᄒᆞ고義金을收集ᄒᆞ야爲先六拾圓六十四錢을期成會로輸送ᄒᆞ얏다더라

◉婦人出捐 江原道鐵原西邊面梨峴里居ᄒᆞᄂᆞᆫ前主事리觀夫氏의慈親김召史와妻嚴召史와令리鳳夏氏의慈親尹召史와妻沈氏가國채報상에對ᄒᆞ야義捐十圓과銀指環二介를期成會로輸送ᄒᆞ얏다더라

雜報

●義王出遊 義親王殿下게옵셔再昨日東大門外靑菴寺等地에前往ᄒᆞ야花遊會를盛設ᄒᆞ셧다더라

●議案決留 日昨政府會議에軍部提議規則과旅團官制廢錬實施件과沈健澤씨中樞院贊議敍임件과日語학校敎官柳一宣씨依免代에金在익씨로陞임件을決案ᄒᆞ고諸般支出件은當日度支部大신閔泳긔씨가出席아니ᄒᆞᆫ故로姑爲留案되얏다더라

●戒嚴日甚 近日각大신家에셔每日下午六時量이면巡檢이把守門前ᄒᆞ야親踈間來賓을一不許入ᄒᆞ고雖該家食口라도日暮後에ᄂᆞᆫ不得入門ᄒᆞᆫ다더라

●리씨供辭 監獄署에被囚ᄒᆞᆫ리容틱씨等의供招를漏聞ᄒᆞᆫ즉參政以下각大신과其他各大官某々씨合拾參인을謀殺ᄒᆞ기로酌定ᄒᆞ얏다더라

●軍相訪統監 再昨일下午五時에軍部대신權重顯씨가伊藤統監을官邸로訪見ᄒᆞ얏다더라

●三氏倂釋 前秘書丞김升민씨가日본司令部에셔得放ᄒᆞᆫ事ᄂᆞᆫ前已報道이어니와尙膳姜錫호參領리敏和兩씨도倂히放釋되얏다더라

●三察留案 일昨政府會議에現關觀察使를박勝鳳김각현權益相諸씨를敍임키로提議ᄒᆞ다가留案ᄒᆞ얏다ᄂᆞᆫ說이有ᄒᆞ더라

●久勤試取 경務使김思默씨가一自被命以來로히廳內에或有總巡지窠闕이면勿問親踈ᄒᆞ고但以久勤權任ᄌᆞ으로試才敍任ᄒᆞᆫ다더라

●兩處訊問 警務廳에셔罪인訊問ᄒᆞᄂᆞᆫ處所를上下等을分置ᄒᆞ야上等인訊問ᄒᆞᄂᆞᆫ處소와下等인訊問ᄒᆞᄂᆞᆫ處소가有ᄒᆞ다더라

●電吊遺族 去二十二일에일본宮內大신이朴용和氏遺族에게吊電을寄ᄒᆞ얏다더라

●한氏廉直 日前에平南裁判所主事文봉儀氏敍임ᄒᆞ얏ᄂᆞᆫ데氏ᄂᆞᆫ以親務之急으로旅費十元十二錢을推尋치못ᄒᆞ고其友韓亂翼氏더러代往推來ᄒᆞ라ᄒᆞ고領收証을書付而去ᄒᆞ미ᄒᆞᆫ氏가法部에代往ᄒᆞ야推尋際에會計課掌財官이誤錯ᄒᆞ야十圜二십錢외에紙貨二圜을加給矣러니ᄒᆞᆫ氏가二圜을袖持ᄒᆞ고法部에更往ᄒᆞ야二圜을出還日此錢은當推外에不當지錢故로更爲持來라ᄒᆞᆫ데在座官人이擧皆致謝ᄒᆞ얏다니ᄒᆞᆫ氏의廉直處事ᄂᆞᆫ聞知者莫不稱賞ᄒᆞᆫ다더라

●日佐被盜 龍山閔泳철氏亭子에日본步兵中佐一人이借居ᄒᆞ더니日前에賊漢二名이잠入ᄒᆞ야日貨三百餘圜과軍服과히中佐婦人의衣服等物을偸去ᄒᆞ얏ᄂᆞᆫ데민씨가床奴가嫌疑者로捉致訊問을被ᄒᆞ고日인雇용者ᄂᆞᆫ原犯으로被捉ᄒᆞ얏다ᄂᆞᆫ說이有ᄒᆞ더라

●訓院民訴 訓鍊院內에私有地가軍隊操鍊場에多數犯入ᄒᆞᆫ事에對ᄒᆞ야히民인等이軍部에呼寃하얏더니尙無如何回題인故로農務方은지時을當ᄒᆞ야廢農ᄒᆞᆫ地境에至ᄒᆞᆫ故로民寃디漲藉ᄒᆞ다더라

●師範試才 日昨師範학校에셔向日試才ᄒᆞᆫ生徒五拾三名과各地方普通학校시才上送ᄒᆞᆫ生徒拾餘名을合시ᄒᆞ야昨일出榜ᄒᆞ얏ᄂᆞᆫ데入格인員이四拾四名이라더라

●無犯旋放 일昨南署等地步行旅館에셔鄕客들이出他ᄒᆞᆫ後에衣보와尋常用지ᄒᆞᄂᆞᆫ小刀을히家主인이一々히收拾ᄒᆞ야괴內에藏置ᄒᆞ고鎖金ᄒᆞ얏더니巡檢이來到ᄒᆞ야留連ᄒᆞᄂᆞᆫ鄕客놈探問ᄒᆞ다가괴를開鎖ᄒᆞ고衣보를調査ᄒᆞᄂᆞᆫ디히小刀를見ᄒᆞ고何處用物이나執貰ᄒᆞ야鄕客과主인을捉去ᄒᆞ야一場신問ᄒᆞ되少무實犯ᄒᆞ야旋卽放送ᄒᆞ얏다더라

●發訓置隊 軍部에셔內部로照覆ᄒᆞ되卽接貴照會內槪現接開慶郡守報告則內槩에번郡이處在嶺湖지間ᄒᆞ야南北지第一喉역이온바挽近匪類猖厥이無處不然이로되번郡則自甲午以後로일兵站이留駐ᄒᆞ야比他稍安矣러니일兵撤去지後로彼類가輒日依附외和에最爲疾징ᄒᆞ야梁黨肆悖ᄒᆞ오니幾千生命이至於顚환쑨더러現今稅務方장ᄒᆞ옵고出數이完備ᄒᆞ오니假使一입彼類則其爲惶늠尤當何如哉니ᄭᅡ另置鎭衛一중隊於번郡케ᄒᆞ심을伏望等因이기仰布ᄒᆞ오니査照處판事等因이온바使尉官一員으로領率士卒五拾名ᄒᆞ고派駐히郡지意로發訓于大邱대隊ᄒᆞ옵고玆庸仰覆이라ᄒᆞ얏더라

●旅費請撥 度支部에셔內部로照覆ᄒᆞ되貴照會內槩에광武九年九月分에平壤軍用地調査委員柳봉根이率隨員一인ᄒᆞ고軍用地調査次로往旅費금額二百四拾兩을業經仰照ᄒᆞ와已有소支撥지承認이온바尙未支出이기該員이公羨나用ᄒᆞᆫ明細書를左開仰布ᄒᆞ오니히금額二百四拾兩을算외支撥爲要等因이온바竊査히費額을緣何趁不督撥이옵던지年度屢經에今不可違論이옵거玆庸仰覆이라ᄒᆞ얏더라

●私立運動 私立小學校連合大運動을본月二拾七일에訓鍊院으로설行ᄒᆞᆫ다더라

●派巡散民 南大門城첩회撤事에對ᄒᆞ야히城近地商民等이商業을撤廢ᄒᆞᆫ境에至ᄒᆞᆯ뿐不是라家屋價도何以措處ᄒᆞᆯᄂᆞᆫ지不知ᄒᆞᄂᆞᆫ故로民人數拾名이漢城府에呼訴ᄒᆞ얏더니該府의셔往訴內部ᄒᆞ라ᄒᆞᄂᆞᆫ故로昨일上午拾二時頃에히인民等이內部門前에會集ᄒᆞ야商業을撤廢ᄒᆞ면來頭生活을何以위지며家屋價ᄂᆞᆫ每間幾何式作定ᄒᆞᆫ事를質問ᄒᆞᆫ즉內부의셔卽時경務廳으로電話ᄒᆞ야난民等을派巡解散ᄒᆞ라ᄒᆞ미該廳의셔總巡一넌權任一넌巡檢二넌을派送ᄒᆞ야驅逐解散ᄒᆞᆫ즉난民等은呼訴无處ᄒᆞ야卽위散歸ᄒᆞ얏ᄂᆞᆫ데事지如何를質訴이巳어ᄂᆞᆫ派巡驅逐이是何格例인지憤歎ᄒᆞᆷ을不勝이라고觀光諸인의衆議가紛々ᄒᆞ더라

●照借運場 학부에셔군部에照ᄒᆞ되번月三拾일에官私立각普通학校에聯合대運動會을擬於訓鍊院셜행이온바히地가係是貴部소管이옵기玆에照會ᄒᆞ오니照亮ᄒᆞ오셔來二拾八일노부터當일ᄭᆞ지三個일間ᄂᆞᆫ依前借與ᄒᆞ라ᄒᆞ얏더라

●경察專門의셜立 近일某々有지諸씨의경監학校를發起ᄒᆞᆫ事ᄂᆞᆫ已위報道어니와現今에警監학校를以경察專門學校로改定ᄒᆞ고任員을組織ᄒᆞᆫ다ᄂᆞᆫ데校長은리載克시오副校長은조南升시오학監ᄂᆞᆫ兪鎭沃시오校監은秦學신시오總務ᄂᆞᆫ吳輸泳시로公選ᄒᆞ얏ᄂᆞᆫ데兪鎭沃시ᄂᆞᆫ卅間와家一座를校사로신實寄附ᄒᆞ고조南升시ᄂᆞᆫ每朔오십圜式補助하기로的定ᄒᆞ고校사修理間에爲先下米廛郡家를數朔借用ᄒᆞ야願學ᄒᆞ員三百八십餘員을去십九일爲始ᄒᆞ야試取ᄒᆞᄂᆞᆫ뎌當일에九십餘員을시驗하고其二百八십餘員은來火曜일上午십点에下米廛郡家에셔시驗을繼續ᄒᆞᆫᄂᆞᆫ데一般學員의屆期應시ᄒᆞ기를希望ᄒᆞᆫ다더라

●一동助校 孔德里私立[illegible]通廣成學校를설立屢年에財政이窘拙ᄒᆞ야將至廢止지境이되미一동인民이憤義가大發ᄒᆞ야自동중으로協議ᄒᆞ야財政우번동內鐡不稅를收合ᄒᆞ야히校를維持케ᄒᆞ얏다더라

●韓日爭鬪 去二十삼일慶興郡距七里黃海浦에셔ᄒᆞᆫ인約五百名이同盟ᄒᆞ고일본인家屋을燒却ᄒᆞ고爭鬪ᄒᆞ야互相死傷이有ᄒᆞᆫ데慶興에셔일번守備隊憲兵이히地에驅出ᄒᆞ야卽爲鎭撫되얏다더라

●靑會演說 今日下午七点半에靑年會館에셔牧師최炳憲氏가因死有生이란問題로演說ᄒᆞᆫ다ᄂᆞᆫ데有志諸君이如此善美之會에多數來臨ᄒᆞᆷ을希望ᄒᆞᆫ다더라

●暴徒蜂起 再昨夜九時에綾州地方에셔暴徒壹百五십名이봉起ᄒᆞ야和順郡衙에突入ᄒᆞ야洋銃五柄을掠奪ᄒᆞ고電柱一본을絶斷ᄒᆞ고일경부補佐員과鬪擊ᄒᆞ다가숨時頃에同福方面으로轉向ᄒᆞ얏ᄂᆞᆫ데首魁ᄂᆞᆫ령南人이오武器ᄂᆞᆫ洋銃五柄火繩銃廿柄이오其他ᄂᆞᆫ皆竹鎗지類요和順郡衙에文書와일補佐員에被服家子等物을燒火ᄒᆞ얏다더라

●暴徒後報 昨日광州警務支部에來電을據ᄒᆞᆫ즉暴徒가和順을襲ᄒᆞ고同福으로退却ᄒᆞ다가南方約十里距山中에셔衝突交戰ᄒᆞ야暴徒ᄂᆞᆫ銃器彈丸을棄ᄒᆞ고四方에散亂ᄒᆞ얏ᄂᆞᆫ데戰死者一名負傷者數名捕虜者一名이오銃器廿一柄과彈丸은无數ᄒᆞᆫ데被害品數件을押收ᄒᆞ얏다더라.

●修費請撥 全北觀察使김奎照씨가法部에報告ᄒᆞ되頃伏承訓令니開에今차각道裁判소을擴장ᄒᆞᄂᆞᆫ結果로貴소檢事主事와法務補佐官을行將差定인바히員等부임前에執務處소를不容不預先修理故로히費額을五百圜以니로算定ᄒᆞ야相當官舍을選擇修理로照請度支부ᄒᆞ얏스니待度支부訓칙ᄒᆞ야卽위修繕ᄒᆞᆷ이可ᄒᆞ기로ᄌᆞ에訓令ᄒᆞ니此를依ᄒᆞ야施行事等因인바번道소有官舍ᄂᆞᆫ盡皆入處에무他相當處소이옵且只有觀風閣一處이온바年久頹圯ᄒᆞ고間數廣濶ᄒᆞ야五百圜으로竣役은莫可擬議이오나修차入處가甚爲合當ᄒᆞ옵기已爲修理入處故소入費五百四圜七십八전三里를另具明細書ᄒᆞ와轄呈ᄒᆞ오니照亮ᄒᆞ신後同役費五百四圜七십八전三里를卽爲劃撥ᄒᆞ라ᄒᆞ얏더라

●華동賊경 沃川郡伊南面長華동에셔五六發砲聲이忽聞ᄒᆞ더니賊徒가兩隊로分ᄒᆞ야三十六戶村中에三十三戶에ᄯᅩ入ᄒᆞ야衣類金品을奪去ᄒᆞᄂᆞᆫ데조參奉重眞氏家에일貨五拾六圜이오其타衣冠은百圜價値오二十二戶에錢財衣類가二百圜價値인데히賊이조參奉家에셔炊飯而喫ᄒᆞ고錦山方面으로向ᄒᆞ얏다더라

▲華舌花耳▼

▲大한山川이神采ᄂᆞᆫ秀麗ᄒᆞ고氣脈은雄健ᄒᆞ야地靈所鍾에魁奇才德이往々生出ᄒᆞ니風氣를周察ᄒᆞ면先柔後强ᄒᆞᆫ性質이有ᄒᆞ도다

▲日昨에度支大臣閔泳綺氏家에晩餐會를大設ᄒᆞ고各部高等官人을請邀ᄒᆞ엿다니近日大신은무삼佳況이有ᄒᆞ야水々山亭에風景을玩賞ᄒᆞᄂᆞᆫ지昇平時代에無事無慮ᄒᆞᆫ情態로다

▲內大리址鉐氏가龍山江亭에閒養ᄒᆞ다가박鏞和씨의被刺ᄒᆞᆫ消息을聞ᄒᆞ고不勝驚겁ᄒᆞ야夫人을帶同ᄒᆞ고園동본第로還歸하얏다니박씨遇害에內大驚겁이무삼事端인지

▲陸軍正尉장寅根씨ᄂᆞᆫ其慈親喪禮에發引節次를純用日本制度ᄒᆞ얏고陸軍參將조㫫運씨ᄂᆞᆫ其令郞婚禮에日본法制를一依行지ᄒᆞ얏다니兩씨도喪婚에도日인을效倣ᄒᆞ니거시開明日的에第一急務인가

▲홍原郡에留駐ᄒᆞ던日본守備隊ᄂᆞᆫ皆已撤去ᄒᆞ고殘留ᄒᆞᆫ日兵이僅히拾餘名인데일兵等이前日과如히각公廨를占據ᄒᆞ故로尙今鄕廳에居處ᄒᆞ다니容接ᄒᆞ기爲ᄒᆞᆷ이아니라壓制ᄒᆞᄂᆞᆫ手段에在ᄒᆞᆷ이로다

▲抱川郡松隅場市에留駐ᄒᆞᄂᆞᆫ日본守備隊에셔楊州郡에對ᄒᆞ야軍需所用으로鷄卵五百介를今月晦內로貿納ᄒᆞ라ᄒᆞ얏다니日인이楊州郡守를一官廳色으로아ᄂᆞᆫ貌樣이로고

▲驚梁津에水道敷設線에犯入ᄒᆞᆫ民家九拾四戶를毁撤ᄒᆞ얏다니軍用地犯入戶와鐵路犯入戶와新作路犯入戶와許多犯入處에家屋을一並毁撤ᄒᆞ니한인에家屋은必無乃已ᄒᆞ리로다

▲近日각地方에賊警이益熾ᄒᆞ야水賊이又生ᄒᆞ야商路가阻絶ᄒᆞᆫ境遇에至ᄒᆞ야도일警部와넌巡檢은賊警을止ᄒᆞᆯ方針은頓無ᄒᆞ고無辜ᄒᆞᆫ平民만侵虐ᄒᆞ니念佛에ᄂᆞᆫ마음업고지밥에만마음잇지

雜報

●進明組成　進明婦人會ᄂᆞᆫ一般婦人에知識交換教育賛成의目的으로셜立ᄒᆞ얏ᄂᆞᆫ되去二拾三일下午一時에第一回總會를贊文學校內에開셜ᄒᆞ고임員을組織ᄒᆞ며趣旨書를發布ᄒᆞ얏더라

●自請則無　向일번報에揭載ᄒᆞ리된夏씨에自請賠償ᄒᆞᆫ事에對ᄒᆞ야更聞ᄒᆞᆫ즉誤傳이라ᄒᆞ더라

廣告

夫民而謟官이非赤子之道요官而罔民이豈父母之道리오務安府參書官박星煥氏가自云法律卒業이나부임以來로諸般虐政이登諸民狀ᄒᆞ니私債勒捧과訟女刦奸은猶屬餘事오分割地方ᄒᆞ고置一民長ᄒᆞ야大小詞訟을決於民長ᄒᆞ니民長은본港客主金仲善也라計猶不足ᄒᆞ야稱以學校費民役所經費ᄒᆞ고家屋稅每朔每間七分式聚歛하다가各동民人이起鬧ᄒᆞ얏스니豈可謂法律卒業이며亦可曰民願是從가稅務官金永卞結錢濫捧지說이본是無根이오符同박용치ᄒᆞ야僞名等狀之說은有何可據인지懷疑結嫌ᄒᆞ야近日各新聞에購人耳目ᄒᆞ여스니其裏由ᄂᆞᆫ아마도朴官의鷹犬은김仲善이오仲善의爪牙ᄂᆞᆫ洪원杓라인結蛇盤ᄒᆞ야行其不法ᄒᆞ다가招此民怨에做計文過ᄒᆞ니朴星煥의赤子ᄂᆞᆫ김仲善洪원杓뿐이오김洪兩民의父母ᄂᆞᆫ박星환뿐이기百姓代表로玆에廣布ᄒᆞᆷ

務安木浦居梁宗默　告白

本店에셔四月一朔동안所有物品을特別減價ᄒᆞ야出售ᄒᆞ오니陸續來購ᄒᆞ시옵

貞동源泰洋服裁縫店　告白

본人의祖母가早寡에只率一孤子本人父ᄒᆞ와前有產物을持ᄒᆞ고張氏門에依托인바장氏ᄂᆞᆫ即장화鎭(ᄆᆡ)라장氏가三四次娶室ᄒᆞ야連生男女ᄒᆞ고本人에父母ᄂᆞᆫ俱歿ᄒᆞᆫ後에장氏가本人에祖母를嚴迫이滋甚ᄒᆞ거ᄂᆞᆯ本人祖母가雲仍切念ᄒᆞ고自戀感舊之心ᄒᆞ야言於장氏曰尊旣有室子女ᄒᆞ고吾則年旣衰矣라已有本孫一個ᄒᆞ고又有김哥之본財ᄒᆞ니尊則率본妻子以各生ᄒᆞ고吾則率본孫以居生이妥當이라ᄒᆞ고兩相便宜라爲ᄒᆞ야如干汁物과持來ᄒᆞᆫ田土를ᄒᆞᆫ푼도모지장氏에立錐寸土가無ᄒᆞ야聯生키末由ᄒᆞᆷ과同室同居ᄒᆞ든情誼에出ᄒᆞᆷ은一境이所共知也오已過十載어ᄂᆞᆯ噫彼장師ᄒᆞᆫᄂᆞᆫ即장씨에入養ᄒᆞᆫ者로蔑視본人지孤單ᄒᆞ고欲奪世傳지土ᄒᆞ니世豈有如許과測지人心乎아大抵以養父母로論ᄒᆞ오면渠父渠母가現在ᄒᆞ오되본人에祖母ᄂᆞᆫ寡身으로入於장門ᄒᆞ와不過幾年依托이다가與장相離에分產이已久ᄒᆞ니김之장之가各自懸殊어ᄂᆞᆯ김哥지祖母가何以爲장哥지養母乎아今者에終是渠母渠財라稱ᄒᆞ고榮川居박海陽을符同ᄒᆞ야京城朴參政宅門인이라自稱ᄒᆞ며본인에餘存ᄒᆞᆫ田土를박參政宅에셔買得ᄒᆞ얏다聲言ᄒᆞ고陰去年十月日에來訴본郡라가奸狀과협雜이綻露ᄒᆞ야장師ᄒᆞᆫᄂᆞᆫ多日被囚ᄒᆞ고박海陽은落心歸去러니하兩인이박參政宅에更囑ᄒᆞ야期於奪取이다이고出沒京鄕에欲爲潛賣分食ᄒᆞ야締結雜類에空然이京宰宅을藉托ᄒᆞ고無瑕孤單ᄒᆞᆫ인을構害ᄒᆞ고有主有券지土를白食코져ᄒᆞ옵기玆以廣告ᄒᆞ오니各國僉君子와內外國인은장師ᄒᆞᆫ養父子에게切勿見欺ᄒᆞ심을切望ᄒᆞᆷ

順興郡大平面東湖김永祚告白

農商工部認許運車株式營業廣告

今番本營業所에셔各項貨物을運送ᄒᆞ기爲ᄒᆞ야牛馬車及荷車를勿論ᄒᆞ고營業을組織ᄒᆞ야牛馬車와荷車에소載ᄒᆞᆫ物品을自今爲始ᄒᆞ야本營業소에셔精實無損ᄒᆞ고迅速無滯ᄒᆞ도ᄅᆞᆨ恪勤勉勸ᄒᆞᆷ을已任運送ᄒᆞᆯ터이오니內外國 쳠君子ᄂᆞᆫ소載ᄒᆞᆫ物品이有ᄒᆞ시거든不拘多少遠近ᄒᆞ시고本營業所나出張소로來議ᄒᆞ시와物品運搬에無碍酬應ᄒᆞᆯ터이오니或有私觀지弊면必有生梗지端矣리니以차 諒悉ᄒᆞᆷ

本營業소와出장소소在處가如左ᄒᆞᆷ

大龍동四巨里上東邊洋屋家　●營業所
●東門外出장所
●龍山　出장所
●麻浦　出장所

營業長　김世貞
副長　柳台영
總務　山口玉吉
取締役　細川雄藏
會計役　김龍熙
事務員　鄭진영
仝

本人의姓名圖章二件을陰三月十一口路中에셔失故로字圖章김聖善으로新刻施行ᄒᆞ니僉君子照亮ᄒᆞᆷ　南米廛김聖麟告白

慶州鄭씨譜所設于蔡府後동三十六統四戶吳相一家僉宗從速收單上送望ᄒᆞᆷ

校正有司　文海　告白

本人이天安可樂里前後坪麻執兩字沓三十斗落을牙山石宋박泰瑞氏에게永々放賣而三十斗落舊文記內에六斗落舊記만出給ᄒᆞ고其他舊記ᄂᆞᆫ中間遺失ᄒᆞ와未能出給ᄒᆞ옵기로玆以廣告ᄒᆞ오니日後에誰某間若有拾得이라도永爲休紙ᄒᆞᆷ

忠南新창供串　張潤玉告白

◎活動寫眞廣告◎

今番에始作ᄒᆞᆫ活動寫眞은法국巴里京에셔有名ᄒᆞᆫ거사오또ᄒᆞᆫ大韓국 皇室에셔먼저看品ᄒᆞ셧고始作ᄒᆞᆫ지數日에遊賞ᄒᆞ시ᄂᆞᆫ첨君子가多數枉臨ᄒᆞ시와坐處가넘쳐셔晩到ᄒᆞ시면不便ᄒᆞ오니速々枉臨ᄒᆞᆷ

活動은自下午八点至九点名唱善舞歌童과唱和吹笛은自九点至十点

賣票時　七点半始爲

入場票　上等 三十錢　中等 新貨十五錢　小童 十錢

新門외셔달이목東便벽돌집

法人　馬田　告白

本人子와河외字ᄂᆞᆫ清一이니性本愚拙ᄒᆞ와年過二十에浮浪驛외誘引ᄒᆞᆷ을被ᄒᆞ야僞造文券으로得債코ᄌᆞᄒᆞ오니內外國人은切勿見欺ᄒᆞᆷ

慶北慈仁郡大亭里김敬原　告白

本人이水原貞松面니안위所在瓜九字沓十四斗九升落을買得ᄒᆞ야新舊文記를推尋回路에旅宿於龍珠寺이다가該沓券中九斗五升落舊券을見失ᄒᆞ얏시니誰某拾得ᄒᆞ야도休紙施行ᄒᆞᆷ

龍仁毅川居　김致德　告白

本人이昨年秋分에京沓打租壹百七十二石九斗를置積于本人家ᄒᆞ고領受票를即爲出給이옵더니今三月八日에該沓主가稱以失票ᄒᆞ고更促出票ᄒᆞ옵기로本人이昏迷中에又爲成票出票ᄒᆞ엿ᄉᆞ오니無論內外國人ᄒᆞ고已前失票를拾得이라도勿爲行票ᄒᆞᆷ要

天安與德面　장堰舍音劉善元

本人田이在於東署祭基되防築下인티히又券ᄒᆞᆫ昨日路上遺失故廣告ᄒᆞ니誰某拾得ᄒᆞ와도休紙施行ᄒᆞᆷ

工後동　장錫珪　告白

●第二期학員募集

本校에셔ᄂᆞᆫ通科학員을新募ᄒᆞ오니入學志願者ᄂᆞᆫ來五月拾日(陰三月二十八日)內로본校에來議ᄒᆞ되年令은十二歲로셔十七歲까지定ᄒᆞᆷ

私立淸風學校　告白

녀ᄌᆞ도모집광고

남문안달셩궁내에 녀학교를설시ᄒᆞ엿ᄂᆞᆫ되 과정은 셩경 국문 한문 영어 산술 디지인되 원학 ᄒᆞ시ᄂᆞᆫ부인은 내림문의ᄒᆞ쇼셔

스크랜톤 로부인

본人은 成廟朝功臣東萊君翼惠公十五世손이온바東萊君山所가在於安山郡北坊面迷達二里이옵고長子昌原公次子文翼公山所ᄂᆞᆫ腦後數步지地에繼葬ᄒᆞ옵고幾百年來로松楸를無斃長養矣러니文翼公后손引儀遠容과彥陽青朝가倖從寅獻의家券을借與於客主리在亨ᄒᆞ야典執挪用타가외國인에게執奪지境에至ᄒᆞᆷ으로稱以文翼公宅을不可見奪이라ᄒᆞ야東萊君局內松楸를買於次子文翼公墓木이라ᄒᆞ고部曬族黨ᄒᆞ며符同外國인ᄒᆞ야威迫東萊君宗손圭善ᄒᆞ고偷賣松楸ᄒᆞ야흥ᄂᆞ기玆以廣布於萬인耳目ᄒᆞ오니勿論內외국인ᄒᆞ고無至見欺居買ᄒᆞ심을幸甚

창原公后손영三鎭　告백

本店精製各色餠食專進洋廣什貨관頭美酒香茶烟草等與全向叢諸 君光顧經已年餘今重新擴張另招新股全盤頂受所有貨物生財客장皆歸新股承受一切與舊股無涉倘各 寶號有장目요갈者可向新股理明問後與新股無涉特此佈告

漢城石井동一品香新記白

第二期學員募集廣告

本塾에셔今年에宏闊ᄒᆞᆫ敎場을建築ᄒᆞ며敎務를擴張ᄒᆞ야一層整備ᄒᆞ고法學科學員을新募ᄒᆞ오니願學人은本塾에前期내臨ᄒᆞ야請願ᄒᆞ고左開日에應試ᄒᆞᆷ

○試驗科目
國漢文　讀書　作文
算術　(四則以內)

○試驗日字
陽五月五日(陰三月廿三日)

光武十一年四月　日
西署英語學校後동
私立養正義塾　告白

西署新門外渝동 百八十六統三戶
前後判事正三品 丁明燮
辯護士 法律事務所
事務員前主事 崔在[illegible]

●學員募集廣告

大韓醫院教育部에셔官費生及私費生으로學員을試選ᄒᆞᆯ터이니入學志願者ᄂᆞᆫ四月二十五日(陰曆삼月十삼日)以內로入학請願書를本部(中署動舡前醫학교)에具星ᄒᆞ고翌日上午十時에本部로齊赴應試ᄒᆞᆷ

入學試驗科目
一年齡은十八歲以上삼十歲以下
一身躰檢査
一漢文讀書
一國漢文作文
一算術問答
一中學校卒業證書가有ᄒᆞᆫ者ᄂᆞᆫ免試許入ᄒᆞᆷ事
一入학請願書紙ᄂᆞᆫ本部로來ᄒᆞ야購用ᄒᆞᆷ事

大韓醫院教育部

本人先瑩이在於始興西面加里峰而洪州宗人김龍以不良지心으로位土五斗落田四일耕을欲爲偸賣ᄒᆞ오니內外국人은見欺치勿ᄒᆞ시옵

김佐漢　告백

●일본遊覽者募集

一遊覽會員募集　人員은五十名으로一團을成ᄒᆞ니一한일을不問ᄒᆞ고速히請入ᄒᆞ시옵
一遊覽地　東京博覽會橫浜京都大阪神戶
一往復일數　되抵十七일間
一浮費　遊覽費及手數料을合ᄒᆞ야總計四十一圓
一出發일　請入順次를從ᄒᆞ야出發三일前에直接히通知ᄒᆞᆷ
一請入所　在京셩各신聞社五十八銀行경성支店　天一銀行
一會員은遊覽을終ᄒᆞ야開散ᄒᆞᆫ後ᄂᆞᆫ本會와關係가小無ᄒᆞᆷ
一南大門셔釜山으로直行ᄒᆞ며다지或은東京으로直行하ᄂᆞᆫ者의對ᄒᆞ야도同一便法으로同行請入을應諾ᄒᆞᆷ

日本人遊람協會事務所경성南대門通　東亞商會

江原道高城郡金剛山楡점寺신學校告白

開학日字ᄂᆞᆫ陰二月廿九일

普通科程如左
內典　外典　語學　地誌
歷史　算術　國文　習字

◉增修無冤錄大全

實價壹圓七十錢
定價金新貨七拾五錢

此增修無冤錄大全은法律家의最緊要ᄒᆞᆫ書籍이온되年來現本이殆히絕種에至ᄒᆞᆫ지라故로法部에認可를得ᄒᆞ옵고此를新刊ᄒᆞ얏삽ᄂᆞᆫ대國漢文으로解釋ᄒᆞ야模糊ᄒᆞᆫ句節이無ᄒᆞ오니法律學에有志ᄒᆞ신니와字牧之任에居ᄒᆞ신니ᄂᆞᆫ不得不覽ᄒᆞᆯ冊子이오니注意購覽ᄒᆞ시옵

中署布屛下　廣學書舖　김相萬　發售所

國債報償義務金

收入廣告

●高陽元堂面박齋里
최亨來 최璟成 각貳拾錢
니元植 최重三 니瓚壽 각拾錢
최興順 五錢
최漢根 拾錢
최奉實 최重秉 최駿汝 貳拾錢
최萬金
최義來 최聖국 각貳拾錢
최貞來 拾錢
최應民 卄錢
최奇奉 拾錢
최奉긔 四拾錢
김빅윤 김景玄 김喜萬 각拾錢
김明瑞 김明雲 卅錢
김相순 卄錢
김相俊 拾錢
김致培 五錢
최成淳 卄錢
김汝心 卄錢
김義三 拾錢
김致國 卅錢
김才明 拾錢
김玄益 四拾錢
장春明 拾錢
合四圓捌拾錢

●高陽元堂面一牌下里
니병俊 六拾錢
니병七 三拾錢
니창煥 拾錢
니秉德 니南淳 四拾錢
辛桂賢 卅錢
황根培 拾錢
니仲根 김俊玉 각卄전
니連弘 拾錢
니順韶 五拾錢
權丙秀 卅錢
姜和星 權리恒 각卄錢
니鼎道 拾貳錢
뎡命云 權重愼 곽五吉
니貴福 각貳拾錢

河上根 權丙敎 니義瓛 각拾錢
박來順 니南浩 각卅錢
니明漢 貳拾錢
니經漸 拾錢
니大根 卄錢
니先同 니億順 각拾錢
니順奉 니先興 각卄錢
박世奉 拾錢
合六圓九拾貳錢

●高陽元堂面木希里
뎡寬澤 四拾錢
니周行 鄭宜澤 각卄錢
鄭雲峪 拾錢
뎡雲台 六錢
뎡雲玉 沈宜황 니承悅 각拾錢
니周林 拾五錢
禮陵軍 뎡周현 拾錢
창陵軍 鄭찬긔 五拾錢
禮陵軍 鄭完龍 貳拾錢
니敎元 拾錢
禮陵軍 최學奉 貳拾錢
元芝韶 沈宜潤 각拾錢
弘陵軍 김學用 貳拾錢
弘陵軍 김學돌 拾錢
김炳麟 元芝혀 각拾錢
景陵軍 김守業 貳拾錢
弘陵軍 方今喆 拾錢
니顯九 六錢
박上用 拾錢
弘陵軍 車命宗 拾五錢
뎡完成 김南山 각拾錢
김永山 貳拾錢
禧陵軍 尹永成 拾錢
뎡周安 三拾錢
禧陵軍김聖운 김善玄 拾錢
鄭斗成 박興善 김應植 각拾錢
박洙秉 五拾錢
弘陵軍 김善根 貳拾錢
뎡雲昭 拾錢
김在華 四拾錢
니丞堯 뎡운祥 니丙헌

未捧 각拾錢
拾전
合六圓五拾貳錢

●高陽元堂面舟橋下里
최仁先 최謙先 각壹圓
니元燁 四拾錢
최有在 拾錢
최義道 貳拾錢
徐益善 五拾錢
박萬謙 四拾錢
니仲戸 貳拾錢
徐喜俊 김昌根 각壹圓
吳聖九 貳拾錢
林漢壽 鄭永順 각拾錢
니仁寬 김亨熙 각四拾錢
김昌元 김在永 각拾錢
千秋彬 貳拾錢
千秋禹 五拾전
千秋鴻 壹圓
合八圓九拾전

●中署堅坪방典동內槐木동
김命植 貳圓
김基正 김泰殷 閔봉玄
최峻相 니容淳 김玄植 각壹圓
김基玉 김顯슈 각六拾전
한錫珍 韓圭亨 각三拾전
한鎭九 한明玄 吳龍漢
洪淳긔 김允祥 김福童
梁壽萬 각廾전
太최善 五십전
合拾壹圓七拾전

●楊州接동面宮동里
前主事 리容相 宋千吉
니先文 국壹圓 니恆云
四拾전 廉居福 三拾전
윤景純 徐億石 김六福
劉敏킈 뎡春和 김景俊
한昌녹 니壯孫 니福돌
元順容 뎡古斗 각貳拾전
史南山 섭전
合六圓

●忠北陰城法旺康衢里
前主事具明組 壹圓七拾전
幼學具章組 九拾전
具元組 壹圓三拾전
具命組 四拾전 具然昇
六拾전 前主事 具然玄
壹圓三拾전 幼學具益書
壹圓 具雲會 三拾전
具滋亨 拾전
合七圓六拾전

●利川읍內동居
前郡守임軒宰 拾圓

●麻田長新面頭峴里
前主事 丘萬顯 壹圓
前委員 趙昌顯 壹圓

●全北古阜郡沓內面下松里
洪순都 壹圓

●晉州大覺面土谷
河永秀等 壹百圓

●咸悅黃登市褓商임中
掌務員호京化
本方韓漢文等諸人 卄四圓

●義州商人 김源根 壹百圓

●呂州英陵戸軍六十四名
김振華等 陸圓四拾전

●抱川南面內所二加八里
禮安니氏宗中니世식等拾圓

●在日本東京
최병俊 유십五전
合貳百五拾四圓○五錢

●南門外紫巖八십五統七戶客
主 김洛榮貳圓 方元培
김元奉 각壹圓 김萬榮
壹圓三拾七전 孫膺祥
七拾전 馬東규 김子天
각五拾전 방元亮 三拾전
니基영 최滋순 박龍鎭
조載業 조東煥 김衍植
뎡遠源 子柱東 子柱南
林有根 黃在顯 安容鎭
김光玉 김基祚 김리根
子형東 子昌福 김秀永
김振鐸 白順리 니順鍾
曹永柱 박福來 閔公林
윤鎭瑢 김光슈 柳明슈

김應坤 姜南슈 한明鎭
裵襲氏 子璁伯 子婦니氏
손子翊東 允昌 孫婦柳氏
孫女福熙 曾孫女榮兒
니봉善 박昌烈 김順景
박敬德 최致슌 安德三
김奉善 정道順 최應七
石致斗 김漢卿 김斗億
尹東旭 최致範 니儀根
김龍海 김觀道 曹秉顯
孫明玉 곽景林 장璁民
김長用 羅健五 子定玄
璁玄 三俊 김信亨
子致玄 孫福萬 萬쇠
孫女福女 각廾전
박貞根 趙大成 박銀山
김東쇠 각拾전
合廾壹圓五拾전

●陰城郡孟동面下介里
박容範 丘炳周 각五拾전
許鍵 리榮鍾 각사拾전
조堯元 조炳斗 박容선
최창德 丘文元 閔英玄
丘炳文 丘炳植 박明集
각廾전 丘병夏 조秉殷
孫聖寬 장世從 감成根
니水原 각廾전 최鶴슈
조병龍 뎡尙憲 조舜元
조鍾大 빅樂신 조始元
박承德 조大元 조병瀾
김龍漢 조善元 宋先吉
각拾전
合七圓

●竹山西삼面是岩場터
김東鎭 壹圓 김雲善
五拾전 김弘濟 兪긔煥
리鍾호 장君集 각四拾전
김應濟 박汝秀 최柄헌
각廾전 황應淵 김봉來
김正甫 니鍾厚 김好鎭
黃龍淵 김在元 김龍雲
김明來 빅用己 黃국性
장君吾 각廾전
合陸圓肆拾전

●竹山郡西삼面加七里
니建斗 吳大根
삼圓 정時中 吳亨根
정行善 리建龜 각壹圓
뎡允中 陸拾전 뎡執中
김鑾식 각五拾전 니建韶
김麟식 니民玄 申俊明
徐萬基 리병根 安士裕
각肆拾전 뎡行源 니奎玄
김榮식 뎡行錫 뎡翼海
뎡善中 뎡行秉 각삼拾전
뎡行根 廾五전 니明玄
니變玄 홍리裕 김啓殷
박順和 리明壽 니明和
申俊興 朱亨基 沈璁公
김平淑 安平운 安平甫
安平集 김景瑞 申德슈
박興西 申容均 각貳拾전
뎡南中 拾五전 최璐東
뎡顯中 김영達 김德식
김箕禹 盧吉石 니相根
조海鎭 安敬天 林先敬
니俊成 박成五 林仁淑
림龍鳳 각拾전

●번동吳大根家외舍廊학堂學員等
先生니裕學 接長김海吉
學童 吳壽담 吳日壽
뎡돌쇠 국廾전 吳富담
뎡壽萬 뎡南極 뎡甲殿
니삼봉 뎡行龍 뎡聖福
각拾전
合廾陸圓陸拾전

●김浦郡廬長面高山里
幼學박健壽 前監役박相德
리成根 니聖九 니聖寬
각壹圓 前司果니永叔
壹圓五拾전 幼學具觀喜
童蒙니吆童 니聖道
前參奉니寅赫 각廾전
국八拾전 니元瑞 니致先
각五拾전 리致云 리士先
리石崇 각肆拾전 김士賢
조德近 박긔成 리有福

니上宗 니先咸 니晉聲
니奎현 劉有卜 각貳拾전
리致문 五拾전 리元星
삼拾전
合拾삼圓五拾전

總合合百八십壹圓四십九錢
前號總合五千三百○七圓五拾八전二里
都總合五千六百八십九圓七錢二里

大韓每日申報社

◎特別廣告◎

국債보償금에 昨日所捧은 姑未合計이고 伊前日所捧總合一萬貳千貳百六十肆圓七十貳錢인더 電氣會社銀行의 貯置ᄒᆞ얏습고 義연人姓名은 逐日廣告ᄒᆞᆷ

大韓每日申報社

○廣告料
四號活字 十三字 詰
每日每英尺一寸에 新貨廾五錢
(每日每行六錢에相當홈)
一週日에 二圓五十錢
(每日每行四錢五里에相當홈)
一個月에 五圓
(每日每行四錢一里에相當홈)
其期限의長短과字行의多寡를依ᄒᆞ야增減홈이有홈

●大韓每日申報各處支社廣告
中署布屛門下 김相萬冊肆
平壤上水口門內 김浩淵
全州 최叡恒
仁川 址峴開新冊肆 리東皓
宣川邑橋西里 安濬
義州西門外 한西 大藥局
釜山港佐川 徐藥局
三和港築洞 김仁집
咸興州南社西門外 曹喜林
開城培義學校 姜助遠
大邱市廳 최一弘
載寧邑濟衆院 鄭夢澤
鐵山邑東部 安七玄
元山支店 劉七錫
定州南門內 洪成鎬
信川邑 리源植
海州南門內書舖 朴昌鎭

發行兼編輯人 英國人 빅說
發行所
南서石井洞號外地三層洋屋家
大韓每日申報社

第五卷 第四百九十六號

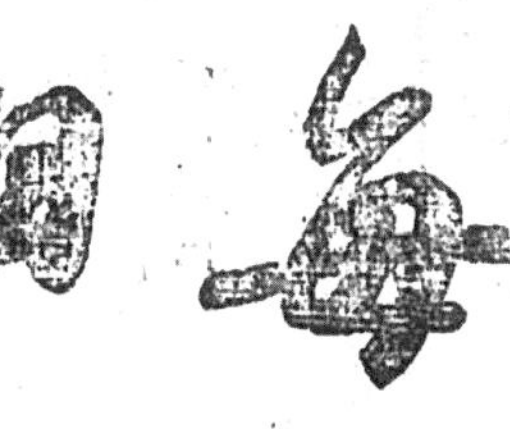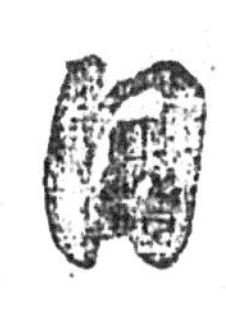

月曜及慶節歲時日休刊

檀君開國四千二百四十年
箕子元年三千二十九年
大韓開國五百十六年
日本明治四十年
淸國光緖三十三年
◉陰曆丁未三月小十四日乙巳

論說

極東에德國

植民ᄒᆞᄂᆞᆫ事項으로以ᄒᆞ야數十年以來에可驚可악ᄒᆞᆫ大發展이生ᄒᆞᆷ은種々有지ᄒᆞ나然이나極東에셔此問題로因ᄒᆞ야ᄂᆞᆫ德國의膠洲를領有ᄒᆞᆫ것보다加大驚악ᄒᆞᆫ事가未有ᄒᆞ도다蓋義和團始起之時에獨차北京ᄒᆞᆫ德國公使가被害ᄒᆞᆫ것을因ᄒᆞ야德國이支那政府에게此膠洲割讓을賠상의一部分으로强請ᄒᆞᆫ것은一般人士가尙今記憶ᄒᆞᄂᆞᆫ바어니와特其極東에셔數年居留ᄒᆞ던人士ᄂᆞᆫ德국政府가年來此地에新設事業을爲ᄒᆞ야費用ᄒᆞᆫ금額이巨款에至ᄒᆞᆫ것을亦可記憶이니道路를廣濶케修理ᄒᆞ며官舍와其他壯麗家屋을多數建築ᄒᆞ얏도다

其時에ᄂᆞᆫ人或言之ᄒᆞ되德국이如彼巨額을浪費ᄒᆞᆫ다ᄒᆞ얏스니此가實言이될줄노人各信지ᄒᆞ얏고其後數年지際에如此預言이果줌實證ᄒᆞ얏스니華麗ᄒᆞᆫ一城市ᄂᆞᆫ彼雖建築ᄒᆞ얏스나然이나商業의利益으로ᄂᆞᆫ其所費ᄒᆞᆫ半分에도未及ᄒᆞᆫ것이是也라何如ᄒᆞᆫ지德국政府ᄂᆞᆫ該국 皇帝의勉勵를奉承ᄒᆞᆷ으로此新領地內에新設事業費를不得減下ᄒᆞ고巨款財用을繼續支出ᄒᆞ더니至于近日ᄒᆞ야ᄂᆞᆫ彼之自信이果然衰殺가되얏도다德국植民州에最近報道를據ᄒᆞᆫ즉保護料의歲入이一千九百五年에比ᄒᆞ면每百에三十七이增加되엿고靑島港에入口되ᄂᆞᆫ噸稅ᄂᆞᆫ登簿된增加가每年에五萬六千噸式이며德국資본으로敷設ᄒᆞᆫ上海鐵道ᄂᆞᆫ힌터랜드에有望ᄒᆞᆫ勢力을運用ᄒᆞᆯ뿐不是라優足ᄒᆞᆫ配當金을亦爲報酬于德국ᄒᆞ나니今此膠洲가德국皇帝의頑固ᄒᆞᆫ剛力과明哲ᄒᆞᆫ感覺을一次更著ᄒᆞ엿도다

蓋德국이極東에接足處를得ᄒᆞᆷ이必要ᄒᆞᆫ줄노夙所實認이라가果然義和團事變에機會가至ᄒᆞ미차를卽時利用ᄒᆞᆫ지라極東에德국進益之地를論ᄒᆞᆯ진ᄃᆡ膠洲가是也라ᄒᆞ려니와他邦을探問ᄒᆞᆯ진ᄃᆡ英국이東洋각處에植民地를有ᄒᆞᆫ지라此地에도德국商民가自相確立ᄒᆞ얏스니리소도會社의宏大ᄒᆞᆫ航行事務와同德국政府에셔此地에領事로派送ᄒᆞᆫ者ᄂᆞᆫ또剛勁ᄒᆞᆫ官憲이니엇지注目處가아니리오

何以觀지던지德국政府가其自국代表者와自국人民을後援ᄒᆞᄂᆞᆫᄃᆡ注力ᄒᆞᆷ을可以知悉이니德국위權이增加ᄒᆞᄂᆞᆫ時日새지ᄂᆞᆫ其費用財政을少不儉約ᄒᆞᆯ거시요且如此事實로因ᄒᆞ야德국人民은個人마다自국의頗多ᄒᆞᆫ部分이될줄을各其知悉ᄒᆞᄂᆞᆫ도다

德국이亞非利加西南領地에셔略干冒險ᄒᆞᆫ事에ᄂᆞᆫ或爲失敗라ᄒᆞ며리도極東에셔ᄂᆞᆫ連續成功ᄒᆞ얏스며且其商業도超越增加ᄒᆞ얏스니東洋에在ᄒᆞᆫ何국商民이던지商業界에抵抗될者ᄂᆞᆫ其乃德人인쥴을實認ᄒᆞ리로다上項에도顯然히漏告ᄒᆞ얏거니와德국이如彼成就ᄒᆞᆫ其秘密原因은국民後에政府가在ᄒᆞ고政府後에帝々ᄒᆞᆫ 皇帝가在ᄒᆞᆷ이라德국步趨가東洋에到遠ᄒᆞ얏스니卽其住着지地로完固히認定ᄒᆞᆷ이今乃顯著ᄒᆞ도다

官報

●三千七百四十八號 광무十一年四月十四日

◉敍任及辭令

任忠淸南道觀察道主事 曹병우
임全羅南道仝 沈正純
임全羅南道仝 六品김容孝
임慶尙南道仝 九品뎡은
임황海道仝 김찬坤
임仁川府主事 九品김宗弘
임東래仝 六品김병濟
임昌原仝 김斗燦
임義州仝 박度陽
任龍川仝 六品최旭榮
任仁川府通譯官補 九品리相夏
任慶尙北道觀察道通譯補 김東遠
任平安北道仝
全羅南道觀察道主事최鍾훈 免본官 右ᄂᆞᆫ仝道前觀察使沈相翊報告書를據ᄒᆞᆫ즉訟民에게賄賂를受ᄒᆞ야至於公座現露ᄒᆞ니撲以行爲에不可仍置라ᄒᆞ얏기免本官
慶尙南道觀察道主事최大림 慶州郡主事리敎寧 依願免本官
김思訓 孫容민 뎡린旭
安哲淳 조重식 김明희
文병賢
임度支部技手
右ᄂᆞᆫ司量等이本部測量見習生으로測量技術에今旣熟習ᄒᆞ야기技手를敍임ᄒᆞᆷ이라
秘書監丞洪在봉 命奉常司提調
弘文館侍講김哲슈 敬陵參奉리種甲 依願免本官
임秘書監丞 正三品吳秉均
비書監郞 辞泳學
임弘문館시講 六品김哲슈
임비書監郞 吳鼎默
임敬릉參奉 리뎡九
임官立仁峴普通學校敎員
임中樞院贊議 正二品沈健澤
任官立漢城日語學校敎官敍奏任官四等 全敎官최在익 完

◉宮廷錄事

●三千七百四十九號 광武十一年四月十五日

宮內府大臣신李載克謹奏奉常司提調朴鏞和遺趣秘書丞致祭事命下矣何秘書丞進去乎敢奏

旨申大均進去 未完

外報

●美國海軍擴張 桑港電을據ᄒᆞᆫ則美國우엔스提督이更히美국海軍을擴장ᄒᆞᆷ으로主장ᄒᆞ야日現在艦隊外에太平洋에艦隊를組成ᄒᆞ야艦約十六隻을遊弋케ᄒᆞ라ᄒᆞ얏더라

●勸工廠의新設 支那報를據ᄒᆞᆫ則農商工部가前已奏請ᄒᆞ되中국工業이正當幼稚時代라非示以模型이면無由振興지明效라各省地方官과및各商會를通飭ᄒᆞ야已有ᄒᆞᆫ工藝ᄂᆞᆫ極亦改良ᄒᆞ고未有ᄒᆞᆫ工藝ᄂᆞᆫ彈精倣照ᄒᆞ야每年에作爲課程ᄒᆞ되工業進步者를編作ᄒᆞ야考核을備ᄒᆞ고又各省에셔陳列所各品을咨送ᄒᆞ면本部에셔勸工廠에製品等을臨ᄒᆞ야評定ᄒᆞ야獎牌를頒ᄒᆞ야勸賞ᄒᆞ고工匠製品도優等을酌給ᄒᆞ야將來各省의所製品이日益精美ᄒᆞ고銷路가暢旺ᄒᆞ야卓著成效ᄒᆞᆫ지라再히按照商勸章程ᄒᆞ야分別給獎ᄒᆞᆫ거슨商部가各省에通飭ᄒᆞ야勸工廠을廣설ᄒᆞ고博覽會辦法을變通ᄒᆞ야工業의改良을極力勸導ᄒᆞ기로ᄒᆞ얏다더라

雜報

●뒤仁郡國債報償趣旨書 敬啓者夫生育覆載ᄂᆞᆫ無非天地化也오身體髮膚ᄂᆞᆫ無非父母恩也니其化也惟天地是耳오其恩也惟父母是耳라흠惟我大皇帝陛下ᄂᆞᆫ卽天地父母시니被其生育者孰非吾民也오受其身膚者孰非吾赤子也리오噫此海隅蒼生가迫今國家艱虞ᄒᆞ야涉無一個忠熱ᄒᆞ니那有半點兒壹心이리오思惟無策에心焉如燬ᄒᆞ더니近見陰曆丁未正月初九日出大韓每일申報雜報欄內에大丘廣문社長김光濟서상돈兩氏가國債一千三百萬圜보償에對ᄒᆞᆫ趣旨公函이온즉沸然飜起ᄒᆞ야拜讀ᄒᆞ니會未幾일에又奉讀於正月십삼일出皇城신聞斷烟報國債論說ᄒᆞ니尤不覺感然起悟ᄒᆞ야再삼拜讀者ᄂᆞᆫ先以讀五百年朝家지澤이오고繼以讀二千萬生靈지福이오다盖此事實은追嘗覽其印報與신聞則可以燭悉이건과樂陳之ᄒᆞ오니自我武九年으로至十年ᄒᆞ야兩年間에國가借用ᄒᆞᆫ신舊錢壹千參百萬圜은실三道전국인民이所共知也라現今국計窘拙지時에有誰報償이리오자면국家ᄂᆞᆫ卽臣民지家也라乎아雖在凡民이라도若不報償이면其若巨款을不償이면國不能自存이니民何以獨存이리오此是而ᄃᆡ丘셔相敎써가如此盡報상지道야揭佈신聞者ᄂᆞᆫ卽을指

於民이有益於國矣라使我삼천리二千萬同胞로限三個月ᄒᆞ고廢止南草吸烟ᄒᆞ야以其代金每名下에每朔二십錢式이면總額이삼百萬圜이오設有未充이라도應有當圜拾圜百圜千圜之類ᄒᆞ야拔例出捐者云ᄒᆞ니生等이雖居遐陬나旣知生育爲天地지化也오身體爲父母지恩也라凡覽지末오니惟我본郡인衆이小ᄂᆞᆫ下六十同胞이다은발各出三個月吸烟지費ᄒᆞ야ᄂᆞᆫ願千百萬圜報國債지方乎아伏念 陛下ᄂᆞᆫ心存報國이시니聯行里ᄒᆞ와離愚夫愚婦라도設論此意ᄒᆞ와期有實效이오며非徒三個月六십錢一元으로至幾십圜幾百圜義捐矣리니收聚入送지地幸甚

●一面出捐 安城某氏面執綱金龍浩氏ᄂᆞᆫ積月呻病中에國債報상之說을고奮然勇義ᄒᆞ야一面을會集勸告ᄒᆞ되惟我一面非特斷烟而已日一日減飯一月減一衣以助士壤細流지力ᄒᆞ야濟勸我國債ᄒᆞ고免脫人奴隷라야無愧於國民지義務也라ᄒᆞ고一場演說의說而挾戶柴商과至於愚夫鹿備에도각隨其力ᄒᆞ야當日收捐金이合新貨五十圜이라더라

●中校義捐 典洞私立中東夜學校校監최興模氏로國債報상의對ᄒᆞ여學員諸氏로斷烟同盟을고校長以下諸學員이義연금二拾삼圜七拾錢을聚集ᄒᆞ야本社에來納ᄒᆞ엿더라

●退妓出연 慶尙南道宜寧郡所退妓二十人이국채보상에對ᄒᆞ야義金十六圜三十錢을收集ᄒᆞ야磚洞期成會로輸送ᄒᆞ얏다더라

[illegible]日下午五時에各大臣이御前會議[illegible]더라

[illegible]再昨日에財政顧問目賀田氏夫人及令孃이淳妃殿下께謁見하얏다더라

●[illegible]使出朝 리봉來시는帝室會計局長으로被任하얏다더라

●軍務協議 三昨日下午八時에軍部大臣權重顯씨가該部협판李秉武씨를其私邸로訪問하고該部에關한事를협議하얏다더라

●總裁遞任 義親王殿下께옵셔亦十字社總裁를解任하신代에義陽君李載覺氏가被命하얏더라

●還鄕而已 各部大臣家에每上午六七時면來賓이多數히門前到達하야하대臣에게名啣一張式만遞하고각自歸去한다더라

●宮廟弔問 宮內府顧問官加藤增雄氏가朴鏞和氏로平日에交分이親密하더니朴氏의凶禍를聞하고其夫人과帶同弔問하얏다더라

●동지被捉 박鏞和氏被害하든日에劍객의名啣受納하든家人을경務廳에捉囚하고劍객의誰某를訊問中이라하더라

●郡守운動 濟州奸吏羅某와張某가각其四千餘圜으로旋義大靜兩郡守을買得할次로某處緊穴을暗穿한다니若其敘任하는日에는各社會에셔非경한論박이有하리라더라

●請求軍樂 학部에셔軍部로照會하되本卅H上午八時에在訓鍊院하야官私立普通學校연合大運動을設行할터이온바軍樂一隊를請求하기爲하와玆以照會하오니照亮하오셔屆期派送하시와藉侈會況케하라하얏더라

●財托解任 多年學部學政囑托으로在任하든廣田直三郎씨는解任되얏더라

●日服被捉 昨日上午十二時量에別巡檢二名과日本인一名이日服을着한韓人一名을捕捉하야即時警務廳으로押去하얏더라

●軍大謀害의同黨 某事件으로日昨에嫌疑者二名이中署에被捉된事는前報와如하거니와更聞한즉該二名은박씨의事件에關係者는아니오前日軍部大臣을暗殺하라는者에同黨이라더라

●一제薙髮 官立漢城高等學校에셔본日에奬忠壇에셔運動會를開한다는事는前報에已爲報道하얏거니와該校生徒中에剃髮치아니한人이居多한故로運動期일前에一제치髮하기로결定되의自願退學하는者ㅣ數人이오其外有髮者는昨夕에一齊薙髮하얏다더라

●덕川着京 日本公爵덕川家達、侯爵덕川賴倫、伯爵松平賴壽三씨及其隨員은廿三日釜山小學校及諸處를巡視하고同夕刻에松井理事官의主催로開한晩餐會에臨하고再昨일上午십時에弘濟號를搭乘하고馬山으로赴하야昨일馬山셔出發하야預定한되로同일下午九時南大門驛에到着하야即新旅館孫澤孃邸에投宿하얏다더라

●盧씨放釋 軍相謀殺事件에對하야本月十一일에嫌疑者로경務廳에被捉되얏든노셩九씨는還放되얏더라

●必遲乃已 今番審査局長박용和氏暗殺을被한事에對하야自 上으로嚴切한詔勅을下하실뿐不是라사體소在에不可泯默이라하야警務使김思默씨가辭表를提呈하더이라[illegible]辭職疏만奉呈하면即爲遞任된다는說이有하더라

●김必呼冤 [illegible]居김召史와汁物을與執한事로漢城裁判所에서김允鍾을捉囚하얏다가[illegible]放送하고前報에揭載하얏거니와김允鍾은雖捧인고로히김召史가[illegible]仁善으로假稱原告하고漢城裁判所檢事室에誣訴하야윤鍾의妹夫김主事의家舍汁物及衣服々지檢事室에셔沒數執行하고鎖戶守直하는고로김主事가檢事室에屢度呼訴하되檢事某씨가聽訟치아니하고歐迫逐出하는故로김主事가不服하고將次平理院에呼訴한다더라

●月報將刊 聯合會議所에셔大同月報一月一次式發行하기로決定하얏는되第一回月報를今明間發刊한다더라

●熱心在금 忠州郡老隱面에금礦을開採한以後로人民의田沓을任意開鑿하야農民이無非失農之境이되는지라道觀察使윤吉炳氏는採금稅納만熱心收捧하고民弊를불念하는故로農時民寃이載路하다고南來人의傳說이浪藉하더라

●中央聯合 國債報상에對하야中央義務社에셔聯合會議所人員을請邀하야兩會를合設하기可否를取決하야中央義務社는廢止하기로決議하얏더니再昨日에普성館에總會를開하고提議하되中央義務四字를統히勿施하는거시事不穩當이라하야更히可否取決하야中央연合會議所라하얏시나衆論이不一하야更히明日에開會妥決하기로결定하얏다더라

●俟氏入셩 學部參與官俟遜一시는貢平兩西各學校를視察하고再昨일이入셩하얏더라

●셔리裁판의未決 再昨日平理院에셔大邱셔氏와韓山리氏를裁判을開하얏는되未決하고來月三十日에更히質판하기로酌定하얏다더라

●驛事更聞 平南裁判所主事文봉儀氏에旅費을其友한윤의氏에게委托、推來하야二圓을加給하거슬한氏가追後往傳하얏는說은昨보에揭載어니와事實을詳聞한즉히部會計掌財官나領收証을裁給하면次下는屆員이하는例인되한씨가히旅費推멱次로來하미掌財官이屆員박東信더러十圓七十二錢을出給하라하얏는되히屆員이誤聽하고十二圓七十二錢을給送하고보하미掌財官이二圓을加授以失하얏다하고韓씨를招來還捧하랴는次에한씨來納하얏는되領收証이昭詳한되誤聞하고二圓加給한거슬當初에한씨가모糊이受한거시穩當치못하다고하더라

●忠壇行祭 來二十八일에軍部에셔奬忠壇祭을셜行하는대各府部院廳大官을請요하얏다더라

●학大請護 본月三十일官私立연合大運動에保護次로憲兵二十名과巡檢二十名派送保護하라고학部에셔경務廳과憲兵司令部에홍牒하얏다더라

●勤勞상與 일本留學生감督한致愈씨가在職중勤勞가頗多하야酬勞금四百환을賞與하얏다더라

●邊氏急難 溫陽금谷居玄岐東氏가家勢가貧寒하고只依慈母居生하더니京都에學校景況을觀覽코즈하야入셩幾日에滯車로還鄕하는되車票를誤買하야警務廳에被捉한지十九日에管罰에處하고放釋이되얏스나手無分銅에贖錢을難판하야呼泣彷徨하더니龍朝橋居하는遜鐘漢씨가裁判所在囚諸員으로發論하야七元錢을取給하얏다더라

●흉賊刺일 운山郡大岩금礦附近에住한일八野미太郎을去月五일에賊漢이小刀로일人의左右腕을刺하고胸部을又刺하야重傷을被하얏는되該賊은逃[illegible]人에汁物을掠奪而去하얏다더라

●嫌疑取調 박용和氏사件에對하야嫌疑者數拾名을取調중이라더라

●김氏被捉 軍大權重顯시遭難한干連으로김東弼시以下拾數名을自再昨夜부터捕縛한다더라

●慈善總巡 三和港總巡崔象鎭시가히港硨石동耶蘇教小학校生徒開학試驗時에出席傍聽하다가果食物品으로優數施賞한뿐더러학徒中車道彬이란拾二歲兒가貧不能학費堪當이란討論에對하야시가薄俸中금二圓을車도彬의학資금으로寄付하얏다더라

●廣學討論 漢셩廣學會處所를社稷동等地에定하고昨日下午一時에臨時評議會를開하고就緖方針을討論하얏다더라

●老宰化仙 輔國趙秉式氏가身病으로多일辛苦하더니작일上午三時에卒逝하얏다더라

●일倉被燒 咸興來電을據한즉去二拾四일에일본陸軍雜物倉이燒火하얏다더라

●학訓和府 학부의셔삼和府에訓令하되貴府의셜置한公立普通학校에建築긔址는번官衙後부岸으로確定할스로번부視학官에派往調査를因하야起工하깃기玆에訓令하니照亮하야該基址定界에쇼有墳墓移葬費를即爲詳보하야俾便支撥케홈미可라하얏더라

●최씨奬學 黃澗郡公立普通學校教員최[illegible]씨가教育에熱心하[illegible]徒를勸奬하는故로生徒가[illegible]增進하며최씨가性本廉直하야生徒家에셔雖一盃酒라도[illegible]하면固辭不飮한다더라

●一주一操 普成專門學校에셔該生徒의體操運動를教鍊하되一주日間에一次式鍊習한다더라

●최씨助校 최在鵬씨가금四拾圓을桂山학校에연助하얏는되該씨의教育上熱心을無不稱贊한다더라

●吳시義擧 삼和港居吳時현시가其子姪은期圖학業셩就하학校補助라면无處不런하더니現今港內硨石동耶蘇教小학附屬한新학文書院을비亨식김弘植兩시가設立하는대시가資본금貳百圓爲先擔當함으로其特異한義擧를人皆讃頌한다더라

◉詞 林

四月십九日宮內大臣在창덕宮午餐時伊藤侯爵所作

花明柳暗春三月
창덕宮中太極亭
商婦何知君國恨
無心歌舞不堪聽

許曰良辰美景賞心樂事가可謂四美具矣而同侯爵詩意當樂而悲情失其常不亦異乎令人讀之還覺奈然

▲花 生 夢 筆▼

▲春深桃源에花夢이方深터니何來輕風이打起昏々하야面々喚醒하니世外消息이耳朶에來到하야新精神을刷勵하도다

▲參政大臣박齋純氏는白雲동김嘉鎭氏別庄에셔日본大官을請邀宴待하고度支大臣閔泳긔氏는또三淸동感恩亭에셔內外국官憲을請邀宴待하다니此時가何時오宰相에事業은名區別庄에宴會만頻設하야花柳春風에永日을消度하도다

▲內部大신리址鎔씨는日昨에蠶業學校를視察하고當일에政府에入去하야會議席에參與하고即時에參政大신私邸에往訪하얏다니內大에事務는近又殊忙하야東閃西忽에欺迫이無定하니食少事煩에其能久乎아

▲금度더신閔泳긔氏는多數金額을支出하야前參領리敏稷氏를鴨綠江森林委員으로選定하야該近森林을斫伐販賣하야金庫금을充還하고利益을分排한다니西邊界가湘山이接近한든가董灌鰭山에山靈이泣訴홈이로다

▲日昨에度支部財政顧問目賀田氏가自已私邸에宴會를大셜하고히部대臣以下각局官人을請邀宴待하엿다니韓日兩國官人이宴會가頻頻하야一往一來하니五六月풍은조고나갑지

▲吉州郡읍內에一般商民等이地方稅의不敢遵行할意로商業을撤廢하얏다니政府에셔無名雜稅를革罷하라하나地方에雜稅는日加月增하고금融은枯渴無餘하니商業을撤廢함은事勢固然이로다

▲일本理事官某氏가就任하는席에한國官人某氏가理事官을對하야日足下는理事官을速遞하고大臣을圖得하라하되該日人이怒氣가上面하거날在傍人이又日理事官은연民膏血로世人이指目하니彼人이果是深祝이라한되히日人이喜笑日吾爲大臣하고貴下는爲參將하라한즉히官人이又祝日足下는爲大將하라하얏다니該人에納媚하는醜習은令人唾罵로다

特別廣告

本報代金을각支店에서多有愆滯흔中平壤支店에셔는九年十年兩年度의未納額이三百餘元에至ᄒᆞ얏ᄉᆞ니本社經費는何以支過乎잇가購覽ᄒᆞ시는僉員은愆滯餘額을從速鳩合ᄒᆞ야該支店으로送交ᄒᆞ심을務望흠

大韓每日申報社

雜報

●海外義연

北米桑港에居留ᄒᆞ는한人共立協會에셔본社에寄函이如左ᄒᆞ니

夫ㅣ한은ㅣ한人之ㅣ한이오非他人之ㅣ한也라故로ㅣ한之興亡存滅이只在吾爲지如何而已오无他求也明矣라盖吾ㅣ한이地廣三千里요人衆二千萬이라不謂不大연만至此悲境흠은无他라彼道此道가知若无關ᄒᆞ고人民政府가視若秦越하야불知彼亾則我亡ᄒᆞ고彼存則我存지理故也라知時諸君ᄌᆞ於是奮發ᄒᆞ야熱心教育ᄒᆞ며確장商務ᄒᆞ며國脉織會흠이可謂急務이至於국채壹千三百萬圓지흥亡存滅지機ᄒᆞ야는无人唱道러니偉哉忠義며智哉時機여徐相敦氏지국채報상發起가是非復국救民지始乎며國債報상期成會지創立이豈非十삼道지聯絡合一이며人民與政府가相保如手足之번乎아時勢甚嚴이나方策甚易ᄒᆞ니雖木石지无知언들以幾分幾十圓財로不爲救國救我지爲哉라오嗚呼라吾國民程度를比於昔則大有可觀이比於他국則不啻寒心이로다他國지인民은當其國事ᄒᆞ야는盡出其소有이助지日국富强然後에我享富强이오불然則국且弗保온家於何有리오국存則家存ᄒᆞ고國亡則家亾이니寧與無國而無家론不若破家而救國으로爲其天然的心地ᄒᆞ야英勝傘破崙而今享富强者는英倫富商之樂助軍費也오華盛頓之血戰八年而今享獨立者는人民之隨有協濟之功也而至於猶大之人ᄒᆞ야는富甲地球로되祇因無國之故로到處爲人所逐에犧牲無告ᄒᆞ나니同胞々々여擇於何者오果以英美人民之先其國後其家而永享富强으로爲優乎아抑或以猶大人之無國而犧牲無告로爲優乎아可懼可誡ㅣ저速醒深睡ᄒᆞ고痛棄昨日所謂我之富有로留而自享ᄒᆞ며又遺嬌妻美妾驕子愛孫而朝歌夕舞에以樂餘年之船覆守袋之愚見ᄒᆞ고速상此채而又就他事ᄒᆞ면是非國之幸而吾家之幸이며非助政府而助吾身者也니他日獨立富强이豈非吾人々自當永享者耶아

一發此言에鄰地方會員들이舞蹈四應ᄒᆞ야隨力樂助者日貨貳百壹圓인故로姓名與兩數를記送ᄒᆞ오며日貨로壹百四拾圓만아즉付呈ᄒᆞ옵고餘在는從後繼送ᄒᆞ기爲計이오니照亮後推尋ᄒᆞ시와傳于收금所ᄒᆞ옵기바라오며其中한ᄀᆡ현회應益兩氏가以爲決死投身은不能흘지연뎡以力輔 國은自甘흘터이오以血以智론不能흘지연뎡以財贖民은心切所願이나力不足財不섬에何오ᄒᆞ고從此로報채期成ᄒᆞ는날싸지每朔日貨各二元式연納ᄒᆞ기로作定이오니照亮敬要

石泉동地方共立協會長黃菊逸
書記徐犨云

廣告

▲音樂會廣告

新門外停車場法人旅館이쓰로하우쓰에셔본月二拾七일(土曜일)午後九時에히琴師머켄쓰孃과洋琴師옥라비아헌트孃이音樂會를開催ᄒᆞ오니첨君子는來臨玩覽ᄒᆞ시옵

入場料는參圜

座席은本旅館에셔排設흠

大東學會

來通常會를不得已흔事故가有ᄒᆞ야五月四日로退定흠

本人의姓名圖章二件을陰三月十一日路中에셔失故로字圖章깁聖善으로新刻施行ᄒᆞ니僉君子照亮흠

南米廛김寧祿告白

慶州鄭씨譜所設于禁府後동三十六統四戶吳相一家僉宗從速收單上送望흠

校正有司 文海 告白

本校에셔學員을二次試驗ᄒᆞ얏ᄉᆞ니未參흔 僉員은陰十七日(月曜)에梨峴下米廛都家로速臨應試ᄒᆞ옵

警察專門學校 告白

本店에셔四月一朔동안所有物品을特別減價ᄒᆞ야出售ᄒᆞ오니陸續來購ᄒᆞ시옵

貞동源泰洋服裁縫店 告白

本店精製各色餠食專運洋廣什貨관頭美酒香茶烟草等俱全向蒙諸 君光顧經已年餘今重新擴張另招新股全盤頂受所有貨物生財客장皆歸新股承受一切與舊股無涉倘各 寶號有장目요갈者可向前股理明隨後與新股無涉特此佈告

漢城石井동一品香新記白

◎活動寫眞廣告◎

今番에始作흔活動寫眞은法국巴里京에셔有名흔거시오또흔大韓국 皇室에셔먼져看品흔셧고始作흔지數日에遊賞ᄒᆞ시는첨君子가多數枉臨ᄒᆞ시와坐處가넘쳐셔晩到ᄒᆞ시면不便ᄒᆞ오니速々枉臨흠

活動은自下午八点至九点

名唱善舞歌童과唱和吹笛은自九点至十点

賣票時 七点半始爲

入場票 上等 三十錢 中等 新貨十五錢 小童十錢

新門외시달이목東便벽돌집

法人 馬田 告白

農商工部認許運車株式營業廣告

今番本營業所에셔各項貨物을運送ᄒᆞ기爲ᄒᆞ야牛馬車及荷車를勿論ᄒᆞ고營業을組織ᄒᆞ야牛馬車와荷車에소載흔物品을自今爲始ᄒᆞ야本營業소에셔精實無損ᄒᆞ고迅速無滯ᄒᆞ도록恪勤勉勵흠을已任運送흘터이오니內外國 첨君子는소載흘物品이有ᄒᆞ시거든不拘多少遠近ᄒᆞ시고本營業所나出張소로來議ᄒᆞ시와物品運搬에無礙酬應흘터이오니私載지弊가無ᄒᆞ기를望흠

本營業소와出장소쇼在處가如左흠

●營業所 大龍동四巨里上東邊洋屋家

●東門外出장所

●龍山 出장所

●麻浦 出장所

營業長

副長 김世貞

總務 柳台영

取締役 山口玉吉

會計役 細川雄藏

事務員 김鍾熙

소 鄭진영

●第二期학員募集

本校에셔본通科학員을新募ᄒᆞ오니入학志願者는來五月拾日(陰三月二十八日)內로본校에來議ᄒᆞ되年영은십一歲로십七歲싸지定흠

私立淸風學校 告백

녀흑도모집광고

남문안달셩궁내에 녀학교를셜시ᄒᆞ엿ᄂᆞᆫ데 과졍은 셩경 국문 훈문 여어 산술 디지인데 원ᄒᆞ시ᄂᆞᆫ부인은 내림문의ᄒᆞ쇼셔

스크랜톤 로부인

본人은 成廟朝功臣東萊君謚翼惠公十五世손이온바東萊君山所가在於安山郡北坊面迷達二里이옵고長子昌原公次子文翼公山所도腦後數步지地에繼葬ᄒᆞ옵고幾百年來로松楸을無弊長養矣러니文翼公后손引儀達容과彦陽肯朝가侍從寅獻이가其家券을借與於客主리在亨ᄒᆞ야典執채用타가외國인에게執奪지境에至흠으로引儀達容과彦陽肯朝와彦朝가稱以文翼公舊宅을不可見奪이라ᄒᆞ고東萊君局內松楸을買托次子文翼公葬木이라ᄒᆞ고誣囑族黨ᄒᆞ며符同외國인ᄒᆞ야威迫東니君宗손圭善ᄒᆞ고偷賣松楸흘야ᄒᆞ옵기玆以廣布於萬인耳目ᄒᆞ오니勿論內외국인ᄒᆞ고無至見欺居買ᄒᆞ심을幸甚

창原公后손鄭三鎭 告빅

洪淳康氏가東署東小門內七橋東邊에織造機을廣張設施ᄒᆞ야稱號를淳昌號라ᄒᆞ고各色綢緞紗屬等을織造發賣ᄒᆞ오니願買人은來臨購買ᄒᆞ시며或所用대로緞과紗等屬을預托ᄒᆞ시면依約施行ᄒᆞ깃ᄉᆞᆸ

순昌號 告白

第三期學員募集廣告

本塾에셔今年에宏濶흔敎場을建築ᄒᆞ며敎務를擴張ᄒᆞ야一層整備ᄒᆞ고法學科學員을新募ᄒᆞ오니願學人은本塾에前期내臨ᄒᆞ야請願ᄒᆞ고左開日에應試흠

○試驗科目

學科及規則은本塾에내問흘事

國漢文 讀書 作文

筭術 (四則以內)

○試驗日字

陽五月五日(陰三月廿三日)

光武十一年四月 日

西署英語學校後동

私立養正義塾 告白

西署新門外鍮동百八十六統三戶

辯護士前判事 正三品 丁明燮

法律事務所

事務員前主事吳在淳

●學員募集廣告

大韓醫院敎育部에셔官費生及私費生으로學員을試選흘터이니入學志願者는四月二十五日(陰曆삼月十삼日)以內로入학請願書를本部(中署勳洞前醫학교)에具呈ᄒᆞ고翌日上午十時에本部로제赴應試흘事

入學試驗科目

一 年齡은十八歲以上삼十歲以下

一 身躰檢査

一 漢文讀書

一 國漢文作文

一 筭術問答

一 中학校卒業證書가有흔者는免試許入흘事

一 入학請願書紙는本部로來ᄒᆞ야購用흘事

大韓醫院敎育部

本人田이在於東署[illegible]防築下인테히文券을昨日路上遺失故로廣告ᄒᆞ니誰某拾得ᄒᆞ와도休紙施行흠

工後동 장錫珪 告白

●일본遊覽者募集

一 遊覽會員募集 人員은五十名으로一團을成ᄒᆞ니한일인을不問ᄒᆞ고速히請入ᄒᆞ시옵

一 巡遊地 東京博覽會橫빈京都大阪神戶

一 往復일數 뎌抵十七일間

一 浮費 遊覽費及手數料을合ᄒᆞ야總計四十八圜

一 出發일 請入順次를從ᄒᆞ야出發三일前에直接히通知흠

一 請入所 在京셩各신聞社五十八銀行경셩支店 天一銀行

一 會員은遊覽을終ᄒᆞ야開散흔後는本會와關係가小無흠

一 南대門셔釜山으로直行ᄒᆞ던지或은東경으로直行하는者의對ᄒᆞ야도同一便法으로同行請入을應諾흠

일本人遊람協會事務所경셩南대門通

東亞商會

江原道高城郡金剛山楡점寺楡신學校告白

開學日字는陰二月廿九일

普通科程如左

內典 外典 語學 地誌

歷史 筭術 國文 習字

◎增修無冤錄大全

壹帙壹白七十頁

定價金新貨七拾五錢

此增修無冤錄大全은法律家의最緊要흔書籍이온딕年來現本이殆히絶種에至흔지라故로法部에認可를得ᄒᆞ옵고此를新刊ᄒᆞ얏삽는대國漢文으로解釋ᄒᆞ야模糊흔句節이無ᄒᆞ오니法律學에有志ᄒᆞ신니와字牧之任에居ᄒᆞ신니는不得不필讀흘冊子이오니注意購覽ᄒᆞ시옵

中署布屛下

滙東書舖 김相萬 發售所

國債報償義捐金
收入廣告

寧邊一回慶北淸道郡民義所義
捐금
僉知김駐奎 壹百圓
前司果니廷星 三圓
幼學박龍在 壹圓
前參奉박秉헌 拾圓
前參奉김明玉 五拾錢
玉卿氏 六圓
鐵環壹雙三兩重代금
前參奉丘秉禧 貳圓
良吉氏 삼圓
銀環壹雙壹兩五錢重代금 삼拾錢
敎官한佐慶 拾圓
前參奉김明賢 壹圓
幼學김과喆 五圓
前參奉万允서 壹圓
幼學박章봉 壹圓
니進業 박광演 閔致긔
김善 김基閏 각壹圓
酒婆黃召史 五拾錢
前五衛將니址榮 五拾錢
幼學姜德甫 貳圓
김用石 최鶴松 각壹圓
盧連奉 四拾錢
김景守 五圓
김致一 姜致守 각壹圓
박致文 三圓
主事니긔秀 貳圓
幼學丕萬守 五拾錢
釋友明 拾錢
김壬重 貳圓〇貳錢
장창秀 니庭宇 각壹圓
셔景述 楊在夏 각二拾전
니璨 一圓
곽元玉 廿전
姜永局 五拾전
박箕赫 拾圓
幼學黃龍운 四拾三전
강和順 貳圓
夫人 壹圓
덩淵駿 덩淵達 각壹圓
安得瑞 貳圓

박信度 柳병善 김顯珍
幼학都命뎌 김時潤각壹圓
申召史 四拾전
김振甲 兪用伊
김昌鉌 김炳伊
角北面契中 前監察白駿宅
최相宇 최相來 니成基
김容漢 김淵湖 前都々
朴昌헌 前侍御朴佐헌
幼學박致경 各貳圓
前宣傳니驗鶴 二拾圓
뎡광奎 장영秀 장馨植
장安植 박在彥 김敬在
장東秀 네永基 김긔洛
菜商김召史 김秀淵
文扶돌 文在洙 각貳拾전
김望俶 幼學김厚哲
孫振善 각六拾전
김在최 니규華 김容基
니홍基 김창吉 全仁슈
최性默 최相宇 리周載
감廷標 김振甲夫人
김乃有 박漢伯 丕性均
조용彥 김應五
巡檢김萬培 都周甲
幼학徐載杓 박致湖
김景淵 幼학朴契현
都환星 김柄漢 최相主
박티東 都在坤 文錫洪
吳鎭國 吳宣歐 박덩華
前主사박基헌 박正현
각壹圓 최召史 니규환
김긔善 장在秀 반興淵
박덕珍 김敬主 니鍾夏
履商申奎伊 ㅋ四拾전
前參奉 權丙奎 김秉규
前主샤니정熙 각五圓
幼학김龍祐 朴淳炳각拾圓
乞翁羅時彥 乞人具大根
박在興 각拾전
都봉華 四圓 김鳳主
五拾전
合四百壹圓七拾五전

●安城基佐面봉里
幼學兪龍奎 貳圓
幼學한明洙 壹圓
幼學한相說 壹圓
參奉박勝勉 壹圓
五衛將徐相龍 貳圓
徐化實貳拾錢 김敬云卅錢
니九五壹圓 박養主三拾錢
都事송九슈 五圓
參奉니濟淳 拾錢
뎡順日貳圓 廊戶박千五
壹圓 參奉니容셔貳圓
都事뎡成奉貳圓 박元五廿錢
參奉박元〻四圓 최萬在
五拾錢 김京洛廿錢 酒商
니德윤五拾錢 김明先
김方實 雇人安永숙 鄭龍得
각卄錢 뎡致日拾錢 鄭治五
六拾錢 니意實 洪聖天
각廿錢 笠匠박永叔 紙商
黃敬水 酒商장永化 각五
拾錢 挾戶洪敬在拾錢
김學經四拾錢 홍敬七三拾錢
冊商박成七 紙匠최平肅
士匠뎡成實 參奉김鳳洲
윤應三ㅋ二拾전 김明化
禹聖由각廿錢 參奉김致宣
貳圓 參奉宋병先壹圓
申元日四拾錢 박秉和卅錢
安平국壹圓四拾錢 홍致云
洪春化각五拾錢 禹成七
김白然각卄錢 김聖水
五拾錢 뎡善旭 朱文化
각廿錢 許用凡卅錢 辛聖安
니明玉 辛聖天각廿錢
뎡中元 홍元西 洪春五
傭人니德甫 雇人김今孫
傭人김善鳴각拾전 김明集
五拾錢 雇인許春日
김明九 申九大각廿錢
김明云 김寬식 각壹圓
김在瑞貳圓 니基奎五拾錢
김창식四拾錢 김千甫卅錢
김道主 장漢슈 김平肅
김用보 장二萬 김治삼

김德俊 김敬天 니石種
김빅식 姜洛天 羅聖삼
五衛將김찬經 김奇然
각卄錢 김石東 徐敬連
각拾錢
合五拾圓

●西署龍山坊沙村里
최리煥 니春相 각壹圓五
拾錢 최俊玉 김應祚
劉致雲 劉成五 변昌汝
延永達 徐相奎 蔡演默
최永昌각壹圓 최雲三八拾錢
장德順 秦相燁 한英源
최德潤 高炳斗 니龍謨
박장順 高禹鼎 김世卿
김興植 安興順 김淵始
각六拾錢 최順昌 徐平根
김리淑 김明汝 최寬浩
장元信 柳相根 김應順
니周賢 최俊成 曹順益
김재圓 牟平雲 최敬汝
丁聖鵬 池聖允 최東환
최應煥 盧明雲 홍致順
김學俊각五拾錢 최俊弘
니興先 니春化 뎡希景
김宣善 최善養 니英伯
김春煥 최斗煥 김景九
각四拾錢 梁春植 니宗雲
박敬守 김命秉 김明周
김元澤 김忠善 니滋泓
리雲化 김明淑 陳景行
陳景賢 蔡圭憲 최逸善
니益順 김廷화 김廷奭
리義順 安仲三 曹益善
뎡容順 嚴順필 니聖天
秦相俊 최봉煥 김리永
김긔淳 김台主 뎡九順
각卅錢 南致先 김元模
최光汝 嚴点順 박興遠
김宗三 박德三 陳景學
김命先 盧同伊 尹熙경
池雲瑞 김亨식 曹泰汝
김允模 니元汝 安龍秀
뎡得雲 柳聖玉 장景운

니百石 安應식 리興順
吳公會 丕順澤 니順敎
니東榮 柳觀슉 박爵相
高應實 니明俊 장永順
김俊澤 니周連 陳在順
김泰亨 니義三 박文汝
高明甫 최相운 니益守
니永玉 全明運 김龍瑞
羅忠根 姜河一 각廿錢
吳善浩 뎡긔俊 박重遂
梁文煥각拾錢 嚴致賢廿錢
合五拾三圓

●振威郡一北馬山面月境里
徐聖實 四拾錢 韓元集
三拾錢 김德順 貳拾錢
徐永甫 捌拾錢 최致西
丕致凡 각廿錢 김奇主
壹圓 盧性信 四拾錢
장成七 貳拾錢 盧性一
五拾錢 全敬슌 貳拾錢
邊容煥 六拾錢 丁슌一
김광必 김建삼 각五拾錢
全敬五 김敬一 각六拾錢
최性集 박成玉 宋元三
니性天 각拾錢 장元식
김士恆 김敬化 丁般必
각廿錢 全光三 盧敬律
박在熙 全光連 崔希日
각卅錢 丁云秉 丁云先각四
拾錢 최性純壹圓 김性元
徐基連 安敬春 각貳拾錢
김긔元 삼拾錢 盧君凡
한元西 김千萬 丁近芝
김春化 丕敬主 全敬在
김敬九 박成七 각拾錢
丕東寅 리규台 각六拾錢
최士國 니德言 최性會
최士先 각五拾錢
合拾七圓貳拾錢

●廣田河新面章谷里
幼學趙덩顯 壹圓 丕心銘
四拾錢 박영林 五拾錢
박士林 洪在龜 각四拾錢
丕觀德 五拾錢 丕觀厚

丘始顯 각卅錢 丕俊顯
丕戴九 丘柄顯 김致俊
박明和 윤錫봉 丕觀健
ㅋ廿錢 洪敬化拾錢 丘燦顯
貳拾錢 趙觀實 丕경顯
丕智顯 각拾錢 뎡奎默
貳拾錢 윤之규 박敎鳳
니炳喆 박淵仁 각拾錢
開良 박吉元 文太成
각廿錢 申吉太 拾錢
니順錫 貳拾錢 全俊容
拾錢
合七圓貳拾錢

●抱川郡內所面二加八里
김貴同 박成壽 각四拾錢
박玉石 禹興伯 최順九
김貴孫 黃甲萬 각貳拾錢
박제雲 壹圓 林위淵
리復東 尹 확 각四拾錢
윤占孫 閔永瑞 全興伊
禹龍準 尹五쇠 각貳拾錢
윤榮實壹圓廿錢 윤榮世
壹圓 윤榮信 윤鍾仁
김相般 김丙憲 각貳拾錢
尹 홍 八拾錢 丘基準
尹 셔 각四拾錢
合九圓六拾錢

●開城郡東面高頭山上동
박萬鎭 壹圓 리用相
貳拾전 柳寅能 五拾전
柳寅化 馬宗薰 각貳拾전
복창植 숨拾전 姜敬汝
貳拾전 具본植 拾사전
니益용 嚴用뎌 김用棋
복광鎭 김敎元 니應敎
김宗셩 송뎡甫 全在濂
김윤도 吳天根 복永鎭
김相約 김뎡實 리宗雨
니用福 柳寅협 柳영창
복致欽 니享植 한喜敬
리殷雨 니商호 한喜善
니商綺 최景九 武鍾大
徐箕永 리寅極 各拾錢
최聖主 三錢 김蘇億五전

쭙佐전 六전 니善五
柳好成 各五전 김敎成
김돌쇠 각拾전
合六圓捌전

總合五百四십四圓 八십三錢
前號總合五千六百八십九圓
拾四錢貳厘
都總合六千二百 二拾三圓九拾
七錢二厘

大韓每日申報社

◎特別廣告◎

국債보償금에昨日所捧은[illegible]合計이고伊前日所捧總合一[illegible]二千七百貳十五圓七十一錢은電氣會社銀行의所滙ᄒᆞ얏삽고發연人姓名은逐日廣告ᄒᆞᆷ

大韓每日申報社

●正誤 昨日本報第四百九十五號南門外紫殿客主義연合廣告中에合計廿一圓五拾七錢에서七錢이漏落되얏기로玆에正誤ᄒᆞ며總合에亦七錢을加ᄒᆞ고都總合에亦七錢을加ᄒᆞ야五千六百八十九圓十四錢二里로改正ᄒᆞᆷ

●大韓每日申報各處支社廣告
中署布屛門下 김相萬冊肆
平壤上水口門內 김浩淵
全 최敬恒
仁川排蜆開新冊肆 리東皓
宣川邑橋西里 安濬
義州西門外한西 大藥局
釜山港佐川 徐藥局
三和港築洞 김仁집
咸興州南社西門外 曹喜林
開城培義學校 姜助遠
大丘市廳 최一弘
載寧邑濟衆院 劉夢澤
鐵山邑東部 安主
元山支店 劉七錫
定州南門內 洪成麟
信川邑 리源植
海州南門內書舖 朴昌鎭

發行兼編輯人 英國人비說
發行所
南서石井洞號外地三層洋屋家
大韓每日申報社

第五卷

大韓每日

第四百九十七號

月曜及慶節歲時日休刊

檀君開國四千二百四十年
箕子元年三千二十九年
大韓開國五百十六年
日本明治四十年
淸國光緖三十三年
◉陰曆丁未三月小十五日丙午

別報

俄議員之演說

（合爾賓報譯載）

去俄曆三月廿二日에俄國議員羅吉亦福君이演說ᄒᆞ되請컨ᄃᆡ內閣大臣은議院으로더부러和衷판事ᄒᆞᆯ지어다日昨에政府가民間의關係財政을各章程을將ᄒᆞ야議院에交與ᄒᆞ기로提出ᄒᆞ니深願ᄒᆞ건ᄃᆡ更히歲出歲入의預筭表를將ᄒᆞ야速行核議를完畢ᄒᆞᆯ지어다今政府가又民間緊要問題를詳報ᄒᆞ기로請議ᄒᆞ나然이나余有一言ᄒᆞ니議院의性質은立法의係ᄒᆞᆫ者오立法을議論ᄒᆞᄂᆞᆫ者가아니며空談愛國之說에至ᄒᆞ야ᄂᆞᆫ尤爲無謂라盖民人은即國家니何必此지域이리오大凡不背憲法之論은皆當放之重之ᄒᆞᆯ지니脫離憲法者ᄂᆞᆫ誰能用之리오吾人所急々者ᄂᆞᆫ財政問題를商議ᄒᆞ야我國의財政을革新ᄒᆞ며我國의民政을革新ᄒᆞᆯ것이오議院으로써文具를삼지못ᄒᆞᆯ지라ᄒᆞ고從ᄒᆞ야內閣大臣을向ᄒᆞ야曰願컨ᄃᆡ君은實意로維新ᄒᆞ고願컨ᄃᆡ君은國家의所應改革者를將ᄒᆞ야實行改革ᄒᆞ라現國家에緊要問題ᄂᆞᆫ無他라實行立憲而已니實行立憲者ᄂᆞᆫ何오人民의權力을給予ᄒᆞᆷ이오代議士의權力을給予ᄒᆞᆷ이라（議院之中央及左面이均皆鼓掌）至於擾亂之起ᄒᆞ야ᄂᆞᆫ固政府의所不欲이나亦非人民의所欲이라伯使之然者ᄂᆞᆫ人民의無端事가아니오實政府가有以招之라玆에全國人이極力維持ᄒᆞ야務使不起風潮로爲目的則變亂之說은自可不談ᄒᆞᆯ지라昨日內閣大臣이議員을對ᄒᆞ야曰汝等은勿恐嚇ᄒᆞ라ᄒᆞᄂᆞᆫᄃᆡ當時에回答ᄒᆞᆫ者가無ᄒᆞ나然이나吾料에ᄂᆞᆫ彼時人人之腦中에受此語之刺激ᄒᆞ야必有欲發而未發之言ᄒᆞ야曰汝等은勿欺ᄒᆞ라ᄒᆞ얏슬지로다由兩點鐘ᄒᆞ야至七點鐘에始각散ᄒᆞ얏스니羅君之言이亦頗深切著明ᄒᆞ엿더라

官報

●三千七百四十九號　광무十一年四月廿五日（續）

◉敍任及辭令

任秘書監丞　正三品申大均
命奉常司提調　秘書監丞李南升
任비書監丞　正三品金鳳模
依願免本官　비書監丞尹덕均
警務廳總巡韓　甲
命帝室會計審査委員　內部參書官閔元植
警務廳監獄署主事全리善
任경務廳總巡　正三品洪祐晳
任警務廳監獄署主事　리基용
任中樞院副贊議　六品최宋勵
任中樞院副贊議　황海道觀察道主事丁성섭
任務安府主事　江原道觀察道主事리宜春
任黃海道觀察道主事　慶興府主事洪淳炯
任仁川府主事

完

●號外　광무十一年四月廿五日

◉辭令

義親王　강
解亦十字社총裁　義陽君　리載覺
命亦十字社총재

●三千七百五十號　광무十一年四月廿六日

◉宮廷錄事

議政府參政大臣신박제純度支부大臣민泳긔謹奏度支부所管建築所印章今旣鑄成矣該印章鑑本謹具冊子恭備乙覽而頒給히所長俾爲使用何如敢奏奉旨依奏

掌禮院卿臣리宵榮謹奏華寧殿儀物修改吉日令日官김東杓推擇則陰曆三月十八日未時爲吉云以此日時擧行而先告祭以出祭同日晌頭설行移安同日丁時還安及還安祭修改事畢後隨時설行祝文令侍講撰出所入物力令히司擧錄遞排而臣院堂上進去與地方官及본殿官員眼同監董何如謹上奏奉旨依奏

◉敍任及辭令

平安北道觀察道通譯官補　姜根道
依願免本官
任法部主事　前博士陸源容
平理院主事김相潤
依願免本官　九品리善鍾
임平理院主事
依願免本官　비書監丞김鳳모
비書監卿閔景植
命宮內府特進官　宮內府特進官閔丙셕
命비書監卿
任비書監丞　正三品丕善九
陸軍幼年學校長正領리起홍
命休職

外報

●電線還付　支那電을據ᄒᆞᆫ則滿州에셜置ᄒᆞᆫ電線二千哩를淸國政府에讓渡ᄒᆞ얏다더라

●兵士徵募　滿州電을據ᄒᆞᆫ則當地에淸國軍隊一萬名을셜置ᄒᆞ기로결定ᄒᆞ고二十三日로붓터兵士를徵募ᄒᆞ기로告示ᄒᆞ얏다더라

●撤兵後俄國軍備

（西伯利亞駐屯兵數）

露國이滿州撤兵後西伯利亞젼土에駐屯케ᄒᆞᆫ젼兵力은約十二個師團이라此를細別ᄒᆞ면東部西伯利亞狙擊步兵九個師團、西伯利亞豫備步兵三個旅團、獨立豫備步兵七個大隊合計百七十五個大隊오此外樺太豫備步兵一個大隊가有ᄒᆞ고騎兵은트란스쌔이가리騎兵一個旅團、오蘇里騎兵一個旅團、西伯利亞哥薩克騎兵一個聯隊、트란스쌔이가리一個연隊、일그슉哥薩克騎兵二個中隊、黑龍江가薩克騎兵一個연隊、合計四十六個中隊오又砲兵은東部西伯利亞野砲兵一個旅團、外一個大隊、西빅利野砲兵四個大隊、東部西빅利山砲兵十五個中隊、同臼砲兵一個大隊、트란스쌔이가리騎砲兵二個中隊、合計七十二個中隊오此外技術隊로셔對濠兵五箇大隊、同補充兵一個大ᄃᆡ、架橋兵三箇大ᄃᆡ、電샹兵二箇대ᄃᆡ、오蘇里鐵道兵一個旅團（五個ᄃᆡᄃᆡ編制）黑龍江鐵道兵一個여團（四箇大ᄃᆡ編制）同豫備兵一箇大ᄃᆡ、無線電信兵二箇中ᄃᆡ、니코라이스콕對濠兵一箇中대、合計十八箇大ᄃᆡ와三個中ᄃᆡ라더라

雜報

恩津국債報상義士募集趣旨書

人이有爲君而死者ᄒᆞ야有爲國而死者ᄒᆞ니忠義所激에死且不避어던況연財而保國者乎아我韓이事尙禮義ᄒᆞ고不事富强이五百餘年矣라自外國通商으로財米擴장에用反ᄒᆞᆫ大ᄒᆞ야至有昨年借款之事ᄒᆞ니噫라我國이地不過三千里오人不過二千萬이라量入計出에一年經費가常患不足이어ᄂᆞᆯ竟以何ᄌᆞ로償此壹千參百萬圓之巨額乎若此不報면難保家國이오家國을未保면噫我同胞가身將安寄오生等이心寒骨冷ᄒᆞ야死難瞑目이더니何幸報償義論이唱自嶺南ᄒᆞ야聲聞所及에莫不影從ᄒᆞ야或有婦女針工으로補연과至於人力車引手와幼兒乞人지捐補ᄒᆞ니此是再生지秋요重明지日이라不揆越첨ᄒᆞ고設此국債報償義務所於論山場ᄃᆡᄒᆞ야以應嶺南ᄒᆞ기로玆以仰布ᄒᆞ오니惟원全國同胞ᄂᆞᆫ咸須奮義ᄒᆞ야一體연補에傾心勸ᄒᆞ면國民지義務를可盡이오宗社之運祚가振興일가ᄒᆞ오니有志同胞ᄂᆞᆫ受取限內에速々來捐ᄒᆞ심을仰望ᄒᆞᆷ

김영善　김永極　等

●昌港義금　昌原港居孫振玉林祐永리相召朴在榮諸씨가國채報상支會를發起ᄒᆞ고同胞를勸諭ᄒᆞ야爲先一千三百三十六圓七十七전五里를鳩合ᄒᆞ야總代김正基씨로ᄒᆞ야금本社에來納ᄒᆞ얏더라

●박雁出捐　海州邑居박仁瑞ᄂᆞᆫ無依無家ᄒᆞᆫ人으로勞動資生ᄒᆞ더니今番國채報상에對ᄒᆞ야數年來로雇전鳩聚ᄒᆞᆫ四圓을海西同情會로寄附ᄒᆞ얏더라

●蓮妓愛國　平壤妓生최蓮紅이年今十九에依托無處ᄒᆞ야海州邑南門外結義兄家의寓接ᄒᆞ더니今番國채報償에對ᄒᆞ야日吾雖貧困ᄒᆞ나爲國義務ᄂᆞᆫ一般이라ᄒᆞ고首飾ᄒᆞ얏든銀簪一枚을即時拔出ᄒᆞ야海西同情會로轉致ᄒᆞ얏다더라

●리寡出연　海州邑南門外居리召史ᄂᆞᆫ寡居無依ᄒᆞ야率五歲女兒ᄒᆞ고他人家의雇傭資生ᄒᆞ더니今番國債報상에四次澣衣雇전六十전을預受ᄒᆞ야海西同情會에來付ᄒᆞ얏다더라

●뎡寡義捐　海州南門外뎡召史ᄂᆞᆫ無夫無子ᄒᆞ야他人家에寓接ᄒᆞ야針線糊口ᄒᆞ더니今此國債報償에對ᄒᆞ야針工전六십전을海西同情會로送致ᄒᆞ얏다더라

●是亦天心　積城梅谷里白南가氏ᄂᆞᆫ六父子同居러니近聞二千萬同胞가斷烟出義ᄒᆞ야국債를報상ᄒᆞᆫ니不覺手舞足蹈라招長子語지曰今者義捐은我大한疆土回復之秋也니家雖貧寒이나不可不隨力補助지意로相議러니第五子二歲兒가在傍이라가忽啼지不已故로其모乳而不止ᄒᆞ고其嫂負而不止ᄒᆞ니笑以戱談으로謂지曰汝亦化育中一物이라不參群捐ᄒᆞ야啼耶아ᄒᆞ고爲汝환금를亦出云則立止ᄒᆞ니是亦天心요常觀無譌ᄂᆞᆫ요戒라幼子亦參이라ᄒᆞ얏더라

●寶鼎出捐　開城郡高頭山上동居박萬鎭氏가家勢淸寒ᄒᆞᆫᄃᆡ國債報상에對ᄒᆞ야家中鍮器若色은鼎一坐인ᄃᆡ即爲放賣ᄒᆞ야償貸二元을備판ᄒᆞ얏고知舊同僚을勸告ᄒᆞ야四十四名의義연金을收合ᄒᆞ야본社에寄送ᄒᆞ얏더라

雜報

●宮相仕進 宮內府大臣리載克氏가弄장之慶으로仕進치아니ᄒᆞ더니再昨일仕進視務ᄒᆞ얏다더라

●三十郡守 再昨일內部에셔郡守三十窠奏本을奉呈ᄒᆞ얏는ᄃᆡ

英陽姜甲秀 丹城리臣穆
寧遠鄭肯朝 大興김允秀
江東김明濬 抱川김永殷
堤川丕重익 永川리寅馨
龍宮丁裕셥 정山박容奭
延安洪禹觀 藍浦리台珽
杆城申헌九 高靈兪鎭형
靈光민丙吉 창寧리황永
연川윤稷榮 義城南相七
成悅徐명哲 知禮리載亮
康영리宜植 和順리海盛
開寧박壹陽 天安呂炳헌
江華리懿헌 靈岩리秉輝
淮陽南宮薰 협川리敏恒
熙川朱哲濬 旌義張容堅

●觀察被命 內部參書官민元植氏가일본國宮內省事務視察을被命ᄒᆞ얏더라

●移校熱設 學部에셔宮內部에公函ᄒᆞ되官立德語學校을別宮熱設소로借與敎授ᄒᆞᆯ事로奉承 旨ᄒᆞ얏사온바ᄒᆞ校敎育이豈일爲閼ᄒᆞ와卽爲移接케ᄒᆞ라ᄒᆞ얏더라

●訓院運動 今일敎育團成會운動을訓鍊院으로擧行ᄒᆞᆫ다더라

●門票請求 本月二拾七일에한城일語학校敎師田中玄黃씨와ᄒᆞ校職員幷십八人이창德宮을拜觀ᄒᆞᆯ깃스니許入票을繕交ᄒᆞ라고學部에셔禮式課로通知ᄒᆞ얏다더라

●寄금運動 학部협판민衡식씨가開城각학校ᄃᆡ運動에進參ᄒᆞᆫ五敎育總會에금五십圓을寄付ᄒᆞ얏다더라

●解劍相贈 今番에入京ᄒᆞᆫ德川貴族院長은東京셔出發時에伊藤統監의게贈與ᄒᆞᆫ品으로公爵重寶되는名作古刀一口를携來ᄒᆞ얏다더라

●西關建築說 近일何許奸細輩가西關을重建築ᄒᆞ기로謳奏운動ᄒᆞᆫ說이낭藉ᄒᆞ더라

●送人慰問 일본에逗留ᄒᆞᆫ申應熙氏본家에셔其父親長逝ᄒᆞᆫ後該氏의게電報ᄒᆞ얏더니該氏는奔哭지못ᄒᆞᆯ理由가有ᄒᆞᆫ故로他人으로代送ᄒᆞ야治喪凡節을慰問而去ᄒᆞ얏다더라

●來賓罕接 參政ᄃᆡ臣박제純氏家에셔下午六時後來賓을豈불接見ᄒᆞ고上午仕進前에來賓도通지ᄒᆞ면受지考閱ᄒᆞ야該ᄃᆡ臣의多年押近ᄒᆞᆫ인즉徐丙業氏가出門迎接而入ᄒᆞ고其前少有面分인은都불許入ᄒᆞᆫ다더라

●於音來賀 今番郡守奏본에도鐵榜이有ᄒᆞᆫ지內部협판沈相익氏家入이郡守賣買ᄒᆞᆫ는於音片의實불賞ᄒᆞᆯ留置處에來賀ᄒᆞ는ᄃᆡ目擊ᄒᆞᆫ人이有ᄒᆞ얏다더라

●一신削髮 本月三십일각官私立학校春期聯合ᄃᆡ운動에壹般生徒들豈제히削髮ᄒᆞ고帽子를신製着ᄒᆞ야豈신케ᄒᆞᆫ다더라

●暗顧嘔血 度支顧問目賀田氏가再昨日白雲동박參政宴會에被邀出席ᄒᆞ얏다가吐血중이暴發ᄒᆞ야治療次漢城病院으로擔舁而去ᄒᆞ얏다더라

●質問下車 再昨日백雲동宴會에伊藤統감이被邀前往ᄒᆞᆫᄃᆡ中路에셔한人某氏가人力車를乘來ᄒᆞ다가이藤氏의馬車와相逢ᄒᆞᆫ미統감을保護而去ᄒᆞᆫ는巡檢이喝道日人力車의下ᄒᆞ라ᄒᆞ거날한人이下車ᄒᆞ라는理由를質問ᄒᆞᆫᄃᆡ巡檢日이藤統감在前則下車當然이라ᄒᆞ거놀한人이答日신章程에統감過去時에下車ᄒᆞ라는條目이有ᄒᆞ야ᄒᆞ고一塲詰難ᄒᆞᆫᄃᆡ統감이及至에其詰難ᄒᆞ는理由를聞知ᄒᆞ고巡檢을責止ᄒᆞ얏다더라

●민氏被押 學部협판민衡植氏가開城郡公私立各學校ᄃᆡ運動會를叅往ᄒᆞ얏다가再昨일下午九時에南ᄃᆡ門외停車場에到着ᄒᆞ야上車ᄒᆞᆫᄃᆡ일巡査와巡檢이該氏를捉執ᄒᆞ야人力車를乘ᄒᆞ고경務廳으로押去ᄒᆞ얏다는ᄃᆡ事由인즉有刑事上審査ᄒᆞᆯ事라더라

●惟一義俠 近日兩處事變에嫌疑者로경務廳에捉囚를被ᄒᆞᆫ者가陸續弗絶ᄒᆞ야嚴酷ᄒᆞᆫ刑訊을當ᄒᆞᆯ뿐더러冷突穢房에許多苦楚가罪囚者로ᄒᆞ야금疾病을罹ᄒᆞᆫ지라該廳丘屬이無論한日人ᄒᆞ고擧皆苛待威壓ᄒᆞᆯ뿐而巳인ᄃᆡ猶獨히廳補佐員丹羽賢太郞氏가加意矜恤ᄒᆞ야每日房內穢物을掃除케ᄒᆞ며夜則燈火를燃起ᄒᆞ야壹般罪囚가賴其慈善ᄒᆞ야得全縷命ᄒᆞ니同氏의義俠心은聞者가莫불稱頌ᄒᆞᆫ다더라

●訊問結果

近日謀殺嫌疑者로數日來捕縛된者를신問ᄒᆞᆫ事實이如左ᄒᆞ니

全羅道樂安郡儒生羅寅永과康津郡儒生吳基호가소謂五ᄃᆡ臣을暗殺ᄒᆞ고政府를顚覆ᄒᆞ야新政府를樹立ᄒᆞᆯ計策으로同謀ᄒᆞᆯ際에義兵에投入ᄒᆞ얏든金山郡박ᄃᆡ夏前總巡리鴻來ᄃᆡ丘김東필忠州리용彩等이義兵을擧ᄒᆞ기로相謀ᄒᆞ얏는ᄃᆡ擧兵ᄒᆞᆫ는것은天下를徒亂ᄒᆞ야有害無益ᄒᆞ니事可五ᄃᆡ臣을暗殺ᄒᆞᆷ지議決ᄒᆞ얏는ᄃᆡ

其結果는박ᄃᆡ夏김東필리容彩는志士을募集ᄒᆞ야同盟ᄒᆞᆫ지라其運動費는羅吳兩人은南原김寅식의게言及ᄒᆞ미同人우贊成ᄒᆞ고現政府와不平ᄒᆞᆫ京城大官을說誘ᄒᆞ야出금ᄒᆞ게ᄒᆞ야首謀者中에參入케ᄒᆞ미전宮相署理리容ᄐᆡ가失意ᄒᆞᆫ境에在ᄒᆞ야政權을戀戀ᄒᆞ는故로ᄒᆞ氏을訪ᄒᆞ야目的을說明ᄒᆞ고出금ᄒᆞ기를勸ᄒᆞ니同씨가快諾ᄒᆞ야一千七百圓을支出ᄒᆞ고吳羅兩人은其相知處에전郡守鄭寅國전主事윤柱찬金羅人尹忠夏製蠟會社리光秀면판理公使셔彰輔等을說誘ᄒᆞ야참入케ᄒᆞ고뎡寅國은三百圓尹忠夏는一百圓扈衛局員최寅彰二百圓又一千圓을出ᄒᆞ얏는ᄃᆡ신問課에셔其出금을疑아ᄒᆞ야신問ᄒᆞᆫ則학部협판민衡식이가一千四百圓을崔씨의게給與ᄒᆞᆫ事가有ᄒᆞ다ᄒᆞ얏고此금으로무器을買ᄒᆞ고壯士을募集ᄒᆞ야

三月廿五일에各大臣出仕ᄒᆞᆫ는路에擁出殺害ᄒᆞ기로各部署를定ᄒᆞ얏는ᄃᆡ吳긔호以下十名은박참政이오김東필以下십名은리內相이오리鴻來以下數名은리權軍대요박ᄃᆡ夏以下數名은리學대요셔ᄐᆡ云以下數名은리法대요리용彩以下數名은리根澤氏인ᄃᆡ壯士가겁나ᄒᆞᆷ으로失敗에歸ᄒᆞ고僅히權軍相을狙擊而止ᄒᆞ얏다더라

●高靈暴動 高靈郡暴動의原因은同郡守윤夏榮氏와辨解ᄒᆞᆫ所傳을聞ᄒᆞᆫ즉最初徵稅에着手ᄒᆞᆷ은昨年陰曆十月二十四日인ᄃᆡ當時稅務官이未着ᄒᆞᆷ으로써守가稅금의徵收을專行ᄒᆞ얏는ᄃᆡ其해徵收額이葉錢五萬六千兩 七百結)이라其後는稅務主事의收刷ᄒᆞᆫ바에歸ᄒᆞ야十二月四日부터同九日間은亦每結八十兩式으로收捧ᄒᆞ고九日부터同二十日ᄭᆞ지는人氏의不平이滋甚ᄒᆞᆷ으로써變改ᄒᆞ야新貨로徵收ᄒᆞ고其後는暫時協議ᄒᆞ기爲ᄒᆞ야中止ᄒᆞ얏다가本年一月七日부터民意를從ᄒᆞ야一結에엽七千二兩式收刷ᄒᆞ야二月拾九日에至ᄒᆞ얏는ᄃᆡ其間紙貨가漸々下落ᄒᆞᆷ으로써다시六十六兩式으로低減ᄒᆞ야달나는民願이有ᄒᆞ얏스나度支部에셔는前에葉錢許의差로셔剩餘금이有ᄒᆞ면當然히국庫의收入이될터인즉當該官吏가任意로處分ᄒᆞᆷ이不可ᄒᆞ다는訓令이有ᄒᆞ얏스를로써如何ᄒᆞ던지度支部와交涉치아니면聽施키不能ᄒᆞᆫ辭意로答ᄒᆞ얏는ᄃᆡ畢竟騷動의擾亂이起ᄒᆞ야不可當ᄒᆞᆫ勢가有ᄒᆞᆷ으로ᄊᆡ不得已新貨十二환(엽五十五兩)으로酌定ᄒᆞ야徵收ᄒᆞᆯ意로告示를發ᄒᆞ얏스나決코본意에셔出ᄒᆞᆷ니아니라然이나彼人은此時郡守와稅務官의不法徵稅라ᄒᆞ고曾前已納剩餘금의還出給ᄒᆞᆷ을圖之코ᄌᆞᄒᆞ야이又처暴動을起ᄒᆞ얏다더라

●電車觸傷 再昨夜에松橋等地에셔一尉官이電車에觸觸ᄒᆞ야重傷ᄒᆞ얏다더라

●日人謝過 日前東大門內二橋等地에셔水道를埋盤ᄒᆞ는勞動者가泥영을亂灑ᄒᆞ야適其時過去ᄒᆞ는衣冠之人의衣服을汚穢케ᄒᆞᆫ지라該衣冠客兩人이勞動者의無禮ᄒᆞᆷ을詰責ᄒᆞᆫᄃᆡ水道看役ᄒᆞ는日人一名이該兩客을返爲壓制ᄌᆞ逐ᄒᆞ거날該兩客中一人이日語를能通ᄒᆞ야是非曲直을日語로辨明ᄒᆞ되일人이去益氣盛ᄒᆞ야將有不好광景이거는該客이불勝憤然ᄒᆞ야일語로如水湧山出에일人의鄙悖行爲를逐條說明ᄒᆞ며一拳으로猛打일人之胸ᄒᆞᆫᄃᆡ일人이末乃謝過僕々에好意勸送ᄒᆞ는지라傍觀人들이ᄒᆞᆫ客의强硬ᄒᆞᆷ을莫不稱讚ᄒᆞ얏다더라

●學會退定 漢城廣學會에셔무삼事故가有ᄒᆞᆫ지通常會를來五月四日로退定ᄒᆞ얏다더라

●青會討論 今日下午七点半에靑年會館에셔討論會를開ᄒᆞ고才勝於德이란問題로互相討論ᄒᆞᆫ다ᄂᆞᆫᄃᆡ有志諸君이一齊광臨ᄒᆞᆷ을希望ᄒᆞᆫ다더라

●康영義연 康영郡峨미山방居리元華氏가國債報상募集금九十五圓五十九錢을本社에來納ᄒᆞ얏더라

●開城운동의盛況 開성郡各학校의聯合ᄃᆡ運動은已爲報道어니와當日觀광人의目視ᄒᆞᆫ景況을槪聞ᄒᆞᆫ즉該郡敎育總會에셔郡守와협議ᄒᆞ야각學校聯合운動을擧行ᄒᆞ는ᄃᆡ運動場은滿月臺로定ᄒᆞ고漢城內각學界에先期通知ᄒᆞ미學部협판민衡식氏와西友學會代表人盧伯麟安창호씨와漢北學會代表人강윤熙씨가同伴前往ᄒᆞ는ᄃᆡ각學校生徒가停車場에齊出ᄒᆞ야歡迎 [illegible] 徒가千餘人이오男女觀광者數千人인ᄃᆡ각각競走에活潑ᄒᆞᆫ氣儀를擧行ᄒᆞ야萬歲를再唱ᄒᆞ는ᄃᆡ威儀가질々ᄒᆞ고和氣가融々ᄒᆞᆫ더라翌日滿月臺운동場에ᄒᆞ倫堂에演說會를開ᄒᆞ고賓主順序로痛快激切ᄒᆞᆫ言論이令인感泣이라ᄒᆞ는ᄃᆡ該郡敎育程度는可謂ᄒᆞᆫ國中에一條光線을足露ᄒᆞ얏다더라

▲煖 酒 冷 談▼

▲桃리名園에春出이芳비ᄒᆞ니東來蜂蝶이幽香을獨探ᄒᆞ야紅白이相媚ᄒᆞ다니一陣狂風이昨夜에吹到ᄒᆞ니花易殘蝶易散이로다

▲近日各大臣家에戒嚴이益甚ᄒᆞ야賓客의直接을不許ᄒᆞᆷ으로納賂買官者와附耳囑者의足跡이亦皆零星ᄒᆞᆫ니所謂大官의月俸은外人宴會費로消融ᄒᆞ고時勢에危險으로別般生財之道가從此阻絶ᄒᆞ얏슨즉餓死ᄒᆞ기가念慮요

▲花開冬天에新築家屋이上層은半空에湧起ᄒᆞ고下層은地底에穿入ᄒᆞ얏다니可謂巢居穴居를兼而有之라知風知雨之皆能ᄒᆞᆯ깃지

▲現今某々大官은家屋을典執ᄒᆞ야債額을圖得ᄒᆞᆫ면陸公三十六計에第一上策을取ᄒᆞᆯ다니武陵桃源이知在何處오

▲日巡査는西洞衣服을被ᄒᆞ고坊々曲々에無數往來ᄒᆞ고日昨에刑事巡檢二名이日本服色을着ᄒᆞᆫ韓人一名을捕捉ᄒᆞ얏다니日服한服을各相換着ᄒᆞ는거시무삼事端지尙惟好新은ᄒᆞᆫ日이一般이로다

▲軍大權顧問은日前部臣의게闘ᄒᆞᆫ事가有ᄒᆞ야新任軍部協ᄒᆞᆷ가有ᄒᆞ면協辦이大臣을往益ᄊᆡ를往訪議ᄒᆞ얏다니協議은趣勢ᄒᆞᆫ는情態에不過ᄒᆞ도다訪ᄒᆞᆫ는것도可ᄒᆞ거니와以大訪協

▲前主事某는殿丞某가박參政家門前에進往ᄒᆞ야通刺ᄒᆞ기를請ᄒᆞᆫᄃᆡ把守巡檢이行止가殊常ᄒᆞᆷ을疑訝ᄒᆞ야來見ᄒᆞᆫ理由를探問ᄒᆞᆫ죽時局急務에關ᄒᆞᆫ事라ᄒᆞ지라卽時경務廳에押送ᄒᆞ얏다니該氏는時局形便을不察ᄒᆞ고時局에急務를焉能談話ᄒᆞᆯ이오

▲沃川郡守任喆宰씨는到任ᄒᆞᆫ後로一般郡務를ᄒᆞᆫ郡에駐在ᄒᆞᆫ日巡査內田豊三씨의게委任處理ᄒᆞ고同씨는傍觀而已라ᄒᆞ니該郡守는大邱郡守박重陽氏의手段을學得ᄒᆞ야무삼신勢力을獲得코져ᄒᆞᆷ인지

特別社告

本報代金을各支店에셔多有延滯ᄒᆞᆫ中平壤支店에셔ᄂᆞᆫ九年十年兩年度의未納額이三百餘元에至ᄒᆞ얏스니本社經費ᄂᆞᆫ何以支過乎잇가購覽ᄒᆞ시ᄂᆞᆫ僉員은延滯餘額을這這鳩合ᄒᆞ야該支店으로送交ᄒᆞ심을務望ᄒᆞᆷ

大韓每日申報社

北京電報

日本公使ᄂᆞᆫ鴨綠江森林問題에關ᄒᆞ야總督袁世凱氏와協議ᄒᆞ기爲ᄒᆞ야去廿三日에天津으로下往ᄒᆞ얏다더라

路透電報

上海駐在ᄒᆞᄂᆞᆫ美國檢事떠임氏ᄂᆞᆫ此後二年以內에日露戰爭의再開될을豫言ᄒᆞ얏더라

伯林電報

露國總理大臣은耶蘇復活祭를際ᄒᆞ야爲一猶太人虐殺을備ᄒᆞ기爲ᄒᆞ야警戒ᄒᆞᆷ일노約束ᄒᆞ얏다더라

露國々會議長은皇帝게半時間을拜謁ᄒᆞᆫ際에皇帝게셔議會를解散ᄒᆞᆯ意見이無ᄒᆞᆫ것을明言ᄒᆞ얏다더라

桑港電報

上海에在ᄒᆞᆫ數個大會社로代表라自稱ᄒᆞᄂᆞᆫ담이라者ᄂᆞᆫ當市에셔聲言ᄒᆞᆫ바ㅡ如左ᄒᆞ니露國政府ᄂᆞᆫ最近에非常ᄒᆞᆫ秘密로써多大的戰備를整頓ᄒᆞᆫ다ᄒᆞ니想像컨ᄃᆡ日露兩國은向後二年을不出ᄒᆞ야戰備를啓ᄒᆞᆷ에至ᄒᆞᆯ거시오此際에ᄂᆞᆫ露國은英國을善誘ᄒᆞ야戰時의日英同盟의効果를歸虛ᄒᆞ게期ᄒᆞᆯ지니日露再戰ᄒᆞᄂᆞᆫ日에ᄂᆞᆫ必然코日本은財政의窮乏에不堪ᄒᆞᆯ은不容疑訴ㅡ라余ᄂᆞᆫ最近에倫敦一銀行이日본公債의應募를峻拒ᄒᆞᆷ에至ᄒᆞᆫ內容을識得ᄒᆞ얏다더라

加州에在ᄒᆞᆫ果實栽培業者와同販賣業者ᄂᆞᆫ向來果物積載者의不足을告ᄒᆞ야써加州產業上에一大恐慌을惹起ᄒᆞᆷ論據로依ᄒᆞ야日本人排斥운動에猛烈ᄒᆞᆫ反對行動을執ᄒᆞᆷ일로豈決ᄒᆞ고目下諸般計畫中이라ᄒᆞ더라

廣告

通常會를不得已ᄒᆞᆫ事故가有ᄒᆞ야五月四日로退定ᄒᆞᆷ

漢城廣學會

本人의次子商奎字學彦이가分居鐵山와性世浮浪은世所共知라陰正月分에同郡居윤斗亨김得坤은素慣狹雜手段으로學彦을甘誘ᄒᆞ야望東浦留日人東石多左衛門의게鎹錢許推用이든지事不知數부知之意外의日人來言債錢六千七百五十兩이라본人을數日毆打의租百石太百石標을勒俸ᄒᆞ오니寧有是理리요詳探ᄒᆞᆫ즉由其時居間이윤斗亨이기斗亨을先訴捉囚警署ᄒᆞ며定州경署에今將呼訴ᄒᆞ깃기玆先廣布ᄒᆞ오니內外國첨君子ᄂᆞᆫ照亮ᄒᆞᆷ

宣川橋洞김述祚 告빅

本店에셔四月一朔동안所有物品을特別減價ᄒᆞ야出售ᄒᆞ오니陸續來購ᄒᆞ시옵

貞동源泰洋服裁縫店 告白

本店精製各色餠食專運洋廣什貨판顗美酒香茶烟草等俱全向蒙諸 君光顧經巳年餘今重新擴張另招新股全盤頂受所有貨物生財客장皆歸新股承受一切與舊股無涉倘各 寶號有장目요갈者可向前股理明隨後與新股無涉特此佈告

漢城石井동一品香新記白

본人에西署養生방大平동所居六十四統二戶草家十間板券을現以準考次覔得則不知何時셔失故로玆以廣告ᄒᆞ오니全外國첨君子ᄂᆞᆫ照亮ᄒᆞᆷ

家主前參奉리裕春 廣告

○大音樂會○

新門外法人旅館의쓰로하우쓰에셔本月二十七日(土曜日)午後九時에西洋히琴師머켄쓰孃과洋琴師쎄나비아헌트孃과大韓才人이助力ᄒᆞ야大音樂會를開催ᄒᆞ오니僉君子ᄂᆞᆫ來臨玩覽ᄒᆞ시옵

入場票價ᄂᆞᆫ三圜인대本旅館에셔發賣ᄒᆞᆷ

來通常會를不得已ᄒᆞᆫ事故가有ᄒᆞ야五月四日로退定ᄒᆞᆷ

大東學會

本校에셔學員을二次試驗ᄒᆞ얏스니未參ᄒᆞᆫ 僉員은陰十七日(月曜)에梨峴下米廛都家로速臨應試ᄒᆞ옵

警察專門學校 告白

本郡守리圭○前後治績不必加疊擧其大略則已革鄕長私置己罷巡校私設每結新貨十二圜式收捧章程不遵每結葉八十兩式勒捧利益七千六百餘圜其他火結滔捧不恒費각色濫徵非至一再一境人民乃至渙散之境本人亦是結民不堪其毒恒欲呼訴於我官憲則有何避嫌擧皆畏避不受訴狀故不得已往訴于本道財務官伊藤恒藏氏則招引本郡守一經裁判其不法奸狀綻露自財務部至有擧報之境不意今陰二月初七日郡守多發將差捉囚本人於賊囚獄嚴杖三十度爲言汝與郡守裁判其罪可殺云無數施毒然則違越王程毒被生靈者乃是何人有寃必訴反受其罪乎如此開明世界敢此廣告

河東郡愚腹동 리舜儀

◎活動寫眞廣告◎

今番에始作ᄒᆞᆫ活動寫眞은法국巴里京에셔有名ᄒᆞᆫ거시오또ᄒᆞᆫ大韓국 皇室에셔먼저看品ᄒᆞ섯고始作ᄒᆞᆫ지數日에遊賞ᄒᆞ시ᄂᆞᆫ첨君子가多數枉臨ᄒᆞ시와坐處가넘처셔晩到ᄒᆞ시면不便ᄒᆞ오니速々枉臨ᄒᆞᆷ

活動은自下午八点至九点名唱善舞歌童과唱和吹笛은自九点至十点

賣票時 七点半始爲

入場票 上等三十錢 中等新貨十五錢 小童十錢

新門외서달이목東便벽돌집

法人 馬田 告白

農商工部認許 運車株式營業廣告

今番本營業所에셔各項貨物을運送ᄒᆞ기爲ᄒᆞ야牛馬車及荷車를勿論ᄒᆞ고營業을組織ᄒᆞ야牛馬車와荷車에소載ᄒᆞᆯ物品을自今爲始ᄒᆞ야本營業소에셔精實無損ᄒᆞ고迅速無滯ᄒᆞ도록恪勤勉勸ᄒᆞᆷ을巳任運送ᄒᆞᆷ 이오니內外國 첨君子ᄂᆞᆫ소載ᄒᆞᆯ物品이有ᄒᆞ시거든不拘多少遠近ᄒᆞ시고本營業所나出張소로來議ᄒᆞ시와物品運搬에無礙酬應ᄒᆞᆯ터이오니私載지弊가無ᄒᆞ기를望ᄒᆞᆷ

本營業소와出장소쇼在處가如左ᄒᆞᆷ

●營業所 大龍동四巨里上東邊洋屋家

●東門外出장所

●龍山 出장所

●麻浦 出장所

營業長

副長 김世眞

總務 柳台영

取締役 山口玉吉

會計役 細川雄藏

事務員 김龍熙

仝 鄭진영

●第二科학員募集

本校에셔본通科학員을新募ᄒᆞ오니入학志願者ᄂᆞᆫ來五月拾日(陰三月二十八日)內로본校에來議ᄒᆞ되年영은십一歲로십七歲까지定ᄒᆞᆷ

私立淸風學校 빅告

녀학도모집광고

남문안달셩궁내에 녀학교를셜시ᄒᆞ엿ᄂᆞᆫᄃᆡ 파졍은 셩경 국문 한문 영어 산술 디지인ᄃᆡ 원하ᄒᆞ시ᄂᆞᆫ부인은 내림문의ᄒᆞ쇼셔

스크랜톤 로부인

본人은成廟朝功臣東萊君諡翼惠公十五世손이온바東萊君山所가在於安山郡北坊面速達二里이옵고長子昌原公次子文翼公山所도腦後數步지地에繼葬ᄒᆞ옵고幾百年來로松楸븐無鮮盎養矣러니文翼公后손引儀速容과彦陽肯朝가侍從寅獻이가其家券븐借與於客主리在亭ᄒᆞ야典執ᄒᆞ야抵用타가외國인에게執奪지境에至ᄒᆞᆷ으로引儀速容과彦陽肯朝와彦朝가稱以文翼公舊宅을不可見奪이라ᄒᆞ고東萊君局內松楸을買托次子文翼公墓木이라ᄒᆞ고誣囑族黨ᄒᆞ며符同외國인ᄒᆞ야威迫東녀君宗손圭善ᄒᆞ고倫賣松楸ᄒᆞᆯ야ᄒᆞ옵기玆以廣布於萬인耳目ᄒᆞ오니勿論內외국인ᄒᆞ고無至見欺居買ᄒᆞ심을幸甚

창原公后손鄭三鎭 告빅

洪淳康氏가東署東小門內七橋東邊에織造機을廣張設施ᄒᆞ야稱號를淳昌號라ᄒᆞ고各色綢緞紗屬等을織造發賣ᄒᆞ오니願買人은來臨購買ᄒᆞ시며或所用대로緞과紗等屬을預托ᄒᆞ시면依約施行ᄒᆞ깃숩

순昌號 告白

第三期學員募集廣告

本塾에셔今年에宏濶ᄒᆞᆫ教場을建築ᄒᆞ며教務를擴張ᄒᆞ야一層整備ᄒᆞ고法學科學員을新募ᄒᆞ오니願學人은本塾에前期내臨ᄒᆞ야請願ᄒᆞ고左開日에應試ᄒᆞᆷ學科及規則은本塾에내問ᄒᆞᆷ事

○試驗科目 國漢文 讀書 作文 筭術 (四則以內)

○試驗日字 陽五月五日(陰三月廿三日)

光武十一年四月 日

西署英語學校後동

私立養正義塾 告白

西署新門外鍮동百八十六統三戶

辯護士前檢事正三品 丁明燮

法律事務所

事務員前主事吳在淳

●學員募集廣告

大韓醫院教育部에셔官費生及私費生으로學員을試選ᄒᆞᆯ터이니入學志願者ᄂᆞᆫ四月二十五日(陰曆삼月十삼日)以內로入학請願書를本部(中署勳洞前醫학교)에具呈ᄒᆞ고翌日上午十時에本部로제赴應試ᄒᆞᆯ事

入學試驗科目

一 年齡은十八歲以上삼十歲以下

一 身躰檢查

一 漢文讀書

一 國漢文作文

一 筭術問答

一 中학校卒業証書가有ᄒᆞᆫ者ᄂᆞᆫ免試許入ᄒᆞᆯ事

一 入학請願書紙ᄂᆞᆫ本部로來ᄒᆞ야購用ᄒᆞᆯ事

大韓醫院教育部

本人田이在於東署祭基리防築下인ᄃᆡ히文券을昨日路上遺失故廣告ᄒᆞ니誰某拾得ᄒᆞ와도休紙施行ᄒᆞᆷ

工後동 장錫珪 告白

●일본遊覽者募集

一 遊覽會員募集 人員은五十名으로一團을成ᄒᆞ니한일인을不問ᄒᆞ고速히請人ᄒᆞ시옵

一 巡遊地 東京博覽會橫빈京都大阪神戶

一 往復일數 ᄃᆡ抵十七일間

一 浮費 遊覽費及手數料을合ᄒᆞ야總計四十八圜

一 出發일 出發三일前에直接히通知ᄒᆞᆷ

一 請入所 在京셩各신開社五十八銀行경셩支店 天一銀行

一 會員은遊覽을終ᄒᆞ야開散ᄒᆞᆫ後ᄂᆞᆫ本會와關係가小無ᄒᆞᆷ

一 南대門서釜山으로直行ᄒᆞ던지或은東경으로直行하ᄂᆞᆫ者의對ᄒᆞ야도同一便法으로同行請人을應諾ᄒᆞᆷ

일本人遊람協會事務所경셩南대門通

東亞商會

江原道高城郡金剛山楡점寺楡신學校告白

開學日字ᄂᆞᆫ陰二月廿九일

普通科程如左

內典 外典 語學 地誌

歷史 筭術 國文 習字

◎增修無寃錄大全

壹帙壹百七十貳頁

定價金新貨七拾五錢

此增修無寃錄大全은法律家의最緊要ᄒᆞᆫ書籍이온ᄃᆡ年來現本이殆히絶種에至ᄒᆞᆫ지라故로法部에認可를得ᄒᆞ옵고此를新刊ᄒᆞ얏삽ᄂᆞᆫ대國漢文으로解釋ᄒᆞ야模糊ᄒᆞᆫ句節이無ᄒᆞ오니法律學에有志ᄒᆞ신너와字牧之任에居ᄒᆞ신너ᄂᆞᆫ不得不覽ᄒᆞᆯ冊子이오니注意購覽ᄒᆞ시옵

中署布屛下

廣學書舖 김相萬 發售所

大韓每日申報

第五卷 第四百九十八號

月曜及慶節 歲時日休刊

檀君開國四千二百四十年
箕子元年三千二十九年
大韓開國五百十六年
日本明治四十年
清國光緒三十三年
◉陰曆丁未三月小十六日丁未

論說

排日黨

日本메일新聞이眞的훈事實을每欲掩飾ᄒ야多般陳述이有훈지라吾儕는以爲ᄒ되所謂排日黨이此新聞記者의特異훈注目을多受ᄒ얏다고旣爲報道어니와同記者는但其自己의懸筭으로以ᄒ야所謂排日黨을大端茂視훈바ᄒ나然이나同記者가此黨을對ᄒ야罵詈侮茂ᄒ는諸般攻擊ᄒ는事에但其紙筆만每日虛費훈다ᄒ노라

俄日戰役이中途에未及훈其時에此國內排日黨이暫爲現出ᄒ얏스니其原因은長森藤吉이가萩原外交官의助力을藉ᄒ야韓國의荒蕪地를沒數占得코져ᄒ는問題로由ᄒ야生훈것이라其時其策이幾乎成功에甚近ᄒ엿거니와若果成功이런들韓國土地에半分은一個贈與物品이되야日人手中에遽歸ᄒ얏슬지라由是로其時에排日團體가暫爲成立ᄒ엿더니一二日에不過ᄒ야日本무官이곳兵力으로써其團躰를即地解散케ᄒ엿도다

盖此韓國內에激烈훈排日思想이有ᄒ다ᄒ는것을곳不然ᄒ다謂키不能이나然이나排日黨三字의意義를萬若西人의知識으로써解釋훌진뒤此國內에實로排日黨이未有ᄒ다고確言ᄒ깃고惟其一段忠愛之心을抱有훈韓國人士가目下自國의傾倒ᄒ는情狀을躬覩ᄒ얏스니엇지痛憤深恨훈者가不有ᄒ리오設使他邦國이有ᄒ야日人의行動과ᄀ치한人을欺壓驅迫ᄒ얏스면한人이반다시其國을對ᄒ야反抗훈思想이日人을反抗홈과ᄀ치一味激烈ᄒ얏슬지로다

且日人手下에셔不公不法훈困難을蒙被훈한人이甚히衆多ᄒ니幾許人은商務交涉에見欺훈者가有ᄒ얏고幾許人은所有家屋土地를被奪훈者가有ᄒ엿고婦女가彼之靈行을未免훈者도有ᄒ얏고幾許人은日본監獄署에셔酷刑을當훈者도許多ᄒ얏도다然이나한人은尙此黨類를不成ᄒ야何如組織도未有ᄒ고誰某首領도未有ᄒ도다

由是觀之컨뒤日本메일新報記者가한國內에排日黨이有ᄒ다고發言훈理由가實無훈지라盖其略干擾亂의起端은但其地方에셔基因훈바가各有ᄒ얏고또日人手下에셔不幸當之훈한人의困難을箇々人의其實證이各有ᄒ도다

官報

●號外 광무十一年四月廿六日

◉宮廷錄事

詔曰此重臣端雅지婆廉介지操立조以來終始一節赴難衞護挺身負傷嘉乃之忠其何可헌今云逝矣心焉愴혁卒特進官리憲직喪成服已過東園副器置之葬需令宮內府從優輸送節惠之典不待狀議諡葬日遣秘書丞致祭祭文當親撰以下矣

詔曰此宰臣秉心당直臨事勇果自壬午以來란錫爲國賢其獻爲亦云一段忠欵而已今聞其逝可勝傷혁卒副將리容翊喪葬需令宮內府從優輸送節惠之典待諡座擧行弊秘書丞致祭

◉敍任及辭令

●三千七百五十一號 광무十一年 月廿七日

任陸軍副將 正二品리容익
秘書監丞申대均
健元陵令崔병창
敬릉참奉吳鼎默
章릉參奉김珍衡
依願免본官
奉常司提調리봉來
命帝室會計審査局長
命奉常司提調 從二品申뒥茂
任秘書監丞 正삼品리根九
任太僕司技師 仝技手김윤基
任太僕司技手 九品安宗호
任健元陵令 華寧殿令南星熙
任華寧殿令仝 參奉김芝洙
임華영殿參奉 리龍직
임敬릉參奉 윤炳喜
임章릉참奉 內部主事김希洙
靈광郡守兪鎭贊
靈殿郡守리在正
江華郡守吳相규
知禮郡守김황鎭
중山郡守윤泰與
英陽郡守김思重
咸悅郡守리胄相
杆城郡守박潤셩
藍浦郡守리哲규
依願免本官
任江華郡守 參領리祖헌
任咸悅郡守 永川郡守徐廷철
任永川郡守 義城郡守리寅발
任堤川郡守 협川郡守조重익
任延安郡守 正三品洪禹觀
任藍浦郡守 從二品리台명
任협川郡守 仝 리敏恆
任高靈郡守 參領兪鎭형
任靈殿군수 正삼品리병燁
任령광군수 창寧군수閔丙吉
任開寧군수 仁川府主事박一陽
任和順군수 抱川군수리海盛
任熙川郡守 從二品朱哲준
任旌義군수 濟州郡主事장容堅
任丹陽군수 六品리臣穆
임抱川군수 正삼品김永儀
임중山郡守 前군수박容서
임漣川군수 淮陽군수윤鎰榮
임淮陽郡守 六品南宮薰
임知禮郡守 開영郡守리載宅
中樞院副議官呂炳현
任天安군수 正삼品申헌九
任杆城군수 仝 丁榕섭
任龍安군수 六品강甲秀
任英陽군수 仝 鄭肯朝
任영遠군수 前秘書官김윤秀
任大興군수 正삼品김明준
任강東郡守 漣川郡守리宜植
任康령郡守 堤川郡守리찬永
任창영郡守 龍安郡守南相七
任義城郡守 九品리世根
解法部法律起草委員
命法部法律起草委員 리喬榮

外報

●英帝露國行 路透電을據훈則英國皇帝陛下씨셔는近에露國으로旅行ᄒ야露帝를訪問ᄒ신다고諸新聞에報道ᄒ얏다더라

●智利噴火 南米智利噴火湖가스에질ᄒ이는猛烈히噴出ᄒ고또强烈훈地震이伴ᄒ야人民은目下逃竄不已ᄒ고多數家畜은埋沒死ᄒ얏는뒤倘히噴灰는百五十里에達ᄒ얏다더라

●동庭湖修浚 支那報를據훈則악州總督之동氏가鄭傳部에電達ᄒ되洞庭湖에已派洋員測量ᄒ니最深處가能히吃水一丈六尺小輪을容ᄒ고其餘는多在七八尺左右ᄒ니非修濬이면不可라但需欵이甚鉅ᄒ니由費部ᄒ야派員修浚ᄒ거나由弊處판理ᄒ거나希即示覆ᄒ라ᄒ얏더라

雜報

●피물폐지부인회취지셔

뎌저부모가빗시잇스면자손이감당홈바요국가에빗시잇스면국민이담당홈의무라국가가완전치못ᄒ면빅셩이엇지안보리요듯ᄉ온즉의견이놉푸신동포님네들이이국지셩이션발ᄒ여국채을보상ᄒ기로단연동밍ᄒ신다ᄒ오니어니뉘가감복지안사올잇가차사에뎌ᄒ야뎌확제폐ᄒ때옵ᄉ연초을붓어ᄒ옵시ᄂᆞᆫ 칙어가나리셧다ᄒ오니신민된자엇지복지황송치안사오며슬픈눈물이업ᄉ오리오무론남녀노소ᄒ고가로상에연초#흡연ᄒ거나의연모집ᄒ게혀잡ᄒ거나슈슈방관ᄒ거나혹방히훌ᄂᆞᆫ자ᄂᆞᆫ결단코뒤훌동포가안ᄂ요국가에큰죄인이라깁피깁피싱각할거시외다

방금동포에열심으로국채을갑게하오니깃부고다시깃부오나엇지하여우리나라는이갓치빈약하야뒤산갓흔비슬지고운동이마류훌여시니슬푸고또한실푸온지라아마우리인민에발달이적은연고인듯ᄒ미일개인이남에돈을져셔도빗진종이되여탕진가산에픽가망신하옵거든하물며전국이남에돈을뒤다히지고이식밤낫느러가면장찻엇지하오며필경무삼지경이엽쏘리요

세상에제열노무서운거슨남에돈박게또잇숩난의가시기울일치마옵고어서빗비갑개ᄒ여깅싱할날을엇게ᄒ옵시다제이듯은우미훈안여자로문견이젼미하여감이세상사을장황논셜할누업써나여시화륙중인물이라감격ᄒ마음을이기지못하여례모을살피지못ᄒ옵고촌장ᄒ우미훈소견ᄂᆞᆫ젹써와젼국부인좌ᄒ에복고ᄒ옵난이바라옵건뒤허물을용사ᄒ압시옵고잠간구버감ᄒ옵소셔 미완

慶尙北道慶山郡國債報償斷烟同盟會趣旨書

伏念俗謝澤방世入澆漓弊民殘日復一日朝家之외債至爲壹千三百萬圓之多國상無期仰屋窮歎涕淚縱橫日已久矣何幸今者義金募集出於徐相敦氏斷烟同盟一人首唱萬口影從本同邦寧此其時矣라惟玆慶山雖是褊小忠憤所激熱心愛國豈敢人後哉今與一二同志敢此佈告惟同胞各出義金以補國債報答我聖上愛育之萬一焉

發起人 최伯熙 김宇淑 김昌信

●夫人熱誠 昌原港리聞東母夫人김씨와玉舜職母夫人김씨와리鍾台母夫人김씨와박大見母夫人김씨四人이今番國債報償에對ᄒ야先倡發起ᄒ야婦人會을設ᄒ고遍行村閭ᄒ야面々曉諭ᄒ고家々演說ᄒ야迷鈍훈愚婦라도其心을鼓發케ᄒ야爲先鳩聚훈義연金額六十七圓七十錢을送致ᄒ얏스니其愛國之熱誠은人皆贊頌ᄒ더라

●交河新校 전判書민泳達씨가交河에移居ᄒ며니近일인즉히郡儒林을請邀ᄒ야酒盃을略設ᄒ고학校設立훈方針을研究ᄒ고說到財政ᄒ야는위然歎息日我之財産이雖爲불多나可以爲保存壹校ᄒ니諸儒는財政을勿慮ᄒ고該郡靑年을勿漏募集ᄒ야新학을勸勉ᄒ야以爲國家需用ᄒ라ᄒ더라

國債報償志願金收入廣告

●第二回慶北錦江面國債報償捐金
郡守閔泳□ 壹圓
전主事박基헌 壹圓
幼學박致경 박□□ 각貳圓
김珠玄三圓 □□□二拾錢
前參奉김昌宇 拾圓
幼學김容翰 □□□ 각壹圓
리孟구貳圓 丘錫宇
니庭植각一圓 니命基六拾錢
曹炳玉卄錢 니□□四拾錢
네大新四拾錢 □□壹圓
니洪基 지參奉박達헌
각拾圓 幼學박휘德貳圓
김창漢壹圓 박廷宇四拾錢
박根默卄錢 박廷穆四拾錢
강大洪卄錢 成振삼四拾錢
박元默 박在萬 각二拾錢
전參書니셔基 三圓
幼學니鍾坤 김定吉각壹圓
전監察리鍾玉 三圓
女兒致금二拾五錢
전司果김祥호 二拾五圓
幼學뎡海昇 니庭玉각壹圓
복聖호 박潤慶 각四拾錢
박致一 박彩호 각三拾錢
복成호 박順호 복仁浩
각二拾錢 김相鼎 박洛寬
박廷寬 각壹圓
전參奉박정基 五圓
幼학최星七 장錫植각壹圓
김容瀚三圓 進士김健坤
拾圓 幼학김峻坤 김容환
文相鳳 네구昇 각壹圓
박秀寅五拾錢 許 續二圓
니三奇四圓 박봉在
박泌在 네閏긔 각四拾錢
김鴻洛壹圓 김俊伊貳圓
니小俊五拾錢 妓生紅蓮
三圓銀環一雙壹兩五錢重代금
전司果김德潤 五圓
幼學김五今 박봉九各사拾錢

박鍾玉壹圓 박相玉二拾錢
박任忠壹圓 전參奉니昌根
八圓 幼學박필來五拾錢
박祥允卄圓 柴萬福乙孫
김伊萬각六拾錢 최文守
三拾錢 박春得八拾錢
韓甲김又奉三拾錢 최貴文
卄錢 林命介壹圓 니尙卜
壹圓 徐成坤 四拾錢
김奇杜壹圓 김奇云四拾錢
嚴留寅甫吉 安順吉
各三拾錢 嚴備許再用
四拾錢 덩律伊 최元伊各卄전
捲甚宋命奉述 金尙律
각四拾錢 沈哲伊壹圓
최同甲 紙商리景五
곽宗學 曹致先 변仕進
徐成在 박文一 각二拾錢
전참奉김容爵 拾五圓
幼學셜徹기 五拾錢
전縣監니源甲 五拾圓
幼學김永元 孫玉憲
뎡元淑각壹圓 박在文
삼圓 박貞默 니庭麟
각壹圓 前郡守박炳숙
五拾圓 妓生初月 壹圓
幼學都相禧貳圓 니漢基
壹圓 니馨基卄錢 박在用
拾錢 변三哲五拾錢
니漢善卄錢 네大畿 貳圓
니運善八拾錢 김連洪
김成홍각卄錢 니庭健拾錢
김守洪拾錢 니庭範六拾錢
니應文 김周홍 각拾錢
네봉基壹圓 최正默四拾錢
리만基 니庭우 니庭煥
각壹圓 장杓植 四拾錢
니榮긔 니문基 각三圓
前參奉박在도 壹圓
合四百貳拾貳圓四拾五錢

●高陽松山面龜山里
皮敎鎭 三圓七拾錢
니俊汝 梁元圭 梁明五
니完汝 셜今甫 각貳圓
니孟道 니允弘 리允玄
梁應구 梁景구 梁致順
皮元根 각壹圓 니윤善
니辰汝 白興윤 각六拾錢
捌拾錢 皮平甫 捌拾錢
니致德 林壽甫 김學윤
니汝元 韓龍善 梁德根
김平윤 皮聖完 林聖春
皮聖三 니學善 皮應云
곡五拾錢 林春弘 피熙明
林봉兼 林昌植 리公俊
셜長돌 니윤官 김氏同
각四拾錢 니윤日 피致三
니壽萬 니윤哲 각三拾錢
申石甫 니允心 피應슴
피致深 林永善 피리根
피允植 林春根 니石山
薛定根 리甫汝 셜景文
셜元實 최春成 피聖根
최弘根 리完先 김景云
니成七 魚成汝 리萬根
니云三 梁明元 김文규
梁善日 리熙先 徐永善
梁君日 김永壽 각貳拾錢
黃主甫 피春根 피龜東
림植景 林聖日 박景云 각拾錢
合四拾圓

●積城南面梅谷里
전主事빅南壽 壹圓
正三品 빅樂豐 陸拾錢
安孝南 四拾錢
전郡守白胤긔 壹圓
安廣重 四拾錢 白樂영
陸拾錢 白樂昌 捌拾錢
白南異 貳拾貳錢五厘
白樂徹 白南겨 김三拾錢
빅完긔 五拾錢 빅斗긔
貳拾錢 安元重 五拾錢
빅應긔 拾錢 安孝重
三拾錢 니廣秀 빅夏긔
各卄錢 沈仁澤 陸拾錢
빅南긔 五拾錢 니哲濬
니 鍾 각肆拾錢 빅文헌
빅周현 각卄錢 安俊直
貳拾錢 召史조씨 肆拾錢
[illegible]
[illegible]
柳漢俊 肆拾錢 니利元
柳洛瑞 각五拾錢 니種謙
김若六 니丁돌 각貳拾錢
박□□ 니順成 各參拾錢
한□□ 貳拾錢 니상奉
參拾錢 김丁得 貳拾錢
니石□ 니成□ 각拾□
김淡□ 貳拾錢 金錫成
拾錢 뎡用得 貳拾錢
成八斤 拾錢 吳聖用
肆拾錢 全順得 貳拾錢
高俊成 肆拾錢 니碩石
니種根 각卄錢 김學成
貳拾전 복甲石 肆拾전
김福伊 김漢石 全允孫
김炳根 각拾전
白南夔 壹圓陸전
長子皐基 陸拾捌전
次子德긔 卅전 삼子文긔
卄貳전 四子셕긔 拾四전
五子連긔 二歲 사전
合貳拾貳圓九拾陸전五厘

●高陽郡元堂面舟橋上里
복舜秉 五拾전 복允遠
貳拾전 복承胤 卄五전
복承億 복承興 各貳拾전
복台秉 五拾전 복柱병
貳拾전 복承보 拾五전
복容吉 壹圓 복承善
五拾전 복承英 각卄전 복承彦
복承셕 복承集 각貳拾전
五拾전 裵順春 복容欽
복萬秉 壹圓 복容순
五拾전 복容得 복學병
복敬병 각卄전 복喜병
오拾전 박容圭 박煥병
곡卄전 박容一 오拾전
박容辰 貳拾전 박俊병
오십전 박元명 ㅅ십전
박□明 오拾전
合拾圓

●安山郡山面上職동
前出身박寬春 사圓오拾전
前主事박毅淳 ㅅ圓오拾전
박春燁 박善卿 박善西
각壹圓 한광翮 김化善
복喜도 박喜寬 安在奉
곡오拾전 복榮七 김連홍
김健有 김辯必 각사십전
김春삼 박德深 申完周
각卄전 申順삼 貳拾오전
니永先 강業成 車善明
김景文 玄順成 장順敬
한문辰 安興삼 劉창순
박聖浩 강聖寬 김山汝
박季봉 각卄전 김君先
십오전 김德來 김景順
박云植 리善明 각십전
合貳십圓ㅅ십전

●木浦商民
김行彦 子遠삼 박華壹
子鍾寅 리국明 徐化律
박奉根 김二東 김致洪
弟用호 양斗煥 각陸십전
合陸圓陸십전

●高陽郡沙里大面大慈上里大慈동
니慶興 權正이 각八拾錢
權福三 六拾錢 子備孫
孫太보 각卄전 니永雲
五拾전 孫희敬二拾전
김창烈 五拾전 니道植
五拾전 자慶煥 貳拾전
김敬完 參拾전 니道明
五拾전 子慶岳 子正舜
각卄전 子福童 拾전
니德셕二拾전 吳長喜拾전
姜윤文參拾전 姜喜文
니錫出 니春成 각貳拾전
곽元錫 子百仲 각拾전

柳在根 니錫道 각二□□
윤百쇠拾전 김슌□
김춘쇠각卄전 니□□□
김教喆 김教萬 □□
김甲회卄五전 김□□
뎡디鍾 양光仁 양□□
변삼萬 변天녹 각卄전
변命봉 양五長 각拾전
변봉셕 변봉仁 각卄전
변德成拾전 니殷셕卄전
니發녹卄전 子銀錫卄전
니慶三 김天萬 니□□
각卄전 庚命셕 吳貴셕
史三百 각십전 니□□
니百天 安더與 니□□
權先用 니順南 權삼□
김봉슈 權龍雲 니千순
權致봉 각卄전
合십四圓七십오전

●振威古頭面橋浦會동
례先達成振 壹圓ㅅ십전
리俊玉 김학培 각壹圓
김性문 陸십전 김致業
김致俊 리必信 각오십전
윤士문 박永順 리成汝
김性澤 각사십전 김洛進
김令朱 安元交 徐元氣
徐寬일 徐德규 孫春삼
리敬玄 각卅전 白君明
리順西 림敬直 孫石汝
각卄전 김多出 오십전
合십圓捌십전

●平南삼和港公信契
김道會 박英華 리景夏
김貞슈 각사圓 洪鍾權
윤敬셥 리貞필 김宅호
김학슈 장應翰 김用국
김雲和 盧允元 리命혁
殷龍善 각貳圓 洪顯禹
박긔永 김庚地 元즈弘
홍正식 김롱九 김병현
박종說 한俊玉 김明源
리枝華 吳建用 김智환

[illegible]
合오□사□九拾전
總合六百○二圓八십六錢五厘
前號總合六千二百二拾二圓九拾七錢二厘
都總合六千八百二십六圓[illegible]

◎正誤 昨日[illegible] 佐願의 삼拾圓과 金圓[illegible] 圓을各其錢으로 誤식이 되얏기 에正誤함

發行兼編輯人 英國人비說
發 行 所
南셔石井洞號外地三層洋屋
大韓每日申報社

雜報

●觀察提議 昨日政府에셔會議를開ᄒᆞ고向日留案된支出件과觀察使叙任件을提議ᄒᆞ얏다더라

●禁人密議 軍部大臣權重顯氏가再昨日下午에該部協판嚴柱益氏私邸에訪問ᄒᆞ고무삼事件을秘密相議ᄒᆞᄂᆞᆫᄃᆡ巡檢과憲兵이ᄒᆡ家門前에緊々把守ᄒᆞ얏다더라

●郡奏三分 今番三十군守의敍任된內容을得聞ᄒᆞᆫ즉各大臣의切戚과食口가幾許人이오社會上名譽人이幾人이오鑛務에幾人인ᄃᆡ三分派로敍任ᄒᆞ얏다더라

●請요大官 統監伊藤氏가一自駐한以後로現任政府大신만交涉ᄒᆞ고其他南北村各大官은一次面接이無ᄒᆞᆫ故로昨日下午二時에無實職ᄒᆞᆫ大官數十人을統監私邸로請요宴待ᄒᆞ얏다더라

●閔氏受刑 學協閔衡植氏가警務廳에被捉ᄒᆞᆷ은昨報에已揭어니와訊問지場에惡刑을無數히當ᄒᆞ얏다더라

●조家執行 奉常提調丘南升氏가일人西山兵吉衛의게典當得債ᄒᆞ야過限未報ᄒᆞᆫ故로該일人이한城裁判所에擧訴ᄒᆞ야其家舍를執行ᄒᆞ얏다더라

●法大渡일 法部大신리夏榮氏가ᄒᆡ部刑事局長金洛憲氏를帶同ᄒᆞ고일間에일본國法務視察次로發程ᄒᆞᆯ터인故로該部勅奏任官이昨일下午四時에ᄒᆡ大신에作別宴을設ᄒᆞ얏다더라

●雜技忘憂 內相리址鎔氏가近일憲兵과巡檢巡査로自긔私邸門把守를緊緊히ᄒᆞᆷ을因緣ᄒᆞ야情到ᄒᆞᆫ親交를招集ᄒᆞ야一大賭局을設ᄒᆞ고春일을消遣ᄒᆞᆫ다ᄂᆞᆫ說이狼藉ᄒᆞ더라

●必是金力 各部主事ᄂᆞᆫ四十八郡前에ᄂᆞᆫ郡守젼考에參與치못ᄒᆞᄂᆞᆫ前例가有ᄒᆞ되今番군守奏본에ᄂᆞᆫ濟州主事張容堅氏가旌義군守를셔任ᄒᆞ얏스니군主事ᄂᆞᆫ履歷도不考ᄒᆞ고셔任ᄒᆞᄂᆞᆫ例가有ᄒᆞᆫ지必是황金力에所使라고興論이沸騰ᄒᆞ더라

●總會組織 昨일上午十一時에普成館內에中央聯合會議所總會를開ᄒᆞ고聯合方針을組織ᄒᆞᄂᆞᆫᄃᆡ所長리道宰氏와副所長리容직氏가出席ᄒᆞ얏다더라

●門外運動 官立漢城高等學校에셔再昨日에奬忠壇에셔運動會를開ᄒᆞᆫ다ᄂᆞᆫ事ᄂᆞᆫ前報에已揭어니와伊日에ᄂᆞᆫ雨氣로遂意치못ᄒᆞ얏고本日에運動會를開ᄒᆞᆯ터인ᄃᆡ奬忠壇은軍部에셔認許치아니ᄒᆞᄂᆞᆫ故로東小門外三仙坪으로該校一同이出遊ᄒᆞᆫ다더라

●作文退定 再昨일醫學校에셔生徒를試取ᄒᆞᄂᆞᆫ대應試者가五百餘人에達ᄒᆞᆫ지라身體만檢査ᄒᆞ고作文試驗은更히明일로退定ᄒᆞ얏다더라

●以花打人 昨日上午에일人一名이未開ᄒᆞᆫ桃花一枝를折持ᄒᆞ고校동等地로過去ᄒᆞᄂᆞᆫᄃᆡ鄕客一人과相逢誤觸ᄒᆞ야該桃花數点이落地ᄒᆞᆫ미일人이桃花枝로鄕客을亂打ᄒᆞ야花枝가折盡乃已ᄒᆞᄂᆞᆫᄃᆡ該鄕客은彼强制力을恐刼ᄒᆞ야無語疾走ᄒᆞᄂᆞᆫ지라傍觀人들이其無故被打ᄒᆞᆷ을莫不憤嘆ᄒᆞ더라

●普成運動 普成專門學校學員이본일東門外永道寺等地에前往ᄒᆞ야春期운動을擧行ᄒᆞᆫ다더라

●春期運動 각私立學校生徒가昨일訓練院에會同ᄒᆞ야春期運動을擧行ᄒᆞ얏다더라

●幻燈開設 大邱市議所教育部에셔陰本月十五일에幻燈會를當地普通학校內에開設ᄒᆞ야一般同胞에게無料로供覽케ᄒᆞ고理學을開오ᄒᆞ기를希望ᄒᆞᆫ다더라

●更請加派 本月三十일에官私立各學校聯合大運動時에學部에셔保護次로巡檢과憲兵각三十名式派送ᄒᆞ라ᄂᆞᆫ說은긔爲報道어니와學部에셔更히軍경兩廳에通知ᄒᆞ기를伊일에人民五雜ᄒᆞᆷ弊가難保必無이온즉以若二十名으로란看守不得ᄒᆞᆫ깃샤오니加派十名ᄒᆞ라ᄒᆞ얏더라

●高山賊警 全羅北道高山군東面詞峰里居박成直家에ᄒᆡ面結稅를收捧任置ᄒᆞ얏더니去陰二月初六일황昏에火賊三十餘名이각持銃劍ᄒᆞ고放砲突入ᄒᆞ야ᄒᆡ捧稅錢七百十兩及家產什物을盡爲奪去지時에一村人民이恐動欲防則彼徒가仍嫌防禦ᄒᆞ야持砲列立ᄒᆞ고逐戶放火ᄒᆞ야二十九戶가一時被燒而如干農穀與家產汁物이盡入燒爐中ᄒᆞ야數百人口가號哭不絕ᄒᆞᆫ다ᄂᆞᆫᄃᆡᄒᆡ군守의報告를因ᄒᆞ야ᄒᆡ道觀察使金奎희씨가內부로報告ᄒᆞ얏더니指令ᄒᆞ되冲火賊경이聞甚驚歎이라期於設法詗捉ᄒᆞᆫ지며恤典은當如例支給ᄒᆞ라ᄒᆞ얏더라

●최妻被燒 陰曆二月二十九일夜에황海道載寧군柳坊里休岩동최松南家에셔失火ᄒᆞ야최松南夫妻가俱入火中ᄒᆞ야최松南의妻ᄂᆞᆫ被燒即死ᄒᆞ고松南은雖賴諸人지救而僅出火외나一身遍爛ᄒᆞ야整三拾일에仍爲致命ᄒᆞ얏다더라

●金賊投河 近來咸悅郡에火賊이猖獗ᄒᆞᄂᆞᆫ故로ᄒᆡ郡守署理가壯丁을募集ᄒᆞ야境內에警備ᄒᆞ더니본月二十日에壯丁리亨寅은同郡東西面二陽里居金德老及其子가高峰山賊徒로셔從來閭里에橫行ᄒᆞ야掠奪를恣行ᄒᆞ되村民이後患을恐ᄒᆞ야敢히擧訴ᄒᆞᆯ者가無ᄒᆞᆷ을知ᄒᆞ고其家에至ᄒᆞ야逮捕歸郡ᄒᆞᄂᆞᆫ道中에金德老가河中에投死ᄒᆞ얏다더라

●青年講道 今日下午三点半에青年會館에셔福音會를開ᄒᆞ고紳士金泰寬氏가講說ᄒᆞᆫ다더라

●屋價酬給 南門內外商民等이家屋毁撤에對ᄒᆞ야該家屋價請求事로內部에請願ᄒᆞ얏ᄂᆞᆫᄃᆡ內部에셔指令ᄒᆞ되道路擴장은一般人民의公共便宜를爲念ᄒᆞᆷ인즉不必煩訴이고家屋價ᄂᆞᆫ準時直出給ᄒᆞᆯ意로調飭漢城府矣니退待該府措處ᄒᆞ라ᄒᆞ얏더라

●淸隊斷烟 淸州鎭衛隊에셔領尉官以下士卒의斷烟代금을以三個朔으로定期ᄒᆞ고第一箇條六十三元六十錢을本社에寄送ᄒᆞ얏더라

●船覆음死 慶南觀察使丘民회씨가內部로報告ᄒᆞ되現接管下南海군守리ᄐᆡ榮報告書內에本군雪川面文義里所任急報內에本동居姜性斗강達祚徐文順姜達圭等이上月十九日에全羅道順天至麻布貿來次乘船出海ᄒᆞ얏다가暴風覆船ᄒᆞ야盡爲溺死이다이온바人命음死가極爲驚慘ᄒᆞ옵와玆에報告ᄒᆞ오니轉報內部ᄒᆞ시와恤金을頒下ᄒᆞ심을伏望等因이옵기玆에報告라ᄒᆞ얏더니內部에셔指令ᄒᆞ되夥數溺死가聞甚驚慘이라恤典은依報施行이라ᄒᆞ얏더라

●葬地已占 박鏞和氏葬地를楊根等地自已父親身後地로初占ᄒᆞ얏던處에定ᄒᆞ고葬禮ᄂᆞᆫ陰本月十八日에行ᄒᆞᆫ다더라

●首犯等의素性

顯耐大謀賣事件으로諸犯等이已經訊問ᄒᆞᆫ事實은昨報에已揭어니와首謀羅寅永氏ᄂᆞᆫ全羅南道樂安郡人인ᄃᆡ年이四十五요吳基鎬氏ᄂᆞᆫ同道康津郡人인ᄃᆡ年이四十三이라原來韓國의有數ᄒᆞᆫ學者로平生憂國心을抱ᄒᆞ야韓國獨立을保全ᄒᆞ며한日淸三國이鼎立ᄒᆞ야他國의侵略을防禦ᄒᆞ기로主장ᄒᆞ더니往年에漢城政界가露국勢力下에羈絆ᄒᆞᆫ時를當ᄒᆞ야慨歎憂悶ᄒᆞᄂᆞᆫ心을難堪ᄒᆞ다가日露開仗ᄒᆞᆫ時에日皇宣戰詔勅에한國獨立을保持ᄒᆞᆫ다ᄂᆞᆫ旨를實行ᄒᆞ면我國이發達되깃기로伊時에日軍의勝捷을朝夜옹祝ᄒᆞ얏더니日軍이獲勝凱旋ᄒᆞᆫ지라羅吳兩人이日軍의勝捷ᄒᆞᆫ機會를乘ᄒᆞ야宣戰詔勅趣旨를貫徹ᄒᆞᆯ方策을講究ᄒᆞᄂᆞᆫᄃᆡ日본에前往ᄒᆞ야該事의履行을運動ᄒᆞᄂᆞᆫ거시妥當ᄒᆞᆯ줄노思量ᄒᆞ고再昨年六月에同伴渡日ᄒᆞ야東洋平和ᄂᆞᆫ三國協同에在ᄒᆞᆫ義理를擧ᄒᆞ야 日皇께上疏以聞ᄒᆞ며又長書를裁ᄒᆞ야日政府에유告ᄒᆞ며桂總理以下각大臣을歷訪ᄒᆞ야意見을陳述ᄒᆞ고仍留東京ᄒᆞ야日정에對ᄒᆞᆫ政略을伺探ᄒᆞ더니同年十一月에至ᄒᆞ야伊藤侯가特使로渡來ᄒᆞᆫ後에한日新條約이成立되ᄂᆞᆫ事가東京各新聞에揭布ᄒᆞᆫ거ᄉᆞᆯ接도ᄒᆞ고大驚ᄒᆞ야其時外部大臣박졔純氏에게急電ᄒᆞ되霜刃이當頭ᄒᆞᆯ지라도新條約에捺印은切勿ᄒᆞ라고忠告ᄒᆞ얏더니畢竟無効가되미飮恨歸국ᄒᆞ얏고統監府設置된後로日本行動이한국獨立을扶持ᄒᆞᆯ影響은毫無ᄒᆞ고三千里疆土가일본에併呑을難免ᄒᆞᆯ거ᄉᆞᆯ憂慮ᄒᆞ야日본有志士를交托ᄒᆞ야日본의對한政策을一新變更케ᄒᆞᄂᆞᆫ거시勝算일가ᄒᆞ야昨年九月에再次渡日ᄒᆞ야有志士岡本柳之助松村雄지進內田良平等諸人을往訪ᄒᆞ고所懷를備陳ᄒᆞᆫ則該人等이勢無奈何라ᄒᆞ며萬端慰諭ᄒᆞᄂᆞᆫ故로不獲已ᄒᆞ야快快歸國ᄒᆞ얏더니兩人의思量이我國이此日此境에墜落ᄒᆞᆫ거슨비록日본威협으로由ᄒᆞ얏쓰나究竟新約成立ᄒᆞᆯ當時에所謂五大臣輩가贊成ᄒᆞ얏스니不可不此를先不ᄒᆞ고外他大臣도一併芟除ᄒᆞ야政府를顚覆ᄒᆞ고新政府를組織ᄒᆞ야한日協約을改正ᄒᆞ야獨立의實을要ᄒᆞᆯ計畫으로同志者를連結ᄒᆞ야此擧가有ᄒᆞᆫ所以라더라

▲筆陣尖鋒▼

▲近日漢城에風雲이動盪ᄒᆞ야疑懼가轉甚ᄒᆞ니月出何山에烏夢이忽驚ᄒᆞ고面々相看에疑雲이上眉ᄒᆞ야重足而立이로다

▲시從무官長리根澤氏ᄂᆞᆫ聯邦條約을秘密히운動ᄒᆞ다가情跡이綻露되미事之不成을自歎不已ᄒᆞᆯ뿐더러運動費를多數히注入ᄒᆞᆫ所以로充본이無計ᄒᆞ야方在熱中이라고某報에說道ᄒᆞ얏스니同氏에運動手段의敏速ᄒᆞᆷ은擧世가指目ᄒᆞ더니今番失敗ᄂᆞᆫ天지亡也요非戰지罪也로다

▲內大리址용씨ᄂᆞᆫ近일에悔過自責ᄒᆞᄂᆞᆫ思상이有ᄒᆞᆫ든지槃中에무삼비密事件이有ᄒᆞᆫ든지今番奏本에ᄂᆞᆫ初不干涉ᄒᆞᆫ다고成言ᄒᆞ고ᄒᆡ部協판沈相익씨의게全擔시겻다니以若主務ᄃᆡ臣으로重大事件을協판의게委任ᄒᆞᄂᆞᆫ거시是可曰悔過自責이지만그리ᄒᆞᆯ터이면該大臣을誰와에게讓渡ᄒᆞᆯ거시지

▲內協沈相익氏ᄂᆞᆫ郡守奏本에運動力이政界에第一인故로ᄒᆡ氏門前에來賓이如雲ᄒᆞ야人肩이磨라ᄒᆞ니獵官者流에炎凉情態ᄂᆞᆫ痼疾이已成ᄒᆞ야東槃西散에隊々逐々은隨陽之雁과聞臭之蠅이로다

▲某大臣이仕進ᄒᆞᆯ時에保護兵이銃을擔ᄒᆞ다가彈丸이誤綻ᄒᆞᆫ지라ᄒᆡ대臣이砲聲을驚怯ᄒᆞ야劍客이驅入ᄒᆞᆫ다疑訝ᄒᆞ고內房으로逃走隱身ᄒᆞ얏다ᄒᆞ니一年三百六十日에平生을統計ᄒᆞ면來頭幾萬日을一時도放心ᄒᆞᆯ슈업스니말나죽을일싱겻고

▲內部地方官전考會議에擬奏三窠를전考ᄒᆞ얏ᄂᆞᆫᄃᆡ政府法制局長박勝鳳法部參書官윤性普從二品김珏현三氏가被選되얏다니南北村觀察運動客은遂鷄望籬가되얏고

▲高靈郡民이郡守稅務官等의不法徵稅에對ᄒᆞ야呼訴ᄒᆞ되稅金은第一銀行券紙錢도無妨ᄒᆞ다ᄒᆞᆷ으로紙錢을納上ᄒᆞᆫ즉ᄒᆡ官員이眼鏡을着ᄒᆞ고詳視退却ᄒᆞᆷ의민人民이恐㤼ᄒᆞ야何樣紙錢을納上ᄒᆞ랴ᄒᆞᆫ즉無擬寫眞紙貨ᄂᆞᆫ弗納ᄒᆞ고多擬寫眞紙貨를持來ᄒᆞ라ᄒᆞᆫ다니現今多擬無擬를不擇ᄒᆞ고紙貨면通用ᄒᆞᄂᆞᆫᄃᆡ高靈官吏ᄂᆞᆫ多슈紙錢을擇用ᄒᆞ니金庫大臣擬擬公의寫眞이면더조컷고

▲北村某大官은自來雜技에領袖로有名ᄒᆞ더니近日에外國人을購來ᄒᆞ야門外에把守ᄒᆞ야出入人을嚴禁ᄒᆞ고夜々迭宿ᄒᆞᆫ다니各ᄃᆡ신家에도外國人이把슈ᄒᆞ고雜技家에도외국人이把슈ᄒᆞ니外國人把슈도近來成風이로고

特別社告

本報代金을各支店에셔多有愆滯ᄒᆞᆫ中平壤支店에셔ᄂᆞᆫ九年十年兩年度의未納額이三百餘元에至ᄒᆞ얏스니本社經費ᄂᆞᆫ何以支過乎잇가購覽ᄒᆞ시ᄂᆞᆫ僉員은愆滯餘額을這這備合ᄒᆞ야該支店으로送交ᄒᆞ심을務望홈

大韓每日申報社

路透電報 廿六일

●法國土론軍港火災ᄂᆞᆫ五箇處에셔發火ᄒᆞᆫ者인ᄃᆡ此實狀인즉에나戰鬪艦에셔몬져爆發ᄒᆞᆫ原因이잇다ᄂᆞᆫ風說이再起ᄒᆞ얏더라

●露國々民議會에셔再昨日監獄問題에關ᄒᆞᆫ委員의報告랄讀ᄒᆞᆫ이有ᄒᆞ얏ᄂᆞᆫᄃᆡ此報告ᄂᆞᆫ露國에잇ᄂᆞᆫ政治犯人의處置가엇더케殘酷홈을示ᄒᆞᆫ者로셔其事實의端緖홈은政府의遂爲承認ᄒᆞᆫ바라詳言ᄒᆞ면右政治犯人을獄吏가痛刑ᄒᆞᄂᆞᆫ當場에셔自白케ᄒᆞ기爲ᄒᆞ야最酷ᄒᆞᆫ訊問을加ᄒᆞ야其中에足爪를拔ᄒᆞ고印度膏를揷入ᄒᆞᆫ者도有ᄒᆞ고或은骨節을挫折된又도有ᄒᆞ다ᄒᆞ며政府ᄂᆞᆫ本事件에關ᄒᆞ야其訊問ᄒᆞᆫ實狀의調査를命ᄒᆞ야有罪者를處分ᄒᆞᆫ다더라

雜報

在日本東京留學生同寅會리康賢氏等이本社에寄函ᄒᆞ되본人等이隔在海外ᄒᆞ야僅々修學이已러니客月에得聞ᄒᆞᆫ온즉內外有志諸氏가以國債一千三百萬圓報償事에對ᄒᆞ야忠憤所激으로義旗를高擧ᄒᆞ며四海가和應ᄒᆞ야爭先出義ᄒᆞᆫ다ᄒᆞ오니豈以同胞之義와臣民之分에就不欣感이리오故로本會諸員도萬口一聲으로一致斷烟ᄒᆞ고爲先義연금二十二圓을募集ᄒᆞ야敬表寸同胞之血誠ᄒᆞ오니伏願貴會僉君子ᄂᆞᆫ照諒後雖些少之錢이라도尤補於一千三百萬分之一이라ᄒᆞ얏더라

廣告

◯大音樂會◯

新門外法人旅館이쓰로하우쓰에셔本月二十七日(土曜日)午後九時에西洋획琴師머킨쓰孃과洋琴師쩌니바아헌트孃과大韓才人이助力ᄒᆞ야大音樂會를開催ᄒᆞ오니僉君子ᄂᆞᆫ來臨玩覽ᄒᆞ시옵

入場票價ᄂᆞᆫ三圜인ᄃᆡ本旅館에셔發賣홈

普法戰記

白堂 玄采 譯

(全一冊 正價四拾錢)

本書ᄂᆞᆫ距今卅七年前西曆一千八百七十年歐羅巴의一大戰爭이되ᄂᆞᆫ普法兩國의戰爭事蹟을記ᄒᆞᆫ者니前에普國이奈翁征服을受ᄒᆞ야久히覊絆에在ᄒᆞᆫ지八十年間에臥薪嘗膽ᄒᆞ야竟乃普軍의勝利로一朝復讐的觀念을成ᄒᆞ고法國은鐵血政略과法蘭西의復讐를… 當時普法國民의愛國精神을想像ᄒᆞ면惟我愛國男兒ᄂᆞᆫ必此觀感而興起哉ᄂᆞᆫ저

發兌元 中署朝鮮橋越邊(中央書館) 平北宣川邑川邊(新民書會)

◎活動寫眞廣告◎

今番에始作ᄒᆞᆫ活動寫眞은法國巴里京에셔有名ᄒᆞ게지오도혼 大韓국 皇室에셔먼져看品ᄒᆞ셧고始作ᄒᆞᆫ지數日에遊覽ᄒᆞ시ᄂᆞᆫ청君子가多數枉臨ᄒᆞ시와坐處가넘쳐셔晩到ᄒᆞ시면不便ᄒᆞ오니速々枉臨홈

活動은自下午八点至九点

名唱善舞歌童과唱和吹笛은自九点至十点

賣票時 七点半始爲

入場票 上等新貨三十錢 中等十五錢 小童十錢

新門外서달이목東便벽돌집

法人 馬田 告白

農商工部許認 運車株式營業廣告

今番本營業所에셔各項貨物을運送ᄒᆞ기爲ᄒᆞ야牛馬車及荷車를勿論ᄒᆞ고營業을組織ᄒᆞ야牛馬車와荷車에소載홀物品을自今爲始ᄒᆞ야本營業소에셔精實無損ᄒᆞ고迅速無滯ᄒᆞ도록恪勤勉勵홈을已任運送ᄒᆞ올터이오니內外國 쳠君子ᄂᆞᆫ소載홀物品이有ᄒᆞ시거든不拘多少遠近ᄒᆞ시고本營業所나出張소로來議ᄒᆞ시와物品運搬에無礙酬應ᄒᆞ올터이오니私貳지緩가無ᄒᆞ기를望홈

本營業소와出張소쇼在處가如左홈

●營業所 大龍동四巨里上東邊洋屋家

●東門外出張所 ●龍山 出張所 ●麻浦 出張所

營業長

社長 김世貞

總務 柳台영

取締役 山口玉吉

會計役 中川雄藏

事務員 김德熙

仝 鄭진영

●第二期生員募集

本校에셔본通科學員을新募ᄒᆞ오니入學志願者ᄂᆞᆫ來五月拾日(陰三月二十八日)內로본校에來議ᄒᆞ되年영은十一歲로十八歲까지로定홈

私立 淸風學校 告白

녀학도모집광고

남문안달성궁내에 녀학교를 셜시ᄒᆞ엿ᄂᆞᆫᄃᆡ 과정은 셩경 국문 한문 영어 산술 디지인ᄃᆡ 원ᄒᆞ시ᄂᆞᆫ부인은 내임문의ᄒᆞ쇼셔

스크랜톤 로부인

本店精製各色餠食專運洋廣什貨과頭美酒香茶烟草等俱全向蒙諸 君光顧經已年餘今重新擴張另招新股全盤頂受所有貨物生財客帳當歸新股承受一切與舊股無涉倘各 寶號有帳目要算者可向前股理明隨後與新股無涉特此佈告

漢城石井洞一品香新記白

本人의次子商奎字學彦이가今年正月分에同郡居윤과亨김居鐵山의性以浮浪은世所共知라陰正月分에同郡居윤과亨김得用ᄒᆞ야望東浦留日人武石多左衛門의게錢幾許推用이든지事不知數부知之意外日人이來言債錢六千七百五十兩이라본人을數日毆打의租百石太百石標을物侔ᄒᆞ오니寧有是理리오詳探事由則其時居間이요과亨이가亨을先訴捉囚警署ᄒᆞ야此定州署에令將呼訴ᄒᆞ깃기玆先廣布ᄒᆞ오니內外國쳠君子ᄂᆞᆫ照亮홈

宣川橋洞김逝祚 告白

本店에셔四月一朔동안所有物品을特別減價ᄒᆞ야出售ᄒᆞ오니陸續來購ᄒᆞ시옵

貞동源泰洋服製造店 告白

第二期學員募集廣告

本塾에셔今年에宏濶ᄒᆞᆫ敎場을建築ᄒᆞ며敎務를擴張ᄒᆞ야一層整頓ᄒᆞ고法學科學員을新募ᄒᆞ오니願學人은本塾에前期내臨ᄒᆞ야請願ᄒᆞ고左開日에應試홈

學科及規則은本塾에내問홈事

○試驗科目

國漢文 讀書 作文

筭術 (四則以內)

○試驗日字

陽五月五日(陰三月廿三日)

光武十一年四月 日

西署英語學校後동

私立 養正義塾 告白

西署新門外鍮동百八十六統三戶

辯護士前檢事正三品 丁明燮

法律事務所

事務員前主事吳在淳

●學員募集廣告

大韓醫院敎育部에셔官費生及私費生으로學員을試選홀터이니入學志願者ᄂᆞᆫ四月二十五日(陰曆삼月十삼日)以內로入학請願書를本部(中署勳洞前醫學校)에具呈ᄒᆞ고翌日上午十時에本部로來赴應試홀事

入學試驗科日

一年齡은十八歲以上삼十歲以下

一身體檢査

一漢文讀書

一國漢文作文

一算術問答

一中學校卒業証書가有ᄒᆞᆫ者ᄂᆞᆫ免試許入홀事

一入學願書紙ᄂᆞᆫ本部로來ᄒᆞ야購用홀事

大韓醫院敎育部

本校에셔學員을二次試驗ᄒᆞ얏ᄉᆞ니未參ᄒᆞᆫ僉員은陰十七日(月曜)에梨峴下米廛都家로速臨應試ᄒᆞ옵

警察專門學校 告白

●일본遊覽者募集

一遊覽會員募集 人員은五十名으로一團을成ᄒᆞ니한일인을不問ᄒᆞ고速히請入ᄒᆞ시옵

一巡遊地 東京博覽會橫빈京都大阪神戶

一往復일數 ᄃᆡ抵十七일間

一浮費 遊覽費及手數料을合ᄒᆞ야總計四十八圜

一出發일 請入順次를從ᄒᆞ야出發三일前에直接히通知홈

一請入所 在京성各신聞社五十八銀行경성支店 天一銀行

一會員은遊覽을終ᄒᆞ야開散ᄒᆞᆫ後ᄂᆞᆫ本會와關係가小無홈

一南대門셔釜山으로直行ᄒᆞ던지或은東경으로直行하ᄂᆞᆫ者의對ᄒᆞ야도同一便法으로同行請入을應諾홈

일本人遊람協會事務所경성南ᄃᆡ門通

東亞商會

●增修無冤錄大全

壹帙 壹白七十貳頁

定價金新貨七拾五錢

此增修無冤錄大全은法律家의最緊要ᄒᆞᆫ書籍이온ᄃᆡ年來現本이殆히絶種에至ᄒᆞᆫ지라故로法部에認可를得ᄒᆞ옵고此를新刊ᄒᆞ얏삽ᄂᆞᆫᄃᆡ國漢文으로解釋ᄒᆞ야模糊ᄒᆞᆫ句節이無ᄒᆞ오니法律學에有志ᄒᆞ신니와字牧之任에居ᄒᆞ신니ᄂᆞᆫ不得不覽홀冊子이오니注意購覽ᄒᆞ시옵

中署布屛下

廣學書舖 김相萬 發售所

洪淳康氏가東署東小門內七橋東邊에織造機을廣張設施ᄒᆞ야稱號를淳昌號라ᄒᆞ고各色綢緞紗縐等을織造發賣ᄒᆞ오니願買人은來臨購買ᄒᆞ시며或所用대로緞과紗等屬을預托ᄒᆞ시면依約施行ᄒᆞ깃ᄉᆞᆸ 淳昌號 告白

명월관확장광고

폐관이ᄭᅥ시이후로고이ᄒᆞ시ᄂᆞᆫ귀ᄀᆡᆨ에후의를입사와오ᄂᆞᆯ날ᄃᆡ한에제일등요리점으로ᄂᆡ외국에셔다아시도록확장ᄒᆞ여가오니ᄃᆡ단감ᄉᆞᄒᆞ옵거니와근일은이층양옥을광활이신건츅ᄒᆞ고다락아릐ᄂᆞᆫ온돌방을ᄂᆞᆫ밀리비치ᄒᆞ고포진범절을셔로ᄒᆞ와오시ᄂᆞᆫ귀ᄀᆡᆨ이편ᄒᆞ시도록쥬션ᄒᆞ엿ᄉᆞ오며각죵음식은보기에화려ᄒᆞ고먹기에정미ᄒᆞ게열신쥰비ᄒᆞ야다소를불게ᄒᆞ고주야로파오되셔양쥬ᄂᆞᆫ잔으로파오며특별신ᄀᆡ량교자음식은오시ᄂᆞᆫ시로븟터ᄒᆞᆫ시간이되면멧상이라도곳가져가시도록ᄒᆞ오니ᄂᆡ외귀ᄀᆡᆨ우륙속왕임ᄒᆞ시ᄋᆞᆸ

각식요리음식

각식셔양쥬

각죵경편양요리

각죵일본간스메

각죵여송연

각국권연

진찬합

一권찬합

밥교자

특별신ᄀᆡ량교자음식

창가동졍거북도유ᄒᆞ옵

明月館主人 金東塡 告白

本人이日本大阪商業家와特約ᄒᆞ고日本內地産出各種物品과西洋各種物品及機械等物을我大韓에輸入ᄒᆞ야委托을便利케契約ᄒᆞ얏ᄉᆞ오니商工業에有意ᄒᆞ신僉君子ᄂᆞᆫ某物이든지請求코져ᄒᆞ시거든本社로來議ᄒᆞ시오本社에셔ᄂᆞᆫ手數料ᄲᅮᆫ만領受홈

開城北部祥洞

興業社本店

支店京城南門內水橋五十一統六號 培養會社

全仁港內동廣濟號

國債報償義捐金 收入廣告

● 廣州大旺面栗峴동 니守鼎
柳道赫 全圭成 김尙敦
니宣京각五十錢 김鳳主
卅六먼 柳慶긔 각卅五전
김慶天 김화龍 각廿五전
柳창긔 張敬鎭 각二十전
김元智 吳善源 十八먼
니召史 十八먼
安元七 十六전
合五圓

● 燕岐內倉里
姜宇善 長子리克
次子리東 각五十전
族人堯善 舜善 리元
각廿전 리利 十錢
合貳圓貳十전

● 西洋人 四圓
● 北署玉동김顯龜 壹圓
● 北署孝谷니謙셩 壹圓
● 西서館井동니東헌 五十錢
● 中동한協판宅床奴柳石 五十錢
● 安山仁化面花井里里中
윤鍾宣 니鍾영等 十五圓
● 慶北慶山郡大亭里居최仁瑞 壹圓
● 平北博川德동정肅源 壹圓
咸南영興鎭坪社城鎭里
박正謙 五十錢
合廿四圓五拾錢

● 義州古寧면西城里
隆化學校校長김雨說 壹圓
財務員김時익 贊成員高元岩
니셕호 司務員白光운
복應규 教師김碩항
學徒김潤稷 獨孤承元
각壹圓 김志運 최국仁
니錫汝 김應松 김志成
각五十錢 한龍源 四十전
김碩英三拾錢 김致祥拾전
合拾貳圓三拾전

● 黃州外南部
김元熙壹圓 高亨奎 貳圓
前進士池昌泓삼圓 前參奉
黃大元貳圓 김錫규 壹圓
合九圓

● 義州城內鄕校동
方允贊 뎡時範 최陽瑞
최錫奎 洪祥麟 니道順
洪得善 니永順 김學일
니成根 孫武길 文德信
김利斗 김明主 김寬成
김利俊 김時헌 뎡仁和
니東健 邊志英 장尙奎
니柄基 余君賢 각五拾錢
本府壽星동農民뎡奉華壹圓
合拾貳圓五拾錢

● 在日本東京留學生同寅會第一回義捐金
니康賢五圓 니潤載貳圓
김顯슈 민亨基 陳慶錫
김顯釆 뎡敬潤 김聖煥
尹星求 河九鎔 安映슈
니豐烈 김晋庸 洪命최
각壹圓 申昇均 元운常
姜大喆 張훈 尹豐헌
김顯函 蔡基斗 각五拾전
劉睦 二拾전
合貳拾貳圓七拾錢

● 釜山本支社社員斷煙金陰二月條
前參奉徐棟奭 前教官辛翔孝
前參奉상鉉栢 前侍從김在熙
洪千壽 前參奉박在영
김亨九 최鳳규 김明見
孔趾슈 니源八 各三拾錢
▲佐川동
김成운壹圓 박喜彦五拾錢
장道源 卅錢 丁圭셕
최永澤 박종규 니홍雨
각拾錢 송셕宰 장益相
김亨寬 뎡德主 각三拾錢
東萊僊岩寺僧김大山五拾錢
合七圓貳拾錢

● 群山港
丕參判弼永 丘參判秉承
박尙浩 각拾圓 全東煥
吳世中 각五圓 魏東燁
宋병周 權鍾振 禹源淵
각三圓 김錫主 김致大
林卿集 니공瑞 高셕東
김義叔 김稱규 薛熙昌
각貳圓 니建우 김炳淳
김洪斗 김仁漸 김采文
최達헌 김긔洪 송克中
리根植 니邦珪 니容漢
沈景善 니貞규 安敬一
니뒤鎭 김東根 任敬二
黃雲卿 김漢鍾 설寅旭
車在貞 니斗헌 김成汝
車孝純 車윤模 車윤翅
김明俊 김順五 뎡寅철
許文弘 김福西 니원根
申昌환 김景守 任致連
빅雲起 吳南영 오順泳
김龍麟 김載흠 丕철최
김泰헌 홍鍾의 리南圭
김顯龍 오明셥 姜培卿
柳海龍 洪明宣 元世昌
김永七 車敬셥 車敬允
박權三 김德允 각壹圓
申翼之 八拾전 한成白
니致云 김公信 김贊一
김尙六 뎡成順 김石元
丕祥善 강宗夏 洪仁元
申興善 任士連 송澤化
박홍龜 김景春 최敬直
김億斗 곽明三 니致化
文明玉 김豐汝 각六拾전
박參潤 林春成 최煥永
黃汝玉 宋世補 十歲
송世元 七歲 송世榮
安成윤 白南照 한致主
니셕東 니셕형 車宜貞
丕載榮 孫世煥 成又贊
全敬七 陳云玉 裵明祚
각五拾錢 김顯규 安相能
김창學 丁允善 각四拾錢
安德敏 박順奉 丕致京
徐乃云 咸云京 車汝珩
니윤在 림憲圭 趙禹範
니필瑞 각卅錢 박士元
최學先 김建植 박辰九
김順祚 방셕亮 김敬心
溫順甫 리一權 文창규
리完謹 됴무京 박漢奎
丕敏守 徐中汝 박起섭
최윤明 車承俊 林致彦
각廿錢 니永述 車文千
니형泰 김汝元 車贊模
리連根 각拾錢 박春明
八錢

▲附婦人義捐金
九驪동김氏 貳圓 최氏
壹圓 禹씨 리씨 김씨
뎡씨 최씨 각五拾錢
리씨 四拾錢
▲大井동윤相五夫人
壹圓五拾錢 都씨
박南順母親 김京수母親
각壹圓 鄭成슈母親
六拾錢 김긔홍母親
元돌嚴母親 니巨福母親
비玉童母親 각五拾錢
合壹百六拾七圓九拾八錢

● 長단郡華藏寺義捐金
니鏡齊拾五圓 김龍海拾圓
니영祚 홍抱蓮 김之淳
각貳圓 盧霽峰 孫眉山
윤印月 니德花 黃楚花
김永洽 安斗殿 각壹圓
니竺山 林鏡潭 吳雲月
吳映月 김戒亭 호自明
최岬珠 김子雲 김閔善
복東섭 김永식 김祐涉
김應규 복自寅 니大仁
權東巡 김景順 黃妙相
각五拾錢 김無瑕 니性潭
박영즙 孫圓虛각四拾錢
김今律 니竺典 黃棲岩
黃晴霞 한禮운 윤錦明
각三拾錢 최大化 박네隱
각廿五錢 김文슈 박影松
康용淵 최知宗 楊隱봉
權信悟 許奉圖十歲각廿錢
리富興十歲 拾錢
▲雇傭
니萬甫 니性和 각五拾錢
니順敏卅錢 니汝祚
윤順汝 김致玉 梁셕汝
權景玉 최致行 楊元甫
니春섭 김昌權 장致化
각廿錢 황允西 拾錢
▲尼推禹順錫貳圓 최福運
五拾錢 김德眞 四拾錢
柳福念 김德奉 각三拾錢
權大헌 全智銀 니性寬
김富允 朱善字 최岬業
全漢旭 禹海演 윤富成
니法律각二拾錢 柳法鏡
김永海 김一삼 니幸能
긔自學 黃勳修 각拾錢
合陸拾壹圓九拾錢

● 靖릉
參奉김在철 四圓
書員니平山 슈僕니순主
슈僕리桂宗 각貳圓
슈僕리判開 壹圓五拾錢
슈僕柳文玉 壹圓四拾전
수護軍니敬九 니敬植
니敬西 니영植 각六拾전
니一男 니用圓 니正主
니厚辰 니石윤 니긔俊
니春植 니甲ㅁ 김三쇠
林영秀 니用순 廿近先
許萬쇠 한學仁 박化知
복近化 沈德在 최슈奉
김今甫 니德三 각五拾전
니千쇠 니台三 박德윤
김用西 니金元 최春安
최春明각四拾錢 니扶셩
니完植 梁ㅁ仁 됴八卜
梁台辰 梁뒤山 梁永三
梁順一 니순奉 니元奉
林先敎 김春一 김云敬
김用學 김点순 김多如
김五先 오今哲 김八成
각卅錢 김貴用 拾七錢
合卅三圓九拾七錢

● 慶南晉州군大覺面
沈相규 二圓 河祖運
壹圓 河海鎭 柳震華
김宗佑 安元石 김宗善
각六拾錢 姜周必 七拾四錢
沈喜澤 沈東섭 니志敦
김漢柱각四拾錢 박榮뒤
安末同 김긔業 니尙萬
각卅錢 김德用 許用世
각廿六錢 김石俊 박載主
각廿사錢 빅樂셕 河大寓
니鵬 河載宗 河碩鎭
梁슈卜 姜尙무 김星白
니돌金 각貳拾錢
成浩根 니世元 徐得世
장以俊 리且卜 許尙哲
김哲 梁鳳鳥 니丁世
김윤 복順八 河임贒
河瑞東 河載철 具奉石
曹병운 뎡환道 김八
申正돌 孔孝基 김奉珍
김무應 前첨使全洛雲
장學益 호昇業 河百源
閔영弘 박不億 沈甲宗
沈性權 沈順宗 沈順堂
沈道權각二拾錢 박千世
河奎鎭 河必鎭 각拾六錢
강學文 拾四錢 니佑榮
박윤衡 니采永 千슈用
각拾貳錢 成汝永 成汝빅
니하職一 成能기
하載主 成載浩 김寬石
하載九 강무永 황宗石
박仁石 니再卜 하載형
니海俊 박檍 박景成
복哲余 리億世 뎡基俊
박性春 김春 복봉甚
박俊 成澤 니玉
김再萬 오萬金 장尙雲
具슈根 陳濟 하甲龍
김石哲 복日成 장其世
김敬俊 박春好 리鶴連
장東뒤 림達三 하敬鎭
됴性元 南창元 김啓伯
김宗秀 成性文 니龍甲
복已文 각拾錢 니뒤主
박士仁 하載性 김문元
윤仁德 김信倍 각八錢
하載溢 박龍石 김且萬
김龍世 柳寅협 김召史
陳且世 하性洛 劉敬重
김문培 김甲龍 각六錢
김贊문 五錢 成釆柱
김達원 김長世 니桂連
김尙善 孔再佑 니名大
김봉石 하뒤鎭 김문善
朴得應 각四錢 장규진
삼錢 김龍卜 니敬華
김島見 각貳錢 김召史
박召史 각壹錢
合貳拾陸圓四拾捌錢

總合三百八십五圓七拾二錢
前號總合六千八百三십六圓八拾삼錢七里
都總合七千二百二拾二圓五십六錢七里

大韓每日申報社

發行兼編輯人 英國人비說
發行所
南서石井洞號外地三層洋屋室
大韓每日申報社

第五卷 第四百九十九號

檀君開國四千二百四十年
箕子元年三千一十九年
大韓開國五百一十六年
日本明治四十年
淸國光緖三十三年
陰曆丁未三月小十八日己酉

論說

大英國에크워드皇帝와歐羅巴各國

近日此東隅에最近到達한電信을閱讀컨대大英國에드워드陛下께서地中海를遊覽하심으로世界大勢에크게驚異할影響이發生할것을警示하니其效果의發生은特히德國의關係는非常한效力이有할지라所以로一般報筆이此에對하야其發憤的狀態를呈함도不是라至其多數한公衆도將來德國이孤立할關係로以하야甚重한言辭로論述하며取하얏고德人의恐懼之心도卒然發生하니此其故는何也오萬若英人으로하야금猛烈한思想이發生케되면곳敵意를將하야向彼大叫할가畏함이니如此變轉하는事機에對하야或好事者의自負하는喜心과滑稽的言論이有하리로다

前日我國피르리아皇后께옵서在位하시던時代에는世界全幅內에他邦의嫌憎을受함이最甚한者는其或英國이니此는我一般英人이深重히敬愛하며久遠히紀念하는皇后의政策으로由한것이아니오但其時廷臣의偏見을持하고曲想을抱한者로從하야如彼한結果가生하얏도다我皇后陛下께옵셔乾位의天道하심을因하사恒常憂愁로써歲月을消遣하샤一生을平和安穩中에終了하셧거니와但其廷臣의固執하는政策으로以하야苦惱하신바有하셧스니此는其時政策이孤立할思想이滋長함이라去洲亞非利加南部에戰役으로만觀之라도我國이何如히立하얏던거슬可以想見하리로다其時英國이二三强國의當前하거슬防禦할거슨오즉海軍力以外에更히何物이有하얏는요國運이卒然變遷하야 皇后가崩逝하시고今我 皇帝가卽位하시니 陛下께셔世情에明察하시며語學에通達하시며深遠한感覺과最高한外交術을兼有하사擧國臣民의熱情深愛를受하신지라卽位하신지數年內에英國外交界가急遽變更이有하얏스니영國이다시懶弱지아니한지라世界事에可히發言할야一次更振할터이니彼列强이我英國으로하야금威脇을被케하든時日은自此로無限退期된事實을亦皆覺悟하얏도다

歐羅巴全局에第一變機는英法間關係라自來敵嫌이有하던兩國이握手結交하되往事는勿論하고紙上盟約도不待하고友邦을已成하얏스니如此非常한變機에責任은但皇帝一人의게在하도다我에드워드第七世皇帝께서는自國與他國間에實際上敦睦友誼가紙上平和論보다優勝한것을實認하심이라由是로法國은先交하시고其次에는歐羅巴全幅에尋常遊覽을致하사伊太利를親近케하시며葡萄牙及西班牙를幷親하시며與俄交誼도前日보다越勝케하셧거니와以上諸件外에도自國臣民의一致信愛를多得하셧도다

吾人이更히一次發展할意見하노니此 德洲의怒氣가如何함이라現今實認할것은兵武한德國이漸至孤立하는것과此有力한敵이四方環立하야其勢가頗至危險한것이로다英德間嫌憎이不無한것은其何緣由인시我英人으로는不可確知로되其乃勢之所使인즉仍存한事實이라我에드워드皇帝의外交政策은彼가打破코저할것이確然在於此리이로다德국이如此히寂寞한孤立에至한故로與英交誼도將求할것이오且或英국의意思를敵欒하야運命을決判할手段도取用할터이나然이나 에確嘗한一機는덕국이法국을對한敵意와荷蘭을對한猜忌와英국을對한嫌憎을將止할것이니此等意外事가通行될時에는海牙平和會議가不甚必要하도다大抵世界에君主政治를反對하는人民이衆多한것마는現今我英국皇帝께셔는自國臣民의게最高한政治의價値한것을發表著示하셧도다

官報

●三千七百五十二號 광무十一年[illegible]月[illegible]九日

◎敍任及辭令

度支部主事 리寅爵
依願免本官
최정爲
任公立慶州普通學校副教員
任公立鎭南浦仝 命秀英
任公立穀州仝 命봉五
任公立星州仝 장濟斌
任公立元山仝 리春빈
任公立淸州仝 최善東
任公立강陵仝 최世鳴
任公立황州仝 손敬緒
任公立洪州仝 리寅화
任公立강鏡仝 오熙轍
任公立寧邊仝 鄭인源
任公立木浦仝 命진燮
任公立鏡城仝 리顧星
任公立群山仝 韓錫인
任公立濟州仝 池弘游
任公立南原仝 송宗섭
任公立安城仝 오영
임公立[illegible]業仝 命鎭수
任公立尙州仝 윤達수
任官立稷동仝 曺在濬
任公立仁川仝 강[illegible]攀
任公立馬山仝 최成찬
任公立定州仝 박宗길
任公立北靑仝 최경烈
任公立鏡州仝 [illegible]호建
任公立蔚山仝 曺正환
任공立會寧仝 元貞龍
任공立吉州仝 卓秀燁
公立鏡城普通學校副教員 洪璣植
任公立原州普通학校副教員
公立寧邊普通學校副教員 閔丙奭
任公立開城普通學校副教員 뎡申鏞
任南海郡主事 秘書丞리職九
依願免本官 裕강園參奉정덕烈
任秘書監丞 正三品리필柱
任裕康園參奉 金奎식
華寧殿參奉리龍직
九品金淑鎭 仝 康斯식
仝 빅成긔
命享祀經費査整委員 內部參書官閔元식
命視察日本國宮內省事務

外報

●袁氏勢力復舊 去廿五日北京特電을據한즉新임滿洲總督徐世昌奉天巡撫唐紹儀吉林巡撫楊士驤는俱是袁世凱의幕下인故로中央政府에잇는袁世凱의勢力을減省하기爲하야爲先其枝葉을切斷하는모樣이나實狀은不然하야袁世凱의勢力이漸次中央政府에恢復되야不日間其實現을可見할徵兆이라더라

●條約抗議動運 廿六日桑港特電을據한즉美國西部에在留하는日本人一萬八千名은日美條約修正에抗議를提出하기爲하야代表者를華盛頓에派遣할거이라

●森林問題의決定 北京特電을據한즉鴨綠江右岸森림經營問題에關한림비公使와袁世凱의意見은一致되야近間에正式의決定이有할터이라더라

雜報

●픽물폐지부인회취지서 (續) 우리녀즈가다문의식지공문알고우리지런일분도아지못하오면엇지일천만동포에의무된다하리가사이천만즁일천만녀즈가될터이온대사람마다전지는풍속지못하나소용하시는바삼원ㆍ상갑시되는온금픽물등속은잇슬터이온속각출의연하엿스면삼천만원가량이라금전世교환하여천만원으로국채를보상한후천만원으로학교들을설입하고천만원으로은항셜입하야국부민강하고보면엇지쾌치안사오며전국에이익이此이소소한픽물노비하리요지금치쑈천만원돈으로만모집하구보면전황이될듯하오니온금지물노도연죠를난거시조흘듯하외다오호라삼철이강산은한나라흔집이요이천만인은곳한조상한자손이라형제숙질이닐심동역하여야국티민안할터이요만닐반목하시하며각각생각심하여생사미결되고보면이난천하만국에우슴을살뿐안이라엇지닐기화나ㄱ바라리요우리인민이자션조이리로열셩상폐하게옵셔니러신우로대략ㆍ입쓰삼천리강토중십어사장에사 여함포으시고여신이국ㆍ이망국ㆍ온지라당치시ㆍ여죽기로써보답ㆍ울리여온되웃시사소한픽물등물ㆍ익기리요ㆍ금등물노말솜ㆍ오면불니우리가세송ㆍ날찌에지가지고온비안ㆍ요다만삼철ㆍ강로ㆍ잇난물건ㆍ라강로가업써면물건ㆍ어디ㆍ이써며나라가업써ㆍ빅셩이어ㆍ잇써리요패물이라 난거시민널소용되지못ㆍ고장지으장ㆍ여닐푼ㆍ식도싱효시못ㆍ며흑시차고보면심이무갑ㆍ오슬샹ㆍ니신샹ㆍ손해되물ㆍ라안ㆍ차노무방업셔도우방할거시외다또난금보패는부귀자ㆍ소용이요실노빈천자에소물은안이외다ㆍ금우리전국인민이남에비술메갓차지고짐을벗지못ㆍ여귀차가막심ㆍ고가난ㆍ국심ㆍ은터ㆍ금보픽을차ㆍ벼면차소위오슬벗고우장도차난거시라결단코눈에빗나지못ㆍ고도리려욕이되올지라 (미완)

●端民奮義 端川군인民이國債報상의義務로爭相起하야為先四百餘圓을募集하야該군資本家김重慶處에任置하얏는되就中特異한거슨황谷居廉尙셥씨는農牛換買次로邑下에來到하얏다가此說을聞하고二十환을연하얏스며신召史는無夫孤孀인되賣酒爲業으로십환을助하고盲童리民圭는家鷄一首를賣하야義금으로納하얏다더라

●留客出捐 元山港留客各處에居하는五氏가國債報상에對하야十圓五十錢을연出하야期成會로傳送하얏더라

雜報

●郡奏又呈說 郡守十二窠를日間또奏本혼다더라

●郡奏擔着 日前郡守奏본에內相李址鎔씨와內協沈相의씨有何事端이던지互相爭持ᄒᆞ다가李內相이沈씨의게郡守叙임件을左右間擅便ᄒᆞ라고擔着을식혀다더라

●宮相出席 宮相李載克시가去土曜일에大東문友會에出席ᄒᆞ야諸般會規를組織ᄒᆞ얏다더라

●長谷入京 去二十八日八時에長谷川大將이京城에歸着ᄒᆞ얏더라

●五씨新任 朴勝봉氏ᄂᆞᆫ寧邊觀察使를被임ᄒᆞ고尹性普氏ᄂᆞᆫ鏡城觀察使를被임ᄒᆞ고金在豐氏ᄂᆞᆫ春川觀察使를被임ᄒᆞ고박慶陽氏ᄂᆞᆫ法制局長으로轉임ᄒᆞ고公州觀察使金嘉鎭시ᄂᆞᆫ中樞院贊議로內移ᄒᆞ얏다더라

●忠察云遞 忠北觀察使윤吉炳시가遞임혼다ᄂᆞᆫ說이有ᄒᆞ더라

●禮卿被任 特進官김宗한시가掌禮院卿을被任ᄒᆞ얏더라

●不遊何爲 內相리址鎔시가去日曜日에東大門等地에前往ᄒᆞ야花柳會를盛設ᄒᆞ얏다더라

●宴席言論 日前伊藤統監이現政府大臣外에南北村각大官을請요宴待ᄒᆞ얏다ᄂᆞᆫ說은已爲報道어니와當日往參혼某々씨名은姑未盡記ᄒᆞ나就中閔영韶씨가伊藤統監을對ᄒᆞ야日宮禁을肅淸혼다ᄒᆞ고일警視와巡査을莫重 皇室尊嚴자地에無難把守ᄒᆞᄂᆞᆫ거시事躰부當이라혼ᄃᆡ伊藤씨日한國경察이姑未擴장ᄒᆞ얏시니부得已경視巡査를置ᄒᆞ얏다ᄒᆞ고또李容직씨가이藤씨를대ᄒᆞ야日한國財政을整理하기爲하야度支部에顧問을置ᄒᆞ얏시나日본銀行券을流通ᄒᆞ나ᄎᆞ是日본財政을整理ᄒᆞ미오한국財政의整理本意가安在오혼ᄃᆡ이藤시日한국貨幣를將次製造使用홀方針을現今思量中이라ᄒᆞ얏고其他諸시의言論은姑未詳聞ᄒᆞ얏노라

●兩守將警 新寧郡守申勝休長기郡守任창宰兩시가受由上京ᄒᆞ야過限累日에尙弗還임ᄒᆞ미內部에셔當차春務方殷에如是曠官홈이事理弗可라ᄒᆞ야論警혼다더라

●旗器請借 본H官私立普通聯合大運動에所용국旗와器物을政府外事局으로借與ᄒᆞ라고학部에셔通知ᄒᆞ얏더라

●統監更迭風說 去二十四日長崎新報東京電報欄內에統監更迭이라題ᄒᆞ고左에記事를揭ᄒᆞ얏ᄂᆞᆫᄃᆡ이藤統監이한國에셔威信의失墜ᄂᆞᆫ世人意想外에出ᄒᆞ야한국 皇帝ᄭᅴ셔ᄂᆞᆫ近來이藤侯의불成홈을洞燭ᄒᆞ옵시고仝시의獻策又단者를一불採用ᄒᆞ시ᄂᆞᆫ대特히現內閣은破戶혼內閣으로국民의信용이絕無혼인즉伊藤侯의力으로ᄂᆞᆫ內地人民의統御와內外의統一홈을難期홀지며其外에또長谷川大將一派의軍人派의反ᄃᆡ的態度가有ᄒᆞ야候의自身도人心의離叛홈을覺悟ᄒᆞ고近今謀避ᄒᆞ기을準備中이라ᄒᆞᄂᆞᆫᄃᆡ候의後를襲홀者ᄂᆞᆫ野心充滿혼桂太郞伯이라고ᄒᆞ얏더라

●米洲旅行弗許 日前에한국학生數人이米洲에遊학홀次로日本理事廳에旅行券을請求ᄒᆞ얏더니히廳에셔橫說竪說에多般稱托ᄒᆞ다가畢竟弗許ᄒᆞᄂᆞᆫ故로該학生이弗勝憤恨ᄒᆞ야其理由를詰問혼즉日官이日西洋人이我日本人을憎惡ᄒᆞᄂᆞᆫ感情이有혼故로한人이西洋으로遊학ᄒᆞᄂᆞᆫ거슬弗可許施라ᄒᆞ얏다더라

●烏飛梨落 학部協판민衡植시가軍相暗殺事件에運動費를擅出ᄒᆞ얏다고경務廳에被捉되얏ᄂᆞᆫᄃᆡ其事實을更聞혼즉主衛局員崔翼彬시가만시을勸諭ᄒᆞ야商業을設施ᄒᆞᆫ다고니금幾千圓만出給ᄒᆞ라ᄒᆞ미시가一千四百圓을出給하얏다ᄂᆞᆫᄃᆡ민시ᄂᆞᆫ某事件에ᄂᆞᆫ毫無所犯뿐더러當初弗知ᄒᆞᄂᆞᆫ事이니허시의今番苦況은可謂烏飛梨落이라고衆論이沸騰하다더라

●兩시觀祭 漢城銀行總務한相龍시와農工銀行長白完爀시가日本博覽會를觀찰次로昨日京釜鐵路로發程ᄒᆞ얏ᄂᆞ더라

●總會組織 국債報償聯合會議所에셔任員을組織ᄒᆞ얏ᄂᆞᆫᄃᆡ所長李道宰씨ᄂᆞᆫ辭免ᄒᆞ고副所長李容직씨로所長을推薦하고池錫永씨ᄂᆞᆫ副所長으로選定ᄒᆞ고財務處理ᄂᆞᆫ韓一銀行長조秉澤天一銀行長김긔永農工銀行長白完혁한城銀行總務한相龍倉庫會社長조鎭泰伍씨로推定ᄒᆞ얏다더라

●平郡不平 平壤郡守빅樂均ᄂᆞᆫ平安南部役費調査委員을圖得ᄒᆞ야박忠洽리晃熙洪倫敘某々奸豪諸人을招聚ᄒᆞ야方今調査中인ᄃᆡ각部각坊里鄕執事와收錢執事及入鄕諸人을沒數捉囚ᄒᆞ며황州已歸지人까지一々捉訓ᄒᆞ야來往路費中加下一兩一錢이라도照數査出ᄒᆞ야便作魚肉지鄕ᄒᆞ니可謂好査郡守오以鄕村酒肉으로朝醉暮酣ᄒᆞ니可謂風流郡守也라許多農作지民을捉지囚지ᄒᆞ야廢農ᄒᆞᄂᆞᆫ지境에至혼故로一道民心이大段히敗々ᄒᆞ다더라

●元금又唐 西來人에確信을聞혼즉平壤外城지民은往지癸卯夏에鎭路畫界라ᄒᆞ고民家二百五戶를卒地毁移ᄒᆞ며禾田菜圃에方長지식物을쎄지踏지ᄒᆞ미該民等이號泣道路에四散接屑이러니其後軍用地定界에家屋은見奪於日兵ᄒᆞ고土地ᄂᆞᆫ廢棄於鍊兵場及馬廐ᄒᆞ야箇々히失所失業流荒者十常八九러니去陰曆歲前에漢城判윤박義병氏가以軍用地植物上損害금을頒給次로下來ᄒᆞ야公私土를勿論ᄒᆞ고但逐畝數ᄒᆞ야每畝一圓式支給ᄒᆞ미就中本府學庫田作人八九人도亦參其中이라차非田價요乃乙丙兩年廢農지損害금인ᄃᆡ불測혼所謂經理院檢査官원容규시가猾吏지巡檢리근령을派送ᄒᆞ야八九人을縛지打지ᄒᆞ고右植物上損害費를沒數勒奪以去ᄒᆞ고且外川東川所지學庫位土와箕子士城ᄃᆡ田이며각齋備物은自乙未年來로붙入於內藏院매總者一幷勒執誣報于經理院ᄒᆞ야至於本院訓令지下來ᄒᆞ고且원씨에창鬼김丙혁이가稱以派員ᄒᆞ고외村에分派ᄒᆞ야許多作梗에民難支保라ᄒᆞ더라

●會民奪耕 西來人의傳說을聞혼즉龍川府西坪所在各廳沓이水旱爲災에十不一得인ᄃᆡ원在壓總에內藏院으로定賭上納而其時穀掌處의白徵兩年賭稅ᄒᆞ고成給完문ᄒᆞ야至今十餘年耕作이러니昨年에一進會人리東業가見其幸而有秋ᄒᆞ고嗾嘱愚氓손基善等ᄒᆞ야搆誣部郡에黃金力으로任得經院完문指令ᄒᆞ야到付本郡이러니自官으로對質査報지地에리가囊中에有八千五百兩密札而綻露官庭이라審査報部하야事已得正矣러니近日리東業가又爲上京累月에未知何許運動이던지圖得經院完문指令云ᄒᆞᄂᆞᆫ故로沓主某々人이方且上京ᄒᆞ야與리哥로對頭質判ᄒᆞ야痛懲其習홀貌樣이라더라

●吳氏熱心 西友漢北兩會에서本省內在京學生春期運動會를設行ᄒᆞᄂᆞᆫᄃᆡ有志紳士吳相규씨가學業勸奬의熱心으로一般運動과學生賞與物品을獨自出판ᄒᆞ야來五月오日(陰三月廿三日)上午九時에東小門外三仙坪으로運動會를開혼다니히氏의熱心도莫々增頌뿐더러兩省紳士의協心團體가國內모範이되깃다ᄒᆞ더라

●研會演說 今日下午八點에貞洞眞理研學會에셔崔曉子劉원杓氏를請邀ᄒᆞ야權이란問題로演說ᄒᆞᄂᆞᆫᄃᆡ有志僉君은多數來臨ᄒᆞ시를希望혼다더라

●金氏演說 今日下午七点半에靑年會館에셔牧師金德基氏가希望과失望이란問題로演說혼다더라

●연助親睦 法律講習所에셔卒業期限이來月인故로教師與一般講員四十餘人이再昨日에東門외永道寺에出往ᄒᆞ야親睦會을開ᄒᆞ고講論도ᄒᆞ미般費ᄂᆞᆫ각其自판인ᄃᆡ該所長민영徽시가十圜을送助ᄒᆞ얏다더라

●文 明 之 賊 向日開城各學校의聯合大運動의盛況은前已報道어니와히郡所在成均館의所屬養賢庫ᄂᆞᆫ原來人才의教育의히養ᄒᆞᄂᆞᆫ經費補給ᄒᆞ기爲ᄒᆞ야設置혼又인대挽近은養士之實이全無ᄒᆞ고但徒히酒食之資를供홀뿐이라此ᄂᆞᆫ決코先셩을崇奉ᄒᆞᄂᆞᆫ義理에大爲背馳혼거시오士임의弊習惡慣이實所寒心者라近日히郡人士가時宜를觀察ᄒᆞ고教育一欵이目下急務되ᄂᆞᆫ거을認知ᄒᆞ고右養賢庫를教育總會에寄付ᄒᆞ야諸般經費를補助케ᄒᆞ면히會目的이到達홀預算도有ᄒᆞ거니와학校中品行이端潔ᄒᆞ고志趣가高尙혼人士로문廟香火等節을幹當케ᄒᆞ면大爲妥當혼事로학部에報告가有ᄒᆞ얏고向ㅂ運動익日에學部協판閔衡식氏가一般士림을對ᄒᆞ야深切勸勉ᄒᆞ고當日伴往同參ᄒᆞ얏든諸氏도一제贊成ᄒᆞ야演說이장皇懇到ᄒᆞ미히郡守以下로士림及學徒가擧皆歡迎ᄒᆞ야期於實施키로ᄒᆞᄂᆞᆫᄃᆡ惟獨前醫務官최象永爲名人이以其挾雜心事로爲如此當혼言論을肆口反對ᄒᆞ미一般士民이大段激憤ᄒᆞ야최氏를攻駁逐出ᄒᆞ야一塲風波가大起ᄒᆞ얏다니大抵養賢庫ᄂᆞᆫ以其名義觀之라도廩養士子홀意로設置혼거니ᄃᆡ如彼협雜輩가문廟享需를稱托ᄒᆞ고厥輩의酒食之資를영久作用코ᄌᆞᄒᆞ야人才培養ᄒᆞᄂᆞᆫ공益上事業을敢히공衆齋會之席에셔肆연反對ᄒᆞ나如彼蠻行者ᄂᆞᆫ果是문明지賊이라고ᄒᆞ더라

▲短 歌 高 唱▼

▲絲泉名園에梅下炙酒ᄒᆞ니當世영雄이屈指有誰오한魏對局에誰可落著오疑懼人情이兩眉에深鎖로다

▲韓鎭昌氏을政府에셔觀察使로薦望ᄒᆞ얏더니內部參與官日人某氏가反對ᄒᆞ며日韓鎭창氏가向日慶北觀察在任時에大邱郡守박重陽氏을不能抑制ᄒᆞ얏다스니觀察更任은不可라ᄒᆞ얏다니同氏가逹察在任時에박重陽氏에不正行爲을臚列ᄒᆞ야內部에報告ᄒᆞ얏며니因無如何지示홈으로弗得已請願遞歸혼거슬弗能抑制로歸責ᄒᆞ얏스니可謂無情지責이로다

▲今番三十郡守을奏本ᄒᆞ미聽聞이駭然ᄒᆞ야內大니址鎔氏가該部協판沈相翊시에게全任ᄒᆞ얏ᄂᆞᆫᄃᆡ三十窠郡守中에五味가俱存ᄒᆞ야니臣穆장容堅씨等幾人은武乃大臣에親舊로錢考ᄒᆞ고각大臣에食口도有ᄒᆞ고姻아族戚에切已혼者有ᄒᆞ고社會上人으로塞責도有ᄒᆞ니內協에玲농手段은참內大에良將이로다

▲農商工部礦山事務局과度量衡事務局과工業傳習所와農림學校각處에日本技術人을加數招聘ᄒᆞᄂᆞᆫᄃᆡ技師技手書記合十七名의月給이每朔에一千四百二十오원이오家舍料ᄂᆞᆫ四百十圓이라ᄒᆞ니大한에如干殘餘혼국庫金은日人에月給으로消盡ᄒᆞ면許多經用은何處에나用홀논지

▲來三十日官공私立각學校春期大運動會에巡檢憲兵각二十名式派送保護혼다ᄂᆞᆫᄃᆡ學大리完用氏가憲兵司令部와경務廳에更히請牒ᄒᆞ되憲兵과巡檢각二十名을加派保護ᄒᆞ라ᄒᆞ얏다니運動會에保護홀事에主意가아니요自已一身保護에精神이在ᄒᆞ도다

▲近日社會上에出入ᄒᆞᄂᆞᆫ人이頭髮이나剃ᄒᆞ고短杖이나揮ᄒᆞ면셔揚々自得ᄒᆞ야言必稱名譽라ᄒᆞ니行事ᄂᆞᆫ何如ᄒᆞ든지社會上에만來往ᄒᆞ면名譽가有홀ᄂᆞᆫ지

▲南北村頑固宰相들이각社會와學校가成立되물벽上에高笑ᄒᆞ더니近日에ᄂᆞᆫ或學校을贊成ᄒᆞ고社會을組成ᄒᆞ니果是實心이요釣名길이나아인지

特別社告

本報代金을各支店에서多有延滯ᄒᆞᆫ中平壤支店에셔ᄂᆞᆫ九年十年兩年度의未納額이三百餘元에至ᄒᆞ얏스니本社經費로何以支過乎잇가購覽ᄒᆞ시ᄂᆞᆫ僉員은延滯餘額을還速鳩合ᄒᆞ야該支店으로送交ᄒᆞ심을務望ᄒᆞᆷ

大韓每日申報社

雜報

●以葉加歛　全南人民이以加稅事로境內에發文ᄒᆞ되結稅ᄂᆞᆫ一國經用之本也오萬民惟正之供也니所重이果何如而挽近爲遐方官吏者ᄂᆞᆫ罔念分憂字牧之義ᄒᆞ고以莫重一府之正供으로爲自己興販之資本ᄒᆞ야捧葉於結民ᄒᆞ고換納銅貨於京軍에若萬兩以上者則其實을倍捧二萬銅於結民也니使是與國으로分也라利益이如是濫厚에惟恐銅貨不通行ᄒᆞ야凡於公納上에銅貨ᄂᆞᆫ使不捧納ᄒᆞ니府宮이皆然에吏서가承望亦然ᄒᆞ니民何由用銅乎아彼官吏ᄂᆞᆫ惟以捧葉之計로上瞞朝廷曰民不用銅이라ᄒᆞ니民情曠遠에朝廷이無由得知矣라遂致在上法司로見欺於此說ᄒᆞ야遵乃各郡에以用葉으로別作名目ᄒᆞ야加徵四升而爲十二升云ᄒᆞ니用葉之名令人骨節이措痛이리라若官吏가捧葉以銅而民不納則是ᄂᆞᆫ民不用銅也니四升加徵이雖致이나無所關涉이니와官必欲加徵이라故로以上當의……

日은仍存ᄒᆞ니嗚呼全邦內列郡이孰非舊日用엽郡乎아惟獨遐方各郡만新貨融行後에도猶用엽郡者ᄂᆞᆫ何也오實是朝令이見欺於官吏而然也라甚矣遐方人民이不被毒官吏也여旣往則猶徵鄕葉而重稅ᄒᆞ고未乃則偏徵四升之加稅ᄒᆞ니彼歎國病民之官吏ᄂᆞᆫ飽食退臥에罪不及身ᄒᆞ고畢竟不均之責은歸于上部ᄒᆞ니彼貽毒於民而嫁怨於國이胡忍重此乎請與僉君子로一同訴寃于上部ᄒᆞ야使遠近之民으로得蒙一視之化ᄒᆞ야貨幣를融行케ᄒᆞ고稅額을均一케ᄒᆞᆷ을是圖라ᄒᆞ얏더라

●兩氏愛國　端川郡金麟化南轉河兩氏가國債報償에晝夜熱心ᄒᆞ더니該郡守玄昇子氏가還給民間ᄒᆞᆫ納糧餘七千餘兩을尙未頒給ᄒᆞ얏더니兩氏가當心이激發ᄒᆞ야民會場에演說ᄒᆞ되該錢七千兩을處置於浮浪之所ᄒᆞ고時可乎아報償國債가所關이至重ᄒᆞ니萬口同聲曰國債를報償ᄒᆞ자ᄒᆞ고……

●仁川演說　仁川港各學校와自强支會에셔……會에公開演說을ᄒᆞ얏ᄂᆞᆫᄃᆡ……

●郭氏爭議　郭山人의傳說을……

等은日後國債報償ᄒᆞᆯ時에一大是足巨歎을擔出이可라ᄒᆞ더라

廣告

西北學生聯合大運動會를來五月五日(陰三月廿三日)에東小門外삼선평에서設行ᄒᆞᆯ터이오니漢城內各學校에在學ᄒᆞᄂᆞᆫ漢北兩西一般學員과本會員諸氏ᄂᆞᆫ伊日上午九時에東小門內磚石峴으로來會ᄒᆞ시되進不進을先期通知于本會館ᄒᆞ시기敬要

漢北學會　告白

記載法警告

(續前 臨時 正 第一호 至)

本書ᄂᆞᆫ距今卅七年前西曆一千八百七十年普法戰爭時에……在ᄒᆞ니……

元　兌　發

全州楊松정居金得壽丁亥……月二十一日出家不知蹤跡今聞……留京城云故로……父正權　廣告

本店精製各色餠食專運洋廣什貨과頭美酒香茶烟草等俱全向蒙諸　君光顧經已年餘今重新擴張另招新股全盤頂受所有貨物生財客장皆歸新股承受一切與舊股無涉伺各　實號有장目요갈者可向前股理明隨後與新股無涉特此佈告

漢城石井동一品香新記白

農商工部　認許運車株式營業廣告

今番本營業所에셔各項貨物을運送ᄒᆞ기爲ᄒᆞ야牛馬車及荷車를勿論ᄒᆞ고營業을組織ᄒᆞ야牛馬車와荷車에소載ᄒᆞᆫ物品을自今爲始ᄒᆞ야本營業소에셔精實無損ᄒᆞ고迅速無滯ᄒᆞ도록恪勤勉勵ᄒᆞᆷ을已任運送ᄒᆞ겟사오니內外國　첨君子ᄂᆞᆫ소載ᄒᆞᆯ物品이有ᄒᆞ시거든不拘多少遠近ᄒᆞ시고本營業所나出張소로來議ᄒᆞ시와物品運搬에無礙酬應ᄒᆞ더이오니私載之弊가無ᄒᆞ기를望ᄒᆞᆷ

本營業소와出장소소在地ᄂᆞᆫ如左ᄒᆞᆷ

大龍동四百五　上東邊洋屋　●營業所

●東門外出장所　●龍山　出장所　●麻浦　出장所

營業長　김世貞
副長　…
專務　柳台…
取締役　山口玉吉
會計役　細川雄藏
事務員　김紀熙
순　鄭진영

녀학도모집광고

나븐안담셩궁내에 녀학교를 셜시ᄒᆞ엿ᄂᆞᆫᄃᆡ 과졍은 셩경 국문 한문 영어 산술 …지안되 원ᄒᆞ시ᄂᆞᆫ부인은 내림문위ᄒᆞᆫ쇼셔 … 스크랜돈 로부인

第二期學員募集廣告

本塾에셔今年에宏濶ᄒᆞᆫ教場을建築ᄒᆞ며教務를擴張ᄒᆞ야一層整備ᄒᆞ고法學科學員을新募ᄒᆞ오니願學人은本塾에前期내臨ᄒᆞ야請願ᄒᆞ고左開日에應試ᄒᆞᆷ學科及規則은本塾에내問ᄒᆞᆯ事

○試驗科目
國漢文　讀書　作文
算術　(四則以內)

○試驗日字
陽五月五日(陰三月廿三日)

光武十一年四月　日

西署英語學校後동

私立 養正義塾 告白

西署新門外鍮동百八十六統三戶

辯護士前法部事正三品　丁明燮

法律事務所

事務員前主事吳在淳

◎活動寫眞廣告◎

今番에始作ᄒᆞᆫ活動寫眞은法국巴里京에셔有名ᄒᆞᆫ거시오또ᄒᆞᆫ大韓국　皇室에셔먼져看品ᄒᆞ셧고始作ᄒᆞᆫ지數日에遊覽ᄒᆞ시ᄂᆞᆫ僉君子가多數枉臨ᄒᆞ시와坐處가넘쳐셔晩到ᄒᆞ시면不便ᄒᆞ오니速々枉臨ᄒᆞᆷ

活動은自下午八点至九点名唱善舞歌童과唱和吹館은自九点至十点

賣票時　七点半始ᄒᆞᆷ

入場料　上等三十錢　中等二十錢　小童十錢

新門外새다리목東便벽돌집

法人　馬田　告白

本店에셔四月一朔동안所有物品을特別減價ᄒᆞ야放賣ᄒᆞ오니陸續來購ᄒᆞ시옵

貞동源泰洋服裁縫店　告白

前主事송憲珠以名송憲九知舊僉知悉ᄒᆞ시옵

송憲珠　告白

●일본遊覽者募集

一遊覽會員募集　人員은五十名으로一團을成ᄒᆞ니한일안을不問ᄒᆞ고速히請入ᄒᆞ시옵

一巡遊地　東京博覽會橫빈京都大阪神戶

一往復일數　ᄃᆡ抵十七일間

一浮費　遊覽費及手數料을合ᄒᆞ야總計四十八圓

一出發일　請入順次를從ᄒᆞ야出發三일前에直接히通知ᄒᆞᆷ

一請入所　在京성各신聞社五十八銀行경성支店　天一銀行

一會員은遊覽을終ᄒᆞ야開散ᄒᆞᆫ後ᄂᆞᆫ本會와關係가小無ᄒᆞᆷ

一南대門셔釜山으로直行ᄒᆞ던지或은東경으로直行하ᄂᆞᆫ者의對ᄒᆞ야도同一便法으로同行請人을應諾ᄒᆞᆷ

일本人遊람協會事務所경성南대門通

東亞商會

◉增修無寃錄大全

壹帙　壹白七十頁

定價金新貨七拾五錢

此增修無寃錄大全은法律家의最緊要ᄒᆞᆫ書籍이온ᄃᆡ年久現本이殆히絶種에至ᄒᆞᆫ지라故로法部에認可를得ᄒᆞ옵고此를新刊ᄒᆞ얏삽ᄂᆞᆫᄃᆡ國漢文으로解釋ᄒᆞ야模糊ᄒᆞᆫ句節이無ᄒᆞ오니法律學에有志ᄒᆞ신너와庶務之任에居ᄒᆞ신니ᄂᆞᆫ不得不覽ᄒᆞᆯ冊子이오니注意購覽ᄒᆞ시옵

中署布屛下

廣學書舖　김相萬　發售所

洪淳康氏가東署東小門內士橋東邊에織造機을廣張設施ᄒᆞ야號를淳昌號라ᄒᆞ고各色綢緞紗屬等을織造發賣ᄒᆞ오니願買人은來臨購買ᄒᆞ시며或所用대로綢과紗等屬을預托ᄒᆞ시면依約施行ᄒᆞᆯ터이오니…告白

명월관확장광고

폐관이마시이후로고익ᄒᆞ시ᄂᆞᆫ귀긱에후의를입사와오ᄂᆞᆯ날ᄂᆡ한에제일등요리점으로ᄂᆡ외국에셔다아시도록확장ᄒᆞ여가오니터단감ᄉᆞᄒᆞ옵거니와근일은이층양옥을광활이신건축ᄒᆞ고다마아리ᄂᆞᆫ온돌방을논밀리비치ᄒᆞ고포진범절을새로ᄒᆞ와오시ᄂᆞᆫ귀긱이편ᄒᆞ시도록쥬의ᄒᆞ엿ᄉᆞ오며각죵음식은보기에화려ᄒᆞ고먹기에정미ᄒᆞ게일신쥰비ᄒᆞ야다소를불게ᄒᆞ고주야로파오되셔양쥬ᄂᆞᆫ잔으로파오며특별신마량교자음식은오시ᄂᆞᆫ시로부터ᄒᆞᆫ시간이되면몃상이라도곳가져가시도록ᄒᆞ오니ᄂᆡ외귀긱은륙속왕임ᄒᆞ시옵

각식요리음식
각식셔양쥬
각죵경편양요리
각죵일본간ᄉᆞ메
각죵여송연
각국권연
진찬합
— 겸찬합
밥교자
특별신마량교자음식
찰가동졍거북도유ᄒᆞ옴

明月館主人　金東愼　告白

本人이日本大阪商業家와特約ᄒᆞ고日本內地産出各種物品과西洋各種物品及機械等物을我大韓에輸入ᄒᆞ야…商工業에有意ᄒᆞ신僉君子ᄂᆞᆫ其物이든지請求코져ᄒᆞ시거든本社로來議ᄒᆞ시오本社에셔ᄂᆞᆫ手數料만領收ᄒᆞᆷ

◎興業社本店　漢城北部…

支店京城南門內水標橋一統六號　…培…社

仝…港…廣…號

國債報償義捐金

收入廣告

●高陽九耳面城동
니鼎禹 니정成 김鶴成
朴致舜 김濟홍 각齊원
洪祐永 리大應 니鼎實
김聖용각大십錢 김順철
文원석 皮永식 각오십젼
홍承夔 니광濂 申永福
김熙善 니進식 徐君凡
김興福 김凡吉 각四십젼
니榮한 김泰식 김萬成
김正善 김今룡 徐千석
김鶴봉 徐永석 김壽福
김朴連 각卅젼 김明燦
魚光愚 魚命進 니鼎九
니宗淳 니룡淳 조鎭夏
김형지 김性與 朴伯福
朴喜石 申永根 朴룡伊
김濟弘 박孝奉 申起식
니정유 김녕都 김周植
조종禹 홍承一 홍承定
홍承敬 홍承哲 홍允謨
홍順謨 홍祐燦 홍金祖
니병鶴 니병魯 禹容河
鄭萬룡 니정相 니정석
니정四 김命福 복日同
김明圭 니冀淳 니정相
裴羽鎔 柳斗榮 申령철
리昇지 김지燦 김極燦
김회白 皮奇植 김貫石
니承원 최定근 김德吉
김甲同 김卜돌 김春同
각廿젼 박伯돌 십오젼
박貴石십貳전오厘 니承金
김병哲 김性祐 김녕지
김順植 김明植 김회凡
니行吉 니학秀 김윤同
니今用 김德놀 김성同
車德用 김占同 홍鎰謨
니병益 許甲룡 禹伯仲
니무쇠 최東植 김道봉
황榮秀 박所回 복南山
니명敎 복萬쇠 徐봉석
니鶴순 김性仮 김인봉
魚윤東 니承浩 趙종晥
복三돌 니充지 니容九
니容得 김培奎 東甲룡
文緒룡 한完순 高命植
김培用 김근植 김敬植
安天汝 박奎輸 申지先
박永奎 복明헌 니培근
全同근 니明원 니인奎
申慶植 車般用 복壽命
니占用 魚창善 김先福
니慶善 柳定식 각십錢
洪순禧 십오錢 리眞甲
김鉉三 김性범 리一福
鄭允石 각십錢 니원敎
張십錢 니윤敎 최萬회
각십錢 서相五 八錢
김水근 五錢오厘 具永朝
김회用 김炳燦 각陸錢
김琳奉 鄭德성 김殷珍
김성得 니점同 각오錢
최今卜 貳錢 홍承吉
오錢 김점伯 김晶雨
각십錢 김山伊 貳십錢
合卅四원七십八錢

●通津大坡面종生里
박壽영 壹圓五拾錢
니奇玉 壹圓 김千甫
卅錢 최明瑞 五拾錢
니孝順 卄錢 니春山
黃령順 각五拾錢 김根식
壹圓 李仲원 사拾錢
김녕順 李녕云 리공善
盧긔先 신義弘 각卅錢
김奎식 오拾錢 김녕金
박應順 각卄錢 니덕裕
사拾錢 리덕信 손和順
각五拾錢 김지金 각拾錢
오興돌 卅錢 김영근
박存敬 각五拾錢 김義洙
壹圓 손和복 니孝先
리창植 각卄錢 김긔弘
황善道 각卅錢 高貴奉
拾錢 니상奎 卅錢
니有善 拾錢 리建成
盧承西 각卄錢 김창實
卅錢 윤상근 박石能
장承云 니孝源 각卄錢
리孝仁 오拾錢 리德善
송春信 各拾錢 김덕三
卄錢 오敬金 오拾錢
김元春 卅錢
合拾七圓拾錢

●高陽德耳동
成樂三 壹圓 최壁녕
니봉헌 최성헌 각陸拾錢
兪광濬 五拾錢 최胤녕
최相규 최禹녕 韓春식
兪鎭衡 정祐성 서광玉
成𣈵녕 각四拾錢 成善慶
兪鎭九 兪긔식 정창云 김時영
鄭인伯 최運리 최相烈
林和鎭 兪貞헌 니敎영
각卅錢 睦興均 최禮영 최殷녕
최文령 睦榮一 兪弘濬
최命德 최斗성 최相하
辛지玄 최命季 최相翼
최泰근 최一龍 윤甲炳
최상룡 최元順 林浩鎭
최明奎 최命鶴 김성巳
최순用 니季同 洪戊辰
兪說濬 兪창奎 愼寧宅
유春植 김丞濟 정祐奐
장相均 리今同 홍鍾국
리창秀 조貴雲 林完植
鄭連興 柳元卜 홍鍾敬
장石吉 扈鎭叔 서량玉
장用ㅎ 梁明介 김春睦
송成玉 유鎭赫 梁德수
成樂五 柳炳學 成樂仁
申啓孫 각卄錢 田敬云
최相漢各拾五錢 高占童
禹善永 최규영 최達영
최命植 최相善 한僕奉
최元祿 林鐵源 리蓉鮮
林周源 박先奉 리덕규
최致俊 최用云 최聖祿
김興卜 최元필 최순玉
申今손 皮範伊 최순根
최成玉 김顯相 梁周石
최종원 梁周成 송尙玉
장億禹 申三石 최龍石
成樂星 리周영 각拾錢
최원男 六錢
合貳拾三圓八拾六錢

●振威古頭面安化里
安承규貳圓 安承무
리壽영 리鼎求 각五拾錢
安창영 安承宇 서相準
리容규각四拾錢 表鼎燮
五禹회 리民求 表창順
安承德 白樂영 최[illegible]헌
安承敎 김洛弘 安世榮
각卅錢 白昇수 최영西
홍炳旭 김顯翰 表東顯
김應龍 홍明植 安相영
安鍾榮 조貞相 安승五
表德仁 정阜섭 최昌澈
白樂厚 徐完西 김敎性
니根厚 安성榮 각卄젼
홍春心 리性三 全致二
許석秀 姜永俊 정治식
表益顯 梁作興 徐呂史
김治良 林水泰 최止식
최善甫 박奇緒 각拾錢
合拾삼圓二拾錢

●東川卜西面虎溪동
從一品尹相五 一圓
長손潤九 壹圓
次손洪九五拾젼 조막敎
조분叔각壹圓 한정裕
니녕實각七拾젼 조銀玉
문敬燁각陸拾젼 박敬順
壹圓五拾錢 愼用絶
니在鶴 니益煥 許順敬
니順九 니敬友 최陞부
각五拾錢 니龍起 니령贈
각四拾젼 최정錫 박敬玉
許성彬 복敬先 申萬休
니지都 박漢用 니종祿
니근支 니在阜 니종萬
유柱필 愼창範 각卅錢
五순汝 허金燁 박敬빅
최允實 安鳳商 니鐵괴
니芝憲 최寅석 리養汝
김창烈 姜雲先 니玄旭
權순兼 權致敬 리저기
니奉善 송성祚 조敬道
김四석 김순五 高大成
김果千 니영순 각二拾錢
五벽春 허用西 五孟五
許順五 五士敎 리敬三
김규헌 송小先 리在羽
리 實 丁大甲 리종千
각拾젼 장在奉 拾五젼
合廿六圓七拾五젼

●淸州貿商左支社
貳領金형集 리成彦각五拾錢
리東信 곽뒤헌 송鶴원
각壹圓 盧勢신 김汝장
김경슈 羅聖希 김상仁
各五拾錢 홍守明 卅錢
千洛헌 三圓 鄭炳益
壹圓 김순오 陰啓春
咸有煥각五拾錢 오邦헌
卅錢 박云一 오拾錢
황千一 卅錢 리化奎
全원根 최춘원 각卅錢
孫士凡 신聖宅 각卅錢
김近得 壹圓 김치仲
김경先 각卅錢 吳永伯
김用서 최玟實 각卅錢
池南州 卅錢 成根恩
호禮山 김淸주 손結城
김星주 라永月 정경文
각卅錢 장根恩等 卅錢
최광州等 壹圓 호正又等
九拾錢 禹成빅等 七拾錢
貫良水 리락仁 各卜錢
조德化 사拾錢 김明서
리明무 각卅錢 盧王윤
최尙卜 各拾錢 張 동
梁치순 각卅錢 洪三嘉
邊洪川 리連春 각卜五錢
최槐山 황希云 각卅錢
柳成七 卄五錢 우致文
羅치장 최聖文 호창규
權尙주 權泰경 高仲連
각卄錢 김창식 五拾젼
박창오 장用甫 설春化
최益三 리춘伯 비有聖
各卄錢 김元一 리석允四拾錢
朴云一 오十錢 리成오
김치玉 리大元 각卄錢
리彦보 김성必等 각壹圓
신혁雨 五拾錢 김춘오
成來弘 호성헌 林延豐
柳尙주 각卄錢 서明云
五拾錢 곽文在 卅錢
박化서 신云石 각卄錢
송化春 拾錢 오광得
리긔連 魔七先 리윤集
우明奉 박德甫 許順集
박應오 高先明 黃成오
김正三 洪令植 김化實각卄錢
김明俊 車녕七 강學필
각卄錢 니淳一 삼圓
彊宗云 壹圓 김영燁
니漢榮 리文五 각五拾錢
강正播 삼拾錢 최光植
壹圓 김建凡 유鍾模
각卅錢 柳奎化 김汝水
명在明 郭老宮 郭水甫
서相仁 박春西 박南原
김文教 安興石 각廿錢
吳秉회 高完봉 각卅錢
合四拾七圓拾錢

總合一百六십二圓八拾九錢
前號總合七千二百二拾二圓五십六錢七里
都總合 千二百八十五圓四十六錢七厘

大韓每日申報社

●正誤 本報附錄에八十九號로第四百九十九號로改正ᄒ고 本號附錄中栗枝面니世창 니창世오堂村니元봉의六十圓은六十젼으로改正홈

發行兼編輯人 英國人 배說
發行所 南署石井洞號外地三層洋屋 大韓每日申報社

廣告

國債報償海西同情會義捐金
第二回募집

●海州月谷面中桑림村
吳亨根壹百圓 吳元根卄圓
吳文煥拾圓 오鍾泳 七圓
오仁泳 오升泳 오行根
오聖善 각一圓 니長石
七拾錢 오正煥 오昌煥
오德환각六拾五錢 오汝根
康達柱 오永石 니鳳石
각六拾錢 鄭창셥 오宜泳
정載斗 니鍾宜 오聖根
오宗根 박昌北 송二星
각五拾錢 김긔환 니龍孫
됴元常 박浩傑 오貞石
니萬긔각四拾錢 최昌孫
金澤龍 김千石 김永化
오在영 김在河 각二拾錢
김益현 김興孫 니順石
孫行祚 최창祿 송行吉
김龍澤 리學奉 오用石
김守吉 리창成 康信甫
정聖云 됴基형 니時彦
각卄전 오錫환 拾五전
최承휴 壹圓 뎡喜셥
五拾전 최載翰 四拾五錢
오成根 壹圓 오準根
卄五錢 니七星 六拾錢
合壹百六拾壹圓貳拾錢

▲州內面廣石村
김漢奎 삼拾圓 黃根七
사圓 徐明슌 高창培
각三圓 윤致亨 니현基
김윤侚 각貳圓五拾錢
車俊元 김基洲 각貳圓
최萬宇 壹圓五拾錢 니창슈
김吉伊 全處順 車道吉
니乃善 黃七星 劉聖模
각壹圓 니必先 김基녕
니正華 安틱倫 오允祚
각六拾錢 全창健 黃順興
니元厚 김允健 니辰五
姜正九 김福仁 각五拾錢
全學健 한仲叔 니成實
安召史 김召史 황在華 니善教
車道敬 池成連 황順甫
됴光彬 安龍默 최錫範
각四十錢 高仁슈 니儀教
宋召史 니順셔 宋致永
全石道 黃靑石 각三拾전
니伯광 최善旭 니澤龍
魯順默 긔致寬 林星壽
윤龍孫 박슝봉 車道현
장三聖 全古長 高七星
박明壽 최致寬 뎡仲連
閔孝誠 니正福 오국瑞
니녕祿 니틱憲 姜善九
강正宅 리應憲 김致文
김召史 니漢녕 全福吉
安景善 김明瑞 니應善
윤召史 全正吉 全石俊
高녕哲 김德孝 김창興
김官吉 김玄吉 김應五
元召史 니창五 니龍天
徐틱슌 니行吉 安成福
成七星 박正元 黃世憲
니슌宅 각卄錢 최仲三
오京五 최齊石 林召史
박應化 한順學 각拾錢
合八拾三圓六拾전

▲西邊面東一里
니在朋 삼拾圓 니在鵬
柳承鳳 각貳圓 徐裕녕
정璟善 同弼室니氏
林益圭 張成祿 申應[illegible]
리達成 니達수 白萬긔
각壹圓 니能教 八拾전
장益슌 徐봉현 각五拾전
장斗植 북長瑞 니녕文
김봉夏 최녕수 최봉슌
김致遠 김龍辰 각四拾전
니承일 니源震 최호吉
셔황녕 최원益 니吉五
북根수 張긔賢 각삼拾전
奇行萬 周聖根 니鼎善
장봉규 니萬枝 장긔셔
邊창五 윤福麟 車敬萬
최壽明 빅淡石 오順植
오德岩 박창順 白七星
김士明 장셕현 니源沁
장錫긔 장成哉 장明哉
각卄錢 장龍錫 장鼎식
각拾錢
合五拾四圓八拾錢

▲雲谷面一里斗동
최庚章 貳拾圓 복世詢
五圓 북貞教 오圭錫
각貳圓 김圭方 孔定현
김東식 孔舜九 각壹圓
박在麟 셔辰述 김德哉
김元達 羅于卿 각六拾錢
김二成 오拾錢 任仁守
김明규 김子叔 셔行文
각四拾錢 박在봉 安學仁
김百年 김녕年 오大吉
윤俊甫각삼拾錢 김七星
민녕삼 任季弘 윤召史
김汝五 林亨모 姜召史
리龍明 리奉學 許致亨
각貳拾전
合四拾壹圓九拾전

▲唾鴨島동中
송긔周 삼圓 박善國
윤成澤 각壹圓 송九直
文敬五각陸拾전 文聖寬
오拾전 송창周 송興國
魯在天 윤汝侚 박連호
文敬홍각四拾전 김敬슌
林培根 송侚默 송明슌
오틱현 文셩孝 각貳拾전
高틱삼 拾전
合拾圓四拾전

▲州內面汗井村
황永石 壹圓 同夫人박氏
貳拾전 五明福 六拾전
리錫규 니東필 각오拾전
박守貞 북슈哲 박致호
박應五 方命五 최景雲
각卄전
合四圓

▲栗枝面
니世창 오圓 니鍾국
奉寅녕 각貳圓 니亮世
니鍾舜 각壹圓
合拾壹圓

▲松林面嘉坪
朴彦鎭 貳圓 長子準徹
次子準星 각壹圓 박긔來
一圓 오召史 子在긔
오창雲 오龍臣 박根輔
김鼎삼 子伯운 각五拾전
오成五 오德삼 오成俊
오成道 오龍문 오明龜
오元默 오雲鶴 각二拾전
合拾圓拾전

▲海南面下二里
孔 필 貳圓 리春儀
孔 슉 윤侚슌 각壹圓
리智宇 孔昶青 윤侚창
강周會 각六拾전
方遠伯 니景宇 니寰宇
니益茂 정秀현 니興茂
니貞宇각五拾전 정勳녕
김鼎植 정秀호 元春호
니智茂 니應茂 김긔敦
각四拾전 閔致五 니會允
최載喜 니珽茂 니時무
리창宇 각卅전 許 鎭
서喜녕 吳긔善 각貳拾전
合拾陸圓拾전

▲西邊面花坪
니承눈 삼拾전 니東식
김녕식 한順善 각貳拾전
安哲好 니康직 각拾전
合壹원拾전

▲西邊面文村
五章夏貳원五拾전 子東元
五拾전 申泰孝 박景善
됴能夏 任萬긔 각五拾전
박相敦 四拾전 됴東國
최福善 五원夏 各卄五錢
五漢九 孔在善 곽七星
각삼拾전 安틱謙 김홍愛
니承모 니承龍 문福亨
각貳拾전
合八원九錢

▲州內面
笠房都中貳拾원 車鍾栴
車裁坤 각拾원 리창호
林병창 각五원 妓리映紅
리憲녕 柳召史 김榮晩
각四원 黃洛錫 五承學
김應化 각參원 車漢轍
河인寬 김輔弼 박啓환
林明규 五華삼 니成五
田子裕 니君善 조承祐
최형긔 니긔豐 再次
니在潤 각貳원同夫人오씨
五拾전 長子智春 壹원
次子智弘 壹원四拾전
삼子智영陸拾전 長孫明鎭
參拾전 次孫규鎭 貳拾전
五東麐 최之형 니根在
니녕원 니긔필 田萬吉
니成환 니教문 丁陽셥
최宗호 리景田 五承澤
니창源 각壹원 김召史
복婢十月각陸拾전 車光允
박龍和 정裕根 申行元
盧應斗 張文三 각九拾전
牟漢用 니종淑 각四拾전
송學元 송창運 각卅전
方壯岩 박漢俊 廉在明
各廾錢 呂巨福 拾二전
誠信契 卅圓 최창俊
六圓 송鎭國 五圓
김슌彦 니봉岩 各四圓
최창현 송根孝 각貳圓
북녕슌 박녕五 김仁鶴
박乃文 강應三 장斗환
각壹圓 吳在원 吳在明
林仲호 각壹圓 니召史
六十錢
合一百八十六원九十二戔

●東江面上九里
김仁俊 二元 장世基
니元儀 장宇景 호基源
장漢巨 姜녕쥬 安눈九
各一元 정基녕 五拾전
장 任 김長成 북春成
정협녕각四拾전 장漢녕
니周明 장世奎 정均녕
정根녕 김봉益 각卅전
장世文 정원習 각卄전
장, 형 拾전
合拾三圓四拾錢

●海州경務署罪囚
廳使 김눈ㅅ 拾전
罪囚 눈學西 安녕元
박行涉 각卅전 니齊石
二拾전 김봉大 최在긔
니元實 니在明 김俊보
김子辰 눈긔녕 강好連
눈병열 五辰壽 各ㅏ錢
徐學눈 니明학 최承建

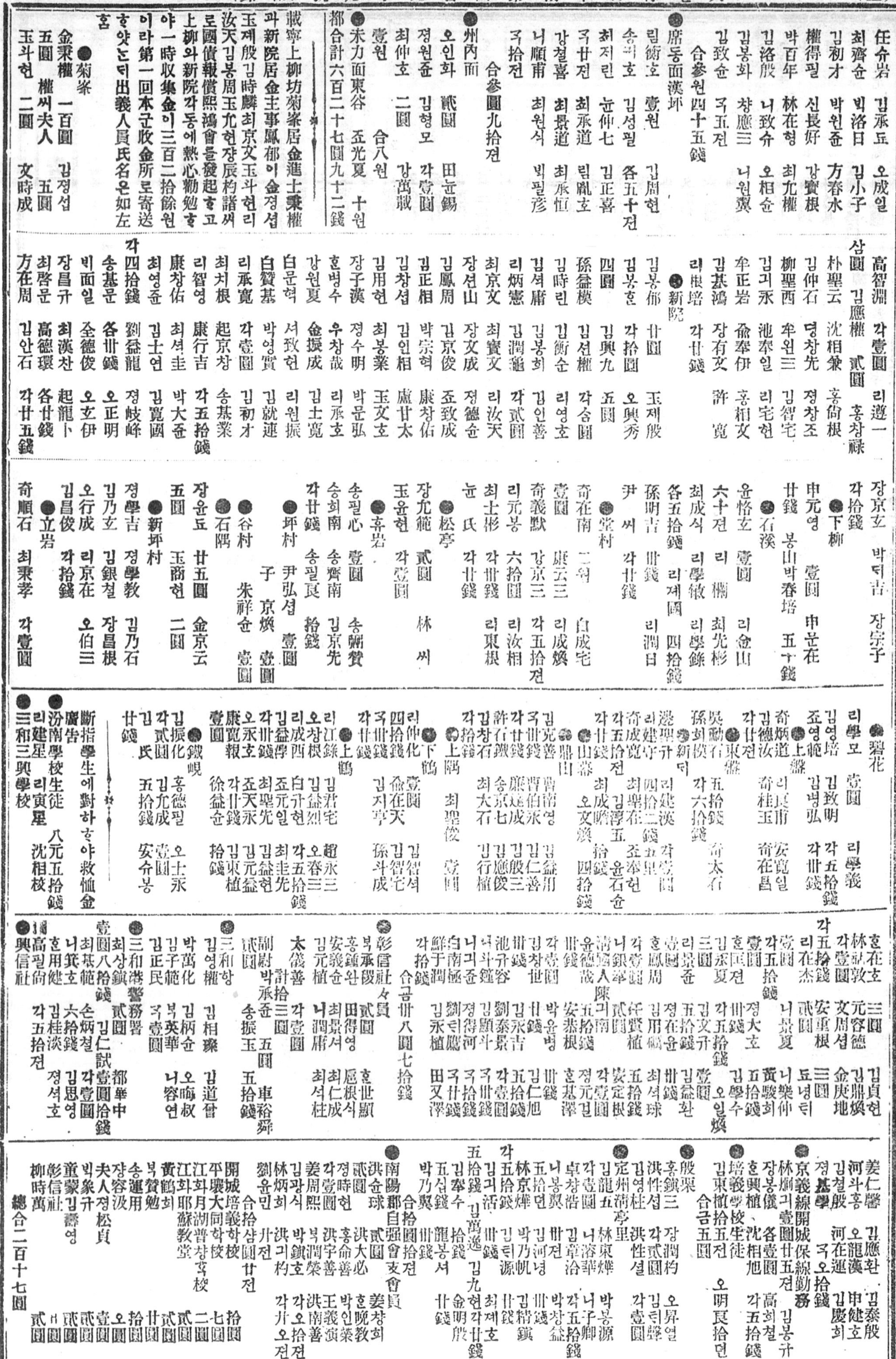

任슈岩 김承됴 오成일
최齊순 빅洛日 김小子
김礿才 박원쥰 方春水
權得필 신長好 강寶根
박百年 林在형 최允權
김洛殷 니致슈 오相순
김봉화 창應三 니원翼
김致순 각五전
合參원四十五錢
●席동面漢坪
림衡支 壹원 김周현
송긔호 김셩필 各五十전
최지린 늪仲七 김正喜
각廿전 최承道 림胤支
강철喜 최景道 최承恒
니順甫 최원식 빅필彦
각拾전
合參圓九拾젼
●州內面
오인화 貳圓 田늪錫
정원쥰 김형모 각壹圓
최仲支 二圓 강萬瓛
壹원 合八원
●未力面東谷 五光夏 十원
都合計六百二十七圓九十二錢

載寧上柳坊菊峯居金進士秉權과新院居金主事鳳都이金경셥玉제殷김時麟최京文玉斗현리汝天김봉周玉九현장辰杓諸씨로國債報償熙鴻會를發起ᄒᆞ고上柳와新院각동에熱心勸勉ᄒᆞ야一時收集金이三百二拾餘원이라第一回本군收金所로寄送ᄒᆞ얏ᄂᆞᆫᄃᆡ出義人員氏名은如左ᄒᆞᆷ

●菊峯
金秉權 一百圓 김졍섭
五圓 權씨夫人 五圓
玉斗현 二圓 文時成

高智淵 각壹圓 리遵一
삼圓 김應權 貳圓 홍창祿
朴聖云 沈相兼 홍尙根
김仲石 뎡창先 정창조
柳聖西 牟원三 김智宅
김긔永 池奉일 리宅현
牟正岩 兪奉伊 홍相文
김基鴻 장有文 許寬
리根培 각廿錢
●新院
김봉㑺 廿圓 玉제殷
김봉호 각拾圓 오興秀
四圓 김興九 五圓
孫益模 김션權 각參圓
김時린 김衡순 리영支
김셔庸 김봉희 김인善
리炳憲 김潤龜 각貳圓
최京文 최寶文 리汝天
장션山 장文成 정德슌
김鳳周 김京俊 五致成
김正相 박宗혁 康창佑
김창셥 김인相 盧廿太
김用현 최봉業 玉文支
장子漢 정수明 박문弘
훈병수 우창哉 리承支
강원夏 金振成 김士寬
白문혁 서致헌 리원振
白贊基 박영實 김就連
리承寬 각壹圓 김初才
최치根 起京창 송基業
리智영 康行吉 각五拾錢
康창佑 최셔圭 박大쥰
최영쥰 김士연 김寬國
각四拾錢 劉益龍 정岐峰
송基문 各卅錢 오正明
비面일 全德俊 오玄伊
장昌규 최漢찬 起龍卜
최啓문 高德環 各卅錢
方在周 김안石 각廿五錢

장京玄 박뎍吉 장宗子
각拾錢
●下柳
申元영 壹圓 申문在
廿錢 봉山박春培 五十錢
●石溪
윤恪玄 壹圓 리金山
六十전 리欄 최先彬
최成식 리學敏 리學錄
各五拾錢 리졔國 四拾錢
孫明吉 卅錢 리潤日
尹 씨 각廿錢
●堂村
奇在南 二원 白成宅
壹圓 康云三 리成煥
奇義默 강京三 각五拾젼
리元봉 六拾圓 리汝相
최士彬 각卅錢 리東根
늪 氏 각廿錢
●松亭
장允龍 貳圓 林 씨
玉윤현 각壹圓
●휴岩
송필心 壹圓 송膷贊
송희南 송齊南 김京先
각廿錢 송필良 拾錢
●坪村 尹弘셥 壹圓
子 京煥 壹圓
●谷村 朱祥순 壹圓
●石隅
장윤됴 廿五圓 金京云
五圓 玉商현 二圓
●新坪村
정學吉 정學教 김乃石
김乃玄 김銀철 장昌根
오行成 리京在 오伯三
김昌俊 각拾錢
●立岩
奇順石 최秉孝 각壹圓

●碧花
리學모 壹圓 리學羲
김영培 김致明 각五拾錢
五영龍 김병弘 각卅錢
●上盤
奇炳道 리貞甫 安寬일
김德汝 奇桂玉 奇在昌
각廿전
●東盤
吳勳石 五拾錢 奇太石
孫희模 각六拾錢
●新덕
澄理升 리姓漢 각壹圓
리建守 四拾二錢 五里圓
奇成寬 최學在 五奉헌
각五拾전 김淳五 윤石순
각廿錢 최成晗 拾錢
●山幕 오文煥 四拾錢
●鼎山
김充善 曺南영 김益用
곡卅錢 曹伯永 김仁善
각廿錢 康廷成 김殷三
각石鐵 송京七 김應俊
許石 최大石 김行植
김창石 각拾錢
●上隅 최聖俊 壹圓
●下鶴
리仲化 壹圓 김智셔
四拾錢 兪在天 김智宅
곡卅錢 김지亭 孫斗成
각廿錢
●上鶴
리江錄 김君宅 超永三
오창根 김益烈 오春三
리成西 白升현 각五拾錢
김益傳 五元일 최圭先
각卅錢 최聖先 김益현
오永支 五天永 김元益
康寬報 각廿錢 김東植
壹圓 徐益순 拾錢
●鐵峴
김振化 홍德필 오士永
각貳圓 김允成 壹圓
김 氏 五拾錢 安슈봉
廿錢

斷指學生에對ᄒᆞ야救恤金
廣告
●汾南學校生徒八元五拾錢
리建星 리寅星 沈相校
●三和三興學校

호在支 三圓 김貞현
林社敦 元容德 김鼎煥
각壹圓 文周셥 金庚地
각五拾錢 安重根 三圓
리在杰 貳圓 됴녕티
壹圓 니景夏 니樂仲
각五拾錢 黃駿희
壹圓 정大支 五拾錢
호匡國 卅錢 김學수
김承夏 각五拾錢 김오일煥
三圓 김文升 壹圓
리景쥰 五拾錢 김益환
호鳳周 정在윤 卅錢
각壹圓 김用礪 최셔球
니銀峯 任贊植 五拾錢
淸國人陳 貳圓 安定根
윤德哉 김南 각壹圓
卅錢 五拾錢 정元길
각壹圓 安恭根 호基澤
김창世 박윤병 卅錢
卅錢 卅錢 김仁旭
池斗升 김永吉 五拾錢
니斗鍾容 劉泰斗 각壹圓
니긔極 김顯河 곡卅錢
白南潤 정得應 곡拾錢
鮮于 劉긔應 곡廿錢
각拾錢 김永植 田又澤
合금卅八圓七拾錢

●彰信社々員
북承俊 貳圓 호世顯
홍鍾완 田得영 扈根식
安義순 최景서 최仁成
김元植 니潤庸 최셔柱
太儀善 각壹圓
副尉 박計拾 三圓
貳圓 承쥰 송振玉 五圓 五拾錢 車裕舜
●三和항
김영權 김相琛 김道晳
박萬化 김炳순 오晦叔
김子龍 복英華 니容연
김正民 곡壹圓
●三和港警務署 貳圓 김仁試
최상鎭 손炳철 都華中
壹圓八拾錢 六拾錢 壹圓拾錢
최基龍 김桂淡 각壹圓
니箕支 각五拾전 김思영
호用健 정셔호
●揭 高필尙
興信社

●京義線開城保線勤務
姜仁馨 김應환 김泰殷
河斗홍 오龍漢 申健支
김철殷 河在運 김慶희
정基學 곡오拾錢
林爀긔 壹圓廿五젼 김봉升
장봉儀 各壹圓 高희철
호興植 沈相旭 각五拾錢
●培義學校生徒
김東植 拾五전 오明艮拾던
合금五圓
●殷栗
홍鎭三 장潤杓 오昇열
洪性셥 각貳圓 김긔璧
김영柱 性셜 각壹圓
●定州淸亭里 林東燁 박봉源
김龍五 니溶華 니子卿
각壹圓 김章洽 각五拾錢
卓창浩 卅전 박창益
니봉冀 김河녕 卅錢
五拾면 박乃帆 김精鎭
林京燁 김긔源 卅錢
五拾錢 卅錢 최제支
김긔活 김萬遇 김九현각廿錢
각五拾錢 拾錢 金明殷
김奉수 龍봉서 廿錢
五십錢 卅錢
박乃冀 拾圓拾전
合
●南陽郡自强會支會員
洪슌球 貳圓 姜창희
貳圓 洪大必 박晩教
정時헌 홍命善 박인榮
각壹圓 洪宇榮 王義演
姜周熙 복潤支 洪南善
김광식 박鎭支 각오拾젼
林炳희 洪긔杓 각廿오젼
劉윤민 廿전
合拾삼圓廿젼
開城培義학校 拾圓
平壤大同학校 七圓
江화月湖普창학校 二圓
江화邑蘇教堂 貳圓
黃鶴희 廿圓
복贊勉 拾圓
송運用 오圓
장容汲 壹圓
夫人정松貞 貳圓
빅象升 貳圓
童蒙김壽영 ㅂ圓
彰信社 貳圓
柳時萬
總合二百十七圓

第五卷　　**大韓每日申報**　　第五百號

月曜及慶節
例休日時發

陰曆丁未三月小十九日庚戌

寄書

觀察員　日本東京留學生

今日은卽列强에競爭ᄒᆞᄂᆞᆫ世界요物質에文明ᄒᆞᆫ時代로다惟我大韓이局勢陵衰ᄒᆞ고人智蒙蔽ᄒᆞ야幾乎危殆터니天運이循環에使我舊邦으로其命維新이로다於戲哉라우리同胞奮發一聲倡義ᄒᆞ야國債報償ᄒᆞᆫ盟ᄒᆞ니天必예지ᄒᆞ옵시며爭先出義壯ᄒᆞ도다七八歲兒孩拜錢과閭巷婦유斷髮金과乞人役丁賊漢等도熱心勸勉出義ᄒᆞ니尤爲嘉尙欽歎ᄒᆞ오內地同포苦心血誠千辛萬苦鳴聚ᄒᆞᆫ돈報債目的正大ᄒᆞ오

日本觀察二十一員每員每日五圓旅費何欵項中支撥ᄒᆞ오國庫金이分明ᄒᆞ다國庫金과義捐金이究其源委ᄒᆞ게되면同是一般이안인가觀察威儀볼작시면高等旅館食料品이珍需盛饌宏壯ᄒᆞ고닥가써시후록고두人力車上高坐ᄒᆞ야전然無愧참ᄒᆞ오上野公園博覽會의華麗見物第一委요

觀察을ᄒᆞ랴거든日語나硏究ᄒᆞ지암만通辯잇더ᄅᆞ도言語不未通ᄒᆞ면村鷄官廳될뿐더러不過聾啞이안인가聾而且啞ㅣ泥塑가무삼觀察ᄒᆞ잔말가言語가難捷ᄒᆞ고事理가通徹치도觀察ᄒᆞ기可望업쇼官廳事務姑舍ᄒᆞ고幼稚ᄒᆞᆫ學生界도高等學校志願ᄒᆞ면猜疑가無雙ᄒᆞ야百般稱托弗受ᄒᆞ니大段이困難ᄒᆞ오

싹허시오々々々觀察人員참싹ᄒᆞ시오曾經 勅奏判任官이重大責任擔負ᄒᆞ고萬里海外근너와서乾辛之盛細微事에蚌鷸之勢ㅏ角나셔觀察은姑舍ᄒᆞ고言語이무삼일가二十一員每月旅費統計ᄒᆞ고보게되면二千餘圓이가넘ᄂᆞ우리同포辛苦ᄒᆞᆫ돈왜이리虛費ᄒᆞ오밧비々々請願ᄒᆞ고어서々々還국ᄒᆞ여外人羞恥當치말고年富力强ᄒᆞ온官人公正勤儉銳心ᄒᆞ여닥가써시후록고두人力車며高等旅館齊退却히ᄲᅢ리고어서빗비工夫ᄒᆞ오列强의國權競爭學問上에出來힛소

不在其位不謀其政先성垂戒ᄒᆞ옵스나漆室之憂胸膈목커略訴衷曲ᄒᆞ나니다伏願政府諸公閣下ᄂᆞᆫ一個學生忠告言을鄙褻ᄒᆞ다厭制말고깁히々々洞燭ᄒᆞ와東京滯在觀察一行속히々々召還ᄒᆞ오

官報

●三千七百五十三號　광무十一年四月三十日

◉宮廷錄事

議政府參政大臣臣朴齊純謹奏文獻備考刊行事旣蒙允行將由度支部印刷局擧行而監印之節由臣府隨時酌差委員以爲董役之意謹上奏

旨依奏

奎章閣學士金鼎英辭職疏

批旨省疏具悉卿其勿辭行공

◉敍任及辭令

解兼任元山港裁判所判事　덕源府尹申衍模

命兼任元山港裁判所判事　덕源府少尹죠ᄇᆡ교

奉常司副提調리恒九

奉常司副提調최命鎬

依願免本官　正三品ㅁ녕直　소憲규

任奉常司副提調

任內部技手　洪慶完

임陸軍副장　宋순리

임陸軍參장　陸軍正領趙作根

任法部協판　宮內府特進官金각현

任中樞院贊議　忠淸道관察使金嘉鎭

任江原道관察使　中樞院贊議金在豐

任平安北道관察使　議政府法制局長박勝봉

任議政府法制局長　議政府參書官박慶陽

任咸鏡北道관察使　法部參書官윤性普

任特務正校　正校廉봉律

外報

●滿洲總督任地　北京電을據ᄒᆞᆫ則淸國에서新任滿洲總督서世창氏가合爾賓을總督所在地로擇定ᄒᆞ엿다더라

●女賊猖獗　鴨綠江附近에在ᄒᆞᆫ女馬賊은其徒黨이數千人에多數가되니間々官軍이敗北ᄒᆞ엿다더라

●淸津開市問題　東京電을據ᄒᆞᆫ則淸津開市에就ᄒᆞ야外務當局者가謂ᄒᆞ되同地ᄂᆞᆫ間島와密接ᄒᆞᆫ地理上에關係가有ᄒᆞᆫ되間島問題에國際交涉이아직解決되지못ᄒᆞᆫ今日에在ᄒᆞ야開市ᄒᆞᆫ다ᄒᆞᆷ은다만內議에至ᄒᆞ고間島問題의解決을待ᄒᆞᆯ밧게업ᄂᆞᆫ形勢라더라

雜報

●픽물폐지부인회취지셔 (속)

답답한소견으로ㅁ남현 돈을지구ᄂᆞᆫ전답에ᄂᆞᆫ상ᄂᆞᆫ물이모다제거시안인즐노만ᄉᆡᆼ각ᄒᆞ옵ᄂᆞᆫ다제이등 빈한ᄒᆞ여싱으로전이지가무로ᄒᆞ와약간패물을연조ᄒᆞ오며패물폐지회ᄅᆞᆯ죠ᄒᆞᆯ옵ᄂᆞᆫ취지ᄅᆞᆯ쳠부광고ᄒᆞ오니복망유ᄂᆞᆫ부인은언어ㅣ비루라마옵 압ᄇᆞ천만히량ᄒᆞ옵셔동ᄆᆡᆼᄒᆞ압시면일국에만행이요일가에만행 오니동포동포ᄂᆞᆫ유시유종ᄒᆞ야태평등낙케ᄒᆞ심ᄋᆞᆯ북망축슈ᄒᆞ옵ᄂᆞ니다

각도각군각촌첨부인 각ᄒᆞ

평안남도숑화항패물폐지부인회발긔인

한광무십일년이월초일일

김경시내 인김씨　운지환한쌍 은장도ᄒᆞᆫ기

정익홍내 인김씨　ᄃᆡ금오십량

빅우행내 인리씨　패물내전이십량

임봉취ᄌᆞ 당ᄀᆞ씨　패물대전오십량

김봉판ᄌᆞ 당차씨　패물대전닷량

안셕조내 인김씨　패물대면닷량

박제상 내인　패물대전닷량

김닌옥자 당조씨　패물ᄃᆡ전십오량

이상의연금념계일빅량ᄃᆡ지전십원우오십이량합일빅오십량

일은ᄂᆞ금보픽패물등속ᄒᆞᆫ자연조ᄒᆞ여국치ᄅᆞᆯ보상ᄒᆞ기로동밍할사

일은픽물업난이ᄂᆞᆫᄃᆡ전으로연조ᄒᆞ면다소ᄂᆞᆫ물논할사

일ᄂᆞᆫ본회원ᄋᆞᆫ차금위시ᄒᆞ여온곰보픽기명등물을닐병폐지할사

일은본회원이은금보패등물을소용ᄒᆞᆯ다가노되면변금십원ᄋᆞᆯ바다국치의보용ᄒᆞ고출회ᄒᆞᆫ는셩신ᄒᆞ신분반포할사

일ᄋᆞᆫ은금등물연조ᄒᆞ시난이ᄂᆞᆫ본회원으로입참할사

일ᄋᆞᆫ각처원방에셔동회를조쵸ᄒᆞ난시난연조ᄒᆞᆫ셩명으로ᄉᆞ상할사

일ᄋᆞᆫ연금이다수할시난본항ᄋᆡ경 씨상점에임치ᄒᆞ엿다가확셩보상소ᄅᆞᆯ상송할사닐ᄂᆞᆫ연ᄒᆞ난 ᄂᆞᆫ 임수와셩씨ᄅᆞᆯ신문、광고할사

일ᄋᆞᆫ간오닐 여연회ᄅᆞᆯ여국치보상ᄒᆞᆫ후히상할사

일ᄋᆞᆫ미진조건ᄋᆞᆫ추후맏연광ㅁ할사　완

釜山港佐川里斷烟同盟趣旨書

夫事有所難ᄒᆞ고所易者ᄒᆞ니誠能先其所難ᄒᆞ면其所易者ᄂᆞᆫ將不言而自판이오不先其難而徒欲요倖於其易則雖朝夕談之不絕於口라도是亦徒爲虛言以快一時之意而已라然則所難者何也오凡於吾身上義之本心이最是難保也오一已之私欲이又是難除也오又於同志同盟之人에固心團體가尤其難者也라故所謂易者ᄂᆞᆫ是言易而眞有志於奮厲者ᄂᆞᆫ果不在乎操縱抵掌之間也라豈不曰國家之恥辱易雪이오不世之大功을易立而至微之本心을難保ᄒᆞ고一已之私欲을難除云爾乎아

夫爲國之道ᄂᆞᆫ有土有財而現今民之財彈力至가莫此時者也而況又有外債之患ᄒᆞ니言念及此에不遑啓處라故子之言曰天下事譬如一家ᄒᆞ니非我爲則彼爲오非甲爲則乙爲라ᄒᆞ니環顧世上ᄒᆞ건ᄃᆡ以是爲隱憂者豈之其人이리오然而吾儕도亦 聖朝化中之一物也라其於本分當爲之國事에豈可以小民自處而不爲家務乎아

大凡天下之事ᄂᆞᆫ只要懸空思想則雖復談論十年이나亦將何計之可成이리오今以一分力으로有一分效ᄒᆞ고明日에出二分力이면自有二分效ᄂᆞᆫ此自然之理라今此烟茶ᄂᆞᆫ道家所忌라而煙草ㅣ燥舌水가與此甚而凡於人身에靡有分寸利益이이靡費則多矣라然이天下共吞ᄒᆞ니可怕也已니本凡我同盟之人은歃血ᄒᆞ야日誓新送烟茶ᄒᆞ고每朔出三十錢式爲定ᄒᆞ야以爲報國家債分之一이니所期望者ᄂᆞᆫ惟我同胞兄弟가同一此盟則吳也擇하외醜之惠而已哉아凡我同盟之人은如此이用心ᄒᆞ고如此이做事則雖保其本心을可保ᄒᆞ고難除之私欲을可除이天下事ᄂᆞᆫ吾輩是其難爲也니凡我同盟之人은願息々勉哉々々

●國賻愛國　鏡城郡居前主事리義陽과鐵求郡主事경원一이各求諾氏가今番國債報償事에對ᄒᆞ야組成一會ᄒᆞ고或五十圓或五十圓ᄒᆞ야先爲發起ᄒᆞ니老少男女가各自義捐ᄒᆞ야當日合금이五百圓이라ᄒᆞ니氏心奮發을推此可知오偏黨的僻見이變ᄒᆞ야團結的精神을ᄒᆞ고自家的觀念이亦爲愛國的思想ᄒᆞ니今日此擧가民之大幸이라ᄒᆞ더라

●勸進敎育　龍川府尹○○시가境內人士와協議ᄒᆞ야學校ᄅᆞᆯ設立ᄒᆞ고名稱은龍○학校ᄒᆞ고先히오十환을捐助ᄒᆞ고下午二時ᄭᆞ지公務ᄅᆞᆯ親ᄒᆞᆫ後에卽往학校ᄒᆞ야熱心으로학徒ᄅᆞᆯ敎授ᄒᆞ니該시의政淸餘暇에敎育上熱心은人皆感발흥起ᄒᆞᆫ다ᄒᆞ더라

雜報

●訪問統監 再昨日下午三時에軍部大臣權重顯氏가統監府에前往ᄒᆞ야伊藤氏를訪問ᄒᆞ얏다더라

●園塾調査 學部에셔新門外養園義塾經費를每朔三十元式支給ᄒᆞᄂᆞᆫ디해校所用名目이多有모糊處ᄒᆞ야學部에셔해校經用件을現今調査中이라더라

●日人慰금 度支部에셔向者鎭海灣測量事에對ᄒᆞ야派送ᄒᆞᆫ技手等이當務에盡力ᄒᆞ얏다ᄒᆞ야慰勞금으로技手日本人熊田信太郞深田哲夫兩씨의게ᄂᆞᆫ每名三十圓式出給ᄒᆞ고白興基氏等十六인의게ᄂᆞᆫ每名에二十圓式出給ᄒᆞ얏더라

●頒布後發 法부大臣리夏榮氏가日본國法務視察로發程之日이再昨日로定ᄒᆞ얏더니무삼事가有ᄒᆞᆫ지視察之命을官보에頒布ᄒᆞ기前에ᄂᆞᆫ發行치아니ᄒᆞᆫ다하고姑爲中止ᄒᆞ얏다더라

●云任畿察 李圭桓氏가京畿觀察使를被任ᄒᆞᆫ다더라

●無精紳者 德源府윤이遞任ᄒᆞᆫ後에兼任判事ᄂᆞᆫ解任이되지아이ᄒᆞ얏고新任府윤이부任ᄒᆞᆫ後에判事視務를行ᄒᆞ얏던지해府主事某氏가法부秘書課로電報ᄒᆞ되判事解任日子與叙任日子와新임勅旨를推送ᄒᆞ라ᄒᆞᆫ지라秘書課長윤性普氏가該電報를接見ᄒᆞ고面如土色ᄒᆞ야該事件을政府로通知ᄒᆞ얏다더라

●公園閉鎖 三昨日은日曜日好天氣로朝來訪花遊山ᄒᆞᄂᆞᆫ士女가最多ᄒᆞᆫ中仁川學校의運動會로因ᄒᆞ야東山一帶에ᄂᆞᆫ거의磨肩聯轂ᄒᆞᄂᆞᆫ모樣이오各국公園에도遊賞ᄒᆞᄂᆞᆫ者亦不少ᄒᆞᆫ데同日午後德川公爵一行이下仁ᄒᆞ야市中巡覽ᄒᆞᆫ際에각국公園에入覽코자ᄒᆞᆫ즉公園四門이堅鎖되얏심으로今日은禮拜日인디何如是閉鎖ᄒᆞ얏ᄂᆞᆫ야고경察官이質問ᄒᆞᆫ즉對答ᄒᆞ기를各국公園은本來德義이ᄂᆞᆫ紳士淑女의淸遊하ᄂᆞᆫ園庭이라醉舞광歌로써不必煩他ᄒᆞᄂᆞᆫ處인뎌況花卉를亂折ᄒᆞ고風치를阻害ᄒᆞᄂᆞᆫ者盡是日本인故로비록日曜의佳日이나不得已四門을閉鎖ᄒᆞ얏노라ᄒᆞᆷ으로써德川一行도向他而去ᄒᆞ얏다니日本인의不潔ᄒᆞᆫ行爲ᄂᆞᆫ각國인公園地까지侵及ᄒᆞᆷ이如是ᄒᆞ니其他ᄂᆞᆫ不問可知라ᄒᆞ더다

●治道費額 內部에셔度支部로照會ᄒᆞ되本部所管臨時治道費中第七項工事費三十六萬一千八百五十七圓과十年度工事費推移額一萬六千圓을中央금庫에排置表를繕交ᄒᆞ얏숩기玆以仰布ᄒᆞ오니即爲令達ᄒᆞ야俾速支撥ᄒᆞ라ᄒᆞ얏더라

●醫校試取 醫學校에셔生徒募集ᄒᆞᆫ다ᄂᆞᆫ說은前보에已揭어니와再昨日에讀書試驗ᄒᆞ고本日은作文筭術을試驗ᄒᆞᆫ다더라

●內移運動 각部奏判任官오로曾往에군守敍任ᄒᆞᆫ인들이現今內職으로還移ᄒᆞ기를運動ᄒᆞᄂᆞᆫ者多數ᄒᆞ야政府以下각部奏判官의게相換ᄒᆞ기를請求ᄒᆞ나地方形便을槩知ᄒᆞᄂᆞᆫ인ᄂᆞᆫ應諾지아니ᄒᆞᆫ다더라

●挽止請願 公州觀察使김嘉鎭氏가遞任ᄒᆞᆯ미해道인民들이內부에願留次로上京ᄒᆞ기로公議中인디해氏가發言ᄒᆞ되觀察之去留가在於政府用인이오인民請願에不在ᄒᆞᆫ則近日願留가不過例件이라ᄒᆞ야該民인等을挽止ᄒᆞ얏다더라

●剃髮製服 師範學校에셔新舊學徒六十餘名을一體히제髮ᄒᆞ고帽子와洋服을一新製송ᄒᆞᆫ다더라

●削前加冠 今番官私立學校聯合運動에해生徒들이一제削髮ᄒᆞᄂᆞᆫ故로童蒙은冠禮나ᄒᆞ고削髮ᄒᆞ라고冠禮ᄒᆞᄂᆞᆫ者가多數ᄒᆞ다더라

●此是何誤想 昨日皇城新聞에期成會特別廣告內에尙동靑年會收金所와大韓每日申報社收金所를廢止라ᄒᆞ야ᄉᆞ니相關이無타ᄒᆞᆷ은可어니와廢止二字ᄂᆞᆫ何等誤想인지不知ᄒᆞᆯ깃로라

●法訓警廳 法部에셔訓令警務廳ᄒᆞ되接準度支部照會內開에現接江原道稅務監署理春川稅務官梁柱謙報告內開에橫城前郡守金炳興이不遵部令ᄒᆞ고稅務官到任前에해郡公錢을擅自開捧ᄒᆞ야각年結錢合計三千八百廿四元十一錢二里를나犯ᄒᆞ고稅務官到任後已捧記簿를隱匿不交에以充逋次로商民處에稱以贓장ᄒᆞ고排數勒徵타가自本道警署로捉上書記査覈之際에以乘船越海樣으로寄函于郡吏ᄒᆞ고逃躱八京이웁기玆에據實報告ᄒᆞ오니査照處판ᄒᆞ시믈伏望等因이라據査該員이身爲地方官ᄒᆞ야나犯夥數公錢ᄒᆞ고勒排於民타가及其綻露에遑身逃竄ᄒᆞ니究厥所爲에萬萬駭然뿐더러所犯公錢을期於不日督捧이옵기玆以仰照ᄒᆞ오니照亮ᄒᆞ신後橫城前郡守金炳興을刻期嗣拿ᄒᆞ와所犯公錢三千七百二十四元十一錢二里를不日督刷越交ᄒᆞ심을爲要等因인바此를査ᄒᆞ니身爲守宰ᄒᆞ야躬犯公逋ᄒᆞ고遣爾逃躲가萬々駭歎이라到即該김炳興을別기詗探ᄒᆞ야刻期捉囚ᄒᆞ고即爲報來ᄒᆞ라ᄒᆞ얏더라

●悖類의沮害敎育 平壤民會에셔教育을擔負ᄒᆞᆷ으로略干ᄒᆞᆫ家屋買賣에收入금을支出ᄒᆞ야師範講習所를設立ᄒᆞ고一境內百餘名教師를僅々히養成ᄒᆞ미我國內에模範을期望ᄒᆞᄂᆞᆫ뎌해郡에有名ᄒᆞᆫ悖類가家僧를教唆ᄒᆞ야此收入금沮戲ᄒᆞᆯ運動으로一社를組織ᄒᆞᆫ다니如此ᄒᆞᆫ挾雜社會도成認許가伙有ᄒᆞᆫᄂᆞᆫ지

●威喝何益 內部協판沈相익氏가仕進ᄒᆞ야各新聞探報員을招來ᄒᆞᄂᆞᆫ대皇城帝國探報員만入去ᄒᆞ얏더니同씨가高聲大責日我之事爲를搆誣ᄒᆞ야各新聞에揭載ᄒᆞ니必是探報지所爲라고無數恐喝ᄒᆞ얏다니大抵報筆者ᄂᆞᆫ善々惡々如鏡照物ᄒᆞ야隨其姸醜ᄒᆞ야應之而已오元無一毫愛憎이거ᄂᆞᆯ該氏ᄂᆞᆫ自己에行爲如何ᄂᆞᆫ反省치안코報筆의論駁을憎惡ᄒᆞ야勢力壓制를敢行ᄒᆞ야天下의公論을防遏코ᄌᆞᄒᆞ니ᅀ過一笑에付ᄒᆞᆯ쫘라ᄒᆞ노라

●和校失火 본月二日에全南和順郡校宮에셔失火ᄒᆞ야四間齋室이消燒ᄒᆞ얏다더라

●加占弗已 平壤礦信을據ᄒᆞᆫ則所謂列車監部에셔外城民有地을多數히加占ᄒᆞ야標木을挿立ᄒᆞ고民家二十餘戶을驅出코ᄌᆞᄒᆞ미該地人民이해郡守白樂均氏에게呼訴ᄒᆞᆫ즉郡守言內에此係日人壓制오非本郡守之所知云々故로一般人民이通辯二人과偕往鐵路監部ᄒᆞ야責其無理則監部所答이平壤郡守白樂均氏가認許ᄒᆞᆫ바라糊塗說去ᄒᆞᆷ으로翌日에郡守을携往對辨ᄒᆞ미監部之言이前言郡守契約之說은通辯人의所言이오非監部所言이라ᄒᆞᄂᆞᆫ지라外城人民이其食言反覆ᄒᆞᆷ을無數詰責而歸ᄒᆞ얏ᄂᆞᆫ뎌日本統監府와政府에質訴ᄒᆞᆯ次로數十名이日間上來ᄒᆞᆫ다더라

●醴巡悖習 醴泉巡檢리順白은무숨勢力을依恃ᄒᆞ고驕傲ᄒᆞᆫ態度로써商民과行人의게壓制作弊ᄒᆞᄂᆞᆫ事가太甚ᄒᆞ다고南來人의傳說이藉々ᄒᆞ더라

●各社熱心 平壤士民이道郡에協議로學界을稍々改良이나校舍가卒難準備ᄒᆞ야憂慮ᄒᆞᆫ다더니現今히市內諸社會員이協議ᄒᆞ기를吾社員은雖閉地開會라도學務을急先撰장ᄒᆞᄌᆞ하고衆議所와合同會와協同社諸會室에一城內子弟을募集ᄒᆞ고教師을選擇ᄒᆞ야熱誠教導ᄒᆞᆫ다니此等社會人員은實로인民에代表될만ᄒᆞ다더라

●部訓弗遵 忠州郡老隱面金礦弊瘼은已爲報道ᄒᆞ얏거니와更聞ᄒᆞᆫ즉農商工部에셔ᄂᆞᆫ該礦을發訓廢止ᄒᆞᆫ지가已久어ᄂᆞᆯ헤觀察尹吉炳시가弗遵上部訓飭ᄒᆞ고礦軍에게稅納을依前収刷ᄒᆞᄂᆞᆫ뎌田畓墳墓를無難開鑿ᄒᆞᄂᆞᆫ지라헤民等이呼訴ᄒᆞ되聽若불聞ᄒᆞ고弗念民弊ᄒᆞᆫ다니金礦稅納이觀察使의第일急務인지窮부殘民이農務方殷에耕作無地ᄲᅮᆫ더러擧皆渙散지境에至ᄒᆞᆫ故로怨聲이漲天ᄒᆞᆫ다더라

●全裁報部 全羅南道裁判所檢事홍淳룡시가報告ᄒᆞ되以軍刀로打人重傷지本道警務署巡檢丁根셥을照律懲판次押交지意로以指以訓이非불申復이오되自該所로緣何事端이온지事事掩護에尙弗押送ᄒᆞ고已無回報ᄒᆞ오니如是弗已則檢事가將何以行令이며悖類을亦何以照律乎잇가似차悖惡지巡檢과弗遵法令지경官은弗可循私仍置이옵기玆에報告라ᄒᆞ얏ᄂᆞᆫ뎌指令ᄒᆞ기를헤巡檢을本署로施以상當懲罰이라ᄒᆞ얏고且以下隸間微성生梗이其於公緜지道에有久和衷이니過有차等事件이거든自責所로和衷판理하야崇玉葛藤이可라ᄒᆞ얏더라

●訓促報來 法部에셔忠南裁判所檢事의게訓令ᄒᆞ되頃因內部照會ᄒᆞ야홍州郡分署總巡최建호를處판放送ᄒᆞᆯ意로發訓이已過一望에尙無如何所報ᄒᆞ니殊涉訝惑이라到即該案을報지委折을火速馳報ᄒᆞ라ᄒᆞ얏더라

●雜稅難收 濟州郡守윤元求氏가內部에報告ᄒᆞ되본道訓令內開에現承部訓令內開地方稅規則을不用不刻期實施니道內地方稅調査表를晝夜上送等因이기玆以訓令ᄒᆞ니訓到三日內報來事이시온바本鄕이以海中僻島로石多道險ᄒᆞ야人力車自轉車荷車與轎ᄂᆞᆫ原無行用이고浦口段은既自海稅船稅而今若實稅則島俗甚愚에恐難免紛擾之弊이옵고以花稅言之ᄒᆞ오면所謂妓流若存名色이나擔柴水負糞壞ᄒᆞ야窮困自活ᄒᆞ니便同樵山之童에安得花銷之財乎엇가此不可擧論有無이온바上項八種自中原無者ᄂᆞᆫ不可不置之而場市段은待其홍旺完全然後에야始可論稅이옵고浦稅段도亦俟民智稍開ᄒᆞ야使之取俸이恐合便宜이옵기玆以報告라ᄒᆞ얏더라

▲峨洋琴譜▼

▲日本에政界革新으로河野廣中氏가同志을會同ᄒᆞ야一場演說ᄒᆞ얏다니政界風雲니變幻無常ᄒᆞᆫ문한日政府가俱是一般이로다

▲內部地方전考所에셔日間전考會를開ᄒᆞ고군守八窠를전考敍任ᄒᆞᆯ터인뎌前次郡슈奏本에積仕久勤人외入參이無ᄒᆞᆫ故로今回에ᄂᆞᆫ久勤으로需用ᄒᆞᆫ다니近日郡奏에ᄂᆞᆫ該部協판沈相翊氏가勢力을獨擅ᄒᆞ야左之右之ᄒᆞᄂᆞᆫ지라久勤中에도該氏[illegible]가必有未選ᄒᆞ무로久勤發論을[illegible]唱出ᄒᆞ니該氏에造化機ᄂᆞᆫ[illegible]션마름쇠로고

▲度支部財政顧問部에셔各處稅務監을招上ᄒᆞ야新舊貨交換期가已過ᄒᆞᆫ所以로舊貨ᄂᆞᆫ沒數히收入ᄒᆞ고新貨를融通ᄒᆞᆯ方針이라ᄒᆞ니新貨만單用ᄒᆞ고舊貨을収ᄒᆞ면韓國에財源이流通될ᄂᆞᆫ지

▲日人이韓國에雇聘ᄒᆞ야韓國月捧을支給ᄒᆞ니即是韓國官吏인즉不必區別이라고成言ᄒᆞ면셔韓국官人에虐待ᄂᆞᆫ去々益甚ᄒᆞ니日人에心腸에ᄂᆞᆫ한國官吏ᄂᆞᆫ掃盡無餘ᄒᆞ고日人만雇聘ᄒᆞ아月捧을獨食ᄒᆞ면좃켓네

▲日人이發刊ᄒᆞᄂᆞᆫ某新聞에한국自強會와긔督教靑年會와國채報상期成會의國躰ᄂᆞᆫ排日ᄒᆞᄂᆞᆫ熱心이有ᄒᆞ다고種々指目ᄒᆞ니此ᄂᆞᆫ排日ᄒᆞ라고激動시키ᄂᆞᆫ것이오그ᄲᅮᆫ아니라日人이한人을對ᄒᆞ야혹ᄒᆞ면排日思想이有ᄒᆞ다ᄒᆞ문참可憎ᄒᆞᆫ말이로고

▲內大李址鎔氏ᄂᆞᆫ龍山강亭에風烟을玩賞ᄒᆞ더니近일에ᄂᆞᆫ東大門外에花柳을品題ᄒᆞ니鏡湖一曲이知在何處에참昇平日月에開窂相에事業이로고

▲니人이한人의歐米에遊學을禁止ᄒᆞ여日西洋人이우리日本人을미워ᄒᆞᆫ다ᄒᆞ니日人이西洋人의게미음바들일을마니ᄒᆞᆫ겻시로고

▲北山下와南山下의頑固선임들이贋冠을方着ᄒᆞ고高談峻論ᄒᆞ면셔時事를批評ᄒᆞ여日近일社會니學校니許多事業이層生ᄒᆞ나畢竟은국運이恢復하ᄂᆞᆫ日에ᄂᆞᆫ舊日規모을復覩ᄒᆞᆫ다ᄒᆞ니此等人物은국運을엇지그리잘아ᄂᆞᆫ지죽겟다遺生이나ᄒᆞ면또보겟지

特別社告

本報代金을各支店에서多有滯홈中平壤支店에서는九年十年兩年度의未納額이三百餘元에至ㅎ얏스니本社經費는何以支過乎잇가購覽ㅎ시는僉員은從速餘額을這這繳合ㅎ야該支店으로送交ㅎ심을務望홈

大韓每日申報社

北京電報

각省官制는改革아니ㅎ기로되얏는ㅣ模範으로爲ㅎ야或一省만選ㅎ야新官制를布홀議가出ㅎ미獨히澤公은각省改革을主張ㅎ다더라

雜報

遂安郡城동面生金村金氏一門中에서국債報償금을鳩合ㅎ야本社에來函이如左ㅎ니

嘗日民惟邦本이니本固라사邦寧이라ㅎ니本固에機는團合結果的目的에在홈은시釐를不誤ㅎ고可知홀지라現以我한言之ㅎ면日本借款債券에關ㅎ야五百年宗社가危如綴旒ㅎ고三千里疆土가將入낭括ㅎ고二千萬生靈이行將奴隷홀境遇에當ㅎ얏더니千幸萬福으로皇天이我東을眷佑ㅎ샤全국同胞가本固홀精神을頭腦上에發出ㅎ고강지腑中에收吸ㅎ야內自雖전으로外至府郡ㅎ히難顚맹蓬夫라도報償事에對ㅎ야扼腕抵掌ㅎ며熱心血性으로연物鳩貸ㅎ야報상홀方針를期圖結實ㅎ기水가就下홈과如ㅎ니其沛然ㅎ孰能어之리오一線陽脉이遵斯膨脹ㅎ인今國勢를振復홀基礎요民權을신張홀權與라時哉時哉여如此호好機會를失치勿홀지어다本인等도亦是化育中雨露恩澤에沿ㅎ야生長홀一分子라엇지激感奮發홀心志가無ㅎ리오窮부賤맹의萬分지一이나微捐을表홀가ㅎ야不전호紙貨六십七圓九十錢을汗呈ㅎ오니照亮考納ㅎ시오

發起인 김솨셥 김東원 김東興 김載駿

●運動退期 昨日學部에서官私立普通學校聯合大運動會를兩勢가如此홈으로擧行치못ㅎ얏는ㅣ待雨晴ㅎ야明再明日間으로延期ㅎ얏는ㅣ舘陳諸具는再昨日訓鍊院으로先運ㅎ얏고각學校에서도當日學員에食料를準備ㅎ얏다가退期된故로狼狽가不少ㅎ다더라

●賣筆捐助 清州淸天面魚龍里居ㅎ난李東奎가元來貧寒홀人으로皇城에筆工으로流乞ㅎ더니國債報償에對ㅎ야賣筆젼奮貨五元을本社에來納ㅎ더라

廣告

平壤外川面一里所在學古堂瓦四間大門一間幷垈ㅣ十八畝卽我兩姓于今十餘代世々守護之齋室矣近有何許不良之類暗欲盜賣云內外國人切勿見欺홈

楊謙秀 曹錫幹 告白

海州西部碧城義塾二回出義金人員氏名如左

李承駿	二回金	六百圓
李承謨	仝	三百圓
莊明成	仝一百八十五圓	
金泳澤	仝一百八十五圓	
김應圭	一二回合金百圓	
됴永漢	一回금	七十圓
김時權	二回금	五十圓
高鏞達	仝	五十圓
김聖實	仝	十圓
寄付금		
李在林		二十圓
劉喜榮		五十圓
柳禎茂		二十圓

北署陽德방桂山洞第二統五號家务路中서失故廣布ㅎ오니誰某拾得ㅎ여도休紙施行홈

家主韓泰山 告白

西北學生聯合大運動會를來五月五日(陰三月廿三日)에東小門外삼仙坪에서設行홀터이오니漢城內각學校에在學ㅎ는漢北兩西一般學員과本會員諸氏는伊日上午九時에東小門內礡石峴으로來會ㅎ시되進不進을先期通知于本會館ㅎ시기敬要

漢北學會 告白

普法戰記

(全一冊正價四拾錢)

白堂玄采君譯

本書는距今卅七年前西曆一千八百七十 [illegible]

發兌元

中央書館 新民書會

全州蘇陽松江居金得壽丁亥三月二十二日出家不知蹤跡今聞留京城云父正權居高창山內上塔則訪來祝願 父正權 廣告

前參판리石榮氏의載寧天一村菊花村舊京村所在庄土를亂類輩가僞造文券ㅎ야三千圓에將欲偷賣云ㅎ오니內外國人은切勿見欺ㅎ오

家人金鎭國 告白

本店精製各色餠食專運洋廣什貨와頂美酒香茶烟草等俱全而獸請 君光顧經已年餘今重新擴張另招新股金盤頂受所有貨物生財客장皆歸新股承受一切與舊股無涉倘各債號有장目요갈者可向前股理明隨後與新股無涉特此佈告

漢城石井동一品香新記白

農商工部許運車株式營業廣告

今番本營業所에서各項貨物을運送ㅎ기爲ㅎ야牛馬車及荷車를勿論ㅎ고營業을組織ㅎ야牛馬車와荷車에소載홀物品을自今爲始ㅎ야本營業소에서精實無損ㅎ고迅速無滯ㅎ도록恪勤勉勵홈을已任運送홀터이오니內外國 僉君子는소載홀物品이有ㅎ시거든不拘多少遠近ㅎ시고本營業所나出張소로來議ㅎ시와物品運搬에無礙酬應홀터이오니私載지弊가無ㅎ기를望홈

本營業소와出張소在處가如左홈

大龍동四巨里上東邊洋屋家 ●營業所

●東門外出張所

●龍山 出張所

●麻浦 出張所

營業長

副長 김世貞

總務 柳台영

取締役 山口玉吉

取締役 細川雄藏

會計役 김龍熙

事務員 鄭진영

仝

녀학도모집광고

남문안달셩궁내에 녀학교를 셜시ㅎ엿는ㅣ 과정은 셩경 국문 한문 영어 산술 디지인ㅣ 원학ㅎ시는부인은 내림문의ㅎ요셔

스크랜든 로부인

第三期學員募集廣告

本塾에서今年에宏潤ㅎ敎場을建築ㅎ고衍敎務를擴張ㅎ야一層整備ㅎ고法學科學員을新募ㅎ오니願學人은本塾에前期내臨ㅎ야請願ㅎ고左開日에應試홈事

學科及規則은本塾에내問홈事

○試驗科目 國漢文 讀書 作文 算術 (四則以內)

○試驗日字 陽五月五日(陰三月廿三日)

光武十一年四月 日 西署英語學校後동

私立 養正義塾 告白

西署新門外鍮동百八十六統三戶

辯護士 前檢事 正三品 丁明燮

法律事務所 事務員 前主事 吳在淳

◎活動寫眞廣告◎

今番에始作홈活動寫眞은法국巴里京에서有名ㅎ거시오在홈大韓국 皇室에서먼저看品ㅎ셧고始作ㅎ지數日에遊賞ㅎ시는僉君子가多數枉臨ㅎ시와坐處가넘쳐셔晩到ㅎ시면不便ㅎ오니速々枉臨홈

活動은自下午八点至九点

名唱善舞歌童과唱和吹笛은自九点至十点

賣票時 七点半始爲

入場 上等 三十錢 中等 新貨十五錢 小童 十錢

新門외서달이목東便벽돌집

法人 馬田 告白

本店에셔四月一朔동안所有物品을特別減價ㅎ야出售ㅎ오니陸續來購ㅎ시옵

貞동源泰洋服裁縫店 告白

呂事郡守閔丙吉姓名圖章를셔失ㅎ야以新刻圖章으로施行홈

閔丙吉 告白

●일본遊覽者募集

一遊覽會員募集 人員은五十名으로一團을成ㅎ니한일인을不問ㅎ고速히請入ㅎ시옵

一巡遊地 東京博覽會橫빈京都大阪神戶

一往復일數 ㅣ抵十七일間

一浮費 遊覽費及手數料을合ㅎ야總計四十八圓

一出發일 請入順次를從ㅎ야出發三일前에直接히通知홈

一請入所 在京성各신聞社五十八銀行경성支店 天一銀行

一會員은遊覽을終ㅎ야開散훈後는本會와關係가小無홈

一南대門셔釜山으로直行ㅎ던지或은東경으로直行하는者의對ㅎ야도同一便法으로同行請入을應諾홈

일本人遊람協會事務所 경성南대門通

東亞商會

◎增修無冤錄大全

壹卷 壹百七十頁

定價金新貨七拾五錢

此增修無冤錄大全은法律家의最緊要ㅎ書籍이온ㅣ年來現本이殆히絶種에至ㅎ지라故로法部에認可를得ㅎ옵고此를新刊ㅎ얏삽는ㅣ國漢文으로解釋ㅎ야模糊ㅎ句節이無ㅎ오니法律學에有志ㅎ신니와字牧之任에居ㅎ신니는不得不覽홀冊子이오니注意購覽ㅎ시옵

中署布屛下

廣學書舖 김相萬 發售所

洪淳康氏가東署東小門內七橋東邊에織造機을廣張設施ㅎ야稱號를淳昌號라ㅎ고各色綢緞紗屬等을織造發賣ㅎ오니願買人은來臨購買ㅎ시며或所用대로緞과紗等屬을預托ㅎ시면依約施行ㅎ깃삽

순昌號 告白

명월관확장광고

폐관이거시이후로고익ㅎ시는귀긱에후의를입사와오늘날ㅣ한에제일등요리점으로ㅣ외국에셔다아시도록확장ㅎ여가오니ㅣ단감사ㅎ옵거니와근일은이층양옥을광활이신건축ㅎ고다락아ㅣ는온돌방을본밀리비치ㅎ고포진범절을새로ㅎ와오시는귀긱이편ㅎ시도록쥬의ㅎ엿스오며각죵음식은보기에화려ㅎ고먹기에정미ㅎ게일신쥰비ㅎ야다소를불계ㅎ고주야로파오되셔양쥬는잔으로파오며특별신긔ㅎ량교자음식은오시는ㅣ로부터ㅎ시간이되면멧상이라도곳가져가시도록ㅎ오니ㅣ외귀긱은륙속왕임ㅎ시옵

각식요리음식

각석셔양쥬

각죵경편양요리

각죵일본간스메

각죵여송연

각국권연

진찬합

건찬합

밥교자

특별신긔량교자음식

창가동졍거복도유ㅎ옵

明月館主人 金東植 告白

本人이日本大阪商業家와特約ㅎ고日本內地產出各種物品과西洋各種物品及機械等物을我大韓에輸人파委托을便利케契約ㅎ얏ᄉ오니商工業에有意ㅎ신僉君子는某物이든지請求코져ㅎ시거든本社로來議ㅎ시오本社에셔는手數料金만領受홈

興業社本店 開城北部祥洞

支店京城南門內水橋五十一統六號 培養會社

仝仁港內동廣濟號

國債報償義捐金收入廣告

●元山米笠契員諸人
니창弘 四圜 니민夏
조汝極 조利仲 니正化
각三圜 김鳴豹 吳병俊
한厚亨 陳尙俊 박致영
각二圜 조晟係 김리俊
니基寬 한창섭 林致俊
복祥봉 복기弘 김龍守
김壽현 니澤信 김성般
김元一 각壹圜 萬인섭
具영集 니一龍 元達成
林창콤 吳京鎭 김희俊
卓在明 梁奉係 崔尙보
니창涵 조하吾 元粉童
니展根각五拾전 김斗섭
김生金 황인祚 김應규
각四拾전 徐京八 車貫男
윤龍섭 洪貫星 니才호
정덕淳 최基봉 각卅전
南成一 정必樞 최석鎭
복基用 송介吉 최嚴외
김成호 각卄錢 장기現
김尙玉각卄五錢 김靑松
니창淳 徐京弘 최承淡
정덕一 니祭夲 니宗萬
조呂守 니長條 각拾錢
合五拾壹圜五拾錢

●東萊釜山山改開進교育會
▲凡一里
김녕善 김明載 박喜玉
김正규 눈性完 각壹圜
김子호 鄭見 니善有
각卄錢 눈君明 安인汝
김永采 房기彦 각卅錢
김致云 黃慶一 각二拾
김伯允 김致金 각五拾錢
복潤實 白인化 각三拾錢
윤尙元夫人裵씨
尹斗贊母親 각壹圜
송泰吉母親 三拾錢
具春發母親 四拾錢
▲凡二里
정順晦 白元吉 薛羽若
각壹圜 具敬五 三拾錢
박定重五拾錢 김亨吉卅錢
徐德潤卄錢 박文瑞
니敬五각壹圜 최成九卅錢
리근若五拾錢 김仕一
壹圜九拾錢 최봉汝壹圜
徐德化貳圜 복仁善五拾錢
盧奎一六拾錢 장在根卄錢
趙仲彦 서局瑞 辛盲人
각卅錢 복기필三圜
김允學五拾錢 김性玉
복南규 니教珍 각壹圜
나敬一 복敬直 각五拾錢
니大辰三拾錢 정成玉貳圜
徐孟수 黃敬一 각三拾錢
白允七 박業伊 각二拾錢
김九吉四拾錢 니宗迎
박기連 각卅錢 徐英八
卄전 姜敬善 壹圜
김仕一夫人任씨銀脂環一雙 一兩五전重代金五圜
김而振母親銀脂環一雙 二兩重代金四圜
니炳夏祖母銀脂環一雙 二兩重代金사圜
김仁實夫人姜氏銀簪一坐 九錢七分重代金二圜
김卿仲夫人니氏銀佩物五枚 代金一拾圜
김準서夫人니씨銀粧刀一件 代金五圜
김九學夫人박氏 샤拾錢
송召史 최乃成祖母각四拾錢
趙仁七夫人니씨
조尙규母親 각卄錢
김致旭夫人강씨
강석규夫人최씨 각壹圜
박善八母親 김龍仕母親
梁正吉夫人 呂召史
최家吉母親 리敬一聘母
니淳源母親 복重完夫人니씨
김致君夫人洪씨 각卄錢
김君成夫人복氏
정重[illegible]夫人윤씨 각壹圜
정成玉夫人니씨 四拾錢
任召史 卅錢 송元用
壹圜 佐一里김致 壹圜
김允學夫人박씨 六拾전
리余洪母親卄전 김百行
拾圜 최石守壹圜 김丁得
林得니각卄전 김致凡卅錢
林子夏 김斗植 김君今
梁正彦 文世和 姜根伯
니召史 각壹圜 김致得
沈時香 김成伯 각卅전
박善行 홍在化 각卄錢
최仁彦四拾전 白允直卅錢
강錫규一圜
▲佐一里
김仁俊五拾錢 윤武見
복英瑞 최性今 김春益
복武일 각卅전 김德贇
박義兼 홍周伯 梁萬用
김友善 徐又吉 각卄錢
김拳九五拾전 孫英伯
四拾錢 김致云 니根玉
박기伯 각卄錢 白允化
五拾전 김致都 卄五錢
김根瑞 梁道行 김致섭
김建杓 최成根 니敬玉
각卅전 박坤俊三拾전
子根浩卄錢 최斗八
박君元 니仁伯 각卄전
김致龍 김仁吉 김福基
김福善 김敬五 김日化
兪水洪 최현旭 최元吉
각五拾錢 김正서 김德振
徐致文 김正仲 정吉用
각卅錢 서允日 김德周
김興璧 최君執 니日榮
최君益 홍守日 복用植
許敬七 김應成 辛壬仁
又윤和 김性三 崔기振母親
장召史 南致先夫人
김明局母親 養母송씨
각卄전 송仲五 六拾錢
子봉米 김周一 김致日夫人
김成寬祖母 각四拾錢
洪俊模五拾錢 김德日二圜
김性敬卅錢 김而振妹씨二圜
김成伯夫人 박周彦夫人김씨
각壹圜 김俊化母親
김壽守母親 김致五夫人
김元瑞夫人
김得振夫人
박大彦 김秀五 각卄錢 최蒙吉
六拾전 徐金汝夫人
최成建夫人四拾錢김一倫모親
장贊見 巫蔚山 각壹圜
▲西部
강경文 丁友益 김在坤
각壹圜 강仁今 박사般
김成八 니文伯 니春雨
김章漢 沈召史 김기顯
강 烈 孫宗得 洪召史
河宗在 劉敬배 각二拾錢
劉敬비 김金玉 각九拾錢
김치云 한允植 安德돈
黃東學 각卅전 정락春
拾전 한始用貳圜 김英九
김成律夫人 각四拾전
김敬律 김敬서 陸拾전
辛광서 최和益
梁召史 각卄錢 姜仁숙모親
妓生桃花 각三拾錢
鄭巫女五拾전
▲乙入秩
김德伊四拾錢 장文必
니月凡 니連業 黃長根
니億兆 각二拾錢
▲洞下里
김汝旭 윤平汝각壹圓
同모親 박和實 김弘益
복正守모親 김性今모親
김기先夫人 한契베모親
윤平汝娘모 김광明
김金伊모親 박化實
김弘伊 김英求모친각卄錢
김明汝卄錢 최益九六拾錢
박性善모친四拾錢 한正玉
六拾錢 명明顯모친김氏
住貞梁銀環一雙 同오錢重
代금一圓 박在助舊韶壹圓
강敬서四拾錢 [illegible]召史舊館
水仙庵한씨 鄭明서田洞
각卄전 정在寬모친拾四錢

合壹百七拾圓六拾九錢

●通津洗田面澤동里
김致遠 貳圓 오聖道
오聖규 오應五 오周현
각壹圓 김致先 八拾錢
김치實 六拾錢 조主事昌顯
김春식 盧元七 오俊식
김寧安 오윤伯 오富言
김億先 각五拾錢
조五衛將存燮 김春根
각四拾錢 오成玉 오聖信
各卅錢 오仲一 호학윤
오春玉 윤大돌 兪昌金
김興龍 최龍起 오今俊
오順成 오今동 오允甫
김明汝 徐凡伊 김元根
各貳拾전 김德眞 홍景열
오命돌 김命哲 각拾錢
合拾六圓

●豐德郡々北面郭村里
동長김昌玉 執綱徐茂金
各八拾錢 니義榮 六拾錢
서慶金 高錫勳 김漢興
황銀成 송景夢 김仲玉
劉석눈 김리福 각貳拾錢
김리敬 任德汝 김윤吉
田占孫 각拾錢
合삼圓四拾錢

●豐德군々北面봉谷동里
박準熙 五拾錢 박仁米
四拾전 박宗根 박光來
각卅錢 박夏鎭 박龍米
각四拾錢 박駿米 박창米
각卄錢 박炳文 박炳二
각卄錢 윤健洙 卅錢
복永觀 四拾錢 박水秀
박광勳 박東鎭 리化甫
각卅錢 니命돌 니時春
각卄전 박元春 니규弼
각卅錢 니亨達 四拾錢
니應三 卅錢 김君昌
卄錢 박準철 박行元
각四拾錢 박원成 박明德
각卅錢 萬기永 卄錢
合八圓六拾錢

●김浦군郡內面傑浦里
前參奉劉雲集 壹圓
前出身니春明 박來雲
劉公현 니夏金 方윤九
方光俊각五拾錢 박性彦
方永元 유秋明 유貞植
方윤元 유文能 유仲吾
유興敎 方윤化 方윤心
각四拾錢 유舜集 方永和
장仁煥 方윤先 方漢卿
方永鎭 각卅錢 方漢익
方윤兼 유仲三 박性範
복性斗 陰召史 유창奎
유雲植 유正근 方泰春
姜駿熙 각廿錢 方눈식
유性文 유興三 김弘식
유七奉 유永集 유渙汝
丘奎共각拾錢 한召史오錢
유永文廿五錢
合拾三圓[illegible]拾錢

●楊州郡[illegible]面峨嵯동
前縣監 니東宇 二圓
니益儀 니석儀 각卄五錢
前主事 니鵬儀 五拾錢
니奎儀 壹圓 니進儀
四拾錢 니濟儀 니起澤
각오拾錢 니起[illegible] 四拾錢
니起萬 니起老 各오拾錢
니起承 壹圓 進士니起孝
井五錢 呂下현 壹圓
高孝鎭 김化成 各五拾錢
김쌍祿 方雨聲 각壹圓
方雨雷 조宗돌 김大豐
각八拾錢 方應源 五拾錢
方奉水 方合萬 黃順吉
김萬興외 김者斤石 박壽寧
김止玉 니弘伊 김奇峰
김止仁 니甘[illegible] 김蒙治
각卄오錢 김원龍 八拾錢
김奉學 김興인 각什오錢
김億與 사拾錢 니혁儀
오拾錢
合卄圓拾五錢

總合二百八십三圓四拾四錢
前號總合七千三百八拾五圓四십九錢
都總合七千六百六十[illegible]圓[illegible]九錢七厘

大韓每日申報社

發行兼編輯人 英國人배說
發行所 南署石井洞號外地三層洋屋
大韓每日申報社

第五卷 第五百一號

月曜及慶節 歲時日休刊
檀⋯四千二百四十年 孔子元年三千⋯ 大韓開國五百十六年 日本明治四十年 清國光緖三十三年
◎陰曆丁未三月小廿日辛亥

論說

한國內改良

如左報道를傳致于日本ᄒᆞ얏스니此ᄂᆞᆫ統監府가한國內에서欲行ᄒᆞᄂᆞᆫ改良提議를通告ᄒᆞᆫ거시라한國內에居生ᄒᆞᄂᆞᆫ人士ᄂᆞᆫ彼說明에是非가轉倒됨을將知ᄒᆞ려니와本報의紙面이狹窄ᄒᆞ야今日에ᄂᆞᆫ此提議件을評論키不能이오明日에나한人邊意見을略陳ᄒᆞ깃노라

統監府에附屬ᄒᆞᆫ庶務局長弁루바라 샤다기지 氏가十一條로列陳ᄒᆞᆫ有味報告書를大日본에게供給ᄒᆞᆫ바한國內에셔取行ᄒᆞᄂᆞᆫ日本政府의各異ᄒᆞᆫ設策을記述ᄒᆞᆫ지라本報紙面이受容ᄒᆞᄂᆞᆫ되로摘要略記ᄒᆞ노라

第一條 道路를建築ᄒᆞ며修改ᄒᆞᄂᆞᆫ거시니此問題로費用ᄒᆞᆫ金額은一百五十萬圓이오全國內各路가鐵道와相接ᄒᆞᆫ거시요此에建築ᄒᆞᆫ거슨四個大路인바此等竣工ᄒᆞᆫ後에ᄂᆞᆫ各異岐路를築成或修改ᄒᆞᆯ거시라盖現今韓國內에ᄂᆞᆫ馬車를能容ᄒᆞᆯ道路가實無ᄒᆞ도다

第二條 水道를敷設ᄒᆞᄂᆞᆫ거시다한國京都에飮料水가甚惡ᄒᆞ니以此로傳染病이尋常流行ᄒᆞ야免脫키甚難인바仁港及平壤에水道ᄂᆞᆫ日本政府가敷設ᄒᆞ기를提議ᄒᆞ얏고京城에水道敷設은外國人의게既已認許ᄒᆞ얏스며其他城市에서ᄂᆞᆫ한國政府와該地에居留ᄒᆞᄂᆞᆫ外國人이合力敷設ᄒᆞᄂᆞᆫ거시로다

第三條 教育을擴장ᄒᆞᄂᆞᆫ거시라全國에散在ᄒᆞᆫ小學校ᄂᆞᆫ幾至萬處로되其教科가未滿ᄒᆞ야但其讀書寫字만教授ᄒᆞ며漢城에ᄂᆞᆫ孔子教를學究ᄒᆞᄂᆞᆫ一個高等學校가但有ᄒᆞᆫ지라普通學校를設立ᄒᆞ라ᄂᆞᆫ政府命令書가十二年前에已發ᄒᆞ얏것만一無成效요略干設立된것도上頁에關說ᄒᆞᆫ守舊보다優勝ᄒᆞᆷ이未有ᄒᆞ엿도다日본政府가中等及高等學校와師範學校의設立을提議ᄒᆞ얏스니日本教師의多數가此諸般學校에雇聘을將被ᄒᆞ리로다

第四條 病院을설立ᄒᆞᄂᆞᆫ거시라漢城에人口가九十萬에不下어ᄂᆞᆯ迄今所存病院이不成樣ᄒᆞᆫ三個所에不過ᄒᆞ더니今에ᄂᆞᆫ今日에ᄂᆞᆫ此三個所를一等病院으로改설ᄒᆞ야此年內로開院ᄒᆞᆯ希望이有ᄒᆞ며醫學校도今亦預備中에在ᄒᆞ도다 未完

官報

●三千七百五十四號 광무十一年五月一日

◎宮廷錄事

宮內府大臣臣리載克謹奏卒特進官리憲직贈諡案謹上

奉 旨依奏

卒特進官리憲직諡號望

忠簡 事君盡節曰忠 一德不懈曰簡

宮內府大臣臣리載克謹奏卒陸軍副將리容익贈諡案謹上

奉 旨依奏

卒陸軍副將리容익諡號望

忠肅 事君盡節曰忠 執心決斷曰肅

宮內府大臣臣리載克謹奏卒審查局長朴鏞和贈諡案謹上

奉 旨依奏

卒審查局長박鏞和諡號望

忠貞 事君盡節曰忠 清白自守曰貞

◎敍任及辭令

議政府贊議韓창수 命增補文獻備考監印委員長

英친王府典衛윤喜求 命增補文獻備考監印委員

六品리起현 命增補문獻備考監印委員

掌禮院卿리青榮 命宮內府特進官

宮內府特進官金宗漢 命掌禮院경

外報

●中米의平和締結 路透電을據ᄒᆞᆫ則中米共和國은今回米國이居中調停으로以ᄒᆞ야平和를締結ᄒᆞ얏다더라

○桑港防備 米國上議院에서今番에國防支出案의一部를修正ᄒᆞ야桑港市及同港灣에防備를完成ᄒᆞ기로ᄒᆞ고五百萬弗를支出ᄒᆞ얏ᄂᆞᆫ되其結果로同港內外의各防備施設에着手ᄒᆞ야敷設水雷를增設ᄒᆞ고海岸重砲隊數個中隊를設置ᄒᆞ얏다더라

●最小의共和國 世界中에最小共和國은中央伊太利산마리노國이니其面積이二十二方里人口八萬五千歲入三萬圓이로되國債가無ᄒᆞ고軍隊ᄂᆞᆫ士官百三十人과兵九百人이라더라

●森林問題再交涉 北京電을據ᄒᆞᆫ則天津에셔交섭ᄒᆞ든鴨綠江右岸에森林經營問題ᄂᆞᆫ更히北京外務部로移ᄒᆞ야協商ᄒᆞ더이라더라

雜報

●長城郡國債報상會趣旨書

夫民者ᄂᆞᆫ國之所本也오國者ᄂᆞᆫ民之所聚也라是故로民財가非民之私財也라卽國之財也오국力이非國之自力也라卽民之力也니民이不聚ᄒᆞ고국이엇지富强을自得ᄒᆞ리오嗚呼라惟我大한이以五百年舊邦으로국財가不섬ᄒᆞ야外債借欵이一千三百萬元의至ᄒᆞ니以是로爲他人之覊絆ᄒᆞ야국力이幾乎不振ᄒᆞ니국力이不振ᄒᆞ면民力이縱何依恃며民力이無依則民財를亦何以持保乎아孟子曰天下ᄂᆞᆫ非一人之텬下라텬下之텬下也라ᄒᆞ시니國家도亦非一人之국家也라국民之국家也則국지有債가是民지有債니民而不報ᄒᆞ면其誰보지乎아

此보償지議가始自嶺南으로桴鼓相應ᄒᆞ야洽未旬月에上自국都로下及閭巷ᄒᆞ고近自畿甸으로遠及海隅에婦孺隸대와疲융聾瞽이莫不感起ᄒᆞ야蹈舞踊躍ᄒᆞ야爭先出義ᄒᆞ니此可以觀民이지不泯而由民力지不奪矣라嗚呼라顧我三千里疆土가非불大也며二千萬人民이非不衆也로대只緣民力지渙散ᄒᆞ야國力이如是委靡ᄒᆞ니惟願同胞ᄂᆞᆫ慫發國恥ᄒᆞ야益奮義務에一心團聚ᄒᆞ고萬往不廻則豈啻국債지報償而已哉아

山지高而聚合而成ᄒᆞ고海之深而水積而成ᄒᆞ나니국지富强은民聚則可成矣라惟願 僉君子ᄂᆞᆫ각須以自己지力으로觀作自국지力ᄒᆞ야誠於效忠ᄒᆞ고勇於捐義則他人覊絆지羞恥을可免而自국富强지긔礎를可定矣리니豈不盛哉며豈不毅哉아

발起人 前承旨김憲奎 前參奉申曼兩

●鎭川郡國債報償會趣旨書

정樞澤 리漢용等

嗚呼라二千萬同胞여當此競爭時代ᄒᆞ야國勢未振이라凡有思想者莫不有漆室之憂也온況又外國債欵이至爲一千三百萬圓之巨額ᄒᆞ야以若國庫金之歲入으로ᄂᆞᆫ常患歲出之未充이어니奚暇提及此債欵之報償乎아一年二年에荏苒타過ᄒᆞ다가疆土을將不保오人民이將無依니此誠膏肓之沈疾이오目前之急禍也라興言及此에仰屋長吁ᄒᆞ야잠然而淚ᄒᆞ고澁然欲死者無時不切이러니何幸大邱徐金兩氏가斷烟同盟ᄒᆞ고국채報상ᄒᆞᆯ義務로鼓動我의執迷未覺ᄒᆞ고優遊不斷ᄒᆞᆫ諸同胞지義血ᄒᆞ야凡頂天履地ᄒᆞᆫ痴男愚婦라도莫不響應ᄒᆞ야각自擔負ᄒᆞ니大哉壯哉라

셔김兩씨의爲국義務와위民誠動이여僕等이素以蔑劣지資로雖不得矛弧지先登이나其在奮發지義에豈不欲驥尾지致遠이리오玆與同志諸人으로踵起立會ᄒᆞ고勸勉一鄕ᄒᆞ야隨力出금ᄒᆞ야爲報국債千萬分지一ᄒᆞ노니凡我同胞ᄂᆞᆫ倍勵精神ᄒᆞ고克盡義務ᄒᆞ야毋事因循ᄒᆞ야俾完始終케ᄒᆞ면豈徒債欵지報償而已리오因차긔礎ᄒᆞ야勇前團合이면委靡지국勢ᄂᆞᆫ可得以復振이오競爭지時代에可得以幷馳니勉旃々々이어다

●校費請撥 공입江華普昌학校教官鄭重根시가학部에報告ᄒᆞ되본校今年度補助費를自一月로至四月까지三四朔를불爲支撥이오신바校費지窘졸로學員七十餘名학員校課情度에불無妨碍이오니豈非공務上欠事乎니ᄭᅡ玆以報告ᄒᆞ오니查照ᄒᆞ신後計朔ᄒᆞ야一々支撥ᄒᆞ시와教務를흥旺케ᄒᆞ라ᄒᆞ얏더라

●孝移於忠 全北井邑朴希炫般宗弁李海龍박鐘섭김긔鐘셔在현柴東陽박亨圭리相華김뎐述辛긔선리判九陸品김箕東박漢升十五人이鳩財ᄒᆞ야爲천契을設ᄒᆞ여드니當此국債報상ᄒᆞ여僉議金同ᄒᆞ되爲국이卽爲천이오니此契錢을국채보상홈니可ᄒᆞ다ᄒᆞ고新貨五十圓을上送ᄒᆞ엿더라

●리氏愛國 德山國債報償所任員의리智憲씨가境內人士를竭力勸告에和合團結ᄒᆞ야自願金八百餘元를已爲收集ᄒᆞ야不日間京會에送交ᄒᆞᆯ터이오其餘의姑未出捐者도亦莫不影從ᄒᆞ다고南來人頌聲이藉々ᄒᆞ더라

●行乞出捐 開城西부小路동居김永玉氏가家産을蕩敗ᄒᆞ고處處에行乞ᄒᆞ더니太田停車場에到ᄒᆞ야井邑居리씨의國債報償事로演說을聞ᄒᆞ고感발心이出ᄒᆞ야乞ᄒᆞᆫ며ᄒᆞᆫ錢三十錢을국債報상條로寄送ᄒᆞ고十錢은本社에補助ᄒᆞ야더라

●신校義연 抱川신野義숙事務員諸氏가一般학徒를對ᄒᆞ야國채報償事로一場演說ᄒᆞ매莫不痛憤悲泣ᄒᆞ야一體斷烟ᄒᆞ기로同盟ᄒᆞ고第一回出發ᄒᆞᆫ금額三拾뻬二拾젼을期成會로送ᄎᆞ야더라

●김氏愛國 義州商인김源根氏가愛국的思想으로[illegible]債報償에對ᄒᆞ야一百圓를[illegible]送ᄒᆞ얏더라

●申氏愛國 義州郡居前郡守申雲祥氏가國債報償의義務로紙貨百元을竝동居金鼎현氏處에換送ᄒᆞ야本社로來納ᄒᆞ더라

雜報

●義王觀광 義親王殿下씌셔본日각학교聯合運動場에行駕觀광ᄒᆞ옵신다더라

●帶同陛見 昨日上午十二時에日本公爵德川家達氏가伊藤統監을帶同陛見ᄒᆞᄂᆞᆫ데軍樂을盛장ᄒᆞ고御前陪食을下賜ᄒᆞ옵셔다더라

●統監言論 向日伊藤統監이現政府外各大官을請邀談論ᄒᆞ얏다ᄂᆞᆫ說은漏聞ᄒᆞᆫ즉該씨가各大官을對ᄒᆞ야日年前新條約以後로한국一般人民이皆有疑訝之心이나當此白人種의幷呑之時代ᄒᆞ야한국이獨立을自主치못ᄒᆞ기에新條約을成立ᄒᆞᆫ거시니만일今일이라도한國政府가獨立ᄒᆞ면新條約을卽爲勿施ᄒᆞ고雇聘ᄒᆞᆫ官人을不逾時刻ᄒᆞ고一제撤歸ᄒᆞ깃다ᄒᆞ얏다더라

●團長云任 主殿원卿梁性환氏ᄂᆞᆫ侍衛渾成旅團長을被任ᄒᆞ얏더라

●리訪嚴氏 再昨日에陪從무官長리根澤氏가詣闕歷路에軍部協판嚴柱益씨를訪見ᄒᆞ얏다더라

●久勤陞任 今番에政府參書官으로法制局長陞任ᄒᆞᆫ박慶陽씨代에ᄂᆞᆫ該府主事久勤中으로陞임ᄒᆞᆫ다더라

●加藤新持 致寧司에셔普冊을修正ᄒᆞᆯ각項所用名目을繕書ᄒᆞ야宮內府로送交ᄒᆞ얏더니自上으로處分을下ᄒᆞ사該經費를一々支撥ᄒᆞ라ᄒᆞ옵셧ᄂᆞᆫ데宮內府顧問加藤增雄씨가新持不撥ᄒᆞᄂᆞᆫ故로該普冊을尙未修正ᄒᆞ얏다더라

●換手法참 今番에咸북觀察使로被任ᄒᆞᆫ윤性普氏의法部參書官闕은內部大臣리址鎔씨에生庭四寸某씨가叙任된다ᄂᆞᆫ데當初에換手ᄒᆞ기로酌定ᄒᆞ얏다더라

●臨時費支出 政府에셔上奏裁可ᄒᆞᆷ을經ᄒᆞ야臨時費를支出ᄒᆞᆯ터인데경務整理費六千圓漢셩裁判所法庭燒失損害補習費四百七十九圓九十二錢五厘各軍隊軍事敎官家屋建築費三萬圓日본留학生監督申海永赴任旅費金百八十五圓日本留學生學費補助금五千七百六十圓日本留학生留학費三千圓각陵及道路修築費一萬二千九百九十一圓六十一전六厘慶尙北道경務署總巡曹병權祭料及恤금百圓等이라더라

●학도失望 武官학교와幼年학교에셔曾往新募集ᄒᆞᆫ학도들尙今까지開학ᄒᆞ기를苦待ᄒᆞ더니經費가窘乏ᄒᆞ야히학도를勿施된故로학도들이落望ᄒᆞ야他학교에投학ᄒᆞᆫ다더라

●補助勸告 학務局長兪星濬氏가仁川녕化학교生도의一新進明ᄒᆞᆷ을嘆상하야該교經費補助ᄒᆞ기를各大官의게勸告ᄒᆞ얏다더라

●無非挾雜 平壤通信을據ᄒᆞᆫ즉警部가日本居留地民團所長과同謀ᄒᆞ야平壤城內一般公有地에標木을植立ᄒᆞᆷ으로民會에셔其理由를質問ᄒᆞᆫ즉警部가稱以淸潔費의如干未捧이有ᄒᆞᆫ故로土地를占領코ᄌᆞᄒᆞᆷ이라ᄒᆞ다니日人이自稱先進국이라ᄒᆞ면셔如此ᄒᆞᆫ無法律無經緯ᄒᆞᆫ行爲를行ᄒᆞᆷ은決코伊藤侯의本意가아니라ᄒᆞ야不日間에標木을不拔ᄒᆞ면統監府에裁判ᄒᆞᆯ次로人民總代幾人이上來ᄒᆞᆫ다니地方觀察郡守ᄂᆞᆫ何事를行ᄒᆞᄂᆞᆫ지議論이비騰ᄒᆞ다더라

●雜稅立促 元山港에셔人民이電報ᄒᆞ얏ᄂᆞᆫ데稅務官이雜稅를三時로督促ᄒᆞᄂᆞᆫ故로民情이오々ᄒᆞ다더라

●학徒拜闕 仁川私立녕化학교학員을昨日학部에셔主殿院醫術局에허入覲을請求ᄒᆞ야창德宮을拜관식엿다더라

有何相關

日昨期成會에셔皇셩新聞廣告에본社收금廢止지說을揭載ᄒᆞᆷ으로京鄕間人民이大端疑아ᄒᆞ야本社에來質ᄒᆞᄂᆞᆫ者가陸續不絕ᄒᆞ니본社에셔答辨키不暇ᄒᆞ거니와본社收금은係是本社權利인즉同期成會에셔廢止與否을干涉ᄒᆞᆯ비가아니여ᄂᆞᆯ擅自廣告하야煽혹人心이是何妄想이며當初히會發起日에本社로써收금所을指定ᄒᆞᆫ거슨本社에셔卽其時에該會와相關이無ᄒᆞᆷ을노布告ᄒᆞ얏스니一般同포ᄂᆞᆫ可以諒悉이라ᄒᆞ로라

●以旗許入 각官私立학교연合大運動에히교職員의게入場票幾許장式依例히학部에셔分送ᄒᆞ더니今番에ᄂᆞᆫ入場票ᄂᆞᆫ勿施ᄒᆞ고運動場入門時에太極旗一竿式각학교職員의게分給ᄒᆞ다더라

●密郡有人 南來人의傳說을聞ᄒᆞᆫ즉령南각군이結전폐業八十兩式依舊勒捧ᄒᆞᄂᆞᆫ데密陽군居孫之현씨가官歐之强制와民情之嗷々을慷歎ᄒᆞ야군守와稅務官에게百般交涉ᄒᆞ야新貨拾二圓式依章程歸正ᄒᆞ미一郡百姓이萬口爭頌ᄒᆞ야면면村村에木碑을立ᄒᆞᆫ즉히씨가隨處拔去ᄒᆞ되百姓이隨拔復立ᄒᆞ야禁止不得ᄲᅮᆫ더러김海郡사지씨의木碑을立ᄒᆞ얏다ᄒᆞ며且히씨가自己舍廊의학교을설置ᄒᆞ고교師를雇聘ᄒᆞ야新進을교育ᄒᆞ고自己도夜호의熱心ᄒᆞᆫ다더라

●開셩慈恤 西來人의傳說를聞ᄒᆞᆫ즉去月二十六日開셩停車塲에셔滙車博覽會를開催ᄒᆞᆯ時에觀광者如雲會集而慈善之人이孤兒院賣店物品을最多買去ᄒᆞᆯᄲᅮᆫ더러 창학校校長리東暉씨와히校校監김基夏氏와前主事민泳필씨와其他각學교교長이孤兒의情況에對ᄒᆞ야一제演說而左右勸告ᄒᆞ고보창學徒丞進萬慈親장씨와培義學徒丞明演慈親김씨와김士然氏夫人이傍聽感泣ᄒᆞ야爭先寄付ᄒᆞ니觀광者無男女老少히莫不感激ᄒᆞ야一時間幅湊寄付금이百餘圓에達ᄒᆞ얏고右諸氏가히院幹事一員과孤兒一人을又爲挽留ᄒᆞ야廣布于內外국有志人士而寄附금을方今募集中이라ᄒᆞ니來頭금額이幾許에達ᄒᆞᆯᄂᆞᆫ지姑未知也어니와大抵開셩人士社會的義務와同胞的慈恤은誰不感頌이리오하더라

●自强總會 大韓自强會에셔來四日(陰三月二十二日)土曜下午一時에事務를處理ᄒᆞ기爲ᄒᆞ야特別總會를開ᄒᆞᄂᆞᆫ데演說이無ᄒᆞ다더라

●轉車運動 셩內에無論內외국人ᄒᆞ고自轉車를乘ᄒᆞᆫ人들니본일東小門외三仙坪에會同ᄒᆞ야自轉車運動會를開ᄒᆞᆫ다더라

●盧白流配 法部에셔全南裁判所判事署理광州군守홍關裕씨의게訓令ᄒᆞ되貴所審理流十五年罪人빅樂九와流十年罪人盧成일을定配于貴管下완島郡古今島之意로業經奏下라ᄒᆞ얏더라

●교師續聘 密陽郡公立학교교師長谷川新九郞이居교六年에熱心교授ᄒᆞ더니今年則以其親老로決意歸國ᄒᆞ야發程之일을去月三十日로定ᄒᆞ얏ᄂᆞᆫ데公학교에適合ᄒᆞᆫ師範資格一員만速聘ᄒᆞ야五月旬內로抵到本교케ᄒᆞ라고該郡守리觀益씨가학部에報告ᄒᆞ얏다더라

●仁校學徒威儀 三昨日에仁川私立學校生徒七十名이今番聯合運動次로入城ᄒᆞᄂᆞᆫ데히生徒가一齊히制服裝ᄒᆞ고擔銃ᄒᆞ고前導一人은拔劍ᄒᆞ고또나발이一雙인데威儀濟々井々ᄒᆞ더라

●代表選定 聯合會議所에셔任員中人으로十三道代表人을一人式選定ᄒᆞ야히道義捐額과諸般文簿를擔着視務케ᄒᆞ얏다더라

●學徒反對 靑年학校專門工業課敎師日人某氏가科程을敎授ᄒᆞᆯ時에多有模糊處ᄒᆞᆷ으故로히學徒가一齊反對ᄒᆞ야히日敎師某씨를解逐ᄒᆞ얏다더라

●兩校運動 淸州郡私立普成中학校與共쪽近各私立학校에셔五月十日에本郡文岩前坪에셔聯合大運動을設行ᄒᆞᆫ다더라

●施賞生徒 本月十八日에咸興公立普通학校에셔一學年科을應試可合ᄒᆞᆫ生徒가四十人인데証書授與式을擧行ᄒᆞ얏ᄂᆞᆫ데該道觀察使황時氏가同校에來到ᄒᆞ야次第로勸勉ᄒᆞᆫ後以餠果로一齊히給ᄒᆞ고出勵生徒ᄂᆞᆫ紙筆墨으로施賞ᄒᆞ얏다더라

●實業界視察 日本內地各銀行會社視察ᄒᆞ기爲ᄒᆞ야實業家白完혁白寅基韓相龍三氏外六人이渡航ᄒᆞᆫ다ᄒᆞᆷ은前報에已揭ᄒᆞ얏거니와히一行은三昨日京釜線一번列車로搭乘ᄒᆞ고發程ᄒᆞ얏ᄂᆞᆫ데漢城內外國實業家氏가南大門停車塲에셔餞別宴으로人海를成ᄒᆞ얏다ᄒᆞ며實業界에셔外國視察ᄒᆞᆷ이此로嚆矢를作ᄒᆞᆫ다더라

●花亦生奸 去日曜日奬忠壇에셔行祭之時에觀光ᄒᆞᄂᆞᆫ男女老幼가滿山ᄒᆞ얏ᄂᆞᆫ데其中一少年이賠금班指를ᄒᆞ고觀광ᄒᆞᄂᆞᆫ傍에着長衣ᄒᆞᆫ一女人이卷烟을갓쳐주니其少年이受喫ᄒᆞᆫ즉其女가금班指를請求ᄒᆞᄂᆞᆫ지라信知無疑ᄒᆞ고卽給ᄒᆞ얏더니終不還給ᄒᆞᄂᆞᆫ지라其少年이還推ᄒᆞᆫ즉其女가言ᄒᆞ되給ᄒᆞᆫ거슬何爲推覓ᄒᆞᄂᆞ냐ᄒᆞ며其少年이事機ᄅᆞᆯ參涉ᄒᆞᆫ故로固爲히女에耳에다言ᄒᆞ기를隨我以去ᄒᆞ면此班指를給ᄒᆞ리라ᄒᆞ니該女가從其言ᄒᆞ야隨之ᄒᆞ다가水口門巡檢의게히女가呼訴ᄒᆞ되我금班指를見ᄒᆞ고此人拐人ᄒᆞᆫ다ᄒᆞ미巡檢이前後之事를說明ᄒᆞ미라該女가因爲逃走ᄒᆞᄂᆞᆫ지라傍觀之人이狂女라ᄒᆞ고歸之ᄒᆞ얏다더라

●靑會演說 今日下午六点半에鍾路萬國基督敎靑年會에셔紳士鄭雲復氏가靑年의希望이란問題로演說ᄒᆞᆫ다ᄂᆞᆫ데有志諸員이多數光臨ᄒᆞ믈希望ᄒᆞᆫ다더라

●한日爭鬪의事件 去二十二일咸鏡북道慶흥附近에셔韓人이同盟ᄒᆞ야日본人의家屋을燒ᄒᆞ고爭鬪를惹起ᄒᆞᆫ事件이有ᄒᆞᆫ디該地守備隊에셔派兵ᄒᆞᆫ旨로憲兵隊長의通報를據ᄒᆞᆫ즉鏡城支部補佐官이現場에出張ᄒᆞ야調査ᄒᆞᆫ즉死傷及家屋의燒燬ᄂᆞᆫ無ᄒᆞ고無事鎭定되얏다더라

●留延補貲 官私立학校大運動에參與次로上京ᄒᆞᆫ仁川녕化학교學員生六七拾名이運動會가梅雨退限됨으로학部에셔留連費卅圓을補給ᄒᆞᆫ다더라

▲秋水劒歌▼

▲近日漢城에平地白浪에風潮가激烈ᄒᆞ야人々疑懼라按劍相林에秋霜이甚酷ᄒᆞ야黑白이未分ᄒᆞ고玉石이俱焚이로다

▲內部大臣리址鎔氏가昨日詣闕次로保護巡兵을等待ᄒᆞᄂᆞᆫ데兵丁一名이所帶ᄒᆞᆫ彈丸이自發ᄒᆞ야忽地砲聲에擧家가驚動ᄒᆞ얏스니近日各大臣家에驚이種々ᄒᆞ니惕心焦思ᄒᆞ야[illegible]ᄂᆞᆫ날이無ᄒᆞ니歲月이[illegible]一刻이如三秋ᄒᆞ리로다

▲漢城府尹박義秉氏가近日暴變이有ᄒᆞᆷ을因ᄒᆞᆷ인지仕進及出入時에保護ᄒᆞᆯ경吏를請求하야巡檢과日巡査를派送ᄒᆞ얏스니邏來各大臣에保護ᄒᆞᄂᆞᆫ다싸닥이잇셔그러ᄒᆞ거니와該氏에保護를求ᄒᆞᆷ은무삼緣由인지或自作之過가有ᄒᆞ야預防코ᄌᆞᄒᆞᆷ인지保護을時躰로아ᄂᆞᆫ거신지亦不知ᄒᆞᄂᆞᆫ事로다

▲忠南觀察道에셔罪人一名을捉致訊問ᄒᆞᆯ際에本道留駐ᄒᆞᄂᆞᆫ日本人丸山虎之助가有何事件이던지突入公庭ᄒᆞ야施以暴威에該罪人을無難奪去에擧措가駭망ᄒᆞ얏다니日人이韓人을壓迫ᄒᆞᄂᆞᆫ行動은已無可論이어니와至於法庭에셔訊問ᄒᆞᄂᆞᆫ罪人을自意奪去ᄒᆞ니韓國은法官도無用이오觀察郡守도無用이로다

▲稷山郡首書記以下吏屬輩가新章程頒布後로俸給지計가無ᄒᆞ야營業資生次로一切히郡守에게告退ᄒᆞ얏다니該郡書記ᄂᆞᆫ舊習을革하고維新지初에實業에注意ᄒᆞ니三百六十餘郡書記에게模範을可作ᄒᆞᆯ이로다

▲法相夏榮氏ᄂᆞᆫ日본法務를觀察次로發程ᄒᆞ다고該部官人이送別宴씨시셜ᄒᆞ얏더니무含層折이有ᄒᆞᆫ지中止ᄒᆞᆫ다ᄂᆞᆫ說이有ᄒᆞ니此日彼日에欲發未發은疑狐涉氷과恰似ᄒᆞ도다

▲前日에ᄂᆞᆫ內職官人이외任으로運動ᄒᆞ더니近日에ᄂᆞᆫ외任官人이內職으로移任ᄒᆞ기로運動ᄒᆞ니郡守를運動ᄒᆞ믄民에ᄂᆞᆫ無心ᄒᆞ고聚斂에만留意ᄒᆞ더니近日에人民에程度가稍開之漸이有ᄒᆞ야貪虐을難施ᄒᆞᆷ으로內職을運動ᄒᆞ니可謂甘呑苦로다

特別社告

本報代金을각支店에셔多有延滯혼中平壤支店에셔ᄂᆞᆫ九年十年兩年度의未納額이三百餘元에至ᄒᆞ얏스니本社經費ᄂᆞᆫ何以支過乎잇가購覽ᄒᆞ시ᄂᆞᆫ僉員은延滯餘額을這這鳩合ᄒᆞ야該支店으로送交ᄒᆞ심을務望홈

大韓每日申報社

北京電報

鴨綠江右岸에森林伐採會社를經營ᄒᆞ기爲ᄒᆞ야向者林日本公使ᄂᆞᆫ天津가셔淸日森林社長兒島大佐와相會ᄒᆞ고袁總督과又치協商ᄒᆞ기를試ᄒᆞ얏ᄂᆞᆫᄃᆡ其案件에森林伐採會社의經營費二百五十萬圓을折半分擔홈에就ᄒᆞ야ᄂᆞᆫ雙方의意見이一致되얏스나각地에設置홀支店의役員採用과其他會社位置ᄒᆞ야ᄂᆞᆫ多少意見의不同이有ᄒᆞ야該協商은不調되얏ᄂᆞᆫ故로오히려此에關ᄒᆞ야林公使ᄂᆞᆫ북京에歸ᄒᆞ야政府와繼續交涉ᄒᆞ리라더라

雜報

◎逐月出捐 主殿院警衛局權任박允陽씨가愛國的思想으로國債報償에對ᄒᆞ야去二月朔月俸십四圓은不顧一朔之飢寒ᄒᆞ고沒數히期成會로送納ᄒᆞ얏고三月朔月俸은七口資生之一朔柴糧價十三圓을計之ᄒᆞ고餘在一圓과四月에月俸柴糧計餘一圓廿五錢을本社에來納ᄒᆞ더라

◎氷心什忠 西氷一契都中尊位宋鍾九等이壹百圓과銀釵五個二兩二錢重을熱心鳩聚ᄒᆞ야期成會로傳納ᄒᆞ얏다더라

◎김兵愛國 徵上第三大隊兵丁김명学가去月에軍隊에入參ᄒᆞ얏더니국채報償에對ᄒᆞ야去朔今月兩朔月給六圓九拾三젼을本社에來納ᄒᆞ더라

●日教義捐 平북龍川府々南面元城동日新學校々長咸一亨與校監장斗範과校員蘇賢式과校師張興國씨로國債報償事에代ᄒᆞ야愛國誠으로義務를演說ᄒᆞ니本學校生徒에父兄과本동多少民人이각自義務에響應ᄒᆞ야捐금을本社로寄送ᄒᆞ얏더라

廣告

本人의家ᄃᆡ庄士가加平朝宗面가리울잇ᄂᆞᆫᄃᆡ名不知李權兩八이與成間次로秋收發記와踏品편지를맛타가더니그스름에힝동이難測ᄒᆞ고로玆以廣告ᄒᆞ오니勿論某人ᄒᆞ고본人과面對ᄒᆞ여구문긔와판양안을추며ᄒᆞ기젼에ᄂᆞᆫ勿爲見欺ᄒᆞ시오

新門外御水洞金麟圭告白

特別廣告

본교의事業이일就月將홈은世人의熟知ᄒᆞᄂᆞᆫ바어니와금에更히法律經濟에關혼衆說을網羅編纂ᄒᆞ야法政學界를月月刊報ᄒᆞ니斯학에關혼惟一大雜誌라有志 쳠君은陸續購讀ᄒᆞ시오

一初号發刊일字ᄂᆞᆫ五月五일
(但初号ᄂᆞᆫ無代價)
一發힝處所ᄂᆞᆫ漢셩중셔박동보셩專門학교
一定價ᄂᆞᆫ一冊十五戔六個月先금八十五젼一個年先금一환五拾젼

광무十一年五月二일
漢셩중셔박동보셩학교告빅

本人姓名圖章을陰本月初八日辰에不知間遺失故로玆에廣布ᄒᆞ오니誰某拾得이라도以毋用件認知ᄒᆞ시고知舊間照亮ᄒᆞ시옵

西署新門外鍮동居리大珪

北署陽德방桂山洞第二統五號家券路中셔失故廣布ᄒᆞ오니誰某拾得ᄒᆞ여도休紙施行홈

家主韓泰山 告白

西北學生聯合大運動會를來五月五日(陰三月廿三日)에東小門外삼仙坪에셔設行ᄒᆞ리니이오니漢城內각學校에在學ᄒᆞᄂᆞᆫ漢北兩西一般學員과本會員諸氏ᄂᆞᆫ伊日上午九時에東小門內磚石峴으로來會ᄒᆞ시되進不進을先期通知于本會館ᄒᆞ시ᄆᆞᆯ敬要

漢北學會 告빅

普法戰記

本書ᄂᆞᆫ距今卅七年前西曆一千八百七十年歐羅巴의一大戰爭되ᄂᆞᆫ普法兩國의戰爭事蹟을記載ᄒᆞᆫ者니前의普國이奈翁의征服을受ᄒᆞ야久히法國覊絆에在ᄒᆞ지八十年間臥薪嘗膽으로一朝復讐ᄒᆞ야竟乃普軍의勝利卽比斯麥의謀略과法國西의狼狽와當時普法國民의愛國精神을想像ᄒᆞ지我愛國男兒ᄂᆞᆫ必此戰記를讀ᄒᆞ

(全一冊 正價 四拾錢)

譯書 采支堂 白

元允發

(中央書許)(新民書會)

全州蘇陽松江居金得壽丁亥三月二十二日出家不知踪跡今聞留京城云父正權居高창山內上塔則勤來視願 父正權 廣告

前參判리石俊氏의戡寧天一村菊花村宙京村所在庄土를亂類輩가僞造文券ᄒᆞ야三千圓에將欲偷賣云ᄒᆞ오니內外國人은一切勿見欺ᄒᆞ오

家人金鎭國 告白

本店精製各色餅食專運洋廣什貨과頭美酒香茶烟草等俱全而業諸 君光顧經已年餘今重新擴張另招新股全盤頂受所有貨物生財客장皆歸新股承受一切與舊股無涉倘各 實號有장目요갈者可向前股理明隨後與新股無涉特此佈告

漢城石井동一品香新記白

農商工部認許 運車株式營業廣告

今番本營業所에셔各項貨物을運送ᄒᆞ기爲ᄒᆞ야牛馬車及荷車를勿論ᄒᆞ고營業을組織ᄒᆞ야牛馬車와荷車에소載홀物品을自今爲始ᄒᆞ야本營業소에셔精實無損ᄒᆞ고迅速無滯ᄒᆞ도록恪勤勉勵홈을巳任運送ᄒᆞ려이오니內外國 쳠君子ᄂᆞᆫ소載홀物品이有ᄒᆞ시거든不拘多少遠近ᄒᆞ시고本營業所나出張소로來議ᄒᆞ시와物品運輸에無碍酬應ᄒᆞ려이오니私載지錢가無ᄒᆞ기를望홈

本營業소와出장소所在處가如左홈

大龍동四巨里上東邊洋屋家 ●營業所
●東門外出장所
●龍山 出장所
●麻浦 出장所

營業長
副長 김世貞
總務 柳合영
取締役 山口玉吉
會計役 細川雄藏
事務員 김龍熙
仝 鄭진영

녀학도모집광고

남문안달셩궁내에 녀학교를셜시ᄒᆞ엿ᄂᆞᆫᄃᆡ 과정은 셩경 국문 한문 영어 산술 ᄃᆡ지인ᄃᆡ 원학 ᄒᆞ시ᄂᆞᆫ부인은 내림문의ᄒᆞ쇼셔

스크랜톤 로부인

第三期學員募集廣告

本塾에셔今年에宏濶혼敎場을建築ᄒᆞ며敎務를擴張ᄒᆞ야一層整備ᄒᆞ고法學科學員을新募ᄒᆞ오니願學人은本塾에前期내臨ᄒᆞ야請願ᄒᆞ고左開日에應試홈學科及規則은本塾에내問홀事

○試驗科目
國漢文 讀書 作文
算術 (四則以內)
○試驗日字
陽五月五日(陰三月廿三日)

光武十一年四月 日
西署英語學校後동
私立 養正義塾 告白

西署新門外鍮동百八十六統三戶
辯護士 前法部正三品 丁明燮
法律事務所
事務員 前主事 吳在淳

◎活動寫眞廣告◎

今番에始作혼活動寫眞은法국巴里京에셔有名혼거시오또혼大韓국 皇室에셔도면져觀覽ᄒᆞ셧고始作혼지數日에遊賞ᄒᆞ시ᄂᆞᆫ첨君子가多數枉臨ᄒᆞ시와坐處가넘쳐셔晩到ᄒᆞ시면不便ᄒᆞ오니速々枉臨홈

活動은自下午八点至九点
名唱善歌舞와歌曲과唱和吹笛은自九点至十点
賣票時 七点半始舞
入場票 上等 三十錢 中等 新貨 十五錢 小童 十錢

新門외셔달이목東便벽돌집
法人 馬田 仲비

本店에셔四月一朔동안所有物品을特別減價ᄒᆞ야出售ᄒᆞ오니陸續來購ᄒᆞ시옵

貞동協泰洋服裁縫店 告白

●일본遊覽者募集 人員은五十名으로一團을成ᄒᆞ니한일인을不問ᄒᆞ고速히請入ᄒᆞ시옵

一巡遊地 東京博覽會橫빈京都大阪神戶
一往復日數 ᄃᆡ抵十七일間
一浮費 遊覽費及手數料을合ᄒᆞ야總計四十八圓
一出發일 請入順次를從ᄒᆞ야出發三일前에直接히通知홈
一請入所 在京셩各신聞社五十八銀行경셩支店 天一銀行
一會員은遊覽을終ᄒᆞ야開散혼後ᄂᆞᆫ本會와關係가小無홈
一南대門셔釜山으로直行ᄒᆞ던지或은東경으로直行하ᄂᆞᆫ者의對ᄒᆞ야도同一便法으로同行請入을應諾홈

일本人遊람協會事務所경셩南대門通
東亞商會

◎增修無冤錄大全

竪映 壹白七十張頁
定價金新貨七拾五錢

此增修無冤錄大全은法律家의最緊要혼書籍이온ᄃᆡ年來現本이殆히絶種에至혼지라故로法部에認可를得ᄒᆞ옵고此를新刊ᄒᆞ얏삽ᄂᆞᆫᄃᆡ國漢文으로解釋ᄒᆞ야模糊혼句節이無ᄒᆞ오니法律學에有志ᄒᆞ신ᄂᆡ와字牧之任에居ᄒᆞ신ᄂᆡᄂᆞᆫ不得不覽홀冊子이오니注意購覽ᄒᆞ시옵

中署布屛下
廣學書舖 김相萬 發售所

洪淳康氏가東署東小門內土橋東邊에織造機을廣張設施ᄒᆞ야稱號를淳昌號라ᄒᆞ고各色綢緞紗屬等을織造發賣ᄒᆞ오니願買人은來臨購貿ᄒᆞ시며或所用대로緞과紗等屬을頒托ᄒᆞ시면依約施行ᄒᆞ깃슴

순昌號 告白

명월관확장광고

폐관이ᄀᆡ시이후로고의ᄒᆞ시ᄂᆞᆫ귀ᄀᆡᆨ에후의를닙사와오ᄂᆞᆯ날ᄭᅡ지한에ᄌᆡ일등요리뎜으로너외국에셔다아시도록확쟝ᄒᆞ여가오니ᄯᅥ단감ᄉᆞᄒᆞ옵거니와근일은이층양옥을광활이신건축ᄒᆞ고다라아릐ᄂᆞᆫ온돌방을논밀리비치ᄒᆞ고포진범졀을셔로ᄒᆞ와오시ᄂᆞᆫ귀ᄀᆡᆨ이편ᄒᆞ시도록쥬의ᄒᆞ엿ᄉᆞ오며각죵음식은보기에화려ᄒᆞ고먹기에졍미ᄒᆞ게셜신ᄎᆞ비ᄒᆞ야다소를불계ᄒᆞ고주야로파오되셔양쥬ᄂᆞᆫ잔으로파오며특별신긔ᄒᆞᆫ료자음식은오시ᄂᆞᆫ시로부터ᄒᆞ시간이되면ᄆᆡᆺ상이라도곳가져가시도록ᄒᆞ오니너외귀ᄀᆡᆨ은륙속왕림ᄒᆞ시옵

각석요리음식
각석셔양쥬
각죵경편양요리
각죵일본간스메
각죵여숑연
각국권연
진찬합
건찬합
밥교자
특별신긔ᄒᆞᆫ교자음식
창가동졍거북도유ᄒᆞ옵

明月館主人 金東植告白

本人이日本大阪商業家와特約ᄒᆞ고日本內地産出各種物品과西洋各種物品及機械等物을我大韓에輸入과委托을便利케契約ᄒᆞ얏ᄉᆞ오니商工業에有意ᄒᆞ신僉君子ᄂᆞᆫ某物이든지請求코져ᄒᆞ시거든本社로來議ᄒᆞ시ᄂᆞᆫ本社에셔ᄂᆞᆫ手數料金만領受홈

興業社本店 開城北部祥洞
支店京城南門內水橋五十一統六號 培養會社
仝仁港內동廣濟號

國債義償義捐金 收入廣告

●鐵原郡邑內面
▲二大路里
任希셩卄錢 任山準
具基서 김尙天 安敎甫
니正郁 박明重 각卄錢
任舜西拾錢
▲竹里
劉起서壹圓 劉致明二拾錢
權明集拾五錢 劉文順
박起順각拾錢 니德秀五錢
▲四大路里
박元植 박長植 박應植
각卄錢 북弘植 북庭식
박萬植 북亨植 각卄錢
박大植 박允植 각拾錢
박能烈 蔡龍興 박繼烈
각五錢
▲三大路里
북濟祿 五拾錢 劉奉信
安武烋각四拾錢 任賢宰
林興日 북濟祜 任元호
任聖宰 劉春西 劉應西
洪啓淵 유興春 각卄錢
북濟긔 洪啓源 林小石
박긔然 嚴丁夫 북先奉
尹興大각拾錢
▲下동
具繼春卄錢 具繼鳳四拾錢
具繼心卄錢
▲初大路里
任一호卄錢 任順호二拾錢
윤致洪卄五錢 박敬甫
니忠直各拾貳錢오里
▲下中里
박謹陽 북永陽 박勝俊
김春實 김셔仁 윤基凡
윤基甫 김셔化 각拾錢
▲二池동
馬聖完 박春식 각壹圓
柳聖賢五拾錢 柳龍寬
姜鶴甫 김敬五 柳聖敎
각卄錢 柳順均 咸仁守

柳永均 김守吉 김寬吉
박셔봉 김基澤 송在益
박元參 각卄錢 柳學西
柳淳兼 柳周先 조俊元
柳相俊 柳致均 各拾錢
▲梧野山里
니學奎五拾錢
니在敎貳圓 安敬煥五拾錢
니洛九 니在麟 安敏煥
니在潤 니炳書 니在涓
具繼潤 임成準 任正準
安교允 니在賢 니현九
각拾錢 任宗호 安央煥
니순옥 任龍常 安호환
安敎봉 任明호 각卄錢
니順서 김戊辰 각오錢
▲初長足里
니永實壹圓 니士善오拾錢
니化心 리士西 변順道
북聖云 니士숨 김聖根
한益西 니士元 각二拾錢
安창根 김允汝 朴春明
김春化 김相玉 니功西
김덕호 文春興 박興先
각拾錢
▲養芝동
任변準 任百南 安文奎
각卄錢 任定準 申司榮
任平準 安益환 安順汝
조聖化 각拾錢
▲初番浦里
沈宜敬五拾錢 리元照四拾錢
任창호 任百鎭 任永호
김思哲 任必準 니萬根
任宗萬 각卄錢 任澤準
三拾錢
▲二長足里
김種銀 리린化 홍俊成
각五拾錢 김顯셔 昔광鎭
各卄錢 黃萬瑞 김광文
김元根 기종瑞 김윤培
니聖凡 김敎淵 김時老末
김公필 김士凡 각卄錢
千秋捧 김良培 니윤福
卄五錢 洪順明 三拾錢

김元경 김奉春 김鶴永
김快錫 김國榮 김顯茂
김化順 김ㄹ云 김顯章
孫宜寬 북龍根 朱應孫
昔龍一 양學浩 김桝千
김영先 김正日 리文化
五士伯 李順錫 각拾錢
조士運 김龍培 각拾五錢
김浩兼 昔永道 김奉仁 김錫根
김種萬 각五錢 박광信七錢
▲三池동
김炳夏壹圓 김貞升五拾錢
김炳斗 송苑憲 김俊서
김致道 김元植 김禹종
김致直 김元三 김承三
김元才 김永필 김士弘
김善榮 김京호 김致文
김致雲 김士元 각卄錢
김承國 북홍先 閔宗植각拾전
▲二번浦里
陳덕云 權承奎 김相락
具獻魯 陳季浩 니殷照
각卄錢 任成호 陳季雲
任긔호 陳季靈 任百福
任百喜 陳敬旭 申永壽
김成大 윤壽求 任百禹
任百호 任우常 盧贊興
각拾錢
▲下吉셩里
최興道 박允根 각卄錢
한학셔 卄錢 姜萬셔
김운植 강命萬 具致貞
具致榮 各拾錢
△上吉셩里
安교常 五拾전 安長환
安敎彦 각卄전 安敎봉
卄전 安春煥 安敎九
權位集 김明化 각拾전
△長浦리동中
柳광祿 김녕교等五圓卅전
合五拾五圓貳拾貳전
郡正리在교본면有司路費
文擔當
●陰竹上栗面陽阿里大里

孫致權 六拾錢 니丕彦
壹圓 김士윤 三拾錢
김龍運 貳拾錢 許仁先
壹圓 박永順 三拾錢
김順化 貳拾錢 申宗運
拾錢 니長日 貳拾錢
니光호 三拾錢 黃유祚
四拾錢 김元哉 황윤元
각五拾錢 박元七 卅錢
김元엽 김正필 각拾錢
니稀星 六拾錢 북正運
五拾錢 김榮七 鄭君玉
각拾錢 김瑚化 貳拾錢
김天五 卅錢 김셩贇
卄錢 윤셕厚 니公필
각六拾錢 정君先 九拾錢
정先輔 卄錢 禹德元
拾五錢 梁正伯 皮원先
각卄錢 梁景初 七拾錢
정君實 卄五錢 許仁셔
북濟興 각卄錢 리喜종
拾錢 김德輔 卄錢
梁聖七 三拾錢 원셩運
卄錢 김셩哉 拾錢
림셩贇 貳拾錢 니容文
五拾錢 姜致先 朴明善
高升현 홍德祚 박善五
김運七 북龍運 姜德원
姜致極 姜運實 한順宗
한順三 許石甫 河忠烈
니延엽 각卄전
合拾陸圓九拾전
●여州郡여興學校
嚴順瑞夫人니氏 貳圓
嚴順瑞 六拾錢 嚴治善
嚴治瑞 니鼎식 각오拾錢
송聲振 每日粮米中二掬一
夫人니氏 朔爲升代金拾五錢
▲驪津發峰
김明達 四拾錢 黃潤玉
貳拾錢 林셕贇 八拾錢
▲여興學校
元容漢 壹圓五拾錢 송重實
貳圓 조根英 丁壽根
각壹圓 元壽命 四拾錢

김九成 김鶴安 각三拾錢
權不得 貳拾錢 尹平俊
拾오錢 김完根 同弟쌀根
각五拾錢 니石集 拾錢
權文슈 김敬允 각貳拾錢
김鍁리 卅錢 김明心
卄錢 림容錫 五拾錢
니興俊 洪季學 各貳拾錢
송孝俊 拾錢
▲近南松林
조 欽 貳圓 니般필
김뫼근 최敦華 각壹圓
김召史 銀치一介八錢重 代금壹圓六拾錢
니元裕 김致根 박艮호
니慈三 니般佐 成무永
조淵恪각五拾錢 조淵鶴
六拾錢 니世敏 四拾錢
陳炳斗 니順心 김善艮
許셩律 니규哲 최觀集
조淵台 權종文 權在션
최敦興 최永셥 權在긔
최셩集 최영夏 權孝敦
최相近 徐弘셔 김셩五
니漢甫 홍春식 김啓明
윤順甫 각卅錢 柳順澤
호赫源 한應甫 權종栒
최봉集 최돈相 김正根
辛萬水 김千宗 최돈壽
니召史 각卄錢 孔甲戌
權贇水 박봉來 禹종孫
禹종石 김在成 윤致德
최德俊 각拾錢
△雇傭人
徐禎涉 五拾錢 한철源
림化仙 각卄錢 元正相
拾錢 김順居 貳拾錢
니셩凡 최啓欽 각拾錢
合卅七圓六拾錢
●南署筆동
前參判閔泳玉 拾圓
前侍御閔完植 貳圓
●서署芳橋居
從二品嚴忠源 四圓
子相協十一歲 相림九歲

相赫六歲 각壹圓
●東署蓮花坊中路契舟橋 五圓
秋혀원
●서署龍山坊沙村里契 각卄전
김德삼 니聖執
니리운 삼拾전
●북署延曙樂鐵里大동々中 拾壹圓拾전
●淸州鎭衛第二大隊領尉官士
卒三百十八人員第二朔斷烟 代금陸拾參圓陸拾전
●始興東면禿山里納百契員
五十人각四拾전 合貳拾圓
●溫陽郡一북면셩북동々中 壹圓五拾전
●舒川飯山면三水동
니凡순 貳圓 弟니凡承
子니丰炳 姪니창柄각壹圓
●牙山一서면冬音里김泰슈等
卄參戶 四圓
●牙山敦義면금谷里梁徹煥等
十五戶 삼圓
●錦山郡々북면天乙里김교文 壹圓
●全州府북後劍巖居 김基錫 壹圓
●果川郡々內면官門동邊긔형 貳圓
●豐德郡東면照門里居
閔致貞 민치龍 각一圓
合壹百卅八圓九拾전
●陽智古東면긔동
前교官任成호四圓 任원宰
정斗永 정壽永 복봉來
前主事陳亮호 각五拾전
陳永셥 四拾전
정必永 鄭寅긔 박喜리
림순五 吳福祿 각貳拾전
任원호 拾전
合八圓
總合二百五십六圓六拾二錢
前號總合七千六百六拾八圓
八十九錢七里
都總合七千九百二十五圓五拾
一錢七厘
大韓每日申報社

發行兼編輯人 英國人비說
發行所
南서石井洞號外地三層洋屋家
大韓每日申報社

第五卷

大韓每日申報

第五百二號

月曜及慶節 歲時休日休刊

檀紀四千二百四十年
箕子元年三千二十九年
大韓開國五百十六年
日本明治四十年
淸國光緒三十三年
◉陰曆丁未三月小廿一日壬子

論說

한國內政改良 (續)

第五條 警察新策이라 한국內에셔日本의警察上行政이頗多흔困惱를生ᄒᆞ얏스니蓋去番戰役以前에ᄂᆞᆫ한국內에諸般警察이腐敗ᄒᆞ야一無效力이러니現今에ᄂᆞᆫ統監府에連絡된警察部가軍隊의助力을依ᄒᆞ야改良됨이多有ᄒᆞᆫ지라한日警吏가合幷視務ᄒᆞ나니統監府에連屬된日本巡査五百五十人이今在한국이며

第六條 皇闕內에改良이니官闕內에密謀와其他不適當事ᄂᆞᆫ日本報紙上에旣多著示라統監이如此지事를防遏코져ᄒᆞ야宮闕을警吏監守지下에置ᄒᆞᄂᆞᆫ거셰必要ᄒᆞᆫ줄노認ᄒᆞ엿스니此ᄂᆞᆫ한국과及其 皇帝를利益케홈이라ᄒᆞ며

第七條 地方行政이라日본政府가차問題에ᄂᆞᆫ熟思而行지ᄒᆞ나니차ᄂᆞᆫ完實或急遽變革을因ᄒᆞ야ᄂᆞᆫ地方紛擾가或起ᄒᆞᆯ가畏忌홈이라한국地方의舊制가十三道와三府와一百四十一군으로分ᄒᆞ엿스니現今政府가차를釐整ᄒᆞᆯ랴ᄂᆞᆫ中이며

第八條 司法制度와法庭區分의改량이라遂今한국內에法律上處理가極惡ᄒᆞ야一次도獨立廳例을不得홈으로無辜蒼生이被縛被刑을常時不免ᄒᆞ나니如차弊獘을改량ᄒᆞ기가豈非容易리오蓋其法律도行政ᄒᆞ기에弗適ᄒᆞ고無偏ᄒᆞᆫ法官도難得이며

第九條 국內財政의整理라차職務로ᄂᆞᆫ所成이旣多ᄒᆞ니稅則을更整ᄒᆞᄂᆞᆫ것과金貨本位를採用ᄒᆞᄂᆞᆫ것과私鑄를禁止ᄒᆞᄂᆞᆫ것과各樣新貨를發行ᄒᆞᄂᆞᆫ것과及銀行事務의規則을頒布ᄒᆞᄂᆞᆫ것이是也며

第十條 新法律을起草ᄒᆞᄂᆞᆫ거시라한국이至于今日토록刑法을但有ᄒᆞ얏고民法或商法을編輯ᄒᆞ야實行ᄒᆞᆫ거슨未有ᄒᆞ엿스니日본政府가最急務로認ᄒᆞᄂᆞᆫ거슨弗動產을其所有主가處理ᄒᆞᄂᆞᆫ規則이라昨年에차規則을起草ᄒᆞ야實行에置ᄒᆞ얏스니此新規則을依ᄒᆞ야國內土地를外人으로個有케認許ᄒᆞᆫ지라雖內地라도外人이個有ᄒᆞᆫ거슬公式上으로承認ᄒᆞ야如此히한土全幅을外人의게開放ᄒᆞ얏고

第十一條 其他諸般改량이니차ᄂᆞᆫ採礦權限과植木과其他諸般發達과農商工을管理ᄒᆞᄂᆞᆫ거시라必要ᄒᆞᆫ會社를多數히설立ᄒᆞ야各項工業의整列을委托ᄒᆞ얏스며半嶋全幅內에各種產出을增進ᄒᆞᆯ方策을取行ᄒᆞ엿도다

完

官報

◉三千七百五十五號 광무十一年五月二日

◉宮廷錄事

表勳院總裁臣민泳徽謹
奏兩陸軍副將리容翊旣有免懲戒事 詔下矣該員之還奉勳記勳章改外국勳佩用准狀而爲還授使之依前佩用何如謹
奏
旨依奏
宮內府特진官리勝宇辭職疏
批旨省疏具悉所請依施

◉敍任及辭令

議政府前法制局長박勝봉
解文官銓考所委員長
議政府參贊한창洙
命文官銓考所委員長
主殿院卿參將梁性煥
補侍衛混成旅團長
參장盃性根
補武官學교長

外報

◉俄국의海軍擴張 俄국海軍은今後九箇年을繼續事業으로최高ᄒᆞᆫ計畫을立ᄒᆞ고着着進步ᄒᆞᄂᆞᆫ데其計畫의大要가如左ᄒᆞ니

戰鬪艦十二隻十八萬六千餘噸
裝甲巡양艦十五隻十七萬餘噸
驅逐艦四十八隻一萬五千餘噸
砲艦七隻一萬四千餘噸
海防艦九隻二萬二千餘噸
水雷艇十八隻
通報艦二隻
潛水艇十四隻
雜務船一척

以上戰艦及巡양艦은본국에셔鍛造ᄒᆞᆯ方針이오黑룡江경備를充ᄒᆞ기爲ᄒᆞ야巡양艦을建造ᄒᆞᆯ計畫이라더라

◉英국의議會와국防 伯임電을據ᄒᆞᆫ則英국下議院에셔北海艦隊의根據地로迅速히一軍港을建築홈을極力主장ᄒᆞ얏고又海峽地道開鑿案을撤回ᄒᆞ얏다더라

◉博覽會開會式 桑海電을據ᄒᆞᆫ則미국젬스다운博覽會ᄂᆞᆫ去月二十五日에開會式을擧행ᄒᆞ얏ᄂᆞᆫ대列국에셔來留ᄒᆞᆫ五十二척의軍艦으로써天地震動ᄒᆞ도록祝砲을放ᄒᆞ얏ᄂᆞ니라

雜報

漢북國債報償國成會趣旨書

占人이云靡不有初鮮克有終이라ᄒᆞ니凡於做事에尤所戒者也近自신聞上으로連接見國債報償趣旨書ᄒᆞ고自不覺舞蹈而感泣이나更究遺裏則有兩件事ᄒᆞ니日幸與不幸이라在初有志數士가倡發滿腔之忠義ᄒᆞ야皷動同胞之彝性ᄒᆞ니雖孺婦尺童이라도感發愛국之誠心하야響應而義捐者如水之就下ᄒᆞ니若此不已면將不過幾個月에外債ᄂᆞᆫ期可淸勘이오國權을丁寧挽回ᄒᆞ리니是可曰莫大之幸也오若使同胞之병彝로或爲威力所奪ᄒᆞ며或爲强迫所壓ᄒᆞ며或爲저戱所誘ᄒᆞ며或爲비吝所牽ᄒᆞ야歪巡관望에報成이無열이면其爲列强所睹에眞不免一封蟻屯ᄒᆞ야淩辱이尤倍前일ᄒᆞ야國將未國이오民亦불民則死將無地ᄒᆞ리니若此則反불如不營此件事之前也니豈有加此之불幸耶아噫生民之存沒이係차一擧ᄒᆞ니凡我同胞ᄂᆞᆫ懲차불幸지心ᄒᆞ고團結愛國지誠ᄒᆞ야互相勸勉에雖遐士鄕山이라도불일竭捐ᄒᆞ야期圖克終維持국權하며得保性命ᄒᆞ야同唱萬歲千萬幸甚

◉四氏出연 南原군居ᄒᆞᄂᆞᆫ前丞旨박齊현前主事리元暢박海翊박南식四氏가國債報償志願금十五圓을本社에來納ᄒᆞ엿더라

◉絕甲捐金 海州懿창학교內에셔國債報상斷烟同盟會를發起ᄒᆞ야一제히斷烟ᄒᆞ미학徒ᄂᆞᆫ외국果子를禁食ᄒᆞ고熱心相勉ᄒᆞ와一時收合금陸拾餘圓을本社로寄送ᄒᆞ엿더라

◉海都義捐 海州秋伊坊居前都事閔리植前參書閔章植前進士鄭鳳顯諸씨ᄂᆞᆫ學問家有志士라今番國채報상에對ᄒᆞ야數百圓巨額을각先出捐ᄒᆞ고本坊內諸씨에게熱心勸勉ᄒᆞᆫ則人皆感發ᄒᆞ야一時收集千餘圓에達ᄒᆞ니同씨의愛國誠心은實是一鄕中모範이라ᄒᆞ더라

◉碧塾盛況 海州碧성義숙은昨年에同주有志人士가數千圓巨額을自판ᄒᆞ야교舍를創建ᄒᆞ고書籍을廣購ᄒᆞ야학科에程度와교育에進就가全省에호矢라財政이不敷ᄒᆞ야基礎가未完ᄒᆞ더니諸씨가再次出義ᄒᆞ야基本금取殖으로經費支出이綽有餘地ᄒᆞᆫ즉生徒가日진ᄒᆞ야교舍를行將建築ᄒᆞᆫ다더라

◉義妓寄函 경빅런싱만민의남녀가일반이라본인ᄂᆞᆫ의쥬천기로시사의골몰하여년금이습예학문ᄶᅢ다식의종사치못하물기탄하여거월브터녀학교에입학주공하옵년즁들온ᄂᆞᆫ국치일천삼빅만원의되하여일반동포가단음단연하고징션의연하물감츅이여겨본인도비록녀자오나이쳔만동포즁일ᄆᆡ인된의무로신화이원ᄂᆞᆫ봉납하오니이보국치보상일천만분지일케ᄒᆞ심을복망

의쥬신동 妓 山紅산홍

◉否校發연 肯陽郡否明학校에셔國채報상에對ᄒᆞ야연금을募集ᄒᆞᄂᆞᆫ데隣동과他郡인이感發ᄒᆞ야二十六圓一전ᄂᆞᆫ收合ᄒᆞ야本社에來納ᄒᆞ얏더라

◉一闕飯出捐 振威郡丙坡面오山里塾舍學童趙富창等十삼人이斷烟代금으로國債報償ᄒᆞᆯ를뜻고국기夕飯一次式闕ᄒᆞ고每名銅貨十전式嫣聚ᄒᆞ야合稽貨一圓三十전ᄂᆞᆫ來納ᄒᆞ얏더라

◉德校漸進 南來人의傳說을聞ᄒᆞᆫ즉忠南德山郡외면古道谷前進士김東旭氏가설立ᄒᆞᆫ漢文明新學校ᄂᆞᆫ英俊子弟를誠勤教授ᄒᆞ며目的은宗教를維持ᄒᆞ고신智를開발ᄒᆞ며識見을擴장키로生도二拾餘名에達ᄒᆞ얏스며近里鳳谷居前委員정寅英씨도亦以教育上有志지士로頻數勸勉學業ᄒᆞ며法律教師를自擔延聘ᄒᆞ야熱心勸쌍ᄒᆞᆫ다더라

◉壯哉長民 長連郡長楊동居장義澤氏가본社에寄函ᄒᆞ되今番국채報償에對ᄒᆞ야본郡有志人士가陰正月分에趣旨書를佈論ᄒᆞ고第三次開會時에義捐금額이乃爲二千오百여圓也라獨立萬歲를合唱ᄒᆞ고閉會ᄒᆞᆫ지라福小殘郡에士籍民貧ᄒᆞᆫ되至此義捐ᄒᆞ야ᄂᆞᆫ實天所使然이니不勝感荷라ᄒᆞ얏더라

◉郵便切手帖

日본明治卅九年十二月遞信省令第五拾六號에依ᄒᆞ야左開郵便切手帖은最初본邦內地의樞要ᄒᆞᆫ郵便局에서試賣ᄒᆞ얏더니糊着지虞가無ᄒᆞ며尙且携帶와保存等에便利ᄒᆞ다ᄒᆞ야好評을博采ᄒᆞ얏ᄂᆞᆫ데五月一日븟터在한국各郵便局所에서도一般傳賣ᄒᆞᆫ다ᄒᆞ더라

左開

內국郵便用
三錢切手 十八枚
壹錢五里切手 卅枚
壹冊賣價 금一圓

外국郵便用
拾錢切手 拾八枚
四錢切手 卅枚
二錢切手 十二枚
一冊賣價 금三圓五拾錢

雜報

●降勅獎學　昨日下午一時에皇上陛下ᄭᅴ옵셔侍從武官魚潭을聯合運動場에命送ᄒᆞ사勅諭를下布ᄒᆞ옵시되日昨에兩事를因ᄒᆞ야運動을停止ᄒᆞ얏더니今日則風日이不佳ᄒᆞᆫᄃᆡ諸學徒가何如運動ᄒᆞ며又聞學徒의發達이比前尤勝ᄒᆞᆫ다니甚爲嘉尙이라諸學徒들은熱心工夫ᄒᆞ야期圖進就케ᄒᆞ라ᄒᆞ옵셧ᄂᆞᆫ대학部大臣李完用氏가　勅諭를奉承ᄒᆞ야諸학徒와각敎員과當日任員각局課長을審판所前에招集ᄒᆞ고　勅諭를頒布ᄒᆞᆫ後에萬歲를崇呼ᄒᆞ얏다더라

●運動盛況　運動會諸般節次ᄂᆞᆫ別項과如ᄒᆞ거니와各部大臣은訓鍊院廳內에列坐ᄒᆞ고廳廡右邊에ᄂᆞᆫ女子來賓處所를設ᄒᆞ고左邊에ᄂᆞᆫ男子來賓處所를設ᄒᆞ고訓鍊廳西廡外에ᄂᆞᆫ施償所를設ᄒᆞ고施賞所西邊에ᄂᆞᆫ軍樂一隊處所를設ᄒᆞ고巡檢과日巡査와憲兵은四面으로把守保護ᄒᆞ고運動場中央에ᄂᆞᆫ審판所를셜ᄒᆞ고運動場邊으로周揷標木에鐵索結網ᄒᆞ야觀光人을不得亂入케ᄒᆞ고鐵網邊으로각官立學校太極旗를列揷ᄒᆞ고각學徒가國旗下에列坐ᄒᆞ야次第運動ᄒᆞ며入場門에ᄂᆞᆫ國旗를交揷ᄒᆞ고憲兵과巡檢이出入人을警察ᄒᆞᄂᆞᆫᄃᆡ運動場外觀光士女가人海를成ᄒᆞ얏다더라

●運動第次　官立普通학校聯合大運動會節次順序科目은第一集合정列一同敬禮第二힝進運動歌第三聯合體操第四旗取第五毬拾第六破毬第七각學校軆操와八二人三각第九徒競走第十긔馬競走第十一職員競走第十二來賓競走第拾三優等旗授與第拾四힝進運動歌第十五정列詶辭萬歲等諸件이라더라

●大官騎虎　近日에各大臣이互相談論ᄒᆞ되現今時代가進亦難退亦難ᄒᆞ니진所謂騎虎之勢라고相歎不已ᄒᆞᆫ다더라

●有何密議　度支大臣閔泳綺氏가무삼密議事가有ᄒᆞᆫ지再昨夜의太醫院卿閔泳韶氏家에來訪ᄒᆞ야多時間을密勿談話ᄒᆞ다가夜分後歸去ᄒᆞ얏다더라

●財務會議　近日度支部顧問官目賀田씨가각地方財務官을會同ᄒᆞ야連日會議ᄒᆞᄂᆞᆫᄃᆡ雖히部官人이나써國人이라도額外之人은히室近處에도往치못ᄒᆞ다더라

●獵者有二　近日內協沈相익氏가獵客二人을置ᄒᆞ고京鄕間郡守運動을ᄒᆞᄂᆞᆫ者를締結ᄒᆞᆫ다ᄂᆞᆫ대히獵客은主事강某와前郡守金某라더라

●丕氏陞任　政府參書官은該府主事丕源誠氏가陞任ᄒᆞ얏더라

●云是勸告　今番新任ᄒᆞᆫ旌義郡守張容堅씨敘任ᄒᆞᆫ內容인즉參政大臣박齊純氏의勸告라ᄂᆞᆫ傳說이有ᄒᆞ다더라

●稅務減額說　각地方稅務官을二十四處만置ᄒᆞ고其外十餘處ᄂᆞᆫ減額ᄒᆞᆫ다ᄂᆞᆫ說이有ᄒᆞ더라

●主幹者誰　日前郡守奏본에英陽郡守강甲秀氏ᄂᆞᆫ晋州富客강河東의子로年前에多數納賂ᄒᆞ야參奉借啣이己오奏判任間初無實職뿐더러且其爲人이郡守資格에ᄂᆞᆫ都不近似ᄒᆞ다ᄂᆞᆫᄃᆡ有何運動으로叙任ᄒᆞ얏ᄂᆞᆫ지未知ᄒᆞ거니와젼考委員은皆日不知라ᄒᆞ니內大ᄂᆞᆫ稱以協판主幹이라ᄒᆞ고協판은內大所薦이라ᄒᆞ야五相推위ᄒᆞᆫ다고輿論이喧藉ᄒᆞ더라

●平壤民擾　平壤郡平川坊人民約百餘名이平南收租官事務所에至ᄒᆞ야事務員김某를捉ᄒᆞ야大同江에投ᄒᆞᆫ다ᄒᆞ고毆打를加ᄒᆞᆷ으로日본理事廳巡査가保護ᄒᆞ야作擾者九名을한國檢事의게引渡ᄒᆞ얏ᄂᆞᆫᄃᆡ其原因은同郡中城々外王部긔地를七年前에經理院에셔調査ᄒᆞᆫ結束로賭稅二千九百二拾七兩을徵收ᄒᆞ기로決ᄒᆞ얏ᄂᆞᆫ대人民은私有地로上納지아니ᄒᆞ미今回에차를徵稅ᄒᆞ기着手ᄒᆞᆷ으로反抗ᄒᆞ야起擾ᄒᆞᆫᄃᆡ至ᄒᆞ얏더라

●修橋預算　毛橋大木橋가年久破傷處를내部에셔今將改造ᄒᆞᆯ터인ᄃᆡ費額預算이二百二十五圜十四錢이라더라

●誤書放送　平南裁判所檢事金鍾護氏가法部에報告ᄒᆞ되本道平壤商務社社長安泰국照판一欵은更待指令事로質稟이올더니卽到指令內開貴質稟書를接準內槪에檢事代辨判事가爲安商情ᄒᆞ야同安泰국ᄒᆞᆯ承指前已令放送이라ᄒᆞ고繼開ᄒᆞ判事來部說明則同安泰국을回指到付前姑爲保放이라ᄒᆞ니兩言이相左ᄒᆞ야處辨지際에疑眩이不無ᄒᆞᆫ지라到卽其相左委折을昭詳馳報ᄒᆞ야俾便處판케ᄒᆞᆯ事等因이온바並此安ᄐᆡ國을檢事代판事리始榮이前已保放故로前者質稟時에以已令保放으로起案ᄒᆞ야使書記正書矣러니該書記박晚英이不能依本案而書之書之ᄒᆞ고保放二字를以放送으로誤書이온바申報文字에致有舛誤ᄒᆞ니本檢事지責은在所難免이오며該書記ᄂᆞᆫ爲先懲勵ᄒᆞ옵고玆以報告라ᄒᆞ얏더라

●債券燒却　여州点梁面沙谷윤成求씨와其姪긔龍씨가去陰三月十六日에盛宴을排셜ᄒᆞ고親戚故舊를請요ᄒᆞ얏ᄂᆞᆫᄃᆡ參席ᄒᆞᆫ人員은五千名假量이오飯米ᄂᆞᆫ十餘石이오宰牛ᄂᆞᆫ二匹이오諸般珍需를盛備ᄒᆞᆫ지라竟日風流로和樂ᄒᆞᆫ後에自巳叔姪이他人處所捧數萬金의債券을沒數燒却ᄒᆞ니如차義氣ᄂᆞᆫ世所罕有라고稱頌이藉々ᄒᆞ더라

●彊土保存의方針　鎭川郡國채報償會에셔김병옥졍환셥諸씨가全국疆土保存ᄒᆞᆯ方針에對ᄒᆞ야唱論ᄒᆞ기를凡今二千萬同胞가斷烟同盟ᄒᆞ고國債報償ᄒᆞᄂᆞᆫ義務ᄂᆞᆫ我국疆土保存ᄒᆞ기를注意ᄒᆞᆷ인ᄃᆡ貪利忘義輩가所有田土를賣渡外人이易若茶飯을뿐外라甚至市怏而紹介者도有ᄒᆞ며僞券而抑勒者도ᄒᆞ야三千里지全국이其將席捲以入ᄒᆞ리니然則斷烟은姑舍ᄒᆞ고絕食이라도莫可償還ᄒᆞᆯ지라先自本會로셔境内에如有此等悖行이거든開會質問後에所賣價額은輸入會中ᄒᆞ야以充國債ᄒᆞ고毁家逐出ᄒᆞ야我ᄒᆞᆫ國民으로勿認ᄒᆞ면他地方각會에셔도必當同此義務ᄒᆞ야相應齊發ᄒᆞ리라ᄒᆞ고確論ᄒᆞ얏다더라

●基址不許　경務廳에셔汚穢場을北셔春生門外三淸동等地에設置ᄒᆞᆯ터인ᄃᆡ該긔址가度支部官有地인故로히廳에셔度支部에請求ᄒᆞ야더니該基址가從當建築所々用인故로不可許施라ᄒᆞ얏더라

●法訓忠裁　法部에셔忠南檢事에게指令ᄒᆞ되報辭ᄂᆞᆫ閱悉이견과重犯疑案之掩延旬時ᄒᆞ야以究비폐之意ᄂᆞᆫ責檢事所論이不無所見이되罾圍冗濫에以生珍氣ᄒᆞ야易致受病이니蓋念恤囚지義오凡於輕囚ᄂᆞᆫ同夜審査疎決ᄒᆞ고重犯疑案도불日審覈ᄒᆞ야俾盡蹉鬱지方ᄒᆞ라ᄒᆞ얏더라

●被捉卽放　傳說을聞ᄒᆞᆫ則昨日下午一点에呂中龍氏가警務廳에被捉되얏ᄂᆞᆫᄃᆡ씨의言辭가正直ᄒᆞ야無所媿訝지事故로卽時放送ᄒᆞ얏다더라

●奇씨逮捕說　全羅道長城郡居奇山林家ᄂᆞᆫᄒᆞᆫ국儒者의第一流오該道에名望家인ᄃᆡ今番綱寅永與某ᄒᆞᆫ等事件에有何連累인지近日에逮捕되얏다고某報에揭載ᄒᆞ얏다더라

●日屋出火　大邱來信을據ᄒᆞᆫ즉再昨夜東門內에火災가起ᄒᆞ야日본人家屋二戶가燒失ᄒᆞ얏다더라

●[illegible]打巡檢　慶北醴泉郡當동에朴笛里居최友현이去年九月分에物貨를ᄭᅵ賣次로上京ᄒᆞ야葉四百卄兩을任置於食主人家러니適其時龍宮郡放鶴谷居윤夏聲이가來留同食主人家라가乘其최씨之出他ᄒᆞ야僞成최씨지手跡ᄒᆞ야給與主人ᄒᆞ고其任置錢을暗爲覔去下鄕ᄒᆞ야終不還報ᄒᆞᄂᆞᆫ지라최씨가往訴히郡分派所ᄒᆞ고與巡檢石柱金으로윤기를捕捉次로히郡에出往ᄒᆞᆫ즉윤也가히동衆윤뷰嘯聚ᄒᆞ야최友현은結縛毆打ᄒᆞ며巡檢을毆之쳐之ᄒᆞ며强奪服裝ᄒᆞ고仍爲拘囚於冷房ᄒᆞᆫ故로히分派所補助員道家淸一이與巡檢四名으로히往鎭동ᄒᆞ야윤夏澯을逮捕ᄒᆞ야裁判所로押上ᄒᆞ야笞五十으로處판ᄒᆞ얏다더라

●結項可疑　平北鐵山郡居졍宗賢에자京穆이가少年沒覺之致로該郡居悖漢장永根의甘誘를聽ᄒᆞ고相與도技라가京穆이가장永根에게技債를負ᄒᆞ얏더니昨年十二月에同永根이가來到졍家ᄒᆞ야技債를徵給ᄒᆞ라ᄒᆞ며相持詰亂矣러니장也가有何不平底意思이든지伊日夜에結項致死於鄭家ᄒᆞᆫ지라該道裁判所에셔졍京穆을殺獄犯으로處판宣告ᄒᆞᆷ미其父졍宗賢이가可謂落眉지厄이요鳥飛梨落이니發訓ᄒᆞ야道ᄒᆞ시와無罪빈放케ᄒᆞ라고法部에呼원ᄒᆞ얏더라

●巡檢힝悖　長連郡通信을據ᄒᆞᆫ즉本郡巡檢文炳德與白享與輔炯輩ᄂᆞᆫ素是本郡雜類로圖得巡檢以後에人民의生命財産保護ᄂᆞᆫ莫論ᄒᆞ고邑村에힝悖가無所不至ᄒᆞ더니去月初에酒家에셔呼酒ᄒᆞ다가同坐ᄒᆞ얏던孫仁伯을無數히拔刀直擊ᄒᆞ야當場氣塞昏倒ᄒᆞ다가漸醒ᄒᆞ얏스나頗部가肉綻骨落ᄒᆞ야生死未판故로本郡守도此由를觀察府에報告ᄒᆞᆫ지已過一朔에尙無如何指令ᄒᆞ니此等巡檢을若不依律懲免이면窮谷人民은魚肉을難免이라ᄒᆞ더라

●美博士演說　今日下午七点半에靑年會舘에셔特別演說會를開ᄒᆞ고博士리드氏를請邀ᄒᆞ야最要德性이란問題로演說ᄒᆞ고博士丕元時氏가通譯ᄒᆞ깃ᄉᆞ오니凡我英髦硏究ᄒᆞᄂᆞᆫ첨員及有志諸君이多數來參ᄒᆞᆷ을希望ᄒᆞ다더라

●經費已撥　敎寧司譜冊修正費를自　上處分이一々支撥ᄒᆞ라ᄒᆞ옵셧ᄂᆞᆫᄃᆡ宮內府顧問官加藤氏가斬持不許라고昨報에揭載되얏더니히司職員이來此辨明ᄒᆞ되譜冊經費ᄂᆞᆫ支撥이已久라ᄒᆞ더라

▲花柳叢話▼

▲桃李叢中에東風이吹到ᄒᆞ야新稍가芳비ᄒᆞ니片時東園에春夢이朦롱이라漢城風雲을任意籠絡ᄒᆞ니造化神權에手段이敏活이로라

▲同日綠泉亭上에兩國衣冠이一席相對ᄒᆞ야世界에奇觀이有ᄒᆞᆷ을노知ᄒᆞ얏더니名花細柳에春景을賞ᄒᆞ야경章을相酬ᄒᆞ니亦不過騷人墨客에吟詠閒[illegible]로다

▲伊藤統監이한국십八道를請邀ᄒᆞ야互相問答ᄒᆞᄂᆞᆫᄃᆡ김鶴鎭氏가其時伊藤씨의所言世節々히正當ᄒᆞ다고自服ᄒᆞ얏다고國民報에揭載ᄒᆞ엿스니김鶴鎭씨ᄂᆞᆫ來雅望이有ᄒᆞᆫ宰相이라伊藤씨言論이何如ᄒᆞ던지무삼節々自服ᄒᆞᆯ理가有ᄒᆞ리오該報所가太不친當이로고

▲昨日官私立聯合大運動會에靑年會學校에셔ᄂᆞᆫ學部에셔初不請牒ᄒᆞᆷ으로不參ᄒᆞ얏다ᄒᆞ니誇年會學校도亦한국學校어늘學部大臣은全국교育을專當ᄒᆞᄂᆞᆫ大臣으로一視之下에愛憎厚薄이有此間隔ᄒᆞ니이것도ᄒᆞ通教育이라謂ᄒᆞᆯᄂᆞᆫ지

▲內部에셔각地方財政을整理ᄒᆞ기爲ᄒᆞ야會計局에第二課를新設ᄒᆞ얏ᄂᆞᆫᄃᆡ課長은該局主事리完翼씨가陞差ᄒᆞ얏다니官制ᄂᆞᆫ日々增設ᄒᆞ되政治改량方針은寥々無聞ᄒᆞ더니今차財政整理에一局을增設ᄒᆞ니韓국金融이果是流通ᄒᆞᆯᄂᆞᆫ지

▲각학校大運動에花柳가滿셔ᄒᆞ고天氣가淸明ᄒᆞᆫᄃᆡ각相蓄ᄒᆞ야新鮮ᄒᆞᆫ氣色이流動ᄒᆞ고精神이活潑ᄒᆞ니ᄒᆞᆫ國에獨立基礎을從차可期로다

▲近ᄂᆡ遐鄕客이京성에逗유ᄒᆞ야無事無慮히卿宰家에來往ᄒᆞ야郡守가新任ᄒᆞ면存問이니ᄎᆞ護ᄂᆞ니許多挾雜이無中釀出ᄒᆞ야至於敗家亡身에樂而忘返ᄒᆞ니蕩子行色이極爲可痛이로라

▲所謂古家後裔라稱ᄒᆞᄂᆞᆫ者ᄂᆞᆫ至今도借啣이라도家聲이나繼存ᄒᆞᆫ다ᄒᆞ고百方圖囑ᄒᆞ면서班心이장騰ᄒᆞ고實地上思想은半點도無ᄒᆞ니無非忝厥祖先ᄒᆞᄂᆞᆫ者流를이지

特別社告

本報代金을各支店에서多有延滯ᄒᆞᆫ中平壤支店에서ᄂᆞᆫ九年十年兩年度의未納額이삼百餘元에至ᄒᆞ얏스니本社經費ᄂᆞᆫ何以支過乎잇가購覽ᄒᆞ시ᄂᆞᆫ僉員은愆滯餘額을這這鳩合ᄒᆞ야該支店으로送交ᄒᆞ심을務望홈

大韓每日申報社

桑港電報

英領印度의一部에在ᄒᆞᆫ印度學生은革命熱을冒ᄒᆞ고英國政府에對ᄒᆞ야擾亂을煽動ᄒᆞ기를努力ᄒᆞᆫ다더라

●墨瓜開戰說 墨西哥와과데마라間에開戰이될이라ᄂᆞᆫ說이有ᄒᆞᆫ데과데마라國은前大統領빠라후가向來에暗殺을被ᄒᆞᆷ을憤히넉이고墨西哥와온全事件에關ᄒᆞ야과데마라國의態度를不當히넉이ᄂᆞᆫ데墨西哥國은目下戰爭을準備ᄒᆞᆫ다ᄂᆞᆫ風說이有ᄒᆞ더라

雜報

●筆商義捐 懷덕郡居前主事김遇默씨ᄂᆞᆫ身世가窮貧ᄒᆞ야筆商爲業ᄒᆞ더니국債報償에對ᄒᆞ야太田義成社에五元을出義ᄒᆞ얏고五元五十錢을본社에又爲來納ᄒᆞ며筆十柄을본社에補助ᄒᆞ니其씨의義務ᄂᆞᆫ令人感歎ᄒᆞ리로다

●婦人義捐 尙州內南面午臺里居韓氏ᄂᆞᆫ至貧ᄒᆞᆫ家勢로十錢도難辦ᄒᆞᆫ中에夫人權씨가家中器物을賣ᄒᆞ야義金二圓을出捐ᄒᆞ야報償所에送納ᄒᆞ고其婦人們이셔도充數코져ᄒᆞᆫ다니이러ᄒᆞᆫ婦女義氣ᄂᆞᆫ男子보다倍勝ᄒᆞ더라

●金氏熱心 新橋私立一新小學校長金正漢씨가學員을多數募集ᄒᆞ야晝夜학을兼ᄒᆞ여敎育上熱心이一層宏勵ᄒᆞ기로遠近諸人이莫不贊頌ᄒᆞᆫ다더라

廣告

本人에名仁奎之규字을以圭字로改定ᄒᆞ옵고圖章亦新刻ᄒᆞ오니知舊첨君子은照諒敬要

釜山港太梁吳仁圭 告白

本店에春服衣次각程이自英국으로多數來到ᄒᆞ얏사오니陸續來購ᄒᆞ시옵

貞福源泰양服裁縫店 告白

本會에셔任員을組織ᄒᆞ얏ᄂᆞᆫ데評議員二十人과總務ᄂᆞᆫ리時字써로副總務ᄂᆞᆫ한주錫氏로勸商所都事務ᄂᆞᆫ金敎각로選定ᄒᆞ얏기玆以廣告홈

東亞開進敎育會 告白

特別廣告

본교의事業이일就月將홈은世人의熟知ᄒᆞᄂᆞᆫ바어니와금에更히法律經濟에關ᄒᆞᆫ衆說을網羅編纂ᄒᆞ야**法政學界**를月刊報ᄒᆞ니斯학에關ᄒᆞᆫ惟一大雜誌라有志 첨君은陸續購讀ᄒᆞ시오

一初号發刊일字ᄂᆞᆫ五月五일(但初号ᄂᆞᆫ無代價)

一發행處所ᄂᆞᆫ漢셩즁셔박동보셩專門학교

一定價ᄂᆞᆫ一冊十五錢六個月先금八十五젼一個年先금一환五拾젼

광무十一年五月二일

漢셩즁셔박동보셩학교 告백

北署陽德방桂山洞第二統五戶家券을路中셔失故로廣佈ᄒᆞ오니誰某拾得ᄒᆞ여도休紙施行홈

家主韓泰山 告白

西北學生聯合大運動會를來五月五日(陰三月廿三日)에東小門外삼仙坪에셔設行ᄒᆞᆯ터이오니漢城內外學校에在學ᄒᆞᄂᆞᆫ漢北兩西一般學員과本會員諸氏ᄂᆞᆫ伊日上午九時에東小門內礡石峴으로來會ᄒᆞ시되進不進을先期通知于本會館ᄒᆞ시기敬要

漢北學會 告白

普法戰記

譯者 玄采

(全一冊 正價四拾錢)

[illegible]

發兌元

(皇城中央書館) (新民書會) [illegible]

全州蘇陽松江居金得磻丁亥三月二十二日出家不知蹤跡今聞留京城云父正權居高村山內上塔則訪來祝願

父正權 廣告

前參判리石榮氏의親庭天一村菊花村舊京村所在庄土를亂類輩가僞造文券ᄒᆞ야三千圓에將欲偷賣云ᄒᆞ오니內外國人은切勿見欺ᄒᆞ오

家人金鎭國 告白

本店精製各色餠食專運洋廣什貨와頭美酒香茶烟草等俱全이蒙諸 君光顧業已年餘今重新擴張另招新股全盤頂受所有貨物生財客장皆歸新股承受一切與舊股無涉倘各 實號有장目요ᄀᆞᆺ者可向前股理明隨後與新股無涉特此佈告

漢城石井동一品香新記白

農商工部認許運車株式營業廣告

今番本營業所에셔各項貨物을運送ᄒᆞ기爲ᄒᆞ야牛馬車及荷車를勿論ᄒᆞ고營業을組織ᄒᆞ야牛馬車와荷車에소載ᄒᆞᆫ物品을自今爲始ᄒᆞ야本營業소에셔精實無損ᄒᆞ고迅速無滯ᄒᆞ도록恪勤勉勵ᄒᆞᆷ을已往運送ᄒᆞ얏더이오니內外國 첨君子ᄂᆞᆫ소載ᄒᆞᆫ物品이有ᄒᆞ시거든不拘多少遠近ᄒᆞ시고本營業所나出張소로來議ᄒᆞ시와物品運搬에無碍酬應ᄒᆞ더이오니私載之弊가無ᄒᆞ기를望홈

本營業소와出장소在處가如左홈

●營業所 大龍동四里上東邊洋屋家

●東門外出장所

●龍山 出장所

●麻浦 出장所

營業長 [illegible]

副長 김世貞

總務 柳台영

取締役 山口玉吉

會計役 細川雄藏

事務員 김旭照

仝 鄭진영

本學會總會를依規則ᄒᆞ야第一日曜日(陰三月廿三日)下午一時에開ᄒᆞ오ᄂᆞᆫ바處所ᄂᆞᆫ齋동興化學校內로定ᄒᆞ얏ᄉᆞ오니 첨僉員은臨來ᄒᆞ심을爲要

輔仁學會 告白

第三期學員募集廣告

本塾에서今年에宏濶ᄒᆞᆫ敎場을建築ᄒᆞ며敎務를擴張ᄒᆞ야一層整備ᄒᆞ고法學科學員을新募ᄒᆞ오니願學人은本塾에前期내臨ᄒᆞ야請願ᄒᆞ고左開日에應試홀事

學科及規則은本塾에내問홀事

○試驗科目

國漢文 讀書 作文

筭術 (四則以內)

○試驗日字

陽五月五日(陰三月廿三日)

光武十一年四月 日

西署英語學校後동

私立 養正義塾 告白

西署新門外錦동百八十六統三戶

辯護士 前檢事 正三品 丁明燮

法律事務所

事務員 前主事 吳在淳

◎活動寫眞廣告◎

今番에始作ᄒᆞᆫ活動寫眞은泰西巴里京에셔有名ᄒᆞᆫ거시오또ᄒᆞᆫ大韓국 皇室에셔먼저看品ᄒᆞ셧고始作ᄒᆞᆫ지數日에遊覽ᄒᆞ시ᄂᆞᆫ첨君子가多數枉臨ᄒᆞ시와坐處가넘쳐셔晩到ᄒᆞ시면不便ᄒᆞ오니速々枉臨홈

活動은自下午八点至九点

名唱善舞歌童과唱和吹笛은自九点至十点

賣票時 七点半始爲

入場票 上等 三十錢 中等 新貨十五錢 小童 十錢

新門외시달이쫄東便벽돌집

法人 馬田 告白

本會通常會를陰本月二十二日下午三時에齋동興化學校內에셔開設ᄒᆞ게ᄉᆞ오니첨會員은照亮光臨ᄒᆞ시믈敬要

漢셩廣학會

●일본遊覽者募集

一遊覽會員募集 人員은五十名으로一團을成ᄒᆞ니한일인을不問ᄒᆞ고速히請入ᄒᆞ시옵

一巡遊地 東京博覽會橫빈京都大阪神戶

一往復일數 대抵十七일間

一浮費 遊覽費及手數料을合ᄒᆞ야總計四十八圓

一出發일 請入順次를從ᄒᆞ야出發三일前에直接히通知홈

一請入所 在京셩各신聞社五十八銀行경셩支店 天一銀行

一會員은遊覽을終ᄒᆞ야開散ᄒᆞᆫ後ᄂᆞᆫ本會와關係가小無홈

一南대門셔釜山으로直行ᄒᆞ던지或은東경으로直行하ᄂᆞᆫ者의對ᄒᆞ야도同一便法으로同行請入을應諾홈

일本人遊람協會事務所경셩南대門通

東亞商會

◉增修無寃錄大全

壹峽 壹白七十頁

定價金新貨七拾五錢

此增修無寃錄大全은法律家의最緊要ᄒᆞᆫ書籍이온ᄃᆡ年來現本이殆히絶種에至ᄒᆞᆫ지라故로法部에認可를得ᄒᆞ옵고此를新刊ᄒᆞ얏삽ᄂᆞᆫᄃᆡ國漢文으로解釋ᄒᆞ야模糊ᄒᆞᆫ句節이無ᄒᆞ오니法律學에有志ᄒᆞ신니와字牧之任에居ᄒᆞ신니ᄂᆞᆫ不得不覽ᄒᆞᆯ冊子이오니注意購覽ᄒᆞ시옵

中署布屛下

廣學書舖 김相萬 發售所

洪淳康氏가東署東小門內土橋東邊에織造機을廣張設施ᄒᆞ야冊號를淳昌號라ᄒᆞ고各色綢緞紗屬等을織造發賣ᄒᆞ오니願買人은來臨購買ᄒᆞ시며試所用대로綢과紗等屬을預托ᄒᆞ시면依約施行ᄒᆞ깃삽

淳昌號 告白

명월관확장광고

폐관이마시이후로ᄀᆞ익ᄒᆞ시ᄂᆞᆫ귀직에후의를입사와오늘날더한에제일등요리점으로더외국에셔다아시도록확장ᄒᆞ여가오니ᄐᆡ단감ᄉᆞᄒᆞ옵거니와근일은이층양옥을광활이신건축ᄒᆞ고다락아ᄅᆡᄂᆞᆫ온돌방을ᄂᆞᆫ밀리비치ᄒᆞ고포진범절을시로ᄒᆞ외오시ᄂᆞᆫ귀긱이편ᄒᆞ시도록쥬의ᄒᆞ엿ᄉᆞ오며각죵음식은보기에화려ᄒᆞ고먹기에정미ᄒᆞ게일신쥰비ᄒᆞ야다소를블계ᄒᆞ고주야로파오되셔양쥬ᄂᆞᆫ잔으로파오며특별신미량교자음식은오시ᄂᆞᆫ시로부터ᄒᆞᆫ시간이되면멧상이라도곳가져가시도록ᄒᆞ오니너외귀긱은륙속왕임ᄒᆞ시옵

각식요리음식

각석서양쥬

각죵경편양요리

각죵일본간스메

각죵여송연

각국권연

진찬합

건찬합

밥교자

특별신미량교자음식

창가동정거북도유ᄒᆞ옵

明月館主人 金東植 告白

本人이日本大阪商業家와特約ᄒᆞ고日本內地産出各種物品과西洋各種物品及機械等物을我大韓에輸入과委托ᄒᆞᆫ便케契約ᄒᆞ얏ᄉᆞ오니商工業에有意ᄒᆞ신僉君子ᄂᆞᆫ物品이든지請求코져ᄒᆞ시거든本社로來議ᄒᆞ시면本社에셔ᄂᆞᆫ手數料만領受홈

興業社本店

開城北部群洞

支店京城南門內水橋五十一統六號

培養會社

仝仁港內[illegible]廣濟號

國債報償義捐金 收入廣告

●富平下梧亭面遠宗里
前主事南延學 南延協
南星熙 리源百 出身최永集
조仲蓮 申錫龍 各五十전
前主事徐相準 前參奉박桂培
김元默 各一圜五十전
리哲相 前五衛장흥致景
各一圜 前都正김正默
孫창根 出身김克金 柳영순
김貴甫 흥景玉 各三十錢
出身최元植 최형植
각二十五錢 최敬咸 姜已永
孫창식 김녕규 申錫현
리敗相 沈建植 許云景
出身송洛셔 송락順 윤聖玄
박景爾 朴致先 出身박景化
장順익 리化實 김學현
김興順 최桂虎 박학先
出身吳順燁 각二십錢
김龍三 동中契錢 각십五錢
리源필 박學東 김凡龍
孫영春 秋順化 장九根
申在順 김順默 장得쇠
최致順 出身玄용규 장化순
장尙允 정大현 복順景
조善祜 리元敬 리景云
복貴현 장石宗 김九先
각十錢
合錢十八圜九拾錢

●南陽不尺면遠莫동
正三品리炳壽 二圜 리炳龍
一圜八十錢 前主事리병益
一圜四십錢 비七星 비啓星
비규星 각一圜 비병性
六十錢 前主事비九星
비東儀 비병규 비병叙
비斗星 비文星 각五拾錢
비영益 비창星 비병德
비東衡 비병緖 비萬星
비병瑚 비東麟 각四拾錢
비東一 비병혁 비東鉌
비병철 비義星 비東模
비봉星 비병鶴 각三拾錢
비병一 비병선 비영哲
林學수 비병珠 비병緯
리鼎九 비병億 비東셥
리慶九 비병化 비병관
각二拾錢 리헌邦 비병觀
비병찬 비병玉 비병植
윤尙浩 장行錫 金錫吉
金景俊 金學鎭 각拾錢
合二拾圜八拾錢

●영平郡々内面萬橋里胎封동
최戩斗 申祥雨 각一圜
최戩찬 김教弼 申학休
申禎雨 조薰植 김得萬
각五拾錢 최晋植
一圜오拾錢 최철현 四拾錢
조聖植 三拾전 安萬쇠
申회雨 김教면 최鵬煥
車仲福 申창文 鄭忠信
리三봉 鄭朱成 車仲셔
각二拾錢 姜덕喜 흥伯龍
柳在철 장五孫 최性즁
김大셔 최台休 각拾錢
合九圜九拾錢

●始興東面禿山里
邊化景貳圜五拾錢 安光淳
貳圜 申甫현 六拾錢
姜太희 姜麟伊 김順根
각오拾錢 니聖寬 申甫의
申春甫 김興시 각四拾錢
김元晥 김德순 仝明셔
각卅錢 김順甫 千典弘
김相俊 니致善 洪在銀
김원根 김順彦 김占興
각卄錢 김영在 김德진
김긔俊 安允甫 윤 源
김壽福 강順天 각拾錢
송鼎현 니宅鎭 각卅전
合拾貳圜

●振威丙과面上柳川
최戩祐 니元根 니敬倍
前五衛將黃士寬 童蒙김千石
각壹圜 김教明 貳圜
김明七 김老京 니元倍
니致相 童蒙김有福 康春二
洪德老 각卅전 梁道信
김德有각拾五전 徐聖俊
安병德 최星七 각卄전
니又然 김雲心각拾二전
최成汝 동蒙니元石
동蒙니壽福 김益兼 김君先
김창順 童蒙니山玉 成녕集
김善交 김星來 김仁順
각拾錢
合拾壹圜二拾四전

●楊州郡南面海等村陶唐里
從二品申錫求 前主事신學雨
각오拾전 前參奉니聖漆
安公俊각四拾전 權吉수
權千成각三拾전 신鼎求
신철求 安君蓮 安君實
安興俊 김학즁 安영先
權弘根 니夢셔 權學善
權弘信 前參奉安셔九
각二拾전 前主事신祥休
前主事신行雨 신錫興
南宮우 니晥규 安先柄
安仁즁 安景商 김千福
김창福 盧宜石 權弘즁
윤成源 權萬진 權山伊
南德根 安君式 姜士彙
김福汝 權영淳 각拾錢
合六圜八拾錢

總合七십九圜 ㄷ拾四錢
前號總合七千六百六拾八圜
八十九錢七里
都總合八千〇五圓卄五錢七厘
大韓每日申報社

◎特別廣告◎

국債보償금三日間所捧은姑未
合計이고伊前日所捧總合一萬
七千陸百七十二圓〇四면은電
氣會社銀行의貯置ᄒᆞ얏ᄉᆞᆸ고義
연人姓名은逐日廣告ᄒᆞᆷ
大韓每日申報社

廣告

●國債報償尙不義務所出금人
員姓名錄
前縣監柳道興
時稅務官민泳완 각貳拾圓
박麟셔 박인夏 각四圓
박時卓 박時華 박伯龍
김斗源 김柄吉 박世永
김종卓 정東九 김子淳
김六현 리炳寧 仝永局
김홍九 김乃玉 申永熙
졍亨默 졍敬鎭 윤炳周
졍履默 졍규方 박인셔
鄭규廷 리지긔 丘厚永
장年實 장順吉 박致默
박曉룡 장룡海 빅南건
장明煥 장봉儀 김一萬
니云慶 셩圭河 김勳培
림九현 陳셩澤 陳즁衡
김世京 림尙현 림順明
림긔順 皮병와 姜來희
김士俊 박긔永 김致萬
김九七 박禮準 황긔周
김亨七 박勝都 김而순
김윤範 김눈景 송영臣
니載華 리根俊 조南哲
각壹圓 박寬玉 김龍西
김今龍 幷壹圓 김思義
김思敬 幷壹圓 박鶴來
方영逵 복즁宅 方振五
幷壹圓 박明셥 복達成
仝치云 幷壹圓 仝得明
박化甫 仝元明 幷壹圓
니지現 壹圓오拾錢 강潤秀
壹圓四拾전 리지穣
오拾오錢 황芝善 吳종善
장긔相 각拾圓 니규南
김치萬 朴世憲 安在華
황鶴셔 李창식 文達셔
김壁振 朴性녹 김性鶴
김규源 긔宗희 각參圓
陸炳九 박재玉 김尙遠
리學西 車達셩 朴슈영
朴슈輸 박成實 흥正教
仝영祠 리輔根 박치化
니化實 경東明 각陸拾錢
조병奎 김斗萬 정尙辰
박八白 仝承縉 니호珍
니尙烈 김치瑞 각四拾錢
복萬吉 仝世萬 각三拾錢
商民니邵덕 복영守
니春實 최成七 니銀필
림於陽 丘忠介等七人幷貳圓
文禹欽 拾錢 박道一門中
三圓 池守一 壹圓四拾錢
子宗漢 陸拾전 김규興
壹圓卄錢 김演源 四拾六錢
박英澤壹圓ㅁ錢 千有億
샤拾五錢 리덕舜 四拾錢
니根鶴等五人壹圓 장志麟
黃慶셔 각五圓 박寅和
申永순 김창業 김景培
니奎善 尹炳一 박仁九
니奎티 김相敏 姜龍哲
각貳圓 김胤祚 陸圓
雁人박桂云 김學成
박북伊幷六拾錢 윤啓五
최萬述幷五拾錢 김鳳云
장吉千幷五拾錢 김광植
니在馨 조孝永 김희若
김勳祚각五拾錢 安太京
최止哲 니召史 조一慶
김京出 孔心源 김봉五
김順긔 김召史 송윤西
權得天 김在일 정壬成
김貴出 김道文 강駿셔
장古孫 仝永五 니龍규
정召史 니致萬 최順伊
文致欽 仝世모 니哲萬
仝世億 각卄錢 김宗秀
四拾四錢 김振一 四拾大전
김演驛육拾六錢 元世긔
壹圓四拾錢 김振희 卅三錢
김호卿 卅九錢 조병權
拾五錢 정民三壹圓婦人權氏
壹圓 김규환壹圓 副室조氏
六拾전 沈相義壹圓婦人丘氏
四拾錢 弟相澤 六拾錢
青南面沙溪동中卄五人合五圓
外西面蓮染동安學哲等卄七人
陸圓拾錢
農川동김宗源等卅六人四圓
中東面梧上동中김在斗等
五圓四拾전
오下동中李信龍等壹圓陸拾錢
內南면午띠동니根하等五人
壹圓
中북면化龍동金병환等五人
壹圓五拾錢
炎谷동吳종善門中八人五圓
化룡동金영述等三人오拾錢
德陽동김璧俊等九人
샴圓八拾錢
墨谷동徐氏門中八圓
安氏門中 七圓拾八錢
內南면道庄동 壹圓우拾錢
內東면道남동장和尙等
四십四인 拾壹圓三錢
青ㅎ면林淵동中 오圓卅錢
吾山동김性恆等八인 貳圓
內北면花田동김守福等
십七인 三圓
於德동조남老等卅八인
四圓四拾오錢
杢山동權順룡等八人壹圓拾錢
鉢山동김聖셔等四拾一人
拾一圓우拾錢
雙巖동박雲俊等十七人
貳圓四拾우錢
竹田동林業요等三ㄷ七人
拾貳圓七拾錢
連山동니順範等七人
壹圓拾六錢
箕山동김洪긔等七人
壹圓三拾오錢
락中동鄭民獻等五拾六人
拾壹圓
箕巖동조홍九等三人八拾錢
락上동장德龍等四십오人
九圓卅錢
협山동安致兼等사人 八拾錢
青南면水上동林周현等
八십九人 貳拾貳圓七拾二錢
青東면엄俗동中 壹圓
隱俗동中 壹圓
陽谷동中오人 壹圓
合샴百圓拾貳錢

◎本社廣告

○申報價
一張代金 新貨二錢五里
一個月前納 三十錢
三箇月 九十錢
六個月 一圓七十錢
一箇年 三圓四十錢
郵稅一部 新貨五里
一箇月 十三錢

○廣告料
四号活字十三字詰
每日每英尺一寸에新貨卄五錢
(每日每行六錢에相當홈)
一週日에 二圓五十錢
(每日每行四錢五里에相當홈)
一箇月에 五圓
每日每行四錢一里에相當홈
其期限의長短과字行의多寡
를依ᄒᆞ야增減홈이有홈

●大한每日申報各處支社廣告
中署布屛門下 김相萬冊肆
平壤上水口門內 김浩淵
최觀恒
仁川 … 開新冊肆 리東皓
宣川邑橋西里 安 濬
義州西門外한西 大藥局
釜山港佐川 徐藥局
三和港築洞 김仁집
咸興州南社西門外 曹喜林
開城培義學校 姜助遠
大邱市廳 최一弘
寧邑濟衆院 劉夢澤
鐵山邑東部 安 圭
元山支店 劉七錫
定州南門內 洪成錫
쉬川邑 리源植
海州南門內書舖 朴昌鎭

發行兼編輯人 英國人비說
發行所 南서石井洞號外地三層洋屋家
大韓每日申報社

第五卷

第五百三號

月曜及慶節歲時日休刊

檀君開國四千二百四十年
箕子元年三千二十九年
大韓開國五百十六年
日本明治四十年
淸國光緖三十三年
◉陰曆丁未三月小廿二日癸丑

論說

錯誤

大日本新聞에셔照譯ᄒᆞᆫ한國內에日본政策이疑訝及評論上에意外著機라略干解釋이必要ᄒᆞ니蓋其設策이外面으로ᄂᆞᆫ可謂이나然이나數箇錯誤가其多ᄒᆞᆫ公布書에入된지라本記者ㅣ此를次第論及ᄒᆞᆯ터이나然이나愛讀諸員에게最先言及ᄒᆞᆯ거ᄉᆞᆫ日본政府의意見이自國의喜樂ᄒᆞᆫ改良을爲ᄒᆞ야其費用은使韓人擔當케ᄒᆞᄂᆞᆫ거시是也라由是로吾人은大日本紙上에擧示ᄒᆞᆫ諸條가何如慈悲或仁愛로從生ᄒᆞᆫ거신줄을不可銘心이로다其第一條에道路修築費가壹百五拾萬圓이니차方向으로費財ᄒᆞᄂᆞᆫ거ᄉᆞᆫ본記者도亦一致나然이나但一論及處ᄂᆞᆫ其施策이太甚急遽ᄒᆞᆫ거시라盖改良을漸次成就ᄒᆞᄂᆞᆫ거ᄉᆞᆫ事之理勢요且한人의게必要ᄒᆞᆫ道路를修補或建築ᄒᆞᆷ은依例어니와使한國人民으로日본軍事上道路의修築費를報償케ᄒᆞᆷ은不是公正이로다

第二條ᄂᆞᆫ吾人意見에其始終이非是誤導라차條가하國內에水道敷設을關係ᄒᆞᆫ바其布告文에ᄂᆞᆫ責ᄒᆞᆫ一言은水道가必要 다ᄒᆞᆫ此一句而已로다한國政府에게셔[illegible]兩씨가漢城內에水道敷설權을特蒙ᄒᆞᆫ거ᄉᆞᆫ日人이한國事에容言ᄒᆞ던時보다已極多ᄒᆞᆫ인즉此事가將에由是로漢城水道의敷설을外人의게旣許ᄒᆞ얏다ᄒᆞᆷ은果其實報어니와本記者ㅣ今欲論及ᄒᆞᄂᆞᆫ거ᄉᆞᆫ차條가如彼改良을統監府의效果로但稱ᄒᆞᆫ거시라한城水道의敷설을外국人의게特許ᄒᆞᄂᆞᆫ데도統監府가果行何事耶아閱讀人을故意或不意로誤導ᄒᆞᄂᆞᆫ句語가차條中에更有ᄒᆞ니此ᄂᆞᆫ漢城以外各城市에셔政府와該地에居留ᄒᆞᄂᆞᆫ外人이水道를合力敷설ᄒᆞᆫ다ᄂᆞᆫ거시라차果確報이나然이나所稱外人은盡是日人이니若此編史者ㅣ事實을益加詳確히陳述ᄒᆞ엿더면優勝ᄒᆞ엿깃도다 未完

官報

●三千七百五十六號 광무十一年五月三日

◎宮廷錄事

弘文館학士南廷哲辭職疏
批旨省疏具悉所請依施
知敦寧司事尹澤榮辭職疏
批旨省疏具悉所辭中知敦寧之任依施
宮內府特進官尹喜自劾疏
批旨省疏具悉特進之任依施

◎敍任及辭令

忠淸北道觀察道경務署總巡 한用來
免本官
右ᄂᆞᆫ該員이該道觀察使윤吉炳의報告에ᄂᆞᆫ擅自棄職所라ᄒᆞ고경務官金[illegible]의報告에ᄂᆞᆫ擅自棄去라ᄒᆞᆫ바揆以事體에不可仍置이기로以로免本官

仁川府通譯官補 최旭榮
任江原道觀察道通譯官補
全羅南道觀察道通譯官補 최益夏
任仁川府通譯官補 鮮于叡
任三和府通譯官補
九品 鄭愚成
任沃溝府通譯官補
任內部主事 六品 김珍衡
沃溝府通譯官補 리圭澤
依願免本官
命官內府特進官 掌禮院副卿 리明직
宮內府特進官 김容圭
命掌禮院副卿
掌禮院副경 김容圭
命署理卿事務
正三品 孫容愚
任侍從院서務課長
免本官 會寧郡守 朴喬學
右ᄂᆞᆫ咸鏡北道관察使署理參書官柳學根의報告書를據ᄒᆞᆫ즉該員이鄕任亂賣와戶錢加排에前後不法지蹟이難可[illegible]過이온즉似此郡守ᄂᆞᆫ不可仍置라ᄒᆞ얏ᄉᆞᆸ기是以로免본官
議政府主事 丕源誠
任議政府參書官
解任 中樞院副贊議 沈宜性
六品 丕漢哲
命增補文獻備考監印委員

外報

●獨立祖誕日 미洲桑港에在ᄒᆞᆫ한人의通信을據ᄒᆞᆫ則去二月二十一日은미國獨立祖華盛頓의탄辰이라當日에미國各禮拜堂에셔ᄂᆞᆫ花草와音樂를盛設ᄒᆞ며 盛頓의事蹟과獨立된原因을演說ᄒᆞ며각演戲場에셔ᄂᆞᆫ華盛頓이英국將卒과戰爭ᄒᆞ든形容을活動寫진으로演戲ᄒᆞ며각社會와각商會에ᄂᆞᆫ事務를停止ᄒᆞ고處々紀念會를排設ᄒᆞ며活潑ᄒᆞᆫ氣象과自由ᄒᆞᄂᆞᆫ態度ᄂᆞᆫ可히觀光者의耳目을感動ᄒᆞ더라우리ᄂᆞᆫ固有ᄒᆞᆫ獨立도被奪ᄒᆞ고무삼面目으로世上을對ᄒᆞᆯ손가華盛頓이엇지미國뿐이리오我國에華盛頓탄日은何日인고ᄒᆞ얏더라

●滿洲增兵議 北京電을據ᄒᆞᆫ則新任滿洲總督徐世창氏가滿洲에셔一個師團을募集ᄒᆞ기로決定ᄒᆞ고此募集經費事로袁世凱氏와相議ᄒᆞ더니目下永平에駐차ᄒᆞᆫ第二師團을滿洲로移차케ᄒᆞ고袁氏ᄂᆞᆫ第二師團兵을新募ᄒᆞ게되야前第二師團長段祺瑞로滿洲의兵務를統轄케ᄒᆞ고又北京城으巡경中에셔一營을奉天에移住케ᄒᆞ야滿洲巡警의充한다더라

雜報

●金氏疏本 前秘書丞김昇민氏가日隊에셔得放하고還鄕ᄒᆞ며憂愛一念으로陳疏가如左ᄒᆞ니

伏以臣聞孝子之事親也一步一言不敢忘孝不斷其躰辱其身以羞其親而以足之요數月有憂色忠臣之事君也係厥后欲惟堯惟舍而匹婦匹夫不被其澤則若心愧恥若撻于市臣拘在日隊殆十有二月以
聖念攸曁雖不死而出然辱其身而爲 君親羞豈止數月之憂而朝지일哉仰瞻 宸極涕雨滿襟俯顧微身汗泉[illegible]在日隊常用麟經講尊周자大義至女叔齊曰是儀也ㅣ可謂禮々所以守其國行其政令無失其民云々參知以禮與爲治平지ᄂᆞᆫ源義與爲治平지ᄂᆞᆫ流칠自古昔世級지汚隆實在乎此而仲夫ᄒᆞᆫ者從而儀與則其級必汚寛而儀與則其級必隆詩以周禮々々者周公輔成王致太平之書也經曰冢宰掌邦治以佐王均邦國司徒掌邦教以佐王擾邦국宗伯掌邦禮以佐王和邦국司馬掌邦政以佐王平邦國司寇掌邦禁以佐王刑邦국司空[illegible]周官日掌邦土居四時地利者也三王之治天下也般因於夏禮々因於般禮所損益可知而現掌司空者居四民農工商政修則何患乎器械지不長貨財지不殖農桑之不盛此司空之體也 未完

●來函

東萊三樂학校ᄂᆞᆫ去年春間에邑中父老數十人이府部에請願認許를經ᄒᆞ야設立ᄒᆞ얏ᄂᆞᆫ데漢文과日語와算學諸般課程을熱心教育ᄒᆞ야成就의望이不久可見인데今番國債報償에斷연募金ᄒᆞᆫ다ᄂᆞᆫ事를聞ᄒᆞ고學徒近百名이一齊히教師박夏鎔氏의계告日學徒等이비록 帝京千里에生養ᄒᆞ야샤오나先生의教育을奉承ᄒᆞ야國民된義務를조解ᄒᆞ온ᄂᆞᆫ대如차ᄒᆞᆫ事狀에對ᄒᆞ야엇지合默岸視ᄒᆞ오리가박夏용氏曰善哉라若等지言이어然ᄒᆞ나汝의父兄이僉議ᄒᆞ고義捐을募集ᄒᆞ다ᄂᆞᆫ言을吾已聞知ᄒᆞ얏ᄂᆞᆫ데汝等은課業을독實히ᄒᆞ야家國의後效를期圖케ᄒᆞᄂᆞᆫ것이今日에生財之道가姑無ᄒᆞ니如何로應捐ᄒᆞ라니요對曰生徒들이年幼도ᄒᆞ랴니와학業에妨害가恐有ᄒᆞᆯ가허와當初에吸연을敢히아니ᄒᆞ옵고각其自願ᄒᆞ옵기를今日爲始하야午엽을廢止ᄒᆞ얏다가夕飯을代充ᄒᆞ고夕飯米를積小就大ᄒᆞ야價額을收合ᄒᆞ야大每日申報社로 納ᄒᆞ야五百餘국民된義務를涓埃라도報答ᄒᆞ거ᄒᆞ오니午엽은不食ᄒᆞ야도死亡에是至ᄒᆞᆫ거시요工夫에도妨害가無하오리다박氏日善哉라斯言也여心志에발ᄒᆞ야事爲에形ᄒᆞ니從玆益勸ᄒᆞ야和[illegible]에염悔를作ᄒᆞ기預祝ᄒᆞ노라ᄒᆞ고不覺起敬ᄒᆞ야感淨상然ᄒᆞ니諸冠童이皆起再拜ᄒᆞ고또前日市場에셔公私子學徒가爾會ᄒᆞ고十三歲된본校兩童이演說ᄒᆞᆫ大旨가如左ᄒᆞ니

박章최日或有與其私家於人者ᄒᆞ야勢不能진期상還ᄒᆞ고過限年々에利倍於本則或奪占ᄒᆞ며或自給ᄒᆞ나니今番國債가何異於此리오故로男子ᄂᆞᆫ斷烟或禁酒ᄒᆞ며婦女난解其素所愛玩的佩物ᄒᆞ야競相義助ᄒᆞ나니우리學徒도斷연忠夕ᄒᆞ고夕飯米를漸聚願助ᄒᆞ거니와今[illegible]人의忠君愛國之心이ᄂᆞᆯ待吾言而重新生出也라ᄒᆞ고최永旭曰以幼穉ᄒᆞᆫ見으로翔先新奇지言이나請以譬諭로一告之ᄒᆞ리라假有五師運舟ᄒᆞ야過險灘處지時에須是盡力撐上ᄒᆞᆯ거시오ᄂᆞᆫ可少有退轉ᄒᆞ리니或纔退轉ᄒᆞ야便下百十步면불可復上일서要當盡力過차然後에可進平坦ᄒᆞ리니吾等課業도亦類於차ᄒᆞ야勿憚勞苦ᄒᆞ고日夜勤攻ᄒᆞ야勝此懈怠지心然後에可作乂明지士ᄒᆞ야措致國家於[illegible]山지安이어니와以今番國債報償事로言지면一兩二兩도個人의自力이오千兩萬兩도箇人의自力이니人々이각其力을각自竭ᄒᆞ야畢竟目的에達ᄒᆞ기ᄉᆞᆯ지忽히아지마ᄂᆞᆯ셔大抵疆土는磐石ᄀᆞᆺ치鞏固케ᄒᆞᄉᆞ오ᄒᆞ고또九歲童박昌鎭이 [illegible]持ᄒᆞ고日聚人의愛국[illegible]助ᄒᆞ려ᄒᆞ엿ᄂᆞᆫ데[illegible]養鷄一首뿐이라以且여助ᄒᆞᆫ다ᄒᆞ니차言이傳誦ᄒᆞ여當場婦人과童子에게響環어車翁赴義ᄒᆞ니其物의主名은[illegible] 隨記ᄒᆞ깃노라

雜報

●日兵軍隊　각大隊에日人司官一人式聘置ᄒᆞ얏ᄂᆞᆫ뒤該司官中或者ᄂᆞᆫ尉官과軍人을强制力으로壓頭코ᄌᆞᄒᆞ나尉官과軍人이불肯安受ᄒᆞᄂᆞᆫ故로每々불穩ᄒᆞᆫ思想을釀出ᄒᆞᆫ다더라

●視察中止　法部大臣李夏榮씨의法務視察은中止ᄒᆞ얏다더라

●締約效力　조原誠씨에參書官陞任ᄒᆞᆫ事ᄂᆞᆫ昨報에揭載ᄒᆞ얏거니와其陞任ᄒᆞᆫ內容을得聞ᄒᆞᆫ즉政府主事中可堪人이該窠를爭先被任ᄒᆞ라고각其運動ᄒᆞ더니畢竟조씨의게讓與ᄒᆞᆷ은年前신條約成立時에該條件을締書ᄒᆞᆫ效力이不無ᄒᆞ다더라

●議員選定　統監府理事市原盛宛씨가善隣商業학校協議員을男爵石黑忠悳閔衡식황鐵表孫一飡星渚大倉喜八郞高島小舍治大倉人米馬立花寬藏조鎭泰山口太兵衛諸氏로選定ᄒᆞ고學部에報告ᄒᆞ얏더라

●德川설宴　再昨日下午八時에德川公爵이貞동손澤孃家에설宴ᄒᆞ고각大臣을請待ᄒᆞ얏다더라

●追悼勉庵　美州노성길니쓰地方에在ᄒᆞᆫ한人共立協會에서故贊政勉庵先生崔益鉉씨忠節을感慕ᄒᆞ야追도會를開ᄒᆞ고某某諸氏가一場演說ᄒᆞ얏ᄂᆞᆫ뒤甚히慷慨激昂ᄒᆞ얏다더라

●醫師請願　醫學校教長池셔영씨가請願ᄒᆞ얏다더라

●夫人伴參　再昨日聯合運動會에內相리址鎔씨와ᄒᆞᆫ判朴義병씨만同夫人出席ᄒᆞ얏다더라

●辯護宴待　辯護士리면宇씨가來日曜日에東門외淸凉寺에셜宴ᄒᆞ고法部局長以下一般官人을請邀宴待ᄒᆞᆫ다더라

●賞品寄附　再昨일官私立연合大運動時에一進會에서賞品으로木종五個鉄匣종五個를寄附ᄒᆞ얏더라

●三爵寄附　過日來入京滯在中德川公爵同侯爵及松平伯爵이當地左記各所에금額을寄附ᄒᆞᆷ이如左ᄒᆞ니

一금三百圓　종路孤兒院
一금三百圓　大한婦人養蚕會
一금三百圓　박동明新女學校
一금二百圓　西門外養闘義塾
一금三百圓　京城日本公立小學校
一금二百圓　庚子紀念幼稚園

●寄宿舍建築　졍희燦金鎭泰兩氏가一般留學生의便利를供給ᄒᆞ기爲ᄒᆞ야寄宿舍를建築ᄒᆞᆯ計畫으로表勳院後동에公有地段을宮內府와漢城府에建築基地로請願承認ᄒᆞ고資金을辦得ᄒᆞ야九十間家屋을二層新製로結搆ᄒᆞᆫ다니從此漢城內에旅遊ᄒᆞᄂᆞᆫ學生의寄宿所가有ᄒᆞᆯ것슬吾儕ᄂᆞᆫ深用祝賀ᄒᆞ노라

●優等授旗　再昨日聯合運動會에官立學校中校동普通學校學徒와私立학校中신門外普成小학校학徒가多數히受賞ᄒᆞᆫ故로우等旗를授與ᄒᆞ얏다더라

●日人競馬會　來六일에日本軍隊側에서南大門외에競馬會를開催ᄒᆞᆷ으로統監府高等官과其他牟田軍參謀長과若見師團長의게招待狀을發ᄒᆞ얏다더라

●葉錢買收의實數　度支顧問目賀田씨가葉錢流行을一掃ᄒᆞ기爲ᄒᆞ야去一月間에平壤元山鎭南浦木浦大邱咸興群山海州晋州全州광州鏡城의各農工銀行에셔買收ᄒᆞᆫ葉錢總計가二千四百貳十萬六千八百九十枚인대其價額은四萬八千四百십三圓七拾錢이라더라

●內照학部　內部에서학部에照會ᄒᆞ되現接녕柔郡守박容觀報告書를接準內閣에본郡리花학校ᄂᆞᆫ自再昨年셜立에校舍ᄂᆞᆫ以前鄕長廳으로業已報部認許ᄒᆞ와務盡敎育에期圖實效이옵기今又師範학校를卽欲셜立이온바資본이姑多艱窘ᄒᆞ야校舍를卒難建이甚於闕然矣라본部所在梨花亭ᄂᆞᆫ卽我　宣廟朝駐蹕지閣이年久荒凉에東頹西부ᄒᆞ야甚所仰瞻에伏불송惶矣라今ᄎᆞ士林齊論이皆曰修葺ᄎᆞ亭ᄒᆞ야姑위校用이라待其창建校舍가恐合事宜라ᄒᆞ온바聽諸民論ᄒᆞ고參究事由ᄒᆞ면亭可復完이오校亦便宜오나莫重駐蹕閣을불敢擅便이옵기玆에報고ᄒᆞ오니認許ᄒᆞ야俾完敎育케ᄒᆞ심을伏望等因이인바該교與陞이闘甚嘉尙이나貴部所關이기玆에仰照라ᄒᆞ얏더라

●海總喩巡　黃海道경務署신任總巡全鳳薰씨가赴任歷路에到본郡ᄒᆞ야邑內私立각학校에躬往ᄒᆞ야諸학徒를對ᄒᆞ야民志지發達과獨立지基礎가實在乎ᄒᆞᆨ務一事라ᄂᆞᆫ問題로一場演說後의鉛筆白墨等種으로遣々施賞ᄒᆞ야熱心贊成ᄒᆞ고且본郡分派巡檢等을一幷招諭曰巡檢지責任이非但경察事項이라保護生民이一大目的이어날今閱列郡巡檢이弗遵章程ᄒᆞ고越權濫職ᄒᆞ야民事訟決을無불干涉ᄒᆞ며藉謂淸潔注意라ᄒᆞ고擅入民家內庭ᄒᆞ야枕衾을點檢ᄒᆞ고男女를불拘此責云ᄒᆞ니人家內의爭闘暴動이有ᄒᆞ야도巡檢이門外의立ᄒᆞ야勸解懲止ᄂᆞᆫ章程이自在인되若是乖擧가抑何注意이며且與該地方郡守로稱以言語불相敬이라ᄒᆞ고恐嚇虐待가無所弗至云ᄒᆞ니亦何法意인지雖平民을對ᄒᆞ야도温言和論가係是當然이온데爲國經濟가斷不在於言語지敬否이더러我若人이면人必敬我ᄂᆞᆫ理지必然이라何可以사相詰乎旣往은불必라長이어니와自今以往으로別般注意ᄒᆞ야必以保護生民四字로刻지心肺ᄒᆞ야上弗負如傷지셩意ᄒᆞ고下勿失黎庶之望ᄒᆞ라ᄒᆞᆫ즉該巡檢等이外雖聽服이나內實弗悅ᄒᆞ얏다더라

●郡守不法　金堤郡守ᄂᆞᆫ新貨十二圓ᄒᆞᆫ結稅를恣意加捧ᄒᆞ야政府에納上ᄒᆞᆫ差額을攻食ᄒᆞ고또昨年十二月間郡扶梁面新申里동長車某ᄂᆞᆫ新貨十二圓을納ᄒᆞ얏다가答刑사지當ᄒᆞ얏스며同郡은九年前海洪災結参百십五結을免稅ᄒᆞ얏ᄂᆞᆫ되光武十年에박巡察의調查ᄒᆞᆫ結果로一百十結쌘結稅를옂ᄂᆞᆫ되同郡守ᄂᆞᆫ昨年四月봇터二百오結內에百十一結에對ᄒᆞ야結稅를更히徵收ᄒᆞ얏스나政府에不納ᄒᆞ고또ᄒᆞᆫ自己의取食ᄒᆞᆫ비되엿다더라

●漁民呼寃　巨濟郡人民의寄書를據ᄒᆞᆫ則本人等所居郡이며在海隅原無耕作之田ᄒᆞ고只以漁農資生矣러니忽於昨年에熊川巨濟兩郡漁基全部를移屬義親王宮而漁基를　義親王殿下緊切人名不知張氏가日人향稚處에十五年契約으로原上納은每年一萬五千兩式作定ᄒᆞ고自本宮으로文憑셩給ᄒᆞ고장씨口文段은每年三千元式與受樣으로장씨與彼推가自作契約許賣ᄒᆞ와使兩郡數千漁民으로不得資業ᄒᆞ와以至渙散之境이오니豈不抑鬱乎니까以其　義王宮言지ᄒᆞ와도同稅上納에使한人定官監則今日에ᄂᆞᆫ見外人지威壓ᄒᆞ고安業者을彼장씨가敢生肥巳지慾에欺罔上聽ᄒᆞ고嗾囑外人ᄒᆞ야使同胞本人等으로不得生活이오니爲念民情ᄒᆞ시와日人지十五年契約을破約後使한國公正人으로另擇官監下送則大是국家지恩典이라ᄒᆞ얏더라

●광校日就　平南中和光成學校에興旺ᄒᆞᆫ은前報에已記ᄒᆞ얏거니와西來人의傳說을更聞ᄒᆞᆫ즉該郡守김然尙氏가觀公之暇에間日出校ᄒᆞ야脉運을點閱ᄒᆞ며行爲를指導ᄒᆞ고總以演說노思想을皷動ᄒᆞ니所以로雖幼처學徒라도郡守의熱心을感服ᄒᆞ야課工이日益進就ᄒᆞ고入學者日增ᄒᆞ야校舍가不能容이라ᄒᆞ더라

●창校卒業　江華郡普창학校에셔去月十四日에高等初等兩小학科第二回卒業式을擧行ᄒᆞᄂᆞᆫ되高等小학及第科生이十九人이요初等小학科가十八人인되當일에학徒의父母와贊成員과邑村有志人士를請邀ᄒᆞ야卒業의成積을說明ᄒᆞᆫ後卒業證書와多數賞品을授與ᄒᆞ고교長리東曄씨가학員의益加勉勵ᄒᆞᆷ을一場勸勉ᄒᆞ고高等小학科卒業生은中학科에入학ᄒᆞ고初等小학科卒業生은高等小학科에入학ᄒᆞᆫ다더라

●西友例會　今일은卽西友학會月例通常會인되下午七時에번會館에셔開會ᄒᆞᆫ다더라

●强盜押送　水原隊兵丁中强盜一名을陸軍法院에押囚ᄒᆞ얏다가將次砲殺處刑ᄒᆞᆯ터인되京隊은沒數히侍衛隊로編制된지라砲殺時에團立ᄒᆞᆫ兵丁이無ᄒᆞᆫ故로該强盜ᄅᆞᆯ水原隊로還爲押付ᄒᆞ야砲殺刑을擧行ᄒᆞᆫ다더라

●長郡설校　長단郡阜湨浦에普창學校를설立ᄒᆞ고校長리東暉씨가熱心勸奬ᄒᆞ야불過數일에學徒增進ᄒᆞ야現今出席人員이五十餘人이오나經費가窘拙ᄒᆞ와支保키難ᄒᆞ옵더니본郡守윤宗求氏가觀往該校ᄒᆞ야동民을會同ᄒᆞ고現今敎育이急務됨을연說ᄒᆞ고爲先五十圓을贊셩ᄒᆞᆷ으로一同人士가合力贊성ᄒᆞ야大有進步지望이라더라

●三靈之一　壬辰一等功臣元均氏墓所在於振威金方面下里인되其位土五斗落을不肖孫厚榮氏가符同本邑居鄭啓安ᄒᆞ야僞造文券에將欲放賣ᄒᆞᄂᆞᆫ되自其門中으로告官質判ᄒᆞᆫ다더라

●朱雀請毁　平南觀察署理參書官김英鎭씨가內部로報告ᄒᆞ되平壤주雀門東西城壁을毁下作路지由ᄂᆞᆫ業有所報告이옵건과셩壁을今已毁下則該門樓가올然獨立ᄒᆞ야將未免頹壓지患則及今毁撤ᄒᆞ야使來往人으로無須懷懼케ᄒᆞᆯ事로屢有平壤住日본理事官지交涉이기躬審其門樓則年久腐敗ᄒᆞ야上下剝落ᄒᆞ고東西傾側ᄒᆞ야非久에自至顚圮이오나事係愼重ᄒᆞ야弗敢擅許ᄒᆞ옵고玆庸仰報라ᄒᆞ얏더니指令ᄒᆞ야되果如危險이면事可毁撤인즉瓦石木材를善爲保管ᄒᆞ야待後公用需補케ᄒᆞ고히林料를調查懸錄報來ᄒᆞ라ᄒᆞ얏더라

●靑會討論　今日下午七点半에靑年會館에셔特別大討論會를開ᄒᆞ고徽文義塾과普成中學校를請邀ᄒᆞ야敎人之方은以身行지가勝於以言行之란問題로討論ᄒᆞᆫ다더라

▲筆下波瀾▼

●政海風浪이去益疑懼에一派愁色이兩眉에深攢이라偶語ᄂᆞᆫ往々ᄒᆞ나上策이未出ᄒᆞ야進退지間에其憂가雖大ᄒᆞ나非國伊身이로다

▲內大李址鎔氏와內協沈相익氏가相議ᄒᆞ야日向日奏本에社會上公論과各新聞上에攻駁이必由不公正ᄒᆞᆫ事인즉後日奏본은公正히選擇ᄒᆞ다고某報에說道ᄒᆞ얏스나內大內協은全국地方官吏을黜陟ᄒᆞᄂᆞᆫ權力이有니所旣往은何如ᄒᆞ얏든지將如言이면民國에萬幸이[illegible]

▲近日각大臣家에戒嚴이甚[illegible]하야來往ᄒᆞᄂᆞᆫ賓客이영[illegible]杜絶ᄒᆞ고外國人뿐이오內地人은心腹人뿐인대深夜孤燈에獨坐空방ᄒᆞ야依如佛形이라ᄒᆞ니老佛에慈悲지心을學得ᄒᆞ야前日에罪惡을消滅ᄒᆞ면戒嚴을아니ᄒᆞ여도無憂ᄒᆞᆯ깃지

▲昨內部의셔七郡守의免官奏本을上　奏ᄒᆞᆯ터인되其中六郡守ᄂᆞᆫ置지ᄒᆞ고一郡守만免官ᄒᆞ얏ᄂᆞᆫ되六郡守ᄂᆞᆫ必是有權力ᄒᆞᆫ資産家오일郡守ᄂᆞᆫ無勢力ᄒᆞᆫ貧寒家라ᄒᆞ니可謂연地揷木이로고

▲伊藤統監이日昨緣泉亭宴會에十八大官에게一卷冊을分給ᄒᆞ얏ᄂᆞᆫ되其內容인즉漢文이字數가太多ᄒᆞ야雖文章巨벽이라도未解ᄒᆞᄂᆞᆫ字가有ᄒᆞ니漢文數를省略ᄒᆞᆯ터인즉각歸硏究ᄒᆞ야意見을提出ᄒᆞ라ᄒᆞᆷ이十八大官이近日에該冊을講究ᄒᆞᆫ다니漢文의省略方針을將見ᄒᆞᆯ깃고

▲內部參書閔元植씨가日本宮內省事務를視察次로數日間에發程ᄒᆞᆯ터인대向일宮內省視察委員閔泳인씨와同伴歸국ᄒᆞᆫ다니視察은許多ᄒᆞ되實效ᄂᆞᆫ未聞ᄒᆞ고국庫만徒損ᄒᆞ니視察委員은近日큰功名이더고

▲自强會에셔義務敎育을實行ᄒᆞᆯ意로政府에建議ᄒᆞ얏더니政府에셔該案件을日間實施ᄒᆞ기로提議ᄒᆞ얏다니政府大臣도精神차릴날이잇고

◎近일南北村四色家에셔至今도靑年子姪을학校에入送한人이稀少ᄒᆞ야학校를誹謗ᄒᆞ면셔切非吾輩子姪의所送處라ᄒᆞ니四色에謂ᄒᆞ만잘ᄒᆞ얏시면잘써여먹깃고

特別社告

本報代金을各支店에서多有懲滯혼中平壤支店에셔と九年十年兩年度의未納額이삼百餘元에至ᄒ얏스니本社經費と何以支過乎잇가購覽ᄒ시と僉員은懲滯餘額을這這鳩合ᄒ야該支店으로送交ᄒ심을務望홈

大韓每日申報社

東京電報

韓人六名이入京ᄒ얏と되不審혼擧動이多홈으로其筋에셔と事々警戒注目을不怠ᄒ며彼輩と德法兩大使館을訪問혼形跡이有ᄒ니排日派의派遣혼密使라云ᄒ더라

雜報

●籍勢壓族 령南仁同居장녕文씨가自已所有沓九斗落을去年十一月頃에同郡居ᄒと前觀察使張承遠씨에許에放價七百兩ᄒ고成文賣渡矣러니其后에因士價低落ᄒ미장承遠씨가欲爲還退ᄒ야至今年二月分에使居間人손기李으로威喝文氏曰該沓을若不還退ᄒ면必致生梗이라ᄒ고無數壓迫ᄒ더라

●新村周急 西署慕華舖新村居金榮立가本以藥局資生ᄒ라가今番池亭失火時에器皿物種을沒數回祿ᄒ야生計無路러니近동居有志諸氏가矜惻其情形ᄒ야各出恤金ᄒ니合六十九元을鳩聚ᄒ야汁物을如數買得ᄒ야更設藥局케ᄒ니히동淳風은聞者無不贊頌ᄒ더라

●金氏設校 北靑郡金司果相寅氏と年今八十四歲에本里克明學校를設施ᄒ고里中已有防役畓八石落校租放價仟集一萬兩을立本取殖ᄒ야需用학資를고奮發心ᄒ미里民이讚頌ᄒ더라

●價商義務 南大門外大里門동리德元씨と原是貧寒혼商業家요又무子姪이로되紫岩漢陽學校에舊貨壹圜을送지曰愛子孫務と有子人이나무子人이나一般이라幸望僉位と幸不以些少退却ᄒ시고以補萬一지고費ᄒ와養지敎지ᄒ야前進은將望홉다ᄒ더라

廣告

본人이丁未三月十七일夜에姓名圖章과別號圖章을見失ᄒ얏스니誰某拾得ᄒ와도無效홈

平壤烈동김寬善 告빅

國債報償志願金總合所로금七千六百二十二圜삼十八전를預置혼事

電氣會社內銀行

全北井邑郡支所第一回來納金六百二十二圜三十八전과大韓每日新報社支收所第一回來納金七千圜合七千六百二拾二圜삼十八전를電氣會社內銀行에貯置혼事

國債報償志願金總合所

本人에名仁奎之圭字를以圭字로改定ᄒ음고圖章亦新刻ᄒ오니知舊청君子은照諒敬要

釜山港左梁與仁圭 告白

濟州嶋에셔國債報償捐義と婦人이濟州城內屛門동에設會ᄒ고捐義金鳩集ᄒと會를設立ᄒ고捐義中婦人들이會를ᄒ고初次起發ᄒ기를 前委員金檢事최元金母비氏 曹리承母강氏 前部守洪在晋妻金氏 金錫五母夫氏 강庚石母李氏 白사仙母李氏 珠錫妻白氏 김후셔母김氏

本人이日本大阪商業家와特約ᄒ고日本內地產出各種物品과西洋各種物品及機械等物을我大韓에輸入ᄒ와委托을便利케契約ᄒ얏사오니商工業에有意ᄒ신僉君子と某物이든지請求코져ᄒ시거든本社로來議ᄒ시오本社에셔と手數料金만領受홈

興業社本店 開城北部祥洞

支店京城南門內水橋五十一統六號

仝仁港內동廣濟號

培養會社

本店에春服衣次가程이自英국으로多數來到ᄒ얏사오니陸續來購ᄒ시옵

貞洞源泰양服裁縫店 告白

特別廣告

본교의事業이일就月將홈은世人의熟知ᄒと바어니와今에更히法律經濟에關혼衆說을網羅編纂ᄒ야**法政學界**를月刊報ᄒ니斯학에關혼惟一大雜誌라有志 청君은陸續購讀ᄒ시오

一初号發刊일字と五月五일(但初号と無代價)

一發行處所と漢셩중셔박동보셩專門학교

一定價と一冊十五錢六個月先금八十五전一個年先금一환五拾전

광무十一年五月二일

漢셩중셔박동보셩학교告빅

北署陽德방桂山洞第一統五戶家券路中에셔失故廣布ᄒ오니誰某拾得ᄒ여도休紙施行홈

家主韓泰山 告白

淸道郡外西面居金斗夏と一邑巨富로今番國債報償에五圜金을京城의換送云ᄒ고본郡義捐所에と全不顧見ᄒ니忍財太甚이라後人은幸勿效做ᄒ시옵

淸道民議所 告白

西北學生聯合大運動會를來五月五日(陰三月廿三日)에東小門外삼仙坪에셔設行ᄒ리이오니漢城內各學校에在學ᄒと漢北兩西一般學員과本會員諸氏と伊日上午九時에東小門內礴石峴으로來會ᄒ시되進不進을先期通知于本會館ᄒ시기敬要

漢北學會 告빅

普法戰記

譯者 玄采 宣白

(全一冊 正價 四拾錢)

本書ᄂ距今卅七年前西曆一千八百七十年[illegible]

發兌元

(中央書館) 中署[illegible]

(新民會) 平北宣川邑[illegible]

全州蘇陽松江居金得壽丁亥三月二十二日出家不知蹤跡今聞留京城云父正權居高창山內上塔則訪來祝願

父正權 廣告

前參判리石榮氏의載寧天一村菊花村舊凉村所在庄土를亂類輩가僞造文券ᄒ야三千圜에將欲偷賣云ᄒ오니內外國人은切勿見欺ᄒ오

家人김鎭國 告白

本店精製各色餠食專道洋廣什貨과頭美酒香茶烟草等俱全向蒙諸 君광顧經已年餘今重新擴張另招新股全盤頂受所有貨物生財客장皆歸新股承受一切與舊股無涉倘有 賣號有장目요갈者可向新股理明隨後與新股無涉特此佈告

漢城石井동一品香新記白

農商工部認許運事株式營業廣告

今番本營業所에셔各項貨物을運送ᄒ기爲ᄒ야牛馬車及荷車를勿論ᄒ고營業을組織ᄒ야牛馬車와荷車에소載홀物品을自今爲始ᄒ야本營業소에셔精實無損ᄒ고迅速無滯ᄒ도록恪勤勉勸홈을已任運送ᄒ리이오니內外國 청君子と소載ᄒ실物品이有ᄒ시거든不拘多少遠近ᄒ시고本營業所나出張소로來議ᄒ시와物品運搬에無碍關應ᄒ시기를望홈

本營業소와出張소在處가如左홈

大龍동四巨里上東邊洋屋家 營業所

●東門外出張所

●龍山 出장所

●麻浦 出장所

營業長

副長 김世貞

總務 柳台영

取締役 山口玉吉

會計役 細川雄藏

事務員 김龍熙

仝 鄭진영

本學會總會를依規則ᄒ야第一日曜日(陰三月廿三日)下午一時에開會이온바處所と壽興化學校內로定ᄒ얏스기 첨會員은趁期來臨ᄒ심을爲要

輔仁學會 告白

第二期學員募集廣告

本塾에셔今年에宏濶혼敎場을建築ᄒ며敎務를擴張ᄒ야一層整備ᄒ고法學科學員을新募ᄒ오니願學人은本塾에前期내臨ᄒ야請願ᄒ고左開日에應試홈學科及規則은本塾에내問홀事

○試驗科目

國漢文 讀書 作文

算術 (四則以內)

○試驗日字

陽五月五日(陰三月廿三日)

光武十一年四月 日

西署英語學校後동

私立養正義塾 告白

西署新門外鎬동百八十六統三戶

辯護士前判事正三品 丁明燮

法律事務所

事務員前主事吳在淳

◎活動寫眞廣告◎

今番에始作혼活動寫眞은法국巴里京에셔有名혼거시오또혼大韓국 皇室에셔먼저看品ᄒ셧고始作혼지數日에遊覽ᄒ시と청君子가多數枉臨ᄒ시와坐處가넘쳐셔晩到ᄒ시면不便ᄒ오니速々枉臨홈

活動은自下午八点至九点名唱善舞歌童과唱和吹笛은自九点至十点

賣票時 七点半始爲

入場票 上等 三十錢 中等 新貨十五錢 小童 十錢

新門외서달이목東便벽돌집

法人 馬田 告빅

今二十九日路上에셔本人에正書姓名圖章과標紙等屬을셔失故로該章은勿施後廣布ᄒ오니知舊間照亮홈

仁港內동朴致祚 告白

●일본遊覽者募集

一遊覽會員募集 人員은五十名으로一圍은成ᄒ니한일인을不問ᄒ고速히請入ᄒ시옵

一巡遊地 東京博覽會橫빈京都大阪神戶

一往復일數 되抵十七일間

一浮費 遊覽費及手數料을合ᄒ야總計四十八圜

一出發일 請人順次를從ᄒ야出發三일前에直接히通知홈

一請入所 在京성各신聞社五十八銀行경셩支店 天一銀行

一會員은遊覽을終ᄒ야閒散혼後と本會와關係가小無홈

一南대門셔釜山으로直行ᄒ던지或은東경으로直行하と者의對ᄒ야도同一便法으로同行請人을應諾홈

일本人遊람協會事務所경셩南대門通

東亞商會

◉增修無冤錄大全

壹帙壹白七十貳頁

定價金新貨七拾五錢

此增修無冤錄大全은法律家의最緊要혼書籍이온되年來現本이殆히絶種에至혼지라故로法部에認可를得ᄒ옵고此를新刊ᄒ얏삽と되國漢文으로解釋ᄒ야模糊혼句節이無ᄒ오니法律學에有志ᄒ신니와字牧之任에居ᄒ신니と不得不覽홀冊子이오니注意購覽ᄒ시옵

中署布屛下

廣學書舖 김相萬 發售所

洪淳康氏가東署東小門內土橋東邊에織造機을廣張ᄒ야稱號를淳昌號라ᄒ고各色紬緞紗屬等을織造發賣ᄒ오니願買人은來臨購貿ᄒ시며或所用ᄒ시되로緞과紗等屬을預托ᄒ시면依約施行ᄒ깃솝

순昌號 告白

國債報償義捐金 收入廣告

●靑陽北下面內下高里十二동
前參奉최奎澈 五拾전
복永규 廿전
비弘셥 五拾錢 비鎭華
四拾전 비鎭實 비養호
비廣호 최順秉 安在一
최貞秉 각廿錢 윤斗榮
拾五전 安在箕 貳拾전
한忠셔 비然鎬 한應수
협戶박聖德 童蒙徐萬永
각拾전
合三圓六十五錢

▲艾蘿里
비홍긔 ᄉ拾錢 비遂셥
貳拾錢 비셕긔 삼拾전
비洛基 拾錢 비永基
貳拾錢 니致運 사拾錢
비春셥 貳拾錢 복錫晉
니承基 각拾전 최官洪
二拾錢
合貳圓貳拾錢

▲上高
丕麟元 丕鍾赫 趙창元
趙鍾俊 丕종浩 됴鍾五
됴鍾봉 丕鍾漢 丕鍾順
鰥비현奎 훈弘洙
童蒙훈東수 童蒙비其東
니順긔 각拾전
合壹圓四拾錢

▲陽支동
비鎭티 拾錢 니觀현
貳拾錢 니成현 拾錢
비一호 비永植 각三拾錢
니殷震 니國현 각拾錢
니斗현 김基華 林炳鎭
니鳩현 각廿錢 비鎭成
김榮始 각拾錢
合貳圓貳拾錢

▲接珠동
니창信 貳拾錢 비티호
田益聖 니必信 각拾錢
寡니氏 貳拾錢
合七拾錢

▲上미동
田稷聖 拾五錢 田봉聖
四拾錢 田麟聖 拾전
田慶甲 貳拾錢 田慶相
四拾錢 田命鎭 三拾錢
合壹圓오拾五전

△舊毛
姜敬희 姜필學 각貳拾전
安晦植 四拾錢 姜爛희
三拾전 정종好 貳拾전
姜斗熙 寡송氏 姜義學
각拾錢 박德春 拾五전
寡최씨 五錢
合壹圓八拾錢

△永谷
前監役장긔면 前通政丕武增
각五拾錢 吳聖敏 貳拾錢
丕 혁 됴喜增 각拾錢
됴興增 貳拾錢 吳成默
김희伯 조鍾英 각二拾錢
박文根 김鳳學 김成根
吳德有 각拾錢 김仲희
鄭玄셔 각廿錢 鄭禹根
됴月成 鄭德達 명在運
각拾錢 정完植 오德米
각廿錢 丕鍾曲 拾錢
오셩學 貳拾전 丕在順
丕春先 각拾錢 丕병增
貳拾전 丕종殷 삼拾錢
合五圓拾錢

△休동
박炳元 三拾전 김先孫
鄭錫현 각廿錢 니九永
정化淳 각卅전 정金錫
김自欣 각廿錢 협房鄭丈保
拾전 박炳三 貳拾錢
정九峯 拾錢
合貳圓拾錢

△野光里
김敎成 拾전 김敎允
三拾錢 김敎德 貳拾錢
김교憲 김正濟 김敎根
각拾錢 김正國 池應順
각ㅁ錢 김敎順 김敎敬
김正集 각拾錢 千萬甫
김敎輝 각貳拾錢 김正萬
김敎甲 각拾錢 姜顯成
김慶희 각삼拾錢 김敎命
윤相규 각廿錢 김正才
拾錢 협戶丁云西 貳拾錢
孫順相 三拾전 협戶훈敬云
윤喬錫 각拾錢 林甫혁
四拾전 柳창烈 挾戶毛公弼
각廿錢 협戶高化景
雇工김敎善각拾錢 合五圓

△白巖동
洪淳喆 洪斗杓 각오拾錢
강寅學 卅전 徐禹셔
六拾錢 徐洪錫 四拾錢
尹相河 五拾전 姜淳熙
貳拾錢 林셕汝 四拾錢
림億萬 卅錢 니봉夏
나治權 洪在德 徐胤셔
각廿錢 니長셔 복永순
姜日學 徐仁셔 장元哲
각拾錢 合五圓

△水슈동
강信喆 五拾전 강道희
拾오錢 강信己 拾錢
긔셩化 박ᄅ鎭 김奇孫
정지德 니형圭 강龍熙
강元희각拾오전 강在히
강士희 각五면
合壹圓九拾錢
紙貨相換加計條三圓四십전
除ᄒ實合計廿九圓貳拾錢

●坡州郡汶山里
前敎官呂基歡 오圓
니瑗用 四圓 훈善在
安景희 김在聲 니티陽
훈應순 훈性寬
前議官장긔夏 林在豐
각貳圓 任範호 睦雲相
니春彦 廉東植 安敬會
千啓弘 洪在範 前敎官김涤杓
니成實 沈在영 沈在根
니舜瑞 훈仲三 훈德恰
니道淵 니潤泳 각壹圓
前知事김孝鼎 김聖호
김相윤 윤森舜 崔奎淵
니建洛 丕學信 주鳳謙
孫漢卿각六拾錢 훈聖슈
최永호 최義逸 훈창和
니셩수 김致순 김應순
니善源 김炳卿 김창셥
니景心 黃티식 沈肯之
리文宰 니之衡 文舜九
니根東 김봉完 김석환
成金三 김十賢 黃聖立
니聖徹 羅셕긔 車永文
장俊化 박元植 김大善
김根植 리春五 니德秀
김性필 曹和三 김致文
니禎益 비셩一 慶佐漢
曹漢식 安召史 김守楠
각五拾錢 김福顯
柳창봉 김雲경 김영培
秋春엽각四拾錢 니啓賢
니永守 羅性희 郭相福
閔泳天 丕用ᄒ 김聖大
최春根 김弘식 鄭德裕
김在裕 니致甫 니雲翼
김창현 장五현 각二拾錢
김性德 千弘엽 김亨三
丕春弘각廿五전 김玉石
니敬信 김景淑 박春景
安文學 丕台然 복士永
禹好永 김聖澤 黃守恭
김창根 김창連 김鎭永
김公習 박仲烈 최德一
朱敬安 白광식 정順경
최敬運 니敬淳 최雲景
全奇業 니元汝 김明和
정春善 박聖春 니德在
니德경 김千甫 복順필
김창植 김興植 김순식
니창根 각廿전 니石환
安介瑞 鄭山玉 김元謨
兪興三 羅致伯 車永春
全仲현 車영俊 김命賢
니周玄 정明瑞 박福三
니영三 各拾전
前監察許 增 長子 鏞
각二圓 次子 鏡 二拾五錢
三자 錫 拾二錢五里
長孫 源 二拾五錢
次손 浣 二拾五錢
三손 淑 拾二전五里
衣順五 三拾면

▲板橋里 成樂긔 一圓
▲赤雲里 박勝헌 六拾전
박勝台 五拾전 安光福
參拾전 박近陽 박勝완
任경準 各二拾전

▲長단松南面분池川人
최녕運 二拾五전
合九拾圓八拾五전

●加平朝宗上面杏峴里
張勳植 三十錢 리世輝
리亨楨 각一圓 김基萬
四拾錢 장好植 三拾錢
리邦輝 五拾錢 장文植
二拾錢 정 셩 五拾錢
리機東 二拾錢 리善輝
二拾錢 리應輝 三拾錢
리道植 리耿輝 리仁植
리宜植 리晩輝 리玩식
리우三 각二拾錢 최永祿
四拾錢 최千興 리周英
각二拾錢 리仁輝 四拾錢
장基明 김敎床 各二拾錢
合八圓

●抱川郡南面茂峯里
正三品니觀經 貳圓
子六品九鎔 次子憲鎔
각五拾錢 리相殷
壹圓오拾錢 子종舜오拾전
니載都 니載學 각一圓
니相集 柳根新 니면秀
각四拾錢 柳秀永
九品니徹鎔각卅錢 리東杜
四拾錢 김重浩 二拾錢
김敎榮五拾錢 柳根春
김永식각四拾錢 니寬應
卅錢 김培식 五拾錢
환夫柳根호四拾錢 김영秀
廿錢 柳根喩 四拾錢
니熙鎔廿錢 민貞식 卅錢
니禹鎔廿전 김相熙
柳根源각六拾전 김顯求
오拾전 柳根설 二 전
柳필영 송긔헌 윤始창
김正각 각四拾전 니愚善
김潤秀各廿전 正三品박順玉
최善明각六拾전 니爲福
사拾전 扈同云 니俊영
ㅈ廿전 니世鍾 二十전
니疇鎔 니載彬 니明俊
민泳紋 니尙면 각拾菱
김希性 四拾錢 김순性
三拾錢ᄼ柳根裕 拾전
니載定 니源順 각貳拾전
니氏寡 십전 니承萬
貳십錢 니源碩 십전
三品黃종義四십전 明恆植
廿錢 김元俊 김哲秀십錢각
박ト賢 柳武영 김윤熙
각廿전 김橫吉 五전
合貳십二圓십ㄱ전

●利川栢面牟田동
김영규參圓 辛셩吉五十전
鄭貴宗 嚴有吉 ㅈ四十전
柳義燾廿전 니元西廿전
禹龍鳳 각十전 김先童
니奇世 許 濟 김宿介
오전 김善日 具善五
각十전 盧今孫 貳전五里
니東夏 嚴인셥 각五전
니君凡廿전 吳龜常十전
丕ᄒ敎二전五里 黃學仙
嚴鎭汝 嚴聖連 ㅈ오전
具尙根十전 柳元日오전
니順成廾전 김順先 니有成
김占손 김容鶴 柳셩鶴
許 海 嚴柱淵 嚴柱긔
각十전 김景福 嚴昭섭
각오전
合七圓卅전
總合一百五십八圓五拾錢
前號總合八千〇五圓廿五錢
七厘
都總合八千一百六十三圓七拾
五錢七里
大韓每日申報社

◎特別廣告◎

국債보償금에昨日所捧은姑捨
合計이고伊前日所捧總合[illegible]
九千八百七十四圓七十錢은[illegible]
氣會社內銀行의貯置ᄒ얏습고
其貯置額中에셔七千圓ᄋ국債
報償志願金總合所로越交홈
大韓每日申報社

◎本社廣告

○申報價
一張代金 新貨二錢五里
一個月前納 三十錢
三箇月 九十錢
六個月 一圓七十錢
一箇年 三圓四十錢
郵稅一部 新貨五里
一箇月 十三錢

○廣告料
四号活字十三字詰
每日每英尺一寸에新貨廿五錢
(每日每行六錢에相當홈)
一週日에 二圓五十錢
(每日每行四錢五里에相當홈
一箇月에 五圓
每日每行四錢一里에相當홈
其期限의長短과字行의多數
를依ᄒ야增減홈이有홈

●大韓每日申報各處支社廣告
中署布屛門下 김相萬冊肆
平壤上水口門內 김浩淵
仁川ᄊ峴開新冊肆 최叔恒
宜川邑橋西里 리東皓
義州西門外한西 安濬
釜山港佐川 大藥局
三和港築洞 徐藥局
咸興州南社西門外 김仁집
開城培義學校 曹喜林
大邱市廳 姜助遠
載寧邑濟衆院 [illegible]夢澤
鐵山邑東部 최一弘
元山支店 安土
定州南門內 劉七錫
迦川邑 洪成麟
海州南門內書舖 리源植
朴昌鎭

發行兼編輯人 英國人비啟
發行所 南서石井洞號外地三層洋屋
大韓每日申報社

教授細目及教授案

教育學術研究會編 ○(改訂小學校令準據) 各科教授細目 全洋二冊裝 尋常高等 全六十錢 前後期定價各金八錢 郵税
同 會編 ○(改訂國定教科書に基きたる教授) 各科教授案 全洋二冊裝 尋常科前後各一圓二十錢 郵税各金拾五錢
同 會編 ○(改訂國定教科書に基きたる教授) 各教科授案 全洋二冊裝 高等科前後各一圓二十錢 郵税各金十五錢
松田茂 柿山蕃雄 先生共著 ○(尋常高等 國定) 毛筆畫教授細目 全和一冊裝 定價金六十錢 郵税金八錢
同 同共著 ○(國定) 毛筆畫教授書 全和二冊裝 尋常科定價各金三十八錢 郵税各金六錢
同 同共著 ○(國定) 毛筆畫教授書 高等男用 一二三學年甲乙各金四十五錢 四學年金七十錢 郵税各金八錢
同 同共著 ○(國定) 毛筆畫手本應用畫集 高等科 甲乙一二各定價金六錢 郵税各金二錢
同 同共著 ○(國定) 毛筆畫教授掛圖 尋一揃定價金一圓二十錢 高一揃定價金一圓六十錢 郵税各三十錢
富永岩太郎先生編 ○(國定教科書準據) 珠算教授法及教案 全和二冊裝 上金三十五錢 下金四十錢 郵税各六錢
教育學術研究會編 ○(每時配當 國定) 算術教授細目 全洋貳冊裝 尋常四十五錢 高等四十錢 郵税各六錢
同 會編 ○(每時配當 國定) 算術教授細案 全尋常四冊 尋常科一學年五十錢 二三四學年各金四十錢 郵税各金八錢
同 會編 ○(每時配當 國定) 算術教授細案 全高等科四冊 定價各金六拾錢 郵税各金八錢
同 會編 ○(國定) 算術教授用掛圖 尋常一、二年用 定價各金一圓六十錢 郵税各金三拾錢
同 會編 ○(國定準據) 算術練習用書 全尋常科二冊 三學年金十二錢 四學年金十錢 郵税各金四錢
相島龜三郎 富永岩太郎 先生著 ○(國定教科準據 每時配當) 國語綴方教案 全洋四冊裝 尋常科 定價各金四十錢 郵税各金六錢
山田美治 島崎林次郎 先生著 ○校外教授法及教案 全上製一冊 定價金一圓二十錢 郵税金十錢

管理法及訓練法

師範學校長 和田豊 先生著 ○小學校管理法 全上製一冊 定價金八十錢 郵税金十五錢
小山忠雄 横山榮次 先生共著 ○(修正) 學校管理法 全上製一冊 定價金四十錢 郵税金六錢
町田則文 先生著 ○學校管理法 全洋裝一冊 定價金五十錢 郵税金八錢
東京高等師範學校 佐々木 先生著 ○訓練法撮要 全上製二冊 定價各金一圓七十錢 郵税各金十五錢
東京高等師範學校訓導 松田茂 先生著 ○(國定修身書に基きたる) 訓練の實際 全洋裝一冊 定價金六十錢 郵税金六錢

體操及遊戲書

前東京高等師範學校訓導 宮永岩太郎 先生著 ○(教育的) 遊戲の原理及實際 全上製一冊 定價金八十錢 郵税金十錢
女子大學教師 白井規矩郎 先生著 ○(女子) 生理的訓練法 全上製一冊 定價金一圓 郵税金十五錢
同 先生著 ○(體操 遊戲) 陸軍遊戲 全洋裝一冊 定價金四十錢 郵税金六錢
同 先生著 ○(遊戲配當) 日捷軍歌 全洋裝一冊 定價金十二錢 郵税金五錢
東京音樂學校教授 旗野士良 先生編 ○小學唱歌集評釋 全和裝一冊 定價金六十錢 郵税金六錢

讀本類

同文館編輯部編纂 ○日本商業讀本 全和四冊裝 第一二卷各金二十七錢 第三四卷各金三十八錢 郵税
中川靜 先生著 ○商業補習讀本 全和二冊裝 定價一、二各金廿二錢 郵税
同文館編輯部編 ○(補習教育) 實業讀本 全和一冊裝 定價金廿五錢 郵税金四錢
矢田鶴之助 先生著 ○(補習) 農業讀本 全和三冊裝 甲乙二各金十二錢 郵税各金四錢
實業學校長 中村康之助 先生編 ○(實業補習) 大國民讀本 全和二冊裝 甲、乙各金廿五錢 郵税各金四錢
中村康之助 古賀文一郎 先生共著 ○(實業補習) 書翰文範 全和一冊裝 定價金廿五錢 郵税金六錢

辭書類

博士、學士、專門大家分擔執筆 ○醫學大辭書 全六冊 定價金二十九圓 郵税金七十錢

博士、學士、專門大家分擔執筆 ○商業大辭書 全壹冊 定價金四十五圓 郵税金十錢
三久保、西山、柴田先生分擔執筆 ○東洋歷史大辭典 全上製一冊 定價金九圓 郵税金三十七錢
教育學術研究會編 ○教育辭書 全上製一冊 定價金五圓 郵税金三十六錢
同 會編 ○(教育者 必讀 用) 小學校事彙 全上製一冊 定價金四圓 郵税金二十錢
高橋龍雄 先生著 ○(國定 新本) 發音辭典 全上製一冊 定價金六十錢 郵税金六錢

雜書

文學博士 建部遯吾 先生著 ○經世時言 全上製一冊 定價金一圓六十錢 郵税金十五錢
寺田勇吉 先生講述 ○教育統計學 定價金六十錢 郵税金八錢
文學博士 遠藤隆吉 先生著 ○社會史論 全洋裝一冊 定價金二十錢 郵税金四錢
同 先生著 ○社會學 全洋裝一冊 定價金四十錢 郵税金六錢
法學博士 梅謙次郎 先生著 ○民法講義 全上製一冊 定價金一圓五十錢 郵税金十錢
法學士 呉野義郎 先生著 ○相續稅法要義 全洋裝一冊 定價金二十錢 郵税金五錢
文學士 持地六三郎 先生述 ○法制及經濟 全洋裝一冊 定價金七十錢 郵税金八錢
文學士 林清 先生著 ○學校法理論 全洋裝一冊 定價金三十錢 郵税金四錢
文學士 川田鐵彌 先生著 ○理科示教圖 全二十幅 定價各一圓廿五錢
同 先生著 ○(學校 家庭) 理科讀本 全和四冊裝 各定價金二十五錢 郵税各金四錢
秋山鐵太郎 先生著 ○博物界の應用 全上製一冊 定價金七十錢 郵税金八錢

家庭書

柿山蕃雄 先生著 ○(家庭 娛樂) 圖畫と子供 全和一冊裝 定價金六十錢 郵税金八錢
學習院教授 大村仁太郎 先生著 ○家庭教師としての母 全和一冊裝 定價金七十錢 郵税金十五錢
同 先生編述 ○(教育 寓話) 我子の惡德 全和一冊裝 定價金六十錢 郵税金八錢
同 先生著 ○(教育 寓話) 我子の美德 全和一冊裝 定價金七十錢 郵税金八錢
同 先生譯述 ○太郎は如何にして教育すべき 全和一冊裝 定價金六十錢 郵税金八錢
關潮 川以雄 先生著 ○(家庭 講話) 我子の養生 全和一冊裝 定價金四十錢 郵税金六錢
專門大家十一名執筆 選評 ○(家庭 講話) 母と子供 全和一冊裝 定價金六十錢 郵税金八錢
大村仁太郎 沼田笠峯 先生編 ○(家庭 訓話) 子供かたぎ 全和一冊裝 定價金六十錢 郵税金八錢
東京女子高等師範學校教授 東基吉 先生編 ○(家庭 童話) 母のみやげ 全和一冊裝 定價金六十錢 郵税金八錢
廣島第一高等女學校長 齋藤鹿三郎 先生著 ○(女子 補習) 修身の道 全和一冊裝 定價各金二十錢 郵税各金四錢
同 同先生著 ○(女子 補習) 子女教育法 定價金三十錢 郵税金四錢
佐々木秀治 及川 先生著 ○(地理 讀本) 鄉土 全洋二冊裝 定價各金十八錢 郵税各金四錢
樋口勘治郎 先生著 ○(征露 國民) 日本魂雄 全和一冊裝 定價金四十錢 郵税金六錢
西山常男 先生著 ○室內のあそび 全洋一冊裝 定價金四十錢 郵税
西田常男 先生著 ○圖畫のけいこ 全洋一冊裝 定價金四十錢 郵税
福田琴月 先生編 ○朝鮮と滿洲 全洋一冊裝 定價金十五錢 郵税金四錢
福田琴月 先生編 ○四百餘洲 全洋一冊裝 定價金十五錢 郵税金四錢
福田琴月 先生編 ○印度と西藏 全洋一冊裝 定價金十五錢 郵税金四錢
福田琴月 先生編 ○亞弗利加探險 全洋一冊裝 定價金十五錢 郵税金四錢
福田琴月 先生編 ○伊太利半島 全洋一冊裝 定價金十五錢 郵税金四錢
關以雄 先生著 ○(學校 兒童) 小師の衛生 全洋一冊裝 定價金三十五錢 郵税金四錢
文學士 久保天隨 先生著 ○(武家 時代) 少年士道の訓 全和一冊裝 定價金六十錢 郵税金八錢

同文館特約店

京城 本町 韓國 貳丁目

日韓書房

電話 百四十五番

第五卷
大韓每日申報
第五百四號

月曜及慶節時日休刊

◉陰曆丁未三月小廿三日甲寅

論說

錯誤 (前號續)

大日本報紙上에序述혼第三條는各樣學校의漸次設立을備陳호얏스니對此提議호야는有何實言이리오마는但有一言可問호니何也오호면日本教師가多數流入호거슨欲免不得이라如此教師가片假名파부위도외道德學을教育홈이希望이요可用으로認호야此에셔生호는結果가其將不少홀지라如此學課도必得稱揚인즉韓人의教育을擔實혼諸員은教育上發達에日人이他邦人보다未及혼幾許種類가尙存혼노슴實認홀지어다본記者ㅣ如차發言호는거슨但以事實이오본人의形態를誹謗評論者의形態로關係호는거슨不願호노니盖漢城內에국語학校가挽近에教育上日人顧問官의注意를似不多受호거슨吾人의所知라以是로如차關說호노라

第四條는病院과醫학교의설立을報道혼지라此關係로는吾人이他邦보다似是前進이니此는病院維支를不以國財로充用호는規例가他處에는未有홈이로다今차病院施설이貧寒혼多數日본醫師의게薪水를其或供給호려니와其記述中에有言호되한城에불成樣혼病院만但存이라호얏스니果其然耶아槪減言之라도過去二年之際에는韓國京城에居民이濟衆院을有호야北最善醫術과最善注意를得見호지라히院의셜立이純然혼慈悲之擧요且逮今每事가皆是慈惠之行이라此病院과韓國內에其他病院들이播傳宗教上에大有効果혼거슬吾人이若見인된今者日人의病院설施之策은他人의已成之擧를取行홈이로다

第五條는韓國에警察行政이日본의게頗多혼困難을貽호얏다發言호얏고到今호야는統監府에接屬된日本巡査五百五十人이在此라호얏도다吾人은其額數가차人員보다加多혼줄을存心호나니所稱五百五十人은漢城에在혼巡査만其或指言홈이로다

第六條는 宮闕內에秘謀와其他不適혼事가有호다飾言호야宮闕을警吏監守之下에置혼意義를表示호얏스니日本誹謗者가不適혼事가有호다發言호기는非難이로되如차誹謗者를適宜說明호기에는下筆키甚難이로다 皇帝께셔日본人의知悉과認許를不有호고行호시는每事를秘謀라指稱혼진된秘謀가有호다는彼言을其必容許홀거시오且日人이現今實行호는警吏監守의制度는韓國 皇帝를拘囚한것과無加無減이라如차格外行動을加호는彼之表義는不足言也니其一온一國 皇帝의게奸謀를加혼다稱托홈이오其他는卑劣阿諛가有호다는無根지說이로다

其他事項을關係혼諸條는今姑置之라가待其發達之實行호야將欲論辨호노라 完

官報

◉敍任及辭令

●三千七百五十七號 광무十一年五月四日

宮內府特進官申箕善
命弘문館학士
中樞院贊議沈健澤
命知敎寧司事
敬陵參奉윤炳喜
依願免本官
영陵參奉리斗馧
任敬陵參奉
章陵參奉김希수
任章陵參奉
윤相勉
任영陵參奉
洪極杓
制度局主事박胄彬
全趙箕衍
侍從院主事홍일섭
帝室會計審査局主事최重식
命各宮事務整理所記事員
일本國公爵勳一等德川家達
陞敘되勳賜리花대수章
일本國侯爵德川賴倫
敘勳一等賜太極章
일本國伯爵松平賴壽
敘勳一等賜八卦章
度支部主事정한용
依願免本官

外報

●淸國의日語廢止 淸國의排日思想이愈益熾盛호야度支部侍郞陳벽氏가南京셔銅幣廠을調査혼後에軍屬及각學校를巡視홀時에各學堂에셔日本語學課에專力홈을不悅호고特히兩江師範학堂의日本敎授가最多홈을駁論호며兩江總督에對호야히校初級師範학校와其他各학교에更히日本學課를설置치아니호기로提議호얏는딩其結果로本年開교後각官立학교에셔日본文을廢止호고專히歐文에專力호기로決定호얏다더라

●獨立運河擴張 獨逸帝國議會에셔預算案을提出호얏는딩歲出中으로戰鬪艦을適用호기爲호야運河擴장의第一期繼續事業費一千五百萬馬克을要求호얏다더라

●美國艦隊編成 美國當局者가東양에셔美國艦隊를合倂호기로計畫호얏더니今番에돈參將麾下의比律賓艦隊와스우인바안參將麾下의太平양艦隊를合호야新히太平양艦隊를編成호고뷰아우스參將으로總指揮官을命令호얏는대차艦隊를太平양沿岸艦隊로區分호야參將으로써其司令官을任命호고司令長官은海軍定員改正案이議會를經過호는딕로副장으로써任命혼다더라

雜報

●金氏疏本 續 前秘書丞김昇민氏가口隊에셔得放하고還鄕호미憂愛一念으로陳疏가如左호니

掌司寇者恤五刑民用불犯이刑措可致此司寇지禮也掌司馬者修九伐以平邦국何憂乎陸海攻守列强지불如此司馬지禮也掌宗伯者諸萬民以和邦국吉凶賓嘉胡슥乎四者지불秩차宗伯지禮也掌司徒者敷五典以擾兆民何關五品지弗遜차司徒지禮也掌총宰者統百官以均四海胡念八法지弗修九賦之不治九職지弗成차총宰지禮也

治敎禮政刑空六者지禮旣修則成周지治可復覩於今日也叔季以來僞紳불講禮實이徒習儀曆々致차世級지顚降也謹按經解曰入其國其敎可知이禮지失煩臣以爲凡今지世禮失有四이一曰참二曰侈삼曰謟四曰蔑이煩則末也先王制禮則天지明因地지性豈徒然也以言賓례國典取才章曰文科十年一重試堂下官許赴무科冀試同이文臣中直以下每歲會議政府試지居首者加階年少文臣每式年分授一經講習이 殿講或 命官考講進삼通者準一考불通者削一考每月十七일試무官堂上合次居首及沒技者加資二十일試文官堂下일試무臣堂下居首者論賞又於歲抄滿五百分者同加資二十二賓廳講五次純通者加資其講四書삼鑑中一書從願이訓鍊院軍士取才以무經七書通鑑兵要將鑑博議習讀每月考講給分歲抄通考優等 啓聞敘用水軍能射者節度使巡行試取每歲抄優等啓聞授職大凡문무賓興지례찬然備存이 皇祖垂範위且盛矣自近일更장문士賓興雖有博士지科然博지以論孟庸학也止是名實不符大학지교有曰治국平天下이朱子嘗曰熟讀大학作間架以他書塡補去可也又曰大학是箇腔子要塡교他實지者也 未完

●黃海道殷栗郡來書 敬啓者는近日貴報에揭載혼바徐相敦 等斷烟同盟趣旨書를奉讀호미誠心이溢乎詞表호며理論이切乎時措호야令人興感愛國誠호며激發義勇氣로다慶北海西가莫非王土며徐씨與我均是國民이어눌舜何予何완디豈無銅종相應지理乎아茲予同志幾人국채報상會를發起호고義捐금을募集호미二十三十錢이手出於勞動手호며五圓十圓貨가非餘於穿糊者라嗟我殷民이今果文明歟아盖于予生靈이至愚이神故로天也時也혼신精神이回春호얏스니凡我에報償我國債호고克復我국權同胞는孰弗忘손哉아般是小局이라財弗副誠호야零星捐額이想弗萬一於他郡이나其忠義所著則一也故로玆先敬告于貴社호오니幸須廣布호야使徐시等有志人士로俾知鄙도亦表同情호오며번郡同胞義捐금額을連續錄呈計호니一々廣布호심을敬要 國債報償會發起人 洪鎭三

江原道寧越郡池우錫씨等국채報償文輪通于道內각郡조문如左

국지有貨幣猶人지有血맥也血맥斷즉人何以得生貨幣盡즉國胡以圖保乎我국지於일본債額未報者數旣弗勘日以增衍難使傾국지財必無淸帳지暇矣皆弗時急圖迫者乎隣里間與受私債延라時日則畢竟傷廉으傷其況乎鄰국交涉通商지地與受不敏爲得免財上불明지資이亦皆無全국人民制度지患乎惟我同胞莫非 大皇帝陛下赤子也父必至則금일爲國家保生靈지計莫急於報償一事也鄙亦一兩嚴지下이義理所在玆以通고于道內凡위大혼國民諒悉事體각出義金收納于국庫俾補報채지萬一千萬幸甚

●公廨請借 咸南觀察使정瀛時씨가內部로報告호되본道公廨中隨率廳을第一銀行咸興出장所主任小西春雄이滿五十年願借事로前已再次修報이옵더니指令內開有차請願이면본道가詳查斟酌호야該廳이有用無用인지今雖無用이되後必有用일지借與不借와當與不當과形止를說明報來라야部可指令이어놀部無意見호니雖指左右이事等因이온바차를進查호온則히公廨의將來有用無用은難以預料이오나現今關에는姑無實用處이온즉限年借與는不敢擅善이오되臨時借給은恐合便宜이옵기玆에報告되호얏더니指令호되果如所報면定約權借이되所用이有홀時는卽爲還付호意로證書를受置호라호얏더라

雜報

●九案云叙　今番郡守奏本에ᄂᆞᆫ還韓外에現關九窠를叙任ᄒᆞ다더라

●餞別德川　昨日上午七時에德川公爵이平壤等地에發程ᄒᆞᆫᄃᆡ 義親王殿下와ᄀᆞ部大臣이南門外停車場에出往餞別ᄒᆞ얏다더라

●無犯不放　學部協辦閔衡植氏를監獄署로移囚ᄒᆞ야곳放免이될터인ᄃᆡ日ᄀᆞ官이尙今斬持ᄒᆞ야多日滯囚흠이라더라

●協稅停止　度支部에셔각地方場市에百分之一과各浦口旅閣千分之오稅를去月붓터實施ᄒᆞ라고각稅務官의게訓令ᄒᆞ얏더니무삼關係가有ᄒᆞᆫ든지姑爲停止ᄒᆞ라고更히發訓ᄒᆞ얏ᄂᆞ더라

●郡守전考　昨日內部에셔銓考委員이會同ᄒᆞ야郡守幾窠를전考ᄒᆞ얏다더라

●主事被囚　公州觀察使金嘉鎭氏가日補佐官某氏와有何相關이든지該道自辟主事가경務署에幾日間牢囚을當ᄒᆞ얏다라

●岩井出張　岩井경視ᄂᆞᆫ有何緊急事인지再昨日에馬山浦로急行出張ᄒᆞ얏다더라

●倶樂晩饗　再昨日下午七時에ᄀᆞ部大臣이日本倶樂部에前往ᄒᆞ야晩饗會를設ᄒᆞ고덕川公爵의一行을請ᄒᆞ야宴待ᄒᆞ얏다더라

●日訪韓校　일本貴族院委員柴田家門氏가昨일에官立漢城高等學校를觀訪ᄒᆞ얏더라

●兩艦出港　仁川港에碇泊ᄒᆞ얏든兩軍艦이去月廿九일에出港ᄒᆞ얏다고히府尹김潤晶씨가內部로報告ᄒᆞ얏더라

●일悖일甚　釜港來信을據ᄒᆞᆫ則今陰曆三月十二일에兵丁幾十名이釜港下陸時에散行道路에狡猾作弊가無所不至라가過去한人을無端毆逐ᄒᆞ야裂破衣冠ᄒᆞ고折傷筋骨者가有ᄒᆞ되일本憲兵은目所聞睹人이라ᄒᆞ고興論이沸騰ᄒᆞᆫ다더라

●日校動運　日本尋常小ᄒᆞᆨ校에셔春期大運動을今일訓錬院에셔擧行ᄒᆞᆫ다ᄀᆞ部府院高等官을請요ᄒᆞ얏더라

●閔職願露　前鎭셔郡守閔泳ᄒᆞ에가莅任該郡時에不法貪財가오萬오千兩이요甲辰兵擾에料托軍餉ᄒᆞ고歛民白米가九百斗인대閔슈가該職脫免지計로該郡民허仁을錢三千오百兩을暗給捧標ᄒᆞ고貼지事가綻露故로合郡衆民이去益沸울ᄒᆞ야白雲起等이推職ᄒᆞ고漢城裁判所에鳴冤ᄒᆞ얏다더라

●김씨更訴　平壤居김伯善이가陰曆昨年分에商賈次로買太二百石을積置于該郡殿昌燁旅閣ᄒᆞ고庫貫을每月오十兩式定給이러니殿哥의差人장鉉리承澤二人이同謀賊心ᄒᆞ고暗典於일本人山田財務官이라ᄒᆞ고奪去ᄒᆞᆫ고로김씨가呈官呈府ᄒᆞᆫ則殿리兩人이逃避于京城ᄒᆞ야左右請囑ᄒᆞᄂᆞᆫ故又呈平理院ᄒᆞ야捉上殿昌엽ᄒᆞ야原被告가一次對質에判決도未出에殿가々放出되미김伯善씨가此太로因ᄒᆞ야傾家破産ᄒᆞ야家眷이上京流離ᄒᆞ며平理院에셔公決치아니ᄒᆞᆫ거슬呼冤ᄒᆞ며日間에更呈平理院ᄒᆞᆫ다더라

●法訓翻衍　平北觀察使署理參書官張孝根씨가內部로報告ᄒᆞ되部訓을奉準ᄒᆞ와行政司法上에경察官吏가如或越權行動이거든明確ᄒᆞᆫ證據를調査修報事로管下ᄀᆞ郡에一切翻衍ᄒᆞ고玆以報告라ᄒᆞ얏더라

●賞品寄付　金相賢氏가向日私立學校聯合運動時에雨傘一柄과空冊二卷과鉛筆一同及毛筆十柄과紙石盤一帖을升算競走一等賞으로寄付ᄒᆞ엿고日昨에官私立연合運動初時에婦人社會에必要ᄒᆞᆫ家庭雜誌一百卷를女학校中으로寄附ᄒᆞ얏더라

●屋價支發　海州公立普通學校建築基址內所在民有地家屋代價八拾오圓을학部에셔發送ᄒᆞ얏다더라

●學會運動　本日에西北學會에셔연合運動을三仙坪에셔擧行ᄒᆞᆫ다더라

●地長付賞　今番官私立연合運動時에內部地方局長현은氏가賞品物로空冊二十件과鉛筆六托損을寄附ᄒᆞ얏더라

●內照度部　內部에셔塔동公園地北門前路面溝渠西北邊石築新築費三百四十一圓六錢과仝東南邊石築新築費三百오十오圓七十錢과寺동東邊塔동新作路三巨里溝一處新造費二百二十二圓과校동園동三巨里至塔동公園地外路面溝渠北邊石築新築費三百仌十一圓六十錢과戶橋上東邊犯路瓦家毀撤費오百圓을支撥ᄒᆞ라고度支部에請求ᄒᆞ얏다더라

●結稅再徵　忠南鴻山郡稅務官管下各郡은郡守與吏셔輩가結民에게實給을多數히先捧以食ᄒᆞ고虛結을修正文書ᄒᆞ야稅務所로越交ᄒᆞᆫ故로自稅務所로結民의게稅納을推捧ᄒᆞᆫ즉結民言內에已納稅錢于官이거날有何督納고ᄒᆞ야呼訴가遝至ᄒᆞᄂᆞᆫ지라稅務官은民情을顧念ᄒᆞ야再徵치못ᄒᆞ고各郡守와吏셔輩에게督捧ᄒᆞᆫ즉郡守와吏셔輩ᄂᆞᆫ結民을威脅ᄒᆞ야虛結을勒徵코ᄌᆞᄒᆞᄂᆞᆫ故로民情이嗷々ᄒᆞᆫ다더라

●日人被賣　何許日人이通辯을帶同ᄒᆞ고舒川郡에來到ᄒᆞ야該郡守를請見ᄒᆞᆫ거날該郡守屈根錫氏가次門을開ᄒᆞ고請入ᄒᆞ되日人曰正門을開ᄒᆞ기前에ᄂᆞᆫ不入ᄒᆞ깃다ᄒᆞ거ᄂᆞᆯ屈郡守가非因公來人인즉正門을不可開入이라ᄒᆞ야聽若不聞ᄒᆞᆫ즉日人이數時間을相持ᄒᆞ다가不得已次門으로入見郡守ᄒᆞ고怒目疾視ᄒᆞ거날該郡守가粗解日語흠으로正色儼然에일人의悖習을詰責ᄒᆞᆫ되일人이俛々謝過이去ᄒᆞ얏다더라

●立碑可惜　忠南稅務官金寬濟氏가稅政에對ᄒᆞ야不緩不急ᄒᆞ야民情을撫循ᄒᆞᄂᆞᆫ故로列邦境內에木碑를多數히竪立ᄒᆞᆫ지라該氏가巡邑지路에所看木碑ᄂᆞᆫ一々히拔去ᄒᆞ얏다더라

●丹陽義魁逮捕　去月에忠北丹陽郡에셔蜂起ᄒᆞᆫ義兵의首魁黃聖連(五十二歲)은一時蹤跡이隱匿되얏더니數日前에忠州警務顧問部에被捉되얏다더라

●絞刑執行　去三十日大邱경察署에셔火賊强盜等二十名의絞刑을執行ᄒᆞ얏ᄂᆞᆫ디臨場立會人은李觀察하경務皮檢事白參書諸氏라더라

●學徒激昂　校동官立日語학校長金漢奎氏가日敎師某氏의指揮를承諾ᄒᆞ야一般학徒를何樣壓制ᄒᆞᆫ든지該학徒들이不勝激昂ᄒᆞ야장次請願退학코ᄌᆞᄒᆞᄂᆞᆫ者가多數ᄒᆞ다더라

●寧守貪叨　西來人의傳說을聞ᄒᆞᆫ즉寧邊郡守南俊元氏가赴任以後에事事貪饕不法ᄒᆞ야昨秋等殿最에已爲居下에尙悟然冒攫ᄒᆞ야不吝前習ᄒᆞ고一向貪叨ᄒᆞ야每有民訴에仍作街貨ᄒᆞ야無論民刑事ᄒᆞ고惟賄賂是求ᄒᆞ며所任之遞差에不問其人ᄒᆞ고但錢是取ᄒᆞ야稱任一파와面任一파에例價가少者ᄂᆞᆫ六七百이오多者ᄂᆞᆫ七八百금이라더라

●研會討論　來六日月曜下午八点에眞宗眞理硏學會에셔實地經驗이勝於학理연究란問題로可否演議가討論ᄒᆞᄂᆞᆫ디有志僉君이多數光臨ᄒᆞ시기를希望ᄒᆞᆫ다더라

●普校運動　普成中학校學徒가昨日東門外新興寺에前往ᄒᆞ야運動會를設行ᄒᆞᆫ다더라

三爵寄孤

일本貴族院長公爵德川家達氏와侯爵德川賴倫씨와伯爵松平賴壽씨가渡韓ᄒᆞᆫ지初에開孤兒원情況ᄒᆞ고금三百圓을捐補ᄒᆞ이寄書全文이如左ᄒᆞ니

久慕晴光無緣識荊長由海角天涯東南隔以若明公慈航開濟孤兒지敎育鴻業已著於全國방名傳播於隣邦仰羨何曁生等渡韓지일卽造獻賀心與事違奈何敢장不전以表微忱至希莞存以補校費지萬一兼請近安

●親睦開會　靑年會館에셔明日下午七点半에月例會를開ᄒᆞᄂᆞᆫ데新入會員을爲ᄒᆞ야茶果禮로親睦會를開ᄒᆞ오니僉會員은多數광降흠을希望ᄒᆞ고傍聽은不허ᄒᆞᆫ다더라

●靑會講道　今日下午三点半에靑年會館에셔福音會를開ᄒᆞ고承동禮拜堂에셔傳道ᄒᆞᄂᆞᆫ紳士徐相嗇氏가講道ᄒᆞᆫ다더라

●光校生광　安동광東學校ᄂᆞᆫ男子學校인ᄃᆡ校長은申肅堂이오校監은李僞氏夫人이라貧寒ᄒᆞᆫ童蒙만募集ᄒᆞ야紙筆々지라도校長이自當ᄒᆞᄂᆞᆫ디학徒가오十餘名에達ᄒᆞᆫ지라日前聯合大運動에히校學徒가進參흠時에帽子을一齊히新着ᄒᆞᄂᆞᆫ데價額은校長이自擔ᄒᆞ고히生徒가赴會時에畵角一雙이前導ᄒᆞ야隊伍가整齊ᄒᆞ니觀광者稱賞ᄒᆞ며及其參會之場에申肅堂이午餐을豐備히自판ᄒᆞ야오十餘名生徒의午飯을申肅堂이親手分給ᄒᆞ되均一無差ᄒᆞ고각社會에名士와女子學校中某々씨오十餘員을請邀ᄒᆞ야午餐을接待ᄒᆞ얏고히학徒ᄂᆞᆫ二等賞二次와四等賞四次을授ᄒᆞ얏다더라

●尹家失火　昨일上午七時에北署樓閣동ᄒᆞᆨ部委員윤慶식家에셔失火ᄒᆞ야전소ᄒᆞ얏더라

●리家回錄　再昨日下午十一時에北署樓閣동油物商리始永家에셔起火ᄒᆞ야오六間이소盡ᄒᆞ얏고隣家에도損害가大端ᄒᆞ나其時에동里人民이盡力ᄒᆞ야幸히滅火ᄒᆞ얏스나油物損害만오六百원가量을被ᄒᆞ얏더라

●窮米被殺　平南來說을據ᄒᆞᆫ則일本人齊藤이가증南浦에셔器械를排設ᄒᆞ고春精을ᄒᆞᄂᆞᆫ대役군은한人이라其中一人이米一升을盜竊ᄒᆞ다가被捉ᄒᆞ야일人이猛打를加ᄒᆞ고又일人募군을식여毆打ᄒᆞ다가맛참니致斃ᄒᆞ얏다더라

路透電報

●平和會議未定案　海牙平和會議에셔軍備縮少問題의討議與否ᄂᆞᆫ未定인ᄃᆡ其目的을議事에附흠에就ᄒᆞ야邪推ᄒᆞᄂᆞᆫ態도가有ᄒᆞ고目下에複雜ᄒᆞᆫ外交上未定案에屬ᄒᆞ얏다더라

●일露條約　일露通商條約은露都에셔正式으로議定되야불일調印ᄒᆞᆫ다더라

▲殘春茶話▼

▲近日政界上大官들이각社會의公論과新聞上論駁을頗히顧畏ᄒᆞᆫ意態가有ᄒᆞ니不知ᄒᆞ거니와伊藤侯가日前綠泉亭에셔休退ᄒᆞᆫ元老을請邀宴待ᄒᆞᆫ影響으로現政府에셔或其地位가更ᄒᆞᆯ가念慮가有ᄒᆞ지

▲日昨官私立學校聯合大運動에觀광者가人山人海를成ᄒᆞ얏ᄂᆞᆫ데卷烟을吸ᄒᆞᄂᆞᆫ者ᄂᆞᆫ一個도無ᄒᆞ니大韓人民의愛國思想이漸次發生흠은於此可見이니從此以往으로節儉行爲가益々堅固ᄒᆞ면韓國前途ᄂᆞᆫ大有可望이로고

▲淳昌郡守리鐸應氏ᄂᆞᆫ觀察使을圖得ᄒᆞ랴고該郡에駐在ᄒᆞᆫ日경部의書札을得ᄒᆞ야경願丸山重俊氏에게付ᄒᆞ고勸告을緊請ᄒᆞ며某大臣에內間으로緊密運動ᄒᆞ나內大內協이不許흠으로方在熱中ᄒᆞᆫ다니觀察使도죠커니와同氏의行世가大端히쌀쇼

▲각地方에賊경이猖獗흠으로鎭壓ᄒᆞ기爲ᄒᆞ야各鎭衛隊兵丁幾十名式각處에派駐ᄒᆞ야人民을保護ᄒᆞ더니該經費가夥多흠을由ᄒᆞ야撤還ᄒᆞᆫ다ᄒᆞ미人民이落望ᄒᆞ야畏怯이尤甚ᄒᆞ니無用ᄒᆞᆫ巡檢만增設ᄒᆞ야民弊만滋甚케말고鎭隊ᄂᆞᆫ仍置ᄒᆞ지

▲某官人의談話를據ᄒᆞᆫ則近日각地方에巡檢들이民間에討索之弊가去益甚焉흠을思量ᄒᆞ면오圓月俸으로ᄂᆞᆫ親舊米由ᄒᆞᆫ所以인則上部에셔히月俸을加額支給ᄒᆞ면此弊가自然寢息되리라ᄒᆞ니히官人의言論은人情을周察ᄒᆞ야事理가合當ᄒᆞ나일경部와일巡査의月給은幾百元幾百元을不惜ᄒᆞ나한國官吏의月俸은分錢을愛惜ᄒᆞ니言之何益ᄒᆞ리오

▲地方각處에窮부民情이當春알々ᄒᆞ야菜色이上面ᄒᆞ고麥嶺이支離ᄒᆞᆫ데稅官之催稅와한일巡査之作弊가聽聞이愁慘ᄒᆞ되周恤方針은寥々無聞ᄒᆞ니觀察郡倅ᄂᆞᆫ루구를爲ᄒᆞ야置ᄒᆞ얏ᄂᆞᆫ지

特別社告

本報代金을ᄀᆞ支店에셔多有延滯ᄒᆞᆫ中平壤支店에셔ᄂᆞᆫ九年十年兩年度의未納額이삼百餘元에至ᄒᆞ얏스니本社經費ᄂᆞᆫ何以支過乎잇가購覽ᄒᆞ시ᄂᆞᆫ僉員은延滯餘額을這這鳩合ᄒᆞ야該支店으로送交ᄒᆞ심을務望흠

大한每日申報社

雜報

●總合所輪函 國債報償總合所에셔十三道郡에輪函이如左ᄒᆞ니

國債報償이惟我大韓之一大關係而義務贊揚之說은業已陳述於許多發起諸會社則必無更論이요以大韓每日申報社內總合所로言之則對此義金之募集ᄒᆞ야後日償還外債之時에統合多少金額而示明于全國同胞主旨也라故로編此爲目ᄒᆞ야以成規程而臚列者也니惟願同胞ᄂᆞᆫ詳察而表其情ᄒᆞ소셔然則發起僉君子ᄂᆞᆫ例爲本所之贊成員而記載名簿ᄒᆞ야以爲萬古不易之春秋이니

一貴각收金所與收金輸送人은一郡之信實義務員으로別擇起送ᄒᆞ시고京鄕間亂類輩가看作奇貨ᄒᆞ야藉托總合所任員이니聯合所任員이라ᄒᆞ고從中作弊者不無ᄒᆞ오니切勿見欺ᄒᆞ야無誤大人케ᄒᆞ시며各收金所前後金額과姓名을每月終에本所로昭詳報明ᄒᆞ오며支收所請願書類와其他細大事務를一々枚報ᄒᆞ시와商議妥판之意로玆以公布ᄒᆞ오니각收金所僉君子ᄂᆞᆫ照亮ᄒᆞ신後另장此意ᄒᆞ야揭付坊曲ᄒᆞ며輪示同胞ᄒᆞ야以爲民國之福이是所幸甚이라ᄒᆞ얏더라

●義捐無先 井邑국債報償任員前議官朴仲炫과前文案朴箕哲兩氏가종中의自願金二百六十餘圜을已爲收集ᄒᆞ얏고同志士人金洛馨과임教宰諸氏로境內人民을竭力勸告에收合ᄒᆞ야爲先七百餘圜을京會所로送交ᄒᆞ고其餘ᄂᆞᆫ收棄上送ᄒᆞᆫ다더라

●斷飮出捐 忠南海美二道面牛峴里居李道재氏ᄂᆞᆫ孤獨至貧으로性本愛酒러니今番義捐을聞ᄒᆞ고喜不自勝ᄒᆞ야졸然斷飮의舊貨壹圜을出捐ᄒᆞ고히小室李氏도此義捐을亦聞ᄒᆞ고賣脂環ᄒᆞ야舊貨四圜을出捐ᄒᆞ고李道濟從氏民濟도年將六拾에無依無托으로舊貨八拾錢을出연ᄒᆞ얏더라

●必是誤傳 昨일雜報欄內에趙原誠씨가政府參書를被任ᄒᆞ문年前新約條籍書ᄒᆞᆫ功効란事ᄂᆞᆫ更聞ᄒᆞᆫ즉初無是事라더라

廣告

本人姪梁山居池白蓮이或稱在詰ᄒᆞ고年今二十八에雜類誘引을甘聽ᄒᆞ고廣帳田土와倫名圖章ᄒᆞ僞造ᄒᆞ야與大邱人으로挾雜타가昨秋에被捉於釜港경務署而久囚倖免ᄒᆞ고혐雜京城타가有漢城府捉待之令則逃避隱跡터니前習을不悛ᄒᆞ고又與浪類로혐雜無常ᄒᆞ오니內外國人은切勿見欺흠

東萊龜浦池春溢 告白

平壤居리召史의田土가本郡斧山坊下原四里坐佛동所在啓字田北二拾四行梯田十四卜三束과二作句田오복三東同坊오里新興동所在床字田南九直田九복九束과同방오里在院동里연子石草家二間右三곳新舊文券이며手票二장을今年正月分에沒數賊失이오니內外國人間買與典執間切勿見欺ᄒᆞ시옵

皇甫宣 告白

中署長通방契十三統十二戶瓦家七間半前厚白紙板刻一度今日遺失內外國人間拾得休紙施行흠

家主김광潤 告白

郭山郡興岩居李銀瑞氏로本社支社員을特許ᄒᆞ와五月一日븟터視務ᄒᆞ오니該郡附近地에셔ᄂᆞᆫ購覽코자ᄒᆞ시ᄂᆞᆫ니ᄂᆞᆫ右氏에게請求하시기務望

大韓每日申報社 告白

昌城郡校동居許환氏로支社員認許ᄒᆞ야支社事務를擔任케ᄒᆞ얏스니該附近地에셔購覽코ᄌᆞᄒᆞ시ᄂᆞᆫ僉彦은右氏게請求ᄒᆞ시기務望

大韓每日申報社

林學速成科生徒拾貳名을現方募集ᄒᆞ니志願者ᄂᆞᆫ本月二十五日內로願書를水原農林學校나本部林業科에進呈흘事

但入學志願者의資格 願書式 試驗科目 試驗期日等事ᄂᆞᆫ農林學校나林業科의來問흘事

農商工部

六品表셔峻과字를任字改之ᄒᆞ니知舊間照亮ᄒᆞ시요

表任峻 告白

本人이日本大阪商業家와特約ᄒᆞ고日本內地產出各種物品과西洋各種物品及機械等物을我大韓에輸入과委托을便利케契約ᄒᆞ얏ᄉᆞ오니商工業에有意ᄒᆞ신僉君子ᄂᆞᆫ某物이든지請求코저ᄒᆞ시거든本社로來議ᄒᆞ시오

本社에셔ᄂᆞᆫ手數料金만領受흠

興業社本店 闕城北部祥洞

支店京城南門內水橋五十一號六號

仝仁港內동廣濟號 培養會社

本店에春服衣次각程이自英국으로多數來到ᄒᆞ얏사오니陸續來購ᄒᆞ시옵

貞洞源泰양服裁縫店 告白

西北學生聯合大運動會를來五月五日(陰三月廿三日)에東小門外삼仙坪에셔設行흘터이오니漢城內각學校에在學ᄒᆞᄂᆞᆫ漢北兩西一般學員과本會員諸氏ᄂᆞᆫ伊日上午九時에東小門內磚石峴으로來會ᄒᆞ시되進不進을先期通知于本會館ᄒᆞ시기敬要

漢北學會 告白

特別廣告

본교의事業이얼馬月將흠은世人의熟知ᄒᆞᄂᆞᆫ바어니와금에更히法律經濟에關흔衆說을網羅編纂ᄒᆞ야**法政學界**를月月刊報ᄒᆞ니斯에關ᄒᆞ야惟一大雜誌라有志 僉君은陸續購讀ᄒᆞ시오

一初号發刊일字ᄂᆞᆫ五月五일 (但初号ᄂᆞᆫ無代價)

一發행處所ᄂᆞᆫ漢셩중셔박동보셩專門학교

一定價ᄂᆞᆫ一冊十五戔六個月先금八十五젼一個年先금一환五拾젼

광무十一年五月二일

漢셩중셔박동보셩학교 告백

北署陽德방桂山洞第二統五戶家券路中셔失故廣布ᄒᆞ오니誰某拾得ᄒᆞ여도休紙施行흠

家主韓泰山 告白

全州蘇陽松江居金得壽丁亥三月二十二日出家不知蹤跡今聞留京城云父正權居高창山內上塔則訪來就顧

父正權 廣告

本人에名仁奎之介字을以圭字로改定ᄒᆞ옵고圖章亦新刻ᄒᆞ오니知舊청君子은照諒敬要

釜山港조梁吳仁圭 告白

본人이丁未三月十七일夜에姓名圖章과別號圖章을見失ᄒᆞ얏스니誰某拾得ᄒᆞ와도無效흠

平壤烈동김寬善 告白

本店精製各色餠食專運洋廣什貨관頭美酒香茶烟草等俱全而豪諸 君광顧經已年餘今重新擴張另招新股全盤頂受所有貨物生財各장皆歸新股承受一切與舊股無涉倘各 實號有장目요갈者可向前股理明隨後與新股無涉特此佈告

漢城石井동一品香新記白

農商工部認許運車株式營業廣告

今番本營業所에셔各項貨物을運送ᄒᆞ기爲ᄒᆞ야牛馬車及荷車를勿論ᄒᆞ고營業을組織ᄒᆞ야牛馬車와荷車에소載흔物品을自今爲始ᄒᆞ야本營業소에셔精實勉勸흠을已任運送흠터이오니內外國 청君子ᄂᆞᆫ소載흔物品이有ᄒᆞ시거든不拘多少遠近ᄒᆞ시고本營業所나出張소로來議ᄒᆞ시와物品運搬에無礙케ᄒᆞᆷ터이오니私載之弊가無ᄒᆞ기를望흠

本營業소와出張소在處가如左흠

大龍동四巨里上東邊洋風家 ●營業所

●東門外出張所

●龍山 出張所

●麻浦 出張所

營業長

副長 김世貞

總務 柳台영

取締役 山口玉吉

會計役 細川雄藏

事務員 김龍熙

仝 鄭진영

前參判리石榮氏의親筆天一村菊花村宿京村所在庄土를亂類輩가僞造文券ᄒᆞ야三千圜에將欲偷賣云ᄒᆞ오니內外國人은切勿見欺ᄒᆞ오

家人김鎭國 告白

第二期學員募集廣告

本塾에셔今年에宏濶흔教場을建築ᄒᆞ며教務를擴張ᄒᆞ야一層整齊ᄒᆞ고法學科學員을新募ᄒᆞ오니願學人은本塾에前期내臨ᄒᆞ야請願ᄒᆞ고左開日에應試흠

學科及規則은本塾에내問흘事

○試驗科目

國漢文 讀書 作文

算術 (四則以內)

○試驗日字

陽五月五日(陰三月廿三日)

光武十一年四月 日

西署英語學校後동

私立養正義塾 告白

西署新門外論동百八十大統三戶

辯護士 前檢事正三品 丁明燮

法律事務所

事務員前主事吳在淳

◎活動寫眞廣告◎

今番에始作흔活動寫眞은法국巴里京에셔有名흔거시오또흔大韓국 皇室에셔數日에遊覽ᄒᆞ시셧고始作흔지數日에遊賞ᄒᆞ시ᄂᆞᆫ청君子가多數枉臨ᄒᆞ시와坐處가狹窄ᄒᆞ야吃괴ᄒᆞ시면不便ᄒᆞ오니速々枉臨흠

活動은自下午八点至九点名唱善舞歌童과唱和吹笛은自九点至十点

賣票時 七点半始爲

入場票 上等 新貨三十錢 中等 新貨十五錢 小童 十錢

新門외셔대이목東便벽돌집

法人 馬田 告白

今二十九日路上에셔本人에正書姓名圖章과標紙等屬을셔失故로該章은勿施後廣布ᄒᆞ오니知舊間照亮흠

仁港內동朴致祚 告白

●일본遊覽者募集

一遊覽會員募集 人員은五十名으로一團을成ᄒᆞ나한일인을不問ᄒᆞ고速히請入ᄒᆞ시옵

一巡遊地 東京博覽會(대빈京都大阪神戶

一往復일數 日抵十七일間

一浮費 遊覽費及手數料을合ᄒᆞ야總計四十八圜

一出發일 請入順次을從ᄒᆞ야出發三일前에直接히通知흠

一請入所 在京셩신聞社五十八銀行경셩支店 天一銀行

一會員은遊覽을終ᄒᆞ야開散ᄒᆞᆫ後ᄂᆞᆫ本會와關係가小無흠

一南대門外鑿山으로直行ᄒᆞ던지或本東京으로直行ᄒᆞᄂᆞᆫ者의對ᄒᆞ야도同一便法으로同行請入을應諾흠

일本人遊람協會事務所경셩南대門通

東亞商會

◉增修無冤錄大全◉

壹秩壹白七十頁 定價金新貨七拾五錢

此增修無冤錄大全은法律家의最緊要흔書籍이온데年來現本이殆히絕種에至ᄒᆞᆫ지라故로法部에認可를得ᄒᆞ옵고此를新刊ᄒᆞ얏삽ᄂᆞᆫ데國漢文으로解釋ᄒᆞ야模糊흔句節이無ᄒᆞ오니法律學에有志ᄒᆞ신니와字牧之任에居ᄒᆞ신니ᄂᆞᆫ不得不覽흘冊子이오니注意購覽ᄒᆞ시옵

中署布屛下

廣學書舖 김相萬 發售所

洪淳康氏가專習東小門橋東邊에織造機을廣張ᄒᆞ고稱號를淳昌號라ᄒᆞ고各色綢緞紗屬等을織造發賣ᄒᆞ오니願買人은來臨購賀ᄒᆞ시며或所用대로緞과紗等屬을預托ᄒᆞ시면依約施行ᄒᆞ깃삽

순昌號 告白

國債報償義捐金

收入廣告

●交河郡炭浦面문智동
黃義澤壹圓三십전 洪寅슈
壹圓 윤甲永 洪敬수
최根弼 최建宇 리亨根
김형秀 황義源 柳源根
박朝陽 최奉근 각卅전
柳寅元 四십전 김成浩
오십전 高광佑 윤斗榮
尹濟益 홍元수 홍允슈
윤영호 윤應秀 柳龜秀
최興셔 김仁相 禹영命
權炳玉 각卄전 安應植
니壽根 뎡雲華 윤夫성
정遂立 吳大善 리大영
各拾전 合九圓卅錢

●河交炭浦面吾今里
김德金 김公實 洪종吉
김準根 김호根 김한根
具영書 김혁順 禹樂榮
박益來 全영基 김덕仁
리承락 김鼎漢 김碩鎭
박準긔 복慶在 박泳來
복商來 朴弘來 니殷필
박福來 박準근 김壽昌
박龍來 니병濂 각貳拾錢
兪相好 김德和 각四拾錢
박準秀 兪相傅 각壹圓
김敬三 김元필 申膺均
김종顯 具敬會 馬今用
최영化 김元일 김聖필
김溶健 千世萬 김有환
니振玉 趙士江 윤壽福
김允호 김亨根 김壽福
박致金 盧성문 복寧鎭
장大根 全順긔 박準弘
全興殷 니季好 박準五
김彝金 김鍾勳 閔善行
박準봉 박星來 박公來
박準熙 박鼎來 沈滿澤
박龜俊 박準就 박準一
박英來 박龜賢 복準起
박台來 박昌來 朴升來
박龜奎 박應來 洪창順
박平來 吳今山 柳蘭二
박時來 박元니 각拾錢
정敬老 九전 박星奉
禹聖春 각오전 복龜하
八전
合拾三圓五拾七전

●交河郡炭浦面奇峴里
申命稷 高仁榮 니酉沼
정鳳錫 각壹圓 姜晩秀
申命德 김知協 김봉春
각오拾전 박종호 리行祖
각六拾전 니起承 郭占用
申 梅 정奇源 강明秀
각廿전 安瑢均 車尙俊
각卅전 니文行 니光郁
洪석弼 니重大 高점쇠
니今祿 정正福 유鎭九
니秉규 安炳斗 각廿전
니起티 安卜男 김黔童
니起榮 림殷說 鄭度源
鄭仲源 강互秀 申 桐
申 棟 니能龍 申命薰
沈遠熙 沈遠植 申命티
申命植 申 평 姜晶秀
정畓源 정寧源 정敬源
정福源 정宇源 정雲규
니啓福 니起復 柳浩根
복화植 니小成 정京石
니基同 각拾전 車龍喜
廾錢 니德日 安卜萬
니連巡 니春明 김元信
車用植 니漢文 車五長
니仁應 禹成麟 니源肯
니鍾션 曹啓承 김觀셩
니義潤 각拾錢 니義宗
三拾錢 김敬熙 高命寬
정仁俊 니致道 정漢俊
鄭順用 각拾錢 安광玉
복完卜 각廿錢 全東根
김振文 김敎忠 김是萬
김平心 김守奉 김老末
각拾전 김學西 全秉殷
각貳拾전 김景田 白允明
申 담 정能濂 강ㅎ根
각拾錢 박[illegible]吉 貳拾錢
合拾八圓七拾전

●交河郡炭浦面金蠅里
兪斗煥 兪龍潛 각卅錢
兪尙奎拾錢 兪鎭坤廿錢
兪英奎五전 유鎭千
김리弘 유鎭禹 各拾전
유鎭永廿전 유錫현
니수景오전 유鎭爽廿전
유鎭각 황義창 각拾전
니會千四拾전 니義凡
八拾전 니敎協 오전
니肇榮五拾전 니胤榮卅전
유互奎拾전 유永奎廿전
成戴官 柳允五 각拾전
全永植 蔡東彩 蔡東信
김卄면 리聚九 니占石
니承敬 황창齊 각拾전
니賢九卄錢 黃義正拾전
황義晉五拾錢 황현齊拾전
니王佛廿전 김致백拾전
黃岐주 최玉千 니德順
니聖實 秋道燁 각二拾전
니台奉拾전 니亨在拾五錢
니德尙拾전 黃順眞 廿전
김正夏 김점弘 각拾오전
니海九拾錢
合八圓六拾오錢

●交河郡炭浦面洛河里
曹敬承 沈淵植 김友三
각拾錢 김洋규 卅錢
曹基承 정和榮 한창金
曹玉承 최麟根 정南煥
각廿전 鄭和春 鄭和奎
정和永 각拾錢 閔健行
廿錢 정和庚 五拾錢
曹元承 김處홍 權寧化
각拾錢 權寧九廿錢
權창돌 權泰根 각拾錢
權泰浩廿전 박龜麟
김顯麟 니壯元 權仁현
각拾錢 權聖현卅전
曹병旭오전 權녕祚
黃進玉 박위陽 權녕爵
權奇현 鄭敬煥 각拾錢
김日成拾五錢 權영德廿錢
鄭濟己 鄭榮煥 각拾전
安永喆 拾오錢
合五圓七拾五錢

●抱川郡花山面廣村里農民等
니규進 卅五錢 정翊朝
貳拾錢 니裕국 니종永
각卅五錢 니규能 卅錢
니裕培 卅오錢 니규錫
拾五錢 니裕和 四拾錢
니升榮 拾五錢 니哲榮
貳圓 니종필 니규찬
각卅五錢 니규장 니규근
각卄전 니裕莘 샤拾錢
니규正 卅五전 니규션
拾五전 니종元 卄錢
니鍾胤 四拾錢 니健榮
卄五전 니鍾셜 拾오면
니裕溫 貳拾錢 니基榮
니大榮 閑良善正吉각拾五전
비石萬 卄전 柳有萬
卄五錢 니伊萬 김五石
니萬伊 김順쇠 박三哲
각拾五錢 김自斤돌
柳自斤萬 각貳拾전
비小石 니順卜 니文石
拾五錢 先達柳正岩貳圓
柳守岩四拾전 閑良김太山
김高直각拾오錢 柳興順
卅십五錢 윤萬成 貳拾錢
柳卜成 柳守同 각卅오錢
柳卜三 崔多男 각卄오錢
吳貴石 拾五전
合拾四圓八拾錢

●廣州九川面高德里
魚泳德 壹圓 盧在亨
최炳하 김性昭 각五拾錢
최炳益 김敬老 각六拾錢
김正元 김星五 김順汝
니德化 鄭義相 鄭李相
각三拾錢 김治順 김貴萬
김元應 鄭夏錫 각四拾전
니병淵 崔弘植 최元시
咸圭錫 盧弘셜 鄭敎相
魚一善 김영順 박洪陽
김大福 최建植 魚泳贊
魚道善 김永寅 니永祿
니寅協 각卄錢 김晉熙
魚文善 최敬식 盧영元
姜殷東 鄭濟升 김順日
安順광 박濟玉 박濟應
全례淳 최令植 김光弼
김광然 魚麟善 김元必
魚殷善 魚俊善 김元明
최贊植 魚恒善 魚泳憲
魚復善 魚호吾 최景植
각拾錢 姜周東 鄭濟봉
鄭濟星 盧完션 姜大用
鄭性三 兪致仁 김元三
魚維善 魚元善 魚明善
니文淵 니就善 任喜純
김順明 각五錢
合拾三圓五拾오錢

●金海郡左部面東井里
白駟成壹圓 夫人김氏五拾錢
父인슈壹圓 母夫人김氏
兄일根각五拾전 兄夫人羅氏
四拾錢 弟일滿 五拾錢
弟夫人廿氏廾錢 子甲龍
拾오錢 子武龍 女七歲
각拾전 處김元九 拾오전
合오圓拾錢

●楊州草阜面兩水頭
니[illegible]鎬卄전 니東根
八拾전 장好吉卅錢
박致巾四拾錢 손千萬卅錢
김卜吉 김학先 각二拾錢
김守哲拾전 李小山
손千용각卄전 니化春
한百春各拾전 최行吉
壹圓八拾전 吳敬吾八拾전
河哲夢卅錢 林坐成四拾錢
김九孫 한永吉각拾錢
申卜成 房윤興 許 홍
각二拾錢 柳萬貴 林一圓
陰千돌 각拾전
合七圓五拾전

●楊根西中面兩水頭
許 鎭 許 杉 각二拾錢
리永三 四拾錢 김石孫
한百萬 각拾錢 김俊賢
二拾錢 禹順福 拾錢
장守同 리孫建 각三拾錢
리守玉 申南星 김福用
김學孫 姜元學 각拾錢
리興根 二拾錢 리敬仁
八拾錢 김順起 三拾錢
김起元 拾錢
合三圓八拾錢

●甲山郡城南
김俊垣 十八圓 김奎鉅
三圓 김鼎富 二圓 홍在厚
김允玉 白鵬基 각一圓
리瑠八 최창빈 각五拾錢
吳泰允 리溶燕 각一圓
홍永祚 박鳳周 각五拾錢
合叅拾圓

●宜寧令니戟호 叅奉한奎셔
각二圓 書員沈宜창
守僕鄭인壽 秦京宗
沈奉哲 최桂天 각叅拾錢
守護軍六拾四名 각貳拾전
合拾八圓卅전

●開城沙峴
방학亮 秦相은 具聖謨
禹락淵各一圓 孫洪模
六拾五전 合四圓六拾五錢

總合一百五십삼圓陸拾七錢
前號總合八千一百六十三圓
七拾七里
都總合八千三百拾七圓四拾貳
錢七里

大韓每日申報社

◎特別廣告◎

국債보償兩日間所捧은姑未合計이고伊前日所捧總合一萬九千八百七十四圓七十면은電氣會社內銀行의貯置ᄒᆞ얏슴고其貯置額中에셔七千圓은국債報償志願金總合所로越交홈

大韓每日申報社

發行兼編輯人 英國人배說
發行所
南서石井洞號外地三層洋屋內
大韓每日申報社

第五卷 大韓每日申報 第五百五號

月曜及慶節歲時日休刊

檀君開國四千二百四十年
箕子元年三千二十九年
大韓開國五百十六年
日本明治四十年
淸國光緖三十三年
◉陰曆丁未三月小廿五日丙辰

別報

共立新報를據ᄒᆞᆫ즉國合은遠近이無ᄒᆞᆷ으로題ᄒᆞ고論說이如左ᄒᆞ니

我國이東方一隅에處ᄒᆞ야閉門自守ᄒᆞ고外國을不通ᄒᆞᆫ지久矣라天運이變遷에萬國이通和ᄒᆞᄂᆞᆫ時代를當ᄒᆞ야丙子年以後로비로소인川釜山元山三處에門戶를開ᄒᆞ고各國으로더부러通商條約을定ᄒᆞ니外國의使節과商賈가來往ᄒᆞ야奇異ᄒᆞᆫ製造物品과文明의現象을輸入ᄒᆞ되惟我同胞ᄂᆞᆫ오히려太古時節에夢미를不醒ᄒᆞ고오즉井底蛙되기를自樂ᄒᆞ야世界의變換ᄒᆞᆷ과萬國의形便을知得코저ᄒᆞᄂᆞᆫ者가無ᄒᆞ고萬若本國을離ᄒᆞ면곳死ᄒᆞᆯ줄노知ᄒᆞ엿더니五年前에布哇의移民始作이되미太平洋을渡ᄒᆞ야外國으로出往ᄒᆞᆫ同胞가七千餘人이라此ᄂᆞᆫ我國四千餘年에初有ᄒᆞᆫ者요또ᄒᆞᆫ偶然ᄒᆞᆫ事아니라此七千同胞로外國의문明을輸入ᄒᆞ며天下의形便을目擊ᄒᆞ야本國二千萬同胞의夢미를喚醒케ᄒᆞᄂᆞᆫ機會라ᄒᆞᆯ지로다布哇로渡來ᄒᆞᆫ同胞가比律賓勞動者의資格으로移民이되얏스나其中에十의七八은布哇에셔勞動으로終身ᄒᆞ기를願치아니ᄒᆞ고美國으로渡來ᄒᆞ야美國에在ᄒᆞᆫ同胞로더부러學問을受ᄒᆞ며自由의空氣를吸ᄒᆞ야愛國誠을培養ᄒᆞ며韓人社會를扶助ᄒᆞ야共히支保ᄒᆞ기를期約ᄒᆞ엿더라

北美國에先히渡來ᄒᆞᆫ同胞들이一心幷力으로共立協會를組織ᄒᆞ고團體를堅固케ᄒᆞ야同族相保의義務를實行ᄒᆞ셔將來에愈益有力ᄒᆞᆫ團體를成ᄒᆞ기ᄂᆞᆫ布哇에在ᄒᆞᆫ同胞를恃ᄒᆞ고希望ᄒᆞᄂᆞᆫ비不尠ᄒᆞ더니千萬意外에美國이新禁法을立ᄒᆞ미布哇로渡來ᄒᆞᄂᆞᆫ途가阻絶된지라好事의多魔가胡然如是오此時를當ᄒᆞ야彼此에落心이되고有志者의歎息ᄒᆞᆫ바나然ᄒᆞ나布哇와美洲가연陸이되지못ᄒᆞ고太平洋이阻隔ᄒᆞ얏다ᄒᆞᆯ지라도每朔에船便이六七次가되니비록握手對顔ᄒᆞ야同席의討論不得ᄒᆞᆯ지언정書信과新聞紙로彼此의聲氣를相通ᄒᆞ며知識을交換ᄒᆞ고心志를交通ᄒᆞ며每事를商議ᄒᆞ야愛國保種의目的으로共히團躰를成ᄒᆞ기가不難ᄒᆞ도다

淸國人의保皇會가桑港에도在ᄒᆞ고臺놀눌누에도在ᄒᆞ야互相團躰가된것은우리目睹ᄒᆞᆫ바니우리도또ᄒᆞᆫ彼와如히ᄒᆞ야우리의本分을極盡히ᄒᆞ다가鷄鳴山明月과등王閣好風에玉簫聲一関로錦帆을高掛ᄒᆞ고우리本鄕으로還歸ᄒᆞ야ᄒᆞᆫ목소리와ᄒᆞᆫ발거름으로二千萬同胞의前驅가되야大韓獨立恢復ᄒᆞ고우리自由完全ᄒᆞ야萬々歲의無窮ᄒᆞᆫ福樂을享有ᄒᆞ기ᄂᆞᆫ우리의願ᄒᆞᄂᆞᆫ바라

嗚呼라今日何日고擧首北望ᄒᆞ니우리의父母妻子兄弟며二千萬同胞가氣息奄々ᄒᆞ야所望者誰오布哇와美洲에在ᄒᆞᆫ우리가아니오同胞ᄂᆞᆫ生覺ᄒᆞᆯ지어다

官報

◉第三千七百五十八號 光武十一年五月六日

◉宮廷錄事

判敦寧司事趙병필辭職疏批旨省疏具悉所請依施

◉訓令

土地家屋證明規則에對ᄒᆞ야施行細則與處理順序에其實施之節이既盡無餘이되又有所注意書ᄒᆞ야左開訓飭ᄒᆞ니將此轉飭于管下各府尹及郡守ᄒᆞ야使之一遵無違ᄒᆞᆷ이可ᄒᆞ기로玆에訓令ᄒᆞ니此를依ᄒᆞ야施行事

法部大臣李夏榮

十三道觀察使 閣下

左開

同一郡內에存ᄒᆞᆫ數處에土地를同一契約書에依ᄒᆞ야賣買交換贈與ᄒᆞᄂᆞᆫ境遇에在ᄒᆞ야ᄂᆞᆫ認證證明及日本理事官의證明及查證에關ᄒᆞᆫ注意書

一當事者의兩方이外國人으로日本理事官이證明ᄒᆞᄂᆞᆫ境遇에ᄂᆞᆫ此數處土地를一件으로處理ᄒᆞ고證明手數料ᄂᆞᆫ其土地에總價額에千分지二를納付케ᄒᆞ되五十錢에下ᄒᆞᆷ을不得ᄒᆞᆷ

但帳簿에ᄂᆞᆫ每各件에對ᄒᆞ야別로記載ᄒᆞᆷ

二當事者의一方이外國人으로日本理事官이查證ᄒᆞᄂᆞᆫ境遇에ᄂᆞᆫ同히一件으로處理ᄒᆞ고查證手數料五十전을納付케ᄒᆞᆷ

但帳簿에ᄂᆞᆫ每各件에對ᄒᆞ야別로記載ᄒᆞᆷ

三府尹及郡守의證明에對ᄒᆞ야ᄂᆞᆫ第一條의例에依ᄒᆞᆷ

◉敍任及辭令

度支部技手李種植 依願免本官

秘書監丞趙普九 依願免本官

秘書監丞尹憲섭 依願免兼任掌禮院掌禮

정三品尹應녕 任秘書監丞

秘書監丞李필柱 兼任掌禮院掌禮

官立漢城日語學校敎官崔在翊 解兼任官立漢城日語學校書記

官立漢城日語學校副敎官 郭重根 兼任官立漢城日語學校書記

鄭大鉉 任官立漢城日語學校副敎官

◉告示

光武十年九月統監府令第三十四號韓國人旅券規則은廢止되고今般統監府第十六號로써外國旅券規則이左와又치發布된지라爾今外國에旅行ᄒᆞᄂᆞᆫ者ᄂᆞᆫ右規則을遵守ᄒᆞᆷ이可ᄒᆞᆷ

光武十一年五月一日

議政府叅政大臣朴齊純

譯문

統監府令第十六號

外國旅券規則左와又치定ᄒᆞᆷ이라

明治四十年四月二十日

統監侯爵 伊藤博문

外國旅券規則

第一條 韓國에在ᄒᆞᆫ帝國臣民及韓國臣民으로外國에旅行ᄒᆞᄂᆞᆫ者에下付ᄒᆞᄂᆞᆫ旅券은統監이發給ᄒᆞᆷ이라

第二條 旅券에下付을請ᄒᆞᄂᆞᆫ者ᄂᆞᆫ書面에左開事項을記載ᄒᆞ고戶籍謄本이나其姓名、本籍地、族稱을證明ᄒᆞᄂᆞᆫ문籍을添付ᄒᆞ야理事廳이나又理事廳支廳에出願ᄒᆞᆷ이可ᄒᆞ되理事官副理事官의認定을依ᄒᆞ야戶籍謄本又其他문籍에添付를省略ᄒᆞ게ᄒᆞᆷ을得ᄒᆞᆷ이라 未完

外報

◉戲園연助 合爾賓報를據ᄒᆞᆫ則日昨에江沿阿爾諸力多瓦地方에셔俄人이戲園演劇을開ᄒᆞ고捐金을募集ᄒᆞ야半家何被火民家救恤之用을辦送ᄒᆞ얏다더라

◉加奈陀의排日案 倫敦電을據ᄒᆞᆫ則加奈陀英領고론비야州長官이印度人及日本人을排斥ᄒᆞᄂᆞᆫ法案에對ᄒᆞ야皇帝의認許를待ᄒᆞᆫ다더라

◉滿洲新官制 北京電을據ᄒᆞᆫ則淸國에셔地方官制ᄂᆞᆫ南淸地方의飢饉과革命의蜂起ᄒᆞᆫ憂가有ᄒᆞ야中止되얏ᄂᆞᆫ디滿洲ᄂᆞᆫ兵燹餘에今日이改革好機會라ᄒᆞ야신任督撫가滿洲신官制를實行ᄒᆞ야他省에모範을示ᄒᆞ기로熱心協議中이라더라

雜報

◉金氏疏本 續

所謂博士ᄂᆞᆫ只績治國平天下五字而無他經傳塡補則其在時務將不免管窺而難責博士之實也武士雖興雖有士官學校而敎育凡例徒習擧則不講心術是乃兵卒小學而非士官之大學也異日將佐之畢管樂其能在體其失爲認以書筆典敎規章日每月初二日十六日習陣兵曹受點諸將聚出直將士習陣郊外錄諸將能否啓聞據抄逝고黜陟每月十六日諸鎭각自習陣二月十月巨鎭屬諸鎭兵裏糧一二日或十餘日鍊習且每季月兵曹及都總府堂上宣啓提調出郊外習放大砲의則諸鎭將及水陸軍習放後主장開具交用啓聞都總府章曰오衛中日義興衛其中部京畿오營左部關東右部前部湖西後部海西而營共十四左日龍讓衛中部大邱而幷左右前後其營유右日虎賁衛中部安州而幷左右前後營共十三前日忠佐衛中部全州而幷左右前後營是六後日忠武衛中部北靑而幷左右前後營共ᄂ二陸則兵營八處防營四處節制三處防守一處海則統制營統領湖舟師統禦營統禦忠海三道舟師而防營四處水營七處南之오道水軍總九萬一萬二百七拾六人續典之兵艦及諸船計七百四十三隻留防南六道爲오十二旅西北兩界則鴨綠江鎭堡삼拾四處及豆慈兩郡六棚豆滿江鎭堡十四處則不惟軍威嚴社實是軍容明備而 先王以之自固自守天命維新悉革舊章而軍制從諭一日隊兵不代二日海道不戒三日內陸不修而往自甲午迄今十사春而養兵額共二萬上下而全국民口以二千萬計惟講兵者甚鮮海道則水軍舊額惟九萬有零兵艦亦數亦四百有零而現存者止新買之無軍船一隻也 未完

寄書

安岳郡國債報償就成會趣旨書

今我國債一千三百萬圜報상論이自嶺一播에全國人民이聲相應ᄒᆞ야多小義捐을莫不先ᄒᆞ니此誠我民國自由獨立秋也라生等도亦爲民지一分이忠義所激에불取少縞ᄒᆞ야志數十人이絶飮斷烟ᄒᆞ며組國趣報償就성會ᄒᆞ고玆以仰ᄒᆞ오惟我同포ᄂᆞᆫ勿失其時ᄒᆞ隨力연助ᄒᆞ야期圖國債淸帳면국家幸甚生靈幸甚

發起

◉勸告義연 載寧郡居鄭在裕최榮支최永周等이國債報償事에對ᄒᆞ야記設所ᄒᆞ고熱心勸告ᄒᆞ야収合一千八百餘圜을本社에來ᄒᆞ얏더라

雜報

●銓考延라 內相李址鎔씨가郡守履歷書를去七曜月曜兩日間에젼考ᄒᆞ라ᄒᆞ얏더니무삼層折이有ᄒᆞᆫ지젼考所에셔아즉延라가되얏다더라

●郡守奔競 今番郡守奏本에地方現窠ᄂᆞᆫ九郡이오郡守可堪履歷人으로叙任ᄒᆞᆫ人은十七人이라ᄂᆞᆫ대郡守運動ᄒᆞᄂᆞᆫ人이各穿緊路ᄒᆞ야奔競이大毆ᄒᆞ다더라

●朴씨保護 漢城判尹朴義秉씨가保護巡檢을廢止ᄒᆞ얏다더니更聞ᄒᆞᆫ즉日巡査一名을請聘ᄒᆞ야該씨家에把守ᄒᆞ고仕進來往에ᄂᆞᆫ該巡査가人力車를乘ᄒᆞ고隨後保護ᄒᆞᆫ다더라

●觀察又往 本月九日上午九時에趙東潤魚潭兩씨가日本觀察次로發程ᄒᆞᆫ다더라

●定時無効 各部一般官人의仕進時間을上午九時부터十時間으로定規ᄒᆞ얏더니近日은各部奏判任官의仕進이上午十二時量에至ᄒᆞᄂᆞᆫ人이多數ᄒᆞ야定限規則이更히勿施될模樣이라더라

●災報更詳 度支部에셔昨年災結을水沈處에ᄂᆞᆫ三分之一를滅ᄒᆞ고曝沙성川處에ᄂᆞᆫ半滅ᄒᆞ고潰決處에ᄂᆞᆫ四分之一을滅ᄒᆞ기로政府會議에提出決定ᄒᆞ야姑未發令ᄒᆞ얏ᄂᆞᆫ데地方郡守의災報가多有模糊ᄒᆞ야民情이敗ᄂᆞᆫ고로稅務官의게訓칙ᄒᆞ야被災處를昭詳摘奸ᄒᆞ야更히報來ᄒᆞ야結民의冤懲ᄒᆞᆷ이無케ᄒᆞ다더라

●平院廣路 平理院大門前路가夾窄ᄒᆞ다ᄒᆞ야該門邊商民에家屋을買收毁撤ᄒᆞ야門前을一新廣淵케ᄒᆞᆫ다더라

●民家被撤 南大門城첩을毁撤ᄒᆞ고신作路를開ᄒᆞᄂᆞᆫ데南門셔便에至大邱동々지民家七百餘戶가犯入된다더라

●長巡奪財 全南長興郡警務分派所巡檢이康津郡金象洙씨를以雜技等事로葉젼二百二十兩을奪取ᄒᆞ얏ᄂᆞᆫ데該氏의從弟金日弁氏가巡檢의不法ᄒᆞᆷ을痛惜ᄒᆞ야右젼을期於還推코자ᄒᆞᆫ다더라

●內訓全南 內部에셔全羅南道觀察使에게訓令ᄒᆞ되戶口를綜核調査一事ᄂᆞᆫ關係가在於昨年十一月인즉戶口를從其實數ᄒᆞ야編入本年度帳簿일지며統計表及生死移徙等實施訓飭이又在於本年三月인즉已編帳簿가果係實數인지帳簿上에面統計表만自郡添入ᄒᆞ고自道로ᄂᆞᆫ道統計表를添付修報ᄒᆞᆯ지며生死移徙ᄂᆞᆫ隨時實施가事固當然이거ᄂᆞᆯ今此所報가殆若初見ᄒᆞ니誠極駭歎이라依前飭ᄒᆞ야限內收納케ᄒᆞ라ᄒᆞ얏더라

●達察初政 嶺南來說을據ᄒᆞᆫ즉慶北觀察使李忠求씨ᄂᆞᆫ莅任以來로多年弊瘼을隨査隨革ᄒᆞ니衆心歡洽ᄒᆞ고積滯ᄒᆞᆫ罪囚가屢百人에達ᄒᆞ매赴任初政에獄案을調査ᄒᆞ야當日疏釋이五十餘名에至ᄒᆞ얏고巡夜行ᄒᆞ야窮蔀民情을周察ᄒᆞ고本郡守城堞毁破ᄒᆞᆯ時에失巢躊躇ᄒᆞ든人民을別設方略ᄒᆞ야以便安堵케ᄒᆞ며市廳文簿를釐整革新ᄒᆞ야一般人民으로實業을興旺케ᄒᆞ니一境이晏然ᄒᆞ다더라

●海𠀋義恤 海參威開拓里에ᄂᆞᆫ僑寓ᄒᆞᄂᆞᆫ韓國人士等이在日本斷指留學生의情況을聞ᄒᆞ고古市悲感을不勝ᄒᆞ야義恤金신貨五十二환五十젼을募集ᄒᆞ야本社로寄來ᄒᆞ여學生等의게傳致ᄒᆞ라ᄂᆞᆫ委托이有ᄒᆞ더라

●寺校具完 內部에셔學部에照覆ᄒᆞ되貴照會를接准ᄒᆞ온바該僧侶等이自明自悟ᄒᆞ야以其寺中所有田土로爲教育所營ᄒᆞ고分區設校ᄒᆞ야養성幼少가實爲嘉尙이며一般國民의財產保護ᄂᆞᆫ地方行政의大關鍵이온기各寺所有로已失田土가橫被侵奪이確有明證이면自有裁判審査ᄒᆞ야從理歸決일지니現有田土財產은另加保護ᄒᆞ야寺以有之ᄒᆞ고校以完實케ᄒᆞᆯ注意로셥三판에訓飭ᄒᆞ옵고玆以仰覆이라ᄒᆞ얏더라

●花妓免檢 豫備妓鏡波게花香花瓊花綠珠梁花月出牧丹异色等이大韓病院長의게請願ᄒᆞ되兒等이以賤妓薄命으로着名妓案ᄒᆞ야花朝月夕에任彼蕩客之所携ᄒᆞᆫ즉豈不畏傳染之病而許之乎아今에一自檢事法신設之後로勿論病之有無ᄒᆞ고每朔纔次式入彼檢ᄒᆞ오나大抵尙藥房元妓도亦妓也而能免此檢則彼瓣元之例이若是其甚歟잇가轉面尤保痛冤ᄒᆞ오니特爲垂憐ᄒᆞ시와依元妓例ᄒᆞ야無如許之檢ᄒᆞ시ᄂᆞᆫ外國之規則以妓爲名ᄒᆞ고曾ᄒᆞ오니荷如是ᄒᆞ야更等九名을檢查案에拔去ᄒᆞᆫ意로警務廳에發訓ᄒᆞ신後立案發給ᄒᆞ시와傳此賤軀로同彼元妓ᄒᆞ야蒙國家洪句之恩케ᄒᆞ라ᄒᆞ얏다더라

●有何軍用 咸南觀察使정鳳時씨가內部로報告ᄒᆞ되現接咸興郡守정在淳報告內開에自日軍經理部로交涉內에各道各郡軍用鐵道를擧皆敷設而該土地니今此咸興將如他例定假出待云이온즉不玆更報告等因에不敢擅便ᄒᆞ와效에報告라ᄒᆞ얏더니指令ᄒᆞ되該輕便鐵道敷設에軍用上必要로因ᄒᆞ야今廳收用인즉軍用上必要가無ᄒᆞᆫ時에ᄂᆞᆫ該地段을當爲還付ᄒᆞᆯ지어ᄂᆞᆯ今此決價請買가有何委折인지事不妥當이니自道로從即交涉ᄒᆞᆯ지며請買一款은此鐵道가軍用上必要以外에似有多少內容이니詳細査探ᄒᆞ야即爲馳報ᄒᆞ라ᄒᆞ얏더라

●日憲自服 셔來確信을據ᄒᆞᆫ則楚山郡二十里許越江은即淸國界인대該郡은號稱분溝也라商業이一層興旺ᄒᆞ야韓淸間商賈가來往不絕ᄒᆞ고商店이數百戶에達ᄒᆞᆫ지라去月八日에日슈備隊兵丁三名이분溝에來到ᄒᆞ야商店에셔物品을買得ᄒᆞᆯ시六十젼價值을十젼에勒買ᄒᆞ고又ᄒᆞᆫ즉該店主日五十젼은何不計給ᄒᆞ고物貨만持去ᄒᆞᄂᆞᆫ야ᄒᆞᆫ즉反生怒氣ᄒᆞ야無數毆打ᄒᆞ거ᄂᆞᆯ該店主가不勝憤을ᄒᆞ야商會所에告急ᄒᆞᆫ데商賈百餘人이會集ᄒᆞ야該日兵에物貨勒買ᄒᆞᄂᆞᆫ緣由를質問ᄒᆞ라ᄒᆞᆫ즉該日兵三人이拔劍揮之ᄒᆞ며又欲毆打ᄒᆞ미商賈等이一聲大責曰此是빅晝强盜則不可不質判懲治라ᄒᆞ고該日兵에銃을執奪ᄒᆞ고三名을結縛ᄒᆞ야座下弃木에堅縛ᄒᆞ얏더니當日日隊에셔此消息을聞ᄒᆞ고日憲兵三人이來到ᄒᆞ야與商賈談判ᄒᆞᆯ시該商民等이對日憲兵質問日日本은自稱開明이라ᄒᆞ면서外國人에物貨을勒奪ᄒᆞ기로爲一能事ᄒᆞ야빅晝拔劍ᄒᆞ야外國人에生命을欲害ᄒᆞ니此亦强盜라若不懲其賊習이면商賈가難保ᄒᆞᆯ터인즉兩國間一大判決ᄒᆞᆯ事라ᄒᆞ되日憲兵이拱手無答ᄒᆞ고百端哀乞ᄒᆞ야日我國軍律로懲治ᄒᆞ마ᄒᆞ고翌日에該兵三名을領率以去ᄒᆞ더니軍律은姑舍ᄒᆞ고無一次懲治ᄒᆞ지라淸人이聞此消息ᄒᆞ고相爲鼻笑曰所謂日兵의軍制을團束ᄒᆞᆫ다더니悖習을故養ᄒᆞᆷ이라ᄒᆞ더라

●日人行臆 沃川郡赤面里居民二召이鐵路工役에雇備ᄒᆞ더니日人 名이卒然來言曰斧子一個가안之오ᄒᆞ고該雇人을無數毆毆ᄒᆞ다가兩人을結縛ᄒᆞ고更히乱打ᄒᆞᆯ시適其時에 所分派所巡檢韓翊東씨가來到目擊ᄒᆞ다가事實을詳問後에該日人을對ᄒᆞ야賊ᄒᆞᆷ이라도경務廳이有ᄒᆞ고且日本巡査도有ᄒᆞᆫ데웃지此境에至ᄒᆞ며且此人等이斧子을偸去ᄒᆞᆫ事狀을的知치못ᄒᆞ고如此히毆打ᄒᆞ니是何經緯오ᄒᆞ고斧子을巡檢이경察ᄒᆞᆫ즉主人家에留년ᄒᆞ던日人이持來ᄒᆞᆫ지라巡檢이日人을對ᄒᆞ야曰日人이擧皆賊ᄒᆞᆫ인거시明其爲賊이라야賊可닉服이란語가有ᄒᆞᆫ데何故로日人이韓人을壓制ᄒᆞ야無罪ᄒᆞᆫ人을毆打ᄒᆞ나야一시間을無數詰難하던니日人이自服ᄒᆞᆫ지라該巡檢이當日雇價을日人에게一一히推覓分給ᄒᆞ고一場演說ᄒᆞ야曰我同胞를싱각ᄒᆞ면食不甘寢不眠이라ᄒᆞ얏다더라

●求是不是 義州郡求是학校에학費금額이士림捐助금이十萬二千兩이오內下젼이五千兩이오各社齋에셔附ᄒᆞᆫ것시一萬五千兩統合이十二萬餘兩인데該校長창應亮씨가三年之간에盡爲消用ᄒᆞᆫ故로該郡儒림等이該府尹에게文簿을調査ᄒᆞ야校財를查得推尋ᄒᆞ야달나ᄒᆞ미該守가文簿을調査ᄒᆞᆫ여하ᄂᆞᆫ것會장씨가知機ᄒᆞ고文부을持ᄒᆞ고避身上경하랴고ᄒᆞ다가停車場에셔장씨를儒림等이捉執ᄒᆞ야該邑으로往ᄒᆞᆫ則該守가知事已堪之人을擇ᄒᆞ야調査ᄒᆞᆫ則장씨言內에券烟價四千餘兩이오內下젼五千兩은尙未劃下라ᄒᆞ고無數쌍托虛名인中에도不足條가七萬餘兩되여文簿調查를畢了치아니ᄒᆞ야셔장씨가日本留學生渡邊을率來ᄒᆞ야威脅으로該文부을奪去ᄒᆞ얏ᄂᆞᆫ데히守가本部로特派課員一人ᄒᆞ야該文부을一々查得ᄒᆞ야校費을完수케ᄒᆞ라고학部에報告ᄒᆞ얏ᄂᆞᆫ데儒림七十餘名이과足上來ᄒᆞ야該部에等訴ᄒᆞ얏더라

●英師演說 今日下午七点半에靑年會館에셔該會學館英語教師벽利亞氏가靑年何爲란問題로演說ᄒᆞᄂᆞᆫ데有志諸君이一제來叅ᄒᆞᆷ을希望ᄒᆞᆫ다더라

●權씨捉囚 셔來人의傳說을聞ᄒᆞᆫ즉平壤內川外川平川三坊土城內外에屢千年有북民田을收租官署理金炳赫氏가假稱城괴址ᄒᆞ고土城周廻內外에田土十二畝式을欲爲勒奪故로該坊民等이會同ᄒᆞ야質問于同炳혁則此非渠之自爲요曹啓錄之所囑云故로該民等이同혁씨를携去質正之際에同병혁씨가符同多數日人ᄒᆞ야以鉄椎로亂打ᄒᆞ야破頭絕脚拉齒者不知其數에反囚警廳者六七人이라故로該民等의寃聲이漲天ᄒᆞ다더라

▲硯池層瀾▼

▲近日政府에東風吹入ᄒᆞ니波瀾가飜覆이라那邊黑雲이雨意을醞釀ᄒᆞ야不穩情態가忽地露出ᄒᆞ니파測人情이萍幻一局이로다

▲今番內部銓考所에셔現闕九窠郡守을젼考ᄒᆞᆫ다ᄒᆞ미郡守을運動ᄒᆞᄂᆞᆫ者流들이東奔西走에各穿蹊路ᄒᆞ야무내大臣이用事ᄒᆞ나內大와內協이今番에ᄂᆞᆫ期於코公正選擇ᄒᆞᆫ다ᄒᆞ니아마헛이쓰지

▲平理院에셔訴訟受理에便利ᄒᆞ기爲ᄒᆞ야二層伴屋을建築ᄒᆞᆯ터인데現今히院墻壁에至人民의家屋을買入ᄒᆞ야該紀ᄒᆞᄂᆞᆫ데二層에ᄂᆞᆫ上層으로設ᄒᆞ고下層ᄂᆞᆫ漢城裁判ᄒᆞᆫ다니近日에法律이不明ᄒᆞ야民怨이狼藉ᄒᆞ더니二層洋屋上에聽訟ᄒᆞ면法律이自然히발짐ᄂᆞᆫ지

▲여보政府ᄂᆞᆫ民을爲ᄒᆞ야設ᄒᆞᆫ本意인즉人民과政府가團結성立然後에야國家가鞏固ᄒᆞᆯ터인ᄃᆡ今者不然ᄒᆞ야政府와人民이各相仇視ᄒᆞ야非常ᄒᆞᆫ情態가種種發見ᄒᆞ니其苦에안在오政府에셔壓制力이太强ᄒᆞ고殘忍政이轉生ᄒᆞ야兩相各立ᄒᆞ야셩倘角이로다

▲竹山郡守남延면씨가該郡分派所巡檢을對ᄒᆞ야語次間에交間語을로待遇ᄒᆞ다가該巡檢輩가反ᄒᆞ야日郡守가警吏을下待ᄒᆞ다고無數히詰亂ᄒᆞ얏다니各其職責을不能相守ᄒᆞ고言辭에不恭으로空然히相持ᄒᆞ니亦一可笑處로고

▲近來實地上事業이許多ᄒᆞ건만은경鄉間多젼者은官職을圖得ᄒᆞ야오於音을手持ᄒᆞ고哀乞哀ᄒᆞ야百方秘計가晴生其中ᄒᆞ니政府大臣만論駁ᄒᆞᆯ事가아니라人民에知識이尙在黑둔동天이로다

▲各地方에賊警이去益大치ᄒᆞ야村間富饒者들이賊漢에掠奪을不堪ᄒᆞ야或京城과邑底에移寓ᄒᆞ야亂離을先避ᄒᆞ나民情을可긍이라政府에셔匪賊을徒不講究ᄒᆞ나八域이鼎沸ᄒᆞ야塗炭이의甚이로다

▲近日各大臣家戒嚴이日甚ᄒᆞ더就中某某大官은六穴砲五六柄을常置座右라ᄒᆞ니外而巡巡之保護와內而甲장之設置가其於防身之謀에可謂密矣나中情之畏怯은何以暫釋고

特別社告

本報代金을各支店에서多有愆滯혼中平壤支店에서는九年十年兩年度의未納額이삼百餘元에至ᄒᆞ얏스니本社徵貴는何以支遞乎잇가購覽ᄒᆞ시는僉員은愆滯餘額을這這報合ᄒᆞ야該支店으로送交ᄒᆞ심을務望홈

大韓每日申報社

伯林電報

五月四日午后九時着

덕國預算委員은東亞에關혼預算을可決ᄒᆞ고又淸國에잇는덕國守備隊는公使館及덕國々民을保護ᄒᆞ랴ᄒᆞ여도同隊의任務는아죡全히未盡ᄒᆞ얏다는意見을說明ᄒᆞ얏더라

路透電報

五月五日三時着

來九日에日本伏見親王을爲ᄒᆞ야觀兵式을設行ᄒᆞ는데佛國將軍은指揮官으로五萬軍隊를指揮ᄒᆞ고英國皇帝皇太子及곤노트殿下도臨場ᄒᆞ시리라ᄒᆞ더라

사ー돌에잇는黑木大將의歡迎은非常혼盛況으로써將軍의馬車는貴婦人令孃의投혼花로써掩蔽되얏고비도리아의歡迎도盛大ᄒᆞ야文武高等官도參與ᄒᆞ얏다더라

雜報

●鄭氏義務 端川郡鄭南奎씨는元來義氣之士로一鄕에稱道ᄒᆞ는지라秋收가數百에至ᄒᆞ더니兄弟가相議ᄒᆞ여日以吾賤陋으로淺近識見이나目今國勢累卵에盡我義務ᄒᆞ야國債報償을爲ᄒᆞ야我家產이라도必有糊口之道矣라니切勿吝惜ᄒᆞ자ᄒᆞ며聞者莫不感歎ᄒᆞ더라

(正誤) 本報第四百九十七號雜報欄內에朴亮永之朴字ㄴ以림字로誤植이고손振亘之亘字는以玉字로誤植이기茲에正誤홈

廣告

俄領海蔘威開拓里韓人諸氏가日本斷指留學生에게補助捐金이如左ᄒᆞ니

高尙奎 拾圓 金星奎 參圓

車錫輔李應麟朴山石大夫人趙영順朴允영金基柱 各二圓

류하秀崔在彥金南圭崔聖모金允化朴인植金萬國卓문헌서相龜高奎문李봉鎬田君寬金仲周훈성奎崔弘日黃信敬許선劉漢初장基彥金덕청李殷儀李致權尹逸炳李경伯 各一圓

姜봉서丙根李啓日尹丙釗서寬金禹덕金太元善 各五十錢

以上共合新貨五十二圓五十錢

本人姪梁山居池白蓮이或稱在詰ᄒᆞ고年今二十八에雜類誘引을甘聽ᄒᆞ고虛帳田土와僞名圖章을僞造ᄒᆞ야與大邱人으로挾雜타가昨秋에仙被捉於釜港경務署而久囚倖免ᄒᆞ고현雜京城타가有漢城府捉待之令則逃避隱跡더니前習을不悛ᄒᆞ고又與混類로혹雜無常ᄒᆞ오니內外國人은切勿見欺홈

東萊龜浦池春溢 告白

平壤居石史의田土가本郡斧山坊下原四里坐佛寺所在啓字田北二拾四行棉田十四卜三束과二作句田오복三束同坊上里新興동所在床字田南九面田九복九束과同방오里在院동里연子石草家一間右三곳新舊文券이며手票二장을今年正月분에沒數賊失이오니內外國人間買與典執間切勿見欺ᄒᆞ시옵

皇甫宣 告白

去四月二十七日各私立小學校聯合大運動時에有志僉員이學徒의賞與를爲ᄒᆞ야寄付혼物品을左開揭布ᄒᆞ노라

學部 紙貨十圓

李眩運 紙貨十圓

朱輪榮 鉛筆五打、初學地誌五件、혼문地球全圖五件、新訂算術伍件

金相天 鉛筆一打、空冊二部、雨傘一柄、紙石板一部、毛筆十柄

金相萬 中地球一坐、大韓地誌十五件、醴泉銘十件、用箋十丑

高裕相 空冊十部、啓蒙千字十部

鄭雲復 鉛筆十二打、空冊卅部

高永喜 鉛筆十二打

劉元杓 埃及近世史五部

南宮薰 埃及近世史五部

安炳奎 空冊五部

本人이漢城銀行에光武十一年四月十日貳百圓推金券一장과十一日貳百圓推金券一장合二장을路中에서失ᄒᆞ얏스니誰某拾得ᄒᆞ여도休紙施行홈

北署孝谷前承旨서相薰家看事人崔衡鎭 告白

本人이日本大阪商業家와特約ᄒᆞ고日本內地產出各種物品과西洋各種物品及機械等物을我大韓에輸入委托을便利케爲約ᄒᆞ얏스오니商工業에有意ᄒᆞ신僉君子는某物이든지請求코져ᄒᆞ시거든本社로來議ᄒᆞ시오

本社에서는手數料金만領受홈

興業社本店 開城北部祥洞

支店京城南門內水橋五十一統六號

仝仁港內동廣濟號

本店에春服衣次각種이自英국으로多數來到ᄒᆞ얏사오니陸續來購ᄒᆞ시옵

貞洞源泰양服裁縫店 告白

本人이姓名章을遺失ᄒᆞ와玆에廣告ᄒᆞ오니誰某拾得ᄒᆞ와도勿施ᄒᆞ셔 延僱 告白

特別廣告

본교의事業이일就月將홈은世人의熟知ᄒᆞ는바어니와금에更히法律經濟에關혼衆說을網羅編纂ᄒᆞ야法政學界를月月刊報ᄒᆞ니斯학에關혼惟一大雜誌라有志 諸君은陸續購讀ᄒᆞ시오

一初号發刊일字는五月五일

(但初号는無代價)

一發행處所는漢성香서坊동보성專門학교

一定價는一冊十五錢、六個月先금八十五전、一個年先금一환五拾전

광武十一年五月二일

漢성香서坊동보성학교 告白

北署陽德방桂山洞第二統五戶家券路中에서失故廣布ᄒᆞ오니誰某拾得ᄒᆞ여도休紙施行홈

家主韓泰山 告白

全州寂陽松江居金得壽丁亥三月二十二日出家不知蹤跡今聞留京城云父正權居高창山內上塔則訪來視顧 父正權 廣告

本人에名仁奎之규字을以圭字로改定ᄒᆞ고圖章亦新刻ᄒᆞ오니知舊청君子은照諒敬要

釜山港主梁吳仁圭 告白

본人이丁未三月十七일夜에姓名圖章과別號圖章을見失ᄒᆞ얏스니誰某拾得ᄒᆞ와도無效홈

平壤烈동김寬善 告白

中署長通방契十三統十二戶瓦家七間半前厚白紙板刻一度今日遺失內外國人間拾得休紙施行홈

家主김광潤 告白

本店精製各色餅食專運洋廣什貨와頭美酒香茶烟草等俱全向蒙諸 君광顧經巳年餘今重新擴張另招新股全盤頂受所有貨物生財客장皆歸新股承受一切與舊股無涉倘各 實號有장目요갈者可向前股理明隨後與新股無涉特此佈告

漢城石井동一品香新記白

農商工部 認許運車株式營業廣告

今番本營業所에서各項貨物을運送ᄒᆞ기爲ᄒᆞ야牛馬車及荷車를勿論ᄒᆞ고營業을組織ᄒᆞ야牛馬車와荷車에소載혼物品을自今爲始ᄒᆞ야本營業소에서精實無損ᄒᆞ고迅速無滯ᄒᆞ도록恪勤勉勤홈을已任運送홀터이오니內外國 청君子는소載홀物品이有ᄒᆞ시거든不拘多少遠近ᄒᆞ시고本營業所나出張소로來議ᄒᆞ시와物品運搬에無礙酬應홀터이오니私載지弊가無ᄒᆞ기를望홈

本營業소와出장소쇼在處가如左홈

大龍동四巨里上東邊洋屋家 ●營業所

●東門外出장所

●龍山 出장所

●麻浦 出장所

營業長

副長 김世貞

總務 柳合영

取締役 山口玉吉

取締役 細川雄藏

會計役 김龍熙

事務員 鄭진영

前參判리石榮氏의載寧天一村菊花村舊京村所在庄土를亂類輩가僞造文券ᄒᆞ야三千圓에將欲偷賣云ᄒᆞ오니內外國人은切勿見欺ᄒᆞ오

家人김鎭國 告白

六品表서峻의峻字를任字로改之ᄒᆞ니知舊間照亮ᄒᆞ시요

表任峻 告白

第三期學員募集廣告

本塾에서今年에宏闊혼數塲을建築ᄒᆞ며敎務를擴張ᄒᆞ야一層整備ᄒᆞ고法學科學員을新募ᄒᆞ오니願學人은本塾에前期내臨ᄒᆞ야請願ᄒᆞ고左開日에應試혼學科及規則은本塾에내問홀事

○試驗科目

國漢文 讀書 作文

算術 (四則以內)

○試驗日字

陽五月五日(陰三月廿三日)

光武十一年四月 日

西署英語學校後동

私立養正義塾 告白

西署新門外鍮동百八十六統三戶

辯護士前判事前檢事正三品 丁明燮

法律事務所

事務員前主事吳在淳

◎活動寫眞廣告◎

今番에始作혼活動寫眞은法国巴里京에서有名혼거시오또혼大韓국 皇室에서먼져看品ᄒᆞ셧고始作혼지數日에遊覽ᄒᆞ시는첨君子가多數枉臨ᄒᆞ시와坐處가넘쳐서晩到ᄒᆞ시면不便ᄒᆞ오니速々枉臨홈

活動은自下午八点至九点名唱善舞歌童과唱和吹笛은自九点至十点

賣票時 七点半始爲

入塲票 上等三十錢 中等新貨十五錢 小童十錢

新門외서달이목東便벽돌집

法人 馬田 告白

今二十九日路上에서本人의正書姓名圖章과標紙等屬을서失故로該章은勿施後廣布ᄒᆞ오니知舊間照亮홈

仁港內동付致祚 告白

●일본遊覽者募集

一遊覽會員募集 人員은五十名으로一團을成ᄒᆞ니한일인을不問ᄒᆞ고適히請入ᄒᆞ시옵

一巡遊地 東京博覽會橫빈京都大阪神戶

一往復일數 뎌抵十七일間

一浮費 遊覽費及手數料을合ᄒᆞ야總計四十八圓

一出發일 請入順次를從ᄒᆞ야出發三일前에直接히通知홈

一請入所 在京성各신聞社五十八銀行경성支店 天一銀行

一會員은遊覽을終ᄒᆞ야開散혼後는本會와關係가小無홈

一南대門서釜山으로直行ᄒᆞ던지或은東경으로直行ᄒᆞ는者의對ᄒᆞ야도同一便法으로同行請入을應諾홈

일本人遊람協會事務所경성南대門通

東亞商會

●增修無冤錄大全

壹峡 壹白七十頁

定價金新貨七拾五錢

此增修無冤錄大全은法律家의最緊要혼書籍이온데年來現本이殆히絶種에至혼지라故로法部에認可를得ᄒᆞ옵고此를新刊ᄒᆞ얏삽는대國漢文으로解釋ᄒᆞ야模糊혼句節이無ᄒᆞ오니法律學에有志ᄒᆞ신이와字牧之任에居ᄒᆞ신이는不得不覽홀冊子이오니注意購覽ᄒᆞ시옵

中署布屛下

廣學書舖 김相萬 發售所

林學速成科生徒拾貳名을現方募集ᄒᆞ니志願者는本月十五日內로願書를水原農林學校本部林業科에進呈홀事

但入學志願者의資格 願書式 試驗科目 시驗期日等事는農林學校나林業科의來問홀事

農商工部

國債報償義捐金收入時寄附
金四月朔收入表

四月
二日 秦京鎬 壹圓
東幕甕里下契血豚里 卌錢
三和港佩物癈止夫人會 五拾錢
金剛山乾봉寺봉鳴學校 壹圓
四日 居창熊陽山圖里 壹圓
八日 西署新孔덕里林炳錫 卄전
十日 晋州大覺面士谷里 壹圓
高陽沙大里面문峯里 貳拾錢
高陽沙大里面氷石里私立學校 卄錢
十二日 여州여흥學校 卄錢
十三日 元山港笠子契員 壹圓
十六日 果川外店동李창식 卄錢
十七日 山淸巴只面台南村 壹圓
十九日 保寧吾삼田面各里 壹圓
卄삼日 寧越北面 壹圓
卄四日 豐덕中面食峴里全州李氏宗中 卄전
全金蓮鉉宗中 五十전
卄五日 知禮下北面下院里 壹圓
卄六日 嘉山西面雲松里 壹圓
卄七日 西署東湖高山里안享순 貳拾전
卄九日 開城西部小路동 [illegible] 十전
合十二圓八拾전

國債報償義捐金收入廣告

●平安北道龍川府楊市商會社
黃菊保 최尙浩 각拾圓
니셩烈 八圓 장긔鳳 七圓
合三十五원
김柄찬 楊鉉 김樂敏
송子賢 田셩齊 최世健

김성萬 장其寅 백善필
니恭國 니學긔 각五圓
合五十五원
黃菊晩 니仲燁 鄭正순
리昌烈 承경龍 각參圓
合十五원
韓亨升 김學蘇 최紋烈
김麟善 최순彦 鄭鳳禧
김宗려 黃尙國 보禮欽
김達用 김정셥 鄭氏寶貝
김麗碩 김時鉉 白樂斗
梁致麟 元義祥 장思遠
韓致錫 黃尙端 장敬淑
敬贊 敬三 敬心
敬秀 裵德恒 니枝碧
각貳圓
合五十사원
니守明 부基業 梁基範
韓氏學善 文汝斌 니基용
김贊보 김昌元 吳녕봉
高尙鉉 文恆仲 김淳芳
김吉弘 김得化 김氏奉仙
니氏김貞金姜 白仁순
白明蘇 장락欽 니化豐
林淵國 趙金國 梁致龍
니枝봉 안봉局 方漢英
최天明 니氏김炳찬夫人
니士녕 박基麟 文셔윤
니원模 김호傑 니維根
張極浩 장龍호 장형哲
劉漢녕 韓基蘇 조世祐
韓義漢 田致락 김學升
尹希麟 金정연 高承인
尹萬鶴 백世鉉 김希터
김益鎬 니基永 빅柄俊
車宗漢 김應田 니學根
김樂善 니仁俊 최락世
최성能 高允化 림셔業
姜셔瑞 최봉瑞 박振순
장昌錫 김丙麟 홍明升
최致俊 김셩律 윤致경
최윤行 김道根 김義玉
趙雲漸 趙時鉉 장學秀
니셩連 니枝升 文氏前顯
文用元 元乙빈 吳基運

니載明 최希烈 高守봉
빅益度 김弘식 송斗贊
김炳源 김형福 김樂敦
김希鎭 한承鎭 김龍哲
姜윤稷 김氏俊모 김元西
利西 형셔 白南傑
장道俊 니元坤 한雄烈
趙運郁 니正순 김基澤
김志花 김貞순 박元仁
김基셥 김致奎 니根赫
최순道 한정賢 김龍善
김셩찬 梁基甸 한建杓
림得春 趙貞禎 梁貞순
백善彦 한光潤 니吉보
申致녕 趙尙봉 문致魯
김秀日 鄭志赫 니志秀
니世호 문道欽 김玉連
문興健 김창락 김希謙
니贊玉 박桂用 김有창
梁셩植 김初善 김蒙필
김晋健 빅락寅 문尙明
니汝根 김承덕 백락一
張鳳필 니녕化 洪氏봉侶
장氏信一 백致根 申末亦
申경순 니承순 김應涉
김大셩 각壹圓
合壹百五十八원
김셩國 박永秀 張基춘
趙贊모 김永寧 尹吉형
崔學春 니基호
문氏崔紋烈夫人 장尙인
尹元모 림吉遜 崔基福
韓道셩 장셩模 趙형鉉
김龍淵 鄭學界 문창춘
니基煥 니창호 장利祜
沈學기 崔應烈 김基南
沈九善 니學松 리鍾형
박楊춘 車東善 김基봉
崔世柄 崔順兼 김丙世
梁敎源 崔녕福 김셩춘
崔貞坤 김在玉 梁基世
김氏秀連 김志寬 김仲益
김麟赫 한셩燁 申益善
姜정三 김뇌춘 장긔學
니國明 鄭녕鎭 장禧尙

徐丙旭 김益터 강龍虎
崔경希 李형祚 李天富
김尙殷 김齊建 김宗鉉
김承宗 장允九 朴世煥
朴維祚 尹希경 鄭宅秀
한氏鄭宅秀夫人 崔경인
趙得善 邊孝셩 李元建
李大元 문振健 田錫춘
양學인 朴인호 문汝坤
洪承敏 李氏崔紋烈婦
朴成益 俞用化 尹桂花
崔在順 金셩順 류頭奉
金인호 金貞福 金信福
安桂鉉 李允煥 비仲明
申氏녕遠 金긔祿 백南셥
빅南욱 장善甲 趙형福
金氏奉恩 鄭元善 金麗業
劉경倫 장昇律 장락源
李吉遜 權士允 朴維긔
鄭恒춘 주창學 禹世賢
邊天보 金蒙建 金忠敏
金龍錫 장京贊 장得英
金인錫 車云涉 오成信
한處信 洪學彦 빅時덕
장인植 鄭興덕 承忠國
金國鉉 량建植 량지植
金應호 崔仲錫 金정官
金정순 徐在福 黃道셩
鄭桂봉 崔光俠 金元호
鄭元錫 韓녕傑 田穎덕
림觀秀 림晌秀 李奉인
黃氏玉嬉 장信杓 崔學元
趙東信 송志賢 李允정
黃龍直 黃龍虎 韓貞엽
각오拾전
合七十六원
李士鎭 金士用 李益仲
金今山 李學弘 문貞允
崔仲玉 비녕鎭 장셩鎭
金志셩 金仲元 趙龍云
金宗涉 장國信 朴[illegible]
朴志三 崔希덕 崔봉汲
鮮于亨덕 金덕振 崔賢興
權在明 金尙宗 비정善
문인坤 장봉鎬 한世鎬

金龍世 金봉엽 鄭學보
崔金學 崔金權 崔金哲
朴녕化 金志鉉
金氏權덕享母 朴時謙
朴仲烈 한學춘 문덕承
趙氏崔光俠夫人 朴致坤
장永주 李셩춘 각卄錢
合十三원卄전
李홍世 尹龍인 崔仲敏
안伯善 金桂연
李氏馬利亞 黃淑淸
金元鎭 송氏金宗鉉母
車蒙烈 장允杰 李五信
崔行춘 문召史 崔봉士仲
金香모 崔봉손 각貳拾전
合參圓수拾錢

▲耶蘇敎普盛小學校生徒
金寶貝 劉인秀 劉인化
李道新 李창業 金永吉
金泰善 장益모 李學勇
李창善 金得英 黃今年
韓亨淳 각壹圓
合十三원
李致新 鄭忠煥 鄭信煥
朴志화 金祐창 方亨淑
송게鉉 李춘明 金李宗
金利제各五拾전
合五원
빅聖龍 金연和 량聖호
량仁伯 李基世 각卄전
合壹원五십전
金錫福 李致淳 빅인춘
姜봉긔 趙雲瑞 각貳拾전
合壹원
高彼得 鄭인善 鄭인愛
빅善斗 金정善 [illegible]
량셩淳 金惠寬 金[illegible] 各十전
合九십전
량셩寬 량셩덕 각拾전
朴賢述 崔경[illegible] 각五전
合卄전
림道源 三圓 김時煥
貳圓 李承奉 三拾전
량셩樹 拾전
五圓사셩전

▲耶蘇敎日신女學校生徒
黃聖徒 黃信道 金美道
金美主각五拾전 李奉道
李奉主 韓긔主 각卄전
송聖愛 송聖徒 송敬愛
金永화 李義信 李美信
빅善案 각卄전 송聖門
宋聖긔 송聖枚 朴永터
빅인愛 金信玉 송愛덕
李勳信 金永徒 장덕순
장덕善 鄭인道 金敬主
각拾전
合五圓陸拾전

▲양上面明신學校生徒
金敬鎬 拾원 김셩鎭
五원 金尙烈 崔敬植
俞敬룡 金寬陳 金天元
각三원 빅元鳳 俞明遠
金天鳳 金應龍 金戰연
金允涉 金貞遠 金永應
각五拾전 金亨謙 金麗源각
四拾전 金處謙 崔경엽
金敬淸각三十전 金淸遠
金天弘 金덕坤 金澤斗
金경守 金東主 金丙혁
各壹원 金三遠 金明學
金丙希 金게周 각貳十전
合四十三元五十전

○楊上面支夜學生徒
金敬念 金용鎭 金鳳洙
金정漸 金允玉 金弘鎭
각壹원 高應善 九十전
金西謙 七十전 金봉綸
金信健 金런權 金弘덕
金셔元 金允學 金龍셔
金敬長 金敬益 金應龍
金孝權 金런守 金鳳適
金楊식각五十전 金런碩
異學수 장[illegible]福 장允터
金明元 金런能 金順哲
金碩允 金希福 각卄전
金允鎭 金런祐 洪正謙
량應호 金承晉 金義晉
金用元 金東화 金경洛
金元謙 金경學 韓子郁
金昌念 金順都 金東源

金게하 金希哲 金仲보
金順謙 韓긔춘 각卄전
金런斗 四十전 金迺源
金三손 각十전
合二十壹원九十전

一進會員
朴信國 三원 김龍福
二원 具志贊 김지福
각壹원 안셩云 문녕采
김긔런 김仲欽
朴政根 李信조 李承元
각五十전 劉亨都 申得龍
셔尙明 朴致경 림鳳춘
申덕龍 朴긔田 각卄전
合十貳원陸十전

○光화面川隅耶蘇敎會堂中
十四원四十전
姜殷碩 貳원 정丙杓
壹원五十전 장尙호陸十전
韓문信 肆十五전 김吉善
十五전 黃셩信 림萬근
량셩眞 韓正보 김得호
各十전
合五원貳十전
김承춘 五十전 朴淳側
朴萬碩 各壹원 扈有巨
五十전
合三원
장將麗 貳원 김來鳳
五十전
總合五百肆十五원肆十전
前號總合八千三百十七圓四拾貳錢七厘
都總合八千八百六拾二圓八十二전七里

大韓每日申報社

◎特別廣告

國債報償畔日間所捧은姑未合計이고伊前日所捧總合二萬三千三百四十八圓七十五전은電氣會社內銀行의貯置하얏삽고其貯置額中에서七千圓은국債報償志願金總合所로越交함

大韓每日申報社

廣告

●全羅北道井邑郡
全北井邑朴氏宗中
前文案박箕哲 壹百圓
進士박齊현 陸拾圓
前議官박中현 四拾圓
郡主事박彦奎 卄圓
進士박榮奎 拾圓
前令박商규 五圓
前參奉박慶현 四圓
前監察박敏益 幼學박亨규
각貳圓 박敏亮 박佐현
前司勇박등河 幼學박智현
박萬규 박允규 박昇규
박興규 박治규 복錫규
박鍾규 童박孝子 박順鍾
각壹圓 幼學박龜현
박昌連각六拾錢 복仁규
박昌植 박永眞 복辰규
박鍾南 박憲규 박병규
박璐규 박桓규 박在규
복필東 복鳳규 박순현
복圭현 박默현 童박三규
박連규 복春규 각四拾錢
幼學복東현 박基敎各卄錢
合貳百陸拾四圓八拾錢

▲上里
김元보 니成西 니會根
박一得 김宗必 김元一
각四拾전 니윤益 김南北
김元昌 김辰化 최汝尙
리完俊 최汝良 최德兼
리中執 趙白石 尹作石
殷京宅 禹大成 각卄전
비明中 리괴淳 장德必
吳二好 최元西 리成贊
각拾전
合오圓六拾전

▲立石
文興夾 육拾전 劉雨三
림八祿 김基學 박영云
김三淡各四拾전 박召史
삼拾錢 吳一善 김水卜
呂古石 김성국 각貳拾錢
三圓七拾錢

▲蓮支
김京述五圓 리鍾龍 殷士元
각貳圓 리澤榮 리子化
니성元 權佐夫 각壹圓
柳西局 장俊植 각六拾錢
리乃叔 리成凡 박京三
徐德一각四십전 柳子悅
리乃元 리긔先 柳京春
리士局 박興石 리성烈
김一善 리在成 박順學
장致彦 吳玉돌 曹學水
각卄전 니自中 拾십
合拾八圓五拾전

▲市基
林光叔 趙德守 김元平
徐吉환 朱萬金 복학根
김三用 각壹圓 김仁石
八拾전 吳永환 장俊八
田大成각사拾전 吳卜岩
박木岩 權同伊 장在奉
片守同 劉同伊 장淡夫
安同伊 림太夾 송在浩
徐긔先 림守眞 김順哲
김슈千 黃已順 田在根
각卄전
合拾貳圓貳拾錢

▲下村
董威安貳圓 복權石 壹圓
장汗朝 六拾錢 장三奉
任辰오각厶拾錢 장用權 卄錢
合[illegible]圓六拾錢

▲長明
紫源箕貳圓 殷宗植 鄭基弘
송召史 각壹圓 최仁學
육拾전 殷必祚 權相植
柴章陽각사拾전 徐在玄
리和水 鄭學鳳 장太奉
리太順 장大順 송巳成
宋召史 각卄전 리夫貴
리明淳 각拾전
合八圓六拾전

▲水城
리장容 四圓

▲氏橋
박鍾섭 壹圓

▲上경
박영鎬 壹圓

▲九尾
복宗凡 壹圓 李相甲
丁平七 리乃順 各四십錢
秋眞善 박東守 리道淳
김昌用 각卄錢 元道成
김正로 반洪夾 徐永조
각拾전
合九圓四拾전

▲西外
리啓豐 六십錢 리平心
리相華 리덕오 윤行順
장卜完 리학春 吉應서
리學眞 각四拾錢 박太仁
卅錢 리창오 全正有
박致先 김東介 林順슈
各卄錢
合오圓拾錢

▲와山
김性恩 六십錢 鄭君일
리正文 호允文 각사십전
田斗元 리明述 김德원
김用순 각卄전 김원京
四十전 김均京 鄭君執
김德슈 각卄錢

九尾 趙淳化 四十錢
合四圓四拾전

▲市場白木廛人
박亨奎 리浩先 각壹圓
鄭雨京 리興서 김成彦
복광文 김俊夾 리윤中
최成西 각六拾전 曺金九
오십錢 박珍京 최文和
安得云 김成夾 陳舜京
紫亨俊 曺成局 호乃眞
白成九 박成엽 殷右必
김永叔 車道行 각四拾전
白周京 姜형執 국成一
리正玄 최明彦 최大吉
윤士일 鄭士吉 김宗凡
鄭京云 孫창先 최中伊
각卅전 鄭必西 최成佐
柳春京 윤明西 林基先
리文헌 복興叔 각卄전
合拾六圓九拾전

▲市場靑芧廛人
黃成玉 二圓 최德仁
壹圓八십錢 柳學汝
壹圓六십錢 최乃眞 壹圓
徐贊文 六십錢 리正玄
최德三 각卅錢 박良彦
리春化 각卄전
合八圓

▲市場鐵物廛人
柴壯良 趙平오 오南表
신舜玉 柳正金 박京三
각卄錢 김일喜 曹巳千
김正文 曹丙烈 김正表
각拾전
合壹圓七拾錢

△東內 全甲童 六拾錢
縣內都合參百六拾肆圓拾錢

●東面

○香谷
秋琪新 柳正三 각貳圓
최德守 최순化각壹圓四拾錢

○朋來
柳洛삼 壹圓六拾錢 柳興國
壹圓四拾錢 리治道 리仁範
각壹圓

○松亭
安性攸 六拾錢

○松鶴
柳然源 壹圓 鄭元京 卄錢

○翁동
김경心 壹圓 김順興
黃경一 김有聲 김道경
김德슈 文致成 리化슈
申小吉 각卄錢

○士殿
리相瞬壹圓 崔成道四拾전
리春元 卅錢 리京원
박正實 최치凡 최九淵
최君一 리百八 각卄錢
리光슈 拾錢

○杏丁
김九凡 六十錢

○신興
김永彦 六拾전 리士有
黃正吉 각四拾錢 김舜경
리春彦 河德신 김子中
각卄錢 박文오 김順集
각拾陸錢 김寬일 河德玄
김호玄 최明순 각拾貳전

○白石
현在春 六十錢 曹化경
鄭俊明 김君中 安仁서
柳永邦 각卄전 柳星七
김成化 각拾貳전 曹春일
十錢 柳明七 六錢

○雲峴
都權지 六十錢
合卄오圓四拾錢

●南面

○校동
前參奉 安東필卄圓

○今九
니奎炯 六圓 許應오
六十錢 니文行 四十錢
복德弘 卅錢 니士彦
박巴道 니用集 니문益
각卄錢 高應창 김元삼
니德오 許明오 各十전

○月城
손寂鵬 三圓

○南星
安병순 壹圓
房락규 壹圓四拾錢

○新基
김益辰 壹圓

○石溪
安德表 貳圓
安成信 壹圓 黃仁슈
卄전 김永化 김君오
各六전

○九岩
李贊슈 洪광夾 니乃興
各卄錢 安티元 安致天
각拾전 安경心 林道경
김成民 安基贊 安眞甫
趙大集 각六錢 니性益
김判岩 니경甫 安永集
安性장 각四錢

○堤內
白允德 貳圓 安性문
壹圓 安긔八 白順슈
박九燁 각卅錢 安性지
卄면 任학瑞 安文슈
田百경 安경凡 신永國
安인홍 安益三 각拾전

○九溪
安化경 卅전 安乃一
니用九 안汝善 안永善
니公宣 류경슈 니貴億
안處中 각卄錢 김日玄十錢

○上辰山
안東연 一圓 안東헌
김連티 각六十전 니正行
四十전 안德老 안益오
각卅전 안東섭 송鎭夏
송鎭賢 각卄錢

○石古 안인和 一圓 니卜壽
廿션 장乃成 김긔보
안과燁 각拾전 김洛凡
안경化 안宗化 각陸전
최보化 四전
○科橋 신인슉 六十錢
○舊綿
任셩宰 任敎宰 최鎭實
각壹圓 任大鎬
羅升鉉 柳濟權 김貞鉉
鄭俊弼 柳弁鉉 安奉鎭
安中엽 각廿錢 韓海셕
柳休鉉 오亮환 허慶龍
柳秉澤 허鎭슌 安基환
蔡東柱 柳正鉉 任宜述
柳濟天 각拾錢 니秉九
최鳳淵 각六錢
△新井 安文京 壹圓
△上付 김周鉉
리尙賢 殷成表 각四拾錢
김方西 니成長 김德三
니黃先 김洛中 김成白
南興贊 박光춘 梁경云
蘇正先 柳一瑞 김官西
南鶴一 각廿전 한公叔
김泰一 각拾錢
△內지 박太化 壹圓
△松丁 孫贊甫
김士玄 최경叔 최경春
각拾貳전
柳恩셔 姜九五 니창權
安순셔 각廿錢 김致玉
최德參 孫致中
河玄一 한成化 각八錢
○書村 하處叔 六十전
安基甫 河在天 河炳甲
河致文 각四拾錢 孫成贊
리德長 河益셔 김士中
리순셔 각廿錢 柳月豐
楊化三 김卜原 각拾전

郭相三 六錢 河明叔 四錢
△萬化 김德守 陸拾錢
박化三 秋경贊·崔益壽
각四拾전 박경三 최成文
김正云 각廿전
△下村 김成甫 김官甫
각廿錢 윤明수 拾전
△舊井 安文永 安明元
김永斗 安在鍾 각壹圓
△石山 孫命中 三圓
孫슈中 貳圓
△三君 니奎셕 壹圓
△新溪 安九경 陸拾錢
△盤岩 安自成 廿錢
김性八 김性九 각拾錢
△外지 리益셔 安太益
安太경 김致億 각貳拾錢
니셩白 리學宗 윤春景
김判用 각拾전
△七星 박福成 殷以셜
각四拾錢 장漢局 貳拾전
△永丁 송원明 朴永春
김奉太 각卄錢 安正化
拾錢 孫춘三 陸錢
合八拾陸圓오拾八錢

●西面
△上平 金敬鎭 貳圓
김락馨 김락긔 각壹圓
김麟述 김鷹述 김鶴述
김환述 김正述 각陸拾전
鄭甫玄 一圓
△雙溪 리大賢 壹圓
니化實 니淸一 각貳拾錢
리會京 四拾錢 니煥汝
니善一 孔京슈 각拾錢
니化三 니九京 리昌西
각六錢
△三山 孫京文 廿전
孫文玉 孫元슈 盧正晥

박朝央 孫致경 각拾錢
孫道興 손仁슈 윤德九
각陸錢 김卜彦 손致문
각拾錢
△上毛 申成奎 四拾錢
송自成 최學先 申性先
申昌彦 각廿錢 趙경三
申性순 각拾전
△中里 車원益 壹圓
車元슈 陸拾錢 盧基슈
貳拾錢 盧경中 車元三
니경辰 盧德中 車敬先
각拾錢
△丹谷 前參奉柳寬鉉 廿圓
柳齊鉉 四圓 柳德明
壹圓 前司果리錫鵬 四圓
니致根 貳拾錢
△甃岩 김云行 壹圓
△中興 申善보 陸拾전
△磨石 南在天 三圓
△艮之 김興集 河明集
김인슈 각壹圓
△誠信 安永泰 四圓
안致能 貳圓
○艮동 南啓녹三圓 南艮운
南艮準 愼多攸 각廿錢
김德秉 김化경 각拾전
○永안 郭영八 八拾錢
陳致德 徐영中 각四拾전
梁德初 鄭德守 서明局
장成云 박경參 陳明七
吳士玄 서道中 朴行슈
각卄전 郭道益 니太원
각拾전
○水月 한인休 김益休
朱듸然 각廿錢 鄭경烈
니性伯 河成宅 鄭영五
한九경 각陸전
○軍令 김道連 비公西

각廿전 박경三 박性秉
김北實 黃興서 각拾전
○雲月 류원道 류益서
하寬서 각四拾전 林化實
劉應七 복士형 河淸汝
류元一 각廿전 니春三
高흥之 김中京 문國彬
서乃平 各拾전 김贊局
김영化 河영보 高香植
禹汝中 각陸錢
○蓮동 유中吉 壹圓
○巨士 장舜來 四拾錢
合七拾壹圓卅陸錢

●北面
○用湖 김致九 니今連
손경슈 각廿錢 복化서
拾錢 鄭化春 趙應煥
니道순 복乃서 림奉朝
김基서 각六錢
○台谷 니泰宇 參圓
○升夫 前參奉金영淳 四圓
류致化 류춘國 류公一
류춘서 각壹圓 하순巨
六拾錢 류應艮 貳圓
○成新 복긔先 복인슈
각卅錢 니원빅 김致成
김成彦 리德昌 각貳拾錢
니致文 니乃眞 니中玉
니俊烈 니云益 田영五
黃判山 각十二전
○新平 한成윤 貳圓
韓덕信 壹圓六拾연
⊙臥用 朱公先 貳圓
김道현 壹圓
○新基
니영執 姜致玉 各四十전
河化同 비化서 니오秉
니士日 千木卜 林孟生
각廿전

○漁翁동 白週玄 六拾전 류君일
四十錢 김士賢 김인슈
각廿전
○老松 류正先 洪영문 각壹圓
○弓山 김俊石 申成祚 김道三
各廿錢 林在貞 최明元
강보局 김경三 각拾錢
○九艮 호斗鎭 二圓
○漢橋
通政林炳斗 前議官림采升
김成협 表영七 김中玄
김玉汝 卓乃化 박긔卜
각壹圓 金一서 四十錢
김處中 權成오 각廿전
박明先 김性初 장在守
니士玄 申宗순 박춘實
김贊弘 최天雄 각拾錢
○伏用 니道中 一圓 류인협
陸拾錢 니영서 김禹인
류德弘 河淸一 각四拾전
趙成化 복영化 김世珍
복인明 洪權一 류영一
각廿전 洪順福 十四錢
孫學老 趙成九 복正和
니正凡 각拾錢 니官中
八錢 니洛一 박즈和
林道흥 류汝恒 河德中
복순京 니中一 복경老
니相玄 류보경 호洛中
각六전
○君大 복죵秉 壹圓 김順五
七拾전 니원三 五十錢
○馬谷
류成儀 壹圓六十錢 王堯錫

壹圓 黃우先 김士一
各四十錢 류旭현 廿전
王局信 王문日 류明化
王廷秋 各十五전
○漁동 王廷희 六十전 王경云
四十錢 김正일 廿전
김玉烈 拾二錢 王致一
王乃玄 각十四전
○大興 복령彦 백桂亨 각廿전
류致셩 니必善 各十전
○九艮 洪인化 許公眞 림원긔
호경贊 林경서 각廿전
호성守 호성和 각卅전
호學權 壹圓 니춘化
姜在順 서明守 각十전
최우三 六뎐
○新興 니景官 文奉凡 김化然
각六拾전 奇鳳旭 김락中
각廿전
○五亭 류덕一 二圓
○長久 복福汝 貳圓
前承旨 복麟來 拾圓
合七拾四圓九拾四전
總合紙貨六百廿二圓三拾八전
右額을國債報償志願金總合所에納홈事

全北非邑郡
斷烟會發起人等 廣告

第五卷

大韓每日申報

第五百六號

月曜及慶節 歲時日休刊

大韓開國五百十六年
日本明治四十年
淸國光緖三十三年
◉陰曆丁未三月小廿六日丁巳

論說

國債報償의問題로外報의論評

大韓人民社會에셔國債報償의問題로斷烟同盟ᄒᆞ고捐金을募集ᄒᆞᄂᆞᆫ義擧가各國에傳播가되매大韓人民의愛國思想이如是發生ᄒᆞᆫ것은擧皆諒悉이오其結果의如何를亦皆注目ᄒᆞᄂᆞᆫ디玆에兩處報紙를接讀ᄒᆞ매其論評이如左ᄒᆞ니

日本時事新報에曰

韓國內에新成立ᄒᆞᆫ國民捐會의會員과及創辦人은日債를償ᄒᆞ기爲ᄒᆞ야起見ᄒᆞ얏ᄂᆞᆫ디不特取集錢款이라幷히與日人交易을禁止ᄒᆞ고또淡巴菰의吸食을不準ᄒᆞ나但韓民의貧困으로써비록會員이衆多ᄒᆞ나恐亦巨款의收集은不能ᄒᆞᆯ것이오且烟草之爲物이韓人의嗜痴之癖을已成ᄒᆞ얏스니決코久忍키難ᄒᆞᆯ지라總之컨ᄃᆡ此會가將成笑柄ᄒᆞ야外人의嘲笑를空貽ᄒᆞᆯ지나吾人은不應笑彼ᄒᆞᆯ것이盖此會로以ᄒᆞ야韓人이國債顧念ᄒᆞᆷ을尙知ᄒᆞ고僅히自私己利者가아니라惟應極力嚴察ᄒᆞ야ᄒᆞ여곰反對ᄒᆞᄂᆞᆫ本之風潮를勿起케ᄒᆞ며日人權利에有害를無케ᄒᆞᆯ지니萬一不然ᄒᆞ면立行嚴法ᄒᆞ야對付ᄒᆞᆯ것이라ᄒᆞ얏고

合爾賓報時評에曰

日人이韓人此擧로써大事를尙未能成이오日後에反對日本之變亂을釀成ᄒᆞᆯ가恐畏ᄒᆞᆷ이라然이나吾人은此會의成立을甚喜ᄒᆞ고其有進步를深願ᄒᆞ노니蓋以此會가可히韓人自由의起點이될지라此로由ᄒᆞ야韓人의愛國心과國民의自重心을可見ᄒᆞᆯ지니苟推其勢力ᄒᆞ야得達其目的ᄒᆞ면韓人이스ᄉᆞ로日本의羈絆을離脫ᄒᆞᆯ지라此外吾人之意ᄂᆞᆫ韓人此會가定코大有進步ᄒᆞᆯ것이오幷히泰西各國의贊助를招致ᄒᆞᆯ지니盖惟使韓으로公共保護國이되여야東方의永久和平之局을可成ᄒᆞᆯ지라萬一不然ᄒᆞ야現在韓日의情形과如ᄒᆞ면永히遠東戰爭의媒介가되리라ᄒᆞ얏더라

右兩報所論이對此捐會ᄒᆞ야各其推測으로論斷ᄒᆞ얏거니와吾人은此會의成立ᄒᆞᆫ事實을次第目擊ᄒᆞᆫ지라蓋此義擧가決斷코韓人의愛國思想으로從生ᄒᆞᆫ거시오反對日本ᄒᆞᄂᆞᆫ意見으로由ᄒᆞ얏다謂ᄒᆞᆷ은不可ᄒᆞ니何以言之오此會가政黨社會中에셔發出ᄒᆞ얏스면理由가有ᄒᆞ다ᄂᆞᆫ讒言을或不免ᄒᆞ려니와今此義金의出捐ᄂᆞᆫ婦女와兒童과傭夫와乞人이爭先爲之ᄒᆞ니此를엇지排日思想이有ᄒᆞ다謂ᄒᆞ리오純然히愛國ᄒᆞᄂᆞᆫ天良之心으로從生ᄒᆞᆫ것은顯然可知라彼日人報筆에此會가將成笑柄ᄒᆞ야外人의嘲笑를空貽ᄒᆞ리라云ᄒᆞᆫ者ᄂᆞᆫ即是韓人을侮蔑ᄒᆞ고猜疑ᄒᆞᄂᆞᆫ心事로論斷ᄒᆞᆫ거시나韓人은於此에倍加猛省에益々奮發ᄒᆞ야外人의笑柄을不作ᄒᆞ기로決心進步ᄒᆞᄂᆞᆫ거시是니天職之當然이오合爾賓報에此會의成立을甚喜ᄒᆞ고其有進步를深願이라ᄒᆞᄂᆞᆫ대對ᄒᆞ야大韓人民의愛國思想이愈益堅固ᄒᆞ야百難不撓ᄒᆞ고萬折不退ᄒᆞ야期於코目的을得達ᄒᆞ야世界上公言者의期望을勿孤ᄒᆞ고自國의獨立權能을恢復ᄒᆞ기로十分切望ᄒᆞ노라

官報

●第三千七百五十九號 光武十一年五月七日

◉敍任及辭令

依願免本官 獻陵令金直衡
命判敎鍊司事 從一品李헌永
任獻陵令 康陵參奉尹ㅁ榮
任康陵參奉 朴照奎
軍部敎育局編修 李容문
課員步兵參領
免本職
補軍部參謀局第二課員 步兵參領리容汶
贈從二品嘉善大夫內部協辦 故성均生員尹 기
贈정三品通政大夫秘書監丞 故郡守尹庠一
贈정三品通政大夫掌禮院掌禮 故學生尹景肅
以上정三品通政大夫咸鏡北道觀察使尹性普考祖考曾祖考依法典追 贈
贈從二品嘉義大夫內部協辦 故嘉義大夫金廷植
贈정三品通政大夫秘書監丞 故學生金愼求
贈從三品通訓大夫掌禮院掌禮 故通덕郞金商鏞
以上從二品嘉善大夫掌禮院副卿金容圭考祖考曾祖考依法典追 贈

◉告示 續

一 姓名 (帝國臣民은片假名으로써、韓國臣民은片假名이나諺문으로傍書를付ᄒᆞᆷ이可ᄒᆞᆷ이라)
二 本籍地 (韓國臣民이면住所地)
삼 現居地
四 族稱 (戶主、家屬을示別ᄒᆞ되家屬이면戶主의姓名及族係를記載ᄒᆞᆷ이可ᄒᆞᆷ이라)
五 年歲 (滿幾年或某年某月某日生)
六 職業
七 旅行地名
八 旅行目的

第三條 官命을依ᄒᆞ야外國에旅行ᄒᆞᄂᆞᆫ者ᄂᆞᆫ其所管官廳을經由ᄒᆞ야統監府에旅券下付를出願ᄒᆞᆷ을得ᄒᆞᆷ이라但第二條第一號第七號及第八號의事項을開申ᄒᆞᆷ이可ᄒᆞᆷ家屬又從者를同行ᄒᆞᄂᆞᆫ ᄯᅢᄂᆞᆫ同行者에關ᄒᆞᄂᆞᆫ第二條第一號내至第九號事項을並ᄒᆞ야開申ᄒᆞᆷ이可ᄒᆞᆷ이라

第四條 移民保護法의規定을依ᄒᆞ야移民處辦人에依ᄒᆞᄂᆞᆫ移民又保證人을要ᄒᆞᄂᆞᆫ移民이第二條出願ᄒᆞᄂᆞᆫ ᄯᅢ에ᄂᆞᆫ移民處辦人保證人의連署를要ᄒᆞᆷ이라

第五條 第二條의規定을依ᄒᆞ야旅券의下付를受ᄒᆞᄂᆞᆫ者ᄂᆞᆫ每一度에金一圜에相當ᄒᆞᆫ收入印紙를旅券領收證에貼付ᄒᆞᆷ이可ᄒᆞᆷ이라

第六條 旅券의下付를受ᄒᆞᆫ者ᄂᆞᆫ其券面에署名ᄒᆞᆷ이可ᄒᆞ되萬一署名치못ᄒᆞᄂᆞᆫ ᄯᅢᄂᆞᆫ代署ᄒᆞ게ᄒᆞ야本人이圖章을押捺ᄒᆞᆷ이可ᄒᆞᆷ이라但韓國臣民의바에ᄂᆞᆫ圖章의押捺를省略ᄒᆞᆷ을得ᄒᆞᆷ이라

旅券面에查證잇기必要ᄒᆞᆫ國에旅行ᄒᆞᄂᆞᆫ者ᄂᆞᆫ其定ᄒᆞᆫ바를依ᄒᆞ야查證을受ᄒᆞᆷ이可ᄒᆞᆷ이라 未完

外報

●日法外交關係 東경電을據ᄒᆞᆫ則日法外交關係의接近되ᄂᆞᆫ事ᄂᆞᆫ既報와如ᄒᆞ거니와此로依ᄒᆞ야法國의對韓外交關係도統監府에盡力으로써漸次解決之緖에就ᄒᆞ야農工銀行을法國人에게特許ᄒᆞᆫ件도既히確定되얏스며또法商倫敦商會의損害賠償請求事件도目下調查인즉不遠間結着이되리라더라

●英帝訪法 同日路透電을據ᄒᆞᆫ則英國皇帝에도와드陛下께서ᄂᆞᆫ數日間巴里에滯留ᄒᆞ시고明日大統領후아리에氏와會見ᄒᆞ신다더라

●新聞電報規則 同日東京電을據ᄒᆞᆫ則遞信省令第二十五號로써明治三十九年遞信省令第六十一號新聞電報規則第十五號로依ᄒᆞ야新聞電報料金豫納規則을定ᄒᆞ야五月十一日봇터施行ᄒᆞᆯ意로發布되얏더라

雜報

●金氏疏本 續

內陸則舊日兵營防營等地未復者尙多在禮其失爲蔑以言吉禮國典祭禮章曰六品以上祭三代七品以下祭二代庶民只祭考비五禮儀祭儀圖自二品至庶人有從品降殺之文而五品以下不書麵餠庶人又不書魚肉則 先王之禮寔用祭法之義以明節文者也挽近禮방大壞雖조隸皆則列立室堂擬用卿士如櫧牧饗則强意借貸濫用牲牢而日某家祝好禮之家多從家禮五禮儀納幣章曰幣用細或布二品以上현삼훈二三品以下至庶人각一현훈初昏婚盛服日有職者不拘時散公服文무兩班子손與及第生員紗帽角帶庶人笠子조兒其不能備紗帽角帶者笠子조兒亦可衣服皆用綿紬木綿女盛服日衣服用綿紬木綿 先王지禮辨貴賤序貧富節文以明而今俗則若麗傭反以紬布爲儉不以馮치爲妙而如農商借用命服不用笠子曰我不欲伯黨之鹿車迎婦隱之々賣犬嫁女千古ㅁ豚垂病於是夷俗論財少聘敎倫等弊作而不絕此亦失之侈也 未完

咸興郡州北面壯동國債報償靑英會趣旨書

惟我大韓에外國債欵이至爲一千三百萬元之多ᄂᆞᆫ不必架疊而外새不報면疆土不保ᄂᆞᆫ前鑑이孔昭故로全國州郡에無處不會而雖婦人孺子라도亦皆奮義募集ᄒᆞ야期於報새이기本面年少도別성一會ᄒᆞ야名曰靑英이라ᄒᆞ고取生聚興성泰之意ᄒᆞ야玆將趣旨에納于貴社ᄒᆞ니先此布告를爲要

發起人 會長 黃相勳
總務 韓永彬 洪鉉斗
金興洛 洪鳳洙 朴熙五
韓鳴훈 李吉赫 朴蒙鎬
黃夏鎔 韓國旬 李최觀
崔景호 朴象會 韓鵬훈
金明律

●尹門出捐 忠南木川[illegible]面번溪里三冽居尹行稷尹泰[illegible]尹行義尹命鉉尹行주等諸人이發起ᄒᆞ야其門族中에國債報償에義金을募集ᄒᆞ야本社에持來ᄒᆞ얏더라

雜報

●軍奏不公 軍大權重顯氏는今番侍衛混成旅團을編成홀다ᄒᆞ나事務에한熟훈士官은沒數히休職시기고自已族戚親分人으로만補職ᄒᆞ고二三名士卒를減額ᄒᆞ얏시니該氏에不公正훈事는輿論이一層沸騰ᄒᆞ다더라

●會議內容 去四日統監官邸에셔大臣會議를開ᄒᆞ얏는ᄃᆡ目賀田財政顧問의出席으로見ᄒᆞ야도財政上의案件을包含홈은分明ᄒᆞᄃᆡ此는地方財務에關係잇는新案으로以ᄒᆞ야各大臣도異議업시卽時可決되얏슨즉不遠間發表되리라더라

●下賜減兵 京鄕各隊에兵丁中年限이滿훈者와軍人資格에合當치못훈者로減額ᄒᆞ고其闕은勿補ᄒᆞ는ᄃᆡ平壤隊에減額된兵丁이二百二十名인ᄃᆡ自 上으로盤費를每名에舊貨四元과白木一疋式下賜ᄒᆞ셧다더라

●委員被命 議政府叅書官元應常씨가文官전考委員을被命ᄒᆞ얏더라

●大臣과統監 伊藤統監은三昨日其官邸에셔各部大臣과鶴原目賀田兩氏等과會合ᄒᆞ야大臣會議를開ᄒᆞ얏는ᄃᆡ甚히秘密ᄒᆞ야如何훈問題의討論로數時間을費ᄒᆞ는지探之不得이나聞々統監의랑々훈高聲이琉璃窓外로洩出훈바를聞훈즉時局緊急훈問題를討議ᄒᆞ야同侯大意의所在를懇切說明ᄒᆞ는바는不容疑訝라曩日十八元老를曾集훈時는表面으로鳳韻的宴會와如ᄒᆞ나酒氣酣酊ᄒᆞ고佳興이怱發훈ᄯᅢ에무含一篇의長書를分與ᄒᆞ며各元老가移時熟閱훈後에再次意致를得코져ᄒᆞ다ᄒᆞ고卽時散歸ᄒᆞ얏는ᄃᆡ其後元老中에一般腕家는他人을對ᄒᆞ야伊藤의分與훈長篇은適當훈事이多ᄒᆞ다ᄒᆞ며니엇던當路者와會훈ᄯᅢ에는當路者質問에辭窮ᄒᆞ야伊藤의書는全無服從之理인즉姑俟如干時日이라ᄒᆞ고更言ᄒᆞ얏스니韓國에敏腕家라稱훈者ㅣ往々히舌頭를幾枚든지使用ᄒᆞ는弊習이有ᄒᆞ고面前에敬意를表ᄒᆞ야도信키不足홈은今不更言이나如何ᄒᆞ든지其當場에免훈無責任이多ᄒᆞ고政海에混高ᄒᆞ야危惧益加ᄒᆞ는時代에또大臣會議의開催홈은全然無意味는아닐터이오詳細훈內容은知키難홀터이나早晩間元老會議며大臣會議의結果를見홀는지再報홀時가有ᄒᆞᆯ깃다고某報에揭載되얏더라

●印章鑄成 建築所印章을旣爲鑄成이業經 奏下ᄒᆞ야頒給該所長ᄒᆞ야俾卽使用ᄒᆞᆯ깃기로印章鑑本을另附仰布라고度支部에서各部에照會ᄒᆞ얏더라

●郡守전考 本日內部전考所에셔現窠郡守를전考훈다더라

●徵稅官增置 目賀田財政顧問은最者에諸稅徵收規程을改正ᄒᆞ고셔로稅務監十三員과徵稅官三十六人과同主事百四十三人을各地方에配置ᄒᆞ야諸稅를徵收케ᄒᆞ얏스나全國三百四十三郡에對ᄒᆞ야前日派送훈少數徵稅官으로는豫期훈効果가不能홈으로近日稅務官十四名과同主事三十八名을增選부任케ᄒᆞ야從來不足훈幾分을補充케훈事로決定ᄒᆞ얏다ᄒᆞ고또右徵稅官增員과ᄀᆞ치各顧問支部附屬ᄒᆞ는分署五十餘個所을增置훌方針으로目下設置훌處所를調査中이라더라

●大同鉄橋 本年度에셔鐵橋로換박훌경義線中大同江架橋工事는近間漸次着手ᄒᆞ기로決定ᄒᆞ얏는ᄃᆡ其處所는現在當所로붓더六十間餘의下流라더라

●朴씨還國說 日本에在훈朴泳孝씨가還國훈다고李圭完씨電報가日前에某處에到達ᄒᆞ얏다는說이有ᄒᆞ더라

●徒勞脚力 近日南北村求仕客들이각部大臣家에屢度進去ᄒᆞ되一不接面ᄒᆞ고納刺而已則徒勞脚力에難得實效인故로歸家自誓曰所謂大臣家에는更不投足이라훈다더라

●日語校의運動 校동官立日語學校에셔엽昨雨事를因緣ᄒᆞ야運動을停止ᄒᆞ얏는ᄃᆡ來일曜일東小門외三仙坪에出往ᄒᆞ야運動을擧行훈다더라

●賜勳山田 大邱財務官山田주藏씨가病死ᄒᆞ얏는ᄃᆡ韓國皇帝陛下게옵서勳五等을下賜ᄒᆞ옵시고度支部大臣閔泳綺씨는金二千圓을贈與ᄒᆞ얏고日本天皇은正七位와金百圓을下給ᄒᆞ얏다더라

●運動更定 西北學會聯合大運動을以雨勢로停期ᄒᆞ얏더니來日曜日에擧行훈다더라

●不必徑撥 度支部에셔內部로照會ᄒᆞ되東南兩大門門樓左右城첩毁撤事로奏裁을經ᄒᆞ온後議政府照會를據훈則費照會內開에南大門左右道路開拓費槩算額十一萬四千圓을算外支撥爲要等因이온바査該事件을從當妥商ᄒᆞ야以爲起工ᄒᆞᆯ깃슨則該費額을不必徑先支出이옵기玆以仰覆이라ᄒᆞ얏더라

●請禁强買 清州邑北門內居李章魯씨가學部로請願ᄒᆞ되本人의所居家屋이在於望仙樓近邊이온바該家則學自本郡通引輩가各自醵金建築이다가昨年分에轉賣於本人이러니本郡普通學校敎師가與警部로本人의家舍를要賣이옵기以不賣樣으로書及矣러니敎師與경部가終不聽從ᄒᆞ고百般搆납하야該家舍가係是公廨而本郡通引輩가私自暗賣라ᄒᆞ고該通引輩을無辜捉囚ᄒᆞ며本人이上京之間에巡査를派送ᄒᆞ야突入內庭에任意搜索ᄒᆞ야本人의所有家券을强奪以去ᄒᆞ고且本無훈舊文券을出給ᄒᆞ라ᄒᆞ고强迫日甚ᄒᆞ오니世有如許寃抑之事잇가下燭ᄒᆞ신後卽爲發訓于淸州普通學校及경部ᄒᆞ시와嚴禁其强買之習ᄒᆞ시며無罪被囚훈通引輩을立卽放送케ᄒᆞ라ᄒᆞ얏더라

●私札可訝 平理院裁判長李允用氏가前郡守金允爛씨의게私札ᄒᆞ기를自本院으로座下를押上훈端徵가有ᄒᆞ다고每々恐動ᄒᆞ니該氏의意思는知치못ᄒᆞᆯ깃다고巷說이有ᄒᆞ더라

●補金停撥 學部에셔養闓義塾長權重顯氏에게訓令ᄒᆞ되女子敎育이本國에創有훈擧라爲其主務者가固當悉心贊助ᄒᆞ야期圖進就ᄒᆞ미寔合妥宜어ᄂᆞᆯ本塾이初無校舍ᄒᆞ고他人居接훈屋舍를借用ᄒᆞ야授業與否를專由該主의左右이라ᄒᆞ니是豈設校훈本意며本部로補助金을特施홈은敎育을奬勵ᄒᆞ야國家의效益을是望홈인즉敎科에裨益홈을熟思ᄒᆞ야費用홈이對揚훈道에妥合홈이어ᄂᆞᆯ報來훈明細書를接閱훈즉昨年開校時料理物品으로無益消耗ᄒᆞ얏스니是何事體인지極爲慨歎에不可因循度了이기補助金支撥은從今停止ᄒᆞ고詳察塾況ᄒᆞ야痼習을確去ᄒᆞ고발達ᄒᆞ는狀況이顯出훈後에야更當依前撥下ᄒᆞᆯ깃고一二兩朔에已撥金額도此次明細書를斷難容認이니刻卽還納케ᄒᆞ며且無論何學校ᄒᆞ고長이나或監이一切事務를專管辦理홈이自是定例인데今謂幹事長은抑何名目인지亦涉滋惑이기조에訓令ᄒᆞ니卽依訓從長措辦ᄒᆞ야一切塾況을詳細報明ᄒᆞ라ᄒᆞ얏다더라

●麥雨有害 南來人의傳說을據훈즉今年麥農이各處均豐이더니雨水가頻數ᄒᆞ야損害가不少ᄒᆞ야米價가稍登이라ᄒᆞ더라

●設校請願 喬桐郡居金顯奎金相辰씨等이學部에請願ᄒᆞ되本郡에葬農學校를設立ᄒᆞ고子弟를敎育ᄒᆞ는ᄃᆡ校費가窘乏ᄒᆞ니本郡華盖山無主北麓柴場과鎭望葉山松楸落葉을該校에附屬取用케ᄒᆞ며皿財基地二處에는種桑養蚕ᄒᆞᆯ터이니認許ᄒᆞ라ᄒᆞ얏다더라

●滯囚爲鬱 閔衡植씨가被囚훈以後로南北村某某人들이閔씨의父親閔泳徽씨를訪問ᄒᆞ면閔씨가答ᄒᆞ되都無實犯ᄒᆞ니不足憂慮이나多日滯獄에通信路ᄒᆞ니是所憂鬱이라훈다더라

●永守贊學 永柔郡守朴容觀씨는治績의優美와敎育에勸勉홈은已播輿論이어니와本道紳士의組成훈서友學會에對ᄒᆞ야實心贊成ᄒᆞ는ᄃᆡ特히新貨五圓의寄付가有ᄒᆞ더라

●康校日興 康津郡金陵學校는昨年九月에該郡趙重觀氏가前叅書尹柱臣氏와其他有志諸氏로協議設立훈者인ᄃᆡ廣大훈校舍를新築ᄒᆞ고高明훈敎師를延聘ᄒᆞ야普通程度로誠心敎育ᄒᆞ미生徒增加ᄒᆞ야百餘人에達ᄒᆞ엿시니學校가與枉ᄒᆞ야名冠一省이라ᄒᆞ더라

●悖習宜懲 德源港普通學校漁ㅆ事로該校敎員이連鳴居嚴弘淳으로相詰훈際에嚴弘淳이가學部에訴ᄒᆞ야訓令을圖得下去ᄒᆞ야詰請還推ᄒᆞ다가嚴弘淳의姪라瑞가敎員을對ᄒᆞ야凌辱이藉甚훈故로該事實을臚列ᄒᆞ야該敎員洪在明씨가學部로報告ᄒᆞ고嚴洛서의官人凌辱훈者律에照ᄒᆞ야以懲悖習케ᄒᆞ라훈事는前報에已揭ᄒᆞ얏거니와該事件에對ᄒᆞ야學部에셔該港府尹趙秉敎씨의게訓令ᄒᆞ되果如敎員에所報어든刑法大全第十四章第一節과同六百五十三條는何許境遇에施用ᄒᆞ는지部實訴惑이기玆以訓令ᄒᆞ니該犯嚴洛서를卽爲依律勘處ᄒᆞ고刑止를馳報ᄒᆞ라ᄒᆞ얏더라

●放蕩少年 奉常提調趙南升씨는韓國의第一放蕩훈少年이라고人皆聞知ᄒᆞ는바인바近者에同氏는負債로因ᄒᆞ야總便치못ᄒᆞ고家屋은日人의게被奪ᄒᆞ얏스며財産은蕩耗盡ᄒᆞ얏다더라

●鍾守治聲 鍾城郡守李永植씨는無論官私立學校ᄒᆞ고每朔에捐廩十圓ᄒᆞ야學務를勸奬ᄒᆞ고結稅上納時에他郡은擧皆紙라貨로生弊ᄒᆞ되該守는無一分加納홈으로頌聲이載路ᄒᆞ다더라

●文校遊覽 義城私立文韶學校監吳時善金宇宣氏等이該學徒六十餘名을領變ᄒᆞ고日昨大邱城中에到達ᄒᆞ야方在遊覽中인ᄃᆡ諸學徒의行爲端正ᄒᆞ고前途進就가足可爲小白山下啓衛点燭이러라

▲茶 로 筆 話▼

▲近日政海에混花가稍靜ᄒᆞ야何等事爲도無聞ᄒᆞ고誰某競爭도無聞이라滿庭槐陰에春日이遲遲ᄒᆞ니黃梁枕上에午夢이方酣이로다

▲內大李址鎔氏는城北동에셔宴會를設ᄒᆞ고內外國高等官吏를請요ᄒᆞ야ᄯᅢ가雨勢를因ᄒᆞ야退定ᄒᆞ얏ᄂᆞ나昨夜風雨聲에桃李園中에忍損落來花라殘春名花에餘興이未盡ᄒᆞ야登山臨水에竟日忘歸ᄒᆞ이昇平日月에謝東山의淸趣로다

▲法部大臣李夏榮氏가昨日부터身病이闖發ᄒᆞ야不能視務ᄒᆞ다니同氏는向日에法務視察로日本에前往훈다더니무삼事端이有ᄒᆞᆫ던지已爲停止ᄒᆞ얏스니萬里碧海에如漱天船을揚帆ᄒᆞ고觀來長風ᄒᆞ야新空氣을吸收ᄒᆞ얏스면胸衿이快爽ᄒᆞᆯ걸如兒小局에鬱々久居ᄒᆞ니병을만ᄒᆞᆫ지

▲度支部에建築工事가日益支繁홈으로日本人十二人을加聘ᄒᆞ다ᄒᆞ얏고度顧目賀田氏가各地방외派送훈徵稅官이預期훈效果가不能홈으로稅務官及主事를增設훈다ᄒᆞ니有限훈金庫預算으로無限훈官員만增置ᄒᆞ면其不足훈預算은有誰擔當홀는지

▲各處津頭의沙工이行人을過涉홀時의兩班이나兵丁巡檢들이船價을不긍許給홈은韓國에舊習이라日人이鷺梁津沙工을對ᄒᆞ야生業을同事ᄒᆞ기를百般運動ᄒᆞ다못ᄒᆞ야船價不捧處만相關ᄒᆞᆯ깃다ᄒᆞ거ᄂᆞᆯ沙工等에思想은利害가無훈듯ᄒᆞ야許給ᄒᆞ얏스니日人이船價을不給ᄒᆞ는人만過涉홀가韓國은上自政府로下至人民이라도愚昧훈思想이一般이로다

▲度相閔泳綺氏는一昨日에農商工部에來到ᄒᆞ야鐵道管理局長官古市公威씨와무삼酬酌이有ᄒᆞ든지數時間을耳語가密勿ᄒᆞ얏다니所云이公인ᄃᆡ公云之ᄒᆞᆯ깃지近日에不正훈事는皆從耳語中出來로다

▲扶餘郡縣內面은昨年水災에階被其害ᄒᆞ야野無靑草에一望黃塵이라該동人民들이當此窮春ᄒᆞ야麥根을採食ᄒᆞ더니不過數朔에餓死者三人이오丐乞者二十餘家인ᄃᆡ該稅務主事가餓死者三人에게葬費四圜式捐助ᄒᆞ얏는ᄃᆡ觀察郡守는視若路人ᄒᆞ니其在職責에能無自愧홀는지

特別社告

本報代金을各支店에서多有延滯ᄒᆞᆫ中平壤支店에서ᄂᆞᆫ九年十年兩年度의未納額이삼百餘元에至ᄒᆞ얏스니本社徵費ᄂᆞᆫ何以支過乎잇가購覽ᄒᆞ시ᄂᆞᆫ僉員은從滯餘額을這這鳩合ᄒᆞ야該支店으로送交ᄒᆞ심을務望홈

大한每日申報社

北京電報

近日歸國ᄒᆞᆫ自費留學生이僅히四個月間에日本四處學校의卒業証을得來ᄒᆞ얏슴으로淸國官吏間에ᄂᆞᆫ頗히惡感을惹起ᄒᆞ야慨歎曰日本各學校의大部ᄂᆞᆫ實로營業的態度로以ᄒᆞ야淸國留學生을待遇ᄒᆞᆫ다고ᄒᆞ더라

雜報

●全羅北道泰仁郡來函　敬啓者貴社지讜言直筆과苦心勞意가罔非國計也오民事也라惟善與惡을無隱揭載ᄒᆞ야耳目이千里相通ᄒᆞ고肝膽이方寸傾到ᄒᆞ오니我한同胞가足以勸懲이라如鄙等愚頑으로도倘爲식拂拭眼에愛완ㅣ已ᄒᆞ옵고每歎西山暮日이無期振刷이러니近見第四百四十四號所載大邱廣문社々長金光濟徐相敦兩씨의國債報償에對ᄒᆞᆫ公函이온수兩씨의實心向國之誠과貴社의公布全國之意가足使愚夫愚婦로感發微忱ᄒᆞ야自率響應於令尊下風也라鄙等區々私意로敢忘誠力之不足ᄒᆞᆸ고玆에捐에勸告境內而收聚ᄒᆞ오니仰佗貴社ᄂᆞᆫ連力勸勉ᄒᆞ와使率土臣民으로相勸捐義ᄒᆞ야亟完此事之地敬要

養老齋通政ㅇ송鎭仝송미煥

●志士寄函　鎭川居劉奎運씨가本社에寄函ᄒᆞ되僕이本以性鈍智淺之質로又況生長遐鄕ᄒᆞ와耳未聞列邦之名而所知者ㅣ只有漢唐송而已오口未讀萬國史而所看者ㅣ三國誌西廂記等而已옵더니近日東風이漸暖에春이方暢일시百花ᄂᆞᆫ爭艶ᄒᆞ고萬絲ᄂᆞᆫ競芳이라春興이悠々ᄒᆞ야以竹杖芒鞋로유覽山川이라가偶得서遊之緣ᄒᆞ야借覽貴報則筆之春秋와言之濃香이無非開愚化頑之書也ㅣ니可謂ᄒᆞᆫ世之柱木이오訓民之寶鑑故로如此痴愚者도不勝欣喜ᄒᆞ와願覽貴報이옵기銅貨壹圓을忘此汗呈ᄒᆞ오니勿以小却之라ᄒᆞ얏더라

●濟民義捐　南來人의傳說을聞ᄒᆞᆫ則濟州郡健入里ᄂᆞᆫ戶數가不過百餘요生涯則使船爲業處也而聞國債報償之說ᄒᆞ고一齊會議曰吾等雖ᄒᆞᆫ陬殘生이나亦是化中之域이니愛國誠心은一般이라ᄒᆞ야紙貨數百圓을鳩聚義捐次熱心爭先ᄒᆞᆫ다더라

●婦人殺金　前主事韓南樞氏婦人金氏가先出義金紙貨四圓而勸告一般婦人ᄒᆞ야同爲隨力出捐ᄒᆞ얏다더라

●義捐鳩聚說　南渡人의傳設을聞ᄒᆞᆫ즉濟州郡新左面新村里頭民等이國債報償事에對ᄒᆞ야一場勸告에聽者莫不向義ᄒᆞ야老幼中至于四窮히鳩聚金額이數百圓에達ᄒᆞ얏ᄂᆞᆫᄃᆡ水陸遐路로不日間傳人來納ᄒᆞᆫ다더라

廣告

尹氏屢世墳山在於高陽高台洞與內香洞而族人公州居尹祚學父子窮無所不爲墓幕與位沓旣已暗賣故自宗中屢次呈卞還推矣祚學之子名不知人以年淺浮浪不悛舊習僞造文券局內基址與位十畓欲盜賣云內外國人切勿見欺홈

漆原尹氏宗中告白

本府求是學校校長張應亮이가該校財本排斂及捐助條十二萬餘兩을不過三年에緣何消융인지鄕校財産을又欲奪付故로本府儒鄕이疑惑滋深ᄒᆞ야請願官府ᄒᆞ고依指飭欲爲査簿則應亮이罔夜抱簿逃京이다가中路被執ᄒᆞ고自官司로定査員調査之際에乾沒奸狀을自知莫逃ᄒᆞ고連日多發生徒ᄒᆞ야惹鬧官庭ᄒᆞ다가末乃使生徒數十人으로符同日人敎師醫士ᄒᆞ야威脅官房奪簿上京ᄒᆞ야百方運動이나事에實이具在府報이고原來應亮이敎育을藉口ᄒᆞ고學校을組織ᄒᆞ더니以今觀之면朘民膏血之蠹虫니오妨害敎育之耗賊이라不可不世界에公布ᄒᆞ야以作勸懲키로玆에廣告홈

平北義州人金承學等　告白

北署㚇秀坊司宰監上牌契仁동第一統八戶草家八間半立旨文券遺失故廣布誰某拾得하여도休紙施行홈

家主郭元奉告白

本人等의族人金鎭衡이가性本浮浪ᄒᆞ야出沒京鄕에藉托求仕ᄒᆞ고所費가至爲葉二千餘金인바顧其敎諭ᄒᆞ야自門中으로殫力淸堪ᄒᆞ고待其自反改悟터니跡水未乾ᄒᆞ야今又與悖類輩로逗留京中에欲作敗悖之行爲ᄒᆞ오니內外國人은切勿見欺於此人ᄒᆞ시오

星州大동面龍溪金斗永等　告白

本人이漢城銀行에光무十一年四月十日貳百圜推金券一張과仝十一日貳百圓推金券一장合二장을路中에서失ᄒᆞ얏스니誰某拾得ᄒᆞ여도休紙施行홈

北署孝谷前丞旨徐相薰家看事人崔衡鎭　告白

前參奉金在설名字를以在衡으로改名知舊間照亮ᄒᆞ시옵

金在衡　告白

本人의再從弟炳建이性本浮浪ᄒᆞ야不事産業ᄒᆞ고符同挾雜人ᄒᆞ야以外邦典用云ᄒᆞ고泰仁郡所在田庄을僞造立旨ᄒᆞ야上京故로玆以廣告ᄒᆞ오니內外國僉君子ᄂᆞᆫ勿爲見欺ᄒᆞ시고同留助惡ᄒᆞᄂᆞᆫ諸氏도改過ᄒᆞ도록勸善下送ᄒᆞ심을望홈

全北扶安郡朴炳善　告白

特別廣告

본교의事業이일就月將홈은世人의熟知ᄒᆞᄂᆞᆫ바어니와금에更히法律經濟에關ᄒᆞᆫ衆說을網羅編纂ᄒᆞ야法政學界를月刊報ᄒᆞ니斯학에關ᄒᆞᆫ惟一大雜誌라有志 쳠君은陸續購讀ᄒᆞ시오

一初号發刊일字ᄂᆞᆫ五月五일

(但初号ᄂᆞᆫ無代價)

一發행處所ᄂᆞᆫ漢셩中셔박동보셩專門학교

一定價ᄂᆞᆫ一冊十五戔六個月先금八十五젼一個年先금一원五拾젼

광무十一년五月二일

漢셩중셔박동보셩학교告빅

本人이日本大阪商業家와特約ᄒᆞ고日本內地産出各種物品과西洋各種物品及機械等物을我大韓에輸入ᄒᆞ와委托을便利케契約ᄒᆞ얏스오니商工業에有意ᄒᆞ신僉君子ᄂᆞᆫ某物이든지請求코저ᄒᆞ시거든本社로來議ᄒᆞ시오本社에셔ᄂᆞᆫ手數料金만領受홈

興業社本店

開城北部祥洞

支店京城南門內水橋五十一統六號

仝仁港內동廣濟號　培養會社

本店에春服衣次각種이自英국으로多數來到ᄒᆞ얏사오니陸續來購ᄒᆞ시옵

貞洞源泰양服裁縫店　告白

本店精製各色餠食專運洋廣什貨과頭美酒香茶烟草等俱全向蒙惠顧 君과廣經已年餘今重新擴張另招新股全盤頂受所有貨物生財客장舊歸新股承受一切與舊股無涉倘各 寶覽有장目요괄者可向前股理明隨後與新股無涉特此佈告

漢城石井동一品香新記白

農商工部認許運車株式營業廣告

今番本營業所에서各項貨物을運送ᄒᆞ기爲ᄒᆞ야牛馬車及荷車를勿論ᄒᆞ고營業을組織ᄒᆞ야牛馬車와荷車에소載ᄒᆞᆫ物品을自今爲始ᄒᆞ야本營業소에셔精實無損ᄒᆞ고迅速無滯ᄒᆞ도록恪勤勉勸ᄒᆞᆸ고已任運送ᄒᆞᆯ터이오니內外國 쳠君子ᄂᆞᆫ소載ᄒᆞᆫ物品이有ᄒᆞ시거든不拘多少遠近ᄒᆞ시고本營業所나出張소로來議ᄒᆞ시와物品運搬에無礙酬應ᄒᆞᆯ터이오니私眼不疑가無ᄒᆞ기를望홈

本營業소와出장소쇼在處가如左홈

大龍동四巨里上東邊洋屋家　●營業所

●東門外出張所

●龍山　出장所

●麻浦　出장所

營業長

副長　김世貞

總務　鄭台영

取締役　山口玉吉

會計役　細川雄藏

事務員　김能熙

仝　鄭진영

今二十九日路上에서本人에正書姓名圖章과標紙等屬을셔失故로該章은勿施後廣布ᄒᆞ오니知舊間照亮홈

仁港內동朴致祚　告白

北署陽德방桂山洞第二統五戶家券路中셔失故廣布ᄒᆞ오니誰某拾得ᄒᆞ여도休紙施行홈

家主韓泰山　告白

第三期學員募集廣告

本塾에서今年에宏濶ᄒᆞᆫ敎場을建築ᄒᆞ며敎務를擴張ᄒᆞ야一層整備ᄒᆞ고法學科學員을新募ᄒᆞ오니願學人은本塾에前期내臨ᄒᆞ야請願ᄒᆞ고左開日에應試홈

學科及規則은本塾에내問홈事

○試驗科目

國漢文　讀書　作文

算術　(四則以內)

○試驗日字

陽五月五日(陰三月廿三日)

光武十一年四月　日

西署英語學校後동

私立 養正義塾 告白

西署新門外阿峴동百八十六統三戶

辯護士前檢事正三品　丁明燮

法律事務所

事務員前主事吳在溥

◎活動寫眞廣告◎

今番에始作ᄒᆞᆫ活動寫眞은法국巴里京에셔有名ᄒᆞᆫ거시오또ᄒᆞᆫ大韓국 皇室에셔먼저관品ᄒᆞ셧고始作ᄒᆞᆫ지數日에遊覽ᄒᆞ시ᄂᆞᆫ쳠君子가多數枉臨ᄒᆞ시와坐處가넘쳐셔晩到ᄒᆞ시면不便ᄒᆞ오니速々枉臨홈

活動은自下午八点至九点名唱與舞歌謠과唱和吹笛은自九点至十点

賣票時　七点半始爲

入場票　上等 三十錢　中等 十五錢　新貨　小童 十錢

新門외셔달이목東便벽돌집

法人　馬田　告빅

中署長通방契十三統十二戶瓦家七間半前厚白紙板刻一度今日遺失內外國人間拾得休紙施行홈

家主김광潤　告白

●일본遊覽者募集

一遊覽會員募集　人員ᄂᆞᆫ五十名으로一團을成ᄒᆞ니하일인을不問ᄒᆞ고速히請入ᄒᆞ시옵

一巡遊地　東京博覽會橫빈京都大阪神戶

一往復일數　뎌抵十七일間

一浮費　遊覽費及手數料을合ᄒᆞ야總計四十八圓

一出發일　請人順次를從ᄒᆞ야出發三일前에直接히通知홈

一請入所　在京성各신聞社五十八銀行경성支店　天一銀行

一會員은遊覽을終ᄒᆞ야閉散ᄒᆞᆫ後ᄂᆞᆫ本會와關係가小無홈

一南대門셔釜山으로直行ᄒᆞ던지或은東경으로直行하ᄂᆞᆫ者의對ᄒᆞ야도同一便法으로同行請人을應諾홈

일本人遊람協會事務所경성南대門通

東亞商會

◉增修無冤錄大全

壹帙　壹白七十貳頁

定價金新貨七拾五錢

此增修無冤錄大全은法律文의最緊要ᄒᆞᆫ書籍이온ᄃᆡ年來現本이殆히絕種에至ᄒᆞᆫ지라故로法部에認可를得ᄒᆞ옵고此를新刊ᄒᆞ얏삽ᄂᆞᆫᄃᆡ國漢文으로解釋ᄒᆞ야模糊ᄒᆞᆫ句節이無ᄒᆞ오니法律學에有志ᄒᆞ신니와字牧之任에居ᄒᆞ신니ᄂᆞᆫ不得不覽ᄒᆞᆯ冊子이오니注意購覽ᄒᆞ시옵

中署布屛下

廣學書舖　김相萬　發售所

越南亡國史

定價貳拾伍錢

發賣所京城廣通高裕相

鍾南鍋川郡馬時夏

布屛下　김相萬　冊肆

國債報償義捐金

收入廣告

●金川郡金泉民議所
前叅官金안淵 정삼品崔光翼
各廿圜 前主事ㄱ師金聖學
十圜 前人朴潤根 五圜
韓永植 三圜 金順서
명鳳洙 안ㅎ善 權致和
尹永淑 各貳圜
黃角崔氏宗中 貳圜
文우善 貳圜 金允션
崔文션 林達션 金孝直
陳永輝 許덕和 손時仲
朴景一 金쌍文 金聖行
金聖應 許敬化 李永圭
蔡吉석 尹次棄 명주日
오友玉 崔敬련 金學서
金順和 손宗杰 손雲五
韓光션 文士興 조興서
白聖서 權佑서 金春日
盧和션 申得守 金聖文
李道元 前司果李興寀
崔炳五 崔在壽 崔炳魯
金文서 金泰洙 李和實
李西淑 李聖九 李聖根
朴明五 方和汝 沈和서
朴기一 朴덕權각壹圜李國明
七拾전 金海鵬 陳和允
림亨필 前司果金敬서
손希彦 金윤련 韓光日
金덕윤 朴敬和 朴致和
金英淑 金기弘 崔윤서
崔益서 全汝興 尹在國
全在雲 朴덕初 金雲集
金亨필 黃在윤 崔聖實
金덕守각六拾전 장聖範
서仲賢 權順汝 李汝若
李允若 王君伯 王順每
림亨서 림長發 林亨老
金允서 金明서 金炳斗
金聖伯 金인三 朴君七
朴君八 李士克 朴永淵
李明益 林和汝 權기發

량昌範 金致和 李致日
李光서 趙伯元 金덕元
朴尙玉 申昌汝 片敬善
文士彦各五拾전 姜奉七
姜周彦 安義淳 崔炳翊
司空君善 유윤元 金伯元
鄭錫在 姜福連 朴永鎭
姜範서 林明彦 金泰元
李성振 李亨奎 李文보
金順日각四拾전 朴敬三
李以天 朴션彦 金永甲
조汝一 李云서 朴文玉
方允玉 黃和日 金致明
金用辰 鄭春三 정元서
朴演圭 李興極 各卄전
尹士彦 林聖和 趙國月
李萬今 李永雲 金世丹
최덕元 최而寬 朴士天
洪基윤 鄭希善 李用伊
林敬順 朴鳳乜 林一發
金景先 崔윤景 朴今伊
金春玉 尹士明 李春서
金덕호 朴昌조 崔덕守
셩月례 權元여 金以元
李性實 林永서 각貳拾전

○夫人義捐
正삼品崔光翼慈親
崔光翼슉毋
金順서夫人田氏
金安서夫人尹氏夫人朴氏
손學瑞夫人金씨
최子옥夫人金氏
林貴東毋親朴氏 各壹圜
任寡宅 六拾錢 林寡宅
貳拾전

童蒙義捐
正三品최光翼子錫台
손雲五子寬伊十二歲兒
次子小寬六歲兒각壹圜
최子옥子元厚七歲兒각拾전
女十歲兒 四拾전
손學瑞子晉文十二歲五拾전
金安서손東方十一歲
同손石信八歲

金學西子奉伊十歲
次子實敬七歲
金君甫子用石十歲 각卄전

雇工義捐
崔伯元 李福述 각拾錢
黃聖天 貳拾錢 趙學서
金學伊 金奉조 成俊호
白致玉 각卄錢 金성玉
李占禮 陸中月 金啓安
각拾錢

▲坤川里士器店雇傭義捐
高敬三 壹圜 權致善
四拾전 崔敬伯 貳拾전
金順서 金八보 徐致凡
金重敬 朴星玉 車덕原
각拾전 朴琪서 二拾원

▲市場義捐
呂中龍 姜鍾옥 각壹圜
趙敬九 貳拾전 四拾전
鄭京述夫人金氏
姜士秉 貳拾전 李聖律
六拾전

▲油糖房義捐
朴淳澤 貳圜 都晋五
徐大징 李寬五 具命甲
金昌喆 六拾전 七拾전
金乜喆 鄭學善 朴八十
朴來周 각五拾전 金聖五
尹龍옥 鄭경述 金秉植
吳益明 장喜龍 金경述
각四拾전 白萬述 金聖雲
손경雲 金永吳 金月龍
비世永 金應三 鄭雲龍
金海龍 朴淳聖 文宇汝
金淳三 權大植 申廷任
金聖雲 姜順서 각貳拾전
朴雲善 림永述 金周一
金文玉 각拾전

△油糖房童蒙義捐
ᄒ玉述 四拾전 李華三
李容福 朴善鳳 車達元
각貳拾전 니甲龍 白주彦
各拾전 金華善 陸전

△市上義捐
朴敬五 壹圜 장益善

六拾전 金總西 四拾전
合貳百七圜拾陸전
本議所各樣經費及送京費
命安瑞 金順서 兩人擔當

●永平郡一東面吉明里
前敎官洪鍾起 五圜
前主事楊有祿 一圜
六拾전
楊鍾서 李容션 楊致덕
洪淳亨 金性祿 각四拾전
楊永祿 楊俊夏 楊致元
朴吉伊 金性敎 각三拾전
趙慶柱 鄭夢錫 楊斗夏
申慶션 金富吉 양秉秀
장會鳳 장福돌 각二十전
陸鍾錫 양允夏 양致榮
양有夏 주一祿 각拾전

△亭子동
송鍾연 呂哲鉉 각二圜
韓用乾 嚴興吉 송潤王
각一圜 양致鳳 八拾錢
金有萬 김聖云 각六拾전
楊九夏 양致駿 각四拾錢
金子云 金ㄱ連 각三拾錢
李元儀 리秉魯 양ㅅ水
양조원 양조伊 송宣玉
金주昌 각二拾전 양致긔
盧仁植 金士卿 姜興成
姜興淳 金一大 金哲夢
김昔山 김五秉 김五哲
林仁吉 沈守吉 김永福
ㄱ拾錢

△顧頭岩
韓用聖 七拾전 韓用貞
咸永俊 각五拾錢 리起浩
三拾전 韓用启 韓用純
양奎夏 李般필 리秉英
장興順 장興福 趙義夏
각二拾전 리般字 拾陸錢
양時春 白樂中 咸富吉
각拾錢 김大孫 四拾전

△과里동
김興션 김基萬 각四拾錢
劉章憲 김順奉 김基洙
김基雲 리宗石 장旬山
嚴洪吉 각三拾錢 劉章翊

劉章昱 김根션 김敎션
김允션 각卄錢 김理션
리學俊 羅元吉 리根돌
리千돌 김萬大 김千石
김基文 김順龍 송元成
김召史 각拾전 呂奉卿
김千卜 리張植 각二拾전
合三拾五圜

●西署廉橋동前主事趙永泰家
眷義捐
夫人朴氏 子正植
子婦閔氏 女 각六拾전
合貳圜四拾錢

●西署西小門內
聖書公會視務人義捐
鄭泰應 五圜 宋綺用
尹秉翰 崔興俊 각壹圜
合八圜

•西署龍山坊孔德里粉塲洞
前主事박斗秉五拾전夫人沈氏
五拾전 子潤德 五拾錢
大夫人金氏 五拾錢
前叅奉台秉五拾전 夫人宋氏
五拾錢
合三圜

●南署儲慶宮前米廛秋鴻俶家
會同
李善實 壹圜 김錫奎
五拾전 下鍾ㅁ 鄭水吉
壹圜 李聖業 五拾전
秋鴻俶 六拾錢
三圜六拾錢

●西署南門內大平동
從二品朴齊弘 四圜
ㅈ前縣監敎陽 貳圜
孫四歲童蒙계男 壹圜
曾孫幼學鎔緖 壹圜
合八圜

●南署沈橋
前郡守許 철 六品李謙烈
각三圜

●東署後井洞沈橋
前郡守許 梅 前侍御柳亨烈
正參品장基弘 ㄱ貳圜

前委員柳興奭 壹圜
合拾三圜
●果川邑外店洞 李昌植貳圜
●양州 光陵叅奉洪鍾休貳圜
●여州吉川面博양洞
李敎成 五拾전
長ㅈ前主事周鎬 五拾錢
次ㅈ俊鎬 三ㅈ哲鎬각廿錢
長婦金氏 拾錢
壹圜五拾錢
●呂州登新面長山洞
前議官李容浩 三圜
●江華內可面鳩下洞
前令曹相建 拾圜
ㅈ前叅書麟默八圜 손喜常
喜彬 각壹圜
合貳拾圜
●槐山邑東部
柳達根 柳錫根 柳東珪
각貳圜
合六圜
●扶餘郡公동ㅁ李江里
前侍御許 옥 壹圜
●連山外城面多五介里
金春培 壹圜
連山外城面多五介
正一品金顯昇 壹圜五拾錢
夫人處面桂田前委員金顯奎
五拾錢
合二圜
●全州府西門外三契居
송杜翊 弟송杜卿 鄭益謨
각壹圜 金順同 貳拾錢
合三圜貳拾전
●洪川北方面蹂梅谷卄戶六圜
池錫煥 壹圜
合七圜
●宣川前叅奉李禎煥 三圜
자源奎 壹圜 ㅈ澤奎
孫昌鎬각五拾전
合五圜
●홍川郡北방面굴起동
三拾一戶 拾八圜 八拾錢
前靖陵令李錫리
進士金正錫 ㄱ貳圜

合拾二圜六拾錢
●홍川北방面장項里九戶四
前主事金敎秀 [illegible]三
合計壹百卄[illegible]拾

總合三百六十三圜四十六전
前號總合八千八百六拾二
八十二전七里
都總合九千二百二十六圜二
八錢七里

大韓每日申報社

◎特別廣告◎

國債報償金昨日所捧은姑未合計이고伊前日所捧總合二萬千一百八十三圜十八錢은會社內銀行의貯置ᄒ얏삽고其貯置額中에셔七千圜은국債報償志願金總合所로越交홈

大韓每日申報社

發行兼編輯人 英國人비셜
發行所
南서石井洞號外地三層洋屋내
大韓每日申報社

第五卷　第[illegible]號

月曜及慶節
歲時日休刊

大韓開國五百十六年
日本明治四十年
清國光緒三十三年
●陰曆丁未三月小廿七日戊午

論說

韓國과伊藤侯爵

伊藤侯가日前漢城에셔演說ᄒᆫ거슬日本新聞上에略述ᄒᆫ바其時來賓의多數ᄂᆫ韓國高官이오其談話의大旨ᄂᆫ韓國事를關係ᄒᆫ거시라本報가此를照譯ᄒ기에着味ᄒ노라

神戶허랠드新聞이去月三十日紙上에發言ᄒ얏스되伊藤侯가漢城에셔談話를述ᄒ야埃及에크로머大官(埃及에英國代表人)의行事를關說ᄒᆫ거슨向日本報에略探記載ᄒ얏거니와今에ᄒ지新報를接讀ᄒᆫ즉詳確ᄒᆫ報道가有ᄒᆫ지라蓋伊藤侯가統監之任을被ᄒ기以前에크로머氏가駐日英國大使에게一度書函을送致ᄒ야韓國內에日本之務를指言ᄒ미伊藤侯의談解가如左ᄒ니

韓國內日本政策에最要問題ᄂᆫ財政이라本人이此方向으로埃及內財政景況의編史를深察ᄒ거니와今一記憶ᄒᆯᄂᆫ거슨本人이統監으로被任될其時에크로머大官이駐日英國大使의게書函을寄ᄒᆫ바其內開에韓國內日本責任이甚大라ᄒ얏고續言ᄒ얏스되埃及內英國政策의重要目的은埃及人의利益을增進ᄒᄂᆫ거시라若英國이此目的을不有ᄒ얏드면埃及內에英國行事가決不得成就ᄒ얏스리니韓國內에日本政策도與此同一허홈이必要라ᄒ얏고同氏가日本政府를向ᄒ야最優元老를韓半島에派遣ᄒ기를勸告ᄒ얏스니本人이最能ᄒᆫ元老라고ᄂᆫ自處치못ᄒ깃스나然이나日本責任이甚大라ᄂᆫ크로머씨의言辭가果其實情인즉은本人이認解ᄒᆫ지라韓國을爲ᄒ야極力ᄒ기로熱心ᄒ노라ᄒ얏더라

使此大韓每日申報로以上演述에對ᄒ야略加評論이可乎아若然則韓國之於埃及에其類似ᄒᆫ거시甚少ᄒᆫ거슬本記者ㅣ將欲指明ᄒ노니蓋埃及事에英國이行動ᄒᄂᆫ것과韓國事에日本이行動ᄒᄂᆫ此兩原因의相距가南極北極과如히隔遠ᄒ도다埃及에ᄂᆫ英法兩國이干涉ᄒᆯ何如權限을俱有ᄒ얏더니아리비、파사의叛亂이起ᄒ미法國은權限을撤廢ᄒ고질序를維支ᄒ기에英國만存在ᄒᆫ지라英國이獨擔其責ᄒ야擾亂을略干掃除ᄒᆫ後에ᄂᆫ其地에仍留ᄒ야所當之務를實行ᄒᄂᆫ거시必要ᄒ줄노認得ᄒ얏스니英國의尙今所事가止此而已요埃及이尊敬ᄒᄂᆫ一國이有ᄒ니此ᄂᆫ土耳其라英國이此를拒斥ᄒᆷ이曾未有之矣며日適宜ᄒᆫ時機가至ᄒ면英國이該國에셔撤還ᄒᆯ거시無疑어니와何如ᄒᆫ지特著ᄒᆫ一事實은英國이保護에及ᄒ기를要請ᄒᆷ이曾無ᄒᆫ거사로다

乎於韓日ᄒ야ᄂᆫ顯著ᄒᆫ狀態가此와甚異ᄒᆫ지라日本이何如히韓國을獲得ᄒᆫ거슨近日史記가有ᄒ나此를再論ᄒᆯ必要가無ᄒ거니와一般吾人이洞悉無遺ᄒᆫ거슨英埃關과及韓日關關係에比例가確然懸殊ᄒᆫ거시라英國之에及에ᄂᆫ暫時保護ᄒᄂᆫ眞實正直之道로得ᄒ얏고日本之韓國에ᄂᆫ暫時保護안인거슨如彼ᄒᆫ眞實正直之道로得ᄒᆫ거시아니라

但吾人은稱揚이合當ᄒᆫ處에ᄂᆫ稱揚ᄒ기를甚喜ᄒ나니若伊藤侯爵이에及에크로머閣下와如히行事ᄒᆫ진ᄃᆡ韓國이에及과如히尙其獨立인줄을自國政府로ᄒ야금存心케ᄒᆯ지어다如此ᄒ면極東에在ᄒᆫ白人과本國에在ᄒᆫ累萬白人이彼의對韓好意를將許ᄒᆯ지라特有一言ᄒᄂ니日本이過去戰效로生ᄒᆫ自負之心을棄却ᄒ야韓人을人類로待之ᄒ고勿以禽獸로視之ᄒ며크로머閣下와如히行事ᄒ야吾人이暫時라도希望ᄒᄂᆫ政策을採用ᄒ야人民의利益을增進ᄒ기로實心做去ᄒᆯ지어다

官報

◉敍任及辭令

●第三千七百六十號　光武十一年五月八日

江原道前觀察使權益相
解兼任江原道稅務監

江原道觀察使金在豊
命兼任江原道稅務監

平安北道前觀察使申泰休
解兼任平安北道稅務監

平安北道觀察使朴勝鳳
命兼任平安北道稅務監

咸鏡北道前觀察使任原鎬
解兼任咸鏡北道稅務監

咸鏡北道觀察使尹性普
命兼任咸鏡北道稅務監

江原道前觀察使權益相
解兼任江原道裁判所判事

江原道觀察使金在豊
命兼任江原道裁判所判事

平安北道前觀察使申泰休
解兼任平安北道裁判所判事

平安北道觀察使朴勝鳳
命兼任平安北道裁判所判事

咸鏡北道前觀察使任原鎬
解兼任咸鏡北道裁判所判事

咸鏡北道觀察使尹性普
命兼任咸鏡北道裁判所判事

淑陵令崔昌耉
依願免本官

義陵令장貫龍
任淑릉令

淑릉參奉張형根
任義릉令

義릉參奉李鍾설
任淑릉參奉

韓長錫
任義릉參奉

軍部官房長申載永
解文官銓考所委員

議政府參書官元應常
命文官銓考所委員

全昌奎
任度支部主事　金基晟

任議政府主事　金용鎭

告示

五月二日에統監府告示第六十五號로外國旅券規則第十條를依ᄒ야同一ᄒᆫ旅券으로以ᄒ야數次往復을得ᄒᆯ地를左곳치定ᄒ얏기玆에告示ᄒᆷ이라

光무十一年五月六日　議政府

統監府告示第六十五號

明治四十年四月統監府令第十六號外國旅券規則第十條를依ᄒ야同一旅券으로以ᄒ야數次往復ᄒᆷ을得ᄒᆯ地를左곳치定ᄒᆷ이라

一　清國盛京省、吉林省及黑龍江省

二　露國薩합년島、沿海州及黑龍州

◉告示　續

第七條　淸國在留禁止命令中에잇ᄂᆫ者ᄂᆫ該國에旅行ᄒᄂᆫ境遇를限ᄒ야旅券의下付를受ᄒ지못ᄒᆷ이라

第八條　第二條의規定의依ᄒ야旅券下付를受ᄒᆫ後六個月以內에出發치아니ᄒᄂᆫ者ᄂᆫ旅券을還納ᄒᆷ이可ᄒᆷ이라

第九條　旅行者가歸國或歸著ᄒᆫ때ᄂᆫ旅券을還納ᄒᆷ이可ᄒᆷ이라

旅券下付를受ᄒᆫ者死亡ᄒᆫ때ᄂᆫ遺族이還納ᄒᆷ이可ᄒᆷ이라

第十條　商業、漁業其他職業을爲ᄒ야特定ᄒᆫ地에數次往復ᄒᄂᆫ者ᄂᆫ歸國又歸著마다旅券還納을不要ᄒ되但旅券領收ᄒᆫ日로븟터三箇年을過ᄒ야歸國又歸著ᄒᆫ때ᄂᆫ還納ᄒᆷ이可ᄒᆷ이라

前項特定ᄒᆫ地ᄂᆫ統監이告示ᄒᆷ이라

第十一條　旅券의下付를受ᄒᄂᆫ者ᄂᆫ第二條第一號乃至第四號第七號及第八號의事項이變更이生ᄒᆫ때ᄂᆫ卽時旅券을還納ᄒᆷ이可ᄒᆷ이라

第十二條　旅권을셔失ᄒᆫ때ᄂᆫ卽時申告ᄒᆷ이可ᄒᆷ이라覓得ᄒᆫ때도亦同ᄒ라　未完

外報

●日露條約의調印　路透電을據ᄒᆫ則東聖彼得堡로이뎰通信員의報에日日露兩國全權委員은本日通商條約及兩國相互의特權에關ᄒᆫ議定書와外交書의條約이一致되야不遠間正式으로調印될더이라더라

●總督更迭說　北京電을據ᄒᆫ則四川總督으로赴任ᄒᄂᆫ岑春暄氏가去月二十九日에上京ᄒ야陛見ᄒᆯ터인ᄃᆡ袁世凱氏ᄂᆫ中央政府에人을고岑씨가其後를襲ᄒ야直隷總督을被命ᄒᆫ다ᄂᆫ說이有ᄒ더라

●官制協議　同電을據ᄒᆫ則徐世昌唐紹儀兩씨ᄂᆫ袁世凱와天津셔會見ᄒ야東三省官制에就ᄒ야協議中이라더라

雜報

●金氏疏本　續

以言凶禮々典起復章曰前某官某比因某事緊關起復而某員委係奪情起復之人應出依牒給假章曰軍士願行三年者聽兵典講試章曰무經除吳子則　先王孝治於此凶禮尤所謹嚴今則事不緊關喪必起復而古所奪情今爲伸情如日赴京吉服在家衰服是文也

已求忠於孝移孝於忠亘天地亘古今一轍故在舊禮雖軍人聽行三年及무經除吳子者是也世之起復伸情在禮不惟爲恐而爲也甚矣周禮一部乃治國平天下之大節文也禮曰惟王建國辨正　體國經野設官分職以爲極周公豈欺也文中又曰如有我執此以往此誠知禮也經之禮治教禮政刑空皆當講明而以五禮分言則軍賓凶三節尤先講者也　未完

●忠孝感人　星州金達坤氏ᄂᆫ至貧之人이라賣薪資生터니一自償債義務開會後로謂家人曰兄在而養親則妻又餓死ᄂᆫ吾不足憂라ᄒ고每市에賣薪錢을捐補于國債ᄒ야前後合金이七兩에達ᄒᆫ니村人이欽歎ᄒ여賞賜一床ᄒ얏ᄂᆡ義務所에셔도市日을因ᄒ여一床을쥬니百般辭讓ᄒ다가酒ᄂᆫ飮ᄒ고肉與餠은奉親之意로懷去ᄒ니忠孝兼全之人이라고萬口藉々ᄒ고伽泉中坪居李睦齋과두氏ᄂᆫ雖是敗軍之將이나聲名은尙有라父자모弟義捐이合爲六元莫不失望이더니本郡人廿[illegible]月[illegible]金을自擔ᄒ니一坊一동이莫不稱頌ᄒ얏고一동義務가旣如此則況於爲國乎아自家義捐도畢竟優數히더ᄒ리란說도有ᄒ다더라

雜報

●院卿新任 陪從武官長李敏식씨가主殿院卿을被任ᄒᆞ얏더라

●以逋免官 風儀局員李象哲씨가會計主任으로莫實公貨에欠逋가夥多ᄒᆞ야免官奏本을宮內府에셔奉呈ᄒᆞ얏더라

●補員增置 警務顧問部에셔ᄂᆞᆫ補助員增置ᄒᆞᆯ必要가有ᄒᆞ다ᄒᆞ야本年度에分派所을增置ᄒᆞ고六百名을增置ᄒᆞᆯ터인ᄃᆡ第一着手로ᄒᆞ야近日中에爲先三百名의補助員을各地方에分置ᄒᆞᆯ터이라더라

●郡奏相持 內相李址鎔氏가今番奏本에對ᄒᆞ야至公無私ᄒᆞ기로決心ᄒᆞ야現無實職이라도曾任에積仕可堪之才와雖姻아族戚間이라도可用之人을收用코ᄌᆞᄒᆞᄂᆞᆫᄃᆡ內協沈相翊씨ᄂᆞᆫ有何別主見인지此를反對ᄒᆞ야內相李址鎔씨와現今相持ᄒᆞᄂᆞᆫ故로奏本이延拖中이라ᄂᆞᆫ說이有ᄒᆞ더라

●非成則화 公州觀察使ᄂᆞᆫ前判事李圭桓씨나度支部司稅局長李健榮兩氏中에被任ᄒᆞᆫ다ᄂᆞᆫᄃᆡ就中李健榮씨가斷定被任ᄒᆞᆫ다ᄂᆞᆫ說이有ᄒᆞ더라

●兩씨往叅 日本新設師團長尙崎中長씨가昨日獎忠壇에宴會를設ᄒᆞ얏ᄂᆞᆫᄃᆡ軍部大臣權重顯氏와漢城判尹朴義秉氏가往叅ᄒᆞ얏다더라

●稅吏擴張 度支大臣閔泳綺씨가各地方稅吏을擴張ᄒᆞ기爲ᄒᆞ야稅務官所住處郡에委員會를組織하고人民中知事者로五人式選拔ᄒᆞ야名譽委員으로定ᄒᆞ고月給은無ᄒᆞ되一月幾次式開會視務ᄒᆞᆯ時에ᄂᆞᆫ幾日間日費를支給ᄒᆞ기로政府에請議ᄒᆞᆫ다더라

●是何狂人 再昨日上午十一時量에內大李址鎔氏家에姜某라ᄒᆞᄂᆞᆫ人이來到ᄒᆞ야保護巡檢廳에名帖을傳ᄒᆞᄂᆞᆫᄃᆡ該名帖에書ᄒᆞ얏스되今日은立夏日也라外論이云云故로省察尊顧次로來候라ᄒᆞ얏거ᄂᆞᆯ巡檢이該名帖을內相의게傳納ᄒᆞᆫᄃᆡ內相曰必是狂人也니卽爲逐送ᄒᆞ라ᄒᆞ얏ᄂᆞᆫᄃᆡ該人이似有殊常之色이라巡檢이旋卽捕縛ᄒᆞ야警務廳에押付ᄒᆞ얏다더라

●新貨通用의施設 客月以來로新貨通用에關ᄒᆞ야政府ᄂᆞᆫ苦心思慮ᄒᆞ고銳意督勵ᄒᆞᄂᆞᆫᄃᆡ其通用으로爲ᄒᆞ야採用ᄒᆞᆫ方策의一二三을列擧ᄒᆞ건ᄃᆡ左와如ᄒᆞ니

一 新貨散布ᄒᆞ기爲ᄒᆞ야通貨支給의便法을設ᄒᆞᆫ事

二 農工銀行의支店과出張所를增設ᄒᆞ고通貨의調和ᄒᆞᆷ에資케ᄒᆞᆫ事(特히元山農銀出張所의新設又它者ᄂᆞᆫ專히元山地方의通貨調和를目的이라ᄒᆞᆫ事)

三 郵便官署와協議ᄒᆞ야通貨의整理를圖ᄒᆞᆫ事

四 日本側의各銀行에小新貨의設布資金을貸與ᄒᆞᆫ事

五 葉錢買入價値ᄂᆞᆫ二十割(葉五兩式)으로定ᄒᆞᆫ事

●勞金請求 學部囑託廣田直三郎氏가囑託이解任되얏ᄂᆞᆫᄃᆡ酬勞金二百圓을學部에셔度支部로請求ᄒᆞ얏더라

●函飭薙髮 學部學務局長兪星濬씨가各地方七十處學校長에게函飭ᄒᆞ되衣冠을整齊ᄒᆞᆷ과輕便케ᄒᆞᆷ이敎育上에關係가不少ᄒᆞ거ᄂᆞᆯ挽近各學校가不一其規에非但有礙瞻觀뿐더러敎授에責을任ᄒᆞᆫ者가頑陋ᄒᆞᆫ舊習을偏守ᄒᆞ야生徒에勇進ᄒᆞᄂᆞᆫ新思想을沮遏ᄒᆞ거시不無ᄒᆞ니此若仍置면來頭發達을豈可望乎아所屬官職員의게備辭嚴飭ᄒᆞ야一體薙髮ᄒᆞ야新鮮ᄒᆞᆫ精神을培勵케ᄒᆞ라ᄒᆞ얏더라

●官費預定 醫學校에셔日前에學徒을新募集ᄒᆞᄂᆞᆫᄃᆡ私費生幾八名은公正試才ᄒᆞ고官費生幾人은預定試才ᄒᆞ얏다ᄂᆞᆫ說이猥藉ᄒᆞ더라

●亦一變怪 安峽郡守李周爲氏가郡主事를選報ᄒᆞᆯ時에該郡居黃宗南으로報ᄒᆞ얏더니內部에셔資格에合當치못ᄒᆞ다ᄒᆞ야許否으로更爲選報敍任ᄒᆞ얏더니黃宗南이가郡主事로被選치못ᄒᆞᆷ을嫌疑ᄒᆞ야卽時伊川分派所日巡査山路虎雄을符同ᄒᆞ야巡檢名을帶同ᄒᆞ고安峽郡衙에闖入ᄒᆞ야郡守를凌辱ᄒᆞᆯ뿐不是라欲放六穴砲ᄒᆞ며郡守를逐出ᄒᆞ고東軒門을沒數封鎖ᄒᆞ얏다고該郡守에報告가內部에來到ᄒᆞ얏다더라

●派員分競 前義親王宮總判閔鳳植氏가在任時에慶南十二郡漁基派員을以尹某로差定ᄒᆞ얏더니宮內府大臣李載克씨가尹某를歸之闒雜輩ᄒᆞ고實施ᄒᆞᆷ을아니ᄒᆞᄂᆞᆫ지라閔鳳植氏가總判을遞任ᄒᆞ고金澤基氏가被任ᄒᆞᆫ後에何人의請囑을信聽ᄒᆞ고漁基派員을他人으로更差ᄒᆞ라고宮相李載克氏에게訓令一度ᄂᆞᆫ一般懇請하ᄂᆞᆫᄃᆡ李載克氏가姑爲延拖라ᄒᆞᄂᆞᆫ中이라더라

●鄭씨押上 前郡守鄭佑默씨가晋州郡守在任時에民人의鎭財勒討ᄒᆞᆫ事가有ᄒᆞ던지該民等이該道觀察道에呼訴ᄒᆞ야鄭씨를捉囚ᄒᆞ얏다ᄂᆞᆫᄃᆡ또平理院에來訴ᄒᆞ야押上裁判ᄒᆞᆫ다ᄂᆞᆫ說이有ᄒᆞ더라

●一進遭難 一進會長李容九씨가北韓地方을巡察ᄒᆞ고歸途에黃州滯在中에何許人五十餘名의襲擊을被ᄒᆞ얏ᄂᆞᆫᄃᆡ從者四人만負傷ᄒᆞ고李시ᄂᆞᆫ無事ᄒᆞ얏다ᄂᆞᆫ急報를接ᄒᆞ고日巡査와警部가該地에急派ᄒᆞ야非常히警戒ᄒᆞᄂᆞᆫ中이라더라

●務從懷綏 慶南觀察使趙民熙씨가內部로報告ᄒᆞ되管下金海郡民人崔吳運等의結稅聚擾ᄒᆞᆫ事案을頃巳査覈이올더니卽到付回指令內開行政公平ᄒᆞ야見孚於民이면胡至此境가雖無已犯이나責所難免이니當該郡守ᄂᆞᆫ제當論警ᄒᆞᆯ지며首唱懲辦과餘黨懷綏를隨卽更報ᄒᆞᆯ事等因이온바該首唱崔吳運은本道裁判所檢事가以刑事로審理ᄒᆞ야行將照律處辦이옵고其脅從ᄒᆞᆫ餘黨은俱爲解散ᄒᆞ와施以懷綏之政이옵기玆以報告라ᄒᆞ얏더라

●敎務難曠 師範學校敎官李긔氏가現因刑事ᄒᆞ야拿致多日에敎務를不可許久曠廢故로姑先解任之意로學部에셔 上奏ᄒᆞ얏더라

●春期運動 昨日校동日語學校에셔東小門外三仙坪에셔春期運動을擧行ᄒᆞ얏다더라

●龍島潛飛 再昨日下午五時에警廳巡檢居仁淳이가懲丁李春弘尹仁植韓興會鄭仁植等四人을乘機次로領率ᄒᆞ고東門外에前往ᄒᆞ얏더니該四名이巡檢을向ᄒᆞ야登山投石ᄒᆞ고一並逃走ᄒᆞ얏ᄂᆞᆫᄃᆡ該懲丁은强盜處絞減一等終身罪人이라더라

●普校運動 普成中學校에셔本日東門外新興寺에出往ᄒᆞ야運動을擧行ᄒᆞ다ᄂᆞᆫᄃᆡ運動費ᄂᆞᆫ該學徒百餘名이自辦收斂ᄒᆞ야上自一圓으로下至三十錢이라더라

●靑會演說 今日下午七点半에靑年會館에서紳士李宇榮氏가地方情形이란問題로演說ᄒᆞᆫ다ᄂᆞᆫᄃᆡ有志諸君이多數光臨ᄒᆞ심을希望ᄒᆞᆫ다더라

●金吏押上 度支部에서內部로照會ᄒᆞ되頃因原州稅務官嚴柱完報告ᄒᆞ야自春川郡移付麟蹄郡ᄒᆞᆫ麒麟面結簿를卽爲眼同稅色ᄒᆞ야起送于稅務署引繼事로已有所訓칙于春川郡이옵더니今又接原州稅務官報告內槩에麟蹄郡守가稱以該면이自來首書記當窠로各項官用進排云而結簿를終不越交ᄒᆞ고結錢을依舊擅捧ᄒᆞ야屢發督促ᄒᆞ와이오되全不來納ᄒᆞ야該首書記金錫祚ᄂᆞᆫ自是夥數犯逋者而又此添逋ᄒᆞ고依勢府郡ᄒᆞ야無意勘納이옵기玆又報告等因이라據査該郡守不遵部訓ᄒᆞ고稱托舊例官廳進排等說ᄒᆞ야不越結簿ᄒᆞ고該書記ᄂᆞᆫ舊逋新添에不思勘納ᄒᆞ고圖賴府郡ᄒᆞ이撰以法紀에並不可仍置이옵기該報告書를玆에謄付仰照ᄒᆞ오니照亮ᄒᆞ신後春川郡守李明來ᄂᆞᆫ從重論警ᄒᆞ시고首書記金錫祚ᄂᆞᆫ發訓경署ᄒᆞ와不日押上越交ᄒᆞ시와以爲嚴行徵捧케ᄒᆞ라ᄒᆞ얏다더라

●賊反荷杖 南門外萬里峴居徐廷雲爲名漢이其隣居李興三의妻를通奸ᄒᆞ다가其本夫의게綻露ᄒᆞᆫ비되미李興三이가其妻를徐廷雲의게永爲出付ᄒᆞ고婚姻을他處로更定ᄒᆞᆯ깃스니婚姻所入費萬兩을給與ᄒᆞ라ᄒᆞ미徐也가快樂ᄒᆞ나徐也의家勢가萬兩을出給ᄒᆞᆯ恒産이無ᄒᆞᆫ故로一동이會議之際에該동居劉仲善이가以本月三十日에萬兩을擔當出給次로成票ᄒᆞ야以給李也러니不意에徐也가漢城裁判所에誣訴ᄒᆞ야該李興三이가被囚之境에至ᄒᆞᆫ지라該洞人民等이不勝憤鬱ᄒᆞ야昨日漢城裁判所門前에呼訴ᄒᆞ얏다더라

●江守貪政 江陵郡守李在華씨ᄂᆞᆫ산거海民에鑛財을吸取ᄒᆞᄂᆞᆫᄃᆡ近日에ᄂᆞᆫ雚嚴을賣買ᄒᆞ기로看作奇貨ᄒᆞᄂᆞᆫ지라一郡人民이虐政을不堪ᄒᆞ야內部에呼寃ᄒᆞ미內部에셔發訓ᄒᆞ야定査官質査ᄒᆞᆫ즉贓錢이的確ᄒᆞ되內部에셔懲罰이無ᄒᆞᆷ으로該郡守의氣炎이益熾ᄒᆞᆫ다더라

●夫人熱心 校동居李夫人美卿氏가安동光東學校에前往ᄒᆞ야校况을詳察ᄒᆞ다가書案이不足ᄒᆞᆷ을見ᄒᆞ고新貨二十圓을捐出ᄒᆞ야書案을增設ᄒᆞ니該氏에敎育上熱心은莫不稱頌ᄒᆞ더라

▲茶半香話▼

▲扶桑東天에何風이吹到ᄒᆞ던지海外流蹤이未久에渡航ᄒᆞᆫ다고近日에一個問題를成ᄒᆞ얏스니消息은種種ᄒᆞ나虛實을難辨ᄒᆞ더니今番은果然인지

▲內部大臣李址鎔氏가一般部僚를會同演說ᄒᆞ고區盟斷烟ᄒᆞ며一切烟具을卽地廢止ᄒᆞ얏다니內大ᄂᆞᆫ元來惡意ᄂᆞᆫ無ᄒᆞ나取友을不端ᄒᆞ야世人에雖責을多受ᄒᆞ더니今番斷烟은國家思想이發生ᄒᆞᆷ이아라고謂치못ᄒᆞᆯ리니至今이라도一片靈臺에國家精神을時々喚醒ᄒᆞ면前日之過을快滌ᄒᆞ리로다

▲度支大臣閔泳綺氏ᄂᆞᆫ國債報償을贊揚ᄒᆞ야曰心中에ᄂᆞᆫ비록幾萬圓이라도捐助코ᄌᆞᄒᆞ나實力이無ᄒᆞ야能치못ᄒᆞ거니와限一百元義捐ᄒᆞᆫ깃다ᄒᆞ얏다니該氏에贊揚은非不感激ᄒᆞ나全國財政을管理ᄒᆞᄂᆞᆫ大臣이라巨額을借款ᄒᆞᆯ時에ᄂᆞᆫ口文一款이憂患이오

▲叅政大臣朴齊純氏ᄂᆞᆫ日曜[illegible]이라도仕進視務ᄒᆞᄂᆞᆫ[illegible]一般官人이休息ᄒᆞᆯ餘[illegible]야苦疾로知ᄒᆞᆫ다니浩繁ᄒᆞᆫ公[illegible]에休暇을取ᄒᆞᆫ문視務ᄒᆞᄂᆞᆫ本意가안인즉苦疾로知ᄒᆞᆯ알이아니오

▲學部大臣李完用氏의子恒九씨가遊學ᄒᆞ기爲ᄒᆞ야日本에前往ᄒᆞ랴다가其父親이治産ᄒᆞᆯ이無ᄒᆞ야私計上에狼貝가不少ᄒᆞ고挽留ᄒᆞ얏다니該씨ᄂᆞᆫ以若全國敎育을主管ᄒᆞᄂᆞᆫ大臣으로自己子弟에遊學을禁止ᄒᆞ며셔他人에敎育을爲能管理ᄒᆞ리오

▲侍從武官長李根澤씨ᄂᆞᆫ秘密運動으로國家ᄂᆞᆫ如何ᄒᆞ던지一身의私慾만充ᄒᆞ기爲ᄒᆞ야軍部大臣을遺任ᄒᆞᄂᆞᆫ所以로權重顯시ᄂᆞᆫ農大로還任되고農大ᄂᆞᆫ成岐運씨만落榜될模樣이라고某報에說道ᄒᆞ얏스니該씨腹에無數秘計가層生疊出ᄒᆞ야番番着手에敏活ᄒᆞᆫ方針은神鬼도莫測이로다

▲日本第一銀行券十圜五圜一圜의三種貨를改板更造ᄒᆞᆫ다니無限紙片으로無限板出ᄒᆞ야韓全國에流行ᄒᆞ면畢竟은韓國人民은紙片을手中에持ᄒᆞ고死乃已ᄒᆞᆯ이로다

▲內協沈相翊씨가仕進時干上午十時로確定ᄒᆞ고各局課進記ᄂᆞᆫ依例히協判室로取ᄒᆞ야勤慢을點檢ᄒᆞᆫ다니該氏ᄂᆞᆫ事을如此히做去ᄒᆞ면各新聞에論駁ᄒᆞᆯ理가豈有ᄒᆞᆯ이오名譽褒揚ᄒᆞᆯ이로다

▲地方郡守ᄂᆞᆫ百里之憂을分擔ᄒᆞᄂᆞᆫ職責이라人民에治否가守에擇不擇에在ᄒᆞ니今回奏本에公正히選擇ᄒᆞᆫ다ᄒᆞ고內大가聲言ᄒᆞ얏다니來頭을再觀ᄒᆞᆯ이로다

特別社告

本報代金을各支店에셔多有遲滯ᄒᆞᆫ中平壤支店에셔ᄂᆞᆫ九年十年兩年度의未納額이삼百餘元에至ᄒᆞ얏스니本社經費ᄂᆞᆫ何以支過乎잇가購覽ᄒᆞ시ᄂᆞᆫ僉員은遲滯餘額을遄遞媽合ᄒᆞ야該支店으로送交ᄒᆞ심을務望홈

大韓每日申報社

路透電報

日法現約의眞相은日露戰爭前브터淸國에셔排外熱이起ᄒᆞ야種々障害를列國에與ᄒᆞ미日英露法이均히不快히녀여서로히列國이利害와態度를互相一致ᄒᆞ야今回에商議를見홈에至ᄒᆞ얏다云ᄒᆞ얏더라

雜報

全北井邑內斷烟同盟會趣旨書

發起人 朴仲현 朴箕哲 金洛纃等

嗚呼以外債一千三百萬圓之巨額을惟我二千萬同胞가一心奮發ᄒᆞ야갚士을回復ᄒᆞ기로京鄕趣旨ᄂᆞᆫ甚速於許多가起頭而大抵國力이不振ᄒᆞ면民力이從何依持며民力이無依則民財를亦何以支保乎아此報債之議가始自嶺南으로[illegible]相應ᄒᆞ야洽未旬月에上自廟部로下及海隅ᄒᆞ야愚夫愚婦라도莫不感起ᄒᆞ야舞蹈踊躍에爭先出義ᄒᆞ니可知同胞忠愛之誠也라故로與同志君子로特設斷烟會ᄒᆞ고玆以勸告ᄒᆞ오니惟我同胞ᄂᆞᆫ各須以自起之力으로視作自國之力ᄒᆞ야於誠效忠ᄒᆞ고勇於捐義則國自富强ᄒᆞ시고民自安樂ᄒᆞ리니豈不誠哉며豈不美哉아

錦山郡書記金相九金東煥合三十八人이國債義捐金來納人名金額을前報에已爲揭載ᄒᆞ야거니와其寄函이如左

國債報償一事에國內諸君子金玉之論이後先唱導ᄒᆞ야人心之感發이如雨滋苗ᄒᆞ며如風偃草ᄒᆞ야無上下貴賤老少男女ᄒᆞ고莫不響應而皷動ᄒᆞ야殆若歸市者之不止然ᄒᆞ니然則國債을可報요國債을可報則國權을將指日而可復이니如之何不引我同胞之領ᄒᆞ고感我同胞之情ᄒᆞ야大聲賀賀哉아鄙等은本郡書記也라自誠額之後로原額이只三人而三人以外ᄂᆞᆫ旣無刀筆之資ᄒᆞ고又昧農商之業ᄒᆞ야擧皆渙散에將至轉壑而聞諸報國之義擧ᄒᆞ고遂相聚而相告曰大抵忠愛者ᄂᆞᆫ非一人之忠愛也요義務者ᄂᆞᆫ非一人之義務也라使全國之民으로家々忠愛라도忠愛가猶爲不足이요人人義務라도義務가猶爲不足也니頂踵足地ᄒᆞ고凡具彝性者孰不義捐而樂爲之助哉아況且金額이十之於百과百之於千과千之於萬이多少ᄂᆞᆫ雖殊나同歸於義矣一也라數額을何須拘焉이며吾儕之時名存不存을亦何暇論於今日哉아遂同聲합募에金額이爲五十元二十전故로自送納而非敢曰의捐報國이나庶或爲絲毫之報을千萬이라

●延氏捐助 延在洙氏가本社에經費로舊貨二元을寄付ᄒᆞ얏더라

●玩費出연 載寧邑에셔外국人이活動寫眞을賣票玩賞ᄒᆞᄂᆞᆫ데男女環堵에互相爭先인바劉泳澤鄭禧裕兩人이偶過該處라가見此光景ᄒᆞ고慨然發論曰現今子債報償一事로全國人心이爭償義捐ᄒᆞᄂᆞᆫ데以一時暫玩으로消費錢財가是豈子民之本義乎이以若浪用으로俾助國債가實是萬一之幸이라ᄒᆞ고各出一元則當中金제善金永淳等이相應感激ᄒᆞ야不顧玩賞ᄒᆞ니滿場男女가買票之錢을各自爭投ᄒᆞ야當場收金이合爲九元十오錢이라본社에寄送ᄒᆞ얏스니該人等感性은可爲國民模範이라ᄒᆞ더라

廣告

本人의再從弟炳建이性本浮浪ᄒᆞ야不事產業ᄒᆞ고符同挾雜人ᄒᆞ야以外貸典用云ᄒᆞ고泰仁郡所在田庄을僞造立旨ᄒᆞ야上京故로玆以廣告ᄒᆞ오니內外國僉君子ᄂᆞᆫ勿爲見欺ᄒᆞ시고同留助惡ᄒᆞᄂᆞᆫ諸氏도改過ᄒᆞ도록勸善下送ᄒᆞ심을望홈

全北扶安郡朴炳善 告白

本店에春服衣次각程이自英국으로多數來到ᄒᆞ얏사오니陸續來購ᄒᆞ시옵

貞洞源泰양服裁縫店 告白

本人이漢城銀行에光무十一年四月十日자百圓推金券一張과仝十一日자百圓推金券一장合二장을路中에서失ᄒᆞ얏스니誰某拾得ᄒᆞ여도休紙施行홈

北署孝谷前丞旨徐相薰家看檢人崔衡鎭 告白

電話七二五番開通홈
京城皇土峴紀念碑前
大韓西洋御料理
明月館

本人從弟文亨性本浮浪ᄒᆞ야本人의松楸數萬兩價値을僞券偷賣而願其敎諭不爲深責待其改悟矣又造僞券ᄒᆞ야如干庄土를將欲偷賣ᄒᆞ고又從流言ᄒᆞ되利用外人ᄒᆞ야將欲移徵故玆以廣告內外國人切勿見欺홈

果川南面山本洞韓文哉 告白

農商工部 認許運車株式營業廣告

今番本營業所에셔各項貨物을運送ᄒᆞ기爲ᄒᆞ야牛馬車及荷車를勿論ᄒᆞ고營業을組織ᄒᆞ야牛馬車와荷車에소載홀物品을自今爲始ᄒᆞ야本營業소에셔精實無損ᄒᆞ고迅速無滯ᄒᆞ도록恪勤勉勵홈을已任運送홀터이오니內外國 첨君子ᄂᆞᆫ소載홀物品이有ᄒᆞ시거든不拘多少遠近ᄒᆞ시고本營業所나出張소로來議ᄒᆞ시와物品運搬에無碍酬應홀터이오니私載지弊가無ᄒᆞ기를望홈

本營業소와出장소所在處가如左홈

大龍동四巨里上東邊洋屋家 ●營業所
●東門外出장所
●龍山 出장所
●麻浦 出장所

營業長
副長 김世貞
總務 柳台영
取締役 山口玉吉
會計役 細川雄藏
事務員 김昶熙
仝 鄭진영

今二十九日路上에셔本人에正書姓名圖章과標紙等물을서失故로該章은勿施後廣布ᄒᆞ오니知悉聞照亮홈

仁港內동朴致祚 告白

北署陽德방桂山洞第二統五戶家券路中에셔失故廣布ᄒᆞ오니誰某拾得ᄒᆞ여도休紙施行홈

家主鄭泰山 告白

第二期學員募集廣告

本塾에셔今年에宏濶ᄒᆞᆫ敎場을建築ᄒᆞ며敎務를擴張ᄒᆞ야一層整備ᄒᆞ고法學科學員을新募ᄒᆞ오니願學人은本塾에前期내臨ᄒᆞ야請願ᄒᆞ고左開日에應試홈 學科及規則은本塾에내問홈事

○試驗科目 國漢文 讀書 作文 算術(四則以內)

○試驗日字 陽五月五日(陰三月廿三日)

光武十一年四月 日

西署英語學校後동 私立 養正義塾 告白

西署新門外鍮동百八十六統三戶
辯護士前檢事正三品 丁明燮
法律事務所 事務員前主事吳在淳

◎活動寫眞廣告◎

今番에始作ᄒᆞᆫ活動寫眞은法국巴里京에셔有名ᄒᆞᆫ거시오또ᄒᆞᆫ大韓국皇室에셔먼저看品ᄒᆞ셧고始作ᄒᆞᆫ지數日에遊覽ᄒᆞ시ᄂᆞᆫ첨君子가多數枉臨ᄒᆞ시와坐處가넘쳐서晩到ᄒᆞ시면不便ᄒᆞ오니速々枉臨ᄒᆞ심

活動은自下午八点至九点
名唱善舞歌演과唱和吹笛은自九点至十点
賣票時 七点半始爲
入場票 上等 三十錢 中等 新貨十五錢 小童 十錢

新門외시달이목東便벽돌집 法人 馬田 告白

中署長通방契十三統十二戶瓦家七間半前厚白紙板契一度今日遺失內外國人間拾得休紙施行홈

家主김광潤 告白

本店精製各色餠食專運洋廣什貨과頭美酒香茶烟草等俱全而蒙諸 君광顧經已年餘今重新擴張另招新股全盤頂受所有貨物生財客帳皆歸新股承受一切與舊股無涉倘各 寶號有장目요갈者可向前股理明隨後與新股無涉特此佈告

漢城石井동一品香新記白

●일본遊覽者募集

一遊覽會員募集 人員은五十名으로一團을成ᄒᆞ니한일인을不問ᄒᆞ고速히請入ᄒᆞ시옴
一巡遊地 東京博覽會橫빈京都大阪神戸
一往復日數ᄂᆞᆫ되抵十七일間
一浮費 遊覽費及手數料을合ᄒᆞ야總計四十八圓
一出發일 請入順次를從ᄒᆞ야出發三일前에直接히通知홈
一請入所 在京성各신聞社五十八銀行경성支店 天一銀行
一會員은遊覽을終ᄒᆞ야開散홀後ᄂᆞᆫ本會와關係가小無홈
一南대門서釜山으로直行ᄒᆞ던지或은東京으로直行하ᄂᆞᆫ者의게對ᄒᆞ야도同一便法으로同行請入을應諾홈

日本人遊람協會事務所경성南대門通 東亞商會

◎增修無寃錄大全

壹帙壹百七十貳頁 定價金新貨七拾五錢

此增修無寃錄大全은法律家의最緊要ᄒᆞᆫ書籍이온디年來現本이殆히絶種에至ᄒᆞᆫ지라故로法部에認可를得ᄒᆞ옵고此를新刊ᄒᆞ얏삽ᄂᆞᆫ디國漢文으로解釋ᄒᆞ야摸糊ᄒᆞᆫ句節이無ᄒᆞ오니法律學에有志ᄒᆞ신나와家牧之任에居ᄒᆞ신ᄂᆞᆫ不得不覽ᄒᆞᆯ冊子이오니注意購覽ᄒᆞ시옵

中署布屛下 廣學書舖 김相萬 發售所

本人이日本大阪商業家와特約ᄒᆞ고日本內地產出各種物品과西洋各種物品及機械等物을我大韓에輸入과委托을便利케契約ᄒᆞ얏사오니商工業에有意ᄒᆞ신쳠君子ᄂᆞᆫ某物이든지請求코저ᄒᆞ시거든本社로來議ᄒᆞ시오本社에서ᄂᆞᆫ手數料만領受홈

興業社本店 開城北部祥洞
支店京城南門內水橋五十一統六號 培養會社
仝仁港內동廣濟號

●九轉靈砂라 本人이妙方法을神備ᄒᆞ야製造ᄒᆞᆫ靈丹이되男女老少에無論何징하고通治ᄒᆞ오며無病時에도服하면平生의身躰가健康ᄒᆞ며小兒ᄂᆞᆫ四五歲重만服ᄒᆞ면十歲안에無病ᄒᆞ기을擔保ᄒᆞ오며

●九轉靈砂萬應丹은셔狂癲징과中風諸疾과耳目諸病과諸疾에神効ᄒᆞ오

●九轉靈砂保命丹은初生小兒驚風 간氣 咳嗽 腹痛脹般疾징에神効ᄒᆞ오

●九轉靈砂濟衆丹은酒滯食滯 血積 吐瀉 霍亂 痢疾 吐血 下血 逆氣 時疾 和징에神効ᄒᆞ오

●九轉靈砂紫金丹은痔漏痳瀝 上疳瘡 下疳瘡及唐瘡과諸般瘡疹惡種에無不神効ᄒᆞ오니 君子ᄂᆞᆫ來問ᄒᆞ시오

內需司前독갑이골上隅第一家百三統一戶 리호廷 告白

越南亡國史

定價貳拾伍錢

發賣所京城廣橋高裕相書舖 南部銅川郡禹時夏

布屛下 김相萬 冊[illegible]

國債報償義捐金收入額
三月中兩次期成會越交秩
前叅政金璧根　五拾圓
平壤中城前侍從金履洙五拾圓
平壤鍾路　吳祇善　五圓
養閨義塾女學徒金柔淑卅전
西門外小井洞全南極五拾전
長橋李龍奉四圓九拾四전五厘
內大保護巡檢朴齊勳　壹圓
李容役床奴孟七福　六拾전
詩洞　崔雲鶴　六拾전
學徒韓永祿　黃致龍각오拾전
正三品韓鼎烈　二圓
避馬屛門　方慶龍　五拾전
徵一大一中一小隊金成五　四圓
平安南道　李午永　五拾전
平壤履闈동　朴璐형　朴今石
三和府巡檢　金仁時　孫丙喆　각壹圓
●淸州鎭衛隊將卒三百十八員
第一回　六拾三圓六拾錢
●仁川廣濟客主內九人拾壹圓
●避馬동一百四統三戶　私塾
學童二十三人　三圓六十錢
●釜山商務會議所三十六人
拾圓八拾전
合二百拾三圓九拾四전五厘
已上本報第四百육十四號附錄
期成會廣告第二欄內揭布홈
牙山屯浦前郡守李贊熙五拾圓
●京居人　鄭民敎　壹圓
●日本東京留學生卞永奎壹圓
●釜山三동信洋号內五人
三圓貳拾전
●義州保産會社內十一人
육拾捌圓貳拾전
●黃州儒生等三十人
貳拾육圓五拾전
●黃州分派所巡檢鎭衛隊兵丁
共四人　三圓五拾전
●水原龍珠寺僧徒貳拾五人
拾貳圓
●安城西里十二人　廿圓
合壹百捌拾五圓四十전
已上本報第四百七十三號第四
面期成會廣告第一第二欄
內揭布홈

國債報償義捐金收入額
三月中本社收入無号秩
●全州副領白南信　二百圓
●仁港勸業社　四十四圓
●면川義務所발起人金東旭
●天安邑前牧使沈賢澤각五圓
●開城北部鞍谷셜씨　貳圓
●順天長明동金영默　五圓
●宜寧前叅奉李贊夏　十圓
●平澤최應九夫人申씨　十圓
嘉山鳳鳴學校敎師金晶謙二圓
●全州正三品白鳳洙　四十圓
●任實生員박樂願　二十圓
●鐵山前叅奉金德濂　貳圓
*宣川鄭治鍵　五圓
●寧邊邑金興俊　壹圓
●懷德郡靑柳金漢洙　貳圓
●洪原樓村安炳道　五圓
●祥原李召史　壹圓
●水原英聖堂內　육十圓廿錢
馬山港金志觀夫人貳圓九十전
●釜山草梁李益善與五즈三원
●義州玉川學校卅一圓四十錢
●黃州邑任道準等廿五圓廿전
●北靑武官幼年學校　卅五圓
釜山草梁通運社十五圓五十錢
釜山面路下里　廿육원四十전
延安西部三里　卅貳圓廿錢
仁同郡　홍淳雨等捌圓五十전
龍川英新學校　五圓卅전
安城東面福巨里　육圓五十錢
濟州斗墨동　七圓十錢
報寧西部橋井商店五圓五十전
振威郡丙坡面蛤井里　貳十圓
釜港水晶洞壹百參圓四十九錢
北靑拱北集義會
捌十壹圓육十전
恩津論山耶蘇敎廿七圓七十전
全州西門外柳氏宗中
卅捌圓貳十전
龍川光化面川隅동　五十圓
日本留陸軍學徒等사圓四十錢
義州韓得錄　廿五錢
元山留裏陽姜世秉壹圓五十錢
元산留童蒙朴元錫　壹원
居昌郡李秉敎　廿전

合九百五十二圓(一)四錢

國債報償義捐金

四月中本社收入總額
每日逐号明細錄
四月二日　領受爲始
第一號南門內倉동秦常奎三圓
第二號　仝　秦京鎬　貳圓
第三號　加平朝宗上面림草里
廿一圓々十전
等々號　京東幕公五里下契
卅貳圓사十捌전五里
第五號양口內面高ㅌ里崔창혁　貳十圓
第六號　양口內面大同里
金寬熙　十圓
第七號　平南三和港貝物廢止
夫人會　十五圓又指環粧刀
각一介代金五圓五十전
第八號　延安東面食峴七里
崔載식　壹圓
第九號　錦山郡國債報償ㅂ
徐灝錫等壹百貳十五圓二十전
第十號　錦山郡國債報償會
金相允等五十八圓廿전
第十一號　錦山郡國치報償會
崔振羽等五十一圓捌十五錢
第十二號　牙山郡敦義面城洞
池性植等六圓四拾오젼
第十三號　홍州城枝面山陽里
林延和等　々拾圓
第十사號　洪州城枝面下오里
림鶴來等三圓九拾전
第十오號　高양쥬南面栗리
니경완等　捌圓
第十六號　茂朱義捐社
三百사十二圓七十二전六里
第十七號　安山草山面牧岩里
七圓七拾전
第十八號　竹山郡西二面廳田
里　廿一圓十錢
第十九號　竹山郡西一面장項
里　拾貳圓卅전
第廾號　竹山郡西二面沙率里
七圓九拾전
第廿一號　京會賢방鍮橋
河相禹　壹圓
第廿二號　大夫人皮氏五拾전
第廿三號　鐵原郡발起人
趙鍾大等五拾二圓九拾五전
第廿四號　香稅課主事康台鉉
第廿五號　仝　鄭弘烈
第廿六號　仝　張世昊각壹圓
第廿七號　嘉山高奉守五拾전
第廿八號　壯동李元七貳拾전
第廿九號　典동四十三統十戶
安鍾연　貳圓
第卅號　杆城郡金剛山乾鳳寺
學校一百四拾五圓七拾六전
第卅一號　永柔中部龍田里
捌拾捌圓拾전
合壹千八拾九圓七拾貳전一里
三日
第卅二號　東萊沙下面富平里
八拾六元九拾사錢
第卅三號　京西署孔德里
송允三　壹元
第卅四號　北靑郡장項里
姜윤熙六元五拾전
第卅五號　楊根西終面梨峙里
李延燾　貳元
第卅六號　楊根西終面梨峙里
李　瀅等　八圓
第卅七號　西署龍山坊新孔洞
張　櫂　貳元
第卅八號　呂州郡英릉令
金復圭等六元卅전
第卅九號　廣州退村面水東洞
梁在彦等　四元
第四十號　永同陽內面枝洞
李義然等々拾五元七拾美
第四十一號　南陽屯知串新靜
里李禹相等六圓七拾전
第四십二號　東署大廟洞북牌
會館五拾七元九拾전
第々十三号　廣川右上面道莊
里　貳拾圓
第四十四号　富平邑內面校동
三百拾貳元七拾七전
第々십五号　永同邑內洞
壹百拾元
第四六십号　咸興邑內洞
五拾九元五拾전
第々십七号　咸興邑장信社
貳百々拾九元卅전
第四십八号　中和唐村里
七拾七圓々拾전
第々십九号　廣州細村面蘇進
里貳拾々元五拾九錢五전
第오십号　加平朝宗面九井里
四元貳拾오전
合壹千八십四圓捌拾오錢오里
四日
第오십一号　忠州蘇坡面甲山
里　七元廿오錢
第오십二号　加平南面虎鳴里
拾元
第오십三号　京望門床廛
三拾六元拾錢
第오십々号　竹山郡川南面
々元
第오십오号　楊州上道面水田
里　拾六元貳拾錢
第오십六号　西署孔德坊廉洞
梁肯煥　々拾전
第오십七号居昌熊陽面山圓里
李氏宗中壹百三拾七元八拾錢
第오십八号　竹山遠山面荷洞
七元九拾錢
第오십九号　溫陽北一面可樂
里　拾貳元廿오전
第육십号　南陽鴨汀面古상浦
里　拾오원四拾전
第육십一号　西署養生坊生祠
동私塾拾오元拾전
第육십二號　利川屯面十一里
七拾一圓오拾錢
第육십三號　益山沙田面節村
里　沈氏宗中壹元
第육십四號　原州며九面上斗
里　貳元오拾錢
第육십오號　江華下道面長串
里　육拾々元
第육십육號　始興上北面遠之
牧리　拾二圓拾錢
第육십七号　李聖根　육錢拾
第육십八號　北署通동
趙昌順　오拾전
第육십八號　西署彌雲동
韓宅淳　五拾錢
第육십九號　延安邑朴世鎬等
々十壹元卄錢
第七십号　北靑康基煥貳元
合々百五拾捌元卅錢
五日
第七십一号　陰竹南面長湖院
里壹百〇貳圓八拾錢
第七십二号　仝華峴里拾六圓
第七십三号　仝　東面老坪리
七圓오錢
第七十々号　楊根北面檜谷리
拾오圓
第七십오号　報寧銀叱只面廣
灘리貳拾오圓九拾錢
第七십六号　仁川二리面梅着
리　廿圓卅七전
第七십七号　永同南面竹리
李源喆　五拾전
第七십八文川雲林面德坪리
金甫卿　壹圓
第七十九號　木川北面典谷
趙啟熙　拾圓
第八十號　西署內需司
朴泰秉　오圓
第八十一號　南署倉동
朴允陽　壹원
第八十二号　果川上北面銅雀
리廿四圓五拾오錢
第八十三号　陽川南山面驛동
洪昌成　四원
第八十四号　牙산屯浦耶蘇敎
會拾壹圓六拾오錢
第八십오號　龍仁水余面각동
九拾七圓八拾一錢오厘
第八十六号　洪州上田面산水
동貳元오拾錢
合三百四拾오元拾三錢오厘
六日
第八十七号　安산瓦里面船谷
리尹九鉉等三圓四拾전
第八十八号　忠州警務署懲役
罪四等육圓오拾[illegible]
頂八十九号安산月谷面下草
리[illegible]七圓[illegible]
第九十号　開城北部[illegible]
趙　유　오[illegible]
第九十一号　開城북部鞍谷
孫應祥　七拾[illegible]
第九十二号　南署弘門洞
朴鍾培　오拾
第九十三号　南陽雨井面壹[illegible]
張日星等　拾[illegible]
頂九십四号　南陽雨井面八[illegible]
八圓四拾[illegible]
第九십오号　清道外西面牧[illegible]
리　십[illegible]
第九십六号　龍仁郡　金[illegible]
開進教育會十三圓〇六전
第九十七号　東署於義동杵[illegible]
李建章等十圓卅오錢
第九十八号　竹山遠一面內도
十三圓八十錢
第九십九号長단小南면弘化리
廿원卅[illegible]
제百号　永平郡內면水동리
四원육전
제百一号　永平郡內面水東리
貳원육拾錢
제百二전　南署棗동
前輔國趙秉式　四원
合壹百육拾원々拾七전

◎特別廣告◎

國債報償金昨日所捧은姑未合計이고伊前日所捧總合二萬五千三百九拾圓七拾一면은電氣會社內銀行의貯置ᄒᆞ얏삽고其貯置額中에서七千圓은국債報償志願金總合所로越交홈

大韓每日申報社

發行兼編輯人　英國人비說
發行所
南서石井洞號外地三層洋屋
大韓每日申報社

第五卷 第五百八[illegible]

月曜及慶節歲時日休刊

檀君開國四千二百四十年
箕子元年三千二十九年
大韓開國五百十六年
日本明治四十年
淸國光緖三十三年
◉陰曆丁未三月小廿八日己未

論說

日本及賓比律

近日華盛頓電報가日々新聞社에到達ᄒᆞ니該電信이比律賓人民의與日合倂ᄒᆞ려ᄂᆞᆫ秘謀를報道ᄒᆞᆫ지라同日々新聞이此報道를拒斥ᄒᆞ기爲ᄒᆞ야一篇論述이有ᄒᆞᆫ지라美國에著名人士ᄂᆞᆫ如此無根之說을其將不信ᄒᆞᆯ줄은同記者ㅣ非不信認이로ᄃᆡ特其合衆國과比律賓을對ᄒᆞᄂᆞᆫ日本의眞情을說出ᄒᆞᄂᆞᆫ거시必要ᄒᆞᆫ줄量度ᄒᆞᆫ도다

一千八百九十八年에比律賓이美國과合倂ᄒᆞᆫ以後로華盛頓政府가比律賓人民의安樂을爲ᄒᆞ야費用ᄒᆞᆫ金額이每年累百萬圓이오非特此라自治政府를該島에引入ᄒᆞ엿스며美國政府가比律賓과交涉ᄒᆞᄂᆞᆫ데自由를給ᄒᆞᄂᆞᆫ要領은非但日人의諒悉이라世界列强이一般實認ᄒᆞᆫ비라ᄒᆞ얏스며

且其論述이美國人의沄日을要求ᄒᆞ야發言ᄒᆞ얏스되現今日本에官憲及人民이南滿과韓國과臺灣에多事ᄒᆞ야地球上他區를干涉ᄒᆞᆯ餘暇가未有ᄒᆞ며且日本은比律賓이美國手中에在ᄒᆞ기를滿足ᄒᆞ히喜悅ᄒᆞ나니此ᄂᆞᆫ美國이比律賓을極東에自國領地로置ᄒᆞ야接足處를鞏固케ᄒᆞ면日本이미國의應助를因ᄒᆞ야均商政策을亞細亞大陸에서其能實施ᄒᆞᆯ理由가有ᄒᆞᆷ이로다ᄒᆞ엿고且其結言에陳述ᄒᆞ얏스되今此華盛頓으로從來ᄒᆞᆫ無據電信은附國間交誼를不睦케하라고機會를情待ᄒᆞᄂᆞᆫ何如煽動者의所爲인거시無疑어니와普通意見에此를確報로認ᄒᆞᆯ지ᄂᆞᆫ可히多疑치못ᄒᆞᆯ지니蓋日本手中에韓國과臺灣과遼東이在ᄒᆞ야所事가自足ᄒᆞ도다

日本이比律賓을復望ᄒᆞᆯ거ᄂᆞᆫ可謂意思不到處이니此를若欲獲得이면日本이一大戰役과自國의顚倒之勢를更要ᄒᆞᆷ이確然ᄒᆞᆫ지라吾人이日本政策을自由로論辨ᄒᆞ려니도何以觀之ᄒᆞᆫ지日本을愚昧ᄒᆞ다고ᄂᆞᆫ量度키不能이어ᄂᆞᆯ今若日本이彼其不能ᄒᆞᆯ거ᄉᆞᆯ試圖ᄒᆞ면是豈非愚昧리요ᄒᆞ야同記者가云이러라

官報

◉第三千七百六十一號 光武十一年五月九日

◉敍任及辭令

統監府警務總長 日本國人勳二等 岡喜七郎
陞敍勳一等賜八卦章
度支部財務官日本國人 山田周藏

◉告示 續

第十三條 韓國에셔旅券의還納又其셔失或覓得의申告를受ᄒᆞᄂᆞᆫ官廳은統監府、理事廳、理事廳支廳으로定ᄒᆞᆷ이라

第十四條 左開各號의一에該當ᄒᆞᄂᆞᆫ者ᄂᆞᆫ其旅券을官沒ᄒᆞ고二十五圓罰金二十九日以下重禁錮에處ᄒᆞᆷ이라

一 第二條各號事項을詐稱ᄒᆞ거나第七條의事實을申告ᄒᆞ지아니ᄒᆞ거나其他詐欺의所爲로써旅券의下付를受ᄒᆞᆫ者及幇助ᄒᆞᆫ者

二 他人의姓名을記載ᄒᆞᆫ旅券을使用ᄒᆞ거나使用ᄒᆞ게ᄒᆞ거나其他不正ᄒᆞᆫ目的으로旅券을與受ᄒᆞᆫ者及幇助ᄒᆞᆫ者

三 本令에依ᄒᆞ야還納ᄒᆞᆯ旅券을返納치아니ᄒᆞ고使用ᄒᆞᆫ者

附則

第十五條 舊規則을依ᄒᆞ야旅券의下付를受ᄒᆞᆫ者에對ᄒᆞ야第八條期間은旅券面에記載ᄒᆞᆫ下付日로븟터起算ᄒᆞᆷ이라

第十六條 本令은明治四拾年五月一日로븟터施行ᄒᆞᆷ이라

明治三十九年九月統監府令第三十四號韓國人外國旅券規則은本令施行日로븟터廢止ᄒᆞᆷ이라 完

外報

●華族女學校 北京電을據ᄒᆞᆫ則袁世凱氏가華族女學校를設立ᄒᆞ기로上奏ᄒᆞ고校長은御史를推薦ᄒᆞ다더라

●火藥庫爆發 同電을據ᄒᆞᆫ則廣東火藥庫의爆發ᄒᆞᆫ原因은放火의嫌疑가有ᄒᆞ되損害ᄂᆞᆫ卽死者가三十名이고負傷者가빅餘名이오家屋崩壞가二十餘戶오城壁은二빅尺이破壞ᄒᆞ고其他家屋은三里餘에나飛去ᄒᆞ고首와手와足을失ᄒᆞ며소爛ᄒᆞᆫ死體가處々發見ᄒᆞᄂᆞᆫ慘狀은目不忍見이고目下救濟가混雜에極ᄒᆞ다고上海報가來到ᄒᆞ얏다더라

雜報

●金氏疏本 續

軍禮五節曰師田役封以同邦國先同邦國以强兵力也凶禮五節曰喪荒弔禬恤以哀邦國之憂先賓邦國以厚鄕誼也賓禮八節曰朝宗覲遇會同問覲以親邦國以平天下也不學而能不敎而實天下無是理爲國臣民欲學政治者嘗講此禮而今公我師也文中不我益也

且如大體之司空職四民中工學以時務之化學電學並之司馬職五兵外砲及戰艦以時學之洋制增之且賓禮興賢以鄕三物之六行爲本則孝移之忠々求之孝他日豈有逆流職名之失也夫禮之失有僭有侈々不知儉則犯職吏之名僭不知敎則必陷叛逆之罪禮之得失其應影響也窃伏惟陛下留神澄省焉

天地媾精受天地之中以生謂之性包四德而體四德之一則上下之紀天地之義人所以生也至哉禮天地同其廣大日月與之光明以之事君則忠故君子勤禮君子而不知禮其孰與輔相天地之道財成萬物之宜寵之四方以禮承天之休者可不愼擧哉擧不失職官不易方爵不踰德上自朝廷下至閭巷莫不遵禮々立則國家隆盛體壞則國家從之不可止也

凡國之有體如木之有幹木而無幹枝葉不生國而無禮政法不行小而邦國大而天下治亂安危存亡之道不外乎禮之明不明如何範圍天地之化而不過曲成萬物而不遺參四時之序而不錯叶上下之儀而不紊使鳥獸魚鼈咸若日月星辰以齊上下臣庶各職孰不曰禮之極天之反時爲災地之反物爲妖民之反禮爲亂々則妖災生邦國不得治天下不得平爲人臣者出而不得於禮則莫如退而熟講報答

聖慮之萬一臣雖年學俱劣嘗得講究乎曉之分犬馬之誠而際此時局艱危退欲偷安鄕私世跳聞有忠君愛國之心自願微分出位淸朝致損國躬反不若退而講禮退而講禮乃是邦國之公亦一身家之幸臣廟不知國之典禮非勅任則不敢陳疏之義然臣承命而來蒙 恩莫重脫陀而還陳情爲宜故玆敢仰瀆伏惟 垂察焉 完

全羅道濟州郡新在面咸덕里
國債報償期成會趣旨書

本島가벽在海外ᄒᆞ야土척民貧而至若本里ᄒᆞ야ᄂᆞᆫ戶數가不過三百餘오人口가乃爲六百餘이온바以海隅蒼生으로僅僅保투이온中本리韓南極金萬圭金桂淡金萬甲金京俊金生吉金振生諸員이竊伏聞國債報償之說ᄒᆞ고誠心이奮發ᄒᆞ야替胥匪勉ᄒᆞ고齊會勸告曰吾生이雖水陸數千리外愚蠢之맹이나亦是聖朝化中之物이라今此發擧가始自慶北徐金兩시奮義에我東二千萬同胞가一心團結ᄒᆞ야如水就下ᄒᆞ니此誠五百年宗社와三千리疆土가회復維新之秋라ᄒᆞ고勸告不已에愚夫愚婦가感發誠心ᄒᆞ야爭先出義曰鯨噴千頃과蟻負一입이至誠은一般이라ᄒᆞ야斷烟우姑舍而多有斷飮節食者ᄒᆞ야

叅奉主事通政出身諸員은本리期成會에出義ᄒᆞ고亦自各其本廳으로義捐ᄒᆞ며且以漁資生人等은本리期成會에出義ᄒᆞ고爛商詢議曰吾儕所業이都是王土지빈則終歲勤動ᄒᆞ야保命餘額은盡補於義捐이라ᄒᆞ야先爲出債ᄒᆞ고一契에紙貨二十圓式別補ᄒᆞ고

其外婦人等은청此勸告之說ᄒᆞ고鳩聚紙貨拾五圓九拾六錢ᄒᆞ야期成會에送致ᄒᆞ니本리統合義捐金이原貨四빅四拾八圓四拾六錢也勸告人中金振生이게既出義捐而발涉上來ᄒᆞ야輸納于皇城國債報償期成會ᄒᆞ니尤極嘉尙이라本리民人이從此奮義ᄒᆞ야甚至於초童牧竪々지熱心血誠으로扼腕抵掌ᄒᆞ야收聚義捐而此無非上項勸고人等竭力發起之致則民皆咸頌曰嘉尙ᄒᆞ다勸ᄒᆞ고諸員이여忠義哉라徐金兩氏에우리나라ㅆ鋤一千三빅萬圓淸勘ᄒᆞ면越南의及之境아니되고國權회復ᄒᆞᆯ거시니徐金兩氏ᄂᆞᆫ千秋口碑가不絶ᄒᆞ리라고贊頌不已ᄒᆞᆫ다더라

발起人 金振生

●濟民義捐 南來人의傳說을聞ᄒᆞᆫ즉濟州郡新左面新村里前旌義郡守洪在深前監察高圻炸前叅奉李泰成諸員이國債報償에對ᄒᆞ야熱心勸告에幼婦尺童과甚至於四窮사지莫不向義ᄒᆞ야鳩聚金額이數百圓에達ᄒᆞ고就中勸告婦人等이如左ᄒᆞᆫ데誠出義ᄒᆞ고爭先取聚中이라더라

前主事康郁林母親金氏 前主事曹台煥母親金氏 出身金尙能婦人金氏 愼振母親金氏 洪원龍母親韓氏 寶培母親洪氏

●徐씨有子 錦山郡居童蒙徐主錫은年今十一歲也라國債報償事에內告其母씨夫人曰有國家然後에有民家ᄒᆞ온則願國債가豈不重於家債乎잇가家勢가設或不贍이라도期於捐納ᄒᆞ人이다ᄒᆞ거놀其母씨夫人이心甚嘉尙ᄒᆞ야依其言許之ᄒᆞᆫ되主錫이가家中에來任ᄒᆞᆫ貧客에게請ᄒᆞ야曰國債報償事爲貸當子兩을捐出ᄒᆞ기로我其母旨ᄒᆞ야시나諸客願與我로[illegible]圖報償ᄒᆞ不ᄒᆞ거[illegible]莫不驚異而歎服曰可謂有是有是子라ᄒᆞ고遂내合收ᄒᆞᆫ則金額이凡爲一百二十ᄂ환二也라傳聞郡兒ᄒᆞ誰兒오故沔川郡守서徽雨씨子也러라

雜報

●觀察入侍　昨日日本國各官廳事務視察로發程ᄒᆞᆫ趙東潤魚담閔元植三씨를入侍ᄒᆞ라신處分이有ᄒᆞ섯다더라

●義王別庄　義親王殿下씌옵셔東門內坐龍亭附近에民家四戶를撤移ᄒᆞ고該基址에別庄을建築次로數日前부터始役ᄒᆞ얏다더라

●四氏轉任說　度支部司稅局長李健榮씨가公察을被任ᄒᆞᆫ다는說은昨報에已揭어니와其代는該部理財局長李奎相씨가被任ᄒᆞ고其代에는內部會計局長金寬鉉氏가轉任ᄒᆞ고其代는趙漢鏞씨가被任ᄒᆞᆫ다는說이有ᄒᆞ더라

●四氏觀察　學務局長兪星濬視學官李晩奎該部主事李完應澁谷石原四씨가學事視察次로次第發程ᄒᆞᆫ다더라

●意見提出　漢城內外大川을濬渫ᄒᆞᆯ事에對ᄒᆞ야內部土木課에셔意見書를度支部에提出ᄒᆞ얏다더라

●四守免官　价川郡守柳遠聲昌平郡守張復奎慈城郡守尹東翰康津郡守張鳳煥四씨가免官되얏더라

●苦待法官　今番에法部大臣李夏榮氏와刑事局長金洛憲氏가日本視察ᄒᆞᆫ다는說을聞ᄒᆞ고東京에在ᄒᆞᆫ韓國留學生中法律研究ᄒᆞ는人과日本有志者들이氏가來到ᄒᆞ면同日李儁氏의事件公決ᄒᆞᆷ과一般司法界에正直無私ᄒᆞᆷ을致賀ᄒᆞᆯ次로苦待中이라고東京留研法生의來信이有ᄒᆞ더라

●郡守未考　再昨日內部地方官銓考所에셔郡守를銓考ᄒᆞᆫ다는事는前報와如ᄒᆞ거니와伊日에日力不足之致로郡守는未及전考ᄒᆞ고各郡郡主事를報來ᄒᆞᆫ거시十二名內에一名만전考ᄒᆞ고其外는擧皆退却ᄒᆞ얏다더라

●漢川時急　漢城內外에大川을疏濬ᄒᆞᆷ은自有前例이온바役費가浩大ᄒᆞ야擬議未遑에已爲九年이라及今未濬ᄒᆞ고又値夏潦면泥沙壅閼에水勢汎濫ᄒᆞ야橋梁頹圮와民家沈沒은勢所難免이다濬役時急은不容更贅이오나不可不亟速經紀이오며川沙는城內各處大路로輸出ᄒᆞ야路面低陷及泥缺處에補土平治ᄒᆞ오면非直濬川이라兼治道路에工費自成이니一擧兩得이라ᄒᆞ더라

●屋價不一　南大門左右邊으로毁城作路ᄒᆞ기로人民家屋을漢城府에買收毁撤ᄒᆞᆯ더인ᄃᆡ內部에셔該家屋價를從時價出給ᄒᆞ야人民의怨聲이無케ᄒᆞ라고漢城府에指飭ᄒᆞ얏는ᄃᆡ漢城判尹朴義秉氏가南大門內外家屋主人을招集ᄒᆞ야屋價를定給ᄒᆞ되門內人家는每間에二百五十圓式買取ᄒᆞ고移接費는六十圓式出給ᄒᆞ고門外人家는每間에一百五十圓式買取ᄒᆞ고移接費는四十八圓式出給ᄒᆞ는故로現今南門內外基地가一同ᄒᆞᆫ되家屋價를如是層下ᄒᆞ는故로民怨이狠藉ᄒᆞ다더라

●電辭모糊　鏡城郡守李璣鎬氏가內部로電報ᄒᆞ되郡守가現無居處ᄒᆞ야萬難視務ᄒᆞ오니措處ᄒᆞ라ᄒᆞ얏는지라該郡에셔도何等事件이有ᄒᆞ야郡守의居接處所가無ᄒᆞᆫ지電報辭意를未解ᄒᆞᆫ다는ᄃᆡ該씨의報部文字가如是糊도ᄒᆞᆷ을人人呼罵ᄒᆞᆫ다더라

●打腹可駭　北壯동居前主事文容周씨의夫人이年今四十에孕胎ᄒᆞᆫ지九朔이러니該夫人이奇何妄念이든지日昨에自拳으로腹部을亂打ᄒᆞ야仍爲落胎ᄒᆞ야生産은ᄒᆞ얏스나該孕母가命在頃刻이라더라

●一進遭難의後報　一進會長李容九씨가黃州滯在中에遭難事는昨報에已揭어니와同씨가黃州에到着ᄒᆞ야該會員이監獄에被囚된것을郡守에게言及ᄒᆞ야放釋ᄒᆞ얏더니當夜에郡人四五十名이攔入同씨旅舍ᄒᆞ야隨從者三名을亂打重傷ᄒᆞ니李씨는從廚後夾門으로潛出ᄒᆞ야幸以身免ᄒᆞ얏다더라

●巡奬精甚　南來人의傳說을聞ᄒᆞᆫ즉慶北高靈郡巡檢과忠南恩津郡巡檢이山訟債訟에無不幹涉ᄒᆞ며稱以警察ᄒᆞ고村閭에周行ᄒᆞ야班常間無罪平民을虐待壓制ᄒᆞ되該郡守가不能抑制ᄒᆞᆫ故로村民이支保無路라ᄒᆞ더라

●靑會運動　今月十八日土曜上午八点鐘에靑年會에셔年例大運動會를前訓鍊院에開ᄒᆞᆫ다는ᄃᆡ該運動費補充ᄒᆞ기爲ᄒᆞ야會員의게新貨五十錢을收ᄒᆞᆫ後入場票를分給ᄒᆞᆫ다더라

●特別開會　西友學會月例通常會日에大雨暴注ᄒᆞ야出席員이未滿ᄒᆞᆷ으로不得開會ᄒᆞ고本月十一日(陰三月廿九日)下午四時에特別總會를開ᄒᆞᆫ다더라

●李氏寄函　前參奉李康鎬氏가本社에寄函ᄒᆞ되現今國債報償事로奮義所激에全國이響應이거늘近聞債報則聯合會議所에셔十三道에代表人을一名式選送ᄒᆞ야文簿와金額을擔任視務케ᄒᆞᆫ다ᄒᆞ니未知誰某가做出此計나然이나彼何權限으로敢自擅便이며噫彼一進會는以何心腸으로反對全國之義務ᄒᆞ야預以勒排抑徵之說로煽動人心ᄒᆞ니該會는宣言書를倡出ᄒᆞ든者流라不足深責이어니와自聯合會로若更有代表之說이면義氣所在에詰責歸正이奚獨止於李康鎬一人而已哉오ᄒᆞ얏더라

●已推不給　龍山印刷局見習生中幾人이自退廢務ᄒᆞᆫ人의月給을計日支撥ᄒᆞᆯ더인ᄃᆡ該局主務ᄒᆞ는日人이該月給을度支部에셔道々劃去ᄒᆞ고도稱以未推ᄒᆞ고自退人의月給을尙不支給ᄒᆞᆫ다더라

●朴氏奬學　木浦來人의傳說을聞ᄒᆞᆫ則本港參書官朴星煥氏가赴任以後로敎育上熱心으로該港靑年子弟를勸勉ᄒᆞ며有志紳士를會同ᄒᆞ야方今創設中이오該港各學校學徒大運動式을設行ᄒᆞ는ᄃᆡ諸般物品施賞을亦爲自擔ᄒᆞ얏다더라

●海總飭巡　海州總巡全鳳熏씨가赴任以後에諸巡檢을招致圍束曰現今各郡人民이毒被巡檢侵虐ᄒᆞ야必將魚肉之境云ᄒᆞ니無論內外大小官吏ᄒᆞ고爲其國民而設置也요況是警察職務는必以保護人民으로爲一注意어늘保護가變其侵虐ᄒᆞ니哀彼民生이何以奠接乎아旣往은難追어니와自今以後로盡心是保ᄒᆞ며盡力是護ᄒᆞ라ᄒᆞ고且監獄署罪囚等을點檢慰恤曰汝等도亦是二千萬同種이라緣何背善向惡ᄒᆞ야陷此重辟乎아所犯之輕重生死는雖係判檢之公案이나經年閱歲에鎖項繫足ᄒᆞ야久不見天日ᄒᆞ고又未西風陽ᄒᆞ야臭薰이蒸鬱에面皮浮黃ᄒᆞ니十不宜於衛生이오勘罪之前에必至病斃라ᄒᆞ고另飭監獄使令ᄒᆞ야精洗房突後에該房內年久弊垢之簟席과蚤蝎雜種을一幷除掃ᄒᆞ고新藏蘆점과灌水二筒을自費買給ᄒᆞ야一新安排ᄒᆞ고一週間一次式罪囚等을逈爲盥洗ᄒᆞ고放出獄庭ᄒᆞ야吸收新空氣케ᄒᆞ니數百罪囚가無不感泣ᄒᆞ고道下人民이亦皆欽歎曰此是設獄後初有之恩澤이라ᄒᆞ고且巡檢三名이有闕에試取塡代ᄒᆞ는ᄃᆡ府中上下官吏와親疏知舊의私囑은冷然却之ᄒᆞ고以保擧人民이一大目的이라間週로試驗ᄒᆞᆫ後에至公無私히ᄒᆞ얏다더다

●平民請願　平南士民蔡秉默等이本部에請願ᄒᆞ되本人等이俱以蒭蕘로曾不知識ᄒᆞ고且以鹵莽으로涵流於幾百年昇平之困而纔經甲午兵燹以來로實難支保이옵더니皇天이眷顧ᄒᆞ사寵星이西照ᄒᆞ야何幸本道觀察使下車ᄒᆞᆫ비에黜陟을惟公ᄒᆞ니貪墨이知香이오詞訟을明簡ᄒᆞ니盜賊이頌德이라先興學校ᄒᆞ야勸喩人材之漸進ᄒᆞ고且正法律ᄒᆞ야息滅贓贅之橫態라百廢俱興ᄒᆞ고一省咸蘇라細々治蹟을不能盡數枚迷이오나各郡庶黎가歌謠來暮而晝夜欣忭이러니一自上京으로道內生靈이如失父母ᄒᆞ야加額跂望이尙無還府之期故로矣等이跰足以來ᄒᆞ야齊聲仰유ᄒᆞ오니照燭ᄒᆞ신後에特垂愛恤之澤ᄒᆞ옵셔卽速還道케ᄒᆞ시와使部府公務로無或延滯케하시오며使各郡生靈으로不至失望케ᄒᆞ옵심을千萬伏祝이라ᄒᆞ얏더라

●蔘價寃徵　西來人의傳說을聞ᄒᆞᆫ즉豊德倉內居金養濟氏가壬辰年에與金益섭朴明化로春川地에蔘圃를同業ᄒᆞ기로相約ᄒᆞ고同年三月分에當錢三千七百兩本錢을除之ᄒᆞ고利剩一千二百兩을三人이四百兩式分用ᄒᆞ얏더니不意今年二月分에金益섭이가忽生秘計ᄒᆞ야本郡守에게請囑ᄒᆞ되買蔘價當錢五千六百兩內에一千兩만分用ᄒᆞ고四千六百兩은金養濟가獨食인즉兩人이分半ᄒᆞ면二千三百兩이니二千三百兩을年久不給之罪로四千六百兩을督捧以給ᄒᆞ면分作ᄒᆞ기로該守가聽其先生之言ᄒᆞ고卽發差使ᄒᆞ야金養濟씨를捉囚嚴杖ᄒᆞ며納고出來矣러니又發猛差數三名ᄒᆞ야捉去之際에足債數백兩을討索ᄒᆞ얏다더라

●運場落傷　再昨日에徽文義塾學徒趙文永씨가運動ᄒᆞ다가落場折臂ᄒᆞ야廣濟院에셔方今治療中이라더라

●咸郡文化　西來人의傳說을聞ᄒᆞᆫ則咸從郡守金연植氏가到任後捐俸鳩義ᄒᆞ야中小二校를郡底에設立ᄒᆞ고課程은讀書作文法律算術地誌歷史英語日語인ᄃᆡ郡守가間日躬審ᄒᆞ야誠悳로激起ᄒᆞ고演說로勸諭ᄒᆞ야學徒에熱心做工이頗有成就之望이온ᄃᆡ今番春期運動에江西龍岡等學校를聯合設行ᄒᆞ는ᄃᆡ規模와齊肅과行伍의方正이觀瞻을竦動ᄒᆞ니來賓觀光者計以萬數라散會之場에十一歲童子가演說臺에升立ᄒᆞ야演說ᄒᆞ기를吾儕의學務도어서速成을各勉ᄒᆞ려니와本邑셔發起ᄒᆞᆫ國債報償金을速々收合ᄒᆞ야他人後에居치마자ᄒᆞ니喝采歎服에或有落淚者曰若非學校之培養이면黃口小童의愛國思想이豈能至此리오ᄒᆞ더라

▲雜　下　片　談▼

▲春服初成에白苧輕샹으로行色이飄然ᄒᆞ야來來去去人이曾中에各有營爲ᄒᆞ니진평을俯察ᄒᆞ며片時春夢에浮生空自忙이로다

▲日本東京에在ᄒᆞᆫ千餘名韓國留學生諸氏가國債報償事로斷烟義捐ᄒᆞ기爲ᄒᆞ야吸烟을一齊히廢止ᄒᆞ얏는ᄃᆡ近日觀察로派遣ᄒᆞᆫ諸員은上等卷烟만吸ᄒᆞ며何等業務는不計ᄒᆞ고賞花散步ᄒᆞ기와訪妓買物ᄒᆞ기로時日을消遣ᄒᆞᆫ다니該留學生은萬리異域에依ᄒᆞ야之思가倍切ᄒᆞ야斷烟同盟ᄒᆞ되觀察諸員에行動은國家留想은半點도無ᄒᆞᆫ模樣이니能無自愧아

▲近日日人이韓國에[illegible]勳之有無는勿論ᄒᆞ고[illegible]八卦章太極章을依例[illegible]無限ᄒᆞᆫ銀章을人皆[illegible]國銀種子는乏絕乃已ᄒᆞ리로다

▲政府參書官徐丙業氏가法制局長을暗圖타가該府參書官朴慶陽氏가被任ᄒᆞᆫ以後로[illegible]에交密ᄒᆞ던友誼가一朝에[illegible]ᄒᆞ야近日에朴慶陽氏를仇視[illegible]다고某報에說道ᄒᆞ얏스니[illegible]膠칠之情이一局長에葛藤을[illegible]ᄒᆞ니如蜜之味가易苦로다

▲宮內府所管各官司는無非[illegible]官이라官吏의仕進이甚히不[illegible]ᄒᆞ더니日前宮內府에셔一切[illegible]訓ᄒᆞ되從今以後로는事務[illegible]無間에恪勤仕進ᄒᆞ라ᄒᆞ얏[illegible]水仙花宮內大臣도新精神을[illegible]勵ᄒᆞᆫ日잇나

▲日昨夜에警廳巡檢趙秉九[illegible]가該廳門에把守ᄒᆞ더니日巡[illegible]가下等人待接ᄒᆞ는言語로切[illegible]ᄒᆞᆫ되該氏가詰責ᄒᆞ며曰警[illegible]吏는彼此一般인ᄃᆡ何以下等[illegible]으로待接ᄒᆞ는야ᄒᆞᆫ즉日巡査[illegible]五人이不問曲直ᄒᆞ고無數毆打ᄒᆞ얏스니警吏는韓日이同一[illegible]되壓迫虐待가無所不至ᄒᆞ니於平民接待에倘復如何리오

▲丁憙섭氏는前任咸安郡에[illegible]簿를磨勘치못ᄒᆞ얏다ᄒᆞ야[illegible]頃이나繼續視務ᄒᆞ고新任[illegible]산郡에赴任치아니ᄒᆞ얏는ᄃᆡ二十日을延期ᄒᆞ라고報請[illegible]스니該郡에有何餘戀ᄒᆞ야遲[illegible]借發ᄒᆞ는지知치못ᄒᆞᆯ事로다

▲韓國國債義捐에對ᄒᆞ야各[illegible]方에賊漢輩가國債에募集金[illegible]라면不能奪去ᄒᆞ고還爲出捐[illegible]는ᄃᆡ近日에一進會에셔沮戲[illegible]는氣習으로無端히煽動ᄒᆞ니[illegible]會目的은賊黨만도不如ᄒᆞ도다

特別社告

本報代金을各支店에서多有欲滯혼中平壤支店에셔는九年十年兩年度의未納額이삼百餘元에至ᄒᆞ얏스니本社經費는何以支過乎잇가購覽ᄒᆞ시는僉員은欲滯餘額을遑遑鳩合ᄒᆞ야該支店으로送交ᄒᆞ심을務望홈

大한每日申報社

雜報

●巡檢行惡 楚산郡에派駐ᄒᆞᆫ巡檢邊창模는日巡査에勢力을依賴ᄒᆞ야出沒閭巷에酗酒奸淫이無所不至ᄒᆞ고人民을虐待ᄒᆞ야毆之打之에惡習이日生ᄒᆞ야閭리가騷擾ᄒᆞ다고西來人의傳說이有ᄒᆞ더라

●私設庖肆 伊川郡李昌燁은曾是十餘年前首書記擧行時에本郡樂壤面支石場庖肆一坐을隱匿ᄒᆞ야喘報府部ᄒᆞ야官帖을私自差出後에月稅金은每朔三十七兩五錢式合文이四百五十兩이오所謂帖紙價는每年三百五十兩式合錢八百兩을徵捧潛食ᄒᆞ야六七年이어니至於今年ᄒᆞ야庖肆을稅務官과稅務主事가句管홈으로認許狀을承准ᄒᆞ야該市에設庖ᄒᆞ얏더니李昌燁이가前習을又踵ᄒᆞ야王應淳을又爲差出ᄒᆞ고錢七百兩을直捧ᄒᆞ야三百三十八兩은稱以月稅ㅣ오고三百六十二兩은창燁과金石河가分食ᄒᆞ얏다고東來人의傳說이有ᄒᆞ더라

●報郡不可 江陵郡居禹駿榮이가該郡居曹秉직의게稱以人蔘을貿給ᄒᆞᆫ면口文을例給矣리라ᄒᆞ미曹秉직이가三千二百二十兩於値人蔘을貿給ᄒᆞᆫ즉口文이爲三百廿二兩인ᄃᆡ及其賣歸ᄒᆞ야ᄂᆞᆫ口文을不給日賣蔘於日人市川石場矣러니該日人이潛歸故國ᄒᆞ야蔘價를見失이라ᄂᆞᆫ故로曹씨가上京ᄒᆞ야買蔘ᄒᆞᆫ日人市川을訪見ᄒᆞ고蔘價不給ᄒᆞᆫ理由를詰問ᄒᆞᆫ則市川의言이蔘價ᄂᆞᆫ依數卽給이라ᄒᆞ고修札於禹也故로其札을付于禹也許則禹也가歸之僞札ᄒᆞ고一向推諉延라ᄒᆞᄂᆞᆫ고로曹씨가不勝憤완ᄒᆞ야該郡에呼訴ᄒᆞ미該郡守가內部로報告ᄒᆞ고統監府에交涉ᄒᆞ야日人의蔘價給不給과札子之眞贋을俾卽指下ᄒᆞ라ᄒᆞ얏는대指令ᄒᆞ되以此民訴를郡不處斷ᄒᆞ고煩報上部ᄒᆞ야要請交涉ᄒᆞ니是豈事體리오如或裁決難處어든移付當該裁判所ᄒᆞ라ᄒᆞ얏더라

●六妓報國 釜산港商會所來信을據ᄒᆞᆫ즉港內居妓生竹葉이가其寮妓李花錦花蟾月竹仙藍水五人과斷烟同盟ᄒᆞ고國債報償斷烟金을限幾年間이라도報償ᄒᆞ기前은新貨三拾錢式收取所로納上ᄒᆞ기로自今年正月爲始ᄒᆞ야同盟ᄒᆞ야단니此粉黛輩中에愛國誠心은大可叫奇與嘆處라ᄒᆞ더라

廣告

敬告全國同胞ᄒᆞ오니各種新聞國債義捐ᄒᆞᆫ金額이違數커나姓名이未載어든本所에報明이오면本所에셔隨處檢考ᄒᆞ깃삽

大韓每日新報社內
國債報償志願金總合所 白

本人이笠洞朴出次業五十兩標中二十兩先上ᄒᆞᆫ標紙셔失故玆以廣布則雖某得標를勿施홈

徐廷集 告白

楊根北面倉洞道谷居鄭東壽廬浪田畓文券僞造典當出債故玆以廣布內外국人切勿施行홈

楊根居鄭仁澤 告白

敬賀 大韓赤十病院醫師

本人淋疾腰痛診察用藥快得神效玆廣布홈

李兼山 告白

林政廢而泉源涸山岳禿而洪水漲是不俟學者而知也況又建築材薪炭料逐年告匱乏如此而無慮則數年後至仰料于海外矣貨幣外輸國卽衰嗚乎大韓十三道山野潤無涯際加之同胞二千萬一人植一樹其數二千萬一株値一元其額二千萬元矣一擧手一投足之勞殖斯國富有志來加於義會焉

大韓南殖林義會本部

要求會則可以往復葉書

金瑞용이性本浮浪ᄒᆞ야年纔二十에不憚內外國債ᄒᆞ고隨輒隨用에蕩産無餘而尙不悛習ᄒᆞ고留各處ᄒᆞ야締結亂類에或僞造圖章ᄒᆞ며僞造畓券ᄒᆞ야欲爲得債ᄒᆞ오니毋論內外國人ᄒᆞ고如或見欺酬應이라도其人也已是浮浪ᄒᆞ고其父也已爲蕩産亦立ᄒᆞ니幸勿見欺홈

鳳山沙里院金振聲 告白

本人이紫岩四十二統七戶順信昌推次無日字當坪貳萬兩唐紙票를路中서失故玆以廣布ᄒᆞ오니內外國人間拾得이라도休紙施行홈

盧成益 告白

本人의再從弟炳建이性本浮浪ᄒᆞ야不事產業ᄒᆞ고符同挾雜人ᄒᆞ야以外채與用云ᄒᆞ고泰仁郡所在田庄을僞造立旨ᄒᆞ야上京故로玆以廣告ᄒᆞ오니內外國僉君子ᄂᆞᆫ勿爲見欺ᄒᆞ시고同留助惡ᄒᆞᄂᆞᆫ諸氏도改過ᄒᆞ도록勸善下送ᄒᆞ심을望홈

全北扶安郡朴炳善 告白

本人從弟文亨性本浮浪ᄒᆞ야本人의松楸數萬兩價値을僞券偷賣而願其欺謾不爲深責待其改悟矣又造僞券ᄒᆞ야如干庄土를將欲偷賣ᄒᆞ고又爲流言ᄒᆞ되本用外人ᄒᆞ야將欲移徵故玆以廣告內外國人切勿見欺홈

果川南面山本洞韓文哉 告白

農商工部 認許運車株式營業廣告

今番本營業所에셔各項貨物을運送ᄒᆞ기爲ᄒᆞ야牛馬車及荷車를勿論ᄒᆞ고營業을組織ᄒᆞ야牛馬車와荷車에소載ᄒᆞᆫ物品을自今爲始ᄒᆞ야本營業소에셔精實無損ᄒᆞ고迅速無滯ᄒᆞ도록恪勤홈을已任運送홀터이오니內外國첨君子ᄂᆞᆫ소載ᄒᆞᆫ物品이有ᄒᆞ시거든不拘多少遠近ᄒᆞ시고本營業所나出張소로來議ᄒᆞ시와物品運搬에無礙酬應ᄒᆞ올터이오니私載지獘가無ᄒᆞ기를望홈

本營業소와出장소在處가如左홈

大龍동四巨里上東邊洋屋家 ●營業所
●東門外出장所
●龍山 出장所
●麻浦 出장所

營業長
副長 김世貞
總務 柳台영
取締役 山口玉吉
會計役 細川雄藏
事務員 김龍熙
仝 鄭진영

北署陽德방桂山洞第二統五戶家券路中셔失故廣布ᄒᆞ오니雖某拾得ᄒᆞ여도休紙施行홈

家主韓泰山 告白

本店에春服衣次각程이自英국으로多數來到ᄒᆞ얏사오니陸續來購ᄒᆞ시옵

貞洞源泰양服裁縫店 告白

第三期學員募集廣告

本塾에셔今年에宏濶ᄒᆞᆫ敎場을建築ᄒᆞ며敎務를擴張ᄒᆞ야一層整備ᄒᆞ고法學科學員을新募ᄒᆞ오니願學人은本塾에前期내臨ᄒᆞ야請願ᄒᆞ고左開日에應試홈

學科及規則은本塾에내問ᄒᆞᆷ事

○試驗科目
國漢文 讀書 作文
筭術 (四則以內)

○試驗日字
陽五月五日(陰三月廿三日)

光武十一年四月 日

西署英語學校後동
私立養正義塾 告白

西署新門外鍮동百八十六統三戶
辯護士前檢事正三品 丁明燮
法律事務所
事務員前主事吳在淳

◎活動寫眞廣告◎

今番에始作ᄒᆞᆫ活動寫眞은法국巴里京에셔有名ᄒᆞᆫ거시오至於大韓국 皇室에셔먼져看品ᄒᆞ셧고始作ᄒᆞᆫ지數日에遊覽ᄒᆞ시ᄂᆞᆫ첨君子가多數枉臨ᄒᆞ시와出處가넘쳐셔晩到ᄒᆞ시면不便ᄒᆞ오니速々枉臨홈

活動은自下午八点至九点名唱舞歌童과唱和吹笛은自九点至十点

賣票時 七点半始爲

入場票上等新貨三十錢 中等新貨十五錢 小童十錢

新門외셔달이목東便벽돌집
法人 高田 告백

中署長通방契十三統十二戶瓦家七間半前厚白紙板刻一度今日遺失ᄒᆞ니內外國人間拾得休紙施行홈

家主김광潤 告白

本店精製各色餠食專運洋廣什貨과頭美酒香茶烟草等俱全向業諸 君광顧經已年餘今重新擴張另招新股全盤頂受所有貨物生財客장皆歸新股承受一切與舊股無涉佃各 寶號有장目요갈者可向前股理明隨後與新股無涉特此佈告

漢城石井동一品香新記白

●일본遊覽者募集

一遊覽會員募集 人員은五十名으로一團을成ᄒᆞ니한일인을不問ᄒᆞ고速히請入ᄒᆞ시옵

一巡遊地 東京博覽會橫빈京都大阪神戶

一往復일數 대抵十七일間

一浮費 遊覽費及手數料을合ᄒᆞ야總計四十八圓

一出發일 請入順次를從ᄒᆞ야出發三일前에直接히通知홈

一請入所 在京성各신聞社五十八銀行경성支店 天一銀行

一會員은遊覽을終ᄒᆞ야開散ᄒᆞᆫ後는本會와關係가小無홈

一南대門서釜山으로直行ᄒᆞ던지或은東경으로直行하는者의對ᄒᆞ야도同一便法으로同行請人을應諾홈

日本人遊람協會事務所경성南대門通

東亞商會

◎增修無冤錄大全

壹帙壹白七十貳頁

定價金新貨七拾五錢

此增修無冤錄大全은法律家의最緊要ᄒᆞᆫ書籍이온ᄃᆡ年來現本이殆히絶種에至ᄒᆞᆫ지라故로法部에認可를得ᄒᆞ옵고此를新刊ᄒᆞ얏삽ᄂᆞᆫ대國漢文으로解釋ᄒᆞ야模糊ᄒᆞᆫ句節이無ᄒᆞ오니法律學에有志ᄒᆞ신니와字牧之任에居ᄒᆞ신이ᄂᆞᆫ不得不覽ᄒᆞᆯ冊子이오니注意購覽ᄒᆞ시옵

中署布屛下
廣學書舖 김相萬 發售所

本人이日本大阪商業家와特約ᄒᆞ고日本內地産出各種物品과西洋各種物品及機械等物을由大韓에輸入과委托을便利케切約ᄒᆞ얏스오니商工業에有意ᄒᆞ신僉君子ᄂᆞᆫ某物이든지請求코져ᄒᆞ시거든本社로來議ᄒᆞ시오本社에셔ᄂᆞᆫ手數料金만領受ᄒᆞ

興業社本店

開城北部祥洞
支店京城南門內水橋五十一統六號
培養會社

仝仁港內동廣濟號

●九轉靈砂라 本人이妙方을神備ᄒᆞ야製造ᄒᆞᆫ靈丹인ᄃᆡ男女老少에無論何징하고通治ᄒᆞ오며無病時에도服하면平生身躰가健康ᄒᆞ며小兒ᄂᆞᆫ四五重만服ᄒᆞ면十歲안에無病ᄒᆞᆷ을擔保ᄒᆞ오며

●九轉靈砂萬應丹은져狂징과中風諸疾과耳目諸病과疾에神効ᄒᆞ오

●九轉靈砂保命丹은初生小驚風 간氣 咳嗽 腹痛般惡징에神効ᄒᆞ오

●九轉靈砂濟衆丹은酒滯滯 血積 吐瀉 霍亂 吐血 下血 運氣 時疾痼징에神効ᄒᆞ오

●九轉靈砂紫金丹은痔漏懸 上疳瘡 下疳瘡及唐瘡諸般癰瘡惡種에無不神効ᄒᆞ시니 君子ᄂᆞᆫ來問ᄒᆞ시오

內需司前독갑이골上隅第一百三統一戶 리호廷 告

越南亡國史 國漢文

定價貳拾伍錢

發賣所京城廣橋高裕相
編輯人(?)川郡高時[illegible]

布屛下 김相萬

國債報償義捐金

四月中本社收入總額
每日逐号明細錄

四月七日
第百三號 懷德산內면瓦池동 拾七圓
第百四號 砥平上西면長壽리 三拾圓六拾전
合四拾七圓육拾錢

八日
第百五號 白川郡 金容益等 廿오圓九拾錢
第百六號 楊州柴북面嘉佐리 四圓六拾錢
第百七號 楊州伊淡면鳳岩리 廾壹圓
第百八號 京북署東十字橋 崔翊明 拾圓
第百九號 京西署幕華館 金鍾이 廿五전
第百十號 高陽已浦면大化리 ᄊ宗中拾七圓廿전
第百十一 南陽分鄕면新리 八圓육拾錢
第百十二號 仝 上리 貳拾원육拾錢
第百十三號 果川上북면舍堂리 拾貳원
第百十四號 益산裡리 廿원八십四錢
第百十五號 水原松동柿谷리 曹翊承 卌전
第百十六号 仝曹경煥 卌전
第百十七호 曹秉完 卌전
第百十八호 鳳산沙리院 李亨根 五십錢
第百十九호 忠州牧溪洪承弼等 육원廿전
第百廿호 京북署齋동 前判書南廷哲 五拾원
第百廿一호 京西署新孔德리 林炳錫 壹원
第百廿二號 京中署校동 崔相鎬 五십전
第百廿三호 豊德東面望浦리 三원
第百廿四호 金浦古縣內면楓舞리 四圓四拾五錢
第百廿五号 金浦古縣內面沙隅里 八圓拾五錢
第百廿六號 中署東谷朴勝俊 三圓五拾錢
第百廿七號 西署南門外蓮동 元敎民等 九圓七拾錢
合貳백廿八圓八拾九錢

九日
第百廿八号 竹山川南二면下台峰 四원廿錢
第百廿九호 竹山川南二面上台峯 三원七拾錢
第百卅호 京南門外紫岩卜貞都中 八圓七拾錢
第百卅一호 豊德南면下照江 五원七拾八전
第百卅二호 廣州草月西下리 廿원四拾전
第百卅三호 豐德西면中連리 拾圓
第百卅四호 安山瓦리面時雨리 拾圓
第百卅五호 西署龍山 洪元셥 壹圓
第百卅六호 安城所村面小東산리 卅五원卅五錢
第百卅七호 安城見乃면 貳拾九원
第百卅八호 益산內면西邊리 拾원
第百卅九호 京東署下米廛都中 拾원
第百四十호 木川一東面世溪洞 九원拾錢
第百四十一호 木川二東面三間리 五원拾錢
第百四十二호 木川一東面花산리 壹원三拾錢
第百四十三호 木川二東面梅산리 壹원
第百四십四호 木川葛田면勉實리 壹圓九拾전
第百四십五호 木川北면坪리 壹圓六拾전
第백四십六號 木川二東면開溪리 壹圓
第백四十七號 白川芝村面水原橋里 [illegible]卅錢
第백四十八號 白川無仇面六里 趙應濬 四拾錢
第一四九號 陰城法旺面堤內里 壹圓五拾전
第一五〇号 楊州邑內面栗鶴里 七圓五拾전
第一五一号 楊根南始面交岩里 八圓廿錢
第一五二号 抱川郡內面下城北里 三元卅五錢
第一五三号 金川古縣面鳩湖리 六拾七元九拾전
第一五四号 면川泛川面孔浦리 廿四원卅貳전五厘
第一五五號 豊德南면上동리 廿貳元四拾錢
第一五六号 豊德南面土동리 五元八拾錢
合三百拾陸圓八拾錢五厘

十日
第一五七号 始興西面鞍峴리 拾壹圓拾五전
第一五八号 北青拱北集義會 第二回四拾四圓捌拾錢
第一五九号 鳳山沙리院 四圓八拾錢
第一六〇号 陰竹上栗面本栗리 廿七원八拾오錢
第一六一号 楊根國債報償義務所 壹百〇三원四拾八錢오厘
銀簪二件一兩六錢重
銀指環一件一兩一전七分重
代金五圓七拾錢
第一六二号 牙山西面 拾圓〇五錢
第一六三號 牙山敦義面各동 廿七圓廿전
第一六四號 利川邑內동任軒宰 拾圓
第一六五號 水原農林學校生徒等 廿七元
第一六六號 京北署典洞私立中東夜學校 廿參元七拾錢
第一六七號 抱川東村面芝峴里 廿六圓九拾전
第一六八號 大興遠東面新榮里 全州李氏宗中 廿圓
第一六九號 廣州退村面石村里 九圓
第一七〇号 雲山郡公立普通學校學徒等 五圓八拾五전
第一七一號 晋州大覺面士谷里 百圓
第一七二号 高陽求知道面[illegible]信里 陸圓八拾전
第一七三號 仝 二牌里 拾六圓〇貳전
第一七四號 仝 一牌里 拾貳圓四拾전
第一七五号 仝 陵洞里 三圓九拾四전
第一七六號 仝 外下里 陸圓三拾전
第一七七號 仝 三省堂里 八원
第一七八號 高陽中面馬頭里 壹원
第一七九號 高陽求知道面花水里 八圓拾五전
第一八〇號 高陽神穴面津寬里 拾五圓四拾전
第一八一号 廣州彦州面浦一리 拾圓七拾五전
第一八二号 中署孝橋北川邊 金斗庸等 五圓
第一八三號 경畿東亞開進敎育支會 拾三圓廿貳전
第一八四號 高陽神穴面津寬里 五圓廿貳전오厘
第一八五號 仝 四圓陸拾貳전오厘
第一八六号 高陽沙里大面文殊里 拾四圓四拾錢
第一八七号 高陽沙里大面沙石里私立學校 貳圓四拾전
第一八八號 仝游山里 廿圓卅전
第一八九號 豊德東面柳氏宗中 廿八圓拾錢
第一九〇号 仝 佳林里 七圓五拾전
合陸百卅九圓三拾一전五厘

十一日
第一九一號 高陽元堂面新院리 捌圓七전五厘
第一九二號 仝 一牌上리 陸圓陸拾五錢
第一九二号 仝 朴齊宮里 四圓捌拾錢
第一九三號 仝 一牌下리 陸圓九十貳錢
第一九四號 仝 木希里 陸圓오十貳전
第一九五号 仝 舟橋下里 八圓九拾전
第一九六号 開城東面高頭山上洞 六元〇捌전
第一九七号 抱川內所面二加八里 九圓陸拾전
第一九八号 仝李世직等 拾圓
第一九九号 金浦盧長面高山리 十三圓오拾전
第二〇〇号 麻田南新面章谷里 七圓貳拾전
第二〇一號 仝長新面頭峴里 貳圓
第二〇二號 陰城孟洞面下介里 七圓
第二〇三號 楊州接동面官洞里 六圓
第二〇四号 中署典동槐木洞 金基正等 拾壹圓七拾전
第二〇五號 安城基佐面本里 五拾圓
第二〇六號 陰城法旺面康衢里 七圓六拾전
第二〇七 振威一北馬山面月鏡里 拾七圓貳拾錢
第二〇八号 高陽沙里大面大慈里 拾四圓七拾五전
第二〇九号 西署龍山坊沙村라洞 五拾三圓
第二一〇號 竹山西三面加七岩리 廿六圓육拾錢
第二一一号 仝 是岩場 六圓四十전
第二一二號 義州商人金源根等 壹百圓
第二一三號 古阜沓田面下松리 洪淳郁 壹圓
第二一四號 西署紫巖동 廿壹圓五拾七전
第二一五号 日本東京留崔병준 六拾五전
第二一六号 高陽松山面龜山리 四十圓
第二一七號 積城梅谷面 廿貳圓九拾六전五厘
第二一八號 安山草山面上職동里 貳拾圓四拾전
第二一九号 여州英陵戶軍等 陸圓四拾전
第二二〇號 高陽元堂面舟橋上里 拾圓
第二二一號 威悅黃登市褓商等 貳拾四圓
第二二二号 木浦港商民等 陸圓陸拾전
合五百四拾四圓〇八전

十二日
第二二三号 通津大坡面鍾生里 拾七圓拾錢
第二二四号 陰竹上栗面陽阿里 拾陸圓九拾전
第二二오号 果川下西面虎溪里 貳拾陸圓七拾五전
第二二陸号 益山面及開進敎育會 壹百貳拾七圓陸拾九전
銀指環四件八兩重代金拾陸圓
銀佩物五枚代金 貳拾三圓
銀粧刀一件代金 五圓
銀簪一件九전七分重代金貳圓
第二二七号 通津造田面澤洞리 拾陸圓
第二二八号 金浦郡內面傑浦리 拾三圓拾전
第二二九號 高陽松山面德耳洞 貳拾三圓捌十陸전
第二三〇號 淸州左支社負商 四拾七圓十錢
第二三一號 慶山大亭리崔仁瑞 壹圓
第二三二號 廣州靖陵々役等 三拾三圓九拾七전
第二三三号 豊德郡北面郭헌리 三圓四拾錢
第二三四號 양州鶴旨面峨嵯리 貳拾圓拾五錢
第二三五号 廣州大旺面栗헌리 五圓
第二三六號 燕岐內倉리 貳圓貳十전
第二三七號 高陽九耳面誠[illegible]
第二三八号 呂州呂興學校 卅四圓七拾[illegible]
銀簪一介八戔重價壹圓陸[illegible]
第二三九호 群山港義務社[illegible]
第二四〇号 永興鎭坪社城[illegible] 壹百陸拾七圓九十[illegible]
第二四一호 三和港公信契員 五拾肆圓九拾 朴正謙 五拾
第二肆二호 南署甲동 柳[illegible]
第二四三호 晋州大覺면 卅陸圓四拾捌
合七百十九圓九拾陸[illegible]

十三日
第二四四호 安산仁化面花井 拾오
第二四五호 西洋人 사[illegible]
第二四六号 振威古頭面檣浦 十四捌십
第二四七号 仝 安化리 十三원二十[illegible]
第二四八호 釜산本支社々員 徐棟燮等七圓廿[illegible]
第二四九호 豐德貳北面鳳谷 捌陸十[illegible]
第二五〇号 日本東京同寅會 廿貳圓七십[illegible]
第二五一호 北署玉동 金顯[illegible]
第二五二호 북署孝谷 李謙[illegible]
第二五三호 西署館井洞 李東[illegible]
第二五四号 義州城內面鄕校 拾貳圓오十[illegible]
第二五五호 長단華藏寺 陸拾壹圓九십[illegible]
第二五六호 博川德洞리 鄭庸[illegible]
第二五七호 元산港笠子契員 五十一圓五十[illegible]
第二五八号 黃州外南部 九圓[illegible]
第二五九호 義州古寧面西[illegible]城리 拾貳원卅[illegible]
合貳百三十貳圓卅전

●正誤 昨日本報五百七호[illegible]捐金廣告欄內第卅호金額은一百四十六圓七十六錢으로二[illegible]合計는一千九十圓七十二錢一厘로사十六호는釜港彰信社[illegible]正誤함

第五卷

月曜及慶節 讀時日休ᄒᆞᆷ

檀君開國四千二百四十年
箕子元年三千二十九年
大韓開國五百十六年
日本明治四十年
淸國光緒三十三年
◉陰曆丁未三月小廿九日庚申

論說

本報의友人과敵嫌者

韓英兩字로發刊ᄒᆞᄂᆞᆫ大韓每日申報를對ᄒᆞ야日人이愛情을不有ᄒᆞᆷ은愛讀諸員이俱已知悉ᄒᆞᄂᆞᆫ바라雖然이나此양報가此地에셔留存이鞏固ᄒᆞᆫ지라現此兩報가我英人의主筆과領有에在ᄒᆞ야英國法律에一致ᄒᆞ도록處理ᄒᆞ나니本記者가此報所記로써純無瑕疵ᄒᆞ다고ᄂᆞᆫ非所自謝이나其記筆의眞實正直ᄒᆞᆫ것은尙可自信自任ᄒᆞ노라

吾人이此地에數種報館이次第封閉되ᄂᆞᆫ것을旣已經閱ᄒᆞ엿스며英人手中에在ᄒᆞ던셔울프리스新聞도日人의게讓渡된것도亦所目擊이라如此ᄒᆞᆫ事를經過ᄒᆞᄂᆞᆫ時에本報의傳播ᄂᆞᆫ日益遂增加ᄒᆞ얏스니以此事實로觀之ᄒᆞ건대本報의政策이大韓人士의一般愛讀之情을深得ᄒᆞᆷ거시自著ᄒᆞᆫ지라所以로日人이韓字報를陰欲停止或防害ᄒᆞ라ᄂᆞᆫ用力運動은但하此事實로因ᄒᆞᆷ이라

最近에如此用力의狀態가朝鮮新報上에顯然呈露ᄒᆞ얏스니同報가一風說이라題ᄒᆞ고大韓每日申報社長이從速還國을料理ᄒᆞᆫ다고揭布ᄒᆞ얏스니以其外面觀之ᄒᆞ면如此報道가危害를加코져ᄒᆞᄂᆞᆫ意思가無ᄒᆞᆫ듯ᄒᆞ나現에本報館이韓國人民의信托金收萬圓을捧留ᄒᆞᆫ事實로思惟ᄒᆞ건ᄃᆡ如彼報道의暗指ᄒᆞᄂᆞᆫ意思ᄅᆞᆯ可以識破ᄒᆞᆯ지니特欲明言ᄒᆞ진ᄃᆡ我同盟國人이吾人을搆揑攻擊ᄒᆞᆷ이太甚ᄒᆞ도다本記者ㅣ反覆質言ᄒᆞᆯ것은吾人을擁護ᄒᆞᄂᆞᆫ英國法律이自在ᄒᆞᆫ時日ᄭᆞ지ᄂᆞᆫ本報가此地에셔留存이自若ᄒᆞᆯ것이니愛讀僉員은倂皆諒之어다

官報

●第三千七百六十二號 光武十一年五月十日

◎敍任及辭令

主殿院扈衛局員李象哲
依願免本官

公立星州普通學校副敎員 張道斌
公立尙州普通學校副敎員 尹邃洙
右ᄂᆞᆫ該員等이趂不赴校ᄒᆞ야致妨敎育ᄒᆞ기姑先解任事
解任

任公立星州普通學校副敎員 金學瑞
任公立尙州 仝 南相翼
平安南道觀察道 朴承喜
轉務主事務官 秘書監丞尹膺求
裕康園參奉金준植
依願免本官
帝室會計審査局主事崔重植
解各宮事務整理所記事員
命主殿院卿 陪從武官李敏식
任秘書院丞 法部參書官金曄秀
任裕康園參奉 李思益
任步兵特務正校 步兵正校高明秀
補侍衛步兵第一聯隊第一大隊 步兵特務正校高明秀

免本官
唐津郡守張鳳煥
价川郡守柳遠聲
昌平郡守張復奎
慈城郡守尹東輪

免本官
依願免本官
度支部稅務官鄭溪派

外報

●日法協約의相議 路透電을據ᄒᆞᆫ즉法國과日本新聞에報ᄒᆞ되日法兩國政府ᄂᆞᆫ目下雙方의極東領域에셔互相不可侵ᄒᆞᆷ을保証ᄒᆞᄂᆞᆫ協約을協議ᄒᆞᆷ이有ᄒᆞᆫ되日露兩國間에셔도此와如히協約을協議中이라더라

●瑞典의航路 伯林電報에瑞典스독크홀름市에셔同國과東洋間에直航路를開ᄒᆞᆯ計畫으로써一輪船會社를創立ᄒᆞ얏다더라

●領土保全의目的 同電에法國諸新聞에ᄂᆞᆫ英露兩政府ᄂᆞᆫ日法協約에關ᄒᆞᆫ通牒ᄒᆞ야一聲言ᄒᆞ고同協約을日法兩國間雙互東洋에잇ᄂᆞᆫ領土를保証ᄒᆞᆯ目的이라고報道ᄒᆞ얏다더라

●旅客待遇의不平 東京電을據ᄒᆞᆫ즉鐵道가國有의實行後로부터關釜聯絡船의旅客待遇ᄒᆞᆷ이顯著히不親切ᄒᆞᆷ으로山陽鐵道로在ᄒᆞᆫ時代旅行의經驗이有ᄒᆞᆫ者ᄂᆞᆫ다不平을鳴ᄒᆞᆫ다더라

雜報

●寄宿便利 鄭熙燦氏가安동以東에官私立各學校學員寄宿館新建ᄒᆞᄂᆞᆫ事ᄂᆞᆫ前報에記載ᄒᆞ얏거니와其建築實施ᄒᆞᄂᆞᆫ內容을詳探ᄒᆞᆫ즉鄭熙燦氏가一般敎育界에裨益을沈思ᄒᆞ야不섬ᄒᆞᆫ財力을辦備ᄒᆞ야始終에義務로幹事의勤務를使用ᄒᆞᄂᆞᆫ故로建築役所에損害ᄒᆞᆫ기를建築主에鄭熙燦氏오幹事ᄂᆞᆫ人에金鎭泰氏라ᄒᆞ엿스며寄宿節次ᄂᆞᆫ城內各學校에遊學ᄒᆞᄂᆞᆫ學員의宿食難便ᄒᆞᆷ을顧念ᄒᆞ야每朔에每人이白米京升十五升或代錢과燃價與柴油費並壹圓五拾錢을寄附ᄒᆞ면其宿食居處를便利케供給ᄒᆞ며且衛生을顧念ᄒᆞ야二層屋을多數建築ᄒᆞ야溫炎六朔은上層에居宿케ᄒᆞ고寒冷六朔은下層溫突에居宿케ᄒᆞ며每間架에數人式만居處케ᄒᆞ야學文講究에從便을供ᄒᆞ되本年六月一日븟터實施ᄒᆞᆯ作定인故로役所에本月卄日畢役이라書揭ᄒᆞ고不日성之ᄒᆞᆫ다ᄒᆞ니現今學務之急先務ᄂᆞᆫ人皆說道어니와京鄕各家의靑年子弟ㅣ多有硏學於京으로果難買食ᄒᆞ더러或買食或寄食之際에每緣朝飯之晩ᄒᆞ야不及上學時間ᄒᆞ니大有關於勉學ᄒᆞ고若其飯前上學이면徒棄飯費ᄒᆞ고不免飢腸ᄒᆞ던次鄭熙燦氏의如是設備ᄂᆞᆫ大是學生界之萬幸이라ᄒᆞ더라

●殷山郡義成會趣旨書

嗚呼痛哉라維我大韓國勢之岌業ᄒᆞᆷ이와民情之悽遑也여夫國庇平民ᄒᆞ고民依於國ᄒᆞ나니國之爲國이以財爲先ᄒᆞ고民之爲民이以生財爲本인ᄃᆡ際玆天步艱難ᄒᆞ야民窮財匱라外債欵이至爲一千三百萬圜之多일세國庫年度預算이入不副出에外債報償이彌縫無路ᄒᆞ니此誠爲國民者大同之一大憂慨也ㅣ니若此欵을若或稽緩未償ᄒᆞ야拖延幾年이면利子滋蔓ᄒᆞ야浮於債本ᄒᆞ야三千里疆土가盡歸債主之權ᄒᆞ고二千萬生靈이未免債奴之役ᄒᆞᆯ지니今日吾有ᄒᆞᆫ財土家屋이末頭他有ᄒᆞᆯ財庫財産이라爲是國之民者ㅣ無莫有ᄒᆞ고死無歸ᄒᆞ니興言及此에奚止痛哭流涕而已리오雖哭之呼天이나財不天來ᄒᆞ고有淚徹泉이라도貨不泉湧이니於國報債에竟何有益乎아天生烝民의民有秉彝라天彝不泯에民義自發일세如교南徐金兩씨ᄂᆞᆫ可謂斯民之先覺者也라以國債報償으로義論首倡ᄒᆞ니仁聲踵起ᄒᆞ야至如閨門女子와與傭雇ᄒᆞ이라도爲國報債에對ᄒᆞ야皆有熱心血誠ᄒᆞ거던而況士民之義乎아願我本郡이地僻俗薄이나一天雨露에化育ᄒᆞᆫ同胞也라各面人民이不謀同情ᄒᆞ야義成會를設立ᄒᆞ고捐助策을講究ᄒᆞ미公議歸一ᄒᆞ고衆心無二ᄒᆞ야義金募額이사千圜에至ᄒᆞ니足以補泰山之土壤이며亦可爲河海之細流로다本會規則을左開以進ᄒᆞ오니公布廣示ᄒᆞ심을爲要

發起人金珍淵

●永橋壞頹 日昨霖雨에東門外永渡橋가壞頹ᄒᆞ야人馬通行이時日爲急故로內部에셔更爲造橋ᄒᆞ기로計劃中이라더라

●平守興學 平壤郡守白樂均氏가在任以后로國家의急務가新學發達에在ᄒᆞ다ᄒᆞ야各面私塾을改良ᄒᆞᆯ意로郡內에師範講習所를先設ᄒᆞ고素有文學ᄒᆞᆫ人士를招集入學ᄒᆞ야速成科로三個月卒業케ᄒᆞ고熱心으로勸奬ᄒᆞ니學員이八十餘人이오學務員은廳水谷郡在命朴鳳植諸氏인ᄃᆡ境內가莫不謳頌ᄒᆞᆫ다더라

●姻箱燒却 義州郡內自强會에셔去番通常會日에都務가處理ᄒᆞᆫ後에師議員命인煥氏가國債報償事에對ᄒᆞ야一場說明에其誠心이溢于辭表ᄒᆞ고理論이富於時措ᄒᆞ야令人感發愛國之心이라聽者ㅣ莫不感服而爭先捐義에至百餘圜ᄒᆞ얏고會員金義洽金吉善兩氏ᄂᆞᆫ本以酷好으로自己의賀監ᄒᆞ얏던卷烟十餘箱을沒數소火에一切斷烟ᄒᆞ얏스니皆以此二氏之心으로爲心則非從外債之淸帳이라國權獨立이斷在於是라ᄒᆞ고一州之人이無不全國人民이感服이러라

●是校是非의續聞 義州來人의報道를據ᄒᆞᆫ즉張應亮徐丙轍諸氏가去癸卯年十二月에求是學校를本郡에創設ᄒᆞ고學徒를募集ᄒᆞ야熱心敎育ᄒᆞᆫᄃᆡ四五年間에爲經許多困難而所謂鄕輩가百方沮戲러니今者彼輩가流言ᄒᆞ기를求是學校資金十二萬餘兩을該校長張應亮氏가三年之間에盡爲消用이라ᄒᆞ니아本學校設立以來로前後捐金收人이四萬四千餘兩忠義社移付金이一萬兩合이不過爲五萬四千餘兩이라十二萬餘兩이出於何處而得以消用乎아同應亮氏本學校長兼衛植二氏의書를因ᄒᆞ야本學校의前後文簿를持ᄒᆞ고上京ᄒᆞᄂᆞᆫ路에鄭成綠等三人이北峴停車場에追及ᄒᆞ야樊人車中ᄒᆞ야火車가方發에同應亮을引ᄒᆞ야車下에墜落ᄒᆞ야左右ᄂᆞᆫ損折ᄒᆞ야方在治療中이라ᄒᆞ며以若惡習으로行此悖ᄒᆞ고反以荷杖之計로以爲張氏가避身上京이라ᄒᆞ고且應亮이가火車에墜落ᄒᆞᆯ時에行李物을見失ᄒᆞ고事로從當上部에訴ᄒᆞ려니와爲先以上事實을本學校事務員金徹氏가學部에提訴ᄒᆞ얏다더라

●半門出喪 [illegible]辛文奎ᄂᆞᆫ素是[illegible]

雜報

●越送平院 同日軍大遭難事件에逮捕된卅六名을警務廳에셔晝夜訊問을經了後에再昨九日에ᄂᆞᆫ全部의調査를結了ᄒᆞ고書類數千張과證據品短銃四挺彈藥等과ᄀᆞᆺ치平理院으로越送ᄒᆞ얏다더라

●學協解任說 學部協辦閔衡植氏를政府에셔解任奏本을上奏ᄒᆞ다ᄂᆞᆫ說이有ᄒᆞ더라

●教師換送 軍部에셔學部에照會ᄒᆞ되貴所管各學校躰操教師尉官尹載植趙珍熙가聞已補職ᄒᆞ얏고閔丙喆은現移他地方隊ᄒᆞ얏기尹鳳植李熙면崔泓舜을派遣ᄒᆞᆫ다ᄒᆞ얏더라

●僞幣流通 去四日南大門停車塲에셔車票購買人中一韓人이第一銀行劵五圓의僞造紙幣를所持ᄒᆞᆷ을發見ᄒᆞ야其所從來를査實ᄒᆞᄂᆞᆫ中이오昨日에도또ᄒᆞᆫ郵便局에셔換付人中一人이同種類의僞造紙幣를混用ᄒᆞᆷ을發見ᄒᆞ얏다더라

●農部消暢 農商工部一般官吏가來日曜日의東門外에出往ᄒᆞ야花柳會를盛設ᄒᆞᆫ다더라

●囑托新任 學部에셔駐劄日本留學生監督申海永씨에게訓令ᄒᆞ되本年四月二十九日에日本國文部省參事官松本順吉에本國留學生監督囑托을解任ᄒᆞ고日本國文部省松邸茂助로本國留學生監督을囑托ᄒᆞ야該辭令書를已經繕給ᄒᆞ얏기玆以訓令ᄒᆞ니照亮ᄒᆞ야留學에對ᄒᆞᆫ事務를該員과善爲協商措辦ᄒᆞᆷ이可라ᄒᆞ얏더라

●避盜上京 忠南公州鴻山舒川等地에近日竊發之患이大熾ᄒᆞ야財産을掠奪ᄒᆞᄂᆞᆫ故로該等地富饒家들이避身上京者多數ᄒᆞ다더라

●廣信不振 廣信商業專門學校를設始ᄒᆞᆫ지가不過幾月인ᄃᆡ該校資本主들이經費를不肯捐補ᄒᆞ고尋常視之ᄒᆞᄂᆞᆫ故로校況이興旺치못ᄒᆞᆯ깃다더라

●鬪憲押去 日昨下午五時에齋洞興化學校前路에셔憲兵二名이有何事端이던지互相毆打에忘死相鬪ᄒᆞᆯ際에適其時憲兵二名이來到ᄒᆞ야該爭鬪ᄒᆞᄂᆞᆫ憲兵二名을押去于該隊ᄒᆞ얏다더라

●運輸多失 京鄕間鐵道運輸會社에셔來往物品을多有遺失ᄒᆞ고或有浮沈中의又不趂傳ᄒᆞ야使物件主人으로推尋無路라고傳說이狼藉ᄒᆞ더라

●失鏹被捉 淸州周源等地居朴主事某氏가太田停車塲技局에셔四萬兩을見失ᄒᆞ고以雜技事件으로該近警察署에捉囚ᄒᆞ얏다더라

●廣學講論 漢城廣學會에셔五日間에一次式開會ᄒᆞ고四書三經과新學問政治法律物理化學等書를講論ᄒᆞᆫ다더라

●民訴礦弊 忠南礦弊ᄂᆞᆫ已爲屢報어니와該礦民弊가去益滋蔓ᄒᆞ야農民이擧皆渙散之境에至ᄒᆞᆫ故로農部에呼冤次로該地居民等이上京ᄒᆞ얏다더라

●壓傷致斃 昨日上十二時量에齋洞居勞動人一名이新門外電車에壓傷ᄒᆞ야卽爲致斃ᄒᆞᆫ지라西署巡檢이眼同擔舁ᄒᆞ야該人本家로送致ᄒᆞᄂᆞᆫᄃᆡ其景狀을慘不忍見이더라

●宮照學部 宮內部에셔學部에照復ᄒᆞ되貴照會를接准ᄒᆞ온즉內開本年四月二十二日官報에九品姜泰均任營繕司技手叙判任官八級이라揭頒이온바該員은師範學校에昨年度速成科卒業生이온지라卒業証書를受ᄒᆞᆫ日노붓터二個年에認許를受ᄒᆞ야他公務에從事ᄒᆞᆷ을得ᄒᆞᆯ事로昭載規則이옵거ᄂᆞᆯ該員의年限이未滿ᄒᆞ온ᄃᆡ條何被任此職이온지今若仍置ᄒᆞ오면將來獎習을不堪設想ᄒᆞᆯ뿐더러敎育을獎勵ᄒᆞ옵ᄂᆞᆫ 詔勅을對揚ᄒᆞᄂᆞᆫ道에有違ᄒᆞ옵기玆以照會ᄒᆞ오니照亮ᄒᆞ오셔姜泰均에營繕司技手之任을卽爲解任ᄒᆞ시와一遵學規에敎育上妨害가無케ᄒᆞ심을爲要等因이온바該員이本府試取時被選人而現在候補生居首故로叙任이오나旣有該學교規則之違格이면勢不容不解任이옵기玆庸仰復이라ᄒᆞ얏더라

●義成漸就 咸興上岐川社五老村에셔敎育發達의有志ᄒᆞᆫ諸씨가各出義金ᄒᆞ야前令金昶根家의義成學교을創設ᄒᆞ고前敎員盧재根씨가名譽로學員을經傳筭學歷史地誌法律等書를敎育ᄒᆞ야成就之望이有ᄒᆞ며學徒가雲集ᄒᆞᆫ다더라

●聯合辨明 聯合會議所에셔李康鎬씨寄書에對ᄒᆞ야本社에寄函辨明ᄒᆞ여日十三道에總代을派送ᄒᆞ야金額과事務을擔任ᄒᆞᆫ다ᄂᆞᆫ事ᄂᆞᆫ初無是事라ᄒᆞ더라

●緣何捉訊 日昨北壯洞居前郡守崔洪錫씨家에日巡査及別巡檢이突入ᄒᆞ야所有書類를一々取調ᄒᆞᄂᆞᆫᄃᆡ該씨ᄂᆞᆫ適爲出他ᄒᆞᆫ지라其再翌에日巡査와別巡檢이又爲乘夜越墻ᄒᆞ야突入內舍ᄒᆞ야同씨의弟와及下人二名을捉去于中署ᄒᆞ야毆打訊問ᄒᆞ다가子正後三點鍾에放送ᄒᆞᆫ지라崔씨가再昨日還第ᄒᆞ야聞其事狀ᄒᆞ고直往中署ᄒᆞ야質問其緣由則日警官이云ᄒᆞ되以洪州義兵事로有投書故也라최씨가到底說明에無一可詰之端ᄒᆞ야卽爲還歸ᄒᆞ얏스니其投書ᄂᆞᆫ必是有嫌者의所爲라ᄒᆞ더라

●私札更査 日昨本報에平理院裁判長李允用氏가金允爲押上事로私札ᄒᆞ얏다ᄂᆞᆫ事ᄂᆞᆫ更히査探ᄒᆞᆫ즉李氏가金允爲씨에게直接으로私札ᄒᆞᆫ거시아니라李씨가大邱觀察使에게陽五月二日에私札로督促ᄒᆞ야金允爲를期於押送ᄒᆞ라고囑托ᄒᆞ얏스나參書官이反對ᄒᆞ야尙未押上中이라더라

●養所運動 來日曜日에法官養成所에셔所長以下敎官及學徒等이東小門外新興寺에出往運動ᄒᆞᆯ터인ᄃᆡ運動費額은敎官諸씨가幾元式擔出ᄒᆞ고各學員은新貨九十錢式辨出ᄒᆞ야互相討論ᄒᆞᆫ다더라

●自稱叙任 義州來說을據ᄒᆞᆫ즉金斗煥은庚子年鎭隊創設時에正교之任을圖得ᄒᆞ야該窠에雜技를設ᄒᆞ고誘引人子ᄒᆞ고去壬寅年鐵산郡民擾時에出去該郡ᄒᆞ야放砲示威에攫取民財ᄒᆞ야今致巨富ᄒᆞ고至甲辰年兵擾時에鎭隊經費를各面結鏹으로移劃ᄒᆞᆯ시其時에以正校之任으로專往收捧之地에稱以馬貰馬鐵價及烟價ᄒᆞ고勒排各리ᄒᆞ니如此惡行은一州之人이無不共憤切齒者러니乙巳年分에亦以黃金力으로圖得本郡鄕長ᄒᆞ야不事邑務ᄒᆞ고吸鴉煙ᄒᆞ다가該吏의게推捉되얏고刼奸劉痘醫之妾ᄒᆞ다가因劉民之告訴ᄒᆞ야其時監理李民溥씨가以斥汰之意로兩度발訓本郡ᄒᆞ니金某之前後奸狀이綻出無餘而昨秋該郡主事薦報時에謠手段으로請囑府尹ᄒᆞ야奸報於內部러니幸自內部로業已洞燭ᄒᆞ시와部七八朔에尙不叙任이러니今則自稱叙任之電信云ᄒᆞ니果如所言則義州一境이將至魚肉이고라與論이嗷々ᄒᆞ다더라

●培英新校 中和居宋준섭氏가昨年九月에借人家屋ᄒᆞ야創立一校ᄒᆞ고名曰培英學校라學徒가日增ᄒᆞ야成就之望이有ᄒᆞ나校舍가狹窄ᄒᆞ야廢置ᄒᆞᆫ訓鍊院을學部에請願承認이已爲月餘나財力이窘拙ᄒᆞ야修葺이無路ᄒᆞ더니同郡尹進士斗熙粟一潤前經歷에宋秉善文鎭植禹丙贊李斗鎬黃應祥諸氏가爭先出義ᄒᆞ야當場取合金이百餘圜에達ᄒᆞᆫ지라不日竣工ᄒᆞ야校舍가一新ᄒᆞ니諸氏의敎育上熱心은人皆贊頌ᄒᆞ더라

●捐助運動 昨日懿法夜學校學徒들이東小門外新興寺에셔運動會를擧行ᄒᆞᄂᆞᆫᄃᆡ該校長閔泳雨氏가敎育上에熱心ᄒᆞ야多數捐助ᄒᆞ얏다더라

●監獄近況 鍾路의在ᄒᆞᆫ監獄署의現在囚ᄂᆞᆫ總計二百九十七人中에刑事被告人이男百五十七人女一人이오囚徒ᄂᆞᆫ禁獄男三十八人懲役男百七人女一人死刑囚一人에其中未丁年者ᄂᆞᆫ已決囚十一人未決囚四人이라ᄒᆞᄂᆞᆫ대近來新任ᄒᆞᆫ四王天補佐官은去土曜日에巡檢一同을會合ᄒᆞ고歐洲와日本에在ᄒᆞᆫ獄制沿革의大要를陳述ᄒᆞ며監獄改良의必要를說明ᄒᆞᆫ後에또同監獄署에셔ᄂᆞᆫ目下向暑之候인즉特히衛生의注意를喚起ᄒᆞ고在監人으로ᄡᅥ前非를悔悟케ᄒᆞ며改過遷善의實을擧케ᄒᆞᆯ機關으로ᄒᆞ야每日曜日에ᄂᆞᆫ美國人宣敎師가韓人과同道ᄒᆞ야來監敎誨ᄒᆞ고每水曜日에ᄂᆞᆫ本願寺에셔音羽玄治씨가來誨ᄒᆞᆫ다더라

●靑會討論 靑年會館에셔今日下午七点半에討論會를開ᄒᆞ고成功之要ᄂᆞᆫ心堅이勝於躰勇이란問頭로互相討論ᄒᆞᆫ다더라

●祥雲興況 平安南道觀察使李始榮씨와本郡守李甕龍씨와前郡守金鍾重씨와侍從院侍從金圭鎭씨가人民敎育ᄒᆞ기爲ᄒᆞ야祥原郡祥雲學校를設立ᄒᆞ얏ᄂᆞᆫᄃᆡ李始榮씨가校長으로金鍾重씨ᄂᆞᆫ該校主人으로設校ᄒᆞᆫ지不數月에生徒가三四十人에達ᄒᆞ얏ᄂᆞᆫᄃᆡ該校敎師古川右吉씨도熱心敎育ᄒᆞᆫ다더라

●兩氏演說 美國華盛頓의社會家로著名ᄒᆞᆫ유드워드氏ᄂᆞᆫ富饒ᄒᆞᆫ銀行主人이오該地靑年會長인ᄃᆡ美國現任大統領루스벨드氏의紹介書簡을携帶ᄒᆞ고本月十一日土曜에皇城에到着ᄒᆞ야幾日間滯留中에大韓社會及文物情形을觀察ᄒᆞᆯ預定인ᄃᆡ該氏ᄂᆞᆫ東西地球上一大偉人이라學識雄辯으로我韓靑年을爲ᄒᆞ야來日曜日下午七点鍾에靑年會館에셔演說ᄒᆞᆯ터이오亞非利加洲黑人헌돈氏가今番우드워드氏와同行ᄒᆞ야同日該會館에셔演說ᄒᆞᆫ다ᄂᆞᆫᄃᆡ氏ᄂᆞᆫ多年演說로到處에功效가頗多ᄒᆞ며또該氏가自己本國靑年代表로我韓國靑年社會에對ᄒᆞ야問安코ᄌᆞᄒᆞᆫ다ᄒᆞ니黑人으로我韓에交通이初路라더라

▲白雪高歌▼

▲漢城風雲이春來變幻ᄒᆞ야處々偶語가不穩情態를暗藏其中ᄒᆞ야怒濤奔波가種々激起ᄒᆞ니那邊籌策이亦可怪哉로다

▲駐劄京城日司令部에셔南門外典牲署附近山林을管理ᄒᆞ고ᄌᆞᄒᆞ야統監府에셔政府에交涉ᄒᆞ얏ᄂᆞᆫᄃᆡ政府에셔該山林이禁山字內인즉所重이逈別ᄒᆞ니斷不可認準이라ᄒᆞ얏스니近日政府에셔도精神을少醒ᄒᆞ야日人에請求를反對ᄒᆞᆯ時가有ᄒᆞ니亦一喜消息이로다

▲內部地方官銓考所에셔日昨에開會ᄒᆞ고郡守를銓考ᄒᆞᆯᄉᆡ二三人이被選ᄒᆞ얏고其餘ᄂᆞᆫ選擇或還任窠인ᄃᆡ大臣의意見이不合ᄒᆞ야相持未決ᄒᆞ니孰是孰非ᄂᆞᆫ知치못ᄒᆞ거니와若其公平無私ᄒᆞ면主意가不同ᄒᆞᆯ理가豈有ᄒᆞ리오

▲內部參與官□川氏가地方官詮考에對ᄒᆞ야白番々詮考를經ᄒᆞᆫ後에ᄂᆞᆫ行路挾私ᄒᆞ야不公正ᄒᆞ다ᄂᆞᆫ醜說이各新聞에狼藉揭載ᄒᆞ니從今以後로ᄂᆞᆫ郡守合格者를會合ᄒᆞ야試才後敘任ᄒᆞ라고勸告ᄒᆞ얏다ᄒᆞ니若以郡守合格者로論之ᄒᆞ면公正老成에平日에聲價가有ᄒᆞᆫ人인즉郡守試才塲에豈肯入參ᄒᆞ리오公平히選擇ᄒᆞ라고勸告ᄂᆞᆫ可커니와試才之說은淺近ᄒᆞᆫ所見에不過로다

▲法大李夏榮氏에法律觀察을中止ᄒᆞᆫ理由ᄂᆞᆫ近日에各大臣이更迭된다ᄂᆞᆫ說이有ᄒᆞ야地位를鞏固ᄒᆞ기爲ᄒᆞ야視察之行을延期ᄒᆞᆫ다고某報에說道ᄒᆞ얏스니該氏ᄂᆞᆫ多年官海風波에深淺을預測ᄒᆞ야時機를善觀ᄒᆞ도다

▲平壤郡外川坊을鐵道停車塲의用地로劃定加占ᄒᆞ얏다니西路土地를日本軍用地로許多히占領ᄒᆞ고日人의勒買로占領ᄒᆞ고又是停車塲으로占領ᄒᆞ니次占領에片土가無餘ᄒᆞᆯ거시니西關一區ᄂᆞᆫ日人의天地가되고말깃고

▲壯洪爲氏가日昨內相私第에往ᄒᆞ야名帖을請納ᄒᆞᄂᆞᆫ故로把守巡檢이殊常히知ᄒᆞ고全身을搜索ᄒᆞᆫ즉該氏가高聲曰我ᄂᆞᆫ如此ᄒᆞᆫ人이라ᄒᆞ고扇子를出示ᄒᆞ니該扇은權軍相이前日에結交ᄒᆞᄌᆞ고一首詩를書贈ᄒᆞᆫ바라該氏ᄂᆞᆫ內相을軍相으로知ᄒᆞᆷ인지亦一誤路作行이로다

特別社告

本報가一般人士의愛讀으로以호야漸次發達호는效果를見호나此는大韓人民의國家思想과開明程度가漸進홈이라吾儕는以爲호되大韓의文化를開進코저호면便利혼國文을發達케홈에在혼故로特히 **國文報** **一部分**을幷爲發行호야普通男女의智識을開廣코저호오니有志호신僉君子는本月內로本社에請求狀을送호시옵

大한每日申報社

雜俎

安岳郡國債報償就成會趣旨書

今我國債一千三百萬圓報상之論이自嶺一播에全國人民이同聲相應호야多少義捐을莫不爭先호니此誠我民國自由獨立之秋也라生等도亦國民之一分子而忠義所激에不敢少緩호야同志數十人이絕飮斷烟호며組成國債報상就成會호고玆以仰佈호오니惟我同胞는勿失其時호고隨力捐助호야期圖國채淸帳이면國家幸甚生靈幸甚

發起人 金應和

●名士寄函 漣산儒論時라居韓公錫李台爲씨等이本社에寄函이如左호니

報館之有補於國民이即警夜之鍾이오導昏之燭也라僕於湖陬에[illegible]貴報를無不耽讀이옵고見聞固陋호야與世相忘터니自閱貴報로多荷師友之補導호야粗知歐亞之形便과興情之向背호니偉哉貴報之功이며盛矣貴報之賜也여 現下國債報償之論이出自嶺南而遍于全國호야雖閭巷婦孺와臺隸雇傭이라도出義納金을惟恐後人호니天道祚宋과民心思漢을於此可見이라僕亦化囿中一物노敢表犬馬之效호야演助鄰近同胞에收集金額이爲新貨四十圓五十錢故로各人姓名을附錄上送호오니貴社는即爲발民心之機關也라幸須揭布廣告호야庶使嗣後同胞로人々志願에家々奮발則積塵成산과細流就海를拜手頂祝

●夫人知義 李都事鉉奎氏大夫人은河東鄭氏一蠹先生後孫이라嫁于延安李氏忠剛公家호야素有卓節호와隣리咸頌호고有子々人에皆蒙國恩이라每朝에使子孫讀申報而聽之矣러니至國채事호야會一門婦女호고節食糧米以捐義金호라호매內外諸族이一齊協議호야各出捐助호얏다더라

●廣校義捐 南門內賜谷私立廣化新塾任員과學員一同이國債報償志願金十五圓四十五錢를收合호야本社에來納호얏더라

廣告

東門外居朴存昌씨가本校에經費困難을慨嘆호야斷指血書로勸勉호고銅貨四百元을寄付호얏사오니如此熱心은世所罕有이옵기玆에廣布홈

東門外興仁學校 告白

●開城寄附孤兒廣告

崔承旨在烈 朴主事泰鉉 五圓
崔侍讀在道 郡守劉漢容
金承旨民鏞 朴主事圭永
金侍從鎭九
崔進士致南 각二圓
朴侍從 순 秦柄祖 金奎禛
黃鍾極 高侍御漢周 朴宜貞
李敎官漢與 孔參書應宣
秦股栗成연 金世永 金진圭
孫 令錫權 王主事羽淳
崔善弘 高漢柱 李容根
朴懿鎭 朴楚산昌
崔穩城鳴烈 南廷淳 金永吉
飛侍從在긔 朴叅奉東규
權主事重禹 梁漣川錫採
農工銀行事務長 日本人小鹿島饒
農工銀行 日本人無名子
財務官補日本人藤本元次郎
京城人孫主事顯秀 書記廳 各一圓
金熊川麗煌 三圓

明月舘

京城皇土峴紀念碑前 大韓西洋御料理 電話七二五番開通홈

本校에셔來陰四月初二日에開學호오니被選혼諸學員은下米廛都家로來臨홈

警察專門學校 告白

本人之名瑗善를以一善으로改定하오니僉彦照亮홈

中署沙器廛後洞十四統八戶 金一善 告白

敬賀**大韓赤十字病院** 醫師本人淋疾腰痛診察用藥快得神效玆廣佈홈

李秉山 告白

종노박경셔처에[illegible]표를유실호로광고호니쥬모합득호와도휴지시힝홈

박희단 고빅

堤川放鶴橋韓翊東三月十一日失馬而赤色有囊호고굴니만써고갓사오니誰某던지得호거든本家의通奇호압

韓翊東 告白

金瑞용이性本浮浪호야年纔二十에不憚內外國債호고隨得隨用에蕩產無餘而尙不悛習호고留各處호야締結亂類에或僞造圖章호며僞造咨券호야欲爲得債호오니毋論內往國人호고如或見欺酬應이라도其人也已是浮浪호고其父也已爲蕩產赤立호니幸勿見欺홈

鳳山沙里院金振聲 告白

敬告全國同胞호오니各種新聞에國債義捐혼金額이違數커나姓名이未載어든本所에報明이오면本所에셔隨處檢考호깃숩

大韓每日新報社內 國債報償志願金總合所 白

本人이紫岩四十二統七戶順信昌推次無日字當坪錢萬兩唐紙票를路中셔失故玆以廣布호오니內外國人間拾得이라도休紙施行홈

盧成益 告白

本店에春服衣次각程이自英국으로多數來到호얏사오니陸續來購호시옵

貞洞源泰양服裁縫店 告白

本人從弟文享性本浮浪호야本人의松楸數萬兩價値을僞券偷賣而願其敦諭不爲深責待其改悟矣又造僞券호야如干庄土를將欲偷賣호고又彼流言호야외치用外人호야將欲移徵故玆以廣佈內外國人切勿見欺홈

果川南面山本洞韓文淑 告白

◎活動寫眞廣告◎

今番에始作혼活動寫眞은法국巴里京에셔有名혼거시오또혼大韓국 皇室에셔먼져看品호셧고始作혼지數日에遊覽호시는청君子가多數枉臨호시와坐處가넘쳐셔晩到호시면不便호오니速々枉臨홈

活動은自下午八点至九点 白九点至十点

名唱善舞歌童과唱和吹笛은

賣票時 七点半始爲

入場票 上等三十錢 中等新貨十五錢 小童十錢

新門외서달이목東便벽돌집 法人 馬田 告白

農商工部認許 運車株式營業廣告

今番本營業所에셔各項貨物을運送호기爲호야牛馬車及荷車를勿論호고營業을組織호야牛馬車와荷車에소載혼物品을自今爲始호야本營業所에셔擔負無損호고迅速無滯홈도록恪勤勉勵홈을已任運送홀터이오니內外國僉君子는소載혼物品이有호시거든不拘多少遠近호시고本營業所나出張소로來議호시와物品運搬에無碍酬應호실터이오니私載지弊가無호기를望홈

本營業소와出장소在處가如左홈

大龍동四巨里上東邊洋屋家 ●營業所
●東門外出장所 ●龍山 出장所 ●麻浦 出장所

營業長 社長 김世貞 總務 [illegible] 取締役 山口王吉 會計役 細川雄意 事務員 [illegible] 소 鄭진여

●일본遊覽者募集

遊覽會員募集 人員은五十名으로一團을成호니한일인을不問호고速히請入호시옵

一遊覽地 東京博覽會橫빈京都大阪神戶

一往復日數 뎌抵十七일間

一浮費 遊覽費及手數料을合호야總計四十八圓

一出發일 請入順次를從호야出發三일前에直接히通知홈

一請入所 在京성各신聞社五十八銀行경성支店 天一銀行

一會員은遊覽을終호야開散호後는本會와關係가小無홈

一南대門셔釜山으로直行호는者와或은東경으로直行호는者는[illegible]

東亞商會

◎增修無冤錄大全

壹冊壹百七十張頁 定價金新貨七拾五錢

此增修無冤錄大全은法律家의最要혼書籍이온더年來現本이殆히絕種에至혼지라故로法部에認可를得호고此를新刊호얏는대國漢文으로解釋호야模糊혼句節이無호오니法律學에有志호신이와字牧之任에居호신이는不得不覽혼冊子이오니注意講覽호시옵

中署布屛下 廣學書舖 김相萬 發售所

西署新門外貞洞 辯護士 前檢事 丁明燮 法律事務所 事務員前主事吳在淳

中署長通坊鍾峴十三統十二戶瓦家七間半前厚白紙板到一度今日遊失內外國人間拾得休紙施行홈

家主김평洞 告白

本人이日本大阪商業家와特約호고日本內地產出各種物品과西洋各種物品及機械等物을我大韓에輸入과委托을便利케契約호얏사오니商工業에有意호신僉君子는某物이든지請求코저호시거든本社로來議호시오本社에셔는手數料만領受홈

興業社本店 開城北部祥洞
支店京城南門內水標五十一統六號
仝仁港內洞廣濟號 培養會社

●九轉靈砂라 本人이妙方法을得호야製造혼靈丹인디男女老少에無論何症이고通治하오며無病時에도服하면平生의身體가健康호며小兒는四五錢重만服호면十歲안에無病호기를擔保호오며

●九轉靈砂萬應丹은셔狂癇징과中風諸疾과耳目諸病과痰疾에神効호오

●九轉靈砂保命丹은初生小兒驚風 간氣 [illegible] 腹痛[illegible]징에神効호오

●九轉靈砂濟衆丹은酒滯 血積 吐瀉 霍亂 [illegible] 吐血 下血 運氣 時疾[illegible]

●九轉靈砂藥金丹은[illegible] 上疳瘡 下疳瘡[illegible]諸般毒瘡[illegible]

內部前面골이[illegible]百三統一戶 리호延 告白

越南亡國史

發賣所京城[illegible] 布屛下 김相萬

國債報償義捐金

四月中本社收入總額
每日逐號明細錄

四月十五日

二六〇牙山二西面冬音里四圜
二陸一仝敦義面鰲谷里　三圜
第二陸二號西署龍山坊沙村里　金德裕等　七拾錢
第二六三號全州府北面後鍛岩里　金基錫　壹圜
第二六四號振威丙坡面上柳川里　拾壹圜卅四전
二陸五陽智古東面基동里捌圜
第二陸陸号淸州鎭衛隊領尉官以下第二回　陸拾三圜陸拾전
第二六七號北署延署梨鉄里大동　拾壹元拾錢
第二六八號鐵原松內면各里　五拾五圜廿貳錢
第貳六九号錦山郡北면天乙里　金敎文　壹圜
貳七〇加平朝宗上면杏峴　捌圜
第貳七一號永平郡內면萬世橋　九圜九拾錢
貳七二豐德東面照門리　貳圜
第貳七三号南陽禾尺面遠莫里　廿圜捌拾錢
第貳七四號靑陽북下面각리　廿九圜廿錢
第貳七五號果川郡內면官門洞　邊基亭　貳圜
第貳七六号양州南面陶唐里　六圜捌拾錢
貳七七始興東面禿山里十二圜
第貳七八号仝納百契員　廿圜
第貳七九号富平下吾亭面遠宗里　拾八元九拾전
제貳八〇호北署蓮花방舟橋　秋혁元　五圜
제貳八一호坡州汶山里　九拾圜捌拾五전
貳八二西署芳橋嚴忠源　七圜
제貳八三호陽一北면城北洞中　壹圜五拾錢
貳八四南署筆동閔禾玉　拾圜
제貳八五호仝　閔完植貳圜
貳捌六舒川板山面三水洞五圜
第貳八七号抱川南面茂峰里　廿參圜拾五전

合四百卅二圜〇六전

十六日

제貳八八호開城北部沙峴　四圜六拾五전
제貳八九호利川百而牟田里　七圜卅전
제貳九〇호양州石積面石隅里　光陵叅奉　貳圜
第貳九一号抱川花山面廣村리　拾四원八拾錢
第貳九貳号交河炭浦面金蠅리　捌원陸拾오錢
第貳九三号仝文智동九圜卅전
第貳九四号仝　吾今리　拾三圜五拾七錢
第貳九五号仝　洛河리　五圜七拾五錢
第貳九六号仝　축현리　拾八圜七拾전
第貳九七号楊根西中面両水頭리　三원八拾錢
第貳九八號양州草阜面兩水頭리　七圜五拾錢
第貳九九號廣州宣陵令以下陵役　拾八元卅錢
第三〇〇号南署沈橋許哲等　拾三원
第三〇一號扶餘公동面麥江리許옥　壹元
第三〇貳號廣州九川面高德리　십三元五십五전
三〇三連山外城多五介리壹元
第三〇四號龍川府양市商會社　五百四十五元四十전
三〇五槐山東部柳達根等六元
第三〇六號南署儲慶宮前米廛　參圜陸十전
第三〇七号金海左部面東井里　五圜拾전
제三〇八號江華內可面鳩下리　貳拾圜
第三〇九號果川外店동　貳圜
第三一〇號永平一東吉明里　卅五圜
第三一一號金山金泉面　貳百七圜拾陸전
第三一二號全州西門外三契里　三圜廿전
第三一三號伊川國債報償社　捌十貳圜廿錢
第三一四號甲山金俊恒等　卅圜

合壹千〇捌拾貳圜五拾參전

十七日

第三一오號益山春浦面八門里　廿捌圜七拾전
第三一陸号金堤同面新基里　拾五圜四錢一전
三一七西署大平坊朴齊弘捌圜
第三一八號西署魚橋朴씨夫人　貳圜숫拾전
第三一九仝義小西面당里　陸圜廿錢
第三二〇號廣州大旺面逋退里　拾五圜陸拾전
第三二一號呂州吉川面上白羊동　七圓陸十전
第三二二号　仝　博陽里　一圜五拾전
三二三仝登新面長山동　三圜
第三二四号廣州大旺面金현里　捌圜七十錢
第三二五號白川西村面三里洗耳동　十圜
第三二陸號白川邑英國宗古聖敎會中　大圜拾전
第三貳七호白川南雲山面上四里　壹圜六拾錢
第三貳八號白川　仝　一里　七圜捌拾전
三貳九白川柳川面中一리七圜
第三三〇号江華上道面場下洞　四拾圜四拾전
第三三一号淸州國債報償會　四拾八圜卅전
第三三二号西署龍山방孔德里朴斗秉　三圓
第三三三號振威二西面上秦川　拾貳圜廿전
三三四水原正林二洞中拾圜
第三三五號開城西部紙洞　卅貳圜廿五전
숨숨六連山外城面多晉介貳圜
第숨숨七號通津所二浦面浦倉　四圜拾전
숨숨八洪川北方面璋頁리四圜
第숨숨九號　仝　金敎秀三圜
第숨四〇号　仝　崔起昌　拾捌錢
第숨四一号　仝　李錫七　貳圜
第숨四二號　仝　金正錫　貳圜
第숨四三號　仝　辣梅谷里六圓
第숨四四號　仝　池錫煥壹圜
第숨四五號西署電書公會八圜
第숨四六号竹山近二面魚泉上里　捌圜四拾전
第숨四七號洪川詠歸美面月雲里　拾九圜五拾貳五厘
第숨四八号龍仁道村面各里　四拾三圜拾五전
第숨四九号通津古伊串面石井里　七圜廿전
第숨五〇号豐德南面上照江里　捌圜六拾전
第숨五一號山淸巴只面召南村리　七拾四圓八拾六錢
第숨五二号昌城邑內面廿三圜
第숨五삼号燕岐북二面典동리六원
第숨五사号宜川李禎煥五圜

合五百卅貳圜〇九錢五厘

十八日

삼五五延安西部面사리　拾圓
第숨五六号　仝　東部一리　拾五圜五拾五전
第삼五七号廣州五浦面屯里　拾六圜
삼五九豐德東江리金仁植壹圜
삼五捌密陽北面背雲리　壹圜
第삼陸〇号廣州廣州面校리　拾壹圜廿錢
삼陸一號廣州慶安面中리　貳圜四拾錢
삼陸二全州府陽面大務리拾圜
第삼陸三호長단東坡동리　廿陸圜四拾錢
第삼陸四号利川栢면坪田리　洪氏門中拾七圜拾壹錢
제삼六五호春川史內면新村리　陸圜捌拾五전
第삼六六号　仝　長연梨峙리　三圜五拾전
第삼陸七号　仝　數密리　廿壹圜五十錢
第삼陸捌호　仝　實乃리　拾貳圜〇五전
第삼六九號　仝　盤岩리拾陸圜
第삼七〇号　仝　明月리拾오圜
제삼七一號　仝　面더리　拾圜卅錢
제삼七二號　仝　內동리肆圜
第삼七三号　仝　影堂리拾圓
第삼七四号　仝　率더리九圜
第삼七오호安州國債報償義捐會　육百拾九圜拾오錢
제삼七陸호豐德北面平昌리　拾八圜廿錢
제숨七七호　仝　部羅山리　삼七圜四拾전
제삼七八호南署苧동金平昌家　留朴敎餘　십錢
제삼七九호靑山邑內면　卅三원五십전
제삼八〇호通津迭田면迭田리　二원
제삼八一호安山馬遊면長上리　拾五원廿五錢
삼八二號安城場基商業課　四百〇三원廿전
삼八三加平外西面新村리育圜
제삼八四호　仝　오리三元
삼八오南門外蓮동朴在元　五元
제삼八육호鎭衛局翰林金相禹　收納壹百廿圓九拾錢
숨八七金相萬收納捌元〇陸錢
제삼八八호安岳郡國債報償夫人脫環會　拾三元
銀指環十七雙卅四錢二分重
銀釵二介一兩四錢五分重
銀粧刀二介二兩六戔重
銀粧刀一介一兩八戔重
龍簪一介
以上八介代金四十二圜六十錢
제삼捌九호廣州岱面松坡石村리　廿七圜숫십捌전
삼九〇豐德中면東江里　貳圜
第삼九一호金浦郡內面鴻島一坪　九圜오拾오錢
제三九貳호南陽長安面一동石浦리　鄭學永廿전
숨九숨南署茶洞私塾講習學員　九圜廿오전
숨九숫延日警務分署巡檢　金振浩　壹圜
숨九오廣州石村崔命鉉廿錢
三九陸釜山本支社徐棟爵　募集收納六拾숫圜숫십전

合壹千陸百六十六圜四拾陸전

十九日

삼九七楊州榛伐면水落리　拾圜廿삼전
삼九팔砥平北面廉隅리七拾圜
삼九九保寧吾三田面各리　卅삼圜팔拾오전
숫〇〇洪州化城面고里　陸拾숫圜十二전
숫〇一原州富論面栗溪洞貳圜
四〇貳鉄原東邊面加德村리　陸圜九拾전
숫〇삼燕竹遠北面寒泉리　壹圜
숫〇숫陰竹西面松삼리南宮浚　貳圜팔拾錢
숫〇오仝松삼長栗리　拾圜七拾오전
숫〇陸麻田長新面百嶺리　숫拾貳圜오十錢
숫〇七楊根南終面黔丹리　숫圜肆拾전
숫〇팔陰城豆衣면內더栗리　拾삼圜사拾錢
사〇九陰竹上栗면下山동　拾圜九拾전
숫一〇南署美洞成文鎬　오圜
숫一一加平朝宗上면泉谷리　壹圜拾전
숫一貳永平貳面燕谷리　廿壹圜숫拾숫錢
숫一三長단津東面各리　廿삼圜九拾錢
숫一숫石城蓋尺리　卅壹圜
숫一오果川下셔면貳洞리　陸圜팔拾錢
숫一陸釜山育英學校校長以下　拾오圜팔拾錢
숫一七果川下셔면一동　숫拾壹圜오拾錢

合숫百拾九圜卅九錢

廿日

숫一팔金剛山楡岾新學校　오拾貳圜陸拾오전
숫一九元山上리拾오圜오拾錢
숫貳〇中署校洞高永錫等　삼圜七拾錢
숫貳一報恩米城面鳳凰리　숫圜卅전
숫貳貳公州寺谷면泥田리　吳秉根　숫拾전
사貳삼利川鄉務義社　壹百拾肆圜오拾七錢
第四二四号中署鐘路廣橋　金戴順等　八圜廿전
第四二五号始興東面澤下里　사圜拾五錢
第四二六号竹山遠一面孟洞里　廿五圜
第四二七号仝行軍리六圜拾전
第四二八號牙山三北面屯浦리　卅사圜卅五전
第사二九号麻浦瓮器廛리　鄭致九等　拾圜사拾전
第四三〇號南署惠民洞　朴榮洙等　사圜廿錢
第四三一號富平淸灘嶋八圜
第四三二号仝毛月串面古棧리　拾六圜九拾전
사三三호仝蘭芝島拾壹圜廿錢
第사三四호陽智木岳面高安리　三圜卅전
四三오竹山遠一面蓴塘리八圜
第四三陸호金城敎會박鍾昧等　拾貳圜
第四三七号坡州馬井面長芝리　陸圜四拾錢
第四三八號海州大德面　壹圜오拾전
제사三九號安山北方面乾乾리　廿三圜廿錢
제四사〇号仝八谷一리　廿圜七拾전
제숫숫一號仝八谷二리　八圜〇五錢
제四숫二호仝屯더리　廿一圜六十五전
제四숫三호安山北方速達一리　숫십숫圜九십전
제숫숫숫호仝速達二리　卅숫원숫십전
제四四五호仝大夜味　廿육원숫拾五錢
제숫숫육호忠州嚴政面三峯里　壹圜십전
第숫숫七호鎭川芳면中芳리　三圜十五錢
제숫숫八호楊州石積面一牌上리　拾六圜숫拾八전
제四숫九慶州商務所鄭明煥等　壹百拾陸원三拾전
제숫五〇号慶州商務所　金輸殷等　五圜廿전
第숫오一호永平二東面蘆谷리　卅八圜陸拾錢
숫오二仝猥踰리陸圜오拾錢

合七百拾一圜拾전

第五卷

大韓每日申報

第五百十號

月曜及慶節
歲時休日稱

檀君開國四千二百四十〇年
箕子元年三千二十九年
大韓開國五百十六年
日本明治四十年
淸國光緒三十三年
◎陰曆丁未四月大初一日辛酉

論說

韓國內日本

日兵이韓國人民의게驕傲혼橫行을加ᄒᆞᄂᆞᆫ報道가國內各處에셔連續傳來ᄒᆞ거니와統監府에셔此를全然不知홈을吾人이亦果確信ᄒᆞ나니盖如彼行動이日本計策과希望을其必失敗케ᄒᆞ리로다

向者楚山郡에日兵이韓國商民의게格外行動을加ᄒᆞᆫ거ᄉᆞᆫ昨報紙에略報ᄒᆞ얏거니와其後三週日이過ᄒᆞ도록日兵에게何如施罰이未有ᄒᆞᆫ거ᄉᆞᆫ楚山郡民의一般所知라如此之事를些少之端이라必稱ᄒᆞᆯ터이나然이나尙不可汎視ᄒᆞᆯ거ᄉᆞᆫ今此報道가同一ᄒᆞᆫ事端에셔百擧其一ᄒᆞᆫ거시라俗談所稱과如히琢之不已에其石이必歸於烏有ᄒᆞ리로다

使韓國人民으로激憤起擾케ᄒᆞᄂᆞᆫ거시日本의目的일진된如彼格外行動이日本의美擧가되려니와若不然ᄒᆞ야日人이韓人의利益을爲ᄒᆞ야在於此國이란彼言이果其實情인된伊藤侯爵은所有軍隊의蠻行驕態를略干檢束ᄒᆞ야已之政策에無限傷害될을回想ᄒᆞᆯ지어다英國이帝國을建立홈에ᄂᆞᆫ不以如此之道이놀日本은此를能行홈을量度ᄒᆞᆯ진던彼之失望이次第起生ᄒᆞ리로다

本記者ㅣ如此論述ᄒᆞ야伊藤侯로ᄒᆞ야곰起想케홈은同侯가韓國을以人道吸收홈自己計策을眞實히試圖홈을졸노吾人이量度홈이며且吾人이韓人의게愛情이有홈으로此國人民이日本官人과軍兵의傲慢을因ᄒᆞ야起擾홈은願見치안노라

日本이韓國을征服之國으로果然視之ᄒᆞ나니吾人의前日所信이以今經歷으로ᄂᆞᆫ全然히一致를不得ᄒᆞᆯ깃도다雖然이나强國이弱國에對ᄒᆞ야正直仁慈之道로待遇ᄒᆞᄂᆞᆫ것을能事로삼ᄂᆞᆫ것이眞實偉大ᄒᆞᆫ性質이라ᄒᆞ노라

官報

●第三千七百六十三號　光武十一年五月十一日

◎宮廷錄事

奉常司提調李範喬辭職疏
批旨省疏具悉卿其勿辭行公

◎敍任及辭令

仁川府前通譯官補崔旭榮
解兼任仁川港裁判所通譯官補
解兼任全羅南道裁判所通譯官補
仝道通譯官補崔益夏
仁川府通譯官補崔益夏
兼任仁川港裁判所通譯官補
江原道觀察道通譯官補崔旭榮
兼任江原道裁判所通譯官補
三和府通譯官補鮮于叡
兼任三和港裁判所通譯官補
沃溝府前通譯官補李圭澤
解兼任沃溝港裁判所通譯官補
沃溝府通譯官補鄭彪成
兼任沃溝港裁判所通譯官補
法部協辦金在鈺
命法部法律起草委員長
[illegible]峰郡主事鄭先秀
依願免本官
權亨善　九品李東弼
任江原道觀察道主事　九品李載荷
任濟州郡通譯官補　徐基殷
任全羅南道觀察道通譯官補
任龍川府　仝　張桂鳳
任綾州郡主事　朱基豊
任雲峰郡仝　朴元淳
任瑞山郡仝　朴相會
任交河郡仝　廉圭日
任扶餘郡仝　九品李重億
任龍仁郡仝　九品李載昇
任潭陽郡仝　朴容均
任結城郡仝　閔泳潤
任仁川府仝　九品陸鍾冕

外報

●奧國外相과德帝　伯林電을據ᄒᆞᆫ則奧國外務大臣이本月一二兩日에德帝께陛見ᄒᆞ고東洋問題로協議ᄒᆞ얏다더라

●鐵道純益　北京電에郵電部의發表를據ᄒᆞᆫ則昨年度에京漢鐵道의總收入은銀二百七十萬兩인ᄃᆡ營業費二百二十萬兩白耳義借款利子一百三十萬兩及其他置積金等을差減ᄒᆞ야百陸拾萬兩의純利益을得ᄒᆞ얏다더라

●募兵停止　同電에日露戰爭之際에露國이吉林黑龍兩省에셔十一人을募集ᄒᆞ야守備兵에當ᄒᆞ게ᄒᆞ얏ᄂᆞᆫᄃᆡ平和克復後에도依然히露國의東淸鐵道守備兵으로淸人을募集홈으로써無賴潑皮가露國雇用人으로僞稱ᄒᆞ고亂暴狼藉ᄒᆞ야弊害不少ᄒᆞ다ᄂᆞᆫ兩省將軍의通知가有홈으로外務部에셔ᄂᆞᆫ雇用支那兵募集의停止法을露國에照會ᄒᆞ얏다더라

雜報

●咸鏡南道安邊郡來函

敬啓者元山支店設立後로本人等이貴社申報를購覽ᄒᆞ옵다가國債報償事唱義文에對ᄒᆞ야心自激奮ᄒᆞ와本郡十二社의發起廣告文과發起日에先助人씨錢額을錄呈ᄒᆞ오니發刊布告ᄒᆞ시기를切望ᄉᆞᆸᄂᆞ오며捐助ᄒᆞᄂᆞᆫ諸씨가來言ᄒᆞ되新聞上에若不揭布면非但以無信으로論이라分錢不納ᄒᆞᆯ뿐더러雖已納錢이라도還卽推去ᄒᆞᆯ깃로라ᄒᆞ기에本人等이依事擔着ᄒᆞ고領受標를隨納成給ᄒᆞ옵니다今此錄件도到卽刊布ᄒᆞ시며追錄件도隨卽發刊ᄒᆞ옵소셔貴社刊布費ᄂᆞᆫ待示明ᄒᆞ와義金聚上時의件呈伏計라ᄒᆞ얏더라

原州郡國債報償義務所趣旨書

決有國而後에有民ᄒᆞ고有民而後에有財ᄂᆞᆫ古今世界萬邦之常理也어ᄂᆞᆯ挽近以來經費支絀ᄒᆞ야計入量出이나每多募外支撥ᄒᆞ야國庫磬竭에巨款外國債帳一千三百萬圓을經年未償에未得辦報云이면難保家國이니家國을不保면噫我同胞ᄂᆞᆫ身將安寄오大抵亘古及今에人有爲君而赴死者ᄒᆞ며亦有爲國而赴死者ᄒᆞ니

忠義所激에何況玆于捐民財而報國家誰아近接新聞以自靖至京에創以止烟報償之論ᄒᆞ야發起不幾日에捐輸者日至云ᄒᆞ니快可見我國人民에忠君愛國之心也라書不云乎아民非后면何戴오不但以止烟으로生財라ᄒᆞ야報償名目이니伏願　僉尊守節儉之家法ᄒᆞ고國其體一其心ᄒᆞ야每飯에必思報國債而減一粒ᄒᆞ고每衣에必思報國債而減一絲면何患乎負人債而未償耶아三千里疆域과二千萬生靈이風響雷應之地의雖孺婦尺童이라도孰不用躍奮發乎아鄙等이不揆전劣ᄒᆞ고玆以布告ᄒᆞ오니各自出義捐金ᄒᆞ야不日奮셩에決報外債ᄒᆞ고挽回國權의同唱萬歲를千萬幸甚

發起人　李敏황　崔在民
金熙周等

●陽郡出捐　陽智郡貢瑞洞居九歲兒李秉엽와十一歲兒李興俊과鄭漢永毋親許씨가國債報償에對ᄒᆞ야五十전을出捐ᄒᆞ얏고同郡秋溪里備人金貴돌四人이十錢式出捐ᄒᆞ얏더라

●斷烟永盟　仁港米商會社에셔學교를設立ᄒᆞ얏더니師範學卒業狀을不給ᄒᆞ고副教長金弘濟씨該社々員과學徒을對ᄒᆞ야一場演說ᄒᆞ고國債報償後라도決心ᄒᆞ야斷烟ᄒᆞ不同盟ᄒᆞ고로港內村民씨지斷烟ᄒᆞ얏다더라

●勸告減米　濟州威德村居金子健毋親韓씨가靑年寡居로年今七十이라國債報償에對ᄒᆞ야感發誠心ᄒᆞ야紙貨壹圓을先出ᄒᆞ고家衆에說ᄒᆞ되惟我婦人等도減米ᄒᆞ야國債를萬分之一이나補助ᄒᆞ자고勸告ᄒᆞ얏다더라

●尙郡義捐　尙州郡에셔鄕中紳士와儒林이國債報償事로鄕會도ᄒᆞ며會面도ᄒᆞ며熱心으로面々勸告ᄒᆞ야國民義務를實踐ᄒᆞ도ᄒᆞ고校財中으로二百圓을演說場에셔先錄ᄒᆞ얏다더라

●泰郡義捐　泰安郡居前郡守李基翊씨가慷慨志氣로忠義感ᄒᆞ야一百圓을先出義捐ᄒᆞ고該郡華陽義塾과協議ᄒᆞ야發起鳩聚ᄒᆞ며本塾學員은一齊히斷烟ᄒᆞ고爭先出義ᄒᆞ야收金이二十三圓六十五錢인대同郡々面貴實里居李炳玉氏家에셔도亦爲발論ᄒᆞ며設洞人民이須臾間에收合ᄒᆞᆫ金이十四圜十전이라此金도本社에來寄인바總金壹百四十八圜十五錢에達ᄒᆞ얏더라

●病中出捐　仁川港暦峴居ᄒᆞᄂᆞᆫ前敎官金鍾大氏에大夫人許씨가積月呻病中에捐國債報償事ᄒᆞ고賣針錢一元을出捐ᄒᆞ얏더라

●金氏愛國　平壤內川面四里居前侍御金鎭根씨ᄂᆞᆫ年纔弱冠에素有愛國的思想ᄒᆞ야其舍季鎭恒씨를勸起激論ᄒᆞ야年前에遊學於日本東京ᄒᆞ야入于明治中學校ᄒᆞ고三弟鎭均氏도勸入本洞耶蘇敎小學堂이고協力贊成者多也러니今番國債報償에對ᄒᆞ야其父親씨稟告ᄒᆞ여五十圜을出送ᄒᆞ야去月初에期成會로先次送納이며自己도平壤事務所에捐助五圜ᄒᆞ고逢人勸勉ᄒᆞ며本洞諸人許에頻々勸諭ᄒᆞ야各동이相應ᄒᆞᆫ다더라

●鄭氏寄函　海州南門外居鄭在鎔씨가年이二十二歲라本社에寄函ᄒᆞ되家勢不優之致로商路에勤々爲業타가今番大邱徐金兩氏가國債報償之計로貴報에揭載ᄒᆞᆫ거술奉見ᄒᆞ고意懷甚樂ᄒᆞ와以此로晉告于老祖母ᄒᆞ온즉祖母말숨이國債報상에ᄂᆞᆫ男女老少가無ᄒᆞᆫ야ᄒᆞ기로男女老少를勿論ᄒᆞ고各自熱誠ᄒᆞ며多少를不計ᄒᆞ고出捐ᄒᆞᆯ다ᄒᆞ온즉祖毋말삼이緊急所用處錢으로一二分數合錢이三百兩이라ᄒᆞ며出給ᄒᆞ시며同夫人金氏가傍侍ᄒᆞ여聽畢에緊々櫃中에셔白銅貨二百兩을出給ᄒᆞ면셔女子도出捐ᄒᆞᆫ다ᄒᆞ니百分之一이라도報상ᄒᆞ기를바란다ᄒᆞ옵기合五百兩으로換紙貨十[illegible]生이紙貨十[illegible]貨二十圓을持ᄒᆞ고上京ᄒᆞ야論今月初十日에貴社로納上ᄒᆞ엿더니多事中忘置ᄒᆞ셧ᄂᆞᆫ니가[illegible]是仰告ᄒᆞ나니다ᄒᆞ얏더라

雜報

●統監歸國說 伊藤統監은韓國에잇ᄂᆞᆫ紛擾도昨今鎭靜에歸ᄒᆞᆷ으로써內外樞要ᄒᆞᆫ事務를帶ᄒᆞ고來月中에一時歸國ᄒᆞ리라ᄂᆞᆫ說이有ᄒᆞ니韓國政雲의不穩ᄒᆞᄂᆞᆫ時代에統監의歸國ᄒᆞᆷ이不爲怪異哉아ᄒᆞ고記ᄒᆞ야其動靜을察ᄒᆞ다고某報에揭載되얏더라

●內閣新組織說 日間에內閣椅子가變動ᄒᆞ야參政은沈相薰氏로內大ᄂᆞᆫ李道宰씨로軍大ᄂᆞᆫ申箕善씨로法大ᄂᆞᆫ閔丙奭씨로農大ᄂᆞᆫ權重顯씨로新組織이된다ᄂᆞᆫ說이有ᄒᆞ더라

●鐵路實測 鐵道建設部技師小城氏ᄂᆞᆫ京元鐵道와平元鐵路를踏查ᄒᆞ기爲ᄒᆞ야來十五日頃에발程ᄒᆞ야먼저京城셔元山ᄭᆞ지元山셔平壤ᄭᆞ지實地踏查ᄒᆞᆫ다더라

●博覽會開催 京城셔九月一日붓터約二個月半의豫定으로開催ᄒᆞᆫ다ᄒᆞᄂᆞᆫ博覽會ᄂᆞᆫ經費豫算이約五百萬圓인ᄃᆡ韓日兩國에셔半額式支出ᄒᆞᆯ터이오事務員도不日任命ᄒᆞᆫ다ᄒᆞ며尙히韓日兩國出品者의게對ᄒᆞ야칠月二十日ᄭᆞ지出品을申請ᄒᆞ고八月十五日ᄭᆞ지物品의到着을終了케ᄒᆞ야翌日붓터陳列에着手ᄒᆞᆯ터이라더라

●模範農場請賓 水原勸業模範場에셔ᄂᆞᆫ來十五日下午三時半부터開場式을舉行ᄒᆞᆯ터인故로農商工部大臣成岐運氏ᄂᆞᆫ京城、仁川、釜山、平壤、馬山群山等重要ᄒᆞᆫ十一地에在ᄒᆞᄂᆞᆫ官民七百餘名에對ᄒᆞ야招待狀을發ᄒᆞ얏ᄂᆞᆫᄃᆡ當日雨天이며來二十日로延期ᄒᆞ되또延期日에雨天되진ᄃᆡ中止ᄒᆞᆯ터이요來賓一同의게ᄂᆞᆫ往復乘車券을發交ᄒᆞ얏다더라

●濬費請撥 內部에셔度支部에照會ᄒᆞ되城內外大川疏濬은係是目下急務이옵기該費額三萬九千八百칠十二元칠十六錢을算外支出ᄒᆞᆯ意로照請貴部가已經多日이옵더니即接貴照復內槩에該費가雖曰急務이오나係是巨欵이온즉精略更算ᄒᆞ심이爲妥等因이온바三年一濬之川을今欲十年始濬이온즉役費가自當倍蓰이오나參酌財政窘措에姑以小濬經紀ᄒᆞ와講撥預算이精之又精에略之又略이옵거ᄂᆞᆯ今又欲更加精略이오면濬役은不如不論이옵기玆更仰布ᄒᆞ오니照亮ᄒᆞ신後右役所費를亦自貴部明細ᄒᆞ와請撥額이果有濫算이오면更詳回示ᄒᆞ시옵고如或相當이옵거든該費額을僅數支撥ᄒᆞ시와即速始役케ᄒᆞ라ᄒᆞ얏더라

●照內部 學部에셔內部에照會ᄒᆞ되江陵郡公立普通學校事務가紛亂無定ᄒᆞᆫ事로本郡守와該校教員의報告書를連接ᄒᆞ온즉辭意가一切相反ᄒᆞ야未得要領이온지라現今教育이係是急務이온바該兩員이俱不實心協贊ᄒᆞ고五生葛藤에致有此舉ᄒᆞ니言念來頭에極爲渴悶이오나程途가遼遠ᄒᆞ고交通이不便ᄒᆞ와自弊部로派員查覈이果係難便이온故로該報告書類를謄本另付ᄒᆞ옵고玆以照會ᄒᆞ오니自貴部로該附近地方官中事理에綜詳ᄒᆞ고教育에有志ᄒᆞᆫ人으로特定查官派送ᄒᆞ시와從速調查케ᄒᆞ시고該查實을隨報傳交ᄒᆞ시와以便處理케ᄒᆞ라ᄒᆞ얏더라

●火災人斃 去十五日에平安北道龜城郡天摩面○谷里居張碩柱家에셔失火ᄒᆞ야家舍八間과汁物農穀이沒數燒燼ᄒᆞ고其老母를未及救出ᄒᆞ야仍爲致死ᄒᆞ얏다더라

●漢校運動 本月十四日에官立漢語學校學徒가春期運動을東門外永度寺에出往舉行ᄒᆞᆫ다더라

●囚病可恤 江原道裁判所檢事李重赫氏가法部에報告ᄒᆞ되本檢事가赴任以後에監獄署形地를視察ᄒᆞ온즉現有ᄒᆞᆫ罪囚間이只是三間이온ᄃᆡ重囚輕囚와已決未決과男囚女囚를多囚ᄒᆞ야間이區別이無ᄒᆞᆯ뿐더러限囚ᄒᆞᆫ犯等이晝面比肩相磨ᄒᆞ고夜而聚頭坐睡ᄒᆞ야汗臭相觸에鬱氣沸징이와病者死ᄒᆞ고生者又病ᄒᆞ야死亡이相續ᄒᆞ니其所喘喘嗷々之狀은滿目愁慘에不忍看過인바況今暑月이在前에潦징이將至ᄒᆞ니惡見染疾이一過ᄒᆞ면哀此罪囚가盡死乃已ᄒᆞ온즉爲其司法者豈忍坐視乎잇가伏念措置之方ᄒᆞ온즉該現存三間에添建亽오間ᄒᆞ오면姑免當場之救急이오나自本所로萬無措劃之方이옵기不勝悶沓ᄒᆞ와玆에舉實報告ᄒᆞ오니查照ᄒᆞ신後特垂恤囚之澤ᄒᆞ시와該署에사오間添建ᄒᆞᆯ費額을支撥케ᄒᆞ심을伏望이라ᄒᆞ얏더라

●礦民呈訴 順安金礦理趙東元씨가依礦山新條例ᄒᆞ야繼續請願于農商工部矣러니所謂李藻根等이使日人坂上으로偷名誣訴於統監府뿐더러日前에日人坂上이가李형根等의親近人任泰淳을携去統監府查問之地에紹介通辯人이俱是日人輩이니這間협雜은不言可想이라此有弊端ᄒᆞ야尙不認許인즉至於渙散之境이기로將次統監府에도呈訴ᄒᆞ려니와爲先農商工部에等訴ᄒᆞ얏다더라

●二賊被捉 三昨日下午十時量에新門外延禧宮々동셔火賊十餘名이放銃突入ᄒᆞᆷ으로該洞人民等이或持杖棒或持銃鎗ᄒᆞ고應聲放砲ᄒᆞ야一齊出往ᄒᆞ니該賊等이各自逃散ᄒᆞᄂᆞᆫᄃᆡ其中一名은即時捕捉되고一名은逃去ᄒᆞ다가該동附近某家에入ᄒᆞ야我是行路人인ᄃᆡ火賊이在彼ᄒᆞ야不敢前進故로冒廉入來ᄒᆞ얏스니請許一宿ᄒᆞ라ᄒᆞ미該主人이似或其然ᄒᆞ야依請許宿矣러니該漢이翌朝日高ᄭᆞ지甘睡不起라巡檢이火賊搜探之際에巧至該家ᄒᆞ야見該漢行色之殊常ᄒᆞ고即捕而搜索全身則懷有紙貨칠十圓故로問其所從來則謂以此是同類之物인ᄃᆡ暫時任置者之오日前逃躱懲役罪人四名中一人인ᄃᆡ逃라後에單衣一件을艱辛得着ᄒᆞ고昨始出來之日이라고一々自服ᄒᆞᄂᆞᆫ故로前捉一名과幷爲捉去于警廳ᄒᆞ얏다더라

●靑會懇親 大美合衆國華盛頓靑年會長우드워드先生及亞非利加洲黑人靑年會總書記한돈氏를爲ᄒᆞ야今月十三日月曜日下午七點半에懇親會를靑年會에開ᄒᆞ고風樂과幻燈과西양歌曲을設ᄒᆞ고傍聽은不許ᄒᆞᄂᆞᆫᄃᆡ會員의게ᄂᆞᆫ會票를詳考ᄒᆞᆫ다더라

●廣明新校 龍川郡楊西面居鄭鳳九黃河식金道善劉道成黃德浩諸氏가教育上에熱心ᄒᆞ야靑年子弟를募集ᄒᆞ야創設一校ᄒᆞ고名曰廣明이라教師金夢弼씨가學部에請願ᄒᆞ야已承認許ᄒᆞ얏고學徒가日增ᄒᆞ야校樣이日就ᄒᆞᆫ다더라

●越權禁獄 洪州總巡崔建鎬越權ᄒᆞᆫ事로禁獄九箇月照律ᄒᆞ얏더라

●幸無人傷 機張郡守李範佐씨가內部로報告ᄒᆞ되陰三月十五日에本郡南面松汀里동長金漢珪의報告를接據ᄒᆞᆫ즉今日午前二時에日本輪船一隻이自東海로向往于釜港而及到本리前洋키가忽逢海霧ᄒᆞ야艤泊於叢石之中而至於破傷之境故로船中所載人은沒數拯救ᄒᆞ고玆에報告等因이기聞甚驚駭ᄒᆞ야本郡守가即爲馳往于該리則本船秀丸號가果爲沈沒於海而該船人與船客等三十餘人이會任於該浦漁採ᄒᆞᄂᆞᆫ니人漁幕中故로問其船客之多少와某國人이爲幾何則艦長重田虎次郞이答曰韓人十三人이요淸國領事一人이요西양人一人이요日本人이爲百餘人이온바日人칠十餘人과韓淸양三國人은適有釜港過去之輪船來到ᄒᆞ야已爲載去而我等은三四日留連後亦爲발行計料이거니와生命則無一人致傷之弊이다故로仍使地方巡檢二人으로姑留保護케ᄒᆞ옵고玆以報告ᄒᆞ라ᄒᆞ얏더라

●楡寺新校 江原道高城郡金剛山楡점寺主管金벽庵金東宣張大總金寶蓮諸씨가明進文校楡新學校를該寺內에設立ᄒᆞ고新精神을培養키爲ᄒᆞ야熱心教授ᄒᆞᄂᆞᆫᄃᆡ不過數月에學生이亽十餘員에達ᄒᆞ얏다더라

●平壤에實業界

平壤은即一國의要衝地요一大都會處라海路ᄂᆞᆫ鎭南浦를經ᄒᆞ야各港을通ᄒᆞ고유路ᄂᆞᆫ京義鐵道의中部를占ᄒᆞ야南北을連ᄒᆞ얏스니交通機關의活展ᄒᆞᆷ이經濟上에對ᄒᆞ야實노將來의大發展ᄒᆞᆷ을可히期望ᄒᆞᆯ지요ᄒᆞ믈며平元鐵道가不久에敷設될지니戶口의蕃殖ᄒᆞᆷ과實業의發達ᄒᆞᆷ은不言可想ᄒᆞᆯ지라故로外人의注目도平壤에不在ᄒᆞᆫ者ㅣ無ᄒᆞ니利權이外人에게盡歸케前에明目張膽ᄒᆞ야實業을興起ᄒᆞᆷ이可히國民의急務라謂ᄒᆞᆯ지라何幸本市內에在ᄒᆞᆫ一般家僧의同業者ㅣ百餘人이局勢를洞觀ᄒᆞ고實業에着手ᄒᆞ기爲ᄒᆞ야同業의團躰로興業會社를組織ᄒᆞ고西門外近地에牧畜場을設ᄒᆞ야養豚養鷄에先爲着手ᄒᆞ야畜種의購入收買ᄒᆞ고肉類의供給을不缺ᄒᆞᆯ意로資金을合ᄒᆞ고認可를本道에請ᄒᆞ얏더니參書官金漢鼎氏가大加贊成ᄒᆞ야務進實行ᄒᆞᆷ을社員의게懇切히勸誘ᄒᆞ얏고觀察使와本郡守가俱히實業을發起ᄒᆞᆷ이聞甚嘉尙ᄒᆞ니實效을期奏ᄒᆞ라ᄂᆞᆫ意로許題ᄒᆞ얏고農商工部에請認ᄒᆞ얏더니苟能實行이면自可발達ᄒᆞᆯ意로周飭ᄒᆞ얏스니該興業社ᄂᆞᆫ賢良ᄒᆞᆫ觀察使와及郡守參書官下에在ᄒᆞ야成立ᄒᆞᆫ바正當ᄒᆞᆫ保護와援助를受ᄒᆞᆯ지요營業上의確實堅固히行ᄒᆞᆯ지니非但目下의牧畜이라資金의融通程度를隨ᄒᆞ야諸般實業에從以着手ᄒᆞ야務盡發達ᄒᆞᆯ지라實노有望ᄒᆞᆫ處에如此히實業界에大有望ᄒᆞᆫ興業會社가成立ᄒᆞᆷ은可祝可賀라ᄒᆞ더라

▲曲中山水▼

▲近日政界에橋평을相對ᄒᆞ야飜覆局勢에風雲이變幻이라東風이吹撼에物色이已新ᄒᆞ야雨後靑山에新面을可見이로다

▲權益相氏가光州觀察使를叙任ᄒᆞᆫ다ᄂᆞᆫ事에對ᄒᆞ야銓考委員某氏가反對ᄒᆞ기를權氏가江原觀察로爪滿前에疏遞ᄒᆞᆫ바觀察을又任ᄒᆞ면爪滿遷轉이라章程에違反이라ᄒᆞ야留案이되얏다ᄒᆞ니可謂好事多魔로다

▲內部銓考委員會에셔履歷書에合格者略干人을會同ᄒᆞ야面試取才ᄒᆞᄂᆞᆫᄃᆡ問題ᄂᆞᆫ觀察郡守行政權限과十三道沿革之由인ᄃᆡ應試ᄒᆞᄂᆞᆫ人員이舉皆自退ᄒᆞ고幾人만應試ᄒᆞ얏다니面試에自退ᄒᆞᄂᆞᆫ者ᄂᆞᆫ何等人物이며應試ᄒᆞᄂᆞᆫ者ᄂᆞᆫ何等人物인지銓考가變ᄒᆞ야郡守科場을設ᄒᆞ얏도다

▲平壤外城日本軍用地定界內에家屋과墳墓ᄂᆞᆫ今五月內로撤移ᄒᆞ고田畓耕作物은四月內로撤去ᄒᆞ라고內部에셔發訓ᄒᆞ얏ᄂᆞᆫᄃᆡ家屋墳墓撤移費ᄂᆞᆫ尙未酌給ᄒᆞ고移去ᄒᆞ기만催促ᄒᆞ니人民은流離於何處며墳墓ᄂᆞᆫ移之於何處오亡지昇天入地ᄒᆞ기前에ᄂᆞᆫ別無長策이로다

▲日前國民新報에本社長이不久에歸國ᄒᆞᆫ다ᄂᆞᆫ妄言을揭布ᄒᆞ얏스니帝國新聞에本報도警務廳日人顧問部의게檢閱을受ᄒᆞ게된다고揭載ᄒᆞ얏스니彼國民新聞은名雖韓報나實則日人의機關이니本報를向ᄒᆞ야構虛妨害코ᄌᆞᄒᆞᆷ이容或無怪어니와帝國報ᄂᆞᆫ韓人의主筆로써如此構誣ᄒᆞᆷ은誠是意外로다

▲警務顧問本部와各地方警察의經費를未撥額一萬六千餘元을即速支撥ᄒᆞ라고度支部에催促ᄒᆞ다니警察事務ᄂᆞᆫ何等事務를掌理ᄒᆞᄂᆞᆫ지各地方에賊黨은去益熾盛ᄒᆞ되警察力은小無分效ᄒᆞ니多數ᄒᆞᆫ經費을促撥ᄒᆞ기가能不自愧ᄒᆞᄂᆞᆫ지

▲日昨度支部建築所長金明濟氏가日本人을同伴ᄒᆞ야平理院門前에往ᄒᆞ야該門左右家主에게每間에一百圜式覓去ᄒᆞ라ᄒᆞᆫ則該家主들이抑鬱ᄒᆞ다ᄒᆞ거ᄂᆞᆯ金氏가答ᄒᆞ되國事에抑鬱이何有오ᄒᆞ고役夫를指揮ᄒᆞ야撤毁ᄒᆞ고日本人은毆打之境에至ᄒᆞ얏다니韓國官人과日本人은百姓을抑壓ᄒᆞ기로爲主ᄒᆞ니百姓이有寃ᄒᆞ면何處에呼訴ᄒᆞᄂᆞᆫ지

特別社告

本報가一般人士의愛讀으로以ᄒᆞ야漸次發達ᄒᆞᄂᆞᆫ效果를見ᄒᆞ니此ᄂᆞᆫ大韓人民의國家思想과開明程度가漸進ᄒᆞᆷ이라吾儕ᄂᆞᆫ以爲ᄒᆞ되大韓의文化를開進코저ᄒᆞ면便利ᄒᆞᆫ國文을發達케ᄒᆞᆷ에在ᄒᆞᆫ故로特히 國文報 一部分을幷爲發行ᄒᆞ야普通男女의智識을開廣코저ᄒᆞ오니有志ᄒᆞ신僉君子ᄂᆞᆫ本月內로本社에請求狀을送ᄒᆞ시옴

大韓每日申報社

雜報

●賣刃捐金 義州古城面台山居車日煥우嫡雅ᄒᆞᆫ少年也國債報償에對ᄒᆞ야所佩小刀를放賣ᄒᆞ야七十錢을辦備ᄒᆞ니本統內諸氏가熱心興起ᄒᆞ야資金鳩聚홈이二十餘兩에至ᄒᆞ나合삼圓삼十젼을義捐ᄒᆞ야保產會社로轉送ᄒᆞ얏다더라

●賣髮報國 海州北門高召史에十九歲女ᄂᆞᆫ賣髮金六十錢을斷烟同盟ᄒᆞᆫ로寄送ᄒᆞ얏더라

◎正誤 再昨日本報第오百八號義捐金廣告欄內第百三十一号金額은오圓八十칠錢으로九日合計ᄂᆞᆫ三百十六圓八十九錢오厘ᄂᆞᆫ十日合計ᄂᆞᆫ六百사十오圓錢오厘로正誤홈

廣告

祥原祥雲學校捐助金額
校主金鍾重 設立經費全當
侍從院侍從金圭鎭 只五十圓
前主事表錫華 本郡守李翼龍 前叅奉楊命爽 각三十圓
前叅領万興周 前侍從金濬瑞 前令尹秦中 각二十圓
幼學 金俊섭 幼學 金斗연 前叅奉金濬奎 李實彬 鄭昌鎬 韓相각 黃宗律 各十圓

本人의弟福來ᄂᆞᆫ汨覺至痴ᄒᆞᆫ年少라適往太田ᄒᆞ더니金景八이가騙財ᄒᆞᄂᆞᆫ手段으로誘引ᄒᆞ야雜技로賭負數萬兩ᄒᆞ고勒捧福來手標ᄒᆞ야債錢을得用次로周旋ᄒᆞ다니世豈有如許悖悖之賊心乎內外國人은勿爲見欺ᄒᆞᆷ
懷德周岸面沙城居朴英來 告白

牙山遠南面黃谷大西前坪黎字畓七斗落十夜味와大靜谷坪壹字畓七斗落十一夜味를以宗畓傳來而位土은從孫泰龜耕食奉祀이든지支孫泰元이本以浮浪悖類로欲爲暗賣以食ᄒᆞ야京鄕出沒將爲謀事ᄒᆞ니內外國人은勿爲見欺ᄒᆞᆷ
尹光植 告白

本人弟建瑞가穀商居間으로今春에他人債欵을多數欠逋ᄒᆞ고積憂失性이온바本人이斥賣家產ᄒᆞ야債欵을磨勘後猝地赤立이오니內外國人間此人과와錢相關이라도白失ᄒᆞᆯ터이니切勿見欺ᄒᆞᆷ
海州於乞坊康岐瑞 告白

本校에서來陰四月初二日에開學ᄒᆞ오니被選ᄒᆞᆫ諸學員은下米塵都家로來臨ᄒᆞᆷ
警察專門學校 告白

●開城人士慈善孤兒
開城敎育總會 普昌學校 각五圓 션廛 靑布廛 永昌學校 四圓 培義學校 白木廛 南大門外白木廛 魚果廛 衣廛 각貳圓 鐵物廛 普昌學校生徒 李면根 林德艮 薛觀浩 兪錫萬 秦々川子舍喪主 李明喆 河承列 閔泳弼 前侍從孔應査 각壹圓 敎育總會書記 安景韶 全完汝 李容直 朴主事貞相 張天安 楠 梁在南 馬鍾麟 禹侍從翊漢 각五拾錢 培義學校學徒趙昌東 李永泰 李亨植 李景雲 각拾錢 金在禧 오十錢 普通學校學徒朴麒麟 々十錢 閔泳哲 六拾錢 玄文玉 張子學 각오十錢 永昌學校生徒金命得 二十錢 公立普通學校生徒馬演圭 林性浩 朴彭玉 張亨淳 林忠植 각拾錢 吳補卿 韓潤玉 각오拾錢 申公浩 李창植 姜助遠 각貳拾錢 東面々長高三登 貳拾錢 培義學徒趙明연慈親金氏婦人 崔錫雲 崔奎泳婦人 각貳拾錢 永昌學徒趙振萬慈親張氏婦人 南部會堂金士然婦人 각拾錢 南大門內西邊酒家婦人 金鳴遠 鄭基煥 각貳拾錢 黃德有 朴寅鉉 金秀德 각十錢 仁川居日本人阿部章川 五十錢 閔몽鉉 曹昌夏 公立小學校員具徵爲 각幾十錢
京城孤兒院々主事李瑢 告白

本人之名瓚善을以一善으로改定하오니僉彦照亮ᄒᆞᆷ
中署沙器廛後洞十四統八戶 金一善 告白

종노박경션쳐에빅미삼셕유지표를유실고로광고ᄒᆞ니슈모습득ᄒᆞ와도휴지시ᄒᆞᆷ
박희달 고빅

電話七二五番開通ᄒᆞᆷ
京城皇土峴紀念碑前
大韓西양御料理
明月館

金瑞용이性本浮浪ᄒᆞ야年纔二十에不憚內外國債ᄒᆞ고隨得隨用에蕩產無餘而尙不悛習ᄒᆞ고留各處ᄒᆞ야締結亂類에或僞造圖章ᄒᆞ며僞造昏券ᄒᆞ야欲爲得債ᄒᆞ오니毋論內外國人ᄒᆞ고如或見欺酬應이라도其人也已是浮浪ᄒᆞ고共父也已爲蕩產赤立ᄒᆞ니幸勿見欺ᄒᆞᆷ
鳳山沙里院金振聲 告白

敬告全國同胞ᄒᆞ오니各種新聞國債義捐ᄒᆞᆫ金額이遊數ᄒᆞ나姓名이未載ᄒᆞᆫ者ᄂᆞᆫ本所에報明이오면本所에서隨庭檢考ᄒᆞ깃삽
大韓每日新報社內
國債報償志願金總合所 白

本人이紫岩四十二統七戶順信昌推次無日字當坪貳萬兩唐紙票를路中서失ᄒᆞ니內外國人間拾得이라도休紙施行ᄒᆞᆷ
盧成鉉 告白

本店에春服衣次각種이自英국으로多數來到ᄒᆞ얏사오니陸續來購ᄒᆞ시옴
貞洞源泰양服成縫店 告白

本人從弟文亨性本浮浪ᄒᆞ야本人의松楸數萬兩價値를僞券偸賣而願其數證不爲深責待其改悟矣又造僞券ᄒᆞ야如干庄土를將欲偸賣ᄒᆞ고又放流言ᄒᆞ되혹用外人ᄒᆞ야將欲移徵故玆以廣告內外國人切勿見欺ᄒᆞᆷ
果川南面山本洞韓文哉 告白

●일본遊覽者募集
一遊覽會員募集 人員은五十名으로一團을成ᄒᆞ니한일인을不問ᄒᆞ고速히請入ᄒᆞ시옴
一巡遊地 東京博覽會橫빈京都大阪神戶
一往復일數 더抵十七일間
一浮費 遊覽費及手數料을合ᄒᆞ야總計四十八圓
一出發일 請入順次를從ᄒᆞ야出發三일前에直接히通知ᄒᆞᆷ
一請入所 在京성各신聞社五十八銀行경성支店 天一銀行
一會員은遊覽을終ᄒᆞ야開散ᄒᆞᆫ後ᄂᆞᆫ本會와關係가小無ᄒᆞᆷ
一南대門셔釜山으로直行ᄒᆞ고면只或은東경으로直行ᄒᆞᄂᆞᆫ者의對ᄒᆞ야도同一便法으로同行ᄒᆞ게請入을應諾ᄒᆞᆷ
일本人遊람協會事務所경성南대門通 東亞商會

◎活動寫眞廣告◎

今番에始作ᄒᆞᆫ活動寫眞은法국巴里京에셔有名ᄒᆞᆫ거시오또ᄒᆞᆫ大韓국 皇室에셔먼져看品ᄒᆞ셧고始作ᄒᆞᆫ지數日에遊覽ᄒᆞ시ᄂᆞᆫ諸君子가多數枉臨ᄒᆞ시와坐處가넘쳐셔晩到ᄒᆞ시면不便ᄒᆞ오니速々枉臨ᄒᆞᆷ
活動은自下午八点至九点
名唱善舞歌童과唱和吹笛은自九点至十点
賣票時 七点半始爲
入場票 上等三十錢 中等 新貨十五錢 小童十錢
新門외서대이로東便벽돌집
法人 馬田 告빅

農商工部許運車株式營業廣告
今番本營業所에셔各項貨物을運送ᄒᆞ기爲ᄒᆞ야牛馬車及荷車를勿論ᄒᆞ고營業을組織ᄒᆞ야牛馬車와荷車에소載ᄒᆞᆫ物品을自今始ᄒᆞ야本營業소에셔精實無損ᄒᆞ고迅速無滯ᄒᆞ도록恪勤勉勤홈을已任運送홀터이오니內外國 첨君子ᄂᆞᆫ소載홀物品이有ᄒᆞ시거든不拘多少遠近ᄒᆞ시고本營業所나出張소로來議ᄒᆞ시와物品運搬에無礙酬應홀터이오니私載不弊가無ᄒᆞ기를望홈
本營業소와出장소在處가如左홈
大廣통四巨里上東邊洋屋家 ●營業所
●東門外出張所 ●龍山 出張所 ●麻浦 出장所
營業長
副長 김世貞
總務 柳台영
取締役 山口玉吉
會計役 細川雄藏
事務員 김龍熙
仝 鄭진영

◎增修無冤錄大全

壹帙壹百七十貳頁
定價金新貨七拾五錢
此增修無冤錄大全은法律家의最緊要ᄒᆞᆫ書籍이온ᄃᆡ年來現本이殆히絶種에至ᄒᆞᆫ지라故로法部에셔認可를蒙ᄒᆞ옵고此를新刊ᄒᆞ얏ᄉᆞᆸᄂᆞᆫᄃᆡ漢文으로解釋ᄒᆞ야模糊ᄒᆞᆫ句節이無ᄒᆞ오니法律學에有志ᄒᆞ신니와字牧之任에居ᄒᆞ신니ᄂᆞᆫ不得不覽ᄒᆞᆯ冊子이오니注意購覽ᄒᆞ시옴
中署布屛下 廣學書舖 김相萬 發售所

西署新門外鍮동百八十六統三戶
辯護士 前檢事正三品 丁明燮
法律事務所
事務員 前主事吳在厚

中署長通방契十三統十二戶瓦家七間半前厚白紙板契一度今日遺失內外國人間拾得休紙施行홈
家主김광潤 告白

本人이日本大阪商業家와特約ᄒᆞ고日本內地產出各種物品과西洋各種物品及機械等物을我大韓에輸入ᄒᆞ며委托을便利케契約ᄒᆞ얏ᄉᆞ오니商工業에有意ᄒᆞ신僉君子ᄂᆞᆫ某物이든지請求코져ᄒᆞ시거든本社로來議ᄒᆞ시오本社에셔ᄂᆞᆫ手數料만領受홈
興業社本店 開城北部祥洞
支店京城南門內水橋五十一統六號 培養會社
仝仁港內동廣濟號

●九轉靈砂丹 本人이妙方法을神備ᄒᆞ야製造ᄒᆞᆫ靈丹인ᄃᆡ男女老少에無論何證ᄒᆞ고通治ᄒᆞ오며無病時에도服ᄒᆞ면平生의身體가健康ᄒᆞ며小兒ᄂᆞᆫ四五錢重만服ᄒᆞ면十歲안에無病ᄒᆞ기를擔保ᄒᆞ오며
●九轉靈砂萬應丹은셔狂 癇疾과中風諸疾과月經病과淋疾에神効ᄒᆞ오
●九轉靈砂保命丹은初生小兒驚風 간氣 咳嗽 腹痛諸般惡疾에神効ᄒᆞ오
●九轉靈砂濟衆丹은酒滯 食滯 血積 吐瀉 霍亂 痢疾 吐血 下血 滯氣 時疾에神効ᄒᆞ오
●九轉靈砂紫金丹은痔漏 累歷 上瘡 下疳瘡及唐瘡과諸般毒瘡惡瘡에無不神効ᄒᆞ오니 君子ᄂᆞᆫ來問ᄒᆞ시오
內需司동갈이골上隅第一家百三統一戶 리호연 告白

◎特別廣告◎

國債報償金昨日所捧은始末合計이고伊前日所捧總合二萬六千七百廿三圓三拾七錢은電氣會社內銀行의貯置ᄒᆞ얏숩고其貯置額中에서七千圓ᄂᆞᆫ국債報償志願金總合所로越交홈
大韓每日申報社

國債報償義捐金

四月中本社收入總額
每日廣告號明細錄
四月廿二日
ㅅ五상陽智古東面月洞리 九拾五錢
ㅅ오사報恩朱城面內底리 八圓卅전
사오오西署節동誠信契 오圓
ㅅ오六安城流芳리權寧益 壹圓
ㅅ오七康津日半리金衡錫 ㅅ圓
ㅅ오八 仝 金면洙 壹圓
ㅅ오九 仝 金日洙 壹圓
ㅅ六○ 仝 金院洙 五拾전
ㅅ六一長興夫山面金찬錫 貳圓
ㅅ六二 仝 金鳳洙 五拾전
四六三康津南羊里金象洙 壹圓
四六四蓮川私立日新學교 拾圓八拾錢
ㅅㅅ五三和港禦物廢止夫人會 銀指環一雙四兩五전重尙未賣 銀投簪ㄱ二介 銀귀이개二介 銀簪ㄱ三介 銀부전二介 銀粧刀一介 合四兩五錢重 代金貳拾圓
四六陸三和港私立英語三興學校 卅四圓陸拾전
四六七 三和港崔ㅍ淳 五拾전
四六八京山林동李聖根 五拾錢
四陸九懷德沙城里 拾五圓卅錢
四七○平壤ㄹ림耶蘇教會 廿元
四七一舒川半里 三圓
四七二陽川內浮石리 五圓廿錢
四七三錦산六산리 廿壹圓
四七四高陽元堂면松峴리 九圓陸拾錢
四七五草溪赤동면上中下坪리 陸拾三圓廿전
四七陸扶餘公동며王谷리 拾七元八拾전
四七七瑞山동면鉢산리 拾壹圓七拾전
四七八北署大安동金順錫 拾전
四七九金산鳳溪 四拾三圓廿전
四八○北署小安동尹錫규等 壹百○貳圓
四八一釜산港商務會議所 廿九圓五拾전
四八二海州南門外鄭在鎔 廿圓

肆八三義州耶蘇教會日新學校 與教民壹百○七圓陸拾전
사八ㅅ高陽松산면加佐리 ㅅ拾圓五拾전
사八五水原南谷면歸來리 八圓九拾六전
ㅅ八六長興 金炳都 貳元
ㅅ八칠臨陂北면龜리 拾陸圓五拾전
ㅅ八八砥平廉隅리李教찬 壹圓
ㅅ八九義州批峴면堂後리 耶蘇教人拾六圓五拾전
ㅅ九○仝百業齋盲人十七人等 五圓拾錢
合陸百오十壹圓ㅅ十一전
廿三日
ㅅ九一陽智朱北면大덕里 卅ㅅ圓陸拾전
ㅅ九二 仝佳庄里 五圓六十錢
ㅅ九三陰竹下栗面古柏里 廿壹圓七拾전
四九ㅅ南署水標橋永信契 ㅅ圓
ㅅ九오順天長平面長明里 金瑞旭等 오拾錢
四九陸康령峨미坊 九拾五圓五拾九전
四九七西署司醞동朴景陽等 貳圓五拾전
肆九팔利川道立里嚴柱찬 壹圓
四九九長단東道面沙野是里 拾七圓卅전
五○○南陽瀛道面雙峯里 卅圓
五○一大安동國債報償夫人會 第一回 ㅁㅅ圓
오○二 仝第二回 廿貳圓廿전
五○三 仝第三回 拾圓拾전
오○四 仝第ㅅ回 拾貳圓ㅁ전
銀指環一雙六錢오分重
오○오高陽神穴面오琴里 廿圓ㅅ拾伍전
五○六竹山遠一面孟洞 拾合圓
오○七抱川內동面廣리 拾圓
五○八寧越北面 壹百拾合圓四拾전
五○九仝德浦上下리 卅壹圓卅전
오一○抱川花山면西防築리 十一圓十전
五一二竹山西一面品谷리 陸圓五拾錢

五一二楊州金村面平邱리 卅삼圓七拾五錢
五一三安山北方面渡馬橋 拾壹圓拾전
五一四西署盤松방阿峴리 壹百廿圓七拾錢
五一五韓恩朱城면鳳凰리 四圓
五一陸楊根國債報償義務所 第貳回七拾壹圓七拾七전
合七百廿捌圓卅六전
廿四日
五一七長단西道面上리 卅壹圓六拾三전五厘
五一八永柔西部面玉禾里 四圓
五一九南陽西如堤면濟와리 拾陸圓廿錢
五貳○豊德中面食峴리 李ㅅ宗中拾陸圓
五貳一在北ㅅ合衆ㅅ加洲石泉 共立協會壹百四拾壹圓廿壹전
五二二豊德中面食峴리 金氏宗中九圓八拾錢
五貳三仝尹氏宗中二圓四拾전
五二四 仝李承樛 五圓
五二五 仝 艾浦八圓四拾錢
五二陸 仝 中泰震 四圓
五二七양川南산면月村리 二圓九拾錢
五二捌龍仁郡內面完道리 拾壹元九拾전
五二九益산回化大塲面리 九拾圓
五三○富平上吾丁面吾大 拾壹圓廿오전
五三一羣山港紳商社 卅오圓捌拾전
오三貳密陽巴西리閔氏宗中 貳百四拾三圓오拾四전
오숨숨南陽廳道面上圓拾壹원
오三四高陽沙里大면沙里峴里 廿貳圓오拾壹錢
오三오陽城孔梯面大新頭리 拾四圓四拾전
오三陸南署水橋金右濟 貳원
오숨七陽城孔梯面中리 四拾捌圓九십전
合七百卅三圓捌십四전오厘
廿오日
오三捌楊根大雅리 貳圓九十錢
五三九京城各懸房 四十圓

오四○長단津東面下浦리 十오圓八十九錢
오ㅅ一高陽中面大注葉里 廿三圓卅전
오四貳龍仁水眞面遠川東동里 廿貳원九十捌錢
오四三始興鴛鶴里陸圓四十전
오四四豊德東面仕谷里 十오圓七十전
오ㅅ오金山果內面東方리 三圓○오錢
오四陸西署貞동梨花學堂 오圓七十전
오四七知禮下北面下院里 四十ㅅ圓ㅅ拾錢
오四八 仝 李雨均 오圓
오사九淸道民議所 第壹回 사百○貳圓七十오전
오오○淸道民議所 第二回 四百廿貳원ㅅ拾오전
오오一昌原港償債義捐所 壹千三百卅육환칠十七전오厘
오오貳金川蛤灘面中味山里 廿오圓卅五錢
오오三 仝草笛里壹圓陸拾錢
오오ㅅ大安洞國債報償夫人會 第오回 七圓
오오오長단中西面蘆下리 金氏宗中 拾圓
오오陸京城烟竹廛都中 오圓
오오七高陽已浦面大化리 拾三圓卅貳錢
오오八忠州山尺面石門洞 陸圓오拾전
오오九南署后洞柳종烈 三圓
오六○義州月化面和合리 耶蘇教人等十六圓拾전
오六一木川西面長坪九원廿전
貳千四百ㅅ十三圓卅陸전오厘
廿六日
오陸二南陽廳道面寺谷拾八圓
오陸삼金山金泉面商業會議所 陸十壹圓十전
오陸ㅅ釜山港本支社長徐棟番 第三回收金廿삼圓八십전
오陸오嘉山西面雲松리 陸拾ㅅ圓九拾전
오陸陸安洪長面後大六리 廿七圓七十錢

오陸七白川郡內面각리 陸十壹圓捌十오전
오陸八主殿院警衛局權任巡檢等 拾六圓
오陸九陽城道一面각리 廿오圓
合貳百九十八圓卅오전
四月廿七日
五七○ 釜山本支社長徐棟番 第三回收集卅ㅅ圓卅二전 銀環一雙一兩五錢重 銀簪二箇一兩ㅅ전三分重
五七一安城紳士義金募集所 一百七十三圓오十전
오七二北署大安동禹鎭亨 壹圓
五七三西署東湖高山里 十圓
五七四竹山加佐리七圓四十전
五七五楊州三峴里九圓○五錢
五七六水原院坪里十圓廿肆錢
五七七安城居谷面八里 오拾五圓八拾전
五七八沔川德頭面勒동里 拾삼圓拾오錢
오七九加平朝宗上面烽燧里 拾六圓拾錢
오八○靑陽私立杏明學校二원
五八一靑陽上梧里최鳳슌等 一圓八拾전
五捌二仝 李龍夏壹圓五拾전
五八三仝奈達里李道性 三圓五拾전
五八四仝甲坡리俞煥邦 合圓五拾전
五捌五大興一南面月田리三圓
五八陸仝東達리 四圓
五八七仝雲산리 六圓捌拾전
五八八江華北寺三省洞 大圓
五捌九楊州石積面一牌上리新塾 四圓
五九○黃澗上村面下物閒리 李氏宗中 參圓廿錢
五九一仝官基동 三圓
五九貳開城北部禮賓리 五圓
五九三麻浦警務分署박喜秉 五拾錢
五九四北置樓동掌禮院主事 康台鉉壹圓
五九五布德門外宮內府直房借居李秀用 五拾전
五九六鎭川國債報償會 七百卅九圓○六錢五厘

五九七呂州北面各리 捌拾五圓陸拾九錢
合壹千二百四圓陸拾壹전오厘
四月廿九日
오九八富平上梧亭面藥대內村 李氏宗中 拾ㅅ圓
오九九中署鍾路私立日新義塾 廿壹圓육拾菱
陸○○麻田河新면九尾리十圓
六○一始興下北면上放鶴串新 뒤村 陸圓陸십전
六○二陰竹池리 廿壹圓卅전
六○三仝上栿동 七圓卅전
六○四甲山銅礦所 오百卅오圓七十錢
六○五仝諸夫人等 오십오원八十錢
六○六京南門外靑坡三契四원
六○七瑞興水院 貳圓卅錢
六○八東署里門洞閔洛鎬四圓
六○九廣州草月면新뒤村리 拾貳圓六拾전
六一○北부원동姜晩秀 貳圓
六一一振威丙坡면十洞 ㅅ拾七圓오拾오전
陸一二開城東면高嶺山淸潭동 貳圓八十전
六一三振威內坡面上山리私塾 學童 陸拾오전
六壹ㅅ抱川木동리新陵村捌圓
六一오龍川南면元城리 廿貳圓七拾전
六一六遂安城동면生金里 金氏宗中六拾七圓九拾전
六一七 仝 里中七圓拾錢
陸一八平山外邑면丹岩坡下陽 岩三리四拾圓八拾錢
六壹九南原水旨면好谷리拾圓
陸二○南原新興리李元暢二圓
陸貳一 仝 水旨면好谷리 貳圓
陸貳二 仝 朴法弼 朴南舘壹圓
六二삼豐德月岩閔氏宗中八원
陸貳ㅅ淸州魚龍리貳원오拾錢
陸二오蓮川西面安月리 貳拾오圓七拾錢
陸二六 仝永前리오陣ㅅ拾圓
육二七백川虎山리 卅圓廿전
육二八金川西면壹리上東眞리

육貳九井邑縣內면笠帽岩 金相泰 오圓捌拾圓 육拾圓
육三○海州國債報償斷煙同盟會육拾육圓육拾貳전오厘
육三一 京城徵上三大隊一中隊兵丁 육圓九拾삼錢
육三二井邑內면爲親契오拾圓
육三三鞍城小路동金永玉卅전
육三ㅅ始興下北면上方下串리 捌圓
육三오利川鉢山면水井리 ㅅ圓ㅅ拾錢
육三육中署笠洞李聖甫廿오전
육三七京城徵上二大隊二中隊中隊長以下ㅅ拾삼圓九十一錢
육三捌豐德南면柳川리 拾壹圓卅錢
육三九陽智谷北면高부里拾圓
육ㅅ○楊州미陰朝院里 合圓拾칠전오厘
육ㅅ一槐山佛頂面安村里 拾貳圓칠十전
육ㅅ二平澤西面東倉리 십圓육拾전
육ㅅ三陽智谷北朴成里십貳圓
육ㅅㅅ石城定北面鼎城光石面 廿육圓卅칠전오厘
육ㅅ오東萊沙中面ㅅ溪등 卅壹圓九十전
육ㅅ육永興公立普通學校 卅九원
合壹千ㅅ百壹圓칠십육전오厘
卅日
육ㅅ칠公州中學校 십육圓칠십전
육ㅅ捌西署館洞ㅅ世ㅅ等九圓
육ㅅ九西署館洞崔ㅅ夫人 貳圓
육오○義州妓生 貳圓
육오一金浦臨村面新谷里 卅八圓칠십一錢
육오二南署上동衛局管任 第二回壹圓卅오전
육오三呂州呂興朴允陽 陸圓오십전
合칠십陸圓오십전
總合壹萬九千貳百拾二圓七十십 陸전六里三厘중無記名額面人
已上未賣銀物은本社에留存喜

第五卷 大韓每日申報 第五百十一號

月曜及慶節 歲時休日表

檀君開國四千二百四十年
箕子元年三千二十九年
大韓開國五百十六年
日本明治四十年
淸國光緒三十三年
◉陰曆丁未四月大初三日癸亥

社說

國文報拌刊

本記者ㅣ對此韓國人士ᄒᆞ야願以一言質之ᄒᆞ노니夫大韓이三千里疆土와二千萬人衆으로써自强自立을不患不能이거ᄂᆞᆯ何故今日에國權을全失ᄒᆞ고人權이不存ᄒᆞ야無窮히悲慘ᄒᆞᆫ境遇에陷溺ᄒᆞ얏나뇨其原因을論之ᄒᆞ면由來韓人이便利ᄒᆞᆫ國文을不取ᄒᆞ고不便利ᄒᆞᆫ漢文을專尙ᄒᆞᆫ痼弊로由ᄒᆞ얏다ᄒᆞ노니一種漢學學에서ᄂᆞᆫ或此言을對ᄒᆞ야怪怒驚歎ᄒᆞᆯ者도有ᄒᆞ려니와此ᄂᆞᆫ韓國境界에一大魔障인즉不可不一場明辨ᄒᆞ야爲之劈破ᄒᆞ노라

大抵世界列國이各其自國의國語와國文으로써自國의精神을完全히ᄒᆞᄂᆞᆫ基礎를삼거날惟此韓國은自國의國文을不取ᄒᆞ고他邦의漢文을專尙ᄒᆞᆷ으로自國의國語까지失却ᄒᆞᆫ者가許多ᄒᆞ니엇지能히自國精神을保有하리오盖其國文을不取ᄒᆞ고漢文을專尙ᄒᆞᆫ痼弊를大略言之라도數端에不下ᄒᆞᆫ지라

一曰國文을不學ᄒᆞ고但히漢文을學ᄒᆞᆷ으로言文이不能一致하야用工이甚難이라自非平生專門者면不能人々皆學일새國民의普通知識을開發ᄒᆞᆯ道가甚狹하고一曰學之甚易하고用之極便ᄒᆞᆫ國文을抛棄하고學之甚難하고用之不便ᄒᆞᆫ漢文을攻苦ᄒᆞᆷ으로靑春下帷ᄒᆞ야白首窮經하되懸두가愈塞하고實效가愈蔑ᄒᆞ야自家의經濟도不能하거니엇지國民을富强케ᄒᆞᆯ能力이有ᄒᆞ리오知識의窒塞과實業의衰頽와廉恥의喪失이皆此로由하얏고

一曰自國의國文을賤之蔑之ᄒᆞ고他邦의漢文을貴之重之ᄒᆞᄂᆞᆫ故로自國을自侮ᄒᆞ고他邦을仰視ᄒᆞᄂᆞᆫ奴隷의性質을養成하야獨立의名義를初不講知에니엇지獨立思想이有ᄒᆞ리오

所以로此國內의文學家ᄂᆞᆫ地理와歷史等에支那의山川區域과世系事蹟과風土物産은皆口誦如流ᄒᆞ고瞭如指掌ᄒᆞ되自國의山川區域과世系事蹟과風土物産은類皆몽然ᄒᆞ니此所謂奴隷學問이라豈不可笑이며以其用處言之ᄒᆞ면此國內最高文字가日館閣의製고와表箋과上梁文之類니此不過節文中一事로되其躰製之合格은苟非專門用工者면亦或難能이나語其實效ᄒᆞ면於國計民生에毫無裨益이오所謂功令家ᄂᆞᆫ日詩日賦日義日策에盡其聰明才力ᄒᆞ야費了許多歲月에究厥成就ᄒᆞ면實無益於政治오反有害於經濟라

嗟乎惜哉여此國三千里內에從古總俊才智之士ㅣ皆골沒於漢文科臼中ᄒᆞ야不能發展其事業ᄒᆞ고終未免寂寞枯死者ㅣ何限이리오此其國을弱케ᄒᆞ고貧케ᄒᆞᆫ原因이니貧ᄒᆞ고弱ᄒᆞ고야엇지自强自立ᄒᆞᆯ能力이有ᄒᆞ리오

若曰大韓의禮義文物이自古彬々ᄒᆞ야東表에名國이된거수漢學을崇尙ᄒᆞᆫ效果라ᄒᆞ나然이나支那의聖經賢傳을若以國文으로譯而教之ᄒᆞ얏스면人民의普通學識을資ᄒᆞ기가尤豈不便이며禮義法度를一致창明ᄒᆞ기가尤豈不賢이리오何況今日此世界에在ᄒᆞ야但히支那學問의粕糟를哺啜ᄒᆞ고節文을修飾ᄒᆞ면서能히强暴ᄒᆞᆫ列國에劍霜砲雨가交集衝突ᄒᆞᄂᆞᆫ獰威銳氣를捍禦排却ᄒᆞ깃ᄂᆞᆫ가

假使漢文을十年間에誦讀ᄒᆞ야成就ᄒᆞᄂᆞᆫ精力으로三四日間에能通ᄒᆞᄂᆞᆫ國文에移ᄒᆞ야學問上과事業上에進步ᄒᆞ면一年에至ᄒᆞᆫ事를二三日에畢ᄒᆞᆯ것이오十年에至ᄒᆞᆫ事를數三朔에完ᄒᆞᆯ거시니其利鈍便否ᄂᆞᆫ智者를不待ᄒᆞ고可知ᄒᆞᆯ지라

大抵國文의工夫로도其人이賢良ᄒᆞ고其國이富强ᄒᆞ얏스면其人은哲人이되고其國은覇國이될지니엇지區々히文의能否를問ᄒᆞ리오說一言ᄒᆞ고此國은國文이發達ᄒᆞ여야人智가大開ᄒᆞ고國力이充實ᄒᆞᆯ지라

所以로本館에서國文報一部를幷行ᄒᆞ야國民의精神을喚醒키로注意가久矣러니至于今日에月로發行을開始ᄒᆞ기로ᄒᆞ노니諸般磨鍊이乃能入料ᄒᆞ야自來韓國進步의機關은此報의擴張ᄒᆞᄂᆞᆫ程度로써占驗ᄒᆞᆯ지라一般人士ᄂᆞᆫ同此注意ᄒᆞ기를十分切望ᄒᆞ노라

官報

◉第三千七百六十號 光武十一年五月十三日

◉敍任及辭令

侍從院右侍御韓昌教
純陵令朱鍾翊
章陵叅奉尹相勉
永陵叅奉洪梧杓
依願免本官
任侍從院右侍御 從二品洪근
侍從院左侍御盧炳穆
任主殿院扈衛局員
秘書監丞李필柱
依願免兼任掌禮院掌禮
秘書監丞리文求
兼任掌禮院掌禮
任侍從院左侍御 白斗鉉
任純陵令 智陵叅奉韓河用
任智陵叅奉 楊ᄊᆞ열
任章陵叅奉 李善夏
秘書監丞金晦秀
營繕司技手姜泰均
依願免本官
任秘書監丞 正三品李丙차
任營繕司技手 李年應
正校吳升根 仝 崔光根
仝 李權榮
任特務正校 特務正校李權榮
附侍衛第三大隊
侍衛第三大隊特務正校金東勳
仝 吳升根
仝 崔光根
附鎭衛第八大隊

外報

◉北海道大火 東京電을據ᄒᆞᆫ則北海道札幌南三條勸工場에서出火ᄒᆞ야郵便局警察署等에始ᄒᆞ야三百八十餘戶가燒失이되얏더라

◉撤退俄軍의集會 寬城子電을據ᄒᆞᆫ則滿洲에서撤退ᄒᆞᆫ俄軍이가구다以北八十里에在ᄒᆞᆫ우이루후네우진스구다及다地로集會ᄒᆞ얏다더라

◉齊愛鐵道敷設 北京電을據ᄒᆞᆫ則齊々합爾愛理間鐵道ᄂᆞᆫ黑龍江地方에淸國官民이敷設ᄒᆞ기로決定ᄒᆞ고黑龍江將軍程德全氏가上奏ᄒᆞ야裁可를蒙하얏다더라

雜報

慶尙北道玄風郡斷烟償債會趣旨書

大抵私家에서負債가多ᄒᆞ면家産田土를債主에게被執蕩盡ᄒᆞ고父母妻子를流離케ᄒᆞ며國家에서外國債를多負ᄒᆞ면國土를亦債主國이執奪ᄒᆞ야國體를絶滅ᄒᆞ고人民은奴隷가되나니現時歐西各洲에此境에陷ᄒᆞᆫ國과此厄에罹ᄒᆞᆫ人民의慘狀을不可勝記라

今我國이外國에借款一千三百萬圓을重負ᄒᆞᆫ거시此境此厄에已犯ᄒᆞᆫ지라所以로東萊大邱等地에서有志人士들이此債를急酬ᄒᆞ기爲ᄒᆞ야斷烟同盟ᄒᆞ고仗義一唱ᄒᆞ미全國同胞가齊應如響ᄒᆞ야爭先義捐을如恐落後ᄒᆞ니可憐同胞여生此之國ᄒᆞ야逢此之時ᄂᆞᆫ只恐我生不辰이니孰怨孰尤哉아幸須各盡義務ᄒᆞ야不計多少ᄒᆞ고量力捐義ᄒᆞ야人々이該費金에對ᄒᆞ야各自以持心ᄒᆞ되自己之脫奴隷ᄒᆞᆷ과自家之生産保險에所用으로知ᄒᆞ면不啻外債淸帳이오我大韓國獨立基礎가平地上에更陡然特起哉ㄴ저嗟我同胞ᄂᆞᆫ豈不諒只아究其實境則此乃自己自家事ㅣ니少勿尋常ᄒᆞ고克日出力焉

慶북龍宮郡國債報償募集文

我國之歸債劵과我民之作債奴가幾有年矣라現今三千리疆土를不知誰手ᄒᆞ야螳捕ᄒᆞ고二千萬家屋을不知何身鳩居而竊懸屆睫ᄒᆞ고蠱入肝腑ᄒᆞ니噣不一ᄒᆞ되痛哭而大聲疾呼于我大韓兩氏也哉리오惟我大皇帝陛下負外債一千三백萬元而淸帳이沒策ᄒᆞ야宵旰焦慮ᄒᆞ시니則爲我赤子者固當熱心竭蹶ᄒᆞ야報償之不暇어늘而苟或遷延拖게라가利殖漸緊이如海潮然ᄒᆞ야到遂極滿ᄒᆞ고如月輪然ᄒᆞ야到遂極闕이면雖欲報償이나得乎아勢必無國無家無身後已니然則我父我母와我兄我弟와我姊我妹와我妻我子가當何往何居며何賴何食고波蘭埃及越南이此其前轍也라忍見我父母兄弟와姊妹妻子가爲沙礫爲灰燼爲魚鱉ᄒᆞ고야而不思所以救濟之道乎아語未出唳에淚先被面이라

嗚呼急矣로다然則保我韓土ᄒᆞ고保我種이惟汲々償債의一方針而已어니何幸天誘我民衷ᄒᆞ야一呼萬應에擧國振彫ᄒᆞ야以及乎庖丁娼妓와輿臺酒姬와醉譬丐乞이파懲囚罪徒가莫不爭先恐後ᄒᆞ야盡力義捐ᄒᆞ고外國之人도亦爲之矜惻我情ᄒᆞ고愛惜我種ᄒᆞ야種々有義助者ᄒᆞ니豈是人力之所使爲也리요

蓋大意也라伏願我同胞ᄂᆞᆫ毋或遲徊ᄒᆞ고亟結國體ᄒᆞ야熱性爭捐ᄒᆞ야遺我債務ᄒᆞ고贖我債奴ᄒᆞ야頂而戴大韓之天ᄒᆞ고踵而蹈大韓之地를千萬泣血至要

發起人 進士鄭인卓
前主事金병泰等

◉挾戶愛國 竹山郡遠一面碧龍居麥萬永氏ᄂᆞᆫ挾戶資生에艱辛糊口矣러니今番國債報償에熱心發義ᄒᆞ야食賜及煥等錢物淨物을放賣ᄒᆞ야三圓칠十八錢을沒數來納ᄒᆞ얏더라

◉金氏熱心 星州郡國債報償會에商民金士빈씨가一自義務所關的後로商業을全廢ᄒᆞ고全力於義捐ᄒᆞ야募集ᄒᆞ야熱心贊成ᄒᆞ니一郡人士가莫不贊賀ᄒᆞ다더라

雜報

●政府會議 昨日政府에셔各部大臣이會同ᄒᆞ야觀察과郡守敍任件을會議ᄒᆞᆫ다더라

●面試勿論 內部에셔郡守九窠를今明間上奏ᄒᆞᆯ터인ᄃᆡ面試一欵은更히勿論ᄒᆞᆫ다더라

●內宴江亭 內大리址鎔ᄊᆡ가再昨日에龍山江亭에出往ᄒᆞ야宴會를設ᄒᆞ얏다더라

●軍禮相見 昨日旅團部에셔各隊將官이會同ᄒᆞ야旅團長의게軍禮相見式을擧行ᄒᆞ얏다더라

●解任理由 中樞院副贊議沈宜性ᄊᆡ解任된理由를探聞ᄒᆞᆫ즉該ᄊᆡ가公州觀察使김嘉鎭ᄊᆡ와高靈郡守尹夏榮ᄊᆡ가贊議로薦任ᄒᆞᆫ事에對ᄒᆞ야開會討論ᄒᆞ는ᄃᆡ김嘉鎭ᄊᆡ는曾往議長在任時에議官을多數放賣ᄒᆞ야院規를라亂ᄒᆞ얏고尹夏榮ᄊᆡ는在郡時에民擾를逢ᄒᆞ얏시니兩ᄊᆡ를不可受容이라ᄒᆞ야可否를取決ᄒᆞ는ᄃᆡ該院贊議洪佑爽ᄊᆡ가反對ᄒᆞ야曰兩ᄊᆡ를以前過로不可受容이면沈健澤ᄊᆡ는前郡守在任時에下等을書ᄒᆞ얏사니何不反對오無論何人이던지前過는不足言論이라ᄒᆞᆫᄃᆡ沈宜性ᄊᆡ曰沈健澤ᄊᆡ도雖與我族親間이나亦不可受容이라ᄒᆞ야可否取決에可小否多ᄒᆞ얏더니其翌夜에沈健澤시는知敦寧으로移任ᄒᆞ고沈宜性시는解任되얏다더라

●裁長請願說 軍大遭難事件으로被捉ᄒᆞᆫ卅六名을平理院으로移囚裁判ᄒᆞᆯ터인ᄃᆡ該犯等에供辭가新條約成立ᄒᆞᆫ五賊을謀殺ᄒᆞ기로主意ᄒᆞᆺ다ᄒᆞ미裁判長리充用ᄊᆡ는其季ᄊᆡ完用ᄊᆡ新條約에參涉ᄒᆞ얏심으로出席裁判이有所嫌避ᄒᆞ야裁長之任을請辭ᄒᆞᆫ다는說이有ᄒᆞ더라

●稅務見習 度支部에셔稅務見習生을多數試取ᄒᆞ야明年度爲始ᄒᆞ야는地方郡各마다稅務主事一人式設置ᄒᆞᆫ다더라

●罵賢無禮 學部에셔江陵郡守리鐵璿ᄊᆡ의게訓令ᄒᆞ되本郡居崔九河等請願書를據ᄒᆞᆫ則內開에彰善懲惡은國家之當典이오慕聖尊賢은士림之義務인바本郡이處在遐陬ᄒᆞ와俗多染古ᄒᆞᆷ으로一鄕志士가僉謀合同ᄒᆞ야鳩財設校는欲其日進분明이거는私立學校敎師리應周는素以浮浪輩로新學問에全昧ᄒᆞ야渠以若干學徒로試爲問題之場에宋朝六賢을謂之奸黨이라ᄒᆞ와以示學徒ᄒᆞ니自此로學員이日爲退出ᄒᆞ고校樣이漸到零星故로士論이鼎沸ᄒᆞ야本鄕士림中曹述煥이가以慕賢之心으로函質于鄕校ᄒᆞ며本郡公立教員鄭海觀도掉理責之ᄒᆞ얏사오나本郡으로는迄無捉懲之處이올기士림이激憤ᄒᆞ와玆以請願ᄒᆞ오니리應쥬의毁斥先賢之罪狀을嚴調勘處케ᄒᆞ심을伏望等因인바先賢을敢毁ᄒᆞᆷ이聞極駭歎이기玆에訓令ᄒᆞ니리應쥬가학徒를對ᄒᆞ야果有是事여든逐出境外ᄒᆞ고形止를馳報ᄒᆞ라ᄒᆞ얏더라

●期圖公察 度支司稅局長리健榮ᄊᆡ가公察敍任ᄒᆞᆫ다는說은已爲報道어니와該ᄊᆡ所願이但公察인ᄃᆡ若他道觀察使를雖任이라도不往ᄒᆞ기로ᄒᆞᆫ다는說이有ᄒᆞ더라

●規程宜改 度支部에셔各取入印紙原賣人에게令達ᄒᆞ되本年四月日本部令第十三号로收入印紙賣下規程을業已改正ᄒᆞ야本年六月一日爲始施행事有所頒布인바六月一日以前에自部發賣于原賣者已多而自原賣人處로想多有未及發賣於分賣者인즉此亦必是正規則이事合妥當이기玆庸發令ᄒᆞ니到卽現存印紙를先爲調査報來하며其於賣下時割引方法을必依改正規程施行하라ᄒᆞ얏더라

●審判開始 日前에羅貢永等三十二人을警務廳에셔平理院으로越送ᄒᆞ얏다는事는既報어니와每日三人式聽審ᄒᆞ기로酌定ᄒᆞ고昨日붓터羅오金三人을爲先開審ᄒᆞ얏는ᄃᆡ其內容은隨聞詳載ᄒᆞ깃노라

●請願繳還 韓山郡稅務官김相麟ᄊᆡ가度支部에請願ᄒᆞ얏는ᄃᆡ該氏의公正視務ᄒᆞᆷ을該部一般官吏가大臣閔泳綺ᄊᆡ의게公訟ᄒᆞ되如此公正人은依免ᄒᆞ는기시不可ᄒᆞ다ᄒᆞ야該請願書을繰還ᄒᆞᆫ다더라

●宴費自擔 農相成岐運氏가再昨日에白雲동김嘉鎭ᄊᆡ亭子에셔該部一般官吏와及日本官吏를請邀宴待ᄒᆞ얏는ᄃᆡ宴費는該ᄊᆡ가自辦ᄒᆞ얏다더라

●校長擔費 土曜日에鑑法會學校學員이春期運動을新興寺에前往ᄒᆞᆫ다는說은已爲報道어니와伊日에午餐만供ᄒᆞ기로ᄒᆞ얏더니該校長閔泳雨ᄊᆡ가長々之日에但午餐만供ᄒᆞ는거시不可라ᄒᆞ고晩餐ᄭᅡ지ᄒᆞ얏는ᄃᆡ該費는閔泳雨ᄊᆡ가專擔ᄒᆞ고賞品寄付가多數ᄒᆞ야優等이元賞外에도疊受ᄒᆞ얏고優等生外學員도賞物을受ᄒᆞ야還ᄒᆞ는歷路에學員이該校長家에入ᄒᆞ야其庭에셔運動歌은唱ᄒᆞ얏나더라

●朴塚催掘 咸北道富寧郡靑津嶺上朴東順ᄊᆡ先롱四百餘年守護之地을日本人이築室ᄒᆞᆫ意로移塚ᄒᆞ라고無數威脅ᄒᆞ미子손數千名이上京呼冤ᄒᆞᆫ다더라

●日校更募 校동官立日語學校生徒가敎科에無心ᄒᆞ던지上學時間에未及者도有ᄒᆞ며或二三日式無故休學者도有ᄒᆞᆫ故로該生徒一百十五名을黜學ᄒᆞ고更히募集ᄒᆞᆫ다더라

●英校運動 官立英語學校에셔昨日東門外等地에前往ᄒᆞ야運動會를設行ᄒᆞ얏다더라

●養所鍊習 再昨日法官養成所에셔永道寺에出往ᄒᆞ야訴訟鍊習을設行ᄒᆞ는ᄃᆡ該學員中에셔裁判長과判事와辯護士와至於廷吏ᄭᅡ지位次를設置ᄒᆞ고原被告의訴訟件을裁判ᄒᆞ는法部와平漢兩裁一般官吏가會同參觀ᄒᆞ얏더다라

●胡不推去 龍山印刷局官人이本社에來言ᄒᆞ되該局見習生幾人이自退廢務ᄒᆞᆫ中에月給을未推ᄒᆞᆫ者가有ᄒᆞ거든該局으로委來ᄒᆞ야推去ᄒᆞ기를要ᄒᆞ노라ᄒᆞ더라

●협守避困 협谷郡守리周노氏의事件은前報에揭載ᄒᆞ얏거니와巡檢와砲軍幾十名이官舍圍住把守ᄒᆞ고東軒門을閉鎖ᄒᆞ야捉囚ᄒᆞᆯ模樣과如히二日을經過ᄒᆞ다가第三日夜의避身上京ᄒᆞ얏다더라

●醫試紛競 醫學校에셔去番新募集ᄒᆞᆫ學徒五十七人中官費生이二十人이오私費生이二十人이오後補生十七人인ᄃᆡ官費生二十人中五六人은代人試驗ᄒᆞ야다入格ᄒᆞᆫ後애情蹤이탄露ᄒᆞ야二人은見逐ᄒᆞ고三百人은姑未逐出ᄒᆞ얏는ᄃᆡ私費生二十人은擧皆自退ᄒᆞ고餘存者가五六人인ᄃᆡ官費生逐送ᄒᆞᆫ代에塡充ᄒᆞᆫ다더라

●撫綏擾民 度支部에셔東萊府尹에게訓令ᄒᆞ되所在本府石南面龍湖里鹽試驗用地收用事로已有所訓飭인바現聞該里人民等이以土地及家屋價額之不均으로互相衝突ᄒᆞ며煽動作擾ᄒᆞ야以致公役之遲延ᄒᆞ니究厥民習에誠涉無嚴이라爲其撫綏ᄒᆞ야本部參書와主事를派遣前往ᄒᆞ며另玆發訓ᄒᆞ니到卽與之協商ᄒᆞ야期圖曉諭安곰ᄒᆞ며該土地與家屋는其品質等級을更詳調査ᄒᆞ야從公計給ᄒᆞ야毋至呼冤ᄒᆞ며莫重公役을期速貫施케ᄒᆞᆷ이可라ᄒᆞ얏더라

●視察派遣 前項과如히東萊龍湖里鹽試驗場設施基址를買入ᄒᆞᆯ는ᄃᆡ土地家屋價를不均出給ᄒᆞᆫ故로該府尹이度支部에告訴ᄒᆞᆫ故로該部에셔各課長김敎聲主事卞志相兩員을三昨日에撫諭視察次派遣ᄒᆞ얏더라

●養蚕新校 東大門外雞童島에셔有志人士가創起一校ᄒᆞ니名曰婦人養蚕學校라現今東西洋蚕業이發達ᄒᆞ야愈出愈奇ᄒᆞ고自春徂秋로無時不養ᄒᆞ야日本繭絲之輸出米洲와淸國網단之發售外양이實爲富强之源인ᄃᆡ惟此韓國은五畝之宅에未見種桑ᄒᆞ고十口之家에未習養蚕ᄒᆞ기에今者에學得外國養蚕之法ᄒᆞ야使全國婦女로講習養蚕ᄒᆞ야以盡精妙之術이라ᄒᆞ얏더라

●新校有望 北靑郡守洪祐元氏가敎育上注意로境內有志의趙弘연鄭周현李德호리求泰韓永雷金熙璡諸氏로協議ᄒᆞ야學校를設立ᄒᆞ야靑年을敎育ᄒᆞ미命名은維新이라ᄒᆞ고校費의鳩合ᄒᆞᆫ것이二千元에達ᄒᆞ얏고學徒가日進ᄒᆞ야發達ᄒᆞᆯ期望이恰有ᄒᆞ다더라

●兩人黜社 廣信商業學校에셔經費는廣信社員이負擔責任ᄒᆞ는데該社員中리厚卿朴景三兩人이反對ᄒᆞ기로該社에永黜ᄒᆞ고該員니切勿去來ᄒᆞ다더라

●運動盛況 昨日東小門外三仙坪에西北學校에서聯合運動을設行ᄒᆞ는대午前九時에磚동峴에셔集合ᄒᆞ야國旗를高揭ᄒᆞ고三隊로分列ᄒᆞ야步武을整齊히ᄒᆞ야當地에到着ᄒᆞ미此盛擧를紀念ᄒᆞ기爲ᄒᆞ야寫眞式을先行ᄒᆞ고運動節次를順序擧行ᄒᆞ니學生等의活발ᄒᆞᆫ氣象과一般來賓의快樂ᄒᆞᆫ興味는津々無窮이라優昏歸來의運動歌를齊唱入城ᄒᆞ니西北학生의勇鋭의進步ᄒᆞᆷ은實로大韓國中의前驅가될만ᄒᆞ더라

●補助村校 學部에셔十三道觀察府尹郡守에게訓飭ᄒᆞ되貴公立普通學校에補助금額을每月十五圜式本年一月붓터同年三月ᄭᅡ지擴張前保로支撥ᄒᆞ기로別紙付換ᄒᆞ고玆以訓令ᄒᆞ니該敎員或副敎員의게出給ᄒᆞ고領受証書를一々受取하라ᄒᆞ얏더라

●新校補助 北靑郡維新學校에셔本社에對ᄒᆞ야錄貨二元을補助로送交ᄒᆞ얏사오니遠方人士의如此히同情을表ᄒᆞ는거ᄉᆞᆫ感荷不已ᄒᆞ노라

▲壽中有聲▼

▲中原時事을回頭一問ᄒᆞ니一般政界에惹起恐惶ᄒᆞ야彈劾과密議가種種提出ᄒᆞ니政界上黨派가成立ᄒᆞ야不穩情態는東洋三國이同歸一轍이로다

▲近日政府大臣이隊隊逐逐히各相訪問ᄒᆞ야耳語가密勿ᄒᆞ니무合事端이有ᄒᆞᆫ지知치못ᄒᆞ거이와前日之踈情이今日에復密ᄒᆞ야心肝이相照ᄒᆞ니此亦政府上圓躰라謂ᄒᆞᆯ는지

▲向日各地方官을被任ᄒᆞᆫ郡守들이日警部와日財務官과日巡査와許多日人이郡衙을占領ᄒᆞ야行政ᄒᆞᆫ處所가無ᄒᆞ고人民은各會에投入ᄒᆞ야官令을慢視ᄒᆞ야行政ᄒᆞᆯ來由가無ᄒᆞ야自退ᄒᆞ는者가有ᄒᆞ다ᄒᆞ니當初에郡守된運動ᄒᆞᆯ時에時局形便을不察ᄒᆞ얏던지後悔改錯는可謂[illegible]定筭이로다

▲今番郡守奏本에對ᄒᆞ야內部大臣리址鎔氏가奏本에入叅ᄒᆞᆫ姓名을顯出치아니ᄒᆞ고甚히秘密ᄒᆞᆫ故로該部官吏라도得知치못ᄒᆞ다고某報에記載ᄒᆞ얏스나銓考所에셔郡守을견擇ᄒᆞᆯ時마다不公ᄒᆞᆫ事가綻露되야物議가紛紛ᄒᆞ니今回에는秘密히奏本ᄒᆞ더라도公正만ᄒᆞ면關係가업쇼

▲警務顧問部에셔韓國內의警察事務을擴張ᄒᆞ기로計劃ᄒᆞ는ᄃᆡ爲先日巡査三百人을招聘ᄒᆞ야補助員으로各郡에配置ᄒᆞᆫ다니日巡査가警察權限을管理ᄒᆞ면韓國警吏는用之何處ᄒᆞᆯ는지如掌小局에韓日이警察ᄒᆞ면畢竟은韓國人民은警吏에犧牲이되고말세고

▲各社會에出入ᄒᆞ는人이言必稱名譽라ᄒᆞ니實地上事業은半點도無ᄒᆞ면셔口中名譽로만行世ᄒᆞ면名譽客이될는지此는腐敗ᄒᆞᆫ名譽라謂ᄒᆞᆯ지니反히頑固에天眞만도ᄀᆞ如ᄒᆞ도다

▲김川郡東亞開進支會所管內에開散負商輩들이頭着平凉子에手持打棒ᄒᆞ고成羣都會ᄒᆞ야到處에出班首名色ᄒᆞ고行悖藉習ᄒᆞᆫ다니該會에目的을詳知치못ᄒᆞ거이와頭上平凉子와手中木棒은殊常行色이亦一危險이로다

▲度支部에셔稅務事務을就緒ᄒᆞᆯ方針이無ᄒᆞ야稅務官人員과稅務主事十員을更加設置ᄒᆞᆫ다는대該部稅務見習生優等을擇取叙任ᄒᆞᆫ다니國庫에不贍ᄒᆞᆫ豫筭으로稅官만增置ᄒᆞ면財政整理에第一方針이될는지

特別社告

本報가一般人士의愛讀으로以ᄒᆞ야漸次發達ᄒᆞᄂᆞᆫ效果를見ᄒᆞ니此ᄂᆞᆫ大韓人民의國家思想과開明程度가漸進홈이라吾儕ᄂᆞᆫ以爲ᄒᆞ되大韓의文化를開進코져ᄒᆞ면便利ᄒᆞᆫ國文을發達케홈에在ᄒᆞᆫ故로特히 **國文報** **一部分**을幷爲發行ᄒᆞ야普通男女의智識을開廣코져ᄒᆞ오니有志ᄒᆞ신僉君子ᄂᆞᆫ本月內로本社에請求狀을送ᄒᆞ시옵

大韓每日申報社

雜報

●靑會演說　今日下午七点半에靑年會館에셔紳士리範壽씨가國民의富源이란問題로演說ᄒᆞᆫ다ᄂᆞᆫᄃᆡ有志諸君이一齊來參홈을希望ᄒᆞᆫ다더라

廣告

本會의月例通常總會ᄂᆞᆫ本月五日에雨勢를因ᄒᆞ야不得開會이온바緊急ᄒᆞᆫ事件이有ᄒᆞ야臨時總會를本月十九日（陰四月初八日）上午十時에東門外永道寺에開ᄒᆞ오니僉會員은趂期來臨ᄒᆞ심을望홈

輔仁學會 告白

特別廣告

內外書籍新舊學文幷販賣所

大邱刷還洞金긔鴻

●大邱郡斷烟償債會義捐ᄒᆞᆫ婦人姓氏와金額이如左홈

徐丙朝母夫人金시　仝叔母夫人李시　仝從祖母夫人金시　仝姑母夫人徐시　각葉卄五兩
金在翊夫人李시　각三兩
仝妻母金시　一兩
寡洪시　寡정시　각二拾兩
尹子相母夫人朴시　寡金시　각三兩
杜道一母夫人崔시　三兩
鄭德和夫人李시　一兩
李元一母夫人鄭시　五兩
金孔淑夫人車시　三兩
仝妻母徐시　一냥
李根雨부인南시　二냥
車章見부인卞시　三냥
朱厚錫부인崔시　仝子婦李시　각一냥
金友鉉母부인朴시　三냥
金箕浩부인李시　五냥
仝妻母金시　四냥
金學仁부인李시　徐義見母부인金시　각一냥
金徹章부인李시　三냥
仝叔母부인朴시　一냥
金允益부인金시　四냥
량徹淳母부인金시　一냥
朴準聖부인崔시　二냥
李致坤부인金시　仝모부인崔시　朴亨玉부인車시　金德乃부인金시　각一냥
田在瑞부어朴시　五냥
安士邁부인金시　朴春汝부인白시　兪肅熙부인李시　각一냥
朴聖初부인鄭시　三냥
徐正敏부인金시　一냥
徐永守부인朴시　五錢
崔成振부인柳시　二냥
韓箕守모부인김시　李公弼母부인秋시　金丑卜母부인白시　徐善道母부인李시　각一냥
張茂汝부인安시　金부인　각三냥
崔成振姪婦鄭시　徐부人　田부人　李부人　金부人　김부人　韓부人　張부人　車부人　오부人　朴부人　朴부人　각一냥
김부人　五錢
崔부人　張부人　朴부人　金부人　각一냥
李大見부人김시　鄭부人　許致玉母부人오시　處女李시　處女김시　김부人　金부人　李부人　김부人　김明俊母부人　鄭부人　김부人　庚生員부人蔡시　각一냥
池夫人　五錢
金夫人　柳夫人　李有卜母夫人　리夫人　各一냥
리夫人
徐完伊母夫人　各五錢　未完

本人이業岩四十二統七戶順信昌推次無日字當坪錢萬兩唐紙票를路中서失故玆以廣布ᄒᆞ오니內外國人間拾得이라도休紙施行홈　盧成益　告白

本人姓名圖章을陰正月十五日에路中서失故新章을改造ᄒᆞ오니還近知舊間照亮홈　義州南外蓮洞金台煥　告白

本人從弟文亨性本浮浪ᄒᆞ야本人의松楸數萬兩價値을僞券偷賣而願其效詛不爲深責待其改悔矣又造僞券ᄒᆞ야如干庄土를將欲偷賣ᄒᆞ고又放流言ᄒᆞ되外用外人ᄒᆞ야將欲移徵故玆以廣告內外國人切勿見欺홈　果川南面山本洞韓文說　告白

本人弟建瑞가數商居間으로今春에他人債欵을多數乞逋ᄒᆞ고積憂失性으온바本人이斥賣家產ᄒᆞ야債欵을磨勘後猝地赤立이오니內外國人間此人과分錢相關이라도白失ᄒᆞᆯ터이니切勿見欺홈　海州於乞坊康岐瑞　告白

金瑞용이性本浮浪ᄒᆞ야年纔二十에不憚內外國債ᄒᆞ고隨得隨用에蕩產無餘而尙不悛皆ᄒᆞ고留各處ᄒᆞ야締結亂類에或僞造圖章ᄒᆞ며僞造券ᄒᆞ야欲爲得債ᄒᆞ오니毋論內往國人ᄒᆞ고如或見欺酬應이라도其人也已是浮浪ᄒᆞ고其父也已爲蕩產赤立ᄒᆞ니幸勿見欺홈　鳳山沙里院金振聲　告白

敬告全國同胞ᄒᆞ오니各種新聞國債義捐ᄒᆞᆫ金額이違數커나姓名이未載어든本所에報明이오면本所에셔隨處檢考ᄒᆞ깃습
大韓每日新報社內　國債報償志願金總合所　白

本店에春服衣次각程이自英국으로多數來到ᄒᆞ얏사오니陸續來購ᄒᆞ시옵　貞洞源泰양服裁縫店　告白

本人의姪十賢이가性本浮浪하야扶同협雜하고出沒京鄕하와本人之庄士二石十斗落田三日耕柴場三區가在於振威丙坡余方面而將欲暗賣故로玆以廣告ᄒᆞ니內外國人은切勿見欺홈　韓泰履　告白

江原道高城郡金剛山楡新學校에셔贊成寄附ᄒᆞ온送홈이如左홈
該校事務所에셔鍮貨　卄圓
總務金벽庵氏　十圓
明進學校監　告白

◎活動寫眞廣告◎

今番에始作ᄒᆞᆫ活動寫眞은法국巴里京에셔有名ᄒᆞᆫ거시오또ᄒᆞᆫ大韓국 皇室에셔먼저召品ᄒᆞ셧고始作ᄒᆞᆫ지數日에遊賞ᄒᆞ시ᄂᆞᆫ청君子가多數枉臨ᄒᆞ시와坐處가넘처셔晩到ᄒᆞ시면不便ᄒᆞ오니速々枉臨홈
活動은自下午八点至九点名唱善舞歌童과唱和吹笛은自九点至十点
賣票時　七点半始爲
入場票　上等三十錢　中等十五錢　小童十錢　新貨
新門외셔달이목東便벽돌집　法人　馬田　告빅

農商工部認許　運車株式營業廣告

今番本營業所에셔各項貨物을運送ᄒᆞ기爲ᄒᆞ야牛馬車及荷車를勿論ᄒᆞ고營業을組織ᄒᆞ야牛馬車와荷車에소載ᄒᆞᆫ物品을自今爲始ᄒᆞ야本營業소에셔精實無損ᄒᆞ고迅速無滯ᄒᆞ도록恪勤勉勸홈을已任運送ᄒᆞᆯ터이오니內外國 쳠君子ᄂᆞᆫ소載ᄒᆞᆯ物品이有ᄒᆞ시거든不拘多少遠近ᄒᆞ시고本營業所나出張소로來議ᄒᆞ시와物品運搬에無礙酬應ᄒᆞᆯ터이오니私賊지弊가無ᄒᆞ기를望홈
本營業소와出장소所在處가如左홈
大龍동四巨里上東邊洋屋家　●營業所
●東門外出장所　●龍山出장所　●麻浦出장所
營業長
副長　김世貞
總務　柳台영
取締役　山口玉吉
會計役　細川雄畝
事務員　김龍熙
仝　鄭진영

●일본遊覽者募集

一遊覽會員募集　人員은五十名으로一團을成ᄒᆞ니한일인을不問ᄒᆞ고速히請入ᄒᆞ시옴
一巡遊地　東京博覽會橫빈京都大阪神戶
一往復일數　덕抵十七일間
一浮費　遊覽費及手數料을合ᄒᆞ야總計四十八圓
一出發일　請入順次를從ᄒᆞ야出發三일前에直接히通知홈
一請入所　在京성各신聞社五十八銀行경성支店　天一銀行
一會員은遊覽을終ᄒᆞ야開散ᄒᆞᆫ後ᄂᆞᆫ本會와關係가小無홈
一南대門셔釜山으로直行ᄒᆞ던지或은東경으로直行하ᄂᆞᆫ者의對ᄒᆞ야도同一便法으로同行請入을應諾홈
일本人遊람協會事務所경성南대門通　東亞商會

◉增修無冤錄大全

壹帙　壹白七十貳頁
定價金新貨七拾五錢

此增修無冤錄大全은法律家의最緊要ᄒᆞᆫ書籍이온ᄃᆡ年來現本이殆히絶種에至ᄒᆞᆫ지라故로法部에認可를得ᄒᆞ옵고此를新刊ᄒᆞ얏삽ᄂᆞᆫᄃᆡ國漢文으로解釋ᄒᆞ야模糊ᄒᆞᆫ句節이無ᄒᆞ오니法律學에有志ᄒᆞ신니와字牧之任에居ᄒᆞ신니ᄂᆞᆫ不得不覽ᄒᆞᆯ冊子이오니注意購覽ᄒᆞ시옵
中署伊峴下　廣學書舖　김相萬　發售所

西署新門外鍮동百八十六統三戶
辯護士前檢事正三品　丁明燮
法律事務所　事務員前主事吳在寧

中署長通방契十三統十二戶瓦家七間半前厚白紙板刻一度今日遺失ᄒᆞ오니內外國人間拾得休紙施行홈　家主김광潤　告白

本人이日本大阪商業家와特約ᄒᆞ고日本內地產出各種物品과西洋各種物品及機械等物을我大韓에輸入ᄒᆞ와委托을便利케契約ᄒᆞ얏ᄉᆞ오니商工業에有意ᄒᆞ신僉君子ᄂᆞᆫ某物이든지請求코져ᄒᆞ시거든本社로來議ᄒᆞ시오　本社에셔ᄂᆞᆫ手數料만僅受홈
興業社本店　開城北部祥洞
支店京城南門內水橋五十一統六號　培養會社
仝仁港內동廣濟號

●九轉靈砂라　本人이妙方法을神會ᄒᆞ야製造ᄒᆞᆫ靈丹인ᄃᆡ男女老少에無論何징ᄒᆞ고通治ᄒᆞ오며無病時에도服ᄒᆞ면平生의身躰가健康ᄒᆞ며小兒ᄂᆞᆫ四五錢重만服ᄒᆞ면十歲안에無病ᄒᆞ기를擔保ᄒᆞ오며
●九轉靈砂萬應丹은셔症　痢징과中風諸疾과耳目諸病과淋疾에神効ᄒᆞ오
●九轉靈砂保命丹은初生小兒驚風　간氣　咳嗽　腹痛諸般惡징에神効ᄒᆞ오
●九轉靈砂濟衆丹은酒滯　食滯　血積　吐瀉　霍亂　痢疾　吐血　下血　運氣　時疾　細징에神効ᄒᆞ오
●九轉靈砂蘂金丹은痔漏　[illegible]　上瘡　下疳瘡及便毒과諸般毒瘡에無不神効ᄒᆞ오니　君子ᄂᆞᆫ來問ᄒᆞ시오
內需司前독갑이골上隅第一家百三統一戶　리호延　告白

電話七二五番開通홈
京城皇土峴紀念碑前
大韓西양御料理
明月館

國債報償義捐金收入廣告

●光州東角面木村
叅奉柳庠根 叅奉柳永雨
각拾肆圜 主事柳永基二圜
合三拾圜

●廣州郡大旺面通退里
權鍾弼貳圜 孫權孝植四拾錢
權鍾麟 壹圜 尹膺鎭
李仁宇 각四拾錢 權鍾禹
申泰元 權英洙 權鍾化
申泰亨 林守明 各五拾錢
李昌鉉 金公鎭 尹泰晋
李學初 李奎儀
오華泳 夫人金氏 權炳承
林壯用 각卅錢 河鎭位
權昌植 南廷雲 朴永壽
趙基夏 權斗植 尹景宇
朴仁守 李演元 金 演
盧在順 林石崇 林鳳根
李云用 權復圭 韓三祿
黃貴萬 洪三祿 林富萬
李命올 김元眘 鄭萬仁
鄭福同 金行信 李明先
김明山 金聖眘 李貴奉
각卄錢 金 渾 拾전
合拾五圜六拾錢

●伊川郡
郡守石明션 拾圜
前博士金容植 三圜
前司果尹相均壹圜 金道煥
三圜 金基斗五圜 金漢成
三圜 李鍾恒 貳圜
前議官朴之赫 三圜
郡主事李昌燁 五圜
前司果盧尙潤拾圜 黃濟憲
金錫鉉 각壹圜 李正甫
五拾전 김珍基伍圜 黃錫希
金錫瑛 각壹圜 李學奎
貳拾전 李泰榮 三拾錢
鄕校守僕李學亨 伍拾錢
光興學校々直中學奎五拾전
合五拾陸圜

▲伊川郡來留각處商民等
開城人黃德有五圜 李羲植
二圜 張利貞 李明五
각五拾전 安峽禾岩里羅奉周
壹圜 金亨錫 五拾錢
兎山市 白守鳳 貳圜
鄭尙烈 貳拾錢 各處商民
朴明浩 五拾錢 尹致京
二拾錢 李根植 三拾錢
金成五 오十전 黃千一 卅錢
李敬守 貳拾錢 全今奎
拾전

▲伊川郡商民等
東邑面洪鳳祚壹圜 韓奉云
三圜 金運守 양應烈각壹圜
韓興基 五拾錢 白南郁
拾錢 金啓元 卄錢 李元植
五拾전 下邑面 李昌元三圜
盧光吉 尹應五 각壹圜
稷山人 洪鍾明 五拾전
合卄六圜六拾錢
兩合八拾貳圜六拾전內
四拾전郵費金除
實八拾貳圜貳拾전

●白川西村三里洗耳洞
朴英鎬 吳善永 姜震黃
각貳圜 閔德鎬 黃周民
각壹圜 徐致達 趙子玉
각五拾전 趙賢植 壹圜
合拾圜

●白川郡邑內大英國宗古聖敎會中
劉致成 三拾전 오德俊
肆拾전 金汝珍 五拾전
崔元汝 金元吾 趙明三
각貳拾錢 金順夢 洪今祿
李仲善 白仁守 각拾錢
魯俊玉 拾伍錢 洪用順
卅전 金仁澤 崔明吉
洪浩成 崔學振 각拾錢
鄭召史 壹圜 金明吾
元用玄각五拾錢 오明玉
貳拾전 孫景文 四拾錢
金錫仁 卄五전 趙化府
貳拾전
合六圜拾전

●呂州吉川面下白羊동民等
金演翼 肆拾錢 金思儉
金思亨각五十전 金演경
卅五전 金思俊 卅錢
金演晶 金演龍 金演智
金演愚 金演羲 金演九
金演敬 金演學 金演誠
金思龍 金友卿 金德卿
金演福 金演明 金利卿
金舉卿 김演羲 金演禮
각拾五전 金敎明 四拾錢
金尙祿 崔元吉 ᄌ卅전
金基煥五十전 金東五 黃才龍
각卄전 金判吉 拾四전
孫命吉拾전吉太山 拾貳전
李泰壽 卄錢 李大千
拾전 宋在源 拾伍전
康晉萬 四전 吉丙石
拾錢
合七圜六拾전

●水原正林面二洞中
崔光錫 崔箕永 각四拾전
金泰慶 五拾錢 金鴻植
六拾전 김憲周 五拾전
金泰錄 四拾전 金斗植
卅전 金峻식卄전 安武섭
壹圜 李允夏 四拾전
禹章圭 貳拾전 金敎榮
七拾전 朴尙秉 六拾전
劉職聖 七拾錢 禹文圭
貳拾錢 金鶴鉉 李秉恒
각壹圜 車錫柱 九拾錢
合拾圜

●竹山近二面河泉上里
前主簿安東면 安永求
각壹圜 前主事崔時溥 貳圜
前出身安東暎 五拾전
楊元基 安殷求 각卄전
오東鎭拾전 安興求 卄전
許 우拾전 安昌求五拾錢
張弘根 安周求 崔 琨
禹聖來각貳拾전 白南舜

崔禹錫 安允求 崔理萬
각拾전 安東娃 貳拾전
李容夏 孔善明 崔用伊
金둘吉 高判用 劉台慶
金堯雄 鄭玄錫 金錫俊
申一龍 오順刀 權大吉
ᄌ拾전
合八圜四拾전

●豊德郡南面上祖江里
柳應杜 四拾전 柳應泰
李希淵 각拾원 李基永壹원
李秀義 李秀경 각拾錢
李秀元 貳拾전 李秀春
李秀尙 李希鴻 李希섭
각拾錢 李根永 貳拾전
李炳德 五拾錢 李秀洛 卅전
李圭容 二拾전 李允容
拾전 陶慶鎬 二拾전
도源永 陶源孝 陶源常
陶源周 각拾錢 李仁承 卄전
李龍欽 李濟成 ᄌ拾錢
閔敎鎬 貳拾錢 閔世鎬
五拾전 閔鎭鎬 閔東鎬
金思庸 각卄錢 金思直
尹衡鎭 尹南鎭 崔泰鉉
崔順奉 崔順鶴 崔 順
崔順成 張英植 張再順
韓鶴履 각拾錢 曹秉運
貳拾전 金泰殷 柳寅運
각拾전 姜壽龍 三십전
洪仁元 니仁石 盧奉相
盧吉相 김和連 김根命
김在恒 김命吉 각拾전
合八圜六拾錢

●全義小西面당里
金聖培 김면培 鄭憲容
각卅전 鄭□喜 洪在明
鄭恒權 金顯武 鄭鎭默
朴文奎 鄭憲武 金顯世
각□전 愼宗宣 愼宗觀
鄭一喜 鄭用奉 鄭창喜
姜致永 김元培 鄭憲弼
김善一 김光烈 나聖達
나憲象 김인쇠 손定善

尹平心 康文用 김用린
각拾錢 朴駿來 貳圜
合陸圜二拾전

●開城西部紙洞士民
朴奎諧 四圜 秦興源
秦福濂각二圜 子九歲一成
卅전 子六歲二成 二拾전
김光玉 高允常 林鎭문
니允植 朴宜謙 朴貞萬
최豐烈 김敬賢 김奎晟
각壹圜 鄭達源 子 杜東
杜南 白南興 김永鎭
朴宜東 張錫天 崔基福
玄正圭 秦重濂 朴升澈
김秀萬 김樂泳 니昌鎭
韓淳敎 徐相健 咸鳳來
김炳勳 김敬豊 김鳴元
각五拾전 白南斗 卅전
秦현奎 김相龍 朴宜문
박溟鎭 박相禧 김在五
김炳찬 박相勳 박致경
林有錫 니聖業 김弼漢
玄根益 김然晟 최基德
각卄전 孫禹在 니漢鎭
九歲兒孫今成 김長福
孫洪宇 弟 洪命 徐士연
김承鎬 문學均 秦永福
秦창模 九歲兒김興雲
洪鍾奎 각拾전 김在元
五歲兒김龍雲 김上龍
각五전
合卅貳圜卄五錢

●通津所伊浦面浦倉里
鄭龍煥 오拾전 니七漢
貳拾錢 니秉茂 리相學
ᄌ拾錢 鄭창朝 貳拾전
林慶五 五拾전 리秉極
집錢 鄭麟煥 三十전
申翼休 貳十錢 洪鳳厚
林胤五 각十錢 鄭圭玉
貳拾錢 리秉殷 十전
리顯默 貳拾전 니尙默
三十전 림文五 貳十전

申錫休 니吉福 ᄌ十전
김福錫 卅錢 申순쇠
趙黔崇 각拾錢
合四圜十전

●昌城郡
姜尙위 金桂祚 각拾圜
니行문 夫人니氏
女拾三歲 각壹圜
合二拾三圜

●金堤郡回浦面新基
鄭東昌 河慶烈 각壹圜
從弟正열拾전 長子泰成
五拾錢 次子泰興 拾五錢
金容璧 子 文化 각壹圜
子 基化五拾전 孫 甲壽
二拾錢 金學瑞 최元瑞
각壹圜 河祥雲 伍拾錢
兄 祥眞 姪 采允各卄전
니敬順四拾전 김水天
니泰祚각卄錢 박永熙壹圜
柳氏泰成祖母壹圜 子婦金氏
陸拾錢 崔氏天文母親
壹圜 姊 崔氏 卄錢
니氏金珠母親壹圜 니氏元瑞
母親卄錢 崔氏甲壽母親
子婦니氏 尹氏開童母親
김氏一童모親
金氏水天母親각卄전 宋氏
朴氏 白氏 朴氏 각四錢
合拾五圜四拾壹전

●益山郡春浦面八門里耶蘇教會中
前都事崔在獻 四圜
夫人金氏 子龍鎬 각貳圜
次子十歲童喜南 婢金伊
각壹圜 金永善 五圜
金聖圭三圜 高正順 金順必
니長根 니得水 각壹圜
張敬元 崔相弘 각六拾전
姜春化 姜乃興 金應圭
金德根각四拾전 林聖우
林成化 趙德七 崔永在
니正三 尹化汝 張成七
崔士允 金順明 白永必

李云五 尹釆五 金正化
니[illegible]命 韓一瑞 尹九三
金敬晉 니元白 ᄌ卄전
朴奉玄卅拾전
合卄八圜七拾전

●廣州大旺面궁峴동
尹鼎서 尙致雨 曹文承
김興云 니福원 각五拾錢
니光榮 卄전 姜巳同
尹 전五十전 김思睦
貳圜 姜孝永 壹圜
尹桂섭 리在同 각卅전
尹永섭 朴萬根 全元植
각卄錢 尹龍섭 車用學
姜完貴 김先宗 買春奉
安炳虎 姜富先 尹鶴源
ᄌ十전 合八圜七十전

●忠南燕岐北二面典동
박貞來 니容德 각壹圜
니承健 趙鍾樂 각오拾전
趙鍾일 니容熙 각四拾錢
趙鍾華 朴然吉 각卅전
박魯憲 ᄂ股相 니奉相
니容淵 趙榮식 니容圭
김命培 각卄전 니寅職
趙鍾照 각拾전
合六圜

總合二百八拾七圜貳拾六錢
前號總合九千二百貳十六圜貳十八錢七厘
都總合九千五百十三圜五十四전七厘

廣告

慶北星州郡義捐各人姓名
錢數冊
李致三小室河氏 十九兩伍錢
李基泰祖母權氏 六兩八錢
니基元夫人鄭씨 七兩六錢五分
니基泰妹씨 拾兩陸錢
妓蕙蘭 七兩八錢 香蘭
十九兩五젼 彩桃拾八兩七젼
彩鳳九량八錢七分 花姬十량
芙蓉 七량陸錢五分
花玉 三량八錢二分
碧桃 十四량四젼五分
李奎相子婦李씨 三젼
니基澈女十歲兒 九량八젼
니젼熙子婦許氏 九량五젼
已上銀簪銀環放賣條
合一百五十五량五錢四分
伽泉面中 三백陸十五량
西谷面中二빅四十四량五젼
鳳山동中 二빅卅량
鉄山洞중 二百량
鳳山동중 一빅九十六량
租谷面內 一百七十四량
新興동중 一百량
빅相淑 一百량
金水面중 一百五十四량
香浦동중 九十량五젼
合一千八百五十四량
三槐동중七十五량 東동々中
六十량 新鳳동中 六十兩
合一百九十五량
樹村呂씨門中 高山송氏門중
車成麟 니젼熙 니회榮
官동々中 茅田洞中 赤松동
都唆모 李柄五 各五十兩
下竹동中四十九량 金輿우
沙川面中 各四十五량
合六百卅九량
松浦洞中 栗里동중 水南洞중
鳳陽동중 金秉廸 新鳳동중
六根洞중 各사十량
合貳百八十兩

牛首동中卅九兩 馬首동중
廿량三량 비鎭度 廿三兩
李成根 卅貳兩
合一百十七兩
鳳山동중 비南玉 澤亭동중
石旨동중呂熊규 峨山동中
蓮浦李氏門中 水根동중
長긔동中 仙鶴동중 老村동중
德星동중 校村동중 泉東동中
卜星洞중 上赤界洞중
租谷鳳山李씨門중 각卅량
合四百八十량
水余동中廿칠냥 白石동中
沙川面중 德星동중 최昇東
東溪동中 沙川면중 各廿五냥
上法林동中 廿七兩 金容庸
下宗동중 各廾五냥 玉梅동중
廿四냥 龍溪동등 廿一냥五젼
澤亭동등 廿一냥 頂井洞등
廿貳냥 加樹洞등 廾五냥
合三百六十七냥五錢
金庸熙 竹谷李씨門中
백石동中 井花洞中
빅日洪 中坪동中 內元동中
後山동中 金樞海 金秋應
金丙文 明溪동中 元巳동中
리光夏 鳳陽동中 智谷동中
伊川동中 杏花村동中
崔性奎 蛾田村동中
리宇正 中基동中銀동동中
각廿兩合오百兩
줖인동中 廿三兩 智水동中
사십兩 上赤동中 니圭衡
卅兩 니宗根 십칠兩
니방根 十육兩 니尙根同
合壹百칠十오兩
呂宜稷 呂碩린 車善淳
인샨白씨門中 奉鶴동中
甫동々中 숍谷동中
老村동中 醉大동中 都汶相
杏村동中 夫興동中
中리동中 龍興동中 니般佑
大夜동中 鄭德永 朴海泉
崔性오 朴海純 杜喜賢
朴正都 中基동中니根圭

각십오兩合三百육십兩
니源根 十사兩 柳村동中
십三兩 니晦根 니養化
니世豐 각十二兩 니養九
십一兩 醉臥동중 십二兩
夫興동중 십三兩 玉洞동중
십一兩 禹錫奎 십二兩
니志晩 바致絢 巨산동중
각십二兩白日洪 십參兩젼오
銀동동중 십一兩 花田동중
십二兩 柳村동중 십參兩
니炳奎 십一兩 金鎭奎
신武兩 朴海圭 십參兩
丁赤동중 十三兩
合貳百오十兩伍젼
呂徹연 子相幹 오兩
裵道烈 강德允 呂亮奎
月谷盧씨門中 白鶴洙
李陽雨 石린祚、裵夏泳
金容樂 上法동中 東溪동中
店村동中 箭동々中 成瑜永
松川郭門中 德山동中
鼎谷유씨門中 長基洞中
明간동中 東村동中 鄭遠永
여鼎奎 奉산동中
上元동여致穆 朴海根
金昊甲 尹召史 徐錫柱
鄭在夔 牛鹽口文中十人
都允模 中平동中 井花동中
仙鶴동中都養吾 加수동中
좌산동中 銀동々中
九井니門中 奉岩동中
元巳동중 新安동중 金成昊
崔 동 施潤철 니柄丕
니柄鉉 니彦主 니秉錫
니柄禹 施勳錫 니柄權
니圭復 니쥬照 니永熙
金在연 醉臥洞중 諸樂중
비元直 平村洞중 井花등중
院이洞중 馬首동중
店村동중 新平동중
니道熙 奉岩동중 東村동중
니在元 奉成동중 림川동중
新연동중 上云동중
新月具씨門중 姜培회

니朴弼善 朴志元 金京興
許鶴준 비在규 洪秉善
각十兩
合八百十伍兩
朴洪林 西村동중 牛頂동중
金榮煥 諸炳寬 니麟相
니養洛 니炳實 도鎭祐
도鳳相 도錫東 各九兩
合九十伍양
니승豊 니養元 全致明
社堂동중 金鎭勳 吳順默
文鎭主 大巨동중
成한永大夫人비씨銀環放條
각八양
合칠十二양
方厦禎 피義坤 비益淳
崔鳳한 니會인 各칠양
合三拾伍양
李炳哲 李命根 李炳元
李千根 李炳根 李炳斗
李宗根 李甲圭 李永根
李炳東 李炳醴 李養漢
李養鶴 李遠根 李尙義
花田동中 裵惟璜 乔漢璜
李在桓 李在坤 裵宇震
徐康甲 朴海珠 李義祚
閔甲連 全在鎭 裵漢진
裵漢澄 姜寬西 李尙悅
裵禹錫 李光悅 都文煥
奉岩동中 姜泰洪 金在學
倉리동中 李根叔 니東壬
都漢제 都般煥 都相主
各六兩 合二百五十一兩
呂觸會 呂碩宗
裵性煥妻金씨月子放條
金相玉 李極俊 李萬壽
宋기善 崔奎弘 李喜준
朴基東母張씨銀環放條
李守英 李基주 李仁主
俞鏞國 俞俊鎬 金廷熙
李炳夏 金在照 曹文學
李龍雨 李相丕 李석雨
方瑞赫 李鏞範 徐相彬
洪庶섭 皮秉제 金俊斗
니相석 金致權 車동々中
新興동中 金相石

梧리동中 裵龜煥
裵仁模 裵東淳 裵相禹
裵京淳 成台영 柳永烈
니潤회 니圭澤 니南薰
耶蘇教會中
비聖煥 宋寅疇 니在玉
림基述 都奎相 張영錫
니秉主 니萬석 金世奎
사陽동중 비漢奎
都元相 都相奎 都漢谷
具太一 伊동동중
金昆秀 申世均 國鳳洙
粱鳳來 金樞덕 金樞열
金鎭應 김鏞히 徐召史
全리종 朴貞鉉 朴히杓
朴應秀 김昊尹 김在영
김東明 姜源회 鄭壽哲
김 감 權守衡 니尹集
곽相一 郭相伍 鄭在敏
鄭民容 鄭在敎 鄭在鶴
鄭在仙 김孝容 文永初
비相圭 丁益進 柳萬根
니鳳俊 니壽增 朴學化
成其종 成仁奎 崔鍾翰
비斑欽 비善模 姜遠熙
니敦夏 趙칠鳳 니根夏
니永主 비乙祿 김道權
具希彬 김斗顯 김鎔雲
皮奉圭 니碧春 비輔益
車洞々중
김 녕 諸延石 諸在根
니奉植 朴暉東 니奉增
朴히봉 김 공 朴히有
김智鎬 김在南 朴在근
崔主東 崔定東 崔永柱
니萬春 施潤五 崔湖東
니柄鼎 니潤主 니千회
朴榮錫 니善근 니제主
박在根 니重坤 施峴錫
니柄秀 車龍우 文鎭岐
張志形 諸炳樞 니泰權
張志遠 金甲斗 림成圭
金佑徹 柳翰植 黃春京
西村동중 官衙동중 좌산동中
비寅翼 비相佑 伍兩七錢 비斗翼

河尙龍 全洪相 下赤界洞중
倉이洞중 申觀均
使令리基元 使令崔石京、
使令金且八 許 鳳 盧性學
安處國 鄭泰洪 니宇然
니大夏 朴鎭泰 니泰植
니在權 許 진 五兩伍젼
니萬彩 宋憲成 니明主
金在昆 琴性淵 琴永淵
田錫千 金在佑 최鎭東
니在權 申鶴均 趙斗賢
黃鳳來 니止洪 中永亨
全榮丕 申在회 趙斗容
金琪元 金胤준 兪致成
金胤燁 각五兩
合一千十一兩二젼
朴桂壽 諸炳夏 裵善文
大巨동世 李武義 니判俊
裵鎭極、裵孟泳 洪禹섭
尹元植 鄭致根 니秉쥬
皮奉石 니成喆 金在洪
金昊大 金判吉 朴璋國
金昊斗 姜煥益 裵甲用
元石柱 鄭斗和 諸允근
若夫동中 官奴張景化
裵相國 裵炳翼 사兩二錢
裵權述 니元錫 態所洞中
宋준弼 各사兩
合一百廿八兩二錢
유鎭厚 車鎭昊 金琪賢
朴炳睦 鄭龍洙 閔定奎
니在夏 各三兩오錢
合廿사兩伍젼
呂永奎 金仕熙 呂弘奎
니相昊 呂重奎 니極熙
崔時卜 니인主 니景主
니炳庸 니긔模 니正植
비漢祚 崔文賢 니彰모
니鳳集 郭道一 郭桂先
니東모 니炳賢 河成海
니炳柱 니淳鋭 니喜純
曹秉경 니泰純 니載厚
니世純 니秉文 安斧石
비相仲 安경石 金學用
安文用 비萬永 金奎鉉

吳鉉默 金錫奎 金洪東
申常大 安희用 林捿鶴
鄭瑞鳳 曹秉유 皮光柱
니萬守 皮先伊 비元仲
魯東云 니根深 金相濟
曹秉진 니明厚 비긔泰
朴應祚 朴히우 曹鶴永
曹在永 曹升永 도洛九
朴奎彬 韓正奎 申萬休
金達坤 비相斗 니容鉉
니宗春 니學熙 니文若
니局西 朴寬洪 鄭인主
림達오 韓文實 金京先
柳正洪 鄭인局 韓桂先
粱奉준 金且준 니且甲
비相丕 니宗伯 張인植
張永桂 朴俊承 니在壽
니京石 니京述 니炳相
니遂和 니應燁 朴錫欽
니秉善 金奇文 비[illegible]鼎
욱희淸 니鎭[illegible] 羅鎭오
羅창烈 朴來哲 朴正永
비順榮 徐德明 니鍾弼
니俊五 崔상直 니允植
郭상春 니西主 니丙洪
도漢秀 니炳寅 니文燦
金海應 朴建仁 朴桂守
全德亨 洪鍾益 洪鍾燁
宋祺善 宋廷興 宋聖欽
宋寅模 宋存翼 宋인燦
金順基 金在鍊 黃大彦
崔守每 全聖允 車인暉
車인규 崔義鳳 리基洛 金鎬容
니懋인 宋珪欽 宋春翼
宋寅壽 宋萬翼 宋圭善
宋寅杓 宋樽善 宋龍欽
宋鳳欽 宋河欽 宋大欽
宋寅丕 宋龜善 宋廷섭
니泰主 柳興奎 류東均
비畑基 金主現 니炳主
니鳴鍾 崔造東 니李主
니南主 朴鎭협 朴慶來
니根淵 니建淵 宋相欽
宋寅明 宋희寅 宋宗翼
宋寅廸 송命佑 송寅夏

송鍾述 송鍾영 魚正學
吉運業 니時穆 金德烈
니正규 니東植 니永佶
니병玉 곽相鳳 니永호
박海仁 朴海相 白준基
빅南壽 니守一 니震成
백락漸 白默基 白樂弼 白樂桂
朴齊규 李甲陽 朴守相
徐永조 全永翰 림준欽
金且出 徐萬조 全榮誠
姜伯元 姜錫泰 니甚春
白樂彦 白南學 白南圭
白樂善 白南圭 白南曾
姜쥬인 곽泳守 림桂東
全鳳儀 全化根 金준道
金應道 金昊錫 金弼柏
金成允 유圭원 趙用發
趙基濟 최春西 鄭璧初
朴영淳 諸병夏 니萬根
全先日 孔광叔 都應三
全鳳來 비鎭南 니澤厚
니泰原 니鼎厚 니益厚
니萬尹 金在文 吳相派
니在阜 尹順大 송寅夏
니賢煥 니元先 니祿伊
金汝文 朴允和 최應三
金大今 니善五 니善근
니규근 비道洙 비지龍
金鎭규 니긔夏 니武섭
니斗섭 니康淵 니福伊
니기淵 비尙植 비尙준
비舜영 니奉出 金相元
金斗天 洪聖光 金守영
洪주정 니致夏 趙武相
趙丙夏 閔泳圭 車義翼
金裕熙 金敎준 文병熙
金聖洙 金호淵 니芳雨
方티顏 柳南道 徐極明 徐相호
비喜永 비상백 비且奉
비상植 비상玉 비福永
비述用 비末述 金遺腹
비日永 비末金 石德萬
비聖永 비萬영 비상天
徐영明 洪호섭 洪聖섭
皮秉조 權尙守 金潤斗

니白叔 최海준 朴秋丹
鄭碩鉉 鄭식鼎 鄭尙鉉
鄭斗天 니敏호 班巳萬
니致三 니斗영 니斗光
니龍淡 니東근 니宜쥬
金守權 박지煥 리寬洙
최柏惠 최병稷 鄭夏鉉
정재鉉 정식圭 정達玉
리熙鎭 리鍾夏 孫文成
孫홍伊 石인榮 金啓쥬
趙鏞健 昝相圭 최상淳
石東岐 石픽元 金大權
孫상圭 최봉翰 俞형壽
리鳳舜 權규昊 白樂文
白樂斌 최鼎煥 金규錫
비상찬 金哲林 리병玉
리良培 리병夏 리병憲
홍觀섭 安義重 리斌광
정已文 金甲金 리상殷
리基憲 權至衡 鄭柱하
정상섭 정允섭 정斗南
정斗상 박海守 朴海均
朴箕東 리상熙 리斗호
리병熙 리時돌 리震錫
朴錫홍 박병道 김允文
金興億 리重陽 朴相德
김榮允 김周汝 申龍均
朴鑿근 鄭東赫 崔경述
오티善 리錫규 崔學述
崔근述 김在述 리殷준
리호준 趙鏞大 리明煥
김秉學 리萬植 林一상
姜信敬 林京호 김佑林
김昌震 김昌偉 김긔澤
韓正叔 홍斗영 姜僖福
姜信면 張京錫 정億奉
姜錫元 趙應조 니守玉
張億石 崔홍煥 [illegible]
姜道京 강麟善 강達斌
강萬善 孫巳出 강士善
강泰鳳 강受善 강道興
孫티勛 강東善 安병斗
崔榮煥 成學면 김乙준
劉병詢 니文煥 [illegible]
강伍규 [illegible] [illegible]

유지龍 정두상 정두긔
정두植 정孝鉉 정以鉉
陳병시 니遇春 문상두
정貴셔 諸成得 陳寧大
박悅伊 金以月 鄭宅麟
김我문 정允舟 劉春世
崔仁得 김德培 金正培
金現吉 昝和順 具慶玉
具셔敏 具셔學 具南두
具奉두 韓敎圭 具丙두
具建두 俞石培 俞以培
유赤培 張긔用 韓용阜
韓용조 卓濟遠 이正하
池允楷 이正호 니相彬
金景殷 卓經秀 池光模
金淑元 張긔樂 김容贊
俞閣培 俞鍾應 俞院培
俞尙培 俞근培 俞鍾遠
유鍾쥬 李建쥬 林士般
俞鍾伯 유鍾音 卓濟云
卓濟洪 孫水和 卓濟인
李義允 최寬裕 비容煥
李晃和 卓濟상 都호규
金現秀 姜쥬三 金培斗
都錫休 金秘斗 박甲述
白樂호 李燁均 李龜順
崔克用 姜命權 陳지쥬
鄭禹준 鄭三준 朴允石
朴璽喜 都鎭모 朴世喜
조艮영 都京모 朴德彬
李鍾烈 李殷호 리敏호
리지明 林逈煥 林運煥
林二述 비奉河 安柱환
리鐸華 徐斗烈 黃준錫
리창錫 李호宗 李洙榮
姜德弼 최漢用 朴晋九
全재叔 리병준 金東海
姜긔쥬 리元錫 金仁彦
金漢九 리淳熙 尹긔泰
尹긔昊 배상弼 배병達
배상준 배상律 배인荷
리應玉 배상復 李根厚
梁益賢 都鎭百 俞新哲
李明述 리庚出 리熙秀
리泰熙 朴象鼎 沈光섭

정東호 白창基 白樂基
金成龍 沈宗섭 金긔先
리상文 리斗煥 리耀掀
白樂義 白南極 白락智
박奇用 박喜能 金영쥬
金昊哲 리桂秀 리병竣
리建호 리江源 리仲和
姜티乾 姜티雨 劉秉峻
리락源 리章源 리承八
리承根 金昊成 申命均
國有述 申濟均 배상坤
姜應東 리允執 姜致玉
金判述 배白用 홍士凡
박香來 박明來 박慶來
정益進 李陽조 金宇곤
李奉基 리鎬근 李조根
리震근 리大근 리達상
정來鉉 崔明섭 崔敎德
리영在 송寅敎 閔 형
權재榮 趙斗憲 곽상云
배鎭暉 정潤錫 정潤益
정允明 복用先 배占淳
박乃善 정允조 金龍學
崔영韶 김學西 박莫今
박善日 박志日 리긔榮
李建化 박來三 文녕호
리任權 니尙權 金지긔
徐壬述 배今麟 河允權
니汝權 니鼎龍 니계臣
申百楚 崔碩漢 趙璽贊
千成老 崔尙萬 최鶴漢
權丙衡 金大權 權龍大
崔甲哲 金元大 金봉柱
복근洙 복應洙 高濟民
高元柱 高鍊柱 安준學
니容셔 니用守 金述文
리英俊 安鳳柱 安三文
安喜龍 安녕壽 安琪凡
박璽티 李南守 니규英
金琪鎭 김張鎭 安成澤
安喜權 安今述 安룡文
김孟現 니正喜 니南壽
박華陽 徐지奉 羅基준
최녕翰 박守震 리海源
니昌준 니善用 니긔준

니春德 박爲陽 都상文
니元明 安지錫 니應鎭
朴始陽 李秉權 張明鎭
李貞眞 유益培 유룡培
白盛梅 池光遠 李景允
유義培 卓宗鎬 池秉룡
金容準 정文조 申日奉
方義정 金瀧鉉 정東權
鄭世翼 方두源 金準병
박永셔 鄭永조 李敏根
昝鍾玉 昝秉周 金達두
박근誥 申用哲 김孝奉
卜園百 卜筵彩 卜鎭彩
姜위能 니貞근 李達상
申상인 李賢상 白敬洙
김상빅 김상兆 강셔준
강二源 박丞烈 趙毖安
都濟仁 박聖東 강善五
김用善 申局彦 申龍聖
白락之 白락舜 김善弼
김善모 全孝用 孫余근
박仁寬 김成彦 金大成
張日奉 이녕호 이守辰
복敬老 이지極 張能憲
發孟先 이自用 權道先
權지근 都武煥 都녕漢
都煥文 都漢룡 都敬模
都상호 成安太 이源호
청乙용 복順甫 이秀용
이병得 니敬道 諸判点
이병恩 이병준 이병준
이應增 김조運 여禧祖
이우成 이致成 배鳳곤
이윤和 朱武雲 이達雨
都仲模 이철淡 車奉갑
徐命述 김道彦 이光月
정文伯 우京九 이光德
김春得 全지學 박漢文
박奉和 배우鉉 施爾象
張기業 이尙權 박티權
諸빙字 이昌字 김昌應
文지찬 諸빙鄰 이止곤
아水亨 노德進 우景贊
裵相順 薛允汝 趙明叔
리哲且 리賓섭 리鍾漢

리갑伊 김在형 문周尙
강用熙 강哲煤 강泳熙
呂셔東 리炳秀 文夏호
이述伊 具홍伊 홍性셔
박용셔 박셔奉 安今셔
金益顯 白락中 전재文
박致賢 복東述 許 台
박恩執 이萬植 이應浩
이병仁 이秉熙 이병雨
최하浩 최一文 최極權
최極巖 이志河 文쥬元
이기秀 張상호 黃丁古
河洛三 河하範 河道範
비升翼 배준伊 비五翼
배憲能 배宜翼 河홍範
비心翼 비長翼 비致官
柳宗烈 柳性煥 柳秉煥
김鉄녕 니具一 이德亨
이갑鉉 河辦淑 하萬東
하티萬 하병鎬 하鎭鎬
하상鎬 하赫鎬 하亨鎬
하閨鎬 하注範 하箕範
이秉圭 김在林 김鑿준
김長壽 김且壽 이致榮
하泓仲 이正出 이正奎
이元셔 이秀룡 이기鉉
이麒秀 尹上一 김지麗
김容鎬 김興두 최慶伯
石麟義 박春吉 韓준石
정興述 비五順 조상補
權石두 下沙夫동中 白樂禮
박喜敎 정聖환 박元興
박道준 박卜준 이春和
申노均 皮正權 許松伊
최룡石 이明瑞 곽상식
곽尙룡 곽達권 곽상彬
곽 海 김和實 許 穆
조文玉 許 길 許 袍
許 綺 조慶환 니룡伊
이且룡 이丁述 羅性奉
아京룡 김京셔 김홍伊
최준伊 已上六人使令
곽湘 閔상규 都면字
박윤守 都海鵬 배出伊
盧順敎 盧性天 盧性조

安東규 安문규 최尙旭
于셔하 盧璥亨 于셔貞
배二賢 이宇趙 이宇兌
이俊하 이셔하 이宇進
이규하 都漢儀 都聖模
金在胤 都景환 정티成
韓致상 복師원 韓與섭
김摯應 安녕규 韓셔三
崔武鎭 申두티 安기容
이윤曾 韓宇容 安千규
安萬규 趙지학 趙지인
趙命澤 都坡상 韓東섭
徐셔鉉 徐東烈 高元成
김지壽 김正權 김지吉
비海述 張壽學 김형韶
김상규 김형天 김지홍
정憲倫 김昌泊 빅震鉉
김啓月 徐녕鉉 이源기
이晏기 이鎭기 이典기
이源行 이慶和 이周和
이寅기 이奉和 이綾和
이仲和 이병和 이韶和
許 均 이문기 이正和
이煥기 이德기 이順和
이述기 高濟安 高南柱
高完수 丁圭三 김상圭
문鳳주 이홍근 이병業
林一薮 이元漢 이玉룡
이룡준 이漸문 비문述
曹澤丞 이乙문 高氣주
高殷주 柳逢春 이距근
이丞근 尹武植 扈一人
尹병頊 扈一人 尹지植
尹繼식 尹병學 김두元
김鳳學 김두鳳 복來룡
복景호 복義出 김형重
이宅鉉 이漢녕 이漢兆
김형明 백大근 이준근
이養福 이상豊 복寅欽
복녕호 복寅喜 복季호
복仲호 복一호 복準喜
박갑호 박海極 복海鉉
김昌우 김源植 김良造
백인洙 백락七 백以洙
셔水룡 方中근 方수範

方弼景 方景문 빅威洙
빅락셔 김亨元 김鎭鎬
이티근 이상鎭 이상벙
이상두 박順擧 이益근
류景주 비哲用 김지鉉
김進旭 김炯今 김炯烟
김炯述 이長出 신信均
신裕근
김景鎬 申티五 배命善
김水國 김인八 김炯燦
배상華 이상元 이達先
배상조 복祉極 김녕조
배雙達八歲兒義 方千吉
方元述 김聖희 이子홍
문琪쥬 문命쥬 문鎭티
하重淸 丁升鶴 丁升祥
丁녕鎭 丁達鎭 金明희
朱千즁 쥬녕玉 이海雲
이룡즁 주點권 김鍊곤
강鵬東 배병일 배병善
이병極 이병九 정무十
崔敬弼 이병春 이병秀
이병功 이병成 이병조
이萬조 이海기 이深근
리養舜 이炳益 이養直 李昌근
이東근 이셕근 이養俊
이鴻기 이炳心 빅락武
각三兩 合三千陸百卄七兩
金達곤 韓正규 이병상
송春휘 송寅수 송升善
金先一 孔기洙 배在能
셔獻榮 로尙奎 趙용健
김규셔 빅락贊 빅락文
권仁善 셔티원 셔東기
최상勳 李寬洙 복지환
金守권 李宜주 이福원
김상旭 方潤河 빅德기
배成玉 주善五 이得伊
복大彬 박太彬 이有容

송寅澤 김澤熙 辛상元
全京문 균주희 김聖慶
羅호기 張기록 이汝우
이문日 이봉셔 이東신
이상弼 김지權 문갑亮
문時주 김贊녕 이호녕
최濰翰 오晉泳 孫녕和
方근식 송海問 孫상지
송漢悅 송漢鵬 나漢혁
나萬우 나萬寅 나萬식
나鐸순 張기원 朴계鴻
정興萬 南必成 나원俊
이秉琦 조進伯 김萬三
여雲會 이光薰 이永호
張希티 여漢상 이根殷
비道寬 朴乃升 김鉉선
孫仲權 羅誠烈 羅기열
羅誠烈 여壽行 張仲원
최京玉 白炳기 白大기
白봉기 白南薰 白南鉉
白南주 白南赫 이지根
이京셔 이문芝 朴 洙
朴상로 곽승鍾 이원준
이기和 곽승先 郭철우
이문기 긔홍烈 김지문
김守烈 김貴先 김貴贊
김明열 김宗弼 최鎭邦
이正禧 尹티希 이昌호
김琪玉 류지연 이홍두
류온식 류希원 류철연
송인煥 김萬臻 비봉곤
이炳煥 韓秉進 尹티경
정녕티 이敦듄 이貞듄
송能澤 이炳곤
이秉國 배翰益 俞海俊
김炯疇 조內五 조龜셔
俞德海 이箕호 이鍾義
이學봉 림炳佐 최碩翰
金鉉기 李瑞宇 이鍾成

최상用 이碩오 이聖호
이克西 배守萬 복봉학
량新番 이鉉益 김상用
김지凡 곽계月 곽月心
郭春心 方敬禎 오우녕 최成文
俞赫培 俞以培 이信亨
최東상 尹티九 리셔孝
김萬心 劉分世 배봉지
조輔永 都윤模 복지彬
都漢升 奇致云 이秉규
玄良述 玄良哲 김成彥
강成東 배今셔 김明俊
尹녕식 박녕식 김達克
정且萬 이讚鉉 鄭鎭鉉 정貞鉉
이標지 배승욱 이宗셔
河奉權 河且권 박셔환
김泉禎 吳東先 羅春基
박來弼 원時常 魯成用
박濟佑 노萬주 박敬瑞
조상갑 박두彬 박녕주
김상億 徐義녕 김昊德
이근식 김明善 김孝주
김셔伊 비雲翼 諸炳티
諸炳翰 김守녕 申갑룡
이述伊 諸貴模 박永鉉
安廷順 이世增 여환규
비京락 鄭守眞 빅문玉
김상지 김문伊 施순셔
이順선 河海郁 김大赫
정奉官 韓聖俊 김三홍
이希근 강貴三 김卜룡
卜尙大 河木源 이윤榮
김道先 內三丁洞中
禿用山城 上隱鶴동中
량小室使令 許 도 許 환
朴聖九 許 발 于萬하
于海哲 이京俊 김京五
이德立 정秘倫 玄聖원
정統倫 정溪倫 정티岡

이슌하 이宇徵 이羽翔
이宇淵 都章환 都漢九
정益倫 이宇星 홍益원
림華英 朴翰俊 김致達
김應두 安栢容 최長호
韓聖壽 정珏倫 이규호
朴應하 최원식 김炯원
김지鵬 김炯두 이문기
오善珪 정應述 이炯기
이學기 신達룡 이상和
이상권 이任權 이奉權
이啓述 배雙達 이尙현
배갑룡 이學금 강順東
비炳詞 정문순 정문현
정直현 이根托 정亘현
이達三 이達智 정하현
송達根 정인셕 이敦준
已上三百十四人各二량 合陸百貳十八량
白樂用 白樂豊 나永基
나成호 나鍾五 河學俊
鄭泰哲 金창國 崔學永
柳洪淵 柳鍾植 나基永
나헌洪 黃五준
已上十四人各二량五錢 合卅五량
閔 燦 車舜奎 郭相喜
趙斗永 郭 淑 崔允石
곽 深 郭文煥
已上八人各貳량貳錢五分 合十八兩
呂世奎 呂仁奎 呂永體
呂敎淵 나基宇 비鳳基
비錫基 비守基 나炳五
權龍호 金昊成 비元成
비京九 吳元日 朴俊亨
金點石 成根永 方相禎
林相文 臧京先 劉鴻遠
나仲和 尹長植 尹泰喜

나再柱 비東石 나在坤
박尙炳 玄致彥 鄭준伊
박大彬 金병漢 金基漢
洪鍾律 金和셥 박京鳳
송廷興 나在壽 송萬翼
송寅祐 魚正學 송宗翼
나宗漢 鄭인叔 朱聖凡
쥬卜成 최子用 全且돌
비光甫 나厚京 비士京
비文日 梁德弼 림영學
박斗희 송佐欽 송浚佑
송병欽 金成준 나應근
나敬宇 나辦준 元德규
박영珠 박在得 박영學
金愿斗 梁인銓 梁喜田
金德亨 규인尙 나圭桓
梁在明 梁在洪 梁在奉
梁聖銓 金光應 文德純
權지平 나珍斌 나萬用
盧京寬 박鳳규 박洛汝
나봉祚 金지良 文基八
吳漢영 文甲龍 林京준
나八龍 文기鎬 文宗介
文相用 金洪가 趙鼎泰
金興權 權文先 權學先
金萬洪 金敬洪 나洙영
吳文근 吳周근 나晉烈
崔京五 方箕夏 송漢翼
리性萬 鄭禮宅 諸季洪
諸元模 비相昊 비相儀
姜明玉 金奉준 복尙伊
리達智 劉聖五 孫應伯
리漢洙 리應臣 姜成七
리龍臣 리必必 曹同蒙
리珍武 리敬彥 曹병德
비極五 비相주 비錫기
비孝淳 비運洪 呂佐會
呂龍會 리圭漢 柳기洛
金 圭 비상鉉 비상션

빅樂泰 白南和 白樂衡
빅業근 白南容 白宗기
柳春泰 박海봉 리萬죤
白成玉 리般用 朴海宗
金致용 白達錫 姜哲錫
빅상哲 金麗坤 박達壽
리봉龍 文應奎 박宗煥
최世元 金萬昌 金영洙
金水介 박奉兆 金元述
徐鎭海 강時香 劉尙用
리右先 박善用 리萬煥
박鵬海 리東旭 리죤傑
金영烈 都상吉 리正源
리正길 리道淳 리養達
빅漢식 리士弘夫人金氏
柳京淵 柳亨식 류容식
배병鉉 배병元 배澤坤
柳夏식 金弘슉 徐建榮
徐懿榮 金漢규 金日贊
金漢근 金有서 張德祥
權震恒 白仁壽 박今得
石계玉 石萬元 石찬武
石계인 白락죤 박昌熙
金丙泰 리春煥 박재右
白泳守 金丙仲 梁得銓
梁在漢 辛京元 송鶴欽
宋性欽 吳佑근 리鐸周 柳大鶴
魚正祿 張영甲 리鐸武
박齊華 리文伯 文判石
金東烈 金性春 박卜萬
姜錫南 리春發 리東昊
리正綱 張萬能 尹禧식
尹泰運 리振大 柳光榮
니大호 김用石 니영호
林병化 복丁叔 김敎遠
林復圭 니병朝 니占伊
김용三 김용義 최상義
[illegible]

尹대경 이日元 이寅京
김재還 梁재學 니인香
元容陸 량재문 金재春
金재成 량재友 黃武源
박상熙 김成春 강士元
羅洪時 羅聖기 복元熙
박元希 許 興 權養洙
배지京 劉心源 이養기
이志弘 이긔문 崔尙玉
孫七彦 趙用伊 정甲죤
陸甲죤 張致京 이順用
이仁七 박宗大 都萬죤
강士遠 朴來春 이春호
이雄호 이景호 최영翰
이淳善 石鍾근 복來益
김秉乾 박南夏 니達죤
이긔죤 박지陽 복덕陽
김啓士 金容古 曺宗奎
배漢燦 배壽寶 金 泳
趙景植 崔永成 諸海用
이泰亨 諸廷儀 諸廷守
諸競模 諸萬洙 諸병睦
朴石大 崔允東 諸局謨
諸廷상 崔性寶 金出伊
이巖同 孫應五 이卜成
복魯田 이壬寅 金德丁
이萬宅 정泰默 정泰學
金萬心 都相주 石燦두
박載陽 김禹정 이萬祐
이萬식 이愚仁 이鐸韶
張基元 박기홍 정興萬
南必成 리元죤 이柄기
龍興洞中 梁在學 니仁香
정慶倫 박東範 許 駿
申宅鎬 徐東烈 김明五
김且培 이古和 이卜儀
이元八 許 숨 崔召史
강 銑 趙壽先 許 온
盧生命 盧生道 于貞夏

배鶴근 安덕梓
已上各一兩合四百十四냥
이지회 김正셕 이濩하
정九倫 정秩倫 정迭倫
김鎭泌 都潤祐 최片子
이舜權 都漢武 이宇敦
이宇셔 이宇成 이宇備
韓潤상 安建中 安國容
정陽倫 이죤熙 김聖洙
김龍伊 정億倫 정協倫
已上十一人各一냥六錢五分
計合十八냥一錢五分
成武鎬 許 회 許 문
여寬會 許 양 배和翼
배상範 이기鎭 안千卷
김用順 이봉明 許 禘
복乃后 정덕模 비萬巖
정윤鉉 노巖同 김炯東
김壽기 김영환 高元죤
김지乙 千지문 이덕和
이상룡 安지容 이宗셔
玄良述 김成彦 玄良哲
복春吉 배형죤 배병贊
비병熙 비창坤 安덕容
合五十一냥
박녕락 一兩八錢
成宇녕 一냥陸전
朴德환 一냥三錢五分
已上三人計合四냥七전伍分
許 城 박海彬 하漢규
하世範 吳聖喜 최병啓
김大宗 이돌伊 백南振
이達春 김達述 비大能
비상권 비상儀 비宗能
비達東 비宗셔 劉秉漢
박京환 최炳契 백南圭
빅南台
이聖希 백宗洙 권 堤
이萬회 이千회 이문회

이기상 이光회
已上二十四人各一냥五전
여녕규 辛萬식 노셔쥬
已上三人各壹냥二錢五分
合三냥七錢五分
송寅杓 김鍾五 김 경
비충各 비상원 비승기
비승穆 비승정 박鐘成
白樂홍 이正祐 김홍禎
냥萬春 김伏룡 陳두成
이원죤 김祿大 張금男
權道亨 여우會 이덕述
하致호 문仲周 비弼翼
하晉海 하萬昌 이鐸敬
원쥬常 비達翼 安貴今
리大根 리원汝 許 의
리용연 손永원 김容젹
최녕翊 許 요 조贊下
리인寬 韓應조 김億濟
정麟寬
已上四十三人各五錢
合貳十一냥五錢
리遺腹七錢 김萬濟捌錢三分
리호연八錢三分 김千濟
八錢사分 成達녕陸錢
俞致문七錢 리召史三錢
劉萬갑三錢송룡欠六錢송一喜
柳道微 오作根 各三錢
已上十貳人各錢計合陸냥陸錢
已上總合壹萬貳千陸百貳拾七兩五錢九分
作紙貳千五百圓五拾壹錢

第五卷

大韓每日申報

第五百十二號

月曜及慶節 歲時日休刊

韓·開國四千二百四十年
箕子元年三千二十九年
大韓開國五百十六年
日本明治四十年
淸國光緒三十三年
◎陰曆丁未四月大初四日甲子

別報

留日本學生의太極報를接讀ᄒᆞᆫ즉平和會議에對ᄒᆞᆫ感念이라題ᄒᆞ고論文이如左ᄒᆞ니

今年荷蘭海牙府에셔第二平和會議를開ᄒᆞᄂᆞ니吾人이平心思之컨ᄃᆡ現今世界ᄂᆞᆫ詐欺師의活動時代로다何者오國際公法이發達ᄒᆞ도록不仁不義ᄒᆞᆫ侵略行爲ᄂᆞᆫ各國間에日益增加ᄒᆞ고平和主義가廣布傳播ᄒᆞ도록殘忍暴惡ᄒᆞᆫ强食弱肉ᄒᆞᄂᆞᆫ政略은日益甚焉ᄒᆞ니嗟홉다誰가此世界에人道가有ᄒᆞ다謂ᄒᆞ리오

由是觀之컨ᄃᆡ今番平和會議도亦是二三强國의政略中으로出ᄒᆞᆷ이라斷言ᄒᆞ리로다然이나再三思之ᄒᆞᆯ지어다吾人은宇宙間에發生ᄒᆞᆫ者라엇지社會原理와天下風潮를脫出ᄒᆞᆯ余有ᄒᆞ리오生存競爭은社會原理가아니며民族帝國主義ᄂᆞᆫ天下風潮가아닌가自己一箇人이此原理에抵抗ᄒᆞ나社會가不許ᄒᆞᆷ에奈何며自己一個人이此主義를抛棄ᄒᆞ나天下大勢가不許ᄒᆞᆷ에奈何오然則吾人은此原理와原則을利用ᄒᆞᄂᆞᆫ者라야此時代에셔能히生存을保全ᄒᆞᆯ者ㅣ오利用치못ᄒᆞ고又時勢를罵詈ᄒᆞᄂᆞᆫ者ᄂᆞᆫ人爲淘汰를免ᄒᆞ지못ᄒᆞᆯ者라故로余ᄂᆞᆫ侵略ᄒᆞᄂᆞᆫ者를憎惡ᄒᆞᄂᆞᆫ것보담更一層被侵ᄒᆞᄂᆞᆫ弱虫을唾罵ᄒᆞ야曰汝도同一ᄒᆞᆫ人類오彼도同一ᄒᆞᆫ人類여ᄂᆞᆯ何故로彼의奴僕과妾이되야彼의脚下에셔一世를了終ᄒᆞᄂᆞᆫ뇨ᄒᆞ노라

世界文明이進步ᄒᆞᆷ을從ᄒᆞ야列强의侵略方法도日益進步ᄒᆞ야日經淸日保護로人國을竊盜ᄒᆞ니其奇々妙々ᄒᆞᆫ方法을一々히擧論키難ᄒᆞ도다今回平和會議ᄂᆞᆫ其名義ᄂᆞᆫ優美ᄒᆞ야世界로ᄒᆞ야吾欽服케ᄒᆞᄂᆞ니其實은滅國新法을發明ᄒᆞ기爲ᄒᆞ야集會ᄒᆞᆫ者ㅣ니人道의方面으로觀察ᄒᆞ면一分의價値가無ᄒᆞ다謂ᄒᆞᆫ깃스나天下大勢에方面으로觀察ᄒᆞ면必然的産物이라然則此會를利用ᄒᆞᄂᆞᆫ者ᄂᆞᆫ强者요能者요適者요傍觀ᄒᆞᄂᆞᆫ者ᄂᆞᆫ弱者요劣者요愚者라

嗚呼라二千萬同胞여今回平和會議에對ᄒᆞ야如何ᄒᆞᆫ感念을抱ᄒᆞ나뇨記憶ᄒᆞᆯ지어다伊太利建國英雄嘉富耳가巴里列國會議席에셔무ᄉᆞ烈言壯談을發ᄒᆞ야列國의同情을得ᄒᆞ야畢竟自國의獨立을回復ᄒᆞ얏나뇨日奧國은我의鎖鑰이요自由의公敵이요獨立의仇讐오名譽的歷史가有ᄒᆞᆫ伊太利全國自由民族의모賊이라ᄒᆞ얏스니偉哉라此言이여何等氣燄이며何等膽量이뇨當時ᄂᆞᆫ奧國이壓力으로써伊太利를壓制征服ᄒᆞ든時代라嘉富耳ᄂᆞᆫ絕代外交家요稀世愛國家라此等侮辱을豈可默視리오此會를利用ᄒᆞ야列國代表者의前에셔奧國의罪를一々擧論ᄒᆞ미奧相이抗議行을ᄒᆞ야日此ᄂᆞᆫ國際上禮言이아니라然이나列國代表者가一人도奧相의言을傾聽치안코嘉富耳의게同情을表ᄒᆞ야日不意伊太利國中에如此ᄒᆞᆫ人傑이有ᄒᆞ도다ᄒᆞ더니其後에伊太利가自主獨立의大目的을達ᄒᆞᆫ것은此會에셔列國의同情을得ᄒᆞ야歐洲輿論을喚起ᄒᆞᆷ에基因ᄒᆞᆷ이多ᄒᆞ도다

嗟홉다二千萬同胞여夜半鷄鳴이惡聲이아니라三千里江山中에一個嘉富耳가有乎아無乎아ᄒᆞ얏더라

官報

◉第三千七百六十五號 光武十一年五月十日

◎宮廷錄事

從二品정寅昇疏蒙矜諒疏批旨省疏具悉所辭令掌禮院稟處

◎敍任及辭令

贊謀官라鍾健

命臨時署理시從武官長事務 法部前協辦리源競

解刑法校正官 法部協辦김각鉉

命刑法교正官 法部協辦김각鉉

命法官銓考委員長 秘書監丞리丙찬

德陵令리膺國

康릉叅奉朴熙周

章陵叅奉리善夏

永릉叅奉리敦鎔

依願免本官 正二品李德柱

任秘書監丞

任德릉令 純陵叅奉리暎稀

任純陵叅奉 九品韓何치

任康陵叅奉 宋憲淳

依願免本官 藍浦郡守리탁珽 旌善郡守리耆鍾

外報

◉列國潛行艇 現今列强間에潛航艇을海軍의一武器로認ᄒᆞ야漸次改良ᄒᆞᄂᆞᆫ貌樣인대現今各海軍國에셔已造未造ᄒᆞᆫ潛航艇이如左ᄒᆞ니

	已造	未造
英國	二二八	一六
俄國	二〇	九
米國	八	四
伊國	一	四
法國	三九	四九
日本	七	八
德國	八	

◉東양問題協議 五月十日路透電을據ᄒᆞᆫ則在伯林倫敦스탄닷드通信員의報告에日本은極東及太平양에在ᄒᆞᆫ相互의問題를解決ᄒᆞ고또協商을ᄒᆞ기爲ᄒᆞ야目下美國과協議中이라더라

◉漁業條約 十日東京電을據ᄒᆞᆫ則日露通商條約은日露漁業條約과同樣의程度로進步ᄒᆞ고該條約成文은의의調製되야露都셔東京으로輸送中인ᄃᆡ此ᄂᆞᆫ漁業條約과不同ᄒᆞ고漁業上의關係를不有ᄒᆞᆫ故로議定書의調印과同時에實施ᄒᆞᆯ必要가不迫ᄒᆞᆷ진ᄃᆡ外部ᄂᆞᆫ其到着上의신重ᄒᆞᆫ審査를經ᄒᆞ야調印의次第를履行ᄒᆞᆫ다더라

雜報

◉晉守勸學 晉州郡守林炳恒氏가五十面告示ᄒᆞᆫ槩要가如左ᄒᆞ니官之莅任以來로三朔于玆에未知將何以矯求莫安일시晝宵幾慮에念不暇及於興學設校之方이러니교南北이오吾道之指南也어ᄂᆞᆯ奈何挽近以來로藝苑之문風이不振ᄒᆞ고師友之淵源이久絕ᄒᆞ야有志人士之寒心이久矣라上自太學반宮과下以郡校鄉塾으로勸勉興學之意로 詔勅이屢下ᄒᆞ시고部訓이鄭重ᄒᆞ니其在對揚에孰敢不彈誠漢邁哉아溯觀支那之문明컨ᄃᆡ稽古堯舜之初로設庠序興學校ᄒᆞ야敎之以六藝ᄒᆞ야上有育英之樂ᄒᆞ고下移偃草之風ᄒᆞ얏스니國非學則無以爲治오鄉非校則無以爲敎라況玆百里之鄉에豈無俊秀之材리오今到即時에家喩戶說ᄒᆞ야乃父乃兄이詢謀會同ᄒᆞ야若子若孫을敎誨有方ᄒᆞ야時有遷濟之美則必當蒙進於人문開明之域ᄒᆞ야可得對峙於邦國競爭之局일ᄉᆡ러生存競爭에優勝劣敗ᄂᆞᆫ天演公例라故玆披肝瀝血ᄒᆞ야大聲疾呼而告示ᄒᆞ노니勿認例飭ᄒᆞ고自本面으로爛商會議ᄒᆞ야各其熱心奮發ᄒᆞ야每面各設一校ᄒᆞ되至於設校方略ᄒᆞ야ᄂᆞᆫ不可不有一定財政然後에可以勿替維持ᄒᆞ야有始有終이니前日所存各종書齋田畓養山及錢財幾許를勿拘斂私ᄒᆞ고從實修成冊置ᄒᆞ고夜雕報이되若或以有謂無ᄒᆞ야自下操縱則該面長及該동長은難免重警矣리라ᄒᆞ얏더라

◉海參威에駐在ᄒᆞᆫ韓國人士等이祖國思想으로國債報償금을募集ᄒᆞ야本社에傳致ᄒᆞ고趣旨書가如左ᄒᆞᆷ

嗟夫ㅣ라愛祖國思想은個人의腦性에天良의種植이라人이오此思想이無ᄒᆞ면人類라稱ᄒᆞ기難ᄒᆞᄂᆞ니觀ᄒᆞᆫ南枝를巢ᄒᆞ고代馬ᄂᆞᆫ北風을依ᄒᆞ며叢狐가死에至ᄒᆞ야도猶爲首邱어든人類로써爲鳥만又지못ᄒᆞ랴嗚呼痛矣라試觀今日吾祖國의位置와吾祖國狀態컨ᄃᆡ思之에腸百結이오嘗之에淚爲行이라

世所謂滅國新法者에土地와人民으로消融於債幄之內ᄂᆞᆫ波蘭의前鑑과埃及의覆轍에左驗이昭昭ᄒᆞ거ᄂᆞᆯ吾祖國이此를不懲코一千三百萬원의多ᄒᆞᆫ外債을나引ᄒᆞ야三千里江山과二千萬兄弟가契券上에浮沈ᄒᆞ니存亡危急之狀은將欲無言이로다惟幸인天激我同胞ᄒᆞ사此烟償債之論이始於東萊港ᄒᆞ야發於達府ᄒᆞ며張于京城ᄒᆞ야如風起而水湧ᄒᆞ며雲蒸而山出이라至於全國ᄊ궁巷벽村과傭婦丐子지願進於道路者도莫不以此로爲獨一無二之義務ᄒᆞ니譬之컨ᄃᆡ一紅이樓亭에萬箭이破ᄒᆞ면不止ᄒᆞ니嗚呼盛矣라此何天來福音也오至於東京遊學之儲와北美共立之社에亦皆節食收勞ᄒᆞ야萬里一瞬에寸片이膽報ᄒᆞ야使吾祖國價値로重於九鼎大呂ᄒᆞ고祖國聲徵로高於白山北斗ᄒᆞ니今而後에야祖國前道ᄂᆞᆫ實萬歲無疆之休ᄉᆞᆺ다顧念吾同胞之流寓斯土者가雖皆是비리渙散之中이나個個是祖國之赤子ㅣ라無吾亞國이면無吾身이니惜此義務에不思所以自效ᄒᆞ야以犯鳥獸不如之歸乎아伏願吾同胞ᄂᆞᆫ君子ᄂᆞᆫ發心捐義ᄒᆞ고倂力爲ᄒᆞ야以小效國民之義務가千萬切祝이라

◉明道新塾 南陽郡細串面浦동居前議官리寅徹ᄊᆡ가靑年을敎育ᄒᆞ기爲ᄒᆞ야明道義塾을設立ᄒᆞᆫ지十數日에不過ᄒᆞ야入學生徒가數十餘人에達ᄒᆞ얏ᄂᆞᆫᄃᆡ學科ᄂᆞᆫ英ㆍ日語와算術法律史地等이라더라

◉김氏出捐 咸興은從來豊沛大郡이라古家巨富가不啻十數인ᄃᆡ今此國債報償에對ᄒᆞ야前叅奉김潤溢氏ᄂᆞᆫ自手成家ᄒᆞ야雖稱饒戶ᄒᆞ나不叅富人之列ᄒᆞᆫᄃᆡ出新貨五百圜ᄒᆞ야出義ᄒᆞ얏스니古家巨富ᄂᆞᆫ千萬圜이라도不可預算이리라ᄒᆞ더라

雜報

●郡奏延拿 郡守奏本이日間된다ᄒᆞ니更聞ᄒᆞᆫ즉內部叅書官鹽川氏ᄂᆞᆫ面試ᄒᆞ기를勸告ᄒᆞ고該部大臣과銓考委員들은面試를勿施코져ᄒᆞ야相持延拿中이라더라

●裁長優批 平理院裁判長리允用씨가辭職疏를奉呈ᄒᆞ얏ᄂᆞᆫᄃᆡ勿辭行公ᄒᆞ라고優批를下ᄒᆞ셧더라

●兩察新任 司稅局長리健榮씨가忠南觀察使를被任ᄒᆞ고從二品權益相씨ᄂᆞᆫ光州觀察使를被任ᄒᆞ얏더라

●法叅還任 金晦秀씨가法部叅書官을還任ᄒᆞ얏더라

●各大往叅 本日에水原農業模範場禮式을開設ᄒᆞᄂᆞᆫᄃᆡ各部大臣이一齊이往叅ᄒᆞᆫ다더라

●譜冊騰曬 北漢山城에奉安ᄒᆞᆫ御牒譜冊을每年春秋로依例騰曬ᄒᆞᄂᆞᆫᄃᆡ日昨에宮內府에셔敎寧司官員一人과原役幾人을派遣ᄒᆞ야譜冊을騰曬ᄒᆞ얏다더라

●妓樂宴待 度支部司稅局長李健榮氏가再昨日下午三時에自巳私邸의셔宴會을設ᄒᆞ고該部一般官吏와外他賓客을多數請邀宴待ᄒᆞᄂᆞᆫᄃᆡ妓樂이迭宕ᄒᆞ얏다더라

●治道試取 昨日內部治道局에셔尺量見習生四人을試取ᄒᆞ얏ᄂᆞᆫᄃᆡ應試者가百餘名에達ᄒᆞ얏다더라

●有犯當免 日昨에度支部에셔會議ᄒᆞᄂᆞᆫᄃᆡ該部補佐官小林씨가發論ᄒᆞ기를三南郡守十餘人과稅務官十餘人이加結所犯이有ᄒᆞ니免官ᄒᆞ자ᄒᆞ얏ᄂᆞᆫᄃᆡ창原稅務官姜雲섭씨를爲先免官ᄒᆞ기로出論ᄒᆞ야相持未決ᄒᆞ얏다ᄂᆞᆫ說이有ᄒᆞ더라

●訴訟鍊習 普成專門法律學校에셔本月廿六日에南門外妙蓮庵에出往ᄒᆞ야訴訟鍊習을擧行ᄒᆞᆯ터인ᄃᆡ平漢兩裁一般官人을請邀ᄒᆞᆫ다더라

●監觀設所 海關取稅와如히黃海道金塘浦와龍塘浦及義州何日里浦에監觀所를設置ᄒᆞᆫ다더라

●兩部相推 昨年陰十月分에鍾路綿紬廛이失火沒燒ᄒᆞᆫ後에叅政大臣朴齊純씨가 上奏ᄒᆞ야令內部로該廛建築之方을斯速措劃ᄒᆞ야商民으로無至失業케ᄒᆞ라신 處分을下ᄒᆞ옵신지라自內部로度支部와農商工部에奉 勅移照ᄒᆞ야該廛修理方略을審査預算ᄒᆞᆫ즉一千六百八十五圜四十三전에達ᄒᆞᆫ지라該전에卽速支撥ᄒᆞᆯ줄노知ᄒᆞ얏더니一自審査以後로頓無如何下回ᄒᆞᆫ지라該廛人等이內部에請願ᄒᆞᆫ즉度支部로推諉ᄒᆞ고度支部에呼訴ᄒᆞᆫ즉內部로推托ᄒᆞ야尙不支撥ᄒᆞᄂᆞᆫ故로該廛을修補無路ᄒᆞᆯ뿐더러商販無由ᄒᆞ야將至失業之境이되야泣訴無處라ᄒᆞ더라

●放賣義捐 綿紬廛民의情境은別項과如하거니와該廛人等이一齊會議ᄒᆞ되商店을修補無力ᄒᆞ야旣爲失業之境인즉廛都中에傳來ᄒᆞᄂᆞᆫ諸般汁物이나放賣ᄒᆞ야國債報償전을多少間捐助ᄒᆞ자ᄒᆞ야沒數放賣ᄒᆞ기로的定ᄒᆞ얏다더라

●實業總會 實業硏究總會ᄂᆞᆫ前報와如히去土曜日에商業會議所를二層樓上에셔開ᄒᆞ고會長은조鎭泰氏로副會長은조秉澤씨로選定ᄒᆞ고평議ᄂᆞᆫ洪셕鉉尙灝최文植金東完安必中朴正銑吳榮枝立국尹정錫安國善金大熙張鵬樞東鎭鄭鐵弘최敏淳씨等十五人이오劉文相씨ᄂᆞᆫ幹事로金相궈씨ᄂᆞᆫ書記로選定되얏더라

●非甲則조 京畿觀察使ᄂᆞᆫ申泰休조經九兩씨中에被任된다더라

●事過後報 인川府尹金潤晶氏가內部로報告ᄒᆞ되去月四日에本港居留日本民團長田富耕司에來文을接到ᄒᆞᆫ즉槪에過般當港大火에我居留民及外國人罹災者에對ᄒᆞ야我帝國 天皇皇后兩陛下御下賜金幷一般義捐金配給(第一回)之爲別紙仕拂通知書四十葉을送附云等因이옵기此를査ᄒᆞ오니我民罹災者가二十戶이온ᄃᆡ日本御賜金이每戶에壹圓五十전式合卅一元이오一般義捐금이每戶에四圓五十六錢式合壹百二圓이옵기該被災民人을一齊招諭後接到ᄒᆞ온仕拂通知書를這這出給ᄒᆞ옵고玆에報告라ᄒᆞ얏더니指令ᄒᆞ되罹災ᄒᆞᆫ本國人民에게日御下賜恤金及義捐金을特施ᄒᆞᆷ에對ᄒᆞ야本府尹이感謝ᄒᆞᆫ意로該民團長에게表ᄒᆞᆫ지며兩國間에如此ᄒᆞᆫ特異恤典을事過後報部가果係失當하니嗣後로ᄂᆞᆫ另加惕念ᄒᆞ라ᄒᆞ얏더라

●博覽會觀察 今番東京博覽會ᄂᆞᆫ實業上硏究에必要ᄒᆞᆫ者가有ᄒᆞᆫ지라多年日本과美洲에遊學ᄒᆞ든安昌鎬氏가南大門外金兄弟商會主人金弼淳氏의囑托을因ᄒᆞ야博覽會觀察次로昨日發程ᄒᆞ야東京으로前往ᄒᆞ얏다더라

●逃囚還捉 日前에監獄署懲丁四名이東門外에셔帶往ᄒᆞ든巡檢을毆打逃走ᄒᆞᆫ事ᄂᆞᆫ已揭어니와該懲丁은本以强盜罪로處役ᄒᆞ얏다가逃走하야三昨夜에新門外細橋里에往ᄒᆞ야三名이各持銃劍ᄒᆞ고民家에突入ᄒᆞ야財産을掠奪ᄒᆞᆯ際에該洞人民이一齊會集ᄒᆞ야該賊三名을捕捉ᄒᆞ야巡山巡檢에게出付ᄒᆞᆫ故로卽時北署로捉去ᄒᆞ얏고一名은彰義門外에在ᄒᆞ다고該漢等의自供이有ᄒᆞᆫ故로北署에셔該漢等을捕捉ᄒᆞᆫ巡檢에게賞金八圜式을給與ᄒᆞ얏다더라

●藉日討財 南來人의傳說을聞ᄒᆞᆫ즉晉州財政顧問部遣派郞고源씨ᄂᆞᆫ日人의계納媚ᄒᆞ야韓人을壓制ᄒᆞ고政令을自行ᄒᆞ되人莫誰何ᄒᆞ고各郡에巡回ᄒᆞ야稱云調査ᄒᆞ며郡守가擧皆縮首ᄒᆞ야各郡에錢財를討索ᄒᆞᆫ다더라

●仁民見奪 仁川松림居리寅善씨의山阪이入于水道用地인ᄃᆡ及其出給地段代價之日에該府尹金潤晶씨가리씨를無故捉囚ᄒᆞ고四百圜을勒奪ᄒᆞᆫ後放送ᄒᆞ얏다더라

●인尹不法 인川知意堂居金善行씨가日前平理院에告訴ᄒᆞ얏ᄂᆞᆫᄃᆡ其事實을聞ᄒᆞᆫ즉김씨庶五寸이宗中山阪文券을僞造ᄒᆞ야乾沒賣喫ᄒᆞᆫ다ᄂᆞᆫ말을得聞ᄒᆞ고帝國新聞과萬歲報에廣告ᄒᆞᆫ後面長의게通告ᄒᆞ고面長은更히府尹金潤晶씨의계切勿見欺ᄒᆞ야勿爲認許之意로通告ᄒᆞ얏ᄂᆞᆫᄃᆡ該府尹은反히日人某씨와符同ᄒᆞ야故爲認許ᄒᆞ고김善行을捉囚ᄒᆞ고金六百圜을不日納上ᄒᆞ라고無數懲刑ᄒᆞ얏다더라

●漢江賊警 再昨夜에漢江居雜物商金某家에賊漢二名이各持六穴砲ᄒᆞ고突入廛房ᄒᆞ야金三百餘圜을掠奪以去ᄒᆞ얏다더라

●床奴賊情 再昨日中署에셔賊漢一名을捕捉ᄒᆞ얏ᄂᆞᆫᄃᆡ該賊漢의姓은盧요中署某氏家床奴로他人의財産을暗地竊取ᄒᆞ야近捕獄部에押ᄒᆞ야多數典執ᄒᆞ고實이經歷에以ᄒᆞ더라

●法官反常 平壤中和邑後洞에一盾果園을該地居리斗勳氏의所有者인ᄃᆡ黃州地方에居留ᄒᆞᄂᆞᆫ日人某가韓人無賴者로ᄒᆞ야금韓人이關買據으로議及ᄒᆞᆫ則幾乎見欺矣라가旋覺日人之圖買ᄒᆞ고不爲聽從則日本巡査部長이리씨의弟를捉去毆打ᄒᆞ거날該韓人民이多數往見ᄒᆞ야明其事實ᄒᆞ고仍爲率來ᄒᆞᆫ지라其後에日人이勒割리氏ᄒᆞ야欲成文券之際에多數人民이又爲往詰ᄒᆞᆫ즉日人이日此地民心이與黃州로大不相同ᄒᆞ니土地買收ᄂᆞᆫ不可生意라ᄒᆞ고仍爲退歸矣러니其後日人이何以周旋于觀察署理叅書官이던지現行法典에外人의게土地買渡ᄒᆞᄂᆞᆫ一條ᄂᆞᆫ有ᄒᆞ다고法部에報告ᄒᆞ야旨令을關得케ᄒᆞᆫ지라該地人民이往于法部ᄒᆞ야以其不可買渡ᄒᆞᆫ事狀으로懇切ᄒᆞᆫ言之ᄒᆞ되法部大臣及文書課長이乃曰外人의게土地買渡ᄒᆞᄂᆞᆫ것이旣是法典所載인則不可不旨令을ᄒᆞ야주ᄂᆞᆫ수박게업다ᄒᆞ얏다니嗟라韓國事情은法典이無ᄒᆞ던지官人이無ᄒᆞ얏ᄉᆞ면人民이自能保有其土地ᄒᆞ깃거ᄂᆞᆯ所謂官人과法典이有ᄒᆞᆷ으로反히外人의物買를助成코자ᄒᆞ니豈不寒心가ᄒᆞ더라

●稅官附日 南來人의傳信을據ᄒᆞᆫ즉晉州稅務官李丙儀氏ᄂᆞᆫ主事와該地派在ᄒᆞᆫ日人과通辦을締結ᄒᆞ야領收員을納路出差ᄒᆞ야業業을該費收取剩ᄒᆞ고所管各郡稅전을郡守의게委囑徵收ᄒᆞ야其剩을分食ᄒᆞ고日人의게他人을搆誣ᄒᆞ야使不得行止自由케ᄒᆞ야自巳의不法을隱匿ᄒᆞ고度支部에셔各郡稅剩을調査ᄒᆞ되利剩을分食ᄒᆞᆫ郡은日人과협勢ᄒᆞ야自意拔去ᄒᆞᆫ다더라

●公函演說 去土曜日에獨立館에셔宋秉畯氏가政府改革論으로演說ᄒᆞ얏ᄂᆞᆫᄃᆡ陰四月內로期於實施ᄒᆞᆫ다ᄒᆞ얏다더라

●江校運動 江華郡公立普通學校ᄂᆞᆫ設已久矣로되校況이凋殘ᄒᆞ야學徒가寥星ᄒᆞ더니敎員鄭重提氏가視務以後로夙夜不息ᄒᆞ고敎誨不倦ᄒᆞᄂᆞᆫ故로學徒가漸加ᄒᆞ야貳十名未滿ᄒᆞ든學徒가八十餘名에達ᄒᆞ얏고敎員成秀善씨가熱心贊助ᄒᆞᄂᆞᆫᄃᆡ該校運動式을今月七日에白蓮寺에셔擧行ᄒᆞ얏다더라

●廣學總會 漢城廣學會에셔來十六日(陰五日)에臨時總會를中學校內에設行ᄒᆞ고經議을講演ᄒᆞᆫ다더라

●兩會纂設 來日曜日에養正義塾에셔第二回紀念式을東門外녕道寺에設行ᄒᆞ고輔仁會總會를當日該寺에纂設ᄒᆞᆫ다더라

▲筆 下 春 秋▼

▲晩夏天氣에殘春이如夢이라芳草ᄂᆞᆫ如茵ᄒᆞ고濃陰은如海ᄒᆞ니如此佳景에不遊而何오內大에ᄂᆞᆫ山會와農相에白雲會와官相에ᄂᆞᆫ亭會와漢尹에桃山會ᄂᆞᆫ亦近日勝事라謂ᄒᆞᆯᄂᆞᆫ지

▲漢城內漕川一欵은有國大政이니及期不浚ᄒᆞ야潦水漲溢ᄒᆞ면家屋을毁頹ᄒᆞ고人民이被傷이라近日內部에셔該費額을度支部로請求ᄒᆞ되무슨事端이有ᄒᆞ던지延拖未撥ᄒᆞᆫ다니度支部에셔ᄂᆞᆫ許多事務를增設ᄒᆞ야國庫金을消費ᄒᆞ면셔大政에費額을相持ᄒᆞ니亦一不知ᄒᆞᆯ事로다

▲日前에議政府叅贊韓昌洙와度支協辦柳正秀二씨가內部에前往ᄒᆞ야該部協辦沈相翊氏와合席ᄒᆞ야郡守銓考ᄒᆞᆯ事로耳語가縮縮ᄒᆞ다가何許難處ᄒᆞᆫ事가잇ᄂᆞᆫ지不平ᄒᆞᆫ氣色이滿面ᄒᆞ얏다니元來偶語之際에不平之氣가露顯ᄒᆞ니柳諸氏에不平은不足怪哉로다

▲[illegible]學部顧問會에셔爲先家庭敎育을實行ᄒᆞ기爲ᄒᆞ야學徒父兄會를組織ᄒᆞ기로決議ᄒᆞ얏다니人人마다何祿에開見이腦髓에深入ᄒᆞ면學爲完成ᄒᆞ나習慣을變改ᄒᆞ니太任의胎敎와孟母에三遷之敎가實是作聖之功이오

▲日本에滯在ᄒᆞᆫ朴泳孝氏가東京을出發ᄒᆞ야現今神戶에셔逗留ᄒᆞᆫ다ᄂᆞᆫᄃᆡ中이라고某報에說道ᄒᆞ얏스니該氏에消息은雖聞이나歸國云云은實亦支離ᄒᆞ도다

▲近日에所謂開化黨은日人行爲를欲於긔効則ᄒᆞ야至於往復文字에御中과殿字와樣字等을必書하니各其方言이不同ᄒᆞ야日本은用日本方言ᄒᆞ고大韓은用大韓方言ᄒᆞᄂᆞᆫ대字義ᄂᆞᆫ不解ᄒᆞ고只用日本文字가全沒意味ᄒᆞ야便同東施效빈에醜態가百生이로다

▲漢城內商業界에셔居間人이口文만摘食ᄒᆞ기爲ᄒᆞ야各人處에實不實을不問ᄒᆞ고外上으로販賣ᄒᆞ다가擧皆蕩盡ᄒᆞᄂᆞᆫ人이比比有之ᄒᆞ니韓國內에商業이尙未發達ᄒᆞᆷ은推此可知로다

▲近日各地方에셔郡主事에奔競이大起ᄒᆞ야或侵報京部者도有ᄒᆞ고或疊報幾人者도有ᄒᆞ고或自相搆揑者도有ᄒᆞ야郡主事之上京圖囑者前日監賦增廣보다尤甚ᄒᆞ니韓國人에開明程度ᄂᆞᆫ尙在魔障中이로다

特別社告

本報가一般人士의愛讀으로以ᄒᆞ야漸次發達ᄒᆞᆫ效果를見ᄒᆞ니此ᄂᆞᆫ大韓人民의國家思想과開明程度가漸進홈이라吾儕ᄂᆞᆫ以爲ᄒᆞ되大韓의文化를開進코져ᄒᆞ면便利ᄒᆞᆫ國文을發達케홈에在ᄒᆞᆫ故로特히**國文報一部分**을幷爲發行ᄒᆞ야普通男女의智識을開廣코져ᄒᆞ오니有志ᄒᆞ신僉君子ᄂᆞᆫ本月內로本社에請求狀을送ᄒᆞ시옵

大韓每日申報社

廣告

本會運動處所를東小門外新興寺로更定ᄒᆞ오니今月十八日에光臨ᄒᆞ심을希望홈

青年會 告白

鐵山郡谷居前承旨吳在殷氏가陰三月廿日夜에姓名圖章을爲盜見失故로仰佈ᄒᆞ오니內外國人은知悉홈

金昌沃 告白

平壤居李召史의田土가本郡順坊下廟四里坐德所在啓字田北二十四行梯田十四卜一束과二作田七卜三束山坊五里頭洞所在戊字田南九直田七卜九束과同坊五里在院등里研字石家二間在三處新舊文券이며手票二張ᄒᆞ今年正月分에沒數閪失이오니內外國人間買與典執間切勿見欺ᄒᆞ시옵

皇甫宜 告白

咸北道鏡城觀察府署理叅書官朴學根氏ᄂᆞᆫ莅任以來로淸以爲德ᄒᆞ고愼以爲心ᄒᆞ고勤以爲善ᄒᆞ고進達國事에畢量竭誠ᄒᆞ며勸勉學校에課工日就ᄒᆞ며交涉日官에方略具全ᄒᆞ며訓飭各郡에閑塞賣任之路ᄒᆞ며民有申訴에呼之使前面而剖決如流ᄒᆞ며躬檢監獄에有便不欲ᄒᆞ며是非曲直에若決江河ᄒᆞ며不顧事情에不售挾逞之類ᄒᆞ며抑强扶殘에民皆安堵ᄒᆞ며賄賂之說에秋毫不犯ᄒᆞ기로愚夫愚婦頌聲不絶ᄒᆞ니石之賈太守之遺蹟과汲長孺之遺風이니祇止一叅書ᄂᆞᆫ可謂接棘之鳳이기玆以廣布홈

富寧張志秉 告白

●大邱郡斷烟償債會義捐ᄒᆞᆫ婦人姓氏와金額이如左홈 續

金夫人 壹兩三錢　文夫人 貳拾兩　尹成선夫人徐시 銀指環一部　金成彥夫人尹시 一兩　玄鶴伊母夫人吳시 一圓　白教初母夫人金시 二兩　徐丙奎母夫人尹시 一兩　李南得母夫人白시 二兩　李知淑母夫人秦시 一圓　尹六枝母夫人金시　李鍾五母夫人白시　徐達五夫人韓시　金時仲母夫人尹시 각一兩　金乃凡母夫人尹시 二兩　李允極母夫人夏시 一兩　許順一母부인林시　金時中부인李시 五十전　李容孝부인文시 각一兩　洪南杰부인朴시 一圓　李順鎭부人李시　命龍雲부인林시 ᄀᆞ五拾錢　李知淑부인劉시　李敬天부안申시 각一圓　金永淑부人崔시 二兩　崔萬達부人李시 三兩　金부人 一兩

徐丙吉부人尹시 二兩　金宜定母부인徐시 葉五錢 紙二전　曹振煥부人裵시　李万右母부人玄시 각一兩　崔東吉부人李시 二兩　韓禹淵부人徐시 二拾전　徐丙元母부人崔시　白元武夫人徐시 각一兩　金野山부인 二拾전　妓鸚鵡 壹百圓　采玉　快蓮　采蓮 각拾圓　粉來 四圓　小桃 壹圓　蓮玉　春玉 ᄀᆞ五拾錢　香仙 一圓　香蘭　玉仙　金玉 각二圓　小玉仙　貴紅 八拾錢　壹圓貳拾錢　竹香 壹圓　韓禹錫母부人徐시 六拾전　李起陽母부인裵시 銀耳機壹介　仝부人서시　金且益부人李시 二兩　同從嫂崔시 ᄀᆞ二兩　崔鳳東부인李시 一兩　崔君叔母夫人金시 三兩　姜大汝부人우시 四兩　서聖杓부인李시 三兩　서丙敎母부人李시 五兩　서得用모尹시 二兩　處女尙시　李元增모부人構시 二兩　梁應珠모부人崔시　梁益淳모부인鄭시　裡命得모부人서시　李相業모부人서시　仝夫人彭시　서述伊모부人韓시 각一냥　서昌奎모부인張시　梁益淳부人裵시　李慶오부인李시　崔允興모부人서시　陳成安모夫人鄭시　孫仁쇠모부人尹시　崔在德外조모白시　朴萬大조모부人崔시 각一냥　오元伊조모부人서시　梁賢守모부人尹시 각伍전　李會贊부人朴시

朴聖寬夫人金시 각五十전　尹부人　金夫人 각二十전

未完

철원읍관동니거ᄒᆞᄂᆞᆫ김ᄉᆞ경은본ᄃᆡ부랑피류로무례쳥둔로감관을보옵다가은결협잡과작인로셕이무슈지쳐와일옵니소공지옵기로본쳐의셔아옵시고둔토감관을본인으로초졍ᄒᆞ와인을빙단으로모합ᄒᆞ옵기로본가불양ᄒᆞᆫ마옴으로상경ᄒᆞ와본슈연을거ᄒᆞᆫ와솝던니ᄉᆞ경니넌니소자거졍ᄒᆞ와지판을쳥ᄒᆞ은슈쥭위도라허와기ᄆᆞ나려가부드려三位경갑압히와셔지판을ᄒᆞ옵고ᄉᆞ경니무함헌죄로눈을쎄려ᄒᆞ온즉ᄉᆞ경니복길ᄒᆞ오면경감옵셔도지삼말유ᄒᆞ옵기로라쳠허와ᄉᆞ온나종시불량지십두어본인을모거ᄒᆞ옵기로니ᄎᆞ광고ᄒᆞ오니경향간쳠군ᄌᆞᄂᆞᆫ됴량ᄒᆞ옵소셔

철원읍관동니거 쳔희쥬고ᄇᆡᆨ

本學會의月例通常總會를本月五日에雨勢를因ᄒᆞ야不得開會이온바緊急ᄒᆞᆫ事件이有ᄒᆞ야臨時總會를本月十九日(陰四月初八日)**上午十時**에**東門外永道寺**에開ᄒᆞ오니僉會員은趁期來臨ᄒᆞ심을敬望홈

補仁學會 告白

特別廣告

內外書籍新舊學文幷販賣所

大邱刷遣洞金긔鴻

◎活動寫眞廣告◎

今番에始作ᄒᆞᆫ活動寫眞은法國巴里京에셔有名ᄒᆞᆫ거시오또ᄒᆞᆫ大韓국 皇室에셔먼져看品ᄒᆞ셧고始作ᄒᆞᆫ지數日에遊覽ᄒᆞ시ᄂᆞᆫ첨君子가多數枉臨ᄒᆞ시와坐處가넙쳐셔晩到ᄒᆞ시면不便ᄒᆞ오니速々枉臨홈

活動은自下午八点至九点

名唱善舞歌童과唱和吹笛은白九点至十点

賣票時 七点半始賣

入場票 上等新貨三十錢 中等十五錢 小童十錢

新門외시달이목東便벽돌집

法人 馬田 告ᄇᆡᆨ

●일본遊覽者募集

一遊覽會員募集 人員은五十名으로一團을成ᄒᆞ니한일인을不問ᄒᆞ고速히請入ᄒᆞ시옴

一巡遊地 東京博覽會橫빈京都大阪神戶

一往復일數 더抵十七일間

一浮費 遊覽費及手數料을合ᄒᆞ야總計四十八圓

一出發일 請入順次를從ᄒᆞ야出發三일前에直接히通知홈

一請入所 在京성各신聞社五十八銀行경성支店 天一銀行

一會員은遊覽을終ᄒᆞ야開散ᄒᆞᆫ後ᄂᆞᆫ本會와關係가小無홈

一南대門셔釜山으로直行ᄒᆞ던지或은東경으로直行하ᄂᆞᆫ者의對ᄒᆞ야도同一便法으로同行請人을應諾홈

일本人遊람協會事務所경성南대門通

東亞商會

金瑞용이性本浮浪ᄒᆞ야年纔二十에不憚內外國債ᄒᆞ고隨得隨用에蕩産無餘而尙不悛習ᄒᆞ고留各處ᄒᆞ야締結亂類에或僞造圖章ᄒᆞ며僞造券ᄒᆞ야欲爲得債ᄒᆞ오니毋論內外國人ᄒᆞ고如或見欺酬應이라도其人也已是浮浪ᄒᆞ고其父也已爲蕩産亦立ᄒᆞ니幸勿見欺홈

鳳山沙里院金振聲 告白

本店에春服衣次각種이自英국으로多數來到ᄒᆞ얏사오니陸續來購ᄒᆞ시옵

貞洞源泰양服裁縫店 告白

本人의經十數이가性本浮浪하야扶同雜類하고出沒京鄉ᄒᆞ야本人之庄土二石十ᄉᆞ斗落田三日耕柴場三區가在於振威丙坡余方面而將欲暗賣故로玆以廣告ᄒᆞ니內外國人은切勿見欺홈

韓恭履 告白

西署新門外鍮동百八十大統三戶

辯護士 前檢事 前判事 正三品 丁明燮

法律事務所

事務員前主事吳在淳

◎增修無冤錄大全

壹帙 壹百七十頁

定價金新貨七拾五錢

此增修無冤錄大全은法律家의最緊要ᄒᆞᆫ書籍이온되年來現本이殆히絶種에至ᄒᆞᆫ지라故로法部에認可를得ᄒᆞ옵고此를新刊ᄒᆞ얏삽ᄂᆞᆫ되國漢文으로解釋ᄒᆞ야模糊ᄒᆞᆫ句節이無ᄒᆞ오니法律學에有志ᄒᆞ신니와字牧之任에居ᄒᆞ신니ᄂᆞᆫ不得不覽ᄒᆞᆯ冊子이오니速速購覽ᄒᆞ시옵

中署布屛下

廣學書舖 김相萬 發售所

本人弟建瑞가穀商居間으로今春에他人債款를多數乞逋ᄒᆞ고積蕩失性ᄒᆞ온바本人이斥賣家産ᄒᆞ야債欵를磨勘後猝地赤立이오니內外國人間此人과分錢相關이라도白失ᄒᆞᆯ터이니切勿見欺홈

海州於乞坊康岐瑞 告白

本人이日本大阪商業家와特約ᄒᆞ고日本內地産出各種物品과西洋各種物品及機械等物을我大韓에輸入과委托을便利케契約ᄒᆞ얏ᄉᆞ오니商工業에有意ᄒᆞ신僉君子ᄂᆞᆫ某物이든지請求코져ᄒᆞ시거든本社로來議ᄒᆞ시오本社에셔ᄂᆞᆫ手數料金만領受홈

興業社本店 開城北部祥洞

支店京城南門內水橋五十一統六號

培養會社 全仁性內廣濟號

本府尹署理叅書官朴준煥氏行政上治績은已爲新聞上廣告이거니와赴駕以後로廣採輿論ᄒᆞ고細究民瘼하야民間之白地徵稅를一々蠲去ᄒᆞ고檢括吏서ᄒᆞ야隱戶隱結을這々陞摠ᄒᆞ니國家正供이倍有增加ᄒᆞ고無名雜稅를幷爲革罷ᄒᆞ니民戶之歎歎이專空ᄒᆞ야各安其業ᄒᆞ고校齋享需賭租를挽年挾雜輩가太半乾沒을這々還推ᄒᆞ야以補奠祭ᄒᆞ니儒림之培養이更進ᄒᆞ고曉諭坊面ᄒᆞ며修成節目ᄒᆞ야倡設學校ᄒᆞ고敎育人材ᄒᆞ니出々之氓이如夢初覺ᄒᆞ고內外國人의詞訟處判을一視公決ᄒᆞ야各得其情ᄒᆞ니一境士民이咸頌來暮ᄒᆞ야港面之間에立碑頌德ᄒᆞ고且表鄕儒與面長ᄒᆞ야以廣歎悃故로本人等이千里과足上來ᄒᆞ야玆以廣布홈

務安府 鄕儒朴긔哲 金周섭 金善長 面長徐相元 高碩柱 丁炳云等 告白

電話七二五番開通홈

京城皇土峴紀念碑前

大韓西양御料理

明月館

國債報償義捐金 收入廣告

●洪川郡詠歸美면月暈里
南宮標 廿五錢 南宮정
貳拾전 前主事南宮楨貳圓
南宮오 前主事南宮極各壹圓
南宮권 리長吉 各拾전
辛昌鶴 貳拾錢 김인培
오순實 崔商林 各拾전
姜和實 五錢 朴來景
拾錢 南宮杞 拾오錢
南宮令 五拾전 南宮澄
三拾錢 南宮경
前叅奉南宮泳 各廿錢
金熊孫 拾五錢 金七룡
南宮林 김正培 김光再
각十錢 廉八用 五전
邊奉吉 肆拾전 邊壯元
貳拾錢 오泰根 오守奉
각拾錢 리艮石 七錢五厘
오裵奎 邊漢吉 四拾錢
林學徐 南宮학 姜再玉
오泰元 南宮汝
남宮형 各拾錢
姜日奉 金先奉 각廿전
趙守大 拾전 金公浩
三拾錢 姜壯實 宋景先
池富吉 각拾錢 姜英福
貳拾錢 니驗石 拾전
邊元弼 邊永根 邊支石
각廿錢 金永秀 池榮達
각拾전 니奎東 壹圓
니正榮 卌전 趙三祿
貳拾錢 邊壯得 拾전
니有景 니洪石 각五錢
朴應善 韓正萬 각拾전
南宮根 邊永弼 朴今用
각廿錢 金顯石 金熊石
南宮汀 南宮梓 각拾전
邊甲星 廿拾전 南宮열
拾전 南宮철 五拾전
南宮학 權春吉 南宮극
邊五實 金永石 니得壽
니成實 니行福 니萬奉
林順日 각拾전 姜云搭
南宮필 각五拾전 南宮무
貳拾錢 龍金山 權漢洙
姜玉吉 각拾錢 南宮汪
貳拾전 南宮泰 拾전
니正儀 壹圓卅錢
合拾九원五拾貳錢五厘

●通津古伊串面石井里
宋淳學 拾전 오華植
김仁化 각壹圓 東辰永
徐奇成 許仲心 金世先
金聖西 金明西 각十전
文大玄 五拾錢 金永順
壹圓 盧云交 姜云叙
張春化 金仕玄 각拾전
金仲玄 貳拾錢 金仕弘
金聖支 각拾전 洪公信
伍拾전 金三善 張學重
尹昌吉 金仕燁 각拾전
文今實 四拾전 金福用
김貴先 文今用 文學守
文德支 林鶴支 文石鳳
盧石支 林順然 각拾錢
合七圓貳拾전

●清州郡國債報償會
金允五 拾圓 朴齊洪
니東信 각伍圓 니根元
貳圓 閔平鎬 三圓
任謙宰 김允性 니鳳求
崔榮澤 金源培 각壹圓
니有聲 朴基元 鄭致明
각拾전 니根榮 三圓
김景玉 貳圓 徐相珍
鄭仁源 權彛秉 각壹圓
김士亨 김在亨 張道明
張道淵 方化成 盧致洙
각廿전 오舜根 五圓
尹益秀 壹圓 姜淳
김思根 尹元一 니起英
극廿전 朴永瑞 尹仁範
張浩成 黃道源 각拾錢
金思興 卌錢 김思一
五전 김好興 拾五전
郭泰鉉 壹圓
合四拾八圓廿전

●山清郡巴只面召南村趙氏門中
丕泰孝 壹圓 趙榮孝
四拾錢 趙敬孝 趙東奎
趙鏞翼 趙鏞成 각卅錢
趙鏞일 四拾전 趙용學
參拾錢 趙용得 壹圓
趙용甚 拾錢 趙命濟
貳拾전 趙석濟 五拾전
趙時濟 陸拾전 趙完濟
參拾전 趙宜濟 趙鳳濟
趙克濟 丕龍濟 丕光濟
丕奉濟 丕찬濟 각廿전
丕鎬來壹圓 丕昌來
參拾圓 丕相來 四拾전
趙成來 貳拾錢 趙秉來
五拾전 丕璧來 壹圓
丕鐘來 四拾전 丕英來
丕경來 丕啓來 각廿錢
丕敬來 拾전 丕顯珪
拾壹圓 丕顯瑢 參圓
丕顯介 貳圓 丕顯成
丕顯與 각廿錢 丕聖錫
貳圓 丕萬龍 丕萬洙
丕萬重 각拾전
合陸拾圓參拾錢

▲동民等
鄭禧甲 壹圓 鄭禧疇
廿전 金善直 姜善洪
김正주 김允若 극壹圓
김祥琪 八十錢 김漢柱
七十貳전 김祥律 六十八錢
김泰鎭 김在鍾 각六十錢
禹순益 河成源 각五拾전
김永俊 四拾六錢 鄭福大
四拾貳錢 오金石 丕三俊
극四拾전 니化成 니文俊
각參拾전 김守福 參拾八錢
니允文 廿貳전 김亨斗
朴熊佛 安守贊 高雙童
박石俊 盧義石 각廿拾전
丕性仲 拾八錢 魯大敬
拾四錢 權斗坤 高鳳先
각拾전 許瑨 六圓
合拾四圓伍拾陸전

●龍仁郡道村面新里
前主事具承祖貳圓 李林儀
貳拾전 具然轍 四拾전
李成儀 具龍會 각廿전
니舜翼 權寧植 각拾전
申學支 三拾전
前侍御具榮祖 五拾전
니萬九 李起漢 李容三
崔元植 각拾전 具[illegible]書
崔仁甫 林用龍 宋元一
각廿전 宋元轍 拾전

▲堂里
前議官具赫[illegible]壹圓 니振燮
貳拾錢 安升 三拾錢
具然台 四拾전 니正根
三拾전 니輔哲 拾錢
니源稷 김顯文 각廿전
리允鎭 元觀學 니源學
崔永五 姜君一 극拾전

▲屯里
具然支 貳拾전 리圭錫
리圭섭 리明甫 각拾전
리明實 貳拾전

△山亭里
리奎宰 三拾전 安教善
前叅奉리正儀 각九拾전
安奎商 四拾전 리起東
九拾錢 리起万 四十전
安教昇 卅전 리師儀
廿전 리康祚 十전 安教定
廿전 權亨奎 四十전 鄭煥설
廿전 鄭煥稷 十전 니漢成
五전 安教德 安教恒
니起完 리起大 각十錢
니起春五전 黃大源 류宗혁
각拾전 房箕七 三十전
房箕斗 오十전 趙慶城
韓在明 각十전
前司果리信宰 오十전
니善有 朴景叔 각十전
김興石 박福用 鄭千万
權順業 각五錢 林用順
十錢 宋憲男 貳十전
前進士安敎[illegible] 貳十전

△三淸里
進士沈紹澤壹圓 김國鉉
五十전 崔昌鉉 十전
김永福 五十전 김漢洙
六十전 김永奎 鄭永澤
洪完述 김永青 김永星
각五十전 鄭秉昌 三十전
김應三 貳十전 김周鉉
六十전 김守敬 김鎭鉉
김周鉉 김英식 각廿전
김永男 卅錢 김永敏
金明鉉 김万甫 최鳳來
김永錫 각廿전 니化運
리宗玄 鄭明實 孫裕甫
박聖賢 김知鎭 최召史
박永蓄 김万石 김成鉉
각十전 김永植 貳十전

△西基
柳興先 貳圓 니泰燮卅전
니致洪 柳秉天 柳秉得
니昌鉉 니建鉉 니升熙
柳秉櫶 柳昌基 각廿錢
柳秉奭 十전 柳興文
三十錢 柳秉善 十전
閔寬植 卅錢 김永業
拾전 河仲돌 柳興龍
각廿錢 柳秉泰 拾錢
千支年 니在弘 니在龍
니元汝 각廿錢 柳秦永
安敎舜 安喜天 각拾전
니東熏 貳拾錢 니順日
鄭在元 각拾전 김鎭构
四拾錢 니圭采 安喜年
각卅錢

△都庄里
鄭斗鎔 三十전 南庭紀
鄭建鎔 각十전 니復榮
三十錢 니益榮 니觀榮
각十전 南庭喜 鄭煥興
극廿전 柳遠植 五전

△杏亭里
니尙熙 柳秉穆 니基洪
니빈 각廿錢 니基夏
拾전 김斗秀 貳十錢
니濟鳳 十錢 니建熙
貳十錢 최云서 權在學
김致文 각十錢

△水洗洞
睦源應 四十錢 朴熙祚
十錢 前先達申泰元壹원
睦永信 五十錢 니茂敬
睦雲信 박翊教 각十錢
김用珍 廿錢 박永植
拾錢 오學童 五錢
安善甫 김聖實 各廿錢
니善汝 龍命天 각拾錢
申召史 김永春 각廿錢
니善明 卅錢 김永化
徐녕實 각廿錢 洪光雲
니元汝 韓俊成 니聖雲
申元才각十錢 前叅奉니善支
貳拾錢 金俊汝 五전
合四拾三圓十五錢

●江華上道面場下洞
前主事權炳斗 韓相益
前出身김濟德 각貳圓
韓兗教 韓창殷극壹圓 오十전
韓相용 韓鴻錫 리學奎 韓東錫
리教元 리熙赫 祿商朴明實
韓用澈 韓炳洙 韓宅錫
김榮진 韓禎殷 극壹圓
朴承寅 柳相健 黃鍾[illegible]
黃時용 韓用益 김貞默
韓體教 黃時聖 韓明玉
韓七汝 김允섭 김公瑞
黃鍾泰 韓云三 韓道京
韓士賢 韓弘教 리熙德
정元西 韓鳳洙 韓창洙
崔萬齡 리學鎭 柳賢學
韓相傑각五拾전 리明載
리열鍾 黃時雲 洪春섭
리亨會각卅伍錢 韓敎京
卄오전 김俊汝 韓順道
韓用淵各卅五전 韓寅洙
五拾전 韓潤教 卅五錢
韓雲教 二拾전 韓鵬烈
韓孝民 韓致伯 韓창烈
김忠汝 韓致弘 韓士汝
韓瑢云 韓敬仁 韓[illegible]伯
柳永培 리云西 韓[illegible]
韓鼎錫 韓而教 [illegible]
黃基주 리化西 경[illegible]
리영宇 黃英好 [illegible]春
黃時德 김德京 黃俊文
김永[illegible] 朴[illegible] 리士賢
각拾전
合四拾四圓四拾錢

●振威二西面上柰川里
趙觀淵 四拾전
前主事趙榮柱貳圓 趙[illegible]淵
廿전 趙東健 [illegible]
趙炳文八拾五전 趙[illegible]인
趙基柱 趙弼庠
趙鋼柱 趙東棒 趙[illegible]九
趙[illegible]鉉 趙景河 김황
각四拾[illegible] 리敎宇 拾[illegible]
협戶趙鍾柱 趙重淵各拾五錢
趙[illegible]柱 拾전 白德[illegible] 卄錢
趙熙鉉 崔中五 각拾[illegible]錢
趙石주 前趙德鉉 趙辰夏
崔召史 宋德文 徐金돌
극拾전 趙洛주 拾伍전
趙景燕 九拾錢 趙주鉉
趙鳳주 各四拾錢
合拾貳圓貳拾전

總合二百四拾五圓五拾三錢五厘
前號總合九千五百拾三圓五十四錢七厘
都總合九千七百五十九圓○八錢二厘

◎特別廣告◎

國債報償金而日所捧은姑未合計이고伊前日所捧總合二萬七千八百四十圓四拾一錢은銀行會社內銀行의貯置ᄒᆞ얏ᄉᆞ고其貯置額中에셔九千五百圓은국債報償志願金總合所로越交홈
大韓每日申報社

(明治三十八年八月十一日第三種郵便物認可) 木曜日 西曆一千九百七年五月十六日 (一

第五卷

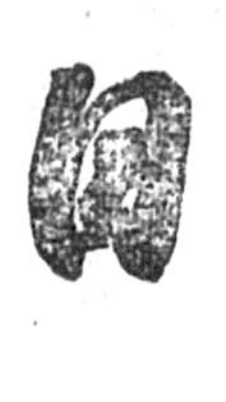

第五百十三號

月曜及慶節歲時日休刊

檀君開國四千二百四十年
箕子元年三千二十九年
大韓開國五百十六年
日本明治四十年
淸國光緒三十三年
◉陰曆丁未四月大初五日乙丑

文苑

祭勉菴崔先生文 咸陽海坪李炳憲

嗚呼慟哉天之降先生也鍾之以剛大直方之氣使之壁立而不撓餉之以憂患疢疾之척使之動心而益勵是將厚其生而責其成以幸斯世也奈之何八耋[illegible]半籍未展奄然齎志而歿於絶島之外也耶此未易以自仁天責先生之意而先生造斯世之量也

嗚呼惜哉國家之與日定約自丙子而東亞之局面已頓變矣彼日脅約在乙巳而左海之種族且不兢矣當海關開通之始先生乃抗疏天陛身爲一國斥和之盟主至往年勒約之變而編合義旅欲以赤手復已去之國權義之所在固當如此而存識之士或疑其濶於事情也竊詳夫投書日廷聲罪致討之意則先生去就已素定於胸中而維持平和以保我全亞之同種則乃其平日所眷眷者也

若幸而日國行保全之實策韓廷祛排外之虛習以至公惻怛之誠意施維新應變之政略內而自省足食足兵外而柔遠畏天樂天則我韓之事寧渠至如今日者而先生必將讚襄而贊成矣不幸而日廉之狡猾到底無狀渝盟背約恣以勒脅蠶如先生初料則先生之爲此舉者所以示我韓之不服於天下而倡人類之公議警種界之同胞者也東亞平和之主義其繼此而興矣乎

竊念先生粵自五齡發靑辭先生之門得聞洛敬閒直之訓爲治心律已之宗詮分疎乎退栗理氣之論切시乎金柳師友之間博致精探務求至當已不似世專門大家各守已見不相乳入者矣晩而見俗儒之작繞於口耳以爲無先輩賢許多力量看理實底不出恪循路儒者計矣俗輩之苦不自量力誅사舉言性命之教已早自爲末事紛競吁亦何心炳憲以嶺外[illegible]生慨道國論議之不一初謁先生於靑城之[illegible]溪匯拜于龜洞寓舍評討今古有疑請益則先生輒從容暢論務期實踐不設畦逕以待之河南過路繼臨奬廬以勗之親予小子受賜極矣

乙巳之冬自見國權之墜地方綏頫于縉紳碩德閒勸其從容封疏直走日廷論其出直陳其利害亟請改約則事未可知而脫有不從則以死殉之亦足以有辭於天下萬國矣終未有省之者卒之辦命募義越境致書擯秦纍而殉燕獄者惟先生一人而已

嗚呼惜哉祖國之復覩未復은一老而不遺孤臣之遺恨難洩聽變虹而猶在泰山其頹矣小子安仰敢薦一酌玆表寸誠伏惟尊靈鑑此尙饗

世人之論先生者ㅣ但謂其篤於守舊ᄒ며烈於排外ᄒ야有賈古卓絶之忠節이오未有識時達變之政策이라ᄒ니此는非深知先生者라盖先生之卓見이實欲因時制宜ᄒ야一新國家之度政ᄒ고聯好隣邦ᄒ야維持東方之大局者ㅣ니使其居廟堂之上ᄒ야主張世論ᄒ며設施 畧이면豈徒大韓人民이蒙其福澤이리오必使東亞三國으로鞏固其唇齒之大勢이거늘嗇彼不仁ᄒ가卒使先生으로出於不得已之擧ᄒ야表明其一幾字而已則豈不天哉아

讀先生之致日本政府書와及謹告士民書ᄒ면其洞見時勢가亦非餘人所及이라人之哭吊先生者ㅣ盖亦多矣로ᄃ未有論及於是者ㅣ니惟此祭文이實有見於先生之主義也ㅣ니豈不賢哉아爲之揭載ᄒ야以告當世君子ᄒ노라本社員某는識홈

官報

◉第三千七百六十六號 光武十一年五月十五日

◉敍任及辭令

秘書監丞李弼柱
仝 李德柱
依願免本官
正三品吳日英 仝 朴鎬秉
任秘書監丞
秘書監丞吳日英
仝 朴鎬秉
康陵參奉宋[illegible]洙
依願免本官
從二品徐相大
命秘書監丞
正三品李弼柱
任秘書監丞
從一品[illegible]
任陸軍副將
度支部司稅局長李健榮
任忠淸南道觀察使
從二品[illegible]相
任全羅南道觀察使
警務廳警務官 正三品金[illegible]秀
任法部參書官
濟州郡通譯官補李[illegible]
依願免本官
兼任濟州裁判所通譯官補
全羅道觀察道通譯官補徐基[illegible]
兼任全羅南道觀察道裁判所通譯官補
龍川府通譯官補張[illegible]
兼任龍川港裁判所通譯官補
任公立咸興普通學校副敎員 文錫元

外報

◉英國의新戰艦 英國海軍省에셔農耆에戰鬪艦드렛도노트式의第四號艦을아무스도롱會社에注文ᄒ야스다푸라命名ᄒ얏ᄂᆫ디該艦製造에對ᄒ야列强의注意를惹起ᄒ얏스나英國이秘密을嚴守홈으로其內容을知悉치未ᄒ얏ᄃᆫ드렛노트式의戰鬪艦三隻에比ᄒ면更히改良ᄒ야噸數가二萬三千噸이니世界無比의巨艦이라ᄒ더라

◉淸國의外債 東京電에云ᄒ되淸國政府가外債十兆元을借ᄒ야써機器局을設立ᄒ며鐵路敷設等用을準備ᄒ기로ᄒ엿다더라

◉政治書籍의刊布 淸國政府에셔出洋考政大臣의購來ᄒ各國政治書籍을業已編擇成書ᄒ얏슨則應宜케印頒行ᄒ야以開民智홀지라考政大臣等이請ᄒ야從速刊印ᄒ되所需經費ᄂᆫ度支部로由ᄒ야發給ᄒ고現在에澤公과戴尙書가南洋大臣端方氏를電致ᄒ야會商ᄒ고不日에刊印印行ᄒ다더라

◉印度不穩 倫敦電을據ᄒ則印度政府에셔地方政廳에對ᄒ야重要ᄒ通牒을送交ᄒ얏ᄂᆫ디其目的은印度의高等敎育에從師及生徒가政治運動에關係ᄒᄂᆫ傾向이有ᄒ으로此危險을防遏ᄒ기爲ᄒ이라더라

雜報

◉平守恤民 平창郡守金台錫氏가리任三載에實心做治ᄒ더니上年陰十月의大和면芳림의忽然失火ᄒ야連燒十戶ᄒ야民難支保ᄒ건날該守가躬往審察ᄒ야租十石과錢二百五十緡을捐義援助ᄒ야使之安堵케ᄒ고郡主事李秉都씨도亦以十元으로助恤ᄒ얏다더라

◉千起翻起 仁川港의角동千起義塾은本港有志紳士諸氏가發起ᄒ야其址를三千사百五十二圜으로買入ᄒ고建築費ᄂᆫ爲先二千圜으로算定ᄒ야양製로新建ᄒ얏ᄂᆫ디該金額은昨年中의신商會社에셔一千圜과其他各社會에셔[illegible]金潤晶氏와社長鄭在洪氏가熱心擔任ᄒ야期圖完成ᄒ되日昨에仁川各社會重主任을該塾에請邀ᄒ고港內各社會重任과該塾主任이會集ᄒ야維持方針과任員組織을議決ᄒ얏ᄂᆫ디大信商會社에셔每朔三十圜式시商社에셔每朔二十圜式米商會社에셔每朔二十圜式金鳳儀氏가每朔三十圜式擔任捐助ᄒ야永久維持ᄒ기로確定ᄒ며其他某某社會와或個人的으로出義ᄒ諸씨가尙多ᄒ다ᄒ고任員은塾長에徐丙轍씨요總敎師ᄂᆫ李鍾星씨요副敎師二人은現方選任ᄒᄂᆫ디이오監督은總敎師가姑爲兼行ᄒ다ᄒ니該港有志諸씨의熱心敎育ᄒᄂᆫ義務와塾長敎師를社會上名譽人으로推選ᄒ이實上開進文明의基礎니切切攢賀ᄒ노라ᄒ얏더라

◉留日本斷指學生의來函 崔昌植等二十八人義捐諸씨座下에謹拜仰佈ᄒᄋᆸᄂ니本人等의學資中絶하야困難ᄒᄂᆫ情狀을貴報에셔揭佈ᄒ에여[illegible]起에隨誠捐助하야先救胎急ᄒ시고更補善後ᄒ시니發起諸씨의愛護ᄒ심과義捐諸씨의矜恤ᄒ신恩澤을淪肌刻髓ᄒ야死亦難忘이온지라뼈々座下에感謝ᄒᄋᆸ는뜻을면々히抒獻키不能ᄒ와玆以廣布에拜頌恩德ᄒ오며捐金額을左에粘錄ᄒ오니洞亮ᄒ시ᄋᆸ

張憲植 石鎭衡 兪承兼
劉文煥 尹致오 盧伯麟
柳東說 李甲 金祥演
金基元 尙호 李敏설
申羽均 申海永 金彰漢
兪星濬 閔健植 諸씨의發起募集ᄒ金額一千九百八十圜三十一錢은該諸씨에셔學部에委托하야學資를補充케ᄒ얏사오니

本人等에게로直接寄付ᄒ金額은如左홈

朴勝彬 百圜 尹定夏 三圜
靑年會諸員 十圜五十錢
朴容喜 二圜 全錫弘 三圜
太極學會諸員 四十三圜廿錢
漢錫靑年會諸員 十七圓七十錢
共修會諸員 卌陸圜五十錢
留學生總會諸員 卌圜
光武學校學友會諸員 六圜五十六錢
李海忠 五十圜 林圭 五圜
以上諸씨在日本留學生
安[illegible]鎬 卄圜 安公翊 五圜
右씨自美國으로過去日本時義捐
李필和 五十圜 尹국炳 三圜
李天人 一錠氏 廿一圜
閔[illegible]國 沐徽氏 五十圜
金[illegible]品 五圜 李政秀 三圜
淸州[illegible]城中學校敎友會 卄圜
漢南學校[illegible] 五十圜
大韓每日申報社募集 貳百十圜
太極學會發起 五十圜
西友學會諸員 貳百圜
京城光武學校諸員 廿一圜
京城[illegible] 卌圜
靑年會諸員
京鄕新聞社 十八圓五十三錢
美國河邊韓人共立協會 卌圜卌錢
洛東親睦會 五圜
以上合金壹千參拾九圜貳拾九錢也

光武十一年五月二日
二十一人代表 崔昌五 劉永熙 朴九[illegible]

雜報

●偵探修報　宮內府에셔權任一人과別巡檢三十名을各署에派送ᄒᆞ야各部官人의行爲不正과賊警火災와內外國人의行動을一々偵探ᄒᆞ야每日該府로修報ᄒᆞᆫ다더라

●內相詩會　內相李址鎔氏가日昨龍山江亭에셔詩會를大開ᄒᆞ얏다더라

●稅政調査　度支部에셔地方稅務濫捧事로會議ᄒᆞ얏다ᄂᆞᆫ說은昨報에已揭어니와日人某氏ᄂᆞᆫ濫捧ᄒᆞᆫ稅官을爲先免官ᄒᆞ자ᄒᆞ고該部大臣閔泳綺氏ᄂᆞᆫ此是傳說이오姑無確據인즉濫捧委折을別派耳目ᄒᆞ야這々調査後罷免ᄒᆞᄂᆞᆫ거시可ᄒᆞ다ᄒᆞ야各地方稅政을方今調査ᄒᆞᆫ다더라

●討錢被捉　日巡査某시가尙辦褒錫鎬시의게錢九千圜을討食ᄒᆞᆫ事가現露ᄒᆞ야巡事廳에發日捉囚ᄒᆞ얏다가日本으로逐歸ᄒᆞ얏다더라

●學協解任　學部協辦閔衡植씨解任奏本을政府에셔奏本ᄒᆞ야解任되얏더라

●協辦交接費　各部協辦을月俸外에交接費每朔一百五十圜式支撥하기로決定되얏다더라

●偏護日商　內部警務局에셔巡檢服裝帽子二千介와被服四千件과洋鞋二千部와軍刀二千介을日本商民의게品好者로注文契約ᄒᆞ얏더니及其製來該物品을調査ᄒᆞᆫ즉外面幾件만品質이稍優ᄒᆞ고其餘ᄂᆞᆫ沒數品劣이이라欲爲還退ᄒᆞᆫ즉在傍警視들이左右勸請ᄒᆞ되若有還退則商民에損害가夥多ᄒᆞ니依受ᄒᆞ라ᄒᆞ거ᄂᆞᆯ警務局에셔無數升降ᄒᆞ다가帽子二千介만還退ᄒᆞ고被服價ᄂᆞᆫ三分의一을減却ᄒᆞ라다가警觀들이不聽ᄒᆞᄂᆞᆫ지라不得已十分의一을減價ᄒᆞ얏다더라

●違規質辦　修學院長李根湘시가日昨夜에宮內府顧問加藤增雄시와補佐官滿園壽氏를帶同陛見ᄒᆞ고十二時量에退闕ᄒᆞᄂᆞᆫ되把門巡檢이李根湘씨를對ᄒᆞ야日奏事時間이元來十一時에過ᄒᆞᄂᆞᆫ規例가無ᄒᆞᆫ되十二時에退闕이實違定規라고一塲質辦ᄒᆞ얏다더라

●處絞奏本　江原道裁判所審理强盜罪人三名과平南裁判所審理强盜罪人十名과平北裁判所審理强盜罪人五名合十八名處絞奏本을法部에셔呈上ᄒᆞ얏더라

●尙未頒布　日昨政府會議에李圭恒씨로學部協辦을叙任ᄒᆞ기로決定ᄒᆞ야勅旨까지裁呈ᄒᆞ얏ᄂᆞᆫ되尙未頒布ᄒᆞᆫ理由를未知ᄒᆞᆫ깃다고巷說이有ᄒᆞ더라

●法人入京　法國人本加道씨가數日前에入城ᄒᆞ얏다더라

●直照昧例　內部警務局에셔忠南裁判所에公函ᄒᆞ되頃有貴照會事로洊到貴照가辭多峻切ᄒᆞ니不勝滋感인바崔建鎬案件은照明法部ᄒᆞ야有所妥決이거ᄂᆞᆯ前後行文이殊涉張皇이라如有異見이어든直報法部ᄒᆞ야견照措處가乃其當然인되不揣事實ᄒᆞ고如是直照가實是昧例인則貴照ᄂᆞᆫ卽爲繳交이고從後에有如此면不爲ᄒᆞᆯ事로與部大臣작教를承有ᄒᆞ야貴照會를점附仰布라ᄒᆞ얏더라

●九分日人　仁川府尹金潤晶씨ᄂᆞᆫ日人의게挾嫌ᄒᆞ야府尹을圖得ᄒᆞᆫ後若或有日人關係事면渠自爲日人ᄒᆞ야處決ᄒᆞ며若或有日人開口者면幾乎半死ᄒᆞ야당황若罔知攸措ᄒᆞ니如此人物은非大韓國民이라寧稱日人之奴隷라고巷說이紛紜ᄒᆞ다더라

●自進勸告　向日陸軍副將흥某氏ᄂᆞᆫ顧問某氏의게國太公畵蘭屛과烏銅煙와煖爐各一件과細簾十件과虎皮二領을贈遺ᄒᆞ고勸告를得ᄒᆞ야副將을陞任ᄒᆞᆫ지라宗室某氏가慨歎曰皇室近親이外人의勸告도官職을圖得ᄒᆞ니此ᄂᆞᆫ勸告를自進ᄒᆞᆫ바라我ᄂᆞᆫ雖無官餓死라도決不爲如此之行이라ᄒᆞ얏다더라

●機守慈善　機張郡守[illegible]佐씨ᄂᆞᆫ三月十四日夜半에本郡界洋海에輪船이破時에韓民十三名이倖生下陸而每員에錢三兩式惠給ᄒᆞ고其中老者一人을錢一貫을加惠ᄒᆞ얏다더라

●一轉一任　監獄署長李政秀씨ᄂᆞᆫ平壤警務官으로轉任ᄒᆞ고其代에ᄂᆞᆫ前西署長柳冀亮시가被任ᄒᆞᆫ다더라

●叙任相持　度支部司稅局長李健榮씨觀察使로轉任ᄒᆞᆫ代에事務에熟ᄒᆞ고持心公正ᄒᆞᆫ人으로叙任ᄒᆞᆯ터인되該部大臣閔泳綺시ᄂᆞᆫ理財局課長李準相시로塡任코져ᄒᆞ고內部會計局長金寬鉉시ᄂᆞᆫ自巳가移任ᄒᆞ라고某々處에極力運動ᄒᆞ야現今相持中이라더라

●補佐被逐　咸興補佐官補渡邊氏가行爲不正ᄒᆞ야有何혐雜事이던지情跡이綻露ᄒᆞ야警務顧問丸山氏가該人을日本으로還爲逐送ᄒᆞ얏다더라

●更望庇護　新任公州觀察李健榮氏가再昨日度支部에仕進ᄒᆞᆫ즉該部顧問室日人曰何事入來乎아ᄒᆞᆫ되李健榮氏曰伊來公의顧護之力을多受ᄒᆞ야今日까지扶持ᄒᆞ얏스니感謝ᄒᆞ거니와公州로赴任ᄒᆞᆫ後에該道警務補佐에게另托ᄒᆞ야無事過去ᄒᆞ기를希望ᄒᆞᆫ다ᄒᆞ얏다더라

●兩씨相換說　宮內府協辦李範九씨와奉常提調李能翥씨가相換ᄒᆞᆫ다ᄂᆞᆫ說이有ᄒᆞ더라

●特別總會　本月十八日（陰四月初七日）土曜日下午四時에西友學會에셔留案ᄒᆞᆫ事件을處理ᄒᆞ기爲ᄒᆞ야特別總會를開ᄒᆞᆫ다더라

●留學更渡　平南慈山郡府尹貫一씨가日本法政大學校에入學ᄒᆞᆫ지一年이라日前에觀親次로暫時還國ᄒᆞ얏더니不遠間에更渡日本ᄒᆞ야學業을完就ᄒᆞ기로決篤이有ᄒᆞ다더라

●巡檢打老　慶南鎭南郡에셔去三月七日市日에嚴柱潤의八旬老母가坐廛賣摠ᄒᆞᄂᆞᆫ되本郡巡檢安鍾哲이行過去ᄒᆞ다가其廛前地面을不淨掃ᄒᆞ얏다고軍刀鞘로嚴母의腰脚을蹴蹋ᄒᆞ며嚴母가氣塞更甦ᄒᆞ야乃書曰掃地不淨은勸責은可커니와何法律노我隆老을打ᄒᆞᄂᆞᆫ야ᄒᆞ니該巡檢이其老嫗가敢히抗答ᄒᆞᆫ다ᄒᆞ고軍刀로左脚無數亂打ᄒᆞ고又挽去其所ᄒᆞ야加以數十度踏踏ᄒᆞ미老嫗가命在頃刻이라其子柱潤이가內部에呈ᄒᆞ얏더니指令內에閱悉狀辭ᄒᆞ니該巡檢等의行悖毆打가極爲可駭라當訓飭措處ᄒᆞᆯ事라ᄒᆞ얏더라

●郡主宜免　平南觀察使署理參書官金英鎭氏가內部로報告ᄒᆞ되管下德川郡民朴應弼等訴願內槩에本郡々主事吳鍾泳은卽락元이라本以奸猾凶悖之物로與還官同車上京ᄒᆞ야改名鍾泳ᄒᆞ고啗報圖得ᄒᆞ오니該漢而後所犯이無非挾雜而身帶官職이온즉一境之民이難免魚肉이다報部免官之地等因이오며連接該郡民王琦煥等訴願內本郡大小人民이國債報償事로設同盟會ᄒᆞ고各自出捐ᄒᆞ야期圖賞效之際에所謂郡主事吳鍾泳이가該事務員을皆謂혐雜이라ᄒᆞ고多般沮遏ᄒᆞ오니不憂國務者ㅣ豈護主事乎잇가吳鍾泳을卽爲報免官ᄒᆞ시와俾免군民之塗炭事等因이온바此를査ᄒᆞ온즉군主事의暗報圖差ᄂᆞᆫ據군報而昭然ᄒᆞ고前後혐雜은因民狀而可想이옵기玆에報告ᄒᆞ오니査照處辦ᄒᆞ라ᄒᆞ얏더니指令ᄒᆞ되該군主事의前後挾雜으로一境魚肉은聞甚駭歎이나實無的證ᄒᆞ니別加査覈ᄒᆞ야明確ᄒᆞᆫ證據를昭詳更報ᄒᆞ라ᄒᆞ얏더라

●圖塾任員　新門外養圖義塾은昨年六月頃에創始ᄒᆞ야生徒가六十名에達ᄒᆞ더니向日에該에셔風波가忽起으로男子任名은一切遞去ᄒᆞ고塾長은前判書ᄂᆞ奎弘氏夫人申肅堂氏을名望으로推薦ᄒᆞ고學監은閔泳綺씨夫人閔朴派인씨로塾監은金英善씨夫人朴英子로幹事兼會計은崔永年씨夫人金石子로改差ᄒᆞ고一般塾況을一新히改良ᄒᆞ얏다더라

●龍守興學　平南龍岡郡은處在山海之交ᄒᆞ야地靈所鍾에從古人才가多出ᄒᆞ야文雅之鄕으로著稱ᄒᆞ더니挽近士氣가漸降ᄒᆞ야文風이不振ᄒᆞᆷ은該地有志者의慨歎ᄒᆞ는바라該郡守尹起元氏가青年人士를教育ᄒᆞ기爲ᄒᆞ야境內紳士와協議ᄒᆞ야普新中學校을設立ᄒᆞᆫᄂᆞᆫ되先히自巳의月俸을捐ᄒᆞ야倡導가되미士림이競勸ᄒᆞ야爭自捐助가葉萬餘金에達ᄒᆞᆫ지라校監朴東弼朴재賢兩氏가最히熱心周旋ᄒᆞ야該校에進就ᄒᆞᆯ期望이有ᄒᆞ다더라

●廣塾試驗　南門內暘洞私立廣化新塾에셔春期試驗을經ᄒᆞ얏ᄂᆞᆫ되其優等生은甲班張在션乙班成達永丙班安永煥丁班金正煥以下及第生十八人이라該塾々長南廷哲氏와總務長姜友馨氏가讀本空冊紙筆等物로一一히施賞ᄒᆞ얏더라

●西校運動　殷栗安岳文化信川載寧鳳山六郡十五處學校生徒三百餘名이載寧郡下市場에集會ᄒᆞ야動運式을擧行ᄒᆞᄂᆞᆫ되人山人海를成ᄒᆞ얏스며各學校에旗號가運動場에森立ᄒᆞ고隊伍가整齊ᄒᆞ야行陣ᄒᆞᄂᆞᆫ兵士에態度를成ᄒᆞᆫ지라該郡守李容弼氏ᄂᆞᆫ太極國旗十六介를各學校에賞與ᄒᆞ얏고前宣傳趙光杓氏ᄂᆞᆫ紙物로賞與ᄒᆞ얏고主事南翊用씨ᄂᆞᆫ紙筆及錢五百兩을賞與ᄒᆞ얏고收租官金羲庚씨ᄂᆞᆫ鉛筆을賞與ᄒᆞ얏고鄭遂河李希星黃德永諸씨ᄂᆞᆫ運動場所用物品을擔任ᄒᆞ얏다더라

●青會演說　今日下午七点半에青年會館에셔紳士石鎭衡氏가反省이란問題로演說ᄒᆞ겟사오니有志人士가一齊來臨ᄒᆞᆷ을希望ᄒᆞᆫ다더라

▲鄲門高唱▼

▲近日政界에甚風이吹到ᄒᆞ던지觀興江山에萬事가無心ᄒᆞ야落花啼鳥에春夢이寂寞이라綠陰午枕에意匠이慘淡이로다

▲日昨政府에셔權益相氏光察叙任事에對ᄒᆞ야學大李完用氏가出席日權益相은春察遞任이未滿一朔에又任光察이似違公格이라ᄒᆞᆫ대軍大權重顯氏가論辨曰金晦秀ᄂᆞᆫ法部參書解任이未過一朔에又任法參ᄒᆞ니是亦違格이라ᄒᆞ얏다니兩氏에言論이互相對過에勝負가不分ᄒᆞ니可謂以石投石이로다

▲日前白雲동別庄에農大成岐氏가宴會를設ᄒᆞᆫ時에農大가椅子에거坐ᄒᆞ얏다가翻身顚면ᄒᆞᆫ즉主事幾人이背後에卷烟을吸ᄒᆞ거ᄂᆞᆯ農大가大責曰官人에體例가若是紊亂ᄒᆞ니不可同席이라ᄒᆞ고卽爲起身ᄒᆞ거ᄂᆞᆯ日人木內總長과鶴原總長이挽止坐定後에農大가秘書課長을指揮하야主事은一一히逐出ᄒᆞ엿ᄂᆞ니共翌日에該部主事가一齊히辭職ᄒᆞ얏다니近日에政府大官에宴會가頻數ᄒᆞ더니畢竟은風波가大起ᄒᆞ얏도다

▲內部治道局技師日本人周邦氏가日間私行으로歸國ᄒᆞᆫ다ᄂᆞᆫ되該事에對ᄒᆞ야參與官[illegible]川氏가來往旅費을支給ᄒᆞ라고勸告ᄒᆞ얏다니日人이韓國에顧聘이되여公事로旅費을請求ᄒᆞᄂᆞᆫ거수猶可說也어니와私行에도旅費請求ᄒᆞᄂᆞᆫ거슨시可ᄒᆞᆫ는지

▲漢城判尹朴義秉氏ᄂᆞᆫ再昨日上午十時에日本軍司令官을訪問ᄒᆞ고同時에[illegible]顧問을訪ᄒᆞ고또統監官邸와日本理事廳에一一訪問하얏다니該氏ᄂᆞᆫ무合緊急事端이有ᄒᆞ야東走西馳ᄒᆞ얏ᄂᆞᆫ지知치못ᄒᆞ거니와大端히공總ᄒᆞ깃고

▲賊漢이墳塋을掘移ᄒᆞ고錢財를討索ᄒᆞ더니從今以後노ᄂᆞᆫ錢財을辦給하고其骸骨을推覓ᄒᆞᄂᆞᆫ人이有ᄒᆞ면該人은違令律에嚴懲하리라고法部에셔政府照會를因ᄒᆞ야各裁判所에訓令ᄒᆞ얏다니賊黨이自然屛跡을從此可期로다

▲一進會總長宋秉畯씨가日前演說에셔政府ᄂᆞᆫ今月來로沿革ᄒᆞᆫ다고說去ᄒᆞ얏다니宋시ᄂᆞᆫ무合흔天動地ᄒᆞᄂᆞᆫ勢力이有ᄒᆞ야政府을一時에變革ᄒᆞᄂᆞᆫ지一進會에氣焰이近又熾盛이로다

▲[illegible]津港은韓淸露三國境으로物貨가集散에最要點地인데近來開港ᄒᆞᆫ다ᄂᆞᆫ說이盛行ᄒᆞ미土地를買占ᄒᆞᄂᆞᆫ者가日로紛競ᄒᆞ야向來十二三錢式賣買ᄒᆞ던地坪價가卒然하十數元에暴騰ᄒᆞ얏다니韓國土地ᄂᆞᆫ日人이多數히領占ᄒᆞ고또港口에各國商店에셔占居ᄒᆞ니畢竟은土地가日縮無餘ᄒᆞ리로다

特別社告

本報가一般人士의愛讀으로以ᄒᆞ야漸次發達ᄒᆞᄂᆞᆫ效果를見ᄒᆞ니此ᄂᆞᆫ大韓人民의國家思想과開明程度가漸進ᄒᆞᆷ이라吾儕ᄂᆞᆫ以爲ᄒᆞ되大韓의文化를開進코져ᄒᆞ면便利ᄒᆞᆫ國文을發達케ᄒᆞᆷ에在ᄒᆞᆫ故로特히**國文報一部分**을幷爲發行ᄒᆞ야普通男女의智識을開廣코져ᄒᆞ오니有志ᄒᆞ신僉君子ᄂᆞᆫ本月內로本社에請求ᄒᆞ심을望ᄒᆞᆷ

大韓每日申報社

廣告

本會運動處所ᄅᆞᆯ**東小門外新興寺**로更定ᄒᆞ오니今月十八日에光臨ᄒᆞ심을希望ᄒᆞᆷ

靑年會 告白

本人의曾祖八斗翁이在於東大門外典圜局이ᄃᆞ가十餘年前에放賣ᄒᆞ고其時文卷一張이遺在ᄒᆞ야自歸休紙이더니孫子尙佑母가持去給其子應春與ᄒᆞ야普田里米商韓哥處에典執ᄒᆞ고皆望萬兩錢出用이다云而今來韓哥가督促則應春與母子가欲出奸謀ᄒᆞ야同韓哥處에誘以奸狀ᄒᆞ고謂出該文卷ᄒᆞ야典執於日人ᄒᆞ고訟曰債ᄂᆞᆫ徵出於文卷이云云ᄒᆞ오니世上에寧有如許變乎잇가所謂應春與母子ᄅᆞᆯ告訴於警務廳ᄒᆞ야請治賊律ᄒᆞ오리니外道間에或有挾雜輩ᄒᆞ야持此文卷請償이라도內外國人은切勿見欺ᄒᆞ시옵

東門外普門寺尼姑正雲告白

國債報償志願金總合所로金二千五百圜을領置ᄒᆞᆫ事　電氣會社內銀行

大韓每日申報社支取所第回二來納金二千五百圜을電氣會社內銀行에貯置ᄒᆞᆫ事

國債報償志願金總合所

北署俊秀坊司宰監上牌契인洞第一統八戶草家八間半板刻文券遺失故로廣布ᄒᆞ니誰某拾得ᄒᆞ여도休紙施行ᄒᆞᆷ　朴鎭五 告白

鐵山鳳谷居前承旨오在殷氏가陰三月廿日夜에姓名圖章을爲盜見失故로仰佈ᄒᆞ오니內外國人은知悉ᄒᆞᆷ　金昌沃 告白

露領海港大韓啓東學校補助金이如左

李鍾호 初等小學五十帙　車錫浦　越南亡國史十卷　安九益　李京圃　朴承吉　趙承甸　金德智　金鎭萬　姜周弼　李應圭　金仁煥　柳河秀　許爽鉉　金基斗　徐相麟　李應麟　高俊文　朴仁燁　崔聖甫　韓成奎　金基周　李泰儀　金國泰　朴仁植　金道允　張敏弘　金順九　崔弘日　姜乃明　池化龍　田君寶　崔在彦　金南奎

月費五十圜式一箇年合六百圜　風俗中每月費補助壹百圜式一箇年合壹千貳百圜　兩合壹千捌百圜每年學校에永久補助ᄒᆞᆷ

●大邱郡斷烟償債會義捐ᄒᆞᆫ婦人姓氏와金額이如左ᄒᆞᆷ　續

趙眉泰부人姜시　全副室安시　각二圜　鄭子範부人韓시　각一圜　鄭必源夫人韓시

洪元根夫人尹시 葉二兩　趙克爲부人林시　孫德鳳母부인金시 葉五錢　楊부人　金聖範母부人李시 一兩　二兩　同부人崔시 一兩　崔明老부人趙시 二拾錢　姜元順母부人李시　徐夫人　姜弼周祖母부人金시　金萬億母부人河시　李武수부인裴시 各一兩　文大鳳母부人白시　張世允母부인丁시 三拾錢　申相信부인嚴시 각一兩　朴敬云夫人李시 八拾錢　金德明夫人리시 二拾錢　鄭于玉母부人崔시 一圜　池仁元부人金시 二兩　鄭仁元부인黃시 一兩　嚴善慶부人申시 伍兩　鄭九景부인리시 二兩　徐亨軾부人리시 二拾錢　徐昌軾부人裴시 一兩　崔德乃부인徐시 三兩　白巳浩부人朴시 一兩　尹明智부인리시 二兩　崔九一부人金시　崔景云夫人徐시 각一兩　白明守母부人崔시 二拾錢　吳有昌夫人리시 一兩　리元若夫人鄭시　리小得母부人崔시 각五拾전　金在赫부人鄭시　金在旭夫人徐시　金在셕夫人鄭시 각一圜　金부人 一兩　童蒙리作之　엄五錢　金鳳彦夫人鄭시　최夫人　리致弘母夫人崔시　徐丙吉母夫人리시　각一兩　尹成伯夫人徐시　二兩　姜玉汝母부人柳시　金英下母夫人리시　崔東吉夫人리시　裴守用母夫人金시　徐允弼夫人尹시　리善化母夫人徐시 각一兩

曹振煥부인裴시 二圜　徐敬好부인裴시　蘇富興母부인裴시　尹敬明부人裴시　尹부인　尹成淑부인徐시　白東弼부인楊시　崔允岩母부인徐시　셜인直부人千시　裴相用부人崔시　리羽成母夫人文시　許敬斗母부인리시　車士見夫人裴시　申鳳東母夫人崔시 각壹兩　徐丙五夫人洪시 二兩　姜作之母夫人리시 葉五錢　金應洙夫人오시 拾兩　金用民母夫人리시 一兩　崔命돌母夫人리시 엽五젼　오令善夫人金시　리善和夫人金시　尹弼五夫人徐시　金成道夫人蘇시 각壹兩　오世鱗夫人尹시 一圜二拾錢

未完

本社々員趙昌烈鎭允金商甚ᄅᆞᆯ恩津郡論山江鏡兩浦와礪山郡黃山浦에支社ᄅᆞᆯ派遣ᄒᆞ야該三浦에勞働人夫와該浦客主ᄅᆞᆯ組織ᄒᆞ야營業을興旺케ᄒᆞ기로本社에서認許ᄒᆞ엿삽기玆에廣告ᄒᆞ오니僉君子ᄂᆞᆫ照亮ᄒᆞ시옵

京城勞働勸業會社

特別廣告

內外書籍新舊學文幷販賣所

大邱刷還洞金긔鴻

越南亡國史 國漢文　定價貳拾伍錢

發賣所京城廣橋高裕相書舖　鏡南端川郡禹時夏　布屛下 김相萬 冊肆

◎活動寫眞廣告◎

今番에始作ᄒᆞᆫ活動寫眞은法국巴里京에셔有名ᄒᆞᆫ거시오또ᄒᆞᆫ大韓국 皇室에셔먼져看品ᄒᆞ셧고始作ᄒᆞᆫ지數日에遊賞ᄒᆞ시ᄂᆞᆫ첨君子가多數枉臨ᄒᆞ시와坐處가넘쳐셔晩到ᄒᆞ시면不便ᄒᆞ오니速々枉臨ᄒᆞᆷ

活動은自下午八点至九点名唱善舞歌道과唱和吹笛은自九点至十点

賣票時 七点半始爲

入場票 上等 三十錢　中等 新貨十五錢　小童 十錢

新門외서달이곡東便벽돌집

法人 馬田 告빅

金瑞동이性本浮浪ᄒᆞ야年纔二十에不憚內外兩債ᄒᆞ고隨得隨用에蕩産無餘而尙不悛習ᄒᆞ고留各處ᄒᆞ야締結亂類에或僞造圖章ᄒᆞ며僞造證券ᄒᆞ야欲爲得債ᄒᆞ오니得勿內往國人ᄒᆞ고如或見欺ᄒᆞ면其人也已是浮浪ᄒᆞ고其父也已爲蕩産不立ᄒᆞ니幸勿見欺ᄒᆞᆷ

鳳山沙里院金振聲 告白

本店에春服衣各様이自英국으로多數來到ᄒᆞ얏사오니陸續來購ᄒᆞ시옵

貞洞源泰양服裁縫店 告白

本學會의月例通常總會ᄅᆞᆯ本月五日에雨勢ᄅᆞᆯ因ᄒᆞ야不得開會이온바緊急ᄒᆞᆫ事件이有ᄒᆞ야臨時總會ᄅᆞᆯ本月十九日(陰四月初八日)上午十時에**東門外永道寺**에開ᄒᆞ오니僉會員은趁期來臨ᄒᆞ심을望ᄒᆞᆷ

輔仁學會 告白

●일본遊覽者募集

一 遊覽會員募集　人員은五十名으로一團을成ᄒᆞ니한일인을不問ᄒᆞ고速히請入ᄒᆞ시옵

一 巡遊地　東京博覽會橫빈京都大阪神戶

一 往復일數　더抵十七일間

一 浮費　遊覽費及手數料ᄅᆞᆯ合ᄒᆞ야總計四十八圜

一 出發일　請人順次ᄅᆞᆯ從ᄒᆞ야出發三일에直接히通知ᄒᆞᆷ

一 請入所　在京성各신聞社五十八銀行경성支店　天一銀行

一 會員은遊覽을終ᄒᆞ야開散ᄒᆞᆫ後ᄂᆞᆫ本會와關係가小無ᄒᆞᆷ

一 南대門서釜山으로直行ᄒᆞ던지或은東경으로直行ᄒᆞᄂᆞᆫ者의對ᄒᆞ야도同一便法으로同行請入을應諾ᄒᆞᆷ

일本人遊覽會事務所경성南대門通　東亞商會

本人이日本大阪商業家와特約ᄒᆞ고日本內地産出各種物品과西洋各種物品及機械等物을我大韓에輸入과委托을便利케契約ᄒᆞ얏ᄉᆞ오니商工業에有意ᄒᆞ신僉君子ᄂᆞᆫ某物이든지請求코져ᄒᆞ시거든本社로來議ᄒᆞ시오本社에셔ᄂᆞᆫ手數料만領受ᄒᆞᆷ

興業社本店 開城北部祥洞

支店京城南門內水橋五十一統六號　培養會社

仝仁港[illegible]

●九轉靈砂라　本人이妙方法을硏備ᄒᆞ야製造ᄒᆞᆫ靈丹이되男女老少에無論何징ᄒᆞ고通治ᄒᆞ오며無病時에도服ᄒᆞ면平生의身躰가健康ᄒᆞ며小兒ᄂᆞᆫ四五錢重만服ᄒᆞ면一生에無病ᄒᆞ기[illegible]

[illegible]

●九轉靈砂丹은小兒驚風 甘疳 咳嗽 腹痛諸般惡징에神効ᄒᆞ오

●九轉靈砂酒丸은酒滯 食滯 血積 痃癖 積疾 吐血 下血 瘀血 時疾 疝징에神効ᄒᆞ오

●九轉靈砂紫金丹은痔漏 瘰癧 上痔瘡 下痔瘡及唐瘡과諸般瘡瘍惡癰에無不神効ᄒᆞ오시니 君子ᄂᆞᆫ來問ᄒᆞ시오

內需司前돌갑이골上隅第一家百三統一戶　리호廷 告白

◎增修無冤錄大全

[illegible]壹冊七十貳頁　定價新貨七拾五錢

舊增修無冤錄大全은法律家의最緊要ᄒᆞᆫ書籍이온ᄃᆡ年來現本이殆히絶種에至ᄒᆞᆫ지라故로法部에認可ᄅᆞᆯ得ᄒᆞ옵고此ᄅᆞᆯ新刊ᄒᆞ얏삽ᄂᆞᆫᄃᆡ國漢文으로解釋ᄒᆞ야模糊ᄒᆞᆫ句節이無ᄒᆞ오니法律學에有志ᄒᆞ신니와字牧之任에居ᄒᆞ신니ᄂᆞᆫ不得不覽ᄒᆞᆯ冊子이오니注意購覽ᄒᆞ시옵

中署布屛下　廣學書舖　김相萬　發售所

本人의姪十賢이가性本浮浪ᄒᆞ야扶同협雜하고出沒京鄕하니本人之庄土二石十斗落田三日耕柴場三區가在於振威丙坡余方面而將欲暗賣故로玆以廣告ᄒᆞ니內外國人은切勿見欺ᄒᆞᆷ

韓恭殷 告白

西署新門外鍮동百八十六統三戶

辯護士前檢事前判事正三品 丁明燮

法律事務所　事務員前主事 晃在淳

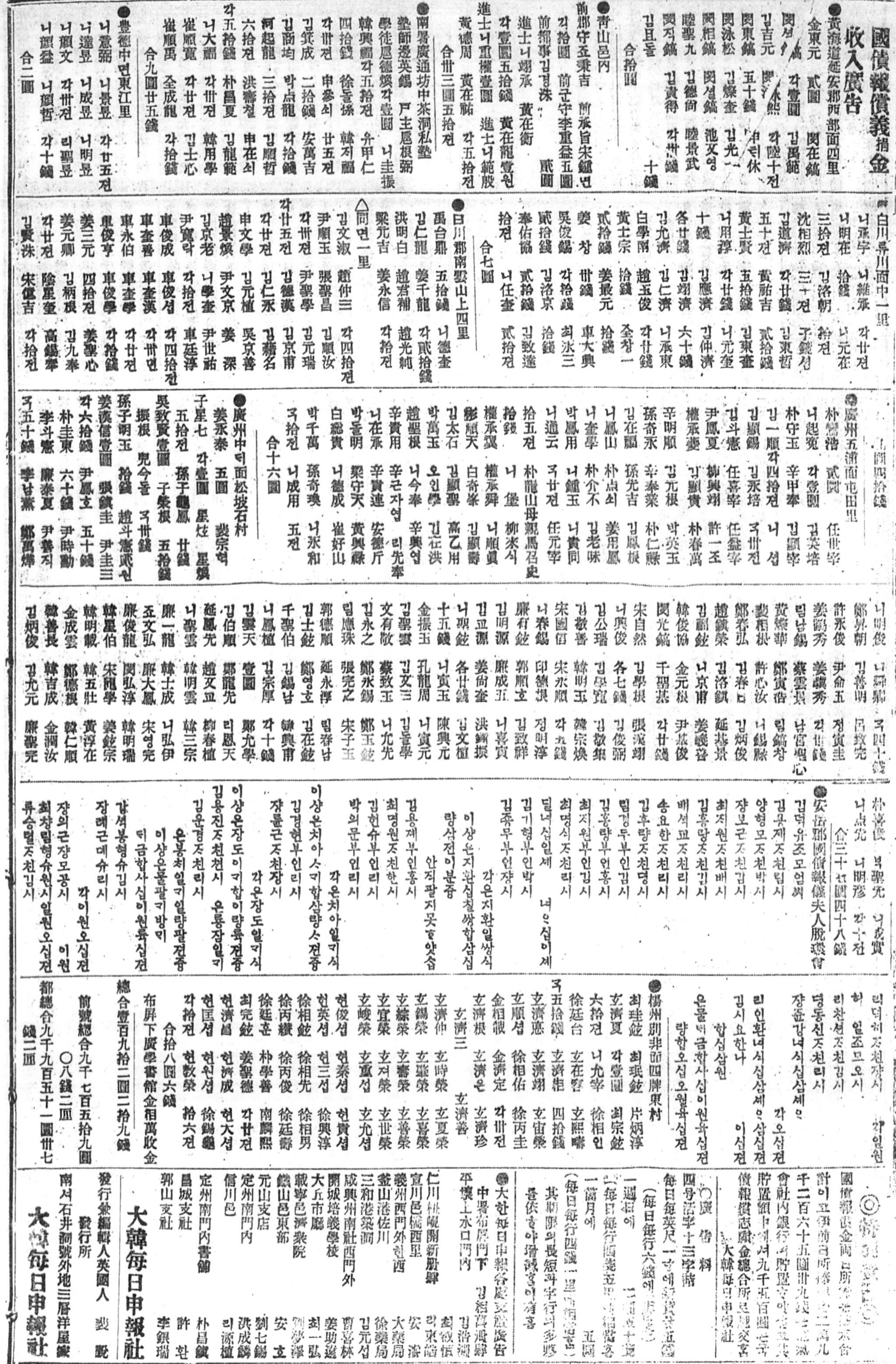

國債報償義捐金

收入廣告

●黃海道延安郡西部面四里
金東元 貳圓 閔在鎬
閔선鎬 각壹圓 김萬鎬
김吉元 閔?熙 각陸十전
閔東鎬 五十錢 申ㅌ休
閔泳松 김燦奎 김光一
閔相鎬 閔션鎬 池文영
睦聖九 김德尙 睦景武
閔지鎬 김貴得 각卅錢
김且돌 十錢
合拾圓

●青山邑內
前郡守조秉吉 前承旨宋鍾면
각拾圓 前군守李重益五圓
前掌事김경洙 貳圓
進士니翊承 黃在衡
각壹圓五拾錢 黃在龍壹원
進士니重權壹圓 進士니範殷
黃德周 黃在龍 각五拾전
合卅三圓五拾전

●南署廣通坊中茶洞私塾
塾師邊英錫 戶主尼根弼
學徒尼德俊각壹圓 니圭振
韓興福각五拾전 弁甲仁
四拾錢 徐돌孫 韓지福
각卅전 申參쇠 卅五전
김箕成 二拾錢 安萬吉
김商均 박点龍 각拾錢
河起龍 三拾전 김順哲
六拾전 洪壽철 申在쇠
각五拾錢 朴昌夏 김龍範
니大福 각卅錢 韓用學
崔順寬 각卅전 김士心
崔順禹 全成龍 각拾錢
合九圓卅五錢

●豊德中면東江里
니憲弼 니景률 각卅五전
니達률 니成률 니明률
니顯文 각卅전 리顯률
니顯益 니顯哲 각十錢
合二圓

●白川郡南面中一里
니孤學 니維承 각卅전
니明在 拾錢 니元在
三拾전 김洛朝 拾전
沈相烈 三十전 子鐘션
김道濟 각廿錢 김東哲
五十전 黃浙吉 貳拾錢
黃士寬 五拾錢 김東奎
니用淳 각廿錢 니元奎
十錢 김應濟 김仲濟
各廿錢 김翊濟 六十錢
김允濟 김仁濟 니承東
白學雨 趙玉俊 각廿錢
黃士宗 拾錢 全창一
貳拾錢 姜最元 拾錢
姜 창 卅錢 車大興
吳俊錫 각拾錢 최永三
貳拾錢 김洛京 拾錢
奉佑協 貳拾錢 김致蓮
拾전 니任奎 貳拾전
合七圓

●白川郡南雲山上四里
禹台鼎 五拾錢 니德奎
김仁龍 姜千龍 각貳拾錢
洪明白 趙君補 趙光純
聚先吉 姜永信 각拾전
(同面一里
김文淑 趙仲三 각四拾전
尹順玉 張聚昌 김順汝
각卅전 尹聖學 김元瑞
각廿五전 김德漢 김京甫
각廿전 김仁承 김壽名
申文學 김元植 吳京善
趙景煥 尹文京 姜 深
김京老 니學奎 尹世祐
尹寬학 각拾전 車廷淳
車俊成 車俊션 각四拾전
車奎善 車奎漢 각卅전
車永伯 車奎學 각廿전
車俊亨 車俊學 각拾錢
姜三元 四拾전 姜聖心
姜元卿 김炳根 김九奉
각卅전 陰星奎 高錫寧
김貫洙 宋億吉 각拾전
合一圓四拾錢

●廣州五浦面屯田里
朴雲浩 貳圓 任世宰
니起夗 각壹圓 김奕培
朴守玉 辛甲奉 김顯宰
김一順각四拾전 니 섬
김顯錫 김永培 각卅전
김斗憲 任喜宰 任益宰
尹鳳夏 柳興翊 許一조
權承奎 김顯貴 朴春萬
辛明順 김元根 박英玉
孫哥永 辛奉業 朴仁祿
김在福 孫先吉 김鳳根
니鳳山 朴点쇠 姜用鳳
니奎學 朴介不 김老味
박鳳用 니鍾玉 니貴同
니通云 각廿전 任元宰
拾五전 朴龍山母親馬召史
拾錢 니 垈 柳來식
權承翼 權承翊 니順貴
彭順天 白奇峯 김顯壽
박萬玉 김顯聖 高乙用
김太石 오인學 김在洪
趙聖根 니今奉 辛奭연
辛貫用 辛근자연 리先奉
니在承 辛貫連 安德斤
박물明 梁守天 黃興祿
白總貴 니德成 崔好山
박千萬 孫奇煥 니永和
각拾전 니成用 五전
合十六圓

●廣州中머面松坡石村
姜永泰 五圓 裴宗현
子星七 각壹圓 星炫 星煥
五拾전 孫子龜鳳 卅錢
吳致寶壹圓 子柴根 五拾錢
振根 兌今돌 각卅錢
孫子明玉 拾錢 趙斗憲貳원
姜漢信壹圓 張鎭圭 尹圭三
각六拾錢 尹鳳호 五十錢
朴圭東 六十錢 尹時勳
李斗憲 廉泰夏 尹善지
각五十錢 李남燕 鄭萬燁

니明俊 니錫福 각四十錢
鄭昇朝 김善明 呂致先
許永俊 尹命五 정寅圭
姜鶴秀 姜鱗秀 각卅錢
림남錫 蔡雲根 남宮炯心
黃鍾華 鄭寅浩 림錫창
鄭春弘 許必汝 니錫祿
趙鎭榮 김春日 김炳俊
김用鉉 김洛鎭 延基景
閔光鎬 니京甫 姜曦善
韓俊協 金元根 尹基俊
宋自然 千聖甚 각廿錢
니興俊 김學根 張漢翊
김公瑞 各七錢 김俊弼
김敬善 김學寬 김敬集
宋圖俱 韓明玉 韓宗煥
니春錫 宋永順 각五錢
廉有鉉 印德根 정明淳
김明源 郭順호 김致鮮
김五源 廉成五 니喜貫
니順鉉 姜尙奎 洪錫振
十五錢 各廿錢 김文植
니鳳柱 니寅玉 니寅元
金振玉 孔龍周 陳興允
김聖雲 김文三 김音學
文有敬 蔡致玉 니允先
김永之 鄭永錫 鄭玉鉉
림應珠 張完之 宋子玉
郭德順 延永淳 림春남
김士鉉 鄭영호 김在鉉
千聖伯 김錫남 韓興甫
니鳳植 김宗厚 각十錢
김雲天 壹圓 鄭允學
김伯順 鄭龍先 리鳳天
延鳳先 趙文益 柳春植
니聖雲 韓明雲 韓三宗
廉一龍 韓士成 니弘伊
조文弘 廉大鳳 宋영完
廉俊龍 閔弘淳 韓明瑞
韓星伯 宋麗學 姜鉉宗
韓明敏 韓五壯 黃淳在
金成雲 鄭德根 韓仁順
韓善長 韓吉成 金潤汝
김炳俊 김允元 廉聖完
朴喜俊 니聖先 니成貫
니点先 니明彦 각十전
合三十七圓四十八錢

●安岳郡國債報償夫人脫環會
김덕유조모엄씨
김용제조천팀시
양형모조천박시
장보근조천김시
최지원조천배시
김홍량조천김시
배석교조천리시
송요한조천리시
김후량조천명시
림명두부인김시
김홍량부인홍시
최지원부인김시
최명식조천리시
됴녀심열세 녀은심이세
김기형부인박시
김좌무부인장시
각은지환일쌍식
이상은지환십칠쌍합삼십량삼전이분즁
안직팔지못홈엿숨
김용제부인홍시
최명원조천한시
김헌슈부인리시
박의문부인리시
각은지환일쌍식
이상은지환이십수쌍합삼십량수전즁
김경현부인리시
장윤근조천장시
각은장도일개식
이상은장도이개합이량륙전즁
김용진조천셔시
김운경조천리시
은룡잠일개합이량팔전즁
이상은물팔개방미
뎌금합사십이원륙십전
강셔봉형슈김시
장례근데슈리시
각이원오십전
장의근장모공시 이원
최창림형슈원시일원오십전
류승렬조천김시
리더쉬조천장시 각일원
리찬셔조천김시
하 일조모오시
명동신조천리시
장윤강녀심삼세은
리인환녀식심삼세은삼십전
김시요한나 이십전
합십삼원
은물대금합사십이원륙십전
량합오십오원륙십전

●楊州別非面四牌東村
최桂鉉 최瑛鉉 片炳淳
玄濟夏 각壹圓 최宗鉉
大拾전 니允宰 徐相인
徐廷台 玄在황 玄熙喜
각五拾錢 玄濟相 四拾錢
玄濟惠 玄濟翊 玄宙榮
玄順셥 徐相佑 徐丙圭
金相祿 金濟定 각卅전
玄濟根 玄濟운 玄濟珍
玄濟三 玄濟善
玄濟仲 玄時榮 玄夏榮
玄錫榮 玄駿榮 玄喜榮
玄綠榮 玄審榮 玄善榮
玄宜榮 玄在榮 玄世榮
玄峻榮 玄重셥 玄允셥
현俊셥 현泰셥 현貴셥
현英셥 현三셥 徐興淳
徐相鉉 徐相先 徐相男
徐丙續 徐丙俊 徐廷壽
徐廷훈 朴學善 南麟熙
최完鉉 姜聖德 각廿전
현濟昌 현濟成 현大셥
현國셥 현원셥 徐錫龜
각拾전 현敎榮 拾六전
合拾八圓六錢
布屛下廣學書館金相萬收金

總合壹百九拾二圓二拾九錢
前號總合九千七百五拾九圓○八錢二厘
都總合九千九百五十一圓卅七錢二厘

大韓每日申報社
發行兼編輯人英國人 裵說
發行所 南署石井洞號外地三層洋屋
大韓每日申報社

第五卷

大韓每日申報

第五百十四號

月曜及慶節
歲時日休刊

檀紀四千二百四十年
箕子元年三千二十九年
大韓開國五百十六年
日本明治四十年
淸國光緒三十三年
◉陰曆丁未四月初六日丙寅

別報

論日本居留民 (支那報照謄)

古之時에는土滿이러니今之時에는人滿이오古之時에는地利가未盡闢하며物產이未盡殖하고天下가皆有用之民이라故로民寡者는國弱하고民衆者는國强이러니今之時에는土地가不足以容衆이며物產이不足以給人이오天下에多無用之民하니民之衆寡가國之盛衰에無預할지라前代는無論矣오即以中國本朝言之라도乾隆初年에戶部가各省人口之數를奏陳할새旣踰億萬하되東之三省과西北列藩은尙未計也요嘉慶道光으로以至今日에滿蒙漢回를統하야四億二千餘萬의衆이有하니嗚呼盛矣라開闢以來로所未有也라然而列聖이眷於上하시고百辟이承宣於下하되海內之民이猶且困頓無聊하야汲々不能謀生者와如할것시니謂非由此極盛之民乎아蓋天地之物華는有限하고人類之孳生은無窮하니譬컨대一鼎之肉을俎上에陳하고一人이食之하면僅可療飢오數十人이奪之하면更不能飽矣라歐羅巴는全洲之境이不及中國이로되其民이善於工商하야無所不至라又況美利加를得하며澳太利亞를得하니皆窮古不毛之地라移民墾闢하야本與大利共富는亦土滿人稀之故라

日本이變法以來로需用이浩繁하야已有外强中乾之勢하고又頻年用兵에驅國中之人하야效命疆場하니農工商之實業이因以敗壞라然이나戰勝强鄰하야有以取償於彼를尙冀하얏더니不謂美國大統領이嚮黃於禍하야出而干預其事하야訂約美京하니日本이竟不能肆其要索하야獲利無多라於是에圖窮而匕首見하니雖以百萬之衆으로도不可終日일시無業者流가遂思糊其口於四方하니最近者는朝鮮이며外에冀中國若矣라日前字林報에得北京信하니日俄戰後에日人之在北京天津者가其數驟增하야現除軍事人員以外에도三千餘人에不下하니其間은中係小負販이라하고又匯報에旅滬日人을調查하니十年之內에其數가大爲增加하야較之日俄未戰之前이면不惟倍之云々이라夫京津上海는各國人士의所輻湊요工商의所萃로易於調查者로되日本居留民의日增月益이若是커든其他散布於東三省者ㅣ何限이며雜居於內地者ㅣ亦復不少하되衣服也와飮食也와日一切日用也를莫不取給於我하니我方自患人滿이어날彼乃借以殖民하니此其無形之消耗가正不知伊於何底矣라하얏더라

官報

●第三千七百六十七號 光武十一年五月十六日

◉宮廷錄事

宮內府特進官金永哲辭職疏
批旨省疏具悉所請依施
平理院裁判長李允用辭職疏
批旨省疏具悉卿其勿辭行公
議政府參政大臣朴齊純學部大臣李完用謹
奏學部協辦閔衡植有刑事上審查事兼由法部大臣上
奏拿囚矣되部事務方形繁劇不可暫曠而許久被逮致多窒碍기協辦之任姑爲解免何如謹上
奏奉
旨依奏

◉敍任及辭令

免本官 步兵副尉盧順根
仝 閔丙益
依願免本官 秘書監丞金哲洙
正三品洪在祺
解務安郡宮庄查監官 金相華 石武烈
解務安郡宮庄查整委員
命奉常司提調 從二品金永진
任秘書監郎 弘文館侍講金鴻낙
任弘文館侍講 六品金鎭永
任康陵參奉 리秉洪
任章陵仝 리稠식
任永陵仝 權헌
任中樞院贊議 從二品黃耆淵
官立漢城德語學校副教官 金成喜
任官立漢城師範學校教官
免本官 唐津郡主事朴元淳

外報

●岑氏勢力 北京電을據한則淸國岑春헌氏가兩宮께謁見하고軍機大臣의怠慢과各部尙書의無能을攻擊한結果로慶親王으로陸軍事務管理를任하고唐紹儀氏는粵漢鐵道事件으로攻擊되얏는데大官等이恐慌을惹起하얏다더라

●三國海軍力 英國이恒常二大强國의海軍力에對抗할만한海軍力을預備함은世人의稔知하는바어니와近來에英國과德國에已成及未成의裝甲巡洋艦이如左하니

「英國四十二隻四十九萬七百五十噸 德國三十二隻三十一萬四千三百十噸」即德法兩國의裝甲巡洋艦이英國裝甲艦의三分之二의到達치못한다더라

●美英制度 美國의在外領事가同國에海外通商을發達케함에效力이頗有함은世人이稔知하는바어니와今番美國에서此領事制度를更一層效力이有케하기爲하야領事成績表를設하고報告에多小等을精細히調查한다는데該國領事의報告는月刊日刊臨時出板의三種에分하야希望者의게凡七千秩式頒給하더니今後에는更히加刷하야多數히頒給한다더라

雜報

海蔘威에在한韓人의設立한啓東學校趣旨書

大凡土地가有한然後에人民이有하고人民이有한然後에其國이有하나니若人民만有하고土地가無하면國이國될을不得하고其人民은殄滅慘刻의境게罹할지라證之近日컨대我韓의危迫함이抑扣니何者오醉於舊習하야不思變通하며教育을籬邊에投棄하야人民의智能이昏曚未開한緣故니古今을勿論하고土地와民人은國家의영遠不離한關係가有한今에國家의危迫함을扶할진대一時라도教育을舍하미不可하도다三數年以來로我韓志士ㅣ國勢의岌業함을悲觀하야資金을優捐하야校塾을爭設하며富强의術을講究하니庶幾乎業野人文의域에就할지며北美洲布哇及桑港에居留하는我大韓同胞는祖國을離하며親眷을棄하고양海數萬里外에在하야도忠愛心과慷慨志는國々不泯하야學校를創立하며新聞紙를刊行하며教育會를組織하야諸般事爲가丹心血誠에出함으로外國人이目之하되將來에一等國人이되리라하얏스며日本에留學하는學徒는學校를設하며會報를刊行하며二十一名學徒는學資의罄乏함을因하야斷指血盟하야誓以成業하얏스니苟非一心愛國이면寧有是也리오

嗚呼라本港에居留하는我韓同胞는但是大韓國人이라도其數額은北美及日本에居留하는我韓同胞에게比하면幾倍에過하거늘奈之何로在此多年에寥々無聞하야長夜醉夢을未醒한뭇國破君辱하되一慣을未發하고海外賤僕을甘作而止한는지흠念及此에髮竪膽掉하야不勝太息也로라

尤有慨惜者하니矮屋簷裡에咿唔聲出하면但道馬上逢寒食하야秋而繼冬하며冬而繼春하니如是而勸勉子弟하며責勵所表가不亦可憫乎아驅此聰明英俊之子弟하야坐籠于迷盲聾瞽之科라가望其成就하니曷勝嘆歎가于斯時也에慨然感發於日美居留同胞之血誠愛國하며척然憫惜於靑年子弟之浪費分陰하야繼續初等教育之科程하야創立一學校하니名曰啓東學校라豆滿江以東의散在한我韓同胞의靑年子弟를啓導하야文明을啓發코저함이니

今日此校의創立함은基하야明日에二校를設하며又明日에三校를設하야至于四校五校하되其自普通中學으로至專門大學等學校히此校로幷히立하면美ㅣ居留同胞ㅣ엇지彼에만獨美하리오然則越王之成就를指期可待하야於不知不覺之中에化弱制强하며轉劣勝優하야危迫의國勢를可扶할지며會稽의恥도可待而雪也오進以與列强으로幷駕驅馳于五洲八萬里之域하야發揮大韓國之光榮하며飄揚大韓之國旗矣리니然則教育之力이其不重歟며其不大歟아

發起人 崔才亨 李東國 金學萬 韓益成 車錫輔 崔鳳俊
校長 崔才亨
校監 韓益成 副監 李東國
事務員 車錫輔 書記 卓文헌

●兩시發捐 咸北城津遊學生上京時議군有志신士中永居金學萬兩씨가熱心으로贊成하야搭船時에痛快演說노勸勉遊學하고各出紙貨十圓하야一時學資를助給하얏다더라

●金시義務 平山丹邱居金思濟氏가素性이忠愛로爲主하고教育으로爲務하더라今番國債償事에對하야子與孫과一門中與上下人民을招集하야國民된義務를一場說明하미人皆感服하야齊聲出義捐하얏다더라

●三港義捐 三和港신商會社及務精창와阜頭廳에셔國債報償義捐金五百九十九圓三十錢과銀物七兩五分重을蒐集하야金柄潤李敬夏兩시가來傳하얏더라

●金시義捐 義州府松長面杜山里前副卿金道濟씨가國民義務로國債報償에對하야義捐金一百圓을金景鉉시가來傳하며라

雜報

●御前例會退定 再昨日에各部大臣이水原農業模範場禮式에往參ᄒᆞᆫ事ᄂᆞᆫ前報에已揭어니와當日禮式을畢了ᄒᆞᆫ後下午七時에入京ᄒᆞ야各其私邸로歸ᄒᆞ얏ᄂᆞᆫᄃᆡ伊日御前例會를廢止ᄒᆞᆫ故로昨日로退定開會ᄒᆞ얏다더라

●學相審愼 學部大臣李完用씨ᄂᆞᆫ무삼事件이有ᄒᆞᆫ지自己私邸에서來賓을一切不接ᄒᆞ고雖親子姪이라도召去ᄒᆞ기前에ᄂᆞᆫ其寢房에不許擅入ᄒᆞᆫ다더라

●統監歸國 風說을聞ᄒᆞᆫ즉伊藤統監이來月十日頃에歸國ᄒᆞ고署理ᄂᆞᆫ長谷川大將이視務ᄒᆞᆫ다더라

●成績已試 新任光州觀察權瀅相氏ᄂᆞᆫ內大李址鎔氏의所薦이라ᄂᆞᆫᄃᆡ某邊에反對가有ᄒᆞ얏스나權氏가前任江原觀察時에成績이有ᄒᆞᆷ으로內大가力薦被任ᄒᆞ얏다더라

●赦典蒙裁 昨日에平漢兩裁赦典奏本이裁可되얏ᄂᆞᆫᄃᆡ該兩裁에已決未決을勿論ᄒᆞ고放釋秩이各六名이라더라

●博士宴待 昨日下午四時에外國人博士他大씨가其夫人을帶同ᄒᆞ고尙洞敎堂에서宴會를設ᄒᆞ고各部大官을請邀宴待ᄒᆞ얏다더라

●是何妖怪 茂朱九天동에善卜者와天文地理能通者三十餘名이會集ᄒᆞ야무ᄉᆞᆷ祈禱인지ᄒᆞᆫ다ᄂᆞᆫ說이有ᄒᆞ더라

●濬費略算 本來蚕川預算을七萬餘圓이나ᄒᆞ여야一新疏浚ᄒᆞ깃ᄂᆞᆫᄃᆡ今番은略々摘算ᄒᆞ야半減三萬餘圓으로度支部에請求ᄒᆞ얏ᄂᆞᆫᄃᆡ內部에서ᄂᆞᆫ但知費額夥多ᄒᆞ고不知巨役이라ᄂᆞᆫ巷說有ᄒᆞ더라

●仁尹被訴 日前辨護士李면宇氏가平理院에告訴ᄒᆞ얏ᄂᆞᆫ대其事實인즉人民의山阪을仁川府尹金潤晶氏가稱以水道局所用이라ᄒᆞ고徵收ᄒᆞᆫ後代價를不給ᄒᆞ기로累度請願하와도制去請願書ᄒᆞ고或無理即退ᄒᆞ며或云某處勸告가甚强ᄒᆞ야不能下題ᄒᆞᆫ事로應受理不受理律에照律ᄒᆞ라고告訴ᄒᆞ얏다더라

●學生懇親과父兄 昨日下午二時에水下洞普通學校長該校學徒의父兄을請邀ᄒᆞ야懇親會를開ᄒᆞ고茶果로接待하얏ᄂᆞᆫᄃᆡ學務局長俞星濬氏도往參ᄒᆞ얏고他學校에서도學徒에父兄懇親會를次第로開ᄒᆞᆫ다더라

●無犯卽放 再昨日에忠州居黃杜淵氏가警務廳에被捉ᄒᆞ야一夜를訊問ᄒᆞᆫ後無實犯ᄒᆞ야卽爲放送ᄒᆞ얏다더라

●求守招質 求禮郡民朴敬鉉等이平理院에告訴ᄒᆞ야該郡守宋大鎭氏가有刑事上審辦事로招質仍囚ᄒᆞ얏다더라

●何以處辦 平南中和郡夜洞李斗勳氏에所有果園을日人이欲買ᄒᆞᄂᆞᆫ事로該郡守가法部에報告ᄒᆞᆫ事ᄂᆞᆫ前報에揭載어니와事由를詳聞ᄒᆞᆫ즉該報告ᄒᆞᆫ內槩에土地家屋證明規則이頒布되얏스니土地를外國人의게讓賣치못ᄒᆞ게禁ᄒᆞᆯ수업고讓賣ᄒᆞ라ᄒᆞ면刑法大典에外國人에許賣ᄒᆞ라ᄒᆞᆫ命업ᄉᆞ오니何以措處之意로報告ᄒᆞ얏스ᄆᆡ該部文書課에서接受ᄒᆞ얏더니數日後何人이來問ᄒᆞ되中和果園事로報告ᄒᆞᆫ것을何以指令ᄒᆞ얏나뇨ᄒᆞᄆᆡ該課主事가答ᄒᆞ되姑未處辦이라ᄒᆞᆫ즉該人言內에該園을賣於外國人이면初蚕食之로近地가沒入于外國人ᄒᆞ깃다ᄒᆞᄂᆞᆫ지라該主事가說明ᄒᆞ기를章程所在에所有券을賣치못ᄒᆞ게ᄒᆞᄂᆞᆫ거시法外인즉園主가丁寧所有券이오欲賣ᄒᆞ라면以杜後弊로定界四界를分明劃之면無碍하ᄒᆞ얏시니文書課長도左右關係口ᄒᆞᆫ事이無ᄒᆞ고該報告를尙未處辦인즉該大臣은姑未知요何以措處가될ᄂᆞᆫ지도今姑未知라더라

●招質仍囚 平理院에서法部에報告ᄒᆞ되承准部飭ᄒᆞ와釜山港裁判所判事李懋榮을招質仍囚이온ᄃᆡ該員이現帶奏任官인故로報告라하얏더라

●春察赴任 春川觀察使金在豐씨가本月廿一二日間赴任次로發程ᄒᆞᆫ다더라

●自强開會 大韓自强會에서來十八日土曜(陰四月七日)下午一時에通常會를開ᄒᆞ고會務를處理ᄒᆞᆫ後左開三題를演說ᄒᆞᆫ다더라

政治家에持心 尹孝定
日淸遊歷의所感 金奎植
國家基本의培養 沈宜性

●兵巡相詰 再昨日上午十一時에安洞四街에서何許商民이牽馬以過ᄒᆞᄂᆞᆫᄃᆡ有何失措이던지該地支所巡檢이拔軍刀示威ᄒᆞᄂᆞᆫ지라兵丁一人이過去ᄒᆞ다가巡檢을詰責ᄒᆞ되亂中이든지賊漢을捕捉ᄒᆞᆯ時에軍刀를拔ᄒᆞᄂᆞᆫ法인ᄃᆡ平民을對ᄒᆞ야軍刀를拔ᄒᆞ니有何章程乎아ᄒᆞᆫᄃᆡ巡檢曰我是警察官吏요君是軍人인ᄃᆡ有何相關乎아ᄒᆞ야無數相詰之際에日尉官一人이騎馬而去ᄒᆞ다가巡檢과兵丁의詰難ᄒᆞᆷ을見ᄒᆞ고言語를不能相通則擧鞭以揮ᄒᆞ야巡檢과兵丁은支所幕으로携去ᄒᆞ고傍觀人은解散ᄒᆞ야未知終末之如何ᄒᆞ얏더라

●出爾反爾 尙州郡西山寺ᄂᆞᆫ本來四溟堂畵像을留來ᄒᆞᄂᆞᆫ有名ᄒᆞᆫ寺刹인ᄃᆡ年前李漢膺씨가該郡守在任時에該寺基地가名堂이라ᄒᆞ야僧侶를威脅逐出ᄒᆞ고僧宇를毁撤ᄒᆞ고佛像은南長寺로移去하고四溟堂畵像은南長寺로移送ᄒᆞ고自已의先山을移葬ᄒᆞ얏더니現今에近寺剩僧侶들이李씨의塚을掘ᄒᆞ고重建히寺ᄒᆞᆯ次로呼訴京部ᄒᆞᆫ다더라

●龜民回祿 去月廿二日에平北龜城郡五峯面鳳洞里居金俊德家에서偶然失火ᄒᆞ야延及於金俊模金珍식金奎熙金永魚金在弘金致化金奎杰家ᄒᆞ야汁物及種穀農粮이沒數燒燼되고金奎德은觸被爛傷ᄒᆞ야方在危境이라더라

●稅官不法 江界郡稅務官黃用性시가到任之後에下帖於鄕校ᄒᆞ야各面々長을以管稅署印章으로自主差帖ᄒᆞ에吏西面々長金鶴胄ᄂᆞᆫ以身病未待로其弟處胄를代捉濫杖ᄒᆞ고從南面々長金躍鉉은請遞次累呈請願則仍爲捉囚에連日嚴杖ᄒᆞ고該郡書記宋士元은上年經理院所納江稅를未卽收納이다捉入着가에擧措乖當ᄒᆞ다ᄂᆞᆫᄃᆡ沿江收稅ᄂᆞᆫ無關於度支部而近日海關干涉ᄒᆞᆫ理所不當이라ᄒᆞ야經理院에서派員趙完允을派送ᄒᆞ며一依該派員知照施行ᄒᆞ라ᄂᆞᆫ該院訓令과裁道觀察使의訓令이有ᄒᆞ나終不遵施ᄒᆞ고悖言妄談이無所顧忌ᄒᆞᆷ이不是라乃反還憾에構捏該郡守署理군主事金健회를度支部에隨報ᄒᆞ얏더라

●光成校況 平南中和私立光成學校에서春期試驗을經ᄒᆞ얏ᄂᆞᆫᄃᆡ甲班優等生은黃仁鏞禹丙兆金炳夔禹應祥諸氏오乙班優等生은張鎭三裵天寶諸氏인ᄃᆡ賞品은夏服과地圖와空冊紙筆墨으로優數히賞與ᄒᆞ고一般任員이敎育의前途를說明ᄒᆞᄆᆡ觀聽者數百人에達ᄒᆞ얏다더라

●山守挾雜 慶尙南道山淸郡守李啓泰氏가該郡結稅를棄錢으로納稅ᄒᆞ라ᄒᆞ야其加計剩餘를私取코져ᄒᆞ미該郡民數百名이去月二十三日에衙에會集ᄒᆞ야請願을提出ᄒᆞ미郡守가亂民이라稱ᄒᆞ고其頭民金成彦崔道汝李成禮二名을逮捕投獄ᄒᆞ고其餘ᄂᆞᆫ宰牛二頭ᄒᆞ야以酒肉으로慰撫解散케ᄒᆞ얏고又本月三日에郡守가市場에出ᄒᆞ야國債報償에關ᄒᆞᆫ事를演說ᄒᆞ고酒商의게對ᄒᆞ야酒一盃에葉一分式臘價케ᄒᆞ고五文을新貨一錢으로ᄒᆞ야其剩餘를報償會에提供ᄒᆞ라고嚴令ᄒᆞ얏다ᄂᆞᆫᄃᆡ該郡守의前後做事가無非挾雜이라고嶺南來人의確信이有ᄒᆞ더라

●土地要索 義州郡日本理事廳副理事官岡部五郞氏가該府尹鄭海運의게對ᄒᆞ야日韓森林協約의結果로會社를該府北下동으로買定ᄒᆞᆫ터이니人民의게一切告知ᄒᆞ야土地賣渡에便宜케ᄒᆞ라ᄒᆞᆫ故로該府尹이內部로報告ᄒᆞ고如何辦理를請ᄒᆞ얏더니指令ᄒᆞ되森林經營及營林廠官制ᄂᆞᆫ官報上에旣爲頒布이나該事業에對ᄒᆞ야ᄂᆞᆫ度支部와農商工部에서處理ᄒᆞᆷ인즉該兩部에서起業에着手ᄒᆞᄂᆞᆫ令飭이無ᄒᆞᆫᄃᆡ該副理事官이會社基址로土地賣渡의告示를要請ᄒᆞᆷ이事甚訝眩ᄒᆞ니第待히兩部令칙ᄒᆞ야報部遵行ᄒᆞ라ᄒᆞ얏더라

●民士混奪 求禮郡桂肆面에元來耆老社火粟十五結四十八負二束을每年每結頭二兩式上納矣러니中年에郡吏作奸ᄒᆞ야五結七十九負二束만上納ᄒᆞ고九結七十三負ᄂᆞᆫ稱以陳也며탈也며成川也ᄒᆞ야爲郡吏隱食이러니自乙未更張後로稱以陞總ᄒᆞ고以元結例로收捧이되山谷愚氓이不知裏許ᄒᆞ고無一分徵納이더니不意乙巳冬에耆社派員이以隱結查檢次下來則奸吏가彌弄ᄒᆞ야隱이上府卄結而該隱結은都不查得ᄒᆞ고一面內皇始制文田字結을借謂屯土라ᄒᆞ야不分民土屯土ᄒᆞ고田畓九百餘斗落을沒數執總ᄒᆞ고勒定賭租ᄒᆞ며暗造量案上報이오나原屯十五結四十八負二束外에民有私土를混雜公土ᄒᆞ야一朝見奪ᄒᆞ니世豈有如此冤抑乎該民數十人이耆社에來訴ᄒᆞᆫ다더라

●明校懸燈 明進學校에서本月十九日(陰初八日)은卽釋迦世尊降誕ᄒᆞᆫ慶節日故로佛敎研究會員과校長以下職員과學生이新門外奉元寺에出往ᄒᆞ야慶祝會를開ᄒᆞ고未離도率에已降王宮이란問題로講演ᄒᆞ고下午七時에本校에來ᄒᆞ야懸燈ᄒᆞᆫ다더라

●靑會査經 今日下午七点半에靑年會館에서査經會를開ᄒᆞᆫ다ᄂᆞᆫᄃᆡ有志會員이一齊來參ᄒᆞᆷ을希望ᄒᆞᆫ다더라

●果是虛說 前晋州郡守鄭佑默씨를捉囚大邱之說과押上平理院之事ᄂᆞᆫ更聞ᄒᆞᆫ즉虛無之說이라더라

▲鶯歌砭耳▼

▲近日漢城에物色이新鮮ᄒᆞ야紅綠이相輝이라春夢이未醒ᄒᆞ야現今政界가方在昏々ᄒᆞ니何處一聲雷가喚起濃睡오

▲各部大臣들이戒嚴을益緊ᄒᆞ야六穴砲를恆時房中에藏置ᄒᆞ고某大臣은就宿ᄒᆞᆯ時ᄂᆞᆫ巡檢과日巡查로列立守直케ᄒᆞᆫ다니무含戒心ᄒᆞᆫ事가有ᄒᆞ야戒嚴이尤緊ᄒᆞᄂᆞᆫ지平日處事가靑天白日과如ᄒᆞ면何畏之有리오

▲日本에滯在ᄒᆞᆫ朴泳孝氏가日間에歸國ᄒᆞᆯ터인ᄃᆡ居處ᄒᆞᆯ家屋은宮內府顧問藤增雄氏家로指定ᄒᆞ고該顧問은嚴俊源氏家로遷移ᄒᆞᆫ다니該氏에消息은今番은丁寧ᄒᆞᆫ지

▲內部銓考所에서日前試取ᄒᆞᆫ郡守叙任案件은勿施ᄒᆞ고日間에現圍郡守를更히銓考ᄒᆞᆫ다니各地方에民瘼을言念ᄒᆞ면郡守擇任이第一最難ᄒᆞᆫ事인즉擇之又擇은內部大臣이職任이로다

▲各地方에人民을保護ᄒᆞ기爲ᄒᆞ야巡檢을增置ᄒᆞ더니人民의錢財를討索ᄒᆞ야驚端이層生ᄒᆞᄂᆞᆫ지라永呑郡分派所巡檢尹錫瓚等이順興郡交川里金孝淵氏家에到着ᄒᆞ야有何關係던지居民一名을打殺ᄒᆞ얏다니이것도人民을保護ᄒᆞᆫ다謂ᄒᆞᆯᄂᆞᆫ지

▲江界郡稅務官黃用性氏가到郡之初에出帖於鄕校ᄒᆞ야齋任을自意操縱ᄒᆞ고各面長을自主差帖ᄒᆞ며經理院所管江稅와農部所管森林을分外越權에自意主斷ᄒᆞᆫ다니該氏의越權濫分은已無可論이어니와一稅務官을觀察使에職權으로知ᄒᆞᆷ이로다

▲海州郡下一里에淸船參隻이艤泊ᄒᆞ고石津浦에淸船五隻이又爲到泊ᄒᆞ미該郡守가逐出境外ᄒᆞ라ᄒᆞᆫ즉稱有日人處에稅金을上納이라稱ᄒᆞ고私相買賣ᄒᆞ다니元來不通口岸에淸船이到泊ᄒᆞ야不得興販은已載約章이어날該淸人等은日人을藉勢ᄒᆞ야韓國官令을壓抑ᄒᆞ니亦一可痛處로다

▲開化以後로世上事가變幻ᄒᆞ야各學校가成立되며村學究가餓死境에至ᄒᆞ얏고近日水道가敷設되며各坊曲에물장사가또餓死ᄒᆞ깃고

▲人口를調査ᄒᆞ고號牌를頒給ᄒᆞᆫ다ᄂᆞᆫ협雜事爲을某某處이運動ᄒᆞ다가무삼曆節이有ᄒᆞ던지寥寥無聞터니近日에別運動이更生ᄒᆞᆫ다니已往에癘忌處와斥止人이無力ᄒᆞᆫ지

特別社告

本報가一般人士의愛讀으로以ᄒᆞ야漸次發達ᄒᆞᄂᆞᆫ效果를見ᄒᆞ니此ᄂᆞᆫ大韓人民의國家思想과開明程度가漸進ᄒᆞᆷ이라吾儕ᄂᆞᆫ以爲ᄒᆞ되大韓의文化를開進코져ᄒᆞ면便利ᄒᆞᆫ國文을發達케ᄒᆞᆷ에在ᄒᆞᆫ故로特히國文報一部分을幷爲發行ᄒᆞ야普通男女의智識을開廣코져ᄒᆞ오니有志ᄒᆞ신僉君子ᄂᆞᆫ本月內로本社에請求狀을送ᄒᆞ시옴

大韓每日申報社

廣告

三湖朴井洞居徐順根處에陰四月初十日推次當坪一千兩於音一片과同洞居朴公植處에同日推次當坪四千兩於音一片을泥峴等地에셔失故로玆廣告ᄒᆞ니內外國人間雖某捨得ᄒᆞ야도休紙로施行ᄒᆞ시옴

陰竹居金雲卿　告白

本會運動處所를**東小門外新興寺**로更定ᄒᆞ오니今月十八日에光臨ᄒᆞ심을希望ᄒᆞᆷ

靑年會　告白

正三品李容旴名字以容七로改定ᄒᆞ오니知舊間照亮敬要

漢城中門洞李容七　告白

本人京橋七十八統五戶布木廛鄭圭贊處當文一千四百三十九兩四月十五日於音路中遺失故廣告ᄒᆞ오니內外國人間拾得이라도休紙施行ᄒᆞᆷ

安光植　告白

修學院

修學院에셔學員試取日字을五月二十七日(陰曆四月十五日)노定ᄒᆞ얏스니收單ᄒᆞᆫ學員은伊日上午十點鍾에本院으로齊赴應試ᄒᆞᆯ事

●試驗科目

一　身體檢査
一　漢文讀書
一　國漢文作文

光武十一年五月十五日

春川郡南外二作面上芳谷里村居睦泰信의畓十三斗落과田七日耕이在於橫城公權面葛馬谷이온바不意에文券을何許人이盜去ᄒᆞ얏기玆以廣告ᄒᆞ오니內外國人은勿爲見欺於盜賣人ᄒᆞ시옴

睦泰信　告白

夫修譜者明氏族也惟我卓氏始祖光山君學圃先生以下文正公景鎭先生文貞公竹亭先生自前朝至本朝以忠賢顯世只因後裔散居各域譜未大同譜者迨今二百餘年于玆矣今此晋州宗人碩鎬氏鎭南宗人尙孝氏尙均氏各辦義金合三千兩設譜廳于全羅南道光州南門內馬房家玆以發通十三府各郡僉宗覽通即時名錢則勿論只修單或以門中有文族委送若無可送之族本修單付送於郵便亦無妨而諸族中或籍册價段隨所入即刊矣照亮後勿滯時日送單送人千萬幸甚

發文　晋州　卓碩基　碩俊
鎭南　尙貞　泰潤　鎭獻
京銅峴　應龍
和順　秉律

杆城郡乾鳳寺鳳鳴學校講師本校贊成員李晦明氏가寄附金二十元을送交ᄒᆞ얏기玆廣告ᄒᆞᆷ

明進學校監　告白

은행표二張을어더스니누구시든지셔실을션어온차져가시요

鄭會宅二十二統二戶李完植

●大邱郡斷烟償債會義捐ᄒᆞᆫ婦人姓氏와金額이如左ᄒᆞᆷ　續

徐在貞부人오시　伍兩
白돌命母夫人오시　一兩
柳太和母부인徐시　葉五전
朴炳翌부人柳시　一圓
金恢孝母부인朴시　三兩
崔查守부人리셔　粧刀一介
리칠谷부人金시
崔永玉夫인朴시
郭仙桃母부人
徐丙德母부인申시
羅貞五부人朴시
최福돌母부인韓시　朴부人
洪應道母夫人李시
金欣伊母부人리시
李敦伊부人劉시
최査基母부인李시　각一圓
馮東連母夫人尹시
尹德述母夫人裵시
洪基丞母夫人신시　각一兩
鄭武敎부人石시　二兩
鄭昌吉母夫人金시
鄭寬瑞女부人鄭씨
鄭敬七부人李시　同副室金시
馬太明母부人李시　최甲東母부인오시　각二兩
馬時同母부인金시
白般煥母夫人리시　각一兩
金敬初부人魯씨　二拾錢
孫巖伊母夫人리시　三拾錢
金欣一夫人　銀簪一介
安부人
白花欣夫人　二拾錢
彭夫人　김夫人　각六拾錢
林부人　一兩
裵相敎夫人徐시　銀齒桶一介
馬聖三夫人韓시　仝夫人
각一兩　李德爲夫人尹시
十兩　김振玉부人金시
欒錫年부인최시
鄭富祥母부人孫시　각二兩
鄭萬亨부人최시
鄭會宅부人최시　각五兩
金甘文부人오시　一圓
金龍璣夫人鄭시　三兩
金明國母夫人朴시　一兩
鄭甲得夫人姜씨　三兩
金돌伊母夫人최시　一兩
池都事夫人최시　二兩
崔孝德母夫人徐시
金仁守母夫人徐시　각一兩
金貞伊母夫人崔시　二兩
許命岩母夫人趙시
金聖行母夫人孔시　각一냥
崔士九母부人具시　二냥
李万右母부人李시　一圓
裵允明부人金시
鄭子烈부人徐시　각五拾錢
金且先母부人　二냥
楊쇠伊母부人李시　一냥
申冷云부人林시　二十錢
崔鍾岩부인李시　三냥
池仁元모부인金시　一냥
崔査守母부인韓시　一圓
鄭敬敎부이裵시
南英玉부인金시
高부인　尹부인
金守明부인　각一냥

大邱斷烟償債會　廣告

完

本社々員趙昌植劉鎭兌金商基를恩津郡論山江鏡兩浦와礪山郡黃山浦에支社를派遣ᄒᆞ야該三浦에勞働人夫와該浦客主를組織ᄒᆞ야營業를興旺케ᄒᆞ기로本社에셔認許ᄒᆞ엿ᄉᆞᆸ기玆에廣告ᄒᆞ오니僉君子ᄂᆞᆫ照亮ᄒᆞ시옴

京城勞働動業會社

特別廣告

內外書籍新舊學文幷販賣所

大邱劇逻洞金긔鴻

◎活動寫眞廣告◎

今番에始作ᄒᆞᆫ活動寫眞은法국巴里京에셔有名ᄒᆞᆫ거시오또ᄒᆞᆫ大韓국 皇室에셔먼져石品ᄒᆞ셧고始作ᄒᆞᆫ지數日에遊賞ᄒᆞ시ᄂᆞᆫ첨君子가多數枉臨ᄒᆞ시와坐處가넘쳐셔晩到ᄒᆞ시면不便ᄒᆞ오니速々枉臨ᄒᆞᆷ

活動은自下午八点至九点名唱善舞歌童과唱和吹笛은自九点至十点

賣票時　七点半始爲

入場票　上等三十錢　中等新貨十五錢　小童十錢

新門외서달이목東便벽돌집　法人　馬田　告빅

金瑞봉이性本浮浪ᄒᆞ야年纔二十에不憚內外國債ᄒᆞ고隨得隨用에蕩産無餘而尙不悛習ᄒᆞ고留各處ᄒᆞ야締結亂類에或僞造圖章ᄒᆞ며僞造券ᄒᆞ야欲爲得債ᄒᆞ오니毋論內往國人ᄒᆞ고如或見欺酬應이라도其人也已是浮浪ᄒᆞ고其父也已爲蕩産亦立ᄒᆞ니幸勿見欺ᄒᆞᆷ

鳳山沙里院金振聲　告白

本店에春服衣次각程이自英국으로多數來到ᄒᆞ얏사오니陸續來購ᄒᆞ시옴

貞洞源泰양服裁縫店　告白

本學會의月例通常總會를本月五日에雨勢를因ᄒᆞ야不得開會이온바緊急ᄒᆞᆫ事件이有ᄒᆞ야臨時總會를本月十九日(陰四月初八日)上午十時에東門外永道寺에開ᄒᆞ오니僉會員은趁期來臨ᄒᆞ심을望ᄒᆞᆷ

輔仁學會　告白

●일본遊覽者募集

人員은五十名으로一團을成ᄒᆞ니한일인을不問ᄒᆞ고速히請入ᄒᆞ시옴

一　巡遊地　東京博覽會橫빈京都大阪神戶
一　往復일數　뎌抵十七일間
一　浮費　遊覽費及手數料을合ᄒᆞ야總計四十八圓
一　出發일　請入順次를從ᄒᆞ야出發三일前에直接히通知ᄒᆞᆷ
一　請入所　在京성各신聞社五十八銀行경성支店　天一銀行
一　會員은遊覽을終ᄒᆞ야開散ᄒᆞᆫ後ᄂᆞᆫ本會와關係가小無ᄒᆞᆷ
一　南대門셔釜山으로直行ᄒᆞ던지或은東경으로直行하ᄂᆞᆫ者의對ᄒᆞ야도同一便法으로同行請入을應諾ᄒᆞᆷ

일本人遊람協會事務所경성南뎌門通　東亞商會

◉增修無冤錄大全

壹帙壹白七十頁　定價金新貨七拾五錢

此增修無冤錄大全은法律家의最緊要ᄒᆞᆫ書籍이온ᄃᆡ年來現本이殆히絶種에至ᄒᆞᆫ지라故로法部에認可를得ᄒᆞ옵고此를新刊ᄒᆞ얏삽ᄂᆞᆫᄃᆡ國漢文으로解釋ᄒᆞ야模糊ᄒᆞᆫ句節이無ᄒᆞ오니法律學에有志ᄒᆞ신니와字牧之任에居ᄒᆞ신니ᄂᆞᆫ不得不覽ᄒᆞᆯ册子이오니注意購覽ᄒᆞ시옴

中署布屛下　廣學書舖　김相萬　發售所

越南亡國史

國漢文　定價貳拾伍錢

發賣所京城廣橋高裕相書舖　鍾南鋪川郡禹時夏書舖　布屛下　김相萬　冊肆

本人이日本大阪商業家와特約ᄒᆞ고日本內地産出各種物品과西洋各種物品及機械等物을我大韓에輸入과委托을便利케契約ᄒᆞ얏ᄉᆞ오니商工業에有意ᄒᆞ신僉君子ᄂᆞᆫ某物이든지請求코져ᄒᆞ시거든本社로來議ᄒᆞ시오本社에셔ᄂᆞᆫ手數料金만領受ᄒᆞᆷ

興業社本店　開城北部祥洞
支店京城南門內水橋五十一統六號
仝仁港內동實齊號　培養會社

●九轉靈砂라　本人이妙方法을神術ᄒᆞ야製造ᄒᆞᆫ靈丹인ᄃᆡ男女老少에無論何징하고通治하오며無病時에도服하면平生의身體가健康ᄒᆞ며小兒ᄂᆞᆫ四五歲重만服ᄒᆞ면十歲안에無病ᄒᆞ기를擔保ᄒᆞ오며

●九轉靈砂萬應丹은서狂癲징과中風諸疾과耳目諸病과淋疾에神効ᄒᆞ오

●九轉靈砂保命丹은初生小兒驚風　간氣　咳嗽　腹痛諸般惡징에神効ᄒᆞ오

●九轉靈砂濟衆丹은酒滯　食滯　血積　吐瀉　霍亂　痢疾　吐血　下血　運氣　時疾　癨징에神効ᄒᆞ오

●九轉靈砂紫金丹은痔漏　累癧　上疳瘡　下疳瘡及唐瘡과諸般雜瘡惡種에無不神効ᄒᆞ오니　君子ᄂᆞᆫ來問ᄒᆞ시오

內需司前독갑이골上隅第一家百三統一戶　리호연　告白

西署新門外鍮동百八十六統三戶
辯護士前檢事正三品丁明燮
法律事務所
事務員前主事吳在淳

國債報償義捐金

收入廣告

●安州군國債報償義捐會
進士니鶴秀 前虞候金熹祚
前僉使金인梧 前虞候李得淵
각五拾圓 前군守金邦淑
廿圓 군主事리東稷 一朔月捧
拾五圓 書記廳書記每員一朔
月捧 廿四圓 廳直每員一
朔月捧拾二圓 使喚每員一
朔月捧十八圓 進士리경植
朴在寬 이기巫女 각拾圓
徐廷憲 김載瑜 김鼎順
前郡守리熙庭 文致晟
張鳳昊 리善柱 崔有鎭
니錫興 前監察김永德
니子平 林志化 林贊權
각五圓 崔鎭化 張老俊
咸承憲 前五衛將洪化疇
崔禮均 니周泰 각三圓
김敬鉉 韓京泰각二圓伍拾錢
김형植 니元植 김경식
尙完植 康正金 니永燁
前僉知安一門 洪廷鍛
니炳昇 림龍田 池昇龍
강龍起 오炳瑜 각貳圓
咸明奎 劉亨模각壹圓五拾전
前僉知劉基彦 池應賢
오致伯 鄭岐周 김學益
김永福 김永生 니인俊
김인相 김順玉 김昌섭
김晶섭 김弘均 崔영柱
김景堯 張文鉉 車致成
韓承奎 劉亨淑 咸成範
車炳恒 김炳律 니永贊
오鳳道 김壽鳳 宋基洙
崔泰鉉 朴敎根 盧鎭三
김경澤 咸若彦 김冠學
김益河 洪淵도 洪承억
김陽壽 朱福明 니春軒
김윤吉 김元福 安明奕
尹賢洙 康順化 尹濟保
前知事니秉秀 前別將니華秀

李元國 朴鍵淡 趙龍田
羅顯泰 김鵬圭 辛周翰
니基창 尹應燁 郭應철
朴亨植 蔣志廷 오處豊
洪禹疇 申文善 金基彦
高信翊 김君澤 崔윤松
許 順 尹甲鳳 鄭贊文
金明善 文用鎭 咸基鉉
각壹圓 김明철夫人 壹圓
김承元 七拾전 金明철
六拾전 趙啓學 김桂俊
오禮順각六拾전 신炳勳
尹恒植 尹致堯 金感龍
康宜卿 강萬亨 金윤심
車致白 朴鼎錫 강吉福
김聖斗 김召史 朴龍云
朴宗煥 金奉曹 李福亨
張元明 金贊圭 趙國龍
朴基섭 李德日 김錫化
洪贊柱 김光鉉 韓元俊
김윤홍 니枝秀 文泰鉉
니永順 康李元 朴時鼎
朴應根 朴昌根 韓泰京
崔尙麟 車致道 徐好根
박宗現 박龍鉉 림敬德
申致鉉 김文伯
오濟헌 王龍煥 黃德영
박宗玉 沈宜稷 趙明珏
니敬俊 김炳鉉 김龍翰
박學麟 니昌鉉
前五衛將金인洙 金貞達
洪禹範 김兄烈 沈尙圭
니창善 安윤道 車炳旭
니창實 許 容 니錫乙
오俊弘각五拾전 김召史壹圓
韓京涉 趙熙牧 니東직
김守日 安國保 김有聲
박奉俊 金明圭 尹鉉柱
김奉學 니基珍 각卄전
劉龍潛 貳拾圓 劉光祚
拾圓 洪경순 白召史
니鎭實 김處仁 崔尙洙
김東瑾 許 槃 각卄錢
金裕弘 金贊瑞 張英煥
각壹圓 니창順 韓成九
爲仲賢 徐奉道 최俊行

文用廷 각十전
△童蒙
六歲逆大監二圓 六歲니明帥
六歲김益均 각壹圓 方炳植
김七星각五拾전 김天運
韓乙福 각卄전 洪宗楷
三拾錢 康三孫 安西天
韓用贊 尹致化 劉炳石
趙寶夫 각拾錢 니鎭贊
니允涉 邊昌麟 吉岩外
각五전
△安興學校生徒
김正均 蔣錫鳳 任曜鎬
김炳鍍 김大석 尹奉洙
田乃洪 田乃範 니孝철
오德恒 각壹圓 김相堯
니仁俊 각貳圓 니養석
文창憲 김善柱 각五拾전
文昌魯 鄭碩奎 康慶國
김인鍍각卄전 許炯 許二孫
許三孫 金應振 김 노
오聖弼 각卄錢 김炳국
김君興 崔濟弘 니창俊
洪大監 文成彬 김基恒
김法春 文三孫 康衡서
朴寅貝 김善慶 趙延宗
申德有 曹永福 李庭茂
金昌治 吳德근 朴齊ㅎ
車長吉 金福德 리贊守
尹永贊 림化奉 郭福德
白利善 尹창善 오乙福
김七成 김奉祥 니應白
文秉濟 김石晉 니雲松
李南圭 尹창玉 康福德
裵永福 趙功彬 오창一
김石祖 최大寬 김宗廷
김丁龍 김河龍 김茂松
김學福 康京西 池廷九
池廷麟 鄭世憲 각拾전
敎師康舜三五圓 니士翊
壹圓 김永인三拾전 김인珠
貳拾錢 림秉鉉 柳奉洙
林龍成 니長孫 니阿只者
김岩外각卄전 김丁學五전
合陸百拾九圓拾五전

●西署南門外池洞
林觀원 五圓
●南署上犂洞金平창宅留 拾錢
●加平郡外西面新村里民人等 六圓
●加平郡外西面오里동民人等 三圓
●廣州石村崔命鉉 廿전
●利川長面梨峙 김在賢兄弟
子姪七人 三圓五拾전
●通津楊田面楊田里五十餘戶 壹圓
●豊德東江里居
金仁植 鄭植 각貳拾전
根植 拾전 元植 卄전
正식 鴻식 學淵
合壹圓
●南陽長安面一동石浦
鄭學永 三拾전
●全州郡所陽面大勝동 拾圓
洪完杓
●密陽北面靑雲里니達憲壹圓
●延日警務分派所巡檢金振浩 壹圓
合三拾六圓拾錢
●豊德郡北面平창里
閔景鎬 閔德鎬 각四拾전
閔濟鎬 武圓 鄭在周
閔泳麟 각壹圓 南九絃
閔泳洛 閔陽鎬 각五拾전
閔應鎬 南七絃 각貳拾錢
鄭俊陽 高仲三 각三拾錢
宋泰主 高景云 각四拾전
嚴得權 李來成 각貳拾錢
鄭奎遐 高光佑 각三拾전
高鎭權 四拾錢 權洛
三拾錢 閔泳奎壹圓 梁在寬
白光天 사貳拾錢 閔尙鎬
三拾錢 閔泳棠 閔泳鳳
池창植 각卄錢 閔泳淮
四拾錢 閔泳台 貳拾錢
閔泳伯 三拾錢 鄭鳳陽
閔泳鶴 梁錫煥 金敬瑞

朴彦貞 閔炳鎬 閔元鳳
高德祚 高公三 각貳拾錢
鄭順陽 各拾전 梁在俊
徐致江 閔上奉 閔貴男
각卄錢 朴勝瑞 姜李氏
각拾錢 池聖三 梁仁煥
柳海龍 각卄錢
合拾六圓卄錢
●長단東坡洞中
니完應 貳圓 김允湖
兵丁宋濟澤夫人 각壹圓
니星應 梁喜俊 니朝應
각四拾전 김基鎬 車聖五
니鉉洪 김光禹 니和甫
니鉉永 니鉉重 니鉉禹
각卄錢 朴炳一 卄五錢
黃 樟 김永赫 니鉉禹
宋順五 李昌烈 黃寶淵 梁德凡
車道淵 니景三 니永山
咸順瑞 니敎方 崔榮保
金入允 徐晩甫 林寬玉
趙致順 김致凡 니敎應
각卄전 廉學仁 拾五전
니春甫 拾貳전 니壹鎬
梁德健 車元根 黃 찬
咸甲孫 宋雲先 崔興凡
각拾錢 韓召史 五錢
△天主敎村
鄭奇緖壹圓 김漢창 申致道
각五拾전 黃德一 니寬汝
申致三 申聖伯 김聖言
김公弼 張致三각四拾전
김海成 申致云 김成甫
니健用 니化春 각三拾전
裵必受 김學受 김化集
朱主福 니寬甫 任順五
高公甫 黃國緖 각卄錢
니潤中 拾五錢 高致西
拾錢
△桐子院洞中
니皓應 黃 근 각壹圓
최承奎 韓喜宙 각五拾전
韓俊弼 김二萬 각卄전

니鶴鳳 沈遠信 黃俊汝
黃化三 黃鉉煥 최承麟
崔完植 김石乭 각卄錢
崔永參 崔寬植 黃成敎
黃重煥 김善吾 니敬光
김石學 洪赫周 韓先乭
각拾錢 加入 [illegible]錢
合卄六圓四拾六錢
●廣州廣安面前枝里
鄭參鎭 壹圓 安昌遠
八拾錢 安永遠 鄭雲紀
鄭鉉鎭 김在弘 각五拾錢
박千吉 四拾錢 박容煥
南宮鍊 각卄錢 鄭雲龜
鄭雲周 鄭雲根 김壽俊
김俊成 安吉遠 安甫遠
朴元日 김善在 柳謙熙
權運三 박容지 김石卜
鄭台鎭 박良玉 辛泰雲
朴仁甫 南相弼 柳在奉
니禮植 김用植 정奎大
黃五得 각卄錢 정雲夏
鄭氣秀 정興秀 李曾根
權日万 南健祐 權奇成
辛永已 김卜쇠 徐漢成
박順用 鄭學鎭 郭万千
秋光業 김卜同 김巨卜
尹學石 김日錄 각拾錢
合拾壹圓貳拾전
△廣安面中里
니觀主 四拾전 리光主
三拾전 니氣浩 리敬主
니然主 니相式 니相德
니爲석 申泰陳 각卄전
니善主 김銀石 印北쇠
각拾錢
合二圓四拾錢
總合七百拾一圓五拾一錢
前號總合九千九百五拾七圓
卄七錢二厘
都總合壹萬○六百六十八圓八拾八錢二厘

●正誤 昨日本報第五百十三號義捐金廣告總合은一百九十八圓卄九전으로都總合은九千九百五十七圓三十七錢一厘로正誤홈

◎特別廣告◎

國債報償金兩日所捧은姑未合計이고伊前日所捧總合二萬九千二百六十五圓卅九錢은電氣會社內銀行의貯置ᄒᆞ얏ᄉᆞ고其貯置額中에서九千五百圓을國債報償志願金總合所로越交홈

大韓每日申報社

發行兼編輯人英國人 裵說
發行所
南서石井洞號外地三層洋屋家
大韓每日申報社

大韓每日申報
第五卷
第五百十五號

月曜及慶節
歲時日休刊

檀君開國四千二百四十年
箕子元年三千二十九年
大韓開國五百十六年
日本明治四十年
淸國光緒三十三年
◉陰曆丁未四月大初七日丁卯

論說

提議于伊藤侯爵

伊藤侯爵이韓國事를關係ᄒᆞᄂᆞᆫ自已意見을陳述ᄒᆞ기에如何히隱而不發ᄒᆞᄂᆞᆫ主義를現出ᄒᆞᆷ은吾人이常是可歎者라同氏가日本內에셔說話ᄒᆞᆫ거ᄉᆞᆫ吾人이種々得聞ᄒᆞ엿ᄉᆞ며且本報가引용揭載ᄒᆞᆫ것도畧有ᄒᆞ로되同侯가韓國人民을對ᄒᆞ야演說ᄒᆞᆫ거ᄉᆞᆫ吾輩가尙今未聞이로다

蓋政治上說話ᄂᆞᆫ實情을現露ᄒᆞᆷ이罕有ᄒᆞ고且何人이ᄃᆞᆫ지伊藤侯의職位에處ᄒᆞ면自已의計劃과欲望을全世界에布告ᄒᆞ기ᄂᆞᆫ不可期也라伊藤侯가韓人의게一不說明ᄒᆞᆷ이有何關係리오마ᄂᆞᆫ或信或疑ᄂᆞᆫ反不如不信이라伊藤侯가自國政府의計策을韓國人民의게自意로明確說破ᄒᆞ기以前에ᄂᆞᆫ韓人을和解코져ᄒᆞᄂᆞᆫ自已計劃의成就를決不可望也니蓋日本政策을信賴ᄒᆞᄂᆞᆫ韓人은即是日人이常以腐敗로指斥ᄒᆞᄂᆞᆫ政黨幾人而已로다

韓國內에셔各種無根之說이往々世人의信認을得ᄒᆞ기가容易ᄒᆞᆷ도ᄯᅩᄒᆞᆫ伊藤侯가自已의諸般所爲를不要著明케ᄒᆞ려ᄂᆞᆫ秘密事態로專由ᄒᆞᆫ지라近者에發出되ᄂᆞᆫ多數可之欺事가皆此由를因ᄒᆞ얏고 皇帝ᄭᅴ셔憂愁ᄒᆞ시ᄂᆞᆫ事實도亦係此由로다如此情形이곳伊藤侯의現行政策의結果라ᄒᆞ고ᄂᆞᆫ吾人이不爲擧稱ᄒᆞ나然이나不確不定ᄒᆞᆫ現今情形은如可ᄒᆞᆫ道理로ᄃᆞᆫ지此帝國에助益ᄒᆞ기를不得ᄒᆞᆯ거시오但韓國之讐敵의게好機를供給ᄒᆞ리로다

此問題를說明ᄒᆞ기에引用ᄒᆞᆯ一怪擧가近者에發出ᄒᆞ얏ᄂᆞ니此ᄂᆞᆫ內閣大臣中一人이 皇帝ᄭᅴ上奏ᄒᆞ엿ᄉᆞ되伊藤侯가義親王이나或李埈鎔氏로 皇位를襲케ᄒᆞᆯ計策을劃出ᄒᆞ엿다ᄒᆞᆫ바此兩人이日本에多少依賴ᄒᆞᆷ은普通信認ᄒᆞᆫ비로다如此風說은眞實要点이未有ᄒᆞ니

皇帝ᄭᅴ셔如彼愚計를豈其信之ᄒᆞ시리오然이나以其閣臣으로如此事件을上奏ᄒᆞᆷ은非不注目處라如此ᄒᆞᆫ日人의隱謀가漢城一幅에流行ᄒᆞ나니伊藤侯가親自下階ᄒᆞ야已之向意와權限과希望의實據를韓國人民의게說明ᄒᆞ기前에ᄂᆞᆫ如此隱謀가諸般進益을阻礙ᄒᆞ며遲緩케ᄒᆞ리로다

官報

◉第三千七百六十八號 光武十一年五月十七日

◉宮廷錄事

宮內府特進官徐丙礼辭職疏批旨省疏具悉所請依施

◉勅令

●勅令第卅號

憲兵警察賞與規則

第一條 警察賞與ᄂᆞᆫ本規程에依ᄒᆞ야憲兵의警察上特히功勞가有ᄒᆞᆫ者에게行ᄒᆞᆷ이라

第二條 警察賞與ᄂᆞᆫ左開特種의功勞에對ᄒᆞ야此를施行ᄒᆞᆷ이라

一 囚人의逃走ᄒᆞᆫ者와刑事被告人의重犯ᄒᆞᆫ者를逮捕ᄒᆞᆫ者
二 人命을救助ᄒᆞᆫ者
三 水火及瘟疫流行其他事變에對ᄒᆞ야防禦救濟ᄒᆞᆫ者
四 急遽ᄒᆞᆫ際에警察官의請求에應ᄒᆞ야成事ᄒᆞ도록補助ᄒᆞᆫ者이라

第三條 警察賞與ᄂᆞᆫ功勞의輕重을從ᄒᆞ야左의三種이有ᄒᆞᆷ

一 金十五圜以上三十圜以下의特別賞與
二 金二圜以上十五圜未滿의賞與
三 賞詞

第四條 第二條第一項에該當ᄒᆞᆫ賞與ᄂᆞᆫ該犯人의罪狀이確定判決에至치아니ᄒᆞ나然ᄒᆞ나罪犯事實이明白ᄒᆞᆫ거ᄉᆞ로認ᄒᆞᆫ時ᄂᆞᆫ此를行ᄒᆞᆷ을得ᄒᆞᆷ이라

第五條 憲兵下士上等兵其他警察事務에從事ᄒᆞᄂᆞᆫ者에對ᄒᆞ야ᄂᆞᆫ其功效가特히顯著ᄒᆞᆫ時에限ᄒᆞ야賞與를行ᄒᆞᆷ이라

第六條 憲兵下士上等兵其他警察事務에從事ᄒᆞᄂᆞᆫ者에對ᄒᆞ야ᄂᆞᆫ所屬上官이其功效에對ᄒᆞ야程度를判定ᄒᆞ고賞與額을定ᄒᆞ야軍部大臣의게具申ᄒᆞ야賞與를行ᄒᆞᆷ이라

第七條 憲兵과警察官과共同ᄒᆞ야警察事務에從事ᄒᆞ야共히功勞가有ᄒᆞᆫ時及本規則에明文이無ᄒᆞᆫ者ᄂᆞᆫ警務賞與令에依ᄒᆞ야其賞與를施行ᄒᆞᆷ이라

附則

第八條 本令은頒布日노봇터施行ᄒᆞᆷ이라

光武十一年五月十三日
御押 御璽 奉
勅 議政府叅政大臣朴齊純
軍部大臣權重顯
度支部大臣閔泳綺

◉敍任及辭令

命全羅南道宮庄査整官 六品安重基
命全羅南道宮庄査整委員 邊繼圭 徐敬植
依願免本官 裕康園叅奉李思益
任裕康園叅奉 金思洪

外報

◉鐵道交還의主任 去十四日北京電을據ᄒᆞᆫ즉本日日本政府ᄂᆞᆫ淸國에對ᄒᆞ야新奉鐵道를交還ᄒᆞᆯ期限前을不拘ᄒᆞ고何時던지交還ᄒᆞ기로照會를發ᄒᆞ얏ᄂᆞᆫ디其交還ᄒᆞᆫ主任은南滿鐵道會社理事久保勝美씨로決定ᄒᆞ얏더라

◉印度學生激昂 仝日東京電을據ᄒᆞᆫ즉舞鶴者에印度學生은大隈重信伯의同學生에게ᄒᆞᆫ演說에對ᄒᆞ야非常히激昂ᄒᆞ얏ᄂᆞᆫ디其事實은該集會에列席ᄒᆞ얏든人의說을直聞ᄒᆞᆫ즉當日大隈伯의演說은印度人의長所와短所를擧ᄒᆞ야推讚ᄒᆞ고ᄯᅩ奬勵ᄒᆞᆫ者로서全然印度人을輪駁ᄒᆞᆫ者인디日本人은聽之喝采ᄒᆞ얏스나印度人의게ᄂᆞᆫ別노預定ᄒᆞᆫ通譯이無ᄒᆞᆷ으로써來會人中에日語를略解ᄒᆞᆫ美國人이好意로自已의所解ᄒᆞᆫ되로通譯ᄒᆞᆫ다ᄒᆞ고大略其要旨를申述ᄒᆞ얏ᄂᆞᆫ되偶然히印度人의短所를論ᄒᆞᆫ部分이多ᄒᆞᆷ으로써該學生等은此로써大隈伯의演說에骨子로知ᄒᆞ고頗히不快ᄒᆞᆫ感情을惹起ᄒᆞ얏다더라

雜報

成興郡居前主事韓萬鳳氏가國債報償義務에對ᄒᆞ야本郡郡會所에寄ᄒᆞᆫ書ᄒᆞᆫ全文이如左ᄒᆞ니敬啓者ᄂᆞᆫ生以不材蠢擧으로雖不敢與論於民國事之關係이오나其天賦秉彝之性은所固有也라游洛幾年에實念國權之日蹙과民生之日瘁ᄒᆞ고常切痛憂라가不意又有一千三百萬圜借款之擧에三千里疆士가將見割盡ᄒᆞ고二千萬人種이竟至殄滅故로自不禁血淚矣러니天不欲喪我韓이신지以國債報償一款으로豆南人士가一倡同盟에全國內無論貴賤上下男女老幼ᄒᆞ고莫不響應義捐이오니此誠國權可復民生回生之日也라惟我關北은 太祖高皇帝肇基之湯沐鄕으로忠愛之誠과奮發之義가豈後於人哉아所以吾鄕紳士之在京者가先已協議鼓動則自道而郡而社而里로以至벽巷窮부이莫不義捐이니此不必架疊皆明이어니와生以一得之見으로據取現今之形便ᄒᆞ야硏究善後之方策컨ᄃᆡ今此義捐之募集과債款之淸償이非一二月間所可畢也요設或一齊湊合이라도今國內流通之貨가殆將磨盡而又况北道則行之엽鐵이極難ᄒᆞ즉財政이難免困難이오其收聚之後에若或有所管個人之奸弊와鄕村憂恨之生疑與訛則日呢下人이混遏爛ᄒᆞ야大有妨碍矣리니第自各社里로收其捐金ᄒᆞ야蔵産米太牛皮等物外商之所常買者를以時購貿移錢ᄒᆞ야以致都聚之時ᄒᆞ야使各販貿于港市ᄒᆞ야以爲納京會之地則千萬幸甚生은以貧窶之勢로雖不暇給於斷烟減飯之剩餘이오나僅捐貲貳拾兩으로仰呈이라ᄒᆞ얏더라

◉四命驚慘 平南觀察署理叅書官金英鉉氏가內部에報告ᄒᆞ되本管下寧遠郡警務分署總巡崔順良의報告書를接ᄒᆞ은즉上月十二日德川郡武陵面으로봇터渡船處를向ᄒᆞ다가大同江上流에셔該郡民金文星與賀吉安化李召史等四人이乘船越津다가爲風浪所激ᄒᆞ야覆船溺死事等因이오바風波忽起에四人淪命이極爲驚慘이옵기指飭該總巡ᄒᆞ야使之申飭該附近里ᄒᆞ야死屍를搜覓ᄒᆞ며境內에有此慘酷之事ᄒᆞ니不勝驚悚이오니有欠職分이오ᄒᆞ지라方詞詢其委折ᄒᆞ오며玆에報告ᄒᆞ얏더라

◉契中義契 咸興郡西門外에여會義契ᄒᆞ니契員韓永亨等十八人은該郡國債報償所에納送ᄒᆞᆫ名目이多ᄒᆞ니里中則出里中納ᄒᆞ고坐買則出坐買納ᄒᆞ고自商會則出商會納ᄒᆞ야써等義捐은身雖一人이나出自二三名目인디今朔則又以契錢으로送納ᄒᆞ니每人一圜式合紙貨十三圜이라더라

◉兩氏出義 安州郡立石場酒商朴子平氏ᄂᆞᆫ國民義務로國債報償에對ᄒᆞ야葉一百兩을出捐ᄒᆞ엿고同郡朴羅係氏ᄂᆞᆫ親可寡居生活로家勢가淸寒ᄒᆞᆫ대엽二百兩을出捐ᄒᆞ엿다더라

◉明校有進 僉倡關體中으로明進學校를東門外에創設ᄒᆞ야專門幼少年을新學教授ᄒᆞ야一年이過ᄒᆞ고更加擴張ᄒᆞᆯ차로參助ᄒᆞᆫ은一般執務者의熱心이不足ᄒᆞᆫ所致라是以로再昨日에特別會를本校內에開ᄒᆞ고任員을新選ᄒᆞ얏ᄂᆞᆫ디校長은魚瑢善氏副校長은洪月初氏幹事李敏直氏學監尹錫準氏校監李實濂氏財監吳牧英氏財政監督宋秉畯氏로推選ᄒᆞ고各其任務를執行ᄒᆞ야擴張ᄒᆞᆯ方針이漸就ᄒᆞᆫ다더라

雜報

●叅書新任 正三品金聲漢氏가全南觀察府叅書官을被任ᄒᆞ얏더라

●風說更盛 伊藤統監이還歸ᄒᆞ고桂太郞氏가襲任ᄒᆞᆫ다ᄂᆞᆫ風說이盛行ᄒᆞ더라

●畿察內定 陸軍三等軍醫長康永勻씨ᄂᆞᆫ京畿道觀察使를被任ᄒᆞ기로內定되얏다더라

●九郡奏本 再昨日內部에셔郡守九窠를奏本ᄒᆞ얏ᄂᆞᆫᄃᆡ唐津李啓泰창平黃翼淵黃간림淵相旌善金鳳漢會寧李鍾振藍浦閔泳殷厚창李相珪山淸李章鎔价川朴承健諸氏더라

●果然被任 從二品李圭桓氏로學部協辦을被任ᄒᆞ야더라

●內下移費 藥峴天主敎堂에셔藥明學校를設立ᄒᆞ고校主ᄂᆞᆫ法國人閔德效氏로校長은李鶴호氏로贊成長은沈相薰씨로贊務長은李寅榮氏로評議長은金重煥氏로選定ᄒᆞ얏ᄂᆞᆫᄃᆡ該校費一千三百圜을 內下ᄒᆞ셧다라

●照請送交 內部에셔統監府로照會ᄒᆞ되全羅南道咸平郡여정面公錢領收員朴尙來가其姪朴魯珍과同謀ᄒᆞ야今年陰曆一月十七日에其所領收ᄒᆞᆫ結稅金九百二十一圜五十二錢을携帶ᄒᆞ고木浦支金庫에納付ᄒᆞᆫ다假稱ᄒᆞ고卽時出家發程ᄒᆞ야卽向貴國東京ᄒᆞ고其逃走後本年三月十八日에變名炳夏라稱ᄒᆞ야大阪市南區齊橋만谷西에所在ᄒᆞᆫ花篤아이方에卽入仍住ᄒᆞ고書信을其本家에발送ᄒᆞ되其逃走ᄒᆞᆫ目的인즉貴國에留學ᄒᆞ기爲ᄒᆞ야來住라稱ᄒᆞ얏스며當時光州稅務署羅州分署에請求를依ᄒᆞ야木浦理事廳에셔逮捕ᄒᆞᆷ을講究ᄒᆞᆫ結果로貴國東京市本鄕警察署에셔逮捕ᄒᆞ얏ᄂᆞᆫᄃᆡ其時에携帶金中現存金이四百四十元이옵기玆以仰佈ᄒᆞ오니照亮ᄒᆞ오셔該犯人及現存金等을光州觀察府에引渡送交ᄒᆞ라ᄒᆞ얏더라

●修寺擔費 北漢中흥寺ᄂᆞᆫ年久頹圯ᄒᆞᆫ後年前權重顯氏가管理署在任時에修築ᄒᆞ기爲ᄒᆞ야基地를開拓立礎ᄒᆞ얏고其後金明濟씨가重修未畢ᄒᆞ얏ᄂᆞᆫᄃᆡ現今慶尙道巨富崔某가該役費을ᄌᆞ當修理ᄒᆞ기로某處에周旋中이라더라

●歸國旅費 學部에셔度支部로照會ᄒᆞ되敝部叅與官補瀨谷道운을依願解雇ᄒᆞ옵고該員에歸國旅費及慰勞金合二百圜을左開仰布ᄒᆞ오니特爲筭外支出ᄒᆞ시와以便支給케ᄒᆞ심을爲要라ᄒᆞ얏더라

●淸風紀念 本日이淸風學校設始之日인故로紀念式을擧行ᄒᆞᄂᆞᆫᄃᆡ該校一般主務人과學務局長俞星濬氏를請待ᄒᆞᆫ다더라

●水雷發見의賞與 政府에셔內部로照會ᄒᆞ되日本人運轉工野坂又一이가浮流水雷를發見引致ᄒᆞᆷ에對ᄒᆞ야賞與金一百圜을措辦ᄒᆞᆫ事로統監府來文을接ᄒᆞ야本年三月十九日에業經照會在案이온바現에統監府來文을接ᄒᆞ온즉曩者貴國沿海에在ᄒᆞᆫ浮流水雷發見者賞與에關ᄒᆞᆫ件에對ᄒᆞ야業經照會이온바今回又帝國陸軍運輸部本部所屬汽船第三扇海丸船長乙種一等運轉士野坂又一이가貴國沿海航行中咸鏡道端川附近에셔浮流水雷一個를發見ᄒᆞ야此를該管에引渡ᄒᆞᆫ事實를帝國陸軍運輸部本部長加藤政義의照會가有ᄒᆞ온바本件에對ᄒᆞ야貴國政府에셔前照會와ᄀᆞ치賞與ᄒᆞ會事를措辦ᄒᆞ시기爲ᄒᆞ야玆에照會ᄒᆞ오니照亮ᄒᆞ심을要ᄒᆞᆷ이기로此를准ᄒᆞ야再行照會ᄒᆞ오니照亮迅辦ᄒᆞ라ᄒᆞ얏더라

●支所來函 咸南定平郡國債報償支收所에셔所長前郡守沈宜瘵前主事盧惟玉諸氏가人民을勸喩ᄒᆞ야所收金額이二百八十六圜에達ᄒᆞ얏다고姓名成冊을爲先總合所로報明ᄒᆞ엿더라

●敎堂大學 鍾峴敎堂에셔大學校를設立ᄒᆞ고敎師ᄂᆞᆫ法人을雇聘ᄒᆞ고月給은每朔에百餘圜式支給ᄒᆞᆫ다더라

●東亞行悖 東亞開進敎育會를刱設ᄒᆞ고文武農工業을一體研究ᄒᆞᆫ다더니設會三朔에尙未聞一課卒業之聲이오只從稱負商舊習ᄒᆞ야士器木物店炭據暨捕漁等處及陸商往來街路에無名收錢을無厭徵索ᄒᆞ야怨이載路中惟獨全南이倍加於他道ᄒᆞ야所謂京派會長은不知去處ᄒᆞ고挾雜之徒曹錫호爲名人이自稱署理會長ᄒᆞ고各郡褓負商接長을每年三四次를數三百金式을納賂出差ᄒᆞ고猶恨不足ᄒᆞ야稱以巡邑ᄒᆞ고自乘四人轎에騎馬客五六名이前後擁衛ᄒᆞ고多率執事에遍行列郡ᄒᆞ야謂之會㮀價征納ᄒᆞ고無ᄒᆞ고平民을杖囚於道郡ᄒᆞ되莫敢誰何라ᄒᆞ고南來人에傳說이有ᄒᆞ더라

●閭塾調査 新門外養閭義塾幹事長秦學新氏가諸般行爲가不正ᄒᆞᆯ뿐더러財政에挾雜이有ᄒᆞᆷ으로日前該塾에셔評議會를開ᄒᆞ고秦氏의任員을刪出ᄒᆞ고財政調査員을選定ᄒᆞ야設塾以後經費을這々調査ᄒᆞᆫ다더라

●可駭可怪 濟州한拏山脈을壓氣ᄒᆞ기爲ᄒᆞ야金某爲名人이水鐵八千斤과鐵釘八百介를山脈에埋置ᄒᆞᆫ다ᄂᆞᆫᄃᆡ告由祭費가一千三百圜에達ᄒᆞ얏다더라

●留學親睦 日本留學生이官帑私買를勿給ᄒᆞ고親睦會를組織ᄒᆞ얏다더라

●賊魁約長 南來人의傳說을據ᄒᆞᆫ즉連鎭錦珍山公州等地에年來로賊警이大熾ᄒᆞ야民不安居ᄒᆞᄂᆞᆫ대珍山郡守李宜익氏가賊黨을防禦ᄒᆞ기爲ᄒᆞ야鄕約契를設始ᄒᆞ고砲軍幾十名을設置ᄒᆞ야該郡求禮坪居崔龍俊으로都約長을差定ᄒᆞ고每戶二兩式收斂ᄒᆞ야砲軍의日費를支給케ᄒᆞ얏ᄂᆞᆫᄃᆡ該崔龍俊은卽前居連山郡時에賊魁崔南出爲名者로變名龍俊者也得此權柄ᄒᆞ미稱以戢捕ᄒᆞ고率砲軍橫行村閭ᄒᆞ야大小事를無不干涉ᄒᆞ야子誣於白白ᄒᆞ고覓疵於昭昭ᄒᆞ야賊警은如前益熾ᄒᆞ고平民은難以支保라ᄒᆞ더라

●賊是名倡 忠州郡巡檢二人이淸州山東等地에셔賊漢四名을捕捉ᄒᆞ야忠州로向ᄒᆞᆯ시兩一時에到ᄒᆞ야暫時休ᄒᆞ더니賊漢中一名은素是名倡이라巡檢이少緩其縛ᄒᆞ고要請其歌ᄒᆞᆫᄃᆡ該漢이歌而且舞러니忽焉間에反拔巡檢佩刀ᄒᆞ야翻身行刺에巡檢二人이反爲被害ᄒᆞ얏다고南來人의傳說이有ᄒᆞ더라

●却饋情實 西來人의傳說을聞ᄒᆞᆫ즉甕津郡吳春근氏가海州府總巡金鳳薰씨로素有親分ᄒᆞ야果實及南草로表情ᄒᆞ얏더니寄書退却ᄒᆞ여日今此數種情注로認以殘物ᄒᆞ고無廉受食이면將來幾十疋紬단과幾千百錢財를亦可受之ᄒᆞ리니此若不厭이면剝奪民財之心이自然油發ᄒᆞ야將爲虐民之大盜ᄒᆞ리니相親之間에何不敎之以義方ᄒᆞ고贈之以助虐之贓物乎아ᄒᆞ얏다더라

●設會要認 前負商頭領金光植氏가同寅會를組織ᄒᆞ기爲ᄒᆞ야統監府와警務廳에認許를要求之더라

●富豪被恐 錦山郡來信을據ᄒᆞᆫ즉該郡居前主事崔坪[illegible]人이ᄂᆞᆫ三圜義金을捐先期出ᄒᆞ고烟竹匠人金敬化ᄂᆞᆫ勢不亦立ᄒᆞ고烟竹造成ᄒᆞᄂᆞᆫ生涯로今日吸烟을永廢ᄒᆞ고義金을先刑ᄒᆞ얏고可憎李治洪은日人買ᄒᆞ고ᄂᆞᆫ居間興成에口文과十一條로作爲奇貨ᄒᆞ야勢不貧ᄒᆞᆫ니報國債保儐士ᄂᆞᆫ反對於自已目的이면不對斷烟會人日吾亦有日債ᄒᆞ니不可義捐于國債라ᄒᆞ야終無分錢義捐ᄒᆞ고李德[illegible]더니對斷烟會人日汝等富民之文은普經備啞義捐謗毁門閭斷與오吾所不知ᄒᆞ니外吾之烟竹이야誰能禁斷乎아ᄒᆞ고橫捕義人을無數恐喝ᄒᆞ며甚至於嚴告官庭ᄒᆞ야捉去斷烟人에亦不分錢出捐ᄒᆞ니鄕里同會數化ᄂᆞᆫ何如是血誠熱心이며李致洪德文은何如彼頑悍獸聲인지衆論이비騰ᄒᆞ다더라

●西民有頌 寧邊郡儒生等의來函이如左ᄒᆞ니貴社ᄂᆞᆫ模範春秋而辦論善惡之機關이라生等이以其邁士賤生으로常未開敎涉獵ᄒᆞ얏러니本郡檢事兼主사셔ᄂᆞᆫ素以强直明法으로在任數月에不憚勞苦ᄒᆞ고親執裁察ᄒᆞ야雖稱土豪辯士者라도不敢售奸ᄒᆞ야自服落科ᄒᆞ니道內挾雜輩之間風而不得健訟은無容更議어니와至若寧邊郡主事ᄂᆞᆫ[illegible]外紙地費라ᄒᆞ고斂排民間事와守備隊隔應長研木價潛食作弊又於嘉山郡分派所巡檢等이曖昧規則에以其警察權限으로乃知府附屬之租穴ᄒᆞ고橫侵於閭里件이幷爲發諸民訴故該郡主事與巡檢等을自本所로拿致買收ᄒᆞ야以當稅云ᄒᆞ니除外各郡郡主事與巡檢輩도自不敢恣意於贓財ᄒᆞ고民事라ᄒᆞ얏더라

●敎師良員 公立江西郡普通學校敎員金南鶴氏가學部에報告ᄒᆞ되本人이貧人으로貧校에來ᄒᆞ야千里客中에難堪其憂런더러히閑空이온즉歸坐도[illegible]

●傷命可駭 永春郡巡檢이[illegible]

▲一打玉壺▼

▲海外風雲이何處의凝聚ᄒᆞᆫᄂᆞᆫ지聽河辯士가縱横一世ᄒᆞ야爭登莢墳에牛耳를相執ᄒᆞ니平和問題가一出ᄒᆞ더니日本叅政가初有ᄒᆞᆫ功名이로다

▲東大權重顯氏와還軍大李근澤氏가日昨何許人投書에極口修辱을當ᄒᆞ얏ᄂᆞ니如彼匿名嘗類가別樣禍害ᄂᆞᆫ되지아니ᄒᆞ나보ᄂᆞᆫ者의心事ᄂᆞᆫ츳치못ᄒᆞ겟더

▲여보學部大臣은全國敎育을主管ᄒᆞᆫ責任으로敎育一事ᄂᆞᆫ夢外에付ᄒᆞᆫ니精神이업셔그러ᄒᆞᆫ가이지學大의一段精神은叅政이나內大를圖得ᄒᆞ기에全注ᄒᆞ야百般運動ᄒᆞ다가終不如意ᄒᆞ면至于近日에ᄂᆞᆫ發狂病이낫다데

▲여보內部協辦沈相翊氏ᄂᆞᆫ向人揚言日我가前日에ᄂᆞᆫ地方局長으로誹謗을多取ᄒᆞᆫ든惡過를盡洗ᄒᆞ고自今으로ᄂᆞᆫ凡事를公正히做去ᄒᆞᆯ곳노라ᄒᆞ얏더니果然그러ᄒᆞᆯᄂᆞᆫ지보와야알지

▲여보政府大臣들이本國人民은無非讐敵이되고屬國이自身生命을外國巡査憲兵手下에付托ᄒᆞ얏스니엇지그리불상ᄒᆞᆫ가

▲一進會에셔昨日獨立館國民演說臺에總會을開ᄒᆞ고傍聽을不許ᄒᆞ얏다니該會에셔近日不穩ᄒᆞᆫ情況을包含ᄒᆞ야偶語가紛紛ᄒᆞ니非常ᄒᆞᆫ狀態가未久에發現ᄒᆞ리로다

▲警務廳에셔權任及巡檢을敎育ᄒᆞ기爲ᄒᆞ야日人셔橋최雄씨를囑托ᄒᆞ야月俸은每朔四十圜으로定ᄒᆞ다ᄒᆞ니韓國官吏은日本人이안이면敎育을밧지못ᄒᆞ나韓國庫金은日人에月俸으로消融無餘ᄒᆞᆯ이로다

▲前日儒林學者界에ᄂᆞᆫ假道學의種子가有ᄒᆞ야醜態를呈露ᄒᆞ더니近日社會界에ᄂᆞᆫ假有志의者流가往々발見ᄒᆞ니此所謂여之寄苗오紫之亂朱로다

特別社告

本報가一般人士의愛讀으로以ᄒᆞ야漸次發達ᄒᆞᄂᆞᆫ效果를見ᄒᆞ니此ᄂᆞᆫ大韓人民의國家思想과開明程度가漸進흠이라吾儕ᄂᆞᆫ以爲ᄒᆞ되大韓의文化를開進코져ᄒᆞ면便利ᄒᆞᆫ國文을發達케ᄒᆞᆷ에在ᄒᆞᆫ故로特히國文報一部分을幷爲發行ᄒᆞ야普通男女의智識을開廣코져ᄒᆞ오니有志ᄒᆞ신僉君子ᄂᆞᆫ本月內로本社에請求狀을送ᄒᆞ시옴

大韓每日申報社

雜報

●府尹之功 咸北城津府尹李元榮씨가莅任以來로善政을修擧ᄒᆞ야實心做治ᄒᆞᆯ뿐더러더욱敎育上에注意로境內에學校를多設ᄒᆞ고躬行勸勉을不遺餘力ᄒᆞ고捐俸助校ᄒᆞ야盡其方便ᄒᆞᄂᆞᆫ데今者에有志紳士申泰岳李載弘金宗玄諸씨와相議ᄒᆞ야敎師養成ᄒᆞ기爲ᄒᆞ야才十六人을選擇ᄒᆞ야旅費를支給ᄒᆞ고自費生三人을勸送ᄒᆞ야遊學于京城漢北學校ᄒᆞ니將來此學生等의卒業成才ᄂᆞᆫ반다시同府尹의게歸功ᄒᆞ리라더라

廣告

本人이西小門外新床廣巡德胤許推次當坪一千兩於音을見失故玆以廣告ᄒᆞ오니誰某拾得ᄒᆞ야도休紙施行事

崔祺乾 告白

本人與同郡李世正田訟之冤抑鄕邑爛已悉而忿歎者也今見新聞上世正所揭告則以內晦誣極其痛心恐被時人之惑故不得不卞本人叔父與世正內外從間而其親愛如同兄弟非但周其貧窘使之立身成家而且於甲午兵擾時從叔有香之禍也世正三父子亡命於京中叔父之家實死生之恩也及其移寓宜川也以爲相依餘年之計而同買田畓矣壬寅年世正同叔父留京時同事田畓較其本價而分半之際李則從所願大持沙土田畓叔父則次持新ᄒᆞ畓癸卯爲始各其秋收而只有零在條千餘兩至於甲辰叔父遺家後亦依渠書懇而以古邑家貰計給田稅則世正之子時奎幷壬寅計書出件記故入冊出末而乙巳春叔父貴財萬金受狀閉子々無依其情境雖路人爲之惻然所謂世正乃反蔑視起然於新舊而欲奪孤寡之財出沒京鄕有何權力而初不請由於本郡嘱本人於觀察道而自郡査報前거先出往道府又送其子於京中行何等所爲及其起送本人之日署理觀察初不質判移以親戚間訴訟有損風化云反爲杖囚本人曖昧落科故呼訴于平理院而質卞之場世正之分執掌記分明且分執後放賣事及秋收記備證則又何請託而自京履某大官宅處置李落科矣過數月世正專事招來世正子後捉囚本人于平院一瞬之餘其時署理裁長社會上名譽的官人也宜有公判而信於世正之誣不考文牘更爲翻案使此孤寡之產白地見奪悖類不啻痛乎世正所謂新ᄒᆞ畓付宮事執端之說壬寅年田畓當而分執後今ᄒᆞ自顧年老處其稚子完固基物次並所居家내及他處田畓有此擬付經營未遂中止渠亦聞知也且分執後付使其次子分產于沙土之書札不付毫無干涉故叫卯春世正分明命在又於數千兩出放賣事係的確而非心願分執之地則火子緣何分給田土緣何自放況復設如渠言奪田而付宮食渠於渠無關之書札借作物分之僞之訟結其時會音車德奎假其書及此今乃破家幻成沃土且於昨春今年內外俱歿會音時四五年ᄒᆞᆫ無一證且籍其會計帑在出末件記年頭而稱以干涉始云者豈天在上豈非刻骨之痛乎死者不言生者當無辭其以何處所冤哉今父只有靑상乳孤二人則雖眞有可訟之事向誰起訟而實卞乎參以恤孤之義在於他人猶不可忍況今父之表從兄而又復毛變頂踵出於車家者乎傳聞李哥之京鄕毫勢莫與非某大臣宅之所必爲處而但所可慮者日本人辯護士運動耳本郡之庇護甚幸云今本人之不得伸冤亦由此故也李哥之欺死蔑生背恩忘德人皆嘱罵以訟理論之實涉抑鬱故玆以卞白

宣川車義燦 告白

本人京橋七十八統五戶布木廛鄭圭賢處當文一千四百三十兩於音四月十五日路中遺失故廣告ᄒᆞ오니內外國人間拾得이라도休紙施行홈

安光植 告白

本人에畓六섬落은在於本동ᄒᆞ고宗답二섬落과私답一섬落은在於天安郡南面新屯基이온바本人에從兄명植亨植이가浮浪悖類로符同ᄒᆞ야出沒京鄕에僞造文券ᄒᆞ고欲爲盜賣ᄒᆞ오니無論內外國人ᄒᆞ고切勿見欺홈

淸州郡深川居崔泰植 名白

露領海港入韓啓東學校義捐金如左

車錫甫 崔鳳俊 韓益成 각一百五拾圓
崔萬學 崔才亨 金學萬 趙永旬
全德智 風俗中 金基周
李應祿 許長勝 각一百圓
高尙俊 安九益 金星奎
金南奎 金仲周 金子天 崔子天
李尙雲 金學萬夫人 許仁學
許仁淳 李應浩 黃鳳龍
張基善 徐相龜 崔俊五
ᄀᆞ五拾圓
崔文敬 韓成俊 李亨옥
李丙權 朱仕先 朴仁燁
ᄀᆞ三拾圓 李東國
尹德由 ᄀᆞ二拾五圓 柳河秀
卓文천 金國泰 朴承吉
金昌俊 崔聖甫 千斗萬 拾五圓
ᄀᆞ二拾圓
金允化 金弘五 金致汝 金承奎
李致權 姜乃明 ᄀᆞ拾圓
金萬國 尹丙剛 金連善
劉漢初 姜周弼 楊成春
朴仁植 崔弘日 高錫杜
ᄀᆞ五圓 未完

春川郡南外二作面上芳谷보村居睦泰信의畓十三斗落과田七日耕이在於橫城公權面葛馬谷이더니不意에文券을何許人이盜去ᄒᆞᆫ지라玆以廣告ᄒᆞ오니內外國人은勿爲見欺於盜賣人ᄒᆞ심을

睦泰信 告白

修學院에서學員試取日字을五月二十七日陰曆四月十五日로定ᄒᆞ얏스니收單ᄒᆞᆫ學員은伊日上午十點鐘에本院으로齊會ᄒᆞ야應試홈을要홈

●試驗科目
一 身體檢査
一 漢文讀書
一 國漢文作文

光武十一年五月十五日

修學院

◎活動寫眞廣告◎

今番에始作ᄒᆞᆫ活動寫眞은法국巴里京에서有名ᄒᆞᆫ거사오또ᄒᆞᆫ大韓국 皇室에서먼저看品ᄒᆞ셧고始作ᄒᆞᆫ지數日에遊覽ᄒᆞ시ᄂᆞᆫ첨君子가多數枉臨ᄒᆞ시와坐處가넘쳐서晩到ᄒᆞ시면不便ᄒᆞ오니速々枉臨ᄒᆞᆷ

活動은自下午八点至九点名唱善舞歌童과唱和吹笛은自九点至十点

賣票時 七点半始爲

入場票 上等 三十錢 中等 新貨十五錢 小童 十錢

新門외셔달이목東便벽돌집

法人 馬田 告백

本學會의月例通常總會를本月五日에雨勢를因ᄒᆞ야不得開會이온바緊急ᄒᆞᆫ事件이有ᄒᆞ야臨時總會를本月十九日(陰四月初八日)上午十時에東門外永道寺에開ᄒᆞ오니僉會員은趁期來臨ᄒᆞ심을望홈

輔仁學會 告白

特別廣告

內外書籍新舊學文幷販賣所

大邱刷還洞金괴鴻

本社々員趙昌植劉鎭兌金商基를恩津郡論山江鏡兩浦와礪山郡黃山浦에支社를派遣ᄒᆞ야該三浦에勞働人夫와該浦客主를組織ᄒᆞ야營業를興旺케ᄒᆞ기로本社에서認許ᄒᆞ엿삽기玆에廣告ᄒᆞ오니僉君子ᄂᆞᆫ照亮ᄒᆞ시옴

京城勞働勸業會社

●일본遊覽者募集

一 遊覽會員募集 人員은五十名으로一團을成ᄒᆞ니한일인을不問ᄒᆞ고速히請入ᄒᆞ시옴
一 巡遊地 東京博覽會橫빈京都大阪神戶
一 往復일數 뎌抵十七일間
一 浮費 遊覽費及手數料을合ᄒᆞ야總計四十八圓
一 出發일 請入順次를從ᄒᆞ야出發三일ㅤ에直接히通知홈
一 請入所 在京성各신聞社五十八銀行경성支店 天一銀行
一 會員은遊覽을終ᄒᆞ야開散ᄒᆞᆫ後ᄂᆞᆫ本會와關係가小無홈
一 南대門서釜山으로直行ᄒᆞ던지或은東경으로直行하ᄂᆞᆫ者의對ᄒᆞ야도同一便法으로同行請入을應諾홈

일本人遊람協會事務所경성南대門通

東亞商會

夫修譜者明氏族也惟我卓氏始祖光山君學圃先生以下文正公景염先生文貞公竹亭先生自前朝至本朝以忠賢顯世只한後裔散居各域曾未大同譜者迄今二百餘年于玆矣今此晋州宗人碩鎔氏鎭南宗人尙孝氏尙均氏各辦義金合三千兩設譜廳于全羅南道光州南門內禹房家玆以敬通十三府各郡僉宗覽通卽時名錄則勿論貝修單或以門中有文族委送者無可送之族本修單付送於郵便亦無妨而諸族中或籍冊價段隨所入卽刊矣照亮後勿滯時日送單送人于譜所千萬幸甚

發文晋州卓碩基 碩俊
鎭南 尙貞 泰潤
京銅峴 府默 應龜
和順 秉律

本人이日本大阪商業家와特約ᄒᆞ고日本內地產出各種物品과西洋各種物品及機械等物을我大韓에輸入과委托을便利케契約ᄒᆞ얏스오니商工業에有意ᄒᆞ신僉君子ᄂᆞᆫ某物이든지請求코져ᄒᆞ시거든本社로來議ᄒᆞ시오本社에서ᄂᆞᆫ手數料슈만領受홈

興業社本店 開城北部祥洞
支店京城南門內水橋五十一統六號 培養會社
仝仁港內동廣濟號

西署新門外鍮동百八十六統三戶

辯護士 前檢事 前判事正三品 丁明燮
法律事務所
事務員 前主事 吳在淳

◉增修無冤錄大全

壹帙壹白七十頁
定價金新貨七拾五錢

此增修無冤錄大全은法律家의最緊要ᄒᆞᆫ書籍이온ᄃᆡ年來現本이殆히絶種에至ᄒᆞᆫ지라故로法部에認可를得ᄒᆞ옵고此를新刊ᄒᆞ얏삽ᄂᆞᆫᄃᆡ國漢文으로解釋ᄒᆞ야模糊ᄒᆞᆫ句節이無ᄒᆞ오니法律學에有志ᄒᆞ신니와字牧之任에居ᄒᆞ신니ᄂᆞᆫ不得不覽ᄒᆞᆯ冊子이오니注意購覽ᄒᆞ시옴

中署布屛下
廣學書舖 김相萬 發售所

三湖朴井洞居徐炳根處에陰四月初十日推次當坪一千兩於音一片과同洞居朴公植處에同日推次當坪四千兩於音一片을泥峴等地에서失故로玆廣告ᄒᆞ니內外國人間誰某拾得ᄒᆞ야도休紙로施行ᄒᆞ시옵

陰竹居金雲卿 告白

本店에春服衣次各種이自英국으로多數來到ᄒᆞ얏사오니陸續來購ᄒᆞ시옵

貞洞源泰양服裁縫店 告白

國債報償捐義金

收入廣告

◎屆備局捐金
布屛下廣學書舖金相萬收金
書字的金德漢 金德起
禹宅淳 魚熙은 張基龍
玉振聲 金相冀 牌頭김暢奇
김光祿 金順宗 許 敦
김順與 禹昌珍 김宗郁
김福吉 姜興石 김正淳
각世견 挾鞭軍김興식
김桂煥 白德千 박允信
盧者斤萬 정應三 全明順
니萬順 리元식 黃興福
김奉用 崔長石 김文石
張益辰 林巨福 니允京
우相德 張三石 니石連
박京文 김有玄 김奉石
廬化春 니興식 安億萬
김長成 崔漢益 김好根
林元成 朴雲敬 崔七星
김應弘 니完돌 김三宗
吳順福 安武成 車萬石
정春元 金允弼 趙完福
김允喜 崔吉伊 鄭完默
김德三 李雲學 鄭奎明
鄭聖用 니在興 朴点陽
孫學仁 崔仲玄 니宗允
安泰用 李在福 尹聖祿
김萬吉 洪今成 김三文
安守同 니三奉 趙學圭
崔景允 니元복 김東植
鄭貴男 宋光식 田忠國
니貴祿 니萬石 김文복
挾興軍김文寬 魯日萬
鄭순用 朴萬根 全吉行
니景有 全元창 李仁祿
奇興玉 孫學石 정文三
張泰柱 全奉辰 김德允
김喜連 니國燁 김三石
表복萬 김복돌 김永基
김순成 李德三 尹복吉
朴銀萬 元亨哲 白聖云
니순元 裵순吉 김學先

徐相行 洪순萬 金錫俊
申聖大 金景允 金三哲
金興石 梁聖根 김命돌
嚴長植 니石圭 金순基
니玄根 金敬允 申泰默
金應순 니昌玉 全弘순
金者斤萬 金桂煥 정순石
趙明善 金今山 崔景植
崔長孫 曹德순 林元相
金有善 崔雲用 許三用
니天成 白德興 辛和集
金守命 姜天用 柳桂순
金善文 니華春 姜道日
林奉石 鄭文元
巡令手朴千石 林壽吉
金雲先 니聖根 任貴同
張太山 정興成 呂學石
金用辰 崔寬순 니聖玉
니學순 任漢柱 朴즈完
劉漢成 張春元 韓德有
朴春完 成奉基 嚴明云
朴春明 張순奉 니用伊
車玉三 金岩回 安者斤순
우甲순 金平山 金學辰
崔用伊 金永俊 閔순興
崔泰根 安永完 김순哲
니春弘 정文植 金景萬
朴守복 崔宗石 白창손
金業善 金順辰 金興손
니忠甲 니弘복 니完宗
니在同 尹完植 元守明
文興植 黃大順 李興得
김太喜 殷興石 韓用成
박辰순 朴致成 宋在千
黃奉用 劉宗漢 申完根
정三돌 徐相순 니興순
박순元 니守得 김興根
尹用泰 김呂弘
牢 子김元根 安순祿
崔尙五 김千應 卓聖복
朴正國 姜순哲 김泰用
김德순 니泰根 朴昌云
니仲玉 崔錫正 김武京
김元成 정千用 니興奉
吳命善 趙起山 宋弘根

니昌根 니永순 김南山
安文成 니士遠 全元春
김應連 池德信 朴仁奉
김昌根 니富成 韓啓同
徐致順 김순漢 김福山
김萬石 吳命俊 김손吉
高寅萬 申景순 張景祿
千萬用 全貴奉 신聖完
安萬石 崔順萬 柳基永 金致明
신學俊 朴萬用 玄昌植
洪必成 김昌模 崔敬善
黃聖恒 申壽同 리守玉
朴春奉 박士奉 車貴同
車奉根 張永昌 裵春三
燈籠軍니忠根 니先用
閔文煥 니宜石 박今永
니先奉 崔學成 全福興
니富貴 朴壓永 崔元根
김基植 신浩吉 김完用
張太山 黃仁沿 김順用
崔光祿 趙炳勳 김相允
朴仁成 김千石 리奉基
文柄圭 오漢圭 김萬守
崔完伊 박宗恒 니在千
千永基 咸應植 千根玄
김鉉益 니喜永 우世俊
김昌福 方春奉 김昌坤
尹殷福 김明郁 니殷用
박宜恒 崔允化 김仁千
白云善 高仲鉉 鄭基죠
니文敬 朴大植 韓周元
高春成 張石根 김奉順
오亨萬 니景植 김春弘 金준식
韓興복 리景雨 김應宗
김春萬 鄭守奉 니永根
浪창植 鄭石煥 박亨祿
白容德 김泰植 김學潤
니順化 帳幕軍崔命石
張奉柱 張萬用 니興守
오相業 方順權 김聖祿
김千弘 김大福 김文伊
김慶東 梁元吉 宋弘信
文武億 김奉先 尹聖連
文順用 니永植 鄭順吉
감以濟 吳聖根 니元根

니순學 김南伊 權聖根
裵允興 玄在默 김完基
趙永祿 김學成 尹基돌
니德相 김貴用 劉萬根
니明善 柳應善 吳순돌 리순근
김甲山 박致瑞 洪元慶 김成用
洪健成 高應昌 郭學洙
姜應煥 김聖仁 趙春三
劉道永 박永근 鄭在坤
別破陣림景學 김永圭
全守男 鄭基五 梁鎭형
김昌吉 니熙澤 김奉成
김宗煥 김殷鎬
卜馬軍崔用伊 박春先
車景德・김순在 朴景學
許允伊 鄭者斤奉 李用凡
김漢甲 尹宜正 니景植
尹福仁 朴允伊 尹長千
玄長孫 尹奉돌 김銀同
朴貴奉 李長福 김守男
禹辰宅 鄭守景 洪七星
尹友千 辛用山 曹奉云
김化吉 朴命石 尹守完
洪聖甲 니萬福 朴元俊
馬元成 李辰凡 김点用
니春山 김一成 김興吉
尹元順 趙黃云 元在興
洪秀宗 方三奉 金千용
張大奉 白用吉 尹命成
曹啓奉 김永運 니元吉 각廿錢
編次軍박明云 黃順興
全德根 니聖근 오伯石
李完植 李聖云 鄭景福
김用石 張聖祚 김奉先
니先明 黃順千 宋萬順
김完俊 洪景信 오守東
오三奉 扈連行 김永基
柳允萬 김漢永 김基福
감用順 朴元根 김泰순
김永근 김聖奉 張允德
桂德五 千云甲 宋宗模
鄭元奉 林化心 元貴돌
文應寬 김喜景 朴銀成
林德基 安福山 김순奉
洪啓文 徐相局 朴基煥

許學用 朴三돌 김應千
崔喜寬 李八萬 朴斗連
洪大用 리辰成 趙昌先
吉景辰 田순成 姜肯洙
李宗근 韓長순 니用成
姜桂完 邊興吉 김相辰
林元明 崔辰永 申貴男
魚熙永 申昌吉 柳千奉
任興吉 柳長祿 김石雄
김千祿 최三用 김鉉宇
崔永근 權春參 김辰植
張用云 니命順 최文信
盧守同 朴春興 趙俊식
김興成 김点孫 김應山
林순用 成聖寬 鄭元근
김元濟 李聖燁 니連興
高聖근 洪在先 尹景순
曹者斤奉 黃순奉 박元根
鄭化春 김命凡 니元근
尹聖燁 張元순 李俊石
김用完 김창基 張순寬
김喜鉉 니長祿 白喜永
김喜太 盧元植 김長孫
鄭士돌 김괴鉉 최点쇠
梁元實 김興用 김喜俊
니士同 孔守福 김순吉
김奉柱 高元興 최文寬
니五長 鄭永煥 安文창
니好근 鄭守福 車元순
리奉云 姜長學 宋石凡
柳永순 김창복 김用복
박元學 김興守 姜순寬
姜聖益 具太玄 徐元哲
李仁守 박甲石 박순五
林元日 梁守萬 趙창俊
니興植 니순奉 韓景복
니순用 니允成 文應石
니明先 박春植 嚴長근
鄭連植 姜景千 김興宗
니聖燁 張漢甲 최石俊
니今同 니興복 니순근
姜辰甲 김允守 韓永太
김萬山 김仁太 박俊完
김聖完 김奉學 宋成괴

柳興순 니文應 림윤在
鄭銀吉 최敬云 都순敬
김相吉 니宗植 朴命先
김春云 林창복 김春奉
김弘圭 申守복 韓순集
김근容 김孝稷 김德仁
김윤景 니善敬 河春奉
崔복同 高完成 徐太文
安貴祿 金光濟 崔興元
김相健 김相을 김用完
崔長순 김聖文 千今成
金漢用 全宗彦 니富成
鄭文善 禹辰成 김守同
柳守복 박玄吉 니德복
馬道成 김相云 禹永植
方漢用 黃聖仁 니大근
白必漢 梁元成 니興守
崔相俊 安命순 文命吉
鄭用吉 김창植 洪景石
김弘순 김永植 方奉伊
韓元복 니平得 張순창
洪春景 姜玄在 買東必
崔千奉 韓漢석 辛순돌
김應模 박今用 尹三千
張仁괴 嚴春山 각拾錢

合壹百貳拾圜九拾전

前號總合萬〇六百六十八圜 八拾八錢二厘

都總合壹萬〇七百八十九圜 七十八錢二厘

●正誤 本報第四百八十四號第三面國債報償尙州義務所第一回義捐金廣告中에前參書金在翊名下에二十圜과全氏孫漢祚一圜과朴德云金成云各一元이見漏되고張致翊金文化各四圜은四十圜으로誤植이된고로更爲改正하오며合計는參百五十二圜七十二錢으로本報第五百二號尙州義務所第二回義捐金廣告合計는四百十五圜六十四錢으로幷爲正誤하오며兩回義金合七百六十八圜三十六錢은五月十六日本社收金額中에納入홈.

◎特別廣告◎

國債報償金昨日所捧은姑未合計이고伊前에所捧總合三萬一千六百四十七圜四十九錢은電氣會社銀行의貯置하얏숩고其貯置額中에셔九千五百圜은國債報償志願金總合所로越交홈

大韓每日申報社

大韓每日申報社

發行兼編輯人英國人 裵 說

發行所 南署石井洞號外地三層洋屋家

大韓每日申報社

第五卷 大韓每日申報 第五百十六號

大韓每日申報

月曜及慶節 歲時日休刊

檀君紀元四千二百四十年
箕子元年三千二十九年
大韓開國五百十六年
日本明治四十年
淸國光緒三十三年
◎陰曆丁未四月大初八日戊辰

論說

各國과日本財政景況

近者에遺國혼日本財務官다가하시氏가對人談話ㅎ되歐美列國의財政家들이日本財政形便에注目ㅎ는者가尙今不多ㅎ을노氏가報道ㅎ얏도다世界財政上中央點을成ㅎ倫敦에셔는資本家들이各國抵當物에其資本을投ㅎ야에는但히貨幣를便安히交易ㅎ기를冀望ㅎ며且其資本家들이歐美의財政界를管轄ㅎ者는아니나其人들의重要ㅎ商務는公衆의貯置ㅎ錢額을列國抵當物에投ㅎ야其利益의差別을領有ㅎ는데셔成立된지라日本의抵當物을對ㅎ야는最其完全히資本을投ㅎ는公衆의約少ㅎ貯金을獲得ㅎ얏도다法國人民은節儉을崇尙ㅎ야巨欵貯金을旣有ㅎ얏스나一般國民의意思가金貨와地金이國外에流出홈을反對ㅎ며且其政府도財政上에別設ㅎ方策이立ㅎ얏스니日本이法國商市에셔金額을借來ㅎ기가不適當ㅎ지라萬若日本이引替手形法으로借欵을要求ㅎ면法國人民이必然樂ㅎ터이며德國은日本과財政上從에密接關係가有ㅎ나現今德國이鐵界를管轄ㅎ는勝力이財政上에關ㅎ야幾乎切迫ㅎ情形을成ㅎ얏스니日本의借欵은準許ㅎ기가無力ㅎ거시오美國은自昨年以來로商工을擴張ㅎ는活動이非常ㅎ야日本의借欵을不得容許ㅎ거이確然ㅎ도다

今此다가하시氏의特別辨論이各國人民의多數로ㅎ야금日本財政이完全有望ㅎ情形에現在ㅎ을노信認케ㅎ고져홈은不言可悉이나然이나現下事狀을更加謹察ㅎ야日本이旣往에借來ㅎ巨欵을不拘ㅎ고尙今借用ㅎ者가多ㅎ데今則不能借金ㅎ事實을願念ㅎ며且歐美의商業人이日本財政의鞏固가不滿足ㅎ줄노認知ㅎ는거시確據가有ㅎ거슬試思ㅎ면日本之勢가極處에到ㅎ지라個人上으로本記者도日本이安全히進就ㅎ기를非不希望이나目下에顯著ㅎ狀態로써觀ㅎ건되日本이繁榮ㅎ境界에到達치못ㅎ거슨確然ㅎ도다

官報

◎第三千七百六十九號 光武十一年五月十八日

◎敍任及辭令

任學部協辦 從二品李圭桓
度支部主事李容浩
任官立漢城高等學校敎官
任官立漢城高等學校敎官 學部委員尹慶樞
任官立漢城高等學校敎官李允熙
任官立漢城高等學校書記 李承相
命學部委員 秘書監丞리필柱
康陵參奉리乘洪
章陵參奉리稱시
녕陵參奉權 형
依願免本官
任秘書監丞 正三品河德渠
任康陵參奉 恭陵參奉洪淳參
任恭陵參奉 리현承
任章陵參奉 社稷署令趙明根
任社稷署令 六品리殷應
任녕陵參奉 金奎방
依願免本官 黃간郡守리元和
厚昌郡守吳永根
任全羅南道觀察道參書官 正三品金聲漢
任山淸郡守 長興郡守리章鎔
任長津郡守 山淸郡守리啓泰
任鎭浦郡守 前郡守閔泳殷
任黃간郡守 議政府主事林瀜相
任价川郡守 農商工部主事朴永健
任昌平郡守 內部治道局事務官黃翼淵
任旌善郡守 內部主事金鳳煥
任寧郡守 城津府主事리鍾振
任厚昌郡守 前主事리尙珪
任議政府主事 六品리哲主

外報

◎工業借地 大連電을據ㅎ則露國의東淸鐵道敷設地內에高工業을經營ㅎ는者의게는何國人을不問ㅎ고借地를許與ㅎ다더라

◎漁業區의規定 東京電을據ㅎ즉日露漁業條約의議定書에셔는漁業區의使用漁夫는其國籍의如何를不拘ㅎ되特히露國海瀕에在ㅎ漁夫는漁業監督者外에는露國人의使用홈을要ㅎ다는規定이有ㅎ데黑龍海灣아라稱홈은露領에셔流出ㅎ는海水가南北七十英里幅員二十五英里로셔多數히砂泥가堆積ㅎ고西海岸에臨ㅎ淺水道를生ㅎ야海水는水道를經ㅎ야一面으로는오코스海와其他韃靼海峽으로出ㅎ는者ㅣ라더라

◎濠洲人恐怖 濠洲에植民地首相이日日本人의入國을制限치아니ㅎ면濠洲가自滅ㅎ리라ㅎ얏다더라

◎東洋에新交通路 倫敦電을據ㅎ則英國殖民地會議에加奈太를經由ㅎ야英本國에셔東洋을連絡ㅎ는新交通路를開ㅎ기로決定ㅎ얏다더라

◎軍備制限에反對 俄國마루당博士가德國이軍備制限에反對ㅎ야其道義上責任이重大홈을激論ㅎ얏고又德國新聞中社會主義新聞以外는皆軍備制限에反對ㅎ고就中포스도新聞은論ㅎ야曰萬若歐洲人이軍備制限案을可決ㅎ면異人種中에特히日本人이軍備를擴張ㅎ야歐洲를危險케홈이라ㅎ얏더라

雜報

湖西協成會國債報償勸捐告文 李우 尹영等

夫國依於民ㅎ고民依於國ㅎ야上下相須ㅎ야以保其安ㅎ나니何者오非國이면民無以聚生이오非民이면國無以維持라所以로國而殷富면民自安樂이오國以貧弱이면民亦困苦ㅎ니巨廈不傾은衆礎拱之也오大河不절은百川이灌之也라處殷富之世ㅎ야享安樂之好는孰不爲願이며當貧弱之方ㅎ야有困苦之憂는孰不爲欸이리오然而天道流行ㅎ고時運이不齊ㅎ야我生이不能於殷富安樂之時ㅎ고遭値此貧弱困苦之日ㅎ니國與民이同一不幸也라吾國이安도民之幸也오吾國이不安도民之憂也니何往而非一體리오但憂慮於房屋之內ㅎ야不思匡扶之策ㅎ고歸付於氣數之會ㅎ야不究회復之方이면國必難保오國이難保면民亦殄滅刀已라

現今國步艱難ㅎ야有外債一千三百萬圜之多이此如及期未償이면不惟困迫이日至라畢竟患害가將使我五百年三千里疆土로盡入於債藪ㅎ고又必至十三省二千萬生靈으로沒歸于塡壑하리니興言及此에不覺熱淚之縱橫이라寧以同聲而就死로孰若合心而圖生가國亡則吾家亦亡하고國存則吾家亦存이라家國存亡이亶在乎此一事일시先自瓜南으로創止烟之盟하고暨京으로立期成之會ㅎ야以至各道郡各社會히激發忠憤ㅎ야萬人一心에全國이同辭相應ㅎ야婦孺老少와商旅雇傭까지典衣斷飲에減食禁烟ㅎ야爭首先納ㅎ니此豈以人力可爲者哉아於此에天意人心을可見이오天誘其衷을又可驗矣ㅏ夫人民之仰戴 황室이譬如子弟之捍衛부兄ㅎ야遇慶而祝 聖壽ㅎ고臨難이思涓埃ㅎ나니我 皇上陛下의水旱疾역에憂我赤子ㅎ사宵旰不已ㅎ심을念ㅎ오면一時艱會에何可無伋忠擧義ㅎ야報答萬一이며且今日出義는不惟爲國이라直爲身이니爲國則身爲忠誠이오爲身則家爲安保라此豈非感발激勸지秋歟아設若부子異居에其부는困於債이不能其産ㅎ고其子는勤於業이積貯가有餘ㅎ면將擧其所有ㅎ야欲報부之債ㅎ며欲安부之心耶아抑謂之以非我所負라ㅎ야弟兄에게相爲推위도ㅎ고與妻子로는歡笑이恬不動心을如越之視秦瘠乎아債之는有殖하니箱不甚滋이其不能闘於其부之困ㅎ야早往淸償이면子道도成矣오其發도亦不至夥然이로되頓無此心타가使其父鬻産ㅎ고渠亦身陷刑辟에并與之財而不保ㅎ니理勢然也라噬不及腹에悔之何益가昔에弦高는以鄭之商人으로販牛而往周라가見秦師가臨其境上ㅎ고自念호되以秦之強으로卒入鄭國이면必不能當이라乃思一退兵之計ㅎ야牧其十二牛而犒其師曰吾君이聞吾子臨境하시고命我犒師ㅎ되秦將孟明이謂其師曰鄭必有備ㅎ니不可遠入이라ㅎ야移兵이去ㅎ고子大叔은欲正王室ㅎ시謂范獻子曰이不恤其緯而憂宗周之隕이라하니 (未完)

◎民蠹自吾 西來人의傳說을聞ㅎ즉寧邊郡々主事明濟泰氏가年前鄕長在任時에[illegible]니結[illegible]ㅎ고施威[illegible]守備隊補應白炭壯丁所需와本道裁判所修理를憑藉ㅎ고板子木鹽排等事로稱ㅎ고郡民人等이齊訴于本所곳檢事가該明濟泰를拿致嚴覈에濟食條六千餘兩을還徵給民이오며嘉山郡分派所巡査金창治嚴炯必金丙서等이同郡張哥門中에稱有寃婦失行ㅎ고揭付匿名書ㅎ야詐索之計로私自威嚇綁打故로該張哥가齊訴于檢事에檢事가該巡檢등名을拿致嚴凶ㅎ고査覈得情ㅎ야其奸狀이綻露호故로將處以重律홈으로一道生靈이安堵ㅎ고各郡主事與巡檢輩가自然懲畏되다더라

◎麵商知義 咸鏡南道가地利가不同ㅎ고農業이各殊ㅎ야永興以南에는種麥이인麵子가出焉이라咸興麵商이來[illegible]니昨年永興挾雜輩가與[illegible]로符同ㅎ야稱以賣稅[illegible]貨二百六十餘圓[illegible]龍等十餘人이義憤이[illegible]一進會員의奸狀을摘[illegible]捧錢을還推ㅎ야曰此[illegible]徵出諸간者則同情을[illegible]ㅎ야該錢紙貨二百六十餘圓[illegible]咸興本郡之國債報償所에送納ㅎ얏다더라

雜報

●兩氏運動 李基東氏ᄂᆞᆫ日本에現留ᄒᆞ야朴承祖氏와秘密聯絡ᄒᆞ야무ᄉᆞᆷ運動이有ᄒᆞ든지詳探ᄒᆞᆫ즉兩氏에熱心注意ᄒᆞᄂᆞᆫ바ᄂᆞᆫ主殿院卿과警務使兩窠를圖得ᄒᆞ라ᄂᆞᆫ計策이라ᄂᆞᆫ巷說이有ᄒᆞ더라

●一個勸告 今番郡守奏本에內容을詳聞ᄒᆞᆫ즉幾人은積仕久勤과名譽之人인ᄃᆡ其中一人은某大臣의勸告러라

●郡察會同 明日內部에셔在京觀察과受由上京ᄒᆞᆫ郡守及新任ᄒᆞᆫ郡守를一齊會同ᄒᆞ야地方行政方針을會議ᄒᆞᆫ다더라

●妄別餞察 咸北觀察使尹性普씨가赴任發程日字가在邇ᄒᆞ미法部一般官人이多年同僚之誼로遠別을當ᄒᆞ야悵懷를叙ᄒᆞ기로昨日下午二時에該部協辦以下一般官人이獨雲臺一小亭을借得ᄒᆞ야餞別宴을設ᄒᆞ고尹觀察을請待ᄒᆞ얏다더라

●具씨先到 日本에滯在ᄒᆞᆫ朴泳氏가渡航ᄒᆞᆫ다ᄂᆞᆫ說은前報에已揭ᄒᆞ얏거니와該씨와同往住在ᄒᆞ든具然壽氏가日昨에先爲渡來ᄒᆞ야方今泥峴日本人酒井旅館에在中이라더라

●處絞奏本 慶尙北道裁判所에理綱常罪人一名과强盜二十三名合十四名處絞奏本을法部에셔呈上ᄒᆞ얏다더라

●參與反對 京畿觀察使ᄂᆞᆫ趙經九氏가被任ᄒᆞ기로內定되얏더니內部參與官鹽川씨가極力反對ᄒᆞ야果不如意라더라

●營林事務의被任 徐丙哲柳赫魯徐相冕三씨가營林事務官을被任ᄒᆞ얏다더라

●豈曰公正 今番奏本에唐津郡守로移任ᄒᆞᆫ前山淸郡守李啓泰씨가該郡在任時에結錢을幻弄ᄒᆞ야私槖을充ᄒᆞ야다가郡民二百餘名이一時暴動ᄒᆞ야官庭에셔等訴ᄒᆞ미該씨가二百餘名中頭領二名은捉囚ᄒᆞ고其餘ᄂᆞᆫ年因勸酒ᄒᆞ야以醉以飽ᄒᆞ고好言解散ᄒᆞᆫ事ᄂᆞᆫ前報에已爲揭載어니와該씨에不法行爲가顯露ᄒᆞᆷ으로更히唐津郡守를叙任ᄒᆞ엿스니唐津民之所遭을不言可想이오內部젼考所로言之라도如此郡守ᄂᆞᆫ免官도可也오懲勸도可也어ᄂᆞᆯ更以移任於他郡ᄒᆞ얏스니公正히奏本ᄒᆞᆫ다大談ᄒᆞ든協辦도顯厚ᄒᆞᆷ을於此可知셰더러李郡守에一日解牛二隻ᄒᆞ든手段을加一層培養ᄒᆞ얏스니唐津郡에到任ᄒᆞ면一日解四牛ᄒᆞ기ᄂᆞᆫ如反掌이오治積도不見可知라고巷說이藉々ᄒᆞ더라

●濫捧免官 江界稅務官黃用性靈巖稅務官魚호善창原稅務官姜雲셥三씨ᄂᆞᆫ稅政에濫捧ᄒᆞᆫ事가有ᄒᆞᆷ으로免官된다ᄂᆞᆫ說이有ᄒᆞ더라

●更奏蒙裁 日前奏本中慈城郡守尹象大씨와창原府參書官李榮洙씨ᄂᆞᆫ무ᄉᆞᆷ層節이有ᄒᆞᆫ든지刪去ᄒᆞ얏더니更히奏本裁下ᄒᆞ얏다더라

●社長更選 昨日下午二時에皇城新聞에셔南宮薰씨代에社長을選定ᄒᆞ기爲ᄒᆞ야總會를開催ᄒᆞ얏다더라

●賢察必遞 平南觀察使李始榮씨ᄂᆞᆫ夙負雅望에膺玆重寄ᄒᆞ야攬轡未幾에善政美績이次第彰著ᄒᆞᆯ섇더러尤以敎育人才ᄒᆞ며開發民智로血誠擔着ᄒᆞ야諸般學政이無不講究方便ᄒᆞ야期見其良好結果ᄒᆞᆷ으로全省人士가咸曰賢哉觀察이여幾百年來罕有之政績이라ᄒᆞ더니乃自彼邊으로無賴輩의搆捏을信聽ᄒᆞ얏던지韓政府에勸告ᄒᆞ기를李씨ᄂᆞᆫ排日派니不可遞任이라고再三攻擊을加ᄒᆞ얏다니同씨의平生來歷을溯考ᄒᆞ면所謂排日派之說은萬不近理이거ᄂᆞᆯ乃橫遭此謗ᄒᆞ야至於遞任ᄒᆞᆫ則西道人民之不幸은誠可ᄒᆞ歎이라ᄒᆞ더라

●兩巡行悖 江原道橫城郡巡校吳之默金砥平兩漢이氏間行悖가無所不至ᄒᆞ야民不聊生ᄒᆞ나該道警務署에셔ᄂᆞᆫ聽而不聞ᄒᆞ고視若尋常ᄒᆞ니警官의失職之責은在所難免이라고東來人의傳說이有ᄒᆞ더라

●學照度支 學部에셔度支部에照會ᄒᆞ되東萊府尹金敎獻의報告書를據ᄒᆞᆫ즉該港士民이義捐金을多出ᄒᆞ야創校ᄒᆞᆷ은其志嘉尙이나請願倉舍가係是廢棄傾頹이온즉准施設校ᄒᆞ야以奬敎育이允合時宜이옵기玆에照會ᄒᆞ오니照亮特施ᄒᆞ시와使遠方士民으로日新文明케ᄒᆞ라ᄒᆞ얏더라

●服裝見奪 去二月分에禮安分派所에셔匪徒襲擊ᄒᆞᆫ時에巡檢에帽子三件軍刀三柄肩피三件雨服四件服裝上下並三件을見奪ᄒᆞ얏다더라

●碑傘難信 羣山港民이法部에電報ᄒᆞ되府尹李무榮治績善政이已著萬人傘과八面碑어ᄂᆞᆯ由歸三朔에尙不還官ᄒᆞ니邑事僨誤ᄒᆞ고民情이惶急ᄒᆞ니卽速還官을伏望이라ᄒᆞ얏더라

●養正誠驗 日昨養正義塾에셔第二學期試驗을經ᄒᆞ얏ᄂᆞᆫᄃᆡ二年級優等生이三人이오及第等生이十九人이오一年級優等生이二人이오及第等生이十五人이라더라

●受賂盜狀 陽智郡居前主事吳亨善씨가與宋秉畯氏로有所沓訟事ᄒᆞ야歷年質辨에每々得捷이나宋氏가該沓券을尙不出給ᄒᆞ미吳씨가使京居韓榮浩로委任代言ᄒᆞ야連爲裁判인바所謂朴鍾九李泰鎬ᄂᆞᆫ本不知何許雜類而韓氏家에寄留人鄭雲和을紹介ᄒᆞ야該訟狀軸을暗地盜出ᄒᆞ야宋氏處에傳致ᄒᆞ고紙貨五十圜을受賂ᄒᆞᆫ事가綻露無餘ᄒᆞ야朴李兩人은已囚漢裁라ᄒᆞ니大抵宋씨의訟理가如若公直이면豈有給賂奪狀之理哉아吳씨의冤枉과宋씨抑勒은從此可辨이라고巷說이紛紜ᄒᆞ더라

●僧校保護 內部에셔十三道觀察使에게訓令ᄒᆞ되現接學部照會內開에卽接東門外元興寺內明進學校總務洪月初等請願書內開에本僧侶等이早承部認ᄒᆞ와先於本寺內에設立明進學校ᄒᆞ옵고際此校務漸就ᄒᆞ야更於諸道各刹에分學區設支校ᄒᆞ야使全國僧侶之幼少者로均得普通知識ᄒᆞ야各盡國民之義務케ᄒᆞ올次繼又請願承認이온바竊伏念本學校維持之方은不是賴乎贊成或寄付金이옵고專恃山門中佛享沓等由來舊物ᄒᆞ와由是이支用ᄒᆞ와次第擴張이固是定算이옵거날不圖近者에自各國體中으로百方藉托에橫侵逆奪ᄒᆞ야寺以是不能支保이옵고校以是不能維持이오니含亦國民이옵거날能不抑冤乎잇가玆敢擧實請願等因ᄒᆞ야玆에發訓ᄒᆞ노니到卽飛飭管下各府郡ᄒᆞ야一遵施行이되各寺佛享沓으로維持學費ᄒᆞᄂᆞᆫ已失田土가確有明証이어든交付裁判所ᄒᆞ야從理歸決케ᄒᆞᆯ지니現有土地財産은另加保護ᄒᆞ야寺以維持ᄒᆞ고校以完存케ᄒᆞ라ᄒᆞ얏더라

●普昌聯合運動 江華普창學校에셔該郡各支校를聯合ᄒᆞ야本月二十一日上午八時에江華東門外鍊兵場에셔春季大運을設行ᄒᆞᆫ다고各社會와紳士를多數奉邀ᄒᆞᆫ다더라

●長湍賊警 陰本月初一日白晝에賊黨百有餘名이各持銃鎗ᄒᆞ고忠州長湍院場市에突入ᄒᆞ야富饒ᄒᆞᆫ人民에게結縛威脅ᄒᆞ야젼財數十萬을掠奪以去ᄒᆞ얏ᄂᆞᆫᄃᆡ幸히人命은傷害ᄒᆞᆷ이無ᄒᆞ다더라

●柳씨捕賊 南來人의傳說을據ᄒᆞᆫ則廣州南漢山城居柳先達命河씨가무삼謀略이有하던지私力으로賊漢을多數히捕捉納官ᄒᆞ야該近地에賊警이稍息ᄒᆞᆫ樣인ᄃᆡ該人의智力을無不稱譽ᄒᆞᆫ다더라

●死 外 無 策

平南平壤郡外川內川平川古順龍山五坊人民總代黃性濂曹命圭朴在秀氏等이軍用地及鐵道停車場加占事로內部及政府에呼訴ᄒᆞᆫ全文이如左하니 前總代崔在學

曩間於一下時에云日露媾和以後ᄂᆞᆫ還付我國이라確承 處分이옵더니及今日露媾和가已久ᄒᆞ고極東風雲이已播에宜有使我國人민으로同享和平之樂而晉無如何之 處分이옵고昨年十二月軍用地事權調查委員漢城府尹朴羲秉氏下來時에諸區域內損害費로略給四分之一이옵고又今春二月에軍用及鐵道停車場更查立標委員金漢表氏가更查立標之際에不問民願之如何ᄒᆞ고任自定界이온ᄃᆡ軍用之所犯田畓이十萬餘畝오家屋數가六百五十戶오墳墓犯入이亦萬餘葬이며已爲停車場所用田庫이四萬六百五十畝오毀撤家屋이亦三百九十戶이온ᄃᆡ以不奪不厭之欲으로妄生奸計ᄒᆞ야定界外에加占立標而所犯地畝이三千畝오家屋亦四十戶이오니前日之定界도猶廣且大ᄒᆞ야不能盡用而使日人耕作커든又如是加占ᄒᆞ오니唯若使我韓疆土로變作河海之無量ᄒᆞ야不渴不盡則民可有人民棲息之地어니와不然則日加月加此奪彼奪이면不出幾年에三千彊土가盡入彼人之手中ᄒᆞᆯ이니然則國何圖存이며民何保生일이오今生等此訴가乃爲 國이오非爲民也라今此五坊人民之情狀言之則土地를盡奪ᄒᆞ니生命이瀕絶家屋을皆撤ᄒᆞ니棲息이無所오累十代墳祀之墓를一朝毁掘ᄒᆞ오니無主孤魂은號泣於中天ᄒᆞ고安適衆生將塡溝壑이라生等이雖有死之心이나無死之地ᄒᆞ오니死地도無則將升天爲仙耶入地界爲鬼耶嗚呼痛哉人鬼之如此至冤至痛者今古所未有而適當閣下地方任重之時ᄒᆞ오니豈非閣下之責乎잇가伏願閣下ᄂᆞᆫ特垂矜憐之情ᄒᆞ시사即爲交涉于統監府ᄒᆞ시와軍事當用及兵舍建築鍊兵場病院基地等地外에ᄂᆞᆫ還付民處ᄒᆞ옵케ᄒᆞ시며停車場所入地段도亦一々調查ᄒᆞ시와損害金을每年徵給田主케ᄒᆞ시고至若加占地段ᄒᆞ야ᄂᆞᆫ切無 政府之訓飭뿐더러亦國本以外之地則日人之操弄暗奪를昭然可知이오니亦即訓與諸郡ᄒᆞ시와以爲禁戢之地를伏望

●有辨更探 日前本報에仁川府尹金潤晶氏事件에對ᄒᆞ야論駁이有ᄒᆞᆫ바該氏가不然ᄒᆞᆫ줄노辨明이有ᄒᆞᆫ즉當爲更探詳報ᄒᆞ깃노라

▲鶴 椎 有 聲▼

▲韓國人이日本人의게一切政治權과敎育權과利益權을無一遺漏히拱手以獻ᄒᆞ고도尙且排日이有ᄒᆞ다ᄂᆞᆫ指目을受ᄒᆞ야無限ᄒᆞᆫ威嚇을當ᄒᆞ니天地間에如此히抑鬱ᄒᆞᆫ일도다시잇소

▲今番九郡守奏本中에前山淸郡守李啓泰氏ᄂᆞᆫ行政上에挾雜ᄒᆞᆫ事가有ᄒᆞ다고報告와新聞上에狼藉ᄒᆞ더니唐津郡守로轉任이되얏스니何邊에運動力이賢ᄒᆞ야挾雜ᄒᆞᆫ事實이脫空이되얏ᄂᆞᆫ지

▲酗酒雜技ᄂᆞᆫ風化財産에關ᄒᆞ야爲害가最甚ᄒᆞᆫ故로警官行政에宜乎痛禁ᄒᆞ야風化를整肅ᄒᆞ고財産[illegible]護하깃거ᄂᆞᆯ近日巡檢들이昆[illegible]에雜技軍을捉入ᄒᆞ면警務顧[illegible]丸山氏가反爲呵叱日제논가[illegible]고제가ᄒᆞᄂᆞᆫ거슬禁ᄒᆞᆫ사닥잇나야ᄒᆞᄂᆞᆫ지라所以로巡檢들이雜技軍을보고도敢히捉入지못ᄒᆞᄂᆞ니民産의保護ᄂᆞᆫ姑舍ᄒᆞ고添薪助火게ᄒᆞᄂᆞᆫ手段이로고

▲農部協辦黃鍊氏ᄂᆞᆫ外國人에게庖肆자리도私賣ᄒᆞ며其他利益되ᄂᆞᆫ地域도放賣ᄒᆞᄂᆞᆫᄃᆡ日前에江鏡浦에庖肆一坐를新貨七千圜에賣喫ᄒᆞ얏다니該氏에도갑이채지만잘두으면黃金이無數히生出ᄒᆞ도다

▲日本留學生監督申海永氏와該監督部囑托倉知助씨間에有何層節인지各其意見이不同ᄒᆞ야申監督은勞心焦思ᄒᆞᄂᆞᆫ境에至ᄒᆞ얏다니日人에壓制的手段은無處不至로다

▲黃간郡分派所巡檢과該郡駐兵丁이民間에虐待가太甚ᄒᆞᄂᆞᆫ故로該郡人民을保護ᄒᆞᄂᆞᆫ게아니라反被其害라고怨聲이藉ᄒᆞ니各地方에巡檢의作弊가猶爲不足ᄒᆞ야派駐兵丁이又爲生弊ᄒᆞ니韓國人民은巡檢과兵丁에犧牲이로다

▲一進會에셔 國民演說臺에總會를開ᄒᆞ고政府을改革ᄒᆞ기로秘密方針을定ᄒᆞ얏다니該會氣焰이近益熾盛ᄒᆞ야地方一進이無數上京ᄒᆞ야張拳狂吠에傍若無人ᄒᆞ나以何勢力으로政府를改革ᄒᆞᆫ다ᄒᆞ니亦一可觀處로다

特別社告

本報가一般人士의愛讀으로以ᄒ야漸次發達ᄒ는效果를見ᄒ니此는大韓人民의國家思想과開明程度가漸進흠이라吾儕는以爲ᄒ되大韓의文化를開進코저ᄒ면便利흔國文을發達케흠에在흔故로特히 **國文報** **一部分**을幷爲發行ᄒ야普通男女의智識을開廣코저ᄒ오니有志ᄒ신僉君子는本月內로本社에請求狀을送ᄒ시옵

大韓每日申報社

雜報

●忠義傳家 前承旨李升珪氏는故忠肅公李耕직氏의子로其伯父忠簡公李縣직氏의繼后가되얏는대忠簡公葬禮翌日에國債報償에對ᄒ야償貨二百〃을本社에專人上送ᄒ얏스니該氏에愛國忠誠는是家庭聞見이라ᄒ더라

●金氏特助 中橋義塾學徒金雨生氏가國債報償總合所經費로新貨五圜을寄附ᄒ얏더라

●僧訴守貪 全羅南道求禮郡華嚴寺僧金莊源이가平理院에呼訴ᄒ되被告本郡守宋大鎭氏의貪贓事ᄂ郡民訴狀中에已爲도혀이신바小僧의上佐法允이去丙午十一月에無端히捉囚를被ᄒ얏슴는ᄃ一邊으로令人恐喝故로不得ᄒ야葉二百七十兩을納흔後에蒙放이옵고小僧의師弟法俊도亦被捉囚ᄒ야葉三百六十七兩을納흔後에得放ᄒ얏사오니文明時代에豈有如此至冤者乎잇가七十二歲老漢이과足千里에有此呼訴라ᄒ얏더라

●崔乃挾雜 開城郡守劉漢容氏와學部協辦閔衡植氏는敎育上에熱心ᄒ야紳士를明倫堂에招集ᄒ고文明的을說明흘際에挾雜崔象永이가敎育을反對ᄒ거날傍聽諸氏가逐出席外ᄒ얏더니崔哥가國民新報에子虛發刊ᄒ기를本郡守가雜類을招集ᄒ고儒紳를驅逐이라ᄒ얏기其時叅席紳士가國民社에雜類二字로質問確據之由러니該社에서十分誤探이라ᄒ고正誤ᄒ기로發明ᄒ얏다더라

●慕忠紀念 陰曆四月四日은卽 圃隱鄭先生殉節ᄒ신날이옵기開城敎育會與各學校生徒가一齊히숭陽書院에會集ᄒ야紀念會를擧行ᄒ얏는ᄃ該會會長尹致昊氏가說明ᄒ기를忠義를追慕ᄒ야先生의影정을奉安拜禮흠은五百餘年만에初有ᄒ라ᄒ얏고評議員劉元杓李東暉姜助遠三氏는各學徒에對ᄒ야愛國愛君ᄒ는義務로권면흠제傍聽男女數千人이同情追慕ᄒ고三呼萬歲ᄒ얏더라

廣告

西署盤松坊池下契五十四統十戶瓦八間草九間 李周鉉 西署盤松坊池下契新村洞九統十三戶瓦十二間半 李周鉉 北署廣化坊苑洞五統六戶瓦十五間半 李輔元 右三處家券을末人이漢城府認許次로日人深水와同行ᄒ다가黃土峴等地에셔遺失ᄒ얏기玆에廣告ᄒ오니誰某拾得ᄒ와도休紙施行

金秉鎬 告白

本人家舍中署貞善坊金萬年契下麻洞二十二統九戶五十間草五間板刻文券이失故玆廣告內外國人照亮爲要

從一品朴履鎬 告白

本社々員趙昌植劉鎭兌金商基를恩津郡論山鏡兩浦와礪山郡黃山浦에支社를派遣ᄒ야該三浦에勞働人夫와該浦客主를組織ᄒ야營業를興旺케ᄒ기로本社에셔認許를엿슴기玆에廣告ᄒ오니僉君子는照亮ᄒ시옵

京城勞働勸業會社

露領海港入韓啓東學校義捐金如左 續

朴治道 金今同 尹能孝
尹澤審 許斗三 崔在彦
池化龍 姜鳳瑞 徐丙根
裵允瑞 尹子河 徐丙勳
姜子萬 盧貞三 李容福
林明苟 安君正 黃信敎
黃時學 黃利亨 梁大賢
朱正순 金丙셕 金明奎
李成伯 咸利原 咸應貞
李鳳鎬 徐道鍚 廉巨能
宋觀厚 孫奉漢 金京雲
宋成七 金龍秀 姜子文
金正化 方光三 朴光于
許雲셥 李世觀 崔有敏
蔡成河 李成八 許仲伯
李雲셥 徐京甫 金國甫
黃龍河 韓泰先 각五圜
徐寬淳 禹德淳 각一圜

以上共合計二千八百二十七圜 完

特別廣告

內外書籍新舊學文幷販賣所

大邱刷還洞金己鴻

●일본遊覽者募集 人員은五十名으로一團을成ᄒ니한일인을不問ᄒ고速히請入ᄒ시옵

一遊覽地 東京博覽會橫빈京都大阪神戶

一往復日數 더抵十七일間

一浮費 遊覽費及手數料을合ᄒ야總計四十八圓

一出發日 請入順次를從ᄒ야出發三日前에直接히通知흠

一請入所 在京성各신聞社五十八銀行경성支店 天一銀行

一會員은遊覽을終ᄒ야開散흔後는本會의關係가小無흠

一南대門셔釜山으로直行하는者의對ᄒ야도同一便法으로同行請入을應諾흠

日本人遊람協會事務所경성南대門通 東亞商會

夫修譜者明氏族也惟我卓氏始祖光山君學圃先生以下文正公景俊先生文貞公竹亭先生自前朝至本朝以忠賢顯世只한後裔散居各城曾未大同譜者迄今二百餘年于玆矣今此晋州宗人碩鎬氏鎭南宗人尙孝氏尙均氏各辦義金合三千兩設譜廳于全羅南道光州南門內禹房家玆以敬通十三府各郡僉宗覽通卽時名錄則勿論只修單或以門中有文族委送若無可送之族本修單付送於郵便亦無妨而諸族中或籍刪價段隨所入卽刊矣照亮後勿滯時日送單送人于譜所千萬幸甚

發文晋州東碩恭 碩俊 鎭南 尙貞 泰潤 腑默 應龍 京鋼峴 和順 秉律

本人이日本大阪商業家와特約ᄒ고日本內地産出各種物品과西洋各種物品及機械等物을我大韓에輸入과委托을便利케契約ᄒ얏ᄉ오니商工業에有意ᄒ신僉君子는某物이든지請求코져ᄒ시거든本社로來議ᄒ시오 本社에셔는手數料숌만領受흠

興業社本店 開城北部祥洞

支店京城南門內水橋五十一統六號 培養會社

全仁港內종廣濟號

◉增修無冤錄大全

壹帙壹百七十貳頁

定價金新貨七拾五錢

此增修無冤錄大全은法律家의最緊要흔書籍이온ᄃ年來現本이殆히絶種에至흔지라故로法部에認可를得ᄒ옵고此를新刊ᄒ얏삽는ᄃ國漢文으로解釋ᄒ야模糊흔句節이無ᄒ오니法律學에有志ᄒ신니와字牧之任에居ᄒ신니는不得不覽흘冊子이오니注意購覽ᄒ시옵

中署布屛下 廣學書舖 김相萬 發售所

本人京橋七十八統五戶布木廛鄭圭贊處當文一千四百三十〃兩於音四月十五日路中遺失故廣告ᄒ오니內外國人間拾得이라도休紙施行흠

安光植 告白

修學院에셔學員試取日字을五月二十七日(陰曆四月十五日)노定ᄒ얏ᄉ오니收單흔學員은伊日上午十點鐘에本院으로齊應試흠事

光武十一年五月十五日

●試驗科目

一身體檢查

一漢文讀書

一國漢文作文

修學院

●九轉靈砂라 本人이妙方法을神備ᄒ야製造흔靈丹인ᄃ男女老少에無論何징ᄒ고通治하오며無病時에도服하면平生의身體가健康ᄒ며小兒는四五錢重만服ᄒ면十歲안에無病ᄒ기를擔保ᄒ오며

●九轉靈砂萬應丹은져狂癎징과中風諸疾과耳目諸病과淋疾에神效ᄒ오

●九轉靈砂保命丹은初生小兒驚風 간氣 咳嗽 腹瘡諸般징에神效ᄒ오

●九轉靈砂濟衆丹은酒滯 食滯 血積 吐瀉 霍亂 痢疾 吐血 下血 運氣 時疾 痢징에神效ᄒ오

●九轉靈砂紫金丹은痔漏 累瘳 上痔瘡 下痔瘡及唐瘡과諸般惡瘡惡種에無不神效ᄒ오시니 君子는來問ᄒ시오

內需司前옥갑이골上隅第一家百三統一戶 리호延 告白

越南亡國史 國漢文

定價貳拾伍錢

發賣所京城廣橋高裕相 鏡南端川郡禹時夏書舖 布屛下 김相萬 冊肆

◎活動寫眞廣告◎

今番에始作흔活動寫眞은法국巴里京에셔有名흔거시오또흔大韓국 皇室에셔먼져看品ᄒ셧고始作흔지數日에遊覽ᄒ시는첨君子가多數枉臨ᄒ시와坐處가넘쳐셔晩到ᄒ시면不便ᄒ오니速々枉臨흠

活動은自下午八点至九点名唱妓舞歌童과唱和吹笛은自九点至十点

賣票時 七点半始爲

入場券上等三十錢 中等新貨十五錢 小童十錢

新門외셔달이목東便벽돌집

法人 馬田 告빅

명월관확장광고

폐관이마시이후로고인ᄒ시는귀긱에후의를입사와오늘날터한에제일등요리졈으로니외국에셔다아시도록확장ᄒ여가오니터단감ᄉᄒ옴거니와근일은이층양옥을광활이신건츅ᄒ고다락아리는온돌방을는밀리비치ᄒ고포진범절은식로ᄒ와오시는귀긱이편ᄒ시도록쥬의ᄒ엿ᄉ오며각종음식은보기에화려ᄒ고먹기에정미ᄒ게일신졍비ᄒ야다소를볼게ᄒ고주야로파오되셔양쥬는잔으로파오며특별신미량교자음식은오시는시로부터ᄒ시간이되면멧상이라도곳가져가시도록ᄒ오니닉외귀긱은륙쇽왕임ᄒ시옵

각식요리음식
각식셔양쥬
각죵경편양요리
각죵일본간스메
각죵여송연
각국권연
진찬합
건찬합
밥교자
특별신미량교자음식
창가동졍거북도유ᄒ옵

明月館主人 金東植告白

本店에春服衣次가各種이自英국으로多數來到ᄒ얏사오니陸續來購ᄒ시옵

貞洞源泰양服裁縫店 告白

西署新門外鎭동百八十六統三戶

辯護士前檢事前判事正三品 丁明燮

法律事務所

事務員前主事吳在淳

電話七二五番開通흠

京城皇土峴紀念碑前

大韓西양御料理

明月舘

國債報償捐義金 收入廣告

●安城商業課南所義捐金列名
領位김益錫 壹圓
事務員리秉植 貳圓
教務員成文玉 拾圓
財務員趙應문 張敬集
陽城處所財務員高性有
書記鄭聖熙각壹圓 金顯奎
卅錢조益亨 金聖긔 정得官
각三圓 니應三 貳圓五拾전
김德三 朴敬實 김君玉
朴敬三 張敬宇 김致寬
崔益明 宋大汝 각貳圓
李聖九 김德信 박成甫
申明玄 림敬九각一圓五拾錢
權台洙 朴周賢 정문三
김仲權 鄭鉉 鄭德三
趙國林 朴舜瑞 趙和先
朴인장 尹益三 김宇敬
김學인 김元五 李大奎
朴인化 宋國瑞 趙和先
리春實 리平益 리希天
趙重云 각壹圓 趙士連
丁在善 니敬문 김河英
리敬三 黃윤五 니萬在
김天玄 리寬植 都秉義
김成甫 崔大玉 김德成
朴萬守 崔和순 尹應三
油蜜果廛都中 朴性祿
張殷成 김明긔 五拾錢
鄭甫汝 김興天 니春盛
김士益 洪光守 리時賢
정致五 申元一 정致日
김性弼 리元五 黃敬守
김聖五 又拾兩 孫魚天
林明化 노仲燁 각四拾전
張근西 김平國 김平益
朴윤五 김元伯 金性純
裵學근 片應祿 최致明
權致化 高윤集 金周明
柳明化 尹春三 각卅錢
吳益七 南九然 각卄五전
최善淑 余元五 林興益

黃德有 張元植 柳成益
우允學 柳致益 南宮成鶴
金益一 張元明 최창云
秦成云 金德元 柳인先
金寬西 우汝寬 宋德心
張伯煥 리文化 尹性七
金明云 趙應先 리셔甫
宋朱粟 都成實 都成九
宋千一 洪眞榮 최龍守
金宇有 노셔崇 金萬奉
秋齊大 全道明 金셔崇
金定근 韓伯萬 趙斗셔
박尙益 金和集 오道明
都德益 張녕連 陳明九
安光連 金仲五 兪인化
柳春集 金仲西 姜致文
徐致達 咸大亨 鄭致道
申益汝 金興吉 박益一
韓益敬 金셔道ㄱ卄錢 金지순
安化實 박致三 孫秀인
文德天 金龍西 廉致三
柳致煥 최僉知 朴셔燁
박好益 徐完西 孫守光
金炳긔 金明汝 金平國
리致吾 정순문 申泰中
金達信 리培云 趙應元
각拾전 兪興茂 五拾전
合壹百拾圓三拾전

▲安城場基洞義捐金人員
趙院植 金海京 李셔圭
金德三 각十圓 정寅憲
오喆泳 박益鎬 각六圓
過去妓花峯五圓 過去妓楚仙
廉雲西 리元儀 申明賢
각四圓 정寅寬 오成근
尹起學 각三圓 鄭士元
貳圓五拾전 리秉植 趙明림
過去妓弄月 최善녕 成문玉
박舜瑞 徐明達 박雲三
박德弘 박濟善 金顯圭
廉京셥 金원伯 閔泳원
張敬吾 각貳圓 趙敬秀
壹圓五拾錢 리相德 金仲權
張英煥 實糖廛背兒최化순

權台洙 金셔球 최碩賢
韓用先 陳원瑞 劉敬三
金化集 金賢吾 姜順원
金敬秀 全녕振 리星三
金聖玄 金天玄
雇傭洪지前 金興天
沈遠奎 정敬三 金셔煥
리景日 秦順汝 康敬문
高원三 리周伯 崔允根
崔春日 趙國林 任星鎬
김觀國 리문슈 김셩淳
鄭元模 박周賢 최敬台
嚴玄녕 김영安 全德心
김聖三 리友寬 니永根
김學인 崔永根 全敬學
최敬植 金致榮 兪德俊
咸喜敬 각壹圓 白元瑞
洪箕賢 洪允三 趙朋林
리春實 全敬武 徐致達
許召史 리公有 全聖老
각六拾전 陳公弼 김化先
孫錫五 咸春元 南聖元
리德元 姜士文 김光日
石文先 김致五 김性九
김雲瑞 김致貞 박致長
熊川過客崔學順 池海達
趙致凡 김安秀 리文植
김召史 姜允植 嚴치文
리錫煥 리尙集 리義成
雇傭니大郞 김昌植 張達成
崔錫兆 趙壽千 박大有
洪燦裕 孫永秀 김春三
鄭洛應 리瓚桓 각五拾錢
김俊明 九歲學童崔元鳳
裵順瑞 박順日 張永淑
文景文 니永瑞 尹國보
成仲明 김聖九 龍敬伯
姜聖礎 姜云先 成致旭
南星七 閔德賢 張建瑞
김聖甫 車允仲 니應三
車春五 全應俊 니聖汝
洪用賢 池化順 全召史
박周玄 朴元實 각四拾錢
김元日 丙乞仲伊 김雲先

니化仁 김君瑞 각卅전
安德俊 鄭元三 리道連
朴召史 許壽命 李敬先
趙而俊 각卅錢
合貳百十壹圓拾錢

▲安城場基동婦人會募集所
成文玉小家 貳圓 平壤家
崔德振小家 김召史각壹圓
리德根小家 尹召史각六拾錢
原州家 水原家 秦順汝小家
姜順元小家 陽根家
尹享슈小家 崔昌화小家
崔碩玄小家 竹山家
ㄱ五拾錢 驪州家
김德心小家 김允西小家
洪光順小家 니德允小家
박德弘小家 康敬文小家
陳元西小家 鄭敬三小家
徐召史각四拾전 김永福小家
牙山家 鎭川家 張永玄小家
趙召史 高召史 ㄱ三拾錢
裵順瑞小家 韓用先小家
姜士文小家 石文先小家
宋相賢小家 朴順日小家
尹聖九小家 김召史
박太有小家 梁士日小家
兪召史 權汝三小家
김化集小家 박元實小家
각貳拾錢 成致旭小家
池連甫小家 각拾錢
合拾九圓五拾錢

▲安城外村鳥嶺面加峽里
김世烈 六拾錢 김東秀
三拾전 김東民 김東渶
김順澤 김順英 김雲室
각卅전 김順明 김雲之
김順七 각拾錢 崔化景
朴士凡 ㄱ五錢
合貳圓卅전

▲安城南面德谷面防築洞
鄭應春 壹圓 姜玄榮
六拾전 김仲玄 니元형
각五拾전 姜薰榮 三拾錢

林淳模 金聲鉉 오憲得
각卅錢 니永煥 김志敬
林淳植 全今鍊 니炳老
洪지敬 니性佐 각拾錢
合四圓貳拾錢

▲安城寺村面中里
朴京伯二圓五拾전 洪秉善
니聖有 壹圓五拾전
張敬仲 全明化 具明슈
각壹圓 鄭花元 具明瑞
김明보 李治長 全明元
崔致보 朴箕連 申光보
각五拾錢 김春보 鄭順汝
각八拾錢 曹士先 김光玉
각六拾전 安聖玉 김萬汝
兪正穆 각四拾錢 崔云先
니厚觀 김仲先 崔順化
李敬化 安英西 김三伯
각卅전 김尙順 洪지順
김尙賢 김萬俊 鄭치玉
김雲玉 全明玄 김敬슈
安三用 김元實 趙雲敬
각卅전
合貳拾圓八拾전

▲安城木村面物洞々中
趙定植 貳圓 崔伯善
安祥雲 각五拾전 沈致道
徐致官 각卅전 김仲先
崔啓汝 權聖燁 洪元益
林順根 각卅전 니聖보
梁春一 김德秀 김丁根
각拾전 濟리洞々中 卅圓
合卅五圓

●安山郡馬游面長上리日里
權毅容 鄭聖역 각貳圓
權南圭 權鍾顯 각壹圓
權鍾淑 權鍾老 각八拾錢
權鍾淑 權南洙 權義洙
ㄱ六拾전 權鍾德 權鍾學
權白圭 權鍾千 權敬洙
權燦洙 니春成 니俊根
각五拾전 權命圭 權鍾佾
리周植 각卅錢 權智洙
權鍾烈 權哲洙 李鍾顯

각卅錢 니千보 拾五錢
合拾五圓貳拾五전

●豐德郡北面都羅山里
前嘉善朴益陽 壹圓五拾전
前嘉善朴遇陽 壹圓四拾錢
前議官金正三 八拾錢
朴殷緖 七拾錢 박一陽
朴容寬 李敬洙 김正亨
니天善 朴勝찬 각五拾錢
朴正陽 朴勝楷 朴勝培
김永三 김正學 朴用陽
각四拾전 박寅陽 박勝鳳
각卅五錢 閔東鎬 박勝年
박建陽 박勝澤 박勝昌
尹滋善 張仁鎭 각卅전
金學道 박勝達 金正郁
朴勝桓 각卅전 丁用셤
卄五전 朴貞陽 박奇陽
니奇지 니보根 니偉지
朴星乘 尹光守 각卅錢
박俊緖 김正河 김正秀
安仁泳 三拾錢 김正萬
朴勝茂 朴勝奎 각卅전
朴善陽 拾五전 朴朝陽
朴敬三 朴勝亨 朴濟셔
김永昌 宋允成 김永云
ㄱ拾錢
合拾七圓四拾錢

●延安日東部一里
宋㙉彦 黃弘雲 김允보
ㄱ五拾전 康지俊 梁瑞寬
全昌玄 각卅錢 니東春
四拾전 黃元俊 壹圓
崔召史 元山伊 각拾錢
韓山陰 리春植 車銀石
각卅전 리龍岩 니將軍
鄭忠善 朴山仁 각拾錢
오玄榮 黃道昌 安昌喜
明長吾 ㄱ卄전 崔水西
四拾전 崔致寬 孫永昌
각壹圓 宋仁三 拾五錢
明鳳益 四拾전 宋吉命
五拾전 康壯杓 四圓
張昌祿 趙龍五 ㄱ拾전

김命吉 김應澤 각卅錢
宋應台 卅錢 오山伯
五拾錢 魯永龍 三拾錢
오德希 四拾錢 邊지萬 卄전
合拾五圓五十五전

總合四百九拾一圓四拾전
前號總合壹萬○七百八十九圓七十八錢二厘
都總合壹萬一千貳百四拾一圓十八錢貳厘

◎特別廣告◎

國債報償金昨日所捧은姑未合計이고伊前日所捧總合三萬三千一百七十一圓五十二錢은電氣會社內銀行에貯置ᄒᆞ얏ᄉᆞᆸ고其貯置額中에셔九千五百圓은國債報償志願金總合所로越交喜

大韓每日申報社

大韓每日申報社
發行兼編輯人英國人 裵說
發行所
南署石井洞號外地三層洋屋家
大韓每日申報社

第五卷 大韓每日申報 第五百十七號

月曜及慶節時休刊

檀君開國四千二百四十年
箕子元年三千二十九年
大韓開國五百十六年
日本明治四十年
淸國光緒三十三年
◎陰曆丁未四月大初十日庚午

論說

海蔘威의啓東學校

啓東學校ᄂᆞᆫ俄領海蔘威에居留ᄒᆞᄂᆞᆫ韓國人士의設立ᄒᆞᆫ者니壯哉라啓東學校여偉哉라啓東學校여此ᄂᆞᆫ大韓文明進步에第二好消息이로다大抵今日韓人이海外에漂泊ᄒᆞ야祖國을忠愛ᄒᆞᄂᆞᆫ思想으로文明空氣를腦中에引入ᄒᆞ야多數의團躰를成立ᄒᆞᆫ者ᄂᆞᆫ日本東京에留學ᄒᆞᄂᆞᆫ諸生의高尙ᄒᆞᆫ志趣와活潑ᄒᆞᆫ氣槩가藹然方興ᄒᆞ야日見其進ᄒᆞᄂᆞᆫ것이第一好消息이오

桑港과布哇에流寓ᄒᆞᄂᆞᆫ學生과勞動人民이奮發於千辛萬苦之中ᄒᆞ야協會를組織ᄒᆞ야團躰를結合ᄒᆞ며學校를設立ᄒᆞ야人才를培養ᄒᆞ며新聞을發行ᄒᆞ야同胞의智識을開發코져ᄒᆞᄂᆞᆫ苦心血誠은世界人種中에卓越ᄒᆞᆫ事業이니此ᄂᆞᆫ第二好消息이오

至若海蔘威에居留ᄒᆞᄂᆞᆫ韓人은駐美同胞에比較ᄒᆞ면其數가不啻幾倍인즉若其文明事業에熱心做去ᄒᆞ면將來祖國을爲ᄒᆞ야供獻ᄒᆞᄂᆞᆫ効果가亦當多大ᄒᆞ깃거ᄂᆞᆯ年來寥々無聞ᄒᆞᆫ것이實深歎惜터니果然大韓啓東學校가發起於今日ᄒᆞ니此ᄂᆞᆫ第三好消息이로다

然則今日海蔘威에居留ᄒᆞᄂᆞᆫ韓人의開明思想이日本과美洲에在ᄒᆞᆫ同胞보다差後를不免ᄒᆞ얏스나其實地情形을推想ᄒᆞ면尤有難焉은何也오夫日本과美洲ᄂᆞᆫ世界文明地位에居ᄒᆞᆫ邦國이라其新鮮ᄒᆞᆫ空氣와發達ᄒᆞᄂᆞᆫ風潮가自然히人의腦髓를浸染ᄒᆞ며耳目을開發ᄒᆞᆷ이芝蘭之室에入ᄒᆞᆷ과如ᄒᆞ야與之俱化를自不覺焉이어니와以海蔘威言之ᄒᆞ면僻在東方一隅ᄒᆞ야雖其形勝이有餘ᄒᆞ고開港이年久ᄒᆞ나猶是野蠻部落이오黑暗洞天이라況彼俄人이韓淸兩國人을待遇ᄒᆞ되一切兒童의漢文學習을嚴行禁止ᄒᆞ니如此禁錮閉塞之餘에一大韓學校가崛起於其中ᄒᆞ야文明前途에一大嚆矢를作ᄒᆞ얏스니啓東學校에名稱이豈曰偶然哉아吾儕ᄂᆞᆫ對此學校之設立ᄒᆞ야該地文運에兆候를十分攢賀ᄒᆞ거니와駐此韓人이其數가七八萬戶에達ᄒᆞᆫ지라아모죠록開明事業에熱心振作ᄒᆞ야祖國思想인萬折不回로一箇團體가完全鞏固ᄒᆞ면將來黑龍江北에一新韓國을建立ᄒᆞᆯ터이니豈不壯哉며豈不偉哉아

官報

◉第三千七百七十號 光武十一年五月二十日

◎敍任及辭令

叅尉南相翊
陞正三品
懿孝殿提調李容직
命宮內府特進官
太醫院卿閔泳韶
命懿孝殿提調
正二品李重夏
命太醫院卿
秘書監丞河德星
恭陵叅奉李胄承
依願免本官
永陵叅奉金奎방
任秘書監丞
正三品沈選澤
任恭陵叅奉
宋鍾화
任永陵叅奉
李耆鍾
任慈城郡守
從三品李象大
漢城府主事李榮洙
任창原府叅書官
從二品尹升善
正三品李範世
仝 李응직
任中樞院副賛議
六品金達河
任中樞院副賛議
前副領류赫魯
任西北營林廠事務官
加平郡守沈相勉
九品徐丙轍
任西北營林廠事務官
方台榮
任警務廳監獄署看守長
慶尙南道總巡韓用信
任忠淸北道總巡
全羅南道總巡全泰興
前總巡沈相亮
任慶尙南道總巡
咸鏡南道總巡河至泓
任全羅南道總巡
慶尙北道總巡成健永
任咸鏡南道總巡
慶尙南道總巡權容九
任慶尙北道總巡
忠淸南道前觀察使金嘉鎭
解兼任忠淸南道裁判所判事
忠淸南道觀察使李健榮
命兼任忠淸南道裁判所判事
忠淸南道前觀察使金嘉鎭
解兼任忠淸南道稅務監
忠淸남道觀察使李健榮
命兼任忠淸南道稅務監
全羅南道前觀察使沈相翊
解兼任全羅南道裁判所判事
全羅南道觀察使權益相
命兼任全羅南道裁判所判事
全羅南道前觀察使沈相翊
解兼任全羅南道稅務監
全羅南道觀察使權益相
命兼任全羅南道稅務監

外報

●英國新巨艦 今期에新成立ᄒᆞᆫ암스트옹그會社에셔建造ᄒᆞᆫ最新式戰艦은쓰바보라고命名ᄒᆞ얏ᄂᆞᆫ데昨年末부터起工ᄒᆞ야來보올포드、데소올러아、보스마우스、벨로고온이共히竣工ᄒᆞ얏ᄂᆞᆫ대右各艦에排水量은一萬八千五百噸이오速力은約二十二節이오備砲가十二時되ᄂᆞᆫ거시十數門이러라

●法政學堂 支那報를據ᄒᆞᆫ則奉天將軍趙爾巽氏가法政學堂을設ᄒᆞ기擬ᄒᆞᄂᆞᆫ데學生一千名을收容ᄒᆞ기로一切規畫을現已經過ᄒᆞ얏다더라

●西班牙震災 西班牙電에歐洲地震에災가西班牙邊界에及ᄒᆞ야人物屋宇의傷害無數라ᄒᆞ더라

雜報

湖西協成會國債報償義捐勸告文 李우 尹영等 續

以一商人一女子로도猶有忠國排難之心ᄒᆞ야擧金資而弗惜焉ᄒᆞ고對其緣而不恤언ᄒᆞ니盖爲其國有危難이면禍必及已也라惟願我同胞ᄂᆞᆫ以該商之心으로爲已心ᄒᆞ고以이女之憂로爲已憂ᄒᆞ야不拘多小ᄒᆞ고濟出義助ᄒᆞ면泰山成大와河海就深이古今一理라衆心如城에誰能奪之이며十인爲山에誰能斷之리오噫라論以關係면土地典執이甚於干戈逼境이오人民危迫이急於魚鼈在涸이라說者若曰國之存亡이係是全國大局之憂인즉非一人一己의所可擔負라ᄒᆞ야相顧不起ᄒᆞ며又曰人民의艱苦之金을募集ᄒᆞ야淸此重債ᄒᆞ니爽則爽矣나盡國之罪가因緣着味ᄒᆞ야更借外欵을無憚爲之ᄒᆞ리니其獘無已에徒長國害라ᄒᆞ나此ᄂᆞᆫ卽童穉不若之見이오貪猷一般之智라

三月止烟에代金淸債가雖若小々事나全國義心이藉此油然이발ᄒᆞ고開此용躍이起ᄒᆞ니彝性所在에不可輕이容喙이縱有異日繼借지慮라도万國지耳目과公議가自在ᄒᆞ고擧一國義捐償債ᄂᆞᆫ一天下所同聞也라目今지危機가如此어날尋常遷延ᄒᆞ야乃出此逆料淺想하니適足爲沮戱善類라

夫忠孝가爲一致ᄒᆞ니臣지於君과子지於부에若在所當爲者則雖千百度라도何敢生謀避지想이리오然이나차皆不近情不近義지人지言也라不足多辨이어니와如不如是라가一年二年에其殖이已滋ᄒᆞ고其期가홀過ᄒᆞ야若至不可及不可爲지境이면不得出一聲이全國지疆域이必移爲彼人지土地ᄒᆞ고全國지人民이將不免彼人지奴隷ᄒᆞ리니哀我同胞여其將安歸오其身은縱欲自輕이나其於宗社 君父에何哉며且於父母妻拏와祖先邱壟에何哉오吾鄕이偏被懷壤ᄒᆞ야人皆言ᄒᆞ호ᄂᆡ此時此義ᄂᆞᆫ不當自後於人이오且此非勸勉事也라各其義之所感에自當如水之趨下ᄒᆞ야不可禦也니人之役好事가豈莫於忠與義哉아國勢之復振과臣民之圖存이具在乎今日國債一欵ᄒᆞ니債를償ᄒᆞ여야國이安ᄒᆞ고國而安ᄒᆞ여야民이生ᄒᆞᄂᆞᆫ大義를想覺ᄒᆞ야盟을結ᄒᆞ고誠을獻ᄒᆞ야貧窮의困苦ᄒᆞ면恥를洗ᄒᆞ되般富의安樂ᄒᆞᄂᆞᆫ世를期ᄒᆞ면先丞後笑ᄒᆞ고回嘆作喜ᄒᆞ야國이轉危而復安ᄒᆞ고民이垂死而更生ᄒᆞ야海重潤日重光에恭見大皇帝德化가益著乎四表ᄒᆞ고山若여河若帶에永期衆生壽堵業이咸莫於無窮ᄒᆞ노니嗟我同胞여嗟我同胞여 完

●密陽郡止烟同盟會寄函

敬啓者生等自比年來竊伏見國計民性日復나隳未嘗不太息長欸何幸天誘民衷止烟一盟起自同胞旬日之內響者如雲佈如是則何難乎國勢之挽回민權之振作哉生等亦不恝踊躍感激倡起境中同志以本月十九日齊會於本郡蓮桂所署定方針以二十二日因本郡市日一塲演說於凝香門前而出事務洞出任員家論而戶說使大小人民奮發忠義情願捐助而但念窮鄕僻村民智末闢不知此事之爲何事者十居八九其成就與後之策顧不重且大歟然誓將與一般同志結心圖成以達目的乃已而其興起鼓動之道豈在乎報筆之佈揚故敢將境中廣告及當日義捐錄仰告幸卽爲揭載於貴申報俾警民彝千萬々々 未完

●宣川郡李靖健氏의來函

有債必報ᄂᆞᆫ在民猶然케든況國乎아國有債而不報則吾之土地也家屋也不爲吾有也明矣라今我韓人民이以國債報償事로無論男女老幼ᄒᆞ고一唱百應에擧國振動ᄒᆞ니不亦盛乎아本人이本以草野老腐으로不復問時事久矣러니側聞國債報償事ᄒᆞ고不勝其壽ᄒᆞ야乃聚諸子若孫ᄒᆞ야國民되者ㅣ國債를不可不報ᄒᆞᆯ意를說明ᄒᆞ고出義幾許ᄒᆞ야合三十圜을忘些送呈이오며又勸喩鄕人ᄒᆞ야金五圜六十錢을收合이온바該人에姓名과金額을左에列錄以呈이오니卽爲廣佈ᄒᆞ시와以爲奬勵之地幸甚

雜報

●三氏遷任 法部叅書官尹性普氏觀察移任代에民事局長金基肇氏가遷任ᄒᆞ고其代에該部文書課長李鍾協氏가陞任ᄒᆞ고其代에尙州郡守李範직氏가內移ᄒᆞ엿더라

●兩察赴任 光州觀察使權鳳相씨ᄂᆞᆫ去土曜日에受勅ᄒᆞ고春川觀察使金在豊씨ᄂᆞᆫ昨日受勅ᄒᆞ얏ᄂᆞᆫᄃᆡ日間赴任次로發程ᄒᆞᆫ다더라

●請願却還 中樞院副贊議洪祐晳氏가該院一般官人이一躰히薙髮치아니ᄒᆞᄂᆞᆫ事에對ᄒᆞ야請願辭免하얏더니該請願書를却還ᄒᆞ얏다더라

●大同發刊 前郡守張驥遠氏가大同月報七千冊을發刊ᄒᆞ기로事務員五六人을置ᄒᆞ고月給을每朔에新貨十圓式支給ᄒᆞ기로酌定ᄒᆞ얏더니印刷後放賣價額을預算ᄒᆞᆫ즉經費가不足ᄒᆞᆫ故로事務員四人은一朔月給만支給ᄒᆞ야退却ᄒᆞ얏다더라

●全守押上 全義郡守宋秉和氏가該郡首書記와符同ᄒᆞ야人民에有主有文券ᄒᆞᆫ田土를成出官立旨ᄒᆞᆫ事가綻露ᄒᆞ야首書記ᄂᆞᆫ業以押上ᄒᆞ야監獄署에牢囚ᄒᆞ고郡守宋秉和氏ᄂᆞᆫ現又平理院에셔押上ᄒᆞ얏다더라

●改路不頒 康洪大氏가改名疏를奉呈ᄒᆞ야優批를承ᄒᆞ얏스나宮府에셔무슴曆節이有ᄒᆞᆫ지改名ᄒᆞᆫ文字를頒布치아니ᄒᆞᆫ다고康씨가某處에셔說明ᄒᆞ더라

●別宴歌舞 日前法部一般官吏가咸北觀察使尹性普氏送別宴을設ᄒᆞ얏다ᄂᆞᆫ說은前報와如ᄒᆞ거니와當日光景을詳聞ᄒᆞᆫ則妓樂이迭탕ᄒᆞ야醉興이도도ᄒᆞᆫᄃᆡ刑事局長金洛憲氏가起舞하고該部雇聘ᄒᆞᆫ日人들도爭起相舞ᄒᆞ야竟日忘返ᄒᆞ얏다더라

●沃民又電 沃溝人民이法部에電報ᄒᆞ되本府尹李懋榮遷任事로已爲電達ᄒᆞ고大小民人이留待三日ᄒᆞ니回示을伏望이라ᄒᆞ얏더라

●問病歸國 慶尙南道裁判所檢事朴準性氏가法部에報告ᄒᆞ되法務補佐官志水高次郞이本月十二日에因其妻病急電ᄒᆞ와發還歸國이온ᄃᆡ其歸期ᄂᆞᆫ姑未算定이라ᄒᆞ얏더라

●鄭家賊警 忠州郡光隱面論치居鄭主事운漢氏가京城에留在ᄒᆞ더니日前에賊黨數十名이各持銃劍ᄒᆞ고該氏家에突入ᄒᆞ야錢財를掠奪ᄒᆞᄂᆞᆫᄃᆡ鄭主事에季氏가受劍重傷ᄒᆞ얏다ᄒᆞ고急徵가來到ᄒᆞᆫ故로鄭主事가急急下去ᄒᆞ얏다더라

●日官配置 各部에顧問官과補佐外日人으로勅奏을配置된다ᄂᆞᆫ說은已爲報道어니와日昨에度支部各局課長을配置가되얏ᄂᆞᆫᄃᆡ司稅局長配置ᄂᆞᆫ稅務部長이라ᄒᆞ고理財局長配署ᄂᆞᆫ理財部長이라하고檢査局長配置ᄂᆞᆫ檢査部長이라ᄒᆞ고司計局長配置ᄂᆞᆫ主計部長이라ᄒᆞ고課長配置ᄂᆞᆫ仍爲課長이라ᄒᆞ야該部顧問官目賀田氏가該大臣에게書送ᄒᆞ얏더니度相閔泳綺氏가各局課로輪示ᄒᆞ라ᄒᆞ얏다더라

●經費錄交 宮內府에셔該府所管各局院廳主務官府住와一朔經費을昭詳錄交ᄒᆞ라ᄒᆞ얏다더라

●成守招上 警務使金思默氏가內部로報告ᄒᆞ되本年四月十七日宮內府秘訓을承ᄒᆞ온즉皇室所管平南金礦稅金自甲辰至丙午條二百餘兩을平壤居李영璉朴仁祥韓亨爵京居咸廷一四名이無難乾沒ᄒᆞ고東西隱跡ᄒᆞ야以致上納愆滯ᄒᆞ니秘訓嚴因ᄒᆞ야以完公納事等因ᄒᆞ와李영璉朴仁祥韓亨爵三名을自平壤警務署로押上審査이온즉其所供內甲辰以來로採金이多出ᄒᆞ와幾年間愆滯稅金을沒數畢納이옵고其時該監理趙鼎九이寧邊觀察署理時에稱有加算幾千名ᄒᆞ고杖囚勒捧ᄒᆞᆫ金六百十七兩九錢重과葉錢四萬五千兩을質辨推給云니옵기擧實報告于宮內府이옵더니訓令內開에招致其時監理趙鼎九ᄒᆞ야對質審辨事等因이온바該員이現帶成川郡守이온즉擅自招上이恐非妥當이옵기茲以報告ᄒᆞ오니發訓於該道ᄒᆞ시와卽爲招上케ᄒᆞ라ᄒᆞ얏더라

●義務教育實施 內部에셔學部로照會ᄒᆞ되際此維新時代ᄒᆞ야義務教育一欵은係是當行ᄒᆞᆯ急先事項이온바曩自中樞院으로獻議政府ᄒᆞ와政府會議決案에由內部學部로講究方便ᄒᆞ야亟圖實施ᄒᆞᆯ意로至有 府照會이온바教育上事項은貴部主權에屬ᄒᆞᆫ비기로玆以仰布ᄒᆞ오니照亮ᄒᆞ신後該義務教育施行條規를진速議定ᄒᆞ시고弊部와會同爛商ᄒᆞ야亟行實施케ᄒᆞ라ᄒᆞ얏더라

●一進行動 近日一進會에셔무合會議事가有ᄒᆞᆫ지各地方會員數百名이上京하얏다더라

●四賊處絞 黃海道裁判所審理年囚强盜罪人四名을處絞執刑ᄒᆞ얏다더라

●忠民滯京 忠州郡礦弊ᄂᆞᆫ已爲報道어니와該地農民等이多數上京ᄒᆞ야農部에呼冤ᄒᆞᆫ지가已爲多日이되尙無如何回題인故로農時民情이多日滯京ᄒᆞ야浮費가夥多ᄒᆞ다더라

●輔仁總會 再昨日永道寺에셔輔仁學會總會를開設ᄒᆞ고會員九百餘名이會集ᄒᆞ야每名에新貨十圓式捐出ᄒᆞ기로酌定ᄒᆞ얏ᄂᆞᆫᄃᆡ其內容인즉茶洞和洞居피동等地에二百戶假量ᄒᆞ고小學校一處式設立ᄒᆞ야子弟를教育ᄒᆞᆯ事이라더라

●芝校興況 芝山學校에셔前侍御李啓舜氏를日語教師로延聘ᄒᆞ야月俸은新貨二十五圓으로磨鍊ᄒᆞ얏ᄂᆞᆫᄃᆡ該氏가自己月俸中이로每朔二圓式校費에捐助ᄒᆞ고學徒를熱心勸奬ᄒᆞᆫ故로生徒가日加月增ᄒᆞ더니該校贊成長李商在氏가該校에前往ᄒᆞ야學徒와其父兄을會集ᄒᆞ고教育方針과進步趣旨를數三次開會說明ᄒᆞ야校況이尤倍興旺ᄒᆞ야各處有志人들이校費補助金을多數히捐出ᄒᆞᆫ다더라

●西友特會 西友學會에셔前會에未盡ᄒᆞᆫ事件을處理ᄒᆞ기爲ᄒᆞ야今日下午三時에特別總會를又開ᄒᆞᆫ다더라

●三人押上 一進會長李容九氏가去番黃州郡에셔困辱을當ᄒᆞᆫ事件으로該會에셔會員을派送ᄒᆞ야黃州郡主事一人과天道教人二名을捉來ᄒᆞ야警務廳으로押付ᄒᆞ얏다더라

●安校報告 私立安東普通學校副校長宋秉전氏가學部에報告ᄒᆞ되本郡이僻在遐土ᄒᆞ와人心이頑固에昏明未辨ᄒᆞ야不信正規ᄒᆞ옵고如或巡檢兵丁이被酒入校ᄒᆞ야無端惹鬧ᄒᆞ오며其於程課에實爲妨害이此若轄惜仍置則末稍之事가莫知於何境일뿐더러又或五十名生徒가不識規律ᄒᆞ야或有無故請願出學之弊ᄒᆞ오니其於成立之地에尤爲沮戲故로茲에報告ᄒᆞ오니自上部로別定規則下送ᄒᆞ와懲取罰金케ᄒᆞ옵셔俾此廢校로光明進就하야以爲不易定規之地伏望이라ᄒᆞ얏더라

●勒奪校助 廣州五浦面屯里居朴鸞浩씨가法部에請願ᄒᆞ되上年春에慶安面漢山學校을創設ᄒᆞ온宋達顯安泰元六人에宜力에오ᄂᆞᆫ졈不贊成이오나該二人이本人家에來ᄒᆞ야補助를請ᄒᆞᄂᆞᆫ故로本人에家勢을量ᄒᆞ야捐助ᄒᆞᆯ意로諾ᄒᆞ얏더니八月分에本郡守가學校에來ᄒᆞ야本人祖을招去求助ᄒᆞᄂᆞᆫ故로當錢一千兩을補助ᄒᆞ얏더니宋達顯이何心腸으로却而不受ᄒᆞ고本人에父을捉去ᄒᆞ야百圓만補助ᄒᆞ라고强使錄名니거을力不足ᄒᆞᆫ所以로不應而來ᄒᆞ얏더니上年十二月分에宋達顯이가擧訴本郡ᄒᆞ야本人을捉去嚴囚ᄒᆞ야七八日에僅得放還이러이今又擧訴하야題音內에先何補助而後何不應乎아年囚督捧次로卽爲招來라ᄒᆞ고矣父을捉去嚴囚ᄒᆞ오니以義務로言之라도一千兩이鄕里農家所辦이不爲不多어ᄂᆞᆯ送而不受ᄂᆞᆫ宋是何心이며起訟壓制ᄒᆞ야雖捧百圓인들此非捐助오乃是勒奪이오니反不累於學校乎아教育上强制난不可不行이어니와補助上强奪이亦有章程乎잇가以此學校로殘民父子가替相被囚ᄒᆞ고窮部財産이卒地蕩賣면是亦學校目的乎잇가大抵補助은多則幾萬幾千이不足爲多오小則幾兩幾錢이不必爲嫌이어ᄂᆞᆯ噫此副校長宋達顯은藉學校而如債權者ᄒᆞ야起訟督納ᄒᆞ니不勝抑寃ᄒᆞ야玆에泣유ᄒᆞ오니洞燭ᄒᆞ신後卽爲발訓ᄒᆞ와使矣父로不日放還케ᄒᆞ심을伏望ᄒᆞ얏ᄂᆞᆫᄃᆡ指令內에教育上捐助ᄂᆞᆫ原係各個人肯願이오本非勒令排納이거을宋達顯에措가若是乖當ᄒᆞᆷ은聞甚駭歎이라本郡에嚴飭懲治ᄒᆞᆯ터니知悉退去ᄒᆞ라ᄒᆞ얏더라

●警察漸明 東門外朴允成氏家에昨年七月分에賊黨에게見奪ᄒᆞᆫ汁物을中署憲兵所에셔一一推覓ᄒᆞ야該氏에게出給ᄒᆞ니該憲兵所警察廉明ᄒᆞᆷ은人皆稱道ᄒᆞ더라

●全味躬例 忠南檢事權丙勳氏가該道總巡崔建鎬氏로互相詰亂ᄒᆞ야權檢事가崔總巡을搆誣報部ᄒᆞᆫ事ᄂᆞᆫ前報에已爲揭載ᄒᆞ얏거니와該事件에對ᄒᆞ야權檢事가內部大臣의게卽接으로該事實을照會ᄒᆞ얏ᄂᆞᆫ지라以若檢事로大臣에게直接照會ᄒᆞᆷ이官人의資格을損傷ᄒᆞ얏다고該郡警務局長의名下로回答ᄒᆞ얏더니該檢事가內部에再次照會ᄒᆞᆫ故로警務局長이回答하기를檢事與總巡間에有何事端이던지於本部에都無相關이기該書類與照會를激還이라ᄒᆞ얏더니日昨에更히警務局長에게照會ᄒᆞ되檢事가大臣에게有何拘이ᄒᆞ야直接照會가不可ᄒᆞ다ᄒᆞ며崔健鎬一人을爲ᄒᆞ야數千生靈의도炭을不顧ᄒᆞᆫ니貴大臣之所事를於此可知라ᄒᆞ얏더라

●靑會演說 今日下午七点半에靑年會館에셔美國서名譽가素著ᄒᆞᆫ博士싸르워드氏가演說ᄒᆞᆫ다ᄂᆞᆫᄃᆡ有志人士가一齊光臨ᄒᆞᆷ을希望ᄒᆞᆫ다더라

▲懸河筆舌▼

▲近日政海에水電艇一隻이暗裏隱伏ᄒᆞ야如山巨艦이觸處顚覆이라那邊雨霧에지尺을難辨하야船頭艦長에指南一鐵이東西를不分이로다

▲漢城判尹朴義秉氏ᄂᆞᆫ平壤軍用地段에調査委員으로定界立標ᄒᆞᆫ後에該地人民의損害金을頒給ᄒᆞᆫ다고訓令을頒布ᄒᆞ되傑無一民不聞不知라ᄒᆞ얏다가末乃地段價로出給ᄒᆞ얏노라ᄒᆞᄂᆞᆫ말삼원일인고日人과密約ᄒᆞᆫ事實이有ᄒᆞ다지肯天白日之下에其能掩得ᄒᆞᆯ가

▲各道稅務官吏가稅政에不法行爲도不少ᄒᆞᆯ뿐더러各郡書記를捉致酷刑ᄒᆞ며各面領收員을納賂差出ᄒᆞ고朝差暮遞ᄒᆞ야生弊가多端ᄒᆞ며其中最尤甚者江界稅務官黃用性靈巖稅務官魚浩善昌原稅務官姜璽섭氏를免官ᄒᆞ기로上奏ᄒᆞ얏다니韓國에稅務擴張ᄒᆞ기爲ᄒᆞ야稅務官을設置ᄒᆞ더니稅政이去益紊亂ᄒᆞ니이거시稅務擴張인지

▲近日에도郡守를新任ᄒᆞ면其地方에物產有無와人民富饒를先問ᄒᆞ니至今도前日에剝割ᄒᆞ던手段이尙存ᄒᆞ야聚斂ᄒᆞᆯ方針은胸中에排置ᄒᆞᄂᆞᆫ人이比比有之ᄒᆞ니此等守宰을擇送ᄒᆞ고人民에治安ᄒᆞ기를豈望ᄒᆞ리오

▲天安郡停車場普連會社에셔有志紳士數百名이會集ᄒᆞ야一般人民의進步思상이頓無ᄒᆞᆷ을慨歎ᄒᆞ야一會을組織ᄒᆞᄂᆞᆫᄃᆡ會名은人民代議會라稱ᄒᆞ고大小事項을官民間共和措處ᄒᆞ기로目的을定ᄒᆞ얏다니各地方에도各會가成立ᄒᆞ나目的이各殊ᄒᆞ더니此會ᄂᆞᆫ官民이共和ᄒᆞᆫ다ᄒᆞ니人民의國體를漸이從此이始ᄒᆞᆯᄂᆞᆫ지

▲中樞院贊議ᄂᆞᆫ郡守나移職ᄒᆞᄂᆞᆫ자리가되ᄂᆞᆫ줄로一般世人이皆知ᄒᆞ얏더니近日에中樞院을中樞府로改稱ᄒᆞ고諸船事務를擴張ᄒᆞᆫ다니該院에셔言官의職權ᄒᆞ專主ᄒᆞᆯᄂᆞᆫ지

▲漢城內에金融은고渴ᄒᆞ야民情ᄒᆞ晦敗ᄒᆞ되名樓絲陰의處處妓樂이迭宕ᄒᆞ고盃盤이狼藉ᄒᆞ야大小官人과蕩子遊人이在家無日ᄒᆞ며風流에消費ᄒᆞᄂᆞᆫ錢財ᄂᆞᆫ前日보담尤極豐饒ᄒᆞ니知치못ᄒᆞᆯ事로다

特別社告

本報가一般人士의愛讀으로以ᄒᆞ야漸次發達ᄒᆞᄂᆞᆫ效果를見ᄒᆞ니此ᄂᆞᆫ大韓人民의國家思想과開明程度가漸進이라吾儕ᄂᆞᆫ以爲ᄒᆞ되大韓의文化를開進코져ᄒᆞ면便利ᄒᆞᆫ國文을發達케ᄒᆞᆷ에在ᄒᆞᆫ故로特히國文報一部分을幷爲發行ᄒᆞ야普通男女의智識을開廣코저ᄒᆞ오니有志ᄒᆞ신僉君子ᄂᆞᆫ本月內로本社에請求狀을送ᄒᆞ시옵

大韓每日申報社

雜報

●金氏義擧 咸興郡居金石實氏ᄂᆞᆫ以其商賈生活로熱心於國民義務ᄒᆞ며盡力於文明本業ᄂᆞᆫ前報에已爲揭載ᄒᆞ엿거니와同氏가以爲ᄒᆞ되開發民智ᄒᆞ고增進公益이莫善於新聞之廣布民間인즉此道가曠里之人이新聞購覽을尙不注意ᄒᆞ니何以進於開明乎아以郡著之金으로五十七社內에購報者ㅣ寥々無幾ᄒᆞ니寧不可憫가本人이價額을自擔ᄒᆞ야限二週日ᄒᆞ고五十七社內에均爲傳播ᄒᆞ야自社尊社任으로以至一般士民이次第輪覽ᄒᆞ야共聞見ᄒᆞ고二週日後ᄂᆞᆫ各社에셔自購觀覽ᄒᆞ기를十分期勉이라ᄒᆞ니大韓人士가擧皆同氏와如히開明事業에宣力周旋ᄒᆞ면民智의發達과國權의回復을次第可期라ᄒᆞ노라

●淸人義捐 平安北道雲山郡北面ᄃᆡ바위ᄂᆞᆫ美礦이有ᄒᆞᆷ으로三四國人이雜居生活ᄒᆞ더니今番國債報償之論이全國에傳播ᄒᆞᆷ이其處有志人들이國債報償ᄒᆞ기爲ᄒᆞ야斷烟同盟會를熱誠으로組織ᄒᆞ고趣旨書를通衢壁上에揭付ᄒᆞ고義務金을募集ᄒᆞ미不幾日에義捐金이數百圓에達ᄒᆞ엿고또ᄒᆞᆫ其中에淸國人白鳳振氏ᄂᆞᆫ發起人李聖玉氏를차자와말ᄒᆞ되貴公들이國債報償ᄒᆞ기爲ᄒᆞ야義務金을募集ᄒᆞᆫ다ᄒᆞ오니鄙生도感荷之心은不勝ᄒᆞ오나家勢가剩餘치못ᄒᆞᆷ으로買廉ᄒᆞ고些少金二十圓을仰呈ᄒᆞ오니바라옵건ᄃᆡ물리치지마옵소셔ᄒᆞ미李聖玉氏셔말삼ᄒᆞ시기를無限이感謝ᄒᆞ와마ᄂᆞᆫ今番國債報償은我韓全國二千萬同胞에斷煙代金을募ᄒᆞ야報償케ᄒᆞ미오外國人에義捐金은不受ᄒᆞᆫ다ᄒᆞ며白鳳振氏셔말삼ᄒᆞ시기를民은以食爲天이라ᄒᆞ여ᄂᆞᆯ鄙生이韓國에來留ᄒᆞᆫ지가이마八九年에妻子眷屬五六名食口가大韓國所產으로食欲ᄒᆞ야肉身과生命을今日까지保養ᄒᆞ엿스니엇지當此之時ᄒᆞ야默々看過ᄒᆞ올잇가ᄒᆞ고표연去ᄒᆞ미不得已ᄒᆞ여其金額을領收ᄒᆞ엿다더라

●諸氏感義 近日漢城內秉義慶植氏의來函이有ᄒᆞᆫᄃᆡ左와如ᄒᆞ니國債報償志願金總合所維持方針을研究ᄒᆞ기爲ᄒᆞ야向日本所에會同ᄒᆞ고任員의勤務를勸助ᄒᆞ고자以囊財로本所經費를補充ᄒᆞᆷ이如左ᄒᆞᆷ

尹雄烈十圜 朴競來二圜 權重顯十圜 姜泰膺一圜 朴容奎五圜 鄭日永二圜 梁起鐸五圜 趙秉鎬一圜 閔泳玉二圜 安철용一圜 李恒儀一圜 沈宜哲一圜 鄭寅旭五圜 徐起淳一圜 無名씨每朔一圜式 李廷珪二圜

●李門出義 忠淸南道扶餘郡草村面高秋洞李俊昌氏가一門을會同ᄒᆞ야國債報償義捐金貳拾貳圜을收合ᄒᆞ야本社에來納ᄒᆞ얏더라

廣告

본인에집에셔작년칠월분에집물몽져ᄒᆞ엿삽든이즁셔현명소에셔봉져ᄒᆞᆫ물죵을분셕으로차져쥬오신즉경찰ᄒᆞ시난일ᄇᆡ리ᄆᆞ우명찰ᄒᆞ오시기로광고ᄒᆞ옵 동문외신북동스호박쥼창고빅

養閒義塾을新門外鈴洞蠶業課로移接ᄒᆞ엿스니諸任員은照亮ᄒᆞ시고願入學員은本塾으로來問ᄒᆞᆷ
鈴洞蠶業課前軍部大臣宅養閒義塾 白

本店擴張新到時欵各色紗羅綢緞絨地와油地氈洋廣직貨銅鐵丱頭香茶烟草各種均效改良新興ᄒᆞ時合同貨美價廉並有湖北南洋彩票發售特此布聞 貴客請來購覽是厚望언
漢城石井洞 杏花春 告白

本人家舍中署貞善坊金萬契下廊洞二十二統九戶五十八間草五間板割文券셔失散玆以廣告內外國人照亮爲要
從一品朴履鎬 告白

本人外四寸金鎭奎가性本浮浪ᄒᆞ야條件上京이ᄂᆞᆫ지以本人名字로政府主事를圖差慮無之說로每有書示ᄒᆞ니如此悖類ᄂᆞᆫ依法懲治次로爲先廣布ᄒᆞᆷ
平北定州南門外金夢駿 告白

電話七二五番開通ᄒᆞᆷ
京城皇土峴紀念碑前 大韓西양御料理
明月館

●일본遊覽者募集 人員은五十名으로一團을成ᄒᆞ니한일인을不問ᄒᆞ고速히請入ᄒᆞ시옵
一 巡遊地 東京博覽會橫빈京都大阪神戶
一 往復일數 目抵十七일間
一 浮費 遊覽費及手數料을合ᄒᆞ야總計四十八圓
一 出發일 請入順次를從ᄒᆞ야出發三일前에直接히通知ᄒᆞᆷ
一 請入所 在京셩各신聞社五十八銀行경셩支店 天一銀行
一 會員은遊覽을終ᄒᆞ야開散ᄒᆞᆫ後ᄂᆞᆫ本會와關係가小無ᄒᆞᆷ
一 南대門셔釜山으로直行ᄒᆞ던지或은東경으로直行하ᄂᆞᆫ者의對ᄒᆞ야도同一便法으로同行請求을應諾ᄒᆞᆷ
일本人遊람協會事務所경셩南대門通 東亞商會

夫修譜者明其族也惟我卓氏始祖光山君學圃先生以下文正公景엽先生文貞公竹亭先生自前朝至本朝以忠賢顯世只한後裔散居各城晉未大同譜者迄今二百餘年玆於此晋州宗人碩錫氏鎭南宗人尙均氏各擧義金合三千兩設譜廳于全羅南道光州南門內馬房家玆以撒通十三府各郡僉宗覽通卽時名錢則勿論只修單或以門中有文族委送者無可送之族本修單付送於郵便亦無妨而譜族中或籍請收錢切勿聽施且畢譜分帙時册價段牒所入卽判矣照亮後勿滯時日送單送入于譜所千萬幸甚
發文 晋州卓碩洙 碩俊 鎭南 尙貞 泰潤 廟默 應龍 京銅峴 和順 秉律

本人이日本大阪商業家와特約ᄒᆞ고日本內地產出各種物品과西洋各種物品及機械等物을我大韓에輸入과委托은便利케契約ᄒᆞ얏ᄉᆞ오니商工業에有意ᄒᆞ신僉君子ᄂᆞᆫ某物이든지請求코져ᄒᆞ시거든本社로來議ᄒᆞ시오本社에셔ᄂᆞᆫ手數料金만領受ᄒᆞᆷ
興業社本店 開城北部祥洞
支店京城南門內水橋五十一統六號 培養會社
全仁港內동廣濟號

◉**增修無冤錄大全**
壹帙壹百七十貳頁
定價金新貨七拾五錢
此增修無冤錄大全은法律家의最緊要ᄒᆞᆫ書籍이온ᄃᆡ年來現本이殆히絶種에至ᄒᆞᆫ지라故로法部에認可를得ᄒᆞ옵고此를新刊ᄒᆞ얏삽ᄂᆞᆫᄃᆡ國漢文으로解釋ᄒᆞ야模糊ᄒᆞᆫ句節이無ᄒᆞ오니法律上에有志ᄒᆞ신니와字牧之任에居ᄒᆞ신니ᄂᆞᆫ不得不覽ᄒᆞᆯ冊子이오니注意購覽ᄒᆞ시옵
中署布屛下 廣學書舖 김相萬 發售所

本人京橋七十八統五戶布木廛鄭圭賢處當文一千四百三十五兩於音四月十五日路中遺失故廣告ᄒᆞ오니內外國人間拾得이라도休紙施行ᄒᆞᆷ
安光植 告白

西署新門外瀚동百八十六統三戶
辯護士前檢事正三品 丁明燮
法律事務所
事務員前主事 吳在淳

特別廣告
內外書籍新舊學文幷販賣所
大邱刷還洞金긔鴻

●九轉靈砂라 本人이妙方法을神備ᄒᆞ야製造ᄒᆞᆫ靈丹이되男女老少에無論何징ᄒᆞ고通治ᄒᆞ오며無病時에도服ᄒᆞ면平生의身體가健康ᄒᆞ며小兒ᄂᆞᆫ四五錢重만服ᄒᆞ면十歲안에無病ᄒᆞ기를擔保ᄒᆞ오며
●九轉靈砂萬應丹은셔狂澗징과中風諸疾과耳目諸病과淋疾에神効ᄒᆞ오
●九轉靈砂保命丹은初生小兒驚風 간氣 咳ᄉᆞ 腹痛諸般惡징에神効ᄒᆞ오
●九轉靈砂濟衆丹은酒滯 食滯 血積 吐血 下血 運氣 時疾 吐瀉 霍亂 痢疾 痲징에神效ᄒᆞ오
●九轉靈砂業金丹은漆瘡 累瘡 上疳瘡 下疳瘡及唐瘡과諸般毒瘡惡種에無不神効ᄒᆞ오시니 君子ᄂᆞᆫ來問ᄒᆞ시오
內需司前도갑이골上隅第一家百三統一戶 리호廷 告白

越南亡國史 國漢文
定價貳拾伍錢
發賣所京城廣橋高裕相書舖
鏡南端川郡禹時夏
布屛下 김相萬 冊肆

◎**活動寫眞廣告**◎
今番에始作ᄒᆞᆫ活動寫眞은法국巴里京에셔有名ᄒᆞᆫ거시오또ᄒᆞᆫ大韓국 皇室에셔먼져看品ᄒᆞ셧고始作ᄒᆞᆫ지數日에遊覽ᄒᆞ시ᄂᆞᆫ첨君子가多數枉臨ᄒᆞ시와坐處가넘쳐셔晚到ᄒᆞ시면不便ᄒᆞ오니速々枉臨ᄒᆞᆷ
活動은自下午八点至九点名唱善舞歌童과唱和吹笛은自九点至十点
賣票時 七点半始爲
入場票 上等三十錢 中等新貨十五錢 小童十錢
新門외셔달이목東便벽돌집
法人 馬田 告빅

명월관확장광고

폐관ᄒᆞ엿다가이제시작ᄒᆞ고이후로교익ᄒᆞ시ᄂᆞᆫ귀각ᄒᆞ추의출입ᄒᆞ시와오ᄂᆞᆫ날뎌한이제일등요리집으로되외국에셔ᄃᆡ아시도록회장ᄒᆞ여가오너ᄃᆡ단간ᄉᆞᄒᆞ옵기ᄂᆞᆫ와근일은이층양옥ᄒᆞ광활이신건축ᄒᆞ고다락아래ᄂᆞᆫ온돌방을모딜리비치ᄒᆞ고조진범절을시로ᄒᆞ엿와오시ᄂᆞᆫ귀각이편ᄒᆞ시도록쥬비ᄒᆞ엿ᄉᆞ오며각죵음식은보기에화려ᄒᆞ고먹기에정미ᄒᆞ게신출비ᄒᆞ야다소를불계ᄒᆞ고주야로파오되셔양쥬ᄂᆞᆫ잔으로파오며특별신기량교자음식은오시ᄂᆞᆫ시로붓터ᄒᆞᆫ시간이되면멧상이라도곳가져가시도록ᄒᆞ오니비외귀각은륙속왕임ᄒᆞ시옵

각식요리음식
각식셔양쥬
각죵경편양요리
각죵일본간스메
각죵너송연
각국권연
진찬합
건찬합
밥교자
특별신기량교자음식
창가동졍거복두유ᄒᆞ옵
明月館主人 金東植 告白

本店에洋服衣次各種이自英국으로多數來到ᄒᆞ얏사오니陸續來購ᄒᆞ시옵
貞福源洋服裁縫店 告白

本社々員趙昌植劉鎭兌金商基를恩津郡論山江鏡兩浦와瓤山郡黃山浦에支社를派遣ᄒᆞ야該三浦에勞働人夫와該浦客主를組織ᄒᆞ야營業을興旺케ᄒᆞ기로本社에셔認許ᄒᆞ엿삽기玆에廣告ᄒᆞ오니僉君子ᄂᆞᆫ照亮ᄒᆞ시옵
京城勞働勸業會社

國債報償捐義金收入廣告

●江原道春川史內面新村
尹夏榮 貳拾전 尹주榮
柳海瀾 김章煥 각拾전
趙弼元 拾五전 김應泰
김永瑞 각拾錢 니鍾振
四拾전 니鳳洙 趙萬보
趙德伍 吉春寬 劉慣默
劉德默 劉昌默 劉正默
각拾전 劉제默 貳拾전
劉仁默 壹圓
劉忠默 貳拾전 劉瓛景
劉戡根 鄭容근 禹寶三
崔學俊 禹德允 각拾錢
徐錫주 四拾전 徐仲瑞
拾전 鄭仝奉 五전
崔興旭 貳拾전 崔興源
崔永錫 徐錫祚 각拾전
吉致根 貳拾전 徐錫顯
五전 崔興徽 拾錢
權用赫 四拾전 權用秀
拾전 具然洙 拾錢
鄭明煥 柳基仝 朴京鎬
李주緒 李允보 각拾錢
合陸圓八拾五전

△春川郡史內面葳笛里
니순瑛 柳忠植 咸永元
朴호풍 朴辰植 咸泰賢
李中成 朴禹錫 각壹圓
閔鼎鎬 朴九植 朴호鎭
姜興根 박호益 李召史
朴鼎錫 박호三 咸奉錫
박永錫 柳興啓 박호斌
羅學成 김지審 박호近
각五拾전 니圭창 박近植
咸七元 김聖天 김夢述
류福萬 박仁植 각卅전
박長植 박호榮 김今孫
박俊植 박夏錫 박호善
박哲成 박호國 박長孫
김成大 姜明求 박호述
박호中 박昌植 朴遠植 박俊錫
김成三 김湖근 각廿錢

金三哲 니明顯 寶成五
김中和 박창甲 韓仁瑞
각拾五전
合貳拾壹圓五拾전

△春川郡史內面實乃里
申泰益 卅五錢 趙致彦
貳拾錢 박士範 七拾錢
崔致禹 四拾전 趙仁化
七拾전 趙東具 拾錢
申伯元 三拾전 趙欽範
박순彦 각拾전 申致九 卅錢
趙春化 壹圓卅전 鄭尙玉
三拾전 趙東玉 貳拾錢
鄭德基 劉命근 吳文伯
니庭爨 니聖瑞 각卅전
니文言 四拾전 니化實
三拾전 니聖實 四拾전
劉文보 七拾錢 崔聖範
拾錢 劉昔化 김功先
梁仁瑞 각ㅂ錢 김用보
拾錢 鄭士集 三拾전
柳근必 貳拾전 申致俊
七拾전 신永基 김聖實
신興三 각拾전 박先玉
四拾전 崔聖보 劉元호
劉德보 각拾錢 劉昔회
七拾錢 趙仝汝 拾전
合拾貳圓○五錢

△春川郡史內面世嚴里
朴時顯等四十三戶 十六圓

△春川郡史內面明月里
정春瑞 貳圓 鄭光鉉
禹泳芝 禹夏景 崔병達
鄭春成 니德先 각壹圓
鄭斗鎔 禹陽운 니景鉉
盧春景 延祐三 각五十전
우창根 니秀병 니士元
鄭完순 延化三 郭命益
니春三 니景鎬 崔基鉉
崔龜鉉 최창達 니春植
김致순 최完達 金順景 박洪哲
盧云謙 韓用範 貳十五전
合十五圓

△春川郡史內面面ㄷ里
吉燦우 吉禮植 각卅전
니永純 吉亨培 각十錢
吉種植 卅전 吉祥植
卅전 吉敎培 卅錢
吉俊培 壹圓四十전 吉弘植
각十錢 오德汝 吉燦興
각卅전 吉永植 김지根
吉燦聖 니麟宇 卅錢
卅전 吉文植 吉成培
吉鳳植 吉우培 四十錢
오德水 十전 각卅전
吉祐植 각卅전 吉찬基
吉謙培 각卅錢 馬永植
니永淳 각拾전 尹凡龍
박正基 吉萬植 吉찬允
柳聖寬 오元實 각卅전
김敎謙 각拾전 吉창植
申泰榮 김義謙 김榮면
각卄전 박召史 김惠謙
김壽命 김啓商 김貫云
김煥僞 金觀洙 朱우鉉
김榮玉 김基遠 각拾전
김云三 崔明益 김光云
김진遠 七拾전 각ㅂ拾
卅錢 김榮호 김奎遠
각壹圓拾전 김禮謙 김榮春
吉炳億 각卅전 鄭義賢十전 김聖泰
李元麟 卅전 吉興植 김榮憲
각拾錢 김榮純 卅전
김致弘 卅전 김榮世卅전
김榮寅卅錢 김秉錫 四拾錢
박文京 吉春玉 각拾전
吉鍾植 卄錢 김士壹
拾錢
合拾六圓卅錢

△春川史內面內洞里
김鍾碩 八拾錢 김鍾散
安東錫 五拾錢 니炳俊
四拾錢 니胤寧 安東필
安東秀 洪春섭 김根植
高文三 각卅錢
合四圓

△春川史內面室儼影堂里
任明학 壹圓 任珩宰卅전
任端淳 五拾錢 任河淳
卅전 최顯用 四拾전
최 전 貳拾전 梁允錫
四拾錢 梁秉鎭 貳拾전
박允植 四拾전 박顯福
貳拾錢 박遇夢 柳興敏
각四拾錢 柳基昌 柳聖大
柳壽華 각卄전 尹仁吉
四拾錢 尹德哲 尹千吉
각卄錢 盧敬玉 四拾전
김元實 김成奎 각卅錢
김宗吉 김昌云 김星七 각廿錢
南相植 四拾錢 鄭萬根
니庭洛 니允汝 니元山
니仲山 각卄전 니宅信
拾錢 申泰元 申泰近
安宗根 吉찬元 각卄錢
合拾圓

△春川史內面坪대里
김德順 김成云 김永守
니興守 김德心 각七拾錢
니德吾 니致鉉 니萬甫
김大漢 각五拾전 박聖俊
김春甫 趙德三 최元伯
니春心 니桂弘 니有弘
嚴汝直 각三拾전 洪化汝
梁春西 김公準 각卄五錢
니雨京 卅五전
合九圓

●利川栢面坪田洪門中
洪熙成 최뒤 각五拾六錢
최穆 최철 각七拾六錢
최鳳 卅六錢 최주 최면
각四拾六전 前敎官최春
五十一錢 前委員世徹
七拾六전 昇徹 容徹 鶴徹
駿徹 斗徹 각四拾六錢
益徹 五拾六전 前主事陽徹
壹圓 聲徹 達徹 鳳徹
면徹 萬徹 應徹 競徹

鍾[illegible] 鍾應 錫九 錫瑢
錫린 錫組 錫春 錫興
漢鎔長福 각卅陸전
鍾錫 鍾殷 錫駿 錫충
錫斗 四拾陸전
合拾七圓拾一전

●金浦郡內면鴻島一坪
黃基昌 韓永順 김平順
각陸拾錢 全永순 김永已
姜福玄 각四拾전 朴致순
김致敬 鄭순用 姜明華
각卅전 徐永云 韓紅植
각壹圓 洪순成 鄭순壹
韓창순 김永西 姜순明
韓敬순 姜春煥 柳창鉉
安春植 니貴鉉 각卄전
박聖七 五拾전 김大根
拾五전 韓尙순 蔡成根
安興植 尹明云 文長實
鄭義成 洪春成 각拾전
合九圓五拾五錢

●麻田郡長新面百嶺里士人等
尹永鎭 三圓 니鍾면
鄭仁默 김永完 閔致면
鄭지植 니英圭 鄭東鎬
尹相호 尹相喜 尹相胤
尹相國 崔石昆 崔聖集
徐敬善 陳順奉 尹命順
尹命守 박興元 각壹圓
니鍾萬 尹滋萬 尹相一
박相五 尹相龍 洪佑範
郭源深 閔庠鎬 尹滋翼
최命得 각五拾전 尹滋福
尹相爲 鄭지玉 박義斌
니炳德 柳奎永 鄭元明
洪大叔 尹滋聖 趙學伊
崔今石 각卅전 趙炳台
元昌義 尹滋義 니仁模
崔泰善 尹弘圭 閔泳玉
박應斗 柳秉憲 安商善
최八쇠 金用辰 박敬初
徐占百 최長쇠 郭儀榮
金茂吉 尹邦鎭 尹相賓
김有萬 崔樂々 元之常
각卄전 니炳默 [illegible]昌植
니顯弼 柳致永 니최徹
니鍾協 니秉淳 元錫臣
元世麟 朴최元 박최緖
박義鶴 柳學鳳 尹滋緖
니炳玉 니聖任 니順麟
니丁用 박최泰 尹滋賢
鄭지善 鄭在최 元斗義
鄭公弼 鄭慶鎬 鄭明鎬
趙源行 鄭爾晥 정지義
정夏鉉 尹滋順 尹滋臣
尹相仁 尹相祐 郭圭瑞
趙潤行 니錫圭 니命圭
김致善 우長孫 김有卜
韓道履 崔守卜 徐性建
김永云 김吉成 정지天
趙德行 閔武瑞 尹國顯
尹鍾顯 정在佑 趙炳禮
尹相최 尹相彦 朴인九
朴厚柄 尹찬炳 尹滋民
신陽均 尹相인 尹相準 任景鎬
김澤新 尹日炳 김老積
尹相廷 리公辰 정在憲
정在回 尹洛鎭 元之麟
니培根 尹相永 趙駿行
박濟境 元之炳 元之淵
張奉仁 김石萬 김德瑞
崔七쇠 尹滋淵 박최準
趙卜祿 元之明 李東云
郭 休 각拾錢
合四拾貳圓五拾錢

總合一百七十九圓八十六錢
前號總合壹萬一千貳百四拾一圓十八錢貳厘
都總合一萬一千四百二十一圓○四錢二里

◎特別廣告◎

國債報償金昨日所捧은姑未合計이고伊前日所捧總合三萬三千五百三十九圓○二錢은電氣會社內銀行에貯置ᄒᆞ얏습고其貯置額中에서九千五百圓은國債報償志願金總合所로越交홈

大韓每日申報社

發行兼編輯人英國人 裴說
發行所
南署石井洞號外地三層洋屋
大韓每日申報社

第五卷

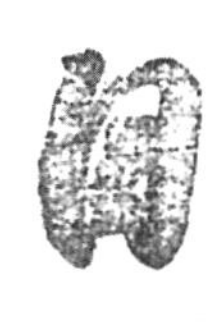

第五百十八號

月曜及慶節時日休刊

檀君開國四千二百四十年
箕子元年三千二十九年
大韓開國五百十六年
日本明治四十年
淸國光緖三十三年
◉陰曆丁未四月大十一日辛未

寄書

日本東京留　낭齋生

殊域旅懷에春日이遲々ᄒᆞ야課業을暫歇ᄒᆞ고울然獨坐ᄒᆞ니無人問我에依斗丹忱을向誰盡攄오乃奮然自省曰內地에有二千萬同胞之國債義捐ᄒᆞ니獨立權恢復을期日可待오外國에有數十百生徒之學問研究ᄒᆞ니文明界發達을匪久可覩로다喜不自勝ᄒᆞ야心平氣叙에更對書床ᄒᆞ니不覺西日欲暮로다

際玆　貴報가萬里飄천ᄒᆞ야來臨机案이라如對高師ᄒᆞ야拜手敬接ᄒᆞ니乃是第五百六號也라恭讀論說ᄒᆞ다가至於日本時事新報에國債報償을論評譏觀ᄒᆞ야ᄂᆞᆫ憤激븅中ᄒᆞ야拍案大叫에不覺失聲이로다嗟呼라彼人之驕傲猜疑也여胡忍至此오夫報館者ᄂᆞᆫ贊善懲惡을如鏡之照物ᄒᆞ야毫無一點偏私然後에可爲世界之公眼이어ᄂᆞᆯ害人利己謟計로倡道無根之說ᄒᆞ야揭載報紙에布告內外ᄒᆞ니甚庸慨欺이로다至若我韓을論以貧困ᄒᆞ니彼則自處富强耶아實若富强이면抑無外國之債欵이며韓人이吸烟을決難久忍이라ᄒᆞ니何若是誤解滋甚고

惟我韓族이涵泳於四千有餘年之敎化ᄒᆞ야禮義廉恥가不讓列强ᄒᆞ니以此明哲之智慧로豈無勇斷之性質이며日人權利에有害ᄒᆞ면立行嚴法이라ᄒᆞ니稱以文明國報筆ᄒᆞ고待遇鄰邦人民을何若是强逼無禮오讀至此句에雙眶히당ᄒᆞ야寧欲無言이라迨此人民自由權發達之世界ᄒᆞ야據何法律而名正言順ᄒᆞᆫ我大韓同胞를焉敢壓制오今此國債義捐이實自愛國에皇天이眷佑ᄒᆞ심이라抑或有逆天之手段인지豈不聞興者ᄂᆞᆫ順天가語到逆天에爲之一歎이로다

大抵大韓每日申報ᄂᆞᆫ非但警世之鐸이오導昏之燭이라論其義理則與魯之春秋로其義一也로다伏願內地同胞ᄂᆞᆫ尊慕申報를如尊慕春秋ᄒᆞ야依論說所戒而實踐ᄒᆞ야愛國思想과團躰精神과自由權限을注入腦髓而愈益堅固ᄒᆞ야百難不요ᄒᆞ고萬折不退ᄒᆞ야勇往直前에淸償債欵ᄒᆞ고恢復獨立ᄒᆞ야與東西列邦幷立而共樂於昇平日月ᄒᆞ리니豈不壯哉아豈不樂哉아思之及此에不覺手舞足蹈ᄒᆞ야一以賀社長閣下之皷發民智ᄒᆞ고一以祝同胞　僉位之期達目的ᄒᆞ니이다

官報

◉第三千七百七十一號　光武十一年五月二十一日

◎敍任及辭令

金永弼　崔景植　車周遠
韓重詮　金東奭　尹世麟
方現圭　李丙칠　金柄玄
金禹夏

任度支部技手

俞弼柱　?秉鎭　金昇鎭
趙彝均　吳德三　玄世榮
朴英淡　鮮于卓　高榮柱
李鍾介　鄭雲駿　黃瀷華
徐炳和　梁鍾文　李烈鍾
金三洪　金顯鉉　吳致默
李撥乇

任度支部技手

孫鳳南　崔致鳴　金연益
韓鳳賢　許　淑　金啓胤
金사楫　吳大圭　尹龍三
金致龍　韓在英　鄭雲宰
許　당　金應聲　楊寅淳
李鍾翰　徐錫台　申順德
李根孝

任度支部技手

右ᄂᆞᆫ該員이本部測量見習生으로測量技術에今旣嫺熟이기技手를叙任홈이라

官立鐵原普通學校敎官朴之陽
依願免本官　官立漢城日語學校副敎官　洪秉선
任官立漢城日語學校副敎官　鄭雲시
依願免本官　敬陵叅奉金希洙
任各宮事務整理委員長　景孝殿提調閔種默
任敬陵叅奉　齊陵叅奉趙鍾禹
任齊陵叅奉　嚴柱華
法部民事局長金基肇
任法部叅書官　法部叅書官李鍾協
任法部民事局長　尙州郡守李範[illegible]
任法部叅書官　前叅書官鄭鑑용
任內部治道局事務員
任內部主事　六品金希洙

外報

◉新疆의大地震　新疆各地에大地震이有ᄒᆞ얏ᄂᆞᆫᄃᆡ綏來縣은殊히劇烈ᄒᆞ야家屋이倒壞ᄒᆞᆫ者ㅣ三百이오死傷이百名이오出ᄒᆞ야救助를要ᄒᆞᆫ者가凡二千餘名以上이라더라

◉德軍增派　去十八日東京電을據ᄒᆞᆫ則德國이北淸駐屯軍을增派ᄒᆞᆫ다ᄂᆞᆫ說이有ᄒᆞᆫᄃᆡ其原因은第二의義和團蜂起를豫防ᄒᆞ기爲홈이오新鐵道談에關ᄒᆞᆫ脅迫手段을爲홈이라ᄂᆞᆫ二說이有ᄒᆞ다더라

◉虛無黨猖獗　十九日路透電을據ᄒᆞᆫ則露國虛無黨의掠奪이每日不絶ᄒᆞᄂᆞᆫᄃᆡ彼等의一隊ᄂᆞᆫ吳쓰셔郵便馬車를襲來ᄒᆞ야此를警備ᄒᆞᄂᆞᆫ警官(高加索) 名을死傷케ᄒᆞ얏고巡邏兵은다ᄆᆞᆺ彼此의區別업시十五名이殺害ᄒᆞ얏스며三十名이負傷ᄒᆞ야其勢가더욱猖獗ᄒᆞ다더라

◉愛國婦人大會　今回東京에開ᄒᆞᆫ愛國婦人會大會에出席者가一萬五千名인ᄃᆡ總裁ᄂᆞᆫ閑院宮妃殿下이더라

雜報

◉密陽郡止烟同盟會寄函　續

密陽郡境中廣告文

夫天地生而有國家焉有人民언民與國不可須臾離也可離國何以爲國이며何以爲民哉惟我大韓之　祖宗來至于今五百餘年專尙禮義不事富强馴致今日之貧弱至有昨年一千三百萬圓借欵之事聽以不滿三千里之地方不過二千萬之人民於一年經用外國酬應之費尙患不足而如許巨欵其將何計辦報哉如若無計辦報而悠泛度日則不過十年利子之殖倍於原額而三千里疆土將非大韓之有矣如是則哀我同胞將安所歸乎每中夜永歎枕淚無從何幸天佑　宗祐新年一報如夢初覺斷烟一事首倡於達城響應於東萊已至上徹不啻卷烟不御老宰大官捐金義助與臺之賤婦儒之微亦莫不爭先感激若將一日而可辦一千三百萬圓之國債詎斷烟非難一心字是難二人同心其利斷金而况二千萬人一心同盟則何事不成何業不濟惟我密陽亦同胞中有也豈可無一番發起謀所以償還國債保我疆土俾我子々孫々無甘作外國之奴也哉肆以今十九日齊會於本郡蓮桂所臨時事務所一辭僉同布告于各面各里伏願境中同胞箇々人雙肩上無不擔着了國債圖報四字勿限男女貴賤勿拘十전二十錢隨力捐助期圖振興我國祚奮發我民志千萬々々嗟我同胞勉哉々々　完

◉公州郡國債報償趣旨書　前議官李根中等

僕이病蟄退鄕八九年에所見은惟高山流水常靜常動이오所習은止四書五經舊學舊聞이라날위退縮에愈固且陋ᄒᆞ야凡於朝野大小事에不惟不敢言이라亦無由得聞ᄒᆞ니養成不病之病ᄒᆞ야久作非聾之聾矣러니迺者本年王春之初에有萬口一聲이出自達城ᄒᆞ야初不用揭接筒이로ᄃᆡ何月之間에遍聞於三千餘里方方谷谷ᄒᆞ고洋溢于海外列方ᄒᆞ니僕之兩耳가雖八九年牢聾이나安得不針破ㅣ리오始如腦包觸柱ᄒᆞ고若藥이명眩ᄒᆞ더니久乃惕然危坐而聽之ᄒᆞ고試自問曰此聲이無烟火口氣라謂之仙佛妄란聲이可耶아又曰此是志士義人報國救民之心에熱沸澎발也ㅣ라謂之憤鬱聲이可耶아又曰鰥寡孤獨丐乞廢疾者ㅣ莫不響應ᄒᆞ니謂之困苦聲이可耶아因自解曰皆隻也ㅣ라凡我二千餘萬如兄弟若姉妹者를天誘其衷ᄒᆞ야不謀同辭ᄒᆞ니其발也ㅣ自不能不嚴壯ᄒᆞ고動이나然爽考其中則和平正直에各盡其道之意也ㅣ라夫豐與困苦憤鬱妄란等聲의所可同年語哉아聲乎聲乎에其必大而遠이로다

律中太簇ᄒᆞ니(正月律)無適是氣陽大漢ᄒᆞ야洗潔殺陰하고(辰日律)賓友嘉會(午月律)郞次第事也ㅣ라何待張迫이리오마ᄂᆞᆫ又從而注解曰夫律者ᄂᆞᆫ聰律音律之通稱也ㅣ라師曠之法으로도不以律呂ㅣ면不能定五音이니苟無條理方法이면何以成許多太事ㅣ리오

先於此報償一事에條設方法ᄒᆞ되若十二律呂가損益相　ᄒᆞ야自寸分至毫絲히莫不吻合於黃鍾實數케하야瞭然無疑然後에節其長短ᄒᆞ고高其辨ᄒᆞ며檢其之以淸濁이면雖愚婦ㅣ나夫와飛鳥走獸ㅣ라도不能自已其興起도舞ㅣ오設或有變通於其間이라도是ᄂᆞᆫ變宮變徵不盡數之抒格也ㅣ라

又何難於歸正이리오마ᄂᆞᆫ所病은天下古今에知音이蓋鮮矣라調絃得音에或不能無疑於十二宮中四百二十音之排至何雖金石草木이김列於前이라도正變이凌秩ᄒᆞ고抒格이層疊ᄒᆞ야無以善其終條理ᄒᆞ리니深願各會中幹事諸公은亟使貳千萬耳目으로瞭然於此債償之始終條理ᄒᆞ소서竊付愚見於左右方ᄒᆞ노니潤色而用之면此事善終이斷然無疑ᄒᆞ리니請又賀之ᄒᆞᄃᆡ　未完

清風學校第一回紀念詩

광堂淑立北山深回憶前年共會臨修身本是治平道爲國當先敎育心濟々英才從此見新々工業有誰禁幸賴諸君圖體力六洲幷駕可相侵　李炳鼎

雜報

●送察勸告 再昨日內部에셔新任觀察使五人과得由在京郡守와新任郡守合三十餘人을會同ᄒ고內相李址鎔氏가地方政務에對ᄒ야現時代가前日과不同ᄒᆷ을說明ᄒᆫ後協辦沈相翊氏가再次說明ᄒ고第三次地方局長尹氏가一場說明ᄒᆫ後迅速히赴任ᄒ야曠職之弊가無케ᄒ라ᄒ얏다더라

●李移內容 今番에法部叅書官으로內移ᄒᆫ李範圭氏叙任內容은內大李址鎔氏가尹性普씨를警察로擬任시키고法大李夏榮씨에게該叅書를懇請ᄒ야該씨로ᄡ於內移ᄒ얏다더라

●局長相持 司稅局長을理財局長李溶相씨가移任ᄒ고其代에ᄂᆞᆫ內部會計局長金寬鉉씨가遷任ᄒ고其代에ᄂᆞᆫ度支部叅書官趙漢鏞씨가陞任ᄒᆫ다ᄂᆞᆫ說은前報에揭載ᄒ얏거니와諸씨의遷轉에相持ᄒᄂᆞᆫ事由를得聞ᄒᆫ즉理財局長李溶相氏가言ᄒ되理財局長과司稅局長이勅任局長은一躰이니金局長으로卽爲司稅局長叙任이可라ᄒ고衆論인즉趙漢鏞氏가部務을多年視務ᄒ얏슨즉他部局장을陞任ᄒᄂᆞᆫ것보다卽叙司稅局장이無碍ᄒ라ᄂᆞᆫ되趙漢鏞씨ᄂᆞᆫ內部會計局으로만轉任ᄒ고其代에ᄂᆞᆫ內大가沈相珏씨를叙任ᄒᆫ다더라

●議講退定 中樞院에셔去月陳日에會議을開ᄒᆯ터인ᄃᆡ公故가相値되야昨日로退定開議ᄒ얏다더라

●法官鍊習 法部大臣李夏榮씨가近日各法律學徒덜이訴訟鍊習場을開ᄒ고裁判處決을依法公決ᄒ라ᄂᆞᆫ說을ᄒᆷ聞ᄒ고將次該部官吏와平漢而栽一般官人을領率ᄒ고訴訟鍊習을設行ᄒ되各法律學徒中으로原被告와辦護士을選定ᄒᆯ터인ᄃᆡ當日經費ᄂᆞᆫ自已가全擔ᄒ기로決定ᄒ얏다더라

●內部訓示 內部에셔各觀察使와各郡守의게訓示一度式頒給ᄒ얏다ᄂᆞᆫᄃᆡ其條目을槩聞ᄒᆫ즉說弊가有七條ᄒ니一安居逸樂以無爲爲能事ᄒᄂᆞᆫ事二厭解維新之政ᄒ고徒守舊慣ᄒᄂᆞᆫ事三法令을置諸等閑에視若尋常ᄒ야其遵行ᄒᆯ銳意가頓無ᄒᆫ事四下僚에監督이失當ᄒᆯ뿐不啻라往々自已에職責을嫁於下僚ᄒᄂᆞᆫ事五政務를放棄ᄒ야其處理를必待下僚ᄒᄂᆞᆫ事六地方所起重要事項을迅速히報告치아니ᄒᄂᆞᆫ事七稱托得由ᄒ야再三加由歸任치아니ᄒᄂᆞᆫ事요救弊가有七條ᄒ니一銳意로政務에刷新改良을圖得ᄒᆯ事二時勢에不適ᄒᆫ舊慣을悉皆打破ᄒᆯ事三中央政府로셔發ᄒᆫ法令은與下僚로一々研究ᄒ야一不可漏落ᄒᆯ지니亦期實行ᄒᆯ事四前項法令은勿論細大ᄒ고不可一漏ᄒᆫ者此를遵奉ᄒ야其治下에善爲施行ᄒᆯ事五恒常下僚를戒飭ᄒ야貪汚의行이無케ᄒᆯ事六管內治安에關ᄒᆫ事件이有ᄒᆫ時ᄂᆞᆫ極히迅速히本大臣의게報告ᄒᆯ事但事件이急速을要ᄒᆫ者ᄂᆞᆫ電報로ᄒᆯ事七重大責任으로分憂ᄒᆫ思想은心肺에銘存ᄒ야私情에關ᄒᆫ事가有ᄒᆯ지라도告公ᄒᆫ意를不忘ᄒ야一日이라도曠職치아니ᄒᆯ事라더라

●協會演說 去十九日東京電을據ᄒᆫ즉昨夕經濟協會例會에셔晩餐ᄒᆫ後에當日招待ᄒᆫ韓國實業家의一行을代表ᄒ야漢城農工銀行長白完爀氏ᄂᆞᆫ韓國經濟事情이日本援助之下에在ᄒ야漸次整理發達ᄒᆯ傾向이有ᄒᆷ을陳述ᄒ고感謝ᄒᆫ意를表ᄒ얏스며來賓에莊田平五郎씨가勞働問題에關ᄒᆫ有益ᄒᆫ演說을ᄒ고其次에藤原씨의歐美視察談이有ᄒ얏ᄂᆞᆫ되近來에盛會로셔十時頃에散會ᄒ얏다더라

●人傘八散 公州郡守金甲淳氏의萬人傘製造ᄒᆫ事ᄂᆞᆫ前報에已揭어니와當初萬人傘을製造ᄒᄂᆞᆫ時에該郡守가浮雜之費를措囑ᄒ야境內指名富家姓名을書ᄒᆫ지라該製傘費를郡內二十六面에每面葉錢壹百兩式排斂ᄒ매郡民이一齊히反對不徵ᄒᄂᆞᆫ故로各面長이獨徵ᄒᆯ터인ᄃᆡ面장은呼訴無處라더라

●女學生運動 城內各女學校에셔來土曜日上午十一時에水口門內奬忠壇에셔聯合大運動을設行ᄒᆯᄂᆞᆫ되一般婦人社會에招待狀을多數發送ᄒ얏다더라

●奪田傷人 東萊郡南村面細湖동居民數百戶ᄂᆞᆫ表壇爲業ᄒ더니日本人이聚黨留集ᄒ야自主之田與畓을稱有度支部指令ᄒ고幾百斗落을立票定界이다가陰曆三月二十九日에主債取之意로先自牟田幾十斗落을刈除麥苗ᄒ고田主가請其無理ᄒᆫ즉不計曲直ᄒ고以長劍으로一人을刺腸露腸ᄒ야死境에至ᄒ얏더니又以斧斤으로二名人을揆肩劃骨ᄒ야幾至死境이오此外被傷者不知幾數故로近傍居民이恐動ᄒ야發告於理事廳ᄒᆫ즉使巡査로捉去日人ᄒ야別無罪刑ᄒ고只是逐送于日本ᄒ얏다고東萊人의傳說이有ᄒ더라

●日砲示威 近日日本砲隊가大砲數十坐를馬車에搬載ᄒ고城內巡行ᄒ니무삼示威事가有ᄒᆫ지未知ᄒ깃더라

●執刑擇地 法部에셔京畿裁判所及地方各裁判所에通牒ᄒ되死刑罪人을監獄內에셔만시執刑ᄒᆷ은由來之例이온바若其獄內狹窄ᄒ와得已치못ᄒᆷ을因ᄒ야獄外에셔執刑ᄒᆯ지라도通衢大路에나人家近地에ᄂᆞᆫ耳目에有碍ᄒ고衛生에妨害됨으로ᄒ지아니ᄒ오니嗣後ᄂᆞᆫ死刑을必於獄內執刑이되迫於不得已ᄒ야獄外에셔執刑ᄒᆯ境遇에ᄂᆞᆫ該處所ᄂᆞᆫ僻陋之地로從權擇定ᄒ오미爲要라ᄒ얏더라

●同民死亡 全羅南道同福郡外北面芳材里居民十三戶가去月二十日頃에以時令으로男女死亡人口가五十餘名에達ᄒ얏다고該郡守리龍俊氏가內部에報告ᄒ얏더라

●善隣任員 善隣商業學校장은本宿家金氏로選定ᄒ고該校職員은教諭에橫山貫道와書記에大藤市郎와口上에司光世와教諭에任子鉉씨로選定ᄒ얏다고該校理事市原盛宏씨가學部에報告ᄒ얏다더라

●西北親睦總會

西北學生親睦會總會를本月二十三日(陰四月十二日)木曜下午三時에齋進동漢北興學會에셔開ᄒᆯ터인ᄃᆡ西友漢北兩會會員과西北學生은一齊來叅ᄒ다더라

●校舍移接 學部에셔貞동普通學校長金顯龜氏에게訓令ᄒ되水下동普通學校校舍를建築竣工前에本校를臨時移接ᄒ야二部教授에制를施行케ᄒᆫ바私立懿法學校長閔泳雨氏에請願書를接ᄒᆫ즉內開에本校에셔水下동普通學校教場을業已承認ᄒ야夜學으로教授ᄒ온바該校를新建次로정동普通學校로移付ᄒ얏사오니本校도一體移付ᄒ시고水下동校竣工後에亦爲還接教授케ᄒ심을伏望等因이온바該校가係是夜學이라爲處教務間斷에適合准施이기玆以訓令ᄒ니到卽遵辦ᄒᆯ事라ᄒ엿더라

●長濱歸國 務安港裁判所法務補佐官補長濱三郎氏가本月十三日에得由歸國ᄒ얏다더라

●內照學部 內部에셔學部에照會ᄒ되貴照를接准ᄒ와江陵郡守와該郡普通學校教員間에乖隔된事實을另查馳報ᄒᆯ意로該報告書類를騰付ᄒ야江原道觀察使에게發訓ᄒ온바玆에仰復이라ᄒ엿더라

●校借公廨 學部에셔度支部에照會ᄒ되普成專門學校長代에趨齊桓에請願書를據ᄒᆫ즉咸鏡北道吉州郡에普成學校를設立ᄒ온바教務가就緖되와在學生이一百十人以上에達ᄒ오니教授及執務ᄒᆯ處所가狹窄難容ᄒ야同郡公廨中大同庫를自本校로修補借接ᄒ오니照請主管部ᄒ시와俾賜認准케ᄒ심을伏望等因이온바該校가地方에支校를次第設立ᄒ야廣施教育ᄒ옴이極庸嘉尙이옵기玆以照會ᄒ오니照亮ᄒ신後該大同庫를特爲借與ᄒ야該郡에飭訓施行케ᄒ시와教育에發達을增장케ᄒ심을爲要라ᄒ얏더라

●爲主斷指 女史李東善媛氏가前叅判金善圭氏와作配ᄒ야同居十餘年矣러니무삼事端이有ᄒ던지月前에相爲離散ᄒ얏더니再昨日에金善圭氏와辯護士李면宇氏가李東善媛氏家에來到ᄒ야故情을說話ᄒ다가金善圭氏가衣冠을脫置ᄒ엿더니金氏가宕市만着ᄒ고自已家로潛歸ᄒ거ᄂᆞᆯ李면宇氏와李東善媛씨가追往其家ᄒ야責其輕忽ᄒ다가說往說來之際에風波가大起ᄒᆫ지라李東善媛씨가女子에偏性으로熱血이上騰ᄒ던지硬석失魂ᄒ거늘擔舁歸家ᄒ야已無回甦之望ᄒ더니該家奴子潘七星이가斫指出血ᄒ야入口少頃에始得回甦ᄒ니潘七星에爲主忠誠은人皆稱善ᄒ더라

●令市移設 慶尙北道觀察使李忠求氏가內部에報告ᄒ되管下大邱令市를每年春秋에開市於客舍門內이온바盖其當初刱設을未知何時이오되所謂令市ᄂᆞᆫ十三道商旅가輻湊並臻ᄒ야尊崇之地에書籍紛擾者甚未安ᄒ더러東西大廳은以學校設施之意로上部訓令을奉準ᄒ와現方經紀이온즉令市ᄂᆞᆫ不可不移設他處乃已之際에南城左右民家等拆內槩에自南門至西門히城堞毀撤ᄒ고其基地之廣濶이足可爲令市之場이다이옵기特으로指目ᄒ야認許ᄒ옵고玆以報告라ᄒ얏더라

●塾長辭免 光東學校長申肅堂氏ᄂᆞᆫ養園義塾長으로推薦ᄒ얏더니該씨가兩學校事務를不可兼任이라ᄒ야養園義塾長은辭免ᄒ얏다더라

▲劉 羽 絕 和▼

▲那邊老龍이故窟에深潛ᄒ야造化를暗藏ᄒ더니近間政海에雲雨를噓送ᄒ니翻覆局勢에手段이年篇이로다

▲近日政界消息을聞ᄒᆫ則叅政大臣朴齊純氏ᄂᆞᆫ遞任되고學部大臣李完用氏가叅政의椅子를據ᄒᆫ다ᄂᆞᆫ되此改革은一進會運動으로由ᄒ얏다니韓國政府와日本統監府가併皆一進會手段中에在ᄒᆫ지然則東양天地에ᄂᆞᆫ一進會勢力뿐이로고

▲新任公州觀察使李健榮氏가三昨日에內大龍山江亭에셔內相을爲ᄒ야一卓宴을開設ᄒ고妓生六名을招ᄒ야迭宕히遊戲ᄒᆯᄉᆡ무삼風波가小起ᄒ야名花가相猜ᄒ얏다니芳草江사에新觀察에宴은大端히生色나나一時風波가滋味읍쇼

▲여보政府大臣中에何大臣이第一좃소內大가좃소內大ᄂᆞᆫ地方郡守을黜陟ᄒᄂᆞᆫ職權이有ᄒ나近日에郡守一窠만挾私ᄒ면世論이沸騰ᄒ니是非가무섭소그러ᄒ면度支大臣은全國財을主管ᄒᄂᆞᆫ大臣인즉度支大臣은어ᄯᅥᄒ오죠키ᄂᆞᆫ죠컨만은日人手中에財權이盡入ᄒ얏ᄉᆞ니滋味가읍쇼그러ᄒ면農商大臣어더ᄒ오조치요許多金礦을日人에게認許ᄒ면認許功賴도多生ᄒ고荒蕪地을日人에게開墾을認許ᄒ면多數資金이生出ᄒ니第一슈가잇ᄂᆞᆫ大臣이로고

▲平察李始榮氏ᄂᆞᆫ元來附日黨으로指目이有ᄒ야數十年을杜門감가ᄒ더니近日에平察로出脚ᄒ야治績이諸觀察에居首라고擧世가稱頌ᄒ더니反히排日派로指目ᄒ야平察이遞任된다니所謂附日이라排日이라ᄒᄂᆞᆫ거슨證據가無ᄒ야도指名만ᄒ면되ᄂᆞᆫ지

▲丹陽郡守朴初陽氏가稱云觀察使巡歷時에需用이라ᄒ고同郡每戶에鷄卵一枚式收斂ᄒ얏다니觀察使尹始炳氏ᄂᆞᆫ鷄卵만먹고사ᄂᆞᆫ지

▲進明婦人會第二通常會을貧文學校內에開ᄒ얏ᄂᆞᆫᄃᆡ會員이五十餘人이오傍聽婦人이數百人에達ᄒ고議案을提出ᄒᄂᆞᆫᄃᆡ단屬과픽物을廢止ᄒ기로決定ᄒ얏다니韓國에女子開明를從此可知로다

▲仁川監理金潤晶氏ᄂᆞᆫ開化主意로大韓에長竹은嚴禁ᄒ고外國卷烟은默許ᄒ니現今韓國人民이國債報償에對ᄒ야斷烟同盟ᄒᄂᆞᆫᄃᆡ人民이大韓烟草ᄂᆞᆫ雖吸ᄒ나外國烟草ᄂᆞᆫ永廢ᄒ니仁川監理은大韓人民과一切相反ᄒ도다

特別社告

本報가 一般人士의 愛讀으로 以호야 漸次發達호는 效果를 見호니 此는 大韓人民의 國家思想과 開明程度가 漸進홈이라 吾儕는 以爲호되 大韓의 文化를 開進코져호면 便利호 國文을 發達케홈에 在호故로 特히 國文報 一部分을 幷爲發行호야 普通男女의 智識을 開廣코져호오니 有志호신 僉君子는 本月內로 本社에 請求狀을 送호시옵

大韓每日申報社

雜報

●韓寃可伸 西來人의 傳說을 聞호즉 安州郡居崔日松崔基松兄弟가 去乙巳陰七月에 符同日人山川詩一郞호야 假稱軍用호고 博川郡松林面에 始祖山麓百年禁養호든 松楸一萬三千五百三十餘株를 沒斫伐호되 每日人夫一百四十名과 牛升隻式亦爲勒募于韓씨宗中而所謂雇價는 式日所給이 不過白銅貨二枚호고 或聞病闕者면 稱以闕전호고 每日每名에 四五兩式 勒徵호야 役丁合數가 爲一萬三千七百一十名이라 且其時松木은 自韓씨宗中으로 寧爲白奪이언뎡 誓不放賣之意로 議決而噫彼兩崔가 依勢外人호야 威之脅之를 無所不至호고 松木價를 以六百으로 渠自斷定호고 畢竟以松枝幾部分價로 相秘而松材는 每株에 葉五六兩式 或當地放賣호며 或出浦放賣호야 木價合算이 葉六七十萬兩可量이라 採其內容則確是兩崔가 符同日人山川詩一호야 假稱軍用호고 勒斫民有禁松호야 濫公營私之計오 初無關於日軍也라 於是에 韓씨宗中이 使其族人大模로 爲總代호야 於韓於日에 呼訴鳴冤이 于今數三年이나 無奈崔씨之金力호야 未得伸冤矣러니 平南道檢事金鍾護씨에 原被告對卞之際에 崔씨의 依勢營私호야 挾雜爭奪훈 罪狀이 渠의 文簿中에셔 一々綻露호미 崔씨도 切自服호는지라 韓씨의 至冤을 從此可伸이라호더라

●夫人慈善 元山上里南村居金政敏夫人金氏와 金商準夫人李氏는 本是愛讀新報호고 勸告鄕人호야 進明上熱心호든 夫人인디 京城孤兒院創設호 趣旨를 聞호고 慈善之心이 感發호야 金夫人은 每日糧米中二合式減置호야 自本年陰正月後每月一圜式 李夫人은 針工價로 儲置호야 自正月後每月五拾錢式 孤兒院에 寄附호기로 團心結約호고 正二兩月分合金三圜을 已爲送交于大韓每日申報社호야 傳致于該院이라호니 兩夫人慈善之心은 人皆讚揚호노라

廣告

女學校聯合大運動會를 來土曜陰本月十四日에 奬忠壇에셔 設行호옵기 玆에 廣告홈

女學校聯合大運動會事務所

慶尙北道安東警務分署豊基分派所在勤巡檢閔濶이가 純厚로 仔詳호야 警察이 分明호 故로 境內從容호야 大得人心호니 分所首任이라도 훌만호기 玆以廣告홈

豊基郡 金基選 告白

本人이 圖章을셔 失호故로 更彫호고 前章은 爾後無效로홈

金碩彬 廣告

本人에 異腹孫前參奉宋舜鳳이가 性本浮浪호야 蕩敗家産호고 本人에 田庄畓十五石落과 田二十一日耕이 在於陰竹石橋村이온디 舜鳳이 以僞造文券으로 欲爲放賣호오니 無論內外國人호고 勿爲見欺호시옴

山林洞 金召史 告白

本人의 累代先山이 在於富城郡地境里인바 崔先生勉菴山地를 定於本人之先山唇前不盈尺之地이기로 血爭則哀乞曰葬親與他혀別豈有勒葬之理乎아 誤聽地師之言而行此非理之擧나 旣有入葬에 狼狽가 入矣니 限七朔寬限云이기로 爲念勉菴之忠節而强許니 如過七朔則斷當責掘矣리니 內外國僉君子는 照亮호시요

爲城上道面牛洞居 朴榮直 告白

本港廉完基許에 丙午四月晦日 推次紙貨四百三三分邊싸지 記錄호 唐紙於音이온디 其五月에 四十元은 맛고 本三百六十元於音을 遺失호얏사오니 誰某拾得호여도 休紙施行호시옴

李駿九 告白

養閑義塾을 新門外鍮洞蠶業課로 移接호엿스니 諸任員은 照亮호시고 願入學員은 本塾으로 來問홈

鍮洞蠶業課前軍部大臣宅 養閑義塾 白

本店擴張新到時款各色紗羅綢緞紋地와 油地廣洋廣집貨銅鎮과 頭香茶烟草各種均效改良新興쥬時合同貨美價廉並有湖北南洋彩票發售特此佈聞 貴客請來購覽是厚望언

漢城石井洞 杏花春 告白

●일본遊覽者募集 人員은 五十名으로 一團을 成호니 한일인을 不問호고 速히 請入호시옵

一巡遊地 東京博覽會 橫빈 京都 大阪 神戶
一往復일數 뎌抵 十七일間
一浮費 遊覽費及手數料을 合호야 總計 四十八圜
一出發일 請入順次를 從호야 出發三일前에 直接히 通知홈
一請入所 在京성各신聞社 五十八銀行경성支店 天一銀行
一會員은 遊覽을 終호야 開散호 後는 本會와 關係가 小無홈
一南대門셔 釜山으로 直行하는者 지或은 東경으로 直行호면 외 對호야도 同一便法으로 同行請入을 應諾홈

일本人遊람協會事務所 경성南대門通 東亞商會

夫修譜者明氏族也惟我卓氏始祖光山君學圃先生以下文正公景염先生文貞公竹亭先生自前朝至本朝以忠賢顯世只한後裔散居各域曾未大同譜者迄今二百餘年于玆矣今此晉州宗人碩鎔氏鎭南宗人尙孝氏尙均氏各辦義金合三千兩設譜廳于全羅南道光州南門內爲房家玆以敎通十三府各郡僉宗覽通卽時名錄則勿論只修單或以門中有文族委送若無可送之族本修單付送於郵便亦無妨而諸族中或藉譜收錢切勿聽施且畢譜分帙時冊價段隨所入卽刊矣照亮後勿滯時日送單送人于譜所千萬幸甚

發文 晉州 卓碩烈 碩俊 鎭南 尙貞 泰潤 尙默 京鍮峴 應龜 和順 秉律

本人이 日本大阪商業家와 特約호고 日本內地産出各種物品과 西洋各種物品及機械等物을 我大韓에 輸入과 委托을 便利케 契約호얏스오니 商工業에 有意호신 僉君子는 某物이든지 請求코져호시거든 本社로 來議호시오 本社에셔는 手數料金만 領受홈

興業社本店 開城北部鮮洞
支店 京城南門內水橋五十一統六號 培養會社
仝仁港內동 廣濟號

◉增修無冤錄大全

壹匣 壹白 七十貳頁
定價金 新貨七拾五錢

此增修無冤錄大全은 法律家의 最緊要호 書籍이온디 年來現本이 殆히 絶種에 至호지라 故로 法部에 認可를 得호옵고 此를 新刊호얏삽는대 國漢文으로 解釋호야 模糊훈 句節이 無호오니 法律學에 有志호신니와 字牧之任에 居호신니는 不得不覽홀 冊子이오니 注意購覽호시옵

中署布屛下 廣學書舖 김相萬 發售所

西署新門外鍮동 百八十六統三戶
法律事務所
辯護士前檢事 前判事正三品 丁明燮
事務員前主事 吳在淳

本人外四寸金鎭奎가 性本浮浪호야 緣何上京이든지 以本人名字로 政府主事를 圖差虛無之說로 每有書示호니 如此悖類는 依法懲治次로 爲先廣布홈

平北定州南門外 金夢駿 告白

本人의 子尹寅錫年十九歲에 性本浮浪호야 與亂類輩로 酒色雜技에 蕩敗家産호고 今又僞造文券호야 欺人取物次로 周遊各處호니 內外國人은 切勿見欺함

東萊東平面釜峴里 尹召史 告白

●九轉靈砂라 本人이 妙方法을 神備호야 製造호 靈丹인디 男女老少에 無論何징하고 通治하오며 無病時에도 服하면 平生의 身躰가 健康호며 小兒는 四五錢重만 服호면 十歲안에 無病호기를 擔保호오며

●九轉靈砂萬應丹은 癲狂징과 中風諸疾과 耳目諸病과 淋疾에 神効호오

●九轉靈砂保命丹은 初生小兒驚風 간氣 咳嗽 腹痛 諸般惡징에 神効호오

●九轉靈砂濟衆丹은 酒滯 食滯 血積 吐瀉 霍亂 痢疾 吐血 下血 瘧氣 時疾 痼징에 神効호오

●九轉靈砂紫金丹은 痔漏 瘰癧 上疳瘡 下疳瘡及唐瘡과 諸般毒瘡惡腫에 無不神効호오시니 君子는 來問호시오

內需司前독갑이골 上隅第一家 百三統一戶 리호廷 告白

本人京橋七十八統五戶布木廛鄭主賢處當文一千四百三十五兩於音四月十五日路中遺失故廣告호오니 內外國人間拾得이라도 休紙施行홈

安光植 告白

◎活動寫眞廣告◎

今番에 始作훈 活動寫眞은 法국巴里京에셔 有名훈 거시오 또훈 大韓국 皇室에셔 먼저 看品호셧고 始作훈지 數日에 遊覽호시는 쳠君子가 多數枉臨호시와 坐處가 넘쳐셔 晩到호시면 不便호오니 速々枉臨홈

活動은 自下午八点至九点 名唱善舞歌童과 唱和吹笛은 自九点至十点
賣票時 七点半始爲
入場票 上等 新貨三十錢 中等 十五錢 小童十錢

新門외 시달이목 東便벽돌집 法人 馬田 告白

명월관확장광고

폐관이 지시이후로 고의호시는 귀각하의를 입사와 오늘날에 한에제일등 요리점으로 니외국에셔다 아시도록 확장호여가오니 단감수호옵거니와 근일은 이층양옥을 광활이 신건축호고 다락아릭는 온돌방을 은밀리 비치호고 포진범절을 식로호와 오시는 귀각이 편호시도록 주의호려호고 먹기에 정미호게 열신쥴 비호야 다소를 불계호고 주야로 파오되 셔양쥬는 잔으로 파오며 특별신기량 교자음식은 오시는 시로붓터 훈 시간이 되면 맥상이라도 곳가져가시도록 호오니 너외귀각은 륙속왕임호시옵

각석 요리음식
각석 셔양쥬
각종 경편양요리
각종 일본간스메
각종 여송연
각국 권연
진찬합
一 건찬합
밥교자
특별신기량 교자음식
창가동경거북도유호옵

明月館主人 金東植 告白

本店에 春服衣次각程이 自英국으로 多數來到호얏사오니 陸續來購호시옵

貞洞源泰양服裁縫店 告白

特別廣告
內外書籍新舊學文幷販賣所
大邱劇遷洞 金긔鴻

國債報償捐義金

收入廣告

●永平郡二東面燕谷里
金最鍾 金厚鍾 각二圜
金東鎭 金雲셥 각一圜
김來源 김龍鎭 각六十젼
김樂周 四十錢 김孝源
金樂견 김仁셥 김樂信
김樂顯 김두셥 김奎셥
김基萬 김基昌 김性鎭
각三十젼 김樂奎 김樂性
김樂陶 김樂壽 김衛셥
김鱧셥 김周셥 김基恒
김基永 김基龍 김基一
김基晋 김基晳 김基鉉
각二十젼 김樂胤 김應셥
김基億 김基淵 김基鳳
김基洪 김宅鎭 각十젼
리思회 六十錢 리肯宇
四十젼 리龜卿 리鍾麟
각三十젼 리建宇 리建夏
리性鉉 리正儀 申若雨
각二十젼 리樂鍾 黃均
김演泓 김鎭麒 각十젼
劉漢哲六十錢 車鳳翼伍拾젼
池千萬四十錢 崔完吉卅젼
김福述 趙學秀 김順學
김靑龍 車鳳石 車鳳辰
車鳳允 車光돌 洪千奉
각二十錢 洪海雲 十四錢
김千容 김몰石 김一萬
리萬峯 安正孫 曹尙吉
각十錢
合二十一圜四十四錢
●釜山育英學校中學徒
敎長김庠河 學生金文瑚
朴基弼 幼童김祥洪
김宅潤 朴琦英 리우植
任益善 張斗英 金仁復
朴宗엽 尹斗贊 崔天澤
김聖根 鄭壬述 鄭東善
徐永杓 리昌雨 朱守福
徐述 리在榮 김敎洙
김章龍 김致壽 朴職赫

김容빈 김煥坤 朴돈弼
김宇鏞 윤琦贊 김永周
白龍水 김天호 김漢圭
리鳳奎 김德建 리鍾善
김甲壽 김命福 김善奎
趙英洙 孔箕贊 孔今贊
김振達 김仁琦 權敎伯
김正學 徐達洪 김榮秀
姜成學 김生潤 文尙洪
리聖奎 김明善 김基潛
김垷洙 김興根 김永壽
정一昊 정鍵先 각廿一錢
리復奎 김東柱 張斗輔
朱餘長 리艮貴 김德龍
김永鶴 朴文業 김龍煥
趙英호 朴文柱 리福洪
김鳳조 黃鍾昊 黃鍾弼
徐丁德 各二十錢
合十五圜八十錢
●果川郡下西面二동
리회相 前五衛將朴敬錫
崔日永 각一圜 김相玉
趙延壽 趙延夏 趙能夏
각五十젼 리基純 四十錢
趙熙德 리영相 朴永斌
朴慶錫 趙濟萬 趙熙文
각二十錢
合六圜八拾젼
●忠南洪州郡化城面
▲華崗里
니炳션 니源一 각四拾젼
리源昌 리周龍 安五星
安命高 申積休 최豪傑
각貳拾錢 리源台 方大完
각拾젼
▲倉里
安炳琳 安鳳老 각四拾젼
鄭寅健 三拾錢 趙鍾喜
리貞謙 최漢朝 리公翼
신永均 宋鍾樂 崔完植
吳德實 김今玉 각廿錢
雇傭人白樂贊 張在元
각拾錢
▲龍谷里
趙文熙 김源祚 각壹圜

리弼澤 김昌濟 각八拾젼
趙重海 김溶植 각五拾젼
黃道淵 김濟鳳 각四拾錢
김士弘 三拾錢 任順長
雇傭人白春根 최自信
각廿錢 김聖植 拾五젼
니敬才 김德庸 김濟喜
雇傭人오用伯 김致奉
김兎쇠 雇傭人韓肯同
金才學 趙判福 尹德鳳
최一祿 최道天 申光達
金德智 金寬植 최乙男
김石才 최其俊 金文善
김源國 김大學 각拾錢
尹允伯 五젼
▲汀頭里
申命均 韓弘錫 최漢八
각五拾錢 柳聖魯 리圭復
니在憲각四拾錢 南純熙
李鍾文 南日熙 리鍾益
리哲應 각卅錢 任百錫
박寅陽 南敬熙 리在赫
南廷重 리奎憲 박應七
郭成烈 리聖顯 각二拾錢
韓旭日 拾五젼 리鍾遠
申植 리弼周 申楷
리來朋 리鳳九 신錫休
리洪純 雇傭人方春奉
리春山 雇傭人池春日
각拾젼
●冶洞
韓相益 林相孝 各五十젼
신鉉福 李昌善 各四拾젼
宋堯勳 宋鍾星 申斗均
朴成五 宋鍾斗 崔전八
申衛均 申德均 宋堯贊
朴뒤根 李俊宰 각廿錢
趙뒤赫 申鉉八 崔保如
申元均 申鉉창 宋鍾應
朴長根 각十젼 신鉉奇
八젼 宋成玉 宋종黙各五젼
宋鍾國 三젼 金正必
一젼
●杏亭동中
安炳찬 八拾젼

安氏宗中 貳圜
洞中 合壹圜七拾젼
●芽山洞中
蔡奎五 八十錢 安炳憲
二十錢 金星實 金奉化
朴守卜 박六賢 金時泰
蔡一獸 權允集 李文熙
池萬千 安敎善 安炳九
梁錫龜각拾錢 李斗浩五錢
●水多里
林豊周 一元三十錢
洞中合一圜三拾錢
●新長洞中
崔돈文 金鶴益 각四拾錢
李鶴範 金重錫 金東根
각二拾젼 李鍾厚 拾五錢
李永益 拾五젼 金연益
二拾錢 金允根 尹滋殷
鄭友敎 李來儀 金學如
李理孫 雇용人張萬得
雇용人金性連 각拾錢
●梨洞々中
宋聲玉 三拾젼 趙台鎬
趙景鎬 李聖培 金正殷
각廿錢 鄭明辰 李國三
金艮善 徐和春 黃昌五
黃自三 각拾錢
●玉溪동中
李永鎬 柳亨魯 金永泰
각卅젼 李鼎憲 柳東魯
니斗衡 李濟衡 李鳳九
金德濟각廿錢 李再石拾錢
李殷九 李鍾禹 姜春吉
朴盲 李會百 李庸宇
李泰宇 朴學奉 각拾錢
●德明里洞中
林庸周 林泰鎬 林貞鎬
林世鎬 林憲周 林午學
각廿錢 林周鳳 鄭秉憲
鄭基憲 辛敎植 金判興
金鶴化 林爲恒 李元根
林寅龍 鄭基憲 葉銀石각拾錢
林命鎬拾五젼 安敎星五錢

●梓室洞中 一圜五拾젼
●米山동中 二圜三拾錢
●新通동中 一圜九拾錢
●坪里洞中
洪鍾仁 五十젼
동中八十錢
●冠巖洞中
沈宜昭 四十젼 沈能一
李圭東 각廿錢 趙宅熙
張明實 林云甫 金分得
朴明三 金六月 安敎豊
각拾젼
●吉昌洞中 六圜廿젼
●廣石洞中 一圜廿錢
●基谷
林圭夏 四拾錢 安恒植
李麟榮 각廿젼 趙東혁
李珠榮 趙經權 각廿젼
安炳설 李國榮 宋克萬
李偵儀 李圭祥 徐鳳根
宋德勉 각拾젼
合六拾四圜拾二錢
●楊州郡진伐面水落동
김漢룡 김相勳 각壹圜
前參奉洪翼杓 김演憲
각五拾젼 김振龍 卅五젼
김演昭 三拾錢 신長吉
김五得 呂致德 최春山
김百信 前參奉김演翊
김壯石 김弼養 方書房
김元셥 柳문 최運植
呂圭龍 김演成 김振鶴
김振聲 김卿茂 각二拾錢
선卜쇠 신老味 김百春
皮奉聲 呂圭學 張業童
김且得 韓鎭海 김千萬
김漢吉 김卜順 김壯元
박秀萬 김善五 崔圭徹
김振龜 呂圭參 신景達
김景文 柳秉철 김漢鳳
김演邦 김演說 김瑋夏
최允植 최貞澈 韓鎭昌
柳鶴瑞 崔迎植 김振鳳
김敏養 각拾錢 呂應鉉八젼

合拾圜廿三젼
●陰竹郡上栗面下山동
前司果신錫元壹圜
前通政니在明八拾錢
니胤혁 니泰羲 高學彬
니錫圭 니在寅 니在俊
니錫老 니泰禮 니鍾友
니在沼 각卅錢 니在威
니在衡 니鍾應 니在元
니錫龜 니在成 니在培
南圭容 니錫光 니鍾建
니鳳儀 沈仁澤 니錫疇
前都事니錫禹 니景玉
石成集 니慶學 崔重學
각卅젼 鄭鉉容 니晶쉬
각八拾錢 니鍾寅 五拾젼
니彭石 니聖云 니奉吉
김戊戌 각拾젼
合拾圜九拾젼
●陰竹遠北面寒泉洞
南宮심 壹圜
●陰竹西面松三里
南宮浚壹圜拾젼五 최斗敎
최永敎각五拾錢 柳遠求
崔一成 丁晉奎 각拾錢
니元植三圜 니貞植貳圜
니弘濟 니完植 니亨植
니翊濟 니之榮 각壹圜
니道濟五拾錢 니殷濟廿五젼
合拾四圜五拾五젼
總合一百四十三圜八十四錢
前號總合壹萬一千四百二拾
一圜〇四錢貳厘
都總合一萬一千五百六十四圜
八十八錢二里

◎特別廣告◎

國債報償金兩日所捧은姑未合計이고伊前日所捧總合三萬三千五百三十九圜〇二錢은電氣會社內銀行에貯置ᄒᆞ얏삽고其貯置額中에셔九千五百圜은國債報償志願金總合所로越交홈

大韓每日申報社

大韓每日申報社

發行兼編輯人英國人 裵說
發行所
南서石井洞號外地三層洋屋內
大韓每日申報社

第五卷

大韓每日申報

第五百十九號

月曜及慶節 歲時日休刊

檀君開國四千二百四十年
箕子元年三千二十九年
大韓開國五百十六年
日本明治四十年
淸國光緖三十三年
◉陰曆丁未四月大十二日壬申

寄書

美洲紐約留韓半島黃種人朴鳳來

嗚呼今日之東洋危矣急矣全球旣開種族主意去益盛焉而今日最雄者白人也環地球者白人也何以致此有繁殖己族爲主意故耳方今日敗露國以後列强注心最急務者不可不力關鄰邦以扶白人環疑而遍觀各邦雖小兒有日國吾俄之論以此觀之日本之大勢可也奈何智不及此纔實一勝之餘先欺天下而呑鄰國釀全球之訟埋二千萬恨怨天道好還世事常循睡獅一起群虎更哮善前善後獨拳難支呑蛇難消徒勞口吐十室之邑必有忠信二千萬人口豈其無人三人行必有我師全世界雄邦豈無禁暴救難者乎得士不如得人心豈不聞强而無德者人之所攻者乎然則難以一時之强恃百世之寧矣況先期戰俄布告列强以扶韓室獨立淸保滿洲矣至於今日全球之見欺姑雖不言豈無是非之心乎且北力雄國必有再約之期中原大陸尙懷遼役之恨歐美列强怒目俟時之勢二千萬人口決無相容之恨天崩地顔以前此訟安去不起矣孫武曰小敵之堅大敵之困也穰苴曰國雖强好戰必危云一朝飄風一起全球隳之一杯之水難救十乘之火矣夫亞東久爲不振幸見同種崛起之一雄不勝松茂柏悅之情矣及其同根相煎非但負其所望反受其毒何人情之若此乎且欲欺天下唱黃禍之說一役之後稱非蒙古黃種予以爲日本人多矣見其思想不及大勢而但苟小利做片言欲欺天下不啻天下之不可欺也予亦笑其淺識也然則强爲黃人而如是乎欲阿白人而如是乎非黃非白事々不及則異日畏白禍者日本也畏黃禍者亦日本也此言已出於日本則日本決非黃人可知而至於今日對韓政策異種之殘他種容或無怪而他種亦不欲與異種相合理所固然也

天生斯民必無殄언半島者四千年來半島人之半島也億萬年去半嶋人之半島也雖可妄視若波蘭猶太琉球之爲鯨呑印度埃及安南之見蠶食也已食我土而欲享太平當盡呑亞東一部己食我土而不能享之反不如和東亞一部也欲充我人加其民衆反不如殺盡戮盡欲挽我土而廣其地壤反不如掘盡崩盡今聞日本名流西坂豊死於東양和平主意大隈重信亦論東洋和平主意云無爲之前雖美而不彰況稱他種之方豈有是人乎吾固不信惟望黃種人物中有非常事業者出언以扶東양爲擧人云先天下之憂而憂後天下之樂而樂故不嫌我國之日下羞恥而暫言生當爲黃種平和之人死當爲黃種平和之魂嗚呼旌哉世界爭種之日不遠而東種相食無暇不覺流涕지自出此呼法不和嵌班相惡其於同族成業已多則比之於黃人姑無憂無憂也今日本未知且與某國將欲爭勢然予以爲請止三十年和東亞而堅己國然後再運神算可也辱亡則齒寒不可不扶淸國呑蛇難消不可不和我國也鄰邦之一日躍千里是日本之所喜也湧萬丈亦日本添福也何乃自嫌多施毒計耶曩時聯軍踏支那而日本亦不得不叅列强지通例共力相誅然一便可以聲罪云一便可以羞種辱矣幸使多數黃人聯軍纔帶一白人지軍而亦入歐洲橫馳彼愛種諸哲豈有樂々哉且欲分支那지時其抗議使淸復存者未聞日本지所爲也乃異族中美國也天下聞仁久矣夫野蠻지受禍先急而後緩〻明지受禍先猛而後猛假使聯軍更入支那於今日列强各不泛然卒退況其他地乎千思萬度以料日本之今日政策異日受白禍者日本也受黃禍者日本也幸望深思以扶大東如何吾發此語實非因呑我之小嫌而相欺也皇天后土必所共感矣爲楚非爲趙實爲我種所據之今日一部東양大勢而肝膽所湧情不自禁潸然一淚共灑當局者

官報

●第三千七百七十二號　光武十一年五月二十二日

◎敍任及辭令

任步兵副尉　步兵叅尉柳喜章
　憲兵正尉李世永
免本官　秘書監丞沈選澤
　掌禮院掌禮金錫龍
依願免本官　奉常司提調趙南升
命秘書監丞　從二品沈定섭
命奉常司提調　奉常司典事全禹鉉
任掌禮院掌禮　四品金錫龍
任奉常司典事

外報

●英日交誼의遺憾　去十九日路透電을據한則在北京라임스通信員은在此한英人이全地에잇는日本伏見宮의歡迎에對하야는滿足을表하얏스나滿洲에잇는日本政略에는遺憾의念을抱함이不少함으로써英日兩國의交誼를親厚케하기爲하야此際에關滿한解決을得코쟈希望하나大連의無稅가牛莊의英國貿易에不利를與하고南滿鐵道가日本品에特待를與하는結果로써遼陽離되는大連서日本品의寬城子에到하는運賃이英國品의牛莊經過함보다低廉함을擧하야淸國의商權가決의無한所以로日本의模造品은市場을歷하고또版權法이無한所以로日本品을盛히英商이飜刻하야淸國에販賣함은英日間은速히兩國間現存條約의淸國에까지效力이有함일을決定함이必要라하나日本은此를不應함으로써玆에말함必要가有함을認知하다하얏더라

●軍備制限反對　倫敦電을據한則伊國政府에서軍備制限問題로德與兩國과共合하反對하는態度를取하얏더라

●地方官改正說　淸國북春선氏가淸帝及西太后께謁見時에地方官度의改正事를中止함이不可함意로面奏하얏더니淸帝께서其言을嘉納하야政務大臣을命하야商議케하얏는대政務大臣의意向은爲先直隸省에서着手하라하다더라

雜報

●公州郡國債報償趣旨書　前議官李[illegible]中等　(續)

洪範七稽疑에曰謀하시從卜士從庶民從身康子孫吉이라今此之謀ㅣ下自庶民卿士로上達于大皇帝陛下씌서도從歎아遂歎아又至於外國人히贊助하니是는天地神明이所以假鳴此義聲於吾民之口也ㅣ라何待시龜ㅣ리오皇帝從하시고卿士從庶民從샌不啻라以至於外人히揚之贊之하니今又加之以始條理之金聲과終條理之玉振則斷無疑三字는猶屬欲后ㅣ오善終之後에는大而遠한弊敎날概盡한면二千萬味慣을一變하고六洲世界에文明을共濟하는時에는陳錫洪範時代보담禮德大功이行將倍蓰矣라

體약文物許多大擧維新할긔礎가在此一事하니曷敢不權衡古人하야密察而審處之리오國債云者는四書五經之未曾見이오斷烟義聲은二帝三皇時未曾聞이어늘今始倡하야其異於國是者ㅣ無幾하니揆以舊見舊聞컨대今人得動이類若鬼魔하야怕惚難測이라하면此는腐儒의膠習이라固哉固로다古今은有限하고事變은無窮하니苟非博古通今에明禮適用者ㅣ면爲得與論於此一리오和風이滿地하고窓日이遲遲한데欽膝書空하는心眼先開人의好思想이乘此機會하야豈無復國權於一挽하고措國勢於萬全乎아尙未免寥寥는何歟오諡有之矣어늘僕이未及聞耶아發論에曰斯民也는三代所以直道而行이라하시니今我國民이欲各盡其道하야發此和平正直聲하니世果有鬼魔ㅣ면第當感服하야革面從之할며니僕則以謂凡我人民이終必服魔ㅣ라하노라雖然이나鄒經에曰待文王而後에興者는凡民也ㅣ니若夫豪傑之士則雖無文王이라도興이라하시니今我二千萬이其盡豪傑也歟아益有四千載仁賢之本이蘊蓄五百年扶植之深하야협洽乎四十年仁慈雨露之中하야物然活動하니夫豈徒然이리오詩序에曰人生而靜이라하고又曰感於物而動이라하시니人心非山이라爲能常靜이며人心非水라爲能常動이리오無절而靜에靜非其病이오有感而動에不能無言이오言所不盡은發於녕歎하야音響節奏을擬之以國債報償始終條理하노니此所以謂黃鍾이爲萬事根本이라靜而有常은仁者一見之면謂之仁이오動而不括한智者ㅣ見之면謂之智오雖日用不知하든百姓이라도兼使知之케함은其在報館筆舌乎ㅣ저　完

●在日本斷指留學生醵資金募集趣旨書　東萊府尹金敎獻　叅書官崔惠等

剃盡而泰同蠖屈而後伸은理之常也라嗚呼라日本留學生中二十一人斷指同盟에對하야像想其當場하건대不覺髮衝眦裂하고淚盡血繼로다孰不慘탄이며孰不感歎가忠君愛國之目的으로離親棄墓하고萬里他邦에誠心留學라가經濟窘乏에難遂素志와備嘗辛苦에志益堅烈하야齊力斷指하고矢死不歸하야我國萬年大計를隱々負擔하니吾人之萬斛感情은筆難陳謝로다各處有志之士가先唱義捐할야連速報知하니可有愧於後也라況又萊州는自來人衆物繁之府로涵泳文明이已所年久라對此血盟에豈無義擧리오日昨草梁學校年終試驗日에官民이會同하야說道敎育라가발起此擧하니幸望僉君子는爲効二十一人之血性하야齊力捐義하야使此學生으로得遂其志하야二十一指之血이使有光於後世를千萬幸甚

雜報

●內閣動亂 參政大臣朴齊純의辭表提出ᄒᆞᆷ은其內容을得聞ᄒᆞᆫ즉他人의嫉視ᄒᆞᆷ을見ᄒᆞ고또一進會의攻擊을被ᄒᆞᄂᆞᆫ理由로辭職閑退라고기여이固辭ᄒᆞᆷ으로一般僚가日昨에辭表提出ᄒᆞᆷ에至ᄒᆞ얏고李法相은速히仍任ᄒᆞᆷ을勸告ᄒᆞ얏ᄂᆞᆫ데同參政大臣은決心코사退라ᄒᆞ얏다더라

●參政承批 參政大臣朴齊純氏가辭疏를奉呈ᄒᆞ얏ᄂᆞᆫ데更勿致煩益懋篤棐之責ᄒᆞ라고優批를下ᄒᆞ셧더라

●參政再疏 參政大臣朴齊純氏가辭疏를奉呈ᄒᆞ야優批를蒙ᄒᆞ얏다ᄂᆞᆫ거슨別項과如ᄒᆞ거니와該大臣이更히辭疏를奉呈ᄒᆞ얏더라

●總辭未決 統監官邸議會의結果로參政大臣과一般僚가辭職을提出ᄒᆞ기로決定되얏더니昨日午後에伊藤統監의陛見ᄒᆞᆷ을因ᄒᆞ야許否를決定치못ᄒᆞ얏다더라

●伊藤陛見 昨日下午四時에伊藤統監이陛見ᄒᆞᄂᆞᆫ데參政大臣朴齊純氏及各部大臣遞轉事件을稟達ᄒᆞ얏다더라

●平警叙任 監獄署長[illegible]政秀氏가平安南道警務官을移任ᄒᆞ얏더라

●勸告辭職 再昨日에一進會에서各部協辦에게總代를派遣ᄒᆞ야辭退ᄒᆞ라고勸告ᄒᆞ얏다더라

●法協遞任說 法部協辦金珏鉉氏가遞任되고學部學務局長尹星潜氏가被任된다ᄂᆞᆫ說이有ᄒᆞ더라

●端守說明 端川郡守玄升奎氏가該道觀察使가貶下로誤報ᄒᆞ얏다고內部에說明請願ᄒᆞ얏다더라

●各官變遷 各部大臣만變遷ᄒᆞᆯ뿐아니라各協辦以下局長사지遞代가된다ᄂᆞᆫ巷說이有ᄒᆞ더라

●交費磨鍊 各部協辦의交接費를二百圓式磨鍊ᄒᆞ얏다더라

●英館宴待 日昨에英國領館에서伊藤統監을宴待ᄒᆞᄂᆞᆫ데統監府高等官과比國領事가同夫人ᄒᆞ고來參ᄒᆞ얏다가下午十時에散歸ᄒᆞ얏다더라

●簿記見習 內部會計司에서各觀察道會計主事와書記를招上ᄒᆞ야官廳簿記法을限二十日見習ᄒᆞᆫ다더라

●推券無路 東大門內居鄭光植氏가日人이典執ᄒᆞᆫ家舍를十三萬兩에買得ᄒᆞ고價錢이不足ᄒᆞ야自己所居家舍를十萬兩에結價以給ᄒᆞ고餘錢三萬兩은次々備報ᄒᆞ기로契約ᄒᆞ야追後三萬兩을依約備給ᄒᆞ고家舍文券을推尋ᄒᆞᆫ즉日人이忽然違約曰君家時價가十萬兩의不滿ᄒᆞ니家券을不給이라ᄒᆞ거ᄂᆞᆯ鄭氏가無數相持ᄒᆞ다가日人의强制에勢無奈何ᄒᆞ야商業會議所日人을訪見ᄒᆞ고該人의抑勒之事를說明ᄒᆞᆫ즉商業所日人言內에辯護士에게言及ᄒᆞ야家券을推給ᄒᆞᆷ아ᄒᆞ더니至數月에終不推給ᄒᆞᄂᆞᆫ故로鄭氏ᄂᆞᆫ家券을推尋無路라더라

●報辭矛盾 京畿觀察使署理參書官金漢睦씨가內部로報告ᄒᆞ되部訓을承准ᄒᆞ와陽城郡守鄭泰喬의公貨債貸ᄒᆞᆫ事의顚末을自本道警務署로已經質問ᄒᆞ얏숩기本事來歷을昭詳報來事로轉飭于該署이옵더니現接該署所報內槩에該郡守鄭泰喬가昨年陰十二月五日에京居林商鎭의게結錢新貨二千圓을以本年二月廿五日로定限債給而林商鎭이與[illegible]으로賭技ᄒᆞ야失ᄒᆞᆫ故로京城南部分遣所에移牒ᄒᆞ야林商鎭을呼出調查ᄒᆞ야決着於京城警務南署ᄒᆞ얏고該郡守가當署에來到ᄒᆞ야閼酌ᄒᆞᆫ事實이如右이다이옵기玆以報告ᄒᆞ오니指令ᄒᆞ되該郡守가債貸公貨ᄒᆞ야至於雜類輩의詐僞賭技ᄂᆞᆫ不勝駭歎이나查探於警務南署ᄒᆞᆷ이其時因水原警務署所囑ᄒᆞ야該林商鎭을押交該署ᄒᆞ얏즉事實에未詳이다ᄒᆞ니今此報辭와互相矛盾이事甚評惑이라更加另覈馳報ᄒᆞ라ᄒᆞ얏더라

●一賊押去 昨日上午十一時量에巡檢이削髮ᄒᆞᆫ賊漢一名을捕縛ᄒᆞ야警務廳으로押去ᄒᆞ얏다더라

●商冤籍々 東萊旅閣主人이商民의게口文을濫捧ᄒᆞᆷ으로商民等이農商工部에呼訴ᄒᆞ야自該部로東萊府尹의게發訓ᄒᆞ야濫捧ᄒᆞᄂᆞᆫ弊를禁止ᄒᆞ라ᄒᆞ얏스되該府尹이旅閣主人을掩護ᄒᆞ야訓令을施行치아니ᄒᆞᄂᆞᆫ故로慶尙南北道商民等의怨聲이振藉ᄒᆞ다더라

●壯哉이氏 日本東京本鄕區에美國醫學博士이스트레이氏가專히韓國學生을爲ᄒᆞ야陸海軍學校를設立ᄒᆞ고熱心敎授ᄒᆞᆫ다ᄒᆞᆷ은屢次報道ᄒᆞ얏거니와更聞ᄒᆞᆫ즉去二月開校以後부터該校에願入ᄒᆞᆫ者日加月增ᄒᆞ야五十餘人에達ᄒᆞ얏ᄂᆞᆫ대校舍가漸窄ᄒᆞ야收容ᄒᆞᆯ道가無ᄒᆞᆷ으로該이氏가金貨二萬五千圓으로家舍를購入ᄒᆞ고來二十五日에該學徒ᄅᆞᆯ移轉ᄒᆞᆫ다ᄒᆞ니該氏義壯之擧ᄂᆞᆫ人皆欽頌ᄒᆞᄂᆞᆫ바여니와學校前道에日益興旺ᄒᆞᆷ을心祝ᄒᆞ노라

●佛不禦盜 公州東鶴寺僧侶가皆是富饒ᄒᆞ야各其秋收穀包[illegible]初二日에賊黨數十名이外貌가英妙ᄒᆞ고衣冠도鮮明ᄒᆞ되稱以遊山客ᄒᆞ고淸々히來到ᄒᆞ야綠陰에詠詩도ᄒᆞᄂᆞᆫ체ᄒᆞ며古殿에玩佛도ᄒᆞᄂᆞᆫ체ᄒᆞ미僧侶들이泰然無心ᄒᆞ야以詩客接待ᄒᆞ더니夜深人定之際에該賊黨이僧侶를次第結縛ᄒᆞ고錢財數萬兩을沒數奪去ᄒᆞ얏다더라

●金氏供饗 同日聯合運動時에仁川學徒二百餘人을爲ᄒᆞ야中署寺洞居副尉金基文氏가當日午饌을支供ᄒᆞ얏다더라

●勳院分食 表勳院에서內外國人의勳章을造成ᄒᆞᆯ時마다假量十枚를鑄ᄒᆞᆯ면二十枚鑄ᄒᆞᆯ價格으로經費를添算ᄒᆞ야度支로請求支撥後其剩額을該院에奏判任一般官人들이自來分食ᄒᆞᄂᆞᆫ規例인즉秦書李秉穆氏가曰國金偸食에도奏判任實級이有異ᄒᆞ다ᄒᆞ고一場起공ᄒᆞ얏더라

●仁川賊警 京畿來人의說을聞ᄒᆞᆫ즉仁川重林居ᄒᆞᄂᆞᆫ鄭允永氏家에何許强盜三十餘名이各持銃劍ᄒᆞ고白晝突入ᄒᆞ야多數錢財與家藏什物을沒數奪去ᄒᆞ얏다더라

●英艦經韓 英國陸軍大學校長과及同生徒一行은安奉鐵道로韓國地方을經ᄒᆞ야釜山方面에서日本國으로向ᄒᆞᆯ더인ᄃᆡ同一行이京城에到着ᄒᆞᆷ은來二十九日頃에在ᄒᆞ다더라

●巡校漸興 南門外巡洞學校長金鼎禹씨가敎育에熱心注意ᄒᆞᆷ은前報에已揭ᄒᆞ어니와該校生徒가自前으로習慣에久染ᄒᆞ야其頑固ᄒᆞᆫ弊習을打破키不能ᄒᆞ더니漢文敎師리병選써와日語敎師金東肅씨와算術敎師리章夏씨ᄂᆞᆫ文明的思想으로逐日演說ᄒᆞ고熱心敎授ᄒᆞ미生徒가漸次感服ᄒᆞ야舊日習慣을除去ᄒᆞ고逐일增加ᄒᆞ다더라

●佛亦無福 果川郡冠岳山戀主菴主僧劉桂燁이該寺四方五里內森林과諸般什物을本郡寺에委托ᄒᆞ기로統監府에契約書를繕呈ᄒᆞ얏다더라

●支金蒙救 度支部에서法部에通牒ᄒᆞ되該部에서請議ᄒᆞᆫ貴部所管設備費八千五百圓을預備金中支出事로會議를經ᄒᆞᆫ後上奏ᄒᆞ야 制曰可라신政府指令이來到ᄒᆞ얏기通知라ᄒᆞ얏더라

●學訓안府 學部에서義州府尹에게訓令ᄒᆞ되統監府通譯官川上立一郞이가今次安東縣出張之路에貴部에到着ᄒᆞᆯ더인바本大臣이以敎育上事項으로旣爲囑托이기玆以訓令ᄒᆞ니照亮後敎育上에對ᄒᆞ야協商事가有ᄒᆞ거든互相交議가爲可라ᄒᆞ얏더라

●辯士演說 今日下午七点半에靑年會館에서辯護士李면宇氏가民智之發達은在於慾望이란問題로演說ᄒᆞᆫ다ᄂᆞᆫ데有志僉彦이多數光臨ᄒᆞᆷ을希望ᄒᆞᆫ다더라

●普校獎勵 官立京橋普通學校長宋淳헝氏가學部에報告ᄒᆞ되本校에서本月十八日에獎勵會를開ᄒᆞ옵고敎育趣旨를演講이온바學徒父兄進席者爲百餘人이오며同夫人來者亦爲十八人이옵기玆에報告라ᄒᆞ얏더라

●餘額未徵 平理院檢事李建鎬氏가法部에報告ᄒᆞ되部訓을承准ᄒᆞ와犯贓觀察郡守賍과已推未決案緣由를經報告在案이온바就中慶尙北道觀察使尹헌은本年一月二十九日에其家産田土를執行斥賣ᄒᆞ야六百二圓四十六전을捧留이온ᄃᆡ該賍餘額은現無推徵之道이옵기玆에[illegible]

●合校運動 公立雙山普通學校에서本月十一日에該郡館前에서春季運動會를設ᄒᆞ고唱歌舞蹈取肝第三脚果拾碍장物二百步競走等各科目을次第試行ᄒᆞ엿ᄂᆞᆫᄃᆡ最優等은金學鎭金應각李秉각三人이오其次優等에金鳳五白俊天金應善等二十一人인ᄃᆡ來賓中李桂植氏가白紙六束金秉濟氏가空冊七部를賞品으로寄附ᄒᆞ얏고校中에서도多數ᄒᆞᆫ紙筆墨으로施賞ᄒᆞ고因ᄒᆞ야該校長及敎員이祝辭를演說ᄒᆞ고萬歲를三唱ᄒᆞ얏ᄂᆞᆫᄃᆡ바鄕에初有ᄒᆞᆫ光景이라더라

▲雜下權衡▼

▲大韓天地에妖霧가彌空ᄒᆞ야東風이吹撼ᄒᆞ니萬象이擾擾라近日政海에風潮가激烈ᄒᆞ야浪花가陶沙ᄒᆞ니頻覆局勢ᄂᆞᆫ危險이轉劇ᄒᆞ야那邊雷霆이擧措가將生이로다

▲學大李完用氏ᄂᆞᆫ宇宙를呑吐ᄒᆞᆯ思想이有ᄒᆞ야近日運動이一進을連絡ᄒᆞ야宿營이方就ᄒᆞ미藥峴洞天에槐陰이如海라黃粱枕上에睡夢가遲遲ᄒᆞ니掀天富貴도萬念이徘徊로다

▲漢城府尹朴義秉氏ᄂᆞᆫ日昨에伊藤統監官邸에訪問ᄒᆞ야무슴緊議가有ᄒᆞ얏다ᄒᆞ니該氏에음큼ᄒᆞᆫ手段으로現今各部大臣이總辭疏를呈上ᄒᆞᆫ다니大臣의地位을運動ᄒᆞᄂᆞᆫ지

▲工業傳習所에서寄宿舍를設ᄒᆞ고每房八人式居住케ᄒᆞᄂᆞᆫᄃᆡ其中一房은一進會學徒二名이잇ᄂᆞᆫ지라該會學生들이發論曰我等이엇이賣國ᄒᆞᆫ一進會學徒와同宿食ᄒᆞ리오ᄒᆞ야極力反對ᄒᆞᄂᆞᆫ故로該所長이不能禁止라[illegible]아니ᄒᆞᆫ듯ᄒᆞ오

▲江陵郡公立普通學校敎師日人伊藤太郞氏가赴任次로發程ᄒᆞᄂᆞᆫᄃᆡ學部에서所經列邑에訓令ᄒᆞ야該員所到處에另加保護ᄒᆞ라ᄒᆞ얏다니여一自新式以後로列邑에路問法이一切廢止ᄒᆞ얏더니日人行次에ᄂᆞᆫ路問深이또싱것고

▲各大臣이總辭職ᄒᆞᆫ다ᄂᆞᆫ說이喧藉ᄒᆞ미南北村獵官者流들이如有所得ᄒᆞ야來大臣[illegible]何如ᄒᆞᆫ지來頭奏本에郡守一窠을得請ᄒᆞ얏더니[illegible]虛辭가되얏스니이런孟浪ᄒᆞᆫ事가잇ᄂᆞᆫ야遂人恨歎ᄒᆞᆫ다ᄒᆞ니世所謂無福者ᄂᆞᆫ鷄卵에도有骨이로다

▲南海郡昌善嶋에丁絃煥爲名人이自稱民所大將이라ᄒᆞ고島民數百名을集會ᄒᆞ야各持藁索ᄒᆞ고官人이到境則以爲環網ᄒᆞ고莫重正供을一不來納ᄒᆞᄂᆞᆫ되特其該島極險ᄒᆞ고聚衆恃惡ᄒᆞᆫ다니該道人民은亦一梗化之民이로다

▲法部民事局長金基肇氏와該部文書課長李鍾協氏와相換된事ᄂᆞᆫ該部協辦金珏鉉氏가新任之初에大臣의게緊屬ᄒᆞ기爲ᄒᆞ야阿弁ᄒᆞᆫ所以라ᄒᆞ니同此部中官員을換弄ᄒᆞ면緊切ᄒᆞᆫ方針이何有ᄒᆞᆫ지苟容ᄒᆞᆫ情態에不過ᄒᆞ도다

▲各地方에通信을接ᄒᆞᆫ던賊警이無處無之ᄒᆞ며無日無之ᄒᆞ야錢財掠奪은姑舍ᄒᆞ고打傷人命과婦女刦奸이比比有之ᄒᆞ되各派駐所警吏ᄂᆞᆫ止戢ᄒᆞᆯ方略이無ᄒᆞᆫ지賊黨之橫行村閭와白晝剽奪이各地方에警官設置ᄒᆞ기前보다尤極ᄒᆞ니警吏에所爲ᄂᆞᆫ平民만侵虐ᄒᆞ고賊盜ᄂᆞᆫ廢止ᄒᆞ라ᄂᆞᆫ章程이新出ᄒᆞ얏ᄂᆞᆫ지

特別社告

本報가一般人士의愛讀으로以ᄒᆞ야漸次發達ᄒᆞᆫ效果를見ᄒᆞ니此ᄂᆞᆫ大韓人民의國家思想과開明程度가漸進ᄒᆞᆷ이라吾儕ᄂᆞᆫ以爲ᄒᆞ되大韓의文化를開進코저ᄒᆞ면便利ᄒᆞᆫ國文을發達케ᄒᆞᆷ에在ᄒᆞᆫ故로特히**國文報一部分**을幷爲發行ᄒᆞ야普通男女의智識을開廣코저ᄒᆞ오니有志ᄒᆞ신僉君子ᄂᆞᆫ本月內로本社에請求狀을送ᄒᆞ시옵

大韓每日申報社

雜報

●新郡義捐 新溪郡國債報償義捐金二百九拾六圜六拾錢을本郡士人黃奎秀張日晶李源春三氏가本社에來納ᄒᆞ얏더라

廣告

本人의紫色馬를三月分見失矣誰某搜得後通奇于本人家則賞貨二百五十兩厚謝ᄒᆞᆯ깃ᄉᆞᆸ

堤川西面放鶴橋 한翊東 告白

西署盤松坊池下契十四統十戶瓦八間草九間李周鉉
西署盤松坊池下契新村洞九統十三戶瓦十二間半李周鉉
北署廣化坊원洞五統六戶瓦十五間半李輔元
右三處家券을本人이漢城府認許次로日人深水와同行ᄒᆞ다가黃土峴等地에서遺失ᄒᆞ얏기玆에廣告ᄒᆞ오니誰某拾得ᄒᆞ와도休紙施行

金秉鎬 告白

本人이陽城上納錢葉萬餘兩을陰四月二日에京東谷居前主事金元ᄉ處任置ᄒᆞ고同月七日에上納次로推尋則金元培가携持該錢ᄒᆞ고逃潛不現ᄒᆞ니臨時艮貝가莫此爲甚ᄒᆞ기玆에廣告ᄒᆞ오니內外國人照亮ᄒᆞ시옵

陽城郡守鄭泰魯 告白

保險金領收廣告

一金壹千圜也

右ᄂᆞᆫ父親**朴鏞和**公께옵서曩者**日宗生命保險株式會社**와保險契約을ᄒᆞ와습ᄂᆞᆫ디今番不幸히別世ᄒᆞ신故로前記金額을西署石井洞**同會社韓國出張所**를經ᄒᆞ야卽速出給ᄒᆞ시기에領收ᄒᆞ옵고此를依ᄒᆞ야同會社의**確實無疑**ᄒᆞᆫ것과保險金**出給의迅速**ᄒᆞᆫ事를江湖에稟告ᄒᆞᆷ

北署齋洞居 子斗南 告白

黃海道載寧郡郡守와境內有志紳士가國事日益危殆ᄒᆞᆷ을慨歎ᄒᆞ야今若膠守古常ᄒᆞ고不能恢拓新見이면將至於國에不可以爲國이니我韓人民도他國人民과ᄀᆞᆺ치學識發達코저ᄒᆞ야公同協議後에創立文昌學校於本郡文會樂育兩齋ᄒᆞ고選其靑年子弟ᄒᆞ야陰曆正月廿日開校式을擧行ᄒᆞ얏ᄂᆞᆫ디士氣가濟々ᄒᆞ고禮容肅肅ᄒᆞ야文明進步을預先可期오該校發起人은梁昌燻리豊喜리鍾伯氏오校장은니元澤梁禹範兩씨오監督康世烈裵泰華兩시오事務員은咸기락니在호兩셔오敎師金秉述사ᄂᆞᆫ素以溫良之性과純厚之資가無愧於古人而來ᄒᆞ야闡明目的과愛國誠心으로學徒을敎授ᄒᆞ무로鄕士林感服其熱心ᄒᆞ야爭投義捐金ᄒᆞ니시名이如左ᄒᆞᆷ

本郡守리容弼 裵泰韓 趙炳勳 金龍淵 玉淳弼 각廿圜 梁기檜 康世烈 림斗表 각十五圜 梁禹範 咸德회 康泰夏 趙炳勳 奇昌聯 康기烈 各十圜 梁昌燮 리瑞雲 崔淳昌 奇永錫 리承鉉 리濟鵬 康鼎喜 吳乾植 崔昌辰 劉鉉玉 寄觀治 康濟殷 奇學鎭 梁碩觀 郭致守 金應조 崔承憲 各二圜 柳來리 七圜 리元澤 리鼎喜 咸리락 양根源 龐世孝 金行植 康致福 弱辰杓 吳卓煥 李敎永 各五圜 康喆履 崔承圭 尹東元 崔秉倫 양斗鎬 閔비植 尹圭根 南義煥 李成梓 李秉漢 崔리션 趙德夏 閔鳳鎬 閔秉植 리源澤 金承鉉 리奎八 各一圜 리圭三 梁기榮 各四圜 李秉伯 奇在東 李在호 奇淳七 孫東淑 張斗杓 梁柱東 崔景鎬 裵炳烈 金亨植 李恒善 李濟東 各一圜 崔기澤 奇一淸 崔承雲 李源英 各一圜

文昌學校 告白

女學校聯合大運動會를來土曜陰本月十四日에獎忠壇에셔設行ᄒᆞ옵기玆에廣告ᄒᆞᆷ

女學校聯合大運動會事務所
西昭門內泉洞總長俊源氏家

本港廉完基許에丙午四月晦日推次紙貨四百元三分邊ᄭᅡ지記錄ᄒᆞᆫ唐紙於音이온디其五月에四十元은밧고本三百六十元於音을遺失ᄒᆞ얏사오니誰某拾得ᄒᆞ여도休紙施行ᄒᆞ시옵

李駿九 告白

●일본遊覽者募集

一遊覽會員募集 人員은五十名으로一團을成ᄒᆞ니한일인을不問ᄒᆞ고速히請入ᄒᆞ시옵
一巡遊地 東京博覽會橫빈京都大阪神戶
一往復日數 대략十七일間
一浮費 遊覽費及手數料合ᄒᆞ야總計四十八圜
一出發일 請入順次를從ᄒᆞ야出發三일前에直接히通知ᄒᆞᆷ
一請入所 在京성各신聞社五十八銀行경성支店 天一銀行
一會員은遊覽을終ᄒᆞ야開散ᄒᆞᆫ後ᄂᆞᆫ本會와關係가小無ᄒᆞᆷ
一南대門셔釜山으로直行ᄒᆞ던지或은東경으로直行ᄒᆞ는者의對ᄒᆞ야도同一便法으로同行請入을應諾ᄒᆞᆷ

일本人遊覽協會事務所경성南대門通 東亞商會

本人이圖章을서失ᄒᆞᆫ故로更彫ᄒᆞ고前章은廢後無效로ᄒᆞᆷ

金碩彬 廣告

本人에異腹弟前參奉宋舜鳳이가性本浮浪ᄒᆞ야敗家ᄒᆞ얏ᄂᆞᆫ대家産ᄒᆞ고本人에田庄畓十五石洛과田二十一日耕이在於陰竹石橋村이온디舜鳳以僞造文券으로欲爲放賣ᄒᆞ오니無論內外國人ᄒᆞ고勿爲見欺白失ᄒᆞ시옵

山林洞金召史 告白

本店擴張新到時款各色紗羅綢緞絨地와담油地毯洋廣진貨鋼鐵頭香茶烟草各種均效以及新與奇時合用貨美價廉並有湖北南洋彩票發售特此佈聞 貴客請來購覽是望ᄒᆞᆸ년

漢城石井洞 **杏花春** 告白

電話七二五番開通ᄒᆞᆷ
大韓西양御料理 京城皇土峴紀念碑前
明月館

養閨義塾을新門外鍮洞蠶業課로移接ᄒᆞ엿ᄉᆞ니諸任員은照亮ᄒᆞ시고願入學員은本塾으로來問ᄒᆞᆷ

鍮洞蠶業課前宮部大臣宅
養閨義塾 白

本人이日本大阪商業家와特約ᄒᆞ고日本內地產出各種物品과西洋各種物品及機械等物을我大韓에輸入과委托을便利케契約ᄒᆞ얏ᄉᆞ오니商工業에有意ᄒᆞ신僉君子ᄂᆞᆫ某物이든지請求코져ᄒᆞ시거든本社로來議ᄒᆞ시오本社에셔ᄂᆞᆫ手數料金만領受ᄒᆞᆷ

開城北部鮮洞 興業社本店
支店京城南門內水橋五十一統六號 培養會社
仝仁港內동廣濟號

◉增修無冤錄大全

壹帙壹百七十貳頁
定價金貳七拾五錢

此增修無冤錄大全은法律家의最要ᄒᆞᆫ書籍이온ᄃᆡ年來現本이殆히絶種에至ᄒᆞᆫ지라故로法部에認可를得ᄒᆞ옵고此를新刊ᄒᆞ야ᄉᆞᆫ바ᄂᆞᆫ대韓國漢文으로解釋ᄒᆞ야條欄ᄒᆞᆫ句節이無ᄒᆞ오니法律學에有志ᄒᆞ신니와字牧之任에居ᄒᆞ신니ᄂᆞᆫ不得不覽ᄒᆞᆯ冊子이오니注意購覽ᄒᆞ시옵

中署布屛下
廣學書舖 김相萬 發售所

本人外四寸金鎭奎가性本浮浪ᄒᆞ야綠何上京이든지以本人名字로政府主事를圖差虛無之說로蹤有書示ᄒᆞ니如此悖類ᄂᆞᆫ依法懲治次로玆先廣布ᄒᆞᆷ

平北定州南門外金夢駿 告白

本人의子尹寅鶴年十九歲에性本浮浪ᄒᆞ야與亂類輩로酒色雜技에蕩敗家産ᄒᆞ고今又僞造文券ᄒᆞ야狀人取物次로周遊各處ᄒᆞ니內外國人은切勿見欺ᄒᆞᆸ

東萊東平面釜峴里尹召史 告白

●九轉靈砂라 本人이妙方法을神備ᄒᆞ야製造ᄒᆞᆫ靈丹인ᄃᆡ男女老少에無論何징ᄒᆞ고通治ᄒᆞ오며無病時에도服하면平生의身躰가健康ᄒᆞ며小兒ᄂᆞᆫ四五錢重만服ᄒᆞ면十歲안에無病ᄒᆞ기를擔保ᄒᆞ오며
●九轉靈砂萬應丹은저狂癎징과中風諸疾과耳目諸病과淋疾에神效ᄒᆞ오
●九轉靈砂保命丹은初生小兒驚風 간氣 咳 腹痛諸般惡징에神效ᄒᆞ오
●九轉靈砂濟衆丹은酒滯 食滯 血積 吐瀉 霍亂 痢疾 吐血 下血 運氣 時疾 痢징에神効ᄒᆞ오
●九轉靈砂紫金丹은痔漏 累歷 上痔瘡 下痔瘡及唐瘡과諸般瘍瘡惡瘇에無不神效ᄒᆞ오시니 君子ᄂᆞᆫ來問ᄒᆞ시오

內需司前뎍갓이골上隅第一家百三統一戶 리호廷 告白

◎活動寫眞廣告◎

今番에始作ᄒᆞᆫ活動寫眞은法국巴里京에셔有名ᄒᆞᆫ거시오또ᄒᆞᆫ大英국 皇室에셔먼저看品ᄒᆞ셧고始作ᄒᆞᆫ지數日에遊覽ᄒᆞ시ᄂᆞᆫ쳠君子가多數枉臨ᄒᆞ시와坐處가넘쳐서晩到ᄒᆞ시면不便ᄒᆞ오니速々枉臨ᄒᆞᆷ

活動은自下午八点至九点名唱善舞歌童과唱和吹笛은自九点至十点
賞與時 七点半始爲
入場票 上等三十錢 中等新貨十五錢 小童十錢

新門외시달이목東便벽돌집
法人 馬田 告빅

西署新門外鍮동百八十六統三戶
辯護士前檢事正三品 丁明燮
法律事務所
事務員前主事吳在淳

명월관확장광고

폐관이마서이후로고익ᄒᆞ시ᄂᆞᆫ귀직에후의를입사와오늘날터한에제일등요리점으로너외국에서다아시도록확장ᄒᆞ여가오니더단감ᄉᆞᄒᆞ옵거니와근일은이층양옥을광활이신건축ᄒᆞ고다락아러ᄂᆞᆫ온돌방을은밀리비치ᄒᆞ고포진범절을식로ᄒᆞ와오시ᄂᆞᆫ귀직이편ᄒᆞ시도록쥬뵈ᄒᆞ엿ᄉᆞ오며각죵음식은보기에화려ᄒᆞ고먹기에정미ᄒᆞ게일신쥰비ᄒᆞ야다소를불게ᄒᆞ고주야로파오되셔양쥬ᄂᆞᆫ쟌으로파오며특별신긔량교자음식은오시ᄂᆞᆫ시로붓터ᄒᆞᆫ시간이되면멧상이라도곳가져가시도록ᄒᆞ오니너외귀직은륙속왕임ᄒᆞ시옵

각석요리음식
각석셔양쥬
각죵경편양요리
각죵일본간스메
각죵여송연
각국권연
진찬합
一건찬합
밥교자
특별신긔량교자음식
창가동졍거복도유ᄒᆞ옵

明月館主人 金東植 告白

本店에春服衣次각程이自英국으로多數來到ᄒᆞ얏사오니陸續來購ᄒᆞ시옵

貞洞源泰양服裁縫店 告白

特別廣告
內外書籍新舊學文幷販賣所
大邱刷還洞金긔鴻

國債報償捐義金

收入廣告

●南署美洞前叅奉成文鎬五圓
●加平朝宗上面寀谷里
河錫泓 盧命得 각四拾젼
鄭貞容廿젼 文士肅 拾젼
●楊根南終面黔丹里
呂弘섭等十六人四圓四拾錢
●公州郡寺谷面泥田
吳秉根四十錢
合十圓九十錢
●原州富論面栗溪동
韓元源 韓穀東 洪宗萬
리突石 최永石 김順吉
니養賢 니化敬 崔林川
김與雲 각廿錢
合貳圓
●鐵原郡東邊面加德村
최光烈 최成烈 각八十젼
安光汝廿錢 千致俊七拾젼
張奉化六拾젼 박公敏
五十錢 黃鍾仁 四拾젼
千重實 千君叔 千聖弼
秋太般 安元景 安君弼
安君敏 千羽景 김君明
김明보 羅永壽 羅春景
千聖先 니致善 각廿錢
千繼實拾錢
合六圓九拾錢
●忠南石城郡盖尺里
趙竣夏 子 東一 東식
각廿錢 從二品趙均夏廿圓
趙觀夏 貳圓 趙喆夏
蘇誠圭 각壹圓 蘇文圭
趙明夏 子 前侍御東鉉
前五衛將趙衡夏 각五拾錢
全奎셥四拾젼 趙東瀌
五拾젼 趙東昇 趙東膊
趙東弼각卅젼 趙建夏 趙重夏
趙昇하각廿錢 趙인하拾錢
張化仲卅젼 洪淳泰 洪鍾學
張起煥 尹大元 박準文
鄭容學각廿錢 리福同廿五젼

양石度拾五錢
合卅一圓
●陰城豆永面內덕里
리在協 리明秀 각六拾錢
柳源珪壹圓 柳根龍五拾젼
權基鶴 權正弼 각卅젼
劉召史廿五錢 劉興鐘廿錢
曹長玄壹圓 리元教四十錢
창洪來七拾젼 尹云先
五拾錢 蘇濟寬 六十錢
리顯雨廿젼 鄭先五
全周錫각卅젼 창先甫
김東雲 각廿젼 元正相
卅젼 리廣호 김成호
姜召史 梁基安 각拾錢
趙弼濟拾五錢 김達成
김東赫각廿젼 蘇濟同
김永호각卅錢 梁杜錫四拾錢
栗里동中三圓
合拾三圓四拾錢
●砥平郡北面廉隅里
從二品리洛應 三十圓
前主事리진和 二圓
리建永 一圓 金熙運五圓
徐相先 박慶源 金敬天
趙긔弘 각五十錢
元孝汝 馬聖彥 각十젼
韓聖瑞二十錢 金ㅠ植一圓
김汝順一圓 김永培三十젼
張公彬 一圓
前議官김鍾鶴 五圓
박益守一圓 박順景 五錢
金順化五十錢 嚴仲瑞十젼
박春明二十젼 박永三五十戔
박俊萬 김德至 ㅋ十젼
박自千二十젼 鄭致호五十錢
김致順 嚴仲化 각拾錢
김聖允 박福祿 각二拾젼
崔聖福 니二同 각拾젼
김濟與 拾五錢 咸正文
김德在 각二拾錢
朱順弼五十젼 文君甫十錢
니春彥 二拾五錢
박聖七 二拾錢

니聖善 김濟用 金清一
각拾젼 申永云 五十錢
김인순 趙致云 김긔瑞
姜億萬 니占用 각拾錢
김永호 二拾젼
金春三 五圓 박桂花
趙用文 趙士弘 張永九
全永善 각拾錢
盧永洙四圓 盧德洙拾錢
趙東根 許 煥 각五十錢
김千有一圓 정元先二拾젼
韓正凡 김範伊 吉인순
니伊善 馬善明 洪光天
全春甫 김正淑 김化善
김石化 박순西 니成用
니윤行 긔召史 니八用
盧哲煥 각拾錢
니平云二拾錢 김明淑五十젼
김聖彬 拾五錢 崔福伊
김春先 각二拾錢
合七拾圓
●장단郡津東面梨장浦
니英培壹圓五拾젼 韓光弼
韓光容 河斗應 김平心
김元益 최永和 각五拾젼
김學善四十젼 니敬百
王致景 尹相延 니永會
각卅젼 鄭明淳 니與根
김春日 김源善 吳順在
각廿錢 文셔振 김聖根
尹相五 니大順 김和善
김允瑞 朴召史 金召史
니景先 각拾젼
△津東面內동
鄭福成 文學洙 각五拾젼
韓光玉 孔敬天 文德賢
全聖道ㅋ四十錢 니宜俊
鄭光一 全興淳 김允實
니元夏 車命運 각卅젼
宋鍾憲 韓演植 韓啓植
鄭基協 각廿錢 鄭德成
鄭光宣 鄭福順 각拾錢
金漢佐 니宗萬 니元成
文윤集 각廿젼 文仲五

文性康 각拾錢 니學汝
崔淳萬 車聖運 각廿젼
崔汝寬 김先吉 文應洙
각拾錢
△津東面大秋浦
니輝承壹圓 裵成甫 黃仁國
崔秀運각五拾젼 리輝유
리敬國 리敬安 崔순彔
최순元 최聖雲 각廿젼
김聖在 裵成益 김근原
리性弼 김德成 崔雲先
崔相龍 崔應龍 각拾錢
△津東面진峴동
朴養五 胡瑞九 각六拾錢
權性在 김景安 張子和
김元俊 全壽甫 任相五
김元植 김元淳 安致能
許聖老 각廿錢 韓雲宣
崔聖日 高德組 張셕운
吳性完 車百運 安致五
張元호각拾錢
合廿三圓九拾錢
●果川郡下西面一洞
前司果金商皓 二圓廿젼
李致德 二圓 金汝順
李德杜 金允彔 金汝주
李聖壽 陰德在 陰仁煒
李學光 李喜敎 陰士彥
盧雲植 各一圓 鄭與汝
李聖云 鄭明瑞 鄭致成
주敬明각六十젼 金相琦
前議政安彩 蘇德模
陰錫交 金春植 金창吾
李在天 林致福 각五拾젼
金俊彔 鄭仁壽 金德彔
金文彔 李自春 車允先
李德有 朴順明 朴云先
鄭春化 金順氏 鄭然壽
각四十젼 리長喜 金晋九
읍聖遠 池致玉 리致福
읍景仁 리其杜 金德仁
柳德秀 金福來 읍元京
각卅錢 安光夏 安 植
安光翌 白好錫 리順元

리元實 읍敬京 車永先
피喜敬 金元永 읍洪先
金東根 朴景吾 權 玄
朴順必 金敬學 吳大植
金興植 리德三 廉敬守
읍敬日 읍順甫 리永元
韓敬運 리永實 朴啓實
閔順明 金乃봉 리福實
리元敬 金光甫 金敬壽
金順瑞 金봉주 鄭日三
니顯文 羅仲三 朴주奉
니致寬 각廿錢 니喜成
趙聖云 嚴在伊 韓윤瑞
曹明순 임永先 金京武
金先京 니文京 金守인
鄭창然 鄭明숙 金銀奉
니斗京 朴興순 金萬彔
朴近守 金鳳道 金元用
니守江 니元日 崔近吾
음德元 安 寨 朴平心
金濟영 朴윤行 金弘순
주敬三 니春京 朴善陽
具京天 朴興영 읍定寬
合四拾壹圓五拾젼
●忠南保寧郡三田面鳴뎌
前承旨金福漢 十圓 朴주和
五十젼 田福鎭 李道榮
各一圓 金德根 八拾錢
정덕根 五十젼 具敬德
三拾젼 宣敬신 南玉 一圓
신在一 拾錢 具敬學
宣敬李元甲 각廿젼 金炳두
三拾錢 金완영 二拾젼
尹三福 三拾젼 金上孫
尹允萬 각拾젼 宋七甲
三拾錢 金鳳秀 金萬榮
각廿젼
▲吉峴
신奮식 三拾젼 成益鎬
李俊榮 신東熙 孫 煥
각拾錢 신允寬 리鉉泰
각廿錢 孫致聖 신창식
朴仁興 각拾젼 金大烈
二拾젼 신東孫 丁셕教

신濟식 乞人리德化각十錢
▲朴山
金 源 二拾젼 리俊榮
三拾젼 리인榮 拾錢
▲上乾
卜箕實 신鉉玉 朴永甫
俞濟萬 金德鎬 申泰與
申현철 申東奎 니元景
韓鎭翔 각拾젼 申奎철
一圓
▲新坪
申錫岐 拾젼 申錫奎 五젼
金聲鎭 金인鎭 니致지
金한默 申泰完 方自순
金泰在 金禮鎭 金基鎬
니承木 尹春三 申泰창
崔賢三 姜明圭 각拾젼
▲保寧郡三田面三巨里
니周緖 니圭哲 니召奉
각五拾錢 니圭寅 卅錢
니圭完 廿錢 金秉默
니元인 安致秀 金元用
각拾錢 田八孫 卅錢
朴순宗 朴先軍 각拾錢
下乾里동계錢貳圓
合三拾三圓八拾五錢
●洪州高南面紙谷里
임得官 임洪賢 각五拾젼
니春甫 拾錢 임性起
拾젼 임洪문卅젼 임洪俊
廿錢 임桂山 廿젼 니熙道
四拾젼 金人學 金俊文
각廿젼 임창成 拾젼
니應鎭 朴裕成 각廿젼
韓尙孫 拾젼 劉秉坤
田正興 洪在甲 각廿錢
니錫龜 三拾젼 니在近
廿錢 니憲圭 卅錢 니容圭
五拾錢 니錫喜 三拾錢
總合二百三十三圓四十五錢
前號總合壹萬一千五百六拾
四圓八十八錢貳厘
都總合一萬一千七百九十八圓
三十三錢二里

發行兼編輯人英國人 裵 說
發行所
南서石井洞號外地三層洋屋
大韓每日申報社

大韓每日申報

光武十一年五月二十三日

月曆及慶節

陰曆丁未四月大十三日癸酉

論說

印度困難

現今印度에不快不穩흔運動이顯著히流行흔거슨不然타謂키不能이나印度에大暴動이再起흘거슨暫時라도量度흘바아니라蓋其局勢는非不重大로다現今擾亂은前日에印度를戰役으로引導하던擾亂과不同흐니前者困難은民黨의誤解와官人의無識을基因됨이오今日不安은教育을多受흔人民의報紙와東縛을排解흠으로從生흔痛憤을基因흔거시오印度擾亂地方에在흔白人들은今者困難이푼잡新聞記者의皷動敵嫌之意흠으로由흐야始起흔거신줄信認흐는도다

一罪人을六個月重囚에宣告흐앗더니此를控訴흠이有흔지라高等裁判所에셔去月十七日에此를審査흐시其裁判長이宣布흐되若其裁告가自己에犯罪흔悔恨흐는形態를著示흐얏스면法庭에셔其裁刑을輕減흐엿깃거놀如此著態가未有흐엿다흐고但其六個月重囚를六個月輕囚로變改흐고其罪人을下囚흘時에首班裁判官이警告로言及흐되맛당이從容下去흐야惹鬧를不起흐면手鐵를不用하깃노라흐엿도다

以此印度新報로觀之컨디此囚犯이士民의感情을惹起흐야同情의[illegible]歐美巴人에게暴擊을[illegible]大[illegible]相發흐엿스며其後로는暴動이果有흐엿스나民事政閣에撞入흠은警吏가防止흐엿고一般會集을擧皆鎭壓하엿도다

其翌朝에도擾亂이更起흐엿고本土人의報筆은英人을對흐야憤怒를自發흐며士民을勸告흐되一次振起흐야人類됨을擧證흐라흐지라如此不平之氣가漸次延長흐야其附近에在흔報館들도同聲相應흐미未成흔士民들은報筆의所記가實情인줄은信認흐야其形態가一時危險을致흐엿스니該地官憲들이將來之機를預知흐고軍隊를急發흐얏더니即奏功効흐야起擾를鎭壓흐엿도다

騷動이再次起하리라고謠話흐는人士도英國이因此起擾하야其形勢가前日보다優勝흘거슬其必記臆흐시며本土軍人도忠實이有흐야英軍을協助흐는니印度에起擾者는非本土軍人이오但其教育을多受흔文士의煽動이라軍隊가忠實흔時日에는再次起擾가不能흐리로다

官報

●第三千七百七十三號　光武十一年五月二十三日

◎宮廷錄事

宮內府特進官尹用求辭職疏

批旨省疏具悉所請依施

議政府叅政大臣박齊純辭職疏

批旨省疏具悉懇維持於今日[illegible]普亦惟日神祖之力如欲求去其[illegible]誰更에비致煩益懋爾之責府遣府郎宣諭

議政府叅政大臣박齊純辭職疏

批旨省疏具悉卿懇前批宣可諒會何至煩困爾如此依施事遣府郎宣諭

學部大臣李完用辭職疏

批旨省疏具悉卿懇八才作育必待久任責成卿其勿復言去事遣部郞宣諭

◎敍任及辭令

依願免本官　孝陵叅奉郭漢鳳

任孝陵叅奉　趙任熙

依願免本官　孝陵叅奉趙任熙

任孝陵叅奉　九品郭漢鳳

金秉夔

任官立漢城德語學校副教官

警務廳監獄署長李政秀

任平安南道觀察道警務廳警務官

外報

●駐日英使更迭說　去二十日桑港電을據흔則駐日英國大使라이도씨는九月一日에現職을辭흐고現丁抹駐차公使에부리엔씨가後任될줄노決定되얏다더라

●內閣組織의協議　同日北京電을據흔則岑春煊은四五日前에委員二名을天津으로派遣흐야袁世凱와聯合흘일을相議흐고委員은十七日歸京하얏는데흔시도岑氏와聯合흐야內閣組織흘意見이라더라

●兩協約發表期　同日路透電을據흔則在巴里라입스通信員은日露協約이今後一週間에나十日內에必히締結될터이오또日法協約도完結될터이라흔說이外交社界에盛行흔다고報道흐얏다더라

●無線電의條約　同日東京電을據흔則昨年伯林셔締結된萬國無線電信條約의批准은從近施行될터인미其施行期日은各國은다明年一月頃으로셔日本도同月以後는海陸通信交換의義務를帶흘터이라더라

雜報

●咸興州北面國債報償靑年會任員朱榮昱任達鎬朱是운今我國債一千三百萬圓之多흐니如不報償則國難支保而顧我三千里江山에二千萬同胞가爽非列聖朝五百年化育中物이라雖愚夫愚婦라도孰不感歎哉리오嗟我靑年도一般國民이라國設一會흐야名曰國債報償靑年會라흐고當日說明之場에出義金額이遠於百餘元이라當中에嘉尙흔氏名을左開흐오니僉君子는照亮흠　本面居흔前監察吳宗瀾氏는素以흔貧窶士로藥舖營業흐야資生에所存者三圓紳尾也라國債報償에對흐야家券을典當而得紙貨廿圓을都數에써捐흐고其妻金氏는針工所得錢으로買得銀環흐야愛國貴子러니聞夫人脫環之說흐고即放銀環흐야紙貨四圓을本會에捐흐니是夫有是婦之熱誠과令人觀感者라又本面居曹允正妹曹召史와金五謙母의召史은皆以靑孀으로針工資生에年今六十이라聞國債흐고血誠所感으로曹召史은葉十兩을持흐고本會로委到之際에隣居安習圭母姜氏을相値則姜氏가事由를問흐고日孀兄들도國誠이如此흔디吾는夫婦偕老에多子孫흔人으로擔負가尤重으라흐고葉三兩을取得흐야三氏偕來義捐흐얏고本邑妓生採연이路上過次에靑年이而道爺遣이라는論題를聞흐고日小女도靑年이오國民男女一般이라흐고紙貨五十錢을出捐흐얏고기川面北巷村居元明教에毋韓召史는豐澗貲生之人이라愛國誠心으로貸四十錢흐얏고이日開會에各洞里今生徒數十餘名이來到傍聽흐는데年皆十歲前後라斷烟之說을聞흐고其中小兒가諸兒을大歷招來흐야日尊長請셔는斷烟報償흐다흐니吾儕는不食果子흐고同盟흐고각自出捐흐는티上之二元이오下之既十전흐니婦女稺童熱誠出義者多矣

◎元山港笠子契報義會趣旨文

今天下人이野蠻으로我를觀흐며羸弱으로我를侮흠은我大韓人民이自保權利가蔑有흐야國家와同胞못흔故라泰西諸邦이寔呼를우衛흐고公法을統管흠은國과民이體가國흐고心이一走흐야國에患難이有흐면民이各各會議籌辦흠이땔컨티地雷를四埋흠의藥線이交通흐야一處에火燃흐면四面이皆應흠과如흐야亂을變흐야治를흐고弱을變흐야强을흠이어是以로瀛世界上에當葉흐고新을求흐며勢를當흐고時에合흠을開化라謂흐나니況人民이君士에生在흐야君에食을食흐며君에衣를衣흐니君이아니면民이엇지育흐며民이안이면國이엇지保흐리오此는國과民이一脉로國흠이亦自然의勢라一體로國흐면民이貨數이有흐지도라自家의貨數이라謂치아니흐고國家의數貨로知흐리니是는國體가治國根本이라今國家에셔外債巨欵을未償흠으로皇上이深憂흐시고臣民이危懼흐는바ㅣ라遠近新聞는挑出흐起嫌흐야國이泯흐고安危가聖道에繫흐야社稷이邱허흔面縊이不遺흐니然則寸鐵ㅣ大木倒흐미隙이小흔데如剃흐고巖가高堤를피흐미欵이大흐데라不在흔바ㅣ且況戶部의管轄을失흠이埃及과如흐며國政의柄執을奪흠이土耳其와同흐니管子日國에存亡이隣國에在라흐얏스니大韓의安危關係도惟此時로八心離合도亦此時라國외是와民의國이行船에타오方向애針이니人民趣向을決흐야一國을遵을定흐나니聞흐니교南義士金光濟徐相敦諸씨가國債報償에으로甚心血誠을야發論흐倡흐미京城湖西와及海西浿西와慶南慶北諸州에셔繼倡흠이桴鼓와影響곳흐야賻貨捐金을爭先각出흠이市上에物貨을相售흠곳치하니民心의趨向과一國의從違를此에可見흘지라

未完

●竹山郡近二面栗里國債報償通文

前府使沈仁澤前叅奉[illegible]惟我[illegible]同胞明聽此[illegible]嗚呼自乃祖乃父莫非[illegible]民爲吾國吾民同是二千萬[illegible]猗歟盛哉箕子古國小邦正脉[illegible]擧[illegible]承之俗績弁擬唐虞[illegible]養之工將師閭洛培養之餘[illegible]淳[illegible]施措之下王化[illegible]近[illegible]現今生靈塗炭[illegible]列國交涉之際竟失我韓獨立之權一千三百萬圓日債借欵[illegible]三百六十餘州民情不謀同[illegible]一韓生民莫非有國有家雖三尺童子皆知無土則無依一七惸惸廣文之[illegible]先倡[illegible]于于乎之基業中興然而顧我一國兄弟廢[illegible]三顧[illegible]村村人人[illegible]引[illegible]其大而募之方方[illegible]通[illegible]此[illegible]而爲[illegible]近日農商工部에[illegible]木典當局例을依倣하야[illegible]典當舖에訓飭흐얏다는디[illegible]債人의居住統戶을照詳記錄[illegible]能[illegible]다더라

雜報

●五大新任　學部大臣李完用氏ᄂᆞᆫ再昨日에叅政大臣을被命ᄒᆞ고農部大臣事務臨時署理를兼任ᄒᆞ얏고成均舘長任善準氏ᄂᆞᆫ內部大臣을被命ᄒᆞ얏고副將李秉武氏ᄂᆞᆫ軍部大臣을被命ᄒᆞ얏고副議長李載崐氏ᄂᆞᆫ學部大臣을被命ᄒᆞ얏더라

●洪씨決退　日前中樞院에셔會議를開ᄒᆞ고副贊議李膺직씨의獻議件을提出ᄒᆞ야可否를未決ᄒᆞ얏고創變問題ᄂᆞᆫ또留案ᄒᆞᆫ다ᄂᆞᆫ되副贊議洪祐晳씨ᄂᆞᆫ期於辭免ᄒᆞ기로再次請願ᄒᆞ얏다더라

●叅ᄉ親任　再昨日下午時에大廳에셔李完用시를召待ᄒᆞ라신電話가學部로ᄒᆞ셔該部에셔該시의게通知ᄒᆞᆫ즉辭疏를奉呈ᄒᆞ얏ᄂᆞᆫ되未蒙批旨ᄒᆞ얏슨즉事體所在에不可詣闕이라ᄒᆞ야此意로電話를答ᄒᆞ얏더니秘書院으로卽送該家ᄒᆞᆫ後에李完用시가詣闕陛見ᄒᆞ고叅政大臣親任式ᄭᆞ지經ᄒᆞ고退闕ᄒᆞ얏다더라

●兩씨回京　度支部叅書官金敎𤇫씨와卞志岸씨가東萊郡에前往ᄒᆞ야製鹽基地와釜山龍塘浦檢疫所地段을調査買收ᄒᆞ고日昨에回京ᄒᆞ얏다더라

●渡津陛見　日本男爵渡津公熙시가明日에陛見ᄒᆞᆫ다ᄂᆞᆫ되該시ᄂᆞᆫ現今韓日兩國에組織ᄒᆞᆫ同寅會會長이라더라

●송시農大說　農商工部大臣成岐運시가遞任ᄒᆞᆫ代에ᄂᆞᆫ一進會總務長송秉畯시가被任ᄒᆞᆫ다더라

●兩시陞任　叅將尹澤榮李秉武兩시가陸軍副將을陞任ᄒᆞ얏다더라

●漢判行樂　漢城判尹朴義秉시가詩洞橋等地美人家로夜々輪回行樂ᄒᆞ며每夜美人一名에紙貨八圓式으로定ᄒᆞ고行樂이滔々ᄒᆞ다더라

●度顧宴待　度支顧問目賀田시가昨日自己私邸에셔宴會를設ᄒᆞ고該部一般官人을請邀宴待ᄒᆞ얏다더라

●兩시云遞　警務使金思默시와漢城判尹朴義秉시가一𠀋遞任ᄒᆞᆫ다ᄂᆞᆫ說이有ᄒᆞ더라

●公察宴待　公州觀察使李𠊳榮시가再昨日明月舘에셔宴會를開設ᄒᆞ고度支部一般官人과其他賓客을請邀宴待ᄒᆞ얏다더라

●申시歸國　前郡守申喆熙시가日本에前往ᄒᆞ야經年留連ᄒᆞ더니日前에歸國ᄒᆞ얏다더라

●一進示威　忠淸全羅兩道一進會員數千名이黃州等地에前往ᄒᆞ야示威運動ᄒᆞ고回路에京城으로入來ᄒᆞᆫ다더라

●賊魁被捉　本年二月頃에全羅北道南原郡에셔蜂起ᄒᆞ든盜賊首領梁雲益이가慶尙南道河東郡地方에潛伏ᄒᆞ야醫業資生이러니自然發覺되야今月三日頃에該地警務顧問部에셔逮捕되얏다더라

●經費支出　營林廠經費를度支部에셔三十萬圓以上으로支出ᄒᆞᆫ다더라

●閔占李山　西門外冶洞居李益采氏의十一代祖順川君이西署龍山坊三聖峴에卜居ᄒᆞ야十餘代莫居之地ᆞ더니去癸未年分에李氏之祖母山을亦爲過葬于該山ᄒᆞ야如前守護이다가其後에該餘麓一壙之地를許賣于新孔德里金士極處러니其後辛卯年分에閔泳喆氏가該金塚을掘移케ᄒᆞ고入葬ᄒᆞᆫ後李씨의傳來ᄒᆞ든四山全局을勒占ᄒᆞ고李씨ᄂᆞᆫ一草一木도不得干預케ᄒᆞ고又重之其祖毋咫尺之地에環以植松ᄒᆞ야認若無後塚ᄒᆞ니此所謂鶴巢鳩居라李씨가不勝憤恨ᄒᆞ야定界請山ᄒᆞ야環立標木터니閔시가該標木을一幷拔去ᄒᆞ고自稱渠山故로李시가不勝抑冤ᄒᆞ야方今漢城裁判所에擧訴ᄒᆞ야其無理抑奪홈을質判ᄒᆞ다더라

●實業捐助　實業硏究會刱設費를尹晶섭崔文植安必中吳榮根諸시ᄂᆞᆫ各二十圓式捐出ᄒᆞ고朴正銑시ᄂᆞᆫ十圓을捐出ᄒᆞ고其外趙鏞泰趙秉澤諸시ᄂᆞᆫ多數補助ᄒᆞᆫ다더라

●日據公廨　平北觀察使署理叅書官張孝根시가內部에報告ᄒᆞ되管下義州理事廳警部是澤員一耶이가理事支廳을本道에設始次로本月八日에來到ᄒᆞ와本道前內衙叅書官室秘書課會計課現位處를支廳官舍로請求이옵기不可借與로據理交涉이옵더니守備隊所借觀德堂本道北隅十步所在로爲先指定以去이옵기茲에報告라ᄒᆞ얏ᄂᆞᆫ되指令ᄒᆞ기를該堂을自道로商的許借이되日後還付ᄒᆞᆯ意로捧護書後入處케ᄒᆞ라ᄒᆞ얏더라

●悖巡罷免　報恩分派所巡檢柳寬映은該郡俗離山僧景雲處에二百兩金을討索ᄒᆞ고소崔淳弼ᄂᆞᆫ沃川郡玉崑里居琴鶴柱處에錢財를討索ᄒᆞ고소金錫奎ᄂᆞᆫ該郡葛田里居金局西處에一百五十兩을討索ᄒᆞᆫ事가顯露된故로該道警務署에셔該三名을罷免ᄒᆞ얏다더라

●運動盛況　陰四月初八日은釋尊誕辰이라明進學校一般校員이學徒를件率ᄒᆞ고奉元寺에前往ᄒᆞ야慶祝ᄒᆞᆫ事ᄂᆞᆫ前報에已揭ᄒᆞ얏거니와同日에慶祝禮式을執行ᄒᆞᆯ시講法師金寶輪시ᄂᆞᆫ水不離波々是水라ᄂᆞᆫ問題로反覆演述ᄒᆞ고紳士諸시가次第히新學을益勉ᄒᆞ야愛國精神을培養홈을演說ᄒᆞ고紳士金鑽濟尹明셥兩시가玩賞次로偶然出來ᄒᆞ얏다가學徒의活發靜肅ᄒᆞᆫ氣像과益々長進ᄒᆞᆯ情態을感歎ᄒᆞ야六十錢를傾탁捐助ᄒᆞ얏나더라

●彰校益彰　平安南道㑂山郡에有志人士가彰新學校를設立ᄒᆞ고敎師朴潤亨車正亨兩氏를延聘ᄒᆞ야中學課로熱心敎育이나校財가不敷ᄒᆞ더니本郡守朴容서氏가陰四月初二日에到任ᄒᆞ야敎育靑年이現世急務라고郡主事羅周源氏로校務를次第擴張ᄒᆞ미校況이日就ᄒᆞᆫ다더라

●活動尤奇　今明兩日間으로부터新門外活動寫眞所에셔각樣新寫眞을供覽케ᄒᆞᆯ터인ᄃᆡ其中에賊漢이庖肆에潛入ᄒᆞ야肉種을窃取ᄒᆞᆯ際에死牛가避生擾動ᄒᆞᆫ즉賊漢이大驚逃走하ᄂᆞᆫ樣과婚禮式에衆人이自行車을乘ᄒᆞ고叅與ᄒᆞᄂᆞᆫ豪樣인ᄃᆡ此等新奇異ᄒᆞᆫ寫眞이四十餘件이오此後로西洋으로持來ᄒᆞᆫ新寫眞이愈出愈奇ᄒᆞ다더라

●一進逃避　日昨에仁峴官立小學校에셔學部指揮를承ᄒᆞ야學徒父兄의懇親會를設行ᄒᆞ얏ᄂᆞᆫ되學務局長俞星濬氏가勸學演說로學徒父兄에게懇切히說明ᄒᆞᆫ後學徒父兄中에數人이次第演答ᄒᆞ얏더니一進會員尹始炳氏가出席ᄒᆞ야反對的으로說斥ᄒᆞ니滿座諸人이沸激ᄒᆞᆫ狀態가外形에露著홈의同氏가知機ᄒᆞ고경先避去ᄒᆞ야莫測ᄒᆞᆫ衆拳을能免ᄒᆞ얏다ᄒᆞ니一進會ᄂᆞᆫ到處에人心을激逆ᄒᆞ야國民義務를違背ᄒᆞ니一進會ᄂᆞᆫ韓國人種의厲氣所鍾이라ᄒᆞ더라

●共救設會　城內有志紳士某某氏가貧寒ᄒᆞᆫ人民의喪葬費을捐助ᄒᆞ기爲ᄒᆞ야共救會를刱設ᄒᆞᄂᆞᆫᄃᆡ會員은萬名을假量ᄒᆞ고資本金은上中下三等을分ᄒᆞ야上等에ᄂᆞᆫ新貨九圜中等에ᄂᆞᆫ四圜下等에ᄂᆞᆫ二圜式募集ᄒᆞ되十二朔에排納케ᄒᆞ고喪葬費捐助ᄒᆞᆯ時에ᄂᆞᆫ上等에萬兩中等에五千兩下等에二千五百兩을捐付ᄒᆞᆯ터인ᄃᆡ會長一人은大臣으로推薦ᄒᆞ고其他總財務員及事務幹事等諸任員은紳士中公正人으로選定ᄒᆞᆫ다더라

●氣岸如前　東萊人에傳說을聞ᄒᆞᆫ즉江陵郡守李在壆氏ᄂᆞᆫ不法稅項을民間에加斂ᄒᆞ다가該郡民이本道觀察府에擧訴ᄒᆞ여平昌郡守로査檢ᄒᆞᆫ다ᄒᆞ니該氏ᄂᆞᆫ民訴도多遭ᄒᆞ고査官도一次ᄲᅮᆫ아인ᄃᆡ무삼勢力을恃ᄒᆞᄂᆞᆫ지氣炎이如前ᄒᆞ다더라

●金冤何極

鹽商金斗源氏가去年陰曆臘月初三日에擴價推尋次로統監府에長書ᄒᆞ고因卽外事局에呈訴次로光化門前等待ᄒᆞᆫ즉叅贊韓昌洙씨가對書曰適是好逢이라ᄒᆞ고姓名與年本居를卽寫以給ᄒᆞ라ᄒᆞᆫ즉金氏答曰令監이何許曲折로居住姓名을記付ᄒᆞ라ᄂᆞᆫ지生은萬事都無益이오一端統監府에照會ᄒᆞ야抑鬱ᄒᆞᆫ鹽價를推給ᄒᆞᄂᆞᆫ事外에ᄂᆞᆫ無他意料라ᄒᆞ고直呈訴狀則遽命下人受入ᄒᆞ니其大槪에曰我韓議政府叅政大臣은國之大任을擔負ᄒᆞ야民情保護가可커ᄂᆞᆯ今於八九年訴訟ᄒᆞᆫᄂᆞᆫ金斗源事件에無一言半辭ᄒᆞ고頓不顧見ᄒᆞ니只是竊祿尸位而已矣也오外事局長韓昌洙氏ᄂᆞᆫ金氏에訴狀을案다留置ᄒᆞᆫ지六十餘日에ᄆᆞᆫ에叅贊으로陞差만ᄒᆞ고新任外事局長李健春씨에게交付ᄒᆞ야訴狀題旨에擴價償還이都無方針ᄒᆞ니書念情狀에極屬矜惻이나徒煩彩득이니切勿更煩ᄒᆞᆯ事라ᄒᆞ얏스니以若一國長官으로民情에至寃ᄒᆞᆫ일을公決치못ᄒᆞ고다만外國勢力에依賴하야壓制만ᄒᆞ니其可痛也로다大抵以理推之면去年陽十月日에金씨에呈訴ᄒᆞᆫ되로賊漢木源貧富을勿論ᄒᆞ고日本政府에公函催促ᄒᆞ여擴價與賠償金을日本政府의셔我國政府에對ᄒᆞ야督迫行用ᄒᆞ던前例ᄃᆡ로八年에八倍를計ᄒᆞᆫ즉四萬六千七百九十一圜九十錢을當場徵捧ᄒᆞ야出給홈은可커니와一向置之度外ᄒᆞ니三千里疆土人民이萬無生活之道則可謂痛哭者此也로다本政府食祿之臣三시에政治如是ᄒᆞ니國事ᄂᆞᆫ엇지ᄒᆞ고人民은將何處依托乎아國庫에金銀貨幣만虛費ᄒᆞ니엇지痛哭지아니리오ᄒᆞ고退待下回ᄒᆞ더니臘月十五日上午七点에自鄕家로金시之子俊南이來到ᄒᆞ야急告親患ᄒᆞ니翻然驚動ᄒᆞ야父子卽發下去타가未至本家百數十里에逢부ᄒᆞ얏다ᄒᆞ니豈不罔極哉아中路에解變歸家ᄒᆞ야指掘初終에因爲占山安葬ᄒᆞ고再昨日下午九時에入城ᄒᆞ얏다더라

▲鍾弄輕重▼

▲昨夜東風에桃花ᄂᆞᆫ已落ᄒᆞ고菜花ᄂᆞᆫ續開ᄒᆞ니政界上風雲이忽變ᄒᆞ야意外靑山이平地突出ᄒᆞ니萬丈峯影의一新面目을人人指點이로다

▲藥峴洞天에雲霧가凝聚ᄒᆞ야年龍手段이暗生其中이라天下豪傑이　時都聚ᄒᆞ야權衡時局에變幻無常ᄒᆞ야經綸을各輸하니大韓天地가舌端浮沈이로다

▲各部大臣이變換되미各部協辦도一齊히遞改ᄒᆞ고各部課局長ᄭᆞ지라도一新히變遷된다니近日政界事를歷數ᄒᆞ면風潮起處에碧海桑田이須臾忽改로다

▲現今人民社會ᄂᆞᆫ時局에危殆홈을경惕ᄒᆞ이敎育事業을互相發起ᄒᆞ며國債報償을爭相激勸ᄒᆞᄂᆞᆫ대所謂政界上官人輩ᄂᆞᆫ日々로江亭山寺에携妓率倡ᄒᆞ고聽歌觀舞로爲其盛事ᄒᆞ니是之謂殃民之賊이오安其危而樂其敗亡者니天之降災를焉可得免ᄒᆞ리오

▲日昨中樞院에셔贊議以下副贊議가會同ᄒᆞ야李膺직氏의冠婚喪禮浮文을廢止ᄒᆞᄌᆞᄂᆞᆫ案件에對ᄒᆞ야互相協議ᄒᆞᆯ時에副贊議洪佑석氏와金沙溪의禮節을論駁홈으로尹興섭氏가反對ᄒᆞ얏다니當此改革時代ᄒᆞ야以若樞院言權으로發達事爲가許多ᄒᆞᆫ것만은空然ᄒᆞᆫ節文으로論駁ᄒᆞᆫ者와反對者가俱是一般이로다

▲一進會에셔內部協辦沈相翊氏와學協李圭恒氏에게總代을派送ᄒᆞ야辭疏退去하라고討論ᄒᆞ얏다니該會에셔自昨年以來로勢力이摧折ᄒᆞ야質問인저勸告인지危險ᄒᆞᆫ行動이寥寥無聞ᄒᆞ더니近日에무ᄉᆞᆷ氣炎으로前日氣習이更生ᄒᆞ야傍若無人ᄒᆞ니大事을又誤홈이로다

▲漢城府尹朴義秉氏가統監官邸에頻數히訪問ᄒᆞᆫ다니무삼事端인지必是地位를鞏固홈이지암만하야도쓴대읍지一進會總長宋秉畯氏가ᄒᆞᆫ다ᄂᆞᆫ걸

▲各部協辦이擧皆變遷ᄒᆞ되度支協辦柳正秀氏ᄂᆞᆫ依舊히視務ᄒᆞᆫ다니該씨ᄂᆞᆫ一番勁風에特立不온ᄒᆞ니可謂一葉이獨靑이로다

▲近日에鴨綠江森林問題가一出ᄒᆞ미韓日兩國이協議ᄒᆞ고營林廠을設始ᄒᆞ미韓日官人이看作奇貨ᄒᆞ야奔競이大端ᄒᆞ다지

▲濟州郡守尹元求시ᄂᆞᆫ各府部로報告ᄒᆞᄂᆞᆫ封套外面에從二品全羅南道濟州郡守兼濟州裁判所判事陸軍步兵副領勳四等尹元求라ᄒᆞ얏다니該시職啣은㭗융ᄒᆞ나封套에長文塡書ᄂᆞᆫ물인것인지

特別社告

本報가一般人士의愛讀으로以ᄒᆞ야漸次發達ᄒᆞᆫ效果를見ᄒᆞ니此는大韓人民의國家思想과開明程度가漸進ᄒᆞᆷ이라吾儕는以爲ᄒᆞ되大韓의文化를開進코저ᄒᆞ면便利ᄒᆞᆫ國文을發達케ᄒᆞᆷ에在ᄒᆞᆫ故로特히**國文報一部分**을幷爲發行ᄒᆞ야普通男女의智識을開廣코저ᄒᆞ오니有志ᄒᆞ신僉君子는本月內로本社에請求狀을送ᄒᆞ시옵

大韓每日申報社

本社告白

咸興郡居金[illegible]氏가該郡五十七社內에本報를均布ᄒᆞ기爲ᄒᆞ야二週日代金을自擔ᄒᆞᆫ事는前報에已揭어니와右五十七社에所去新聞을該觀察道書記所로都封以送ᄒᆞ니勿滯勿漏ᄒᆞ고各社主人을命ᄒᆞ야一々傳播를切望ᄒᆞ오며二週日後에購覽코ᄌᆞᄒᆞ시는이는該郡西門外崔鎭氏의冊肆로請求ᄒᆞ시옵

雜報

●德山郡國債報償趣旨書 夫有國然後에有民은乃天經地緯之常理也여날今我大韓國의在國民危難之大機關事ᄒᆞ니即國債一千三百萬圜底事也니以[illegible]事由， 皇帝陛下게옵셔有宵旰之憂 [illegible]廷諸臣이束手無策ᄒᆞ[illegible]主ᄒᆞ고國事日非[illegible]孰不痛恨血熱이

리요近見每日申報大邱居金光濟徐相敦兩氏公函則以國債報償事仗忠尙義之辭意가今人感淚이고其鳩財之方略의日就使二千萬人衆限三箇月廢止南草吸烟其以代金每名下每朔의二十錢式徵收栗算하면可爲一千三百萬圜이니伏願大韓臣民은轉相警告期於實施上以答 聖明下以維特疆士云々ᄒᆞ니兩氏之一幅公函이可作 大韓國兩衛明燭이니孰不喚醒而肯從哉玆廣告ᄒᆞ니惟願本境內同胞는上念 國勢之危急ᄒᆞ고下察民人之存亡ᄒᆞ야各出義金ᄒᆞ야以了國債ᄒᆞ고以復國權ᄒᆞ야以至國泰民安之地千萬옹祝

●康紳出義 寧邊郡南松面居前叅議康炳지氏는歛迹官途가三十餘年이오平生에節儉立規ᄒᆞ야雖分錢粒穀이라도未상濫用ᄒᆞ더니今回國債報償에對ᄒᆞ야一郡에首倡이되여新貨一百圜을本社로送交ᄒᆞ엿더라

廣告

競賣廣告

本人이휴렛트氏의囑托을受ᄒᆞ야五月二十五日(土曜)下午二時에英國領事館에서各種華美ᄒᆞᆫ家産汁物을拍賣ᄒᆞᆯ터이오니僉位는來臨購買ᄒᆞ시옵 公拍時間은下午二時붓터始作ᄒᆞᆷ

公拍人高準基 告白

本人에姓名圖章을見失ᄒᆞ얏스니內外國人間勿爲施行ᄒᆞ시옵

載寧崔宗五 告白

本人이江西는次串坊三里新洞居金氏處得債次葉三百兩標를陰四月一日本으로書持ᄒᆞ고大實坊太平場에셔買物이다가견失이오니誰某拾得ᄒᆞ와도休紙施行ᄒᆞᆷ

朴鳳翰 告白

國內鐵道運輸荷物에迅速便利ᄒᆞ을爲ᄒᆞ야自京城至仁釜義各驛에支社를列張ᄒᆞ여同聲相應이더니財務李元杓는推本鐵退去ᄒᆞ고事務官金在性도亦無相關이고本人等이一層確張ᄒᆞ고本社印章을別樣改造ᄒᆞ며舊章은永爲勿信ᄒᆞ니各支店與各荷主僉公은照亮ᄒᆞ시옵

通運會社 財務東亞館 康用協 全致秀 任鳳烈 全寬敎 趙文植 告白

本人이本地李文學處에陰四月一日推次五百兩於音一片을同月六日에遺失路上則勿論內外國人ᄒᆞ고拾得則休紙施行

平壤隆興部安洞邊昌혁 告白

保險金領收廣告

一金壹千圜也

右는父親**朴鏞和**公게옵셔曩者**日宗生命保險株式會社**와保險契約을ᄒᆞ왓삽더니今番不幸히別世ᄒᆞ신故로前記金額을西署石井洞**同會社韓國出張所**를經하야卽速出給ᄒᆞ시기에領收ᄒᆞ옵고此를依ᄒᆞ야同會社의**確實無疑**ᄒᆞᆫ것과保險金**出給의迅速**ᄒᆞᆫ事를江湖에稟告ᄒᆞᆷ

北署齋洞居 子斗南 告白

●일본遊覽者募集

一 遊覽會員募集 人員은五十名으로一團을成ᄒᆞ니한일인을不問ᄒᆞ고速히請入ᄒᆞ시옵
一 巡遊地 東京博覽會横빈京都大阪神戶
一 往復일數 더抵十七일間
一 浮費 遊覽費及手數料을合ᄒᆞ야總計四十八圜
一 出發일 請入順次를從ᄒᆞ야出發三일前에直接히通知ᄒᆞᆷ
一 請入所 在京성各신聞社五十八銀行경성支店 天一銀行
一 會員은遊覽을終ᄒᆞ야開散ᄒᆞᆫ後는本會와關係가小無ᄒᆞᆷ
一 南대門셔釜山으로直行ᄒᆞ던지或은東경으로直行하는者의對ᄒᆞ야도同一便法으로同行請入을應諾ᄒᆞᆷ

일本人遊람協會事務所경성南대門通 東亞商會

本人에異腹係前叅奉宋舜鳳이가性本浮浪ᄒᆞ야탕敗家産ᄒᆞ고本人에田庄沓十五石落과田二十一日耕이在於陰竹石橋村이온디舜鳳以僞造文券으로欲爲放賣ᄒᆞ오니無論內外國人ᄒᆞ고勿爲見欺白失ᄒᆞ시옵

山林洞金召史 告白

李承麟의如干田土가在於龍仁南陽牙山等地而何許悖類가僞造文券ᄒᆞ야欲爲偷賣이기玆以廣告ᄒᆞ니內外國人은切勿見欺ᄒᆞ시와無至良貝之地要望

李承麟 告白

特別廣告 內外書籍新舊學文幷販賣所 大邱[illegible]洞 金긔鴻

女學校聯合大運動會를來士爲陰本月十四日에奬忠壇에셔設行ᄒᆞ옵기玆에廣告ᄒᆞᆷ

女學校聯合大運動會事務所 西[illegible]門內[illegible]長俊源氏家

本人이日本大阪商業家와特約ᄒᆞ고日本內地土産各種物品과西洋各種物品及機械等物을大韓에輸入委托을便利케貿約ᄒᆞ얏ᄉᆞ오니商工業에有意ᄒᆞ신僉君子는其物品을請求ᄒᆞ자ᄒᆞ시거든本社로來議ᄒᆞ시오本社에셔는手數料만領受ᄒᆞᆷ

興業社本店 開城北部鮮洞 支店京城南門內水橋五十一統六戶

全仁洙內[illegible]廣濟號 培養會社

◎**增修無冤錄大全**

壹匣 壹白七十頁 定價金新貨七拾五錢

此增修無冤錄大全은法律家의最緊要ᄒᆞᆫ書籍이온디年來現本이殆히絶種에至ᄒᆞᆫ지라故로法部에認許를得ᄒᆞ와ᄡᅥ此를新刊ᄒᆞ얏사는디國漢文으로解釋ᄒᆞ야模糊ᄒᆞᆫ句節이無ᄒᆞ오니法律學에有志ᄒᆞ신이와字牧之任에居ᄒᆞ신이는不得不購覽ᄒᆞᆯ冊子이오니注意購覽ᄒᆞ시옵

中署布屛下 廣學書舖 김相萬 發售所

本店擴張新到時欸各色紗羅綢緞絨地단油地氈洋廣지貨雜貨판頭香茶烟草各種均效價新興奇時合用美價廉惠南洋彩緞特此布聞請來購覽是厚望언

漢城石井洞 **杏花春** 告白 電話七二五番開通ᄒᆞᆷ

京城皇土峴紀念碑前 大韓西양御料理 **明月舘**

●九轉靈砂라 本人이妙方法을[illegible]ᄒᆞ야製造ᄒᆞᆫ靈丹이되男女老少에無論何정ᄒᆞ고通治하오며無病時에도服하면平生의身躰가健康ᄒᆞ며小兒는四五錢重만服ᄒᆞ면十歲안에無病ᄒᆞ기를擔保ᄒᆞ오며

●九轉靈砂萬應丹은狂熱증과中風諸疾과目諸病과淋疾에神効ᄒᆞ오

●九轉靈砂保命丹은初生小兒驚風 간氣 咳嗽 腹痛諸般증에神効ᄒᆞ오

●九轉靈砂濟衆丹은酒滯 食滯 血積 吐瀉 霍亂 痢疾 吐血 下血 運氣 時疾 痢증에神効ᄒᆞ오

●九轉靈砂紫金丹은痔瘻 累瘡 上疳瘡 下疳瘡及唐瘡과諸般瘡疥惡種에無不神効ᄒᆞ오시니 君子는來問ᄒᆞ시오

內需司前宗甘이골上隅第一家 百三統一戶 리호鋌 告白

◎**活動寫眞廣告**◎

今番에始作ᄒᆞᆫ活動寫眞은法國巴里京에셔有名ᄒᆞᆫ거시오또ᄒᆞᆫ大韓국 皇室에셔먼저看品ᄒᆞ섯고始作ᄒᆞᆫ지數日에遊覽ᄒᆞ시는僉君子가多數枉臨ᄒᆞ시와坐處가넘치셔觀覽ᄒᆞ시면不便ᄒᆞ오니速々枉臨ᄒᆞᆷ

活動은自下午八点至九点 名唱及歌舞童과唱和吹笛은白九点至十点 買票時 七点半始ᄒᆞᆷ 入場料 上等新貨三十錢 中等新貨十五錢 小童十錢

新門외서달이목東便벽돌집 法人 馬田 告빅

西署新門外鍮동百八十六統三戶 辯護士 前潑事正三品 丁明燮 法律事務所 事務員 前主事吳在淳

명월관확장광고

폐관이되시이후로고인ᄒᆞ시는귀긱께옵셔우리의를입사와은날터한에제일등요리점으로니외국에셔다아시도록확장ᄒᆞ엿가오니더단감ᄉᆞᄒᆞ옵거니와근일은이층양옥을확장ᄒᆞ이신건축ᄒᆞ고다락아리는온돌방을만들리비쳐놋코포진범절을새로ᄒᆞ와오시는귀긱이편ᄒᆞ시도록쥬의ᄒᆞ엿ᄉᆞ오며각죵음식은보기에화려ᄒᆞ고먹기에정미ᄒᆞ게일신ᄒᆞᆷ비ᄒᆞ야다소를불계ᄒᆞ고주야로파오되셔양쥬는잔으로파오며득별신긔ᄒᆞᆫ량과자음식은오시는시로부터ᄒᆞᆫ시간이되면예상이라도곳가져가시도록ᄒᆞ오니외귀긱은륙속왕임ᄒᆞ시옵

각석요리음식
각식셔양쥬
각죵경편양요리
각죵일본간스메
각죵셔송연
각국권연
진찬합
一건찬합
밥묘자
득별신긔량묘자음식
창가동정거북도유ᄒᆞᆷ

明月舘主人 金東植 告白

本店에春服衣次가極히自英국으로多數來到ᄒᆞ얏사오니陸續來購ᄒᆞ시옵

貞洞源泰양服裁縫店 告白

越南亡國史 國漢文 定價貳拾伍錢

發賣所京城廣橋高裕相書舖 鏡南端川郡禹時夏書舖 布屛下 김相萬 冊肆

國債報償捐義金收入廣告

●海州人德面
柳致晉壹圜 柳義豐五十전
合一圓오십전
●始興郡東面澤下里
宋ㅎ植壹圓 宋淳寬
宋應鉉ㅎ十전 宋鶴鉉五拾전
宋九鉉拾五전 宋淳夏拾전
柳萬ㅎ廿錢 柳南根 柳聖道
김百應 각拾전 嚴창根
五拾전 申萬甫 楊順石
니召史 김平보 각拾錢
니奕福 楊重根 박封孫
獎勵朴각廿전 合四圓십오전
●報恩郡주城面鳳凰동
姜文會 八拾錢 리興來
니化順 니明五 黃繼化
김應九 김元景 리明보
ㅈ五拾錢 合四圓卅전
●忠州郡嚴政面三峰里
金榮九 柳弘烈 金齊根
ㅈ二十전 김源性 최秉哲
니寅甲 林英俊 洪德化
각拾전 合一圓십전
●南署嘉昌동
박榮洙 박俊洙 박建柱
각壹圓 章동박奎明 廿전
●中署琵琶洞 니止相 壹圓
合四圓卄전
●京城鍾路大廣橋
김載順 김永熙 김演泰
김洙日 鄭彰熙 각壹圓
김泰完 박基南 박鎭九
權泰淵 辛柱植각五十錢
鄭인형 리인汝 각廿錢
安鐵基卅錢 合八원廿전
●中署校동
高永錫壹圓 吳德三五十錢
黃斗연四十錢 니永化卅錢
김聖奎 權인善 김聖元
각廿전 김錫化 니明夏
최鳳煥각卅錢 合三圓七십전
●元山上里一동信義會
徐春學八圓 子明德貳圓
니德哉 方思圓 김경식
각壹圓 申錫玉 김有賢
姜在明 김鳳九 김英春
각五十錢
合십오圓오십전
●永平二東面猴踰里
李寅혁 李應九 崔炳殷
최炳泰 각六十錢 李 時
愼서泰 各三十전 朴秉圭
朴熙陽 金守萬 俞致烈
俞俊煥 俞貞煥 韓德호
韓錫鎭 ㅈ二十전 李吉호
李海鳳 李時九 李明赫
韓星鎭 韓厚鎭 朴熙準
朴熙鳳 宋禮元 박元圭
朴熙仁 韓九鎭 李鎬赫
洪之元 朴熙復 李仁秀
ㅈ十錢 成洛鎬 三十錢
合六圓五十錢
●慶州郡商務所決成會
第一回
정明煥 白乃鍊 金德立
林迺善 各十圓 손其憲
前議官金德憲 金璧大
前主事金翰殷 리應文
ㅈ五圓 최周範 鄭위瑞
金德淳 金周復 金孝文
ㅈ二圓 安文振
金正五 前監察리위曹
리子堰 尹敬元 金善五
최君五 朴敬潤 安光五
元亨奎 최乃完 白乃寬
張泰善 리子香 金璧九
金奎汝 許윤景 정明元
ㅈ一圓 林麟동 최敬卓
리仲善 리春化 金景善
權德文 박聖洙 權聖叔
徐永穆 金致仲 金啟善
박時彦 박元卿 徐敬穆
黃在先 손聖호 金子明
ㅈ六十전 尹燦文 韓南巨
박景洛 ㅈ五十錢 리應叔
정應五 金其叔 韓聖九
金其善 金化善 文昌叔
최文와 徐圖弼 安景伯
리文舒 鄭致五 리亨淳
金聖洪 ㅈ四十전 金成玉
金景秀 吳德元 金永文
ㅈ三十전 리九和 全信汝
ㅈ四十錢 리章九 韓聖叔
金璧玉 金致雲 金인玉
南元伯 金성德 金學瑞
최士玉 조乃珍 각廿전
合壹百十陸圓三十錢
●慶州郡商務所 國債報償斷烟同志會烟草代金一部條
第二回
金翰殷 二期條四拾전
金德立 孫其憲 金德憲
林迺善 金成大 鄭明煥
白乃鍊 崔周範 李應文
金大元 리子殷 金正五
리위曹 리敬두 金敬先
리春和 朴秀元 金景彦
松鶴 各二十전
金병昊 三期條六十錢
弗 玉 二期條四十錢
合五圓廿錢
●永平二東面蘆谷里
申碩求 崔敦恒 각五拾錢
崔宗植 六拾錢 崔元植
二拾錢 朴承浩 拾錢
崔奎植 五拾錢 朴承洙
二拾전 崔貞植 拾전
申敬模 二拾錢 申永模
拾錢 朴承浩 卄전 니周鎬
四拾전 崔東興 三拾전
崔東섭 俞春煥 各拾전
李春赫 三拾錢 崔命龍
三拾錢 朴承源 洪郁周
任靖鎬 각廿전 崔性喜
崔道善 각廿錢 李俊鉉
五拾전 朴晦相 二拾전
徐廷顯 拾圓 崔光植 拾錢
崔炳醇 三拾전 李炳夏
四圓 李炳薰 李炳大
ㅈ五拾전 李時직 壹圓
李鳳求 二拾錢 俞致亨
四拾錢 韓命洙 拾전
鄭壽赫 四拾錢 崔炳大
壹圓 韓鳳錫 拾전 李炳周
五拾錢 崔炳潤 二拾전
李炳樹 拾錢 崔弼植
五拾錢 李景明 拾錢
崔炳鶴 五拾錢 崔炳賢
崔炳萬 ㅈ拾전 李炳협
貳圓 崔東駿 廿錢 崔인호
鄭基赫 李炳台 ㅈ拾전
李炳俊 五拾錢 李炳翼
趙鵬夏 崔壽鍾 金永命
崔炳七 崔春喜 俞奎煥
申昌休 崔東賓 俞宗煥
朴敦相 朴熙相 金思默
ㅈ拾錢 崔益喜 二拾錢
신榮求 신웅休 신炳模
崔병호 各拾전 최洛基
六拾전 최병와 七拾전
최병謨拾전 최東夏 廿전
최인熙拾錢 金性道 卅전
韓業同 리昌錫 金重東
리順錫 各拾錢 威福男
廿錢 주돌伊 宋在龍
리年奉 金七星 各拾錢
尹者斤石 卅錢 車得萬
五拾錢 車福萬 三拾전
金씨同十진 韓大돌 俞萬돌
各廿전 리黃允 楊永先
趙用伊 金戊吉 니奉成
各十전 리淳載 羅甲得
洪神通 各廿錢 尹永石
신伊求 최병三 신萬伯
최東述 安老馬 최東鶴
金말孫 鄭長福 各十錢
合三十八圓六十錢
●金剛山楡점寺楡新學校
寺中廿圓 김벽庵以下
五圓 김錦潭 許蓮庵
柳布庵 김東宣 각壹圓
김定潭 최布虛 각五拾錢
宋願庵一圓 黃大耄 貳圓
니麟谷五拾전 全錦溟壹圓
김應濟 吳竺山 박惠惺
ㅈ五拾전 박性암 寶海
[illegible]
김一雲 각一圓 殷大恩
박先月 洪秀암 각五拾전
高坦翁 김寶淵 각壹圓
殿奉根 최學訥 김坦月
각卅錢 姜暢운 吳性日
각五拾錢 普光 八拾전
石奉祚廿전 박震鍾 卅전
文惠山一圓 김海恩 林延호
각卅전 최瑞蓮 니東一
니聽權 니振學 최泰元
각廿拾전 尼僧박四得壹圓
김處祥오십전 최海天 貳拾錢
김性悟 尹奉允 각卅錢
寺傭權注伯십오전 申春化
십전 김秉植參拾전 최致祥
二拾錢 니致玉 權華三
각십전 安奉植廿錢
김漢柱拾전 김雲西三拾전
南聖七십錢 姜聖化二拾전
安國西 權鍾禹 趙敬化
각십錢
合五十貳圓六拾五錢
●竹山郡遠一面孟동里
前叅奉니建與拾圓 니建世
四圓 니建宇貳圓 니병夏
五圓 니殷甲四圓
▲遠一面行軍里
김奉賢 니童漢 각五拾錢
韓敬錫 徐相順 徐相龍
각四拾전 김되鉉 卅전
김相鶴 니昌會 元用順
니洙英 安 치 박聖心
金上元 김長建 김山玉
박永叔 각卄錢 박龍基
卅錢 김敬三 김容俊
趙桂顯 林壽榮 박龍九
禹聖賢 禹三福 姜守京
拾錢 安 塾卅錢 김容穆
二拾錢
▲遠一面葦塘里
前議官니胤凡貳圓 白樂漢
壹圓 前監役니基元 黃哲顯
張容五 각五十錢 설國永
四拾錢 설鉉九 박琦鎬
각卅전 [illegible]始鎬 文在錫
申元心 박九模 각廿錢
니象七 嚴柱華 김濟一
前主事任翼準 니建石
韓泰殷 張容식 설福永
尹壽植 韓用翕 申化先
김順五 김仲先 張泗秀
張學敎 각十전 許 돈
廿錢
合三拾九圓拾錢
●牙山郡三北面屯浦洞中
니容岳五圓 洪在賢 曹억
柳興烈 黃寶淵 각貳圓
박在鳳一圓廿錢 니順甫
김召史 김允出 宋星日
김德有 郭永植 니元根
박順甫 文相模 각六十錢
니程圭四拾전 趙화翊
박受鳳 尹公翊 니昌先
白德文 박鳳起 裵仁甫
金成七 丁敬三 韓永源
柳春化 니萬秀 郭周寀
김善敎 니善敎 趙辰甲
宋士憲 박敬文 孫日成
최術集 각卅錢 張明云
김春三 尹正伯 니春化
소平汝 소平四 니德俊
김應祚 姜德三 박元明
김善日 劉興汝 박奉호
김道元 박得瑞 니啓弘
니順弘 洪英三 각廿전
張洛汝五拾전 김明添廿五錢
▲本面々內新宜室동中
車南奎 니圭復 각壹圓
車星奎 五拾錢 니復榮
니圭泰 車學奎 鄭泰啓
黃伯秀 각拾전
▲本面々內上旺州居
安鳳三夫人金씨 壹圓
合卅四圓卅五전
總合三百卅五圓卅五錢
前號總合一萬一千七百九十八圓三十三錢二里
都總合壹萬一千一百三拾三圓六十八錢貳厘

●正誤 本報五百十九號國債報償金廣告中保寧吾三田面義金合計中에洪州紙谷里義金도包入홈

◎特別廣告◎

國債報償金昨日所捧은姑未合計이고伊前日所捧總合三萬五千三百五十五圜六十錢은電氣會社內銀行에貯置ᄒ얏솝고其貯置額中에셔九千五百圜은國債報償志願金總合所로越交홈

大韓每日申報社

◎本社廣告

○申報價
一張代金 新貨二錢五里
一個月前納 三十錢
三箇月 九十錢
六個月 一圓七十錢
一箇年 三圓四十錢
郵稅一部 新貨五里
一箇月 十三錢

●大韓每日申報各處支社廣告
中署布屛門下 김相萬冊肆
平壤上水口門內 김浩準
仁川[illegible]峴開新冊肆 최敬恒
宣川邑橋西里 리東皓
義州西門外한西 安濬
釜山港佐川 大藥局
三和港築洞 徐藥局
咸興州南社西門外 김元섭
開城培義學校 曹喜林
大邱市廳 姜助遠
載寧邑齋衆院 최一弘
鐵山邑東部 [illegible]夢潭
元山支店 安호
海州南門內 劉七錫
信川邑 洪成鉉
定州南門內書舖 리源禎
昌原郡校洞 朴昌鎬
郭山興岩 許환 李銀瑞

發行兼編輯人英國人 裵說
發行所 南서石井洞號外地三層洋屋
大韓每日申報社

第五卷

第五百廿一號

月曜及慶節 歲時日休刊

檀君開國四千二百四十年
箕子元年三千二十九年
大韓開國五百十六年
日本明治四十年
清國光緒三十三年
◉陰曆丁未四月大十四日甲戌

論說

韓國新內閣

數日以來로內閣新組織之說이播傳狼藉ᄒ니一般世人이大段注目ᄒ더니及夫朝紙一出에萬口ㅣ沸騰ᄒ야巷議街談이到處喧聒ᄒ니怪哉異哉라新人內閣者가果誰某其人也오參政大臣은李完用氏오內部大臣은任善準氏오軍部大臣은李秉武氏오學部大臣은李載崑氏오度支大臣과法部大臣은仍存이라ᄒ는ᄃ參政大臣李完用氏의平生履史는固已暴著於世界之耳目者라盖其昔前當局也에操弄國權的手段이果何如也며其任觀察使에貪饕不法的聲聞이又何如也오其居學部也에主管全國學務之責任으로教育事業은付諸夢外ᄒ고晝宵經營에百般運動이惟是參政及內大之圖得而已니其居心이如彼ᄒ고伎倆이如彼라可以居百僚之長ᄒ야圖刷新之政乎아此는全國人心이大不服者也오內部大臣任善準氏는何如其人고以其資歷則正三品通政大夫也오有才識乎아無有也오有名譽乎아無有也오有勤勞乎아無有也오有外交乎아無有也라然則何以致此오參政大臣李完用氏의姻戚緣故라ᄒ니傳聞官人이多出於權勢家之姻戚及食口는固其成例어니와至若內大臣ᄒ야는政府中最重要之職任이라以其爲參政之切姻故로以三品而躐陞其座는果是古今歷史之所未有者라盖其引一木偶人ᄒ야置諸乘銓之地는何也오一切官吏任免之柄을惟意指使ᄒ야網羅其權利코ᄌᄒ는思想으로由홈이니然則是內大也ㅣ非任氏之內大오實參政之內大로다

法部大臣李夏榮氏와度支大臣閔泳綺氏는何以仍存고是其爲參政之黨故也오軍部大臣李秉武氏와學部大臣李載崑氏는稍有名譽之人이라謂ᄒ나亦其爲參政之黨故也라ᄒ니然則大韓政府는都是一個李完用氏手中에在ᄒ다홈이可ᄒ지라所謂一進會之勸告가止此而已乎아是固不足論이어니와至若伊藤統監이承 韓皇陛下之諮詢而對政界改革之重大事件ᄒ야一任若個人之恣意操弄ᄒ니政治之改善은決無可望이오人心之不服이愈益甚焉이니伊藤侯가以日廷之元老宿德으로駐此韓國이亦既有年에未見其忠告指導之實效ᄒ고使此政界로日陷於腐敗가愈往愈甚케ᄒ니是其秘筭所存이故意爲之者耶아抑或見欺於下僚及韓國奸黨ᄒ야未及覺察而然乎아吾恐伊藤侯의晩年功名이對韓方針의失當으로由ᄒ야亦將不免於蹉跌일가ᄒ노라

官報

◉第三千七百七十四號 光武十一年五月二十四日

敍任及辭令

侍從院左侍御白斗鉉
肇慶壇守奉官李輔[illegible]
依願免本官
瑞興郡主事文禎淳
九品康㬇植 仝 白成基
解享祀經費査整委員 趙鏞七
任侍從院左侍御 李丙[illegible]
任肇慶壇守奉官 李在寅 尹錫一
命享祀經費査整委員 掌禮院副卿金容圭
解署理職務

◉號外 光武十一年五月廿四日

◉宮廷錄事

內部大臣李址鎔辭職疏
批旨省疏具悉卿懇寄비者深而乃如是固辭所請依施事遣部郞宣諭
度支部大臣閔泳綺辭職疏
批旨省疏具悉卿懇財賦之務久愈諳鍊乃且委寄不宜言辭事遣部郞宣諭
軍部大臣權重顯辭職疏
批旨省疏具悉卿懇綢繆陰雨倚비殊切何爲나遽言辭所請依施事遣部郞宣諭
法部大臣李夏榮辭職疏
批旨省疏具悉卿懇此豈可言病之時亦宜五强不當求去事遣部郞宣諭
農商工部大臣成岐運辭職疏
批旨省疏具悉卿懇且佇劇務之理不圖遽此言去所請依施事遣部郞宣諭

敍任及辭令

任內部大臣 成均館長任善準
任軍部大臣 陸軍副將李秉武
任學部大臣 中樞院副議長李載崑
命臨時署理農商工部大臣 議政府參政大臣李完用

外報

◉印度兵의叛亂 去二十一日路透電을據ᄒ則現今의不穩ᄒ狀態ᄅ鑑ᄒ야印度兵은愛國합을선述ᄒ고顚覆者를論박ᄒ는선言을發ᄒ얏다더라

◉職工休業 同電을據ᄒ則伯林建築職工等의八時間勞働要求에對ᄒ야五萬人을解職ᄒ얏고本日붓터更히五萬人의休業홈을見ᄒ짓다더라

◉日皇行幸 去二十一日東京電을據ᄒ則來二十八日에陸軍幼年學校에셔卒業証書授與式의擧行홈으로由ᄒ야日本 天皇陛下께옵셔當日上午九時正十分에出門ᄒ사同校에行幸ᄒ실意로日本의發表되얏다더라

◉遣美艦隊의德國回航 去二十一日路透電을據ᄒ則日本에셔遣美艦隊는德國셔會合ᄒ기로決定되얏는ᄃ此는日本이日法協約成立ᄒ結果로德國에對ᄒ야敵意를挾ᄒ지란일이無홈을表彰ᄒ기爲홈이라더라

◉泰晤士報의警告 倫敦電을據ᄒ즉在北京倫敦泰晤報通信員의警告에日本이滿洲에셔門戶開放主意의政策을實行치아니ᄒ고日本이英國等의商標를模倣使用ᄒ며版權을侵權ᄒ다ᄒ고此等問題는兩國民間에感情을損傷ᄒ다ᄒ얏더라

雜報

◉元山港笠子契報義會趣旨文 續

子午針을一定ᄒ미라가任意로往來홈이니此엇지國家興旺ᄒ證訂이아니리오所以로同心諸人이趣指各發ᄒ야此機會를設立ᄒ고ᄒ부貴助國홈으로心을合ᄒ나니雖婦女童孺라도貧ᄒ니는灸背와漆室의義를慕仰ᄒ며富ᄒ니는鍮노와銅臭의職을爲恥ᄒ야其精神을振刷ᄒ며肝肺를激厲ᄒ야晝上에憂를父母의憂로知ᄒ며國家의急을自己의急으로ᄀᆺ치ᄒ면엇지奏功치못ᄒ리오時運挽回와局勢大定을今日人心으로占驗ᄒ리니西國에日耳曼은變法하미法國이禁止라가俾斯麥이內政을作ᄒ後에야自立ᄒ고美利堅은製砲ᄒ미英人禁止타가화盛頓이獨立을倡立ᄒ後에成國ᄒ얏스니我韓國事勢도亦然ᄒ지라此時에自强意를鼓動ᄒ야國憂를分치아니ᄒ면一室의居홈과如ᄒ야棟이腐ᄒ고최가崩ᄒ면同이歷顚을受ᄒ고一船오乘홈과如하야檣이折ᄒ고楫이摧ᄒ면同이陷溺을不免ᄒ리니비록貨幣가有ᄒ나何處의用ᄒ리오諸君子의忠憂志氣와慷慨思想을泯默지말고此文字를見ᄒ고多少를勿論ᄒ고隨力義補ᄒ심을옹希ᄒ노이다

發起人 리민夏 趙汝楓 吳秉俊 完

鐵山郡國債報償佈告文

張寬善 安圭 等

夫有國而後에有家ᄒ며有君而後에有民ᄒ나니國與家와民은卽不可分量之一身이며不可分量之一家也니今我韓國이光武九十兩年之借款이合爲一千三百萬圜인ᄌ惟此巨額之償還이是誰之責고該債款이名是國債니國者는非但 陛下一人之國이며亦非政府諸公之國이오乃合슈國人民共同之國也라然則國債는卽爲我一般國民者之債也니惟我國民이所當償還者라爲ᄒ이나國家ㅣ若有飢饑면何必及於民也리오만은今我韓이量入筭出에每年經費가常患不足이여든竟以何貲로償此巨額乎아故로惟我國民이若不報상ᄒ면誰爲我償之리오豈他國人이報상ᄒ아 雖창桑田에ᄒ며 而不知有國ᄒ며但思有身而不思有君ᄒ야各嗇其財ᄒ야忘此國債報상之義務ᄒ고優遊送歲ᄒ면借款之利殖은日加月增에國勢는貧ᄒ고國勢가貧에상還은去益無期ᄒ야民國이具陷於難保之境ᄒ리니豈不痛恨哉아無論古今文史ᄒ며無問家國事勢ᄒ고多負鄰債而延라多年不상ᄒ고能晏然高枕에樂이室家者ㅣ抑或有之乎아今若不思報상之義務ᄒ면他日家國産業을豈其享有乎아是以生等이爲此國債ᄒ야每切吁嘆호ᄃ未曾敍論矣러니今此고南義男徐金兩시之先倡同氣相激하야玆以決心斷烟ᄒ며國債報상연助募集所를發起ᄒ고義연金募集ᄒ오나無論男女老小하고各自義연호되馬耿千斤과蟻負一粒이亦ᄒ之常也니勿拘多小하고同衷愛國之熱誠ᄒ야報상國債여다愛國同胞여願我同胞여咸須奮發心力하야勿爲各小失大하고乘此好時機ᄒ야毋失國民之義務哉여다

◉仁塾盛況 仁川港有志紳商諸氏가教育에熱心ᄒ야角洞에基址를三千圜으로買收ᄒ야仁明義塾을新設ᄒ고昨日에開塾式을設行ᄒ얏는ᄃ塾長은尹致오씨公薦홈이同시가身病으로票却치못ᄒ고當日主席이되야一場演祝에激勵感發홈과奉邀ᄒ紳士諸시가次第히演述홈이抑揚勸勉ᄒ야現狀에盛美와來頭에漸就는塾長尹시의教育止敬活홈手段과發起贊成ᄒ신諸시의奮發ᄒ腦力으로影響이相隨ᄒ다더라

雜報

●軍大親任　新任軍部大臣李秉武시가昨日親任式을擧行ᄒᆞ얏다더라

●俞씨陞任說　學務局長俞星濬씨ᄂᆞᆫ該部協辦을陞任ᄒᆞᆫ다ᄂᆞᆫ說이有ᄒᆞ더라

●卒業叙任　平漢兩裁一般法官을沒數遞免ᄒᆞ고法律卒業生으로叙任ᄒᆞᆫ다ᄂᆞᆫ說이有ᄒᆞ더라

●陋習更發　中樞副贊議洪祜晳씨가沙溪先生을論駁ᄒᆞᆫ事에對ᄒᆞ야南北村某々家에셔儒通을輪示ᄒᆞ야該氏를聲討ᄒᆞᆫ다더라

●平院建築　平理院을新建築ᄒᆞᄂᆞᆫ대重囚輕囚를一並監獄署로下囚ᄒᆞᆯ뿐外라該院에拘留間은永廢ᄒᆞ고建設치아니ᄒᆞᆫ다더라

●柳오押上　海州觀察道前主事柳時鳳시在任時에延安郡守署理로該郡結錢一萬八千餘兩을督봉ᄒᆞ야該郡首書記오某에게任置ᄒᆞ고領收証을持ᄒᆞ얏ᄂᆞᆫ데至今ᄭᆞ지度支部에上納을淸帳지아니ᄒᆞᆫ지라漢城裁判所에셔柳시와오某를押上裁判ᄒᆞᆫ다더라

●帝國停報　帝國新聞社에셔再昨日에政府大臣任免된事件을號外로發行ᄒᆞ엿더니內部警視某시가檢閱ᄒᆞ기前에號外發刊이違背規則이라ᄒᆞ야一日停報ᄒᆞ얏다더라

●兩시削髮　豊德郡守李允鍾시와通津汾南學校長沈啓澤시가去二拾二日江華學校大運動에往參ᄒᆞ얏다가學徒一千二百餘名의一體削발홈을觀ᄒᆞ고兩시가當日削髮ᄒᆞ얏다더라

●秤尺使用　度量衡製造所에셔日人을派送ᄒᆞ야前日日本셔貿來ᄒᆞᆫ秤과尺을勿施ᄒᆞ고該所에셔製造秤尺을使用ᄒᆞ라고指揮ᄒᆞᆫ다더라

●船票發刊　農商工部에셔船票를改良ᄒᆞ려인ᄃᆡ印刻ᄒᆞᆯ經費가窘乏ᄒᆞ야度支部에照請ᄒᆞ야二萬二千餘張을發刊ᄒᆞᆫ다더라

●悖民賣路　西署龍山坊靑坡居民人等이內部에請願ᄒᆞ되矣洞所任安云謙이多年無事擧行이온바不意昨冬에洞民張聖俊이가素稱凶悖之漢으로百端圖囑ᄒᆞ야安哥所任을奪去ᄒᆞ기ᄋᆡ더니月前에所任張漢이本동舊路을暗賣於日人處ᄒᆞ야捧價幾兩云故로本동民人이齊會ᄒᆞ야招致張哥詰問이온즉果然捧價五千兩云故로直推右奏後에諸民이往言於日人ᄒᆞ야欲爲還退則日人이萬不聽從ᄒᆞ오니동所任이豈有暗賣土地於外人之法乎잇가其凶悖之習은不可暑刻容貸이오니所任은遞差舊所任安云謙ᄒᆞ시옵고張哥ᄂᆞᆫ令法司로捉致嚴律ᄒᆞᆫ後舊路을期於還退ᄒᆞ라ᄒᆞ얏더니指令ᄒᆞ되當訓飭漢城府일지니往待該部措辦ᄒᆞ라ᄒᆞ얏더라

●似葬非葬　再昨日에社稷에로巡視ᄒᆞ다가北墻後에來到ᄒᆞᆫ則尸軀을擔舁ᄒᆞ던木枝을棄置ᄒᆞ얏거을事甚殊常ᄒᆞ야社稷內로還入ᄒᆞ야兵丁을指送ᄒᆞ야該派住ᄒᆞᆫ尉官某시가該壇垣墻後地를周察ᄒᆞᆫ則平葬處樣이果有殊常處라ᄒᆞ거을該署巡檢을招來ᄒᆞ야該處을指示ᄒᆞᆫ되巡檢이不勝惶㤼ᄒᆞ야該洞等지家併를一齊히招集ᄒᆞ고巡檢五六人이齊到ᄒᆞ야勞働者로該자處를開拓ᄒᆞᆫ則果有과尸ᄒᆞᆫ空席이出現ᄒᆞᄂᆞᆫ되諸巡檢은面如土色ᄒᆞᆫ지라更히破掘ᄒᆞᆫ즉尸軀가出來ᄒᆞᄂᆞᆫ되甚히浮爛ᄒᆞ거놀反生疑訝ᄒᆞ야歛收ᄒᆞᆫ것을解見ᄒᆞᆫ즉藁草一束에粉紅襦赤古里와粉紅치마를과ᄒᆞ고細布로歛襲ᄒᆞᆫ지라諸巡檢이始爲放慮ᄒᆞ고傍觀ᄒᆞ든四五十名이解散ᄒᆞ얏ᄂᆞᆫ되甚異常이라ᄒᆞ더라

●流民當撫　平安南道觀察使署理參書官張孝根씨가內部로報告ᄒᆞ되間伏承部訓ᄒᆞ와西邊界人民의流寓情跡을須先査探ᄒᆞ야另設方畧에依賴安業ᄒᆞᆯ意로訓飭沿邊各郡이옵더니現接碧동郡守朴麟玉報告內開越邊淸國界에我國民流寓ᄒᆞᆫ戶數가爲三百五十六戶이온ᄃᆡ其所居地를分作二面ᄒᆞ야各置面長에克盡撫綏이오며至於戶稅ᄒᆞ야ᄂᆞᆫ就中五十三戶를每戶三兩式與內地居民으로一同徵收이온즉戶錢三兩이初非重稅이오나在於流民에亦難辦納ᄒᆞ오니特爲蠲減ᄒᆞ야以示朝家若保之意事等因이온바査此流民이俱貧不自存에淪落彼地ᄒᆞ야所耕이乃是淸地오所居가無非石窟이오니其爲情狀이奚至惻은이리오爲其撫綏安接ᄒᆞ야今年戶錢은特爲減給ᄒᆞ시와以示朝家愛民之意로指令以送ᄒᆞ옵고他郡所報도待其接到ᄒᆞ야依此指令計料이오며玆以報告라ᄒᆞ얏더니指令ᄒᆞ되事關度支ᄒᆞ니具報該部ᄒᆞ라ᄒᆞ얏더라

●獵費難推　前平南觀察使李容善氏가在任時昨年五月에宮內府鹿獵訓令을據ᄒᆞ야价川郡에發訓ᄒᆞ고所謂監董은該郡鄕長朴處憲을差定ᄒᆞ고所用獵費ᄂᆞᆫ本郡結戶錢中으로先爲替當ᄒᆞ야行獵三朔만에捉鹿茸一首이기納于觀察府이고獵費合計葉二千六百三十五兩五錢을報府ᄒᆞ얏더니許題도無ᄒᆞ고鹿獵費은終不劃給이다가不意에遞職上京이더니稅務官이到郡ᄒᆞ야公錢欠逋이다鄕長朴處憲을捉囚郡獄ᄒᆞ고督納인바鹿獵費를責出ᄒᆞᆫ즉指左指右에諉多模糊ᄒᆞ고頓無報意이기獵費區劃事由ᄒᆞ야宮內府에請願ᄒᆞ더니該氏가略囑于宮內大臣ᄒᆞ야終不處辦ᄒᆞ고四十餘日을延타이다가請願書를不獲已而題給이되該觀察府로已爲措處則非本部所關이라ᄒᆞᆫ즉裁判次平理院에訴狀ᄒᆞ엿더니該氏가再次運動ᄒᆞ여平理院에셔도訴狀을接受ᄒᆞᆫ지三日後에白退ᄒᆞ니該民等이呼訴無處라더라

●定民呼冤　昨年九月分에內部에셔區域을整理ᄒᆞᆯ時에程里遠近을不知ᄒᆞ고咸興郡宣德社를定平郡에移屬ᄒᆞ얏ᄂᆞᆫ데該社民이以花島蘇祥龍與葛上等里가距咸興則爲近이오距定平則爲遠이다觀察府와內部에屢訴ᄒᆞ더니更聞ᄒᆞᆫ즉咸興定平兩郡結稅ᄂᆞᆫ每結四十二兩六錢七分인ᄃᆡ兩等分納則乃爲卄一兩三錢四分이라咸興則春等은紙貨로二元二角이오定平則郡守景台悅씨가昏昧ᄒᆞ야春等은鄕錢三十一兩이紙貨로爲三元二角이라該民이程里稍遠과結稅濫捧事로不欲移屬ᄒᆞ고春等結錢을依咸興例ᄒᆞ야直納文金庫矣러니定平郡守가巡檢을派送ᄒᆞ야布令으로縛去社任柳俊根ᄒᆞᆫ際에社民이會集ᄒᆞ야欲解結縛ᄒᆞᆫ즉巡檢이鐵椎와槍棒으로亂打社民ᄒᆞ야頭碎臂折者二人이라該郡守가觀察道에報ᄒᆞ야捉囚社任ᄒᆞᆫ지라社民이郡守의春等結錢濫捧事로觀察道에呼訴ᄒᆞᆫ즉觀察使가査實次로首書記를押上ᄒᆞ야裁判ᄒᆞᆫ즉結錢濫捧이三萬八千餘兩에達ᄒᆞᆫ지라該社民이京部에呼冤次로日昨에上京ᄒᆞ얏다더라

●興英將進　東湖興英學校가設立ᄒᆞᆫ지五六朔에校況이凋殘ᄒᆞ야進就無路더니該校副校長韓秉昱氏와總務高允默氏와會計姜濬熙氏가教育上熱心으로不計財政之多少ᄒᆞ고合自擔當ᄒᆞ야講師를新聘ᄒᆞ고校舍를擴建ᄒᆞ야校務를一新擴張ᄒᆞ야ᄒᆞ며該校之成就가不日可期니凡我同胞ᄂᆞᆫ教育上注意를右諸氏와同一ᄒᆞ면我邦文明이不日將進ᄒᆞ리라더라

●進明會況　日昨水曜日에進明夫人會에셔通常會를開催ᄒᆞ미會員과傍聽이一百四十餘人에達ᄒᆞ엿ᄂᆞᆫ되會規가整肅ᄒᆞ고前會議案을準ᄒᆞ야紗縀佩物은一切廢棄ᄒᆞ고儉素衣裳이夫人의模範이되ᄆᆡ고養閨義塾에敎育은該會에셔專擔ᄒᆞ기로議決ᄒᆞ고來土曜日各女學校大運動時에午餐은閔朴泳仁氏오一般學員의服裝은李美卿氏가出義自擔ᄒᆞ엿다하니此會가剏始未幾에如斯ᄒᆞᆫ盛況과非常ᄒᆞᆫ義務ᄂᆞᆫ男子의不及ᄒᆞᄂᆞᆫ배라譽聲이喧藉ᄒᆞ더라

●一基兩員　漁民投書를見ᄒᆞᆫ즉慶南沿海各郡漁基名目은只一條而英親王宮은自來本宮之物이라고金鳳洙氏로派員을差出ᄒᆞ고經理院으로各郡에實施訓令을成給ᄒᆞ고義親王宮은自今爲始ᄒᆞ여付屬本宮이라ᄒᆞ고尹夏榮氏處에上納四千八百圓을先捧後尺文與派員差帖을成給則誰眞誰假오政令이朝變夕改에民難信從이라眞假를難辨故로各郡漁民이狐疑滿腔ᄒᆞ야未營漁業之計ᄒᆞ니漁民之艮貝ᄂᆞᆫ不言可想이라고呼冤이浪藉ᄒᆞ다더라

●과主虐民　平安北道郭山郡人民의來書를據ᄒᆞᆫ則本郡郡主事박창振이自本郡署理以後로詞訟受賂와驛土加賭와結전加倍ᄒᆞ야收斂民間에一境이소條難保之狀으로日前金文鶴等이請願于내部ᄒᆞ얏스나尙無如何之指令이온中持印章居村家之多日에新鄕廉求人과某族財門老少間에鄕廉任帖을無數亂差ᄒᆞ야例봉전이至於四五千兩之多ᄒᆞ며自犯公전數萬餘兩ᄒᆞ고辦納無路ᄒᆞ야結稅에加倍ᄒᆞ야秋等條를預봉於春等ᄒᆞᆫ다ᄒᆞ더라

●靑會討論　今日下午七點半에靑年會館에셔討論會를開ᄒᆞ고人和가勝於地理란問題로可否便을이討論ᄒᆞᆫ다더라

●自强講論　大韓自强會에셔今日下午一時에講論會를典洞本事務所內에設行ᄒᆞ고京城內에紳士를請邀ᄒᆞ야東西文明과新舊學理를講論ᄒᆞᆫ다더라

●總會組織　國債報償志願金總合所에셔特別會를開ᄒᆞ고諸般任務를擴張ᄒᆞ얏ᄂᆞᆫᄃᆡ所長은尹雄烈氏로評議長은趙存禹氏로檢査員은金光濟氏로添定ᄒᆞ고文籍이有餘ᄒᆞᆫ書記四人을別擇ᄒᆞ야京鄕各收金所를一切檢查ᄒᆞᆫ다더라

▲一曲劍歌▼

▲大韓天地에陰애가彌空ᄒᆞ야咫尺을難辨이라이미망양이陰氣를辦弄ᄒᆞ야白晝에夯々ᄒᆞ니豈點陽明이形影이飮抑ᄒᆞ야大雨를醞釀ᄒᆞ니殷其雷ㅣ在南山之陽이로다

▲藥峴을指點ᄒᆞ니一樹桃李가爛만花心이春光을獨擅하나三春이已盡에花光을莫과ᄒᆞᆯ라片時東園에春色이偏忙ᄒᆞ야浮生이如夢하니月滿則虧ᄂᆞᆫ理之常也로다

▲內部大臣은地方政治와觀察郡守黜陟을主管ᄒᆞᄂᆞᆫ重任인ᄃᆡ新任大臣任善準氏ᄂᆞᆫ位不過三品으로一國에重任을驟陞ᄒᆞ얏시니非但該氏의功名이宏壯홀뿐아니라一進會總長宋秉畯氏가農商大臣을將次圖得홀터인ᄃᆡ宋씨도正三品이라任씨을압자세우고주홈인지二品大臣이輩出ᄒᆞ얏스니九品大臣이또날이로다

▲尹始炳씨ᄂᆞᆫ一進會效力으로警務使를圖得ᄒᆞᆫ다ᄒᆞ니尹씨의門運이창大ᄒᆞ도다尹甲炳씨ᄂᆞᆫ秘書丞을被任ᄒᆞ고尹吉炳氏ᄂᆞᆫ忠北觀察使를被任ᄒᆞ얏스니一進會ᄂᆞᆫ尹씨를爲ᄒᆞ야싱겻고

▲遞軍大權重顯氏ᄂᆞᆫ遊覽次로日本에渡去ᄒᆞᆫ다ᄒᆞ니잘想覺ᄒᆞ얏소功成身退之日에所爲事ᄂᆞᆫ何事인지五湖風烟이片棹를高揭ᄒᆞ야萬里波濤에陶朱로作伴ᄒᆞ야黃金을滿載ᄒᆞ고周流名區ᄒᆞ야新空氣를吸收하야得意歸來ᄒᆞ면來頭事를未可知로다

▲平壤郡에居留ᄒᆞᄂᆞᆫ日人의墳墓地區域의劃定홈이無ᄒᆞ야死亡者有ᄒᆞ면火葬에付ᄒᆞ야骸骨은日本內地로送致ᄒᆞᄂᆞᆫ되再昨年以來로該郡에永住ᄒᆞᆯ目的으로日本人이增加出來에死亡者도亦爲增數홈으로埋葬ᄒᆞᆯ地段三萬坪을該地理事官이政府에請願ᄒᆞ얏다ᄒᆞ니生存ᄒᆞᆫ日人이土地을占奪ᄒᆞ야餘存이無幾ᄒᆞ더니死亡ᄒᆞᆫ日人도土地을占領ᄒᆞ니韓國土地ᄂᆞᆫ必無乃已ᄒᆞᆯ이로다

▲寧海郡稅務主事南重熙氏가自已所捧錢中에一千九百兩만取扱所에納付ᄒᆞ고一萬五千兩은日人에게紙貨로交換ᄒᆞ얏다가該郡守延命次로觀察道에往ᄒᆞᆯ時에逃走上京ᄒᆞ얏다니稅錢收捧을擴張ᄒᆞ기로稅務官吏을設置ᄒᆞ더니稅錢을竊集逃走ᄒᆞᆫ다ᄂᆞᆫ說이比比入聞ᄒᆞ니니것시稅務擴張ᄒᆞᄂᆞᆫ方針인지

▲新任公州觀察使李健榮氏ᄂᆞᆫ日昨夜明月館에셔一卓을大設ᄒᆞ고妓樂이迭宕하얏고또第四回大卓을又設ᄒᆞ얏다니該씨ᄂᆞᆫ觀察新任以後로宴會에만골沒ᄒᆞ고赴任홀經覺은無ᄒᆞᆫ지

特別社告

本報가一般人士의愛讀으로以ᄒᆞ야漸次發達ᄒᆞᄂᆞᆫ效果를見ᄒᆞ니此ᄂᆞᆫ大韓人民의國家思想과開明程度가漸進ᄒᆞᆷ이라吾儕ᄂᆞᆫ以爲ᄒᆞ되大韓의文化를開進코져ᄒᆞ면便利ᄒᆞᆫ國文을發達케ᄒᆞᆷ에在ᄒᆞᆫ故로特히**國文報一部分**을幷爲發行ᄒᆞ야普通男女의智識을開廣코져ᄒᆞ오니有志ᄒᆞ신僉君子ᄂᆞᆫ本月內로本社에請求狀을送ᄒᆞ시옵

大韓每日申報社

本社告白

咸興郡居金石寅氏가該郡九十七社內에本報를均布ᄒᆞ기爲ᄒᆞ야二週日代金을自擔ᄒᆞᆫᄂᆞᆫ前報에已揭어니와右五十七社에所去新聞을皆親察遣書記所로都封以送ᄒᆞ니勿滯勿漏ᄒᆞ고各社主人을命ᄒᆞ야一々傳播ᄒᆞᆷ을切望ᄒᆞ오며二週日後에購覽코ᄌᆞᄒᆞ시ᄂᆞᆫ이ᄂᆞᆫ該郡西門外崔鉉氏의冊肆로請求ᄒᆞ시오

雜報

●木神獻身 熙津郡葛麻面木谷里居李敬天氏가本社에寄書ᄒᆞ되本人所居村前에有一老大樹ᄒᆞ니이來幾年에根露枝枯에便成死木矣러니去三月既望夜에本人이夢見一老人이皓素衣冠으로扶杖而來ᄒᆞ야立於前曰我ᄂᆞᆫ村前枯木之神이라生於我國之土ᄒᆞ야霑我國雨澤之澤者가百餘年矣러니國勢가此境에至ᄒᆞ리雖此植物이라도神之所棲에엇지憤恨心이無ᄒᆞ리오際此全國人民이奮發於國債報償之日ᄒᆞ야幽明之感이亦無間焉이라願君은將此枯朽之物ᄒᆞ야爲之放賣ᄒᆞ면雖拾元半錢이라도勿以爲少ᄒᆞ고傳致報償所ᄒᆞ라ᄒᆞ고飄然而去ᄒᆞᄂᆞᆫ지라翌日에將其夢中所覩ᄒᆞ야言明于村中後에該木을賣却ᄒᆞᆫ즉三十錢이기로玆以送呈이라ᄒᆞᆫᄃᆡ言雖近誕이나其人이十分明確言之이기로爲之揭載ᄒᆞ노라

●海校試驗 海參威大韓啓東學校에셔三月終試驗을經ᄒᆞ얏ᄂᆞᆫᄃᆡ丙級一班優等生은金弼秀金尙龍金尙吉諸氏오同二班優等生은李柱龍張重錫金萬福朴陽錄崔文燁諸氏오女學徒의丙級二班優等은金千容朴芙蓉兩氏인ᄃᆡ校長과外他來賓이齊會ᄒᆞ야紙筆等物을一々施賞ᄒᆞ얏다더라

●양門出捐 黃海道鳳山郡舊山里居進士고양能錫씨와弘洞里梁相彬씨와柯亭里居前主事梁億錫씨等三씨가今番國債報償事에對ᄒᆞ야忠憤이自激ᄒᆞ야布諭緊中ᄒᆞ고五十五圓貳錢을斂合ᄒᆞ야及故舊之義捐과總合六十圓을期成會로爲先輸納ᄒᆞ고繼以勸告于貧族ᄒᆞ야隨所捐陸續傳納ᄒᆞᆫ다더라

●聚分捐圓 江華煤音嶋石浦洞居金東憲氏가擔泊ᄒᆞᆫ生涯로糊口에無暇ᄒᆞ되國債報償에對ᄒᆞ야新貨白銅一分式四十日을合ᄒᆞ야新貨二圓을期成會로輸送ᄒᆞ얏더라

廣告

本人의姓名圖章을陰四月十一路中에셔見失ᄒᆞ얏스니誰某拾得ᄒᆞ와도無效ᄒᆞᆷ

吳一泳 告白

本會ᄂᆞᆫ敎育義務를發達ᄒᆞ기爲ᄒᆞ야本年一月부터更定規程ᄒᆞ고圖合會員ᄒᆞ야其開幾個處에設校興學ᄒᆞ얏거늘現聞各地方에셔悖類가藉托本會ᄒᆞ고前腐敗習慣으로行侵或有ᄒᆞ다ᄒᆞ기로玆에廣告ᄒᆞ오니毋論何地方ᄒᆞ고敎育上發達ᄒᆞᄂᆞᆫ義務가안이고本會를藉托行悖ᄒᆞ거든信從치勿ᄒᆞ시오

東亞開進敎育會 告白

通運社ᄂᆞᆫ自今年一月一日組合伊后로無足拘碍矣러니間有不穩之端하야永爲廢業ᄒᆞ고玆今以後로本人等은其勿幹涉ᄒᆞ니前日相關之僉君子ᄂᆞᆫ照亮ᄒᆞᆷ

司計 李元杓
財務 金時來
金在性 告白

本塾에셔鍮洞借接ᄒᆞ고蚕業課라ᄒᆞᆷ은農會本部로正課ᄒᆞᆷ

養閑義塾 告白

競賣廣告

本人이字레三氏의囑托을受ᄒᆞ야五月二十五日(土曜)下午二時에英國領事館에셔各種華美ᄒᆞᆫ家計物을拍賣ᄒᆞᆯ터이오니僉位ᄂᆞᆫ來臨購買ᄒᆞ시옵

公拍時間은下午二時브터始作ᄒᆞᆷ

公拍人高率某 告白

本人에姓名圖章을見失ᄒᆞ얏스니內外國人間勿爲施行ᄒᆞ시옵

城事崔宗五 告白

本人이陽曆今月十九日에姓名圖章을見失ᄒᆞ얏사오니內外國人은照亮ᄒᆞ시옵

龍川張性植 告白

國內鐵道運輸荷物에迅速便利ᄒᆞᆷ을爲ᄒᆞ야自京城至仁釜義各驛에支社를列張ᄒᆞ여同聲相應이더니財務李元杓ᄂᆞᆫ推本鏈退去ᄒᆞ고事務官金在性도亦無相關이고本人等이一層確張ᄒᆞ고本社印章을別樣改造ᄒᆞ며舊章은永爲勿信ᄒᆞ니各支店與各荷主僉公은照亮ᄒᆞ시옵

通運會社 財務東亞館
康用協 全致秀
任鳳烈 全宜叔
趙文植 告白

●일본遊覽者募集 人員은五十名으로一團을成ᄒᆞ니한일인을不問ᄒᆞ고速히請入ᄒᆞ사옵

一巡遊地 東京博覧會橫빈京都大阪神戶
一往復일數 ᄃᆡ抵十七일間
一浮費 遊覽費及手數料을合ᄒᆞ야總計四十八圓
一出發일 請入順次를從ᄒᆞ야出發ᄒᆞᆯ日時에直接히通知ᄒᆞᆷ
一請入所 在京성各신聞社五十八銀行경성支店 天一銀行
一會員은遊覽을終ᄒᆞ야團散ᄒᆞᆫ後ᄂᆞᆫ本會와關係가小無ᄒᆞᆷ
一南대門셔釜山으로直行ᄒᆞ던지或은東경으로直行하ᄂᆞᆫ者의對ᄒᆞ야도同一便法으로同行請入을應諾ᄒᆞᆷ

日本人遊람協會事務所경성南ᄃᆡ門通

東亞商會

特別廣告

內外書籍新舊學文幷販賣所

大邱劇遺洞金긔鴻

本人이日本大阪商業家와特約ᄒᆞ고日本內地產出各種物品과西洋各種物品及機械等物을我大韓에輸入과委托을便利케契約ᄒᆞ얏스오니商工業에有意ᄒᆞ신僉君子ᄂᆞᆫ某物이든지請求코져ᄒᆞ시거든本社로來議ᄒᆞ시오本社에셔ᄂᆞᆫ手數料만領受ᄒᆞᆷ

興業社本店
開城北部祥洞
支店京城南門內水橋五十一統六戶
仝仁港內동廣濟號
培養會社

◉增修無冤錄大全

壹帙 壹白七十貳頁
定價金新貨七拾五錢

此增修無冤錄大全은法律家의最緊要ᄒᆞᆫ書籍이온ᄃᆡ年來現本이殆히絶種에至ᄒᆞᆫ지라故로法部에認可를得ᄒᆞ옵고此를新刊ᄒᆞ얏삽ᄂᆞᆫᄃᆡ國漢文으로解釋ᄒᆞ야模糊ᄒᆞᆫ句節이無ᄒᆞ오니法律學에有志ᄒᆞ신니와字牧之任에居ᄒᆞ신니ᄂᆞᆫ不得不覽ᄒᆞᆯ冊子미오니注意購覽ᄒᆞ시옵

中署布屛下
廣學書舖 김相萬 發售所

本店擴張新到時欵各色紗羅綢緞絨地담油地氈洋廣집貨銅鐵관頭香茶烟草各種均效改良新興奇時合用貨美價廉並有湖北南洋彩票發售特此布聞 貴客請來購覽是厚望언

漢城石井洞**杏花春**告白

本人에異腹係前參奉宋舜鳳이가性本浮浪ᄒᆞ야탕敗家產ᄒᆞ고本人에田庄沓十五石洛과田二十一日耕이在於陰竹石橋村이온ᄃᆡ舜鳳以僞造文劵으로欲爲放賣ᄒᆞ오니無論內外國人ᄒᆞ고勿爲見欺白失ᄒᆞ시옵

山林洞金召史 告白

●九轉靈砂라 本人이妙方法을神備ᄒᆞ야製造ᄒᆞᆫ靈丹인ᄃᆡ男女老少에無論何징하고通治하오며無病時에도服하면平生의身軆가健康ᄒᆞ며小兒ᄂᆞᆫ四五錢重만服ᄒᆞ면十歲안에無病ᄒᆞ기를擔保ᄒᆞ오며

●九轉靈砂萬應丹은져狂 瘋징과中風諸疾과耳目諸病과淋疾에神効ᄒᆞ오

●九轉靈砂保命丹은初生小兒驚風 간氣 咳𠻳 腹痛諸般惡징에神効ᄒᆞ오

●九轉靈砂濟衆丹은酒滯 食滯 血積 吐瀉 霍亂 痢疾 吐血 下血 逆氣 時疾 痼징에神効ᄒᆞ오

●九轉靈砂紫金丹은痔漏 累瀝 上痔瘡 下痔瘡及唐瘡과諸般毒瘡惡種에無不神効ᄒᆞ오시니 君子ᄂᆞᆫ來臨ᄒᆞ시오

內需司前독갑이골上隅第一家百三統一戶 리호廷 告白

◎活動寫眞廣告◎

今番에始作ᄒᆞᆫ活動寫眞은法국巴里京에셔有名ᄒᆞᆫ거시오또ᄒᆞᆫ大韓국 皇室에셔먼져看品ᄒᆞ셧고始作ᄒᆞᆫ지數日에遊賞ᄒᆞ시ᄂᆞᆫ첨君子가多數枉臨ᄒᆞ시와坐處가넘쳐서晩到ᄒᆞ시면不便ᄒᆞ오니速々枉臨ᄒᆞᆷ

活動은自下午八点至九点
名唱善舞歌童과唱和吹笛은自九点至十点
買票時 七点半始爲
入場票 上等 新貨三十錢 中等 十五錢 小童十錢

新門외식달이목東便벽돌집

法人 馬田 告빅

西署新門外鍮동百八十六統三戶
辯護士前檢事前判事正三品 丁明燮
法律事務所
事務員前主事吳在淳

명월관확장광고

폐관이ᄆᆡ시이후로고익ᄒᆞ시ᄂᆞᆫ귀긱에후의를입사와오늘날터한에제일등요리점으로니외국에셔다아시도록확장ᄒᆞ여가오니ᄯᅥ단감ᄉᆞᄒᆞ온거니와근일은이층양옥을광활이신건축ᄒᆞ고다락아리ᄂᆞᆫ온돌방을온밀리비치ᄒᆞ고포진범절을식로ᄒᆞ와오시ᄂᆞᆫ귀긱이편ᄒᆞ시도록쥬외ᄒᆞ엿ᄉᆞ오며각죵음식은보기에화려ᄒᆞ고먹기에정미ᄒᆞ게일신쥰비ᄒᆞ야다소를불계ᄒᆞ고주야로파오되셔양쥬ᄂᆞᆫ잔으로파오며특별신긔량교자음식은오시ᄂᆞᆫ시로붓터ᄒᆞᆫ시간이되면ᄃᆡ상이라도곳가져가시도록ᄒᆞ오니너외귀긱은륙속왕림ᄒᆞ시ᄋᆞᆸ

각식요리음식
각식셔양쥬
각죵경편양요리
각죵일본간ᄉᆞ메
각죵여송연
각국권연
진찬합
一건찬합
밥교자
특별신긔량교자음식
창가동졍거북노유ᄒᆞᆷ옵

明月館主人 金東植告白

本店에春服衣次각程이自英국으로多數來到ᄒᆞ얏사오니陸續來購ᄒᆞ시옵

良制源栄양服裁縫店 告白

越南亡國史 國漢文

定價貳拾伍錢

發賣所京城廣橋高裕相
鏡南端川郡禹時夏書舖
布屛下 김相萬 冊肆

國債報償義捐金收入廣告

●利川郡郡務義社
▲邑面倉前里
主事니日顯 主事박弘采
각拾圜 崔輔鎬 嚴熙永
송貞顯 니日煥 니日昇
니思明 柳寅fa 박延壽
니日章 박友乘 崔基學
柳貞彰각壹圜 니在魯二圜
송緯勉 徐丙玉 韓철源
各五拾전 김龜鉉一圜五拾전
니容顯三圜 박承喜壹圜
洪性禹 嚴柱炫각二拾錢
徐丙烈一원 김思國三拾錢
具然癸貳圜
▲鉢面禹巖
鄭鍾源二원 鄭光源 니柱鳳
[illegible] 니錫顯 각五拾전
니柱暄 박宗碩 곡三拾錢
鄭奎源 洪承斗 鄭百源
鄭뫼源 정朋源 韓明瑞
申泰貫 柳寅贊 尹日汝
정寅源 崔益柱 韓士昌
니榮植 俞善民 니榮吉
각二拾전 니致貫 朴宗燁
鄭周鳳 尹七星 니聖鎬
니光春 니龍근 니榮錫
김成演 崔萬柱 宋淳成
니榮在 곡拾錢 辛琦錫卄전
▲新村
崔致元 四拾錢 崔致完
三拾전 니景先 니善吾
니慶燁 김運甫 니永祖
徐長孫 니春明 곡二拾錢
니순吾 김興先 각拾錢
▲應巖
김寬植二拾錢 김商鏈
吉東徹 姜善吾 各拾전
▲宋山
元世顯三十錢 김敎八
김敎亨각二拾錢 김敎弼
申창俊 각十전
▲鷹巖
니智俊 [illegible]
김商喜각卄錢 安太京六전
니拜憲 니鐘九 趙平吾
韓致秀 張士元 各十전
▲入面丹月川
박鳳采 박圭煥 곡一圜
孔魯英 尹熙大 김文植
蔡相默 니기聖 김東석
박教煥 蔡奎源 니鍾德
孔魯植 채仁煥 김效植
文泰相 니奎彩 니容九
韓周達 尹元吉 곡五十전
채相殷 林俊錫곡六十錢
愼福成 니秉之 尹杜奎
曹永承 孔魯錫 박裕煥
郭斗鉉 睦有錫 睦慶錫
김和植 김永弼 曹秉起
최俊源 김明植 孔在祿
尹[illegible] 姜鳳記
니祐吉 김清容 文在天
니順化 元원선곡卄전 김永鎬
卅전 韓顯學 四拾전
宋來和 니周榮 김慶集
郭台鉉 俞聖重 김禮鳳
宋淳祖 박殷煥 곡拾錢
草面高담里
韓教榮 柳興召 니興世
각오拾전 니時魯 姜致秉
니丁龍 각卅전 니玄中
니延魯 니復노 柳興秀
徐光玉 柳善教 김銀衡
감鼎鉉 니寅世 각卄錢
니元魯 니完圭 리相魯
니昌世 柳云先 鄭用先
申聖培 卞厚敎 니章노
각十전 宋賓顯六전 니圭用
五錢
▲長面門巖
정 의 五拾전 權益善
高永俊 元用西 김云
鄭海壽 각卅錢 니炳奎
니在順 니元一 박官五
梁吉淳 김云西 각卄錢
梁哲淳 니能世 김春錫
[illegible]學西下錢
▲樣橋
鳳山徐相瓚 박永善
김重三 김教元 각五拾전
監察김敎修 六拾錢
通政白樂興壹圓 巡將林春實
成興俊 滋奉林守業 각卅錢
全士賓 四拾전 김云先
박升祚 박云伯 林敬心
徐丙쇼 김教完 김行敏
全致中 김明賢 김興西
각卄전 辛守千 姜千魚
박春三 림聖노 박記俊
림今西 림德汝 각拾錢
劉春明 閔範植 任聖習
각卄錢 孔化先 박春先
림聖培 박敬集 河元三
姜明先 成德仲 姜守秉
[illegible]
全伯秉 韓順一 김大汝
全德仁 김景武 김云教
김尙元 任致文 김順京
니士允 嚴春先 니成甫
全致成 吳敬九 김興守
成聖俊 鄭景三 全好敏
니起先 김順西 辛景達
각拾錢 김石祚 김性甫
吳明心 각五錢
▲戶面梧山
劉觀道五拾전 劉善良六十錢
劉明叔 四拾전 니容學
劉善初 각卅錢 박永林
卄五錢 니興鎭 劉光德
각拾五전 니亮來 壹圓
劉公益 宋德心 趙卜萬
각拾전 劉觀烈 卅전
니眞實卄錢 劉甲得五전
▲松峴
郭 셩 니明觀 郭台鉉
曹興淳 閔俊植 곡五拾전
최永煥一圓 김在奎四拾錢
柳興禹 郭 관 柳興阜
郭 琉 김宗혁 尹重植
곽夏鉉 鄭鳳柱 곽觀鉉
곽泳遠 각卅전 [illegible]
韓用正 니敬眞 박敎聖
김元혁 김泰鎬 니昌爵
니大汝 彬卜同 김在極
徐根成 니喜彬 鄭完玉
김麟혁 彬卜돌 김完鳳
彬卜得 鄭鳳天 김益鎭
김花允 각拾전
▲新面支石
김翊性 壹圓五拾전
김觀性一圓 김祐性
徐相仁 徐丙奎 김洛汝
곡五拾전 김永甫 廉基孫
각四十전 劉達源 權榮達
니致能 각卅錢 權榮來
최星부 니龍云 니殷錫
許桂花 尹善慶 徐自先
俞致先 安時仲 姜致連
각卅錢 김敬戊 任召史
[illegible]
박一文 니鶴九 각拾전
김聖寬 니毀三 니恒栢
각卄전 니明壽 徐相祿
곡十貳錢五厘 姜順心 니賓福
정致玉 김龍國 최天부
任德三 정敬先 韓元五
徐潤五 徐敬先각十錢
合一百十四圓오拾七錢

●安山北方面速達一里葛峙亭
前承旨金容元 拾圓
進士金容九 三圓二拾錢
出身崔云實二圓 夫人姜시
壹圓二拾전 弟崔云瑞壹圓
崔錫柱三圓 夫人리시卄錢
弟崔錫寬二圓 夫人朴시
五拾전 五衛將千世永
吳敬文 각貳圓 子婦邊시
寡嫂姜召史 각拾錢
從子吳仁習 貳圓 洪元習
壹圓 夫人리시 拾錢
리戊卿壹圓 妻母리召史
拾錢 崔再根一圓 許宗白
八十전 夫人金시 十錢
弟宗云壹圓 夫人崔시 拾전
[illegible]
文命淳八十전 [illegible]召史
七錢五厘 최學習六十전
弟小奉五十錢 出身皮永根
六十錢 寡戶俗敬善 五十錢
洪祐寅三十전 皮春三六十錢
夫人리시十전 劉敬숀五十전
夫人朴시七전五厘 金숀石
오十전 閔亨圭 四拾錢
寡母리시十전 崔道成오十錢
金숀寧 田和實 각四拾전
弟春實 二十錢 金汝壽
徐致弘 각三십전 리君善
權建成 각二십전 夫人皮시
십전 리순一 金聖凡곡卄전
夫人리시십전 皮景允卄錢
老寡송召史以劈綿匪金오전
坦人趙永祿 오십錢
合四십四圓九십전

●京畿道安山北方面大夜味洞
進士金容大 四圓
通政宋昌호 教員宋榮奎
각二圓 宋榮學 參圓
宋秉섭 僉使朴宜호 각二圓
宋聖호 一圓四十錢
出身金德熙 一圓 金永觀
一圓五錢 宋克호六十전
송貞호九十錢 송榮渙五十전
朱聖起一圓 송泰호卅전
盧致凡四拾錢 송榮駿卅錢
朴秀連五十전 송士成卄錢
송東源 송源호 송榮福
李文伯 金永道 각卅전
송榮度 沈相禹 송榮壽
童蒙白元興 雁衛崔元順
송榮선 班敬雲 각卄錢
송榮世 三十五錢
合貳拾陸圓四拾五錢

●新安山北方面乾乾里
韓謙日 韓碩會 韓麟會
韓吉會 韓百亨 韓應설
俞秉俊 각壹圓 韓德會
八十전 韓찬會 六十전
趙敦淳 七十錢 韓선會
[illegible]會 寡戶李시
韓百慶 각五十전 韓健會
四十전 張益勳 오十八전
羅軒容 張晳勳
子基豊 張允根
각五拾전 張厚根 張佐勳
韓殿書 曹秉九 조章煥
俞봉必 金春秉 각四十錢
曹順承 曹秉穆 印貴先
각卅錢 韓禹會 韓應寄
韓義會 韓應七 寡戶金시
韓百善 金鎭철 張春根
張在勳 張培根 韓百竣
印在先 韓晋會 張傾根
金龍安 각日전 李弼成
十二전 張順근 張大勳
張輔勳 權學洙 韓應八
挾戶朴舜安 張德근 金命石
韓百七 曹秉道 조秉大
조秉準 조秉德 조秉權
[illegible]
延慶祿 朴南得 각十錢
조秉常 三十전
合二十三圓二十전

●金城갈리재교회
朴鍾錄 一圓五拾錢 唐允杰
朴鍾殷 朴웅화 리용국
盧錫允 朴君서 沈宜덕
趙 雲 황각연 각五十전
리종소 三拾전 리相호
沈宜德慈親 金中瑞夫人
리承河 각卄전 리하두
洪마리아 각拾전 任마리아
四拾전 梁龍雲一圓 林召史
五전
▲독안말교회
金景洙 盧錫찬 金元셩
金인수 朴종순 곡五十錢
金용진 五전 金容信
金正守각卅전 姜창윤ㄱ錢
合十二圓
總合二百卄一圓十二錢
前號總壹萬二千一百三拾三圓六十八錢貳厘
都總合一萬二千三百오十四圓八十錢二里

◎本社廣告
國債報償金昨日所捧總合三萬六千一百九十五圓七十四錢은電氣會社內銀行에貯置하얏삽고其貯置額中一萬一千八百圓은國債報償志願金總合所로越交喜
大韓每日申報社

◎本社廣告
○申報價
一張代金 新貨二錢五里
一個月前納 三十錢
三箇月 九十錢
六個月 一圓七十錢
一箇年 三圓四十錢
郵稅一部 新貨五里
一箇月 十三錢

[illegible]
中署布廛門 [illegible] 김洛淵
平壤上水口門內 최敎恒
仁川[illegible] 리東皓
宣川邑橋西里 安 濬
義州西門外 大藥局
釜山港佐川 徐秉鼎
三和港 김元섭
咸興州南社西門外 曹喜林
開城培義學校 姜助遠
大丘市廳 최一弘
載寧邑濟衆院 [illegible]夢澤
鐵山邑東部 安 호
元山支店 劉七錫
海州南門內 洪成錫
信川邑 리源植
定州南門內書舖 朴昌鎬
興原郡校洞 許 환
郭山興岩 李銀瑞

大韓每日申報社

發行兼編輯人英國人 裴說
發行所
南署石井洞號外地三層洋屋家
大韓每日申報社

明治三十八年十二月十二日第三種郵便物認可 （日曜日） 西曆一千九百七年五月廿六日

第五百廿一號

大

月曜及慶節翌日休刊

檀君開國四千二百四十年
箕子元年三千二十九年
大韓開國五百十六年
日本明治四十年
淸國光緖三十三年
◉陰曆丁未四月大十五日乙亥

論說

韓國商業

韓國海關總稅務司의光武十年度韓國通商報告와及其統計表를得見컨ᄃᆡ着味處가有ᄒᆞᆫ지라十年度에總合이九年度에比ᄒᆞ면三百萬元이減下ᄒᆞ얏ᄉᆞ나尙其結果가過去年에平均數보다는居上ᄒᆞ얏도다其表明이如此ᄒᆞ니其與列國通商에日本으로從ᄒᆞ면或經由ᄒᆞ야輸入된거ᄉᆞᆫ六十四萬元으로減下되얏고日本으로輸出된거ᄉᆞᆫ一百四拾萬元으로增加된지라此或生氣處이니蓋韓人이自用ᄒᆞᆯ何如物品을自造ᄒᆞᆯ時인즉覺悟ᄒᆞ리로다自美國輸入은連續增加ᄒᆞ얏ᄉᆞ니此ᄂᆞᆫ鐵道物品과石油오自支那輸入은減下됨이尤甚ᄒᆞ얏ᄉᆞ니此ᄂᆞᆫ英國의木綿組織物과淸國의綿단이라其減額이百萬元可量이니其中에被害最甚者ᄂᆞᆫ英國의木綿織物이라此乃何由인즉은計算키難ᄒᆞ되但一記憶ᄒᆞᆯ거ᄂᆞᆫ東洋全國에織料商業이昨年에特甚凋殘ᄒᆞᆫ거시로다

貨幣를關係ᄒᆞ야報導ᄒᆞ야ᄉᆞ되韓國舊白銅의大部分은業已遺散ᄒᆞ야新貨로交易ᄒᆞ얏ᄉᆞ나舊葉錢은東南諸郡에尙今散在ᄒᆞᆷ으로商業人들이葉錢의質厚ᄒᆞᆷ을取利ᄒᆞ야買取輸出ᄒᆞᄂᆞᆫ지라政府에셔ᄂᆞᆫ如此貨幣의消盡을遮止計劃ᄒᆞ나其方策이甚히遲緩ᄒᆞᆫ고로到今ᄒᆞ야ᄂᆞᆫ葉錢의鑑理로巧設ᄒᆞᆫ針ᄒᆞᆫ나니韓國이永久에同一ᄒᆞᆫ貨幣의流行을可以希望이로다ᄒᆞ얏고

輸入稅로ᄂᆞᆫ總額이二百十九萬二百三十七圜二錢이니九年度에比ᄒᆞ면十萬三千圜이減損ᄒᆞ얏고輸出稅ᄂᆞᆫ若干增加ᄒᆞ얏ᄉᆞ며地金의輸出은九年度보다五十四萬六百七十五圜額이減下ᄒᆞᆫ바其總計中에六萬四千二百二十四十二圜은淸國으로輸去ᄒᆞ얏고其餘四百六十萬一千八百八十八圜은日本으로輸送ᄒᆞᆫ지라尙如ᄒᆞᆫ지昨年에開設ᄒᆞᆫ礦產과今年에計劃ᄒᆞᆫ礦產을加之於前日開礦ᄒᆞ야韓國의地金輸出額이迅速增加ᄒᆞ리니特其礦產工業이韓國財源의重價値를將成ᄒᆞ리로다

報告의全篇을觀ᄒᆞᆫ즉韓國이財政上으로ᄂᆞᆫ光武十年之際에依然不動ᄒᆞᆫ지라其稅入의減額은甚히些少ᄒᆞ야不足計也나然이나此乃不滿ᄒᆞᆫ結果이니蓋何如國民이든지依然不進ᄒᆞᄂᆞᆫ거ᄉᆞᆫ非好事라雖尺寸이라도每年增進ᄒᆞᆷ이此國民의當行之務오安樂之機로다

官報

●第三千七百七十五號 光武十一年五月二十五日

◉宮廷錄事

掌禮院副卿金容圭辭職疏

批旨省疏具悉依施

◉敍任及辭令

依願免本官 秘書監丞尹憲榮

任秘書監丞 正三品黃演秀

依願免本官 秘書監丞黃演秀

命奉常司提調 從二品洪[illegible]

任秘書監丞 正三品尹憲榮

兼任太醫院副卿 秘書監丞尹憲榮

叅將李秉武 仝 尹澤榮

任副將

外報

●兩艦渡美 去二拾二日路透電을據ᄒᆞᆫ즉日本巡洋艦千歲筑波兩艦ᄂᆞᆫ德國으로向ᄒᆞ야紐育을出港ᄒᆞ얏다더라

●增算造艦 同電을據ᄒᆞᆫ즉西班牙海軍大臣이報ᄒᆞ되海軍省에豫算增加ᄒᆞ옴ᄂᆞᆫ船渠改造ᄒᆞᆫ外에一萬五千噸의戰鬪艦三隻과潛航艇數隻을新造ᄒᆞ야ᄂᆞᆫ計劃에由ᄒᆞᆷ이라더라

●慶王乞骸 同日北京電을據ᄒᆞᆫ즉慶親王은二十日西太后께謁見ᄒᆞ고軍機大臣을免ᄒᆞ얏다고奏上ᄒᆞ얏다더라

●事務讓渡 去三拾三日同電을據ᄒᆞᆫ즉新奉鐵道ᄂᆞᆫ來二拾七日大連셔淸日兩國委員間에讓渡ᄒᆞ고事務終了ᄒᆞᆯ터이라더라

雜報

●泣訴統府 平南平壤郡外川內川平川古順龍山五坊人民總代黃性廉曹命圭朴在秀等伏以閣下駐玆有年聲威轄濟一話一言一政一策罔不關係於弊邦人民之安危休戚不審閣下其欲置弊邦人民於生活安全之地耶抑欲驅之逐之置諸死滅之地後已耶此全韓人民尙未曉解者而生等之窮迫無聊瀕於死亡尤有甚焉敢效觸冒威尊仰首悲號伏願垂察矜憐仁夫人民之有土如魚之有水魚失其水則不得活民失其土亦何以資生乎生等所居五坊土地當貴國與俄開仗之日入於軍用地段其時生等請問於弊邦政府則嫌以後當還付民庶云而貴國行政亦嘗必出於此故數千人民心香祝天者惟是貴國軍旅亟奏凱旋也及夫戰局已寧和局復完而軍用地段一欵久無如何處分矣至昨年冬自貴府有軍用地還付之說騰諸新聞一時傳播五坊人民踊躍欣忭慶再生于時軍用地專權調查委員漢城府尹朴義秉下來當地以區域內損害賞額給之意訓示民間而略干四分之一焉又今春二月軍用及鐵道停車場更查立標委員金漢杓更查定界軍用地之所犯者萬餘畝也墳墓犯八萬餘所也家屋犯人六百五十戶也以今五月末日毁其舍屋期一齊撤去事自貴國司令部屢次督促已作停車場所用其址四萬六百五十畝也家屋之毁撤亦三百九拾戶也猶不饜於此定界外加占之標所犯地段三千畝家屋亦四十戶也兩日定界之間大已是軍事上所用之外或許貴商民貴所要許貴國農民耕作而又如是加占則其非索求之無已耶哀此五坊人民舉失其累百年世守之土彷徨呼泣路則大無賴入地無穴惟是扶攜顚連轉于溝壑而已豈不慘哉豈不慘哉伏願閣下察此數千生命之情況悲境特推好生之德速賜軍事當局兵舍鐵兵病院基址等外餘卽還付民庶而停車場所入地段亦計其年年耕作之損害金給于民間使此許多生命得免流離死亡之苦而復其生活安全之地千萬血祝之至

●慶尙北道[illegible]郡國債報償同會趣旨書

大抵私家에셔負債가多ᄒᆞ면家產田庄을債主의게執奪ᄒᆞ고父母妻子를流離케ᄒᆞ며國家에셔異國債ᄒᆞ면國土를債主國에게執奪ᄒᆞ야國體를勦滅ᄒᆞ고人民은奴隷로虐待ᄒᆞᄂᆞ니現時六洲에陷此境罹此厄ᄒᆞᆫ人民의慘狀을不可勝記이라今我國이日本의債欵一千三百萬圜을負ᄒᆞ야此境此厄에已犯ᄒᆞᆫ지라所以로東萊大邱等地에有志人士들이此債急償ᄒᆞᆷ을爲ᄒᆞ야斷烟同盟ᄒᆞ고仗義一唱ᄒᆞ되全國同胞가響應齊和ᄒᆞ야爭先義捐을恐或落後ᄒᆞ니蓋我境內同胞도亦豈乏此義思想가但不知何事許ᄒᆞ야尙此寥々ᄒᆞᆫ거ᄉᆞᆫ所慨惜이라玆以通告ᄒᆞ니嗟我同胞여生此之國ᄒᆞ야逢此之時ᄂᆞᆫ只是我生之辰이니孰怨孰尤哉아幸須合發議務ᄒᆞ야不計多少ᄒᆞ고盡力義捐ᄒᆞ야人々이該金額에對ᄒᆞ야致祖ᄒᆞ되自己之脫奴隷와自立基礎가不推上에更陡然特起當日償淸帳이오我大韓國家之保產所用으로認準이면不成體而人民士地也者ᄂᆞᆫ以人民士地로不相離者니士地가若爲債主國의執行이면寰土人民이安能獨存가如練覆針에自爲債主國之奴隷種이니同胞兄弟ᄂᆞᆫ豈不讓以仰敢로究其實境則此乃自己의自家의事니[illegible]

發起人 金貞極 金[illegible]

●硏會演說 來二十七日月曜下午七点中에貞洞監理派禮會에셔紳士呂炳鉉씨를請邀ᄒᆞ야演說ᄒᆞᄂᆞᄃᆡ有志僉君은多數光臨ᄒᆞ심을希望ᄒᆞᆫ다더라

●火賊放火 昨日公州郡大橋場市日에火賊八十餘名이白晝에突入于場市ᄒᆞ야商賈物品을沒數奪取ᄒᆞ고仍以放火ᄒᆞ야五家가殁燒ᄒᆞ얏다더라

●外國教師義捐 永柔郡中部面龍田里天主堂에住接ᄒᆞᄂᆞᆫ法國宣教師明若日씨가國債報償에贊成ᄒᆞ기爲ᄒᆞ야特히拾圓金을義捐ᄒᆞ얏ᄉᆞ니其敎睦ᄒᆞᆫ厚誼를貫所感賢이오며其服事李在根씨ᄂᆞᆫ本天主堂에留居ᄒᆞ야神父에炊飯供進으로以糊其口而今國債報償에對ᄒᆞ야屆金中二圓을先推義助ᄒᆞ얏ᄉᆞ니身係雇役ᄒᆞ야見義不吝을孰不讚頌이오며本郡李花學校教師日人正柳好彭씨가我國民이國債報償에熱心志願ᄒᆞᆷ을見ᄒᆞ고日地雖異邦이나洲是同亞同情을表ᄒᆞ더內外에別이無ᄒᆞ다ᄒᆞ고金三圓을義捐ᄒᆞ얏ᄉᆞ니親睦義務ᄂᆞᆫ今人感服이라ᄒᆞ고該郡國債協成會々長羅錫찬시의寄函이有ᄒᆞ더라

●守本出捐 永興瀋源殿守本忠義五姓義捐金六十圓을金在호시가本社에來納ᄒᆞ얏더라

●鄭家出捐 咸興西上동居鄭召史가早喪家夫ᄒᆞ고初無子女ᄒᆞ고僅支生涯ᄒᆞ더니國債報償에對ᄒᆞ야感歎義慨曰我雖女子나오百餘年의北靑中一物이라ᄒᆞ야銀指環一雙을義捐ᄒᆞ야以補萬一ᄒᆞ라ᄒᆞ얏더라

●安氏愛國 安州邑附里金聖鶴氏ᄂᆞᆫ年方二十歲에國家友愛를每常慨歎ᄒᆞ더니今當國債報償에不贍ᄒᆞᆫ出土를路販賣ᄒᆞ야新貨二百圜을義捐ᄒᆞ얏ᄉᆞ니金氏의熱誠은今人感歎이라ᄒᆞ더라

雜報

●三大新任 新任內部大臣任準善學部大臣李載崑軍部大臣李秉武三氏가昨日에一齊新任式을擧行ᄒ얏다더라

●度大決退 度支部大臣閔泳綺氏가雖十疏라도期於히辭職退去ᄒ기로決心ᄒ다더라

●參政訪問 參政大臣李完用氏가連日伊藤統監을訪問ᄒ고回路에宋秉畯씨를每日歷訪ᄒ얏다더라

●參政奏稟 參政大臣李完用氏가再昨日에兩次仕進視務ᄒ얏고同日下午五時에詣闕ᄒ야무삼事件을奏稟ᄒ얏다더라

●朴氏辭疏 法制局長朴慶陽氏가辭職疏를奉呈ᄒ다더라

●尹氏被任說 自强會長尹致昊氏가某部協辦을被任ᄒ다는說이유ᄒ더라

●三協云遞 內部協辦심相翊씨와學部協辦리圭恒시와法部協辦金珏鉉시는幷히敀遞된다더라

●辭疏再呈 度支部大臣閔녕긔씨가辭職疏를再呈ᄒ얏더라

●宜乎然矣 內部協辦沈相翊氏가遞任될念慮가不無혼故로某々處에極力運動ᄒ야地位을鞏固케혼다더라

●扶護無效 參政李完用氏가法部大臣李夏榮氏에座席을鞏固케ᄒ기로極力扶호中이나某處에셔反對ᄒ는故로畢竟無効가되리라더라

●無犯云放 遞軍大權重顯氏事件으로監獄署에多月被囚혼李容泰氏는實犯이無혼故로니間放免되다더라

●餞宴獨設 度支部司稅局一般官人이新任忠南觀察使리健榮氏로多年作僚ᄒ다가遠別을當ᄒ미餞別宴을設待홀터인듸該部協辦柳正秀씨도作別宴을각設ᄒ다더라

●運動落莫 內部會計局長金寬鉉씨가理財局長으로遷任ᄒ고其代에後任ᄒ기를運動者들이東西로請囑待榜ᄒ다가政府가變革이된즉落莫莫甚ᄒ다는說이有ᄒ더라

●委員選定 再昨日下午三時에普成館會議所에셔所長金宗漢副所長李容稙兩氏가出席ᄒ야諸般事務를協議ᄒ고各處領收金額을調査ᄒ기爲ᄒ야尹履炳姜윤熙鄭煜洪션杓氏로調査委員을選定ᄒ얏다더라

●恩及五囚 平理院檢事李建鎬씨가法部에報告ᄒ되部訓을承准ᄒ와本年三月二十一日赦典을欽奉ᄒ야金聖基孔德秀千凾福李容善徐相奎리元鎬等에게 聖旨를傳諭ᄒ고並히放送ᄒ얏다더라

●沈惠可頌 年前麟蹄郡에셔賊警을防禦ᄒ기爲ᄒ야防守所을設ᄒ얏는듸費用이葉五千八百兩이오또無名色公費가前後合一萬三千兩이라該費額을自官으로民間에排斂코져지혼듸該郡南面居沈泰奎氏가家庄과農牛을斥賣ᄒ야浮貨을用ᄒ고呈郡呈府ᄒ다가數三朔滯囚ᄭ지當ᄒ되勞苦를不憚ᄒ고同郡民情을矜念ᄒ야若是勤勞ᄒ더니該錢排斂之弊가永爲勿施되미一郡人民이立牌頌德혼다더라

●明新不參 昨日將忠壇에셔各女學校聯合大運動을擧行ᄒ는대惟獨明新女學校는進參치아니ᄒ얏다더라

●傷命極慘 陰去月二十七日寧越郡上東面礎버里居金錫根家에셔偶然失火ᄒ야錫根에妻與子女合四口가俱爲燒死ᄒ얏다더라

●貧情顧留 平壤民金達혁金秉疇氏가觀察使李始榮씨를願留次로內部에請願ᄒ되矣等이屢次仰訴가極涉惶悚이오나文明之下에何寃不伸이며何事不達乎잇가本道가偏在西隅ᄒ야兵火以後로轉溝壑이全昧文明ᄒ고僅保生命이옵더니何幸皇天이眷顧ᄒ즈福星이西照ᄒ야本道觀察使下車以後로詳嚴公私ᄒ고急務敎育ᄒ니百廢俱興ᄒ고一省이安堵ᄒ더니本觀察使가一自上京後로如失父母ᄒ와齊聲仰訴ᄒ오니特下斯速促下之題ᄒ시와使府務로毋至延滯케ᄒ라ᄒ엿더라

●校基調査 창原府尹리琦씨가學部에報告ᄒ되本港學校擴張基址一事로已爲報告이옵더니施承指令內開에民有廟賣田畓에價額을從實調査更報혼事等因이온바此을准ᄒ와該額을與地主로협議ᄒ와每坪에八十錢式確定이온즉一千五百坪價額이共一千二圓이옵기玆에從實報告ᄒ니査照ᄒ오셔以爲速辦ᄒ심을伏望이라ᄒ얏더라

●敎徒被捉 羅州派分派所巡檢羅埰錫이가本月四日에犯人을逮捕次로出張於南平郡漁川面等地ᄒ야犯人逮捕之塲에該近居耶蘇敎人等이無端亂打ᄒ야至於死境혼故該道警務署에셔德田補助員과巡檢임今奉를派送ᄒ야該黨中車春化김道逸김成貴김判김元方等을期於調捉押來ᄒ얏다더라

●果無實犯 平北觀察署理張孝根시가內部로報告ᄒ되部訓令을奉准ᄒ온內開에本道管下寧邊郡守南奎元이가赴任以來로乖當혼行政은聽聞이駭然ᄲ더러一般官屬을定價亂賣ᄒ며貪饕不法이益甚ᄒ다ᄒ기玆以發訓ᄒ야明證確據를註錄馳報事等因이온바此를奉准ᄒ와該郡主事與書記等을持帶訟案及任案ᄒ야招致窮覈이오나果係抑寃이라이오나雖以准信에不可諒忽故로刑追秘偵探이오되果無貪 이오 現今行政에治道也植木也敎育也에巡面勤心ᄒ야現有實蹟은十目所視에內外官民이一辭稱頌이옵기事實報告라ᄒ얏더라

●稅官當懲 度支部에셔內部로照復ᄒ되貴照會를接准內開에江界稅務官黃用性이가面面長을自主差任ᄒ며郡書記等을濫權行刑이오니玆以仰照ᄒ오니嚴訓懲勵等因이온바據査該稅務官黃用性이가業有所稅務上違規ᄒ야方行論懲이오고玆以仰復이라ᄒ얏더라

●華陽運動 陰四月初九日에忠淸南道泰安郡華陽義塾에셔春期大運動을本郡沐車시에셔行ᄒ얏는듸學員七十餘人의行動이整肅ᄒ며來賓이數百人인대該郡郡守趙東奎氏와該塾監李基麟氏가敎育誠意로賞品을優數補助ᄒ고時務敎育에適當히演說ᄒ즉觀光諸人이新面目을對ᄒ듯ᄒ야稱讚ᄒ되此도百餘年來에本郡에初有한盛擧라고感嘆不已ᄒ얏다더라

●工數開學 工數學校에셔事故를因ᄒ야暫時休學ᄒ얏더니來月二日(陰四月二十二日)에更히上學ᄒ는뒤夜學數笄만先爲開學ᄒ다더라

●廣學開會 漢城廣學會는本日下午二時에通常集講會를中橋義塾內에셔開혼다더라

●靑會演說 今日下午七点半에靑年會館에셔名譽가有ᄒ신돈前法部協辦尹致昊氏가日本東京셔開會혼萬國總會와淸國上海셔開혼東양總會의情形으로演說혼다더라

日本留學生總會에셔學部에長書혼이如左혼

本學生이海外에留學ᄒ야각히有進無退의苦心血誠으로學問을硏究홈은係是國步前進에一大希望이有홈을期圖ᄒ는바이온디日下本學生中에其志雖篤이나其力이未有하야學資中絶에更繼沒策홈으로迫於食債ᄒ며困於月謝ᄒ야彷徨樓屑에半途의廢工을未免ᄒ는者比々有之로되顧此學生之力으로는相濟之方을莫施ᄒ와徒抱愛惜之情이옵더니何幸
天高聽卑ᄒ오사頃伏讀本年二月六日渙下 聖詔이온즉學生之遊學隣邦講習新學蓋非維自修其身究竟爲國需用無論官費生私費生其在朝家勸奬之地則實不可以忽視也其或志篤而力薄無以自資往々有半途而廢者殊甚歎惜玆特下內帑錢壹萬圓其令學部的量方便隨宜支給以示顧恤之意益勉成就之方ᄒ라ᄒ셧사오니
凡我學生이孰不感泣欣抃ᄒ야期圖報答 聖旨乎잇가然而今過數朔에尙未承學部之如何處理ᄒ오니其所渴望이實若旱霓이온디近觀內外각新報所揭이온즉將以此款으로日本東京에圖書館을設立혼다ᄒ오니係是傳聞이온즉姑不足確信이오나此地에本國留學生을爲ᄒ야圖書館을設立홀必要가無홈을左에證陳ᄒ오니一圖書館의性質은一般國民의智識을開發ᄒ기爲ᄒ야永遠의計劃으로建設ᄒ는者ㅣ니此地에一時留學ᄒ는小數國民을爲하야建設홀必要가無홈
二圖書館은多數의資本금을要홀뿐더러管理에費用과方法이複雜困難ᄒ야到底히萬圓금의로建設키難홈
三日本은到處에圖書館이有ᄒ야內外國人을勿論ᄒ고無料로借覽ᄒ는方法도有ᄒ오며或二三處을要홈도有하오즉多數의資금으로贅設홀必要가無홈
由此觀之컨디此地의圖書館을設立홈은我學生에必要가無홈뿐不시라此는該금額으로外國을爲ᄒ야徒費ᄒ는結果가有ᄒ오니貴重ᄒ資금을如是히無益혼用道에費盡홀理由가無홈은明確無疑혼事이오며此地留學生中에志독力篤ᄒ와半道棲遑ᄒ는者比比有之ᄒ오니適當혼方法을取ᄒ야此等生을救濟ᄒ와學業을完成케ᄒ시면卽我明明ᄒ신 聖旨을遵奉ᄒ시는바이오며此地一般留學生의第一希望ᄒ는與論에適合ᄒ깃사오니照亮하신後此금額으로苦學生補助方針에充용케ᄒ시와一般輿情을滿足케하심을伏望

▲雪 歌 高 唱▼

▲一進會評議員崔鶴柱氏가參政李完用氏를往見ᄒ고厲聲ᄒ야日公之參政이出於何處乎아ᄒ고因ᄒ야李氏의參政을極力擧ᄒ야大端攻駁ᄒ얏다니當初에一進會가李氏의前往歷史를周旋ᄒ야該會의前驅를삼고ᄌᄒ다가及其閣僚之組織에該會所望에大違혼故로有此駁論ᄒ얏스니밋지못홀사람을밋엇지

▲新任內大任善準氏가向人大談日我가內部에居ᄒ야셔는賣官賣爵之事가決無ᄒ리라ᄒ얏다니言則是也나藥峴大監의分付는안듯지못홀걸

▲慶尙觀察使趙民熙氏가農商大臣으로被任된다는說이有ᄒ니任善準氏가參政의査頓이됨으로內大를得ᄒ얏은즉趙民熙氏는參政의妻男으로大臣一窠를得ᄒ기가쉽지

▲近日政界가整頓된後에는重大問題數三條件이提出될터인듸該問題는向日伊統統監歸任혼後에各大臣에게提議ᄒ얏더니意見이不合ᄒ야至今ᄭ지延拖된事件이라고某報에說道ᄒ얏스니數三重大事件은何等問題인지一般世人이注目ᄒ는비로다

▲法相李夏榮氏와度相閔泳綺氏가參政李完用氏를訪問致賀ᄒ얏다니該兩氏는參政에功名을致賀ᄒ얏는지요안이지現今政界에風潮가危險ᄒ야參政手下에一網打盡ᄒ는듸兩大예舟楫을然獨立ᄒ얏스니南不北鉄이氣類가相從ᄒ야知己를相賀ᄒ얏지

▲內大任善準氏가賀客을對ᄒ야言되家舍가狹窄ᄒ야容膝ᄒ슈읍스니移舍ᄒ는거시第一時急ᄒ다ᄒ얏다니現今天下가昇平ᄒ고百姓이安樂ᄒ니以若全國의政治을秉전ᄒ大臣으로家舍가狹窄ᄒ이말이되얏소第一急務가되깃지

▲內部協辦심相翊氏는遞任되고一進會員廉仲模氏가被任혼다니近日政海가飜覆되미一進會가扼腕이起ᄒ야人唾手에各自以爲大將ᄒ이政府一판는一進會天地가되고말깃고

▲漢城府尹朴義秉氏는該氏가附近에在혼民家을多數買入ᄒ얏는듸草洞等地에는近日屋價가高騰ᄒ다ᄒ니漢尹은家屋土地을管理ᄒ는職任이라該氏에權力은집중ᄉ됴흔만ᄒ깃지

▲日昨中樞院에셔會議ᄒ얏時에副贊義洪祐晳씨가金沙洸先生禮文을論駁혼事로南北村儒等이洪祐晳씨를聲討次로儒論이激起ᄒ얏다니當此競爭時代ᄒ야此等事件이차競爭혼事일는지

◎本社告白

本社에셔國文申報見本을已經刊布인바僉君子의非常ᄒᆞᆫ懽迎愛讀을受ᄒᆞᆫ지라不可不益加速々發行故로六月一日로預定ᄒᆞ엿던것을數日을先期ᄒᆞ야五月三十日붓터發行ᄒᆞᆯ터이오며本社의斷々一念은**大韓人民의國權恢復을爲ᄒᆞ야目的을到達ᄒᆞ도록始終을恒常如一**케ᄒᆞᆷ에**在**ᄒᆞ오니誰某이시든지本國文申報를閱覽ᄒᆞ신이ᄂᆞᆫ各其朋友의게本社趣旨를廣布ᄒᆞ오면本社에셔感謝無窮이오며우리ᄂᆞᆫ盡其心力ᄒᆞ야高等新聞이되도록ᄒᆞᆯ것이니本社趣旨를愛好ᄒᆞ시거든朋友의게購覽ᄒᆞ기를極力勸告ᄒᆞ시고愛好치아니ᄒᆞ시면無可奈何요亦是本社의不幸이어니와本社의咎失은아리니라ᄒᆞ노라

大韓每日申報社 告白

雜纖

●謹賀國文申報發刊 春史生 朴永鎭

感祝ᄒᆞ오感祝ᄒᆞ오 國文申報感祝ᄒᆞ오 大韓每日申報紙ᄂᆞᆫ 大韓全國耳目이라 奉讀ᄒᆞᆫ지三四年에 證驗ᄒᆞᆫ일不少ᄒᆞ다 眞書申聞發行ᄒᆞ여 世界上에名擧엇고 國文申報또내시니 우리同胞뉘안볼가 精神나ᄂᆞᆫ論說이며 效驗잇ᄂᆞᆫ筆法이라 貴社申報아니드면 우리同胞귀먹엇지 죠흔消息일노죠차 文明知識漸々느러 愛國精神가득ᄒᆞ니 남의羞恥엇지밧어 우리나라獨立基礎 이申報에미엿스니 男女間에뉘안보며 京鄕間에누가마다 致賀ᄒᆞᆯ말다못ᄒᆞ나 國文申報奉祝ᄒᆞ오

廣告

本人等先山이在於仁川주岸面城村이온바遠族錦春이墓下居生故로以爲山直屢年守護矣러니不意近者의以不測之心으로該局內의標木을揷立이기已爲拔去나或有後慮ᄒᆞ야玆에廣告ᄒᆞ오니內外國人은切勿見欺ᄒᆞᆷ

權泰鎬 權承斗 告白

購買廣告

一麥九百四十五斗

右를購買ᄒᆞ니入札을望ᄒᆞᄂᆞᆫ者ᄂᆞᆫ本日官報를見ᄒᆞᆷ

光武十一年五月二十五日 軍部經理局

本人의子가再昨日下午二点에無端出去ᄒᆞ야尙今不來卒兒後年ᄂᆞᆫ十二歲오名은大男이오衣服玉양木紅周衣오語音은咸鏡道方言인니誰某間에보시거든守동軍樂隊上三十八統二戶京幾收租官家로오시면厚謝ᄒᆞ오리다

李楨鳳 告白

生이本以遐方寒儒之人으로我東方神農之遺業과泰西區亞之妙科를十二年勉强ᄒᆞ야人車注會庭仁川港에新設病院ᄒᆞ고名日大韓濟生病院이라稱ᄒᆞ옵ᄂᆞᆫ니港內同胞가亦有自强之心ᄒᆞ야鄙院을熱心贊成ᄒᆞ옵신中該港總巡長金允福氏와轉運社長金貞坤씨와同社員金禹鼎三씨가熱心同盟ᄒᆞ옵셔贊成員으로自願ᄒᆞ여內外國某某座席에爭請義助金ᄒᆞ여주오시니感謝無比ᄒᆞ옵기左開如玆廣布ᄒᆞᆷ

一 仁川外洞大韓濟生病院長 金有根 告白

義捐金座目

인川府尹金潤晶 金拾圜
本府叅書官李熙穆 金五圜
本府主事南麟熙 金四圜
本警務署長김允福 金五圜
紳商會社中 金五圜
勸業社中 金廿五圜
協同郵船會社中 金十圜
日韓協同轉運會社中 金拾圜
漁商會社中 金拾圜
米商會社中 金五圜
斗量統首廳都中 金廿五圜
七統統首廳都中 金廿圜
뎡永化 金鳳儀 尹衡淑
朴彥五 朴三洪 各金五圜
文裕承 安鍾悳 沈能德
李秉支 張泰弘 金觀悅
林常潤 各金三圜 뎡貴澤
주明濬 安支然 崔應三
孫星七 各金二圜 金斗基
李甲守 崔순支 뎡在寬
尹致凡 뎡순녕 元基廷
劉君星 金仲日 뎡순澤
金在寬 金世卿 李敬三
곽녕在 張南圖 金秉斗
金義升 徐相彬 金鍾岳
金용泰 朴英文 金乃明
金成實 朴致祚 李平汝
林敬俊 開新冊肆 各金壹圜
洪士彥 朴우리바 金春植
오榮순 羅明厚 崔우卧
各金五拾錢

日本人
大和組 福島組 各貳拾圜
木村組 慶田組 朝日組
各拾五圜 野近組 江口組
仙田組 八田組 各五圜
以上合計三百二十圜

本會ᄂᆞᆫ敎育義務를發達ᄒᆞ기爲ᄒᆞ야本年一月부터更定規程ᄒᆞ고圖合會員ᄒᆞ야其間幾個處에設校興學ᄒᆞ얏거니와現聞各地方에셔悖類가籍托本會ᄒᆞ고肆行前腐敗習慣으로行悖取有ᄒᆞᆫ다ᄒᆞ기로玆에廣告ᄒᆞ오니毋論何地方ᄒᆞ고敎育上發達ᄒᆞᄂᆞᆫ義務가안이고本會를籍托行悖ᄒᆞ거든信從치勿ᄒᆞ시옵

東亞開進敎育會 告白

競賣廣告

本人이후레로氏의囑托을受ᄒᆞ야五月二十五日(土曜)下午二時에英國領事館에셔各種華美ᄒᆞᆫ家產汁物을拍賣ᄒᆞᆯ터이오니僉位ᄂᆞᆫ來臨購買ᄒᆞ시옵 公拍時間은下午二時붓터始作ᄒᆞᆷ

公拍人高率基 告白

本人이日本大阪商業家와特約ᄒᆞ고日本內地產出各種物品과西洋各種物品及機械等物을我大韓에輸入ᄒᆞ니委托ᄒᆞ면便利케契約ᄒᆞ얏ᄉᆞ오니商工業에有意ᄒᆞ신僉君子ᄂᆞᆫ某物이든지請求코져ᄒᆞ시거든本社로來議ᄒᆞ시오 本社에셔ᄂᆞᆫ手數料ᄂᆞᆫ만領受ᄒᆞᆷ

興業社本店 開城北部鮮洞

支店京城南門內水橋五十一統六戶 仝仁港內乭廣濟號 培養會社

本店에春服衣次각種이自英국으로多數來到ᄒᆞ얏사오니陸續來購ᄒᆞ시옵

貞洞源泰양服裁縫店 告白

國內鐵道運輸荷物에迅速便利ᄒᆞᆷ을爲ᄒᆞ야自京城至仁釜義各驛에支社를개張ᄒᆞ여同盟相應이더니財務李元灼ᄂᆞᆫ推本鐵退去ᄒᆞ고事務官金在性도亦無相關이고本人等이一層確張ᄒᆞ고本社印章을別樣改造ᄒᆞ며舊章은永爲勿信ᄒᆞ니各支店與各荷主僉公은照亮ᄒᆞ시옵

通運會社 財務東亞館 廣用協 全致秀 任鳳烈 全宜敎 趙文植 告白

●일본遊覽者募集

一 遊覽會員募集 人員은五十名으로一團을成ᄒᆞ니한일인을不問ᄒᆞ고速히請入ᄒᆞ시옵
一 巡遊地 東京博覽會橫濱京都大阪神戶
一 往復日數 더抵十七日間
一 浮費 遊覽費及手數料을合ᄒᆞ야總計四十八圓
一 出發日 請入順次를從ᄒᆞ야出發ᄒᆞᆫ日前에直接히通知ᄒᆞᆷ
一 請入所 在京셩各신聞社五十八銀行경셩支店 天一銀行
一 會員은遊覽을終ᄒᆞ야開散ᄒᆞᆫ後ᄂᆞᆫ本會와關係가小無ᄒᆞᆷ
一 南대門셔釜山으로直行ᄒᆞ던지或은東경으로直行ᄒᆞᄂᆞᆫ者의對ᄒᆞ야도同一便法으로同行請入을應諾ᄒᆞᆷ

日本人遊람協會事務所경성南대門通 東亞商會

越南亡國史 國漢文

定價貳拾伍錢

發賣所京城廣橋高裕相書舖 鍾南碣川郡禹時夏 布屏下 김相萬 冊舖

◎活動寫眞廣告◎

今番에始作ᄒᆞᆫ活動寫眞은法국巴里京에셔有名ᄒᆞᆫ거시오또ᄒᆞᆫ大韓국 皇室에셔ᄂᆞᆫ먼져看品ᄒᆞ셧고始作ᄒᆞᆫ지數日에遊覽ᄒᆞ시ᄂᆞᆫ첨君子가多數枉臨ᄒᆞ시와坐處가넘져셔晩到ᄒᆞ시면不便ᄒᆞ오니速々枉臨ᄒᆞᆷ

活動은自下午八点至九点白九点至十点

名唱善舞歌童과唱和吹笛은賣票時 七点半始爲

入場票上等三十錢 中等新貨十五錢 小童十錢

新門외서달이목東便벽돌집 法人 馬田 告白

◎增修無冤錄大全

壹帙壹百七十貳頁 定價金新貨七拾五錢

此增修無冤錄大全은法律家의最緊要ᄒᆞᆫ書籍이온데年來現本이絕種에至ᄒᆞᆫ지라故로法部에認可를得ᄒᆞ옵고此를新刊ᄒᆞ얏삽ᄂᆞᆫ대國漢文으로解釋ᄒᆞ야模糊ᄒᆞᆫ句節이無ᄒᆞ오니法律學에有志ᄒᆞ신니와字牧之任에居ᄒᆞ신니ᄂᆞᆫ不得不覽ᄒᆞᆯ冊子이오니注意購覽ᄒᆞ시옵

中署布屏下 廣學書舖 김相萬 發售所

本店擴張新到時欵各色紗羅綢緞絨地담油地匹洋廣지貨鋼鐵관頭香菜烟草各種均效改良興奇時合用貨美價廉並有湖北南洋彩票發售特此布聞 貴客請來購覽是厚望연

漢城石井洞 **杏花春** 告白

法律事務所 事務員前主事吳在淳

辯護士前檢事正三品 丁明燮

西署新門內鋪동百八十六統三戶

通運社ᄂᆞᆫ自今年一月一日組合伊后로無足掏碍矣러니間有不穩之端ᄒᆞ야不爲營業ᄒᆞ고玆今以後로ᄂᆞᆫ本人等으로其勿干涉ᄒᆞ니前日相關之僉君子ᄂᆞᆫ照亮ᄒᆞᆷ

財務 李元灼 司計 金時來 金在性 告白

本人에異腹係前叅奉宋舜鳳이가性本浮浪ᄒᆞ야탕敗家產ᄒᆞ고本人에田庄卄十五石洛과田二十一日耕이在於陰竹石橋村이온디舜鳳이以僞造文券으로欲爲放賣ᄒᆞ오니無論內外國人ᄒᆞ고勿爲見欺ᄒᆞ시옵

山林洞金召史 告白

特別廣告

內外書籍新舊學文弁販賣所

大邱廣通洞金긔鴻

●九轉靈砂라 本人이妙方法을神授ᄒᆞ야製造ᄒᆞᆫ靈丹인듸男女老少에無論何징ᄒᆞ고通治ᄒᆞ오며無病時에도服ᄒᆞ면平生의身躰가健康ᄒᆞ며小兒ᄂᆞᆫ四五錢重만服ᄒᆞ면十歲안에無病ᄒᆞ기를擔保ᄒᆞ오며

●九轉靈砂萬應丹은셔狂癲징과中風諸疾과耳目諸病과淋疾에神効ᄒᆞ오

●九轉靈砂保命丹은初生小兒驚風 간氣 咳 腹痛諸般惡징에神效ᄒᆞ오

●九轉靈砂濟衆丹은酒滯 食滯 血積 吐瀉 霍亂 痰疾 吐血 下血 運氣 時疾 痂징에神効ᄒᆞ오

●九轉靈砂黃金丹은痔漏 累癧 上疳瘡 下疳瘡及唐瘡과諸般毒瘡惡種에無不神効ᄒᆞ오시니 君子ᄂᆞᆫ來問ᄒᆞ시오

內需司前독갑이골上隅第一家 百三統一戶 리支廷 告白

國債報償義捐金 收入廣告

●鎭川芳동面中방里
鄭龍逵 一圓 鄭鎭逵
五拾錢 鄭元海 拾錢
鄭德海 拾五전 鄭東화
四拾錢 鄭東根 三拾전
金星寬 李宗禹 각拾錢
李忠鎬 五拾젼
合三圓拾五전

●富平毛月串面古棧里
進士鄭來衡 五十전 沈셔
許士益 金永根 각二圓
姜致順 許士衡 각一圓四十전
김正斗 一圓廿전
김永道 각一圓二젼
盧光茂 一圓 니春心八十錢
김瑨化 康元朝 孔仁甫
각六十젼 鄭尙元 四十젼
文明先 김永心 각三十錢
김昌根 三十八전
合十六圓五十錢

●富平청龍島
니永三 二圓 吳仁成五十錢
姜永順 一圓 김永權
니近實 김永培 김원根
각五十전
林連化 김遠西 각三十전
김順澤 許聖俊 文聖善
니義道 吳永善 김尙근
趙順默 尹元植 각二十전
김昌順 김春洙 김春京
각拾錢
合八圓

●富平蘭芝嶋
정弘燁 二圓
김聖云 一圓五拾전
黃京植 박泰信 각一圓
김金命 六拾錢 니用西
黃鳳秀 니光三 각五拾錢
오德佑 오先京 韓在守
田善汝 박文汝 각四十錢
김永守 韓在善

申永全 田仲五 박近植
柳永守 兪永甫 김應俊
趙完석 각二拾전
合拾一圓二拾전

●陽智木岳面高安洞
韓鎭億 四十錢 嚴吉鳳拾전
黃世顯三十전 南高元二十전
니基鎬 韓鎭學 각三十전
니承學 二十전 니建永
雇傭김德慕 각十전
오明善 二十錢 南利元
嚴吉成 오亨默 각十錢
니文會 二十전 니창會
尹鍾殷 니明夏 각十전
任祥鎬 二十전
洪義成 拾錢
合三圓三十전

●麻浦동의젼머리공청
정致九貳圓 姜允實 壹圓
니敎조 김完用 김振和
尹平淑 姜善淨 각五拾전
洪永秀 박景華 姜德根
박昌셕 童蒙洪노마
김聖煥 宣聖信 鄭基鉉
池德順 각廿전 김聖九
三十錢 정德興 四拾錢
니尙云 정德俊 各拾錢
童蒙沈昌有 六拾錢
童蒙尹신동廿전 童蒙宋士用
一圓 김순萬 四拾전
合拾圓四拾전

●坡州郡馬井長井里
니喜源壹圓 니潤容 卅전
成樂重 니昌녕 니正臣
閔泳德 尹廣熙 각廿전
니會容 리信容 니健容
成周永 成樂喜 成潤慶
니龍容 리性儀 김振元
趙樂元 尹연熙 리正海
각拾錢
▲下夜里
리靑녕壹圓 박鼎在四拾八錢
박奎東卅三錢 高敬安

김蓮達 김般善 각廿전
元致明 리文學 리卿學
리起容 니起善 각拾錢
合陸圓四拾錢

●楊州石積面一牌上里檜村
三品康載升 壹圓
三品申載萬 四圓
二品崔錫斗貳圓 白光鉉
卅錢 白景仲拾전 白光欽
卅錢 白雲鴻八錢 韓致敎
廿전 尹景允拾五錢 趙東性
니載英六十錢 姜千根廿전
閔基鎬 許泰奎 각廿전
許允老廿錢 千雲山
安圃重 각卅錢 許用根
卅錢 許순善廿錢 김英哲
拾錢 姜泰根卅錢 니景信
卅錢 許泰祚 廿오전
김雲瑞拾전 김庸鉉四拾錢
千應淳十錢 千應祥 卅전
許基元 四拾전 黃允龍
卅전 奉三龍오錢 安壯인
許基창 각拾전 趙元文
廿전 김奇鉉 曹聖述
김돌石 裵學根 姜景云
김五石각十전 韓云西五전
김吉同拾전 尹大用 許正鉉
각廿전 姜萬哲 趙四用
각拾전 許泰鉉 四十전
니春동拾전 김重鉉 卅전
김用伊十전 許泰貞 廿錢
니聖允 김上奉 각五錢
니範眞 박鶴奉 리汝眞
全石鉉 명喜用 각拾錢
合拾六圓四拾八전

●安山北坊面速達里二동
正三品鄭完默 拾圓 鄭夏默
二圓五拾전 正三品鄭圭復
三拾錢 正三品鄭圭찬 貳圓
從三品 鄭圭善 拾圓
鄭圭元 五拾錢 鄭元朝
鄭圭大 각卅전 鄭泰鎭
五拾전 鄭긔鎭 六拾錢
鄭虎鎭 五拾錢 鄭翊鎭

陸拾전 鄭貴鎭 崔光連
각五拾전 鄭完鎭 四拾錢
朴友善拾錢 朴聖學 卅錢
高鎭國 洪昌云 林順汝
金春齡 각廿五錢 尹日萬
皮弘燁 金春明 雇傭金石萬
각廿錢 崔命係 拾전
李順三 傭雇金永근 劉萬石
각廿전 雇용許聖學 拾전
리化見 皮三用 리奉學
각廿전 姜道成 김且卜
리順三召史金시
尹日萬召史金시
金春明召史崔시
林順汝召史韓시
金春齡召史朴시
高鎭國召史劉시
洪昌云毋召史金시
朴在錄毋召史리시 각拾錢
리順得 二拾전 朴在錄
拾전
合三拾四圓四拾전

●安山北方面屯터동
沈宜寬 沈宜창 沈宜學
沈觀澤 沈相衡 各五拾전
子陽셥 二拾전 沈鼎셥
五拾전 沈寅澤 四拾전
寄戶沈元澤 沈啓澤 沈宜烈
各三十錢 沈基澤
寄戶沈龜澤 寄戶尹녕善
沈箕셥 韓福履 寄戶沈寬셥
寄戶심宜壽 各二十錢
寄戶심震澤 十五錢
借戶심相철 十錢
朴英植 三圓 朱昌文
柳興有 宋순德 金利贊
各一圓 柳百先 五十錢
주순元 金顯豐 金致化
柳景甫 주녕守 金春元
各三十錢 金伯春 金奉先
朴守同 柳仲先 柳文甫
주學奎 朴奎植 朴建五
李朋汝 李용鉉 헌戶尹大見
주景在 柳景先 주化見

李聖三 주興西 金允必
주化一 各廿錢 張순巨
환戶柳聖根 주般弼
雇용金순甫 各十錢 金녕逐
김녕錫 各四十錢 심斗澤
심奎澤 金容德 金녕弼
李錫訓 金鼎洙 김녕煥
各廿錢
合貳十壹圓六十五錢

●安山北方面八谷一里
박和셥 閔世鎬 閔經鎬
閔貞鎬 閔近鎬 閔在鎬
閔順鎬 閔泳舜 閔泳壽
閔泳노 閔寅植 각壹圓
沈宜弼八拾전 閔경鎬六拾전
閔準鎬 閔泳完 閔泳大
南秉熙 鄭熙純 鄭台烈
각五拾전 민泳龜 리卜吉
각卅錢 沈宜祿四拾전 韓永洙
俞連文 박守돌 각廿전
孫泰鉉 리春明 각拾錢
리春三六拾전 리學仁
五拾錢 吳致白 四拾錢
吳國甫 黃允敎 리命卜
리致甫각廿전 오允文拾전
오善敎 리德鉉 리炳延
각廿錢 徐公實 오正卜
宋聖云 리敎化 리守然
각拾전
合貳拾圓七拾錢

●安山北方面八谷二里洞
리般會壹圓 林俊泰 林輝鎭
각六拾전 洪淳定 박兌緖
니範順 林誠鎭 각五拾錢
리周會六拾錢 林斗鎭
림致萬 김成弼 림俊五
각廿錢 沈明澤 林一鎭
니平五 니春日 尹仁叙
崔景天 리明植 리明玉
리萬象 리萬心 오允元
朴보玄 오致寬 림致庠
오致先 朱景三 리明三
조順七 柳士江 림以光

리桂先 최天萬 오德□
리守敎각拾錢 김道明五전
合八圓五錢

●平壤郡秋鄕美三洞美림耶蘇教會
尹泰欽 壹圓四拾錢
夫人朴氏順性 子인柱
婦金氏敬昭 次子雲柱九歲兒
각壹圓 孫女貞實二歲兒
拾五錢 김斗鴻 子炳道
각五拾전 孫永德拾一歲
廿전 김國鴻 壹圓
宋氏八十寡婦 貳圓
婦方氏寡婦 孫金曠燁
孫得燁十二歲兒 각壹圓
金氏七十寡婦 壹圓
子曹泳煥 貳圓
孫女幽善十歲兒 壹圓
尹壬澤 김致烈 각五拾전
최貞益六拾전 子善求十一歲
卅전 니太汝拾전 김鳳奎
五拾전 黃 涉卅전 黃
廿錢 孫敬五廿五전 黃 銓
合二拾圓

●陽川三井面內浮石里
權五健貳圓 니昇奎 梁鍾漢
申好三 각卅전 梁志默
平嬰交각四拾錢 權泰鉉
梁翼煥 니鎬元 니台奎
김敬俊 梁龜錫 최 운
각廿전 梁鍾健拾전
合五圓廿錢

●北署小安洞
從二品尹錫祺 四拾元
從二品尹錫禎 卅圓
正三品尹錫奎 二十圓
正三品尹錫年 貳圓
前侍御尹錫顯 拾圓
合壹百貳圓

總合二百八十七圓四十三錢
前號總合一萬二千三百오十四圓八十錢二里
都總合壹萬 一千六百四十二圓卅三錢二厘

◎特別廣告◎

國債報償金兩日所捧은姑未合計이고伊前日所捧總合三萬六千一百九十五圓七十四錢은電氣會社內銀行에貯置ᄒᆞ얏고其貯置額中一萬一千八百圓은國債報償志願金總合所로越交홈

大韓每日申報社

◎本社廣告

○申報價
一張代金 新貨二錢五里
一個月前納 三十錢
三箇月 九十錢
六個月 一圓七十錢
一箇年 三圓四十錢
郵稅一部 新貨五里
一箇月 十三錢

●大한每日申報各處支社廣告
中署布屛門下 김相萬冊肆
平壤上水口門內 김浩淵
仁川枇峴開新冊肆 최致恒
宣川邑橋西里 리東皓
義州西門外한西 安濬
釜山港佐川 大藥局
三和港築洞 徐藥局
咸興州南社西門外 曹喜林
開城培義學校 姜助遠
大丘市廳 최一弘
載寧邑濟衆院 劉夢澤
鐵山邑東部 安圭
元山支店 劉七錫
海州南門內 洪成錫
信川邑 리源植
定州南門內書舖 朴昌鎭
昌原郡校洞 許 찬
郭山興岩 李錫瑞

大韓每日申報社
發行兼編輯人英國人 裵 說
發行所
南서石井洞號外地三層洋屋內
大韓每日申報社

第五卷 大韓每日申報 第五百廿三號

月曜及慶節歲時日休刊

檀君開國四千二百四十年
箕子元年三千二十九年
大韓開國五百十六年
日本明治四十年
淸國光緖三十三年
◉陰曆丁未四月大十七日丁丑

論說

各報의評品과國文報의發行趣旨

大凡報紙之盛行於國中者ᄂ其民이必文明ᄒ고其國이必富强ᄒ나니蓋非報紙之擴張이면國民之智識이無由以進矣오非民智之漸開이면報紙之發行이亦無以廣矣니報館之關係於國民程度가果何如哉아今韓國內에諸報之發行이姑未可謂之發達이나其漸次進步之機ᄂ未嘗無爲일서豈非爲大韓而可賀者哉아玆에在日本東京大韓留學生會報를接讀ᄒ민本國內諸報에對ᄒ야評品이各有ᄒ니委악曲暢에抑揚이自在ᄒ고褒貶譽顧에情見辭表ᄂ皇城이有ᄒ고禹鑄九鼎에망량이莫隱ᄒ고張綱埋輪에豺狼을先問ᄒ야健筆이紛綸에百奸이震慄이라屹然柱天ᄒ야錚士가倚以爲重은每日이有ᄒ고注重國文에普通을是饗ᄒ야詳而不苛ᄒ고纖而不汚ᄒ야曲盡人情에婦孺가先開ᄂ帝國이有ᄒ고指意가淵博ᄒ고文章이華贍ᄒ야廣搜周布에國情이融通은萬歲가有ᄒ다ᄒ엿스니對此諸報ᄒ야如右評品이皆其價値之適合者이나至若本報ᄒ얏ᄂ擧實過情에寔不敢當이로다

然而大韓人士에愛好本報가若火其深矣오期待本報가若是其重矣니吾人之負擔이亦復何如識아執此報筆에斷斷一念은惟是大韓人民이國權回復ᄒᄂ目的을到達ᄒ도록終始如一홈에在ᄒ니英漢兩字가既漸見其發達矣라

於是에一般同胞男女의普通智識을愈益開廣ᄒ기爲ᄒ야國文報一部를又此발刊ᄒ노니蓋自本館開設以來로許多困難을既已飽受之餘에又此不顧力綿ᄒ고增設一報ᄒᄂ것시本社員의苦只心做去ᄂ大韓人士가庶可諒라

惟願一層憐愛ᄒ며一層感발ᄒ야彼文明國民과如히嗜讀報紙를如食色然ᄒ야本紙가日見其발達ᄒ고衆智가日臻於開明ᄒ야究竟實効가建維新之事業ᄒ며復獨立之權能ᄒ면不惟吾人之志願을可酬라大韓國民이可不失其公名於地球上列國史矣니豈不休哉며豈不偉哉아公名者ᄂ何오大韓國民四字가是也니僉之勉之어다

官報

●第三千七百七十六號 光武十一年五月二十七日

◉宮廷錄事

贊謀官李鍾健辭職疏
批旨省疏具悉所辭中署理之任依施

◉敍任及辭令

農商工部前大臣成岐運
解兼任礦山事務局總裁
農商工部大臣臨時署理議政府參政大臣 李完用
命兼任礦山事務局總裁

宮內府特進官徐相淳
命掌禮院副卿
懿寧園奉事崔永稷
依願免本官
孝昌園參奉徐明淳
任懿寧園奉事
崔中植
任孝昌園參奉
宮內府特進官閔丙漢
命耆老所秘書長

●號外 光武十一年五月廿六日

官廷錄事

度支部大臣閔泳綺辭職疏
批旨省疏具悉卿懇念籍部務之辦理而至此申弁所請依施事遣部郞宣諭
法部大臣李夏榮辭職疏
批旨省疏具悉卿懇病實果如是難强固辭至再所請依施事遣部郞宣諭

敍任及辭令

經理院卿高永喜
任度支部大臣
正三品趙重應
任法部大臣
正三品宋秉畯
任農商工部大臣

外報

●戰艦新造 倫敦電을據혼則西班牙海軍預算中에一萬噸되ᄂ戰鬪艦三隻을製造ᄒᄂ款項이有ᄒ더라

●日參平和會議 日本셔萬國平和會議參與委員으로派送혼都筑馨六氏一行이本月二十一日에俄京彼得堡에到着ᄒ야俄帝씌陛見ᄒ얏다더라

●東三省의殖民大臣 滿洲報를據혼則總督徐世昌氏가日前에東三省의官制事宜를會議홀ᄉ該省草務가紛繁ᄒ야恐不周密일서殖民大臣一窠를添設ᄒ야一切殖民事宜를專管케ᄒ야地利를與辦ᄒ고各國의爭奪를防禦ᄒ기로ᄒ지ᄒᄂ뎌某樞臣은以爲ᄒ되徐氏가獨任其勞홈거이오不必增設이라ᄒ다더라

雜報

昌原馬山港國債報償義捐所趣旨書

夫爲國之誠이專在施忠ᄒ고事親之道가亦關於孝而忠與孝가俱是誠心之二端이라國家將危에忘其身奮發忠義ᄒ야匡扶社稷은卽是爲臣之道也요父母有疾에盡其誠進供良劑ᄒ야以完全軀ᄂ是爲子之本也라現今我韓形便이勢主將危有疾之境ᄒ야俸祿與經費之支撥이自多窘乏이온況有一千三百萬元之借款을未暇交還者乎아

凡我匝域臣庶가俱在赤子之列ᄒ야見此發棄之先景ᄒ고一向執迷에如無匡扶匡拱之良策이면四千年之彊土를莫可領守ᄒ고二千萬之生靈이無處依賴라事至此境이면雖有堯舜之智와孟賁之勇이라도悔無及矣오覆巢之下에亦無完卵之理而此皆人人自己事則可不愼哉며可不懼哉아

凡他經用之窘乏은姑置一邊ᄒ고最先急務가惟在借款이라二千萬同胞가一人壹朔之吸草價額이小不過一兩七八錢 一兩假量而休吸三朔之烟草ᄒ고鳩聚價額則足償借款에猶有餘存矣라

所以로上自都城으로下至大處ᄒ有志人員이討論是耶ᄒ야연說종히則人皆服從에誰日不可而雖是丐男乞女와愚婦匹夫라도隨其力出義捐助ᄒ니豈可以人力으로皷動其心이며亦非天意人心之俱合哉아惟我同胞ᄂ勿以野蠻之性으로爲心ᄒ고必以堯舜之民으로爲期ᄒ야雖毅兩錢이라도隨力出義ᄒ야以萬一則此果細流之成海하고亦是진合ᄒ爲山이라畢境償款淸帳之日에ᄂ강士를保存이요生徒ᄂ亦可依之요夾及越南波蘭等國之自滅前轍을庶可免矣라嗚呼同胞여淬勵精神에效忠奮義ᄒ야務圖國權之維持어다

留學生斷指

在日本留學生李寅榮氏等이監督申海永氏에게請願홈이如左ᄒ니

本人等이血心自誓ᄒ고離親遠家ᄒ야異域에渡來ᄒ와百千苦을冒ᄒ고多少의恨을忍ᄒ야學業을硏究ᄒᄂ目的이엇지自身의溫飽를求ᄒᄂ事리오斷々赤衷이各修其身ᄒ야國家前途에幾分効力이有홈을自期ᄒᄂ바이온더現今本學生等이學費中斷에自費淡泊ᄒ야下宿主人에게困迫을日被ᄒ고東西棲屑에半途의廢工을未免ᄒ야撫躬歎惜에罔知所爲이옵더니何幸皇天이照鑑ᄒ사昨伏讀本年二月六日渙下 詔勅이온즉學生之遊學鄰邦ᄒ야講習新學을並非自修其身究竟爲國需用無由生私費生其在所勸獎之地則實不可以ᄀ觀止其或志篤而力薄無以自資往々有中途而廢者殊甚歎惜玆特下內帑錢一萬圓ᄒ令學部酌量方便隨宜支給以觀願恤之意益勸成就之方을다ᄒ오셔사오니伏切感泣에欣躍無地이온바這間學部에셔支給方便을何以酌量이온지今數朔에尙未承如何處分ᄒ오니顒此渴望이實若早에이온디近觀各新報上所揭이온즉聞以此款으로ᄂ日本東京에圖書館을設立홀다ᄒ오니大抵圖書館이라ᄒᄂ거ᄉ各種의書籍을備藏ᄒ야內外人士의縱觀을供ᄒᄂ者인슥但此萬圓에金額으로何樣書館을設立ᄒ오며且以留學生言之라도各其授業의공沒ᄒ學生이無ᄒ옵거니와其或寄閑ᄒ必要가有ᄒ올지라도三四或四錢만費ᄒ면某書館에往ᄒ올지라도何種書籍이든지隨意採覽ᄒ거신즉何等必要가有ᄒ오며今此一萬圓은卽我學資困乏의學生을特恤ᄒ신 聖恩이온즉엇지當下에切迫ᄒ學生의情勢를不念ᄒ시고非急의浸務를営ᄒ야優渥의 聖旨를對揚치아니ᄒ온잇가雖屬傳聞이나不勝訝惑이옵고且本人等의目下情勢가如是切迫ᄒ야時日是急이옵기로玆에齊聲仰乞ᄒ오니 照亮ᄒ신後學部에轉報ᄒ야右內下錢一萬圓을卽爲隨宜支給ᄒ시와俾免此半途廢工之地千萬仰祝

苦學生等 李寅榮
洪承逵

●殷栗郡國債報償意見書

洪鎭三 洪淳三等

現今國債報償事에對ᄒ야各道列郡이而面發起ᄒ고家家義捐ᄒ야果有淸帳設款大有信望ᄒᄂ니我韓同胞가孰不舞忭哉아然이나善後之策을姑未詳聞故로謹質于 全國高明之僉座而先陳鄙見ᄒ오니幸須 裁答焉各其郡에셔義捐金을隨其聚集ᄒ야饒實人處에爲先任置ᄒ고人씨與金額을新聞에廣佈ᄒ거든京城에셔ᄂ其會를總會로指定ᄒ고隨覽振錢ᄒ야報償總額에達ᄒ면新聞或郵便으로輪佈ᄒ야各郡에셔代表幾人式選定ᄒ야捐金을携帶ᄒ고某日某所로會集商辦케홈이何如홀지伏冒可否

雜報

●三大視務 內大任善準學大李載崑軍大李秉武三씨가昨日부터一齊히仕進視務ㅎ다더라

●兩씨辭職 侍從院卿李道宰씨와掌禮院卿金宗漢씨가幷히辭職疏를奉呈ㅎ얏다더라

●三大親任 新任度支大臣高永喜法部大臣趙重應農商大臣宋秉畯三씨가本日에親任式을行ㅎ다더라

●一齊발程 在京ㅎ地方郡守各觀察使가陰本月二十日內로一齊히발程ㅎ다더라

●兩氏被任說 洪考씨ㅎ는內部地方局長을被任ㅎ고嚴仲謙씨는法部協辦을被任ㅎ다는說이有ㅎ다더라

●新任訪問 去日曜日上午十一時에新任參政李完用씨가還參政朴齊純氏私邸에往訪ㅎ야數時間談話ㅎ고下午一時에還歸ㅎ얏다더라

●子任秘書 學部文書課장李源鎔시는該大臣지子인故로上下官相避가되미로該시가仕進視務치아니ㅎ는뒤他國에도如此ㅎ境遇는其子弟가秘書課長으로服務ㅎ는例가有ㅎ다ㅎ야李源鎔시를該部秘書課長으로換差ㅎ다는說이有ㅎ더라

●閔氏放免 還軍大將閔[illegible]氏事件으로呂宅에留置ㅎ가日昨에放免되얏더라

●參官變遷 各部局長以下官人이大爲變改ㅎ리라云ㅎ는說은已爲報道ㅎ니와各觀察使及각郡守도多數히變革된다는說이盛行ㅎ더라

●鍊ㄱ被捉 李容植爲名人이多年美國에遊覽ㅎ다가歸國ㅎ後卞某와符同ㅎ야何許存鐵人을誘引ㅎ야品劣ㅎ金을賣得ㅎ야此鍊爲品則價金多受ㅎ하고乘錢八千餘兩을圖得ㅎ야鍊金數十介ㅎ야賣食逃走ㅎ다가再昨日東大門等地에셔巡檢에게被捉되야警務廳으로押囚ㅎ얏다더라

●强盜捕捉 再昨日下午六時量에於義洞等地에셔强盜劉應漢을巡檢이逐捕ㅎ는뒤該賊漢이六穴砲를放送ㅎ야巡檢이頭部를重傷ㅎ얏시되該賊을極力捕捉ㅎ야警務廳으로押送ㅎ얏다더라

●許給日人 龍川港光化面砦和洞居民獨孤尙文이該洞所有三橋川傍田六十坪을限十年ㅎ고金八圓에日本人藤浦萬致에게許給ㅎ얏다고該府尹魚允廸씨가內部로報告ㅎ얏더라

●實業新聞 再昨夜商業會議所樓上에셔實業硏究會評議會를開ㅎ고實業新聞발刊ㅎ事를可決ㅎ後爲先創設費로會長趙鎭泰씨와副會長趙秉澤씨가各各金二十四圓式擔出ㅎ얏다더라

●許시餞別 昨日上午十一時에英國領事館書記官許立德시가清國漢口副領事로陞任발程ㅎ미南門外停車場에英米兩國人과清國官憲及日本人들이多數히出往ㅎ야餞別ㅎ얏다더라

●德嬢婚式 昨日上午十二時에德國領事館書記其시에女嬢에婚禮式을貞洞英國禮拜堂에서擧行ㅎ엿더라

●清打韓人 新門外細橋等地에德國人高奉基씨가田土幾日耕을買置ㅎ얏는뒤清人等이貰得耕作ㅎ더니무삼事端이有ㅎ든지韓人과相詰ㅎ다가清人이韓人을無數亂打ㅎ지라該洞人民이清領事館에呼寃ㅎ즉清巡捕와韓巡檢과日巡査가行悖ㅎ든清人을捉來ㅎ얏다더라

●車中風波 再昨日下午九時量에校洞鐵電車上에셔郵便局使令一人이致酒乘車ㅎ다가失足이되야隳傷ㅎ얏는대同乘日人四五名이作黨ㅎ야掌車手를歐打코ᄌ홈으로掌車手가急히逃走僻避ㅎ얏다더라

●雨雹如卵 南來人의傳說을聞ㅎ則忠南忠州鳥致院等地에去陰十四日에雨雹이降ㅎ야大如鷄卵이라牟麥은盡皆蹂躪無餘ㅎ고秧苗도亦皆被傷ㅎ야該地는一朝赫地가되얏다더라

●私拘累父 北署松峴居尹寓善氏는以豪富로兼有名譽ㅎ二品宰相인뒤貪於利ㅎ야放債於技局ㅎ다가有幾人難捧이던지使其子로督捧該債ㅎ즉該氏가熱心收刷코저ㅎ야同夜督捧이ㅎ가昨日卒誠至於其時紹介人을自己家에率去ㅎ야拘留一夜ㅎ얏다더라

●壙民呼訴 昨日度支部門前南陽壙民屢拾名이과足上來ㅎ야等訴ㅎ는뒤本來度支部로每鹽井에每年分春秋ㅎ야合當坪十兩式收稅ㅎ는例인뒤稅務官이稱以部訓이라每石에三兩式捧納ㅎ라ㅎ니難保之境이라고呼訴ㅎ더라

●回刺韓人 三昨日磚石學校建築ㅎ는近地에서名이韓人婦女所處之室는거술其主人이挽執ㅎ이以刀刺傷而去ㅎ얏다더라

●日人悖行 清州郡雙前參奉盧相泰시는溫和一品行이有ㅎ者라本月十自巳親山을合葬次로自地로行喪ㅎ야清州郡八至ㅎ니卽水畓中狹路라鄭行을適逢ㅎ나二個爲州人이오領卜鄭夫는清間에來往ㅎ는日人요시여軍이先爲避路ㅎ야立ㅎ야壓被亂打ㅎ여軍日汚유何爲路傍가ㅎ니여떡에各自散走라ㅎ시가見其情擧ㅎ고卽向該日人而言曰旣爲避路이어날何故로打人而部ㅎ야至此血流之境耶아吾無妨害於君之行路이거ᄂᆯ無難伐喪ㅎ야致此不忍見之擧措ㅎ니君亦人也라是可忍乎아ㅎ則惡彼日人이答以韓語曰此는殺之無畏라ㅎ고把袖放砲ㅎ야適中項部倒地ㅎ니尸體는沈在水中ㅎ고喪主는昏倒路上이라本日은卽오根市日인故로屢百名市人이觀其光景ㅎ고齊呼捕捉ㅎ니該日人이放砲示威ㅎ야鳥致院으로走去ㅎ는지라廣시는擔昇ㅎ야淸州郡三十里近에入ㅎ야呼訴于本郡及警署矣러니自警署로발巡ㅎ야捉來其日人ㅎ야初不懲治ㅎ고旋卽放送ㅎ야如前視務케ㅎ고廣시는方在危境ㅎ야死生을難辦中이라더라

●募軍行悖 庇인郡前郡事趙東은氏가內部에請願ㅎ되本人이子가今貳拾에以興成次로往沃溝ㅎ더니募軍十長崔龍瑞가誘引賭技ㅎ야勒捧一萬一千五百兩票ㅎ고期欲物徵故로往訴府郡ㅎ야廳得勿施之嚴廻ㅎ고且藝物於本港ㅎ야捉囚原告矣러니該黨三百餘名縛去矣身於渠廳ㅎ야幾乎傷命之境에自監署ㅎ야居來幾에又有何圖囑於警署ㅎ之殷警官ㅎ야救命放送ㅎ야於去三月貳拾三日에巡檢二人에與募軍七拾餘名으로突入本家ㅎ야如逢亂離ㅎ온中本人은出他不在ㅎ고拾五歲幼姪을綁去ㅎ고家人厭名은打碎頭骨ㅎ야命在頃刻이오니該幼姪을嚴飭放送케ㅎ라ㅎ얏더라

●貧民有冤 南來人傳說을聞ㅎ則舒川郡境內富饒客幾許人이賊漢을防禦ㅎ기爲ㅎ야炮軍을設置ㅎ기協議ㅎ고境內居民係戶에能辭貧窘ㅎ고租三升와敍錢六七兩式排斂ㅎ미不得已給ㅎ則小州隊兵丁이人을請借ㅎ야貧民에게逐戶物徵ㅎ는고로民冤이狼藉ㅎ다더라

●往待措辦 平壤郡外川等五坊人民總代黃性엽ㅎ가內部로請願ㅎ되日本兵舍及鍊兵場附院基址外에는交涉統監府ㅎ야還付民處ㅎ시고停車所入地段은每年損害金을徵給田主ㅎ얍고加占地段는日人의操弄暗奪이니飭示該郡게ㅎ라ㅎ얏더니週盲에軍用地區域限定과代金領給을專任於調査委員장이니往待該委員ㅎ措辦ㅎ라ㅎ얏더라

●再審開始 現今被囚된羅寅永等三十餘人은向暴平理院에셔每日三人式審査ㅎ다는事는旣報ㅎ얏거니와所謂初審은去土曜日까지經畢ㅎ얏는뒤昨日부터同人等을再次開審ㅎ는中이라더라

●初無是事 溫陽郡守權重億시가內部로報告ㅎ되郡訓付ㅎ온則令內開를承准ㅎ온바郡守ㅎ는初無此等行爲이오며演說事之排日演說와人民之貼付文字는國債報償事로人民이開事務所于市中故로郡守가數次出往演說于市上이옵기郡守도亦在傍聽之이온고貼付文字는初無該所則事務員이以勸勉等說로聞知이오며現今韓日兩國人民이交際親睦之地에有何排日等事乎잇가必是有嫌者構陷所爲비明矣니不勝悚歎이라ㅎ얏더라

●光校討論 普光學校內晝夜學員一百三十餘人이知識交換ㅎ기爲ㅎ야每土曜日夜에可否便討論會組織ㅎ고學理硏究ㅎ는뒤節々이喝采가多ㅎ지라皇城新聞社長金相天시가昨日該會討論ㅎ參聽ㅎ고新貨二圓을補助ㅎ얏다더라

●提宮悖習 故李大嬪宮所舍數間을何許悖類가私自放賣ㅎ얏는뒤該宮守直內官이漢城裁判所에對質裁判ㅎ다더라

●順校將興 順安郡에順安學校를設施ㅎ고靑年子弟를敎育ㅎ는뒤日語敎師는本郡郵便取扱所長統監府通信手宮地碩과助敎師該郵便所事務員朴基源兩氏가名擧로熱心敎授ㅎ야日益振興ㅎ고漢文敎師金翊道氏와幹事員廣泰彥과贊模朴周伯監督宋希貞諸氏가書冊也紙地也柴油也各項諸費를出義備用ㅎ다더라

●靑會演說 今日下午七点半에靑年會館에셔該會學館日語敎師曾田嘉伊智氏가韓國文明과日語의關係란問題로演說ㅎ더라

●溫泉減縮 溫陽郡守權重億시가內部로報告ㅎ되本郡溫泉里에日本人이建築陸軍病院之由는已有一萬五千圓坪形許給이신訓令을承準이온바今者建舍爲四處에如干田土가八千基址而價文은准給云이옵고御財表石과人民의墳墓數拾餘處入于同閤木柵中이오며 行宮墻垣外西便櫬槐坦側에二層洋屋을建築이오며沐湯兩處에各有韓日之別이온데本國湯屋外西側에又爲掘坑建屋ㅎ야稱爲陸軍沐湯而原湯은水源減縮ㅎ야將至廢正之境이라ㅎ얏더라

▲喚起·春眠▼

▲一番東風에政界를吹撼ㅎ야換面江山이一時露出ㅎ니精神이依稀ㅎ야靑眼을更拭ㅎ니謬擾風雲年龍手段이英雄이其誰오

▲一進會는政府上不公ㅎ事가有ㅎ即ㅎ總代에質問ㅎ나辭職勸告ㅎ許多攻駁이無數ㅎ더니該總長宋秉畯씨가大臣의椅子를忽據ㅎ엿스니該씨가만일不公ㅎ事가有ㅎ면何等社會에셔質問ㅎ는지

▲內大任善準씨가地方巡檢의行悖로人民이尤極塗炭ㅎ니不可不急先革罷라ㅎ엿다ㅎ나然이나巡檢에作弊ㅎ는原因인즉日巡査에月俸은多數히支給ㅎ고韓巡檢에月俸은五元에不過ㅎ니以此薄料로生活이無路ㅎ즉民財討索은勢所不免이니政府에셔巡檢의貪虐을가랏칠거시안인가

▲參政李完用氏가一進會를密囑ㅎ여日我를大端히攻駁ㅎ면宋秉畯을農大시키것다ㅎ니後에一場攻駁을經ㅎ然後에李完用氏가宋秉畯시을農大을시키지아니ㅎ면攻駁을抵當ㅎ슈업다고奏稟ㅎ야農大을圖得ㅎ얏스니리完用씨智中에許多籌策이愈出愈奇ㅎ니참參政大臣ㅎ만ㅎ오

▲漢城府尹朴義秉씨가日昨에宮岡少將私邸로訪問ㅎ고仝四時에木內總長을訪問ㅎ고仝五時에龜山書記을訪問ㅎ고仝六時에鶴原總務長官을訪問ㅎ고仝時三十分에國分秘書官을訪問ㅎ고仝七時에趙川參與官을訪問ㅎ엿다니該씨의出入이東奔西馳ㅎ는地位을鞏固코저ㅎ나쓸뒤업지一進會長리容九氏가圖任ㅎ다는걸

▲十三道各地方에警務를更히擴張ㅎ기로ㅎ니巡査六百名을加額派遣ㅎ라고現今擬議中이라는뒤牛年月俸과諸般經費幷ㅎ야五千萬圓假量이라ㅎ니韓國에警務는日巡査만多數히派送ㅎ면擴張이절노되는지

◎本社告白

本社에셔國文申報見本을已經刊布인바僉君子의非常ᄒᆞᆫ愛讀을受ᄒᆞᆫ지라不可不益加速々發行故로六月一日로預定ᄒᆞ엿던것을數日을先期ᄒᆞ야五月三十日부터發行ᄒᆞᆯ터이오며本社의斷々一念은大韓人民의國權恢復을爲ᄒᆞ야目的을到達ᄒᆞ도록始終을恒常如一케ᄒᆞᆷ에在ᄒᆞ오니誰某이시든지本國文申報를閱覽ᄒᆞ신이는各其朋友의게本社趣旨를廣布ᄒᆞ오면本社에셔感謝無窮이오며우리는盡其心力ᄒᆞ야高等新聞이되도록ᄒᆞᆯ것이니本社趣旨를愛好ᄒᆞ시거든朋友의게購覽ᄒᆞ기를極力勸告ᄒᆞ시고愛好치아니ᄒᆞ시면無可奈何요亦是本社의不幸이어니와本社의咎失은아니리라ᄒᆞ노라

大韓每日申報社 告白

雜報

抱川郡國債報償抱義所趣旨書

邦之本은在民ᄒᆞ고民之命은在土ᄒᆞ니有民則有國ᄒᆞ고有國則有土故로后非民이면無以爲存이오民非后면無以自生ᄒᆞ나니此는通天下萬國常理也라惟我大韓이每多經用之外難ᄒᆞ야債借款이至一千三百萬圜은是出於政府之救獎而現今預算其歲入而爲出則當患不贍ᄒᆞ야實無報償之道ᄒᆞ니 宗社之安危가係언고疆土之存亡에關언마라以若債帳으로終無淸勘之日이면疆土人民이實非吾有니此는世界生靈이非但結恨於穹壤之間이오冥府枯骨도亦是含冤於泉臺之下故로玆中外保庶가血氣所激에愛國之心이自然感發ᄒᆞ야全國貴賤少長男女가爭先出力ᄒᆞ고效議獻誠者猶水就下ᄒᆞ니蓋莫非天人相符之會也라鄙等이亦以一箇化育之物로奮發激誠ᄒᆞ야不顧叨越ᄒᆞ고發起說喩ᄒᆞ오니伏願吾鄕僉君子는齊會于邑之郊ᄒᆞ야國債報償目的을爛商同盟ᄒᆞ고抱義所를挪設境內ᄒᆞ야勿拘多少ᄒᆞ고各出力ᄒᆞ야俾補國之萬一則國有土而土有ᄒᆞ고土有而民有ᄒᆞ리니其爲本固邦寧之意가更何如歟아諸賢이照亮後에勵精勉之를千萬敬要

發起人 李淸烈 李觀純 等

●兩所歸一 國債報償聯合會議所總務金光濟와志願金總合所檢查員李康鎬氏兩會委任을代表ᄒᆞ야莫重義務에不可競爭인즉兩所가合同ᄒᆞ야各以協助之意로兩會에셔特別會를開ᄒᆞ고聯合會는償債事件에一般同胞의指導方針을掌務ᄒᆞ고總合所에셔는收金各處金額을總管ᄒᆞ며兩會會長과任員諸씨가議決ᄒᆞ얏다더라

●德郡義捐 德山郡支收所長趙鍾灝副所長李智憲監督李봉求李斗淳四氏가國債義金新貨六百五十一圜二十八錢五厘를該郡各面에募集ᄒᆞ야趙鍾호氏와財務劉仲鉉氏가每日申報社內總合所로來納ᄒᆞ고同郡夫人義金九圜二拾五錢을付納ᄒᆞ얏다더라

●總巡長金允福氏와韓運社長金貞坤씨와同社員金鼎鼎三씨가熱心同盟ᄒᆞ옵셔贊成員으로自願ᄒᆞ여內外國某某座席에爭請義助金ᄒᆞ여주오시니感謝無比ᄒᆞ옵기左開如玆廣布ᄒᆞᆷ

生이本來遐方寒微之人으로我東方神醫之遺業과泰西國學之妙科를十二年勉習ᄒᆞ야人夫注會慶仁川港에新設病院ᄒᆞ고名曰大韓濟生病院이라稱ᄒᆞ옵는니港內同胞가亦有自强之心ᄒᆞ야鄙院을熱心贊成ᄒᆞ옵신中義捐金座目

仁川外洞 濟生病院長 韓金有根 告白

仁川府尹金潤晶	金拾圜
本府參書官李熙稔	金五圜
本府主事南麟熙	金四圜
本警務署長김九鏞	金五圜
紳商會社中	金五圜
勸業社中	金廿五圜
協同郵船會社中	金十圜
日韓協同轉運會社中	金拾圜
魚商會社中	金拾圜
米商會社中	金五圜
斗量統首廳都中	金廿五圜
七統統首廳都中	金廿圜

명永化 金鳳儀 尹衡淑
朴彥五 朴三洪 各金五圓
文淞承 安鎭惠 沈能德
李秉호 張泰弘 金觀悅
林常潤 各金三圓 명賢澤
주明澔 安호然 崔應三
孫星七 各金二圓 金斗基
李甲守 崔순호 명在寬
尹致凡 명순녕 元基廷
劉君臣 金仲日 명순澤
金在寬 金世卿 李敬三
곽녕在 張南圖 金秉斗
金義升 徐相彬 金鍾岳
金응泰 朴英文 金乃明
金成實 朴致祚 李平汝
林敬俊 開新冊肆 各金壹圓
洪仕參 朴우리바 金春植
李慶 全大雖明厚 崔우짜
各金五拾錢
千田本人
大和組 島組 大人 各金貳拾圓
木村組 濱慶田組 朝鮮組 各拾圓
仙田組 大田組 江組 各五圓
以上合計三百二十圓

國債報償義捐金 收入廣告

●慶南草溪郡赤洞面上坪村
洞任卞命來四十錢 金奎연
十圓 金永來三圓 金達業
一圓 林應權八拾전 卞在洪
孫九文 각六十錢 張鎬元
李寅奎 孫弼聲 吳点世
李時伯 方命東 李斗權
손學祺 각四十錢 吳元世
金德俊 卞仁圭 卞周洪
卞喜明 卞洪來 손國聲
손佑聲 손泰元 손希文
張永圭 趙基龍 姜위황
각廿錢 夫人손씨 六전
白學順 金道俊 金相俊
實致敬 임敬조 卞敬伊
李石立 李千石 임興石
임命石 金必俊 손呂臣
손先俊 姜大鎭 金成玉
李岩回 각十錢 全福允
손學先 鄭元玉 각六전
卞甲伯 전
合二十四圓六十八錢

●慶南草溪郡赤동面中坪동
동任楊陽龍 白膺善 姜寅祜
姜메主 각一圓 吳道振
二圓 許 贊 車顯杜
박炳善 박炳憲 金性淑
趙恩植 김鍾奎 손基祥 각六十錢
金永培 姜允業 鄭위숭
각四十錢 裴 權 姜弼周
高 龍 俞창先 손老良
趙性喜 趙原植 손点俊
張應俊 손在뿔 金哲成
車敬守 金福守 姜淑烈
吳德佑 崔永源 姜振權
車 龍 金鍾伊 黃達連
姜서조 姜서律 姜서性
김文振 朴在律 朴德律
오永五 손啓文 許柴文
姜致權 김 俊 김俊培
楊寅培 각二十錢 손日用
손益伊 김基煥 김在千
강斗鎭 曹宗世 成丑權
오正佑 許用太 오守一
김有俊 黃河一 강學奉
林 用 각十錢 손奉順
申 俊 각六錢 鄭廿東
四錢
合貳十圓十陸錢

●慶南초溪郡赤동面下坪동
동任강元泰 오鐵淳 각一圓
리南奎 四圓 리源鎬
오致奉 白光一 각二圓
강希振 許 龍 각六十錢
강洪燁 오致순 강致文
강希明 리錫夏 각四十錢
강斗光 강秀황 강妙善
강晋善 강化翻 강씨鳳
리源在 리景先 白錫善
楊日伯 朴振伊 각二十錢
강致業 강振황 白김石
白奎彼 白翁介 박뒤平
오在文 오伐伊 各十錢
白因彼 曹又돌 각六錢
강米替四錢
合十八圓三十六錢

●全羅南道康津北面白羊里
前郡守金衡錫四圓
長子進士면洙一圓
次子進士日洙一圓
三子院洙五十錢
長姪進士集洙一圓

●全羅南道長興美山面內동
前議官金燦錫二圓
子鳳수五拾錢
合十圓

●忠淸南道懷德周岸面沙城
前主事陸鼓均十圓
舍弟海均貳圓
從弟英均一圓五十錢
芝均壹圓五拾錢
薰均三十錢
合拾五圓三拾錢

●錦山郡大山里
李承旭 高光昇
前參奉李台應 金인述
金鍾喜 각一圓 李창儀
高翼相朴勝宇金桂東金德培
金鍾憲 金鍾弼 金達鎭
金學云 張禮中 金鍾伯
金鍾瑞 각八十錢 박寅陽
高永相 金鍾化 金泰封
金正賢 高明錫 高股錫
金相學 金鍾禮 金인진
각卅전 朴憲서 吳光春
高洪相 高인錫 리判業
고光賢 金黃培 김鍾春
리善龍 셔永業 김應弼
리贊秀 朴萬錫 朴泳서
고光德 박鳳서 김甫日
各廿錢
合二十一圓

●高陽元堂面松峴里
朴昌鳳 劉贊植 각廿錢
朴日元 朴正根 각五十錢
朴殷植 朴春山 朴興돌
각廿전 張貴玉 四拾전
金德秀 朴順命 각廿전
張致官 朴昌龍 朴德順
각卅전 朴用憲 金賢根
朴用甫 박近守 崔聖辰
각廿전 李臣應 三拾전
朴延和 각卅전 張致根
一圓 表允根 林發旭
각廿錢 金昌鎬 五拾전
金順奇 박昌麟 각廿전
박順敬 朴동根 각五拾錢
張致雲 박延順 姜德興
각廿전 박鐵重 五十전
合九圓六十錢

●全羅北道臨陂北面龜里
康리昇 六圓 夫人宋씨
五圓 子貴東 一圓
女下人春梅 五十錢
男下人박在창 五十전
최完순 최京순 田在道
趙萬西 니海金 김業治
최鶴奎 각五十錢
合十六圓五十錢

●漣川私立日新學校
校監박東煥 教師安台煥
仝主事張文煥 각一圓
贊成員方文奎 二十전
事務員리善연 學員鄭章漢
각二圓 박在憲 박容熙
박인支 박인서 方雲河
安教弼 각五十錢
김창潤 廿錢 박永福四十錢
合十圓八十錢

●義州百葉齋盲人
니枝豊 김三萬 宋京守
김禮화 鄭寬興 김希錫
김尙允 박창根 니寬基
尹尙玉 安基珍 박宗伯
김利京 김致양 車得福
박萬永 白龍悅 각三十錢
合五圓十錢

●義州府비峴面堂後耶蘇教人
김順熙 韓承烈 각三圓
洪連守 니宗涉 각貳圓
張奉齐 崔明俊 高齊權
高鶴운 각壹圓 김豊進
니奉澤각五拾錢 羅基숭
니貞和 盧奉손 田成烈
니承숭 각卅錢
合拾六圓五拾전

●義州耶蘇教會日新學校生徒
김智俊 五圓 김永煥三圓
김信숭貳圓拾전 니東旭
貳圓 韓一賢 박承文
박承숭 박承福 김基萬
車二桓 白思用 각一圓
김世翊 八拾錢 김基成
니宅用 니仁用 니義用
김京河각六拾五전 김炯八
김澤道각六拾전 鄭奉一
康用祥 鄭學淵 니時弘
김百煥 김在元 김允瑞
김允亨 車元模 니祐榮
김今德 박鳳郁 韓京柱
각五拾錢 김澤成 四拾전
김寶鉉 邊尙鉉 黃陽坤
니道令 김明哉 김永主
각卅전 白信行 鄭龍世
車江山 김丙河 박成在
김貞河 니昌玉 니花開
車三煥 김宗賢 김今山
각廿전 姜永和 김成甫
김基煥 車大用 白弘坤
趙俊謙 黃龍德 車根主
洪石崇 각拾전 박聖才
張愛德 각五錢
合卅六圓廿五전

●義州府耶蘇教民及平民
白永燁 박鳳儀 田龍希
각三圓 柳泰根 김永寬
박仁瑞 趙應謙母親田氏
趙應謙夫人李氏 鄭濟亨
니景龍 김俊鍵 니允五
尹瑞珍 각貳圓 김正鍵
壹圓五錢 김基峯
趙應謙 郭昌錫 韓尙一
黃學一 김志河夫人高氏河恩
張夫人信喜 黃夫人恩聖
張利玉 車瑞業
최致裕 박尙郁 夫人安氏
니學榮 김得吉 니景煥
김인尙 박成泰 박昌華
각一圓 淸國商人趙春年
八拾錢 김氏信一 六拾錢
淸國商人吳樹田 최錫奎
박昌華夫人니氏教主
니景인 夫人김氏반石
김慶洛 夫人니氏慶信
최在裕 박鳳儀夫人김氏奉主
于婦黃氏信希 김明主
니源根 朴敬民
郭昌錫夫人羅氏盤石 김有鍵
김季宗 박孝得 김學倫
元致世 최永建 박東根
趙信白 劉致善 각五拾錢
박義善 니應俊 각四拾전
김氏奉主 박義善夫人金氏
니源根母親김氏반石
김尙珍 김洛鉉 鄭學吉
吉龍雲 박奉根 니得道
니信和 鄭氏福女 각卅錢
니源根夫人高氏源臣
康瑞福 김斗源
박奉根母親桂氏散三 니宗根
김尙民 김永寶 孫承主
김福賢 김氏順惠 宋尙主
김應秀 김鳳珍 니氏奉希
孫學九 최聖俊 김呂守
張季洽 洪志守 각廿錢
趙致慶 十五錢 최信乙
김德裕 全氏順天 김氏吉祿
김昌連 김尙珍 김泰信
張錦主 韓成奎 니有煥
김錫主 張季洽夫人韓氏
니枝成 각十전 趙致德
五錢
合七十壹圓卅五전

●扶餘郡居
俞泰煥廿전 경煥 吉煥
昌煥각五十전 坤煥卅전
致堂貳圓 致鳳壹圓 致亨
壹圓五十전 致肅 五十전
致沃五圓 致龍廿전 致셜
壹圓 致惇五十전 致元
廿錢 致箕壹圓 致祥
致禹각十전 致順 五十전
鎭戊 大拾錢 鎭行 廿전
鎭禹 鎭鳳 鎭奭 각十錢
常淳 錫숭 奭숭 斗숭
각廿錢 廷植卅錢
合十七圓八拾전

●陽智古東面月동里
김弼모廿五錢 최敎煥廿錢
김公允 五拾전
合九拾五錢

總合二百九十四圓三十五錢
前號總合一萬二千百三十三圓
大拾八錢二里
都總合壹萬二千九百三十六圓
五拾八錢二厘

◎特別廣告◎

國債報償金昨日所捧은姑未合計이고伊前日所捧總合三萬六千六百十五圓十五錢은電氣會社內銀行에貯置호얏삽고其貯置額中一萬一千八百圓은國債報償志願金總合所로越交홈

大韓每日申報社

◎本社廣告

○申報價
一張代金 新貨二錢五里
一個月前納 三十錢
三箇月 九十錢
六個月 一圓七十錢
一箇年 三圓四十錢
郵稅一部 新貨五里
一箇月 十三錢

●大韓每日申報各處支社廣告
中署布屛門下 김相萬冊肆
平壤上水口門內 김浩淵
仁川[illegible]新冊肆 리東皓
宣川邑橋西里 安 濬
義州西門外한西 大藥局
釜山港佐川 徐藥局
三和港築洞 김元섭
咸興州南社西門外 曹喜林
開城培義學校 姜助遠
大丘市廳 최一瓜
寧邊邑濟衆院 劉夢澤
鐵山邑東部 安 主
元山支店 劉七錫
海州南門內 洪成錫
信川邑 리源植
定州南門內書舖 朴昌鉉
昌原郡校洞 許 한
郭山興岩 李銀瑞

大韓每日申報社

發行兼編輯人英國人 裴 說
發行所
南서石井洞號外地三層屋
大韓每日申報社

第五卷

大韓每日申報

第五百廿四號

月曜及慶節
歲時日休刊

檀君開國四千二百四十年
箕子元年三千二十九年
大韓開國五百十六年
日本明治四十年
淸國光緒三十三年
◉陰曆丁未四月大十八日戊寅

論說

幣甲暫休

日本萬朝報新聞이西洋人월니氏의著述흔東洋休戰이란雜誌를摘要記述하고且數句評論을加호바其引用文이如左호니

過去戰役에日本의困苦홈이普通信認홀것보다尤有甚호얻호야更無他計흔故로媾和를容許하얏스되日本으로호야금美國포스마우의媾和約款을獲得케흔것은英日同盟이繼續擴張됨으로由홈것이라其理由가如此흔則其時俄國의讓步가非出於實情이오但自九年以後에英日盟約의期限이畢了홀時를待호야는俄國이去番勝戰者의게丁寧코宣戰홀터니日本도此를確知홈은故로今日에軍裝을十分完備홈은것이此理由를因홈이라平和를締結호던時에俄國의所有將官이一萬二千五百人이오士卒이九十一萬七千人이오現今領有흔鐵道가日本의占有흔六百六十俄里를除하고도一千七百十三俄里니向者의爭雄흐던滿洲中에俄國이優越흔地位를向今維支흐얏스며非特止此라俄國이海蔘威及波斯灣域間에在흔地方으로支線鐵道를絡繹敷設흐며且淸國의愛情을得흐기로試圖흐기에用力흐는니俄國의意思는觀度키不難흐거니와日本의現今注意는與淸締盟을先於俄國흔것이是也로다

萬朝報가如右要言을評論호되媾和된事實을說明흔일니氏의推測홈이如何히正確흔것은不言흐엿고但武裝完備를關係흐야는同報가反對흐되如此完備가俄國과對面質問흘것이아니라호며且繼續辨論호되但武備完全흔强國이라야世界平和를鞏固케흐나니若以武裝完備로戰亂의著機라指稱흐진딕現今列强이戰役을孰不預備흐얏스리오何如던지近日事態가일니氏의預想과不同흐야英國은俄國과欣然握手흠이顯然흐나日本은英國을經由흐야法國과親密友誼를醸生흐것이오且法國을經由흐야俄國과亦然흐리라호엿스나然이나外交界에셔는如此結果를難期치아니흐얏고但일니氏의預言이或至正確흐리라는談話而已어놀萬朝報는同氏의預言이確證으되지아니키를希望흐엿도다

官報

◉第三千七百七十七號　光武十一年五月二十八日

◉宮廷錄事

宮內府特進官金思준辭職疏
批旨省疏具悉所請依施

◉敍任及辭令

度支部主事朱學根
前主事李重필　李用憲
任西北營林廠主事
度支部稅務主事 강根盛
仝　金南韶
仝　南重熙
仝　洪祐선
仝　金鎭호
免本官
依願免本官　秘書監丞尹憲섭
任秘書監丞　正三品閔泳회
依願免本官　秘書監丞閔泳회
解經理院文簿整記事員　九品安宗호
命官內府特進官　洪陵提調閔丙漢
命洪陵提調　耆老所秘書장沈相萬
任秘書監丞　正三品尹憲섭
命經理院文簿整記事員　李時衡
命臨時署理侍從武官장事務　陪從武官長李根澤

外報

◉破格用人　天津報를據흔則總督袁世凱씨가以爲호되派往日本호야留學畢業호고回省흔各員을이旅東二載에學識이俱優흐되惟限於成例호야補缺이甚難호니因附片奏保호되繁簡을不論호고何項班次의缺이유호거든狃其請保호야以資鼓勵호기로業經奉旨호야所請을遵施흐얏다더라

◉廣島大火　東京電을據흔즉再昨日朝에廣島市吉原에大火가起흐야六十戶가全燒흐고死傷者가一千名以上이라더라

◉官制會議　北京電에去二十五日東三省官制事宜로御前會議를經호얏다더라

◉總督衙門　同電에滿洲總督衙門은奉天에置흐기로決定흐얏다더라

雜報

江華郡外州등郡國債報償趣旨書

발起人　宋晩憲　金敎昌　黃重夾　等

現今世界列邦에惟我韓國이壞地褊少흐야度支歲入이不及中國一省之地而閉門自守흐고只與家人父子로飾僞節用흐야僅僅持過러니忽於交涉外國에經用이호大흐고羅掛外臣에俸給이夥多則以惟正之八으로來由供無前之費일시至若外國借款이殆爲一千三百萬圓之巨額흐야晝夜利取이如流不息흐니若過幾個年이면

갑士는沒入秦來흐고生靈은移作孫因하야了無復國之期흐리니言念及此에孰不장歎가所以고南倫金兩시가斷烟同盟흐고首唱義務에조鄕社會흐야婦女는有佩物捐獻之擧흐고後提는有拜賻供奉지誠흐야專以國債報償으로爲自已擔着흐니此非天所使然지아

哪라僕等이雖窮乍殘喘이나飢則食君土하고寒則衣君衣하야無時不仰添雨露러니今此一擧에滴埃마도欲報코저하야或貰屋賣所하며或雇舂雇織흐야若干錢금을買條件물흐니其於巨額에雖可補萬分之一이나是所望也로다凡我同胞는一心團結하고幹先提捐이면厭効收豐에於但了償리오他人羈絆은因此免脫하고獨立基礎는鞏固하야虎視洋洋에大呼曰我仗夫彼仗夫마흐리니豈不勉哉며豈不勉재아

창城郡婁尙우시의陳儒

韓郡이僻在一隅흐야風氣가相隔흐고人文이未開흐야實不知世級이何居흐며國勢가此危러니日昨에偶到新聞縱覽所흐야閱讀實報흐니大拙國債報償期成會七字흐고[illegible]元幾十錢憂國出義之同胞흐니始乃약然自驚日以堂々萬乘지帝國으로有何窘급흐야負此多數債額인고흐며又日若其負債면爲國爲民흐야支辦흔大事業이有흐깃거놀鐵路礦山電郵漁機植林等각種利益点은盡歸他人掌握흐얏스니此未暇論이오然則養兵而爲國防乎아期其減而未聞其增額이오設校而爲敎民乎아官公立이不過爲幾十所라흐니此亦未可證이로다但聞각部大臣協辦이增고其月俸흐며又有交際費흐며又聘他國人흐야供許多費用흐며派送각大官지子弟와有勢力지別入侍흐야觀察外國에看作爭窠흐며日財政視察이니農業視察이니罪用視察이니흐야一行에餘幾百幾十元흐는一箇利窠를作흐는視察兩班님과水道이니治道局이니흐는뎌不足을補흐기爲흐야莫重國土를典質흐얏는지는不知어니와我　列聖先王의保有授與흐신金尺命區를雖一尺一寸이나典지者는已無可議어니와謂其典지者罪而不圖其還則罪亦均矣다所以我同胞지噴熱出血하야거金而爲退典計하시니此乃國民의當行흘義務라敢히同應同濟치아니흐리오只恨力弱勢屈흐야ト元金흘艱辛각辦하와以補牛毛지助흐노니幸勿些而却지흐시고容而收納爲흐소셔

창城郡　婁尙위

利原遮湖普成學校趣旨書

夫國家之文明富强은在於民智之發達이오民智之發達은在於敎育之如何耳라故越句踐/成觀은賴生育之力흐고普魯斯之後權은由學校之功흐니不由斯道而能致富强文明者은東西歷史에未之或見也라我韓이不講乎此行흐야使民愚暗에莫知其義務所在흐고國家事爲를推與別人에若無關涉焉이라以故로國勢가日추衰敗흐야竟至今日之悲境흐니嗟我同胞의太息痛哭이固不能自已者나然徒爾何益이리오七年之病에三年之艾도蓄之而後得흐는니其自今日로刷勵精神흐야振起敎育之道則桑楡之收를必可圖矣일서

與一二同志로方謀設校러니前叅領李東暉씨가以北地興學事로不辭발涉之勞흐고遍行列郡타가到本地흐야據地痛哭에演義說明흐니衆皆感泣에各自始覺흐야衆議一致라於是乎鳩聚資財흐며辦置校舍而又蒙漢城普成專門學校校主李鍾호씨의捐金贊成흐니右二君熱心은足爲現今敎育上表準也라故로本校를亦聯絡於普成館而以普成으로命名흐고

校中課程規則을一准之흐니此校之成立은實二君之賜而日後廓張興旺之期도亦不無厚望於二君也라雖然이나此校之永遠維持흐야着着進步는寔在乎本地人士흐니惟我同志는奮發此一副血誠흐야日講振興之策흐며時究適로之術흐야使吾一州同胞로並진開發之域而由以進乎省而國인흐야莫不知爲國民義務而大至上達과小至下學에旣准其學흐고傍及卿環技術히切發達이면國家之文明富强이不必多讓於列强이오普越之大事業이亦獨專美於前史矣리니嗚呼其勉旃哉!저

發起人　姜珉善　尹炳殷

◉女子敎育의紀念　女子敎育會에셔來六月一日陰四月二十一日上午十점鐘에開會紀念을新門外國民演說場에設行흐오니本會會員되시는婦人은盡期來臨흐심을敬要하얏는대若雨則停退一日이라하얏더라

雜報

●兩大云遞 新任叅政大臣李完用氏와內部大臣任善準兩氏는不久에遞任된다더라

●宋氏云退 新任農商大臣宋秉畯氏가日昨에該部協辦黃鐵氏를對ᄒᆞ야言ᄒᆞ되吾가出仕ᄒᆞ면政府政治上是々非々도更不爲之ᄒᆞᆯ거시오行公ᄒᆞ면叅政大臣李完用氏手下가되야昌皮ᄒᆞᆯ터인즉不如辭退라ᄒᆞ얏다더라

●初政不信 再昨日에內部大臣任善準씨가該部에仕進ᄒᆞ야一般官人의仕進을申飭ᄒᆞ야曰余가上午九時에仕進ᄒᆞᆯ터이니諸官人은九時內로仕進ᄒᆞ라ᄒᆞ니該部官人이昨日에或自持飯ᄒᆞ고或空腹으로九時內에仕進ᄒᆞ야買食도ᄒᆞ얏는ᄃᆡ該大臣은九時已過ᄒᆞ야近十時에仕進ᄒᆞ얏는ᄃᆡ昨日定規ᄒᆞᆫ것을不過一日에進行치안코違時仕進ᄒᆞ얏스니法之不行은自上犯之라ᄂᆞᆫ說은正此大臣을謂홈이라ᄂᆞᆫ巷說이籍々ᄒᆞ더라

●李嚴談話 再昨日下午四時에陪從武官長李根澤氏가軍部協辦嚴柱益씨를訪見ᄒᆞ고數時間을談話ᄒᆞ고諧閑ᄒᆞ얏다더라

●李氏回京 度支部司計局長李翁圭씨가安東縣營林廠開廠式에叅往ᄒᆞ고三昨日에還來ᄒᆞ얏다라

●軍協遞任 軍部協辦嚴柱益씨가率常提調로遷任ᄒᆞ얏더라

●三씨轉任 政府叅書官김寧鎭氏는內府秘書官으로轉任ᄒᆞ고學部叅書官李源鎔씨가政府叅書官을移任ᄒᆞ고其代에는陸品金思重氏가被任ᄒᆞ얏더라

●法大奏稟 新任法部大臣趙重應가濟州嶋에流配ᄒᆞᆫ金允植씨와甲午乙未之變에嫌疑者로十餘平獄中滯囚ᄒᆞᆫ人을一幷奏稟放送ᄒᆞᆫ다더라

●學協飭仕 昨日學部協辦李圭桓氏가該部에仕進ᄒᆞ야上午十時量에各局課官人의仕進을摘奸ᄒᆞ얏는ᄃᆡ幷爲仕進ᄒᆞ고主事二人만姑未仕進ᄒᆞᆫ지라李協辦이秘書課長代辦을向ᄒᆞ야言ᄒᆞ되諸僚에仕進을已爲定規어ᄂᆞᆯ十時가已當에如是零星ᄒᆞ고又此違規ᄒᆞ니余를人으로見치안키로如此ᄒᆞᆫ것이오余를前日李圭桓으로觀치말나ᄒᆞ며協辦이官人任免相關이雖無나因公ᄒᆞ야任免之境에는大臣에게提醒出陟은ᄒᆞᆫ다고무슴擧措가有ᄒᆞᆯ듯시仕進을申飭ᄒᆞ얏다더라

●辭疏觀望 內部協辦沈相翊氏가辭疏를裁置ᄒᆞ고觀望之意가尙存ᄒᆞ야아즉奉呈치아니ᄒᆞ얏다더라

●社長再來 國民新報社長송秉畯氏가農相을被任ᄒᆞᆫ代에韓錫振씨로遷定ᄒᆞ기로昨日評議會를該社內에開催ᄒᆞ얏다더라

●송氏決心 新任農大송秉畯씨가一進會員某々人을次제造用ᄒᆞᆯ터인ᄃᆡ該事에對ᄒᆞ야萬一如意치못ᄒᆞ면辭職ᄒᆞ기로酌定ᄒᆞ얏다더라

●催送公察 伊藤統監이日昨에公州觀察使리健榮씨을請邀ᄒᆞ야曰地方ᄉ務가不可曠職일분더러外人의交涉ᄒᆞᆯ事件이許多ᄒᆞ니不日間赴任視務케ᄒᆞ라ᄒᆞ얏다더라

●內大鼻笑 公州觀察使리健榮씨가再昨日發程ᄒᆞᆯ기로預定ᄒᆞ고再昨日에內部大臣任善準시을該部ᄉ進時에訪問ᄒᆞ고伊藤시가催促赴任ᄒᆞ던說을稟陳ᄒᆞ고日間發程ᄒᆞ깃다ᄒᆞᆫᄃᆡ內相任善準시가鼻應而已러니리健榮시가秘書課로暫往ᄒᆞ얏더니內相任善準시가鼻笑ᄒᆞ여曰統監의言을於吾에威脅ᄒᆞᄂᆞᆫ樣이니아즉發程치말고退待指揮ᄒᆞ라고使人傳布ᄒᆞ얏다더라

●兩部錄去 度法兩部에서再昨日에普成專門學校法律科卒業生姓名과經濟科卒業生姓名을一々히錄去ᄒᆞ얏다더라

●日兵猛打車手 三昨日下午十時量에南大門上電車上에서日本兵丁과又日人一名이搭乘ᄒᆞᆫ지라掌車手가日兵을向ᄒᆞ야車票를索ᄒᆞᆫ則該日兵이不給ᄒᆞ고在傍日人이代給코ᄌᆞᄒᆞᄂᆞᆫ次에日兵이掌車手를猛打ᄒᆞ야加以刀背擊之ᄒᆞ니掌車手가被傷昏倒ᄒᆞᆫ지라日兵은仍爲逃走ᄒᆞᆫ則掌車手等이在傍日人을執捉ᄒᆞ야巡査廳에懲治를要求ᄒᆞ엿더니即爲放送ᄒᆞ고被打重傷ᄒᆞᆫ掌車手ᄂᆞᆫ擔舁ᄒᆞ야漢城病院에置ᄒᆞ야方今治療中이라더라

●開城商業會 開城郡商民들이商務會를組織ᄒᆞᄂᆞᆫᄃᆡ會長은尹致昊氏오副會長은劉元杓氏로公議賈定ᄒᆞ고本月十八日에第一回開會式을송明學校에다開會ᄒᆞ엿ᄂᆞᆫᄃᆡ劉元杓氏가一場痛論ᄒᆞᄂᆞᆫᄃᆡ無論某國ᄒᆞ고上下社會에所謂班常之別은有ᄒᆞ나至於商業ᄒᆞ야ᄂᆞᆫ班常之別에此等惡習이別無ᄒᆞᆯ터인ᄃᆡ此處則商業계分二ᄒᆞ여魚果廛米穀廛等은下等人이오白木廛靑布廛等은上等人으로判別ᄒᆞ여上下顯隔ᄒᆞᆫ것은最惡習일ᄲᅮᆫ더러當此時代ᄒᆞ야通融치아니홈이大不可라ᄒᆞ고建議賈定ᄒᆞᆫ後規則章程制定ᄒᆞᆯ委員五人을薦定ᄒᆞᆫ後廢會ᄒᆞ얏다더라

●勸勉歸鄕 遞叅政朴齊純씨가自巳門客을勸勉ᄒᆞ야曰各其鄕第로退去ᄒᆞ야實業을研究ᄒᆞ라ᄒᆞ얏더라

●富客不肯 梨峴等地居前主事朴承稷씨가子弟教育ᄒᆞ기爲ᄒᆞ야該等地에學校를剏設ᄒᆞ기로發起ᄒᆞ고熱心周旋中인ᄃᆡ該近地富家翁들이一無肯從ᄒᆞᄂᆞᆫ故로該시가雖自擔辦備ᄒᆞ야도期於設校ᄒᆞᆫ다더라

●茂守濫稅 茂長郡守徐相경氏가昨秋에本郡結錢收捧時에自度支部로每結에新貨十二圓으로成立ᄒᆞᆫ規定은不遵ᄒᆞ고以葉八十兩式發令ᄒᆞ야一朔內에十六萬六千二百三十四兩六錢四分을督捧ᄒᆞ야度支府에는十二圓例로上納ᄒᆞ고其外加捧條葉錢五萬八千九百七十一兩陸錢四分은歸之私橐ᄒᆞ얏ᄂᆞᆫᄃᆡ民頭에葉六十兩式的定ᄒᆞ야未捧條中에濫捧條를除給ᄒᆞᆯ意로傳訴도有ᄒᆞ고民擾도起ᄒᆞ야每結合各面ᄒᆞ고訴民이解散ᄒᆞᆫ즉還取不除ᄒᆞᄂᆞᆫ故로該郡人民等이不勝抑冤ᄒᆞ야方今度支部와平理院에呼訴ᄒᆞᆫ다더라

●雇價寄附 嘉華館居崔成九黃錫仁兩씨가以木役爲業이러니雇役於孤兒院幾日이라가及其雇價推去之時ᄒᆞ야曰我不以此資生이면如是慈善之地에雖幾日雇價라도全不推尋ᄒᆞᆯ터이ᄂᆞ牽於口腹ᄒᆞ야各名下只以오十젼式合一圓으로捐供孤兒一時之饌ᄒᆞ라ᄒᆞ엿다더라

●孝哉此婦 東門外往十리居故리務弘의妻가早年寡居ᄒᆞ야苦守貞節ᄒᆞ고善事舅姑ᄒᆞ더니及其侍湯之時에愈久愈誠ᄒᆞ고斷指嘗糞에能盡婦道ᄒᆞᆷ이鄰리가稱歎ᄒᆞ더라

●田價請給 淸州郡守閔泳殷氏가學部에報告ᄒᆞ되本郡公立學校에기址와學畢를視察次로本部視察官리晩奎와事務官삽名元양과技師石厚덩太郎一行이向巳實訓到部ᄒᆞ야기址를視察定界而民有ᄃᆡ田二座가入于範圍內이온바與該員으로協議ᄒᆞ야定價오圓許買之意로有所奇論該民이온故로同田新舊文劵을玆에受ᄒᆞ오니査照ᄒᆞ신後價額오圓을依此劃送ᄒᆞ시와使之出給케ᄒᆞ라ᄒᆞ얏더라

●雜類沮學 慶南漆原郡의普興ᄉ校ᄂᆞᆫ該郡人士周時亮黃聞普兩시가發起ᄒᆞ야學部에承認ᄒᆞ야設立ᄒᆞᆫᄃᆡ郡守리소鏞시가熱心贊成ᄒᆞ고青山居沈相定시가適來ᄒᆞ야教育義務를演論ᄒᆞ야合同贊成ᄒᆞ니校況이漸次就緖ᄒᆞ고學員이四오十名에達ᄒᆞ얏더니所謂士林中挾雜輩數三人이新學을反對ᄒᆞ노라ᄒᆞ면서惹起是非에致其沮害ᄒᆞ야如此히成立된學校가中廢之境에至ᄒᆞᆫ지라大韓國中에如彼雜類가往々이有ᄒᆞ야妨害教育ᄒᆞ니文化前進에關ᄒᆞ야一大魔障이된다더라

●樂部運動 去日曜日에躰育俱樂部員오十餘人이東小門外三仙坪에出往ᄒᆞ야春期大運動會을設行ᄒᆞ얏ᄂᆞᆫᄃᆡ優等生主賜運等諸시의게各色物品을施賞ᄒᆞᆫ後部長申쭝休시가運動ᄒᆞᆫ効果가顯著ᄒᆞ야體育程度가一層進步됨을祝賀ᄒᆞᄂᆞᆫ意로一次演說ᄒᆞᆫ고日暮ᄒᆞᆫ後行伍를整齊히運動歌를高唱歸來ᄒᆞ얏다더라

●金古柳山 始興郡居ᄒᆞᄂᆞᆫ柳긔春의오代祖산所가在於廣州旺倫면오馬동인ᄃᆡ該동居金文習爲名人이其子孫의瞻省홈을利用ᄒᆞ야渠之甘配母及親父을次제偷葬ᄒᆞᆫ后該山四標을擅自劃定이더니慾欲이不足ᄒᆞ얏柳氏의所有산林及位田을沒數占奪ᄒᆞᆫ지라柳氏가不勝冤抑ᄒᆞ야該郡에呼訴ᄒᆞᆫ다더라

●傷命極慘 廣州兩면東幕村에居ᄒᆞᄂᆞᆫ金士述家에失火ᄒᆞ야七歲된四世獨子가燒死ᄒᆞ고其餘오口가診瘁ᄒᆞ얏스니其可矜ᄒᆞᆫ形狀은目不忍見이라ᄒᆞ더라

●何不給俸 西來人의傳說을聞ᄒᆞᆫ즉雲山郡公立普通學校의今年度俸給額을自一月로今至五朔에學部에서頓不撥下ᄒᆞᆫ則該校敎師가勢無奈何로請願遞免코ᄌᆞᄒᆞᆫ다니學部에서敎育一事를全然忘却지아니ᄒᆞ얏스면々少ᄒᆞᆫ敎師의月俸을半年ᄭᅡ지支撥치아니ᄒᆞᆯ理가無ᄒᆞᆯ터인ᄃᆡ今此一部의所有ᄒᆞᆫ公立의情況으로觀之ᄒᆞ면良可호歎이라ᄒᆞ더라

●汾校春試 通津私立汾南學校의셔春期試驗을經ᄒᆞ엿ᄂᆞᆫᄃᆡ普通科優等에李建星李達榮二人이오及第에沈相久等八人이오高等科優等李圭容成舜基李鶴셥三人이오及第에沈相斑等十八人이오初等科優等에李龍順崔甲童成爲基三人이오及第에沈雄澤等이十二人인ᄃᆡ學用物品을優數히施賞ᄒᆞ엿고因ᄒᆞ야八十名生徒가楊柳坪에前往ᄒᆞ야運動式을擧行ᄒᆞ엿ᄂᆞᆫᄃᆡ井井隊伍와濟濟儀容은漢西의初有ᄒᆞᆫ美擧라고人人이莫不贊頌ᄒᆞ엿다더라

▲靑萍高歌▼

▲蹴海萬리에風濤가飜覆ᄒᆞ야東去神來帆이窘迫히無定ᄒᆞ야風到處에장鳥가擾擾ᄒᆞ니前頭危險은舟中之人이皆敵國이로다

▲五老峯中에一峯이絕高ᄒᆞ니東西四峰은影子가欲倒ᄒᆞ야光彩을斂却ᄒᆞ나萬丈孤峯을指點巍峴ᄒᆞ니桃李春色이片時東園이라燦爛花光을人皆爭覩로다

▲新任農大宋秉畯氏가對人說明ᄒᆞ기를李叅政이農大責任을我에게擔負ᄒᆞ야我의足을束縛코ᄌᆞ홈이니則其束縛을不受ᄒᆞ고期於圖免ᄒᆞᆫ다ᄒᆞ니글에여어지ᄒᆞ게잘想覺ᄒᆞ엿지

▲中樞院副議洪祐晳氏ᄂᆞᆫ成均館長을被任ᄒᆞᄂᆞᆫ內약인則向日中樞院에서冠婚喪祭禮을刪削ᄒᆞᄌᆞᄂᆞᆫ獻議에對ᄒᆞ야鳴鼓ᄒᆞᄌᆞ고儒論이沸騰ᄒᆞᆫ故로此를鎭定ᄒᆞ기爲홈이라ᄒᆞ니二次儒論에成均館長을圖得ᄒᆞ면近日儒論이運動力보다倍勝ᄒᆞ도다

▲度支部司稅局長金寬鉉氏ᄂᆞᆫ內部大臣任善準氏에服裝을自費製呈ᄒᆞ얏다니該氏ᄂᆞᆫ內部地方局장世戀戀不忘ᄒᆞ야新任內大에게百般納媚ᄒᆞ니畢竟不還間容易圖得ᄒᆞᆯ여이와該氏에行世가大端히낫부도다

▲日昨에新叅政李完用氏가遞叅政朴齊純氏를花開동私邸에往訪ᄒᆞ야數時間을情話ᄒᆞ얏다니情話ᄒᆞᆫ事ᄂᆞᆫ무ᄉᆞᆷ事件인지新舊叅政이一席相對ᄒᆞ야脉脉相看ᄒᆞ면意匠何如ᄒᆞᆯᄂᆞᆫ지

▲遞內大李址鎔氏가已昨露梁津附近에在ᄒᆞᆫ華藏寺에前往消暢ᄒᆞ고同日龍山別邸로還歸ᄒᆞ얏다ᄒᆞ니身退之日을當ᄒᆞ야所爲事ᄂᆞᆫ何事인고山水中間에永日을消度ᄒᆞ면亦一風致로다

▲近日閭巷間에서呼哭之聲이出ᄒᆞ면日人이韓人을毆打ᄒᆞᄂᆞᆫ빗치오鄕曲에서呼冤之情이起ᄒᆞ면日人이韓人의田土를占奪ᄒᆞᄂᆞᆫ빗인즉韓國人民은日人에犧牲에不過ᄒᆞ도다

▲鄕曲一進會人이田土와家產을放賣ᄒᆞ야會費에消融ᄒᆞ고妻妾이怨詈ᄒᆞ면慰喩ᄒᆞ야曰貞夫人貞敬夫人이次제在前이라ᄒᆞ얏다더니近日一進會에서大臣協辦을無難圖取ᄒᆞ니遐鄕一進會ᄂᆞᆫ扼腕而起ᄒᆞ야多數上京에隊隊逐逐히耳語가密勿ᄒᆞ며意氣가揚揚ᄒᆞ니비위가大端히擾動ᄒᆞ깃고

◎本社告白

本社에서國文申報見本을已經刊布인바僉君子의非常ᄒᆞᆫ懽迎愛讀을受ᄒᆞᆫ지라不可不益加速々發行故로六月一日로預定ᄒᆞ엿던것을數日을先期ᄒᆞ야五月三十日붓터發行ᄒᆞᆯ터이오며本社의斷々一念은大韓人民의國權恢復을爲ᄒᆞ야目的을到達ᄒᆞ도록始終을恒常如一케ᄒᆞᆷ에在ᄒᆞ오니誰某이시든지本國文申報를閱覽ᄒᆞ신이는各其朋友의게本社趣旨를廣布ᄒᆞ오면本社에서感謝無窮이오며우리는盡其心力ᄒᆞ야高等新聞이되도록ᄒᆞᆯ것이니本社趣旨를愛好ᄒᆞ시거든朋友의게購覽ᄒᆞ기를極力勸告ᄒᆞ시고愛好치아니ᄒᆞ시면無可奈何요亦是本社의不幸이어니와本社의咎失은아리니라ᄒᆞ노라

大韓每日申報社 告白

雜報

洪原郡國債報償興義會趣旨

竊君이體父母之恩ᄒᆞ야視民如子ᄒᆞ야爲之就利避害ᄅᆞᆯ未嘗頃刻而忘于懷ᄒᆞ고國民이亦以忙子之義로視其君如父에爲之愛國奉公을如手足之ᄒᆞᆫ頭目ᄒᆞ나니如是則酉당子惠困窮ᄒᆞ며居民適來父母가망非流出於恩義中乎아惟我國家五百年休運과二千里內二千萬生靈이沾幷上天之雨露ᄒᆞ야休養息에彌滿州郡ᄒᆞ고洋溢外境이豈非君父恩養之徳乎아雖然이나天步艱難ᄒᆞ고國運이險隘ᄒᆞ야挽近以來로外債所負가至於一千三百萬元이온바大抵國之存亡이在於債之報不報

이온즉債不報而國無存則國內二千萬生靈이依何而生ᄒᆞ며우熟而望乎아

嗚呼라自古以來로有國然後에有民ᄒᆞ고有民然後에有國ᄒᆞ나니有國有民者는聖君이建國養民之謂也오有民有國者는庶民이保國奉君之謂也니當此國債報償之際ᄒᆞ야는名爲國債어니와及其報償後民安時ᄒᆞ야는實是已債라ᄒᆞ고連日血誠布告郡民ᄒᆞ니二千萬同胞는各心出力ᄒᆞ야三千里疆土安保ᄅᆞᆯ稀望ᄒᆞᆷ

發起人 金龜河 崔奎용

金陵校剃髮 康津郡金陵學校는設立以來로日就時旺ᄒᆞᆷ은既報와如ᄒᆞ거니와去十九日에該校生徒中々昌洙尹承夏林太奎等이自意發論曰吾等이雖是退士之人이나既入學校ᄒᆞ야欲修新學인ᄃᆡ仍於舊習ᄒᆞ야以此長발로는自多不便일뿐더러懶心이自生ᄒᆞ야成業을難期인즉一切剃髮ᄒᆞ자ᄒᆞ고該生徒等이自手剃발ᄒᆞ미其外自願隨剃者가拾三人에達ᄒᆞ얏고敎師趙暇甲氏도亦如生徒自剃ᄒᆞ얏다더라

●日人義捐 仁川港에居留ᄒᆞ는日本人士가韓國人民의國債償金券集에熱心ᄒᆞᆷ을感激하야新貨一百圓을義捐ᄒᆞ엿더라

●夫人特捐 安동夫人會長甲蕭堂氏가國債報償總合所에新貨五圓을寄付ᄒᆞ고經費를補用ᄒᆞ라ᄒᆞ얏다더라

◎志士捐助 咸興居權徹植氏는元來有志之士로本報을愛讀ᄒᆞ야金二圓을捐助ᄒᆞ얏더라

廣告

●咸興郡國債報償期成會義金

第一回

折衝楊致俊 김在민 主事徐宗洛 敎員朴昌션 張錫晟 金召史 姣瓊蘭 金稷鉉 주泰션 각一圜 五衛將申錫胤 四圜 金濠鎔 拾圜 南大門外荒貨廛 拾五圜 金正奎 五圜 南相燦 金永찬 각二圜 尹致善 一圜四拾젼 光進學校 二圜 金炯鍊 金龍根 金寅球 주민煥 崔進淑 尹早旺 각六拾錢 曹榮煥 朴八月쇠 金學현 朴守奕 朴九月쇠 朴朔不伊 全長곤쇠 각廿젼 金冬至쇠 吳昌淳 각廿젼 李귀周 拾圜 金奉祿 五圜 主事韓有은 四圜 金鼎熙 二圜 韓丁鳳 四拾젼 金永寬 一圜 金學九 二拾젼 通致朴仁흡 壹百圜 育英學校 宋用河 李增林 權宅周 崔珪鎭 安晟奎 各壹元 崔淳國 金장集 各六拾젼 權炳南 金世奉 各五拾젼 崔基淵 張曾奕 崔壽命岩 各四拾錢 金 쇠 三拾젼 崔榮容 林甚英 宋三巖 金九月쇠 李貴孫 張오曦 各廿젼 張庚禧 金壽德 林義源 李鳳南 각廿젼 金壽吉奕 三拾錢 金在巖 玄長壽福 張七星福 金三쇠 각日錢 崔榮石 拾錢 서春常 四拾젼 宋基용 五拾錢 入德學徒 權炳翊 壹圜 주在십 五拾젼 權炳한 四拾錢 김鳳胤 權鎮巖 爾同知福 權九月奕 洪甲孫 李鑾巖 서金巖 宋奮孫 金夫億奕 朴國時奕 黃鳳石 張力巖 李變可爲 각廿錢 令 魏國時奕 金龍奕 각廿젼 主事李二孫 桑奉李명奕 李명巖 朴五月쇠 金八月쇠 金國時巖 金景植 金雙鳳 각拾젼 崔敏恒 申昌熙 각卄圜 金衛基 륙圜 崔夏용 拾圜 楊任連 五圜 姣彩蓮 貳圜 崔泰潤 三圜 文周赫 高창益 黃서흡 韓基경 각壹圜 崔亨立 崔澤서 申宗九 崔在鉉 李鶴鳳 朴泰根 金鎭길 각拾젼 李奎臨 韓淑元 각四拾젼 姜希周 姣金鑾 韓命鳳 李召史 令富行 令念初 令富一 각一圜 州南東坪學舍生徒 蔡奎淵 朴道殷 崔冬至巖 각二拾젼 未完

公州寺爲面花田里居印致章이性本浮浪ᄒᆞ와入山爲僧寺叔毋如干田土를僞造文券ᄒᆞ야四方出債코ᄌᆞᄒᆞ오니內外國人間切勿見欺ᄒᆞᆷ

僧無常 白

원산과셕진에셔본인이살진쇼(肥牛)를만이사갓스니쇼파실제군은다수이팔너오시옵

최봉윤 고백

本人이布廛莊廛金忠擴處陰四月十日推次當坪一千兩於音셔失敗故以廣布則內外國人間拾得休紙施行ᄒᆞᆷ

金道鉉 告白

正三品閔泳恪之恪字를以殼字로改名ᄒᆞ오니知舊間照亮ᄒᆞᆷ

閔泳殼 告白

本校同窓會를陰月二日(來日曜日)上午十時에永道寺에셔設行ᄒᆞ오니同窓諸員은屆期光降ᄒᆞ심을爲要

再會費五拾錢持添爲荷

官立漢城日語學校同窓會告白

購買廣告

一麥九百四十五斗

右를購買ᄒᆞ니入札을望ᄒᆞ는者는本日官報를見ᄒᆞᆷ

光武十一年五月二十五日

軍部經理局

大寺동表勳院內十五統二戶本人家에寄宿舍를新設ᄒᆞ얏사오니官社立間郷曲遊學쳠員은來臨ᄒᆞ시면宿食居處를精潔케ᄒᆞᆷ

郭昌鉉 告白

◉일본遊覽者募集

一遊覽會員募集 人員은五十名으로一團을成ᄒᆞ니한일인을不問ᄒᆞ고速히請入ᄒᆞ시옵
一巡遊地 東京博覽會橫빈京都大阪神戶
一往復일數 凡抵十七일間
一浮費 遊覽費及手數料를合ᄒᆞ야總計四十八圓
一出發일 請入順次를從ᄒᆞ야出發三일前에直接히通知ᄒᆞᆷ
一請入所 在京성各신聞社五十八銀行경성支店 天一銀行
一會員은遊覽을終ᄒᆞ야附敝ᄒᆞᆫ後는本會와關係가小無ᄒᆞᆷ
一南대門서釜山으로直行ᄒᆞ면지或은東경으로直行하는者의對ᄒᆞ야도同一便法으로同行請入을應諾ᄒᆞᆷ

일本人遊람協會事務所경성南門通

東亞商會

本店擴張新到時欵各色紗羅綢緞絨地담油地氈洋廣집貨銅鐵과頭香茶烟草各種均效收買新興奇時合用貨美價廉並有湖北南洋彩票發售特此布聞 貴客請來購覽을厚望인

漢城石井洞杏花春告白

本人이日本大阪商業家와特約ᄒᆞ고日本內地產出各種物品과西洋各種物品及機械等物을我大韓에輸入과委托을便利케契約ᄒᆞ얏ᄉᆞ오니商工業에有意ᄒᆞ신僉君子는某物이든지請求코져ᄒᆞ시거든本社로來議ᄒᆞ시오本社에셔는手數料金만領受ᄒᆞᆷ

興業社本店 開城北部蘚洞
支店京城南門內水橋五十一統六戶
仝仁港內동廣濟號 培養會社

本店에春服衣次각程이自英국으로多數來到ᄒᆞ얏사오니陸續來購ᄒᆞ시옵

貞洞源泰양服裁縫店 告白

◉增修無寃錄大全

豊峽 壹白 七十貳頁
定價金新貨七拾五錢

此增修無寃錄大全은法律家의最緊要ᄒᆞᆫ書籍이온ᄃᆡ年來現本이殆히絕種에至ᄒᆞᆫ지라故로法部에認可를得ᄒᆞ옵고此를新刊ᄒᆞ얏삽는ᄃᆡ國漢文으로解釋ᄒᆞ야模糊ᄒᆞᆫ句節이無ᄒᆞ오니法律學에有志ᄒᆞ신니와字牧之任에居ᄒᆞ신니는不得不覽ᄒᆞᆯ冊子이오니注意購覽ᄒᆞ시옵

中署布屛下
廣學書舖 김相萬 發售所

西署新門가禘동百八十六統三戶
辯護士前檢事正三品丁明燮
法律事務所
事務員前主事吳在淳

特別廣告
內外書籍新舊學文幷販賣所
大邱嗣還洞金긔鴻

◎活動寫眞廣告◎

今番에始作ᄒᆞᆫ活動寫眞은法국巴里京에셔有名ᄒᆞᆫ거시오또ᄒᆞᆫ大韓국 皇室에셔먼져看品ᄒᆞ셧고始作ᄒᆞᆫ지數日에遊賞ᄒᆞ시는첨君子가多數枉臨ᄒᆞ시와坐處가넘쳐셔晩到ᄒᆞ시면不便ᄒᆞ오니速々枉臨ᄒᆞᆷ

今番에셔로活動寫眞數十餘件이來到ᄒᆞ얏는ᄃᆡ其猪에敵國과싸화익여사ᄅᆞᆷ을물아먹는것과人狗가相鬪ᄒᆞ야狗가得勝ᄒᆞᆫ것과諸般夢中之事를形容ᄒᆞᆫ것과其他滋味가多々ᄒᆞᆫ寫眞이잇사오니速々히來완ᄒᆞ시옵

活動은自下午八点至九点
名唱善舞歌童과唱和吹笛은自九点至十点
賣票時 七点半始爲
入場票上等 三十錢 中等 新貨 十五錢 小童 十錢

新門외석달이목東便벽돌집
法人 馬田 告빅

●九轉靈砂라 本人이妙方法을神備ᄒᆞ야製造ᄒᆞᆫ靈丹인ᄃᆡ男女老少에無論何징ᄒᆞ고通治하오며無病時에도服하면平生의身躰가健康ᄒᆞ며小兒는四五錢重만服ᄒᆞ면十歲안에無病ᄒᆞ기를擔保ᄒᆞ오며

●九轉靈砂萬應丹은셔狂癇징과中風諸疾과耳目諸病과淋疾에神効ᄒᆞ오

●九轉靈砂保命丹은初生小兒驚風 간氣 嗽 腹瘡諸般惡징에神効ᄒᆞ오

●九轉靈砂濟衆丹은酒滯食滯 血積 吐瀉 霍亂 癲疾 吐血 下血 運氣 時疾 痾징에神効ᄒᆞ오

●九轉靈砂紫金丹은痔漏 累歷 上痔瘡 下疳瘡及唐瘡과諸般疥瘡惡種에無不神效ᄒᆞ오시니 君子는來問ᄒᆞ시오

內需司前독갑이골上隅第一家百三統一戶 리호선 告白

國債報償義捐金

收入廣告

●水原南谷面歸來동
徐商煥 一圓 姜弼中
一圓五拾錢 姜文叔 一圓
徐有寬 張喆秀 徐錫俊
각五拾錢 徐德寬 卅전
鄭春伯 廿五전 徐自寬
徐德俊 리善秀 徐寬平
徐得寬 張允九 徐叔交
尹鳳韶 徐性寬 姜景俊
徐相玉 각卄전 姜善益
徐應交 徐公益 張元西
盧順西 徐尙榛 姜準五
姜汝賢 朴聖一 각拾錢
張成五 姜明益 白喜卿
徐萬壽 姜善道 각五전
徐興兒 姜凡山 각三전
合計八圓九拾六錢

●通津郡陽陵面鉢山里
盧弘植 二圓五拾전
리夔夏 一圓 김仲年
김益孫 張敎植
陶奉文 김同吉 梁銀錫
리寅正 긔錫조 申悅均
김順成 각五拾錢 김永西
김履鎬 車厚奉 陶尙秉
리允學 陶石崇 김行遠
安成允 각四拾전
合計拾一圓七拾錢

●高陽松山面加左동
從二品李鍾律 出身리泰煥
각二圓 리鎭泰 金恒熙
니養主 金敎仁
金奇鳳 金景長 각壹圓
리尙主 리龍主 리明主
金性洙 金商龍 리億龍
白進洙 崔光瑞 崔光默
張世元 金景來 리秉克
각六十전 全永煥 金望熙
白樂倫 리鎭升 각五拾錢
리秉赫 리鎭世 리俊宇
리台淳 리龜主 리인主
尹敎善 尹철熙 리장龍

리成伊 沈相鳳 리益壽
리宜叔 리秉元 리永三
리春友 김恩興 崔貴福
崔인成 김在龍 김善明
김星實 張錫元 김景化
김在賢 각四拾전 尹樂熙
리秉億 리秉主 리夔淳
尹鶴熙 김相吉 김商潤
김永濟 김次成 尹錫鳳
김興近 沈明澤 김春鳳
張化善 洪壬順 리적弘
尹善一 김順창 강順根
崔順吉 김쇠東 김哲濟
각卅전 리職主 리順主
리寬主 許 관 김順지
沈지興 김福星 김副成
崔今錫 白光福 리守奉
리福辰 김鎭淳 김萬吉
김萬根 尹順錫 尹敎正
尹君三 尹召史 리봉主
리斗主 리秉哲 黃般石
리百萬 김昔東 각卄錢
合四拾圓五拾전

●釜山港商務會議所內斷烟同盟金第二回
安舜克 鄭子範 兪默각
金永圭 金道翊 朴克明
李周瑞 愼尙翼 고玄初
金允奕 吳仁奎 林枝春
玄景振 鄭鳳雲 李裕明
鄭奎源 全漢載 鄭元淑
權順度 安鍾萬 金性準
吳인原 具榮필 金宇淑
金子文 金聖佑 金成玉
리成煥 金聖弼 金敎伯
김明淑 金于聲 金汝重
金義俊 崔文伯 리應悳
金鍾克 朴薦振 김聲振
韓인守 沈相文 盧德彦
尹明奎 김文若 리斗卿
리용甫 김潤弘 安汝觀
尹澤制 許致五 김應玉
김인告 김榮載 김台鎭
周時鎔 김德相 김仲告

김致洪 趙寬植 韓영유
리希周 梁秀汝 김華숙
김奉基 安基彦 朴樂彦
禹聖九 鄭斯幸 閔成五
김允和 尹宜遠 權應三
서顯五 洪聖希 김禮仲
리文在 리인賢 김元卿
각三十錢
同盟夫人會 安汝觀夫人김시
김永圭夫人權시
玄景振夫人리시
林枝春夫人尹시 각三十錢
池사景夫人姜시
김日和夫人김시
김召史 김召史 각卄전
김奎益夫人김시
崔철般夫人丁시 김召史
각十錢 崔柰書官夫人김시
五十錢 妓 小春 柳仙
飛鳳 李花 錦花 竹葉
南壽 섬月 玉桃 竹仙
芙容 각三十전
合貳拾九圓五拾錢

●三和港私立英語三興學校
校長韓在鎬 拾圓
校監安東根 三圓
總務김庚地 一圓
贊成高允廷 五十錢
敎師김文奎 一圓
學徒김用여 尹鼎현
최錫求 安定根 鄭元杰
각一圓 任賢植 五十錢
安恭根 韓基澤 각一圓
淸人陳괴南五十전 리基舂
김창世 각一圓 김형柱
陸拾錢 池奎龍 니得龍
김인욱 니斗鍾 김秉奎
尹鼎낙 白南極 張在祿
니根泰 김銀世 각五十戔
崔灼學 鄭能淳 각一圓
裵鳳燁一圓 裵貞燁五十戔
合三十四圓六十전

●忠淸北道報恩郡朱城面內底里
니完熙一圓 김基萬 申종록
김大源 각五十전

宋厚인 김錫九 니圭宣
河成德 각三十전 김敎眞
韓쇠烈 김源긔 김봉熙
김秀應 梁柱錫 梁輔煥
梁柱邦 김善熙 니成汝
각二十전 김基赫 김能九
鄭相雲 김基鎬 김源達
최永舂 宋憲鍾 宋긔用
黃官汝 김鍾福 文興官
김小用 김德水 김基舂
니成烈 宋完用 宋憲긔
니成八 梁舂煥 김源大
韓允弼 申憲록 裵순点
河成三 김敎亨 宋憲泰
각十錢
合八圓二十전

●西署笛洞誠信契三所任
니奉奎 김允圭 니今錫等
五圓

●安城加士面流芳里
前主事權寧益 一圓

●三和港 崔元淳 五十錢

●南署誠明坊大山林동
니聖根 五十錢

●舒川率里
秋議官秉容貳圓 秋禾燁
秋桂燁 각五拾錢

●大安동三拾五統四戶
리柰書源昇家床奴김順錫
拾錢

●海州南門外
鄭在鎔拾圓 老祖母 六圓
夫人金씨四圓

●長興居正三品김炳郁 貳圓

●砥平郡北面廉隅里
김敎찬 김正혁 各五拾전
合卅三圓拾전

●삼화항은금폐지부인회
제이회의연
안중근자친 은지환두쌍
너랑닷돈즁은아쥭팔지못ᄒᆞ
얏솜
은투호두미 은장도ᄒᆞ미

은귀이미두미 은가지세미
은부전두미
합실종너랑닷돈즁은쭈代金廿원

●慶北金山郡鳳溪里
前承旨鄭雲采十圓 鄭煥命
六圓 鄭낙基
前參奉鄭煥문 각五圓
鄭世基 鄭德基
前敎官鄭弘濟 각貳圓
鄭協采 鄭위基
前主事鄭與濟 鄭兩采각壹圓
鄭煥玉 鄭煥文 鄭穀鎔
각陸拾錢 鄭龍基 鄭煥德
鄭九采 前委員鄭一采
鄭煥면각四拾錢 정煥璧
鄭炳濟 정煥振 鄭成采
鄭煥國 鄭文基 鄭萬基
鄭俊鎔 명泰鎔 명宗基
명龍采 정瑞基 정九鎔
정煥道 정元采 정爲采
정弼基 각卄錢
合四拾三圓卄전

●楊州金村面平郎里
김裕光 김驪哲 니文七
각一圓 김炳錫 壹圓廿錢
김平植 壹圓 김亨植
宋興實 김鍾大 김敬順
박春山 김致弘 김敬伯
니敎賢 최昌圭 니裕壽
洪順根 池是萬 니聖五
박春秉 최明在 니漢甫
김東植각오拾전 김裕貺
김恒植 박化春 김春喜
洪淳弼 박聖實 咸春元
각四拾전 김裕착 정聖在
최順善 宋明淳 김義敎
니漢善 禹順秉 니善應
니明植 각卅전 김裕석
廿五전 김伯植 김汝心
김春燁 安聖順 方君先
니聖先 최容漢 徐化春
박用已 김敎俊 니順元
김東燁 김永甫 김學瑞
宋季文 김致奉 韓聖七

니漢實 김萬敎 니在主
정德熙 洪基化 吳敬三
니成實 洪明善 盧億至
박萬瑞 咸聖七 宋道連
니尙根 정春化 니玉鉉
니昌鉉 尹聖化 김基顯
김炳직 니元七 文四鳳
姜順至 咸春實 姜春化
오昌連 尹聖三 각廿전
니春先 田容植 田容甫
니聖三 趙漢交 김順心
丁文學 김明淑 김明俊
宋明實 니春心 尹德實
김永心 김敎五 劉永實
申泰憲 安光澤 니萬壽
니萬交 니德三 任東元
김永俊 徐順根 池洛瑞
김德順 孫雲三 김裕哲
각拾전
拾卅三圓七拾五전

●利川郡沙北面道立里
嚴柱찬 嚴柱顯 각오拾전

●西署積善坊司醞洞
박景陽 貳圓五拾전

●南署會賢坊水橋洞
永信契都中三所任
池在鴻 김光奎 니佑三等
四圓
合七圓오拾전

●報恩郡朱城面鳳凰동
姜文會 니興來 니明五
黃德化 김應九 김元景
니明甫 니化順 각五拾전
合四圓

●全南順天郡長平面長明里
김瑞旭 廿錢 김明五
김寬一 김鍾賢 각拾전
合五拾전

總合二百七十오圓六十壹錢
前號總合一萬二千九百三十六圓五拾八錢二里
都總合壹萬三千二百十二圓拾九錢二厘

◎特別廣告◎

國債報償金昨日所捧은姑未合計이고伊前日所捧總合三萬七千九百十三圓六十六錢은電氣會社內銀行에貯置ᄒᆞ얏ᄉᆞᆸ고其貯置額中一萬一千八百圓은國債報償志願金總合所로越交ᄒᆞᆷ

大韓每日申報社

◎本社廣告

○申報價
一張代金 新貨二錢五里
一個月前納 三十錢
三箇月 九十錢
六個月 一圓七十錢
一箇年 三圓四十錢
鄕稅一部 新貨五里
一箇月 十三錢

●大韓每日申報各處支社廣告
中署布屛門下 김相萬冊肆
平壤上水口門內 김浩淵
최觀恒
仁川杻峴開新冊肆 리東皓
宣川邑橋西里 安 濬
義州西門外한西 大藥局
釜山港佐川 徐藥局
三和港築洞 김元섭
咸興州南社西門外 曹喜林
開城培義學校 姜助遠
大丘市廳 최一弘
報寧邑濟衆院 劉夢澤
鐵山邑東部 安 圭
元山支店 劉七錫
海州南門內 洪成鎬
信川邑 리源植
定州南門內書舖 朴昌鎭
昌原郡校洞 許 찬
郭山興岩 李銀瑞

大韓每日申報社

發行兼編輯人英國人 裵 說
發行所
南서石井洞號外地三層洋屋內
大韓每日申報社

第五卷 第五百廿五號

月曜及慶節歲時日休刊

檀君開國四千二百四十年 箕子元年三千二十九年 大韓開國五百十六年 日本明治四十年 淸國光緖三十三年 ◉陰曆丁未四月十九日己卯

論說

鋼知識ᄒᆞᆫ신大韓同胞여

嗚呼ㅣ라道德衰而權謀盛ᄒᆞ고忠信失而詐僞增ᄒᆞ야樸實正直之風이不存於世者ㅣ久矣라어다今全球大開에六洲比鄰이라殊種異言이熙來攘往者가惟力是尙ᄒᆞ고惟利是圖ᄒᆞ야大者ᄂᆞᆫ欺天下ᄒᆞ고次者ᄂᆞᆫ欺一國ᄒᆞ고小者ᄂᆞᆫ欺個人이라國際之公法條約이며文明ᄒᆞᆫ今日侵略的手段을尤不可測이오個人之握手交接이더욱般繁ᄒᆞᆫ今日詐騙的行爲를愈不可信이니故로今之論世者ㅣ曰彼所謂開明强大之國人이皆善蘊口氣오夜叉心術이라ᄒᆞ니豈其過言哉아

試以韓日關數年歷史로觀지라도世態人情에機變莫測이愈出愈奇ᄒᆞ야不可以發人思想이오增人智識이기로大槪論之ᄒᆞ노라

當日俄開戰之始ᄒᆞ야 日皇陛下ᄭᅴ셔宣戰詔勅과外務大臣의公布列國ᄒᆞᆫ文字가豈不曰擁護韓國의獨立에셔保全韓國의彊土乎아終乃韓國의獨立이變改ᄒᆞ야保護를受ᄒᆞ얏고彊土保全이無效ᄒᆞ야侵佔을多被ᄒᆞ얏스되世界列强이皆緘默無言ᄒᆞ야一聽强者之所爲ᄒᆞ고嘗試弱國을爲ᄒᆞ야訟冤新屈者ᄂᆞᆫ一個도無ᄒᆞ니所謂公法이니開約이니公交이니ᄒᆞᄂᆞᆫ것을何可信哉며韓日議定書에도猶日獨立鞏固라ᄒᆞ며領土保全이라ᄒᆞ며 皇室安寧이라ᄒᆞᄂᆞᆫ條款이有ᄒᆞ얏고所謂新條約이獨立을破壞ᄒᆞ고保護를勸行ᄒᆞ얏스나오히려皇室尊嚴을維持ᄒᆞᆫ다ᄂᆞᆫ條款이自在ᄒᆞ거ᄂᆞᆯ乃一夜間에日憲兵과日巡査가擁入闕內ᄒᆞ야宮禁을把守ᄒᆞ엿스니前後條約이言難明白이나實則陰險ᄒᆞ야一切相反이一進會四大綱領之說과如ᄒᆞ니夫何可論哉아

以近日政界改革으로觀之라도舊內閣之受欺於人者ㅣ亦可以備歷史上談話之資로다叅政大臣朴齊純氏가覺其地位가有不安ᄒᆞᆫ機ᄒᆞ고辭表를先呈ᄒᆞ미伊藤侯가勸其勿辭ᄒᆞ얏고諸大臣往于統監官邸ᄒᆞ야以決退爲言ᄒᆞᆫ則伊藤侯曰如吾老白首도國事의擔任을不避ᄒᆞ거든以公等少壯之로엇지國家의責任을辭免ᄒᆞ고一身의安便을圖謀ᄒᆞ리오如此決計가大是不當이라ᄒᆞ더니畢竟政界改革에諸大臣之被逐이出於伊藤侯奏請之舉ᄒᆞ얏고

李完用氏ᄂᆞᆫ謂諸大臣曰吾輩가一併辭疏ᄒᆞ야面咨等座席이必無念慮ᄒᆞ리니一齊呈疏가可也云則諸大臣이然其言而從之라가忽然히李完用氏의出其不意ᄒᆞ야擊打倒ᄒᆞᄂᆞᆫ手段을被ᄒᆞ야一敗不復起ᄒᆞᄂᆞᆫ境遇에陷ᄒᆞ얏스니權利競爭之地에誰其可信者ㅣ리오所謂蓄蘊口氣에夜叉心術者ㅣ到底皆是니寧不可怕可懼哉아

韓國方書에隱痴見欺於人者를謂之鋼智識이라ᄒᆞ나吾謂其智識이鋼愚ᄒᆞ면國與國과人與人間에大小交涉에動轍見欺ᄒᆞ나니可不慎哉아吾儕가住此數年間事機變態를對ᄒᆞᆫ으强寢弱ᄒᆞ며智欺愚ᄒᆞᄂᆞᆫ行爲가日出不窮ᄒᆞᆷ을次第經驗이기로略此舉論ᄒᆞ야鋼智識ᄒᆞ신大韓同胞의警醒을供獻ᄒᆞ노니然則當此時代ᄒᆞ야國與國間에他國을不可信이오人與人間에他人을不可信이라惟其吾智를自明ᄒᆞ고吾力을自强ᄒᆞ여야他國의侵略과他人의詐騙을不受ᄒᆞ고自立을不失ᄒᆞ리니大韓同胞ᄂᆞᆫ十分省覺ᄒᆞ시어다

官報

◉第三千七百七十八號 光武十一年五月二十九日

◉宮廷錄事

◉敍任及辭令

判敦寧司事李헌녕辭職疏 批旨省疏具悉所請依施

依願免本官 秘書監丞尹惠榮

任秘書監丞 正三品정奎榮

依願免本官 秘書監丞정奎榮

任秘書監丞 正三品尹寧榮

肇慶壇守奉官李南圭

兼任太醫院副卿 秘書監丞尹惠榮

宮內府特進官沈相薰

命經理院卿

任肇慶壇守奉官 李麟相

依願免本官 經理院技師李起命

命宮內府特進官 太醫院卿李宜夏

奎章閣學士尹德榮

命太醫院卿

侍從院侍從金圭鎭

命經理院技師

任侍從院侍從 九品朴東洙

議政府秘書官徐丙業

依願免本官

議政府叅書官兪寯鎭

任議政府秘書官 學部叅書官李源鎔

任議政府叅書官 學部叅書官 陸品金思重

外報

◉宜其善決 去二十四日北京電을據ᄒᆞᆫ즉林公使ᄂᆞᆫ向日日本政府의回答을接ᄒᆞ고同時에淸國政府에向ᄒᆞ야唐紹儀氏가日本政府에取ᄒᆞᆫ手段을不待ᄒᆞ고從來協商ᄒᆞ던問題를等閒에付ᄒᆞᆷ은更히淸國의不利益인使의注意에對ᄒᆞ야淸國政府ᄂᆞᆫ來交涉案件을妥協的精神으로써結了ᄒᆞᆷ이當然ᄒᆞ다ᄒᆞ며該公大體洛로ᄒᆞᆫ態度로趙爾巽에게直向ᄒᆞ야아모쪼록王難ᄒᆞᆫ議論은避ᄒᆞ고圓滿히問題를處理ᄒᆞᆷ이可ᄒᆞ다고打電ᄒᆞ얏다더라

◉麵價高騰 去二十二日路透電을據ᄒᆞᆫ즉露國온데ㅣ마市에셔農作物의損害를蒙ᄒᆞᆷ이不少ᄒᆞ다ᄂᆞᆫ電報가有ᄒᆞᆫ所以로露國에잇ᄂᆞᆫ麵麭에價額이騰貴ᄒᆞ야ᄂᆞᆫ데其昇騰ᄒᆞᆷ은一般에廣及ᄒᆞ지ᄒᆞ야一留九코쎄의二分一로高貴ᄒᆞᆷ이確實ᄒᆞ다더라

◉爆發有因 同日東京電을據ᄒᆞᆫ則香港來電에同港의專惠里月街(支那町)셔劇場에火災가起ᄒᆞ야死者五百餘名이出ᄒᆞ얏ᄂᆞᆫ데其原因은엇던淸人의匪徒가火藥을右劇場附近에地下게埋沒ᄒᆞᆷ을他淸人이不知ᄒᆞ고該地上에火爐를設ᄒᆞᆷ으로由ᄒᆞ야火藥이爆發ᄒᆞᆫ所以라더라

雜報

沃川國債報償斷烟義務會日的을以ᄒᆞ야市上에演說ᄒᆞᆷ

我同胞諸君前에特別히警告ᄒᆞᆯ 바가有ᄒᆞ와今此演說會를開催ᄒᆞ얏스오니幸我一般同胞國民은十分注意ᄒᆞ시와此演一言을採聽ᄒᆞ시오(大呼曰)大抵國이有ᄒᆞ야民이有ᄒᆞ고國이有ᄒᆞ야身이有ᄒᆞ오(衆日諾다)(又大呼曰)然則國이安ᄒᆞ야民이安ᄒᆞ고國이危ᄒᆞ면民이危ᄒᆞᆷ은一般이오(衆日諾다)그려면此漢炳懲고胞가一齊히동悲ᄒᆞ시ᄂᆞᆫ바지이無知沒覺ᄒᆞᆷ을고不肖無狀이오나諸公께對ᄒᆞ야ᄒᆞᆫ미아기로雍容히敬告ᄒᆞ리다 蓋世界環球內에古今과遠近을不論ᄒᆞ고國家은土地와百姓의政府가合ᄒᆞ야成ᄒᆞᆫ一大公稱也니人으로譬컨된政府은人에頭面也며土地江山은人의體身也며百姓은人의手足也니頭면이나躰身이니手足이니我의靈身에身이니愛身之道에豈有以輕重厚薄也리오諺에云ᄒᆞ되痛차아니ᄒᆞᆫ指가無ᄒᆞ다ᄒᆞ니以此書指ᄒᆞ야形言ᄒᆞᆫ즉曰頭面을愛ᄒᆞᆷ도非我身也며此躰身을愛ᄒᆞᆷ도非我身也며此手足을愛ᄒᆞᆷ도非我身也오是故로我帝國政府를愛ᄒᆞᆷ도我 帝國을愛ᄒᆞ미오我 帝國疆土를愛ᄒᆞᆷ도帝國愛ᄒᆞ미오我 帝國國民을愛ᄒᆞᆷ도我帝國國民을愛ᄒᆞᆷ이昭然無疑가若見靑天觀白日이아니오一言而蔽之曰國이有ᄒᆞ야身이有ᄒᆞ고國이安ᄒᆞ야身이安ᄒᆞ고國이危ᄒᆞ면身도危ᄒᆞᆷ은一般同胞가다동悲ᄒᆞ시ᄂᆞᆫ바여니와國與民은吉凶과禍福을共之ᄒᆞ야其關係가如影之於形ᄒᆞ니是故로我國民의愼失弊端라도[illegible]大韓二字의[illegible]大ᄒᆞᆫ公稱[illegible]也라晋念及此에[illegible]君之心이[illegible]國[illegible]如哉오正[illegible]此[illegible]競爭之際ᄒᆞ며弱肉强食之時代ᄒᆞ야外國의富强[illegible]의國事와民事를正理으로觀ᄒᆞ며로附ᄒᆞ며心으로思ᄒᆞ면不覺變衛冠而臂欲裂ᄒᆞ며更復心寒身慄이라彼所謂列强國의國民이나我

帝國國民이나頂天履地와藥身곡復은彼此一般而彼ᄂᆞᆫ如彼其富强文明ᄒᆞ며我ᄂᆞᆫ若是其貧弱ᄒᆞ니爲我國民者雖愚夫愚婦와匹◉匹婦라도彼强我弱과彼富我貧의原因을須以愛國愛身之心으로不可不疑從之際이라도강究ᄒᆞᆯ지여彼地ᄂᆞᆫ何故如彼富强文明ᄒᆞ여國與民이昇平幸福을共之오ᄒᆞ면不外乎彼國民이以愛身으로愛國ᄒᆞ며以愛國으로愛身ᄒᆞ야忠愛之心을一般國民이一般同深故也라惟我國民도國民된職務로忠愛二字를深究之ᄒᆞ야一般國民이一般ᄒᆞ면則何患乎今日之勢ᄒᆞ며何患乎今弱今貧也리오 (未完)

寄書

鐵산捕國債報償志成會趣旨書

夫志者ᄂᆞᆫ心之所志謂也요成者ᄂᆞᆫ事之必成之謂也라心之所志에其事必成矣니志成之意願不重且大歟아現今我韓外債至於一千三百萬圜之多ᄒᆞ니今年明年에利上添利ᄒᆞ야利過於本則三千里강土를何爲而保며二千萬同胞가何依以生고吾念及此에不覺熱血之沸騰而已러니何幸皇天이乃顧我韓ᄒᆞ사國債報償斷烟同盟之論이倡出於嶺南ᄒᆞ야轉至於京城히一人이唱義에萬人이發起ᄒᆞ야國債報償志成會를組織ᄒᆞ고義捐金을募集ᄒᆞ오니爲我同胞者孰不感激此志이요古語云하되靡不有初나鮮克有終이라ᄒᆞ니究終者ᄂᆞᆫ志成也라同胞同胞여願我一般은志成二字니勉之勉之

發起人 前주守 吳熙源

前司果 金利鉉

雜報

政界改革에續聞 過般政界改革의狀況을續聞ᄒᆞᆫ즉伊藤統監이陛見ᄒᆞᆫ後에政界改革에事를奏請ᄒᆞ고叅政을李完用으로新卜ᄒᆞ소셔ᄒᆞᆫ則 韓皇陛下曰李完用은年幼望輕ᄒᆞ고國民이不服ᄒᆞᆯ者니年高望重ᄒᆞ야國民이信服ᄒᆞᆯ者로擇定ᄒᆞᆷ만不如ᄒᆞ다ᄒᆞ신ᄃᆡ伊藤侯曰萬一李完用으로叅政을擢任치아니ᄒᆞ시면老臣이闕外로退出치아니ᄒᆞ리라ᄒᆞ미不得已允許ᄒᆞ셧고李完用시가叅政으로被命ᄒᆞᆫ後에任善準시로內部大臣을奏薦ᄒᆞᆫᄃᆡ 陛下曰任善準은階不過三品에資格이不及이라ᄒᆞ시믹李完用이奏曰外國은九品되臣도有ᄒᆞ니삼品되臣이豈不可잇가ᄒᆞ니 韓皇陛下씌셔答曰任所爲ᄒᆞ라ᄒᆞ셧다니今番政界改革에威脅行動이再昨年新條約時에셔不下ᄒᆞ얏더라

●軍部協辦新任 正領韓鎭昌氏가叅將을陞任ᄒᆞ고軍部協辦을兼任ᄒᆞ얏다더라

●院長兼任 內部大臣任善準氏가大韓醫院長을兼任ᄒᆞ얏더라

●礦務總裁 農商大臣宋秉畯氏가礦山局事務總裁를被命ᄒᆞ얏다더라

●英艦到泊 再昨日英國東洋艦隊五隻이仁港에到泊ᄒᆞ얏ᄂᆞᆫᄃᆡ該艦水師가昨日上午十時에統監을訪見ᄒᆞ얏더라

●日人并遷 各部大臣이一并遷任되미統監府官吏로各部에叅與官으로囑托으로在ᄒᆞ든日本人도責任이不無ᄒᆞ다ᄒᆞ야改遞된다더라

●張氏兼任 兼任師範學校長李源鎔氏가免任된代에編輯局長張憲植氏가兼任ᄒᆞ얏더라

●俞氏被任說 學務局長俞星濬氏가內部協辦을被任ᄒᆞ다ᄂᆞᆫ說이有ᄒᆞ더라

●兩大相持 農大宋秉畯氏가一進會員中某々人一百八十餘名을調用ᄒᆞ기로爲先的定ᄒᆞ얏ᄂᆞᆫᄃᆡ叅政李完用氏와內大任善準씨가反對相持ᄒᆞᄂᆞᆫ中이라더라

●何故延期 內部大臣任善準氏가有何事端인지光州觀察權鳳相氏와寧邊觀察朴勝鳳氏의發程ᄒᆞᆷ을姑爲延期ᄒᆞ라ᄒᆞ얏다더라

●兩校觀察 昨日學部視學官李晩奎氏가該大臣의命令으로高等師範兩學校를觀察ᄒᆞ얏더라

●三大視務 昨日度支大臣高永喜씨와法部大臣趙重應씨와農大宋秉畯씨가仕進視務ᄒᆞ얏다더라

●海稅歸日之弊 各港口에自來로外國輸入物品은價文五圓以上稅전은海關에셔收捧ᄒᆞ더니近來에日人이幾百圓幾十圓價値物品이던지依例히船頭에셔物品多少를不計ᄒᆞ고以幾兩錢으로塞責免稅ᄒᆞ니海稅官도亦日人이라視若尋常에置之不問ᄒᆞ니國庫稅金이歸於虛地ᄒᆞᆫ지라向日西洋人이海稅務官在任時에ᄂᆞᆫ稅金이別無遺漏ᄒᆞ더니今此日人이主管ᄒᆞᆫ후弊端이層生이라ᄒᆞ고世論이沸騰ᄒᆞ더라

●農場損害 日昨雨水가暴注ᄒᆞ야水原農林模範場諸般農物이多數損害가有ᄒᆞ얏다고該場敎師日人某氏가農部에報告ᄒᆞ얏더라

●日人鑽習 全北竹島等地에日人漁船七百餘隻이入來ᄒᆞ야方今捕魚ᄒᆞᄂᆞᆫᄃᆡ도미가졔一多捉ᄒᆞᄂᆞᆫ지라日船이羣山港等地ᄭᆞ지入來ᄒᆞ야韓人家에無難突入ᄒᆞ야婦女를刼奸ᄒᆞᄂᆞᆫ惡習이比々有ᄒᆞᆫ故로該港婦女들이逃避ᄒᆞ야如逢難離라고南來人에確信이有ᄒᆞ더라

●賞金云박 前軍部大臣權重顯씨를暗殺ᄒᆞ라든事件에對ᄒᆞ야警務廳及各署巡檢의忠勤ᄒᆞᆫᄃᆡ警察노嫌疑者를無漏逮捕ᄒᆞ얏스니其功이可賞이라ᄒᆞ야日昨警務廳에셔竭力警察ᄒᆞ든巡檢에게紙貨一元式獎賞ᄒᆞ얏ᄂᆞᆫᄃᆡ賞金으로ᄂᆞᆫ大端히박ᄒᆞ다ᄒᆞ고公論이沸騰ᄒᆞ다더라

●實業新聞의股金 實業研究會에셔實業新聞을發刊ᄒᆞᆫ다ᄂᆞᆫ說은前報와如ᄒᆞ거니와該刊出費를股本金으로募集ᄒᆞᄂᆞᆫᄃᆡ股本은十股로酌定ᄒᆞ야商業會議所에셔一股ᄂᆞᆫ昌信社오一股ᄂᆞᆫ三個銀行所에셔各一股式이오其外ᄂᆞᆫ有志家오人이各一股式辦出ᄒᆞ기로作定되얏고處所ᄂᆞᆫ方今研究中이라더라

●此善彼惡 平壤商務協同社ᄂᆞᆫ媒介人들이組織ᄒᆞᆫ社라近日에諸會員들이國債報償에對ᄒᆞ야口文百五除式으로目的을達ᄒᆞᄂᆞᆫ日ᄭᆞ지鳩聚ᄒᆞᆯ意로議定ᄒᆞ고各坐賈와各客店에通牒ᄒᆞ야鳩聚錢을任置케ᄒᆞ니莫不欣然樂從이거ᄂᆞᆯ惟獨客店主沈尙玉은社會를凌辱ᄒᆞ며不義之言으로反對가無雙ᄒᆞ니媒介人들이一齊絶足ᄒᆞ기로相誓ᄒᆞ얏다더라

●臼調藝察 內部에셔京畿觀察署理叅書官金漢睦시의게訓令ᄒᆞ되報來九郡帳籍을依數捧準인바帳籍所載와統計表合算ᄒᆞᆫ戶口實數를詳細調査ᄒᆞᆫ즉여州郡에ᄂᆞᆫ一千오十餘戶口를欠算ᄒᆞ고漣川郡에ᄂᆞᆫ一千오百십사口를買增ᄒᆞ고其他各郡도擧皆淆雜ᄒᆞ야難以考閱뿐더러安山郡袁中月岩리三統에但書各戶主姓名ᄒᆞ고不記口數ᄒᆞ며交河郡統表ᄂᆞᆫ各統人口合計를張々不錄ᄒᆞ얏고且以統計表言之라도安山郡에ᄂᆞᆫ郡面統計表가俱無ᄒᆞ고여州利川交河漣川果川郡은但有統計表ᄒᆞ고豐德郡에ᄂᆞᆫ但有統表인則部訓이非不申複이되各郡擧行이一向若是ᄒᆞ니言念及此에誠極駭歎이라就中尤甚之各該郡守ᄂᆞᆫ從當施罰ᄒᆞ려니와本觀察署理도難免溺職之責이지니另加董飭에一依前訓遵行ᄒᆞ야無至大生梗케ᄒᆞ라ᄒᆞ얏더라

●衛生會請願 社稷동等地에居ᄒᆞᄂᆞᆫ金鎬誠씨가漢城內에衛生會社를設始ᄒᆞ기로內部에請願ᄒᆞ얏다더라

●雹災尤甚 日前雹災에江原道各郡에被害尤甚ᄒᆞ야牟麥損害가不小ᄒᆞ야窮부民情이嗷々ᄒᆞ다더라

●雇不給價 湖南鐵道會社를設始ᄒᆞᆫ後에徐午淳씨가財政을未辦ᄒᆞ야該社諸般事務를成就치못ᄒᆞᄂᆞᆫ故로漢城內實業家某々씨가徐씨의委托을擔任ᄒᆞ야該社를鐘路로移設ᄒᆞ고雇貧人을派送ᄒᆞ야起工ᄒᆞᆫ지六七朔에雇價를推托不給ᄒᆞ야公州等地에셔役夫에作弊로閭리가騷撓ᄒᆞ야請貧諸人이齊進社中ᄒᆞ야不給ᄒᆞᄂᆞᆫ理由를質問ᄒᆞᆫ則些少錢으로寄貸ᄒᆞ고日間役數出給ᄒᆞ마ᄒᆞ더니延타不給ᄒᆞᄂᆞᆫ지라諸貧人이其延타ᄒᆞᄂᆞᆫ委折을질問次로社長金基녕이務成及녕兩시家에前往ᄒᆞ얏더니巡査과巡檢을要來ᄒᆞ야逐出코져ᄒᆞ거ᄂᆞᆯ請貧人中日昭ᄒᆞᄂᆞᆫ人이前後事狀을說明ᄒᆞᆫᄃᆡ巡査가乃知其社中不正行爲ᄒᆞ고旋即還去ᄒᆞ얏스나實業家에셔正當히給ᄒᆞᆯ雇價를不給ᄒᆞ고巡査의威力을借ᄒᆞ야強制壓迫ᄒᆞᆷ은實非實業家行爲라고巷說이喧藉ᄒᆞ다더라

●元裁質稟 元山港裁判所判事趙秉教씨가法部에質稟書를ᄒᆞ되本港公立普通學校에付屬ᄒᆞᆫ葛馬浦漁基를連島居嚴弘淳爲名人이稱以渠之所有라ᄒᆞ옵고學部에請願ᄒᆞ야帶訓令ᄒᆞ고該校에來到ᄒᆞ야敎員洪在明에게無數言詰ᄒᆞ고繼以詬辱이다該校學徒等이請願書와敎員에면稱을接准ᄒᆞ와事實을查探ᄒᆞ온즉所謂嚴哥가以蠢愚蔑識之人으로對官人而出言不遜이오되係是語言박過에不足深誅이옵기曉諭敎員及學徒等ᄒᆞ야不須呶々케ᄒᆞ얏솝더니該敎員이不爲雪憤ᄒᆞᆫ으로挾感ᄒᆞ와學部에報告ᄒᆞ야現에該部訓令이到付이옵기玆에등抄上送이올件과竊查凡係司法上關係案건을所管上部에不由ᄒᆞ고各部에셔直行命令ᄒᆞ오니此次該部訓令을奉遵ᄒᆞ올ᄂᆞᆫ지其在擧行에不無疑惑ᄒᆞ와玆에質稟이라ᄒᆞ엿더라

●稅官難免 江界稅務官黃用性씨가經理院所管沿江收稅를稱以度支部大臣面飭ᄒᆞ고勒執稅局文簿ᄒᆞ며別定稅監ᄒᆞ야沿邊各浦에派送濫捧ᄒᆞ미經理院에셔派送ᄒᆞᆫ派員이其越權ᄒᆞᆷ을論責ᄒᆞ고文簿를越交ᄒᆞ라ᄒᆞᆫ즉黃씨가施威不給ᄒᆞᄂᆞᆫ故로稅務官與派員間에自然葛藤될뿐不是라莫重國稅도以致欠縮이라ᄂᆞᆫᄃᆡ黃씨의越權濫法之律과沮戱正供之罪ᄂᆞᆫ在所難免이라고西來人의傳說이藉々ᄒᆞ더라

●民有買收 忠南觀察署理叅書官崔麟鎔씨가內部로報告ᄒᆞ되本道駐在日本副理事廳舍을今將新築이다請許官有地이온바道下에初無何許處故로未得遵施이올더이니道下々鳳村에假占地段이爲千坪假量이다該地段中土地家屋所有主를招致ᄒᆞ야協商買收之意로該理事廳이屢至이오며土地家屋은均是民有이온즉給價買收가似無相碍이오나不可擅便ᄒᆞ와玆以報告라ᄒᆞ얏더니指令ᄒᆞ되該地段이果係民有로所有主와協商買收ᄒᆞ고無他妨碍어든依土地家屋證明規則遵施ᄒᆞ라ᄒᆞ얏더라

●兄弟贊成 慕화館居高源深씨가與其弟源益氏로孤兒院을視察後熱心贊成ᄒᆞ야各以五元式合金十元을寄附ᄒᆞ얏다더라

●靑會演說 今日下午七点半에靑年會館에셔紳士俞承兼씨가四民의平等이란問題로演說ᄒᆞᆫ다더라

▲酒 後 劍 歌▼

▲淸國提學使가滿洲地方에到ᄒᆞ야強制敎育으로民間子弟를勅令入學케ᄒᆞ니其母與妹가哭挽不得ᄒᆞ야服毒自盡者가有ᄒᆞ니天下에風氣之閉塞과人智之暗黑이莫有甚於滿洲라ᄒᆞ얏더니韓國慶尙道地方에某郡守가民間子弟를學徒로派送ᄒᆞᆫ깃다고遣吏招來ᄒᆞᆫ즉其父兄이大端憂慮ᄒᆞ야納賂圖免者가有ᄒᆞ얏다니腐庭風氣ᄂᆞᆫ爲衛之政이로고

▲寒溫을不辨ᄒᆞᄂᆞᆫ大臣은理陰陽順四時ᄒᆞᄂᆞᆫ責任을當ᄒᆞ얏고時間을不知ᄒᆞᄂᆞᆫ兩班은地部長官의座席을操ᄒᆞ얏스니刷新政治ᄂᆞᆫ잘되깃고

▲叅政大臣李完用氏가叅政을圖得ᄒᆞᆯ計劃으로一進會를聯絡ᄒᆞ야同色에諸大臣을打倒ᄒᆞ얏스니政府勢力이專歸於自己ᄒᆞᆯ줄로信認ᄒᆞ얏더니及其一進會長이政府에入ᄒᆞ야ᄂᆞᆫ其勢를不可當이오自已ᄂᆞᆫ孤危ᄒᆞᆫ地境에臨ᄒᆞ얏스니其座席은雖高ᄒᆞ나其中情은未必快樂일걸

▲公州觀察使李健榮氏ᄂᆞᆫ將次發程赴任ᄒᆞᆯ터인ᄃᆡ以若觀察使의薄俸으로ᄂᆞᆫ經濟上困難을難免ᄒᆞᆯ거시오其薄俸外에ᄂᆞᆫ無他道理라ᄒᆞ고新貨一千圓을携帶下往ᄒᆞᆫ다니該氏ᄂᆞᆫ經濟ᄂᆞᆫ무合事件인지知치못ᄒᆞ거니와帶錢赴任은過恭이非禮로니

▲水原華龍殿改修別單을日間에上奏ᄒᆞᆯ터인ᄃᆡ正三品이多數히陞資ᄒᆞᆫ다ᄒᆞ미近日에正三品大臣이新出ᄒᆞᆫ즉正三品만圖得ᄒᆞ면大臣이在前ᄒᆞ다고奔競이大端ᄒᆞ다ᄒᆞ니日後에ᄂᆞᆫ正三品大臣이無數히生出ᄒᆞ리로다

▲天照ᄂᆞᆫ檀君의妹氏로日本을叛立ᄒᆞ고檀君은朝鮮을叛立ᄒᆞ고太祖高皇帝ᄂᆞᆫ大韓을叛業ᄒᆞ옵신故로日本男爵某氏가韓日兩國이元來兄弟之國이라ᄒᆞ야三聖廟를叛建ᄒᆞ고同寅會를組織ᄒᆞᆫ다ᄒᆞ니日人이韓國을強制剝削이無所不至ᄒᆞᄂᆞᆫᄃᆡ近日에蒼古無稽之言을倡出ᄒᆞ야兩國을敦睦ᄒᆞ다ᄒᆞ니敦睦은잘될걸

▲平壤郡日本軍用地內에農作物을今月三十日內로撤去ᄒᆞ라고該郡에派駐ᄒᆞᆫ日本憲兵이農民을無難捉去ᄒᆞᆫᄃᆡ人民數百名이該郡該道에呼訴도ᄒᆞ며棲屑道路에情景이慘酷ᄒᆞ다ᄒᆞ니地方人民은一年農作으로一時을生活ᄒᆞᄂᆞᆫᄃᆡ該地農作을撤去ᄒᆞ면不壞百姓은何處에流離ᄒᆞᆯᄂᆞᆫ지

▲日昨 視學官魚容善씨가終日토록大臣官房에逗留ᄒᆞᄂᆞᆫ지라大臣이魚씨다려問曰視學官의職責은何在오大臣官房에入ᄒᆞ야大臣協辦間에酬酌을傍聽ᄒᆞ니是何事體오ᄒᆞ고一場詰責ᄒᆞ얏다니魚씨가大臣官房에終日不離ᄂᆞᆫ抑何意思오無顔을當ᄒᆞ야ᄊᆞ지

◎本社告白

本社에셔國文申報見本을已經刊佈인바僉君子의非常ᄒᆞᆫ懽迎愛讀을受ᄒᆞᆫ지라不可不益加速々發行故로六月一日로預定ᄒᆞ엿던것을數日을先期ᄒᆞ야五月三十日븟터發行ᄒᆞᆯ터이오며本社의斷々一念은大韓人民의國權恢復을爲ᄒᆞ야目的을到達ᄒᆞ도록始終을恒常如一케ᄒᆞᆷ에在ᄒᆞ오니雖某國人이든지本國文申報를閱覽ᄒᆞ신이ᄂᆞᆫ各其朋友의게本社趣旨를廣布ᄒᆞ오면本社에셔感謝無窮이오며우리ᄂᆞᆫ盡其心力ᄒᆞ야高等新聞이되도록ᄒᆞᆯ것이니本社趣旨를愛好ᄒᆞ시거든朋友의게購覽ᄒᆞ기를極力勸告ᄒᆞ시고愛好치아니ᄒᆞ시면無可奈何요亦是本社의不幸이어니와本社의恰失은아니ᄋᆞᆸ니다ᄒᆞ노라

大韓每日申報社 告白

雜俎

東署蓮花坊中路契梨峴內四街里人民等趣旨書

傳에曰一家興仁이면一國이興仁이라ᄒᆞ니信哉라思聖之垂訓也여現今國債報償之論이首唱於徐金兩氏之興義ᄒᆞ여遍及於二千萬同胞之人而隨感而興義ᄒᆞ니非家督戶誘而然也라其於忠君愛國에性分之所固有와職分之所當爲以究其所由컨ᄃᆡ民心은卽天心也라天其佑之ᄒᆞ샤唯我國權이否往泰來之時也니上自國都로下至列郡히國體捐義ᄒᆞ야斷烟減飯과賣髮賣貝을不可枚舉而遍諭也라然이나吾等向讀新聞ᄒᆞ다가見夫人脫指環趣旨ᄒᆞ고慨然嘆曰使此義意로言及其婦ᄒᆞ고各因其婦ᄒᆞ고以是說明則吾儕도亦各有一指環也라大抵凡民之生이比化也天地요其恩也父母ㅣ나惟我皇上은卽天地父母ㅣ시니豈惜一指之環ᄒᆞ야爲萬一分答報其恩哉아ᄒᆞ고爭先脫環ᄒᆞ야鳩聚幾兩重代金幾圓ᄒᆞ야以充償之萬一也라然이나鐵者ᄂᆞᆫ國家之筋脈이오生民之本命也어ᄂᆞᆯ況値金融枯渴之時ᄒᆞ야一千三百萬圓巨額을加以鑄幣로還償이면命脈漸絕ᄒᆞ야國之存亡과民之生死를指日可見이니可不驚哉아然則以愚昧之所見으로爲執事者計之컨ᄃᆡ以一千三百萬圓으로買我本國之金銀ᄒᆞ야販賣於外國而還償其債則一千三百萬圓이留爲本國之貨幣요二千萬生靈이覓得命脈之源泉矣리니以此商量ᄒᆞ야庶幾希望ᄒᆞᆷ

紐育電報

二十八日前十二時

●米國派兵 清國廣東省에暴動이起ᄒᆞᆫ故로米國政府에셔ᄂᆞᆫ驅逐艦과砲艦及陸戰隊를麻尼剌에셔廣東으로派遣ᄒᆞ라ᄂᆞᆫ命을發ᄒᆞ얏고陸軍도出征ᄒᆞᆯ準備를ᄒᆞᆫ다더라

東京電報

◉廣省暴動 五月卄九日八時십오分發 清國廣東省에暴動이起ᄒᆞᆫ故로日本南清艦隊ᄂᆞᆫ同地로向ᄒᆞ야急行ᄒᆞ얏더라

◉暴徒愈益猖獗 外務省着電을據ᄒᆞᆫ則平縣에셔暴徒가其後에益益猖獗ᄒᆞ야遂히縣城을占領ᄒᆞ얏ᄂᆞᆫᄃᆡ暴徒의徒類ᄂᆞᆫ孫逸仙部下의革命黨이라ᄂᆞᆫ說이有ᄒᆞ더라

廣告

振威西井리驛前居ᄒᆞᄂᆞᆫ趙東意氏가自己會社所用草家三間家劵을典執於本人ᄒᆞ옵고本錢五百兩을債用이온ᄃᆡ該錢을偸來還報ᄒᆞ고該家劵을僞造ᄒᆞ야典執於他人云々ᄒᆞ기로玆以廣告ᄒᆞ오니內外國人은以此照亮後切勿見欺ᄒᆞᆷ

金寅濟 告白

本社財務東亞館과康用協氏ᄂᆞᆫ本館事務가頻劇ᄒᆞ야社務를兼任못ᄒᆞᆯ것다ᄒᆞ기로依願ᄒᆞ고全致秀氏로財務을擔任ᄒᆞ고玆更廣告ᄒᆞ오니各驛僉君子ᄂᆞᆫ照亮ᄒᆞᆷ

通運社 告白

本人이陰四月初八日夜의釜山鎮永平社의셔留宿ᄒᆞ다가圖章二箇를見失ᄒᆞ온ᄃᆡ一個ᄂᆞᆫ黃木圖體에半篆字로朴漢俊章이라ᄒᆞ엿고一箇ᄂᆞᆫ黑角圓體에篆字朴監役信이라ᄒᆞ여스되役字ᄂᆞᆫ正字오니內外國人은勿信ᄒᆞᆷ

東萊西下面草邑리 朴漢俊 告白

本人所持東萊東平面開琴里烏首谷松田兩處文劵四張과訴狀一張과單子一張을陰三月初에遺失ᄒᆞ얏ᄉᆞ오니收拾人은休紙施行ᄒᆞᆷ

가야리 李性必 告白

國內鐵道運輸荷物에迅速便利ᄒᆞᆷ을爲ᄒᆞ야自京城至仁釜義各驛에支社를列張ᄒᆞ여同聲相應이더니財務李元杓ᄂᆞᆫ推木錢退去ᄒᆞ고事務員金在性도亦無相關이고本人等이一層擴張ᄒᆞ고本社印章을刷樣改造ᄒᆞ며舊章은엿爲勿信ᄒᆞ니各支店與各荷主僉公은照亮ᄒᆞ시옵

(□) 通運會 財務 全致秀 全宜徹 任鳳烈 趙文植 告白

●咸興郡國債報償期成會義金 第一回 續

崔羊頭伊 金乃覔 康九月쇠 金者近岩 金三孫 金七星岩 金七星福 申羊頭伊 李國時突 金長命淳 김基華 각廿전 金三孫 十전 木手廳 六圓 別將金寅伯 十圓 金有燦 二圓 朴致薰 千世河 朴永基 各一圓 全光甫 伍十전 酒婆女林召史 十圓 김秉權 五十전 崔不良突 崔萬石 各廿전 宋永奎 十전 州南社興島리中 十圓 叅奉金致業 四十원 宋明洙 八圓 全寬植 貳圓 김鳳奎 ㅅ圓 裵有明 壹圓四十錢 裵致邦 金孝振 鄭文心 申花德 劉基萬 金玉臨 杜永奄 韓正用 박共春 白用建 각四十錢 朴致淳 李鎭京 朱璽玄 각廿전 歸州寺中 廿圓 승允信 朱榮哲 각壹圓 韓호연 金景俊 李舜良 각廿錢 宋大吉 六十전 李炳觀 林晦榮 박五十전 朴召史 韓錫롤 韓今石 각々十전 최漢默 帝國ㅅ십錢 文基珏 朱於인馬之 각廿錢 林崔岩 未完

公州寺爲面花田里居印致章이性本浮浪ᄒᆞ와入山爲僧寺叔毋如干田土를僞造文劵ᄒᆞ야四方出債코ᄌᆞᄒᆞ오니內外國人間切勿見欺ᄒᆞᆷ

僧 無常 白

草洞八統八戶朴四月晦日推次當錢二千五百兩於音을둥關等地에서本月十칠日夜의遺失ᄒᆞ얏사오니推某拾得ᄒᆞ여도休紙施行ᄒᆞᆷ

朴禧元 告白

원산파셩진잔에셔본인이살진쇼(肥牛)를만이사깃스니쇼파실제군은다수이팔너오시옵

최봉쥰 고백

正三品閔泳恪之恪字를以羲字로改名ᄒᆞ오니知舊間照亮ᄒᆞᆷ

閔泳恪 告白

●일본遊覽者募集

一遊覽會員募集 人員은五十名으로一團을成ᄒᆞ니한일인을不問ᄒᆞ고速히請入ᄒᆞ시옵

一巡遊地 東京博覽會橫빈京都大阪神戶

一往復일數 ᄃᆡ抵十七일間

一浮費 遊覽費及手數料을合ᄒᆞ야總計四十八圓

一出發일 請入順次를從ᄒᆞ야出發三일前에直接히通知ᄒᆞᆷ

一請入所 在京성各신聞社五十八銀行경성支店 天一銀行

一會員은遊覽을終ᄒᆞ야開散ᄒᆞᆫ後ᄂᆞᆫ本會와關係가小無ᄒᆞᆷ

一南대門셔釜山으로直行ᄒᆞ던지或은東경으로直行하ᄂᆞᆫ者외對ᄒᆞ야도同一便法으로同行請入을應諾ᄒᆞᆷ

일本人遊람協會事務所 경성南ᄃᆡ門通 東亞商會

本店擴張新到時欵各色紗羅綢緞紬地담油地氈洋廣집貨銅鐵관頭香茶烟草各種均效改良新興奇時合用貨美價廉並有湖北南洋彩票發售特此布聞 貴客請來購覽是望ᄒᆞᆷ

漢城石井洞 杏花春 告白

本校同窓會를陸月二日(來日曜日)上午十時에永道寺에셔設行ᄒᆞ오니同窓諸員은屆朝光降ᄒᆞ심을爲要 再會費五拾錢持叅爲荷

官立漢城日語學校同窓會告白

本人이日本大阪商業家와特約ᄒᆞ고日本內地產出各種物品과西洋各種物品及機械等物을我大韓에輸入ᄒᆞ와委托을便利케契約ᄒᆞ얏ᄉᆞ오니商工業에有意ᄒᆞ신僉君子ᄂᆞᆫ某物이든지請求코져ᄒᆞ시거든本社로來議ᄒᆞ시오本社에셔ᄂᆞᆫ手數料會만領受ᄒᆞᆷ

興業社本店 開城北部詳洞 支店京城南門內水橋五十一統六戶 全仁港內동廣濟號 培養會社

本店에春服衣次각程이自英국으로多數來到ᄒᆞ얏사오니陸續來購ᄒᆞ시옵

貞洞源泰양服裁縫店 告白

◉增修無冤錄大全

壹匣 壹白七十貳頁 定價金新貨七拾五錢

此增修無冤錄大全은法律家의最緊要ᄒᆞᆫ書籍이온ᄃᆡ年來現本이殆히絕種에至ᄒᆞᆫ지라故로法部에認可를得ᄒᆞ옵고此를新刊ᄒᆞ얏삽ᄂᆞᆫᄃᆡ國漢文으로解釋ᄒᆞ야模糊ᄒᆞᆫ句節이無ᄒᆞ오니法律學에有志ᄒᆞ신니와字牧之任에居ᄒᆞ신니ᄂᆞᆫ不得不覽ᄒᆞᆯ冊子이오니注意購覽ᄒᆞ시옵

中署布屛下 廣學書舖 김相萬 發售所

西署新門外鋤동百八十六統三戶 辯護士前檢事正三品 丁明燮 法律事務所 事務員前主事吳在淳

特別廣告 內外書籍新舊學文幷販賣所 大邱刷還洞金긔鴻

◎活動寫眞廣告◎

今番에始作ᄒᆞᆫ活動寫眞은法국巴里京에서有名ᄒᆞᆫ거시오ᄯᅩᄒᆞᆫ大韓국 皇室에셔먼져看品ᄒᆞ셧고始作ᄒᆞᆫ지數日에遊覽ᄒᆞ시ᄂᆞᆫ첨君子가多數任臨ᄒᆞ시와坐處가넘쳐셔晩到ᄒᆞ시면不便ᄒᆞ오니速々枉臨ᄒᆞᆷ 今番에ᄂᆞᆫ새로活動寫眞數十餘件이來到ᄒᆞ얏ᄂᆞᆫᄃᆡ其猪에敵國과싸화익여사름을ᄭᅡᆯ아먹ᄂᆞᆫ것과人狗가相鬪ᄒᆞ야狗가得勝ᄒᆞᆫ것과諸般夢中之事를形容ᄒᆞᆫ것과其他滋味가多々ᄒᆞᆫ寫眞이잇사오니速々히來玩ᄒᆞ시옵

活動은自下午八点至九点 名唱善舞歌童과唱和吹笛은自九点至十点 賣票時 七点半始爲 入場票 上等 三十錢 中等 新貨十五錢 小童 十錢

新門외셔달이목東便벽돌집 法人 馬田 告빅

●九轉靈砂라 本人이妙方法을神備ᄒᆞ야製造ᄒᆞᆫ靈丹이ᄃᆡ男女老少에無論何징ᄒᆞ고通治하오며無病時에도服하면平生의身體가健康ᄒᆞ며小兒ᄂᆞᆫ四五錢重만服ᄒᆞ면十歲안에無病ᄒᆞ기를擔保ᄒᆞ오며

●九轉靈砂萬應丹은瘋狂癎징과中風諸疾과耳目諸病과淋疾에神効ᄒᆞ오

●九轉鑛砂保命丹은初生小兒驚風·肝氣·咳·腹瘡諸般惡징에神効ᄒᆞ오

●九轉靈砂濟衆丹은酒滯食滯 血積 吐瀉 霍亂 痢疾 吐血 下血 運氣 時疾 痢징에神効ᄒᆞ오

●九轉還砂紫金丹은痔漏·累瘻 上痢瘡 下疳瘡及唐瘡과諸般毒瘡惡種에無不神効ᄒᆞ오시니 君子ᄂᆞᆫ來問ᄒᆞ시오

內需司前독갑이골上隅第一家百三統一戶 리主廷 告白

國債報償義捐金

收入廣告

五月中本社收入總額每日逐
號明細錄은本社國文申報第
二號로부터順次發刊홈

大安동國債報償夫人會義金
領取제一回
●西署東幕下契
朴義柄大夫人高시
高永獸夫人金시 각貳圜
신泰三大夫人韓시
신漢亨大夫人崔시
高濟雲夫人張시
吳慶烈夫人高시
金貞根夫人河시 각壹圜
리文순大夫人朴시
裴東益大夫人리시
趙乙成大夫人廉시
朴聖添大夫人金시
임主運夫人김시
정元朝夫人 각오拾전
리秉觀夫人崔시
리澤주大夫人任시
柳주成夫人韓시 각四拾錢
韓復錫大부人김시
리義章大부人김시
南敬七부人姜시
丁扶셔부人趙시
김萬壽大부人朴시
全泰元大부人崔시
韓明成부人김시 각卄전
嚴德汝大夫人洪시
丁창오大夫人김시
劉在德大夫人리시
리興ㅎ夫人김시
朴순明夫人리시
정明秀夫人朴시
丁大俊夫人崔시
리扶得大부人김시
趙主源부人신시
朴귀在大부人김시
高固사쇠大부人慶시
리仁善부人韓시
리治完大부人김시

리聖萹부人강시
黃奇鉉부人리시
鄭德유大부人河시
安永植부人梁시
崔ㅎ煥부人崔시
崔聖煥大부人김시
吳敎云大부人張시
리聲翹부人表시
沈相德大부人김시
김治樞大부人오시
박昌夏大부人全시
오德敏大부人김시
張仲植大부人리사
權相根부人리시
신文玉大부人김시
崔雲學大부人김시
韓其三大부人김시 각卄錢
리淳裁부人리시
정인峰大부人리시十철錢오厘
嚴公孫祖母부人金시
徐石鎭大부人盧시
리國賢大부人洪시
리明來부人김시
리聖實부人任시 洪召史
리淳셔大부人朴시
리德순大부人禹시
柳敬廉大부人任시
張東春大부人리시
김ㅎ植부人졍시
南聖三大부人김시
兪興순부人리시
김興유大부人林시 리召史
김善敎大부人劉시
安明龍大부人김시
김敎宅大부人張시
裴隱煥大부人리시
정喜慶부人劉시 김萬奇부人
각十전 高聖쇠大부人리사
칠錢五里 姜인源부人김시
김文煒부人김시
朴德인大夫人리시 각오錢
合貳拾四원
●楊根西始면大灘동 第貳回
니錫祜 趙秉彝 각二圜

니금用 니秉俊 洪大寬
각一원 김어진쇠 김躍萬
김순龍 각陸十錢 니순福
니元철 姜萬曾 許完福
許仁式 최者斤々 박百龍
각四拾전 니世奉 니尹成
김茂쇠 최大益 각三拾전
최鍾石 니壯春 니元吉
許完石 許萬奉 洪仙㻋
최沙鶴 니三縣 片者斤奉
김鶴天 김在石 니北戌
김早紅 니晩福 김正鳳
許萬봉 최萬億 신龍業
니延興 咸순봉 趙秉燁
각二拾전 河萬吉 十오錢
片인先 김忠根 김仁伊
신壯玉 安顯玉 니聖鶴
片甫海 洪忠吉 片在成
김周興 趙秉湖 김有萬
김有達 김銀達 安祖순
니壯根 김有石 洪得萬 각拾전
合拾八원九拾五錢
●양근西始面新院동
呂運亨 오元 呂運興 貳元
呂東鉉兄嫂니시 洪在운
각一원 박稱植 니永純
박치業 元容弼 元기常
박치昆 각陸十전 呂駿鉉
오拾전 元殷常 박光純
각四十錢 呂和鍾 박치衡
박치賢 박치性 박光重
김敎元 ㅠ철常 김德基
김元文 홍耆先 각參十錢
박稱成 박稱萬 元徵常
元漢常 니源稷 니봉秀
安好寬 呂重鉉 元庠常
김德秀 김龍雲 김鶴俊
홍인先 尹鶴瑞 趙有錫
許 松 김重先부人최氏 각卄전
盧喜在부人河氏
최ㅎ勳 拾六전 南俊京
리舜元 呂喜雲母親洪氏
각拾전 니壽吉 六錢

合廿壹圓貳전
●楊根西始面大雅동
韓應奎四十전 韓應俊卄전
韓晋會 韓天會 각ㅅ十전
韓秉敎 卄전 韓永會
니奎儀 각卄錢 韓鸞會
김業伊각拾전 니承信
姜基榮각ㅅ拾전 김鳳淵
柳顯丕 리承奎 宋信會
宋義會 각卄전 車元哲
參十전 曹秉俊 리亨연
니喜연 니登연 니詩천
韓文會 韓峻會 니華연
韓達會 니太연 니業錫
각十전 니文夏 六十錢
니敏主 五十錢 韓百哲
卄전 니容準 니喜信
니喆夏 韓鶴會 鄭運河
니敏協 각卄전 韓百史
韓百勝 니顯世 韓益俊
니殷卿 각拾전
合八圓七拾전
●양根西始面大雅洞下西리
姜漢敎 姜潤熙 각五拾錢
姜斗榮 辛孝謙 姜先同
각卄전 姜日榮 姜允榮
姜煥龍 니昌宇 姜仁會
니承敏 김得鉉 姜義奎
沈啓貞 權思眞 니周錫
黃壽福각卄전
合ㅅ圓卄전
●양根西始面內外蹄灘동
니復畦 張起龍 니召史
각貳圓 김扶億쇠 四圓
니象圖 김性萬 각壹圓
方時佑 八拾錢 최者斤同
五拾錢 申正休 박承鉉
김福老味 최奉春各四拾전
趙鼎禹 김末不伊 최善麟
박돌石 姜順業 니奉學
니億石 趙萬吉 최順信
卞貴哲 최長軍 김半石
최性根 김漢俊 김順石
김世俊 김仁麟 方時榮

卞相哲 각卄錢 김松一
拾전
合拾捌圓八拾錢
●陽智주北面大더리
進士閔泳善 五圓 金在山
議官金世柱 趙吉元 南相復
각一圓 崔鳳來 姜致先
각八十전 趙창셔 金景春
각륙十전 趙永根 金喬柱
池應錫 朴泰山 朴在毓
崔光부 朴창植 李明鉉
각五十전 趙秉均 李民寧
정在衡 金致三 金春成
安敬植 各四十전 金天合
金命善 池應龍 金衡柱
趙秉德 李泰寧 崔德有
黃洛汝 金宗成 盧鍾셔
卞회哲 金今山 池應淳
각卅錢 李炳元 趙永運
主事리海肯 金壽福 金復柱
安 濯 趙永大 趙雲셔
李文鎔 李相寧 리敬國
金興萬 安致조 崔富玉
金순得 崔元錫 趙鍾봉
朴ㅅ同 趙寬夏 金命山
金今孫 洪仁西 金卜伊
安致凡 張起煥 申龍奇
黃平善 金순達 洪기文
安俊植 朴道日 金元春
徐大汝 金喜春 崔敬庸
金敬合 각卄錢 김元三
朴봉天 리三寧 安孝根
金演興 韓士益 최甘龍
리公叔 金用伊 金仲宜
尹殷弼 朴孝成 安永조
리敬集 辛中夬 리炳仁
趙成元 俞命吉 安鎭道
吳元春 김平순 朴學伊
洪光玉 최永配 洪德根
申永根 黃鎬山 黃泰山
柳庚允 안순조 盧壽창
洪南元 張聖習 송卜吉
최聖賢 리春汝 최樂元
張永壽 최學武 송卜用

鶴奇봉 송永哲 姜性大
申用石 吳大龍 송在哲
안士用 최致卜 리化西
朴景壽 洪致玉 송聖彬
리春엽 각拾錢
合三拾四圓륙拾錢
●陽智주北면가庄동
리潤永 八拾전 최기萬
최찬烈 최기ㅎ 柳錫珪
金奎煥 각륙拾전 최기駿
최鵬烈 각ㅅ拾錢 柳漢秀
三拾錢 成秀永 二拾錢
韓鎭宇 韓鎭世 崔允吉
송春산 리순福 각拾錢
合오圓륙十錢
●長단東道面沙野是리
박春命 壹圓 니潤清
南聖熙각陸拾전 郭震鍾
趙命九 리 혁 각五拾錢
리承烈 郭致三 柳 완
柳宗秀 박仲宣 南相奎
각四拾전 柳元根 柳容根
禹昌淳 각卅전 니潤八
니潤玉 니潤栄 니潤澤
리元植 리奎成 柳 관
柳 瑢 柳 응 柳 講
柳 전 柳 전 柳奉根
柳 현 尹實求 니喜春
니喜선 니喜舜 리鍾元
白樂雲 姜永右 禹英聖
徐敬天 최永鉉 박敬春
박錫甫 張雲敬 張敬俯
우學先 리東信 趙永守
徐大福 張志善 張月成
張元枝 각卄錢 리潤主
리潤禎 리潤善 리榮植
리 煥 니리亨 리昌求
郭殷鍾 郭周鍾 郭晨鍾
郭道汝 柳 謙 柳永根
柳厚根 柳 남 柳 형 黃穗
趙成九 尹召史 尹淳七
尹敬玉 박雲敬 박錫俊
박天奉 박學奉 張甲錫
張淵三 張斗振 김主善

김聖孫 黃元七 許淳돌
張敬實 各十전
合十七圓卄錢
總合一百五十三圓二十七錢
前號總合壹萬三千二百十二圓
拾九錢二里
都總合壹萬三千三百六拾五圓
四十六錢二厘

◎特別廣告◎

國債報償金兩日所捧은姑未合
計이고伊前日所捧總合三萬七
千九百十三圓六十六錢은電氣
會社內銀行에貯置ᄒ얏숩고其
貯置額中一萬一千八百圓은國
債報償志願金總合所로越交홈

大韓每日申報社

發行兼編輯人英國人 裵 說
發行所
南서石井洞號外地三層洋屋舘
大韓每日申報社

光武十一年五月三十一日 第三種郵便物認可　金曜日　西曆一千九百七年五月卅一日

第五卷

大韓每日申報

第五百卄六號

月曜及慶節
議時日休刊

檀君開國四千二百四十年
箕子元年三千二十九年
大韓開國五百十六年
日本明治四十年
清國光緒三十三年
◉陰曆丁未四月大二十日庚辰

論說

日露戰役에費用호金額

倫敦支那報가去月十九日紙上에記述호엿스되俄國豫算表에明細書를採閱컨대向者與日交戰에費用호金額이確然著示矣로다日本의費額은旣往에發表되얏순즉此兩國所報를合以觀之컨더近代戰役에極甚호不幸을吾人이可以認悉이로다據其公報컨더俄國의費用호總額의槩算이二億六千萬磅에不過호나然이나其財務大臣이註明호되此는但其特別費額이라호니因其戰役호야通常經用이增加호것도亦其依例라特以借金還債으로만觀之라도可悉이니西曆一千九百三年에는還債額이二億九千萬留에不過호엿고來一千九百九年에는三億五千七百萬留에不過어늘現今에三億八千一百萬留에達호엿도다非特止此라艦隊에損失이後來費用의頗多部分을亦加호리니如此格別호消費는不計호고但兩國에셔確認호費額만計筭호더라도五億磅에不下호리로다호엿더라計此金額컨더近代戰役에巨大費用을令人可悉이어니와勝敗者를勿論호고戰費를整頓호기에必要호거시錢額이며且何如戰役이던지前者戰役보다費用이加多호나니推此度之컨더兩强間敵意를阻止호기에錢額이必作實因호거순疑訝가不多호도다如此經驗上에日露戰役이爲一工課矣니其時兩國이財政上俱困호은世人의今所確知라蓋其戰役이巨欵借金을不得이면繼續키不能호엿고且世界에財庫가適其時封閉되엿스니休戰結和가出於强逼之勢矣로다錢政이世界를其將管轄호거순理學者의推測호는바어니와現方管轄호다호더라도實非過言이라호노라

官報

●第三千七百七十九號　光武十一年五月三十日

◉敍任及辭令

解兼任大韓醫院長　內部前大臣李址鎔
命兼任大韓醫院長　內部大臣任善準
依願免本官　秘書監丞李文求
任秘書監丞　正三品俞元錫
東明王陵參奉尹應선
依願免本官　秘書監丞元俞錫
任秘書監丞　正三品李文求
崇慶廟參奉趙在元
兼任掌禮院掌禮　秘書監丞徐相大
任肇慶廟參奉　鄭翼謨
任東明王陵參奉　金用炳
命奎章閣學士兼任侍講院日講官　宮內府特進官尹用求
命掌禮司提調　軍部協辦嚴柱益
任秘書監丞　秘書監丞趙南升
正三品沈選澤
解兼任礦山事務局總裁　議政府參政大臣農商工部大臣署理李完用
命兼任礦山事務局總裁　農商工部大臣宋秉畯
解兼任官立漢城師範學校長　學部前參書官李源錥
命兼任官立漢城師範學校長　學部編輯局長張憲植
任參將　正領韓鎭창
任軍部協辦　中樞院贊議韓鎭창
步兵特務正校洪基錫
仝　김順셕
仝　김泰植
仝　高喜淳
附侍衛步兵第二聯隊第一大隊
步兵特務正校李用鎭
仝　鄭圭恒
仝　梁鳳煥
附侍衛步兵第二聯隊第一大隊
步兵特務正校嚴觀洙
仝　金用善
仝　鄭鶴朝
仝　韓泰善
附侍衛步兵第二聯隊第三大隊

外報

●派兵警戒　去二十六日北京電을據호즉北京附近에革命이黨만라호야軍機大臣은頤和園에派兵警戒호엿다더라

●兩艦派遣　同電을據호則袁世凱는南洋新嘉坡暹邏爪哇呂宋等地의在留支那人狀態의視察과海軍復興經費의募集으로爲호야七十五日假定으로써海陽海齊의兩軍艦을派遣호엿다더라

●露帝引見　同電을據호則露國皇帝陛下씌셔海牙로向호신途中에셔彼得堡로旅行호는海牙平和會議參列호日本派遣委員都筑大使一行을引見호셧다더라

●日人遭難　桑港來報를據호則五十餘名으로成호白人의無賴漢이日本人의料理店을襲擊호야器物을破壞호미艱辛히危難을免호者ㅣ多호고警客은此事件에干涉을拒絕호얏는데大統領이此事件을早速히調査호되必要호境遇에는兵力으로保護호라고公言호얏다더라

雜報

沃川國債報償斷烟義務會目的을以호야市上에演說호　續

孟子所謂不爲也언정非不能也니請以一言質之乎리라我帝國々民貧호者도許多호며富호者許多호니各盡其義務호야一전式合호야도其數가爲二千萬전이며十전式合호야도其數가爲二百萬圜也며十圜式合호야도其數가爲二억萬圜也니豈但金錢뿐이리오二千萬人의力을合호야도其數亦二千万力이될지니古人所謂投鞭於江이라도足斷其流ㅣ是也라推此不已則我帝國이奚患無錢이며何憂無力이리오以若丙憲輩로擅論호기極涉悚仄이오나我亦身忝我帝國二千萬人의二千萬分之一分子故로國事에對호야는雖死라도我의言權을敢히使用호깃소我帝國今日之國勢가莫非我國民이忠愛精神을發揮호야個個의國民된職分을盡치못호所致라此漢도我帝國에對호야一個分子의罪民이라호노니外國人에對호야帝國國民이라호며重大호大韓人三字의公稱을帶호기無면호오時間이短促호와許多말삼을姑閣호고我帝國財政에셔朝家에豫算이不足호所致로外債壹千三百萬圜의借款호온事件은尋般同胞가均悉호시는바여니와今年에未報호고來年에未報호야連年如是면利息은月異而歲不同호야諺所謂臍되於腹호리니若至那境이면君親의辱及은姑舍호고我二千萬人이難免典當物乃巳호리니其將奈何며其將奈何오言念到此에忠勝忠憤이活動호며熱血이沸騰가際於此時호야幸自嶺南으로金光濟徐相敦兩씨가忠愛先見을以하야斷烟報償을刱論호야義聲一播에同聲相應호야從之如雲如恐不及호야甚至於女인指環과粧刀를脫納호며瞽聾丐乞이다幾전幾十전을排納호고烟竹을破碎호야投於途側호다호오니可見忠愛一般이며人心은卽天心이니我　未完

安城郡紳士義金募集所

現今國債報償事에對호야凡我京鄕之頂天踵地者에斷烟義金이如雲與霧集호니頤可以句結니나然니나其在共公救濟之患호야亦不無同情相惜之義故恐或有未盡之歎호야不嫌妄率호고敢陳微悃호노니或勿泛眼而忽耳否아夫爲國之敗俗亂化者ㅣ何限而莫若雜技之尤甚者也라人若一投於雜技則心志放肆호고慾火치盛호야一擲千金에不惜敗家호고流爲無賴호야乃至於失性罔恥則四惡이幷出故로因此而五倫之行이缺연호며因此而四民之業이失연호며因此而忠義之心이淺연호며因此而偷竊之患이公行연하니然則民何以賴生也며國何以富强哉아嗟我大韓이國弊民貧호야以巨欵外債ㅣ幾爲奴隷矣러니何幸徐相敦김光濟兩公졀이以斷연償債事로一唱於國人則益不變彝性者는如鼓應桴호니非徒全國人民巳也라至於孀孺童穉와倡妓조隸와僧尼丐乞之類가爭投義金호야期圖報償호야欲免奴隸도以爲一般目的則願其情勢면不亦悲乎아嗚呼라國債며弊巨欵而同兩公이奚獨取其卷연費而重복言지호야以激勸募集호니抑何意見也오或未知兩公이但知有此지爲靡費而未知有他지爲糜費而然歟아曰非也라兩公之明達로豈或誤有此也리오意者以今物情으로難와民國乏되關義者나然니나至於多捐義助則必難勸得故로特取其輕小자而忽인感發하야使一國男女之愛國熱心으로如夢醒覺호야於是乎古之양주자와謂今之盜적輩가亦皆回其道而拖腕호야　未完

●報辭荒唐　義州郡尹鄭海暹씨가學部에因本府境內儒生七十餘人이聯名請願호야求是學校用下文簿를調査數日에自該校로挾囑日人호야調査文簿冊子을威脅奪去호事實은已陳於報告호와另派査官호야前往嚴正호신다는令을恭承이올던과大抵以該學校로論之라도若無법逋면文簿調査가有何關而莽走京鄕에百般圖囑호와本職이錯給報告하야上送本部호儒生金永學을派送巡檢하야捉囚호報이온즉境內儒生等이愈往激憤호야呼訴還至로不是오라由此而普通學校維持方針이果無就緖之道이압기玆更報告하오니査照호신後速派査官호시며該校校長張應亮과事務金履신錫奎等을嚴飭下送하옵셔계호시며一以解衆人之憤鬱케호심을伏望이라호얏다더라

雜報

●英王聰感 英親王殿下게셔同友會總裁를ᄒᆞ셧다더라

●稱賊是恨 遞軍部大臣權重顯氏가發言ᄒᆞ되遞任이되ᄆᆡ心氣安閒ᄒᆞ야雖飢라도亦樂이나但欠節은世人이五賊이라고指稱ᄒᆞᄂᆞᆫ거시恨處라고ᄒᆞ더라

●玄氏丑脚 從二品玄暎運氏ᄂᆞᆫ太僕司長을被任ᄒᆞ얏더라

●統府會議 昨日各部大臣이統監府에會同ᄒᆞ야政治方針을會議ᄒᆞ얏다더라

●長谷訪英師 再昨日下午三時에長谷川大將이英國領事와該東洋艦隊水師提督을訪見ᄒᆞ얏다더라

●技師請願 農商工部技師김東完씨가鄕第에退去ᄒᆞ야農務實業을硏究ᄒᆞ기爲ᄒᆞ야請願ᄒᆞ얏다더라

●黃守請願 黃州郡守韓澤履씨가身病으로視務無路ᄒᆞ야內部에請願ᄒᆞ얏다더라

●納土請願 內部治道局에셔治道에犯入되ᄂᆞᆫ民有地段價를依例히支撥ᄒᆞᄂᆞᆫᄃᆡ大邱郡徐相敦徐敦淳兩씨ᄂᆞᆫ自己田土幾許斗落이治道中에犯入ᄒᆞ얏스되爲國之道에價錢을不可受라ᄒᆞ야空納ᄒᆞᆷ을노內部에請願ᄒᆞ얏다더라

●補金請求 農商工部에셔釜山博覽會補助金二萬五千圜을度支部로請求捐助ᄒᆞ얏다더라

●先叙後檢 再昨日學部에셔副敎員을試驗檢定會를開ᄒᆞ얏ᄂᆞᆫᄃᆡ無試驗이라ᄂᆞᆫ것은勿論某人ᄒᆞ고但履歷書만該部에提呈ᄒᆞ면可否를檢定ᄒᆞᆫ後에叙任ᄒᆞ여야可ᄒᆞᆯ터인ᄃᆡ此檢定은已爲數月前에無試驗으로副敎員으로叙任ᄒᆞᆫ人인ᄃᆡ會集ᄒᆞ야檢定ᄒᆞ엿스니무슴檢定이先叙後檢ᄒᆞᆫ事ㅣ라고巷說이紛々ᄒᆞ더라

●略干修理 學部에셔該部大臣官房以下各局課廳舍及事務室를現存修理費額으로ᄂᆞᆫ先當키難ᄒᆞ야二千五百九圜九拾전을支出ᄒᆞ야달나고度支部에請求ᄒᆞ얏더니更爲支出치못ᄒᆞ니現存額으로大臣官房及協辦室을略々修理ᄒᆞ라고答照ᄒᆞ얏다더라

●會長說明 同友會長渡律公照氏가再昨日該會事務所에出席ᄒᆞ야會員을對ᄒᆞ야說明ᄒᆞ되此會目的은政治上關係ᄂᆞᆫ小無ᄒᆞ고只以皇室尊重ᄒᆞᆷ을爲主ᄒᆞ야獨立國權을維持ᄒᆞ기로主意ᄒᆞᆷ노니會員은以此롤悉喜ᄒᆞ시오또會務를組織ᄒᆞᆫ後에ᄂᆞᆫ本人이本國의所帶末職이有ᄒᆞ기로不可不歸國過夏ᄒᆞᆫ後更히渡來ᄒᆞᆯ줄노預爲仰布ᄒᆞ노라ᄒᆞ얏다더라

●警署善政 報恩郡俗離面居朴君寶의寄函을據ᄒᆞᆫ즉今年三月分에本人姨從朴원命이가淸人의負債와任置物件事로逃라ᄒᆞ야不知去處러니該郡分派所巡檢柳셔華가來到本人家ᄒᆞ야박원命의去處를指示ᄒᆞ라ᄒᆞ고無數恐喝ᄒᆞ고甚至被縛之境이온즉蠢々村氓이姑於威脅ᄒᆞ야錢一百兩을以長利得貸ᄒᆞ야給路得免ᄒᆞ얏스나猝地亦立에生活이無路ᄒᆞ더니靑山郡警務署에셔何以得聞이던지補佐官관井씨와總巡承九씨가使本郡分派所巡檢朴春彬으로本人을招待ᄒᆞ여柳셔華와質査ᄒᆞᆫ後에柳셔華를罷免ᄒᆞ고見奪錢은二日內로捧還ᄒᆞ고該巡檢을召集ᄒᆞ야一場演說後에出給于本人이기로不勝感激ᄒᆞ와玆以錄告라ᄒᆞ얏더라

●是亦國恥 美國博士이스를네의氏가韓國陸海軍學生을敎育ᄒᆞ기爲ᄒᆞ야二萬元金貨로校舍을買入ᄒᆞ고各項器具와敎場과寄宿舍를一々設備ᄒᆞ야學徒를熱心訓導ᄒᆞᆷ으로學員이漸增ᄒᆞ야三十七人의至ᄒᆞ엿스니吾儕가不勝贊賀萬々ᄒᆞᄂᆞᆫ바라意外에可怪可歎之事가有ᄒᆞ니朴培永朴忠緖朴在玄박庠鎔리恒烈셔奉裹六人이稱病托事ᄒᆞ고無難闕校라가竟至潛逃隱遁ᄒᆞ엿다니此乃劣等人種之行爲라國家有如此之民은國之恥也오家有如此之子ᄂᆞᆫ家之辱也라無容更言이어니와所可幸者ᄂᆞᆫ이氏에義氣心이此를對ᄒᆞ야조금도沮止ᄒᆞᄂᆞᆫ色이無ᄒᆞ고現出席二十餘員을誠勤敎導ᄒᆞ야終始如一ᄒᆞᆫ다더라

●文氏觀感 知禮郡中山里居文基鉉氏ᄂᆞᆫ素以年少學士로家勢不贍ᄒᆞᆫᄃᆡ田土를斥賣ᄒᆞ야新貨五十圜을辦出ᄒᆞ고門內諸氏도極力出捐ᄒᆞ며鄕居寡婦의子리乙成과乞人秋戴근이가有所觀感ᄒᆞ야幾十錢式出捐ᄒᆞ야合七拾元을本社에付送ᄒᆞ얏다더라

●賣土寄校 三和港寓居安重根氏三兄弟가私立三興學校를設ᄒᆞ고前後經費를自擔ᄒᆞᆫ지有年에斗屋中五六拾名生徒가難容其膝이라安氏가勸勉學徒曰天이幸感則將有大廈ᄒᆞ야必有吾徒成就之日이라ᄒᆞ며撫胸痛泣을無時不然터니何幸安氏之妻男金能稱氏가開學校之情形ᄒᆞ고不勝感慨之心ᄒᆞ야所有田與沓을一幷放賣ᄒᆞ여葉一萬五千兩으로買得三十餘間瓦家一座ᄒᆞ여該附三興ᄒᆞ얏다더라

●友會請認 同友會에셔統監府와理事廳認許를承ᄒᆞᆫ後또內部와警務廳에請願書를呈ᄒᆞ얏다더라

●派送檢查 昨日國債報償志願金總合所에셔檢査員李康鎬金光濟兩씨를派送ᄒᆞ야各收金所에收入金額을調査ᄒᆞᆫ次로書記三人을帶同ᄒᆞ고爲先帝國新聞社에前往ᄒᆞ야調査中이라더라

●鵝金付校 孔德里私立普通廣成學校가絲財政之窘拙ᄒᆞ야幾至停廢러니大洞이會集ᄒᆞ야維持方略을協議ᄒᆞ고遺鵝人等이每朔新貨一錢式義助금을逐年排斂ᄒᆞ기로學部認許을承ᄒᆞ야또規을組織ᄒᆞ고右鵝品을永付該校ᄒᆞ야經費를補用ᄒᆞ고學業擴張ᄒᆞ기로校況이漸次擴張ᄒᆞᆫ다더라

●市制認請 警務廳에셔內部에報告ᄒᆞ되中署廟동居趙台鎬씨의請願書를接閱ᄒᆞ온즉該員이會를組織ᄒᆞ고講師를延聘ᄒᆞ야先進國市制度를연述ᄒᆞ와內開에本人等이人民에自治制度를硏究ᄒᆞ기爲ᄒᆞ야漢城市制序에進就코ᄌᆞ玆以報告ᄒᆞ오니査照處辦ᄒᆞ라ᄒᆞ얏다더라

●賣土設校 忠南오川郡居朴聖來趙元天兩씨가靑年을敎育ᄒᆞ기爲ᄒᆞ야自己田沓을放賣ᄒᆞ야學校를設立ᄒᆞ고學徒를募集ᄒᆞᄂᆞᆫ中인바該郡의熱心은莫不稱頌ᄒᆞᆫ다더라

●尹氏奪耕 魯城郡后塘居洪셔汋씨가自己沓十五斗落이在於堤堰邊이더니年前에內藏院調查時에已爲劃付ᄒᆞ고永久耕作之意로呈訴于經理院ᄒᆞ야已有許題ᄒᆞ야收租官에게付屬ᄒᆞ고無處耕作ᄒᆞ더니公州素橋東村居尹斗炳씨가寃視洪씨之殘劣ᄒᆞ고欲爲奪耕ᄒᆞ야該沓을任自分排于渠之族中行悖者四人ᄒᆞ야使之犂耕ᄒᆞ고又聚鄰동人々九十名ᄒᆞ야出苗之秧坂을踏盡無餘ᄒᆞ얏다고該郡來人에傳說이有ᄒᆞ더라

●農人願學 中和郡培英學校의任員들이每土曜日에演會于本校開演ᄒᆞ되或新聞雜誌를講論ᄒᆞ야使學徒로時局現狀을聞知케도ᄒᆞ며或學問上有益之說로勸勉도ᄒᆞ미其中父老及兒童百餘名式傍聽ᄒᆞ가多有感泣者러니金成龍係ᄎᆞ權等三十餘童이聯名請願이되本人等은皆農夫로晝不能做課ᄒᆞ나夜分數三時間을空然謾遊ᄒᆞ오니伏願夜學으로二時間式만敎授ᄒᆞ야지다ᄒᆞᄂᆞᆫ故로該校에셔國文讀本과初等小學等科書를上京購得ᄒᆞ야一躰敎授ᄒᆞ기로ᄒᆞᆫ다더라

●校長兼任 各地方普通學校長은該郡守가兼任ᄒᆞᆫ다더라

●晋察興學 남來人에報道를據ᄒᆞᆫ則晋察趙民熙氏가興學에熱心ᄒᆞ야管下各郡에訓飭面諭ᄒᆞ야設立學校가已至三四十處이고該城內公立小學校의不振ᄒᆞᆷ을晝夜憂慮ᄒᆞ야同校長尹弼求氏와敎師古市橋之助로協究方針ᄒᆞ더니近日에發訓ᄒᆞ야新募한學徒가無至八九十人이오新舊生을幷ᄒᆞ야一百五六十名에至ᄒᆞ얏난데尹氏가逐日躬進ᄒᆞ야開明ᄒᆞᆫ識見으로現世形便을無遺說明ᄒᆞ미敎員諸氏도倍加勸勉ᄒᆞ고學員들도感泣頌德ᄒᆞ야益加奮發ᄒᆞᆫ다더라

●培義將就 開城來人의傳說을聞ᄒᆞᆫ즉本郡私立培義學校長林圭永氏ᄂᆞᆫ敎育에熱心注意ᄒᆞ기로該校創立時부터經費를獨當ᄒᆞ야維持ᄒᆞᄂᆞᆫ中自己月給은每朔拾圜式校費에充用ᄒᆞ고近日은學徒가日加月增ᄒᆞ야校舍를新建築ᄒᆞᄂᆞᆫ데該氏의熱心을人皆稱頌ᄒᆞ고一府有志紳商이다투와義捐ᄒᆞ얏시나于今不足之歎이잇기로더단근심중이오該校副校長姜助遠校監리면根會計리亨益諸氏가該校長의熱心感化로合心視務ᄒᆞᆫ다더라

●朴氏論函 東萊府主事朴圭錫謹百拜于大韓國三百四十四州府郡主事僉員前ᄒᆞ노니以國債報償事로二千萬同胞中에唯愚夫愚婦라도咸以血誠으로自願納금에期圖淸帳ᄒᆞ니此豈非我國洪運無疆哉아第伏念惟我府郡主事가特蒙 朝家廣絕之澤ᄒᆞ야吏鄕中可堪者로薦報蒙恩ᄒᆞ니此實五百年可伸之秋也라庸詎感祝哉아僕家貧親老之狀是一郡所共知也而其在先公後私之地에不容小緩而小忽일시玆에三十圜奉納ᄒᆞ니誠切愧옥이라竊想城內各郡僉尊은共憂國忠心이實倍々於僕矣리라豈有一毫歇後之端哉아敬祝々々

倫敦電報

五月卅日午後二時着

桑港新聞紙에日美兩國間에葛藤을煽動ᄒᆞ기를全力ᄒᆞ야早晚間日美戰爭이不可不되리라고放言ᄒᆞ얏다더라

▲心鏡已開▼

▲政海를指點ᄒᆞ니去濤來波가桑田碧海須臾間ᄒᆞ니濁浪이未淨에淺深을難測ᄒᆞ야渡水行人이十分疑訝ᄒᆞ도다

▲過般政界改革에被逐한諸大臣이統監府에交際親密ᄒᆞᆫ것을恃如泰山ᄒᆞ다가瞥眼間風波에平地落傷을當ᄒᆞ얏스니남을엇지밋나ᄒᆞ물며日本ᄉᆞ람을

▲一進會에셔日人의前導가되여宣言書를ᄒᆞᆫ다紀念宴을ᄒᆞᆫ다國債報償을反對ᄒᆞ다ᄒᆞ더니맛참ᄂᆡ該會評議長이農部大臣의地位를占據ᄒᆞ얏스니可謂功塔不壞로다

▲內部大臣任善準씨가地方各郡에面長을選任ᄒᆞ야自治制度를實施ᄒᆞᆯᄌᆞ고政府에請議ᄒᆞ얏ᄂᆞ니此가果然自治制度에實地硏究가有ᄒᆞᆫ지不知ᄒᆞ거니와現今國民程度가自治ᄒᆞᆯ知識이有ᄒᆞᆫ가此를注意ᄒᆞᆯ진ᄃᆡ宜乎敎育을先務ᄒᆞ야民智를開發ᄒᆞᆯ지라萬一實施코ᄌᆞᄒᆞᆯ진ᄃᆡ平壤郡에民會所가地方自治의模範이될듯ᄒᆞ고其餘各地ᄂᆞᆫ猶是太古鴻荒時代니自治實施가어려올듯ᄒᆞ오

▲韓國士大夫ᄂᆞᆫ官職을失ᄒᆞ게되면창々然망々然ᄒᆞ야窮無所歸者와如ᄒᆞ니豈不可恥之甚가萬一國民의公益을爲ᄒᆞᆯ진ᄃᆡ社會上事業이政界上事業보다優勝ᄒᆞᆫ것이有ᄒᆞᆷ을不知ᄒᆞᄂᆞᆫ가

▲數十年來에學部大臣地位에居ᄒᆞᆫ者가許多ᄒᆞ되敎育上에注意ᄒᆞᄂᆞᆫ者ᄂᆞᆫ一個도未見ᄒᆞᆫ지라前參領리東暉氏ᄂᆞᆫ學部官人이아니로ᄃᆡ到處에學校를發起ᄒᆞᆫ事業이十箇學部大臣보다迢過ᄒᆞ니事業之有無ᄂᆞᆫ但其人에在ᄒᆞᆫ것이로고

△法相趙重應씨가日昨該部에셔實吏를對ᄒᆞ야說明曰法部ᄂᆞᆫ他部와特異ᄒᆞ니公平히持心ᄒᆞ고靜肅히處身ᄒᆞ야人民의게嚴威ᄒᆞᆫ態度를보이며意見을互相融通ᄒᆞ야公務上에錯誤가無케ᄒᆞ라ᄒᆞ얏다니該氏ᄂᆞᆫ言實이相符ᄒᆞ야每事做去ᄒᆞ면一世에疑眩을快釋ᄒᆞᆯ이로다

△一進會에셔向日에ᄂᆞᆫ各大臣을向ᄒᆞ야攻駁도ᄒᆞ고辭職勸告도ᄒᆞ더니至今은各大臣家에日々問候ᄒᆞ야納媚獻諂에官職을要求ᄒᆞ기로奔走不暇ᄒᆞ다니該會目的이可謂驢技已窮이로고

◎本社告白

國債報償에出義금額을本報紙面에逐日廣告로發布ᄒᆞ되猶有遲滯ᄒᆞ야義捐諸氏의迅速揭布코져ᄒᆞᄂᆞᆫ意를未即奉副ᄒᆞ옵더니今自本報로國文報一部를增刊인바彼今으로ᄂᆞᆫ漢文報와國文報에義捐廣告를並爲揭布ᄒᆞᆯ터이오니愛國人之員은照亮ᄒᆞ시옴

雜報

●李氏寄金　辯護士李면宇氏가國債報償總合所로經費를補用ᄒᆞ라고新貨十圜을寄付ᄒᆞ엿더라

廣告

俞州郡外西面償義捐所廣告
上于山金一大等三拾七人　合拾圜三拾錢
下于山金辰㭳等六人　合壹圜拾錢
官新金奉出等九人　合壹圜七拾二錢
村縣李炳吉等七人　合七拾陸錢
大上金富元等三十三人　合七圜四拾錢
羅下吳仁奎等三拾一人　合九圜
五佳谷金花鎬等拾一人　合三圜陸錢
曲上高世謙等貳拾七人　合拾圜
曲中安永凡等拾一人　合貳圜
栢新安張世厚等拾二人　合五圜拾錢
杏峴李弼翊等七人　合壹圜六錢
鳳岩宋弼鉉等九人　合三圜
杏新李慶成等拾五人　合四圜陸十錢
猪川리閔泰等拾貳人　合四圜七拾錢
開谷陸人　合十二圜
白下里蔚山吳氏門中　合拾圜
白下洞金明哲等拾人　合三圜九拾錢
白上金宅鎭等拾人　合二圜七拾錢
龜湖金庸源等十二人　合五圜四十錢
中山柳承九等八人　合九拾貳전
古支秦鴻基等二拾一人　合四圜
南下鄭門以下並十四人　合拾三圜陸拾전
柏上宋閔顯等十二人　合二圜拾陸錢
白上三人　合六拾전
泥村金相準等貳拾七人　合陸圜
伊上下尹貞求等三拾三人　合九圜五拾전
羅上葛동新店三종中　合七圜四拾전
總合壹百四拾二圜九拾八錢

大邱警務署前居客主李命得이以李敏로改名ᄒᆞ엿ᄉᆞ오니僉君子ᄂᆞᆫ照亮　李命得告白

今番日韓國民이和衷親交의實을擧ᄒᆞᆫ目的으로以ᄒᆞ야同友會를組織ᄒᆞ오니入會를希望ᄒᆞ시ᄂᆞᆫ人은左의事務所로來臨ᄒᆞ시옵
光武十一年五月二十八日
明治四十年五月二十八日
京城西署西小門內冠井洞　同友會本部

報恩進茂山犂九氏庶子南喜年今二十六不遵家訓專使雜技恒言多出日債隨意使用云矣不意今月拾三日逃走向京而難無田畓之持去挽近人心難測故玆以布告若有請債之說內外國人切勿聽施홈　陰曆丁未四月十九日本家告白

染織大擴張廣告
本所에셔今般業務를確張ᄒᆞ고左開各種을製造ᄒᆞ오니僉君은多少不拘ᄒᆞ고來購ᄒᆞ심을切望
一各頁衣次紋緞次襌衣製造
一學徒夏服次各種製造
一女學生服裝次各種製造
一紬단木布毛織染色及改染
一各色염粉直輸入放賣
宗廟越邊中谷염織工所主人金德ᄎᆞᆼ告白

●咸興郡國債報償期成會義金　第一回　續
金수쇠 各십錢 令柳周션 所원 韓召史 壹원 鄭운鎬 金熙植 金弘澤 盧基明 李成老 각ᄉᆞ십錢 金正主 李圭需 崔泰林 鄭미鎬 元承甫 盧成必 李희道 韓圭선 金周鉉 각廿錢 韓宗淳 金亨基 金元主 金仲ᄀᆞᆸ 사십전 金召史 李仁叔 甲守元 李晩셔 姜用漢 李正和 李희先 洪宗植 韓應允 金斗石 池善還 朴應俊 각십錢 張瑜岩 張國時福 金인둘 각五십전 主事金寬元 十圜 金召史 三圜 笠子匠鄭中 大圜 송南華 貳圜 杜永운 貳圜 高敬서 壹圜 遙成萬 六十전 朴夫長 廿錢 金夫傳 拾전 金부旺鳳 四拾전 張岩又돌 姜圜돌

현상과셩전간에셔본인이상진쇼(肥牛)를만이사깃ᄉᆞ니쇼파시계군은다수이팔너오시옵　최봉출 고ᄇᆡᆨ

成岩 朴三복 尹承甲 崔泰善 김斗京 姜明셥 김仁化 崔鳳煥 리秉회 張晉鎬 각廿전 金有셔 辛興龍 孔仁漸 禹永周 鄭禮賢 각拾錢 主事주顧섭 二拾圜 承德廟 拾四圜 柳龍孫 四拾錢 徐命奐 洪희洙 文셔周 金召史 송선峰 송정澤 각貳원 金友鎬 리敎䝶 각四拾錢 姜셔현 陸拾錢 유一學校 金孝헌 張憲孫 金仁德 각廿錢 全將斗쇠 朴戴鳴 각四拾전 박무旺鳳 四拾錢 崔八月童 未完

今番事機를因ᄒᆞ야御宮奉敬會를解散홈
明治四十年五月二十八日
光武十一年五月二十八日
元帥宮奉敬會會長　高橋久司

本人이陰四月初八日夜의釜山鐵永平社의셔留宿ᄒᆞ다가圖章二箇를見失ᄒᆞ온ᄃᆡ一個ᄂᆞᆫ黃木圖章에牛篆字로朴漢俊章이라ᄒᆞ엿고一箇ᄂᆞᆫ黑角圖章에篆字朴監役信이라ᄒᆞ여ᄉᆞ되役字ᄂᆞᆫ正字오니內外國人은勿信홈　東萊西下면亭리 朴漢俊 告白

國內鐵道運輸荷物에迅速便利宮을爲ᄒᆞ야自京城至仁釜義各驛에支社를列張ᄒᆞ며同聲相應이더니財務李元圭가推本貸退去ᄒᆞ고事務員金在性도亦無相關이고本人等이一層確張ᄒᆞ고本社印章을刷新改造ᄒᆞ며舊章은여爲勿信ᄒᆞ니各支店與各荷主僉公은照亮ᄒᆞ시옴
通運會　財務金致秀　全宜敎　任鳳烈　韓文植 告白

草洞八統八戶朴四月晦日推次當錢二千五百兩於音을동關等地에셔本月十칠日夜의遺失ᄒᆞ얏사오니推某拾得ᄒᆞ여도休紙施行홈　朴禧元 告白

●일본遊覽者募集
一遊覽會員募集　人員은五十名으로一團을成ᄒᆞ니한일인世不問ᄒᆞ고速히請入ᄒᆞ시옴
一巡遊地　東京博覽會橫빈京都大阪神戶
一往復일數　더紙十七일間
一浮費　遊覽費及手數料을合ᄒᆞ야總計四十八圜
一出發일　請入順次를從ᄒᆞ야出發三일前에直接히通知홈
一請入所　在京성各신聞社五十八銀行경성支店　天一銀行
一會員은遊覽을終ᄒᆞ야開散ᄒᆞᆫ後ᄂᆞᆫ本會와關係가小無홈
一南대門셔釜山으로直行ᄒᆞ던지或은東경으로直行하ᄂᆞᆫ者의對ᄒᆞ야도同一便法으로同行請入을應諾홈
일本人遊람協會事務所경성南대門通　東亞商會

本店擴張新到時欵各色紗羅綢緞絨地당油地氈洋廣집貨銅鐵관료香茶烟草各種눠效改良新興ᄒᆞᆫ時合用貨美價廉並有湖北南洋彩票發售特此布聞　貴客請來購覽是厚望언　漢城石井洞　杏花春 告白

特別廣告
內外書籍新舊學文幷販賣所
大邱嗣還洞金괴鴻

本人이日本大阪商業家와特約ᄒᆞ고日本內地產出各種物品과西洋各種物品及機械等物을我大韓에輸入과委托을便利케契約ᄒᆞ얏ᄉᆞ오니商工業에有意ᄒᆞ신僉君子ᄂᆞᆫ某物이든지請求코져ᄒᆞ시거든本社로來議ᄒᆞ시오本社에셔ᄂᆞᆫ手數料만領受홈
興業社本店　開城北部祥洞
支店京城南門內水橋五十一統六戶
全仁港內동廣濟號　培養會社

本店에春服衣次각種이自英국으로多數來到ᄒᆞ얏ᄉᆞ오니陸續來購ᄒᆞ시옴　貞洞源泰양服裁縫店 告白

◎增修無寃錄大全
壹冊 壹百七十頁
定價金新貨七拾五錢
此增修無寃錄大全은法律家의最緊要ᄒᆞᆫ書籍이온ᄃᆡ年來現本이殆히絕種에至ᄒᆞᆫ지라故로法部에認可를得ᄒᆞ옵고此를新刊ᄒᆞ얏삽ᄂᆞᆫᄃᆡ國漢文으로解釋ᄒᆞ야模糊ᄒᆞᆫ句節이無ᄒᆞ오니法律學에有志ᄒᆞ신니와字牧之任에居ᄒᆞ신니ᄂᆞᆫ不得不覽ᄒᆞᆯ冊子이오니注意購覽ᄒᆞ시옴
中署布屏下　廣學書舖　김相萬　發售所

西署新門外鍮동百八十六統三戶
辯護士前檢事前判事正三品　丁明燮
法律事務所
事務員前主事吳在淳

越南亡國史　國漢文
定價貳拾伍錢
發賣所京城廣橋高裕相　鏡南鑄川郡禹時夏 書舖
布屏下　김相萬 冊肆

◎活動寫眞廣告◎
今番에始作ᄒᆞᆫ活動寫眞은法국巴里京에셔有名ᄒᆞᆫ거시오또ᄒᆞᆫ大韓국 皇室에셔먼져看品ᄒᆞ셧고始作ᄒᆞᆫ지數日에遊覽ᄒᆞ시ᄂᆞᆫ쳠君子가多數枉臨ᄒᆞ시와坐處가넘처셔晩到ᄒᆞ시면不便ᄒᆞ오니速々枉臨홈
今番에셔로活動寫眞數十餘件이來到ᄒᆞ얏ᄂᆞᆫᄃᆡ其猪에敵國과싸화의여사ᄅᆞᆷ을물아먹ᄂᆞᆫ것과人狗가相鬪ᄒᆞ야狗가得勝ᄒᆞᆫ것과諸般夢中之事를形容ᄒᆞᆫ것과其他滋味가多々ᄒᆞᆫ寫眞이잇사오니速々히來玩ᄒᆞ시옴
活動은每下午八点至九点白九点至十点
賣票時　七点半始賣
入場票上等三十錢　中等新貨十五錢　小童十錢
新門외셔달이목東便벽돌집　法人　馬田 告빅

●九韓靈砂라　本人이妙方法을神備ᄒᆞ야製造ᄒᆞᆫ靈丹인ᄃᆡ男女老少에無論何징ᄒᆞ고通治하오며無病時에도服하면平生의身躰가健康ᄒᆞ며小兒ᄂᆞᆫ四五錢重만服ᄒᆞ면十歲안에無病ᄒᆞ십을擔保ᄒᆞ오며
●九韓靈砂萬應丹은져狂痫징과中風諸疾과耳目諸病과淋疾에神効ᄒᆞ오
●九韓靈砂保命丹은初生小兒驚風　간氣　咳　腹瘡　諸般惡징에神効ᄒᆞ오
●九韓靈砂濟衆丹은酒滯　食滯　血積　吐瀉　霍亂　痢疾　吐血　下血　瘴氣　時疾　血징에神効ᄒᆞ오
●九韓靈砂紫金丹은痔瘡　眼疾　上瘡　下瘡及唐瘡과諸般毒瘡惡種에無不神効ᄒᆞ오시니　君子ᄂᆞᆫ來問ᄒᆞ시오
內需司前족갑이골上隅第一家百三統一戶　리主廷 告白

國債報償義捐金 收入廣告

五月中本社收入總額每日逐號明細錄은本社國文申報第二號브터順次發刊홈

大安동國債報償夫人會義捐金領收第二回

●영平郡郡나면居士동리

박熙晳夫人安시
吳義善夫人韓시
박承赫夫人니시
바인植夫人崔시
박濟璋夫人柳시
申興雨夫人李시
申鳳雨夫人갈시 申興雨
니仁植夫人박시
각陸十젼 박鳳燮夫人니시
김驥仲夫人玄시
김秀憲夫人趙시 각오십젼
박熙羽夫人任시
박承詰夫人崔시
兪鎭灝夫人洪시
김秀元夫人金시
박承熙夫人權시 各卅젼
김顯佑夫人朴시 각소십錢
박熙翰夫人강시
박熙翕夫人李시
박承우夫人니시
박承薰夫人楊시
박龜植夫人니시
리炳熙夫人鄭시
申晩雨夫人具시 廉老亦
김漢培夫人元시
김淳培夫人洪시
조命熙夫人徐시
김顯인夫人니시
김秀宗夫人리시
김顯直夫人趙시
김英楨夫人趙시
박乙泰夫人張시 김聖더
兪鎭岳夫人宋시 각卄젼
박枃燮夫人趙시
박友燮夫人安시
니熙며夫人金시

박晳圭夫人延시
박謙휘夫人金시
신면雨夫人金시
박祺會夫人權시
신三동夫人金시
박善圭夫人리시
박承周夫人許시
박濟鳳夫人劉시
박濟琸夫人崔시
박承埴夫人金시
박顯友夫人니시
盧學吉夫人신시
박근培夫人盧시
박應玄夫人尹시
김顯德夫人龍시
김錫培夫人金시
김聖有夫人宋시
김元道夫人元시
김元化夫人徐시
박李景夫人金시
김元振夫人박시
김元甫夫人박시
김奎貞夫人安시
安萬學夫人최시
박一相夫人楊시
김能錫夫人申시
南學鎭夫人박시
오衛善夫人任시
김秉선夫人니시 각十젼
合廿二圓廿錢

大安동國債報償夫人會義金領收第三回

●永平郡萬世橋店幕

崔大福夫人김시 각壹圓
林興祿夫人김시 任晶玉夫人趙시
니창근夫人
權元植夫人 黃壽世夫人니시
김靑鶴夫人 각오拾젼
張命福夫人김시
최學俊夫人니시 각四拾錢
최學奎夫人김시
張弘祿夫人朴시
朴在三夫人姜시
김長祿夫人崔시 각卅錢
崔元■夫人

趙日成夫人 張聖寬夫人
김化春夫人 朴在德夫人
鄭今奉夫人김시
김顯福夫人許시
申在得夫人니시
權千壽夫人 니千龍夫人김시
니寧奎夫人宋시 張進玉夫人
朴在祿夫人趙시
趙在成夫人 林學俊夫人
김卿錫夫人崔시 김원吉夫人
각卄젼
林成燁夫人丁시
崔원成夫人林시 각拾젼
合拾圓拾젼

●康翎郡峨미방

李元華 卞錫淵 각五圓
朴根楡 四원 李元模三원
李徵華 卞晶淵 각貳圓李永華
李亨華 朴吉默 池致三
朴世鴻 朴准協 池致연
池鎭鉉 曹奎承 曹理承
최億連 金相淵 李學信
許百源 최允日 金汝守
安用辰 奇明元 南致京
金忠植 趙孟道 각壹圓
金士命 八十錢 申錫九
朴希叔 池善오 尹子彦
金昌조 李根業 金士數
李敎觀 李相云 崔되全
金寬數 申錫煥 박用夏
池錫東 黃在萬 朴奎翼
池大鉉 梁敎玉 李点孫
李根壽 池錫命 吳春三
魯吉白 尹士安 李東根
선錫允 金用瑞 高應元
金率瑞 權敬錫 고炳鉉
鄭致雲 金順오 유士辰
각오십젼 金允玉 鄭可玄
吳基玄 金命數 呂聖範
孟壽岩 朴文鴻 崔才佑
鄭司奎 元文玄 趙允恒
申錫鉉 유聖澤
신周京 吳仁植 각소십젼
李順元 尹七성 李順영

金石□ 元水萬 池二玄
李昇奎 金正赫 고炳조
李仲元 李時連 김京集
趙石彬 鄭化瑞 池致叔
廉昌甫 鄭基洪 趙致瑞
朴世鵬 金國辰 李命奎
李光國 신義命 朴成業
禹貞植 成덕영 金學範
각卅젼 池希壽廿八젼 韓君實
崔恒白각ㅁ오錢 安道玄
지錫列 金덕海 지致達
지錫中 지用石 각ㅁ二錢
宋成彦 李連國
박욱녹 姚대鴻 리漢壽
尹太奎 辛濟養 韓창水
黃承元 金學順 리天文
黃在千 康子化 張영조
尹致三 리炳武 리덕宇
金云巨 리陽煥 金丁午
金士鉉 趙善오 咸命운
尹奈錫 徐相木 鄭化敎
金元日 박창夏 金之坤
金平國 오辰觀 命應瑞
朴太協 리吉영 박之先
박興錫 유聖三 魯夫先
리元吉 呂弘섬 金順鶴
孫仲근 오成조 리銀조
지叔天 지致江 지錫模
元有萬 魯泰浩 리京先
車聖克 崔男孝 지聖玄
曹在吉 오元孝 卞奉西
安應三 安達三 金士坤
南相化 黃承西 石能水
金興福 文學老 鄭宗實
權得학 南水天 元貞玄
卞子敎 金順石 니漢奎
니元亨 尹光화 洪應奎
金창孫 각卄젼 安영三
십九젼 오貞默 韓덕希
니京七 金창玄 니碧水
지達玄 韓之錫 鄭恪
魯學조 리命煥 金卜萬
林千俊 鄭祭石 리숀吉
리正煥 리漢默 尹子有
리永佑 安才根 박准五
金時子각十錢

合九十五圓五十九錢

●陰竹郡下栗면古柏동

朴찜九 寧원 朴承九
寧원오십젼 니般弼 三원
金秀亨 金云京 各二圓
權萬出 니창근 金周容
趙천元 지泰雍 박榮化
박遇성 朴鼎九 니영周
各오십젼 니般杓 八십젼
니寶貴 金平縣 各四十錢
白萬春 金興奉 崔在寬
崔斗弼 朴聖根 趙三喆
趙炳學 李祥근 劉龍錫
許大鳳 朴遇顯 각三十錢
朴過顯 元돌明 崔숀吉
李會周 리正鎬 劉興烈
李興周 각貳十젼 河黃龍
李龍萬 權萬돌 오甲福
金興學 韓성根 지海龍
朴숀天 朴榮銀 宋奇童
咸萬石 朴瑞九 朴正九
姜順學 각拾錢
合貳拾壹圓七十젼

●西署盤石坊阿峴契

前議官車錫喜 前監察김德仲
前議官김俊植 각拾원
前主簿오建植 長子永默
次子聖默 三子봉元
각貳圓오拾젼 前議官盧秉喜
오원 前叅奉林常根 三원
正三品咸致極貳원 子泰鎭
前司果崔奉쥬 子禹善
孫 인쥰 각一圓
前叅奉姜駿永 具德基
前叅奉김光奎 前叅奉김世應
각貳圓 趙存亘
前司果김敬俊 前主事車駿淵
前叅奉盧春起 前主簿최承玉
前司果方澤九 김命根
陰鳳柱 車東섬 車德孝
吳建成 최인成 김漢植
최泰植각壹圓 前出身梁雲龍
曹德心 각팔拾錢 류光雲
盧啓元각七拾젼 리泰敬
趙俊徹 김德奎 각陸拾錢

前司果김致永 前主事鄭致二
前主事박俊明 前出身梁桂鉉
前主簿鄭完植 尹덕順
前主簿具興俊 최致雨
張亨集 趙俊팔 姜友三
김秉鶴 김九召 김元集
김興泰 니德裕 趙聖九
최石崇 高在德
前主事김鎭默 盲人千俊基
方致白각五拾錢 김春實
김日成 宋興燁 錢在玄
류桂弘 류桂奎 박昌植
최學信 김漢甲 沈周伯
각四拾젼 趙奎九 洪敬五
류善行 김英泰 최永萬
니永哲 각卅젼 盧孝先
子덕昌 盧忠根 각卄五젼
최明鉉 任漢永 박興奎
陰召史 김明汝
前知事최昌根 김相允
니春根 니昌根 박順燁
김七得 최永근 니致亨
前叅奉김相淳 裵佑天
김孝順 郭奎相 蔡景默
申永實 丁致敎 申永善
쥬永根 김明化
前知事김九元 김順汝
安應奎 徐丙烈 김鳳雲
김喜道 최致寬 韓寶景
최佛億 니致祥 林萬善
張聖雲 각卄錢 黃奎洙
十오젼 潘奎模 김興基
具學順 趙奎伯 鄭致奎
張自善 김相烈 崔建植
趙弘植 최奎成 徐順팔
高春化 각拾젼
老人契中 燒爐房契中
盧器房都中 각소원
敬信契中 有信契中각壹圓
合壹百ㅁ十칠拾젼

總合二百七拾圓二拾九錢
前號總合壹萬三千三百六拾오圓四拾六錢貳厘
都總合壹萬三千陸百三拾五圓七拾五錢二厘

◎特別廣告◎

國債報償金에昨日所捧은姑未合計이오고伊前日의所捧總合三萬팔千二百팔拾팔圓팔拾四錢은電氣會社內銀行에所置ᄒ얏슴고其貯置額中壹萬壹千八百圓은國債報償志願金總合所로越交홈

大韓每日申報社

發行兼編輯人英國人 裵說
發行所 南署石井동號外地三層洋屋家
大韓每日申報社

月曜及慶節 歲時日休刊

檀君開國四千二百四十年
箕子元年三千二十九年
大韓開國五百十六年
日本明治四十年
淸國光緖三十三年
陰曆丁未四月大二十一日辛巳

寄書

宋氏用

始覺哉라新空氣의爲物이여旣覺哉라新空氣의爲物이여人의生活에須臾라도可離치못것은新空氣의物됨이라人若卑濕處狹隘ᄒᆞᆫ一土屋에居ᄒᆞ야物質穢氣의重濁ᄒᆞᆫ炭酸氣를呼吸ᄒᆞ야新陳代謝의機能을不得ᄒᆞ면頭痛煩悶의不快ᄒᆞᆫ感覺이生ᄒᆞ나니然ᄒᆞ다가高閣層軒에窓牖를廣開ᄒᆞ고輕淸ᄒᆞᆫ空氣의流通을善異케ᄒᆞ야彼碧松靑蕉의下에서吹來ᄒᆞᄂᆞᆫ淸風에裏에逍遙散步ᄒᆞᆯ時ᄂᆞᆫ心神이忽然爽快ᄒᆞᆷ은卽衛生上活動力의必要ᄒᆞᆫ物質的新空氣오

時代變遷에人智開發ᄒᆞ야其欲爲農工商等인愈工愈精ᄒᆞ며愛國愛民的思想인忿憤益勵ᄒᆞ야義氣皆前者ᄂᆞᆫ卽文明上吸吐力의必要ᄒᆞᆫ智識的新空氣니爽快ᄒᆞᆫ기力과活潑ᄒᆞᆫ精神이何를從ᄒᆞ야生ᄒᆞᄂᆞᆫ가卽空氣中으로因ᄒᆞ야出來ᄒᆞᆷ이라謂ᄒᆞᆯ지라

今에鄙見의所經을擧ᄒᆞ야論ᄒᆞᆫ지니余ㅣ鄕者에故鄕에暫遊ᄒᆞ야姻戚故交와上下尊知를周行[illegible]

[illegible]

라余ㅣ知之矣로다此必僻巷深隊에閉門自居ᄒᆞ야自己의呼出ᄂᆞᆫ炭酸瓦斯의重濁ᄒᆞᆫ穢기로心曾에龍結ᄒᆞ도록互相自吸自吐ᄒᆞ고一出門外ᄒᆞ야彼太虛에輕淸ᄒᆞᆫ新空기를未吸ᄒᆞ고老廢物에釀來ᄒᆞᄂᆞᆫ不潔炭酸의犧牲만有ᄒᆞᆫ所以니無怪也라自心自想ᄒᆞ다가

既而오他鄕他道에遊歷ᄒᆞ야見有一鄕社會人이與人談論에現代時務와中外事蹟과天地人物에盛衰를痛論激切ᄒᆞᆷ을立聞ᄒᆞ니儒與鄕故로接語時心胸에頓開鬱結의思想이爽然滌破에其愛國的思想과激切ᄒᆞᆫ言論이盡從文明上新空기中出來ᄒᆞᄂᆞᆫ勇快의精神이活々潑々ᄒᆞᆫ지라余ㅣ排而進曰今聞大論ᄒᆞ니高見博識과快論極談이丁寧懇切ᄒᆞ야卽令人激發感覺之心이라披襟而願受高見博識의文明界新空기ᄒᆞ노라ᄒᆞᆫ則然曰君有入學校而學得文明界에新學問耶아曰未也로라入社會而交換[illegible]明上의新智識耶아曰未也로라然則或看新聞等社會上出來[illegible]雜誌等新聞等新智識而吸取文明上[illegible]

[illegible]

欲入學校而學언ᄒᆞ야吸取文明界의新空기인즉學年이已過ᄒᆞ니後悔를莫追오又入社會而欲爲交換智識ᄒᆞ야吸取開明上의新空기인즉顧乏交與人之智識ᄒᆞ니愧歎이라先이라百爾憂歎에

今乃新聞上開明的新空기나吸入ᄒᆞᆫ外에ᄂᆞᆫ無他門路일서 貴社新聞上에一葉新空기를逐號과送ᄒᆞ시와使此炭酸瓦斯의不潔ᄒᆞᆫ人으로淸淨無垢의太空間에立ᄒᆞ야四野를眺望ᄒᆞ면碧霞芳樹와輕淸ᄒᆞᆫ春和와黃菊寒霜의新鮮ᄒᆞᆫ秋陽의空기를吸入ᄒᆞᆷ과如히新陳代謝의淸淨ᄒᆞᆫ기를呼吸케ᄒᆞ심을千祝千祝

官報

◉宮廷錄事

◉第三千七百八十號 光武十一年五月三十一日

弘文館大學士김[illegible]鐵辭職疏批旨省疏具悉[illegible]之任非可遽解卿其勿辭行公

◉叙任及辭令

咸鏡北道觀察道主事高永昊 依願免本官

黃海道種痘事務委員 徐勝萬

平安南道種痘事務委員 朴[illegible]

平安南道種痘事務委員 李[illegible]

[illegible]種痘事務委員 [illegible]

[illegible]種痘事務委員 李庚鏞

[illegible]

命平安南道種痘事務委員 黃學秀

命平安北道種痘事務委員 韓成洛

命咸鏡南道種痘事務委員 尹宇善

命仁川府種痘支所事務委員 金明俊

命甲山郡種痘支所事務委員 趙[illegible]

命北[illegible]種痘支所事務委員 開城郡分[illegible]主事閔時淳

免本官

任開城郡分[illegible]主事 李圭夏

外報

◉南淸暴徒猖獗 廣東福建兩省에暴徒가益々猖獗ᄒᆞ야[illegible]平及安平安三縣을陷ᄒᆞ고其數가三萬인듸[illegible]逐仙部下所屬으로最新式武器가有ᄒᆞ다더라

◉滿人의不平 北京電을據ᄒᆞᆫ則今番滿洲各郡總督奉天에四人吉林에六人黑龍江에三人을叙撤ᄒᆞ고滿人巡撫로兼任케된故로滿人이不平이너인다더라

◉反對國有鐵道 北京電을據ᄒᆞᆫ則[illegible]者에湖廣總督張之洞氏가各國의例를效倣ᄒᆞ야三十年後에ᄂᆞᆫ私設鐵道를[illegible]私設鐵道로ᄒᆞᆷ을上奏ᄒᆞ고[illegible]氏가此를反對ᄒᆞ야上奏ᄒᆞ얏다더라

雜報

沃川國債報償[illegible]目的을以ᄒᆞ야市上에演說ᄒᆞᆷ[illegible]

[illegible]

一韶가能復唐씨之宗社러니光김濟徐相敦兩氏一言이能復我帝國之國權이로다忠北沃川郡에서도而發書官리主週氏가素以忠愛로憂國ᄒᆞ야倍於例人이러니聞此韻外之喜報ᄒᆞ고如恐不及ᄒᆞ야國債報償斷煙義務哲을叛設ᄒᆞ야此淡도本會에外添發起人之名ᄒᆞ옵고同情을表ᄒᆞ오니耳聞의及一립도亦盡其力이오며親愛同胞은深發之熱思ᄒᆞ야非但斷연이라乘騎ᄒᆞ시ᄂᆞᆫ이은步行을ᄒᆞ고錦衣ᄒᆞ시ᄂᆞᆫ이은布衣이를ᄒᆞ서서車馬에費와錦繡費에와外他千事萬務에經濟를用意ᄒᆞ시와速速히國債를報償ᄒᆞ와國權을挽回ᄒᆞ며忠愛二字을固於骨髓ᄒᆞ며[illegible]刻心ᄒᆞ야進進不已則一步之行이乃至萬里ᄒᆞ야富强之境과文明之域을決斷코幾日月에到着ᄒᆞᆯ이니望我同胞ᄂᆞᆫ忠愛精神과合剪之力大奮發ᄒᆞ야後日堯之日月舜之乾坤에[illegible]를共ᄒᆞ야보옵기禱天祝地ᄒᆞ오

東崗 柳丙憲 完

◉扶安郡國債報償會趣旨書

惟我大韓이自[illegible]以來四千餘年之間에禮樂文物이郁乎彬彬ᄒᆞ야素稱東方君子之國也라夫何國勢之委미와民生之困悴가未有甚於今日而及其取做新制ᄒᆞ며[illegible]新築也에專求就效ᄒᆞ고於언間에債務이[illegible]하야至有外債一千三百萬圓之巨款ᄒᆞ니

以今國勢로萬無報償이나今年不償ᄒᆞ고明年又不償ᄒᆞ야[illegible]添利則將不知乎於幾千百萬之夥ᄒᆞ니[illegible]

[illegible]

心이면豈不圖所以報答乃豈哉아

于是太邱府文會社員徐相敦등諸氏가三新聞에吸연廢ᄒᆞ고該代금每씨이[illegible]式募集ᄒᆞ야國債報償ᄒᆞ기로發起ᄒᆞᆫ後國中男婦老少毋論[illegible]生之倫이無不聞風奮發ᄒᆞ야婦女ᄂᆞᆫ[illegible]捐ᄒᆞ고兒童은傾錢出助ᄒᆞ고至於人力車輓夫와各項勞動者가爭相의연에猶恐或後ᄒᆞ니民心亦天意也라

天意所使에豈人力爲哉아不過數月之內에各處募集금額이[illegible]旣不小ᄒᆞ야揭諸新聞ᄒᆞ더[illegible]一國男[illegible]之心이如水就下에誰能어之리오我韓獨立之階步가豈非在此의擧乎아本人등이亦是國民의一分子라[illegible]

[illegible]오國債報償會를本郡主事廳에設立ᄒᆞ고[illegible]을募集ᄒᆞ외[illegible]新聞社[illegible]上送ᄒᆞ오니[illegible]君子[illegible]

發起人 郡主事 신[illegible]

前主事 김泳旭

◉明郡義연 咸北明川郡에서ᄂᆞᆫ七社에義금收合所ᄂᆞᆫ[illegible]

[illegible]

各部大臣이再昨 [illegible]官邸에一齊會同ᄒᆞ야 觀察使任免事件을廟議ᄒᆞ고當政에關ᄒᆞ야奏ᄒᆞ얏다더라

◉三氏發議 內部協辦沈相翊 警務局長金彰漢警務使金思默三氏가中樞院副贊議로陞任ᄒᆞ얏더라

◉諸氏陞任 警務局長兪星濬氏가內部協辦으로陞任ᄒᆞᆫ代에尹致昭氏가被任ᄒᆞ고農商協辦黃鐵氏가江原道觀察使로轉任ᄒᆞᆫ代에商局長劉猛氏가被任ᄒᆞ고警務使金思默氏가中樞院贊議로轉任ᄒᆞᆫ代에參奉金在豐씨가被任ᄒᆞ고[illegible]敏씨는京畿觀察使를被任ᄒᆞ고內部警務課長權鳳洙씨는該局長으로陞任ᄒᆞ얏더라

◉金씨被任 前水[illegible]金有濟씨가成均館長을被任ᄒᆞ얏다더라

◉洞씨遞任 法部協辦金각鉉씨[illegible]部協辦李圭桓씨로遞任된다더라

◉遷駕旋期 [illegible]下께셔再昨日下午七時에[illegible]大門外安國洞으로[illegible]ᄒᆞ다가當夜十二時에[illegible]으로旋爲出宮ᄒᆞ오셧다더라

◉[illegible] 普成[illegible]本月日영道寺에[illegible]ᄒᆞ야[illegible]練習을行ᄒᆞᆫ다더라

◉[illegible]新政[illegible] [illegible]政府[illegible]大臣[illegible]成[illegible]大臣朴齊純[illegible]大臣[illegible]選定相[illegible]各[illegible]任[illegible]一百[illegible]國式支給[illegible]政府에[illegible]請求ᄒᆞ자ᄒᆞ얏더라

◉宮府官制變更 宮內府官制가變更되다는대參書官은理事로改稱ᄒᆞᆫ다는說이有ᄒᆞ더라

◉[illegible]辭免 南陽郡守方漢德씨가內部에請願辭免ᄒᆞ엿다더라

◉別宴設宴 昨日度支部一般官吏가仕退ᄒᆞ야新任公察李健榮시와[illegible]會同ᄒᆞ야該시赴任之日이在邇ᄒᆞ야多年同僚之意로臨別을當ᄒᆞ미창懷가不無ᄒᆞ다ᄒᆞ야別設一卓ᄒᆞ야該家에셔作別宴을設ᄒᆞ얏다더라

◉柳陞金遞 [illegible]部主事柳基泳시로該部參書를陞任ᄒᆞ고其代에[illegible]官銓考所에被選人金公植시가被任ᄒᆞ기로該部에셔政府로通知ᄒᆞ얏다더라

◉日商悖習 安城邑居趙先達士謙씨가自己外舍를商店ᄒᆞ는日人에게剛貰로借給ᄒᆞ엿더니該日人이貰錢三千兩을不給ᄒᆞ고[illegible]人의家屋으로借去ᄒᆞ는지라趙氏가私力으로難推ᄒᆞ야本郡에呼訴ᄒᆞᆫ즉郡守李鎬集씨가日人을不能捉待ᄒᆞ고以好言招來ᄒᆞ야貰전三千兩不給ᄒᆞᆫ理由를質問ᄒᆞᆫ즉該日人이[illegible]曰余ᄂᆞᆫ日人이라此非理事[illegible]이라郡守가無能招我ᄒᆞ며貰전不給은有何相關이리오ᄒᆞ며無數詰責ᄒᆞ며[illegible]ᄒᆞᆫ一介日商의威脅을畏劫ᄒᆞ야民訴를置之勿論ᄒᆞᆯ뿐더러典當ᄒᆞᆫ日人이면只商販ᄒᆞᄂᆞᆫ日人이韓人을無難毆打ᄒᆞ며勒奪之弊가無日不有ᄒᆞ되呼訴無處라더라

◉公察被責 公州觀察使李健榮시가再昨日에[illegible]觀察使金嘉鎭시를訪問ᄒᆞ얏ᄂᆞᆫ데金嘉鎭시가리觀察의前後不正ᄒᆞᆫ行爲를當場詰責ᄒᆞᆷ이리시가默默無言ᄒᆞ다ᄂᆞᆫ데其詰問ᄒᆞᆫ理由인즉金嘉鎭시가公察在任時에리健榮시가稅務視察로回還ᄒᆞᆫ後김시를課捕ᄒᆞ야政府에毆書ᄒᆞᆫ所以라더라

◉鳩金埋屍 洌航會社漁船漢江號가去五月二十八日에玄湖서出帆ᄒᆞ야黃海道에往ᄒᆞ다가交河盤石浦前에셔潮水를待ᄒᆞ야停船ᄒᆞ얏ᄂᆞᆫ데船長高用南氏가事務長鄭漢鎬氏에게言ᄒᆞ되今此船傍으로溺死ᄒᆞᆫ身體가浮行ᄒᆞ니果是慘酷이라該浦居人을招來ᄒᆞ야從船으로屍身을拯來ᄒᆞ라ᄒᆞᆫ즉其時上等客이叅聞ᄒᆞ고前承旨李필和氏가行中에銅貨二百兩을出ᄒᆞ고船長과事務長이各五十兩式出ᄒᆞ고西湖江原途乾鳳寺李晦明氏가五十兩을出ᄒᆞ고下等客諸氏가各幾兩式出ᄒᆞ야合五百兩을收置ᄒᆞ고該浦居金啓文을招來ᄒᆞ야曰身屍를收埋ᄒᆞ기爲ᄒᆞ야此船中에셔如此히[illegible]신즉무리葬埋를잘ᄒᆞ라ᄒᆞ고發船ᄒᆞ얏더니其翌日에回船ᄒᆞ다가該浦에또停船ᄒᆞ고金啓文을招問ᄒᆞᆫ즉溺死人의父兄이昨日來訪ᄒᆞ엿다ᄒᆞᆫ즉事務長이招見ᄒᆞ고溺死된事實을詳問ᄒᆞᆫ즉日本人은江華德津居金仁化이라五七八日前에子息이擅船으로京江에往返ᄒᆞ다가風浪에溺死ᄒᆞ엿다ᄒᆞ기로其身軆나得覓ᄒᆞᆯ가ᄒᆞ얏든니來此得聞ᄒᆞ온즉子息의的實ᄒᆞ고로此恩德을엇지謝禮ᄒᆞ오잇가ᄒᆞ얏다더라

◉忠烈兼至 忠南扶餘郡蒙尾면石橋居李英稷시의妻閔시ᄂᆞᆫ[illegible]가女中에리시가早年子疾ᄒᆞ니시의登산築壇ᄒᆞ고夜[illegible]天ᄒᆞᆷ셔有虎來護라라疾篤의할股肉以食之ᄒᆞ니乃[illegible]가卌日에復蘇覺天ᄒᆞ니일鄕이稱烈이라近日의國債出義를聞ᄒᆞ고시가貿織貰ᄒᆞ야銅貨三圓을匯辦付送ᄒᆞ엿더라

◉李何荷杖 西署慕華館石橋居李健榮에子가本來浮浪之人인ᄃᆡ鄰居洪在應을訪見ᄒᆞ고言ᄒᆞ되興販ᄒᆞᆯ데인ᄃᆡ資本이無ᄒᆞ니오千兩만貸ᄒᆞ얏달나哀乞ᄒᆞ미洪在應이가不得已ᄒᆞ야許貸ᄒᆞ얏더니李建榮의子가該전을何處用之ᄒᆞ고報償에無路하야其父의게報償ᄒᆞ야주지아니ᄒᆞ면爲先ᄒᆞ며死ᄒᆞ기를ᄒᆞ다大端이ᄒᆞ얏ᄂᆞᆫ데李建榮이가其弟[illegible]으로ᄒᆞ여금往洪應家ᄒᆞ야毆打而言ᄒᆞ되吾子若死면[illegible]ᄒᆞ리라ᄒᆞ고[illegible]荷杖ᄒᆞ고[illegible]亂打ᄒᆞ야此由로呈于西署ᄒᆞ야李哥兄弟를捉致ᄒᆞ야該錢을[illegible]數捧受ᄒᆞ고若李哥가死ᄒᆞ야도償責자아이하는[illegible]를受하얏다더라

◉日弊漏甚 咸興府ᄂᆞᆫ元來로[illegible]家屋[illegible]間與厨房一間에不過ᄒᆞ며[illegible]厨房[illegible]으로[illegible]ᄒᆞ야主人은厨房에處ᄒᆞ야每戶日兵이派駐ᄒᆞ미民家에混入ᄒᆞ오人에主ᄒᆞ며日兵이[illegible]寢房에處ᄒᆞ고日兵은[illegible]毆打가無所不至ᄒᆞ야居民이[illegible]을不得自由ᄒᆞ야柴草를[illegible]에[illegible]不得[illegible]ᄒᆞ고厨房[illegible]遲速[illegible]ᄒᆞ야學業을不得[illegible]ᄒᆞ고農[illegible]不得出耕ᄒᆞ야[illegible]이瀕天ᄒᆞᆫ지라[illegible]에셔空[illegible]을借給ᄒᆞ야日兵으로[illegible]接케아니ᄒᆞ고民[illegible]弊케ᄒᆞ라고北來人의傳說이[illegible]ᄒᆞ다더라

◉趣旨와會[illegible] [illegible]友會에셔[illegible]會曜日[illegible]趣旨書[illegible]ᄒᆞ고印刷發行ᄒᆞᆫ다더라

◉補船社承認 沿江에補船社를設始ᄒᆞᆫ後로實施가못되더니日昨農商工部에請願承認ᄒᆞ야各地方浦口에도支社를設置하고社員을派送ᄒᆞ되上中下三等을排定ᄒᆞ야正供上納과該ᄉ經費幾千兩을擔納派送ᄒᆞ야出入口物을收稅ᄒᆞ다더라

◉西青演說 今日下午七点半에青年會館에셔特別討論會를ᄒᆞᄂᆞᆫ데洛淵絲鑛과海東의熟麥[illegible]이教人之ᄒᆞᄂᆞᆫ以身行之가勝於以言敎之란問題로互相討論ᄒᆞᆫ다더라

◉西友例會 西友學會에셔月例通常會를今日下午三時半에開催ᄒᆞᆫ다더라

◉實業[illegible] 實業研究會에셔第一通常會를來六月二日(陰二十二日)下午一時에商業會議所樓上에셔開ᄒᆞᆫ다고各會員에게通牒ᄒᆞ얏다더라

◉社主是賊 太田停車場三光運輸會社主人南某가元來賊漢으로公州警務署에被捉ᄒᆞ얏다더라

◉騎驢落傷 平安北道裁判所檢事安병찬씨가法部에報告ᄒᆞ되本所法務補佐官小田幹治가昨日執務時間後下午五時量에試騎一驢타가偶爾落傷ᄒᆞ와至於左缺盆骨ᄒᆞ와不能屈伸而此處ᄂᆞᆫ[illegible]在一隅ᄒᆞ야無內外國醫師ᄒᆞ야難以治療故로仍爲移送于安州駐箚日本陸軍病院ᄒᆞ와使之調理케ᄒᆞ라ᄒᆞ얏더라

◉相見有禮 昨日平理院奏判任一般官吏가法部에前往ᄒᆞ야新任法大臣趙重應시와相見禮를行ᄒᆞ얏다더라

◉李弁困難 泰安郡梨院面居李弁[illegible]가自來家勢貧寒ᄒᆞᆫ데去甲午東擾時에東徒李桂遠爲名人이收[illegible]徒數百名에[illegible]要ᄒᆞ거늘金[illegible]가東徒의게[illegible]焰을畏ᄒᆞ야牛[illegible]償ᄒᆞ얏더니不意今年에李桂遠이가該郡冊室을得同ᄒᆞ고金철濟氏의게牛十七隻과租三百餘石을搶掠[illegible]씨가金氏를捉囚勒捧코자ᄒᆞ야[illegible]訴ᄒᆞ야本郡守趙[illegible]날金氏가卽爲許納ᄒᆞ고各[illegible]牛十七隻을東軒에來ᄒᆞ고租三百餘石은[illegible]以給ᄒᆞᆫ後에[illegible]의게更히呼訴ᄒᆞ되牛與租를李桂遠이[illegible]로依官令ᄒᆞ야還徵給ᄒᆞ얏거니와民이甲午年東擾時財産도多數히被奪ᄒᆞ얏[illegible]의[illegible]冤과被奪財産을依民願決皆是李桂遠의徒黨所爲ᄒᆞᆫ즉亡弟고金李一人이被害ᄒᆞᆯ지뎌거이處ᄒᆞ야주되若不然이면京部에지裁判ᄒᆞ깃다ᄒᆞᆫ故로郡守ᄂᆞᆫ卽爲逃走ᄒᆞ고該郡守趙[illegible]씨가方在困難中이라더라

◉[illegible]補助多謝 熙川郡稅務主事宋武用시가本社의同情을表ᄒᆞ기爲ᄒᆞ야二圜貨를補助ᄒᆞ얏스오니感謝不已홈

▲雲歌誰和▼

▲海外風雲이近又凝聚ᄒᆞ야消息이頻到ᄒᆞ니六國時代에蘇秦이其誰오平和問題가那邊에又起ᄒᆞ니爭雄世界에飜覆이無常이로다

▲政界가一變ᄒᆞ미一世가注目ᄒᆞ니新面江山이平地突出ᄒᆞ야人之淸濁과智之優劣이露顯無餘ᄒᆞ니此變이善乎아否乎아天下英雄이拊腕而起ᄒᆞᆯ時代로다

▲東洋第一政治家伊藤侯爵은韓國의元老와大臣들을對ᄒᆞ면皆必稱韓國의富强을爲ᄒᆞ야誠實히盡力ᄒᆞᆫ다ᄒᆞ나말은[illegible]實施行動은韓國의巨細利權을全然一遺漏ᄒᆞᆷ이고盡行奪去ᄒᆞ니韓人은무어슬가지고富强ᄒᆞᆯ가

▲參政李完用氏ᄂᆞᆫ政府首席에依然高據ᄒᆞ얏스나一生에志願은已遂ᄒᆞ나[illegible]打[illegible]ᄒᆞ고[illegible]不忘[illegible]有ᄒᆞ던지[illegible]法[illegible]漸々訪問ᄒᆞ다[illegible]이[illegible]刻消[illegible]ᄒᆞ야[illegible]情[illegible]憤然[illegible]홈지

▲漢城[illegible]尹朴義명[illegible]已地位[illegible]爲[illegible]야統監[illegible]入을不分[illegible]訪問ᄒᆞ야百般[illegible]無效[illegible]야漢尹이浮[illegible]早知若此인덜[illegible]用地調査委員으로下[illegible]公平히分排ᄒᆞ야[illegible]이나듯지

▲今回政府에셔五十萬二十[illegible]新造코저[illegible]야[illegible]假[illegible]로[illegible]文ᄒᆞ[illegible]形[illegible]功刻等은日本新錄[illegible]十[illegible]洲ᄒᆞ[illegible]高元補助貨만[illegible]金融[illegible]流通[illegible]지[illegible]之痛이로다

△內部協辦[illegible]部[illegible]辦[illegible]劉[illegible]야[illegible]

△[illegible]

△[illegible]

△韓國政府[illegible]

[illegible]노름곳이오고

◎本社告白

國債報償에 出義金을 本報로 [illegible] 面에 逐日廣告로 [illegible] 延滯ㅎ야 [illegible] 코져 ㅎ시 [illegible] 今自本報로 國文報 一部 [illegible] 國文報에 [illegible] 廣告 [illegible]

[illegible]

工業學校設立旨趣

古者支那聖人之言曰形而上者謂之道形而下者謂之器 [illegible] 道形 [illegible] 然道之爲 [illegible] 不可形容而器之爲用 [illegible] 可以模捉則器亦不謂不重也工者製器者也 [illegible] 以爲工非工無以爲器而古者重道不重器故工 [illegible] 爲數爲奇 [illegible] 學新 [illegible] 巧日長 [illegible] 以古之所謂道者一切歸之 [illegible] 之鋼鐵綫之 [illegible] 以至彌天亘宙者乃 [illegible] 以今若膠守古常不能 [illegible] 實至於國不可以爲國 [illegible] 爲用哉有重於道之爲體 [illegible] 經治旣久 [illegible] 豈非急先之務 [illegible] 告日用利厚之務無一 [illegible] 學校設非不多 [illegible] 之講 [illegible] 算術專門 [illegible] 就於始學之初 [illegible] 成就之方則 [illegible] 中夫欲爲興復之基本發達之 [illegible] 業舍是而奚以哉是以 [illegible] 另設類 [illegible] 以爲樂育作成之所 [illegible] 校之設 [illegible] 豫卜民國之富强 [illegible] 厚而我大韓 [illegible] 以與泰西列强幷 [illegible] 並而同 [illegible] 工數 [illegible] 旨之大 [illegible] 路也其大綱細目具在規則冊中玆擧其槪以告我同心助成諸君子云爾

廣告

學交所寄金 清州郡國債報償會 [illegible] 京城總合所 [illegible] 新貨五圓을 寄付ㅎ얏더라

廣告

今日我國이 貧弱ㅎ야 外國에 債款 [illegible] 壓制 [illegible] 然이나 [illegible] 國債報償事로 [illegible] 愛國ㅎ는 本心으로 [illegible] 今國三百郡에 二千萬同胞가 一 [illegible] 心으로 [illegible] 今日 [illegible] 新聞 [illegible] 內各里에 輪示ㅎ고 [illegible] 二週日後 [illegible]

本人의 妹夫李字春在가 居在本 [illegible] 동이온바 稱渠之丈人出仕運動 [illegible] 此中報紙 [illegible] 記로付送ㅎ니 各社 [illegible] 招傳ㅎ시옵

咸興郡州南居 金石寅 告白

[illegible] 國人은 切勿見欺홈

山川東面鶴동 陳昌主 告白

●咸興郡國債報償期成會義金

第一回 續

二拾錢 張同殿 三拾錢 金庚손 리龍孫 金麗신突 지小也之 각廿전 박창律 리셔五 각六拾錢 杜永昇 裵서輔 裵龍煥 각八拾錢 安炳秀 敎員裵台彬 敎員裵致和 安炳억 각六拾전 崔啓觀 文衡允 都容昌 柳說興 각四拾錢 長興契 立信契 각三圓 昌化契 權敎식 權炳旭 權炳直 朱禎默 박在豊 韓리彬 각貳圓 咸二突 박甲손 楊七月쇠 禮義契中 [illegible] 각拾錢 妓琴妻 壹圓 黃인河 유십錢 高敬必 壹百圓 李김龍 金興孫 각四拾전 煎과廬 拾五圓 김珀鶴 김미곤 각壹圓 金甲德 김正德 각五십錢 金洪손 貳拾錢 奉事金昇煥 五百圓 김基鼎 金리坤 김리豊 김三손 金四岩 金龍男 金七岩 金敬福 각陸拾五錢 黃國時岩 李國時岩 각廿전 爲容福 오圓 參奉김禎誥 二拾圓 韓有정 壹圓 參奉成職경 武원 崔寅鎭 壹圓 金秉모 [illegible] 金二손 십전 鄭昇勳 이拾전 김鍵俊 유십전 松房廬都中 水口街都中 각三拾원 金順鳩 ㅅ圓 金六岩 김明益 각十전 州南鍾閣里書齋學徒 李九月쇠 廿선 金永찬 李廷鎬 韓永鐘 金永龜 李七星岩 李壬손 李乙孫 李甲돌 李基면 文鼎노 李龍突 崔三佛伊 각십전 金容각 朴윤夏 각一圓 東陽里中 이拾圓 沙浦里中 오圓 韓용각 삼圓 曲子商人都中육人 金成鎔 金守鉉 尹鍾文 朴基元 沈泰鳳 金永乙等 初次合壹百四拾圓 又七拾圓 未完

今番日韓兩國民이 和衷親交의 實을 擧홀 目的으로써 ㅎ야 同友會를 組織ㅎ오니 入會를 希望ㅎ시는 人은 左의 事務所로 來臨ㅎ시옵

光武十一年五月二十八日
明治四十年五月二十八日

京城西署西小門內冠井洞 同友會本部

報恩趙茂山聲九氏庶子南喜年今二十六不遵家訓專便雜技恒言多出日債隨意使用 [illegible] 不從今月拾三日逃走向京而離 [illegible] 田畓之持去挽近人心難測故玆以布告若有請債之說內外國人切勿聽施홈

陰曆丁未四月十九日 本家告白

染織大擴張廣告

本所에셔 今般業務를 擴張ㅎ고 左開各種을 製造ㅎ오니 僉君子는 多少不拘ㅎ고 來購ㅎ심을 切望홈

一 各項衣次 蚊帳次 襦衣製造
一 學徒夏服次 各種製造
一 女學生服裝次 各種製造
一 紬단 木布 毛織 染色及改染
一 各色염紛 直輸入放賣

宗廟越邊中谷 염織工所主人 金德昌 告白

本人이 陰四月初八日夜의 釜山鎭永平社의셔 留宿ㅎ다가 國章二箇를 見失이온대 一個는 黃木圓體에 半篆字로 朴漢俊章이라 ㅎ엿고 一箇는 黑角圓體에 篆字로 朴監役信이라 ㅎ여스되 役字는 正字오니 內外國人은 勿信홈

東萊西下面草邑리 朴漢俊 告白

公州寺谷面花田리居 印致章이 性本浮浪ㅎ와 入山爲僧寺 叔母 如干田土를 僞造文券ㅎ야 四方出債코져 ㅎ오니 內外國人間 切勿見欺홈 僧無悟 白

本學會의 來六月二日 定常總會를 第三日曜 六月十六日(陰五月初六日)로 退定ㅎ얏스오니 僉會員은 照亮ㅎ시옵

輔仁學會 告白

今番事機를 因ㅎ야 神宮奉敬會를 解散홈

明治四十年五月二十八日
光武十一年五月二十八日

元神宮奉敬會會長

●日本遊覽者募集

一 遊覽會員募集 人員은 五十名으로 一團을 成ㅎ니 한일인을 不問ㅎ고 速히 請入ㅎ시옵
一 巡遊地 東京博覽會 橫浜 京都 大阪 神戶
一 往復日數 약二十七日間
一 浮費 遊覽費及手數料을 合ㅎ야 總計 四十八圓
一 出發日 請入順次를 從ㅎ야 出發三日前에 直接히 通知홈
一 請入所 在京城各新聞社 五十八銀行경성支店 天一銀行
一 會員은 遊覽을 終ㅎ야 解散호 後는 本會와 關係가 小無홈
一 南대門서 釜山으로 直行ㅎ면 지或은 東경으로 直行ㅎ는 者의 對ㅎ야도 同一便法으로 周行請入을 應諾홈

日本人遊覽協會事務所 경성南대門通 東亞商會

本店擴張新到時款 各色紗羅綢緞紬地 담油地 龍洋廣직貨 銅鐵관頭 香茶烟草 各種均效改良 新興ㅎ야 時合用貨 美價廉 並有湖北南洋彩票代售 特此布聞 貴客請來購覽 址厚컨

漢城石井洞 杏花春 告白

本人이 日本大阪商業家와 特約ㅎ고 日本內地產出各種物品과 西洋各種物品及機械等物을 委託ㅎ야 大韓에 輸入과 委托을 便利케 約定ㅎ얏스오니 商工業에 有意ㅎ신 僉君子는 某物이든지 購求코져 ㅎ시거든 本社로 來臨ㅎ시오 本社에셔는 手數料만 領受홈

興業社本店 開城北部祥洞
支店 京城南門內水標五十一統六戶

全仁港內동 廣濟號 培養會社

本店에 春服衣次 각程이 自英국으로 多數來到ㅎ얏사오니 陸續來購ㅎ시옵

貞洞運 양服成縫店 告白

◎增修無冤錄大全

定價 金新貨七拾五錢 [illegible] 百七十頁

出增修無冤錄大全은 法律家의 最緊要ㅎ 書籍이온데 年來現在 이殆히 絶種에 至ㅎ지라 故로 法部에 認可를 得ㅎ옵고 此를 新刊ㅎ얏삽는대 國漢文으로 解釋ㅎ야 模糊ㅎ 句節이 無ㅎ오니 法律學에 有志ㅎ신니와 字牧之任에 居ㅎ신니는 不得不覽ㅎ 冊子이오니 注意照覽ㅎ시옵

中署布屛下 廣學書舖 김相萬 發售所

西署新門外 鍮동 百八十六統三戶
辯護士 前檢事 前判事 正三品 丁明燮
法律事務所 事務員 前主事 吳在淳

特別廣告
內外書籍 新舊學文幷 販賣所
大邱 刷還洞 金긔鴻

◎活動寫眞廣告◎

今番에 始有ㅎ 活動寫眞은 法국 巴里京에셔 有名ㅎ 것이오 [illegible] 大西洋 [illegible] 는 첨 [illegible] 遊覽ㅎ시 [illegible] 이 [illegible] 싸화의 여사름 [illegible] 人物이 相關ㅎ야 [illegible] 과 諸般 [illegible] 形容은 [illegible] 寫眞이 잇사오니 速々히 來玩ㅎ시옵

活動은 日下午八点至九点 [illegible] 七点半 [illegible] 新門外 [illegible] 告白

●九轉靈砂 [illegible] 丹은 [illegible] 小兒 [illegible]

●九轉靈砂保命丹은 初生小兒 [illegible] 疾에 神效ㅎ오

●九轉靈砂濟衆丹은 酒滯 食滯 血積 吐瀉 霍亂 痢疾 吐血 下血 運氣 時疾 癎風 [illegible] 腹痛 諸般惡징에 神效ㅎ오

●九轉靈砂紫金丹은 痔漏 瘰癧 上疳瘡 下疳瘡 及唇瘡과 諸般惡瘡惡腫에 無不神效ㅎ오시니 君子는 來問ㅎ시오

內需司前독갑이골上隅第一家 百三統一戶 리主廷 告白

國債報償義捐金

收入廣告

五月中本社收入總額每日逐號明細錄은本社國文申報第二號븟터順次發刊홈

大安동國債報償夫人會義金領收第四回

●永平郡郡內面水日리

전司果楊殷秀夫人任시
監察楊永秀부人宋시
양秉秀夫人愼시 각壹圓
양貞植부人徐시 六십젼
양希주夫人니시
양達秀夫人최시 각오십젼
양正秀부人임시
양貞秀夫人니시 각ᄉ拾젼
양謙植부人任시
安敬善夫人김시
양리植夫人김시
安敬直夫人박시
양桂秀부人니시
양泰瑞夫人洪시
양益秀夫人安시
양慶秀부人元시
양潤秀부人니시
양命秀夫人니시
양亨秀夫人니시
양學梧부人김시
양義秀부人任시
양學文夫人니시
安文甫부人박시
양元秀부人元시
양彦秀부人全시
양學俊夫人任시
安先羅부人니시
양仁赫夫人張시 각卄錢
양性天부人니시
양永春부人니시
양龜赫부人박시
양洪秀女息 安萬蘇부人최시
김寬主부人니시
裵尙吉부人니시
양金赫부人니시
양坤秀부人니시
양觀秀부人韓시
니長用부人길시
鄭達源부人니시
양允秀부人니시
양學최부人김시
양九주부人니시
양伯秀부人니시
양觀萬부人박시
安宗成부人최시
김在武부人梁시
양弼介부人니시
양孝介부人니시
양秉周夫人박시
양利介夫人니시
양明介夫人任시
지정錫夫人양시
任鳳準夫人양시
양體赫夫人尹시
양興秀夫人니시 각십錢
前秘書丞宋寅會氏女息十二歲
銀指環一雙除錢五分重
合십貳圓ㅁ젼

●寧越郡北면

박尙華 咸基셔 尹榮愼
각오圓 咸文셥 安允云
一圓三拾錢 李起壽
一圓오拾錢 리泰根 金泰鎬
金鍾弼 鄭창鎔 崔在學
辛翊秀 각一원 辛榮默
一원오十젼 리東榮二圓
韓 셔 一圓 金德興
金僖萬 박俊陽 高秉玉
각八十젼 리建杓 一원
趙셔元 金樂台 趙奭敎
각六十젼 金원培 七十錢
金敦卿 趙희인 金演升
尹 鍵 金興卿 박道京
쇠萬셔 尹셔道 김炳孝
박道日 金輝珍 金榮權
鄭斗鎔 智在道 각五十젼
리執圭 八十젼 具邦植
金원明 丁東셥 金基셔
河景梭 沈원澤 金聖壽
洪世원 李起榮 金원道
張셔俊 丁震셥 金輝碩

許垣 林弘根 辛花弘
尹滋成 辛在一 田有玉
丁大範 각五十젼 田昌玉
四十젼 咸朝셥 륙十錢
辛弘集 辛永集 辛金默
金宗壽 丁斗셥 각五十젼
崔寺業 金大用 金元模
金秉都 金秉台 洪景默
趙鍾鳴 李善榮 趙士有
咸明셥 金永祀 각四十錢
韓秉烈 陸十錢 金炳俊
白起水 각五十錢 高漢奎
房鎭억 리漢祐 金洪基
金輝宗 金輝봉 金顯斗
韓永秀 李秉準 安元西
李秉德 智 椽 趙鍾碩
池善模 丁大基 田達玉
安澤俊 尹최鎭 尹봉디
禹문範 鄭雲鎔 金正日
金鳳錫 沈寓成 金千셔
白士先 鄭弼鎔 金仁培
김敎商 丁公셥 丁奎寅
丁大禧 辛인集 辛光集
각卄錢 李明主
全尙根 劉在烈 丁揚셥
元世泰 朴斗源 辛寬默
趙興錫 丁창셥 房源셥
金창主 朱源伯 辛貞默
鄭基德 丁奎燦 辛萬善
辛百善 辛弼洛 李正先
辛在東 高秉元 崔應壽
盧秉禧 吳泰鎭 尹應鎭
尹召史 李奎宋 리奎哲
리聖大 최榮國 각卄젼
張尙瑞 卄오錢 박進達
김樂一 각三十錢 李在龍
辛河一 朴準英 鄭淳亨
金龍培 咸弘셥 趙士玉
李秉千 咸鼎셥 趙仁元
金聖七 申泰殷 金聖五
김聖道 김壽돌 李守元
鄭泰鎔 李南守 咸一龍
張弘一 咸局麟 朴ㅠ五
김致云 丁仁셥 辛聖三
徐致三 박順甫 김仁培

宋秉俊 辛在振 張基龍
김斗星 趙迎致 丁大根
韓柱東 丁大煥 丁列셥
沈聖澤 韓臨源 韓碩吉
리鎭鉉 리元曾 리慶富
김호權 신命根 鄭應秀
洪容三 김基셔 白洛俊
徐相奎 全鍾龍 尹春永
洪在桓 니경根 禹允景
김柱植 鄭正八 김周瑞
각二十젼 [illegible]善敬 孫敬日
朱源河 리萬敎 박基鉉
리壽榮 리承謂 김春化
김命돌 각十젼 리不植
曹先承 김鍾義 김秉哲
리不得 김時龍 리會進
각十오젼 趙剛元 김樂俊
김樂斗 김輝水 김輝烈
梁正鉉 니會仁 김輝龍
신河漢 신碩集 김輝濤
咸相셥 리是楫 劉光斗
蔡圭學 리若雨 鄭元基
朴魯進 홍尙根 홍基隨
리敎眞 김士弘 朴道三
尹滋實 車德化 리聖道
홍達世각十錢 리龍夏 홍達俊
朴漢進 趙成汝 趙鍾鎭
각十오錢 김君甫 尹基彦
홍達조 趙鍾聲 朴永壽
리在完 全世奎 김泰敎
朴鍾和 劉根夏 房聖永
朴達근 鄭인甲 金樂恒
韓璧元 김長達 김元實
崔石甫 김경植 徐致慶
張秉基 홍터근 리순오
張基錫 劉逸默 리棟升
丁民敎 위秉奎 리敎信
리春奎 김溶淵 成聖冠
鄭주鉉 김年漢 崔二龍
리순學 趙仁交 김雲學
리復煥 郭奇桓 신秉執
신佐仁 박璵터 洪在淵
呂明範 林學聖 박士弘
김주範 丁大燦 신佑執
김溶旭 리鍾錫 각十젼

安鳳今 十오젼 니내眞
安致龜 曹永烈 니熙辰
曹秉植 徐秉斗 김龜도
趙善淳 김洪植 鄭基元
趙秉근 우修榮 신경河
김萬근 김龍淵 宋敎一
黃龍瑞 全淸一 김國瑞
具然三 김國輔 신宗河
김致漢 김正漢 洪翊律
全炳洙 최在用 김商贊
尹인培 尹錫疇 趙원景
丕致化 정春明 니恭旋
趙賀오 安明善 宋인善
洪景오 최寅淡 김贊中
김士瑞 니원근 우德允
車德俊 신允근 김在号
니日鳳 최원一 尹滋參
尹春龍 尹滋德 니鍾建각拾젼

▲德上리

박敬伯 崔基秀 呂東華
김순榮 리인榮 각十젼
니東九 김鼎贊 박원進
박成進 정春安각五십젼
리般相 니敎철 니慶植
洪樂默 각三십젼 박憲철
裵相鉉 宋武順 리在셔
宋德曾 각二십젼

合一百십三圓四십젼

●竹山郡西一면品谷

니東善 니永萬 각壹圓
니유善오拾젼 니구善
吳相泰 니桐秀 趙鍾來
김汝칠 權순圭 각卄錢
오時鏞 김商臣 張允集
박大圭 沈元實 각卄젼
趙東來 박同春 김殷回
김仲化 최吉同 張舜才
박敬先 梁春三 閔性善
黃敬贊 각拾젼 김七星
卄젼

合陸원오拾젼

●竹산郡南一面孟동

許경 許玉 각五拾錢
니文會 니春植 각四십錢
宋裕鎭 십錢 盧寬愚

김인業각四십錢 許정
卅젼 許㴭 許球
黃萬永 니寅成 니夏雨
각卄젼 정뒤嵩 安吉龍
각십錢 許迴 許셜
許億 각卄錢 정긔瑗
許瑗 각卄젼 김正福
니吉夏 각拾젼 니建億
니建萬 니建斗 각卄錢
許倫 拾젼 박道乘卄錢
任정鎬 卅錢 尹明植십錢
박圭乘卄錢 박台乘 십錢
박承模 四拾錢 許셜
許萬셥 각壹圓 許혁
ᄉ십젼 朴元乘 朴智乘
朴容燮 각三십젼 許烈
오拾錢 김祐鉉 김泰鉉
許위 박容翼 김瑞鉉
安日孫 鄭基成 全雲龍
鄭衆吉 정基大 정기亨
崔千奉 許汶 각十젼
姜인求 二十錢

合拾三圓

●安山郡北方面渡馬橋

都事具允祖 子然㴭
具述祖 具然成 具漢祖
具大兼 니承汲 朴景西
朴容局 朴金浩 朴性局
朴允先 각五십젼 朴允局
朴允셔 朴思允 朴性主
具文謙 박性文 李右景
각三십젼 니承淑 具敬仲
具性寬 元性哉 進士최春集
박君三 박成集 박光先
김命三 俞千弼 朴顯景
김承化 박順化 김永元
姜致文 崔建陽 崔長根
김今石 柳善元 具儀겸
각十五젼 合拾一圓十錢

總合壹百九拾六圓二拾錢
前號總合壹萬三千六百三拾오圓칠拾오錢貳厘
都總合壹萬三千칠百九拾壹圓子拾五錢二厘

◎特別廣告◎

國債報償金에兩日所捧은姑未合計이오고伊前日의所捧總合三萬팔千二百팔拾팔圓팔拾四錢은儲氣會社內銀行에貯置ᄒᆞ얏슴고其貯置額中壹萬壹千八百圓은國債報償志願金總合所로越交ᄒᆞᆷ

大韓每日申報社

◎本社廣告

○申報價

一張代金 新貨二錢五里
一個月前納 三十錢
三個月 九十錢
六個月 一圓七十錢
一個年 三圓四十錢
郵稅一部 新貨五里
一個月 十三錢

●大韓每日申報各處支社廣告

中署布屛門下 金相萬冊肆
平壤上水口門內 金浩淵
仝 崔叡恒
仁川𥡴峴開新冊肆 李東皓
宣川邑檢西里 安濬
義州西門外흐西 大藥局
釜山港佐川 徐藥局
三和港築洞 金元섭
咸興州南社西門外 曹喜林
開城培義學校 姜助遠
大邱市廳 崔一弘
載寧邑濟衆院 劉夢澤
鐵山邑東部 安主
元山支店 劉七錫
海州南門內 洪成인
定州南門內書館 朴昌鎭
信川邑 李源植
昌原郡校洞 許환
郭山興岩 李銀瑞

大韓每日申報社

發行兼編輯人英國人 裵說

發行所 南署石井동號外地三層洋屋家

大韓每日申報社

大韓每日申報

第五百廿八號

月曜及慶節
識時日休刊

檀君開國四千二百四十年
箕子元年三千二十九年
大韓開國五百十六年
日本明治四十年
淸國光緒三十三年
◎陰曆丁未四月大二十二日壬午

寄書

美洲紐育留大韓帝國人 朴鳳來

僕이天涯에萍水를作ᄒᆞᆫ지幾年에東西洋人物에優劣을窮究ᄒᆞᆫ則西人이恒常東洋三國人을指ᄒᆞ야曰日本은다만新盛의기를乘ᄒᆞ야人風이伶俐만ᄒᆞ고道德의根源이尙劣ᄒᆞ야鄰國侮土를存ᄒᆞᆷ近慾에沈ᄒᆞ야遠大ᄒᆞᆫ思想이無ᄒᆞ니長久安享을難可恃며支那는土地廣大와人民衆多ᄒᆞᆷ이世無與匹이건마는頑固를不免ᄒᆞ야愚劫ᄒᆞ고懶惰ᄒᆞ며一個夢人과如ᄒᆞ고韓人은性質이恒常閑逸ᄒᆞᆷ을崇尙ᄒᆞ고暗昏유弱ᄒᆞ야勇進하는風기가無ᄒᆞᆫ故로不敢放一丸ᄒᆞ고他人에奴隷가되니世界第一極末等醜穢之賤族이라ᄒᆞ니

鳴呼痛哉라誰敢斯言고我自取之로다一聞斯語에髮豎眦裂ᄒᆞ고血沸膽戰이라人居東양의無憂東양者ᄒᆞ고人居其國의無憂其國者로다今玆一語로以告當局者ᄒᆞ노니當有人이因當今之時懷ᄒᆞ야五양에突출ᄒᆞ고大洲에다니다가東半球에이르러셔벗슬차즈며門ᄒᆞ니天高日中로록主人이醉슈不醒이라床頭를細看ᄒᆞ니酒一壺바둑장긔杜律古文眞經이다잇것마는四面에表ᄒᆞᆫ旗는風雨飄洗되여獨立三字가搖落ᄒᆞ고堂上에一座彼ᄒᆞ兩邦가積堆ᄒᆞ야離不能應文倒ᄒᆞ며所角에掛下鏡우隔漏ᄒᆞᆫ두이ᄂᆞ리雖不能振自너로다不勝吁然ᄒᆞ야主人셔기를苦待ᄒᆞ고一曲을唱吟ᄒᆞ니歌에曰莫遲起夢何長고我有胸火ᄒᆞ니此火若發이면能消南北氷양이로라眼有淚ᄒᆞ니淚最多一下能救七年旱이로다咽有息々太長이라此息이一呼ᄒᆞ면能成淸風掃亂霧로다又歌曰男兒가處世ᄒᆞ야道德聖人못못될진ᄃᆡ차라리英雄되여禁暴救亂하오리라天時를기다리고學業을힘쓰다가枕上一夢에내몸이起動ᄒᆞ여太蒼을괴와다가庭畔鶴聲에셔다ᄅᆞ니志士得意ᄒᆞᆯ時又歌曰人生을헤여보니空手來空手歸라謂치아닌白髮時節다라오고逐지아닌靑春歲月가는고나古今許多英雄들도가는歲月잡아셔靑史芳名만有意ᄒᆞ니아마도身死名留ᄒᆞ면萬世라도少年인가歌聲이纏綿의主人忽然醒起ᄒᆞ야忙陳禮問ᄒᆞ고

乃謂客曰今得佳夢ᄒᆞ야身上太虛ᄒᆞ니玉帝手持一秤子ᄒᆞ시고以東양地圖로置于秤局ᄒᆞ고乃以一遞으로爲秤錘ᄒᆞ얏는ᄃᆡ其遞이內空爲輕ᄒᆞ야秤稈이斜下에地圖將墜라玉帝乃令侍臣으로取一黃卷而來投于遞ᄒᆞ니題曰日東양維新에輕重錄이라ᄒᆞ얏더라

冊入北遞ᄒᆞ에猶輕不支ᄒᆞ거ᄂᆞᆯ玉帝皺眉不展ᄒᆞ샤乃取西양人維新輕重錄ᄒᆞ야而懸之ᄒᆞ니以其서양地圖ᄒᆞ시니秤大傾ᄒᆞ야[illegible]乃取全球地圖以秤局ᄒᆞ[illegible]니地方이小有地之重이며[illegible]乃撤下亞東一洲地圖ᄒᆞ니秤勢於倒或升或掛而未定ᄒᆞ이라玉帝乃然歎曰何東양如是之無人乎아無語半餉에復命侍臣으로急取指南針鏡子玉尺萬里鏡秤子寶劍各一枚ᄒᆞ야賜與ᄒᆞ거ᄂᆞᆯ予再拜領受而方欲回顧라가適因君之歌聲ᄒᆞ야覺之로다

客曰奇哉君夢이여其眞當今之明夢이로다其領受之指南針은可傳于當局政治家ᄒᆞ야使政治를如指南之方針無誤ᄒᆞ며鏡子는可傳于憲法家ᄒᆞ야使法律로如明鏡之相照ᄒᆞ며萬里鏡은可傳于外交家ᄒᆞ야使遠親外交를如萬리之明見로悉ᄒᆞ며玉尺은可傳于財政家ᄒᆞ야使量入而爲出을如尺寸之豫算ᄒᆞ며秤子는可傳于國民同胞ᄒᆞ야使光奇寶之精神而不墜地壞ᄒᆞ며寶劍은可傳于憂時靑年ᄒᆞ야貫國之奸黨의케비일지어다

天示明鑑이如此昭々ᄒᆞ시니勇進無退ᄒᆞ며速行無遲여다萬事가各有時節ᄒᆞ니今日이正是秤桿似平似斜之時代也라時乎々々不再來ᄒᆞ리니此豈非亞東三國이鼎치의각ᄒᆞ야扶大陸之時代乎아ᄒᆞ얏더라

嗟夫今日之當局者아幸納其言否아吾知予是愛友者며子亦知吾爲好朋者어날貪一夢之先覺而一朝에貪天上之所覽而發狠子之野心ᄒᆞ야不顧大局而貪小壞ᄒᆞ니今日公等오미聞滿腹所食이豈非滿韓二十乎아借韓國十年之獨立而蠶食으로爲方略인ᄃᆡ何不更使滿州로借十年之獨立乎아物各有主에虛慾無益矣리니何不自愼ᄒᆞ고負信於萬國ᄒᆞ며失義於天下乎아每聞遠人大隈重信ᄒᆞ出言양不和之論ᄒᆞ면西坂豈이亦死于東양乎[illegible]和主義라ᄒᆞ니官耶虛耶아[illegible]果[illegible]人이면未知有幾何人[illegible]倡言非獸古種ᄒᆞ니且[illegible]何人更起會東양者로다[illegible]ᄒᆞ야[illegible]逆旅之孤下에[illegible]數書으로起疊ᄒᆞ니鳴呼라未知那時의有愛東양者며未知何地에有憂東양者로다

官報

●第三千七百八十一號 光武十一年六月一日

◎宮廷錄事

掌禮院卿金宗漢辭職疏
批旨省疏具悉所請依施
中樞院贊議金嘉鎭辭職疏
批旨省疏具悉所請依施
知敦寧司事沈健澤辭職疏
批旨省疏具悉所請依施

◎敍任及辭令

依願免本官 厚陵參奉洪德周
任厚陵參奉 崔麒淳
依願免本官 厚陵參奉崔麒淳
任厚陵參奉 九品洪德周
免本官 竹山郡主事尹相瓚
依願免本官 秘書監丞李文求
命秘書監丞 太僕司長李應明
命太僕司長 從二品玄映運
免本官 安峽郡主事許윤
解任 中樞院贊議鄭寅興
內部協辦沈相翊
警務使金思묵
內部警務局長金彰漢
任中樞院贊議 學部學務局長兪星濬
任內部協辦 江原道觀察使金在豐
任警務使 農商工部協辦玄鐵
任江原道觀察使 正三品劉猛
任農商工部協辦
任京畿觀察使 從二品崔錫敏
內部參書官權鳳洙
任內部警務局長 前留學生監督尹致오
任學部學務局長
任成均館長 正三品金有濟
內部協辦兪星濬
命臨時署理警務使事務

●號外 光武十一年五月卅一日

宮廷錄事

本月二十八日에英親王의大勳位李花大綬章授與式을行ᄒᆞᆫ事

外報

●俄帝無忠祝電 二拾九日路透電을據ᄒᆞᆫ則俄國皇帝는危險ᄒᆞᆫ暗殺을免ᄒᆞ엿다ᄒᆞ야各地에서祝電을多發ᄒᆞ얏다더라

●日本人衝突 桑港電을據ᄒᆞᆫ則二十六日夜에二名白人이二名日本人에게暴行을加ᄒᆞᆫ際에他日人의救援ᄒᆞᆷ을被ᄒᆞ야幸免ᄒᆞ얏스나憤激의餘恨으로白人을半死半生ᄒᆞᆫ境에至ᄒᆞ얏는ᄃᆡ加害ᄒᆞᆫ日本人은直히捕縛ᄒᆞ얏스나今後에도此種事件에續出ᄒᆞᆯ憂慮가有ᄒᆞ다더라

◎潮州暴動 上海電을據ᄒᆞᆫ則廣東省潮州府饒平縣에서黨金秘[illegible]匪의騷亂이起ᄒᆞ야本月二十二日夜에官吏를殺害ᄒᆞ고衛門을燒燼ᄒᆞ얏다더라

●軍艦派送 同電을據ᄒᆞᆫ則今番廣東省에騷亂이起ᄒᆞᆷ으로由ᄒᆞ야英德及法國軍艦各一隻이廉州에碇泊ᄒᆞ얏다더라

雜報

●學生謝函 留日斷指學生等이海參威에在ᄒᆞᆫ韓國人士의義恤을對ᄒᆞ야소函이如左ᄒᆞ니權昌祚氏로臨拜致書于徐相[illegible]氏外諸氏座下ᄒᆞᆸᄂᆞ이다至誠ᄒᆞ라諸氏의愛護ᄒᆞᆷ이여滄海萬里의諸氏의慈愛이미相間ᄒᆞ온즉海參威에[illegible]ᄒᆞᆫ我同胞가大半이나[illegible]勞役에라ᄒᆞ오니勵ᄒᆞ야資身ᄒᆞᆷ도猶難커던粗탁을傾盡ᄒᆞ야同胞에困難을救恤ᄒᆞ시니此是愛護ᄒᆞᄂᆞᆫ至誠을更一層感心ᄒᆞ오며又況日本과海蔘이水陸萬餘里를相爲隔阻이온ᄃᆡ諸氏의仁愛所至에萬里外困境을遺鑑ᄒᆞ시고玆以惠付ᄒᆞ시니此是道비ᄒᆞ신陰德을雖百口難酬이온지라如此ᄒᆞᆫ恩澤에對ᄒᆞ야只以形式的感謝二字로拜獻ᄒᆞᆷ이似涉踈忽이라生等은勸孜倣工ᄒᆞ야雖薄技末業이라도期於成就ᄒᆞ야諸氏의捐助ᄒᆞ신名義로써後世에有光케ᄒᆞᆷ을銘心ᄒᆞᆸᄂᆞ이다 惠送金五拾二圓五拾錢을依數拜受ᄒᆞ얏사오니洞亮ᄒᆞ시옵幷祝隨時珍重爲此不一이라ᄒᆞ엿더라

●蒐於賊黨 양州伊溪面某子村居洪元甫가元來悖類인대抱川居리班聚童시幼子를誘引賭博하더니리聚童시가上京ᄒᆞ얏다가親患急報를聞하고製藥ᄒᆞ去하는ᄃᆡ洪哥를適逢ᄒᆞ미洪哥晋하되此村에서誰某가請ᄒᆞ니往ᄒᆞ지ᄒᆞ미리시가急ᄒᆞᆫ中로該村의本無知人하고往치못ᄒᆞ깃다ᄒᆞ미洪哥子지逐지至境故則迫於不得已ᄒᆞ여隨您往該村ᄒᆞᆫ則名不知朴主事與金哥旧言ᄒᆞ기를稱以官隷ᄒᆞ고曰汝之兄弟가一婦로同居ᄒᆞ여스니風化所關에不美事이기로捉去官庭ᄒᆞᆫ다ᄒᆞ고打之歐之에洪哥가故爲리班을顚護하는체ᄒᆞ고朴김兩人을對ᄒᆞ여言ᄒᆞ되此리시가班名이오如此行爲는無ᄒᆞ다ᄒᆞ고容恕으로리시의게二千兩만辦給ᄒᆞ니[illegible]ᄒᆞᆫ것이上策이라ᄒᆞ고[illegible]之[illegible]給出ᄒᆞ야朴金兩人[illegible]ᄒᆞ고[illegible]ᄒᆞ니其後에洪哥가리시의[illegible]無[illegible]ᄒᆞ여該錢半일錢을건[illegible]ᄒᆞ더라시가洪哥ᄒᆞ라고迷[illegible]ᄒᆞᆫ것이慣ᄒᆞ여洪哥는現今에[illegible]捉에見新ᄒᆞᆫ다더라

雜報

▲上村囑託 學部參與官室事務官上村正己가政府囑托을被任ᄒᆞ얏더라

●순和宮下世 昨日上午六時에순和宮께오셔下世ᄒᆞ셧더라

●値喪闕仕 法部協辦金珏鉉氏가因순和宮喪事로昨日부터仕進視務치못ᄒᆞ얏더라

●顧問年俸 中樞院顧問官五氏의年俸은일千圓으로일年의兩次分給ᄒᆞ기로磨鍊ᄒᆞᆫ다더라

●敎育奬勵 安동普通學校에셔明日의敎育奬勵會를設行ᄒᆞᆫ다더라

●제三審判 權重顯朴鏞和兩氏事件으로監獄署에被囚ᄒᆞᆫ諸犯等을再昨日平理院에셔제三次審判ᄒᆞ얏다더라

●農大奏達 日昨에農大宋秉畯氏가 皇上陛下께奏稟ᄒᆞ얏다ᄂᆞᆫ說을漏聞ᄒᆞᆫ즉地方巡檢設施와稅務官設置가民間에生弊ᄒᆞᆫ理由와法律改良件과學校擴張ᄒᆞᆫ急務를逐條陳達ᄒᆞ고또國家大小事를國務大臣에게一切委任ᄒᆞ신後若有不可堪任者면遞改ᄒᆞᆯ事을奏達ᄒᆞ얏다더라

●緣何被縛 再昨日下午三時에巡檢이何許衣冠人을捕縛ᄒᆞ야警務廳으로押去ᄒᆞ얏다더라

●次제擇用說 統監伊藤氏와參政李完用氏와農商工部大臣宋秉畯씨가當初政府新組織ᄒᆞ기을協議ᄒᆞᆯ때에日本留學生中幾人과社會上名譽가有ᄒᆞᆫ幾人과一進會員中幾人을次제進用ᄒᆞ기로決定ᄒᆞ얏다ᄂᆞᆫ說이有ᄒᆞ더라

●顧問과議長 朴齊純李址鎔李夏榮閔泳綺李根澤五氏ᄂᆞᆫ中樞院顧問官을被任ᄒᆞ고成岐運씨ᄂᆞᆫ該院副議長을被任ᄒᆞ얏다더라

●長守辭免 長淵郡守金裕定씨가內部에請願辭免ᄒᆞ얏다더라

●推己及人 內部警務局參書官權鳳洙씨가該局長으로陞任ᄒᆞᆫ代에該部大臣甥姪宋鐘憲씨가被任ᄒᆞ얏다더라

●檢事被駁 漢城裁判所檢事李守京씨가民事件을刑事壓制ᄒᆞ야裁判被告人의家產什物을執行ᄒᆞ얏다가該所補佐官某氏가再昨日에李檢事를大段論駁ᄒᆞ고勒執ᄒᆞ얏던家產을卽爲還出給ᄒᆞ얏다더라

●醫院學監 大韓醫院敎官지錫永氏가大韓醫院學監을被任ᄒᆞ얏더라

●法大總裁 法部大臣趙重應氏가刑法校正總裁를被命ᄒᆞ얏더라

●果如昨報 昨報와如히學部主事柳基泳氏가該部參書官을陞任ᄒᆞ얏더라

●勅奏理事 宮내府官制에參書官은理事로改正ᄒᆞᆫ다ᄂᆞᆫ說은昨報에已揭어니와更聞ᄒᆞᆫ즉制度局官制에參書官을先爲改正ᄒᆞ야理事라ᄒᆞᄂᆞᆫ대勅任理事가二員이오奏任理事가三員인데勅任理事二員은俞致衡金鎔濟兩氏가被任ᄒᆞᆫ다더라

●石非韓有 內部土木課에셔城內城外各處道路를修築ᄒᆞ기爲ᄒᆞ야浮石許可를請求ᄒᆞ야認許ᄒᆞᆫ後其浮石次로出見ᄒᆞᆫ즉日人이先得認許ᄒᆞ야浮石ᄒᆞᆫ故로更請認許ᄒᆞ야浮石次出往處가北至慶次에日人의게先許치아니ᄒᆞᆫ處가無ᄒᆞ야狼狽之境이되얏ᄂᆞᆫ되該課에셔廣探ᄒᆞᆫ즉東門外往十里院峴이只有ᄒᆞᆫ지라院峴浮石認許를請ᄒᆞ야許可를得ᄒᆞᆫ後該峴에셔浮石幾日에日人이또警務廳許可狀을持來ᄒᆞ야土木課에셔所決浮石之人을逐之ᄒᆞᄂᆞᆫ故로該課에셔浮石處가無ᄒᆞ니디警務廳에셔一處에許可이狀式出給ᄒᆞᆫ事를知치못ᄒᆞ깃다더라

●醉臥不幸 去月십五日義州威還面四上동居金元吉이가醉臥于鐵道라가滊車所觸에兩脛이斷絕ᄒᆞ야其夜에仍爲致命ᄒᆞ엿다더라

◎서民渴望 平安南道民人李관熙等이內部에請願ᄒᆞ되本觀察使攬轡以後로許多治蹟은難可枚陳이옵고가交한熱에民瘼이復蘇ᄒᆞ고學校興旺에人志가發達ᄒᆞ고賄路가杜絕에貪汚가屛跡ᄒᆞ고法理綜核의獄無冤枉이온바千家活佛이오萬口頌碑라請由上京이迄今數朔이옵기로全道人民이恐失明府일가千리과足에齊유上部이오니特軫與情ᄒᆞ시와俾速下送之地千萬伏祝이라ᄒᆞ얏ᄂᆞᆫ되指令內에本使優績은部已稔悉이라當卽催促下送ᄒᆞᆯ지니勿煩退去ᄒᆞ라ᄒᆞ얏다더라

●徹天未伸 再昨日平理院門前에셔何許女人이該院에入去코져ᄒᆞᆫ즉巡檢이禁止不入ᄒᆞᄂᆞᆫ지라該女人이高聲質問曰我有徹天之冤ᄒᆞ야法官의게呼訴次入去ᄒᆞ라ᄒᆞ거날何事禁入乎아裁判所를設始ᄒᆞᆫ本意ᄂᆞᆫ訟民을處決ᄒᆞ기爲홈인ᄃᆡ如此禁止ᄒᆞᆯ진ᄃᆡ平理院은何處所用ᄒᆞᄂᆞᆫ法司乎아ᄒᆞ되巡檢曰非吾自意禁斷이라法官의指揮를奉行홈이라ᄒᆞ고女人을退送ᄒᆞᄂᆞᆫ대該女人은江原道橫城人인ᄃᆡ其夫가爲人被殺ᄒᆞ야尙未伸冤ᄒᆞ야期於復讐次로該院에呼冤홈이라더라

●日人撲鷄 龍岡沙들이의日本風船이到泊ᄒᆞ야日人三名이下陸ᄒᆞ야種鷄를打殺ᄒᆞᄂᆞᆫ故로동中人이曉喩挽留則拔劍行悖가無所不至ᄒᆞ다고셔來人의傳說이有ᄒᆞ더라

●美人預備 華盛頓電을據ᄒᆞᆫ則新式軍器製造에有名ᄒᆞᆫ밀신이言ᄒᆞ되五年內에美國이日本으로더부러戰爭이必有ᄒᆞᆯ것은太平양沿岸各地方에셔利權을爭ᄒᆞ야衝突이不息홈이라美國政府에셔預備치아니ᄒᆞ얏다가一朝에戰端이起ᄒᆞ면日本이廿萬兵으로곳석산에至ᄒᆞ리니美國兵力을對敵ᄒᆞ기難ᄒᆞᆯ지라政府에셔이億의金을ᄂᆡ出ᄒᆞ야巨大軍艦을製造홈이맛당ᄒᆞ다ᄒᆞ얏다더라

●研會討論 明日下午八点에貞동진研學會에셔討論會를開ᄒᆞ고紳士諸氏가隱士가勝於達人이란問題로互相討論ᄒᆞᄂᆞᆫ데有志諸君은多數光臨ᄒᆞ심을希望ᄒᆞᆫ다더라

●靑會懇親 明日은月曜인데靑年會에셔下午七点半에月例懇親會를開ᄒᆞ고去月一朔內事務를報告ᄒᆞ며會員及新入會員이共同親睦ᄒᆞ기爲하야南亞非利加로來到ᄒᆞᆫ美國女士뉴거샤로드姬이該地山川及黑人戰爭의景況을幻燈으로現光케ᄒᆞ야親睹ᄒᆞᄂᆞᆫ同誼를表코져ᄒᆞᆫ다ᄂᆞᆫ데該會에셔一般會員이[illegible]ᄒᆞ야携帶同參ᄒᆞ라ᄒᆞ얏다더라

●靑會講演 今月二日日曜下午三点半에靑年會에셔[illegible]를開ᄒᆞ고本會[illegible]英語教師三利亞씨가講演ᄒᆞᆫ다더라

●宜乎照律 江原觀察使[illegible]參書官丁元섭씨가內部訓令을承ᄒᆞ야該道安峽郡守리주憲씨의前後食贓事를調査ᄒᆞ야該部에報告하되去年陰七月二十日예該郡居리錫九及其妻를捉致ᄒᆞ야有夫女를娶ᄒᆞ얏다ᄒᆞ얏고전子百兩을勒奪ᄒᆞ얏고又八月에리殺相을招人ᄒᆞ야오百兩을强請借貸ᄒᆞ고其冊客高永昊ᄂᆞᆫ其郡守의分付라藉托하고又一百兩을物借ᄒᆞ고幷償還치아니하얏고又子月오日에김德三處에郡主[illegible]許倫을敎唆ᄒᆞ야一千兩을勒奪ᄒᆞ얏고又리윤基를稱以賭犯ᄒᆞ고二千兩을勒奪ᄒᆞ얏고又十月에官報及新聞價先後六朔條七十오兩오전을稱以官用柴木價ᄒᆞ고七百三拾兩一전을民間에排斂ᄒᆞ얏고又리萬긔處에物債육百兩을終不還償ᄒᆞ얏고又觀察道廳客에게郡守犯贓을營及ᄒᆞ얏다ᄒᆞ고七百兩을勒奪ᄒᆞ얏고又移郡學校先貸費전二百兩을收捧ᄒᆞ얏고又拾一月二十륙日에寡윤玉處에寡女를作配라稱ᄒᆞ고千兩을勒奪ᄒᆞ고冊客高永昊ᄂᆞᆫ藉其郡守ᄒᆞ고二百兩을加奪ᄒᆞ얏고又십이月貳십이日에李진成處에有夫女作妾ᄒᆞ얏다稱ᄒᆞ고朴진成與其妾을捉致ᄒᆞ얏다가소진成은退出ᄒᆞ고其妾은內衙에執留ᄒᆞ얏다가三ᄉᆞ日後에該郡居咸相用爲名人에게九百兩을受取賣却ᄒᆞ얏고又本年이月外村學校數師氽南龍신在오兩人을捉致ᄒᆞ야邑村學校가相關되야學事가興旺치못ᄒᆞᆫ다ᄒᆞ고주間體은居衙市場[illegible]後에[illegible]度ᄒᆞ고이千兩表紙를륙拾ᄒᆞ얏고신在오[illegible]錢數巡市後에逐出ᄒᆞ얏고又ᄉᆞ月이십一日에一進會員朴尙有을捉致ᄒᆞ야稱[illegible]斷髮ᄒᆞ고以大焚頭며以石壓頭ᄒᆞ고嚴刑을加ᄒᆞ얏다ᄒᆞ얏더니指令ᄒᆞ되該郡守ᄂᆞᆫ酷虐民을極切痛歎이라因劣當官이며其所犯贓은當知照平理院ᄒᆞ야如法措處케ᄒᆞ엿더라

東京電報

●士官卒業式 日本陸軍士官學校卒業式에日本天皇陛下ᄭᅴ셔幸行ᄒᆞ셔優等十名에게銀時計를下賜ᄒᆞ셧고卒業生總數ᄂᆞᆫ壹千六十八名이더라

●淸國革命黨領首 南淸暴徒의魁首라고指目ᄒᆞ고廣東省으로入去ᄒᆞᆫ다ᄂᆞᆫ風說이有ᄒᆞᆫ淸國革命黨領首孫逸仙氏ᄂᆞᆫ只今ᄭᆞ지日本東京에잇다ᄂᆞᆫ傳說이有ᄒᆞ더라

●淸國의求援兵 南淸暴徒에額數가漸々增加ᄒᆞ고勢力이더尤極猖獗ᄒᆞ야官軍이其勢力을抵當치못ᄒᆞ미該地方官憲들이廣東省福建省江西省諸處로派送ᄒᆞ야更히求援兵을請ᄒᆞᆫ다더라

北京電報

●暴徒猖獗 廣東이暴徒을容易히鎭壓키難ᄒᆞᆫ故로淸國府에셔ᄂᆞᆫ岑春헌씨를십日內로赴任ᄒᆞ라고命令ᄒᆞ엿더라

△峨洋古操▽

△日本黑木大將이美國에往ᄒᆞ야韓國玉塔事件으로各新聞記者의質問을만히當ᄒᆞ얏다ᄒᆞ니日本國名譽도損傷이될지니놈의물것을너무貪ᄂᆡ지말지

△日昨參政大臣과各大臣이統監府에齊進謁問ᄒᆞ되今番에各部勅任官吏를擇其可堪者ᄒᆞ야叙任ᄒᆞᆫ거시니閣下ᄂᆞᆫ少不干涉ᄒᆞ라ᄒᆞᆫ즉統監이答ᄒᆞ여曰一般官吏의任免은姑舍ᄒᆞ고諸般行政에도善爲處辦ᄒᆞ면毫末이라도干涉ᄒᆞᆯ理가無ᄒᆞ다ᄒᆞ얏ᄉᆞ니말이야좃치

△遞內部協辦沈相翊씨가自己地位를아모죠록일치아니ᄒᆞ야고無恨이을쓰다가畢竟遞任이되야소니天之亡我요非戰之罪로고

△農商協辦黃鐵씨ᄂᆞᆫ江原觀察使을被任ᄒᆞ얏스니協辦과觀察使가優劣이何如ᄒᆞᆫ지아마도癸기ᄂᆞᆫ統監[illegible]독갑에게쳐서되갓소勢力盡ᄒᆞ면독갑이쳐직도쓸ᄃᆡ업고

△法相趙重應氏가日昨에參政大臣과同爲陛見ᄒᆞ고무슴事件을上奏ᄒᆞᆯ時에左右門隙에竊聽者가有ᄒᆞ거ᄂᆞᆯ法相이奏達ᄒᆞ야日 陛下ᄭᅴ옵셔閣臣의게諸詢ᄒᆞ시ᄂᆞᆫᄃᆡ左右에敢히竊聽ᄒᆞᄂᆞᆫ者가有ᄒᆞ니如此ᄒᆞᆫ奸細輩를歸盡치아니ᄒᆞ심이不可라ᄒᆞ엿다니閣臣奏事가箇々如是ᄒᆞ면宮禁肅淸을指日可期로다

△向日에各大臣이遞任된以後로鬱々不得志ᄒᆞ야滿庭槐陰에依枕高眠ᄒᆞ며回想前日ᄒᆞ면富貴가如夢ᄒᆞ더니樞密院을新設ᄒᆞ고顧問官으로一齊히出脚ᄒᆞ니다녀샹들잘ᄯᅡ엇고

△近日에政界가變遷되미南北村坐前客이鑽之許가紛々ᄒᆞ야新內閣大臣의門闕下와[illegible]日行者을追隨公諠ᄒᆞ야處々非非가[illegible]此等頑固輩의게[illegible]

△[illegible]

▲一邊勢力이該殺ᄒᆞᆯ時에ᄂᆞᆫ趨附者가許多ᄒᆞ더니該當勢力이잇슬[illegible]時에ᄂᆞᆫ[illegible]者亦多ᄒᆞ니如此無常ᄒᆞᆫ人種이[illegible]지고무삼일을ᄒᆞ고世界사름의우숨거리나되깃지

◎本社告白

國債報償에出義금額을本報紙面에逐日廣告로發布ᄒᆞ되猶有遲滯ᄒᆞ야義捐諸氏의迅速揭布코자ᄒᆞ시ᄂᆞᆫ意를未即奉副ᄒᆞ옵더니今自本報로國文報一部를增刊인바彼今으로ᄂᆞᆫ漢文報와國文報에義捐廣告를並爲揭布ᄒᆞᆯ터이오니愛國人之員은照亮ᄒᆞ시옵

安岳細동坊成동金承杰로支社員을認定ᄒᆞ고視務케ᄒᆞ오니該坊近處本報購覽ᄒᆞ실諸員子ᄂᆞᆫ右氏에게로請求ᄒᆞ시옵

大韓每日申報社

雜報

●부人義恤 東萊秦晉官崔廉시의夫人金시가留日本斷指學生의情況을矜恤히여겨義恤金오圜을本社에寄送ᄒᆞ야傳致ᄒᆞ기를請ᄒᆞ엿더라

廣告

本社風穴에儲藏ᄒᆞᆫ蚕種을製造할터인ᄃᆡ我國內今年秋蚕과來年春夏蚕ᄉᆞ育을可量ᄒᆞ야製造ᄒᆞᆯ터이오니養蚕ᄒᆞᄂᆞᆫ僉君子ᄂᆞᆫ左開所로來臨ᄒᆞ던지郵書로ᄒᆞ던지蚕種을各第所用預託ᄒᆞ시오

安義島峴蚕業會社

京城永成門越便廉등二十壹戶 金漆原家

安義島峴蚕業會社社長 金秉先廣告

本人의子丙均或稱丙允이가年近三拾에性素沒覺交遊挾雜謂ᄒᆞ고出沒各郡ᄒᆞ여計欲負債ᄒᆞ오니內外國人間切勿相關ᄒᆞ시옵 大邱蛛동徐致오告白

本郡主事朴尙根은本以淸直으로衆民團體薦擇에國理定當ᄒᆞ고署理二十日에詞訟理決인ᄃᆡ今見新報上郭山虐民之題ᄂᆞᆫ郡民은初無皆書오金文鶴은本無其人에亦沒暇籍인ᄃᆡ想必虛名暗箭이오且其事件間無行賂之訟이오亦無其民ᄒᆞ고贖賂有式에擧皆打算則有何加賂結錢加排ᄂᆞᆫ爲人이可信가鄕齋任亂差ᄂᆞᆫ無是事ᄲᅮᆫ더러際此時代誰其納例며近以慈親欠寧으로一次근還이거ᄂᆞᆯ何許奸人이如是構誣인지凡我郡民은秉彝所在에不得不卞誣이기公憤騰布홈 郭山郡民尊李汝逸吳仁찬告白

本人에셔姪朴在衛이가性本浮浪ᄒᆞ야京鄕出沒의雜類輩로追逐ᄒᆞ며本人의田沓을僞造文記ᄒᆞ와欲爲得債ᄒᆞ오니內外國人은切勿見欺白失ᄒᆞ시옵

禮山鷲目동趙石史 告白

堅山大岩吳人會社에留ᄒᆞᄂᆞᆫ李駿永이가善與交友故로移來稷山時路費補助金一百○六원二十전이오此皆會社人商人이愛以莫之ᄒᆞ여十里許餞送人이百餘名故로本人이衆惠를不忘之意로如是左錄홈

曹應善 金明遂 韓炳讃
各壹圓 金寬彬 壹圓五十錢
淸國人陳信友 羅信弘
박樂祥 오俊楨 金千石
각二圓 林興俊 李永며
각三원 金昌호四圓 韓錫[illegible]
張[illegible] 韓창敎 金守贊
郭致瑞 李京權 金京鎭
김京煥 각오圓 李根녕
陸圓二십전 咸允尙 卄원
曹錫奎 尹弼先 李逢春
李致政 張洛賢 韓[illegible]甫
각壹圓
合壹百六圓二십錢 李祈녕 告白

산원과성진소(肥牛)를만이ᄉᆞ깃스니쇼파실제군은다수이팔너오시옵 최봉쥰 고백

沈相진字公瑾性本浮浪ᄒᆞ야不事産業ᄒᆞ고許同挾雜人ᄒᆞ야圖處債用蕩産無餘而尙不悛習ᄒᆞ고締結悖類ᄒᆞ야大小家如干田沓을僞造文券ᄒᆞ야欲爲得債ᄒᆞ오니內外國人은勿爲見欺ᄒᆞ시옵고同遊諸氏도改過ᄒᆞ도록勸導ᄒᆞᆷ을望홈 水原荊石面판沈璧澤 告白

●咸興郡國債報償期成會義金 第一回 續

州南社雲興里中 三圓
朴致厚 姜世周 崔[illegible]立
각二圓 韓京淳 趙[illegible]用
각一원 김成文 崔[illegible]云
安긔조 都容俊 姜錫圭
崔지煥 鄭亨錫 尹인尙
박承열 各仕甫 廉國成
金守호 張斗成 각廿전
金學光 리宅俊 각拾錢
文三孫 金龍馬之 각廿錢
山子商人都中 [illegible]
宋啓恒 崔녕淑 리明漢
리炳煥 리召史 각一圓
成載益 리石豊 曹在昇
朴致섭 崔學기 韓用각
劉열根 張鳳周 김東圭
각四十錢 韓鳳岩 십錢
羅丙石 金인奎 各廿전
朴正섭 一圓 主事金勉弼
姜希쥬 各二圓 崔泰元
拾圓 洪福元 ᄉᆞ拾錢
崔三月福 십錢 合 박錫夏
五圓 議官池若淵 廿圓
主事池季슈 ᄉᆞ원 主事金禹璧
십원 捧稅官池成海 廿圓
池世龍 進士權리쥬 各이圓
僉使金炳俊 廿圓
侍從權敏植 四十圓
三路街道中 三圓
合一千陸百八十陸圓 完

本人이昨冬에石城月境居崔元景與順七의게被打病重根因으로郡府동知에와今陰三月十壹日의崔吳暴動을再被毆打拾六歲生庭弟秉勳을恐動하야本人所有土文券拾六石拾四斗介라落을誘奪ᄒᆞ고稱云其庶弟七歲兒를爲ᄒᆞ야若是有奪이라ᄒᆞ고出賣코자ᄒᆞ오니內外國人은切勿見欺홈

石城谷村徐一勳在京城病院 白

今番日韓兩國民이和衷親交의實을擧ᄒᆞᆯ目的으로以ᄒᆞ야同友會를組織ᄒᆞ오니入會를希望ᄒᆞ시ᄂᆞᆫ人은左의事務所로來臨ᄒᆞ시옵

光武十一年五月二十八日
明治四十年五月二十八日
京城西署西小門內冠井洞 同友會本部

報恩趙茂山聲允이庇子南喜年言多出口債償用之矣不償ᄒᆞ고今月拾三日逃走向京而雖無田沓之持去挽近人心難測故玆以布告若有請債之說內外國人切勿聽施홈

陰曆丁未四月十九日本家告白

染織大擴張廣告

本所에셔今般業務를擴張ᄒᆞ고左開各種을製造ᄒᆞ오니僉位ᄂᆞᆫ多少不拘ᄒᆞ고來購ᄒᆞ심을切望홈

一各頂衣次緞幌次襌衣製造
一學徒夏服次各種製造
一女學生服裝次各種製造
一紬보木布毛綃染色及改染
一各色염粉直輸入放賣

宗廟越邊中谷 염織工所主人金德昌 告白

本人의妹夫李字春在가居花本롱이온바稱奨之丈人이仕運動ᄒᆞ고本人의親近畓土를私自起案ᄒᆞ야欲以與債云ᄒᆞ오니內外國人은切勿見欺홈

[illegible]山川東面鶴동陳昌主 告白

公州寺谷面花田리居印致章이性本浮浪ᄒᆞ와入山鷄佾寺叔母如干田土를僞造文券ᄒᆞ야四方出債코자ᄒᆞ오니內外國人間切勿見欺홈 侍無常 白

今番社閣의因ᄒᆞ야神宮奉敬會를解散홈

明治四十年五月二十八日
光武十一年五月二十八日
元神宮奉敬會會長

●일본遊覽者募集

一遊覽會員募集 人員은五十名으로一團을成ᄒᆞ니한일인을不問ᄒᆞ고速히請入ᄒᆞ시옵
一遊覽地 東京博覽會橫빈京都大阪神戶
一往復일數 대抵十七일間
一浮費 遊覽費及手數料은合ᄒᆞ야總計四十八圜
一出發일 請入順次를從ᄒᆞ야出發三일에에直接히通知홈
一請入所 在京성各신聞社五十八銀行경성支店 天一銀行
一會員은遊覽을終ᄒᆞ야解散ᄒᆞᆫ後ᄂᆞᆫ本會와關係가小無홈
一南대門셔釜山으로直行ᄒᆞ던지或은東경으로直行하ᄂᆞᆫ者의對ᄒᆞ야도同一便法으로同行請入을應諾홈

일本人遊람協會事務所경성南대門通 東亞商會

本店擴張新到時款各色紗羅綢緞綾地담油地氈洋廣집貨銅鐵과頭香茶烟草各種均效改良新興各時合用貨美價廉並有湖北南洋彩票發售特此布聞 貴客請來購覽地居잇언

漢城石井洞杏花春告白

果川鷲梁津居劉敬完과始興郡齋宮居金俊汝兩人處에推尋條當坪三千兩을去二十日에셔失ᄒᆞ얏ᄉᆞ오니內外國人은休紙施行홈

果川飛山居吳致殷 告白

本人이日本大阪商業家와合約ᄒᆞ고日本內名産品物과西洋各種物品及機械零物等을大韓에輸入과委托을便利케契約ᄒᆞ얏ᄉᆞ오니商工業에有意ᄒᆞ신僉君子ᄂᆞᆫ某物이든지請求코져ᄒᆞ시거든本社로來議ᄒᆞ시오本社에셔ᄂᆞᆫ手數料ᄂᆞᆫ만領受홈

興業社本店 開城北部牌洞
支店京城南門內水標五十一統六戶
仝仁港內동廣濟號 培養會社

本店에春夏衣次각種이自英국으로多數來到ᄒᆞ얏사오니陸續來購ᄒᆞ시옵

貞洞濟濟양服裁縫店 告白

◉增修無冤錄大全

壹匣 定白七十錢 定價金新貨七拾五錢

此增修無冤錄大全은法律家의最緊要ᄒᆞᆫ書籍이온ᄃᆡ年久爲本이殆히絕種에至ᄒᆞᆫ지라故로法部에認可를得ᄒᆞ옵고此를新刊ᄒᆞ얏삽ᄂᆞᆫᄃᆡ國漢文으로解釋ᄒᆞ야其難解ᄒᆞᆫ句節이無ᄒᆞ오니法律學에有志ᄒᆞ신니와學校之任에居ᄒᆞ신니ᄂᆞᆫ不得不覽ᄒᆞᆯ冊子이오니速히購覽ᄒᆞ시옵

中署布屛下 廣學書舖 김相萬 發售所

特別廣告
內外書籍新舊學文幷販賣所
大邱廟邊洞金긔鴻

◎活動寫眞廣告◎

今番에新作ᄒᆞᆫ活動寫眞은法국巴里京에셔有名ᄒᆞᆫ거시오또ᄒᆞᆫ大韓[illegible]에셔먼져看品ᄒᆞ셋고始作ᄒᆞᆫ지數日에遊覽ᄒᆞ시ᄂᆞᆫ僉君子가多數枉臨ᄒᆞ시와坐席이[illegible]ᄒᆞ오니速히枉臨ᄒᆞ시오 今番에셔ᄂᆞᆫ活動寫眞數十餘件이[illegible]싸화의사름[illegible]人物가相關ᄒᆞ야[illegible]形容ᄒᆞᆫ것과其他滋味가多ᄒᆞᆫ寫眞이잇사오니速々히來玩ᄒᆞ시옵

活動은自下午八点至九点[illegible]
自九点至十点[illegible]

新門외셔달이부東便벽돌집 法人 馬田 告백

◉九轉靈砂라 本人이妙方法으로[illegible]丹을[illegible]
●九轉靈砂[illegible]
●九轉靈砂保命丹은初生小兒驚風 간氣 咳 腹痛[illegible]
●九轉靈砂濟衆丹은滯 食滯 血積 吐血 下血 鬱亂 痢疾 逆氣 時疾[illegible]
●九轉靈砂[illegible] 上痞症 下痞症[illegible]

內醫院前[illegible] 百三統一戶 [illegible] 告白

國債報償義捐金 收入廣告

五月中本社收入總額每日逐號明細錄은本社國文申報第二號보터順次發刊홈

●南署水橋 김石濟 貳圓

●漢北西部面玉禾리
前注書김淵禧 三圓
舍弟淵玉 壹圓

●慶尙北道知禮郡下北面下院里延安李시門中
李雨均 李鉉俊 李 鍵
각一圓 리鉉호 八십錢
리世均 리魯承 각陸십錢
合拾一圓

●京畿道龍仁郡縣內面完章동
李會昇 이원 弟會昶 一원
孔在學 一圓오拾錢 李韶儀
박容諸 각팔拾五錢
校理孔在龍 弟在和
主事孔錫龍 李 셥 張允龍
沈雲彩 孔奎相 沈雲翼
각샤拾전 孔庚烈 沈德根
孔在顯 金秉文 朴聖化
高學淵 李希西 李인西
李聖寬 李成云 林慶至
김允吾 각卄錢 김明用十錢
合拾一원九拾錢

●長단西道면上리
朴齊健 一원五십전 權重鉉
尹昇烈 南연元 李熙翼
徐鍾樂 朴泰魯 각一圓
王在鎬 權泰亨 각二원
權泰玉 陸십錢 權泰貞
남廷儀 南廷傑 각오拾錢
曹禮承一원 李윤儀
鄭龍起 각샤십錢 白命洙
王聖조 鄭龍郁 朴元重
오拾전 洪仕善 池德浦
김德甫 김鎰鉉 각삼拾錢
徐種환 徐鳳九 鄭君玉
李學成 鄭용學 黄용雲
林命善 최世鉉 김道淵
박뮤錫 金여道 金창淵
李福先 鄭學瑞 박萬錫
김인完 김德完 김聖完
金용完 鄭東烈 南晋熙
李鳳宇 邊廷煥 李文儀
리용儀 니宗淳 金學道
李寬宇 리鍾蘇 南周元
許 찬 박道文 金敎國
朴伯元 申國齊 文致化
趙영鎬 남상奎 각이십錢
南皓熙 南廷冕 南星玉
남成佑 南상健 南昌熙
리爾魯 宋順元 申在均
申貴孫 金演直 리성夏
禹振淵 洪병植 리元稀
王春澤 金大肅 禹영學
文上男 崔伯善 니福易
金培化 鄭용顯 니인儀
니聖彩 니聖儀 각拾전
니光儀 칠전오厘 金윤完
육전 朴聖天 崔順行
니順儀 金性文 니貴성
니영儀 趙福星 柳箕翼
각오전 許致學 許景俊
許景敎 各二拾전 니士俊
卅전 남致俊 金晉必
리益善 金士範 니영在
김學甫 각拾錢 權敏洙
삼拾전 니順善 이拾錢
合三拾一圓륙拾三전오厘

●抱川郡花山面西防築리
니重直 김尙吉
韓萬用 申完근 김義쇠
김義錫 申開同 정돌夢
각팔拾전 林六發 김漢吉
박여셔 申開팔 신쇠同
ㅋ四拾錢 박義成 니순쇠
니啓承 니寅榮 니裕甲
니원奎 박盛云 신聖眞
니建陽 신石眞 ㅋ廿전
신永信 曹凡伊 韓所回
김水돌 林六吉 신鳳雲
니奉得 각拾錢
合十壹圓十전

●豐德中面食峴里
李承穆 朴乘龍 각ㅅ십전
洪鍾倫 박제相 金秉旦
朴齊환 ㅋ三十전 尙致鎬
尙致成 任聖旭 박元陽
니演在 李찬珪
李光仁 李鍾三 黄 和
박聖三 宋덕淳 각二십전
任百賛 柳翼春 尙鳳鉉
黄뒤顯 姜日石 朴在德
김泳祿 김學允 각십錢
合五圓

●豐德中面艾浦리申氏門中
申泰震 四十錢
四從弟 泰衡 陸十전
四從弟 泰元 ㅅ十錢
再從姪 一均 六십錢
從姪 弘均 육十錢
四從弟 泰鳳 ㅅ十전
三從姪 龍均 ㅅ십전
四從孫 鉉重 六십전
合ㅅ圓

●豐德中面食峴里尹氏門中
尹滋與 六十전
季父 亨鎭 四拾錢
再從祖 慶圭 二十전
再從祖 定圭 四十전
再從祖 龍圭 六十錢
再從叔 德鎭 五十전
再從叔 翼鎭 二十錢
再從叔 斗鎭 五十전
合三圓四拾전

●豐德郡中面艾浦里
리敏翼 리達永 리周永
리鱗永 리鳳永 리龍永
리振永 리敦永 리면永
리學永 리晋永 리奎永
리弼永 리德永 리升永
리種壽 리種緖 리種玄
리種燁 리種億 리種祐
리種浩 리종薰 리종영
리斗烝 각二十錢 俞相옥
俞炳殷 ㅋ五십錢 니春根
니炳道 니炳厚 니炳德
니文周 ㅋ二十전 김鉎倫 각오十전 金鳳鶴 一원
四十전 김箕文 김在稙
각三십전 黄 稷 四십전
合八圓ㅅ十錢
合拾八圓

●豐德中面食峴里金동宗中
김達鉉 四圓 김瓚容
김怡容 김益容 김麟容
김善容 김圭桓 김基덕
김기肇 김기薰 김기錫
김기周 김種熙 김種根
김種陸 김種德 김기洪
김光鉉 김世煥 각삼拾전
김和容 김기性 각二십錢
合구圓팔십錢

●豐德中面食峴里孝寧大君派
後손宗中 等
李善宇 會뒤 會允
會尙 會셔 會雲
會松 會寧 會楠 贊宇
哲宇 인宇 貞宇 峻宇
賢宇 正宇 相宇 智宇
壹宇 容宇 慶宇 盛宇
寬宇 樂宇 彭宇 榮宇
炎宇 鶴宇 昌宇 觀우
震우 璟우 綮儀 뒤儀
永儀 允儀 점儀 周儀
合額拾六圓

●京畿南陽郡麻道면雙峯洞
김敎夏 김敎萬 김敎弼
각삼圓 김敎德 김敎庠
김觀熙 ㅋ二圓 尹龍求
김敎챵 김鉉熙 김玉熙
尹奎榮 김正麟 각一圓
三十구名合九圓
合삼십圓

●寧越郡內면德浦中리
進士朴齊방 오圓 朴駿陽
二원 박기陽 一원 劉인漢
오十전 劉濟夏 劉章夏
劉應烈 劉션默 ㅋ一원
유뒤욱 劉敬烈 유興욱
유乘勳 朴龍돌 유順돌
정철鳳 崔順男 尹順龜

●寧越郡內面德浦下리
丁大英 兪致奎 각二원
박鍾셔 劉致極 각一원
兪致敬 지基泳 지彭泳
趙寬湖 劉根욱 각五십전
니敏達 칠십전 趙炳順
一원五十전 趙鍾기 兪致廷
沈노仲 ㅋ二十전 丘敎夏
박萬奉 김圭淵 각삼十전
지粟植 土店人崔聖發
ㅋ오十錢 김炳삼 十錢
合十三圓삼十錢

●南陽西如堤면墻外동
鄭뒤煥오圓 김元日 壹圓
김뒤順 최廷順 余敬八
김德來 김致先 박元叔
박인西 박인化 김公凡
ㅋ뉵拾錢 김敎贊五십전
박士心 박奇明 박連化
김숙道각샤拾錢 김春成
육십전 니儀食 四拾錢
김明春卅錢 鄭順之 김仲元
각廿전 김뒤文 육拾錢
吳君成卅錢 全應俊 十戔
合拾륙원廿전

●群山港紳商社
徐基면 십圓 尹滋春
吳均셥 각삼원 南廷殷
朴영信 최順益 각貳圓
김영셥 申明俊 吳希俊
文晋先 박景七 陳平玉
니뒤運 니士晉 최東奎
각壹圓 張仁善 김徹完
김윤申각육拾전 김昌淳
姜子玉 高完九 각오拾전
梁錫柱卅錢 張益봉십륙歲
翊圭팔歲 翊成四歲
김南薔五歲 김영濟
黄基玉 각卄錢
合卅五圓팔십戔

●高陽神穴 梧琴리
육品姜明欽 박臣彬 각一원
前오衛將니允元 一원오십전
出신니允澤 김鍾錫
김鍾鎭 고介돌 김學伊
각一元 正승品니덕和
姜君欽 박寅彬 出신고廷烈
김鍾默 니덕근 김秉懿
각오십錢 姜健欽 出身金秉一
리東식 각四十錢 金化之
三十錢 參奉박龜鎬 박殷信
박舜彬 리自斤吉 각廿五전
姜國欽 姜箕영 김三龍
金昌根 姜鍾石 리所回
李明叔 김舜官 김百福
리순錄 金介東 金聖葉
金点돌 박萬哲 曺命實
김南川 金相鳳 金金根
리允成 姜台欽 ㅋ貳十전
박斗熙 박鳳熙 崔鎭榮
김化순 박成근 姜上萬
林点돌 金季用 金点순
林業東 김上學 鄭上福
김季成 徐三石 김正文
ㅋ十전 姜在福 姜孝欽
최鎭셥 鄭点돌 崔奉吉
李京先 李學仁 李大先
李學順 각五錢
貳拾圓四十五戔

合二百四拾五圓九拾八錢五厘
前號總合壹萬三千칠百九拾壹圓子拾오錢貳厘
都總合壹萬四千三拾七圓子拾三錢칠厘

◎特別廣告◎

國債報償金에昨日所捧은姑未合計이옵고伊前日의所捧總合三萬팔千팔百七拾七圓九拾七錢은硬氣會社內銀行에貯置ㅎ얏ㅅ고共貯置額中壹萬壹千八百圓은國債報償志願金總合所로越交홈

大韓每日申報社

發行兼編輯人英國人 裵 說
發行所
南署石井동號外地三層洋屋家
大韓每日申報社

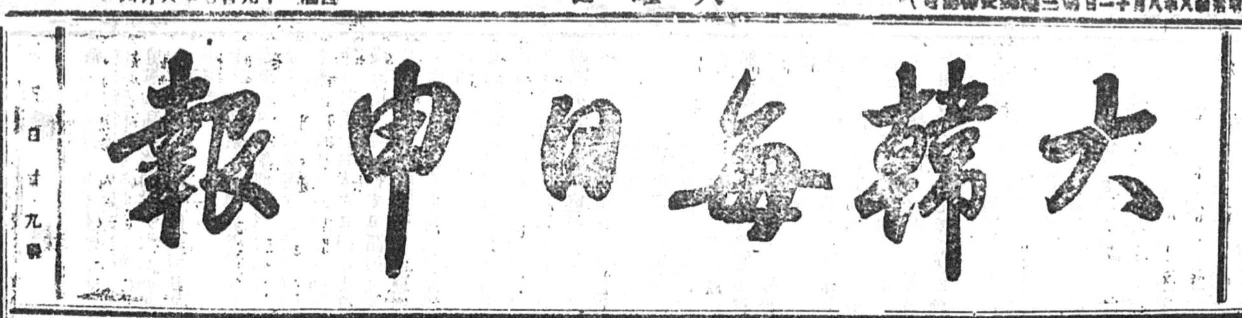

第五卷

月曜及慶節歲時日休刊

檀君開國四千二百四十年
箕子元年三千二十九年
大韓開國五百十六年
日本明治四十年
淸國光緒三十三年
◉陰曆丁未四月大二十四日甲申

別報

韓國寶塔問題

(日本二六新聞譯謄)

近着한外電을據한則米國에셔는韓國寶塔問題에對하야喧囂한論評을惹起하얏는대同國에滯在한黑木大將은各新聞記者의來訪을一切謝絶하얏다云하기로左에其事實의眞相을記하노라

寶탑은維何오 問題의目的物된寶塔은白玉製五重탑인듸丈은九尺二寸이오價는幾百萬圓으로算할지라距今壹千年前에支那에셔韓國에贈與한二箇中에一이니韓國歷史的寶物됨는已無可論이고無智한韓民은該塔의碎片을服用하면如何한重病이라도即治한다妄信하야藥玉塔이라稱하며

問題의起源 同問題의由來를尋하건듸曩者韓國 皇太子殿下嘉禮時에我 皇室에셔特派大使로田中宮相을命送하옵셧는듸同宮相은古物을愛好하는癖이有하야垂연不能措하엿든지日韓兩國親交紀念物로前記二個寶塔中에京畿道豐德郡에在한者를賜得하엿스며

請得者와疑問 該白玉塔은田中宮相에게賜與하셧는지抑亦我 皇室에賜與하셧는지此疑問이로다日韓親交에紀念物로韓 皇陛下께옵셔我 皇室에賜與하셧다하면相當한禮容으로써贈與하심이可할비인듸一冊의送狀과一介의使節이無하고京城에在留하는古物商人을依하야送附함은一層疑問이로다

齎來의順序 田中宮相이白玉塔을齎來한順序를記하건듸本年二月四日京城에在留하는古物商福岡縣人近藤佐五郞이라하는者ㅣ憲兵若干名을率하고前記豐德郡에出張하야寶塔을取去하랴한則郡守等이同意치아니하고韓民中에抗拒하야한則暴漢이有하기로不得已하야多少武力을用한後에仁川으로運出하야三月十五日新橋에到着하고同拾九日上野 帝室博物館으로運送하다

寶塔의現在 博物館에셔는何等命令이有하기前에는嚴密히保管하라는意를承하얏삼으로日韓親睦의紀念物로도今에는博物館一隅에包裹한치로保管할지라一人도覩覺하는榮을得하기前에對岸米國에一問題가됨은遺憾이로다

今後에措置 此事에關하야當局者는速히其齎來한顚末를公佈하고 上覽을經한後에는一般公衆에觀覽케하야韓庭에誠意를周知케하는手段을取할지라若齎來한節次에缺點이有하면田中宮相이不可不責任을自負하야兩國皇室에累가及치안케하리로다

官報

◉第三千七百八十二號 光武十一年六月三日

◉敍任及辭令

解刑法校正總裁 法部前大臣李夏榮
命刑法校正總裁 法部大臣趙重應
命掌禮院卿 正三品南廷哲
命判敎寧司事 從一品金宗演
命判敎寧司事 宮內府特進官趙漢國
依願免本官 中樞院副贊議洪祐晳
任中樞院副贊議 正三品成岐運
任學部參書官 學部主事柳基洙
免本官 安城郡守李周卨
命增補文獻備考監印務長 前委員李定儀
任步兵特務正校 前正校韓相儀
附鎭衛步兵第八大隊 步兵特務正校韓相儀
任學部主事 金公植

●號外 光武十一年六月一日

◉宮廷錄事

詔曰慶嬪年齡雖高而精力尙康病患雖重窮瘵幾亮復居然喪逝追念昔日禮待之隆眷愴懷曷以爲喩且今年乃入宮之週甲也尤用愴悵依純廟甲申和嬪喪禮時故事凡百一遵擧行東園副器一道輸送成服日遣承旨致祭祭文當親製以下矣 六月一日

令曰慶嬪喪逝可勝愴感成服日遣奉侍致祭祭文當親製以下矣 六月一日

掌禮院卿臣南廷哲謹奏今此 慶嬪喪依 純廟甲申和嬪喪禮時故事凡百一遵擧行事命下矣取考甲申謄錄則以禮葬擧行今亦依此擧行之意分付何如謹上奏 光武十一年六月一日奉 旨依奏兼掌禮金珏鉉爲禮葬所堂上辦理喪儀一切事宜另飭各該司擧行

外報

◉南淸暴徒 北京電을據한則廣東福建境上에蜂起한暴徒가腕에赤布를纏하고匪紀가整然하야饒平縣에其本陣을住하니地方官憲이廣西福建江西各省에援兵을要求하얏다더라

◉美富寄附 美國富人타파氏가四年前에買得한二百萬金의庄土를時加古大學校에寄附하얏는듸該學校의寄附한이總計六百三十萬金이라더라

◉德國兵營讓渡 北京電을據한則山東省高密膠洲灣에在한德國軍隊를撤兵한結果로淸國에讓渡하얏다더라

◉大連稅關 同電을據한則大連稅關의條約에關하야淸日協約의調印을終了하얏다더라

雜報

玉塔移去의顚末 豐德郡西面敬天리는開城交界인데該洞後谷에敬天寺가有하고寺前에玉塔十二層이有한데十二層相을巧刻하야人物이森然하고其制作이極精巧하다塔高가拾丈이오其一面에書至正八年敬天祝願爲皇帝皇后太子拾八字하고其一面에橫書法輪常傳四字하니相傳하되元丞相脫脫이以爲願塔하고晉寧君姜融이募元朝工匠하야造此塔이라其石品이似玉非玉이오似石非石이라所謂水沈石而似柔實剛하고其色은靑碧하니高麗恭愍王妃爲魯國公主가自爲地歸來라다된寺는廢已年久하고탑은獨然立空山中하니左牧이且以歲珠侵削하야下五層은物像과字劃이多被剝滅이라然이나六百年傳來舊物로實爲國人所愛惜이러니昨年秋에日本大阪[illegible]이三人이來하야郡守에게請願하되[illegible]有司旨러니

光武十一年二月二十一日에該郡守가敬天里等報를接見한則日人數七名이塔近에來集하야設幕하고長木과草物을輸來하야將欲毁탑云々故로直히巡檢과書記를送하야摘奸한則日本宮內大臣이自京下來라하며[illegible]

西邊界流民의國債報●趣旨書

凡我中邊界同胞는歡哉歡哉여다夫有國而有民이오有民而有國하야國依於民하고民依於國故로國無民이면無以爲國이오民無國이면雖以爲民이라하니蓋此之謂也라今에愛我 大皇帝陛下視民如子하사國用이艱故로通貨於外國하야一千三百萬餘元을債用幾年에無以爲報하니隱々삭々에忍念 宸憂之恒切이오戰戰兢兢에固當臣食之万이라然則國債已債가有以異乎아今以民業與旺之意로進興社를設立邊界之際에擧此愛國之誠하야忠告于流寓同能하나니哀我流民이雖寓異域이나豈敢忘故國 雨露之恩이며無可不報父母之債也라隨多隨少에以其忠愛之誠으로至于山不讓而成大하고河不擇而成深하이以答 皇恩之萬一을千萬幸甚 西邊界進興社長金昇泳 前侍御副社錄 金貞십

◉南塾盛況 南陽서如堤面佛谷동洪大必氏가私塾을擴張하고敎課書를購來하야熱心敎授하고洪大臨氏와洪大晉氏가熱心贊助하야去숙月팔月에聯合運動을擧行하얏는데學徒가七拾餘人이오有志紳士가多數出席하지라該塾長洪成大氏가演歌를作하야贊성하얏고洪은厚氏가義務敎育이란問題로演說하엿다더라

◉支所送金 忠淸洲州郡義金收所에셔京城總合所로義金四百二十九圜拾七錢八厘를鄭便에付送하얏는데新聞價五十錢에拜付하엿더라

◉李氏寄付 前郡守李奎楠氏가總所經費에補用하라고金拾圜을付送하엿더라

雜報

●四씨視務 內部協辦兪星濬 度支部協辦[illegible] 農商工部協辦劉猛 警務局장尹致오四씨가昨日부터一齊히仕進視務ᄒᆞ다더라

●將至搜索 韓國義塾幹事長秦學新씨가學部에서每朔該校費三十圓式支撥ᄒᆞᄂᆞᆫ錢을私用ᄒᆞᆫ情跡이綻露ᄒᆞ야學部에서該幹事之任을除汰ᄒᆞ고四朔支撥條六拾圓을推還ᄒᆞ고諸般文簿를越交ᄒᆞ라ᄒᆞ되秦씨가謀避延拖ᄒᆞᄂᆞᆫ故로將次警務廳으로搜索케ᄒᆞᆫ다더라

●訴訟鍊習의來賓 再昨日普成專門學校에서永道寺에出往ᄒᆞ야訴訟鍊習을設行ᄒᆞᄂᆞᆫ뒤諸般節次가一히大法庭과如ᄒᆞ고來賓은內部協辦兪星濬法部協辦李圭恒法部刑事局長金洛憲民事局長李鍾協平理院首班檢事李健鎬首班判事金正穆漢城裁判所判事李容相判事尹邦鉉內部參書官嚴謹淵通譯協贊李益辯護士洪在祺李면宇丁明燮等諸씨가出席ᄒᆞ얏다더라

●補佐增置 法部大臣趙重應씨가平漢兩城事務가去益支煩ᄒᆞᆷ으로法務補佐員四人을增置ᄒᆞ기로統監府에移照請聘ᄒᆞ얏ᄂᆞᆫ뒤月俸은每名七拾圓式磨鍊ᄒᆞ얏다더라

●難耐之辱 永興郡公廨에日人이多數居住ᄒᆞᆷ故로該郡書記廳ᄂᆞᆫ民家를借住視務ᄒᆞ더니近日에日人이還爲離去ᄒᆞ고補佐官一人만留在ᄒᆞᆫ지라該書記廳에補佐官을見ᄒᆞ고空閑ᄒᆞᆫ公廨를還接ᄒᆞ기를請求ᄒᆞᆫ뒤該補佐官이大怒ᄒᆞ야以書記로無難直接이라ᄒᆞ고五十度를毆杖ᄒᆞᆫ지라該郡守李정煥씨가如此ᄒᆞᆫ羞辱을當ᄒᆞ고不可視務라ᄒᆞ야該道觀察使의게報告ᄒᆞ얏다더라

●法調各處 法部에서各地方裁判所에訓令ᄒᆞ되現接度支通牒內開光武九年七月議府令物品會計規程에依ᄒᆞ야物品會計官吏ᄂᆞᆫ既有任命이온지若姑未任命則此際에速히任命ᄒᆞ시고責管內에各官姓名及所管廳을錄交ᄒᆞ시며光武十年七月勅令第三拾三號出納官吏身上保証規程에依ᄒᆞ야身上保証金은當該官吏에게速히納入ᄒᆞᆯ意로另飭ᄒᆞ심爲要等因인바物品會計官吏姓名과該身上保証金을依規程即速修報ᄒᆞ야送付于度支部케ᄒᆞ되無或稽滯ᄒᆞᆷ이可라ᄒᆞ얏더라

●以公用公 學部에서內部에照會ᄒᆞ되弊部에서忠淸北道淸州郡에公立普通學校를新設ᄒᆞ옵ᄂᆞᆫ뒤學校基址를郡衙附近地에選定ᄒᆞ고其址內에在ᄒᆞᆫ望仙樓ᄂᆞᆫ累百年以來官有物로足爲後人紀念이기不要撤去ᄒᆞ고另加修理ᄒᆞ야學校講堂으로使用ᄒᆞᆷ이適當ᄒᆞ온바該郡守민泳殷의所報를據ᄒᆞᆫ즉該樓舍를當地私立普成學校前淸湖學校에서校舍增設次로上年分에貴部에請願承認ᄒᆞ얏다ᄒᆞ나尙今何等着手設備도無ᄒᆞᆯ뿐더러且以官物로公立學校에充用ᄒᆞᆷ이正當ᄒᆞ옵기玆以照會ᄒᆞ니照亮ᄒᆞ오셔該認狀을刷消ᄒᆞ고公立學校에充用更定ᄒᆞᆫ意로該郡에發訓ᄒᆞ시고即爲照復ᄒᆞ라ᄒᆞ얏더라

●另寺結構 紬綿廛이回祿에入ᄒᆞᆫ後該廛人等의失業接遑ᄒᆞᆷ은前報에已揭어니와今內部로另究結構之方ᄒᆞ라신 詔勅이頒下已久에尙無如何措劃之方이라日昨該廛人等이政府에請願ᄒᆞ얏더니參政大臣李完用氏가該廛結構之方을度支府로另칙ᄒᆞ야不日建築케ᄒᆞᆫ다더라

●悖類奪牛 泰安郡外三居金激濟가甲午年에東徒로瑞山郡還米三百餘石을破庫奪取ᄒᆞᆫ故로同十二月에會倡義之時에同激濟가反爲倡義ᄒᆞ야勸奪東徒之婦女ᄒᆞ야作妾ᄒᆞ고又奪東徒之財產等餘金ᄒᆞ야乃爲巨富ᄒᆞ야作梗이無雙이라가及其倡會罷送時ᄒᆞ야堂下居李建士家의送差人ᄒᆞ야此日不可無禮物ᄒᆞ니農牛二隻을貸給ᄒᆞ되明年十月에明春起土時에買還ᄒᆞ라ᄒᆞᆷ으로ᄒᆞ杜元이가一隻은補助於禮物之場ᄒᆞ고且一隻牛ᄂᆞᆫ無疑而貸送矣러니同李建士ᄂᆞᆫ殖之貪之慾으로貸去牛를不還而移給於安先七家ᄒᆞ고每年도租의所生犢을至于今十年에因作巳物故로同杜元言內에此牛가不死而生則即爲還歸於本主ᄒᆞ라ᄒᆞᆫ데同激濟가此日彼日에連타가不送故로乙未二月以後로多年相詰ᄒᆞ다가己自本郡裁判之場에本郡守가以息訟之意로只以二隻牛로收捧ᄒᆞ라ᄒᆞ고原被訴狀의背題則原告杜元이가不服이ᄒᆞ야고十三年ᄒᆞ和與所生犢을推尋은姑舍ᄒᆞ고本牛도亦不推ᄒᆞ엿다고南來人의傳說이有ᄒᆞ더라

●溺命可慘 全南麗水郡邑山面四個民十名과突山郡三千常山民三名이載運次往于慶尙道則東市라가去陰三月에拾日回路에到于麗水郡太仁面留島於양ᄒᆞ야猝遇暴風에舟中十三名이渾爲溺死ᄒᆞ얏다ᄂᆞᆫ通知를聞ᄒᆞ고該郡守金在ᄂᆞᆫ氏가書記廳派送摘奸ᄒᆞᆫ則爲산ᄂᆞᆫ九岩이居車姓祚와同面鶴桂居車烈奎와同산谷居劉성烈과同新基居文昌白과三日面花峙居平昌西와突산縣三千常山居姜德三洪日瑞慶尙道河東居名不知車樂兩純合九名이溺死ᄒᆞ얏다더라

●把校觀親會盛況 去金曜日下午七時에把成學校에서學徒父兄의請誠ᄒᆞ야觀親會를組織ᄒᆞᄂᆞᆫ데有志紳士가多數會集ᄒᆞ얏ᄂᆞᆫ지라當日에 大皇帝陛下서옵셔勅諭ᄒᆞ옵시ᄂᆞᆫ旨意로內府御使五百圓을特下ᄒᆞ옵시매一班參會員數百餘人이感惶萬々ᄒᆞᆷ을不勝ᄒᆞ야萬歲를三呼ᄒᆞ고順序開會ᄒᆞᄂᆞᆫ데特別會長李種泰씨와來賓紳士李商在金德基朴乘과崔炳憲오與仁鐸金一善諸氏가敎育必要의方針을次第說明ᄒᆞ니學徒父兄中與慶喜氏ᄂᆞᆫ感謝ᄒᆞᆷ을不已ᄒᆞ고趙臣鏞氏ᄂᆞᆫ曾費鐵十圓을自願捐助ᄒᆞ얏다더라

●詳人不幸 金城郡主事에高晟東씨가聲譽가素著ᄒᆞᆷ으로郡主事를屬報ᄒᆞ얏더니被任五朔에實心做去ᄒᆞ더니該氏가不幸遭故ᄒᆞᆷ으로吏民間挾雜輩가多數上京ᄒᆞ야百般運動ᄒᆞᆫ다더라

●罪囚解送 去土曜日에法部大臣趙重應氏가該部人直ᄒᆞ事務重罪인만으로當佐監獄ᄒᆞ야已決未決囚를觀察ᄒᆞ얏더라

●火燒旋滅 再昨日上下拾二時에貞동安溪淸市造餅處所에서失火ᄒᆞ야該屋一間만철毁되고旋即撲滅ᄒᆞ얏더라

●命民請由 官立日語學校長金漢奎氏가日本國學事視察次로前往ᄒᆞᆫ다ᄂᆞ니二週日만許由ᄒᆞ라고學部에請願ᄒᆞ얏더라

●船沈物損 去月廿日에咸興獨津서慶輔丸이水沈ᄒᆞ얏ᄂᆞᆫ뒤傷命은無ᄒᆞ고什物은多數히損害가有ᄒᆞ얏다더라

●身僵物失 去月六日에加平郡鄕校리居農民張乃吉이가陸十四歲된代妻朴召史와互相爭詰ᄒᆞ다가該女가溺水致斃ᄒᆞ얏ᄂᆞᆫ데適其時漲水大漲ᄒᆞ야屍體도未覓搜得ᄒᆞ얏다더라

●只許茶果 去十曜日에女子敎育會에서一回紀念式을獨立館에設行ᄒᆞᄂᆞᆫ뒤左右傍觀人과來賓이數千名에達ᄒᆞᆫ지라來賓中大官은法部大臣趙重應學部協辦金奎鉉參將權重석諸씨가出席ᄒᆞ얏ᄂᆞᆫ데法相趙重應씨가說明ᄒᆞ되今日金和宮下世ᄒᆞᆫ신頒佈가未及ᄒᆞ야會員이如是會同ᄒᆞ얏시니既爲朱會則茶果나進待ᄒᆞ고諸般節次ᄂᆞᆫ廢止ᄒᆞᄂᆞᆫ거시可ᄒᆞ니문일廢止치아니ᄒᆞ면外人이禁斷ᄒᆞᆯ權利가有ᄒᆞ다ᄒᆞ고卽爲還歸ᄒᆞᄂᆞᆫ故로齊會ᄒᆞ얏든來賓이茶果를進食ᄒᆞᆫ後一齊히散歸ᄒᆞ얏다더라

●卒業敍任 政府에서各部局課장은惟社會上名譽가有ᄒᆞᆫ人이라도卒業生이아니면敍任치이니ᄒᆞ기로決定ᄒᆞ얏다ᄂᆞᆫ說이有ᄒᆞ더라

●牛觸重傷 再昨日下午二時에南門外紫岩等地에서車牛가車夫를以角抵觸ᄒᆞ야腹破部裂에五臟이俱出ᄒᆞ야漢城病院으로昇去ᄒᆞ얏ᄂᆞᆫ뒤生死ᄂᆞᆫ未知ᄒᆞ깃더라

▲夜學新設 北署壯동新橋居李祥來씨가年今廿餘歲인뒤敎育에注意ᄒᆞ야再昨日에北署淸風學校內에夜學을設寵ᄒᆞ고課程은英語算術大韓地誌三課에分ᄒᆞ야英語ᄂᆞᆫ李祥來氏가教授ᄒᆞ고算術은오元夏氏요地誌ᄂᆞᆫ李秉圭씨로定ᄒᆞ야熱心敎授ᄒᆞᄂᆞᆫ뒤學徒가不過三日에三十餘名에達ᄒᆞ엿다더라

●云無公文 寧海郡守慶光國씨가內部에報告ᄒᆞ되今陰四月分에日本人橋本이帶同男女五十餘名ᄒᆞ고以漁採次로來泊于本郡丑山浦이니間其海關公文則初言有之而終不出示이오며釜山理事廳巡査杉山정太郎等四人이追後來到ᄒᆞ야向往江原道江陵郡이라ᄒᆞ얏더라

●親若文具 公立元山普通學校教員洪在明氏가學部에報告ᄒᆞ되本職이連島居嚴洛瑞處에受辱事를選上報告ᄒᆞ와事實은備陳이옵고指令內開 德源府의訓飭ᄒᆞ야該嚴洛瑞를依律懲辦케ᄒᆞ얏스니以此知事等因이온바本府尹으로通知ᄒᆞ尙無이옴고懲治도未聞ᄒᆞ와或者訓令이不到인가疑訝ᄒᆞ야探知於本府이온즉來送巳過數旬ᄒᆞ오되終不懲治ᄒᆞ오니訓令을視以文具이온지嚴訝를護以私情이옵ᄂᆞᆫ지理由를難測이옵기玆敢更報ᄒᆞ오니以若요마之事로如是煩瀆은悚惶莫甚이오나本職之忿이尤深一層뿐더러刑法大典之頒布ᄂᆞᆫ必是施行者이오니照亮ᄒᆞ신後本府尹은竟不懲治라도如何措處이던지期於依律懲戢ᄒᆞ라ᄒᆞ얏더라

●工業會社 活版에有志ᄒᆞᆫ人士들이印刷工業會社를發起ᄒᆞ야農部에請願ᄒᆞ야認可를得ᄒᆞᆫ后再昨日에任員을組織ᄒᆞ고來月日에通常會를開ᄒᆞᆫ다더라

●靑會開演 今日下午七点半에靑年會館에서日本紳士鋼持省悟씨가宗教의原理와使用이란問題로演說ᄒᆞᆫ다더라

▲一 打 玉 籠▼

▲內大任善準씨ᄂᆞᆫ三道觀察使의赴任을문留延期케ᄒᆞᆷ은何許思想이던지畢竟一觀察이다게되다니內大의操縱手段ᄒᆞᆯ만ᄒᆞ고

▲學部協辦李圭恒氏ᄂᆞᆫ遞任된다더니該氏가元來學相李載崑氏로交契가親密ᄒᆞᆫ故로協辦地가完如盤石이라ᄒᆞ니이런일로본뒤도親舊ᄂᆞᆫ잘사귀고볼게로고

▲警部顧問部에서警務補佐員으로雇聘ᄒᆞᆫ人이三百三十名이오事務員通譯官員으로雇聘ᄒᆞᆫ人은一千餘名이라ᄒᆞ니韓國警吏ᄂᆞᆫ置之一邊ᄒᆞ고日本警吏만多數히雇聘ᄒᆞ니韓國警吏ᄂᆞᆫ用之何處ᄒᆞᆯᄂᆞᆫ지

△遞法大李夏榮氏가日昨夜에參政大臣李完用氏를訪問ᄒᆞ고移時도록談話가미々ᄒᆞ얏다니情談은옵던ᄒᆞ여도쏠뒤업지法大문떼여게고말엇지

△漢城判尹朴義秉氏鎭海灣軍港地調査委員長으로劾勞가有ᄒᆞ다ᄒᆞ야酬勞金二千圜을給與ᄒᆞᆫ다니鎭海灣은韓國土地를日本이軍港으로占領ᄒᆞᆫ거신즉朴氏가日本을爲ᄒᆞ야劾勞가有ᄒᆞ니該酬勞金은日本서주ᄂᆞᆫ거시올치

△近日에社會上名譽가有ᄒᆞᆫ某々諸氏가政府上是非와日人의行動을一々히論駁ᄒᆞ야經緯가瞭然ᄒᆞ다가郡守나主事나參書나一窠을被選ᄒᆞ면攻駁ᄒᆞ던政府大臣이反爲賢相ᄒᆞ고日人의行爲가可取ᄒᆞᆷ이多ᄒᆞ다니韓人은官職만得ᄒᆞ면공혼약써인모양이로다

△新任學務局장尹致오氏가海外風霜을紀閱ᄒᆞ야論國一局에聲譽가高尙ᄒᆞ더니日昨에學界參任을被選ᄒᆞ얏스니該氏에敎育上에如何事業이有ᄒᆞᆯ지世人의注目處로다

△學部主事兪其泳씨ᄂᆞᆫ一部中이稱之曰水조先生이라ᄒᆞ고某新聞에도尊號를上ᄒᆞ얏더니忽地에該部參書官으로陞任ᄒᆞ얏스니水조先生이한번잘뛰얏고

△內大任善準씨ᄂᆞᆫ出仕初頭에其甥姪宋儀憲써로該部警務局장으로選任ᄒᆞ얏스니이곳도公正타謂ᄒᆞᆯᄂᆞᆫ지

△明新女學校漢文敎師리夫人某氏ᄂᆞᆫ元來學問이不足ᄒᆞ나敎師로被選ᄒᆞᆫ지라該氏가地陸歷史中明日에敎授件을今夕에他人에게學得ᄒᆞ야艱辛히敎授ᄒᆞ니該씨ᄂᆞᆫ朝敎師夕學徒로고

◎本社告白

國債報償에出義금額을本報紙面에逐日廣告로揭布ᄒᆞ되猶有遲滯ᄒᆞ야義捐諸氏의迅速揭布코ᄌᆞᄒᆞ시ᄂᆞᆫ意를未即奉副ᄒᆞ옵더니今自本報로國文報一部를增刊인바從ᄒᆞ으로ᄂᆞᆫ漢文報와國文報에義捐廣告를並爲揭布ᄒᆞᆯ터이오니愛國僉員은照亮ᄒᆞ시옵

安岳細坊成동金承杰로支社員을認定ᄒᆞ고視務케ᄒᆞ오니該坊近處本報購覽ᄒᆞ실諸員子ᄂᆞᆫ右氏에게로請求ᄒᆞ시옵

大韓每日申報社

[illegible]

吉州郡國債報상血盟會趣旨書

子之於父母에如民之於國家也라父貧子賤ᄒᆞ고國貧民弱ᄒᆞᆫ理之常也而父雖被誘而債人이라도子不可而不報오國若見制而債鄕이라도民亦不可不상而惟我

大韓이安於守成ᄒᆞ야高尙禮義ᄒᆞ고不務富强故로利益ᄒᆞᆫ無研究之術ᄒᆞ며操與에無操鍊ᄒᆞᆫ師ᄒᆞ야內학이歲縮ᄒᆞ고外侮ㅣ日至而際此列强時代ᄒᆞ야固我獨立ᄒᆞᆯ礎ᄂᆞᆫ君民上下ㅣ一般熱心이나自顧건ᄃᆡ無望進步ᄒᆞ야隣邦借款이至爲一千三百萬圓이라初心에賴此成貲ᄒᆞ야以大興家事業이나智不達而債漸長ᄒᆞ니若過十年이면使我二千萬同胞로計口自鬻爲奴隷라도債有餘而民不足이라到此에有王蠋之臣과閔子騫之子ᄒᆞ야雖欲상國ᄎᆡ而爲忠ᄒᆞ며徵父債而爲孝나豈可得乎아若日寬限而不상이면在吾黨에生不免債奴ㅣ오死亦作債鬼而況利息이日加ᄒᆞ고民業이日縮ᄒᆞ야生子爲奴오生女爲婢에祖宗産業이亦非吾有ᄒᆞ리니量此時代ᄒᆞ고自念身勢ᄒᆞ면一日一飯而忍飽ᄒᆞ고一年一着而耐寒이라도償還國債ᄒᆞ고以贖奴券而奚暇에以美酒香烟으로미費而侈口乎아假使人人으로量力計月ᄒᆞ야各出一圓이면不過以幾月酒연之費로可償巨額原금ᄒᆞ고도剩餘爲ᄇᆡㄱ百萬圓면라今以一圓으로贖千金一身ᄒᆞ고生爲我國之義民ᄒᆞ며死作我國之義鬼ᄒᆞ야至於子孫에不遺惡果ᄒᆞ리니吁我同胞ᄂᆞᆫ細思之ᄋᆞ어다耽飮嗜연而甘作爲人債奴者ㅣ反不恥歟아各將酒性연味ᄒᆞ야幻作忠君愛國之誠心義膽而思酒思연之時에計以酒연價로或十錢或五전投之義會ᄒᆞ야視義會를如酒舖연店則不過幾月幾日에私産이不縮하고國債ㅣ已淸하야使我國體로以示全球하야莫敢侮我而重將餘額七百萬圓與富人之義金ᄒᆞ야先爲基本ᄒᆞ고又執官公有地及鐵道海産等利益ᄒᆞ야國成一塊ᄒᆞ야以爲銀行ᄒᆞ야研究方策에以圖富强이면何患乎與世界로不爲爭平아爲韓國臣民하야共公富强之心은遠近이無間이라是以本人等이敢竭管見하야與大邱京城發務諸公으로心기相應에國合一體하야發會于本郡이成商議社ᄒᆞ고絶飮斷연으로成立盟錄而布告我遠近同胞ᄒᆞ오니伏願有志僉君子ᄂᆞᆫ各達目的에誓盡義務ᄒᆞ야使我二千萬同胞로提성幹夢케贊國債贖良民ᄒᆞ고綿綿我大韓實도ᄒᆞ야以二千萬口로齊呼萬歲萬歲之地血祝祝

廣告

本人에先塋이在於安山道一里이온바枝孫冒葬ᄒᆞᆫ가性本悖悍ᄒᆞ야山地를欲爲放賣ᄒᆞ오니勿論內外國人ᄒᆞ고勿爲見欺ᄒᆞᆷ을失ᄒᆞ시옵

安山道一里 尹寅鳳 告白

本人의舍兄鳳植氏가居間ᄒᆞ야李台史借居ᄒᆞᆫ署洞統第十二戶瓦家五間草家四間合九間判刻文券을昨年秋에셔失棄으로新聞廣告ᄒᆞ얏더니及其本家主處採査則以債帳으로乙巳秋에典執於梁峴錢文善許之事實分明故今此正誤廣佈ᄒᆞ니見欺치勿ᄒᆞᆷ

券典執人鄭文善 金昶植 告白

仁同北三面張泰來杜翊李敎泰諸氏ㅣ國債報償에熱心勸勉ᄒᆞ야該面各동이幷發義務ᄒᆞᆷ에就中吳太동은漢城總所로自納ᄒᆞ기로自請ᄒᆞ며那隷敎人은自該會로別募ᄒᆞ다ᄒᆞ야除置ᄒᆞ고其餘二十一洞은第一回募集金額을大邱義債所로寄送이如左 內栗동五十四원四十錢 仁坪동십원십二전 新村동四圓 梧里동십九원十錢 上江洞貳圓八拾錢 오坪동二원三拾九전 下汀동구원四拾四錢 民橋洞사원拾錢 道谷동壹원八십전 竹▢동貳圓陸拾전 어夫동貳원사拾전 上才동一圓구拾전 菊溝동貳圓八拾錢 平村동三圓 外栗동구圓육拾전 崇山동貳圓十전 荊遷洞貳圓貳十전 下大동팔十錢 蘆田동一圓六십전 沙月동사圓팔십전 金谷동一圓貳十전 店村등貳圓九十一전 都合壹百五十八圓오十三전

太邱郡斷연債償會發捐ᄒᆞᆫ婦人中徐昌奎祖母張氏가銀鳳簪一介銀簪一介를特捐ᄒᆞᆷ

大邱斷연債償會 告白

本人이近設濟衆院ᄒᆞ고貧人罹天阨疾病諸症ᄒᆞᆫ患者를廣濟ᄒᆞ고ᄌᆞ特品藥種과奇異ᄒᆞᆫ機械를多般備置ᄒᆞ고內外諸症을善治ᄒᆞ오며藥價ᄂᆞᆫ貧富를至於歇價則僉彦은來臨試驗ᄒᆞᆷ

郭山郡建瀨濟衆院金明燾 告白

西署月岩契月官동金永萬의瓦家二間草家二間을本人이當錢二千兩에典居이온ᄃᆡ陰四月拾五日에典文券을遺失ᄒᆞ와삽기로玆以廣告ᄒᆞ오니誰某拾得이와도休紙施行ᄒᆞ시옵

尹滋승 告白

本社에서風穴에備藏ᄒᆞᆫ蠶種을製造ᄒᆞᆫ바인ᄃᆡ我國內今年秋蠶과來年春夏蠶ᄉᆞ育ᄒᆞᆯ可量ᄒᆞ야製造ᄒᆞ엿ᄉᆞ오니養蠶ᄒᆞ시ᄂᆞᆫ僉君子ᄂᆞᆫ左開所로來臨ᄒᆞ시던지郵書로ᄒᆞ시던지蠶種을各第所用ᄃᆡ로購ᄒᆞ시오

安義鶴峴蠶業會社 京城西部嶺成內趙使康동二十壹統一戶 金漆原家

安義鶴峴蠶業會社 社長 金秉先 廣告

本店擴張ᄒᆞ온바新到時狀各色紗羅綢緞紬地旨油紙外各種雜貨를大擴集ᄒᆞ고錦鐵硏香菜烟草各種均放改良新與ᄒᆞ야時合用貨物을價廉而有湖北南洋彩紮發特此布聞ᄒᆞ오니 貴客請來購覽ᄒᆞ심ᄉᆞ厚望ᄒᆞᆫ언

漢城石井洞 杏花春 告白

本人의子丙始와弟丙允이가年近三拾에性素汲覺ᄒᆞ야交遊挾雜輩ᄒᆞ고出沒京鄕ᄒᆞ여計欲貿債ᄒᆞ오니內外國人間切勿相關ᄒᆞ시옵

大邱峙동徐致오 告白

今番瞽機를因ᄒᆞ야神宮奉敬會를解散ᄒᆞᆷ

明治四十年五月二十八日
光武十一年五月二十八日
元神宮奉敬會會長

染織大擴張廣告

本所에서今般業務를確張ᄒᆞ고左開各種을製造ᄒᆞ오니僉君子ᄂᆞᆫ多少不拘ᄒᆞ고來購ᄒᆞ심을切望ᄒᆞᆷ

一 各頁衣次紋幌次禪衣製造
一 學徒夏服次各種製造
一 女學生服裝次各種製造
一 紬단木布毛絲染色及改染
一 各色염粉直輸入放賣

宗廟越邊中谷염織工所主人 金德昌 告白

●일본遊覽者募集

一 遊覽會員募集 人員은五十名으로一團을成ᄒᆞ니한일인을不問ᄒᆞ고遠히請入ᄒᆞ시옵
一 巡遊地 東京博覽會與빈京都大阪神戶
一 往復일數 ᄃᆡ抵十七일間
一 浮費 遊覽費及手數料을合ᄒᆞ야總計四十八圓
一 出發일 請入順次를從ᄒᆞ야出發三일에直接히通知ᄒᆞᆷ
一 請入所 在京성各신聞社五十八銀行경성支店 天一銀行
一 會員은遊覽을終ᄒᆞ야閉散ᄒᆞᆫ後ᄂᆞᆫ本會와關係가小無ᄒᆞᆷ
一 南大門셔釜山으로直行ᄒᆞ던지或ᄂᆞᆫ東京으로直行하ᄂᆞᆫ者의對ᄒᆞ야도同一便法으로同行請人을應諾ᄒᆞᆷ

日本人遊람協會事務所 경성南大門通 東亞商會

산원과셩신잔에셔본인이살진소(肥牛)를만이ㅅ깃ᄉᆞ니쇼파실제군은다수이팔너오시옵

최봉쥰 고빅

特別廣告

內外書籍新舊學文幷販賣所

大邱劉遷洞 金괴鴻

本人이日本大阪商業家와特約ᄒᆞ고日本內地産出各種物品과西洋各種物品及機械等物을我大韓에輸入과委托을便利케契約ᄒᆞ얏ᄉᆞ오니商工業에有意ᄒᆞ신僉君子ᄂᆞᆫ某物이던지請求코저ᄒᆞ시거든本社로來議ᄒᆞ시오 本社에셔ᄂᆞᆫ手數料金만領受ᄒᆞᆷ

興業社本店 開城北部祥洞
支店京城南門內水橋五十一統六戶

仝仁港內동廣濟號 培養會社

本店에春服衣次각種이自英국으로多數來到ᄒᆞ얏사오니陸續來購ᄒᆞ시옵

貞洞源泰양服裁縫店 告白

◎增修無冤錄大全

壹冊 壹百七十頁
定價金新貨七十五錢

此增修無冤錄大全은法律家의最緊要ᄒᆞᆫ書籍이온ᄃᆡ年來現本이殆히絶種에至ᄒᆞᆫ지라故로法部에認可를得ᄒᆞ옵고此를新刊ᄒᆞ얏삽ᄂᆞᆫᄃᆡ國漢文으로解釋ᄒᆞ야模糊ᄒᆞᆫ句節이無ᄒᆞ오니法律學에有志ᄒᆞ신니와字牧之任에居ᄒᆞ신니ᄂᆞᆫ不得不覽ᄒᆞᆯ冊子이오니注意購覽ᄒᆞ시옵

中署布屛下 廣學書舖 김相萬 發售所

西署新門外鈴동百八十六統三戶
辯護士前法部刑事正三品 丁明燮
法律事務所 事務員前主事吳在淳

越南亡國史 國漢文

定價貳拾伍錢
發賣所京城廣橋高裕相書舖
鏡南鍾川郡禹時夏書舖
布屛下 김相萬 冊肆

◎活動寫眞廣告◎

今番에始作ᄒᆞᆫ活動寫眞은法국巴里京에셔有名ᄒᆞᆫ거시오또ᄒᆞᆫ大韓국 皇室에셔먼저看品ᄒᆞ셧고始作ᄒᆞᆫ지數日에遊覽ᄒᆞ시ᄂᆞᆫ僉君子가多數枉臨ᄒᆞ시와坐處가넘처셔晩到ᄒᆞ시면不便ᄒᆞ오니速速枉臨ᄒᆞᆷ 今番에셔로活動寫眞數十餘件이來到ᄒᆞ얏ᄂᆞᆫ대其猪에敵國과싸화이여사름을물아먹ᄂᆞᆫ것과人狗가相鬪ᄒᆞ야狗가得勝ᄒᆞᆫ것과諸般夢中之事를形容ᄒᆞᆫ것과其他滋味가多多ᄒᆞᆫ寫眞이잇사오니速速히來玩ᄒᆞ시옵

活動은自下午八点至九点
名唱善舞歌童과唱和吹笛은自九点至十点
賣票時 七点半始爲
入場票 上等三十錢 中等新貨十五錢 小童半錢
新門외시달이목東便벽돌집
法人 馬田 告박

●九轉靈砂라 本人이妙方法을神術ᄒᆞ야製造ᄒᆞᆫ靈丹인ᄃᆡ男女老少에無論何징하고通治하오며無病時에도服하면平生의身躰가健康ᄒᆞ며小兒ᄂᆞᆫ四五錢重만服ᄒᆞ면十歲안에無病ᄒᆞ실을備保ᄒᆞ오며

●九轉靈砂萬應丹은져狂癲징과中風諸疾과耳目諸病과淋疾에神效ᄒᆞ오

●九轉靈砂保命丹은初生小兒驚風 간氣 咳 腹痛諸般惡징에神效ᄒᆞ오

●九轉靈砂濟衆丹은酒滯 食滯 血積 吐瀉 霍亂 癨痧 吐血 下血 運氣 時疾 疝징에神効ᄒᆞ오

●九轉靈砂紫金丹은痔漏 ▢瘻 上疳瘡 下疳瘡及唐瘡諸般毒瘡惡種에無不神効ᄒᆞ오시니 君子ᄂᆞᆫ來問ᄒᆞ시오

內需司前독갑이골上隅第一百三統一戶 리호廷 告白

國債報償義捐金

收入廣告

(五月中本社收入總額을每日逐號明細錄은本社國文申報第二號븟터順次發刊홈)

●陽城孔梯面大薪頭里洞中
오鎭泳 二圜 申道寬
一원칠十錢
都德壽一圜뉵十전 신自順
오寅根 최敬先 각一圜
鄭在善 팔十전 신敬烈
都硯壽 각륙十錢 오文根
신致文 都石柱 車若大
都承西 오明秀 成海敏
신自先 각四十전 李金晩
都石甫 김興西 각二十전
신致俊 李命化 오仁泳
각十전
合拾四圜ᄉ十전

●京畿陽城孔梯面中리熊橋
主事金永信 金世근 韓光석
鄭聖希 니君京 崔윤喜
각二원 金敬元 ᄉ원
車東九三圓 前先達吳起善
柳遠模 徐相九 朴윤九
車德홍 崔炳喜 宋致老
車善洪 설敬善 崔成喜
朴敬汝 朴士範 설敬善
張성구 各一圓 鄭德章
朴성俊 各六十전 鄭寅明
설順與 金成五 車相佳
박斗熙 정승叔 박壽敬
정云伯 金春西 설敬心
各오十전 柳성九 최성喜
鄭云景 金敬德 金仲西
설敬伯 各四十전 朴在明
張云先 李成준 張錫振
설敬실 嚴相玉 柳光秀
柳寅秀 鄭成당 各三十錢
車寬汝 리重鉉 최德心
柳遠來 김致明 姜成七
박順五 최永숙 박성培
吳明숙 박敬寬 宋成老

含君心 박지元 설李連
박지信 박行遠 方國輔
張云신 鄭致弘 최元植
박지弘 吳德순 各二十전
合四十八圜九十錢

●北美合衆國加洲石泉洞地方
共立協會會員
崔應益 二拾圜 韓奎鉉
고今才 李明求 각十圜
김信祐 金成玉 黃菊遠
리膺杜 白萬壽 각六圜
李膺穆 金有聲 金昌烈
니膺淳 張용호 南會一
南政善 金亨[illegible] 주영輝
니 生 柳弘瑞 朴海守
金致寬 각四圜 黃夫人
兪聖云 姜板石 張有文
니秉관 朴淳慶 黃전榮
각二圜 니夫子 니淳福
각壹圜
合壹百四十八圜內浮費八圜
除ᄒᆞ니實合壹百四十圜加計
加入二圜二拾一전

●高陽沙리大面沙리峴리
니哲馨 신龍朝 오鳳權각二원
니輝伯 니成敦 각陸십錢
니觀直 尹滋英 金榮憲
오元學 宋石돌 吳允學
각오十전 니鼎九 니文敦
니輝明 文先用 오錫默
각四十전 李정敎 니正涉
신병善 羅錫用 趙北用
니敎成 朴俊夏 權用得 오宗默
각卄전 니圭鵬卄陸전 신命善
니仁榮 李鼎雲 리鼎周
高豊云 니憲直 崔相德
이鍾斗 신驥朝 니相德
니時雨 趙再公 니圭煥
오弼仲 오慶默 니性敎
니允雨 趙再文 신益朝
니基淵 孫德出 신浩善
신奎永 니秉世 니輝稷
니창敏 니輝正 니鼎新
니덕敎 니秉益 니輝鳳

리鼎鍾 朴[illegible] 各二十錢
신貞善 신오錢 鄭子三
金成煥 李三敬 李鼎朝
嚴命전 趙[illegible] 각십전
合貳拾貳원五拾一전

●南陽麻道面上[illegible]동
崔仲協 宋榮弼 林命圭
宋泰셥 각一圜 崔中鳳
七拾전 최中鶴 宋養호
宋心浩 崔中九 宋榮德
崔泰鏞 각륙十전 宋義셕
宋榮簩 各五拾전 최中和
宋榮泰 宋榮鳳 각四十전
최文煥 이전 김德壽 宋榮鶴
韓規錫 각十전
合十一圜

●富平上五丁面大리外동
니鴻淳 이圓 金顯洪
一圓섭전 進士 李錫영 一圓
김顯麒 니리赫 니明直
니錫회 니宏遠 니鴻鎭
각오十전 金顯昭 김顯인
김顯祥 柳炳相 각三十錢
니海榮 二十五錢 니勉成
니柱遠 최春柱 니鼎주
니幸遠 김炳秀 니宙遠
김顯建 각二十전 니喜日
崔源日 김顯秀 니회遠
柳定회 김炳奎 金聖培
咸春三 니宏遠 김淵泰
김顯烈 각十錢
合십一圜二十오錢

陽川南山面月村리
李敏應 一圓 니鳳淳 四十전
니讓信 니奎永 각三十전
니仁相 니義相 崔지華
최基仝 니守卜 니華信
니敏창 니洛鎭 각十錢
니完信 니敏國 각오전
合二圓九十錢

●慶北金山郡果內面來方리
李鉉洙 四십五錢 李昌洙
李文基 각四拾錢 李道洙

서鼎洙 각卄錢 리寅和
니九埜 李元基 니弼洙
拾이錢 金元[illegible] 李甲基 각卄錢
李璨洙 李中基 각拾전
合三圜오錢

●金川郡鉛灘面中味산里
동中合七拾一戶
二十五圓三十五전
▲車箭동
洪鍾業壹圓 洪誠壹 六十전
合卄六圓九拾五錢

●全北益山回化大一兩리
叅奉徐聖周 監察柳冀煥
각十圜 柳興弼 五圓
叅奉鄭寅植 金贊一 朴子說
金泰圭 각參圓
叅奉宋學立 최正華 朴文五
박性根 趙亂熙 崔漢瑞
鄭益守 각二圓 김良보
崔士九 김泰植 김順執
咸一西 劉道順 林甫汝
梁君七 張仁圭 徐順七
徐殷相 徐平一 裵永조
咸時文 각一圓 김在瑞
李正守 金向民 박聖圭
黃云學 金永昌 김순明
김昌壽 김俊瑞 裵九三
김永局 林啓明 김用甫
裵成三 西門敎七 각六十錢
朱應元 朱基凡 주化汝
니春執 洪찬局 黃漢서
박春成 柳貴化 박순一
沈春文 洪仁述 趙云서
김元三 咸萬善 趙東斗
林良三 김漢圭 최成凡
白永必 文士權 김光서
趙基서 김達水 徐成玉
裵判成 七歲童김成培
김炯섭 六歲童김炯哲
七歲童宋正化 각四拾錢
김金서 宋石眞 각三拾錢
黃淸汝 李明서 田子允
鄭士弘 徐成彦 김漢吉

居昆洞[illegible]學 오十錢
張道善 金世興 김永子
申正國原山小衣人
박成七 白成必 김成允
乞人朴孝直 박光화 申俊化
鄭允贊 각卄錢
合九拾圓

●高陽中면大注菜리
徐丙植 이원 최舜培
徐廷玉 徐丙益
니太玉 徐性云 金弼濟
각一원四十錢 니京善 一圓
徐性彦 崔完實 각陸拾錢
徐丙勳 리德裕 리應甫
方平根 최完日 崔完七
각오십錢 김呂道 ᄉ拾五錢
曹德記 박舜영 각四拾전
최景순 柳正爲 徐廷休
安순汝 김興善 리星集
리性玉 李先보 姜光明
김元根 각二拾錢 최英俊
崔英植 徐廷河 徐廷珍
김商皓 니殷玉 崔完益
김奎濟 徐景빈 각二십오전
니春先 姜光彦 金景俊
韓察履 니德在 金順寬
崔尙順 최連植 韓德洙
姜芝秀 리白汝 姜光允
柳錫九 각二十전 方致國
方泰山 각拾五전 崔臥敎
方平益 安景守 安순凡
崔連實 安景七 朴性云
각十전
合卄三圓三十錢

●長단郡津東面下浦리
鄭龍煥 鄭奎和 각一圓
金제僖 六十錢 鄭奎永
김仁祐 尹光述 김찬植
김 호 鄭致和 沈호植
각五십전 김 淳 四十錢
黃義順 黃義植 각三十일전
나敬안 김汝 각이십陸錢
鄭奎永 鄭斗永 鄭東永
鄭來영 김 源 정九煥

[illegible]昌鎭 김 濬 김 本
鄭基化 김성서 니啓輔
鄭敬容 鄭時容 김 沃
정甲容 김 洪 김龍岳
김인泰 김군均 김行吉
黃義根 니百萬 니石萬 김 선
鄭寅煥각二十오錢
김선植 김麒煥 黃皇龍
리敬祿 리義祿 각二拾錢
김仲鎭 김 灌 黃義先
黃義行 黃義春 趙오보
김千奇 黃義觀 각拾錢
合拾五원八拾九전

●龍仁郡水枝面遠川동
執綱愼宗翊四圓 通政金萬圭
四圓拾二전 니喬林
出身김弘範 니瑞根 朴靑鶴
姜德有 김泰弘 張鳳吉
각一圓 김壽命 윤在弘
니在奉각오십전 通政柳在學
通政孫慶日 出身石九韶
主事愼宗元 出身金萬石
金聖天 각ᄉ십전 金甫鉉
김千奉 김元奉 李英甫
愼宗實 梁龍奉 각二십錢
愼翼셩 金德逵 金自先
姜德水 梁龍吉 김命福
崔明善 權永元 姜昇滿
각卄면 鄭萬福 김陳泰
裵益서 각십전 玄先出육전
合卄이圓六십八전

總合四百三拾四圓三拾四錢
前號總合壹萬四千三拾七圓卄拾三錢칠厘
都總合壹萬ᄉ千四百칠拾圓卄칠錢칠厘

◎特別廣告◎

國債報償金에兩日所捧은姑未合計이오고伊前日所捧總合三萬팔千팔百七拾七圜七拾七錢은本社內銀行에貯置ᄒᆞ얏숩고其貯置中壹萬壹千八百圜은國債報償志願金總合所로越交홈

大韓每日申報社

◎本社廣告

◎申報代
一張代金 新貨二錢五厘
一個月前納 三十錢
三個月 九十錢
六個月 一圓七十錢
一個年 三圓四十錢
郵稅一部 新貨五厘
一個月 十三錢

◎廣告料
四号活字十三字詰
每日每英尺一寸에新貨廿五錢
(每日每行六錢에相當홈)
一週日에 一圓五十錢
(每日每行四錢五厘에相當홈)
(當月에) 五圓
(每日每行四錢一厘에相當홈)
其期限의長短과字行의多寡를依ᄒᆞ야減홈이有홈

●大韓每日申報各處支社廣告
中署布屛門下 金相萬冊肆
平壤上水口門內 金浩淵
仁川 崔敬恒
仁川券峴開新冊肆 李東翰
宣川邑西西里 安 濬
義州西門外東西 大藥局
釜山港佐川 徐藥局
三和港築洞 金元섭
咸興州南社西門外 曹喜林
開城培義學校 姜助遠
大邱市廳 劉麥澤
報寧邑濟衆院 崔一弘
鐵山邑東部 安 主
元山倉前 劉七錫
海州南門內 洪成인
信川邑 李源植
定州南門內書館 朴昌鎭
昌原郡校洞 許 찬
郭山興岩 李鉉瑞
大韓每日申報社

發行兼編輯人英國人 裵 說
發行所
南署石井동號外地三層洋屋家
大韓每日申報社

第五卷

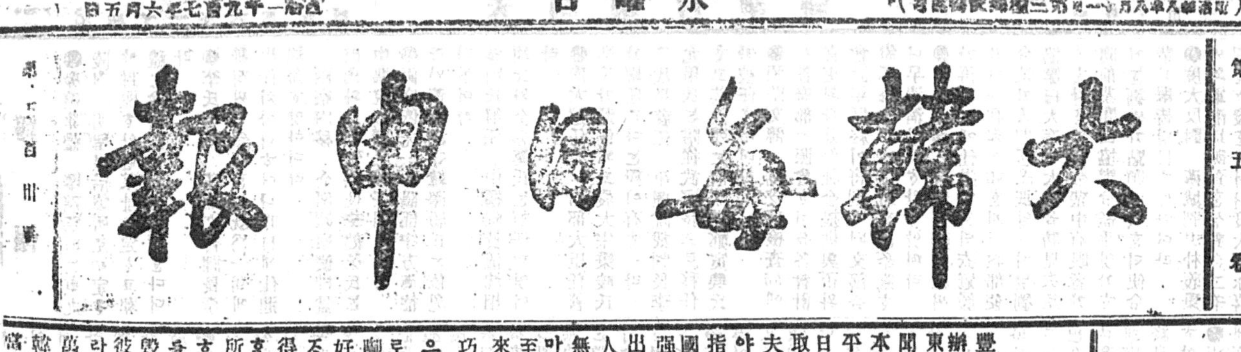

第[illegible]百卅號

月曜及慶節
歲時日休刊

檀君開國四千二百四十年
箕子元年三千二十九年
大韓開國五百十六年
日本明治四十年
淸國光緖三十三年
●陰曆丁未四月大二十五日乙酉

別報

韓國寶塔問題의續論
豐德郡寶塔事件에對호야本報辨論이不止再三인바該事實이東西各邦에傳播되야美洲各新聞에論評이甚히喧藉홈을엇고日本萬朝報와二六新聞이또훈公平的說話로批評이有훈지라昨日本報에二六新聞의所論을特取호야旣已騰載엇거니와夫以日人報筆로此事件에就호야其國惡이됨을不得掩諱호야指陳이如彼호얏거든況世界各國의公論所在ᄯ아大抵日人의强迫行爲와巧謀手段이層生疊出호야或威脅或誘騙으로써韓人所有를巨細勿論호고恣行其無理奪取者ㅣ何可勝算이리오마는至於此寶玉塔호야는六百餘年傳來古蹟이될뿐더러其製作의精巧가果然美術家의寶品으로其價値를幾百萬圜으로計算호는者라乃田中子爵이聊使命渡韓호야但此古物을愛好호는癖으로右寶塔을請得코ㅈ호나 韓皇陛下의允許를不得호얏고韓政府의承諾도未有훈지라所謂古物商人近藤佐五郎이라호는者가若干憲兵及鐵路役夫를帶同호고該地에往호야乘夜毁撤호고潛行輸去호얏스니如彼行爲를엇지盜竊以去가아니라謂호리오萬若 韓皇陛下의允許를심파韓政府에承諾이有호얏스면正當훈禮容과明白훈公文이固應有之홀러언대今乃何故로兩國皇室間에鄭重훈詞命이無호얏스며韓國政府의指揮훈文憑이該郡에到付훈者가無호얏스며該地方官이何以有抵抗之擧이며該各人民이何以有守直執留之事이며日人四五十名이何以有持劍示威之行動也오此諸般事項으로써證據를삼을진대彼가비록巧言飾辭로極力枉攢호야天下의耳目을瞞過코ㅈ호를其可得乎아所以로漢城內에셔을푸내스報와日人의機關으로本報를反對호는者ㅣ至此事件호야는本報에論을容許호야田中子爵이在호얏스면此事가必無호리라호얏고田中子爵도此를豈個個人에게歸咎호고自已는不任코ㅈ호니此其不法行爲가된事實은彼亦隱諱不得홀것인줄自服훈狀態가顯然훈지라況且萬朝報와二六新聞의激烈훈論駁과公平훈說話가次第發現호얏고美洲各新聞의論評이如彼其藉藉호얏스니此六百餘年傳來古蹟으로幾百萬圜價値의寶品을恣行盜取훈事實이暴露호야之天下而在호고韓國萬世而不泯이니其在日本에莫大之累를何以洗之오惟其善後措置는右寶塔을還歸于韓하야旣往之失을陳謝호는것이兩國 皇室의友誼를益敦케호는바오其次는日本政府에對호야相當훈價値의物品으로投瓜瓊琚의厚意를表明홈이可훈지라若其不然이면此寶塔이日本博物館에在훈것이榮譽가되지못이고歷史上無窮훈羞恥가되리라호노니日本當局者는其反亦省호야善其措置홀지어다

官報

●第三千七百八十三號 光武十一年六月四日

◎敍任及辭令

任度支部主事 홍祐定
穆淸殿令리容根
侍從院左侍御趙鏞七
官立漢城法語學校副教官 金相天
咸鏡南道觀察道主事金鴻鎭
依願免本官
開城郡分奉常司主事朴리銈
任穆淸殿令 六品林晃식
任開城郡分奉常司主事 유冀昌
任侍從院左侍御 九品리鍾쥬
任官立漢城法語學校副教官

外報

●德國海軍과英國 德國이近者에其海軍을擴張홈으로英國에셔德國을將來勁敵이라하야恒常注意호는디英國라도氏가一雜誌에此件으로論述호야日現在德國軍艦은기록運河及北海와如히淺훈海面에遊弋케호도록製造훈故로昨今英美日諸國에셔製造호는十二寸砲를奬勵호는戰鬪艦에對호야는頗히劣等의軍艦이라稱호깃고又近者製造호는戰鬪艦또잇란도號等은約計萬三千噸이오速力이十八節이오其砲의最大훈者는十一吋砲四門에不過호고同國海軍의紀律이陸軍과同쯩호야運動이拘束된故로此로由호야有事日에는活動의妨碍가될處가有호다호얏더라

●廣東暴徒의性質 紐育電을據훈則華盛頓當局者가南淸의暴動은淸廷을反對호는故로外人에게는危險홈이無호다는報告를接受호얏더라

●兩國紛擾 墨西哥와과데마라兩國間에셔로하紛擾가生호야兩共和國軍隊는自巳國境에砲臺를築造호는디何時던지開戰될貌樣이더라

雜報

玉塔奪去의顚末 續

渡邊曰僕亦貴國官吏라豈可坐視리오然이나此物이不甚關重호니僕이帶同一官吏호고暫爲往査호야禁斷훈後에來言이라호거늘郡守曰不然호다此物之爲古蹟이昭載於本國地誌호고傳播於東洋호얏스니無論誰某호고物欲撤去이면擁護跡虞之責은不歸於郡守乎아遂馳往敬天里則開城警務分署에警部安藤友能이亦先來査라同渡邊安藤호고偕往塔所則前夜今明에暗爲撤毁호야片々과草席이爲四十餘塊오破傷而가說者가亦不少러라於谷口에方先輸送호는後車가四輛이어늘郡守ㅣ問其主事人호니皆曰主事人은在京不來호고只有看役者人이라호거늘更使渡邊으로詳探호라훈디渡邊曰來此始聞則日本僱貼貝가實主事者而旣有貴部請願及內部指令而姑未承諾호고先爲毁去가事甚背理나文憑은從速討來호리니勿爲苛禁이似好라호거늘郡守가通言于兩人及看役人曰文憑到付後輸去가無妨이니現方輸去者는爲先解置호고役夫는逐送이可也라훈디渡邊이謂看役者曰若至此境이면主事人이不來而專擅於看役人이라今日四車慮送之損害金은차役人이獨爲擔當賠償이可乎아郡守曰共付文憑而輸去러면有何相持며損害金은徵出於主事及看役이可也니埋怨於禁截人이豈近於理乎아渡邊이亦無所答이어날即使看役人으로車上所輸八塊를解置호고役夫를幷爲撤送훈後에坐一食頃이라가郡守가與渡邊安藤으로作別曰今日三個官憲이會同査禁호얏스니當待文憑到付後輸去可也니看役人許에須以此由로更加提說호야勿復違約케홈이何如오兩人이皆應諾而指揮看役人호고因日同是貴國官人으로據理禁戢之際에彼看役輩가有何更鬪之端耶아勿爲致慮호라郡守가先起호야還住敬天里호고使書記及洞長으로馳往을야更伺其動靜後報來호라호고即地還衙호니日已暮矣라 未完

甑山郡國債報償會趣旨書

蓋人之應爲而爲之者는唯觀義之如何耳라固當不爲而爲之면無傷義也오固當爲之而不爲면義也니爲國而不知爲國之義호고爲民而不知爲民之義則國何爲國이며民何爲民이리오嗚呼唯我 大韓一千三百萬원之債款은中外臣民之所共認悉인바互相비사호야報償無策則一借而足以亡邦은必矣라爲我 韓臣民者孰可曰有義乎否아是以로有志人士가痛慨扼腕호야自京而道호며自道而郡호야不謀而同호며不謀而應호야義捐巨額은報紙에無暇호고列布頒布우鄕國이相競호니此誠國權回之秋오民庶回生之日也라苟有血性之類면孰不感激而奮發哉아顧我玉甑은瀕於沿海호야地末富而粟不多호고人末稠而財不敷호야雖知享儀多闕호고輸誠未孚나均是化育同胞로大韓民子則一也라取不贍斧槊傾호야以效區區寸誠也哉아內而女子는積粒儲蓄호고外而男子는止烟戒飮호야愛國的原素로圖進萬一當爲ノ義務則國家臣民之幸福을其可旣乎아嗚呼同胞여 發起人宋道谷 金鼎禹

新聞縱覽所趣旨書

夫新聞者는有國之耳目也오民生開明之本也라其爲啓導民心志호며作成人資材가實有攸係호니外則數萬里各國形便이오內則官報雜誌論說廣告가瞭然在一幅裏하니可謂不出戶庭而天下事如指諸掌當初說施之意는無使一民不睹不聞케홈이凡我來此後에見此道人物이暗而不明은無他라寔由於不知購覽新聞而然也라本人이特設新聞縱覽所호오니從今以往으로無論大小民人호고願見者는來于本所호야購覽開明호시옴伏望홈 本所는慶尙南道晉州城內沙峯洞 金浩在氏家
慶南觀察道主事金容孝

●老窮愛國 長단北면防禦居리希杖氏가本郡寄函호되本人이年今팔十에命途奇嶇호야蔑于慘係而氣息奄々호와窮鄕歲月之地에정里報紙每日申報가播送世界호야使愚夫로破惑호고智者로讀識케훈幹報館獻賀호야每到申報에神智眼目호야不能自讀호고使隣友族姪로講讀傍聽에雖無勇老夫나血誠激義에東瞻三角호니不禁涕零호와召門族호야報紙上國債義捐으로會議를提說훈즉諸族이不過七팔家也라不拘多少호고隨其力收合금이六원오十전也니債款三千万之多額에此粒금이不啻倉粟可論然이나古語에河海不擇細流故로能就其深之理不云乎잇가老不自振호고使再堂姪照榮으로送納于每日申報社하오니而國債報償所合伏祝이라하얏더라

雜報

●慶殯葬禮 慶殯葬所ᄂᆞᆫ東九陵內 明聖皇后陵所로初定ᄒᆞ야封標ᄒᆞ얏던基址로定ᄒᆞ고葬禮ᄂᆞᆫ陰曆五月內로過行ᄒᆞᆫ다더라

●李氏視務 法部文書課長李鍾직씨가敍任ᄒᆞᆫ지既爲一朔에出仕치아니ᄒᆞ더니昨日에仕進視務ᄒᆞ얏다더라

●兩察內移 全南觀察使權錫相氏와忠南觀察使李健榮氏ᄂᆞᆫ中樞院贊議로移任되엿더라

●兩守依免 南陽郡守方漢德氏와黃州郡守韓澤履氏ᄂᆞᆫ依免되엿더라

●兩氏解任 中樞院贊議沈相翊氏와金彭漢氏ᄂᆞᆫ解任되엿더라

●內大遞任說 內部大臣任善準氏가遞任되고農大宋秉畯氏가轉任ᄒᆞᆫ다ᄂᆞᆫ說이有ᄒᆞ더라

●拔長移任 平理院裁判長李允用氏ᄂᆞᆫ陪從武官長으로移任ᄒᆞ고其代에ᄂᆞᆫ前協辦鄭寅興氏가被任ᄒᆞᆫ다더라

●照覈文簿 度支部檢查局에서各府部에照會ᄒᆞ기를各會計官吏의身分保証金提供與否와會計年度終이將到ᄒᆞ되文簿를尙不修送ᄒᆞ야以致文簿紊亂ᄒᆞ니早速淸勘케ᄒᆞ라ᄒᆞ얏더라

●農協仕進 農部協辦劉猛씨가再昨日에仕進ᄒᆞ얏ᄂᆞᆫ되衣冠履말이一鄕客과如ᄒᆞᆫ지라該部使令輩가入門홈을抵알ᄒᆞ거날劉協辦曰大臣을訪見次로入去라ᄒᆞᆫ되使令輩中有眼者가向前恭問曰協辦令監乎잇가ᄒᆞ거ᄂᆞᆯ劉씨가點頭而入ᄒᆞᆫ되使令輩가擧皆당目ᄒᆞ얏다더라

●度大反對 漢城判尹朴義秉씨의軍港埔調査ᄒᆞᆫ상與金二千圜을支撥ᄒᆞᆫ다더니度大高永喜시가反對ᄒᆞ되該調査가朴義秉의當行職務니別無効勞ᄲᅮᆫ더러여有限之財를無限用之가不可라ᄒᆞ야支撥치아니ᄒᆞᆫ다더라

●水產會社 前參領張基濂氏가水產會社를設始ᄒᆞ고各漁基所產魚物을都買ᄒᆞᆫ다더라

●家人眼同의機察 警務廳에서近日種々朴鏞和씨家差人李學善을招待ᄒᆞ야捕捉ᄒᆞᆫ人의面目을出視ᄒᆞ기도ᄒᆞ고或別巡檢과眼同ᄒᆞ야某處에가서機察도ᄒᆞᆫ다더라

●候補更試 宮內府에서昨年試取ᄒᆞᆫ候補生十五名을其間에隨闕填充ᄒᆞ고三人이在ᄒᆞᆫ되또幾十人을試取ᄒᆞᆫ다더라

●日人作擾 南來人에傳說을據ᄒᆞᆫ즉尙州郡에ᄂᆞᆫ日人이戶口을調査ᄒᆞᆫ다고閭里에周行ᄒᆞ야無論班常家ᄒᆞ고內庭에突入ᄒᆞᄂᆞᆫ弊가有ᄒᆞ야婦女들이或有被打ᄒᆞ고村狗가異服을見ᄒᆞ고吠ᄒᆞ면日人拔劍亂刺ᄒᆞ야腸出斃者許多ᄒᆞ니閭里가騷擾ᄒᆞ더라

●李씨處役 忠南礦業者李基淳이가該道各郡에民有田畓假礦採金ᄒᆞ고行悖가比々有之ᄒᆞ야民怨이浪藉ᄒᆞ미該道裁判所檢事權丙勳씨가探問捉囚矣러니外國人도李基淳을願護之人이多ᄒᆞ고農商工部에서放送訓令ᄒᆞ라고法部에照會도有ᄒᆞ얏ᄂᆞᆫ되리基淳이藉其勢力ᄒᆞ고眼下에無人ᄒᆞ야捉치裁庭에該檢事를對ᄒᆞ야詈ᄒᆞ기를余ᄂᆞᆫ奉勅ᄒᆞ고단이거니와令監은무숨名色으로坐ᄒᆞᄂᆞ야ᄒᆞᆫ되該檢事權丙勳씨가리기淳을依律ᄒᆞ야免絞에處홀문ᄒᆞ되特減一等ᄒᆞ야役終身에處ᄒᆞ얏다고法部에報告ᄒᆞ얏다더라

●視察博覽 今番日本博覽會에在韓ᄒᆞᆫ各顧問諸시가博覽會을視察次로發行ᄒᆞᆫ다ᄂᆞᆫ說이有ᄒᆞ더라

●二網俱失 遞光察權錫相씨가春察在任時에前某大臣이권씨對ᄒᆞ야言ᄒᆞ되蕭條ᄒᆞᆫ春察을何以視務ᄒᆞ리오辭職上京ᄒᆞ면當光察을敍任케ᄒᆞ리라ᄒᆞᆫ故로권씨가從其言ᄒᆞ고卽爲上京ᄒᆞ야辭退ᄒᆞ얏더니果若其言으로光察이敍任되미意氣가揚々ᄒᆞ얏던이出其不意에信如盤石ᄒᆞ던政府가變改되미去留를觀望터니及其遞任되미落莫은姑舍ᄒᆞ고二網을俱失이란巷說이有ᄒᆞ더라

●泰守貪政 泰川郡守李秉膺시ᄂᆞᆫ民戶加斂錢과任掌亂帖贓錢이幾至萬餘兩也라前觀察使申ᄐᆡ休시에任本道時에廣開贓賂ᄒᆞ야論貶居下여날如何運動이든지一向仍存하야民莫支保라ᄒᆞ더라

●查官飄覆 近日南來人確傳을聞ᄒᆞᆫ즉全北任實郡屯德面與水地界와市基를南原德古坊人이見奪ᄒᆞ고郡府에呼訴ᄒᆞᆫ즉本府에서長水군守朴準成氏로定查官歸正ᄒᆞ라ᄒᆞ니該氏가兩面拱招場에並責德古民曰市在屯德界內라爾當落科라더니一夜忽變ᄒᆞ야一月三市式으로分管하라고題給ᄒᆞ고翌日에又宿於該坊等地ᄒᆞ야暗給嚴訓於德古人ᄒᆞ고還衙後暗報辭意에屯德之實有公蹟은無라ᄒᆞ고덕古之實無文蹟은有라ᄒᆞ미屯덕人이京部에呼訴次로上來ᄒᆞ얏다더라

●開門納賊 咸南觀察使명鳳時씨가內部에報告ᄒᆞ되向接利原郡守朴庸煥報稱內開에本郡在所軍物이自日本守備隊로稱以視閱ᄒᆞ고請給開金이옵기擅不私與之意로萬端說明이되備責不止故로勢不獲已ᄒᆞ와出給開金이옵던니開庫視閱ᄒᆞ고該開金을不給還交이다이옵기自該郡交涉ᄒᆞ야期圖覔出之意로指飭歷次交涉이오되自該隊로終不出給ᄒᆞ옵고該隊所在路기칠座鉛丸小櫃일部弓箭等屬을恣意弁出하야任其所用故萬端禁止이되實難防알等因이옵기玆以報傳ᄒᆞ오니司令部에交涉ᄒᆞ시와該開金與庫物을推還케ᄒᆞ라ᄒᆞ얏더라

●自强會講論 大韓自强會에서社會教育目的으로再昨日下午八時에講論會를開催ᄒᆞ얏ᄂᆞᆫ되남北村高名紳衿의出席이百餘人이오講論科目은經學 治學法律學經濟學教育學物理學을內外國名士가輪次講演ᄒᆞ야社會智識及學理要領에大受益이有ᄒᆞ리라ᄒᆞ며從今以後로每月曜日下午八時로定期ᄒᆞ야連續開講ᄒᆞᆫ다더라

●罪囚感謝 法部大臣趙重應씨가日昨監獄署에前往ᄒᆞ야罪囚를檢査ᄒᆞ얏다ᄂᆞᆫ說은昨報에已揭어니와該大臣이罪囚間을逐々開視ᄒᆞ고該署長과至於獄卒싸지對ᄒᆞ야日氣가漸熱ᄒᆞ고囚間이挾窄ᄒᆞ야罪囚의疾病이易生ᄒᆞ니掃灑淸潔ᄒᆞ야衛生上에別般注意ᄒᆞ라ᄒᆞ고其翌日에또平理院에前往ᄒᆞ야一々히審查ᄒᆞ미罪囚들이不勝感謝ᄒᆞ얏다더라

●組會建廟 再昨日同友會에서任員오十餘名을組織ᄒᆞ얏ᄂᆞᆫ되將次五署에支會도設始ᄒᆞ고各地方十三道에三성廟를建築ᄒᆞᆫ다더라

●歸民逗留 全北錦山郡富南面을茂朱郡으로移屬ᄒᆞ얏ᄂᆞᆫ되該面이距本邑里數ᄂᆞᆫ不過三十리에道里가平坦ᄒᆞ고距茂朱郡里數ᄂᆞᆫ爲七十里에再越峻嶺ᄒᆞ고三涉大江ᄒᆞ야往來也와各項擧行이民擾가滋蔓ᄒᆞᆫ故로該面民人等이屢呈府郡ᄒᆞ고內部에도數次呼訴ᄒᆞ야期圖仍舊還付ᄒᆞ되尙無許題인故로逗留하ᄂᆞᆫ浮費가夥數ᄒᆞ다더라

●恐嫌初政 內部警務局參書官權鳳洙시가局長으로陞任ᄒᆞᆫ代에宋儀憲시가被任ᄒᆞ기로內定이되얏더니各新聞上에揭報가되야所聞이浪藉ᄒᆞᆫ지라該部協辦俞星濬시가該大臣任善準시를對ᄒᆞ야曰宋儀憲의參書官叙任件이內定된줄은未知하나各新聞所報가聽聞이狼藉ᄲᅮᆫ더러大臣初政에不無掛嫌ᄒᆞ니以他人塡任이當然하다ᄒᆞ고각大臣中에도反對ᄒᆞᄂᆞᆫ이가多하야宋시ᄂᆞᆫ置之勿論이라더라

●英教師餞別 今日下午三点종에總務吉禮泰씨私邸에서本會英語教師설利亞씨餞別을開ᄒᆞ고會員及學生等이戀신之情으로演說ᄒᆞ고西洋各種활희로快樂ᄒᆞᆫ後茶果禮를行ᄒᆞᆫ다ᄂᆞᆫ대一般會員及學員들이本日下午二点종에本會館으로齊會出往ᄒᆞᆫ다더라

●監督報部 日本留學生監督申海永시가學部에報告ᄒᆞ되報告書第 號에稟ᄒᆞ옴과如히本年四月九日에前監督韓치愈에게官費生指定書를繕製訓飭ᄒᆞ와使卽准施이시온바本職接任後에叩其顚末ᄒᆞ온則監督韓치愈와囑託松本順吉間에業已面商妥協ᄒᆞ야本學期內에入學홀學生은一依指定書ᄒᆞ야並使進期入學이오나就中學生에方便과學校에定規書를因하야若有變更이온故로別紙官費留學生指定書에改正件과官費留學生規지學校及最終目的學校覔表에參考件를左에繕製帖聯하야留學生規定第十六号와施行內規제三條를依하야玆以報告하오니查照ᄒᆞ신後官費留學生指定書收繕件에對하와認准指令ᄒᆞᄉᆞᄒᆞ얏더라

●女學徒의恤孤 孤兒院慈善演奏會에內外國有志女士가幅湊觀覽ᄒᆞᄂᆞᆫ되我國女學徒夫人一人과女兒一人이來觀ᄒᆞ다가夫人은金壹圜을出ᄒᆞ고女兒ᄂᆞᆫ金五十錢을出ᄒᆞ여該事務所에寄附曰外國之人도如是贊成ᄒᆞᄂᆞᆫ대我雖女子나本國同胞로豈可泛간乎아囊中所存이不過此數故로慈汗呈ᄒᆞ니勿爲薄少而取納ᄒᆞ야以供孤兒一時之饌ᄒᆞ라ᄒᆞ니참教育밧ᄂᆞᆫ夫人이라고無不稱贊ᄒᆞ고問其氏名즉隱而不露ᄒᆞ더라

△擲地金聲▽

△日本博람會館에韓人男女二名을二箇動物로粧置ᄒᆞ고一般遊覽者의玩賞을供ᄒᆞ니非洲의黑人은奴隸로풀니고韓國에黃人은動物로풀녓슨즉韓人의價格은黑人上地位보다尤甚墜落ᄒᆞ엿거니와日人은鄰邦에同種人을禽獸로待之ᄒᆞᄂᆞᆫ거시無禮莫甚이안인가

△新任中樞院顧問諸氏中의朴齊純氏ᄂᆞᆫ再昨日의顧問諸氏의게打電ᄒᆞ되一體로政府에會同ᄒᆞ야行公ᄒᆞᄂᆞᆫ거시妥當ᄒᆞ다ᄒᆞ고閔泳綺氏ᄂᆞᆫ政府通知를姑俟ᄒᆞ고先動치마ᄂᆞᆫ것시可ᄒᆞ다ᄒᆞ며其他諸氏도기論이有ᄒᆞ다ᄒᆞ니當時勢力이掀天ᄒᆞ든大臣으로一時에陷落ᄒᆞ얏다가一顧問을新任ᄒᆞ얏스니肆然히出脚ᄒᆞᄂᆞᆫ거슬皮홀문ᄒᆞᆫ것지

△內協劉星濬氏가發論ᄒᆞ기를地方官吏의月俸은何郡守ᄂᆞᆫ奏任二級或三級이오何郡守奏任은七級或八級으로磨鍊ᄒᆞ얏스니總是用私ᄒᆞᆫ所以니地方郡等을從ᄒᆞ야磨鍊ᄒᆞ던지郡等은勿論ᄒᆞ고平均히磨鍊ᄒᆞᄂᆞᆫ거시妥當ᄒᆞ다ᄒᆞ얏다니同是郡守로等級이懸殊ᄒᆞ문不公ᄒᆞᆫ事인즉平等히磨鍊ᄒᆞ든지ᄒᆞᄂᆞᆫ言論이글어홀듯ᄒᆞ오

△李健榮씨ᄂᆞᆫ忠南觀察使을被任以後로度支部官人이同僚에悵別之情을不勝하야餞別宴을設ᄒᆞ고遞內大을爲ᄒᆞ야龍山江亭의餞宴을更設ᄒᆞ고自己私邸에서別宴이跌宕ᄒᆞ던이畢竟은赴任도못ᄒᆞ고忽地에遞任되얏스니悵別宴이섭섭지안케고

△法大趙重應시ᄂᆞᆫ平漢兩裁事務가浩煩ᄒᆞ야法務補佐員四人增置ᄒᆞ기로統監府로照請ᄒᆞ얏다니平漢兩裁官人은所爲事가何事요日人只屆勝ᄒᆞ면兩院事務가就緖될ᄂᆞᆫ지

△近日鄕曲間黃금客이郡守을運動홀야고某某處에緊程을穿하야晝夜待榜ᄒᆞ다가政界가飜覆되미已失所望ᄒᆞ야藥峴近處에彷황ᄒᆞ나雲霧가深深ᄒᆞ야主人을不見ᄒᆞᆫ다지

△現棄郡守가多數ᄒᆞ되新任內大ᄂᆞᆫ何如히奏本홀ᄂᆞᆫ지一般世人이注目ᄒᆞᄂᆞᆫ비라內大에職責은地方官奏本公不公의지ᄒᆞ니大端히審愼홀事로다

△地方一進會가乘機이起ᄒᆞ야氣炎이近又치盛에行悖氣習이比比有之ᄒᆞ야毆打平民과凌辱官長을如踏平地ᄒᆞ니兩頭에ᄂᆞᆫ무삼事端이有홀ᄂᆞᆫ지

△春川等地에서閔趙兩忠正公의紀念碑補助費을收斂ᄒᆞᆫ다稱ᄒᆞ고奸교利口輩가出沒官府ᄒᆞ야中間弄奸에百弊俱生이라ᄒᆞ나此等紀念碑ᄂᆞᆫ兩公의게辱及ᄒᆞᄂᆞᆫ碑石이로다

△利原郡에駐지한日本守備隊에서該郡軍物을任其隨用에該郡守가萬端禁止ᄒᆞ되從不聽從ᄒᆞᆫ다니日人이韓國을對ᄒᆞ야敦睦인이保護이니ᄒᆞ더니일언일도敦睦이라謂홀ᄂᆞᆫ지

◎本社告白

國債報償에出義金額을本報紙面에逐日廣告로發布ᄒᆞ되猶有遲滯ᄒᆞ야義捐諸氏의迅速揭布코ᄌᆞᄒᆞ시ᄂᆞᆫ意를未即奉副ᄒᆞᆸ더니今自本報로國文報一部를增刊ᄒᆞᆫ바從今으로ᄂᆞᆫ漢文報와國文報에義捐廣告를並爲揭布ᄒᆞᆯ터이오니愛國僉員은照亮ᄒᆞ시옴

安岳細동坊居ᄒᆞᄂᆞᆫ金承杰로支社員을認定ᄒᆞ고視務케ᄒᆞ오니該坊近處本報購覽ᄒᆞ실諸員子ᄂᆞᆫ右氏에게로請求ᄒᆞ시옴

大韓每日申報社

雜報

國債報償海西同情會趣旨書

有土地焉ᄒᆞ며有人民焉ᄒᆞ야國家의名稱이所由始언ᄂᆞ니自國의興旺은人民의共同負擔ᄒᆞᆫ責任이온바我韓의國債ᄂᆞᆫ卽惟我二千萬人民이聯名証券ᄒᆞᆫ債欵이라外國債欵을一借再借ᄒᆞ야一千三百萬圜巨額에是至ᄒᆞ여스나全國歲入이支出을不敷ᄒᆞᄂᆞᆫ財政으로辦償ᄒᆞᆯ預筭이尙無ᄒᆞᆫ지라個人의私債로도徵期不償ᄒᆞ면田宅產業이他有에屬ᄒᆞ거든況國與國間에公債를不報ᄒᆞᄂᆞᆫ境遇에ᄂᆞᆫ必將如何ᄒᆞᆫ方法으로我人民에게責債ᄒᆞᆯᄂᆞᆫ지如其急앗蒼皇으론孰若預圖方便이리오幸自嶠南으로國債報償ᄒᆞᆯ議論을唱導ᄒᆞ니不幾日에全國人士가接踵繼起ᄒᆞ야日社日會가同盟聯絡ᄒᆞ고義金應募ᄒᆞᆫ者恐或後ᄒᆞ니顧此愛國ᄒᆞᄂᆞᆫ血誠이將來振興ᄒᆞᆯ基礎를先見ᄒᆞᄂᆞᆫ兆니라惟我諸人도亦一國民義務로不揣僭越ᄒᆞ고國債報償海西同情會를特設ᄒᆞ오며玆敢廣布ᄒᆞ오니伏願全省內僉君子ᄂᆞᆫ各自奮義에一體捐助ᄒᆞ야期々淸償國債ᄒᆞ오면是乃我同胞의再生ᄒᆞᄂᆞᆫ日이라以若巨欵償還이非大發誠力이면莫可成績이니惟義所在에熱誠盡力ᄒᆞ심을是所血祝

李種大李承謨等三十四人

●韓物稀小 京城商業會議所會員諸씨에셔多年勤苦ᄒᆞ야商品陳列館을京城中央에創立ᄒᆞ얏ᄂᆞᆫᄃᆡ該陳列館下層先開時에와國物品이五分에四ᄂᆞᆫ되고上層開館ᄒᆞ면本國商賈가許多出品으로商業界에셔思量ᄒᆞ얏더니日昨上層에開館ᄒᆞ미專혀外國物貨오本國人則趙彰漢시일人에路少ᄒᆞᆫ物貨가僅僅이일隅의陳列ᄒᆞᆫ지라該會議所의셔各商賈을請ᄒᆞ야熱心勸告ᄒᆞ되耳外聽之의遺爲비笑曰前日無陳列館時代에도商賈로爲業ᄒᆞ얏스니陳列館은吾所不知다ᄒᆞ야勢不得已外國物貨가充滿이라ᄒᆞ얏다더라

●定守治聲 定平郡守景台協씨ᄂᆞᆫ擴張學校ᄒᆞ고擇人差任에防塞間帖ᄒᆞ고聽訟至公ᄒᆞ니吏奸이莫售ᄒᆞ고捧稅以時ᄒᆞ여鄕猾이難犯이라고該郡來人이稱口稱頌ᄒᆞ더라

●安民愛國 安岳郡國債報償就成會에셔陰三月二拾九日에通常會를訓鍊院에開ᄒᆞ고會務를處理ᄒᆞᆫ後에會員리應호崔明식兩씨가借欵에關係와愛國思想으로激切演說ᄒᆞ미本郡紳士金聖三씨ᄂᆞᆫ貧人도皆有發이로되富家ᄂᆞᆫ反無念ᄒᆞᆷ을慨歎明言後에以不贍之勢로二拾圜을의捐ᄒᆞ고任龍鎬씨도亦以極貧之士로일場演說에五圜을의捐ᄒᆞ고元炯喜氏ᄂᆞᆫ雖欲出力이나他無財產ᄒᆞ야數百圜價値家舍도외捐ᄒᆞ얏스니可謂愛國之士也오基督小學校學徒拾四歲金昌순과拾二歲니千明兒ᄂᆞᆫ俱是貧家之子라頗無義捐致로痛哭일場에剃髮斥賣ᄒᆞ야捧償의捐ᄒᆞ얏다더라

●午飯又斷 公州營下梨洞中興校에셔國債報償에對ᄒᆞ야諸學徒가午飯을齊히斷廢ᄒᆞ고代金을取合ᄒᆞ야新貨륙십圜七十전을本社에傳送ᄒᆞ얏더라

廣告

國債報償義捐金收入廣告

六月中收入額逐號明細錄
은本月某日早日本社國文申報第
七號로每日順次發刊홈

●南門內烟竹廛都中 五원

●南署樂善방后동龜井동
正三品柳흥烈 三圓

●長단中西面蘆ㅅ里
김鳳儀 김혁聲 김春聲
김鍾聲 金여聲 金溶鶴等
拾圓

●主殿院外直所權任巡檢等
삼陸圓

●義州月化面和合리
耶蘇教人等 十육圓十전
合오拾圓拾錢

●楊根셔始面大雅동東片리
姜鳳榮 육拾전 강炳周
魚敎善 각ㅅ拾전 韓成會
五拾전 韓英會 李 泓
沈宜五 李義容 張오辰
각二拾전
合二圓九拾전

●始興郡南面琴鶴洞
셜永植 趙世顯 각一원十錢
셜天식 칠십錢 셜孝식
五十錢 셜和식 셜炳夏
셜炳貞 셜炳基 셜炳常
셜合식 각ㅅ十전 셜根식
卄錢 니鎬植卄전 鄭道永十錢
合大圓四十錢

●京城各廳房
金成集ㅅ洪君弼 니啓洞
李性逸 니百龍 김弘식
安商陽 鄭宅三 李景西
梁冕贊 니在喜 김榮集
니興益 김福立 니順文
洪景西 金大集 니錫憲
朴文식 洪善浩 김學均
李文翊 니昌鉉 김道식
김福先 김秉煥ㆍ김수甫
김亨根 니俊孝 李命學
安俊守 黃億俊 洪鍾면
박明鎬 梁興完 洪桂龍
李敬오 니榮業 金福大
니仁榮 각一圓
合四拾圓

●豐德東面仕谷里
宋秉植 參奉宋斗憲
각三圓오拾錢 安基植
安昌植 각二환 니燦壽
一환 宋秉煥 金敎弘
박鶴柱 韓允河 박錫圭
각오十전 김錫조 張錫禹
鄭泳춘 申錫和 李元奎
각二拾錢 李應相 申汝成
각十전
合十五圓칠십전

●高陽巳浦面大化리
김春化 一원 李勉식
니永贊 각五十錢 김春心
김敎完 姜德萬 李永穆
각사십전 鄭順敎 니永完
니孝식 沈憲식 金致弘
朴春明 박李正 박順五
각삼拾錢 洪承면 梁在植
曹顯鎬 林文星 김學順
박聖實 朴德先 최是玄
최伊賢 리聖玄 洪玄白
김九식 니春生 李元根
김聖云 니敬先 鄭明俊
니善集 니成集각卄錢 鄭順一
심二錢 박恒卜 趙德化
박恒吉 김元三 김順成
宣學三 박春來 니允洪
田興先 최元實 崔遠實
니永순 趙起順 梁萬成
김淡甫 니興卜 김聖보
니洪集 李召史 朴巳先
박昌云 李元先 정俊澤
김花實 朴尙得 각十전
合十三圓卅二전

●楊州巳西東산閔氏門中
參奉閔泳智 議官閔泳夏
博士閔璣植 각오十圓
參奉閔泳協 閔泳彦
議官閔泳守 민泳應 각七원
閔泳翊 민泳昱 민泳旭
민鍾鎬 主事민泳亭 각三원
민實鎬 主事민申植 각二圓
童蒙민敎伊七歲 오圓 민致洙
參書민晋鎬 閔泳宜 閔春植
閔昌植 校官민치能 민泳烈 閔泳沂
민泳조 司果민仁鎬ㅈ壹圓
민泳詰 민泳大 민武植
민泳謨 민泳祐 민源植
각六十전 민定鎬 민영종
민來鎬 민翰植 민快鎬
민榮鎬 민영根 민圭植
閔鳳植 閔晶植 閔宗植
閔영昇 閔영麟 閔夏植
閔命植 각ㅅ십전 閔영璉
민泳甲 민泳疇 민寅植
민大植 민規鎬 민貞鎬
민聖鎬 민영圖 閔洪植
민鍾植 閔禹植 閔翊鎬
閔檜鎬 민영朋 閔영澤
閔영元 閔영羽 閔正鎬
민영基 민培植
十一歲童蒙민丙긔 각二拾전
민麟植 민英植 민珍鎬
각十전 童蒙十歲민孟桃
九歲민甲珍 ㅈ六전
민東植 拾二錢
合貳百四拾三圓五拾四錢

●忠北忠州郡山尺面石門동
李極壽 六十錢 崔台淳
니元夏 각오十錢 니季敏
李書夏 ㅈ三十錢 정民植
니其壽 니錫면 李俊默
安昌烈 김호ㅈ 최鎭邦
김商旭 安承夏 각ㅁ錢
박遇聖 니敎壽 니錫容
張玉振 李 壤 柳遠韶
柳遠明 李敎禰 니敎樞
梁在禎 李元敎 李起八
邑錫九 최益容 安榮守
吳俊永 정龍植 박鳳來
權仁根 梁成伯 崔次成
曹秉珍 李命夏 ㅈ十錢
李亮雨十오錢 柳遠鶴오錢
合陸圓오拾錢

●忠州木川郡西면長평
通政김遠健 判官朴永成
각壹원 김遠振 七十전
김義秀 鹿人龍宮新豐里居
尹致晋 參奉신松龍 鄭奇元
趙正熙 각오十錢 朴準鳳
ㅈ三十錢 鹿人김京鎬
신順明 韓春궁 李敬보
宋德鉉 俞炳緖 柳寅福
김昌鉉 柳德基 柳舜基
신수명 김思鏡 朴成七
柳聖瑞 吳德水 각卄진
姜見秀 高壽民 金永準
김순三 각拾전
合九圓二십전

●慶北知禮郡下北面上佐院리
니度均三拾錢 니澤均오십錢
리경均一圓 子鉉瓚 子鉉찬
子鉉우 각陸拾錢 니셔均
二원 子億石陸拾전 리佐均
칠십錢 니문均一圓 子鉉옥
子鉉정 ㅈ五拾전 니明均
卄圓 子鉉斧 子鉉돈
子鉉久 子石봉 子次甲
各二圓 니娩均 子鉉길
니漢均 니鉉右 각陸십전
子峻永四拾錢 니鎭均一圓
니鉉百칠拾錢 니鉉玉ㅅ십전
니鉉五 六拾전
合ㅅ십ㅅ원ㅅ拾錢

●陽城道일면上龍頭里
五衛將니中섭 安榮洛
뎡純식 유興錫 니根燮
각五십錢 김漢容
參奉김成鳳 각일圓 니有섭
權東식 김敎인 각四十錢
趙仕先 김明實 각三十전
니根宇 리根玄 김相祿
尹 진 김敎賢 金世慶
뎡明先 邑學敎 김企明
각二십전 리根學 니漢翊
니炳弼 김玄默 리延秀
김敎寅 徐相憲 張春根
뎡泰식 뎡수成 뎡興福
니根秀 니聖섭 김敎學
니斗會 니重翊 尹榮學
각십錢

●酒井동
康憲周 成인修 參奉박東식
裵敏相 니成玉 ㅈ四十전
尹榮周 徐廷鳴 뎡明朝
각오십錢 韓允立 칠십錢
任德宰 徐亢讚 ㅈ三十전
許 욱 權陽洙 徐官讚
윤榮甚 각이십전 尹榮德
김命信 송千萬 ㅈ십전

●新興리
許 顧 徐永讚 尹 원
김德培 ㅈㅅ십전 康圭憲
徐相吾 니영夏 김元보
ㅈ卌전 尹慶晉 康道鉉
리九鉉 니成云 김德순
각卄전 정인和 김春보
각십전

●下盤諸동
리敏和오십전 리周榮칠십전
리泰榮 陸십전 김德熙
田成權 김먼玉 리周基
각ㅅ십전 김完俊 金宅善
리杞榮 각卌전 김在손
都德俊 김在弘 김允손
각卄민 宋勉熙 최秉圭
각十민
合二십五圓

●慶北金山郡金泉商業會議所
裵應度十圓 김聖學 三圓
김여珍 최鎭台夫人 權花윤
리亨集 ㅈ二圓 박声逸
洪병섭 강틱一 洪士範
박基석 김윤逸 裵極老
김世玄 김漢明 최洽組
文종옥 文乃鉉
김여玲子妻 安景一
김致一 曹相益 趙尙圭
曹炳默 盧貞凡 高千一
니景善 林澤龍 文善若
김君瑞 각一圓 김元彙
韓時中 리聖伯 劉萬瑞
최希善 박來鉉 리小奉
각六十전 김원明 박乃윤
ㅈ五拾ㅅ전 김聖立五十전
裵相瑞 리國여 최榮根
曹敎영 裵윤實 洪致순
김學守 陳致道 ㅈ四十전
申澤龍 文乃鉉大夫人
김應三 文善若大夫人
張夫人蘭淑 리夫人梅堂
曹萬永 리春京 김光錫
김俊元 權辰申 박喜龍
韓順瑞 조德默 김仁萬
김學三 裵文寶 조相述
김應瑞 千希善 邑應文
니明淑 리京善 김致云
林基魯 김종闢 박茂局
林成律 김致瑞 林基贊
鄭化殷 김仁俊 각卄錢
조召史 許月成 조순成
리영卜 張八用 박準면
盧連俊 각十錢
合六十一圓十錢

總合五百拾八圓拾陸錢
前號總合壹萬ㅅ千四百칠拾貳
圓卄칠錢칠厘
都總合壹萬四千九百九拾圓四
拾三錢칠厘

◎特別廣告◎

國債報償金에昨日所捧은姑未
合計이옵고伊前日의所捧總合
三萬九千四百四拾九圓七拾貳
錢은電氣會社內銀行에貯置ㅎ
얏숩고其貯置額中壹萬壹千八
百圓은國債報償志願金總合所
로越交喜

大韓每日申報社

本報價目

○申報價
一號代金 新貨二錢五里
一個月前納 三十錢
三箇月 九十錢
六個月 一圓七十錢
一箇年 三圓四十錢
郵稅一部 新貨五里
一箇月 十三錢

○廣告料
四號活字十三字諳
每日每英尺一寸에新貨廿五錢
(每日每行六錢에相當홈)
一週日에 二圓五十錢
(每日每行四錢五里에相當홈)
(一個月에) 五圓
(每日每行四錢一里에相當홈)
其期限의長短과字行의多寡
를依ㅎ야增減홈이有홈

●大韓每日申報各處支社廣告
中署布廛門下 金相萬冊肆
平壤上水口門內 金浩淵
仝 崔觀恒
仁川奇峴開新冊肆 李東皓
宣川邑鶴西里 安 潜
義州西門外恵西 大藥局
釜山港佐川 徐藥局
三和港染洞 金亢섭
咸興州南社西門外 曹喜林
開城培義學校 姜助遠
大邱市廳 崔一弘
載寧邑濟衆院 劉夢澤
鐵山邑東部 安 호
元山倉前 劉七錫
海州南門內 洪成인
信川邑 李源植
定州南門內書館 朴昌鎭
昌原郡校洞 許 환
郭山興岩 李銀瑞

大韓每日申報社

發行兼編輯人英國人 裵 說
發行所
南署石井동號外地三層洋屋家
大韓每日申報社

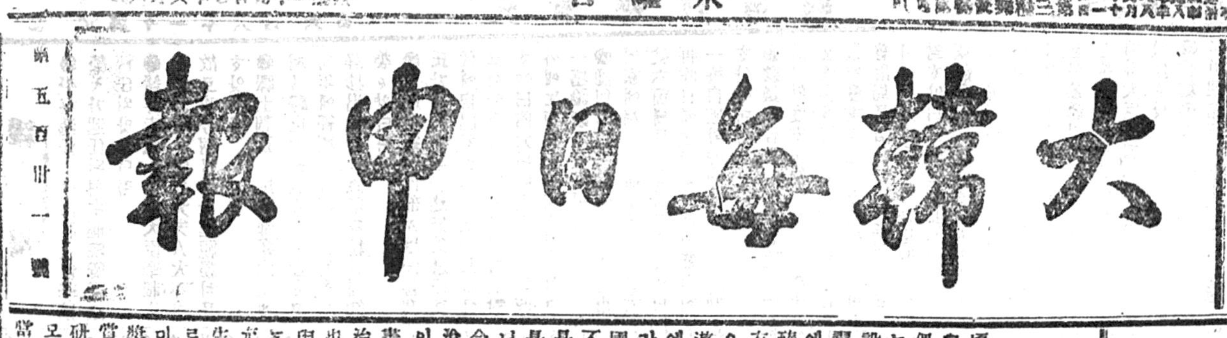

第五卷
第五百卅一號

月曜及慶節時日休刊

檀君開國四千二百四十年
箕子元年三千二十?年
大韓開國五百十六年
日本明治四十年
淸國光緒三十三年
◉陰曆丁未四月大二十六日丙戌

寄書

日本留學生

頃於陰曆四月中旬之日曜日에與二三同志로綠芳을玩賞ㅎ야偶到下谷區上野公園ㅎ니此處는卽日本明治四拾年博覽會開設場也라館舍는宏壯ㅎ야雲外翼如ㅎ고國旗는燦爛ㅎ야風前에飄然ㅎ되都人士女는輻湊幷臻ㅎ야便成人山人海러라同伴友人이互相指點曰以我等所見으로는似是壯麗나聞諸泰西에遊學ㅎ同胞之所傳則比較西洋에猶屬幼稚라ㅎ야는在傍一友가乃止之而喟然歎曰壯哉라和國之學問發達이여計其維新則不過四十年이오看其人種則同是黃色種으로物質에文明이如是盛大ㅎ야現爲東洋之先驅ㅎ니豈不偉而美哉아

今我學生도夫家離國ㅎ고遠渡滄溟ㅎ야衣此和服도專爲學問이오喫此和食도專爲學問이니靑宵勿惰ㅎ고勉旃做課ㅎ되政治也法律也兵學也警察也醫學也ㅣ揣度我國形便컨딕不可須臾闕者也ㅣ딕就中第一急迫者는農商工實業이是也라國庫之充實도在於實業之發達이오學生之做課도在於實業之發達이로다請看博覽館舍에前面懸미ㅎ라特書勸業兩字ㅎ니此非奬勵實業而何오旣到此地則玩賞陳列品ㅎ야모祇先覺人學問研究ㅎ면聞見博而智益明ㅎ야오塞이頓開ㅎ리니是我學生之當行也니러從今以後로各自注意於實業ㅎ야以圖後日我國之博覽會도亦一義務라ㅎ야는作伴諸友가同聲相應ㅎ야各出拾五錢金而購得觀覽券後에直向第一會場本館矣러니自該館內로彼人四五名이作件出來에談笑戲謔이라風便乍聞則第一會場內에朝鮮動物一個가有ㅎ다大同可笑云々ㅎ면서揚々過去하는지라我等一行이相顧而語曰我國動物이必在該會場內로다未知何許可笑物渡來오ㅎ고忙步直入ㅎ야第一第二第三第四號館을次第觀覽ㅎ니物品之華麗와機械之便利는眩人耳目ㅎ야不可一々枚擧러라

乃轉至第五號館ㅎ니館舍가比他甚少ㅎ되內掛韓國統監府之繡미ㅎ엿스니此所謂朝鮮館而自統監府로購送我國之物品ㅎ야使之出品者로다간此館舍則名稱朝鮮에未參於外國館之列ㅎ고付지於第一會場內壹隅ㅎ니暗揣其源에心膽俱裂ㅎ고憤悲塡胸ㅎ야余乃指天呼泣曰悠々蒼天이여彼何人斯며余何人斯오其지均霑에厚彼薄余가何若是偏隘오空自咄歎라가乃反求自省曰인天이豈有是理시리오今日我國之如是受制ㅎ豈出於樂於安逸ㅎ야不修學問ㅎ고勇於私慾ㅎ야競爭權柄ㅎ고偏於朋黨ㅎ야誇張門閥라가乃致今日ㅎ니實是自速其禍라豈敢怨天而尤人哉아合憐忍辱ㅎ고細察館內之陳列ㅎ니上段에는我國士農工商上下等社會男女嫁娶儀各港口漁具等을以寫眞으로搭影高掛ㅎ고其次則米豆太乾魚物藥材乾柿白木綿紬紬元羅三八紬班紬子布上下等男女衣服食盤鍮器皿粧籠褁人祭服方笠平凉子各項家具農기楊石然緖屛長烟竹木履麻鞋草鞋等各樣細微物을一々陳列ㅎ얏고西邊入口正面에(我國所産)虎豹二首를木假山一座上下에排置ㅎ엿는딕究如咆吼而活動樣矣라友人等이指而相顧曰俄者彼人之朝鮮云者가果指此物而謂歟아一友曰非也라夫動物者는活動之謂也니指死謂動이豈非謬說아必有別樣動物이로다四面詳察ㅎ되此外에更無獸族이라

覽畢此館ㅎ고更尋別處러니五號館之側에又有小々一館ㅎ니題額實玉殿ㅎ고又一名은水晶宮이라ㅎ얏는데觀覽料는大人金十錢小人金五錢이라ㅎ얏기投金買券ㅎ야一周入去則黑暗등ㅎ漆室에咫尺을難辨이라隨其如線複道ㅎ야行進數步ㅎ야望見一處ㅎ니太陽光線이依迷入照ㅎ고布帳垂下垂ㅎ얏는데一邊에는我國男子一名이髮은薙ㅎ고宕巾에添笠써고周衣를着ㅎ고椅坐에倨坐ㅎ엿기問其姓名則但云大邱住金哥라ㅎ고셔는俛而不答ㅎ며一邊은女人一名이頭의는女裝을써시되附眸모니여노코我國婦人服을着ㅎ고椅子에倨坐ㅎ얏는딕其前面에는欄干을橫隔ㅎ야他人의出入을不許ㅎ더라一友가看此光景ㅎ고顏色이忽變ㅎ면서喟然太息曰俄者路上過去ㅎ던彼人의朝鮮動物一個云々者가必指此兩人而謂也로다嗚呼痛哉라溯考歷史컨딕天下萬古에豈有是理리오大抵我國人이有何負於日本人ㅎ야同是黃人種으로有此殘忍滑行에指人爲獸ㅎ고受金錢而縱人觀覽케ㅎ니雖是野蠻時代라도決不行此事여던所謂文明者도固如是耶아嗚咽語塞에雙淚산然ㅎ지라一友가勃然大怒曰聽ㅎ라君是何言고以若文明國人民으로豈有指人爲獸之理랴아何妄出自處之悖說고更勿多煩ㅎ고試聽我告ㅎ라此邦建國이在於我邦建國後千有餘年之下ㅎ야人種之始殖이或從支那來ㅎ며或從我國來라ㅎ며或從天上來라ㅎ야原無可據ㅎ며實蹟ㅎ니雖以稽考어니와以舊學問上論之ㅎ면皆從我國而發達은彼國內一般人士가確然共知故로當此新學問發達之日ㅎ야不忘舊誼ㅎ고別設實옥殿ㅎ야聘我士女에延之上座而使人瞻모오至於料금受取야는但爲充補於館舍建築費而已라有何別意리오俄者動物二個云々者는的指虎豹二首而言也어늘空生自激에雜出自度이何若是太甚고ㅎ色이已酉ㅎ니不如早歸로다仍卽速秩ㅎ야各歸旅館ㅎ얏스나靜夜思之ㅎ니兩友問答에孰是孰非를難破疑혹ㅎ야不拘文拙ㅎ고略述所經事ㅎ야以待同胞 僉員之斤正ㅎ노라

官報

◉第三千七百八十四號 光武十一年六月五日

◉宮廷錄事

草土臣李錫冕辭職疏

批旨省疏具悉所請依施

禮葬所郞廳三單

宮內府主事閔궁鎬

掌禮院主事權錫진

奉常司主事金宇植

◉敍任及辭令

法部協辦金珏鉉 命兼任掌禮院掌禮

從二品洪在祺 任中樞院贊議

命東萊府牧塲調査委員 全羅南道觀察使權益相

忠淸南道觀察使李健榮

議政府參書官元應常

任度支部司稅局長 黃州郡守韓濬殷

依願免本官 京畿觀察使成기運

解兼任京畿裁判所判事 京畿觀察使崔錫敏

命兼任京畿裁判所判事 京畿觀察使崔錫敏

命兼任京畿稅務監 江原道觀察使金在豊

解兼任江原道裁判所判事 江原道觀察使黃鐵

命兼任江原道裁判所判事 江原道觀察使黃鐵

昌原府尹參書官崔鎭

解兼任昌原港裁判所檢事 昌原府參書官李영洙

命兼任昌原港裁判所檢事

外報

◉艦隊合一 東京電을據ㅎ則米國海軍省에서亞細亞艦隊와比律賓艦隊와合ㅎ야一太平洋艦隊라稱ㅎ는者로命令을發ㅎ미此에就ㅎ야日國當局者들이此命令을米國이日本에對ㅎ야準備ㅎ으로解釋ㅎ가念慮ㅎ다더라

◉抗議準備 米國政府는日本人이舊港溝及加奈타에서又國ㅎ는日本人의게强硬ㅎ抗議를準備中이라是는桑港飲食店襲行事件에關ㅎ야日本政府에抗議를對抗ㅎ이라더라

◉要求拒絶 露國公使가張家口庫倫間에鐵道敷設과礦山採掘권을要求ㅎ는디淸國政府에서拒絶ㅎ얏다더라

雜報

玉塔奪去의顚末 (續)

居末幾에書記洞長이避報曰俄者解送幾介를看役人이待其請官憲之處分ㅎ야更欲輸去ㅎ야曰此를若不輸去면損害가不少故로不可不急送이오係在石은將待又遞下來ㅎ야輸去ㅎ터이니勿爲攔阻ㅎ라ㅎ거늘該洞長이詰問曰雖一片石이라도不可遽然下手어늘暗自輸去가是何되理오ㅎ고一齊禁戢이온則彼徒數十名이抵戢恐嚇이기로不敢抵抗而歸라ㅎ야郡守가痛憤其長曰予留守中而禁戢이면胎弊가不少ㅎ리니爾가率洞民數三十名ㅎ고限數日交番守直이라가若又違約이면은卽刻馳報ㅎ라ㅎ고郡守가卽往我天里ㅎ야未主에接見洞報則日人이晦頭에暗輸其餘石於數十車ㅎ야已爲急送而及其輸去之際에洞民二十餘名이一齊執留則日人四五十名이各持銃劍示威ㅎ고左右擁送이기로不得禁斷이라ㅎ기

郡守가卽躡車跡而採視則已抵驛에停車場ㅎ야方欲附於火車ㅎ고停塊에傍以宮內省에라ㅎ고直入附城所在日本理事分廳ㅎ야警部萩野十郞昇渡面見ㅎ고責之曰如是公盜ㅎ禁之約을違而背ㅎ니是豈交涉上相議之道耶아ㅎ디渡邊이笑曰僕이亦非不欲禁斷이로되放其運輸之際에就飯以護車則公我間抑爲執留而守之라도徒被毀逐傷害之辱而已니言之何及이리오ㅎ고萩野曰此雖交涉塵運而發去라도果無負爾오該塔은已爲當輸ㅎ야現方運車則雖可相詰이나本郡守는此事實을報明于貴內部가可也오勿爲非執ㅎ라ㅎ얏더라 (完)

雜報

●平察遷任　平南觀察使李始榮氏가遷任되여中樞院贊議로轉任되얏다더라

●綠井未進　學部大臣李載崑氏가昨夜가該氏大夫人大朞인故로昨今兩日은仕進視務치못호얏다더라

●驛土調査　度支部顧問室에셔各驛屯土를逐々히調査호고何年에經理院에移付홈을昭詳抄出호라고該部각稅課에知委호얏다더라

●又逢反對　內部大臣任善準氏가公州觀察李健榮氏遷任혼代에自已친査김甲圭氏로敍任코져혼즉農大宋秉畯씨가反對호야日內大의薦人은쳔査切賊外에と更無可援지人乎아하고一場論駁호얏다더라

●還何自破　參政大臣李完用氏家에셔三十盆水를盛호と大甕六箇에新醬을沉醃호얏더니再昨日에該醬六箇가無故히一齊自破호야全家가一時驚動호얏다더라

●致議相合　政府參書官元應常씨와度支司稅局長으로移任혼內容을得聞혼즉日前政府會議에度支大臣閔泳綺씨가內部會計局長김寬鉉씨를讀議호と지라農大宋秉畯씨가[illegible]對호야日大監은可謂厚者오그寬鉉은元來軍務業人이라期中一藥을敍任[illegible]더러現任內部會計局長이元非當職인데況度支司稅局長乎아호디參政리完用씨가元應常시을推薦호야日可貴하이何如오호디各大臣이答日可合호다호야敍任호얏다더라

●隱結復興　水原郡守박重陽시가隱結三百七十餘結을歷總호야度支部에錄案호얏는데結전中合分지二를減하야일千六십圓을該郡守와吏胥輩의게상與호얏다더라

●華校運動　再昨日에華東學校에셔永道寺에出往호야運動會를設行호と대李容직沈相薰中樞善閔泳韶金重煥學諸氏가出席호얏다더라

●寃深작指　橫城居權光鎬의처가其夫의被殺을선寃코져호야日前平理院門前에셔巡檢과詰難호事と前報에已揭어니와日昨法部에來到호야又爲呼訴호と디法相諸重應氏가拘入호야詳問호と디該女人에嬌態所激에大발聲言호되吿不신冤이면以頭自碎라호고懷中으로拔刀작指호야流血이張濺혼디該部使令과憲兵이該女를提出門前호と디其慘狀은人不忍見이라더라

●兩變互任　光州觀察使と前協辦李지正씨가敍任되고公州觀察使と李建직씨가被任된다더라

●墾民訴部　咸陽郡前谷等居[illegible]等이度支部에請願호야本郡鹽稅를每年에添收二次分排호야當初二十兩式上納이已爲年久이옵더니本月二十一日에稅務主事가另示호되自今以後로每百斤에新貨六兩式納稅호라호기로人民等이[illegible]

●[illegible]　[illegible]貢금山[illegible]

오數給洞居民田宅之鄕而名不知日本人이誤聽雜類之甘誘호고開礦吹鑛立標木故로該山下各동人民이齊訴于該郡警部則日巡查二人을派送于該山審查而果無空開之地故로該巡查等이不可開礦之意로揚明于該郡道後에無論內外國人호고敢有侵犯者면自警署로防禦矣리니各人民은安堵如故호라호니該三十八姓과數十洞民等이賴以守護安業호다더라

●帽子製定　仁川官立日語學校長仁川府尹金潤晶氏가學部에報告호되本港新設公立仁川普通學校學員帽子章一事로業經公函于學務局長이옵더니該國儀內에帽子樣式製定은實係必要호나帽子章은國式樣來호야以便認可케흠이적當이라호온바此를准호와本校學員과協議하와監式一本을製定提出호오며本校에서經理이不便호[illegible]나本校信章은依官立日語學校例호야[illegible]一類를製定호깃숨가然以報告호오니照亮호신後俾蒙照許케호라호얏더라

●民田又奪　訴綠[illegible]內軍隊教鍊場을設施호는디該處民有地段이多호犯入호지라民人等이軍部에呼訴호야遂有相權重願셔在任時에民情을顧念호야許還勿施호얏더니現任軍大李秉武씨가該民有地를逢爲奪入호야教鍊場을設始호니故로民[illegible]

●[illegible]　[illegible]

이高等學校長洪[illegible]鉉씨가本以崔씨와面分이有혼지라此言이昌皮히知호야洪씨가三十兩을報償호얏더라

●爲兄代試　陽川郡公立普通學校副教員을學部에서試才敍任홀재應試人에申台錫시가今已靑年에外華도美妙호고文學優餘혼지라該部視學官魚㐲善시가申시를對호야日如此지才로將進이無窮혼데何文이던지更加熟習호야成功호と것이可호거날何爲誤入于教員호と야호고申시를取選호야陽川公立學校副教員을敍任호야視務호と디去月에該시로忠州郡公立學校副教員으로移任혼後에該部에셔申시에게通知호되敍任以後에一不來部호얏스니今番에と친來受牒하라호얏더니再昨日신리錫시가受牒次로來到호얏と디前日應試호든신시가아니요老聯혼[illegible]外라外面이不同혼지라該部에셔詰問혼즉受牒次로來호人이答호되前日應試者と即其弟인데代試호고副教員事務と渠가自爲호엿다호미該部에서公議가紛紛호여신리錫시と更히試才혼後文倫이教員지任을堪當치못호깃고過을犯혼지라即爲免官호엿と티豊部官人이신教員을幹務臨으로押送懲戢호[illegible]호미學務局長尹致오시가挽止호얏다더라

●以遞遞察　遞光察權益相시改遞된理由と[illegible]시가昌原扶安兩邑郡守지任時에兩處公遣가不少홈으로改遞된얏다더라

●卒業資格　法部에서法官銓銓考호기爲호여銓考資格에可合혼人의履歷書를除本月二十七日로미領受혼다と티法律卒業生中에と無論內地外國호고三箇年以上卒業人이든지曾往에判檢事를經혼人이라야銓考資格에可合호고만일二個年以上卒業人은試驗資格에應케難호다더라

●宜吏措辦　內部에서軍用地調査委員長박義秉시에게訓令호되平安南道觀察使署理參書官김英鎭報告書를接准內開에日前軍用地調査委員長照會內開에向於撥給時에初無植物損害지的害호고以移轉料로出給後該證領書에不受捺章云云等因ㄷ、다온若以移轉料로受去則限內毀移가係是當然底義務而有所不然者と該委員長이平壤郡守의게訓令호되辭意と軍用地界限內則以損害금出給호고定界外則依舊耕作을措語이온바該郡守가仍即翻飭民間이온則認以損害費而受去이옵と디此亦平川坊民모受去하고外川坊民則無論損害費與移轉料호고不取分錢허온지라然而部令이申複이옵기期於限內移轉지意로曉有告示허고且以國際上關係로已定界限을今不可變通지巡로豐辭嚴令이오되若是該委員長을即今下送허시와使지量宜措處等因인바該軍用地內移轉事로民訴를據호議政府函會가現廢허고且衆民이會集허야呼哭道路호다と道郡電報가式日답至허며人民等呼寃이又此繼至허니當初本委員長報니と損害금與移轉料를지該業主의게出給後受其領受証印이라허야兩處所報가如是相左호니是何委折인지本委員長에措處가若不失當이면豈有此煩辭이며民不從令乎아言念及此에不勝訝惑쌍더러國際上關係가不尠이기玆以發訓호노니到即前往該地호야從宜措辦에無致煩挐케호며移轉호と人民等을遣遣曉諭安撫호야俾無呼寃케허고舉行形地를即爲馳報허라허얏더라

●分半安當　西小門居임顯伊의山속이高陽等地에져혼디該山松斧를高陽居鄭光鉉이가結價二千兩에代賣코져호야該山幕直崔貴先이가橫出日同償紅裳이며我當伐賣라호고鄭光鉉의雇軍을一幷逐送호고山主임顯伊를來見하고何樣주請호얏던지임顯伊가崔哥의게又爲許賣호지라鄭光鉉이가賣買의先後를本郡에呼訴혼즉本郡守가分半伐賣지意로處決호거놀鄭光鉉이가觀察府에又呈호야圖得嚴題到付호고更欲伐賣혼則崔哥가또觀察府에呈訴호야鄭光鉉을押上裁判호야鄭哥를還留船料혼지라鄭光鉉이가不勝憤歎호야平理院에來訴호얏더니該院에셔崔귀先을押上호야再昨日裁判호と디初次고陽郡守分귀代賣之題를依施判決하얏다더라

●靑年會演說　今日下午七点半에靑年會館에서名譽가業著호紳士尹孝定氏가眞正혼事業家란問題로演說혼다더라

△四月閒鶯▽

△近日政海에新製巨艦이水面에鋒出호야坐如天上호니欺乃一曲에無恙往來호더니那邊怒濤가倘此起伏호야水雷艇一隻이暗礁衝突이로다

△內部大臣任善準氏と무삼事端이有혼지不久히遞任된다고世論이喧騰호니원일이오秉銓之任을新任호얏다가郡守奏本호번도上奏치못호고遞任되면大端히섭섭호깃소

△遞算大欋重顯ㅅ와遞度大閔泳綺氏と日本에渡去호야東京博覽會를觀覽호고또其他制度의狀況을視察홀計劃으로伊藤統監의게認許을得호얏다니以若勢道호던大臣으로區區히中樞院顧問을觀務홈이오萬里扶桑에浩然東渡호야壯觀歸來호면亦一快爽홀事로다

△內大가其甥姪宋義憲氏로該部參書官을敍任홀야다가反對를因하야勿施호고尹찬[illegible]로敍任홀야다가亦是大臣의狎客으로指目호と人인故로異論이不無ㅎ야又爲勿施호얏다니大臣初政에異議가何多오此所謂愛莫助之로고

△內部에셔地方官考所と仍置호고각大臣이字牧之官에合格혼人을薦호면履歷은勿論호고一般公業이合格혼[illegible]노문知了호면敍任혼다니각大臣의薦擧가公正호면초건만은일不公호면엇지홀と지

△中樞院贊議と軍國事에參行將案議인즉擔負가非輕인디日俸을未撥호문有欠公體라고該院에셔政府에照會호얏다니日人을雇聘호면何等事務에關호던지月俸外家舍料싸지多數히許給호면서贊議と名譽로만觀務호라と거시可홀가

△漢城德語學校에셔春期運動會를東小門外奉國寺에셔開設호と디適其時에宮內大臣李載克氏가花遊次로出往호얏다가該校運動會를觀光호고五元錢을捐助호얏다니以若宮大地位로五元전을不惜호고이궂치調手로用錢호면敗家홀걸

△지地方巡檢이人民을壓迫호며財物을討索호と弊로新聞社에投書가日日還至호야不勝記載인대　府에서と至今싸지聽若不聞호と지

△三百年前에加藤淸正이二十萬大兵으로朝鮮을侵伐홀時에漢城과豐德ㅅ지흘二座玉塔을奪去호기로經營하다가如意치못호얏더니今年에田中顯光이一介使節로來聘호야豐德玉塔을無難偸去호얏스니日本은昔年未了지事를竣功호얏고

本社告白

國債報償에關ᄒᆞᆫ義捐金額을本報紙面에逐日廣告로發布ᄒᆞ더니猶有遷滯ᄒᆞ야義捐諸氏의芳函을迅速揭布ᄒᆞ지못ᄒᆞ시ᄂᆞᆫ意를本館에深謝ᄒᆞᆷ을더니今自本報로國文報一部를增刊인바從今으로ᄂᆞᆫ漢文報와國文報에義捐廣告를並爲揭布ᄒᆞ려ᄒᆞ오니愛國僉員은照亮ᄒᆞ시옵

安岳細동坊成동金永杰로支社員을認定ᄒᆞ고視務케ᄒᆞ오니該坊近處本報購覽ᄒᆞ실諸員子ᄂᆞᆫ右氏에게로請求ᄒᆞ시옵

大韓每日申報社

雜

興德郡富安面卵山義務所趣旨

今以國債報償事로自京以徧義盟一起ᄒᆞ야草偃風動乎四方ᄒᆞ야忠憤所激捷猶影響ᄒᆞ니勿論京鄕貴賤上下老少男女ᄒᆞ고雖鰥寡孤獨疲癃殘疾倡優輿ᄃᆡ라도莫不捐義ᄒᆞ니惟獨此天地此世界ᄂᆞᆫ別有天地非人間인지退息진紳之可以爲凡民모範之家와資本大家可以爲世俗興起者ᄂᆞᆫ明知其國權未復之機인지恬然不動에袖手觀望ᄒᆞ니是其成說乎惟此國債之償與不償이在於진紳及資本大家之動與不動이니鄙等雖是無似나實於乘務所在에與數三同志로晩設ᄒᆞᆫ會ᄒᆞ고布告趣旨而遂 演說이將至彌月이되面々唯々ᄒᆞ야爭先出義ᄒᆞ고且置勿論ᄒᆞ고議頭退步ᄒᆞ야觀望資本大家之動靜ᄒᆞ니然則一般國民之信服이不由於資本巨室之動與不動乎一言蔽曰

[illegible]

●海州郡國債報償義務社趣旨書

[illegible] 一千三百萬圜國債報償事로 [illegible] 王臣이라孰無忠君之心이며孰無愛國之誠가歲入歲出이常患不足ᄒᆞ니ᄂᆞᆫ何以歷營됨債之策哉正是臣民之中夜彷徨에莫不惶悶더니何幸國債報償斷煙同盟之議가倡自嶠南ᄒᆞ야鼓動義氣則以隨列성朝休養之民으로國有艱虞면死且不避어든隨力捐財ᄒᆞ야以保家國을其誰玩惕리오無遠無近히響應影從ᄒᆞ야漢城各社之所納義金이時加日增ᄒᆞ야今日巨額ᄒᆞ니此乃我國宗社中恢之運이오我同胞再生之秋라惟此鄙이中於湖西ᄒᆞ야素稱忠義ᄒᆞ니愛國誠衷가豈後於他郡乎아生等이聞此消息ᄒᆞ고不勝激厲奮發之衷ᄒᆞ야玆以仰布ᄒᆞ오니惟願境內大小僉員은一體奮義에隨力捐補ᄒᆞ야以保家國共享太平之福을爲祝ᄒᆞᆷ

發起人 최相晩 李ㅁ喬

●校費嘯警 新門外華東學校

[illegible]

●特原港國債報상義捐金
第一回
老振巨 리源鍾 客主都中
각五십錢 정泰午 리相召
각시십圓 리圭哲 朴在榮
金정權 홍在甲 金大振
具泰祚 손澤權 각三십圓
孔麟洙 廿五圓 辛和益
金창鎬 朴錫鎬 玉彩振
玉點振 각二십圓 金인奎
져칠圓 朴奎烈 십오圓
裵贊汝 十一圓 金膺權
玉경현 辛영弼 朴允榮
홍在旬 金奎錫 리喜道
金봉근 朴兌烈 韓영교
甘틱鉉 黃甲周母親裵시
김진圭 각十圓 文璟範
九圓 金振九八圓 陳明瑞
칠圓 박熙榮 金운相
崔禮敎 리鍾台 김周烈
리正玉 崔敬오 姜鳳주
黃翼秀 陳경凡 정틱珍
辛應伯 리君若 朴祐영
정틱云 김기鍾 姜홍奎
黃갑주 崔命于 崔炳斗
什長都中 寡宜都中 김洛鎭
姜亨天 김炳호 각五圓
니顯宰 김命守 리康熙
각四圓 府尹府主事리在性
리錫儀 김炯壽 具麟元
南奎贊 崔成오 니根호
니기一 劉桂玉 陳錫奎
南士奎 김秉濟 羅鍾修
朴틱見 韓鎭錫 李仁雨
각三圓 學徒金炯철 김炯在
오仲汝 林炳老 姜준模
니善一 니樂宰 니躅宰
니宰 오敬善 崔克昶

[illegible] 呂文珠 黃義봉
李和松 김成權 김光杓
장正學 박性初 김嶽權
姜成必 尹영珠 申봉吉
김寶漢 니寶賢 각二圓
張哲守母親 김海龍母親張氏
각일圓 김辰오 니性敏
俞性一 니文一 각二圓
崔得林 孔道一
각일圓四十錢 高주瑞
일圓卅四錢 金在漢 文命範
各壹圓口錢 손英셔 金桑均
金性贊 尹君玉 金正基
彭錫才 辛容仐 金君錫
박文善 박庶潤 河在允
김星範 金而金 辛克仲
니性道 金濬斗 退妓雙雲
金兌權 金致善 崔敬보
崔學七 諸有祥 金教哲
니禧道 姜相僖 甘致伯
박甲石 吉文淑 尹正直
金龍珠 金桂珠 金봉珠
박奎洪 高祥용 金창鍾
丁碩敎 金吉見 리贊榮
林鍾惠 金敎赫 尹性旭
金창翰 金翰斗 高金則
姜聖淳 金輸斗 黃이彦
崔鶴敎 明局權 黃봉瑞
정道善 廉平瑞 羅奉彦
니千一 김良瑞 徐明振
박成潤 박廷鎔 홍明厚
오鍾漢 崔英贊 정봉奎
金鍾默 金碩蘭 니인善
金창濟 金자裕 羅子漢
羅英漢 金致彦 金福童
金成贊 김處元 曹致오
權重實 鄭昌金 黃成吉
韓龍臣 池益仲 김英伯
金文瑞 김用보 니致正
김聖守 김聖祿 김셩八
明道셩 김鍾大 김宅瑞

黃文賢 [illegible] 二圓 김處玉
八十전 리우근 安敬先
니守寬 리英祚 리奉石
尹道千 박見岳母 리德守
정元有 리셩순 姜창見
리春益 김性玉 각六十錢
김弘善 손敬奎 김敬순
學徒童蒙김善甫 姜春植
童蒙金善甫 김振玉 김德弘
尹相哲 白太伯 손德순
金南善 沈性옥 金셩五
權틱종 沈相協 니尙煥
裵龍틱 각오十전 趙순셩
손윤千 黃河水 崔子崴
박有祥 박和益 全斗天
姜君오 金德信 金千有
金윤範 리用伊 裵致道
金處一 徐聖老 林馹信
姜相用 박逢春 金周一
全英見 金性彦 각聖云
金時中 李石洪 南致敬
니泰儀 裵贊吉 趙應오
丁成칠 니太平 孔召史
니君善 니辰安 정致伯
金在有 우順辰 沈敬西
盲人金明五 각四十전
宋益坤 강영模 俞敬洙
池應天 니敬우 金士賢
리伯彦 曹元俊 鄭用西
셜敬云 각卅전 니永學
박틱彦 김順玉 김敬善
김善必 張勳相 니成必
김順根 니性五 김주千
崔셩直 김基弘 朴而仲
김명조 嚴元敬 김化순
리曾和 孫敬옥 박틱션
박春吉 김尙옥 박在根
김尙여 김영瑞 千重根
김德圭 김윤和 張乃순
朴光是 김幸조 丁인조
洪三조 安聖乙 河多奎
리옷出 김讚玉 리容擢

南壽奎 金敬守 宋鎭敏
崔桂八 김福元 安宗見
成주여 니君瑞 辛用伊
沈炳禧 김成玉 丁性奉
金德여 朴斗善 金振여
李致彦 梁元奎妻황氏
김處仲 裵召史 강致伯
興先母親張氏 최在영
니而金母親金氏 丁덕辰
韓士彦妹氏 니敬一 鄭和윤
李守完妹氏 리性長 金틱汝
吳明元 劉庶옥 金性老
金基伯 徐在益 洪종伯
金太金 金龍周 金明五
김致三 金春西 金伯倫
鄭和伯 황仁伯 金틱순
李元瑞 金成彦 崔덕宇
박卜守 金致先 박지션
박윤彦 각廿전 鄭德五
金明션 강斗模 鄭用伊
李셕章 김伯윤妻 강윤明
朴斗七 全和伯 具션有
金士仁 리君八 朴泰元
全在見 孔道奎 吳종洙
徐相옥 丁德瑞 金守烈
金儀瑞 金尙範 각십전
沈時龍 삼전五厘

●月居鄭氏門中
정덕天 十圓 정致明
정景明 정乃여 각八圓
정윤明 三圓 정學明二원
정우明 정俊明 정순明
정周成 각一원 정乃淵
六십전 정明局 二십전
정致先 정德宇 각십전

●城山居慶州李氏門中
리啓鍾二圓廿전 리啓相一원
리啓宇 칠십전 리裕寅
三원卅전 리裕鍾一圓五十전
리裕龍廿전 리裕坤廿전
리裕철오十전 리裕赫四십錢

一원오拾전 리裕明 리裕宜
二圓五十전 리裕章四십錢
리裕應一圓 리裕宰 리裕禄
각二십錢 리裕海一圓팔拾錢
리千敎오十전 李珍榮六十錢
리潤榮一圓육十錢 리薰榮
五拾錢 리龍榮三圓廿전
리兌榮 卅전 리圭순
二圓五十전

●婦人國債報償義捐金
박泰鑫母親白氏
梁기洪母親明氏 각二圓
玉舜麟母親金氏
李陽東母親金氏
리鍾틱母親김시
鄭奎瑞母親吳시
孫文틱母親김시
김亨壽母親宋시
李在圖母親니시
玉舜瓛生母親金시
朴學相母親김시
具聖傳母親延시
梁推子妻金氏
김鳳洙副室
黃應八副室 甲得母親金氏
니龍石母親尹시
崔大亥母親妻시
김振九여니시
김泰文妻俞시
朴泰汝妻金시 鄭泰振妻김시
金武重妻卞시 김基伯妻黃시
李君若妻김시 김善仲妻니시
尹君益여石시 각一圓
裵性贊母親鄭시
김星範妻김시 박盛길妻김시
김禹洪妻김시 박泰鑫妻俞시
姜瑠烈祖母金시. 김孝源副室
韓必年母親玉시 김舜益副室
玉舜麟妻黃시 봉年母親黃시
黃致白妻니시 辛應白妻.
池龍珠副室 각육十전
彭其贊母親니시
김其善妻俞시 각오십전

鄭[illegible]妻김시 龍伊母親김시
박盛吉母親盧시
박[illegible]妻裵氏 김明振妻徐시
明在守母親니시 折守母親張시
김泰汝처박시 니泰亨처南시
김준瑞여 高敬岩여尹시
리셩初처 박틱노姉시
曹奉瑞처 김振오처
金應伯모친宋시
김永淑처崔시 他官모친김시
諸有祥여 徐셩셔여니시
韓敬셔여니시 김덕汝여리시
박敬碩여리시 金南伊모친
俞致汝여梁시 조윤五여최시
金敬[illegible]여金시 김宗植여리시
최덕祜여김시 黃處오여具시
리辰오처 김其石모친鄭시
裵贊여처김시 裵益振여梁시
김音奎모친 리敬順여김시
손仁彦여 김彰조여洪시
박元셔여김시 각四十전
鄭元吉여卅전 리性甫여문시
박達禮모친김시 김振伊祖모
辛克元모친김시 조贊玉여
박敬셔여趙시 高周셔천妻시
김치先여리시 朝葉모친
尹性旭여리시 김문오여洪시
김哲玉모친 리仁彦여박시
오치益여林시 리지見여김시
姜셩必여리시 蔡지坤夫人
박方一여月彭김시
高斗信모친리시
廉所모친鄭시 石주모친김시
命介모친廉시 위石모친손시
蒙恥모親최시 正道모친리시
金光옥여리시 리正宇모친
김音金모친金시
박腦德모친鄭시
高敬天여彭시 박處옥여오시
김云將치南시 梁熙玉처
박틱敬여리시 리艮殷여余시
최召史 彭元之母친
秋大인여리시 김太元처沈시
리其셔처김시 김武余여박시
徐敬오여리시 리君贊여김시

김千오여최시 리正三여黃시
김주一여박시 강치云여박시
김기여여黃시 辛用金母친
김리호母친辛시 김是甸母친
디漢母친리시 박權任夫人
리善璋여오시 리正來여김시
太와元여강시 김君先여니시
김成實여니氏 박德化여權시
河城오여리시 각二拾錢
최石근모친 十슷전
리貴珍팔歲女兒 리위化여
리敬三여 守連모친
郭子俊여김시 김性道여
각십전 榮商進石모친六전
合壹千三百三十六圓七十七錢
五厘

前號總合壹萬四千九百九拾圓
四拾三錢七厘
都總合壹萬陸千三百廿칠圓卅
壹錢貳厘

◎本社廣告
○申報價
一張代金 新貨二錢五里
一個月前納 三十錢
三箇月 九十錢
六個月 一圓七十錢
一箇年 三圓四十錢
郵稅一部 新貨五里
一箇月 十三錢

發行兼編輯人英國人 裵說
發行所
南署石井洞號外地三層洋屋家
大韓每日申報社

第五卷　大韓每日申報　第五百卅二號

大韓每日申報

月曜及慶節歲時日休刊

檀君開國四千二百四十年
箕子元年三千二十九年
大韓開國五百十六年
日本明治四十年
淸國光緖三十三年
◉陰曆丁未四月大二十七日丁亥

論說

聊化內閣

日昨서울프래스新報에記述ᄒ엿스되今後每火曜에各部大臣이統監官邸에서內閣會議를開ᄒ기로確定되기에至ᄒ지라昨日에首席大臣李氏와其他諸大臣이統監官邸에會集하야下午三点鍾에會議를開ᄒ바鶴原總長과古谷과國分兩氏도亦參議席이라ᄒ엿스니此事實이韓國人民의重要ᄒ注目處를作ᄒᄂ도다

韓國의獨立지日이將有하리라ᄂ伊藤侯爵의諾言이後日에履行될期望은如此히遠去ᄒ시라伊藤侯가讃揚을但得ᄒ光輝를持ᄒ야歷濱ᄒᄂ効力으로每事를次第試圖ᄒ엿스니通信機關과海關事務를初擧에得ᄒ엿고其次에ᄂ所謂新條約을成就허엿고其後에ᄂ多數日人을急速注入ᄒ야大小官職에次第任處ᄒ야前政府를抗逆ᄒ기에必得成功ᄒ지라前政府의辭職이出於强逼이오其新任諸大臣은一進會員을包含ᄒ뿐不啻라實心附日ᄒ야近於排韓的諸員도亦參其中ᄒ얏스니畢竟極少ᄒ데레도一件運動이更有ᄒ거슨自然之勢라新內閣이有ᄒ기를苦待ᄒ엿더니但統監의快樂을事를待ᄒ이되얏스니豈不異哉아今後火曜에內閣會議를統監官邸에서開ᄒ다ᄒ엿스니此ᄂ新任內閣이統監圈內에無過無不及ᄒ確證이라會議를統監府에下에開ᄒ진된其商確과決定이伊藤侯의書記官眼下에서就行될지니諸大臣이統監의劃出ᄒ순序를其能不拘ᄒ고何如問題를의決ᄒᄂ지人皆異之ᄒ리로다此全部事態가但一滑稽戲曲이오且韓國이獨立痕跡을少保ᄒ何如口實이有ᄒ기까지ᄂ如彼滑稽가其將繼續ᄒ리로다

官報

◉第三千七百八十五號 光武十一年六月六日

◉敍任及辭令

解步兵特務正校 李圭稷

外報

◉密輸入의注意 直隸總督袁世凱氏ᄂ淸國에輸入ᄒᄂ銃器와彈藥이神戶에到着ᄒ얏스니其密輸入을注意ᄒ것이라고北京政府에稟申ᄒ얏더라

◉米德의通商條約 桑港電을據ᄒ則米國과德國의通商條約이漸次協定되야相互間或物品에對ᄒ야關稅低減의規定이有ᄒ다더라

◉張袁轉任說 北京電을據ᄒ則兩江總督張지동氏ᄂ直隸總督으로轉任하고袁世凱氏ᄂ中央政府에入하야農商工部尙書를任ᄒ다ᄂ說이有ᄒ다더라

◉河南匪徒 淸國河南省에서起ᄒᄂ匪類ᄂ檄文을四方에傳ᄒ야良民을煽動ᄒᄂ데其勢가輕侮키難ᄒ다더라

◉別子銅山의暴動 大阪電을據ᄒ則再昨夜에伊豫別子銅山에서坑夫數百名이暴動을起ᄒ야役員의居宅과建物을폭破ᄒ얏ᄂ데此를鎭무ᄒ라든警察署長도暴徒의殺害ᄒ비되고騷動이尙今不止ᄒ얏다더라

◉各國軍艦의警戒 南淸海面에지ᄒ각國軍艦이目下에十八隻인데一令이下ᄒ면곳出港ᄒ기로準備ᄒ얏고英獨兩國에軍艦은特히湖南地方을警戒中이라더라

◉軍器密輸 廣東省潮州에서匪徒ᄂ佛國商人의盡力을依ᄒ야安南軍기를密수入ᄒ다더라

◉英國出兵 香港電을據ᄒ則英國軍隊가南淸匪徒의叛亂으로由ᄒ야香港에서산頭로急行ᄒ얏다더라

雜報

金海郡鳴旨面國債報償同盟所趣旨書

伏以民國은天經地義也라國疲면民困이오君憂면臣辱은理之所固然矣라惟我祖國이自檀箕以後로屈我성明ᄒᄉ셩子神孫이繼々承々ᄒ야三千리疆土에二千萬同胞가涵유 셩덕이오百年于玆러니邦運이暫滯ᄒ고民命이頗蹇ᄒ야外究內姦이迭相亂ᄒ야國家之岌業이有累卵之危ᄒ고生民之困瘁가有倒懸之急ᄒ며兼有內帑이罄竭ᄒ야外債之募入이至爲一千三百萬圜之多ᄒ야利殖이增衍其額ᄒ되剛算이末由劃償ᄒ니此非邦國之痼瘼이며亦非臣民之漆憂乎아由此而外人之虐待日甚ᄒ고使介之侵索이月加ᄒ되莫之能禦ᄒ니 九重楓宸에錦玉이靡寧ᄒ시고十部台鼎에措施沒策ᄒ더니何幸自同胞中으로發起斷烟義捐之擧ᄒ야一口噴發에萬人影從ᄒ야啟蒙이進步ᄒ고瘡痍이欲醫ᄒ니此ᄂ天性之自然이오非人力之所勸勉也다我韓積年腐敗之習이一朝化爲十丈熱血ᄒ니유然若枯木之更春이오涸鱗之得水다以此導迪而進明則何患乎國債之未償가亦足以獨立基礎를鞏固矣리니長勝感歎哉아窃念此村이雖處僻陋나亦一般臣民也라其在共同秉彝之天에惡得無傾衷相應之義乎아是故로生等이先將纖芥之物ᄒ야聊表嗣薄之誠ᄒ고敢玆發起ᄒ것은惟願僉尊은勿守遺々而自譏ᄒ고維慕灌々之懷衷ᄒ야萬人同歸ᄒ고一乃心力則非比公債之淸帳而已라可以保四千年守來祖國之疆矣오亦非徒挽回國權而已라可以雪外國人苛虐威嚇之恥辱矣리니是豈非惟吾民族之大事業耶아望須勉之勵之ᄒ야各回秉常ᄒ야共奮義務之地를希々々

前議官金瑞昶
前郡守韓[illegible]奎

◉賀培義學校

美國大八校洞留李ᄂ翊

大韓帝國開城府培義學校學徒諸位同胞의게致語ᄒ야致賀ᄒ옵나이다本人이此處에서本國新聞을愛讀ᄒ온바某大官이某職으로轉任ᄒ고某觀察及某郡守가某府及某郡으로移職ᄒ엿다ᄒᄂ거슬보려ᄒ이아니라다만우리一般靑年同胞의敎育上注意之如何를注目ᄒ옵더니 하나님의도으심으로昨年十月分新聞上에 貴學校設立됨과나의至愛兄李ᄂ助氏의副校長되심을보고不勝敬賀ᄒ여義兄에게致賀ᄒ엿더니今接我兄의惠書ᄒ야擧讀ᄒ다가貴校生徒가一百三十餘名에達ᄒ엿다ᄂ何說을當ᄒ여以拳打床에不覺手舞足跳也敢問우리一般同胞ᄒ나이다我國이只今何等地位에處ᄒ엿스며吾儕가何樣地位에處ᄒ엿ᄂ가위로ᄂ祖上國宗社가滅亡ᄒ地境에至ᄒ엿고아래로ᄂ二千萬同胞가野만이라ᄂ稱號를得ᄒ地境에至ᄒ얏스니우리靑年이當此時ᄒ야엇지敢히밤에잠을편이자며三時로밥을달게먹으리오此ᄂ우리一般靑年된者ᄂ應當[illegible]者라假令使五十年前에生長ᄒ엿스도無用之物이되엿깃고五拾年后에生ᄒ엿도未免太晚之歎也오彼英美法德과如히富强文明國에生長ᄒ엿사도別無所爲之事흘터이나 (未完)

◉白川郡國債報償義捐所趣旨書

夫國者ᄂ如水ᄒ고民者ᄂ如魚라水涸則魚何以圖生이며國危則民何支援乎아今以外債一千三百萬圜之多而報償則國保民存은雖涂室恐夫라도心有想覺이어든而況孩童幼兒婦寡弱孤獨而義捐지際에人非木石이면孰爲袖手傍觀호아李東植氏가先出義捐金五圜而勸告于邑村紳士[illegible]遵至ᄒ니同州지勸勉우眞出於愛旺지心也라我全國同胞가以愛國지心으로一團體結ᄒ야能免債奴지名字則地球上에快爲擧頭矣리니二千萬同胞가同舟相救지誼로好結哀曲지地를切望仰祝ᄒ

◉島民血誠 平安北道嘉山秋島ᄂ卽耶東一片小嶼也家戶ᄂ僅爲四拾八戶오人口長幼가不過二百에營業不贍ᄒ야衣食艱甚에僅々生來ᄒᄂ니其餘貧困之情은不道可想也然而現今國債報償之事를白嶺南有志人士가創起ᄒ을風聞ᄒ고愛國之誠이奮發ᄒ야洞長李觀憲林處綱朴相翊金鼎夏임봉根등諸氏가丙照김윤植諸氏가共同發起ᄒ야昨日島會ᄒ고同島民이國債報償은臣民된天의當々先務ᄒ理由를逐々說明ᄒ니傍聽者合悲齊書日吾等이雖居島中ᄒ야不分東西之別ᄒ고不矣天壤之大矣나莫非王臣이니當此國勢岌業之時ᄒ야只養口腹이면異禽獸耶아ᄒ야補萬々之一이나熱心血誠으로國民子의道理라ᄒ고爭先出捐ᄒ니一區募集金額이大約陸拾圓이니如此嶋民血誠은從今未有일矣ᄒ며抑又恭惟敎徒金雅建厚氏夫人金信厚氏가血誠如焚이나只以發憂로資質無所莊銀餘一枚ᄒ야卽納捧捐所日此是微物이나以表同情이라ᄒ엿스니生은雖居博川이나聞其此言에欽歎ᄒ야此意를公佈于新聞ᄒ나이다

◉校務擴張 典동私立中東學校에서漢語日語兩課를敎授ᄒ더니今般의校務를一層擴張ᄒ야來納ᄒᄂ대今般新入學員의授業에便利ᄒ기爲ᄒ야語學에精通ᄒ敎師를시로이擇定ᄒ고漢日語兩課를各々設置ᄒ고授業期限은十二個月로定ᄒ고學徒를방금募集中이라더라

雜報

●宮府官制改更 宮內府官制中制度局參書四人은理事로改正ᄒᆞ고勅任二人奏任三人翻譯生五人을添入ᄒᆞ얏다더라

●兩씨被任說 議政府參贊韓昌洙씨가光州觀察使를轉任ᄒᆞ고其代에ᄂᆞᆫ官民間에公正名譽가素著ᄒᆞᆫ某氏가被任ᄒᆞᆫ다ᄒᆞ며前協辦李지正씨ᄂᆞᆫ晋州觀察使를被任ᄒᆞᆫ다ᄂᆞᆫ說이有ᄒᆞ더라

●兩시遞任 江陵郡守李在華시ᄂᆞᆫ免本官되고咸平郡守朴承準시ᄂᆞᆫ依免되얏다더라

●兩시轉任 南署警務官김相설시ᄂᆞᆫ監獄署長으로轉任ᄒᆞ고其代에ᄂᆞᆫ前技師김敎각시가被任된다더라

●宮大閉戶 宮內大臣李載克氏가其兒憂를因緣ᄒᆞ야多日仕進視務치도못ᄒᆞᆯ뿐더러頓無世況ᄒᆞ야門戶를閉鎖ᄒᆞ고來賓을不接ᄒᆞᆫ다더라

●警參有人 內部警務局長은前參書官石鍾衡氏로叙任ᄒᆞ기로該部協辦兪星濬氏의勸告로該部大臣이政府에請議ᄒᆞ얏ᄂᆞᆫ데日間叙任된다더라

●名譽擇用 內部에셔晋往에納賂圖去ᄒᆞᆫ地方郡守ᄂᆞᆫ一齊遞免ᄒᆞ고名譽가有ᄒᆞᆫ可堪人으로擇用ᄒᆞᆫ다ᄂᆞᆫ說이有ᄒᆞ더라

●亦彈報筆 農大宋秉畯氏가各新聞所載를言論ᄒᆞ되現任政府大臣이視務多日ᄒᆞ야善不善을顯著ᄒᆞᆫ然後에ᄂᆞᆫ攢論하든지論駁ᄒᆞᆷ은可커니와新任之初에爲先長短을論評하ᄂᆞᆫ것시切非妥當이라ᄒᆞ얏다더라

●電報姑停 日本에逗留ᄒᆞᄂᆞᆫ亡命客諸씨의出來ᄒᆞᆫ다ᄂᆞᆫ說이近日에喧藉ᄒᆞ더니伊藤統監이姑爲停止ᄒᆞ라고電報ᄒᆞ얏다ᄂᆞᆫ說이有ᄒᆞ더라

●履歷繕交 各府部院廳奏判任官의階級期限이在邇ᄒᆞᆫ故로該履歷書를繕書ᄒᆞ야度支部로送交ᄒᆞ라고通牒을輪示ᄒᆞ얏다더라

●宜乎聲討 尙州郡有志紳士鄭在應씨가大邱斷煙會를論責ᄒᆞ야四處에公布ᄒᆞ되惟我大韓이國債報償事로全國이鼓動ᄒᆞ야庶有就緖之望인ᄃᆡ達城西門外償債會任員니鍾國이가以此義金으로倡出植桑植松之論ᄒᆞ야眩惑衆心ᄒᆞ고徐允瑞等은以此義金으로敢作設肆設典之利ᄒᆞ야欲充私橐ᄒᆞ니如此雜類ᄂᆞᆫ全國이聲討ᄒᆞᆷ이可ᄒᆞ다ᄒᆞ얏더라

●一進濫捧 三和港에셔一進會가屠獸會社라稱ᄒᆞ고農商工部에認許를得ᄒᆞ야稅金은一年에六十圜式上納ᄒᆞ기로酌定ᄒᆞ얏ᄂᆞᆫᄃᆡ各庖肆에ᄂᆞᆫ牛一隻에二元式猪一首에二十전式收捧ᄒᆞ미該社設施가不過三四朔에稅金收合이八百餘圜에達ᄒᆞᆫ지라該港에屠獸稅金이若是夥多ᄒᆞᆷ으로肉種價가日々高翔ᄒᆞᆫ다고該港來人의傳說이有ᄒᆞ더라

●崔總慈善 三和港總巡崔象鎭씨가監獄署를淨潔히改修ᄒᆞᆫ事ᄂᆞᆫ已爲報道ᄒᆞ얏거니와崔씨가罪囚가長在獄中ᄒᆞ야空氣을不受ᄒᆞ면易致生病ᄒᆞᆷ을憂慮ᄒᆞ야獄門前에墻垣을廣築하고罪囚로每日運動케ᄒᆞ며或草鞋을捆ᄒᆞ고草索을陶ᄒᆞ야使之放賣ᄒᆞ야食費에補用케ᄒᆞᆫ다고西來人의稱頌이有ᄒᆞ더라

●兩校合設 水下동普通學校를重建築ᄒᆞᄂᆞᆫ故로該校學徒를貞동普通學校로合設ᄒᆞ야校舍가狹窄ᄒᆞᆫ故로貞동學徒ᄂᆞᆫ上午九時에上學ᄒᆞ야十二時에閉學ᄒᆞ고水下동學徒ᄂᆞᆫ下午一時로부터四時ᄭᆞ지達ᄒᆞᆫ다더라

●勸告校長 日昨에學大李載崑시ᄂᆞᆫ高等學校에觀察ᄒᆞᆫ後에該校長을見ᄒᆞ고敎育을恪別히勸奬ᄒᆞ라ᄒᆞ얏다더라

●寄金分排 向者田中特使가渡韓ᄒᆞ얏슬時에京城각學校寄附金都合三百圜을學部로致送ᄒᆞᆫ故로該部에셔現今에相當히分排ᄒᆞᆫ다더라

●각校視察 學部事務官小杉과視學官魚錦善兩시가限四十日ᄒᆞ고각學校를觀察次로本日咸鏡道等地로出발ᄒᆞ얏더라

●商民撤市 東萊港客主들이각處商民의게口文을濫捧ᄒᆞᆫ事ᄂᆞᆫ前報에已揭ᄒᆞ얏거니와農商工部에셔商民等의呼訴를因ᄒᆞ야該府尹에게發訓嚴禁ᄒᆞ라ᄒᆞ얏더니東西出帳所ᄂᆞᆫ依訓廢止ᄒᆞ고口文濫捧之弊ᄂᆞᆫ尙不禁斷ᄒᆞᄂᆞᆫ故로慶尙南北道商民等이撤市逗留中이라더라

●兩會相持 神宮奉敬會ᄂᆞᆫ設始多日이오同友會ᄂᆞᆫ現今刱立中인ᄃᆡ主旨目的은兩會相同ᄒᆞᆫ故로先設ᄒᆞᆫ會에對ᄒᆞ야防害가有ᄒᆞ다ᄒᆞ야兩會員이相持ᄒᆞᄂᆞᆫ中이라더라

●別懷창然 靑年會英語敎師美國華利亞씨가香港靑年會總務를被選ᄒᆞ야昨日京仁列車로離發ᄒᆞᄂᆞᆫᄃᆡ該會學徒百餘名이再昨日에前期餞別次로新門外該씨旅館에一齊히出往ᄒᆞ야韓國物品을多數買與ᄒᆞ야창缺之情을表ᄒᆞ얏다더라

●私鑄又發 近日에市井商賈間에舊貨ᄂᆞᆫ收盡ᄒᆞ고新貨各種이流行ᄒᆞᄂᆞᆫᄃᆡ白銅五錢貨私鑄가稍々現行ᄒᆞ니또前日白銅貨貨貌樣으로內外國奸細輩가多數暗히密輸入ᄒᆞ면全國金融이紊亂ᄒᆞ야貨幣整正後殘存ᄒᆞᆫ商界가永爲撲滅ᄒᆞ리라더라

●水雷發見의賞與 度支部에셔內部로照復ᄒᆞᆫ內開에日露戰役時沈沒ᄒᆞᆫ水雷가尙今本國領海에浮流ᄒᆞᆷ으로航海及漁業者의危險이莫甚ᄒᆞ니本領에本年度內水雷를發見케出ᄒᆞ고所管官廳에來告ᄒᆞᆫ時ᄂᆞᆫ內外國人을不問ᄒᆞ고每一件에금百圜式賞與ᄒᆞ기로水雷拾件을屆出ᄒᆞᆫ預算으로금一千圜을支出ᄒᆞᆫ等因이온바査照ᄒᆞᆫ請撥이雖出於保險政略이오나尙不確定ᄒᆞᆫ事實이됨으로日後如有發見屆出者ᄒᆞ면隨現隨撥ᄒᆞᆷ이갓슬기玆에仰覆이라ᄒᆞ얏더라

●兩시寄附 鄭영과趙觀允兩시가金二十圜式을辨出ᄒᆞ야實業硏究會에寄附ᄒᆞ얏다더라

●雹災報告 경尙北道醴泉郡守金炳확시가內部에報告ᄒᆞ되去月二십五日未時初에北風이疾ᄒᆞ고雨雹暴下ᄒᆞ다가同時末에乃止ᄒᆞ니大者ᄂᆞᆫ如栗ᄒᆞ고小者ᄂᆞᆫ如앵桃라滿地堆積에취其所積이오면合爲三寸이온바樹木가無々摧折ᄒᆞ고蓋屋이盡皆捲락이오며兩麥은已발穗而打盡無餘ᄒᆞ고田穀與앙坂은纔立苗而仍卽碎粉이오며行人이受傷ᄒᆞ고飛鳥落地하오니此是前未聞今始見者也라民野號哭의오々民情을不忍慘見ᄒᆞ와日今光景은從所見玆先馳報ᄒᆞ오며郡守卽當躬行각面ᄒᆞ와재好更報라ᄒᆞ얏더라

●此何邪報 北美桑港地方에居留ᄒᆞᄂᆞᆫ韓人 共立協會會長宋錫준시가不幸身故ᄒᆞ얏다니시ᄂᆞᆫ大韓同胞中에純全ᄒᆞᆫ道德心과勇銳ᄒᆞᆫ志氣로出洋多年에風霜을閱歷ᄒᆞᄂᆞᆫ中에本國同胞ᄂᆞᆫ血誠救濟ᄒᆞ기로協會를組織ᄒᆞ야團體를結ᄒᆞ고學校를設立ᄒᆞ야智識을開發ᄒᆞ며祖國을忠愛ᄒᆞᄂᆞᆫ思想으로熱心敎育하니將來韓國에許大事業을同시의게期待ᄒᆞ얏더니仁天이不弔ᄒᆞ야建至斯境ᄒᆞ얏스니海外同胞의哭泣ᄒᆞᆷ은手足을失ᄒᆞᆷ과如ᄒᆞ거니와內國同胞ᄂᆞᆫ시의訃音을聞ᄒᆞ면곳一面長城이壞了ᄒᆞᆷ과如ᄒᆞ리로다

●度支學部 度支部에셔學部로照復ᄒᆞ되貴照會內開에該部年度預算第九款不撥日語學校가自四月開學ᄒᆞ야諸般設備가不完全ᄒᆞᆫ所以로該經費中別紙와如히排用ᄒᆞᆷ이必要가無을기玆에承認仰復이라ᄒᆞ얏더라

●志士爲師 咸鏡道川居崔秉淑氏ᄂᆞᆫ家貧好讀ᄒᆞ야年近七旬에遊覽各國ᄒᆞ야閱熟於新學問이라本郡人士가設一學校ᄒᆞ고延爲校長ᄒᆞ니月給은辜拒不受ᄒᆞ고熱心敎育ᄒᆞ니學徒가六七拾名에達ᄒᆞ얏고海외成立ᄒᆞᆫ學校도該氏의勸成ᄒᆞᆫ비라더라

●兩守獎學 郭山郡守李應金安郡守柳명澈兩氏가同心協和ᄒᆞᆫ이라가入光戊學校ᄒᆞ야校閱敎課ᄒᆞ고一場勸勉ᄒᆞᆫ後에行탁을傾ᄒᆞ야紙筆을優助ᄒᆞ얏스니兩氏의熱心獎學은實是敎育上深切注意라더라

●華校運動 日本火曜日에閔泳徽沈相勳金宗漢李容稙李圭절리鍾健趙同熙리重夏리勝宇리容觀金有濟諸氏가華東學校運動會를東門外영도寺에設ᄒᆞ고校長金重煥氏가學徒를領率ᄒᆞ고各課程을試驗ᄒᆞ야最優等을施賞ᄒᆞ얏ᄂᆞᆫ데二百步競走에金今吉兩人三脚에리金用計에리完奎旅取에金貴石提燈에安와龍인데各其優勝ᄒᆞᆫ賞品을施ᄒᆞ얏다ᄒᆞ니該校에盛舉와諸氏의贊育이可賀ᄒᆞᆯ만ᄒᆞ더라

●靑會演說 美國桑港에人共立協會總會長安昌浩氏가近頃에皇城에到達ᄒᆞ얏ᄂᆞᆫᄃᆡ今日下午七点半에靑年會館에셔美國之人이我韓人民을何如忖度이라問題로特別히演說ᄒᆞᆫ다ᄒᆞ니幸有志諸彦이往聽哉어다

●投書何多 國債報償總合所로各處의金送交ᄒᆞᆫ시名이新聞의不載ᄒᆞᆫ事로投書가逐日답至ᄒᆞᄂᆞᆫ中第一苑동女子敎育會로敗送ᄒᆞᆫ姓名이最多ᄒᆞᆫ故로總所에셔도極力調査ᄒᆞᆫ다더라

▲曉頭警鐘▼

▲近日政海가忽地派流ᄒᆞ야萬折波濤가往々激起에飜覆이無常ᄒᆞ고淸濁이未分ᄒᆞ니滄浪歌一曲이나高唱ᄒᆞ여보세淸斯濯纓이오濁斯濯足이로다

▲農工手形組合倉庫會社銀行에本日에遞農政遞度大遞農大外新參政新農大新農大를日人俱樂部로請邀ᄒᆞ야迎送會를開ᄒᆞᆫ다니新迎ᄒᆞᄂᆞᆫ大臣은欣悅ᄒᆞ거니와送別ᄒᆞᄂᆞᆫ大臣은悵觖ᄒᆞᆯ걸

▲新任參政以下各部大臣이本月十日內로國遊會를設行ᄒᆞᄂᆞᆫᄃᆡ經費ᄂᆞᆫ各大臣의交接費中으로支出ᄒᆞ되이오處所ᄂᆞᆫ昌德宮內로擬議ᄒᆞᆫ다ᄒᆞ니近日各大臣은何일잇나놀ᄋᆞ나보지

▲內部協辦金星圭氏와該部地方局長玄은氏ᄂᆞᆫ俱是名譽가有ᄒᆞᆷ으로一般世人이稱道ᄒᆞ더니兪氏가郡守銓考案을閱覽ᄒᆞ다가日人參與官염川을對ᄒᆞ야地方局長이不公ᄒᆞ다ᄂᆞᆫ지라玄氏가俞氏를責ᄒᆞ여日設或我가不公ᄒᆞᆫ事가有ᄒᆞ면面責ᄒᆞ던지大臣의게禀告警論ᄒᆞᄂᆞᆫ거시可커ᄂᆞᆯ暗室中에셔外人을獨對ᄒᆞ야根지업ᄂᆞᆫ毁言은不可ᄒᆞ다ᄒᆞ고更不仕進ᄒᆞ얏다니孰是孰非ᄂᆞᆫ黑白이已辨이로다

△智島郡에流配ᄒᆞᆫ金允植은間에特放되얏다니該ᄂᆞᆫ용臺에셔鳥賦를苦吟ᄒᆞ야厭을閱盡ᄒᆞ다가天日을復見ᄒᆞ고

△平南觀察使李始榮氏遞任代에前參謀局長李南熙氏가任ᄒᆞ다니氏의平生歷史ᄂᆞᆫ世이皆知ᄒᆞᄂᆞᆫ비라何以得此오政大臣에單食口ᄭᆞ닭이지

▲慶尙道大邱人ᄂᆞᆫ金哥ᄂᆞᆫ日博覽會에팔녀가셔上層깁픈에눈이멀둥々ᄒᆞ고잇셔觀者의標갑은어른은十錢이오아ᄒᆡᄂᆞᆫ五錢이라ᄒᆞ니日本人의取利ᄂᆞᆫ얼마나되ᄂᆞᆫ지大韓사ᄅᆞᆷ붓그럽지안코慶尙道사ᄅᆞᆷ붓그러지안소

▲內部地方銓考所에셔昨日브터開會ᄒᆞ고郡守와郡主事를銓考ᄒᆞᆫ다니今番에ᄂᆞᆫ何等資格을銓考ᄒᆞᄂᆞᆫ지知치못ᄒᆞ거니와新任內大內協에ᄂᆞᆫ不公을不久에發見ᄒᆞᆯ이로다

▲北墾島戶稅ᄂᆞᆫ元來淸國官吏에게應納ᄒᆞ니國民義務에悵錯을不可不本國官廳에修納ᄒᆞᆯ터이니戶口帳籍을修繕ᄒᆞ야漢城府에來納ᄒᆞᆫ깃다고該地人民이內部에請願ᄒᆞ얏다니大韓人民의愛國誠心이漸次發達ᄒᆞᆷ을從此可期로다

▲法大趙重應氏가무삼緊議로가有ᄒᆞᆫ지昨日에遞法大리夏榮氏私邸에往訪ᄒᆞᆫ즉리하榮씨가杜門謝絶ᄒᆞ얏다니該씨胸中에一層猜雲이兩眉에深鎖ᄒᆞ야人之視己ᄒᆞ肺肝가顯露ᄒᆞ도다

▲地方稅務官은廢止ᄒᆞ고稅務主事만置之ᄒᆞ야結錢은稅務主事가收捧ᄒᆞ면各該郡守가一々調査ᄒᆞ야隨其收額ᄒᆞ야附近郵便局으로傳置ᄒᆞ기로擬議中이라고某報에說道ᄒᆞ얏스니어거시稅務를整理ᄒᆞᄂᆞᆫ方針인지

◎本社告白

國債報償에出義금額을本報紙面에逐日廣告로發布ᄒᆞ되猶有遲滯ᄒᆞ야義捐諸氏의迅速揭布코ᄌᆞᄒᆞ시ᄂᆞᆫ意를未即奉副ᄒᆞ옵더니今自本報로國文報一部를增刊인바從今으로ᄂᆞᆫ漢文報와國文報에義捐廣告를並爲揭布ᄒᆞᆯ터이오니愛國僉員은照亮ᄒᆞ시옵

安岳細동坊成동金承杰로支社員을認定ᄒᆞ고覲務케ᄒᆞ오니該坊近處本報購覽ᄒᆞ실諸員子ᄂᆞᆫ右氏에게로請求ᄒᆞ시옵
大韓每日申報社

寄書

洪州郡番川面國債報償期成會趣旨書

夫人之所以爲人이莫大於五倫이오倫莫大於君父하나非父면無生ᄒᆞ고非君이면無食이라尺地尺土도莫非君賜也며一膚一髮도莫非父賜也則生非自生이오食非自食이니民之於君에敢不盡忠이오子之於君에敢不盡孝리오竭力之謂孝며盡已之謂忠이니其於臣子爲君爲父之地에雖萬死라도猶有所不避어던況力所及之事乎財之與死ᄂᆞᆫ其輕重이不啻霄壤之殊矣니父지有債를子何以不報며君지有債를民何以不報리오噫我邦이素以蕞爾小邦으로更張以後에許多支撥에經用이不足ᄒᆞ야不知中國債가至於一千三百萬圓지多矣라以若不操지勢로萬無圖報지計則國步艱難이不啻累卵이라實是存亡安危지機而方在顚倒中이러니何幸嶠南徐김兩公이以先知先覺지高明思想으로熱心於忠愛지目的ᄒᆞ야特擧斷烟報債지議則聲氣攸同의孰不影響金閔女街童과行旅유乞도或領락或傾囊ᄒᆞ며或脫環解刀에如子趨父ᄒᆞ야惟恐居后ᄒᆞ니是誰지使오豈非天乎諺曰人心이卽天心云ᄒᆞ니正謂今日語로다嗚呼徐김兩公지一言이庶幾興邦ᄒᆞ니可謂二千萬人中一人이오五百年後一事로다惟我二千萬同胞各以兩公지心으로爲心이면其於他日國民지富强에何有哉리오愧我一鄕이尙此寥寥ᄒᆞ니果何國지士며何君지民歟아徐김兩公은果何人가며我等은亦何人也오雖有知覺지不同이나想應腔子則一般也니到此境遍에孰敢秦越지視리오伏以鄙等이雖未免[illegible]餓囊이나亦莫非化育中物也니其在興起感발지地에敢不盡平生지方而圖報昇平지萬一也리오況復名門巨室은一國지所慕也라其忠義思想이不啻倍사矣리니幸須勉지勉지에垂念於生三事一之訓ᄒᆞ야以事親之心으로事君則庶乎萬一於臣民之道云爾

發起人幼學 辛리煥
前進士 黃允秀

●김氏義捐 安岳郡邑內板橋面八里동居김孝英氏ᄂᆞᆫ國債報에相에對하야憂國之色이兩眉深찬ᄒᆞ더니紙貨오百을特捐ᄒᆞ야本社에付送ᄒᆞ엿더라

●必是虛訛 向日本報揭載된表勳院에서勳牌價만報ᄒᆞᆫ事ᄂᆞᆫ更聞ᄒᆞᆫ즉純是訛傳이기로玆에正誤ᄒᆞᆷ

國債報償義捐金

收入廣告

六月中收入總額逐號明細錄
은本月붓터本社國文申報第
七號로每日順次發刊홈
●公州寺谷面泥田里
吳秉根 사십전
●抱川內동面廣峴동中
李炳赫等 십圓
◉警務廳浦分署지勤
巡檢박喜秉 오拾錢
●開城北部禮賓里居
高贊卿 오圓
●掌禮院主事康락鉉 一圓
●大安동 桼奉禹鎮亨 一圓
◉布德門內宮內府直房
李秀用 오십전
◉江華郡北寺面三省동
韓洪教 韓漢셔 朱永植
朱문옥 주普赫 리炳烈
리聖漢 리永호 리聖化
劉奇보 金成옥 주星틱
각오十전 合廿四圓四拾錢
◉釜山港水晶동第二回
張永吉 劉인伯 김순益
박日得 蔚山人梁士現
박守옥 김원俊 김學瑞
權和實 각一圓 郭善敏
사十전 子自明廿전 張순여
사十전 박在조 一圓十二錢
趙德文 金순安 각사十錢
김成伯 林玉彥 각륙十錢
主事김琮와六圓 子龍俊
晉州人김允明 각二圓
●夫人義捐會
郭善敏夫人金氏廿전
김락振夫人田씨
銀環壹雙一兩五錢重
박圭瑞夫人김시一원
二子婦朴시 女十歲兒
孫女오歲兒
박宗漢弟妹十歲兒 각四拾錢
朴日得夫人리시廿錢
女七歲兒十錢

김在吉夫人바시
銀簪一介칠전三分重
김致云夫人 김祥瑞夫人鄭시
각陸拾전 박箕彥夫人吳시
사拾전 김允和夫人鄭시
尹景和聘母김시 金召史
禹德瑞母親 각一圓
박士弘母親리시 廿전
仝夫人김시銀簪一介七전重
박光瑞夫人裵시 卅원
金琮과夫人박씨減價金二圓
合三拾四圓三십이전
●楊州石積面一牌上里檜村新
塾
教師陸인洙칠십전
學童리甲吉 陸十錢 金락淳
황允範 리聖락 각오十전
許世學 尹乙成 각三십전
강今奉 입錫洪 졍락錫
각이십錢 合四圓
◉驪州北面각동新陽
梁今用二圓 김鍾五 김鍾萬
김萬石 각一원 리순石
리氏宗 김奉業 각廿五錢
鄭道致 김養洙 김致弘
각什錢 박萬春 김正보
리인林 각十전
◉堂隅동
리鳳來 김仁浩 趙明源
각二원 柳根豊 柳根益
曹錫영 方漢植 각一圓
김贊호팔십錢 신永五
신京三 리善日 각六拾錢
김顯承 리亨律 白善言
張斗星 김聖極 리셔윤
鄭영叔 張春봉 리仲實
리聖文 리化實 각오十錢
김敬괴 柳學순 리興大
高鳳伊 김致彥 신貞吉
리自先 박召史 최學셩
安敬化 리순조 리壽山
張仲化 각卅전 리셩三
廿五전 元쏘순 車元先
方春凡 方日石 김宗得

吳聖奉 리興起 각卅전 趙호卜
●橋項 각十錢
류文영一圓 최셩순 卅錢
김天文廿전 梁在用 리禮鎬
리玉石 박上快 김순石
김弘伊 최在基 姜豊祿
각십전
●下五今洞
韓元明 韓奉伊 각五十전
姜在德 姜在호 韓千奉
박得仁 박壽福 各廿오전
姜在善 강지衡 리太山
리有산 池水景 각卄錢
姜지寬 姜면台 姜烈會
具然五 각十전
◉瓮岩동中 사圓
◉峴底洞中 六圓
●五川동中 칠圓四十전
◉川西
白樂煥二圓 尹滋成 김善호
각一圓오십전 리경信
白樂崙 각五十錢 簡漢奉
簡元卜 簡元明 박春石
閔영植 權相俊 각사십전
裵基淳 權士白 閔肯鎬
閔致寬 신龍伊 각卅錢
박영哲 주百石 주萬卜
주富男 高石鳳 김봉學
김顯弼 元錫興 簡昌用
김今돌 각廿십 趙長學
十사전 黃俊明 박宗業
김顯洙 尹滋應 김性大
權奉石 權奉吉 權春돌
具首學 리學종 高聖國
리龍澤 趙윤五 韓明元
각십전 김江陵
윤必成 박慶水 閔致極
주八千 閔泳祿 최윤興
리順칠 權天用 김學甫
박召史 리召史 각五錢
●松浦
박永道一圓 리順憲 六십錢
김顯根 韓萬國 沈魯正
김召史 沈노述 박觀夏

김奎喜 김기영 沈노純
각五십전 張영俊 김기亨
각四拾전 김순慶 俞善煥
김性云 柳喜悅 김正嚴
각卅錢 沈允澤 沈노承
沈노哲 柳性悅 김元景
김보京 車英集 韓善明
元極 沈奎龍 각卅錢
박君보 리回憲 김致根
김明玄 沈常澤 徐承五
姜영水 각十전
九南
김教月一圓 김教得六拾전
신聖西 咸汝心 朴道三
金正순 孫致晉 尹德순
각五十錢 金星培 鄭化眞
각卅전 尹德水 金學西
金正萬 金教碩 金인水
孫여丹 주영植 각廿전
최化春 裵興道 張云京
각十전
合八拾五圓六拾九錢
◉平北嘉山郡西面豐松里
進士리尙龍四십원
子正三品秉薰拾圓 姪秉瑚
김元則 각一원 金昌洌
金炳三 金長化 각오十전
金致用 金麟錫 김學豊
각廿錢 金益華 김基奉
司果徐리亘與 子東植十歲童
오曹祿 姜永輝 卓道任
司果徐禎오 金寶熙 각오十전
복仁涉 徐成오 徐應何
복召史 高林鶴 金行淳
복永守 각卅전 리秉鍵
弟秉민 복淸守 徐仲伍
卓遇汝 康益락 車弘基
복學錫 오應泰 오夢尙
卓福汝 리之淳 김永瑞
桼奉姜龍基 김石吉 각廿전
車南導 오拾전 오俊模
김贊俊 각十오전 姜永贊
林贊善 김貞守 桼正浩
각拾錢
合六拾四圓九拾錢

◉大興郡一南面月田里
安儀中三拾五錢 安尙起卅전
崔奎萬 리源會 俞炳일
각오十錢 裵箕驊 卄五
박炳學 趙重鎬 김教奭
각十五전 崔鍾學 김學孫
각十전
●東達里
安丙烈 安成烈 申錫休
安思烈 張箕鉉 安慶中
俞炳爲 각五十錢 安병旭
廿錢 리浚 卅錢
◉雲山里
安正中 林圭창 리斗鎬
리和濬 각오十전 리興淳
리聖濬 리在根 崔漢榮
林圭台 각卅전 安贊中
崔漢中 林學三 임容和
임容貞 임圭柄 각廿전
임圭셜 林圭德 각四十전
리東오 리鳳奎 리台鉉
리尙鉉 崔漢기 오春先
文昌業 복尙韶 임仲甫
임召史 임容鳳 林圭夏
毛先奉 각十전
合拾三圓八拾錢
◉白川邑
니東植 正三品劉鎭升
각九圓 主事劉章煥 三圓
吳德裕 吳世炯 김夫人
각二圓 劉貞煥 최致行
오元永 리定晉 박圓호
김完根 최치福 高用福
姊荊玉 宋在奎 趙夫人각壹圓
宋在英八拾전 康根창
□基昌 子주鉉 리聖甫
姜昌連 康洪九 趙淳明
니光花 趙雲泳 宋敬寬
金종南 박尙根 각五拾錢
尹치瑞 김京男 孫公弼
尹夫人 康根天 각사拾錢
김基善 리守星 玄奉珠
孫鎬순 박啓順 각廿五전
김宗植廿전 최成煥 박容植

김夫人 박夫人 박夫人
리聖明 康鼎영 각十錢
●衛嚴동 리文遊三圓
●上梅城동
吳圖炯 趙영서 각一원
주순보 리준식 각五十錢
리德三 尹치書 各四十錢
오萬兼 오春成 각卅錢
오才炯 오春煥 리德지
咸순셔 車文交 니星禮
각廿전 오순兼 니明善
오漢雲 김창셔 黃君弼
각十전
◉下梅城동
洪영澤八十錢 김仲善
韓순教 주인善 최蒼祈
리康顯각오拾錢 韓明教
咸德高 尹순七 각四拾錢
尹尙福 徐學凡 宋宗煥
김子一 桼順京 각卄전
金義俊 김汝直 尹順三
尹順一 韓應交각十전
●墻岩洞 咸泰奉四十錢
◉石浦동 高光三卄錢
◉下今山六里桼奉柳時麟五圓
●金川山外面 宋錫尙廿전
合六拾壹圓팔拾五錢
總合貳百八拾八圓九拾陸錢
前號總合壹萬陸千三百廿칠圓
廿壹錢貳厘
都總合壹萬六千六百拾六圓拾
七錢貳厘

◎特別廣告◎

國債報償金에昨日所捧은姑未
合計이옵고伊前日의所捧總合
四萬壹千三百六拾貳圓四拾四
錢은電氣會社內銀行에貯置ᄒᆞ
얏삽고其貯置額中壹萬壹千八
百圓은國債報償志願金總合所
로越交홈

大韓每日申報社

發行兼編輯人英國人 裵說
發行所
南署石井동號外地三層洋屋家
大韓每日申報社

第五卷

大韓每日申報

第五百卅三號

月曜及慶節歲時日休刊

檀君開國四千二百四十年
箕子元年三千二十九年
大韓開國五百十六年
日本明治四十年
淸國光緒三十三年
◎陰曆丁未四月大二十八日戊子

寄書

蜜啞子問答

關西學生一人이開城을過하다가蜜啞子劉元杓氏를訪見하고一宵를經숙ᄒᆞ며東西萬邦의治亂得失과人生事爲에消長利害를通宵談論하고臨行에問曰願今日本이最爾小國으로維新이無過四十年에如彼文明富强ᄒᆞ야能執東亞之牛耳者ᄂᆞᆫ其原因이何在오蜜啞子沈思半향러가漢文十字를書贈ᄒᆞ니曰實曰射的ᄒᆞ니死生이第二精神이니라又問曰彼英國이本不過三嶋成國者로東西五洲에領土領地가無處不有ᄒᆞ야亦執歐洲之覇權者ᄂᆞᆫ其源因이何지오蜜啞子又書八字而與之ᄒᆞ니曰智不離物ᄒᆞ고物不離學이니라又問曰然則今彼淸國이四千年文獻舊邦으로民族과物種이甲於天下로되不能自守하고遠受諸邦之侮蔑者ᄂᆞᆫ其原因이何지오蜜啞子ㅣ又書八字而示之ᄒᆞ니曰自是不求ᄒᆞ고樂食天利니라又問曰然則今日我韓이如此衰微危急存亡者ᄂᆞᆫ其原因이何在오蜜啞子ㅣ笑而不答ᄒᆞ니學生이復問曰緣何不言ᄒᆞ시나요蜜啞子ㅣ又笑而答曰我國之內治外交에善惡是非를皆不開口者ᄂᆞᆫ是吾之素性故로今亦不欲開嘴也로라學生이再三請之曰然則吾等學徒의前途事爲가國政民俗에關係가無라無ᄒᆞᆯ지라然則吾等之持心向背ᄂᆞᆫ當如何오릿가蜜啞子曰凡天地間萬有之事가莫不有虛有實ᄒᆞ니能黜虛崇實이라야於公於私에功績을可成ᄒᆞᄂᆞ니라ᄒᆞ고又書二十四字而與之ᄒᆞ니曰孝莫大於足財ᄒᆞ고忠莫大於保憲이오義莫大於均俗이오智莫大於開物이니라學生이接受退坐ᄒᆞ야一時間을熟讀ᄒᆞ다가蹶然起敬曰東士二千年以來에所謂政治家哲學家者流의治國平天下之公論私論이不知其千萬이로ᄃᆡ無非外科皮膚之說而已러니今日先生之書示ᄒᆞ신章句文義를見ᄒᆞ오니骨節精髓之論也라不勝感覺이로소이다蜜啞子敬而謝曰余ㅣ遊歷京鄉三十年에有志人士의勞心焦思者를許多見過로ᄃᆡ如君之眞情誠心者ᄂᆞᆫ今始初見이라今於旣逢則余之平日所懷一句語를亦欲相贈ᄒᆞ노라ᄒᆞ고又書十八字而與之ᄒᆞ니曰仁愛道德은人世之祠廟오法律章程은人世之[illegible]니라學生이受而讀之라가[illegible]時間이不遠ᄒᆞ야拜謝而去ᄒᆞᄂᆞᆫ지라蜜아子出門送別에握手揮淚曰余ᄂᆞᆫ年過五十이라無足可言이어니와如君之青年은前程萬里에事業이無窮ᄒᆞ니十分注意ᄒᆞ여虛勞妄想을勿念ᄒᆞ고實業實事를經紀ᄒᆞ여國力을培養ᄒᆞᆯ지어다自古로時宜時勢를不察ᄒᆞᄂᆞᆫ者를始可謂英俊이지時勢時機에暗昧ᄒᆞᆫ者를豈可謂志士리오近日青年이自謂有愛國誠이라ᄒᆞ면서實業實利ᄂᆞᆫ計圖치안코空想虛憤만惹出ᄒᆞ야思慮모虛費ᄒᆞ니是豈達人之應天順時者乎아

我國의當此今日悲境之所由ᄂᆞᆫ無他라空文虛節만숭尙ᄒᆞ고實力實業에背馳ᄒᆞᆫ原因이니現今世界大勢를考察ᄒᆞ라物力事力이不及於人ᄒᆞ고國이國된者가有ᄒᆞᆫ가深思深諒ᄒᆞ여社會精神을鑿頭ᄒᆞ며國力과民力을滋養ᄒᆞᆯ지니라余ㅣ自不勝遺感ᄒᆞ야數三語를復贈ᄒᆞ리니銘心勿忘ᄒᆞ라ᄒᆞ고又書三章而與之ᄒᆞ니第一章은曰事母가易於事父ᄒᆞ고事父가易於事君ᄒᆞ고事君이易於事國이라ᄒᆞ엿고第二章은曰挺險之鹿이旣渦獵豪而幸免은容或有之로되溫帶之邦이自不均勢而엿存은吾不敢保라ᄒᆞ엿고第三章은曰獨立者ᄂᆞᆫ不依人不依神不依天이니人有獨立之性ᄒᆞ고國有獨立之德이면命數도不相變이라ᄒᆞ엿고分手作別ᄒᆞ얏다더라

謙谷子評曰僻年에余嘗寓居村中ᄒᆞᆯ시一日은鄉砲數名이作件ᄒᆞ야虎를獵ᄒᆞᆯ식果然임峽中에셔虎가跳出而咆哮ᄒᆞ니一介砲手ᄂᆞᆫ驚겁而避匿ᄒᆞᄂᆞᆫ되一介砲手ᄂᆞᆫ小無恐怖ᄒᆞ고直前射之ᄒᆞ야虎를斃케ᄒᆞᆫ지라及其歸時에余問之曰一人은畏겁而避ᄒᆞ고一人은直前射之ᄂᆞᆫ何오砲手ㅣ曰避之者ᄂᆞᆫ善砲가아니오射之者ᄂᆞᆫ善砲가된緣故라ᄒᆞ거ᄂᆞᆯ余ㅣ喟然曰人之所自恃者ᄂᆞᆫ惟其所有之實力而已로다苟其實力이有ᄒᆞ면自然畏겁이無ᄒᆞ고膽勇이生ᄒᆞᄂᆞ니邦國과人民間에能敵을不畏ᄒᆞ고競爭을敢爲ᄒᆞᄂᆞᆫ者ᄂᆞᆫ實力이有ᄒᆞᆷ으로以ᄒᆞᆷ지라惟我韓人이但以依賴成性ᄒᆞ고自立的思想이未有ᄒᆞᆫ것은但其虛문을숭尙之餘에實力이乏ᄒᆞᆫ所以니實力을培養코ᄌᆞᄒᆞ면實地事業을勉勵ᄒᆞᆷ에在ᄒᆞ다ᄒᆞ얏더니

今此蜜아子의問答八章이一切韓人의浮文之弊와虛憤之習을針砭ᄒᆞ야實地上에注意코ᄌᆞᄒᆞᆷ이니유志僉員은反覆研究ᄒᆞ야黜虛숭實의事爲를履行勿怠ᄒᆞᆯ지어다

官報

●第三千七百八十七號 光武十一年六月六日

◎敍任及辭令

贈秘書監丞李顯성
贈從二品嘉善大夫內部協辦
故都事李 과
贈正三品通政大夫秘書監丞
故通禮郎李순萬
贈從三品通訓大夫掌禮院掌禮
以上從二品嘉義大夫忠淸南道觀察使李根榮考祖考曾祖若依法典追 贈

中樞院贊議沈相翊
仝 金彰漢
解任

免本官 江陵郡守李在華
右ᄂᆞᆫ該員의犯贓事로因民訴ᄒᆞ야以襄陽郡守南宮억으로定査官行査矣러니該道觀察署理參書官丁元섭의報를據ᄒᆞᆫ報告를接准ᄒᆞᆫ즉按等賬을依民願收入이나不報擅行이係是昧式이라ᄒᆞ얏기取見各人供辭의首書記卞明ᄒᆞ온즉徵錢ᄒᆞᆫ事屬實有라ᄒᆞ얏ᄉᆞ니法情節이탈露無餘ᄒᆞ온지라似此郡守ᄂᆞᆫ不可仍置이옵기是以로免本官

依願免本官 成平郡守朴準承
三和府通譯官補鮮于叡
度支部技手崔鎬원
依願免本官
度支部主事金基晟
任度支部技手
任度支部主事 六品崔鎬원
丁世重 李啟植
任度支部主事
六品崔相昱
平安南道觀察使李始榮
任中樞院贊議

外報

●南淸匪亂鎭定 厦門에셔來ᄒᆞᆫ日本領事의報告를據ᄒᆞᆫ則黃岡縣의賊은官兵의게敗ᄒᆞᆫ바되야巨魁楊亞仲을捕ᄒᆞ고同地方은目下에全히鎭靜에歸ᄒᆞ얏다더라

●合爾賓不穩 滿洲電을據ᄒᆞᆫ則合爾賓에셔露國勞動者五千名이革命黨과合ᄒᆞ야形勢가不穩ᄒᆞ다더라

●岑總督赴任 北京電을據ᄒᆞᆫ則淸國新任兩廣總督岑春煊氏가廣東匪亂의急報가頻繁ᄒᆞᆷ으로即時發行ᄒᆞᆫ다ᄒᆞ고又新任廣東知府ᄒᆞᆫ道源氏ᄂᆞᆫ天津에前往ᄒᆞ야袁北洋大臣을訪見ᄒᆞ고岑總督을爲ᄒᆞ야軍艦一隻을預備ᄒᆞᆷ을請求ᄒᆞ얏다더라

●露淸談判 北京電을據ᄒᆞᆫ則滿洲에關ᄒᆞᆫ事項으로露淸談判을七月中旬에開ᄒᆞ기로決定ᄒᆞ더라

雜報

●賀培義學校 美國大學校洞留李承翊 氏

至今우리ᄂᆞᆫ五十年前도아니오五拾年后도아니오또ᄒᆞᆫ如彼文明富强國에生ᄒᆞ지안코늑지도안코너무어리지도안코生於二十世紀地球上世界가以文明富强으로競爭之時代ᄒᆞ엿고또ᄒᆞᆫ우흐로宗廟社稷之安危와아래로二千万同胞生靈之存亡에機를우리靑年에兩便튼튼ᄒᆞᆫ엇기우에무겁고도일ᄒᆞ기졸만콤擔責ᄒᆞ엿ᄉᆞ니우리의責任이얼마나重且大ᄒᆞ다云ᄒᆞ리오여보시요우리靑年靑年우리先覺將有大有之望ᄒᆞᆫ靑年이여忠愛二字를心頭上에堅樹ᄒᆞ고勇猛스럽게압흐로나아가셔우리의職分을다ᄒᆞ여上으로宗社及祖上의辱밧ᄂᆞᆫ것을雪恥ᄒᆞ고下로二千萬同胞를水火中에셔磐石上으로極救ᄒᆞ여後日他人이敢히奪去치못ᄒᆞ게ᄒᆞ고自由와無窮ᄒᆞᆫ福樂을享ᄒᆞ옵시다만일以上所論忠愛二字를歇后히生覺ᄒᆞ고警醒之力이無ᄒᆞ면祖上의雪恥ᄂᆞᆫ姑捨ᄒᆞ고禍及子孫에仍作他人의奴不還退之奴僕ᄒᆞ여他人이되서도와쥬지도못ᄒᆞ고永々滅ᄒᆞᆯ禍를受ᄒᆞ며이니其利害關係ᄂᆞᆫ不啻可想也니可不懼哉며可不勉哉아然則爲祖上雪恥及極救二千萬同胞之方策이在於何方耶아在於土地肥沃耶아抑亦錢穀之豊足耶아都在於우리靑年敎育之如何耳라若無敎育則其忠愛二字를從何處得之ᄒᆞ며設或忠愛에熱心이有ᄒᆞ여도處事에曚昧ᄒᆞᆫ것이맛치暗夜에無灯火ᄒᆞ고아지못ᄒᆞᄂᆞᆫ險路를行ᄒᆞᆷ과如ᄒᆞ야拾常八九ᄂᆞᆫ일을그릇ᄒᆞᆯ터이니何不可以敎育爲急先務耶그工夫ᄒᆞᆯ씨則斛注意ᄒᆞᆯ일이有ᄒᆞ오니諸位同胞께셔旣是先覺入學ᄒᆞ셧ᄉᆞ니향여죠고마ᄒᆞᆫ利益과速ᄒᆞᆫ効力을바라지마시고恒常巨大ᄒᆞᆫ利益과양遠ᄒᆞᆫ効力을바라고工夫ᄒᆞ시오 未完

雜報

●園遊開催 各部大臣이本月十一日下午一時에景德宮內에園遊會를開催ᄒᆞ고各府部院廳奏任官以上과ᄂᆞ國高等官吏를請邀宴待ᄒᆞ다더라

●文友總裁 大東文友會總裁英親王殿下게셔무合諮詢ᄒᆞ실事件이有ᄒᆞᆫ디該事由를因ᄒᆞ야該會에셔本月九日에總會를開ᄒᆞ다더라

●不當若是耶 伊藤統監이日前法部大臣趙重應氏와平漢兩裁와ᄂᆞ獄署에委往觀察ᄒᆞᆫ事에對ᄒᆞ야該氏의게質問ᄒᆞ되各法司의躬往審查가有何主見乎아ᄒᆞᆫ디法大趙重應氏가答ᄒᆞ되身爲司法行政長官ᄒᆞ야視務之初에諸法官의視務實況과罪囚衛生의不可不注意로前往觀察ᄒᆞ얏노라ᄒᆞᆫ즉伊藤氏曰既爲司法長官則諸般法務를監督ᄒᆞ야下僚를剔般申飭ᄒᆞ야公平視務케ᄒᆞᆯ거시오躬往調査ᄂᆞᆫ似涉輕忽이ㄴ新任之初에一層注意ᄒᆞ야前法大李夏榮氏의李儁事件과如意紊亂ᄒᆞᆫ地境에至ᄒᆞᆷ이無케ᄒᆞ고또補佐官言之라도該官職實이法務長官을補佐ᄒᆞᄂᆞᆫ되지ᄒᆞ니만일其實을不堪ᄒᆞ거든別般懲勸ᄒᆞ라ᄒᆞ얏다더라

●위守免官 위原郡守李경호씨가江界郡에檀木稅를調査ᄒᆞᄂᆞᆫ디該稅錢을多數欠逋ᄒᆞᆫ事로免官ᄒᆞ얏다더라

●三嘉減俸 三嘉郡守閔明植氏가甲午以後에廢止ᄒᆞᆫ邸吏役價를ㅈ面에排斂以給ᄒᆞᆫ事가綻露ᄒᆞ야內部에서免官ᄒᆞᆫ다더니一箇月減俸ᄒᆞ기로酌定ᄒᆞ얏다더라

●郡守推薦 政府에셔地方郡守를敍任ᄒᆞ되各部大臣이會議를開ᄒᆞᆫ時에大臣中一人이郡守可堪之才를推薦ᄒᆞ야諸大臣이可否를取決ᄒᆞ되만일一人이라도否字를書ᄒᆞ면敍任치아니ᄒᆞ기로決定ᄒᆞ얏다더라

●一進理屈 和港一進會에셔ᄂᆞᆫ校를設立ᄒᆞᆫ다稱ᄒᆞ고神堂基址를學校에附屬ᄒᆞᆯ意로內部에請願ᄒᆞ얏스나認許ᄂᆞᆫ無ᄒᆞ얏ᄂᆞᆫ디각里神堂을毁破ᄒᆞ야基址와舍材ᄂᆞᆫ放賣ᄒᆞ고附近森林은斫伐無盡ᄒᆞ야각自倫食ᄒᆞ고學校ᄂᆞᆫ不立ᄒᆞ미民怨이沸騰ᄒᆞ더니昨年六月分에內部指令을因ᄒᆞ야本道觀察道訓令內開에所謂一進會認許ᄂᆞᆫ收上ᄒᆞ고該挾雜人은依律懲治ᄒᆞᆯ여니와堂址森林은각其리私塾에付ᄒᆞ라ᄒᆞ얏ᄂᆞᆫ디該郡士民이敎育에유志ᄒᆞ야각出義捐ᄒᆞ야神堂基址에學校를設立ᄒᆞ고日語敎師와漢문敎師를延聘ᄒᆞ야熱心敎授ᄒᆞ미學徒가日增ᄒᆞᆫ지라該郡儒林이齊訴于道郡ᄒᆞ미訓令각面ᄒᆞ야각里神堂기址를這々調査ᄒᆞᆫ則一進會潛食條가數千兩이라去月二十七日에각里頭民과港內社ᄇᆡ가一齊會同ᄒᆞ야共開裁判ᄒᆞᆫ則一進會가更無可卞ᄒᆞ야無言而退ᄒᆞ얏다고該港來人의傳說이유ᄒᆞ더라

●郭守喩民 郭山郡守李啓셔씨ᄂᆞᆫ下車以後로學校을設立ᄒᆞ고敎育上에熱心ᄒᆞ야人智를發達ᄒᆞ기爲ᄒᆞ야新聞을購覽ᄒᆞ라고面々曉喩ᄒᆞᆫ다더라

●稅務鍊習 度支部에셔稅務見習生을多數히募集ᄒᆞ야稅務章程을三朔鍊習ᄒᆞᆫ後에敍任ᄒᆞ야各地方에派遣視務케ᄒᆞᆫ다더라

●强奸致斃 去月拾六日奉化郡乃城面巨村居金永祿이年過五十ᄒᆞᆫ人으로유何迷慾이던지同村居守節ᄒᆞᄂᆞᆫ金召史를欲爲强奸라가竟被該寡之結項殞命故로該郡分派所에셔金永祿을捉囚査實中이라더라

●反目衝火 去月十오日慶州郡府內면居朴興俊이가與其妻方召史로互相爭詰타가不勝其憤ᄒᆞ야朴興俊이自手衝火於其家ᄒᆞ야三間이燒燼ᄒᆞ얏더라

●五巡罷免 盈德分派所巡檢鄭운杓崔錫호鄭漢福리乇哲等이該郡民人處에錢百兩을討索ᄒᆞᆫ事가綻露ᄒᆞ고長기郡分派所巡檢정相穆은該郡民뎌에討索ᄒᆞᆫ錢이七十餘兩에至ᄒᆞᆫ故로該道警務署에셔同五人을幷爲罷免ᄒᆞ얏더라

●船破人읍 去月二拾七日에宣川郡南面獺幅居金京天兄弟가乘船ᄒᆞ야往龍岩浦라가中路에셔破船ᄒᆞ야兄弟兩人이俱爲읍死ᄒᆞ얏다더라

●假義被擊 日昨에假稱義兵者三拾餘名이自寧越郡으로영春郡에犯入ᄒᆞ미該郡守鄭葉漢氏가巡檢을率ᄒᆞ고襲擊ᄒᆞ야三拾餘名中一名을逮捕ᄒᆞ얏다더라

●宋氏追悼會 北美桑港에居留ᄒᆞᄂᆞᆫ韓人共立協會會長宋錫俊씨不幸身故ᄒᆞᆫ事ᄂᆞᆫ昨已報道어니와內國社會에셔全德基金鱗오相升鄭雲復金相天張志淵諸氏가송氏의訃音을聞ᄒᆞ고悲도를不禁ᄒᆞ야來月曜日午後四時半에青年會館으로齊集ᄒᆞ야追悼會를開催ᄒᆞᆫ다더라

●僞券分明 南來人의傳說을聞ᄒᆞᆫ則昌原西面龜殿里洞山을府內而召界동民이勒奪코ᄌᆞᄒᆞᄂᆞᆫ事로兩동相訟이巳至四年에初無문券이러니今番平理院裁判時에召界동民이該山을買有라ᄂᆞᆫ咸豊時文券을意外出來故로其문券에墨痕이不古라判事가休紙에滋涎ᄒᆞ야數次押其字上則墨痕字形이斑々露出ᄒᆞ얏스니其券僞造가確的이거늘判決이何遲오ᄒᆞ더라

●行兩訪 再昨日下午오時에度支部大臣閔泳綺씨가度協辦正秀씨를訪見ᄒᆞ고回路에新任議官崔錫敏씨를訪問ᄒᆞ얏더라

●柯店逢賊 去月十四日上午九時에漆谷군文주면柯竹店과退川면新洞幕兩店幕에賊漢二名이각持六穴砲ᄒᆞ고又佩環刀而頭着冠帽而突入ᄒᆞ야兩店에在留ᄒᆞᄂᆞᆫ行旅合三十壹人의所持物을沒數奪去ᄒᆞ얏다더라

●獸漢獄事 比安郡州東面小梨居沈인셥에妹弟를出嫁于本洞居尹夏喜家矣러니昨年七月分에不幸히尹夏喜子가得病以死ᄒᆞ미沈召史가尙今守節矣러니曦彼시父尹夏喜가以其獸心으로寡子婦沈召史를겁奸ᄒᆞ미沈召史가不勝羞憤所激으로赴水自溺則尹夏喜가蹤後來到ᄒᆞ야拯出岸上ᄒᆞ고猛打其寡子婦頭部ᄒᆞ야仍即致死ᄒᆞ얏ᄂᆞᆫ되沈인셥이가依法雪冤ᄒᆞᆯ次로該군에告發하야該군守鄭鎬駿氏가即爲親往于該동致死女人沈召史停屍處하야初檢을擧行하얏다더라

●六郡學徒運動 海西來信을據ᄒᆞᆫ則安岳載寧文化三郡守가齊會ᄒᆞ야安岳載寧鳳山信川文化長連늬郡二十三處學校에聯合大運動을設行ᄒᆞᆯ식學徒가五六百名이오觀光人이數千인되午前九時에國旗를高揚ᄒᆞ고運動節次를依序擧行ᄒᆞ다가日至夕矣에각學徒가獨立其礎를鞏固히ᄒᆞᆯ意로演說ᄒᆞ고運動歌를齊唱ᄒᆞ면셔衆皆각歸ᄒᆞ니學生等의活潑ᄒᆞᆫ氣象과一般來賓의愈快ᄒᆞᆫ興味ᄂᆞᆫ津々窮ᄒᆞᆫ지라翌日午前에再會ᄒᆞ야ㄱ種賞品을施與ᄒᆞ얏스니六郡문明에起點은將次國사에前驅가될믄ᄒᆞ다더라

●因詰投水 去月十七日新寧郡縣內면別四동居金明七이가與其妻朴召史로互相詰타가朴召史가觸於其忿ᄒᆞ야溺死於동後二里許池中ᄒᆞ미該동民人이蒼荒驚動之際에該郡分派所行巡巡檢沈學千이가適出該동이라가檢屍後同김明七을捉囚ᄒᆞ얏다더라

●線何請願 國債報償聯合會議所에셔무合層節이有ᄒᆞ던지再昨日에總務金光濟氏와강엽氏ᄒᆞ고文簿員姜玩熙氏와請願를黜會시겻다더라

●靑會演說 今日下午七点半에靑年會館에셔討論會를開ᄒᆞ고道德 勝於規矩란問題로討論ᄒᆞᆯ깃ᄉᆞ오니有志諸君이多數光臨ᄒᆞᆷ을希望ᄒᆞᆫ다더라

●警校試驗 警察專門學校에셔月終試驗을經ᄒᆞ얏ᄂᆞᆫ되最優等은吉乘碩崔鴻淳鄭지應趙炳健리秉九五人이오優等은安承龜尹圭ㅁ等三十入人이라더라

●校費需用 公立馬산普通學校長尹뎌柵씨가學部報告ᄒᆞ되本校가設立이未久에自來經費가素是烏有ᄒᆞᆫ와在任職員이殆難支過ᄂᆞᆫ自本部로已所동燭이시온바ㅁ유自本部河稅中及居遜人寄付金이不過每月拾원也라以此爲學校柴油價及各項公文付郵県價ᄒᆞ야使지措手이옵더니今於本員等이赴任以後에視務이오나諸般經費을亦爲辭親이온中각項郵県及柴油價을將應用於該拾환中이온則敎師言內에先報于本部後應用이爲宜云ᄒᆞ오니此言亦當然故로玆以報告ᄒᆞ오니照亮ᄒᆞ신後特爲訓示ᄒᆞ시되校舍에所用柴油價及略干公用條을自該部拾圓中으로應用케ᄒᆞ라하얏다더라

●總巡不法 永興군警務署總巡김榮洙씨ᄂᆞᆫ藉托警權ᄒᆞ고民訟刑事을無不干涉ᄒᆞᆫ다며稱以警察ᄒᆞ고派巡巡村리에討索民産ᄒᆞ며且恐社會지公함하야本군自强會及興學會諸會의任掌을壹倂拘치ᄒᆞ야以군守지同黨으로無數恐喝에欲做防川지計ᄒᆞ니是果警察지職分乎아遐守홍淳旭씨의虐焰ᄂᆞᆫ經ᄒᆞᆫ殘氓으로今又被김榮洙씨의剝割이라고該군來人의怨聲이藉々ᄒᆞ다더라

●海總貰校 海州總巡金鳳薰씨가到任以後에州內각學校에鉛筆白墨等物을優數히札持以付ᄒᆞ고學徒의게激切ᄒᆞᆫ言論으로勸勉ᄒᆞ미校內任員이或稱謝ᄒᆞᆫ즉該氏가反히不悅曰現今敎育은我國民義務라何謝之有리오ᄒᆞ얏다더라

●應無是事 日前本報의揭載ᄒᆞᆫ視學官魚容善氏가大臣官房에셔無顔을當ᄒᆞ얏다ᄂᆞᆫ事實은更聞ᄒᆞᆫ則初無是事라더라

▲業芝一曲▼

▲藥峴洞天을指點ᄒᆞ니黃扉高處의卿月이來照ᄒᆞ야三五夜色에一輪이已滿이라拉齒人이得意後에蝸臭客이又來ᄒᆞ이로다

▲日本滯在ᄒᆞᆫ박泳孝氏가日昨에入城ᄒᆞ야泥峴某處에現今留連ᄒᆞ다ᄂᆞᆫ되小安동에所在ᄒᆞᆫ加藤增雄氏가駐館ᄒᆞ얏든家屋을日間移接ᄒᆞᆫ다고某報에說道ᄒᆞ얏스니該씨의行止ᄂᆞᆫ一般世人이十分注目ᄒᆞᄂᆞᆫ비라今番에ᄂᆞᆫ丁寧ᄒᆞᆫ지

▲慶南觀察使趙民熙氏가日間上京ᄒᆞᆯ깃ㅣ고內部에電報ᄒᆞ얏다니該氏ᄂᆞᆫ무삼緊觀이有ᄒᆞ야上京하ᄂᆞᆫ지向日에內部協辦을圖得ᄒᆞ라다가空然이춤만츄더니今番에ᄂᆞᆫ叅政大臣파瑣々之諡가有ᄒᆞ다니內部大臣아니되면ᅡ壞觀察使ᄂᆞᆫ게무엇셔

▲[illegible]大臣[illegible]와[illegible]泳綺氏가近日에[illegible]從이頻繁ᄒᆞ耳語ᄒᆞ니[illegible]ᄒᆞ냐니아마ᄒᆞ에遊覽ᄒᆞᆯ議論인지[illegible]勢力同想ᄒᆞ며春夢이悠々ᄒᆞᆫ지라[illegible]々之懷를向誰說道 리오[illegible]슬음은동무[illegible]가알지

▲軍部參謀局長權重顯氏가昨에辭疏를奉呈ᄒᆞᆫ理由ᄂᆞᆫ[illegible]一窠를圖得코ᄌᆞᄒᆞᆷ이라하니[illegible]氏ᄂᆞᆫ內外職을ᄒᆞᆫ번식꼬무々ᄒᆞᆫ思想이有ᄒᆞ야그러ᄒᆞ나觀[illegible]郡守가日本人壓制ᄒᆞᄂᆞᆫ權限[illegible]에在ᄒᆞ야屆신呼吸을不得自[illegible]ᄒᆞ니잘못싱각ᄒᆞ얏지

▲向日一進會가平壤城內萬[illegible]臺에셔演說會를開ᄒᆞᄂᆞᆫ되其日에마참小學校兒童들이運動會를設行ᄒᆞᆫ지라一進會가이거스저의게反抗이라고興訛造산ᄒᆞ야外人新聞上에揭載되얏스[illegible]一進會ᄂᆞᆫ아히들을大端히무서워ᄒᆞᄂᆞᆫ고

▲藥峴에雲深ᄒᆞ니採藥仙이安지오四人이對局ᄒᆞ니上山四皓恰似ᄒᆞ다신泰休氏執白ᄒᆞ고李南熙氏把黑ᄒᆞ고李起弘氏훈수ᄒᆞ고尹철圭氏핀잔먹으니독고쟈루쎠ᄂᆞᆫ줄모로깃고

▲警務顧問部에셔今回에日本九州각縣산口廣島岡산二縣으로븟터巡査二百餘名을聘用ᄒᆞ더인대長崎縣에셔選拔ᄒᆞᆫ二十餘名은旣히到着ᄒᆞ야不日間각地에配置ᄒᆞᆯ터이오其他百數十名은來十日븟터釜산에來ᄒᆞ야桐原醫院에辭令을交付ᄒᆞ야각道에分派ᄒᆞᆫ다ᄒᆞ니大韓天地ᄂᆞᆫ日巡査판이되고말셔고

▲리限澤氏ᄂᆞᆫ至今도무삼運動이秘密ᄒᆞ야費用이三萬元에達ᄒᆞ되大臣의子를一座도得지모ᄒᆞ얏스니該氏의運動手段도當치안소

◎本社告白

國債報償에出義금額을本報紙面에逐日廣告로發布ᄒ되猶有遲滯ᄒ야義捐諸氏의迅速揭布코ᄌᄒ시는意를未卽奉副ᄒ옵더니今自本報로國文報一部를增刊인바從今으로는漢文報와國文報에義捐廣告를並爲揭布ᄒᆯ터이오니愛國僉員은照亮ᄒ시옴

雜報

國債報償勸告文

李圭龍　趙商元　等

夫有君而後에有臣ᄒ고有國而後에有民ᄒ느니臣而不知愛君則臣不可以爲臣이오民而不知憂國則民不可以爲民이라故로君辱臣死는職分之固有也오國富民强은事理之當然也라嗟我大韓이本以堂堂禮義之國으로譬지列强에少無毫差優劣지不同而近何財政이絲於艱拙ᄒ야外國借欵이至於一千三百萬圜지巨額이라以若私家로도或有債屆則勢難支保어든況乎國家哉아自大邱廣文社로셔金光濟徐相敦諸氏가首倡斷烟補助지義務而八域同應에率普惟均ᄒ니天也라비人에國運지悠遠을推此ᄡ占而聞不勝感喜라雖婦人孺子와조隸下賤이라도不拘多少ᄒ고各出義금ᄒ야同心贊成ᄒ니誠曠古지罕事而三千里疆土가何患不致富强지基礎며二千萬生령이何患不進開明지世界리오惟我桂陽이褊小一邑而生斯長斯者亦是五百年化育中餘物이라安忍泯默坐觀을如秦人지越瘠乎아無論男女老少貧富貴賤하고惟義所지에愛戴지心一般也라伏願 僉君子는父諭其子ᄒ고兄諭其弟ᄒ야俾無不지而隨力捐補ᄒ야以表愛君憂國지萬一을熟心勸告ᄒᆷ

敬啓者凡事一出于正ᄒ고同歸于義則雖億萬人이同聲이라도猶恨其少요普天下相應이라도亦不爲多焉이라今我國債報상事에男女는有男女之義務ᄒ고貴賤老小는有老小之義務ᄒ야無貴賤男女老小ᄒ고莫不應響而從風ᄒ니此皆事正而義明故也라是孰使之然乎며是孰使之不然哉아惟我商民은朝聚暮散에馳逐末利之場ᄒ야但知天高地厚요不知東西之向背이나生此皇國ᄒ야其具秉彛ᄒ性은一也ᄲ더러第念太倉一粟도積累則盈庫水源一觴도不息則成河ᄒ나니金額多少를何可拘焉이리오遂乃一心合募에金額이爲五十二元이옵기玆以送上ᄒ오니非敢日의捐報圖이나庶或爲涓埃之補乎잇가照亮査納ᄒ심ᄉᆞ伏望

錦川郡國債報상金募集商民等　崔振羽　任敎雲

廣告

本人지弟秉直字元章性本浮浪ᄒ야將欲得債出沒京鄕內外國人切勿見欺

木川伏龍亭崔秉奎　告白

北美桑港에住在ᄒᆫ我同胞의共立協會長宋錫俊氏가不幸身故ᄒ얏삽는ᄃᆡ內國社會의代表되신僉君子ᄭᅴ옵셔來月曜日午後四時半에青年會館으로齊集ᄒ야追悼會를開ᄒ오니僉員은照亮ᄒ시옴

發起人　李德基　金麟　오相圭　鄭雲復　金相天　張志淵　安昌浩　告白

今見大韓每日申報雜報則慶南北道商民이東萊港客主口文加捧事로撤市退蒞ᄒ다ᄒ온ᄃᆡ彼業無端維人이居然不定處ᄒ고恒產ᄒ야挾雜出沒이自謀依僞이온바以客主口文言之ᄒ면每日兩頭二分이便是全國內各港口通行之例인ᄃᆡ東萊府質辦이已經幾次에會計中口文이只是一款而至有各辦安業之指令故로會務擴張ᄒ기를爲ᄒ야方請願于農部ᄒ오니實業ᄒ는民僉位는照亮ᄒ심을爲望

東萊港商務會　議所代표人　宋在錫　金昌佑　告白

西署大平洞第七十五統八戶客主金益壽許에推次當文一萬兩無日字第四百三十五號於音一片을本人이以其商販次로出給于堤川郡居趙鍾呂字正律處矣러니趙鍾呂가於音을四月十九日에本郡等地에서見失ᄒ얏ᄉ오니勿論內外國人ᄒ고誰某拾得ᄒ야도休紙施行홈

堤川郡河而伯　告白

本人等에位土皇字畓六斗落이在於京畿果川郡東面良才洞이요畓字畓三斗落과萬字田一日耕이在於廣州郡彥周面內谷名而歷代傳來이옵더니不意今者에族金公弼이가付同雜類ᄒ야改名七星或在元ᄒ고該地를僞造文券ᄒ야將欲典執或斗賣코ᄌᄒ오니內外國人은一切勿見欺ᄒ시옴

廣州彥주面內谷　金士瞻　金公有　告白

本書館에셔內外國新舊書籍을廣求ᄒ야學界諸彥의購覽과各學校教科用品을格外廉價로供獻ᄒ오니有志ᄒ신僉君子는陸續來臨ᄒ시기를望홈

皇城中署松橋　廣華書館　崔昌漢

절공감시국장교 금번에정부지정도미정이셔의포양스되본젼에셔동의심사원로평의권회의를바셔실도명망셕여주시기평거발겟ᄉ오니속히쳥구ᄒ야기심을바라옴

광진ᄉ경셩지점

本社風次에備ᄒᆫ蠶種을製造할터인ᄃᆡ我國內今年秋蠶과來年春夏蠶ᄉ育을可量ᄒ야製造ᄒ러이오니養蠶ᄒ는僉君子는左開所로來臨ᄒ던지郵書로ᄒ던지蠶種을各第所用預託ᄒ시오

安毅蠶業會社　京畿京城門越便廳洞二十壹統一戶　安毅錫暎　蠶業會社社長　金秉先　廣告

本店擴張新到時款各色紗羅綢緞絨地段油地氈洋傘各貨銅鐵細貨香菸烟草各種物故改良新興ᄒ야時合用貨美價廉並有湖北南洋彩票發售特此布聞　貴客請來購覽是厚望焉

漢城石井洞　杏花春　告白

今番事機를因ᄒ야神宮奉敬會를解散홈

明治四十年五月二十八日
光武十一年五月二十八日
元神宮奉敬會會長

忠南定山郡場面伊火川居우明俊性本浮浪ᄒ야付同雜類出沒港市十餘代傳來位土僞造文券暗賣於李乘玉權一善故로自宗中呈訴妥帖然如此雜類後慮不無故玆以廣告內外國人切勿見欺홈

우築命　告白

染織大擴張廣告

本所에셔今般業務를擴張ᄒ고左開各種을製造ᄒ오니僉位는多少不拘ᄒ고來購ᄒ심을切望홈

一各項衣次紋緞及紬衣製造
一學徒夏服次各種製造
一女學生服裝次各種製造
一紬緞木布毛織染色及改染
一各色絹物直輸入放賣

宗廟越邊中谷　染織工所主人　金德昌　告白

●日本遊覽者募集

一遊覽會員募集　人員은五十名으로一團을成ᄒ니한일인을不問ᄒ고速히請入ᄒ시옴
一遊覽地　東京博覽會橫濱京都大阪神戶
一往復日數　대抵十七日間
一浮費　遊覽費及手數料를合ᄒ야總計四十八圜
一出發日　請入順次를從ᄒ야出發三日前에直接히通知홈
一請入所　在京城各新聞社五十八銀行京城支店　天一銀行
一會員은遊覽을終ᄒ야歸航ᄒ後는本會와關係가小無홈
一南大門셔釜山으로直行ᄒ던지或은東京으로直行ᄒ는者에對ᄒ야도同一便法으로同行請入을應諾홈

日本人遊람協會事務所京城南大門通　東亞商會

산위과셩진간에셔본인이살진소(肥牛)를만이ᄉ짓스니쇼파실계군은다수이팔니오시옴

최봉준　고빅

特別廣告
內外書籍新舊學文幷販賣所
大邱前邊洞金긔홍

本人이日本大阪商業家와特約ᄒ고日本內地產出各種物品과西洋各種物品及機械等物을我大韓에輸入과委托을便利케約ᄒ얏ᄉ오니商工業에有意ᄒ신僉君子는某物이든지請求ᄒ시거든本社로來議ᄒ시오本社에셔手數料만頒受홈

興業社本店　開城北部詳洞
支店京城南門內水標五十一統大戶

全仁港內동廣濟號　培養會社

本店에春服衣次각種이自英국으로多數來到ᄒ얏사오니陸續來購ᄒ시옴

魚翔源麥양服裁縫店　告白

◎增修無寃錄大全

壹冊　壹百七十五頁　定價金新貨七拾五錢

此增修無寃錄大全은法律家의最緊要書籍이온ᄃᆡ年來現本이絕히稀罕ᄒ야至ᄒ지라故로法部에認可를得ᄒ옵고此를新刊ᄒ야삽는ᄃᆡ國漢文으로解釋ᄒ야挨뇌ᄒ句節이無ᄒ오니法律學에有志ᄒ신이와才牧之任에居ᄒ신니는不得不購覽ᄒ실冊子이오니注意購覽ᄒ시옴

中署布屛下　廣學書舖　김相萬　發售所

西署新門外鍮동百八十六統三戶
辯護士前法部正三品　丁明燮
法律事務所　事務員前主事吳在淳

越南亡國史

國漢文　定價貳拾伍錢

發賣所京城廣橋高裕相
鎭南浦川郡禹時夏書舖
布屛下　김相萬　冊肆

◎活動寫眞廣告◎

今番에始作ᄒ는活動寫眞은法國巴里京에셔有名ᄒ거시오또ᄒ大韓국 皇室에셔도보시고賞品을下賜ᄒ시고始作ᄒ야數日에遊覽ᄒ시와坐席이狹窄ᄒ야僉君子가多數枉臨ᄒ시와坐處가업셔晩到ᄒ시면不便ᄒ오니速々枉臨홈

今番에새로活動寫眞數十餘件이來到ᄒ얏는대其擔에敵國과싸와의여사몸을아여ᄅ는것과人物가相鬪ᄒ야狗得勝가호파諸般夢中之事를形容호것과其他滋味가多々ᄒᆫ寫眞이이시오니速々히來玩ᄒ시옴

活動은自下午八点至九点名唱善舞歌童과唱和吹笛은自九点至十点

賣票時　七点半始爲

入場票上等三十錢　中等新貨十五錢　小童半額

新門외셔달이옥東便벽돌집　法人　馬田　告白

●九轉靈砂　本人이妙方法을神仙ᄒ야製造ᄒᆫ靈丹인ᄃᆡ男女老少에無論何징ᄒ고通治ᄒ오며無病時에도服ᄒ면平生의身體가健康ᄒ고小兒는四五歲에服ᄒ면十歲안에無病ᄒ심을擔保ᄒ오며

●九轉靈砂萬應丹은셔狂癎징과中風諸疾과耳目諸病과淋疾에神効ᄒ오

●九轉靈砂保命丹은初生小兒驚風　疳氣　咳　腹病諸般惡징에神効ᄒ오

●九轉靈砂濟衆丹은酒滯　食滯　血積　吐瀉　霍亂　痢疾　吐血　下血　運氣　時疾에神効ᄒ오

●九轉靈砂藥金丹은痔漏　毒蟲　上瘡　下疳瘡及唐瘡과諸般瘡瘇惡種에無不神効ᄒ오시니　君子는來問ᄒ시오

內需司前右ᄭᅡ이골上隅第一家百三統一戶　리호廷　告白

國債報償義捐金

收入廣告

六月中收入總額逐號明細錄은本月붓터本社國文申報第七號로每日順次發刊홈

●釜山港佐二里
車元吉 니敬鐵 각一원
辛致云卅錢 前僉使송熙用
오圓 崔尙雲三圓 孔址洙
卞周學 김자有 김致선
각一圓 김和吉卅전 김桂彦
張九日 리琪洙 각오拾젼
김命先 兪琪祐 각卅전
김南久 丁贊日 각五拾젼
최윤셔夫人白氏 四十錢
嚴極션卅전 김春實오拾錢
文영淳 김士元夫人朴氏
정德基 김영션 각卅전
都性化 김聖道 홍時敎
각五拾젼 박文五 一圓
리漢俍 ᄉᆞ拾전 강聖云
五拾젼 김信오 삼拾젼
合卄삼圓八십젼

●延安郡洪長面後太六리
김貞必ᄉᆞ환 김關培 尹聖民
김致文 각二圓 尹우哉
김貞斌 車好徹 申奉朝
김德吾 리大鎭 尹永哉
尹明善 강주卿 尹敎哉
김永燦 니永春 각壹圓
니돌伊팔拾젼 吳巨福
ᄉᆞ十錢 尹文成 박春三
白千石 尹聖大 김順甫
吳敬守 姜尙吾 니永華
김치康 각卄錢 니聖十
五拾錢 김學洙 홍德俊
김永淳각ᄉᆞ十錢 김方貫一원
合卄칠圓칠十錢

●南陽麻道面瑟項동
리正善 리敎性각貳圓ᄉᆞ拾젼
리昌宇 리正魯 리지亨
각壹圓卄젼 리章宇 壹圓
리正기 리正션 리元性
각九십젼 리正大 리正仲
리建性 각六拾젼 韓鎭元
五拾錢 慶 鉉 卅錢
韓鎭齡 慶최重 沈慶우
이錫性 각ᄉᆞ拾錢 洪榮션
박正煥 이貴奉 각오拾젼
이成七二拾전
合拾八圓

●水原梅谷面院坪里
梁弼煥一圓 니漢求六십젼
奉壽千 曹鐵承 柳引根
各五십젼 김仁養四拾젼
韓永셔卅젼 曹一煥 柳元養
曹永承 曹석天 曹益환
柳振根 嚴柱讚 嚴鎬영
尹基榮 김達濟 奇昇度
丘性九 韓인錫 尹孝긔
리昌珪 김漢元 김錫養
權敏奎 林萬吉 童黃命淵
각二십젼 리錫求 拾四젼
이夏求 박点同 김萬興
박吉成 이기奉 김漢泰
이光浩 리尊鎬 이錫鎬
丘창煥 尹萬鎭 曹明煥
박性奎 최영福 閔泳喜
김致선 이景九 金景萬
이寬性 이承模 柳 숙
조一承 유영근 각십錢
合拾圓이십四젼

●安城郡西리
洪지益六圓 리선儀五圓
김顯益이圓 趙元奎 리建영
鄭圭亨 김周릭 각一원
최華榮오十錢

●立長面坪里
趙敬熙 니鴻雨 니世應
리貞烈 문昌浛 김眞玉
신譽션 각五十錢
니時榮 박喆淳 각ᄉᆞ십젼
니興洙卅錢 閔泳晟 全元謙
김士五 최漢옥 尹有成
김원칠 김益培 니相舜
河聖三 니榮達 양윤日
각卄錢 朴今用 김致秀
우大賢 최德興 각십錢

●奇村面新基里
니鳳秀 洪殷섭 박元明
각一원 니天여 김明洙
洪雲一 高相均 徐면錫
니春實 니公西 崔奎太
任德三 任應三 朴學同
朴德靑 신正樂 趙建實
趙今石 각卄錢

●于谷面法田里
崔奎칠二圓 兪致永 姜元선
임基萬 오명中 각一원
崔周顯 車允甫 김성德
張元楨각五十錢 오麟稷
宋圭化 송一송 각陸십젼
김弼基 림基秀 임基穆
車廣福 각四拾젼 김윤基
全우錫 各卅錢 김종漢
김永圭 김道明 김春先
리殷相 河根命 임順榮
임敬先 오鶴稷 劉히션
高中보 각二십錢 崔지션
徐成集 潘道慶 卞彦敬
오鳳稷 송善一 劉致和
申敬千 신敬三 丁性弼
니영鎭 각十젼

●德谷面陽村
洪進杓四원 홍종욱 洪遠杓
각一圓ᄉᆞ十錢 閔丙斗一원
공佑善 홍淳元 高漢奎
洪在夏 각五十젼 洪在덕
洪在洛 리敬賢 洪在星
각ᄉᆞ십젼 金明秀 尹顯鳳
洪지和 曹영瑞 洪鍾원
柳先보 安順明 韓用寬 曹元信
張希성 成氏同 각卅전
金化成 리成보 洪지元
閔丙奎 洪武셥 洪지七
曹영先 유化成 洪在慶
홍셩禮 복濟吉 丘영보
金景周 김丙俊 홍종倫
홍종俊 홍지乾 고甲보
鄭友賢 兪應秀 홍石萬
리치榮 洪종主 홍鍾泰
공히정 각卄전 홍종壽
朴万哲 조相龍 각十젼

●納谷面동村
김東純 韓箕澤 韓겸톄
김東旭 각一원 리敎鳳
韓셩澤 각五十錢 韓百弘
韓百윤 韓奎澤 각卅전
金 源 韓百麟 韓百孝
韓百賢 韓軒澤 韓영錫
공學션 鄭岩回 徐俊石
각卅젼 徐播石 韓영弼
韓亨澤 리松秀 리尙규
鄭昌손 鄭우敎 김如興
공貴쇠 공召史 각十젼

●金谷面坪村
김亨培五十錢 김顯世
兪碧培 趙鏞惠 각卄錢
김常培 鄭玄錫 鄭弘錫
徐士弘 홍元府 리云集
全學瑞 白夏榮 洪原杓
각十錢

●于谷面복里
蘇輝麒 蘇輝象 蘇輝天
각一원 김箕經 蘇輝龜
蘇션奎 蘇문奎 리應奎
각五拾錢 蘇輝承 蘇輝錫
蘇輝惠 蘇澤奎 리정雨
김穀經 蘇輝원 각四십錢
리愼秀 홍 執 김箕철
金濟鳳 김弘凡 각卅전
蘇鎭宅 최 鉉 蘇輝昇
金成叔 黃敬道 黃敬化
각卅전 김濟赫 김箕卿
河원明 黃敬先 金士允각拾젼

●鳥嶺面각里
강文一一원五拾錢 沈雲호
兪鎭亨 高峻卿 리錫健
崔晩秀 강文지 朴性培
강雲志 김원汝 리潤雨
閔錫善 박文汝 김윤지
박文伯 신순朝 全永善
尹周원 각一圓 김善五
張士成 張士俊 姜公여
張士순 金지元 김敬五
姜仲實 강有然 우相天
각六十젼 리錫萬 리鴻彦
김善和 張士殷 姜成臣
김有文 崔元在 강道然
尹應純 鄭윤瑞 손윤心
兪喜慶 趙成老 尹致華
延順七 각五十전 리近榮
吳士元각팔拾전 김致敬
김敬奎 각ᄉᆞ십전 리秉호
손星五 韓文보 朱聖道
박聖여 최贊보 오致순
신自化 김영禹 리敎集
산岩쇠 張晩錫 각卅전

●于谷面上串地
리聖必 五十전 리聖칠
최종淳 김君集 각卅鉉
김道文 김敬良 黃致玉
김선景 각卄錢 박好吉
徐聖安 신敬元 尹순成
김万戶 김윤化 김聖淵
김文敎 각十전

●晩谷面龍頭里
洪移섭 최大烈 韓化善
박在亨 각一圓 洪仁섭
宋진玉 최德水 각五十錢
韓致國 鄭建七 홍淳根
홍在根 鄭在弘 홍在肯
각四十錢 陳雨春 安仲三
홍在興 각卅전 鄭寅復
홍영섭 김문여 홍在艶
리聖三 김卜同 林元京
陳東相 리奇瑞 홍漢셥
홍天섭 각卄錢 徐商九
홍明섭 각拾젼 宋德友
韓化信 각ᄉᆞ十錢

●晩谷面九禮동
신永賢貳원 최奎化 최善五
최晩秀 각五十젼 복化京
丁寬實각卄錢 兪應집十젼

●加士동
김應銖二圓 김在沼 리聖必
姜晩션 각一원 김지淵
김宗源 김時鉉 金士彙
각五十젼 리聖寬 ᄉᆞ十젼
陸源晟 南昶熙 全建裕
咸士圭 김平云 南相龜
南相근 高士範 김杏和
박星三 각卅五錢 韓寶東
王성泰 南相玉 각卅錢
張之穆 王元楨 김相貫
김一鳳 박成眞 김성凡
각卅젼 김公瑞 王聖三
劉士達 崔龍西 柳지元
홍元主 全士榮 각拾전

●于谷面新里
리喜永 吳셩션 姜順燁
박學先 각五拾錢 리吉承
리連和 각四十錢 최商顯
리各承 리先交 吳成甫
崔應圭 崔善京 孟益秀
각卅전 리恩三 리明承
리春化 리聖化 리致順
리善敎 林芝榮 尹伊玉
최明化 鄭志홍 김春先
김君先 각卄전 姜漢日
鄭寅弼 각十전

●金谷面內동素沙谷
宋熙면 송圭大 각五십錢
최昌東 송九鉉 송照允
각四십錢 송圭昌 리顯寧
김奎榮 김錫홍 宋應和
柳冀東 柳冀杜 박馨來
박昌成 송吉鉉 嚴春西
최景부 각卄전 송俊和
三十錢

●金谷面舞魚山동中
一圓ᄉᆞ拾錢

●于谷面法田리
成在龍 六십錢

合一百七拾三圓五拾전
總合貳百오拾三圓二拾四錢
前號總合壹萬六千六百拾오圓
七拾七錢貳厘
都總合壹萬陸千八百陸拾九圓
拾壹錢貳厘

◎特別廣告◎

國債報償金에兩日所捧은姑未合計이옵고伊前日의所捧總合四萬壹千三百六拾貳圓四拾四錢은韓氣會社內銀行에貯置ᄒ얏숩고其貯置額中壹萬六千三百圓은國債報償志願金總合所로越交홈

大韓每日申報社

●正誤

昨日本報第五百卅二號國債報償金廣告中오根의四십錢은오月卄삼日에已爲揭布이고今又登揭故로玆에消却ᄒ오며此를因ᄒ야其合計와總合을亦爲改正ᄒ야昨日都總合은壹萬六千六百拾九圓칠拾칠錢貳厘로正誤홈

◎本社廣告

○申報價
一張代金 新貨二錢五里
一個月前納 三十錢
三箇月 九十錢
六個月 一圓七十錢
一箇年 三圓四十錢
郵稅一部 新貨五里
一箇月 十三錢

●大韓每日申報各處支社廣告
中署布屛門下 金相萬冊肆
平壤上水口門內 金浩淵
仝 崔淑恒
仁川香峴洞新冊肆 李東皓
宣川邑㮣西里 安 濬
義州西門外호西 大藥局
釜山港佐川 徐藥局
三和港築洞 金元셥
咸興州南社西門外 曹喜林
開城培義學校 姜助遠
大邱市廳 崔一弘
載寧邑濟衆院 劉夢澤
鐵山邑東部 安 主
元山倉前 劉七錫
海州南門內書館 洪成인
定州南門內 李源楨
信川邑 朴昌鎭
昌原郡校洞 許 환
郭山興岩 李銀瑞
安岳細동坊成동 金承杰

大韓每日申報社
發行兼編輯人英國人 裴 說
發行所
南署石井동號外地三層洋屋家
大韓每日申報社

第五卷　第五百卅四號

大韓每日申報

月曜及慶節祝時日休刊

檀君開國四千二百四十年
箕子元年三千二十九年
大韓開國五百十六年
日本明治四十年
淸國光緖三十三年
●陰曆丁未四月大二十九日己丑

論說

恥辱되ᄂᆞᆫ商業

上海支那新報가淸國에武器가潛入ᄒᆞᄂᆞᆫ重大問題를關ᄒᆞ야如左論說을揭載ᄒᆞ엿더라

外人無賴輩가淸國으로武器를輸入ᄒᆞᆷ이近日에盛行인바此를淸國政府가列强의協力을受ᄒᆞ야共禁止ᄒᆞᆯ거ᄉᆞᆫ吾人의所望이라盖如彼商業이上海附近에셔細小部分으로盛行ᄒᆞ얏거니와近者天津에셔도武器를多大部分으로輸入됨이露出된바此不美ᄒᆞᆫ商業을競爭ᄒᆞᄂᆞᆫ犯過之人은德日兩國人이居於其首ᄒᆞᆷ이確然ᄒᆞ니此ㅣ非獨爲害於支那一國이라 此帝國內에居留ᄒᆞᄂᆞᆫ法律及秩序를依賴ᄒᆞᄂᆞᆫ一般外人에게도亦然ᄒᆞ도다此武器商業의不法됨이私相許論에一問題를頻煩供給ᄒᆞ엿스나然이나近者天津에셔露出된거ᄉᆞᆯ得見ᄒᆞᆫ前日까지ᄂᆞᆫ現然發出이未有ᄒᆞ엿스나盖天津에셔ᄂᆞᆫ武器를累千으로輸入ᄒᆞ엿고彈丸도與此比等ᄒᆞᆫ巨額을輸入ᄒᆞᆫ지라轉處日人會社에셔犯過者를卽地捕捉ᄒᆞᆫ如此境遇에ᄂᆞᆫ其犯罪者에何如刑罰을必加ᄒᆞᆯ줄노人各量度ᄒᆞ얏거늘事實이不至如此ᄒᆞ고日本官憲이淸國政府다려濟輸ᄒᆞᆫ武器를買收ᄒᆞ라고無廉ᄒᆞᆫ請求를發ᄒᆞ엿도다天津事가尙在審判中이니今不必評論이로되但如此記述이其犯罪者後面에何人이居ᄒᆞ얏던지嚴重ᄒᆞᆫ審査와處理를必加ᄒᆞ도록喚起ᄒᆞᆷ이로다

巨欵利益을暗取ᄒᆞᆷ이已久ᄒᆞᆫ如彼恥辱되ᄂᆞᆫ商務ᄂᆞᆫ政府에게利益됨이一無ᄒᆞ고但國內秩序를顚覆ᄒᆞ려ᄂᆞᆫ각種反亂黨을爲ᄒᆞᆷ이로다天津과上海ㅣ或香港에碇泊ᄒᆞᆫ各異ᄒᆞᆫ德國蒸氣船에게極小ᄒᆞᆫ더리도二十萬箇彈丸에輸入을契約ᄒᆞᆷ을數月前에已知之事라海關官吏가此危險物의入口를遮斷ᄒᆞ려고注意ᄒᆞᆷ이已久ᄒᆞ얏스니向者天津에셔捕捉된거시其或此契約에屬ᄒᆞᆫ輸物인지ᄂᆞᆫ不可確知로ᄃᆡ但淸國各地方에事態를觀之ᄒᆞᆫᄃᆡ揚子江區域에셔起ᄒᆞᆫ危險이有ᄒᆞ고今且福建及廣東이亦然ᄒᆞ니若淸國政府가一大謹求ᄒᆞ면列强이規則을嚴立ᄒᆞ야如彼凶器와輸入을禁斷ᄒᆞᆯ方策을取行ᄒᆞᆯ거ᄉᆞ多有其期이오且淸國政府가何如外人이던지勿論ᄒᆞ고此商業에從事ᄒᆞᄂᆞᆫ者를卽時逐出ᄒᆞ며何如外國商店이던지如此契約에直接或間接으로干涉되ᄂᆞᆫ者를封閉ᄒᆞ기에確有正議ᄒᆞᆯ거ᄉᆞᆫ吾人之所量度이라如此懲罰이必使其犯過者로不顧序ᄒᆞᆫ因果와何如ᄒᆞᆷ을自覺케ᄒᆞᆯ거시오且如此處理ᄂᆞᆫ淸國에現今各處에如彼活動ᄒᆞᄂᆞᆫ各異反黨을鎭壓ᄒᆞ며法律及질序를維持ᄒᆞ기爲ᄒᆞ야聊補ᄒᆞᆯ뿐이라

限에無過ᄒᆞ도다

官報

●第三千七百八十七號 光武十一年六月八日

◉宮廷錄事

侍從院卿李道宰辭職疏
批旨省疏具悉實病如是卿其調理行公

外報

●別子와出兵　東京電을據ᄒᆞᆫ則伊豫別子銅山에셔坑夫暴動의目的을貨金値上에지ᄒᆞᆫ又인ᄃᆡ被燒ᄒᆞᆫ役員家宅은七十餘戶오死傷도多數ᄒᆞᆫ지라第十一師團步兵二箇中隊를派遣ᄒᆞ얏다더라

●伊埈劇震　伊埈天산에大劇震이起ᄒᆞ야死傷者가多數ᄒᆞ다더라

●教會保護의命令　淸國外務部에셔西太后의令을據ᄒᆞ야前兩廣總督周馥氏의對ᄒᆞ야急히兵을派ᄒᆞ야外國교會堂을保護ᄒᆞ야交涉事件이發生ᄒᆞᆷ을防備ᄒᆞ라고電令이有ᄒᆞ다더라

●孫氏捕縛의命令　北京電을據ᄒᆞᆫ則淸廷에셔孫逸仙이廣東에지ᄂᆞᆫ다ᄒᆞ야計略을設ᄒᆞ야捕縛ᄒᆞᆯ意로發令ᄒᆞ얏다더라

●俄國과對外關係　巴里電을據ᄒᆞᆫ則俄國首相스도루ᅁ핀氏가立憲民主黨首領의게告ᄒᆞ야俄國과外國의關係가溫和ᄒᆞᆫ則無端히內政의混雜을釀成ᄒᆞ야外侮를勿招ᄒᆞᆯ지라然ᄒᆞ나國會議員等은近時政府의對外政策에對ᄒᆞ야不安ᄒᆞᆫ念을抱ᄒᆞ얏다더라

雜報

●賀培義學校　美國大學校滯留李承晩氏

ᄂᆡ가六年前에京城培材學堂에서工夫ᄒᆞᆯ때에速ᄒᆞᆫ效力을닷게여기고二年工夫ᄒᆞᆫ後에工夫를廢止ᄒᆞ고美人에게雇傭ᄒᆞ여幾圓式得用ᄒᆞ얏스나至今크게ᄒᆞᆯ일이四方에버려젓ᄂᆞᆫ時代를當ᄒᆞᆫ靑年이錢元을爲ᄒᆞ야爲人雇傭이엇지當然ᄒᆞᆫ事爲라ᄒᆞ리오ᄒᆞ고ᄂᆡ마ᄋᆞᆷ에自覺ᄒᆞᆫ故로三年前에此處로工夫ᄒᆞ라왓ᄉᆞ나一年半은合當ᄒᆞᆫ處所를不得ᄒᆞ야遊歷四方ᄒᆞᆫ것은只係於學費金不足也러니
天父의도오심으로昨年졍月부터合當ᄒᆞᆫ處所를得ᄒᆞ와至今二年째工夫ᄒᆞᆷᄋᆞᆫ되昨年秋期부터此處專門學課程을ᄒᆞ나이다
또ᄒᆞᆫ工夫ᄒᆞ다가ᄂᆡ집이貧寒ᄒᆞ니工夫ᄒᆞᆯ슈업다고핑계마시오ᄂᆡ가美國史記를讀ᄒᆞ온즉美國大統領中有名ᄒᆞ엿든林就이라ᄒᆞᄂᆞᆫ사ᄅᆞᆷ은本是貧寒ᄒᆞ고險ᄒᆞᆫ山野農家農夫의아달이라林就이七歲되여슐써에入校ᄒᆞᆯ여ᄒᆞᆫ즉그父親이學費金쥬기ᄂᆞᆫ姑捨ᄒᆞ고自己를모와일볼ᄒᆞ라고歷過ᄒᆞᄂᆞᆫ故로不能入學ᄒᆞ고他學童에게書字를得聞ᄒᆞ여記錄코ᄌᆞ호ᄃᆡ都無紙與鉛筆也ᄅᆞ단木片에以木枝尖頭로書字를記錄ᄒᆞ면서그아ᄒᆡ가將來에巨人되가를自期ᄒᆞᆫ故로그後에法律學士의슈종를며服隊을得ᄒᆞ야法律을見習ᄒᆞ엿더니그後法律學士가되엿고美國南北戰爭時에以民望으로大統領이되여그戰爭을平和ᄒᆞᆫ故로美國民望으로推薦ᄒᆞᄂᆞᆫ大統領中有名ᄒᆞᆫ사ᄅᆞᆷ이되엿스니엇지貧寒ᄒᆞ다그王夫成功못ᄒᆞ오릿가
다만諸同胞에게바라옵기ᄂᆞᆫ旣是有志入學ᄒᆞ셧슨즉不撤晝夜勤止ᄒᆞ여德國의俾思莫과美國의華盛頓及林就一大統領된단말은아니오나ᄯᅩᄒᆞᆫ치큰事業들ᄒᆞ기를自期ᄒᆞ시다우리一般同胞여勉之々々ᄒᆞ시옵소서

完

●安邊郡國債募集발文

現今國債報說이一발萬應에勿論京鄕ᄒᆞ고聞者落淚斷烟ᄒᆞ야爭先出義ᄒᆞ미 皇上陛下게셔人民의憤발ᄒᆞᆫ與情을嘉尙히여기ᄉᆞ停姆退慶하라신 處分이下ᄒᆞ셧다ᄒᆞ니爲其臣民者就不倍加悚感지極이리오惟我一郡이雖是僻遠ᄒᆞ나亦지化育中一區라鄕是豊沛요俗本淳厚라爲自由ᄒᆞᆫ恃義를想必人人共懷期圖淸상ᄒᆞ야國爲自主ᄒᆞ며民이기각處募集趣旨書와總合所規程을鱗次謄布ᄒᆞ며本會健議條目을左開廣告ᄒᆞ오니濟男女老少ᄂᆞᆫ互相勸勵ᄒᆞ야勿拘多少ᄒᆞ고出宜연助ᄒᆞ심를切望切望

●洪原郡商民들이申報을近聞ᄒᆞᆫ즉各郡人民이國債報償ᄒᆞᆷ을爲ᄒᆞ야각出義捐ᄒᆞᆫ다ᄒᆞᆷ기吾生들도血心感발ᄒᆞ야自成會社하고出義捐捐을依數ᄒᆞ와本會에留置어오나此土ᄂᆞᆫ遐遐之地也라或者人民이不知其詳ᄒᆞ고不無疑訝하옴기捐金諸人을如左錄呈ᄒᆞ오니無一名이라도遺漏하오ᄃᆞ쇼셔申報ᄒᆞ야使彼詐者로一ᄂᆞᆫᄒᆞ면血心이自然感發ᄒᆞ야願助者가漸增多ᄒᆞᆯ터이오니照亮ᄒᆞ시옵

[illegible] 朴寅圭

●郭山郡國債報償會趣旨書

現我 韓之所負外債一千三百萬圓矣國庫艱拙人不敷出而年々繼貸常患不足竟以何貸報此巨額嗚呼個人私債猶期田宅匪業隨爲他有況國際公債不報之境其將何如埃及之前鑑昭々尙可言哉何幸報償義論唱自嶠南而擧國所及八域影從是我再生之日 國權重復之秋敢不齊力以完大事玆與同志諸人特設報償會募集義捐金惟我一郡同胞孰非四千載 聖神之孫五百年化育之民苟利於國身不惜欲報 皇恩死猶不足況捐其財乎貧富懸殊多寡莫論各盡義務爲 國爲民今此之擧我 韓運命之所關鍵而斷烟何止三朔減餐이豈獨婦人各自奮勵互相勸勉一體捐助速圖淸償是所血祝

●東湖熱心　東湖與英學校가有志諸씨의熱心으로以ᄒᆞ야稍々成立ᄒᆞᆷ은前報의記載ᄒᆞ엿거와更聞ᄒᆞᆫ즉去日曜日에國民教育會에셔有志紳士諸씨가該校에往ᄒᆞ야校況之日進을贊成ᄒᆞ고學員之修業을勸勉ᄒᆞ엿며니該동熱心家와財産家들이爭先注意ᄒᆞ야曰某々氏ᄂᆞᆫ學校建築을擔當ᄒᆞ고某々氏ᄂᆞᆫ諸般經費支出ᄒᆞᆯ方針을擔當ᄒᆞ야長久維持케ᄒᆞ기로決心ᄒᆞ엿다니東湖一동諸氏가擧皆熱心圖合ᄒᆞ엿다더라

●乞人熱誠　國債報償에對ᄒᆞ야二月二十九日夕陽에元山港乞人數輩者八人이手執瓢節ᄒᆞ고顚倒而來入商議所ᄒᆞ야紙貨四圓을袖傳日本人等도同胞中亦一部分으로已聞國債報償之說ᄒᆞ고憂者而歎에病者而愈ᄒᆞ야會同提議ᄒᆞ고都中十九人이十五日을懸口於富饒之戶ᄒᆞ며乞得於豪華之門ᄒᆞ야盡力乞錢이僅爲四圓이다하오니如許血誠은果是世界之罕有라ᄒᆞ더라

●研會演說　明日下午八点에自동研究會에셔紳士李宇榮씨를請邀ᄒᆞ야演說ᄒᆞᄂᆞᆫᄃᆡ有志諸員은光臨ᄒᆞ시기希望ᄒᆞᆫ다더라

雜報

●三察新任 大邱군守朴重陽氏ᄂᆞᆫ平南觀察使로양根郡守梁在騫氏ᄂᆞᆫ忠南觀使로坡州郡守金奎昌氏ᄂᆞᆫ全南觀察使를被任ᄒᆞ얏더라

●兩氏移任 侍從武官長趙東潤氏ᄂᆞᆫ陪從武官장으로移任ᄒᆞ고贊謀官李鍾健氏ᄂᆞᆫ侍從武官長으로落任ᄒᆞ얏다더라

●兩씨被任說 軍部教育長李秉武가該部大臣으로陞任ᄒᆞᆫ代에ᄂᆞᆫ副領全永憲武官學校長趙性根兩씨中에被任ᄒᆞᆫ다더라

●意見提出 昨日內部에서一般局課長諸씨가部務에對ᄒᆞ야意見書를繕書ᄒᆞ야下午三時內로提出ᄒᆞ얏다더라

●參贊不參 元來政府會議時에該府參贊이同爲出席ᄒᆞ더니近日新政府組織ᄒᆞᆫ後로ᄂᆞᆫ各部大臣이會議를開催ᄒᆞ라면大臣만秘密合席ᄒᆞ고參贊은不許同席ᄒᆞ고至於局課長ᄒᆞ야ᄂᆞᆫ會議室近處라도不得經過ᄒᆞᆫ다더라

●年限未滿 副領尹致晟씨로正領을陞任ᄒᆞ라신處分이계셧ᄂᆞᆫᄃᆡ軍大李秉武씨가奏稟ᄒᆞ되尹致晟의副領年限이未滿ᄒᆞ야不可陞任之意로上達ᄒᆞ얏ᄂᆞᆫᄃᆡ陪從武官長을被任ᄒᆞᆫ다ᄂᆞᆫ說이有ᄒᆞ더라

●職員開會 昨日學部에서職員會를開設ᄒᆞ고學務에對ᄒᆞ야각學校維持方針과教育上就緒ᄒᆞᆯ方法을爛商決議ᄒᆞ얏다더라

●七次訊問 平理院에서前軍大權重顯氏事件으로被囚ᄒᆞᆫ羅寅永吳基鎬金寅植等을第七次訊問ᄒᆞ얏다더라

●役費難推 平壤西宮役費調查事로初次事項은已爲報部ᄒᆞ얏ᄂᆞᆫᄃᆡ繼續贓報ᄒᆞ라고京部에서電訓이답至ᄒᆞ미爲先平壤人中에水材酒食條三千餘株와酒食錢二百萬餘兩이確有明証ᄒᆞ야上部에報告ᄒᆞᆫ지已過一朔에尙無如何之處分이오陽德民木材價ᄂᆞᆫ推尋이無處ᄒᆞ야西道가野至魚肉이라고西來人의冤聲이藉々ᄒᆞ더라

●調查家井 宮內府에서兵丁을派送ᄒᆞ야閭巷人民家屋內에有井無井을調查ᄒᆞ되井之大中小와水源深淺을一一審查ᄒᆞᄂᆞᆫᄃᆡ其理由인즉火災를防禦ᄒᆞ기爲ᄒᆞᆷ이라더라

●同友相愛 再昨日에同友會長渡津公熈氏가該會에出席演說ᄒᆞ되惟我同友會ᄂᆞᆫ同友相愛之意也니願入ᄒᆞᄂᆞᆫ會員은各別相愛ᄒᆞ야如有哀慶이어든多小間禮幣相問ᄒᆞ되自會中으로特送總代數員ᄒᆞ야以表愈愛ᄒᆞ고且兩國敎愛之地에必無强制之理나日本人이無論京鄕ᄒᆞ고恣行壓制ᄒᆞ야本會員中에橫罹之患을當ᄒᆞᆫ境遇에ᄂᆞᆫ擧實來告ᄒᆞ면自會中으로若已當之ᄒᆞ야另加保護ᄒᆞ야俾無後弊케ᄒᆞ라ᄒᆞ엿더라

●日殺韓人 再昨日下午七時에南署苧洞屛門에서日本人이韓人一名을即地打殺ᄒᆞ얏ᄂᆞᆫᄃᆡ該犯日人을日巡查가中署로押去ᄒᆞ얏다더라

●義徒敗走 去月二拾五日에江原道寧越郡에서義兵이入來ᄒᆞᆫ다고先通이有ᄒᆞᆫ지라該郡守가堤川郡守와協力ᄒᆞ고分派署巡檢과民兵을多數募集ᄒᆞ야義兵入來ᄒᆞᄂᆞᆫ路에等待ᄒᆞ다가義兵과互相攻擊ᄒᆞ야義兵은敗走ᄒᆞ고其黨中李康淵一人과銃劍等物을多數奪取ᄒᆞ얏ᄂᆞᆫᄃᆡ李康淵은該分派署에姑爲捉囚ᄒᆞ얏다더라

●義兵捕捉 全南古阜分派署巡檢李東律이가去月二十二日에義兵鄭化國을該郡에서捕捉ᄒᆞ얏다더라

●兩씨放免 全南長城郡奇山林宇萬씨ᄂᆞᆫ學問家로聲望이素著ᄒᆞ고全北雲峯郡前注書朴봉陽씨ᄂᆞᆫ甲午年東匪時에守城ᄒᆞ야一境을保全ᄒᆞ고嶺右가賴安ᄒᆞᆷ으로至今ᄭᆞ지頌聲이藉藉ᄒᆞ더니何許含嫌之輩가搆誣傾軋이던지兩시를押上警獄ᄒᆞ야數月滯囚되얏다더니今月念間에兩시가幷皆放出ᄒᆞ얏다더라

●警權漸明 海州警務署에在囚ᄒᆞᆫ中未決罪囚가六十餘名인ᄃᆡ각郡分派ᄒᆞᆫ新差巡檢輩가或警察에不慣ᄒᆞ야誤聞被捉者도有之ᄒᆞ고或平日宿嫌으로橫捉勒招도有之이온ᄃᆡ該署總巡全鳳薰시到任之後에知此情跡ᄒᆞ고一々窮執明覈ᄒᆞ야更爲捧招審查ᄒᆞᆫ則誤捉橫囚者種々有之ᄒᆞᆫ지라即時裁判所에委任ᄒᆞ야依此說明ᄒᆞ고且曰無論罪之輕重ᄒᆞ고一入獄中ᄒᆞ면處判이無期ᄒᆞ니是豈欽恤之本意乎아從輕重速決ᄒᆞ기를百般勸告ᄒᆞ고巡檢輩의不正行爲와濫權討索ᄒᆞᆫ根委를一々偵探ᄒᆞ야隨現卽罷ᄒᆞ니不過一朔에巡檢見罷가不計其數라全시가發論曰巡檢이雖非官職이나此亦公器라何可以私嘱으로任免乎아從今以往으로必當試才取選이라ᄒᆞ고身體도각別點檢ᄒᆞ려니와以作文筆術地理三圍로至公面試ᄒᆞ야隨闕塡代ᄒᆞᆫ다더라

●義徒發配 忠淸南道裁判所에義兵으로被囚ᄒᆞ얏던李鍾台李商鉉兩人을流拾年으로智島郡古群산으로發配ᄒᆞᆫ다더라

●期於逮捕 法部에서忠南監獄署에서逃走ᄒᆞᆫ罪囚中未捉ᄒᆞᆫ事에對ᄒᆞ야未獲三名을期於追捕ᄒᆞ라고該所檢事게에電飭ᄒᆞ얏다더라

●一口無聞 金鑛新規則頒布以後로開礦請願者三々拾人이京中逗留ᄒᆞ다ᄂᆞᆫᄃᆡ聞其理由ᄒᆞᆫ則鑛區圖形과手數料每區에一百圜式을旣納農部ᄒᆞ고昨年九月부터至于十朔을旅館苦俟者ㅣ最多ᄒᆞ되認可與否가杳然消息ᄒᆞ야煩呈請願ᄒᆞ다或題曰某郡某礦請願은方今調查中이기回示ᄒᆞᆫ事라ᄒᆞ고更無一說이라許不許間에以此遲延ᄒᆞ야客費가夥多ᄒᆞ니該部광산事務局에서ᄂᆞᆫ有何做事인지怨聲이浪藉ᄒᆞ더라

●旣捕且亂 本月三日下午九時에忠淸南道監獄署에在囚罪人二十名이合口並力ᄒᆞ야該獄門을開ᄒᆞ고出來該庭ᄒᆞ야該署巡檢을劫伏ᄒᆞ고軍刀을奪取ᄒᆞ야押뇌面部을打之ᄒᆞ고四散逃走ᄒᆞ얏ᄂᆞᆫᄃᆡ該近分派所로通奇ᄒᆞ야拾七名은捕捉ᄒᆞ고三名만姑未逮捕ᄒᆞ야方今詗探中이라더라

●巨盜被捉 陰去二十八日에內部治道局事務官黃寅淵及隨員韓人五名日本人小野技手와京城第一銀行員大浦와鎭南浦第一銀行員시內와治道局雇員工藤及平양理事廳巡查稻田諸시等一行이江西青산里軍粮浦居리寅汝김道淳兩人家에分派留宿ᄒᆞ얏더니該夜에强盜四名이각持銃劍ᄒᆞ고突入于事務官宿泊所ᄒᆞ야行裝을沒數掠奪後에入于日本人留宿所ᄒᆞ야與日巡查로放銃接戰ᄒᆞ야日本人小野技手가五處를中丸ᄒᆞ얏스나重傷은免ᄒᆞ얏고該郡分派所巡查與巡檢等은賊을追ᄒᆞ야該郡니ᄌᆞ串面정寬鉉家에서宣川郡居리春南을捕捉ᄒᆞ미窩主정寬鉉도同爲捕捉牢囚ᄒᆞ얏다더라

●資格何關 각道觀察使가變改ᄒᆞᆫ다ᄂᆞᆫ說이浪藉ᄒᆞ미資格이有ᄒᆞᆫ人들이奔走히運動도ᄒᆞ고熱망ᄒᆞ더니今番에三觀察이出其不意에叙任이되미所謂資格이有ᄒᆞ다ᄂᆞᆫ人이相語ᄒᆞ되已往階梯ᄂᆞᆫ無用쌘더러從今以後ᄂᆞᆫ白頭라도運動力만有ᄒᆞ면非但觀察이라大官之位라도容易하다ᄂᆞᆫ輿論이藉々ᄒᆞ더라

●鳳塾新設 양州金村面養正里鳳審동에小學校設立ᄒᆞᆫ事를聞ᄒᆞᆫ즉趙寅應具然八趙東恩李淵德具然國李象烈具容祖諸氏가發起創立ᄒᆞ얏ᄂᆞᆫᄃᆡ塾名은鳳鳴義塾이라稱ᄒᆞ고塾長은趙重應氏로塾監은具然八씨로推薦ᄒᆞ고塾師ᄂᆞᆫ現今間經費窘拙ᄒᆞᆷ으로教師을雇聘ᄒᆞᆯ道가無ᄒᆞ야趙重恩以下五씨가各以義務로輪次教授ᄒᆞᄂᆞᆫᄃᆡ其義務에長遠을難知ᄒᆞ야該씨等이同盟ᄒᆞ되仕宦이나商賈나或他處로移ᄒᆞᆯ境遇에ᄂᆞᆫ自己教授當次을計算ᄒᆞ야每次一圜式徵出ᄒᆞ야該金額으로教師를雇聘ᄒᆞ야該塾을永遠支保ᄒᆞ기로契約ᄒᆞ엿다더라

●靑會講道 今日下午三点半에靑年會館에서福音會를開ᄒᆞ고南門外濟衆院醫士魚丕信氏가講道ᄒᆞᆫ다더라

●牧土竟還

宮內府에서東萊府尹에게訓令ᄒᆞ되即接本港富坪동牧地居民朴致伯等請願書을接準ᄒᆞᆫ즉內開民等結搆ᄒᆞᆫ牧地八十四斗五刀落遺推事로去月呈訴이온則指令內公土所重이與他逈別쌘더러衆民失所가亦甚궁憐이라當交涉歸正事이시온바三年未決之案을今始歸正ᄒᆞ옵고一境渙散之民이因可安도이오니歡欣感頌은無以比喩이올견과大抵此土을外人이流涎ᄒᆞ고奸民이生慾ᄒᆞ니今雖歸正이라도後弊을宜慮이다온此土八십々斗五刀落을突等一百三十八戶에特爲永許ᄒᆞ시와각其仍居케ᄒᆞ옵시면突等이각出價금하와八十々斗五升落을以優品田畓으로準數代立ᄒᆞᆯ깃ᄉᆞ오니如此則公土가可以永久無弊이옵고民戶가亦可永久安全이오니照亮認許伏망等因인바准此查實ᄒᆞ온즉牧土八十四斗五升落契券을依外証票ᄒᆞ야即爲작還報來之意도以訓以電에督飭不止一再而迄無回報ᄒᆞ니是何委折인지其在擧行에萬萬疎忽이라派員김禎노가現尙留注當地이견과本府審查局주事崔相宜을仍復파遣전往ᄒᆞ며玆에訓令ᄒᆞ니到即該外人處契券쌘은依証票田畓으로準數代立後形止를詳錄馳報ᄒᆞ고民處認許擬契을待訓飭亦即繕給ᄒᆞ라ᄒᆞ얏더라

北京電報

五月八日午前拾壹時着

●法民保護 法國公使ᄂᆞᆫ軍隊를廣東에派遣ᄒᆞ야法國臣民을保護ᄒᆞ라고本政府에請求ᄒᆞ엿더라

▲華舌懸河▼

▲俯覩政界ᄒᆞ니擾々若江漢之浮萍ᄒᆞ야變幻이無常이라醉夢이昏々ᄒᆞ야漆夜乾坤에忘作妄動이東西를不分ᄒᆞ니傍人에一笑之資를供ᄒᆞ더라

▲大邱郡守朴重陽氏ᄂᆞᆫ在任時歷史ᄅᆞᆯ歷數ᄒᆞ면不公ᄒᆞᆫ政令과怪常ᄒᆞᆫ行爲가兩耳가如聒ᄒᆞᆫ지平南觀察使를移任ᄒᆞ엿스니平兩一省의厄運에ᄂᆞᆫᄒᆞᆯ슈읍ᄂᆞ

▲奉常司ᄂᆞᆫ自是閒寂ᄒᆞᆫ官廳인ᄃᆡ日昨提調以下一般官吏가會동提議ᄒᆞ엿다니該司ᄂᆞᆫ近來에官職이나移任ᄒᆞᄂᆞᆫ處所로知ᄒᆞ얏더니能히會議를開ᄒᆞ엿스니별일도만코

▲內部에서事務官으로日本人冬木乃茂明兩氏를雇聘ᄒᆞ야漢城府로仕進視務케ᄒᆞᆫ다ᄂᆞᆫᄃᆡ每人의月俸은七十圜이오舍宅料ᄂᆞᆫ二拾圜으로支給ᄒᆞᆫ다ᄒᆞ니韓國官人에視務ᄒᆞᄂᆞᆫ事ᄂᆞᆫ日人이나雇聘ᄒᆞ얏고統監府에照請ᄒᆞᄂᆞᆫ지此亦統監府에納媚情態에不過ᄒᆞ도다

▲還內協沈相翊氏ᄂᆞᆫ遞任된後로東門外山寺에出往ᄒᆞ야方在閒養中이라ᄒᆞ니該氏ᄂᆞᆫ黃粱炊上에富貴夢을忽醒ᄒᆞ고靜寂사門에阿彌陀佛에慈善心을注入ᄒᆞ야前過를覺悟ᄒᆞ면安知不爲後日淸福이리오

▲漢城府尹朴義秉氏ᄂᆞᆫ近日에골沒無가ᄒᆞᄂᆞᆫᄃᆡ日昨伊藤統監과京城理事廳과鐵道管理局과內外國高等官人을訪問ᄒᆞ기에宮將少將邸로次第訪問ᄒᆞ얏다니該氏ᄂᆞᆫ一漢城府尹에地位를굿치라다가그렇케出入이奔走ᄒᆞ다가ᄂᆞᆫ兩脚이다ᄯᅥ러지고말깃고

▲日本이同色人種을蔑視ᄒᆞ고虐待하야甚至於韓國人을博覽會動物로買置ᄒᆞ야世人의笑料를供ᄒᆞ니殘忍薄行이ᄒᆞᆫ至此極ᄒᆞ고同種間에如是相殘ᄒᆞ다가ᄂᆞᆫ畢竟저의도他種國에動物로팔녀갈걸

▲前內大李址鎔씨의夫人李옥卿씨가大韓夫人會를組織ᄒᆞ고養蚕講習所를自己私邸에設立ᄒᆞ고日本人藤村教婦을雇聘ᄒᆞ야蚕業에從事하고春蚕白龍蟻量二錢重을掃立ᄒᆞ야飼育ᄒᆞᄂᆞᆫᄃᆡ極히良好ᄒᆞ고現今三眠이起ᄒᆞᆫ지三日이오此後十餘日이면蚕兒가皆是上簇ᄒᆞᆫ다ᄒᆞ니該씨가인제야婦人會社에事業을成立ᄒᆞᄂᆞᆫ고

▲日本人이韓國人을打殺ᄒᆞ면日巡查가名雖捉囚ᄒᆞ나畢竟은無事放釋ᄒᆞ니此等法律은何處의出來ᄒᆞ얏ᄂᆞᆫ지韓國人을保護ᄒᆞᆫ다ᄒᆞ면서人民을犧牲으로知ᄒᆞ니大韓百姓잘살것다

◎本社告白

國債報償에對ᄒᆞᆫ義捐金額을本報紙面에逐日廣告로發布ᄒᆞ되猶有遲滯ᄒᆞ야義捐諸氏의迅速揭布코ᄌᆞᄒᆞ시ᄂᆞᆫ뜻을未卽奉副ᄒᆞ옴이나今自本報로國文報一部를增刊인바從今으로ᄂᆞᆫ漢文報와國文報에義捐廣告를並爲揭布ᄒᆞ오니愛國僉員은照亮ᄒᆞ시옵

雜報

伊川郡國報상報成義務社趣旨書

嗟乎噫라此郡이處在兩道接壤ᄒᆞ고山僻野小ᄒᆞ기로地峽民貧의風氣古朴ᄒᆞᆫ고로桃李園中에春夢을未覺ᄒᆞ여愛國思想이全昧ᄒᆞ더니本郡守石明선시가新聞을讀ᄒᆞ며徐相敦시의斷烟報償趣旨書에對ᄒᆞ야每含感淚ᄒᆞ고우然長歎曰外國債欵이至於一千三百萬圜則每年利子가爲一百萬餘圜이라今年에未償ᄒᆞ고年明에又未상則勢必利倍於其本矣家有負債에一家難保은世之常이거ᄂᆞᆯ況又國之負債에何以安保리오爲其臣民者同情此擧가不但止於此상而已라可期문明富强之域이며兼此義捐之論이自嶺至京에播於全國에遐니雖陬至愚之人라도聞此鼓舞에豈無激烈之義ᄒᆞ야本人等熱心所發에義不敢人後ᄒᆞ야組其일社ᄒᆞ니名曰花山郡國債報상報成義務所ᄒᆞ고玆以仰布ᄒᆞ오니望須僉君子ᄂᆞᆫ竭力盡心ᄒᆞ유ᄉᆞ多小出義에以至淸帳外債之日則國權回復과獨立기礎가自此生ᄒᆞ리니惟我同胞之大福이오國家之幸甚

發起人 金容植 尹相균

●留學生美擧 今番日本에留學生界에 內下ᄒᆞ신一萬圜에對ᄒᆞ야該學生의一般意見을其中에學資中絶ᄒᆞᆫ苦學生幾人을救濟ᄒᆞ야學業을完成케ᄒᆞ여야實効도有ᄒᆞᆯ뿐더러 셩意를奉答ᄒᆞᄂᆞᆫ道理에合當ᄒᆞ다고議決ᄒᆞ야學部에長書ᄒᆞ얏더라

●문校集捐 殷山龍昇里劉시門中에서宗契錢七百圜을特捐ᄒᆞ고一校을設立ᄒᆞ얏ᄂᆞᆫ대名曰文昌學校라ᄒᆞ고教師을延聘ᄒᆞ야陰三月十日에開學ᄒᆞ미徒오拾餘名의達ᄒᆞᆫ지라國債報상에對ᄒᆞ야特別會를開ᄒᆞ고一場演說하고義金을方今募集中이라더라

●海商出義 海州南門內박長煥시商店에諸시ᄂᆞᆫ一無遺漏ᄒᆞ고각出一回義金ᄒᆞ야四十陸圜九拾錢을本社에寄送ᄒᆞ얏더라

●感謝寄附 平壤測量學校生徒로今番에卒業ᄒᆞ고技手로被任ᄒᆞᆫ金ᄉᆞ輯氏가紙貨一圜을本社에寄附ᄒᆞ얏더라

廣告

北美桑港에住在ᄒᆞᆫ我同胞의共立協會總會長宋錫俊氏가不幸身故ᄒᆞ얏삽ᄂᆞᆫ되來月曜日午後四時半에鍾路靑年會館에서追悼會를開ᄒᆞ오니凡我同胞되신兄弟姊妹ᄂᆞᆫ知與不知間에光臨同參ᄒᆞ시기를千萬務望홈

發起人 尹德基 金麟 오相규 鄭雲復 金相天 張志淵

東萊釜山面三洞居崔鳳圭의圭字ᄂᆞᆫ以一字로改定홈 崔鳳一 告白

本人의姓名圖章을遺失故로玆以廣布ᄒᆞ노니勿論內外國人ᄒᆞ고勿爲施行홈 東署於義洞鄭景錫 告白

今見大韓每日申報雜報欄廣告南北道商民이東萊港客主口文加捧事로撤市逗遛ᄒᆞᆫ다ᄒᆞ온바彼鑿鑿人이居無定處ᄒᆞ고業無恒産ᄒᆞ야挾雜出沒이自其伎倆이온바以客主口文言之ᄒᆞ면每百兩頭二兩은便是全國內各港口通行之例인데向日東萊府尹이已經幾次에會計中口文이只是一欵而至有各樣安業之指令故로會務擴張ᄒᆞ기를爲ᄒᆞ야方請願于度支部이오니實業ᄒᆞᄂᆞᆫ商民僉位ᄂᆞᆫ照亮ᄒᆞ심을爲望

東萊港商務會 金聖佑 議所代표人 宋在鎬 告白

西署大平동第七十五統八戶客主金益善許에推次當文一萬兩無日字第四百三十五号於音一片을本人이以其商販次로出給于堤川郡居趙鍾呂正律處矣러니趙鍾呂가該於音을陰曆四月十九日에本郡等地에서見失ᄒᆞ얏ᄉᆞ오니勿論內外國人ᄒᆞ고誰某拾得ᄒᆞ와도休紙施行홈 합川郡居河而伯 告白

本人等에位土皇字畓六斗落이在於京畿果川郡東面良才洞이온바以畓字畓三斗落寫字田一日耕이지於廣州郡彥周面內谷名而歷代傳來이온더니不意今者에吾族金聖圭이가同雜類ᄒᆞ야改名七星或金元ᄒᆞ야該地를僞造文券ᄒᆞ야將欲典執或放賣코ᄌᆞᄒᆞ오니內外國人間勿見欺ᄒᆞ시옵 廣州彥주面內谷 金士曉 金公有 告白

本書舘에서內外國新舊書籍을廣求ᄒᆞ야學界諸彥의購覽과각學校教科用品을格外廉價로供獻ᄒᆞ오니有志ᄒᆞ신僉君子ᄂᆞᆫ陸續來臨ᄒᆞ시기를望홈 皇城中署 總廣華書舘 崔昌漢

졍동감리교회광고
금번에졍부졔졍도미졍의를표ᄒᆞ기위ᄒᆞ야ᄒᆞᆫ달이되얏ᄉᆞ미본졈에셔동의셩회에영구히ᄉᆞ든거슬이번에영구히ᄉᆞ십젼을밧게ᄉᆞ오니묘랑ᄒᆞ셔욕속히쳥구ᄒᆞ야쥬십을바라옵
광진ᄉᆞ경셩지졈

本社風穴에倣效ᄒᆞᆫ蠶種을製造ᄒᆞ엿더니我國內今年秋蠶과來年春夏蠶ᄉᆞ育을可量ᄒᆞ야製造ᄒᆞ엿더오니養蠶ᄒᆞᄂᆞᆫ僉君子ᄂᆞᆫ左開所로來臨ᄒᆞ던지郵書로ᄒᆞ던지蠶種을各處所用預託ᄒᆞ시오

京城東大門越便鷹동二十壹統一戶 安義館蠶業會社 金漆原家
安義館蠶業會社長 金□先 廣告

本店擴張新到時欵各色紗羅綢緞紋地毯油地氈洋廣진貨鋼鐵升面香炭烟草各種均效價廉新興ᄒᆞ時令用貨美價廉血有湖北南洋彩緞帽子自此布匹 賓客請來購覽是厚望언

漢城石井洞 杏花春 告白

今番事機를因ᄒᆞ야神宮奉敬會를解散홈
明治四十年五月二十八日
光武十一年五月二十八日
元神宮奉敬會會長

忠南定山郡場面伊火川居우明俊性本浮浪ᄒᆞ야付同雜類出沒港市十餘代傳來位土偶遺文券暗賣於李乗玉權一善故로自宗中呈訴妥帖然如此리類後慮不無故玆以廣告內外國人切勿見欺홈 우秦命 告白

染織大擴張廣告

本所에서今般業務를擴張ᄒᆞ고左開各種을製造ᄒᆞ오니僉君은多少不拘ᄒᆞ고來購ᄒᆞ심을切望홈

一 各項衣次紋緞次褌衣製造
一 學徒夏服次各種製造
一 女學生服裝次各種製造
一 紬단木布毛織染色及改染
一 各色염粉直輸入放賣

宗廟越邊中谷 염織工所主人 金德昌 告白

●일본遊覽者募集

一 遊覽會員募集 人員은五十名으로一團을成ᄒᆞ니한일인並不問ᄒᆞ고速히請入ᄒᆞ시옴
一 巡遊地 東京博覽會橫빈京都大阪神戶
一 往復일數 더抵十七일間
一 浮費 遊覽費及手數料을合ᄒᆞ야總計四十八圜
一 出發일 請入順次를從ᄒᆞ야出發三일前에直接히通知홈
一 請入所 在京성各신聞社五十八銀行경성支店 天一銀行
一 會員은遊覽을終ᄒᆞ야閉散홀後ᄂᆞᆫ本會와關係가小無홈
一 南대門서釜山으로直行ᄒᆞ면지或은東경으로直行ᄒᆞᄂᆞᆫ者의對ᄒᆞ야도同一便法으로同行請入을應諾홈

日本人遊람協會事務所경성南대門通 東亞商會

特別廣告
內外書籍新舊學文幷販賣所
大邱廟遊洞金기鴻

산원파셩진잔에셔본인이살진소(肥牛)를만이ᄉᆞ깃ᄉᆞ니쇼파실졔군은다수이팔너오시옵 최봉즙 고빅

本人이日本大阪商業家와特約ᄒᆞ고日本內地産出各種物品과西洋各國物品及農械等物을我大韓에輸入과委托을便利케契約ᄒᆞ얏ᄉᆞ오니商工業에有意ᄒᆞ신僉君子ᄂᆞᆫ其物이든지請求코져ᄒᆞ시거든本社로來議ᄒᆞ시오本社에셔ᄂᆞᆫ手數料金만領受홈

興業社本店 開城北部詳洞
支店京城南門內水標五十一統六戶

仝仁港內동廣濟號 埼養會社

本店에春服衣次각程이自英국으로多數來到ᄒᆞ얏사오니陸續來臨ᄒᆞ시옴 貞洞美養양服裁縫店 告白

◎增修無冤錄大全

壹匣壹白七十頁 定價金新貨七拾五錢

此增修無冤錄大全은法律家의最緊要ᄒᆞᆫ書籍이온더年來現本이殆히絕種에至ᄒᆞᆫ지라故로法部에認可를得ᄒᆞ옵고此를新刊ᄒᆞ얏삽ᄂᆞᆫ대國漢文으로解釋ᄒᆞ야漢類ᄒᆞᆫ句節이無ᄒᆞ오니法律學에有志ᄒᆞ신니와字牧之任에居ᄒᆞ신니ᄂᆞᆫ不得不購覽ᄒᆞᆯ冊子이오니注意購覽ᄒᆞ시옵

中署布屛下 廣學書舖 김相萬 發售所

西署新門外餘동百八十六統三戶
辯護士 前法部刑事正三品 丁明燮
法律事務所 事務員 前主事 吳在淳

越南亡國史 國漢文
定價貳拾伍錢
發賣所京城廣橋高裕相 鐘南北川郡萬時夏書舖 布屛下 김相萬 冊肆

◎活動寫眞廣告◎

今番에始作ᄒᆞᆫ活動寫眞은法국巴里京에셔有名ᄒᆞᆫ거시오또ᄒᆞᆫ大韓국 皇室에셔먼져看品ᄒᆞ셧고始作ᄒᆞᆫ지數日에遊覽ᄒᆞ시ᄂᆞᆫ쳠君子가多數枉臨ᄒᆞ시와坐處가님쳐서晩到ᄒᆞ시면不便ᄒᆞ오니速々枉臨홈

今番에셔ᄂᆞᆫ活動寫眞數十餘件이來到ᄒᆞ얏ᄂᆞᆫ대其中에敵國과싸화이여사롬을길이먹ᄂᆞᆫ것과人狗가相鬪ᄒᆞ야狗得勝ᄒᆞᆫ것과諸般夢中之事를形容ᄒᆞᆫ것과其他滋味가多々ᄒᆞᆫ寫眞이잇사오니速々히來玩ᄒᆞ시옴

活動은自下午八点至九点
名唱善歌歌童과唱和吹笛은自九点至十点
賣票時 七点半始爲
入場票 上等 三十錢 中等 新貨 十五錢 小童半額

新門외셔달이부東便벽돌집 法人 馬田 告빅

●九轉靈砂라 本人이妙方法을神傳ᄒᆞ야製造ᄒᆞᆫ靈丹인ᄃᆡ男女老少에無論何징ᄒᆞ고通治하오며無病時에도服하면平生의身軀가健康ᄒᆞ며小兒ᄂᆞᆫ四五錢重만服ᄒᆞ면十歲안에無病ᄒᆞ심을擔保ᄒᆞ오며

●九轉靈砂萬應丹은風狂 癎疾과中風諸疾과耳目諸病과淋疾에神効ᄒᆞ오

●九轉靈砂保命丹은初生小兒驚風 간氣 咳 腹痛諸般懸징에神効ᄒᆞ오

●九轉靈砂濟衆丹은酒滯 食滯 血積 吐瀉 霍亂 痢疾 吐血 下血 運氣 時疾 諸징에神効ᄒᆞ오

●九轉靈砂集金丹은痔漏 累瘡 上疳瘡 下疳瘡及唐瘡과諸般毒瘡惡種에無不神効ᄒᆞ오시니 君子ᄂᆞᆫ來問ᄒᆞ시오

內需司前독갑이골上隅第一統百三統一戶 리호廷 告白

國債報償義務捐金
收入廣告

●從上二大隊第一中隊兵人
金炳學 大隊九십三錢
●中署[illegible] 二十五錢
●黃海道瑞興郡東木院居
박봉允 강錫麟 각一圓
●黃城西部小鏡洞居
于貞수 김其仁 十圓
竹郡守김相彰 三십圓
●竹邑縣內[illegible]居
김景淑 卅圓
●平山水月坊[illegible]
[illegible] 김永[illegible] 三십전
[illegible] 十圓 각海弼
二원 박貞植 一圓
●南原雲玄坊新興리元暢 二圓
●長城西坡面오소리
私塾學童崔寬秀等 십三人
陵 십오전
●東萊舍孝坊[illegible]리 등
四십四統九戶 閔濬鎬 二圓
大夫人 皇甫氏 一圓
夫人 韓氏 一圓
●豐德南面月陵리 閔氏宗中
연植 泳近 丙洙 쳐科
泳元 泳相 晦植
合五圓
●清州魚龍리 리東珠
二圓오十錢
●南署上恩洞 오統七戶
主殿院聲掌 박九陽
一圓二十오전
●西署南 등 三十陸統十戶
崔시夫人 洪氏夫人 각壹圓
●北署光化坊苑동 二圓
參奉姜院秀
合一百五圓十八전
●黃州上村面下物開仙亭리居
原山李氏門中
리우鉉 쓰鉉 禾守 禾龍
각五十전 주鉉 영義 영禮

영泰 鍾宅 鄭泰達 각廿전
●[illegible]中
[illegible] 劉宣宜 劉明俊
박文夏 宋鍾仁 朴應均
박봉우 姜孝善 姜司馬
박錫[illegible] 金卜쇠 南相烈
田錫春 김時濟 김德官
각十전
合陸원二십錢
●西湖京湖高山동
安亨淳 二圓十전 최昌連
리ㅂ보 각一圓 오致克
宋啓淳 김益三 각五拾錢
리元成 최泰汝 각廿전
김성鉉 김德有 車弘權
리福鎬 任致明 車明順
張元植 리應來 任健植
安成允 咸大吉 각廿전
南友순 ㅅ十五전 신인瑞
박用瑞 吳景오 오京弼
孫秀西 오지奉 安순京
김明化 張公雲 姜殷敎
니윤致 니雲卿 劉순조
각십錢 安和순 卞在석
최召史 각오錢
合십圓
●靑陽西下面上梧리
杏明學校敗金
校長리昌夏 一圓
敎師리봉夏 日語敎師崔承鼎
각五십錢
主事崔봉淳 오십전 辛大敎
최麟淳 郭홍烈 최益淳
각廿전 니時夏 趙麟元
최龍淳 니義夏 郭文成
각拾전
主事리龍夏五十전 리경夏
卅錢 韓奎錫 이雲夏
郭武星 姜致西 강卜天
崔奉用 鄭興燁 각拾錢
●奈達里
主事리道性一圓 趙奎鎬
곽來秀 리命性 니海松
리今同 리海鳳 강白同
각廿전 최甲成 이德性

[illegible]
申玉成 全秉洪 공聖洞
全경寶 楊召史 신경玉
각삼전
●甲坡동
俞煥邦 정環敎 각一圓
趙慶敎 俞善在 俞석在
각五십錢
合십二圓三十錢
●楊州廣石面三峴里
主事尹相求 리奎濟 김演修
각五十전 리奎寅 沈德用
[illegible]庸石 全喜宗 각四十전
尹翰榮 김學時 김[illegible]暎
劉仁元 각卅전 리奎德
리根鶴 리翼容 리鍾顯
김인碩 김인俊 沈基得
黃花顯 김秉斗 리碩善
김演善 리宗夏 蔡基正
김德長 김致星 김德來
김聖康 全宗根 김順知
각廿錢 리奎元 十五전
리善明 朴喜景 김演武
宋堯勳 확哲顯 黃敬仁
김德在 김春보 각十전
合九圓오錢
●安城居谷面
前議官尹顯謨 二圓
前參奉강正完 二圓
리公根 一圓 김千보
張文交 任在鎬 金秀男
각五十전 리景化 郭明實
각四十전 리公여 공樂賢
張文 成聖一 金士邊
柳春瑞각三十전 成致三
리君有 金應보 成學臣
각二十전
●三岡리
俞致永 一圓 金仲오
六十전 金雲實 金相俊
각五十錢
前委員蔡奎철 리春伯
前參奉金鎭근 金公瑞 黃年
張成호 리化順 各卅錢

[illegible]이오 一圓
前主事尹翊大
[illegible]三十錢李士日
리[illegible] 윤允直 각十錢 尹용오
●[illegible]
각리李 李秉大 각一원
[illegible] 陳相규 리[illegible]
[illegible]鎭德 宋秉鎭 呂[illegible]
陳庭在 각五十전 [illegible]錫洪
陳炳升 각四十錢 陳世春
吳允默 [illegible] 유[illegible]
任[illegible] 陳光春 각삼拾錢
[illegible] 金지鎬 陳[illegible]
[illegible]원 朴錫기 陳[illegible]春
趙鍾[illegible] 각二拾전 陳炳始
[illegible] 安錫京 文世淳
김[illegible] 尹瑞五 俞鎭星
각십전
●坪村
委員정萬善 一원 오祥根
李淳[illegible] 각五十전 尹顯龍
尹錫俊 각廿錢 리찬淵
尹 江 尹錫九 俞碑煥
김春一 徐鎭容 鄭永一
嚴尙옥 韓聖九 崔喜一
박樂元 신순보 金인化
張영化 鄭순天 리德汝
각십錢
●新基리
通政리殷直 貳원 先達尹麟成
리성植 先達김廣喜 홍致章
趙理謙 각一원 柳 現
一圓五十전 尹泰雄 육十錢
申泰원 柳遠采 리士원
김在邇 각五拾錢 리時殷
리甲戌 김致先 尹景지
각ㅅ十錢 신明三 辛舜明
리성順 鄭龍成 임啓伯
각卅전 金春實 姜舜佐
裵善執 辛君山 吉景三
박春보 각廿錢
●東門리
김성天 주춘日 咸建日

각一[illegible] 박[illegible]
김성[illegible] 각五拾전 宋天一
박[illegible] 각ㅅ十전 정致[illegible]
金國三 [illegible]西 박원[illegible]
[illegible]西 姜泰봉 張[illegible]
박興俊 [illegible]錢 김[illegible]
김순道 각十전
●[illegible] 동中 二圓
合五十五圓八十전
●加平南宗下面柳洞리
리泌相 一圓六십전
前오衛將金종植
前參奉徐[illegible] 徐甲[illegible]
金光[illegible] 徐[illegible]俊 각一圓
前[illegible]官오齊선 白天萬
이金玉 [illegible]陸십전 [illegible]奎榮
김[illegible]明 [illegible]萬興 각ㅅ십전
前[illegible]身白[illegible] 강[illegible]石
徐億室 徐[illegible] 김致弘
각三십錢 이仁榮
강순福 김[illegible] 徐[illegible]俊
이福貞 강夫興 黃太山
강白龍 [illegible]天興 김奉石
강花福 全元明 강元吉
白日成 徐지노미 徐露積
徐良石 徐元鳳 徐壽東
徐南山 朴億萬 金己祿
全元福 姜三石 徐億奉
각二十전
合計십六圓ㅏ錢
●竹山遠三面加佐동
리봉夏 湯영티 각一圓
宋潤哲 七십전 鞠창得
六ㅣ전 宋潤亨 金致先
각三십전 李濟夏 李範淳
宋炳鉉 韓鎭國 成致烝
尹 요 林聖文 金子善
林영先 우明敎 梁致官
각이십錢 리範周 許萬淵
尹陽섬 吳道稷 김應化
류眞赫 安鳳石 박相俊
박光여 韓壽石 田殷奎
박斗榮 安昌淵 各십전
合計七圓四십전

●忠南沔川郡[illegible]面[illegible]동
李正禧 二圓二十전
리正鎬 四十錢 리正輸
리正운 각三拾전 리正範
리正[illegible] 리正芳 각卅錢
리[illegible] 十전 리正利
리正[illegible] 리正[illegible] 리正學
리正[illegible] 리正[illegible] 리正元
리正[illegible] 리正稙 각二拾전
리[illegible] 三十전 리麟性
二圓 리[illegible] 리[illegible]
각二拾錢 리[illegible]性 리鳳性
이[illegible]性 각三拾전 이義性
二拾錢 리[illegible]性 拾전
이憲性 오拾錢 이[illegible]性
십전 이甲性 이元性
各二십전 이享性 三십錢
이正[illegible] 십전 이[illegible]
二십전 이在民 이[illegible]周
각십三錢 이鳳淳 廿錢
閔德鎬 三십전 安[illegible]祿
二십오전 경信鎔 二십전
全圭成 김敬善 각二十전
合計拾三圓十오錢
●漣川西面安月리陵村
晉州姜氏宗中
宗손大勳 次宗손祚遠
門長泰석等 卄圓
박萬石 리圭三 朴俊植
朴文吉 각五十錢 姜再祿
박伯돌 리敬達 각三拾錢
劉學봉 尹季奉 柳福男
康春敎 박用萬 박夢울
全占쇠 金[illegible]泰 林三萬
림石萬 박秀岬 각廿錢
金聖燁 리奉哲 김甲成
金萬種 高陽石 金[illegible]同
각拾錢
合二十五圓칠十錢
總合貳百六拾圓八拾八錢
前號總合壹萬六千八百陸拾九
圓拾壹錢貳厘
都總合壹萬七千一百二拾九圓
九拾[illegible]錢貳厘

發行兼編輯人英國人 裵 說
發行所
南署石井동號外地三層洋屋
大韓每日申報社

第五百卅五號

大韓每日申報

第五百卅五號

月曜及變節歲時日休刊

檀君開國四千二百四十年
箕子紀元三千二十九年
大韓開國五百十六年
日本明治四十年
淸國光緒三十三年
陰曆丁未五月小初一日辛卯

論說

桑港困難

東京과桑港及倫敦으로從來ᄒᆞᄂᆞᆫ電信을接讀컨대太平洋沿岸에在ᄒᆞᆫ日人料理店의被擊된問題가粉紜ᄒᆞᆫ談論을起ᄒᆞ얏스니桑港人民과及日人間에現存ᄒᆞᆫ憎嫌之意가確著된지라此兩國人民間에盛行ᄒᆞᄂᆞᆫ抵抗之態를若欲拒言이면此난辨護者외行動이요明確ᄒᆞᆫ事勢를不言ᄒᆞᆷ이니동時에臨迫ᄒᆞᆫ戰機를夢想ᄒᆞᆷ도不足驚駭ᄒᆞᆯ거시로다盖此紛爭이桑港에居生ᄒᆞᄂᆞᆫ白人下等輩에서始起ᄒᆞ야該地에居留ᄒᆞᄂᆞᆫ人과及其料理店에一時攻擊을加ᄒᆞᆫ지라日人의所見과吾人의所見이一致되기ᄂᆞᆫ其機가甚少로되但今此事機에ᄂᆞᆫ以其傳說노商量컨대美國人의粗暴ᄒᆞᆫ行動이誤失에不過ᄒᆞ도다。

到今ᄒᆞ야ᄂᆞᆫ此事態를以無但意思로注目ᄒᆞᆯ거시라合衆國에加ᄒᆞᆫ失責이多有ᄒᆞ나然이나盖美國及他邦間에故意不公과虛妄ᄒᆞᆫ査決은從來罕少ᄒᆞ니桑港에居留ᄒᆞᄂᆞᆫ日人들이其攻擊者에게셔救護를受ᄒᆞ기에豈其不至리오마ᄂᆞᆫ不[illegible]ᄒᆞᆫ信認이存ᄒᆞ야倫敦타임쓰新聞이其激論ᄒᆞ얏고此反響이日本紙上에著出되얏도다以余의見컨되今此不幸事가但一時騷亂이라警察署에셔其能決ᄒᆞ야煽動者를懲罰ᄒᆞᆯ거시오不此之爲ᄒᆞ고外國公使大使들이此를國際法로量ᄒᆞ야急電을交通ᄒᆞ얏도다此困難에重大ᄒᆞᆫ事件은必是若干日人이慘殺或重傷을被ᄒᆞᆫ거시라如彼蔓延이其甚痛恨인거슨不言可悉이나然이나必當不忘ᄒᆞᆯ거슨此全部事態가勞動者權限의紛爭으로基因ᄒᆞᆫ거시라市加古와紐育과倫敦과巴里及他處에셔勞働者의起擾ᄒᆞ던거슬記憶하ᄂᆞᆫ人士ᄂᆞᆫ其時에許多男女가同國人에게被殺ᄒᆞᆫ거슬其將不忘ᄒᆞ리로다

且今桑港에格外事가但下等의卒然暴動인거슬記憶ᄒᆞᆯ지어다事實이不過如此ᄒᆞ니所當官憲이其能妥決懲治ᄒᆞ야外交家를安開케ᄒᆞ리로다

官報

號外 光武十一年六月八日

◉宮廷錄事

宮內府特進官趙秉鎬辭職疏批旨省疏具悉卿懇愼節奉處而年齡不至於頹○所患亦衰境例有之證居閒怡養自可勿藥有見和無○務之惱神不必言辭其諒之事遣地方官傳諭

第三千七百八十八號 光武十一年六月十日

◉敍任及辭令

陸正三品 六品宋履鉉
任公立江陵普通學校副教員 崔世鳴
侍從武官長趙東潤
任公立安州普通學校副教員
任陪從武官長
任侍從武官長 參謀官李鍾健
命兼任修學院장 制度局參書官俞치衡
品修學院敎官 正三品安宅里
免本官 洪原郡守李曉主
從二品金鍾演
正三品俞치衡
命制度局理事
任制度局理事 從二品白時鏞
任仝 正三品安永긔
任制度局理事 宮內府參書官徐廷岳
制度局理事俞致衡
兼任宮內府參書官
兼任宮內府參書官俞致衡
兼任宮內府大臣官房內事課장
工業傳習所技手金有聲
任工業傳習所司監
前主事李창宇 仝 김正運
任度支部稅務主事
六品리昶善 前主事高陽鳳
리철圭 洪承悅
任度支部稅務主事 大子郡守박重陽
任平安南道觀察使
任忠淸南道觀察使 양根郡守梁在翼
任全羅南道觀察使 坡州郡守金奎창
度〃部司稅官具然主
免本官
度支部稅務官姜운섭
仝 魚호善
仝 黃用性
免本官

外報

●樺太經營策 伯림電을據ᄒᆞᆫ즉俄國薩合連島委員이黑龍鐵道를迅速히敷設에고又黑용江하口를改築ᄒᆞᆷ을明言ᄒᆞ얏더라

●駐屯兵의增加 北京電을據ᄒᆞᆫ즉[illegible]山東巡무에對ᄒᆞᆫ[illegible]兵의增加ᄒᆞᆫ事實을調査ᄒᆞ라ᄒᆞ얏더니同巡무가回答ᄒᆞ되膠州灣에德國官憲이決코增兵치아니ᄒᆞᆫ다ᄒᆞ나近來其兵營의修築과軍用品辦備ᄒᆞᆷ을見ᄒᆞᆫ則增兵ᄒᆞᆯ意思가有ᄒᆞᆫ貌樣이라더라

●總督赴任 同電을據ᄒᆞᆫ則東三省總督徐世창氏ᄂᆞᆫ去六日에京城에셔發ᄒᆞ야赴任ᄒᆞᆫ途에就ᄒᆞ얏다더라

●別子暴動鎭靜 東京電을據ᄒᆞᆫ則別子銅山의暴動은官兵을遣ᄒᆞᆫ結果로其猖獗力이漸次鎭靜되얏더라

雜報

韓國興復은英雄崇拜에在ᄒᆞᆷ

日本留友洋生

頃年에日本에有名ᄒᆞᆫ一政治家가英國大英雄굴라드스돈氏를尋訪ᄒᆞ야互相對話ᄒᆞᆯ시굴氏ㅣ日日本人이英雄崇拜ᄒᆞᄂᆞᆫ公德心이有乎아答曰明治維新后에ᄂᆞᆫ此公德心이漸次衰退ᄒᆞᆫ다ᄒᆞᆫ대굴氏曰此ᄂᆞᆫ可惜ᄒᆞᆫ現象이라何國을勿論ᄒᆞ고完全히立憲政治를實行ᄒᆞᆯ야면此公德心이第一必要ᄒᆞ니今後로ᄂᆞᆫ日本은英雄숭拜心을養成ᄒᆞᆷ이一大急務라云ᄒᆞ엿더라

友洋生이日굴씨의所論은金石之論이라可謂ᄒᆞ리로다國의文明程度가如何ᄒᆞᆷ은勿論ᄒᆞ고其國民이人物을숭拜ᄒᆞᄂᆞᆫ公德心이有ᄒᆞ면其國이必興ᄒᆞ고此公德心이無ᄒᆞ면其國이必衰ᄒᆞ나니라今日世界列强의文明史를觀ᄒᆞ니有名英雄과無名英雄이共心協力ᄒᆞ야造成ᄒᆞᆫ結果라假使當年美國獨立時에華盛頓部下에無數ᄒᆞᆫ無名華盛頓이無ᄒᆞ엿스면美國이엇지其目的을達ᄒᆞ엿스며獨逸帝國成立時에比斯麥部下에無數ᄒᆞᆫ無名比斯麥이無ᄒᆞ엿스면獨逸이엇지今日에隆盛ᄒᆞᆷ을致ᄒᆞ엿스리오

我韓同胞여昔日亞弗利加北岸에웅據ᄒᆞ야當時天下에莫强莫大ᄒᆞᆫ羅馬帝國으로더부러雌웅을相決ᄒᆞ던갈다고國이何故로一朝에如許ᄒᆞᆫ亡國의慘狀을演出ᄒᆞ얏ᄂᆞ뇨是ᄂᆞᆫ非他라嚴冬雪寒에十萬鐵騎를率ᄒᆞ고飛鳥도能越치못ᄒᆞᄂᆞᆫ伊太利알푸스山을蹄越ᄒᆞ야羅馬軍과百戰百勝ᄒᆞ야自國名을贊揚ᄒᆞᆫ蓋世英웅ᄒᆞᆫ니발을容納지못ᄒᆞᆫ結果가아닌가 未完

驪州郡國債報償勸告文

現我大韓에深憂가莫大於外債而於今에日本의對ᄒᆞᆫ債額一千三百萬圜償還ᄒᆞᆯ方略을以國民義務로京鄕각處의或有斷烟同胞ᄒᆞ며或有斷酒同胞ᄒᆞ야期於報償ᄒᆞᆯ同盟으로大義가聲振我大韓天地ᄒᆞ거ᄂᆞᆯ惟獨我郡境內則尙지於夢中世界ᄒᆞ야姑未見一人奮發於此ᄒᆞ기에所以로以若蔑識ᄒᆞᆫ本人等이勵精奮起ᄒᆞ야玆以廣告ᄒᆞᄂᆞᆫ趣旨ᄂᆞᆫ卽我大韓興復之基礎에一大精神機關也라無論男女老少ᄒᆞ고多小勿拘而隨力捐助ᄒᆞ와脫彼外債則國家의興復과獨立의鞏固가在此一擧ᄒᆞ오니豈非我同胞에幸甚이며國家의幸甚哉아公衆同胞ᄂᆞᆫ此趣旨의同志ᄒᆞ심을務望홈 報償의方略을左에略陳ᄒᆞ옵ᄂᆞ이다 大略每日每戶의烟草代金을以普通例算으로計ᄒᆞ야銅貨三錢式假定ᄒᆞ면每戶일朔에計金이九십錢이오일年에葉貨십圜八십錢이오니本郡십六面九千戶에一年을統計ᄒᆞ면合代金이九萬七千二百圜의達ᄒᆞ오며酒用費을本郡九千戶의人口를每戶의四名成例算ᄒᆞ면合口가合萬六千名이오되其中에婦人으로折半一万八千口을除ᄒᆞ고지一萬八千口內에幼稚로折半九千口除ᄒᆞ고又除在七千口內셔도不飮人으로四千五百口除ᄒᆞ고보니其實이四千五百口ᄂᆞᆫ아마飮ᄒᆞᄂᆞᆫ人되게시니每人每日에탁酒三盃價銅貨六錢式計算ᄒᆞ면每人每朔에一圜八십錢이오一年에二십一兩六십錢이오니以四千五百口로一年을統計ᄒᆞ면九萬七千二百圜이오니오잇가右陳圜條로言ᄒᆞ면衣食之外에全혀痛斷增ᄒᆞᆫ浪費에耗하ᄂᆞᆫ金額이오니伏願全境同胞ᄂᆞᆫ一齊히消烟斷飮하此와巨欵의金額을國債報償所의充納ᄒᆞ시기을千万爲希ᄒᆞᄂᆞ이다

元容漢 韓虎錫

●商社義捐 水原府居ᄒᆞᄂᆞᆫ林興洙宋允明兩씨ᄂᆞᆫ本以有志之士로商務를擴張키爲ᄒᆞ야該社頭領이되얏더니今番國債상이에熱心勸勉ᄒᆞ야收合ᄒᆞᆫ金額報三百餘圜에達ᄒᆞ얏ᄂᆞᆫ대該府收金所로卽爲送交ᄒᆞ얏다더라

●執綱忠義 水原郡뒤村面居ᄒᆞᄂᆞᆫ執綱에金斗鉉씨ᄂᆞᆫ今番國債報상에忠義憤激ᄒᆞ야數日間收合ᄒᆞᆫ錢이七拾餘圜에達ᄒᆞ얏다더라

●兩員熱心 水原府國債報償會財務員羅聖奎車裕舜兩씨ᄂᆞᆫ該會雜費를다其擔當ᄒᆞ고不顧家產에熱心視務ᄒᆞ야金額을多數收合ᄒᆞ얏다고該近人民이稱讚不已라더라

●幼兒感動 水原府內에六歲兒申天動이가國債報償의他所의捐助ᄒᆞᆷ을見ᄒᆞ고歲拜時人에得ᄒᆞᆫ五十전을該會에來納ᄒᆞ얏ᄂᆞᆫ대痛미間에國債報償四字를口不絶聲ᄒᆞᄂᆞᆫ故로近동人이皆日皇天感動ᄒᆞ얏라ᄒᆞᆫ다더라

雜報

●兩氏疏遞　軍部軍務長金昇圭氏와叅謀局長權重奭兩氏ᄂᆞᆫ前히疏遞되얏더라

●諸氏勅任　研成學校長李熙斗氏ᄂᆞᆫ軍部軍務局長을任ᄒᆞ고武官學校長趙性根氏ᄂᆞᆫ叅謀局長을任ᄒᆞ고陸軍叅將金昇圭氏ᄂᆞᆫ研成學校長을任ᄒᆞ고陸軍叅將權重奭氏ᄂᆞᆫ武官學校長을任ᄒᆞ얏더라

●三察聽奏　叅政大臣李完用氏가前忠南全南平南三觀察을奏本奉勅次로詣闕ᄒᆞ얏다가무삼事件이有ᄒᆞᆫ던지直奏치못ᄒᆞ고使人轉奏ᄒᆞ셧다더라

●照覈免官　內部大臣任善準씨가忠淸南道檢事權炳勳씨의不法行爲가多ᄒᆞᆫ事에對ᄒᆞ야免官ᄒᆞ다고法部大臣의게移照ᄒᆞ얏다더라

●勸告法部　內部協辦俞星濬氏가洪州郡分署總巡崔建鎬가無罪히公州警務署에被囚ᄒᆞ얏스니發副放釋ᄒᆞᄂᆞᆫ거시妥當ᄒᆞ다고法部에躬往勸告ᄒᆞ얏더라

●諸大遞任說　內大任善準軍大李秉武宮大李載克三氏가次第遞任된다ᄂᆞᆫ說이有ᄒᆞ더라

●一齊塡任　忠北觀察使와新任三觀察外에其餘觀察使ᄂᆞᆫ一齊히遷動되고某會中任員으로擇用塡任ᄒᆞᆫ다ᄂᆞᆫ說이有ᄒᆞ더라

●觀相承旨　秘書丞尹憲燮氏가被任以後로公事廳과侍從院에長時待令ᄒᆞᄂᆞᆫ대該氏에功名은歷擧ᄒᆞ秘方을學得ᄒᆞᆫ效力이라더라

●勅判各殊　今番政府園遊會에委員外에韓國官人은勅任以上만叅與ᄒᆞ고外國人은判任以上도叅與ᄒᆞᆫ다더라

●不由銓考　觀察使叙任ᄒᆞ라면依例히內部銓考所에서委員이會同ᄒᆞ야該人等合不合을銓考ᄒᆞᄂᆞᆫ데今番三察使叙任에ᄂᆞᆫ銓考委員은初不知ᄒᆞ고農大宋秉畯氏가伊藤監으協議ᄒᆞ야政府會議에提出上奏ᄒᆞ얏다더라

●假稱權任　金浦郡來人의傳說을據ᄒᆞᆫ則임村面居金召史之三이가入葬云故로金石俊이가禁葬次往言則趙哥門中數十人이突出ᄒᆞ야結縛猛打에此地ᄂᆞᆫ先山이在於本동인바隣居趙[?]不可禁葬之地라ᄒᆞ며抑奪入葬ᄒᆞᆫ지라其十餘日後에丕連三之婿李主事가以身病으로辛哲타가致死ᄒᆞ얏ᄂᆞᆫ대本郡分派所巡檢李興泰가自稱權任ᄒᆞ고김石俊의三叔姪을捉致ᄒᆞ야結縛嚴囚에聲言曰汝等이山訟으로李主事를猛打致死라ᄒᆞ고無罪之人民을拘囚多日에不爲放送ᄒᆞ고自稱警吏라ᄒᆞ며挾雜之人에計言利說로子謂白民ᄒᆞ야討索錢財에以充私라之不法行爲라고冤罹報路ᄒᆞᆫ다더라

●養園紀念　養園義塾에셔第一回紀念式을昨日에設行ᄒᆞ얏다더라

●父兄懇親　普成小學校에셔該學徒에父兄懇親會를本日에擧行ᄒᆞᆫ다더라

●一傷一斃　再昨日下午四時量에始興郡沙村里前鐵路木橋에셔該郡光明里居人二名이過去ᄒᆞᄂᆞᆫ데輪車가急出ᄒᆞᆫ즉一名은橋下의落下ᄒᆞ야幸爲免死ᄒᆞ고一名은卽爲壓斃ᄒᆞ얏다더라

●園遊地觀察　明日昌德宮內에內外國人이園遊會를設ᄒᆞᆷ은旣報와如ᄒᆞ거니와該會任員諸氏가本日該宮內에前期會同ᄒᆞ야園遊地를觀察ᄒᆞᆫ다더라

●義民呼哭　義州威遠面等地軍용地境界內人民의家屋墳墓은오月末日內로撤去ᄒᆞ고農塲物은四月末日內移去ᄒᆞ기로統監府와交涉定期ᄒᆞ얏ᄂᆞᆫ대該府尹이趂期移去ᄒᆞ기를人民의게曉喩ᄒᆞᆫ즉民人等이聚首痛哭ᄒᆞ야移去ᄒᆞᄂᆞᆫ浮費를支給ᄒᆞ라고呼訴가답至ᄒᆞᆫ다더라

●法所移設　法律贊育所를華東學校內에附設ᄒᆞ얏더니中橋戒塾으로移設하얏다더라

●賊黨滋蔓　忠南來人의傳說을聞ᄒᆞᆫ즉공州連山鎭岑珍산等地에賊警이尤甚ᄒᆞ기ᄂᆞᆫ賊黨巨魁김某律爲名人이공州獨城市近處某家에留連ᄒᆞᄂᆞᆫ故인데該人이本忠津郡居生人으로別號ᄂᆞᆫ杓東이라稱ᄒᆞ고術數ᄂᆞᆫ天文地理를能通ᄒᆞᆫ다ᄒᆞ야該近指名家年少輩가感投黨者多數ᄒᆞ다더라

●警署修理　內部에셔度支部로照會ᄒᆞ되警務廳報告를接准ᄒᆞᆫ즉本廳所管警務東署가本是廃隘ᄒᆞᆫ와果難容接이온ᄃᆡ年久頹圮ᄒᆞ야其所修理가時日爲急이오며且位置가在창善坊二橋川邊에在ᄒᆞ야每値霖雨에川渠漲入ᄒᆞ야避水移接이年來屢次이온즉此不容不濟水前變通이온바勢況如右故로購買附近民家ᄒᆞ와統作一署ᄒᆞ고一新修理ᄒᆞ깃삽기本廳警費第二欵四項雜給雜費中에서二千오百元을同欵三項修理費로나移劃用ᄒᆞ오미妥當ᄒᆞ옵기玆以報告ᄒᆞ오니照亮轉照于度支部ᄒᆞ시와卽爲支撥케ᄒᆞ심爲望等因이온바該署狀況이果如所報이옵기玆以仰佈하오니該費額貳千五百圜을나移支出ᄒᆞ라ᄒᆞ얏더라

●宜乎論警　江原道觀察使署理叅書官丁允섭씨가該道淮陽郡郡主事리周煥의貪贓을調查ᄒᆞ야內部로報告ᄒᆞ얏더니指令ᄒᆞ되報辭ᄂᆞᆫ閱悉인바受賄情節이如是綻露인즉如此無恥ᄒᆞᆫ者ᄂᆞᆫ不可仍置이기ᄂᆞᆫ免官ᄒᆞ니該리周煥은裁判所에交付ᄒᆞ야照律케ᄒᆞᆫ지며該郡守尹殺榮은職在字牧ᄒᆞ야郡主事에排斂受賂를蒙不覺察ᄒᆞ야致有此擧인지不無其責이기第當論警이라ᄒᆞ얏더라

●六名被押　昨日下午一時量에何許人六名을巡檢이捕縛ᄒᆞ야警務廳으로押去ᄒᆞ얏다더라

●報辭模糊　慶尙南道觀察使丕氏黙眞이三嘉郡정寅錫에訴狀을因하야該郡守閔明植氏에貪贓을關查ᄒᆞ야內部에報告ᄒᆞ얏더니指令ᄒᆞ되報辭를閱悉ᄒᆞᆫ則전數ᄂᆞᆫ雖曰差少이나加捧과別립과淸助와贓전이俱有實據이거날郡守의不法ᄒᆞᆫ行爲ᄂᆞᆫ糢糊贓撰하고無冤抑弃訴ᄒᆞᄂᆞᆫ人民自有其罪라ᄒᆞ니無고生黶이何以支保일지該郡守閔明植을難免論警이어니와本관察도報辭가其時모ᄒᆞ니來頭를켜念ᄒᆞ야하얏더라

●警署妨報　各沿江의官內府에所關鹽稅를甲午以後에革罷ᄒᆞ얏더니其後에浮雜輩가或親王宮에附屬收稅ᄒᆞ라다가廢止ᄒᆞ얏더니近日制度局理事김鎔濟씨가托以正供이라ᄒᆞ고官相리暇充씨의게何樣周旋ᄒᆞ얏던지리宮相이該稅를實施ᄒᆞ기로警務廳으로訓令ᄒᆞ되沿江分署에指飭ᄒᆞ야收稅지方을각別扶護케ᄒᆞ라ᄒᆞ얏ᄂᆞᆫ데警務使署理兪星濬씨가不可ᄒᆞᆷ을노防報ᄒᆞ다더라

●補助充荷　慶南觀察道販籍課主事김容學氏가일般人民이聞見과知識을開발ᄒᆞ기爲ᄒᆞ야新聞縱覽所를該府下김善지씨家에設置ᄒᆞ고또本社에對하야金貨一圜을補助ᄒᆞ엿스니感荷不已ᄒᆞ노라

●當川校基　學部에셔淸州郡守閔泳殷씨의게訓令ᄒᆞ되貴郡所在望仙樓를公立普通學校에需用ᄒᆞ기로內部에照會ᄒᆞᆫ바待其答照ᄒᆞ야從當訓令ᄒᆞ려니와該樓舍를善爲保管ᄒᆞ며李寬鎬에現在家舍之學校긔址로需用ᄒᆞ깃기玆에訓令ᄒᆞ니該家舍에移轉料에相當額을調查ᄒᆞ야卽爲報告ᄒᆞ라ᄒᆞ얏더라

●敎員嗣加　公立水原普通學校長김炳天씨가學部에報告ᄒᆞ되本校學徒가自本年四月進級後로三學年이有ᄒᆞ온바分掌ᄒᆞᆯ敎員이無ᄒᆞ와敎授之術이成實치못ᄒᆞ온中學徒ᄂᆞᆫ日々增加ᄒᆞ와現今出席學生이一百五人이過ᄒᆞ오니敎官二人이三個學級을巡回觀務ᄒᆞ온즉受業之道에極有妨害이옵기玆에仰報ᄒᆞ오니照亮ᄒᆞ신後副敎官一人을至急下送ᄒᆞ시와俾此受業生으로全修課程케ᄒᆞ라ᄒᆞ얏더라

●女校運動　明新女學校에셔陰曆本月初오日에奬忠壇에前往ᄒᆞ야運動會를開設ᄒᆞᆫ다더라

●美總辦入京　大美合衆國牛約港에在ᄒᆞᆫ말네에쓰씨ᄂᆞᆫ世界각國에在ᄒᆞᆫ미이미감리교외都總辦이온데特히大韓에在ᄒᆞᆫ敎會를叅會ᄒᆞ야三昨日下午八点半에釜山滊車로入城ᄒᆞ야貞동에留ᄒᆞᆫ다더라

●靑會演說　今日下午七点半에靑年會館에셔貞洞敎堂을主務ᄒᆞᄂᆞᆫ牧師[?]氏가新聞에能力이라問題로演說ᄒᆞ깃사오니有志諸君이多數來叅ᄒᆞᆷ을希望ᄒᆞᆫ다더라

●運動將行　通津郡來人에傳說을聞ᄒᆞᆫ則汾南學校長과郡守丕東善氏와私立汾陽學校長沈啓燮氏와贊成長沈能遠三氏가公私立聯合大運動을本郡長임學地에서陰五月五日에擧行ᄒᆞ기로方今極力周旋中이라더라

●校基始役　平安南道觀察使署理叅書官金英鎭氏가學部에報告ᄒᆞ되本觀察道外城內西北隅官有地中一千五百坪을普通學校建築地로充用之意로內部에報ᄒᆞ야該定地를認准ᄒᆞ와現今開基始役ᄒᆞ다더라

桑港電報

六月五日發

●戰爭預言　華盛頓에셔外交團體들은次回戰爭은日米戰爭이明白ᄒᆞ다고公言ᄒᆞ더라

▲流 木 行 雲▼

▲叅政大臣과內部大臣은統監府命令下와一進會命令下의在ᄒᆞ야一動一靜을不能自由ᄒᆞ니有何所得고叅政이니內大니ᄒᆞ나名擧大臣이아니면傀儡大臣이오

▲經理院에셔自來所管ᄒᆞᆫ金礦森임土地三件이一體히宮內府制度局에移屬ᄒᆞ고經理院의現有權은不過是驛屯土官簽뿐이라ᄒᆞ니經理院에셔ᄂᆞᆫ財政을管理ᄒᆞᄂᆞᆫ府庫라該院卿을紛競이大端히더니今日에至ᄒᆞ야ᄂᆞᆫ虛殼經理院인즉大官의紛競은止息ᄒᆞ깃고

▲日昨政府會議의度支部所管各地方稅務官吏를加設ᄒᆞᆯ案件을提出ᄒᆞ얏다니各地方에稅務官設置ᄒᆞᆫ以後로稅政利益은何事런고稅務官吏가稅錢을竊取ᄒᆞ야日本으로逃走ᄒᆞᆫ者도有ᄒᆞ고或不知去處로持往ᄒᆞᆫ者도有하며外他挾雜事件도許多ᄒᆞ야聽聞이狼藉ᄒᆞ니稅官을增設ᄒᆞ면무삼事端이層生ᄒᆞᆯᄂᆞᆫ지

▲叅政大臣李完用氏ᄂᆞᆫ新政府를組織ᄒᆞᆫ後로國務에對ᄒᆞ야有何難處ᄒᆞᆫ事인지憂愁思慮ᄒᆞᄂᆞᆫ色이有ᄒᆞ다ᄒᆞ니該氏ᄂᆞᆫ政府首揆椅子에占據ᄒᆞ야風雲을卷舒ᄒᆞᄂᆞᆫ權限이掌握에在ᄒᆞ니何事은不爲ᄒᆞᆯ이오만ᄂᆞᆫ該씨ᄂᆞᆫ獨處에傷心ᄒᆞ야一派愁雲이眉端에濃翠ᄒᆞ니참알슈업고

▲宮禁肅淸을爲ᄒᆞ야所謂衛客은役數逐出ᄒᆞᆫ다더니近日觀相客秘書丞이無難出人ᄒᆞᆫ다지

▲日本人高田毅活大庭貫一씨等이統監府에請願ᄒᆞᆫ大韓殖民合資會社을近頃에認許가되얏ᄂᆞᆫ데又將農部에認可를得ᄒᆞᆫ後實施ᄒᆞᆯ計劃인대該資本出金은五拾萬圜이오役夫員을選定ᄒᆞ야本年七八月頃에第一回殖民輸送을始ᄒᆞ야韓國勞働者限一千三百名假量을墨西哥로渡航ᄒᆞᆯ預定이라ᄒᆞ니年前에도韓人을墨西哥에輸去ᄒᆞ야虐待가滋甚ᄒᆞ야聽聞에慘慘ᄒᆞ니또팔여갈ᄉᆞ람이잇슬ᄂᆞᆫ지

▲新政府組織時에各部協辦被任事件은各其呼薦叙任ᄒᆞ얏다ᄂᆞᆫ대萬一主務大臣이遞任되면部協辦은依例히見遞ᄒᆞᆫ다ᄒᆞ니各協辦은大臣의冊房뿐되엿고

▲開化以後로兩班者가각大官에廳直輩를對ᄒᆞ야言語을敢히下待치못ᄒᆞ나廳直輩ᄂᆞᆫ下賤常한을對ᄒᆞ면下待가如前ᄒᆞ니此所謂半죽開化로고

▲前判書李載現氏가國債報상에對ᄒᆞ야三昨日ᄭᆞ지斷烟ᄒᆞ고每日白銅貨一分式鳩聚ᄒᆞᆫ錢額이新貨二圜八十젼인대本社에來納ᄒᆞ고領受證을持去하얏ᄂᆞᆫ데그領証에義捐金領受証이라印刷ᄒᆞᆷ을見ᄒᆞ고大怒曰斷烟金二圜八十錢을爲先送納ᄒᆞᆫ것시지以我處地로二圜八十젼만出義ᄒᆞ깃니냐ᄒᆞ고更히義捐을斷烟으로改書ᄒᆞ기를請求ᄒᆞ얏스니該氏가義金은畢竟多數히捐出ᄒᆞᆯ이로다

▲近日某大官家에新臺之譏가狼藉ᄒᆞ니醜破有弊이로고

◎本社告白

國債報償에關ᄒᆞᆫ義金額을本報紙面에逐日廣告로發布ᄒᆞ되猶有遲滯ᄒᆞ야僉諸氏의迅速揭布코ᄌᆞᄒᆞ시ᄂᆞᆫ盛意를未副ᄒᆞ와奉謝ᄒᆞ옵더니今自本報로國文報一部를增刊인바從今으로ᄂᆞᆫ漢文報와國文報에義捐廣告를並爲揭布ᄒᆞ겟사오니愛國僉員은照亮ᄒᆞ시옵

雜報

高陽郡花坪斷烟報償義捐金收合所發告文

右第一篇은大邱廣文社公函也오第二篇은皇城國債報償會趣旨書也라吾儕가村塢鄕里ᄒᆞ야味昧世事之浮沉如何也러니日前에始於新聞上ᄒᆞ야得見此報ᄒᆞ고招集一坊人ᄒᆞ야演說二篇趣旨則雖牧叟樵童과與대雇傭이라도莫不聳然而聽ᄒᆞ야爭捐幾箇錢ᄒᆞ니自此以兆滙에越視秦瘠이면決非大韓之人種也라ᄒᆞ고至有感淚淋漓者ᄒᆞ니嗚呼鄰洞之若干錢金이其於國債巨欵에不啻一粟滄海나然繫々積邱ᄒᆞ고涓涓成海ᄂᆞᆫ理所必然이온而況一韓國民之精神則萬機之幹旋이亦自有次第而且耶아莫曰丁畝之寡이라ᄒᆞ라衆力齊擧면何難금融之充額이며勿謂無麵之不托이라ᄒᆞ라節省용費면必運資產之剩筆일세鄙等老少男婦가一齊團ᄒᆞ야折其煙竹ᄒᆞ고解其草囊ᄒᆞ고鳩聚七십餘圜금ᄒᆞ야即日에齎送于每日新報社ᄒᆞ고玆以通告于一郡ᄒᆞ노니願諸君子ᄂᆞᆫ一洞之同心則一郡之同心이라幸須僉君子ᄂᆞᆫ念其國勢之存亡ᄒᆞ고隨其家力之贍略ᄒᆞ야取送若干鄙등賴社의翼護氏家捐第當揭呈于報社ᄒᆞ야公布이거시오至於爲民義務와生財方針은已具廣文公函與皇城趣旨故로不必疊床ᄒᆞ노니各自詳覽細聽則愛國衷心이油然如常春草木이맹아於雨露之養ᄒᆞ야繼欲按住而不奈矣리니硬脊梁擔負義務ᄒᆞ고勵精神度量形勝ᄒᆞ야共濟洪亮之大業을千萬幸甚々々々々

發起人　李회求　徐相圭

廣告

安州郡々主事李東稷이本郡守署理時不法行欵이如左홈

一本郡普述學校々務擴張事로校員會同時를乘ᄒᆞ야敎育反對的主意로不由官司ᄒᆞ고自合巡檢ᄒᆞ야校員을結縛捉囚事

一李亨濟의田訟事에勤置落科事

一高元基之犯逋事에對ᄒᆞ야其三寸母를捉囚ᄒᆞ고一千兩을族徵ᄒᆞᆫ事

一雜技債勒捧次로拔劍刺人ᄒᆞᆫ김用善ᄂᆞᆫ故不懲罪ᄒᆞ고乃爲助惡ᄒᆞᆫ事

一自朝家로官屬減額ᄒᆞ라신法令을故不輪示於民間ᄒᆞ고所謂官屬加料民雇米를不啻如育督捧이라又爲加捧ᄒᆞ야與情이呶々ᄒᆞᆫ事

進明婦人會創立後捐助금

리淳卿　車ᄯᅳᆫ子　리美卿　宋文셥부人　ᄌᆞ貳拾圜　김益子　리奉天부人　高俊션　김玉경　韓奇堂　리斗濟부人　甲해樸부人　김顯淳　ᄌᆞ拾圜　吳경子　吳景松　張聖玉　ᄌᆞ貳圜

合壹百陸拾陸圜

本人의姓名圖章을遺失故로玆以廣佈ᄒᆞ노니勿論內外國人ᄒᆞ고ᄌᆞ爲施行홈

東署於義洞鄭景錫　告白

慶南昌原府召界案山은自設ᄒᆞᆫ之初로培養松林ᄒᆞ야轉相買賈者今爲屢百年而忽於甲辰年에龜岩之人이妄生恃勢억奪之計ᄒᆞ야鼓山坂을稱以係在渠등之員이라ᄒᆞ고誣訴橫侵이다가竟未售好易宜可休矣而今春에又爲起訟於本港ᄒᆞ야主爲落科ᄒᆞ고今又起訟于平理院ᄒᆞ야相爲就判之場에龜岩人이仍恃手勢ᄒᆞ고以名합紙로退却召界民之事와咸豊付文券上에新墨加筆之狀이綻露法庭故又此滯囚咎罰而落科則宜手服非緘口이거ᄂᆞᆯ更何意思로做出僞券等說ᄒᆞ야揭載新聞인지舉其本事ᄒᆞ야今爲正誤인ᄌᆞ此등人權勢之下에召界之民이如至今熱乾散ᄒᆞᆫ깃기로玆以廣告홈

馬原召界民金鎭鎭　告白

本人이新門外金承旨영直許所推條當坪一萬五千兩內에七千五百兩은已捧ᄒᆞ고餘條七千五百兩音片을遺失ᄒᆞ얏시니拾得ᄒᆞ시ᄂᆞᆫ이ᄂᆞᆫ休紙로施行홈

朴奎明　告白

東萊釜山面三洞居崔鳳圭의圭字ᄂᆞᆫ以一字로改定홈

崔鳳一　告白

今見大韓每日申報雜報則慶尙南北道商民이東萊港客主口文加捧事로撤市逗遛ᄒᆞ다ᄒᆞ온바彼韓幾人이厝然定處ᄒᆞ고業無厄ᄒᆞ야挾雜出沒이自渠伎倆이온바以客主口文書之ᄒᆞ면每百兩頭二兩은便是金國內各港口通行之例뿐더러東萊府貿辦이已經幾次에會計中口文이只是一欵而至有各婦安業之指令故로會稍擴張ᄒᆞ기爲ᄒᆞ야方請願于農部이오니實業ᄒᆞᄂᆞᆫ商民僉位ᄂᆞᆫ照亮ᄒᆞ심을伏望

東萊港商務會會長　議所代理人　宋在錫　告白

西署大平동第七十五統八戶客主金益壽許에推次當文一萬兩無日字第四百三十五號於音一片을本人이以北商販次로出給于堤川郡居趙鍾呂가該於音을陰曆四月十九日에本郡等地에서見失ᄒᆞ얏ᄉᆞ오니勿論內外國人ᄒᆞ고誰某拾得ᄒᆞ와도休紙施行홈

한川郡居河而伯　告白

本書館에셔內外國新舊書籍을廣求ᄒᆞ야學界諸彦의購覽과各學校敎科用品을格外廉價로供獻ᄒᆞ오니有志ᄒᆞ신僉君子ᄂᆞᆫ陸續來臨ᄒᆞ시기를敬要홈

皇城中署松橋廣韓書館　**崔昌漢**

本社風穴에儲藏ᄒᆞᆫ蠶**種**을製造함이인더我國內今年**秋**蠶과來年春**夏**蠶ᄉᆞ育을可豆ᄒᆞ야製造ᄒᆞᆯ터이오니**養**蠶ᄒᆞ시ᄂᆞᆫ僉君子ᄂᆞᆫ**左開所**로來臨ᄒᆞ던지郵書로ᄒᆞ던지蠶**種**을各需所用預託ᄒᆞ시오

安懸鶴峴蠶業會社　金漆原家

京城承成門越便麻동二十壹統一戶

安養鶴峴蠶業會社社長　**金乘先**　廣告

本店擴張新到時款各色紗緞綢綬紋地담油地氈洋廣진貨錦鐵관頭香茶烟草各種均效改良新興奇時合用貨物價廉並有湖北南洋彩票發售特此布聞　貴客請來購覽地厚ᄒᆞᆫ언

漢城石井洞**杏花春**　告白

今番本機會因ᄒᆞ야神宮奉敬會를解散홈

明治四十年五月二十八日

光武十一年五月二十八日

元神宮奉敬會會長

染織大擴張廣告

本所에서今般業務를擴張ᄒᆞ고左開各種을製造ᄒᆞ오니僉君은多少不拘ᄒᆞ고來購ᄒᆞ심을切望홈

一各項衣次紋緞次靑衣製造

一學徒夏服次各種製造

一女學生服裝次各種製造

一紬단木布毛絲染色及改染

一各色염料直輸入放賣

宗廟前路邊中谷염織工所主人　**金德昌**　告白

●일본遊覽者募集

一遊覽會員募集　人員ᄂᆞᆫ五十名으로一團을成ᄒᆞ니한일인을不問ᄒᆞ고適히加入ᄒᆞ시옵

一巡遊地　東京博覽會觀光京都大阪神戶

一往復日數　대抵十七日間

一浮費　遊覽費及手數料을合ᄒᆞ야總計四十八圜

一出發日　請入順次를從ᄒᆞ야出發三일前에直接히通知홈

一請入所　在京성各신聞社九十八銀行경성支店　天一銀行

一會員은遊覽을終ᄒᆞ야開散ᄒᆞᆫ後ᄂᆞᆫ本會와關係가小無홈

一南대門서釜山으로直行ᄒᆞ면지或은東경으로直行하ᄂᆞᆫ者의對ᄒᆞ야도同一便法으로同行請入을應諾홈

일本人遊람協會事務所　경성南대門通　東亞商會

산쉬과셩진잔에서본인이살진소(肥牛)를만이ᄉᆞ깃ᄉᆞ니쇼파실제군은다수이팔녀오시압

최봉춘　고빅

特別廣告

內外書籍新舊學文幷販賣所

大邱府進洞　金己鴻

本人이日本大阪商業家와特約ᄒᆞ고日本內地産出各種物品과西洋各種物品及機械等物을我大韓에輸入과委托을便利케契約ᄒᆞ얏ᄉᆞ오니商工業에有意ᄒᆞ신僉君子ᄂᆞᆫ其物이든지請求코져ᄒᆞ시거든本社로來議ᄒᆞ시오　本社에서ᄂᆞᆫ手數料金만領受홈

興業社本店　西城北部詳洞

支店京城南門內水標五十一統六戶

仝仁港內동廣濟號　培養會社

本店에春服衣次각程이自英국으로多數來到ᄒᆞ얏사오니陸續來購ᄒᆞ시옵

貞洞洋服裁縫店　告白

◎增修無冤錄大全

壹帙　壹白七十五頁

定價　新貨七拾五錢

此增修無冤錄大全은法律家의最緊要ᄒᆞᆫ書籍이온데年來現本이殆히絕種에至ᄒᆞᆫ지라故로法部에認可를得ᄒᆞ옵고此를新刊ᄒᆞ얏삽ᄂᆞᆫ대國漢文으로解釋ᄒᆞ야模糊ᄒᆞᆫ句節이無ᄒᆞ오니法律學에有志ᄒᆞ신니와字牧之任에居ᄒᆞ신니ᄂᆞᆫ不得不覽ᄒᆞᆯ冊子이오니注意購覽ᄒᆞ시옵

中署布屛下　廣學書舖　김相萬　發售所

西署新門外[illegible]百八十六統三戶

辯護士[illegible]正三品　丁明燮

法律事務所[illegible]

越南亡國史

[illegible]文

定價貳拾伍錢

發賣所京城[illegible]

布屛下　김相萬

◎活動寫眞廣告◎

今番에始作ᄒᆞᆫ活動寫眞은法국巴里京에서有名ᄒᆞᆫ거시오또ᄒᆞᆫ大英국皇室에서먼져召見ᄒᆞ셧고始作ᄒᆞᆫ지數日에遊覽ᄒᆞ시ᄂᆞᆫ청君子가多數枉臨ᄒᆞ시와坐處가넘져셔晩到ᄒᆞ시면不便ᄒᆞ오니速々枉臨홈

今番에새로活動寫眞數十餘件이來到ᄒᆞ얏ᄂᆞᆫ대其猪에敵國과싸화의여사름ᄒᆞᆯ아먹ᄂᆞᆫ것과人狗가相鬪ᄒᆞ야狗得勝가ᄒᆞᆫ것과諸般夢中之事를形容ᄒᆞᆫ것과其他滋味가多々ᄒᆞᆫ寫眞이잇사오니速々히來玩ᄒᆞ시옵

活動은自下午八点至九点

名唱善鎬歌謠과唱和吹笛은自九点至十点

賣票時　七点半始엽

入場票　上等　新貨三十錢　中等　十五錢　小童　十錢

新門외식달이목東便벽돌집

法人　馬田　告白

●九轉靈砂라　本人이妙方法을神智ᄒᆞ야製造ᄒᆞᆫ靈丹인데男女老少에無論何징ᄒᆞ고通治ᄒᆞ오며無病時에도服하면平生의身體가健康ᄒᆞ며小兒ᄂᆞᆫ四五歲ᄅᆞᆯ만服ᄒᆞ면十歲안에無病ᄒᆞ심을保ᄒᆞ오며

●九轉靈砂島丸은져狂[illegible]자과中風諸疾과耳目諸病과淋疾에神效ᄒᆞ오

●九轉靈砂保命丹은初生小兒[illegible]驚風　간[illegible]　腹痛[illegible]

●九轉靈砂濟衆丹은[illegible]滯　[illegible]　吐瀉　[illegible]　痢疾　吐血　下血　[illegible]　時疾　指증에神効ᄒᆞ오

●九轉靈砂藥金[illegible]毒　上痛[illegible]　諸般[illegible]

시니　君子ᄂᆞᆫ來問ᄒᆞ시오

內需司前[illegible]第一統

百三統一戶　리鎬廷　告白

國債報償義捐金

收入廣告

報捐金額數와 名을國文신報
에도前拾貳號부터發刊廣佈홈
●仁川郡國債報償會義務金
정德源 南치源 葵奉봉
趙暢鎬 리象雨各卄원 沈相玉
김鎭寬 車箕홍 各卄圓
閔丙昇十五원 리漢龍 趙重悳
정敎源 최圭석 리 치
박然恒 리貞漢 각拾원
리君雨子圓 뎡寅九七圓
林셔鉉 廣明學校長리相稷
柳寅식 申셔命 정수봉
車相益 국五圓 리셔晩
김리源 국수원 신昇休
림聲基 국三圓 김炳찬
유基協 趙展熙 리思철
리喜東 송榮지 葵弘셕
이敎善 이根容 沈廷澤
각二圓 이셔晦 추치亨
이展主 홍忠裕 국一圓
●南邊面龍井里
閔競瓛貳四十오전 리相杞
貳圓 이상지 一圓五十전
김敎熙 尹公凡 각卅錢
리相지 김聖化 김成鎭
각五十전 이相셜 四拾錢
徐繼淳 김聖瑞 김聖三
김明淳 韓仁甫 卞士文
김允用 각卄전 權士凡
卄오錢 이상敦 吳철鎬
●각拾錢
●北邊面金巖
鄭哲謨二圓五十전
리卿우一圓
오正보六拾전 嚴德원
金允昌 김時伯 각수拾전
김萬濟 오순七 鄭正三
鄭正一 국卅錢 박致三卅전
김敬之 金舍明 金壬成
정正五 박셩公 金羲伯
문셩오 황주순 각拾오錢
●文上面舊可
류寅寬 金應起 이會鼎

니在德 이元性 鄭哲煥
金南奎 이容閔 愼宗國
국卄錢 이지甲 十오전
鄭宗煥 辛植東 金南石
이楨鎬 金俊起 국십전
金命起 이容奎 이禹善
각오전
●內동
張셩伯 최汝伯 각卅錢
金商철卄전 韓仁錫십전
●東德里
趙鱗元 됴춘원각오십錢
洪景노 柳基先 국卅전
柳基俊 趙而宿 洪淳창
洪淳根국卄錢 趙村元십錢
●元巖
이相駿 육拾錢 閔홍植
김상俊 김순日 金규淵
각卅錢 閔光植卄전 리치雨
趙且英 김黃老 각十錢
●梨峙
林興根卄錢 南延憲
南星祐 林召史 강召史
林홍根 林盛根 최翼鳳
최炳學 이완夏 박漢조
全自斤龍 田一男 정구館
金羅구 국십전 延奇孫
張長福 權信龍 權龍洙각오전
●추동
柳基業 리秉泰 각一圓
리憲正 박相奎 각五拾錢
림榮셥 우鉉玉 각四十전
柳興烈 이相鉉 楊致根
리相日각卅전
●平沙
閔炳億三원卄錢 閔義植壹원
최承謙 팔拾전 최漢榮壹원
閔丙우 오章鎬 리顯秀
각五十錢 김允成 卅錢
許建先 리恒秀 오他官
閔泳漢 朴承孫 림노學
림元조 정海鵬 각卄전
曹晩철 林셔元 權承弼
尹千老味 림노洙 김春西
각십전

●月村面外과
鄭在禹一圓十錢 趙漢東
팔十전 정在鵬 리健性
趙明鎬 崔壽福 국四十錢
정尙崑卅전 이基鉉 신錫龜
신壽福 김月成 리大吉
柳尙德 국卄錢 김石숭
김君石 김一發 최漢金
리其榮 朴濟陽 盧應鎬
趙漢星 리龜鉉 朴老洙
각十전
●東谷
김商雄 리淵會 邊海崙
河鎭永 김柱泳 각卄전
유五福 김春泳 김濟문
박元達 신澤秀 김弘圭
김商達 박弘圭 김鎭玉
김商俊 각十錢
●蚕頭
송聲玉一원 鄭雲夏 신元熙
崔翼宜 각오十錢 김奉達
卅錢 沈元泰 정운규
각卄전 정衡澤 安學根
安學根 김石伊 孫明實
국十전 趙리 元 七전五厘
●雙湖
리應善 李敎憲 김基相
신龍熙 朴昌奎 리大규
송光三 각卄전 박秀츄
리承萬 각拾션
●新興 김在賢 卅전
●自來
신鶴均貳원 김鍾華 김鎭송
金鎭基 각오十전 趙天洪
卅전 金張飛 金豹信
邊斗煥 金錫泳 김鎭五
金鎭寓 박秀鉉 김錫信
각卄전 柳晦秀 오십전
韓慶先 四十전 俞德俊
김鎭海 김燦泳 梁德淳
김鎭衡 崔承祐 김鎭百
각十전
●馬屹
崔榮植卅錢 리化三 리化西
국卄전 리圭章 리承雨

김顯옥 손得西 박應奎
리化先 신樂均 南贊元
각十전
●四松亭
趙性元 김鍾萬 南輯熙
림弼熙 국五十전
●周九里
김鍾九 五十전 姜大謙
강大榮 최喜晋 김鍾문
김復基 김正基 각卅錢
김昌基 鄭在畢 국卄전
김思孝 김思象 각십五전
●美谷
오咸榮一원五拾전 鄭先基
吳在根 各壹圓 韓寬俊
김炳煥 김致化 국五십錢
崔根榮 리有直각卅전 오龍伊
丁大益 김學天 김振玉
김順興 柳道學 柳漢손
김英石 최順默 국卄錢
리元實 十五전 김大準
尹同春 국拾錢 김命禍
柳行敎 리道然 각五錢
오鼎億 二十錢
●上龍里
奉弼重 鄭錦海 奉義鍾
각五十錢 鄭學文 鄭東根
각卅전 沈相熙 鄭聖文
리時雨 奉基世 鄭寅文
奉인鍾 각卄五전 鄭行雄
鄭錦海 각拾전 오海洙五十전
奉世종 리혼珪 各卄錢
뎡원눈 奉慶鍾 국拾오전
●北上月里
최東圭 四十전 림英근
卞學來 최相憲 각卅錢
최賢默 林德根 김用默
韓泳春 辛炳直 權聖셥
趙一元 각卄錢 최龜學
김玉出 국십전
●泥동
김顯謨 뉵拾錢 신錫求
신觀求 신鴻求 신瀚謨
趙泰奎 리창觀 林昌슈
각卄전 리鳳노 신德休

신鶴求 최然一국拾전
●外新村
閔智行 리來先 각卄전
복齊成 林壽命 박喜陽
박승陽 許 垣 국十전
박齊榮 최誠默 박應陽
최龍鉉 박齊衡 昔致文
趙國瑞 閔源行 각七錢五厘
朴海陽 신영奎 박鼎陽
柳寅泰 박齊尙 鄭뒤永
閔允京 權南龍 복宗初
김奎禹 각오전
●上下新里
박秉源 리健植 국오십전
리鍾瞽 리景지 閔高順
국卄전 리賢秀 리鍾셔
리文海 昔봉伊 박益壽
리찬周 리鍾슌 閔允逸
申和集 尹龍和 국卄錢
김德五 리承佑 박應淳
박濟淳 崔基永 元奎景
김天權 김昌權 국십錢
●長산
정東和 리쏨一 리기榮
정行百 국卄五전
●鼎동
김顯九 壹圓七십전 김면植
신聖休 국二십이錢오厘
김鍾植 김雨植 리漢敎
박복喜 됴元奎 김기植
曹기煥 박인壽 국십전
김濟인 五錢
●下龍
박勝洙壹圓 鄭行雨 육十錢
박奎煥 鄭亨文 국오十전
오益善 수拾전 鄭聖문
정致遠 정行德 국卄전
박勝鉉 정行大 정鎭海
각卄전 최壽天 정行善
정奎又 리致重 최萬복
국十전
●內과
韓明敎 륙십전 리樂雨
四십전 리규一 리鍾南
리문求 김商棹 韓순敎
尹在模 각卅전 徐明云

리鍾셕 洪슈得 리俊龍
박鶴來 리종복 각卄錢
정永善 리永秀 俞喜奎
리成雨 리慶求 柳德弼
韓인錫 리奎錫 辛京植
리成如 각십전
●佳岩
朴禹圭 김종元 정東漢
송大元 국수십七전 박종九
리滋榮 리義錫 김종[illegible]
정東貞 됴亨淳 具性瑞
具인書 박종元 김在先
리聖模 方義信 김在인
국卄수전 김在學 具然봉
박종萬 리時榮 具章會
具忠會 박종觀 리圭平
김致조 崔有복 정文一
金仲여 정召史 박河瀧
오영壽 리敏求 됴憲敎
박文규 박종三 각십一전
●上月
沈우澤 칠拾錢 沈주澤
박히根 최孝默 각五십錢
卞창來 최규션 沈賢澤
최인錫 金元京 박齊璟
沈能寬 국卅錢 리慶손
四拾錢 董蒙卞壽복 오십전
卞榮大 卞榮來 최重默
뎡在寬 최相默 辛炳玉
최相용 安益同 沈宜敬
沈인澤 각卄전 洪순一
김斗煥 임禮근 최규烈
沈聖澤 최亨默 沈상協
沈宜奎 沈상烈 沈상謨
方千萬 辛一模 全大性
박召史 유五복 金召史
車次손 咸창熙 리成用
車大興 김性원 許 鎬
白순得 車晩춘 각십전
合五百〇오圓四拾六전오厘
國文報廣告總合六百五十八圓
拾貳전오厘
前號總合壹萬七千一百二拾九
圓九拾九錢貳厘
都總合壹萬八千貳百九拾三圓
五拾八錢貳厘

大韓每日申報社
發行兼編輯人英國人 裵 說
發行所
南署石井동號外地三層洋屋家
大韓每日申報社

光武十一年六月十二日 (第五百二十六號)　水曜日　(光武十年八月十一日第三種郵便物認可)

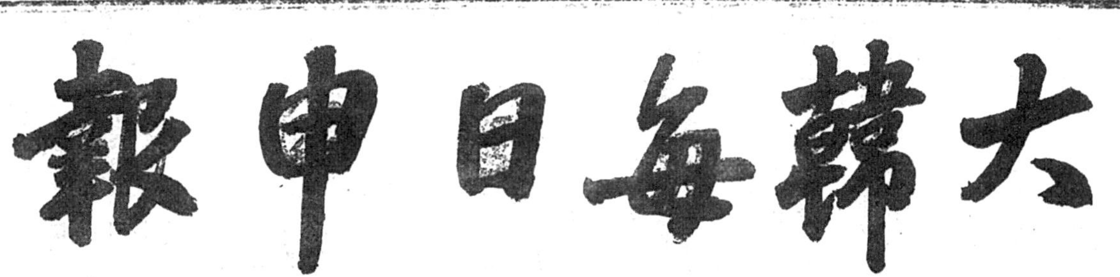

第五卷　大韓每日申報　第五百廿六號

月曜及慶節歲時日休刊

檀君開國四千二百四十年
箕子元年三千○二十九年
大韓開國五百十六年
日本明治四十年
淸國光緖三十三年
◉陰曆丁未五月小初二日壬辰

論說

留學生의意見

向日 韓皇陛下께옵셔留日本學生中학費艱乏ᄒᆞ야半途廢工의境에至ᄒᆞᄂᆞᆫ者를憫燭軫念ᄒᆞ샤內帑金一萬圜을下賜ᄒᆞ옵셧ᄂᆞᆫ대학部에셔右金額中四千圜은學生의資用을給予ᄒᆞ고六千圜은舊公館긔地에圖書館을設置ᄒᆞ기로奏覆이有ᄒᆞᆫ바該留學生等이生成煦育ᄒᆞ시ᄂᆞᆫ 셩恩을感泣攢祝ᄒᆞ야北向稽首ᄒᆞ야萬歲를三呼ᄒᆞ고一層學問을勉勵ᄒᆞ야國家에獻身的精神으로課業을成就ᄒᆞ야 셩恩을報答ᄒᆞ기로泣血同盟ᄒᆞᄂᆞᆫ대但圖書館設置에至ᄒᆞ야ᄂᆞᆫ實로目下에切實ᄒᆞᆫ急務가아닌故로該學生等이其方法의必要與否를講確ᄒᆞ야學部에長書가有ᄒᆞ기로其全문을已爲謄載ᄒᆞ얏거니와吾儕도該學生等의適當ᄒᆞᆫ意見을贊成ᄒᆞ며學部의措置失當홈을慨歎ᄒᆞ노라

大抵圖書館이라ᄒᆞᄂᆞᆫ것은其國家의敎育進步와財政發達을從ᄒᆞ야內外地에廣設홈은但其財政의巨額을要홀뿐不是라自國敎育의進步程度가足히世界에表示홀만ᄒᆞᆫ實力이有ᄒᆞᆫ然後에可ᄒᆞᆯ지라今日韓國의財政枯渴이何如ᄒᆞᆫ境遇에達ᄒᆞ얏스며且其敎育程度가아직ᄯᅩ外國에足히表示홀만ᄒᆞᆫ實力이有ᄒᆞ다고謂치못ᄒᆞᆯ지라엇지如此ᄒᆞᆫ皮飾的事業을爲ᄒᆞ야無益ᄒᆞᆫ費用에莫重ᄒᆞᆫ金額을消耗코ᄌᆞᄒᆞᄂᆞ뇨

國家에셔學生을培養ᄒᆞᄂᆞᆫ것은아모조록多々作成ᄒᆞ야將來皇室의楨幹을삼으며國民의表準되기를爲ᄒᆞ야各種學問의實効로國力을養成ᄒᆞ며國步를발展ᄒᆞ야中흥基礎를建立ᄒᆞ며太平복祉를享受코ᄌᆞᄒᆞᄂᆞᆫ最大目的이라故로靑年俊秀의出洋留學者ᄂᆞᆫ一個人이多ᄒᆞ면一個人의宏大ᄒᆞᆫ事業이有ᄒᆞ고二個人이多ᄒᆞ면兩個人의長遠ᄒᆞᆫ功効가有ᄒᆞ나니以至拾百千萬에愈多愈好ᄒᆞᆫ者ᄂᆞᆫ學生養成이是라今日韓國學生이出양留學者가官私費生을合ᄒᆞ면幾乎一千名에達ᄒᆞᆫ지라就中學資가困難ᄒᆞ야中途廢工의境에當ᄒᆞᆫ者ᄂᆞᆫ壯志를徒抱에夙願을莫遂ᄒᆞ고靑春이易逝에老大何及가雖其告急於父母ᄒᆞ나生涯소條에何以酬應이며乞憐於朋友ᄒᆞ나同是긔旅에何以彼及고朝夕食費에目下之見督이滋甚커든엇지一個月二個月의來頭之預筭을可望ᄒᆞ리오遑然狼狽而徑歸ᄒᆞ니未免爲終身之棄物이라豈不可惜이며豈不可憫가

皇上陛下께옵셔如此ᄒᆞᆫ學生의情況을동燭ᄒᆞ사內帑을傾ᄒᆞ야特賜가有ᄒᆞ셧스니學部에셔曠典盛澤을對揚萬一ᄒᆞ야學生養育上에適當ᄒᆞᆫ需用을擧行홀것시어날何故로但其皮飾的事業으로目下에緊急切實치아니ᄒᆞᆫ圖書館을多大ᄒᆞᆫ금額으로經紀코ᄌᆞᄒᆞ나뇨吾輩於此에不勝滋惑이오諸學生等의適當ᄒᆞᆫ意見을認准實施ᄒᆞ기를十分企祝ᄒᆞ노라

官報

◉第三千七百八十九號 光武十一年六月十一日

◉宮廷錄事

表勳院總裁閔泳徽辭職疏
批旨省疏具悉辭旣不可爲未暇言勿復爲煩

軍部軍務局長金昇圭辭職疏
批旨省疏具悉所請依施

軍部參謀局長權重顯辭職疏
批旨省疏具悉所請依施

◉敍任及辭令

慶긔殿參奉金學奎
齊陵參奉嚴柱華

依願免本官
任慶긔殿參奉 金顯岐
任齊陵參奉 李思遠

弘文館侍講金鎭영
慶긔殿參奉김顯岐
제陵參奉리思遠
裕陵參奉孫영瞰

依願免本官
任弘文館侍講 오品리徽乾
任慶긔殿參奉 九品김學奎
任제陵參奉 九品嚴柱華
任裕陵參奉 孝陵參奉鄭漢鳳
任孝陵參奉 孫延鍵

外報

◉美報主筆觀察 美國에紐約報館은最히著名ᄒᆞ야價値가有ᄒᆞᆫ報로銷流가極廣ᄒᆞ야其言論이世界視聽을左右ᄒᆞ야無上ᄒᆞᆫ勢力이有ᄒᆞᆫ者라近日淸國과英國新聞에鴉연을禁斷ᄒᆞ기로議論ᄒᆞ며西洋各報가多言ᄒᆞ되淸國辦事가自來有名無實ᄒᆞᆫ지라此次禁烟도英商이先受其害ᄒᆞ고淸國의鴉연은果能禁斷을未必이라ᄒᆞ야故로英國政府가遲疑不決ᄒᆞ고各國이亦多疑信參半ᄒᆞᄂᆞᆫ지라美國紐約의主筆이此에對ᄒᆞ야出書에關係가甚有ᄒᆞ니可히輿論지못ᄒᆞ리라ᄒᆞ고親히淸國에至ᄒᆞ야上海로붓터漢口를過ᄒᆞ야北京에入ᄒᆞ고다시山西에抵ᄒᆞ며每逢人에吸연好否를觀論ᄒᆞ고印度와倫敦까지至ᄒᆞ야淸國實在情形을將ᄒᆞ야該報에宣布ᄒᆞ야各國의疑端을解釋ᄒᆞ리라더라

◉法日協約의臆測 北京電을據ᄒᆞᆫ則淸國官界에ᄂᆞᆫ法日協約에對ᄒᆞ야不小ᄒᆞᆫ事件이有ᄒᆞᆷ으로日本이雲南貴州에在ᄒᆞᆫ法國의自由行動을認許ᄒᆞ얏고同時에法國은日本이滿洲及東邦蒙古에在ᄒᆞᆫ經營에就ᄒᆞ야法國은承諾ᄒᆞ기로어測ᄒᆞ얏다더라

◉日使歸朝 同電을據ᄒᆞᆫ則駐淸日本公使林權助氏ᄂᆞᆫ來十二日頃에出發ᄒᆞ야滿洲를經ᄒᆞ야日本으로歸朝ᄒᆞᆯ터이라더라

雜報

韓國興復은英雄崇拜에在홈

日本留友洋生 寄

我國同胞여我韓에英雄을崇拜ᄒᆞᄂᆞᆫ公덕心이有乎아無乎아此를爲先政治社會에求ᄒᆞ니可히見ᄒᆞᆯ슈無ᄒᆞ고有志人社會에求ᄒᆞ니亦然ᄒᆞ고平民社會에求ᄒᆞ니亦然ᄒᆞ고學生社會에求ᄒᆞ니亦然ᄒᆞ도다然則此弊習의根源은何處에在ᄒᆞ뇨第一最大ᄒᆞᆫ原因은閥族制度에在ᄒᆞ도다何者오閥族制度ᄂᆞᆫ人物優劣로表準을不立ᄒᆞ고階級으로表準을삼ᄂᆞᆫ者라故로아무리不世人傑이有ᄒᆞ더라도自己의同班이아니면合拜ᄂᆞᆫ勿論ᄒᆞ고嫉妬追擊으로一大快事를삼은지라故로此弊習이各社會에傳染ᄒᆞ야一大風潮를作ᄒᆞ야人々腦中에셔滔々暗流ᄒᆞ도다先日某新聞에韓人을評論ᄒᆞᆫ辭句가如左ᄒᆞ니韓人의人物如何ᄂᆞᆫ決코韓人에게探問ᄒᆞ야知ᄒᆞᆯ수無ᄒᆞ니何則고彼等의人物評論은公平ᄒᆞᆫ理想보담炎凉의感情中으로出ᄒᆞᄂᆞᆫ故라ᄒᆞ얏스니此等誹謗으로出ᄒᆞ얏스나其批評中에多少眞理가包含ᄒᆞᆫ것은非認ᄒᆞᆯ슈無ᄒᆞ다ᄒᆞ노라余曰我韓人은動必我韓에人物이無ᄒᆞ야事業을經營ᄒᆞᆯ슈無ᄒᆞ다ᄒᆞ니此言이眞乎아假乎아

友作生이曰英雄豪傑이何代無之리오自國에英雄이無ᄒᆞ다ᄒᆞᆷ은英雄을容納지아니ᄒᆞᄂᆞᆫ遁辭요自國에英雄이有ᄒᆞ다ᄒᆞᆷ은英雄을協助ᄒᆞ고崇拜ᄒᆞᄂᆞᆫ公德心을爲ᄒᆞ난快言이라ᄒᆞ노라借問ᄒᆞ노니英웅이라ᄒᆞᆷ은英웅이自稱ᄒᆞᄂᆞᆫ諸何인가余ᄂᆞᆫ思호대英웅이란ᄒᆞᆷ은世人이認許ᄒᆞᆫ名稱이리ᄒᆞ노니然則何故로我韓同胞ᄂᆞᆫ호간我韓에英웅이無ᄒᆞ다고冷笑ᄒᆞ고至誠血心으로英웅을製造ᄒᆞ지아니ᄒᆞ나뇨認許ᄒᆞ지아니ᄒᆞ나뇨

我韓에將來英雄은未知數나非常ᄒᆞᆫ精力과非常ᄒᆞᆫ方法을要ᄒᆞ나니엇지二三志人의孤獨誠으로全國國民을活動케ᄒᆞᆯ슈有ᄒᆞ리오반다시健固ᄒᆞᆫ中心點과偉大ᄒᆞᆫ原動力을造作ᄒᆞ야全國國民의精神을統一國合ᄒᆞ야一動一靜에全國이影響을大被ᄒᆞᄂᆞᆫ局을造成ᄒᆞ여야其最后目的을庶幾可達이니是ᄂᆞᆫ即英웅崇拜라ᄒᆞ노라 完

南署廣通坊中部湖洞私塾義捐金趣旨書

塾師招學徒於堂下曰夫爲學之道ᄂᆞᆫ莫先於忠孝二字ᄒᆞ니爲人臣엔止於忠이오爲人子엔止於孝라然ᄒᆞ나忠孝ᄂᆞᆫ本無二致라以之事君則忠이오以之事父則孝니自我天賦民性分中出來者也라父有難而子不救ᄒᆞ며君有難而臣不救면古今天下에寧有是理耶아是故로孟子曰未有仁而遺其親者며未有義而後其君者也라ᄒᆞ시니라恭惟我 大皇帝陛下ᄭᅦ옵셔追繼聖之遺敎ᄒᆞ시고上承 祖宗之聖謨ᄒᆞ시고子惠萬民ᄒᆞ옵심이于今四十有二年矣라蕩々乎民無能名焉이로다頃因天步艱難ᄒᆞ며邦運中否ᄒᆞ야馴致今日이라抑亦臣民之無祿也로다乃者斷烟償債之論이是出人心所同然者라是以로一唱萬和ᄒᆞ고異氣齊聲ᄒᆞ야多數金額이不謀而至ᄒᆞ고如幅面前ᄒᆞ야猶恐後人ᄒᆞ니玆豈非我 皇后之仁聞惠澤이入人肌深ᄒᆞ여셔此忠愛之誠이油然自生於秉彝良天性而然也리오夫斷烟一規가非必富國之要道也로대推武而至於節衣斷飮之實施則財不可勝用也오償債一款이非必報國之能事也로대推此而至於禦侮敵에之實效則義不可勝用也니苟有義而有財ᄒᆞ면何事를不可做而리오爾吾門은亦以化育中一物로具此仁義之性ᄒᆞ고念此忠孝之道ᄒᆞ니今玆義捐之日에安敢燕然而超觀乎아至於物之多寡ᄂᆞᆫ不必較量이어니와誠之有無ᄂᆞᆫ於玆可判이니傳曰不誠이면無物이라ᄒᆞ니라勉旃々々이어다僉曰唯라

全北非邑郡斷烟會趣旨書

嗚呼라以外債壹千三百萬지多로立國基慮가當所關心타이今國斷烟盟會를ᄒᆞ야民國이同力인서其在有志人情에豈可越視이요是以로本郡同志가特設斷烟지會ᄒᆞ야擬圖捐報ᄒᆞ야勸成同胞ᄒᆞ노니惟願僉君子ᄂᆞᆫ各爲齎發自已ᄒᆞ야誠於敎忠ᄒᆞ며勇於捐義ᄒᆞ야毋不事業於報償之一助耶

發起人幼學柳佑相 安秦淳

雜報

●年齡錄示 昨日侍從院에서 遞參政朴齊純氏의게電話ᄒᆞ되門閥을出送ᄒᆞᆯ터인ᄃᆡ年齡을詳細錄示ᄒᆞ라ᄒᆞ얏다더라

●視察周旋 官立日語學校長金漢奎氏가日本各學校實況을視察次로自費前往ᄒᆞᆯ터인ᄃᆡ學務局長尹致旿氏가留學生監督申海永氏의게公函ᄒᆞ되視察事에對ᄒᆞ야各別周旋ᄒᆞ야視察事務를完成케ᄒᆞ라ᄒᆞ얏다더라

●黑衣實施의詳示 昨日內部에서警務廳으로電話ᄒᆞ되人民의黑服을何年何日에發令實施ᄒᆞ얏ᄂᆞᆫ지昭詳探示ᄒᆞ라ᄒᆞ얏다더라

●宮大仕進 宮內府大臣李載克氏가其兒故를因ᄒᆞ야多日仕進치못ᄒᆞ더니近日則兒病이少有動靜인故로再昨日붓터仕進視務ᄒᆞᆫ다더라

●通信開見 각地方來人의傳說을聞ᄒᆞᆫ즉郵遞便로寄付ᄒᆞᄂᆞᆫ書簡을通信院에서開見하ᄂᆞᆫ지地方郵便局에서開見ᄒᆞᄂᆞᆫ지未知ᄒᆞ나從今以後로ᄂᆞᆫ與人緊關事가有ᄒᆞ든지家間細密事가有하든지更難通信이라고傳說이狼藉ᄒᆞ더라

●解亦得金 學部에서統監府書記官廣田直三郎氏로該部參與官敎育事務囑托으로雇聘ᄒᆞ얏다가現今解雇以送ᄒᆞᄂᆞᆫ데慰勞金舍百원을支給ᄒᆞᆫ다더라

●特使調理 新任警務使金在豐氏가身病이유ᄒᆞ야幾日間治療ᄒᆞᆫ後에受勅ᄒᆞᆫ다더라

●公察云遞 全北觀察使金奎熙氏가遞任된다ᄂᆞᆫ說이유ᄒᆞ더라

●農會議所 大韓農會本部에서會議蚕業所ᄂᆞᆫ新門外鍮동前蚕業課로已定인바臨時事務所ᄂᆞᆫ茶동金東完氏家에排設ᄒᆞ얏다더라

●果則善政 南來人의傳說을聞ᄒᆞᆫ즉羅州郡守金興基氏가該郡武陵面武陵동에서今年陰四月分에賊徒가乘夜突入ᄒᆞ야衝火창奪에延燒民家가爲六십四戶而親裹慰問ᄒᆞ고지委近동ᄒᆞ야使之結構奠接케ᄒᆞ고六십四戶春秋戶錢을自擔徵給ᄒᆞ니災民이賴生ᄒᆞ고設校興學에熱心敎育ᄒᆞᆫ다더라

●學生往返 數月前에留學으로入去ᄒᆞ야日本順天中學校에受業ᄒᆞ던曹秉默氏ᄂᆞᆫ元來漢城高等學校學徒인ᄃᆡ該校放學ᄒᆞᆫ暇를乘ᄒᆞ야日前에歸國ᄒᆞ얏다가再昨日에又爲渡日ᄒᆞ매漢城生徒들이悵別之懷를不禁ᄒᆞᆫ다더라

●治道始役 內部土木課에서南大門外에停車場까지完全히治道ᄒᆞ기로注意已久ᄒᆞ로ᄃᆡ該役費가立筭이못되야姑爲停止ᄒᆞ얏더니昨日丸山顧問이該門外道路가頹敗ᄒᆞ야車馬가通行이極難ᄒᆞᆯ뿐더러當場泥濘에人力車가翻覆ᄒᆞᆫ境에至ᄒᆞᆫ더니不日內로治道ᄒᆞ라고董督ᄒᆞ야該課에서昨日부터治道을始作ᄒᆞᆫ다더라

●文簿付送 求是學校文簿을已爲付送ᄒᆞ얏다고義州府尹이學部에電報ᄒᆞ얏다더라

●挾雜免官 慶尙南道巡査崔敎봉이가罪囚에게受賂放送ᄒᆞ고與檢務官으로符同ᄒᆞ야挾雜ᄒᆞᆫ事가綻露된故로內部에서免官ᄒᆞ엿다더라

●駐兵請願 慶州居崔注書鉉鼎氏等이大邱鎭衛隊兵中五十名을該郡에移駐케ᄒᆞ야以防不虞之弊ᄒᆞ라고內部에請願ᄒᆞ얏다더라

●老宰愛校 安參光東學校ᄂᆞᆫ원來貧寒ᄒᆞᆫ子姪으로募集ᄒᆞ야月謝金도一錢不受ᄒᆞ고熱心敎授ᄒᆞ니孤兒院과無異ᄒᆞᆫ지라前判書金宗漢氏가該校情況을特念ᄒᆞ야金貨二百圜을捐助ᄒᆞ니該氏의敎育注意ᄂᆞᆫ人皆稱頌ᄒᆞ더라

●日打韓人 再昨日平理院前에서日本人力車軍이驅去ᄒᆞ다가年近八十된韓國女人을觸傷ᄒᆞ야面部에流血이淋漓ᄒᆞᆫ대日人이反히其女人을無數毆打ᄒᆞ미其慘境은不忍目睹라ᄒᆞ더라

●陵隷跋扈 貞陵車直朴元吉이가本陵官을無嚴詬辱ᄒᆞ고至尊陵寢을謂迢無餘ᄒᆞ미掌禮院에서移照漢城裁判所ᄒᆞ야押去ᄒᆞᆫ거슬陵官이不無顧想ᄒᆞ야另加庇護ᄒᆞ얏더니朴漢이稱以本願寺會員하고日本人을帶來하야陵官을尤極叱辱ᄒᆞ고陵寢에作鬧ᄒᆞ기로陵官이押交裁判所하얏ᄂᆞᆫ데現今辯護士의게請[illegible]ᄒᆞᆫ다더라

●報請免官 平安北道裁判所檢事安秉㻶氏가法部에報告ᄒᆞ되寧邊郡主事明濟泰를該郡人民等의告訴를據ᄒᆞ와業已拿致査覈ᄒᆞ온즉明濟泰가昨年分에以該郡鄕長으로因該郡駐箚日本守備隊之請求ᄒᆞ야燒木與炭을買取民間而自該隊로進排之際에給價額中明濟泰之潛食이合一千餘兩이오其外稱以他經費ᄒᆞ고民間에分給鐵을侵諸私탁이亦爲七百餘兩이온바該所犯條件이遺播於ᄀᆞ民ᄒᆞᆫ後에受其領證ᄒᆞ고方擬起訴이올건과當此政務刷新之時ᄒᆞ야似此貪饕官人을不可給刻仍任이오니轉照內部ᄒᆞ야該郡主事明濟泰를爲先免官케ᄒᆞ라ᄒᆞ얏다더라

●情狀可矜 參政大臣李完用氏가小室의叔母李召史로同居一室ᄒᆞ더니其小室이作故ᄒᆞᆫ以後에李召史의無依無托ᄒᆞᆫ情狀을特念하야參政家에七八年을仍置ᄒᆞ고手足과如히使役ᄒᆞ더니近日에無罪히逐出ᄒᆞ미去處가無ᄒᆞ야道路에棲息呼泣ᄒᆞᄂᆞᆫ情景은慘不見이라ᄒᆞ더라

●安씨追悼 故安경壽씨의夫人이與其女息으로南署銅峴擧楠동小屋에居生하ᄂᆞᆫ대昨日은去庚子年에該씨가李裕寅의게被殺ᄒᆞᆫ日이라其親族이該夫人家에서追悼會를開ᄒᆞ얏다더라

●金氏病篤 監獄署에在囚ᄒᆞᆫ金錫恒氏가實病이危重ᄒᆞ야命在頃刻이기其弟錫河가呼泣于路中ᄒᆞ니見聞者가莫不矜惻ᄒᆞᆫ다더라

●給價何偏 現今南大門內前道路廣濶ᄒᆞ기爲ᄒᆞ야自漢城府로路邊民家를毁撤ᄒᆞᄂᆞᆫ바瓦家每間에ᄂᆞᆫ紙貨二百五十元移接費ᄂᆞᆫ七十元으로給價ᄒᆞ얏ᄂᆞᆫ데至於七牌路邊家屋犯八七戶ᄒᆞ야ᄂᆞᆫ移接處도無ᄒᆞ고瓦家每間에一百二십元草家每間에四십元或三십元으로分等給價ᄒᆞ라ᄒᆞᆫ즉該民等은專失商業에命脈이已絕됨으로呼寃不已ᄒᆞᆫ다더라

●雖雨不退 政府에서各部院廳에通牒ᄒᆞ되本日園遊會ᄂᆞᆫ有相礙事ᄒᆞ야雖雨注라도不可延期이니一齊來參ᄒᆞ라ᄒᆞ얏다더라

●例會停止 中樞院에서每月曜日이면依例히會議를開催ᄒᆞ더니再昨日은議案提出件이全無ᄒᆞ야例會를停止ᄒᆞ얏다ᄒᆞ더라

●贈物宜分 表勳院에서無論某大臣ᄒᆞ고勳章을該院主事壹人이躬往傳致ᄒᆞᄂᆞᆫ規則이有ᄒᆞᆫ故로主事가勳章을帶持前往ᄒᆞ면自該大臣家로禮目次로紬단等屬幾四을送交ᄒᆞᄂᆞᆫ데該院參書官李교穆氏가此禮目物에對ᄒᆞ야曰主事一人이專用ᄒᆞ면一般同僚가不無觖觖之情이니一年이던지半年이던지禮目物을該院內에儲置ᄒᆞ얏다가諸僚가均爲分용ᄒᆞᄂᆞᆫ거시妥當ᄒᆞ마ᄒᆞ미該院一般官吏가皆曰可라ᄒᆞ야禮目物을一一分용ᄒᆞᆫ다ᄒᆞ더라

●內閣統府 內部에서統監府에照會ᄒᆞ되咸鏡南道觀察使鄭鳳時의報告를接準ᄒᆞᆫ則三水郡守韓敬烈의報告內槩에向承訓飭ᄒᆞ와甲山郡民邑事件查報次로郡守가發行該郡之間에日本軍用森林委員陸軍工兵大尉에照會를接閱ᄒᆞ온즉軍用木料事欵을由ᄒᆞ야緊有約議事ᄒᆞ니急速來臨ᄒᆞ소坡鎭爲要槪意이오되由事未了ᄒᆞ와不得躬往ᄒᆞ고使書記李憲슈로防送接應케ᄒᆞ얏숩더니該書記還現所告를聞ᄒᆞ온즉家屋建築에應用ᄒᆞᆯ材木千五百株와人夫工匠並五千七百名을隨排用日起送爲約而措修契約書ᄒᆞ고云相交受이다이온바該契約書를玆以謄本粘上이오며事係重大難處ᄒᆞ고農民農時에衆寃이誠不勝민然等因이온바該書記에擅締契約이不勝駭然이옵기嚴辭指飭于該郡이옵고契約書謄本을添付報告ᄒᆞ오니查照處分ᄒᆞ심을爲要等因이온바軍用上必要가유ᄒᆞᆫ諸般事項에對ᄒᆞ야ᄂᆞᆫ政府에交涉ᄒᆞ야契約締結에是所當然이옵거ᄂᆞᆯ一箇郡書記와私相締約은揆以事體에亦不妥合이옵기玆庸仰佈ᄒᆞ오니照亮ᄒᆞ신後該陸軍工兵大尉丸尾請秀이게另擬訓ᄒᆞ하시社郡書記와擅結ᄒᆞᆫ契約을即爲작消ᄒᆞ야慰安民心하시고以社後弊케하라하얏더라

●兩氏自退 聯合會議所에서姜윤熙姜엽氏가本以發人起으로數三朔을熱心觀務ᄒᆞ더니不得其人ᄒᆞ야前進之望이無ᄒᆞ고大事가狼狽ᄒᆞᆯ漸이有ᄒᆞᆫ故로去六日에本所에서說明ᄒᆞ되若欲做事ᄒᆞ시던總務以下ᄂᆞᆫ沒數히改良ᄒᆞᆷ이可ᄒᆞ다ᄒᆞ고兩氏ᄂᆞᆫ請願自退ᄒᆞ얏ᄂᆞᆫ대亂會之說은시嫌의誤傳이라더라

▲秋木爲歌▼

▲扶桑海外에勁風이猛到ᄒᆞ야致海風波가朝變夕改ᄒᆞ야不穩波心이處々激起에水嶺이已隔ᄒᆞ야危險이難測ᄒᆞ니萬吹風聲이日聞所不聞이로다

▲온다々々온다더니再昨日에왓다데오기ᄂᆞᆫ루가와朴氏가왓다지오기ᄂᆞᆫ왓지마ᄂᆞᆫ此時局을엇지ᄒᆞᆯ고여보그말마오該氏ᄂᆞᆫ異城風霜에幾十年을閱歷ᄒᆞ야新空氣를飽吸ᄒᆞ고世界時機를方寸에權衡ᄒᆞᆯ터이니아마一層奇觀이未久에發現ᄒᆞᆯ듯ᄒᆞ오

▲中樞院顧問李根澤氏가日昨에長谷川大將을訪問ᄒᆞ엿ᄂᆞᆫ가面會를謝絕ᄒᆞᆷ으로即時伊藤統監을訪問ᄒᆞ엿더니또面會를謝絕ᄒᆞ얏다니該氏에出入이到處에見敗ᄒᆞ엿스니그런出入은貴치안쏘

▲日本辯護士諸人이大韓人民의訴訟上辯護權認許ᄒᆞ기를運動ᄒᆞ나這間議論만잇고尚今許施가업섯ᄂᆞᆫ데今回法務補佐官에會議를經ᄒᆞᆫ後에ᄂᆞᆫ可否判決定ᄒᆞᆫ다니日本法律과大韓法律이各自不同ᄒᆞ니日本法律로大韓人民의詞訟을엇지辯護ᄒᆞᆷ이오可謂氷炭이不相容이로고

▲義州等地에日本軍用地定界內에家屋과墳墓를本月內로撤去ᄒᆞ라고困督이日甚ᄒᆞ야該地人民이聚首相吊에號哭之聲이道路에不撤ᄒᆞ다니人民은何處에移去ᄒᆞ며白骨은何處에掘移ᄒᆞᆯ이오升天入地ᄒᆞ[illegible]百計無策이로다

▲高山郡民이該郡主事의門閥이不足ᄒᆞ다고內部에請願ᄒᆞ얏다니該郡人民은郡主事를前日論閥ᄌᆞ리로知ᄒᆞ얏던지人品에可否ᄂᆞᆫ不問ᄒᆞ고門閥에好否를先論ᄒᆞ니湖南人士의腐敗ᄒᆞᆫ氣習이尙此不變ᄒᆞ야此等言論이種々發現ᄒᆞ니미똥쇠소리들어쓰지

▲여보任善準氏가별眼間에內部大臣을圖得ᄒᆞᆫ事ᄂᆞᆫ擧世가알슈업다하니원일이오알슈읍슬것잇소參政大臣의사돈서돈이지여보參政大臣의ᄉᆞ돈이任善準氏뿐이오예任善準氏와李完用氏ᄂᆞᆫ別滋味가잇ᄂᆞᆫ情分이잇납듸다

▲平南觀察使朴重陽氏ᄂᆞᆫ大邱郡守로在任時에隱結을查得ᄒᆞᆫ에對ᄒᆞ야度支部에서賞與金一千十六圜을支給ᄒᆞᆫ다니郡守가隱結을查得ᄒᆞᆷ은郡守의職責이거ᄂᆞᆯ隱結查得ᄒᆞᆫ郡守을賞與ᄒᆞ기로的定ᄒᆞ면[illegible]씨外에도또잇슬걸

▲日本女子一人이本以神戶人으로泥峴서料理店ᄒᆞᄂᆞᆫ日本人向井에게四十七圓에見賣雇傭ᄒᆞ얏더니該店主가賣淫ᄒᆞ라고強制勸侍ᄒᆞᆷ으로流車急발時에延頸歷死ᄒᆞ라고정車場을尋去ᄒᆞ다가日巡查에게被捉ᄒᆞ야警務廳에納供ᄒᆞ얏다니日本女子도賣淫ᄒᆞ기를知此히痛迫히知ᄒᆞ니大韓에賣淫女ᄂᆞᆫ북구럽지아니ᄒᆞᆯ는지

▲金堤郡巡檢趙[illegible]긔씨가該郡守李時宰씨와問答ᄒᆞᆯ際에言語에下待ᄒᆞᆷ을執端ᄒᆞ야曰警察官吏을胡爲下待오ᄒᆞ며不恭說話가罔有紀極ᄒᆞ얏다니各地方에巡檢이郡守ᄂᆞᆫ強壓코져ᄒᆞ니平民에게行悖ᄂᆞᆫ不問可知로다

東京電報

六月九日着 桑港事件에關ᄒᆞ야林外務大臣의意見이甚히軟弱ᄒᆞ야美國이地方에셔出來ᄒᆞᆫ事件은中央政府에셔何如處置를不能ᄒᆞᆫ者인則今回暴動도加州에셔出來ᄒᆞᆫ者니中央政府의即接嚴談을不能이라ᄒᆞ노駐米靑木大使도同樣ᄒᆞᆫ意見을持ᄒᆞ얏다더라

十一日발 (◎)協約調印 日佛協約은今週內에調印될터이라더라

伯林電報

拾日발 (◎)萬國裁判所 佛國外相은言ᄒᆞ여曰佛國은世界의紛議를仲裁ᄒᆞ기爲ᄒᆞ야萬國裁判所創立ᄒᆞ기를平和會議에提出ᄒᆞᆯ터이오軍備縮少ᄂᆞᆫ實行ᄒᆞ기가不能이라고ᄒᆞ얏더라

(◎)海底鐵道 露國皇帝ᄂᆞᆫ西比亞東方에셔白令海峽에至ᄒᆞ고隧道로붓터海底鐵道로美國鐵道에接合케敷設ᄒᆞ기를許ᄒᆞ얏다라

寄書

晉州國債報償慶南會趣旨書

閱國之本은何며民之本은何오忠孝乎아財政乎아忠孝도不可不存이며財政도亦不可無로다昔에管子曰衣食足而知榮辱이라ᄒᆞ고董公이言知天之天者ᄂᆞᆫ王事를可成이라ᄒᆞ야ᄂᆞᆯ何我韓國은人近ᄒᆞᆷ으로 皇府也와公幣也와官用也와民情이還事를緣ᄒᆞ야外債가乃至一千三百餘萬圓이로대受彼侮羞還如甘蜜가嗚呼歎哉라我兄弟여噬可忍是리오마ᄂᆞᆫ痛志未發ᄒᆞ야惶慌忘措러니際此에金光濟徐相敦兩氏가猛然奮起ᄒᆞ야首唱斯義ᄒᆞ니雖賤臺孤孀라도解佩減粮으로樂心助赴ᄒᆞ니於戲庶幾인저 然而惟我慶南同胞ᄂᆞᆫ或有少起나俞不及於億ᄒᆞ야昏々瞭々者多ᄒᆞ야外債를不報ᄒᆞ면無國을不覺矣리니何歎可及이리오 今我本會之國債報償을稱ᄒᆞᆷ은側脊窺天이오恰如로대望太山不可越而退步가吝力所謂오聚細流成海之理所固有이ᄋᆞᆸ敢茲本人等이不顧不佞ᄒᆞ고發意組會ᄒᆞ고仰俟同胞之感應ᄒᆞ노니嗟我慶南同胞여特激忠孝壯元ᄒᆞ야勿顧自己富貴ᄒᆞ고願以自己忠孝로爲大義ᄒᆞ야國肥則民肥ᄒᆞ고國瘦則民瘦로想已有衷矣러니助力同意ᄒᆞ야報國淸償ᄒᆞ고預滌外憂ᄒᆞ야共享安樂於父母之邦을血涙灑面而敬要ᄒᆞ노라

廣告

國債報償義捐金 收入廣告

捐金額數와氏名을國文신報
도第拾貳號붓터發刊廣佈홈

鐵川郡國債報償會義務金
方동面梅山
김 귀 리德寬 리德三
리聖文 각一圓二拾전
夏敏 羅雲先 리元三
각八拾전 리春百 김聖實
김建中 각四拾오전
四拾전 던東雲 리元實
裵正化 權泰春각三拾오錢
리周민 三拾二전오釐
嚴明先 리春元 張化春
리順化 리明오 김致性
高德보 리相근 羅相龍
尹春서 리根錫 安千峰
각二拾二전오厘
김炳哲 리正先 강化三
리介同 姜正西 각拾오전
리正心 三십전
●上古
김순甫 김春明 각一圓
김春百 七拾전 송正石
강주云 각오拾전 吉自明
四拾전 윤碩보 咸召史
김致順 각三拾전 김成三
趙正云 申元보 김化三
각拾전 김元京 二拾전
●瀛池
閔先鎬 一圓 임春三
八十전 高光先 六십전
崔春西 邊用三 임춘和
徐元西 임春근 임춘식
邊用鎮 千聖烈 각四拾錢
高喜先 박和甫 김正天
강 瑞 邊원준 정九京
邊用凡 邊현象 張현知
閔泳晥 뎡致璽 각三拾錢
高영보 뎡晥心 邊원先
김聖오 각廿錢
●인山

리秦雨 리리昌 리澤秀
뎡明海 崔원先 김達桓
각오拾전 뎡德敎 리민호
뎡行仁 馬顯복 뎌成호
리明善 각卅전 이弘甫
胡秉文 김尙弘 朴俊錫
뎡주海 이東九 각拾錢
●聖巖面桂陽
尹春三 李致寬 尹九實
각廿전 徐원준 김順五
洪士文 鄭寬五 各拾전
徐윤燁오십전
●新리
리暘우 김用三 각오拾錢
鄭운哲 馬德一 朴昌根
각卅전 김星奎 김思鎭
김萬洙 김聖伯 김春一
鄭 鎭 김基鉉 馬德春
김相漢 김召史 박원西각廿전
馬黃登 馬聖문 김칠三
리相鉉 윤치三 김聖운
金在先 金用樂각拾전 申召史
나圭리각拾五錢 徐召史五전
●鳳坪
權永三 柳基赫 나東원
김洪起 柳리우 孔錫奎
신리煥 각卅錢 丘天民
나圭祿 각拾五錢 金明實
최公賢 정 模 金明心
김臥용 劉秉션 각拾전
●本聖岩
정鳳源 박英輔 각二十전
김聖凡 나順集 각오拾전
鄭慶全 鄭正言 박文鉉
申云集 김聖天 金元西
정明源 정敬源 韓仁보
신春서 曹聖文 金演仲
나順三 각卅전 梁柱元
나千逢 각十전
●草坪面下리
劉정文 五十錢 金원甫卅전
趙召史廿전 尹召史拾五錢
●上通 동中 二圓五十전
●竹峴 박輔양拾圓
박軒양 박勝純 각五원

●上水
나麟리 五십錢 박乾陽
박齊玉 각卅전 박齊賢卅전
박齊근 김繼金 金致仁
박齊成 각十錢
●龍洞
김泰현 金龍현 각육十전
金洪현 五十전 金在문
김卿宰 金恒현 金鎭션
각四十전 金振一 김송현
각廿五전 金永達 金鍊현
정호용 金在煉 김卿一
박準洪 김영문 김영斌
각十五전
●滿巖
신仁壽 나漢창 趙和中
각五十전 全在大 김漢보
나自有 嚴정心 나치安
각卅전 박成보 강國玄
嚴勝九 林明巡 中영壽
池良호 김치文 嚴정先
池中連 나德보 각廿전
●斜山
김東振一圓五十錢 박在寬
八拾錢 김치明 칠十전
申春圓 김여三 各六十전
나豊光 주문伯 각스十錢
嚴성寬 김云一 리용福
리龍淑 각卅전
●山井面斗中園峯
정日현 五拾전 정在鴻
정지益 각卅전 뎡리현
廿전 리炳圭 김順化
최슈지 김思德 박憲圭
각十錢
●三리
禹成西 박起운 각卅전
나順元 리敬化 각十전
●영酒院
최相玉 四十錢 韓리당
나時夏 박海鎭 나啓遠
나啓淵 나善應 각廿錢
나鍾碩 延秉有 延昌德
리히貫 김치興 姜농西
박농來 오洛현 나鍾協

오奇凡 오德潤 柳春在
리凡一 閔치萬 리寅최
나寅烈 閔應서 韓命敎、
나成우 孔德甫 오達植
오敬水 각십전 徐在농
김召史 南廷興 張圭昇
각오錢
●承新
李思穆 張龍植 劉松烈
각七십전 邊弘섭 나正鎬
각五拾전 梁宗鎬 趙濟元
김尙호 張인植 박순보
나春成 邊學섭 최德三
韓章會 박一陽 각廿錢
김문서 張大식 張윤煥
許 稿 김正문 김益西
나聖우 박齊龜 趙大顯
각拾錢
●善玉新
뎡淳一 뎡召史 각五十錢
뎡召史廿전 리周鎬 뎡召史
오巖壽 각拾錢
●白나面吹羅동
김공眞 趙成圭 김順文
裵起顯 김元三 趙容輔
각三十전
●陵동
최永漢 리鴻來 각廿錢
최鳳漢 뎡仁석 나元容
각십五錢 김德秀 리星來
각十錢
●豆城
柳光烈一圓 柳寅協五十전
柳寅弼 류寅옥 柳寅풍
각卅전 박貞來 柳寅光
유리燁 정在寬 各廿전
최相麟 權海元 김仁用
류寅德 신大根 楊漢호
류寅一 각십전
●蓮花동
林鍾峰 리炳德 각五十전
林致西 林馨기 洪祐元
각卅錢 林鍾칠 림錫기
林駿기 延致호 리炳植

각십五錢 成春五 洪箕周
정敬道 각십전 김春京오錢
●新村
閔致道 리敏復 각오十전
리圭信 리敏翼 리敏龜
각卅錢 김敬憲 리敏히
리元愼 楊영大 리종淵
張春元 各二十錢 리國信
리敏玉 리仁영 리敏弼
리敏序 리敏庚 리敏號
리圭三 리圭煥 각十전
●玉山
鄭雲采 崔龜洪 洪宗華
각一圓卅전 洪謙華 池漢농
金奭連 각九십전 리相宰
리鳳宰 洪戰華 각륙拾오錢
朴明漢 金덕순 洪斗華
各卅오전 金時學 리義宰
리伊先 沈致德 金치連
황敬化 金秉權 리弘宰
리成宰 김元瑞 馬冀宗
각二十전
●新里
오惠泳二圓 오惠전 오敬春
權낙書 최寅錫 각四십전
河喜泓 박成보 韓士連
韓치百 오석보 박元瑞
홍致根 리重先 각卅전
●道長
김奎錫 圓 김寬性 김龍性
각六十전 김東信 五十錢
김奎哲 김東우 各卅전
김東봉 김敬性 김奎宋
각廿錢 崔順萬 十錢
●石洑
리用好 五十전 박雲容
리義東 박秉德 리義萬
각四拾五전 정雲世 鄭道煥
김寅春 각廿五錢 리觀臻
박秉喜 정운漢 각廿錢
宋漢섭 리義綱 박秉學
각십오錢 류長軍 趙天願
리敬實 각십전
최相惠 최東煥 馬敬션

馬여成 김學奉 리今哲
馬今奉 각五십錢 정운창
류용吉 각四拾錢 金秉德
徐仁보 曹致明 尹先吉
김善一 리河元 박元春
各廿전 박元五 리敬甫
최常煥 각십전
●대上
리賢太 五십錢 趙聖來
四拾錢 閔致遠 曹允甫
각卅전 리君成 二十錢
●所沓面新通
鄭時遠 四십錢 南경祐卅錢
정行振 정濟遠 金成龍
최성教 정士國 각廿錢
金二萬 廉正述 韓漯석
각십錢
●龍沼
리풍善 六拾錢 金在明
리水仙 정柄義 孫셩天
정리永 각四십錢 鄭壽永
卅錢 리承萬 뎡福來
리英秀 나龍셩 각廿錢
리承조 延明熙 金奎三
뎡낙鉉 뎡순永 윤夏文
각십錢
●加尺
金蘇益 丘敬三 각팔십錢
김壽京 김壽蘭 徐순칠
각칠十錢 리命九 뎡云三
각四十錢 김順明 리士希
리士洪 咸明보 각卅전
하明운 김允化 리士善
하明瑞 뎡春오 丘春燁
각廿錢 류致瑞 박元先
김星七 리書九 金順一
정공明 각十錢
合一百陸拾陸圜四拾전

國文報廣告總合貳百十七圓拾壹전
前號總合壹萬八千貳百九拾三圜五拾八錢貳厘
都總合壹萬八千륙百七十七圓九錢貳厘

發行兼編輯人英國人 裵 說
發行所
南署石井동號外地三層洋屋家
大韓每日申報社

大韓每日申報

第五卷

第五百廿七號

月曜及慶節歲時日休刊

檀君開國四千二百四十年
箕子元年三千二十九年
大韓開國五百十六年
日本明治四十年
清國光緒三十三年
◉陰曆丁未五月小初二日癸巳

論說

清人反亂

支那에셔幾個年을居留ᄒᆞᄂᆞᆫ一般各國人士ᄂᆞᆫ現今廣東에蜂起ᄒᆞᄂᆞᆫ匪徒의行動을認之以尋常홀여니와此에對ᄒᆞ야若其殺異ᄒᆞᄂᆞᆫ者가有ᄒᆞ며此其暴動의發作이如彼許久時日을要ᄒᆞᆯ것과且其衆徒가至于今日ᄒᆞ야外國人의生命及財産을不欲犯홈ᄒᆞᄂᆞᆫ此兩端事實을因홈이니彼黨의外人을顧慮ᄒᆞᄂᆞᆫ形態로써推度컨대其叛亂의機關을引導ᄒᆞᆫ者가必是外國에遊歷ᄒᆞᆫ漢人이라外國人의生命財産을傷害ᄒᆞᆷ은空費氣力이오但危險을自取ᄒᆞᄂᆞᆫ것인줄노其人이確認ᄒᆞ며且列强의復讐行動이甚히迅速ᄒᆞᆷ은已所經驗之事로되但其叛亂이淸國政府를排抗ᄒᆞᄂᆞᆫ運動에在ᄒᆞ야ᄂᆞᆫ外人所有에無所加害면列强이其或別無干涉일줄노彼亦量度矣로다

此絶遠ᄒᆞᆫ東隅에셔ᄂᆞᆫ叛亂의原因을確究ᄒᆞ기難ᄒᆞ나但將于傳聞上諒解컨대今彼運動의實情이純然히現代滿洲壓制를背逆ᄒᆞᆷ에在ᄒᆞᆫ듯ᄒᆞ며且其總督과巡撫及郡守의諸般虐政貪慾을多因ᄒᆞᆷ이니若中華에變亂이屆發ᄒᆞ면此ᄂᆞᆫ政府官吏의行動이最大責任이되리로다其引導者의발布書에現存帝室를傾覆ᄒᆞ고共和政府를新設ᄒᆞ기로爲其大欲ᄒᆞ얏스니此ᄂᆞᆫ爲其首領者가西歐學識을略得ᄒᆞᆫ確證이라蓋其原因이淸國改進黨으로더부터自外洋國來ᄒᆞ엿도다事態가若是悲慘ᄒᆞ니極東에居留ᄒᆞᄂᆞᆫ一般白人의憂慮를惹起ᄒᆞᆯ거슨自然之勢어니와雖歐美에在ᄒᆞᆫ人士의思想이라도亦然ᄒᆞ리로다

右記와如히外人의生命은彼雖欲重이나然이나惟一重大問題ᄂᆞᆫ此騷亂이幾久時日이나經過ᄒᆞᆯ가ᄒᆞ노라蓋支那人民이臨於血色ᄒᆞ야蠻行이有ᄒᆞᆫ거슨以其本性及傳習이라淸國史編에如此確據가昭著ᄒᆞ니今彼首領이如此往跡의得踏을難或極力禁止ᄒᆞ더래도其時奏效ᄒᆞᆯ지ᄂᆞᆫ甚有疑慮니由是로其景況이極爲幽鬱ᄒᆞ기以前에現今形勢보다益加伸張ᄒᆞ기以前에鎭壓되기를但望ᄒᆞ노라北衆叛衆의額數가衆已至於三萬이오且其武備ᄂᆞᆫ不美ᄒᆞ나外人商店이潛輸ᄒᆞᆫ新式銃與彈藥을持ᄒᆞᆫ지라最近報道를接閱컨대叛亂黨이連次成功ᄒᆞᆫ故로支那政府가今始驚駭ᄒᆞ나以來久에袁世凱氏의鍊習ᄒᆞᆫ軍隊를派送南征ᄒᆞᆫ여니와還間情形이萬不成樣이오後來ᄂᆞᆫ預度키甚難ᄒᆞ도다

官報

◉第三千七百九十號 光武十一年六月十二日

◉敍任及辭令

任度支部主事 徐基殷
免本官 淮陽郡主事리周煥
秘書監丞尹憲榮
順陵叅奉趙觀熙
依願免本官
任秘書監丞 正三品리斗薰
任順陵叅奉 河景植
秘書監丞리斗薰
順陵叅奉河景植
昭寧園守奉官宋琦相
孝陵叅奉孫珽鉉
依願免本官
任秘書監丞 正三品尹憲榮
秘書監丞尹憲榮
兼任太醫院副卿 九品趙觀熙
任순陵叅奉 韓鎭설
任昭寧園守奉官 리晦秀
任孝陵叅奉 尹致성
軍部叅모局第一課長騎兵副領
免本職 騎兵副領尹致성
任陪從武官府陪從武官 研成學校長리熙斗
補軍部軍務局長 武官學校長趙性根
補軍部叅모局長 參將金昇圭
補研成學校長 參將權重석
補武官學校長 中樞院顧問리址鎔
仝 閔泳綺
仝 權重顯
命觀察日本博覧會 經理院卿沈相薰
命臨時署理陪從武官長事務
寧遠郡守鄭궁朝
麟蹄郡守金商直
甲山郡守리承鉉
非邑郡守宋鍾民
依願免本官 法官養成所教官石鎭衡
任內部叅書官

號外 光武十一年六月十一日

◉宮廷錄事

本月十一日에中樞院顧問朴齊純李址鎔閔泳綺權重顯李夏榮李根澔의게親任式을行ᄒᆞᆫ事

外報

◉別子銅山의損害 東京電을據ᄒᆞᆫ則別子銅山에셔暴徒의게被害로損害額이二百万元인대全部를復舊ᄒᆞ라면今後一箇年間을須ᄒᆞ리라ᄒᆞ더라

◉軍備減省案의删去 倫敦電을據ᄒᆞᆫ則巴里에고도바리新聞에報ᄒᆞ야日軍備減省問題ᄂᆞᆫ海牙平和會議의會議事項에셔删去ᄒᆞ얏다더라

◉海軍工廠의紛擾 東京電을據ᄒᆞᆫ則橫須賀海軍工廠의造船職工等이增給運動을始作ᄒᆞ야目下紛擾中이라더라

雜報

美國婦人의感化韓人

유一韓人이美國桑港에셔居留ᄒᆞᆫ지多年에遂히美國에入籍ᄒᆞ고恒言曰我ᄂᆞᆫ東西南北之人이라何國에在ᄒᆞᆫ든지但其樂地를求ᄒᆞ야生活을營爲ᄒᆞᆯ而已니何必祖國을권念ᄒᆞ리오ᄒᆞ더니一日은其主人婦人이新聞紙를閱讀ᄒᆞ다가현然下淚ᄒᆞ거ᄂᆞᆯ韓人이怪而問其故ᄒᆞᆫ대婦人이日今日新聞上報道를據ᄒᆞᆫ則大韓皇帝ᄭᅴ옵셔日本憲兵과巡査의監守를被ᄒᆞ더스니我雖異國人이나大韓皇帝의情況을思念ᄒᆞ미自然悲泣을不覺이로라於是에韓人이大爲感動ᄒᆞ야自歎自責曰彼外國婦人도我皇帝의遭値ᄒᆞ신境遇를對ᄒᆞ야悲泣을不禁ᄒᆞ거든我ᄂᆞᆫ大韓人民으로祖國思想을不유ᄒᆞ얏스니天地間에一大罪人이라ᄒᆞ고痛自悔改ᄒᆞ야忠君愛國의義理를確執ᄒᆞ야美洲에同住ᄒᆞᄂᆞᆫ同胞를對ᄒᆞ야平日에誤想ᄒᆞᆫ過惡을說明ᄒᆞ고祖國을권念ᄒᆞᄂᆞᆫ思想이激昂慷慨ᄒᆞ야一好個男子를成ᄒᆞ얏스니此ᄂᆞᆫ美國婦人의感化力이라夫美國之於韓國에以其種則異種也오以其人則異種也어ᄂᆞᆯ韓國存亡이何關於彼哉아然而彼外人이大韓 皇室의非常ᄒᆞᆫ遭値를爲ᄒᆞ야涕泣을不勝ᄒᆞᄂᆞᆫ것은天理人心의自然ᄒᆞᆫ感情이라彼日人의同洲同種間에自相殘害ᄒᆞᄂᆞᆫ것은固不足論이어니와所謂大韓臣民된者도聖君賢國의罪行을肆然無忌에看作能事ᄒᆞ니是禽獸之不若이라更何論哉며更何論哉아

濟州新左面朝天里國債報償趣旨書

金贊洙 李源禎 等

民은以國有ᄒᆞ니國之債ᄂᆞᆫ卽民之債라傳에有之ᄒᆞ니曰이婦不恤其緯而憂王室之危라ᄒᆞ니雖以漆室之婦로도頃刻之間에不忘憂國之心이어든況乎圓顱方趾로戴天踏地者旣知 君父之負債於隣國而寧可恬然坐視耶아一自 僉君子首倡義捐으로八域이皷動ᄒᆞ야奔走承行ᄒᆞ니此則人心之所同然者一有發지而衆民지心悅誠服ᄒᆞ야自有不期然而然者니豈不盛哉아本州ᄂᆞᆫ乃海中一島而朝天ᄒᆞ고又島中一村이니縱然僻지荒陬而是均 化中지赤子也라幾日前偶閱新報ᄒᆞ다가見 國債報償四字ᄒᆞ고傳相告語에一家지民이莫不歎息流涕曰諸공지出義捐而幸聞下風者得無晩時지歎否아ᄒᆞ야不待通諭勸告ᄒᆞ고稱家有無ᄒᆞ야각出若干ᄒᆞ야合二百三十四圓六十三錢을輸納ᄒᆞ오니勿咎數少ᄒᆞ시고兼爲収納ᄒᆞ시와 以表獻芹炙背지忱을千万懇지至

◉濟校運動 義州郡耶蘇教會城村二十八處小學校生徒八百餘名이陰本月初四日初五日兩日에聯合大運動式을百一院教鍊場에서擧行ᄒᆞᄂᆞᆫ대觀光士女五六千名이如雲來集ᄒᆞ야互相贊揚日有子必敎요爲國竭力이라ᄒᆞ니今此運動一擧에民智之發達를可見이라ᄒᆞ며有志紳士가賞與物을各出贊送ᄒᆞ얏다더라

◉三氏助校 義州郡耶蘇教會에셔中學校를設立ᄒᆞᆫ지數年에校舍가挾窄ᄒᆞ고經費가竭乏ᄒᆞ더니一般學生이熱心으로出捐ᄒᆞ여三百餘圓에達ᄒᆞᆫ中該府鎭衛隊長李弘植氏가十元前主事崔錫夏氏가五元洪鍾우씨가二元을熱心補助ᄒᆞᆷ으로一境人이無不稱頌ᄒᆞ더라

寄書

所謂書籍이라ᄒᆞᄂᆞᆫ것은國民教育에津梁을作ᄒᆞᄂᆞᆫ舟楫이라其所用關係가與他物品과大有異ᄒᆞ거ᄂᆞᆯ本童이家中小孩의隷屬을開蒙ᄒᆞ기爲ᄒᆞ야類合冊子를購買ᄒᆞ러小廣橋石溪書舖에投ᄒᆞ야類合一卷을指ᄒᆞ야其價를問ᄒᆞᆫ즉呼價曰銅貨七分故로於我淺見에不過薄紙二十枚에價格이太貴ᄒᆞᆫ듯ᄒᆞ야他店에往買코져ᄒᆞᆫ즉店主가自言曰一分式除減ᄒᆞ야屢次外降ᄒᆞ다가必乃白銅貨四分에賣渡ᄒᆞ니生徒에學費補助ᄂᆞᆫ문ᄒᆞᆫ냥정兒童을小看ᄒᆞ야요마冊子에白銅貨三四分을驕取코져ᄒᆞ니雖日少事나大關書籍處가不無ᄒᆞᆫ지라大抵民心이如此溷濁ᄒᆞ고ᄂᆞᆫ國家의文明과教育의發達을希望ᄒᆞᆷ이無ᄒᆞ고眞個可惜ᄒᆞ야咨告店主人에게警告ᄒᆞ노라

青年學校學員金永喜

雜報

●詔勅將下 박泳孝氏가現今山에到着ᄒᆞ야桂連ᄒᆞᄂᆞᆫᄃᆡ自上으로再昨日에特赦詔勅을頒下ᄒᆞ시라다가還爲停止ᄒᆞ셧ᄂᆞᆫᄃᆡ不日內로詔勅을下ᄒᆞ옵신다더라

●檢事有人 法官養成所교官朴晩緖氏가檢事를被任ᄒᆞᆫ다ᄂᆞᆫ說이有ᄒᆞ더라

●顧問親任 再昨日下午五時에新任中樞院顧問官五氏가親任式을行ᄒᆞ얏다더라

●領事亦叅 昨日政府園遊會에各國領事도請邀ᄒᆞ야往叅ᄒᆞ얏다더라

●度顧仕進 度支部顧問官目賀田氏가安東縣營林廠視察後三昨日回來ᄒᆞ야再昨日에度支部와總海關에仕進ᄒᆞ얏다더라

●法官懇話 本日下午오時에中法部大臣趙重應氏가平漢兩裁判所法官及法官養成所法官을會同ᄒᆞ야懇話會를開ᄒᆞᆫ다더라

●古非今 經理院卿沈相薰氏가總將殿後源氏와作伴ᄒᆞ야日昨東門外某寺에前往踈暢ᄒᆞ고自己私邸로回還之際에該洞口에來到ᄒᆞᆫ즉洞人數百名이동口內에會同ᄒᆞ야揚臂大談曰彼來者가非沈某乎아ᄒᆞ며或은作鬧ᄒᆞᆫ樣이오或은挽由ᄒᆞᄂᆞᆫ樣인ᄃᆡ將有不好景色이거ᄂᆞᆯ沈氏가不得已人力車를停止ᄒᆞᆫ즉該人等이辱說이紛ᄒᆞ여曰二層高屋을闊闊間에結搆ᄒᆞ야鄕家內舍외婦女를無難窺視ᄒᆞ니是何醜習乎아ᄒᆞ며詬辱이無所不至ᄒᆞᆫ지라沈氏가二層屋을自今廢置ᄒᆞ깃다ᄒᆞ고無限曉喩解散ᄒᆞ얏ᄂᆞᆫᄃᆡ沈氏가數日을閉門謝客ᄒᆞ얏다더라

●窮家逃賊 去月二拾三日富平郡황노面塲괴里裵景家에賊黨七名이突立ᄒᆞ야금ᄉᆞ元과衣服二十圓價値를奪去ᄒᆞ얏다더라

●言지醜也 영興郡郡守洪淳氏가尙今該郡에定舍館留任ᄒᆞ야郡守遞任ᄒᆞ기를百般運動ᄒᆞ야何樣作弊가有ᄒᆞ던지昨日內部에셔洪氏를不日內로逐出境外ᄒᆞ라고電訓ᄒᆞ얏ᄂᆞᆫᄃᆡ洪氏가長谷大將의게依賴力이泰山과如ᄒᆞ다더라

●橫被賊招 交河居崔擧凡氏가年今六拾七에素是淸廉著聞ᄒᆞᆫ者인대以地官行術ᄒᆞ야安東地방에갓다가回路에牽牛之人을路中伴行ᄒᆞ더니懷德等地에셔忽然히巡檢이捉去ᄒᆞ얏ᄂᆞᆫᄃᆡ牽牛者가即梁上君子라崔氏가伴行ᄒᆞᆫ탓ᄉᆞ로牛賊의亂招에出ᄒᆞ야曖昧히公州裁判所에셔處役ᄒᆞᆫ故로其從姪崔文學氏가年十七에不勝至冤ᄒᆞ야平理院에呼訴ᄒᆞ얏다더라

●濟民訴貪 濟州郡守尹元求氏가赴任八朔에何樣貪虐하던지民賦이二萬五千圓에達ᄒᆞ얏고또吏民을招集質問ᄒᆞ되余가善治乎아不治乎아ᄒᆞᆫ즉吏民等이郡守顔面을迫待치못ᄒᆞ야善治라ᄒᆞᆫ즉尹郡守曰然則善治讃을不可不新聞上에廣布ᄒᆞ깃ᄉᆞ니廣告費를取聚ᄒᆞ라하야一千五百圓을募奪ᄒᆞ얏다고該郡民人等이內部에呼訴ᄒᆞ얏다하더라

●懲丁被捉 昨日下午一時量에刖巡檢二名이徵丁一名을捕縛ᄒᆞ야警廳으로捉去ᄒᆞᄂᆞᆫᄃᆡ該懲丁이逃走ᄒᆞ다가還爲被捉ᄒᆞᆫ비라더라

●非男伊女 去月二十六日英陽郡分派所巡檢李斗鎭이가行巡之際에見二童子에行色이殊常ᄒᆞ고挽執嚴査則壹名은果是女子而男女가同爲逃走故로問其居住則安東郡東山리有夫女라更査次로同男女를該郡獄에拘留ᄒᆞ얏다더라

●服鹽自斃 去月二十七日慶州郡內동面影池동居김召史가同進峴居李召史가젼오百량欲捧事로相詰타가김召史가因李召史지綊未報給而冤鬱莫伸ᄒᆞ야仍還渠家ᄒᆞ야鹽水를服하고自斃ᄒᆞ얏다더라

●聯合運動의校況 水原郡鍾路에三一學校를設立ᄒᆞ고聰俊子弟를募集ᄒᆞ야時務에緊要ᄒᆞᆫ新學問을敎授ᄒᆞᆫ지가半年에學員이日增月加ᄒᆞ야于十餘人에達ᄒᆞᆫ지라府內有志紳士羅聖奎崔翼煥車喜均洪健선車裕순李聖伯梁性寬諸氏가新貨二拾圓式各其義捐ᄒᆞ야該校에補助ᄒᆞ얏슴으로該校에셔華盛女學校와公立小學校를聯合ᄒᆞ야去六月六日에春季運動會를本郡鍊武臺에셔設行ᄒᆞ얏ᄂᆞᆫ대男女學徒의活潑ᄒᆞᆫ氣像과內外賓客의整齊ᄒᆞᆫ威儀ᄂᆞᆫ令人起敬이오觀光諸人이塲外에雲集ᄒᆞ야五百年來初覩ᄒᆞᆫ盛況을呈ᄒᆞ얏다더라

●釜鎭私賣 東萊港釜山鎭基址ᄂᆞᆫ邊地要路오南方咽喉라該近人民이素無農業ᄒᆞ고只以商業資生ᄒᆞ며設塲市於城內ᄒᆞ고數多居民이築室空地ᄒᆞ야累年莫接이더니不意三月오日에원世煒爲名者가與日人田中常次郞으로揷標木于該地故로附近人民이詰其裏由ᄒᆞ고看其文蹟則金健培爲名者가藉托植木ᄒᆞ고請願于度支部ᄒᆞ야稅納은오千圓으로承認이라ᄒᆞᄂᆞᆫᄃᆡ김健培ᄂᆞᆫ未知爲有오但원世煒이假名飾辭ᄒᆞ더러訓辭中에只許釜鎭기址이거ᄂᆞᆯ城外數里許甑臺ᄂᆞᆫ即十一号主산이오附近海灘도亦非官有이거ᄂᆞᆯ金局指標ᄒᆞ니挾雜을可知라莫重國土을私自賣渡於外人인故로月初九日에該近人民과各處商旅가撤市會同ᄒᆞ야招致원世煒ᄒᆞ야責而送之하얏ᄂᆞᆫᄃᆡ日人田中은尙此不願하고該地를期欲奪取ᄒᆞᆫ다더라

●黃校運動 黃州郡南門外私立耶蘇敎小學校ᄂᆞᆫ昨年冬에設立ᄒᆞ야學徒가數十名에達ᄒᆞᆫ지라今年四月二十七日에該郡各校學徒數百名과聯合運動을設行ᄒᆞ야盛況을呈ᄒᆞ미觀光諸氏가優數ᄒᆞᆫ賞品으로勸奬ᄒᆞ얏다더라

●靑會演說 今日下午七点半에青年會舘에서紳士金奎植氏가文明의基礎란問題로演說ᄒᆞᆫ다ᄂᆞᆫᄃᆡ有志諸君은多數光臨ᄒᆞ심을希望ᄒᆞᆫ다더라

●牛猪分寃 農商工部에셔內部에照會ᄒᆞ되貴照會를據ᄒᆞᆫ즉現接永柔郡守報告內槩에本道稅務官訓令니에平壤人朴大潤이牛猪兩分事로呈于農商工部指令內本郡牛猪兩分收捧監을以金貞觀으로差定ᄒᆞ고收捧條例를左開發訓이라ᄒᆞ옵기承訓翻飭民間이옵더니接閱本郡邑塲及禾산面加屹峴塲商民車濟황等訴則已爲五乙巳春接무使巡歷時에無名雜稅를一切革罷ᄒᆞ야俾民安居而今始牛猪分稅ᄂᆞᆫ甚有民冤이오니報府勿施를伏望等因이다온玆以報告ᄒᆞ오니移照于農商工部ᄒᆞ시와收捧之令을勿施케ᄒᆞ라ᄒᆞᆫ바該牛猪兩分이新設徵收ᄂᆞᆫ誠極민迫이오니訓飭勿施等因이온바本年二月에因平壤民大潤請願ᄒᆞ야牛猪兩分을付屬公稅ᄒᆞᆫ意로該道稅務監에已爲指令矣러니頃接査報ᄒᆞᆫ則牛猪兩分이徒歸消融이라ᄒᆞ기로使지依前防施行케ᄒᆞ얏ᄉᆞ온바果如영柔郡守報告면衆民呼寃을不可不念이온즉行將문칙該道ᄒᆞ야另査報來後從長辦理라ᄒᆞ얏더라

抵伊藤統監書 鄭基德

夫人而無義면不但亡身이라必亡其國은天然之理也라値玆刷新에閣下가以老謀深筭으로維持敝邦獨立에期不負貴皇帝宣戰詔旨ᄒᆞ야金石에勒勳ᄒᆞ고竹帛에垂名을責我國民之所想望也어ᄂᆞᆯ奈之何現政府新組織에參政大臣李完用을擢據首席ᄒᆞ니公議가全騰ᄒᆞ고輿情이齊鬱이라此由於前日進退出處之間에啓釁於鄰邦ᄒᆞ고流棄於自國故也라始也俄國이勢大에附俄而排日ᄒᆞ야依恃俄ᄒᆞ고納媚俄를甚於今日之奔走於閣下라가及其日露開仗ᄒᆞ야日勝俄敗ᄒᆞ야思逭其過ᄒᆞ야改途鑽穴에惟進是求ᄒᆞ고惟利是營ᄒᆞ야以致全國內頂天趾地者가莫不痛心齎恨이러니今閣下가不惟不黜이라乃反使之超據首揆之座ᄒᆞ니前者完用之附俄排日을閣下가不知爲是擧則是ᄂᆞᆫ閣下䟽於戒後也오若知而故爲之면爲今日敝邦지賊臣完用은即向者貴國지媒禍完用也라以一完用지誤薦으로既失國民지心ᄒᆞ고又失閣下지聲望이豈非今日兩國間一大憤誤處耶아至愚而神者ᄂᆞᆫ民心也오莫顯乎隱者온奸猾也니惟閣下ᄂᆞᆫ深思於邪正忠逆지義ᄒᆞ야使中央政府지首席으로更屬於宿德令望지人ᄒᆞ야俾見久任責成則豈非貴國無疆지幸福耶

東京電報

(十二日發)

●賠償損害의訴訟 桑港迫害事件이開ᄒᆞ야被害ᄒᆞᆫ人은今回에愈々히갈리포늬야洲法律에準據ᄒᆞ야桑港當局者의互相히損害賠償의訴訟을提出ᄒᆞ기로決定ᄒᆞ고地方檢査도相當히助力ᄒᆞᆯ터이라더라

▲一拍書案▼

▲黃梅雨天에박옷影子가釜港에隱영ᄒᆞ니萬里異域에風霜을閱歷ᄒᆞ다가慣眼山川을復渡ᄒᆞ니祖國思想이自然히感發ᄒᆞ리로다

▲內部地方官銓考所에셔日前에新任ᄒᆞᆫ觀察三人을銓考치아니ᄒᆞ고叙任ᄒᆞᆫ事件과其他規則에違反ᄒᆞᆫ事件으로銓考委員이會同ᄒᆞ야互相辨論ᄒᆞ다가仍即閉會ᄒᆞ얏다니銓考委員의辨論이所用이잇나各大臣의自由權限에在ᄒᆞ야左之右之을任意爲之ᄒᆞ니規則이何關고젼考所ᄂᆞᆫ必罷乃已ᄒᆞ리로다

▲內部大臣任善準氏ᄂᆞᆫ時宜에不合ᄒᆞ다ᄒᆞ야不遠間遞任될터인故로郡守奏本을아즉延拖ᄒᆞ야下回를企待ᄒᆞᆫ다고某報에說道ᄒᆞ얏스니內大를圖得ᄒᆞ얏다가郡守奏本一次도못ᄒᆞ여보고遞任되면大端히열업슨일이로고

▲寧遠麟蹄甲山井邑新任四郡守가무合事端이有ᄒᆞᆫ지一齊히郡守沙汰가낫스니郡守奏本이不久히되ᄂᆞᆫ게로고

▲一進會一般評議員과總務諸氏가각其大臣一窠을掌中物로取得코져ᄒᆞ나大臣이窠窄ᄒᆞ니奈何오不可不數三十窠ᄅᆞᆯ加設ᄒᆞ여야되깃고

▲日前統監邸大臣會議에某大臣이結髮과早婚은元來韓國에弊風인즉即爲嚴禁ᄒᆞᄌᆞ고提出ᄒᆞ얏난ᄃᆡ諸氏所言이時機가尙早ᄒᆞ니十分講究後實施ᄒᆞᆷ이可ᄒᆞ다고留案ᄒᆞ얏다니某大臣은누구신지모로되會議에提出ᄒᆞᆯ事件이有ᄒᆞ면政府에提議ᄒᆞᆯ것시可거ᄂᆞᆯ韓國弊習을統監邸에提議ᄒᆞᄂᆞᆫ것슨納媚情態에近ᄒᆞ도다

▲學部에셔統監府書記廣田直三郞氏를교育事務囑托으로雇聘ᄒᆞ얏다가日前에解雇ᄒᆞ얏ᄂᆞᆫᄃᆡ慰勞金三百元을支給ᄒᆞ기로決定ᄒᆞ얏다니韓國政府에셔日人을雇聘ᄒᆞ면주ᄂᆞᆫ것도만치雇聘ᄒᆞ면月給外에도家舍費ᄶᆞ지多數히支給ᄒᆞ고解雇ᄒᆞ여도慰勞금을支撥ᄒᆞ니度支部ᄂᆞᆫ日人의錢庫로고

▲鄕客一人이封物一包을携帶ᄒᆞ고某處에來ᄒᆞ야弼雲臺宮大宅으로傳ᄒᆞ여달나고申托ᄒᆞ더니其翌日에該人이又來ᄒᆞ야言ᄒᆞ기를此物은黃橋宮大宅으로傳ᄒᆞᆯ것이라ᄒᆞ고即地에皮封을更書ᄒᆞ며言하되宮大가何時遞任ᄒᆞ얏ᄂᆞᆫ야ᄒᆞ얏다니人情世態ᄂᆞᆫ鄕客에炎凉이尤極可觀이로고

▲昌德宮에셔內外國官人이園遊會을昨日에設行하야각其盛況을呈ᄒᆞᆯ터인ᄃᆡ玉流泉上에濃陰이如海ᄒᆞ나雨事가爲戲하야登臨이末由ᄒᆞ야風情을減却ᄒᆞ엿스니亦一欠事로고

▲前[illegible]邊觀察使申泰休氏ᄂᆞᆫ如何ᄒᆞᆫ行政이有ᄒᆞ던지新聞上貶論은冷笑ᄒᆞ얏거니와一進會演說에攻駁은조치아니ᄒᆞᆫ걸

▲遞軍大權重顯氏ᄂᆞᆫ士官中留學生을猜嫌ᄒᆞ야驅出ᄒᆞ기로爲事ᄒᆞ더니現軍大李秉武씨ᄂᆞᆫ士官留學生을次第引用ᄒᆞ니官路進退ᄂᆞᆫ彼一時此一時로고

◎本社告白

本社報紙에 義捐金額을 本報紙面에 逐日廣告로 發布ᄒᆞ되 猶有遲滯ᄒᆞ야 義捐諸氏의 迅速揭布치 못ᄒᆞ시는 것을 未卽奉副ᄒᆞ올바 今에 自本報로 國文報一部를 發刊ᄒᆞᆫ바 從今으로는 漢文報와 國文報에 義捐廣告를 並爲揭布ᄒᆞ오니 愛國僉員은 照亮ᄒᆞ시옵

雜報

●[?]川郡國債報償　古訓에 曰上以誠愛下ᄒᆞ고 下以忠利上이라ᄒᆞ니 我大韓開國五百餘年以來之鴻祚가 莫非上之愛下와 下之利上之根原也라 今按大韓每日申報中記載則向者에 我政府가 急於進步ᄒᆞ야 外國債款이 至于一千三百萬圜矣라 其心에 豈不曰賴此成資ᄒᆞ야 以起國家之大事業也리오 然이나 事勢未卽淸帳이온則 今以報償一款으로 論之ᄒᆞ면 我國二千萬同胞가 假如人出一圜이면 爲二千萬圜이오니 此不可以報人債負야아 是故로 嶺南東萊人大邱等處諸君子가 創止烟報償之論ᄒᆞ야 發起不幾日에 捐輸者가 日至ᄒᆞ기로 大皇帝陛下게옵서 下敎ᄒᆞᄉᆞ 曰哀我赤子가 國債를 報償ᄒᆞ기 爲ᄒᆞ야 烟價를 募集하니 朕不可吸烟이라ᄒᆞ시며 烟草를 不御ᄒᆞ시고 上而 皇室及公卿家與各學校에서 擧皆斷烟ᄒᆞ며 下以輿대及人力車夫等도 亦各出捐ᄒᆞ야 以助報償이오니 외歟盛矣라 我韓舊邦新命之休를 推此可知로다 若夫捐輸者之事力旣殊ᄒᆞ고 貧富亦懸ᄒᆞ니 爲[?]千斤과 蟻負一粟이 亦理之常也라 顧此不佞이 敢以貧暄之微悃으로 爲此布告ᄒᆞ오니 伏願僉尊은 隨其力殫其誠ᄒᆞ야 務圖出義에 限二月二十日內로 收納于國債報償期成支會所ᄒᆞ야 俾卽上送于京城會所ᄒᆞ고 出幾人員及金額數를 一々揭載新聞ᄒᆞ야 以表爲國報償ᄒᆞ깃ᄉᆞ오니 以此동諒ᄒᆞ시고 懋[?]捐輸之地幸甚

發起人　都有司 김容益

●惜哉漢校　有志紳士諸氏가 南門外ᄌᆞ岩金義鉉氏空舍를 借得ᄒᆞ야 漢陽學校를 刱ᄒᆞ고 靑年子弟百餘名을 募集ᄒᆞ야 熱心敎授ᄒᆞ더니 金義鉉氏가 學校를 深厭ᄒᆞ야 학徒를 驅出ᄒᆞ미 有志諸員이 校舍를 買得ᄒᆞᆯ 次로 補助金을 請ᄒᆞ되 該동某々人이 擧皆不應ᄒᆞᆷ으로 該校學徒가 已爲解散ᄒᆞ얏다더라

●硏法移所　華東學校에서 硏法所를 設ᄒᆞ고 每日曜日에 法學을 講論ᄒᆞ더니 處所가 狹窄ᄒᆞᆷ으로 日昨土曜日 中橋義塾으로 移設ᄒᆞ고 法律과 各府部院廳現行規則을 一般人民을 通曉키 爲ᄒᆞ야 傍聽을 許ᄒᆞ고 講明ᄒᆞ얏더라

●張氏熱心　敎官張憲근氏는 外國에 卒業ᄒᆞᆫ 人이라 私立淸風學校를 剏設ᄒᆞ고 校長을 擔任ᄒᆞ야 風雨寒暑를 不避ᄒᆞ고 熱心敎育ᄒᆞᆷ으로 學徒들이 心悅誠服ᄒᆞ야 修業을 勤々孜々ᄒᆞᆫ다더라

●留美出捐　美國布哇에 留在ᄒᆞᆫ 韓人宋건金學[?]等이 國債報償에 對ᄒᆞ야 美貨四拾八圜二拾五젼을 本社로 寄送ᄒᆞ얏더라

●鄭氏義務　前主事鄭禹[?]씨가 京城孤兒院의 慈善事業을 熱心贊成ᄒᆞ야 該院에 每朔新貨五拾錢式 捐助ᄒᆞᆫ다더라

●傳聞難信　本報에 揭載ᄒᆞᆫ바 창原召界洞文券이 僞造라ᄒᆞ더니 更聞ᄒᆞᆫ則 舊蹟이 昭然이라ᄒᆞ며라

廣告

●칠원郡私立普興學校補助人員
內下金십원　本郡守李紹鍾 六十圜
靑川士人沈相定　校監주時亮 ㅈ十원　敎師黃龍普 십오원
敎師敎員리鍾樺　財務前參奉윤道演 각拾圜
贊成黃鶴秀 오원
主事裵正奎 廿圜　黃炳鍊
車大奎　韓文순　具啓晥
黃贊秀　김成伯　金商辰
주鏞會　郭順玉　宋漢千
黃弼秀　李奎영　黃昊烈
金門中　孫주오　辛門中
朴南熙　金士순　裵子雲
각十圜　최文建　金達文
ㅈ六원　조性禮　裵正면
주時鳴　黃龍雨　尹道슌
각二원　李　찬　沈奎澤
黃贊秀　손致욱　王達根
黃壞煥　각貳圜　주錫幹
八十원　安榮達　박긔종
各七십원　金性憙 四십圜
辛德一　五십圜　陳太근
金振斗　郭鍾우　金종漢
黃仁煥　金輔郁　각二十圜
前司果權相贊　김鶴秀
각십오圜　리相坤　八圜
陳漢근　김우종　安종업
車永淑　각七圜　姜大旭
金영今　金文혁　金昌석
沈鉉澤　周文極　학潤秀
裵文顯　尹道熙　尹萬石
黃在中　주漢文　金문漢
주時亨　金性호　주호德
김性澤　ㅈ五圜　安英玉
尹道千　孫昌會　郭在中
황潮秀　朴延혁　ㅈ一圜

本部會議所는 新聞外유洞蠶業課로 已定ᄒᆞ바 臨時事務所를 茶동八統四戶金東完氏家에 權設ᄒᆞ얏기 玆에 廣告

大韓農會本部

西署大平洞七十五統八戶 客主金益壽許에 推次當文一萬兩 無日字第四百三十五号於音一片을 本人이 以其商販次로 出給于堤川郡居趙鍾呂가 該於音을 陰曆四月十九日에 本郡等地에서 見失ᄒᆞ얏ᄉᆞ오니 勿論內外國人ᄒᆞ고 雖某拾得ᄒᆞ와도 休紙施行ᄒᆞᆷ

堤川郡居河而伯 告白

本書館에서 內外國新舊籍을 廣求ᄉᆞ入ᄒᆞ야 學界諸彥의 購覽과 各學校敎科用品을 格外廉價로 供獻ᄒᆞ오니 有志ᄒᆞ신 僉君子는 陸續來臨ᄒᆞ시기를 望ᄒᆞᆷ

皇城中署松橋廣學書舖 崔昌漢

本社風穴에 儲藏蠶種을 製造할터인ᄃᆡ 我國內今年 **秋**蠶과 來年 **春夏**蠶ᄉᆞ育을 可量ᄒᆞ야 製造ᄒᆞᆯ터이오니 **養**蠶ᄒᆞ는 僉君子는 **左開所**로 來議ᄒᆞ던지 鑑書로 ᄒᆞ던지 **蠶種**을 各需所用預託ᄒᆞ시오

安義蠶業會社
京城西部阿峴蠶業會社長 **金秉先** 廣告

京城水成門越便廉동二十壹統一戶　金漆原家
安義蠶峴蠶業會社

本店擴張新到時歎各色紗羅綢緞絨地와 油地能洋廣貨鋼鐵과 頭香茶烟草各種을 均收改良新與ᄒᆞ와 時合用貨美價廉과 南湖北南洋彩票發售ᄒᆞ와 此布告ᄒᆞ오니 請來購覽ᄒᆞ시ᄂᆞ 起厚候언

漢城石井洞 **杏花春** 告白

今番事機를 因ᄒᆞ야 神宮奉敬會를 解散ᄒᆞᆷ

明治四十年五月二十八日
光武十一年五月二十八日
元神宮奉敬會會長

染織大擴張廣告

本所에서 今般業務를 確張ᄒᆞ고 左開各種을 製造ᄒᆞ오니 僉君子는 多少不拘ᄒᆞ고 來購ᄒᆞ심을 切望ᄒᆞᆷ

一 各項衣次紋緞次裕衣製造
一 學徒夏服次各種製造
一 女學生服裝次各種製造
一 紬단木布毛織染色及改染
一 各色염料直輸入放賣

宗廟越邊中谷
염織工所主人 **金德昌** 告白

●일본遊覽者募集

一 遊覽會員募集 人員ᄂᆞᆫ五十名으로 一團을 成ᄒᆞ니 한일인을 不問ᄒᆞ고 速히 請入ᄒᆞ시옵
一 遊覽處 東京博覽會横빈京都大阪神戶
一 往復日數 ᄃᆡ抵十七일間
一 浮費 遊覽費及手數料를 合ᄒᆞ야 總計四十八圜
一 出發일 請入順次를 從ᄒᆞ야 出發三日前에 直接히 通知ᄒᆞᆷ
一 請入所 在京성各新聞社五十八銀行경성支店 天一銀行

一 會員은 遊覽을 終ᄒᆞ야 開散ᄒᆞᆫ 後ᄂᆞᆫ 本會와 關係가 小無ᄒᆞᆷ
一 南대門셔 釜山으로 直行ᄒᆞ던지 或은 東京으로 直行하는 者의 對ᄒᆞ야도 同一便法으로 同行請入을 應諾ᄒᆞᆷ
일本人遊람協會事務所 경성南대門通

東亞商會

산원과 성진간에서 본인이 살진 소(肥牛)를 만이 ᄉᆞ깃스니 쇼파 실제 군은 다수이 팔너오시옵

최봉쥰 고빅

特別廣告
內外書籍新舊學文幷販賣所
大邱剛邊洞金리鴻

本人이 日本大阪商業家와 特約ᄒᆞ고 日本內地產出各種物品과 西洋各種物品及機械等物을 我大韓에 輸入과 委托을 便利케 契約ᄒᆞ얏ᄉᆞ오니 商工業에 有意ᄒᆞ신 僉君子는 某物이던지 請求코져ᄒᆞ시거든 本社로 來議ᄒᆞ시오 本社에서는 手數料金만 領受ᄒᆞᆷ

興業社本店
開城北部祥洞

支店京城南門內水橋五十一統六戶
仝仁港內동廣濟號
培養會社

本店에 春服衣次와 各種이 自英국으로 多數來到ᄒᆞ얏사오니 陸續來購ᄒᆞ시옵
貞洞源泰양服裁縫店 告白

增修無冤錄大全

定價金新貨七拾五錢
全部 壹白七十貳頁

此增修無冤錄大全은 法律家의 最緊要ᄒᆞᆫ 書籍이온ᄃᆡ 年來現本이 殆히 絕種에 至ᄒᆞᆫ지라 故로 法部에 認可를 得ᄒᆞ고 此를 新刊ᄒᆞ얏삽ᄂᆞᆫᄃᆡ 國漢文으로 解釋ᄒᆞ야 模糊ᄒᆞᆫ 句節이 無ᄒᆞ오니 法律學에 有志ᄒᆞ신니와 字牧之任에 居ᄒᆞ신니ᄂᆞᆫ 不得不覽ᄒᆞᆯ 冊子이오니 注意購覽ᄒᆞ시옵

中署布屛下
廣學書舖 김相萬 發售所

西署新門外餘동
百八十六統三戶
辯護士前檢事正三品 丁明燮
法律事務所
事務員前主事吳在淳

越南亡國史 國漢文

定價貳拾伍錢
發賣所京城廣橋高裕相書舖
鏡南蠟川郡禹時夏
布屛下 김相萬 冊肆

◎活動寫眞廣告◎

今番에 始作ᄒᆞᆫ 活動寫眞은 法국巴里京에서 有名ᄒᆞᆫ거시오 또ᄒᆞᆫ 大韓국 皇室에서 먼져 看品ᄒᆞ셧고 始作ᄒᆞᆫ지 數日에 遊覽ᄒᆞ시는 쳠君子가 多數枉臨ᄒᆞ시와 坐處가 넘쳐셔 晩到ᄒᆞ시면 不便ᄒᆞ오니 速々枉臨ᄒᆞᆷ

今番에 새로 活動寫眞數十餘件이 來到ᄒᆞ얏ᄂᆞᆫᄃᆡ 其猪에 敵國과 싸화의여사룸을 골아먹ᄂᆞᆫ 것과 人狗가 相鬪ᄒᆞ야 狗得勝가 ᄒᆞᆫ 과 諸般夢中之事를 形容ᄒᆞᆫ 것과 其他滋味가 多々ᄒᆞᆫ 寫眞이 잇사오니 速々히 來玩ᄒᆞ시옵

活動은 自下午八点至九点 名唱善舞歌謠과 唱和吹笛은 自九点至十点

賣票時 七点半始爲
入場票 上等 三十錢 中等 新貨 十五錢 小童 十錢

新門외셔달이목東便벽돌집
法人 馬田 告빅

●九轉靈砂라 本人이 妙方法을 神傳ᄒᆞ야 製造ᄒᆞᆫ 靈丹인ᄃᆡ 男女老少에 無論何징ᄒᆞ고 通治하오며 無病時에도 服하면 平生의 身軀가 健康ᄒᆞ며 小兒는 四五錢重만 服ᄒᆞ면 十歲안에 無病ᄒᆞ십을 擔保ᄒᆞ오며

●九轉靈砂萬應丹은 져狂癎징과 中風諸疾과 耳目諸病과 淋疾에 神効ᄒᆞ오

●九轉靈砂保命丹은 初生小兒驚風 간氣 咳嗽 腹瘡諸般惡징에 神効ᄒᆞ오

●九轉靈砂濟衆丹은 酒滯 食滯 血積 吐瀉 霍亂 痢疾 吐血 下血 運氣 時疾 疝징에 神効ᄒᆞ오

●九轉靈砂紫金丹은 痔漏 瘰癧 上痔瘡 下疳瘡及唐瘡과 諸般毒瘡惡種에 無不神効ᄒᆞ오

시니 君子는 來問ᄒᆞ시오
內需司前독갑이골上隅第一家 百三統一戶 리支廷 告白

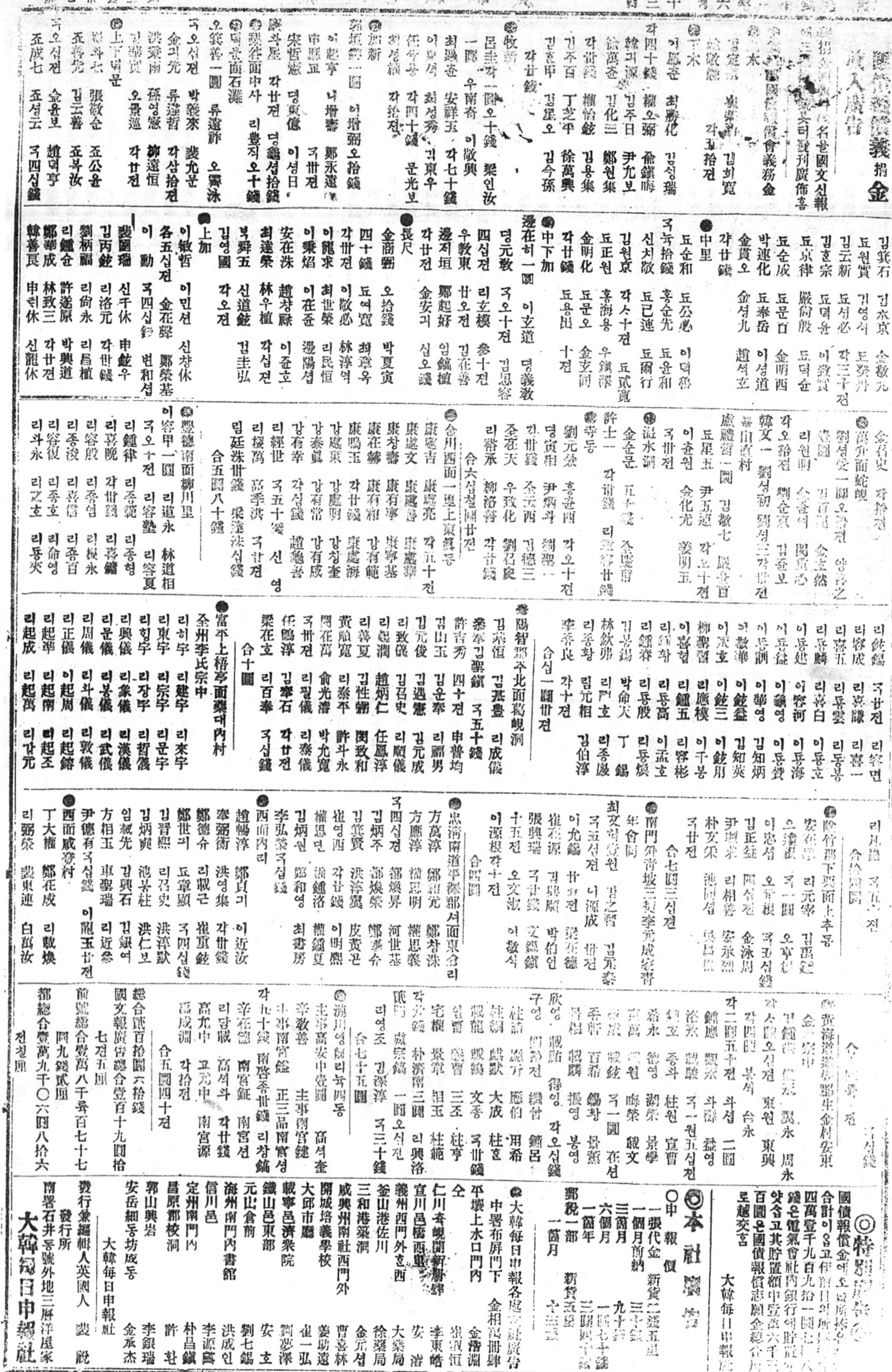

國債報償義捐金

本人廣告

讀者의 便利를 爲야 名當國文申報 國債報償金을 續次 登刊廣佈홈

大韓國債報償會義務金

◎木 申定 金熙寬 崔敬德 각五拾전 ◎下木 이鳳춘 최勝化 김성瑞 각四十錢 權오弼 兪鎭晦 韓귀源 김주日 尹允보 徐萬奎 김化三 鄭원集 각廿錢 權怡鉉 김용集 기주百 丁芝平 徐萬興 김춘甲 김昆오 김今孫 각廿錢

◎牧新 呂圭 각一圓오十錢 梁인汝 一圓 우南奇 이敬興

김箕石 김水京 金敬九 됴원寶 기영식 됴癸卅 김云新 됴석必 각三十전 김훈宗 됴덕윤 이致實 됴京律 嚴尙殷 됴덕순 됴순成 됴문百 金明西 박連化 됴奉岳 이성道 金貫오 金셩九 趙셕玄 각廿錢

◎中里 됴순和 됴公必 이덕쇼 국뉵拾錢 홍순先 됴윤和 신치敬 됴己連 됴爾行 김원京 각ㅅ十젼 됴貳寬 됴正원 홍海용 우鎭澤 金明化 됴문오 金玄同 각廿錢 됴용出 十젼

◎中下加 邊在히 一圓 이玄道 뎡義敎 뎡元敎 국오十젼 김思容 四십젼 리玄模 參十젼 우敎東 廿오젼 김在善

◎特別廣告◎

國債報償金에 오日所捐은 合計이 오고伊前日의 所捐과 四萬壹千九百九拾一圓 … 錢은 電氣會社內銀行에 貯置고 其貯置額中壹萬六千 … 百圓은 國債報償志願金總合所로 越交홈

大韓每日申報社

◎本社廣告

○申報價

一張代金 新貨二錢五里
一個月前納 三十錢
三箇月 九十錢
六個月 一圓七十錢
一箇年 三圓四十錢
郵稅一部 新貨五里
一箇月 十五錢

◎大韓每日申報各處支社廣告

中署布屛門下 金相萬冊肆
平壤上水口門內 金浩淵
仝 崔淑恒
仁川 … 李東皓
宣川邑 … 安 浩
義州西門外 大藥局
釜山港佐川 徐藥局
三和港築洞 金元셥
咸興州南社西門外 曹喜林
開城培義學校 姜助遠
大邱市廳 崔一弘
載寧邑濟衆院 劉夢澤
鐵山邑東部 安 玄
元山倉前 劉七錫
海州南門內書館 洪成인
信川邑 李源喬
定州南門內 朴昌鎭
昌原郡校洞 許 환
郭山興岩 李銀瑞
安岳細동坊成동 金承杰

大韓每日申報社

發行兼編輯人英國人 裴 說
發行所
南署石井동號外地三層洋屋家
大韓每日申報社

大韓每日申報

第五卷

第五百卅八號

月曜及慶節時日休刊

◉陰曆丁未五月小初四日甲午

寄書

法日協約에對ᄒ觀念

東洋黃種人一粟子

不佞이嘗讀越南亡國史라가不覺拍案大呼ᄒ며仰天長吁ᄒ고繼以流涕終日者矣라嗟乎越南이非吾同洲之國이며其民이非吾同種之人耶아今乃何辜于天ᄒ야被他種之蹂躪이如彼其慘이며受他種之殘虐이如彼其毒고孰謂斯世에人理之或存이며天道之可問耶아噫嘻悲夫라吾不忍讀此ᄒ오亦不忍發此矣로다漢陽藏姬ᄂ實盡之ᄂ晋文之所恥也오江湖이被滅에爲之素服撤樂은秦穆之所自懼也이ᄂ顧我東方諸國이對此越南之慘狀ᄒ야果無一個英雄이爲之仗義宣言ᄒ야拯出此同種於水深火熱之中者耶아支那ᄂ大國이로되委靡不振에腐敗已久ᄒ니固無能爲役者矣요至若吾韓ᄒ야ᄂ自保를不能이어니安用喬及이리오

噫彼扶桑에惟一旭日旗章이勃焉而興ᄒ고煒然而輝ᄒ야作一砥柱於太平洋橫流之中일서庶幾乎爲其先進之明ᄒ야導廸我兄弟ᄒ야共登文明之域ᄒ며發達我同洲ᄒ야均立富强之基ᄒ고然後同聲一唱에義旗南指ᄒ야拯彼越人於陷溺之餘ᄒ며存彼越社於覆亡지餘ᄒ고使他種之施虐於東亞細亞者로斂迹而退ᄒ야不敢再肆其狠心者면天下之大義也오萬古지至善也로以日本之發展ᄒ張지氣力으로或辦此擧ᄒ야保全同種ᄒ고維持大局에振義聲於宇內ᄒ고垂令名於歷史일가ᄒ얏더니頃年以來로對此韓淸ᄒ야陽託平和ᄒ고陰逞貪慾ᄒ야將有大不利於東洋者ㅣ顯出其端緒矣러니乃於日昨에閱讀貴報ᄒ니法日協約이라ᄂ題下에云ᄒ되日本이雲南과貴州에在ᄒ法國의自由行動을認許ᄒ얏고法國은日本이滿洲及東邦蒙古에在ᄒ經營에就ᄒ야承諾ᄒ기로ᄒᆞᆫᄃᆞᄒ얏스니此何說也며此何辭也오然則日本이不惟不救我同種民族이라乃反結托於他種之國ᄒ야同惡相濟로虐害我兄弟ᄒ고呑噬我東方코자ᄒᄂ陰謀가已著ᄒ얏스니此果爲其得計耶아使彼法人으로在亞細亞南部ᄒ야逞其長足케ᄒ며自己ᄂ於亞洲之東方에恣其蚕食ᄒ면果厭其慾望乎아然則我東洋世界에支那와韓國과蒙古의四億四千餘萬은盡彼剿除ᄒ고其能存奮者ᄂ惟獨日本의四千萬과及法國人種지東來者而已니奇哉라日人지計策이여壯哉라日人之勢力이여於是乎其志願이足矣오能事畢矣로다惟望貴社ᄂ幸爲我謝日人曰好爲之好爲之라ᄒ시오蓋聞爲善者ᄂ天報以福ᄒ고爲惡者ᄂ天報以殃이라하니라

官報

◉第三千七百九十一號 光武十一年六月十二日

◉敍任及辭令

依願免本官 敬陵叅奉丘鍾禹

昌陵叅奉朴壽年

任敬陵叅奉 리晩佐

任昌陵叅奉 宋麟在

主殿院電務課技師리晟若

仝 朴容求

依願免本官 侍從院侍從朴東슈

任主殿院電務課技師 正三品리晟若

任侍從院侍從 敬陵叅奉리晩佐

昌陵叅奉宋麟在

依願免本官 九品趙종우

任敬陵叅奉敍判任官 六品朴年壽

任昌陵叅奉敍判任官

外報

◉日人退去의請求 大連電을據ᄒ則奉天將軍趙爾巽氏가本月三日에開放地以外에居住ᄒᄂ日本人에對ᄒ야速히退去케ᄒ意로日本官憲의게請求ᄒ얏다더라

◉三國의軍備制限反對 紐育電을據ᄒ則德奧伊三國에서ᄂ他列國의態度가如何ᄒ던지海牙會議에軍備制限問題를討論ᄒ을反對ᄒ기로決定ᄒ얏다더라

◉法日協約의調印 倫敦電을據ᄒ則法日協約은去月曜日에巴里에셔調印ᄒ얏다더라

◉白令海峽의隧道 同電을據ᄒ則露帝ᄂ白令海에海底下의隧道를掘鑿ᄒ計劃에對ᄒ야特許를與ᄒ시고內閣의奏議를嘉納ᄒ얏더라

雜報

伏以現世界文化大闢ᄒ야凡以邦國爲名이毋論東西ᄒ고莫不以教育으로爲急務者ᄂ何也오盖民智未開ᄒ고學術不講이면雖有賢智者ᄒ야當局而籌之라도難逃乎競爭界之劣敗故로所以汲汲於教育지義務者ㅣ此也라雖然이나其學校設立지經費을若悉以國帑而籌辦이면雖富如英美諸國이라도行지不得일시是以로各國小學은有義務教育者ᄒ야行强制教育之法ᄒ야義務云者ᄂ其一則及年자子弟가皆有不得不入學지義務也오其二則國土之人民이皆有不得不擔任學費지義務也라由是로今天下列强이皆通行此規ᄒ나擴張教育은抑閣下지所知也라今我國現狀教育이尤萬倍時急而志士所流歎者也러니向窮則自自强會로以義務教育實施事建議政府ᄒ고又中樞院으로已有協議可決ᄒ야日政府로有行將實施之奏系ᄒ고近又輔國閔泳徽氏之陳章請行ᄒ야至承聰批之鄭重故로擧國多士가無不加額拭目ᄒ야以俟法令之豈朝夕頒布而顧今國勢之岌業이何等切迫이며教育지不振이何等쇠敗也오主務諸公이夙當明目張膽ᄒ고發奮忘食하야振望之奬勵가可也어ᄂ人民이勸지ᄒ며議院이嗣지ᄒ며皇上이飭지ᄒ소더獨貴部지奚爲遷延緩阮ᄒ야置之腦後也오苟其事係重大ᄒ야力量不足이어든姑先發布法令ᄒ고自近及遠ᄒ야次第施行도亦未必不可故로生等이窃不勝激發之情하야玆以仰質ᄒ오니伏願垂察ᄒ신後其如何理由를詳細布示ᄒ시와俾破僉國人民之惑ᄒ심을伏望

楊州郡國債報償金趣旨書

夫國依於民ᄒ고民依於國ᄒ야旣是古今之通則然也라故로現今列强이角馳ᄒ야國有上等之國民有上等之民者非以疆土之大小와民生之多寡也라惟在民智之開蒙與未開蒙也라惟我東方이雖僻지一隅나素以文明으로有聞於世界者今爲四千年之久矣是故로親君愛上之節이習以爲天性而近因國勢之不振ᄒ고經用之支煩ᄒ야借外之債欵이至爲一千三百萬원之多ᄒ야受其强鄰之壓制于外人者職此之由也라挨及還撤이現지目前ᄒ니此誠有志之士의飮泣長歎者也러니何幸近日에巨燭이大破侍備ᄒ야大邱廣문社社長徐相敦之尺紙布告에喚起我二千萬同胞之忠愛習性ᄒ야以斷烟募[illegible]國債報償之目的ᄒ야發문[illegible]所에同志ᄒ고萬口一辭ᄒ야[illegible]巨額之財ᄒ니國債報償이將유[illegible]期矣라[illegible]之所爲[illegible]此誠天所以陰짐我ᄒ方者也라恭惟我文皇帝陛下계옵셔以至仁之德으로矜恤此民情之切迫ᄒ사英王[illegible]禮를旣擇而退定ᄒ시고朝夕御供을務從省略ᄒ사特減於禰日ᄒ시니凡爲臣民者孰不捐軀損生ᄒ야思所以仰報其萬一哉아惟此楊州一郡이最近於輦轂지下ᄒ야偏被國恩ᄒ니其於此等事에宜先有聞而尙今寥寥者ㅣ不可썌開於鄰郡故로生等이不揆闇劣ᄒ고玆敢발起ᄒ야敬告于僉君子ᄒ오니趣到之日에幸須各其竭力ᄒ야不計多寡ᄒ고募財上送ᄒ야助其萬一ᄒ야俾例郡으로知我鄕之民도亦유愛國之誠이면豈不幸也哉伏惟僉尊은照亮之地을敬要함

青松郡私立樂一學校趣旨書

蓋自生民以來治化之隆人才之盛莫尙乎唐虞三代而所以致此者教育而已司徒典樂之官庠序學校之制所由設也舍教育而能治者自古及今未之有也猗歟我朝ㅣ五百年文治未始不侔擬乎二帝三王國而有太學州而有鄕校校社而兮書院皆其規也不幸而致誤於元人雙冀之遺制所尙者惟功令而已詩賦時文無關於修齊治平夫人而盡知之矣而國之取人士之進身皆由是焉此殆李唐覇主賺英人彀之術也라間有豪傑之士不屑乎此而歸之以墨賢지學然終不能廻瀾而障川也顧今國勢之衰微人才之渺茫惟此爲之介也寧不痛恨哉惟我大皇帝陛下憂慮乎宇內大勢留心於中興不廢先廢科擧專意教育教時務之學育適用之材旣屢降明詔又頒下[illegible]於中外欽哉學校林立此政聲彬蔚文王以녕之秋也督鼓青松一郡[illegible]僻在峽隅古稱名鄕耶尙儒學一自科制廢後士心懈弛文風漸衰靑年聰俊擧多逸遊無意於前進噫時曷易變歲月若流失今不學將待何時竊恐數年之後不免爲荒野지嘆豈非有志之士勃然奮力之時也嗚呼士生斯世將以有爲立揚顯親勳業光鴻是吾儕之志고孟子曰豪傑之士不待文王而興

◉青年傳道 今日下午七点半에靑年會舘에서査經會를開ᄒ고講師全德긔氏를請ᄒ야傳道ᄒ다더라

詞林

漢城春日再向東京 禪師金太곤

十五年前기旅客大韓門外倚春風萬痍俱膽忠正竹千秋不朽勉庵虹何必父老情無奈遙處仁天理有通辛苦平生溫飽志曉天歸滿又征東

雜報

●摠揆退定 英親王殿下의再揀擇을除七月十九日로退定되얏더라

●特赦詔勅 大韓皇帝陛下게서詔勅을下ᄒᆞ셔曰往在乙未夏事以朴泳孝嚴懲正罪지意詔下矣乃知本爲翼贊念錦陵尉朴泳孝特爲叙用以示朝家優待儀賓지意ᄒᆞ라ᄒᆞ셧더라

●兩卿轉任 侍從卿李道宰氏는經學院長을任ᄒᆞ고正二品李根湘氏는侍從卿을任ᄒᆞ얏더라

●參政詣內 再昨日에參政大臣李完用氏가園遊會에出席ᄒᆞ얏다가下午五時量에散會ᄒᆞ고卽爲詣闕ᄒᆞ야該會情況을上奏ᄒᆞ얏다더라

●日司令部의宴待 昨日日軍司令部에서宴會를設ᄒᆞ고內外國高等官人을請邀宴待ᄒᆞ얏다더라

●物價頒給 皇太子嘉禮時에尹德榮氏가木宮宴需費數百萬兩을尙今辦給지못ᄒᆞ얏더니自上으로其窘急ᄒᆞᆫ情勢를洞燭ᄒᆞ옵셔新貨十萬圜을內下ᄒᆞ옵셧는ᄃᆡ昨日尹氏家에서諸般物品價를一々히頒給ᄒᆞ얏다더라

●迎接不見 朴泳孝氏가現今釜山英人病院에留在ᄒᆞᆫᄃᆡ其族戚과親友間某々씨가迎接次로多數히釜山까지前往ᄒᆞ얏시되一不接見ᄒᆞ얏다더라

●大臣署名 農商工部大臣宋秉畯씨가各道觀察使와郡守들이報告書에各其姓名은書ᄒᆞ되惟獨大臣의姓名은不書ᄒᆞ고只書大臣閣下라ᄒᆞ니實非體例라ᄒᆞ야使該部參書官으로各地方官의게公函ᄒᆞ되從玆以來로는大臣의姓名을書ᄒᆞ라ᄒᆞ얏다더라

●來賓罕接 法部大臣趙重應시가司法行政長官이되야來賓을應接ᄒᆞ면刑法案件에對ᄒᆞ야請觸이有ᄒᆞᆯ境遇에는自有難괄이라ᄒᆞ야來賓을不接ᄒᆞᆫ다더라

●將有繼來 今番에朴泳孝씨一人만歸國ᄒᆞ고其他諸씨는今月內로一齊히還國ᄒᆞᆫ다더라

●時間退定 內部에서仕進時間을上午九時로酌定ᄒᆞ얏더니昨日부터九時三十分內로延期退定ᄒᆞ얏다더라

●農會觀察 大韓農會忠北支部長權道相氏와外事總務崔齡植氏가水原農業蚕桑模範場과農林學校를觀察ᄒᆞᆫ次로下去ᄒᆞᆫ다더라

●治道出張 內部에서治道局事務官三人을加選ᄒᆞ야各地方出張所에派送觀務케ᄒᆞᆫ다더라

●俄將遊覽 俄國陸軍中尉都克복씨가日語能通ᄒᆞᆫ俄人一名을帶同ᄒᆞ고會寧鍾城等地方에遊覽ᄒᆞᆫ다고富寧郡守全秉薰씨가內部에報告ᄒᆞ얏다더라

●直與不直 槐山郡重役取扱所에서各面長의게結錢을領收ᄒᆞ고尺文을書給ᄒᆞ되領收ᄒᆞᆫ外加尺文一張을書給ᄒᆞ야面長의心腸을暗試ᄒᆞᄂᆞᆫᄃᆡ面長中에도心直ᄒᆞᆫ人은原納外에加尺文을何可欺取리오ᄒᆞ야該尺문을還給ᄒᆞ면日人이其廉直ᄒᆞᆷ을大端稱謝ᄒᆞ고加尺문을無言取去ᄒᆞ는者면執質牢囚ᄒᆞ고罰金을多數勒討ᄒᆞᆫ다더라

●有証必撥 學部에서仁峴普通學校의指揮ᄒᆞ되自今爲始ᄒᆞ야各項物品代金請求件을該物店主가代理人을先定ᄒᆞ야委任狀을本部에修呈然後支撥ᄒᆞᆫ다더라

●稅官增置 度支部에서地方稅務擴張ᄒᆞ기爲ᄒᆞ야稅務官三十六人은五十八人으로稅務主事一百六十八人은三百七人으로增置ᄒᆞᆫ다더라

●觀察不可無貲 平安北道觀察使署理參書官張孝根시가內部로報告ᄒᆞ되渭原郡守리경濟가該郡沿江濟人處에抗木稅를捧二百圜과元錢七錠을自捧食ᄒᆞᆫ故로查實次勝防該郡ᄒᆞ얏더니該郡守가來道具背內에索知格式ᄒᆞ와銀七錠은無公文直納前觀察이라ᄒᆞ옵기勝報度支部ᄒᆞ와該銀七錠은推納케ᄒᆞ얏ᄉᆞ오나該郡守리경濟의前後行爲가若是無據則不可無懲이라ᄒᆞᆫ故로內部에서平理院으로照會ᄒᆞ야該郡守를拿치審查ᄒᆞᆫ後免官ᄒᆞᆯ터이라더라

●民其魚矣 坡州汶山浦는潮水出入지處인대今年春에該郡守金圭창시가塞江作畓ᄒᆞ야自巳庄土를作ᄒᆞᄂᆞᆫ지라該浦가築洑上流咫尺에지ᄒᆞ니若當漲水漲滿지時ᄒᆞ면該浦ᄉᆞ百餘戶人民이葬於魚腹中이라고該郡來人의怨聲이藉々ᄒᆞ다더라

●宮中賜宴 再昨日雨天에伊藤統監과寺內陸軍大臣과長谷川司令官과村田少將과國分秘書官과內藤副官과一般隨員諸시가從ᄒᆞ야參內謁見ᄒᆞᄂᆞᆫᄃᆡ皇帝陛下씌옵서重明殿에御ᄒᆞᄉᆞ宮內大臣과侍從武官等이參列ᄒᆞ얏고陛下씌옵서韓日兩國에親誼가益加ᄒᆞᆫ대今回將軍이來韓相見은朕心嘉연이라ᄒᆞ옵시고惇德殿에서御宴을賜ᄒᆞ시니寺內大臣은韓日交歡의演說로奉祝ᄒᆞ미리宮內大臣이答辭를述ᄒᆞ얏더라

●總巡更圖 前成川總巡裴황均시은本以平南觀察府主事로略解日語ᄒᆞ기로該府警視永谷에게親密ᄒᆞ더니主事見遞後에永谷悳에게乞ᄒᆞ여成川總巡을圖得ᄒᆞ얏더니酒色으로沈溺ᄒᆞ여行爲가大悖ᄒᆞ여某報에揭載ᄒᆞ기로見遞ᄒᆞ엿더니또永谷에게哀乞ᄒᆞ여某郡總巡으로간다니該郡人民은可矜이라고西來人의傳說이有ᄒᆞ더라

●貪贓被訴 江陵遞郡守李在轍氏가結錢中濫捧과戶布錢濫徵과稱以追排錢ᄒᆞ고物捧과稱以饌需代錢物徵과과稅濫捧이合錢이葉錢一萬大百兩濫贓으로該郡民鄭允和權信식兩氏가弁訴該道檢事ᄒᆞ야以平창郡守金台錫氏로查實ᄒᆞᆫ즉遞郡守가歸之於消耗費ᄒᆞ고自服贓錢이常平八千四百三兩四錢을卽當出納云이나尙今延拖ᄒᆞ기로權鄭兩氏가又訴檢事ᄒᆞ야代言人首書記리韓九를押上該道ᄒᆞ고又訴平理院ᄒᆞᆫ다더라

●송氏愛族 송台觀氏는入仕가不過幾朔에身을侍從副卿ᄒᆞ고又況敦睦지誼로송振玉氏을爲ᄒᆞ야秘書丞을運動ᄒᆞ야一言口奏에리昌明지秘書丞을改遞ᄒᆞ고송振玉氏를叙任ᄒᆞ엿더니適其時에宮大가反對ᄒᆞ야奏本을還收ᄒᆞ더니畢竟은리昌明씨가落榜되고송振玉氏의秘書丞은結果가된다더라

●安巡討金 定州郡所在總巡安世鉉씨가退校金基泰家에留宿ᄒᆞ고與金哥로符同ᄒᆞ야無論某罪人ᄒᆞ고警署에被捉ᄒᆞ면民전을討索ᄒᆞᄂᆞᆫ대該郡一里居毛益守가去月分에以雜技事로被捉되얏ᄂᆞᆫ대惡刑을無數히施ᄒᆞ고八十圜을偷食ᄒᆞ야시니證據는該郡二리居朴麟熙處於音으로三日後推覓ᄒᆞ얏고該郡鹽동居朴明황이가承處方에게債錢推尋次로警署에呈訴ᄒᆞᆫ즉承處方을惡刑數次에卽地捧給ᄒᆞ는대四십圜을分食ᄒᆞ얏고該郡三리居寡女一人을無罪捉囚ᄒᆞ야該廳使金必京家에保囚ᄒᆞ얏다가數日後에東州面居丞部에게전百圜에放賣偷食ᄒᆞ얏다고西來人의傳說이有하더라

●減兵添賊 [illegible]來人의傳說을聞ᄒᆞᆫ즉慶州郡에서는設隊以後로兵丁을出駐ᄒᆞ여各面에義兵과火黨을防禦捕捉ᄒᆞ미人民이賴此安堵터니今番軍制改定에五十名兵額을又爲減半ᄒᆞ니現存軍額이不過三拾이라義兵과火黨이此를聞ᄒᆞ고용躍嘯聚ᄒᆞ야晝掠夜發에無論貧富ᄒᆞ고奪財傷命ᄒᆞ고掘塚盜牛가無小忌憚ᄒᆞ니商路가阻絶ᄒᆞ고農務失業ᄒᆞ야民莫支保라더라

●無日不聞 羣山港居留日商中西讓一에差人齋藤爲名人이全州裡里近處에居生ᄒᆞᄂᆞᆫ대通詞李春心崔孝京兩人을雇用ᄒᆞ고村民을壓制ᄒᆞ기를無所不至ᄒᆞ더니該鄕近銅山里居ᄒᆞᄂᆞᆫ前敎에官洪斗鉉씨는該里에서名望이稍有ᄒᆞᆫ데齋藤이가去拾七日無端히洪敎官을招致ᄒᆞ야近邑에放賣ᄒᆞᆫ畓土有無를問ᄒᆞ고詰難ᄒᆞ더니不聽의洪시를無數亂打ᄒᆞ야衣冠을盡裂ᄒᆞ고重傷ᄒᆞ야幾至危境이라더라

●存額罰付 黃잔郡普通學崔秉喜氏가學部에報告ᄒᆞ되本校經費가甚爲不足ᄒᆞᆷ으로每究維持方針이옵던니今見本校隔壇ᄒᆞᆫ온內倉에暫時設立ᄒᆞ얏던私立小學校은本郡前郡守李원和시가在任時에本郡六面人民處에補助金을當전三萬兩으로分排收斂ᄒᆞ야該校을昨年陰六月에星火督立ᄒᆞ야僅至半年ᄒᆞ야同郡守가以貶中所致로上京에該校도亦爲于今廢止ᄒᆞ얏ᄂᆞᆫ데該校文簿는遞郡守가持去ᄒᆞ얏삽고汁物書冊等類는散在四方이옵고該校基址는現今本稼廳이되여슴ᄒᆞ며惟李該校經費中餘저葉은百兩은前書記處에留置ᄒᆞ얏사오니此是公共지物이라不可一人지私탁이옵고以敎育錢額으로稍補現在敎育지費가不非當ᄒᆞ오니査照ᄒᆞ신後本郡으로訓飭ᄒᆞ시와右廢校餘額을付지ᄒᆞ시고其外該校付屬ᄒᆞᆫ야던將廳所도亦爲移付케ᄒᆞ라ᄒᆞ얏더라

▲談中有聲▲

▲日昨參政以下各大臣이會同하얏는데中樞院副議長成岐運氏가該院顧問磨鍊時에不由諸詢ᄒᆞ고直接設置事를質問ᄒᆞᆫ案件에對ᄒᆞ야熟商協議ᄒᆞ얏다니近日閣僚中에그質問은ᄒᆞᆯ만ᄒᆞᆫ質問이로고

▲近日內部에辭職請願ᄒᆞᆫ郡守가合爲十五窠인데該請願中에可勸者는期於히還任케ᄒᆞ고其餘는銓考塡充ᄒᆞᆫ다ᄒᆞ니果如所聞이면事理가그럴듯ᄒᆞ오

▲再昨日창德宮內園遊會에內外國高等官이一齊히同ᄒᆞ얏다는데法大趙重應氏만惟獨不參하얏다니該氏는事務가浩繁ᄒᆞ야그러ᄒᆞᆫ지可謂遺世獨立이로다

▲一進會評議員李行敏氏는向日參政大臣李完用氏가參政을圖得ᄒᆞᆯ時運動ᄒᆞᆫ效力이特大ᄒᆞᆫ故로李參政이要任一窠를圖任ᄒᆞ야其功을報酬코저ᄒᆞ나리氏가身病으로出門치못ᄒᆞᄂᆞᆫ故로尙此未果러니其伯氏가日前에리參政을訪問ᄒᆞ고營ᄒᆞ되舍弟가病氣危篤ᄒᆞ니一官을急圖ᄒᆞ야死後銘旌거리나작문ᄒᆞ야달나ᄒᆞ얏다니李氏身病은魔障이何多오前功이可惜이오禍過災生이로고

▲高靈郡玉山洞居鄭在東氏가日人酒勻虎之助의通辯宋達秀로더부러互相爭鬪ᄒᆞ다가宋達秀가日人을藉勢ᄒᆞ고鄭在東의左股를以刀로亂刺ᄒᆞ얏다니日人이韓人을壓迫ᄒᆞ는下에在ᄒᆞᆫ韓人通辯싸지韓人을虐待가日人보다尤甚ᄒᆞ니大韓百姓엇지ᄉᆞ나

▲濟州郡守尹元求氏는郡民을招集發論ᄒᆞ여曰我가到郡八朔에我의善治와不治는汝輩의知ᄒᆞᄂᆞᆫ바인즉若善治하얏거든一擧手ᄒᆞ라ᄒᆞᆫᄃᆡ衆民이該守의氣焰을不勝ᄒᆞ야一齊擧手ᄒᆞ얏더니又爲下令曰然則我의治蹟京城각新聞上의揭載ᄒᆞ야名譽을褒奬ᄒᆞ라면揭載費가不少ᄒᆞᆯ것시니每名下에十錢式取ᄒᆞ야라ᄒᆞ야徵收金額이爲一千五百圜이라ᄒᆞ니該揭載費金額은京城各新聞社에서該씨의게며來ᄒᆞᆫ것시當然ᄒᆞ지고

▲度支部顧問目賀田氏가再昨夜에리根湘金嘉鎭兩씨을自己私邸에請요ᄒᆞ야晩餐을開ᄒᆞ얏다니近日許多運動이皆從宴會中出來ᄒᆞ니兩氏는但是年手段으로또무슨運動을做出ᄒᆞᄂᆞᆫ지

▲開城郡碧瀾津은一年津稅가三四萬兩에遠ᄒᆞᆫᄃᆡ去五月初에日本人數名이該津에來到ᄒᆞ야該津을勒奪ᄒᆞ야韓人의行船을禁止ᄒᆞᄂᆞᆫ故로該津人이無限說明ᄒᆞ야每日에互相行船ᄒᆞ기로決定하얏다니日人이韓國의至微利益이라도無一遺漏ᄒᆞ고一並奪去ᄒᆞ니韓人은무슨營業으로生活ᄒᆞᆯ는지

▲新任武官學校長權重奭氏는本是不願窠인故로他要任을圖得ᄒᆞᆯ次로辭疏ᄒᆞ얏다고某報에說道ᄒᆞ얏스니該씨는官職을移轉ᄒᆞ랴면番々히辭疏만呈ᄒᆞ니辭疏를아니ᄒᆞ면要任으로遷轉ᄒᆞ지못ᄒᆞᄂᆞᆫ지

◎本社告白

國債報償에 對意 義捐金額을 本報紙面에 逐日廣告로 發布 호되 猶有遲滯 호야 發捐諸氏의 迅速揭布 코자 호시는 本意를 未副 호온바 今自本報로 國文報一部를 增刊인바 從今으로는 漢文報와 國文報에 義捐廣告를 並爲揭布 호러이오니 愛國僉員은 照亮 호시옵

寄書

度支部主事韓基鳳氏가 國債義捐事로 本部會中에 寄書 호 좃은 如左

生이 以不材蔑學으로 雖不敢與論於民國事之關係이오나 其天賦秉彝之性은 所固有也라 每念我韓之國勢에 急淚傾眶 호야 掬以漲之者 幾回矣라 伊來國權之漸墮와 民智之未開는 尙矣勿論 호고 不意有一千三百萬圓借款之舉에 雖我參千里疆土가 將至蕩盡 호고 二千萬人種이 隨見殄滅故로 憤慨悲極而自不禁淚矣러니 天不欲喪我韓이신지 先以國債報償一款으로 而南人士가 一倡同聲에 全國內無論貴賤上下男女老幼 호고 莫不響應 하야 競捐이 湊集에 確見國權可復之기 遠와 民生同甦之日 的 故로 感極喜極而亦不禁淚矣로다 以況維吾聞北은 太祖高皇帝臺의 之沛鄕으로 忠愛之誠과 奮發之義가 當與他倍蓰矣니 比日報館之揭報와 輪函之懸結을 是日之頃睹이라 吾郡紳士之在京者가 先致協議鼓動則想自當而鄕紳而社而司로 以至僻巷窮村히 莫不義捐이리니 此ㄴ必與有告明이로되 生은 得見으로 據取規今지 形便 호야 研究善後之方법 권되 今將義捐之募集과 債款之措備이 非一二月間所可畢也라 設或一齊聚合이라도 全國內流通之貨가 殆將融盡而又況北道通行之業전이 無幾則財政이 難免困難이오 其取聚之後에 若或有所管個人之處留와 鄕村殘氓之沸論則左右비腕之人이 惹起힘端 호야 大有妨碍矣리니 第自각社里로 取其捐金 호야 穀產米太牛皮等物外商之所常輸出者를 購買積置라가 以俟日後都聚之時 호야 使之販賣于港市 호야 以爲轉納케 호고 義捐金錄名單子은 修正上送于京會所 호고 地千萬々々生이 以貧窶之勢로 雖無斷烟減飯止酒節用之所餘나 玆辦廿圓送呈修畢 호오니 照亮査取伏望

印刷工業組合會社趣旨書

文化開進이 由乎敎育 호고 敎育이 由乎書籍 호고 書籍이 由乎發刊 하고 發刊이 由乎印刷 호니 印刷工業이 卽文化開進之原素也라 然則營是工 호고 營是業者若不以文化開進之原素로 擔爲已任 호야 不能獎勵技術 호고 不能 [illegible] 精神이며 國家文明과 社會之學問을 不可發展也니 關係重大者ㅣ 特殊於凡百之工業은 不必贅論而靈也로다 是以로 僉意協同 호야 鳩聚股金 호야 乃設一社會 호고 名曰印刷工業組合會社라 호고 自治組合之規範을 準 호야 鑄造採字와 槇字正板과 紙版印刷 機械運動等諸般技術을 敏活빈熟케 호며 共同利益之興旺은 自在乎其中而必將大有補於文化開進之萬一이니 凡百君子는 是勵是勉 호야 嚮圖永遠 호야 勇進不退 호면 其爲幸福이 果何如哉아

慶南漆原郡普興校勸告文

蓋草木은 無知而有動 호고 禽獸는 有知而有動이나 其動이 隨天機而作일시 總歸蠢動物類라 若人則稟天地之性 호고 統五行之氣 호며 知五倫之行 호고 學維之張 호야 出則忠 호고 入則孝 호야 爲百靈之首 호나니 人之爲人이 顧不重歟아 人而無知而有動則與草木으로 同歸矣니 親有知有動之禽獸컨대 反不若矣라 人之不爲人이 顧無愧歟아 故로 人無學이면 人不爲人이오 國無學이면 國不爲國이라 人生斯世에 無學則無以立 호고 無立則無以保國 호나니 國不保則民何以從生乎아 西人이 有言曰將來世界는 落在敎育者手中이라 호니 深知學校가 爲敎育人材之根本而政治所從出也라 故로 莫不振興學校 호야 作育人材 호야 東西五開에 人文이 並進 호야 能屹立乎生存競爭之時 호야 以驕乎强盛 호니 可不慨乎哉아 今時之中에도 有花焉 호며 有雪焉 호고 一戶之內에도 有朝焉 호며 有夕焉이라 易에 曰隨時變易 호야 以從道라 호니 夫所謂時者는 處堯舜之世則行堯舜之道 호고 處湯武之時則行湯武之道 隨其時而不同而行其政之所宜則雖千變萬易이라도 無所不可也니 此所謂時也리 然則處今世而行今之政者 不可知矣오 若不論其時 호고 徒執一見 호야 區々以古人之陳跡으로 爲準 호고 不思所以應機爲變 호야 以圖自新則不幾乎望[illegible]之鳥며 守株待兎之愚者哉아 以人之靈으로 不知物之盛衰 호고 道之晦明이면 其人이 與死人으로 近其家ㅣ 與廢家로 同矣라 大則其國이 從以衰矣니 學之不학이 願又何如而可不自新而隨時也리오 伊來設學綸音이 惻怛懇至하시고 令[illegible]字[illegible]而自學部로 奉承 旨意하야 頒訓道郡이 非止一再則正宜仁人君子가 忘滯手足煎毛髮之勞 하고 思有以對揚萬一之時也라 知郡이 以不似幽蔑로 猥叨分憂之任 호야 年淺昧事에 夙夜憂懼中 莅玆屬耳에 未暇他務而願此學校一政이 爲郡之急先務而不可暫刻是緩者也라 玆敢經辭 호야 警告我一郡人士 호노니 請君子는 熱心注目 호야 官民이 同體 호야 無庸異議 호고 募集境內 호야 使之就學 호고 以開民智 호야 亟臻文明之域而其所經費도 亦思以鳩聚 호야 期圖永遠 호야 以成進就之方則非徒一郡幸甚이라 一國이 幸甚이오 惟我環東土三千里二千萬同胞의 人々之幸甚이니 勉旃勗哉ㄴ져

◎迎辦掩滯 平漢兩裁에서는 補佐員이 緣於自巳事 호야 多日觀務치 아니홈으로 民刑事間에 訴狀은 一不題辦 호야 臨民의 冤聲이 載路 호더니 尙今四五日後야 親務 호다 호니 補佐員업사는 題辭못 호는 法律이 何國에 잇는지 모로깃다고 冤聲이 藉々 호다더라

◎明誠義塾 高陽巳浦面大化里有志士前司果慶動重前監役朴述秀李錦諸氏가 敎育上熱心 호야 不計財政多少 호고 各自故買田土하야 創設學校 호고 青年子弟를 募集 호야 四拾員에 達 호여 熱心的으로 敎授 호고 贊成員正三品金性權洪承면冒서弼諸씨 逐日勸勉 호다더라

◎青年試驗 青年學校에셔 英語日語兩科學徒의 夏期試驗을 經 호얏는대 本日에 試榜을 出揭 호고 賞品을 頒施 호다더라

◎調査捐金 國債報償志願金總합所 檢査員某々시가 昨日에 皇城新聞社 義捐金總額을 調査 호엿다더라

國債報償義捐金

收入廣告

義捐金額數와氏名을國文신報
에도第拾貳號브터發刊廣佈흠

●義州妓生 山紅 二圜

●리화학당
교ᄉ됴신셩 학도쥬광명
각일원 니히누리엿타오십젼
김미리연 이십젼 히나금
김이리ᄉ벳 이스터박
문에스터 박창순 김일넷스
니흠 박이터 김신득
송슈사나 김이마 김갑득
김너결 박에더 신이너시
김바울이 니이터 면진신
장여회 니인순이 각십젼
나이너차 윤쥬회 장은순이
국이십젼 김힐넌 니간논
안마리아 차미기 김순이
박복남 권보옥이 하쪽손
각오젼
合五원칠십젼

대안동국치보상부인회의금
영슈메오회
젼동졍됴계쥰부인리씨오십젼
비션달근화부인리시 사십젼
김영빅부인됴시 사십젼
강원규부인리시
김션달츈흥부인고시각숌십젼
민의관쥰식대부인뉴시
윤션달슌명부인소시
리오위장명슌부인김시
박영화부인오시
윤션달병쥰부인김시
됴ᄉ슈부인김시
유지명대부인정시
나흐문부인최시
리근오부인김시
김연보부인안시 국이십젼
김찬봉츈실부인허시 십젼
젼통졍김경조부인림시
유셕호부인장시
됴윤조부인김시

젼통졍구인조부인최시
김윤헌부인오시
김츈업부인경시
박공엽부인김시
강명헌부인김시
송션달덕실부인연시
송오위장덕슌부인강시
류쥰민부인리시
송상봉부인허시
김평숙부인됴시
김쥰션부인여시
유원션부인남시 각이십錢
합칠원

●石城定止面仙石 兩郡民等
●魯城光石面二山
主事리 우오십錢 長子觀濟
次子相濟 三子璽濟
국廿오錢 孫 大榮十二歲十錢
從姪인濟 廿錢 尹 瑛
오十錢 子 종憲
十三歲孫 亨슈 弟 구
姪종觀 각二十오젼
尹鳳炳 主事片恒九
參奉김商圭 金善조 각一圜
主事徐一勳五圜 金秉종
論山人正三品吳性善
定산人리종承 定山人정寅赫
正三品崔윤鳳 국오十錢
張和仲 四十젼 김亨植
김文보 각三十錢 印창洙
捕春執 최汝亨 金善日
최鶴삼 김平淑 복保汝
각廿전 孔윤仙 十五錢
이致一 최敬才 김召史
崔운오 김元瑞 申德三
宋致문 강仲先 張元集
姜윤寬 김公熙 김善益
金영瑞 각十젼 姜成오
七錢오厘 洪윤實 오젼
參奉盧龍憲卅전 弟致憲廿전
參奉 前大瀞 김士弘
參奉리창영 김致先 김弘範
김지德 김東圭
十三歲리天鳳 국오十錢

殿주면 김命운 각卅젼
김德心 徐雲仙 리文敎
김正文 김觀弘 姜性才
拾四歲리壽千 국廿젼
黃舜明 張一奉 徐德夫
病身崔銀同 리性和 全益秀
趙英緖 리景순 송道一
김壽明 孔돌南 국拾젼
박乃淑 黃뎌瑞 각칠젼오厘
洪윤卿 徐性範 국오젼
合二拾六圜三십칠젼오厘

●抱川西面木洞里新陵村
正三品리一寧 壹圜
先達李영祿 八拾전
先達이純여 六拾錢 申用休
오拾錢 리觀錫 김윤손
각四拾젼 리義一 리義哲
각卅젼 리원熙 리斗炳
리能一 리창雲 張聖得
각廿錢 리濟寧 申열雨
丘壽命 김윤錫 리인先
申健雨 申公雨 신寬雨
리義錫 리庸션 리亨模
리戌吉 리億錫 김龍손
김錫룡 김영손 김日손
리吉星 김廣젹 申癸得
리今돌 鄭貞돌 김順得
리一셕 국十錢
合八圜

●開城郡東面高頭山里淸漢동
오有泳 오錫환 오착根
吳義근 박賢玉 문致會
김창玉 金善영 리允식
국廿전 吳창權 吳尙근
朴之陽 朴齊政 洪在翼
박인培 吳철근 崔啓烈
리斗成 金云영 국十젼
合二원팔十젼

●振威郡丙坡面十동義捐金
오山 칠圜 碑閣里륙圜廿錢
於仁南里칠圜 下柳川五圜
夜味四圜륙十錢 新대
一圜七拾五錢 軍門里
五圓四十전 間浦一圜
通伏里五圓팔拾錢 停車場
三圓八십젼
合四拾七圓五十오젼

●中署鏡路私立日新義塾
塾長리종一三원
敎師朴廷來二원 리弼善
幹事리啓昌 각五十錢
學員 韓仁洙 孔明勳
黃台淵 安俊영 金종復
崔潤集 각一圓 朴勝珍
辛昌集 池榮主 張厚植
리秉斗 孫甲蘭 박龍善
鄭在경 崔興煒 리完종
각五拾錢 朴성근 四拾錢
洪益杓 고희升 張斗植
安光龍 리啓熙 김永鎬
각卅전 金東鎭 柳致完
奇忠셥 沈光澤 박東來
張聖一 咸錦憲 리圭奉
리永柱 각廿錢 崔慶昌十錢
오允泳 五十錢
合貳拾壹圓六拾錢

●西署尙洞韓世顯家會同
韓世顯 오원 韓徹熙
리星會 각一원 朴在權
高興俊 李濟均 국오십젼
趙永주卅전 김景인廿전
合九圓

●公州府中興學校
尹聲烈 安서鎬 박濟셜
각二圓 吳海明 河興俊
河喜쥰 각五십젼 리彼得
安茂成 卞學圭
卞鴻圭국칠십五전 李弼金
高允錫 국廿전 黃仁식
安思영 국一원 陳貴鳳
姜重伊 주重伊 각오十젼
安基영 安弼永 각廿오錢
都相奎 陳春鳳 각십五錢
박利鳳 박太鳳 박仁鳳
김昌錄 任喜元 徐相龍
리종五 각십錢 裵立岩
정海成 국五錢
任完洙 七拾錢
合拾六圓七十젼

總合壹百ᄉ拾六圓七拾貳錢五
厘
國文報廣告總合四十五圓廿一
전
前號總合壹萬九千〇六圓八拾
六전칠厘
都總合壹萬九千壹百九十八圓
八拾錢貳厘

發行兼編輯人英國人 裵 說
發行所
南署石井동號外地三層洋屋家
大韓每日申報社

第五卷

大韓每日申報

第五百卅九號

月曜及慶節歲時日休刊

檀君開國四千二百四十年
箕子元年三千二十九年
大韓開國五百十六年
日本明治四十年
淸國光緒三十三年
◉陰曆丁未五月小初五日乙未

論說

不信實ᄒᆫ商業

日本허랠드新報가此問題를關ᄒ야公共ᄒᆫ思想으로一篇論述을其能揭布ᄒᆫ바其如左矣러라

神戶허랠드新聞이맥글노氏의寄書를接受ᄒᆫ바其內容은支那에在ᄒᆫ키루잇스會社의商票를日人이倣用ᄒᆫ事實이니官憲이如此事에嚴重ᄒᆫ商量을必加ᄒᆯ理由ᄂᆫ日本內에公正措處가有ᄒ다던지商業上에義理라던지ᄒᄂᆫ此兩端에만不在ᄒ거니와日本商業의旣往興旺이如此行爲로不從ᄒ거슨誠不過言이로다

맥글노氏의寄函에云ᄒ엿스되外國에在ᄒᆫ日本商民이業務上에不公及詐僞之稱을取得ᄒᆷ은日本의希望을作ᄒ기不能이라ᄒ엿거ᄂᆞᆯ不幸히如彼稱號를日人이速取ᄒ고且法廷及其他官吏의往々判斷이人民의如彼稱號之得을制止키ᄂᆫ尙矣오反使漸長이로다列國의完全ᄒ고繁창ᄒᆫ商業上原理ᄂᆫ如此要領을不依ᄒ나니日本이滿洲及他處에서物品與價格이相當ᄒᆫ原理로商業을不設ᄒ며恨歎되ᄂᆫ失敗를得免치못ᄒ리오滿洲南部를遊覽ᄒ다입스新聞社探報員이報導ᄒ엿스되該地日人이諸般機會에서所得利益이甚少ᄒᆫ바如此理由ᄂᆫ到處마다資本缺乏에歸與ᄒ다ᄒ엿스니蓋此失敗에資金缺乏이非但爲其口實이라日本法則이責任의一部分을亦擔ᄒ엿ᄂᆫ지其或不可無一問이로다惟可注目ᄒᆯ거슨同探報員이日人의此失敗를商業上固有之性이缺乏ᄒᆷ에歸與ᄒ거시라外國物品을劣拙倣倣ᄒᄂᆫ것과商利를得ᄒ기에陰密手段이如此缺乏을確然著示矣오且其倣倣은物貨의本品을猶減ᄒ나니如此著機를擧言ᄒ진ᄃᆡ하류모도商會의石鹼(비누)은키루잇스商店에서供給ᄒᄂᆫ거슬模倣ᄒ야附紙ᄅᆞᆯ앗ᄂᆫ대好品質노不得放賣ᄒ고但以其附紙로放賣ᄒ며리우商會의石鹼은以其本品으로淸國內에서令名을得ᄒ야以此令名으로放賣ᄒᄂᆫ거시是也로다蓋其商業上에不完全ᄒᆫ方法이終當失敗ᄒᆯ거슨依例나然이나外國人이怨訴ᄒᄂᆫ理由ᄂᆫ因此失敗之端ᄒ야已亦被害ᄒᆷ을爲ᄒᆷ이니倣倣ᄒᆫ物品을購買ᄒᆫ人이眞實品과模倣品을辨別ᄒ기에不能或不識ᄒ고但其品劣은探知故로眞品의價格을減下ᄒᄂᆫ지라

如此落下之弊가及於外國商店ᄒ야事務가不振ᄒ니是以로外國商民이모倣ᄒᄂᆫ日人을怨訴ᄒᆷ이오日人商業도這間에亦敗나然이나外國商民이因此蒙利ᄂᆫ不多ᄒ도다日人이今欲公正競爭ᄒᆯ진ᄃᆡ自國製造品을明確記號ᄒ야無使人詐欺이어다如此면外國製造物과品質을競爭ᄒ리니日本製造의品質을必當增進ᄒ거시오現今方法之下에在ᄒ야ᄂᆫ工業의衰敗를不免ᄒᆯ지亦可疑也며增進之期望키不能이라由是觀之컨대倣倣附紙ᄒᆷ으로爲其商業ᄒᄂᆫ現今方法을日本官憲이奬勵ᄒᆷ은自國의旣得興旺을失敗케ᄒᆷ이로다

官報

◉宮廷錄事

修學院長李根湘辭職疏
批旨省疏具悉所請依施
陸軍[illegible]官學校長[illegible]辭職疏
批旨省疏具悉爾其勿辭行公

◉第三千七百九十二號 光武十一年六月十四日

◉敍任及辭令

度支部司稅局長李健榮
解兼任度支部水道局長
度支部司稅局長元應常
命兼任度支部水道局長
江原道觀察使金在豐
解兼任江原道稅務監
江原道觀察使黃鐵
命兼任江原道稅務監
慶尙南道觀察使[illegible]
道警務署摠巡[illegible]
免本官
右ᄂᆫ[illegible]道觀察使[illegible]의報告書를據ᄒᆫ則[illegible]受賂放送ᄒ고稅務官吏로不正行爲가有ᄒ다ᄒ니不可仍置라ᄒ얏기로以是免本官
全羅南道觀察[illegible]
道通譯官補[illegible]
依願免本官
平安南도前觀察使李始榮
解兼任平安南도稅務監
平安南도觀察使朴重陽
命兼任平安南도稅務監
忠淸南도前觀察使李健榮
解兼任忠淸南도稅務監
忠淸南도觀察使[illegible]
命兼任忠淸南도稅務監
全羅南도觀察使[illegible]
解兼任全羅南도稅務監
全羅南도觀察使金奎[illegible]
命兼任全羅南도稅務監
公立淸州普通學校副敎官 申台錫
免本官
右ᄂᆫ敎員許狀을幻弄ᄒᆫ情節이綻露ᄒ얏기로以是免本官

◉號外 光武十一年六月十三日

敍任及辭令

任侍從院卿兼任內大臣 正三品李根湘

外報

●美報詳日 去月七日美國은新聞社에서日本人은無賴漢가多ᄒ고其性質이殘忍ᄒ야戰鬪ᄒ기를好ᄒᄂᆫ奸猾ᄒᆫ國民이라ᄒ얏더라

●日法協約과淸國 淸國政府에서日法協約事件으로各種議論이有ᄒ얏ᄂᆫ대淸國政府에서ᄂᆫ近者에日法兩國에駐在ᄒᆫ淸公使에게電報ᄒ야其關係를査ᄒ라ᄒ얏더라

●德淸의鴉片條約 東亞로이도電을據ᄒᆫ즉德國政府에서淸國에鴉片輸入의禁止ᄒᆷ을承諾ᄒ얏다더라

●平和會期 去九日倫敦電을據ᄒᆫ則海牙에平和會議ᄂᆫ今十三日에開會ᄒᆫ다더라

寄書

國家貧弱之故 南嵩山人

環球列邦이未有若吾國之貧弱者也라顧由乎富ᄒ고弱因乎貧은智識之所知也니吾國이支爲貧之至弱之極也오豈其土地不毛ᄒ야五穀이不殖歟아抑其天候不溫ᄒ야森林이不茂歟아抑其山岳河海之產에礦物魚鹽之利가不豐歟아奚爲貧弱而莫振也오其必有所以然者矣라大學에有人이면此有土오有土면此有財라ᄒ니未聞以八萬二千餘方里之疆土와二千万人口로患貧之至歟也로다

經日生之者ㅣ衆ᄒ고食之者ㅣ寡則財恒足이라ᄒ니至哉라言乎여後世經濟學家ㅣ言殖產之術者ㅣ未有能外此者也라夫一國之歲殖者ᄂᆫ國中人民歲殖之總計也라統괄國之民이無論勞力與不勞力ᄒ며生財與不生財ᄒ고其待養於地之所產과民之所出은均이나然而惟其耗之者ㅣ衆ᄒ고生之者寡則其國이未有不貧窮者也니라

試究我國貧弱之所由ᄒ건대未皆不由於政治之結果ᄒ니其源因이有數種이라一日杜絕源因이오二日遊食耗財니究其本外兩者가皆食虐之爲祟也ᄒ다哀此生靈이歷百年呻吟於壓制束縛之下ᄒ야抑遏其發越之生氣ᄒ며鎖閉其靈覺之腦力ᄒ야役어剝制이不用極일ᄉᆡ使其生計上思想으로自장自殘ᄒ야頓減發展之趣味라故로未能유專精於殖產興業之方ᄒ며又其山海之風禁과背稅之科案에閉鎖富源ᄒ며抛거寶庫ᄒ야欲使全國內로遺利殖物ᄒ야畢竟藉傍人之구攻ᄒ니嗚呼라究其而魚出ᄒ고政廢而殊途ᄒ니豈無其故아此所謂杜絕富源而自招貧弱者也라

余讀貨殖傳에云農不出則乏其食ᄒ고工不出則乏其事ᄒ고商不出則三寶絕ᄒ고虞不出則財匱少라ᄒ니夫我國이在閉鎖時代ᄒ야ᄂᆫ鋼鐵礦山ᄒ며禁止外商者ᄂᆫ其意가在어니와至於農工商實業之類ᄒ야도不但奬勵之無望이라며加抑遏而侵虐ᄒ며反沮抑增殖而摧敗ᄒ야間有一二種의稍有起色者라도皆未免倒退減縮ᄒ니由是工商之業이우爾쇠敗ᄒ야壓力之迫에生意索然ᄒ니觀於磁器종류之類에可例其餘矣라工商之不能發達者ㅣ豈無其故아然而雖其貧瘁至甚에두絕財源이라도幸而僅存生脈者ᄂᆫ惟農產之稍足自給耳라不然이면오得以免餓死之患哉아 未完

靑松郡私立樂一學校趣旨書 續

況今上有聖主懇懇然詔之下有賢師諄諄然誨之其可不齊趨倂進以求實學而退然自安於暴棄乎아日今之學非古之學也爲此言者誠不思之甚也今之所以敎之者漢文以爲本時務以爲用如言語也算術也歷史也地誌也至若博也則兵農舟車法律政治工經濟也其精也則天地人物理醫光化電等微妙之學也試觀孔門之四科六藝什傳之格物致知誠備之十志宋賢之治事揭實敎人舍此而爲學者其古今聖賢治發性之工소子在今亦何待使鞭勵開而不學耶幼而學지壯而欲行자如以詞章浮華지習功令時藝之文謂之古學而不忍舍則是猶資章甫而適越也 未完

●靑年討論 今日下午七點半에靑年會館에서討論會를開ᄒ고崇儉가勝於倚功이란問題로討論ᄒᆫ다더라

●卒業證給 本日上午十一時에靑年會學館에서卒業과進級證書授與式을設行ᄒᆫ다더라

雜報

●密議何事 再昨日下午一時에政府에셔각部大臣에게電話로邀請ᄒ되一齊히政府로會同ᄒ야무숨事件을秘密提議ᄒ얏다더라

●入待處分 皇上陛下게오셔錦陵尉朴泳孝에게 處分을特下ᄒ옵시되昨日下午七時內로入待ᄒ라ᄒ오셧다더라

●리씨回國 日本각官廳觀察次로前往ᄒ얏던學部叅書官리會九씨가回國ᄒ기로九日發程ᄒ얏ᄂ데今明間入城ᄒ다더라

●自釜抵邱 錦陵尉박泳孝氏가再昨日釜山셔離發ᄒ야大邱等地에到着留連ᄒ다더라

●情理其然 박泳孝씨가現今釜港에滯留ᄒ은本報에屢揭ᄒ엿거니와親切ᄒ某씨를소介아니ᄒ면接見키難ᄒ데來見ᄒ某씨를對ᄒ야談話ᄒ槪意를得聞ᄒ즉海外에飄泊이已經十餘星霜ᄒ야家事에零落ᄒ世不是라子女婚嫁等節에도關念이緊急ᄒ야今番此行이係是家庭整理에由ᄒ이라ᄒ더라

●遐猶肆虐 北來人의傳說을聞ᄒ則영興郡遞郡守홍淳旭씨ᄂ在任時의貪汚不法은不可一々枚擧이오나至於公錢事ᄒ야ᄂ本郡一年結젼合三十餘萬兩이ᄃ自乙巳秋等으로新規則에每百에新貨拾오圓인ᄃ紙貨每圓에오兩假量으로計之則拾오圓에七십오兩을民間에不捧ᄒ고엽百兩坪으로각社각里에派送巡校ᄒ야以翌年公젼ᄊ지不時督捧에엽坪每百에二十오兩式兩平濫食젼이近至十餘萬兩이라寄稱ᄒ衆民之膏ᄒ야以充自己之腹ᄒ니民之塗炭은不言可狀이라有何不足之心으로公젼十二萬兩을自己가犯用ᄒ고遞任오뉵朔에尙未淸帳이오기郡民이以至冤之由로然訴于道府則遞守홍氏가中間奸猾輩의暗囑ᄒ야稱以伊藤統監之義兄弟라ᄒ며或云內相同婿之說로威脅衆民ᄒ고尙지公廨ᄒ야本郡守復任이非今日則明日이라云々ᄒ니邑村民이皆是畏겁ᄒ야莫敢稱冤ᄒ다더라

●校長觀察 日語學校長김漢奎氏가日本學校觀察次로昨日上午에京釜鐵路初次列車로離發ᄒᄂ대學務局長尹치오씨와該學校一般學徒가一齊히南門外停車場에出往餞別ᄒ얏다ᄂ데該씨의往還期限은二朔으로預定이라더라

●학位授與 學部에셔각專門학校卒業生의게학位를授與ᄒ기로決議ᄒ다ᄂ說이有ᄒ다더라

●민氏助校 민輔國泳徽氏ᄂ教育上熱心으로一般學校에對ᄒ야維持方針을無不爲之設力인대藥明學校에金貳百圜을捐助ᄒ으로任員과學生等이感謝不已에益勵學業ᄒ다더라

●漣校漸進 漣川來人에傳說을聞ᄒ則本郡私立小學校를刱設ᄒ고校舍를不備ᄒ야邑底一空家를借居타가主人에驅逐을當ᄒ야將至罷校之境矣러니何幸新郡守尹發榮氏가赴任之初에與稅務主事張文煥氏와郡主事任基覓氏로各出捐義ᄒ야校舍를重修ᄒ고熱心勸奬ᄒ미生徒ᄂ日就ᄒ으로學校가確立ᄒ다더라

●金倅奬學 金海郡守양弘默氏가該郡학校의擴張을熱心注意ᄒ야諸般設備를一層振刷ᄒ고教科書의未備ᄒ을慨然ᄒ야各種教科書類를捐捧購入ᄒ고教科의宗旨로頻々히學徒를勸勉홈으로學務가日就進步ᄒ다더라

●移郡圖還 務安郡吏習은原來虐民爲主ᄒ더니新式以後에도每年排斂을葉十餘萬兩에至ᄒ되民不敢言者ᄂ酷害를被ᄒ이러니何幸昨年兼府尹府가된後로木浦에移邑ᄒ미郡民이豹狠을避ᄒ듯ᄒ야蹈舞安堵ᄒᄂ데晉前權吏와奸儒等이復邑次로庠校沓을葉젼육萬兩에得債上京ᄒ야百般圖囑中이라더라

●法官懇會 再昨日下午七時에法部大臣趙重應氏가泥峴巴城館에셔法官懇話會를開設ᄒ얏ᄂ데會費ᄂ每員에新貨四圜式排定ᄒ얏다더라

●리氏來函 聞慶居리徹宰氏가本社에寄函ᄒ되近日貴新聞을閱覽ᄒ고嗟歎不已ᄒ又슨大邱居徐潤瑞ᄂ即國債報償發起ᄒ든徐相敎氏에小名也라該氏가國債捐금으로植桑식松ᄒ고設肆設典ᄒ야欲充私탁云ᄒ니大抵徐氏가年前捧稅官時에結젼을都聚ᄒ야貿物上京에其利益幾萬금도盡納國庫ᄒ얏스니今此義금으로豈有挾雜之理ᄒ리오식松식桑ᄂ大邱居리鍾國윤瑛섭이가異論을倡起ᄒ야印刊傳布에야起同胞眩惑ᄒ얏고設肆設典은尙州居鄭지憲이가창出無근之說ᄒ야聲布全國ᄒ비니此等雜類ᄂ全國人士가聲討論罪가可ᄒ다ᄒ얏더라

●寄宿館將成 陸軍叅尉정燾燦氏가漢城內에留接ᄒᄂ학生의寄宿을便利케ᄒ기爲ᄒ야北署安동別宮南便에寄宿館을建築ᄒ은本報에業已揭佈ᄒ엿거니와該館의爲先一百十間은既已竣工ᄒ미來二十日로開業式을設行이라ᄒ니此ᄂ一般학界에大段便宜를給與ᄒᄂ事業이라旅寓ᄒ시ᄂ諸학生이賓至如歸에趣味를得ᄒ려니와吾人도同氏의特別ᄒ公益事業을對ᄒ야讚頌不已ᄒ노라

●果則샹察 西來人의傳說을聞ᄒ則遂安郡分派所巡檢이警察事務를一從規則ᄒ더니近日에新任ᄒ巡檢金榮夏에警察ᄒ논方法을聞ᄒ고賊漢輩가聞風逃走ᄒ며遊衣遊食之民도各其歸業ᄒ다더라

●朴氏遁辭 平壤鐵道停車場及五坊軍用地事로該地人民總代朴在秀諸氏가政府內部及統監府에號訴ᄒ事ᄂ累次記載ᄒ얏거니와今次에內部에셔調查委員朴義秉氏가如何ᄒ操弄이有ᄒ을知ᄒ인지該氏를催促下送ᄒ야使之歸正ᄒ라ᄒ지라박氏가當地에到着ᄒ야移轉及損害費出給ᄒ意로訓示ᄒ은該區域內人民이齊會ᄒ야直往該씨處ᄒ야質言曰今軍用으로定ᄒ兵舍긔址와鍊兵塲以外에ᄂ還付民處ᄒ얏거ᄂ所謂移轉費ᄂ是何說焉고박氏가以모糊之說로言曰然則損害費나推去ᄒ라ᄒ거ᄂ人民이皆曰若以損害로言之면每年植物의價値대로計給ᄒ이可ᄒ다ᄒ則박氏曰損害費가與土地價로無異ᄒ니不必多說이라ᄒᄂ지라一般人民이厲聲曰植物上損害와土地價가無異ᄒ다ᄒ은是何成說乎아ᄒ고乃曰吾輩가寧受坑塹之禍언뎡不可受一分之젼이라ᄒ고互相爭鬪ᄒ際에署理觀察과本郡郡守가從民措願處之意로曉喩出送ᄒ얏다ᄂ대該事에對ᄒ야박氏가有何挾雜인지政府를欺罔ᄒ罪와國際에紛拏를惹起ᄒ罪를難免이라고巷說이狼藉ᄒ더라

●法學繼續 法學講習所에셔第一回學期를修了ᄒ後所長閔泳徽氏의熱心勸勉ᄒ으로繼續되야民法行法政經濟學三科를今十五日부터夜講으로開學ᄒᄂ데新講員을限百人ᄒ고增募ᄒ다더라

●각會懽迎 今番박泳孝氏歸國ᄒᄂ事에對ᄒ야京城각會에셔각々總代를釜山셔지委送ᄒ야歡迎ᄒᄂ意를表ᄒ더인대自强會에셔ᄂ昨日評議會에該總代員을리宇榮윤孝定兩氏로業已選定ᄒ야今明間出發ᄒ다더라

●是豈成說 日本人田淵友彦이가한國新地理라ᄂ冊子를著述ᄒ얏ᄂ대한國은日本之新入版圖附屬國이라ᄒ고明治三十八年九月九日發行이라ᄒ얏다더라

●技徒是賊 日前에警務廳에셔賊漢一名을捕捉ᄒ얏ᄂ데名不知自稱晋김이라ᄂ데稱爲晋금은渠鄕이晋州故로如是稱號라가각處에行賊ᄒ賊젼이屢千圜인데近日에逗留京城ᄒ야雜技於新門外外國人家라ᄒ고其同技人三名도方在逮捕中이라더라

●指良爲賊 원산港民김덕右ᄂ媒介人으로生活ᄒ다가水獺피一張을居間ᄒ엿더니日人이自巳物件을盜賊ᄒ얏다고補佐官과約條ᄒ고김民을盜賊이라指目ᄒ미김氏의族人들이査實ᄒ여水獺피本買得處를探得ᄒ즉威興人의物件이라威興主人의分明ᄒ證據ᄂ良民을放釋ᄒ라ᄂ日本警察官의訓令이屢次到付ᄒ야도원山理事廳에捉囚ᄒ고終不解放ᄒ얏다니所謂開明國法律은良民을監賊이라고勒加罪名ᄒᄂ지知치못ᄒ깃ᄂ더라

●自强講論 再昨日下午八時에自强會事務所에셔講論會를開ᄒᄂ데經學講師ᄂ신箕선氏오法律學講師ᄂ石鎭衡氏오政治學講師ᄂ日本名士志賀祐五郞氏가次第講演ᄒᄂ故로南北村一般紳士의出席이如운ᄒ얏다더라

◉佳節休刊 本日은由來東洋에端午名節인故로一日休刊ᄒ

東京電報

十三日三時半着

東京二六新聞에伊藤統監은韓皇을日本에移ᄒ고 韓皇詔勅은統監의副署가無ᄒ면無效라ᄒ고且日日本人內閣을組織코저ᄒ기로改革ᄒ기를思量ᄒ다ᄂ記事가有ᄒ나右ᄂ排日黨韓人의利用을被ᄒ無근之記事라더라

▲香衢一燭▼

▲藥圃春色에花老十日ᄒ야甚風이吹到ᄒ던지離披殘에狂蝶이來戯ᄒ니醜態가百生ᄒ야令人掩鼻로다

▲三昨日에창덕宮園遊會를畢了ᄒ後同日下午六時에伊藤統監官邸宴會에各大臣이往叅ᄒ엿다니近日各大臣의事務ᄂ宴會나叅與ᄒ뿐인지

▲中樞院顧問리址鎔민泳긔權重顯三씨가渡日觀察ᄒ다ᄂ事ᄂ已爲飽聞ᄒ비어니와日昨度支部에셔旅費領証를成給ᄒ얏다니三씨ᄂ近日에富貴春夢을忽地에醒覺ᄒ고鬱々不得志ᄒ더니萬里海外에同舟前往ᄒ야新空氣를吸收ᄒ고歸來ᄒ면前日勢力을다시挽回ᄒ가

▲內部地方官銓考委員이向日內部에會同ᄒ야今番幾窠觀察叙任事에對ᄒ야違背章程ᄒ을逐條說明ᄒ야政府에照會ᄒ얏ᄂ데尙未歸決ᄒ야地方官銓考ᄂ因此遲滯된다니地方民事ᄂ時日爲急ᄒ데政府와銓考所의相持로郡守奏本이延타되니郡守運動者들이大段히操悶ᄒ깃고

▲度支部에셔稅政을擴張ᄒ기爲ᄒ야稅務官과稅務主事를增設ᄒ다니前日에ᄂ稅官을少設ᄒ야稅政이擴張치못되엿던지상조가여러시면감아가지지

▲北村某大官一人은每日申報를購覽ᄒ고鄰居某大官一人은皇城新聞을購覽ᄒᄂ데新聞이來到ᄒ면相換閱覽하니此ᄂ些少錢財를吝惜ᄒᄂ鄙習이라列強文明之人은雖同處一房之內라도新聞을各其購覽ᄒ고初無借看之習ᄒ니文明程度를可히證驗ᄒᄂ비라韓國人士도新聞借看ᄒᄂ弊가無ᄒ여야日人의覊制를免ᄒ리로다

▲日本人이韓人을無端히歐打ᄒ거나田土을無難히勒奪ᄒ여도日本官憲은視若尋常ᄒ야禁止ᄒᄂ氣色이無ᄒ니日人補佐員이니警部警視이니許多官人을設置ᄒ은韓國人民을保護ᄒ다더니日人만補佐하고韓人은壓視ᄒ니助桀爲虐이아인가

△여보學校를廣設ᄒ야人民이開明ᄒ면大韓의獨立긔礎가되야列強의强偪을不受ᄒ다ᄒ니그러케되깃소에못될일이무엇시오近來日人이韓人을虐待ᄒ은韓人의愚昧ᄒ을壓視ᄒ비니만일韓人이開明ᄒ면日人의虐待가自然히生心치못ᄒ지오

△懷인郡陸面에面長이각其葉錢七兩式을收斂ᄒ야本郡守를接待次로川獵宴을盛設ᄒ얏다니近日政府에셔宴會가頻數ᄒ야一大成風이되더니각地方에도面長과郡守가宴會을設行ᄒ니亦一可觀이로고

◎本社告白

國債報償에 義捐金額은 本報紙面에 逐日廣告로 發布ᄒᆞ되 猶有遲滯ᄒᆞ야 幾揭諸氏의 迅速揭布코ᄌᆞ ᄒᆞ시는 意를 未副ᄒᆞᆷ을 奉謝ᄒᆞᆷ며 今自本報로 國文報一部를 增刊인바 從今으로는 漢文報와 國文報에 義捐廣告를 竝爲揭布ᄒᆞᆯ터이오니 愛國僉員은 照亮ᄒᆞ시옵

廣告

本人에 名字熙烈을 改稱禧烈ᄒᆞ오니 照亮홈

經理院技師 劉禧烈 告白

忠南洪州財政所 第一回來納金 四百貳拾五圓八錢과 大韓每日申報社收政所 第四回來納金 四千五百圓 合 四千九百二十五圓十八錢을 電氣會社內銀行에 貯置ᄒᆞᆫ事

國債報償志願金總合所

本館에셔 漢城內에 留接ᄒᆞ는 諸學生의 寄宿便利를 爲ᄒᆞ야 大安동에 二層半洋屋을 建築ᄒᆞ고 居處飮食其他凡節을 一々히 便宜ᄒᆞ기로 極力設備ᄒᆞ오니 遊學諸生은 照亮ᄒᆞ시와 賁臨于本館事務所ᄒᆞ야 詢議ᄒᆞ심을 敬要

北署大安洞別宮南側寄宿館主人 鄭熙燦 告白

寄宿願人證書는 本館에셔 授與홈

留連費는 每朔에 新貨四圓八十錢으로 定홈

國債報償志願金總合所金四千九百二十五圓十八錢을 本銀行에 領置ᄒᆞᆫ事

電氣會社內銀行

本人姪應鎬光鎬 性俱浮浪 縱酒濫技 盡散世業 本人三次別付承重位土付 卽相賣 近且符同雜類 出沒京鄉 欲圖任寃 犯逋潛結凶人 欲賣先塋葬地 又欲募集外債 挪用礦錢 移徵本人 顧內外國人 切勿見欺 白失ᄒᆞ시옵

郭山사洞居 卓廷岳 告白

本學會總會를 本月十日(陰五月六日) 新定事務所 西署內需司內 二拾삼統七戶에 開ᄒᆞ오니 僉會員은 當日下午一時에 來臨ᄒᆞ시옵

輔仁學會 告白

姜知事셕鎬 去頃年受困時 其子舍之妻男 礡동居 朴인赫 深慮其査宅罹擾矣 南長동居 通辯 김明佑 近太頗有緊路 若有運動費卽集來 言此非難解事也 日人佐藤可解紛云 則朴인赫 年少心軟 急於救難 往言本宅 得出家券典執 求債 김明集 及佐藤處 備給運動費 促其速解矣 及其姜릭 還宅曰 奈之何 識경易坦 疑山忽翠 以朴인赫 及歸處無捉囚 漢裁而佐藤之 其間退還本國 照載於每日新報 則逃問無處 抱恨지 四今至四朔矣 何幸天網不漏 佐藤被囚於理事廳 而自姜릭宅 探知後 김明集 박인赫 對質 則佐藤自呑 一千一百三十圓 김明集 一千二百餘圓 則監獄署長 김英션 一千餘圓 竝中 乾沒之狀 切々自服 박인赫 則釋然달空 姜릭宅亦轉疑破惑 回嗔作喜 獻議諸人 擧懷慚愧 而박인赫 因此事而蕩空家宅 多眷接屑巳 所可矜 而滔覺見欺 略于所失 宜望參恕니 內外國僉君子 照亮ᄒᆞ심을 希企ᄒᆞ야 玆에 廣告홈

리寅善 告白

大邱本會目的은 國債圖報而已어날 當地寓居人 李종國 윤영션 兩人이 初非本會任員이고 反對沮擾ᄒᆞ야 意松桑種식々 란論을 一唱一和ᄒᆞ야 眩惑衆心ᄒᆞ더니 繼次 尙州人 정在憲은 有何挾憾於本會이던지 稱以本會에셔 財務員選置ᄒᆞ야 放債營私이다 設辭行典이다 一邊刊布列郡ᄒᆞ고 一邊揭載新聞ᄒᆞ오나 本會는 初無放債設典等事ᄒᆞ오니 僉君子 照亮홈

大邱新烟償債會 白告

紙甲中에 趙重應 權輔相 兩氏名帖과 銀行証이 有홈을 拾得ᄒᆞ얏스오니 示證推去ᄒᆞ시옵

정寅主 謹告

●咸南遞設察 甲賓善씨 在任時 昨年四月日에 北靑郡私立담寧學校을 剏設ᄒᆞᆫ後 經常收入金額이 不贍ᄒᆞ기 未卽擴張ᄒᆞ러이 迄今三月日에 本郡守 洪祐元氏가 敎育上熱心으로 勸告該郡儒林ᄒᆞ야 贊成金을 鳩聚ᄒᆞ야 以充經費ᄒᆞ고 聽從學徒五十人을 募集ᄒᆞ며 高明敎師二人을 雇聘ᄒᆞ야 普通課程을 期有成就케ᄒᆞ니 此與儒林은 識時務라 可稱홀만ᄒᆞ기 贊成錄을 記載于左ᄒᆞ야 以示二千萬同胞홈

觀察使 申箕善 ᄉᆞ십圜
郡守 홍祐원 稅務官 정箕소 각十圜 總巡 金昇演 ᄉᆞ圜
校長 徐相민 百圜 進士 金學海 廿圜
▲新浦三리 龜山齋 觀誠齋 日新齋 錦石齋 靑陽齋 陸臺両里 각四十圜
精一齋 六十圜 長湖리 廿圜 新창里 南湖里
国山齋 陽化東里 각廿圓
崔南衡 曉春里 각十오圓
康熙鎭 박基査 고文國
曹秉周 都事 溫信國
令 宋興周 令 趙承禧
최明奎 曹秉厚 金인洙
楡湖리 新湖리 蓮湖리
각十圓 리창乙 八圓 박基홍
七圓 議官 박長用 金漢俊
리지天 각六圓 慕산齋
玄성默 金震鼎 金理環
叅奉 송成弼 委員 金應로
出身 金奎漢 老職 金子協
叅奉 康炳永 趙秉烈 李東근
金應규 劉孔섭 리承필
黃時淸 尹亨植 각오圓
康建疇 觀瀾齋 龍田齋
委員 鄭主僑 金弼模 金喜陽
出身 金景植 都事 송孝근
金秦乾 趙괴學 都事 黃鍾璧
尹창조 리治洙 강鵬熙
각四圓 進士 주봉원
進士 김仁洙 尹得衡 김理俊
廉봉南 최弼奎 全明禧
黃致赫 趙亨섭 리면주
김석윤 리應周 出身 김在완
出身 金桂豪 出身 張春伯
趙重덕 김應민 김鼎堯
비홍疇 정成模 홍斗杓
문義豊 최天석 김相노
김治弘 松湖齋 김리鎭
김洙營 全學均 安嗰鎭
김炳涉 김炳屹 文蘭근
각三圓 主事 리達彬
委員 張文煥 교員 김學沼
최遇셕 尹滋建 尹긔舜
강봉都 됴성瑢 尹鴻羽
康 석 黃鍾厚 김京華
김用八 김景河 리주天
김창祿 金기協 김應震
정潤교 리潤漢 문潤기
高山川 박기律 文 錦
김지連 박京協 문忠弘
문릐진 최秀동 리又규
최기彦 최기奉 南得天
黃鍾得 리錫龍 林춘和
김우相 郭義근 리진지
최종煥 김東建 강학熙
리明지 김종면 김同元
각貳圓 叅奉 康홍俊 主事 李楠和
監察 黃舜濟 出身 朴英淳 出身 南윤칠 出身 고能化
최貞鉉 朴明協 최献協
金윤奎 尹承河 金萬연
金信甲 金明俊 馬利俊
金창權 최景植 金雲鶴
최석河 文義윤 河延求
文炳都 康寅학 김學九
앙원濼 강信吉 김선行
馬益圖 安啓弘 김彰긔
姜泰協 리濟中 리忠근
김萬보 김君一 김乃玉
南弘律 全性瑞 김봉律
姜셕우 車命齡 리尙厚
리丙洛 朴容奎 리啓甲
리成근 김영奎 리承浩
湯濟홍 리창祿 리丙杜
리丙필 김亨九 리學므
김性鍊 강위셕 姜信國
姜寬셕 리益지 리원지
리鍾國 강셕洛 김巨亨
강인淑 禹 現 馬濟河
河天求 各一圓
合金 一千二百拾四圓

北靑담寧學校財務員 高文國 告白

本社風穴에 儲藏ᄒᆞᆫ 蠶種을 製造할터인대 我國內今年秋蠶과 來年春夏蠶ᄉᆞ育ᄒᆞᆯ 분量ᄒᆞ야 製造ᄒᆞᆯ터이오니 養蠶ᄒᆞ는 僉君子는 左開所로 來臨ᄒᆞ던지 郵書로ᄒᆞ던지 蠶種을 各筭所用預託ᄒᆞ시오

京城永成門越便 康동二十壹統一戶 安義鶴峴蠶業會社 漆原家

安義鶴峴蠶業會社社長 金秉先 廣告

今番事機를 因ᄒᆞ야 神宮奉敬會를 解散홈

明治四十年五月二十八日
光武十一年五月二十八日
元神宮奉敬會長

本店擴張 新到時款 各色紗羅綢緞紬地 담油地毯 洋廣집貨 鋼鐵 관頭 香茶 烟草 各種 均放廉新 興奇時合用 貨美價廉 竝有湖北南洋彩票發售 特此布聞 請來購覽 是厚望焉 貴客

漢城石井洞 杏花春 告白

本書館에셔 內外國新舊書籍을 廣求ᄉᆞ入ᄒᆞ야 學界諸彦의 購覽과 각學校敎科用品을 格外廉價로 供獻ᄒᆞ오니 有志ᄒᆞ신 僉君子는 陸續來臨ᄒᆞ시기를 望홈

皇城中署松橋 廣學書館 崔昌漢

●일본遊覽者募集

一遊覽會員募集 人員은 五十名으로 一團을 成ᄒᆞ니 就업인 불不問ᄒᆞ고 速히 請入ᄒᆞ시옵
一巡遊地 東京博覽會 橫濱 京都 大阪 神戶
一往復일數 日抵 十七일間
一浮費 遊覽費及手數料을 合ᄒᆞ야 總計四十八圓
一出發日 請入順次를 從ᄒᆞ야 出發드일前에 直接히 通知홈
一請入所 在京성各新聞社 五十八銀行경성支店 天一銀行
一會員은 遊覽을 終ᄒᆞ야 閉散홈後는 本會와 關係가 小無홈
一南대門셔 釜山으로 直行ᄒᆞ던지 或은 東경으로 直行ᄒᆞ는 者의 對ᄒᆞ야도 同一便法으로 同行請入을 應諾홈

일本人遊람協會事務所 경城南대門通 東亞商會

特別廣告

內外書籍新舊學文幷販賣所

大邱廟洞 金긔鎬

本店에 春服衣次 각種이 自英국으로 多數來到ᄒᆞ얏사오니 陸續來購ᄒᆞ시옵

貞洞 蔡양服縫店 告白

◎活動寫眞廣告

今番에 始作ᄒᆞᆫ 活動寫眞은 法국巴里京에셔 有名ᄒᆞᆫ 거시오 또ᄒᆞᆫ 大韓국 皇室에셔 먼져 看品ᄒᆞ셧고 始作ᄒᆞᆫ지 數日에 遊覽ᄒᆞ시는 쳠君子가 多數枉臨ᄒᆞ시와 坐處가 넘쳐셔 晩到ᄒᆞ시면 不便ᄒᆞ오니 速々枉臨홈

今番에 셔로 活動寫眞 數十餘件이 來到ᄒᆞ얏는대 其諸에 敵國과 싸화 이여 사롬을 죽이며는 것과 人狗가 相鬪ᄒᆞ야 狗得勝ᄒᆞᆫ 것과 諸般夢中之事를 形容ᄒᆞᆫ 것과 其他滋味가 多々ᄒᆞᆫ 寫眞이 잇사오니 速々來玩ᄒᆞ시옵

活動은 日下午八点至九点 名唱善舞歌童과 唱和吹笛은 自九点至十点

賣票時 七点半始

入場票 上等 三十錢 中等 新貨十五錢 小童 半額

新門외서 담이목 東便벽돌집

法人 馬田 告白

本人이 日本大阪商業家와 特約ᄒᆞ고 日本內地產出各種物品과 西洋各種物品及機械等物을 我大韓에 輸入과 委託을 便利케 契約ᄒᆞ얏ᄉᆞ오니 商工業에 有意ᄒᆞ신 僉君子는 某物이던지 請求코저ᄒᆞ시거든 本社로 來議ᄒᆞ시오 本社에셔는 手數料金만 領受홈

興業社本店 開城北部祥洞

支店 京城南門內水橋五十一統六戶

仝仁港內동 廣濟號

培養會社

삼원과 셩진잔에셔 본인이 살진 소(肥牛)를 만이 ᄉᆞ짓ᄉᆞ니 쇼파 실재 군은 다수이 팔너오시옵

최봉숩 고빅

國債報償義捐金

收入廣告

◉여州郡교育會右支社
事務長김弘濟 二圓오拾錢
教務員權종潤 掌貨員崔긔天
각貳圓 書記리喜泰 壹圓
開散公員徐桂叔
都執事黃敬西 石敬晉
白春明 權景三 주景임
리순오 金德玄 리聖化
라永道 김聖道 최주京
辛已金 劉문瑞 池原京
辛聖奎張興여박순三김종오
朴德甫 리聖奎 김萬善
김弘긔 김建明 龍복壽
白聖壁 崔敬云 김春三
金聖煥 리덕주 최京植
각오十錢 최永洛 三圓
김正淳 尹光日 오善京
劉文吉 종景山 史文華
洪信賢 孫영징 王종睦
각貳圓 김순增一圓오拾錢
鄭永先 田金明 洪君日
리云오 박京보 최云京
김士連 리學金 박致根
리창淳 盧萬實 김光元
權최公 權道日 각一圓
김時榮 廿오錢 劉長學
廿전 황上근 廿전 리長오
六拾전 方願西 四拾전
박창權 張善日 廿오전
權周日廿전 吉丁韶四圓
김君實 六拾전
合六십六圓六拾오전
◉陽智郡주北面박成里
박淵元二圓 弟淵儀一圓오錢
孫憲순一圓 순憲容 오十전
순憲德 정순근培 각廿오錢
再從姪창일廿錢 再從姪泰임
三從순憲奎 각廿錢
三從순憲주拾錢 族弟淵鳳
廿오錢 윤致完 沈지식
지창玉 각오拾전 리종祿

입창淳 입百淳 리正曾
각四拾전 임德淳 洪在明
宋敬憲 각廿오전 리鳳雨
임明淳 리창會 김水龍
裵學奉 각廿전 홍在俊
十오전 리문會廿전 리秉哲
리石玄 리喜重 嚴石新
김인玉 姜문玄 각廿전
合十貳圓
◉始興下北面上方下串里
리潤相 黃晟淵 각二원
김인秀 黃芝秀 嚴云三
각貳圓 趙元植 趙應식
각各十錢 리潤容 嚴尙호
嚴敬澤 뎡순伊 丘東식
정지元 뎡春弘 김聖泰
嚴尙云 鉢순數 정明七
徐近業 각오十전 임近春
四十전 박明善 정순晉
嚴尙允 각廿전 박昌權
鄭云甫 정明叔 박明完
김긔弘 朴팡達 리지奉
김성玉 김仁學 嚴수先
각廿전 丘山伊 김奉年
金仲善 鄭彥순 김聖奎
각十전
合십팔圓
◉南署水下동
主事朴性德十圓 恭奉黃인善
主事崔炳德 각壹원
◉西署積善坊唐皮동一統九戶
최廷潤壹圓 長姪秉基오十전
◉南署上犂동 張錫滎 오원
◉會동 從二品윤忠求 四圓
◉義州松長面영동
◉忠州嚴政面論동
議官우榮國 壹圓
郡守申雲祥 一百圓
◉沃溝박面南內동芝峴
문鍾鶴 三圓 文鍾寬廿전
◉忠淸南道木川郡北面外命德
縣監니圭明 七圓
◉木浦華彰記商店박華一

김行彦壹圓 子達三六十錢
긔良淑壹원 子낙긔四十전
具允益오十전 雇傭박萬守
十전 木浦養大信六십전
合一百三拾七圓九十錢
◉抱川郡靑松面土城里鶴潭村
韓順긔一圓 김顯演 니在萬
각오십錢 박영서 徐泰元
각六十전 박영植 六十전
홍許定 車氏童 각廿전
徐泰春 權氏老味 徐昌창
각廿전
合四圓八十錢
◉東署梨花亭洞金영根家會同
김영東一圓 리競烈 申啓서
洪奉煥 니聖근 崔奉煥
裵興權 김龍伊 각오十錢
최奉근 四十전 裵春植
김明聖 니興一 鄭서天
각廿錢 김萬在 廿오錢
리鍾晉 리鎭玉 각廿전
동蒙김壽嗣廿錢 田興成廿전
合七圓廿오전
◉安城郡外西面石井里
趙文煥 主事洪哲섭 각三圓
김友鉉 吳彥奎 리敬文
리元三 宋國瑞 김德信
각二圓 孔升業 禹致文
鄭用謨 洪在德 리稚憲
閔致綱 夫人李氏 각一圓
리景弘 崔亨敏 리元益
우致伯 리春西 리仁圭
김順五 김景三 權德秀
田千瑞 鄭琴鉉 宋千甫
沈石甫 리有리 리源三
成國돌 각五十錢 宋云騄
김忠信 高在卿 柳聖辰
박根業 최仁守 김九一
尹 헌 박成七 리元順
박윤朝 리鍾英 각四十전
김成甫 박德眞 우致순
리善문 崔윤玄 方玄五
張士奎 북興奎 각廿錢
鄭원西 邊윤보 김元써

김敬俊 리汝伯 김汝守
鄭東鶴 洪敬西 田鶴西
박化敬 임春三 주聖祥
박聖九 김성云 韓成二
김성寬 陳致云 각廿전
趙成云 曹汝道 리光玉
각十전
◉玉山坪
鄭德三 박仁化 鄭敬玄
김순보 宋順在 宋仁순
각一圓 宋德厚 륙十전
김明西송인元宋萬보송九三
신春三 송順七 각오십錢
김성元 任鎭학 김치弘
김永元 송순植 각四十전
리원西 박봉순
송興主 송원식 리原三
송순伯 김千汝 각廿전
卞致寬 閔윤보 송인植
安興根 박化信 張원明
리致三 리여三 卞致三
각廿전 원順三 박萬成
김千西 崔昌云 高士允
嚴성君 崔치道 송원淑
각十錢
◉于谷關利村
김士元一圓십전 許義敬
리德鵬 리鎭泰 각一圓
리徃元 徐丙漢 김淸辰
각五十전 리성초 四十錢
김正三 김致化 徐道三
각廿전 김明先 徐丙薰
박順先 權學보 리正順
徐道敬 김春三 지致敬
각廿錢 辛順通 십전
◉水春村
吳士元廿錢 南聖西 김성天
리윤元 류化信 曹周益
申致文 각廿錢 류佑西십전
合七十圓四十전
◉江華郡內可面鳩上洞
김寬洙三圓 김濟股 子鼎植
權炳烈 南宮헌 각一圓
曹孝克一圓오십錢 趙翊淵

趙學錫 각一圓廿전 具然暻
九十전 조錫煥 八十전
趙洪根 김永식 류성烈
류흥烈 車俊錫 각六십전
리任成 조希才 具然船
각五십전 具然弼 四십錢
自洞中 二圓오十전
合廿圓
◉安山郡聲串面四里
崔奎永 崔奎秀 림상夏
각二圓 최弼秀 邊宗主
김成培 김暢培 최用國
최순一 김仲天 각一圓
최駿영 리正哲 각오십錢
主事林 전 林 塽 박有福
김明培 趙源璣 리超林
南擇祜邊寧圭尹순실崔海永
최仁秀 각오십錢 최達柱
강춘식 鄭公斌 최鳳奎
강인成 최錫卿 최勉秀
리基榮 최秀七 김鷺培
김萬基 최亮秀 최일영
각四十전 최晟默 김鎭인
김永淑 南學祜 최琦秀
김순복 邊弘圭 최達秀
각廿錢 리聖化 白元奉
윤수돌 尹允불 최인鎭
鄭在善 최秀楠 최晋秀
최德永 최성武 최漢奎
최聖道 김舜培 김泰奉
宋聖化 리厚임 리承來
尹再明 리駿勳 리派明
池宅西 최치근 최壽三
정景祜 鄭지明 최允明
최安여 최원호 리敏奎
최仲원 최漢祚 최치連
尹춘錫 夫人김시 權允興
崔公根 김영培 김允산
김岐東 리正燮 각廿전
최海永 五十錢 南치斌
崔順曾 김壽鳳 崔순영
정汝光 리鶴林 동蒙南景錫
동蒙南奎錫 趙致秀 김鶴雲

김錫培 각十錢 박容植
박容錫 각拾오전
合三拾七圓
◉楊州郡東眞官書塾
教師李海膺 學童金顯周
김金培 각오십錢 리基榮
四十전 韓叫순 북允春
리宗秀 高一男 九歲尹世昌
리石允 리周鎬 오金成
리석山 각廿전 趙三奉
廿二전오里 김宗植 김乙龍
각十오錢 具원龍 盧昌彬
九歲嚴순甫 七歲박순龍
리思天 리勝天 리一天
리朋秀 金基俊 박지복
黎永成 리延顯 오리섭
오齊山 鄭主돌 各십전
韓吉봉廿전 尹순복 弟복伊
각十二전오里 리德田八錢
졍乙男 오錢
合六圓四十四錢五里
總合三百八拾圓四拾錢五里
國文報廣告總合一百三十九圓
六拾五전
前號總合壹萬九千二百拾三圓
칠拾六전六里
都總合壹萬九千七百三十三圓
八拾貳錢壹里
本報第四百八十号茂朱郡義捐
社廣告中加入條四圓을加ᄒ고
第四百八十八号永平水東里廣
告合計ᄂ 육圓육拾六전으로正
誤ᄒ야五十四면을減ᄒ고 第五
百十一号廣告總合을三百二圓
八十육면으로正誤ᄒ야십五圓
육십면을加ᄒ고第五百三拾三
號廣告都總合을一萬육千八百
육십九圓○一錢二厘로正誤ᄒ
야十錢을減ᄒ니

四月中

實都總合一萬九千二百十三圓七十六錢六厘

◎特別廣告◎

國債報償金에關ᄒ야所捧은姑未
合計이옵고伊前日의所捧總合
四萬三千四百三拾三圓拾三錢
은電氣會社內銀行에貯置ᄒ얏
삽고其貯置額中壹萬六千三百
圓은國債報償志願金總合所로
越交ᄒ옴
大韓每日申報社

發行兼編輯人英國人 裵說
發行所 南署石井동 大韓每日申報社

大韓每日申報

月曜及慶節翌日休刊

日本明治四十年
陰曆丁未五月小初八日戊戌

論說

日本과商票問題

日人이連續實行ᄒᆞᄂᆞᆫ商業上의不信實ᄒᆞᆫ方法을關係ᄒᆞᄂᆞᆫ日本헤랄드新聞의記述은昨日本報紙上에已揭어니와漢城居人의一有味寄書를今朝에接見ᄒᆞᆫ즉彼之商票方法이韓國內에亦行됨을說明ᄒᆞ엿도다此問題全部가外國商業人에게重要事項인고로寄書全篇을揭報ᄒᆞ노니其如左矣로다

貴報昨日紙上에商票倣做ᄒᆞᄂᆞᆫ問題로記述ᄒᆞᆷ에對ᄒᆞ야本人이特有一言ᄒᆞ니此ᄂᆞᆫ如彼犯法이日淸內와如히韓國內에셔도現行ᄒᆞᄂᆞᆫ거시라不信實ᄒᆞᆫ種類中에最著之機ᄂᆞᆫ鼓票卷烟이니此廢物을國內千百商店에셔貯放賣印바其匣面에英文으로兩種虛僞之言을印刷ᄒᆞ엿스니其一은每匣에烟艸五枚를包容ᄒᆞ엿다ᄒᆞ고但四枚를貯ᄒᆞ기시며其二ᄂᆞᆫ매네이어會社의商號를其表面에記명ᄒᆞᆫ거시니此ᄂᆞᆫ以其僞造之物로世界內有名ᄒᆞᆫ商號下에置ᄒᆞ야榮務之益을欲得ᄒᆞᆫ顯然詐計로다知此欺騙之術이流行ᄒᆞᆷ을所管官吏에게公式上으로通知ᄒᆞ기를幸得ᄒᆞ엿스니其僞詐製造者가自已에게有利ᄒᆞᆫ을其成得關ᄒᆞ려나然이나東洋에特許規則과商標法律이格嚴ᄒᆞᆫ즉商業上에如此犯罪ᄂᆞᆫ正當被罰ᄒᆞ기가極難이로나本人信認에헌들리及팜어會社의麵製菓子와쎈란트及메이會社의燐寸(셩냥)과英國內其他會社의上等製造物을不美ᄒᆞᆫ品質로모倣ᄒᆞ되但其附紙ᄂᆞᆫ正圖케ᄒᆞᆷ이亦如此矣리로다

若日人이文明社會上에同等되기를希望ᄒᆞᆯ진ᄃᆡ如彼術謀의暫時興利를不求ᄒᆞ고更一層遠見ᄒᆞᆷ이其乃智明이로다

官報

◎第三千七百九十三號 光武十一年六月十五日

◎宮廷錄事

陸軍硏成學校長金昇圭辭職疏
批旨省疏具悉卿其勿辭行公

◎號外 光武十一年六月十五日

宮廷錄事

詔曰朕이惟컨ᄃᆡ經國之要ᄂᆞᆫ其官制를定ᄒᆞ야機關이各히其所를得ᄒᆞᆷ에在ᄒᆞᆫ지라今에首揆를簡拔ᄒᆞ야閣臣을組織ᄒᆞᆷ은專히外國文明의制度를模範ᄒᆞᆷ이니玆로從ᄒᆞ야議政府를內閣으로改稱ᄒᆞ고國政을維新케ᄒᆞ노라

光武十一年六月十四日
議政府參政大臣勳二等리完용
內部大臣任善準
度支部大臣勳二等高永喜
軍部大臣勳三等리秉武
法部大臣趙重應
學部大臣勳三等리載崐
農商工部大臣宋병畯

詔曰正二品리完용爲內閣總理大臣
光武十一年六月十四日
中樞院議長徐正淳

詔曰朕이惟컨ᄃᆡ內閣은萬機親裁를輔弼ᄒᆞ야庶務平章을擧ᄒᆞᄂᆞᆫ바이니今其組織을改良ᄒᆞ야諸大臣으로各其重貴에任케ᄒᆞ고內閣總理大臣으로董勵케ᄒᆞ되官守를明케ᄒᆞ야冗幹을除ᄒᆞ고選叙를精케ᄒᆞ야才能을待ᄒᆞ며紀文을省케ᄒᆞ야淹滯를通ᄒᆞ고冗費를節케ᄒᆞ야怠荒을擧ᄒᆞ고規律을嚴케ᄒᆞ야官紀를肅케ᄒᆞ야施政整理의要務니諸臣은짐의意를體ᄒᆞ야中興의業을隆昌케홈을望ᄒᆞ노니勗哉어다

光武十一年六月十四日
內閣總理大臣勳二等리完용
內部大臣任善準
度支部大臣勳二等高永喜
軍部大臣勳三等리秉武
法部大臣趙重應
學部大臣勳三等리載崐
農商工部大臣宋병畯

本月十四日에侍從院卿으로內大臣리根湘의게 親任式을行ᄒᆞᆫ事

本月十四日에內閣總理大臣의게 親任式을行ᄒᆞᆫ事

◎敍任及辭令

任內閣總理大臣 正二品리完용

◎號外 光武十一年六月十六日

宮廷錄事

死罪臣박泳孝自列疏
批旨省疏具悉縣懇旣有前詔豈爲更提事遍方官傳喩

◎第三千七百九十四號 光武十一年六月十七日

敍任及辭令

黃海道觀察道主事리宜春
依願免本官

命修學院長 侍從院卿리道宰
奉常司副提調金嘉奎
依願免本官 正三品정寬永
任奉常司副提調
江界郡守리祖鉉
天安郡守呂炳鉉
雲峰郡守리 俊
踰川郡守현昇奎
依願免本官 正三品白철鏞
任度支部稅務官 度支部主事박철 金弘
任度支部稅務官 黃海道觀察道主事崔丙赫

外報

◎又一襲擊 桑港電을據한則桑港對岸에在ᄒᆞᆫ오크레市에在ᄒᆞᆫ日人鋪田某의經營ᄒᆞᄂᆞᆫ花園에美人三十餘名이襲擊ᄒᆞ야物品을悉皆破壞ᄒᆞ얏다ᄒᆞ며日人花園業이數起大ᄒᆞᆷ으로以ᄒᆞ야日人團體가妨害를受ᄒᆞ얏다ᄂᆞᆫ대犯人은捕縛ᄒᆞ얏고政府의命令으로靑木大使가當地方에巡回케ᄒᆞ얏다더라

◎韓交關係 華盛頓電을據ᄒᆞᆫ즉日本在野黨이靑木大使召還을要求ᄒᆞᆫ다ᄂᆞᆫ風說이有ᄒᆞ나國務省에셔ᄂᆞᆫ信치아니ᄒᆞᆫ다ᄒᆞ고國務省은日本政府의正當ᄒᆞᆫ態度를賞讚ᄒᆞ고排米運動에對ᄒᆞ야繼續지아니ᄒᆞᆯ줄로日美兩國間에關係가危殆ᄒᆞᆷ이無ᄒᆞ다더라

◎不和會議 法國外部大臣의談을據ᄒᆞᆫ즉日法協約을創立ᄒᆞᆫ後에世界平和ᄅᆞᆯ保全ᄒᆞᆯ터이라ᄒᆞ얏다더라

寄書

國家貧弱之故

南鶴山人 稿

韓非子ㅣ有言ᄒᆞ되今力者察則國貧이라ᄒᆞ더니此大學所謂生之者也라夫同一士冊也로대在野臣民族之手則爲셔田ᄒᆞ고在是明民族之手則爲奇貨ᄒᆞ니其故何也오明人은能利용資本勞力ᄒᆞ야以利殖之로되野蠻人은不能也니自古로懈怠遊食之民이多而其國이不貧窮者ㅣ未有ᄒᆞ고其國이不衰而未有不敗者ㅣ어ᄂᆞᆯ況當此競爭劇烈之時代ᄒᆞ야何能倖存者ᄂᆞᆫ之有也라吾聞西人生計學家之書에曰凡生利之人이有二種ᄒᆞ니一曰直接以生利者니若農工之類오二曰間接以生利者니若商人軍人政治家敎育家之類가是也라其生利之力은亦有二種ᄒᆞ니曰體力曰心力이오從而別爲二ᄒᆞ면曰智力曰德力이라ᄒᆞ니所謂間接生利者ᄂᆞᆫ如官吏軍人之類ᄂᆞᆫ以心力而保護者也라然而英人斯密亞丹씨之論은曰凡品上者에若官吏紳士軍人紳士之士와品下者若奴僕俳優之類ᄂᆞᆫ皆用勞力也ㅣ雖貴賤은懸殊ᄒᆞ며輕重은不異ᄒᆞ나皆投其力於不可復之地ᄒᆞ니是與於分利(卽耗財)致貧之數者也라

余謂斯密씨之此論은過言也라在西歐明國之政治ᄒᆞ야ᄂᆞᆫ未必誠然이로되試以我國現狀而論之ᄒᆞ면遊食耗財之大者가未有若官吏之甚焉ᄒᆞ니斯密氏之言이適中於我韓人之病也라 [illegible] 此種官吏이皆智性質ᄒᆞ며고疾腦髓ᄒᆞ야若狂若癡ᄒᆞ야 [illegible] 度ᄒᆞ되恬然自爲當然而不知恥ᄒᆞ니

噫라英人邊沁氏ㅣ嘗言政府者ᄂᆞᆫ有害之物也니然而所以設之者ᄂᆞᆫ以小害物로除大害物而已라ᄒᆞ고日人西村茂樹氏ᄂᆞᆫ이신其義曰政府者害民之事少而能制止他之大害者ᄂᆞᆯ謂之良政府라ᄒᆞ고害民之事多而不能制止他之大害者ᄂᆞᆯ謂之惡政府라ᄒᆞ니爲官吏者ㅣ苟能盡其職ᄒᆞ야以爲民操縱其權ᄒᆞ면其間接所生之利가足以償其直接所費者而有餘故로是明國之官吏ᄂᆞᆫ不得謂之分利니我國民之所謂官吏者ᄂᆞᆫ何오則水旱疾疫之流行也와豪强不法之暴虐也오事訟之枉屈也와盜賊之竊恣也외其他甚者則外侮之擾奪侵迫에至於我主權ᄒᆞ며失我公產也니若此者ᄂᆞᆫ不能不仰其保護於政府ㅣ政府ㅣ能捍衛此等이면民雖獻其血汗所得之貲產而以贍養之라도亦不過如警察之有保險ᄒᆞ야非可吝可避者어니와

若我國官吏ᄂᆞᆫ何有於是乎아民有災而不能禦ᄒᆞ며民有枉而不能伸ᄒᆞ며暴虐而不能禁ᄒᆞ며竊盜滿國而不能禁ᄒᆞ며思失倫活에承間徼實ᄒᆞ야朘民膏脂而自固地位ᄒᆞ니是ᄂᆞᆫ有官吏가反不如無官吏라夫官吏而不能保民利益이라도固已害矣온況以官吏之故로民害徒滋ᄒᆞ며民受困瘠ᄒᆞ니此非遊食耗財之比者乎아

◎一讀驚人 本月二十六日上午십二時에韓山郡쩡柔面居韓里居ᄒᆞᄂᆞᆫ崔姓人이가年今二십칠인대田役田畝마가賜十餘家지路에忽逢雷雨ᄒᆞ야被震擊而死하얏다더라

雜報

●根本的對韓策　東京二六新聞千百二十二號에揭載ᄒᆞᆫ根本的對韓策이라ᄂᆞᆫ問題에日伊藤侯ᄂᆞᆫ長邊에內意가有ᄒᆞ야來月中旬에歸朝ᄒᆞᆯ터인대其時ᄭᆞ지ᄂᆞᆫ日佛協約도成立될터이니隨ᄒᆞ야侯의歸朝ᄒᆞᆷ은今後에對韓政策이多少變化ᄒᆞᆷ미及ᄒᆞᆷ을想像ᄒᆞ고在野政客間에ᄂᆞᆫ個々物議ᄒᆞᄂᆞᆫ者가有ᄒᆞᆫ대此社會에意見을綜合컨ᄃᆡ

一은韓國行政은一切統監의게委任ᄒᆞ고韓皇은吾邦에在ᄒᆞ야統治權을行ᄒᆞᆯ事

一은韓皇의詔勅은統監의副署가無ᄒᆞᆫ時ᄂᆞᆫ稍히宮廷의奸邪之徒가乘隙ᄒᆞᄂᆞᆫ者가有ᄒᆞᆷ으로써詔勅은總히統監의副署를要ᄒᆞ고

三은日本人과韓人의混淆와日人의歸化ᄒᆞᆫ人으로內閣을組織ᄒᆞ게ᄒᆞᆯ事以上은實主權을行使ᄒᆞᄂᆞᆫ根本的方法이니細目에涉ᄒᆞ야ᄂᆞᆫ自有別般方策이어니와統監歸朝後에ᄂᆞᆫ對韓策이政界에一問題가될奇勢가有ᄒᆞ니라ᄒᆞ엿더라

●政府例會　政府에셔會議를開催ᄒᆞ야면각部로通牒ᄒᆞ더니近日은通牒은廢止ᄒᆞ고每日下午一時에各部大臣이依例히府에會同ᄒᆞ야議案件을隨提隨議ᄒᆞᆫ다더라

●會館移接　西友學會에셔該會館을北署苑동拾二統拾二戶로移接ᄒᆞ얏더라

●經費不撥　幼年學校에셔第二回學徒오십名을昨年秋에募集ᄒᆞ고尙今開學지못ᄒᆞ얏ᄂᆞᆫ디其內容인則該學徒募集ᄒᆞᆫ事에對ᄒᆞ야長谷川씨가反對ᄒᆞᆫ뿐더러度支顧問目賀田씨가該教育經費을支撥치아니ᄒᆞᆫ緣故이라더라

●不近人情　近日傳說을聞ᄒᆞᆫ則南署小公동居姜召史가該家文券을南署南門內七間洞金昌順處에典執ᄒᆞ얏더니期限이不及ᄒᆞ야金哥가放逐出ᄒᆞᄂᆞᆫ故로該召史가去處가無ᄒᆞ야道路에棲息呼泣ᄒᆞᄂᆞᆫ情景은慘不忍見이라더라

●日人奪酒　坡州문山浦에셔ᄂᆞᆫ日人이酒價를不給ᄒᆞᄂᆞᆫ지라店主가酒價를催促ᄒᆞᆫ즉日人이酒床을破碎ᄒᆞ고大責ᄒᆞ여曰韓人은日人에奴隷인則酒價를爲敢催促ᄒᆞᆷ이오ᄒᆞ엿다고該浦人이來傳ᄒᆞ더라

●普校懇會　新門外天然亭普成小學校에셔本月拾四日下午一時에家庭教育과聯絡ᄒᆞᆯ目的으로學徒父兄懇親會를開ᄒᆞ얏ᄂᆞᆫ뒤學徒父兄의出席이一百七拾八人이오婦人이一百二拾七人이오來賓이亦多數히來叅ᄒᆞ야次第演說ᄒᆞ고學徒父兄尹晶셔氏가三百人學徒에게空冊壹卷式給與ᄒᆞ얏다니該氏贊成도可感이오該校發達도可期오婦人懇會도可讃ᄒᆞᆯ만ᄒᆞ다더라

●法大論學　法部大臣趙重應氏가自己私邸에셔來賓이列坐ᄒᆞ얏ᄂᆞᆫ뒤該氏가發論ᄒᆞ여曰近日年少輩가外國에來往ᄒᆞ야所謂某學問을卒業ᄒᆞ얏다ᄒᆞ고無所忌憚에但以日語도外人을交涉ᄒᆞᆯ줄만知ᄒᆞ고漢文은不足ᄒᆞ니渠輩가何事業을做成ᄒᆞ리오畢竟亡國者ᄂᆞᆫ此輩也니吾儕의子姪輩가學問을研究ᄒᆞ然後可有庶幾之望이라ᄒᆞ얏다더라

●日巡配置　漢城內外各支所幕을一齊히重建築ᄒᆞ고日巡査一名式配置ᄒᆞᆫ다더라

●米師義擧　인川港에居留ᄒᆞᄂᆞᆫ美國宣教師케불씨가私立영化學校에四千圓을寄付ᄒᆞ얏더라

●女中豪傑　定州郡納淸亭居림召史가前觀察使신泰休씨지任時에葉一千兩을被奪ᄒᆞᆫ事가有ᄒᆞᆫ지라日前에該婆가上來ᄒᆞ야신씨를訪見ᄒᆞ고錢兩推尋次上來ᄒᆞᆫ意를告及ᄒᆞ니신씨가大怒恐喝曰遐鄕賤女가焉敢以此等說話로無難提出於兩班之前가ᄒᆞ거ᄂᆞᆯ林婆가呵々大笑曰令監이以觀察在任時에ᄂᆞᆫ道內人民을壓制ᄒᆞᄂᆞᆫ勢力이有ᄒᆞ거니와今則雖此遐鄕賤女라도恐喝威脅ᄒᆞᆯ權利가無ᄒᆞ고我ᄂᆞᆫ但其被奪ᄒᆞᆫ錢兩을何處에셔던지期於코推尋ᄒᆞ깃고令監의貽惱를不必ᄒᆞᆯ터이니勿爲過慮ᄒᆞ시오신씨曰此錢은乃府屬某漢의所食니오非我所取인즉吾當於厥漢處에徵出以給ᄒᆞ리니汝其無言下去ᄒᆞ라該婆曰若是則令監이尤無相關이라以厥漢으로言之ᄒᆞ면人民의젼財를誘奪ᄒᆞᆫ것시一大罪요渠之所食을敢히歸咎於觀察使ᄒᆞ니又一大罪라如此之漢은不可不呈于法司ᄒᆞ야痛懲其習ᄒᆞᆯ터이니令監은勿憂ᄒᆞ시오ᄒᆞᆫ즉신씨가沈思良久라가該婆의所推條를卽地施行ᄒᆞ얏다니該婆ᄂᆞᆫ可謂女中豪傑이라全國人民이皆能如此ᄒᆞ얏스면官吏의貪風을可以懲戢이라ᄒᆞ더라

●索鷄刼奸　京畿來人에確傳을聞ᄒᆞᆫ즉抱川楊州에셔ᄂᆞᆫ日人이계與鄕音面面村村히주行ᄒᆞ면셔自家物과如히奪去ᄒᆞ되一分價을不給하며鷄與卵이無ᄒᆞ다ᄒᆞ면人家에突入ᄒᆞ야四方搜索ᄒᆞ고行悖가無雙ᄒᆞ더니松隅場市에셔ᄂᆞᆫ鷄卵을搜索ᄒᆞᆫ다ᄒᆞ고內房에直入ᄒᆞᆫ則該家婦女가大驚避走ᄒᆞᆫ미逐去刼奸코져ᄒᆞ거날該女人이高聲大叱ᄒᆞᆫ대日人이無數亂打ᄒᆞ야流血이狼藉ᄒᆞ고洞人을見ᄒᆞᆫ則毆打ᄒᆞ야一場亂離을經ᄒᆞ얏다더라

●겁奸엽婦　고陽等地에셔ᄂᆞᆫ日人이鐵道役夫을村間의率來ᄒᆞ야鷄子을勒索ᄒᆞᄂᆞᆫ대鷄가無ᄒᆞ다ᄒᆞ면內庭에突入하야싸라고안긴걸見ᄒᆞ고藏置不給ᄒᆞ엿다ᄒᆞ야無數乱打ᄒᆞ며또田間의엽婦을겁奸코ᄌᆞᄒᆞ미該婦女가ᄉᆞ람살이라고大聲ᄒᆞᆫ則農夫가會集挽止ᄒᆞ미日人이拔劍ᄒᆞ야엽婦에股을刺ᄒᆞ야幾至死境이라고該郡來人의傳說이有ᄒᆞ더라

●殷民呼哭　殷山郡守張德根氏ᄂᆞᆫ國禁에截嚴ᄒᆞᆫ금礦을礦軍魁首을締結ᄒᆞ야當此農時에幾千名礦軍이民家墻圍及落種田畓을乱掘無餘ᄒᆞᆫ故로農時人民이扶光携幼ᄒᆞ고呼哭渙散ᄒᆞᆫ다더라

●牛醬觀察　大韓醫院囑托事務佐左木氏와該院顧問佐藤氏가日本牛醬을觀察ᄒᆞᆯ次로發往ᄒᆞᄂᆞᆫ대旅費를多數支撥ᄒᆞ얏다더라

●淸領義擧　日昨靑年學校에셔夏期試驗後進級狀과賞品을頒給ᄒᆞᄂᆞᆫ대該賞品은淸國領事馬廷芳氏가專擔分給ᄒᆞ야學徒의進就를勸奬ᄒᆞ얏다더라

●權閔歸國　日本각官廳視察次로前往ᄒᆞ얏던學部叅書官閔健식시가回國次로三昨日에發程하얏다고該시私第로電報가來到ᄒᆞ얏고同視察權탁煥시도不日內로歸國ᄒᆞᆫ다더라

●擾魁捕捉　固城郡民擾魁首崔규틱崔규인二名을該郡警分署에서捕捉ᄒᆞ야該觀察道로押上ᄒᆞ얏다고該郡守치報셔시가內部로報告ᄒᆞ얏더라

●郡主不法　黃海道長連郡々主事中相氏ᄂᆞᆫ惑世誣人ᄒᆞᄂᆞᆫ手段으로地術을行用ᄒᆞᄂᆞᆫ티安岳郡大德面居유云京爲名漢에게금젼을多受ᄒᆞ고該面光風동유致通家後十步內至近地에使之勒葬케ᄒᆞᆫ時에신主事가有何私讐인지亂類數십人을식켜該동人民을縛之打之ᄒᆞ여십餘人이被傷中유種學豊人은幾至死境이라더라

●見習應試　度支部에셔稅務見習生一百오십名을試取ᄒᆞᆫ더인ᄃᆡ現今應試者의請願狀이千餘名에達ᄒᆞ얏다더라

●贊育開會　日昨法律贊育會에셔通常會를開ᄒᆞ고法官養成所教官리漢吉씨와普成專門學校講師申佑善시를請요ᄒᆞ야稅務規則과民刑事訴訟의區別을講述ᄒᆞ얏다더라

●美國民不安　日本進步黨의態度가强硬ᄒᆞᆷ으로美國民心이不安ᄒᆞᆫ念을喚起ᄒᆞ얏다더라

●自擔設校　積城郡南面士橋居ᄒᆞᄂᆞᆫ吉煥氏와張덕쇼氏가教育에熱心ᄒᆞ야重成學校를設立ᄒᆞ바各項校費ᄂᆞᆫ自擔ᄒᆞ고教師를延聘ᄒᆞ야應齒子弟를募集ᄒᆞ야孜々勸勉ᄒᆞᄂᆞᆫ故로郡近人이無不感頌ᄒᆞᆯ뿐더러各處學員이聞風自來ᄒᆞ야修業無幾에確有將就之漸이라더라

●靑會演說　今日下午七時半에靑年會館에셔譽士魚丕信氏가空氣가人生의何如ᄒᆞᆫ問題로演說ᄒᆞᆫ다더라

路透電報　十三日發

●開戰論의雖약　日本谷子爵의開戰論이라云云ᄒᆞᄂᆞᆫ東京電報에華盛頓에셔雖약을惹起ᄒᆞ고日本人入國禁壓條項章程을廢止ᄒᆞ기爲ᄒᆞ야去月桑港과싸흘에셔日本人協會領袖고橋와野田兩시와靑木大使와米國國務卿間에行ᄒᆞᆫ會商에關ᄒᆞᆫ意로命令을受ᄒᆞ고陳述書를발裝ᄒᆞᄂᆞᆫ데至ᄒᆞ얏ᄂᆞᆫ데右會商은에敗終ᄒᆞᆷ으로以ᄒᆞ야米國에在ᄒᆞᆫ大隈伯의代表者山岡시가싸틀에셔日本으로向ᄒᆞ야出발ᄒᆞ얏더라

北京電報　십ᄉᆞ日發

●軍港爆發　십오日發電을據ᄒᆞᆫ則英國포스마우쓰軍港에셔潛行艇의爆發로海軍大尉하르시가死亡ᄒᆞ고船員二名이負傷ᄒᆞ얏다더라

●觀澤逝去　前判州將軍觀澤公이逝去ᄒᆞ얏ᄂᆞᆫ대　皇帝께셔特히금一千兩을賜ᄒᆞ시고震悼ᄒᆞ셧다더라

▲壁 上 警 邸▼

▲政界風雲忽地變換ᄒᆞ야內閣이高出ᄒᆞ니新面江山의九疑가延綿ᄒᆞ야藥峴동天에一派愁雲이聚散이無常ᄒᆞ야黃屋深處의心算이未定이로다

▲內部地方銓考所에셔銓考ᄒᆞᆫ郡守의現闕은三十四人이오遷轉ᄒᆞᆫ郡守도不少ᄒᆞ다ᄒᆞ되무삼事端인지此日彼日에奏本은延라ᄒᆞ니近日郡守를運動ᄒᆞᄂᆞᆫ者流가一層燥鬱ᄒᆞ야奔忙이益甚ᄒᆞ다더고

▲日本각官廳視察員諸氏ᄂᆞᆫ博覽會觀光과公園地散步로每日消遣ᄒᆞ고旅館에歸ᄒᆞ면花套賭技로爲事ᄒᆞᄂᆞᆫ디氏等이昭晢ᄒᆞ되吾輩의知識으로觀察ᄒᆞ면何益이有ᄒᆞ리오차라리優遊自適ᄒᆞᆷ이第一妙策이라ᄒᆞ얏다ᄒᆞ고某報에說道ᄒᆞ얏스니觀察員諸氏ᄂᆞᆫ國財만浪費ᄒᆞ고視察ᄒᆞᆫ다爲名ᄒᆞ나自暴自棄ᄒᆞ야下略에自處ᄒᆞ고花套로爲事ᄒᆞ니花套를觀察ᄒᆞ야고外國에出往ᄒᆞ얏ᄂᆞᆫ지

▲日昨日軍司令部에셔寺동陸軍大臣을爲ᄒᆞ야設宴ᄒᆞᄂᆞᆫ뎨叅政大臣以下各大臣과中樞院顧問諸氏가一切往叅ᄒᆞ얏다니近日各大臣은日人宴會에叅與ᄒᆞ기로爲一大事ᄒᆞ야維恐不及ᄒᆞ니ᄌᆞ大臣의事務ᄂᆞᆫ그ᄲᅮᆫ인지

▲叅政大臣李完用氏가今番에其伯씨李允用氏로侍從院卿을極力주旋ᄒᆞ다가及其被任時에李根湘氏가轉任ᄒᆞᆫ지라李叅政이大段憤歎ᄒᆞᆫ다ᄒᆞ니以若叅政의勢力으로侍從卿을見奪ᄒᆞ얏ᄉᆞ니走者之上에又有飛者로고

▲軍用地調査委員朴義秉氏가今月十日게平壤郡에셔人民을招集ᄒᆞ야地段價를出給ᄒᆞᆫ則人民數百名이該價에對ᄒᆞ야價額을地段에比較ᄒᆞ면十分에一分도不及ᄒᆞ다고呼訴不受ᄒᆞ다가不勝抑冤ᄒᆞ야將次內部에請願ᄒᆞᆫ다ᄒᆞ니該氏의調査ᄂᆞᆫ軍用地를調査치아니ᄒᆞ고民寃을增加ᄒᆞᄂᆞᆫ委員인지調査ᄂᆞᆫ잘ᄒᆞ얏고

▲沃川地方에셔日人이鴟謀ᄒᆞᆫ韓國農民을甘誘ᄒᆞ야曰方今日本셔鐵道役事를大張ᄒᆞ니往就役ᄒᆞ면每朔月給이紙貨四십圓이오役不甚勞라ᄒᆞ되人民이傾聽ᄒᆞ거ᄂᆞᆯ先爲一朔月給을預給ᄒᆞ고雇軍을廣募ᄒᆞᆫ則六百餘名에達ᄒᆞᆫ지라輪船에裝載ᄒᆞᆫ後에ᄂᆞᆫ便이得任意下陸케ᄒᆞ고催船發行ᄒᆞ얏다ᄒᆞ니日人이蠢意ᄒᆞᆫ韓人을以利誘之ᄒᆞ야多數히買去ᄒᆞ니日本셔鐵道役事를更興ᄒᆞᆫ理가豈有ᄒᆞᆯ이오必是墨西哥로移去ᄒᆞᄂᆞᆫ貌樣이로다

▲去月九日에自鐵城郡으로慶興郡까지至ᄒᆞ야電線십餘處를斷絕된故로該郡警務分派所에서韓國巡査를派送密探ᄒᆞᆫ다ᄒᆞ니日警部와巡査ᄂᆞᆫ自稱警察에第一이라ᄒᆞ더니電線이석餘處가斷絕ᄒᆞ도록不知ᄒᆞ고及其密探ᄒᆞ야ᄂᆞᆫ韓國巡檢을派送ᄒᆞᄂᆞᆫ지

△官立日語學校長金漢규氏ᄂᆞᆫ學校視察次로旅費를自擔ᄒᆞ고日本國에渡去ᄒᆞ얏다니該氏에視察ᄒᆞᆫ果是教育進就에熱心이지

◎本社告白

國債報償에 出義金額을 本報紙面에 逐日廣告로 發布ᄒᆞ되 猶有遲滯ᄒᆞ야 義捐諸氏의 迅速揭布코ᄌᆞᄒᆞ시ᄂᆞᆫ 盛意를 未即奉副ᄒᆞ옵더니 今自本報로 國文報一部를 增刊인바 從今으로ᄂᆞᆫ 漢文報와 國文報에 義捐廣告를 並爲揭布ᄒᆞᆯ터이오니 愛國僉員은 照亮ᄒᆞ시옵

敎啓者 嗚呼라 今此國債報償하ᄂᆞᆫ 義務에 對ᄒᆞ야 我韓 오百年化育中人民이 孰不熱心感激이리오 至유勢動은 斷烟하고 孩提ᄂᆞᆫ 知出당錢하고 婦人은 有減饌者하고 商賈衣긔者ᄒᆞ야 壹心鼓動ᄒᆞ야 弁錢義捐ᄒᆞ니 況호 我一般官僚ᄂᆞᆫ 能無愧於心호아 偏被國恩이 猶且罔極커든 國이 無事ᄒᆞ면 若干祿關利ᄒᆞ야 飄揚自得ᄒᆞ고 國이 有事ᄒᆞ면 瞻前顧後ᄒᆞ야 因循自避ᄒᆞ니 豈日人臣지 報國者호아 嗚呼라 今國債報償이 實非爲人이라 無非自已 祖國지事也라 國民은 洽如感激ᄒᆞ고 官吏의 晏然坐觀ᄒᆞ니 非但有愧於心이라 是ᄂᆞᆫ 自侮也라 僕等은 捐俸典衣가 猶恐不贍故로 今擧一策ᄒᆞ야 玆以仰布ᄒᆞ오니 各現職官吏가 非유 貯畜金호아 罷考官制附皿 貯金規程ᄒᆞ온즉 第三條에 救疾病ᄒᆞ며 補晩計라ᄒᆞ고 第四條에 非유 轉免疾病及非常ᄒᆞᆫ 事變外에ᄂᆞᆫ 不得推尋이라ᄒᆞ엿ᄉᆞ오니 嗚呼라 今國債ᄂᆞᆫ 不報ᄒᆞ면 土地와 人民이 將非我韓지所유也리니 土地와 人民이 非我韓之所有ᄒᆞ면 豈非一身上事變也리요 今國債之事變이 莫大於此矣요 且非土地면 人民이 將安居며 非人民이면 土地을 將연用고 土地와 人民이 爲人所有則 貯金百万이 亦將연用고 各官僚은 一心奮發ᄒᆞ야 貯金을 推尋ᄒᆞ야 捐報國債則必當一隅ᄒᆞ리니 伏乞 僉僚座下ᄂᆞᆫ 延遷하고 速推貯金ᄒᆞ야 亟竣大事하야 以答 聖恩之無至萬一云爾

發記人 太僕司主事 徐廷弼 李揆同

廣告

本所々長ᄂᆞᆫ 副將尹雄烈씨로 推薦視務ᄒᆞ옵고 金宗漢씨 代辦之視務아니홈

國債報償志願金總合所

各支收所來納金廣告

南海郡第一回金五百六拾二圜三拾二錢과 鐵原郡第一回금一百四拾오圜九拾一錢과 德山郡第二回금오拾一원八拾錢과 長連郡第一回金一百원과 大韓每日申報社第오回金三千圜 合三千八百六십圜三전을 電氣會社內銀行에 貯置흔事

國債報償志願金總合所

國債報償志願金總合所金三千八百六拾圜三錢을 領置흔事

電氣會社內銀行

孫普明孫昇明以其從行兩皆不淑遂接패類付同外人贋券僞標詒東部西圯門傾宗終日倣計追徵無何玆先廣布內外國人切勿見欺

平北定州南面四里朱 門長 盧默 首族 應夏 告白

孔德里廉동申인九 告白

朴輔國家先山在於廣州으믹이온뒤 近日浮잡之類ㅣ 或稱看山ᄒᆞ며 或宣賣松ᄒᆞ고 種々出入山內云ᄒᆞ니 有主之山을 誰敢生心이오며 守護之松을 誰敢擬買아 內外國人은 切勿見欺ᄒᆞ시옵

京城사橋居 박輔國子 勝철 告白

弊社가 現將革舊創新ᄒᆞ와 凡於從前事爲ᄂᆞᆫ 幷屬先天이온바 前主務林惠相이 推本錢退社ᄒᆞ옵고 本人이 自今主務ᄒᆞ옵기 前未擴張ᄒᆞᆫ 것을 今將施實코ᄌᆞᄒᆞ오며 諸般貨物運輸의 對ᄒᆞ와 運費도 特히 低廉ᄒᆞ고 運送에 速達便利케ᄒᆞ오니 運貨ᄒᆞ시라ᄂᆞᆫ 僉尊은 陸續請托ᄒᆞ옵시고 彙以本社圖章으로 改造ᄒᆞ얏ᄉᆞ오니 以此照亮爲希

京城南大門外 第一運輸會社 主務 安永善 事務員 洪在明 白告

江原道楊口居박俊國氏은 素以元勳河陰君智權氏之后로 世독이 及於該宗故로 玆에 廣告ᄒᆞ오니 知悉照亮홈

박氏門中 告白

西署廉동 李敬成家券舊文記一張을 典執이라가 서 失故로 玆以廣告ᄒᆞ오니 誰某拾得休紙施行홈

本會館을 北署苑동十二統十二戶로 移接ᄒᆞ얏ᄉᆞ니 僉君子ᄂᆞᆫ 照亮ᄒᆞ시옵

西北友學會告白

本館에서 漢城內에 留接ᄒᆞᄂᆞᆫ 諸學生의 寄宿便利를 爲ᄒᆞ야 大安동에 二層半洋屋을 建築ᄒᆞ고 居處飮食其他凡節을 一々히 便宜ᄒᆞ기로 極力設備ᄒᆞ오니 遊學諸生은 照亮ᄒᆞ시와 賁臨于本館事務所ᄒᆞ야 詢議ᄒᆞ심을 敬要

北署大安洞別宮南便寄宿館主人 鄭熙燦 告白

寄宿願人證書ᄂᆞᆫ 本館에서 授與홈

留連費ᄂᆞᆫ 每朔에 新貨四圜八十錢으로 定홈

本人姪應鑄光鑄性俱浮浪縱酒濫技盡散世業本人二次別付承重位土付即척賣近且符同雜類出沒京鄉欲圖任棄犯逋潛結凶人欲賣先塋葬地又欲募集外債挪用礦錢移徵本人願內外國人切勿見欺白失ᄒᆞ시옵

郭山사洞居 卓廷岳 告白

本社風穴에 儲藏ᄒᆞᆫ 蚕種을 製造ᄒᆞ얏더인되 我國內今年秋蚕과 來年春夏蚕ᄉᆞ育을 可量ᄒᆞ야 製造ᄒᆞᆯ터이오니 養蚕ᄒᆞᄂᆞᆫ 僉君子ᄂᆞᆫ 左開所로 來臨ᄒᆞ던지 郵書로ᄒᆞ던지 蚕種을 各事所用預託ᄒᆞ시오

安義鶴峴蚕業會社

京城永成門越便廉동二十壹統一戶 兪漆原家

安義鶴峴蚕業會社社長 金秉先 廣告

今番事機를 因ᄒᆞ야 神宮奉敬會를 解散홈

明治四十年五月二十八日
光武十一年五月二十八日

元神宮奉敬會會長

本店擴張新到時款各色紗羅綢緞絨地담油地氈洋廣직貨鋼鐵관頭香茶烟草各種均效改良新興ᄒᆞᆫ時合用貨美價廉並有湖北南洋彩票發售特此布聞 貴客請來購覽是厚望언

漢城石井洞 杏花春 告白

本書館에서 內外國新舊書籍을 廣求수入ᄒᆞ야 學界諸彦의 購覽ᄒᆞ기자 學校敎科用品을 格外廉價로 供獻ᄒᆞ오니 有志ᄒᆞ신 僉君子ᄂᆞᆫ 陸續來臨ᄒᆞ시기를 望홈

皇城中署松橋廣學書館 崔昌漢

◎增修無寃錄大全

壹千壹百七十貳頁 定價金新貨七拾五錢

此增修無寃錄大全은 法律家의 最緊要ᄒᆞᆫ 書籍이온ᄃᆡ 年來現本이 殆히 絶種에 至ᄒᆞᆫ지라 故로 法部에 認可를 得ᄒᆞ옵고 此를 新刊ᄒᆞ얏ᄉᆞᆫᄃᆡ 國漢文으로 解釋을 ᄒᆞ야 模糊ᄒᆞᆫ 句節이 無ᄒᆞ오니 法律學에 有志ᄒᆞ신 니와 字牧之任에 居ᄒᆞ신 니ᄂᆞᆫ 不得不覽ᄒᆞᆯ 冊子이오니 注意購覽ᄒᆞ시옵

中署布屛下 廣學書舖 김相萬 發售所

●일본遊覽會員募集

一遊覽會員募集 人員ᄂᆞᆫ 五十名으로 一限을 定ᄒᆞ니 官民을 不問ᄒᆞ고 速히 請入ᄒᆞ시옴
一巡遊地 東京 橫濱 日光 西京 大阪 神戶
一往復日數 대抵十七日間
一浮費 遊覽費及手數料을 合ᄒᆞ야 總計四十八圜
一出發日 請入願次를 從ᄒᆞ야 出發之日限에 直接通知홈
一請入所 在京城各國十八銀行京城支店 天一銀行
一會員은 遊覽을 終ᄒᆞ야 解散後ᄂᆞᆫ 本會와 關係가 小無홈
一南大門서 釜山으로 直行ᄒᆞ면지 或은 東京으로 直行하ᄂᆞᆫ者의 對ᄒᆞ야도 同一便法으로 同行請入을 應諾홈

日本人遊覽協會事務所 빈門通 東亞商會

西署新門外瀞동百八十六統三戶
辯護士前判事正三品 丁明燮
法律事務所 前主事 吳在淳

산원과 성신잔에서 본인이 살진소(肥牛)를 만이수깃ᄉᆞ니 쇼파실제군은 다수이 팔너오시옵

최봉읍 고빅

◎活動寫眞廣告◎

今番에 始作ᄒᆞᄂᆞᆫ 活動寫眞은 法국 巴里京에서 有名ᄒᆞᆫ 것이오 또ᄒᆞᆫ 大韓국 皇室에서 먼저 看品ᄒᆞ셧고 始作ᄒᆞᆫ지 數日에 遊覽ᄒᆞ시ᄂᆞᆫ 청君子가 多數枉臨ᄒᆞ시와 坐處가 넘쳐서 晩到ᄒᆞ시면 不便ᄒᆞ오니 速々枉臨홈

今番에셔ᄂᆞᆫ 活動寫眞數十餘件이 來到ᄒᆞ얏ᄂᆞᆫᄃᆡ 其猪에 敵國과 싸화의 여서 몹을 ᄉᆞ아 먹ᄂᆞᆫ 것과 人狗가 相鬪ᄒᆞ야 狗得勝가ᄒᆞᆫ 것과 諸般夢中之事를 形容ᄒᆞᆫ 것과 其他滋味가 多々ᄒᆞᆫ 寫眞이 잇사오니 速々히 來玩ᄒᆞ시옵

活動은 自下午八点至九点
名唱善舞歌과 唱和吹笛은 自九点至十点
賣票時 七点半始爲
入場票 上等新貨三十錢 中等十五錢 小童十錢

新門외 식당이 목東便벽돌집 法人 馬田 告빅

本人이 日本大阪商業家와 特約ᄒᆞ고 日本內地産出各種物品과 西洋各種物品及機械等物을 我大韓에 輸入과 委托을 便利케 契約ᄒᆞ얏ᄉᆞ오니 商工業에 有意ᄒᆞ신 僉君子ᄂᆞᆫ 某物이든지 請求코져ᄒᆞ시거든 本社로 來議ᄒᆞ시오 本社에셔ᄂᆞᆫ 手數料金만 領受홈

興業社本店 開城北部祥洞
支店 京城南門內水橋五十一統六戶
仝仁港內동廣濟號 培養會社

特別廣告

內外書籍新舊學文幷販賣所

大郞洞遺洞 金기鴻

本店에 春服衣次각種이 自英국으로 多數來到ᄒᆞ얏사오니 陸續來購ᄒᆞ시옵

貞洞瀝桑양服裁縫店 告白

染織大擴張廣告

本所에서 今般業務를 擴張ᄒᆞ고 左開各種을 製造ᄒᆞ오니 僉位ᄂᆞᆫ 多少不拘ᄒᆞ고 來購ᄒᆞ심을 切望홈

一各項衣次紋樣及特衣製造
一學徒夏服次各種製造
一女學生服裝次各種製造
一紬단木布毛緞染色及改染
一各色염粉直輸入放賣

宗廟越邊中谷 염織工所主人 金德昌 告白

●九轉靈砂라 本人이 妙方法을 神傳ᄒᆞ야 製造ᄒᆞᆫ 靈丹인ᄃᆡ 男女老少에 無論何징ᄒᆞ고 通治하오며 無病時에도 服하면 平生의 身體가 健康ᄒᆞ며 小兒ᄂᆞᆫ 四五錢重만 服ᄒᆞ면 十歲안에 無病ᄒᆞ심을 擔保ᄒᆞ오며

●九轉靈砂萬應丹은 저狂癲징과 中風諸疾과 耳目諸病과 淋疾에 神效ᄒᆞ오

●九轉靈砂保命丹은 初生小兒驚風 간氣 嗽 腹痛諸般懸징에 神效ᄒᆞ오

●九轉靈砂濟衆丹은 酒滯 食滯 血積 吐瀉 霍亂 痢疾 吐血 下血 運氣 時疾 痢징에 神效ᄒᆞ오

●九轉靈砂紫金丹은 痔漏 累瘻 上痔瘡 下疳瘡及唐瘡과 諸般瘍瘡惡瘡에 無不神效ᄒᆞ오니 君子ᄂᆞᆫ 來問ᄒᆞ시오

內需司前뒤갑이골上隅第一家 百三統一戶 리호廷 告白

越南亡國史 國漢文

定價貳拾伍錢

發賣所 京城廣橋高裕相書舖 鍾路滙川郡萬時寶書舖 布屛下 김相萬冊肆

國債報償義捐金收入廣告

●侍衛步兵第一聯隊第二大隊
第一中隊士卒
正校趙元석 副校李世永
四十전 徐眞玉 경錫煥
申德鉉 김在弘 各廿錢
叅校金德潤 김貞植
各四十전 李巨복 三拾錢
咸元奉 趙應德 各二拾전
李完益 拾錢 上等兵김昌用
三拾전 韓光杓 李元在
리귀完 曹今東 최창云
尹致三 安仲植 김守立
徐奉石 金今用 高영泰
朴元귀 박永귀 尼根永
김允成 리元明 각廿전
孫守섭 박敬守 申敬實
姜金용 리순三 朴景守
각拾전 兵卒吳相海五十전
리光同 김은東 崔仁鎬
각四十전 高興복 리健植
김영근 姜春성 김聖云
곡三十錢 김用성 리允植
吳用大 각自오전 金春植
具桂五 朴春植 金奉云
沈守奉 리道玄 金元혁
許西元 韓建成 朴宗云
김興烈 리윤宗 박桂用
崔安圭 리興植 김漢甲
金興萬 리澤秀 郭元根
梁宗云 김奉石 김守萬
崔學東 洪在完 리用吉
박昌淳 리守煥 林興春
嚴基돌 趙일元 박聖玉
千용植 김顯文 박貴문
리守奉 리圭彖 김弘石
김寬國 박東엽 리鍾俊
김明근 徐奉萬 朴乙吉
리介文 朴爲甫 崔聖煥
임창云 김杜連 김奉天
鄭興完 吳용伊 김成용
姜景玄 리귀엽 리相根
김慶元 南興石 김德辰
成景성 김敬景 朴學根
리用宇 임用복 리伯万
元學景 趙鶴男 김壯鉉
盧完圭 高興圭 김用문
김영식 徐相集 周東基
리乙用 김元日 金春明
各廿전 梁在天 십五전
崔학成 咸德根 金泰平
宋萬成 裵奎엽 김守同
김昌基 리順돌 김禮煥
千用完 高윤煥 安學俊
각십錢 김日萬 임用石
林順用 尹必成 各五전
合二十八圓

●陰竹南面梧倉里
宣傳김英圭 리文寧 文泰星
閔萬식 각壹원 柳與九
元聖근 文明星 각五拾錢
리元여 全殷奎 林理根
문濟根 全영순 申萬戶
元聖奎 강振馨 곡貳十전
尹歡然 김道連 徐明五
朴明云 리元日 趙京순
선奎시 박윤京 孔順之
文濟호 朴元實 현春京
김永甫 리京春 張化西
徐時元 박今用 文勉식
黃元三 문濟奎 박聖元
張士俊 柳우然 각十錢

●階岩里
洪祐면 郭弘섭 石致三
곽在陽 石致萬 石致昆
각一원 石필準 石相圭
七拾전 石鎭河 오十전
石성七 四十錢 石鎭錫廿錢
韓修教 閔泳斗 각四十전
石敬國 廿전 洪武重 十錢
合十九圓

●鐵山郡志成會第一回
本郡守兪鎭鐵 十圓
식興合資會社 三십원
商業會社 貳十圓

모商會 金得坤 劉學堯
각拾원 安泰和 리光淳壹圓
정光信 四十錢 명귀漸
貳원 張用會 貳십錢
정성龍 三拾錢 高處賢
리창영 곡一원 최麟德
三圓 리元謙 최성貞
곡六拾전 明義契中 三圓
金壽현壹圓四拾전 金炳贊
金賢彬 金守亨 김殿圭
金鳳乂 金윤貞 최一鎬
곡陸십전 嚴元吉 오圓
盧秉壹壹圓 리德斌
貳拾錢 리成창 김호然
곡오십전 金丙直 母親최氏
각貳십錢 리元鎭 金귀奉
곡壹圓 羅致仲貳圓 묘貞守
五원 리永식壹圓五拾전
白允國 崔致坤 盧致奉
곡六拾錢 정在孝 盧奎文
곡壹원 前都正김允五拾圓
손제學 忠學 각壹圓
鄭大龍 정창洙 각貳원
鄭창涉一圓 김洛俊三錢
方智五拾圓 김辰相六十錢
徐京운 三십전 리之龍
壹圓 리尙白 拾圓 김奉安
車鎭館白夢賢 곡壹원
安允尙 녹십錢 張應龍
五圓 千壽漢 壽憲 壽衡
각壹圓 김鳳官四圓 子泰亨
貳圓 泰馨 一圓 金문根
參圓 子國奎 國彥각貳圓
國英 國鼎곡오십전 정석티
三十환 子周泳 貳圓 殷泳
一圓 용之贊 三圓 子時彥
從弟之경 各貳圓 리正섭
二원 子贊문一원 劉繼堯
子회창 각貳圓 盧문성
김용규 각三圓 曹亨리
弟亨默 亨麟 각一圓 亨贊
五圓 형龍오十전 子회坤
녹十錢 회辰 五십錢 회漸
三拾錢 韓寬영一환 弟寬호
五拾錢 寬슈一원六十錢

宋昌麟 一환 金觀玄二圓
子秉鉉 貳圓 明鉉 一圓
리영식 壹환 子회重 貳원
김德淳 십원 子應호三십전
前司果曹汝聲貳圓 子貞奎
一圓 손孝則 盧문官각一圓
金應전一圓六拾전 安三辰
弟三珍 곡一圓 최奎傑
一圓五十전 前叅奉리華吉
三圓 子前主事義貞 貳圓
윤玉民 嚴聖모 子樞문
不樞星 김廷奎弟拾歲兒金山
곡一圓 張才童 녹전一匣
신化信 오十전 韓得엽
一圓 前主事리석九二圓
김啓連三십貳전오匣 鄭萬守
오拾전 十歲兒劉봉尙
十錢 金鳳회 홍適정곡廿전
鄭允涉十전 김석模 가영濟
곡五拾전 鄭夢문 三十전
분亨健 鄭得弘 盧문담
곡오十전 進士김益선三圓
김秉奎 二拾錢 리회奎
명元學 곡五십錢 명德官
三十전 김義혁 一百원
崔창복 二十전 鄭항涉
一圓 子世坤 孫원益
鄭學麟 각오拾전 柳化淳
三십錢 니信호 二십錢
鄭時난 十錢 張國善一圓
니昇稷 壹圓 黃元淳五십전
宗용눌 六十오錢
前叅奉니仁과 一圓
夫人김氏 三十전 김允成
五拾전 白瑞혁 子창淳
각五拾錢 김允玉 三拾전
日新漢文學校壹圓貳拾전
教師니之弘 오十錢
前叅奉車成輪 一圓
김達슈二圓 조景模 一圓
김利贊 壹圓二十錢 崔昌적
二十二錢오匣十二歲兒오정殷
오拾錢 김万壽 三拾전
十二歲兒리漢임 二十전

강正夏 김有禮 곡三拾전
리時鉉一원 노允德五拾錢
前叅奉安萬옥 壹圓
리문河夫人문氏一圓 김奎炯
黃日默 곡오十전 리玉潤
朴時옥 鄭贊보 각一圓
前叅奉김德濂 三원 김錫麟
一圓 十四歲兒劉潤英
五十전 前五衛將禮學敏
김美수 리寧三 곡一圓
리啓燁 노學燁 각오拾전
니若善 張永奎 각二圓
김于謙 朴昌業 김창五
각一圓 정팔吉 오십錢
前五衛將韓基恒 오십전
신化福 二拾전 黃鐵용
一圓六拾전 崔錫佑 六십전
劉明哲 김佐條 곡五십전
合四百六拾一圓七十
六전一匣

●楊州郡石積面석隅리
韓경殷 김泰鎭 각貳원
白南容 김必圭 李萬圭
곡壹圓 니承昌 김寬鎭
韓寅數 각오십전 韓형殷
韓琮殷 韓羿教 각六十錢
니章鉉 박귀承 韓字教
니윤植 니斗鳳 車連赫
곡三십錢 韓與殷 韓명殷
韓원教 韓七教 韓德錫
韓仁錫 니海임 니興림
니世림 니得현 니承濬
니光臣 니翼臣 니夏臣
니敬식 白南徹 박來鴻
池相근 지泰섭 池起영
崔伯賢 지寅섭 丁殷三
박允和 강美力 車귀善
朴平不 림祥天 彭鳳珍
김福祿 홍成龍 許홍석
柳彭동 羅萬植 馬興福
徐戊석 邊百万 安在豊
비彥龍 馬北山 김贊돌
김鳳玄 車順一 각二拾전
柳彭쇠십二전五匣 韓章殷

韓亦根 韓錄敎 韓斗敎
韓鎰 朴윤教 韓孟教
朴敬鎭 니奎元 白龍雲
니得臣 니永臣 니仁秀
니不반 池華섭 지順섭
池洪섭 정大卿 강성燻
丁大用 박齊德 元千萬
朴萬錫 노源석 김福萬
김윤성 朴敬福 박千萬
각십전
合計二십三圓○貳錢五리

●懷德郡柳等川面龍壽洞
閔廷植 一圓 閔建植
嚴敬閔丙興 各三十전
김麟培 우炳淳 곡一원
니升鳳 우弘淳 우海淳
姜琦淵 各二十전 姜리淵
석전 정之浩 정憲泰
정濟入 명憲榮 정基喜
명錫喜 명周喜 김壽鍾
김壽鎬 김봉淵 김九淵
韓相九 張海식 니承元
合二십전 宋錫雲 五십전
니玄秀 니根창 니炳宇
各십전
合計八圓십전

總合오百三拾九圓八拾八錢와
匣
本号附錄總合오百八십一圓스
십錢
國文報廣告總合一百十八圓삼
拾八전
前號總合壹萬九千七百三十三
圓八拾貳錢壹匣
都總合二萬九百七拾三圓스십
八錢七匣

◎特別廣告◎

國債報償金에三百所捧은姑未合計이옵고伊前日의所捧總合四萬三千四百三拾三圓拾三錢은韓氣會社內銀行에貯置ᄒᆞ얏삽고其貯置額中壹萬九千三百圓은國債報償志願金總合所로起交홈

大韓每日申報社

●大韓每日申報各處支社廣告
中署布屛門下 金相萬冊肆
平壤上水口門內 金喜淵
仝 崔觀恒
仁川香峴關新報舘 李東皓
宣川邑北西里 安 濬
義州西門外直西 大昌局
釜山港佐川 徐藥局
三和港鎭洞 金元석
咸興州南社西門外 曹喜林
開城培義學校 姜助道
大邱市廳 崔一弘
載寧邑濟衆院 鄭夢澤
鐵山邑東部 安 立
元山倉前 劉七錫
海州南門內書舘 洪庚인
信川邑 李源鐸
定州南門內 朴昌鎭
昌原郡校洞 許 환
郭山興岩 李銀瑞
安岳細동坊成동 金永杰
大韓每日申報社

發行兼編輯人 英國人 裵 說
發行所
南署石井동號外地三層洋屋家
大韓每日申報社

國債報償義捐金 收入廣告

●徵上第二大隊第四中隊將校
以下士卒
中隊長李宜榮 사圓
參尉白世기 오在珩 각貳圓
副尉太有善 太源燁
參尉리宜豐 宋必顯
特務正校鄭允창 副校孫永福
二等卒洪致云 朴學宗
각一圓 一等卒박萬守
二等卒金금山 각七十전
參校裵興顯 륙十錢
副校金興圭 參校리奉圭
上等兵리載혁 崔卜吉
각오十젼 正校文景식
ᄉ십오젼 副校洪昌셩
參校玄奉用 鄭泰淵
上等兵鄭漢宗 고道윤
리應基 一等卒김明식
박云用 송平云 김창成
田順汝 二等卒崔守同
니基用 김漢成 김昌用
김善殷 尹貞식 萬明식
鄭福男 김寬燁 각四拾젼
上等兵黃聖俊 全景煥
一等卒宋興萬 김昌云
文甲石 林호文 각卅五젼
副校김振哲 參校朴泰弘
林호用 上等兵정興石
오亨근 김秀英 리凡春
朴完호 一等卒鄭東用
高守복 김셩仁 김東奎
柳今奉 張萬成 림聖完
리셩根 鄭泰洙 리成用
張一淸 리德俊 리春先
高恩吉 洪영奎 孫聖泰
申福同 림奉식 김善[illegible]
朴셩근 李영華 崔주鉉
김昌鉉 曹興根 徐春奉
韓長萬 리춘吉 박셩圭
林法明 김[illegible]出 라甲俊
徐公玉 權在根 [illegible]
각卅젼 上等兵정明[illegible]
김鉉煥 김然成

一等卒리창祿 각卅五젼
니性根 參校白南式
二等卒김오[illegible] 上等兵韓鳳南
朱셕祐 金宗哲 오章根
一等卒리世根 朴順根 文리福
朴元식 尹興鎭 박命吉
姜善圭 尹化俊 리建식
鄭光鉉 趙光先 韓셩殷
김泰先 羅창允 曹石윤
崔奎默 김泰山 閔奉圭
鄭守完 김甲成 安영玉
박창順 尹俊元 림창云
박用得 김景文 김景烈
河相五 박成出 리창順
리萬福 김永基 俞順石
黃守同 리千奉 千준泰
박用石 리云杜 崔興식
金德化 韓景化 尹正玉
金貴成 尹永奎 김用식
崔守萬 崔順인 車元成
安창鎭 參校張春山 각卄젼
一等卒鄭孝哲 全창슈
리창근 김奉石 崔셩鉉
二等卒정 漢 박호石
라圭煥 尹景先 王仁식
라元必 각十五錢
一等卒任德在 김啓天
손殷俊 二等卒리영근
崔德化 김英順 金창順
李聖實 明順成 安泰근
김元亨 尹今用 박先奉
崔云學 金영근 박인泰
김호成 韓文돌 김善奎
각十錢
合오十九圓십젼

●慶尙南도협川郡海印寺龍[illegible]
김英海二원 리友松 김벽雲
김應月 柳普文 김友雲
鄭敎[illegible] 리接雲 김應虛
리[illegible]식 김尙勳 각一圓
▲裵海雲 郭禮운 文友蓮
각ᄉ십錢 姜靑蓮 洪瑞巖
▲盧海耕 裵鏡庵 각ᄉ십錢
김위山 金泳賓 張濟月
崔日荷 宋義潭 趙창守

[illegible]鶴 리文佑 鄭大鎬
金道玄 리景玩 리德元
宋贊宗 金明鎭 尹性演
金法海 李正佑 朴英峰
任曉聖 裵유喜 宋成玄
玄德希 全法演 金順호
白琪玄 림海源 徐와윤
趙慈宥 각ㅁ錢 金景明
니齊운 車漢應 리學明
黃大應 林瑞谷 金應化
박實潭 리海鵬 金曉應
白景霞 全鶴산 白在三
유守인 복敎崙 각ᄉ십젼
김敬松 鄭등庵 회應明
김正其 김道彙 김一化
김其云 김順首 임윤全
박碩奎 김지湖 崔묘性
車斗賢 김창문 白와인
김道炯 김敬演 白尙欣
오지션 신道成 김寶生
리션其 회야雲 각二拾錢
寺庵乞化中留在金六十八圓
四十錢
合一百圓

●楊州郡眞官面本眞官一洞
박창五녹십錢 박창善五십錢
林봉先 趙七成 각ᄉ십젼
윤明운 韓셩在 리明信
박셩운 리功實 박景식
회長釗 박奎明 고英근
各卅젼 嚴明玄 송리山
강敬先 김守敬 윤德守
고上快 리슌리 민敬長
각卄젼 리원有 김슌여
安영甲 복明근 리自先
고完西 張춘弘 강敬문
許셩福 문영先 리明實
金永先 韓石龍 박敬道
趙영先 金淵先 廬繼允
張中옥 리영環 정노瑞
회敬奉 민敬奎 정保玉
尹明슌 라문吾 각拾錢
白영근 十五젼 강敬윤
정슌오 라南슌 具敬西
南召史 각오錢
參尉金顯敬大夫人林씨오十전

合九圓녹拾錢

●江原道麟蹄郡南面[illegible]대里
沈[illegible]玉一圓 沈商셥五十젼
沈載[illegible] 沈勳셥 沈應섭
沈榮섭 沈載憲 沈基셥
沈載원 沈載彬 沈리셥
송尙潤 송哲호 沈주澤
송基範 沈平셥 沈원셥
각卄젼 嚴柱셜卅젼 鄭柱稷
沈景셥 沈載亨 沈載興
沈載庚 沈載丁 沈章셥
沈乃셥 趙星夏 全義지
宋치凡 김春化 오학瑞
吳石凡 각拾錢 沈載學
沈秉셥 丘秉[illegible] 박長吉
각卄전 김云三 卅錢
合七圓

●楊州九宜面尤美川
龍雲成一圓卅錢 리正儀
柳福茂 각一원 신雲先
녹십젼 리永五 김운先
박춘成 김在鉉 리聖實
徐相典 孫大弘 리圭빅
각九十錢 文金五 南宮景云
龍元成 [illegible]金茂 김岐培
洪신俊 박長祿 각四十錢
姜相潤 池連弘 崔德淳
회敎玉 朴히老 金德俊
신今孫 박興용 각卄젼
金平三 金奉吉 金仁伊
金鐘伊 션치三 姜石昌
呂운正 박千奉 리奉吉
각卄錢 리춘培 五拾錢
合拾五圓四拾젼

●安山月谷面大대동居
主事박和鎭 二圓五拾錢
▲全北全州府西門外
參奉박종命二圓 복仁秀一圓
▲西小門外給洞居
侍御박衡輔氏母親송氏四圓
夫人림씨 [illegible]三錢金[illegible]
[illegible]一圓
●[illegible]

十四統三戶 김春식 一圓
合廿二圓五十錢

●美동金계然 鞋廛
俞德긔 俞종淳 子계然
계奎 金리興 각一圓
리秉善卅전 리貴得廿전
合五圓오十錢

●慶尙右道草溪宅定而大同村
정世주 安正五 각三圓
金允基 郭셕在 金載千
각一圓 리종弼 石진均
각二圓
合拾三원

●竹山郡西二面美동
韓成根 高원근 리퇴均
리容儀 각一圓 리起象
文昌業 리셕均 丁行鎭
리起敎 리起龍 각五十錢
량大鉉 박奉眞 丁海潤
文琦鉉 張和셔 張東鎭
원亨亨 韓긔東 리海均
각四十錢 金萬水 朴지春
丁奎원 丁규賢 리起復
류漢吉 安平心 金亨敎
張東식 劉澤烈 徐萬弼
丁衡鎭 리千一 金규淵
리世均 리起봉 陳元啓
각二拾錢 丁규七 陳元리
南주熙 김義源 각三拾錢
리起俊 大十젼 崔萬鎭
二拾젼 리光榮 丁규列
리景슌 각拾圓
▲回龍里
張우셥 六拾錢 元용國
김衡權 각五拾錢 신觀熙
박용鳳 각四拾錢 張지셥
신升熙 張운식 박準昌
각三拾젼 강죠영 리象규
박應鎭 각二拾젼 張리셥
張元식 張慶긔 각拾젼
▲台亭里
화지遠 五拾젼 윤顯應
四拾젼 김쑤리 화在煥
각三拾젼 최지漢 최象顯

송元湖 黃敬연 최종學
최養션 각二拾젼 김지英
權弘集 윤顯升 리春英
김지祿 리지淳 張容大
최喜셜 최喜相 윤達五
각十錢
合計二拾四원五拾젼

●懷德內南面宋村里
郡守송종徵 承旨송종奎
각십圓 參奉송敎淳 오圓
判書송道淳 卄원
參奉林化心 오衛將리萬和
權春根 각壹圓 參奉鄭춘오
오십錢 主事車春瑞 鄭기賢
각卅錢 박成集 손源셕
리치馨 曹明心 각卄젼
車學여 박洛西 김性道
복星七 玄童돌貴 김乙弼
지升龍 全平西 박學先
박化先 박成오 최小心
姜萬祿 원원三 강치共
김士勳 김成白 金完奉
리치久 박成근 손敬玉
박成七 徐八龍 權善山
손德원 魏萬權 權인西
리明集 安셩心 權지亨
임星七 각십錢 安成오
權益三 각廿젼
▲飛來洞 尊位리奎셕 三圓
▲新村 尊位리定셕 一圓
合五拾七圓四拾전

●抱川內北面機池里
楊世혁 楊性혁 각五十錢
楊有혁 一圓 양지혁
二拾錢 楊彦혁 四십전
楊重혁 楊묘혁 各拾錢
양光혁 양佑혁 양彝혁
양春혁 각廿錢 양신혁
十젼 양載장 三十전
양載春 오十전 양載鉉
二十錢 양載友 十錢
양載周 양과秀 양順秀
양德秀 각卄錢 양興혁

양興주 양萬주 黃士萬
金應鎭 각十錢 鄭元重
五十錢 鄭義重 십젼
鄭鉉九 一十錢 유興슈
四十錢 유興洛 오十전
유寅三 유긔鳳 각十錢
유興中 四十전 유긔厚
拾錢 유寅吉 이十전
유寅協 十錢 유興위
四십錢 유긔옥 十錢
류寅一 四拾각 유興敏
二십錢 유興龜 四십전
유基영 三十錢 유긔綿
四拾전 유긔弼 十전
유興麟 二十錢 유寅浩
유긔주 유興묘 각십전
俞仁植 許 옥 각卄젼
白和슈 全奎돌 각십錢
비宗憲 三십전 비우식
二十젼 비창식 비宗亨
비完식 李春복 李七夕
李므奉 李學天 李奉根
各十錢 金守明 二拾전
金興泰 십錢 金命吉
拾전 南今봉 趙萬泰
각二拾錢
合十四圓三십錢

●영興郡북興社문興里
朴正瑚 朴明옥 각七拾錢
쥬陽철 오拾錢 金時伯
四拾錢 박弼和 박致卿
각三拾전 박景烈 朴弼洙
박秉슈 張用吉 金載善
각卄전 박景煥 張雲셥
朴景貫 박完洙 박正國
김殷伯 張雲觀 박勝律
金利奎 슈根伯 金鳳翼
張元福 쥬基弼 金正슈
朴時煥 각십錢 金贊甫
張達翼 張영祿 許召史
각오전 趙召史 십전
合오圓七十전

●安山馬遊面長宗里
李鍾華 李鍾殷 李鍾爽
黃寅秀 各六拾전 李世징
四拾전 李鍾鎬 李鍾學
李종셩 李榮夏 각卄전
李榮基 四拾전 리君必
姜윤成 리鎬增 李鍾赫
李鍾洛 각卄전 李殷增
金周煥 각四拾전 金士集拾전
合六圓八拾전

●白川ㅋ面각里
花산東三里
金容春 五圓 金駿求 一圓
金淳엽 五拾錢 金원日
金龍求 金善求 金慶求
金憲植 金基五 金敦植
각卄錢

△下今산六里夕峴洞
林華成二圓 金子玉 姜巡丘
각녹拾전 홍치吾 四拾전

△雲山三里牛浦
趙會원 一圓 丘春원四拾錢
趙昌원 卄錢 리東昕육拾錢
辛 슈 丁行敎 각四拾전
丁尙敎 閔지善 趙體增
ㅋ卄錢 辛聲集 리志應
辛敬集 辛鳳善 丘 炳
金셔麟 각卄전 辛光집
丁大여 리俊宋 각拾전

●東村五里倉串
閔致章 閔漫식 각이圓
閔宗根 六拾錢 閔 淵
閔宗셥 閔 용 閔周셥
각五拾錢 閔 홍 三拾전
閔銓근 스拾錢 閔弘근
閔석근 閔 기 閔正섭
閔 淳 閔 욱 閔 源
閔 澄 閔鳳근 閔義鉉
閔元근 閔在德 閔지巡
閔 淡 閔지祿 각二拾錢
閔內근 拾五錢 閔蓮근
金二萬 ㅋ拾錢

△花山一里
金셔培 二圓 金창培一圓
金鴻培 金顯각 各二圓

▲石山上三里
金成赫 육圓 子錫麟
孫知言 ㅋ二圓

▲柳川上一里漢橋
신在祜 五拾錢 신在祜
최士元 각卄전 신敬集
신豊集 신秉集 金敎欽
金春玉 金敬순 金子玉
金文敎 金文彦 趙京化
金成玉 李셩壽 劉仲玉
최셩天 金억金 홍셩天
金應玉 金永官 韓셩天
任셩業 손學敎 劉致伯
신學西 金在淳 盧運오
崔윤五 ㅋ卄錢
合五拾一圓六十五錢

●白川花山九里仙동
李鍾憲 寧允協 홍셩보
邊平仲 각卄錢 李鍾樂
李원七 邊보明 邊셕찬
李春보 李明吾 趙永化
李원瑞 각拾전 邊武京
奉伯賢 ㅋ五전
合一圓七拾전

●西署壇洞동中
執綱李主性 一圓
前郡守裵翰永 二圓
前侍御金德煥 一圓오拾錢
오普善 金秉熙 前主事裵東혁
李容華 신龍均 李漢應
孔善泳 前叅奉金秉善
李德汝 金성賢 李昇爲
李公俊 正尉宋순鎭각一圓
前主事李寬應 동蒙朴命龍
金福煥 李창爲 趙相元
前敎官權重漢 金光熙
前叅奉劉秉洙 任宗鎬
각九拾전 前司果량敬學
羅鳳在 前司果李容應
각四十전 朴應七 裵廷周
각卄전 李창雨 韓鶴洙
신덕鉉 姜원敬 姜보敬
金셩韶 黃斗顯 李公순
崔원순 李영三 金여艮

尹萬영 智敬勳 張창植
邵振榮 李相玄 오덕仲
黃보性 동蒙김奉돌
前主事權重淳 리大榮
신應先 각卄전 朴成植
리春成 房셕命 張在홍
房銀星 정澤芝 尹致寬
朴士明 김平순 成漢國
리원根 비得인 韓연洙
비應圭 신덕순 리士榮
김周敞 박龍운 朴덕순
前叅奉任命준 前判官李禮爲
동蒙리봉긔 崔汝道 柳重實
비文원 김景爲 김弘植
정仲伍 前叅奉鞠봉九
김셩安 朴禮仲 張光文
오순凡 김景植 黃成主
趙道汝 尹興汝 리公玉
리振主 朴원回
동蒙尹子近星 리重熙
리稚셜 각拾전 김순化
김덕賢 리敎成 김世克
김덕奎 오京貫 김창伯
박鎭玉 陶윤원 김덕弘
리덕有 任셩安 박相奎
송지션 오순孝 박應煥
각오전 리셩奎 오愼근
오敬瑞 林노슈 各拾전
合三拾三圓七拾錢

●京畿고陽郡沙里大面侍叢洞
韓弘석 六品成樂순各一圓
五衛將박貴셥 四십전
三品韓봉殷 卄전 韓道석
韓禹敎 변창敎 各卄五전
韓一敎 최萬星 成樂應
成道永 韓貞殷 韓政敎
方明玉 박淵弼 ㅋ卄먼
成樂仁 韓純敎 韓慶敎
張尙快 三品리秉主 成樂民
各拾오전 成樂원 리秉壽
韓윤석 리慶玉 全吉用
忠義오원甲 權英殷 정덕東
韓明슈 오壯원 韓敷敎
成樂鏞 韓순석 史叅乃今用
한命徵 리龍雨 한奎서
成樂召 한순敎 金영得
ㅋ拾錢
合七圓九拾오전

●金川古縣面一里三산洞
尹致조 오圓 柳益秀
尹鋼求 各貳圓 尹致種一圓
尹종선二圓 尹應선 홍承九
각一圓 尹창선 尹衡선
윤一션 윤貫求 趙英增
고봉석 ㅋ오拾전 윤致정
윤치麟 柳景玉 각四十錢
윤치極 윤치오 윤浩션
尹석求 리鴻澤 리興瑞
ㅋ卄錢 郭善明 尹치혁
尹치坤 尹학션 尹慶善
尹영션 윤昞션 윤義션
尹션實 윤雄션 윤義션
윤鳳션 윤龍션 윤福션
윤근션 윤濃榮 고鱗서
홍致敬 柳道芳 趙喜增
리明信 趙鍾和 리龍伯
고龍석 洪承七 各卄전
윤宗求 拾五錢 윤亨善
윤明션 윤경求 윤宣求
윤원석 許 용 柳遠起
趙鍾運 고命奎 黃應禹 申錫柱
崔子三 申錫九 許 保
丘貞增 ㅋ拾전 金元實
鄭吉用 李千吉 張長쇠
崔富成 李元吉 조順福
金鳳云 奇九增 김善得
李明三 車厚吉 조長吉
各卄錢 정永돌 尹福돌
崔所爲 金恒吉 朴守慶
김宗文 김明돌 林百錫
강리殷 김奉吉 ㅋ十錢
合三一圓卄五錢

▲二里鳳岩
윤致연 리宗烈 ㅋ一圓
申錫禹 김熙權 신덕鳳
各五十전 兪致寬 石원각
김鎭孝 리弘烈 신錫奎
리민여 陶원主 各卄전
김규植 兪鎭玉 리원基
兪致源 柳聖圖 신錫疇
각卄錢 김憲植 신錫龍
丁召史 ㅋ十錢
合七圓十錢

●陰城郡孟동面각동
前叅判鄭海植 五圓
前侍御리禹默 五圓
前令리承주 비致憲 ㅋ五圓

▲上呈
리奎興 二圓 裵玄석
비龍석 각一圓 김海鳳
七拾전 김洪天 오拾錢
嚴守在 윤긔先 리得何
裵致玉 各五拾錢 池學成
최允오 各四십錢 姜性熙
三十전 리鍾遠 림章淳
韓致局 李순化 裵덕得
南八寬 김千伊 김奇瑞
朴元汝 ㅋ三拾전 최萬보
二拾전 리奉守 김지得
김지根 南基鎬 崔東植
崔종實 裵相用 림셩용
각二十錢

△下呈
前司果김學종 壹圓
김濟鮮 김濟昌 김濟萬
朴春福 김寅奎 金在寰
ㅋ壹圓 리仁和 裵洪셔
朴萬甫 崔종玄 洪慶求
리찬和 裵致瑞 裵致箏
ㅋ五拾錢 김樂종 三拾전
前都事辛大鎭 裵致倫
裵致重 박春根 리命學
朴在成 김致긔 김萬조
各三拾錢 金熙烈 四十蓮
김春應 崔有복 朴德元
崔종得 정寬伊 ㅋ四拾錢
姜雲슈 二拾錢

△栗西
李學來 四拾전 李셩來
三拾전 李吉來 李鳳儀
南應默 송榮實 박元心
高必環 김德心 신道一
各二拾전 閔泳燮 李容圭
ㅋ拾錢

△栗東
前叅奉李善基 李愚臣
신永熙 ㅋ五拾전 리愚永
一圓五十전 리愚龍
金龍熙 ㅋ一원 리元긔
四十전 리愚昇 리台和
리愚吉 김敎學 김國鎭
리益會 김伊甲 김南春
ㅋ三十전 최鍾億 최禾官
김上甲 리奇鳳 金正伯
김德順 金召史 高學셩
각二十錢 崔漢億 十전

▲中本
鄭영圭 리滋植 신秉熙
각오十전 宋창鉉 一圓
김셔조 四十전 南한德
宋禹玄 宋덕鉉 송基奉
ㅋ三십전 安廷德 宋基영
박長述 김漢돌 吳奉孫
리成得 각二十전

△新坪
前議官姜大榮一圓 姜珠秀
六拾錢 김영濟 김景植
림海競 김爾秀 김元濟
강大貫 姜應슈 각二拾錢
黃致一 림遠슈 裵致允
강大旭 림遠熙 강興슈
강弼슈 權五出 강又슈
각십錢

▲新溪
鄭皓영 경行矩 安倚玄
덩觀永 ㅋ一圓 鄭樂善
四拾錢 鄭寬元 三拾錢
강徹熙 리德容 鄭大영
박周見 鄭寬成 덩壽永
정五영 리千容 신石돌
각二拾錢

△通동
咸興植 三圓 김夏植
一圓 김威식 리根榮
김學祐 김學千 김學恒
각五十錢 김學吉 宋圭萬
ㅋ四십전 김恐植 鄭哲모
김信식 김智식 김沖식
김培식 김舜식 文興海
김始식 김世식 各三十전
孫聖允 二十오錢 김 河
二十전 김化植 文有鎬
김학貴 김學奎 徐元슌
리利基 김학봉 김興식
김伯식 김漢식 朴鍾成
김壬긔 김學麟 김華식
김鍾鉉 김昌基 姜치熙
ㅋ二十전 김正龍 鄭俊모
김順基 김仁긔 김英긔
김學景 김麟基 김瑞식
安창鎬 박永來 김萬긔
김千긔 김寬식 김有식
김學昇 손聖奉 金學鋼
김義식 김학誠 김영긔
김制식 楊敎植 김學圭
李셔漢 김學健 玄致成
玄지化 金德植 金鎬植
金鳳식 김호식 김龍긔
김又식 각十전

△외北
黃奇鉉 卄錢 張錫疇
오십錢 김慶元 신秉烈
朴明奎 ㅋ卄錢 김柄奎十전

△君子동
김九鏞 閔鍾承 ㅋ오拾전
崔先應 김世영 김万영
ㅋ卄錢 李容恪 김振相
김德在 金在明 金斗洪
閔濟世 卞相道 金鎬一
金斤得 ㅋ十錢
合九十八圓二十오전

●呂州占樂面乾長里
邊永心 金中心 邊萬壽
金春澤 최春甫 鄭致化
石順五 韓景必 卓治守
尹聖弼 ㅋ오十錢 金平庸
金治弘 邊永五 邊學秀
邊永化 南永先 安樂汝
卓仕更 邊正實 石쇠보
徐景西 金守萬 박卜述
白致書 각卄오錢 邊永道
리汝實 김致三 각卄五전
김順西卄전 安允甫십오전
合十圓

總合五百八十一圓四十錢

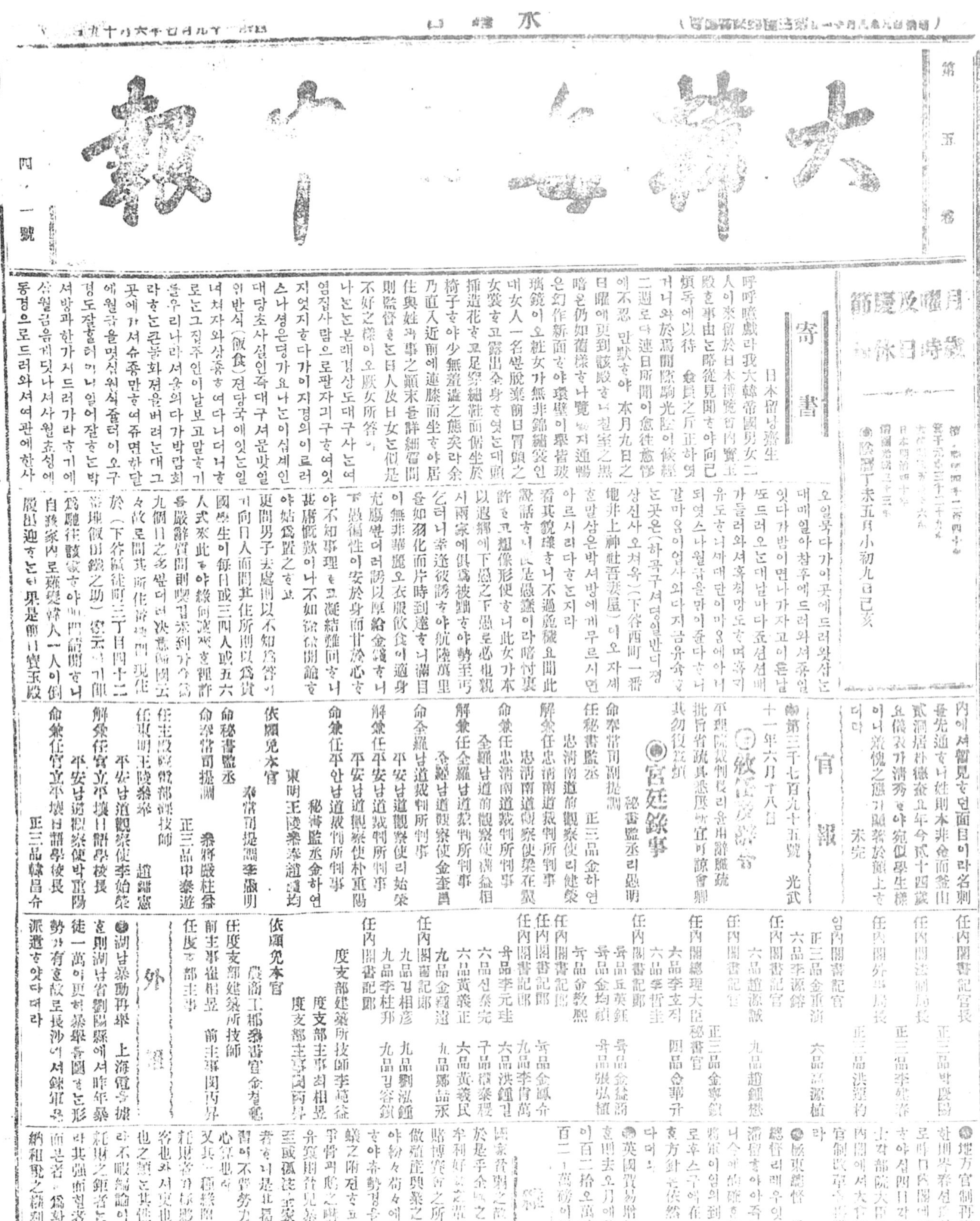

大韓每日申報

第五卷　四百一號

月曜及陰曆節 歲時日休刊

陰曆丁未五月小初九日己亥

寄書

日本留學生

呼呼噫戲라我大韓帝國男女二
人이來留於日本博覽會內寶玉
殿호事由는略從見聞호야向已
頒報에以待　會員之斥正하여
거니와於焉間際駒光陰이倏經
二週로다連日所聞이愈往愈慘
에不忍 만默호야 本月九日之
日曜에更到該殿호니칠室之黑
暗은仍如舊樣호나覽지通暢
은幻作新面호야環壁이舉皆玻
璃鏡이오粧女가無非錦繡袋인
대女人一名은脫棄前日胃頭之
女裝호고露出全身호엿는대頭
插造花호고足穿繡鞋而倨坐於
椅子호야少無羞澁之態矣라余
乃直入近前에連膝而坐호야居
住與姓과事之顛末을詳細留問
則監督호는日人及日女는似是
不好之樣이오厭女所答이
나는본래경상도대구사는여
염집사람으로팔자긔구호여잇
지엇지호다가이지경의이르러
스나셩은뎡가요나는이십세인
대당초사실인즉대구셔문밧열
위반식(飯食)전당국에잇는일
녀쳐자와상종호여다니더너호
로는그집주인이날보고말호기
를우리나라서울의다가박람회
라호는큰불화젼을버려는대그
곳에가서슈종만호여쥬면하달
에월급을몃십원식줄터이오구
경도잘홀터이니일어잘호는박
서방과한가지드러가라호기에
삼월금음게덧나셔사월초싱에
동경으로드러와셔여관에한사
오일묵다가이곳에드러왓삽는
대매일아참후에드러와셔죵일
잇다가밤이면나가자고이튼날
또드러오는대날마다죠셕셥매
가들러와셔혹칙망도호며혹기
유도호니셰대단이마음에아니
되엿스나월급을만이쥰다호니
갈마음이업사외다지금유숙호
는곳은(하곡구셔뎡일반디졍
상신사오처옥)(下谷西町一番
地井上神社吾妻屋)이오자셰
호말삼은박서방에게무르시면
아르시리다호는지라
看其貌樣호니不過庇穢요聞此
說話호니是愚蠢이라暗忖裏
許호고粗像形便호니此女가本
以退鄉에下愚之下愚로必也親
시兩家에俱爲被黜호야勢至丐
乞터니幸逢彼誘호야航陸萬里
를如羽化而片時到達호니滿目
이無非華麗오衣服飮食이適身
充腸뿐더러誘以厚給金錢호니
下愚備性이安於身而甘於心호
야不知事理호고凝結難回호니
甚屬慨歎이나不如錄待開諭호
야姑爲置之호고
更問男子去處則以不知爲答이
기向日人面問其住所則以爲貴
國學生이每日或三四人或五六
人式來此호야緣何演來호理許
를嚴辭質問則喫口到가令爲
々故로問其所作而現住
九個日之名은더러決意歸國云
於(下谷區徒町三丁目四十二
番地假田鐵之助)家云이기頃
爲離往該家호야門請問호니
自該家內로黝髮韓人一人이倒
殿出迎호는데果是前日寶玉殿
內에셔暫見호던面目이라名刺
를先通호니姓則朴非金而釜山
貳洞居朴徽査오年今貳十四歲
요儀表가淸秀호야宛似學生樣
이나羞愧之態가顯著於顏上호
더라　未完

官報

◉第三千七百九十五號　光武十一年六月十八日

◉敍任及辭令

平理院裁判長이윤用辭職疏
批旨省疏具悉所辭依施

◉宮廷錄事

命李常司副提調　祕書監丞리恩明
任祕書監丞　正三品金하연
忠淸南道前觀察使리健榮
解兼任忠淸南道裁判所判事
忠淸南道觀察使梁在翼
命兼任忠淸南道裁判所判事
全羅南道觀察使金奎昌
命兼任全羅南道裁判所判事
平安南道觀察使리始榮
解兼任平安南道裁判所判事
平安南道觀察使朴重陽
命兼任平안南道裁判所判事
祕書監丞金하연
東明王陵參奉趙鐘均
依願免本官
奉常司提調李鳳明
命祕書監丞　參將嚴柱益
命奉常司提調　正三品申泰遊
東明王陵參奉　趙鍾憲
平安南道觀察使李始榮
解兼任官立平壤日語學校長
平安南道觀察使朴重陽
命兼任官立平壤日語學校長
正三品韓昌洙

任內閣書記官長　正三品박慶弼
任內閣法制局長　正三品李始洛
任內閣外事局長　正三品洪遵約
任內閣書記官　正三品金重演　六品高源植
任內閣書記官　六品趙源誠　九品趙鍾懋
任內閣總理大臣秘書官　正三品金寧鎭　四品俞鎭升
任內閣書記郞　六品金益鎬　六品張弘植
任內閣書記郞　六品金鳳介　九品李宥萬　六品洪鍾길
任內閣書記郞　六品黃義民　九品鄭喆永
任內閣書記郞　九品劉泓鍾　九品김容鎭
度支部建築所技師李範益
度支部主事최相昱
度支部主事閔丙昇
依願免本官
農商工部參書官金철龜
任度支部建築所技師
前主事閔丙昇

外報

◉湖南暴動再舉　上海電을據
호則湖남省瀏陽縣에서昨年暴
徒一萬이更히暴擧를圖호는形
勢가有호故로長沙에서錄軍을
派遣호얏다더라

◉地方官制刊行　官制改正의結果
로昨日內閣에서各部院
한冊자를作成호야
호야십四日간大臣內閣
十각部院大臣
內閣에서大問호고地方
官制改革을付호얏다더
라

◉俄東總督　新任에俄國極東
總督리레우잇지將軍이俄都에
滯留호야아직赴任치아얏다더
니今에的確호報告를據호則同
將軍이일의到任호야日下하바
로후스구에在호되其極東에對
호方針은依然히決定홈이無호
다더라

◉英國貿易增加　倫敦電을據
호則去오月에英國貿易에輸入
이百二拾오萬磅이오輸出이오
百二ㅣ萬磅이增加호얏더라

雜報

國家貧弱之故　南溪山人

於是乎金之內에歸夫品이
라利好가
賭博之所를고
做殖産興業之無上不二法門
야紛々하々에獵官之術
호야奔競경合若合之逐臭
蟻之附羶호고奔官路를如狗
爭骨되如之斷屬호야以爲一得
유算則得見官에안
至成孤之家之産而一擲
者호니是非爲故哉아皆
習이不暇勢力호고遊食耗財
心算也라
又其一種附於官호야以分利
耗財者가니官職也와
客也와서吏也와從役也와조隸
也之類는其大略相
라不暇細論이로대但就其中
耗財之鉅者는又郡府之서吏
라其强而者는爲
而已者。
納租稅之와

寄書　私立學校

完

雜報

●兩察內移 咸南觀察使정鳳時씨와忠北觀察使尹吉炳氏ᄂᆞᆫ中樞院贊議로移任되얏더라

●咸察新任 前協辦劉世南씨ᄂᆞᆫ咸南觀察使를敍任ᄒᆞ얏더라

●兩씨相換 特進官閔泳奎氏ᄂᆞᆫ領敦寧을被任ᄒᆞ얏고領敦寧李根命씨ᄂᆞᆫ特進官를被任되얏더라

●郡守將叙 內部에셔各地方郡守窠闕를調査ᄒᆞᆫ즉二十六窠인대日間詮考叙任ᄒᆞᆫ다더라

●委任協辦 農商工部大臣宋秉畯氏가該部諸般事務를一切協辦에게委任ᄒᆞ야處辦又姑暫時仕進時에捺章만ᄒᆞᆫ다더라

●觀察發程 中樞院顧問官권重顯李址鎔閔泳綺三氏가日本博覽會觀察로明日發程ᄒᆞᄂᆞᆫ대前警務使徐相大氏를帶同前往ᄒᆞᆫ다더라

●統府會同 昨日下午三時에各部大臣이一齊히統監府로會同ᄒᆞ얏다더라

●先訪大臣 日本觀察後歸國ᄒᆞᆫ學部參書官日會九閔健植양시가昨日에該部에往ᄒᆞ야該大臣을訪見ᄒᆞ고卽爲人去ᄒᆞ얏ᄂᆞᆫ대仕進視務ᄂᆞᆫ幾週日後에ᄒᆞᆫ다더라

●晉察上京 晉州觀察使丘民熙씨가昨日得由上京ᄒᆞ얏ᄂᆞᆫ대現今에무숨事를運動中이라더라

●必移他職 新任한咸南觀察使劉世南씨가觀察之職을曾歷ᄒᆞ얏고他職으로移任ᄒᆞᆫ다더라

●平察發程 平南觀察使박重陽氏가赴任次로再昨日京義鐵路로發程ᄒᆞ얏다더라

●日佐排置 各地方隊에日人少佐一名式聘置ᄒᆞᆫ다더라

●[illegible]理由 [illegible]參書官[illegible]內部에請ᄒᆞ야辭免ᄒᆞᆯ理由를得聞ᄒᆞᆫ즉進會總代表氏가金圓을對ᄒᆞ야日本會에셔政府를組織ᄒᆞᆫ고次第로地方官吏를組織ᄒᆞᆯ터이니善不善間總辭職ᄒᆞ라ᄒᆞᆫ事이라더라

●定限納券 制度局에셔官尊掌庄土文券을雖年前에韓相賣買ᄒᆞᆫ畓券이라도本月二十日內로沒數히收納ᄒᆞ기로定限ᄒᆞ얏ᄂᆞᆫ대若過限不納ᄒᆞ면雖無文券이라도該局에셔因爲秋收ᄒᆞ다고催促이星火와如ᄒᆞᆫ故로前日·宮所任들이方在困難中이라더라

●卒業需用 普성專門學校經濟科卒業生十餘人을度支部에셔沒數取用ᄒᆞᆫ다ᄂᆞᆫ대該卒業生中優等生은稅務官을叙任ᄒᆞ고及第生은稅務主事를叙任ᄒᆞᆫ다더라

●館長推薦 安동寄宿舘졍회燦씨가自費建設ᄒᆞᆷ은本報에累揭ᄒᆞ얏거니와該舘事務所에셔정熙燦氏로該舘長을推薦ᄒᆞ얏다더라

●花月晩餐 鐵道局長古市公威씨가再昨日下午七時에花月樓에晩餐會를開設ᄒᆞ고總理大臣以下各部大臣과中樞院顧問官박齊純氏等諸氏를請要客待ᄒᆞ얏다더라

●刑法大全改正 法部에셔起草ᄒᆞᆫ改正刑法大全을實施ᄒᆞᆯ次로日間上奏裁可ᄒᆞᆫ다더라

●柳氏質言 公州郡居柳冀楨氏가該郡守申淳氏의貪虐贓錢을臚列ᄒᆞ야內部에請願ᄒᆞ되該郡守를照律懲辦ᄒᆞ야若無實事면柳氏가反坐律을受ᄒᆞ기로質言ᄒᆞ얏더라

●進明盛況 夫土曜日에進明婦人會開會式을將忠壇에셔設行ᄒᆞ얏ᄂᆞᆫ대婦人이四百餘人이오男子來賓이千餘人이며男女席을東西兩列로分列整坐ᄒᆞ고閔泳인씨美籍夫人과婦人接待委員이오韓斉堂리明子氏ᄂᆞᆫ迎接委員兼査察이大旨를說明하고總務박英子氏ᄂᆞᆫ金益子氏ᄂᆞᆫ書記로出席ᄒᆞ야熱心不旋ᄒᆞ고會長申소堂氏ᄂᆞᆫ趣旨를演說ᄒᆞ고婦人來賓中河夫人과男子來賓中김東完俞星浚두氏ᄂᆞᆫ復語씨가次第演說ᄒᆞ고養閨義塾學徒ᄂᆞᆫ會歌를唱ᄒᆞ고節次具備ᄒᆞᆷ은莫不稱羨ᄒᆞ며맛ᄂᆞᆫ대婦人行動이整肅嚴ᄒᆞ야又女學徒聯合運動盛況을莫不喝采ᄒᆞ니韓國女子社會에先進되여문明進步目的을發ᄒᆞᆷ이由此점進ᄒᆞ리라ᄒᆞ더라

●監稅請設 度支部에셔內部로照會ᄒᆞ되今接議政府照會內開에總稅務司目賀田種太郎의報告를接准ᄒᆞ와關稅擴興次로黃海道龍塘及平安道何日里浦等港適當處에爲先設立監稅ᄒᆞ고其實施之意로已經訓飭于該道觀察使이ᄋᆞᆸ고玆에照會ᄒᆞ오니查照ᄒᆞ신後오기准此仰布ᄒᆞ라ᄒᆞ얏더라

●女會佩票 女子教育會에셔會票를新造ᄒᆞ야一齊히佩用ᄒᆞ기로決議ᄒᆞ얏ᄉᆞ오니一般會員되시ᄂᆞᆫ婦人은本會로來臨ᄒᆞ여請求ᄒᆞ라ᄒᆞ얏더라

●論書何事 장淵郡民河元容박文榮等이內部에呼訴ᄒᆞ되本郡主事孫鼎玉의父秉鉉이鄕장지任時에結戶加斂이數至巨萬故로郡民이屢呈于理院ᄒᆞ야方在發訓勘處이온즉爲彼罪人之子豈可自郡國之理乎잇가本郡守平山行次之時에暗自首從ᄒᆞ야有何不旋이던지孫鼎玉姓名을添錄報末ᄒᆞ야以至叙任之境에오니一郡之民이莫不驚駭에與情이嗷嗷ᄒᆞ오며平院之故로該郡判決案이備以還하오니爲幇佐郡主事而斷其父之罪者豈得當行乎잇가請ᄒᆞ신依令內에照以倫書叙任之律ᄒᆞ와免其官而懲其罪ᄒᆞ얏ᄂᆞᆫ대令이라之做官은不可以父連累며爲其郡主事ᄒᆞ야處事가不當ᄒᆞᆫ實證이有ᄒᆞ거든指的舉訴ᄒᆞ라ᄒᆞ얏더라

●貪商濫稅 惠州郡三部居許九成金弘才元牙山리順汝가稱以貨商ᄒᆞ고無名雜稅를濫討ᄒᆞᄂᆞᆫ故로該郡警務署에셔該四名을捉囚ᄒᆞ얏더라

●挾雜綻露 忠州郡蘇田面인多笏居承旨김肯漢氏가同里居崔命션의게主事帖紙를勒付後에以手勞금으로금三百圜을奪取ᄒᆞᆫ事實이綻露된故로該道警務署에셔右양人을招致對質ᄒᆞᆫ後爲先所捧錢四十六圜을推給ᄒᆞᆫ後에更勿侵討之意로曉飭放送ᄒᆞ얏다더라

●受賂免官 黃海道觀察使가內部로報告ᄒᆞ되警務官리惠應에報告內에安岳郡主事가受賂ᄒᆞᆫ事實이綻露無餘ᄒᆞ오니該部免官等因이옵기玆에報告ᄒᆞ라ᄒᆞ얏더라

●不法益甚 平北觀察使가內部로電報ᄒᆞ되江界總巡朴文淵의不法行爲가去去益甚ᄒᆞ오니查照免官ᄒᆞ라ᄒᆞ얏더라

●青會來賓 去十오日에皇城基督教青年會舘에셔卒業進級式을設行ᄒᆞ얏ᄂᆞᆫ대來賓中에英國牧師세會公은二十世紀의一大偉人으로有名ᄒᆞᆫ前總理大臣시스베리公의子라一般學生에게一場勸勉ᄒᆞ얏고淸國總領事馬延亮시도來參ᄒᆞ야多數ᄒᆞᆫ實品을寄付ᄒᆞ얏다ᄂᆞᆫ대卒業生은오國泳徐相漢尹龍植崔漢奇리若雨尹瓊柄鄭明錫시오進級生은七十二人이라더라

●教員請願 金城郡公立普通學校教員鄭시가學部에報告ᄒᆞ되本郡公立學校가昨年六月分에設立ᄒᆞ온바校況이向旺에至ᄒᆞ옵고本年一月봇터就學ᄒᆞᆫ者와青年募集이三十餘名에達ᄒᆞᆫ業己報明ᄒᆞᆫ바며獨據視務ᄒᆞ던日人事務官一員을帶同ᄒᆞ야本校實况을綜詳調査ᄒᆞᆫ時에六個月經費未撥에窘措를慨惜ᄒᆞ더니今忽本校補助금을補助ᄒᆞᆫ것을拔去되와自今廢止라ᄒᆞ오니辭를奉承ᄒᆞ와滿心惶悚이오며維持가終以몰策ᄒᆞ오니特爲解任ᄒᆞ라ᄒᆞ얏더라

●照請調用 內部警務局장권鳳台시가學部에照會ᄒᆞ되內部警務局장尹致오씨에게晉州觀察使丘民熙의報告內開에晉州鎭公立普通學校教員尹弼求ᄂᆞᆫ性行이廉潔ᄒᆞ야深察時習ᄒᆞ고機敏徵能解ᄒᆞ야外人交涉과警察職責을有ᄒᆞᆫ中兼且日語을ᄒᆞ오니總巡一窠을隨闕塡任事等因이온바該員이係是貴部所管學校教員이온즉依此查照ᄒᆞ미何如ᄒᆞᆯ지玆에亦明回示을爲要라ᄒᆞ얏더라

●勸告辭職 漢城官立高等學校漢文教官姜興秀氏가仕進視務를汗만이ᄒᆞ야學徒教授에將害가되미로該校長洪석현시가勢不得已ᄒᆞ야擧公으로學部·報告ᄒᆞ얏더니일部公議가紛紜ᄒᆞ야依當免官이로되該시가多年시務ᄒᆞ던人을免官하면前程에有碍ᄒᆞ다ᄒᆞ야該部大臣이昨日上午十一時에該部로강시를招치ᄒᆞ야教授에不勤ᄒᆞᆫ事由를說明ᄒᆞ고辭職退去ᄒᆞ라고勸告ᄒᆞ얏다더라

路透電報

六月十八日着 露國皇帝ᄂᆞᆫ改革案의通過를拒ᄒᆞ거나又豫算案의討論을沮ᄒᆞᄂᆞᆫ國民會議의行動을非認ᄒᆞ고且皇帝計ᄒᆞ야露國改革의完民을期ᄒᆞᆫ旨를宣言ᄒᆞ얏더라

▲金椎有聲▼

▲政海萬里에一隻巨艦、東天에浮來ᄒᆞ니艦長이高坐ᄒᆞ야危險風濤에測量工事를着手ᄒᆞ니利涉巨川에舟楫之材가當世에有誰오

▲日昨夜각大臣이陛見ᄒᆞᆯ時에咫尺天顔에謀猷密勿ᄒᆞᄂᆞᆫ디廳上에燈燭이휘황ᄒᆞ고房中에有一帽子影이壁上에返照ᄒᆞ야窮聽樣을作ᄒᆞᆫ지라此人은何人고卽宋台觀氏라ᄒᆞ니該氏ᄂᆞᆫ무숨思想이有ᄒᆞ던지莫嚴之地에如是窺側이卽一奸細之態로다

▲學部參書官閔健植氏와中樞院參書官權된煥氏가日本官覽을觀察次로前往ᄒᆞ엿다가日昨에歸國ᄒᆞᆫ理由ᄂᆞᆫ中樞院顧問권重顯閔泳綺兩氏가觀察로渡航ᄒᆞ기로決定ᄒᆞᆷ이라ᄒᆞ니觀察도父子相避가有ᄒᆞᆫ지

▲각部官制를一層改良ᄒᆞ야協辦은次官으로改稱ᄒᆞ고局長參書主事ᄂᆞᆫ書記長官書記官書記郞으로改稱ᄒᆞᆫ다ᄒᆞ니官員의材不材ᄂᆞᆫ改遷치아니하고官制만改良ᄒᆞ면政治가自然一新히改良될ᄂᆞᆫ지

▲近日內閣에셔新官制를頒布ᄒᆞᄂᆞᆫ데一切冗官은皆爲除汰ᄒᆞᆫ다ᄒᆞ나日人雇聘은愈益增加ᄒᆞ니所謂冗官除汰가不過是日人雇聘을增置코저ᄒᆞᆷ이니幾日이못되야大韓 界에ᄂᆞᆫ都是日本官吏뿐이깃고

▲日本博覧會舘內에韓人男女二名을觀覽品으로粧置ᄒᆞ얏ᄂᆞᆫ데韓國留學生들이此를見ᄒᆞ고大端憤激ᄒᆞ야責其舘主曰世界萬國에人類를禽獸로待遇ᄒᆞᄂᆞᆫ行爲가잇ᄂᆞ냐ᄒᆞᆫ데該舘主가終不聽之라ᄒᆞ니噫彼舘主가果是禽獸心腸이로고

▲度支部 서務主事를加設ᄒᆞᄂᆞᆫ事에對ᄒᆞ야該部秀才家에朝夕으로人이唐突ᄒᆞ얏다ᄒᆞ니韓國人士가官職을佝僂乞哀ᄒᆞᄂᆞᆫ弊習이尙此不絶ᄒᆞ니此等惡習을快히去ᄒᆞᆫ然後에야開明程度를可以言論ᄒᆞ리로다

▲水原郡農林學校에서監下國善씨가稱以勸業模範場이라ᄒᆞ고民有田土數件買入ᄒᆞᆫ다ᄒᆞ니農임場은模範ᄒᆞ기爲ᄒᆞ야設ᄒᆞᆷ인디民有地를反히勒奪ᄒᆞ니模範은잘되깃고

▲日本留學生김炯均成각根兩씨가久旅之餘에手無分錢ᄒᆞ야食價를未給ᄒᆞ야旅館에見逐ᄒᆞ얏더니홍창植李命顯씨가發起請捐ᄒᆞ야食債를報給ᄒᆞ고勸告歸國ᄒᆞ되김成兩氏ᄂᆞᆫ厚恩을負荷ᄒᆞ고空然歸國ᄒᆞ면何面目으로對我同胞乎아ᄒᆞ고晝則勞動ᄒᆞ며夜則入學ᄒᆞ야期於히大學校까지卒業ᄒᆞ기로決心ᄒᆞ얏다니홍양兩씨에김成양씨의向學誠이一層鞏固ᄒᆞ얏스니양씨高義ᄂᆞᆫ人所難及이로다

▲日語學校生徒김泳翊等六七人이消暢次로淸凉寺에出往ᄒᆞ얏ᄂᆞᆫ데某某人가副寺僧同伴ᄒᆞ고該寺에消暢ᄒᆞ다가學徒中에沒覺者가他夫人의手를任自弄執ᄒᆞᆫ디該夫人이學徒의無禮를據理責之ᄒᆞ얏다니以若學徒의資格으로如此ᄒᆞᆫ行爲가有ᄒᆞ니大端히寒心치아니ᄒᆞᆫ가

▲인川府主事을昨冬에ᄂᆞᆫ京人士을會同試才ᄒᆞ야六七日을比較ᄒᆞ다가南정祐씨을首選報部ᄒᆞ얏다ᄂᆞᆫ데오ᄂᆞᆯ은돌이아니ᄒᆞ다가김禰坤씨가忽地에官報에揭載ᄒᆞ얏스니김氏ᄂᆞᆫ誰가試取ᄒᆞ얏스며誰가薦報ᄒᆞ얏ᄂᆞᆫ지

◎本社告白

國債報償에關ᄒᆞᆫ義金額을本報紙面에逐日揭告로發布ᄒᆞ되猶有遲滯ᄒᆞ야義捐諸氏의迅速揭布코ᄌᆞᄒᆞ시ᄂᆞᆫ 을未卽奉副ᄒᆞ옵더니今自本報로國文報一部를특刊인바從今으로ᄂᆞᆫ漢文報와國文報에義捐廣告를並爲揭布ᄒᆞ겟더이오니愛國僉員은照亮ᄒᆞ시옵

雜報

平北寧邊郡義金募集所來函을據ᄒᆞᆫ즉危乎殆哉라我韓之現勢也여外國借款이乃至一千三百万圜之夥然ᄒᆞ니今年不報明年不報ᄒᆞ야奄過幾年에利子倍徙則何以能淸帳乎아若不淸帳이면三千里疆土ᄂᆞᆫ盡入債主ᄒᆞ고二千万同胞ᄂᆞᆫ未免爲債奴라然則國民有田土者ᄂᆞᆫ能保其田土乎며有家屋者ᄂᆞᆫ能保其家屋乎아無田土而失家屋則爲山海島에凍餒를難免ᄒᆞ리니豈不危哉며又不殆哉아現勢到此에有志人民이膈摧肝裂ᄒᆞ야痛哭不已而已러니何幸嶺南諸君子가國債報償에對ᄒᆞ야斷烟同盟會를刱起ᄒᆞ고皇城에報償會를設立ᄒᆞ미八域에義捐者가雲集東西注ᄒᆞ야車夫와儒者와酒姬와藥女가儲金을捐助ᄒᆞ며佩物을來納하ᄂᆞ니爲國者孰不感興起哉아而況秉彝天性南北不異라噫我中北이雖是遐陬ㅣ나乃先王之疆土오民亦我后之赤子ㅣ라若同胞로不能先於人而倡起ㅣ나豈敢後於人而泯默乎아肆以로本郡民人이時應響ᄒᆞ야忠告同胞이온바或有直納者하며或有錄名者이옵기錄名者ᄂᆞᆫ隨所納逐送計料이오며先收금二百圜과該氏名成冊을而以送交ᄒᆞ오니照亮하오셔揭載於新聞하시와使之遲後之地敬要라ᄒᆞ엿더라

募集員 강炳廸 崔宗圭

●爲敢乃爾 北壯동徐丙炎徐相夏兩人이稱云義김收合所ᄒᆞ고彰義門內外人民의殘錢을多數收捧ᄒᆞ고任置處가無ᄒᆞ다더니又稱中央義務所라ᄒᆞ고十三道에自己名字로文字를發布ᄒᆞ얏ᄂᆞ니此ᄂᆞᆫ全國人民이大端注目處라ᄒᆞ더라

●博士演說 今日下午八時鍾에美國女子大學校々長神學博士高約翰氏가尙洞敎堂에서演說ᄒᆞᆫ다더라

廣告

本人이漢城倉庫會社에紙貨貳百拾圜차질票를셔失ᄒᆞ얏시니誰某拾得ᄒᆞ야도休紙施行홈

付人汀景浦 朴亮汝
청ᄒᆞᆫ동藥局
受人京銅峴藥局趙弼祥 告白

本人의從姪김在二의字낙鉉인ᄃᆡ性本浮浪ᄒᆞ야寡居ᄒᆞᆫ從叔母의田畓을偽造문券ᄒᆞ야爲典執盜賣次로出沒京鄕ᄒᆞ오니內外國人은切勿見欺ᄒᆞ심을望홈

善山舞乙洞김鳳夏 告白

廣州廉谷居曹泰承字喜輔가符同雜類ᄒᆞ야去年秋에渠之舍兄沓과宗中位土를偽造문券ᄒᆞ야暗欲放賣ᄒᆞ기已爲累揭于新聞인바渠尙不悛ᄒᆞ고今又偽造量案立旨ᄒᆞ야欲圖踏印於果川官이라가自官燭僞에綻露逃避ᄒᆞ야又欲偽造文券放賣ᄒᆞ니內外國人은切勿見欺홈

廣州彥州面廉谷居
長兄曹輸承 門장錫五
好人億 秉潤 秉俊 告白

北署玉女동俊秀坊拾三統十一戶李俊煥家舺九間半을唐谷居박啓호가買得而該家文券을셔失ᄒᆞ얏기廣告ᄒᆞ오니舊券을雖朴啓호가持ᄒᆞ야도以休紙로施行ᄒᆞ시고以新刊文券으로施行ᄒᆞ오니照亮ᄒᆞ시오

崔召史 告白

本所에서本館主人四俊尖氏를本館長으로推薦ᄒᆞ오니僉君子ᄂᆞᆫ照亮홈

寄宿館事務所 告白

本社가現將革舊刱新ᄒᆞ와凡於從前事爲ᄂᆞᆫ前屬先天이온바前主務林應相이推本讓退社ᄒᆞ옵고本人이自今主務ᄒᆞ옵기前未擴張ᄒᆞᆫ곳슬今將實施코ᄌᆞᄒᆞ오며諸般貨物運輸에對ᄒᆞ와運賃도特히價廉ᄒᆞ고運送에速達便利케ᄒᆞ오니運貨ᄒᆞ시랴ᄂᆞᆫ僉尊은陸續請托ᄒᆞ옵시고兼以本社印章을改造ᄒᆞ얏사오니以此照亮爲希

京城南大門外
第一運輸會社
主務 安台善 告
事務員 洪在明 白

本所々長은副將尹雄烈씨로推薦視務ᄒᆞ옵고金宗漢씨代辦ᄂᆞᆫ視務아니ᄒᆞᆷ

國債報償志願金總合所

西署廉동李敎成家券舊記一張을典執이라가셔失故로茲以廣告ᄒᆞ오니誰某拾得休紙施行홈

孔德里廉동申인九 告白

本會館을北署苑동十二統十二戶로移接ᄒᆞ얏ᄉᆞ니僉君子ᄂᆞᆫ照亮ᄒᆞ시옵

西友學會告白

本館에서漢城內에留接ᄒᆞᄂᆞᆫ諸學生의寄宿便利를爲ᄒᆞ야大安동에二層半洋屋을建築ᄒᆞ고居處飮食其他凡節을一々히便宜ᄒᆞ기로極力設備ᄒᆞ오니遊學諸生은照亮ᄒᆞ시와賁臨于本館事務所ᄒᆞ야詢議ᄒᆞ심을敬要

北署大安洞別宮南便寄宿館長 鄭熙燦 告白

寄宿願人證書ᄂᆞᆫ本館에서授與홈
留連費ᄂᆞᆫ每朔에新貨四圜八十錢으로定홈

本社風穴에儲藏ᄒᆞᆫ蠶種을製造할터인ᄃᆡ我國內今年秋蠶과來年春夏蠶ᄉᆞ育을可量ᄒᆞ야製造ᄒᆞᆯ터이오니養蠶ᄒᆞᄂᆞᆫ僉君子ᄂᆞᆫ左開所로來臨ᄒᆞ던지郵書로ᄒᆞ던지蠶種을各算所用預託ᄒᆞ시오

安義鶴峴蠶業會社
京城永成門越便廉동二十壹統一戶 社 漆原家
安義鶴峴蠶業會社社長 金秉先 廣告

今番事機를因ᄒᆞ야神宮奉敬會를解散홈

明治四十年五月二十八日
光武十一年五月二十八日
元神宮奉敬會會長

本書館에서內外國新舊書籍을廣求수入ᄒᆞ야學界諸彥의購覽과각學校敎科用品을格外廉價로供獻ᄒᆞ오니有志ᄒᆞ신僉君子ᄂᆞᆫ陸續來臨ᄒᆞ시기를望홈

皇城中署松橋廣華書館 崔昌漢

◎增修無寃錄大全

壹千壹百七十貳頁 定價金新貨七拾五錢

此增修無寃錄大全은法律家의最緊要ᄒᆞᆫ書籍이온ᄃᆡ年來現本이殆히絕種에至ᄒᆞᆫ지라故로法部에認可를得ᄒᆞ와以此를新刊ᄒᆞ얏삽ᄂᆞᆫᄃᆡ國漢文으로解釋ᄒᆞ야模糊ᄒᆞᆫ句節이無ᄒᆞ오니法律學에有志ᄒᆞ신이와學校之任에居ᄒᆞ신이ᄂᆞᆫ不得不覽ᄒᆞᆯ冊子이오니速々購覽ᄒᆞ시옵

中署布屛下 廣學書舖 김相萬 發售所

◎活動寫眞廣告◎

今番에始作ᄒᆞᆫ活動寫眞은法국巴里京에서有名ᄒᆞᆫ거시오또ᄒᆞᆫ大韓국 皇室에셔먼저看品ᄒᆞᆫ後에始作ᄒᆞᆫ지數日에遊賞ᄒᆞ시ᄂᆞᆫ첨君子가多數枉臨ᄒᆞ시와坐處가넘쳐셔晩到ᄒᆞ시면不便ᄒᆞ오니速々枉臨홈 今番에ᄯᅩ새로이活動寫眞이多數到ᄒᆞ야每夜에僉位翫賞에新面目을供ᄒᆞ오니速々來臨ᄒᆞ시옵

活動은自下午八点至九点
名唱善舞歌과唱和吹笛은自九点至十点
賣票時 七点半始爲
入場票上等三十錢 中等十五錢 小童十錢
新門외시달이목東便벽돌집
法人 馬田 告白

●일본遊覽者募集

人員은五十名으로一團을成ᄒᆞ니한일인을不問ᄒᆞ고速히請入ᄒᆞ시옵
一遊覽地 東京博覽會橫濱京都大阪神戶
一往復일數 日本十七일間
一浮費 遊覽費及手數料을合ᄒᆞ야總計四十八圜
一出發일 請入順次를從ᄒᆞ야出發三일前에直接히通知홈
一請入所 在京성各신聞社五十八銀行경성支店 天一銀行
一會員은遊覽을終ᄒᆞ야閉散ᄒᆞᆫ後ᄂᆞᆫ本會와關係가小無홈
一南대門서釜山으로直行ᄒᆞᄂᆞᆫ者나或은東京으로直行ᄒᆞᄂᆞᆫ者의對ᄒᆞ야도同一便法으로同行請入을應諾홈

일本人遊람協會事務所
門通 東亞商會

本人이日本大阪商業家와特約ᄒᆞ고日本內地產出各種物品과西洋各種物品及機械等物을我大韓에輸入ᄒᆞ야委托을便利케契約ᄒᆞ얏ᄉᆞ오니商工業에有意ᄒᆞ신僉君子ᄂᆞᆫ某物이든지請求코져ᄒᆞ시거든本社로來議ᄒᆞ시오本社에서ᄂᆞᆫ手數料金만領受홈

興業社本店 開城北部祥洞
支店京城南門內水橋五十一統六戶
培養會社
全仁港內동廣濟號

本店擴張新到時欵各色紗羅綢緞紬地담油地洋廣직貨鐵관頭香茶烟草各種均效異新興ᄒᆞᆫ時合用貨美價廉並有湖北南洋彩票發售特此布聞 貴客請來購覽是厚望언

漢城石井洞 杏花春 告白

西署新門外鍮동百八十六統三戶
辯護士前檢事前判事正三品 丁明燮
法律事務所
事務員前主事吳在淳

산원과셩신산에서본인이살진소(肥牛)를만이ᄉᆞ깃ᄉᆞ니쇼파실제군은다수이팔너오시옵

최봉쥰 고빅

本店에春服衣次각程이自英국으로多數來到ᄒᆞ얏사오니陸續來購ᄒᆞ시옵

貞洞鄭泰양服裁縫店 告白

染織大擴張廣告

本所에셔今般業務를擴張ᄒᆞ고左開各種을製造ᄒᆞ오니僉位ᄂᆞᆫ多少不拘ᄒᆞ고來購ᄒᆞ심을切望홈

一各項衣次蚊帳次衫衣製造
一學徒夏服次各種製造
一女學生服裝次各種製造
一紬단木布毛纖染色及改染
一各色염粉直輸入放賣

宗廟越邊中谷
염織工所主人 金德昌 告白

●九轉靈砂라 本人이妙方法을神備ᄒᆞ야製造ᄒᆞᆫ靈丹이니男女老少에無論何징하고通治하오며無病時에도服하면平生의身躰가健康ᄒᆞ며小兒ᄂᆞᆫ四五錢重만服ᄒᆞ면十歲안에無病ᄒᆞ심을擔保ᄒᆞ오며

●九轉靈砂萬應丹은셔狂癎징과中風諸疾과耳目諸病과淋疾에神効ᄒᆞ오

●九轉靈砂保命丹은初生小兒驚風 간氣 咳 腹瘡諸般惡징에神効ᄒᆞ오

●九轉靈砂濟衆丹은酒滯食滯 血積 吐瀉 霍亂 痢疾 吐血 下血 運氣 時疾痧징에神効ᄒᆞ오

●九轉靈砂紫金丹은痔漏 累瘻 上痔瘡 下痔瘡及唐瘡과諸般毒瘡惡種에無不神効ᄒᆞ오니 君子ᄂᆞᆫ來問ᄒᆞ시오

內需司前독갑이골上隅第一家百三統一戶 리호廷 告白

越南亡國史 國漢文

定價貳拾伍錢
發賣所京城廣橋高裕相書舖
鍾南[illegible]書舖
布屛下 김相萬冊肆

國債報償義捐金收入廣告

◉忠淸南道新창郡
主事리起鎭 陸軍叅領리鎬承
각오圜 리석敎 圜 成敦鎬
二圜 主事趙鏞德貳圜三십錢
△郡內面
박承欽 박奉奎 박準섭
복準弼 각一圜
오衛將徐丸三 六圜
主事朴海鎭三圜 叅奉姜載熙
五십젼 張錫三二圜 徐丸交
徐興寬 徐興晳 각一圜
徐興叔 徐叅奉 박春明
가원局 리奎西 윤鎭宜
각오十젼 叅奎京 金大京
선任오 崔元오 리明局
[illegible] 김明用 尹치西
리정[illegible] 安臣九 김良순
林춘근 강[illegible] 朴秉周
鄭貴化 정西應 각卄젼
리[illegible]一젼 박良化 스십젼
박仁水百젼 各十心 리起泰
나明水 각오십錢 金德海
[illegible] 丁汝寬 셩용業
尹錫汝 尹汴父 金元용각卄錢
鄭汝[illegible] 각십젼 림성先
리원昭 金光巡 리先奉
김湖白 권원보 성大汝
[illegible] 安재西 金용보
니仲[illegible] 秋成根 강奎明
각卄젼 리[illegible] 洪巡西
리卜萬각卄젼 金京巡
리奐호 叅奉김명起
方信용 각一圜 朴卜여
趙萬吉 金貞호 承永叔
金卜용 金巡化 鄭學祿
梁元根 崔就仁 박旭欽
리서九 리啓勳 承啓淳
각卄젼 方용權 康奎植
承泰榮 承道元 박영來
각五十錢 박鎭應·리啓學
복鎭衡 方漢盛 김洛玄
徐汝근 김長業 張學萬

김寄春 김大吉 김巡奉
오兩日 孔大一 柳成雲
鄭根成 각卄젼 金奇석
리영山 문巡 金奇用
박奉西 各卄錢
▲金반谷
박元實십錢 康瑞益 김興悅
呂致京 송大實 盧成根
나學甫 仝課덕 각卄젼
△柳器村
리信근一圜 나明山 나卜萬
리돌方貴 리白春 각卄젼
나判吉오십젼 金巨豊卄젼
▲大東面上点於
리用원 許侃 各八십錢
許인 리化賢 최云西
各四十錢 吳弼喜 나麟煥
各卄젼
△下点양
니承[illegible] 니[illegible]敏 張春京
각五十젼 리[illegible] 김成喜
리應[illegible] 나濟[illegible] 리海台
[illegible]敏 堂水明 張君三
각卄젼
▲宣巨田
리鍾應 洪永億 睦先生
각五十錢 리[illegible]九 一圜
趙瑞奎 鄭致先 각卄젼
니欽[illegible] 許運석 方洞錢
김明化 四拾젼 吳理七
리洛元 千石甫 姜君甫
박在[illegible] 각卄젼 김興水
김元萬 각拾젼 申應祿
洛二젼
△七木里
리理實三圜五拾젼 리致凡
二圜오拾젼 최德三 강성云
리萬貴 각卄젼 리성萬
리春實 宋千吉 리中三
鄭千奉 리在豐 각五十젼
조炳玟 리朝元·리萬奉
김學奉 각卄젼 朴大石
鄭一奉 리鉉조 成豐基
高德孫 金석柴 黃용伊
丕海成 盧學손 각卄젼

裵九奉 선永水 김[illegible]
각四十젼 박正習 오십젼
정致習 七十錢 니先吉
·김영巡 김春西 박春奉
정一奉 각十젼
△外黃용
김낙鉉 니承儀 오鳳相
리稷儀 오炳憲 리貞奐
각一圜 柳正根 리英來
각五십錢 리敎오 리永培
박喜來 김鳳鉉 盧巡山
각卄젼 오國泳 니鳳會
각四拾젼 徐奇化 리正儀
리貫仁 임徵化 각卄錢
니彩奎 성夏九 希振鐸
각스拾젼 張世奎 오拾錢
尹德一 리원甫 리豆然
니敏[illegible] 니根奐 김光用
千석[illegible] 嚴二涵 盧云成
尹元奉 정宜同 각拾젼
▲[illegible]연리
강천영 [illegible]십젼 박[illegible]
스拾젼 박正영 金明化
具然卓각卄젼 成良協
柳卜同 김卜순 박敬千
박甫玉 박先보 김德주
각拾오젼 柳원근 [illegible]근형
김瑞三 權自化 김才貫
김明執 각拾錢 朴炳泳
朴致角 조元京 尹卜一
朴영化 각卄錢 姜鏞형
김官보 각四十오錢 田起龍
七拾五젼 박[illegible]泰[illegible]십젼
▲鳥山
崔春成 최明集 최致玄
具鳳鉉 박영輔 박寬錫
박云京 강佐汝 각오십錢
韓明운 김在玄 林尙五
각卄젼 김昌善 高奇奎
박云보 朴相桂 각拾錢
▲得복里
尹기四원 김世煥 孔秉烈
김光淵 각卄젼 安允中
韓弼錫 孔章烈 安鼎洛
各五十젼 리창善 安鼎河

[illegible] 韓錫泳 각卄젼 韓層錫一圜
孔鼎烈 鄭在貴
韓쮦敎 박能鳳 孔치德
리學武 각卄錢 김能鉉
김正보 나철호 各九十錢
池千興 十五젼
▲馬山
叅奉김正徵 姜源周 각卄젼
김明濟 김尙七 각卄젼
니柱碩 김商九 安鼎수
趙九오 박聖西 具春식
심瑞石 각拾五젼 김萬喜
拾젼
△杏村
沈在善 九拾젼 趙應祚
니京春 각卄오젼 뎡默夏
兪致元 趙강喆 高元敎
각卄錢 김巡必 卞인叔
각拾젼
▲잉동
오衛將姜漢奎 一원五十젼
崔文應 叅奉姜錫淳 崔汝水
리긔鉉 강巡化 姜君必
강成汝 정영水 각五拾젼
김應三 鄭[illegible]錢 蔡明西
鄭在헌 김학西 박春오
김伊汝 宋平보 각卄젼
류英오·박光水 徐貞汝
宋巡岳 崔成辰 김巡化
鄭士亨 張東煥 김인水
姜名史 姜元三 조성지
최正云 각卄젼 최昌祿
김明水 鄭德인각拾錢
△내黃동
니一鵬 니福淵 니龜淵
니철淵 강仁照 각팔십전
니通淵 니龍연 신萬雨
니之奉 김得연 각卄젼
徐秉善 십젼
△霽山
出身裵泰錫一원 裵周석
二圜 裵甚龍一圓 裵榮哲
裵甚永 裵긔철 裵洪錫

裵泰周 각五拾전 裵俊文
裵甚亨 裵甚鳳 각卄錢
裵긔남 裵긔文 南禮元
각卄錢 김在션 鄭明烈
白南植 각五拾錢 나철儀
四十젼 徐有京 卄젼
◉中点梁
김炳容 김持麟 김泰容
김燦容 김益容 각四拾九젼
김持雲 김持君 각卄젼
裵世周二拾五젼 김鎭容
洪종元 우弼鼎 니成五
각卄錢 박致五 拾錢
△鳴巖
羽中募集 一圓
△曲橋
前中軍錫襲 과五圓
夫人리氏 一圓·
△西方里
主事리容[illegible] 一원
△北面오三里
柳[illegible] 一圓 리衡均
一圓오拾젼 趙근원六拾젼
니德性 니신獸 니洪敎
趙敏敎 류긔[illegible] 趙河원
각卄錢 니奐性 리[illegible]性
[illegible]翰 趙鐘千 니能均
鄭[illegible]孫 김石奉 각拾젼
리厚性 리주性 각십오젼
니敬性 리甲性 리병均
辛世五 리殷均 리瑨均
리萬與 趙濟원 각십錢
△新堂
박準英 오십젼 신[illegible]영
四십젼 강蘭[illegible] 卄젼
리종석 卄젼
△道乃동
尹우涌 박正三 각스십전
孟正섭 孟近섭 張春成
각卄錢
◉德동
원亨義 오십錢 원厚昌
黃키亨 리키明 원哲鐵
원寬義 각卄錢
◉新橋
主事됴종赫 趙병穆 각一圓
趙文敎 趙熙원 각八십젼

리[illegible]五 趙[illegible]원 각오십전
孔時東 趙종순 [illegible]종칠
趙行五·趙근煥 五正五
강二萬 박현[illegible] 尹在官
각卄젼 [illegible]千萬 卄젼
◉巨山
리성鎬 權五默 원殷義
리延行 元厚培 리뎡鉉
리成實 김用보 각卄錢
오뎡默 리廷翰 리종萬
명成云 各卄鉉 원송[illegible]
섬오젼 오셩默 박十敏
각오십젼 강뎡隣 강河영
權重哲 오駿默 姜白用
池用西 최春근 各십錢
◉道원동
명원述 오섭젼 명봉述
安鼎三 孟과식 安정大
됴뎡[illegible] 각삼십젼
용[illegible]里
[illegible] 오시젼
[illegible] [illegible] 金五承
유[illegible] [illegible]明[illegible] 김[illegible]근
김[illegible] 각[illegible] 김元[illegible]
김[illegible]근각二십젼 [illegible]達[illegible]
십젼
▲[illegible]山
김[illegible]濟 오拾錢 [illegible]鉉
尹升[illegible] 각五拾젼 [illegible]
卄錢 [illegible]영 서興[illegible]
尹석[illegible] 金[illegible]濟 각卄젼
▲[illegible]동
安정鎬一圓 安[illegible] 安殷商
安必中 각오拾젼 安정鉉
安정台 安윤中 安정斗
安漪烈 安정武 安정欽
安哲商 安正烈 安光烈
安정[illegible] 安建中 安[illegible]俊
安정九 安정연 安경勛
각卄錢 安履[illegible] 尹伊栄
됴[illegible]淳 각오십젼 김[illegible]台
南廷[illegible] 각卄젼 김[illegible]
강[illegible] 김尙鉉 각卄錢
리漢강십젼

△[illegible]
김京述 卄錢 뎡云白
김宗水 각卄錢 林學水
卄젼 吳德三 卄젼 張公叔
先達우顯[illegible] 각오십젼
박성德 김윤大 각卄錢
고明云 김辰玉 김在근
김근汝 卄二兆 김京三
각卄錢 김鉉보 십젼
김뎡문 卄젼 김尙友
십오젼 張京信 張京七
각卄錢 리영분 십錢
張京叔 卄錢 김化三 卄젼
김親斤 卄錢 김영西
뎡巡보각십錢
合貳百卄三圜[illegible]

國文報廣告總合一百陸十八圜
陸拾九젼
前號總合二萬九百[illegible]
십八圜七十[illegible]
都總合二萬[illegible]千三百[illegible]
[illegible]

◎[illegible]
國債報償金에 關[illegible]
合計이 [illegible]
[illegible]萬四千○七拾九圜[illegible]
우韓銀[illegible]內銀行[illegible]
合고 其時[illegible]
國[illegible]債[illegible]
趣交홈
大韓每日申報社

◎新聞價[illegible]
一張代金 [illegible]
一個月前納 [illegible]
三個月 [illegible]
六個月 [illegible]
一個年 [illegible]
廣告料 一行 [illegible]
發行兼編輯人 英國人 裵說
發行所 南署石井洞外[illegible]
大韓每日申報社

陽曆一千九百七年六月二十日　　木曜日　　(明治三十八年[illegible]第三種郵便物認可)

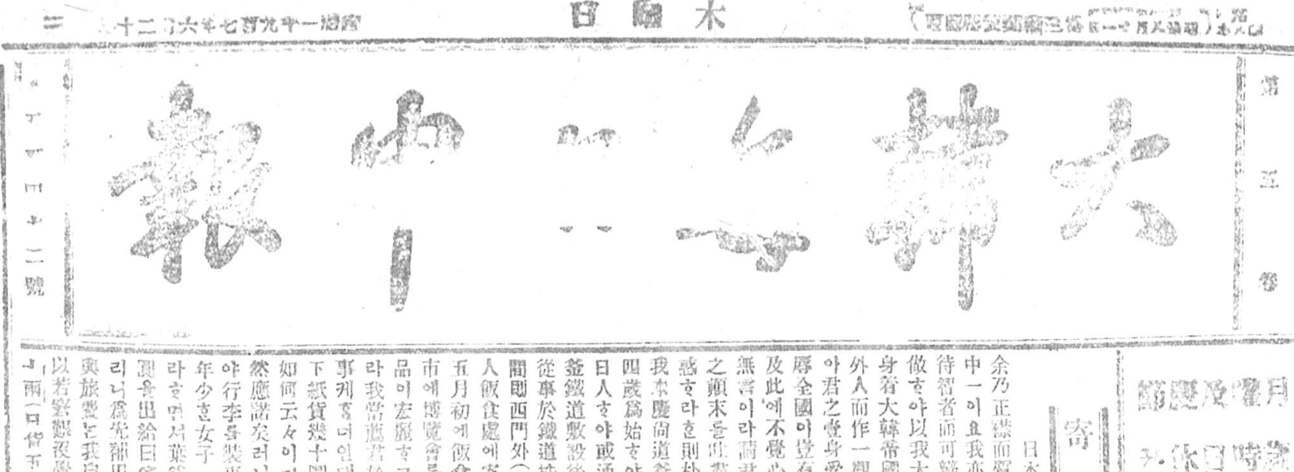

第五卷　　第[illegible]百四十二號

月曜及[illegible]節 [illegible]時日休가

檀君開國四千二百四十年
箕子元年三千二十九年
大韓開國五百十六年
日本明治四十年
淸國光緖三十三年
◎陰曆丁未五月小初十日庚子

寄書

日本留學生　續

余乃正襟而覆問曰君亦二千萬中一이오我亦二千萬中一은不待智者而可辨이라何事業을不做ᄒ야以我大韓帝國人民으로身着大韓帝國之衣冠ᄒ고賣淫外人而作一觀覽物이於心에乎아君之辱身受辱은姑舍ᄒ고貽辱全國이豈有甚於此哉아言之及此에不覺心寒膽冷ᄒ야寧欲無言이라請君은緣何來此호事之顚末을此盡衷腸ᄒ야以破此惑ᄒ라ᄒ則朴德奎所答에我本慶尙道釜山生長으로自十四歲爲始ᄒ야粗解日語而隨從日人ᄒ야或通辯或幹事라가京釜鐵道敷設에向往大邱ᄒ야從事於鐵道株式會社ᄒ다가近聞西門外(大邱)日本貿店主人飯食處에寄在ᄒ엿더니陽曆五月初에飯食店內에日本東京市에博覽會를設始ᄒ얏ᄂᄃ物品이宏傑ᄒ고事務가支大ᄒ지라我當爲君於該處ᄒ야使之從事케ᄒ리니每朔月銀은少不下紙貨幾十圜을리니未知意如何云々이기不勝感激ᄒ야欣然應諾矣러니及於五月十日ᄒ야行李를裝束ᄒ고勸以出發而年少童女子一人을同率以去ᄒ라ᄒ며且以葉錢五百兩(日貨百圜)을出給曰途中에必多掠需ᄒ리니爲先稱用ᄒ면抵東京車與旅費를我自當給이라ᄒ기에以若堅膽視豫으로隨人二百五十兩(日貨五拾圜)式分用ᄒ고當日自大邱驛出發ᄒ야五月十三日에到東京而旅館은下谷區上野町三丁目二番地鈴木시마方에定ᄒ고五個日休憩後에因飯田鐵之助紹介ᄒ야果到于博覽會ᄒ니物品陳列에隨從은姑舍ᄒ고引導于賣玉殿이기不知裏許ᄒ고跟往而入則開行ᄒᆫ女子ᄂ亦爲來到ᄒ야椅子에偶坐ᄒ고余亦同坐러니多數ᄒᆫ觀覽人이輻湊入來ᄒᄂ지라此日々暮後還歸旅館而安歇ᄒ고明日又如是而以若賤陋茅塞之識見으로不知以我作觀覽物ᄒ고意謂事務ᄂ不過倨坐椅子요一個月給料를多受日貨幾拾圜이於心大幸矣러니自第幾日後로我國學生僉員이每日來到而或據理責之ᄒ고或好言關諭ᄒ야我身之確爲觀覽物을掲然大覺ᄒ니羞愧를難抑이不敢擧頭對人ᄒ야雖日給萬圜이라도萬不行此事라ᄒ고自六月一日爲始ᄒ야稱病不入ᄒ고詳探當初誘引來歷則賣玉殿又島主人寺島直次郞이使飯田鐵之助로紹介於飯食ᄒ야誘引我等而追想見欺에憤歎莫甚이나悔之何及이리오旣受彼人金五十圜及船車賃旅費則還國後家産을放賣라도期於淸還이기싸오며歸心이如矢ᄒ야不유時刻ᄒ고欲爲歸國이나東貨辦備가萬無其道라勢到斯境에不顧廉義ᄒ고請求於飯田鐵之助ᄒ則此曰彼日에延期爲能ᄒ니憤痛無地라特垂矜憐ᄒ야以想前過를仰望ᄒ노이다ᄒ더라若其形容則姸姸醜質이오聞其音韻則琅琅口라先睹見欺나終爲作態ᄒ니可見乘釁之良心이오旣日受金이나今而殘之ᄒ니可憐凄凉之孤蹤이라伏願僉尊同胞ᄂ俯察顚末ᄒ시고別設良策ᄒ시와收拾之朴德奎와下鄕之鄭女로使之速還에勿觸於外人眼目케ᄒ심을千萬血祝ᄒ나이다　完

官報

號外　光武十一年六月十八日

◎宮廷錄事

領敎宰司事리ᄂ命辭職職批曰省具悉卿懇節奉盧而纠葬之年當夏例有之證自可勿藥矣且例罰未必有妨於怡養而國體如是고爲勉副卿其諒지事遣秘書郞傳諭

◎敍任及辭令

宮內府特進官閔泳奎
任領敎宰司事

◎第三千七百九十六號　光武十一年六月十九日

敍任及辭令

內部協辦兪星濬
咸鏡南道觀察使ᄃ臨時
忠淸北道觀察使尹吉炳
解臨時署理觀察事務
任中樞院議官
度支部技師趙濟晳
度支部繙譯官朴容九
任三品徐廷卒
命시察日本博覽會附員
商協辦劉世남
任咸鏡남도觀察使

外報

◎武器輸出의豫防　上海電을據ᄒ즉淸國政府에셔ᄂ兵器商輸入을防遏ᄒ기爲ᄒ야機械類와鐵類를輸入ᄒᄂ데對ᄒ야包裝을解ᄒ고檢査ᄒ기로各稅關에訓令ᄒ엿더라

◎議會解散　倫敦電을據ᄒ즉俄國議會ᄂ解散되며總選擧ᄂ九月一日로行ᄒ고新議會의召集은十一月一日로決定ᄒ얏다더라

◎日法協約의公表　拾八日東京電을據ᄒ즉日法協約과及附屬宣言書를昨夕에發表ᄒ얏ᄂ대協約은淸國獨立保全과機會均等主義를恭從ᄒ야兩國現권利를尊重히ᄒᄂ대在ᄒ고又附屬宣言書ᄂ日本이印度와支那에關係로最惠國條款을均霑ᄒ기로規定ᄒ얏더라

論說

國家貧弱之故　[illegible]山人　續

今我國則不然ᄒ야彼公卿貴族지豪華子弟者를皆不敎不학ᄒ며遊食유衣ᄒ야養성其驕傲侈靡지習과怠惰安逸지風ᄒ야以爲功名富貴를若固有지ᄒ니此又耗財지最ㅓ者也오其次鄕豪土强지族이家有薄田數拾畝ᄒ면其子弟ㅣ亦ㅊ驕奢음逸ᄒ야無生業而유食ᄒ고閑ᄒ니其豪富지家ᄂ不俟更論이오又不但其子弟而已라凡所稱鄕華豪富지家ᄂ其妻妾등僕과親戚門客지屬이動有至數百餘口ᄒ야皆遊衣遊食徒手以仰食者也라假使家有萬금之産이라도則眞數百之口가不營一業ᄒ고坐仰食於此則其何以能支哉아萬金지産이雖則夥矣나析之爲數百分則其每人所占이ᄂ不過幾何리니此數百分지人이皆以刀금지零으로自梁而於家中生計에ᄂ사毫不負其責任ᄒ니吾見所謂故家名門者의繁華榮요가極於一時ᄒ다가不過幾年에未免零替쇠敗ᄒ야貧窘乞丐者ㅣ迫比比有지ᄒ고其仰活지등僕族戚과門生俗客이蕩盡은ᄒ流離顚連에窮不能自存ᄒ니是ᄂ由其習ㅣ驕侈ᄒ지知ㅣ所以開致者ㅣ不能業其一ᄒ지不弟而라抑亦棄其擔拾ᄒ之弟를로ᄂ又不特巨室世家之爲然이라雖以ᄒ富八次而爲之라도不率一家之中에其生利者ᄂ不過壹貳人이오其徒食者ᄂ動拾數人則賢於計算者라도未必能善其後者也라其陷於窮困也ᄂ必矣니此悉由此家族制度之不適宜而以治風習之所使然이라故로諺에曰富不過三代라ᄒ나니夫能善用其富而奚止於此三代而已乎哉아如日本三井氏之能歷世享富에族姓이繁多者ᄂ以其能人人이自治於生財之術故也니我國之所以貧弱者ᄂ其故ㅣ實지於豪華家族之子弟而爲一國之大모賊者也라然而如究本窮源則又ㅅ事在於其子弟로爲其父兄者ㅣ所不得辭其罪也라俗語에云仕宦家ᄂ有三業이라ᄒ는謂其子弟지業奴僕ㅅ業親戚지業者也ㅣ니嗚呼라仕宦지業이胡至于此哉오　未完

咸南鎭衛隊所에셔本社의寄函ᄒ되

天之所愛育者民也오民之所尊敬者ᄂ國也是以民將有厄天爲之示變國將有事民爲之努力故國政政敎民瘼　王道然後　王政治民俗化今我大韓　王道不隆政治不振蓋由於昇平日久奸介立乎列强之間自甲午以來外侮頻興服役轉輸國民窮困之狀是以盛動　皇天震國勢波波民情迫追往者故今未有甚於此時者況借款於外國千萬巨額治假飢者食鳥頭也全國人不能維冗支出而當徵收之臣民不聊生土漸見蹙此必然之勢也當局者不悟食草之心用권者不及噬臍之悔所以國相國忠丐公抱恨終天封先生[illegible]命吉不盡之[illegible]是時無食[illegible]若姑待天[illegible]所以爲[illegible]僉君子[illegible]等停變之[illegible]忠　君之心[illegible]到峽中之日[illegible]再生之世[illegible]將所存之物[illegible]天於我韓[illegible]義皆之[illegible]竝七省[illegible]親傳期成會以[illegible]之報國者[illegible]

◎可見公判　近聞에[illegible]가龍山에在ᄒᆫ先山[illegible]ᄒ야고漢城[illegible]得請치못ᄒ지라不勝抑[illegible]部時中理院에[illegible]ᄂ바其裁判ᄒᆫ[illegible]判事金鎔[illegible]故로閔泳植氏가自然[illegible]로閔氏가方今百般運動ᄒᄂ中인대閔氏가其威權[illegible]如哀乞이던지判決을近十日이되도록絹給지안ᄂ니[illegible]其曲折을質問ᄒ[illegible]嵬을觀ᄒᆫ後判決書에[illegible]給ᄒ다ᄂ所以라ᄒ나[illegible]公無私히判決ᄒ[illegible]目ᄒᄂ바어니와[illegible]出訟에親히摘[illegible]自今以後로ᄂ[illegible]科결者ㅣ[illegible]悲聞公論이[illegible]

◎夫人愛國　大邱[illegible]官夫人[illegible]平民의夫人[illegible]閨秀[illegible]夫人이[illegible]賦捐[illegible]然[illegible]더라

三分給 皇太子嘉禮時尹澤榮氏家에셔物品價未給條新貨十萬圜을日前에內下ᄒᆞ신은已爲揭載ᄒᆞ얏거니와再昨日에始爲頒給ᄒᆞᄂᆞᆫ데又爲不足ᄒᆞ야各種物品入用人處々價額三分의一式分給ᄒᆞ얏다더라

●學大觀察 學部大臣리載崑氏가日間에普成專門學校書夜學을躬往觀察ᄒᆞᆫ다더라

●財顧晩餐 本日下午七時에財政顧問目賀田씨가其私邸에셔晩餐會를設ᄒᆞ고각部大臣을請邀宴待ᄒᆞᆫ다더라

●公遣被拿 前江界郡守徐廷奎씨가農商工部所關公錢을多數欠逋홈이有ᄒᆞ던지法部에셔農部照會를因ᄒᆞ야上奏拘拿ᄒᆞ야不日督刷ᄒᆞᆫ다더라

●冠宕廢止說 政府에셔一般官民의新變令을實施ᄒᆞᆯ터인ᄃᆡ冠宕을爲先廢止ᄒᆞ기로決定ᄒᆞ얏다ᄂᆞᆫ風說이有ᄒᆞ더라

●視察發程延期 日本博覽會觀察로前往ᄒᆞᄂᆞᆫ顧問官리址鎔權重顯閔泳綺三氏가昨日發程ᄒᆞᆫ다더니무삼相이가有ᄒᆞᆫ지明日로延期發程한다더라

●統邸會議 再昨日下午三時에總理大臣以下각部大臣이統監官邸에會同ᄒᆞ야무삼事件을提議ᄒᆞ얏다더라

●朴氏入城 錦陵尉박泳孝氏가釜山셔多日留連ᄒᆞ더니昨日入城ᄒᆞ얏다더라

●望月入京 一進會顧問望月씨가歸國ᄒᆞ야多月滯留ᄒᆞ더니再昨日入京ᄒᆞ얏다더라

●陵嬪葬期 慶嬪發引은陰本月二十六日이오葬禮ᄂᆞᆫ同二十八日이라더라

●觀察樂乎 新任光察김奎창씨가觀察使로任所에坡州로부터上京ᄒᆞ야[illegible]으로叙任된後에再히坡州에下去ᄒᆞ야該郡民과作別ᄒᆞ미邑邸에居ᄒᆞᄂᆞᆫ신學模씨가該家에셔作別宴을設ᄒᆞ고김奎창씨를請待ᄒᆞᄂᆞᆫᄃᆡ酒至半酣에老人과金觀察이竝唱雜歌ᄒᆞ니傍觀之人이多有鼻笑ᄒᆞ얏다더라

●卞씨請願 三和府尹卞鼎相씨가一進會員의辭職退去ᄒᆞ라ᄂᆞᆫ勸告에對ᄒᆞ야內部에請願ᄒᆞ얏다더라

●박씨談話 錦陵尉박泳孝시가某시를對ᄒᆞ야日我大韓이一百七八十年前에漢學이盛行ᄒᆞ야國內士氣가振興ᄒᆞ더니其後에門閥을尊崇ᄒᆞ미學問이衰頹ᄒᆞ고士氣失墜ᄒᆞ야現今國樣이此境에至ᄒᆞ얏스니不無遺憾이라目下國家를扶식ᄒᆞᆯ道理가敎育을發展홈에지ᄒᆞ니入城ᄒᆞᆫ後에ᄂᆞᆫ敎育事務를擔任ᄒᆞ기로決心ᄒᆞᆫ다더라

●總部公函 統監部總務部會計課에셔內部로公函하되韓國戶數人口等을調査ᄒᆞ오신壹覽表其他統計的調査에印刷에付ᄒᆞᆫ殘部라도有ᄒᆞ오면각壹部를分與ᄒᆞ시와參考에資케ᄒᆞ라ᄒᆞ얏더라

●碑則不可 日本人畑彌가龍山等地에衆人之塚을掘ᄒᆞᆫ事로呈于漢城府及內部ᄒᆞ와呼哭[illegible]足ᄒᆞᆫ事ᄂᆞᆫ前報에揭載어니와此事로ᄒᆞ야內部及漢城府에셔交涉于理事廳ᄒᆞ야畑彌에게此償金一千三百圓을徵出ᄒᆞ야各塚主에게出給ᄒᆞ얏ᄂᆞᆫᄃᆡ該錢을收ᄒᆞ야九百餘塚費을略略用之하고餘額이壹百二十圓인ᄃᆡ衆論이此貨을公用ᄒᆞᄂᆞᆫ거슨不可ᄒᆞ니셔爲交涉ᄒᆞᆫ內大와漢城府尹及參書該現事官吏에順德立碑ᄒᆞᄂᆞᆫ거시當然ᄒᆞ다고提議ᄒᆞ고現今該地에立碑ᄒᆞᆫ다더라

◉日韓奮鬪

大韓日報社에셔三昨日붓터日本警官等의不正ᄒᆞᆫ行爲를枚擧揭載ᄒᆞ얏더니再昨日에警務顧問部補佐呼子友一郞씨가該報社을官吏侮辱罪로理事廳에告訴ᄒᆞ야家宅을搜索ᄒᆞ며社員을召喚ᄒᆞᆫ擧措가有ᄒᆞᆫ지라連日該報紙上에警務顧問丸山重奎補佐呼子渡邊等의不正行爲를一々히張皇論駁ᄒᆞ얏ᄂᆞᆫᄃᆡ今其大要를摘ᄒᆞ야揭布ᄒᆞ노라

丸山重奎은何者라題ᄒᆞ고

統監政治에妨害漢
韓國官廷에大毒菌

哀哉라一小醜吏라ᄒᆞ얏고鳴子刑死物語라題ᄒᆞ고警務補佐官呼子友一郞을對ᄒᆞ야宣告를發ᄒᆞ고其罪惡을數ᄒᆞ얏스ᄃᆡ昨年三月에變臣강석鎬의家券十二枚를依ᄒᆞ야八千五百圓을按分費消ᄒᆞ얏스니

一金三千圓 角山 指丸山
一金貳千圓 鳴子 指呼子
一金貳千圓 深井
一金壹千五百圓 佐原石近太

其二ᄂᆞᆫ 宮殿門票賣附事
其三은 東北兩關拜觀券販賣事
其四은 犯人의住宅을借ᄒᆞ고罪를免케ᄒᆞᄂᆞᆫ事

又新內閣組織前에機密費金陸萬圓之說이有ᄒᆞ더라

●固城民擾 內部에셔慶尙觀察署理에게電報ᄒᆞ되固성郡民擾猖獗은開甚驚歎이라自道로別定査官ᄒᆞ야曉諭解散ᄒᆞ고起鬧顚末을査覈馳報ᄒᆞ라ᄒᆞ얏더라

●新民呼冤 慶北新寧郡守申勝休씨가結錢엽四萬四千餘냥을濫捧ᄒᆞᆫ事로該郡居권셕우가還推次로呼訴平理院則已裁押訓飭이오나莅拔者이無신[illegible]有何私情이던지근持擦ᄒᆞ야尙不발訓ᄒᆞ기該民等이呼冤派遣ᄒᆞ더라

●求是請願 義州求是學校事務員김履철시가內部에請願ᄒᆞ되揣入處無ᄒᆞ야誣告ᄒᆞ法典에自有當律이온바本學校校長張應亮이가拾餘萬냥을乾沒이다本部人김承學金顯河輩가誣告府部ᄒᆞ며廣布新聞이옵고本府尹정海運시가符同惡民ᄒᆞ야誣報上部ᄒᆞ며又因上部訓令ᄒᆞ나該事件에證據될만ᄒᆞᆫ書類을使本府雒流張현택으로持去而及其調査之場에搆誣之事가層疊無所逃於明査之下而至有捺僞章之奸狀이亦爲綻露無餘이오니伏願該關査ᄒᆞ시事을卽爲移交裁判所ᄒᆞ시와使지照律懲治ᄒᆞ야無使此等官民으로敢行不法行爲ᄒᆞ야妨害教育케하심伏望이라하얏더라

●試券不給 學部에셔明川儒生김聲與김星松양씨의丙午式經義問對被選ᄒᆞᆫ試券을不給ᄒᆞ고該人等請願도不受ᄒᆞ니무삼事端인지知치못ᄒᆞ깃다ᄂᆞᆫ巷說이有ᄒᆞ더라

●최시流配 全南裁判所에義兵으로被囚ᄒᆞ엿던최긔文시ᄂᆞᆫ流終身照律에處ᄒᆞᆫ事로奏本ᄒᆞ얏더라

●內大辭職說 內部大臣任善準시가辭職疏를奉呈ᄒᆞᆫ다ᄂᆞᆫ說이有하더라

●姜洪質判 官立高等學漢文敎官姜與秀시가職務에汗漫ᄒᆞᆫ으로該校長이學部에報ᄒᆞᆫ事은昨報에揭載어이와姜시ᄂᆞᆫ該校長洪錦鉉시報辭에行爲不正句로呈于裁判所ᄒᆞ야洪시와質辨ᄒᆞᆫ다더라

◉宣守善政 宣川郡守俞鎭ᄒᆞ시가察隱也周到ᄒᆞ고處事也綜鮮ᄒᆞ야民瘼을[illegible]官弊를革去ᄒᆞ고芒鞋竹杖으로周行村閭ᄒᆞ야勸課勸學ᄒᆞ고境內所在校를到底贊成하야人材를養하며智를發하ᄂᆞᆫ程度가漸次前進되다더라

●劫寡嚴禁 法部에셔십三道及각府部에輪訓ᄒᆞ되夫男女作配ᄂᆞᆫ人道之始니不可强求勒行이오鰥寡相婚ᄂᆞᆫ任他意想이라實難威脅抑取이거ᄂᆞᆯ挽近鄕曲愚氓이以縛寡壹事를謂之常例ᄒᆞ야一聞某동有寡ᄒᆞ면認以無主之物ᄒᆞ고不探其操行志槩之如何而擅生縛取之計ᄒᆞ야嘯聚隣比無賴ᄒᆞ고暮夜攔入ᄒᆞ야劫略과縛으로看作能事ᄒᆞ고假粧暴徒之樣ᄒᆞ야恐嚇强奪로認以當行ᄒᆞ니謬習悖行이便成慣例ᄒᆞ고鬪鬨殺傷之變이因此種種ᄒᆞ며橫罹重犯이間或有之ᄒᆞ니究其弊源ᄒᆞ면非但涉險履危로所關不輕이라其爲傷風敗俗이莫此爲甚인즉不可以習俗之謬로尋常置之이고此等悖擧ᄂᆞᆫ大關風化라嚴行禁止ᄂᆞᆫ斷不可已나俾民先知有禁制然後에如有蹈襲犯過者어든각別痛懲이가先此另飭者也라令布之後에如有此等悖行이어든其親屬或該동頭民이指姓名修報于郡ᄒᆞ고自郡으로捉囚該犯而轉報道裁ᄒᆞ야以怙終으로重治ᄒᆞ대劫寡强奸이각有定條ᄒᆞ니嚴其犯跡ᄒᆞ야嚴懲無赦에영杜後弊케ᄒᆞ며將此訓辭ᄒᆞ야火速知委曾下각郡ᄒᆞ야俾卽眞諺翻謄ᄒᆞ야揭付於坊曲通衢와場市大站ᄒᆞ야使大小人民으로咸須知悉케홈이可하기로玆에訓令이라하얏더라

●感荷捐助 京城錫洞留士人崔彰烈氏가本社에對ᄒᆞ야金貨二圓을捐補ᄒᆞ엿스니其盛意를感荷不已ᄒᆞ노라

◉靑會演說 今日下午七時半에靑年會館에셔紳士尹致昊氏가責任의分排란問題로演說ᄒᆞᆫ다더라

路透電報

六月十九日着

佛國外務卿이代議院에셔日佛協約의正文을朗讀ᄒᆞ미議塲에셔喝采權迎ᄒᆞᆫ지라外務卿은此協約의平和的을明言ᄒᆞ고日本이强國伍件에入ᄒᆞᆫ것을慶賀ᄒᆞ얏더라

北京電報

十八日着

奉天附近에暴徒가더욱蔓延ᄒᆞᄂᆞᆫ狀이유ᄒᆞ미徐世창시가步兵一聯隊를派遣ᄒᆞ야鎭撫中이라더라

▲琴中山水▼

▲槐陰老仙이橘평을相對ᄒᆞ야黑白이爭路ᄒᆞ니輸贏一局에風雲이飜覆이라現今　界에對局이有誰오牢籠手段이各自爭頭로다

▲警務顧問補佐官等이宮闕門票賣附時에桼內料라ᄒᆞ고大枚에八十兩이오東北兩宮闕拜觀券은一枚에二元或三元式定價販賣ᄒᆞ엿다니痛哉痛哉라大韓國　大皇帝의宮闕을요마ᄒᆞᆫ日本警吏手中에在ᄒᆞ야演劇塲과如히門票을販賣ᄒᆞ며　列聖朝의舊闕을公園地와如히下等賤夫로無難擅入케ᄒᆞ니此等行爲ᄂᆞᆫ非洲野蠻도不爲ᄒᆞᆯ터이니若比於野蠻이면野蠻도또ᄒᆞᆫ同類되기를붓구러ᄒᆞᆯ이로다

▲遞忠北觀察使尹吉炳氏ᄂᆞᆫ一進會頭領의効力으로該觀察을圖得ᄒᆞ더니赴任ᄒᆞᆫ지有年에政治改良과人民發達에一無成効ᄒᆞᆯᄲᅮᆫ더러種々醜聲이入聞ᄒᆞ기로遞任되얏다고該會機關報에다

鐵道[illegible]ᄒᆞ얏스니[illegible]勢ᄒᆞ며該[illegible]으로由ᄒᆞ야[illegible]傷이되얏스니[illegible]알슈[illegible]만코

▲裵貞夫人은[illegible]고內人의[illegible]幻術[illegible]圖得ᄒᆞ야近日에數次入[illegible]얏다ᄒᆞ니무삼運動이又生ᄒᆞᄂᆞᆫ지協辦觀察은계우엇지

▲近日에新內閣이組成ᄒᆞ미政界一派가擧皆疑懼홈을[illegible]야期於破壞ᄒᆞ기로運動[illegible]第一宋秉相을仇視ᄒᆞ야春川觀察로移遷케ᄒᆞ고春察[illegible]農相으로轉任ᄒᆞᆫ다고某報[illegible]道ᄒᆞ엿스니向日에ᄂᆞᆫ農協이春察로移轉ᄒᆞ더니今番에ᄂᆞᆫ農相이春察로遷任ᄒᆞᆫ다니春察은[illegible]部大官을[illegible]送ᄒᆞᄂᆞᆫ자리로고

▲財政顧問支部下에지ᄒᆞᆫ財務分廳二拾四個所를六拾九個所로增加ᄒᆞ고財務官補二名式加置ᄒᆞᆫ다ᄒᆞ고또軍部에셔각地方鎭衛隊에日本軍人少佐一名式雇聘ᄒᆞ야隊務를顧問ᄒᆞ기로內定ᄒᆞ얏다니京鄕官廳에日人만雇聘ᄒᆞ면事務가잘되ᄂᆞᆫ지日人을日々增加聘置ᄒᆞ며月俸은何處에셔支給ᄒᆞᆯᄂᆞᆫ지大韓國庫금은用之不竭ᄒᆞᄂᆞᆫ지

▲趙南昇씨ᄂᆞᆫ近日東大門內光武臺에逐日玩賞ᄒᆞ더니日昨에ᄂᆞᆫ同씨가각夫人에게玩賞處로往來ᄒᆞ며前後淫談悖說이無所不至ᄒᆞᆫ다니該씨ᄂᆞᆫ光武臺를一靑樓로知ᄒᆞ고日々遊戲ᄒᆞᄂᆞᆫ지少年鹿氣에光武臺가無光이로다

▲김思준씨ᄂᆞᆫ詩朋을作伴ᄒᆞ고日昨에塔동僧房에出往ᄒᆞ야詩會를開ᄒᆞ얏ᄂᆞᆫᄃᆡ年少僧輩를招致ᄒᆞ야無數히作戲ᄒᆞ다가四韻이未成ᄒᆞ야各其散歸ᄒᆞ얏다니青年僧尼가詩魔를能作ᄒᆞ엿도다

◎本社告白

國債報償에義捐金額을本報紙面에逐日廣告로發布ᄒᆞ되獨有遲滯ᄒᆞ야樂捐諸氏의迅速揭布코져ᄒᆞ시는[illegible]量未郎奉聞ᄒᆞ옵더니今自本報로國文報一部를增刊이ᄒᆞ從今으로는漢文報와國文報에[illegible]廣告를[illegible]爲揭布ᄒᆞ려이오[illegible]一[illegible]僉員은照亮ᄒᆞ시옵

坡州鄕廳國債報상疏旨書

嗚呼君臣父子之大倫天之經地之義而所謂[illegible]者臣之於君子之於父惟當盡其忠孝雖赴湯蹈火無[illegible]供爲臣子之職可以立於世而小[illegible]萬一於君父之恩也[illegible]試私情言之父有他人之債至於貼家[illegible]田土之境爲其子者罔[illegible]百方[illegible]旋[illegible]於淸償女養其親乃是爲人子道理也豈可晏然坐視[illegible]貽其親之責乎現今國勢之岌[illegible]不待辨說而追頭情形萬々[illegible]急者外債[illegible]也此債不報則全國疆土莫可保全疆土不報則[illegible]將[illegible]依[illegible]亦是雨露中一物[illegible]孝忠[illegible]自分內事則杞칠[illegible]憂恒切于中道聞嶺南有志人士先倡斷煙지論繼以락下奮忠[illegible]公團結[illegible]成지會至於發[illegible]지境而自上確斷[illegible]煙微下惻달지旨意괴歟 未完

●正誤 昨日廣告鄭熙燦氏의姓함이誤植이기로玆에正誤홈

廣告

本所에서本館主人鄭熙燦氏를本館長으로推薦ᄒᆞ오니僉君子는照亮홈
寄宿館事務所 告白

平壤日新학校贊成員氏名及其寄付금額

平南觀察使李始榮氏 廿五圜
參書官金英鎭시
通譯官金택吉시 主事六員
裁判所檢事김鍾護시 각六圜
總巡金형植시 壹환
平北裁判所檢事安秉찬시
江西郡守리宇榮시 각拾圜
主事朴箕錫시 오拾圜
參奉朴經석시 四拾圜
張義淳 黃甲영 金鎭厚
리文善 각廿원 朴鳳輔
拾三원 尹[illegible]重 蔡[illegible]혁
李敎植 朴泳 朴尙殷
朴來明 金貞柱 김윤和
지지龍 金能善 趙晉鐸
日本人太田勳 各拾원
宋夔勳 李殷升 崔觀슈
오善夏 洪지문 金[illegible]
金養현 李汝極 韓奉源
李翊燁 金희道 車윤成
오윤善 李[illegible]洪 張셥
林석규 金南호 리윤근
康윤杰 曹京학 朴來陽
金義煥 송有燁 鄭在命
조成환 崔지學 趙[illegible]셔
박相목 秋水達 鄭[illegible]庸
金鎰禧 沈[illegible]호 박鎰찬
各[illegible]원 崔찬孝 임承俊
咸현式 崔석乾 신錫鎬
박贊긔 尹在明 金錫俊
정[illegible]憲 康[illegible]庸 송지燁
공규열 각三원 金[illegible]休
尹영주 趙承國 金여水
혈닌夫人 리希信 박用煥
元孝俊 金英鎭 박[illegible]環
리文섭 리受謙 宋지燁母親
韓昌燁母親 각[illegible]錢 池一淸
오鎭元 김起열母親
各[illegible]원三십錢 崔秉勳
一圜[illegible]十錢 車奎遠 金善보
羅榮親 朴用福 [illegible]淳萬
오善應 盧德규 張윤成
위元善 다비다夫人 張夏成
김春긔 정긔贊 宋仁涉母親
咸敬德夫人 羅一봉 盧召史
[illegible]景河 정學源 각壹圜

南門外大里門동一百六十七統拾一戶許可狀을本人이丙午春에典執ᄒᆞ엿다가遺失ᄒᆞ얏기玆에仰布ᄒᆞ오니該狀은休紙施行홈
[illegible]主金鍾[illegible] 典執人리윤行 告白

本人이松峴洞尹鳳先家券을遺失ᄒᆞ엿스니誰某拾得ᄒᆞ여도休紙施行홈
家舍典主張子雲 告白

本人이漢城倉庫會社에紙貨貳百拾圜차질標를失ᄒᆞ얏시니誰某拾得ᄒᆞ야도休紙施行홈
付人丁景浦 청뎐동[illegible]局 朴亮汝 受人京銅峴藥局 趙弼祥 告白

本人의從姪김任一의字나鉉인데性本浮浪ᄒᆞ야寡居ᄒᆞᆫ從叔母의田沓을僞造문券ᄒᆞ야爲典執盜賣次로出沒京鄕ᄒᆞ오니內外國人은切勿見欺ᄒᆞ심을望홈
[illegible]山舞乙洞김鳳夏 告白

本所々長은副將尹雄烈씨로推薦視務ᄒᆞ옵고金宗漢씨는代辦ᄒᆞᄂᆞᆫ視務아니홈
國債報償志願金總合所

本會館을北署苑동十二統十二戶로移接ᄒᆞ얏스니僉君子는照亮ᄒᆞ시옵
[illegible]友學會告白

今番事機를因ᄒᆞ야神宮奉敬會를解散홈
明治卌年五月二十八日
光武十一年五月二十八日
元神宮奉敬會會長

廣州廉谷居曹泰承字喜輔가符同雜類ᄒᆞ야去年秋에渠之舍兄沓과宗中位土를僞造문券ᄒᆞ야暗欲放賣ᄒᆞ기已爲累揭于新聞인바渠尙不悛ᄒᆞ고今又僞造量案立旨ᄒᆞ야欲圖踏印於果川官이라가自官燭僞에綻露逃避ᄒᆞ야又欲僞造文券放賣ᄒᆞ니內外國人은切勿見欺홈
廣州彦州面廉谷居 長兄曹翰承 門장錫五 好承 秉潤 秉億 秉俊 告白

本館에서漢城內에留接ᄒᆞᄂᆞᆫ諸學生의寄宿便利를爲ᄒᆞ야大安동에二層半洋屋을建築ᄒᆞ고居處飮食其他凡節을一々히便宜ᄒᆞ기로極力設備ᄒᆞ오니遊諸生은照亮ᄒᆞ시와賁臨于本館事務所ᄒᆞ야詢議ᄒᆞ심을敬要
北署大安洞別宮 南便寄宿館長 鄭熙燦 告白

寄宿願人證書는本館에서授與홈
留連費는每朔에新貨四圜八十錢으로定홈

本社風穴에儲藏ᄒᆞᆫ蚕種을

製造할터인데我國內今年秋蚕과來年春夏蚕々會을可量ᄒᆞ야製造홀터이오니養蚕ᄒᆞᄂᆞᆫ僉君子ᄂᆞᆫ左開所로來臨ᄒᆞ던지郵書로ᄒᆞ던지蚕種을各事所用預託ᄒᆞ시오
安義鶴峴蚕業會社
京城永成門越便廉동二十壹統一戶 [illegible]漆原家
安義鶴峴蚕業會社社長 金秉先 廣告

本書舘

에서內外國新舊書籍을廣求수入ᄒᆞ야學界諸彦의購覽과각學校敎科用品을格外廉價로供獻ᄒᆞ오니有志ᄒᆞ신僉君子ᄂᆞᆫ陸續來臨ᄒᆞ시기를望홈
皇城中署松[illegible]廣學書舘 崔昌漢

●增修無冤錄大全

壹千壹百七十頁 定價金新貨七拾五錢

此增修無冤錄大全은法律家의最緊要ᄒᆞᆫ書籍이온ᄃᆡ年來現本이殆히絶種에至ᄒᆞᆫ지라故로法部에셔所[illegible]得ᄒᆞ옵고此를新刊ᄒᆞ얏삽ᄂᆞᆫᄃᆡ國漢文으로解釋ᄒᆞ야纖悉ᄒᆞᆫ句節이緣ᄒᆞ오니法律學에有志ᄒᆞ신니와字牧之任에居ᄒᆞ신이ᄂᆞᆫ不得不覽ᄒᆞᆯ冊子이오니法[illegible]ᄒᆞ시옵
中署布屛下 廣學書舖 김相萬 發售所

本店擴張新到時欵各色紗羅綢緞紋地담油地毯洋廣집貨綢緞관頭香茶烟草各樣均效改良新興奇時合用貨美價廉並有湖北南洋彩票發售特此布聞 貴客請來購覽此부언
漢城石井洞杏花春告白

本人이日本大阪商業家와特約ᄒᆞ고日本內地產出各種物品과西洋各種物品及機械等物을我大韓에輸入과委托을便利케契約ᄒᆞ얏스오니商工業에有意ᄒᆞ신僉君子ᄂᆞᆫ某物이든지請求코져ᄒᆞ시거든本社로來議ᄒᆞ시오 本社에셔ᄂᆞᆫ手數料金만領受홈
興業社本店 開城北部畔洞
支店京城南門內水橋五十一統六戶
仝仁港內동廣濟號 培養會社

산원과셩진잔에셔본인이살진소(肥牛)를만이ᄉᆞ깃스니쇼파실제군은다수이팔너오시옵
최봉쥰 고ᄇᆡᆨ

西署新門外[illegible]동百八十六統三戶
辯護士前檢事前判事正三品[illegible]
法律事務所 事務員[illegible]

本店에春服衣次각種이日[illegible]국으로多數來到ᄒᆞ얏사오니陸續來購ᄒᆞ시옵
貞洞[illegible]양服裁縫店 告白

●九轉靈砂라 本人이妙方法을神劑ᄒᆞ야製造ᄒᆞᆫ[illegible]男女老少에無論何징ᄒᆞ고通治하오며無病時에도服하면平生의身躰가健康ᄒᆞ며小兒ᄂᆞᆫ四五錢重만服ᄒᆞ면十歲안에無病ᄒᆞ심을擔保ᄒᆞ오며
●九轉靈砂爲應丹은셔狂[illegible]징과中風諸疾과耳目諸病과淋疾에神効ᄒᆞ오
●九轉靈砂保命丹은初生小兒驚風 간氣 咳 腹痛諸般惡징에神効ᄒᆞ오
●九轉靈砂濟衆丹은酒滯 食滯 血積 吐瀉 霍亂 痢疾 吐血 下血 運氣 時疾痢징에神効ᄒᆞ오
●九轉靈砂紫金丹은痔漏 累瘻 上痔瘡 下痔瘡及唐瘡과諸般毒瘡惡種에無不神効ᄒᆞ오시니 君子ᄂᆞᆫ來問ᄒᆞ시오
內需司前뒤골이골上隅第一家 百三統一戶 리호廷 告白

越南亡國史 國漢文

定價貳拾伍錢
發賣所京城廣橋高裕相書舖 [illegible]南[illegible]川郡禹時夏書舖 布屛下 김相萬冊肆

●일본遊覽者募集
一遊覽會員募集 人員은五十名으로一團을成ᄒᆞ니한일인을不問ᄒᆞ고速히請入ᄒᆞ시옵
一巡遊地 東京博覽會橫빈京都大阪神戶
一往復일數 [illegible]十七일間
一浮費 遊覽費及手數料을合ᄒᆞ야總計四十八圜
一出發일 請人順次를從ᄒᆞ야出發三일[illegible]에直接히通知홈
一請入所 在京성各신聞社五十八銀行경성支店 天一銀行
一會員은遊覽을終ᄒᆞ야開散ᄒᆞᆫ後ᄂᆞᆫ本會와關係가小無홈
一南대門서釜山으로直行ᄒᆞ면지[illegible]로東경으로直行하ᄂᆞᆫ者의게對ᄒᆞ야도同一便法으로同行請人을應諾홈
일本人遊람協會事務所 [illegible]門通 東亞商會

◎活動寫眞廣告◎

今番에始作ᄒᆞᆫ活動寫眞은法국巴里京에셔有名ᄒᆞᆫ거시오또ᄒᆞᆫ大英국皇室에셔먼져看品ᄒᆞ셧고始作ᄒᆞᆫ지數日에遊賞ᄒᆞ시ᄂᆞᆫ첨君子가多數枉臨ᄒᆞ시와坐處가넘쳐셔晩到ᄒᆞ시면不便ᄒᆞ오니速々枉臨홈 今番에또새로이活動寫眞이多數來到ᄒᆞ야每夜에僉位觀賞에新面目을供ᄒᆞ오니速々來臨ᄒᆞ시옵
活動은自下午八点至九点 名唱善舞歌童과唱和吹笛은自九点至十点
賣票時 七点半始爲
入場票 上等三十錢 中等新貨十五錢 小童十錢
新門외서달이목東便벽돌집 法人 馬田 告白

國債報償義捐金收入廣告

忠淸南道新창郡
시木洞
리宇性 김낙긔 辛문교
각四十젼 申창均 리釋교
辛원교 각卄錢 리啓性
김창근 각十오젼 박긔淳
十錢
佳里
밍연述 윤德采 밍忠셥
밍錫셥 밍錫지 각今十젼
밍南지 리명學 밍琦셥
밍南秀 밍南丞 南廷斗
밍尙셥 밍吉在 윤麟勳
각卄젼
리元秋 정泰□ 리吉오
안윤成 국卄錢 박成老
國民오 김燮貫 국卄젼
리南亦 리吉石 국十젼
□里
리順숙 一圜
□湖 강주麟 각오十젼
□□ 南덕一 리주和
국卄錢 리同호 십젼
元厚鑫 정용敎 공龍明
공하영 안주열 리학來
김京교 崔星采 각卄젼
김德甫 一圜 김善京 리升官
各오十錢 오興云 金廷寶
崔化西 尹주오 각卄젼
김윤執 十젼
新里
공□ 오十오錢 張인興
오十錢 韓漢宗 十오錢
공히주 공成주 국四十젼
宋천三 우成열 金顯友
공英주 金致先 宋英模
공□배 국卄젼 최采喜

…

國文廣告…

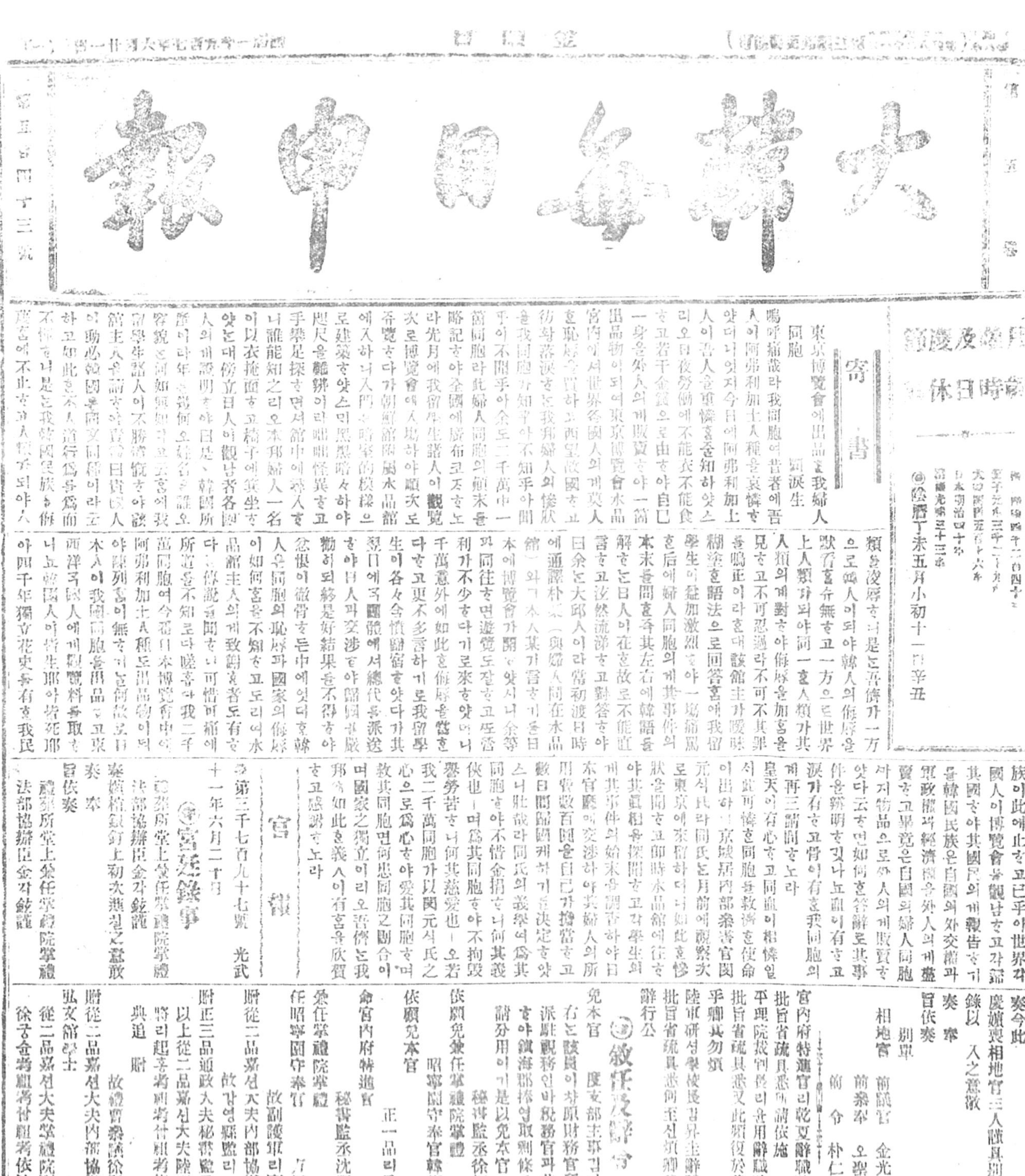

大韓每日申報

第五百四十三號

每日發行（日曜休刊）

光武十一年六月二十一日 金曜

檀君開國四千二百四十年
箕子元年三千二十九年
大韓開國五百十六年
日本明治四十年
清國光緒三十三年
◎陰曆丁未五月小初十一日辛丑

寄書

東京博覽會에出品ᄒᆞᆫ我婦人同胞　劉淚生

嗚呼痛哉라我同胞여昔者에吾人이阿弗利加土人種을哀憐ᄒᆞ얏더니엇지今日에阿弗利加土人이吾人을重憐ᄒᆞᆯ줄知하얏스리오日夜飢餓에不能衣不能食ᄒᆞ고若干金貨로由ᄒᆞ야自己一身을外人의게販賣ᄒᆞ야一箇出品物이되여東京博覽會水品館內에서世界各國人의게莫大ᄒᆞᆫ恥辱을買하고西望故國ᄒᆞ고彷徨落淚ᄒᆞ는我邦婦人의慘狀을我同胞가知ᄒᆞᄂᆞ가아不知ᄒᆞᄂᆞ가아聞ᄒᆞᄂᆞ가아不聞ᄒᆞᄂᆞ가아余도二千萬中一箇同胞라此婦人同胞의顚末을略記ᄒᆞ야全國에廣布코ᄌᆞ노라先月에我留學生諸人이觀覽次로博覽會에入場하야順次로各館을觀覽ᄒᆞ다가朝鮮館附屬水品館에入ᄒᆞ니入門初에暗室的模樣으로建築ᄒᆞ얏스며黑黑暗暗々하야咫尺을難辨이라咄咄怪異ᄒᆞ고手探足探ᄒᆞ며館中에入ᄒᆞ則我本邦婦人一名이以衣掩面ᄒᆞ고椅子에箕坐ᄒᆞ얏는대傍立日人이觀覽者各國人의게說明ᄒᆞ야曰是、韓國所産이라ᄒᆞ며年歲와姓名을說ᄒᆞ고容貌와衣服을云云ᄒᆞ거늘我留學生諸人이不勝憤慨ᄒᆞ야該館主人을詰責ᄒᆞ야曰貴國人이動必韓國을同文同種이라云ᄒᆞ고如此不人道行爲를爲而不恥ᄒᆞ니是는我韓國民族을侮辱ᄒᆞᆯ뿐아니라人類를凌辱ᄒᆞ니是는吾儕가一方으로韓人이되야韓人의侮辱을默看ᄒᆞᆯ슈無ᄒᆞ고一方으로는世界上人類가되야同一ᄒᆞᆫ人類가其人類의게對ᄒᆞ야侮辱을加ᄒᆞᆷ을見ᄒᆞ고不可忍過라不可不其罪를鳴正이라ᄒᆞᆫ대該館主가曖昧糊塗ᄒᆞᆫ語法으로回答ᄒᆞᆷ에我留學生이益加激烈ᄒᆞ야一場痛罵ᄒᆞᆫ后에婦人同胞의게其事件의本末을問ᄒᆞᆫ즉其左右에韓語를解ᄒᆞ는日人이在ᄒᆞᆫ故로不能直言ᄒᆞ고泣然流涕ᄒᆞ고對答ᄒᆞ야曰余는大邱人이라當初渡日時에通譯朴某(與婦人同在水品館)와日本人某가言ᄒᆞ기를日本에博覽會가開ᄒᆞ얏시니余等과同往ᄒᆞ면遊覽도잘ᄒᆞ고또營利가不少ᄒᆞ다ᄒᆞ기로來ᄒᆞ얏더니千萬意外에如此ᄒᆞᆫ侮辱을當ᄒᆞ다ᄒᆞ고更不多言하기로我留學生이各々含憤歸宿ᄒᆞ얏다가其翌日에各團體에서總代를派送ᄒᆞ야日人과交涉ᄒᆞ야歸國ᄒᆞ게嚴勸하되終是好結果를不得ᄒᆞ야忿恨이徹骨ᄒᆞ든中에엇더ᄒᆞᆫ京韓人은同胞의恥辱과國家의侮辱이如何ᄒᆞᆷ을不知ᄒᆞ고도리여水品館主人의게致謝ᄒᆞᆫ者도有ᄒᆞ다ᄂᆞᆫ傳說을聞ᄒᆞ니可惜可痛에所道를不知로다噫홉다我二千萬同胞여今番日本博覽會中에阿弗利加土人種도出品物이되야陳列ᄒᆞᆷ이無ᄒᆞ거ᄂᆞᆯ何故로日本人이我國同胞를出品ᄒᆞ고東西洋各國人에게觀覽料를取ᄒᆞ니노韓國人이皆生耶아皆死耶아四千年獨立花史를有ᄒᆞᆫ我民族이此에止ᄒᆞ고已乎아世界各國人이博覽會를觀覽ᄒᆞ고각歸其國ᄒᆞ야其國民의게報告ᄒᆞ기를韓國民族은自國의外交權과財政權과經濟權을外人의게盡賣ᄒᆞ고畢竟은自國의婦人同胞까지物品으로外人의게販賣ᄒᆞ얏다云ᄒᆞ면如何ᄒᆞᆫ答辭로其事件을辨明ᄒᆞ깃나뇨血이有ᄒᆞ고淚가有ᄒᆞ고骨이有ᄒᆞᆫ我同胞의게再三請問ᄒᆞ노라

皇天이有心ᄒᆞ고同血이相憐일시此可憐ᄒᆞᆫ同胞를救濟ᄒᆞᆯ使命이出ᄒᆞ니京城居內部參書官閔元식氏라同氏는月前에視察次로東京에來留하더니如此ᄒᆞᆫ慘狀을聞ᄒᆞ고即時水品館에往ᄒᆞ야其眞相을探聞ᄒᆞ고각學生의게其事件의始末을調査하야日本官廳에交涉하야婦人의所用費數百圓을自己가擔當ᄒᆞ고數日間歸國케하기로決定ᄒᆞ얏스니壯哉라同氏의義擧여爲其同胞ᄒᆞ야不惜金捐ᄒᆞ니何其義俠也ㅣ며爲其同胞ᄒᆞ야不拘毀譽勞苦ᄒᆞ니何其慈愛也ㅣ오若我二千萬同胞가以閔元식氏之心으로爲心ᄒᆞ야愛其同胞ᄒᆞ며救其同胞면何患同胞之團合이며國家之獨立이리오吾儕는我邦에如此ᄒᆞᆫ義人이有ᄒᆞᆷ을欣賀ᄒᆞ고感謝ᄒᆞ노라

官報

第三千七百九十七號　光武十一年六月二十日

◎宮廷錄事

禮部所掌上餘任掌禮院掌禮法部協辦臣金각鉉謹奏楊嬪梠鈺釘上初次漑칠之盞敢奏　奉旨依奏

禮部所掌上餘任掌禮院掌禮法部協辦臣金각鉉謹奏令此慶嬪喪相地官三人謹具別單開錄以入之意敢奏　奉旨依奏

別單　相地官　前議官 金光植　前參奉 오學根　前令 朴仁근

雜報

●三氏特進 研成學校長金昇圭씨와從二品柳益相氏와掌禮副卿徐相淳씨는特進官을被任ᄒᆞ얏더라

●總辦新任 英親王府總辦趙忠하씨는掌禮副卿을任ᄒᆞ고侍從金宅鎭氏는英親王府總辦을任ᄒᆞ얏더라

●晋察疏遞 慶南觀察使趙民熙씨가疏遞되얏더라

●朴氏抵館 錦綾尉朴泳孝氏入城ᄒᆞ다는事는昨報와如히昨日下午九時에南門外停車場에到着ᄒᆞ얏는ᄃᆡ 自內로셔勞問次로尙書武監을出送ᄒᆞ셧는ᄃᆡ 각大官과각社員도多數出迎ᄒᆞᆫᄃᆡ 朴氏가卽入于泥峴巴城館ᄒᆞ미該武監이隨往該館ᄒᆞ얏다더라

●說諭補佐 法部大臣조重應씨가地方각裁判所에法務補佐官을一并召集ᄒᆞ야司法에關ᄒᆞᆫ事를會議ᄒᆞ고該大臣이發言ᄒᆞ되각其職責만盡察ᄒᆞ고越권을審愼ᄒᆞ며民情을善爲保護ᄒᆞ는等事로說諭ᄒᆞ얏다더라

◉日報社員退韓 大韓日報社에셔日本警官等의不正ᄒᆞᆫ行爲에對ᄒᆞ야猛烈ᄒᆞᆫ筆劍으로多日攻擊을加ᄒᆞ더니昨日該社員이退韓令을當ᄒᆞ얏는ᄃᆡ九百八號에醜族退治라는題下에滿紙說話를盡皆覆字ᄒᆞ고退韓命令에對ᄒᆞ야號外로再錄ᄒᆞ야日本社가數日來로警務顧問本部補佐官呼子友一郞의醜行에셔韓ᄒᆞ야醜魁丸山重俊의惡事를摘發ᄒᆞ야將次크게官海를肅淸을期ᄒᆞ고統監政治를進步케計코자ᄒᆞᆯ際에果然只今社員을左에退韓命令을下ᄒᆞ얏더라

理事 戶叶薰雄
記者 飯田三郎
仝 巖崎虎十郞
編輯人 森戶平吉

右는當地方安寧을妨害者로認ᄒᆞ고一個年間當國에在留를禁ᄒᆞᆷ

吾徒가不正ᄒᆞᆫ가官憲이暴威ᄒᆞᆫ가我親愛十万居留民과及幾萬愛讀者는此를知ᄒᆞᆯ것이니我徒의筆劍은此災厄을逢ᄒᆞ야益々奮進肉迫ᄒᆞᆷ을讀者가幸勿勞ᄒᆞ라吾徒同人生命이存ᄒᆞᆫ거셔는入代立變否아寧死에代로生을代ᄒᆞ야筆劍을揮ᄒᆞ야彼等醜族을全滅退治를期ᄒᆞ노라來ᄒᆞ라同感之士여讀ᄒᆞ라愛國之士여正義는最後에捷者니正義公益에犧牲이되는거슨吾徒의本領이라來ᄒᆞ라幾多暴壓者여來하라幾多蠻行者여吾儕之正義筆劍은益々勇銳ᄒᆞ리로다ᄒᆞ얏더라

◉俄報評論 聖彼得堡發電을據ᄒᆞᆫ즉노보부려미아新聞에日韓國에셔日本人의施行으로總히改革ᄒᆞ는것은日本의利益目的을爲ᄒᆞᆷ이오毫末도韓國進步를爲ᄒᆞᆷ이아니라依例히交通機關과如히全혀軍事上目的을基因ᄒᆞ니是는韓國이露國에對ᄒᆞ야日本의基址가된故라且夫敎育上改革은今後二十年間이면韓人을變ᄒᆞ야日本人이되는ᄃᆡ至ᄒᆞᆯ이라ᄒᆞ고又謂ᄒᆞ되韓國을開放ᄒᆞᆯ지라도畢竟同國中에最良ᄒᆞᆫ土地森林礦山等은다日人의게賦與ᄒᆞ리라ᄒᆞ얏더라

●毁屋給價 日昨에漢城府에셔南大門新作路範圍內에入ᄒᆞᆫ家舍價를支給ᄒᆞ는ᄃᆡ瓦家는分四等ᄒᆞ야上上等每間에壹百八十元上等每間에壹百六十元中等每間에壹百四十元下等每間一百二十元이오草家每間에六十元式으로支撥ᄒᆞ고家舍材木及瓦子는각該家主가毁撤持去ᄒᆞ라ᄒᆞ얏다더라

●日人何關 貞陵庫直박元吉이가陵官을凌辱ᄒᆞᆫ事는前報에已揭어니와該박哥가去益無嚴ᄒᆞ야在囚中에日本辯護士를締結ᄒᆞ야陵官을搆訴於警務本署ᄒᆞᆫ지라陵屬七十四名이不勝駭然ᄒᆞ야漢裁에控訴ᄒᆞ야昨日에漢裁에셔陵官役과裁判ᄒᆞᆫᄃᆡ박漢이百般巧詐로認卞ᄒᆞ나法官이審知査得ᄒᆞ야平理院으로移交ᄒᆞ얏는ᄃᆡ大韓陵寢事에日人이何關고ᄒᆞ야公言이藉々ᄒᆞ더라

●日打韓人 肅川郡所지鐵道保線區日本人竹日雄太郞이가該郡右下面晩興리居최현을泥醉亂打ᄒᆞ야面部가被傷된故로該郡分派所에셔該日人을招치ᄒᆞ야治療費五圜을徵給ᄒᆞ얏다더라

●畿察調病 京畿觀察使최錫敏씨가身病이有ᄒᆞ야赴任치못ᄒᆞ미壹週日間을請由ᄒᆞ야方今治療中이라더라

●誠明校況 고陽巳浦居前司果慶勳重前監役朴連秀士人李鏞諧씨가私立誠明義塾을創設ᄒᆞ고風雨寒暑를不避ᄒᆞ고熱心敎育ᄒᆞᆷ으로學徒가心悅誠服ᄒᆞ야勸孜修業ᄒᆞ는故로境內之人이無不贊頌ᄒᆞ고日前渡韓ᄒᆞᆫ日本留學生金炯查씨가該校進就ᄒᆞ야祝賀ᄒᆞ고一場演說로勸勉ᄒᆞ얏다더라

●法協被訴 年前에法部協辦金珏현氏에失傳ᄒᆞ얏던先祖墓를春川府內居趙東순氏先塋局內에셔推覓ᄒᆞ얏더니趙氏가伐木ᄒᆞ얏다ᄒᆞ야金각현氏가平理院에呈ᄒᆞᆫ즉該院에셔判決ᄒᆞ기를兩家에셔統同禁養ᄒᆞ라ᄒᆞ야셔禁養ᄒᆞ더니不意今者에該局內松木을김씨가賣於日人ᄒᆞ야日人이下來故로斫伐ᄒᆞ미趙氏가禁止ᄒᆞᆫ즉該日人이六穴砲를放ᄒᆞ며揮劍逐之ᄒᆞ는지라趙東순氏가不勝憤冤ᄒᆞ야法部에呈訴ᄒᆞ얏더라

●剩金返還 長기郡守任차宰氏는閔忠正公趙忠正公과其他諸公의紀念碑建築費七百圓外二百元剩餘金을募集ᄒᆞᆫ대其剩餘金을募集ᄒᆞᆫ거시不可ᄒᆞ고私탁을充ᄒᆞᆫ嫌疑로該道觀察使의詰責이有ᄒᆞ야二百오十元은民間에返還ᄒᆞ얏다더라

●夏期停會 昨日부터靑年會는夏期를因ᄒᆞ야停會ᄒᆞ고來九月十五日에開會ᄒᆞᆫ다더라

●倫典香放 平壤居김伯善이가賀太二百包ᄒᆞ야積置于嚴찬燁之庫ᄒᆞ고庫貰則每月엽五십兩式定給矣러니不意에嚴찬燁과李承澤과嚴之差人張達鉉三人이暗典于日人財務官ᄒᆞ고出債分食後에乘夜逃躱ᄒᆞ얏더니忽然康時丁爲名者가來言日李承澤食전이一千百兩이라ᄒᆞ며石鑛을出給云故로原告가先推後에以待嚴李兩人來之日이러니果然李承澤이가渾家人居ᄒᆞ기로金伯선이가更爲呈官ᄒᆞ야有捉待之令則李哥가先已知之ᄒᆞ고渾家逃走ᄒᆞ야皇城弘門외鄕觀朝家에留居ᄒᆞ기로原告가來訴于平理院則捉囚이며니有何권力인지嚴哥先放ᄒᆞ고李哥를後放ᄒᆞ니公法如此면全國人民이何以支保乎아ᄒᆞ더라

●高民鳴冤 高敞郡來信을據ᄒᆞᆫ즉該郡守張命相氏가昨秋稅納을不遵部令ᄒᆞ고每結八十一兩六전式發令ᄒᆞ야相持數月ᄒᆞ고十四次鄕會에官曰鄕某一萬兩만收給則報于日債云云然民不聽ᄒᆞ기는派出猛校ᄒᆞ야各村主戶을捉致之境에民不勝抑冤ᄒᆞ야初呈冤狀에避身不決ᄒᆞ고再派面長ᄒᆞ야訴則事涉終不許施ᄒᆞ이由是로民心이激昂ᄒᆞ야等訴次會入官庭이러니狀民을驅之義兵ᄒᆞ야通知於古阜警務分署ᄒᆞ야借得日巡查幾助之勢ᄒᆞ고使其子로多率官隷ᄒᆞ야乘夜突入于鄕都有司及各面長家ᄒᆞ야放砲門外ᄒᆞ고倉捕婦女ᄒᆞ며捉去其民子姪而督官ᄒᆞ야鬼神도莫測ᄒᆞ는手段을使用이亦如該郡守之認罔ᄒᆞ고遍放捉去諸人이니라柳殷圭妻는因此致病ᄒᆞ야尙在危境이고차子는因此致死ᄒᆞ니民情이拂鬱ᄒᆞ야呈于觀察府與財務官及分署ᄒᆞ고至訴于平理院ᄒᆞ야蒙得查檢而報之訓令을ᄒᆞ야付于該道檢事而公決ᄒᆞᆯ始엇던고嚴囚警署ᄒᆞ야屢月受困에理未由ᄒᆞ기로更欲鳴冤於平理院次로五十人民이多數上京ᄒᆞ얏다더라

●活動尤奇 新門外新橋에셔法人爲田氏에設施ᄒᆞᆫ活動寫眞館은奇觀이最多ᄒᆞᆷ은前報에已爲揭載ᄒᆞ엿거니와今番에自法國巴里京으로新鮮ᄒᆞᆫ寫眞이又爲來到ᄒᆞ얏는대別樣玩賞品에新面目을供ᄒᆞ고또名唱션歟와歌童吹笛이天下에壯觀이都不於此라ᄒᆞ더라

東京電報 六月十九日發

●佛國資本의輸入 日佛協約의結果로佛國資本을日本에輸入ᄒᆞ기를計劃ᄒᆞ는者가有ᄒᆞᆫ대佛國大使도共히援助ᄒᆞᆫ다더라

倫敦電報 貳拾日午後着

●露國의暴徒 露國[illegible]에在ᄒᆞᆫ二個聯隊가容易치아니ᄒᆞᆫ暴動을起ᄒᆞ얏고社會民主黨의前代議士는政府에對ᄒᆞ야凶暴을行ᄒᆞ엿다ᄒᆞ고捕捉ᄒᆞ엿고他拾名의叛逆黨을捕捉이어엿는대露國각地方에一大動亂의兆가有ᄒᆞ더라

▲筆下木鐸▼

▲近日四道觀察使叙任은出於何遷運動인지內部銓考所에셔는協辦과地方局長이全然不知ᄒᆞᆫ즉兩氏가辭[illegible]ᄒᆞ니兩氏의尸素之嫌은固當如此ᄒᆞ거니와政界之[illegible]이라ᄒᆞ고[illegible]

▲內閣이新組織되며將次各府部院廳과道郡의名稱을一切變更ᄒᆞᆫ다되爲先內部警務局과警務廳을統合ᄒᆞ야一衙門을設立ᄒᆞ고大臣을新任ᄒᆞ며又郡守는郡長으로改正ᄒᆞ기로擬議中이라ᄒᆞ니大韓政府에官制가一變ᄒᆞ면新面江山을換出ᄒᆞ나二變ᄒᆞ야官制만改革ᄒᆞ고政治는依舊ᄒᆞ면刷新이라謂ᄒᆞ는지

▲平壤裁判所에셔法務補佐官一人式派聘ᄒᆞ얏는ᄃᆡ平理院에는北條久靑이오漢城裁判所에는香月治太郞을派送ᄒᆞ얏다니이것시法部大臣의新事業인가

▲三和府一進會員이該府尹以下一般官人의辭職退去ᄒᆞᆷ을勸告ᄒᆞ얏스되該府主事써지一齊히聯名捺章ᄒᆞ야內部에請願하기를如留一日則有一日之辱ᄒᆞ고留二日則有二日之辱이라ᄒᆞ얏다니京城一進會頭領은각大臣을辭職勸告ᄒᆞ며는大臣地位을占得ᄒᆞ미三和一進會도京會에勸告을效倣ᄒᆞ야該府官吏을占奪코져ᄒᆞᆷ인지

▲一進會에셔郡守二十窠를會中으로叙任ᄒᆞ라고農相宋秉畯氏가內閣에提議ᄒᆞ얏는대內大任李址鎔氏가此를反對ᄒᆞ고因ᄒᆞ야辭疏를呈ᄒᆞᆫ것다ᄒᆞ니一進會[illegible]郡守[illegible]下에엇지이又ᄒᆞᆫ理致가有ᄒᆞ리오極盛ᄒᆞ면必衰ᄒᆞᆷ[illegible]

▲侍從卿李근湘氏는私邸守廳房門미上에十八人姓名을大書特書日無得出入ᄒᆞ라ᄒᆞ고此外에는納帖出入ᄒᆞ라ᄒᆞ얏는대李卿에神妙手段과[illegible]謀는人所難測이라[illegible]藏嚴[illegible]을今始初聞이오榜上에掛名ᄒᆞᆫ兩班도亦莫功名이로다

▲日昨에日本志士一人이北韓地方을遊歷ᄒᆞ고京城에到着ᄒᆞ야地方人民의苦況을陳述ᄒᆞ면셔其所見을[illegible]安邊等數郡官吏의秕政을憤歎ᄒᆞ는지라彼外國人士도韓民의困難을矜恤ᄒᆞ며官吏의貪虐을慣罵ᄒᆞ거늘韓國政府에셔는此等貪民鬼를使用ᄒᆞ는것이於心에安平아좀성각ᄒᆞ야보시오

▲伊藤統監이渡韓以後로所謂憂國之士가長書로勸告ᄒᆞᆫ者許多ᄒᆞ대其大旨는正直人을擇用ᄒᆞ고奸細輩를退斥ᄒᆞ라ᄒᆞ나伊藤統監이此를知치못ᄒᆞ얏스리오正直人을擇用ᄒᆞ면韓國에는有益ᄒᆞ나日本에는無益ᄒᆞᆫ所以오奸細輩는韓國에는有害ᄒᆞ나日本에는忠臣이지

▲昔年에某强國이某國을倂呑ᄒᆞᆯ時에自己의利用될者를擇ᄒᆞᆯ[illegible]天下에엇지그런行爲가有ᄒᆞ리오마는其中一[illegible]父親에名字를斥ᄒᆞ[illegible]大官식히기노라[illegible]者가有ᄒᆞ면[illegible]個無賴漢이出頭ᄒᆞ야父를呼ᄒᆞ고辱을加ᄒᆞᆫ지라厥漢을卽時大官을시켜利用ᄒᆞ엿다ᄒᆞ니此亦近世에滅國手段이오

◎本社告白

國漢文併用에對ᄒᆞ야本報紙面에逐日廣告로發布ᄒᆞ되猶有遲滯ᄒᆞ야奬勵諸氏의迅速揭布로ᄌᆞ어시ᄂᆞᆫ然後未即奉副ᄒᆞ옵더니今自本報로國文報一部를增刊인바從今으로ᄂᆞᆫ漢文報와國文報에幾個廣告를並爲揭布ᄒᆞᆯ터이오니愛讀僉員은照亮ᄒᆞ시옵

廣告

濟州郡守尹元求氏가有名奸吏박형銓을內外締結ᄒᆞ야剝割民財에闔島生靈이忽成魚肉이온즉本人等이以本島衆民離支之事로涉險上來ᄒᆞ야全島塗炭形便을一々後錄ᄒᆞ고齊弁于　度支部와理院ᄒᆞ고今十一日上午十一点鐘에路呈獻狀于　內部ᄒᆞ얏ᄂᆞᆫᄃᆡ粘付物은度支部로指令一度와理院指令一度觀稅務官指令一度訓令一度合四度而弊瘼諸條ᄂᆞᆫ如左ᄒᆞᆷ

一今年正月初六日에指囑각面々長ᄒᆞ야招集各里黎民長ᄒᆞ고問官與否를以可寫之ᄒᆞ라ᄒᆞ옵기爲寫可字ᄒᆞ니其姓名踏圖ᄒᆞ고稱以經費ᄒᆞ야각里에葉分兩式排捧後新聞上以問治事記憶次作新聞事入上京事

一三郡각里에戶布加排勒捧錢紙貨貴餘額事

一三郡ᄒᆞ火稅定總外에常葉數千兩勒捧事

一각浦稅定額外常葉數百兩勒捧事

一新設ᄒᆞᆫ市後無論大小각商ᄒᆞ고甚至於柴商油商까지稱以塩稅ᄒᆞ야葉一兩式과牛馬賣買者의게每首에葉二兩式侵討事

一稱以年々塩稅ᄒᆞ야一張에葉二兩式勒捧事

一각商人等處物件每卜에엽四兩式勒捧ᄒᆞ고雖艸芥之物이라도如有私買之端이면該面所持物件雖幾千金價值라도屬公ᄒᆞᆫ다稱ᄒᆞ야壓制討賂事

一創設學校費ᄒᆞ고각面각里에別監每名에엽六냥式과座首訓長主事等에每員엽二십냥式徵出事

一濫討民賂ᄒᆞ야制ᄂᆞᆫ掘塚이不知其數而龍潭里박成岩之塚ᄂᆞᆫ使面長김가洙로勒掘이다ᄒᆞ든百年頭腦가爲役機所騙ᄒᆞ야露出棺槨ᄒᆞ니冤積白骨事

一徙里居ᄒᆞ寡宦年老貧處之商也而毒纏一目을捧價십二分放賣矣러니提人高民ᄒᆞ야嚴刑後頁皺輸示ᄒᆞ니高民如干商賈가渾歸斥蕩ᄒᆞ야呼泣道路事

一三姓以後設邑之初에有쳬建一樓ᄒᆞ니名曰望京樓라前後奉　命之臣이以爲國忠戀之意로常登此樓而闔島十萬生靈이合力共建ᄒᆞ니各公廨中第一層樓也라此樓年久에외모졈傾ᄒᆞ니等些少材木은如干頹落이나抱柱木은皆是二抱餘而稀罕貴木으로雖風磨雨洗라도數萬年不朽之材也라該柱木所揭者ᄂᆞᆫ每依北斗望京華望美人兮天一方等句語則無非忠戀之本義이거늘制剝民財之餘에猶爲不足ᄒᆞ야上項柱木十六株를採拔ᄒᆞ야거지작之ᄒᆞ고大槪斗只文匣等種을然鑑制造ᄒᆞ니本嶋木工與懲役漢等은望京樓下의數月不暇須臾離則ᄒᆞ工斧工도雖賤微之人이나不勝悲感之心ᄒᆞ야先後和唱之歌曲이哀哉셔識라此樓此材여數千年에肇建之初에尹郡守宅家粧汁物制造됨을뉘알언고感下淚々々여全島衆民이聞此歌曲ᄒᆞ고慨歎不已事

一戶布加排事로中面吾羅里民人三百餘名이齊所이다가被里里網을汰斥ᄒᆞ고頭民을詰責後就令衆民曰民皆汝輩면官에行政乎아使지押交　上部ᄒᆞ야一升處役이다逐出公門外하니其他각里ᄂᆞᆫ갑於威風ᄒᆞ야心師未定事

濟州郡中面三徒里梁勝吐
吾羅里吳大圭等　白告

學徒裝히書冊
學徒運動銃　諸具
羅紗各種
美國金鷄納
衣服裁縫其他雜貨도廉價放賣ᄒᆞ오니僉君子ᄂᆞᆫ來臨ᄒᆞ심을바라나이다
仁川港奇峴新鋪

本人이鍾路張泰憲許에推次當錢ㅁ萬兩無日字手標一張을路中遺失故로張泰憲許에不忘標를繕給ᄒᆞ고右告錢ᄂᆞᆫ已爲推尋ᄒᆞ얏스니內外國人間拾得ᄒᆞ와도休紙施行ᄒᆞᆷ
崔相鈺　告白

前議官李泰年의名字를以克年으로改定ᄒᆞ오니知舊間照亮ᄒᆞᆷ
李克年　告白

本人祖父沉病屢年未逢良醫ᄒᆞᄃᆡ焦민間永春居中生員宅熙ᄊ針子韓都事正履ᄊ方藥詰明事徒邀來試針試藥不過一旬重症完差感謝無已且隣동諸人見첫治療當世華扁而僉君子來臨相議ᄒᆞ심
平壤南部覺今里康熙斗　白

楊州石室居南泰泰김容五年今二十四의性本浮浪ᄒᆞ야符同雜類僞造券欲爲得債內外國人間勿爲見欺白失ᄒᆞᆷ
本家告白

陰四月二十四日夜平北鐵山郡廳山居前郡守吳熙源家賊黨突入放銃揮劍身被重傷家粧汁物沒數見奪際韓ㅣ은行四十株股本保證금三百圓領收證과금二百圓領收證並爲見失ᄒᆞ얏기玆以廣告凡內外國僉君子照亮ᄒᆞᆷ
吳熙源堂姪奎殷　告白

本報第五百四十號二面第一欄內不近人情이라고題下所載가虛無ᄒᆞᆫ事端으로本人을搆揑ᄒᆞ얏기玆以正誤廣告ᄒᆞ오니內外國人은勿爲信聽ᄒᆞ시옵
김昌金　告白

發行所　中央書館(中署罷朝橋)
發賣所　京鄕各書館

家庭小說　鬼의聲　下篇
菊初先生李人稙氏著
[illegible]
表紙寫眞印刷,菊版洋裝
(紙數百四十八頁,正價金卅錢)

春川郡主事沈相翊氏가素以一鄕善士로莅任五六朔의輔佐恪勤ᄒᆞ고蒞任以來務에도事皆循序ᄒᆞ야不刑而自服ᄒᆞ고察막而公平ᄒᆞ야闔境稱頌ᄒᆞ야서屈其材이기玆以廣布ᄒᆞᆷ
春川儒生等　崔禎鉉　洪鍾태
柳錫永　김炳희　류근슈
成樂豐　李承道　告白

本人이松峴洞尹鳳先家券을遺失ᄒᆞ엿스니誰某拾得ᄒᆞ도休紙施行ᄒᆞᆷ
家舍典主張子雲　告白

本人이漢城倉庫會社에紙貨貳百拾圓차질標를셔失ᄒᆞ얏시니誰某拾得ᄒᆞ야도休紙施行ᄒᆞᆷ
付人門景浦 청원동鍛局 朴亮汝　告
受人京銅峴藥局趙弼祥　白

本館에서漢城內에留接ᄒᆞᄂᆞᆫ諸學生의寄宿便利를爲ᄒᆞ야大安동에二層半洋屋을建築ᄒᆞ고居處飮食其他凡節을一々히便宜ᄒᆞ기로極力設備ᄒᆞ오니遊學諸生은照亮ᄒᆞ시와實臨于本館事務所ᄒᆞ야酌議ᄒᆞ심을敬要
北署大安洞別宮
南便寄宿館長　鄭熙燦　白告
寄宿願人證書ᄂᆞᆫ本館에서受與ᄒᆞᆷ
留連貸ᄂᆞᆫ每朔에新貨四圓八十錢으로定ᄒᆞᆷ

本所에서本館主人鄭熙燦氏를本館長으로推薦ᄒᆞ오니僉君子ᄂᆞᆫ照亮ᄒᆞᆷ
寄宿館事務所　告白

本社風穴에儲藏ᄒᆞᆫ蠶種을製造할터인ᄃᆡ我國內今年秋蠶과來年春夏蠶々育ᄒᆞ可能ᄒᆞ야製造ᄒᆞᆯ터이오니養蠶ᄒᆞᄂᆞᆫ僉君子ᄂᆞᆫ左開所로來臨ᄒᆞ던지郵書로ᄒᆞ던지蠶種을各築所用預託ᄒᆞ시오
安岳鶴峴蠶業會社
京城水成門越便康등二十壹號一戶　鄭漆原家
安義鶴峴蠶業會社社長　金秉先　廣告

南門外大里門동一百六十七統拾一戶許可狀을本人이丙午春에典執ᄒᆞ엿다가遺失ᄒᆞ얏기玆에仰布ᄒᆞ오니該狀을休紙施行ᄒᆞᆷ
家主金鍾鐵　告
典執人리윤行　白

廣州廉谷居曹泰承字喜卿가符同雜類ᄒᆞ야去年秋에渠之舍兄容과宗中位土를僞造문券ᄒᆞ야暗欲放賣ᄒᆞ기已爲累揭于新聞인바渠尙不悛ᄒᆞ고今又僞造量案立旨ᄒᆞ야欲圖踏印於果川官이라가自官燭僞에綻露逃避ᄒᆞ야又欲僞造文券放賣ᄒᆞ니內外國人은切勿見欺ᄒᆞᆷ
廣州彥州面廉谷居
長兄曹秉倫　門장錫五
好承　秉潤
秉億　秉俊告白

◎增修無冤錄大全
壹千貳百七十五頁
定價金新貨七拾五錢
此增修無冤錄大全은法律家의檢驗屍體ᄒᆞᄂᆞᆫ要編이온데年來現本이殆히絶種에至ᄒᆞᆫ지라故로法部에認可를得ᄒᆞ야此를新刊ᄒᆞ얏ᄂᆞᆫᄃᆡ國漢文으로解釋ᄒᆞ야檢驗ᄒᆞᆯ何節이無ᄒᆞ오니法律學에有志ᄒᆞ신이와字牧之任에居ᄒᆞ신이ᄂᆞᆫ不得不覽ᄒᆞᆯ冊子이오니注意購覽ᄒᆞ시옵
中署布屛下
廣學書舖　김相萬　發售所

本店에春服衣次각種이自英국으로多數來到ᄒᆞ얏사오니陸續來購ᄒᆞ시옵
貞洞濟泰양服裁縫店　告白

本人의從姪김在ᄆ의字난鉉인ᄃᆡ性本浮浪ᄒᆞ야寡居ᄒᆞᆫ從叔母의田畓을僞造문券ᄒᆞ야欲爲典執盜賣次로出沒京鄕ᄒᆞ오니內外國人切勿見欺ᄒᆞ심을望ᄒᆞᆷ
藍山鄕乙洞김鳳夏　告白

本店擴張新到時款各色紡織網緞紋地담油地毡洋廣집貨銅鐵관頭香茶烟草各種均收改良新興客時合用貨美價廉並有湖北南洋彩票發售特此佈聞　賓客請來購覽是所望언
漢城石井洞杏花春告白

산원과성진잔에서본인이살진소(肥牛)를만이수입ᄒᆞ엿스니쇼파실재군은다수이팔너오시옵
최봉준　고빅

本人이日本大阪商業家와特約ᄒᆞ고日本內地產出各種物品과西洋各種物品及機械等物을我大韓에輸入ᄒᆞ와[illegible]約ᄒᆞ얏사오니商工業에有意ᄒᆞ신僉君子ᄂᆞᆫ某物이든지請求코져ᄒᆞ시거든本社로來議ᄒᆞ시오本社에서ᄂᆞᆫ手數料만領受ᄒᆞᆷ
興業社本店
開城北部鮮洞
支店京城南門內水橋五十一統六戶　培養會社
仝仁港內동廣濟號

◎活動寫眞廣告◎

今番에始作ᄒᆞᆫ活動寫眞은法국巴里京에서有名ᄒᆞᆫ거시오또ᄒᆞᆫ大韓국　皇室에셔먼져看品ᄒᆞ셧고始作ᄒᆞᆫ지數日에遊覽ᄒᆞ시ᄂᆞᆫ청君子가多數枉臨ᄒᆞ시와坐席가넘처셔晩到ᄒᆞ시면不便ᄒᆞ오니速々枉臨ᄒᆞᆷ
今番에또셔로이活動寫眞이多數來到하야每夜에僉位觀賞에新面目을供ᄒᆞ오니速々來臨ᄒᆞ시옵
活動은自下午八点至九点
名唱善歌은童과唱和吹笛은自九点至十点
開場時　七点半始ᄒᆞᆷ
入場料上等三十錢　中等新貨十五錢　小童十錢
新門外셔달이목東便벽돌집
法人　馬田　告빅

國債報償義捐金收入廣告

●龍山 徐興烈 二圓 리翼元
金지蘇 金興默 각一圓
뎡寅昱 八十錢 徐升善
정寅식 徐致善 각五十전
박升鎭 徐긔秀 金지晩
각四십전 정寅원 리健榮
徐긔화 徐긔호 徐최善
각卄전 徐萬善 徐敎션
각십전

●긔谷
리洛西 姜旭영 片春實
各一圓 박正白 김셩用
各六십전 북巡보 柳긔셩
김昌辰 김鎬佐 각四十전
강興영 리영亦 각卄錢
최性문 강宣欽 卞得西
김化巡 김周用 尹영文
각卄전 김持憲 김持鳳
김巡佐 각십전 김용西
리도心 각五전

●石隅
권안宋 권엽性 각스십전
리升炳 五拾錢 김녕덕십錢
김긔인 권인와 권丙寓
姜뒤셔 각卄전 김求鉉
북鳳도 각拾五전

●峴동
윤 權 북鉉洙 각一圓
셩日녕 원도義 리命福
각四十전 셩巡녕卄전
崔東稷卄錢 셩운녕 金白萬
최秉奎 각十전

●廣山
金成甫 梁明化 朴星玉
각二拾五錢 成復永 六拾錢
趙春吉 拾錢 成甲永
李仁보 各卄오전 崔春甲
拾전 복星七 二拾五전

●梧谷
成道永壹圓拾오전 복창彬

李征셩 金龍乾 …
金濟紉 각五拾전 李翼文
金濟紉 各一圓 셩긔鎬
洞契楚中各三圓

●瓦洞
강驥善 二圓拾錢 李 셔
尹直炳 李八萬 林仁五
李七文 각三拾전 뎡奇模
김漢植 각七拾전 김昭善
리松셩 리上奉 각四拾전
洪金龍 二拾錢 張낙西
拾전

●外德巖
리容寬 리奎星
각一圓오십전 리鱗善
韓되慶 박聖白 각卅젼
남延善 오拾전 리龍必
리기善 宋氣호 권升煥
권升應 俞審奎 方水元
리化春 각廿錢

●內德巖
되相廿錢 되문榮 되憲榮
리重선 羅紹奎 각卅전
최주榮 廿오錢 되壽榮
오십전 되炳敎一圓 姜岐주
七十錢 되炳敎 리升煥
리鍾오 安창植 姜丁得
되萬石 丁永川 각卄전
김商準 丁학셩 각四십錢
강 華 張今用 각오십전
姜顯주 六십전 리甲卜
十전 김商臣十오錢

●九巖
金지澤 俞考順 각四십錢
김와셔 오십錢 김戴考
김영水 김틔셔 김得洙
禹秉轍 각卄전 俞榮鎭
金三돌 박宋喜 각十전

●黑巖
南商漢 김大俊 각오십錢
김元英 丘啓年 金漢틔
김萬보 되嘅지 되有홍
각卄錢 成信영 申영西
申長복 각卄전

●彰明里 …
●元巖 洞中 三圓
●大西面一竹
韓致셔 김佑永 尹 璞
리明來 각오십錢 韓주셔
韓箕셔 김지順 리秉華
韓永錫 鄭春삼 각廿전
韓興敎 韓友敎 각卅전
나秉甲 尹允오 니元先
각十錢

●城山
최允錫 최晉默 최奎壁
각一圓 최奎哲 최奎濂
徐正洙 김化西 각卅전
최奎셔 田元五 鄭春日
정士玄 각卄전

●廣巖
權重昭 권重翰 각一圓
권寬默 권重穆 권重烈
金在文 安成鎭 安永壽
尹泰平 梁在學 각卄전
권丙啓 五十전 김在聖십錢

●堅造동
정寅주卅전 정寅秀 方信容
각四十전 方우栽 一圓
方운栽 정重謨 許 역
정顯謨 各卄전 뎡봉石十錢

●新羅
박濟民 俞鎭雨 沈혁泉
각卅전 沈在와 김鎬英
沈賢植 김基翊 리鉉益
中틔元 오셩化 各卄전
김鎬植 沈지玉 沈慶植
沈지興 각오十전 朴貞植
沈 福 리戴純 愼炳元
박영麟 愼化셩 各十전

●薪동
박民和 리淵雨 林鍾賢
박厚鎭 박긔常 각오십전
리明雨 리炳鶴 權丙英
丕인券 申정均 김宜敬
박準열 각二十전 김틔규
맹元셥 박準佐 각십전

됴백철 八십전 김셩培
뎡希道 黃錫淵 박인주
정五海 리正晋 각오십전
김道三 全正化 박영化
뎡逸遠 鹿致先 박致明
각십錢 김聖道 김明巡
리보京 김德文 니承說
各二십전 황明淵二십오전
金卜여 三십전 리윤秘
鄭奎遠 각拾오錢

●聖池井
리賢炯 리圭열 柳鳳셔
각오拾錢 리윤洙 리종呂
리圭元 리종洙 리鍾承
리지元 林윤根 리종律
리圭貞 리圭順 리巡宗
柳석奎 각十錢 김洪긔
오拾전

●平田
리鍾大 李順西 뎡士臣
文正보 원相根 윤顯道
각卅錢 리道日 강學西
각卅전 康윤西 林巡奉
박聖哲 각拾전

●鶴동
孟升準 오十錢 김化先
拾오錢 김셩三 康天汝
박奎헌 각卅錢 김熙三
김윤열 리영西 김우卿
각십전 김興執 오전

●宮田
鄭相鉉卅전 정昌鉉 文士威
김聖현각卅전 孟星七 拾전

●君子동
리淵병一원 리承겸 리종林
趙종틔 각오십전 리英秀
김汝善 정允셩 정明보
김東献 각卅전 리炳善
韓巡보 徐丙先 김戴成
각拾錢 리恆穆 宋順奉
盧化西 오時泳 리元必

김顯주 五십오錢 …
廿오전 …炳一 黃明玉
오永漢 鄭在善 朴士遠
白洛헌 趙升호 박元實
각十五錢

●丹亭里
리鍾洙 박鶴來 賈錫…
각五십전 趙致叔 리鳳三
김今成 김致雨 賈成學
林興운 都正甫 姜在德
박춘成 복基來 柳正石
박春三 河奇云 최聖和
柳化成 金成玉 劉永叔
黃成根 리鳳西 김允玉
각十二전

●五龍동
리鍾夏 리鍾먼 리鍾元
崔善前 각卅錢 리鍾炳
卅三전 림實和 卅二전
리莊雨 리鍾勳 리…
손根三 복順喜각十四錢
張善京십오전

●沙洞
盧鍾水 尹敬道 尹敬三
각五拾전 金元京 리學水
姜在實 각卄전

●洪峴
梁在문 卅錢 梁지元
徐聖三 각卅五전

●新基
金正言 五십전 강春根
金顯京 김正水 김正奎
김彰식 金顯眞 金顯吉
姜 홍 姜學奎 金顯直
각卅전 金顯八 金顯七
姜春三 김셩培 全敬天
각십전

●倉동
權丙斗一圓 邊貞圭七십錢
리春穆 八십전 邊世…
權重舜 각五십먼 리淵興
四십오전 최원鉉 리淵와

四十원 …
리鎬穆 權重穆 리지性
權周德 權寅鉉 정巡和
각十전

●趙동
권丙현 오십전 권重혁
一圓 리嘲호 趙鍾漢
邊漢奎 各拾錢

●新宮
리鍾淳一원오십전 玄光원
김春삼 河道淵 河지천
張春鶴 김應壽 각십五전
河千官 황우根 각拾전
김萬보 리德壽 송順지
김致順 최興壽 각卄오전
박直西 陳원빈 각卅오전

●城內
박윤明 柳秉大 박化京
정春보 각오십전 張윤必
盧官서 각卄전 리俊道
卅전 되현지 拾전

●龍堂
림慶介 六십전 리裕斌卅전
림曄相卅전 송원三 拾전
合壹百소拾八원八十오전

國文報廣告總合三百十圓九拾
전

前號總合二萬貳千〇陸拾九圓
陸십陸錢貳厘

都總合貳萬貳千五百二十九圓
四十壹錢貳厘

◎特別廣告◎

國債報償金에 昨日所捧은 姑未
合計이오고 伊前日의 所捧總合
四萬四千七百壹圓五拾五錢
은 韓一銀行 … 貯置ᄒᆞ얏
솜고 其貯置額中 壹萬九千三百
圓은 國債報償志願金總合所로
越交흠

大韓每日申報社

國債報償 … 本社에 文報 …
으로 都總合 … 萬九千七百소
十三圓八十 … 正誤ᄒᆞ
고 因ᄒᆞ야 今日 前號總合은 二
萬二百〇六十九圓 八十六전二
厘로 亦爲正誤흠

○廣告料

四號活字十三字詰
每日每英尺一寸에 新貨五錢

(每日每行六錢에 相當흠)

一週日에 二圓五十錢

(每日每行四錢에 相當흠)

一箇月에 五圓

一 每日每行 … 一箇月 … 字 …
本社 … 參 …
… 本흠

大韓每日申報各處支社廣告

中署布屛門下 金相萬冊肆
平壤上水口門內 金澄淵
仁川 … 崔敬恒
宜川邑 … 李東皓
義州 … 安 濬
釜山港 … 大藥局
三和港 … 徐藥局
咸興州 … 金元셥
… 曹秉林
開城 … 學校 姜助遠
大邱市 … 崔一묘
… 邑 … 院 鄭涉澤
鐵山邑 … 安 호
元山 … 劉七錫
海州 … 書館 洪成인
信川邑 李源益
定州 … 朴昌鉉
昌原郡校洞 許 幹
郭山 … 李銀瑞
安岳 … 坊成동 金永杰

大韓每日申報社

發行兼編輯人英國人 裵 說
發行所
南署石井洞號外地三層洋屋家
大韓每日申報社

第五卷

大韓每日申報

第五百四十四號

月曜及慶節 歲時日休刊

檀君開國四千二百四十年
箕子元年三千二十九年
大韓開國五百十六年
日本明治四十年
淸國光緒三十三年
◉陰曆丁未五月小十二日壬寅

別報

美日間關係

日本人子도미氏가一寄書中에桑港事를如左論辨하엿스니美日間關係가果是痛恨之勢에漸至로다桑港起擾事件이美國文明上 大汚点을加흔거슨吾人이認悉흔바라何如던지如此機会에劇烈흔言辭를不發흔거슨如彼事를論斷하기에大聲叫呼흘理由가無흠이나返報하는說話는猶不可無니盖其起擾가桑港下民으로만制限하엿고且美國官憲이此事를矯정흐기에極力흘거슬吾人이信知흠 由가不無흐나然이나雖限定된地方暴動이라도重疊起端흘時에兩國人民間友誼가不將至於敎睦흘지라雖以佛氏容忍으로도其面이三次被摩면容忍之證이將無흐리라흠은流來之言이로다排日報紙의高聲誹謗이兩國間敦睦에危害를增加흠는지라吾人은其不美事態를滿心恨嘆이나然이나此地에서排美思想을煽動흐야美人報紙를效倣흠은未有하리나盖如彼不思흔行動의結果가豈不重且大焉이리오此事가地方細小件에但지흘지國民部分에延及흘지는美國官憲의處理에全係어니와誠可猶흘一强逼이欲免不得흘衝突를將成흐는如此事端이世界에果有其機矣니兩政府의交誼가雖日敦睦이오兩國人民의思想을引導者가雖云互相和解라도兩國人民의大部分이敵意를相持흠은禁止키不能이라今此事態가如彼之機에는不至흐엿스나此方向으로將回흘지亦可懼也로다溫順흔千言이友愛一擧만不如흘지라若美國이日本을對흐야眞實做去흘진된太平洋沿岸에在흔日本人으로흐야곰其痛恨흔地位에서速得自由케흘지여다日本人民이美國移住民의制限에對흐야認之以不滿흠을吾人이告知하노니日人眼目에는遞除흐는政策의實行을得見하엿도다然이나此問題는置之勿論흐고桑港暴動을由흐야日本全部人民이嫌厭을被흐엿스나本人이如是告知흠은美國之最선友人中에亦叅爲一흔緣由로다

官報

◉第三千七百九十八號 光武十一年六月二十一日

◉宮廷錄事

慶尙南道觀察使趙民희辭職疏
批旨省疏具悉所請依施

◉敍任及辭令

任公立春川普通學校副敎官 九品姜泰均
平理院判事金 澤 從二品金亮漢
正三品鄭寅興
解議政府不動產法調査會委員 內閣書記官長한창슈
정三品李源競
中樞院贊議리健榮
漢城府尹박義秉
內部警務局長權鳳슈
度支部司稅局長元應常
法部刑事局長김낙憲
內閣書記官洪運杓
內閣叅書官石鎭衡
六品崔秉相
命內閣不動產法調査會委員
步兵特務정校嚴柱션
解鎭衛步兵第七大隊附
法部前協辦閔衡植
解辯護士試驗委員장
法部協辦김각현
命辯護士試驗委員장
京畿裁判所檢事沈鐘大
慶尙北道裁判所檢事皮相範
依願免本官
任內閣書記官
陸品趙濟환
軍部主事權丙弼
農商工部技師김東完
依願免本官
任軍部主事
陸品許 민
農商工部主事리容한
農商工部技師
大한醫院敎官劉世煥
仝 劉秉팔
陞敍奏任三等
崔赫米
任公立水原普通學校副敎官
平安北道觀察道警務總巡 박文淵
免本官
右는議員이賄賂ㅅ拾圓을約束흔事實이明確흐기是以로
免本官

外報

◉露兵撤退 北京報道를據흔則淸國外務部는此頃에露國이兵隊三百을吉林에駐屯흔다는說를聞흐고特히電報로探問흔則吉林將軍達桂氏가電奏흐되오직兵을駐흔은露國領事館을護衛흠이라흐얏는데外務府는一度의例를開흐면露國은步々前進흘가恐흐니露國領事와交涉흐야其兵을撤回케흐되淸國이스사로兵을擔任흐깃다는旨로電訓흐엿더라

◉陸相罹患 伯林電을據흔則美國陸相타푸트氏가重患에罹흐엿더라

◉社會黨의包圍 伯임電을據흔則露國社會黨員은皇帝씌對흐야陰謀와軍隊煽動의嫌疑를受흐야議會가古薩哥騎兵에게包圍흔비되얏다더라

◉淸人撤退 路透電을據흔則南亞프리카스발首相포타將軍에告知는即本年末에一万六千의淸國人을歸國케흐고一千九百九年에淸國人全部를撤退시힐意ㅅ含有흠은仰知인대란드礦業家들은多大흔據악을惹起흐야亞弗利加土人으로代充흐다는首相의斷言을拒否흐얏는데內閣側의諸新聞은首相의宣言을賞贊흐고또統一黨에諸新聞은首相의其政策이全히保證되는國際의依흐야物制라고躊躇치안코斷言흐얏다더라

雜報

歡迎의談話

大韓自强會總代尹孝定李宇榮兩氏가去十七日草양美人醫院에서錦陵尉박泳孝氏를面會흐고談會의歡迎흐는意를致흐야日國家人민은今日悲慘흔境遇에墮落흐고各般社會는信仰흠標準이無흐야國民의一치흔精神이不立흐미幾個哲心人士는國家進步의前道를是懼흐며此時에閣下가歸國흐시고救恩과復權의 皇恩이稠疊흐심은或自上天이我國에福를降흐사士人의信仰흔元氣을命送흐신줄노認定흐고本大韓自强會는本人等의게委任흐야國境에前赴흐야歡迎흐는誠意를表明케흠이라흐얏고 박泳孝氏言曰貴會에錯愛흐심을의蒙흐야逆地에歡迎흐시기에至흠은實노万々感謝흐거니와社會의標準으로써推許흠은果難承當이오且今日二十世紀는雖有英웅之姿와豪傑之才라도國家的經營은決코一二個人의可히如何흘者가아니언唯我同胞가今日形勢를回復흔目的으로써勉力從事흐진여本人이栗離漂泊흐나三十年間에國家로써身家를不顧흐고海外에漂泊흐얏다가今에聖恩이天大흐사從赦以後로完全흔大韓臣민의一分子資格을恢復흐얏슨則自己의力量되로는國家에民된義務를自盡코조흘지나但何人과何會를不問흐고自國에精神이充滿흐야實力을養成흐며隣邦의關係를明察흐야友睦을保全흐며正大흔趣旨와行動으로國人의信愛를最厚히享受흔者로더부러民之關發에從事흐깃고今日我韓의國是도亦此로써認定흐미可흐다흐얏다더라

盖此 國債報償之論이國民存亡之一大機關也라若其慎始克終之深慮遠圖는挽起之賭賢과社會之羣英이同應有殫竭運이어니와側耳日久에尙有宜閒而未聞者也로다噫我 國民의今日境遇는實由庶民이不得與聞於 國事故也라皆此民心當聞者設之時흐야若社會中傲慨能辯之人이不行曉諭於各地方흐야組織民會를如日本之町村會흐야村而面而郡而道而漢城而連絡之則民權을可圖이오民權을旣圖則非唯今日之義捐이益出愛國之實心也라於是乎立憲治進國步를可指計事이니有何國債之足憂哉리오若民不團體흐야其所義捐이未必盡出於愛國實心而或以名譽하며或以勉强已矣오庶僞無實爲依賴흐며陋無恥爲依賴흐야反復無常에依賴흐며散漫無統이依賴則雖使償了國債나有何國步之前進哉아故로鄙意는謂組織民會가急於報償國債而時不可失也라흐노니如蒙有志君子의不以迂闊人微而擯斥언이면幸甚

忠淸南道泰安郡安民島民議所議員박容鎭 박永稷 金晉主 等

◉박氏熱心 前議官박承稷氏가敎育에熱心흐야南署에進明校를設立흐고諸般經費를自擔흐야聽俊子弟를募集敎授흐며該校에서同氏로校長을推選흐얏는되該校之興旺과同氏之熱心을人皆稱頌흔다더라

◉嶺校運動 永城郡乾鳳寺嶺鳴學校에서春期運動을附近十五리平원에서擧行흐는데觀覽者와紅桃綠門의極히壯여흐미傍觀人이三千名에達흐얏다더라

◉貞婦樊國 咸平郡金濟官長泰씨妻朴氏가爲其夫雪冤次率其子유珪兄弟흐고從서上京흐야泣訴法司에未得昭雪흐고國債報償之說을聞흐고還鄕行資中에十武圓을三母子名爲出捐하얏다더라

雜報

●朴氏陛見 再昨日下午四時에錦陵尉朴泳孝氏가陛見ᄒᆞ온ᄃᆡ自 上으로셔多年外國에風霜을屢經ᄒᆞᆫ情境을勞問ᄒᆞ신ᄃᆡ朴泳孝씨가答奏ᄒᆞ되久在異域타가今見 天顔에不勝悒感이라ᄒᆞ고因爲泣下에雙淚如雨ᄒᆞᄂᆞᆫ지라 皇上께옵셔도亦爲下淚ᄒᆞ옵셧다더라

●銓考勿施 昨日下午二時에內閣에셔會議ᄅᆞᆯ開催ᄒᆞ고地方銓考所ᄅᆞᆯ永ᄒᆞ勿施ᄒᆞ기로決定ᄒᆞ얏다더라

●觀察辭陛 日本博覽會觀察權重顯리址鎔閔泳괴三氏가昨日下午七時에詣闕辭陛ᄒᆞ얏ᄂᆞ더라

●調用處分 慶嬪本族中最近人으로官職을調用ᄒᆞᆯ터인대其姓名을錄入ᄒᆞ라신處分을下ᄒᆞ옵셧다더라

●訪問統監 錦陵尉박泳孝氏가再昨日上午에伊藤統監을訪問ᄒᆞ얏다더라

●三氏隨來 今番錦陵尉박泳孝시歸國ᄒᆞᄂᆞᆫᄃᆡ隨來ᄒᆞᆫ人員은뎡愚成박承安여中三시더라

●賜第將有 錦陵尉박泳孝氏가現無住接ᄒᆞᆫ家屋인故로自 上으로셔李址鎔씨의家舍나李근澤氏의家屋을下賜ᄒᆞ옵신다더라

●全察發程 全南觀察使金奎昌氏가陰曆本月望間에赴任次發程ᄒᆞᆫ다더라

●試取延期 度支部에셔稅務見習生을本月二十六日에試取ᄒᆞᆫ다더니更以陰本月晦日로延期시取ᄒᆞᆫ다더라

●兩大訪問 再昨日下午에總理大臣李完用시와宮內府大臣李載克시가同舘에前往ᄒᆞ야錦陵尉박泳孝시를訪問ᄒᆞ엿다더라

●兩시被任 內部協辦은趙民熙시가被任ᄒᆞ고地方局長은康仲讜시가被任ᄒᆞ엿다더라、

◎日報愈益奮鬪 大韓日報社에셔警務顧問丸山重俊補佐呼子友一郞의醜行을痛罵攻擊이連日不已ᄒᆞ다가畢竟該社員四人이退韓令을被ᄒᆞ얏스나該社에셔愈益奮鬪ᄒᆞ야論說과社告가依然ᄒᆞᆫ銳氣라其社告에略曰本社에셔先日來로揭載ᄒᆞᆫ丸山呼子二醜警吏에記事의材料ᄅᆞᆯ山과如히蒐集ᄒᆞ얏ᄂᆞᆫᄃᆡ我社員退韓令을同時에該記事一切揭載ᄅᆞᆯ嚴禁을當ᄒᆞ얏스니吾徒의遺憾이라一々히彼에就ᄒᆞ야追窮ᄒᆞᄂᆞᆫ거슨中止ᄒᆞ얏스되魔族醜漢을剌ᄒᆞᄂᆞᆫ銳利ᄒᆞᆫ斬魔劒은長時야々聲이有ᄒᆞ다ᄒᆞ엿더라

●丸山呼子의消息 同報ᄅᆞᆯ據ᄒᆞᆫ則警務顧問丸山重俊、補佐官呼子友一郞의消息如何ᄅᆞᆯ聞ᄒᆞᆫ則丸山重俊은進退ᄅᆞᆯ伺ᄒᆞ고呼子友一郞은辭表ᄅᆞᆯ提出ᄒᆞ얏다더라

●日人雜行 近日警務顧問丸山重俊이가巡檢이賭技軍을捉來ᄒᆞ면ᄉᆡᆼ錢日渠의錢으로渠自雜技ᄅᆞᆯ禁止ᄒᆞᆫ緣故가無ᄒᆞ다ᄒᆞᆷ으로鄕谷愚蠢之民이藉此一言ᄒᆞ야少無忌憚ᄒᆞ고賭窩技場이無處無之ᄒᆞ다ᄂᆞᆫᄃᆡ楊州乾川面雜技軍으로有名ᄒᆞᆫ洪龍五오君集李泰瑞等이該洞居沈還成을誘以孟酒ᄒᆞ고因其大醉ᄒᆞ야以草作算ᄒᆞ며以蒲作賭具ᄒᆞ야千兩이나萬兩이나ᄒᆞ더니同統五等이符同日人ᄒᆞ야三萬兩票紙ᄅᆞᆯ勒捧而去ᄒᆞ니噫韓民의騙財之計ᄂᆞᆫ姑捨ᄒᆞ고以若自稱開明國民으로有此鬱行ᄒᆞ니警務顧問이必也捉致嚴懲ᄒᆞᆯ듯ᄒᆞ다ᄒᆞ더라

●翻譯試取 度支部에셔稅務事務通譯人을將行시取ᄒᆞᆯ더이니官立高等ᄶᅢ被日語學校卒業生中志願者여든錄交ᄒᆞ라고學部에通牒ᄒᆞ얏더라

●徒費國금 今番日本博覽會觀察隨員盤費가每人의게每日食費七圓인대限五十日ᄒᆞ고合三千五十圓ᄅᆞᆯ支給ᄒᆞ야若限內에歸國ᄒᆞ면餘金을還納ᄒᆞ고限外回國ᄒᆞ면加給ᄒᆞᆯ터이오服裝費가二百圓이오來往船車費가一百五十圓인故로爲先每人前에七百圓式支給ᄒᆞᆫ다더라

●爭甚叵測 前郡守安영重氏가去甲辰八月에前동趙奈判南升시의放賣ᄒᆞᆫ忠州답十四石十斗落과田三拾日耕을踏驗ᄒᆞ고五千八百圓의結價後에三千八百圓을先給ᄒᆞ고餘條ᄂᆞᆫ日債ᄅᆞᆯ得置而量案及文記ᄅᆞᆯ持來推去ᄒᆞ라ᄒᆞ엿더니趙氏가給ᄒᆞ되餘條則秋收가지即ᄒᆞ니以도租例로今年민依議敷相分云故로相約而以秋收次로下看坪則皆是他人田답이라即往趙씨家ᄒᆞ야言其無土之由ᄒᆞ고沓價ᄅᆞᆯ還送ᄒᆞ라ᄒᆞᆫ즉趙씨가更以他田沓으로推給ᄒᆞᆫ다ᄒᆞ고四年을連라不報뿐더러更探ᄒᆞᆫ즉趙씨가與其父鼎九시로忠祭에게請囑ᄒᆞ야量案을圖得ᄒᆞ야更欺日人ᄒᆞ야典當이라ᄒᆞ니以無土문券으로放賣ᄒᆞ고以無土量案으로典當ᄒᆞ엿스니安시가呈訴漢裁ᄒᆞ야幷本利六千三百餘圓을推尋ᄒᆞ기로判決되여執行ᄊᆞ지되엿더니趙시가權力믄恃ᄒᆞ고落訟ᄒᆞᆫ事로法官을含毒ᄒᆞ야怨言을發ᄒᆞᆫ다ᄒᆞ며安시ᄂᆞᆫ六千三百圓을受ᄒᆞ여日人에게報償ᄒᆞ여라도ᄉᆞ千餘圓損害가된다더라

●醫院火災 再昨日下午에大韓醫院製藥所에셔藥瓶을주蠟으로封鎖ᄒᆞ다가起火ᄒᆞ야製藥師輔되征씨ᄂᆞᆫ重傷ᄒᆞ고大醫官一名은被火致斃ᄒᆞ얏다더라

●工會任員 印刷工業組織會社에셔任員을組織ᄒᆞ얏ᄂᆞᆫ대社長은中樞院顧問官閔泳綺시로總務ᄂᆞᆫ韓榮浩시로贊成長은度支部參書官崔석彰시로薦定ᄒᆞ고股金은一萬元을可量ᄒᆞ고現今募集ᄒᆞᆫ다더라

●合席質辨 昨日內部에一進會員某시가來到ᄒᆞ야三和府尹과檢事ᄅᆞᆯ總辭職ᄒᆞ라고勸告ᄒᆞᆷ을說明ᄒᆞ거ᄂᆞᆯ內部에셔該檢事김두鉉시ᄅᆞᆯ請邀ᄒᆞ야其理由ᄅᆞᆯ一進會員과合席質問ᄒᆞ얏다더라

●開城銀行開業式 本月三日午後一時에開城北部農工銀行理事李健혁시邸에셔支店設立開業式을擧行ᄒᆞ얏ᄂᆞᆫᄃᆡ銀行長白完혁시가來賓感謝說과銀行目的을一場演說ᄒᆞ고度支部顧問書記官馬場시가訓示的으로演說ᄒᆞ고理財局長李奎相시가銀行發達的을恭祝ᄒᆞ며該郡守가祝辭가有ᄒᆞ고本支店配人久能시가答辭로式을終ᄒᆞᆫ後茶果ᄅᆞᆯ盛備ᄒᆞ야來賓接待後午後三時에散會ᄒᆞ얏고度支大臣과協辦兩시도參席ᄒᆞᆯ터인ᄃᆡ事故가有ᄒᆞ야祝電만ᄒᆞ얏다더라

●毁城辨明 江界郡守가該郡日本守備隊에셔該城壁을破壞ᄒᆞ얏다고內部로報告ᄒᆞ미該部에셔統監府로照會ᄒᆞ얏더니統監府에셔答照ᄒᆞ기ᄅᆞᆯ該隊에査探ᄒᆞᆫ즉城壁은일즉이破壞ᄒᆞᆫ事이無ᄒᆞ다ᄒᆞ얏ᄂᆞᆫᄃᆡ該報告가大爲샹反ᄒᆞ니自今으로ᄂᆞᆫ此種照會ᄅᆞᆯ發ᄒᆞᆫ境遇에ᄂᆞᆫ爲先其事實을調査치아니ᄒᆞ면貴國地方官이往々事實과이大에當ᄒᆞᆷ이不勘ᄒᆞᆷ은是其通弊인즉一層注意ᄒᆞ라ᄒᆞ얏더라

●ᄉᆞ監報告 駐箚日本留學生監督申海영氏가學部에質稟書ᄅᆞᆯ呈ᄒᆞ되官費生中趙汞、母憂ᄅᆞᆯ丁ᄒᆞ야去四月四日에請由歸國ᄒᆞ얏다가五月二十日에還到ᄒᆞ얏삽고同學生申洪창시ᄂᆞᆫ慈母에回甲을因ᄒᆞ야請由歸國ᄒᆞ얏다가五月十七日에還到ᄒᆞ온바該學生等의請由歸國ᄒᆞᆷ은前監督韓致愈視務時에在ᄒᆞ옵고僣學地還到ᄒᆞᆷ은本職接任後에在ᄒᆞ온지라該二人等에ᄉᆞ月分及九月分學費ᄅᆞᆯ追給ᄒᆞᆷ에當ᄒᆞ야請由歸國ᄒᆞᆫ中間時日에學資額을始爲計減停撥ᄒᆞ옵고指令措辦코ᄌᆞᄒᆞ옵ᄂᆞᆫ바該二人等이請由歸國ᄒᆞᆷ은本規程頒布前에在ᄒᆞᆯ을뿐더러學費追給ᄒᆞᆯ時ᄅᆞᆯ當ᄒᆞ야本規程에確實ᄒᆞᆫ明문이亦無ᄒᆞ온슥些少ᄒᆞᆫ金額을較計ᄒᆞ야論斷ᄒᆞᆫ點이果有之ᄒᆞ온슥規則或訓令으로써明示布諭ᄒᆞ기以前에在ᄒᆞ야ᄂᆞᆫ慣例로써準數支給ᄒᆞᆷ이恐合妥當이오며奏젼에請由事實은而質稟書에陳ᄒᆞᆷ과如히特히許샹歸國ᄒᆞᆫ者이온즉凡他請由와一例論斷ᄒᆞᆷ이尤爲不得ᄒᆞ온지라玆에該學員等에得由歸國ᄒᆞᆫ事實과學費追給에關ᄒᆞᆫ私見을具陳質稟이라ᄒᆞ얏더라

●果수明察 廣州廣谷居曹泰承喜甫가부同雜類ᄒᆞ야自巳諸兄田沓과宗中位土券을稱以遺失ᄒᆞ고暗生偷賣之計而僞造量案ᄒᆞ야欲爲답印於果川官이라가本郡守김東일시가卽燭其僞造ᄒᆞ야奸情이當場綻露ᄒᆞ야至於當刑逃走ᄒᆞ얏기로吏民이김시에明察을稱頌艮服ᄒᆞᆫ다더라

●對韓私見 日本名士日戶勝郞시ᄂᆞᆫ東洋大局을維持ᄒᆞᆫ主義로韓國을扶植ᄒᆞ기로目的을合ᄂᆞᆫ者라近日에對韓私見이라ᄒᆞᆫ冊子ᄅᆞᆯ著述印出ᄒᆞ야一般社會와有志人士에게傳播ᄒᆞ얏ᄂᆞᆫᄃᆡ日人戶水博士의對韓意見을駁論ᄒᆞ얏더라

●羅氏作慈 東門外ᄆᆞᆯ居人民羅ᄉᆞ이子弟敎育에勉力ᄒᆞ야該동前坪에水沈地ᄅᆞᆯ學校畓을開墾ᄒᆞ야左右水道ᄅᆞᆯ疏鑿ᄒᆞ고幾作을經營ᄒᆞ야校費ᄅᆞᆯ補用코져ᄒᆞᄂᆞᆫᄃᆡ北壯동居內侍羅世煥氏가水沈답三斗落을三十餘年에至ᄒᆞ도록荒置ᄒᆞ엿더니該洞民이水道ᄅᆞᆯ開ᄒᆞ여作畿ᄒᆞ게되미該답ᄅᆞᆯ推得코져ᄒᆞᆫ다더라

▲聽河筆舌▼

▲海外何天에一輪新月이昨夜에飛渡ᄒᆞ야漢城萬戶에影子가隱映ᄒᆞ니曉天殘星이不敢放彩라萬目所注에光輝가何還오

▲近日內閣에셔新官制가組織되미刷新政治ᄅᆞᆯ一世企待ᄒᆞ더니官員은依舊히仍置ᄒᆞ고政治ᄂᆞᆫ如前히腐敗ᄒᆞ야日人命令服從은前日政府보다尤甚ᄒᆞ도다

▲여보總理大臣은何等事務ᄅᆞᆯ總理ᄒᆞ오軍國事務ᄅᆞᆯ總理ᄒᆞ지오그려면新任ᄒᆞᆫ總理大臣은一進會에指使가되여四觀察을內部에通知치아니ᄒᆞ고自意敍任ᄒᆞ엿스니이거시總理大臣에事務오그말마오李總理ᄂᆞᆫ一進會總代지오

▲內閣에셔各部의官制改定案件과服裝變改ᄒᆞᆫ案件을現今起草中이라ᄒᆞ니官制와服裝을變改치못ᄒᆞ여改革政治ᄅᆞᆯ實施치못ᄒᆞᆯᄂᆞᆫ지

▲平理院裁判長李윤用氏ᄂᆞᆫ辭職疏ᄅᆞᆯ累次奉呈ᄒᆞ엿다니該氏ᄂᆞᆫ무삼思想이有ᄒᆞᆫ지以若總理大臣伯氏로何官을不做ᄒᆞ로오

▲中樞院顧問李址鎔씨ᄂᆞᆫ運動手段이時機에不合ᄒᆞ야果川郡第一退臥ᄒᆞ야閒來中間에弄月吟風ᄒᆞ야閒夢을淪倫ᄒᆞ니明日에掀天ᄒᆞᆫ勢力이心頭에往來ᄒᆞᆯ깃도다

▲近日各地方에日人이遍滿ᄒᆞ야無數行悖ᄒᆞᆷ은且置勿論ᄒᆞ고第一惡習이婦女ᄅᆞᆯ刧奸ᄒᆞ다가若不聽從ᄒᆞ면拔劒ᄉᆞ傷ᄒᆞᆫ者比々有之ᄒᆞ다고聽聞이狼藉ᄒᆞ니體義二字ᄂᆞᆫ於彼에初不足責이어니와自稱開明國人이라ᄒᆞ면셔其行爲ᄂᆞᆫ黑洞野蠻이로다

▲近日度支部에셔稅務主事ᄅᆞᆯ試取ᄒᆞᆫ다ᄂᆞᆫᄃᆡ各地方頑蠢紳子弟가上京ᄒᆞ야卒業生과秘密請囑ᄒᆞ야日汝若代入試取ᄒᆞ면我以如何運動이던지期於圖得ᄒᆞ깃ᄂᆞᆫ대該部에셔試取人을寫眞撮影ᄒᆞᆷ으로不可變通이라고恨歎ᄒᆞᆫ다니他人에卒業을代試ᄒᆞ야挾雜ᄒᆞᆯ思想만有ᄒᆞ고自巳가卒業ᄒᆞᆯ思想은無ᄒᆞ니못ᄂᆞᆫ子息도만터고

▲警務補佐官等이大韓日報의攻擊을含憾ᄒᆞ야自己의鬱行은反省치안코壓制暴威로該社員을退韓케ᄒᆞ엿스니彼等이自國人社會ᄅᆞᆯ對ᄒᆞ야强壓行動이如此ᄒᆞ니况於韓國人乎아다시말ᄒᆞᆯ것읍지

▲三和府檢事金과鉉氏가一進會勸告로辭職ᄒᆞ얏ᄂᆞᆫ대該府法務補佐官이還암하기를勸告ᄒᆞ여日若非實公이면交涉事項과處務方針에多有難便이라ᄒᆞ얏다니法務補佐官의勸告가曾메잇나一進會勸告가有力ᄒᆞ지

▲濟州郡守尹元求氏ᄂᆞᆫ自巳廣治을褒揚ᄒᆞ여달나고ᄀᆞᆨ新聞의廣告費一千九百圓을排斂ᄒᆞ엿다더니近日本紙上에同시貪虐事件으로該郡民의廣告가八九十行에臚列ᄒᆞ엿스니同씨排斂ᄒᆞᆫ廣告費가不足ᄒᆞ야그러ᄒᆞᆫ지

◎本社告白

國債報償에關ᄒᆞᆫ金額을本報紙面에逐日廣告로揭布ᄒᆞ되猶有遲滯ᄒᆞ야發捐諸氏의迅速揭布코져ᄒᆞ시ᄂᆞᆫ本意를未副ᄒᆞ옵더니今自本報로國文報一部를增刊인바從今으로ᄂᆞᆫ漢文報와國文報에義捐廣告를並爲揭布ᄒᆞᆯ터이오니愛國僉員은照亮ᄒᆞ시옴

雜報

■其情可矜 前參奉崔益鉉其考비를東署字內에葬埋ᄒᆞ얏더니 慶壞罪를選擇ᄒᆞᄂᆞᆫ대崔氏의兩葬이被掘되미移據處가猝無方向ᄒᆞ야號哭罔措ᄒᆞᆫ情況은果是矜惻ᄒᆞ다더라

廣告

本郡西門外정得煥商業營產之致로逼近而償이不爲不多而如有負債者貧寒ᄒᆞ야無以爲報則不셔千金而영爲蕩척ᄒᆞ야使負債之人으로安心營業케ᄒᆞ야至於致富者種々有之라如此美行은不可泯默故로玆以廣고ᄒᆞᆷ 水原錢而李영根 告白

本郡淸梧面山谷先達김明寅寬厚孝友ᄒᆞ고兄弟友恭과親戚和睦은平日之素履行이오며每當明節及春秋艱困之時면窮蔀寒屋에不較親疎ᄒᆞ고斗米貫錢으로不셔厚施ᄒᆞ야名譽藉々於一鄕而至於立木碑頌功其在知舊之의에不勝讚祝ᄒᆞ와玆以廣告ᄒᆞ오니僉君子ᄂᆞᆫ照亮ᄒᆞᆷ 水原錢而李영근 告白

三湖普成學校捐助諸員廣告
校長 吳相圭시 三十元
議官 李晦祚시 二十元
金鎭섭시 二十元
최思영시 二十元
主事 김敦熙시 二十圓
前都事李昭창시 十五圓
參奉 李창九시 肆圓

本所總合金을以年邊四分으로的定ᄒᆞ야貯置銀行이되立邊則貯置日字로計之ᄒᆞ고推還報償時에ᄂᆞᆫ三十日前預期通知ᄒᆞ기로定約ᄒᆞᆫ事
國債報償志願金總合所

咸陽山淸兩郡稅務主事徐丙완氏ᄂᆞᆫ秉心公直하야收稅時에伏章程演說ᄒᆞ고浮卜加戶를一革去ᄒᆞ고每結以紙貨八圓式捧納ᄒᆞ야民心이和合ᄒᆞ고發令數月에無弊畢納ᄒᆞ얏ᄉᆞ오며戶布收刷時에도特恤鰥寡孤獨ᄒᆞ야一無稱冤ᄒᆞ고隣邑之人이無不頌德이오至於該郡境內竪立木碑ᄒᆞ얏ᄉᆞ오니向모之地不可含默키로玆에廣告ᄒᆞᆷ 山淸郡民人우庠龍 咸陽郡民人鄭周元等 告白

本人의高祖山이北署野頭에在ᄒᆞᆫ바劉□□爲名者ᄂᆞᆫ不知何한으로其山松栢을潛賣斫伐코ᄌᆞᄒᆞ오니內外國人은切勿見欺ᄒᆞ시오 劉鶴烈 告白

金普鉉ᄋᆡ大夫人漢陽趙氏今月初一日別世謹此訃告 護喪 金相煥

本人은以海外寒際으로不能卜居ᄒᆞ고交居人家者ㅣ久矣니每因家主之賣却ᄒᆞ야猝难見逐이至於二次矣라城內家屋口數十間爲한ᄒᆞ고自一年乃至二箇年으로契約許借則貰금은每朔十五圓선給ᄒᆞᆯ터이니若有貰家之君子어든鄙處로通知ᄒᆞ심을敬要 南署美洞九統十一戶 大垣丈夫

本人祖父沉痾屢年未遂良醫뎌니育焦이聞永春居申生員宅應씨針子韓都事正履씨方藥高明ᄒᆞ다ᄒᆞ기로往邀來試針藥不過一旬重症完差ᄒᆞ야感謝無已ᄒᆞ며且爲諸人見치治療當世華扁이오니有病僉君子ᄂᆞᆫ來臨相議爲要 平壤南部□今甲鹿씨 告白

發賣所 京鄕各有名書店 發行(中央書舘 廣明書舘) 中署布屛

家庭小說 鬼의聲 菊初 李人稙 先生 著
紙數百四十八頁 定價金 [illegible]
[illegible]

春三郡主事沈相필氏ᄂᆞᆫ素以一鄕之士로莅任五六朔에贊佐恪勤ᄒᆞ고該任事務에措處循序ᄒᆞ야不泥而自服ᄒᆞ고公平ᄒᆞ야國境稱誦ᄒᆞ야셔屈其材이기玆以廣布ᄒᆞᆷ 春川郡主事 崔顯鉉 洪鍾대 柳錫□ 김炳□ 류근□ 成□豐 李承□ 告白

楊州石室居■泰 김容五年令二十四의性本浮浪ᄒᆞ야若荷間雜類ᄒᆞ야僞造畓券欲爲得債ᄒᆞ니內外國人間勿爲見欺白失ᄒᆞᆷ 本家告白

本舘에셔漢城內에留接ᄒᆞᄂᆞᆫ諸學生의寄宿便利를爲ᄒᆞ야大安동에二層半洋屋을建築ᄒᆞ고居處飮食其他凡節을一々히便宜ᄒᆞ기로極力設備ᄒᆞ오니遊學諸生은照亮ᄒᆞ시와賁臨于本舘事務所ᄒᆞ야詢議ᄒᆞ심을敬要 北署大安洞別宮 南便寄宿舘長 鄭熙燦 告白
寄宿願入證書ᄂᆞᆫ本舘에셔授與ᄒᆞᆷ
留連費ᄂᆞᆫ每朔에新貨四圓八十錢으로定ᄒᆞᆷ

本所에셔本舘主人 鄭熙燦 氏를本舘長으로推薦ᄒᆞ오니僉君子ᄂᆞᆫ照亮ᄒᆞᆷ 寄宿舘 事務所 告白

本社風穴에貯藏ᄒᆞᆫ蚕種은製造할터인ᄃᆡ我國內今年秋蚕과來年春夏蚕ᄉᆞ實을可量ᄒᆞ야製造ᄒᆞᆯ터이오니養蚕ᄒᆞ실僉君子ᄂᆞᆫ左開所로來臨ᄒᆞ던지郵書로ᄒᆞ던지蚕種을各蚕所用預託ᄒᆞ시오 安義鶴峴蚕業會社 京城承成門越便鹿등二十壹統一戶 金漆原家

安義鶴峴蚕業會社社長 金秉先 廣告

本報第五百四十號二面第一欄內不近人情이라고題下所載文券을典執ᄒᆞ고期限不及ᄒᆞ야放賣逐出ᄒᆞᆫ則道路棲息ᄒᆞᆫ단말은該委召吏가無故遣言ᄒᆞ야背恩忘德ᄒᆞ고本人을搆날ᄒᆞ얏기玆以正誤廣告ᄒᆞ오니內外國人은勿爲信聽ᄒᆞ시옴 김昌金 告白

◎增修無寃錄大全

壹千壹百七十六頁 定價金新貨七拾五錢

此增修無寃錄大全은法律家의最緊要ᄒᆞᆫ書籍이온ᄃᆡ年來遺本이殆히絶種에至ᄒᆞᆫ지라故로法部에認可를得ᄒᆞ옵고此를新刊ᄒᆞ얏삽ᄂᆞᆫᄃᆡ國漢文으로解釋ᄒᆞ야模糊ᄒᆞᆫ句節이無ᄒᆞ오니法律學에有志ᄒᆞ신니와字牧之任에居ᄒᆞ신ᄂᆞᆫ不得不覽ᄒᆞᆯ冊子이오니注意購覽ᄒᆞ시옴 中署布屛下 廣學書舖 김相萬 發售所

本人의從姪김在□의字난鉉인데性本浮浪ᄒᆞ야寡居ᄒᆞᄂᆞᆫ從叔母의田畓文券을偸出ᄒᆞ야放爲典執盜賣次로出沒京鄕ᄒᆞ오니內外國人切勿見欺ᄒᆞ심을望ᄒᆞᆷ 善山舞乙洞김鳳夏 告白

學徒裝制書冊 學徒運動銃 諸具 羅紗各種 美國金鷄納 衣服裁縫其他雜貨도廉價放賣ᄒᆞ오니諸君子ᄂᆞᆫ來臨ᄒᆞ심을바라나이다 仁川港香峴新舖

本人이鐘路張泰현許에推次當錢五萬兩無日字手標一張을路中遺失故로張泰현許에不忘標를繕給ᄒᆞ고其금額을已爲推尋ᄒᆞ얏스니內外國人間拾得ᄒᆞ와도休紙施行ᄒᆞᆷ 崔相鈺 告白

陰四月二十四日夜平北鐵山郡廳山居前郡守吳熙源家賊黨突入放銃掠劍身被重傷家財什物沒數見奪際韓一銀行四十株股本금三百圓領收証과保証금二百圓領收証並爲見失ᄒᆞ얏기玆以廣告凡內外國僉君子照亮ᄒᆞᆷ 吳熙源堂姪奎般 告白

本人이日本大阪商業家와特約ᄒᆞ고日本內地著出各種物品과西洋各種物品及機械等物을我大韓에輸入ᄒᆞ야各々便利케ᄒᆞ기로契約을ᄒᆞ얏ᄉᆞ오니商工業에有意ᄒᆞ신僉君子ᄂᆞᆫ某物이던지請求코져ᄒᆞ시거든本社로來議ᄒᆞ시오 本社에셔ᄂᆞᆫ手數料만領受ᄒᆞᆷ 開城北部梓洞 興業社本店 支店京城南門內水橋五十一統六戶 仁港內동廣濟號 培養會社

◎일본遊覽者募集

人員은五十名으로一團을成ᄒᆞᆯ니ᄒᆞᆫ인은性不問ᄒᆞ고速히請入ᄒᆞ시옴
一遊覽地 東京博覽會橫濱京都大阪神戶
一往復日數 日抵十七日間
一浮費 遊覽費及手數料을合ᄒᆞ야總計四十八圓
一出發日 請入順次를從ᄒᆞ야出發日은追後에直接히通知ᄒᆞᆷ
一請入所 在京성各新聞社五十八銀行경성支店 天一銀行
一會員은遊覽을終ᄒᆞ야開散ᄒᆞᆫ後ᄂᆞᆫ本會와關係가小無ᄒᆞᆷ
一南대門서釜山으로直行ᄒᆞ던지或은東경으로直行ᄒᆞᄂᆞᆫ者의게對ᄒᆞ야도同一便法으로同行請入을應諾ᄒᆞᆷ
일本人遊람協會事務所 西門通 東亞商會

本店에서春服衣次각種이自英小으로多數來到ᄒᆞ얏사오니陸續來購ᄒᆞ시옴 貞洞裵양服裁縫店 告白

산원과셩신산에셔본인이살진소(肥牛)를만이ᄉᆞ깃스니쇼파ᄂᆞᆫ제군은다수이팔너오시옵 최봉준 고빅

◎活動寫眞廣告◎

今番에新始作ᄒᆞᆫ活動寫眞은法국巴里京에셔有名ᄒᆞᆫ거시오또ᄒᆞ大韓국 皇室에셔먼져看品ᄒᆞ셧고始作ᄒᆞᆫ지數日에遊覽ᄒᆞ시ᄂᆞᆫ君子가多數枉臨ᄒᆞ시와坐處가넘쳐셔睨到ᄒᆞ시면不便ᄒᆞ오니速々枉臨ᄒᆞᆷ 今番에또새로이活動寫眞이多數來到하야每夜에實況을一新日을供ᄒᆞ오니速々來臨ᄒᆞ시옴
活動은自下午八点至九点
名唱善舞歌童과唱和吹笛은自九点至十点
賣票時 七点半始爲
入場票上等新貨二十錢中等十五錢小童十錢
新門외셔단이목東便벽돌집 法人 馬田 告白

◎九轉靈砂라 本人이妙方法을神會ᄒᆞ야製造ᄒᆞᆫ靈丹인ᄃᆡ男女老少에無論何징ᄒᆞ고通治ᄒᆞ오며無病時에도服ᄒᆞ면平生의身體가健康ᄒᆞ며小兒ᄂᆞᆫ四五錢重만服ᄒᆞ면十歲안에無病ᄒᆞ심을擔保ᄒᆞ오며
●九轉靈砂萬應丹은져征 痢疾과中風諸疾과耳目諸病과淋疾에神效ᄒᆞ오
●九轉靈砂保命丹은初生小兒驚風 간氣 咳 腹痛 般驚증에神効ᄒᆞ오
●九轉靈砂濟衆丹은酒滯 食滯 血積 吐瀉 霍亂 痢疾 吐血 下血 運氣 時疾 祖징에神效ᄒᆞ오
●九轉靈砂集金丹은痔漏 累 瘡 下疳瘡及唐瘡上罷과諸般毒瘡惡種에無不神效ᄒᆞ오
시니 君子ᄂᆞᆫ來問ᄒᆞ시오 內需司前독간이골上隅第一家百三統一戶 리호延 告白

國債報償義捐金
收入廣告

●五月中各人寄附金本社收入
表를國文申報第二十一號에發
刊호얏스오며因호야僉位의게
感謝之情을表호옴

●忠淸南道溫陽郡內面
從二品尹泳翰 從二品尹泳奎
각五圜 正三品尹泳穀
出身尹俊栐 叅尉尹命임
각一圜 尹宗임 五십전
司果尹泳始 出身尹鴻임
尹庚임 각卅전 리循熙
出身리奎夏 리규商 리奎稷
리규鎔 리규星 리雲熙
리敏泰 리敏益 童蒙리敏觀
각二十젼 司果리碩熙
리규容 리규鎭 리규承
各五十젼 正三品리규韶貳圜
那守리규영 正尉리규奭
각一圜 리金栢十젼 리민政
五젼 主事맹觀순 오圜
맹필지 맹鼎순 각一圜
맹欽明 맹龍순 맹滸섭
맹庚순 맹欽섭 맹聖述
맹鳳지 맹景淳 맹謙지
맹升지 出身맹欽叔각오십錢
맹繼述 맹敎八 각卅錢
맹敎護四십전 맹義述
맹宗淳 맹우지 맹欽錫
맹선순각廿젼 맹夏순 맹희순
맹支순 각十五젼 밍定순
밍省순 밍漢순 맹道순
밍善순 맹璋순 밍欽瑾
밍賢지 밍夏述 밍欽中
각십젼 孟奉지 二젼五厘
姜泰显壹圜 강麟섭 강弘섭
각오拾젼 강秦三 四십젼
강리純 강리能 강원善
강文선 강明선 각卅젼
강리녕 강리京 강인秀
각卅젼 강百善 姜修선

여應섭 각二오젼 공문熙
공建선 공리春 공원榮
각十錢 공濟선 오錢
監役申培模貳원 通政원錫인
리鎭순 뎡健식 신인求
成하녕 김鳳식 叅奉金鑑현
각오拾錢 김明섭 四拾전
敎員리寬榮 이義禎 이思九
이昊榮 各卅전 侍御沈璣澤
孫相景 柳重혁 金在환
徐相集 이相우 이敦孝
徐敢순 申규休 이秉儀
이규東 이규리 이秉彩
이寅耆 김相七 김炳贊
신定求 신命休 하鎭明
이熙麟 徐致雨 徐勉模
辛藏式 김영燦 尹正儀
리遠相 이熙리 柳丙喜
이敏常 任百敏 各廿전
韓창영 十七젼 童蒙立岐東
任리泳 이龍선 盧석道
白麟卿 오邦常 徐鼎睦
申萬休 鄭貞默 이春容
리鼎珪 이承九 權충玉
趙召史 韓駿錫 韓應洙
신賢求 김東섭 김東석
申聖求 김敎明 文行순
이容復 각十젼 黃원明五젼
尹元圭二젼五厘 叅奉이鶴善
朴必용 하明山 각五십전
叅奉金萬洙 이春得 리영八
리영春 김壽鳳 이命준各卅젼
通政柳相惠 叅奉김伯完
장오吉 리영石 方所回
張尙龍 하三龍 金太숙
高俊셕 림相眞 김在化
徐卜돌 최宗國 高奉山
이甲年 이春京 리命卜
김已成 各廿錢 趙性吉
김鳳순 鄭卜돌 趙卜山
朴永業 鄭弘伊 金伯用
徐奇同 白小石 이仲吉
리春化 柳連鳳 이章玉
여順用 김鶴西 윤擧卜

全제用 여竹必 김鳳雲
김鳳山 김鳳萬 김丁岳
박慶元 김明煥 卞德和
오致常 朴巨默 丁奇卜
김윤伊 朴道成 宋興순
리命哲 리明哲 田應山
崔用山 각十젼 玄貴男
리丁萬 各五젼 姜江白
七젼오厘 千萬里 二젼오厘
合六十八圜九十七젼

●東署梨峴內四街
최창根銀簪一介鈴一介同串
一介貴弗一介
大夫人신씨銀簪一介
康德臣銀指鐶一雙耳鬪壹介
菊花尖一기
김원相銀指環一雙耳開一기
김원杓 銀指環一雙
김원模 銀同串一기
최興植 銀梳治開一기
리鍾九 銀班指一기
丁健培 銀同串一기
崔時榮 銀同串一기
劉泰英銀梳治開一기치牙開
一기
朴東烈大夫人리씨銀簪一기
李熙文子獻春온班指一기
合八兩五錢二分重
최俊泰 崔熙봉 각二圜
沈台섭 呂州居沈正섭
浪定鎬 니根夏 리熙文
於義동居朴東烈 니完英
각一원 沈台섭大夫人신씨
崔弘模 니弘在 김錫煥
니順根 裴永善 각오십錢
김漢守 니致弘 각廿錢
合拾四圜四十젼

●慶北尙州郡化北面壯岩里
김思亨 리塤 各三圜
최相殷二圜廿오錢 권世炳
一圜八십젼 리在現 박泰植
김益鍊 池鳳九 嚴是永
최銳吉 각一圜 김基周

박德在 千正主 沈明燮
각五십전 숨돌夢四십五전
尹元植 房完用
각四拾錢 니在元 金正壽
金右己 金智徵 김禮徹
김春學 김達海 金리和
朴京三 각卅錢 李鍾晨
廿七전 金君日 金규煥
金東用 沈弼섭 文忠己
李在철 徐今用 金순己
韓正主 洪永찬 니鍾學
각卄전 金리敎 최貫大
金甲云 金炳湖 김致大
崔基遠 김達遠 高 완
박永철 박麟萬 朴麟男
김在允 김日貴 최士弘
金순用 각十전

●上유峴里 七圜
●下유峴里 六환
●踏遊洞 九圜
●長角동 八원십錢
●上五里 十四圜
●下五里 십원九十전
●龍湖里 四圜
●華山里 一圜
●大興里 三十六錢
合八拾陸圜二拾八錢

●富平上吾丁面陶唐리內村
金在民 金지喜 김星鉉
리충植 宋憲琉 니成夏
최相德 成夏圭 成夏容
니炳儀 김光明 라九容
박南鎭 呂東驥 복永寅
金点孫 卓壽命 金셩吾
각십錢 니興瑞 박定鎭
리正容 최允一 리潤지
니時春 金화현 金議鉉
각卄전 咸命근 송敬안
각六錢 김在衡오錢 김두鉉
십오전 金九鉉 오십전
김斑鉉 뉴십錢

●富平上吾丁面吾丁里
閔容弼 閔泳台 박敬實
閔鼎植 각卄錢 민泳麟
閔仁善 卓先寬 각卄錢

高世振 김士현 각四십錢
閔泳鶴 십八전 閔賢植
리泰奉 閔正鎬 閔泳龍
閔容철 任셩鎬 高永主
박仁秀 文平순 니永순
김원西 니致先 柳在水
김九오 白德先 盧지得
車윤集 閔순汝 白德如
김윤兼 閔宜三 각십전
박化實 白癸셔 김봉雲
白원朝 高治吾 윤충主
尹致雲 김應水 김德彬
각五전 고徹三 六拾직
合十圜六十오錢

●咸南元山港
洪聖龍第貳回 八圜
姪景[illegible] 貳원
幹事八박昇濟[illegible]원 신錫周
각五拾錢 金貞鎬 리承行
[illegible]喚洪吉[illegible] 각卅전
신泰[illegible] 子童蒙生금
俠備咸俊奎 각卄錢
合拾三圜八十전

●龍山兄弟非契
閔範植三원 金興基 崔世원
朴순충 崔惟百 박鳳存
복봉和 박炯培 오貞근
徐相喜 각貳원 韓근成
壹圜五십전 김贊徹 韓 旭
韓應源 中善玉 박啓雄
韓應선 김순瑞 복鳳羽
各壹圜 金英俊 孫德두
각八十전 김益憲 니秉業
田興奎 韓興선 林炳日
申셕求 각六十錢 方敬旭
劉漢용 金聖근 延興三
리괴호 김相玉 鄭龍淵
니敬寬 김윤徹 全리安
임淳玉 임병섭 각오십錢
韓四男 임寬日 金英순
金應植 임병喜 리三甫
宋용安 禹셩裕 박應守
各四十錢 張셕돌 최필用

徐元섭 박存雄 최益순
각卅전 김春日 김순甫
리근守 신光老 박鎭勳
김치運 박龍大 김明實
趙春明 홍今돌 각卄錢
江邊擔負人中 拾圜
合오十八圜八十錢

●燕기南面高亭里
康永玉 五十젼 康孝植
康學道 康道식 安養善
童蒙康甲鳳 各십전
合一원

●江華位良面外州동
宋堯德수원 奴婁加男卄전
김敎찬 安世植 각三圜
宋堯勳 宋堯鎬 리能復
정成鉉 각貳圜 宋堯性
黃鐘憲 安修良 安、풍
각八십젼 안 游 宋堯彩
송요춘 宋요충 김勢良
김炯必 安 엽 정柱鉉
黃鍾彦 최중爽 康海潤
宋요文 徐相요 각오십錢
車東鉉 盧仕用 安 濟
安 洙 康영환 安윤益
김晋규 金炯璟 송인호
徐丙리 뎡吉星 安東석
주文榮 黃重潤 공京淳
安성濟 安 낙 각四十젼
金炯萬 최貴連 리충諫
니運夏 리근夏 康徽鎭
김리權 리能大 河召史
리召史 리召史각卄전
合三拾四圜二십錢

總合貳百八拾八圜拾錢
國文報廣告總合壹百스十貳圜
廿오錢
前號總合二萬貳千五百二十九
圜四十壹錢貳厘
都總合貳萬貳千九百오拾九圜
七拾陸錢貳厘

◎特別廣告◎
國債報償金에昨日所捧은如左
合計이옵고伊前日의所捧總合
四萬오千三百三십스圜○貳錢
은漢城共同倉庫會社內銀行에貯置호얏
습고其貯置額中壹萬九千三百
圜은國債報償志願金總合所로
越交홈
大韓每日申報社

發行兼編輯人英國人 裴 說
發行所
南署石井동號外地三層洋屋家
大韓每日申報社

第五卷

大韓每日申報

第五百四十五號

月曜及慶節 歲時日休刊

檀君開國四千二百四十年
箕子元年三千二十九年
大韓開國五百十六年
日本明治四十年
淸國光緖三十三年
◎陰曆丁未五月小十三日癸卯

別報

韓國大臣之撤換 (合兩賓報照謄)

近日에日本各報가皆伊藤侯의撤換韓ㆍ府各大臣흔事를記載흐얏스되其辦法의迅速을頗稱흔지라西曆五日貳拾二日午後五鍾에伊藤侯가 韓皇씌面見흐야直至九鍾에始行退出흐얏는대 韓皇은곳大臣을竭力保護흐시는대伊藤侯는自己保薦之人을改誅흐기로固請흐얏스니

所有一切原因을東京日々新聞에詳爲登載흐고大略言之흐되前時韓內閣首相은僞爲日本黨이오實則日本利權을設法反對흔지라然이나其休致之故는伊藤侯의所逼이라고謂흠은不可흐니蓋首相이已爲韓民所惡흐야不得不自乞休라云々흐얏스니此等言論은日人報紙의機巧를蕗出흔거시라每常日人이저韓에非法行事가有흔곳을遇흐면此等言論을假借흐야掩飾코즈흐더라

此次에韓政府諸臣을撤換흔것은一進會를藉흐야協助를삼은지라向來議會同黨이皆日本政治家勢力之下에卝居흐얏스너其黨人이實係恥地花賊흠인지抑或利欲財帛耶아初에韓國一進會黨이각大臣을反對흐얏고併히民間公共之意見에出흐얏노라고聲稱흐얏스나其實은不然이라乃日人이其任意로韓國法權을輕蔑흔形迹을欲掩흐야他人의譏諷을免코즈흐는故로藉以巧詞흐아以卽其貴흠이라不然이면彼日人이何以로一千九百零五年에韓國이應歸日本統監節制라는約章에簽押흔各大臣을將흐야亦加驅逐흐얏나뇨蓋當日에獻功於日本흔각大臣은皆將放士흐야附於日人之勢力下者인대當此日人要求日劇之時흐야亦漸歸於無功일시是以로有今日撤換之擧也라但日人이急々然更換흔것이亦未免於負義之行爲이거날乃謂韓民이有攻擊首相之意라흐얏스니現今襲任흔首相은非韓民之攻擊者耶아且撤換大臣之事을不使 韓皇主張之흐고伊藤侯가主張之흐엿스니焉有一國而可二主乎아日人之此等擴充勢力으로壓制韓之主權은將來에定爲歷史上最要關鍵일시現今日本의곳報紙가欲盖彌彰이어날乃謂韓之變法이較前에大有成效라흐니豈其然哉아日々新聞에乃又藉口흐야以責 韓皇之不欲受日人挾制흐고反從용排日黨이라흐야昌言無忌흐니噫라日人之不情이抑何甚哉아其最不能掩飾者는두實新聞報中에其君에讒諭을登戟흐얏스되以爲此擧을早當實行이오使其撤換之後에는再能題用日員흐야스면凡佳矣라흐얏고또法國에派大員흐야以治此非洲와法屬之突尼斯를援引흐야比例를삼아스니韓之於突尼斯에何可同日而語리오其情形이殊不相符라日人在韓에此等新奇之擧動을謂爲韓人흐야改變新政이라흐니閱者는其自有公論乎ㄴ져

官報

◉第三千七百九十九號 光武十一年六月二十二日

◉宮廷錄事

禮葬所堂上兼任掌禮院掌禮法部協辦臣金각鉉謹奏槨上漆色極其光潤無欠故十五度畢着槨上書上字書寫官尹用求今日午時量槨上書上字之意謹上 奏 奉 旨依奏

◉敍任及辭令

公立金浦普通學校敎官南宮셕 公立南陽仝 張容復

官立漢城漢語學校副敎官 李貞宰

依願免本官

命宮內府特進官 研成學校長金昇圭

命宮內府特進官 從一品權益相

官立漢城日語學校副敎官 郭 진

依願免本官

命宮內府特進官 掌禮院副卿徐공淳

命掌禮院副卿 英親王府總辦趙忠夏

命英親王府總辦 侍從院侍從김완鎭

主殿院電務課技師田錫圭

任侍從院侍從

從二品朴明煥 九品成壽영

命享祀經費査整委員 六品李相璉

命東萊郡牧場査整委員

度支部稅務主事閔學식

免本官

右는忠淸北道稅務監의報告書를據흔則該員이身爲官人흐야行爲失當에殊損體統이기是以免本官 前主事朴憲魯

任度支部稅務主事

任內部次官 正三品俞星濬

任度支部次官 從二品류正秀

任軍部次官 參將韓鎭昌

任法部次官 從二品金각鉉

任學部次官 從二品李圭桓

任農商工部次官 正三品劉 猛

任軍部軍務局長李熙斗

命兼任研成學校長 正三品吳在豊

仝 李健承

仝 羅壽淵

仝 閔和植

仝 朱之憲

仝 六品柳成烈

仝 洪鎭裕 仝 石鎭衡

任內部書記官 (未完)

外報

◉蒙經渡日 日本福岡縣人增因治吉氏가去年蒙古에遊覽흐서某寺僧이康熙皇帝所書經典二冊으로써贈흔지라增田이返國흐야內務省에呈흐야一冊으로써日皇씌進呈흐니此冊은純係蒙古문楷等인되世界罕有之珍物이오又一冊은西京大學校에贈흐얏는대日皇씌옵서蒙문을不能瞭解흠을因흐야諸博士를集흐야詳加詮釋흠을命흐섯다더라

◉法國南部騷擾 倫敦電을據흔則法國南部에騷擾를叛亂흔는狀態에近흐고政府는東部及北部에軍隊로써離心이有흔同地方衛戍의各聯隊를替代흐얏더라首相클네만스氏는代議院에서宣言흐야日今也南部諸州에서法律의最上威力을確保흘時기가到達흐얏다흐고軍隊를滿載흔列車는日夜로三어쓰를經흐야騷擾地方으로向흐야出發흐얏다더라

◉賠償金減額 東京電을據흔則美國과淸國間匪事件으로賠償金三千八萬弗에一千百弗을減少흔旨로國務卿루도氏가住美淸國公使에게通知흐얏더라

◉新外債集募 上海電을據흔則淸國에서廣東省改革의費用으로一千萬兩의外債를募集흔다더라

◉代表多集 本月十四日發倫敦電을據흔則萬國平和會議에各國代表者들이(荷蘭國都城)海牙府에多數會集흐얏다더라

◉平和會議 十五日發桑港電을據흔則第二回平和會를今日에海牙府에셔開會흐고四十七國代表者二百廿五人이出席흐야荷蘭國外務大臣이開會흐는祝辭를朗독흐얏는되無政府黨들이其會議堂을爆發식키라흐다는風說이有흐미會員中에恐動이되얏고巴里에駐在흔露國大使넬니도프氏와荷蘭國外務大臣兩人이議長과名譽議長으로推薦이되얏고日本代表者都筑擧六氏는軍備縮少問題를會議次第에包入흐기를日本은윤准치아니흐엿다고說明흠으로써會員을驚動하얏다더라

雜報

國家貧弱之故 南嵩山人 續

斯密氏之言에曰讀書之人이亦耗財之大者也라흐고梁啓超氏가以爲士農商工을號稱國之四民而讀書人이부然居首흐니國之讀書人은其分利者ㅣ雖十分之一二나其生利者ㅣ獨十之七八은何也오彼其學成之後에非醫師則法官也오否則律師也傳教也學校教師也오又其學工商業흐야直接而生利者는更無論矣어니와若지我國則分利之說이至當而無以易矣나我國讀書界之現狀은不知其所學이作何用也라其上者則八股詞章로風영嫁屋에將至顚童而調之年흐고其騰達者則以耀妻妾에武斷鄕曲흐야以爲桑梓之蠹흐며問其導民以知識也된者見讀書人多而國日弱也오謂其游民以道德也된吾見讀書人多而俗日渝而四體不勤흐며五곡不分흐고偷惰偉事에無擔而기飮食흐니讀書人은實一種寄生虫也라在民爲모오在國爲蠹라흐니

余는以爲支那之讀書人은猶未必盡然이如是也라近日淸人士는多識時俊傑之人흐야其研究工商之實業흐며譯布有用之新書흐야懇々以改革弊習흐며誘導後進흐야以圖公益之事業者往々언則이可謂盡數無用者也어니와至若我國之所謂人은實耗國之壯蠹而害民之大蠹也라何謂其然고我國所謂人之號稱儒士者는村塾輪落에聚集子弟흐야敎之以曾先之史略初卷과江少微通鑑節要흐고尙且以百聯詩古文眞寶로誇傲詞家之直訣흐야以誤謬初學에愚昧蒙士者ㅣ實深且大뿐더러又今科文已廢之後도以古風行詩等無용之著述로作爲程課흐고歷史算術等新學問科業은不知何事흐야斥爲倭學邪學而恐且驚習언흐니此는無他라自已平生所學이只在於此而요도富庶에生計無術故로藉此東修흐야做爲口腹之計也라가若其일朝에移業新學이면失其사곡之利故也니是其爲蠹爲모者가不啻耗財於無用而已라其貽誤靑年흐며遺害民國이固何如哉아新學之不興이始實在此也오 (未完)

雜報

●三씨被任說 遞晉察趙民熙씨가內部次官을被任한다는說은昨報에已揭하얏거니와內部次官俞星濬씨는學部次官으로轉任하고學部次官李圭桓氏는晉州觀察使로轉任한다더라

●玄氏外移說 內部地方局長玄은氏는尙州郡守로轉任한다는說이有하더라

●恩賜尙存 錦陵尉朴泳孝氏가日昨陛見하얏다는說은昨報에已揭하얏거니와該氏가大禮服에翡翠玉貫子를懸하고入謁한대 皇上陛下께오셔下問하옵시되翡翠貫子를何處得來耶아하신대朴泳孝시가答奏하되去甲午年에 陛下께옵셔下賜하신翡翠玉이라하온즉 陛下께오셔日其時賜物을屢經風霜에不爲遺失하고何以保存하얏는다하신대朴泳孝시가奏曰皇上恩賜之物을臣子道理에不敢忘置이옵기至今까지懷留不失이라하온대 皇上陛下께옵셔滿心欣悅하사朴泳孝의誠愛之心을大端嘉尙히너이셧고또賜饌까지하셧다더라

●陵祀進參 錦陵尉박泳孝氏가多年外國에留連하야쥬陵享祀에久不瞻拜하엿더니再昨日은쥬陵忌辰인故로박泳孝씨가獻官으로進參하얏다더라

●咸察期遞 新任咸남觀察使劉世南씨는赴任치아니하기로決心하고辭疏하다더라

●海察還任說 黃海觀察使朴彝陽씨가還임된다는說이有하다더라

●果能堅臥否 中樞院顧問官리根澔씨가時局에如意치못하지果川鄕第로其家眷을撤歸退臥하기로的定하얏다더라

●勸告宮大 再昨日一進會에서또總代를秀送하야宮內府大臣李載克氏의辭職退去하기를連次勸告하얏다더라

●各官餞別 日本博覽會觀察員三氏가昨日上午八時에京釜一番列車로發程하는대各部官人이一齊히南門外停車場에會同餞別하얏다더라

●有何事端 漢城高等學校漢文敎官姜興秀氏는本學校設始時敎官也라一校內學徒가多年敎育을受하여服從感悅하더니무含事端이有하야校長과敎師高橋亨兩氏가學部에認報하여免官시키고姜敎官出去時에諸學徒가齊會悵別할時에洪校長이學徒를咆喝하야已爲禁止하얏다더라

●贊所講研 昨日中橋義塾內法律贊育所에서通常會를開하고農商工部礦山局官吏를請邀하야礦山條例를講研하얏다더라

●兩校合並 官立養士洞普通學校를合並하야官立於義동普通學校라稱하고其位置를漢城東署於義洞으로定하얏다더라

●移任敎官 學部視學官魚용善씨는官立日語學校교官으로移任하고其代에는該部主事윤世용씨가叙임하기로決定하얏더라

●補佐月銀 法部에서平理院及한城裁判所에庶務補佐者一人을增聘이고俸給月額은各七十원式이라더라

●平民願留의實況 平山郡守홍應祖씨가律身也廉潔하고行政也公平하야百弊俱거하고一境이賴安이라雖於새交하야民人이得免外人之壓迫하고治道之役에身操版삽하야使民忘勞하고尤爲注重於敎育하야捐俸奬學에到底務拔故로一郡이鳳動에學徒가日增하는대今忽賦歸之意로請願于內部인바同郡人民이如失慈母하야泣寫其請願書하고現今千餘人이過道攀轅하고一邊으로內部에願留狀을呈하얏다더라

●船標分給 度支部에서船標二万二千오百枚를印刷하야農商工部로送交하얏는대自農部로各地方에發令送標하되船人의게分給한後二十사個月內에는勿爲交授하라하얏다더라

●영塾成立 全北臨陂郡居金相珪양在환諸시가靑年子弟를敎育하기爲하야剏立一校하고登영義塾이라命名하고名擧敎師김인銓시를請聘하야熱心敎育한故로學校가漸次擴張된다더라

●何辭發明 濟州郡守尹元求시가剝削民財한諸條는前日廣告에已揭어니와該시가濟島人이呼訴于各部지說을聞하고左右주旋하야誘嚇該島人韓敎鉉하야發明狀을納于內部이라한즉濟島人等이詰責韓치範次로探探지境에厭한은本是無賴지유라隱身不現한다더라

●調解金氏 昨日一進會장리容九氏가法部大臣趙重應씨에게金윤植씨를奏稟解配하라고公函하얏더라

●日刺韓兒 再昨日下午오時量에大한門前에서何許日人지子가年可십三사歲인大韓國兒童一名을對하야無端히以刀刺臂하야流血이狼藉한지라巡檢이被刺한韓兒를率하고行刺한日兒를尋覓하되終是不得하얏다더라

●日報社員신請 日前에警務顧問과補佐官等을逃日攻敗하다가退韓令을當하얏던大韓日報社員수人이再昨日理事廳에申請하야退한令을取消하라하얏더라

●領事夫人來京 俄國總領事프란손시에夫人과家族이昨日合爾賓에到着하야廿五日安東縣에着하고翌日新義州 出발하야京城에到着할터이라더라

●리시又捕 無期徒刑에處한얏던리裕寅시는去番 皇太子嘉禮後에特赦恩典을蒙하얏더니再昨日에金海郡에서또捕縛을被하얏는대其罪狀은年前法部大臣으로慶상道名族七十餘戶를謀反지로誣陷하고또安경壽시를誘殺한罪라더라

●日韮强盜 日本人渡邊卑가南門外韓國人의家屋을定價與成하야家舍價는一分도不給하고只恐嚇約하야欲奪其家而至於率黨來留하야許多行悖가無所不至하니一人之害가必及於專國이이라고衆論이喧藉하더라

●日巡又來 警務를擴張하다하야軍刀와服장을帶持하고日本서出장하는대桐原警視가募集한巡査一百五拾명을引率하고今二十목日에八京한다더라

●獄舍新築 沃溝港裁判所判事署理金演夏시가法部에報告하얏는데即接本港警務署總巡박來春의報告書內開에本署營設之初에廳舍房屋은雖爲僅構이오나至於獄舍하야는只有重四二間하와囚徒之輕重男女을不分渾處가餘致難便뿐더러所謂獄墻이短卑하야易致踰越지慮이오니其在審愼에殊屬疎虛이온지라事實情形을向於統監府法務장과其他京來官吏가俱爲親睹이온바挽近警察事務가日益호大하와許多罪囚을難容於數間獄이온즉今此監獄間을改今增建然後에可無失囚지患이옵기該增建費을從略立算하야報告하오니轉報法部하시와該役費을卽爲支撥하야不日起工케하심을伏望等因이온바此와査한온즉該警務署監獄間이非徒狹窄이을뿐더러且所謂獄墻이亦不堅高하와該總巡지報請增設이果係時宜이옵기該預算明細書을一依總巡所報라하얏더라

●是何作惡 日本에지한美國博士가한國軍人敎育을爲하야設立한學校에서退學人의來函을據한즉박戴호박庠鎔兩人이本校에入學한지不過三日에無故히欠席月餘하고服장費每人前三十二圓九十一錢五厘도不報하기로其事實을知코저하야再三訪問한즉戴호는有何意思인지逃避不對하고庠鎔은來하야無端히退學을告하고服장費는再三限定을違約타가去十五日이또限定日인데都無動靜이기로招來하야實故를問한즉自本家로學費가姑不來라하기如何할方針을相議할서意外에日人黑田시가緊急한樣으로來하야怒顔을擧하고質問曰박庠鎔은무含罪로囚지校中하는야하기로答曰此家는學校舍오非監獄署라任意로人을囚할권利가無하노라君은有何關係하야如此히質問하는야한즉我는與박庠鎔으로決交한關係라하고豪氣騰々하야日若何等이박庠鎔을不釋하면我有如何히措處할권利가有하다하고歸去하기로무삼事實인지探問한즉逃避한든박戴호가與우敬命金重漢兩人으로謀議하야日人黑田을敎囑하야鎖을藏하고送하얏다하니可歎可恨可笑로다其中우시與金시는同校生도아니라무삼心事인지欲問事實次로往其住處則此住處에亦精兵壹隊可量이有하야急招巡査四人이來하야尋訪人張建相車觀金容근張世규々人을招夫하야自上午七時로下午五時까지留置하니佩渴도莫甚하다嗚呼라三氏여汝亦大韓臣民으로欲殺大韓同胞가是何事며挾日人暗飾陰謀가是何事오嗚呼라三시여汝雖背韓이나汝지祖先累々代지白骨이亦埋지大韓疆土여든其本을何可忘이리오嗚呼라三시여여以留學한精神으로先務如此지職하니若染及他人이면將奈何며辱及祇千萬同胞면將奈何오嗚呼라三시여々若不改過하면國지羞恥를將奈오氣斷心塞을不能이라하엿더라

倫敦電報

●軍艦派遣 育約허랫드新聞은排日運動主謀者에加擔하야日美의開戰이近日에有하리라고大叫하고日本海권을波瀾할을爲하야更히多數한軍艦을太平洋으로派遣한다더라

▲夢裏警鍾▼

▲政界가一變하미漢城風說이一層沸騰하야一派疑雲이眉上에濃翠하야面々相顧에空自訝眩하니沙中偶語을招問이無人이로다

▲近日에宮禁肅淸에對하야尤極注意하야實地關係가無하고出入하는人의宮殿門票를還收한다하나宮禁은百番肅淸하여도覸相承旨와偵探理事는훌슈업슬걸

▲一般官吏의服裝을改良하기爲하야現今協議中인데統監府官人의服裝을模倣하야多少間變更이된다니韓國官吏는統監府命令下에在하야獻媚情態가層生疊出하더니至於服章까지效倣하니可謂束縛之效빈이로고

▲豐德郡玉塔은日人이偷去한事는東西洋各新聞에狼藉히論駁한事實인데伊藤侯가日前花月樓에서日本官吏을會集하고演說하여曰玉塔事件으로某々人酬勞금一萬圓이渡來하엿나하니該玉塔은日本報紙에幾百萬圓價値가된다하얏는데酬勞금一萬元은領受한者가何人인지不知하거니와玉塔價額은幾百万元을送交할는지

▲內部次官俞星濬씨가疏遞하면咸察劉世南씨가承任한다더니更聞한則慶南觀察趙民熙씨로內定하엿다니該氏는向日춤만추고말더니今番에는總理大臣이잇스니斷々無慮하깃지

▲中樞院에서向日開會時에李膺植氏가冠婚喪祭의繁文을減省하자고提議한事에對하야홍佑석氏가語過先賢하얏다고兪鎭萬氏拾七人이發起하야館儒가發通하얏는데李舜夏도贊成한事가有하다하야一脉鳴鼓하얏는대該氏가兪氏에게致函하야鳴鼓할罪犯이何事인지示明하라하고裁判을請하얏다니現今維新時代를當하야腐敗한舊習으로空自惹鬧가亦一可笑處로다

▲去月拾九日에稻岡郡四里居金星祿이가何許日人에게亂刺를被하야當場致命하얏고또李建슈李應植兩人도亦爲被刺하야命在頃刻이라고某報에說道하엿스나韓人은日人의犧牲이될뿐이라言之何益이리오

▲近日監獄署內에傳染病이流行하야或死亡한者도有하고或罹患한者도多하다하니雖人情上이亦是可矜이로다

▲泥峴近處에大韓官人의人力車業燭籠이夜々成市라하니以若韓人資格으로日人과한번交際하게되면如登龍門이깃지

◎本社告白

國債報償에 出義金額을 本報紙面에 逐日廣告로 發布ᄒᆞ되 猶有凝滯ᄒᆞ야 從擴諸處의 迅速揭布코ᄌᆞᄒᆞ시ᄂᆞᆫ 僉尊未即奉副ᄒᆞ옵더니 今自本報로 國文報一部를 另刊ᄒᆞᆫ바 從今으로ᄂᆞᆫ 漢文報와 國文報에 義捐廣告를 並爲揭布ᄒᆞᆯ터이오니 愛國僉員은 照亮ᄒᆞ시옵

雜錄

坡州郡國債報상趣旨書 續

大셩人지可作爲出尋常萬々其在臣民지地孰不感泣奮涕也所以婦人孺子深山窮谷지民莫不大聲長呼隨力捐金以酬傾葵지寸忱惟我同鄕同志豈可恬然自在不思圖報也호伏願 僉君子斷烟幾個月預算各捐義金上報我皇上如天지셩恩下遂我烝民各受지秉彛幸甚 完

●其情可矜 監獄署에在囚ᄒᆞᆫ金錫恒氏가實病이危急ᄒᆞᆷ은已爲報道ᄒᆞ얏거니와方今命在頃刻ᄒᆞ야其弟錫하가平理院과法部에累次保放請願ᄒᆞ되終不得願ᄒᆞ야晝宵呼泣ᄒᆞᆫ다니其情狀을聞見者莫不惻然ᄒᆞ더라

廣告

本人이栗枝坊所在八代旁祖墓與三谷所在十代山록外孫정致源의게見奪ᄒᆞ고本郡에呼訴ᄒᆞ야斷置落科ᄒᆞ얏더니平理院에更訴ᄒᆞ여山록은다차ᄌᆞ고정哥등勒屛ᄒᆞᆫ山ᄒᆞᆫ…本院에更訴ᄒᆞ오며玆以廣告ᄒᆞᆷ

[illegible]谷面[illegible]文 告白

大抵會議란者ᄂᆞᆫ共同團體的을謂ᄒᆞᆷ이어ᄂᆞᆯ 市之內에三人之會를曰會가可乎아本郡居尹弼五尹영셥楊在기等이挾雜之心을抱胎ᄒᆞ야民議所를組織ᄒᆞᄂᆞᆫ대本郡公廨中使令房을借居ᄒᆞ야市廳이라名稱ᄒᆞ고官長을囑托ᄒᆞ야公私所有를許多攫取ᄒᆞ야市廳經費라稱ᄒᆞ고至呑肥巳에濫下가不少ᄒᆞᆫ뿐더러且夥數犯逋故로然後에야市內之民이方始覺悟ᄒᆞ야齊會等訴于觀察道ᄒᆞ야承指令調査文簿則總收入四千七百八十三兩六錢八分內에濫下爲一千四百四十三兩四錢二分이오犯逋ᄂᆞᆫ爲九百四十六兩六錢이다온此外隱匿은現方査出中인대尹영셥은知機逃避ᄒᆞ고尹弼五ᄂᆞᆫ市民之齊起를見ᄒᆞ고上京周旋云而搭車逃去이되所謂周旋者ᄂᆞᆫ學校를憑藉ᄒᆞ고民有物을奪取計料而學校建築ᄒᆞᆯ事로自本郡으로學部에報告ᄒᆞᆫ指令을聞ᄒᆞᆫ則自領收証粘報後認許라ᄒᆞᆫ學校建築費云者無非民有也況其ᄀᆞ自願乎아學部指令이所請과相反ᄒᆞ즉掩置指令ᄒᆞ고攘奪爲主故로市民齊起ᄒᆞ야以除奸流次로玆以廣告ᄒᆞ오니內外國人은咸須諒悉ᄒᆞ옵셔尹弼五의上京周旋을無效로歸ᄒᆞ시기를希望ᄒᆞᆷ

慶尙北道大邱郡二十七洞居民
東上面々長裵永洙 告
西上面々長최處운 白

金胄鉉은以大夫人淸陽趙氏今月初一日別世謹此訃告
護喪 金相煥

本人의從姪김在□의字낙鉉인데性本浮浪ᄒᆞ야寡居ᄒᆞᆫ從叔母의田畓을偽造문券ᄒᆞ야□爲典執盜賣次로出没京鄕ᄒᆞ오니內外國人切勿見欺ᄒᆞ심을望ᄒᆞᆷ

善山舞乙洞김殷夏 告白

本人의高祖山이北署野頭에在ᄒᆞᆫ바劉殷□爲名者ᄂᆞᆫ不知何한으로其山松楸를潛賣斫伐코ᄌᆞᄒᆞ오니內外國人은切勿見欺ᄒᆞ시오

劉□□ 告白

發賣所 中署罷朝橋 中央書舘
京城各有名書店

鬼의聲

表紙 眞寫印刷 菊版 洋裝
(紙數百四十八頁 正價金[illegible])
菊初 李人稙 先生 著

[illegible]

楊州石室居前參奉김容五年今二十四의性本浮浪ᄒᆞ야符同雜類ᄒᆞ야偽造畓券欲爲得債ᄒᆞ니內外國人間勿爲見欺白失ᄒᆞᆷ

本家告白

陰四月二十四日夜에北鐵山郡鹿山居前郡守吳熙源家賊黨突入放銃揮劍身被重傷家財什物沒數見奪際韓은行四十株股本合三百圓領收証과保證合二百圓領收証並爲見失ᄒᆞ얏기玆以廣告凡內外國僉君子照亮ᄒᆞᆷ

吳熙源堂姪□□殷 告白

大安洞 寄宿館 廣告

本館에서漢城內에留接ᄒᆞᄂᆞᆫ諸學生의寄宿便利를爲ᄒᆞ야大安동에二層半洋屋을建築ᄒᆞ고居處飲食其他凡節을一々히便宜ᄒᆞ기로極力設備ᄒᆞ오니遊學諸生은照亮ᄒᆞ시와賁臨于本館事務所ᄒᆞ야詢議ᄒᆞ심을敬要

北署大安洞別宮 南便寄宿館長 鄭熙燦 白告

寄宿願入証書ᄂᆞᆫ本館에셔授與ᄒᆞᆷ
留連費ᄂᆞᆫ每朔에新貨四圓八十錢으로定ᄒᆞᆷ

本所에셔本館主人鄭熙燦氏를本館長으로推薦ᄒᆞ오니僉君子ᄂᆞᆫ照亮ᄒᆞᆷ

寄宿館事務所 告白

本社風穴에儲藏ᄒᆞᆫ蚕種을製造할터인ᄃᆡ我國內今年秋蚕과來年春夏蚕々育을可量ᄒᆞ야製造ᄒᆞᆯ터이오니養蚕ᄒᆞᄂᆞᆫ僉君子ᄂᆞᆫ左開所로來臨ᄒᆞ던지郵書로ᄒᆞ던지蚕種을各鄕所用預訖ᄒᆞ시오

安義鶴峴蚕業會社
京城永成門越便康등二十壹統一戶 金泰原家
安義鶴峴蚕業會社社長 金秉先 廣告

本報第五百四十號二面第一欄內不近人情이라고題下所載文券을典執ᄒᆞ고期限不及ᄒᆞ야放賣逃出ᄒᆞᆫ則道路樓息ᄒᆞᆫ단말은該委召史가無故造言ᄒᆞ야背恩忘德ᄒᆞ고本人을搆날ᄒᆞ얏기玆以正誤廣告ᄒᆞ오니內外國人은勿爲信聽ᄒᆞ시옵

김昌순 告白

◎增修無冤錄大全

壹千壹百七十貳頁 定價金新貨七拾五錢

此增修無冤錄大全은法律家의最緊要ᄒᆞᆫ書籍이온ᄃᆡ年來坊本이殆히絶種에至ᄒᆞᆫ지라故로法部에認可를得ᄒᆞ와此를新刊ᄒᆞ얏삽ᄂᆞᆫᄃᆡ國漢文으로解釋ᄒᆞ야模糊ᄒᆞᆫ句節이無ᄒᆞ오니法律學에有志ᄒᆞ신니와學校之任에居ᄒᆞ신니ᄂᆞᆫ不得不覽ᄒᆞᆯ冊子이오니注意購覽ᄒᆞ시옵

中署布屛下 廣學書舖 김相萬 發售所

學徒裝飾書冊 學徒運動銃 諸具 羅紗各種 美國金鷄納 衣服裁縫其他雜貨도廉價放賣ᄒᆞ오니諸君子ᄂᆞᆫ來臨ᄒᆞ심을바라나이다

仁川港奎峴新興號

本店에春服衣次各種이自英上으로多數來到ᄒᆞ얏사오니陸續來購ᄒᆞ시옵

貞洞 原泰양服裁縫店 告白

산원과셩신社에셔본인이살진소(肥牛)를만이ᄉᆞ깃스니쇼파ᄂᆞᆫ제군은다수이팔너오시옵

최봉준 고빅

本社事務를別般確張ᄒᆞ기爲ᄒᆞ야主務를김치九氏께로讓渡ᄒᆞ얏ᄉᆞ오니各支社僉員은照亮ᄒᆞ시옵

京城 (口) 通運社 告白

武橋朴승楨處에當坪拾五萬九千六百四拾四兩五錢丁未六月晦日推次於音一片을遺失ᄒᆞ얏삽기玆以廣告ᄒᆞ오니雖某拾得ᄒᆞᆫ와도休紙施行ᄒᆞᆷ

北署松峴尹亨求 告白

●일본遊覽者募集

人員은五十名으로一團을成ᄒᆞ니한일인을不問ᄒᆞ고速히請入ᄒᆞ시옵

一 巡遊地 東京博覽會 橫濱 西京 都 大阪 神戶
一 往復日數 但延十七일間
一 浮費 遊覽費及手數料을合ᄒᆞ야總計四十八圓
一 出發일 請入順次를從ᄒᆞ야出發日은直接히通知ᄒᆞᆷ
請入所 在京셩各신聞社 五十八銀行경셩支店 天一銀行
一 會員은遊覽을終ᄒᆞ야隔散ᄒᆞᆫ後에ᄂᆞᆫ本會와關係가小無ᄒᆞᆷ
一 南대門셔釜山으로直行ᄒᆞᆯ면지或은東경으로直行ᄒᆞᄂᆞᆫ者의對ᄒᆞ야도同一便法으로同行請入을應諾ᄒᆞᆷ

右本人遊覽協會事務所 南門通 東亞商會

◎活動寫眞廣告◎

今番에始作ᄒᆞᆫ活動寫眞은法국巴里京에셔有名ᄒᆞᆫ거시오또ᄒᆞᆫ大韓국 皇室에셔면져看品ᄒᆞ셧고始作ᄒᆞᆫ지數日에遊賞ᄒᆞ시ᄂᆞᆫ청君子가多數枉臨ᄒᆞ시와坐席이狹窄ᄒᆞᆷ으로今番에또새로이活動寫眞이多數來到ᄒᆞ야每夜에僉位觀賞에新面目을供ᄒᆞ오니速々來臨ᄒᆞ시옵

活動은自下午八点至九点
名唱舞蹈歌童과唱和吹笛은自九点至十点
賣票時 七点半始篇
入場票 上等 三十錢 中等 新貨十五錢 小童 十錢

新門외셔달이목東便벽돌집 法人 馬田 告빅

本人이日本大阪商業家와特約ᄒᆞ고日本內地產出各種物品과西洋各種物品及機械等物을我大韓에輸入과委托ᄒᆞᆫ便利케契約을얏ᄉᆞ오니商工業에有意ᄒᆞ신僉君子ᄂᆞᆫ某物이든지請求코져ᄒᆞ시거든本社로來議ᄒᆞ시되本社에셔ᄂᆞᆫ手數料々면領受ᄒᆞᆷ

興業社本店 開城北部詳洞
支店京城南門內水標五十一統大戶
仝仁港內동廣濟號 培養會社

漢城裁判所罪囚가數不下七八十名인ᄃᆡ僅々得食者不幾오全不糊口者過半이라同處지罪囚가願念同隣지情ᄒᆞ야對飯에均分食ᄒᆞ여互相救飢云ᄒᆞ니선哉獄風지厚俗이여彼法司지德化也며且押牢리正謂ᄂᆞᆫ至薄幾饋로買飯供給失時지罪囚ᄒᆞ니其急人지風은感謝無地ᄒᆞ기에玆以廣佈ᄒᆞᆷ

金正식 告白

진명부인회제ᄉᆞ회연죠금
송문셥부인 졍현경 박우현
각이십환 한기당 김현슌
리두연부인 신형모부인
각십환

개화셕연죠금
리미경 ᄉᆞ십환 션쇼당
김익ᄌᆞ 리슌경 민박영인
김옥경 졍현경 송문셥부인
각이십환 김청홍 김현슌
한기당 리명ᄌᆞ 신형모부인
민현ᄌᆞ 황숙현 리디동부인
강홍당 김졍식부인 각십환
리슌하부인 장셩옥 고쥰셤
각오환 박영념 ᄉᆞ환
강용숙 김졍목부인 각이환
리봉현부인 박윤슈부인
각일환

國債報償義捐金收入廣告

●全羅南道濟州郡東門外新左面咸德里

韓南揆五圓 金萬奎 黃萬平
各三圓 金桂淡 김生吉
各二圓 김萬平一圓 김振生
六十錢 리龍能 宋自得
鄭應信 宋承玉 오敬淑
高仕斌 韓程權 김明圭
김京奎 宋 鵬 黃써度
梁允赫 韓東환 김德용
朴時有 리道弘 김明澄
ㅎ여叔 韓錫日 한창元
리긔平 ㅎ信平 各一圓
김致五 高才顯 한錫珍
各八十젼 정達世 김行能
김明元 김有信 김셕호
한長權 한亨權 한文淑
문才順 한錫호 한 연
한世奎 各六十젼 송긔心
김인得 金용安 리仕弼
리平三 鄭宗權 ㅎ萬祚
한용돌 김平林 리啓宇
리長健 김平道 한 允
한道訓 金宗根 梁安숙
任才權 김萬寬 朴明조
리云京 한셔夢 김春權
리達손 한大경 김弘圭
김才인 송海辰 한有權
한仕憲 한京訓 리仕찬
김完直 宋永好 宋 奎
김完圭 김尙圭 김根生
리千守 한錫均 강좌天
송萬先 송萬國 김기生
송興權 ㅎ셔伍 강용玉
金좌千 김平準 愼順悅
한文조 한太訓 咸汝興
리太興 리先謫 咸云셔
양允集 김孟용 복인돌
김連손 邊松栢 이仕進
송 龍 복云京 고인杓

한世興 송영興 고셔準
김용澤 고宗圭 咸云학
김完志 강才明 이셔保
任才七 송萬셔 김允영
김才경 문才영 문元式
金根培 김근律 金인準
김應七 한君好 박奉老
김인학 오乘규 박京三
복致日 許 쟝 ㅎ萬돌
金權道 김道興 홍武元
송君玉 梁平숙 한셔訓
文遠千 ㅎ셔조 이明班
문才好 고亨乾 한宗興
文기平 金문인 金義寬
김萬秉 한셔仲 韓萬日
이才인 한良方 한용得
한良式 송文형 한承國
김문학 고汝日 이丞원
咸云吉 한君道 김기文
咸云용 김權賢 洪汝海
韓경佑 니千日 고오奉
黃원日 송 京 韓本오
韓時京 文셩平 고一先
김自和 송君實 리기春
文正옥 ㅎ萬숙 愼萬悅
문才平 박원平 ㅎ汝敎
고炳용 고有哲 韓宗환
金明松 任才根 김應平
송興守 문行용 黃時영
문汝祚 문萬션 趙世年
咸云한 金武숙 이有告
邊武집 金才寶 복春世
송기千 咸平守 ㅎ두杓
ㅎ두賢 咸平連 任千셕
ㅎ영奎 韓창瑞 각스拾젼
니思默 韓창謨 俞奉圭
양云학 黃원秋 金一용
니영贊 韓셩宅 리丁伯
九歲韓允式 六歲韓仲式
十二歲ㅎ宗生 각卄錢
漁網契中 一百陸十圓
김良寬壹圓陸十錢 金셕인

壹圓스십젼 韓致健 金平寬
韓時權 韓南學 俞致權
金셕淵 金宗訓 宋天明
朴正國 金龍權 각壹圓
金良伯 송成興 각八십젼
韓셔杜 韓창訓 김千守
김萬日 金영瑞 金지冲
夫國善 김萬興 김在敏
김允寬 김成行 양正숙
정지業 金平인 각陸십젼
金지규 金春幹 김吉돌
金기秋 俞치健 金기仲
金기敎 고奉益 고萬辰
金以行 金영祚 김甲權
韓世弘 김成能 김行권 金順權
高奉조 金哲興 김영守
리千根 송萬孝 高영松
金지三 金萬權 김八弘
高셕洸 趙尙集 각원돌
김인순 양元吉 김지京
김在振 김京순 兪尙환
金지權 니인孫 김지道
安萬순 夫益先 김洪權
宋영文 김元吉 홍啓元
高有松 金奉玉 김良日
俞長환 니임植 金明玉
김仲玉 高인種 康蓮石
김宗학 金左圭 홍俊영
김成却 梁봉華 金셕인
金用日 김宗允 韓宗祿
韓仲好 韓京메 김完淑
俞致正 金영松 金完文
金지京 韓영돌 金桂松
金明寬 洪用汝 梁奉吉
김영순 韓信奉 김平五
김德權 송佳奉 韓同善
韓同直 김영信 송영伯
禹순八 金興權 金允文
김平敏 金君平 김用昌
俞明孝 리應先 양奉于
김義寬 각四십錢 金成得
김基孫 김正生 김영能

丁文 김甲巨 金才元
김炯圭 韓京善 김지弘
김奉兒 金인兒 俞錫侃
韓用학 니千敎 김保國
金萬식 金甲斗 김明河
金用辰 高武권 安萬興
俞京訓 각卄錢 許乃宗廿전
니行生燭二雙 金正兒筆二炳
니雄九 貳圓
玄영老 韓宗면 任憲元
박인근 任河敎 김긔景
김成寶 리지鳳 양大숙
高漢근 韓啓宇 金두滿
김宗興 각一원 玄萬有
八十젼 玄순龍 南基亨
姜與杓 金承吉 韓啓有
韓啓元 康仕彦 니인邦
니太亨 金鳳松 韓성祐
俞치仲 리仁有 각陸十전
南炳淑 愼發正 양日生
김順謙 張京학 양大松
김生根 김셕민 리達生
成大옥 김鳳日 양坤弘
김時奉 任汝敎 玄 연
金基正 리世辰 金元海
白成文 金錫云 김萬松
南奉弼 高成律 고仕準
任雄敎 南奇亨 김石贊
김成奉 고成元 김尙道
김達順 양一권 김達元
김인숙 김成有 김明秋
任義寬 南成石 金龍杓
南昌彦 박明興 許 辰
任義添 任창敎 남仁亨
任海敎 康守림 韓文彦
任致敎 양奉圭 양大京
張明寬 任영敎 任義汎
夫允興 任지伯 任義用
김五奉 남宗興 玄天文
김用海 南宗祚 韓영式
任지松 任明敎 고承표
박明汝 姜有根 任憲根
韓啓哲 박成久 朴成윤 박成彦

현顯吉 姜成厚 康養良
하萬平 宋奇業 任逸寶
梁瓚守 김用辰 김應文
한萬伯 김西春 任在敎
양同奎 南在行 朴成用
夫萬天 고仕辰 김용八
김긔三 金주奉 許 仁
金인순 金禹正 김在式
김錫영 金石珍 ㅎ春林
姜興文 김石寶 리成奉
리化生 姜成조 강興世
ㅎ應用 玄萬生 梁行欽
ㅎ좌玉 夫允寬 鄭日善
정日煥 각四십젼 朴太元
김才淑 任在忠 각廿錢

▲下洞

김基元 리承錫 金希信
리永守 金순鶴 각一圓
金萬哲 八拾젼
六십젼 김正敏 김지셕
金用孫 김海元 韓良信
각六십젼 김先用四拾젼
韓啓允 강南國 金두生
金用감 玄承八 高乙孫
리道賢 韓용信 任達叔
리炳元 金용玉 金지初
우海生 金行先 玄承行
리化彦 리오亨 朴宗生
玄云明 리영日 김錫用
玄益賢 각四十젼

●婦人等

韓同直母親金氏四圓
仝人庶母金氏二圓
김萬圭母親리氏一圓
김계淡母親韓氏一圓
仝人夫人고씨六十錢
金萬갑夫人김씨四十젼
김致五夫人金씨六十젼
文光柱母親金씨
金振生夫人尹氏
金셕祐母親白씨
고오鳳母親任씨 각四十젼

[illegible]母親고씨 [illegible]母陸젼
梁南奎母親姜씨
金石貼母親리씨 각三십젼
강道석母親崔씨
金영奎母親고씨
김平玉母親양씨
박云수母親萬씨
리君實母親金씨
김昶煥母親尹씨
宋민宗母親고씨
문지英夫人任씨
김行權母親박씨
고九鳳母親리씨
韓昌元母親咸씨
仝人夫人리씨
韓太權夫人김씨
김영鶴外祖母
김京玉母親양씨
韓昶孝母親김씨
리義奉母親康씨
김德孫夫人任씨
리沃生夫人오씨 각二十젼
김錫謙子日壽十二歲童二원

合四百四十六圓八十六錢
國文廣告總合壹百八十七圓
오錢
新增總合二萬貳千九百오十九圓七十陸錢貳厘
都總合貳萬三千五百九拾三圓陸拾七錢貳厘

◎特別廣告◎

國債報償金에兩日所捧은姑未合計이오伊前日外所捧總合四萬오千三百三十八圓○五錢을龍氣會社內銀行에貯置하얏슴고其貯置額中壹萬九千三百圓은國債報償志願金總合所로越交홈

大韓每日申報社

第五卷 大韓每日申報 第五百四十六號

月曜及慶節歲時日休刊
檀君開國四千二百四十年
大韓開國五百十六年
光武十一年
日本明治四十年
淸國光緒三十三年
◉陰曆丁未五月小十五日乙巳

論說

對合爾賓報ᄒᆞ야歎韓廷當局者

合爾賓報에韓國大臣之撤換이라題하고時評一篇이有하기로昨日本報에爲之謄載어니와嗟乎라韓廷當局者여旣已被逐者와現在襲任者를勿論ᄒᆞ고其所處之困難과身世之凄凉과名譽之醜辱이證諸歷史에罕有其匹일시自吾旁局外觀之컨ᄃᆡ實可哀可吊이며可哭可歎이기玆將一掬涕淚ᄒᆞ야送于諸公之前ᄒᆞ노라

試看ᄒᆞ라東京日々新聞에韓政府改革之事實을詳細記載하고附以論斷曰前時韓內閣首相은僞爲日本黨이오實則日本利權을設法反對者라ᄒᆞ얏스니噫라一千九百五年冬에所謂日韓新條約締結時에將其外交之權ᄒᆞ야讓與日人者가非前日五大臣乎아夫五大臣者가値兩古未有之變局하며遭外人非常之威脅ᄒᆞ야旣不能爲韓參政之固執力爭하며又不能爲閔忠正之慷慨殉國ᄒᆞ고依違蹉跌에身陷大謬ᄒᆞ야一瞬지間에遂爲千古之罪人이라

由是로全國輿論이莫不痛斥憤罵曰賣國賊賣國賊이라ᄒᆞ며搢紳之抗疏聲討와報館之累紙論駁과史家之據事直書에邱山之謗과河海之謗이擧萃於諸大臣之身上ᄒᆞ니若其反省內顧ᄒᆞ면痛恨羞愧가當何如哉아是可謂不幸之甚者也라然而在彼日人ᄒᆞ야ᄂᆞᆫ新條約之成功이結果於諸大臣之手ᄒᆞ얏스니宜其待遇之庇護之가長久不渝矣오地位之鞏固가保無他虞矣라其名譽之醜辱은何如ᄒᆞ던지自己之官貴ᄂᆞᆫ勿失이라ᄒᆞ엿더니

乃於今日에反爲之謂曰韓內閣首相은僞爲日本黨이오實則日本利權을設法反對者라ᄒᆞ얏스니何前愛而後憎이若是其無常也오且曰씨가已爲韓民所惡ᄒᆞ야不得不自乞休라ᄒᆞ엿스니現今襲任ᄒᆞᆫ首席大臣李完用氏ᄂᆞᆫ亦非韓民之所惡者耶아何捨此取彼가若是其難測也오然則曾前諸大臣之獻功於日本者가漸歸於無效故로被其驅逐ᄒᆞ얏스니今日襲任ᄒᆞᆫ諸大臣은對彼要求ᄒᆞ야又有幾多利權之讓與者ᄒᆞ야博得目下地位耶아

人皆知之矣오人皆知之矣라無容多辨이오且看ᄒᆞ라讀賣新聞에特載一論曰此擧를早當實行이라ᄒᆞ며使其撤換之後에再能進用日員ᄒᆞ얏스면更佳矣라ᄒᆞ얏스니然則來頭變遷이又不知其更遭如何境遇矣니豈不寒心哉아此ᄂᆞᆫ吾儕가韓廷大臣을對ᄒᆞ야旣已被逐者와現在襲任者를勿論ᄒᆞ고俱爲之憐吊不已ᄒᆞ노라

官報

◉第三千七百九十九號 光武十一年六月二十二日 續

敍任及辭令

正三品李度翼 仝 命敎壁
仝 具회奮 仝 朴相翊
仝 趙차壁 仝 趙한용
仝 宋문賢 仝 閔泳五
仝 金命升 仝 金쳐影
仝 金錫貞 六品신夏國
九品신錫선
任度支部書記官
正三品金基肇 從二品리範斗
正三品咸귀永 仝 張 도
任法部書記官
仝 金晦秀 仝 리會九
正三品閔健식 仝 柳基泳
六品金思寔 仝
任學部書記官
官立漢城日語學校副敎官 張雲식
兼任官立漢城日語學校書記 度支部稅務主事리侃宰
依願免本官
任度支部稅務主事 前主事오炯根
完

◉宮廷錄事

◉第三千八百號 光武十一年六月二十四日

表勳院總裁閔泳徽辭職疏
批旨省疏具悉實與耆懇如是所辭中表勳院總裁지任依施
中樞院顧問李址鎔辭職疏
批旨省疏具悉此非可遽解爾其勿辭行公

◉敍任及辭令

依願免本官 秘書監丞尹悳榮
度支部參書官趙漢璧
任秘書監丞 秘書監丞趙漢璧
奉常司副提調鄭寬永
社稷署參奉金德起
依願免本官
任秘書監丞 正三品尹悳榮
任奉常司副提調 正三品申性均
秘書監丞尹悳榮
兼任太醫院副卿
昭寧園守奉官方周煥
任社稷署參奉

任昭寧園守奉官
六品鄭鶴鳳 九品金德起
仝 沈夏慶 仝 리호升
仝 리台영 仝 림鶴來
九品沈弘澤 五品尹明섭
六品오封善 五品曾秉善
仝 리升采 五品金泰洛
仝 全규락 六品元大규
仝 洪承駿 九品趙弘奎
陸品리庭珪 仝 리호九
九品權純九 仝 鄭謙時
九品成과식 六品崔鍾락
六品金右濟 仝 金纘濟
六品리鍾면 九品리柱澤
六品玄 장 九品리完勇
六品具然欽 九品리海鎭
仝 오命근 九品리 찬
仝 洪承奮 仝 朴延來
仝 金希슈 六品金珍衡
任內部書記郞
六品申泰응 仝 尹석榮
仝 리翰相 仝 金鍾瀚
仝 金誠鎭 仝 尹政求
九品宋鎭鎔 六品太應柱
仝 沈雨徽 仝 신鉉國
仝 박暇냥 六品권泰薰
九品신鉉弼 仝 安鍾均
仝 崔永鎬 仝 白鳳圭
仝 太석昌 仝 리周영
六品申鎭益 仝 金明演
仝 최영澤 九品金有鐸
仝 신鉉台 仝 慶 勳
仝 盧應彦 仝 신雨灼
六品리근泳 九品金完식
仝 金상益 仝 許 민
未完

外報

◉新人種採得 英字報잇버타이쓰德國의사람그써가新人種을採得케고頒布ᄒᆞ얏스되오스트리아洲솔롬몬羣島中에서風浪이太甚ᄒᆞ야一隻風船이颶浪을避코ᄌᆞᄒᆞ야솔로몬群島에으로旋入ᄒᆞ미其邊新人種을逢着하니今世不見ᄒᆞ든人種이라其土種을이捉검지안코直히登船ᄒᆞ야啓曰(리기리기라)ᄒᆞ니먹다ᄂᆞᆫ말이라미기ᄂᆞᆫ魚를捕ᄒᆞ야食ᄒᆞ며居處ᄂᆞᆫ海濱으로珊瑚와海草로潘籬를結搆ᄒᆞ고白沙와乾藿으로席을鋪ᄒᆞ고居處ᄂᆞᆫ陸地보다海中에尤多ᄒᆞ며形體ᄂᆞᆫ人과나甚히獰惡ᄒᆞ다더라

◉革新會議 北京電을據ᄒᆞᆫ則淸國兩廣總督岑春煊씨가立憲及官制改革이爲要ᄒᆞᆷ을上奏ᄒᆞᆫ結果로各軍機大臣大學士各部院尙書等에革新事件으로會議ᄒᆞ얏ᄂᆞᆫᄃᆡ度支部尙書載澤公爵이最히贊成ᄒᆞ고十日以內에各其意見書를提出ᄒᆞ기로議決ᄒᆞ얏다더라

雜俎

國家貧弱之故 南崗山人 劉

又其村儒鄕士之稍以桀黠自謀者出入於校院지場ᄒᆞ며逢迎於官吏지間ᄒᆞ야以盜竊校財ᄒᆞ며恐藉公物ᄒᆞ야做爲酒食衣飯지資탁ᄒᆞ고排斥學校지設ᄒᆞ며沮戱敎育지事ᄒᆞ야於是焉煽動鄕閭ᄒᆞ며慫慂官長ᄒᆞ야以稱頌於一方而營肥於私計ᄒᆞ니嗚呼鄕校書院지設이爲尊慕聖師ᄒᆞ야欲後進지興起而發展也라是再지敎育지宗旨어ᄂᆞᆯ今以校院으로做爲酒食武斷지所而妨碍公益事業ᄒᆞ니其害民國誤後進지罪를捨此輩而皆歸지於誰哉아

(未完)

寄書

東京留學生共修會

竊惟哲人열士의卓節高行과大業偉勳은聞者感心ᄒᆞ고見者讚歎ᄒᆞ야異域에遠遊ᄒᆞ고曠世에嘯지ᄒᆞ야도或一朝把臂에知已의情을結ᄒᆞ고遺風을景仰ᄒᆞ야師事의心도有ᄒᆞ니是皆何로由ᄒᆞ야八으로ᄒᆞ야금如此이懇摯권ᄒᆞ야欲破不能ᄒᆞᄂᆞᆫ感을致ᄒᆞᄂᆞ뇨夫斯哲人열士가何嘗才能을顯ᄒᆞ고聲譽를沽ᄒᆞᆷ이리오惟其斷々無他ᄒᆞ고堂々不愧ᄒᆞᆫ바義 가相合ᄒᆞᆷ으로神契가상交ᄒᆞ야山川이不得間이ᄒᆞ고時代가不能隔지ᄒᆞ야同聲상應ᄒᆞ고同氣상求ᄒᆞᆷ이로다

嗚呼라現今我韓에時局安危ᄂᆞᆫ견숨로料者聖者의流가아니면可히揣度ᄒᆞᆯ지니張遑說去ᄒᆞᆯ비아니오究竟에期望ᄒᆞᄂᆞᆫ바ᄂᆞᆫ國力培養ᄒᆞ고民智啓발에지ᄒᆞ지라然ᄒᆞ나諺에日負債가多ᄒᆞ면舉板(破産)ᄒᆞᆫ다ᄒᆞ니此實可驚可懼의語句라個人도是를猶겁하거든況國인들엇지顧慮치아니리오所以我韓에國債가一千三百萬圜至ᄒᆞ야도凡我韓族二千萬人口가眼光을眉睫에不過ᄒᆞ고心靈은雲霧에埋沉ᄒᆞ야不知不覺ᄒᆞᄂᆞᆫ道裡에何幸嶠義士徐상敎의唱斷煙之說이곳旱餘에雷音과夜半에鐘聲과如ᄒᆞ야一度大呼ᄒᆞ미二千萬韓族의醉夢이忽然猛醒ᄒᆞ야於是에國家에충危가何如ᄒᆞ며人民의義務가何如ᄒᆞᆷ을方悟ᄒᆞ야萬口一心에不謀皆同ᄒᆞ야或恐人後ᄒᆞ니是孰使然고此可謂義理相合에神契상交ᄒᆞᆫ者이라從此以後로我韓이庶幾ᄒᆞᆯ진져團力을培養ᄒᆞ고民智를啓發ᄒᆞ기何憂가有ᄒᆞ리오今玆海에留進ᄒᆞᄂᆞᆫ生等도國內ᄒᆞ勤勞ᄒᆞ시ᄂᆞᆫ同胞에熱心盛擧를贊成ᄒᆞ기爲ᄒᆞ야敢히七十一元五十錢을醵ᄒᆞ야同情을表ᄒᆞ외沿海연젹과泰山에微塵되기를圖ᄒᆞ오니領收ᄒᆞ오서萬一에助를作ᄒᆞ기懋望ᄒᆞᆷ

雜報

●再見天日 法部에셔奏本훈結果로智島郡流終身罪人김윤식씨가放釋典을蒙ᄒ얏더라

●兩氏仕進 學部叅書官閔健植李會九兩씨가親祭以後로仕進치아니ᄒ고閒養ᄒ더니昨日에仕進視務ᄒ얏다더라

●速射試放 昨日弘濟院에셔日本셔來到훈速射砲를試放ᄒ는ᄃᆡ軍大와各個尉官이一並往叅ᄒ얏고義親王殿下와錦陵尉朴泳孝李暇燒諸氏와禮式官과宮內府勅任官은一齊히往觀ᄒ라신 處分이下ᄒ신故로一齊往叅ᄒ얏다더라

●石씨請願 內部醫務課長石鎭衡氏가辭職請願ᄒ얏더라

●實業開會 再昨日午後七時에實業研究會를趙秉澤氏家에臨時開催ᄒ고新聞發刊事와該事務所를決定ᄒ얏다더라

●懽迎委員 再昨日에大韓俱樂部에셔某某諸氏가會集ᄒ야錦陵尉朴泳孝氏를對ᄒ야歡迎會를設行ᄒ기로發起人을定ᄒ얏는ᄃᆡ該委員長은內協辦兪星濬씨로定ᄒ고處所는奬忠壇이나三仙坪으로되는ᄃᆡ洪씨鉝氏는有何事端인지任員을辭免ᄒ얏다더라

●起墾規則 農商工部에셔各地方田土起墾規則을日間頒布한다더라

●郡奏花選 內部에셔郡守三十餘窠를日間奏本ᄒ겟는ᄃᆡ經守令과各部主事中高等人으로擇用敍任혼다더라

●一別兩訪 中樞院顧問박齊純氏가再昨日上午八時에鐵道管理局장古市公威氏를南大門外停車場에셔餞別ᄒ고回路에伊藤統監을訪問ᄒ고또巴城館에旣入ᄒ야錦陵尉박泳孝씨를訪見ᄒ얏다더라

●音樂選送 學部學務局長尹致오氏가軍樂教育局長盧伯麟氏게公函ᄒ되軍樂隊中內外國音樂을能解ᄒ는八員을今月二十四日下午一時에選送ᄒ라ᄒ얏더라

●辨護取才 昨日法部叅與官室에셔辨護士를取才ᄒ는대應試者貳十餘人이라叅試지人은普成專門學校卒業生이多數ᄒ고考試지人은該部刑事局長김洛憲會計課장俱燾兩氏와辯護士諸氏及法律卒業훈諸氏러라

●軍人俱樂 再昨日軍人俱樂部에셔士官三百餘名이會集ᄒ야遊宴ᄒ는대一齊히體操도ᄒ고拔劍突擊ᄒ는狀況을倣行ᄒ얏다더라

●法律討論의狀況 再昨日國民演說臺에셔養正義塾法官養成所普成專門學校學員들이法律討論會를開設ᄒ고刑法에는尹宇植김其賢南亨祐李基燦정泰恒諸氏오經濟에는徐鳳勳韓상益徐상轄具滋郁南廷奎崔영澤諸氏오來賓演說은李漢吉玉聲九羅壽淵李면宇諸氏오答辭는養正義塾塾監安宗元씨인ᄃᆡ進茶果後萬歲를唱ᄒ얏다더라

●區處亦難 一進會에셔該會員中某某人幾十名을列錄ᄒ야農大宋秉畯씨의게勸告ᄒ야曰大日本會員을地方官吏로敍任ᄒ라혼ᄃᆡ宋農은地方會員이自有憾情ᄒ야不服지心이生ᄒ것이오地方會員은區處ᄒ라혼즉全無可用지人ᄒ니左右難處라ᄒ야會中所請을置지勿論ᄒ얏다더라

●李氏化仙 去庚子年에李裕寅씨가警部大臣으로裁判長을兼任ᄒ야法權을濫用ᄒ고安경壽氏를奏本前暴殺혼事로因ᄒ야該事件[illegible]을捕捉훈事는前號에已揭ᄒ엿거니와密陽停車場에到ᄒ야旅舍主에게宿泊ᄒ다가其夜에偶然死去ᄒ얏다더라

●致命詳報 別項에揭載훈李裕寅씨의致死한事實을聞훈즉本月廿日午前十時三十分에巡檢오康壽及森補佐員이李裕寅을金海郡三井里該家에셔捕捉ᄒ미落心失色에今番은吾가死ᄒ깃다ᄒ고吾家에셔마지막밥이나훈번먹겟다ᄒ미午을進ᄒ되能히食치못ᄒ고就睡軒鼻ᄒ는것을警官이待其睡起ᄒ야轉軍을準備ᄒ얏ᄂ가同行ᄒ시其妻妾等에게遺言ᄒ고密陽郡松旨동安景玉家에泊宿ᄒ더니腦瘼곤이忽發ᄒ야精神을不知ᄒ고鼾鼻聲만稍々高한지라日醫與田應을請ᄒ야診察한즉難救之病이라ᄒ더니夜四時에殞命훈시其時參看人은石巡檢員外五寸曹熙徹氏와其奴子及外에李裕寅의子李紹榮氏와其警員이라警務廳에直時電報ᄒ미大邱警務署補佐官梅崎辰太郞氏로檢屍ᄒ라訓令훈故로梅崎氏가醫員一名을率往ᄒ야屍體를檢査ᄒ니他原因이無ᄒ고또李紹榮氏를招問훈則其間에警官이罪人이라고書籍바도不金케훈事가無하고도로혀優待ᄒ야感謝ᄒ다ᄒ미喫驚氣塞ᄒ야腦모곤에積滯가上衝ᄒ야死去홈이無疑ᄒ다고報告ᄒ얏다더라

●檢事減俸 法部에셔忠淸南道裁判所檢事權丙勳씨가內部大臣에게照會훈辭意가瀆涉罪當ᄒ니不可無懲戒라ᄒ야二週日減俸에處ᄒ얏다더라

●到處豐行 再昨日악박골藥泉에셔飲水滌暑ᄒ기爲ᄒ야會集훈男女가數百人인대有日人勞動者ᄂ婦女[illegible]야年少女人을强[illegible]欲爲훌際에[illegible]를見ᄒ고憤怒를[illegible]ᄒ야高[illegible]大叱曰爾輩가稱稱[illegible]國人民ᄒ고如此野蠻ᄉ行을敢[illegible]ᄒ나야ᄒ고卽爲逐去ᄒ는ᄃᆡ衆怒가齊奮ᄒ야噴言이沸騰이라就中叅尉됴죵원氏가獨曰今我韓人이旣爲日人지奴隷ᄒ얏스니如此無理지辱을不可不受라ᄒ미衆論이壹曆憤激하야如彼지類은外人의奴隷되기을甘ᄒ니다시말홀것이업다ᄒ엿다더라

●總巡免官 平安北道裁判所檢事安秉찬씨가法部에報告ᄒ되江界警務分派所總巡복문淵이無罪지위原郡민金贊才를稱以放火人家하고指揮權任朴윤河하야濫施주牢지刑에其所傷이甚重ᄒ야至於廢疾이오며尙此拘禁三朔이라가物構罪名ᄒ야至此押交而巡檢使證지稱以例償ᄒ고沒虐計財한情跡이旣已綻露故로該總巡及박윤河를方行拿치而似此警官은不可無嚴懲仍置이오니轉照內部ᄒ시와該總巡박문淵를爲先免官케ᄒ얏더라

●有何緊議 一進會에셔昨日上午십時에會員이一齊會同ᄒ야무슴緊急事件을會議ᄒ얏다더라

◎夫人至冤

故安경壽氏夫人이平理院에呼訴ᄒ되今日은腐敗痛革ᄒ고責任已成ᄒ야因敗ㅣ明斷而曲直이立判ᄒ니豈非含冤여痛者伸冤之秋리잇가夫萬古天下에被罹橫ᄒ야竟陷誅戮者ㅣ縱或有之나未有如未亡人家夫安경壽之極冤極痛者也라惟閤下는垂察家夫之情跡焉ᄒ쇼셔乙未八月事變之初에無所犯은內外國人之所共目도確証[illegible]若成[illegible]形跡[illegible]陷不測之[illegible]論正議로確認其情跡之無辜而俯仰無愧故로庚子正月에家夫가自現法庭ᄒ야欲爲辨白矣러니凶彼被告李裕寅이時以警務使로爲平理院裁判長署理ᄒ야與首班檢事장鳳煥과首班判事李寅榮等으로互相表裏ᄒ고凶逆이接肚ᄒ야질牢獄이爲累月에百方施毒ᄒ며壹無正當審問타가四月二十一日에遷爲押囚警務廳ᄒ고無數惡刑에折脅傷脛ᄒ며炮烙신部ᄒ야氣盡魂斷而不省人事之際에所謂拱案을被告等이自意草成後還囚平院而本院則乃國之大審之地어날初無次審査ᄒ고又無質稟於法部ᄒ며其時懸刑之慘酷을白 入聞ᄒ시召李裕寅하사該獄은須絞刑而勿處絞刑之意로捨餘次勅이申復切嚴ᄒ시되無視上 皇ᄒ고五月拾一日子正에自意擅命殺ᄒ시絞승이自斷爲二回어날卽以鐵索으로至於三絞而勒殺ᄒ야時延三点ᄒ니夫絞刑之有期限時分은卽世界通規者矣라古今天下寧有若是慘毒之痛冤者乎잇가被告가擅殺未成獄者하니一則欺君망上이오一則故殺人命也라被告가當日竄配之勘은不過是各國公使檢驗에毆打情打ㅣ現露된一條而已나亦卽遲宥ᄒ야擅殺未成獄지罪犯은留此未勘ᄒ야宛然在世에享有富貴ᄒ고家夫는歸泉지血冤을莫雪ᄒ고罪籍지累名을不伸이오니尤豈非極痛極冤乎잇가玆取泣血鳴訴ᄒ오니査照後捉치被告等ᄒ야明其幽冥顯隱ᄒ[illegible]至冤케ᄒ심을伏望이라ᄒ얏더라

北京電報 二十二日着

懽心欲取 獨逸國은日佛協約이成實은支那에對ᄒ야勢力範圍를定훈뿐이라고外務部를煽動하야支那의懽心을取ᄒ기에勉力훈다더라

海參威電報 二十三日發

海參威에셔는暴徒가蜂起훈다는說이喧藉하야市中에셔警戒를嚴重히ᄒ고避難으로旅行ᄒ는者도多ᄒ다더라

▲鶴唳有聲▼

▲近日政海에波도가暗生ᄒ야那邊疑雲이東天에飛渡ᄒ니飜覆局勢을有誰預料이오黃扉高處一大監은憂色이上眉훈다지

▲總理大臣李完用氏는日昨에內閣에詣進ᄒ얏다가統監官邸에前往ᄒ즉統監이不在훈故로統監府에轉往訪問ᄒ고歸路에農大宋秉畯氏를訪問ᄒ얏다니同氏는무슴事端이有ᄒ야이곳치紛忙훈지出入만頻數ᄒ면總理大臣의事業인지

▲度支部에셔稅務及結繹事務에應用훌官員을行將試選인바상當훈學校卒業人中拔尤需用훌意로學部에照會ᄒ얏다니大韓에도卒業生需用ᄒ는日이有ᄒ도다

▲李裕寅씨는김海郡에逃避ᄒ얏다가又是被捉되얏는ᄃᆡ該氏가巡檢을見ᄒ고失魂喪魄ᄒ더니中路에셔殞命ᄒ얏다니該氏는實卜大臣으로世界에有名ᄒ더니今番에는시齷가無驗ᄒ야不但隱身ᄒ다가至於致命ᄒ얏스니術不可信이로고

[illegible]遺[illegible]勸告를因ᄒ야大坂造幣局에輸送ᄒ야鎔解ᄒ기로決定ᄒ얏다니果전만鎔解ᄒ면大韓금融이自然히流通될는지

▲度支部에셔釀酒의規模와酒業의多少를調査ᄒ기爲ᄒ야日本人松井氏를黃平兩道에派送ᄒ야釀酒ᄒ는節과酒業의幾何를一一調査훈다니韓國의利益은雖至微細事라도日人手中의盡歸ᄒ얏스니아마酒貰가또나지

▲樓洞宮近處美女家에셔雜技局을設ᄒ고金貫子玉貫子兩班들이晝夜을不分ᄒ고花套와骨牌로爲業ᄒ다니近日에兩班의훈事爲가무엇잇나雜技나ᄒ지

▲農大宋秉畯氏는日間其所管問題에極力反對ᄒ다니近日還鄕一進會員들이또훈宋氏와如히到處에演說ᄒ야義金募集을極其妨害ᄒ다니此必農大의指揮이깃지

▲開城教育總會에셔養賢庫田畓秋收를看檢ᄒ야文廟享需에支供ᄒ고以其剩餘로擁用學費는果是公正之論이오適當之事기로向日聯合大運動時에學部官人과該郡守와一般紳士가極力贊成ᄒ는ᄃᆡ최中建氏綦延[illegible]人이肆然反對라ᄒ야衆人의憤惡를被ᄒ엿스니최之鄙悖行爲가實滄浪自取라國民新報가偏護同黨ᄒ야郡守를攻駁ᄒ엿스니愛黨則愛黨이나妨害教育은不願ᄒ는지

▲一女少年이密宕紗笠에金貫子를高懸ᄒ고뒤발막의細苧布衣를着ᄒ고乙字步로이들거리고藥峴모롱이로돌여가니彼女少年은誰家子오

◎本社告白

國漢文報에廣告額을本報紙面에逐日廣告로揭布호되猶有遲滯호야緻擱諸函의迅速揭布코져호と故로自今으로奉閱호옵더니今自本報로國文報一部를增刊인바從今으로と漢文報와國文報에幷爲廣告를前當揭布홀터이오니愛讀僉員은照亮호시옵

雜報

●豈有是理　日前本報雜報欄內에[illegible]爾란題下에北壯洞徐丙[illegible]徐相夏兩人事에對호야更聞호則義金은皇城新聞社로收送호고中央義務所에셔と[illegible]호事と初無호다ㅎ라

●廣學專會　漢城廣學會에셔本日下午一時에中橋義塾內로通常會를開호다더라

●正誤　昨紙百四十四號第三面廣告中一欄中本郡清梧廳高山의高字と島字를誤植홈

廣告

濟州郡公吏梁承穆　郡制改定時에書記本參을猜嫌으로本郡無賴輩오大尹을締結호야十二條無근之說로事件呼원求씨를新聞에攻駁호고內部에誣訴한故로本人等이梁오兩漢의構會官장호야上部에誣訴홈을分痛이오고下次內部에請願호얏더니兩人이預知其罪露出호야本人을欲爲皆嫌호야避身不現홀양으로昨日申報에揭載호양스니此亦白地無據라想必渠等이陷人於罪호고先自逃타홀計劃으로做出詐言이眩幻耳目이오나人이不理케今此更訴[illegible]兩人에非理行爲를提出호고[illegible]後[illegible]事件은[illegible]辦後更[illegible]인니海內同胞と照亮홈

濟州郡中韓[illegible]告[illegible]

本人이生女而無子호야以楊在錫在坤兄弟로定收養子인바其誠孝가無異已出이다온後事를遺托於該兄弟而日後本人親戚中에如有蔑視侵漁之弊면據訴法庭期於懲習杜弊次로玆先廣布호오니京鄉僉君子と同亮焉

安岳郡安谷面林雲영　告白

本人이生女而無子호야以楊在錫在坤兄弟로 …

種路張泰鉉處에推次當五錢五萬兩手標と原是本人의所有物이기本月十八日送人質來호굣인대少無相關호崔相玉이가路中遺失호얏다憑藉호고本月二十一日每日申報에廣告호얏스나如此廣告と自歸無效오니內外國人은照亮홈

金召史　告白

本人이再昨日南門外龍山停車場에셔手袋를遺失호얏논대其中에姓名隨形圖章이가面에と金尙순이오內中에と野村憲三으로刻호온것과日本人源田又五郎處에推次通標紙貨八十원과他人處에出納記三百餘원記紙를遺失호온後各本處에言通호고소方圖章으로改彫호얏삽오니內外國人은拾得호와도休紙施行홈

南門外蔦月里居全尙순告白

本府尹署理叅書官박星煥씨가本以外國留生으로赴任以後新學問上敎育에熱心호야公私立間에非徒贊成이라誠心勸告호야以覺然明頑固之心호며精祭民情에所謂自來舊邑無名排斂之弊を一切痛禁호야以濟蒼生之福막호니民情이大洽皆송杜召父臨에其子復生이며各面의學校가점盛하며一府咸稱曰中原一境이獨賴而安이기本鄕會と諸 외선政誠心을명感호야玆에廣佈홈

務安府鄉會學會尹相혁等告白

本人의孫錫範이浮浪피악호야各處에得債不少故로至於蕩敗之境이온즉內外國人은切勿見欺홈

南署堅井橋주熙完　告白

大抵會議라者と共同團體的을謂홈이어늘　市之內에三人之會를日會가可乎아本郡居尹弼五尹영섭楊在괴等이挾雜之心을抱胎호야民議所를組織호と대本郡公廨中便令房을借居호야市廳이라名稱호고官長을瞞托호야公私所有를許多攫取호야市廳經費라稱호고至吞肥已에濫下가不少뿐더러且夥數犯通故로然호얘야市內之民이方始覺悟호야齊聲等訴호야觀察道호야承指調査호則總收入에濫下爲一千四百四十三兩四四千七百八十三兩六錢八分內錢三分이오犯逋ㄴ爲九百十大兩六錢이다온出外隱匿者見호고上京周旋云而搭[illegible]迹을避호고尹弼五と市民之齊起를方査出中인대尹영섭은逃迹이되고所謂周旋者と學校義捐報告호指令을聞호則自郡領收証粘報後認許라호니學校建築云者無非民有財産을奪取計料而學校建築호事로民有物을奪取計料而學校願乎아學郡指令이所謂相反호奇掩藏指令호야攘奪爲計故로市民齊起호야以除奸流次로玆以廣告호오니內外國人은咸須諒悉호옵셔尹弼九의上京周旋을無效로歸호시기를希望홈

慶尙北道大邱郡二十七洞居民
東上面々長裵永洙
西一面々長최성[illegible]　告白

本人의從姪[illegible]字乍鉉인이性本浮浪호야寡居호從叔母의田畓을僞造문券호야爲典執盜賣次로出沒京鄉호오니內外國人切勿見欺호심을望홈

善山舞乙洞[illegible]　告白

本人의高祖山이北署野頭에在혼바劉鶴烈이爲名者と不知何한으로其山松楸를潛賣研伐코져호오니內外國人은切勿見欺호시오

劉鶴烈　告白

京中署　橋朗罷　所賣發
行　費（館書央中）
店書名有各鄕京

表紙寫眞印刷(四百數十頁八十四百總)
價金錢卅(郵稅六錢)

先生 李人稙 著

鬼의聲

此書는本社에서刊行호온바 …(小說 廣告 本文)… 家庭小說이라各家必讀이오니購覽호시압

本社事務를別般確張호기爲호야本社事務을金致允氏게로讓渡호얏스오니各支社僉員은照亮호시옵

京城◎通運社　告白

學徒裝束書冊學徒調銃과諸具羅紗各種美國金鷄衲衣服裝飾其他新貨도廉價放賣호오니諸君子と來臨호심을바라나이다

仁川港奇峴　滿新洋[illegible]

大安寄宿館　廣告

本館에서漢城內에留接호と諸學生의寄宿便利를爲호야大安동에二層半洋屋을建築호고居處飮食其他凡節을一々히便宜호기로極力設備호오니遊學諸生은照亮호시와實臨于本館事務所호야詢議호시을敬要

北署大安洞別宮　寄宿館長　鄭熙燦　告白
南便寄宿館[illegible]

寄宿願人證書と本館에서授與홈

留連費と每朔에新貨四圓八十錢으로定홈

本所에셔本館主人鄭熙燦氏를本館長으로推薦호오니僉君子と照亮호

寄宿館事務所　告白

本社風穴에儲藏호蠶種

製造할터인대我國內今年秋蠶과來年春夏蠶을育할可以호야製造홀터이오니養蠶호僉君子と左開所로來臨호던지郵書로호던지蠶種을各等所用預託호시오

安義鶴峴蠶業會社

京城西小門外蓮池洞二十壹統一戶

安義鶴峴蠶業會社長　金秉先　廣告
[illegible]漆原家

陰四月二十四日夜半北鐵山郡臨山居前郡守吳熙源家에賊黨突入放銃揮劍身被重傷狀計物役數見奪除韓一은行四十株股事금三百圓領收証과保証금二百圓領收証을爲見失호얏기玆以廣告凡內外國僉君子照亮홈

吳熙源家姪奎[illegible]　告白

●일본遊覽者募集

一遊覽會員募集　人員은五十名으로一團을成호니한일인을不問호고速히請入호시올

一巡遊地　東京博覽會觀覽東京都大阪神戶

一往復日數　二十七日間

一浮費　遊覽費及手數料를合호야總計四十八圓

一出發일　請入員을從호야出發三日前에直接히通知홈

一請入所　在京성各新聞社五十八銀行경성支店　天一銀行

遊覽을終호야開散홀後에本會와關係가小無홈

一釜山에서釜山으로直行호던지京城으로直行하と者와의게도同一便法으로同行請人을應하옵

京城[illegible]遊覽協會事務所[illegible]

東[illegible]

◎法務無錄大全　第一號

定價金[illegible]七十錢　郵[illegible]

法律家의指南針과如호法務錄大全은法律家의實務上에至要호지라故로法部에認可를得호여此를新刊호얏삽と대國漢文으로解釋호야模擬호節이無호오니法律에有志호신이와宰牧之任에居호신이と不得不購覽호冊子이오니法務家는購覽호시옵

中署布屛下
廣學書舖　김相萬　發售所

本店에春服衣次각種이自英국으로多數來到호얏사오니陸續來購호시옵

貞洞泰[illegible]양服裁縫店　告白

산원과성진잔에서본인이살진소(肥牛)를만이스깃스니쇼파논제군은다수이팔너오시옵

최봉춘　고빅

◎活動寫眞廣告◎

今番에始作호活動寫眞은法국巴里京에서有名호거시오또호大英국皇室에서먼저看品호셧고始作호지數日에遊覽호시と첨君子가多數枉臨호시와坐處가넘처셔晩到호시면不便호오니速々枉臨홈

今番에또시로이活動寫眞이多數來到하야每夜에僉位觀覽에新面目을供호오니速々來臨호시옵

活動은自下午八点至九点名唱善舞歌童과唱和吹笛은自九点至十点

賣票時　七点半始篇

入場票　上等三十錢　中等新貨十五錢　小童十錢

新門외셔달이목東便벽돌집

法人　馬田　告빅

本人이日本大阪商業家의特約호고日本內地產出各種物品과西洋各種物品及機械等物을我大韓에輸入과委托을便利케契約호얏스오니商工業에有意호시と僉君子と其物이든지請求코져호시거든本社로來臨호시오本社에서と手數料만領受홈

興業社本店
開城北部[illegible]
支店京城南門內水橋五十一統六戶

仁港內동廣濟號　培養會社

西署新門外鍮동百八十六統三戶

辯護士前檢事　正三品　丁明燮

法律事務所

事務員前主事吳在淳

越南亡國史　國漢文

定價貳拾伍錢

發賣所京城廣濟裕相書舖
鏡南備川郡馬時夏書舖
布屛下김相萬冊肆

國債報償義捐金 收入廣告

●安山郡瓦里面新角里
咸元식 十圓 夫人
온채一件七錢五分重
은環一件一兩二分重
丁大淳三圓 丁元景
一圓四십錢 尹斗榮 尹泰榮
文弘석 김思君 權榮壽
盧景守 各一圓 尹益榮
김興三 各六十錢 尹 돈
흠仁植 丁明鉉 김廷昊
金思鎭 金善文 김昌瑞
리昌根 洪景辰 各五십錢
박景문 四十錢 윤世榮
윤榮만 리규信 丁今龍
송順보 崔麟榮 美得化
각卄錢 김奉守 류升九
權景云 각卄五전 尹弘榮
尹起榮 윤 형 윤 원
李衍信 丁봉지 김仁環
김창順 김창植 權益壽
권東奎 리斗鎭 安鼎淳
申景春 조錫凡 경業根
俞治淳 黃廣吾 각卄錢
金石보 金千吉 權永奎
송連化 朴永보 류성근
각拾錢
合三십三圓오십五錢

●義州府耶蘇教人
김斗萬五圓 高辰昊四圓
金긔萬 二圓 리道寧一圓
리道奎 許學寬祖母리시
김志善 金國贊 장孝信
김應식 오贊俊 각一圓
趙昌奎 許承寬 흠成煥
朴濟華 張惠信 문道明
최駿貞 張聖愛 黃思셩
각五十錢 金寬玉 四십전
최瓦會 김世晃 각卄錢
최寧會 송영鎭 리春根
각卄전
△古寧洞車輸嶺教人
김敬淳三圓 니亨元 趙德成
각一圓오십전 鄭信호오십錢
趙仲伯 卅錢박九審 卄錢

●所串面橫山동教人
柳泓근壹圓오십전 趙 臣
복乘模 김 면 裵毅善
각壹圓 리學훈 김夢善
각오十錢 張竹荀 洪鎰인
박鳳麟 각卅전 鄭尙龍卄전
五圓哲십錢 趙日哲
김若여 鄭奉鉉 각오전
니온河壹圓 安昆廷 김敬善
金긔반 각卅전 김 實
니金珠 최秉善 각卄전
趙國哲母親리시 김雲興
박頌岱 柳壹근 金如鏡
김自喜 각十전 류信淸
김 順 각오전
合소拾三圓拾오전

●義州專對의校
校長前郡守김志운 二拾圓
教師趙一근二圓 掌貸김光潤
拾圓 生徒韓仁權 二十圓
박齊燁五圓 김永學四圓
洪鍵오 김聖則 張文華
각二圓 張峻德 白敬尙
趙重賢 崔京植 김泰亨
김仁學 박亨欽 강利現
최道賢 임재滿 各壹원
金敬용 김善學 각二圓
니基柱 白〃淵 文道선
최문華 文道明 김敬蘇
黃得秀 韓世權 홍蓮根
각一圓
△夜學校生徒
沈澤奎 白형烈 獨孤典
各五十錢 文치成 소十錢
니永燁 김士鎭 羅奉文
니昌實 최永선 각卅錢
문守황 박義贊 양학祚
각卄전 김京瑞 양得化
張龍吉 리得守 조山仲
各십錢 양京俊 리贊奎
김尙德 洪太平 각오전
▲本校內廣문講常學校
教師韓應秀二圓 生徒韓仲權
韓聖권 韓世권 各一圓
趙時武 丘尙興 丘尙謙
趙禎普 鄭允恒 陳윤弘
韓重권 韓道권 白敬心
각오十전 趙尙顯 趙國珍
白敬稷 白敬윤 각卅전
조尙潤 趙國遐 趙國寶
趙萬用 白敬直 白敬俊
각卄錢 金文吉 양永海
韓明권 金敬學 趙尙律
각십전
合一百七圓十錢

●長단郡津東面浦要리
權丁규 朴敬근 윤明圭
윤明鎭 鄭閣禾 정군영 당義和
윤哲鎭 黃斗煥 송潤玉
각오십錢 尹復圭 四十전
權丙규 윤商圭 윤 운
권鳳壽 鄭駿和 윤顯圭
각卄五전 리徹藁 卄소전
황 셩 리광藁 尹尙圭
黃 온 복敬錫 윤光益
각卄전 鄭建容 黃 돈
윤憲圭 리觀藁 윤형圭
鄭철영 黃리煥 윤應규
金光集 리石伊 김行吉
리春實 리和春 리和先
崔石奎 崔大吉 각십전
合九圓九十四전

●廣州突馬面塔洞
리德俊 리긔河 정相朝
리大福 리元化 각一圓
리元氣 洪君先 姜윤식
崔股奉 鄭化윤 高云보
경正彦 오창현 리玄지
리인成 리炳奎 리春三
리根相 리三보 姜德順
洪영先 리二보 리景兆
리學先 리鍵秀 리南敎
리巳成 리大同 각五섭전
최萬甫 張春甫 각四십전
리奉호 리平써 리三복
리長伯 리德玄 리敬水
리長春 신性根 리春成
리性先 최奉學 리永祿
리鎬敎 리萬寶 鄭在用
리敬凡 각卅전 리金甫
卄六전 廉장星 최大味
리文道 姜召史 리致雨
朴彦淳 김今甫 馬相奎
各卄전 리鍾烈卄전 리長萬
선桂文 리天午 각五十錢
리德三 리連叔 최보鉉
方인洪 각卄전 리古龍十錢
合二십七圓卄六전

●金山面凡一里
김庚沃 陸십전
夫人문시 滅根鉉 유十던
前五衛將金祚裕 金龍彦
具春발 名一圓 리學성
五십전 沈윤玉 동장具恭律
白우源 리學민 최君濟
金敬天 문重淑 張任局
윤恭彦 妓錄輝 각卅錢
김형振 慶州白泉村리永淑
각卄전 妓翠蘭 六十전
리敬化 십전
合八圓八十전

●成均館儒生
김容乾一원 張淞相 최鉉極
최成학 김東明 朴勝來
朴性윤 任平宰 徐維坤
姜泰範 정弘燮 각오十전
合陸圓

●竹山山內面大谷洞
량東煥一圓 김德홍 김鎰洙
각소십전 金永찬 오贊永
리창셥 韓庭鎬 각卅전
김致九 리致근 정문보
리季弘 申命得 양在天
양公근 리致章 韓宰鎬
각卅전 리明友 리문白
리喜明 박星弼 양星玉
都凡보 각十錢
堂北洞
具然찬 리容甫 각卅錢
홍坤厚 홍善厚 리윤셥
丁우亚 吉明弼 각卄전
□德裕 박道心 이祥京
각十전

●丙里동中 一圓
合八圓三十錢

●水原문市面북동
리면九 六십전 孔錫玟
韓學석 김明슈 복台乘
박敬일 各오十전 韓인셕
卅전 박啓贊 김치근 손치瑞
孔敬之 孔天卿 蔡鎭奎
孔鎭善 嚴석조 馬實台
각卄전 徐贊集 십전
合오원三십전

●始興郡下北面貫宗里
安潤瑞오圓 리廷植 金창鉉
각소圓 韓明和 김齊善
리聖德 최光三 각양원
김치션 金仲伍 권興寬
南영前 리만喜 각陰셥錢
尹긔昇 오十전 문치善
오仲문 각卄錢 尹相天
공영植 尹海鄕 각卄錢
合二십三원섭錢

●鳳山沙里院市內商等
리긔烈 공友윤 安相烈
조셩옥 각一圓 오達원
김호彦 정창瑞 리긔용
리化楓 최치敏 송원健
각오십錢 김인복 김孝淳
오면奎 安時오 리均영
金相규 리낙瑞 각卅錢
金應伯 양成원 박원셕
김得슈 申龍淳 각卄錢
尙振植 오拾錢 金光식
십오錢 김相淳 리윤근
각二十오전 리근영소拾전
김치근 최치均 각십전
鄭粟價十三전除
合십二원二십二전

●安山瓦리面新角洞牧童夜學私塾
教師김斗혁 文徵弼 각卄錢
生徒韓龍云 成相玉 尹希童
윤□□ 尹乙奉
丁泰山 丁今龍 김有奉
김七星 김花得 류鄭封
류성己 徐許德 咸泰□
공百萬 정龍山 權윤準
崔云奉 朴𤩍쇠 趙千돌
각오전
合一圓四十오錢

●開城人白川行商等
리鎭지 俞윤五 全光보
림봉만 金긔琮 박창彦
김淳九 馬鎭익 金영南
리光玉각一圓 현聖인二圓
박긔彦 一圓뉵십전 김긔奎
一圓五십전 김德영 김긔龍
현玉贊 김日영 金奎基
박用용 최世참 최鎭穀
최지복 김德煥 각오十錢
蔡芳셥 印壽哲 각三십전
리긔鉉 하一창 강有泰
張문환 具本학 홍明學
김학秀 김긔奉 각二십전

●白川人等
김容鎭二원 김창烈 辛大直
각오十전 손與奎 二十전
徐淳鎭一圓 韓七星오십전
合二十七圓

總合三百十二圓十七전
國文報廣告總合二百十四圓五十錢
前號總合二萬四千九拾三圓陸拾七錢貳厘
都總合貳萬四千六百貳十圓三十四전貳厘

◎特別廣告◎

國債報償金에三日間所捧은姑未合計이옵고伊前日의所捧總合四萬오千三百三십소圓○貳錢은韓銀會社內銀行에貯置ᄒ얏삽고其貯置額中壹萬九千三百圓은國債報償志願金總合所로越交홈

大韓每日申報社

●正誤 本報第五百四十三號新창郡國債義捐금廣告中國문報廣告總合을八百십원九십전으로同日都總合을二萬二千○貳拾九원소十壹전貳厘로正誤ᄒ고因ᄒ야今日의前號總合을貳萬四千○九십三圓뉵십七전貳厘로亦爲正誤홈

發行兼編輯人英國人 裵說
發行所 南署石井洞號外地三層洋屋家
大韓每日申報社

大韓每日申報

第五卷

[illegible]四十七號

月曜及慶節歲時日休刊

檀君開國四千二百四十年
箕子紀元三千二十九年
大韓開國五百十六年
日本明治四十年
淸國光緒三十三年

◎陰曆丁未五月小十六日丙午

論說

日本及淸國

極東에要領이되ᄂᆞᆫ兩帝國間에現今伸張ᄒᆞᄂᆞᆫ關係가極東政策을研究ᄒᆞᄂᆞᆫ志士의頗多한憂慮를作ᄒᆞᄂᆞᆫ지라本記者ㅣ不吉를預習ᄒᆞᄂᆞᆫ人의態度를取用홈은一毫도無ᄒᆞ나然이나日淸間에竟生ᄒᆞᄂᆞᆫ破裂之兆를若或不見이면暗昧를不免ᄒᆞ리로다兩國을同一히關係ᄒᆞ야發言홀것이多有홈은果其實情이니同時에其可信認홀傾向이有ᄒᆞ니此ᄂᆞᆫ日本이淸國과交涉及約諾에不得確守敬重홀거시라到今ᄒᆞ야ᄂᆞᆫ外務交涉이中止하엿스니蓋淸國은日本을以其約欺으로待過하나日本은淸國이約欺을照譯홈에誤失을生하엿다고答遞하엿도다雅美之態를維支ᄒᆞ면셔孰是孰非를爭辨홈은可謂得失之場이어ᄂᆞᆯ今此機會ᄂᆞᆫ日本이雅美手段을失ᄒᆞ고過去戰役의成功으로從生혼性急之態를取用ᄒᆞ야其手術이確著無餘한故로感覺이遲緩혼淸國으로도知此演戲ᄒᆞ고拒而不答하엿도다

事態가如彼伸張ᄒᆞ미人各有商量之端이라吾人所見에ᄂᆞᆫ淸國이前日惰性을更守홀이니若不然이면本來老와武官及人民의恒久無已ᄒᆞᆫ欲을對ᄒᆞ야何以能晏然ᄒᆞ리오일지預想혼者가無하도다重大困難을免除ᄒᆞ기에ᄂᆞᆫ當行之事가有ᄒᆞ니此ᄂᆞᆫ日本外交官之例如處務에던지近者에實行홀것보다明確히直進ᄒᆞᄂᆞᆫ方法을益加홀거시라滿洲內通商定界外에居留及營業하ᄂᆞᆫ日本人民의事項을關係ᄒᆞ야ᄂᆞᆫ日本의與淸約諾을故意破棄가됨에至ᄒᆞᆫ바蓋淸日間締約에의附條ᄂᆞᆫ列國人의居生及通商을許容ᄒᆞ고地段을特別히指定하엿거날日本은自國의義務를全然忘却ᄒᆞ야普通敬重을不顧홈으로淸國의論非를發ᄒᆞ엿고其次ᄂᆞᆫ鴨綠江附近에森林問題라兩國이同一히承諾ᄒᆞ얏스되此採伐을共同從事홀거신바事業上에合宜ᄒᆞᆫ協約을締結하야其劃讓ᄒᆞᄂᆞᆫ面積과採伐홀年限을詳示ᄒᆞ며且兩國間에經營하ᄂᆞᆫ組合으로特定規則ᄒᆞ자ᄒᆞ얏더니至于今日토록日本이進行ᄒᆞ기를拒絶홈으로如此協約이不成ᄒᆞ얏거날日本은反히淸國의게失信之責을歸之ᄒᆞ엿도다兩國의互相定罪지態를以此可見이니全部事勢가其甚混亂이오且滿洲內에日人의營業ᄒᆞᄂᆞᆫ石炭礦産으로言之라도其問題가尙今未決이니日本이自國諾言을履行ᄒᆞ기前에ᄂᆞᆫ淸國이其交涉을不得繼續이라고拒言ᄒᆞ엿도다日本이威名을得ᄒᆞ야大談을今發이나如彼行動은小兒之事요非長成者之所爲라文明을關係하야ᄂᆞᆫ日本이尙今未成之事인것과且他人思想을略干商量ᄒᆞᄂᆞᆫ거시外務交涉에種々有效ᄒᆞᆯ거슬日本은實認홀지어다

官報

●第三千八百號 光武十一年六月二十四日 續

敍任及辭令

陸品빅萬셕　仝 리貞善
仝 韓普源　仝 리夏정
仝 韓憲淳　九品沈宜식
陸品洪在九　九品尹弘植
仝 尹世鏞　仝 方漢宗
仝 리完應　仝 金公식
九品김영甲

任學部書記郞

陸品趙益완　仝 손홍模
仝 朴容俊　仝 金秉圭
仝 리容순　仝 高鎭煥
仝 리錠환　仝 魚益善
仝 윤炳一　仝 최錫斗
仝 張 길　仝 리健뒤
九品安漢鎭　仝 印東식
仝 박斗熙　陸品吳重益
仝 沈완鎭　九品최兩教
仝 元鼎漢　陸品丁升英
仝 鄭寅방　九品金선模
陸品安鳳欽　仝 金炳선
仝 김潤주　九品南稷熙
仝 吳大근　陸品沈衡鎭
仝 兪相赫　仝 申光休
九品鄭基德　陸品李鳳鐘
仝 嚴德永　五品方必榮
陸品최鎬凡　仝 韓升鉉
九品鄭寅희　陸品趙世潤
仝 任신宰　九品리圭昇
陸品南찬熙　仝 鄭駿潤
九品金된鉉　仝 崔弘식
仝 沈尙協　陸品卞志庠
仝 韓翼久　九品趙南駿
仝 盧 鎰　仝 鄭漢宗
仝 박긔陽　陸品김봉秀
六品유용　仝 沈鍾瑞
仝 鄭[illegible]秀　仝 崔榮子
仝 兪麟奎　仝 林始潤
仝 金경식　仝 洪뒤셥
仝 최相显　仝 閔丙昇

任度支部書記郞

思津郡守李相萬 解兼任公立江鏡普通學校長
公立江鏡普通學校敎員朴胖煥 兼任公立江鏡普通學校長 完

◉宮廷錄事

●第三千八百一號 光武十一年六月二十五日

禮葬所堂上兼任掌禮院掌禮法部協辦臣김丹鉉謹奏令此慶旗發引出城門路以何門爲之乎謹上奏

制曰光熙門爲之

秘書監卿閔丙奭辭職疏

批旨省疏具悉所請依施

侍從院卿李근湘辭職疏

批旨省疏具悉授職未幾豈宜遽解卿其勿辭行公

◉敍任及辭令

陸品劉重열　仝 홍용均
仝 南吉熙　仝 權重萬
五品림百洙　九品沈遠明
仝 權重근　仝 金敎明
仝 李周敎　陸品尹學영
仝 리宰榮　九品리秉薰
仝 金鳳熙　仝 리문世
仝 睦源容

任法部書記郞

張斗柄　崔泰鏞　김正學
김化俊　김義鎔　김宗元
김炳謙　김원日　김贊五
九品曹秉宋　安奎應

任農商工部書記郞　오와煥

任農商工部技手

金光河
陸品安[illegible]鎬　仝 김炳郁
仝 尹柱찬　仝 리承석
仝 方大榮　仝 리起논
仝 기弼敎　仝 김顯東
仝 정賢모　仝 김영憲
九品趙子植　仝 尹泰榮
陸品김宜東　仝 朴明서
仝 권五翊　九品崔元喜
仝 오영田　陸品리鏞恒
仝 류吉秀　九品李宅종
仝 權蔡식　陸品리긍지
九品리泰夏　陸品리경均

任農商工部書記郞

九品리濟鵬

未完

外報

●委員會의部署 海牙發電을據혼즉十九日에平和會議를開ᄒᆞ미委員會의部署를定ᄒᆞ고各部委員장을選ᄒᆞ얏ᄂᆞᆫ대委員장選任에選擧方法을據ᄒᆞ야有力혼列國議員의協議로成ᄒᆞ얏스니

第一部ᄂᆞᆫ仲裁々判에關혼部(部장佛國委員색루조아)

第二部ᄂᆞᆫ陸戰法規에關혼部(벅國委員색루넷스트)

第三部ᄂᆞᆫ海戰法規에關홀部(部장은伊國委員도루니엘크)

第四部ᄂᆞᆫ海上私有권에關혼部(部장露國委員마루쎈)

名譽委員長日本委員都築

●兩帝友誼 倫敦電을據혼則英國皇帝ᄭᅴ셔友誼的으로親書를獨逸皇帝ᄭᅴ送ᄒᆞ셧ᄂᆞᆫ대獨帝及皇后ᄭᅴ셔今秋期에英國에來遊ᄒᆞ심을促ᄒᆞ셧다더라

●議會解散 歐洲電을據혼則俄國에셔拾月十七日에勅令으로써議會를解散을命ᄒᆞ엿더라

●南部騷擾 倫敦電을據혼則法國南部에六百名兵士가去二十日의將校의慰撫를不拘ᄒᆞ고兵器彈藥을携ᄒᆞ야兵營을脫하고暴徒에投入ᄒᆞ얏다더라

寄書

國家貧弱之故　南嵩山人　續

又進一步而論之則彼目下讀書ᄒᆞ며卷中對話ᄒᆞ야號稱山林學者나ᄒᆞ고聚集門生ᄒᆞ야談論理氣者流ᄂᆞᆫ比之村學究教師任掌지無恥沒廉者則雖有分別이나亦其無용而耗財則一也라량啓超所謂雖多而國日與俗日유者ㅣ豈非謂是歟아夫성門지學이雖專主於明人道窮性命지本이나然이나隨時察變ᄒᆞ며因時損益者ㅣ非大易지至理乎아今此天下지變이已極而尙此頑然유滯ᄒᆞ야固執오見ᄒᆞ고一切新學지適實용者를排斥지拒絶지ᄒᆞ고只以高談峻論과固守舊習으로自爲斯文지標幟ᄒᆞ며愚蔽後進지聽否ᄒᆞ니是ᄂᆞᆫ自誤而誤人ᄒᆞ며誤家而及國者也라豈不慝哉며豈不謬哉아

試思今競爭劇烈에工藝日出ᄒᆞ야世界風潮가期夕震盪이어ᄂᆞᆯ부衣博帶와禮干義로로拒礮彈지誣烈이며絶輪船지交涉ᄒᆞ고監驅如潮如泉지千萬外人ᄒᆞ야伴返其國而耕作我舊日土地ᄒᆞ며生殖我舊日産業ᄒᆞ며休養我舊日種族ᄒᆞ며恢復我舊日권利ᄒᆞ야衣冠文物과制度威儀를悉返舊日지面目而能自守一方歟아此ᄂᆞᆫ必不能然而猶頑固不變ᄒᆞ야只以守舊執유지說로徒誤了許多子弟ᄒᆞ니此豈但모盡而已哉아全國지産業이盡失則將辟穀而爲食字之脉望乎아

(未完)

●緣何遲滯 南來人에傳說을聞혼즉瑞山郡人士가國債報償의對ᄒᆞ야今二月에葉일萬오千餘兩을收合ᄒᆞ야京社로上送宮더인대總代壹人을定하야該錢을出給하엿더니貿物上京ᄒᆞ야放賣傳納ᄒᆞ고新聞에廣告혼다더니該郡人民이日考廣告ᄒᆞ되已過삼ᄉ朔에尙未揭지ᄒᆞ미方지惶鬱中오姑未收合혼七拾餘洞ᄂᆞᆫ方在觀望中이라더라

雜報

●宮大入城 宮內部大臣李載克氏가趙議政秉鎬氏의回甲宴에往叅ㅎ기로三昨日에木川地에發行ㅎ얏다가再昨日에入城ㅎ얏다더라

●議案已頒 內閣에셔度支部所管々稅官制改正件을中樞院에諮詢ㅎ얏ㄴ대中樞院에셔經議審査ㅎ기前에內閣에셔先爲頒布ㅎ지라中樞院에셔該事件에對ㅎ야再昨日에會議를開ㅎ고內閣으로照復ㅎ되管稅官制를先何以諮詢이며後何以經議前頒布이지事甚糢糊라ㅎ얏다더라

●秘長派任 農商工部秘書課長김敏龜氏遞任ㅎㄴ代에前技師리範益氏가被任ㅎ얏다더라

●內次仕進 內部次官兪星濬氏가辭疏를奉呈ㅎ後屢日仕進치아니ㅎ더니優批를蒙ㅎ미本日붓터仕進視務ㅎ다더라

●樞院擴張 中樞院에셔近日顧問官廳所를擴張ㅎ고使役輩를增置ㅎㄴ데諸般事務가支煩ㅎ야該院一般官吏가終日토록視務ㅎ다더라

●巨民訴貪 巨濟郡守高墡駿씨가赴任以後에有何貪虐不法事이든지該郡民人等이裁判次로多數上京ㅎ얏다더라

●達察視役 慶北觀察使李忠求씨가慶州安東兩郡學校를視察ㅎ랴면二日間往還이되깃다고內部에電報ㅎ얏다더라

●申訴更査 法部에셔十三道各裁判所判事의게訓令ㅎ되凡係民事를각郡判決에對ㅎ야不服ㅎ고訴ㅎ事件을貴裁判所에셔受理ㅎ時ㄴ原判決에妥當與否를勿論ㅎ고更詳覆審ㅎ後繕給判決書ㅎ야以爲定規ㅎ이可ㅎ기로玆에訓令ㅎㄴ니此를依ㅎ야施行ㅎ라ㅎ얏더라

●同友任員 同友會에셔評議員八十五人을選定ㅎ고二十人式三番의組織ㅎ야該會諸般事項을輪次視務ㅎ다더라

●廛人呼訴 度支部에셔綿紬廛重建設費를尙不支給ㅎㄴ故로該廛人等이當此요署之節ㅎ야修築이時日惟急ㅎ지라日昨內閣에또齊聲呼訴ㅎ얏더라

●呼訴無處 龍山新倉里兩處에京義鐵道에犯入ㅎ民有地々段價ㄴ鐵道敷設ㅎ지가已過四載에尙不支撥ㅎ니兩동人民이呼訴于鐵道監部ㅎ야도支給지아니ㅎ고漢城府에呈訴ㅎ즉往呈于內部ㅎ라ㅎ고呈于內部ㅎ면呈于農商工部ㅎ라ㅎ고該地를耕起ㅎ면日人이禁之逐之ㅎㄴ故로兩동人民累十名이呈訴次로昨日農部門前에來到ㅎ즉內部로往呈ㅎ라ㅎㄴ故로該人民等이莫知所向ㅎ야呼冤이載路ㅎ더라

●博覽會議 大韓博覽會所의役事가漸擧ㅎ미再昨夜에該任員이會同ㅎ야來頭措處事를會議ㅎ얏다더라

●學習撮影 內部會計局에셔十三道主事書記等을會集ㅎ야會計規程을學習케ㅎ다ㄴ事ㄴ已爲報道어니와昨日々지學習을畢ㅎ고一齊히撮影각歸ㅎ얏다더라

●班家氣習 樓동居나承旨시가月前에婢子一人을見失ㅎ얏ㄴ데草동居洪主事家下人에所爲라執탈ㅎ고日々恐喝ㅎ나誘引ㅎ證據ㄴ無ㅎ되니시의抑勒强制ㄴ前日兩班의行惡氣習이又生이라고巷說이有ㅎ더라

●安氏演說槩意 十餘日前에安昌호氏가平壤으로往ㅎ얏ㄴ대該郡人士等이同氏를請ㅎ야演說ㅎ槩意를聞ㅎ則我邦의**商業**이衰頽ㅎ야一般人民의生活이困難ㅎ니不可不會社를組織ㅎ야商權을維持ㅎ事와**建築**會社를設始ㅎ야家屋建築을改良ㅎ事와**學徒의運動場**을定ㅎ야城內城外에一般學徒의公用을삼을事와**農業模範場**을設立ㅎ야農業을改良ㅎ事와**工業學徒**를日本에派遣ㅎ야工業을學케ㅎ事와**義務教育**을極力實施ㅎ事로逐條說明ㅎ則滿場人士가다耳를傾ㅎ야將次實行ㅎ다ㅎ니萬若平壤셔以上諸條를實施ㅎ게되면大韓全國에模範이되리라ㅎ노라

●趙庄屬公 天一銀行長趙秉澤氏가自己의秋收二千餘石ㅎㄴ田庄을年前에某官에委托ㅎ엿든지現今制度局에셔각宮庄을沒數取入ㅎㄴ대趙氏의田庄이屬公ㅎ얏다더라

●宜乎正法 龍岡謙二浦에셔日人이刺人ㅎ事ㄴ已爲報道어니와該事에對ㅎ야法部에셔該道裁判所檢事의게指令ㅎ되殘虐之行과刺殺之變이何如是慘且酷也오以濱海無賴之類로行劫掠之所爲ㅎ야入孤村而擾鷄라가乃白晝而刺人ㅎ야揮棒行刃에斃一傷三ㅎ니按法處辦은斷不可已라自貴所로直行交涉於理事廳ㅎ야該犯中村淸一郞을即爲處辦ㅎ後形止을馳報ㅎ라ㅎ얏더라

●商會現況 종路商業會議所ㄴ漸々進就ㅎ다ㄴ대무合條件인지五萬원事件으로該所諸員이方저초燥中이라더라

●魚商集股 明川郡에日本漁民等이出股ㅎ야北魚를都買하기로ㅎ다ㅎ미該地商民等이股本을集募ㅎ야商權을維支ㅎ기로ㅎ다더라

●移民請認 韓國移民會社事務理事山本幸彦씨가該會員의財産多少와經歷有無를列書ㅎ야統監府에承認ㅎ기를請願ㅎ얏ㄴ데該府에셔農商工部로移照ㅎ되該會事務를認准實施케ㅎ라ㅎ얏다더라

●反目致斃 再昨夜에內部后門外李元根이가其妻와爭鬪ㅎ다가洋灰水를飮ㅎ고自斃ㅎ얏다더라

●홍동可愛 동口內國民會塲下家鐵物改造工匠홍麟吉이가昨日避馬屛門의過去ㅎ다가雨傘壹柄을拾得ㅎ고本報에揭載ㅎ기를要求ㅎ고所有主의來覓을待ㅎ야出給ㅎ라ㅎ고雨傘은本社에委任而去ㅎ더라

●艾峙賊黨 陰本月十三日에瀛陽艾峙에셔賊黨이突出ㅎ야行人의錢財를掠奪ㅎㄴ데京居馬上客二名이兄弟來到ㅎ다가該賊漢에게如干路費를沒數見奪ㅎ고其弟ㄴ無數被打ㅎ얏ㄴ데天安停車場日巡査가嗣捕次로前往ㅎ얏다더라

◉當禁不禁 開城來信을據ㅎ則郡守劉漢容씨가下車以後로洞察時機ㅎ야教育에注意ㅎ며諸般弊瘼을一新改革ㅎㄴ中該郡內流行ㅎㄴ一大虛僞ㄴ巫覡妖術로眩惑民間ㅎ야錢財를奪取ㅎ을一切痛惜ㅎ야各坊曲에禁令을揭示ㅎ엿ㄴ대所謂鄕首輩니淸憲복數大等이巫覡에게有何受賂이든지該郡에請願ㅎ야巫覡妖計을承認恣行코져ㅎ니其在人民에大有損害ㅅ더러當此開明上處僞ㅎ事에對ㅎ야該鄕任輩ㄴ開明을沮戲코져ㅎ니此等雜類ㄴ該郡守가何イ黜退인지未知ㅎ깃다고ㅎ더라

●芻牧夜學 觀寧郡來信을據ㅎ則該郡境內에各學校生徒들이聯合運動을屢次設行ㅎ얏더니觀光ㅎ던초童牧竪가此를倣ㅎ야十名或二十名式結伍作隊ㅎ야運動歌를唱ㅎㄴ지라京城居조光丕氏가當地에留住ㅎ다가該郡有志의劉夢澤氏와相議ㅎ고夜학校를設立ㅎ야牧童을教育ㅎ意로說明ㅎ則當夜聚集ㅎㄴ者七八十名이라本郡守李容弼氏가其情況을聞ㅎ고大加讚賞曰此ㄴ世界文明國에도罕有之事라ㅎ고即時使令廳으로써校舍를給與ㅎ고諸般器具를皆爲自擔한지라教師劉夢澤氏가各社人士와官吏를請邀ㅎ야開學禮式을擧行ㅎㄴ데境內人士가咸曰此ㄴ古今學界에稀罕之事라고觀光者ㅣ雲集ㅎ니劉夢澤氏가登壇演說曰此學校之倡立은全國內에模範이될뿐더러國權恢復이繇此긔礎라ㅎ고名稱은自立牧童學校라ㅎ니社會上有志僉員이極力贊成ㅎ기로擔着ㅎ고海州總巡金봉훈氏ㄴ五百金으로捐助ㅎ고稅務主事張錫환氏ㄴ白露紙五卷으로寄付ㅎ얏더라

●非成則황 地方局長玄닌氏ㄴ疏遠ㅎ代에其後任을承ㅎ者ㄴ學部叅書官李會九氏나一進會評議員廉仲模氏나兩人中된다더라

●試取科目 再昨日法部에셔辯護士試取ㅎ다ㄴ事ㄴ昨報에已揭어니와昨日도繼續試驗ㅎㄴ대連四日試才ㅎ터이오科程은民訟과民事訴訟과刑法과刑事訴訟과商訟과行政訟과國際公法을排日試才ㅎ고出榜은七月一日이오及第証書ㄴ七月八日로出給이라더라

●私墾屬公 海州叅書官朴羲로氏가幾年前江原道金城等地에築堡起墾ㅎ야幾百石秋收ㅎ더니何許挾雜輩가義親王宮에部囑ㅎ야該田土를屬公ㅎ기로宮內府訓令을日間發送ㅎ다더라

●將有更査 年前에被死ㅎ權영鎭씨事件이有風傳ㅎ야將次更査ㅎ다ㄴ說이有ㅎ더라

●同友支會 同友會에셔三道에분會를設始ㅎ기로議定ㅎ고支會長을現今擇定ㅎㄴ中이라더라

●義校運動 古邑面普明學校와咸遠面玉川學校가去初三日에咸寧面塔野에셔聯合大運動을設行ㅎㄴ대各面學校가一齊會集ㅎ야運動節次를次第擧行ㅎ야盛況을呈하얏다더라

●校沓削減 向日本報에羅씨生態이란題下에東門外長位里前坪水沈池를開墾ㅎ야學校에付屬ㅎ야校費에補用코져ㅎㄴ데北壯洞居羅世煥씨가水沈畓三斗落을三십餘年耕食ㅎ얏ㄴ데該동人民이水道를開ㅎ야作農ㅎ게ㅎ미該畓을推得코져ㅎ다ㅎ얏스나該씨ㄴ折半耕食ㅎ기로학校와條約ㅎ얏다더라

東京電報

六月二十五日發

◉海軍設置 海軍에셔ㄴ鎭海灣에海軍防禦司令部를置ㅎ기로ㅎ야約二個年에豫定으로近間에工事를着手ㅎ다더라

路透電報

六月二十五日發

◉軍隊更派 佛國南部에騷擾ㄴ依然히激烈ㅎ야佛國政府ㄴ更히多數ㅎ軍隊를派遣ㅎ얏더라

▲北下水錄▼

▲內部次官兪星濬氏와地方局長玄은氏가一時에同退ㅎ기로兩氏가協議ㅎ고已爲辭職ㅎ얏ㄴ대兪氏ㄴ仍任ㅎ고玄氏ㄴ遞任되얏스니무삼事端인지

▲日昨政府官制變更時에伊藤統監이職名을改定ㅎㄴ데主事를書記로改稱ㅎㄴ지라各部主事들이協同ㅎ야曰吾輩職名을以書記로稱ㅎ면각郡書記之稱과無異ㅎ다ㅎ야統監府官吏에게注囑ㅎ야郎字를添加ㅎ야以書記郞으로改稱ㅎ엿다니各部主事ㄴ郞之一字를淸國에吏部侍郞兵部侍郞之郞字로知ㅎ얏ㄴ지從今以往으로ㄴ書記郞이一等淸官이되깃고

▲李範稷氏ㄴ向日에淸州郡守를運動ㅎ다가不得ㅎ고森林委員을運動ㅎ다가日語를不通ㅎㅁ으로不得ㅎ고叅領復職을運動ㅎ다가又是不得ㅎ고近日에勢不得已ㅎ야文友會全羅南道支會長을圖得ㅎ야非久에發程ㅎ다니該氏ㄴ運動ㅎㄴ일도만치

▲農商工部에陳荒開墾規則을制定ㅎ야將次頒布ㅎ터인대內外國人을勿論ㅎ고規則에違反ㅎ時ㄴ巨額資本을消費ㅎ야起墾ㅎ地라도屬公ㅎ고認狀許可잇더라도所有權을剝奪ㅎ다니該部規則이美則美矣나土地를占奪ㅎㄴ日人의게도實施될ㄴ지

▲警務廳과監獄署에셔日人顧問과警部警視를雇聘ㅎ以後로罪人에게刑罰이酷毒ㅎ고拘禁이嚴重ㅎ야前日韓國刑律보다幾倍尤甚ㅎ다ㅎ니이것시開明國의刑律인지

▲興陽郡守李容相氏ㄴ該郡結錢三萬五千兩을私自督捧ㅎ고稅務官에게越送치아니ㅎ고로順天稅務官李秉丘氏가文簿를가지고該郡에前往ㅎ야遺失ㅎ얏나니該郡守ㄴ稅務規則도不知ㅎ여던지可謂勞而無功이로고

◎本社 告白

國債報償에關ᄒᆞᆫ금額을本報紙面에揭告ᄒᆞ와同時에新報로發布ᄒᆞ되頗有遲滯ᄒᆞ야義捐諸員의迅速揭布됨을不平ᄒᆞ시ᄂᆞᆫ故로本報ᄂᆞᆫ自今으로本報國文報一部를漢文報와同ᄒᆞ게刊ᄒᆞᆯ바從今으로ᄂᆞᆫ漢文報와國文報에義捐廣告를並爲揭布ᄒᆞᆯ터이오니愛國僉員은照亮ᄒᆞ시옴

寄書

國債報償勸告

天下之事日是曰忠曰善名也人所當爲也曰非曰薄曰賊曰惡名也人所不當爲也事雖有萬不同蓋其大要則不出於義利兩端之間能以義制利而純然出乎公正者君子之善也反以利蔽義而顯然嗜爲私慾者小人之惡也大抵人情孰肯不爲君子而自甘爲小人之所爲也哉嗚呼惟我大韓所以禮義之國稱于天下者莫非我二千萬同胞之祖考忠盡國民義務之所致也不幸式至于我孱孫之世政府之國債至爲一千三百萬圜之巨額盖其借出之原因制用之條件有所不必深詰而截一言曰我國之所當報給者也故我 聖上有旰宵之憂而京城各社廣揭斷烟報償之意誠可感而可憫也夫爲國民而不知愛國之義者非人也假以此義問於孺子童女猶曰必報也問於儒夫販婦亦曰必報也万口一說不容疑岐則其爲義也皎如靑天白日人皆見之若曰不知而汲々焉則生貽君上之憂死遺祖考之譏其何以自立於覆載幽明之間哉且夫人之愛財何也將爲宮室之美田地之多妻妾之奉子孫之蔵而然也使此國債未報而復蹈越南埃及之轍則不啻擧我所有而並卑之也彼將臣妾之不足而奴隷之不足而魚肉之所要果不爲彼債主而積者耶以此以彼只見其義之爲利未見其利之爲利也試問諸君子爲義乎爲利乎爲善乎爲惡乎爲君子乎爲小人乎此實世界万國期出之義吾人一生幸遇之事念之哉念之哉

義州專門學校발起人員　박泰裕　홍瑞낙

寄書　郡 漸明

載寧郡私立社長劉夢澤이가本社에寄函ᄒᆞ여日本郡邑內戶數가不過五六百戶에新聞雜誌月報를購覽ᄒᆞᄂᆞᆫ人이一百三十度에達ᄒᆞ엿ᄃᆡ凡事가新開勁力이頗多ᄒᆞ야將有開進之望ᄒᆞ오니本報에久購覽人員의姓名을報紙에揭ᄒᆞ야以爲贊揚之地를ᄒᆞ라ᄒᆞ얏기로其姓名이如左ᄒᆞ니

申應卒　吳昌坤　崔允國　黃河正　李性근　김達永　洪達洙　崔ㅏ셥　趙炳勳　張秉準　申敬熙　蔣時華　鄭在裕　李駿均　吳榮仁　鐵業中　崔允봉　李希龍　김弼信　李若迺　羅引麟　黃德永　리亨模　김봉守　鄭健裕　金京甫　申在奉　金基鉉　崔百善　新종中　金孝成　王大鉉　韓相鎬　李希성　김鳳熙　張제준　金能燦　高亨眞　安應斗　박봉주　農商會社(右里安洞石里胡基)　李應夏　李根燦　鄭甚永　宋泰化　박눈식　정達河　김긔燦　新覺當人　박彬셥　金亨穆　鄭續裕　리顯植　劉夢澤　리종伯　羅炳熙　金春伯　김준홍　리斗鎬　韓孝穆

廣告

大抵會議라ᄒᆞᄂᆞᆫ者ᄂᆞᆫ共同團體的을謂홈이어ᄂᆞᆯ市之內에三人之會를日會가可乎아本郡居尹弼五尹영선楊在기等이挾雜之心을抱ᄒᆞ야民議所를組織ᄒᆞ고大本郡公廨中使令房을借居ᄒᆞ야市廳이라名稱ᄒᆞ고官長을瞞托ᄒᆞ야公私所有物을許多攫取ᄒᆞ야市廳經費라稱ᄒᆞ고全吞肥已에濫下가不少ᄒᆞᆯ더러且聽數邪道故로自然後에야市內之民이方始覺悟ᄒᆞ야齊會ᄒᆞ야觀察道에訴ᄒᆞ야指令調査ᄒᆞ니濫收入이西千七百八十三兩六錢八分內에濫下爲一千四百四十三兩四錢三分이오犯逋가爲九百四十大兩六錢이오此外에더도現方査出中인대尹영션은逃避ᄒᆞ고尹弼五ᄂᆞᆫ市民之齊起홈을見ᄒᆞ고上京周旋云而搭延去來ᄒᆞ오니所謂周旋者ᄂᆞᆫ學校를憑藉ᄒᆞ고民有物을盡取計料而學校建築事로自本郡으로學部에報告ᄒᆞ고指令을棄置ᄒᆞ고開國自領收証粘標後認許ᄒᆞᆫ學校建築費云者乖非民有也況其自願乎아學部指令에所謂相反로市民齊起ᄒᆞ야以除奸流次로ᄒᆞ야掩匿指令ᄒᆞ고攫奪爲主故로玆以廣告ᄒᆞ오니內外國人은咸須諒悉ᄒᆞ옵셔尹弼五의上京周旋을無效로歸ᄒᆞ시기를希望홈

慶尙北道大邱郡二十七洞居民

東上面々長裵永洙　西上面々長최處은　告白

南門外金泰和許에借文一萬八百兩을月十五日推次標를路中에遺失故玆以廣布雖某拾得ᄒᆞ야도休紙施行홈　高唯煥　告白

本人의從姪김지德의字가낙쇠인데性本浮浪ᄒᆞ야蕩敗家産ᄒᆞ고從今以後外田畓을僞造文券ᄒᆞ야欺賣放債ᄒᆞᄂᆞᆫ弊가有ᄒᆞᆯ듯ᄒᆞ오니內外國人은勿見欺ᄒᆞ심을望홈

善山舞乙洞김鳳로　告白

本人의孫錫鎭이浮浪ᄒᆞ야各處에得債不少故로至於蕩敗之境이온즉內外國人은切勿見欺홈

南署堅井橋朱熙完　告白

店舖名有各京　發行所 中署 惠明洞

小說

發行所 表紙金貫正(總冊金[illegible])

今番本社事務를別般擴張ᄒᆞ기爲ᄒᆞ야主務를金致允氏게로讓渡ᄒᆞ얏ᄉᆞ오니各支社會員은照亮ᄒᆞ시옴

京城口通運社　告白

萬國手標ᄂᆞᆫ原是本人의所有物이기本月十八日逢人送來ᄒᆞ고崔相玉이가路中遺失ᄒᆞ얏ᄉᆞ오니無相關ᄒᆞ게中遺失ᄒᆞ얏기玆以廣告ᄒᆞ오니十一日以後에ᄂᆞᆫ歸無效오니內外國人은照亮홈　金召史　告白

學徒緊用書冊學徒運動과諸具羅紗各種美國金鷄納衣服裁縫其他雜貨도廉價放賣ᄒᆞ오니諸君子ᄂᆞᆫ來臨ᄒᆞ심을바라나이다

仁川港奇峴開新冊肆

本社風穴에製造ᄒᆞᆫ蠶種을製造ᄒᆞᆯ터인ᄃᆡ我國內今年秋蠶과來年春夏蠶々育을可量ᄒᆞ야製造ᄒᆞᆯ터이오니養蠶ᄒᆞ시ᄂᆞᆫ僉君子ᄂᆞᆫ左開所로來臨ᄒᆞ던지郵書로ᄒᆞ던지蠶種을各其所用預託ᄒᆞ시오

安岳鶴峴蠶業會社

京城永成門越便廳등二十壹統一戶　金漆原家

安義鶴峴蠶業會社社長金秉先　廣告

大安　寄留

本館에셔漢城內에留接ᄒᆞᄂᆞᆫ諸學生의寄宿便利를爲ᄒᆞ야大安동에二層洋屋을建築ᄒᆞ고居處飮食其他凡節을一々히便宜ᄒᆞ기로極力設備ᄒᆞ오니遊學諸生은照亮ᄒᆞ시와賁臨于本館事務所ᄒᆞ야商議ᄒᆞ심을敬要

北署大安洞別宮南便寄宿館長　鄭熙燦　告白

寄宿願人證書ᄂᆞᆫ本館에셔授與홈

留連費ᄂᆞᆫ每朔에新貨四圜八十錢으로定홈

宿館　廣告

陰四月二十四日夜에北鐵山郡廳山居前郡守吳熙源家에賊黨突入放銃彈射ᄒᆞ고身被重傷家財汁物沒數見奪ᄒᆞᆫ中에行中四十株股本吉三百圜領收証과保証吉三百圜領收証을爲見失ᄒᆞ얏기玆以廣告凡內外國僉君子照亮홈

吳熙源堂姪熙殷　告白

●일본遊覽者募集

一遊覽會員募集　人員은五十名으로一團을成ᄒᆞ니한일인을不問ᄒᆞ고速히請入ᄒᆞ시옵

一巡遊地　東京博覽會及西京都大阪神戶

一往復日數　日字十七日間

一浮費　遊覽費及手數料을合ᄒᆞ야總計四十八圜

一出發日　請入順次를從ᄒᆞ야出發日字ᄂᆞᆫ에直接히通知홈

一請入所　在京성各신聞社五十八銀行경성支店　天一銀行

一會員은遊覽을終ᄒᆞ야歸還後에도本會와關係가小無홈

一南대門셔釜山으로直行ᄒᆞ던지或東京으로直行ᄒᆞᄂᆞᆫ者의게對ᄒᆞ야도同一便法으로同行請入을應諾홈

일本人遊람協會事務所　南門通　東[illegible]

◎活動寫眞廣告◎

今番에始作ᄒᆞᆫ活動寫眞은法國巴里京에셔有名ᄒᆞᆫ거시오또ᄒᆞᆫ大韓국　皇室에셔면져看品ᄒᆞ셧고始作ᄒᆞᆫ지數日에遊賞ᄒᆞ시ᄂᆞᆫ첨君子가多數枉臨ᄒᆞ시와坐處가넘쳐셔晩到ᄒᆞ시면不便ᄒᆞ오니速々枉臨홈

今番에또시로이活動寫眞이多數來到ᄒᆞ야每夜에僉位觀賞에新面目을供ᄒᆞ오니速々來臨ᄒᆞ시옵

活動은自下午八点至九点名唱善舞歌童과唱和吹笛은自九点至十点

賣票時　七点半始賣

入場票 上等 新貨三十錢 中等 十五錢 小童 十錢

新門외서달이목東便벽돌집

法人 馬田　告白

本店이外遊歲久에程이自英국으로도歸來ᄒᆞ얏사오니陸續來顧ᄒᆞ시옵

貞洞源이양服裁縫店　告白

本人이日本大阪商業家와特約ᄒᆞ고日本內地所出各種物品과西洋各國物品及機械等物을我大韓에輸入과委托을便利케契約ᄒᆞ얏ᄉᆞ오니商工業에有志ᄒᆞ신僉君子ᄂᆞᆫ某物이든지請求코져ᄒᆞ시거든本社로來議ᄒᆞ시오本社에셔ᄂᆞᆫ手數料만領受홈

興業社本店　開城北部[illegible]

支店京城南門內水標五十一統六戶

全仁港內동廣濟號　培養會社

◎增修無冤錄大全

定價金　七十錢

[illegible]

此增修無冤錄大全은法律家의最緊要ᄒᆞᆫ書籍이온ᄃᆡ年來現本이殆히絶種에至ᄒᆞᆫ지라故로法部에認可를得ᄒᆞ야此를新刊ᄒᆞ얏ᄉᆞᆫ대國漢文으로詳譯ᄒᆞ야模糊ᄒᆞᆫ句節이無ᄒᆞ오니法律學에有志ᄒᆞ신이와학校之任에居ᄒᆞ신이ᄂᆞᆫ不得不購覽ᄒᆞᆯ冊子이오니注意購覽ᄒᆞ시옵

中署布屛下　廣學書舖 김相萬　發售所

산원과셩진잔에셔본인이살진소(肥牛)를만이ᄉᆞ깃ᄉᆞ니쇼파ᄂᆞᆫ제군은다수이팔녀오시옵

최봉준　고빅

西署新門外鍮동百八十六統三戶

辯護士　前檢事　前判事　正三品　丁明燮

法律事務所　事務員前主事吳在淳

美동洞磚廛과主英處에陰曆月十五日推次於音當坪五百兩標를셔失ᄒᆞ얏사오니誰某拾得ᄒᆞ와도休紙施行홈

金泰植　告白

國債報償義捐金

敬入廣告

●□署靈島
리한호五圓 최영淳 리鍾慶
박永祿 田應集 咸光實
나鳳吉 각二圓 김潤介
리元培 김錫基 지順伍
延完熙 柳海珽 崔寅柱
崔寬福 韓奎學 延창赫
리창來 리容夏 鄭俊明
金학鎭 金東均 池仁淳
趙在夏 김長근 柳海翊
리康俊 申淳熙 申論均
박相翊 五歲동蒙리장壽
玉聖寬 延元熙 각一圓
리奎□ 리相淵 延在洙
리秉遠 각륙十젼 趙鎭皓
김敬伍 趙東奎 리明來
리殷卿 홍炳奎 金殷達
김德基 지호根 나時和
나翊來 리應來 지복伊
高喜□ 리東식 최雲錫
金興□ 延창銀 나夏卿
문炳哲 延昌식 申命潤
남周元 金홍雲 宋壽龍
리恭□ 朴基昌 김영文
王聲식 량敎守 김弘식
강鼎武 姜득淳 辛致默
신喜손 홍起섭 徐相奎
부應喜 나應奎 方巖回
玉聖旭 김道壹 최敬伍
나圭鼎 각오十젼 劉璟載
沈夫祿 림聖達 지德圭
신현吉 金민洙 리聖萬
리秉武 박岐一 趙돌伊
리쥬卿 金好영 金석奎
리武돌 리우卿 各四十젼
홍金澤 裵철蒙 리秉直
쥬金國 주明賢 리康奎
韓永辰 박昌기 趙重立
쥬현圭 복충極 조충秀
리璽景 趙百仁 김景식
리기榮 조東夏 梁돌蒙

宋漢甲 申應순 □□보
문雲瑞 주□瑞 各□錢
리信京 廿五젼 鄭奎□
延完豐 리鍾玉 咸순興
梁惠伯 리致중 김完鎭
리圭恒 리완植 延瑞龍
延弘奎 리복吉 리潤吉
姜致深 宋쥬賢 리圭순
김인泰 오정환 盧應인
金泰根 김明和 辛賢默
최文玉 史相庸 리주섭
申君善 張永순 리秉奎
김萬立 申点손 리今劍
김今옥 韓德奎 尹昌善
주聖德 나인보 나영奎
리順돌 延百萬 김章大
梁敬春 金인化 徐尙옥
정寬奎 鄭기호 리奎근
리康建 申信通 韓덕순
金聖順 金기錫 林□達
리원明 金士元 김允錫
정貞식 리鵬來 金允식
나元鍾 김俊象 나圭현
림順원 김今錫 金인복
徐致文 김한순 아邦憲
洪成용 柳奎식 이鳳燁
옥命복 이奎영 柳明옥
이순萬 金인셩 盧載환
延순欽 柳聖근 洪守甲
洪志億 金化순 이鍾惠
김중化 盧載倫 尹相鉉
김点用 이完榮 박敬순
김光복 리載善 김영在
姜德룡 덩允식 辛漢奉
이원明 金進식 김相因
이鳳漢 이聖七 김俊植
韓순用 趙三龍 玉千峰
옥萬峰 延圭五 김重伊
리弼슈 정기호 各廿젼
리守天 김俊祿 龍치奎
徐召史 김公銀 이周三
김興澤 권學洙 延元先
韓三용 全世昌 玉守奉
각拾젼

●江華郡吉祥面溫水□
都正金出鉉十圓 □□武五圓
通政趙濟準 □□□ 十三圓
김영九二원五十錢 김春鉉
二圓 姜元奎 出身김기殷
出身金益鉉 出身金錫鉉
이종淡 각一圓 黃德友
五십젼 정永先 愼창文
각六十젼 高春參 강重彦
劉敏濬 邊鐵□ 리淳一
최文參 리成弘 張錫天
박成根 최春植 車元植
각오十錢 崔仕千 김영善
김京友 裵永祚 각四十錢
裵영哲 조仲□ 各六十錢
김連根 金春근 김□烈
黃돌學 高成一
강□錫 각소十젼
리是寧 리晩善 高在裕
姜啓弘 裵영石 柳봉奎
咸영參 김奇富 리龍璧
金昌호 리龍淳 각卄젼
김淳弘廿五젼 崔鎔京
리仕善 김敬九 조錫甫
全興淳 趙命植 각貳십젼
裵永凡 卄젼
徐元命 리希秀 朴允庸
俞聖元 許允一 金仲淡
김炳允 김基智 申炯穆
김奇福 張千晥 리聖洲
車丙云 柳奉吉 高守山
張基星 姜重元 리聖三
劉完秉 高允호 道聖泰
金永祚 具德玄 金儀京
韓星五 崔守辰 高京化
김순보 劉吉孫 각廿젼
정億晥 최德參 權元宗
리元道 김순근 裵松烈
崔永祿 고守宗 김云山
許公善 김奇用 金成셥
道裕보 김業東 류순보
許晥燁 崔貴星 김星允
張春國 金致凡 梁奇福
全昌雲 이星七 리錫보

김大同 金顯玄 鄭□山
김國文 각伯祿 김石宗
韓永業 具瑞京 金允보
崔성千 張柱善 張奎京
김奇奉 김杜京 廉汝三
劉春化 史先奎 韓奇玄
朴昌根 愼在根 김京烈
리與守 姜善福 송奎京
廉寬石 金奇哲 金根哲
興希吉 各十젼
合五十八圓九十二錢오厘

●長湍小南面弘化里
姜炯斗三원 리建和二圓
姜鳳善 趙道城 각一圓
朴주顯 一원卄錢 복齊行
徐大鳳 韓敎文 리元根
박連철 趙亨玉 徐炳煥
각陸十錢 趙相燁 白南轍
徐載禎 리元호 각五십錢
趙東선 趙東觀 리命求
리春成 리東明 金윤祚
智鍾成 具성淳 韓士혁
김光彦 沈元섭 趙延섭
김철仲 리自源 林元植
각四十錢 김성斗 량智煥
리義均 리창求 리元三
리선景 리汝良 김延烈
리奎星 東公美 리德二
신계弘 리景열 林在明
국卄젼 金明源 김탁均
리復奎 리利珪 리光珪
李龍珪 나洛先 辛元培
梁柱漢 梁聖煥 林在植
陳순祚 나성勉 韓錫보
張胤源 량德五 金龍鎭
趙春明 정世源 나光秀
徐炳철 김영老 金순瑞
張孝源 孫昌億 朴敬洙
복성九 손지明 孫윤祜
박元근 金昌祿 나根升
趙性謙 徐載德 이命雨
徐載鎬 복致行 徐載權
曹學인 徐載重 徐載선
나鳳鎬 車益祚 智廷元

全□友 金□化 □□
徐載鉉 나禮근 이貫珪
秦寬瑞 金致三 나玄五
金振德 文弘근 東영조
조성鎬 趙希元 禹창九
리순卿 金興열 나汝奎
최德成 최宗坤 金珠弘
徐상儀 沈傳 복元瑞
나性五 나炳儀 禹성三
윤기鎬 禹奎銀 金영五
나敬弼 王鎭澤 나인錫
손영信 나汝근 김윤문
나佑在 尹상셥 김셩日
秦光섭 김吉孫 김奎興
나창根 나기瑞 나進殷
선선석 裵영植 裵영化
김東원 金和圭 최光源
김光鎰 나성元 나규信
박用守 趙순在 량有셥
리圭元 김東보 이문元
安성天 복尙오 나京重
이春均 이春지 孔문흥
나行勉 국二十젼 정光升
張允보 나殷호 김德汝
조原榮 趙東煥 됴中九
나承祿 김命吉 具有식
南윤근 이舜升 나天升
이錫在 나師求 김有창
王奇복 權德洙 박奎영
나光淑 나光셕 나지문
張良源 廉炳옥 禹銀圭
金翊成 이建영 梁영升
徐載賢 복성오 徐挺賢
최守景 車윤식 車수用
김用안 김玄默 고丁日
許以賢 류인보 이순원
이순鎭 이公三 이상夏
조鳳承 됴德원 具셔敎
조성순 申公瑞 이주勉
徐春卿 나彦卿 이一셩
이大복 이운學 송영원
경致萬 나션卿 權東鎭
박汝창 박화復 閔셩心
나至淡 김순明 崔德恒

□□□ 金井培 김상天
王用문 김영식 千河鎰
이成오 韓用주 나윤日
韓昌원 김德봉 徐炳學
김安윤 沈書방 홍순원
김치영 박李春 김和景
邊치咸 나興복 安明岩
裵日영 이吉億 신彦三
김圭瑞 김윤형 주明升
주明원 이德在 류景明
이치晳 南春근 安셔日
姜炯業 陳순오 陳應陽
나영春 복齊황 량東煥
김셔권 王巨鳳 陳순식
韓지셥 韓운益 김영柱
韓치大 림영護 林一복
각卄五 나鼎求十오젼
이치문 각卄젼 김光섭十二錢
陳啓립 김奎영국七젼오厘
方德원 조鼎옥 奏윤홍
홍순龍 각뉵젼 陳世헌
八젼 智云伊妻김씨
홍순學 국오젼
合五拾九圓

●仁川桂峴
김鎭九 大夫人許氏 壹圓
●大邱府北面細谷居
木浦偉리지호 三圓
●北署東谷
從一品李侍亭大淵 壹원
子正三品리한東 陸十젼
●南陽汾鄕面石川동居
金敎善 金斗식 각오十젼
●廟衆鳥都中 오원
合拾壹圓陸十젼
總合貳百卅三圓七젼오厘
國文報廣告總合四百陸十三圓
三十陸錢
前號總合二萬四千六百貳十圓
三十四젼貳厘
都總合貳萬五千三百拾陸圓七
十七錢七厘

發行兼編輯人英國人 裴 說
大韓每日申報社
發行所
南署石井동號外地三層洋屋家
大韓每日申報社

第五卷

大韓每日申報

第五百四十八號

月曜及慶節 歲時日休刊

檀君開國四千二百四十年
箕子元年三千二十九年
大韓開國五百十六年
日本明治四十年
淸國光緖三十三年
◉陰曆丁未五月小十七日丁未

論說

法日協約

日法間協約의全文이極東平和를顚覆ᄒᆞᆯ劇烈ᄒᆞᆫ協同이或有ᄒᆞᆯ줄로先見ᄒᆞ든預言者의게圓滿ᄒᆞᆫ答辭를述ᄒᆞ얏스니其事實이預言者의所見과不同ᄒᆞ야協約의性質이無害ᄒᆞᆷ에出ᄒᆞ얏도다法國外相의議政院內談話에云ᄒᆞ얏스되到處에紛議와特別히我國의利益이有ᄒᆞᆫ區域에紛議를預防ᄒᆞ야ᄂᆞᆫ純然ᄒᆞᆫ目的은法國의連續履行ᄒᆞᄂᆞᆫ平和政策에原理라ᄒᆞ얏거니와以其事實上觀之라도其協約이誤解之端을掃却ᄒᆞ고敦睦之義를開導ᄒᆞᆷ이ᄂᆞᆫ此性質에不過ᄒᆞ도다本記者今此約款에脈絡을解剖ᄒᆞᆫ대諸人의畏有ᄒᆞᆫ恐怖之心이渙釋됨을可悉이라近者에諸般風說의確報가有ᄒᆞ얏스되其約款中에一句가特有ᄒᆞᆷ으로日本이南淸地方에法國之自由行動을承諾ᄒᆞ엿다ᄒᆞ얏스니此若果實言이면ᄂᆞᆫ淸國이不安之勢에漸近ᄒᆞ야許多危險을未免ᄒᆞᆯ기ᄂᆞᆫ自然之勢어날事機가不至如此ᄒᆞᆯ뿐더러支那帝國을關係ᄒᆞᄂᆞᆫ兩强의向意를可自明言ᄒᆞᆯ거스로觀之컨ᄃᆡ前者風說과今日事實이確有相反之勢라其協約文의第二項이如左ᄒᆞ도다

日法兩政府ᄂᆞᆫ支那의獨立及完全과且其國內에列國商務及臣民을均等으로待遇ᄒᆞᄂᆞᆫ要領을敬重ᄒᆞ기로一치ᄒᆞ며右兩國이統治權護或占領ᄒᆞᆫ權限을有ᄒᆞᆫ區域과鄰接ᄒᆞᆫ支那帝國의地方에셔秩序及平和를保存ᄒᆞᆷ이其有特別關係인故로兩締約國이東亞大陸內에各有ᄒᆞᆫ職位와及土地權을維支ᄒᆞᆯ意見으로右記地方의平和及安全을確保ᄒᆞ기에互相應助ᄒᆞ기로約定ᄒᆞᆷ

支那의完全及獨立을實地擔保ᄒᆞᆷ이如此ᄒᆞ니北京이因此通信ᄒᆞ야悵嘆을輕減ᄒᆞᆯ거시며且法國이淸國內에列國商務及臣民의게均等待遇ᄒᆞᄂᆞᆫ要領을固執ᄒᆞᆷ은其乃美擧이니此ᄂᆞᆫ太多懸心ᄒᆞᆫ日人이因其謝讓之端ᄒᆞ야自國使節의助力을不公히請求ᄒᆞᆯ時에ᄂᆞᆫ日本을此要領으로ᄡᅥ突然止之ᄒᆞᆯ結敎가或有ᄒᆞᆯ거시로다其約款中에最甚有力處ᄂᆞᆫ現今法日의領有ᄒᆞᆫ地方과接鄰ᄒᆞᆫ淸國土地의平和及安全을確保ᄒᆞ기에互相應助ᄒᆞ기로協定ᄒᆞᆫ거시是也라其應助를或以陸軍及艦隻일지ᄂᆞᆫ未有指言ᄒᆞ니其助力이戰策으로以ᄒᆞᄂᆞᆫ것보다外務上交涉으로以ᄒᆞᆯ거시必多ᄒᆞᆯ줄은吾人이欲信ᄒᆞ노라然이나此特別問題에關係ᄒᆞ야ᄂᆞᆫ兩國間에密約이或有ᄒᆞᆫ여ᄂᆞᆫ나와今此公布된協約은政界上疑点을確除ᄒᆞᆫ거시니何如邦國이든지及何如明辨之人이因此含怒ᄒᆞᆯ지ᄂᆞᆫ不信ᄒᆞ노라

官報

●第三千八百一號 光武十一年六月二十五日 續

敍任及辭令

九品閔再鎬 仝 咸在헌
仝 閔泳喜 仝 姜星희
仝 김奎식 仝 許 淑
仝 鄭立源 仝 김ᄐᆡ翊
仝 朴光희 仝 孫顯秀
仝 리慶희 仝 김宇鎭
仝 박恆魯 仝 리啓主
仝 尹載炳 仝 金敬憲
仝 조九顯 仝 田창진
仝 오憲均 仝 韓冀東
仝 박긔善 仝 김과영
仝 김선榮 仝 池석은
仝 김弼勳 仝 리종殷
仝 金동恒 仝 梁川煥
仝 오학준 仝 김학善
仝 文셕현 仝 최崙源
仝 宋文朝 仝 趙漢勗
仝 朴彝병 仝 邊時鵬
仝 韓應원 仝 尹泰永
仝 金基정 仝 김영耆
仝 邊錫圭 仝 安鍾哲
仝 리경淳 仝 辛득斌
仝 리셔圭 仝 韓相순
仝 秦炳正 仝 최庚植
仝 洪祐定 仝 丁世重
仝 리敏식 仝 徐긔온

仝度支部書記郞
免本官 安岳郡主事金석쉅
右ᄂᆞᆫ黃海道觀察使박彝陽의報告書를據ᄒᆞᆫ則該員이身爲官吏ᄒᆞ야受賂情跡이至登公報에體面所關이라ᄒᆞ얏기是以로免本官

任經理院技手 九品宋琦相
陞品리鳳善
任主殿院電務課主事 從二品리健榮
解內閣不動產法調査會委員
內閣外事局長리建春
命內閣不動產法調査會委員
(完)

●第三千八百二號 光武十一年六月二十六日

◉宮廷錄事

內部次官兪星濬辭職疏
批旨省疏具悉爾其勿辭察職
內部地方局長丕은辭職疏
批旨省疏具悉本職許遞

◉敍任及辭令

官立漢城日語學校副敎官 郭 진
解兼任官立漢城日語學校書記
度支部稅務主事陳庸석
度支部主事全命圭
依願免本官
前敎官安秀謙
任度支部稅務主事
任度支部書記郞 林相원
命秘書監卿 從二品趙民熙
經理院監督劉臣赫
解宮內府會計調査委員
宮內府禮式官金祚鉉
仝 玄百運
解宮內府會計調査委員補佐員
學部視察官魚용善
任官立漢城日語학校副敎官
학部書記郞尹世용
임學部視察官
研成학校繙譯官朴承憲
陞敍奏任官二等

外報

●德國의排日運動 從來로德國은日淸이接近ᄒᆞᆷ을嫉視ᄒᆞ다가今回에日佛協約이成立되미日本은英佛과提携ᄒᆞ야東洋保全의目的을遂行ᄒᆞᆷ이라ᄒᆞ고聲言ᄒᆞ나實은淸國에對ᄒᆞᆫ勢力範圍를定ᄒᆞᆷ에不過ᄒᆞ고我德國은山東省에商業利益을保持ᄒᆞᄂᆞᆫ外에何等野心이無ᄒᆞ다ᄒᆞ고日本排斥運動을密行ᄒᆞ야淸國의信用을博得ᄒᆞ기로努力ᄒᆞᆫ다더라

●日淸學 俄國은戰役當時에東洋語에通ᄒᆞᄂᆞᆫ者가少ᄒᆞ야不便이多ᄒᆞᆷ으로ᄡᅥᄒᆞ발노숙구에日淸語學校를設立ᄒᆞ야將校二十名兵士百十五名을入學케ᄒᆞᄂᆞᆫ데卒業期限은二箇年이라더라

●軍隊叛亂 彼得堡電을據ᄒᆞᆫ則俄國議會가解散된結果로기에후市에叛亂이起ᄒᆞ야死者正尉ᄉ名負傷者六십名逮捕된者가五百五十名逃走ᄒᆞᆫ者가百三名이오軍隊以外市民中逮捕된者가九十八名이라더라

●都統廢止 奉天電을據ᄒᆞᆫ則徐世창氏가東三省에都統을全廢ᄒᆞ기로奏請ᄒᆞ야裁可를得ᄒᆞ얏다더라

雜報

國家貧弱之故 南嵩山人 續

嗚呼라現我急切之務ᄂᆞᆫ惟敎育殖產兩件事而已라欲發達此目的인ᄃᆡ必須全國之人이互相協力圖脉라야乃可望前進之效故로不辭焦唇弊舌而縷申複ᄒᆞ야或刺激ᄒᆞ며或警告之ᄒᆞ며或諷諭之ᄒᆞ오니從玆로宜痛祛舊習ᄒᆞ고翻然改悟ᄒᆞ야斷除依賴之痼性ᄒᆞ며奮發自强之思想ᄒᆞ야爲父兄者ᄂᆞᆫ責勵其子弟之敎育ᄒᆞ며有資產者ᄂᆞᆫ計圖其公益之事業ᄒᆞ고自營自活에務免貧弱ᄒᆞ면則實力이由此而生矣오實權이從此而復矣어니와如其依舊冥頑爲而已면不啻身家之莫保라種族之消磨澌滅을焉得而逃乎哉아如其不信인ᄃᆡ請試諸埃及越南之史乎ᄂᆞ져 (完)

●賣薪捐金 南來傳說을聞ᄒᆞᆫ즉慶北星州郡에셔國債를募集ᄒᆞᄂᆞᆫ대該郡居金達坤氏가只有老母壯弟而以勞動力으로朝營暮食ᄒᆞ더니國債演說을聞ᄒᆞ고家에歸ᄒᆞ야囑其弟曰國치를報ᄒᆞ면大韓疆土를鞏固ᄒᆞ고國民資格을回復ᄒᆞᆯ다ᄒᆞ니國債畢勘前에ᄂᆞᆫ汝則勸力擧모ᄒᆞ고我則國債에對ᄒᆞ야採薪補助ᄒᆞ기로決心ᄒᆞ엿다ᄒᆞ고此日로始ᄒᆞ야每市賣薪에或葉一兩或二兩式不絶故로該募集所에셔使人探之ᄒᆞᆫ즉該氏가家勢貧窶ᄒᆞ고老母在堂ᄒᆞ지라其特絶ᄒᆞᆫ義念을讚ᄒᆞ고來금을還將코ᄌᆞ로勸論ᄒᆞᆫ즉該氏日今日에財政家人들이分錢虜를作ᄒᆞ야國債勢如何ᄒᆞ고徒處富足而以若干錢이兩錢捐圖으로稱謂義捐에如有可色者를見ᄒᆞ면甚切愧ᄉᆞᄒᆞ노니吾雖貧乏이나吾之寶本은有則足矣라以若兩ᄉ分ᄉ으로比之國債巨額則不啻若河海一滴이나吾亦化育中一物로欲表涵民思想이니勿復多言ᄒᆞ라ᄒᆞ매座中富足者滿面羞慚이라本郡守金興괴氏가此事狀을聞ᄒᆞ고一般義念을表코져ᄒᆞ야該氏를政堂에請邀ᄒᆞ야上座에延坐ᄒᆞ고茶果를備ᄒᆞ며風樂을設ᄒᆞ고感意을致謝ᄒᆞ니觀者環堵에無不欽歎ᄒᆞ엿다더라

安邊郡十二社의國債報償廣告ᄒᆞᆫ發文

現今國債報說이一發萬歸에勿論京鄕ᄒᆞ고聞者落淚斷烟ᄒᆞ야爭先出義ᄒᆞ미 皇上陛下께셔愛國ᄒᆞ시ᄂᆞᆫ輿情이憤發ᄒᆞᆷ을嘉尙하여기ᄉᆞ停烟退膳ᄒᆞ라신 處分이有ᄒᆞ시다ᄒᆞ니爲其臣民者孰不悚感之極이리오惟吾一郡이雖爲僻遠之邑이나亦在化育中一區라鄕是豐沛요俗本淳厚라期圖淸債ᄒᆞ야國爲自主ᄒᆞ며民爲自由ᄒᆞᆷ은義務를想必人々共抱이기各處募集ᄒᆞᆯ와本會建議諸條를左開廣告ᄒᆞ오니濟々男女老少ᄂᆞᆫ勿拘多少ᄒᆞ고各自量助補萬一을切望々々

正三品黃 鎬 進士리有來

●李氏熱心 加平郡前進士李덕圭씨가敎育에熱心ᄒᆞ야每年學費五六萬金과校舍十座間을瓦家로建築ᄒᆞ고靑年子弟를敎授ᄒᆞᆫ다더라

雜報

◉勳院新任　從二品閔丙奭氏는表勳院總裁를任命ᄒᆞ엿더라

◉遞帶之故　內閣囑托事務上村氏는本來學部叅與官으로視務ᄒᆞ더니總理大臣李完用氏가學상在任時에上村씨와情誼가친密ᄒᆞᆫ故로現今內閣에셔同爲視務ᄒᆞᆫ다더라

◉總理와次官의契約　總理大臣李完用氏가今番內部次官俞星埈　辭職疏ᄒᆞᆫ事件에對ᄒᆞ야契約ᄒᆞ되從玆以後로ᄂᆞᆫ觀察使와郡守를敍任ᄒᆞᆯ時에內部次官과地方局장의圖章을捺印치아니ᄒᆞ면不得敍任ᄒᆞ기로決定ᄒᆞᆫ故로俞星埈시가再昨日븟터仕進視務ᄒᆞᆫ다더라

◉果然擅議　니閣에셔軍部徵兵令을中樞院에諮詢ᄒᆞ얏ᄂᆞᆫ대該令은軍國重要事項이라中樞院에셔不可擅議인故로顧問과會同經議하야可否를取決ᄒᆞᆫ다더라

◉閔씨所遭　今番에還度大閔泳綺氏가李址鎔權重顯兩시와共히日本博覽會視察로日前釜山鎭에到着ᄒᆞ니鎭民男女屢百名이閔시를向ᄒᆞ야呼訴ᄒᆞ다가因以痛哭曰大監이全國金庫權을日人의게讓與ᄒᆞ고猶爲不足ᄒᆞ야本鎭基址를日人의게賣食ᄒᆞ얏스니此地人民은升天乎아入地乎아大監이旣到此地ᄒᆞ얏스니此無罪ᄒᆞᆫ百姓을盡行坑殺ᄒᆞ던지濟活ᄒᆞ던지兩端中結末ᄒᆞ고야大監은生還ᄒᆞ리라ᄒᆞᄂᆞᆫ대哭聲이震動에景狀이極其愁慘ᄒᆞᆫ지라閔시所遭가大臣危凜ᄒᆞᆫ데幸히巡檢巡查等의擁護를藉ᄒᆞ야僅以身免ᄒᆞ얏다더라

◉將有頒布　警務廳에셔監獄署長은南署長金상셜시로塡任ᄒᆞ고南署長은前警務官柳寅亮시로敍任이라고니部에報告ᄒᆞᆫ지라已經旬에尙無頒布ᄒᆞ지라日昨에警務官리憲규시가내部大臣任善準시을訪見ᄒᆞ고該事由을質問ᄒᆞᆫ즉內상임善準시기答ᄒᆞ되日間頒布ᄒᆞ깃다고ᄒᆞ얏다더라

◉歡迎會節次　錦陵尉박영孝씨歸國ᄒᆞᆫ事에對ᄒᆞ야高名紳士들이歡迎會를設ᄒᆞᆫ다ᄂᆞᆫ說은前報에揭載ᄒᆞ얏거니와該會를本月晦日에肚동農桑所內에開催ᄒᆞᆯ터인ᄃᆡ叅會紳士의게叅會券一張式出給ᄒᆞ고新貨一圜式領收ᄒᆞ야當日會費를需用ᄒᆞ기로決議ᄒᆞ야領收期限은二拾八日까지酌定ᄒᆞ얏ᄂᆞᆫᄃᆡ該會發起人諸氏가昨日下午四時에大韓俱樂部에會同ᄒᆞ야開會節次를爛商協議ᄒᆞ얏다더라

◉何必乃爾　錦山來人의傳說을據ᄒᆞᆫ즉該郡邑底居文寀訪炳룡씨가國債報償事에對ᄒᆞ야壹郡境니에通文을輪示ᄒᆞ야自己家로定日會同ᄒᆞ야義捐금을斷脉協力ᄒᆞ야隨其力辦出ᄒᆞ야京城總合所로收送ᄒᆞᆯ意로當日會費數百금을自擔辦備ᄒᆞ야以待期日이러니該郡儒林中高濟學씨가思量ᄒᆞ되如此莫重義務를豈可讓頭於一介文炳룡이리오ᄒᆞ야又發通文ᄒᆞ야각面長의게輪告ᄒᆞ되문병룡家로會同치말고鄕校로一齊會集ᄒᆞ라ᄒᆞ미一郡物議가自生疑惑ᄒᆞ야義捐금募集이竟不合心ᄒᆞ야零星이莫甚ᄒᆞ다더라

◉總巡慈善　黃海道海州警務署總巡全鳳薰씨가今陰曆五月五日端午節에本署獄內에入ᄒᆞ야諸罪囚을對ᄒᆞ여演說曰今日은天中佳節이라長安士女가到處雲集ᄒᆞ야或競走도ᄒᆞ고或쵸천도ᄒᆞᄂᆞᆫᄃᆡ汝等은長在獄中ᄒᆞ야天日을不見ᄒᆞ고飢憂를難免ᄒᆞ니汝亦我千萬同等民族으로豈無慣痛改悔之心乎아旣往은勿咎ᄒᆞ고從今以往으로期於自警自新ᄒᆞ야無陷前轍ᄒᆞ라ᄒᆞ고一百五拾餘名罪囚와各其冷麵一器式買饋ᄒᆞ얏다더라

◉度照內部　度支部에셔內部로照會ᄒᆞ되발訓ᄒᆞ야地方警務署ᄒᆞ야公딘拒納과及犯逋者를拿囚懲罰ᄒᆞ라ᄒᆞ얏더라

◉監督報告　日本留學生監督신海永시가學部에報告ᄒᆞ되東京地에寄留ᄒᆞᄂᆞᆫ苦窮無資ᄒᆞᆫ學生等이內下金에對ᄒᆞ야本部大臣閣下의從長措處ᄒᆞ심을式日思望ᄒᆞᄂᆞᆫ意로去五月二십日에備陳私見ᄒᆞ야已有所質稟이온바該學生等이據於困苦에時日爲悶ᄒᆞ야復有此願顧이옵기該陳情書를附右呈報라ᄒᆞ얏ᄂᆞᆫ대日本留學生李奎영等拾九人이留學生監督신海永시의게請願ᄒᆞ되本學生等이以學資末由ᄒᆞ와百千艱苦를備經ᄒᆞ며東西棲屑ᄒᆞ와堪耐ᄒᆞ야血心상督에期進忘退ᄒᆞᆷ은斷斷目的이學業成就에在ᄒᆞ온바頃日　內賜金一萬圜에對ᄒᆞ야本學生等의當下情勢을陳明ᄒᆞ와學部에速히支給之方이有ᄒᆞ심을옹望ᄒᆞᄂᆞᆫ意로已有所請願이올ᄲᅮᆫ더러右金額을卽速附送ᄒᆞᆫ신勅敎가五月拾四日에再下이온ᄃᆡ尙未承如何處分ᄒᆞ오니不勝積鬱이올ᄲᅮᆫ더러近接內地新報이온則右金額中륙千원은圖書館을設立ᄒᆞᆫ다ᄒᆞ니此圖書館에必要가無ᄒᆞᆷ은一般學生에意見으로前已仰達이온즉目下飢寒의境에在ᄒᆞᆫ半途廢工에學生을救濟ᄒᆞ야成就奬勵치아니ᄒᆞ오리오事屬傳聞에不可準信이오다已有前論에亦涉訝惑이온바現今本學生等이困於食債ᄒᆞ며迫於情勢ᄒᆞ야不幸已携手同盟에圖棄同居ᄒᆞ고飢餓상視에雲에갈니이惟在於　皇恩實施이온故로玆又齊聲仰유ᄒᆞ오니동亮ᄒᆞ신後　卽以此據實報于學部ᄒᆞ시와　內下젼一萬원을依　詔勅ᄒᆞ와卽爲施給ᄒᆞ시와俾蒙顧恤之澤에以完修業을千萬이라ᄒᆞ얏더라

◉廣校漸進　孔德里廣武學校經費를該洞澄鏞人諸氏가擔任損助ᄒᆞ야熱心敎育ᄒᆞᄂᆞᆫ대學務를擴張ᄒᆞ고校規를精密케ᄒᆞ기爲ᄒᆞ야校長을金重煥氏로推薦ᄒᆞ얏다더라

◉同友會演說　日昨同友會副會長高橋久思씨가演說ᄒᆞ되韓國人民이學問에熱心ᄒᆞ야開明에進步ᄒᆞ면國權을不久에回復ᄒᆞᆯ것이오또각國公使도次第出來ᄒᆞ야世界에同等國이되리라하얏다더라

◉寄宿館開宴　日昨에安동寄宿館長명희찬씨가開館式을設行ᄒᆞᄂᆞᆫᄃᆡ각部府院廳高等官吏와각社會有名ᄒᆞᆫ紳士와각學校各長敎師를一切請邀ᄒᆞ야四五名人員이整齊히會集ᄒᆞ얏ᄂᆞᆫᄃᆡ該館은二層半洋制百有餘間이突立ᄒᆞ니上可以坐千人이라學徒의寄宿便利와講習硏學上에大端注意ᄒᆞᆫ다더라

◉獄費橫徵　保寧郡昭洞居金光夏氏가農牛一隻을四年의養ᄒᆞ더니今初八日에隱峴居申漢卿이率壹女人ᄒᆞ고突入于金氏之內庭ᄒᆞ야牽牛出門ᄒᆞ기一동이齊會ᄒᆞ야期不見奪이오되申氏女가限死牽去ᄲᅮᆫ더러隱峴居人七八名이各持棒杖ᄒᆞ고來集喧譁ᄒᆞᆫ際에本面砲軍이適在近地而入來則隱峴來人中申士吉이急步逃走어ᄂᆞᆯ砲軍이欲問理由ᄒᆞ야以施威ᄀᆞ計로向空放銃ᄒᆞ고執袂詳問則申氏가哀乞曰初知我牛라가今始覺非라ᄒᆞ며謝過乞和이옵기金氏가拘留忍性ᄒᆞ야未卽起訴而申氏가以酒賀四十金으로自請和平于砲軍ᄒᆞ니砲軍이以加二ᄒᆞ金이오나初無一分授受ᄒᆞ고只此說去矣러니不意申氏가背和好之約ᄒᆞ고誣搆人訴ᄒᆞ야以치砲軍之歷日滯囚ᄒᆞ니前何乞和며後何起關인지可謂荷杖之擧라至若砲軍之行爲ᄂᆞᆫ放砲施威가出於愚蠢ᄒᆞ야치이거ᄂᆞᆯ自本郡으로牢囚砲軍이已至多日에獄費를徵出於김光夏家ᄒᆞ미已至傾家之境이라ᄒᆞ더라

◉林廠費額　營林廠設立費額三십萬圜을月前支撥한事ᄂᆞᆫ前報에揭載ᄒᆞ엿거니와該額이不足이라ᄒᆞ야更히卅萬圜을支撥ᄒᆞ라ᄒᆞ얏ᄂᆞᆫ대現存金이無ᄒᆞ야爲先십萬圜을支撥한다더라

◉失牛受笞　林川郡居홍在燮氏가平理院에呼訴ᄒᆞ되本人이前居在順天時에賭牛二隻을給于龍水虎鳴里홍士允이러니經年不還故로累次催促則有秋成後牽還之手票與訂이오나終不還送이다가洪士允則身故ᄒᆞ고原告則還歸故土ᄒᆞ와相距爲五六百里則來往이稀할ᄒᆞ야因以置之라가年前에原告之老親이往于여水ᄒᆞ야홍士允之子萇然의게以牛隻條로言及則以不知悚으로牢却이옵기不可以私力措處ᄒᆞ와呈訴于여水郡矣러니該郡守가不商顚末ᄒᆞ고謂以僞票執탈ᄒᆞ야至於笞罰ᄒᆞ오니不勝忿鬱ᄒᆞ와呈訴于光州裁判所矣러니署理觀察分付內에一時署理도不可決치裁判이라ᄒᆞ고卽付訓令于該郡이오나被告事를以被告査報가有何益乎잇가本狀與訓令을粘聯仰訴라ᄒᆞ엿더라

◉必非誣報　日前本報雜報欄內에[illegible]高等[illegible]校[illegible]文敎官[illegible]ᄂᆞᆫ更閱ᄒᆞᆫ즉誤報ᄒᆞᆫ事가안이라더라

◉上政府書

南門外儒生等十八人

窃念國之有政府所以上佐天子下安生民也豈欲賣國辱君以危國民之爲也今日我韓政府雖三尺孩兒皆以賣國之徒目之爲我韓臣民之具彝性者羞不欲與之獻眷而至於近日漸至無國無君之境是豈非寒心痛哭者乎今日政府卽大韓政府非日本政府也又非伊藤之政府也如之何所謂政府會議先行於伊藤私邸後奏於　皇上陛下而脅之乎設有伊藤之勸謝爲我　皇上陛下之臣子者當嚴辭牢拒以重國體可也固不當如是　嚴諸公之心果有君乎允國乎如諸公閣下則乃日本之諂臣伊藤之幸臣也身爲大韓之臣不知有大韓　皇帝而只知有伊藤博文以何面目見我大韓皇帝乎對我大韓國民乎且諸公閣下之父祖以上皆五百年祖宗朝世世舊臣也人其家廟得無愧儼성然之顧乎願諸公閣下欲洗賣國辱君之目之萬一則亟改無君無國之擧非但諸公之幸也乃大韓　宗社之大幸也深愿々々焉

香港電報　二十六日發

◉外務部要求　支那外務部에셔香港에在ᄒᆞᆫ革命黨에對ᄒᆞ야退去ᄒᆞᆯ命令ᄒᆞ라고英國公使의게要求ᄒᆞ얏더라

▲一聲曉雷▼

▲宮內府에셔該府所管官制를改正ᄒᆞᆫ次로現今協議中인ᄃᆡ각院司에一二官吏만仍置ᄒᆞ고其餘閑司冗官은一切廢止ᄒᆞᆫ다니閑司廢止와冗官除汰ᄂᆞᆫ今此刷新之初에[illegible]이어니와日人[illegible]지

▲[illegible]開港ᄒᆞ기爲ᄒᆞ야租界를旣已劃定ᄒᆞ고民有地를方今收買中이라ᄒᆞ니이것시大韓商業을發達케ᄒᆞᆯ經營인지日本商業을發達케ᄒᆞᆯ經營인지畢竟은日人에利用이되깃지

▲日昨新門外水磨동에셔新砲習放式에각大臣이往叅ᄒᆞ고自手로輪回ᄒᆞ야一次式放砲ᄒᆞ얏다니韓國大官이武器을初用ᄒᆞ엿스니今番一次破겁에東征西伐도能히ᄒᆞ깃고

▲廉仲模氏ᄂᆞᆫ宋秉畯氏로더부러一進會頭領이되엿다가송씨가農商大臣을被任ᄒᆞ미廉씨ᄂᆞᆫ地方局長을ᄒᆞᆫ다ᄒᆞ더니果然被任ᄒᆞ얏스니可謂所願成就로고

▲近來日本人民이美國地方에在ᄒᆞᆫ者ᄂᆞᆫ白人의歐打或凌辱은受ᄒᆞᆷ이日甚ᄒᆞ다ᄒᆞ니此ᄂᆞᆫ日本人民이韓國地方에셔韓人을壓制迫害ᄒᆞᆫ報復을受ᄒᆞᆷ이아닌가天道ᄂᆞᆫ無心치안소

▲日本大阪造幣局에셔製造ᄒᆞᆫ五錢白銅貨가今月七日에六萬圜이渡來ᄒᆞ고同月二十二日에六萬圜이渡來ᄒᆞᆫ다니消融ᄒᆞᄂᆞᆫ錢額을製造ᄒᆞᄂᆞᆫ錢額이比較ᄒᆞ면大往小來가아닌지

▲農商大臣송秉畯氏가該部一般官吏의게命令ᄒᆞ야日來月初一日爲始ᄒᆞ야洋服을一躰掛着視務ᄒᆞ되若或未備ᄒᆞ던平服에帽子만戴着ᄒᆞ라ᄒᆞ얏다니該씨ᄂᆞᆫ農部官人을一進會員으로視ᄒᆞ야服色을同一코ᄌᆞᄒᆞᄂᆞᆫ지

▲今番博覽會視察員三씨의旅費와隨員의支度料合六千五百圜을度支部에셔支撥ᄒᆞ얏다니쓸대업ᄂᆞᆫ視察에國庫金만消費ᄒᆞ니참셕ᄒᆞ오大韓官人의日本視察은有害無益ᄒᆞ다고新聞上論駁이몃번이오ᄒᆞ지말나ᄂᆞᆫ일은귀여히ᄒᆞ고야말지

◎本社告白

國債報償에關ᄒᆞᆫ義捐金額을本社紙面에連日廣告로發布ᄒᆞ며擔有遲滯ᄒᆞ야義捐諸氏의迅速揭布코ᄌᆞᄒᆞ시ᄂᆞᆫ盛意를未副ᄒᆞ올뿐더러今自本報ᄂᆞᆫ國文報一部를增刊ᄒᆞᆫ바從今으로ᄂᆞᆫ漢文報와國文報에擇ᄒᆞ야廣告를並爲揭布ᄒᆞ겟ᄉᆞ오니愛國僉員은照亮ᄒᆞ시옴

雜報

●憂國深矣　星州郡에商販爲業ᄒᆞᄂᆞᆫ金士一씨가素有悲凉慘恨之意ᄒᆞ야每於論國勢之發業則種々狂歌痛哭矣더니自聞國債報償之後로生涯ᄂᆞᆫ都付水雲ᄒᆞ고妻子ᄂᆞᆫ不念夢寐ᄒᆞ고苦心熱誠이惟在國債而已라以慷慨激切之言으로或勸勉之ᄒᆞ고勸勉之不聽則又攻擊之ᄒᆞ고攻擊之不聽則以夷狄禽獸無父無君之說로言出無諱ᄒᆞ니近世發狂者多避之曰病世漢이라ᄒᆞ더니今三月二十七日에滿飮一大白ᄒᆞ고至中夜로독碎拳咄々曰今國債報償이未聞全國有人ᄒᆞ니國勢挽回을何時可期오不如溘然之爲愈也라ᄒᆞ고仍嘔血數升에竟至莫救ᄒᆞᆫ지라本郡守金興ㄱ씨가其意을追感ᄒᆞ야전一百兩을賻助ᄒᆞ고該所中에셔도五十兩을賻助ᄒᆞ요김씨處所推각債主들이數千금을燒券蕩減ᄒᆞ엿다ᄒᆞ니壯哉라該兩씨의義務여大韓全國人民으로此씨을效ᄒᆞ야쓰면一千三百萬圜이鴻毛에無異ᄒᆞᆯ이라ᄒᆞ얏더라

●仁校運動　東門外興인學校學徒가祭리峴近地에셔本月十陸日運動式을行ᄒᆞᄂᆞᆫ단後동居박厚창씨ᄂᆞᆫ白紙拾東大小筆拾둑柄鉛筆八本이오양齋鉉시ᄂᆞᆫ白紙十東이요張世鴻시ᄂᆞᆫ白紙십東이오徐相鶴시ᄂᆞᆫ手巾壹百件이오李윤章시ᄂᆞᆫ면보廿ᄉᆞ斤과鉛筆八拾本鋼貨八원으로施賞所에寄付ᄒᆞ엿ᄉᆞ니以上諸시勤勉에對ᄒᆞ야事務員과學員들이感謝不已ᄒᆞᆫ다더라

●德郡義捐　德山郡國債報償金募集所에셔第二回收合新貨五拾一圜八拾錢을總合所로來納ᄒᆞ얏다더라

廣告

武橋崔九顯의當坪四百五拾兩標一張을五月拾四日家內의서遺失故玆以廣布雖某拾得ᄒᆞ와도休紙施行함　日本人加藤嘉兵衛　告白

本會會長權重顯氏辭免代에閔京鎬氏로薦定ᄒᆞ얏ᄉᆞ오니照諒ᄒᆞᆷ　東亞開進敎育會　告白

곽山郡々主事朴昌根이本郡守署理時不法行政事로是訴本道ᄒᆞ오며爲先左開臚列廣布ᄒᆞᆷ
一 廿三人作黨捺印助惡事
一 驛土秋等結稅豫捧謀害事
一 公士作人臨耕奪作呼冤事
一 主事室費房子料加設執事
一 料管主人料一千九百三十兩民斂事
一 顧問室修理費貳百兩書記押道費壹百九十兩民斂濟食事
一 金宅龍訟路千兩錠露遺給事
一 渠査頓윤京정調長帖과渠堂叔齋長帖許給事
一 本人欲布廣告覆其使令招치廳上大叱以煙筒累次打面事
곽山郡民 八等 李載熙　告白

本人의孫錫能이浮浪픽악ᄒᆞ야各處에得債不少故로至於蕩敗之境이온今內外國人은切勿見欺ᄒᆞᆷ　南署堅井橋 朱顯完　告白

去甲午에本人四寸이奉命爲曉喩官ᄒᆞ여轉到于本邸이라가十月東援합城之初에本郡守에申氏와曉喩官이同日被害身死ᄒᆞ고本人四寸叔姪家産汁物衝火見失而果爲數십萬兩이라伊時에面內儒生等扶義儒會ᄒᆞ여以本人으로爲儒會長ᄒᆞ여匪類有罪狀從公處斷捉送洪州營이러니面內居李柱元以何意思로小牛一隻을稱以補助儒會라ᄒᆞ고自願來納而其牛를捧價當五二百兩ᄒᆞ여入用儒會費러니至今十四年에誣訴本郡而自官으로招致各里會長査問後牛路兒價은勿施ᄒᆞ고一隻牛를出給柱元이라題給訴狀하시나本人은東援時儒會所費用物價를至今徵給이極爲冤抑이라ᄒᆞ고不欲遺給ᄒᆞᆫ則郡守分付의事去甲午오儒費所用云而原被告가相爲息訟이라ᄒᆞ시고退訟而已러니何人이不知事實誤傳ᄒᆞ야新聞에以無근之說노誤爲廣告ᄒᆞ기本郡守之政治가明善ᄒᆞ야民皆頌德之地의本人이不可不明其不然乃已故로擧其實廣告ᄒᆞᆷ　泰安郡 金봉濟 金東근　告白

本社事務를別般確張ᄒᆞ기爲ᄒᆞ야主務를金致允氏게로讓渡ᄒᆞ얏ᄉᆞ오니各支社僉員은照亮ᄒᆞ시옴　京城◎通運社　告白

南門外金泰和許에當文一萬八百兩九月十五日推次標을路中遺失故玆以廣布雖某拾得ᄒᆞ와도休紙施行ᄒᆞᆷ　高瑛煥　告白

원산과셩진간에셔본인이살진소(肥牛)를만이ᄉᆞ깃ᄉᆞ니쇼파ᄂᆞᆫ제군은다수이팔너오시옴　최봉윤　고ᄇᆡᆨ

박泳孝氏歡迎會趣旨

茲欲與我全國同胞로歡迎박泳孝氏ᄒᆞ노니胡爲乎歡迎고씨ᄂᆞᆫ愛國有志之士也라竄身海外ᄒᆞ야備經艱險이前後數十星霜이라有志者ㅣ不能不悲其境이오愛國者ㅣ不能不感其情ᄒᆞ야悲感交切터니今爲歸國일ᄉᆡ所以有此歡迎之會ᄒᆞ니凡我同志ᄂᆞᆫ庶幾同情인저
一 集會日時ᄂᆞᆫ六月三십日(月曜日)上午十二時
　但雨則翌日再雨則又翌日
一 處所ᄂᆞᆫ追告
一 會費金은一圜
一 會費금收合處所ᄂᆞᆫ鍾路皇城新聞社會洞萬歲報社漢동帝國新聞社
一 會費금收合期限은六月二十八日(金曜日)ᄭᆞ지但此期限外에ᄂᆞᆫ會費금收合을謝絕
發起人各社回代表三十六人

發行所 中署罷朝橋 中央書館　發賣所 京城各書舖

家庭小說 鬼의聲

菊初 李人稙先生著

[illegible]

學徒裝비書冊學徒運鈗과諸具羅紗各種美國金鷄納衣服裁縫其他雜貨도廉價放賣ᄒᆞ오니諸君子ᄂᆞᆫ來臨ᄒᆞ심을바라나이다　仁川港杏嶋 開新服號

本社風穴에精種의蠶種을製造ᄒᆞ더인데我國內今年秋蠶과來年春夏蠶ᄉᆞ育을可量ᄒᆞ야製造ᄒᆞ겟ᄉᆞ오니養蠶ᄒᆞ시ᄂᆞᆫ僉君子ᄂᆞᆫ左開所로來臨ᄒᆞ던지郵書로ᄒᆞ던지蠶種을各等所用대로請貰ᄒᆞ시오　安養鶴峴蠶業會社　京城永成門越便康二十壹統一戶 金濬原家　安養鶴峴蠶業會社 社長 金秉先　廣告

大安寄宿館　本館에셔漢城內에寄宿ᄒᆞᆫ諸學生의寄宿便宜를爲ᄒᆞ야大安洞에二層洋屋을建築ᄒᆞ고居處飮食其他凡節을一々히便宜ᄒᆞ기로極力設備ᄒᆞ오니遊學諸生은照亮ᄒᆞ시와[illegible]本館事務所ᄒᆞ야[illegible]　北署大安洞 南便寄宿舘 舘長 鄭熙燦　告白　寄宿願入ᄒᆞᄂᆞᆫ證書ᄂᆞᆫ本舘에셔授與ᄒᆞᆷ　留連費ᄂᆞᆫ每朔에新貨四圜八十錢으로定ᄒᆞᆷ　宿舘 廣告

陰四月二十四日夜에北鐵山郡廣山居前郡守吳熙源家에賊黨突入放銃揮劍ᄒᆞ고身被重傷家財汁物沒數見奪際에韓一銀行四十株股本금三百圜領收證과保證금二百圜領收證並爲見失ᄒᆞ얏기玆以廣告ᄒᆞ니凡內外國僉君子照亮ᄒᆞᆷ　吳熙源 堂姪 奎殷　告白

●일본遊覽者募集　人員은五十名으로一團을成ᄒᆞ니하엘인을不問ᄒᆞ고遠히斷入ᄒᆞ시옴
一 遊覽地 東京勸業博覽會觀覽 東京大阪神戶
一 往復日數 明治十七日間
一 浮費 遊覽費及手數料을合ᄒᆞ야總計四十八圜
一 出發日 請入順次를從ᄒᆞ야出發日에直接히通知ᄒᆞᆷ
一 請入所 在京성各신聞社五十八銀行경셩支店 天一銀行
一 曾聞은遊覽을終ᄒᆞ야開歡會를後ᄂᆞᆫ本會와關係가小無ᄒᆞᆷ
一 南大門서釜山으로直行ᄒᆞ던지或은東京으로直行하ᄂᆞᆫ者의對ᄒᆞ야도同一便法으로同行請入을應諾ᄒᆞᆷ
일本人遊覽協會事務所　日韓　東亞商會

◎活動寫眞廣告◎

今番에始作ᄒᆞᆫ活動寫眞은法국巴里에셔有名ᄒᆞᆫ거시오座中大韓국皇室에셔먼저看品ᄒᆞ셧고始作ᄒᆞᆫ지數日에遊覽ᄒᆞ시ᄂᆞᆫ君子가多數枉臨ᄒᆞ시와坐處가비져晩到ᄒᆞ시면不便ᄒᆞ오니速々來臨ᄒᆞᆷ　今番에또시로이活動寫眞이多數來到ᄒᆞ야每夜에僉位觀賞에新面目을供ᄒᆞ오니速々來臨ᄒᆞ시옴
活動은自下午八点至九点
名唱善舞歌童과唱和吹笛은白九点至十点
賣票時 七点半始爲
入場票 上等 新貨三十錢 中等 新貨十五錢 小童 折半
新門外서달이목東便벽돌집　法人 馬田　告白

本店에春服衣次각程이自英국으로多數來到ᄒᆞ얏사오니陸續來購ᄒᆞ시옴　貞洞 源泰양服裁縫店　告白

本人의從姪김在二의字난鉉인데性本浮浪ᄒᆞ야寡居ᄒᆞᆫ從叔母의田畓을僞造문券ᄒᆞ야欲爲典執盜賣次로出沒京鄉ᄒᆞ오니內外國人切勿見欺ᄒᆞ심을望ᄒᆞᆷ　善山鋒乙洞 김昌鉉　告白

本人이日本大阪商業家와特約ᄒᆞ고日本內地産出各種物品과西洋各國物品及機械等物을我大韓에輸入과委托을便利케契約ᄒᆞ얏ᄉᆞ오니商工業에有意ᄒᆞ신僉君子ᄂᆞᆫ某物이든지請求코져ᄒᆞ시거든本社로來議ᄒᆞ시오本社에셔ᄂᆞᆫ手數料金만受領ᄒᆞᆷ　興業社本店 開城北部鮮洞　支店 京城南門內水橋五十一統六戶　培養會社

◎增修無冤錄大全

壹千壹百七十頁　定價金新貨七拾五錢
此增修無冤錄大全은法律家의最緊要ᄒᆞᆫ書籍이온디年來現本이殆히絕種에至ᄒᆞᆫ지라故로法部에認可를得ᄒᆞ옵고此를新刊ᄒᆞ얏삽ᄂᆞᆫ대國漢文으로解釋ᄒᆞ야模糊ᄒᆞᆫ句節이無ᄒᆞ오니法律學에有志ᄒᆞ신니와字牧之任에居ᄒᆞ신니ᄂᆞᆫ不得不覽ᄒᆞᆯ冊子이오니注意閱覽ᄒᆞ시옴
中署布屛下 廣學書舖 김相萬　發售所 全仁港內동 廣濟號

西署新門外鎭동百八十六統三戶　辯護士 前檢事 前判事 正三品 丁明燮　法律事務所　事務員 前主事 吳在淳

越南亡國史 國漢文

定價貳拾伍錢
發賣所 京城廣橋高裕相書舖　鍾路[illegible]禹時夏書舖　布屛下김相萬冊肆

國債報償義捐金 收入廣告

●正誤 本報第五百四十六號始興軍宗里國債義捐金廣告中에리順載四拾전이漏落이되얏기正誤홈

●改正 本報第오百卌九號國債報償廣告第二欄內木浦華彰記商店朴華一은智島郡其佐島居民으로改正홈

●安洞官立普通學校
김銀啓 朴用石 白百禄
延武吉 延창吉 楊近鏞
최寔韻 김壽童 鄭猷重
박亨運 張二百 各卄전
김順童 池点汇 秦學同
강泰成 리興福 김學根
리春春 卞命萬 田壽萬
각拾김 박順성二錢 宋壽복
박範성 金복龍 韓金孫
리복吉 각오전 리順童
二錢오厘 田戊得七錢오厘
合二圓스十八錢

●通津陽陵面括串里
리秉德 徐泳敎 徐泳鐸
리慶儀 鄭得桓 명雲粲
정守甫 각ㅁ錢 정봉煥
스십錢 김秉奎 리相銀
리종하 리容서 김金龍
徐慶榮 각十錢 리相禹
閔泳禹 리相규
尹喜信리相贊 각오십전
合스圓스拾전

●始興郡內面博達里
權思鎮 박朝陽 각一圓
林五相 金理鉉 朴永근
리德喜 리致默 리學敎
具然泰 리周輔 리鎭敬
너聖化 김九化 각오십전
朴敬俊七十오전 리서仁
廉운甫 權 환 리셔奎
廉夏昔 胡영三 胡영先
각卌전 박春和 리鎭會
각스십錢 김仁煥 김喜文
김敬보 趙寅植 김영日
安敬奎 權用宜 최윤옥
나源洙 리般敎 尹德有
林鍾鐵 김瑠培 黃再益
김慎九 胡영淳 黃영俊
朴봉根 延福用 리며承
최慎敎 朴나西 林성八
최秀集 리龍敎 김顧보
具龍書 리희규 나희朋
김千鳳 具然信 具然東각卄전
김智현 權 炳 廣창윤
安先奉 김尙雲 具光祖
김운學 김창선 나선承
權用규 徐元 리奎三
정和然 리鎭정 나周敎
나命敎 나般敎 나新敎
秉敏會 리敬一 리錫老
林玄규 리鎭豊각十錢 鄭興業
리鎭和 리鎭壽 각十五錢
合스십圓

●竹山遠一面룡巖洞
姜萬永 三원七십八錢
박濟元三圓 金麟淵 二圓
梁재德 八 전 김般秀
뉵십전 尹惠模 오十전
김芝秀 김益秀 김敏性
리寅昇 元용周 각스십錢
박鎭學 韓鎭殷 文慶會
김顯壽 各卌錢 許 奎
南弼원 安明옥 리漢根
各卄전 강順환 리慶男
柳正四 류明化 呂龜鉉
오景化 金春근 량지순
우原明 高영원 김學奉
김浩性 鄭樂賢 리演夏
申豐均 韓鎭龜 守然秀
리션日 金순興 권宜吉
郭鍾현 韓景옥 김원식
김石化 원용과 申傑出
各십錢
合십七圓二십八錢

●竹山郡近一面牙松리
박漢庠 박琪鉉 각二圓
김秀喜一圓 박暇鎬 박貞선
金영희 리演赫 박載춘
리演弘 박漢락 박邁셔
리甲俊 박在亨 박지殷
각오십전 金영學 최東인
김奎石 각卄전
박友선 김영書 宋彦鎭
리演셔 리나三 김鉉지
黃德인 윤周榮 裵鉉益
각卄전 리三萬 최덕化
張손원 十전
合三圓오拾전

●慶南居창郡南리면大山리
善山김氏門中
김鎭學 子龍洛 김鎭洙
鎭孝 鎭형 鎭옥 각一圓
鎭國 鎭樞 각二원 鎭赫
鎭植 각三圓 叅書鎭宋
卄圓 김나 玉振 김珪
영德 영주 鎭규 麟낙
영守 영中 각뉵十錢 在衡
지牧 각五십전 영와 지權
鎭景 각四十錢 영胄 在一
在宇 在晥 在演 在南
숭 駿 김 숙 영友
永來 각二十전 영禧
영復 지勳 在華 각십錢

●茅谷面西邊里
김秉淳 秉羲 각八拾錢
時永 오십전 時원 卌錢
秉海 時旭 각二십전
合四十八원八십錢

●益山龍梯面西豆里최氏門中
敎官최鍾呂二圓 主事종원
卅전 종夏一圓 종섭卅전
종碩一圓 종均卄錢
主事종奋一원 叅奉龍낙
오원 主事啓낙三圓 徵낙
陽나 각卌전 恒낙四十전
관나卄전 中나三拾전 秉胄
三圓 秉칠二圓
合二十圓三십전

●慶南居창郡新창裴氏門中
茅谷面竹洞리
裴正奎 三圓 子鉉成一원
현圭卄 裴炳弼 六十전
炳祜 스십던 炳孝 益奎
각ㅁ錢 벼熙 武鶴 英奎
각십錢

▲茅谷里
東과四十전 貞鶴 東문
文환 원환 台환 각卄전
相顯 相益 致환 東威
潤환 奎환 영환 沂환
각十전 東守六十전

▲靑림面松변里
監役補任奎五圓 子鉉正
子鉉久 조현凡 각一圓
裵東祚 東슈 각二圓 東전
뉵十전 東九 奎환 각스十전
현龍 琪範 正환 각二십전

▲茅谷면九禮里
東주二원 東直一圓 東秀
스十전 錫환뉵십전

▲九山里
東漢 甘던 東根 東인
각十錢 東台 東輝 각四錢

△弓項里
상文 상殷 각二拾錢
東玉 十면
合二십七圓陸拾八면

●楊州미陰面水邊里
박두식二원 리시형 리필규
김공집 박규식 각一圓
리원문 八십錢 김병권
리홍집 리춘군 임奎호
各오십錢 임응호 김치달
김원규 박춘션 박춘실
김경문 박춘심 김원호
됴평심 리덕현 各四십전
박응삼 金명옥 리천일
리셕보 김치상 리셔현
리양운各卅전 박경신卄五전
리경구 리명구 김성실
김창식 리춘경 김도경
박춘명 金명선 金천경
안창운 박공奎 빈윤식
리원奎 송천실 리순교
김치奎 각二십전 리필창
리셩용 金영진 金명복
리슌철 강성삼 리영식
박명슌 김사강 김옥슈
리운집 리학조 리유근
리경천 리영근 홍션경
복형옥 임덕근 셔운션
김치슈 노선경 各拾전

●石島里中 三圓
合卄三圓四十오전

●陽城郡郡內
前郡守송圭善 二圓
司果오禹善 一원
叅奉金영璣 五圓
主事오應泳二圓 文富吉
김殷成 각九십전 韓日寬
박宗厦 강春明 리應龍
각四십전 리병순 高忠立
高鳳翊 각卌錢 김龍福
김貴男 高貴學 리聖謨
김聖호 김泓濟 오萬列
張八萬 朴鍾섭 金泰寬
金元光 金원七 김奉원
감聖賀 鄭學文 朴丁山
高敬立 金用云 甘日春
高聖立 金日奉 리基문
尹順明 송英玉 張判辰
崔辰成 리光甫 金泰煥
邊昌先 高連學 각卄전
김玄信 리셩實 崔昌植
박萬吉 각十전

●校동
進士黃早秀 二圓 黃敦秀
崔致夏 각오십전 崔致佾
박長셩 童蒙김有奉 각卌전
최致주 沈道成 金七星
복學伊 정淳天 權英采
韓順萬 박東奮 각卄전
김召史 십五錢 敎官南相翊
一圓 남상舜 南相옥
각五십전 南相龍 黃道秀
姜日汝 朴淳行 俞德九
徐興元 任明吾 각卄전
정容善卌전 오鎭泳 陸十전
리致寬 스십전

●春谷
權東在一圓 洪謙華 洪炳銖
각五십錢 洪弼華 洪德華
卅전 홍瑞華 尹鍾敏 리德敬
각十전 通政權競履 卄전
叅奉리慶七 리興用
각五십錢 리壽福 崔用석
김潛遂 各卄전 俞召史
張完哲 각拾전

●舊場리
裵德字 정用云 丁順西
리元春 각오十전 리致道
七十전 김日先 김日奉
김奉玉 각卌전 리元규
최용瑞 朴順一 김昌보
徐致先 朴션敬 김聖在
太鼎錫 각卄전

●德山下里亭村
리善 二원 리 銘一圓
리 鐵 리 鍇 리 鏗
리敏濟 리秉濟 리臣濟
리範濟 리文濟 리敬濟
俞鎭昌 류興哲 卓萬龍
金包成 정千萬 各卄전
리用濟一圓 리夏濟 리賢濟
각九十전

●指南
리象鶴 리承夏 리敎性
리敎昆 각卌錢 리熙錫一圓
리象衛 리象션 리象ㅋ
리象寅 리建식 리建哲
리建杓 리建榮 리建海
리雲夏 리建星 俞鎭卨
정운澤 오義환 각二십전

●裏村
安琴均一圓 박敎陽 柳英植
최興寬 각卌錢 朴一陽
俞介奎 각오십錢 박敎陽
朴勝璣 俞玄奎 趙英鏞
박貴봉 각卄錢 류德눈
스十전 박庭陽 박勝德
俞夏稷 趙英根 김杜遠
셩화奎 리德和 리建和
각십錢

●中괴
복栽春 최敏셥 각卅전
최景米 최一섭 화學심
되弼셥 김夏範 각卄錢
合五십九圓八拾五전

總合貳百卄八圓七拾스전
國文報廣告總合壹百三十스圓陸十錢
前號總合二萬五千三百拾陸圓七十七錢七厘
都總合貳萬오千陸百八十圓十壹전七厘

◎特別廣告◎

國債報償金昨日間所捧은姑未合計이옵고伊前日의所捧總合四萬六千八百뉵십圓七十壹錢은電氣會社內銀行에貯置ᄒᆞ얏숩고其貯置額中壹萬九千三百圓은國債報償志願金總合所로越交홈

大韓每日申社報

發行兼編輯人英國人 裵說
發行所
南署石井동號外地三層洋屋家
大韓每日申報社

月曜及慶節歲時休日休刊

檀君開國四千二百四十年
箕子元年三千二十九年
大韓開國五百十六年
日本明治四十年
淸國光緖三十三年
◎陰曆丁未五月小十八日戊申

論說

普通意志及寬容의辨辭

何如人이英文雜誌에記述ᄒᆞ얏스되韓國은不祥不幸之國이라ᄒᆞ엿스니其記者가韓國을謂之不幸은可也로ᄃᆡ謂之不祥은非也라蓋韓國이往時에災厄及患難을多經ᄒᆞ엿스나現今所遇와如ᄒᆞᆫ困難은曾未有之矣오且如此現形은其責任이獨在於壹國이니日本이何如히掠取韓國ᄒᆞᆫ過去陳談을今者에重疊說道ᄒᆞ기ᄂᆞᆫ非但無必要라反爲無益이로다韓國史編에旣多往跡이어니와今日韓國ᄂᆡ에數年居留ᄒᆞ야人民의何如ᄒᆞᆷ을深究ᄒᆞᆫ人士ᄂᆞᆫ韓民中에果有其人ᄒᆞᆷ을知悉ᄒᆞ엿슬지라年來로政府가腐敗ᄒᆞᆷ은非不實情이나然이나日本內에新聞記者가限貳週休暇를得ᄒᆞ야來渡此地ᄒᆞ야與韓國高明之士로相交談話ᄒᆞᆫ後에此國問題를以公平之心으로忖度ᄒᆞ면其必無妨乎ㄴ져

如此略陳ᄒᆞᄂᆞᆫ理由ᄂᆞᆫ日本內에在ᄒᆞᆫ英字及本國文에報紙가嫌忌之言을常時記述ᄒᆞᄂᆞᆫ거슬因ᄒᆞᆷ이라蓋日本報館의記載員들이韓國形態를圖說ᄒᆞᆯ時에特一意思를包含ᄒᆞ얏스니此ᄂᆞᆫ韓人을겁나라定罪ᄒᆞᆷ과韓國內에居留ᄒᆞᄂᆞᆫ外國人을被屈된條件라論責ᄒᆞᆷ이로다世界를奔覽ᄒᆞ며博學을成就ᄒᆞᆫ高等人에게ᄂᆞᆫ日本或他處에在ᄒᆞᆫ如彼報館의小兒評論이厭忌思想을起ᄒᆞ려니와絕遠ᄒᆞᆫ區域에隔在ᄒᆞ야但以一便之言으로取其意思ᄒᆞᄂᆞᆫ諸人에게ᄂᆞᆫ何如事態든지論陳ᄒᆞ기가豈不甚易리오然이나日本內에把其報書者들도韓國內日本政策이不得常免非難인줄을探知ᄒᆞ기가今非其時耶아報館에眞實ᄒᆞᆫ性質을果在ᄒᆞ야日本의行動을自由로評論ᄒᆞᄂᆞᆫ二三報紙가日本內에도亦有인바其中에特著者ᄂᆞᆫ橫濱에在ᄒᆞᆫ東洋報라如此幾個人은日本行事上에但其稱譽處만見ᄒᆞᆯ것이아니라可以加非難處를亦見ᄒᆞ나니日本의眞實友人이非此人이其誰也리오

韓國의忠愛之人과此地居留外人의게侮辱을常加ᄒᆞᄂᆞᆫ者ᄂᆞᆫ其或日本데일니　메일新聞이라此新聞은日本의至大ᄒᆞᆫ것슬凱歌로自誇ᄒᆞᄂᆞᆫ外에ᄂᆞᆫ無他快樂이니日本이西歐文明에非常進步ᄒᆞᆷ을吾人已知矣오且與露交戰에宏大ᄒᆞᆫ業을成就ᄒᆞᆫ것도吾人이亦知矣로ᄃᆡ日本이世界最大强國中에爲一이오且其行事가一無瑕疵라고ᄂᆞᆫ斷言을遐會키ᄂᆞᆫ尙今未能이로라日本內에新聞記者들이自己와不同ᄒᆞᆫ諸人의게凌辱을常加ᄒᆞᆷ은自己의代表ᄒᆞᄂᆞᆫ其國을反對ᄒᆞ야行動ᄒᆞᆷ이라ᄒᆞ노라

官報

◎第三千八百三號　光武十一年六月二十七日

◎宮廷錄事

侍從院卿李근湘辭職疏
批旨省疏具悉旣不聽訂距宜役此爲煩瀆其勿辭行公

◎敍任及辭令

贈領議政例彙　故判書朴元陽
錦陵尉박泳孝考
開國四百九十三年十二月　日
正三品姜華錫　仝　玄濟復
仝　박희양　仝　김準用
仝　卞영진　仝　嚴台永
五品洪在하　六品리文하
九品尙　호
任農商工部書記官
任農商工部書記郞　김永최
任表勳院總裁　從一品閔丙석
正三品廉仲모
任內部地方局長
任大韓醫院正官　박泰吉

外報

◎平和會議開會式　海牙電을據ᄒᆞᆫ則本月十五日은平和會議開會日인故로列國委員사十七名이預定ᄒᆞᆷ과如히歷史上有名ᄒᆞᆫ펜즈호宮에來會ᄒᆞ니和蘭國外部大臣우에도씨가開會의祝辭를述ᄒᆞᆫ後에美國大統領루스벨트氏가世界에平和를爲ᄒᆞ야盡力ᄒᆞᆷ이有ᄒᆞᆷ을讚頌ᄒᆞ고又今番에議長으로俄國委員네리또후氏를紹介ᄒᆞᆫ則同氏가升議長席ᄒᆞ야滿場의同意를得ᄒᆞ야平和會議의名義를和蘭女皇께感謝ᄒᆞᄂᆞᆫ電報를發ᄒᆞ고各委員을任命ᄒᆞ얏더라

◎宣言起草　彼得堡電을據ᄒᆞᆫ즉俄國議會가解散된後에自由主義에各黨派가政府의行動을論駁ᄒᆞᄂᆞᆫ宣言書를起草ᄒᆞᄂᆞᆫ대今番은第一回解散時와如히荷蘭에八하야運動ᄒᆞᄂᆞᆫ事은萬無ᄒᆞ다더라

◎太平洋防備　米國은今後에陸川演習ᄒᆞ特히太平洋沿海防備의演習을包含ᄒᆞᆷ이라더라

◎海軍擴視察　화盛頓發電을據ᄒᆞᆫ則멧가平氏ᄂᆞᆫ海軍遺船所視察을爲ᄒᆞ야갈리폰니아洲에向ᄒᆞ얏ᄂᆞᆫ대新艦增加案에屬ᄒᆞᆫ諸戰艦中稍少ᄒᆞᆫ一隻을太平洋岸에서製造ᄒᆞᆫ某氏의希望으로氏의視察에關ᄒᆞ야海軍造船所의使備ᄅᆞᆯ確實히在ᄒᆞ다더라

雜報

◎平民義務　平壤郡外城中城地段中日本軍用地와鐵路停車場과鐵線路及新市街租界가幾爲三分之二故로居民之農場物損害와家屋燬撤에見逐者捿屑於道路ᄒᆞ고失業者呼泣於田疇ᄒᆞ야嗷々情景을慘不忍言中有錢者日人이誘引我民ᄒᆞ야價之高下ᄂᆞᆫ不計ᄒᆞ고買土爲主則噫我愚民이甘受高價之償與ᄒᆞ야賣土爲心ᄒᆞ니富民賭田은貧民失耕ᄒᆞ며有管公土ᄂᆞᆫ豪民亂賣ᄒᆞ야今日十畝賣之ᄒᆞ고明日百畝賣之에日增倍ᄒᆞ니軍用地鐵道場新市街를除ᄒᆞᆫ外에如干片土가沒入於外國人手中ᄒᆞ야數萬生靈이必主魚肉之境矣러니何幸有覺者李應天劉華錫兩氏가以疆土稍蚕之憂ᄒᆞ爲己任ᄒᆞ야勸告衆民曰有民土地가卽有國疆土라民失其土면國無其疆ᄒᆞ야生無居地에死無依歸오今日千圓之金이難爲明日之分兩所有矣라自今以後로一成團體ᄒᆞ야已賣還推ᄒᆞ고所存者維持ᄒᆞ야無應秦求之慾이면民國幸甚云云則於是乎咸曰義務라ᄒᆞ야一心團合에齊訴府郡ᄒᆞ야以杜潛賣之弊ᄒᆞ고使民安堵케ᄒᆞ다니全國同胞가以兩氏之心으로爲心ᄒᆞ야强硬保守면有厖幾之望이라ᄒᆞ노라

◎贊校卒業　去日曜日에贊文學校에서第二回卒業式을設行ᄒᆞ얏ᄂᆞᆫ대卒業生은李若雨가秉濟洪思說홍正裕김汝植金奎等六人이오進級生은徐貞淳陸定洙等八人인ᄃᆡ男女來賓이百餘員이오傍觀이多數聚集ᄒᆞ얏ᄂᆞᆫ대校長金重煥씨와校監리春世씨와講師尹始용氏가各其物品을贊與ᄒᆞ고崔창漢安晶玉朴元鍾諸氏와婦人會總務朴英子諸氏가賞品을與ᄒᆞᆫ後婦人來賓諸氏와大垣丈夫氏가次제演說ᄒᆞ미莫不喝采ᄒᆞ얏다더라

◎學徒義捐　長連郡長陽동居張義澤氏의來書를據ᄒᆞᆫ則陰正月二十日에擊讀貴報라가至於國債報償論ᄒᆞ야ᄂᆞᆫ本郡紳士로熱心贊성ᄒᆞ야同廿三日에第一回捐論會를開ᄒᆞ고趣旨를說明ᄒᆞᆫ則當場收額이七百餘圜인대其中絕奇ᄒᆞᆫ事ᄂᆞᆫ小學校生徒數三십餘名에十圜金을取捐ᄒᆞ고發論曰此金을각其父兄의게徵出ᄒᆞ면愛國誠에不足ᄒᆞ다ᄒᆞ야각自辦出ᄒᆞ기로同盟ᄒᆞ고或登山採薪도ᄒᆞ며或散野採菜도ᄒᆞ야四五日勞働後斥賣薪菜而充捐ᄒᆞ얏고且耶蘇學校男女學徒三십餘名이傍聽ᄒᆞ다가각自憤泣ᄒᆞ고義金을爭擲ᄒᆞᄂᆞᆫᄃᆡ其中女學徒崔遵禮ᄂᆞᆫ銀環을義捐ᄒᆞ얏스니兩學徒의幼年此擧가豈非上天之默啓哉아同二拾九日에第二回捐輸會를開ᄒᆞ고趣旨ᄂᆞᆫ國民된義務를說明ᄒᆞᆫ則數百會員이爭先出義ᄒᆞ야當日收額이亦爲八百餘圜也라大韓帝國獨立萬歲를三唱ᄒᆞ고閉會ᄒᆞ얏다더라

◎減飯會趣旨書

夫有國則有家ᄒᆞ고無國則無家ᄂᆞᆫ古今必然之理라我國이以四千年堂堂守義之邦으로上而政府와下而社會의凡諸國事를公共濟共ᄒᆞ야無相서溺故萬機畢擧ᄒᆞ고歲應經用을量入爲出ᄒᆞ며幸免艱拙之歎이러니以我國之困狀으로報償이無計ᄒᆞ야事不寒心이리오所以로鐵嶺紳士가或斷烟絕飮而出금ᄒᆞ며又或賣貿釵金而捐財ᄒᆞ니風聲所激에婦孺대隷가莫不響應이라苟使我二千萬生靈으로個然若是면不特債欵之畢償이라凡他利益을亦將裕如ᄒᆞᆯ지니財源之挽回은可期於此ᄒᆞᆯ지라大抵本郡은湯沐舊邑으로先王遺澤이허溶已久에國事對揚이宜비餘人이거ᄂᆞᆯ報償社ᄅᆞᆯ가非不設立이如干出義가塞責而已요目的到達이渺無指期ᄒᆞ니如是乃已면外人모笑가豈不可愧이며國시민隷ᄂᆞᆫ現증已著ᄒᆞ니凡有國民義分者가可不치然動心乎現今本郡守李영환氏別室李氏ᄂᆞᆫ仝乃是一部分之婦女로대義血이發出ᄒᆞ야每時六口의減米一匙之助ᄒᆞ니若每人口所減이積之之積이二個月之間에今爲십二升이라送于本會ᄒᆞ야以爲涓滴一年면大米ᄂᆞᆫ二원二拾四전假量이요小米ᄂᆞᆫ一圓六十전假量인즉通以小미로計之라도每人의一원六은積漸自得이니設以本郡九千餘戶로每戶에六口式計之ᄒᆞ면五만四千餘人口ᄂᆞᆫ合算ᄒᆞᆯ지오且每人時의一匙米之減으로飢境의當ᄒᆞ기ᄂᆞᆫ萬無ᄒᆞᆯ理라蓋我同胞가旣無熱誠則已언이와如有一分熱誠이면此事履行은勢必容易ᄒᆞᆯ더이오每人의一환六拾전을五萬ᄉ千餘口에合計ᄒᆞ면八万ᄉ千ᄉ百원금을可償ᄒᆞᆯ지니自一郡至而一郡ᄒᆞ고自一郡而至一國ᄒᆞ야二千万同胞가人々如是ᄒᆞ면一年之內에償報을可淸이오他利을可圖ᄒᆞᆯ지니所以로本人等이減飯會을發起ᄒᆞ고玆에趣旨을佈達ᄒᆞ오니顧我同胞ᄂᆞᆫ各須協心ᄒᆞ야俾遂目的의豈非國民之義務乎其各勉旃勉旃

영興郡國債報償減飯會발起人　權영鎬　姜念齐　等

雜報

●慶會樓特許　外國貴賓에接待ᄒᆞᄂᆞᆫ伯公會等에應接ᄒᆞᄂᆞᆫ適當ᄒᆞᆫ家屋이無ᄒᆞ야內閣에셔景福宮中慶會樓를使用ᄒᆞ기로奏請ᄒᆞ얏ᄂᆞᆫᄃᆡ今回에特許ᄒᆞ얏다더라

●局長仕後에奏本　內部에셔再昨日郡守三十頉을奏本ᄒᆞ야다가遞爲停止ᄒᆞ얏ᄂᆞᆫᄃᆡ地方局長廉仲模氏가仕進ᄒᆞᆫ後에上奏ᄒᆞ기로ᄒᆞ엿다더라

●果能公選否　今[illegible]守奏本에ᄂᆞᆫ總理大臣以下八臣이齎格可堪人으로ᄒᆞ야ᄒᆞᆫ다ᄂᆞᆫᄃᆡ內部大臣任善準氏ᄂᆞᆫ誓言ᄒᆞ되全然로決코該部次官과地方局長으로互相協議ᄒᆞ야可合人才를擇薦ᄒᆞᆯ터이오獨히ᄂᆞᆫ推薦치아니ᄒᆞᆯ깃다고ᄒᆞ얏다더라

●光察發程延期　光州觀察金奎昌氏가陰本月望間으로赴任發程ᄒᆞᆯ다더니城州郡民安鳳九氏의裁判事件을斡旋ᄒᆞ기爲ᄒᆞ야幾日延期ᄒᆞᆫ다더라

●局長承任　內部會計局長金寬鉉氏ᄂᆞᆫ遞任ᄒᆞᆫ代에學部參書官李會九氏가承任ᄒᆞᆫ다더라

●恩賜葬需　前參判尹雨植씨葬禮에自上으로錢二萬兩米十石白木一同을下賜ᄒᆞ셧더라

●笠宕廢止　內閣官吏臣農商工部와如히笠子와宕巾을廢止ᄒᆞ라고公議ᄒᆞ얏다더라

●派兵調査　司令部에셔憲兵二名을派送ᄒᆞ야城內家屋과人口를調査ᄒᆞᆫ다더라

●挾雜主事　高城郡主事가稱爲願留費ᄒᆞ고四百五十兩과殉忠建院費三百五십兩을民間每戶에四전式收斂ᄒᆞᆫ故로該郡分派所에卽爲禁勿施케ᄒᆞ얏더라

●三次撥費　營林廠建設費額三十萬圓을支撥ᄒᆞ얏ᄂᆞᆫ데卽히報에已揭ᄒᆞ얏거니와更撥ᄒᆞᆫ다ᄂᆞᆫ事ᄂᆞᆫ昨卄萬圓은三次分排ᄒᆞ야六月에拾萬圓八月에拾萬圓拾一月에拾萬圓을支撥ᄒᆞ기로的定ᄒᆞ얏ᄂᆞᆫᄃᆡ淸國에셔도此額과如히將次出撥ᄒᆞᆯ터이라더라

●賈士設校　東萊人의傳說을聞ᄒᆞᆫ즉楊근東鉉面大谷동徐相七氏와其弟進士相一씨ᄂᆞᆫ家素貧寒ᄒᆞᆫ대近日에如干田土를放賣ᄒᆞ야學校를刱設ᄒᆞ고靑年子弟를募集ᄒᆞ야敎授ᄒᆞᄂᆞᆫᄃᆡ敎師金鎭德씨와桂炳華씨ᄂᆞᆫ其義를感ᄒᆞ야名譽로敎授ᄒᆞᆫ다더라

●必經判決　法部에셔民事罪人은罪之輕重間에判決ᄒᆞ기前에ᄂᆞᆫ不爲捉囚ᄒᆞ기로決議ᄒᆞ얏다더라

●期於辭免　咸南觀察使劉世南씨ᄂᆞᆫ辭疏에優批를承ᄒᆞ얏스나期於辭免ᄒᆞ기로또辭疏를奉呈ᄒᆞᆫ다더라

●印社合設　印刷工業組合會社를鍮峴等地에設置ᄒᆞ기로酌定ᄒᆞ고萬歲報館內普文館을移來合設ᄒᆞᆯ터인ᄃᆡ該會所ᄂᆞᆫ二層屋으로一新修理中이라더라

●日誘韓女　郭山郡金長福에妻를日人이誘引以去ᄒᆞ얏스니該日人을捕捉ᄒᆞ라고該郡守가定州警務分署로照會ᄒᆞ얏다더라

●리氏助校　리範喬氏가懿法學校에捐助金二百圓을寄附ᄒᆞ얏다더라

●日人毁城　義州郡에日人大町登이가該府에來到ᄒᆞ야謂以公立普通學校設立을學部에承認ᄒᆞ얏고校舍ᄂᆞᆫ該府城堞괴址에建築ᄒᆞ기로契約ᄒᆞ얏다ᄒᆞ고城堞을毁撤ᄒᆞ려ᄒᆞ니府尹이契約有無를探知ᄒᆞ야도初無契約[illegible]라事當禁止이[illegible]部에電報ᄒᆞ얏다더라

●李氏謝罪　日前國民報에李健鎬氏의心腸이라論說에對ᄒᆞ야리健鎬씨가裁判次로漢城裁判所에呼訴ᄒᆞ야昨日裁判을開ᄒᆞ얏다더라

●試取科目　度支部稅務見習生試取ᄒᆞᆫ다ᄂᆞᆫ說은已爲揭載어니와試取科目은漢文讀書와公文式作文과筭術四則과租稅ᄒᆞᆫ法規外에또日語本國地誌本國歷史現行刑法四科가有ᄒᆞᆫ데此四科中에ᄂᆞᆫ二科를選擇應試케ᄒᆞᆫ다더라

●辨護出榜　法部에셔辨護士를連四日試才ᄒᆞ야昨日下午一時에畢試ᄒᆞ얏ᄂᆞᆫ대本月初一日에出榜ᄒᆞᆫ다더라

●日醫月俸　監獄署罪人의疾病을治療ᄒᆞ기爲ᄒᆞ야制藥所를設置ᄒᆞ고日人製藥助手一名을雇置ᄒᆞ얏ᄂᆞᆫ대月俸은每朔에三十圓式支撥ᄒᆞᆫ다더라

●自東向西　天道敎主孫秉희氏가該敎徒를對ᄒᆞ야日我國宗敎가畢竟耶蘇敎가될터이니吾儕도不可不耶蘇교를信從然後에乃有進就之望이라ᄒᆞ얏ᄂᆞᆫᄃᆡ該교徒一人이耶蘇敎信服ᄒᆞᄂᆞᆫ人을對ᄒᆞ야耶蘇교源因을採問ᄒᆞ더라더라

●蔘락션民　淸州來人에傳說을聞ᄒᆞᆫ즉該郡南門外에一會社를設始ᄒᆞ고蔘락를都聚ᄒᆞᄂᆞᆫᄃᆡ其所用인즉制變後帽子를製着ᄒᆞᆯ計料라ᄒᆞᄂᆞᆫ故로該境內에到處所聞이狼藉ᄒᆞ야民情이騷擾ᄒᆞᆫ다더라

●册室得談　西來人에傳說을聞ᄒᆞᆫ즉平壤郡守白樂均씨ᄂᆞᆫ莅任以後에荒於酒色ᄒᆞ야怠於公事ᄒᆞᆫ대所謂册室이干預民訟에挾雜이多々ᄒᆞ야聽聞이狼藉ᄒᆞ되[illegible]

●永民願留　永興郡守李東煥氏가赴任數朔에承前守貪虐之餘ᄒᆞ야邑弊民瘼을次第矯捄에獻器가復整ᄒᆞ고尤爲熱心於敎育ᄒᆞ야各面各里에均設學校ᄒᆞ야敎育人才之意로刊版告示ᄒᆞ야到底奬勵ᄒᆞ더니忽被前郡守洪淳旭與警務綜巡金榮洙補佐官補石川與一郞三씨로構捏傷害가罔有紀極ᄒᆞ니李씨가請願上京之際에郡民數十百名이遮道願留則自警務署로補佐官補와總巡이與民으로相推擠極을捉去ᄒᆞ고放銃示威ᄒᆞ야壓迫民論ᄒᆞ니此何不法之甚고郡민數百名이과足千里ᄒᆞ야內部에呈訴ᄒᆞ얏다더라

●通校運動　通津郡公私立兩校에셔今陰曆端陽日의聯合運動式을擧行ᄒᆞ여ᄂᆞᆫ대數百名生徒의愈快ᄒᆞᆫ氣像과活발ᄒᆞᆫ趣味ᄂᆞᆫ今人讚揚ᄒᆞᆯ뿐더러觀光ᄒᆞᄂᆞᆫ私塾의學童도競走一科로特參케ᄒᆞ며本郡守趙東善氏가一體施賞ᄒᆞ고切切勸勉ᄒᆞ야敎育上觀感케ᄒᆞᆷ이足히一郡의模範이된다더라

●妖客被囚　豐川郡居최陽호爲名者가自稱道人或稱名醫ᄒᆞ고九月山山城에暗匿ᄒᆞ야以松葉爲藥ᄒᆞ야仙藥이라稱ᄒᆞᆫ즉각處男女老少가或持燭米及南草ᄒᆞ고多數히會集ᄒᆞᄂᆞᆫ故로殷栗郡分派所에셔該崔哥를捉囚ᄒᆞ얏다더라

●刼寡召火　殷栗郡北面居김昌식씨에姪婦朴召史가往于長連郡親家라가回還中路에셔김澤현李贊均羅贊圭三漢이路中에勒爲負去于김澤鉉家ᄒᆞ야欲爲强奸故로朴召史가終不聽從則三漢이無數毆打逐送ᄒᆞ얏더니該寡女가不忍其憤ᄒᆞ야翌日[illegible]該家에往ᄒᆞ야暗地放火ᄒᆞ야崔家四間이役燒ᄒᆞᆫ故로該郡分派所에셔박召史與김澤鉉等을捉囚査實中이라더라

●强奸被捉　江陵郡連谷李인學이自稱別巡檢ᄒᆞ고該郡南里面半程里居金弘九에妾을强奸ᄒᆞᆫ故로該郡警務署에셔捉囚ᄒᆞ얏라더라

●匪魁踪跡　去月二십七日에匪魁申돌石이聚黨五拾餘名ᄒᆞ야각持千步銃ᄒᆞ고自盈德郡으로向往寧海等地ᄒᆞ얏다ᄒᆞ고該郡分派所에셔江陵警務署에報告ᄒᆞ얏다더라

●歪庄不入　각宮庄整理局에셔調査ᄒᆞᄂᆞᆫ檗意가庄土각種來歷을考ᄒᆞ야處理ᄒᆞᆫ다ᄂᆞᆫ데文簿整理가姑未勘筭인ᄃᆡ歪秉澤씨의庄土屬公이라ᄒᆞᆷ은中間浪說이라더라

●求福得災　釜山港居김侍從聲遠씨가觀察一窠를圖得次로上京ᄒᆞ야左右斡旋에緊穴捷經을百般運動ᄒᆞ다가有何事端인지日昨에被捉되야監獄署에移囚ᄒᆞ얏다더라

●鎭介熱心　近日關西關北에ᄂᆞᆫ到處의學校를設立ᄒᆞ되嶺南과湖西ᄂᆞᆫ寥寥然이러니忠南連山郡陽良面에金商琦姜昌錫黃道연三씨가發起ᄒᆞ야一學校를創立ᄒᆞ고名曰培養學校라ᄒᆞ얏ᄂᆞᆫ대該郡署理鎭岑郡守정崙永씨가發奮贊成ᄒᆞ야基礎가已立ᄒᆞᆷ으로附近地故家舊族이皆送子弟入學ᄒᆞ야蔚然有將進之望이라더라

●石材競賣　向日에裁可ᄒᆞ신城壁을毁撤ᄒᆞᄂᆞᆫ데就ᄒᆞ야 材을近日에競賣ᄒᆞᄂᆞᆫ데付ᄒᆞ얏다더라

●釜巡不法　釜港來信을據ᄒᆞᆫ즉元世燁이僞稱김健培ᄒᆞ고釜鎭의址[illegible]ᄒᆞ고私有賣渡於日人田中常次郞事ᄂᆞᆫ前報에已揭어니와其時全局기址를插票ᄒᆞ야卽欲奪取之際에巡檢이居民을壓制ᄒᆞ기에居民等이憤鬱ᄒᆞ야或言語不恭ᄒᆞ얏든이巡檢이緣此含嫌타가동民리영玉을捉囚于警獄ᄒᆞ고縛之刑笞에幾至死境이라ᄒᆞ더라

北京電報

六月二十六日발

◉孫씨退去　香港太守ᄂᆞᆫ孫逸仙을退去ᄒᆞ라고命令하얏더라

同日發

◉軍艦注文　淸國은更히十二隻軍艦을神戸川崎造船所에注文ᄒᆞ얏다더라

▲鄭 歌 誰 和▼

▲東京二六新聞에根本的對韓策이란題下에韓 皇의詔勅은統監의副署를要ᄒᆞᆫ다ᄒᆞ얏더니近聞ᄒᆞᆫ則大韓 皇帝詔勅이伊藤統監의經議를由ᄒᆞ고야頒布가된다ᄒᆞ니彼所謂근本的對韓策이此로부터實施가되ᄂᆞᆫ가此事件도總理大臣李完用氏의手段으로結果가되얏다지

▲一進會에셔郡守叙任ᄒᆞᆯ三十餘人을內部大臣에게錄送ᄒᆞ얏다니內大가發言ᄒᆞ여曰資格과名譽가顯著ᄒᆞᆫ면雖無勸囑이라도自有需用之日이어니와現今地方情形이甚於塗炭인則字牧之任은若非其人이면決不任用이라고某報에說道ᄒᆞ얏스니果如所聞이면內大의聲言이美則美矣나來頭奏本을보아야알깃지

▲總理大臣李完用氏ᄂᆞᆫ新內閣을組織ᄒᆞᆫ後로諸般行政事務가奔忙ᄒᆞᆫ中에三昨日上午十時에平理院長自巳伯氏私邸에訪問ᄒᆞ고同二時에內閣의仕進ᄒᆞ엿고同六時에[illegible]의行動이何其煩劇ᄒᆞ고總理大臣의職務를爲ᄒᆞ야이ᄀᆞᆺ치紛忙ᄒᆞᆫ지畢竟은自巳地位를鞏固ᄏᆞ즈ᄒᆞᆷ이지

▲三昨日에同友會에셔南廟에出往ᄒᆞ야祈禱를設行ᄒᆞ얏다고某報에揭載ᄒᆞ얏스나該會에셔무삼知치目的으로祈禱ᄒᆞᄂᆞᆫ지못ᄒᆞ거니와會中祈禱ᄂᆞᆫ今始初聞이로고

▲日前內閣會議時에四大門의城첩毁撤ᄒᆞᆯ案件을提議ᄒᆞ얏ᄂᆞᆫ데각地方에도所有한城첩을一躰毁撤ᄒᆞ기로決定ᄒᆞ얏다니이것도石材가日人의需用所致ᄒᆞ되ᄂᆞᆫ緣故니大抵日人의牟利手段은測量ᄒᆞᆯ슈업고

▲閔泳綺氏ᄂᆞᆫ日本博覽會觀察로前往ᄒᆞᄂᆞᆫ되釜山鎭世過去ᄒᆞ다가同씨가該鎭基址을日人에게賣渡ᄒᆞᆫ事로人民이同씨를見ᄒᆞ고憤寃이激烈ᄒᆞ야哭泣呼訴ᄒᆞᄂᆞᆫ데景色이不忍ᄒᆞ얏다ᄒᆞ니同씨ᄂᆞᆫ該地居民의含寃을預知치못ᄒᆞ고該地에偃然히過去ᄒᆞ던지此所謂怨讐ᄂᆞᆫ獨木橋에셔만나ᄂᆞᆫ것시오

▲地方각郡에面長들이結전ᄒᆞᆯ收捧ᄒᆞ야或地方官의印尺으로應納하ᄂᆞᆫ者가有ᄒᆞᆷ으로此事件에對ᄒᆞ야該弊를杜防ᄒᆞ기爲ᄒᆞ야度支部에셔稅務監及稅務官의게訓令ᄒᆞ고結전을地方官의印尺으로納ᄒᆞᆫ人民의田답은因爲屬公ᄒᆞᆫ다ᄒᆞ니印尺으로納稅ᄂᆞᆫ由來舊規어날一朝에變革타가如或犯過ᄒᆞᆫ면田답을屬公ᄒᆞᆯ다ᄒᆞ니網民之弊가싱기지안ᄒᆞᆯᄂᆞᆫ지

▲美國에滯在ᄒᆞᆫ徐戴弼씨ᄂᆞᆫ本國에渡來ᄒᆞᆯ次로香港에來ᄒᆞ야方今留連에將次還國ᄒᆞᆫ다고某報에說道하얏스니的確ᄒᆞᆫ消息이有ᄒᆞᆫ지

◎本社 告白

國債報償에出義금額을本報紙面에逐日廣告로發布ᄒ되貽有遲滯ᄒ야義捐諸氏의迅速揭布코ᄌᄒ시ᄂ意를未即奉副ᄒ옵더니今自本報로國文報一部를增刊인바從今으로ᄂ漢文報와國文報에義捐廣告를並爲揭布홀터이오니愛國僉員은照亮ᄒ시옵

雜錄

●正誤 昨日本報欄內失牛受答란題下에林川居洪在夔ᄂ趙斗夏의名字로誤식이기로玆以改正홈

廣告

大韓新地誌 乾 坤

[illegible] 寺洞 [illegible] 書舖

前參書李鴻來氏大人知中樞公忠淵氏가陰本月十七日別世ᄒ셧기玆訃告 護喪 鄭慶善 告白

本人의外祖先金公諱慶深墓ᄂ在於通동ᄒ고金顯文의直祖諱돈之墓ᄂ在於書齋峴은即渠矣世葬之地書齋동也라通동과書齋峴이相距限一里許에中有一川ᄒ야以西ᄂ爲通동ᄒ고以東은爲書齋동ᄒ니兩동之稱號가各隨地界이거날今者金顯文이敢生奪山之計ᄒ야通동의在ᄒ本人의外先祖墓를書齋峴의在ᄒ渠矣直祖돈之墓로라冒稱ᄒ야欲爲奪取ᄒ니譬如齋동의有一狂客ᄒ야校동人을突入曰是乃齋동이라ᄒ면人皆曰可乎아否乎아事狀이與此相似ᄒ온즉顯文이以欺瞞之術로平理院의僥倖得訟ᄒ얏스나渠矣譜册의墓在之地名이自在ᄒ으로易地奪墓ᄂ昭然可知이오니僉君子ᄂ照亮ᄒ심 海州郡三爲面通동居 鄭取源 告白

本人의二畝ᄂ川居李景昌許에四千八百兩을甲辰四月二十七日及同年月內具遂推尋ᄒ標를捧標一張ᄒ고京南門外四十八統七戶金종瑞許에當坪一萬三千四十二圜乙巳八月二十五日推尋ᄒ於音一片同兩標二張ᄒ고셩培與李壽근許에當坪十萬兩됨後約標一張과平壤近北面臘字四十六卦落文券셔失後廣告ᄒ新聞을申而呈手ᄃ라가日昨셔失ᄒ얏기廣告ᄒ니誰某拾得ᄒ와도休紙施行홈 金興居李恩陽 告白

本人의子重회가年今十六의雜類와符同ᄒ야於音과標紙로外債를得코ᄌᄒ니內外國人間切勿貽狀ᄒ며某人이든지밧지ᄒ여무시면警廳에呼訴홀터이오니以此照諒홈 中署相思동崔俊식 告白

海州席洞尹元七氏가去二月移家後에老親이以此成病ᄒ야幾至危境이오니覽此速還ᄒ옵 舍弟日武 告白

錢文ᄇ千兩出給事라ᄒ고套書ᄒ於音一片을昨日에西江市場에셔셔失ᄒ얏스오니誰某든지拾得ᄒ시거든休紙로施行ᄒ심을敬要 權日如 告白

鎭南浦碑石동耶蘇敎高等尋常小學校建築義捐氏名如左홈
오時鉉 十圜 金영權 십圜 楊命식 金用九 리秀榮 金相燦 鄭益洪 金正民 林乾欽 金炳金 리근섭 韓孝源 각五圜 金季應 趙영燁 全近夔 金憲翼 김□曾 리容연 金錫오 趙영泰 朴萬化 韓作鎬 洪영식 尹□煥 □□圜 柳鳳涉 田封九 洪종權 박영華 田基沃 김學洙 리景하 오廷민 尹致權 尹호 金영찬 梁禎涉 文厚섭 리恒旭 金학근 韓치淑 趙영철 각□圜 金貞洙 洪顯우 각一圜오十錢 오석원 林仁석 姜리황 白락順 田인환 鄭리錫 오健容 윤京셕 安희朝 嚴龍□ 金雲興 金庚地 金□하 朴宗셜 金□鉉 김養□ 韓鳳周 韓車潤 姜應순 車원翊 李肅仁 白찬時 김尙英 崔大俊 각一圜

光山金氏의失傳ᄒ얏든先祖墓를旣往에春川居趙東金氏의先塋의셔推覓ᄒ고相訟ᄒ야天聽거지되야 英廟朝判下로兩氏가同山ᄒ는터禁養은趙氏가主張ᄒ고金氏ᄂ初無干涉이더니今法部協辦김각鉉氏가估勢生贖ᄒ고壓制趙民ᄒ야判下之墓를欲掘ᄒ며禁養松楸를欲奪ᄒ야洪數作伐ᄒ고日人을送ᄒ야䥴木ᄒ看梁ᄒ는터揮劍擾銃ᄒ즉趙不可禁止이기로不勝仰冤ᄒ야玆以廣告홈 徐丙吉 告白

本社事務를別般確張ᄒ기爲ᄒ야社務를金致允氏게로讓渡ᄒ얏스오니各支社僉員은照亮ᄒ시옴
京城□通運社 告白

中署罷朝□京 總發賣所 中央書館(發行) 京鄕各有名書舖

新小說 鬼의聲 李人稙先生著 [illegible]

學徒裝히書冊學徒運銃과諸具羅紗各種美國金鷄納衣服裁縫其他雜貨도廉價放賣ᄒ오니諸君子ᄂ來臨ᄒ심을바라나이다 仁川港奇峴開新冊肆

本社風穴에儲藏ᄒ蠶種을製造할터인ᄃ我國內今年秋蚕과來年春夏蚕ᄉ育을可量ᄒ야製造홀터이오니養蚕ᄒᄂ僉君子ᄂ左開所로來臨ᄒ던지郵書로ᄒ던지蚕種을各筭所用預託ᄒ시오
安義鶴峴蚕業會社
京城水成門越便廉동二十壹統一戶 金漆原家
安義鶴峴蚕業會社社長 金秉先 廣告

大安洞寄宿館
本館에셔漢城內에留接ᄒᄂ諸學生의寄宿便利를爲ᄒ야大安동에二層半洋屋을建築ᄒ고居處飲食其他凡節을一々히便宜ᄒ기로極力設備ᄒ오니遊學諸生은照亮ᄒ시와貴臨于本館事務所ᄒ야詢議ᄒ심을敬要 北署大安洞別宮南便寄宿館長 鄭熙燦 白告
寄宿願入證書ᄂ本館에셔授與홈
留連費ᄂ每朔에新貨四圜八十錢으로定홈
宿館 廣告

陰四月二十四日夜平北鐵山郡廳山居前郡守吳熙源家賊黨突入放銃揮劍身被重傷家粧什物沒數見奪際韓一銀行四十株股本금三百圜領收証과保証금二百圜領收証並爲見失ᄒ얏기玆以廣告ᄒ內外國僉君子照亮홈 吳熙源堂姪鎭殷 告白

●일본遊覽者募集
一遊覽會員募集 人員은五十名으로一團을成ᄒ니한일인을不問ᄒ고速히請入ᄒ시옵
一巡遊地 東京博覽會橫빈京都大阪神戶
一往復일數 ᄃ抵十七일間
一浮費 遊覽費及手數料을合ᄒ야總計四十八圓
一出發일 請入順次를從ᄒ야出發三일前에直接히通知홈
一請入所 在京성各신聞社五十八銀行경성支店 天一銀行
一會員은遊覽을終ᄒ야開散ᄒ後ᄂ本會와關係가小無홈
一南대門셔釜山으로直行ᄒ던지或은東경으로直行하ᄂ者의對ᄒ야ᄂ同一便法으로同行請人을應諾홈
일本人遊람協會事務所 남대門通 東亞商會

◎活動寫眞演行◎
今番에始作ᄒ活動寫眞은法국巴里京에셔有名ᄒ거시오또ᄒ大韓국 皇室에서먼져看覽ᄒ셧고始作ᄒ지數日에遊覽ᄒ시ᄂ쳠君子가多數枉臨ᄒ시와坐處가넘치셔晩到ᄒ시면不便ᄒ오니速々枉臨홈
今番에또시로이活動寫眞이多數來到하야每夜에僉位賞ᄒ에新面目을供ᄒ오니速々來臨ᄒ시옵
活動은自下午八点至九点
名唱善舞歌童과唱和吹笛은自九点至十点
賣票時 七点半始篤
入場票 上等三十錢 中等新貨十五錢 小童十錢
新門외서달이목東便벽돌집 法人 馬田 告白

本店에春服衣次각程이自英국으로多數來到ᄒ얏사오니陸續來購ᄒ시옵 貞洞源□양服裁縫店 告白

本人이日本大阪商業家와特約ᄒ고日本內地產出各種物品과西洋各種物品及機械等物을我大韓에輸入과委托을便利케契約ᄒ얏스오니爾工業에有意ᄒ신僉君子ᄂ某物이든지請求코져ᄒ시거든本社로來議ᄒ시오本社에셔ᄂ手數料ᄒ만受領홈
興業社本店 開城北部祥洞
支店 京城南門內水橋五十一統大戶
仝仁港內동廣濟 培養會社

◉增修無冤錄大全
壹千壹百七十頁 定價金新貨七拾五錢
此增修無冤錄大全은法律家의最緊要ᄒ書籍이온ᄃ年來現本이殆히絶種에至ᄒ지라故로法部에認可를得ᄒ옵고此를新刊ᄒ얏삽ᄂᄃ國漢文으로解釋ᄒ야模糊ᄒ句節이無ᄒ오니法律學에有志ᄒ신니와字牧之任에居ᄒ신니ᄂ不得不覽홀冊子이오니注意購覽ᄒ시옵
中署布屛下 廣學書舖 김相萬 發售所

원산과셩진간에셔본인이살진소(肥牛)를만이ᄉ깃스니쇼파ᄂ제군은다수이팔너오시옵 최봉즙 고빅

辯護士 前檢事 前判事 正三品 丁明燮
法律事務所 西署新門外鍮동百八十六統三戶
事務員前主事吳在澤

武橋崔九顯의當坪四萬五千兩標一張을九月十四日家內에셔遺失故玆以廣布誰某拾得ᄒ와도休紙施行홈 日本人 加藤嘉兵衛 告白

國債報償義捐金收入廣告

●正誤 昨日本報國債報償金
廣告中竹山近一面牙松里義捐
金合計를拾三圓오拾錢으로總
合을貳百卌八圓七十四전으로
都總合을貳萬오千陸百九十四
十一전七厘로正誤홈

●陽城郡紙동面照日里
홍命華一圓 리興文卅전
리明쇠 全學奉 崔萬吉
各二十錢 리五쇠 十전

●山非里
리應緒 오십錢 桼寧 리敏秀
김영培 각卅錢 丘哲元
탕鎭헌 楊永壽 安久達
姜大貞 오德善 정金긔
경덕기 리致用 최덕華
劉學春 韓萬셕 각二십전
김玉壽 權종萬 姜永秀
리百萬 리三錫 박漢用
각십전 主事趙圭元 姜大晃

●桃谷
각一원
김三紘 류遜求 各壹圓
김永泰 정癸和 리景복
리相殷 각五十錢 김仁紘
김덕鉉 리國榮 정지濬
柳기錫 김秉우 리疆應
최聖三 各二십錢 김應헌
洪완긔 리建榮 尹영學
權鳳壽 김창紘 김善紘
張升鎭 임成極 각拾錢

●梨峴
김桂完 壹圓 리台應
李奎徵 姜永熙 각오拾錢
김운先 三拾전 俞학奎
수십면 朴璟양 李大奇
명衡鎭 楊영圭 명春三
安學용 咸炳玉 김漢成
각二拾전 조精和 최元문
趙존挾 강문회 沈景先
김셕근 全元實 崔瀓道

[illegible] 니濟鵬 오十전
許鐵 二十전

●松五리面
최完섭 수십전 崔恆섭
김건榮 沈壽寧 寧凡秀
각십전 前主事김濟榮壹圓
沈회台 김命덕 민秉鎬
김지興 金덕三 沈龍植
니봉用 각二十전 任道弼
김지介 각十전 최鳳謨
四십전 鄭建謨 貳원
沈장植 오拾전 니창운
崔지옥 니陸容 沈弘식
前主事黃종文 閔덕鎬
각二十전 沈東식 拾전
閔리鎬 壹圓 閔光鎬
류拾전 閔泳鎬 南文회
김濟鉉 니徑學 니리容
각貳十錢 崔지元 三拾전
吳遠泳 黃址淵 김宗吉
各拾전 최元榮 壹圓
金顯範 니學淳 각五拾전
박義병 니鉉긔 김顯규
각貳십전 崔慶셕 김明학
최章셕 각三拾전 朴齊철
壹圓 朴元炳 김定熙
각貳拾전 김龍壽 金教勳
최仁榮 각拾전 김顯哲
壹圓 정元謨 류拾錢
김敬식 四拾전

●華山
김學成 金學손 沈종淵
최義錫 孔錫祿 최仁錫
鄭우셕 각三拾錢 沈正鉉
윤時五 沈義植 各貳十錢
趙民원 尹順一 各五拾錢
홍性舜 姜有馨 羅光用
김泳鎭 각貳拾전 김信泰
沈인植 각壹圓 沈三福
拾전 니源植 니근容
鄭玉林 각ㅅ拾전 심熙셕
三十전 丁憲셕 김行哲
류成입 吳春學 趙東一
김寬五 尹德俊 각貳十전

孔셕九 [illegible]
六十전 丁偶셥 심石淵
金랑學 俞尙敏 윤顯구
孔伯善 각貳十전 김允成
尹觀三 각十전 윤召史
五전

●金谷面才仁동
黃主淵 貳원 리민찬오십錢
黃永秀 韓明셕 임淳華
黃學淵 黃明秀 김教俠
柳來宗 각卅錢 리正儀
柳來復 김英會 洪鎭七
리찬榮 리馨儀 柳敦永
류기東 리容夏 朱鼎九
리尙奉 각십錢

●鷹沙리
安영達一圓 安五達 趙득元
김龍起 박泰淳 鄭稻永
趙敏俊 [illegible] 성樂然
朴孝淳 白華? 각卅전
최壽셩 오십전 安炳蕙
최時春 黃敬化 손元石
김德三 리熙夏 각卅전
出身崔弘식 出身金昌식
각四십전

●鷹동
都事五斗원 一圓오십전
議官趙炳應 二圓
參書官金敎英一圓 리喜謙
韓彰원 각오十전 張터鎭
丘仁원 趙贊원 丘형원
각卅錢 張周麟 張斗영
각廿전 趙炳斗 尹泰元
丘炳升 丘和원 리起터
각십錢

●密里川
安聲中 八십전 金東濟
金思贊 각五십錢 孔석규
리相介 孔석형 리봉奎
孔석禮 安昌商 孔석臣
安進尙 최能敎 孔斗셕
張泰俊 卅전 정淵中
孔應澤 정興達 각卅錢
尹 橙 孔在甲 리顧奉

安驥尙 成 [illegible]
尹泰운 丘義? 김?乙
鄭오長 김應? 鄭?吉
高셕조 박奇然 최聖老
각拾전 정?得 四十전

●冠洞
黃긔鶴 오十錢 김客熙
六十錢 黃在秀 黃貞淵
黃敬淵 趙鼎元 黃?萬
각卅錢 黃健秀 金敎爽
각廿전 黃道연 黃龍연
김允식 趙學元 吳允善
黃錫三 박千石 각十錢

●老谷
邊英셕一圓 金思玉 김聲基
리永하 각卅? 김達?
伍拾錢 金贊秀 ?致成
리讓善 윤日淳 尹永善
김敎文 丘鏞? 각卅?
리治亨 沈?? 韓宜영
邊慶錫 김鳳基 김芝秀
朴?炳 邊海緯 김正和
리봉均 오性善 鄭樂林
김雲식 김昭坤 김?龍
리永복 김瑜식 김才用
홍 金 朴七陽 홍八福
장福돌 각십전

●九千里
리奎영一원 리允영卅전
姜有會 리東紙 리東益
리俊영 리建中 각五十錢
리建寅 白南주 리象準
리建星 權啓善 복齊鵑
리建春 鄭선根 劉興복
리遠星 각廿전 리鶴相
리홍종 鄭창근 각ㅅ十錢

●新基
오宇泳 오龜泳 각一원
오鳳션 리元근 각ㅅ十전
오규泳 오宙泳 오延근
리圭선 全春實 朴宗元
회德三 韓化春 曹영壽
각二十錢 김成甫 卅전
春戚權十전

●벌리

前主事? 俞?燒 [illegible]
前主事甲海均 오?鎬
오致爵 오尙션 오憲根
오鳳션 각伍셥錢 김?景
六십전 김元一십전 오치與
徐用西 俞龍熙 회仁化
오致祿 趙化順 최義和
각廿전

●防築里
김炯稷 륙十錢 오儀션
洪淳興 池士有 홍종升
복리龍 각廿錢 姜元榮십전

●盤谷面內村
리弼元 崔敬淳 崔긔元
崔?鎭 각一원 리셕奎一圓
鄭운植 五十전 박星云
四十전 니彥植 최?厚
林峰근 權鎭大 리宗션
김儀? 各卄전 林?彥
임圭? 리相善 임盛根
徐?河 최紀鎭 각십錢
최敬학 三十전

●砧橋
리윤海二圓 리相善 리觀海
리? 니종熙 각一원
리상? 홍淳普 리永舜
각五십錢 김敎德 白樂宗
리相夏 許 계 리鈐?
許 梃 경元伯 具然德
니인海 崔 播 許 東
리元섭 김炯복 김炯敎
許 顯 리鍾元 各廿전
許 松 니陽섭 趙炳啓
각卅전 趙炳夏 七十전
니文海 리相殷 許 셥
리호然 김時顯 韓永履
趙麗元 趙惠元 五희元
韓鎭瑚 각십전

●靑龍리
張鳳鎭 張主鎭 정海麟
各一圓 張터鎭 리晦根
각五셥전 정義鎮 張水鎭
張永진 張箕鎭 각二十전
張鵬진 최益상 정善朝

●竹벽리 ?上 각십전
崔一賢 二十전 리奎用
卌전 리建春 리演弼
리廷達 元世榮 리象丁
리殷奎 張金和 각십전

●九龍동面珍村
主事홍종? 參尉리瑾儀
각 圓 徐相호 김達賢
오泰泳 成民상 윤起터
리昊儀 각五십전 許 燦
權鳳允 崔光甫 리道治
오利稷 박상奎 리晥儀
복致? 韓鳳錦 徐상說
리東회 리潤奎 朴完植
최英植 徐봉용 申?均
최?德 신?元 김聖三
시?淵 각卅전 정春西 김明學
리?宇 최英진. 甲상연
각十전 오建泳 각십錢 김德化
?? 신錫敎 리용得
각?십錢 정洪德 최영哲
尹?? 權?道 趙春日
오春보 김益? 리종弘
최?先 김厚先 김寬岩
玄?? 김允植 김종漢
신?奎 신?榮 리식孫
리?孫 김?鼎 각십錢

●東嶺里
강 근 許 炳 각ㅅ拾錢
김?熙 윤致祥 최文오
송億萬 각卌錢 郭池鎔
金顯鍾 安치君 각二십錢

●松田自起村
리容德 리膺來 壹圓
리容元 金愛烈 각四십錢
리顯徹 리麟徹 리容均
각오십錢 리석來 리容호
各卅錢 리容友 리寧徹
리鴻徹 조在弘 릴召史
曹仲西 각拾錢 신景三
리容熙 리衆龍 리容一
각二십錢

●素沙店幕
尹德賢 元明集 김興春

최聖元 盧金集 조ㅅ俞
각貳拾전. 尹?瑞 정韓瑞
김金成 우學必 각오拾전
박金明卅전 리元葉ㅅ십면
金治道 김道然각십전

●賢村
리 鍾 리允榮 각卅면
玄淳默 ㅅ십면 ㅅ敬一
崔成時 김성오 趙善一
김敬云 리善在 玄有東
리永彥 김性善 리斗承
김金道 徐金輔 池敦華
玄규東 徐尙皓 리秉宰
徐應淳 각卅전 安敬壽
박濟壽 韓應新 洪舜華
각십전

合壹百陸십七圓○오전
國文報廣告總合壹百陸十陸圓
陸十五錢
前號總合二萬五千陸百九十圓
十壹전七厘
都總合貳萬陸千○二拾三圓八
拾壹錢七厘

◎本社廣告

○申報價
一張代金 新貨二錢五里
一個月前納 三十錢
三個月 九十錢
六個月 一圓七十錢
一個年 三圓四十錢
郵稅一部 新貨五里
一個月 十二錢

發行兼編輯人英國人 裵說
發行所
南署石井洞外地三層洋屋家
大韓每日申報社

第五卷　第四百五十…號

大韓每日申報

月曜及慶節歲時日休刊

檀君開國四千二百四十年
箕子元年三千二十九年
大韓開國五百十六年
日本明治四十年
淸國光緖三十三年
●陰曆丁未五月小十九日己酉

論說

一進會

此會의伸張ᄒᆞᄂᆞᆫ勢力과增加ᄒᆞᄂᆞᆫ人員과內閣에緊接ᄒᆞᄂᆞᆫ것과宮闕에漸入ᄒᆞᄂᆞᆫ것을吾人이注目及評論ᄒᆞᄂᆞᆫ것은不能避之勢라若此會가近日과如히繼續ᄒᆞ면威嚇를將行ᄒᆞ리니其威嚇이善行을抗逆ᄒᆞᆯ지其惡弊를抗逆ᄒᆞᆯ지ᄂᆞᆫ不必贅言이로ᄃᆡ本記者及多數人의意見에ᄂᆞᆫ此會가危險二字에不過ᄒᆞ도다以其現今著態로觀之컨ᄃᆡ此會가統監府及日本政策과心膓을相連이나伊藤侯의智明이多數不學不法之人으로組成ᄒᆞᆫ團躰를深信키不能인즉ᄂᆞᆫ其必知悉ᄒᆞ리로다

蓋如此團體가惟以利爲務ᄒᆞ야舊主人을不顧ᄒᆞ고新雇主를隨時樂從ᄒᆞᆷ은史編上에其機가非止一再어니와尙今伊藤侯도如此之機를其或得見ᄒᆞ리로다如許ᄒᆞᆫ事를欲遂ᄒᆞᆯ時에其手段이常時純潔ᄒᆞᆷ을不得ᄒᆞᆷ은或可恕容이나然이나前日名譽가不足觀인如彼社會를卒然取抱ᄒᆞᆷ은其或太過로다此會員이聚衆高談을累行ᄒᆞ고도猶不滿於心ᄒᆞ야諸般官人의게逆人威脅ᄒᆞ야日一進會本部에指示를若不全從이면何如事가將有하리라ᄒᆞ기에小無顧忌ᄒᆞ며非特此라會員의姓名을役印列書ᄒᆞ야地方官과政府僚屬을叙任ᄒᆞ라고內閣大臣의게自薦ᄒᆞ얏고雖閣內官人이라도此會의注目을亦不得免ᄒᆞ나니宮內大臣의게通知ᄒᆞ얏스되雖某八人은前者와如히宮闕에頻煩出入을禁止ᄒᆞ얏도다

如此諸大人이何處에將至ᄒᆞᆯ지且伊藤侯가此會의如彼延長을何意로許容ᄒᆞᄂᆞᆫ지人皆異之라若此會의前日行爲가果多純潔이면今者行動도何如忠愛目的에基因ᄒᆞ얏다可信이어니와世界內에最大寬容으로量度ᄒᆞ더리도此會가出於高等理想인즉은認悉키不能이니由是로惟一信認ᄒᆞᆯ것은此會員이權力을갈求ᄒᆞ던지財를飢食ᄒᆞ던지其或見貪ᄒᆞᆯ지이是也로다何如던지此乃韓國의게一危險質이라韓國의其實利益을存心ᄒᆞᄂᆞᆫ人士ᄂᆞᆫ常時注目ᄒᆞᆯ비어니와他日에此會가日本政策에도亦加危害ᄒᆞᆯ지非不可信之理로다

官報

●第三千八百四號　光武十一年六月二十八日

◎宮廷錄事

法部次官金珏鉉辭職疏
批旨省疏具悉何可言辭於此時
未備侍令宮內爛商妥辦
咸鏡南道觀察使劉世南辭職疏
批旨省疏具悉勵務毋庸其勿煩辭即速往赴

◎叙任及辭令

任步兵特務正校　步兵正校徐昌圭
補鎭衛步兵第三大隊附　步兵特務正校徐昌圭
解法官銓考委員　法部書記官김긔肇
任法官銓考委員　法部民事局長李鍾協
依願免本官　秘書監丞박承憲
任學部書記郞　正三品김弘祚
任步兵特務正校　步兵正校鄭礴遠
仝　任석穎
仝　崔永訓
補鎭衛步兵第五大隊附　步兵特務正校鄭礴遠
補鎭衛步兵第六大隊附　步兵特務正校任錫穎
補鎭衛步兵第三大隊附　步兵特務正校崔永訓
並解任　中樞院副贊議田・懇
仝　尹興셥
仝　尹升善
依願免本官　中樞院副贊議李範世
　內部會計局長김寬鉉
　內部書記官홍鎭裕
仝　李健承
任中樞院副贊議　正三品李원銳
解內閣不動産法調査委員
任大韓醫院醫員　三等軍醫崔國鉉

外報

●桑港事件과日本　日本三府二港의各商業會議所에셔對美問題를協議ᄒᆞᆫ더인대今番桑港事件과如ᄒᆞᆫ事件이再次發生되지아니ᄒᆞ도록美國大統領과紐育市加古桑港各商業會議所에警告書를發送ᄒᆞ고又日本人에對ᄒᆞᆫ迫害ᄂᆞᆫ桑港이尤甚ᄒᆞᆫ故로日本에셔此報復手段으로于今桑港을經由ᄒᆞ던商品은總히ᄉᆞ도루을經由케ᄒᆞᆫ다더라

●伐木事業의對抗　北京電을據ᄒᆞᆫ즉淸國에셔伐木會社를配置ᄒᆞ고伐木에從事ᄒᆞᆯ뿐아니라更히伐木保護會社를組織ᄒᆞ고伐木에從事ᄒᆞᄂᆞᆫ支那人의게料금을取ᄒᆞ야벌木과輸運의保護ᄒᆞᆷ을計劃ᄒᆞᄂᆞᆫ대此ᄂᆞᆫ日本에對ᄒᆞ야對抗運動하려ᄂᆞᆫ意向이라더라

●英帝와德帝　英國皇帝ᄭᅴ셔ᄂᆞᆫ덕國皇帝並皇太子의게對ᄒᆞ야今回에英國에遊覽ᄒᆞ라ᄂᆞᆫ意로案內狀을發ᄒᆞ얏다더라

●四川匪徒　支那電을據ᄒᆞᆫ則四川省開縣의匪徒가景山縣으로侵入ᄒᆞ얏ᄂᆞᆫ데勢甚猖獗ᄒᆞ야兩縣城陷落이近日에在ᄒᆞ다더라

雜報

培英學校趣旨書

夫學校者ᄂᆞᆫ文明之基礎오敎育者ᄂᆞᆫ富强之權輿也라現今環球列强이莫不講究新學ᄒᆞ며挪出新智ᄒᆞ야術業之妙와機械之精이迫驚神奪化에奇巧파測이라以之改良政治ᄒᆞ며以之增殖産業ᄒᆞ며以之發明靈智ᄒᆞ며以之張大勢力ᄒᆞ야雄飛宇內ᄒᆞ며凌駕海外ᄒᆞ야能進富强之業而享文明之福者ㅣ靡億術焉이라祇是敎育之効果也니夫人之腦力이無窮ᄒᆞ고聰明이難蓋이라硏而究之ᄒᆞ며擴而充之ᄒᆞ면物理格致之工이豈限有量哉아惟我國家도聖神繼承ᄒᆞᄉᆞ重熙累洽이라治敎休明ᄒᆞ시고文物彬郁ᄒᆞ샤이家經戶誦에黌塾相望ᄒᆞ야八域含生이擧被陶甄之化ᄒᆞ고一般同胞가共沐作成之澤이라敎育之蔚興이非不盛矣언마ᄂᆞᆫ但挽近來로士狃痼習ᄒᆞ고人尙浮文ᄒᆞ야墨守유執에不察時變故로當此五洲交通ᄒᆞ며萬國競爭之時ᄒᆞ야尙懵然聾然에未免劣敗之歸ᄒᆞ니是豈人種之罪哉아以我聰明英秀之民으로陶鑄於文明之新空氣ᄒᆞ며培養於格致之新學界면何讓步於歐美之人哉아此誠志士長吁에不禁雪涕者也라雖然이나亡羊補牢ᄒᆞ고羡魚結網이亦不差晩이니迨此今日ᄒᆞ야振興學校ᄒᆞ며勉勵敎育이豈非當務之急歟아惟此中和ᄂᆞᆫ素以貧僻之鄕으로又經潟弊之極ᄒᆞ야經紀設校가已有年所나力屈費乏에有志未遑이더니何幸前郡守申大均氏ᄂᆞᆫ注目時艱에有志興學일ᄉᆡ與鄕中諸紳士로協議詢同ᄒᆞ야捐義醵金에爲設一校ᄒᆞ고名曰培英學校라ᄒᆞ니培英者ᄂᆞᆫ培養英材之義也라夫國內에學校愈多而國之興을可卜也라雖有英材異等이라도棄置草莽ᄒᆞ야不培而養之ᄒᆞ면直與樗品等耳라豈足爲需用之器哉아誠願吾鄕之靑年은顧名思義에益加劣力하야皆能自奮自勵에烝進學業ᄒᆞ야成就需國之英俊이면則我韓獨立之基本이實惟在此矣라諸君은其勉乎哉ᆫ저

國債報償文

泰川藏修齋儒生等

列聖朝五百年雨露之澤沒世不忘、小中華三千里丘民之心極天罔墜、苟有人心悅服、何愁國債如山、蚊々蝱吹不能成如雷之聲、轉々爭投自然得絶江之勢、萬姓不令而競効忠勝金湯於此日、四鄰不求而同捐義得人和於遠邦、陳平之奇計奐道三良八信鷄林、㒸國之新命復回一河重淸萬水、分々積如蟻沙嗚乎一千三百萬同成就、人々祝永天命猶與一千三百萬年兆占

●齋儒愛國　平安北道泰川郡藏修齋ᄂᆞᆫ國中에著名ᄒᆞᆫ經學家라今番國債報償에對ᄒᆞ야忠義奮發ᄒᆞ야義金葉六百八十六兩을出捐ᄒᆞ야前主事李允實氏의게委托ᄒᆞ야本社로寄送ᄒᆞ얏더라

●國民總會　國民總會에셔本日上午十二時에該會館內로總會를設ᄒᆞ고諸般事務를處理ᄒᆞᄂᆞᆫ대該會員이多數出席ᄒᆞᆷ을希望ᄒᆞᆫ다더라

●同志有志　北署梅동司宰監內閔周植氏家에셔有志人士가同志硏究會를設ᄒᆞ고以日語算術等課程으로夜學을ᄒᆞᄂᆞᆫ대敎師金敎煥氏ᄂᆞᆫ年未滿弱冠에晝則漢城高等學校에工夫ᄒᆞ고夜則該校의名譽로來敎ᄒᆞᄂᆞᆫ대風雨를冒ᄒᆞ고熱心授學ᄒᆞ니敎師의開明과學徒의勤業이前進之望이大有ᄒᆞᆯ것다더라

●세用甲報　平壤府參書官金英鎭氏ᄂᆞᆫ前後不美ᄒᆞᆫ事實을本報에屢揭ᄒᆞ얏거니와西來傳說을聞ᄒᆞᆫ則某가惡習을不悛ᄒᆞ고氣焰을益肆ᄒᆞᆯ뿐아니라某邊人을對ᄒᆞᄂᆞᆫ乞憐ᄒᆞ기를排日派黨이吾의親日ᄒᆞᆷ을嫉惡ᄒᆞ여如斯히論駁ᄒᆞᆷ이오此ᄀᆞ過失이無ᄒᆞᆫ다ᄒᆞ며또近者에該地黃金李某와同謀ᄒᆞ고內部에請由ᄒᆞ고泥峴近地에潛伏ᄒᆞ야金力을使用ᄒᆞ야自已로東萊府尹이나晉州觀察使를圖得ᄒᆞ고主事김某ᄂᆞᆫ叅書官을承襲ᄒᆞ고李某ᄂᆞᆫ主事를叙任키로酌定ᄒᆞ얏다ᄒᆞ야京鄕間物情이嗷々ᄒᆞ다더라

●農民痛哭　慶南東萊郡西面草邑蓮池凡田畓田古대五동十里全坪灌漑作農이全在卯邑등後墅智谷水源而水道開張次로日人이插말廣占ᄒᆞ고禁其種秧ᄒᆞ니五동農民이哭聲이徹天ᄒᆞ다더라

雜報

●上奏何件 總理大臣리完用氏가再昨日下午八時에詣闕ᄒ야무슴事件을上奏하얏다더라

●朴氏入京 漢城府尹朴義秉氏가鎭海灣軍用地調査를畢了ᄒ고再昨日下午九時에入京ᄒ얏다더라

●內大質問 再昨夜에郡守奏本件을總理와內大와內次三氏가秘密協議ᄒ얏ᄂ데其翌日에奏本前漏泄이된지라內大任善準氏가再昨日仕進時에該府一般官吏를招待하야奏前泄機ᄒ을大端質問ᄒ얏다더라

●恩給朴氏 皇上陛下괴옵셔錦陵尉박泳孝氏의게每朔에新貨二百원式下賜ᄒ시고또結卜貳百結을下賜ᄒ옵신다ᄂ說이有ᄒ더라

●一轉四任 內閣書記官趙齊桓氏ᄂ內部會計局長으로轉任ᄒ고趙羲九權稀相金裕晉三氏ᄂ內部書記官을被任ᄒ얏다더라

●都派員派送 經理院所關京畿忠南兩道庖肆收稅를都派員은勿施ᄒ고該院官吏가各隨所親ᄒ야幾郡式支派員을派送ᄒ야稅金이每多滯納零星ᄒ더니現今沈相薰氏가院卿을被任ᄒ後에該挾雜弊端을改革ᄒ야都派員은可堪人으로差定派送ᄒ얏다더라

●一府廿五郡奏本 再昨日內部에셔郡守廿五窠와府尹一窠을奏本ᄒ엿ᄂ데務安府윤홍在祺貢州韓貞奎江華경介南陽김得鍊陽川劉文卿咸平秦尙彦江陵리台珽泰化權道相長興權泰容楊根정元謨殷栗리升采坡州沈宜昇大邱최鉉達甲山김璣泳加平麻圭환尙州김寅欽漆谷김商선安峽郡차炳麟踏리漢用昇邑金秉문원原리東成莞島鄭肯朝天安安琦션興谿鄭鎬振事濟鄕熙恢鬱島具然壽諸氏더라

●移民同意 韓國移民合資會社事務理事川本奎彦氏가承認次로統監府에請願ᄒ事ᄂ前報에揭報ᄒ얏거니와農商工部에셔統監照會를因ᄒ야營業可扱認許를許命ᄒ고統監府로答照ᄒ야同意를表ᄒ얏다더라

●呂氏被任說 呂圭亨氏가高等學校教官을被任ᄒ다더라

●申氏還國 日本에在ᄒ申應희氏가還國次로七月四日에發程ᄒ다더라

●修學開院式 本日午後一時에敎德殿에셔修학院開院式을擧行ᄒ얏ᄂ데 大皇帝陛下 皇太子殿下 英親王殿下게옵셔臨席ᄒ시고總理大臣以下각部高等官과伊藤統監以下각文武高等官이列席ᄒ야盛大ᄒ儀式을擧行ᄒ고同학院講師ᄂ八人인딕外國人은日本人佐藤寬과英國人希禮兩氏라더라

●林使入京 再昨日에駐淸日本公使林權助씨가入城ᄒ야伊藤統監을訪問ᄒ고一時間을會話ᄒ엿다더라

●共敎와同友 共敎會를日昨同友會慈善部에附屬ᄒ고五署에各支會所를分置ᄒ고事務를分掌케ᄒ기로決議ᄒ얏다더라

●創變頒布 內閣에셔一般官民의創變問題를日昨會議에決案ᄒ얏ᄂ데日間頒布된다더라

●敎科給與 學部에셔地方각公立學校에訓令ᄒ되本部에셔編纂ᄒ普通學校에用ᄒ教科書ᄂ普通學校令實施以後에一學年에編制ᄒ學徒의게만給與ᄒ바教育上에教授ᄒ이便宜ᄒ고且教授ᄒ教員의學力이相當ᄒ境遇에ᄂ第二學年以上學徒의게도給與ᄒ야受業케ᄒ얏스나學徒가該敎科로爲始ᄒ야二學年以上ᄒ境遇에ᄂ其事由와學年別과有益학徒數와敎科書種類와數爻를從實請求ᄒ되第二학年以上學徒의게ᄂ第二학年用敎科書로受業케ᄒ고至於日語讀本ᄒ야ᄂ第一卷부터敎授ᄒ必要가有ᄒ면第一卷부터給與ᄒ도無妨ᄒ니准正施行이라ᄒ얏더라

●會員相約 地方一進會員들이相語ᄒ되吾儕가不久에地方官吏가될터이니本郡郡守와本道觀察使를敍任ᄒ면滋味가無ᄒ니他郡他道로相換視務ᄒ즈ᄒ다더라

●苦學生懇求 日本東京에留學ᄒᄂ韓國學生中苦學生의情境은前報에屢次揭載어니와近者의食債의未勘과月謝의未報로下宿의驅逐과學校의黜學을當ᄒ야道路의流離棲屑ᄒ야但히晝夜옹望ᄒᄂ것은內下젼一萬圜의恩澤이러니自학部로久無如何處分ᄒ지라有志士김益슈洪正植兩氏가不勝慷慨하야共誓死生ᄒ고立身館이라ᄂ下宿에圖合一部ᄒ야血心同盟ᄒ고日々監督部에往訴ᄒ며又總代ᄒ承遜鄭泰運金炯긔三氏를學部에派送ᄒ야依 詔勅卽爲施給ᄒ시와倮蒙顧恤之澤ᄒ야以完修理케ᄒ라고懇求ᄒ얏다더라

●麥稈買收 日本岡山縣居若林이라ᄒᄂ人이資本金오십萬圜으로麥稈會社을組織ᄒ次로渡韓ᄒ야麥ᄑ를買收ᄒᄂ뒤麥을打作ᄒ면稈를不用ᄒ더이니麥秀를折之ᄒ라ᄒ미각麥主씀內에麥秀을折ᄒ려면雇俑가太多ᄒ야ᄒ슈업스니麥을沒數買收ᄒ라ᄒ얏ᄂ뒤設數히收買ᄒ면資本이二百萬圜에至價ᄂ故로該額을現今留置于泥峴ᄒ고買收ᄒ려ᄒᄂ다더라

●李氏入京 果川郷第에退臥ᄒ얏던中樞院顧問李根澔ᄂ今二拾陸日에入京ᄒ얏다더라

●湖中賊警 南來人에傳說을聞ᄒ즉恩津郡論山江景兩浦口附近處에竊發之患이大熾ᄒ야商路가不得相通ᄒ다더라

●免官已矣 安峽郡民許션等이遞郡守리周會을遷任ᄒ고構陷官長ᄒ申리兩漢을依法嚴懲ᄒ라고內部에請願ᄒ얏ᄂ대指令ᄒ되本道查報에虐民討財ᄒ貪贓이綻露ᄒ야旣爲免官ᄒ얏스니勿煩退去ᄒ라ᄒ얏더라

●申訴期限 平漢兩裁判所에申訴期限이本是刑事에ᄂ五日이오民事에ᄂ十五日에遠近道郡里數를計之ᄒ야民事ᄂ申訴期限外에每日八十里式計限ᄒ더니法部에셔民刑事를勿論ᄒ고신訴期限을三朔으로退期ᄒ기로上奏ᄒ얏다더라

●文簿越交 義州郡求是학校에財政文簿調査次로학部로送交ᄒ文簿을因漢城裁判所에照會하야該部에셔再昨日에該文簿을漢裁로越交ᄒ얏다더라

●取料支給 각地方에取扱所를設施ᄒ後로度支部에셔名稱取扱料라ᄒ고每朔에二萬八百三십三원三拾면式統監府로支給ᄒ라더라

●一進遊說 一進會長리容九씨以下總務員과評議員二十名이京畿忠淸全羅慶尙각道의유說ᄒ기爲하야數日間에發程ᄒ다더라

●只有三人 度支部에셔普成專門학校經濟科卒業生十八人을需用ᄒ次로該諸人의志願者를錄送ᄒ라고公函을送交ᄒ얏ᄂ대拾八人中三人은官職敍任이志願이아니라고否字를書ᄒ고其餘十五人은可字를書ᄒ얏다더라

●寶士者何多 黃海道瑞興郡禾同坊新募石橋ᄒ대ᄂ本來陳荒之地라自昨年으로各處人民이居生之計로聚集於此ᄒ야韓人의屋이百餘戶요日人家屋이亦爲六十餘戶라田土主人김興규郭哲환兩人을請來ᄒ야家垈稅금을每年每間에葉坪二兩式徵給하기로斷斷相約ᄒ고更無後弊之意로성標가有ᄒ얏더니不意今年四月에金곽兩人이有何貪慾ᄒ야初不收議於本洞人民ᄒ고暗自却賣於日本人福田安太郞ᄒ지라日人의築室성村之地와重價買得ᄒ얏에ᄂ畢竟韓人數百戶近千名生靈이一朝渙散之境을當ᄒ것기로內部에呼訴ᄒ되右土를還退ᄒ야居民을안接케ᄒ야달나ᄒ얏더라

●滯報의理由 地方각處에셔本報를購覽ᄒ시ᄂ僉員이遲滯漏落之弊가有ᄒ뿐屢々言之故로本社에셔其弊를查探ᄒ즉此ᄂ郡主事의所爲라고言之者ㅣ多ᄒ데니今에懷仁郡人士의來書을聞ᄒ則該郡主事朴金年씨가新聞과書信을停滯漏落케ᄒᄂ理由ᄂ遞傳夫의月料ᄂ自己가食之ᄒ고新聞과書信을市日이나人便을待ᄒ야傳致ᄒ으로此弊가有ᄒ다더라

●金氏拒絶 進會에셔三和府檢事金斗鉉氏辭免ᄒ事에對ᄒ야屢度謝過ᄒ고還任ᄒ기를勸告ᄒᄂ데金斗鉉氏가答ᄒ되自責會中으로謝過廣告를揭示ᄒ고來往損害金을徵給ᄒ기前에ᄂ不可還任이라ᄒ얏다더라

●卒業敍任 法部一般官吏가法律上에專昧ᄒ故로將次多數除汰ᄒ고法律卒業生으로一齊敍任ᄒ다더라

●학童斷指 정興설써가自己私第에私塾을設始ᄒ고학徒를對ᄒ야日急迫이不如緩步ᄒ다ᄒ얏스나該학徒들이對曰此時代를當ᄒ야何不急進이리오하고一齊히斷指同盟ᄒ얏다더라

●傳者之誤 昨報에天道敎主孫秉熙씨가我國宗교ᄂ不可不耶蘇敎를服從이란說은傳者之誤라더라

●小童義捐 北美桑港維省地方에居留ᄒᄂ韓人李命植이라ᄒᄂ十歲小兒가本國國債報償義捐金募集ᄒ다ᄂ說을聞ᄒ고愛國天心이奮發ᄒ야美貨一圜을出捐ᄒ얏다더라

●河氏高義 幸港韓人共立協會員河玉룡氏가該地方學生김창律氏의學費를專擔ᄒ야工夫를勸勉ᄒ니김氏가더욱熱心으로學業을勤做ᄒ야日々進步ᄒ다더라

大連電報 (二十五日着)

●炭坑出火 昨日撫順炭坑內에火가出ᄒ야淸國坑夫九名이燒死ᄒ얏다더라

北京電報

●暴動討伐 浙江省紹興南東百八十淸里地에셔暴動이蜂起ᄒ야陸軍將校을砲殺ᄒ민目下에軍隊을派遣討伐中이라더라

▲晩 鍾 警 世▼

伊藤侯爵아日前에公州光州兩觀察을對ᄒ야日余가渡韓後로施政改善에晝宵焦勞ᄒ거날地方愚民이如許ᄒ苦心을不諒ᄒ고侵略主義로錯認ᄒ고미양煽動에起因을作ᄒ다ᄒ니미우반갑고감축ᄒ오統監이渡韓ᄒ後에大韓人民이土地를失ᄒ고家屋을失ᄒ고日人의迫害를受ᄒ것이日益甚焉ᄒ것은원일이오이것시大韓人民을爲ᄒ야晝宵焦勞ᄒ效力인가至愚而神者ᄂ民也니實이不同ᄒ면속지안소

[illegible]二十二日에內閣官議에對ᄒ야案件을起草케ᄒ얏다니至今은大韓에一般人民의風氣가稍開ᄒ야十年前情形과不同ᄒ니斷髮實施가될듯ᄒ거니와頑固兩班의金貫子玉貫子가失勢ᄒ게되니大端히狼狽오

▲陸軍각隊의領尉官中資格이不合ᄒ人은休職ᄒ고相當ᄒ人을擇差ᄒ기로決定ᄒ야其任免案을今明間上奏ᄒ다ᄒ니軍人이三尺長劍을腰間에高佩ᄒ고一片帽子를頂上岸着ᄒ야揚々自得ᄒ더니今番에資格不及ᄒ야平地落傷이되면미우섭々ᄒ깃고

▲平理院과漢城裁判所에셔民刑事를勿論ᄒ고罪人拘囚一款은革廢ᄒ고拘囚ᄒ문한境遇에ᄂ監獄署에下囚ᄒ기로議定ᄒ엿다니年來平漢兩所에셔罪之輕重은勿論ᄒ고空然滯囚ᄒ야經年閱歲者許多ᄒ더니自今으로拘囚一款이革廢가되매刑法上에重要ᄒ刷新이지마ᄂ만약重罪가업시監獄署에滯囚가되면더욱불상치안ᄒ가

▲警務顧問部에셔로雇聘ᄒ日本巡查一百三十名은去二十五日에釜山에到着ᄒ얏ᄂ대七十餘名은上京ᄒ고其餘ᄂ각地方에直路派送ᄒ다니日巡查ᄂ大韓地方으로無數히出來ᄒ야각處에排置ᄒ고警察權을讓與ᄒ니韓國巡檢은用之無處로다

▲中樞院顧問리址鎔氏의子가現今日本東京에留學ᄒᄂ뒤歸國ᄒ야修學院에入學케ᄒ라ᄒ신 大內處分을奉承ᄒ야該家에셔氏의게通奇ᄒ얏더니卒業ᄒ기前에ᄂ歸國치못ᄒ깃다고修學院에請願ᄒ얏다니該氏ᄂ妙齡海外에勞苦를不憚ᄒ고修學院을辭免ᄒ고留학을甘心ᄒ니其志를可尙이로고

◎本社告白

國債報償에出義금額을本報紙面에逐日廣告로發布ᄒᆞ되猶有遲滯ᄒᆞ야義捐諸氏의迅速揭布코ᄌᆞᄒᆞ시는ᄯᅳᆺ을未副ᄒᆞ옵더니今自本報로國文報一部를增刊인바從今으로는漢文報와國文報에義捐廣告를並爲揭布ᄒᆞ오니愛國僉員은照亮ᄒᆞ시옵

雜識

龍川府楊下面新倉동國債報償會 發起人 趙漢韓等

嗚呼라豪富之家에他人이莫敢辱其子弟ᄒᆞ며隆盛之國에外人이莫敢侮其臣民ᄒᆞᄂ니是故로家之成立은卽吾子弟之榮이오國之富强은卽吾臣民之福이라家國이同其揆也로다嗟我韓國이介於列强ᄒᆞ야不能振발有爲ᄒᆞ고壹自甲午更張後로政敎日弛ᄒᆞ고費耗日深ᄒᆞ야至今日而極矣라以若手外交則甘受他人之羈絆ᄒᆞ고以若手內政則難堪外貨之債應ᄒᆞ니興言及此에孰不拊心痛迫哉리오今此壹千三百萬원之外債가現布於擧國之鄕國이오民乃오四千年培養之민이라爲吾國臣民者인ᄃᆡ恬然越視也리오國難은吾家遺民의任이오君父之急難은卽吾身之急難이라所以로遐陬僻邑이忠憤相呼ᄒᆞ며義膽爭勸ᄒᆞ야各捐多小ᄒᆞ야期圖報之濟債ᄒᆞ오니槩化入人지深이爲何如哉아靜言思之則二千萬同胞之心力이非不動也오삼千里疆土之物産이非不多也라以若堂堂之正邦으로受人牽制가其故何也오爲其臣민者惟食권勢愛錢財ᄒᆞ야保身家지爲得計ᄒᆞ고不知愛 帝國지爲先務ᄒᆞ야致有今日ᄒᆞ니噫噫否否라蔽一言曰愛國을勝於愛家ᄒᆞ고事君을同於事父則雖强悍지鄰이라도莫敢棄而國家영存矣리니凡我同胞는盡相勉旃이리오

◉西民可憐 平壤府參書官金英鎭氏는該府主事李某를奸淫혼事가有ᄒᆞ다ᄒᆞ야酒를勸ᄒᆞ야泥醉혼後에手持長劍ᄒᆞ고卽欲行凶코ᄌᆞᄒᆞᄆᆡ李某는逃走ᄒᆞ얏고通引金晉으로ᄒᆞ야곰皆去ᄒᆞ고晉刑을施ᄒᆞ야警務署에多日牢囚ᄒᆞ얏고本府所屬을無端히執捉ᄒᆞ야猛杖嚴囚ᄒᆞ며每日虐政으로爲事ᄒᆞ니百姓들은敢히冤屈을發치못ᄒᆞ는지라日本尉官이其情形을見ᄒᆞ고累次勸告ᄒᆞ되不聽ᄒᆞ는故로無數打傾에恐喝이大端ᄒᆞ얏더라

廣告

去丙午에金宅洙來言於金元圭日方設裁新會社而贊助本社之意로屢屢切懇而査蠶之建植總務之事를李宰學財務金敎宣調査金宅命證人李奎鎬也라素以親知로拘於顔私ᄒᆞ야不得已許入矣러니金宅命又來囑曰設立費四千圓을債得ᄒᆞ니同員列名手標ᄒᆞ라ᄒᆞ기에不得已許之ᄒᆞ얏더니家券을借得이라ᄒᆞ야次第捺章故로李宰學가否券을典執得債ᄒᆞ야作自分用ᄒᆞ고會社不成自破矣라不意今者韓召史稱以김元圭之章으로借給家券云ᄒᆞ고起訴漢裁ᄒᆞ야屢度質辨而該券事欲獨擔于本人ᄒᆞ오니若以會社上言之라도利則分食ᄒᆞ고害則分擔이고設又徵給이라도同社員各自分排於理妥當이거늘諸員은置之不問ᄒᆞ고獨責於本人은是何訟理乎아此不待辨明而可判也故로玆에擧實廣告ᄒᆞ오니照亮ᄒᆞ옴

麻浦 김元圭 告白

本府尹李琦氏는溫良之性이오通達其器로다莅玆軍港重地ᄒᆞ야交涉焉恪守勿失에友誼漸敎ᄒᆞ고政治焉施措有規에民懷益深이라舊弊를隨以革除ᄒᆞ니面里에無婚子也리例之不正남討ᄒᆞ고新式이從此開進ᄒᆞ니校社에見興起哉今日之團躰組合이로다況乎上有新內閣ᄒᆞ사値此百度刷新之日ᄒᆞ야僕等遐海陬하며이니豈可無爲我賢府尹一言頌德也哉

慶尙南道창原府民 彭錫才 김仁奎 丁석敎 김彰鐘 김兌權 辛泳弼 林炳老 吳信默 김洛鎭等 告白

訃告 前參書李鴻來氏大人知中樞公이以老患으로陰本月十七日別世ᄒᆞ셧기玆訃告

護喪 鄭慶普 告白

大韓新地誌 乾

一套一册 三百六十頁 定價金一圜

[illegible]

本道稅務官김奎현氏는廉明公直ᄒᆞ고威重寬厚라戶結收稅를一遵規則ᄒᆞ니民心열服에威頌淸德故로玆에廣告홈

咸鏡南道居民 姜錫臣 朴容淵 告白

本人외子重회가年今十六의雜類와符同ᄒᆞ야於音과標紙로外債를得코ᄌᆞᄒᆞ니內外國人間切勿見欺ᄒᆞ며某人이든지밧ᄌᆞᄒᆞ여두시면警廳에呼訴ᄒᆞᆯ터이오니以此照諒홈

中署相思동 崔俊식 告白

本社事務를別般確張ᄒᆞ기爲ᄒᆞ야主務를金致允氏게로讓渡ᄒᆞ얏ᄉᆞ오니各支社僉員은照亮ᄒᆞ시옵

京城 ◎ 通運社 告白

中署罷朝橋 中央書館 發賣 京鄕各有名書店 所賣發

家庭小說 鬼의聲

菊初先生 李人稙氏著

裝洋服菊判 印刷寫眞紙表 (定價金卅錢 一百八十四頁)

[illegible]

海州席洞尹元七氏가去二月移家後에老親이以此成病ᄒᆞ야幾至危境이오니覺此速還ᄒᆞ옵

舍弟 日武 告白

學徒裝飾書冊 學徒運動과諸具 羅紗各種 美國金鷄納 衣服裁縫其他雜貨도廉價放賣ᄒᆞ오니諸君子는來臨ᄒᆞ심을바라나이다

仁川港奇峴開新冊肆

本社風穴에儲藏ᄒᆞᆫ蠶種을製造할터인ᄃᆡ我國內今年秋蠶과來年春夏蠶ᄉᆞ育을可量ᄒᆞ야製造ᄒᆞᆯ터이오니養蠶ᄒᆞᄂᆞᆫ僉君子는左開所로來臨ᄒᆞ던지郵書로ᄒᆞ던지蠶種을各其所用預託ᄒᆞ시오

安義鶴峴蠶業會社
京城水成門越便康등二十壹統一戶 金漆原家

安義鶴峴蠶業會社社長 金秉先 廣告

大安洞寄宿館

本館에셔漢城內에留接ᄒᆞᄂᆞᆫ諸學生의寄宿便利를爲ᄒᆞ야大安洞二層半洋屋을建築ᄒᆞ고居處飮食其他凡節을一一히便宜ᄒᆞ도록極力設備ᄒᆞ오니遊學ᄒᆞ시ᄂᆞᆫ諸生은照亮ᄒᆞ시와貴臨于本館事務所ᄒᆞ야詢議ᄒᆞᆷ을敬要

北署大安洞別宮 寄宿館長 鄭熙燦 告白

留連費ᄂᆞᆫ每朔에新貨四圜八十錢으로定홈
寄宿願入證書ᄂᆞᆫ本館에셔授與홈

寄宿館 廣告

本店에春服衣次각程이自英국으로多數來到ᄒᆞ얏사오니陸續來購ᄒᆞ시옵

貞洞源泰양服裁縫店 告白

本人이日本大阪商業家와特約ᄒᆞ고日本內地産出各種物品과西洋各種物品及機械等物을我大韓에輸入과委托을便利케契約ᄒᆞ얏ᄉᆞ오니商工業에有意ᄒᆞ신僉君子ᄂᆞᆫ某物이든지請求코저ᄒᆞ시거든本社로來議ᄒᆞ시오本社에셔ᄂᆞᆫ手數料만受領홈

興業社本店 開城北部祥洞
支店 京城南門內水橋五十一統六戶
全仁港內동廣濟 培養會社

◉일본遊覽者募集

一 遊覽會員募集 人員은五十名으로一團을成ᄒᆞ니한일인을不問ᄒᆞ고速히請入ᄒᆞ시옵
一 巡遊地 東京博覽會 橫빈 京都 大阪 神戶
一 往復일數 뎌抵十七일間
一 浮費 遊覽費及手數料을合ᄒᆞ야總計四十八圜
一 出發일 請入順次를從ᄒᆞ야出發三일前에直接히通知홈
一 請入所 在京성各신聞社 五十八銀行경성支店 天一銀行
一 會員은遊覽을終ᄒᆞ야開散혼後ᄂᆞᆫ本會와關係가小無홈
一 南대門셔釜山으로直行ᄒᆞ던지或은東경으로直行하ᄂᆞᆫ者의對ᄒᆞ야도同一便法으로同行請入을應諾홈

일本人遊람協會事務所 남대門通 東亞商會

◎活動寫眞廣告◎

今番에始作ᄒᆞᆫ活動寫眞은法국巴里京에셔有名ᄒᆞᆫ거시오또ᄒᆞᆫ大韓국 皇室에셔면져看品ᄒᆞ셧고始作ᄒᆞᆫ지數日에遊賞ᄒᆞ시ᄂᆞᆫ쳠君子가多數枉臨ᄒᆞ시와坐處가넘쳐셔晩到ᄒᆞ시면不便ᄒᆞ오니速々枉臨홈

今番에ᄯᅩ서로이活動寫眞이多數來到하야每夜에僉位觀賞에新面目을供ᄒᆞ오니速々來臨ᄒᆞ시옵

◉活動은自下午八点至九点
名唱善舞歌童과唱和吹笛은白九点至十点
賣票時 七点半始賣
入場票 上等三十錢 中等新貨十五錢 小童十錢

新門외석달이목東便벽돌집 法人 馬田 告빅

◉增修無冤錄大全

壹千壹百七十頁
定價金新貨七拾五錢

此增修無冤錄大全은法律家의最緊要ᄒᆞᆫ書籍이온ᄃᆡ年來現本이殆히絶種에至ᄒᆞᆫ지라故로法部에認可를得ᄒᆞ옵고此를新刊ᄒᆞ얏삽ᄂᆞᆫᄃᆡ國漢文으로解釋ᄒᆞ야模糊ᄒᆞᆫ句節이無ᄒᆞ오니法律學에有志ᄒᆞ신니와字牧之任에居ᄒᆞ신이ᄂᆞᆫ不得不覽ᄒᆞᆯ冊子이오니注意購覽ᄒᆞ시옵

中署布屛下 廣學書舖 김相萬 發售所

원산과성진간에서본인이살진소(肥牛)를만이ᄉᆞ깃스니쇼파ᄂᆞᆫ졔군은다수이팔너오시옵

최봉쥰 고ᄇᆡᆨ

西署新門外鍮동百八十六統三戶
辯護士 前檢事 前判事正三品 丁明燮
法律事務所 事務員前主事吳在淳

越南亡國史 國漢文

定價貳拾伍錢
發賣所 京城廣橋高裕相書舖 鍾南鑄川郡禹時夏書舖 布屛下김相萬冊肆

國債報償義捐金

收入廣告

●陽城郡令地面杏亭里
韓鎭輿 김문植 各二십전
許 均 三십錢 리建會
文상ᄒ 劉慶烈 許 城
니주用 박龍근 朴春三
韓景先 긔십전 박龍三
二십전
●乾川里
前叅奉홍淳明 二圓
通政奉職直 륙十전 오처一
四十전 韓德敎 韓문敎
니儒東 최鎭오 韓호哲
각二十錢 홍思勳 三十전
김明培 四十錢 김덕化
韓萬濟 니明西 리하셔
각십전 韓殿在 박各吉
各五錢 김觀培 南君明
김興男 奉상國 각二十전
鄭大敎 金운西 奉弼鎭
韓義寅 니順天 니寅榮
리大景 鄭順五 니奉春
具萬景 신셕俊 張순化
각十錢 박치永 池春五
李升憲 긔二십錢
●上里
朴閏赫 김성培 各오십전
최鼎九 십전 韓홍裕
韓덕履 孔璣東 오영壽
지永稷 니성보 김汝振
림成근 송應보 긔二십전
김景우 四십전 車成龍
六십전 金성根 김成集
각三拾錢 劉景보 니성七
각二拾錢 車순원 全英오
각오拾錢 김容其 壹圓
김윤成 三拾전
●宮里
오衛將리云식 貳圓
通政리순三 김成老 각卅전
叅奉車敬西 崔光溥 姜원西
김化仙 김치克 리景보

박裁稷 방裁창 趙應七
朴순敏 긔廿전
●中북里
리찬九 六拾전 리相吾
尹 전 리치근 洪永滿
오영錄 文星신 崔敬化
조興秀 김景云 각拾전
리상鶴 楊世柄 리漢廣
리幾영 孔순天 정治民
니長근 리應三 니성순
나義영각廿전 리興슌ᄉ拾錢
●류川里
車치英 全영化 각卅전
오敬보 鄭萬유 김보景
김순景 權亨식 김榮俊
徐宗實 車儻壽 리영하
朴덕秀 각二拾전 박치景
鄭春心 김榮玉 김春三
각拾錢
●升長院上里
俞鍾驥 俞仁슌 긔一원
俞鎭문 俞원슌 리종殷
김敬培 俞昌슌 俞덕슌
리殷식 리惠珪 이豐植
니文珪 니양식 俞성목
朴鳳伊 니云凡 니吉쇠
김敬三 박庚勳 박창勳
긔二拾전 俞순슌 김종弼
共義슌 陳孝원 긔四十전
俞鎭洛 一원五十전 俞션슌
박문勳 慶 欽 張ᄉ進
홍顯華 洪炳殷 박春化
各卅면 俞禮슌 니奉珪
俞鎭道 홍泰華 慶養호
각오十錢 김學西오전
김在復 俞弼슌 成德淳
成하京 成德三 각廿전
許 슌 四十전 오鳳근
성춘京각卅錢
合四十三圓오拾오錢
●西署養生坊三十八統八戶水橋客主
開城人陳창洪三圓
延城人설종호 大平동박춘식

安城人박根澤 긔一圓
蛤동人박성鉉 孫陽玉
栗斗煥 홍來謙 각六拾錢
阿峴人김형鎭 성漢駿
美洞人崔문淳 開城人김商호
水原人白奉成 各오十전
蛤洞人박龍鉉 華川人리黃龍
각ᄉ拾전 輪林동人김泰熙
廿錢
合십一圓九十전
●長단郡江西面九華洞
主事신容均五圓 南廷勳三圓
南啓夏 鄭호淵 金允植
각二圓 張淳命 全暻식
南星회 朴承源 김 煥
趙錫九 각一圓 曺性復
張敎英 리起運 리긔賢
리啟식 韓宅東 盧性三
河世哲 洪命劍 張致郁
김學汝 全형식 윤광允
張긔鍊 리所回 리錫輿
柳大赫 김敬식 趙긔翼
尹상學 윤相德 安치謙
高셕禧 南龍元 박元道
최원益 각五십전 윤應重
七十전 閔東식 六십전
리應三 리春一 各四拾전
朴俊弘 김順根 부汝信
金亨善 鄭敎集 리用순
리千甫 리春甫 各卅면
김有根 梁창實 김東信
리德順 리춘근 徐상근
김景雲 김辰원 조종하
白漢益 정致洙 김聖弼
박履先 辛承復 宋忠근
김東슌 河世赫 金東식
최煥식 河世憲 姜돌劍
南廷鵬 鄭志興 高世萬
리敬叔 리時連 崔원謙
리학仁 정鳳奎각廿전 김召史
리可起 신千근 三歲정巨福
四歲정孝鵬 김召史 리원基
조東堯 리成甫 南濟원

高聖赫 南斗원 정리默
긔십錢
●芝草洞
南廷주 리리淵 긔一圓
리리應 蘇熙觀 趙憲萬
南寶원 南駿회 陳萬敬
南廷德 南允회 安源錫
리成圭 각오십전 김學先
ᄉ十전 蘇희리 윤상根
南明원 禹정鎬 김秉周
南來원 긔卅전 尹相宜
尹相謂 호원烈 金世煥
安明선 김光華 南廷弘
복순華 南振원 南廷文
趙奎원 金春華 긔廿錢
윤滋新 宋理眞 조인圭
郭성宅 긔십전
●蟻頭동
리相夏 조殷濟 각一圓
趙文濟 조鏞添 趙鏞호
柳培成 中리寬 金종열
南永원 리承廷 박圭형
리彦秀 尹滋雨 우유錫
각五ᄉ전 우敬坤
칠십一전五厘 리容澤
리인夏 각八십전 柳 당
최鳳在 긔四십면 趙용彦
리承海긔卅전 우夢鎭 리允夏
우東鎭 우金坤 김振烈
주召史 張淳性 金秉彦
柳 護 尹義學 니奎弘
복敬五 니종하 沈유澤
柳升鎭 金하起 金丁得
金敬셥 신리현 류在根
류培근 金廷鳳 리炸영
睦源리 각廿錢 리圭춘
십오전 閔셔鎬 우海鎭
柳彦근 류 질 신錫均
황 稷 윤在畦 윤滋성
申리字 리斗化 趙용보
韓원敎 金學振 리喜俊
신奎澈 리鏞순 金鉉起
金殷起 沈宜啓 全成五
김明起 류完근 류敬善

南원밥 리원直 黃允瑞
우謙坤 朴長金 朴長烈
조鉉슌 리禮南 리鍾根
리淵하 趙우喜 각拾전
신用均 七면五厘 趙용深
뉵전
●問안동
김鍾厚一圓 申윤信 신永均
申리宜 申리셔 趙叔九
리弘九 리泓淳 리치範
긔五十錢 신受天 신敬七
신치안 신仲九 신錫弼
趙明九 긔四십錢 최윤重
申리인 홍鳳셔 신원均
宋기弘 김종喜 신成大
신達三 리鳳來 趙인九
李원淳 각卅전 리正淳
신德보 신리信 윤相德
신치福 리賢亨 朴춘복
趙東煒 閔致暎 신汝九
리셔模 긔십전
●菱泉洞 동中 五圓
●黃浦동
主事리奉善 니閤션 니창善
金영吾 홍義均 김月用
긔一圓 니鵬善 김道淳
張敬슌 홍성賢 洪淳祖
洪종岐 김奎寬 各오十전
洪종萬 六십錢 李麟善
洪性益 홍치景 홍性善
김金謙 각卅전 니錫圭
홍在奉 洪在伯 洪치吉
洪春均 박贊成 安光實
各廿전 황원參 홍종寬
류龍鳳 各십전
●臨江동
主事尹庠善 全德求 各一환
司果尹容求 韓善敎
叅奉니敬有 黃山玉
긔五十錢 윤덕求 全景達
김원瑞 이應烈 千興원
긔卅전 尹치求 김敎옥
김춘근 김應連 金用슌
최치寬 千興龍 니道云
긔廿錢 韓鳳敎 리기슌

리景果 긔十錢
●紫霞洞
리思晋 리思壹 긔一환
조箕슌 趙鍾萬 趙一元
긔오십김 김景濟 주성昭
긔卅錢 趙종亨 리思胤
긔廿전 趙종求 十전
●烽火동
主事安性션 一圓ᄉ십錢
리熙明 一환廿전 安元션
김南식 긔九십전 김덕起
六十전 金明玉 리熙甲
긔五십전 리션榮 리雲卿
리憲稷 리康희 朴海슈
긔ᄉ십전 안면용 리在善
우덕國 리東壽 리憲宋
리완宋 리희百 進士尹滋賢
리衡宋 박漢東 긔卅전
리升東 니희賢 니희슌
윤世模 俞哲슌 박彬彬
俞鎭옥 박海龜 尹相憲
니東賢 安學용 안亨션
박來희 정鳳中 김石九
김性斤 최丁孫 각廿전
홍金八 俞致鳳 禹덕슌
申鴻模 신泰鎭 니熙東
니희슌 박海元 안元용
안根善 안命善 박海潤
김重玉 각십錢
合一百三拾三圓五십전
●平山郡積巖面細谷동居
叅奉辛文奎 通政辛 현
宗孫辛宗호 辛積奎 辛 우
辛 珖 辛 子 辛政升
辛憲升 辛錫鯤 辛셔殷
叅奉辛東奎 辛氣호 辛셔文
叅校辛德鉉 合二十원
總合貳百○八圓九拾오전
國文報廣告總合壹百九十七圓
二十五錢
前號總合二萬陸千○二拾三圓
八拾壹錢七厘
都總合貳萬陸千ᄉ百三十四圓
壹전七厘

◎特別廣告◎

國債報償金三日間所捧은姑未合計이오고伊前日의所捧總合四萬六千八百ᄉ십圓七十壹錢은電氣會社內銀行에貯置ᄒ얏삽고其貯置額中壹萬九千三百圓은國債報償志願金總合所로轍交함

大韓每日申報社

發行兼編輯人英國人 裵 說
發行所
南署石井洞號外地三層洋屋家
大韓每日申報社

第五卷

大韓每日申報

대한미일신

第五百五十一號

月曜及慶節時休刊

檀君開國四千二百四十年
箕子元年三千二十九年
大韓開國五百十六年
日本明治四十年
淸國光緖三十三年
◎陰曆丁未五月小二十日庚戌

寄書

日本東京留냥齋生

余訪故友ᄒᆞ야行到一處ᄒᆞ니十餘生徒가聚首相對에輪囷鬱氣로憤激沸騰ᄒᆞ야或有指天爲誓者ᄒᆞ고或有叫地痛哭者이기甚渉당遑ᄒᆞ야問其事端則係是義州威遠面軍用地에人民驅逐事而該地方內有志同胞의게送致ᄒᆞᆫ全文이如左ᄒᆞᆫ대足以感發民智故로抄錄伏呈ᄒᆞ오니揭載貴報ᄒᆞ시와以警全國同胞ᄒᆞ시믈千萬옹祝ᄒᆞ노라

嗚呼라同胞여今日은何日고即我一般國民의晨夕嘗膽ᄒᆞ고完全活動ᄒᆞ야領土를維持ᄒᆞ며國權을圖復라가 皇天이不顧ᄒᆞ시면死義後已ᄒᆞᆯ時代라近者의大韓每日申報를閱覽ᄒᆞᆫ즉目下所謂軍用地境內에人民의家屋墳墓와農場諸物을定期逐出ᄒᆞ며聚首相吊에移去ᄒᆞ논浮費를呼訴請求ᄒᆞ다ᄒᆞ니

此事에原因은彼不仁無義ᄒᆞᆫ外人은同種同문의誼를不顧ᄒᆞ고ᄒᆞᆫ又蠶食鯨呑하논慾望은忍還ᄒᆞ며腐敗軟弱ᄒᆞᆫ政府ᄂᆞᆫ 祖宗遺土의重大를不念ᄒᆞ고다만强制威脅의暴行에畏縮ᄒᆞᆷ으로부터ᄃᆡ여如斯ᄒᆞᆫ悲境을致ᄒᆞᆷ은吾人이同悉ᄒᆞ논바어니와오직曩日以來로가장熱望ᄒᆞ논바ᄂᆞᆫ우리同胞諸兄이大義를堅守ᄒᆞ고誓死不去ᄒᆞᆷ에在ᄒᆞ더니今에移去浮費를請求ᄒᆞ다ᄒᆞ니

嗚呼悲夫라此何言哉아我國이其將亡矣로다大勢所迫에無知人民의此等請求가出於不得已ᄂᆞᆫ非不認得이로되믄일一朝에移費를受ᄒᆞ고該地를退去ᄒᆞ며라도其所向은韓國領土內라彼無理無厭ᄒᆞᆫ外人은數多ᄒᆞᆫ軍隊를駐屯ᄒᆞ야擧國手足을益縛ᄒᆞ고一步又一步ᄒᆞ면畢境三千里疆域을囊括ᄒᆞ논根據地가此一片區內에元始ᄒᆞᆯ터이니此時ᄂᆞᆫ越南의覆轍과波蘭의慘狀을難免ᄒᆞᆯ지라

大抵人類가一生一死ᄂᆞᆫ皆有ᄒᆞᆫ벗不是라今에移去他處도暫時區々偸生ᄒᆞᆷ에不過ᄒᆞᆫ則與其死之同一으론寧若仗義守之리오故로當此地頭ᄒᆞ야最後行動은人民의必死之熱血를皷發ᄒᆞ야비록寸土千金이라도不受ᄒᆞ며劍水刀山이라도不避ᄒᆞ야宗族의永住ᄒᆞᆫ領土를保全ᄒᆞᆷ에在ᄒᆞ니嗟乎同胞여死中有生을其或知之否아

官報

◎第三千八百五號 光武十一年六月二十九日

◎敍任及辭令

秘書監丞金弘丕
懿寧園奉事徐明淳
奉常司長김大鎭
依願免本官

命奉常司提調 秘書감丞李愚明
命奉常司장 正三品李文求
任秘書감丞 仝 宋振玉
任經理院技師 主殿院醫務官李회烈
任主殿院醫務官 正三品김駿植
任懿寧園奉事 孝창園參奉崔中植
任孝창園參奉 九品徐明淳

外報

●暹王留英 六月二十二日發ᄒᆞᆫ倫敦電을據ᄒᆞᆫ則暹羅國王씌셔ᄂᆞᆫ英國윈소킈쓸셩再明日月曜日々지留ᄒᆞ고同地에셔臥輪快艇을貸入ᄒᆞ야夏間巡歷ᄒᆞ기北海等處로向ᄒᆞ신다더라

●南法尙擾 六月二十二日發ᄒᆞᆫ同電을據ᄒᆞᆫ則法國南方에셔ᄂᆞᆫ尙今騷擾ᄒᆞ나然이나軍人叛亂者들은說喩ᄉᆞ여畢竟本營으로悉皆歸還하얏다더라

●日本殖民 六月二十一日華盛頓電報를據ᄒᆞᆫ則남阿美里加巴西國재네리오地方에셔來ᄒᆞᆫ通信에云ᄒᆞ되日人森本氏가巴西國에日本이殖民ᄒᆞᆫ事에關ᄒᆞ야商議ᄒᆞ여不久에本地方으로來ᄒᆞᆫ다더라

●鸚鵡語學 法國巴里에셔近者에鸚鵡語學校가設立되얏ᄂᆞᆫ듸其校장라레만氏의所言을據ᄒᆞᆫ則鸚鵡에英德法伊四箇國語를敎授한다더라

●滿蒙학堂의設立 北京電을據ᄒᆞᆫ則淸國學部에셔淸國의國粹를保存ᄒᆞ기爲ᄒᆞ야北京에滿蒙文학々堂을設置ᄒᆞ고又大학堂에셔此選科를置ᄒᆞ기로決定ᄒᆞ얏더라

雜報

呈伊藤侯爵書

竊聞閣下以英雄之姿負天下之重望吾以爲東洋全局將賴閣下庶幾得以存安及其使節渡韓之日人皆忌而我獨不懼人皆疑而我獨信之曾未幾何褒邦內昧義沒恥極悖惡最無狀之輩佈列公卿之位以爲腹心爪牙因以勒捧僞約自以爲沛然得意如排置顧問奪通信機沿海權如國庫之확取錢貨之換易嚴禁之派守此類不可盡述靡不如意而四境之民猶且如醉如夢昧然如秦視越瘠無一人決死心渴死力爲閤下爭朝之命者則閤下心獨喜曰民亦無足長慮欲日益肆驕氣日益高遂有並吞之計陰希所謂大臣者使之會議於감府閤下之心於此益可見矣此喘不得五尺之童而猶日保護日隣誼日東洋維持不思結怨於兆民不顧列强之虎視既不能遠慮不恤近憂惟利是求慘刻是尙向所聞英雄負重望者何其名不稱實耶甚爲閤下危之

夫至柔而剛者民爾今大韓之民如水閤下之勢如山其剛柔之勢不啻如天壤懸峙然及其細派殘流合而激起支濫奔騰則彼昨日之崔嵬突兀者輒顚倒음沒破落斷截而後已閤下幸毋恃如山之勢也

傳日貨悖而入者亦悖而出國者非貨之可比閤下之후롱誠不淺隘然若强呑千乘之國則伊後支象豈能安乎利者人所同欲吾得見裂閤下之口啣閤下之頰扼其項而진其臂者不勝其多以閤下之明何念未之及耶闔閭之强而狠貝於會稽之弱卒楚覇之勇無敵天下而卒見敗於淮陰之寒士考諸歷史此類甚多閤下獨未之見耶雖見之未免當局之迷耶抑榆景日迫餘年無多故로急於充慾而不遑他恤耶噫不仁不知其亦甚矣略布腹心爲閤下一진之惟千萬深察焉

李起식 吳弼鎬 李種和
吳時泳 俞聖漢 閔氣鎬
申彰均 金光식 李一永

日本東京苦學生趣旨書

大凡天下萬事의一泰一否와一苦一樂이互相迭遷ᄒᆞᆷ은此其古今의一定ᄒᆞᆫ原理라現我
祖國이何等界域에濱하얏시며顧我同胞가何等狀態에在ᄒᆞ얏고惟我靑年의憂憤의血誠을抱하고前途의義務를擔ᄒᆞ야渡此海外에千苦를堪耐ᄒᆞ며萬難을ㅅ避ᄒᆞ야斷々目的이學問과思想의츄向은凡我學生이勿論官私費ᄒᆞ고同是一般이나惟我諸君은不幸今日에學資中絶ᄒᆞ야半途의廢工ᄒᆞᆷ을未免ᄒᆞ고併進의效果를莫遂ᄒᆞ야月謝의困迫을時受ᄒᆞ며下宿의驅逐을日被ᄒᆞ야彷황樓層에歇泊이無處ᄒᆞ니異域江山이面々相跡라渺漠天涯에有誰相濟리오矜下의恥辱은易逢이나漂母의一飯은難乞이라迺者本學生等이團聚一方에決心同盟ᄒᆞ야携手頻連에飢餓相視ᄒᆞᆫ대其志를益堅ᄒᆞ고其苦를益堪ᄒᆞ야故
國의精神을勿忘ᄒᆞ고前進의思想을不墜ᄒᆞ면皇天이在上이라定理不爽이니엇지轉苦就樂의志業發展ᄒᆞ야我
國勢民情의否往泰來ᄒᆞᄂᆞᆫ日을見ᄒᆞᆷ이無ᄒᆞ리오是所暗祝이며如或天道無心에厄盡醫桑ᄒᆞ야此身의目的을終莫得遂ᄒᆞᄂᆞᆫ地에ᄂᆞᆫ死作
大韓之義鬼가是亦其心이라一口同聲에布此誓文

苦學生 李奎榮 崔昌烈
高允勳 李承鉉 朴濟鳳
成자根 金炯均 宋旭鉉
洪鎭五 李熙駿 金炯甚
洪承逸 姜振遠 趙行俊
咸秉元 劉 陸 蔡其斗
趙恩鎬 鄭泰殷

●許氏義捐 城津港居許泰華氏ᄂᆞᆫ商業界에信用이素有ᄒᆞᆫ者라今番國債報償에對ᄒᆞ야義捐金十三圜과總合所寄付金一원을先送ᄒᆞ고且一般人民을對ᄒᆞ야出義報國的으로到底勸勉ᄒᆞᆫ다더라

●金氏勸諭 甲山來信을據ᄒᆞᆫ則本郡邑後에藥材都局이無ᄒᆞ야咸興五百里遠地여貿藥歟來ᄒᆞ여藥種穴材頗多ᄒᆞ야衛生에損害不無이러니來屬本郡城南ᄒᆞ온前五衛將金俊恒氏ᄂᆞᆫ素以北靑人으로辦出資本數千圜ᄒᆞ야刱設都局ᄒᆞ고優數貿藥에廣濟一境ᄒᆞ니人皆稱頌矣러니際玆 國債報償期成會公函到付後에仍即提論鄰近ᄒᆞ야拾二人鳩聚金二十원을先上納ᄒᆞ옵고委往銅礦에面々演說ᄒᆞ야礦人礦民與婦女等義捐金合五百九十一圜九十錢上納도亦是金恒氏之勸告라더라

●徐氏愛錢 全北茂長郡大小民人本郡南門外司馬齋에國債報償事務所를設ᄒᆞ고任員을擇差ᄒᆞ야更相推美ᄒᆞ며義捐을勸告ᄒᆞᆫ則本郡守徐相경氏가紙貨壹百圜을先히義捐ᄒᆞᆫ즉각面氏人男女老少의紙葉間或來納者도有ᄒᆞᆫ식懸錄이姑未出給者有ᄒᆞ야期圖實效ᄒᆞᄂᆞᆫ대徐씨가有何意想으로自家所出紙貨一百원을還推去ᄒᆞ거ᄂᆞᆯ紙葉間其前未納者와懸錄姑未納者萬端規避ᄒᆞ야任員이無數히詰責ᄒᆞ고更히勸告ᄒᆞ야收捧ᄒᆞ나零星이莫甚ᄒᆞ니同徐씨ᄂᆞᆫ自己에전兩만장ᄒᆞᆫ줄알고國家大事를沮戱ᄒᆞ라고任員及民人等이歎惜不已ᄒᆞ노라

●堤民愛國 堤川郡居李鍾振홍鍾周諸氏가發起ᄒᆞ야方今陸續收合中인ᄃᆡ先俸餘一百一원七拾전을本社에來納ᄒᆞ얏더라

雜報

●恩詔將降 大皇帝陛下씌오셔詔書를下ㅎ셔曰朕이剛新흔時를當ㅎ야欽典흔義에斟量이無ㅎ니處絞罪人安駉壽의罪名을原案에特爲直開ㅎ고官爵을復ㅎ야써朝家曠蕩에典을示케ㅎ노라ㅎ옵셧더라

●兩觀新任 贊議金思默氏는慶北觀察使로從二品李鎬成氏는忠北觀察使로被命ㅎ얏다더라

●林使出發 昨日上午八時五十分에林公使가歸國次로京釜鐵道로出發ㅎ얏더라

●同友選長 平理院裁判長리윤용氏가同友會長을被選ㅎ고前會長渡津公熙氏는副總裁로推定ㅎ얏다더라

●農大喩會 農商工部大臣宋秉畯氏가地方一進支會員을對ㅎ야曰時局에妄想을두지말고각其還鄕ㅎ야學校를設立ㅎ고教育이나熱心ㅎ라ㅎ얏다더라

●治道의着手 內部治道局에셔出張ㅎ야平壤大邱木浦群港四處治道工事所에셔數日前브터治道工役을着手ㅎ얏는딕事務官四人을加選派送ㅎ엿다더라

●惟恐損譽 全南警務署總巡張東煥氏가內部로報告ㅎ되本職에一個月減俸은相當ㅎ處分ㅎ야無損名譽케ㅎ라ㅎ얏더라

●趙氏被囚 皇太子殿下嘉禮時에本官內宴所용六器盤幾千立을趙석學氏가先進排製納ㅎ기로典膳司에得認ㅎ야何許有錢者를誘引ㅎ야受價後同分利ㅎ기로相約ㅎ고錢幾十萬兩을나용不報ㅎ는故로日昨漢城裁判所에被囚ㅎ얏다더라

●夫木立석 洪州郡守金祥演씨가內部로報告ㅎ되上年五月頃本郡義擧時에政府에서派遣ㅎ신本國警務官宋圭□와巡檢雲善과日本警視十方源之助巡査部長辺橋善丸等四人이被執遇害ㅎ온지라伊後復城之初에本郡警務分署에셔紀念碑를以木創立於本郡城內南松田이옵더니今에內部警務顧問部에셔發起ㅎ고大東南生人의게委託ㅎ야會前木碑竪立ㅎ얏든附近地에築臺治道ㅎ고該紀念碑를更以석碑創立ㅎ호次로現方起工ㅎ옵기玆에報告라ㅎ얏더라

●銃丸請求 黃간郡守林潤相씨가內部로報告ㅎ되本郡에賊警이大熾ㅎ오니洋銃廿柄과彈丸一千發만下送ㅎ라ㅎ얏더라

●廨爲軍용 北靑郡客舍를日本軍용으로借與ㅎ라ㅎ는故로關碑를明倫堂祝室에權奉ㅎ얏는대該隊에서正殿舊東西壁을毀破ㅎ고正門에는該兵이派守ㅎ는故로該郡守와觀察道에셔上部에報名하얏다더라

●裁判中止 平理院判事李健鎬氏와國民新報社長韓錫振氏가再昨日裁判次로漢城裁判所에同往ㅎ얏는딕李健鎬氏가質問ㅎ되正誤揭載ㅎ면裁判을아니ㅎ깃고不然則裁判ㅎ깃다ㅎ는지라韓錫振氏가正誤를ㅎ깃다ㅎ고裁判은中止ㅎ얏다더라

●或叙或補 度支部에셔稅務見習生을試取ㅎ다ㅎ는說은前報에揭載어니와現今請願書가九百三十七號에達ㅎ얏고日人도請願ㅎ者가幾人이라는딕本日爲始ㅎ야連三日을試才ㅎ야九十名은稅務主事로叙任ㅎ고五十名은後補生으로六個月을見習ㅎ다더라

●兩大歷訪 總理大臣李完용氏와內大任善準氏가再昨日下午九時에通內大韓醫院建築ㄱ地를視察ㅎ고回路에齋동大韓醫院에躬訪ㅎ고下午二時에仕進視務ㅎ얏다더라

●徵塾의進級과懇親 徵文義塾에셔該學徒의夏期試驗을經ㅎ고昨日進級狀을授與ㅎ는대學徒의父兄을請邀ㅎ야懇親會를兼行ㅎ얏다더라

●一破疑眩 國債報償總合會議所장김宗漢씨와總務김光濟씨가日昨에會議를開ㅎ고從今以後로는京鄕償債義金事務를志願金總合所로專擔辦務케ㅎ고聯合所는영爲廢止ㅎ야全國同胞에疑眩을破케ㅎ깃다고聲言ㅎ얏다더라

●次官着帽 農商工部에셔一般官吏가來月一日爲始ㅎ야帽子를製着ㅎ터인대洋服을制造ㅎ는日子가促迫ㅎ지라該官吏가次官劉猛氏의게幾日間寬限ㅎ를懇請ㅎ니劉氏가答曰大臣의命令을不可違越이니만일洋服을着ㅎ기前帽子만早着하기가ㅎ皮ㅎ거든余當先着어라ㅎ고昨日부터帽子를着ㅎ얏다더라

●地長受勅 內部地方局長廉仲謨氏가昨日에受勅ㅎ고即爲仕進視務ㅎ얏다더라

●契約有無의質問 義州府城壁을日本人大町登佐가稱以學部契約이라ㅎ고毀용ㅎ려는事로內部로照會ㅎ야該契約有無를質問ㅎ얏다더라

●內電義州 內部에셔義州府로電報ㅎ되城壁毀撤條何事由와姓名誰某를詳細更報ㅎ라ㅎ얏더라

●此何民習 務安港居民金錡환張奉奎兩人이該府主事朴炳철씨가校舍를日人許에賣喫ㅎ얏스니卽爲免官ㅎ고惡習을懲治ㅎ라고數日前에內部에呼訴ㅎ얏는故로該郡에셔該主事의行爲를別般査覈中이더니該張金兩人이昨日內部에更請ㅎ되前日本港主事가不法ㅎ事이유ㅎ다呼訴ㅎ얏삽더니詳探ㅎ온즉無據之說이오니前訴狀을자銷還給ㅎ라는지라該郡에셔兩人所住處를詳探ㅎ야官人을無端構捏誣訴ㅎ는罪를懲治ㅎ다더라

●地方委員出張 地方委員會를各地方에發會式을設行ㅎ는대目賀田顧問以下각監督官이臨席ㅎ事는旣報와如히度支部大臣과각局장이臨席ㅎ야區域을定ㅎ야委員으로派送ㅎ터인대度支大臣은大邱로次官은水原으로其他각局장은각地方으로出張ㅎ다더라

◉商業會近况

京城商業會議所에셔五萬圜事로焦々이지낸다는말은日前報에揭載ㅎ엿거니와其裡許를詳聞ㅎ즉去九年分財政整理時에商業界에셔卒地에恐惶을當ㅎ여十내八九가或逃躲或破產ㅎ미鐵路實業家가適其時商業會議所를組織ㅎ고萬商이會同ㅎ여政府에哀訴ㅎ얏더니自內로入聞ㅎ々

皇上陛下씌오셔內帑금五萬元을貸下ㅎ시미万商이聖恩을感泣ㅎ며略々分排ㅎ여今二週年이되엿는대月前에經理院에셔該會議所任員을招諭曰該金五萬圜을今有還納之勅令ㅎ니從速辦納하라ㅎ는자라該任員答曰貸下金五萬圜을尙今未納ㅎ와有此下詢之境ㅎ오니伏不勝惶悚万々이오며至今事勢가現金은果難變通이을고其時分排人등紙를以上則該商民等이恐慌之餘痕이未合ㅎ여僅々扶持이오니該金을何可辦納乎이가千萬洞諒ㅎ샤以此民情으로稟達于

天陛ㅎ시고限二個年만加寬ㅎ여쥬옵소셔ㅎ엿더니院卿日詳閱裡許ㅎ니理勢然矣라入稟後當通知矣리니退待가可也라ㅎ더니其後에更招命令曰該金之貸下가年已久矣라今不可加寬이니從速辦納하라ㅎ거날該所總代答曰商民之事勢ㅎ向已詳白이오니別無更達이오니惟待處分而已오이다院卿日實無變通之道矣라該金納然後라야議處之ㅎ라ㅎ不奉答ㅎ오니何敢遁罪리오然이나所白民情之無奈何는果非飾詐오니伏望處分ㅎ라ㅎ얏다더라

●研學演說 昨日下午八点에貞동研學會에셔演說會를大開ㅎ는딕紳士는日本의留學生으로一般學生에敎育發達을爲ㅎ야光武學校를設ㅎ고屢年諸般經費와敎授를自擔ㅎ고熱心敎育ㅎ다가夏期放學ㅎ야還家ㅎ얏는딕請邀ㅎ야日本留學ㅎ호其理由로演說ㅎ는대有志諸君이光降ㅎ심을希望ㅎ다더라

●同業憤慨 大韓日報社에셔경務顧問丸山과補佐官呼子等의秘行을攻駁하다가退韓令을當ㅎ事實은已揭前報어니와本今全國各新聞記者幽躰에셔論社會의大事件을爲ㅎ며人檀을蹂躪ㅎ는重大問題로認ㅎ야크게研究ㅎ기로協議中인딕調査結了에는帝國議會에大問題로提出ㅎ기로ㅎ엿다더라

東京電報

二十八日夜着

●日佛協約 政友會는東京셔代議士會를開ㅎ고日佛協約에對ㅎ야政治上과經濟上에祝意를表ㅎ고兩國의交際가益々親密ㅎ事를希望ㅎ기로ㅎ얏다더라

二十九日發

●礦山認許 露國公使는北京에셔露淸密約을締結ㅎ야갸구다을中心으로삼고附近一帶의礦山採掘權을得ㅎ고입의露帝의裁可를經ㅎ야採掘準備에着手ㅎ터이라더라

▲三疊琴歌▼

▲각部의事務區劃을分明히ㅎ고且其統一을圖ㅎ기爲ㅎ야官制調查委員을設ㅎ되각部次官과內閣書記官長은委員이되여每日內閣에셔開會ㅎ기로再昨日에發訓ㅎ얏다니今番官制調査에一等敏活ㅎ手段이有ㅎ某々氏가着手ㅎ니官制는一新히改正ㅎ려니와、治는如前ㅎ면것改定이지

▲北闕慶會樓는公私團躰의宴會에使용ㅎ기로內閣에 奏請ㅎ야允許를承ㅎ故로修理를方在計劃中이라ㅎ니漢城內에名사勝區는慶會樓쑨인지前日官闕이今日公園地가되얏고

▲農相宋秉畯氏가新任觀察郡守가赴任前에一齊로農部에前來面議ㅎ되從今以後로는新任觀察郡守의게一體申飭ㅎ라고內部에照會ㅎ얏다니觀察郡守가農商事務에協議ㅎ事가有ㅎ며必是往議ㅎ터인딕依例히赴往前에來見下直ㅎ라ㅎ즉각部大臣中에農商大臣이特別大臣이로고

▲日本에셔近年에銅價가騰貴ㅎ을因ㅎ야從來行용ㅎ든五厘와一전즈리銅貨를大韓葉錢과如히中穴을開ㅎ야其量目을減ㅎ기로大藏省會議에提出ㅎ얏다니日人의財政整理에方法도고反히韓國葉錢을倣傚ㅎ는고

▲北村齋洞等地에前判書某氏는位至正卿이오家又巨富ㅎ되平生모利之慾이晝宵도々ㅎ者라近者에는日韓人前田士曹買와金額債得에立保居間ㅎ야口문所得이幾千圜에至ㅎ얏고自已先塋累百年養成ㅎ松楸를盡爲賣渡於日人ㅎ얏다니此等行爲ㅎ小々殘民도猶不忍爲커든所謂世祿之家에富貴雙全者가如彼惡行을若作能事ㅎ니是可忍也온孰不可忍이리오

▲京城理事廳管內로忠州와義州理事廳管內로寧邊에理事支廳을設置ㅎ기로決定ㅎ얏는딕來七月一日부터開廳ㅎ다니韓國地方에理事廳이星羅碁置ㅎ야觀察管內에各郡守와如히支廳이多出ㅎ니韓國人民은節制밧는데도만치

▲外國에在逃ㅎ諸人을一體特赦ㅎ라신 詔勅이日間特下ㅎ신다고某報에說道ㅎ얏스니異城風霜을幾十年을閱盡ㅎ다가恩露를忽被ㅎ야天日을復見ㅎ깃고

▲現今國內에셔通行ㅎ는新貨金額이二百七十五萬六千六百圜인대金額數는拾圜金貨가最高ㅎ고枚數는五전白銅貨가最多ㅎ다ㅎ니韓國內에流通ㅎ는金額이政府에셔日本에借款ㅎ額數에도不及ㅎ니金融枯渴은勢所固然이로고

▲內部와度支部에셔城壁毀撤ㅎ서材區處ㅎ方法을現今調查中인딕城壁幾分에석材를放賣ㅎ야京城內道路를修改ㅎ기로決定ㅎ얏다니一千三百万圜借款中에治道費는何處에용之ㅎ얏는지

▲農大宋秉畯氏는政府上最優ㅎ權利를占有ㅎ고新聞權利도如前히主張ㅎ야國民報에論說과雜報가皆其命令을一遵ㅎ다니氏의食權樂勢는可謂非常人物이로고

◎本社 告白

國債報償에出義金額을本報紙面에逐日廣告로發布ᄒ되猶有遲滯ᄒ야義捐諸氏의迅速揭布ᄒ시기를未副ᄒ옵더니今自本報로國文報一部를增刊인바從今으로는漢文報와國文報에義捐廣告를並爲揭布ᄒ리이오니愛國僉員은照亮ᄒ시옵

雜報

●傳說雜信　再昨日雜報欄內에私墾屬公이라ᄒ 事件은삼회로써가金城地에開墾ᄒ것이아니라本來 義親王宮에셔昨年春에宮監을派送ᄒ야荒蕪地開墾次로數万金을已費ᄒ야築보ᄒ는것을박회로써는前平壤觀察閔泳徹씨의爪牙로西京役事에監董ᄒ던人이라氏가宮大로在任ᄒ時에其勢力을藉ᄒ고義親王宮을蔑視ᄒ야董役人을毆打逐送ᄒ고因作已物코ᄌ홈으로今番에 義親王宮에셔宮監을更派ᄒ야役事를繼續ᄒ는것이라더라

廣告

第五卷

第五百五十二號

大韓每日申報

月曜及慶節 歲時日休刊

檀君開國四千二百四十年
箕子元年三千二十九年
大韓開國五百十六年
日本明治四十年
淸國光緒三十三年
◎陰曆丁未五月小二十二日壬子

寄書

日本東京留學生

不佞이蟄伏於上黨之陽과錦江之左ᄒᆞ야樵山耕野에作一田夫而虛度三十星霜ᄒᆞ니聞見孤陋ᄒᆞ고心智矇昧ᄒᆞ나惟所存者논腦髓中太極魂이오物質上實業界而已로다客年至月에東渡扶桑ᄒᆞ야所學이不過和語오目的이但是實業이라至於高尙ᄒᆞᆫ學問討論ᄒᆞ야논無異夏虫之氷故로未叅學會ᄒᆞ고僻處一隅이더니日前에逢大韓帝國留學生의組織ᄒᆞᆫ太極學會會員ᄒᆞ야叙畢寒喧ᄒᆞ고分席而坐러니該學員이顧上에欣々然有喜色ᄒᆞ고仍語於余日博覽會實玉殿內에我國男女二人을以觀覽莊置논君必聞知而絲此一事ᄒᆞ야吾人之受恥를雖以洗雪이니何幸本國政府로셔派遣ᄒᆞ신日本宮內省視察委員正三品閔元植氏와本會副會長崔錫夏氏가同力協心ᄒᆞ야提出於會議ᄒᆞ고交涉於警署ᄒᆞ고質問於博覽會ᄒᆞ야在方償還之周旋中而日本警察官吏의答辭則鄭邦人民을如是待遇가有損親密ᄒᆞ니所謂先給月料及浮費를切勿辭論ᄒᆞ고還歸本邦이事理的當이라ᄒᆞ고博覽會答辭에논今此營業이專爲殖利라旣入浮費金二百餘圓ᄒᆞ니受取此款還送이實合營業的이라ᄒᆞ야兩論이矛盾이나閔崔兩氏논以爲設或不捧浮費라도計其所入ᄒᆞ야雖幾千幾萬圓이라도這々出給後償還이我大韓帝國之當行底事라ᄒᆞ야其償還金二百餘圓은不幾日出給ᄒᆞ려니오且夫閔氏가本會에對ᄒᆞ야實心贊成ᄒᆞ고金二十圓을捐助ᄒᆞᆯ뿐不是라每朔二拾圓式按月贊助ᄒᆞ기로自願成約ᄒᆞ얏스니惟我帝國內罕有之事라豈不欣感가該氏가年方二十有一인대淸日美英各國을遍行留學而扱取文明空氣ᄒᆞ야愛國思想과敎育目的이如是眞實이豁浚ᄒᆞ니豈不偉而美哉아ᄒᆞ더라余논閔崔兩氏를俱無一面之分이나不勝欣悅ᄒᆞ야敢以撰辭贊賀ᄒᆞ노라大抵官爵視察員中에有贊經勸任高官之員ᄒᆞ며有慶典雄州之員ᄒᆞ야商爵俱尊에第當有勸奬學會之擧ᄒᆞ시려니와今此閔元植氏논位不過三品이오年不過二拾一이로대拔萃壯志가如是依亭ᄒᆞ니可以爲社會上標準이고恐聞崔錫夏氏논留學江戶가已爲屢年에愛國에熱心ᄒᆞ고才慧가卓越뿐더러嚴毅剛直에象拜英雄ᄒᆞ고又兼法律ᄒᆞ야語署ᄒᆞ이有度ᄒᆞ고事理明敏ᄒᆞ야執法官憲도自然感應ᄒᆞ야有此功効에至雪恥辱ᄒᆞ니欽揚祝而不勝欣感ᄒᆞ야以告全國同胞ᄒᆞ노라

官報

◎號外 光武十一年六月三十日

敍任及辭令

宮內府特進官李道宰
任侍從院卿兼內大臣

◎第三千八百六號 光武十一年七月一日

◎宮廷錄事

詔日朕이刷新ᄒᆞᆫ時를當ᄒᆞ야欽恤ᄒᆞᆫ義에斟量이不無ᄒᆞ니處絞罪人安경濟의罪名을原案에特爲亞周ᄒᆞ고官爵을復ᄒᆞ야써朝家廣蕩의典을示케ᄒᆞ노라

光武十一年六月二十七日

◎敍任及辭令

任平安北道觀察道警務署總巡 崔秉徹
度支部稅務主事李愈善
任度支部書記郎
六品李龍求
任度支部稅務主事
前技師李能益
任農商工部書記官
寧邊郡主事明濟泰
免本官
右논法部大臣趙重應照會를接准ᄒᆞᆫ則平安北道裁判所檢事安秉찬報告書內槩該員이常播民間錢을歸諸私학等因此를査ᄒᆞ은즉該員이至登民訴에贓又掀露等因이옵기로免本官
內部治道局技手金益壽
仝 林英奎
依願免本官
任務安府尹 正三品洪在祺
任尙州郡守 奉化郡守金寅欽
任大邱郡守 칠谷郡守崔鉉達
任黃州郡守 六品韓貞奎
任奉化郡守 九品權道相
任長興郡守 正三品權泰容
任寧遠郡守 正二品鄭熙悅
任鬱島郡守 前技師具然壽
武官學校繙譯官鄭鎭振
任[illegible]郡守
殷栗郡守鄭元謨
任楊根郡守
前郡守安琦善
任天安郡守
正三品鄭경珠
任江華郡守
六品李東成
任위原郡守
前叅書官金永문
任非邑郡守
五品鄭찬朝
任安峽郡守
前郡守李漢用
任麟蹄郡守
正三品金得鍊
任南양郡守
莞島郡守金商섭
任칠谷郡守
前叅書官康圭桓
任加平郡守
陸品金긔泳
任甲山郡守
前副贊議沈宜性
任坡州郡守
內部書記郎李升伃
任殷栗郡守
從二品李台斑
任江陵郡守
正三品秦尙彦
任咸平郡守
前郡守鄭긍朝
任莞島郡守
陸品劉文卿
任端川郡守
內部書記官石鎭衡
官立漢城高等學校敎官姜興秀
依願免本官
內閣書記官趙齊환
任內閣會計局長
前書記生權輔相
九品趙聲九
仝 金裕晳
任內部書記官
未完

外報

●英皇臨御露館 二十五日倫敦電을據ᄒᆞᆫ則英國皇帝及皇后띠옵서昨夜露國大使館舞蹈會에出席ᄒᆞ셧다더라

●禁烟勵行 二十五日北京電을據ᄒᆞᆫ則禁烟勵行에關ᄒᆞ야再度上諭를發布ᄒᆞ셧다더라

●革命軍의宣言 今番南淸에革命暴動은哥先會、三合會、興中會等의聯合蜂起ᄒᆞᆫ者니其主義논團匪와如히排外目的으로出홈이아니오專히北京政府를顚覆ᄒᆞ려함에在ᄒᆞᆫ지라該革命軍은英文으로써其主義의六大綱領을革ᄒᆞ야在留ᄒᆞ논外國人의게布告ᄒᆞᆷ이如左ᄒᆞ니

一 現在政府를顚覆ᄒᆞᆯ事
二 共和政治를設施ᄒᆞᆯ事
三 世界에眞心ᄒᆞᆫ平和를維持ᄒᆞᆯ事
四 土地에國有主義를實行ᄒᆞᆯ事
五 日淸兩國의國民的聯合을圖ᄒᆞᆯ事
陸 世界列國에對ᄒᆞ야淸國革命新書業贊成을請求ᄒᆞᆯ事

雜報

●歡迎會況 再昨日上午十二時에農桑所內에서錦陵尉朴泳孝氏歡迎會를設行ᄒᆞ야一般社會에有志紳士와婦人들이多數會集ᄒᆞ얏논대大官은前判書金宗漢氏와表勳院總裁閔丙奭氏와陸軍副將尹雄烈씨와前判書김嘉鎭씨가來叅ᄒᆞ얏더라

正賓朴泳孝씨가마츰薪憂로漢城病院에調理中인故로同哲人安영中씨로代理로委任ᄒᆞ야一般會員의情誼를致謝ᄒᆞ며委員長俞星濬氏가趣旨를說明ᄒᆞ고委員鄭雲復씨가祝辭를朗讀ᄒᆞ고諸般節次를順序擧行ᄒᆞ야盛況을呈ᄒᆞ얏더라

●鄭氏自砲 朴泳孝氏歡迎會設行은別項과如ᄒᆞ거니와下午三時에南小洞婦在洪씨가六穴砲로自放ᄒᆞ야該씨의腹部가重傷ᄒᆞᆫ지라卽時赤十字病院으로擡去治療ᄒᆞ고該씨手帒中으로多數ᄒᆞᆫ遺書와思想八變歌와生辱死榮歌가露出ᄒᆞ얏논ᄃᆡ

遺 書

被大日本保護韓國々民鄭在洪은슷이잇서나라를근심ᄒᆞ논우리同胞모된데한말삼警告文을삼가되리노라나라爲ᄒᆞ야맛당이죽을싸에죽으면그효력이千倍나萬倍싸지라도밋치나그러나죽기실고살기조ᄒᆞᆫ人情이라남으로ᄒᆞ야곰죽어나의살명화를도으라ᄒᆞ면그엇지되리요차남이나가이곳서죽어우리同胞諸君으로ᄒᆞ야곰몸을버려나라에도음이될境遇에싱각케ᄒᆞ심이로라

光武十一年六月三十日

第一變 나라ᄒᆞ고相關된公변되게미운놈한민에처죽여셔이니분풀니로다
第二變 잘못쳐서못마치면속절읍시나만죽네
第三變 六穴砲로열는노코셜너뒤면일업도다
第四變 六혈砲를當場삿네
第五變 남죽이고나살야면天理에못되리로다
第六變 죽이고셔나도죽자
第七變 한ᄉᆞ롬남죽이고한ᄉᆞ롬나죽으면兩人相讐될뿐이라
第八變 한ᄉᆞ롬나만죽어주國이感悟ᄒᆞ면이몸네榮華되고國家에幸福일세

生辱死榮歌

榮華로다榮華로다이니죽엄榮華로다
죽갓치써근말도죽은後엔金書일세
軍士길너戰爭보덤志士죽어有力ᄒᆞ외
志士열만잘죽으면일ᄒᆞᆫ國權되찻논다
人生ᄒᆞᆫ번아니죽나早晩相關뿐이로다
죽지안코살야한덜셔셔살싸어대잇니
남의손에죽논날은犧牲이네이니야
나죽어榮華됨을보고어서싸라오게

追 托 書

밧구로논富貴ㅣ然안으로논室家之樂
다바리고不顧ᄒᆞᆯ제다시무엇걱정ᄒᆞ리
그러ᄒᆞ나한付托은두낫子息敎育할닐
사랑ᄒᆞ논同胞에게바라나니심써쥬읍
國內同胞中

國債報償義捐金收入廣告

●陽智東北面光水洞
池大근 韓翊國 김순明
각一圓 김永西 김敬俊
각六十젼 徐正彥 高學鎭
徐奎셥 姜正坤 康漢哲
각오拾젼 高鳳起 최癸化
리性夏 高漢慫 김學秀
박盛秉 김德化 梁柱憲
각四拾젼 李祚益 김化善
裵昌順 張 錫 각卅錢
리龍夏 朴相支 리敬集
리敬允 韓道玄 高漢列
徐寬셥 梁鳳安 각卅젼
姜士玄 安孟欽 崔게殷
김泰山 安福同 朱龍근
김學善 리吾明 高明錫
徐창셥 孫師舟 張鎭鎭
盧창玉 宋元셥 고漢允
고漢상 리敏龍 리敏봉
리黃云 리상夏 孟應支
각十젼
合拾四圓八十錢

●富平水呑面温水동
최聖福 二원 리重升 高允先
각卅젼 리召史 一圓
柳寅셥 七拾젼 리容斌
윤상鎭 柳周永 리容仁
리容義 리容德 柳斗鉉
高富成 高允極 洪聖已
각廿던 리啓三 朴業同
高允三 高允萬 金治度
각拾錢
合七원

●高陽郡神穴面舊把撥里
劉晶赫 리春植 박奏榮
鄭介八 김支榮 김俊榮
有信製 각一圓 丞士明
八十젼 崔德汝 薛元集
尹相旭 金순化 김윤五
方光錄 車基淳 윤秦顧
車인純 車命錫 김英션

각오拾錢 김道賢 니元太
金鼎云 각四십錢 梁주憲
김興秀 車基玉 리德潤
리元成 崔得萬 朴덕秀
각卅젼 白永긔 張周영
崔建植 金영여 金章漢
김學振 리仁煥 鄭召史
朴先奎 김윤凡 리귀영
김치秀 陳召史 金봉鎬
김元振 洪秦셔 金聖振
張召史 秦明煥 리興淳
車召史 韓召史 車基奎
각卅젼 姜영淳 十오젼
리景祖 元明奎 崔興元
김召史 셔時男 方光弼
方士奎 김성歡 車基連
리德信 김平心 리元奎
金春瑞 리聖雨 김國욱
丞建永 리榮換 김淳集
文進學 秦秦煥 宋富景
김치淳 洪晶汝 金義洙
車敬吾 金光鉉 김聖立
劉聖敎 리基錫 卒雲仙
각十젼 리聖云 權承植
林敬善 朴春景 尹창鉉
리景澤 김光日 리鳳鉉
리창玉 각오錢
合二十四圓八십젼

●陽근郡北下道倉동道谷里
秦奉정東協五圓 덩智淵
主事리在鴻 각一圓 리昌緒
九十錢 林炳薰 리儒觀
韓前錫 趙泰山 리萬善
각五拾젼 韓鴻셔
소십진 리됴遠 鄭基연
權思學 리奉儀 權鍾션
리文緒 리元緒 리百션
趙舍伯 각卅던 덩錫殷
董蒙뎡利龍 閔載昇 申汝求
덩雲祥 김 儀 리壽永
趙李근 趙舍根 丞聖山
柳興文 韓鳳셔 韓永셔
니儒鼎 니明緒 閔載天
閔載東 各廿젼 趙鎭國
魚泳德 리光業 魚命연

김泰吉 리肯緒 김농奕
趙漢吉 閔丑勳 리千吉
됴佾근 박吉同 각십錢
合십八圓十던

●안山草山面下中里間材
리淵稷오섭젼 崔春萬
김지德 각二圓 崔雲學
張龍榮 張春容 리萬先
각一圓卅錢 리萬奉 崔水萬
장黃龍 최순萬 최순奉
각九十젼 白樂運 四十젼
최者근奉 최元奉 김先用
池德순 온千꽃 池우縣
權熙用 張유男 장日用
장萬龍 황長쇠 최水奉
張茂叔 丞靑龍 최철쇠
張片龍 장武應述
각五十젼 김日先 리인龍
白續洙 안億奉 崔龍擧
金春信 장奉眞 權占用
지제福 김萬石 각卅錢
리奉石 崔億보 류長근
白영洙 장千萬 姜所回
韓召史 안복吉 白寬슈
白水千 金千萬 각十五錢
合二十七圓七십오젼

●三和郡西里面栗谷리
안基昱一圓五十면 弟基昌
二圓 孫學源一圓 安基億
二圓 弟基衡一圓 안기豊
一원오十錢 子셕七八十젼
안기德二圓 姪셕豊二圓
안養瑾一원 弟養龍八십錢
姪리勳一圓 안인觀卅전
子철元卅젼 안範도 안正源
각오十錢 안大應 一원
안養傑칠십젼 온範정八十젼
온範황 온養鳳 안養金
리贊奎 각卅젼
合二拾一圓九十젼

●량州別非面四牌靈芝동
主事리慶宰 趙東희 金致龍
각오十錢 朴순和 소十젼
金君先 金云學 박守보

각卅錢 羅仲先 金順財
金성千 최昌支 高德化
김윤學 리宜西 장春一
崔學先 박用三 羅仲植
韓道烈 홍道萬 金榮순
金순芝 金寶實 각廿錢
리徵翼 金千興 郭영문
朴윤和 金文七 리德彬
김武卿 각十먼
合陸圓[illegible]십젼

●西湖養동私立廣化新塾
塾長正二品南廷哲前武[illegible]
塾監黃히性 二원
校務員金홍澤 [illegible]
윤 유 최鳳字 리[illegible]
成蓮영 각一圓 [illegible]
최[illegible]寅 리殷相 徐延漢
안영환 박齊性 [illegible]원
박宗郁 蘇秉원 鄭貞섭
리鵬來 각오십젼 安慶션
丞應九 각卅젼 金潤奐
리弼珪 白完洙 各廿五젼
리鍾호 김正환 金순식
各二十젼
合十五圓四拾오젼

●西署養谷私塾
議官김正倫一원 김正淳
오十젼 金우錫 董蒙리龍得
黃龍吉 각廿錢 니明得
卞봉壽 각십젼 니士甲
魏斗煥 魏奎煥 김卜吉
각오젼
合二圓五十錢

●咸興郡州南社西上리誠壹齋
學董韓검鎭 尹晋鐸 각스拾錢
윤夏鐸 김지井 리重華
尹鳴鐸 최國瑞 리樂生
黃龍吉 各二十젼 리業興
十四젼 최長春奐 一圓
金應덕 윤甘吉 劉윤得
김景適 金인邁 김貫인
장황同 金時권 玄眞봉
김東秀 각拾錢
合四圓三拾四젼

●洪安洞[illegible]面[illegible]
김日[illegible] 一圓

●公州儀朗面리建中 宗中
십七圓

●南署寫字동[illegible]濟鉉 오圓

●平山郡積巖面葛山동居
尹영重 오十먼

●鎭안郡前委員金泳복 壹圓
合卄四원五십젼

●楊근郡北下道面[illegible]沙里
隨 [illegible] 오圓 洪英셥三圓
김[illegible]鍾一圓스십錢 威天셥
리[illegible] 丞[illegible]仁 각一圓
[illegible] 八십젼 [illegible]萬東
陸十젼 김致[illegible] 陳 圭
각오十젼 徐致煥 金致근
홍秉[illegible] 丞萬식 홍지學
각스拾錢 홍[illegible]섭 홍成섭
김[illegible]宗 金[illegible] 각卅젼
홍秉云 리근夏 南益珠
白남奎 김덕化 丞學吉
池士允 陳鍾千 丞命基
宋命吉 리武石 丞리山
리武吉 홍지규 장金用
안輔鉉 홍덕지 김一복
홍希섭 徐命煥 홍楊섭
리萬儀 홍化섭 원복萬
南萬京 원命손 김弘淑
千和之 홍秉億 리 璇
김춘식 김正壽 리完복
丞柱근 丞泰順 丞원龍
됴得煥 리守奉 리병九
됴지龍 각廿젼
合二拾壹圓

●三和港私立碑石동耶蘇敎
高等尋常小學校
男女學徒父母
韓재源母親김시 십圓
윤心聖母親張시 一환
金학實母親안시 三圓
김相燦三圓 夫人韓시스圓
리형泰母親吳시
洪貞郁母親김시 각一원

양[illegible]夫人김시 貳圓
文주섭夫人명시
김貞인夫人리시
리기호母親張시
車信命母親柳시 각一환
김昌선祖母김시一원오十錢
任덕殷夫人김시
홍顯學夫人리시 각오拾錢
安秉圭母親丞시 三圓
오時현夫人方시
盧允元母親[illegible]시
김利調 各一圓
朴中一母親장시
韓영철母親김시 각십젼
韓永주父母親김시 오십젼

〈男學徒
鎭[illegible] [illegible]환 裵亨遊
리석奎 梁斗萬 리亨[illegible]
韓상熙 각오십젼 車信命
三圓 홍貞郁 韓재源
韓叔源 각卅오錢 덩亨셔
리麟규 韓聖八 리규煥
김[illegible]厚 각卅젼 김麟옥
一원 任用弼 오십錢
韓[illegible]石 龐덕원 김大成
裵東주 리啓문 郭亨[illegible]
안셕순 金奉烈 崔봉조
리션學 눈[illegible]誠 朴中九
리應[illegible] 리炳德 任用연
비형濃각卄錢 리셕夏 劉덕寬
車道彬 안弼순 각十젼

●女學徒
丞복實 二圓 김원希
壹圓 박인德 김梅物
각五十젼 丞心德 崔每智
김鶴實 韓學원 尹心聖
尹合羅 각三十錢 尹성德
崔복童 됴啓行 丞隱덕
송복女 리노잇시 裵寶비
각二十면 리眞實 리信實
각十젼 金溫순 二十九젼
合六十一圓

總合貳百五십스圓八拾스젼
國文報廣告總合二百十二圓○六錢
前號總合二萬陸千스百三十圓○壹젼七厘
都總合貳萬陸千八百九十陸圓九拾壹錢七厘

◎特別廣告◎

發行兼編輯人英國人 裵 說
發行所
南署石井동號外地三層洋屋家
大韓每日申報社

雜報

●李聊氏被任 侍從院卿李근상氏と修史院卿을任ᄒ고特進官리道宰氏と侍從院卿을任ᄒ얏더라

●朴氏日脚 前舍朴泳好氏と制度局理事를被任ᄒ엿더라

●多數賽賣 新任忠北觀察使金鎬성氏と現今木浦에서客主興業ᄒ야財産이屢百萬金인대今番觀察運動을經理大臣에게秘密周旋하얏다논說이有하더라

●部奏又有 內部에셔日昨郡守給暇呈을도奏本ᄒ다더라

●咸察琉遞 今南觀察使劉世南氏と琉遞되얏다더라

●丸山請願 警務顧問丸山重俊氏가大韓日報社員의退韓命令을斷行ᄒ미共히進退를伺ᄒ고呼子友一郎氏と辭表를提出ᄒ더니去二十五日에退韓命令을取消ᄒ미丸山씨가辭表를提出ᄒ다더라

●須씨宴待 再昨日須知分씨가南門外蛤香本邸로經理大臣과各部大臣及錦陵尉朴泳孝씨와伊藤統監을請邀宴待하얏다더라

●陸人被選 法部에셔辯護試取ᄒ다논事と已爲報道ᄒ얏거니와昨日에出榜ᄒ얏논뒤被選혼人이陸人인대李恒鍾張宅煥許憲玉東奎계命燮리鍾聲諸씨더라

●錦陵尉慰問 錦陵尉朴泳孝氏가郷在洪씨의自砲ᄒ야病院에지宮을聞ᄒ고크게驚愕歎惜ᄒ야即時秘書丞金弘조씨를送ᄒ야自已代表로治療費五十圓을給ᄒ고慰問ᄒ대郷씨가精神昏迷中에出言曰錦陵尉ㅣ來臨平있가我と平生에憂國ᄒ던志事를未就ᄒ고今焉死矣어니와惟顧大監은國家事를益加擔着ᄒ야身命을不惜ᄒ고아모죠록國權을回復ᄒ고蒼生을救濟ᄒ오면吾と死無餘恨이라ᄒ고ᄯ言訖而絶ᄒ얏다더라

●其仁其義 歡迎會內에셔自殺혼鄭在홍시가先皿數日ᄒ야孤兒院主시의게送函ᄒ야孤兒學校維持홀方針으로勸勉ᄒ고傳挈혼다ᄒ얏고昨日早朝에孤兒院에三次來到ᄒ야院主를尋訪ᄒ야該院維持홀方針을ᄒ야自已가擔着ᄒ얏던任員事務と慈선家의有名혼림元忍시의게囑託ᄒ고ᄌ나院主가不在ᄒ미恨然而出ᄒ지라農桑所에來到ᄒ야自已平生憂國ᄒ던所懷를錦陵尉의게一場說明ᄒ야身後事를委托ᄒ고同胞를對ᄒ야明白自處코ᄌᄒ얏다가맛참錦陵尉と不來ᄒ지라乃其自處之義를遂ᄒ얏다가生出은不當이라ᄒ야有此一着ᄒ얏고所帶遺書를同胞의계傳布ᄒ야平生心事를表明ᄒ얏스니其慈善과忠義と雙全이라고ᄒ더라

●內訓調查委員 內部에셔軍용用調査委員長朴義秉氏의게訓令ᄒ되洛東江附近과江浦에設置혼大砲習放場區域이幾千坪可量과結稅幾何를詳細報來ᄒ라ᄒ얏다더라

●設宴不許 向者에原任議政大臣趙秉鎬氏가其回甲을當ᄒ야子孫과親戚과故舊를이甲宴을排設코져ᄒ더니趙議政이不許曰當此國勢岌業ᄒ고民生이困瘁之日ᄒ야宴樂을設行홈은吾所不忍이니切勿擧論ᄒ라ᄒ되子孫이以爲値此慶辰ᄒ야未有一盃獻壽と情所不能이니從略設行ᄒ기를切願ᄒ노이다ᄒ즉趙議政曰爾曹가若其强欲設宴이면吾と往于山寺ᄒ야以度此日을깃브로라ᄒ니甲宴을不得設行ᄒ얏더라

●買舍付校 警察學校에學徒가二百陸十餘人인대教育이一層發達ᄒ야將來警察에將有希望이라논대方校舍ㅣ前承旨兪鎭沃氏買渡捐付ᄒ얏다더라

●日校退學 漢城日語學校에셔日昨에學徒들이齊進ᄒ야上學時間이過ᄒ되日人教師白町시가不入ᄒ여니多時間後來到ᄒ얏거늘學徒들이時間違越홈을質問ᄒ얏던지該教師가學徒들을自意亂打혼지라學徒들이該事件에對ᄒ야一齊退學ᄒ기로決議ᄒ되吾儕가爲학徒ᄒ야教師의壓制를如是바受ᄒ니豈不忿歎이리오ᄒ던徒中某人이라도進學者有ᄒ면一齊히蹈逐깃다ᄒ고學皆退學ᄒ지라該校師가學部에請願ᄒ얏더니該部에還을ᄒ얏다더라

●是母是子 졍在홍시가病院에셔殞命혼亦至不救홀故로其屍軀를運往于該氏本家ᄒ지라其友人이往而吊之ᄒ고撫屍痛哭ᄒ는ᄃ졍씨의母夫人이慷慨發言曰此子가生不能爲國建功ᄒ고遺然棄我而死ᄒ얏스니其屍를咨之可也라고ᄒ얏다더라

●春察教育의報告 江原道觀察使黃鐵씨가學部에報告ᄒ되學校를設立ᄒ야教育을擴張홈은現時代에最急혼要務이온즉今不可不另設方針ᄒ야使此暗昧혼人民으로文明의增進ᄒ고精神의敏活ᄒ와 國步가漸進홈은何地方을勿論ᄒ옵고各該官吏에自擔혼責任이오바本觀察使가赴任後本도各郡에現在혼公立普通學之教育情形을槩探略悉ᄒ온즉教授方法에名實이不同이올분더러各校模範이亦無確立이온즉此에對ᄒ와矯子之方은從當次第報部이올거와爲先本도內春川原州淮陽江陵鉄原等九郡所在公立普通學校에視學官一窠를加設ᄒ야以도參書官으로兼任ᄒ고該五郡々守로校장을兼任ᄒ고郡主事로視학官補를兼任ᄒ야該校內一切事務를贊성케하오며人民智識發達과學校에教育漸進이期有効力이옵기玆에質禀ᄒ오니査照ᄒ신後參考實施케ᄒ라ᄒ얏더라

●獄舍增築 平安北도裁判所檢事안병찬시가法部에報告ᄒ되本도監獄에男女囚人이只是七間에已未決囚가益々增加에獄舍狭窄ᄒ와恐致染病則轉照內部ᄒ시와本도監獄을限五間增築케하라ᄒ야논대指令하되監獄增建은原係內部事項이니自監察府로即報內部ᄒ라ᄒ얏더라

●徽塾盛況 徽文義塾에셔日昨에第壹學年試驗을畢ᄒ고進級式을設行ᄒ논뒤學徒父兄과教師가齊會ᄒ야塾長張志淵씨와塾監師근씨와教師외지學氏논勸勉하고學徒父兄中白性기氏가演說ᄒ고학員中신輔均이答辭한後愛國歌를齊唱ᄒ고萬歲를嵩呼ᄒ니一堂塲盛況을呈ᄒ얏더中학科優等生은閔天植閔丙선閔규식신완永유鐵烈權영禧張지敏김司안朴應和김정奎等四十人이오及第生은閔丙敎柳沂선朴노敏等八人이오高等科優等生은신석雨신炳호漫영殷宋지起김용선등拾人이及第生은리哲鎬盧台淵리奎明等二十七이오預備科優等生은高益明元容德康창熙等三十人人이오及第생은김하산韓奎栄等二十七人이더라

●度照각府部 度支部에셔각府部에照會ᄒ되現政國政維新에百度改善홈을隨ᄒ야각種經費가漸次彰顯홈으로頂算外支出이已達巨額ᄒ미既預備金中으로支特不能ᄒ와一時죠晦支出을홈에至ᄒ지라由來經費增加홈은此次不獲已혼境遇에因홈이오나現況으로尙此件移ᄒ오면旣定혼經費도亦將不足ᄒ야預算은形式에만止ᄒ고實効가無ᄒ올뿐더러國庫と支撥無路에殆至ᄒ지라自今深加留意ᄒ와事히預算範圍內에셔改선을謀ᄒ야濫級等에濫區을防ᄒ고不要혼經費를省ᄒ야平常預算殘額에就ᄒ야措辦을施ᄒ고俸給及各項에不足혼虞가有혼者と速히相當히措置ᄒ야年末預算不足이無토록注意ᄒ야算外支出의請求가無홈을期圖ᄒ야玆特預先仰布라ᄒ얏더라

●孝哉金시 總산居前議官金炳佐시가拾餘年前에上京ᄒ야一美人作妾ᄒ야因以沉惑ᄒ야千餘石田土를放賣蕩盡하고欒而忘返ᄒ고其子두圭시가上京ᄒ야覲親ᄒ면空然疾貴ᄒ야視若仇讐ᄒ고不欲對面ᄒ더니日前에其親이病勢가沉重ᄒ미其別室이家舍를放賣ᄒ고同時시를驅逐ᄒ則不得已旅舘의吟病ᄒ더니其子두규시가上京侍湯ᄒ다가其父親의病勢危急홈을見ᄒ고無名指를以刀裂破ᄒ야指血을入口ᄒ다가猶爲不足ᄒ야再破入口ᄒ미病勢가少愈혼지라其父親을교子에擔昇하고即爲下鄕ᄒ얏다더라

倫教電報

六月二十日着

●美師發言 南洋을漫遊ᄒ고歸來혼一선教師가日桑港市民은日本의實力을誤解혼지라日本은必與혼境遇에と列國之前에名譽를防備홈에足혼準備를完셩ᄒ얏다ᄒ엿더라

東京電報

上仝

●移民解決 美國々務卿은日本移民이墨西哥國境을越ᄒ야美國에入ᄒ얏다ᄒ야抗議를提起홀事と既報와如ᄒ거니와日本政府에셔此에對ᄒ야辨明홈이有하야近者에解決홈에至ᄒ얏다더라

上仝

●日露協約 日露協商及日露漁業條約을締結홈에關ᄒ야圓滿혼解決을見하기と法國의周旋ᄃ로홀더인ᄃ目下協議中이오日露協約에就ᄒ야도佛國의盡力으로無事히進行ᄒ다더라

桑港電報

七月一日着

●海軍卿出發 米國海軍卿은二十九日에當地로向ᄒ여華盛頓에셔出發ᄒ얏논대其事件은對日本人問題에關ᄒ야調査홈을爲홈이더라

▲青萍高價▼

▲軍部에셔事務가去益支繁ᄒ야每於處務上에困難이層生홈으로官吏을增置홀事로度支部에照請ᄒ얏다니軍部에셔軍額은漸漸減縮ᄒ면셔무삼事務가繁劇ᄒ야官吏을增置ᄒ논지

▲農部官吏가洋服을實施홀터인대家勢不贍혼人員들이該部次官에게請囑ᄒ기를곡自洋服을製造中이나不及期限이니幾日間寬限ᄒᄌᄒ거날次官이答ᄒ되洋服을不及製造혼官員이平服에麥藁子만掛着ᄒ논거시不便ᄒ거든吾先標準ᄒ깃다ᄒ고日昨에麥藁子만掛着ᄒ고仕進視務ᄒ얏다니該部次官은人之不欲을身先行之ᄒ니勸勉보다어렵도다

▲今番觀察郡守奏本에논內閣에셔公正히한다고聲言하더니及其榜出에其中幾窠と銅臭가又生ᄒ니재버릇지쥬슈잇나將次一々詳探ᄒ야大書特書로世界耳目에公佈홀더이오

▲侍從院卿리根湘ᄉ논某대의辭職勸告ᄂ屢次見困ᄒ되少不挫銳ᄒ고氣勢를發ᄒ코ᄌᄒ야其仲씨리근澤씨를請授上京ᄒ얏다니該씨ᄂ自已에弟兄을團合ᄒ야一黨派을셩코자ᄒ니리家兄弟と不可當이로고

▲近日閭巷間에雜變令이日間頒布된다고南北村頑固兩班들이相逢ᄒ야恨歎曰吾儕가金玉을已懸혼人은已無可論이어니와金玉貫子을未懸ᄒ고倒變을當ᄒ니平生所營이歸於虛地라ᄒ니頑固兩班에經營은金貫子玉貫子일지참大端이원통ᄒ겟고

▲一進會長李容九씨等諸씨가三南一進會人을遊說次로下去ᄒ얏다ᄒ니무삼事를遊說ᄒ논지該會員이當初入會時에觀察郡守와協辦大臣이次第在前홀줄노知ᄒ고田土와家産을盡賣하야會費에消融하얏스니至今은乞人과無異ᄒ니암만遊說ᄒ여도會當一分이날데가읍슬거시오他人을勸ᄒ야入會코ᄌ흔들고지드를사람이잇나

▲여보開化以後로못홀일도만소鐵路가敷設되미주막장이가못살게되고水道가設置되미물장ᄉ업셔질거시오頭髮을盡削ᄒ면宕巾장이망巾장이가못살게되고各學校가設立되미村學究가죽게되얏스니改革時代를當ᄒ야新事業을不爲ᄒ면굴머죽게ᄂ일업지

▲河東郡守李圭三시가新徵稅法은遵行치아니ᄒ고徵稅을直行ᄒ야人民에게葉젼으로勒捧ᄒ야新貨로交換혼差額이七千二百餘圓을充腹ᄒ얏다고晉州財務官이報部ᄒ얏다니절문子息이돈만안논고

◎本社告白

國債報償에出義金額을本報紙面에逐日廣告로頒布ᄒ되猶有遲滯ᄒ야義捐諸氏의迅速揭布코ᄌᄒ시는心을未印奉副ᄒ옵더니今自本報로國文報一部를增刊인바從今으로는漢文報와國文報에義捐廣告를並爲揭布ᄒ터이오니愛國僉員은照亮ᄒ시옵

◎郡守不明 西來人傳說을聞ᄒ則成川郡守張應振氏는本郡文廟學校事에對ᄒ야各里學契之物及各里城穀與樹木을劃付該校之意로呈府呈郡ᄒ야已有承認이오바面內士民이僉意詢同ᄒ야聘師開學後로學徒가增進ᄒ야五十餘員에達ᄒ얏는데郡守가偏聽權臣之說ᄒ야稱以墓木伐作이라ᄒ고本校生徒와任員을捉囚ᄒ고罰金을勒捧ᄒ故로府郡間生費가百餘金에至ᄒ고萬端沮戲ᄒ야設校가廢止될境에當ᄒ얏다ᄒ니該守가敎育에曚昧ᄒ所致라고ᄒ더라

廣告

本人이以華商居間爲業而二月分에卒有退狠ᄒ와休業이라가今月十日에義和祥과相議ᄒ와南署河橋一統三戶瓦家十四間放賣ᄒ여各債主處에淸勘ᄒ자마고相議ᄒ얏더니家劵을持來後不意에義和祥이背約ᄒ고反生貪慾ᄒ여家舍를暗賣獨擇ᄒ려ᄒ오니本人圖章을勒奪ᄒ얏스니內外國人間買得ᄒ여生梗ᄒ리오見欺치마시고勿爲買去ᄒ옵 鄭惠飮 告白

本人이京居려니十餘年前에商業次로全羅南道咸平郡海濟面셔商計ᄒ다가今年陰四月分에烟竹十餘同을買ᄒ고商船一隻買得ᄒ고船人四名雇傭ᄒ여同月十六日京江到泊後十餘日留ᄒ다가五月初六日該竹放賣ᄒ고本人은南大門外大宅의來留라가初九日出往圳船爲主이不知去處故로近坊人의게聞ᄒ則不知云이기로다시入大宅留러니十五日의郵便으로언ᄒ片紙一張이왓기의본즉火擧兒가ᄒ사연인대九月初八日夜에不知人이登船ᄒ야栗嶋緊觀이急ᄒ니行船ᄒ라ᄒ즉無限防塞ᄒ즉拔劍施威ᄒ기로不得이行船ᄒ셔간즉其所指處도아니오김결ᄒ골이라初十日夜에不意之變을當ᄒ와水原ᄭ지滯囚ᄒ와가오니船人等을查리ᄒ기로급히水原警務署에下ᄒ히셔仔細이探問ᄒ즉船人等은一人도無ᄒ오니世豈有孟浪事乎잇가江湖僉君子는咸平船沙工金萬善所到處를知示ᄒ시면厚謝ᄒ깃ᄉ 白樂起 告白

夏期數學講習所 聽講生募集廣告

數學은各科中難解者也而迫此放學ᄒ여置而不習이면將至不曉ᄒ리니誠屬爲慮라玆에數學講習所를設ᄒ여一般學生으로補習케ᄒ오니速臨聽講ᄒ시옵

一陽七月오日로八月三十日ᄭ지敎授홈

一學科은如左홈

算術科第一級 自始로至分數
第二級(自小數로至終)
代數科第一級 自始로至一次方程式
第二級 (自二次方程式으로至순列錯列)
幾何科第一級 (自始至圓)
第二級(自作圖로至終)
三角科 (自始로至對數)

但各科에未滿十人이면該科는特設치아니홈

一時間은下午二時로至六時

一月謝金은一科一圓式이되二科以上을兼修ᄒ는者는每科에五十錢式等減홈
但月謝는先納이되每月十五日後에入學者는半額을收納홈

一聽講을志願ᄒ는者는陽七月三日內로來議홈

南大門內尙동靑年學院內
夏期數學講習所 所主 柳一宣 告白

各宮에附屬ᄒ導掌은四種이有ᄒ니第一作導掌第二納價導掌第三役價導掌第四投托導掌이라作導掌은宮庄收入을一例定額ᄒ야作導掌帖문을出給ᄒ것시오納價導掌은各該宮에서財政困窮을因ᄒ야該宮으로多少金額을納入케ᄒ고該納入者에게導掌役을借與ᄒ야價導掌으로帖문을成給ᄒ것시오役價導掌은宮庄으로毀破ᄒ보가有ᄒ면役費를自有ᄒ도록定額上納케ᄒ고役價導掌으로帖문성給ᄒ것시오投托導掌은民有田畓으로保有權利가不足ᄒ야各該宮에自願投托ᄒ얏뇨아니라宮庄名義을借ᄒ야當納ᄒ結稅를免ᄒ라고投托ᄒ고若干上納을定ᄒ야投托導掌으로帖문圖得ᄒ것이니以上四種導掌의性質이幻ᄒ야宮納은年々減損ᄒ고문簿도紊亂ᄒ지라於是乎각시라然而年久歲深ᄒ에規模解弛ᄒ야宮事整理所가成立되고宮內府令第一號에宮導掌廢止令이頒布되니整理所에서는各宮所屬導掌의廢止된文簿를一切收入ᄒ야宮庄私庄에分別을調查ᄒ야證據分明ᄒ投托導掌은該人의게還出給ᄒ고堂々宮庄은直接處理ᄒ計劃인故로문簿及聚ᄒ領証에調査閒領收라ᄒ얏스니調査後에宮庄私庄을分揀ᄒ야命令ᄒ것은分明ᄒ事實이라現今人民은誤解疑眩ᄒ야民有投托ᄭ지沒數攫取ᄒ다巷說이有ᄒ야本所는宮內府令을依ᄒ야正當處理ᄒ야抑鬱之歎이無케ᄒ지니導掌關係ᄒ大小人民은誤解浮言으로慮勢說去ᄒ勿ᄒ고所有문劵을無一遺漏ᄒ고調査證據에供ᄒ도록不日來納ᄒ야從速決末은爲ᄒ事

各宮事務整理所

本人의四寸亨善이가年少挾雜으로宗中에貽害次로海州邑에逗留ᄒ며欲得債貸ᄒ오니內外國人은見欺勿失홈

信川於項左坊인境村 安承善 告白

發行所 中央書館 京鄕各書店有

家庭小說 鬼의聲

菊初 李人稙 先生 著

定價金貳拾錢

學徒裝히書冊 學徒運銃과諸具 羅紗各種 美國金鷄納 衣服裁縫其他雜貨도廉價放賣ᄒ오니諸君子는來臨ᄒ심을바라나이다

仁川港축峴開新冊肆

本社風穴에儲藏ᄒ蠶種을製造할터인데我國內今年秋蠶과來年春夏蠶ᄉ育을可量ᄒ야製造ᄒ터이오니養蠶ᄒ는僉君子는左開所로來臨ᄒ던지郵書로ᄒ던지蠶種을各罘所用預託ᄒ시오

安義鶴峴蠶業會社

京畿永成門越便廉등二十壹統一戶 金漆原家

安義鶴峴蠶業會社社長 金秉先 廣告

大安洞寄宿

本館에서漢城內에留接ᄒ는諸學生의寄宿便利를爲ᄒ야大安동에二層半洋屋을建築ᄒ고居處飮食其他凡節을一々히便宜ᄒ기로極力設備ᄒ오니遊學諸生은照亮ᄒ시와賁臨于本館事務所ᄒ야論議ᄒ심을敬要

北署大安洞別宮南便寄宿館長 鄭熙燦 白告

寄宿願入證書는本館에서授與홈

留連費는每朔에新貨四圓八十錢으로定홈

宿館廣告

本道稅務官김奎현氏는廉明公直ᄒ고威重寬厚라戶結收稅를一遵規則ᄒ니民心열服에感頌淸德故로玆에廣告홈

咸鏡南道居民 裵鶴臣 朴谷淵 告白

●일본遊覽者募集

一遊覽會員募集 人員은五十名으로一團을成ᄒ니한일인을不問ᄒ고速히請入ᄒ시옵
一巡遊地 東京博覽會橫빈京都大阪神戶
一往復일數 띠抵十七일間
一浮費 遊覽費及手數料을合ᄒ야總計四十八圓
一出發일 請入順次를從ᄒ야出發三일前에直接히通知홈
一請入所 在京성各신聞社五十八銀行경성支店 天一銀行
一會員은遊覽을終ᄒ야開散ᄒ後는本會와關係가小無홈
一南대門셔釜山으로直行ᄒ던지或在京경으로直行하는者의게ᄒ야도同一便法으로同行請入을應諾홈

일本人遊람協會事務所셩남門通 東亞商會

◎活動寫眞廣告◎

今番에始作ᄒ活動寫眞은法국巴里京에서有名ᄒ거시오또ᄒ大韓국 皇室에서먼져看覽ᄒ셧고始作ᄒ지數日에遊覽ᄒ시는첨君子가多數枉臨ᄒ시와坐處가넘쳐셔晩到ᄒ시면不便ᄒ오니速々枉臨홈

今番에또새로이活動寫眞이多數來到ᄒ야每夜에僉位觀覽에新面目을供ᄒ오니速々來臨ᄒ시옵

活動은自下午八点半至十点半
賣票時 七点半始爲
入場票 上等新貨三十錢 中等新貨十五錢 小童十錢

新門외서달이목東便벽돌집 法人 馬田 告백

本人이日本大阪商業家와特約ᄒ고日本內地産出各種物品과西洋各種物品及機械等物을我大韓에輸入과委托을便利케契約ᄒ얏ᄉ오니商工業에有意ᄒ신僉君子는某物이든지請求코져ᄒ시거든本社로來議ᄒ시오本社에셔는手數料만受領홈

興業社本店 開城北部祥洞
支店京城南門內水橋五十一統六戶
仁港內동廣濟 培養會社

◎增修無冤錄大全

壹千壹百七十頁 定價金新貨壹圓

此增修無冤錄大全은法律家의最緊要ᄒ書籍이온데年來現本이殆히絕種에至ᄒ지라故로法部에認可를得ᄒ옵고此를新刊ᄒ얏삽는대國漢文으로解釋ᄒ야模糊ᄒ句節이無ᄒ오니法律學에有志ᄒ신니와字牧之任에居ᄒ신이는不得不覽ᄒ君子이오니注意購覽ᄒ시옵

中署布屛下 廣學書舖 김相萬 發售所

원산과셩진간에셔본인이살지소(肥牛)를만이ᄉ깃스니쇼파는제군은다수이팔너오시옵 최봉쥰 고빅

辯護士 前檢事 前判事 正三品 丁明燮
法律事務所 事務員 前主事 吳在淳
西署新門外鍮동 百八十六統三戶

越南亡國史 國漢文 定價貳拾伍錢

發賣所 京城廣橋 高裕相書舖 鍾南匯東書館 布屛下김相萬書舖

國債報償義捐金收入廣告

●南署藍島
金善一 徐聖默 徐相喜
金完종 우應鼎 成순창
劉興곤 김應종 최命淳
리景來 리호吉 박股淳
劉興澤 손鳳鉉 각三환
니廷化 리廷赫 趙用奎
박敬行 각二원 손殷션
圓오십전 리秀敏 김尙鎭
盧仲션 김云用 文錫三
趙吉伊 각一圓 盧瑾植
七拾전 朴상植 申지均
각六십전 洪順玉 리聖弼
리寬영 黃淳弼 정喜德
康德奎 孫貴得 리승奎
林應시 延圭華 리康元
黃文淑 김炳夏 劉興俊
김千吉 김英곤 리今奉
리康允 康道潤 손喜奉
리晉善 林守興 량창煥
리致德 각五십전 리千字
우召史 李춘明 명玄시
劉기淳 崔和敬 池奉云
김命濟 리道用 김仁化
리창用 石快셔 徐相元
김致煥 裵云시 각六십전
辛正淳 延원奎 홍淳石
김원吉 金千돌 오今성
정敬文 金貴成 金聖萬
申命龍 丘順萬 박完西
림相奎 리호用 최윤辰
劉正根 文漢福 박昌리
趙用化 리春根 박道文
김聖玉 정순景 盧瑾益
黃德山 黃箕顯 각卄전
박斗都 우辰啓 각卄五錢
呂宗淳 리敬來 김영淑
延순萬 丘喜영 車聖학
柳寬伊 黃德顯 崔季손
黃季厚 崔在孫 韓用시
염聖山 金命用 金命用 김興돌

林용淳 金澤龜 박宜춘
강漢秀 韓殷시 金윤吉
文錫彰 洪大云 최순학
韓順시 金상鉉 김弘文
리완순 량영환 朴大시
리순宗 崔斯春 우致永
黃在顯 박萬돌 黃哲柱
리点同 丘원明 최원善
김珠玉 정良淳 韓召史
康漢秀 鄭용云 원達이
유奉셔 리萬甲 손召史
리大吉 韓召史 盧仲鉉
김点同 리奎徹 리應澤
강仁春 김景文 리点祿
閔建鎬 문충文 洪守돌
林京옥 김炳文 安七夕
정守吉 최漢奉 문셕이
김弼濟 김三弘 리셕文
리德俊 손四祿 洪大振
김云成 김聖哲 조相辰
강任九 李春奉 박元근
丁奎植 黃金成 리豊식
丘容하 延학華 丘九玉
徐원식 강大弘 김辰셕
河萬一 박鳳甲 우상用
리今祿 김敬植 리리正
리貞用 김者斤福 河光澤
김千萬 하淑一 손萬春
朴容世 우寬鼎 하善景
리순用 김元근 리宜得
우리鼎 김俊三 김正식
洪인元 경致순 申용복
洪萬千 리춘三 하千一
申成根 김道文 송云용
리長國 리순命 김복成
禹辰成 安貞학 리長인
량得주 김聖화 홍在云
리興돌 리漢甲 裵순돌
염道元 리景云 金道玄
金守完 金興玉 黃여善
金충成 柳千命 리貞玄
孫文興 강회明 金용云
文창시 염萬甲 廉道信
金안石 劉敬先 박春환

金聖玉 孫貞상 유相문
정伯셕 趙秉云 金聖學
柳學甫 金完淳 최玉孫
金聖祿 洪萬인 趙元식
裵三劍 박根成 인청用
金云文 리순祿 丁순학
金文辰 박興德 정용문
오今祿 成순영 리玄셕
金덕珍 徐현淳 徐인同
최杜應 리셕奎 정千柱
金鼎圓 김永云 김興三
량순셩 강용기 秋應祚
徐殷淳 리순순 김호榮
劉命福 皮元奎 김云셩
김弘信 徐田원 김完奎
김漢갑 김萬학 김尙鉉
강충오 김錫凡 오興셔
宋百根 황今三 정용萬
김영泰 김순學 리守寬
車世麟 김義셩 리귀集
리命근 김允云 각卄전
김範劍 리순千 각십五전
김文숙 오善敬 오상옥
문興千 劉상千 리有셩
하光煒 정敬옥 리순命
하善一 劉萬亨 김성泰
黃순奎 趙東圭 문召史
延景손 韓奉셔 김千弘
洪云學 韓同伊 김문용
홍有吉 김용澤 盧順同
全召史 김寬淳 김충龍
崔達伊 丘千萬 韓召史
丘喜奎 각拾전 리得順伍錢
合一百三십圓九십五錢

●鎭安郡與面曳泥里
徐源鶴 晋相點 각四十전
朴一千 문弘錫 吉士維
각卄錢 丁致道 康道셔
各十전
●松谷리
鄭成보 김덕西 전道兼
各卄전 문권執 안大元
전보明 全보明 具贊문
각십錢 오達完 김윤晋

김弘西 리成習 각卄전
●丙동
嚴석嘯一圓 裵成三六십전
김應元 정순瑞 白應天
박奉淵 嚴철영 전成윤
각卄전 裵순習 孔明七
각十錢
●宗坪
박相海 박인德 각四拾전
車彩五 김永培 손大集
전在리 정德奉 리次述
각卄전 복三德 韓相麟
韓建奎 白성긔 權龍학
김文圭 박春순 金鍾錫
姜영九 각십錢
●平村
김鳴玉 리良여 廉致淑
김工一 沈占東 각卄전
沈宜悅 ㅅ十전 김永西十전
●石峴
오正賢 朴鳴天 김萬汝
각卄전 嚴得光 리春白
송聖凡 리成三 림明淑
嚴淵영 김成眞 各拾전
리지化 四전
●外梧川
리병学 六十전 金孝性
河奎源 김락中 각六십전
趙宗文 리成化 리윤七
리인瑞 成箕鎬 朴瑞寬
각卄전 金영贊 廉致善
전吉인 리致善 박時伯
柳明七 오士日 김桂善
各십錢
●上道峙
梁貧明 裵永淑 裵敬仲
니敬秀 니봉儀 각四十전
金士淳 류秀철 량元必
리希凡 裵贊淑 元道二
裵士弘 리化淑 리순敎
김元京 奇成와 裵道鉉
각卄錢 安啊김 朴元七
裵成均 각十전
●下道峙
具述祖 四십전 高學柱

徐秉鎬 裵述瑠 姜여中
정啓組 林泯興 리成川
高瓚巨 安應화 柳士執
각二十전 高원中 具俊祖
량海成 裵述文 高召史
高致彦 各十전
●外面各里 二십圓
合四십三圓십八錢
●鎭안上道面梧洞里
오化凡 량致弘 리守昌
姜能션 각四十전 리性國
강力淑 박允三 박윤창
순德奎 김인옥 김順三
白貴三 高貴西 각卄전.
尹良三 김敬必 각十전
●中坪
박春汝 김巳性 오明淑
문性瑞 陸文西 張貴玄
각卄전 韓元實 김창先
辛寬之 각拾錢 張윤五
오化西 崔順執 김化實
宣ㅏ三 각六전
●上草
高致祜 강化윤 각卄전
박春日 김士雲 韓應凡
김樂三 鄭化西 姜永淑
徐德平 각拾錢
●彦巾里
郭明彦 四拾전 金弘先
董文凡 리化實 金星七
董蒙복分用 董碩度 각卄전
박化局 董應九 董永七
董봉圭 각十전
●松대
리士권 四拾전 온正오
辛士維 리性지 각卄전
●乳山里
徐지完 金永順 申錫裕
조德守 리철信 각四拾錢
리炳性 八拾전 리宗性
徐在學 金永슈 姜炳용
강學영 리권一 강瑞欽
徐花寬 강興欽 徐奉俊
각卄錢 金德壯 姜문조

徐在錄 徐윤贊 徐相元
리宗翁 趙相彦 高性九
강윤欽 강哲汞 高漢集
金益顯 인敬守 박明俊
니石읍 김학西 창순興
白汝彦 元子化 高甲柱
각拾錢
●松嶺里
李大燁 四拾전 辛宅圭
온奉水 리奉守 梁惠燁
각二十전
●斗尾面牛月里
金鍾大一圓 리升祥二圓
김文培 陸拾전 具致兆
김昌先 김기萬 文學九
박弘碩 김敬玄 尹斗弘
문化局 김영오 김日환
각卄錢 車明七 문泰용
各십전
合二拾三圓卄전
●鎭安郡內
職官客기周二십원 조永舜
二圓 조重彬 秦奉순應기
主事韓支鍋 主事조顯均
監察김斗洽 순先化 리敦逸
全在寔 각一원 縣監金均기
녹圓 리英培오십전 명金英
全承喜 문翰龍 各四십전
全成模 문漢升 각六십전
조永옥 리敬民 조重叔
리斗鉉 조鳳憲 白南龍
리在근 최甲石 각十전
白창봉오十전 池洞리사數
二십전
馬靈面訪花里趙京長六十전
合四十一圓八十전
總合貳百三십九圓貳拾三전
國文報廣告總合壹百五十六圓
八十四錢五厘
前號總合貳萬陸千八百九十陸
圓九拾壹錢七厘
都總合二萬칠千貳百九十圓九
十九錢二厘

◎特別廣告◎
國債報償金所입關所將은姑未
合計이옵五伊日의所將總合
兩萬八千〇〇六圓〇六錢은韓
紙會社內銀行에貯置를於合
고貯置額中 貳萬 四千 三百
圓은國債報償志願金總合所로
劃交홈
大韓每日申報社

◎本報定價
一張代金 [illegible]
一個月前貨 [illegible]
三個月 [illegible]
六個月 [illegible]
一箇年 [illegible]
[illegible]

◎大韓每日申報各處支社廣告
中署布屛門下 金相萬冊肆
平壤上水口門內 金壽淵
仝 崔敬恒
仁川畓峴圍紀冊肆 李東贊
寧川邑稱南冊肆 安湝
義州西門外玄西 大東局
釜山港佐川 徐藥局
三和港鎭洞 金元燮
咸興州南社西門外 曹喜林
開城培義學校 宴助邁
大邱市廳 崔一弘
載寧邑濟衆院 劉夢澤
鐵山邑東部 安玄
元山倉前 劉七錫
海州南門內書舖 朴昌鎭
定州南門內 李源植
信川邑 洪成인
昌原郡校洞 許환
郭山興岩 李鍾瑞
安岳細동坊成동 廉道善
大韓每日申報社

發行兼編輯人英國人 裵說
發行所
南署石井동號外地三層洋屋家
大韓每日申報社

第五卷 第五百五十三號

大韓每日申報

月曜及慶節歲時日休刊

檀君開國四千二百四十年
箕子元年三千一十九年
大韓開國五百十六年
日本明治四十年
淸國光緒三十三年
◎陰曆丁未五月小二十三日癸丑

寄書

鄭君在홍捨生論　辨義生

嗚呼人之捨生取義蓋亦不一其塗矣然而死於有名者猶是商量裁制擇其所而處之者也若其死於無名者直是勇敢果決不暇擇而處之者豈不尤難哉嗚呼東洋不幸事變層生數年以來伏義死節之士磊落相望皆可以軒天地爭日月然其勇敢果決死於無名之地者惟日本之西坂豊大韓之鄭在홍兩君是也以其人則皆側微之蹤也以其地則初無可死之責者也但以其平生目的之未能得達也遂擲千金之軀以謝一世之人斯不誠烈丈夫哉嗚呼鄭君之死也或有訛言之出於情外者或有職其浪死於不當死之地者此固君之所不願者夫何言乎哉余則素昧於君之平生者然或因社友所傳或從報紙所揭有以知君之熱心於教育者也注意於慈善事業者也盡力於社會關合者也篤信耶蘇教之救世主義者也又聞君有恆言曰朴泳孝徐載弼兩公還歸本國擔任時務然後我韓有庶幾之望云者卽其平日主見也君雖不讀書而從事於商業界者直以其天良實心有這般事業有這般言論據此數者足以斷君之歷史而必更問其他至其慷慨決死一事則一爲警醒同胞之衆也一則有所期勉於平日信仰之地者也其熱血所注惟是知者知之耳人之所能與知此非死於無名雖之尤難者耶

且君灼然有見於生辱死榮之義而自斷於心曰若天不祚韓未有挽回之機則我輩必不免爲他人之犧牲而死辱莫甚焉寧我今日自處之爲潔爲榮也又其心所希望者若委此一身警吾同胞則必有不惜其生而擔當國事者吾何不能於此哉然則推想其由亦未嘗無裁制者也若夫世所謂讀書者流値國家不幸之秋或有勸以立節者乃自謗之曰我有所待又曰溝瀆之諒吾不爲之也若此之輩不過假借文飾陰圖其全軀保命活之私者何足以語熱血男子之處義乎哉余既悲君之死而尤壯其志特爲論此以告我同胞諸君

官報

◎第三千八百六號　光武十一年七月一日　續

敍任及辭令

任官立漢城高等學校教官　正三品呂圭亨

任警務廳警務官　金相설

任警務廳監獄署長　正三品柳翼亮

任義親王附書記　九品朴漢철

中樞院贊議　金思默

任慶尙南道觀察使　從二品李鎬成

任忠淸北道觀察使　完

◎宮廷錄事

號外　光武十一年七月一日

宮內府大臣이 載冕辭疏

批旨省疏具悉卿懇今此冒辭既不可義尤不可歸其勿復爲煩事遣府郞宣諭

◎第三千八百七號　光武十一年七月二日

宮廷錄事

咸鏡南道觀察使 世남辭職疏

批旨省疏具悉本職許遞

平理院裁判長李유승辭職疏

批旨省疏具悉懇王此所請依施

◎敍任及辭令

任度支部書記郞　金東昇

命奉常司提調　從二品朴南鉉

昭寧園奉介官金德起

崇仁殿參奉김찬洙

依願免本官

懿寧園介奉官최中植

任昭寧園介奉官

任懿寧園守奉官

任圜丘壇祠祭署參奉鄭敎澤

任崇仁殿參奉　箕子陵參奉尹국

任기子陵參奉　李英宰

漢語副教官崔秉旭

任官立漢城英語學校副教官　晉在鐸

法律

法律第三號

募兵令

第一章

第一條　大韓國臣民된男子ᄂᆞᆫ滿十七歲以上으로滿사十歲에至ᄒᆞ기ᄭᆞ지總히兵役에服ᄒᆞᄂᆞᆫ義務가有홈

第二條　兵役은現役과預備役으로分홈

第三條　現役은三箇年이니滿十八歲로붓터滿二十五歲以下된志願者가此에服ᄒᆞ고預備役은現役을終ᄒᆞᆫ者가此에服ᄒᆞ고國民兵役은現役預備役에在치아니ᄒᆞᆫ者가此에服홈

第四條　現役期限이已滿ᄒᆞ야도戰時或事變을際ᄒᆞᆫ時와本人의稱願을依ᄒᆞ든지或補充上必要가有ᄒᆞᆫ時ᄂᆞᆫ其期를延長홈이有홈

第五條　重罪의刑에處ᄒᆞᆫ者ᄂᆞᆫ兵役에服홈을不許홈

第二章　服役

第六條　現役兵은兵營에在ᄒᆞ야訓練을行ᄒᆞ며且諸勤務에服케홈

豫備役兵은鄕里에在ᄒᆞ야生業에從事ᄒᆞᄂᆞᆫ者니戰時或事變을當ᄒᆞ야此를召集ᄒᆞ야各隊에要員을充ᄒᆞ며又要ᄒᆞᆫ時ᄂᆞᆫ特設部隊의要員을充홈

國民은戰時或事變을際ᄒᆞ야預備兵을召集ᄒᆞ고尙其兵數를要ᄒᆞᆯ時만限ᄒᆞ야此를召集홈

第七條　現役兵으로品行이方正ᄒᆞ고勤務에勉勵ᄒᆞ며學術이優秀ᄒᆞᆫ者ᄂᆞᆫ三箇年服役ᄒᆞᆫ後에本人의志願을依ᄒᆞ야一箇年式再服役을許可홈을得홈

第三章　除隊

第八條　現役을終ᄒᆞᆫ者ᄂᆞᆫ各隊에서新兵入營前日에除隊退營을命홈

但新히入營ᄒᆞᆫ新兵이正員에充홈을不能ᄒᆞᆫ時ᄂᆞᆫ此에要ᄒᆞᆫ人員에對ᄒᆞ야現役延長을命ᄒᆞ야定員을充足케홈

第九條　現役兵으로傷이疾病을爲ᄒᆞ야勤務에不堪ᄒᆞᆫ者와兵卒된資格이無ᄒᆞᆫ者ᄂᆞᆫ除隊를命홈

第十條　各隊ᄂᆞᆫ滿期退營者의軍案二件을調製하되三月分은사月盡日ᄭᆞ지九月分은十月盡日ᄭᆞ지에一件을軍部에提出ᄒᆞ고一件은其隊에保管ᄒᆞ야置홈　未完

外報

◎三國協約의觀　伯림電을據ᄒᆞᆫ則英佛西三國協約에對ᄒᆞ야德國新聞은評論이靜穩ᄒᆞ고英國新聞은상히沉默ᄒᆞᆫ態度를保持홈에在ᄒᆞ더라

◎海軍復興議　北京電을據ᄒᆞᆫ則南北洋水師提督薩鎭冰氏가陸軍部尙書鐵良의의電報로入京ᄒᆞ얏ᄂᆞᆫ대卽日兩官에謁見ᄒᆞ야海軍復興件을奏陳ᄒᆞ고海軍處官制를釐議에付ᄒᆞ얏다더라

◎海軍公債　北京電을據ᄒᆞᆫ則度支部상書載택公과陸軍部상書鐵良氏ᄂᆞᆫ海軍復興을爲ᄒᆞ야公債募集ᄒᆞ기로提議ᄒᆞ얏다더라

◎滿洲開市通告　同電을據ᄒᆞᆫ則淸日北京協約을據ᄒᆞ야寧古塔훈春三姓海拉爾愛훈遼양奉凰城等各市를二十八日에開放ᄒᆞᆫ旨로淸國外務部에서日本公使의게通知ᄒᆞ얏다더라

雜報

◎斷髮趣旨說　鄭克世

鄭우영改名克世號黃農字然吾年六十三丁未五月八日自堤川入京城卽爲斷髮所由爲者有九端焉

一은爲衛生上便利也요二ᄂᆞᆫ爲去舊習就新明也요三은爲々國家憤發心也요四ᄂᆞᆫ爲社會上團體也요五ᄂᆞᆫ爲入新教信진主也라何謂衛生上便利也오曰凡人之頭腦ᄂᆞᆫ乃精神之府오天靈之蓋血脈之百會요氣筋之總管也라然而毛髮者ᄂᆞᆫ乃血餘之發華而不屬진體故로전之不痛也오剃之無妨也라蓋血熱濁氣가噴出毛孔然後에神淸氣爽而疴蒸이自消ᄒᆞ고陰降陽升而眼明耳聰矣여旨若毛髮이荒蕪於頭腦則주理가緻密ᄒᆞ여風熱이不得疎散故로腦髓가蒸蒸ᄒᆞ여精神이昏濁ᄒᆞ고血氣가濃溢ᄒᆞ여腦筋이不靈일ᄉᆡ是以로百病이隨侵ᄒᆞ여壽不得長이라故로전伐然後에毛管이開孔ᄒᆞ며風熱이疎散而精神쇄落ᄒᆞ여無一點昏迷之累ᄒᆞ고腦髓가淸정ᄒᆞ여有萬機合照之妙일ᄉᆡ是以로陽神이通暢ᄒᆞ고智慧가廣明ᄒᆞ고血氣가旺盛ᄒᆞ며壽元이益長하나니此豈不斷髮者ㅣ衛生上便利乎아所證者ᄂᆞᆫ薙髮山僧이多是少病不夭者ㅣ此也요且我國人이六拾年前의七拾壽者ㅣ極稀矣러니近來薙髮百會者多故로近亦多有壽高八九十者矣니以此觀之ᄒᆞ면薙髮이豈不衛生上便利乎아且질고纏綿者ㅣ亦多不便於事爲怠務之時也니可惜一毛何謂去舊習就新明也오曰凡人이自生以來로開見習慣이沉昏於世俗ᄒᆞ고濁汚於情欲ᄒᆞ여痼陋를莫開ᄒᆞ고夯鄙를難洗일ᄉᆡ心目이自暗ᄒᆞ여不能廟見ᄒᆞ고冠고이未整ᄒᆞ면不敢出頭하나니如彼懸痴野氓이固執舊習結고ᄒᆞ여看作守舊目的ᄒᆞ고愛戴以頭上華表ᄒᆞ여自認以禮義體貌ᄒᆞ니此可謂ㅣ變痴想이歷頂適心也로다猛將一刀ᄒᆞ여快斷了此歷頂一物然後에頭上天光이경然開明ᄒᆞ여新世界를可覩요心中茅塞이豁然開通ᄒᆞ여新智識을可發일ᄉᆡ於是乎快決其心頭之艮難ᄒᆞ고一洗其外면之粉飾而自發日新之思想ᄒᆞ여能作前進之첫步矣리니此豈不斷髮者ㅣ去舊習就新明乎아所證者薙발外人이全是活潑自由ᄒᆞ야不受牽制者ㅣ此也요且我國人之守발者ᄂᆞᆫ舉帶嚴捕子儀之形而或薙발者則亦有活潑自強之象ᄒᆞ니文明性質을於此薙발의可見矣로다　未完

雜報

●仕進定時 內閣一般官吏의仕進時間이上午九時로完定ᄒ엿더니內閣新組織ᄒᆫ後에總理大臣李完用氏가每日上午十二時後에仕進ᄒᄂ故로其下一般官吏ᄂ自然定ᄒᆫ時間이無ᄒ고任進이或早或晩ᄒ다더라

●宮大消暢 宮內府大臣李載克氏가日昨辭疏를奉呈ᄒ고東門外仝哥亭에出往ᄒ야一晝夜를消暢ᄒ고再昨日下午八時에入來ᄒ얏다더라

●閣議案件 再昨日下午二時에內閣會議案件을得聞ᄒᆫ즉地方營屯物을調査放賣ᄒ야軍器廠에補用ᄒᄂ事와去番慶德宮內閣遊會費를出ᄒᄂ事이라더라

●欠逋調査 度支部에셔各郡守의公錢欠逋條를調査ᄒ야多數에至ᄒᆫ郡守ᄂ明於 上奏免官ᄒ다더라

●開墾規則 農商工部에셔各地方陳荒地開墾規則을編呈ᄒ야內閣에請議ᄒ얏다더라

●役費支撥 內閣에셔緜地廛重建築ᄒ役費支撥ᄒᆯ事에對ᄒ야日昨度支部로照會ᄒ얏더라

●照法領 木浦港에住居法國人家屋ㅣ地가治道中에犯入ᄒ얏ᄂ대該人이相當ᄒᆫ價値外에越數呼價ᄒᄂ지라內部에셔該事由로統監府에照會ᄒ야相當ᄒᆫ價금을劃給ᄒ기로措處ᄒ다더라

●白面太守 日前郡守奏本에白面書生人이被任ᄒ얏다ᄂ듸該人은特別히經濟策이有ᄒ야內閣에셔擇用하얏ᄂ지未知ᄒ갓다고巷說이喧藉ᄒ더라

●四氏云免 日昨御前會議에宮中雜輩罷免問題에對ᄒ야時夜에李總理가詣闕ᄒ야金顯大李容升李근東丘寧査四氏를罷免ᄒ기로內定ᄒ얏다더라

●李氏歸國 東京에滯在ᄒ얏든李址完氏ᄂ妻子를率ᄒ고日昨夜에歸國ᄒ얏다더라

●又一歸國 東京에滯在ᄒ얏든李升환氏ᄂ家族五名을領率ᄒ고昨日拾一時에列車를탑乘ᄒ고草梁에發ᄒ야京城에入向ᄒ다더라

●日殺韓人 本月二십二日平安道鐵車舘東方約十町되ᄂ山中에셔日人西川淸次及本田奇知가富萬人契을設行하ᄂ대景品授與에關ᄒ야日韓人間에爭鬪가生ᄒ야日人服部瀧治가短銃으로써김希貞의左胸部를狙擊ᄒ야김氏ᄂ卽死ᄒ고加害者ᄂ當地駐在日巡査의게捕縛되얏다더라

●寧察與學 平安北道觀察使박勝鳳氏가本月二十五日에巡邑次雲山郡에到ᄒ얏다가下午五時에該郡公立普通學校에臨ᄒ야該學徒에對ᄒ야課業어將來에何如關係됨을問題삼아各其意見을次第盤問ᄒ야所答中國家思想이有ᄒᆷ을贊揚ᄒ고因ᄒ야諄々히勸勉ᄒ되今日我韓國之基礎ᄂ諸君靑年肩上에擔負ᄒ얏슨則愛國的思想과獻身的精神을腦髓에灌注ᄒ야暑刻勿忘ᄒ고學業을勸勵ᄒ야將來需用을備ᄒ라ᄒ고反復說明에言辭激切ᄒᆷ을一般學徒가莫不感悟ᄒ야前途에爭進ᄒᆯ心을各有ᄒ얏고夏期試驗優等人의게賞品ᄭ지寄付ᄒ깃다ᄒ고發論ᄒᆷ의該校敎員楊大祿氏가感荷ᄒᆫ意로答述ᄒ얏다더라

●民擾續聞 咸興郡連浦鹽稅가本是每石에葉錢八分이온대稅務官이每石에葉一兩八전式勒捧ᄒᆫ次로日巡査와大韓巡檢을多發ᄒ여勒討ᄒ다가擅民이不應ᄒ되巡査와巡檢이持銃劍衝突ᄒ야頭骨과全身이被傷ᄒ며至於死境者ㅣ不知其數오百姓數千名과巡査巡檢이數日相戰에至ᄒ于今未決이라ᄒ더라

●淸打日人 再昨日下午四時量에大漢門前淸人料理店에셔日人二名이酒에大醉ᄒ야該料理器皿을多數破碎ᄒᄂ故로淸人拾餘名이該日人을日巡査捕幕으로扶去ᄒ야無數히毆打ᄒ미日巡査가理事廳으로電話ᄒ야行픽ᄒ던日人을捉去ᄒ니淸人等의게皿價를推辨ᄒ얏고顚去ᄒ엿다더라

●必有奸狀 鳳山郡京義鐵道에犯入ᄒᆫ民有地段價를度支部에셔漢城判윤박義秉氏의葉已支撥ᄒ얏ᄂ대박氏가有何事端이던지該民人等의게尙今分給지아니ᄒᆫ지라該民等이地段價를支給ᄒ라고內部에呼訴ᄒ얏다더라

●尙지病院 錦陵尉박泳孝氏ᄂ泄종이尙無差道ᄒ야漢城病院에셔連日治療中이라더라

●吊問相續 志士鄭在洪氏가自砲ᄒᆫ故로無論男女ᄒ고該氏家에來吊ᄒᄂ者가雖雨中이나不絶ᄒ야每日數百名에達ᄒ다더라

●女學敎育雜誌 女子敎育會總裁李옥卿氏가內部에報告ᄒ되本會에셔女子敎育雜誌를發刊ᄒ깃스오니特爲認許ᄒ라ᄒ얏더라

●依例停訟 法部에셔平漢兩裁及各地方各裁判所에輸示ᄒ되夏月停訟이已有年例ᄒ니凡係民事訴訟을本年七月八日로起ᄒ야八月二十四日ᄭ지該事件을停退ᄒᆷ이可ᄒ가로訓令指令이라ᄒ얏더라

●防賊增巡의請願 海州郡三十二面民人崔鴻鵬等이內部에請願ᄒ되本郡에賊警이去益甚ᄒ니增設別巡檢十八人ᄒ야戢盜케ᄒ라하얏더라

●放銃可駭 운山郡에來留ᄒᄂ外國人에使喚李斗種爲名者가何事를嫌疑ᄒᆷ이던지該郡居裵成龍에姪與姪婦가田畝에往ᄒ야除艸ᄒᄂ거ᄉᆯ放銃ᄒ야男女兩人이重傷을被ᄒᆫ故로該郡警務分署에셔方在嚴探中이라더라

●月據一鷄 漢城府尹박義秉氏가內部로報告ᄒ되義州府督內에日本軍用地로占定ᄒᆫ區域內에民人의土地家屋及墳墓移瘞料를卽爲支撥ᄒ라신訓令을承準ᄒ온바現今農時方殷에以至撤去則民情이可悶이오니姑令安堵ᄒ야耕作ᄒ고秋成ᄒ야以待更飭케ᄒᆯ事로訓令於該府ᄒ심을ᄒ야咸須依舊安堵케하ᄋ심을玆以報告ᄒ얏더라

●日敎師悖行 去六月二十一日에日語學校에셔一年級乙班會話時間은卽大韓皇帝時間而四十分已過ᄒᆫ後日人敎師白井重任이가代辦ᄒ고入場ᄒ야卒然爲韓晩敎씨로問答ᄒ니該學員은今春에入學於一年級者則豈能與日人으로無碍問答ᄒ오며오答이不知라ᄒᆫ즉白井이가短杖으로高聲變色ᄒ야無故亂打ᄒ고至於耷場ᄒ니白井이가學徒를蔑視ᄒᆫ事로論之ᄒ면非但韓晩敎에一人만當ᄒ얏아나三百餘名學徒가擧皆逐變ᄒ비라ᄒ야一齊히退學ᄒᆫ次로代辦고長최在翊氏의게請願ᄒ얏더니學部에如何히通知ᄒ얏든지該部參書官崔健植氏가査實次出來ᄒ야敎師白井과韓晩敎氏와三百餘名학徒를會同ᄒ야査實以去ᄒ더니其익日에自學部로白井與韓晩敎臣와學徒中代表幾人을送致ᄒ라고命令이有ᄒᆷ으로入去ᄒ얏더니大臣은仕進치아니ᄒ고次官이辦決ᄒᄂ데白井만斗護하ᄂ지라其의日에學徒가大臣의게一次公辦ᄒᆫ次로本校에會集ᄒ얏더니該校內에日巡査와韓巡檢을排置ᄒᆫ지라學徒가忿激相歎曰吾儕가若欲更辦하면必頭凌辱을果難預測이라ᄒ고此事歸正ᄒ기前에ᄂ斷不上學하ᄌᄒ고齊聲同盟ᄒ고各歸其家ᄒ얏더니昨日에學徒中成의煥박泳達리能우等十餘人이獨先上학ᄒ얏고其餘學生들은尙在忿鬱中이라더라

●內照統府 內部에셔統監府로照會ᄒ되咸南觀察使鄭鳳時報告書를按准ᄒ온즉內開에現接北靑郡수洪佑元報告書內開에郡守現以受由歸鄕之路로歷入ᄒ이옵더니接本郡主事鄭鐸觀報告內開에本郡舘宇를日本隊留駐次로毁破正殿에方在修葺之役而闕牌播越이事躰所悚ᄒ와玆權奉於鄕校明倫堂祝室ᄒ오나此非久안之地에伏不勝悚惶ᄒ와玆以馳告ᄒ오니査照後轉報上道ᄒ시와承指令擧行之地等因이온바蓋自年前日軍隊來駐本郡時에客舍에買入ᄒ야凡干軍用物品을積置ᄒ야至于正殿內ᄭ지온故로其時 闕牌를不得已奉安于鄕校明倫堂이러니其後屢度交涉ᄒ와艱得還安于正殿이오나東西翼廊은依舊儲物品而正門則兵丁이派守이러니今又毁破正殿舊壁而以爲修葺故로勢不得已移奉闕牌于明倫堂香祝室云ᄒ오니驚惶之極에罔知攸措이옵기玆에報告等因이온바該隊가毁破正殿ᄒ와至於闕牌移安이闕甚驚惶이옵기卽以停役還安之意로公函于該郡駐劄第十聯隊長산本延身이올고玆에報明하오니査照ᄒ오셔自部로交涉ᄒ日隊司令部ᄒ시와闕牌를舘宇正殿에還安케ᄒ심을爲要等因이온바舘宇正殿은尊嚴不可犯은係是我國에前例이거날今日貴國軍隊가突然毁破ᄒ야闕牌移奉은甚悚惶이옵기玆에仰布ᄒ오니照亮이신後知照軍司令部ᄒ시와 郡駐隊로使卽停役ᄒ고闕碑를客舍正殿에還安케ᄒ심을爲要라ᄒ얏더라

特透電報

七月二日發

●後必有效 海牙平和會議에셔日本人의殘虐을訴ᄒᄂ韓國提議를排斥ᄒ얏다더라

▲上下體態▼

▲內閣大臣의會議할事가有ᄒ면內閣에셔會議ᄒ고御前에셔例會를擧ᄒ고伊藤統監官邸에셔도會議ᄒ며內閣會議와御前會議ᄂ影子오統監官邸에會議가有效ᄒᆫ會議요

▲總理大臣李完用氏ᄂ三昨日上午十時에農大宋秉畯氏의私邸의訪問ᄒ고同十二時에統監官邸에訪問ᄒ얏다가大觀亭에前往ᄒ야長谷川大將을訪問ᄒ고下午六時에內閣顧問須知分氏宴會에往參ᄒ얏다가同六時에詣闕ᄒ얏다니東에번쩍西에번쩍長安거랑이가總理大臣을봄상ᄒ다ᄒᆯ만ᄒ오

▲平理院裁判長李允用가疏遞되얏스니以若總理大臣의伯氏로勢力이不及ᄒ야遞任될理由ᄂ萬無ᄒ니무ᄉ運動에着手ᄒᄂ지畢竟大臣椅子를高占ᄒᆯ이로다

▲新內閣이組織된以後로京鄕間多錢客들이裏山를莫知ᄒ야抱頭鼠竄ᄒ더니日前郡守奏本에銅臭가夾生ᄒᆫ즉蟻蛆緊穴을각穿ᄒ야絡々聯絡ᄒ야日間內部十餘窠郡守奏本에各自睡手ᄒ니卽一棚鼠蠅이로고

▲여보시大任善卿氏ᄂ郡守奏本을公正히ᄒ다고辭職ᄒ얏스니該氏가郡守를武乃大臣으로選擇ᄒᆫ理由ᄂ옵술듯ᄒ오그말마오內部大臣을任善準써으로알엇소李完用氏의內人지오

▲大韓商民會社中에爲國獻身者ᄂ鄭在洪氏이오耶蘇敎徒中에爲國獻身쟈도鄭在洪其人이니一則民國的精神이오一則救世的熱血이오

▲校洞日語學校에셔日昨에學徒들이齊進ᄒ야上學時間이過ᄒ되日人敎師白井氏가不入ᄒ더니多時間後來到ᄒ거날學徒들이質問ᄒ미該敎師가學徒를自意亂打ᄒ얏다니敎師가學徒를無端이亂打ᄒᆷ은世界萬國에初聞ᄒᆫ事니該敎師白井의行爲ᄂ초學徒의白丁인즉名不虛稱이로다

▲近日豪華子弟에首飾ᄒᄂ物品을計算ᄒ면統영眞紗笠에葉字동곳세金堤網巾에琥珀風簪에定州宕巾에純金貫子에금픽冠纓으로驕奢가日甚ᄒ야一箇頭上에數萬金價値가往來ᄒ더니薙髮令이實施되면져首飾을어대쓰나第一절통ᄒᆯ일이로

▲三南各郡守가民間에告示ᄒ되蔘葉一東式預爲準備ᄒ라ᄒ故로該人民들이畢竟側髮ᄒᆯ目的이라고預料ᄒ다ᄒ니各郡守의蔘葉預備ᄂ所用이何處오必是日人의取利之計로指使ᄒᄂ비로다

◎本社告白

國債報償에出義금額을本報紙面에逐日廣告로發布ᄒᆞ되猶有遲滯ᄒᆞ야義捐諸氏의迅速揭布코ᄌᆞᄒᆞ시ᄂᆞᆫ心을未卽奉副ᄒᆞ옵더니今自本報로國文報一部를增刊인바從今으로ᄂᆞᆫ漢文報와國文報에義捐廣告를並爲揭布ᄒᆞ리이오니愛國僉員은照亮ᄒᆞ시옵

雜報

●勢難奈何　日語학校학徒退학ᄒᆞᆷ에對ᄒᆞ야학務局長尹致오시가昨日면유次로該校에前往ᄒᆞ얏더니학徒가一無ᄒᆞᆫ지라空往空還ᄒᆞ얏ᄂᆞᆫ데該校敎師白町시ᄂᆞᆫ辭免ᄒᆞ야已라더라

●聯合運動　忠州郡私立敎明學校에셔公私立各校春期聯合大運動會를今月十五日本郡邑底甕峴에셔設行이온바觀會ᄒᆞᆫ生徒가四百餘人에達ᄒᆞ얏고각項運動節次ᄂᆞᆫ金序擧行ᄒᆞ야盛況을呈ᄒᆞ얏다더라

●任氏義捐　和港霽山里居醫學博士任能準氏가教育에從事ᄒᆞᄂᆞᆫ데京城各學校模範을視察코ᄌᆞ上路ᄒᆞᆫ바歷路에本港碑석동耶蘇敎小學校에訪問ᄒᆞ고一切生徒의게有益ᄒᆞᆫ問題로勸勉ᄒᆞ고金十圜을義捐後發行ᄒᆞ얏다더라

國債報償義捐金收入廣告

●六月中本社收入總額每日逐号明細錄은本社國文신報에每日順次發刊이옵고六月朔收入都總合은九千壹百二十八圜拾전五厘이옵

●六月中각人寄附金本社收入表를國문申報第卅號에發刊하얏사오며因하야僉位의게感謝호情을表흠

●全北鎭安郡
監察리宗珍 조셕홍 조益션
김敬直 각四십전 리良彦
一圜 김윤午 김치完
김영吉 각廿전
김殷瑞夫人리씨 貳십錢
김奉春夫人母親裵씨四십면
손敬文母親金씨 십錢
●곡尾面
尹敬化 吳奉文在觀
각一원식 興面김大中
리순보 김應元 一北廬션卿
公州乾平瑞 각二십면
香山宋敬三 四십전
徐成深 一圜
●二西面佐浦
注書리호濬십圜 奉事최明鎬
一圜 議官최濟泰 오圜
主事최殷샹 奉事최濟國
각二원
合二십七圜오십전
●平北宣川郡
吳派喜廿圜 李竹栗 李鳳赫
각十圜 오晶彦 김道熙
김昇鉉 각五圜
김기彦夫人박씨銀指環一雙
一兩三錢重 소오원
김熙緯夫人康씨銀指環一雙
三兩二錢重銀針甬一介및전重
金景희三원 박時青 為替昇

김致呂 金仲三 김用郁
조亨信 裵亨鶴 뎡用圭
각二圜 姜利國 姜得豐
리啓河 김子華 김明哲
김基奎 김德선 김贊玉
胡영軒 桂德淳 方枝鳳
리啓華 리鳳三 박允瑞
張應範 뎡錫奎 박永근
리昌會 리元成 리枝贊
張弘德 崔達房 김文근
조允學 劉鳳文 裵永彬
趙永健 田喜峻 오贊和
高萊潤 崔炳吉 부林贊
뎡起豐 정起리 은正源
박문吉 尹岩石 申龍九
申셕祚 김창憲 田禹澤
리珍厚 홍元甲 정用瑞
鄭世得 김天西 리承春
홍成範 김九鳳 金應淳
高貞元 리奎齊夫人張씨
申基주母親田氏
김南보母親尹氏
리泰汝夫人리氏 박기德
리允石 김得夏 박通秀
김萬寶夫人리시 부봉麟
김信旭 김炳模 김炳鉉
각一원 為贊郁 為有麟
김國貞 김鳳輝 김國元
김鳳珠 김呂化 리기환
김守京 閔承益 崔京煒
김天한 桂玉贊 桂大奎
박成贊 김문旭 김士贊
김春旭 尹德黃 張允瑞
崔萬巳 리元豐 김利元
리贊世 뎡學秀 리正朋
高麟世 신成希 洪成何
朴基환 鄭淳元 리汗守
김인基 車玄益 柳봉達
高기伯 黃厚根 金天學
오永甲 부治恪 金창爵
許인善夫人김씨 신用承
박成萬 박成근 車기源
최道奎 김守然 高麟祉

金利澤 姜봉世 김정信
김豐한 裵敬善 김봉何
김昊必 리光老 김成運
김학선 리二근 姜永齊
리변학 김贊石 김京涉
文京祿 박尚國 梁君彦
조得達 姜應齊 리得龍
오玄國 조玄芳 리基憲
김三龍 리龍基 宋呂尙
리德선 崔宗元 高亨奉
김成伯 각五십전 문才俠
박기煒 金青슈 김龍福
각ㅅ拾錢 金德秀 김문元
김宗成 최賢七 리德信
孫治道 부吉鉉 리成德
김尙奉 김元보 리啓슈
車時哲 림敬成 홍인坤
朴亨祿 김ㅅ浩 김士贊
계玄守 沈성官 리正軒
박日善 韓龍眞 方啓晉
張時萬 김士傑 홍才敏
오淳甲 高啓龍 崔德보
文昌煒 文창煥 申錫九
申大福 申小복 김得燾
김炳建 리觀浩 박音分
최汝甲 리正道 宋히泰
리京鎬 김창민 홍炳斗
부吉善 김奎玉 김奎贊
계召史 김禎俊 각廿전
朴根玄 張時환 리才赫
리允瑞 정致唐 홍石範
오致彦 김成瑞 김益瑞
高求昌 金文兼 부文行
김永근 張時青 為得麟
林泰平 金尚沃 뎡昌石
뎡창煒 金奉官 리成근
리京云 리建伸 申光彬
리承화 김尚默 安炳赫
金初鳴 리長孫 김長孫
최應稔 김尚默 金龍仲
金京道 김尙彬 김守鉉
崔末仲 리枝근 리干闡士乙
劉日복 宋處巳 부永官
田義郁 각廿錢 노奉麟
계王萬 金泰根 韓是孫

金明선 徐春範 金富石
림八男 박山川實 裵宗京
張官吉 김成文 為吉石
각십錢 宋來卅면
合二百八圓칠拾면
銀指環二雙銀針甬一介代金
뉵원五十錢
兩合二百拾五圜二십錢
●咸鏡德源元山上里上동
동中卅원 崔若天이환
최 욱 오십원 부景和卄圓
조린元 박昌倫 각십원
金然奐 徐宗엽 최丙奎
박用濟 최壬吉 강基元
김應祚 각오원 金學鉉
과官鎭 趙영奎 金旣淳
安泰涉 千仁哲 崔容用
각三원 리宗슈 김景澤
박인培 劉호奎 안셕熙
안셕禹 온셕쥬 朴奉基
최슈景 韓景七 리성河
각貳圜 汲水軍십貳人
貳원四십전 홍셩汝卯원
子吉男一원 陳明實 尹奉殷
김셩燁 金인호 최東식
崔齊환 朴東植 최秉爵
車準셩 각貳圓 강긔善
一圓오십錢 강亨淑
一원卅전 박宗乱 安教義
안敎夏 金永슈 金性吉
朴枝淳 문武述 리致善
金永奎 金時鉉 리孝憲
金觀셩 조亨근 강덕元
김萬鎰 각一圓 弟千일
五십전 韓斗憲 沈學仁
리基官 김셩日 咸龍슈
白仕允 김문玉 金官호
원世準 김榮奎 조鵬益
朱지興 각一圓 김원호
三圓 夫人金시 二圓
趙斗錫 徐仲셕 리덕富
리用철 리用吉 리必지
리允興 黃鎭五 申린喬

각슈拾 黃지龍 박창슌
林榮슌 김振聲 강希用
林召史 安希인 盧寬岩
趙성云 趙用岩 尹春信
최셩욱 趙升원 趙用원
리和貞 卓龍우 高셩원
趙宗和 각一圓 김常三
一圓륙십錢 扇軍십人
김學奎 趙鎭九 卓在明
김奎필 비在문 韓正萬
趙尙원 趙用원 韓용긔
각一圓 尹性吉壹圓륙십젼
리운셩 리용彬 김영洽
박應奎 黃石근 趙用卜
리淳用각壹圓 최봉來貳원
趙枝模 박學西 邊存植
林道一 김致和 각뉵십젼
夫人康氏ㅅ십젼 林君彦
尹丙칠 高원日 趙景호
리셩근 張致石 韓셩조
卓宗호 리仲烈 金應락
각오십錢 趙원瑞 蔡昌션
九歲女息 陳長손 玄應烈
劉三實 金貞보 박萬원
각ㅅ拾전 卓기燁 金達弘
손景信 韓正律 각卅젼
최達順 羅丙철 김益슈
金奉益 리萬植 金셩복
金云鶴 金益允 蔡奉조
김奎三 원瑞奎 金應七
각卅錢 劉時官 壹圓
合三百십四圓二錢
●慶남東萊府범魚寺
조友峰六원 徐鶴庵五圓
됴月影 金금溪 김松호
김龍谷 김擎산 각二圓
韓混海 박晩霞 오海玄
박낭月 김瑞庵 홍晩산
徐春谷 徐九潭 金덕산
徐秋庵 김규彦 徐善화
박湄贊 리쥬益 정敬순
쥬昶珠 부圓善 金震玉
김致念 각壹圓 안義峰
림인月 김湄셕 池春湖

김東雲 박孝雲 손湛月
비蓮湖 安寬海 金月峀
김祥眞 리문슈 최應攝
김潤益 김法信 최淳英
박應樞 徐海雲 오允곤
오法셩 손法三 崔尙奎
金性敎 리致船 許秀敬
김쥬洽 安晋洽 박秀洽
리슈셩 각五拾젼 박影河
박太隱 김道庵 김斗원
각四拾진 리晉암 金珠煥
각卄젼 리義암 박草암
박性海 부藤峰 리鉄月
崔一海 김東奎 강麗所
김彰律 김奉근 손근湖
崔致佑 김셩淸 리眞敬
부秀玄 리덕진 許션義
리晉언 김남石 오인悟
됴秀瞭 조奉진 김奉訓
김有實 박영寬 됴今大
김셩옥 高봉祥 조用贊
都代慶 김원도 각卄젼
鄭達鎬 림원갑 각拾젼
合六十三圓十전
●慶州中대面芳이동
최榮來 최恭來 김明壽
金永善 김伯壽 각一圓
徐觀淳 八十젼 權道然
六십錢 洪水甫 七十젼
金興萬 김德化 각五십錢
崔炳贊 김興용 리윤達
崔炳麟 리光石 오永根
金先根 각四拾젼 盧秉瑞
金春興 김喜然 리光윤
權丙元 金春伯 각卅던
최炳貞 金文敎 리益三
安宜셔 조창云 洪今보
최병宇 鄭士弘 林七屋
洪덕水 裵召史 鄭得成
리덕山 리光신 홍建出
徐鍾輔 徐宜輔 됴元俊
朴命근 김春己 셔계煥
金文若 徐덕淳 최병義

각卄전 서有伯 ㅅ전
合[illegible]七圓六十[illegible]
總合六百三십七圓四拾二전
國文報廣告總合五百二十三圓
六ㅅ錢
前號總合貳萬칠千貳百九十圓
九十九錢二厘
都總合二萬八千ㅅ百五拾貳圓
○壹錢貳厘

◎特別廣告◎

國債報償金两日間所捧은姑未合計이옵고伊前日의所捧總合四萬八千○○ㅅ圓○ㅅ錢○厘氣會社內銀行에貯置ㅎ얏삽고其貯置額中貳萬四千三百圜은國債報償志願金總合所로越交흠

發行兼編輯人英國人 裵說
發行所 南署石井동號外地三層洋屋家
大韓每日申報社

第五卷　　第五百五十四號

月曜及慶節
歲時日休刊

檀君開國四千二百四十年
孔子元年二千四百五十八年
大韓開國五百十六年
日本明治四十年
淸國光緖三十三年
◎陰曆丁未五月小二十四日甲寅

論說

萬國平和會議에韓國提議

昨日路透電을據호則海牙平和會議에셔日本人의殘虐을訴호韓國提議를排斥호얏다하니此電에就호야韓國人士가疑惑點도有홀것이오失望點도有호깃기로吾儕가推想其理由호며演譯其辭意호야爲之說道于愛讀僉員之前호노라

蓋此萬國平和會議에日本人의殘虐을擧訴호者가誰也오何許列强中에서特히東方의一韓國을爲호야擧訴호기는必無之事라推想컨되必是韓國忠憤之士가韓在歐洲地方라가對此列國會議之擧호야自國의冤痛호情實과日人의强迫한行動을宜呼陳訴호者가有호것이오列國會席에셔此提議를排斥홈도依例之事라

何爲其然也오蓋其議席에提出案件은各國委員이已經列錄者라야可否處理가始有한것이오其列錄案件에初無恭入호問題는突然히提出處理호기는規則所不許니이今此韓國提議가列國委員의已經錄入호案件이아닌즉容受處理를不得홀지니故로其提議가排斥된것은依例之事라호노라

雖然이나韓國將來에回復獨立之基因이實在於此라호노나大抵以韓國國民義務로言호면各國會議에處理與否는不關호고惟其忠憤義膽으로賭其死力호야不避艱辣호고呼天叫地에無處不訴는是乃當然的義務라爲人子而欲訴其父母之怨者가法官之受理與否를何暇計較리오惟其痛哭呼吁而已矣라

彼各國委員이對其擧訴호야雖不處理호얏스나大韓人種에能히國民義務를履行호는者가有호것은宜其表彰홀지며日人의强迫行動도亦已暴著於世界호얏슨則是其寸紙가强於百萬師者非耶아然則今此韓人之擧訴가雖無目下之奏功이나豈不爲將來回復獨立之긔因歟아

昔에意太利建國英雄嘉富耳가在巴里列國會議之席호야日奧國은我의鐵鎖요自由의公敵이오獨立의仇讐요名譽的歷史가有호意太利全國自由民族의모賊이라호야列國代表者前에셔奧國의蠻行을一々擧論호며奧相이抗言호야曰此는國際上禮言이아니라호나列國代表者들은이奧相의言을傾聽치안코嘉富耳의게同情을表호야曰不意々太利中에如此人傑이有호도다호얏더니其後에意太利가自主獨立의大目的을達호것은此會議에發言으로列國의輿論을喚起홈에서因홈이多하다하얏스니

今日韓人이在彼各國代議之席호야擧訴日人之殘虐者가亦非嘉富耳之痛論鬼哭擧行者乎아嗚呼大韓이於是乎始生機호니一般國民은勿少失望호고自主獨立의大目的을得達호기로益加勉勵홀지어다

官報

●第三千八百八號　光武十一年七月三日

◎宮廷錄事

禮葬所堂上兼任掌禮院掌禮
法部次官臣金珏鉉謹
奏今日午時量
慶嬪墓所開금井爲之之意謹上
奏　奉
旨依奏

禮葬所堂上兼任掌禮院掌禮
法部次官臣金珏鉉謹
奏今日午時開금井後仍爲穿壙
則土色極爲光潤無欠之意謹上
奏　奉
旨依奏

◎敍任及辭令

內部書記官長韓昌洙
命官制調査委員長

內部次官俞星濬
度支部次官柳正秀
軍部次官韓鎭昌
法部次官金珏鉉
學部次官李圭桓
農商工部次官劉猛
命官制調査委員

秘書監丞宋振玉
依願免本官

制度局理事徐廷岳
依願免本官

秘書監丞徐廷岳
任秘書監丞

修學院長李道宰
命宮內府特進官

侍從院卿李[illegible]湘
命修學院長

從二品尹甲炳
命秘書監丞

前令朴淙好
任制度局理事

正三品宋振玉
任經理院技師

九品김德恩　仝　鄭尙雲
任主殿院電務課主事

日本國貴族院議員侯爵池田詮政
日本國貴族院議員小松原英太郎
敍勳一等賜太極章

日本國陸軍少佐千原秀三郎
敍勳三等賜八卦章

日本國陸軍大臣大勳寺內正毅
陞賜瑞星大綬章

日本國參謀本部附步兵中佐兒島總次郎
日本國陸軍省經理局二等主計正小暮壽太郎
仝　加藤貞次郎
日本國陸軍省軍務局步兵中佐山田隆一
敍勳三等賜太極章

日本國陸軍省醫務局衛生課長一等軍醫正三浦得一郎
敍勳二等賜八卦章　未完

法律　續

法律第三號
募兵令

第四章　募集

第十一條　現役兵志願者는每年二月一日로부터同十五日싸지八月一日로부터同十五日々지請願書를京城隊에在호야는其隊長의게呈出홈이可홈

第십二條　軍部大臣은新兵檢査委員을設호야前條의志願者를集호야必要호檢査를行케호야合格者를各隊에配布홈

但地方각隊에在호야는각隊長으로新兵檢査를行케하는事가有홈

第十三條　募集期는三月九月二回에分호고其人員은除隊及事故를因호야生한欠員을補充홈

憲兵의補充은各兵科上等兵과一等兵卒中憲兵될資格이有호고一箇年以上服役호志願者를試驗호後에採用홈이니其募集期는二月과八月中旬으로홈

第十四條　新兵應募者는京城각隊에在호야는漢城府及京畿內地方각隊에在호야는其所管각道內에旣定호區域內에一家를構置호는確實호保證人一人을要홈

第十五條　新兵入營홀時는現役과預備役에服호야　勅諭를遵奉호며諸規則에服從홈을誓約호야記名捺印케홈

未完

外報

●法政硏究　淸國直隸省學務分所에서地方紳士를召集호야略二箇月間法政에關호智識을敎授호後에三箇月은日本에留學케홀方針이라더라

●平和會議의狀況　海牙電을據호則去月二十四日에海牙平和會議의第三第四部委員會를開호얏는디第三部委員은機械水雷敷設에對호야制限호는議案을提出호고淸國委員은今後淸國에셔赤十字徽章使用홈을通知호얏고第々部委員會에셔는美國委員은海上에셔敵國의私유財産捕獲홈을禁止호는議案을提出호고英國委員은戰時禁制品廢止에關호議案을提出호얏더라

●各國要求　北京電을據호則德國은山東省의製鹽權을要求하고英米佛이白諸國은各方面의鐵道敷設과礦山採掘權을要求中이라더라

●佛國의危機　路透電을據호則佛國內閣의危機가漸近호다라

●軍器購入　上海電을據호則淸國은滿洲軍의所用으로小銃二萬柄과大砲십六門을購入호다더라

●勳章請願　北京電을據호즉吉林將軍은日露戰爭中에馬賊을討伐호功勞가有호露國士官七十名의게勳章을賜與호고져請호얏더라

雜報

斷髮趣旨說　鄭克世　續

何謂爲國家憤發心也오曰國家興替가在於國民之强弱而近世由來로西歐東亞가互相發動호야爭强競富호니當此競爭時代와日新之變局호야爲國民者ㅣ豈可無爲自國憤發心哉아況此我國今日境遇가可謂强者牽執我髮而任意操打를如奴隷者也라嗚戲라當初의若早斷守舊之我髮이런들今豈有彼他人執捽之端哉아吾之所以牽制於人而不能奮發者는유此一髮守舊之髮故也라今當此境의披髮佯狂도猶屬常事요臥薪嘗膽도不足盟心이라宜作鐵血牢相而惟我開散野망은爲先斷去彼執之髮이可也니此豈不斷髮者ㅣ爲國家憤發心乎아當今我國人民이何嘗斷髮棄발而已哉아雖棄冠脫衣而裸身徒선이라도期於爭進競走호여脫絆自立이可也니라

何謂爲社會上團體也오曰國民族類가自有社會而所謂社會者는以一心團躰故로成會而成事者也라我國이自前以來로人々이각自有名目等分之差別碎裂而각相凌惡새疑호여余無一心團躰故로通無相愛之情호고但顧自己之利而亦無愛國之誠호니豈可不至於今日之境乎아所以然者는盤其冠網호고寬其袍帶호여以飾外樣에驕倨傲自尊而蔑視他人之弊也라故로近日我國有志人士ㅣ頓覺頑痼之弊호고欲거穢惡之習호여多組諸般社會호고一躰斷발結心호여欲成今日團而保作獨立基礎일시라所在是心而斷발者也니此豈不爲社會上團躰者乎아

未完

雜報

◎謝恩宣旨 英親王殿下씌셔韓國의紳士同友會總裁가되섯ᄂᆞᆫᄃᆡ該會에셔其趣旨書와諸般細則을修正ᄒᆞ고印章을製造ᄒᆞ야昨日에奉呈ᄒᆞ얏다더라

◎統府의法律起草 元來法律은一定國土內에主權者가立法制定ᄒᆞᄂᆞᆫ者인ᄃᆡ近日裁判所搆成法과民刑事訴訟法을裁可頒布ᄒᆞ다ᄂᆞᆫᄃᆡ該法制定ᄒᆞᆫ理由를得聞ᄒᆞᆫ則自統監府로起草ᄒᆞ야內閣으로移交ᄒᆞ야頒布케ᄒᆞ얏다니內閣에ᄂᆞᆫ外國法律을研究ᄒᆞᆫ人이無ᄒᆞ야然ᄒᆞᆷ인지未知ᄒᆞ거니와一般輿論이一層憤鬱ᄒᆞᆫ狀態가有ᄒᆞ다더라

◎得票則難 侍從田用升氏가晉任에侍從을被任ᄒᆞ얏다가門票를不得ᄒᆞ야詣闕치못ᄒᆞ고解任ᄒᆞ더니今番에또原職을圖得ᄒᆞ얏스나門票를不爲出給ᄒᆞᄂᆞᆫ故로不得仕進ᄒᆞᆫ다더라

◎稅關監署將設 總稅務司目賀田種太郎씨가內部로照會ᄒᆞ되關稅國東上必要와一般公衆에便利를爲ᄒᆞ야慶南統營地方에將設稅關監視署而該建設基址를不容不擇定이기前統制營衙로前日鎭南駐營火藥貯藏所가窃想通合ᄒᆞ옵기該基址로稅關用地에編入케ᄒᆞ기爲ᄒᆞ야軍部에照會ᄒᆞ얏ᄉᆞᆸ기玆以照會라ᄒᆞ얏더라

◎義將處絞 義兵將으로被捉ᄒᆞ야累月滯囚ᄒᆞ얏든閔宗식씨를平理院에셔再昨日에處絞宣告ᄒᆞ고法部에質稟書를送交ᄒᆞ얏더라

◎法部調査會 再昨日法部에셔該部協辦이該部官制調査會를開始ᄒᆞ얏ᄂᆞᆫᄃᆡ該部調査委員은該部局課長이叅席提議ᄒᆞ다더라

◎調査無益 內部에셔制調査ᄒᆞ다ᄂᆞᆫ說로曰爲羅道이와官制調査를ᄒᆞ다該部ᄂᆞᆫ先爲調査ᄒᆞᆫ然後에內閣에經議ᄒᆞᆫ다ᄂᆞᆫᄃᆡ一般處務가變更된다더라

◎咸察被任說 從二品康永均씨前名洪大가特命으로日間에咸南觀察使를敍命ᄒᆞᆫ다더라

◎令人可愧 日本에前往ᄒᆞ야內閣을視察ᄒᆞᄂᆞᆫ高源植으와通譯官李鎭泰氏間에一場風波가起ᄒᆞ얏ᄂᆞᆫᄃᆡ其原因인즉旅館女下人과奸淫ᄒᆞᆫ事에出ᄒᆞᆫ비라더라

◎張氏有志 西小門內居ᄒᆞᄂᆞᆫ前議官張瓚遠氏가大韓에多有無業遊食之人ᄒᆞᆷ을居常慨歎ᄒᆞ더니日前에警察學校에入學ᄒᆞᆷ을請願ᄒᆞᆫ則該校主務諸氏가答ᄒᆞ되公은曾經奏判任官이多年일ᄲᅮᆫ더러또加資ᄭᆞ지ᄒᆞ얏슨즉非學徒資格이라ᄒᆞ고歸之戱談ᄒᆞ야請願書를不受ᄒᆞ거날張氏日現今時代에我韓同胞中에雖一人이라도不修四民之業이면末由進於開明이오且遊食不學은決非爲國爲身之道라ᄒᆞ더니該校主務諸氏가其學問上有志ᄒᆞᆷ을嘉尙히여여入學ᄒᆞ기를許ᄒᆞ미張씨가卽地斷髮入校ᄒᆞ야警察科程을熱心受業ᄒᆞᆫ다더라

◎總代解任 一進會總代劉戩漢씨가三和府에下去ᄒᆞ야該府尹과檢事를一體總辭職ᄒᆞ라고勸告ᄒᆞᆫ事에對ᄒᆞ야該會에셔劉總代의幹事兼評議員所擔之任을一幷解免ᄒᆞ얏다더라

◎免官勸告 一進會에셔三和府尹卞鼎相씨와該府主事를免官ᄒᆞ라고內部에勸告ᄒᆞ얏ᄂᆞᆫᄃᆡ指令이日間出送ᄒᆞᆫ다더라

◎前進附屬 前進學校를同友會에附屬ᄒᆞ고該校諸般經費를會中에셔支用케ᄒᆞᆫ다더라

◎郵局希望 郵便局에셔間或郵便을坼見ᄒᆞᄂᆞᆫ것은其外封에住趾의姓名을不爲明詳ᄒᆞᆫ者가有ᄒᆞᆷᄯᅡ닭이니郵局에셔一般送書人을對ᄒᆞ야外封에住趾와姓名을昭詳書之ᄒᆞ기를希望ᄒᆞᆫ다ᄒᆞ더라

◎저稅補校 韓山郡麒山學校가夾窄ᄒᆞ고學徒ᄂᆞᆫ日加ᄒᆞ야增ᄒᆞ야容接無路라校舍를一層擴張修理ᄒᆞᆯ役費와또諸般經用도窘乏莫甚ᄒᆞᆫᄃᆡ該郡新場은元來저産七邑中最大市場인故로該場市에셔賣買ᄒᆞᄂᆞᆫᄃᆡ저一束에一저生저一疋에貳전五分錢저一疋에五分式收稅ᄒᆞ야該校費를補用ᄒᆞ야영久維持ᄒᆞ기로該郡署理鴻山郡守李中鉉氏가學部에報告ᄒᆞ얏다더라

◎鄕豪行悖 南來人의傳說을聞ᄒᆞᆫ즉鎭川芳洞面方동居李在鎬ᄂᆞᆫ某大官家舍音으로藉重行悖ᄒᆞ야其於田답에幻弄이無常ᄒᆞᆫ故로貧民이難保之境에至ᄒᆞᆫ즉鄕居鄭星三이據理責之ᄒᆞ엿더니李在鎬ᄂᆞᆫ毆打정씨ᄒᆞ고還訴日巡査ᄒᆞ야無限見辱ᄒᆞ니該동人이公議ᄒᆞ되如許人은相從ᄒᆞᆯ슈가업ᄂᆞ고ᄒᆞ얏더니리也가又訴警務署ᄒᆞ야동中人五六名을捉囚見辱ᄒᆞ얏다ᄒᆞ니리지鎬ᄂᆞᆫ本是權門之客으로居在窮鄕則眼下에無人이라方동近處殘民은살슈가업다ᄒᆞ더라

◎借票見失 昨年九月에東門外明進學校에셔秋期運動을東小門外三仙坪에셔設行ᄒᆞ얏ᄂᆞᆫ대其時體操敎師徵上三大隊三中三番見習叅尉金尙俊씨가本校生徒閔桂潭의時票一個를借得ᄒᆞ야典當ᄒᆞ고至于今拾餘朔에此탈彼탈ᄒᆞ고限數ᄭᆞ지에已爲過限ᄒᆞ야至於見失ᄒᆞ얏다더라

◎濫刑拿致 麻田郡守金東熙씨가濫刑ᄒᆞᆫ事가有ᄒᆞ야刑事로平理院에拿致ᄒᆞ얏다더라

◎訓鍊諸記 學部에셔軍部로照會ᄒᆞ되現에三和府尹卞鼎相의報告書를據ᄒᆞᆫ則該府訓鍊院이年久傾覆ᄲᅮᆫ더러不用屋宇로實地教育에附與ᄒᆞᆷ이事半功倍이오니該院을聽許以給케ᄒᆞ라ᄒᆞ얏더라

◎法訓兩裁 法部에셔平漢兩裁及地方各裁判所에輸訓ᄒᆞ되凡係債務者가解怠履行ᄒᆞ야每치相訟ᄒᆞ니常所悶阸이라嗣後로ᄂᆞᆫ相訟判決ᄒᆞ야執行完了之境遇에其債額利子를該償錢完報日ᄭᆞ지計算ᄒᆞᆷ이可ᄒᆞ기로玆에訓令ᄒᆞ니此를依ᄒᆞ야施行ᄒᆞ라ᄒᆞ얏ᄂᆞᆫᄃᆡ利子ᄂᆞᆫ無過於不錢이라더라

◎寫眞紀念 前達城宮內美國선敎師施蘭敦씨의大夫人이渡韓ᄒᆞᆫ後로本國女子의蒙昧ᄒᆞᆷ을慮ᄒᆞ여梨花學堂을設ᄒᆞ고多年敎授ᄒᆞᆷ은人皆感歎ᄒᆞᄂᆞᆫ바어니와今에또婦人學校를自家에設立ᄒᆞ고女學界에要法을敎授ᄒᆞᆯ식敎師ᄂᆞᆫ女人으로美國에셔卒業ᄒᆞᆫ河夫人을雇聘ᄒᆞ고支大經費를擔力ᄒᆞ여持心靡懈ᄒᆞᄂᆞᆫ故로日前에該敎師河夫人의學徒를對ᄒᆞ여其厚意를侃々論說ᄒᆞ고因ᄒᆞ여老夫人의寫眞을撮ᄒᆞ여無窮히紀念ᄒᆞᆯ意로本學校內에掛置ᄒᆞ얏다더라

◎刦寡傷命 黃州郡兼二浦寡軍金亢明等십八人이去四月十二日夜에突入於中和郡영津面金鍵家ᄒᆞ야金鍵에季寡嫂居운召史를勒奪以去時에該동居金鳳泰가追去라가爲飛石의所觸ᄒᆞ야頭部破傷ᄒᆞ야竟爲致命ᄒᆞᆫ故로平壤警務署에셔同十八漢을詗察捕捉ᄒᆞ얏다더라

◎處子有志 北署壯동等地박氏家에三십九歲된處子가有ᄒᆞᆫᄃᆡ私塾을設ᄒᆞ고鄕兒를募集ᄒᆞ야研究爲業ᄒᆞᄂᆞᆫ대女子教育會에셔請邀ᄒᆞ되一不進叅ᄒᆞᆫ다며라

◎英領事出發 威海衛에지ᄒᆞᆫ支那艦隊司令長官무아甲時은英國總領事고방씨及其夫人을威海衛에招待ᄒᆞ기로預先約東ᄒᆞ고군艦베시프후웃을昨日仁川에遣ᄒᆞ고該艦長엘쑬킨씨大佐ᄂᆞᆫ京城에直入ᄒᆞ야其意을通知ᄒᆞ고總領事一行은本日下仁ᄒᆞ야該艦에搭乘ᄒᆞ고威海衛에赴ᄒᆞᆫ다더라

◎內部事務處理內規

一本部所管一切重要事項을議定ᄒᆞ기爲ᄒᆞ야部內에高等官會議所를置ᄒᆞᆯ事

一會員은如左히置ᄒᆞᆯ事

會長 次官

會議員 局長

課長代辦亦同

奏任以上相當官

一會議를經由ᄒᆞᆯ事項은左開와如ᄒᆞᆷ事

一奏任以上官員의進退賞罰에關ᄒᆞᆫ事

一部務의擴張改良及設廢에關ᄒᆞᆫ事

一外國人及外國事項에關ᄒᆞᆫ事

一特別ᄒᆞᆫ意見이有ᄒᆞᆫ事

一第一項의事項이機密에屬한時ᄂᆞᆫ局長以上이議定ᄒᆞᆯ事

一本會議ᄂᆞᆫ次官開閉ᄒᆞᆯ事

但次官이有故ᄒᆞᆫ時ᄂᆞᆫ首席局長이代理ᄒᆞ되首席은官等品位及當該지職年限으로計ᄒᆞᆯ

一本會議에決定ᄒᆞᆫ事項은會議장이大臣의稟明裁處ᄒᆞᆯ事

一本會議에附ᄒᆞᆫ事項은漏泄ᄒᆞᆷ은不得ᄒᆞᆯ事

◎學監不仕 警察專門學校學監呂圭연씨ᄂᆞᆫ元來知識이有餘ᄒᆞ고性質이剛直ᄒᆞ야學校內에諸般規則을確定遵守ᄒᆞ미學徒의進就와學校의興旺이日進ᄒᆞ더니히시가무삼所關이有ᄒᆞ야辭職ᄒᆞ고視務치아니ᄒᆞᆷ이一般學徒이悵缺不已ᄒᆞᆫ다더라

◎補助感謝 忠州居ᄒᆞᄂᆞᆫ리惠坤씨가本社에補助金一圜을寄送ᄒᆞ얏사오니感謝不已ᄒᆞ노라

北京電報

七月三日發

◎海軍調査 慶親王은海軍再興ᄒᆞᆯ意見으로長江一帶의船舶과船員의員數와才能을調査케ᄒᆞ얏더라

▲一曲峨洋▼

▲昨日에內外文武官의官制調査委員이內閣에一齊會同ᄒᆞ야官制改正ᄒᆞᆯ案件을爛商協議ᄒᆞ얏다니政治ᄂᆞᆫ何如ᄒᆞ던지官制만變更하면刷新政治라謂ᄒᆞᆯᄂᆞᆫ지

▲地方各郡守의請由狀이每日內部에遝至ᄒᆞᄂᆞᆫ것이十餘度에達ᄒᆞᆫ다ᄂᆞᆫ대其理由를得聞ᄒᆞᆫ즉各郡守들이受由上京하야陞遷運動을周旋ᄒᆞ다가若不如意ᄒᆞ면因以請觀ᄒᆞᆫ다니郡守請願속에妙計가多ᄒᆞ야政治에ᄂᆞᆫ無心ᄒᆞ고一國精神이陞遷ᄒᆞᆯ가에在ᄒᆞ니治民은잘되갓고

▲여보內大任善準氏가郡守奏本에公正擇人ᄒᆞᆫ다고壯談ᄒᆞ더니거즛말나오公正이라ᄂᆞᆫ것시무엇시오人才를擇ᄒᆞ엿소名譽를取ᄒᆞ엿소眞諺間에一字無識이一等郡守合當ᄒᆞ오新內閣의挾雜이舊政府만못ᄒᆞ지안소

▲여보向日郡守奏本에四窠郡守가白面으로叙任ᄒᆞ얏다니그런법도잇소그럿치안소資格만合當ᄒᆞ면白面이라도關係업지만그四郡守가某會中人인ᄃᆡ白面人을正三品으로懸錄叙任ᄒᆞ얏다고巷說이喧藉ᄒᆞ니果如所聞이면其爲人을不問可知라三品大臣이既出하미白面郡守가又出ᄒᆞ니白面大臣이未久에또나깃고

▲去月拾一日에軍用地調査委員長朴義秉氏와該道叅書官김英鎭씨와該郡守白樂均씨가平壤郡衙에會同ᄒᆞ야軍用地段所入土地家屋代금을出給ᄒᆞᆯ次로該土地家主等을招來ᄒᆞ야代금을出給ᄒᆞᆫ즉該家主等二百餘名이呼泣不受하다가其翌日에該郡西門外牛廛場에會集嗷々ᄒᆞᄂᆞᆫ故로該郡警務署에셔巡檢을派送ᄒᆞ야使之解散케ᄒᆞ얏다니土地家屋價額을相當히出給ᄒᆞ면該人民이嗷々ᄒᆞᆯ理由가豈有ᄒᆞᆷ이오巡檢을派送ᄒᆞ야人民을을壓迫ᄒᆞ니調査ᄂᆞᆫ잘ᄒᆞᄂᆞᆫ고

▲漢城日語學校에셔ᄂᆞᆫ日人教師가學徒를亂打ᄒᆞᆫ폐擧가有ᄒᆞ고尙州郡山陽面某씨家에셔雇聘ᄒᆞᆫ日人教師ᄂᆞᆫ婦女를刦奸ᄒᆞᆫ醜行이有ᄒᆞ얏스니韓人學校에日人教師ᄒᆞᆷ부로두지마오

▲農大宋秉畯씨가商業會議所設施時에叅與코져ᄒᆞ다가該會에셔宣言書ᄒᆞᆫ一進會員이라ᄒᆞ야排斥ᄒᆞᆫ事가有ᄒᆞ엿더니同씨가因以含感ᄒᆞ야年前에商業會議所에自 上으로下貸ᄒᆞ신五萬圜을經理院에注囑하야該錢을還收ᄒᆞ라命令만發佈ᄒᆞ면自農商工部로不日收納ᄒᆞᆫ다ᄒᆞ미還收令이已發ᄒᆞᆫ則該部大臣宋씨가會商頭領趙鎭泰씨을捉囚農部ᄒᆞ고三晝夜를强迫ᄒᆞᆫ則趙氏가困督을不堪ᄒᆞ야오萬圜標를書納ᄒᆞ얏다니農商工部ᄂᆞᆫ近日에法司ᄭᆞ지兼ᄒᆞ얏ᄂᆞᆫ지

▲李근湘氏ᄂᆞᆫ軍部奏本에對ᄒᆞ야如何히誣奏ᄒᆞ얏든지其奸狀이綻露되여宮中에셔逐出ᄒᆞᆫ境遇에至ᄒᆞ얏다니該씨兄弟ᄂᆞᆫ自滿之戒를不顧ᄒᆞ고名利心이愈往愈甚ᄒᆞ다가此境을當ᄒᆞ얏스니쌀못소

◎本社告白

國債報償에爲ᄒᆞ야義金額을本報紙面에逐日廣告로發布ᄒᆞ되猶有遲滯ᄒᆞ야義捐諸氏의迅速揭布ᄒᆞ시ᄂᆞᆫ誌를未副ᄒᆞ옵더니今自本報로國文報一部를增刊인바從今으로ᄂᆞᆫ漢文報와國文報에義捐廣告를並爲揭布ᄒᆞ오리이오니愛國僉員은照亮ᄒᆞ시옵

雜報

◎莞島寄函　莞島郡楸子嶋居所應二諸氏가本社에寄函ᄒᆞ되本島가處在大海之一隅ᄒᆞ야長不過十里요廣不過二里라其所生資ᄂᆞᆫ但止於漁採而已니學識之泯蔑은不待詳察而可卜矣라夏則歸業ᄒᆞ고春冬則入ᄒᆞ야幸免饑餒之不辨ᄒᆞ니粗解讀義가焉이라有國而後에有民ᄒᆞ고國家滅亡後에民安은理之常也어늘値玆國步之艱拙外債所負에至爲一千三百萬圜之多에智者謀之ᄒᆞ고愚者亡之가怨자ᄂᆞ니接貴報ᄒᆞ니國債之盟書가唱自嶺南ᄒᆞ야八路響應ᄒᆞ니內覺其義之一也라本島之男女老少가自願出捐之財가合新貨九十四圜八十五錢故로不計多寡ᄒᆞ고千里航海에敢玆呈納이라ᄒᆞ얏더라

◎道齋付學會　表勳院總裁閔泳韶氏가前에以平安觀察在任時ᄒᆞ야崇獎經學ᄒᆞ야振興儒風ᄒᆞ시ᄂᆞᆫ廣揭偉舍ᄒᆞ야與道內紳士로合力設立ᄒᆞ야建置存道齋于各郡ᄒᆞ야以爲多士藏修之所矣러니現今西友學會가立於漢城中央ᄒᆞ야主張西路教育機關ᄒᆞᄂᆞᆫ故로閔氏가前日의所置各郡存道齋도寄付該會ᄒᆞ야使之因舊就新ᄒᆞ야一層改良에克圖實效之意로該會에公函을繕送ᄒᆞ얏더라

◎捐俸義助　秘書丞尹憲燮氏가日前請願辭職後前日月俸八十三圜七十一錢을宮內府로還納ᄒᆞ얏더니封還을被ᄒᆞᆫ지라右金을國債報償總合所로交送ᄒᆞ얏다더라

廣告

來日曜日에緊重ᄒᆞᆫ事件이有ᄒᆞ야講所會ᄂᆞᆫ停止ᄒᆞ고特別會를開ᄒᆞᆯ터이오니會員은照亮ᄒᆞ시옵　大東學會　告白

六月二十八日本報廣告欄內에徐丙吉氏告白한辭意를覽閱ᄒᆞᆫ즉金趙兩家에相訟判決ᄒᆞᆫ事件인대徐氏가不勝抑冤이라ᄒᆞ니金趙相訟에徐氏가何關이며英廟判下로兩氏가同山ᄒᆞᆫ대初無干涉이라ᄒᆞ니判下文蹟에禁養은趙氏가主張ᄒᆞ고김氏ᄂᆞᆫ不於何處에而法協김廷鉉氏가怙勢生抑ᄒᆞ고壓制趙氏이라ᄒᆞ얏스니怙勢壓制ᄒᆞᆫ證據가果有何件이며該山松楸ᄂᆞᆫ金氏京鄕宗中에셔協議伐賣ᄒᆞᆫ것인대似獨金廷鉉氏만指斥搆회인지徐氏ᄂᆞᆫ非但廣幅이라語皆상實인즉此事件에對ᄒᆞ야徐氏가果有齎冤이어든不日來臨ᄒᆞ야公庭裁判ᄒᆞ던지私席에辦明ᄒᆞ던지左右間歸正ᄒᆞᆯ깃기로玆에廣告　金永浩金永敎等　告白

健元陵은莫重之地也러니近來多有廢褒ᄒᆞ와我令護軍肇墓至勤儉支供故로幾爲渙散이러니李範賓氏와南星熙氏가到齋ᄒᆞ신後로百廢를除去ᄒᆞ옴기로吾儕가遷爲服勸ᄒᆞ오니不是自己上利害로爲ᄒᆞᆷ뿐아니라本陵令參奉은도理에至重ᄒᆞ고兩官惠澤을感祝ᄒᆞ와廣告ᄒᆞ오니僉君子ᄂᆞᆫ照亮ᄒᆞ시옵　本陵令護軍安鼎祿等　白告

咸原觀察道參書官朴從龍氏ᄂᆞᆫ部전庶務에悉遵規則하고交涉外人에必須教睦ᄒᆞ니民自賴安에戶頌口碑故로玆에廣告ᄒᆞᆷ　咸鏡南道居民姜台彦박容淵等　告白

本人의次姪致容이字ᄂᆞᆫ贊三이오年은二십六이온대性本浮浪ᄒᆞ야協同雜類ᄒᆞ야所到各處無數挾雜에已致蕩敗ᄒᆞ고兄弟叔姪間餘存田庄도自造僞券ᄒᆞ야廣求盜賣處ᄒᆞ오니內外國人은切勿見欺ᄒᆞᆷ　草溪伯岩面多만동魯仲見　告白

夏期數學講習所聽講生募集廣告

數學은各科中難解者也而迫此放學ᄒᆞ여置而不習이면將至不曉ᄒᆞ리니誠屬爲慮라故에數學講習所를設ᄒᆞ여一般學生으로補習케ᄒᆞ오니速臨聽講ᄒᆞ시옵

一 陽七月오日로至八月三十日사지教授ᄒᆞᆷ
一 學科ᄂᆞᆫ如左ᄒᆞᆷ
筭術科第一級 自始로至分數　第二級 (自小數로至終)
代數科第一級 (自始로至一次方程式)　第二級 (自二次方程式으로至순列錯列)
幾何科第一級 (自始至圖)　第二級 (自作圖로至終)
三角科 (自始로至對數)
但各科에未滿十人이면該科ᄂᆞᆫ特設치아니ᄒᆞᆷ
一 時間은下午二時로至四時
一 月謝金은一科一圜式이되二科以上을兼修ᄒᆞᄂᆞᆫ者ᄂᆞᆫ每科에五十錢式等減ᄒᆞᆷ
但月謝ᄂᆞᆫ先納이되每月十五日後에入學者ᄂᆞᆫ半額을收納ᄒᆞᆷ
一 聽講을志願ᄒᆞᄂᆞᆫ者ᄂᆞᆫ陽七月三日內로來議ᄒᆞᆷ

南大門內尙동靑年學院內　夏期數學講習所　所主柳一宣　告白

大安洞寄宿館

本館에셔漢城內에留接ᄒᆞᄂᆞᆫ諸學生의寄宿便利를爲ᄒᆞ야大安동에二層半洋屋을建築ᄒᆞ고居處飮食其他凡節을一々히便宜ᄒᆞ기로極力設備ᄒᆞ오니遊學ᄒᆞ시ᄂᆞᆫ諸生은照亮ᄒᆞ시와賁臨于本館事務所ᄒᆞ야詢議ᄒᆞ심을敬要

北署大安洞別宮南便寄宿館長　鄭熙燦　告白

寄宿願人은證書를本館에셔授與ᄒᆞᆷ
留進費ᄂᆞᆫ每朔에新貨四圜八十錢으로定ᄒᆞᆷ

廣告

本道稅務官김奎현氏ᄂᆞᆫ廉明公直ᄒᆞ고咸頁寬厚라戶結收稅를一遵規則ᄒᆞ니民心열服에咸頌淸德故로玆에廣告ᄒᆞᆷ　咸鏡南道民李臣朴容淵　告白

發行 (中署罷朝橋中央書館)　發賣所 京鄕各有名書店

家庭 鬼의聲

菊初先生李人稙氏著

表紙美裝 印刷頁數一百八十四頁 (定價金四十錢)

[illegible]

學徒裝히書冊　學徒運銃과諸具　羅紗各種　美國金鷄納　衣服裁縫其他雜貨도廉價放賣ᄒᆞ오니諸君子ᄂᆞᆫ來臨ᄒᆞ심을바라나이다　仁川港奇峴新册肆

本社風穴에儲藏ᄒᆞᆫ蚕種을製造할터인ᄃᆡ我國內今年秋蚕과來年春夏蚕ᄉᆞ育을可量ᄒᆞ야製造ᄒᆞᆯ터이오니養蚕ᄒᆞᄂᆞᆫ僉君子ᄂᆞᆫ左開所로來臨ᄒᆞ던지郵書로ᄒᆞ던지資種ᄒᆞᆷ을各筭所用預託ᄒᆞ시오

安義鶴峴蚕業會社　京城永成門越便廉동二十壹統一戶　金漆原家
安義鶴峴蚕業會社社長　金秉先　廣告

本人이日本大阪商業家와特約ᄒᆞ고日本內地産出各種物品과西洋各種物品及機械等物을我大韓에輸入과委托을便利케契約ᄒᆞ얏사오니商工業에有意ᄒᆞ신僉君子ᄂᆞᆫ某物이든지請求코져ᄒᆞ시거든本社로來議ᄒᆞ시오本社에셔ᄂᆞᆫ手數料金만受領ᄒᆞᆷ

興業社本店 開城北部鮮洞
支店 京城南門內水橋五十一統六戶
仝 仁港內동廣濟 培養會社

靑坡ᄂᆞᆫ契金萬春許當文一千四百兩推次內五百兩先上通栗路中遺失故로以廣布誰某拾得休紙施行ᄒᆞᆷ　宋鎭奎　告白

本館에셔新舊書籍을大發售ᄒᆞ오니有志僉彦은陸續携覽ᄒᆞ심을望　銅峴屛門下古今書海館　白

◎일본遊覽者募集

一 遊覽會員募集 人員은五十名으로一團을成ᄒᆞ니한일인을不問ᄒᆞ고速히請入ᄒᆞ시옵
一 巡遊地 東京博覽會橫濱西京都大阪神戶
一 往復일數 日抵十七일間
一 浮費 遊覽費及手數料을合ᄒᆞ야總計四十八圜
一 出發일 請入順次를從ᄒᆞ야出發三일前에直接히通知ᄒᆞᆷ
一 請入所 在京성各신聞社五十八銀行경성支店 天一銀行
一 會員은遊覽을終ᄒᆞ야閉散ᄒᆞᆫ後ᄂᆞᆫ本會와關係가小無ᄒᆞᆷ
一 南대門서釜山으로直行ᄒᆞ던지或은東경으로直行하ᄂᆞᆫ者의請ᄒᆞ야도同一便法으로同行請入을應諾ᄒᆞᆷ

日本人遊람協會事務所日당　南門通　東亞商會

◎活動寫眞廣告◎

今番에始作ᄒᆞᆫ活動寫眞은法국巴里京에셔有名ᄒᆞᆫ거시오또ᄒᆞᆫ大韓국 皇室에셔먼저看品ᄒᆞ셧고始作ᄒᆞᆫ지數日에遊賞ᄒᆞ시ᄂᆞᆫ첨君子가多數枉臨ᄒᆞ시와坐處가넘쳐셔晩到ᄒᆞ시면不便ᄒᆞ오니速々枉臨ᄒᆞᆷ
今番에또식로이活動寫眞이多數來到하야每夜에僉位觀賞에新面目을供ᄒᆞ오니速々來臨ᄒᆞ시옵

活動은自下午八点半至十点半
賣票時 七点半始ᄒᆞᆷ
入場票 上等 三十錢　中等 新貨十五錢　小童 十錢

新門외셔달이목東便벽돌집　法人 馬田　告백

◎增修無冤錄大全

壹千壹百七十貳頁　定價金新貨七拾五錢

此增修無冤錄大全은法律家의最緊要ᄒᆞᆫ書籍이온ᄃᆡ年來現本이始히絶種에至ᄒᆞᆫ지라故로法部에認可를得ᄒᆞ옵고此를新刊ᄒᆞ얏삽ᄂᆞᆫᄃᆡ國漢文으로傳釋ᄒᆞ야模糊ᄒᆞᆫ句節이無ᄒᆞ오며法律學에有志ᄒᆞ신이와學校之任에居ᄒᆞ신이ᄂᆞᆫ不得不覽ᄒᆞᆯ册子이오니注意購覽ᄒᆞ시옵

中署布屛下　廣學書舖 김相萬　發售所

大韓新地誌 乾

一秩二冊三百六十頁　定價金一圜

[illegible]

越南亡國史

[illegible]

國債報償義捐金收入廣告

●平北션川郡山면셩蹟리
從二品李靖권 五원
貞夫人白써二圜 子翊燦 翊션
曾孫平翊준 翊훈 翊炫
각一원 孫 復珪 덕珪 行介
得珪 待珪 衡珪 垣介
常珪 寅珪 延珪 우珪
觀珪 문珪 元珪 世珪
각오拾錢 義州府主事연珪
三圜卅젼 承珪 연珪 弘介
각五拾젼 曾孫鍾원 鍾셩
鍾天 종杰 鍾문 鍾敏
鍾贊 鍾勉 鍾善 鍾厚
종雲 종純 종萬 종호
종承 종植 종均 종哲
종俠 각卅젼
合三十圜

●義州威遠面三下동
복性根拾圓 박창學二圓
白應壽 김應츈 韓重敎
韓聖敎 김現九 張立인
되尙철 劉宗文 張武成
갈處康 각一圓 白夏純
白京宗 홍模춘 박健世
복春福 김基選 張奉京
田一成 李承實 白應洙
盧得조 되能治 김봉祥
각五十전 김상麟 卅전
金영春 拾전
合二十八圓九 전

●果川郡남면宣谷동
執綱정一和 所任되春明等
收斂合八원

●廣州西면삼井리板橋동居
郡事유相龍 子主事殷炳
각一圓

●림川上渚면實陰리
리乘宇 二圓

●忠州可與면可興리
리奎會 一圓五十전

●淸州南一下면柔村돈出五圓
△立巖亭中 二圓五十錢

●光州東角면
叅奉卿庠根 叅奉柳永雨
각十스원 主事柳영긔 二圓
合五拾壹원

●션川山면聖蹟리栗谷
정應麟 五십錢 정奉㑹
ᄉ십젼 김창德 김興禮
김孝禮 리文吉 劉양奉
김昌창 각卅젼 리大秀
白인奎 崔賢福 黃允才
金周甫 劉得漢 리금石
최文곤 각卅젼 張賢奎
胡官局 盧윤根 각십錢
金應禎 一원
合五환六십젼

●安山郡聲串면分五리
주鉦根 주홍淳각貳원 리範奎
金창鎭 각壹원 張鳳九
七十전 주鉦然 五十전
金明實 金學禮 裴巨富
金順處 각四拾전 리嵩鍾
安夏遠 리勝종 리仁용
주鉦奎 金有成 吳在奉
각卅전 리周철 安殷遠
리奎源 주容철 박貞秀
尹建實 吳大吉 張淳學
리啓玄 리春奉 金福東
金東興 任容文 裴元長
黃春五 諸興伊 金東植
金貴成 金熙然 金奉雲
주柄元 尹應조 朴介福
諸興石 朴東운 주在淳
金성得 각卅전 張性福
趙奎萬 각十五전 任泰學
徐윤輔 오晉泳 崔泰淵
리千萬 金業述 安貴世
朴泰鎭 리與윤 김淳돌
리奉業 任돈文 徐建淳
각十젼
合十七원九십젼

●抱川外所南面二東橋리
리容健 殷鶴榮 각二원
宋寶煥 리창宗 嚴在孫
各一圓 趙載復 송在衡
송두煥 김甲石 각五十젼
安商吉 許 寬 全千돌
各四十젼 리相奎 許 昭
朴圭炳 權明奉 김自斤셔
각卅젼 閔範植 리相文
리相주 安商윤 리殷鈺
安商顯 盧鎰슈 盧긔錫
리英회 崔弘주 류秉八
됴昌顯 徐弘淳 송在昌
宋在두 宋德煥 宋지星
許 경 許 원 리七헌
全億돌 金萬셔 權性完
朴興福 姜손伊 全福돌
趙奇돌 李順萬 金和春
림슌敬 金슌敬 金今福
孫太슌 嚴殷俊 김自斤福
全七奉 리슌셔 全써돌
김텩山 全次돌 김복男
嚴今俊 嚴鶴殷 嚴太俊
강景긔 김卯男 신老麻
金吉伊 각卅젼 김셔곤
宋山셔 各十젼
合二十一圓五十젼

●楊州長興面橋峴里
尹曹圭 六十젼 리會곤
劉德호 각五十젼 尹鍾箕
尹宅鉉 金商潤 리致雲
各四十젼 黃德八 복인뮴
김영德 리奉文 金五鳳
각三十젼 徐相漢 박有根
리會日 尹善圭 車瑞奇
劉國臣 黃주燁 金五吉
리石崇 박지文 劉百石
柳인成 黃元桂 黃右登
박인培 각貳十젼 黃北山
池三福각拾五젼 金商호
金商雲 韓基源 金商긔
高壽連 리命祿 柳有成
黃今同 許지興 류蒙셔
黃금出 黃有敎 黃分明
黃順出 복南文 韓셔崇
김永弼 許萬셕 黃福鍾
車萬긔 김石奉 눈봉인
김定鶴 리奉鉉 리善鎬
김三鳳 柳興복 車鎭其
金相봉 윤容圭 윤序圭
張泰곤 劉甲臣 리大봉
리會明 리봉인 林相文
池順복 박봉石 林春文
박秋셔 劉金文 劉壽복
劉厚文 복承셔 박四셔
劉四복 黃光玉 각십錢
池高培 黃德關 각卄전
合十二圓九十젼

●舊洞南甲里
全應洙 황定五
각一圓五십젼 全健식
韓秀東 리곤實 各一원卅뎐
황就夏 리秉斗 황庸容
全大식 황錫暎 韓界東
황俊植 韓奎東 각一圓
리商贊 황錫九 羅道源
각七십五젼 황淸遲 方必用
韓卿道 黃極오 李 슌
各四拾二錢 황根壽 황元植
韓俠東 황龍洽 方漢一
황先峯 全泰萬 리슌복
김영贊 李奉俊 황仲日
韓현東 李德奎 李敎文
힝敬在 리 써각十젼
合二十圓八十五錢

●抱川外所南面水內리
리明燾 四圓 高應源二圓
林聖鎬一圓九十젼 安五成
趙윤用 張有善 林노昌
각九十錢 林碩周 최正吉
각오十젼 崔命得 림應鎬
림景鎬 리영天 盧億곤
림봉주 리斌秀 림노翰
장子斤셩 張복成 복喜性
각ᄉ十젼 趙天性 張셔윤
김上得 盧大吉 림顯주
림彦鎬 각卅錢 림德주
림承윤 任國宰 徐相應
림노윤 박德문 리在性
각卄錢 張貴셔 張황운
리云性 金빈셔 림노介
柳 智 류 旭 림赫주
림慶주 림樂주 각十錢
合二十一圓十젼

●抱川外所面直동里
韓聖敎卅錢 리元應一圓
子리殿能 리載龍 각오十錢
리慶應 金淳昌 각四십뎐
韓철묘 韓貴錫 韓奇錫
리彦應 리章酌 리元鎔
리中應 金淳益 각卄면
韓영錫 리殷光 리遠應
方병春 方병夏 方병주
方大增 리圭同 각拾錢
박슌長 金萬春 김春已
朴元복 박爲복 각ᄉ십젼
박오복 복命돌 朴貴同
박漢涸 박興祿 栗福니
各卅錢 金萬祿 복六셩
박복同 복元語 박伐男
朴學용 金壯吉 박億卜
박學孫 박쇠이 朴顧圖
朴伐老昧 리占祿 朴복三
박복吉 閔云식 각卄젼
복萬宗 복善祿 박德奉
손尙應 朴道文 복道셩
박白斤宗 각十錢 박三복
박萬國 복興吉 各卄젼
박興錫 박복辰 김三孫
金性히 박五錫 박奄田
박복萬 各十젼
合十四圓五十젼

●忠南홍州郡烏史面華田里
尹뒤병二圓 金尙호 김永一
리영슌 黃복性 김尙縣
尹正병 되錫求 각오십젼
되셔吉一圓 김敦濟 禹中善
되學인 되錫恒 內院僧性坦
각三十錢 尹彝병
善살金召史 각貳十면
合八圓ᄉ拾錢

●廣州郡旺倫면二里동
主事리鍾華一원
前郡守리海益 박周鎭
박用淳 복종순 복東奎
司果韓駿敎 각五拾젼
하官韓봉履 叅奉복容슌
각ᄉ십젼 安致中 金守哲
各卅젼 박東命 卄五젼
정奎容 박月회 박긔슌
박東日 셔相철 리容奎
리世진 김太山 리셕九
羅晉煥 徐內喜 리鳳儀각卄젼
朴東亨 박티鎭 박蒼슌
박駿슌 박贊슌 각十五젼
都事리海觀 中明均 되돌쇠
白興卜 邊永交 김元瑞
리容昇 리敬九 리麟九
셔相完 리億應 셔상玉
리雙용 韓元敎 韓貞履
리慶植 리元楓 리應根
康夏明 신錫면 박運赫
夻千용각拾錢 박東秀卄전
合拾壹圓卄錢

●舊桐西面北甲里
全錫주 全錫朋 각二원十젼
羅柄春 一원卄五면 羅行源
全셔洪 黃應鳳 韓理源
각一圓十錢 劉敬一 리來儀
羅孝源 韓日馨 黃錫元
黃션益 羅태源 황基洛
황競商 황萬才 方用公
황應龍 韓夏東 韓昇東
각陸십젼 白樂仁 황元根
權道洙 전德인 젼玉돌
韓興福 황競周 황容鼎
韓山鳳 황雲龍 全錫玄
全仲値 황基鎬 林원瑞
李庚達 林文汝 羅熙源
方日윤 리鍾値 方雲鳳
全汝先 鄭觀南 全衡純
각卅錢 方應天 卄전
合卄오圓卅오젼

總合貳百六십九圓二拾전
國文報廣告總合貳百十四圜五
十壹錢
前號總合貳萬八千ᄉ百五拾貳
圓〇壹錢二厘
都總合二萬팔千九百三十五圓
七十貳錢貳厘

◎特別廣告◎

國債報償金三日間所捧은姑未合計이옵고但前日의所捧總合四萬八千〇〇圓〇錢은電氣會社內銀行에貯置ᄒ얏삽고其貯置額中貳萬四千三百圓은國債報償志願金總合所로越交홈

大韓每日申報社

發行兼編輯人英國人 裵 說
發行所
南署石井동號外地三層洋屋家
大韓每日申報社

第五卷 第五百五十五號

大韓每日申報

月曜及慶節
歲時日休刊

檀君開國四千二百四十年
箕子元年三千二十九年
大韓開國五百十六年
日本明治四十年
淸國光緖三十三年
◉陰曆丁未五月小二十五日乙卯

論說

海牙會議

西曆一千八百九十八年에第一次平和會議를海牙府에셔開ᄒᆞᆫ바博學諸人이集於一席ᄒᆞ야世界에戰爭을廢除ᄒᆞ려ᄒᆞᄂᆞᆫ此不能ᄒᆞᆫ意思를維持ᄒᆞ얏도다史編上에記念될此機以後로도一百오十餘萬人이生命을戰에셔棄ᄒᆞ얏스니此是命運이라星문學士ᄂᆞᆫ必持高見ᄒᆞ야人之獸性이常時繼續ᄒᆞᆯ것과且人民이生活ᄒᆞᄂᆞᆫ時까지ᄂᆞᆫ戰役이不絕ᄒᆞᆯ것을言及ᄒᆞ리니此雖不快ᄒᆞᆫ格言이나但其實情이로다今日荷蘭에會集ᄒᆞᆫ列國代表人도如此實情을似其存心矣니益前者議員은欲摩星宿ᄒᆞ여ᄂᆞᆫ今日議員은地球上에仍存ᄒᆞ야不能은置之ᄒᆞ고能ᄒᆞᆯ것만試圖ᄒᆞ기를滿足ᄒᆞ으로謂悉ᄒᆞᄂᆞᆫ지라列强이不戰而能存이란如彼思想은不復有之ᄒᆞ리니蓋戰役은人生의固有之權이라欲避不能이로다近接ᄒᆞᆫ信日ᄂᆞᆫ대列國代表人들이四委員部로分立ᄒᆞ야四大問題를議定ᄒᆞᆯ나니第一은仲裁委員에關係ᄒᆞᄂᆞᆫ事項이요第二ᄂᆞᆫ陸戰의規則을關係ᄒᆞᆫ事件이요第三은海戰의規則을關係ᄒᆞᆫ事요第四ᄂᆞᆫ海上에私有財產을關係ᄒᆞᄂᆞᆫ事라以此觀之컨ᄃᆡ參會諸人의意向及目的이大戰爭의規律을新立ᄒᆞᆫᄃᆡ不過ᄒᆞ니此亦小弁不仁之端이나然이나如彼確斷ᄒᆞᆫ嫌惜ᄒᆞᆫ者ㅣ豈有ᄒᆞ리요今彼議員의自設ᄒᆞᆫ分論을試例ᄒᆞ기ᄂᆞᆫ不期ᄒᆞ노니譬此四大問題를正確히妥決ᄒᆞ면戰禍을減下及避免ᄒᆞᆯ能勢가多有ᄒᆞ도다但以仲裁委員部로言之라도重要機會를果有矣니兩國間에有何交涉이라가其交涉이至於破裂ᄒᆞᆯ時에此를仲裁ᄒᆞ기爲ᄒᆞ야海牙會議에必附ᄒᆞ기로設或爲決案이된以此로平和保守를豈必成就리오만은雖至於失敗라도欲得調和ᄒᆞ려ᄂᆞᆫ정實試圖ᄂᆞᆫ果有ᄒᆞ얏도다第一及第二委員部에셔能行ᄒᆞᆯ特異事가確有ᄒᆞᆫ바彼將行之ᄒᆞᆯ것도亦無疑라對此問題가多端ᄒᆞ니陸軍이中立國境에侵犯ᄒᆞᄂᆞᆫ것과日露開戰之始에仁港事件과如ᄒᆞᆫ不意之動을豫防ᄒᆞᄂᆞᆫ것과局外邦國이交戰國을秘密協助ᄒᆞᄂᆞᆫ것과不守之港을襲擊ᄒᆞᄂᆞᆫ것과其他諸件이議員의商量을苦待ᄒᆞᄂᆞᆫ도다第四部의決案은一般民法家에渴望ᄒᆞᄂᆞᆫ바라戰時에海上私有物이困難ᄒᆞᆫ問題를常作ᄒᆞ얏스니今番會議諸人이此事件을確定ᄒᆞ면一般吾人이後日之望을可히知悉ᄒᆞᆯ이로다參會ᄒᆞᆫ列國代表人들이議所에傍聽을不許ᄒᆞ고各國秘密을기로誓約ᄒᆞ얏스니其會議의結果가世界에頒布되기ᄂᆞᆫ頗多ᄒᆞᆫ時日을要ᄒᆞ려니와但吾人의大言ᄒᆞᆫ文明을爲ᄒᆞ야如何好箇結果가今此議員의熱思에셔從生ᄒᆞ기를吾人希望이로다

官報

◉第三千八百八號 光武十一年七月三日

敍任及辭令 續

日本國陸軍省軍務局工兵少佐 芝生佐市郎
日本國陸軍省事務局砲兵少佐 橫道復生
日本國陸軍步兵少佐 東正彥
敍勳三等賜八卦章
　弘文館學士申箕善
命宮內府特進官
　掌禮院卿南廷哲
命弘文館學士
　侍講院詹事閔泳인
命掌禮院卿
　宮內府特進官閔景植
命侍講院詹事
命奉常司提調 從二品홍치
　副將李允용 仝 尹澤榮
任贊議官
　軍器廠製造所장리敎弼
依願免本官
　農商工部技手김有聲
任軍器廠製造所장
　內部大官兪星奎
解ᄂᆞᆫ官銓考所委員
　度支部書記官具희書
命文官銓考所委員
　學部學務局장尹致오
　內閣書記官리源鎔
任度支部水道局書記
　리鍾韶
完

◉第三千八百九號 光武十一年七月四日

◉宮廷錄事

禮葬所堂上兼任掌禮院掌禮
法部大官臣金각鉉謹
奏今日卯時量
慶熙外柏陪進
葬所未時下外柏之意謹上
奏 奉
旨依奏

侍從院卿李道宰辭職疏
批曰省疏具悉試旣除矣授非徒然爾宜勿辭行公

法律

法律第三號 續

募兵令

第五章 服役賞與金

第十六條 步騎砲工各隊士卒이三年間勤務에勉勵ᄒᆞ고品行이方正ᄒᆞᆫ者의게ᄂᆞᆫ除隊ᄒᆞᆯ際에服役賞與金으로下士兵卒一人에게京城各隊에在ᄒᆞ야ᄂᆞᆫ금三十五圜以下地方各隊에在ᄒᆞ야ᄂᆞᆫ금二十五圜以下를給與ᄒᆞᆷ

第十七條 再服役을許可ᄒᆞᆫ下士兵卒은除隊ᄒᆞᆫ際에再服役一個年마다兵卒은금貳圜以上七圜以下下士ᄂᆞᆫ오圜以上십圜以下를增加賞與ᄒᆞᆷ

第十八條 賞與金授受의方法은別定ᄒᆞᆫ規程을依ᄒᆞᆷ

附則

第十九條 現今지隊ᄒᆞᆫ下士兵卒이三箇年以上을已過ᄒᆞ고從來勤務에勉勵ᄒᆞ고品行이方正ᄒᆞᆫ者ᄂᆞᆫ第십六條의服役賞與금을給與ᄒᆞᆷ

第二十條 前條該當者로光武十一年以後再服役을許可ᄒᆞᆫ下士兵卒에게ᄂᆞᆫ光武십二年으로붓터第십七條를適用ᄒᆞᆷ

第二十一條 本條令施行ᄒᆞᆯ際에滿期退營者가多數ᄒᆞᆫ時ᄂᆞᆫ入役先後를依ᄒᆞ야軍部大臣이退營人員을定ᄒᆞᆷ

第二十二條 本令은光武십一年九月一日로붓터實施ᄒᆞᆷ

光武十一年륙月二十七日

御押 御璽 奉

勅

內閣總理大臣勳二等리完用
軍部大臣陸軍副將勳三等 리秉武
度支部大臣勳二等高永喜

完

外報

◉淸國前途 世界人이皆日本의進步되ᄂᆞᆫ것을見ᄒᆞ고益々大ᄒᆞᆫ進步ᄒᆞᆯ줄노思惟ᄒᆞ나今番西班牙皇族이東洋을遊覽ᄒᆞ고桑港에來ᄒᆞ야言曰淸國形勢를見ᄒᆞᆫ則至今은淸國이日本勢力下에在ᄒᆞ나不久에淸國이日本을勝ᄒᆞ게되리라고ᄒᆞ얏다더라

◉世界의鐵道哩數 最近調查ᄒᆞᆫ則世界鐵道延長里數가未久에六拾萬哩에達ᄒᆞ야ᄂᆞᆫ대南北亞美利加三拾萬哩歐羅巴二十餘萬哩亞細亞五萬哩濠州一萬七千哩亞弗利加一萬五千哩라더라

◉兵營買收 今番淸國政府에셔山東高密에在ᄒᆞᆫ德國兵營을三十八萬圜에買收ᄒᆞ얏다더라

◉艦隊增加 포오스트新聞에셔發ᄒᆞᆫ華盛頓來電을據ᄒᆞᆫ則現在地中海艦隊에屬ᄒᆞᆫ美國巡洋艦와싱톤과테네시ᄂᆞᆫ太平洋艦隊의勢力을强케ᄒᆞ기爲ᄒᆞ야同方面에派遣ᄒᆞᆫ다더라

◉韓國派遣員 倫敦電을據ᄒᆞᆫ즉韓國의派遣員이라稱ᄒᆞᄂᆞᆫ者가海牙에到着ᄒᆞ얏ᄂᆞᆫ대派遣員의使命은韓國이第二回平和會議에參列ᄒᆞᆷ을受치아니ᄒᆞ미就ᄒᆞ야會議의抗議ᄒᆞᆷ에在ᄒᆞ다云ᄒᆞ나其實은韓國獨立을保持ᄒᆞᆫ다ᄂᆞᆫ質言을破ᄒᆞᆫ日本에對ᄒᆞ야韓國은庇護ᄒᆞᆷ을同會議에哀訴ᄒᆞᆷ애지ᄒᆞᆫ平和會議々長露國委員넬리도후伯이右派遣員受容ᄒᆞᆷ을拒絕ᄒᆞ얏다더라

寄書

全南光州府國債報償成義會趣旨

嗚呼라全羅同胞여今日國勢을…其知之乎아知之乎아其使不知者ᄒᆞ더라解說오면吾耕吾田ᄒᆞ며吾居吾廬어니와今之人이孰敢侮予오ᄒᆞᆫ지나不幾何而田宅이非吾所有오 身도無地可立이니痛矣々々라果知之乎아夫韓國也者ᄂᆞᆫ非壹人之國이라乃國內大衆之國也故로以我韓言之則二千萬人이各自謂之曰我國者ㅣ是也오債也者ᄂᆞᆫ謂求가出於艱辣이라報償이終無容易ᄒᆞ야ᄂᆞᆫ竟其代與家屋ᄒᆞ나니今也國之有債가豈非二千萬人之債며如未能赴償이면三千里疆土之安危을亦豈可知乎아覆巢之下에理無完卵이니彊域內二千萬衆이其能晏然樂生乎아上年來政府之借款於外國이爲一千三百万圜ᄒᆞ니同胞ᄂᆞᆫ其思之ᄒᆞ라政府之力은已陷困難ᄒᆞ고民衆之將無所向ᄒᆞ니其所報償之責이擔在於箇々人肩上일ᄉᆡ此盟가起自大邱ᄒᆞ고廣文社의唱萬應에全國이響動ᄒᆞ야甚至於婦孺童穉와瞽盲丐乞이亦皆隨力出義ᄒᆞ야願助國債報償ᄒᆞ나니本人이於此에三呼萬歲ᄒᆞ고稽首拜手曰有民如此ᄒᆞ니千百萬圜이何難之有오ᄒᆞ노라某姓名義金國債錢이式日揭載於新聞上ᄒᆞ되惟我全南人士ᄂᆞᆫ未曾見焉ᄒᆞ니是豈使聞於他省乎아玆將數行蕪者ᄒᆞ야勉告于郡同胞ᄒᆞ오니各出天賦之忠義ᄒᆞ야以涓細流成海之功則庶幾我國이安於磐泰니同胞々々여다

雜報

◉金氏興學 全北龍담郡子川에居ᄒᆞᄂᆞᆫ前承旨金영哲氏ᄂᆞᆫ素以學問之士로名譽가一鄕에傳播ᄒᆞᆫ人이라時事에艱危ᄒᆞᆷ을居常悒鬱ᄒᆞ더니現局의急先務가敎育에在ᄒᆞ다ᄒᆞ야自己家舍에學校를設立ᄒᆞ고其華東이라ᄒᆞ야郡彥을聚集ᄒᆞ고其嗣胤도亦爲就學케ᄒᆞ야熱誠培…

雜報

●박氏謁見 錦陵尉박泳孝氏가再昨日에自漢城病院으로卽爲詣闕陛見ᄒᆞ얏다더라

●姑未裁可 軍部에셔奏本을奉呈ᄒᆞ얏ᄂᆞᆫ대아즉裁可가아이되얏다더

●姑爲停止 內閣에셔起案ᄒᆞᆫ削髮令은上奏ᄒᆞᆫ다더니時急ᄒᆞᆫ事件이아니기로姑爲停止ᄒᆞ얏다더라

●張씨再辭 法部會計課長張도씨가辭職請願ᄒᆞ얏ᄂᆞᆫ대該大臣이封還ᄒᆞ얏더니更히辭職請願ᄒᆞ얏다더라

●兩氏被任說 法部次官김각鉉씨ᄂᆞᆫ平理院裁判長으로轉任ᄒᆞ고尹始炳씨가法部次官을被任ᄒᆞᆫ다더라

●都提調被命 特進官李근命氏ᄂᆞᆫ奉常提調를被命ᄒᆞ엿더라

●日將陛見 日本軍艦이仁港에到泊ᄒᆞ얏ᄂᆞᆫ되再昨日下午四時에該艦海軍中將以下司令官艦長等九人이伊藤統監을帶同ᄒᆞ고詣闕 陛見ᄒᆞ얏다더라

●寓居有所 錦陵尉박泳孝氏가日間校洞閔泳찬氏第宅으로寓接ᄒᆞᆫ다더라

●閔氏歸國 前內部參書官閔원식氏가日本에前往ᄒᆞ얏더니日昨에歸國ᄒᆞ얏다더라

●米巡打日憲 伊藤統監이日本海軍中將을帶同 陛見ᄒᆞᆷ은別項과如ᄒᆞ거니와當日伊藤氏를保護ᄒᆞᄂᆞᆫ日憲兵의騎馬가米國領事館內로躝入ᄒᆞᆫ지라該憲兵이率來ᄒᆞᆫ로該館內에無難入去ᄒᆞ야무삼辭措가有ᄒᆞ던지該館保護ᄒᆞᄂᆞᆫ米國巡査가據理責之ᄒᆞ되日憲兵이抗拒ᄒᆞ다가米巡査에게無數히被打逐出ᄒᆞ얏ᄂᆞᆫ대面部가重傷하야流血이狼籍ᄒᆞ다더라

●度支查正 度支部大臣高永喜씨의李氏영吉씨가奉化高原兩郡守在任時에差人遣로未納이貳百餘圓이라니該大臣이各年未納을調査ᄒᆞ다가謂該郡日吾가此部大臣으로在ᄒᆞ야舍李의未納을엇지差人의게推諉ᄒᆞ리오ᄒᆞ고俸金中으로劃納淸帳ᄒᆞ얏스니該大臣에處事가公正ᄒᆞ다고ᄒᆞ더라

●盧子學易 朴氏家의三十九歲된盧子ᄂᆞᆫ前報와如히學識이優餘ᄒᆞ더本來公州新都內에居生ᄒᆞ야恩津論山等地에寓居ᄒᆞ다가新門外冷洞에來接ᄒᆞ얏ᄂᆞᆫ대周易을能通ᄒᆞᆷ으로人이박周易이라稱ᄒᆞᆫ다더라

●一進裁判 三和府一進會員崔치旋리경河等이該府윤卜鼎相씨와裁判ᄒᆞᆫ次로上京ᄒᆞ얏다더라

●李령呼泣 義兵將閔宗植氏의處絞宣告가上奏되미其겸人李鍾元이가其主人이至親도無ᄒᆞ고子姪도無ᄒᆞᆫ情地에治喪ᄒᆞ야면麻布一匹를求得ᄒᆞᆯ道理가無ᄒᆞᆫ則同知所持ᄒᆞ야監獄署前에셔呼泣不已ᄒᆞᆫ다더라

●義魁處刑 義兵將閔宗植氏以下幾人을二日午後六時에平理院에셔如左히判決宣告ᄒᆞ엿더라

死刑總大將 閔宗植
流終身中軍將 黃英秀
仝 中軍將 鄭在鎬
仝 參謀 郭漢一
仝 李容珪
仝 金德鎭
仝 餉官 朴潤植

●義黨宣告 全南裁判所에義兵將으로被囚ᄒᆞᆫ梁會日林낙均流十오年同安貿在柳원京申리煥리윤션流십年으로該道裁判所判事선告後法部에質稟書를呈ᄒᆞ얏다더라

●리氏助校 審查局長리鳳來씨가私立개山普興學校에經費窘乏ᄒᆞᆷ을聞ᄒᆞ고金五十圓을寄附ᄒᆞᆫ故로該校에셔多大히感謝ᄒᆞᆫ다더라

●諸犯宣告 運軍大權重顯氏謀害事件으로滯囚ᄒᆞ얏든諸犯을再昨日平理院에셔선告ᄒᆞ얏ᄂᆞᆫ뒤

羅寅永 流십年 오긔鎬 金寅식 流오年 金東필 康相원 지八文·박鍾셥 金京善 黃文숙 黃셩周 리京辰 조化춘 流십年 리鍾學 崔相오 朴慰七 鉉 리容탁 閔衡식 崔瓔彰 리關鎬 流십年 정寅晳 리 沂 流七年 徐彰輔 리光秀 尹忠夏 리承大 김영宋 최東植 流십年 尹주찬 徐廷禧 全德俊 리完秀 車정午 리承居 리常學流오年

●高校卒業 高等學校에셔來九日에卒業式을擧行ᄒᆞᆯ터이라더라

●영巡殺人 영춘郡分派所巡檢尹錫淵과巡검원將校조敎필廳使尹德원浮浪輩조리冀가討索錢財ᄒᆞᆯ凶計로金與交川里金鎭興은構誣ᄒᆞ야陰三月이日子夜에踰山潛入ᄒᆞ야該씨를捕縛曳去ᄒᆞ엿에其子博淵우淵이가呼父隨後則巡檢等이故殺兩丸ᄒᆞ야우淵은卽時치命ᄒᆞ고博淵은連被再劍ᄒᆞ야십六日後에치命ᄒᆞ야니如許獄變은古今所無인대彼黨이敢生圖免之計ᄒᆞ야推諉於日人四海喜太郞ᄒᆞᆫ다더라

●請願封還 谷山郡守정喬씨가內部로辭職請願ᄒᆞ얏더니該部에셔封還ᄒᆞ얏다더라

●報請免官 京畿觀察使최鑄敏씨가到任ᄒᆞᆫ後에該管下各郡[illegible]郡守[illegible]陽川郡守安中식陽城郡守정리로富平郡守리海창씨을免官ᄒᆞ라고內部에報ᄒᆞ얏다더라

●偽문討財 定州郡分署巡檢김창淳이가公문을偽造ᄒᆞ야該郡居金得完을締結ᄒᆞ고리지경조영福으로假作巡檢廳使ᄒᆞ야龜城郡東林寺頭僧世현處에討索전財ᄒᆞᆫ事가綻露된故로警務分署에셔該漢等을捉치牢囚ᄒᆞ얏다더

●英艦出港 前報와如히무아提督의使命을帶ᄒᆞ고인川에入港ᄒᆞᆫ英國軍艦베스프후옷號에昨日英國總領고방씨及其夫人이搭乘ᄒᆞ고拔묘ᄒᆞ야威海衛로歸航ᄒᆞ얏다더라

●學照度部 內部에셔度支部로照會ᄒᆞ되經常預算은年度부터십分節用ᄒᆞ야期於原定預算範圍以內에止코져ᄒᆞ오나本年四月부터各道에公立普通學校를이십七個處이나更加增設ᄒᆞᆷ과其他諸般敎育事業上事務가擴張됨을因ᄒᆞ야許多事務用備及運搬通信等消耗費與旅費가原定預算으로ᄂᆞᆫ到底히支辦키難ᄒᆞ오니本廳各項內에ᄂᆞᆫ나용ᄒᆞ고餘裕도無ᄒᆞ온즉經費에不足ᄒᆞᆫ理由로써實務을不盡ᄒᆞᆫ道가無ᄒᆞ옵기不得已別紙書帖付ᄒᆞ야玆庸仰布ᄒᆞ오니左記不足額을特爲追加支出ᄒᆞ시와無至拘碍公務케ᄒᆞ라ᄒᆞ엿더라

●兩兒何往 再昨日下午七時에학동南寧尉官內居孔錫晋의拾一歲女兒名은임十歲男名興晳이가鍾峴셩敎堂近處에共遊ᄒᆞ다가何處로往ᄒᆞ얏ᄂᆞᆫ지不入于家ᄒᆞᆷ으로其父母가當夜及翌日을尋覓ᄒᆞ되終是不見ᄒᆞ야殆至失性呼泣ᄒᆞ니誰某던지該兩兒[illegible]시거던[illegible]

●釜鎭[illegible] 該港來신[illegible]즉陰오月十三日에還隆大閔泳綺씨와遞內大軍大三씨가日本視察次로釜港영嘉臺에來到ᄒᆞ얏ᄂᆞᆫ뒤釜山人民等이本鎭긔地와甑山과海灘과息波亭四處에日人田中이가着抹ᄒᆞᆫ事로呈狀呼訴ᄒᆞᆫ즉閔泳綺씨가衆人中代表人오名만庭下에招치ᄒᆞ야度支在任時釜鎭긔址認許事를말ᄒᆞ되金建培가釜山鎭긔址空處處에식木ᄒᆞ고每年納稅次로請願ᄒᆞ기에認許ᄒᆞ얏슨즉日人着抹은千萬意外요金建培식木事로言之라도釜鎭城內公廨地만ᄒᆞ되其中에도或居民의會前家屋結搆와田土起墾處ᄂᆞᆫ切勿侵犯ᄒᆞᆯ양으로ᄒᆞ얏스니甑山과海灘과息波亭은城外地뿐아니라初不入於認許中인則豈可成說乎아今當嚴明題決이되時任이아니라印章이無ᄒᆞᆫ故로不得題決이오此書을지傍ᄒᆞᆫ本港參書官과稅務官이參證ᄒᆞ얏신則汝等이此事由를本府윤의게呈訴申冤ᄒᆞ면參書官이나를ᄒᆞ접ᄒᆞ여도不聞이라아니ᄒᆞᆯ터이니各自安堵ᄒᆞ라ᄒᆞ옵기翌日에居民等이本府에呈訴ᄒᆞᆫ則題敎內에據此報府待旨令知委事故로居民이大端拂鬱ᄒᆞ야上京呼訴ᄒᆞᆫ다더라

東京電報

●稅關問題 七月三日發 北京에셔露淸韓三國이協議中인바北滿洲稅關問題ᄂᆞᆫ서로妥協이되야目下에細則을協議中이라더라

●瘟疫發生 同日發 東京本鄕區에셔瘟疫이發生ᄒᆞ얏더라

倫敦電報

[illegible]年內에太平洋艦隊를增加ᄒᆞ야比律賓及布哇의砲臺를擴張ᄒᆞ기로決定ᄒᆞ얏다더라

北京電報

同日發

●派遣德國 學部ᄂᆞᆫ日本學校로셔革命主義를養成ᄒᆞᆫ다ᄒᆞ야今後ᄂᆞᆫ留學生을德國으로派遣ᄒᆞᆫ다더라

◎排日격문 上海에駐저ᄒᆞᆫ福建人은日本人排斥ᄒᆞᄂᆞᆫ격문을發布ᄒᆞ얏다더라

▲滿 紙 雲 烟▼

▲軍部參兵令은軍國에重要ᄒᆞᆫ事項인뒤去月曜日에中樞院通常會에議決케ᄒᆞ엿더니該院議長과各贊議諸氏가會同ᄒᆞ야廳問諸氏의出席ᄒᆞ기를苦待ᄒᆞ더니日已暮矣라各歸其家ᄒᆞ미內閣에셔ᄂᆞᆫ中樞院議決을不待ᄒᆞ고其翌日에官報의頒布ᄒᆞ얏스니中樞院은本來有名無實ᄒᆞᆫ官廳이라不過벼슬떼먹ᄂᆞᆫ말이지

▲內閣及外他各部의官制改定에各部參書官一窠를增設ᄒᆞᆫ다ᄂᆞᆫ대其資格權限인則局長之下요書記官之上이라ᄒᆞ니新內閣이組織되미新官員이層生ᄒᆞ니官員만增置ᄒᆞᄂᆞᆫ거시刷新政治인지상자가여러시면가마솟시서지々

▲現關ᄒᆞᆫ道府郡主事敍任ᄒᆞ기爲ᄒᆞ야二十窠를內部에셔修正ᄒᆞ야內閣으로入交ᄒᆞ얏다니向日郡守奏本에ᄂᆞᆫ假三品郡守가나더니主事ᄂᆞᆫ初仕잘이니즉幾品官職을冒錄ᄒᆞᆯ슈고ᄂᆞᆫ업깃지

▲總理大臣李完用氏ᄂᆞᆫ觀察郡守ᄂᆞᆫ任意로擅便ᄒᆞ야고自己套頭任善準써內大를圖任ᄒᆞ얏고地方에權利를雙手牢籠ᄒᆞ야고自己舍音李鎬成氏를觀察使를[illegible]勢力이[illegible]天下에[illegible]始初見이로고

▲各地方에警務分署를排置次로日巡査一百六拾名이再昨日에入城ᄒᆞ얏다니日巡査가連日渡韓者不知其數인즉日本國에巡査가幾乎無餘ᄒᆞᆫ貌樣이니남의나라保護ᄒᆞᆯ生覺말고제나라保護나ᄒᆞ지

▲農商工部에셔六畜의病을預防ᄒᆞ기爲ᄒᆞ야日本醫師月島善之助를已往에招聘ᄒᆞ얏ᄂᆞᆫ터該事務室雇傭으로日本子쥬히용을또雇傭ᄒᆞ고每日누十젼式支給ᄒᆞᆫ다ᄒᆞ니韓國에셔日人을許多히雇傭ᄒᆞ더니一箇日人만雇傭ᄒᆞ면幾個日人을雇聘ᄒᆞᄂᆞᆫ貌樣이로고

▲內部會計局長조齊환과度支郡司務局長元應常兩氏가昨夜에布廛屛門淸料理店第一樓에一卓을設ᄒᆞ고同志幾人을宴待ᄒᆞ얏다니各大臣과各次官은請邀宴待ᄒᆞ기로골沒無暇ᄒᆞ더니局長以下官人은同志宴會가成風이로고

▲西署青坡七洞人民이會議ᄒᆞ고自治制度實施ᄒᆞ기爲ᄒᆞ야靑坡契議所를設立ᄒᆞ고規則을制定ᄒᆞᆫ다니韓國人民의程度가前日에比ᄒᆞ면開進ᄒᆞᆫ漸이有ᄒᆞ야自治制度를組織ᄒᆞᆫ다니亦一喜消息이로고

▲李根湘氏의資格이小學校長도未及ᄒᆞᆯ터인뒤修學院長을圖任ᄒᆞ얏스니該院은品行이正直ᄒᆞ고學問이高明ᄒᆞᆫ人으로擇任ᄒᆞ야敎導에有方ᄒᆞᆫ重任이거날該氏가遽然占據ᄒᆞ다고某會에論駁을當ᄒᆞ얏스니同氏ᄂᆞᆫ自己資格은不顧ᄒᆞ고敎導之任에自處ᄒᆞ니人之患이在好爲人師로고

◎本社 告白

國債報償에出義金額을本報紙面에逐日廣告로發布ᄒᆞ메繼有遷滯ᄒᆞ야義捐諸氏의迅速揭布ᄒᆞ믈望ᄒᆞ시는바本郞奉副ᄒᆞ옵더니今自本報로國文報一部를增刊인바從今으로는漢文報와國文報에義捐廣告를並爲揭布ᄒᆞ올터이오니愛國僉員은照亮ᄒᆞ시옵

雜報

●光校盛況 安洞私立光東普通學校에서夏期試驗을畢ᄒᆞ고進級式을設行ᄒᆞ얏는ᄃᆡ學徒父兄과敎師가齊會ᄒᆞ야校長申蕃堂氏와校監李一貞氏와學監朴英子氏와敎師鄭求昌氏가勸勉ᄒᆞ고학徒父兄中羅仲模氏가演說ᄒᆞᆫ後學徒中金龍根朴勝睦黃信敬三人이答辭ᄒᆞ얏고進級證書와賞品을授與ᄒᆞᆫ後茶果禮를行ᄒᆞ고萬歲를高呼ᄒᆞ야一場盛況을呈ᄒᆞ얏는ᄃᆡ優等에는金龍根等男以上三人이오及第에는鄭熙田鄭차엽金鎭業等과李英子가聯芳諸氏와金龍根等이오李春子(?)李東蓮東丘吳李淳元義堂趙正元宋甚秀廉壽興朴勝睦李秀鮮기壽福李點用黃信敬金萬億以上拾七人인대贊務長金宗漢氏가茶果費五圜을捐助ᄒᆞ얏고贊務員尹定植廉仲模丙淑李民國諸氏가空册紙洋紙等諸品을無實ᄒᆞ얏다더라

廣告

本人外曾祖학寸김鐵奎가性本浮浪ᄒᆞ야鄕何上京이든지以本人名字로政府主事를圖得虛無之說로每有書示ᄒᆞ니如此곽類는依法懲治次로爲先廣布홈

平北定州南門外金夢駿 告白

本人의大姪致容이字는贊三이오年은二十六이온ᄃᆡ性本浮浪ᄒᆞ야協同雜類ᄒᆞ야所到各處無數挾雜에已致蕩産ᄒᆞ고兄弟叔姪間餘存田土도自造僞券ᄒᆞ야廣求盜賣處ᄒᆞ오니內外國人切勿見欺홈

草溪伯岩面多牛洞 宗仲見 告白

仁明義塾創立者鄭在洪ᄯᅵ가去三十日下午八時半에熊魚에逝的을遂ᄒᆞ얏기로明六日(土曜)上午十一時에自宅에셔出柩ᄒᆞ야同下午一時에貞洞敎堂에셔葬義를擧行ᄒᆞ고同三時에南門外峴北同葬地에셔埋葬ᄒᆞᆷ을預定ᄒᆞ오니有志僉員子는照亮ᄒᆞ시옵

光武十一年七月五日 遺子 鍾華 仝 鍾源

仁明義塾長 尹致오

同塾維持會員總代 張乃與

同塾講師總代 李鍾奎

護喪人 洪應섭 韓秉九

前主事金炳宇改名炳星홈

金炳星 告白

陰五月二十日平壤手形組合理事川上繁治가帶通譯一名ᄒᆞ고該郡居本人四寸兄明奎의來與ᄒᆞ야來留本郡에[illegible]置이다僞章成標ᄒᆞ고至於官庭對質而圖章之僞造가分明ᄒᆞ고供辭之虛謬가綻露ᄒᆞ와落科右訟ᄒᆞᆫ며自官으로是保囚善明ᄒᆞ고擧實直報之際에右人等이免脫逃去이온즉大抵開明世界上善明이뮈同日人하고欲滅宗家가豈有如許變怪乎잇가實爲痛憤ᄒᆞ와玆에廣布于內外國人ᄒᆞ오니以此로燭勿欺ᄒᆞ심을伏望

平北定州西面李啓陽 告白

湖南學會發起會를今土曜日下午二時(陰曆五月二十六日雨則翌日)에中署相思洞大東文友會內에開ᄒᆞ옵기玆에仰布ᄒᆞ오니在京하신全羅南北道紳士는期日出席하심을敬要

發起人 尹敬重 김경中 박恒來 曹秉煥 정奎三 朴榮喆 白寅基 李恩若 김正숙 李기영 尹奎臣 李偉 정海과 李석峴 尹光普 李락 박準弼 李時雨 姜엽 정寅용 김在恰 尹奎赫

湖南學會 告白

夏期數學講習所 聽講生募集廣告

數學은各科中難解者也而迫此放學ᄒᆞ여置而不習이면將至不曉ᄒᆞ리니誠爲慮라玆에數學講習所를設ᄒᆞ여一般學生으로補習케ᄒᆞ오니速臨聽講ᄒᆞ시옵

一 陽七月오日로至八月三十日

一 學科와敎授는如左홈

算術科第一級(自始로至分數) 第二級(自小數로至終)

代數科第一級(自始로至一次方程式) 第二級(自二次로至終)

幾何科第一級(自始로至圓) 第二級(自圓으로至終)

三角科

但各科에未滿十人이면該科는特廢ᄒᆞ옵

一 時間은下午二時로至四時

一 月謝金一科一圜式이요二科以上兼修ᄒᆞᄂᆞᆫ者ᄂᆞᆫ每科에五十錢式等減홈 但月謝ᄂᆞᆫ先納이되每月十五日後에入學者ᄂᆞᆫ半額을收納홈

一 聽講을志願ᄒᆞᄂᆞᆫ者ᄂᆞᆫ陽七月三日內로來議홈

南大門內尙동靑年學院內 夏期數學講習所 所主 柳一宣 告白

大安舍 廣告

本館에서漢城內에留接ᄒᆞᄂᆞᆫ諸學生의寄宿便利를爲ᄒᆞ야大安동에二層半洋屋을建築ᄒᆞ고居處飮食其他凡節을一々히便宜ᄒᆞ기로極力設備ᄒᆞ오니遊學諸生은照亮ᄒᆞ시와實臨于本館事務所ᄒᆞ야詢議ᄒᆞ심을敬要

北署大安洞別宮 南便寄宿館長 鄭熙燦 告白

寄宿願人証書ᄂᆞᆫ本館에서授与ᄒᆞ며 寄宿費ᄂᆞᆫ每朔에新貨四圜八十錢으로定홈

宿館 廣告

本人이中署大寺동二十一統二戶車仁燮의瓦家十間半家券을典執ᄒᆞ얏다가仍爲次持ᄒᆞᆫ文券을日前에見失ᄒᆞ얏ᄉᆞ니雖某拾得ᄒᆞ도休紙施行홈

成鎭鎬 告白

發賣所 京鄕各有名書店

發行(中央書館, 中署滙明館)

家庭小說 鬼의聲

著者 菊初 李人稙先生

(定價金四十錢, 全一百八十四頁)

紙質頗美 印刷鮮明

[illegible]

本社風穴에備藏ᄒᆞᆫ蠶種을製造할터인ᄃᆡ我國內今年秋蠶과來年春夏蠶々育을可量ᄒᆞ야製造ᄒᆞᆯ터이오니養蠶ᄒᆞ는僉君子는左開所로來臨ᄒᆞ던지郵書로ᄒᆞ던지蠶種을各等所用預託ᄒᆞ시오

安岳鶴峴蠶業會社

京城永成門越便廉동二十壹統一戶 金漆原家

安岳鶴峴蠶業會社社長 金秉先 廣告

學徒裝히書册 學徒運動과諸具 羅紗各種 美國金鷄納 衣服裁縫其他雜貨도廉價放賣ᄒᆞ오니諸君子는來臨ᄒᆞ심을바라나이다

仁川港奇峴新册肆

刱告

來日曜日에緊重ᄒᆞᆫ事件이有ᄒᆞ야講硏會는停止ᄒᆞ고特別會를開ᄒᆞᆫ깃ᄉᆞ오니會員은照亮ᄒᆞ시옵

大東學會 告白

本人이日本大阪商業家와特約ᄒᆞ고日本內地産出各種物品과西洋各種物品及機械等物을我大韓에輸入ᄒᆞ야委托을便利케與約ᄒᆞ얏ᄉᆞ오니商工業에有意ᄒᆞ신僉君子는某物이든지請求코져ᄒᆞ시거든本社로來議ᄒᆞ시오 本社에서는手數料金만受領홈

興業社本店 開城北部詳洞

支店 京城南門內水標五十一統六戶

仝 仁港內동廣濟 埼養會社

本人八寸孫成道性本不良ᄒᆞ야畓八斗落田一日耕僞造文券將欲斗賣內外國人切勿見欺홈

平北定州李東根 告白

●일본遊覽者募集

一 遊覽會員募集 人員은五十名으로一團을成ᄒᆞ니한일인을不問ᄒᆞ고速히請入ᄒᆞ시옵

一 巡遊地 東京博覽會橫濱西京都大阪神戶

一 往復일數 약凡十七일間

一 浮費 遊覽費及手數料을合ᄒᆞ야總計四十八圜

一 出發일 請入順次를從ᄒᆞ야出發三일前에直接히通知홈

一 請入所 在京성各신聞社五十八銀行경성支店 天一銀行

一 會員은遊覽을終ᄒᆞ야閉散ᄒᆞᆫ後ᄂᆞᆫ本會와關係가小無홈

一 南대門서釜山으로直行ᄒᆞ던지或은東경으로直行하는者의게對ᄒᆞ야도同一便法으로同行請入을應諾홈

일本人遊람協會事務所 門通 東亞商會

本館에서新舊書籍을大發售ᄒᆞ오니有志僉彦은陸續携覽ᄒᆞ심을望

銅峴屛門下古今書海館 白

◎增修無冤錄大全

壹千壹百七十頁

定價新貨七拾五錢

此增修無冤錄大全은法律家에最緊要ᄒᆞᆫ書籍이온ᄃᆡ年來現本이殆히絶種에至ᄒᆞᆫ지라故로法部에認可를得ᄒᆞ옵고此를新刊ᄒᆞ얏삽ᄂᆞᆫᄃᆡ國漢文으로譯釋ᄒᆞ야模糊ᄒᆞᆫ句節이無ᄒᆞ오니法律學에有志ᄒᆞ신너와字牧之任에居ᄒᆞ신니ᄂᆞᆫ不得不覽ᄒᆞᆯ册子이오니速購覽ᄒᆞ시옵

中署布屛下 廣學書舖 김相萬 發售所

◎活動寫眞廣告◎

今番에始作ᄒᆞᆫ活動寫眞은法국巴里京에셔有名ᄒᆞᆫ거시오또ᄒᆞᆫ大韓국 皇室에서먼저看ᄒᆞ셧고始作ᄒᆞᆫ지數日에遊覽ᄒᆞ시는첨君子가多數枉臨ᄒᆞ시와坐處가넘쳐서晩到ᄒᆞ시면不便ᄒᆞ오니速々枉臨ᄒᆞᆷ 今番에ᄯᅩ새로이活動寫眞이多數來到하야每夜에僉位觀賞에新面目을供ᄒᆞ오니速々來臨ᄒᆞ시옵

活動은自下午八点半至十点半

賣票時 七点半始爲

入場料 上等 三十錢 中等 十五錢 小童 十錢

新門외서대이목東便벽돌집

法人 馬田 告白

六月二十八日本報廣告欄內에徐丙吉氏告白한辭意를覽閱ᄒᆞ즉金趙兩家에相訟判決ᄒᆞᆫ事件인대徐氏가不勝抑冤이라ᄒᆞ니金趙相訟에徐氏가何關이며英廟判下로兩氏가同山ᄒᆞ는ᄃᆡ禁養은趙氏가主張ᄒᆞ고김氏는初無干涉이라ᄒᆞ니判下文蹟이지於何處며法官김珏鉉氏가怙勢生抑ᄒᆞ고歷歷ᄒᆞᆫ趙民이라ᄒᆞ얏ᄉᆞ니怙勢歷歷ᄒᆞᆫ證據가果有何件이며陜山松楸는金氏京鄕宗中에서協議代賣ᄒᆞᆫ것인대何獨金각鉉氏만指斥搆회인지徐氏는非但廣幅이라謄書상實인즉此事件에對ᄒᆞ야徐氏가果유寃원이어든不日來臨ᄒᆞ야公庭裁判ᄒᆞ던지私席에辨明ᄒᆞ던지左右間歸正ᄒᆞᆯ깃기로玆에廣告

金永선金永敎等 告白

원산과셩진간에셔본인이살진소(肥牛)를만이ᄉᆞ깃ᄉᆞ니쇼파는졔군은다수이팔너오시옵

최봉즙 고ᄇᆡᆨ

國債報償義捐金 收入廣告

●海州代陳面水동
注書崔면亭二圓 崔履東
崔봉鉉 오士學 각一圓
최주鉉 六십錢 최昇亨
최徵重 리承華 정河敎
方召史 각四十전 최경亨
최徵燁 정티善 리應鉉
각廿전 김덕信 貳拾오전
최徵殷 박鎭伯 각십전
寄居吳莫同 十六연
合九圓一錢

●황海道延安商民中
최錫홍三圓 黃원玉 二圓
金泰홍 孔티順 리基萬
최明吾 오相默 각一圓
김永원 리東春 姜仁瑞
嚴裕善 김景石 宋인淑
각五십전 梁윤玉四십전
金윤煥 明元祥 각卅錢
오漢善 安三達 각廿錢
合十四圓四십전

●楊州伊淡面松巖里
今秉潤 홍儀셕 洪健셕
洪鎭셕 韓洪裕 최鳳시
리티赫 리箕赫 리奎赫
리東赫 김明先 리日赫
曺亨承 韓用鳳 김君化
각廿錢 洪壯섭 韓用鶴
睦仁오 洪지明 각卅錢
洪鼎셕 리주복 리鵬基
각四十錢 리방赫 五十전
홍티셕 崔龍植 리寅赫
曺濟承 權인審 홍秉倫
홍永釆 曹秉允 최遠默
최英憲 韓敬裕 홍芝셕
趙萬瑞 김上吉 김聖得
각십錢
合七圓四十전

●安山瓦里面城頭
최召史二圓 朴윤히 김光國
各一圓 윤 진 김應權

각五십전
김昌源 김景賢 박昌보 김浩국
김東弼 尹鍾國 高景식 각스십전
김용철 洪淳益 김용우
강奎賢 각卅전 김東奎
裵元在 김용순 朴景日
박元弼 김洛찬 리命奎
복景洙 朴命在 리順永
리석인 박俊彩 홍鍾션
김在洵 김元用 각廿전
裵黃雲 십오전 高月奉
尹 영 裵千萬 高원鎬
裵永先 김景先 김乙童
박聖澤 박明甫 김千萬
김원문 김千奉 尹 각
박정澤 각십전

△無谷동
高明肅卅錢 任興후 윤鍾山
윤榮哲 각貳십전 신道學
김諸干 김金吉 盧所回
각十錢
合十四圓오십오전

●楊州草阜面斗陵里
丁文섭貳圓 丁大惠一圓
盧喜鎬 니春日 리錫祚
金興秀 김文先 김雲京
金喜京 김山興 윤士弘
趙원伯 김俊셕 각捌十전
田致卿 김鵬汝 박원興
리春根 박仲實 韓喜陽
韓善敎 趙원必 玄창民
박英셕 김德三 全學인
리景文 각오십뎐 박英淳
복仲先 복奎命 柳와성
張春근 김윤西 오春起
姜應天 복원순 됴원奎
복象鎭 김明甫 각廿전
合卅圓七十전

●忠南洪州郡얼方面大也
面約長리會敏 九십전
리性호 四십전 리來鳳
김今同 각廿오전오厘 니鍾원
박泰鎭 니能宇 申鉉九
리用必 金今用 리東燁
리明宇 각九錢

●斗山
리會容 리恒호
各廿오전五厘 김永敬 김興先
리敬律 리文玉 각십七전
리顯儀 리致五 리龍兒 리東植
각八전五厘 趙聖원
十二錢五厘 니치오八錢오厘

●朝동
리호九 리東九 리弼薰
각십七전 리냥九 沈雲澤
각八면五厘

●壽谷
金應濟八십五전 리龍九
리來壽 盧洪習 복季奉
리今奉 姜千根 오必卜
각十七전

●新기
박武彬 尹錫明 각八錢五厘
金復顯 南相益 리山奉
리규學 張齊煥 리종薰
윤海重 崔承魯 金윤보
리倍京 각七전

●曲村
申泰模 卄五전五厘 任百히
田敬宇 리근和 田興圭
박泰和 리景연 韓今述
崔鳳나 각八錢五厘
각十칠전 任百記 申亨求

●用化
리문宇 八十五錢 郭秉佑
五十一전 敎官趙鳳一圓칠십전
리錫宇 스十二면오厘
金正甫 卄五전오厘 뎡陽朝

●巳城
柳國先 각십칠錢 곽秉시
김獻鎬 각八전五厘
리昌煥 卄五전五厘 리深喜
嚴柱益 박濟裕 리心源
申容求 리心撥 각八전五厘
趙光熙 四錢

●上植
黍奉리圭天 閔滕植 閔準植
각卄스전 리圭三 리乘裕
됴暢熙 각卄칠전 리鍾션
니종赫 沈遠澤 丕重二
申致순 각십칠錢 林華成

박無景 리致홍 崔吉日
김石崇 김銀弼 신致先
박봉業 리敬德 각八錢오厘
丕철老 卌스錢 趙永星
리建덕 鄭善模 각십七전

●中島
김鵬化 孫德如 각十칠전
홍正老 趙致文 金奇奉
金大成 리益孝 각八전五厘
趙方丑
五衛將리會연卌스전 리遂鉉
니希憲 리龍九 리華春
朴己用 니會晩 각八錢五厘

●上谷
니殷衡 趙昌鎬 리秉甲
리鵬儀 權興吉 黃晉淵
각십칠전 리光憲십三전

●下植
丕경鉉사십二전五厘 趙철와
鄭賢模 각卄스전 리티學
리龍儀 李哲의 趙鍾學 정顯模
각卄五전오厘 趙聖鉉십七전

●下冷
니圭南 一圓십전
五衛將趙重觀八十錢 김光赫
리完實 리今實 리順京
니金八 張命奎
각四十二전五厘 張命奎
卞學圭 리白天 崔문用
리道奉 卅五전오厘 김致홍
宋銀實 리學伊 리應奎
각十七錢 徐九成 우殊同

●內洞
崔萬實 각八전五厘 동中
一圓십二錢五厘
김成志 元如石 김才同
陳百用 全完卞 리성万
김興用 리月成 趙允實
主事丕雲熙五十一錢 리鳳宇
卅스전 朴京實 十七전

●馬屹
리成宇 리奉良 김貫同
리三學 김順吉 각十사전
田華鎭 朴順日

各四十二전五厘 리顯實
卄오진오厘 趙玉峯 김문玉
白光秀 리辰성 沈先興
김成辰 김千奉 각八진五厘

●博石
金恒奎 十칠젼 니一善
니應兆 玄中心 韓用伊
黃祿伊 니士成 각九진

●晩川
니旷應 六十진 리雲應
申俊求 각十진

●大闕
리容九 沈宜信 沈春澤
리鳳九 鄭寅弼 각十칠진
尹載永 리鍾漢 리弼玉
리殷衡 리天九 리道濟
김石奎 鄭寅春 김티鉉
각拾錢

●小閑
김箕權사拾二전五厘 리寧建
리正習각卌四전 金滋麟
卄오진오厘 崔炳圭拾七錢
리熙淳 黃啓肅 리應任

●余士
朴春植 각八錢오厘
리建宇 리션儀 니錫儀
리獻宇 리允儀 리顯宇
宋弼호 각卌四진 리哲宇
리熙柱 各十칠전 니俊燮
니弼宇 리容宇 김春實
리台元 각八면五厘

●梨동
監役安允泰四십二면五厘
니建奉 安秀민 김化實

●鶴城
김箕濟 최관日 각八면오厘
니一憲一원七십면 陳舍奉
陳明玉 니平云 卜舍天
白學同 각十七면

●荷峴
兪致鶴 리문九
각卄오면오厘 김成熙십七면
니鼎九 니鍾寬 각八면오厘

●江村

權영舟스十六면오厘 洪占叔
卅사면오厘 閔致鎬 權春西
각卄오젼오厘 [illegible]
文伯三 니春日 김斗化
니春先 곽春西 洪士道
權순베 리元得 權春甫
오正德 김殷先 김升化
各八전오厘

●佳동
리春三 金인成 유鎭亮
各십七전 리白二 김明化
白致德 김良西 각八전五厘

●上島
主事박永會 스十二전오리
朴昌彬 사십二진 鄭世호
김弼九 김吉用
각오진오厘 리爲政
趙철運 김秉列 박東彬
김德履 金滕卜 金大卜
리티玉 劉貴孫 리萬風
徐寶鉉 洪文八 김萬吉
金突石 박東用 각십七錢
趙鍾寅 徐善敎 리충寶
리貴得 김安舍 鄭雙奉
박且奉 각九전 金元文
車宗伯 金同哲 정業孫
각八錢오厘

●下島
兪鎭旭 兪致行 鄭春三
김升호 림倍云 金元實
각卄오전오厘 兪致셔
兪鎭호 김斗瑆 崔成七
김昌云 崔致心 각십七錢
合六十圓二전五리

●坡州新屬面庇인里
趙弁元五十錢 김振海
김奎起 각四십전 趙箕元
金振鳳 趙炳謙 김南羽
金南煥 乃壽起 김德來
정壬男 黃 樟 각卅전
趙龍九 김振인 김振玉
각廿전 김振邦 金升起
김韓起 김南旭 각십四錢
趙貞元 金振우 金振奎
김伯起 김南夏 [illegible]
김洛起 김順起 됴炳[illegible]
김陽來 리聖丕 각[illegible]전
六圓廿六전

總合一百三十貳圓三拾四전오厘

國文報廣告總合一百八十圓二十[illegible]
十八錢五厘

前號總合二萬五千九百三十五圓七十貳錢貳厘

都總合貳萬九千二百四拾八圓三拾[illegible]錢貳厘

◎特別廣告◎

國債報償金四日間所接은前末合計이옵고伊前日의所接總合四萬八千○○午圓○午錢七厘氣會社內銀行에貯置ㅎ얏삽고其貯置額中重萬四千三百圓은國債報償志願金總合所로越交홈

大韓每日申報

發行兼編輯人英國人 裵說
發行所
南署石井동號外地三層洋屋家
大韓每日申報社

大韓每日申報

第五百五十六號 第五卷

月曜及慶節 發刊時日休刊

◉檀君開國四千二百四十年 箕子元年三千二十九年 大韓開國五百十六年 日本明治四十年 清國光緖三十三年

◉陰曆丁未五月小二十六日丙辰

官人의審査를방助ᄒᆞ기에常時盡力홈인줄은無疑ᄒᆞ로다

論說

郵務行政

郵務의失政과特其私札의披閱됨을恨歎홈은本紙上에既報홈비라某新聞이此를注目ᄒᆞ고關說ᄒᆞ되本報의記載ᄒᆞᆫ論責은尋常ᄒᆞ야查究ᄒᆞ기에可據가無ᄒᆞ니他一報導를本紙上에나或其他通信으로官憲의게供給ᄒᆞᆯ지어다提議ᄒᆞ엿도다本記者의爲此之舉가已久홈을今可指言이라某新聞은統監府內에諸般事를知悉ᄒᆞᄂᆞᆫ便利가特有ᄒᆞ여난如此事實를曾未探悉ᄒᆞ엿스니豈非異哉아

本記者ㅣ郵務恨歎을普通으로但記ᄒᆞ고特其細目을不舉홈은其恨歎의긔因된書札이舉皆本報社長의게도傳來ᄒᆞᄂᆞᆫ私函인緣由라普通論述ᄂᆞᆫ郵務의改良을得見ᄒᆞᆯ기가若非無望일진되其細目을不特揭報ᄒᆞ고션爲貯置ᄒᆞ랴고定意ᄒᆞ엿노라

一件恨訴ᄂᆞᆫ今在查究中이라고可稱이나然이나郵便官人은其格外事를關係홈이前者와似是一般이라彼官憲이吾人의게請報續議을치ᄒᆞ고特其書札의披閱됨을雖不得拒言이나然이나如彼郵가其非官許라고强硬辨明ᄒᆞ며其披閱이但狂人의行爲인줄노假定ᄒᆞᄂᆞᆫ도다

官憲의如彼敎見을吾人도亦持ᄒᆞ나니今此問題에吾人之反抗新思가未有홈을知悉홀것시오且私閱을未有ᄒᆞ고書札을披見ᄒᆞᆫ如彼不敬事를抗言홈도即

官報

◉敍任及辭令

◉第三千八百十一號 光武十一年七月五日

晋州郡主事鄭주태 免本官

右ᄂᆞᆫ晋州郡主守林병恒의報告書를據ᄒᆞᆫ즉該員이協同雜類ᄒᆞ야恣行不法에濫用公錢於不用之地ᄒᆞ고謀造印章之交傳ᄒᆞ온피罪을不懲ᄒᆞ야기是以로免本官

務安府主事박병吉 免本官

右ᄂᆞᆫ務安府尹署理參書官박墨煥의報名書를據ᄒᆞᆫ則該員이부同領收員ᄒᆞ야排斂計數錢이合爲一萬四千餘兩을原結中先計擔ᄒᆞᆫ은既爲自服이야기是以로免本官

咸鏡北道觀察道主事홍鍾九 免本官

右ᄂᆞᆫ該道觀察使尹性普의報告書를據ᄒᆞᆫ則該員이叙任屢朔에尙不赴任이라ᄒᆞ얏기是以로免本官

正二品李윤用 명宮內府特進官

秘書監丞沈璿澤 依願免兼任掌禮院掌禮

秘書監丞李文來 兼任掌禮院掌禮

外報

◉世界第一戰艦 倫敦電을據ᄒᆞᆫ즉[illegible]注문ᄒᆞ얏다고報道ᄒᆞ얏ᄂᆞᆫ대其設計ᄂᆞᆫ速力이二十一節이오十二寸砲가十門이오其他備砲가若干인대竣工홈以後에ᄂᆞᆫ列國現在戰艦中에ᄂᆞᆫ一隻도此를匹敵ᄒᆞᆯ者가無ᄒᆞ다더라

◉海軍政策의意見 英國海軍大臣도우엿도마스氏가其海軍政策의關ᄒᆞᆫ意見을發布홈이如左ᄒᆞ니

一 吾人은其所入費用의多少를不拘ᄒᆞ고海上의覇權을不可不維持홀事

二 海上의覇權이吾人의手中에在홀事

三 吾人은列國海權과不可不激烈히競爭홀것인故로其擔任홈이極히重大홀事

◉水戶大火 四日東京發電을據ᄒᆞᆫ則昨日午后水戶市에서大火가起ᄒᆞ야燒失家戶數가四百餘戶요燒死者도有ᄒᆞ며原因은滊車烟突의飛火라더라

◉漁業保護 俄國政府에서漁業을保護ᄒᆞ기爲ᄒᆞ야北海警備艦을增加ᄒᆞ야海軍運送船三隻及水雷艇數隻으로警備케ᄒᆞ얏고又黑龍江警備의目的으로日下製造ᄒᆞᄂᆞᆫ河川巡邏船은俄曆五月十日에進水ᄒᆞ야今年秋期內에ᄂᆞᆫ完成홀豫定이라더라

寄書

斷髮趣旨說 鄭克世 續

所謂爲人新敎信眞主也오日人皆屬天有自然之理ᄒᆞ고人有自然之氣라ᄒᆞ니[illegible]로盡歸之於自然之理則人無已勉强之力이니[illegible]然後의必成萬事ᄒᆞ나니天有造化則必有造化之主ᄒᆞ고人有勉强則必有勉强之心이라無主而豈有造化며無心而豈有勉强가但人이不信主ᄒᆞ며不用心ᄒᆞ고生死與亡을都歸之於自然則天物이消滅而不生ᄒᆞ고人事가放棄而不成ᄒᆞ여自無主張에豕失生命ᄒᆞ리니貧弱衰亡을恐可得免乎아故로盡心信主然後에富强을可致요生命을可保일시以로不得不信진主也니라凡貧弱者ㅣ必依賴於富强者ᄂᆞᆫ由於自心에無所自信之主宰故也라心無所自信主宰故로自心이虛弱ᄒᆞ여常有依賴於他人之心ᄒᆞᄂᆞ니此乃我國人之實病也라是以로我國人之卑下者ᄂᆞᆫ常依賴於尊上者ᄒᆞ고我國人之尊上者ᄂᆞᆫ常依賴於他國人之富强者ᄒᆞ야都無自主而不知有天ᄒᆞ고但知信人而不知信天故也라若覺天主ㅣ爲生我之眞主而貫信ᄒᆞ야佑我我則自心이有主而神力이自立矣라故로不依賴於他人而依賴於我主ᄒᆞ야敬畏處主ᄒᆞ고信愛是主則日就自新自强ᄒᆞ며亦能自由自立ᄒᆞ리니何可依賴於人人哉아此乃天主성神이賦錫我自由之權者也니若非耶蘇之敎면孰能發此主宰之眞理耶아故로不可不入此新敎也요不可不信此眞主也라且吾人이自生以來로變天性而化人性ᄒᆞ고離天心而作人心이라故로違天意而作人意ᄒᆞ고反天機而行人情ᄒᆞ여性情心意가無非失지成習이오思言行爲가皆是背公用私일시心旣不正이어니意豈得誠이리오背天이已久에罪惡이自深이라何可以得意誠心ᄒᆞ여贖盡此罪ᄒᆞ고反復厥天也리오若非天佑神助면以人之私意로ᄂᆞᆫ不可得以械正矣일시是以로不可不所求天主라事天則神應ᄒᆞ나니天是神이요神是天이라故로敬神畏天意自誠ᄒᆞ고意誠則心自正ᄒᆞ고心正則修身齊家治國平天下之道를眞不舉치矣일시此吾所以入方敎信된主也로라然後閣何以入敎而斷髮乎아曰斷髮然後의頭腦가淸淨而天德이降臨矣요我心이淸정而上帝可朝矣일시凡頭髮ᄂᆞᆫ人身之天庭이니不可不薙髮精備也요且吾旣爲信교而敎師敎友가盡爲薙髮則吾亦斷髮而從之ㅣ是爲信之志也로다何爲改名克世오曰耶蘇勝世之義ᄒᆞ여吾亦克制世俗之意也다 完

咸興郡의新學趣旨

大抵人은社會的動物也오社會ᄂᆞᆫ萬事에基礎故人의게運動力이無ᄒᆞ면一個廢物也오人民中에社會가無ᄒᆞ면爲과두群已라故로否學院과各學校와自護團治ᄒᆞᄂᆞᆫ義務가皆出於社會也라然則國家的이라敎育的이라團躰的이라自護的이라自治的이라ᄒᆞ면文明上에發達ᄒᆞᄂᆞᆫ거시다個人的思想으로나오ᄂᆞᆫ거신대如此ᄒᆞᆫ要理ᄂᆞᆫ다진神씌셔賦與ᄒᆞ신바라故로謂之人類ᄂᆞᆫ萬物之中最爲最貴者也라然이나吾人類가不知此義則何以致貴라ᄒᆞ리오嗟다唯我靑年同胞여時局을不知ᄒᆞ고和慾에蒙昧ᄒᆞ여修身之策이무어신지輔國ᄒᆞᆯ方策이무어신지敎育과智識이무어신지生命이무어신지金叉ᄒᆞᆫ時間을虛送ᄒᆞ며黃昏ᄒᆞ거며ᄒᆞ며四色에從事ᄒᆞ니엇지愈獸엔들비ᄒᆞ리오故로天賦ᄒᆞᆫ[illegible]에醜汚ᄒᆞᆫ習俗을[illegible]ᄒᆞ고腦髓에精神을大振ᄒᆞ야道德과智識을隔々히達成ᄒᆞ기爲ᄒᆞ여[illegible]的으로斷然色ᄒᆞ고其代金을援納ᄒᆞ여日新학校라組織ᄒᆞ고敎師을立ᄒᆞ여敎育에目的을實踐ᄒᆞ며當然ᄒᆞᆫ道理를守ᄒᆞ고자오道理를守ᄒᆞ면智識을發達然之理로可望ᄒᆞᆯ지라名爲人類ᄒᆞᆫ道理를攅尙홈이업고智識明達치못ᄒᆞ면何考禽獸를不辨ᄒᆞ고何以生死를不知홈에形骸만徒存ᄒᆞ야禽獸虫魚와同ㅡ홀動物이오便是行尸走肉이라엇지萬物之中에最貴ᄒᆞᆫ地位가되리오此ᄂᆞᆫ個人身分에만關홈이아니라智識達閉에邦國興亡盛衰도在ᄒᆞ야禮樂文物과甲兵이雖云極備富强이라도人民의智識이亦無ᄒᆞ면貪暴驕오에不過ᄒᆞ니所以로現今列邦의民之開明事에急先務ᄂᆞᆫ敎育也라然而智識은由何生고敎育이아니면不能ᄒᆞ나니喩컨ᄃᆡ棟樑材라도準繩을被ᄒᆞ면大厦에用되고港泥에醜石이라도一經琢磨를經ᄒᆞ면寶質를大變ᄒᆞ야映宇磐礎에能히可用되나니由此觀之ᄒᆞ면木石도그를成ᄒᆞ此ᄒᆞᆫ材되거든況人類야敎之導之ᄒᆞ면何負於木이리오嗚呼吾咸同胞ᄂᆞᆫ不濟敎育ᄒᆞ며不達智識홈으로人々이各其心ᄒᆞ니逞散ᄒᆞ야如ᄒᆞ야相愛相救互相失之ᄒᆞ엿스니誰可救之之ᄒᆞ리오然홈으로東縛도自致오死亡도亦自致니唯我兄弟々여寸陰을如惜千金ᄒᆞ고學之에智識交換ᄒᆞ엿스면的思想ᄂᆞᆫ自然이血沸鬱烈心々相印ᄒᆞ깃고團體的이不約而東流에大海를成如ᄒᆞ니百忙之中에도敎千萬苦之城에도數學[illegible]

發起人 洪[illegible]錄 金[illegible]

●大官懷嫌 軍部大臣奏本事에對하야自 上으로裁可가未下ᄒᆞ옵션ᄂᆞᆫ대軍大가如何히奏請ᄒᆞ얏든지退出後에自 上으로말ᄉᆞᆷᄒᆞ시되眼中無君이甚於外敵이라ᄒᆞ셧다더라

●閔於退去 宮內大臣李載克氏가慶壙喪禮後에또辭職疏를奉呈ᄒᆞ야卿於히退去ᄒᆞ기로決定ᄒᆞ얏다ᄂᆞᆫ되其理由인즉一進會員의所請을一々難副이거나强迫勸告ᄒᆞᆫ바이거나兩端間事이라더라

●리겸之忠 義兵將閔宗植씨의겸人리鍾원이爲其主ᄒᆞᆫ誠意ᄂᆞᆫ昨報에揭載어니와니鍾원이再昨日에其主閔宗植씨를供饋ᄒᆞ랴고冷麵一器와氷水一器을持하고監獄署門前에到ᄒᆞ야傳于閔씨之意로懇請ᄒᆞᆫ즉拒而不納ᄒᆞᄆᆡ니鍾원이가焦燥ᄒᆞ야日此飮食에或有疑訝而然乎아ᄒᆞ고麵與氷水를先嘗ᄒᆞ고哀乞ᄒᆞ미麵은受入於該署內ᄒᆞ고氷水ᄂᆞᆫ拒絶ᄒᆞ얏다더라

●代囚請願 今番에平理院에流十五年으로선告ᄒᆞᆫ羅寅영씨之子正紋씨가其父親이屢月滯囚獄中ᄒᆞ야身病呻吟에獄裏治療가極難ᄒᆞ니代囚ᄒᆞ고其父親을保放治療케ᄒᆞ라고法部에請願ᄒᆞ얏더라

●西友開會 西友학會에셔本日下午四時에원洞本會舘에開會ᄒᆞᆫ다더라

●居接無所 敎寧司御牒奉安室과該司一般官人의居接ᄒᆞᄂᆞᆫ處所가頹圮ᄒᆞ야容接末由인故로該司長이修理ᄒᆞ기로宮內府에報告ᄒᆞ얏더니自該府로籌摘以來ᄒᆞ라고營繕司에題飭ᄒᆞᆫ지가已久ᄒᆞ되都無回報ᄒᆞ야該司官人이仕[illegible]所가無ᄒᆞ다더라

●유何質問 再昨日一進會에셔무삼弊端이有ᄒᆞ든지內部地方局長廉仲模氏의게總代를委送ᄒᆞ야質問ᄒᆞᆫ事가有ᄒᆞ얏다더라

●定民云訴 尹喬榮氏가昨年定州郡守在任時에其民間犯科贓전이爲葉十三萬九千零中四萬餘兩은該郡城堞公廨毁破斥賣材瓦價인ᄃᆡ吏民이現方次第擧訴於府院이라고西來人의所傳이藉々ᄒᆞ다더라

●銅白所聞 日前郡守奏本中銅臭之說과白面之說도有ᄒᆞ다고前報에揭載ᄒᆞ얏거니와其秘密ᄒᆞᆫ內容을漏聞ᄒᆞᆫ즉漆谷大邱兩郡에ᄂᆞᆫ銅臭가有ᄒᆞ고甲山端川위原三郡에ᄂᆞᆫ빅面이高出ᄒᆞ얏다더라

●面長愼差 度支部에셔內部로照會ᄒᆞ되各郡각面長이有關於公錢徵收에擔任非輕인즉其所任免을宜克審愼이거날夫何挽近각郡이不念事躰ᄒᆞ고頻數改差에居多紛競ᄒᆞ야日치刷務之因此滯緩이오니照亮後訓飭于각郡守ᄒᆞ시와從玆以往으로ᄂᆞᆫ面長差出與改遞를必與該區域稅務官으로協議聯署ᄒᆞ며廣採각該面人之公議ᄒᆞ야更無敢輕易遷動ᄒᆞ야以重事躰ᄒᆞ고以嚴稅式케ᄒᆞ라ᄒᆞ얏더라

●李氏厚誼 今番朴泳孝氏歡迎會場에셔自砲ᄒᆞᆫ鄭在洪氏ᄂᆞᆫ本來月宮後李필和氏와交分이自別ᄒᆞᆯ뿐더러京城孤兒院設施以後에鄭氏가特別贊成員으로該院維持方針을熱心주旋ᄒᆞ다가今番에自巳心中의斷定ᄒᆞ고慈善事業에有名ᄒᆞᆫ林元怨氏로自代ᄒᆞ고別노히院主의게付托ᄒᆞᆫ事가有ᄒᆞ던지三次來訪ᄒᆞ다가院主로不遂ᄒᆞ고無數慨歎ᄒᆞ더라ᄂᆞᆫ말을追後聞ᄒᆞᆫ林氏가明ᄒᆞ고哀戀伶惻이여여即時病院으로ᄯᅩ다가못보고不勝悲痛ᄒᆞ야壽衣一襲價千兩價値를어며보닛다더라

●馬賊害日人 去月십九日穩城郡對岸淸國冷水泉子地에셔향馬賊이越往日本測圖隊事務所ᄒᆞ야事務員四人을殺害ᄒᆞ고通辯韓人貳名은逃躱免死ᄒᆞᆫ故로該郡分派所에셔方在探査中이라더라

●義士遺書 監獄署에滯囚되엿던金錫恒氏가三昨夜亥時에病死ᄒᆞᆫ지라屍體를出埋ᄒᆞᄂᆞᆫ대衣裏에一封遺書가露出ᄒᆞ니其書에曰嗚呼라吾今死矣로다一自勒約以後로死於義者幾人이며陷於刑戮者幾人고余獨苟延一縷于今者ㅣ每自愧於心而以誠忠之不足으로不能回國權而命盡於獄中ᄒᆞ니當死目이未瞑ᄒᆞ고冤魂이不散ᄒᆞ야將復見國權之回而亂賊之伏誅矣리니惟願我同胞ᄂᆞᆫ無以我死로爲悲ᄒᆞ고一念在玆ᄒᆞ야回國權誅亂賊ᄒᆞ야以濟我同胞於水火之中則雖此冤死라도無用之鬼ㅣ當起舞於九泉之下矣리니命盡不多記ᄒᆞ노라ᄒᆞ엿더라

●朴冤未伸 大興郡守朴진氏가何等抑冤ᄒᆞᆫ事가有ᄒᆞ던지上京數朔에乞食寄宿ᄒᆞ며法部에呼訴ᄒᆞᄂᆞᆫ대補佐員이沮戲ᄒᆞ야自己痛冤之情을未伸케ᄒᆞᆫ다고呼泣道路에向人說明ᄒᆞᆫ다더라

●박씨慈션 蔚山郡居朴時詰씨가孤兒院에來到ᄒᆞ야觀察ᄒᆞ고該院經費를院主리晟瑢씨가獨當創設ᄒᆞᆷ을讚頌ᄒᆞ며[illegible]中紙貨오圜을捐寄ᄒᆞ얏다더라

●實業將刊 昨日下午七時에實業硏究會에셔評議員會를商議ᄒᆞ야[illegible]所樓上에셔開ᄒᆞ얏ᄂᆞᆫ대實業에關ᄒᆞᆫ新聞을刊行ᄒᆞ기로決定ᄒᆞ얏다더라

●中校試驗 典洞私立中東夜學校에셔昨日에夏期試驗을經ᄒᆞ얏ᄂᆞᆫ대漢語課甲班優等生에ᄂᆞᆫ趙炳基等과乙班優等生에ᄂᆞᆫ李用玄等과日語課甲班優等生에ᄂᆞᆫ宋興선等과乙班優等生에ᄂᆞᆫ朴선哲等인대多數ᄒᆞᆫ紙筆墨으로一般學員의게施賞ᄒᆞ얏고該校々監崔興模氏와講師諸氏가放學後라도不可解怠란問題로勸勉ᄒᆞ얏ᄂᆞᆫ대秋期上學은陰曆七月一日로定ᄒᆞ얏다더라

●平倅興學 平壤郡守빅樂均氏가人民社會中有志紳士로協議ᄒᆞ야郡內에師範講習所를設立ᄒᆞ고각面里에業學이有ᄒᆞᆫ人士八십五名을選集ᄒᆞ야速성科로講習케ᄒᆞ더니六月십二日에卒業式을行ᄒᆞᆯ셰內外國官憲과각社會及각학校會員을請邀ᄒᆞ야數百員이來叅ᄒᆞ얏고卒業生이六十一人인ᄃᆡ優等은邊宗驥曹秉源金洛鍾최秉濟金奎鎭최鳳장金鍵과許奎金炳洙等九人이오及第ᄂᆞᆫ朱晟敬張奎星黃빈用金鼎七崔鎭玘等五십二人이라本郡倅가卒業生을對ᄒᆞ야勸勉ᄒᆞᆫ後에賞與物品과接賓茶果를盛備ᄒᆞ야萬歲를三呼ᄒᆞ고一席이歡洽ᄒᆞ얏다더라

●興英試驗 日昨에東湖興英學校에셔第一학年試驗을經ᄒᆞᄒᆞ고進級式을設行ᄒᆞᄂᆞᆫ데副校長韓秉昱敎師홍萬构홍션构강重遠四씨와一般任員이학徒를次第로勸勉ᄒᆞᆫ後賞品을授與ᄒᆞ얏ᄂᆞᆫ대甲乙班優等生은韓殷敎高駿덕徐一萬高壽男강字馨이오及第生은金正섭等十五人인ᄃᆡ학徒에父兄이多數히叅席ᄒᆞ야敎師諸氏의熱心敎育ᄒᆞᄂᆞᆫ것合一[illegible]더라

●藥能活人 向日에韓人一名이電車에觸傷ᄒᆞ야危境에至ᄒᆞᆫ故로即時에病院으로보니여治療ᄒᆞ더니藥効가神異ᄒᆞ여漸々蘇完이되엿다더라

●韓氏護日 官立漢城日語學校學徒三百六十二人에同盟退校之理由ᄂᆞᆫ已爲報道ᄒᆞ얏거니와彼成翼환朴泳遜리範우셩樂振徐丙益安益션等諸人은年不過十餘에口有乳臭者也라彼等이去月曜同盟之日에지家[illegible]叅而其翌日에欲探前事之結末ᄒᆞ야彷황校內러니諸敎員이悶鬱其生徒之不來ᄒᆞ야見此幻稚ᄒᆞ고或睽之以甘言ᄒᆞ며或恐之以당目ᄒᆞ야即其姓名而記於手帖ᄒᆞ고勸使入塲케ᄒᆞᆫ後與之以茶果ᄒᆞ며玩之以寫진等ᄒᆞ고每日來校ᄒᆞ라ᄒᆞ니以若幼輩로不能周旋하야不得應答ᄒᆞ고晴谷歸家而告諸其親則擧有固守其退校之戒而日古之선師者ᄂᆞᆫ敎人以直道러니今之敎師者ᄂᆞᆫ敎人以曲道로다若以此道로授受則古人所謂習與智長者ㅣ果然지哉云故로리긔弘及諸人이復到학校ᄒᆞ야見師陳書하고請之以飭名則敎官권영우日誰某誘여ᄒᆞ야明示姓名ᄒᆞ라ᄒᆞ고乃以爲自願上학者ㅣ多數라ᄒᆞ니韓敎官之偏護日人ᄒᆞ야無一言慰解於학徒ᄒᆞ고反以前日之惡習으로壓制生徒ᄒᆞᆷ無所不爲라ᄒᆞ더라

●減等決定 義兵將閔宗植씨을平理院에셔死刑에宣告ᄒᆞ얏ᄂᆞᆫ대法部大臣이각大臣의意見을要求ᄒᆞᆫ즉或平理院선告와如히ᄒᆞ자ᄒᆞᄂᆞᆫ人도有ᄒᆞ고或一等을減ᄒᆞ야終身流刑의處ᄒᆞᄂᆞᆫ거시妥當ᄒᆞ다ᄂᆞᆫ人도有ᄒᆞᆫ지라其[illegible]上奏ᄒᆞ얏ᄂᆞᆫ대流終身하ᄌᆞᄂᆞᆫ議를從ᄒᆞ야決定되얏다더라

桑港電報 七月五日發

●拒絶日商 當地에셔ᄂᆞᆫ日人이市內에셔行商ᄒᆞᄂᆞᆫ免許狀下附ᄒᆞ기를拒絶ᄒᆞ얏다더라

▲流水碁聲▼

▲각官制를調査하기爲ᄒᆞ야內閣書記官과각部次官으로調査委員을差定ᄒᆞᆫ故로각部內에도書記官以上高等官吏로委員會를組織ᄒᆞ야官吏任免件과事務處理方針을會議ᄒᆞᆫ다ᄂᆞᆫ데會議事件을秘密케ᄒᆞᆯ計劃으로一般官吏의仕進時間을改定ᄒᆞ얏ᄂᆞᆫᄃᆡ午前八時에仕進ᄒᆞ야判任官은午後一時에罷仕ᄒᆞ고奏任官以上은午後三時에罷仕ᄒᆞ기로定ᄒᆞ얏ᄂᆞ니新內閣에셔ᄂᆞᆫ議案을世上에頒布치안ᄂᆞᆫ지國事을公正히處理ᄒᆞᆯ터이면秘密ᄒᆞᆯ理由가豈有ᄒᆞᆯ이오判任官을먼져罷보니니判任官은官人이안인지

▲內部에셔救難船二十艘를買來ᄒᆞᆫ다ᄂᆞᆫ대該船價額은二千五百圜可量이라ᄒᆞ니救難ᄒᆞᆯ方針을講究치안이ᄒᆞ고救難ᄒᆞᆯ船隻만購入하면救難이절노되ᄂᆞᆫ지國庫金은日本에虛費ᄒᆞᆯ뿐이지

▲法部協辦을一進會頭領尹始炳氏가圖得ᄒᆞᆫ다니近日에高官要任은一進會에셔多數히被任ᄒᆞ니무삼理由인지總 大臣李完用氏ᄂᆞᆫ一進會에所立이라總理에勢力이掀天ᄒᆞ니該會得勢ᄂᆞᆫ當來之事로다

▲平漢兩裁에셔民刑事訴訟法에對하야日本訴訟法을模範ᄒᆞᆯ터인ᄃᆡ現今兩司官吏中에ᄂᆞᆫ該訴訟을解得ᄒᆞᄂᆞᆫ者가全無ᄒᆞᆫ故로現任官吏ᄂᆞᆫ盡數히도汰ᄒᆞ고[illegible]留學中法律卒業生을擢用ᄒᆞᆫ다니이거ᄶᆞ지日本法律을模範ᄒᆞ니이거시刷新政治인지刷新政治라謂치말고效日政治라謂ᄒᆞ지

▲日人이韓人家屋만奪取ᄒᆞᆯ뿐아니라幾處學校ᄭᆞ지占奪ᄒᆞᄂᆞᆫ폐習이有ᄒᆞ니이거시伊藤統監의韓人을敎育ᄒᆞᆫ다ᄂᆞᆫ本意인지

▲官立日語學校학徒等이日敎師빅井에게毆打을當ᄒᆞᆫ以後로請願退학ᄒᆞᄂᆞᆫ者가多數ᄒᆞ다ᄒᆞ니원來學徒가敎師의게學術만受業ᄒᆞᆯ쁜아니라敎師에品行을模倣ᄒᆞ나니빅井이가ᄐᆞᆫ敎師에게무삼品行을效倣ᄒᆞᆯ이오退學ᄒᆞᄂᆞᆫ거시조치

▲女子敎育會에셔男女所着ᄒᆞᄂᆞᆫ帽子를我國所產物로製造販賣ᄒᆞᄂᆞᆫ대馬總或竹物草立製造物品으로帽子를製造ᄒᆞ기로農商工部에請願ᄒᆞ얏다니大韓에도女子의意見이漸明ᄒᆞ니開明ᄒᆞᆯ機樞를可見ᄒᆞ깃고

▲韓國補助貨ᄂᆞᆫ總히日本通貨와其品位量目을同一케ᄒᆞ랴로作定ᄒᆞ얏ᄂᆞᆫ대銀銅時勢가變動ᄒᆞ기로日本政府ᄂᆞᆫ早即銀銅의改鑄를斷行ᄒᆞ고其時勢로부터生ᄒᆞᄂᆞᆫ弊害를防遏ᄒᆞ니韓國도同一ᄒᆞᆫ理由로改鑄ᄒᆞ게決定ᄒᆞ고大阪造幣局에附托ᄒᆞ얏스니其中五十錢及十錢銀貨ᄂᆞᆫ不久에到着ᄒᆞᆫ다니韓國에도金融이稍稍流行ᄒᆞᆯᄂᆞᆫ지財政은도日人에籠絡手中에져ᄒᆞ도다

▲度支大臣高영喜氏ᄂᆞᆫ稅務를整理ᄒᆞ기爲ᄒᆞ야각地方에委員會를設始ᄒᆞ고同氏가委員會視察次로三昨日에三南地方으로발向ᄒᆞ얏다니政府에도委員會을設ᄒᆞ고각地方에도委員會設ᄒᆞ니改革政治ᄂᆞᆫ委員會中으로出來ᄒᆞᆯᄂᆞᆫ지

廣告

砥平시우미金여九에妻요大卜에母許召史가年이五十三歲인대草동九統二戶에主人ㅎ고昨夕에구경ㅊ로페마벅문가셔失路ㅎ여不知去處ㅎ오니어니곳누구던지람디ㅎ여草동리龍岡家로지시ㅎ옵소셔

南署誠明坊草동八統二戶 리鍾憲 告백

北署安國坊小安洞契第십三統七戶瓦家八間草家三間문券을見失ㅎ얏기玆以廣布ㅎ오니誰某拾得ㅎ와도休紙施行홈

家主宋龍지 告백

宗中에서宗파이지於砥平上東面셔室前族人京居前參奉鍾漢이年少沒覺으로浮浪성習ㅎ야두졀宗파문券ㅎ고不知去處이오니必是典賣之計나不動產證明簿,自今章程ㅎ니內外國人은切勿見欺ㅎ심을望홈

全興安氏宗中 告백

筆洞筆橋義塾第一回贊成金

盧秉熙 拾圜 姜敬熙
홍止회 조漢元 尹晶錫
韓龍식 각오圜 尹치조
韓昌愚 각二圜오拾錢
李錫熙 二圜 洪義식
一圜오拾錢 빅영基 金영鶴
빅순긔 각一圜
仁港紳商會社 拾圜 勸業社
七圜오拾錢 米商會社
魚商會社 各오圜 永化學校
韓運社 각三圜 리駿九
유道善 박彦鎭 리秉호
柴炭會社 각二圜五拾錢
宋창주 鄭영化 각一圜
박彦九 一圜오拾錢 김觀悅
一圜八角 河導容 심能德
張翼來 수酒明 박치조
정현澤 김世卿 徐相彬
정치홍 崔思三 高文노
손成七 각一圜

仁明義塾創立者鄭在洪

氏가去三十日下午八時半에能魚에目的을達ㅎ얏기로明六日(土曜)上午十一時에奬忠壇前南少洞自宅에셔出棺ㅎ야同下午一時에貞동教堂에셔葬義를舉行ㅎ고同三時에南門外阿峴共同墓地에셔埋葬홈을預定ㅎ오니有志僉君子눈照亮하시옵

光武十一年七月五日

遺子 鍾華 鍾原

仁明義塾々長 尹致오
同塾維持會員總代 張乃典
同塾講師總代 李商조
護喪人 洪應섭 韓秉九

陰五月二十日平壤手形組合理事川上繁治가帶通譯一名ㅎ고該郡居本人與寸善明으로率與ㅎ야來留本郡에稱云六石零沓置이다僞章成標ㅎ고至於官庭對質而圖章之僞造가分明ㅎ고供辭之虛謬가綻露ㅎ와落科右訟ㅎ며自官으로保囚善明ㅎ고舉實查報之際에右人等이免脫逃去이온즉大抵開明世界上善明이부同日人하고欲滅宗家가豈有如許變怪乎잇가實爲痛憤ㅎ와玆에廣布于內外國人ㅎ오니以此통燭勿欺ㅎ심을伏望

平北定州西面쥬啓[illegible] 告白

本學會通常會를本月七日(陰五月二十七日)下午一時에本事務所로開ㅎ오니會員은기期來臨ㅎ시옵

西署內需司內二十三統七戶

輔仁學會 告白

本人出給흔於音三편中二편에三千九百兩出給ㅎ고살안치고姑未出給흔一편을지갑에너엇다가셔失故玆廣告홈

三湖량君三 告白

本人이私故가有ㅎ야國債報償期成會發起及評議員의任務를承當키難ㅎ야請願不退ㅎ얏숩기玆에布告홈

玄公廉 告白

本郡人李金儀字눈鳳來가素以패類로出沒府郡에浮雜成習者而藉勢於其族李丙儀稅務官ㅎ야不結山藥剩事로除本稅務官ㅎ야於中의利코져ㅎ다가計不如意則煽動浮雜輩數三人ㅎ야搆誣官長ㅎ고誣揭新報者極甚康황이며鄕長廢止後에郡務多碍ㅎ야一鄕會議에捕設鄕監타가仍即旋廢ㅎ니私置巡校눈郡處稽滯ㅎ야竊發匿屍之變에難若派駐巡檢이나四探職捕에恐有生梗故로吏民이協議者也요金儀之使囚눈不分城化ㅎ고詬辱也徵惡也罪係當懲而金儀之新報上無告가事出於謀陷計也라本今李圭三氏의各般惡政에人民暴動ㅎ여民鬧를當ㅎ얏다눈等句語가初無苗據인바以若一人之嫌嫉으로民有덤於淸白政治가誠是慨완이오며現今方委員을以文算解事公正人으로各自該郡選報之意로財務署巡視時에有所知委故로自郡選報之際에稅務官李丙儀가適以稅務監署理로不由郡報ㅎ고其族人浮雜패類目不識丁흔李金儀로自薦委員ㅎ얏ᄉ니若將實施면村邑難保오而額收任員을以信實勤愼者로擇定然後에刷政이無欠이거눌挾雜之類를隨求許差에面內帶任者數至十餘人에將來差出이亦未知幾百人이라此是曠時空名

帖套敷아地方統를以四月一日爲始收捧之意로有所郡飭이거날正月二十七日爲始濫收号捧에其間所捧이爲數千금이요海稅則所產處自有原定抽稅이거날鉛鐵入浦之物을謂以海稅ㅎ고科外徵收가亦爲數千금而不法徵收ㅎ야盡歸於稅官昆陽別家ㅎ니堅重흔稅政맛든稅務官이如此不法則區域內人民이難以支保故로玆에廣告홈

慶尙南道하東郡大小民人
金鉉淳 정鎭九 曹淳哲
鄭東秀 等 告白

夏期數學講習所 聽講生募集廣告

數學은各科中難解者也而迫此放學ㅎ여置而不習이면將至不曉ㅎ리니誠爲慮라玆에數學講習所를設ㅎ여一般學生으로補習케ㅎ오니速히來聽ㅎ시옵

一 陽七月오日로至八月三十日까지敎授홈

一 學科눈如左홈

算術科第一級(自始로至分數) 第二級(自小數로至終)

代數科第一級(自始로至一次方程式) 第二級(自二次方程式으로至순列錯列)

幾何科第一級(自始至圓) 第二級(自作圖로至終)

三角科 (自始로至對數)

但各科에未滿十人이면該科눈特設치아니홈

一 時間은下午二時로至四時

一 月謝金은一科一圜式이되二科以上을兼修ㅎ눈者눈每科에五十錢式等減홈

但月謝눈先納이되每月十五日後에入學者눈半額을收納홈

一 聽講을志願ㅎ눈者눈陽七月三日內로來議홈

南大門內尙동靑年學院內

夏期數學講習所 所主 柳一宣 告白

本人의次姪致容이字눈贊三이오年은二십六이오대性本浮浪ㅎ야協同雜類ㅎ야所到各處無數挾雜에已致蕩產ㅎ고兄弟叔姪間餘存田庄도自造僞券ㅎ야廣求盜賣處하오니內外國人切勿見欺홈

草溪伯岩面參동魯仲見 告白

本人外叫寸김鎭奎가性本浮浪ㅎ야終何上京이든지以不人名字로政府主事를圖得慮無之說로每有書示ㅎ니如此피類눈依法懲治次로爲先廣布홈

平北定州南西[illegible]金夢駿 告白

本人이中署大寺동二十二統[illegible]戶車仁[illegible]의瓦家十間半家券을典執ㅎ얏다가仍爲次持ㅎ얏더니今日路上見失ㅎ얏ᄉ니誰某拾得ㅎ여도休紙施行홈

成鎭鎬 告白

發賣所 中署寺洞 朝鮮中央書舖 [illegible]

[illegible]

菊初先生李人稙著 小說 家庭[illegible]

表紙寫眞銅版印刷 定價金八十錢(郵稅四百錢)

學徒裝的書冊學徒鞋靴과諸具衣服裁縫其他雜貨도廉價放賣美國金鷄納雞紗各種[illegible]하오니僉君子눈來臨ㅎ심을바라나이다

仁川港奇峴新冊肆

本社風穴에貯藏흔蠶種을製造ㅎ얏더니我國內今年秋蠶과來年春夏蠶에育할可量ㅎ야製造ㅎ엿이오니養蠶ㅎ시눈僉君子눈左開所로來臨ㅎ시던지或書로ㅎ던지蠶種을各業所에預託ㅎ시오

京城永成門越便廣동十壹統一戶 金漆原家

安襄鶴峴蠶業社社長 金秉先 廣告

本人이日本大阪商業家와特約ㅎ고日本內地産出各種物品과西洋各種物品及機械等物을我大韓에輸入ㅎ며委托을便利케契約ㅎ얏사오니商工業에有意ㅎ신僉君子눈某物이든지請求코져ㅎ시거든本社로來議ㅎ시오本社에셔눈手數料만受領ㅎ오

興業社本店 開城北部[illegible]

支店京城南門內水標五十一統六戶

全仁港內동廣濟 培養會社

本人八寸孫成道性本不良ㅎ야杳八斗落田一日耕僞造文券將欲斗賣ㅎ니內外國人切勿見欺홈

平北定州李東根 告白

본인이남문외林在원져의貸차당평二千兩을포셔실ㅎ얏스니슈모슈득ㅎ여도휴지시행함

박춘경 고백

六月二十八日本報廣告欄內에徐丙吉氏白한辭意를覽ㅎ온즉金趙兩家에相訟判決흔事件인대徐氏가不勝抑冤이라ㅎ고니金趙訟에徐氏가何關이며英廟判下로兩氏가同山ㅎ엿대初無干涉이라ㅎ니判下文蹟이尙存ㅎ거든趙氏가主張ㅎ고김氏눈不至於何處며法協김氏金鉉氏가恃勢生抑ㅎ고歷訴趙氏이라ㅎ얏스니恃勢壓制흔證據가果有何件이며該山松楸눈金氏京鄕宗中에셔協議伐賣흔거신대何獨金鉉氏만指斥構회인지徐氏는非但虛幅이라語告상實함으로此專件에對ㅎ야徐氏가果有實證ㅎ거든不日來ㅎ야公庭裁判ㅎ던지私席에辨明ㅎ던지左右間歸正ㅎ깃기로玆에廣告홈

金永선 金永梦 告白

本舘에셔新舊書籍을大發售ㅎ오니有志僉彦은陸續換覺ㅎ심을望

銅峴屛門下古今書海舘 白

◎活動寫眞廣告◎

今番에始作흔活動寫眞은法國巴里京에셔有名흔거시오또흔大韓국 皇室에셔던져看覽ㅎ셧고始作흔지數日에遊覽ㅎ시눈君子가多數ㅎ시와坐處가넘쳐셔晩到ㅎ사면不便ㅎ오니速々枉臨홈

今番에또새로이活動寫眞이多數到하야每夜에僉位觀賞에新面目을供ㅎ오니速々來臨ㅎ시옵

活動은自下午八点半至十点半

賣票時 七点半始爲

入場票 上等三十錢 中等二十錢 小童十錢

新門외셔달이목東便벽돌집

法人 馬田 告백

國債報償義捐金

寄入廣告

◎楊根南始面沈心里
沈相夔 尹大榮 최文奎
각이圓 沈晉澤 니象振
沈明섭 張厚근 각一원
徐相赫 八십전 沈能漢
沈能格 리友承 沈相億
우云龍 沈相大 김션培
각五十젼 박七쇠 張敬洙
각소십젼 김창培 조奉石
박명吉 김用祿 김建濟
박淸영 각卄젼 김龜源
韓東壽 김平산 盧夢吉
김景煥 尹正鎬 沈能駿
沈敬澤 최若大 崔者斤達
김柄得 신弼求 沈경澤
沈宜순 沈宜驥 리禮民
許용 沈宜玉 최漢甲
신永化 최龍辰 沈혀澤
徐相徹 殷奉吉 손學奉
鄭子萬 韓秀石 박ㅁ伊
各卄젼 沈宜殷 沈宜悳
沈宜善 조宜蓮 沈宜中
김福윤 도陽해 정萬石
許 炳 리복同 리복得
선鶴燮 리敬사 張春伊
김鳳俊 김정근 沈宜奎
각삼젼
合卄四圜卄錢

◎交河郡石串面堂下里
오務哲一圓 金鎭복八十錢
尹옥우 吳창錫 오國창
각소십젼 김萬奎 김殷기
각三십錢 조淵厚 김복鎭
尹晉洙 오巨경 김石奉
김凡杰 김上春 오錫철
尹상穆 오창옥 尹치永
尹蕙영 羅相龍 尹선明
김영春 尹션鎬 김숨복
尹肇永 林三奉 김三錫
尹爽영 각卄젼 金聲ト
오경호 趙根貞 박泰基
조敬德 김尙祿 尹善福
김老녕 리能用 姜元祿
리明起 오三昌 權興錫
박命근 金德淳 오光振
尹善義 尹尙龍 각십젼
合九圓六拾錢

◎竹山遠三面杜村里
리鍾奐오十젼 리承雨卄젼
◎綿紬廛都中 二十圓
◎西署龍山坊孔德里契新孔洞
任啓鎬五十젼 徐舜孝卅젼
◎開城東部叢泉
進士박樂仁 六圓
◎楊州長面村田里
韓潤卿 任道淳 壹百圓
◎元山上里南村김尙準 一원
◎元山來留각處客入等
鐵田韓廷得 平壤겅基憲
리興복 각一원 淸州리喜春
오원 江東김致寬五十젼
南陽박星七 五원
合一百卅九圜十젼

◎忠南泰安郡安民島與英新塾
塾長前承旨김炳年 卄원
贊成員박準赫 각四圓
塾監前主事片準翊 三圓
評議員김復圭二원오十젼
總務前主事金壽鎬
評議員前主事김文鎭
會計員 김晋圭
贊성員리炳夏 各二원
評議員金顯근 申榮均
리熙容 각오십젼

◎承恩里民等
前郡守박容鎭拾원 朴用來
오원 박지淵 소원 吳主景
朴道鎭 박準洙 박敬求
박舜근 張尙信 리鉉宇
각二원 吳寶叔 라允春
리得春 복學보 김憲臣
각一원五拾젼 김창섭
리寶鉉 柳明駿 김允宗
김性泰 오建章 오리叔
오夢弼 오元鍾 鄭殷永
리倫學 리셩道 장국燮
복喜先 김學三 權泰學
朱리用 정致文 박正八
박士貞 申夏彦 孫奉韓영烈
각一원 柳正弼 박星七
각八拾젼 김應화 오石喬
明和鎭 片福龍 리正基
오인필 김尙健 각칠拾젼
오元景 김惠전 오明景
김成集 池光敏 卜君遂
오春三 김德之 리正寶
김명源 [illegible] 道泉玉
羅士信 朴德슌 [illegible]
權伯善 박泰鉉 [illegible]
박先國 리興祚 박경德
강石範 니良春 강仲赫
姜永弼 리昔道 각卄錢
朴致玉 吳汝善 복明쇠
片胎三 金元七 朴行殿
嚴子益 박學三 박宗근
리正先 朴士成 吳창律
朴多근 文治三 禹益奎
김성泰 丁영조 경정칠
오춘景 리석賢 田汝노
오인權 오元叔 金應先
金性天 김경汝 金明三
김치云 박貞利 姜士鉉
安希三 최成甫 박영佑
장聖和 김得年 최福源
최應七 각오拾錢 김應보
趙順乾 오德巢 玄치運
김興권 신明煥 니允日
최應三 김性和 김道如
최敬德 朴順天 卜君弼
리倫기 리倫稷 김春三
최學才 박台喜 羅希元
김中岳 복誠七 김명龍
姜應三 김春西 박지淳
朴景七 池志文 박敬律
시正五 김龍쇠 최運河
복弼三 片甲淳 각소십錢
洪益玄 片判同 姜士宗
申지仲 김自寶 박지봉
徐與明 김應필
김允福 박[illegible]
최明三 박敬烈 申유봉
陳明順 朴化鉉 리치福
池日三 朴正準 崔觀三
최聲학 박正淑 오培운
복占五 김宜弼 羅정玉
최應烈 崔金宗 리一봉
선士仲 리一善 羅理哲
金晋煥 신順敏 崔行甫
리秉道 리정洙 柳昌沃
卜君淑 金光運 최漢堯
片云先 김敏 朴暢律
鄭宇斌 韓致崇 孫學先
洪宜俊 리春燁 리性진
金相龍 김聖九 金응濟
김允和 김加舍 오西쫄
김治喜 洪東默 니良三
리顯先 오오春 리溶云
강允順 김致興 김연賢
각卄젼 成오用 리仁傑
니德彬 오春成 方成春
김允성 崔仲鉉 최春보
노金益 박致雨 박眞瑞
최유賢 劉성히 김才主
片慶龍 신化春 羅理道
鳳春오 김永奉 오順오
文成伊 朴治中 김小駿
각卄젼 오순奉 김介同
[illegible] 禹學信 十八젼
박명老 리性之 金泰同
선弼錫 각十면
派監所職使 五십젼

◎養塾學童
尹선炳 書塾十一人 一圓十젼
김錫敎 書塾十人 一圓
최榮甫 書塾九人 二圓卄錢

◎婦人等
沈氏 金씨 각三원 吳씨
二원 리씨 一圓 김시
韓씨각오十錢 金시卅젼 복시
김시 박시 金시 각卄젼
조시 리시 각십오젼 박시
姜시 車시 최시 韓시
金시 宋시 정시 김시
박시 김시 韓시 김시
姜시 김시 박시 김시각十젼

◎倉基里
柳延生三원 安치三
이圓오십젼 김明老 田允先
각二圓 田允賢 리得洙
리康윤 片聖和 一원오十면
박聖集 朴正秀 각一圓卄전
김仲軾 김聖建 리敬律
복치運 김재元 명明信
片聖九 片聖三 지志蓮
盧尙華 姜在東 성書英
최順沃 박元一 명士交
丁성紀 강弼化 각一圓
東平遠 八十면 조澤景
金建洙 조成源 김치文
리春근 김由玄 최雲先
리元渊 김保鉉 각七十錢
김敏和 명洛京 리在化
김金任 리命元 朴李三
김先叔 각오十전 리敬年
김斗鉉 리宣如 成道得
김윤춘 최學書 田永九
田德麟 조景斗 片炳泰
梁尙俊 김숨단 박經錫
김九서 片德駿 金春敬
김秉貞 리良보 편炳근
曺성노 金漢景 片炳洛
박性煥 림昌瑞 리正吉
리在玉 片炳乐 박成玉
조應슈 卞斗京 림觀象
리陽三 崔興三 리석보
田汝權 신國主 金秉哲
명德容 김國賢 金公三
김云善 명洛雲 張憲鉉
김允寶 각오十젼 최치長
孫宜卿 沈致誠 조쌍션
各소십五젼 리경完 金윤日
최榮鎭 片聖九 김순七
金德才 龍奎보 복셔輔
明箕煥 강학千 최平默
최起보 망人지召史 김셩보
張完才 박成益 呂成七
姜致明 丁成宗 丁公表
김應回 柳連實 김슌卿
박치三 강明準 각四十젼
강憲순 卅五젼 김셩윤
金光德 文日三 김應春
오和信 김炳翼 田允오
張宜三 선近오 金成信
김基弘 조鎭九 김運보
片學基 리始영 리錫賢
卄尙英 김셩三 禹錫찬
文應律 賈德인 文昌運
金明玉 김學臣 리周京
丁國보 韓君弼 孟윤伯
河春화 張永吉 張老吉
吳子連 리子三 박明賢
柳仲秀 오셩근 김寅秀
[illegible] 최金福 김性組
정양錫 박英鉉 오창喬
각二십오젼 우十윤 김性玉
박殷奉 安敬如 文治션
[illegible] 리平雲 리榮一
리啓東 리公進 김鍾子
조東遠 김春經 진炳虎
片炳然 김춘和 각춘三
尹致善 복益賢 김源三
김셔國 柳秉鉉 柳春弼
張然祖 김應西 成風賢
金태숙 孫鼎七 김鶴洙
김建弼 片斐京 강定鉉
박 淳 진和龍 강相신
손國安 김在淑 成기純
成기宗 羅正卓 김宜賢
정창윤 최正賢 김치ㅏ
리민元 김성權 丁尙玉
方鎮三 리始三 정士東
김錫順 최與근 丁替五
丁창運 박ㅇ賢 리召史
최春一 강셔寬 리根근
유和成 우公필 羅尙運
최紀中 禹德煥 丁셩初
최在奎 姜道奉 박경春
김建필 정誠一 丁치三
김윤경 박순필 각二십젼
리正八 김萬紀 리對鉉
정錫汝 리觀弘 김應三
강泰和 片春乾 박聖德
리셩근 최明淑 [illegible]
박建星 리子寶 [illegible]
[illegible]興善 편춘明 [illegible]
각십젼
合三百○八圓[illegible]

總合소百八십一圓칠拾三젼
國文報廣告總合一百卄一圓九
十二錢五厘
前號總合二萬九千二百四拾八
圓三拾八錢五厘
都總合貳萬九千八百五十貳圓
○七厘

◎特別廣告◎
國債報償金昨日前所收은姑未
合計이오더伊前日의所收總合
四萬八千四百卅圓卅七錢七厘
[illegible]銀行[illegible]
[illegible]
[illegible]
捷交함
大韓每日申報社

◎本社廣告
○申報價
一張代金 新貨二錢五厘
一個月前納 三十錢
三個月 九十錢
六個月 一圓七十錢
一個年 三圓四十錢
郵稅一部 新貨五厘
一個月 十五錢
(廣告料)
四號活字十三字詰
每日每英尺一寸에新貨十五錢
(每日每行六錢에相當홈)
一週日에 二圓五十錢
(每日每行四錢五厘에相當홈)
一個月에 五圓
(一每日每行四錢一厘에相當홈)
其期限의長短과字行의多寡를依하야增減이有홈
發行兼編輯人 英國人 裵說
發行所
南署石井洞號外地三層洋屋家
大韓每日申報社

第五卷 大韓每日申報 第四百五十七號

月曜及慶節歲時日休刊

檀君開國四千二百四十年
箕子元年三千二十九年
大韓開國五百十六年
日本明治四十年
淸國光緒三十三年
◎陰曆丁未五月小二十七日丁巳

別報

大隈伯爵之論桑港事

日本애드버틔스新聞에揭報ᄒ엿스되大隈伯이今日桑港事件을實是重大問題로發言ᄒ지라蓋東京에當務官憲들은此形態를似不實認이나以局外人觀之컨ᄃ此事를交涉하ᄂ官憲의意向이現今紛議만安定ᄒ면認之以滿足ᄒ듯ᄒ니若然則豈非重大誤失이리오此事件이於此於彼間에其必解決이나若美國內에日本人地位를白人의同等으로承認치아니면其問題를確決된줄노關係키不能이라特有一深恨處ᄒ니此ᄂ日本帝國이列强界에서一等叅班의普通承認을得ᄒ엿스나其人民은白人이以下等人種으로視之ᄒᄂ거시라此結果가人種區別의預見으로從生ᄒ미無疑ᄒ니如此事態를改變ᄒ기ᄂ日本政府及人民의必要ᄒ職務로다

蓋桑港事가人種區別의預言을實因ᄒ엿시니日本人民이世人眼前에셔人種問題를決定ᄒ거시爲一機會로다其縱逐과闡明이全世界에特著ᄒ大統領루스벨트氏가桑港事를關係ᄒᄂ一通信에日本人民을白人과同等으로其必待遇ᄒ거슬指肯ᄒ지라此通信을關ᄒ야同伯爵이勸導ᄒ되日本에當局官憲은此事態를深澈히覺悟ᄒ야大統領의指明ᄒ此必要占을詳察ᄒ지어다如此라야其問題를日本體面上으로可以決定ᄒ리로다人民의蠻行이開明國民間에意를開路ᄒ미尋常有之ᄒ니日露戰役은其原因이半開明된滿洲의地方에在하얏고日淸戰爭은其人民이半野蠻인韓國으로從生ᄒ거시라由是로桑港役民의野蠻과如ᄒ行動이竟使日美로拔劍之塲에至케ᄒ가或恐이로다老鍊ᄒ伯爵의結局은日本政府가兩國間에永久ᄒ平和와友誼를設立ᄒᄂ意見으로方策을其必採用ᄒ거시라云ᄒ얏더라

官報

◉第三千八百十一號 光武十一年七月六日

◉敍任及辭令

江原道觀察道主事리東弼 免本官

右ᄂ該道觀察使黃鐵의報告書를據ᄒ즉該員이初不受由ᄒ고遽爾上京하니擧措駭妄이라ᄒ얏기是以로免本官

慶尙南道觀察使趙民熙 解兼任慶尙南道裁判所判事
忠淸北道前觀察使尹吉炳 解兼任忠淸北道裁判所判事
務安前府尹安괴鉉 解兼任務安港裁判所判事
慶尙南道觀察使김思黙 命兼任慶尙南道裁判所判事
忠淸北道觀察使李鎬成 命兼任忠淸北道裁判所判事
務安府尹홍在 命兼任務安港裁判所判事
侍從院侍從田鎔 任主殿院典務課技師
秘書監丞閔泳選 任侍從院侍從
正三品李필乔 任秘書監丞
裕康園叅奉吳熙슌
箕子陵叅奉晋在鐸 依願免本官
從二品洪在祺 解東萊郡牧場督監官
六品李相華 解東萊郡牧場督監委員
九品김泳鎭 仝 成壽永 仝 尹錫一 仝 李在寅 解享祀經費査整委員
九品김顯模 崔원 朴泰欽 陳相烈 命享祀經費査整委員
李廷弼 任釐陵叅奉
六品趙重完 任箕子陵叅奉
明川郡守韓南奎 任咸鏡南道觀察使
魚용善 任官立漢城日語學校教官
軍器廠技師김윤鉉 任內閣書記官 免本官

外報

◉米艦增派 倫敦電을據ᄒ則米國平홈新聞에所載를據ᄒ則米國이將次十二月乃至十五月以內에强力ᄒ裝甲巡洋艦隊外에更히八隻으로成ᄒ戰艦隊를太平洋方面으로派遣ᄒ더이라

◉廣東復亂 香港電을據ᄒ則去月二十一日에廣東의北海에서又復暴動이起ᄒ야翌二十二日에暴徒가欽州에闖入ᄒ여셔五百名暴徒가外곽에侵入ᄒᄂ디終乃擊退되얏고暴動의原因은不知ᄒ되此事ᄂ秘密結社에셔畫策ᄒ다더라

◉密獵就縛 米國收稅船은白令海峽으로至ᄒ여셔群島中셰를爲ᄒ야日本海約密獵者를捕縛ᄒ얏다더라

◉軍器購入 上海電을據ᄒ則淸國政府에셔滿洲軍을爲ᄒ야小銃二萬柄과大砲십六門을購入ᄒ얏다더라

◉開戰預告問題 海牙電을據ᄒ즉法國에셔戰鬪開始時에一定ᄒ時間前에通告ᄒ을要ᄒ다ᄒᄂ議案을平和會議에提出하얏ᄂ대委員長(白耳義委員)은此事件이重大ᄒ問題인故로爲先私人의資格으로各其意見을交換ᄒ이可ᄒ意로宣言ᄒ야此宣言대로決定ᄒ고瑞西和蘭等諸國은贊成ᄒᄂ意로演說ᄒ고俄國委員은法國이此議案을提出ᄒ事에對ᄒ야感謝ᄒ意로演說ᄒ얏고其他諸强國은一切沈默ᄒ얏스나此外德國伊國丁抹日本等諸國은此議案에反對ᄒ貌樣이有ᄒ더라

雜報

海州郡花陽坊上四里私立廣明學校趣旨書

夫학校者卽州유庠黨유序家有塾之通稱而上昔三代由來所以敎人之法也凡人之爲人이在於敎育敎育之方在於學校幼而愛親敬長隆師親友之道長而修身齊家治國平天下之術忠愛之思想農商之事業殖產之目的工造之技巧和於經學數學理學化학皆自학校敎育中出來者也라維我東方建國四千餘年治尙文학作成人材禮樂法度典章文物非不極備而現當環球列强生存競爭之時敎育之方尤當發達故京而部署外而郡有公立私立普通專門之학校幼穉之感覺靑年之智識日就月將孰不顧感而興起哉余來寓茲土十有餘年愛其風俗之醇古竊有志於興學而本坊所住三十餘戶家勢不贍嘗念富而敎之之義奄巡莫遂矣一日朴君漢榮來謂于余曰吾鄕雖是僻陋幼穉靑年庶免下愚而今當開明進步之時豈以謂家勢不贍而顧敎育作成之道乎其設校之策已有洞中詢謀僉同願君發起焉余撫然曰若是嘉尙之論念所未到此吾見事之遲不思之甚也於是鳩聚若干財捐成一學校命名曰廣明學校蓋取克廣文明之義也延聘敎師敎育子弟務在開明時以成社會上團結可以備政界上需用豈不美哉維吾靑年子弟其各勉旃也夫

發起人前僉官 金鍾呂
幼學 朴漢榮

◉遞人落科 釜山港紳商社를設始ᄒ기로발論ᄒ던京敎育會商務課長金敎국氏가該社와就緖가되지못ᄒ事에對ᄒ야使其幹事人리鍾현으로稱云毆打ᄒ라ᄒ고金聲遠氏를構訴漢城裁判所러니及其裁判之塲에該構訟之事從公決處ᄒ야리某가落科되엿다더라

◉博士講道 來日曜日(今月七日)上午十点半에美國哲學博士趙元時氏가貞동第一會堂에셔基督敎를傳道ᄒ다ᄂ대該氏의宏博ᄒ智識으로講說ᄒ리라ᄒ야一般社會에셔多數傍聽ᄒ다더라

◉聯合運動 本月五日에義州聯合大運動會를設行ᄒ엿ᄂᄃ本府所在陸軍訓練隊及各學校에셔聯合ᄒ야未試ᄒ리弘箭等을競勝ᄒ야以運動日十二路을獻取ᄒ서龍義鐵一部二拾八학徒가盛興ᄒ고內外賓客男女가光臨이六七千有餘人에達ᄒ야與賭盛況을呈ᄒ대該校監金志슨씨와校監金鉉玉박容泰氏와叅宮諸員빈實이긔龍涉爵氏와多數賞品을授與ᄒ고日本人桑垣仙多郞씨ᄂ학徒를爲ᄒ야菓子四大函을捐出ᄒ엿습고有志紳士諸員이학業進就와國家思想을一場演說ᄒ을且日暮歸路에학徒의愛國歌ᄂ活潑氣像을令人感覺이고一等賞品太極旗ᄂ乙强支郡新학徒에게授與ᄒ엿더라

◉甲家失火 去月廿四日上午九時에平南順安郡冬花面新成里居甲원祚家에셔失火ᄒ야連隣八家가延燒ᄒ야家藏什物이沒數燒燼ᄒ얏더라

◉知識講習 南原警務分署總巡陳호철氏가身爲警官ᄒ아有何不美ᄒ事實이잇든지內部에셔免官ᄒ기로內定됨을該總巡이先已知得ᄒ고身病이有ᄒ야不得已辭하깃스니依免ᄒ라고內部의請願ᄒ얏다더라

◉趙氏憂國 德山郡來信을據ᄒ즉同郡支收所長조종호氏가總合所로國債金을連絡來納ᄒ後로不應ᄒ을該郡羅朴面長리在淵氏가更히國債事를熱心으로日夜勸勉ᄒ야收入金額이多數取合ᄒ얏다더라

◉光氏有光 全南道內光州府에셔國債報償金에都總務박源金氏가發論設會ᄒ야爲先光州貿城和順等郡에募集ᄒ金이合八百四拾二圓五拾八전을總代鄭氏로先次來納總合所ᄒ엿더라

◉勸勵興學 鎭南浦碑石洞耶蘇敎人[illegible]小학校贊成員[illegible]生徒에月終試驗賞與[illegible]寄附ᄒ얏다더라

雜報

●御前例會 昨日下午五時量에各大臣이宮中에參入ᄒᆞ야御前會議를開ᄒᆞ엿다더라

●兩大相詰 日昨宮相李載克氏와農大宋秉畯氏가大端相詰ᄒᆞ얏다ᄂᆞᆫ디其內容을得聞ᄒᆞᆫ則農大宋秉畯氏가闕內에近侍ᄒᆞᄂᆞᆫ某々九人을列名ᄒᆞ야宮相李載克氏의게勸告曰此諸人을一齊逐出ᄒᆞ야宮禁을肅淸케ᄒᆞ라ᄒᆞ거ᄂᆞᆯ宮相曰有不然事端ᄒᆞ니吾ᄂᆞᆫ不可逐出이라ᄒᆞᆫ뒤農大曰若不然則辭職退去ᄒᆞᄂᆞᆫ거시可라ᄒᆞ거ᄂᆞᆯ宮相曰受恩 皇上ᄒᆞ니去不去ᄂᆞᆫ惟在 皇上之命이오以農大之勸告로不可退去라ᄒᆞᆫ대農大曰吾若任宮大면肅淸宮闈를容易히ᄒᆞᆯ짓다ᄒᆞ고一場相詰ᄒᆞ얏다더라

●軍大惶悚 軍部大臣李秉武氏의奏本에對ᄒᆞ야自上으로惶悚ᄒᆞᆫ處分이有ᄒᆞ셧다ᄂᆞᆫ說은昨報에揭載ᄒᆞ엿거니와其內容을更聞ᄒᆞᆫ즉該奏本이公正치못ᄒᆞᆫ지라 皇上陛下게오셔震怒ᄒᆞ사李軍大를對ᄒᆞ샤曰汝之所爲가萬々駭然이라不可裁下라ᄒᆞ시고該奏本件을御榻下에留置ᄒᆞ셧더니適其時長谷川氏가陛見ᄒᆞ고該奏本을裁可ᄒᆞ시기를屢々上奏ᄒᆞ거ᄂᆞᆯ 皇上陛下게오셔奏本之裁不裁ᄂᆞᆫ非公所關이니更勿煩奏ᄒᆞ라ᄒᆞ시고奏本案을直爲ᄂᆡ지ᄒᆞ시미李軍大가惶悚無地ᄒᆞ야卽爲退闕ᄒᆞ얏다더라

●門票難得 秘書丞尹甲炳씨와侍從沈遠澤氏ᄂᆞᆫ被任ᄒᆞᆫ後에門票를不爲出給ᄒᆞᄂᆞᆫ故로不得詣闕ᄒᆞ고리泌柱氏만再昨日부터仕進視務ᄒᆞᆫ다더라

●四忠祠址占領 驚聚四忠祠ᄂᆞᆫ自鐘百年以來로[illegible]爲務者가不徒尊事ᄒᆞ라其效忠之節을一般國民之所崇仰인ᄃᆡ日本軍司令部에셔該祠宇基地를軍用地로占領ᄒᆞ야將次毁撤코져ᄒᆞᄂᆞᆫ지라再昨日에該基地를調査談辦次로總理以下各大臣과四忠臣後裔數十人과伊藤統監과長谷川大將이一齊히會同前往ᄒᆞ얏다더라

●奏本更正 軍部에셔奏本을更히修正ᄒᆞ야日間上奏ᄒᆞᆫ다더라

●徐氏歸國說 米國에往ᄒᆞᆫ徐載弼씨가陰來月初十日內로京城에到着ᄒᆞᆫ다더라

●辭大受小 리址鎔氏家舍價ᄂᆞᆫ新貨六萬圜이오閔泳찬氏家舍價ᄂᆞᆫ新貨三萬圜인ᄃᆡ 皇上陛下ᄭᅦ옵셔리址鎔씨家舍로錦陵尉에게下賜코져ᄒᆞ신ᄃᆡ錦陵尉가廣大ᄒᆞᆫ家舍ᄂᆞᆫ所用이無ᄒᆞ다고 上奏ᄒᆞ고固辭不受ᄒᆞᄂᆞᆫ故로閔泳찬씨家로下賜ᄒᆞ옵셧다더라

●日員視務 度支部會計課에셔日本人一人을雇聘ᄒᆞ얏ᄂᆞᆫ대該日人이三昨日부터該課에視務ᄒᆞᄂᆞᆫ대該部內各項差下等事를總察ᄒᆞᆫ다더라

●兩사云歸 東京에視察員旦東洞魚潭兩시가무合事端이有ᄒᆞᆫ지徑先歸國ᄒᆞᆫ다ᄂᆞᆫ뒤京釜鐵道를搭乘ᄒᆞ고今明間歸國ᄒᆞᆫ다ᄂᆞᆫ傳說이有ᄒᆞ더라

●拔依闕議 義兵首閔宗식씨를平理院에照律宣告ᄒᆞᆯ것을法部에셔奏呈ᄒᆞ얏다ᄂᆞᆫ事ᄂᆞᆫ已揭前報어니와該奏本을昨日裁下ᄒᆞ시기를閔宗植은依闕議施行ᄒᆞ라ᄒᆞ옵셧더라

●往參休業 昨日德語學校에셔夏期休業式을設行ᄒᆞ얏ᄂᆞᆫ뒤學部大臣리載崑시와學部次官리규환學務局長尹致오兩시가往參ᄒᆞ얏더라

●伊藤歸國說 伊藤統監이避暑ᄒᆞ기爲ᄒᆞ야避炎前에歸國ᄒᆞ기로決定ᄒᆞ얏다ᄂᆞᆫ說이有하다더라

●錦陵訪問 錦陵尉박泳孝氏가昨日上午十一時에리道宰씨私邸에訪問ᄒᆞ고數時間을談話ᄒᆞ얏다더라

●觀察謁見 東京電을據ᄒᆞᆫ즉觀察員리址鎔씨以下九員이昨日에日本 皇帝게謁見ᄒᆞ얏다더라

●尹氏演說 尹澤榮氏가再昨日下午八時量에校洞官立普通學校에前往ᄒᆞ야夜學科日語學徒를對ᄒᆞ야演說ᄒᆞ얏다ᄂᆞᆫ대其懇意를聞ᄒᆞᆫ則熱心受業하야期圖進就ᄒᆞ기를勸勉ᄒᆞ얏다더라

●稅務視察 三昨日度支部司計局長리학主씨가稅務視察次로海州等地에前往ᄒᆞ얏다더라

●兩察大卑 公州觀察使량在翼씨와光州觀察使金奎창氏가再昨日에一進會本部에셔觀察使卑으로宴盤을盛設ᄒᆞ야該會員을宴待ᄒᆞ얏다더라

●朴씨贓數 務安府參書官朴星煥씨의不法行爲와前後食贓홈이如左ᄒᆞ다더라

一府內面各洞에家屋貰를每朔每間七分或五分式排斂이다가因民擾及府部訓飭ᄒᆞ야不得已姑停ᄒᆞ얏고

一今春鄕校享祀費三十圜을沒食不擧ᄒᆞ얏고

一以府尹署理로朴基哲을差出循任ᄒᆞ고八十圜을捧食ᄒᆞ얏고

一稱云學校運動時物品與施賞代金이라ᄒᆞ고府主事及饒民處에一百二十圜排斂ᄒᆞ얏고

一訟女를姦通ᄒᆞ고又紙貨二百圜을捧食ᄒᆞ얏고

一港居金泰규가德秀子에게紙貨二百圜押縛事로提訴捉囚矣러니金德秀가送獄미請囑則食色行淫後仍爲作奸ᄒᆞ고曰德秀之子를放送ᄒᆞ얏고

一羅炳弘債訟에對ᄒᆞ야文치明을捉囚督杖矣러니三百圜納賂票를捧ᄒᆞ고放送ᄒᆞ얏고

一上項事에對ᄒᆞ야문치明은放送ᄒᆞ고羅炳弘을還爲捉囚後五百圜受賂放送ᄒᆞ얏고

一명宗會與趙경三山訟에對ᄒᆞ야一千二百圜納票를捧ᄒᆞ고杖囚督捧ᄒᆞ얏고

一珍島郡張三債訟에對ᄒᆞ야紙貨六十圜捧票後保放ᄒᆞ얏고

一金鳳信債訟에對ᄒᆞ야英圭二疋三八曲一疋白米二석金百圜受賂ᄒᆞ얏고

一金天瑞宋元俶債訟事로二十圜受賂ᄒᆞ얏고

一和金郡千永柱訟事에經費二十圜受賂ᄒᆞ얏다더라

●用心不完 某大臣이一般官民의削髮問題를伊藤統監의게提議ᄒᆞᆫ대伊藤씨曰削髮이非時急之務인ᄃᆡ何必提議乎아ᄒᆞᆫ대某大臣曰削髮令이頒布된다ᄂᆞᆫ所聞이猥藉ᄒᆞ미日本商民이蔘葉子를多數貿來ᄒᆞ얏다니削髮令이停止ᄒᆞ면該商民의損害가不少ᄒᆞᆯ듯ᄒᆞ기에如此提議ᄒᆞ노라ᄒᆞᆫ뒤伊藤氏曰若以損害로言之ᄒᆞ면日商의蔘葉ᄂᆞᆫ姑舍ᄒᆞ고韓國冠宕網巾商民의損害ᄂᆞᆫ何如乎아ᄒᆞᆫ대某大臣이無言而退去ᄒᆞ얏다더라

●興校漸興 漣川郡興立學校를私立ᄒᆞᆫ지一周가經ᄒᆞ얏ᄂᆞᆫ뒤敎師의熱心과學員에따足學次趣가影響이相隨ᄒᆞᆷ과如하야漸興旺ᄒᆞᆫ際에凡於經費가難可維支ᄒᆞ야幾乎失墜이더니何幸新郡守尹稷榮씨가觀同已任ᄒᆞ야俸金을捐ᄒᆞ야校舍를修理ᄒᆞ고稅務主事張文煥과郡主事任긔泳씨가協議贊助ᄒᆞ야一郡靑年에學趣와鄕內志士에願學이聯袂接踵ᄒᆞᆫ다더라

●符同作弊 草溪郡驛賭舍音石炳均이가該郡巡檢昔慶都를符同ᄒᆞ야殘民을脅制ᄒᆞ며行悖無雙ᄒᆞᆫ다더라

●閔氏助校 表勳院總裁閔內寢씨가平壤箕成學校의經費窘拙홈을爲ᄒᆞ야新貨二百圜을寄付ᄒᆞ얏다더라

●同會是篤緯上 同友會에셔英親王으로總裁를推薦ᄒᆞ얏다ᄂᆞᆫ說은前報에揭載어니와殿下ᄭᅦ옵셔日前에奉侍를該會에命送ᄒᆞᄉᆞ印章과名簿錄을納上ᄒᆞ라신故로該會에셔名簿錄及印章을險來月一日에納上ᄒᆞᆯ더이라더라

●虫災兼旱 滿來人에傳說을聞ᄒᆞᆫ즉公州扶餘鴻山림川等地에黑虫이滿山遍野ᄒᆞ야乾沓秧묘와百草를無不蚕蝕ᄒᆞ며雨澤이不均ᄒᆞ야秧묘를未挿處도太半이오先種處ᄂᆞᆫ枯골ᄒᆞ야民情이嗷々ᄒᆞ다더라

●訓警悖巡 內部에셔江原道警務署에訓令ᄒᆞ되北壯洞居경순그[illegible]에昨年八月分에通川郡居리駿긔의게銅貨一千二百圜을債給ᄒᆞ얏더니過限不報故로使人探知則리駿긔가已爲身死云故本人은病未下去ᄒᆞ고舍姪與副室을起送이러니該家에셔定限納ᄒᆞ고後路費幾百兩을爲先辦給故로신而回路에巡檢二名이奎地에來到ᄒᆞ야本人에副室與同居諸人을捕縛牢囚하고所持錢與銀簪指環을一々奪取하오니不勝痛憤等因이기玆以訓令ᄒᆞ니該巡檢에悖行을從重論警ᄒᆞ고捉囚諸人을卽爲放送케ᄒᆞ라ᄒᆞ엿더라

●聚血員募集 西友學會에셔夏期放學後還鄕ᄒᆞᆫ학生의便益을爲ᄒᆞ야圖外聚軍ᄒᆞᆫ人員을募集ᄒᆞᄂᆞᆫ대本月十日(六月一日)以內로滅限費一々準備ᄒᆞ야本會々計員의게傳致ᄒᆞᆷ을要ᄒᆞᆫ다더라

●平和會議에運動 本月二日海牙發電을據ᄒᆞᆫ則朝鮮人리相설尹讚佑閔泳敦三名이各國委員의게ᄒᆞᆫ公開狀을當地佛國新聞의平和會議時報에寄ᄒᆞ얏ᄂᆞᆫᄃᆡ彼等은韓國皇帝의信任狀을帶ᄒᆞ고當地에來ᄒᆞ얏다云ᄒᆞ고且日本이韓帝의承諾이업시外交權을奪ᄒᆞᆫ非를鳴ᄒᆞ고且日本의惡政을擧ᄒᆞ야各國委員에게訴ᄒᆞ얏스나何人도取合ᄒᆞᆫ者가無ᄒᆞ얏고彼等은晩餐오拾젼잘리下等旅舘에宿泊ᄒᆞ야太甚貧困ᄒᆞᆫ貌樣이더라

●普校試驗 私立普光학校에셔日昨에晝학科第一학年試驗과夜학科夏期試驗을畢ᄒᆞ고進級式을設行ᄒᆞ얏ᄂᆞᆫ뒤任員敎師가齊會ᄒᆞ야次第勸勉ᄒᆞ고優等生에게優數ᄒᆞᆫ賞品을授與ᄒᆞᆫ지라晝학科優等生은金熙麟等二十二人이오及第生은리근澤等二十四人이오夜학科優等生은김원우等七人이오及第生은李範英等九十壹人이라더라

▲筆下零金▼

▲海外風雲이近又凝聚ᄒᆞ야殺獲氣勢가비胎已久ᄒᆞ니龍韜虎略이各自蓄銳ᄒᆞ야奏楚가抗衡이로다

▲新內閣이組織되며觀察部守奏本에醜聲이喧藉ᄒᆞ야世人이掩鼻ᄒᆞ니反히舊政府에不及ᄒᆞ지라送舊迎新을잘못ᄒᆞ엿고

▲一進會에셔宮大李載克氏의게初次에ᄂᆞᆫ辭職退去ᄒᆞ라고勸告ᄒᆞ더니近日에ᄂᆞᆫ官職을得ᄒᆞ기로逐日懇懇으로宮大가一進에若甚ᄒᆞ야辭職ᄒᆞ기로決心ᄒᆞ얏다니該會에셔各官人을賀問ᄒᆞᄂᆞᆫ거슨精神이官職圖得에在ᄒᆞᆫ가보더라

▲中樞院이確實히施行되지못ᄒᆞ니由ᄒᆞ야內閣과協議ᄒᆞ야議長以下贊議까지一新히改良ᄒᆞ나該院은官職은먹ᄂᆞᆫ官廳이더니무일改良되면무어슬로써먹을는지

▲廉仲模氏ᄂᆞᆫ多年一進會總代로各官을奔走ᄒᆞ던高手段으로內部地方局長을敍任ᄒᆞ엿더므삼눈端이有ᄒᆞ던지一進會에셔賀問ᄒᆞ얏다니此所謂出乎爾者反乎爾로고

▲韓南규씨ᄂᆞᆫ一進會員으로明川郡守를圖得ᄒᆞ더니今番에成南觀察을忽地에超遷ᄒᆞ엿스니무삼까닭인지總理大臣은一進會의鷹犬이오內部大臣은總理大臣의爪牙라一進會에서何事를不爲ᄒᆞ리오

▲商用지調査委員長朴義秉씨ᄂᆞᆫ平壤々鎭南浦의出張을爲ᄒᆞ야內部에請願ᄒᆞ야旅費三百九十圜을即爲支給ᄒᆞ라ᄒᆞ얏다니該씨ᄂᆞᆫ무슴關係로잘ᄒᆞ엿기에旅費를請求ᄒᆞᄂᆞᆫ지빗심도조시오無限上落ᄒᆞ시리다

▲近海에商業界의金融이枯渴홈을自上으로洞燭ᄒᆞ사舊貨三千萬圜과新貨五萬圜을下賞ᄒᆞ셧ᄂᆞᆫ대五鐘리尹晶錫白完赫씨와李吉善五씨가該議를三分起ᄒᆞ로서利分ᄒᆞᄂᆞᆫ事에對ᄒᆞ야昨日商業會議所에서共同建議ᄒᆞ얏다니該五씨의滔々利慾ᄂᆞᆫ富益富ᄒᆞᆯ計劃뿐이로고

▲國民新報ᄂᆞᆫ國民의新聞이아니야內閣에機關新聞이지內閣機關新聞도아니야宋秉畯씨의機關新聞이지

廣告

●挽 閔 桂 庭

聞昔中京 有竹生橋
圖老殉忠 一株淸風
정號善竹 千載于玆
與節其著 永植綱常
見今漢師 有竹生堂
桂庭殉君 四株成叢
錫名護竹 東方萬世
碧血爲根 棟樑乾坤
竹耶人耶 一株猶難
其德不孤 翊乎四株
有斐君子 此君有靈
死而猶生 祐我宗祊

圖桂三章八句

又

忠臣一死萬年著
義竹風高宇宙凉
浪鳳含章儀世級
醉龍揚彩補君裳
金公對壘名難折
圖老臨體節與長
安得栽成波息笛
壓魔吹送靜邊疆

●挽 宋 淵 齋

大老家中降大儒
武夷千載陝箭殊
秦城風雨三[illegible]抑
胡氏抗章[illegible]斬城
[illegible]護春秋一統扶
陸公進學竟投軀
氣衰不敢侵吾道
日月長明左海隅

●挽 崔 勉 菴

堂々志業頭[illegible]堅
道脉忠氣兩與專
武侯伐魏生能報
文相因燕死乃旋
名高英法三千海
身任綱常五百年
一片丹旌輝萬里
從今砥柱大東天

草溪前侍從海史生車錫祜作

政府財政顧問部編纂
現行**大韓法規類纂**
洋裝背皮金文字
七八總紙數千七百頁
定價金叁圜五拾錢
郵稅四拾錢

右當局에셔發賣ᄒᆞᄂᆞᆫ部數의限이有ᄒᆞ오니購買ᄒᆞ시ᄂᆞᆫ人이ᄂᆞᆫ至急히請求ᄒᆞ시되但代金은郵稅共（現金又ᄂᆞᆫ郵便爲替로）前納ᄒᆞᆷ事

龍山印刷局

（○符ᄂᆞᆫ四号▲符ᄂᆞᆫ一号其他五号活字 適宜鮮明ᄒᆞᆫ輪廓을付ᄒᆞᆷ）

本郡人李舜徵字ᄂᆞᆫ鳳來가素以悖類로[illegible]浮雜成習者而猜勢於異族ᄒᆞ야[illegible]稅務官ᄒᆞ야大結也菜[illegible]ᄒᆞ야於中에利己ᄒᆞ고[illegible]如意[illegible]煽動ᄒᆞ야[illegible]ᄒᆞ야[illegible]其虛妄이며[illegible]不[illegible]礙ᄒᆞ야[illegible]理不[illegible]ᄒᆞᄂᆞᆫ바[illegible]郡[illegible]恐有[illegible]故로[illegible]要儀之[illegible]不分城[illegible]訴屛也[illegible]之新[illegible]雖有派[illegible]也라本수李[illegible]三氏의各般惡政에人民暴動을[illegible]다ᄂᆞᆫ等句語[illegible]若一人之[illegible]政治가[illegible]委員을以[illegible]各自[illegible]視時에[illegible]之際에[illegible]稅務監理[illegible]族人浮雜[illegible]儀로自薦委員[illegible]ᄒᆞ얏ᄉᆞ니若

將實施面村邑離保오각面에領收任員을以信實勤愼者로擇定然後에刷新ᄒᆞ야無欠이거ᄂᆞᆯ挾雜之類를隨求許差케ᄒᆞ고一面內帶任者數至十餘人則將來差出이亦未知幾百人이라此是暴時空名帖套軟ᄒᆞ야地方稅를以四月一日爲始收捧之意로有所勸ᄒᆞ이거ᄂᆞᆯ正月二十七日爲始濫取勒捧에其間所捧이爲數千金이요海稅則所產處自有原定扯稅이거ᄂᆞᆯ船載入浦之物을捕以海稅ᄒᆞ고科外徵收가亦爲數千금而不法徵收ᄒᆞ야盡歸於稅官毘陽別家ᄒᆞ니緊重ᄒᆞᆫ財政이[illegible]如此ᄒᆞᆫ法外[illegible]人民이難以保族으로玆에廣告ᄒᆞᆷ

慶尙南道河東郡大小民人
정鎭九　曹漳哲
梁東秀等　告白

宗中世傳宗畓이지於砥平上東面에在ᄒᆞᆫ바宗人京居[illegible]이미少許ᄒᆞ고로浮浪成習ᄒᆞ야두계宗中문券을主고不知去處이오니必是典賣之計나不勸蔵證明簿ᄂᆞᆫ自有章程ᄒᆞ니內外國人은切勿見欺ᄒᆞ심을望ᄒᆞᆷ

金興安氏宗中　告白

陰五月二十日平壤手形組合理事川上繁治ㅣ帶通譯一名ᄒᆞ고該郡居本人[illegible]寸[illegible]明[illegible]率與ᄒᆞ야來留本郡에稱云六石零畓任置ㅣ다[illegible]成標ᄒᆞ고至於官庭對質而[illegible]之爲[illegible]分明ᄒᆞ고供辭之[illegible]綻露ᄒᆞ와[illegible]訟ᄒᆞ며官[illegible]ᄒᆞ고保[illegible]ᄒᆞ와[illegible]等[illegible]世界上[illegible]明이부[illegible]日人[illegible]豈有如許[illegible]怪乎잇가實爲痛憤ᄒᆞ와玆에廣布于內外國人ᄒᆞ오니以此의[illegible]勿欺ᄒᆞ심을伏望

平北定州西面주啓鎔　告白

慶南草溪延安車氏譜所分册始于五月也各道宗氏持册價業一百十兩往來譜册事

宗人영瑢　告白

夏期**數學講習**所聽講生募集廣告

數學은各科中難解者也而迫此放學ᄒᆞ야置而不習이면將至不曉ᄒᆞ리니誠爲可慮라玆에數學講習所를設ᄒᆞ야一般學生으로補習케ᄒᆞ오니速히聽講ᄒᆞ시옵

一陽七月오日로至八月三十日싸지敎授ᄒᆞᆷ

一學科ᄂᆞᆫ如左ᄒᆞᆷ

算術科第二級（自小數로至分數）
代數科第一級（自始로至終）
方程式）第二級（自二次ᄒᆞ程式으로至各列組例）
幾何科第一級（自始至圖）
三角科　第二級（自作圖로至終）（自始로至對數）

但各科에未滿十人이면該科ᄂᆞᆫ特敎치아니ᄒᆞᆷ

一時間은下午二時로至吾時
一月謝金ᄂᆞᆫ一科一圜式이되二科以上을兼修ᄒᆞᄂᆞᆫ者ᄂᆞᆫ每科에五十錢式에減ᄒᆞᆷ
但月謝ᄂᆞᆫ先納이되每月十五日後에入學者ᄂᆞᆫ半額을收納ᄒᆞᆷ
一聽講을志願ᄒᆞᄂᆞᆫ者ᄂᆞᆫ陽七月三日內로來議ᄒᆞᆷ

南大門內尙동靑年學院內
夏期數學講習所主[illegible]一　告白

本人의次姪致容이字ᄂᆞᆫ贊三이오年은二十六이온대性本浮浪ᄒᆞ야閑雜類와所到各處에無數挾雜에已致濫㢘ᄒᆞ고兄弟叔姪間餘存田庄도自造僞券ᄒᆞ야廣求盜賣處ᄒᆞ오니內外國人切勿見欺ᄒᆞᆷ

草溪伯岩面多叫동徳仲見告白

大安洞寄宿舘

本舘에셔漢城內에留接ᄒᆞᄂᆞᆫ諸學生의寄宿便利를爲ᄒᆞ야大安동에二層半洋屋을建築ᄒᆞ고居處飮食其他凡節을一々히便宜ᄒᆞ기로極力設備ᄒᆞ오니遊學諸生은照亮ᄒᆞ시와賁臨于本舘事務所ᄒᆞ야詢議ᄒᆞ심을敬要

北署大安洞別宮
寄宿舘長　鄭熙燦　白告

寄宿願人證書ᄂᆞᆫ本舘에셔授與ᄒᆞᆷ

宿舘

宿連費ᄂᆞᆫ每朔에新貨四圜八十錢으로定ᄒᆞᆷ

告白

本舘에셔新舊書籍을大發售ᄒᆞ오니有志僉彦은陸續搆覽ᄒᆞ심을望

銅峴屛門下古今書海舘　白

伏以本學校設立이今爲數年에道內髦乂와府下聰俊이균集ᄒᆞᆫ會ᄒᆞ와升學日課之生徒가百餘名에至ᄒᆞ옵고且附屬小學校에兒童이六十名에達ᄒᆞ얏ᄉᆞ오나然大人君子의斋德養正之澤을상此未蒙ᄒᆞ와昏衢迷燭에迷失階徑之歎이往々有之라於是乎本校任員이[illegible]謀會同ᄒᆞ와以閣下로本校에贊成長을欲爲尊奉ᄒᆞ와玆敢聯名薦顯ᄒᆞ오니特體右意ᄒᆞ옵셔俯賜認可ᄒᆞ시와俾[illegible]孤渴옹之[illegible]千萬伏望

箕[illegible]학校任員等　리謙相
金時甚　박[illegible]찬　리[illegible]稷
黃秉奎　鮮于석　金錫엽
玉昌鎬　車利錫　黃錫규
채洙鉉　崔光玉　박치雲
金履섭　리勳영　黃　엽
정지命　黃錫嵆　田덕龍
盧영식　黃錫룡
閔判書　毅齋　閣下

學徒裝ᄒᆞ書冊學徒運動과諸具
羅紗各種
美國金鷄納
衣服裁縫其他雜貨도㢘價放賣ᄒᆞ오니諸君子ᄂᆞᆫ來臨ᄒᆞ심을바라나이다

仁川港奇峴朔新册肆

本社**風穴**에儲藏ᄒᆞᆫ蚕**種**을製造할터인ᄃᆡ我國內今年**秋**蚕과來年春**夏**蚕々育을可量ᄒᆞ야製造ᄒᆞᆯ터이오니**養**蚕ᄒᆞ는僉君子ᄂᆞᆫ**左開所**로來臨ᄒᆞ던지郵書로ᄒᆞ던지蚕**種**을各等所用預託ᄒᆞ시오

安義鶴峴蚕業會社

京城永成門越便㢘동二十壹統一戶
金漆原家

安義鶴峴蚕業會社社長**金秉先**廣告

本人이日本大阪商業家와特約ᄒᆞ고日本內地產出各種物品과西洋各種物品及機械等物을我大韓에輸入과委托을便利케契約ᄒᆞ얏ᄉᆞ오니商工業에有意ᄒᆞ신僉君子ᄂᆞᆫ某物이든지請求ᄒᆞ고저ᄒᆞ시거든本社로來議ᄒᆞ시오本社에셔ᄂᆞᆫ手數料만受領ᄒᆞᆷ

開城北部鮮阃
興業社本店
支店京城南門內水標五十一統六戶

全[illegible]港內동廣濟
培養會社

本人이私政가有ᄒᆞ야國債報償期成會發起及評議員의任務를承擔키難ᄒᆞ야請願不退ᄒᆞ얏ᄉᆞᆸ기玆에布告ᄒᆞᆷ

玄公廉　告白

원산과성진간에셔본인이살진소（肥牛）를만이ᄉᆞ깃ᄉᆞ니쇼파ᄂᆞᆫ제군은다수이팔너오시옵

최봉춘　고ᄇᆡᆨ

一秩二冊三百六十頁

大韓新地誌

定價金一圜

[illegible]

◎活動寫眞廣告

今番에始作ᄒᆞᆫ活動寫眞은法국巴里京에셔有名ᄒᆞᆫ거시오且大韓국皇室에셔먼저看ᄒᆞ셧고始作ᄒᆞᆫ지數日에觀覽ᄒᆞ시ᄂᆞᆫ쳠君子가多數枉臨ᄒᆞ시와坐處가넘쳐셔晩到ᄒᆞ시면不使ᄒᆞ오니速々枉臨ᄒᆞᆷ
今番에또서로이活動寫眞이多數來到ᄒᆞ야每夜에[illegible]新面目을供ᄒᆞ오니速々來觀ᄒᆞ시옵

活動은日下午八点半至十点半
齊聚時　七点半始爲
入場票上等中等新貨[illegible]十五錢小童[illegible]
新門외서달이목東便벽돌집

法人　馬田　告ᄇᆡᆨ

國債報償義捐金收入廣告

●忠南泰安郡安民島中場里
리祥승 一원육十젼 朴成司
鄭東元 蘇彦星 金世기
柳正會 장덕찬 朴漢보
蘇漢泳 李鳳珪 徐相勳
安淳필 洪才석各一圜오拾젼
김文交 강正五 강正云
俞진一 朴齊哲 文武卿
김炳業 元喜義 李윤보
김致道 朴得춘 高明運
복文百 경鷹佐 嚴子원
成由현 朴來根 박和今
李춘居 文恩今 洪才根
各一圜 홍在範 김聖執
許允京 各七拾젼 林孟介
徐廿進 김時弘 김學天
주應烈 표敬仲 각六拾젼
卜창均 徐義淳 崔성材
高士震 徐義敎 홍公필
李在홍 김淳元 박守敎
尹錫之 조鍾宇 김顯直
김正三 김明順 韓光열
오宗三 김君善 리鍾根
張準錫 文주京 許允七
박文善 박英準 김明노
박天五 편과三 김致西
김聖俊 安성龍 최성應
各오拾젼 成佑永 김德順
리成辰 최在서 姜仁숙
문宗玉 申성五 니성律
니永三 安炳서 崔武安
金서國 全泳祺 김用鳳
丁正秀 니英숙 각四拾錢
니춘善 니丙淑 金춘實
최學順 니춘옥 丁友三
申춘一 高正會 金炳式
全公振 김性宅 田영必
田淳오 정允필 니學秀
丁應洙 丁영學 김춘하
김學현 安太學 김영식
김今京 김之蘇 박命복

김命三 김十謙 박敬臣
편성淳 安성낙 李雨秀
韓石俊 김윤心 金星八
김化춘 김正문 김今貞
니서化 신莫同 편성云
명日성 金連化 김宗西
김明雲 김문오 림光오
니成옥 宋聖칠 宋성八
신日三 高춘山 박化식
강正和 嚴士連 홍在현
문在京 명윤必 박德윤
박成實 片善有 정應弼
박來호 니서輔 문明學
문建弼 문창聿 문時俊
문台聿 片正烈 리성곤
리성運 孫正根각卅錢 崔壽甫
崔翊賢 각廿오젼 崔月植
金應보 박而景 오明낙
김学學 文殷瑞 崔敬伯
신元三 지元會 崔益壽
리鳥執 편二鳳 孫致春
朴化星 韓福신 郭景集
박化秀 宋完汝 張君甫
리春輔 尹莫同 安춘權
鄭致聞 尹元敬 邊億用
朴日三 崔性惡 신學日
高允權 徐致秀 김東錫
金治元 편光春 片貞윤
리炳圭 田正善 홍在善
리在淑 박弘鳳 리潤숙
梁允初 리正云 리明化
리明보각二十젼 리允來
십七錢오리 金喜춘
趙召史각拾五젼 김君先
박得水 安敬化 김順甫
김成伯 김景和 리成弼
리石吉 김昌식 복在學
김良鉉 박學先 홍在應
嚴孟起 김星奎 복順益
리在實 김正壽 鄭寬日
姜允學 崔應天 편元八
李環열 박在환 편秀然
지厚保 신伯順 박和春
김允成 林澤用 편秀東
金舜佐 韓金巨 安基華

리思日 김泰화 金如水
박久俊 金應학 각十錢
書塾七人 權甲契 각一원
●古阜里
姜道德 崔得雲 張子實
리英伯 각一圜오十젼
김善正 田十俊 宋欽珠
崔錫奎 崔泰順 各一圜
田聖國 八十젼 김明允
七십錢 김公弼 신聖숙
최司卿 박明현 崔昌손
金容臻 최종學 김弘建
리養白 김□鶴 박浉弘
各六十뎐 최正三 최尙學
강正學 신순培 姜正化
강安동 신지淳 리道汝
趙寬一 김敎建 복영鉄
강영信 崔子玉 朴창열
盧學千 김오十젼 최윤여
최응七 강윤化 盧和叔
劉순弼 趙有春 韓士君
許순甫 尹과元 陸仁洙
金宋雲 최司運 손永安
김應建 沈致良 趙有福
박和仲 최明學 김致三
박錫인 趙德日
신卜손 趙必賢 片순三
최達福 朴순必 김泰敏
리完甫 각四十젼 최宜춘
김學三 嚴正순 奇春근
박明지 리복熙 김基先
최鳳安 田지淑 趙朝得
최紀水 김延學 劉興甫
정윤甫 박喜得 金永俊
최복손 김化春 白成眞
金保賢 정석鉉 편廣쇠
田士인 최得春 設化連
林여善 리成七 강正玉
金창彦 최恩숙 최성律
김學보 申春成 박창栗
田喜春 田相鶴 성春三
편仲보 각卅젼 리聖光
田士玉 田保敬 편正숙
정尙運 梁聖七 梁윤實
金正道 김순卿 沈致근
편時지 최윤植 박창숙

신춘근 신순七 김應보
신學근 지有卜 오致先
최雲紀 리正老 嚴윤弼
김성春 嚴周八 許好同
金聖佛 孫夢實 편月三
金工순 韓主然 김문여
리天和 김和和 최景彦
鄭원보 김인培 김奉春
金玄默 박永칠 리伊同
趙允同 김성六 각十젼
김尙建 김致玉 복景雲
金命淑 리時化 최明춘
최창근 嚴尙史 김召史
田聖三 盧相三 田相윤
田保一 崔應純 김潤秀
각十전 內浦面五人 一圜오錢
●衣店里
崔弘식 三圜오십젼 趙鏡國
一圜卅錢 최문식 一圜卄젼
박基성 余信若 문성七
昔命主 강達婦 박元보
卜元春 문성순 각一원
리鍾期 신化實 각八십錢
方순龍 김正식 리致壽
朴성敏 리鍾환 각八十錢
박化占 김敬純 趙인運
각七十젼 홍云敬 田泰運
리聖선 田기連 崔祥雲
張子亨 許益和 편應春
최來현 리學淳 각六십젼
吳應규 최士交
片漢初 朱山鳳
卿起先 강成雲 리기叔
리恩若 許一선 리暢雨
박和均 박仲칠 박순근
許옥여 편和순 박영植
郭순組 김지謙 강伯현
각五십면 박如春 김寅숙
朴성直 박리三 全순若
김성열 金司영 丘明運
리天均 편應奎 朴鍾一
리奉擬 각사십젼 曹원瑞
嚴良숙 각卅五錢 박敬和
박敬칠 박성魁 박선一
全應七 송司敬 裵雲仙
昔正會 편인弼 柳근창

리현雨 리興복 박應春
박영鎭 조東龍 리京化
김大謙 김성鉉 박永여
리치瑞 김지實 리箕三
리興瑞 리正七 리致덕
정光현 편和선 리鍾海
許性선 강성和 최덕淑
김花숙 文션여 박윤一
각卅젼 김영顯 김숙知
柳학순 각廿五젼 조윤영
정순弼 金정天 田司三
박여心 리奉七 辛여道
신鶴俊 신化天 宋大寬
김윤伯 김나三 김致瑞
김應必 劉性四 최博同
任성여 박先益 편순吉
박永雲 신지쇠 강경화
김尙옥 尹순儀 오문화
복덕淳 리敬순 조學天
김덕三 리청瑞 강석순
리應一 리敬學 리치國
安복男 최순重 김여숙
리희瑞 복定三 南景伯
강紀춘 郭순三 김學秀각廿젼
량得성 홍三龍 嚴윤同
박連東 김치선 최仲三
복如來 권今奉 方성여
김平謙 權성伯 田公寬
宋道玄 徐영彦 리학文
김지西 김治春 김근숙
최덕三 高영秀 김성權
김성弼 김子沃 김奉춘
리奉九 沈여凡 安道濱
강凡瑞 박弘權 편덕원
각十젼
合二百廿칠圜칠십七젼오厘
●忠南新창郡小東面水餘里
니東薰 곽喜西 각오십젼
복金玉 十오錢 니성규
강성萬 각卅젼 조性云
廿오면
●禾達里
오석근 오興근 각一圜오十뎐

오彦默 沈能範 각一圓
오鶴泳 오潤근 김주복
張·貞 각卄십젼 김司運
오원默 최錫煥 오규영
각卅錢 김上龍 강鶴성
오進泳 최明화 각卄면
오鴻泳 오영선 오義선
오원泳 김춘景 閔순道
오卅泳 김千석 金瑞화
●寶源 각十젼
●水南
수영복 金斗敎 각一圓
威춘山 오十젼 리선鎬
문千여 김萬敎 박成準
각卅젼 리建鎬 박춘明
成子선 문敬춘 리八보
各卅선 김壽경 박원明
尹春乙 金영伯 문乘기
김원傳 최명男 각십錢
●長口浦
主事리炳錫 二圜 金지창
四十錢 리원實 廬召史
각卅젼 덩안보 二십錢
리춘實 김義瑞 盧始춘
각십젼
●坊築里
리敬六 五십젼 니정五
김덩運 각卅젼 千聖화
二십젼 박聖集 김明云
각십錢
合廿二圜四拾전
●南署明哲坊靑年尉契帶洞
신錫祜 卄젼 경在信
黃德潤 高應煥 각卄젼
池鶴夏 趙昌燁 김炳춘
조聖任 김景秀 김興鍋
韓敎信 리容達 각十젼
合一圜七십전
●高陽松山面秋山里
정辰用 四十錢 정與先
리성근 리九근 鄭大植
鄭영보 리春근 각廿젼
림우景 鄭致範 鄭大淳

각십뎐 合一원九십전

總合貳百오십三圜拾칠젼五厘

國文報廣告組合六百八拾七圜 八十五錢

前號總合貳萬九千八百五十貳圜○七厘

都總合三萬○百九拾三圜오拾三錢二厘

◎特別廣告◎

國債報償金兩日間捧音時本合計이오且兩日의所捧總合四萬八千四百廿四圓卅七錢七厘組貯金額中에國銀行에貯置す야各○也要國債報償志願金總合所로趙交言

大韓每日申報

本報價目

○申報價
一張代金 新貨二錢五厘
一個月前金 三十錢
三個月 九十錢
六個月 一圓七十錢
一個年 三圓四十錢
郵稅一部 新貨五厘
一箇月 十三錢

○廣告料
四號活字十二字詰
每日每英尺一寸에新貨廿五錢
(每日每行六錢에相當言)
一週日에 二圓五十錢
(每日每行四錢五厘에相當言)
一個月에 五圓
(每日每行四錢一厘에相當言)
期限의長短과字行의多寡를依す야增減이有言

發行兼編輯人 英國人 裵說
發行所 南署石井洞外地三層洋屋家
大韓每日申報社

火曜日

第五卷

大韓每日申報

第五百五十八號

月曜及慶節 歲時日休

陰曆丁未五月小二十九日己未

論說

海牙會議에韓國派遣人

日人이英字로發刊ᄒᆞᄂᆞᆫ셔울프레스新聞에昨今所報를據ᄒᆞᆫ즉海牙會議에韓國派遣人이到達ᄒᆞ얏ᄂᆞᆫ대電信을張論ᄒᆞ야訛法써가亦參於派員中이라고推度ᄒᆞ얏도다

此推度의確否ᄂᆞᆫ確은非本記者之所言及이로대但同報가其計策全部를非難ᄒᆞᆷ에對ᄒᆞ야ᄂᆞᆫ本人도亦果一致ᄒᆞ노라盖韓國이自國命運을仲裁에委付ᄒᆞ기에ᄂᆞᆫ其時機가姑未熟이니現今日本이一有力邦國이라列强이韓國內에日本行動을公格上으로咎責ᄒᆞᆯ것은臨迫ᄒᆞᆫ政策에不在ᄒᆞ도다現今日本進行의雖一部分이라도英國이應助ᄒᆞ며依國이默從ᄒᆞ야業已實踐되優越權은公然承認을既得ᄒᆞᆫ비라日本이一寸을得ᄒᆞᆫ處에서一尺을取ᄒᆞᆫ것은雖不待論辨而明白이나然이나此時에ᄂᆞᆫ列强의武俠이第二必要件을爲ᄒᆞ야自相爭論ᄒᆞ기에優足ᄒᆞᆯ지吾人은採見키不能이로다

然이나本記者ㅣ韓國命運이巳至決定인否은不信ᄒᆞ며此人民의自治權을回復ᄒᆞᆯ機會를得ᄒᆞᆯ時日이將至ᄒᆞᆯ것은但無疑訝요此同報의冷笑를吾人은輕視ᄒᆞ야韓國派遣人의被其拒絶됨을吉兆로實認ᄒᆞ노라歐國이會議의鼓請됨은無疑ᄒᆞᆫ事實이라列强이韓國內日本占領의完結을承欲認인된此問題를議席에付ᄒᆞ야日本의諸般所請을允準ᄒᆞ고使韓國派員으로初不參會ᄒᆞᆷ만도反不如케ᄒᆞᆷ이豈非最易之擧리오若至此境이린덜韓國은後望이斷絶ᄒᆞ얏스려니와以今事態로ᄂᆞᆫ日本이尙今不定之位에居ᄒᆞ얏고韓國은後日을尙可有望이로다

官報

●第三千八百十二號 光武十一年七月八日

◎敍任及辭令

箕子陵參奉許셥 依願免本官

砲兵參領정萬창 任經理院技師

李潤秀 任箕子陵參奉

外報

●艦隊集合 英國極東艦隊司令長官무아提督에所屬艦대를去禮拜六日에威海衛로集合ᄒᆞ야以便閱看ᄒᆞ니會集者ᄂᆞᆫ戰鬪艦及巡洋艦이共七艘요滅雷艇이計六艘라더라

●禁烟祝賀會 上海電을據ᄒᆞᆫ즉淸國孔子廟에서鴉片禁止에祝賀會를發行ᄒᆞᆫ다더라

●婦人議員被選 英國베구스레이히스地마쓰후夫人은베구스데이郡參事會員을被選ᄒᆞ얏다더라

●淸人歸國 路透電을據ᄒᆞᆫ則南아佛利加에在ᄒᆞ던淸國人一萬九千一百四十八名이歸國次로汽船을搭乘ᄒᆞ고出發ᄒᆞ얏다더라

雜報

●新聞歡迎 伯林電을據ᄒᆞᆫ則德國皇帝及皇后兩陛下께서丁抹國港口에到着ᄒᆞ얏ᄂᆞᆫ덕同港에諸新聞이은歡迎의辭를揭ᄒᆞ얏더라

日本留學生諸氏의新聞社發起會趣旨書

眞理ᄂᆞᆫ多言의說明을不待ᄒᆞ나니教育이盛ᄒᆞ면國이興ᄒᆞ고教育이衰ᄒᆞ면國이亡ᄒᆞᆷ다ᄒᆞᆷ은世界人類의公通理想이오我韓民族의時代精神이라然이나一定ᄒᆞᆫ目的을達코ᄌᆞᄒᆞ면一定ᄒᆞᆫ方針을要ᄒᆞ나니國民教育을主唱ᄒᆞ고相當ᄒᆞᆫ方針을立치아니ᄒᆞ면是ᄂᆞᆫ空想에不過ᄒᆞᆷ이니엇지猛省치아니ᄒᆞ리오大凡教育이有三ᄒᆞ니日家庭教育이오學校教育이오社會教育이라此三者에一을缺ᄒᆞ면完全ᄒᆞᆫ教育이라稱ᄒᆞ기難ᄒᆞ나今日我韓教育界에情形을深察ᄒᆞ건ᄃᆡ國民의智識程度와生活境遇와學齡超高와其他凡般事情으로由ᄒᆞ야順序的教育을受키不能ᄒᆞᆫ者最多數의居ᄒᆞ니此等國民에對ᄒᆞ야社會教育이가장緊急ᄒᆞ고必要ᄒᆞᆫ것은明々可知라社會教育은相當ᄒᆞᆫ機關을要ᄒᆞ나니圖書館도可ᄒᆞ고講演會도可ᄒᆞ나比較的範圍가廣大ᄒᆞ고方針이便宜ᄒᆞᆫ것은新聞에過ᄒᆞᆫ者ㅣ無ᄒᆞ도다西人의言에云政府의權이衰ᄒᆞ야議會에歸ᄒᆞ고議會에權이衰ᄒᆞ야新聞에歸ᄒᆞ얏다ᄒᆞ니近世문明各國의新聞事業이偉大ᄒᆞᆫ勢力을占有ᄒᆞᆷ을於此에可히証明ᄒᆞ리로다

今日我韓人의思想界ᄂᆞᆫ黃昏岐路에何東何西를莫知ᄒᆞᆷ과恰似ᄒᆞ야動必國權維持오實力養成云ᄒᆞ나何等事가國家存亡에關係됨을茫然不知ᄒᆞ야每々國權에損傷ᄒᆞᄂᆞᆫ行爲와國家安危에率連ᄒᆞᄂᆞᆫ事爲를行ᄒᆞ고坦然不意ᄒᆞ다가人의怒罵痛斥을被ᄒᆞ고始疑始驚ᄒᆞ니豈不痛哉아是ᄂᆞᆫ非他라不學無識ᄒᆞ야國家精神과公同思想이無ᄒᆞᆫ故也라然則如何ᄒᆞᆫ方法으로此等弊害를救濟ᄒᆞ깃나ᄒᆞ면健全ᄒᆞᆫ理想家가確論健筆로日々警醒ᄒᆞ며時々指導ᄒᆞ야腐敗ᄒᆞᆫ腦筋을打破ᄒᆞ고公平ᄒᆞᆫ德性을涵養ᄒᆞ야國家와自己가一體되ᄂᆞᆫ大原理를確然覺悟케ᄒᆞᆷ이不二法門이라ᄒᆞ노라史家가評ᄒᆞ기를伊國獨立原動力이幾多英雄의政策과軍略에不在ᄒᆞ고瑪志尼의發刊ᄒᆞᆫ少年伊太利新聞에記載ᄒᆞᆫ獨立思想과自由精神에在ᄒᆞ다ᄒᆞ얏스니至哉라此言이여志士의筆端이全國人民을統一團合ᄒᆞ야皷吹活動케ᄒᆞ얏도다今日我韓은準備時代오教育時代라英雄豪傑도教育界에要求치아니ᄒᆞᆷ이無ᄒᆞ고忠臣烈士도教育界에期待치아니ᄒᆞᆷ이無ᄒᆞ니教育家의責任이重且大ᄒᆞ도다於是乎本人等이祖國에對ᄒᆞᆫ義務를忘ᄒᆞᆷ이無ᄒᆞ야學生의身分으로淺見薄識을不拘ᄒᆞ고新聞社發起會를組織ᄒᆞ고若干義捐金을募集ᄒᆞ야社會에公布ᄒᆞ오니有志僉君子ᄂᆞᆫ一面으로贊成ᄒᆞ시고一面으로指導ᄒᆞ시와萬分一이라도社會教育의目的을達케ᄒᆞᆷ을引領切望ᄒᆞ나이다

黃海道甕津郡國債報償趣旨書

伏以吾生이居家ᄒᆞ미父母ᄂᆞᆫ堂上에衰老ᄒᆞ시고子孫은膝下에長成ᄒᆞ야冬子夏葛과朝飯夕粥을隣人에借乞이別無ᄒᆞ오면肥家大吉의兆이라稱ᄒᆞᆯ거시오萬一父母가窮途에갈ᄒᆞᆷᄒᆞ야愁眉를未展ᄒᆞ고衣服飮食이目前에急히有ᄒᆞᆷ은當初에子孫養育을由ᄒᆞ여盡力ᄒᆞᆫ바이라米壇醬醋를鄰家에借用未報ᄒᆞ미多ᄒᆞ야受侮不少ᄒᆞ면自지其中ᄒᆞ거날子孫의在ᄒᆞᆫ者晏然自지ᄒᆞ고袖手傍觀ᄒᆞ여一毫動念이無ᄒᆞ면幹父之蠱에大義를違越ᄒᆞ여西鄰의貴言을免키難ᄒᆞᆯ지라今我國債報償一款은彼邦의不貲ᄒᆞᆫ을俄倅로莫知ᄒᆞ고我國에未報ᄒᆞᆷ이痼瘼으로自覺ᄒᆞ야一統三千里山河에同胞二千萬生靈이毋論男女貴賤老少貧富ᄒᆞ고自首捐義에雲輸雨續이라

貴社新報上의屢々揭示ᄒᆞ시오니生等이海隅草芥에不過ᄒᆞ오나天賦秉彝은所知ᄒᆞᆯ지라商거에馳河之夢을不計ᄒᆞ고蜂衙에朝王之誠을自效ᄒᆞ와紙貨七拾圓칠十錢과人員姓名을各以謄楮上送ᄒᆞ오니送毛之輕을勿樂ᄒᆞ시고獻背之忱을許容ᄒᆞ시와使此艸野微氓으로共黍邦家鉅業之地伏要ᄒᆞᆷ

李主耕 金世림

●韓人運動別報 去一日海牙發電에既報ᄒᆞᆫ公開狀으로以ᄒᆞ야各國委員間에運動ᄒᆞᄂᆞᆫ韓人一行에首班은前議政府參贊李相설前平理院檢事李亟前駐露韓國公使館書記官李瑋鍾인대李亟은十三年前에早稻田專門學校에서지學을맛고李相설은二年前에參贊으로지職ᄒᆞᆫ者라去四月二十日에西伯利鉄道로露都에着ᄒᆞ야同所에書記官과合ᄒᆞ야當地에來ᄒᆞ얏ᄂᆞᆫ대

李相설은出發前에 韓帝ᄭᅴ特使印命을受ᄒᆞ얏다ᄒᆞ고

李亟은言ᄒᆞ되吾等의使命을若日本이 韓帝를詰責ᄒᆞ면 帝ᄂᆞᆫ然ᄒᆞᆫ것을知치못ᄒᆞ심으로答ᄒᆞ실터이라ᄒᆞ나此由로見ᄒᆞ면被等이實際로 韓帝의密旨를受ᄒᆞᆫ줄노察ᄒᆞ고

李瑋鍾은露英兩語와佛語를熟達ᄒᆞ야露英美佛各委員을訪問ᄒᆞ나何人도取合은업다고目下荷蘭國外相이說ᄒᆞ얏다더라

●崔氏護日 校동官立日語學校生徒等의今番一齊退學ᄒᆞᆫ緣由ᄂᆞᆫ已載於前報어니와當初日教師白井重에生徒를狂悖叱後無數亂打ᄒᆞ니非但각學校에初聞之悖擧라天下各國開化以前以後章程所無則白井又ᄒᆞᆫ教師ᄂᆞᆫ可謂世界上萬國教師께羞恥오罪人이어니와起鬧之當日에代辦校長崔在翊氏ᄂᆞᆫ既爲代辦校長ᄒᆞ야教育生徒則固當以正心正言으로一從教中規則ᄒᆞ야公決無碍이거ᄂᆞᆯ不此之爲ᄒᆞ고生徒等을好言誘說曰吾有雍容措處之方ᄒᆞ니一府에呼訴도沮遏ᄒᆞ고又不直辭報部ᄒᆞ고陰護白井ᄒᆞ야暗射生徒하야布置日巡査及 韓國別巡檢於學校內ᄒᆞ야施威恐嚇ᄒᆞ야使彼生徒等을畜怒層加ᄒᆞ니此果雍容措處인지崔在翊갓ᄒᆞ니ᄂᆞᆫ可謂正大眞實ᄒᆞ야少無表裡ᄒᆞ고日教師의狂悖를阿附ᄒᆞ야生徒를經緯업시壓制ᄒᆞᆯ줄을不知ᄒᆞ고膠守規則ᄒᆞ야公決無諂ᄒᆞᄂᆞᆫ校長이로다又有幾個阿諂於崔在翊之生徒ᄒᆞ야暗使上學ᄒᆞ니此生徒之設心布臟은實所未知者로다三百六十餘名同僚를對ᄒᆞ야ᄂᆞᆫ佯應曰諾이라ᄒᆞ고晴受崔校長之提嘱ᄒᆞ고暗々上學ᄒᆞ니生徒ᄂᆞᆫ向學之誠이世界上第一이되여然ᄒᆞᆫ則崔校長을爲ᄒᆞ야然ᄒᆞᆫ지然ᄒᆞ면胡不直言ᄒᆞ고三百六十餘名同僚의게面從曰諾다ᄒᆞᄂᆞᆫ恩意ᄂᆞᆫ人所難解라더라

雜報

●觀察上京 平南觀察使박重陽氏는무슨事件을因홈인지上部命令을因ᄒᆞ야上京ᄒᆞᆫ다ᄒᆞ고去五日上午八時三拾分에平壤發一番列車를搭乘上京하엿다더라

●五條上奏 皇上陛下게錦陵尉朴泳孝씨가 皇室에必要ᄒᆞᆫ五條事件를緊切히上奏ᄒᆞ얏다더라

●是兄是弟 總理大臣李完用씨는來賓을不接ᄒᆞ고其伯氏李允用氏의게委托ᄒᆞ야來賓을交接ᄒᆞ야官職遷任에私囑을秘密周旋ᄒᆞᆫ다더라

●李氏云遞 淸州參領李守奉氏는目不識丁ᄒᆞᆫ바더러長官의資格이不合ᄒᆞᆫ故로軍部에서將次奏本遞任ᄒᆞᆫ다ᄂᆞᆫ說이有ᄒᆞ다더라

●一等保護 總理大臣李完用씨의第一緊客은憲兵大將李鵬漢씨인ᄃᆡ리完用씨를保護ᄒᆞ기爲ᄒᆞ야每夜의總理私邸에서同枕ᄒᆞᆫ다더라

●法次仕進 法部次官金珏鉉氏가其間慶娘葬禮所堂上으로상値되야該部에仕進치못ᄒᆞ얏더니昨日에仕進ᄒᆞ얏더라

●調査無認 平壤에在ᄒᆞᆫ耶蘇教宣教師가官有地를無認可占領ᄒᆞᆫ地段이有ᄒᆞ다ᄒᆞ야觀察使박重陽氏가客外國人의占有ᄒᆞᆫ地段을幷皆調査ᄒᆞ야認許가無ᄒᆞᆫ地段은還渡케ᄒᆞᆫ다ᄂᆞᆫ說이有ᄒᆞ더라

●農工銀行移築 平壤農工銀行은大同江岸에建築開業ᄒᆞ엿더니偏僻ᄒᆞᆫ地에在ᄒᆞ야業務가不振ᄒᆞᆫ故로更히鍾路近地에在ᄒᆞᆫ商店四五處를買入毁撤ᄒᆞ고新히建築ᄒᆞᆫ다더라

●訴訟停止 平漢両裁에서昨日부터刑事外民事訴訟을停止ᄒᆞ얏다더라

●更勿相關 四忠祠地를軍用地로占奪ᄒᆞᆫ다ᄂᆞᆫ說은昨報에揭載ᄒᆞ얏거니와其後裔某々氏가長谷川氏와談辦ᄒᆞ야長谷川氏가更勿相關ᄒᆞ기로妥議ᄒᆞ얏다더라

●稅務見習試取 度支部에서稅務見習生을明日부터試取ᄒᆞᆫ다더라

●誣告反坐 自强會總務尹孝定씨의辭因ᄒᆞᆫ內容을得聞ᄒᆞᆫ즉閔丙漢氏가警務使를運動ᄒᆞ기爲ᄒᆞ야其子某氏가搆以不測之說ᄒᆞ야自現告發ᄒᆞ얏ᄂᆞᆫᄃᆡ尹孝定씨ᄂᆞᆫ初無實犯인故로閔氏之子某씨가反坐律을受ᄒᆞᆫ다ᄂᆞᆫ說이有ᄒᆞ더라

●派遣調査 度支部預算금이不足인故로預算額를充용ᄒᆞ야면借款ᄒᆞ여야될터인대該部大臣高영喜씨가商量ᄒᆞ미各年未納을督捧ᄒᆞ면不足額를充용ᄒᆞᆯ터이요借款ᄒᆞᆯ거시업ᄂᆞᆫ故로現今派遣ᄒᆞᆫ各觀察郡守를調査ᄒᆞᆫ다더라

●何乃如此 學部編輯局長장憲식씨가會計課長을代辦觀務ᄒᆞᄂᆞᆫᄃᆡ編輯局에ᄂᆞᆫ一不仕進ᄒᆞ고會計課에만仕進ᄒᆞ며該部參書官柳基泳시ᄂᆞᆫ某局에든지分掌ᄒᆞᆫ課이無하고月俸만徒食ᄒᆞᄂᆞᆫᄃᆡ該部次官리圭桓시의緊切客이라ᄒᆞ더라

●金시着仁 今番에特赦를蒙ᄒᆞᆫ金윤식시가配所에서發程ᄒᆞ야三昨日에인港에到着ᄒᆞ얏다더라

●感謝寄附 平壤測量學校生徒로卒業ᄒᆞᆫ金技手사楫시가本社를贊成ᄒᆞ기爲ᄒᆞ야紙貨一圜을寄送ᄒᆞ얏더라

●必擇資格 軍部大臣리秉武시가南村劉文?武들이遝至하야區處之方을懇請ᄒᆞᄂᆞᆫ者이多數ᄒᆞ되現今時代에資格이合當치못ᄒᆞ다하야一不關應키로酌定ᄒᆞ얏다더라

●新報發起의事務 日本東京留學生諸氏가本國同胞의知識을開發ᄒᆞ며教育界에事業을引導ᄒᆞ기爲ᄒᆞ야國內의一新報社를發起하ᄂᆞᆫ대該資本은留學ᄒᆞᄂᆞᆫ諸氏가七千餘圜의義捐金을收合ᄒᆞ얏고今夏期放學時에總代十餘人을選定ᄒᆞ야本國에渡來ᄒᆞ야新聞趣旨를說論ᄒᆞ고事務完結後에ᄂᆞᆫ本國內有志紳士의게委任ᄒᆞ기로決定ᄒᆞ얏다니國內一般同胞ᄂᆞᆫ此等好事業에對ᄒᆞ야協心贊成ᄒᆞ야學生諸氏의目的을得違ᄒᆞ기로十分옹祝ᄒᆞ노라

●私騙屬公 前參尉손義明氏가金海蘆田收稅監官差帖을僞造ᄒᆞ야南門外巡廳동에來留ᄒᆞᄂᆞᆫ密陽人신鉉悳을誘引ᄒᆞ야錢一萬六千二百九十兩을勸誘以食ᄒᆞ고隱避不現ᄒᆞᄂᆞᆫ지라신鉉悳氏가陸軍法院에呼訴ᄒᆞ야손參尉와居間人白南奎와신氏가對質裁判ᄒᆞ야손氏의僞造差帖ᄒᆞᆫ奸狀이綻露ᄒᆞ미該院에捉囚ᄒᆞ고빅南俊과신大도俱爲被囚ᄒᆞ얏다가無事放免ᄒᆞ고손參尉의게見欺ᄒᆞᆫ전一萬륙千二빅오십兩은陸軍法院에서推納ᄒᆞ얏ᄂᆞᆫᄃᆡ신씨의게出給지아니ᄒᆞ고屬公ᄒᆞᆫ다ᄒᆞᄂᆞᆫ故로신시가不勝抑鬱ᄒᆞ야軍部에또呼訴ᄒᆞ얏더니該部에서陸軍法院으로指令ᄒᆞ되從理公決後報來ᄒᆞ라ᄒᆞ얏ᄂᆞᆫᄃᆡ該院에서何樣措辦ᄒᆞ얏ᄂᆞᆫ지尙不出給ᄒᆞᆫ다더라

●金氏熱心 年內教育에熱心ᄒᆞᄂᆞᆫ金重煥시가一口은普成學校生徒십餘人의게對ᄒᆞ야世界에形便과學問에進就됨을說明ᄒᆞ고又其子舜欽의게對ᄒᆞ야此中에네가學力이特優ᄒᆞ니汝ᄂᆞᆫ講師가되야課程은日語와算術로教授ᄒᆞ고此諸生은授業ᄒᆞ라ᄒᆞᆫᄃᆡ諸生이應諾ᄒᆞ고每日曜日에會集該家ᄒᆞ야授業ᄒᆞ든니今番月終試驗을經ᄒᆞ얏ᄂᆞᆫᄃᆡ優等은김원得김明欽윤션浩諸시오及第ᄂᆞᆫ朴齊衡朴谷奎리景龍氏라ᄒᆞ니該시의熱心홈은無不稱頌ᄒᆞ더라

●意在射鴻 西來人에傳說을聞ᄒᆞᆫ즉殷山郡守장덕근氏가學校을設ᄒᆞᆫ時에一郡內人民의게每戶纔年排收錢이一兩륙전이요境內出義가數萬餘兩이요各面各리鄉約契錢을役數付之學校則資本이至於幾萬금이온ᄃᆡ該학校ᄂᆞᆫ학部에認許時에학大學協에게二百兩式納뇌ᄒᆞ얏다ᄒᆞ고麻동金知事의게二百금을納賂ᄒᆞ엿다ᄒᆞ고學校塗排紙價가千餘兩이라ᄒᆞ고資本을消融ᄒᆞᄂᆞᆫ故로一般학徒가將來維持ᄒᆞᆯ爲慮ᄒᆞ야該學財ᄂᆞᆫ裡由을質問ᄒᆞᆫ즉학徒를對ᄒᆞ야威之脅之하면서捉囚하라ᄂᆞᆫ故로학徒가皆解散ᄒᆞ야廢止가되미該守가각面農民을強制로捉去하야入학ᄒᆞ라ᄒᆞ고脅迫하미農民情勢가極히오々하더라

●漢試不公 日昨에官立漢語학校에서卒業試驗을設行하ᄂᆞᆫᄃᆡ八十畫以上이면卒業狀을授ᄒᆞ기로該校長오圭信시가預先說明ᄒᆞ얏더니及其試驗을經ᄒᆞᆫ後에ᄂᆞᆫ八十畫미되ᄂᆞᆫ학員을落榜ᄒᆞᆫ故로학員黃就秀시가其落榜ᄒᆞᆫ理由를校長의게質問ᄒᆞᆫ則校長所答이잔못되얏다ᄒᆞᄂᆞᆫ지라黃就秀시가校長에不公正ᄒᆞᆫ事로將次各新聞에廣佈도하고학部에提訴ᄒᆞᆫ다더라

●姊與族何關 內部에서黃海觀察使에게訓令ᄒᆞ되現接本道安岳郡居幼學李職賢에請願內에本人이邑居강河윤에姊를作配居生이온바河윤이潛通其鄉居卿金丁之妻이다가事발逃타이온즉自該郡警務署로捉囚하윤之出嫁姊及其族屬ᄒᆞ고勒討오千兩後放送ᄒᆞ러니不意又自海州警務署로派送廳使ᄒᆞ야押去河윤姊及族屬하야嚴囚刑訊하오니此必卿哥에誹訴이온즉엄飭蒙放ᄒᆞ等因을查ᄒᆞᆫ則其弟에奸露逃타가出嫁ᄒᆞᆫ其姊及族屬에何關이有하건대旅捉囚ᄒᆞ얏스며自該郡分派所로오千兩을勒討ᄒᆞᆫ又何法意인지參互訴辭에節節駭歎이라玆에訓令하노니所管警署에捉囚諸人이如何홈을因하야本署에셔押因ᄒᆞᆫ事由와安岳郡分派所에勒討有無를엄明查得하야速爲從實徵來ᄒᆞ라하얏다더라

●淸局에韓人蕩產 平壤郡中城米信을據ᄒᆞᆫ則本동淸人居留者日々所業이太半吸鴉烟이오兼設技局이온대名曰三십륙計라云而統首도三십륙人이라當地예食其少利ᄒᆞ고不知義務ᄒᆞᄂᆞᆫ愚치之輩가每次에統首者ᄂᆞᆫ以壯원者에게頭전십一例取食之지味로無業雜類가遍行城三部內와平川하야誘引男女하야日此三십륙計ᄂᆞᆫ淸人이設局하고吾學은以統首로勸入之功勞로壯원許에以십一例取利라하며一원付之면三십륙원을得利이고십원을付之則三百륙십원을見利云則不分晝夜ᄒᆞ고淸人徐道生門에出榜苦待之人民이成如市街ᄒᆞ니동內紳士가不忍目覩하야屢々曉諭ᄒᆞ되愈往愈甚ᄒᆞᆫ지라近聞則今爲失전者或二百餘兩或云萬餘兩少不下七팔千금云ᄒᆞ니該郡警察官吏ᄂᆞᆫ何을譏訶인지巡檢廬긔鎭파셔창瑞와尹義洙여其他諸巡이右三십륙計每次에統首諸漢許에規定受賂가二십圓式云ᄒᆞ니觀察使以下官吏ᄂᆞᆫ不知而然인지知而不禁인지蕩敗家產者不計其數요平壤은纔此三십六計ᄒᆞ야商路전政이日益고갈ᄒᆞ야染及於他人하야將至爲渙散之境이라더라

●義郡虫災 義州來信을據ᄒᆞᆫ則去月來로粟黍等稚藥에害虫이발生하야漸次蔓延ᄒᆞ야각種蔬菜의靑葉을蚕食ᄒᆞ야被害가不少ᄒᆞ고其害虫은黑色小形이라더라

●傳說或訛 ?州郡山陽面某씨가에서雇聘日教師의醜行之說은訛傳所致라ᄒᆞ더라

桑港電報 七日發

●戰艦回航 米國大統領과海軍卿은戰艦十八隻을太平洋으로回航하ᄂᆞᆫ事를발明ᄒᆞ되是ᄂᆞᆫ實習的航海오特別ᄒᆞᆫ意미ᄂᆞᆫ아니라더라

●日人解雇 마니라陸海軍에使役ᄒᆞ든日本人을華盛頓政府에命令으로悉皆解雇ᄒᆞ얏다더라

●豫備演習 米國聯邦豫備軍은當地附近에서演習을開始ᄒᆞ얏ᄂᆞᆫ대一般方略은海軍陸戰隊의侵入을防禦홈에在ᄒᆞ다더라

▲一聲曉鐘▼

▲三昨日一進會에서總代尹始炳尹定植洪肯섭三氏을宮大李載克氏에게派送勸告ᄒᆞ기를宮中宵小輩를逐出ᄒᆞ라ᄒᆞ나內容인즉觀會에서宮府要任을圖得ᄒᆞ다가不得ᄒᆞ면宵小輩逐送事로宮大에게勸告ᄒᆞ니要任一窠式敍任ᄒᆞ엿스면아모말도언깃지

▲農商工部에서統監府書記官生田淸三郎氏를囑托聘ᄒᆞ다ᄂᆞᆫᄃᆡ月俸은每一百五十圓이오家舍料가每朔三圓式이라ᄒᆞ니該部에서무合務를囑托ᄒᆞᆫ지日人도多數ᄒᆞᆫ月俸을空然히捧食ᄒᆞ기自愧之心無ᄒᆞᆫ는지

▲永興郡分署警務補佐官補石川氏가有何曆折이던지該郡首書記를任自笞杖으로酷刑을施ᄒᆞ엿다니補佐官補도韓人을施罰ᄒᆞᄂᆞᆫ規則이有ᄒᆞᆫ지韓人을壓迫ᄒᆞᄂᆞᆫ氣習은已無可論이어니와日人은무삼事爲을行ᄒᆞ든시關係가無ᄒᆞᆫ는지

▲一進會成立時에爲當大爵이次第在前이라고誘引ᄒᆞ야會費로家產을蕩敗ᄒᆞ고今에頭領이乘機ᄒᆞ미觀察郡守幾窠를圖得ᄒᆞᄂᆞᆫᄃᆡ運動費로若干饒客이又是蕩產ᄒᆞ니可謂雉卵을俱食이로고

▲近日北村兩班家子弟들이相聚而語曰吾輩가만일舊習을固守ᄒᆞ고權利을盡失ᄒᆞ면更無回復之道ᄒᆞᆯ거시니雖巡檢兵丁이라도치스히여기지말고一齊히圖得ᄒᆞ자ᄒᆞ엿다니各其智識을闡明ᄒᆞᆫ思想은無ᄒᆞ고權利를失ᄒᆞᆯ가念慮ᄒᆞ니權利ᄂᆞᆫ잘回復ᄒᆞᆯ것고

▲避暑閣悲聞에서新聞을朗讀ᄒᆞ다가慨然長歎ᄒᆞ야日각新聞에日々頒布ᄒᆞᆫ事件이無非亡國兆朕이라고垂首傷氣ᄒᆞ나니亡國兆朕을恨歎치말고國家思想을胸中에注入ᄒᆞ야民智를發達ᄒᆞ면國權을回復ᄒᆞᆯ道理가有ᄒᆞ지오

▲農大宋秉畯씨가自 上으로商業會議所에下貸ᄒᆞᆫ신오萬圜을三日內畢納ᄒᆞ라고趙鎭泰諸씨에게星火督促ᄒᆞᆫ다니同씨가韓國內에金融枯渴홈을豈日不知ᄒᆞᆯ리오料此好機ᄒᆞ야賄賂之慾을갈ᄂᆞᆫ고

本社廣告

東署分傳人姜金基가無故逃躱ᄒᆞ야該分傳人의게擔覽ᄒᆞ시든僉君子의게未能傳致ᄒᆞ야極涉踈闊故로玆特廣告ᄒᆞ오니 想諒後동名과統戶를昭詳錄送ᄒᆞ시와卽速分傳케ᄒᆞ심을切望홈

清州郡南門外淸南學校事務所內에金泰熙氏를本支社員으로認定ᄒᆞ얏기玆以社告ᄒᆞ오니該附近地에本社申報購覽ᄒᆞ실僉君子는右씨에게請求ᄒᆞ심을希望홈

雜報

本社補助錄

自光武十一年一月

一月七日 安州普通學校五十전 尹泰鎬等十一圜

合十一원五拾젼

二月 五日 李芳榮壹圜

六日 全英鎬壹원

十一日 無名氏壹百원

十八日 朴泰호七원

卄二日 朴元善壹원

同日 北美加洲羅省公立協會々員卄五원

合壹百四拾五원

●嶠南義擧 嶠南各郡國債報償義務所에셔總代幾人式大邱府에團會ᄒᆞ야義金總合之方針과債償後之結果에對ᄒᆞ야議定ᄒᆞᆫ次로本月十日에道會를開設ᄒᆞ다고京城總合所로派員을上送ᄒᆞ야總合所長이枉臨ᄒᆞ시기를懇請ᄒᆞ더라

●所長발行 國債報償總合所長尹雄烈氏가大邱府道會에進參ᄒᆞ기爲ᄒᆞ야本所評議員安重植氏를帶同ᄒᆞ고昨日二番車에발行ᄒᆞ얏다더라

●正誤 鐵文學校卒業生리奎錫씨의姓名을金奎로誤植이기故에正誤홈

廣告

揚武號海員養成所修技生募集

今回에韓國子弟로ᄒᆞ야금海技養成에必要ᄒᆞᆫ簡易ᄒᆞᆫ學科와實務를授ᄒᆞᆯ目的으로써釜山港碇係揚武號艦內에海員養成所를設置ᄒᆞ고航海機關兩科貸費修技生各십五名을募集ᄒᆞ니志願者는左項條例를銘心ᄒᆞ고七月二十日限內에釜山稅關港務部로請願ᄒᆞᆯ事

一 韓國人年령十八歲以上二拾오歲以下男子
二 視力의完全者
三 身體强健ᄒᆞ고發育完全者
四 普通讀書의力存ᄒᆞᆫ者
五 修技期間은勿論ᄒᆞ고期間滿了后라도可히不關家舍ᄒᆞ고專心으로學科硏修와斯業에從事ᄒᆞᆯ者
六 身上에關ᄒᆞᆫ事는東萊府尹或相當ᄒᆞᆫ官衙의證認을得ᄒᆞᆫ者
但期日ᄭᆞ지証認書를難得ᄒᆞᆫ者는入所決定後此를提出ᄒᆞᆷ을得ᄒᆞᆷ
七 以下各項에對ᄒᆞ야本所主管의銓衡을經ᄒᆞᆫ者

尙本養成所及入所에關ᄒᆞᆫ詳細事는各地稅關及京城總稅務司廳에就ᄒᆞ야知悉ᄒᆞᆯ事

釜山港揚武號海員養成所 告白

本人에瓦家拾壹間舊文記七張新文記壹장을偶然遺失故로玆以廣布內外國人ᄒᆞ니誰某拾得休紙施行 東湖郭容섭 告白

國債報償志願금總合所금이千九百ᄉᆞ十五圜四十八젼을領置홈 電氣會社內銀行

各支收所來納금

永興郡第一回금一百二圜九拾전과大韓每日申報社第六回금五千원과光州郡第一回금捌百四十二圜오拾捌젼合五千九百四十五圜四십八젼를電氣會社內銀行에貯置ᄒᆞᆫ事

國債報償志願금總合所

本塾에日語速成科를六箇月卒業으로設立ᄒᆞ고敎師는日人雇聘ᄒᆞ고月謝금新貨七十五錢入學금一원二拾五錢이고陽七月十五日開學右日內來議ᄒᆞ시옵 北署中學橋中橋義塾 告白

本人이 慶矯발引時鍾路鞋廛前에셔銀刀柄만拾得ᄒᆞ얏ᄉᆞ오니從速覓去홈 西署奉常司北門동越邊一百三統十戶 劉漢文 告白

稅務主事採용試驗에關ᄒᆞᆫ處所와時日를如左히定ᄒᆞ니請願ᄒᆞᆫ後番號가有ᄒᆞᆫ者는該番號와紙筆墨硯及珠盤을携帶ᄒᆞ고每期日上午九時에新聞外獨立館으로齊到ᄒᆞᆯ事但第三期試驗은本部에셔行ᄒᆞᆯ事

試驗順序
一 第一期(七月십日) 作文 算術
一 第二期(七月十三日) 稅規法規大要
選擇科目(日語 歷史 地誌 刑法)
一 第三期(七月拾륙日乃至십七日) 漢文讀書々々面試

度支部

本人等이典동支所越便에셔各貰典舖이옵다가今에合資設舖營業하오니典執하실僉員은陸續來臨爲要

中署典동영信號典舖 金경秀 車基倫 金榮觀 告白

本人이陰三月十五日에圖章을遺失인데김昌二字는篆刻이오植字는正刻이오니知舊間照亮後勿爲見欺홈 平壤上水口外金昌植 告白

김善圭가獨徵不當ᄒᆞᆫ理由로漢城裁判所에訴求ᄒᆞᆫ事는新聞上에已爲揭載어니와日昨에裁判ᄒᆞᆫ事實을據ᄒᆞᆫ則李奎호供草內에同錢二千五百圜을典券得償ᄒᆞ야一千二百원은韓召史가用之ᄒᆞ고一千三百원은社員이各自分用이다昭著卞白ᄒᆞ오되自官處判에李學等도납ᄶᆞ지김敎宣도납ᄶᆞ지宅슈도납ᄶᆞ지李奎호도납ᄶᆞ진즉김善圭는홀만ᄒᆞ다ᄒᆞ야獨히徵出ᄒᆞ라ᄒᆞ니홀만ᄒᆞ면不用ᄒᆞᆫ젼도白徵ᄒᆞ는境遇가安在며韓召史所用條는有何愛憎이며지李學等의음護ᄒᆞ는證告를信ᄒᆞ야卞明移錄치아니ᄒᆞ며閔達植은同時捺章ᄒᆞᆫ社員이되韓召史와符同ᄒᆞ야圖章을다지지아니ᄒᆞᆫ樣으로도獨囑하야一切置之不問ᄒᆞ고右젼二千五百원을具邊利ᄒᆞ야一分不用ᄒᆞᆫ김善圭에셔獨徵ᄒᆞ라ᄒᆞ다니是何經緯며是何訟理인지玆以廣告홈

貞동南相元 告白

政府財政顧問部編纂

現行大韓法規類纂

洋裝背皮金文字 七入總紙數千七百頁 定價金參圜五拾錢 郵稅四拾錢

右當局에셔發賣ᄒᆞᄂᆞᆫ部數의限이有ᄒᆞ오니購買ᄒᆞ시ᄂᆞᆫ人은至急히請求ᄒᆞ시되但代金은郵稅共(現金又ᄂᆞᆫ郵便爲替로)前納ᄒᆞᆷ事

龍山印刷局

(○符ᄂᆞᆫ四号▲符ᄂᆞᆫ 号其他五号活字 適宜鮮明ᄒᆞᆫ輪廓을付ᄒᆞᆷ)

本人子範九年今二十一에性本盧漢而或名丁奎或名大一ᄒᆞ야誤聽技魁之言ᄒᆞ고以一二兩젼으로或負數百兩債ᄒᆞ며或成八九百兩標則持標書가日人과付同ᄒᆞ다ᄒᆞ니新章이嚴明ᄒᆞᆫ바에豈容若是며身勢가蕩空則內外國人은切勿見欺홈 旌義法還里康鳳局 告白

宗中世傳宗畓이在於砥平上東面서室而族人京居前參奉鍾漢이年少沒覺으로浮浪성習ᄒᆞ야宗畓문券을ᄒᆞ고不知去處이오니必是典賣之計나不動産證明規則이自有章程ᄒᆞ니內外國人은切勿見欺ᄒᆞ심을望홈 金興安氏宗中 告白

本人의私故가有ᄒᆞ야國債報償期成會發起及評議員의任務를承當키難ᄒᆞ야請願不退ᄒᆞ얏삽기玆에布告홈 玄公廉 告白

●일본遊覽者募集

一 遊覽會員募集 人員은五十名으로一團을成ᄒᆞ니한일인을不問ᄒᆞ고速히請入ᄒᆞ시옵
一 巡遊地 東京博覽會橫빈京都大阪神戶
一 往復일數 대抵十七일間
一 浮費 遊覽費及手數料를合ᄒᆞ야總計四十八圜
一 出發일 請入順次를從ᄒᆞ야出發三일前에直接히通知홈
一 請入所 在京성各신聞社五十八銀行경성支店 天一銀行
一 會員은遊覽을終ᄒᆞ야歸後ᄂᆞᆫ本會와關係가小無홈
一 南대門서釜山으로直行하ᄂᆞᆫ者지或은東京으로直行ᄒᆞᆫ디외對ᄒᆞ야도同一便法으로홈

일本人遊覽協會事務所에셔도請入을應諾홈

영성南대門通 東亞勸會

慶南草溪延安車氏譜所分册始于五月也各道宗氏持册價業一百十兩往來譜册ᄒᆞᆷ 宗人영路 告白

增修無冤錄大全

壹千壹日七十貳頁 定價新貨七拾五錢

此增修無冤錄大全은法律家의最緊要ᄒᆞᆫ書籍이온디年來現本이始히絶種에至ᄒᆞᆫ지라故로法部에認可를得ᄒᆞ옵고此를新刊ᄒᆞ얏삽ᄂᆞᆫ대國漢文으로解釋ᄒᆞ야模糊ᄒᆞᆫ句節이無ᄒᆞ오니法律學에有志ᄒᆞ신이와字牧之任에居ᄒᆞ신이ᄂᆞᆫ不得不覽ᄒᆞᆯ冊子이오니注文陸續ᄒᆞ시옵

中署布屛下 廣學書舖 김相萬 發售所

學徒裝衣書冊 學徒運動과諸具 羅紗各種 美國金鷄納 衣服裁縫其他雜貨도廉價放賣ᄒᆞ오니諸君子ᄂᆞᆫ來臨ᄒᆞ심을바라나이다

仁川港奇峴新册肆

本人이日本大阪商業家와特約ᄒᆞ고日本內地産出各種物品과西洋各種物品及機械等物을我大韓에輸入ᄒᆞ야委托을便利케契約ᄒᆞ얏ᄉᆞ오니商工業에有意ᄒᆞ신僉君子ᄂᆞᆫ某物이든지請求코저ᄒᆞ시거든本社로來議ᄒᆞ시오本社에셔ᄂᆞᆫ手數料만受領홈

興業社本店 開城北部轄洞 支店京城南門內水橋五十一統六戶 全仁港內泰廣濟 培養會社

本館에셔新舊書籍을大發售ᄒᆞ오니有志僉彦은陸續携覽ᄒᆞ심을望홈 銅峴屛門下古今書海館 白

◎活動寫眞廣告◎

今番에新作ᄒᆞᆫ活動寫眞은佛國巴里京에셔有名ᄒᆞᆫ가지오또ᄒᆞᆫ大韓國皇室에셔먼저看覽ᄒᆞ시고新作ᄒᆞᆫ것인디數日에遊覽ᄒᆞ시ᄂᆞᆫ僉君子가多數枉臨ᄒᆞ시와坐席이너무狹窄ᄒᆞ와來臨ᄒᆞ시ᄂᆞᆫ이不便ᄒᆞ시겟기로今番에坐席을新로廣케ᄒᆞ고活動寫眞이多數來到ᄒᆞ야每夜에新面目을供ᄒᆞ오니速々來臨ᄒᆞ시옵

活動은自下午八點半至十點半

寶眼時 七點半始 入場料 上等三十錢 中等十五錢 下等 錢

新門外 法人 馬田 告白

新小說 鬼의聲

菊初 李人稙 先生 著

發賣所 京城各書舖 中央書舘

國債報償義捐金收入廣告

●三和港紳商會社員
白時燦三圓 金季應십五圓
安熙朝三환 崔東鎭二圓
林祐敦拾圓 리昇薰 오潤民
韓지鎬 김尙英 각五圓
홍鍾完 拾圓 于淳亮二圓
金운興칠圓 리培근 崔大峻
各五圓 韓永철貳圓 尹敬셥
三圓 田封九 韓光學
각一圓 姜院用二圓 리恒郁
三圓 朴萬화 김用九
各廿圓 김永權 全경奭
김道曾 김學根 나容연
各拾圓 김炳숲卅圓 리景夏
오時鉉 柳장涉 각五圓
丘泳리拾四圓 리庸仁三圓
韓致璣 김相燦 각三圓
리셕裕 김庚地 각一圓
정益洪 拾五圓 裵亨식二圓
김正民 김應錫 각五圓
韓孝源 리秀영 裵영燁
오셕元 복基화 羅東玉
윤泰煥 오仁根 리成숙
각貳圓 종聲出십圓 송重기
三圓 金駿화 方適셕
明致聖 리元淳 韓孝觀
김利觀 각一圓 김永湖
具秀會 安셕祚 리仁셕
리延範 각三원 尹셕豊
金子範 각貳圓 崔稀셕
全夫人 六십젼 나致漢
廿젼 리봉保五圓 김翼文
五십젼 朴齊尙 김敬鎭
복甲龍 김秉鉉각一원
◉무敵廳
정士鉉 姜奎植 강守보
송漢植 崔白祿 박聖文
복致淳 皮聖觀 김聖彥
박根五 朴셕弼 張千有
최景文 강宗운 延俊京
孫景贊 文싱호 리春河

리潤根 박상근 崔뒤淵
金英화 東근 강信元
리達永 元智淳 韓仁淳
김지玄 김蓮守 김應來
元지石 김창㶅 김贊基
박하洙 정淳與 方先明
李觀守 李大선 南지호
복학西 김奎植 김永○
최成贊 洪리弘 송致京
김德淳 林원吉 裵成숙
신창여 김상호 김셕根
魯炳贊 文지九 張昌植
徐大淵 任七星 丘東錫
리宗白 최원桑 김셩호
김應肖 김京烈 林元一
리昌燁 김京云 리창林
김京植 리奉春 姜호준
徐大호 全弘奎 리白필
김用칠 박致權 박能환
오基灝 徐仲占 리觀守
리用杰 박春西 趙기호
복南石 鄭리訓 安道奉
김萬喆 박吉龍 黃宗厚
김䓁淳 尹지根 리宗先
김成律 리貞호 徐東云
박允식 리亨贊 宋夫允
安창호 趙匡云 趙得化
리有각 김德九 鄭基奉
김셩道 최贊식 安貞호
康根淳 文正洛 조興식
김슈황 오元보 김養甦
趙星甫 康仲民 尹用祚
박仁石 김先吉 오昌西
柳기淵 崔時一 김셩근
文德憲 朱인德 박吉奉
조鎭守 張翰德 洪致九
安養淵 具致化 尹化淳
김福伊 김致淳 김利淳
리文先 閔永창 리明션
任允益 許根조 任用화
韓承奎 리昌云 徐明근
김在호 김時學 宣永晋
오亨先 김仲吉 오觀永
梁允玉 리宗雲 崔德汝

리七福 강龍호 김夢尙
邊宗呂 리昌獸 김淳보
張應碧 崔永祚 金春植
鄭化셩 리化그 安京云
文正模 姜用琛 김學道
高守근 리海七 張致云
리昌奎 김炳奎 車成達
각一원廿젼 懲役高達秀
一원八十錢 아聖郭리식一圓
沈禹欽三圓 趙泳리母親김씨
銀粧刀一介 齒箭一介 二兩八젼
重 全夫人리씨銀指環一雙
一兩三전五分重 全子長壽
十一歲廿면 全女息福貴
銀指環一雙 一兩七전重
全子長命銀時計縺一件四젼重
全女小福貴銀指環一雙八젼重
治匠人田昌益一圓 全夫人
全女息二人 각五十젼
治匠人박士用一원 全김宗善
全리基贊 각六十錢
全方元西오一젼 全김善一
一원
梁載興 二원
合銀七兩五分重
合五百六十六圓九十젼

●三和港務精契員
田封九二원 田리沃五환
尹敬셥一원 리時창각십젼
白藥숲오원 明致셩 韓宗奎
조漢榮 朴宗衡 정益홍
車히範 김忠國 김翊煥
복宗셜 嚴龍善 김俊國
리찬奎 각一원 鄭應너
金炳鉉 林弼股 각陸십젼
김鍚翼貳원 全정奭三원
合卄二원四십錢

●安洞普通學校四學年學徒
량允煥 四十면 오舜明
廿五젼 김壽東 김壽복
具然영 安啓煥 姜大男
金興甫 리甲得 각廿젼
徐二龍 십젼

◉三學年학徒
朴春奉卅錢 곽忠完 최奉天
리종萬 숲今哲 李甲童
田潤복 成甲正 兪乙仁
나南山 리漢齊 徐貴男
복貴奉 박壽命 具然鎬
최柳星 박갑龍 나興龍
趙刚학 廿五전 康리哲
朴德文 李학吉 각五전
오十젼 나萬奉 卅錢
金七星 廿八젼
合七圓오十八젼

●咸鏡道永興晉源殿
강廣祐 姜相錫 姜瀞셔
姜齊元 姜錫胤 姜呂淑
강尙彥 嚴秉德 嚴成祚
嚴時度 嚴時호 嚴亨度
嚴成호 嚴時奎 김昌善
金在호 김學明 김正麟
金尙云 金學鉉 김在寬
너元셩 李東셕 너근弼
리錫龍 리容鳳 리鳳奎
리창洙 복齊龍 박岐陽
朴勝傑 朴勝여 朴之鍋
복齊雄 복齊穆 合 八십원

●江原道寧越西面廣灘書塾
김振泰 김振復 김振華
각五십젼 김振億 김振益
김振萬 각卅젼 김振興 김振衡
각卄錢 金振恒 김振世
김振豊 각십젼
合三원十젼

◉寧越西面鐵東里
白鳳鎭八十錢 高리鎭 高敬祖
宋益杜 元再英 각오십젼
徐相廸 리基雨 白命洙
李桂淵 각四十젼 김業鍊
리相律 리相實 孫相철
각卄젼 全東鉉 리東三
鄭成鎔 池權植 각卄젼
宋復運 십오젼 리長쇠십젼
合陸圓六십五젼

●始興郡南面老溫寺里洞中 [illegible]圓
◉阿方리동中 九圓十뎐
●平北嘉山南面龍동居김錫根 貳圓
◉固實동居主事禹大做 三圓
●南署惠民동리建曄 三원
●靑坡三獎文鳳燁夫人김씨
銀粧刀一件一兩二전重
子婦高氏銀셔복簪一件
八錢오分重
●豐德郡邑內高陽里
申鉉宗 申鉉常 申헌周
각오십錢
合廿八圓六十젼
●顯陵
令徐廷寬二원 書員張富吉
各十錢 庫直박豊信五십錢
守僕黃季東 金豪安 金明俊
全斗去非 각四십錢
後陪오壯漢 許完근
櫃匠金千돌 각三십錢
書記金仲혁 五십錢
所任趙善出 金者斤釗각卄전
合六원오十젼
黃海道延安郡邑內德義塾
教師김明元一원卅二젼오厘
學徒오英春一원 최應天
金元泓 徐壽男 金興權
陰斗션 黃鶴鳳 박世彬
宋興萬 孔리述 각오십錢
金셕泓 卄오전 申尙萬
김순東 梁今東 康셕珍
각卄전 徐창복 장所回
각십전 리元台 최應복
리순益 각오십젼 장世安
金一郎 김章成 각卄錢
◉邑村八
通政金영夷십圓 叅奉裵達亨
司果염셕鎬 각五圓 리一寧
孔炳憲 각四圓 叅奉김東圭
叅奉宋允明 果司리應天
監役崔秉鉉 각二환

進士宋亭應 림明厚
進士宋綱萬 각一圓 宋成원
정成源母親리씨 각陸원
車현文사원 子成均四十전
裵東찬二그 宋순東一圓십錢
리富셕母親강氏 최辰翰
各一圓 申락均 九十전
◉북峴오里동中
一圓四십二젼오厘
◉홍愛面大오里再弓동
리致賢 권景조 박守보
리子化 각一圓십전 權영조
韓于鴻 리致大 權순조
리致秀 우영숟 리致雲
리셕種 정원호 김셕조
오鳳進 朴七孫 柳京安
리貞圭 최奇 각오拾전
閔영一 리여宗 윤영三
鄭定호 윤순복 金妙成
君命搖 각십錢 리致成
全圓 權聖조貳圓 오丁보
全圓팔拾전 尹원奇 三圓
金先有오십면 오창호卄면
합九十八圓陸십전
●홍川郡詠歸美面屬川里
叅奉許萬圭 一圓 安鍾玉
主事高영輔 安在泰
主事安相덕 許인셥각오拾전
리보鉉 一圓오십전 許潤괴
최升煥 高濟祥 許鳳煥
通政리敎英 金世文
司果김錫圭 최주煥 김信鉉
리賢世 각오십錢 徐리錫
許杜 通政리奉榮 高濟리
최지鶴 安鍾振 邊지道
許장 康치덕 각卄전
리觀駿 金鳳리 安지賢
許鳳華 許萬우 리升成
리윤榮 通政高世鉉 高영萬
通政任佑常 許相 龍君식
신원均 박敦轍 리병憲
리규오 龍영祿 許錫禹
許찬 신泰登 김舜翼
康일호 康勝칠 金顯緯
金顯夏 韓寅錫 龍成鱗

각卄전 主事康弘규 壹圓
리九쑞 康치康 각스십錢
김勝道 박君玉 許希仲
安鍾協 安鍾원 리公鉉
叅奉高근模 安宅淳 리啓成
龍己陽 全원日 卞連奎
각십전
합貳십壹圓十전

總合八百廿七圓四십三전
國文報廣告總合一百三十七圓
八十三전
前號總合三萬○五百九拾三圓
오拾三錢二厘
都總合三萬一千五百五拾八圓
七十九錢貳厘

◎特別廣告◎
國債報償金三日間所捧은姑未
合計이옵고伊前日의所捧總合
四萬八千四百卄圓卅七錢은電
氣會社內銀行에貯置호얏숩
고其貯置額中貳萬四千三百
圓은國債報償志願金總合所로
越交홈
大韓每日申報社

發行兼編輯人英國人 裵說
發行所
南署石井동號外地三層洋屋家
大韓每日申報社

第五卷 第五百五十九號

大韓每日申報

月曜及慶節 歲時日休刊

檀君開國四千二百四十年
箕子元年三千二十九年
大韓開國五百十六年
日本明治四十年
淸國光緖三十三年
◎陰曆丁未六月大初一日庚甲

論說

韓日人問答

有一個韓人이與日本遊士로遇從日久에情契頗熟이라一日은韓人이問於日士曰貴我兩國이原非兄弟之國이며其人이非同種之民族乎아今者貴國이侵佔我兄弟之疆土ㅎ며虐害我同種之民族ㅎ니何其不仁之甚이며貴國이曾以扶식我韓之獨立으로聲明于天下矣리니終乃食言論盟에勒置保護之下ㅎ고一切外交權政治權實業權敎育權을細大不遺ㅎ고罔不囊括而攫取之ㅎ야使我韓人으로略無一點生機케ㅎ니是卽俄人之行於波蘭者也오法人之施於越南者也니何其蔑棄人道가至此之極也오

日士曰吁라子何見之不明이며辨之不審也오夫人必自侮而後에人이侮之ㅎ고國必自伐而後에人이伐之ㅎ나니以波蘭越南之歷史로觀之ㅎ면凡天下有心之人이莫不哀之憐之ㅎ나其實은波蘭이自亡也오非俄人이亡之也며越南이自滅也오非法人이滅之也라今以日韓之關係로言之ㅎ면我日本이何嘗有侵佔疆土ㅎ고虐害人民之主義耶아其實은韓人이自召其侵佔也오自取其虐害也라ㅎ노라

余가來此貴國하야觀於政界社會ㅎ니所謂世祿之家와大官々엽이但知有身ㅎ고不知有國ㅎ며但知有家하고不知有民ㅎ야對我日人ㅎ야先意承迎을惟恐不及하야一切權利를無不讓與ㅎ니此非自取滅亡者乎아

又觀於士림社會ㅎ니峨冠博帶로坐則屈膝하고立則如痴ㅎ야號召其徒曰我輩는聖人之徒오大明遺民이라近世所謂新學問이皆夷狄之道니決不可留意며所謂新聞紙가亦皆異端邪說이니決不可掛眼이라吾黨中에若有語及世界形便者면是는雜念也오妄想也니切宜戒之ㅎ라日後에有眞人이自某中出ㅎ야統六生水ㅎ는神妙之技를使用ㅎ면彼鐵艦輪舶이自當退去ㅎ리라ㅎ니此輩가口讀聖賢之書ㅎ고名在四民之首ㅎ야昏迷狂妄이如是其甚ㅎ니此非自取滅亡者乎아

又觀於人民社會ㅎ니或甘於利誘ㅎ며或겁於威脅ㅎ야以其所有之家屋田土로拱手讓渡于外人ㅎ고又有一種奸民이將其同胞之所有ㅎ야使之賣渡于外人ㅎ되爲其媒介ㅎ야取其口文之餘利로看作能事ㅎ니以此觀之ㅎ면不出數年에全韓人民之田土家屋이盡入於外人之買取ㅎ리니此非自取滅亡者乎아吾子는幸勿歸怨於他人하고反諸己而省之ㅎ라

於是韓人이氣結膽塞ㅎ야沉默良久라가喟然而嘆曰在吾韓人에固有自作之孽이나以東亞大勢로言之ㅎ면貴國之侵佔我疆土ㅎ고虐害我同種者가恐未必爲貴國之福利也니何不長慮却顧乎아螳螂捕蟬에黃雀이在後ㅎ니將若之何오

東西人種之禍가自此而作矣라此則貴國이小利를貪ㅎ고大義를棄害으로由ㅎ야世界競爭이終無休息之期니豈不寒心哉아反省之責은不但在吾韓人이라亦在於貴國이라ㅎ노라於是에日士가亦爲之慨然發嘆ㅎ고揮涕而起라ㅎ니蓋其問答이對此兩國人士ㅎ야實爲警醒之資故로爲之揭載如此ㅎ노라

官報

◎宮廷錄事

號外 光武十一年七月八日

宮內府大臣李載克辭職疏

批旨省疏具悉卿懇日者之批宜其諒會於必不聽許之意而又此爲煩甚未知其可矣事遣府郞宣諭

◎第三千八百十三號 光武十一年七月九日

◎敍任及辭令

任漢城府主事 前主事박世勳 李九培
任황海道觀察道主事 六品沈相璿 九品량在鴻 宋德유
任咸鏡北道觀察道主事 姜鳳南
任咸鏡南道觀察道主事 朴永九
任성津府主事 六品서圭彪
任慶興府主事 李澤九
任平康郡主事 權丙寅
任豊基郡主事 全觀鶴
任舒川郡主事
任여山郡主事 李憲求
任孟山郡主事 朴昌河
任鐵州郡主事 前主事김河鍵
任鏡興郡主事 九品文德烈
任咸安郡主事 李圭玄
任谷山郡主事 김德熙
任安□郡主事 九品김炳善
任괴山郡主事 洪承瓘
任木川郡主事 權東珠
任知禮郡主事 九品文性牧
免本官 度支部稅務官김貴鉉 經理院技師柳秉□

任度支部稅務官 京畿道觀察道主事金秉斗
依願免本官
免本官 河東郡主事김秉斗
咸鏡北道觀察道主事朴永奎
龍川府主事박慶陽
依願免本官

外報

◎日人憤慨 在桑港日本人이米國의排日示威的行動을憤慨ㅎ더라

◎愛蘭行幸 英國皇帝皇后兩陛下씌셔來十日에愛蘭都府를訪問ㅎ실터인대同市에셔歡迎準備를盛히ㅎ다더라

◎禁烟罪人 北京官廳에셔는阿片禁止를完全히行ㅎ기爲ㅎ야三千萬兩의罰金을課ㅎ니其誘掃ㅎ는如何오度支部의一問題가되얏고吸烟民가酒와烟草稅를增張ㅎ다더라

◎樺太開發 俄國에셔는樺太開發事件으로特別會議를開ㅎ얏는대黑龍江鐵道를速成ㅎ기와黑龍江口에航海事業의設備를設ㅎ기와收民ㅎ기를決議ㅎ고礦山條例第七百七條를改定ㅎ야支那人勞働者의使用을許可ㅎ고同島에風土地質을調查ㅎ되今年夏季內에其調查를畢了케ㅎ기로決定ㅎ얏다더라

◎鹿島大水 大阪電報를據ㅎ즉去五六兩日에驟雨로以ㅎ야鹿兒島市中에셔大水가被ㅎ야浸水된家屋이數百戶며慘狀이極ㅎ고市中에死傷도多有ㅎ얏다더라

寄書

敬告大韓父老兄弟 在美少年韓國之少年

僕臥病數月不省人事久矣러니友人寄來大韓每日申報十數張披閱終日에如聞嚴讐ㅎ야花如讀亡國史ㅎ여不覺旨然而子懷然而悲愴然而嘆傍人怪余之顔色忽青忽白至有擬余之病勢更劇讀至金徐兩씨禁烟償國債事與士人徐午淳氏之斷指自誓期湖南鐵道之到底必成且全國鐵道을將次償還於幾百年ㅎ기를集議ㅎ다ㅎ니不覺拂案大叫乖死病中驚坐起然則金徐諸氏之趣旨書不啻陳琳之檄이라此何人斯此絕大事業偉大人物驚省活世之國民乃吾二千萬同胞也卽我韓獨立之基礎也壯絕奇絕早로戈於落日同狂瀾于既도二千萬人이一箇年에一圓式計算ㅎ면兩年에는四千萬圓之巨欵을成ㅎ리니鐵道償還亦甚易之何患千三百萬圓之國債乎리오莫患于不合羣이니令全國之民으로痛哭嗚息向義如湯卽將極東進步의韓人으로於前驅可立而待也라嗚呼라瓢泊海外渓歲滄桑東來消息에最敬愛我將之二千萬國民日韓同胞共常忠憤旅米同人所在集會捐금不少特此寄付於大韓每日申報社皇天后土實鑑韓人伏惟照亮

雜報

國債報償興德郡郊山市義務所趣旨書

敬啓者는其可愛非君이며非后면何戴이오同胞々々여普天率土에孰非王臣이며孰非國民가國之存亡은大關於氣數나古今天下에寧有以國稱로見凌受制하야獨立疆土而喪其宗社者乎아嗚呼라欽惟我 皇帝陛下開元之初에際九六之會而當否泰之運ㅎ사兩國交涉上支撥이無由하야一千三百萬圓巨額을借欵於外國而每年正供을錢入計出則猶恨不足인대奚暇以報完國債乎아由是而山林川澤이稍々蚕食於秦求之無已하야君父之困迫이俛仰屈伸에不能自由하야至於不通呼吸ㅎ니以我江山之險固로도無用其三千里疆域也오以我民士之義烈로도無用其二千萬人衆이오以我禮義之燦明으로無用其四千年文物也而國粹民病이漸入膏肓ㅎ니爲我韓臣民者가孰不抹血飮泣ㅎ고痛철九天也哉아惟此巨款國債를今年末報하고明年仍過則三千里江산이同歸於波蘭埃及之一轍而二千万生靈이必將珍滅移易而無遺類矣리니豈非泣血痛哭者也리오噫라東邦禮義之教가협入骨髓에幸玆秉彛가極天罔墜일셔嶺南大邱廣文社徐相敦金光辰兩氏가以國債報償으로憤忠이激發ㅎ니止烟에首倡義捐之舉ㅎ니其忠肝義膽이足以振我東江山精氣也라

於是에偃草美風이動乎四方을捷猶影響ㅎ야無論京鄉貴賤上下老少男女ㅎ고雖鰥寡孤獨被릉殘疾倡優輿대라도聞風奮발ㅎ야多少勿拘하고莫不捐義ㅎ며以至天下각國도亦皆獻賀찬成而大同民心이如水之必東星之拱北하니由此觀之컨대庶幾或可挽回國權之萬一基礎耶아豈不万々欽祝哉아鄙等이雖處지鄉曲이나是오百餘年化育中生成者ㅣ라其於君臣父子之道에講之素矣라愛國愛君之義를庶幾不爲몽然者로豈不知時局之遑汲而恬然觀望乎아適者二三受志로發論協同ㅎ야設一會所于本郡郊山市ㅎ고名曰萬東義務所라ㅎ고布告趣旨于境內坊曲ㅎ노니惟願同胞諸君子는以家國存亡之機로爲已任擔負ㅎ고幸勿負 未完

雜報

●內下舍價　錦陵尉朴泳孝씨가三昨日에校동閔泳찬씨家舍로移接ᄒᆞ얏ᄂᆞᆫᄃᆡ該家舍價一百卅萬兩을內下ᄒᆞ옵셧다더라

●內部會議　內部에셔昨日上午八時에高等官吏會議를開ᄒᆞ고部務에就緖方針을爛議ᄒᆞ얏다더라

●度大呻痾　度支部大臣高영喜氏가身病으로仕進치못ᄒᆞᆫ다더라

●郡奏云呈　再昨日內部大臣任善準氏가該部秘書課長오在豊氏와內閣會議에入叅ᄒᆞ얏다가該部로出來ᄒᆞ야下午九時量까지視務ᄒᆞ다가仕退ᄒᆞ얏ᄂᆞᆫᄃᆡ伊日에郡守奏本十餘策를奉呈ᄒᆞ얏다ᄂᆞᆫ說이有ᄒᆞ더라

●兩守內移　水原郡守李完鎔氏ᄂᆞᆫ奉常司提調로成川郡守趙鼎윤氏ᄂᆞᆫ中樞院副贊議로移任ᄒᆞ엿다더라

●廉氏發論　內部官人도笠宕을廢止ᄒᆞ고服裝이나주衣帽子만着ᄒᆞᄂᆞᆫ것시便利ᄒᆞ다고再昨日에該部地方局長廉仲모氏가發論ᄒᆞ얏다더라

●內下女校　女子教育會家舍를現지修理中인대三昨日에修理費에補用ᄒᆞ라고該會로금一千圜을　下賜ᄒᆞ시고再昨日에扇子一百柄을　下賜ᄒᆞ셧다더라

●三氏入城　日本에逗留ᄒᆞ던申應熙鄭蘭教李奎完三氏가數日前에入城ᄒᆞ얏다더라

●死刑勿施　法部大臣趙重應씨가閔宗植氏事件에對ᄒᆞ야總理大臣李完用氏의게質問ᄒᆞ되閔宗植이가有何死罪乎아全國形便이此境에至ᄒᆞ얏ᄂᆞᆫ대或倡義之人을處絞ᄒᆞ면豈謂國有人乎아余ᄂᆞᆫ此等奏本을決不可上奏라ᄒᆞᆫ대總理大臣李完用氏가法大의公直之言을聞ᄒᆞ미默々無言에面如土色터니果然處絞奏本을勿施되얏다더라

●內賜校費　平壤郡에進明女校를設立ᄒᆞ고本校總教師余秩禮黃氏가前往ᄒᆞ야開校式을擧行하얏ᄂᆞᆫ대自　上으로校費金四百圜을　下賜ᄒᆞ옵셧다더라

●意見留待　李建鎬李舜夏呂炳鉉金重煥李成鎬盧炳善諸씨가地方官養成所를設始ᄒᆞ기로意見書를內部에提呈ᄒᆞ얏더니該部에셔頓無如何回報인故로昨日에리成鎬盧병善兩씨가內部에前往ᄒᆞ야該部大臣任善準씨를見ᄒᆞ고該意見書의採用與否를質問ᄒᆞᆫ즉任內相所答에此意見書가係是時急之務인즉卽速應行이나財政에困難ᄒᆞ야方在주旋中인則姑爲留待ᄒᆞ라ᄒᆞ얏다더라

●韓犬咬日　再昨日泥峴等地에셔有一韓犬이狂氣가忽發ᄒᆞ야左右橫馳ᄒᆞ니人皆畏겁ᄒᆞᄂᆞᆫ지라惟獨日人七名만猛咬ᄒᆞᄂᆞᆫ데日人曾我의子兄弟가重傷ᄒᆞ야治療次로昨日에東경으로率去ᄒᆞ얏고麵商日人도重傷ᄒᆞ얏ᄂᆞᆫ데幷히五人은漢城病院으로擔舁而去ᄒᆞ얏ᄂᆞᆫ대該狂犬이日人만猛咬ᄒᆞᄂᆞᆫ거시亦一異常ᄒᆞᆫ事라고人言이有ᄒᆞ더라

●草嶺調賊　咸興郡下支面社荒草領等地에賊警이大치ᄒᆞ미該郡警務署에巡檢金龍昇과補佐員一人을派遣偵探中이라더라

●是父是子　自強會總務尹孝定氏가警廳에被招ᄒᆞᆫ事ᄂᆞᆫ前叅判閔丙漢氏의子膺基씨가搆虛誣告로由ᄒᆞ얏다ᄂᆞᆫ事ᄂᆞᆫ昨報에已揭어니와更히確聞ᄒᆞᆫ즉閔丙漢씨가警使나觀察이나圖得ᄒᆞᆯ經營으로凶謀ᄒᆞᆫ運動을其處에行使ᄒᆞ、陷人於不測을看作能事ᄒᆞ야白々無瑕ᄒᆞᆫ紳士로ᄒᆞ야금被招之境에至ᄒᆞᆫ지라別無查問ᄒᆞ고旋即放免ᄒᆞ얏스니一般社會上에셔對此父子ᄒᆞ야不可無討論問題라ᄒᆞ더라

●蔑視孤寡　宋덕관씨家屋이鄰居金召史家와隔墻ᄒᆞ얏ᄂᆞᆫ대宋氏家舍廊에宿食ᄒᆞᄂᆞᆫ빈客들이金召史를頻頻窺視ᄒᆞ야無禮太甚ᄒᆞ거ᄂᆞᆯ金召史가其行爲不正ᄒᆞᆷ을屢次唾罵ᄒᆞ얏더니宋氏가該召史의孤寡無力을壓視ᄒᆞ고總巡과巡檢을囑送ᄒᆞ야捉去檢查ᄭᆞ지ᄒᆞ얏ᄂᆞᆫ데該召史가卽爲賣家移去ᄒᆞ얏다더라

●鹽商鳴冤　傳說을得聞ᄒᆞᆫ즉擴商金과源氏가前公使림權助入城ᄒᆞᆫ말듯고憤氣大發ᄒᆞ야窓厚紙一張에直訴라大字로써右手에들고左手에長書를持ᄒᆞ고伊藤統監馬車前에呼訴次로七次等待라못ᄒᆞ야再昨日上午十点에統監府에長書를呈ᄒᆞ고領受証을受ᄒᆞᆫ後에廻還ᄒᆞ얏다더라說

●리氏奬學　內閣書記官리源鎔氏가開城郡에過去ᄒᆞ다가영창學校를觀覽ᄒᆞ고金사圜을捐助ᄒᆞ엿더라

●水道保護　內部에셔鷺량津水道敷設ᄒᆞᄂᆞᆫ工役에或人民의阻戲ᄒᆞᆷ이有ᄒᆞᆯ가ᄒᆞ야경畿觀察道警務署에訓令ᄒᆞ야巡檢을派送保護ᄒᆞᆫ다ᄒᆞ얏더라

●稅主試取　度支部에셔稅務主事試取ᄒᆞᆫ다ᄂᆞᆫ說은已爲報道어니와該應試者가一千三百餘名에達ᄒᆞᄂᆞᆫ故로第一二回ᄂᆞᆫ獨立館에셔試才ᄒᆞ고第三四回ᄂᆞᆫ該部內에試才ᄒᆞᄂᆞᆫ대試驗委員은司稅局長元應常秘書課長金命圭문書課長리麼翼正稅課長成夏國檢查課長申佑善翻譯官韓圭復書記郎閔丙昇리윤종諸씨인데此外에日人이五人이라더라

●知機逃避　江陵郡守李在華氏에會贓事로該人民等이陸軍法院에呼冤ᄒᆞ엿더니憲兵三名을派送한지十餘日이되도록捕捉치못ᄒᆞ얏ᄂᆞᆫ대該氏가逃避ᄒᆞ얏다ᄂᆞᆫ說이狼藉ᄒᆞ더라

●內訓ㅈ發　法部에셔平漢兩裁及拾三道裁判所와각港市에輪訓ᄒᆞ되刑事被告人以外者로ᄒᆞ야금被告所犯에關ᄒᆞᆫ私費ᄒᆞᆫ公금을還充케ᄒᆞ고或은民事上에도債務者以外者로서代償ᄒᆞᆷ을自願ᄒᆞᄂᆞᆫ境遇에ᄂᆞᆫ此를許容ᄒᆞᆷ이無妨ᄒᆞ거니와裁判所에셔此等事爲을强行케ᄒᆞᆷ은不當한處置가되ᄂᆞᆫ거시니到卽轉飭于각郡ᄒᆞ되自今爲始ᄒᆞ야ᄂᆞᆫ公금과私금을勿論ᄒᆞ고斷然이此等處理가無ᄒᆞᆷ이可ᄒᆞ기로玆에訓令이라ᄒᆞ얏더라

●進級延期　開城郡영창學校에셔夏期試驗을經ᄒᆞᆫ後에事務를整理ᄒᆞ기爲ᄒᆞ야進級式은延期가되깃다더라

●山主請買　翰림동居安덕賢씨가南門外住日人鈴木의게何許山坂을々百二十一圜에買渡ᄒᆞ얏더니該日人이何許人의再賣ᄒᆞ엿던지山坂松楸를沒數斫伐ᄒᆞᆫ지라安덕賢씨가日人鈴木과對質次로일本理事廳에請願ᄒᆞ얏다더라

●失妻呼冤　西署萬里峴居崔重玉의妻를其聘母裵召史와鄰居리景옥이가誘引ᄒᆞ야桃동居김植의게許給同居ᄒᆞᆫ지라崔重옥이가該事由를西署에呼訴ᄒᆞ얏더니該署김春식의挾囑을信聽ᄒᆞ얏던지無晉端一介ᄒᆞ고崔重玉을反爲威脅逐出ᄒᆞᄂᆞᆫ지라최重옥이가不勝憤鬱ᄒᆞ야漢城裁判所에呼訴ᄒᆞ얏다더라

●推贓遣民　平安北道警務署總巡박문淵씨ᄂᆞᆫ貪贓事로業已免官하얏거니와該氏에犯贓을詳査ᄒᆞ야見奪ᄒᆞᆫ人民에게還給ᄒᆞ고照律勘處ᄒᆞ라고內部에셔該道관察使에게訓令ᄒᆞ얏다더라

●敎會擴張　大韓監理敎會에셔三南等地에該敎會를擴張ᄒᆞ기爲ᄒᆞ야該敎會每年總會에셔決定ᄒᆞ기를公州ᄂᆞᆫ근據地를삼고米國宣敎師徐元輔씨等十餘人을일前에該地에派送ᄒᆞ얏다더라

●家庭雜誌續刊　靑年學院에셔家庭雜誌를七號ᄭᆞ지發刊ᄒᆞ야二千餘卷을發行ᄒᆞ얏더니現今財政이窘拙ᄒᆞ야廢刊ᄒᆞᆫ境遇에至ᄒᆞᆫ지라進明婦人會에셔女子敎育에發達ᄒᆞ기注意ᄒᆞ야該雜誌를繼續發刊ᄒᆞ기로酌定ᄒᆞᆫ다더라

●明校將就　水原郡淸湖面오山은俗習이質貿에문化未開ᄒᆞ더니鄭漢敎氏와정지호氏가明進學校를設立ᄒᆞ고敎育數年에靑年子弟가日就月新ᄒᆞ고庠舍不容이라정漢敎정지호兩氏가出捐금二百원ᄒᆞ야營建校舍ᄒᆞ니該校監之設校化俗은人皆讚頌ᄒᆞ더라

●尹氏談話　今番尹孝定氏의被放歸家ᄒᆞᆷ을傳聞ᄒᆞ고社會知舊가迅速히慰問ᄒᆞᆫ즉尹씨曰余가年來에政治意見으로써每年警廳에拘引된經驗이有ᄒᆞᆫ지라是以로其細大를對照ᄒᆞᆫ건대被告人의게對ᄒᆞᆫ待遇上의改良과訊問上의進步ᄂᆞᆫ逐年ᄒᆞ야著大ᄒᆞᆫ變化를可見ᄒᆞᆯ뎌特히今番에ᄂᆞᆫ官憲이傲慢無禮ᄒᆞᆫ言動이無ᄒᆞ야被拘ᄒᆞᆫ때ᄒᆞ야금徵毫不快ᄒᆞᆫ感念이無케ᄒᆞ야殆乎文明國監獄에在ᄒᆞᆫ듯ᄒᆞᆷ은年來에顧問補佐官이能히我國流弊를一掃ᄒᆞ야訊問과獄制의改良에盡力ᄒᆞᆫ效勞가特多ᄒᆞᆷ을노思想ᄒᆞ나但一事의遺憾됨을不免ᄒᆞᄂᆞᆫ바ᄂᆞᆫ無根據ᄒᆞᆫ風說을捕捉ᄒᆞ야言者의人格如何를顧念치아니ᄒᆞ고人權을無視ᄒᆞ야多日留置ᄒᆞᄂᆞᆫ事가是也라大抵文明國은勿論ᄒᆞ고雖我國에도警務章程에二拾四時間을無過ᄒᆞᆫ다ᄒᆞ나旣往은勿說ᄒᆞ고今後에切望ᄒᆞᄂᆞᆫ바ᄂᆞᆫ確的히犯罪證憑이無ᄒᆞᆫ以上에ᄂᆞᆫ多日拘留를濫行치勿ᄒᆞ고人權을專重ᄒᆞ야國民으로ᄒᆞ야금더욱先進國의指導補佐ᄒᆞᆫ實效를感服케ᄒᆞ기로極히希望ᄒᆞᆫ다ᄒᆞ더라

北京電報　九日發

●巡撫被殺　安徽巡撫가孫逸仙의兵器密輸를妨ᄒᆞ얏다ᄒᆞ야革命黨의恨을買ᄒᆞ야巡警學堂會辦의게拳銃으로射殺되얏다더라

▲畵裏有聲▼

▲農大宋병畯氏가斷髮을實施ᄒᆞ기로伊藤統監의게稟請ᄒᆞ얏ᄂᆞᆫ데伊藤統監이時急之務가아니라고拒斥ᄒᆞ얏스니송氏가於統監府에親密關係가無言不從ᄒᆞᆷ을노認ᄒᆞ얏다가加是見斥은果然意外之事로고

▲日人所到處에ᄂᆞᆫ韓人의家屋土地와財産을奪取ᄒᆞᄂᆞᆫ弊가比々有之ᄒᆞ고淸人所住處에ᄂᆞᆫ鴉片과雜技로韓人의産業을蕩敗케ᄒᆞᄂᆞᆫ者가種々不絶ᄒᆞ니東洋天地에불상ᄒᆞ고殘弱ᄒᆞᆫ것슨韓人뿐이오

▲總理大臣李完用氏와內部大臣任善準氏ᄂᆞᆫ再昨日靑巖寺에前往ᄒᆞ야一次消暢ᄒᆞ얏다니此兩公의勢力이掀天ᄒᆞ고富貴가已極ᄒᆞ니濟勝之具ᄂᆞᆫ綽々有餘마不遊何爲오

▲平壤中城等地에所謂二十六契ᄂᆞᆫ其名稱도大端히不好ᄒᆞ거니와人民의實地損害가必然不少ᄒᆞᆯ터이니畢竟走爲上策을免치못ᄒᆞᆯ걸

▲農商工部礦山局에셔日人大原淸光과高島圭造를招聘ᄒᆞ얏ᄂᆞᆫ데大原의月俸은家舍料並一百二十圜이오高島의月俸은九十五圜이라ᄒᆞ니該部에셔ᄂᆞᆫ日人을雇聘ᄒᆞ기로爲一能事ᄒᆞ니이것도該部大臣宋병畯의事業이지

▲近日各地方에一進會員들이新勢力을得ᄒᆞ엿다ᄒᆞ야觀察郡守가掌握中에在ᄒᆞᆫ줄노知ᄒᆞ고揚々自得ᄒᆞ나該會에셔某觀察某郡守도運動費가不少ᄒᆞ엿스니너희도運動費가업거던쉬여라

▲內部에셔廁間一座를加築ᄒᆞᄂᆞᆫ대該所入費ᄂᆞᆫ四百圜으로算定ᄒᆞ고工匠은日人으로使用ᄒᆞ다니國庫金困難時를當ᄒᆞ야廁間一處에四百圜을浪費가太過ᄒᆞᆯ뿐더러日人이韓國의錢財를奪取ᄒᆞ다못ᄒᆞ야廁間費ᄭᆞ지濫取하너구리것덜

▲平壤礦務支部에셔委送ᄒᆞᆫ日人平野晃이가陽德郡에貸去錢一百圜을已經七朔에尙不報償ᄒᆞᆫ다고安州稅務官이該部[illegible]ᄒᆞ엿다니日人이人民의錢財를奪取ᄒᆞᆷ은姑舍ᄒᆞ고國庫金이라도日人手中에一入ᄒᆞ면消融乃已ᄒᆞᆫ도다

▲一進會機關國民新報가自稱親日派라ᄒᆞ며又日爲韓이라ᄒᆞ니以日人之奴隷로親日二字ᄂᆞᆫ可謂濫稱이며至若爲韓二字ᄒᆞ야ᄂᆞᆫ尤甚乖當이라他國人이藉日爲韓이온猶或可也어니와以韓國人으로其曰爲韓云者ᄂᆞᆫ便是자人口氣오實非韓人語意니謂猫子之曰聲이로고

●本社廣告

東萊分傳人姜金基가無故逃躱ᄒᆞ야該分傳人의게掛覽ᄒᆞ시ᄂᆞᆫ僉君子의게未能傳ᄒᆞ야極涉踈虞故로玆特廣告ᄒᆞ오니想諒後ᄒᆞ名과統戶를昭詳錄送ᄒᆞ시와卽速分傳케ᄒᆞ심을切望ᄒᆞᆷ

淸州郡南門外淸南學校事務所內에셔李秀熙氏를本社員으로認定ᄒᆞ얏기玆以社告ᄒᆞ오니該附近에在ᄒᆞᆫ本社申報購覽ᄒᆞ실僉君子ᄂᆞᆫ右氏의게請求ᄒᆞ심을希望ᄒᆞᆷ

雜報

●美術將明　金升鎭金有鐸兩氏가美術을발達코져ᄒᆞ야敎育書畵館을苑洞拾二統十二戶셔友學會內에擴設ᄒᆞ고習字와圖畵와唱歌音樂을敎授ᄒᆞᆯᄃᆡ下午八時브터始作ᄒᆞ깃고衛生에妨害되지안도록注意ᄒᆞᄂᆞᆫ지라學ᄒᆞᄂᆞᆫ人은本月십오日內로一々請願ᄒᆞᆷ을希望ᄒᆞᆫ다고本社에來言ᄒᆞ니無論某國ᄒᆞ고美術이발達된後에야文明에進步ᄒᆞᆯ터이니兩氏가美術을발達ᄒᆞᆯ機關를始作ᄒᆞᆫ다더라

●鹽社設立　南來人에傳說을據ᄒᆞᆫ則南陽西如堤面칠谷동에셔面會을開ᄒᆞ고面長최成大氏와面內各洞々長과知事人數拾餘名이出席ᄒᆞ야鹽業會社를組織ᄒᆞ기로的定ᄒᆞ고趣旨書를各浦에揭示ᄒᆞ며來陰七月五日開會ᄒᆞᆯ터인ᄃᆡ該會節目을會議ᄒᆞ야同會로ᄒᆞ여農商工部에請願ᄒᆞᆫ다더라

●정氏助校　北靑稅務官鄭氏가上京ᄒᆞ다가大邱公立普通學校에歷入ᄒᆞ야各級課程을奉覽ᄒᆞᆫ後에學員을勸勉ᄒᆞ고금오환을出捐ᄒᆞ얏다더라

●本社補助錄

自光武十一年一月

三月 七日 괴山邑閔厚榮 八십전
八日 槐山李孝健三圜
十一日 寧山學校贊成員等一圜
同日 김子文一원
십二日 李炳서一圜
십六日 金成三십전
십九日 박志盛廿錢
廿五日 洪顯範一圜
廿六日 朴弘俊廿錢
廿八日 崔斗卿십전
三십日 北美아遂동地方會代理會長[illegible] 一卅圜卅八錢
合卅八圜七십八錢
四月 三日 金지翊二圜
同 李[illegible] 一圜
同 金時祖一원
九日 신錫富十전
同 嘉山鳳鳴學校卄전
十二日 鄭志철一圜
十六日 金명燦三圜
十八日 조喜립一圜
同 安岳郡國債報償就成會一圜
廿二日 釜山商務會議所長金성佑오圜
廿九日 金老安卌錢
卅日 尹致민二원
合十八圜[illegible]十錢

廣告

先日新聞上之昭載이건와益산郡居김國培爲名人이性本浮浪ᄒᆞ야變名爲金ᄒᆞ事容培라ᄒᆞ고符同挾雜類ᄒᆞ야其八寸玉培沓土與松楸를僞造證明書與圖章ᄒᆞ야欲爲斗賣故玆以廣告하오니無論內外國人ᄒᆞ고切勿見欺ᄒᆞᆷ　益산郡居金九明 告白

慶南草溪延安車氏譜所分册始于五月也各道宗氏持册價葉一百十兩往奉譜册事　宗人영路 告白

本人에瓦家拾壹間舊文記七張新文記壹장을偶然遺失故로玆以廣布內外國人誰某拾得休紙施行　東湖郭容섭 告白

揚武號海員養成所 修技生募集

今回에韓國子弟로ᄒᆞ야금海技養成에必要ᄒᆞᆫ簡易ᄒᆞᆫ學科와實務를授ᄒᆞᆯ目的으로써釜山港碇係揚武艦內에海員養成所를設置ᄒᆞ고航海機關兩科貸費修技生各십五名을募集ᄒᆞ니志願者ᄂᆞᆫ左項條例를銘心ᄒᆞ고七月二十日限內에釜山稅關港務部로請願ᄒᆞᆯ事

一 韓國人年령十八歲以上二拾오歲以下男子
二 視力의完全者
三 身體强健ᄒᆞ고發育完全者
四 普通讀書의力有ᄒᆞᆫ者
五 修技期間은勿論ᄒᆞ고期間滿了后라도可히不關家舍ᄒᆞ고專心으로學科研修와斯業에從事ᄒᆞᆯ者
六 身上에關ᄒᆞᆫ事ᄂᆞᆫ東萊府尹或相當ᄒᆞᆫ官衙의證認을得ᄒᆞᆫ者
但期日ᄭᅡ지證認書를難得者ᄂᆞᆫ入所決定後此를提出ᄒᆞᆷ을得ᄒᆞᆷ
七 以下各項에對ᄒᆞ야本所主管의銓衡을經ᄒᆞᆫ者

尙本養成所及入所에關ᄒᆞᆫ詳細ᄂᆞᆫ各地稅關及京城總稅務司廳에就ᄒᆞ야知悉ᄒᆞᆯ事

釜山港揚武號海員養成所 告白

大韓新地誌

一帙二冊三百六十頁　定價金一圜

[illegible]

[illegible]書舖　[illegible]書館　[illegible]書市　[illegible]書舖

本館에셔新舊書籍을大發售ᄒᆞ오니有志僉彦은陸續掛覽ᄒᆞ심을望　銅峴屛門下古今書海館 白

本塾에日語速成科를六箇月卒業으로設立ᄒᆞ고敎師ᄂᆞᆫ日人雇聘ᄒᆞ고月謝금新貨七十五錢八學금一원二拾五錢이고陽七月十五日開學右日內來議ᄒᆞ시옵　北署中學橋中橋義塾 告白

本人等이典동支所越便에셔各貫典舖이옵다가今에合資設舖營業하오니典執하실僉員은陸續來臨爲要　中署典동영信號典舖 金경秀 車基倫 金榮觀 告白

本人이私故가有ᄒᆞ야國債報償期成會發起及評議員의任務를承當키難ᄒᆞ야請願不退ᄒᆞ얏삽기玆에布告ᄒᆞᆷ　玄公廉 告白

大安洞 寄宿館 廣告

本館에셔漢城內에留接ᄒᆞᄂᆞᆫ諸學生의寄宿便利를爲ᄒᆞ야大安동에二層中洋屋을建築ᄒᆞ고居處飮食其他凡節을一々히便宜ᄒᆞ기로極力設備ᄒᆞ오니遊學諸生은照亮ᄒᆞ시와實臨于本館事務所ᄒᆞ야詢議ᄒᆞ심을敬要

北署大安洞別宮南便寄宿館長 鄭熙燦 告白

寄宿願入證書ᄂᆞᆫ本館에셔授與홈
留連費ᄂᆞᆫ每朔에新貨四圜八十錢으로定홈

●일본遊覽者募集　人員은五十名으로一團을成ᄒᆞ니한일인을不問ᄒᆞ고速히願入ᄒᆞ시옵
一 遊覽地　東京博覽會橫빈京都大阪神戶
一 往復일數　대抵十七일間
一 浮費　遊覽費及手數料을合ᄒᆞ야總計四十八圜
一 出發일　請入順次를從ᄒᆞ야出發三일前에直接히通知홈
一 請入所　在京성各신聞社五十八銀行경성支店 天一銀行
一 會員은遊覽을終ᄒᆞ야開散ᄒᆞᆫ後ᄂᆞᆫ本會와關係가小無홈
一 南대門셔釜山으로直行ᄒᆞ던지或은東경으로直行하ᄂᆞᆫ者의對ᄒᆞ야도同一便法으로同行請入을應諾홈
日本人遊覽協會事務所 [illegible] 대門通 東西商會

원산과성진잔에셔본인이살진소(肥牛)를만이ᄉᆞ깃ᄉᆞ니쇼파ᄂᆞᆫ제군은다수이팔너오시옵　최봉쥰 고ᄇᆡᆨ

◉增修無冤錄大全

壹千壹百七十貳頁　定價金新貨七拾五錢

此增修無冤錄大全은法律家의最緊要ᄒᆞᆫ書籍이온ᄃᆡ年來現本이殆히絶種에至ᄒᆞᆫ지라故로法部에認可를得ᄒᆞ옵고此를新刊ᄒᆞ얏삽ᄂᆞᆫᄃᆡ國漢文으로解釋ᄒᆞ야模糊ᄒᆞᆫ句節이無ᄒᆞ오니法律學에有志ᄒᆞ신이와字牧之任에居ᄒᆞ신이ᄂᆞᆫ不得不覽ᄒᆞᆯ者ᄋᆞ오니速速購覽ᄒᆞ시옵

中署布屛下 廣學書舖 김相萬 發售所

學徒裝비書冊　學徒運動과諸具　羅紗各種　美國金鷄鈉　衣服裁縫其他雜貨도廉價放賣ᄒᆞ오니諸君子ᄂᆞᆫ來臨ᄒᆞ심을바라나이다　仁川港奇峴開新[illegible]肆

本人이日本大阪商業家와特約ᄒᆞ고日本內地產出各種物品과西洋各種物品及機械等物을我大韓에輸入ᄒᆞ야委托을便利케契約ᄒᆞ얏ᄉᆞ오니商工業에有意ᄒᆞ신僉君子ᄂᆞᆫ某物이든지請求코져ᄒᆞ시거든本社로來議ᄒᆞ시오本社에셔ᄂᆞᆫ手數料金만受領홈

開城北部祥洞 興業社本店
支店京城南門內水橋五十一統六戶
仝仁港內동廣濟 培養會社

越南亡國史

國漢文　定價貳拾伍錢
發賣所京城[illegible]書舖
布屛下김相萬 告白

菊初 先生 李人稙 著

家庭小說 [illegible]

表紙寫眞印刷、菊版裝幀 (紙數百四十八頁、正價金卅錢)

[illegible]

發行所 [illegible] 中央書館 (京城中署[illegible])　京城各書舖

◎活動寫眞廣告◎

今番에始作ᄒᆞᆫ活動寫眞은法국巴里京에셔有名ᄒᆞᆫ거시오또ᄒᆞᆫ大韓국 皇室에셔먼저看品ᄒᆞ셧고始作ᄒᆞᆫ지數日에遊覽ᄒᆞ시ᄂᆞᆫ첨君子가多數枉臨ᄒᆞ시와坐處가넘쳐셔晩到ᄒᆞ시면不便ᄒᆞ오니速々枉臨ᄒᆞᆷ

今番에또셔로이活動寫眞이多數來到하야每夜에僉位觀賞에新面目을供ᄒᆞ오니速々來臨ᄒᆞ시옵

活動은自下午八点半至十点半
賣票時 七点半始𤼵
入場票 上等新貨三十錢 中等十五錢 小兒十錢

新門외서달이목東便벽돌집　法人 馬田 告ᄇᆡᆨ

國債報償義捐金 收入廣告

◉金川國債報償義務所第一回募集收納
三百五拾二원七십二錢
◉尙州全所第二回募集收納
四百십五圓六十四전
◉寧越郡河面居
김殷卿오圓 김麟卿 리敎猷
김演容 安錫喜 각壹圓
김奎卿 徐丙太 張益조
강秀亭 각五十전 韓升鉉
韓東敎 김演룡 琴龜淵
姜秀河 강大仁 각卅전
손영蘇원오拾錢 宋師[illegible]
주鎭一 趙윤煥 金奎明
嚴석雲 강大義 강大禮
강大智 池덕天 각卅전
손承福 십전
합십六원二십전
◉龍인邑內面彦동
魚又善 魚丁善 金智伯
각一圓 리士云 리甫云
김益三 각五십錢 安元春
安景春 각廿五전 魚允植
三容俊 [illegible] 리聖濤
美敬七 [illegible] 김守근
강聖伯 박應龍 姜聖三
김元三 [illegible] 홍聖先
[illegible] 嚴聖云
[illegible] 李其숲
[illegible] 리老積
[illegible] 김益先
[illegible] 金富吉
최之孝 각십錢
합십四圓四십錢
◉江原道春川北山外面栗門里
西乘池鳳水 二圓五十錢
◉大川鉢山面 리升珪 百圓
◉元山上리南村김商準 壹圓
◉通津造田面造田리中 五圓
◉新門外京口동박熙韻 卅던
合一百八圓八拾錢

◉京畿朔寧西面峯賢里
홍淳彦 홍炳祚 각四拾錢
洪碩雨 오拾錢 洪君交
三拾전 洪德均 洪允集
각二十전
合二환
◉여州近東面牛灘동
車世興 三환 車鳳基二圓
김철洙 尹容賢 張显奎
吉秉喜 秋秉宋 全道賢
各一圓 秋鼎九 林君明
각오十전 蘇永主 成汝선
각스십錢 林君보 吉秉武
리致友 尹영瑞 김致근
全春선 쥬云西 車永元
朴春葉 宋喜文 각卅錢
김近吾 吉秉德 김養오
趙寬一 金영근 柳昇養
文達成 김춘大 각卅錢
尹興서 尹春瑞 羅春三
각十전 리明云 卅오錢
합十七圓九十오전
◉마田河新面章谷외日場市
김公益 김昌根 盧云선
각卅전 金宅千 스拾면
김鼎九卅전 劉元觀 김聖在
김聖元 徐仁化 각拾전
최景澤 韓公進 각오十錢
김聖化 卅錢
합貳圓九拾錢
◉長단郡上道面石串里黃氏門中
黃宗主 황헌 황楠
황榮 황權 황양
황約 黃泰 황殘煥 黃윤煥
注書黃龍煥 黃寅煥 黃장
황역 黃基 黃[illegible]
黃璋煥 합六圓
崇祿김在鼎오십錢 安敎洛
安敎원 각卅십전 安敎泰
四십전 安敎龍 安지鎬
각卅錢 安志淳 리碩復
리龜海 박德敎 朴德彬
朴爲奎 리會三 리德佑 정致萬

黃金化 徐春五 趙炳선
각拾錢 리鵬海 박德來
박德信 朴魯종 崔昌云
최聖官 沈長學 각卅錢
니龍海 리지華 김錫胤
윤顯求 張彦鉉 박四拾錢
김錫조一圓 박연來 七拾錢
박노奎 尹瑢來 方聖鉉
各오십전 徐舍오 卅錢
合拾六圓
◉慶北尙州郡外西面潤栢中里
萬戶리聖主 김一經 각貳圓
前致一壹圓 리鍾殷 리忠石
각六십錢 리守成 리鍾澤
김正復 리鍾濂 김奉容
리石奎 리鍾萬 五십錢
각스십錢 김知龍 김萬一
김月成 김達龍 김萬一
김於덕 김三卜 崔金伊
리同村 김知性 리卜起
김今石 김新기 김戒分
라長主 金洪基 김允成
리鍾根 鄭노隣 金哲石
김億經 각卅錢
리貴철 리夫葉 俞正奎
김正完 金士默 리鍾連
리淸川 金一心 림大玉
各十錢
合拾스圓二十錢
◉忠北陰城郡枝內面大寺西里
리容殷 丕東宇 각壹원
崔리升 송鍾秀 최正甲
各五십면 鄭基환 四十錢
리重善 리鳴來 昌道連
黃大淵 鄭하圓 趙東선
鄭寅宗 박壯元 윤斗源
리鼎商 리民蒼 리贊儀
高영洙 각卅錢 리鍾會
리鍾俊 리漢卿 송榮在
丕重九 趙雲龍 權必善
리圭喜 全光돌 리寅喜
리元卿 俞鎭泰 趙秉學
송百源 김瑞天 權영福
송秉源 각卅錢 박齊仁
리鼎文 各十오錢 리益觀

金明雲 박周榮 리泳泰
리鼎觀 리容하 리필觀
리道觀 柳性근 리容交
丁주선 權永祿 梁雲榮
박영來 권敎贊 김道性
孫錫起 송岐源 리在坤
各十錢
합十二圓八십錢
◉長단郡上道面掘井里
奇弘圓 奇玉鉉 奇龍鉉
奇周현 奇一鉉 權鍾萬
李時應 梁桂八 梁주岳
김炳憲 奇正현 각二拾전
金덕보 卅錢 奇錫鉉
奇七鉉 奇周衍 정賢淵
李文植 各十전 奇道鉉
大십전 都事奇澤鉉 一圓
合스圓六십전
◉陰城郡近西面三生里居丹陽장氏門中
張容默 張학雨 張珠雨
張志雨 각八십錢 張應默
장熙雨 각三십錢 자철雨
장영雨 장령雨 각一圓
장君雨 一圓五십錢 장洛雨
스十五錢 장金雨 二십오錢
장能雨 二十錢 장椿雨
五십錢 張晴雨 卅전
장廣雨 십錢
장瑞雨 십五錢 장宅雨
장洙雨 장惠우 장俊우
장徹우 장漉우 장渙우
각二십錢
장弼우 각三십전 장東建
장東寔 張東爲 각一圓
장東九 七십錢 장東八
九십전 장東섭 스十전
장東옥 二십전 장東뇌
장東瑱 각三십전 장東鎬
오십전 장東一 九십錢
장東撤 三십전 장東熙
장東必 장東鎭 각二십錢
장東섭 스十전 장東連
장東吉 각一圓 장東奎
장東觀 각五십전 장東夏
一圓九十전 장東益 장東유
各二十전 장東映 장東運
각一圓 장東麟 장東昇

各오十던 장東철 各十전
장東宣 스十전 장東萬
장東한 각二십전 장東隆
장東奎 각十전 장東근
장東敏 장東永 각二拾전
장東旭 장東섭 각三拾전
장東赫 拾五錢 장東範
오拾전 장東述 장東珠
장東衍 장東贊 장東일
장東一 장東三 장東球
各二十전 장宗선 四拾전
장宗煥 五拾전 장宗春
장東根 장東都 장宗學
장東히 各二拾전 장東鋒
四拾전 장東기 장東致
張東弼 장東섭 장宗昭 장宗淳
각三拾면 장東準 一圓오拾전
장東億 大拾錢 장東희
스拾전 장등五 장近性
장鎭性 장賢性 장敏性
각一圓 장熙性 장學性
장淵性 장復性 장學性
당련性 張學성 張秉道
張東瑞 각二拾전 당濱性
당奎性 당鼎性 당寅性
당錫정 당和성 각拾전
당주성 오拾전 당鶴성壹圓
당錫성 당震성 三拾전
張鳳性 당鐵성 각스拾전
장덕성 당顯性 당天五 당基榮
각二拾전 장基先 壹圓
장敗性 張萬섭 장河근 장建秀
정德秀 장寶秀 장光鎭
장之宇 각拾전
合七十二圓
◉交河郡縣內面陌今里
김日辰 三圓 李文鉉
림夏杓 각壹圓 宋達憲
二圓 申斗熙 최乘煥
각三拾錢 김秉雲 安德萬
각二拾오錢 柳興鉉 安日여
柳養여 申翰一 신敎心
安相奎 安鍾식 최成滿
최顯돌 黃有石 徐永石
주東植 李啟洪 각二拾錢
李平淑 安性一 李基連

김上雲 김其쇼 김德圓
각三拾錢 김乙夢 安月여 신廣係
각二拾오錢 曹秉奎 丕興石
각오拾錢 김億卜 鄭甲序 리聖卜
朴允係 각三십錢 김南山
張泰山 최召史 宋지賢
정여奎 리恩돌 리銀貫
鄭聖民 각二十錢 김千奉
鄭學元 리貴돌각二十五錢
리宣于 鄭時中 각拾錢
朴化보 최성根 宋術憲
宋秉유 스拾錢 尹國賓
五전 리성元 二十一錢
리仕義 [illegible]顯二拾錢 리容철
각五十전 김奉秀 二十錢
정文憲 林守卜 김占돌
宋喜敎 각十錢
합二拾壹圓六拾륙전
◉龍川府南面栢峴洞
김殷柱 오원 리貞奎
김臣奎 김錫善 김承貞
리錫萬 각三圓 김熙廷
김熙周 각二圓 김卜善
리信奎 각一원 리敎학
리그大 김貞履 리厚善
張鳳文 김進선 리敎炳
김昌彬 김武奉 최永世
尹景煥 리暘奎 김元達
文利升 각五十錢 김厚達
羅석仁 리炳升 張元化
김文景 선석珍 김선恒
각三拾錢 張기赫 리尙周
리영보 김永慶 김순建
각二十錢
合三十六圓十錢
總合一千〇八십一圓九십七전
國文報廣告總合一百오十七圓
九十전
前號總合三萬一千五百五拾八圓七十九錢貳厘
都總合三萬二千七百九拾八圓륙拾六錢二厘

發行兼編輯人英國人 裴說
發行所
南署石井동號外地三層洋屋家
大韓每日申報社

第五卷

大韓每日申報

月曜及慶節歲時休日休刊

檀君開國四千二百四十年
箕子元年三千二十九年
大韓開國五百十六年
日本明治四十年
淸國光緖三十三年
◎陰曆丁未六月大初二日辛酉

論說

韓國內徵兵

韓國新內閣이徵兵令을頒布ᄒᆞ야韓國臣民된男子ㅣ自十七歲以上으로四十歲에至ᄒᆞ기ᄭᆞ지ᄂᆞᆫ總히兵役에必服ᄒᆞᆯ지라剛力을奬勵ᄒᆞ며操鍊을敎訓하ᄂᆞᆫ原理로ᄂᆞᆫ此徵兵이韓民의게最善之擧가되리니韓人이從此로今日에空乏ᄒᆞᆫ自强之力과且爲人之道에不可無ᄒᆞᆯ自信之力을得ᄒᆞ리로다

今日徵兵令을解弛키難ᄒᆞ게如彼決定ᄒᆞ엿스니其目的을深究ᄒᆞᆯ지라此意思가韓國大臣의게로從生치아님은可以確信이어니와忠愛意思로도ᄯᅩᄒᆞᆫ不從ᄒᆞᆷ은益日人勉力의著態가韓人의愛國心을減削ᄒᆞᆷ에ᄌᆞᄒᆞᆷ이라然則統監府勢力이此計策을實行케ᄒᆞᆷ이確然ᄒᆞ도다

韓國이日本保護에今在ᄒᆞᆫ거ᄂᆞᆫ日本內各人의談話ᄒᆞᄂᆞᆫ바요此를公格上으로拒絶ᄒᆞᆷ이亦無ᄒᆞ니何如邦國이던지與韓開戰이其亦與日인줄을不知ᄒᆞ고ᄂᆞᆫ韓國을試攣ᄒᆞᆯ者ㅣ似未有之라由是觀之컨대今此徵兵新法이使韓으로自國獨立을其能保守케ᄒᆞᆷ에도不在ᄒᆞ도다其勢가如此ᄒᆞᆫ즉但一理由ᄂᆞᆫ日本이後日戰役에可以有助ᄒᆞᆯ軍隊를欲成ᄒᆞᆷ이로다

此乃巧緻之擧나然이나此果智明之策耶아日本帝國이一國民을近世武藝로訓鍊ᄒᆞ기를提議耶아此ᄂᆞᆫ農廣에從事ᄒᆞᄂᆞᆫ國民으로變威軍隊ᄒᆞ기를提議ᄒᆞᆷ인바卽此國民은獨立의被奪됨을因ᄒᆞ야今日所懷가新來人의게對ᄒᆞᆫ嫌怨而已로라本記者ㅣ向日에遇一韓人ᄒᆞ러니其人이發言ᄒᆞ되若日人이我國人의게武藝를敎授ᄒᆞ면吾亦受學ᄒᆞ깃노라後來之事를有誰知之리오ᄒᆞ더라如此之勢를日本官憲이全然不察인줄노量度ᄒᆞᆷ은反是吾人의愚昧라不爲ᄒᆞ나니盖日人이自國安全을關係ᄒᆞ야常不關眼ᄒᆞᄂᆞᆫ지라此勢를豈不熟察이리오마ᄂᆞᆫ察與不察間에如此施設은近代史篇에無雙이로다

他一問題가亦有ᄒᆞ니此養兵巨費를誰將辦備耶아似非日本인즉其乃韓人이로다此邦은今是貧國이라耕作之民을幾年間移轉이면貧窮이尤甚ᄒᆞᆯ거시어날餘存農民의게ᄂᆞᆫ賦稅가況又甚重ᄒᆞᆯ지니下等人民은賦稅가極度에至ᄒᆞ고中等人民은所有土地를傷心無面之樣으로被奪ᄒᆞ면丐乞之機를何可勝言이리오日本之貪이衆卵을一次에欲得ᄒᆞ야生아를剖析ᄒᆞᆷ에似在하나他日에ᄂᆞᆫ貪慾이懲罰을生ᄒᆞᆫ痛恨ᄒᆞᆯ事實을其或目覩ᄒᆞᆯ진저

官報

◎第三千八百十四號 光武十一年七月十日

◎敍任及辭令

依願免本官 永陵叅奉李希香

任永陵叅奉 박齊行

依願免兼任掌禮院掌禮 秘書監丞李文求

依願免本官 永陵叅奉박齊行

命宮內府特進官 奎章閣學士尹用求

毓孝殿提調閔泳韶

命奎章閣學士兼任侍講院日講官 從一品金錫鎭

命毓孝殿提調 從一品李正魯

命營繕司長 營繕司長南廷奎

命奉常司提調 叅將金永鎭

兼任掌禮院掌禮 秘書監丞李필주

命宮內府會計調査委員 經理院監督劉臣赫

命宮內府會計調査委員補佐員 宮內府總式官金祚鉉

仝 主百運

命宮內府所管咸鏡南道각礦稅納未收調査委員 收租官沈祺澤

任영陵叅奉 九品李希종

命臨時帝室有及國有財産調査局委員長 農商工部大臣宋秉畯

命臨時帝室有及國有財産調査委員 農商工部次官劉猛

經理院監督유臣赫

內閣外事局長李建春

內部警務局長權鳳洙

度支部司稅局長元應常

學部學務局長尹致오

命臨時帝室有及國有財産調査局幹事 內閣書記官魚鎔善

任中樞院副贊議 成川郡守趙鼎允

依願免本官 軍器廠技手歸鳳祥

仝 兪鼎鎬

任軍器廠技手 前技師李敬弼

仝 前主事김亨培

免本官 軍器廠主事尹鴻儀

有ᄂᆞᆫ敎員이受由過限이頗近一朔에尙不還仕ᄒᆞ니揆以事體에不可仍置이기是以로免本官

外報

◎政界動援 北京政界ᄂᆞᆫ慶親王一派의專横과因循ᄒᆞᆷ을怒ᄒᆞ야動援ᄒᆞᄂᆞᆫ色이有ᄒᆞ니不遠에變動이必起ᄒᆞ리라ᄂᆞᆫ說이有ᄒᆞ니라

◎德報推測 德國新聞은米國이太平洋艦隊集合으로以ᄒᆞ야日本關係가不穩ᄒᆞᆯ줄로知ᄒᆞ기가足ᄒᆞ다ᄒᆞ얏더라

◎日米關係 駐英米國大使가獨立祭饗宴席上에셔美國政策은世界平和를增進ᄒᆞᄂᆞᆫ目的이라演說ᄒᆞ고日本關係의說及ᄒᆞ야ᄂᆞᆫ日美兩國民이桑港事件과如ᄒᆞᆫ대依ᄒᆞ야紛爭事ᄂᆞᆫ親好ᄒᆞᆯ지ᄂᆞᆫ事가아니라고云ᄒᆞ며紐育헤랄드新聞은益々激烈ᄒᆞ야排日主義를鼓吹ᄒᆞ고大統領이大西洋艦隊中戰鬪艦을太平洋으로移ᄒᆞᆷ을決ᄒᆞᆫ것은日美紛議의關係로如何ᄒᆞᆫ인지華盛頓官憲은日本人의感情을和ᄒᆞ기爲ᄒᆞ야打消手段을取ᄒᆞᆷ은明白無疑ᄒᆞᆫ듯ᄒᆞ나若然ᄒᆞ면고이대와弗立賓에海軍社ᄧᅡ가繁忙ᄒᆞᆫ何故인지其理由를說明키不能이라ᄒᆞ얏더라

◎美艦航期 路透電을據ᄒᆞᆫ則華盛頓通信에云ᄒᆞ기를艦隊의發航은아마來初秋間될터이오또同艦隊가페류港에到達ᄒᆞᆫ後에ᄂᆞᆫ前日보다大段히愼重的行動을ᄒᆞᆯ터인데此ᄂᆞᆫ或不虞에急迫ᄒᆞᆫ事가有ᄒᆞᆯ가ᄒᆞᆷ이요同艦隊ᄂᆞᆫ페류港에到達ᄒᆞ기前에몬저桑港에到着ᄒᆞᆯ터인데또戰鬪艦三隻과略干巡洋艦으로成ᄒᆞᆫ一隊가太平洋에셔本艦隊로合ᄒᆞᆯ터이오艦隊司令官은海軍少將이푸안氏리더라

雜報

國情報傳與德郡郊山市義務所趨旨意(續)

醫上케ᄒᆞ셔不進御卷期之主意ᄒᆞ야轉相告諭ᄒᆞᆫ인兄弟而使之隨力出義ᄒᆞ야期圖塵合泰山之高而勿斷九仞一簣之功이면以二千萬人衆勝天之力으로何患乎一千三百萬圓之不能消償乎아義之所在에捐生就死도猶可爲也어든況以拔一毛之費로利於一國宗社臣民者乎아義無實理之殊ᄒᆞ고捐無多寡之較니惟願僉君子ᄂᆞᆫ團體協力合心ᄒᆞ야以鎖投之衆力으로拔巨額於今朝ᄒᆞ고復循償千明日ᄒᆞ야共享安樂於父母之邦을千萬敬要ᄒᆞᆷ

發起人李根榮 … 完

◎淸工可矜 北漢重興寺ᄂᆞᆫ昔保障之地요行宮所重이與他刹別이라ㅣ自回祿後에重建之方이無期러니則尙三尹維求兩人이感發慈悲之心ᄒᆞ야如干物力을自備ᄒᆞ고儈侶로協心ᄒᆞ야該寺重建之意로請願于宮內府ᄒᆞ야稟承處分ᄒᆞ야得差監董之任後에擇日開基ᄒᆞ고十一道各寺刹에勸文을派送ᄒᆞ고如干木石鐵物을治鍊ᄒᆞ며築基를始役ᄒᆞ야淸人의게工價三千五百圓에契約ᄒᆞ고三十餘名을雇聘ᄒᆞ야月臺를建築ᄒᆞ야九十餘日에一新殿役ᄒᆞᆫ바高가廿餘尺이오長이四百餘尺이라ᄒᆞᄂᆞᆫ대所謂勸務取ᄒᆞᆫ近新總攝僧月荷에沮戲로狼狽되야該役事가中途停止되고ᄒᆞᆫ도尙今未下ᄒᆞ신故로今至年에工價를償報치못ᄒᆞ야尹兩人이淸人의게見迫이不甚ᄒᆞ야尹哥ᄂᆞᆫ尙在拘留于裁判所中이고淸人等은呼泣道路에推尊無路ᄒᆞ야自以呈訴于該領事ᄒᆞ야交涉官內府

◎敎堂狼狽 咸興郡城內新昌里所在聖經基地ᄂᆞᆫ自古本里天祭基地온바去乙巳年分에本郡耶蘇敎人李柱演氏가本里任員中尊頭民朴貞益과交涉ᄒᆞ야右기地를錢六百兩으로定價買得ᄒᆞ여未禮拜堂基地로作定ᄒᆞ고昨年에材木을具備ᄒᆞ고기地를開墾한則其時觀察使申기善氏가反對ᄒᆞ여此地ᄂᆞᆫ官有地오非民有地라ᄒᆞ고日本財政顧問室建築ᄒᆞᆫ次로多率日巡査ᄒᆞ고來到此地ᄒᆞ야四方에票木을立ᄒᆞ고至于今未結故로本敎堂牧師馬具禮氏가右由를英國公使의게報告ᄒᆞ여統監府에交涉ᄒᆞ여自統監府로所定派員ᄒᆞ여陰五月二十四日에本郡에來到ᄒᆞ여官與民이共同裁判時에本里民有地로東得文券과里中圖章이分明ᄒᆞ되本郡守ᄂᆞᆫ極力反對曰此地ᄂᆞᆫ官有地오非民有地라ᄒᆞ고其時尊頭民박貞益을捉囚ᄒᆞ고右基地를還退ᄒᆞ라ᄒᆞ니禮拜堂建築은不知何歲月이오浮費數千圓에達ᄒᆞ여敎中이大難狽라더라

◎鄭氏熱心 太郞人의所傳을據ᄒᆞᆫ則北靑稅務官鄭基弘씨가上京ᄒᆞᄂᆞᆫ路에大郞等地에到着ᄒᆞ야公立普通學校를不察ᄒᆞ고各班學徒를對ᄒᆞ야學業을勤勉ᄒᆞ라勸勉ᄒᆞ고五圓金을義捐ᄒᆞ야紙筆費를補用ᄒᆞ라ᄒᆞ얏다더라

◎學校設立 西署新門內貞洞居西洋人벙커氏가大韓人에靑年子弟을敎育ᄒᆞᆯ方針으로新門外石橋上新村第一百五拾統六戶를購買ᄒᆞ여校舍를擇定ᄒᆞ고金氏奎洛李氏鍾瑞와申仲謨ᄂᆞᆫ熱心贊成ᄒᆞ야諸般事項을務圖完全ᄒᆞ여中學課程을達하ᄆᆞ로學問을勸ᄒᆞ오니有志僉君子ᄂᆞᆫ子弟을好期에委送ᄒᆞ게ᄒᆞᆷ을希望ᄒᆞᆫ다더라

雜報

●勳位高金 昨日內閣會議에總理大臣의機密金一年額이一萬圓인ᄃᆡ今年은下期半五千圓을支撥ᄒᆞ기로決議ᄒᆞ얏다더라

●官制改定의會議 再昨日에官制調査委員이內閣에會同ᄒᆞ야官制改定件을會議ᄒᆞ얏다더라

●決不請願 陸軍法院理事長恒讓씨가軍部大臣이辭職ᄒᆞ라ᄂᆞᆫ勸告에對하야日余ㅣ辭職홀理由가無ᄒᆞ니不可請願이라ᄒᆞ얏다더라

●勸告辭職 軍部理事諸氏가資格이不合ᄒᆞ고責任을不堪이라ᄒᆞ야該部大臣이乘武氏가請願辭職ᄒᆞ기를勸告ᄒᆞ얏다더라

●書類遞付 法部에셔平漢兩裁及十三道裁判所와各港市裁判所에輪訓ᄒᆞ되民事刑事訴訟에關ᄒᆞ야證物品을或押收ᄒᆞ거나或留置ᄒᆞᆫ時에ᄂᆞᆫ領証書을提出人의게交付ᄒᆞ고法律에依ᄒᆞ야還收ᄒᆞᄂᆞᆫ者를除ᄒᆞᆫ外에ᄂᆞᆫ該訟事結果에遞付홈이可ᄒᆞ라ᄒᆞ얏더라

●名稱紛改 再昨日內部에셔高等官會議ᄒᆞᆫ件인則該部官制事인대警務局은警保局으로改稱ᄒᆞ고課長三窠를置ᄒᆞ고土木課ᄂᆞᆫ土木局이라ᄒᆞ고課長ᄉᆞ窠를置ᄒᆞ고板籍課ᄂᆞᆫ版籍局이라ᄒᆞ고課장二窠를置ᄒᆞ고地方局은課장ᄉᆞ窠를置ᄒᆞ고會計局은課장三窠를置ᄒᆞ기로決定ᄒᆞ고內閣에請議ᄒᆞ기로ᄒᆞ얏다더라

●犯逋調査 度支部에셔五年以前觀察와各郡守의犯逋條件을調査ᄒᆞ야日間畢了ᄒᆞᆯ터인ᄃᆡ所逋人이數十人에達ᄒᆞ얏다더라

●匿名投書 再昨日度支部正稅課長成夏國씨에게書札一封이來到ᄒᆞᆫ거슬該씨가披閱ᄒᆞᆫ즉匿名書인ᄃᆡ辭意를槪閱ᄒᆞᆫ즉當此之時에公錢未納를取捧ᄒᆞᄂᆞᆫ거시穩當치못ᄒᆞᆫ事이니置之勿問ᄒᆞ여야지若敢捧ᄒᆞ면ᄂᆞᆫ境遇면以凶器로施ᄒᆞ깃다ᄒᆞ얏ᄂᆞᆫᄃᆡ該部大臣次官及司稅局장씨지施威ᄒᆞ얏더니其午에又司稅局으로應當시ᄒᆞᆫ殊常ᄒᆞᆫ書札一封이來ᄒᆞ얏ᄂᆞᆫᄃᆡ該局장이披閱치말나고同僚를挽止ᄒᆞ얏다더라

●權씨視察 內部土木課장權輔상씨가行政視察次로日間三南等地에前往ᄒᆞᆫ다더라

●三시決案 年前에伊藤統監에게장書ᄒᆞ다가被捉된權在重씨等을平理院에셔照律ᄒᆞ얏ᄂᆞᆫ되權在重시ᄂᆞᆫ外國政府에保護를暗請ᄒᆞᆫ者律로流拾年에處ᄒᆞ고尹상奎高면勳兩시ᄂᆞᆫ應訴치못ᄒᆞᆫ事를爲ᄒᆞᆫ者律로笞八十에處ᄒᆞ여宣告ᄒᆞ얏다더라

●服潔可愛 中署巡檢金圭介씨가本社에來言ᄒᆞ되五月二拾七日下午九時에中谷박承稷氏家廊下女가路上에셔紅木腰帶紅木囊革匣각一件銀菌牙筒金貨三拾錢囊刀一介常坪一千兩張元基手記一張當坪一千兩證完國手記一장金三十圓票一장票主박이란右物을拾得ᄒᆞ야中谷支所巡檢趙명振氏의게任置ᄒᆞ고所有主의來覓을待ᄒᆞ야出給ᄒᆞ라ᄒᆞ얏다더라

●開諱薙髮 再昨日內閣下隷ᄂᆞᆫ一齊히薙髮ᄒᆞ고服裝을着ᄒᆞ얏ᄂᆞᆫᄃᆡ服裝費ᄂᆞᆫ內閣에셔頒給ᄒᆞ얏다더라

●石礦調査 度支部建築所事務官金明濬시가開城郡等地에石礦調査次로日人二人을帶同ᄒᆞ고本日에發程ᄒᆞᆫ다더라

●兩氏懇乞 自强會顧問大垣丈夫氏가尹丙漢氏家에訪問ᄒᆞ엿더니閔氏가尹孝定氏取招ᄒᆞᆫ事件에對ᄒᆞ야日昨事ᄒᆞᆫ年少子息이安寧ᄒᆞᆫ境遇에至ᄒᆞ야스니惟望公은善爲斡旋ᄒᆞ야期無後弊ᄒᆞ기를百般懇乞ᄒᆞ얏다더라

●片士辭無 西來人의傳說을聞ᄒᆞᆫ즉平壤大同江坊上二里等地에日人이鐵路를加設ᄒᆞᆫ다고落種除草ᄒᆞ지ᄒᆞᆫ田土를沒數開鑿ᄒᆞᄂᆞᆫ故로農民의怨聲이漲天ᄒᆞᆫ다더라

●一死二病 前主事김셕恒씨가監獄에셔病發ᄒᆞᆫ事ᄂᆞᆫ已爲報道ᄒᆞ얏거니와該씨의小室박씨가慘狀을當ᄒᆞᆫ後에晝夜哀呼ᄒᆞ다가食飮을全廢ᄒᆞ야實病이圓覆에命在頃刻ᄒᆞ고該씨의親弟셕河씨가其伯씨殞絶以後로又當兄嫂之病臥ᄒᆞ야以藥以醫로盡力救之ᄒᆞ다가又罹實病ᄒᆞ야現狀이危急ᄒᆞ다더라

●一倂署印 法部에셔平漢兩裁及拾三道裁判所와各港市裁判所에輪訓ᄒᆞ되從來로裁判所에셔製送ᄒᆞᆫ書類에往往히裁判所印만押捺ᄒᆞ얏스니自今以後ᄂᆞᆫ職員을明確히ᄒᆞ며書의正當홈을期ᄒᆞ기爲ᄒᆞ야判事及檢事와其他裁判所職員의職務上製述ᄒᆞᄂᆞᆫ書ᄂᆞᆫ반다시其主任ᄒᆞᆫ官의署名捺印홈이可ᄒᆞ다ᄒᆞ얏다더라

●片氏質問 日昨度支部에셔黃海道延安居片相薰氏가拾八歲된其子의稅務主事見習生請願狀을繼納ᄒᆞᆫ대該部에셔還退ᄒᆞ야日見習生의年限이廿四歲前에ᄂᆞᆫ不受ᄒᆞᆫ다ᄒᆞ거날片氏曰此試驗을應코ᄌᆞᄒᆞ야數四百里를事爲上ᄒᆞ노라고浮費도夥數ᄒᆞᆯ뿐일어當初貴部에셔見習生年限을不爲廣告ᄒᆞ고到今에卒然間日年限不足으로請願書를退却ᄒᆞ니有何章程인지未知其折이라ᄒᆞ며一場質問後에浮費五百兩을徵給ᄒᆞ라ᄒᆞᆫ대該部官人中某氏曰年記를廿四歲로改書領受ᄒᆞᆫ즉ᄒᆞ거날片氏曰貴部行爲部胴與甚ᄒᆞ니十八歲라도應試치아니홀것이오二십ᄉᆞ歲로改書라도應試치아니ᄒᆞ깃다고退去ᄒᆞ얏다더라

●總代歸國 東경留學生이新聞을刊行홈에何인대國內有志人士에게說喩ᄒᆞ기爲ᄒᆞ야總代을派送ᄒᆞᆫ다ᄂᆞᆫ事ᄂᆞᆫ已爲報道ᄒᆞ얏거니와京畿道總代晉庸氏와平安道總代정寅河氏가再昨日에歸國ᄒᆞ얏다더라

●齋舍食費 齋桐郡守李圭白氏가任官후年에國結二百八십結을以無主結上納으로名稱ᄒᆞ고民間에戶歛ᄒᆞ야該郡書記輩가必有民擾라ᄒᆞ야該廳을對鎖逃避ᄒᆞ고又呂巾士를隱匿ᄒᆞ야租六拾石을捧食ᄒᆞ고門牌紙價每戶에一兩五전式遝戶收歛ᄒᆞ고老職加資數拾張을饒民處에分給後關牌를拜ᄒᆞ라ᄒᆞ고肅拜債와內部徵價上納이라爲稱ᄒᆞ야從其貧富ᄒᆞ錢을徵ᄒᆞ고又加設書記便令십八名ᄒᆞ야給料次로每戶에租二斗와卒一斗式排歛ᄒᆞ야境內人民이渙散之境뿐더러該郡鄕校挹助금一萬兩을又爲乾沒ᄒᆞ야學校가廢止홀더인故로該郡民人等이一齊上京ᄒᆞ야內部와法部와學部에請願ᄒᆞ얏다더라

●年少審判人 池셕영氏가警務局에被招質問ᄒᆞ얏다ᄂᆞᆫ顚末을得聞ᄒᆞᆫ則該廳取審ᄒᆞᄂᆞᆫ間內에捕繩과大棍을掛置ᄒᆞ고池氏를招致質問ᄒᆞ되自强會에셔有何謀議乎아ᄒᆞ거날池氏가答曰無謀議事라ᄒᆞᆫ대又問日有何演說乎아ᄒᆞ거날答曰無演說이라ᄒᆞᆫ대又問日丁寧無之乎아ᄒᆞ거날答曰丁寧無之라ᄒᆞᆫ대日人이出去ᄒᆞ더니更招지氏ᄒᆞ야移入他間ᄒᆞᆫ則有一少年이지傍ᄒᆞᆫ되氣色이忽變에頗유戰慄之狀이라日人이池씨다러問日此少年을知之乎아日不知로라參問少年日彼지씨를知之乎아亦日不知라ᄒᆞᆫ대日人曰初不詳知ᄒᆞ고有何發발乎아ᄒᆞ며無實問詰責ᄒᆞ다가少無實事則지씨를卽爲放送하얏ᄂᆞᆫ대該少年인則閔丙漢씨之子儕기씨라더라

●쳥동新校 平壤有志人들이該郡鳳龍동에私立學校를設立ᄒᆞ고校名을新明이라ᄒᆞ야學部에承認ᄒᆞ기를請願ᄒᆞ얏다더라

●面장濫捧 陰城郡沙多面民장영漢九人이忠北觀察道에等訴ᄒᆞᆫ槪意를聞ᄒᆞᆫ則各面面장은有百二條除給ᄒᆞ야以備收納時用費여날本面被告朴奎鉉은稱以默價尾전ᄒᆞ고濫捧之時에셔除默價ᄒᆞ고後納公전하니是豈面장之道乎며鑿有府訓內尾錢은勿施ᄒᆞ라ᄒᆞ시고本郡에셔도勿施ᄒᆞ란令飭이有하온대面장이特有權九인지令飭은隱匿ᄒᆞ고每兩兩七分式或各分式依前勒捧ᄒᆞ고調査成價二전五分과戶籍紙價二錢오分과浮費전每戶에ᄉᆞ전오分式을歲前勒捧矣러니今又戶籍紙價合전오分式收歛ᄒᆞ오니衆情에不勝沸鬱ᄒᆞ야玆에呼訴라ᄒᆞ얏더라

東京電報

十日着

●平和會議派遣委員事件 日本進步黨은韓國今回之擧ᄂᆞᆫ到底히容認ᄒᆞᆯ수업스니各大臣은不可不日本人으로써組織ᄒᆞ여야ᄒᆞ깃다ᄂᆞᆫ說이起ᄒᆞ야外交調査部에셔不日에協議를ᄒᆞᆫ더이라더라

北京電報

拾日着

●新革命軍 新革命黨이라稱ᄒᆞᄂᆞᆫ徒黨이淸國安徽省에顯ᄒᆞ야同地에官吏로此를鎭壓ᄒᆞ기爲ᄒᆞ야官兵을派遣ᄒᆞ기를甲請ᄒᆞ얏더라

詞林

哭烈士졍在弘

淸日蕩豐著大名我韓人士寂無聲東洋鼎立從玆時萬口一辭嗟정生

苟活無爲死固榮能行人所不能行滿腔熱血撑天義其奈孤兒偏母情

山爲之哀水咽如此國落日雨蕭疎國羞未雪身先死八變歌中萬事虛

北下生 金 璐

▲郢 歌 刻 羽▼

▲近日內閣에셔무숨大問題가有ᄒᆞᆫ지大端히憂懼中인대總理大臣李完用氏가三昨日에統監官邸에前往ᄒᆞ야數時間을會話ᄒᆞ얏다고某報에記道ᄒᆞ얏스니該問題ᄂᆞᆫ何問題인지倒故憂懼며何事會話오海牙問題가아닌가總理와農相이某處에密議ᄒᆞ야事態가將生ᄒᆞᆯ줄노擧世張目注意ᄒᆞ도다

▲昨日內部에셔高等官會議를開ᄒᆞ고官制增減에關ᄒᆞᆫ件과각局課에事務適合ᄒᆞᆫ意見을提出ᄒᆞ얏다니각部에會議ᄂᆞᆫ頻數ᄒᆞ되刷新政治ᄂᆞᆫ一不聞知ᄒᆞ니近日會議ᄂᆞᆫ不過是尋常酬酌이로고

▲日本人仲又七郎氏가中和郡二道面二里에六拾萬步되ᄂᆞᆫ地를揷標定界ᄒᆞ야金銀炭三種을將次採掘홈으로人民이嗷々하다고該郡守가報部ᄒᆞ엿다니日人이土地를無難奪取ᄒᆞ더니到處의國土地ᄂᆞᆫ無主之物인지

▲近日京鄕閒獵官者流들이郡守奏本이在邇홈을聞知ᄒᆞ고金力이擾動ᄒᆞ야一層紛忙ᄒᆞ야藥峴近處에耳語가密勿ᄒᆞ니郡守를圖得ᄒᆞ되도本錢을엇더케充數ᄒᆞᄂᆞᆫ지必是虐民ᄒᆞᆯ子息들이지

▲官職을圖得ᄒᆞᄂᆞᆫ貪食客들이新內閣이組織되미方向을不知ᄒᆞ더니一進會에셔設密郡守ᄂᆞᆫ無難히圖得ᄒᆞᄂᆞᆫ시라說을緊穴노知ᄒᆞ고斷髮入會하ᄂᆞᆫ者가間或有之ᄒᆞ니愚蚩ᄒᆞᆫ生覺두지마라會費로돈만바리고말지

▲伊來兩班들리薙髮令이停止ᄒᆞ미舊例을復ᄒᆞᆫ다ᄒᆞ고衣服의桃紅帶을復着ᄒᆞ고之字步로安동ᄉᆞ街里에활개짓시如前ᄒᆞᆫ者가有ᄒᆞ니兩班行色점잔ᄒᆞ고

▲農商工部使令덜이薙髮平服ᄒᆞ고麥藁帽子을着ᄒᆞ미一進會員들이道路에往來ᄒᆞ면人民等이農部使令이라指目ᄒᆞᄂᆞᆫ지라一進會員이치ᄉᆞ이여거不可不洋服을掛着ᄒᆞ야以示區別ᄒᆞ다ᄒᆞ니一進會ᄂᆞᆫ兩班一進會ㅣ가보고

▲東京博覽會에動物로팔녀갓던入邱某竟名을宮內省事務視察閔允植氏가所入費二百圓을徵給ᄒᆞ고該女人을本月三日에還鄕ᄒᆞᆫ다니同氏에同胞을愛惜ᄒᆞᄂᆞᆫ盛意ᄂᆞᆫ感謝ᄒᆞ거니와該女ᄂᆞᆫ각困鳥脫網이로고

▲陸軍參領某氏ᄂᆞᆫ東京에發次來往ᄒᆞ더니今番에또무숨運動을ᄒᆞ랴고其小室을帶同ᄒᆞ고日本에前往ᄒᆞᆫ다ᄒᆞ니該氏運動은必有難測之事라고一般世人이注目ᄒᆞᆫ다더구

▲日間內府에셔新聞條例을頒布ᄒᆞ야國內에發行ᄒᆞᄂᆞᆫ國漢문新聞을檢閱ᄒᆞᆫ다니世界萬國에新聞檢閱와法律所無오韓國은民權이不振홈으로新聞上自由言論이初無ᄒᆞ거ᄂᆞᆯ政府에셔이것도束縛ᄒᆞ야고檢閱之中에또무어슬檢閱을ᄒᆞᄂᆞᆫ지

▲一進會가內部에公函ᄒᆞ되本報를對ᄒᆞ야無 ᄒᆞᆫ凌辱을加ᄒᆞ고該部大臣다려禁止ᄒᆞᄂᆞᆫ命令을ᄒᆞ라고ᄒᆞ엿스니該會에셔將次무삼行動ᄒᆞ야고먼저新聞부터脅迫ᄒᆞᄂᆞᆫ지

◉本社廣告

東署分傳人姜金基가無故逃躱ᄒ야該分傳人의게搆覽ᄒ시든僉君子의게未能傳치ᄒ야極涉諒解ᄒᆞᆫ故로玆特廣告ᄒ오니 想諒後姓名과統戶를昭詳錄送ᄒ시와即速分傳케ᄒ심을切望홈

陰竹장湖院前主事金濟安氏를本支社員으로認定ᄒ얏기玆以社告ᄒ오니該附近地에本社申報購覽ᄒ실僉彥은右氏에게請求ᄒ심을希望홈

◉本社補助錄

自光武十一年一月

五月 一日 星州義務所ᄅ承照一圜
三日 尹君鎬五十젼
同 湍川郡國債報償所一圜
同 井邑義捐所二圜
六日 黃相薰一圜
七日 蔡奎濟五十錢
同 白宗成五十젼
同 조문환十錢
同 朴時杜廿錢
同 朴志盛廿錢
同 金海郡民等녹十錢
八日 延在命一圜
九日 김當슌二圜
十日 우리형一圜
同 金永學一圜
十三日 北青郡維新學校一圜
同 四月度國債報償금收入時ᄀ人寄付額심二圜八십錢
십七日 朴載陽一圜
廿一日 咸興靑年會一圜
廿二日 김尙準一圜
廿四日 宋武用二圜
同 丁一和高致彥二十젼
廿七日 趙인元五十젼
廿八日 權徹植二圜
卅一日 김允泳오十錢
五月度國債금受入時各人補助金九圜十錢

廣告

警告 國債報償金義捐諸氏

自本所로京城內各收金所를次第調查中인ᄃ若期成會ᄒ야ᄂ莫重義金을貯置不明ᄒ고文簿眩惑ᄒ야難以明查故로玆에廣布ᄒ오니該會로納金諸氏ᄂ無一遲滯ᄒ고領收証号數와金額과氏名과日字를昭詳히本所로錄送ᄒ야勿失事務ᄒ심을敬要

大韓每日申報社內 國債報償志願金總合所 白

去四月分에合資會社晥成商會에서本人住任之廣告ᄂ於該社營業之上에無論某事ᄒ고初無關係이기로玆以廣告홈

裴相洛 告白

先日新聞上之昭載이건과猫山郡居김國培爲名人이性本浮誕ᄒ야變名爲金主事容培라ᄒ고符同挾雜類ᄒ야其八寸玉培晋士與松楸을僞造證明書與圖章ᄒ야欲爲斗賣故玆以廣告ᄒ오니無論內外國人ᄒ고切勿見欺홈

猫山郡居金允明 告白

黃海道載寧郡私立支ᄒ中學校第一學期試驗榜

優等生

乙班 裵秉모 李鍾默 咸德中 량원鎬 李光호 奇載善 李作培

甲班 李俊培 李景培 柳彥茂

進級生十八

私立支ᄒ中學校長량禹龍 告白

揚武號海員養成所 修技生募集

今回에韓國子弟로ᄒ야금海技養成에必要ᄒᆞᆫ簡易에學科와實務를授ᄒᆞᆫ目的으로써釜山港碇係揚武號艦內에海員養成所를設置ᄒ고航海機關兩科修技生各십五名을募集ᄒ오니志願者ᄂ左項條例를銘心ᄒ고七月二十日限內에釜山稅關港務部로請願ᄒ심

一 韓國人年齡十八歲以上二拾오歲以下男子
二 視力의完全者
三 身體强健ᄒ고發育完全者
四 普通讀書의力有ᄒᆞᆫ者
五 修技期間은勿論ᄒ고期間滿了后라도可히不開家會ᄒ고專心으로學科研修와斯業에從事ᄒᆞᆫ者
六 身上에關ᄒᆞᆫ事ᄂ東萊府尹或相當ᄒᆞᆫ官衙의証認을得ᄒᆞᆫ者
但期日마자証認書를難得者ᄂ入所決定後此를提出홈을得홈
七 以下各項에對ᄒ야本所主管의銓衡을經ᄒᆞᆫ者

尙本養成所及入所에關ᄒᆞᆫ詳細事ᄂ各地稅關及京城總稅務司廳에就ᄒ야知悉홈事

釜山港揚武號海員養成所 告白

本人出給ᄒᆞᆫ於音三片中二片에三千九百兩出給ᄒ고살안치고姑未出給ᄒᆞᆫ一片을紙匣에너엇다가셔失故玆廣告홈

三등湖店 [illegible] 告白

大韓新地誌

一秩二冊三百六十頁 定價金一圜

[illegible]

古今書海館 廣學書舖 匯東書館 大東書市 朱翰榮書舖 [illegible]

本館에서新舊書籍을大發售ᄒ오니有志僉彥은陸續搆覽ᄒ심을望홈

銅峴屏門下古今書海館 白

本塾에日語速成科를六箇月卒業으로設立ᄒ고教師ᄂ日人屈聘ᄒ고月謝금新貨七十五錢八學금一원二拾五錢이고陽七月十五日開學ᄒ오니來議ᄒ시옵

北署中學橋中橋義塾 告白

本人이私故가有ᄒ야國債報償期成會發起及評議員의任務를承當키難ᄒ야解圜ᄒ고不退ᄒ얏삽기玆에布告홈

玄公廉 告白

大安洞寄宿館

本館에서漢城內에留接ᄒᄂ諸學生의寄宿便利를爲ᄒ야大安동에二層半洋屋을建築ᄒ고居處飮食其他凡節을一々히便宜ᄒ기로極力設備ᄒ오니遊學ᄒᄂ諸生은照亮ᄒ시와賁臨于本館事務所ᄒ야詢議ᄒ심을敬要

北署大安洞別宮南便寄宿館長 鄭熙燦 白告

寄宿願人証書ᄂ本館에셔授與ᄒ며

留連費ᄂ每朔에新貨四圜八十錢으로定홈

寄宿館 廣告

◉일본遊覽者募集

一 遊覽會員募集 人員은五十名으로一團을成ᄒ니하일인ᄒ不問ᄒ고速히請入ᄒ시옵
一 遊覽地 東京博覽會橫빈京都大阪神戶
一 往復日數 뎌抵十七일間
一 浮費 遊覽費及手數料을合ᄒ야總計四十八圓
一 出發日 請入順次를從ᄒ야出發三일前에直接히通知홈
一 請入所 在京성各신聞社五十八銀行경성支店 天一銀行
一 會員은遊覽을終ᄒ야開散ᄒᆞᆫ後ᄂ本會와關係가小無홈
一 南대門셔釜山으로直行ᄒ며지或은東경으로直行하ᄂ者의對ᄒ야도同一便法으로同行請入을應諾홈

일本人遊람協會事務所경성附

□門通 東亞商會

원산과성진간에셔본인이살진소(肥牛)를만이ᄉ깃스니쇼파ᄂ제군은다수이팔너오시옵

최봉쥰 고빅

◉增修無冤錄大全

壹千壹白七十貳頁

定價金新貨七拾五錢

此增修無冤錄大全은法律家의最緊要ᄒᆞᆫ書籍이온ᄃ年來現本이殆히絶種에至ᄒᆞᆫ지라故로法部에認可를得ᄒ옵고此를新刊ᄒ얏삽ᄂᄃ國漢文으로解釋ᄒ야模糊ᄒᆞᆫ句節이無ᄒ오니法律學에有志ᄒ신니와學校之任을居ᄒ신니ᄂ不得不覽ᄒ실者ᄂ오니注意購覽ᄒ시옵

中署布屏下

廣學書舖 김相萬 發售所

學徒裝히書冊
學徒運動과諸具
羅紗各種
美國金鷄納
衣服裁縫其他雜貨도廉價放賣ᄒ오니諸君子ᄂ來臨ᄒ심을바라나이다

仁川港축峴開新冊肆

本人이日本大阪商業家와特約ᄒ고日本內地産出各種物品과西洋各種物品及機械等物을我大韓에輸入ᄒ야委托을便利케契約ᄒ얏사오니商工業에有意ᄒ신僉君子ᄂ某物이든지請求코져ᄒ시거든本社로來議ᄒ시오 本社에셔ᄂ手數料金만受領홈

開城北部祥洞 興業社本店

支店京城南門內水橋五十一統六戶

仝仁港內동廣濟 培養會社

本人等이典동支所越便에셔各貰典舖이옵다가今에合資設舖營業하오니典執하실僉員은陸續來臨爲要

中署典동영信號典舖 金경秀 車基倫 金榮觀 告白

發賣所 京鄕各有名書舖 中署銅峴中央書館 發行

小說 鬼의聲

菊初先生李人稙氏著

表紙美麗 印刷鮮明 (紙數百四十八頁 正價金卅錢)

[illegible]

◎活動寫眞廣告◎

今番에始作ᄒᆞᆫ活動寫眞은法국巴里京에셔有名ᄒᆞᆫ거시오또ᄒᆞᆫ大韓국 皇室에셔먼져看覽ᄒ셧고始作ᄒᆞᆫ지數日에遊覽ᄒ시ᄂ첨君子가多數枉臨ᄒ시와坐處가넘쳐셔晩到ᄒ시면不便ᄒ오니速々枉臨홈

今番에또시로이活動寫眞이多數來到하야每夜에僉位觀覽에新面目을供ᄒ오니速々來臨ᄒ시옵

活動은自下午八点半至十点半

賣票時 七点半始爲

入場票 上等三十錢 中等新貨十五錢 小童十錢

新門외시달이목東便벽돌집

法人 馬田 告빅

國債報償義捐金 收入廣告

●楊根北上道面方逸동
六品南리熙五원 南延直三圓
南延德 南良元 各貳원
南相馨 金昌東 南延두
南延? 南孝元 각一圓
南亨元 오十전 閔鍾?
리炳貞 각廿錢 南啓稷
廿陸錢 安鍾하 리鍾鋳
리炳元 趙光顯 南延九
南啓輝 리炳穀 김連손
尹應蘇 나영必 김萬吉
김大川 원浜인 김인卜
리순손 리순奉 林允石
리학奉 韓奉하 각廿錢
南胃元 南鳳元 각十二錢
南학元 리秉學 董鄭基
南廷益 南益熙 최顯道
조觀晋 조萬出 龐玉成
廉선伊 김岩回 박日同
리順哲 리用鶴 손卜麟
손千萬 각十錢 김正石
최道之 손億萬 마碧麟
陸錢

◉陽方里
六品리찬珪 오원 趙益顯
조히翼 각貳원 權興榮 一원
신錫헌 오십錢 權思駿
沈노항 趙觀원 각四十錢
權儀榮 림相不 趙斗顯
鄭성洙 趙히각 權 瓛
蕭用直 韓奉吉 姜煥重
각廿錢 韓正晥 姜漢敎
리秀弼 趙昌顯 權 귀
權坤 南廷선 權원圭 각廿전

●不只리
김永卜 二圓 신錫休 金순돌
김占돌 각一圓 림國成
김말從 각陸十전 南廷憲
裴光晳 최錫리 金萬從
각오십錢 김卜同 宋淳욱
송寬植 安學伊 각卅錢 김昌俊
안千石 南延胃 김순汝
정光淳 신光休 閔祥勳
오士得 廉學成 신학聲
리健用 南延華 趙성熙
趙斗熙 南延穆 趙石顯
趙리鎬 홍지官 南性熙
姜漢雲 조相옥 崔顯환
최 균 김靑山 각11전
姜漢德 金卜祿 리영祿
在敎미 權冠平 南建吉
趙觀應 林노鶴 南正학
리俗九 리ㅋ九 崔鍾春
리宗翼 조觀麟 崔 完
權윤圭 정有敎 각십전

●天峴里
金大吉 김春鳳 김命석
김永還 각四十錢 金순萬
오拾전 김哲介 김敎壽
池冀宗 김丁福 金迷吉
김日萬 김성吉 김순복
金쇠돌 김忠吉 김壽白 각廿錢
김光석 김영진 김壽萬
김돌석 김插士伊 김壯軍
김순孫 김士乙介 김돌쇠
김必納 김加뵈 김命用
韓오用 各拾錢 김龍雲
십八錢

●嚴沼里
趙熙璡 리丙亓 각一원
신鳳鶴 임문成 리慶九
리인九 명大賢 各오拾錢
리丙과 장문宗 리百齋
리萬齋 鄭益鎔 趙熙烈
리丙인 리丙漢 각四拾錢
신錫玄 廿전 리학九 리夏用
리白用 정敎玉 리윤九
각廿錢 리奉九 廿錢 리丙徽
홍淳寔 각廿九錢 리두應
리昇九 각십九錢 리창九
張老味 孫영三 리禮用
리義用 장學선 정敎순
리寬九 리丙弼 정영昌
우方玄 정인九 리丙陳
김明환 리達用 각拾錢
김喜환 拾ㄲ錢 崔萬洙
십四錢 韓靑根 ㅋ전
崔석돌 四錢

●佳亭里
납敎元 一圓 조孫根 오십전
趙 임 조지덕 정煥문
조眞옥 각卅錢 조召史
사십錢 安夏옥 金千복
趙 檜 조 빅 각二십錢
趙지정 南延雨 정환勝
림鳳吉 趙水石 南時元
정환稷 조鎭益 김春班
河奉鎬 조鎭興 조鎭복
조鎭出 조영山 權元복
柳億吉 리巨복 리理吉
南澤元 安撤先 朴光壽
각十錢

●大悅里
리의世 리謙世 各一圓
權益영 沈宜復 리智德
南延敎 각五拾전 白觀洙
스拾錢 閔白應 權완榮
崔榮俊 각卅전 閔大勳
리英世 리宜주 張學奉
각卅전 리延敎 리亨宇
리哲同 리윤玉 金日萬
리 沃 리鍾文 南延奎
리敎祥 沈宜愼 각拾전
合八拾七圓三십六전

●楊근北上面小雪동
김景熙 金敎錫 각四拾전
김卜伊 趙北能 손正石
손者斤同 각二拾錢 손지同
손聖日 손聖학 김一成 손貫吉
손敎明 葛相吉 戚永在
김敎夏 김敎卜 손聖인
손학成 손聖出 各十전

●禿山里
崔潤泰 二圓 盧奉圭 一원
辛영集 四拾錢 全白天
白樂祖 朴仁默 各廿전
安용文 朴히默 조萬晥 安先伊
權昌榮 權正석 각拾전

●小雪中里
盧奉九 四拾錢 김壽明
趙殷石 김澤지 각二십전
김龍卜 趙基夏 권壽근
朴春奉 金瀾伊 김麟京
박春吉 김원正 金山伊
姜奉根 李순達 金奉壽
李又男 각十錢

●城谷里
葛大순 葛敬순 각壹전
葛卜진 누拾錢 강益水
四十錢 葛殷순 강則水
각三拾錢 李大觀 白南雲
葛成萬 김光순 白光先
辛升允 葛升순 金貴卜
각二십錢 孟문先 복仁好
갈殷순 柳순興 갈鳳순
갈升達 갈升玉 갈富興
각십錢

●墨安里
趙鎭弘 二圓 趙鎭鶴
五십錢 趙鎭豐 金萬쇠
김光石 조鎭와 조鎭一
辛학默 각廿錢 趙翼喆
趙鎭達 趙鎭華 李大業
趙鎭玉 趙任喆 林순돌
任泰鎬 辛良默 림白用
각拾錢

●鳥項里
崔순奉 崔奉하 徐義吉
徐上奉 최白龍 리於叱奉
강仁景 姜義洙 洪奎錫
강太원 손周豐 姜순七
강雲景 각十錢

●國水里
李爲乘 김基弼 각四십錢
김明선 육十錢 趙학용
卌一전 김基玉 갈聖祿
鄭봉模 김益炅 김괴쥬
各廿錢 리순和 趙郁철
리洛圭 趙麟욱 리빅雲
鄭光斌 김觀秀 각十錢
김益秀 十一錢 權 憲
신錫祜 趙伊吉 리元夏
鄭光玄 강卜萬 각十전
리쇠得 리麟得 량才奉
각九전 신元熙 리순用
각七錢 량希錫 오錢

●知音里
리鍾承 一圓 辛恒默
육十면 복영達 오十전
김應현 朴영石 최병云
최元식 최正實 박영순
리秀正 리弘世 각二십전
김奉伊 리光奉 趙元期
박孝鎭 김今돌 朴필已
朴峰鎭 각십전
合三십圓八십전

●楊근北面倉里
魚允九 문士眞 각一원
리源明 五십전 리鍾奎
리源창 閔種九 魚윤成
각ㅍ전 安興達 林百成
리호京 박千吉 金吉원
김萬奉 南慶興 김忠云
金水得 魚泳萬 鄭문보
각십전 閔弘七 리경重
리果俊 각오전

●三宜里
尹亨奎 五十전 柳在夏
閔촬鎰 文百用 史彦學
각二십전 柳 明 柳 완
리承하 림노宣 리逸宇
白大成 리學伊 鄭用成
리萬石 각십전

●獨山里
김병植 五十錢 閔殷勳
四십전 閔觀덕 김병佑
金千山 리주字 權必植
각二십전 閔觀向 림병贊
리德容 金奉達 洪奉섭
각십전 리憲儀 오섭전
安萬達 십전

●島里
邊漢근 二원 김敎河
八十전 리會具 오十전
閔昌勳 閔鍾信 김奉洙
南宮稷 리병文 문원吉
리仲西 孫仁섭 龐성業
金性仁 吉學奉 김應齊
각廿전 梁上峰 鄭煥宗
리忠信 석順奉 吉命植
鄭선君 南宮호 송淳八
閔百米 리근貫 南宮鎰
리榮九 리병찬 신碧日
리尙字 리弘宇 리明宇
盧근錫 리重敎 조鎭오
리敬儀 盧근春 각十전

●位育里
리源龍 五圓 리容和
리起弘 洪종임 리昌和
각五拾전 리주和 리鳳和
리源濟 리禮仲 洪大섭
리敎和 리麟和 閔致호
朴卜祿 金베秀 金鵬翼
리덕和 각二十전 리源九
리應두 鄭官순 張돌쇠
림學山 朴弘진 趙水明
南순원 張萬封 복健秀
리甲伊 최정헌 홍지순
許 杰 鄭九洙 權鍾益
각拾錢
合二拾八원六拾五錢

●景陵
令韓奎敎 貳圓 書員黃龍燁
一원 庫直朴聖인 林永석
각오拾전 守僕崔興成
韓三鳳 각卅전 리順근
領廳량萬지 김士돌 玄관伊
陸富出 姜聖吉 徐千興
각廿전 林永창 임天奉
각拾전
合六圓

●中署泥동從貳品김中鉉什圓

總合一百七십二圓八십一전
國文報廣告總合一百二十陸圓
十ㅅ전
前號總合二萬二千七百九十八圓六拾六錢二厘
都總合三萬二千○九十七圓陸十一錢二厘

◎特別廣告◎

國債報償金兩日間所捧은姑未合計이고伊前日의所捧總合四萬八千六百六十九圓四十오錢은電氣會社內銀行에貯置하얏슴고其貯置額中貳萬四千三百圓은國債報償志願金總合所로越交홈

大韓每日申報社

發行兼編輯人英國人 裵 說
發行所
南署石井동號外地三層洋屋家
大韓每日申報社

第五卷 五百六十一號

大韓每日申報

月曜及慶節歲時日休刊

檀君開國四千二百四十年
箕子元年三千二十九年
大韓開國五百十六年
日本明治四十年
淸國光緒三十三年
◉陰曆丁未六月大初三日壬戌

論說

教界競爭

大凡天地間에有形ᄒᆫ競爭이起ᄒᆫ時에ᄂᆞᆫ必其無形ᄒᆫ競爭이生ᄒᆞᄂᆞᆫ대有形ᄒᆫ競爭은人皆恐怖ᄒᆞ되無形ᄒᆫ競爭은人或恬視ᄒᆞᄂᆞᆫ故로無形競爭의原因은오자知幾探묘ᄒᆞᄂᆞᆫ眼孔이具有ᄒᆫ者라야能히見破ᄒᆯ지로다所謂有形之競爭은卽是世界列國이곡其人種의智力과國家의武力財力으로勝敗를決ᄒᆞᄂᆞᆫ者오無形之競爭은卽宗教界가是也라今日韓國內에兩派의教界가角立ᄒᆞ얏스니一은西教오一은東學이라此兩教界의將來消長은今不必預言이나其發生ᄒᆞᆫ兆候로써推測ᄒᆞ건대實是東西競爭의機關이라何以言之오每東學之起에ᄂᆞᆫ日人之勢力이加焉ᄒᆞ고西教之漸에ᄂᆞᆫ西人之步趨가進焉ᄒᆞ니是豈偶然而然哉아蓋此半島山川이現今改革時代를際ᄒᆞ야東西氣運이互상震蕩於其中ᄒᆞᆷ으로如彼無形之競爭이發生ᄒᆫ것이오

又其活動ᄒᆞᄂᆞᆫ狀態를觀察ᄒᆞ건대東學之起ᄂᆞᆫ如烈火之요原ᄒᆞ야暴發急燃之勢가有ᄒᆞ고西教之興은如江河之浸物ᄒᆞ야長久不息之勢가有ᄒᆞ도다蓋東學이始以斥洋斥倭로창言大呼ᄒᆞ다가終乃日人의利用을供ᄒᆞ얏스니是亦非偶然者라蓋此東洋의改革時運으로已於數十年前에日人의前導가될嚆矢가發生ᄒᆫ것이오以西教言之하면지此半島之內ᄒᆞ야日形其進步ᄒᆞᆷ으로一邊人이將來勢力競爭의思想으로現지妨害手段을陰試ᄒᆞ나歐美風潮之漸被를엇지幾箇人의腕力과口舌로防遏ᄒᆞ리오

然則此兩教界가將來孰消孰長을不必質言이라其道德의優劣과根基의深淺과行爲의善否로써權衡ᄒᆞ면其久暫之勢가自當瞭然이니何必多辨이리오惟其東西競爭이由此進退ᄒᆯ것은有識之士가宜其注目ᄒᆯ지로다

以大韓舊來歷史로觀之컨대宗教之界가亦有兩派ᄒᆞ야一則自支那而來ᄒᆫ니儒教가是也오一則自印度而來ᄒᆫ니佛教가是也니佛之爲宗教가千有餘年이오儒之爲宗教가五百有餘年인데漢學이昌明ᄒᆞ야禮義成俗은儒教之功化오國문의便利로民智를開導ᄒᆫ것은佛教의效力이라至于今日ᄒᆞ야ᄂᆞᆫ儒佛二教가雖曰老衰不振이나新문化之因於舊문化ᄂᆞᆫ世界上同一ᄒᆫ理勢니豈可忽之리오

然則儒佛二教ᄂᆞᆫ何以不惹起世界之競爭也오曰此지幼穉時代ᄒᆞ야人類之競爭이不甚劇烈故로自其教界로互相攻駁은或有ᄒᆞ얏스나人類의競爭을惹起ᄒᆞᆷ은未有ᄒᆫ지라現今時代ᄂᆞᆫ人類之奮鬪가日甚日劇ᄒᆞ야凡有形之競爭과無形之競爭이未嘗有一日之息언則教界競爭이豈不爲東西氣運消長之機哉아

官報

◉號外 光武十一年七月十日

◉宮廷錄事

宮內府大臣李載克辭職疏

批旨省疏具悉卿懇屢陳略不省察又此支煩是豈道理事遣府郞宣諭

◉敍任及辭令

◉第三千八百十九號 光武十一年七月十一日

命奉常司提調 水原郡守李完鎔

任京畿觀察道主事 羅星模

任江原道觀察道主事 前主事李宜春

任咸鏡北道觀察道主事 尹在衡

任龍川府主事 沈星택

任竹山郡主事 前委員鄭行석

任창平郡主事 박在沃

任唐津郡主事 韓允錫

任河東郡主事 鄭絢基

任昆陽郡主事 丕鏞洪

外報

◉美艦增派의眞意 倫敦電을據ᄒᆫ則美國이戰艦隊를太平洋에派遣ᄒᆞᆷ은日本의注意를刺激ᄒᆞᆷ이라大統領이海軍少將의게宣言을通ᄒᆞ야日今回에艦隊를派遣ᄒᆞᆷ은美國海軍이東西兩海岸에何를對ᄒᆞ야如何ᄒᆫ程度로國防力이有ᄒᆫ것을示ᄒᆞ며世界에對하야顯著ᄒᆫ示威를爲ᄒᆞᄂᆞᆫ目的이라今에美國이世界各國의完全히平和ᄒᆞᆫ關係에在ᄒᆫ故로此와如히示威運動을爲ᄒᆞᄂᆞᆫ것이今日에良策이라ᄒᆞ얏다더라

◉俄國製艦費 伯林電에日德兩漢堡의一新聞을據ᄒᆫ則俄國內閣會議에一億二千四百萬留를支出ᄒᆞ야製艦費에充ᄒᆞ기로議決ᄒᆞ얏다더라

◉立憲論旨 北京電을據ᄒᆫ則西太后ᄭᅴ셔更히立憲預備의上諭를下ᄒᆞ섯다더라.

◉德帝懽迎 伯林電을據ᄒᆫ則德帝ᄭᅴ셔丁抹國에前往ᄒᆞ셧ᄂᆞᆫ대同國首府에開設ᄒᆫ宴會에셔丁德兩帝ᄭᅴ셔祝盃를交換ᄒᆞ셧다더라

◉公開演說 去六日海牙發電을據ᄒᆫ則韓人李瑋鍾이來八日國際協會에셔公開演說을ᄒᆞᆯ터인대千九百五年拾一月拾七日韓日協約(保護條約)韓國 皇帝及內閣의調印이無ᄒᆫ것을指摘ᄒᆞ야韓國이日本의게外交權을委任ᄒᆫ事實이無ᄒᆫ대日本이韓國에對ᄒᆞ야保護政策을行ᄒᆞᆷ은不法의點을重히置ᄒᆞᆯ터이라ᄒᆞ야크게列國의同情을訴ᄒᆫ다더라

◉製鐵所設置 奉天電을據ᄒᆫ則製鐵所를滿洲에設置ᄒᆞ고軍器及鐵軌를製造ᄒᆯ計劃이라더라

◉日人放逐 桑港鎭守府所在地바레오에셔水兵과日本人間에紛擾를起ᄒᆞ얏ᄂᆞᆫ데判事ᄂᆞᆫ不公平ᄒᆫ裁判을與ᄒᆞ고商民은日本人을併皆放逐ᄒᆞ기로計劃ᄒᆞᄂᆞᆫ中이라ᄂᆞᆫ警報가達ᄒᆞ얏다더라

雜報

◉平民叉訴 平壤오坊軍用地總代黃性淵甲永兩氏의內部請願ᄒᆫ全文이如左ᄒᆞᆷ

伏以生等이以平壤外城軍用地段事로泣血訴冤이ᄒᆞ年于玆이온바行지光武七年六月日의日本工兵隊將官이稍以臨時軍用鐵道停車場基地로二拾二萬六千二百八拾坪이沒入築堤區之內ᄒᆞ고且九年에五拾一萬二千零八十坪을加占ᄒᆞ고同年사月에十三萬一千二百륙十坪을又爲加占이온則以上都合이八十륙萬九千壹百餘坪이오其餘瓦所兵舍病院倉庫經理部射擊場埋葬地ᄀᆞ地라ᄒᆞ고加占者가十二萬貳千륙百貳十坪이오니總合이九十九萬二千ᄉᆞ百貳十餘坪이온대光武八年秋에民代崔在學을派送ᄒᆞ야大李址鎔氏게質稟ᄒᆞ온ᄌᆞᆨ大臣이答云日俄媾和以後에暫時軍用地段은還附民處ᄒᆞ고物上損害費도一々計給之云ᄒᆞ옵더니其後日俄媾和兩國政府가已有確証立約之日에도還完은姑舍ᄒᆞ고地標木은依舊揷置ᄒᆞ야驅人民이日益甚焉이온지라自此로人民總代가式日呼冤이오나終來見如何之處分이옵더니當閣下秉勻之日ᄒᆞ와黃性淵朴지秀等이파足上來ᄒᆞ야泣訴이온則閣官內部用地定限을調査委員長云々이옵기只專任調査委員장박乘氏之指揮이더니及其委員장이到着平壤之日ᄒᆞ야初不問定界之多少와民如何ᄒᆞ고只以略干錢兩으로以地段價ᄒᆞ고計欲物給이나以人民之不受로反日前日用地則以損害費로旣有計給ᄒᆞ니此是地段價라하ᄂᆞᆫ지라人民이擧日閣下가前者에損害費를ᄒᆞ고略干錢兩을出給하고告示를발佈ᄒᆞ더니今日損害費가即地段價라ᄒᆞ니是何不近理之强制乎잇가民皆呼冤이온바委國중이不爲措辦ᄒᆞ고仍爲上京則無處呼冤ᄒᆞ와敢此齊聲仰옵ᄒᆞ오니伏乞即交涉于統監府ᄒᆞ시와雖非賤時라도軍用地段兵舍倉庫經理部病院射擊場鐵도停車場以外에ᄂᆞᆫ還附民處케ᄒᆞ시되該地段의每年物上損害費ᄂᆞᆫ相當計給ᄒᆞ시고其區域을劃定ᄒᆞ야境界를分明케ᄒᆞ시와使幾千生靈으로無失家屋白骨藥土ᄒᆞ고同受李野간修케ᄒᆞ심을千萬伏望

◉電桿價請給 咸北觀察使尹性普씨가內部에報告ᄒᆞ되轄下鏡城郡守리ᄌᆡ鎬報告를接閱ᄒᆞ온즉內開에本郡八社居民黃胤翊等訴告를見ᄒᆞ온즉內開에去乙巳夏에日軍이造北則自日官所로電桿木을新備ᄒᆞ라ᄒᆞ옵기莫敢拒逆ᄒᆞ와依株數磨錬ᄒᆞ야각自該社로募集山役軍ᄒᆞ야百餘里或七八十里深山에斫伐治木ᄒᆞ야隨其所立處運搬則一境桿木數가爲一千二百拾二株이온바每株에二圓六拾三錢式合計三千一百八十七원五十錢之多而役價運費를民不可生徵ᄒᆞ야價金을屢々稱冤于電報局長則從當某實出給이라이옵더니라至二年에尙未出給ᄒᆞ옵기各鄕民이剃以社任先擧而欺民不給이라ᄒᆞ고口舍多端ᄒᆞ오니雖緇口라도難杜民謗이온즉以此交涉于電報司ᄒᆞ와桿木價금을即爲出給ᄒᆞ야使此一境之民으로無至白失之地等因이온바本郡ᄀᆞ計가桿木價未推에每年稱冤이課日還至이옵기自本郡으로屢次交涉于電報局이오되尙無歸正出給ᄒᆞ오니民瘼이尙復何如哉잇가自郡推給은實所末由이옵기玆에具實報告ᄒᆞ오니電간木價금을電報局에推給ᄒᆞ시와民冤이無케ᄒᆞ심을伏望等因이올바准此査ᄒᆞ오나간木價額이數旣不少ᄒᆞ온대至三年토록不爲支撥ᄒᆞ와民刑訴郡에交涉於該局이不啻一二次이온대一向無措劃ᄒᆞ와郡亦不得已報道於述이오바究其民情에極爲矜민이옵기玆에報佈ᄒᆞ오니査照ᄒᆞ오셔以此交涉於統監府ᄒᆞ시와該價額三千一百八十七圓五十저을即爲出給케ᄒᆞ라ᄒᆞ앗더라

雜報

●四守免官 陽城鄭泰노 麻田金東熙 安邊金演禧 伊川李乘膺 ᄉ氏는 免官되얏다더라

●六守依免 報恩沈상珏 長淵金禧定 石城金憲洙 砥平李漢用 春川李明來 담陽金炳완 六씨는 依免되얏더라

●十五郡守 再昨日內部에셔 郡守十五窠를 奏本힛는대 水原徐丙肅 麻田韓光河 砥平金泰植 陽城趙漢哲 春川김鴻圭 報恩申泰完 石城姜ㅎ顯 成川朴箕錫 安州李圭瑢 安邊李鍾林 明川尹상翊 長連朴喜宅 潭陽李虎榮 玉果李思弼 泰川吳ㅎ根 諸氏라더라

●伸冤議決 再昨日內閣會議에 法部大臣趙重應氏가 東學先生崔濟愚씨의 伸冤事를 經議妥決ᄒ얏다더라

●會員入官 一進會員拾八名이 宮內府官職을 被任ᄒ다는 說이 有ᄒ더라

●博士云還 成균館薦博士幾窠를 還任ᄒ다는 說이 有ᄒ다더라

●總由日官 法部에셔 平漢兩裁及十三道裁判所와 각港市裁判所에 輪訓ᄒ되 司法에 關ᄒ 文書는 其接受와 發送을 勿論ᄒ고 總히 法務補官或補佐官補에 認印을 受ᄒ이 可ᄒ다고 訓令ᄒ엿더라

●日雇何限 度支部印刷局에 각項印刷는 專管ᄒ더인 故로 日人六十人을 雇聘ᄒ다더라

●食費加給 稅務主事을 月俸外食費로 拾圓式 加給ᄒ기로 決定ᄒ얏다더라

●宋氏歸國 月前에 日本각官廳事務視察次로 前往ᄒ얏든 內部地方課장 宋之憲氏가 昨日回國ᄒ얏더라

●經費犯用 硏成學校長權重爽氏가 司令長官으로 지任時에 該部經費中犯用이 新貨八拾圓이 有ᄒ던지 該部叅領李某가 文牒를 調査ᄒ야 權氏犯用條를 推尋ᄒ되 權氏가 延타 不納ᄒᄂᆫ 故로 大端상持中이라더라

●再次請願 安州郡守李圭용氏는 曾往延日郡守敍任時에 請願不赴ᄒ얏더니 今般에도 또 請願辭免ᄒ다더라

●度部變更 度支部에셔 該部官制調査ᄒ 後官制를 決定ᄒ얏는ᄃ 秘書官一人이오 叅事官二人이오 書記官은 二人으로ᄒ고 繙譯官一人은 奏任으로ᄒ고 繙譯官補三人은 判任으로ᄒ고 書記郞은 五십二人인ᄃ 出張時에는 無級書記郞을 加出ᄒ고 局은 依前하야 司計局 司稅局 理財局은 一等局으로 如前히 置ᄒ고 技手는 該部大臣이 定附則ᄒ다더라

●再試三試 再昨日度支部稅務見習生試取場을 獨立館演說臺에 設ᄒ고 應試者가 一千一百餘名인대 試驗課目은 作文과 筭術로ᄒ얏고 再試驗은 明日이오 三試驗은 本月拾五日로 酌定ᄒ얏다더라

●姜氏善射 日前樓閣동 黃鶴亭에셔 射員五拾餘名이 會集ᄒ야 左右弓을 分別ᄒ야 左弓便에는 三色旗을 懸ᄒ고 右弓便에는 白色旗를 懸ᄒ지라 左弓便手姜正會氏가 三巡에 십五中을 連貫ᄒ야 右弓便을 勝ᄒ민 姜氏의 善射手段은 傍觀者가 莫不稱嘆ᄒ얏다더라

●旱兼虫災 南來人의 傳說을 聞ᄒ즉 日前雨澤이 天安稷山에는 渴塵도 不足ᄒ야 虫災와 旱毒이 去益甚焉ᄒ야 民情이 皺々ᄒ다더라

●官立休학 각官立普通학校에셔 夏期試驗을 經ᄒ고 再昨日부터 一齊히 休학ᄒ얏다더라

●祭儀宏壯 再昨夜一進會長李容九씨家에셔 諸會員이 會同ᄒ야 崔海月忌日祭를 宏壯히 設行ᄒ얏다더라

●遞介貪虐 北來人의 傳說을 聞ᄒ즉 鏡城郡寧北社朴오학씨가 學校補助를 藉稱ᄒ고 儒鄕任帖을 每日差出ᄒ야 逐戶勒捧에 北關각社에도 亦爲亂賣ᄒ얏고 戶전이 每戶에 三兩式인ᄃ 稱以不恒費ᄒ고 每戶에 九兩式勒徵ᄒ얏고 結전은 新貨一圓에 鄕葉五兩五錢計로 勒收ᄒ야 餘剩을 偸食ᄒ얏고 日本軍用役夫을 遠社에는 以代錢으로 勒捧偸食ᄒ얏고 稱以夜巡ᄒ고 邑下有夫女數십名을 通奸ᄒ얏고 該郡南門外民有田土墳墓을 日軍隊에셔 占領ᄒ얏는ᄃ 該價額二萬餘圓을 受捧掩置ᄒ고 郡主事리희씨을 符同ᄒ야 田地價는 略干分給ᄒ고 墓主에게는 全不出給ᄒ고 因以偸食ᄒ얏더니 及其免官押上之時에 奸狀이 綻露ᄒ야 該郡人民이 一邊으로 府郡에 呈訴ᄒ고 一邊으로 內部와 平理院에 呼冤ᄒ다더라

●開城賊警 開城郡峴里地方에 賊警이 大熾ᄒ 故로 該分派所에셔 巡檢을 派送ᄒ야 搜探ᄒ이라더라

●東會又興 有志紳士沈宜性 崔鍾락 元大奎 諸氏가 東도與학會를 組織ᄒ기 爲ᄒ야 來土曜日下午二時에 北署松峴정 顯哲氏家에 臨時會議를 開ᄒ다더라

●傷命尤慘 去月二십二日平壤郡壯臺峴居 오민순氏가 該郡南門毁撤時에 赴役ᄒ다가 壓死ᄒ엿다더라

●私鑄被捉 水原郡居金인식 리散지리 世俊等이 該郡南門外上류川居유化峻家에셔 私鑄에 從事ᄒ다가 去月二십六日該警務署에 被捉되엿다더라

●警吏奸淫 呂州郡分派所巡檢金漢영이가 有夫女를 潛通ᄒ 事가 綻露ᄒ야 罷免ᄒ얏다더라

●禪門明校 江原道高城郡楡岾寺의 普通明進學校는 韓雪湖 金炳鎬 池龍湖 諸氏가 現時代에 敎育이 急務됨을 認ᄒ야 熱心設立ᄒ얏는ᄃ 去春期試驗에 優等生은 나英熙 林昇熙 金明熙 윤석天 정法正 金登法 具會錫 諸氏라더라

●海外義捐 北米加州에 駐在ᄒ 韓人大同保國會에셔 本國皇城新聞社 大韓每日申報社 國債報償事에 對ᄒ야 一百七十三圓五十전과 經費에 駐在韓人諸氏도 二百十二圓을 募集ᄒ야 本社로 送致ᄒ얏스니 天涯絶域에 流離漂泊ᄒ 生活로 祖國을 忠愛ᄒᄂᆫ 思想이 奮發ᄒ야 勞動所得으로 多數ᄒ 金전을 鳩合而送ᄒ얏스則 吾儕는 同胞人民社會에셔 愛國ᄒᄂᆫ 義擧가 若是衷著ᄒ을 不勝欽賛ᄒ거니와 其氏名은 本報廣告欄內에 逐號揭載ᄒ깃노라

●農書刊布 大韓農會에셔 二千萬同胞을 勸告ᄒ기 爲ᄒ야 我書라ᄒᄂᆫ 書를 著述ᄒ야 廣布ᄒ次로 現今帝國新聞社에 委托ᄒ야 發刊ᄒᄂᆫ 中이라더라

●都隸飭勵 昨日學部에셔 雇員以下下隸를 一齊飭勵ᄒ엿다더라

●金營廉明 全州警務官金상淳氏가 任이 未過幾朔에 監賊이 屛息ᄒ고 吏民이 悅服이라 賊之贓物을 秋毫不犯ᄒ고 還給本主ᄒ니 或日換近賊贓이 作爲官用이거늘 奈獨不然乎아 상淳氏 笑曰 爲官之道가 威生於廉也라 民間絲毫之物도 不可生意커날 況賊贓으로아 下隸輩가 或有隱瞞에 私有면 關懲ᄒ니 貪汚之風이 頓絕이라더라

●慘矣韓民 平壤大同江下流에 羊角島라ᄒᄂᆫ 小島가 有ᄒ대 該島의 南尾로 鐵도를 敷設ᄒ고 其外에는 皆韓民에 耕作ᄒᄂᆫ 田土라 當時麥秋를 야 窮夏貧民이 同我婦子ᄒ야 欲刈牟麥이러니 日人之赤脚兒徒兒가 成群來禁이라 一般田主가 往質于鐵도監部則 分半刈去ᄒ라ᄒᄂᆫ 故로 韓民이 擧日 我土我耕을 自鐵도監部로 分半云々ᄒ니 是何經緯乎아ᄒ고 再到麥田ᄒ야 刈麥收穫ᄒ고ᄌ할際에 日兵五六百名이 放銃擇刀而來ᄒ야 驅逐韓民ᄒ고 拔劒斬麥ᄒ야 以車以肩에 太半昇去ᄒ고 其餘는 放火盡消ᄒ야 不留一麥稿於原野ᄒ니 男女老少兒童의 呼哭之聲이 慘不忍見이라고 西京遞信이 來到ᄒ얏더라

●苦학生情況 現今日本東경麴町區三番町十番地立身館에 會ᄒ 苦학生團體는 自今年ᄉ月로 漸々團聚ᄒ야 東京及지方에 散在ᄒ 苦학生의 總合人員數가 至于今合二十七人인대 今日我韓의 前途를 思惟ᄒ고 학問의 實業을 渴求ᄒ야 誓死同盟ᄒ고 百千見苦ᄒ을 前報에 已揭ᄒ어니와 今月五日에 又下宿主人의 食債를 未報ᄒ所치로 三時斷食의 困辱을 當ᄒ야 二십餘학生이 太半聚首昏도ᄒ얏는대 其時에 多數留학生이 訪問상慰ᄒ야 或感心垂淚ᄒᄂᆫ中에 金상福氏는 身上에 所着ᄒ얏든 羽緞典執ᄒ금 一圓五十錢으로 一時擄饑ᄒ고 가각 一圓이오 金商己씨가 一圓五十錢인대 其中에 류만秀氏는 貴親汲水에 朝炊暮食ᄒᄂᆫ 苦학生이라더라

●卒業取用 筆橋義塾卒業生을 取用ᄒ次로 五人을 學部에셔 軍部로 公函越交ᄒ얏다더라

東京電報

拾一日着

●協約調印 今日寺內老大臣會議의 結果로 米野公使에게 日露協約어業條約에 調印ᄒ라고 訓電ᄒ엿더라

●海牙問題에 對ᄒ 大同俱樂部態度 大同俱樂部代議士會에셔 韓國皇帝를 對ᄒ 事件에 關ᄒ야 協議ᄒ고 本件은 重大問題인 故로 愼重ᄒ 態度을 採用ᄒ기로 決定ᄒ고 部員이 外상을 訪ᄒ야 意見을 吐ᄒ얏다더라

路透電報

●德皇非日 德國皇帝씌셔 묫베하겐地에셔 非常히 日本을 攻擊ᄒ야 言ᄒ기를 英國이 日本과 同盟ᄒ 것은 白人種의 恥辱이오 歐洲人이 黃色人의게 其組織과 機密을 敎ᄒᄂᆫ 極히 愚蚩ᄒ 事라ᄒ얏더라

方塘一鑑

▲總理大臣李完用氏는 機密金을 今年은 下期半에 五千圓을 支撥ᄒ다ᄒ니 同氏는 位據首揆ᄒ야 有何秘密事業인지 統監官邸의 會議가 秘密ᄒ거시 機密金을 支給ᄒ만ᄒ 事業인지

▲度支部에셔 稅務主事를 試取ᄒᄂᆫ대 應試者가 一千三百餘名에 達ᄒ미 三次를 試ᄒ다ᄒ니 科擧가 廢止以後로 稅務主事試取를 一科場으로 知ᄒ고 埋頭沒身에 奔競이 益甚ᄒ니 稅務科擧가 또 싱겻고

▲韓國內閣을 將次日本人으로 組織ᄒ리라ᄒ니 現任內閣諸大臣들은 秋風落葉이 될지라 此時을 當ᄒ여셔도 腦髓에 精神이 들지 안ᄂᆫ가

▲京畿道內에 각郡守가 延命禮로 官服을 持來ᄒ얏더니 該觀察이 變論ᄒ여 日 郡守가 與觀察로 相見에 官服이 有何關乎아 郡守之責은 在於治民이오 不在於官服이라ᄒ며 각郡守가 一齊히 平服으로 入見ᄒ얏다니 該觀察이 繁文을 除ᄒ고 便宜를 從ᄒ이 是此ᄒ則 行政上務實이 亦皆如是做去ᄒ엿스면

▲近日각郡守가 무숨事端이 有ᄒ지 辭職請願이 逐日답지ᄒ니 郡守奏本만 頻數히 上奏ᄒ며 別々수가 多生ᄒ니 總理와 內大의 運數가 大端이러졋고

▲각地方에 愚昧ᄒ 人民이 格例을 不知ᄒ고 寃抑ᄒ 事가 有ᄒ즉 一進本部에 上京請願ᄒ면 偃然히 接受ᄒ니 該本部는 行政官廳으로 知ᄒ고 詞訟을 干涉ᄒᄂᆫ지

▲平壤軍用地調査委員 朴義병氏가 該地에 下去ᄒ며 日人의 威嚇이 尤酷ᄒ야 自正陽門外로 平川坊싸지 日士官의 官舍建築基址라 稱ᄒ고 標木을 揷立ᄒ야 該區域內人民을 三日內로 移去ᄒ라ᄒ얏다니 調査委員이 一番만 又來ᄒ면 外城人民은 坑塹에 陷落ᄒ거시니 朴義병氏는 日人의 走狗이로다

▲近日北村兩班들이 變遷時代을 當ᄒ야 兩班이 亡ᄒ다고 自歎ᄒ더니 吾輩에 子姪은 學校나 新社會에 切不投足ᄒ라ᄒ고 團束ᄒ니 이것시 兩班이 不亡ᄒ 方針인지 兩班이 漸々亡ᄒ을 腹本이오

▲韓國人士의 習俗이 成癖ᄒ야 內閣의 이나 각官廳에 高官要任이 科外에 橫出은 視若尋常ᄒ더니 郡守奏本이 一出ᄒ면 一層注目ᄒ야 口々상傳에 日致賀ᄒ니 韓人의 郡守病이 何日이나 快ᄒᄂᆫ지

◉本社廣告

東署分傳人姜金基가無故逃躱ᄒᆞ야該分傳人의게購覽ᄒᆞ시든僉君子의게未能傳ᄎᆞ야極涉踈闊故로玆特廣告ᄒᆞ오니照諒後동名과統戶를昭詳錄送ᄒᆞ시와即速分傳케ᄒᆞ심을切望홈

陰竹장湖院前主事金濟安氏를本社員으로認定ᄒᆞ얏기玆以社告ᄒᆞ오니該附近地에本社申報購覽ᄒᆞ실僉彥은右씨에게請求ᄒᆞ심을希望홈

廣告

本會에셔本月십ᄉᆞ日(日曜)下午一時에故志士정재홍氏의追도會를東門外영도寺에셔開催ᄒᆞ오니本會員과其他同情ᄒᆞ시는僉位는屆期來叅ᄒᆞ심을務望

大韓自强會 告白

夫有善必褒은國典所載라咸南咸興郡州北面西上里居김ᄅᆡ鉉은草野一農夫라素無行有餘力之工而孝養老親에無所不至러니往지乙巳年至月에八旬慈毋가以時疾으로殆將奄忽이어날ᄅᆡ鉉割股以供ᄒᆞ며침血以喫ᄒᆞ고焚香祝天ᄒᆞ야願以身代에幸得瘥差ᄒᆞ야至今無恙ᄒᆞ니際此之日ᄒᆞ야雖有好古之力者라도猶所難能이온況無稽古者乎아子夏日事父毋호대能竭其力ᄒᆞ면雖日不학이나吾必謂之학矣라ᄒᆞ니此人之謂也現方請願于掌禮院ᄒᆞ야冀蒙褒典이옵기先此廣布홈

同郡同面同里居宋昇ᄅᆡ告白

本人에ᄉᆞ寸趙明根이가年今二십六에性本浮浪ᄒᆞ야本人의所有楊州縣內面中牌里羔字沓一석十九斗落과同田五日耕及海等面沓九斗落合結七拾六卜ᄉᆞ東庫乙문券을都取ᄒᆞ去ᄒᆞ야將欲두賣之計이오나該문券은休紙로施行홀터이오니內外國人은切勿見欺홈

南署午橋一統三戶趙東杰告白

現此教育時代의此郡의一校一塾의未遑設立홈을慨歎ᄒᆞ야郡內前五衛將趙東宇趙東夏前主事趙周翰洪봉煒趙翰誠趙周行正三品趙宜淳前主事趙友誠金智鉉朴승완金鳳선氏等拾壹人이新學問을校設立ᄒᆞ기로決議發起ᄒᆞ고各其資金과境內義捐을鳩集ᄒᆞ게合爲一千三百二十一圜二十錢也라一依學部十一條規程ᄒᆞ와校舍는以館舍東大廳으로修理ᄒᆞ는대贊成員趙지教趙完𨨞兩氏가熱心幹力也의校舍修가非久訖役되기로校名은中和라ᄒᆞ고校장은本郡守가視務케ᄒᆞ고監事務는發起員中五員이輪回視務케ᄒᆞ고校師는京仁峴李教一氏로延聘ᄒᆞ야陰六月初一日內로開學ᄒᆞ오니本境內及鄰近各郡有志學員은俯諒來臨叅學케홈을伏望홈

全北金堤郡中化學校學監 趙友誠等 告白

警告 國債報償金義捐諸氏

自本所로京城內各收金所를次第調查中至若期成會ᄒᆞ야는莫重義金을貯置不明ᄒᆞ고文簿眩惑ᄒᆞ야難以明查故로玆에廣布ᄒᆞ오니該會로納金諸氏는無一遲滯ᄒᆞ고領收証号數와金額과氏名과印字를昭詳히本所로錄送ᄒᆞ야勿失義務ᄒᆞ심을敬要

大韓每日申報社內 國債報償志願金總合所 白

本人等이典동支所越便에셔各貰典舖이옵다가今에合資設舖營業ᄒᆞ오니典執ᄒᆞ실僉員은陸續來臨爲要

中署典동영信號典舖 金경秀 車基倫 金榮觀 告白

揚武號海員養成所 修技生募集

今回에韓國子弟로ᄒᆞ야금海技養成에必要ᄒᆞᆫ簡易에學科와實務를授ᄒᆞᆯ目的으로써釜山港碇係揚武號艦內에海員養成所를設置ᄒᆞ고航海機關兩科貸費修技生各십五名을募集ᄒᆞ니志願者는左項條例를銘心ᄒᆞ고七月二十日限內에釜山稅關港務部로請願ᄒᆞᆯ事

一 韓國人年령十八歲以上二拾오歲以下男子
二 視力의完全者
三 身體强健ᄒᆞ고發育完全者
四 普通讀書의力有ᄒᆞᆫ者
五 修技期間은勿論ᄒᆞ고期間滿了后라도可히不關家舍ᄒᆞ고專心으로學科研修와斯業에從事ᄒᆞᆯ者
六 身上에關ᄒᆞᆫ事는東萊府尹或相當ᄒᆞᆫ官衙의証認을得ᄒᆞᆫ者
但期日까지証認書를難得者는入所決定後此를提出홈을得홈
七 以下各項에對ᄒᆞ야本所主管의銓衡을經ᄒᆞᆫ者

尙本養成所及入所에關ᄒᆞᆫ詳細事는各地稅關及京城總稅務司廳에就ᄒᆞ야知悉ᄒᆞᆯ事

釜山港揚武號海員養成所 告白

去四月分에合資會社晩成商會에셔本人住任之廣告는於該社營業之上에無論某事ᄒᆞ고初無關係이기로玆以廣告홈

劉相洛 告白

大韓新地誌

一帙二冊 三百六十頁 定價金一圜

新地誌는疆域、沿革、山川形勢、天候地質、風土物產、政治風俗、以至名勝古跡道里遠近田畓戶口等을蒐採詳備ᄒᆞ야完全ᄒᆞᆫ地理書오敎科에便宜ᄒᆞ오니僉君子는左開書舖로陸續來購ᄒᆞ시옵但地圖는銅版工役이未畢ᄒᆞ오니購去ᄒᆞ신諸彥에게는追後寄送ᄒᆞᆯ터이오니照亮ᄒᆞᆷ

布屛下 金相萬書舖 / 鍾路 大東書市 / 寺洞口 朱翰榮書舖 / 寺동 滙東書館 / 小廣橋 高裕相書舖 / [illegible]

本館에셔新舊書籍을大發售ᄒᆞ오니有志僉彥은陸續購覽ᄒᆞ심을望

銅峴屛門下古今書海館 白

本塾에日語速成科를六箇月卒業으로設立ᄒᆞ고教師는日人屆聘ᄒᆞ고月謝금新貨七十五錢入學금一원二拾五錢이고陽七月十五日開學右日內來議ᄒᆞ시옴

北署中學橋中橋義塾 告白

本人이私故가有ᄒᆞ야國債報償期成會發起及評議員의任務를承當키難ᄒᆞ야請願辭退ᄒᆞ얏기玆에布告홈

玄公廉 告白

大安洞寄宿館 廣告

本館에셔漢城內에留接ᄒᆞᄂᆞᆫ諸學生의寄宿便利를爲ᄒᆞ야大安동에二層半洋屋을建築ᄒᆞ고居處飮食其他凡節을一々히便宜ᄒᆞ기로極力設備ᄒᆞ오니遊學諸生은照亮ᄒᆞ시와賁臨于本館事務所ᄒᆞ야詢議ᄒᆞ심을敬要

北署大安洞別宮南便寄宿館長 鄭熙燦 白告

寄宿願人証書ᄂᆞᆫ本館에셔授與홈

留連費ᄂᆞᆫ每朔에新貨四圜八十錢으로定홈

◉일본遊覽者募集

一 遊覽會員募集 人員七五十名으로一團을成ᄒᆞ니한일인을不問ᄒᆞ고速히請入ᄒᆞ시옵
一 巡遊地 東京博覽會橫빈京都大阪神戶
一 往復일數 日抵十七일間
一 浮費 遊覽費及手數料을合ᄒᆞ야總計四十八圜
一 出發일 請入順次를從ᄒᆞ야出發三일前에直接히通知홈
一 請入所 在京성各신聞社五十八銀行경성支店 天一銀行
一 會員은遊覽을終ᄒᆞ야開散홈後ᄂᆞᆫ本會와關係가小無홈
一 南대門셔釜山으로直行ᄒᆞᆯ던지或은東경으로直行ᄒᆞᄂᆞᆫ者의對ᄒᆞ야도同一便法으로同行請入을應諾홈

日本人遊람協會事務所 日韓
南門通 東亞商會

원산과셩진간에셔본인이삼진소(肥牛)둘만이스깃스니쇼파ᄂᆞᆫ제군은다수이팔너오시옵

최봉준 고빅

◉增修無寃錄大全

壹千壹百七十貳頁 定價金新貨七拾五錢

此增修無寃錄大全은法律家의最緊要ᄒᆞᆫ書籍이온데年來現本이殆히絕種에至ᄒᆞᆫ지라故로法部에認可를得ᄒᆞ옵고此를新刊ᄒᆞ얏삽ᄂᆞᆫ대國漢文으로解釋ᄒᆞ야模糊ᄒᆞᆫ句節이無ᄒᆞ오니法律學에有志ᄒᆞ신니와字牧之任에居ᄒᆞ신니ᄂᆞᆫ不得不覽ᄒᆞᆯ冊子이오니注意購覽ᄒᆞ시옵

中署布屛下 廣學書舖 김相萬 發售所

學徒裝히書冊 學徒運動과諸具 羅紗各種 美國金鷄納 衣服裁縫其他雜貨도廉價放賣ᄒᆞ오니諸君子ᄂᆞᆫ來臨ᄒᆞ심을바라나이다

仁川港奇峴開新冊肆

本人이日本大阪商業家와特約ᄒᆞ고日本內地産出各種物品과西洋各種物品及機械等物을我大韓에輸入과委托을便利케契約ᄒᆞ얏ᄉᆞ오니商工業에有意ᄒᆞ신僉君子ᄂᆞᆫ某物이든지請求코져ᄒᆞ시거든本社로來議ᄒᆞ시오本社에셔ᄂᆞᆫ手數料金만受領홈

興業社本店 開城北部鮮洞
支店京城南門內水橋五十一統六戶
仝仁港內동廣濟 培養會社

越南亡國史 國漢文

定價貳拾伍錢

發賣所京城廣橋高裕相書舖 鐘南側川鄭禹時夏 布屛下김相萬 告빅

發賣所 中署罷朝橋中央書館 京鄉各有名書店

鬼의聲

菊初先生李人稙著

表紙寫眞印刷版洋裝 (紙數百四十八頁正價金三十錢)

本小說은[illegible]

◎活動寫眞廣告◎

今番에始作ᄒᆞᆫ活動寫眞은法국巴里京에셔有名ᄒᆞᆫ거시오또ᄒᆞᆫ大韓국 皇室에셔먼져看覽ᄒᆞ셧고始作ᄒᆞᆫ지數日에遊賞ᄒᆞ시ᄂᆞᆫ僉君子가多數枉臨ᄒᆞ시와坐處가넘쳐셔晩到ᄒᆞ시면不便ᄒᆞ오니速々枉臨홈

今番에ᄯᅩ셔로이活動寫眞이多數來到ᄒᆞ야每夜에僉位觀覽에新面目을供ᄒᆞ오니速々來臨ᄒᆞ시옵

活動은自下午八点半至十点半
賣票時 七点半始簽
入場票 上等新貨三十錢 中等新貨十五錢 小童十錢

新門외시달이목東便벽돌집

法人 馬田 告빅

義捐金

平山郡馬산面臨村
리씨宗中
鎭호 一원六十전 明相
一圓五십錢 顧薰 원淳
지鳳 麟淳 禎錫 지楚
지重 각一圓 燁 瓚錫
佑相 道칭 德호각八십전
弼相 敏상 泰상 찬
時亨 時佾 문錫 각陸十전
根爵 鳳淳 春鎬 龜淳
근鎬 勳淳 承鎬 聖秀
達여 而化 麟호 命錫
지憲 지문 宗鎬 澤淳
각五십전 時종 時華
時曦 지潤 지근 子鎬
리淳 충호 인相 각ᄉ십錢
遂淳 夏鎬 英호 程鎬
發鎬 景鎬 泰鎬 지呂
병鎬 義鎬 明鎬 종淳
豐鎬 陽秀 韶淳 종셔
時發 短셔 周相 지헌
근셔 殷셔 奎호 운相
彦相 益相 厚셔 天호
命호 得호 鳳셔 寶셔
胤셔 用範 셩셔 여一
敬文 셩秀 각卄전 원鎬
漢相 宗薰 載亨 각卄오젼
顯相 俊호 章호 종호
우셔 洪셔 三여 주景
원烈 奎鎬 廉淳 東淳
載基 麟鎬 永淳 達셔
興셔 각卄전 天淳 應淳
習金 章金 億金 萬金
均호 膺金 麒호 膺金
觀顯 남金 寅金 景淳
주셔 仁셔 美셔 陽元
永瑞 元호 良先
각십二錢오厘 時春 時中
轍셔 時逢 時金 時福 지乂
商호 泰호 文호 지益

容金 乘호 常金 義순
漢순 昌순 광金 弼相
景鎬 희淳 七셔 德호
남셔 巳淳 종淳 각拾錢
合오십圓九拾二전오厘

●陰城郡枝內面大寺동
進士림補상 監察韓庭履
鄭憲귀 각一圓 出身李容肅
魚在인 리世雨 各五拾錢
리徹世 김긔봉 각四拾錢
리斗用 박遇弼 정台善
림潤相 림奎相 리裕遠
각二십전 徐상彦 리敏浩
劉慶烈 림海相 김斗煥
리석宗 朴지향 우泰東
신承均 김상鉉 각二十錢
劉秉德 韓璧源 李啓夏
김正植 림寶相 리종憲
鄭경好 鄭熙教 리萬憲
楊泰鉉 盧錫鼎 劉秉祿
우영夏 리明우 리뵨俊
楊時模 리行憲 朴지玉
리源善 박秀永 楊滋헌
李時우 림斗相 각十錢
合拾一원四拾錢

●全南務安郡三鄕面
承旨洪鍾宇拾圓 淑夫人朴씨
旨環一件一兩一錢重
子十一歲兒松得 一원
女拾一歲兒旨環一件 오錢重
次子五歲兒영得 一圓
羅燾瑾 八圓 長子采均
次子正均 각一圓 林學默三圓
長子한圭 次子然圭 각一圓
리炳來 俞鎭桊 리玩緖
각一圓 長子敎민 次子敎炯
三子敎冑 合一圓 羅庠均
羅宰均 각一圓 羅義均
林종禮 林종海 리泰完
각二圓 리인緖 리敦星
孫京安 羅宗煥 각一圓
子護均 二拾錢 오成春
리文弼 林亨相 림炳善

愼台晟 리빈우 리병緖
각一圓 丁인和 김九泰
리奉緖 리文鎬 각六十錢
粱도淵 陳병學 리敦反
임明默 임興默 림鉉相
金인휘 선乃瑞 김在順
金在鉉 羅奉煥 羅奉均
粱龍學 복京敏 각ᄉ十錢
羅도션 리敎秀 각五十錢
羅도지 량奉圭 조達和
림炳規 입致相 김正提
김奇숙 羅호均 김鍊洙
車在和 車在國 車수吉
양和均 崔再玉 니相辰
김道一 주成連 김奇弘
주在煥 주云采 주光采
임文圭 림旭相 羅鍾敏
박應培 리文龍 박獻葉
니泰緖 니敦性 리敦伯
리斗憲 羅良集 니敦厚
리敦貞 魯明圭 魯昊圭
魯漢明 니炳鎭 정敬善
오仲寬 오成鎭 오永五
權鍾植 입緖相 羅홍集
羅營均 羅龍均 羅永煥
羅吉煥 羅殷煥 박道一
김應金 鄭인先 오明祚
오인巨 됴용奇 金昌인
박泰和 최漢錫 리긔榮
粱奇淵 량하淵 복京善
오병烈 주敏植 김向敏
박奇三 박老遂 朴載連
박순葉 朴和葉 량啓昌
리덕凡 김一眞 손道三
羅圭환 김京石 各卄錢
니敎션 노學션 各卄전
리殷緖 卄五錢 朴중근
박良一 陳永瑞 최奉셔
羅열采 陳인셔 羅도明
鄭斗勉 鄭志鳳 子時泳
朴準采 徐章환 徐命환
김行淑 김善淑 량吉호
朴병國 羅洪均 김鍾헌
박弘주 박윤주 박奉주

박奇相 정士權 김漢信
주敎민 박良鉉 羅春集
강인善 신영환 박낙종
박相仲 김二京 오應連
각셔전 최一奉 김龍辰
각八전 朴弘원 김吉東
리成圭 각六전
合八十一圓십九錢
指環二件合一兩六錢重

●廣州下旺倫面一里
리基鉉一圓 司果魏聖谷
六십錢 鄭萬升 鄭興福
鄭公召 鄭光文 리周都
리永佑 리奉武 리承金
리永덕 리永弼 각오십錢
주事김觀性 김澤性 정基錫
朴太熙 리周審 각四十전
鄭興吉 鄭興植 朴寅熙
리주悅 리수順 각卄전
리秉孝 敎官김奎元 최千峰
崔恒白 복甘成 尹吉仙
김定性 尹光文 尹月良
千良得 鄭世容 鄭愼히
鄭興元 鄭興垂 馬景順
裴義春 김文必 趙順一
김창性 김鎭樂 金蓮成
리希世 리希穆 리希鴻
리希祿 리希明 리承煥
리承壤 리承龍 리承謨
리承奎 김奎洛 각卄전
김益濟 김盛셔 박成九
김哲文 金商賢 김三爲
김果川 각十오전 리秉우
리秉元 主事金鴻性 김武性
宋者斤卜 리長哲 김永션
최長允 김景益 김莊性
김介性 鄭正万 박日用
尹永金 尹永쇠 黃金祿
리有成 尹九万 尹永낙
尹元封 리興卜 裴生汝
림用西 유成伯 千萬卜
金千峰 希春복 金斗升
崔春實 김順萬 田順得

裴重 尹萬悅 鄭基仁
오殷用 金奎白 김奎面
김규형 金奎明 김賢性
安喜中 希春奉 鄭政히
김敎榮 沈복鎭 盧啓成
리奉業 盧興男 문순寬
盧鎭澤 盧成金 盧成出
趙丙行 兪春成 장華成
高奉二 리敬奉 박云集
박東淳 박東彦 김然義
리延善 리丙熙 리希병
리주益 리주亨 리주常
김주益 박彌云 김奎燁
김복쇠 리仲業 각십전
김新山 김鎭成 조奉業
김三興 각육전 리병信
리병錄 리병彝 리敬燾
리命창 김化信 金景운
김季문 김奎分 김문仕
宋三복 신介同 최哲문
張成汝 宋千복 崔션敬
김末乙得 리承鎬 安金必
정守萬 장億萬 任能奉
金加平 池복用 盧用根
金召史 裴聖진 馬景윤
김成윤 박순보 廉喜三
황덕三 정云成 각五전
合二십陸원七십九錢

●平北義州古寧朔面東古城里
金來命二圓 韓世芳一圓
최香雨 韓世權 홍龍辰
韓원大 獨孤麟 박東守
各오十錢 김志河 三拾錢
安憲民 二십錢 김亨愼
김青祿 박光日 金陳寶
김윤玉 金化石 각十전
박기순 韓敦敬 韓大奎
리순丁 조尙麟 박成문
韓京문 박鳳會 복芝世
김之贊 獨孤영 박奎允
金亨吉 洪연涉 양義션
張信涉 박仁景 김用爾
유金寶 유金호 최枚康

박문영 최學彬 金道明
高一션 合今圓拾錢
김의煥二圓 高錫헌 獨孤熙
金應奎 각일圓 趙敬히
金正器 김應문 김기雲
각오십錢 高啓春 김應珍
각卄錢 김益建 박連玉
김應九 각十錢 김尙巳
양以龍 各십錢 白潤九
崔利弘 金世煥 각오十전
金信貞 金萬守 양達漢
각十錢 金石興 金志殷
金萬貞 각卄錢 김志石
리자民 박成今 白信弘
양信萬 각十전
合二십今圓十전

●江原道金川郡
沈宜輝 李鍾弼 각一圓
金金龍 六拾錢 金敎善
김낙헌 니선行 각四拾錢
박應식 池泰潤 각三十錢
니應憲 沈宜瑞 김낙순
韓春交 니性好 崔致元
金영원 金원報 니正칠
니致順 니창信 홍병철
각二拾錢 니奎明 니承明
김性云 박西홍 니云交
니선一 니규安 嚴云三
金致西 장근식 박衡
嚴君三 김文佐 박致문
박원식 정복쇼 정윤日
니千龍 니敬守 金낙鳳
최德興 朴德欽 복덕煥
朴興先 金聖賢 정智好
리尹守 池致奎 金化成
정인如 정斗永 정士明
朴恩식 각十전 정규영
一圓 리慶春 五拾錢
金셔叔 김영긔 김홍九
金士宗 각二십전 리덕化
三拾전
合拾三圓

總合一百○七圓四십전五厘
國文報廣告總合一百十八圓二十七전
前號總合三萬三千○九十七圓
陸十一錢二厘
都總合三萬三千三百二十三圓
二拾八錢七厘

發行兼編輯人英國人 裴說
南署石井洞號外地三層洋屋家
發行所
大韓每日申報社

第五卷 第五百六十二號

大韓每日申報

檀君開國四千二百四十年
箕子元年三千二十九年
大韓開國五百十六年
日本明治四十年
淸國光緒三十三年
◉陰曆丁未六月大初四日癸亥

寄書

北美留申聲求ᄂᆞᆫ謹寄一書ᄒᆞ야以告我同胞諸兄弟ᄒᆞ노라

壯哉라我大韓二千萬同胞의愛國ᄒᆞᄂᆞᆫ思想이確實히發達되ᄂᆞᆫ事ᄂᆞᆫ今日國債收金事에可以明見이니此不啻韓人之慶賀라外人이亦讚其美ᄒᆞ니豈不慶幸哉아夫不謀其事ᄒᆞ고企望其事之성就ᄒᆞᄂᆞᆫ것이理外之事인즉은世人에게警曉ᄒᆞᄂᆞᆫ비어니와今日報債事가確証이될지라向者得債時에人々이聞其巨大之額ᄒᆞ고莫不驚嘆而皆云如斯巨額을從何以得報리오國土를難保라ᄒᆞ며人心이不穩에不知其所爲러니

天不忍見肆千年舊邦之寂寞ᄒᆞᄉᆞ幸有高明志士幾人之先覺ᄒᆞ야其志激昂에攘臂扼腕而先唱其義ᄒᆞ며導其報債之利害ᄒᆞ셔民心이醒起ᄒᆞ야響應如風ᄒᆞ니西ᄉᆞ閨婦와幼子穉童이奮力盡誠ᄒᆞ야或賣家或減食以出助云ᄒᆞ니豈不壯哉아民智至此則遺報其債ᄒᆞ기를何患ᄒᆞ리오嗚呼라此債에對ᄒᆞ여ᄂᆞᆫ其過失이지於何人고在於一般國民이라ᄒᆞ노니何者오夫物生於世에각有任務ᄂᆞᆫ天定之理라然則平日에匹夫匹婦가각盡其任이런들豈有今日에國債報債之說乎아民富則國旺ᄒᆞ고民窮則國衰ᄒᆞ나니然則國家之盛衰가在於其民이오國事가在於人々身上이거날求之何處ᄒᆞ야

今見同胞가以熱心으로結盟盡誠之事則個人이각有責任ᄒᆞᆫ거슬猛然醒悟ᄒᆞ야義務를盡行ᄒᆞᆷ이니不勝慶賀ᄒᆞ며合則强하고分則弱은古今之常理라況此廿世紀競爭時代乎아益堅其聯合心ᄒᆞ고更振其奮發力ᄒᆞ야不受强國之凌侮ᄒᆞ고幷立於列强인된家國이幸甚이오同胞가幸甚이라ᄒᆞ노라嗟我韓人이여個人이各負一身之義務가重且大矣니當此發業之時하야寸陰인들엇지等閒放逸ᄒᆞ리오我衆기必須勵精刷神ᄒᆞ고齊心合力ᄒᆞ야隨任盡務ᄒᆞ면應有實效라ᄒᆞ노니實效ᄂᆞᆫ何謂오國權回復이是也니豈不謹愼者哉아此效ᄂᆞᆫ不在於金ᄒᆞ고在於人々之寸心인즉今日報債事로因ᄒᆞ야奮發團合된憂國熱誠만堅守ᄒᆞᆯ따름이라ᄒᆞ노라

且夫新聞에貴重ᄒᆞᆷ과利益됨이至遠至大ᄒᆞᆫ지라故로世界開明國은以此로行政敎民ᄒᆞᄂᆞᆫ機關에一部로認知ᄒᆞ여出版者ㅣ以萬千計之而多有日刊五六次者ᄒᆞ니可見其盛行이오士民이皆爲注意於此ᄒᆞ니可知其重要로다然而若讀者가書自書我自我ᄒᆞ면日誦萬張이라도無平点進益ᄒᆞ고徒費眼力而已라隨閱隨錄ᄒᆞᄂᆞᆫ것이新聞之本意오記者之責任인故로事之曲直과人之善惡을聞之則記載ᄒᆞ니讀者ㅣ以此爲師ᄒᆞ야聞善效則ᄒᆞ고見惡避棄ᄒᆞ야自修自學ᄒᆞ면身雖未嘗受業於大學高課라도得效가不少ᄒᆞ며且人之情思가槪事를聞之則解惑ᄒᆞ고無聞無知則不覺ᄒᆞ나니然則勸喩轉達ᄒᆞ야民智를振興케ᄒᆞᄂᆞᆫ대利用이莫過於此라

故로法梟나폴연은蓋世之英雄으로도一士之筆尖이銳於白刃之可畏라ᄒᆞ며德相ᄡᅵᄉᆞ막은有名的政治家로도藉此以爲一身之後援이라ᄒᆞ얏스니如彼英雄之家로도如此커든況乎吾人之現今狀態乎잇가此乃世界民人之耳目이오治國行政之機關이라豈不懼哉아豈不美哉아惟我同胞ᄂᆞᆫ戒之勉之어다

官報

◉第三千八百十六號 光武十一年七月十二日

◉敍任及辭令

依願免本官 度支部書記郞俞인윤
內閣書記郞李元珪
仝 李柱邦

依願免本官 侍從院侍從李喬永

命臨時帝室有及國有財産調査局書記郞

兼任內大臣秘書官 崔升綬 九品李泰榮
김병희 李觀英 崔相설
嚴衛섭 朴在祿 九品任弘宰
崔壽煥 尹헌求 홍承均宰
徐상達 卿熙晋 李文基
김獻成 申鉉求 九品李承獸
정鎭興 南宮樓 조원漢
洪漢杓 李ᄅᆡ觀 河ᄅᆡ瑞
九品徐支澤 金圭植 徐丙인
九品崔學愚 宋集用
郭영淳 오世章 李濟雨
李錫臣 九品郁ㅇ根 申ᄅᆡ儒
徐延虎 崔鎬천 박영헌
조석圭 宋仲鉉 尹敎석
九品金承烈 金肅鎭 李炳석
九品金思鼎 李範敎 李鍾翊
九品李完良 六品李晩洙
金容和 六品尹泰榮

任度支部稅務主事 右ᄂᆞᆫ該員等이本部稅務見習으로被選ᄒᆞ야각種科目을수既修業이기主事를叙任ᄒᆞᆷ이라

解兼任咸鏡南道裁判所判事 咸鏡南道觀察使정鳳時

命兼任咸鏡南道裁判所判事 咸鏡南道觀察使韓南奎

依願免本官 報恩郡守沈상각
長連郡守金유定
石城郡守金憲洙
砥平郡守李滿用
春川郡守李明來
潭陽郡守최병완

依願免本官 中樞院副贊議李舜夏
秦川郡守李東응
安邊郡守金演禧
麻田郡守金東熙
陽城郡守鄭ᄅᆡ로

免本官 軍器廠技師韓 旭

任軍器廠製造所長 軍器廠製造所長宋啟和

任軍器廠技師 軍器廠主事류錫晋

學部委員李成鎬

任武官學校長 玉果郡守李호榮

任단陽郡守 正三品리思弼

任玉果郡守 從二品리鍾림

任安邊郡守 正三品리圭鎔

任安州郡守 仝 오ᄅᆡ근

任ᄅᆡ川郡守 仝 命鴻圭

任春川郡守 中樞院副贊議徐丙肅

任水原郡守 前參書官姜泰鉉

任石성郡守 六品조漢杓

任陽城郡守 平安南道觀察道主事朴箕서

任成川郡守 前書記生韓光河

任麻田郡守 京畿觀察道主事金ᄅᆡ植

任砥平郡守

任明川郡守 九品尹相翊

任長連郡守 사品박喜宅

任報恩郡守 內閣書記郞[illegible]ᄅᆡ完

外報

◉海軍根據計劃 美國은海軍根據를設置ᄒᆞ기로墨西哥의막다렐나灣을買收코자ᄒᆞ야墨西哥와談判을開始ᄒᆞ얏ᄂᆞᆫ대陸軍卿타ᄒᆞ트氏가此를爲ᄒᆞ야墨西哥에赴코져ᄒᆞᆫ다더라

◉美日開戰預定 紐育電을據ᄒᆞᆫ則米國도무슴提督이米日問題에關ᄒᆞᆫ意見을新聞에발表ᄒᆞ야日米兩國이五年以內(巴奈馬運河完成前)에開戰되리라더라

◉城內居住不許 淸國政府에서奉天合爾賓과其他滿洲開放地에外人土地所有權에對ᄒᆞ야近々히其規定을頒布ᄒᆞᆯ터인대其頒布前에ᄂᆞᆫ外人이城內에居住ᄒᆞᆷ을不許ᄒᆞᆫ다더라

◉佛艦慘事 去七日倫敦電을據ᄒᆞᆫ즉佛國戰艦포쉬우號一萬五千一噸이昨日톨논에서火災에罹ᄒᆞ얏스나大事에至치아니ᄒᆞ얏고卽時消滅ᄒᆞ얏ᄂᆞᆫ데調査結果를據ᄒᆞᆫ則同艦을故意沈沒ᄒᆞ려ᄒᆞᆫ形跡이有ᄒᆞ더라

◉三國協約의說明 伯林電을據ᄒᆞᆫ則西班牙外部大臣이國會에서英法西三國協約에對ᄒᆞ야說明ᄒᆞ되此協約은毫髮도秘密ᄒᆞᆫ條項이無ᄒᆞ고領土保全ᄒᆞᆯ目的뿐이라더라

雜報

本郡湖西道來學都吐會員諸斯想思義募捐發文人 리승찬 류원植

時哉時哉孰能禦之波我大韓二千萬衆償外債一千三百萬圜何難之有然而합衆心最難矣聞斷煙之聲ᄒᆞ니合於呼吸之間聞者風動感義捐財凡我貧富貴賤婦孺童稚爭傾囊箱猶恐不及嗚呼感發衆心者誰之使天耶地耶人歟神歟若天也則天何不雨粟米賜無擔之食也며地則地何不產金珠資無窮之費人也則人何不擬奇計出錢策아至今日神也則神何不收攻府庫之財散倉之粟而於미오之富嘗試淸帳之乎哉嗚呼主天也神也者人也而人能天而不能時々者成敗善惡是非適然之會故曰時不再來又曰時難得而易失事易毁而難成雖有智勇者不能違而古人所以流涕扼腕無可奈何而況今人乎荷若是則追此償債可謂時哉可謂時哉方四千年命仁義之遺於斯又償矣夫義者氣也氣行則生氣不行則死此理之常未有不義而仁者亦未有不仁而義者由是觀之義莫大於爲國仁莫甚於保家々々爲國惟在此時勿謂今日不償而有明日一日不償如三年兮

◉오시愛國 平安北道鐵山郡站面鳳谷里居前郡守오熙澤씨가自來勤儉治家ᄒᆞ야不吸烟不飮酒ᄒᆞᄂᆞᆫ規모가有ᄒᆞ더니今番國債報償에對하야新貨三십圜을本社로寄送ᄒᆞ얏더라

◉總會紀念의補助 開城來信을據ᄒᆞᆫ즉敎育總會擬立第一回紀念會를月二십日下午一時에本郡 敬德宮內에設行ᄒᆞ얏ᄂᆞᆫᄃᆡ有志紳士의補助金은本郡商業會議所拾圜光成學校學員ᄉᆞ圜十二전韓濬敎氏五十錢金錫圭氏오十錢京河橋木物商廳朴基泓氏一圜忠淸北洲郡리商顯氏五拾전庇인郡趙漢淳氏五拾전이라더라

雜報

●二氏被任 知敎衛丞漢國氏と韓進官을任ᄒᆞ고閔泳인氏と知敎事를任ᄒᆞ고持進官丞同熙氏と掌禮卿을任ᄒᆞ얏더라

●大官辭職說 總理以下各大臣이무삼大問題가有ᄒᆞᆫ지一齊히辭職疏를奉呈ᄒᆞᆫ다と說이有ᄒᆞ더라

●宮大變任說 宮內府大臣李載克씨遞任되と日에と某會中有名ᄒᆞᆫ人이襲任ᄒᆞᆫ다と說이有ᄒᆞ더라

●勸告辭職 京畿觀察使崔錫敏氏가管下各郡守를一齊히辭職勸告ᄒᆞ고餘在郡守가不過二三郡이라더라

●方在困難 總理大臣李完用氏가近日伊藤統監에게有何被責事인지方在困難中이라더라

●理事請願 度部理事諸씨들이再昨日에一齊히請願辭免ᄒᆞ얏다더라

●官員增置 內部에셔書記官三人과書記郞七人이오軍部에と翻譯官補十八을增置ᄒᆞᆫ다더라

●權氏逃走 前全州郡守權直상氏가公納欠逋가屢百萬兩인대度支部에셔調査ᄒᆞᆫ다と說을預先探知ᄒᆞ고영히逃避ᄒᆞ기로自己夫人을帶同洋服ᄒᆞ고日本으로知機渡去ᄒᆞᆫ다더라

●犯逋議刑 度支部에셔調査ᄒᆞᆫ각地方官의犯逋人이一千二百餘名인대最高額數가幾十人은絞刑에處ᄒᆞᆫ다と說이有ᄒᆞ더라

●兩씨歸國 日本에遊覽次로渡去ᄒᆞ얏던李基東魚담兩氏가日昨에歸國ᄒᆞ얏다더라

●劉魯又生 ?番郡守奏本은去番奏本보다稍爲公正ᄒᆞ다ᄒᆞ나一遞으로不正之說又出ᄒᆞᆫ더砥平郡守金泰煥氏と木原富客으로一千七百圓을用ᄒᆞ고또무송物品ᄒᆞ야數貿用ᄒᆞ얏고春川郡守김晚圭氏と平壤富客으로三千五百圓을用ᄒᆞ얏고成川郡수박基錫氏と一等平壤富客인대용之多少と姑未詳知하나資格인則可堪之人이라더라

●自獄放送 法部에셔流配ᄒᆞと罪人은前日과如히門外舍館에셔幾日間式留連離被치못ᄒᆞ고滯囚ᄒᆞ얏던獄에셔卽爲發送ᄒᆞ기로決定ᄒᆞ얏다더라

●招覽決定 ?社會에셔今番尹孝定氏被招ᄒᆞᆫ事件에對ᄒᆞ야聯合會를設ᄒᆞ고?????를招待ᄒᆞ야其誣陷ᄒᆞᆫ理由를逐條質問ᄒᆞ야依法歸正ᄒᆞ기로決定ᄒᆞ엿다더라

●信任狀의問題 셔울프리스報에??京通信員의電報를據ᄒᆞᆫ즉海牙에在ᄒᆞᆫ韓國派遣員을韓國皇帝께셔右派遣員을否認ᄒᆞ신다と旨에京城電報를駁擊ᄒᆞᆫ目的으로셔該地에셔發行ᄒᆞと萬國新聞平和會議時報에發表ᄒᆞ기를韓國皇帝께셔と日下에?人의게幽囚ᄒᆞᆫ境遇에在ᄒᆞᆫ고로伊藤統監詰問에對ᄒᆞ야必然派出ᄒᆞᆫ事と否認이라ᄒᆞ실터이나然이나派遣員等은陛下의御名御璽가有ᄒᆞᆫ正確ᄒᆞᆫ委任狀을携帶ᄒᆞ얏노라ᄒᆞᆫ다더라

●金氏歡迎 金允植氏의放釋入城ᄒᆞᆫ다ᄒᆞᄂᆞᆫ事と已爲報道ᄒᆞ얏거니와再昨日停車場에該氏를歡迎ᄒᆞᄂᆞᆫ人員이七十餘名에達ᄒᆞ얏と대同氏가配所에在ᄒᆞᆯ時에一女人을作妾ᄒᆞ야二子를生ᄒᆞᆫ지라及其還歸之時에其副室과四歲兒と姑爲留置ᄒᆞ야追後率來ᄒᆞᆫ다ᄒᆞ고九歲兒と率來ᄒᆞ얏と대外孫이가絶妙ᄒᆞ다더라

●普校休學 普성專門學校에서夏期試驗을連試ᄒᆞ고?日ᄒᆞ야本日사과畢了ᄒᆞ고明日부터하學ᄒᆞᆫ다더라

●朔?慈선 朔寧郡守崔泓俊と慈惠爲政ᄒᆞ야每有爭訟에必以相愛之道로諄々勸諭ᄒᆞ고兎山人이朔寧民과松楸價事로呈訴ᄒᆞ미憐其被告之貧窮ᄒᆞ고一百五十兩을自辦以給ᄒᆞ미原告가感而不受ᄒᆞ고停訟ᄒᆞ는지라以其一百五십兩으로付之該동ᄒᆞ고又郡民金商弼이가觀察府押上을當ᄒᆞ미민共路需之不得辦得ᄒᆞ야六圓金을出給ᄒᆞ고每於執答에必飮泣不忍ᄒᆞ니民皆稱頌하야木碑가星羅ᄒᆞ고又與本郡志士림囊식으로捐義設校ᄒᆞ미山峽愚民이初見之政치라互相爭助ᄒᆞ야志願金이千餘圓에達ᄒᆞ얏다더라

●實業開會 實業硏究會에셔去日曜日第三通常會를商業會議所樓上에셔開ᄒᆞ기로각會員의게通牒ᄒᆞ얏더니伊日雨勢를因ᄒᆞ야延期ᄒᆞ얏더니今日下午一時에同樓上에셔開ᄒᆞ기로更히각會員의게多數?牒ᄒᆞ얏다더라

●農會演說 再昨日大韓農會에셔明月館에晩餐을設ᄒᆞ고懇親會를開催ᄒᆞ얏と대김東完權輔相該支會長某某氏가此會目的에對하야各其演說을ᄒᆞ얏다더라

●蔚民訴呈 昨日法部大臣丞重應氏가仕進ᄒᆞᆫ즉該部門前에셔蔚山군居民이訴呈ᄒᆞ얏と대事件인즉該稅警務分派所巡檢이無罪ᄒᆞᆫ平民을無難捉致ᄒᆞ야亂打ᄒᆞ는대至於鐵刀背로打ᄒᆞ는境에至ᄒᆞ니邊鄕人民이難保生命이기로懲치ᄒᆞ라ᄒᆞ얏다더라

●礦夫行悖 忠州郡에礦夫가行悖ᄒᆞ야百姓屠生ᄒᆞ는故로該郡에서禁斷次로旨蹟을送出ᄒᆞᆫ則該黨等이不遵官令ᄒᆞ고毆打官隸ᄒᆞᆫ다더니移耕ᄒᆞᆫ田畓을無難掘破ᄒᆞ미民冤이漲天ᄒᆞᆫ다더라

●日劍橫行 去月十五日에智島郡岩泰面草蘭島漁場에日人六名이來泊ᄒᆞ야下陸橫行에至有揮劍亂打於該島留木浦居辛聖九等과名不知복先達ᄒᆞ被刺重傷ᄒᆞ고莞島郡八禽面居姜贊元은脇下을刺하야現則立斃ᄒᆞ고行凶ᄒᆞᆫ日人은揮劍逃라ᄒᆞ얏다더라

●農工銀行創立 咸興셔農工銀行을創立ᄒᆞ기로準備ᄒᆞᆫ더니六月三十日에該地에셔總會을創立ᄒᆞ고定款及開業에關ᄒᆞ야一切事項을議決하얏と대銀行장은리宗範理事と韓창元高數必리天如金상璧金완五氏을選擧하고本店은咸興에置ᄒᆞ고支店은원山北靑에設置ᄒᆞᆫ다더라

●連郡日戶 內部에셔連山郡에居留ᄒᆞᆫ日人戶口를調査報來ᄒᆞ라고該郡에訓令ᄒᆞ얏더니該郡에셔依訓報來ᄒᆞ얏と대京城西署大昌동居리容喜에該郡所在畓土를價鬪ᄒᆞ야京城南門外連동居留日人川?進作이가光武十一年四月一日에漢城裁判所首班判事리某相의訓令을持ᄒᆞ고下來ᄒᆞ야取得畓土가七十九斗落이오夫人處而馬口坪에新設小林農場ᄒᆞ고農場監督과農場員을置하얏と데男合이二給九요女合이八이오瓦家가八戶요草家가十戶이라고報ᄒᆞ얏다더라

●以會居會 義州白馬山城은邊塞重鎭이오歷百年森林禁養之地라昨年이一進會解以維廢荒業?ᄒᆞ고總會長리容九씨와總代金振泰氏를委送ᄒᆞ야該山禁養木을硏伐하야日人의게放賣ᄒᆞᆫ대板材三萬餘株에價値가六萬圓이오殘餘材木二萬餘株에二萬三千餘圓을總會長리容九씨가沒數推去ᄒᆞ고總代金振泰氏と會員을勸誘ᄒᆞ야森林局利會社라稱ᄒᆞ고每人에幾千兩式請求ᄒᆞ고役軍數千名을使用에雇錢數萬兩을全不出給ᄒᆞ고城內에又ᄒᆞ야娼妓菊香等三名을作妾置家ᄒᆞ고每月사五千兩式全擔以給하며휘下數十人을置ᄒᆞ야出入橫行ᄒᆞᆫ데셔각會人立本鎭과人夫雇전은乾沒不報ᄒᆞᄂᆞᆫ대債主雇夫가同是會員으로其勢力을莫敵ᄒᆞ야本郡에呈訴치못ᄒᆞ고십餘人이平理院에呼訴次로上京ᄒᆞ얏다더라

●軍港區域의調査 內部에셔軍用地調査委員長에게訓令ᄒᆞ되頃接貴鄕告內開에鎭海灣軍用地區域을基因ᄒᆞ야창原熊川鎭海三郡을창原에合ᄒᆞ야此郡衙를舊馬山浦에設置ᄒᆞ고鎭南巨濟二郡과幷軍港區域內에入ᄒᆞᆫ固城郡에一部分을合附ᄒᆞ야此郡衙를統營에設置ᄒᆞᆷ이目下急務이온즉亟行實施ᄒᆞᆷ을爲望等因인바此를査ᄒᆞ야玆以訓令ᄒᆞ니到卽該各郡區域과距離遠近과位置如何와固城郡一部分의面名과村名을繪圖報來ᄒᆞ야以便處理케ᄒᆞ라ᄒᆞ얏더라

●華塾盛況 去日曜日雨中에華동私立義塾에셔卒業式을擧行ᄒᆞᆫ는대事務長李容復氏와評議長閔泳설氏가趣旨를說明ᄒᆞ고學務局長尹致오氏가敎師의熱心과學員의勤若을贊揚ᄒᆞ고학業의前途成就를一場演說ᄒᆞ엿스며任員與生徒가次第答辭ᄒᆞ미多數來賓이莫不稱頌ᄒᆞ고賞品을厚給ᄒᆞ고卒業生은韓容悳???諸氏오進級生은李春榮等諸氏라더라

●追悼志士 大韓自强會에셔本月十四日下午二時에故정지洪씨의追悼會를東門外永道寺에셔開催ᄒᆞᆯ터인대同情ᄒᆞ시と僉位と多數往參ᄒᆞ심을切望ᄒᆞ며當日費と각其自擔ᄒᆞᆫ다더라

東京電報

십一日발

●政友審議 韓帝密使問題에就ᄒᆞ야政友會에셔도此際에適當히處置ᄒᆞᆯ議로目下同會幹部에審議中이라더라

路透電報

七月셥二日발

●英露協商 露都에셔英露協商은障害업시進行中인대西藏及阿富汗에關ᄒᆞᆫ問題と旣討議를終了ᄒᆞ얏고目下波斯問題에關ᄒᆞ야討議中인대本年秋季싸지締結됨을見ᄒᆞᆷ에至ᄒᆞ리라더라

▲華下今椎▼

▲近日政界에一大問題가忽生ᄒᆞ미一派愁雲이眉上에濃聚ᄒᆞ니憂國之憂歟아憂之憂歟아아必是地位恐失之憂로다

▲內部高等官會議에提出ᄒᆞ야局課를變更ᄒᆞᆫ는대其所管官制싸지現今修正中이라는대將次內閣에請議ᄒᆞ야實施ᄒᆞᆯ다ᄒᆞ니近日內閣大臣에事業은官制나變更ᄒᆞ고月俸이나增加ᄒᆞ고日人이나雇聘ᄒᆞᆯ뿐인지內閣大臣에事業이너무宏壯ᄒᆞ고

▲度支部所管稅발預算中稅務擴張ᄒᆞᆯ計劃으로各項增額ᄒᆞᆯ必要가有ᄒᆞ야拾二萬五千二百元을算外支出ᄒᆞᆫ다ᄒᆞ니稅務을擴張ᄒᆞ기爲ᄒᆞ야官員을地方에設置ᄒᆞ더니稅錢을偷食ᄒᆞ는者가比々有之ᄒᆞ니該錢은有誰充徵ᄒᆞ며又況經費만增殺ᄒᆞ면畢竟은量入計出이못될걸

▲內部大臣任선準氏가昨日에新門外藥峴等地로搬移ᄒᆞ엿ᄂᆞᄒᆞ니人旣同心이오?是??인다促膝????離라一爲總理오一爲???야民角이相望ᄒᆞ니藥?一동???副總方이로고

▲內閣과各部局長以下使令까지二昨日부터一切斷髮을식혓는데內閣과各部에서는使令까지洋服을裁着케ᄒᆞᆫ다ᄒᆞ니각部官人은或削或不削ᄒᆞ야衣制도不一ᄒᆞ더니下隷と一新히變革ᄒᆞ니近日開化と自下達上이로고

▲藥峴ᄂᆞᆫ天에一大官人商店을開設ᄒᆞ얏と대東西南北에富商大賈가如雲聚集ᄒᆞ야手販貿ᄒᆞᆫ는지라店主의敏活手段은長袖善舞ᄒᆞ야欺價로販賣하니今番에成川又혼數多郡守의게얼마나바덧는지

▲日前郡守來京에一進會員幾人이入參ᄒᆞ얏는데該會員이向隅之歎이有ᄒᆞ야張擧打地ᄒᆞ며高聲怨讐ᄒᆞ여日?????이會費에消融ᄒᆞ문???守希望ᄒᆞ엿더니及其頭領이乘權ᄒᆞ미當?有?六??ᄒᆞ니與我?讐라ᄒᆞᆫ대???所謂鐵生其皮로고

▲北村??論兩班들이至今도班心이撐腸ᄒᆞ야向人?道ᄒᆞ되天地開闢ᄒᆞ여?????班?헐슈업슬???如干開化世界다도兩班은언지ᄒᆞ고總理內?官大臣大嬰?六臣이皆吾?內?ᄒᆞ니兩班들이自恃ᄒᆞᆯ만ᄒᆞ나山川도變幻ᄒᆞ고時代도改革ᄒᆞ니?班만너무밋지말지

▲度支部印刷局에셔각項印刷事件에專管ᄒᆞ기로日人六十餘名을雇聘ᄒᆞᆫ다니韓國人도印刷事務에注意ᄒᆞ야日人의게不下ᄒᆞ는데韓人에工匠事業까지日人이奪取코져ᄒᆞ니韓人은무슴業務로生活ᄒᆞ여아日人의게奪去치아니ᄒᆞᆯᄂᆞᆫ지

本社廣告

東署分傳人姜金基가無故逃躱ᄒᆞ야該分傳人의게購覽ᄒᆞ시든僉君子의게未能傳치ᄒᆞ야極涉踈忽ᄒᆞᆫ故로玆에廣告ᄒᆞ오니 恕諒後ᄒᆞ심과統戶를昭詳錄送ᄒᆞ시와即遞ᄒᆞ시게ᄒᆞ심을切望ᄒᆞᆷ

陰竹郡[illegible]主事金濟安氏를本社社員으로認定ᄒᆞ얏기玆以社告ᄒᆞ오니該附近地에本社申報購覽ᄒᆞ실僉彦은右씨에게請求ᄒᆞ심을希望ᄒᆞᆷ

雜報

●五百入格 日前度支部에셔試才ᄒᆞᆫ稅務見習生一千一百餘名中五百餘人이入格ᄒᆞ고其餘ᄂᆞᆫ沒落ᄒᆞ얏다더라

廣告

全南咸平郡江亭居前秘書丞吳成善氏가陰曆五月十五日入城ᄒᆞ야老病呻吟이不幸於二十六日辰時別世ᄒᆞ야[illegible]宅照亮ᄒᆞᆷ 主喪 憲永 訃白

本人이本是南陽子孫으로幼時에隣居李龍문果小時의상遊ᄒᆞ며我國風道로돈지기와윷노리를時에買入ᄒᆞ야使用ᄒᆞ고其時에不報ᄒᆞ옵고[illegible]下에上奉下率ᄒᆞ고京을지ᄏᆡ今於二十餘年이온더不意此文의罪가暗生不測之心ᄒᆞ야街路上에狂人之習으로呼冤ᄒᆞ야僞造文書와遺作ᄒᆞ되本是一分變通無路ᄒᆞᆫ處名人이本전二百兩이라ᄒᆞ며誣訴ᄒᆞ이無雙ᄒᆞ더니昨日西署支所巡檢一名을率來ᄒᆞ와老婆之言만고지듯고晉日不報ᄒᆞ면刑罰을當ᄒᆞ리라ᄒᆞ오니當此開明世界에不勝忿冤ᄒᆞᆷ기玆以廣布ᄒᆞᆷ 西署有陽洞 姜學吉 告白

現此敎育時代의此郡의一校一塾의未遑設立ᄒᆞᆷ을慨歎ᄒᆞ야郡內前五衛將趙秉宇趙秉夏前主事趙周翰洪봉煒趙翰誠趙周行正三品趙宜淳前主事趙友誠金智鉉朴씨완金鳳선氏等拾壹人이新學問學校設立ᄒᆞ기로決議發起ᄒᆞ고各其資金과境內義捐金募集ᄒᆞᆫ바合錢一千三百二十一圜二十錢대一校學部十一條規程과校舍ᄂᆞᆫ以館舍東大廳으로修理ᄒᆞᆫ대幹事員趙지敎趙完鍾兩씨가熱心幹力也의校舍修가非久訖役되기로校名은中和라ᄒᆞ고校장은本郡守가觀察케ᄒᆞ고事務ᄂᆞᆫ發起員中五員이輪回觀務케ᄒᆞ고敎師ᄂᆞᆫ京人이學敎一氏로延聘ᄒᆞ야陰六月初十日내로開學ᄒᆞ오니本境內及隣近各郡有志學員은術業[illegible]發成케ᄒᆞᆷ을伏望ᄒᆞᆷ 全北金堤郡山化學校學監 趙友誠等 告白

警告 國債報償金義捐諸氏

自本所로京城內各收金所를次第調查中至若期成會ᄒᆞ야ᄂᆞᆫ莫重義金과貯置不明ᄒᆞ고文簿眩惑ᄒᆞ야難以明查故로玆에廣布ᄒᆞ오니該會로納金諸氏ᄂᆞᆫ無一遲滯ᄒᆞ고領收証号數와金額과氏名과日字를昭詳히本所로錄送ᄒᆞ야勿失事務ᄒᆞ심을敬要

大韓每日申報社內 國債報償志願金總合所 白

本人等이典동支所越便에셔各貰典舖이옵다가今에合資設舖營業ᄒᆞ오니典執하실僉員은陸續來臨ᄒᆞ심爲要 中署典동영信號典舖 金경秀 車基倫 金榮觀 告白

揚武號海員養成所 修技生募集

今回에韓國子弟로ᄒᆞ야금海技養成에必要ᄒᆞᆫ簡易ᄒᆞᆫ學科와實務를授ᄒᆞᆯ目的으로써釜山港碇係揚武號艦內에海員養成所를設置ᄒᆞ고航海機關兩科貸費修技生各십五名을募集ᄒᆞ니志願者ᄂᆞᆫ左項條例를銘心ᄒᆞ고七月二十日限內에釜山稅關港務部로請願ᄒᆞᆷ事

一 韓國人年령十八歲以上二拾오歲以下男子
二 視力의完全者
三 身體強健ᄒᆞ고發育完全者
四 普通讀書의力有ᄒᆞᆫ者
五 修技期間은勿論ᄒᆞ고期間滿了后라도可히不關家舍ᄒᆞ고專心으로學科研修와斯業에從事ᄒᆞᆯ者
六 身上에關ᄒᆞᆫ事ᄂᆞᆫ東萊府尹或相當ᄒᆞᆫ官衙의証認을得ᄒᆞᆫ者
但期日ᄭᆞ지証認書를難得者ᄂᆞᆫ入所決定後此를提出ᄒᆞᆷ을得ᄒᆞᆷ
七 以下各項에對ᄒᆞ야本所主管의銓衡을經ᄒᆞᆫ者
尙本養成所及入所에關ᄒᆞᆫ詳細事ᄂᆞᆫ各地稅關及京城總稅務司廳에就ᄒᆞ야知悉ᄒᆞᆷ事

釜山港揚武號海員養成所 告白

去四月分에合資會社晩成商會에셔本人任任之廣告ᄂᆞᆫ於該社營業之上에無論其事ᄒᆞ고初無關係이기로玆以廣告ᄒᆞᆷ [illegible]相洛 告白

務安府參書官朴星환貪虐行政事로一府之民이不勝虐政ᄒᆞ야屢次呈于內部法部兩部[illegible]內에既有[illegible]報에[illegible]關係일지나退待ᄒᆞ이오나參書之行惡이去益滋甚이ᄆᆡ終無知何之處分ᄒᆞ니居民이控訴無處ᄒᆞ옵기玆에廣告ᄒᆞᆷ 務安民人 林로현 로龍基 박相玉等 告白

本會에셔本月십ᄉᆞ日(日曜)下午一時에故志士정재홍씨의追도會를東門外영도寺에서開催ᄒᆞ오니本會員과其他同情ᄒᆞ시ᄂᆞᆫ僉位ᄂᆞᆫ屆期來參ᄒᆞ심을務望 大韓自強會 告白

本人에ᄉᆞ寸趙柄根이가年令二십六에性本浮浪ᄒᆞ야本人의所有楊州郡內面中牌里羔字畓一석十九斗落과同田五日耕及撒等面畓九斗落合結七拾六卜ᄉᆞ東廟乙문外都取早ᄒᆞ야將欲早賣之計이오나該畓券은休紙로施行ᄒᆞᆯ터이오니內外國人은切勿見欺ᄒᆞᆷ 南署午洞一統三戶 趙東林 白

本館에셔新舊書籍을大貿賣ᄒᆞ오니有志僉彦은隨意購覽ᄒᆞ심을望 銅峴屛門下古今書海館 白

本塾에日語速成科를六箇月卒業으로設立ᄒᆞ고敎師ᄂᆞᆫ日人雇聘ᄒᆞ고月謝금一원二拾五錢이고陽七月十五日開學右日內來議ᄒᆞ시옵 北署中學橋中橋義塾 告白

本人이私故가有ᄒᆞ야國債報償期成會發起及評議員의任務를承當키難ᄒᆞ야辭職不退ᄒᆞ얏ᄉᆞᆸ기玆에布告ᄒᆞᆷ 玄公廉 告白

大安洞寄宿館

本館에셔漢城內에留接ᄒᆞᄂᆞᆫ諸學生의寄宿便利를爲ᄒᆞ야大安동에二層半洋屋을建築ᄒᆞ고居處飮食其他凡節을一々히便宜ᄒᆞ기로極力設備ᄒᆞ오니遊學生은照亮ᄒᆞ시와寶臨于本館事務所ᄒᆞ야詢議ᄒᆞ심을敬要 北署大安洞別宮寄宿館長 鄭熙燦 告白

寄宿館入証書ᄂᆞᆫ本館에셔授與ᄒᆞᆷ
留連費ᄂᆞᆫ每朔에新貨四圜八十錢으로定ᄒᆞᆷ 寄宿館 告

●日本遊覽者募集
一 遊覽團員募集 人員은五十名으로一團을作ᄒᆞ나한일인을不問ᄒᆞ고速히加入ᄒᆞ시옵
一 遊覽地 東京橫濱[illegible]京都大阪神戶
一 往復日數 [illegible]十七日間
一 浮費 遊覽費及準備料金合ᄒᆞ야總計四十八圜
一 出發日 願人만次第從ᄒᆞ야出發ᄒᆞᆷ[illegible]
一 請入所 在京城各新聞社五十八銀行京城支店 天一銀行
一 會員은遊覽을終ᄒᆞ야解散ᄒᆞᆫ後ᄂᆞᆫ本會와關係가小無ᄒᆞᆷ
一 南大門서釜山으로向行ᄒᆞ면[illegible]直行ᄒᆞᄂᆞᆫ者의對ᄒᆞ야도[illegible]一便法으로同行ᄒᆞᆷ
請入을應諾ᄒᆞᆷ
日本人遊覽協會事務所 [illegible] 南大門通 [illegible]

원산과셩진ᄉᆞ이에셔본인이살진소(肥牛)를만이[illegible]ᄉᆞ니쇼파ᄂᆞᆫ재군은다수이팔니오시옵 최봉준 고ᄇᆡᆨ

增修無冤錄大全

定價金新貨七十錢 [illegible]

[illegible] 中署布屛下 廣學書舖 김相萬 發售所

[illegible] 學徒의銃과諸具 羅紗各種 美國金鷄納 衣服裁縫其他雜貨도廉價放賣ᄒᆞ오니諸君子ᄂᆞᆫ來臨ᄒᆞ심을바라나이다 仁川港奇峴[illegible]

[illegible]日本大阪[illegible]와本內地[illegible]各種物品과西洋各種物品及機械等物을我大韓에輸入과委托을便利케ᄒᆞ야納ᄒᆞ얏ᄉᆞ오니商工業에有意ᄒᆞ신僉君子ᄂᆞᆫ其物이든지請求코저ᄒᆞ시거든本社로來議ᄒᆞ시오 本社에셔ᄂᆞᆫ手數料金만受領ᄒᆞᆷ 興業社本店 [illegible] 支店京城南門內水橋五十一統六戶 全仁港內동廣濟 培養會社

越南亡國史 國漢文

[illegible]價貳拾錢 發賣所京城廣[illegible]相[illegible]書舖 南[illegible]時[illegible] 布屛下김相萬 告白

[illegible]

活動寫眞廣告

今番에始作ᄒᆞᆫ活動寫眞은法國巴里京에셔有名ᄒᆞᆫ者로大韓국 皇室에셔먼저看ᄒᆞ셧고始作ᄒᆞᆫ지數日에遊覽ᄒᆞ시ᄂᆞᆫ쳠君子가多數枉臨ᄒᆞ시와坐席이넘쳐셔晩到ᄒᆞ시ᄂᆞᆫ이ᄂᆞᆫ不便ᄒᆞ오니速々枉臨ᄒᆞ시옵

今番에ᄯᅩ셔로이活動寫眞이多數來到하야每夜에僉位觀賞에新面目을供ᄒᆞ오니速々來臨ᄒᆞ시옵

活動은自下午八点半至十点半

賣票時 七点半始ᄒᆞᆷ

入場料 上等 新貨三十錢 中等 新貨十五錢 小童半額

新門외서달이목東便벽돌집 法人 馬田 告白

國債報償義捐金 收入廣告

●安山郡聲串面三리 洪원주三圓 洪원泰 洪원直 각一圓 朴션병 리원實 김션明 각오십젼 金治化 四십젼 朴承보 丁樂셥 정奮영 姜기쪼 리樂俊 각卄錢 박啓빙 김必培 閔致淡 박乙瓚 박德壽 최支燁 홍順보 홍원해 회聖佐 각十전 朴承문 金榮션 崔龍덕 洪원根 김順化 김善日 각拾錢 회高千 리化實 홍원平 각五전 리成七 칠전五厘 合拾壹圓二전오厘

●仁川港來留人 開城人馬應鄕 張인淳 각一圓 韓藏彬 니延림 각六십젼 김치鶴 平山人니澤龍 開城人박昌奎 각오十젼 崔炳俊 高光渙 張英淳 각卄젼 최象益 張相鶴 董蒙길石돌 각卄젼 合六圓二拾전

●江華郡北寺面治井동 韓圭錫 韓大洙 韓相五 韓상奭 韓璣錫 각일圓 韓상哲 八십젼 韓聖履 三拾젼 韓炳錫 韓道和 各拾전 韓和錫 韓膺洙 韓泰셔 韓東셔 韓貫和 韓殷和 高린三 리善여 리殷셔 각오十젼 김聖和 十전 合十一圓五十젼

●黃海道兎山西加面栗동里 通政니命九 리奎容 리圭範 리樂錫 각壹圓 리찬植 니宅은 니찬屋 니찬容 각貳圓 니萬種庶母廬씨ᄉᆞ圓

니여道 許圭祥 각五拾젼 리學기 리용한 通政리德國 通政리安國 리錫기 각壹圓 니準佾 壹圓오십젼 니잔三 오십면 니賢相 董蒙이甲손 리鉉기 니應기 各卄젼 리찬八 卄ᄂᆞ젼오厘 이찬道 卄오전 이션기 십五전 許鉉 卄錢 니豊기 십錢 合貳십八圓八십一錢五厘

●私立博明學校生徒ᄉᆞ十餘人 併三圓

●加平朝宗面玄谷 리순先 니여凡 각一圓 니석宇 進士니주夏 이容宇 이찬字 각ᄉᆞ拾전 이용찬 이會勝 니會一 이주子 이敏宰 이하宰 이希셔 원洙俊 조洙渙 각卄전 이曾賢 이會一 이會善 이殷字 南상룡 柳기와 柳기鳳 姜用振 이忠比 조昌洙 各십錢 合陸圓四십錢

●抱川內北面二加禾里 리淸烈 貳원 趙德應 趙鍾麟 각壹圓七錢五厘 趙鍾侍 壹원五錢 조鍾爲 壹圓오拾錢 리喜明 咸治현 각壹圓 리喜順 五십錢 金鍾世 니喜準 각四십錢 니喜鳳 三拾전 박承龍 宋大吉 정今成 咸碩현 咸창현 김後吉 김顯明 安二凡 리喜潤 金東培 조建元 文承謨 鄭丁得 崔三峯 咸重鉉 어萬岩 羅聖현 金鐘榮 니喜경 박月用 金錦伊 각卄錢 成大鉉 尹範植 尹敬식 趙鍾涉 趙鍾萬 趙뎡元 조贊元 조文식 각五십錢 丘뎡植 丘翼元

각四十전 각三십錢 丘鍾영 조賢식 千宅卄 十전 合貳十圓

●郭山東面元上리私立振興小學校ᄋᆡ徒等 敎師리承行 五拾젼 監督강麟祚 一圓五십錢 各五십전 學徒姜위斌 金인현 崔德찬 金義植 一圓 조義현 姜陽斌 각二拾錢 리孝烈卄전 姜德河 송낙현 姜德採 강성斌 강九斌 강西斌 金聖灝 姜亨採 각拾錢 合六원

●谷山郡一北山內面지谷 李洪鍾國 尹世均 각壹圓 卞鍾當 權泰奎 윤學均 崔鳴玉 김鍾學 卞鍾元 각卄錢 尹成植 卞鍾衡 각卄전 合四원二十錢

●淸川北峴永平郡綠敎會堂 韓承奎五원 白寅彬三圓 명기贊二환 金孝業 白寅九 韓應奎 韓學權 각壹圓 白煥赤 조時煥 조덕인 김信業 丘敏보 각六十錢 장元尙 邊晉汀 [illegible]七萬 김得麻 각五십면 白京善 張志京각卄錢 河순寧卄전 合십九圓八십전

●忠南石城郡定止面定止里 主事윤滋심 貳圓 윤상慶 尹日炳 각五十전 呂東輔 윤상기 각一圓 徐상說 박元相 윤秀炳 梁기홍 리昌圭 각卄錢 尹諧炳 崔海鎭 尹相武 리觀同 崔학鎭 尹滋元 각拾전 徐德萬 리道錫 扇人梁敬三 徐禹錫 徐相德 각卄전 辛龍根 四拾錢

合捌圓五十錢

●平山郡馬山面隱村 任養轍 신學均 각五拾젼 申聖宅 金應元 각卅전 禹鐘律卅전 禹聲海 리日墨 申致安 신致咸 任義淳 각拾전 合二圓卅錢

●연川西面如意동 리哲宇門中 六圓 鄭敎永 리於明쇠 리福祚 각卅젼 리建直 림氏상 각五十젼 丘昕同 丘尙石 정萬쇠 김官쇠 박千萬 리복音 김作西 조문石 리ᄋᆞᆫ成 각卄錢 윤순明 十四錢 閔泰好五전 黃金奉十一錢 합십圓

●平北龍川府南面松峴동學校 校監김乘熙 副敎白眞振 事務김麟局 각三圓 敎師白원振 ᄉᆞ圓 김啓升 十圓 贊成김國柱 구성奎 張大윤 김弼濟 김鐘貞 각三圓 金炳極 咸석圭 金容贊 김啓겸 金錫均 김鳳局 리벽식 金熙績 각一圓 김容三 張晋섭 김熙坤 各二圓 김尙柱 김容乾 각拾圓 김석鎭 五원 김淸達 五拾錢 합팔십圓五십錢

●平山馬山三里隱村김氏門中 김衆연 김衆헌 김衆雲 金乘식 각二拾五젼

●忠南扶餘草村面萬寺동 李奎臣門中 二십一圓

●抱川郡友琴里廟宙동執綱 李廷식等동中 유원

●黃海道安岳郡細동坊瑞山동 朴道煥 五십젼 父志庠 祖在玉 曾祖性健 각一원

●寧邊南松面天水里 秦謙康炳廸 二십圓

●黃海安岳銀川坊大峰등 金재奎 一圓

●忠南木川郡一東面下杉里 進士高建柱 高麟柱 高濟殷 각五십錢 합五十一圓

●務安府內面竹동 조玉承 全夫人 長子박恩 全夫人 次子明우 全夫人 孫仁환 복關元母親 朴學瑞母親 김슴여母親 故和日母親 吳金西 김石史 최ᄋᆞᆸ伊母親 김武述母親 김敬三母親 리成律母親 김敬瑞母親 金始午母親 李化實母親 金鳳九夫人 姜八斗母親 鄭沙羅夫人 鄭成五母親 李丹버外祖母 리金ᄉᆞ母親 朴有根母親 南宮[illegible]夫人 김宇週母親 張元祚母親 김啓石母親 북吉先母親 余行吉 全夫人 각二십젼 오상翊夫人 指環一兩三전重 박旭東家族밍人成允日一원

◉三鄕面 八십壹원십"錢 銀指環二介합一兩六錢重 합八十팔圓九拾九錢

●平北義州古寧朔面舘倉동 김志權 貳원 구석鼎 壹원五십전 조尙도 신學舜 각壹圓 북璣윤 金석麟 김여엽 리유茂 김志旭 김應亮 김應貫 金석奎 리奉三 정龍善 김孝權 김應洲 金석尙 각五十전 김奉世 리致金 리錫滄 김티평 최문都 김應鐘 金志龍 宋鳳麟 張洛英 박基珍 김雲瑞 金聖俊 각卅전 리奉烈 張도明

박天복 김貞寶 김志侁 金영珠 車禮哲 郭泰坤 김三際 車夢珍 韓應瑞 尹龍九 金석온 김영化 金華信 金成九 金鎭奎 각十전 리致和 김文說 宋尙奎 朴雲학 車福天 리世吉 최李문 김경엽 김思엄 조連吉 김斗龍 金伍福 각십전 合二圓

○倉谷 ○夢說 金덕麟

◉養搆學校 敎師金查倉一圓 강應秀 五원 金應金 八圓日晨 김奉稷 김弼善 각壹圓 丁志터 김應호 각六십錢 윤찬순 五십錢 合三십六圓십錢

●平北義州府[illegible]寧面舘北里 리昌植 五ᄉᆞ전 于서확卅錢 姪錫尙 五ᄉᆞ錢 堂姪錫洪 서화 각卄전 석장五十錢 석河 석潤 각佰전 석기 十錢 從孫윤璟 日十五전 女婿朴演珍 북孝麟 洪連수 金乃善 각五十錢 冶匠리六成 四十錢 韓相興 최南九 최基宅 김志문 김석조 김貫祿 리致호 高丁倫 김志곤 리영徹 각卅錢 최聖학 김영遊 북璟瑞 張益璋 최상玉 김尙老 白連吉 최석徹 북致寬 金得善 김괴호 리世璋 金영河 김起田 김성遊 김乃惟 金蓮國 김丁현 각卄錢 김正곤 김지복 김名祿 각拾錢 리학珍五錢 김영羲 一원 學校敎師朴演禎 박演佑 박演俸 김孝邦 각五십錢 金漢涉 ᄉᆞ拾전 김漢日

북인欽 韓宅善 김連玉 김仲信 리致奉 각卅錢 김連國 朴基터 김鳳國 김瑞봉 김석倫 각廿전 金석河 리致爲 리처현 김학善 박景欽 홍錫鳴 박演玉 북景純 각십錢 合二拾圓

總合四百十ᄋᆞ圓三십三전
國文報廣告總合一百○七圓五十四전
前廣告總合三萬三千三百二十三圓二拾八錢七厘
都總合三萬三千八百ᄉᆞ十六圓十五錢七厘

◎特別廣告◎

國債報償金이日間所收은姑未合計이고但前日의所收總合四萬八千六百六十九圓四十오錢은韓氣會社內銀行에貯置ᄒᆞ얏ᄉᆞ고其貯置額中三萬二千三百圓은國債報償志願金總合所로超交홈

大韓每日申報社

發行兼編輯人英國人 裵說
發行所 南署石井洞號外地三層洋屋家
大韓每日申報社

第五卷

大韓每日申報

第五百六十三號

月曜及慶節
歲時休日俑

檀君開國四千二百四十年
箕子元年三千二十九年
大韓開國五百十六年
日本明治四十年
淸國光緖三十三年
◉陰曆丁未六月大初五日甲子

別報

桑港共立新聞에淸國人中西日報를謄載흔이如左ᄒ니

夫國之亡也에必其國亡ᄒ는原因이有ᄒ나니箕子의後裔韓國이今焉已矣라韓國 皇帝을日本華族에列入ᄒ다는說이世界에狼藉ᄒ도다古聖이云하되國必自伐而後에人이伐之라ᄒ얏스니今에韓國을觀ᄒ미果其是也로다

滿洲皇帝崇德一年에朝鮮이비로소臣服ᄒ야世之朝공ᄒ는例를定하니伊後로부터朝貢을極盡히ᄒ야國土를保슈하는대無憂ᄒ지지라奴隷와如히이諂ᄒ는形態가엇지如此히卑陋ᄒ가又崇德六年六月에朝鮮이使臣을滿洲遣ᄒ야黃金을獻ᄒ고天이賜ᄒ신金이라ᄒ미淸國 皇帝가大喜ᄒ얏스니此는奴隷性質로阿諛求容홈이라

崇德七年十月에朝鮮人이淸廷의密告日閣臣崔鳴吉과림敬業이明國을潛通ᄒ다ᄒ미淸人이將帥를鳳城에遣ᄒ야防禦ᄒ고於是에其黨八人을殺ᄒ며최鳴吉을獄에囚하고敬業의家屬을取ᄒ얏스니明國을潛通홈事가有ᄒ면自其國處置가可也어날何必滿洲에密告ᄒ리오是는刀刃을握ᄒ고其柄을他人의게委ᄒ이니外人을依賴ᄒ고大國을崇拜ᄒ는風俗이上下人民의腦髓에印刻ᄒ야今日ᄭ지成ᄒ지라

日本이統監府를韓國京城에設立ᄒ後로韓國을屬邦과如히其人民을奴使ᄒ며 皇帝를凌辱ᄒ니韓國이遂히越王句踐이會稽의恥를當할時에臣妾이되것과如ᄒ지라士民中血氣有ᄒ者기抗拒ᄒ나效力이無ᄒ고其他公卿大夫는恥辱을不悟ᄒ고首를부ᄒ며心을低ᄒ야日本統監의指揮를受ᄒ야平安홈이前과如ᄒ니奴隷性質이如此ᄒ고야엇지不亡ᄒ리오

往年變亂後로朝鮮擧國이騷然ᄒ야滿洲를服事하ᄌ는黨과自主獨立ᄒᄌ는黨派가有ᄒ얏스니滿洲를服事ᄒᄌ는黨派는足히論홀것업거니와獨立黨派는東學黨이니其實은日本을숭拜ᄒ야依賴ᄒ는者니其國이엇지獨立홀日이有ᄒ리오國의恥와民의辱이如此히極度에至ᄒ얏스되크게奮發ᄒ는氣가未有ᄒ니엇지國이不亡ᄒ리오ᄒ얏더라

共立新報記者曰此淸國人의中西日報에記載ᄒ朝鮮歷史가事實은或相左ᄒ나一般國民의奴隷性質을討論ᄒ것은果其是也로다我邦이建國ᄒ지四千餘年에奴隷性質이本朝에至ᄒ야益甚ᄒ도다君臣上下가獨立思想이全無ᄒ야元이亡ᄒ後에明을事ᄒ고明이亡ᄒ後에淸을事ᄒ는것이旅館主人이張三을送ᄒ고李四를迎ᄒ는것과如ᄒ야一動一靜이他人의指揮를待ᄒ니此ㅣ엇지亡國의原因이아니리오

今日吾國人士들이國權回復ᄒ方針을論ᄒ미或은敎育擴張이라하며或은商務擴張이라ᄒ며或云軍務擴張이라하니此皆非不必要로되使余言之하면國民의奴隷性質을淘汰ᄒ고獨立思想을活潑케ᄒ는것이第一急務라ᄒ지라川을防ᄒ되先히其源을防ᄒ고病을治ᄒ되先히其氣運을養ᄒ나니奴隷性質을不先拔去ᄒ면形質에開化가비록建築은美國과等ᄒ고製造는英國과等ᄒ지라도國權回復ᄒ기難ᄒ지라

우리國民中에一個義氣男子가有ᄒ엿더면前日袁世凱의軍士가엇지國境에駐屯ᄒ엿스며今日伊藤의統監府가엇지漢城에設立이되엿스리오曹沫의隻身이登壇ᄒ미爲國의旣失ᄒ疆土를還取하얏고嘉富耳의三寸舌이巴里會에叅預ᄒ미意太利의陥落ᄒ國권을回復ᄒ얏나니以此觀之컨대國의獨立이强弱과衆寡에不在ᄒ고其國民의自立ᄒ思想이有無에係ᄒ지라今日우리二千萬同胞는奴隷思想을除去ᄒ고一心團躰로獨立ᄒ資格을世界에表明ᄒ면日本統監府가自然退去ᄒ리니日本이아모리頑하고伊藤이아무리英雄이나二千万人이다合ᄒ는대엇지ᄒ리오

官報

◉第三千八百十七號 光武十一年七月十三日

◉宮廷錄事

奉常司提調李完鎔辭職疏

批旨省疏具悉所請依施

◉敍任及辭令

度支部書記官李相翊
仝 丕漢璧
仝 尹浮貞
度支部書記郎徐弘模
仝 박容奎
仝 高鎭煥
仝 李錠桓
仝 魚益션
仝 尹炳一
仝 崔[illegible]斗
仝 安漢鎭
仝 張 休
仝 丁奎英
仝 金潤柱

任度支部稅務官 陸軍法院理事鄭恒謨

任中樞院副贊議 全東煥 宋在燁 具然學 尹善海 任鼎全 金邦赫 張錫雄 沈相憲

任軍部繙譯官補

外報

●艦隊移動의世論 華盛頓電을據ᄒ즉美國官憲은今番美國艦隊에毫髮도日本을威嚇홈이아니라ᄒ되世人을評論ᄒ되美國政府와一朝有事時에對ᄒ야準備ᄒ고又太平洋에셔强硬ᄒ手段을取ᄒ야日美談辦에斷然히措置ᄒ地位를占有ᄒ기爲ᄒ이라더라

●海軍總務局의斷言 同電을據ᄒ則美國海軍總務局에셔斷言하되爲若日本이美國艦隊의移動에反對하면此는日本이開戰ᄒ計劃이라더라

●立憲預備 去九日北京特電을據ᄒ則立憲預備에關ᄒ야訓示的으로上諭를頒ᄒ얏는대其要는立憲의道가上下同心ᄒ며內外一致ᄒ야私를去하고公을採홈을共히ᄒ는關에在ᄒ다ᄒ엿더라

●安徽小騷 上海電을據ᄒ則新革命軍이라稱ᄒ는二千餘의徒黨이安徽省의陽縣에셔起ᄒ야人心이恂々ᄒ대地方官이派兵ᄒ기로南京總督의게電申ᄒ얏다더니後報를據ᄒ則兩江總督端方氏가兵七中隊와又湖廣總督張之洞氏가兵二千과砲艦二隻을同方面으로派出ᄒ얏더라

雜報

湖西學會趣旨書

湖西者는古稱士大夫之鄕北이이라ᄒ니美哉라斯言이여行何事業然後에有此士大夫之稱歟아決非廣袖高髻와淸談오論之謂也오養成人才ᄒ고維持國綱ᄒ야忠君愛國之士가多出此之謂也라讀孔孟之書ᄒ고談孔孟之事者가何不察聖人時中之義와從俗之訓歟아現今時代가當爲治世歟아其謂亂時歟아競爭世界오改革時代之說을若耳者皆得聞知則不必發論이어니와以若一隅湖西士大夫의廣袖高髻가足以拒大砲之鐵丸乎아淸談오論이可以除万國之兵力乎아斷無如是之能力이어날徒尙虛文浮華라가遂作亡國之人而安於爲人之奴隷ᄒ야坐受天下之辱則士大夫之稱이獨不愧於心乎아近聞社會上言論則皆曰爲國之最未開者는我國也오我國之未開者는湖中이오湖中之最未開者는湖西也라ᄒ야歸之難化之一隅하니胡爲乎此言之至耶아若以湖西之頑固舊習으로挽回國權則可望今日之計策이어니와甘爲亡國之丈夫而竟作奴隷之奴隷則然以答今日之斯語矣니豈不寒心哉아挽回國권之一端生脉이專在乎興學養人才而已라故로關西의有西友學會ᄒ고[illegible]關北의有漢北學會ᄒ고嶺南則有[illegible]所ᄒ고湖[illegible]에도設校之報가逐日遝至ᄒ되唯獨湖西則寥々然若夢中世界ᄒ니不啻巨擘大呼ㅣ로不顧猥越之嫌ᄒ고茲敢先發趣旨書ᄒ오니伏願僉君子는沈目於時代之形便ᄒ고熱心於人材之養成ᄒ야特設湖西學會於皇城ᄒ고各自其郡으로興학敎育ᄒ야挽回已倒國權ᄒ고期進文明之域則國家幸甚湖西幸甚

發起人 尹丙섭 崔秉昌 等

●春察敎育意見 江原道觀察使黃鐵氏가學部에報告ᄒ되本道가僻在海陬ᄒ야土地之險阻와人民之愚昧가莫先於此이온바文明的開發의急先事項이有二焉ᄒ니一曰平치道路요二曰廣設學校라盖嘗論之ᄒ면京城에셔距春川程道가不過二百里에나山谿崎嶇ᄒ고石逕이逶迤뿐이라間二秦嶺ᄒ고三大江ᄒ니行旅之困難이譬如羊腸之九折이온則大賊이盤踞에商況이不振ᄒ니行政之機關이爲得敏活乎잇가然이나치道修築은工費預筭이不少則今不可遽論이나至於學資ᄒ야는本使在任之後로才略을奮思復度에別無道理이옵고但有社還이온바社還名目은幾百年以來로春出秋糴ᄒ야以示民恤이오나挽近以來로反以民之未收와吏之侵逋에但以空簿虛筭이오니反不如廢之이오나原係國有則不可擅便이오되若付學資면存本取利支用ᄒ면人民知識이自致發達이옵기設立ᄒ之意로玆以報告ᄒ오니査[illegible]一ᄒ야敎育을遂[illegible]

雜報

●海牙會議韓人演說　海牙國際協會에李瑋鍾과쓰테드氏가同會에公開演說ᄒᆞᆫᄃᆡ日韓條約의無效를述ᄒᆞ되數萬言으로ᄒᆞ고流暢ᄒᆞᆫ佛語로以ᄒᆞ야三時間에亘ᄒᆞ얏ᄂᆞᆫᄃᆡ日本이韓國을對ᄒᆞ야虐政不道德을指摘ᄒᆞ니右演說의主催ᄂᆞᆫ矯激ᄒᆞᆫ國際平和希望者의團體나勢力이잇ᄂᆞᆫ者ᄂᆞᆫ아니라더라

●隣誼尤密　內部大臣任善準氏가總理大臣李完用氏와比隣ᄒᆞ기爲ᄒᆞ야葉峴金氏故大臣家를買得ᄒᆞ야日間搬移ᄒᆞᆫ다더라

●영守拿致　영興郡守李鼎煥濫刑案件을審査ᄒᆞᆯ事로方行拿致ᄒᆞ기로法部에서奏本을上奏ᄒᆞ얏ᄂᆞᆫᄃᆡ奉　旨依奏ᄒᆞ라ᄒᆞ셧다더라

●竹守被囚　竹山郡守南廷冕氏ᄂᆞᆫ무삼事件이有ᄒᆞᆫ지京畿觀察使崔錫敏씨가該道裁判所에捉囚ᄒᆞ얏다더라

●欠逋最多　각地方官의公納欠逋條最上多數ᄒᆞᆫ人은權直相李重玉閔翊相尹胄榮四씨라더라

●三氏先放　閔宗植李容泰閔衡植三氏ᄂᆞᆫ再昨日에爲先保放ᄒᆞ얏다더라

●法相大談　尹孝定씨被招ᄒᆞᆫ事件에對ᄒᆞ야某社會던지쳐응善氏의게更卽質問ᄒᆞᆯ事가有ᄒᆞᆫ되措處ᄒᆞ기로法部大臣趙重應氏가閔丙漢氏를對ᄒᆞ야大談ᄒᆞ얏다더라

●部隷服裝　內閣以下各部下隷輩를爲先薙髮洋服ᄒᆞ기로酌定ᄒᆞ고洋服과帽子를一齊히貿來ᄒᆞ얏다더라

●觀察復命　今日日本各官廳事務觀察로前往ᄒᆞ얏든諸氏가復命陛見ᄒᆞᆫ다더라

●處所權接　學部에서大臣官房을修理ᄒᆞᄂᆞᆫ故로該大臣視務ᄒᆞᄂᆞᆫ所를昨日부터該部觀象所로權接ᄒᆞ얏고秘書課ᄂᆞᆫ文書課로나接ᄒᆞ야視務ᄒᆞᆫ다더라

●商會妄計　再昨年財政이枯渴ᄒᆞᆯ時에自　上으로商界困況을洞燭ᄒᆞ시고內帑錢五萬圜을貸下於商業會議所하신바니一般商民이雨露之澤을均霑ᄒᆞ여야當然ᄒᆞᆯ터인ᄃᆡ該會主務者某某가洪大ᄒᆞ신聖意를□念치아니ᄒᆞ고각自分用ᄒᆞᆷ으로會中에서該金을責納ᄒᆞ자渠之前日所推者難捧의票로交付ᄒᆞ미一般商業界物議가沸騰ᄒᆞ더니近日에內藏院에서貸下金을督納ᄒᆞᄂᆞᆫ대該輩가終是拒納ᄒᆞ더니噫彼凶肚가該會議所를五萬圜에某官廳管轄下에讓付ᄒᆞ고內下貸金五萬圜은永爲呑食ᄒᆞᆯ計劃이라더라

●時闕不及　平理院에서近日부터一般官吏가上午八時에仕進視務ᄒᆞ고同十一時에退仕ᄒᆞᄂᆞᆫ故로訟民덜이呼訴次로本院에來訴ᄒᆞ얏다가不及之歎이多ᄒᆞ다더라

●趙氏還國　日本에觀察로前往ᄒᆞ얏던趙東潤氏가日昨에還國ᄒᆞ얏다더라

●觀察發程　內部土木課長권輔相氏가行政視察次로三南等地에發程ᄒᆞᆫ다ᄂᆞᆫ說은前報에揭載어니와該씨가該部補佐一人及繙譯官補金鍾□씨를帶同하고昨日上午七時에京釜鐵道로出發ᄒᆞ얏더라

●郡守會同　明日內部에서在京ᄒᆞᆫ각郡守를會同ᄒᆞ야會議ᄒᆞᆫ다더라

●治療入城　內部地方課長송之憲氏가日本觀察後日昨에歸國ᄒᆞᆫ다ᄂᆞᆫ說은已載前報어니와該氏가渡韓上京之際에中路病發ᄒᆞ야數日治療ᄒᆞ고昨日入城ᄒᆞ얏다더라

●金ㅅ住接　今番解配되야上京ᄒᆞᆫ金윤植氏가西小門外巡廳洞客主朴창순家에姑爲住接ᄒᆞ다더라

●染病大熾　□□郡에傳染病이大熾ᄒᆞ야現今罹病者가七십二人에達ᄒᆞ얏다더라

●保護不當　金윤植氏가西小門外에舍館을定ᄒᆞ고姑不入來ᄒᆞ얏ᄂᆞᆫ대日巡査가保護ᄒᆞᆫ다稱ᄒᆞ고該氏의게致賀次로來賓의姓名을一々記錄ᄒᆞᄂᆞᆫ지라金윤植氏가該巡査를對ᄒᆞ야曰保護가不當ᄒᆞ니卽爲退去ᄒᆞ라ᄒᆞᆫ되該巡査가固執不退ᄒᆞᆫ다더라

●法部奏本　流十年罪人閔衡植李夏鍾은定配于黃州鐵島ᄒᆞ고流終身罪人閔宗식박在洪曹圭헌梁文淳과流十年罪人李承大到□彰徐彰輔李光秀尹忠夏金영采崔東식權在重과流七年罪人당寅國李긔와流五年罪人윤주찬오基鎬金寅植徐廷禧ᄂᆞᆫ定配于珍島郡珍嶋ᄒᆞ고流終身罪人李容珪ᄂᆞᆫ潤道金德鎭과漢一黃英秀ᄂᆞᆫ在鐺와流十年罪人李容泰金東弼康相元池八문朴鍾섭金京善黃文今黃聖주李京辰趙化春羅寅영朴斗杓와流五年罪人金덕奎等은定配于智島郡智嶋事로奉　旨依奏ᄒᆞ라ᄒᆞ옵셧다더라

●親睦組織　韓日兩國有志紳士들이韓日親睦會를組織ᄒᆞ야一會ᄂᆞᆫ日本東京에設立ᄒᆞ고一會ᄂᆞᆫ韓國皇城에設置ᄒᆞ고會長은錦陵尉朴泳孝씨로推薦ᄒᆞ고任員은각社會上有名譽人으로選定ᄒᆞᆫ다ᄂᆞᆫ說이有ᄒᆞ더라

●因擾被傷　去月咸興郡運兩起擾時에總巡成健영씨와巡査一名이重傷을被ᄒᆞ얏다더라

●三校竝立　監理敎會와長老敎會에서合成中學校를設立ᄒᆞ엿더니監理敎長老両元時氏가培材學堂에大學校를設立ᄒᆞ고각地方에支校를設始ᄒᆞ되或中학校或小學校를置ᄒᆞ기로現今計劃中이라더라

●此亦怪事　新門外平동學地에住居ᄒᆞᄂᆞᆫ日人에乳兒를一大鼠가嚼囓重傷ᄒᆞ야因卽致斃ᄒᆞ얏다고巷說이狼藉ᄒᆞ되鼠咬人死ᄂᆞᆫ今古初聞之說이라ᄒᆞ더라

●同友開會　同友會에서再昨日에通常會를開ᄒᆞ고評議員諸氏가國債報償問題에對ᄒᆞ야斷烟ᄒᆞ기를決議ᄒᆞ엿고日人渡邊小郞氏가伊藤統監의委送으로該會에來參ᄒᆞ야同友之目的을大端贊成ᄒᆞ엿고韓國　皇室을保護尊重ᄒᆞ기를希望ᄒᆞᆫ다고一場演說ᄒᆞ얏다더라

●羅氏熱心　水原觀察道主事羅基貞氏가府內三一學校의贊成員으로同志人士의게熱心勸勉ᄒᆞ야各處에該校에捐助ᄒᆞᆫ金額이二千圜可量이오該員이一百二十餘人에達ᄒᆞ얏ᄂᆞᆫ대該校의敎育上熱心ᄒᆞᆫ人皆稱頌ᄒᆞᆫ다고南來人의傳說이有ᄒᆞ더라

●沈氏辨護認許　경畿道裁判所事로歷次辭疏請願ᄒᆞ야棄官而歸ᄒᆞ여名譽가有ᄒᆞ든前檢事沈鍾大氏가法部에辯護士認許를受ᄒᆞ얏ᄂᆞᆫ대日間辯護士事務를處理ᄒᆞᆫ다더라

●請願답至　今番에流十年된李容泰閔衡植羅□영三氏가再昨日保放이되얏ᄂᆞᆫ대此等에對ᄒᆞ야發配될諸氏에子與弟되ᄂᆞᆫ人들이多月滯囚ᄒᆞ야受病ᄒᆞ얏스니調理後發配ᄒᆞ게保放ᄒᆞ야달나ᄂᆞᆫ請願이답至ᄒᆞ얏다더라

●佛敎特別會　佛敎研究學會에서日前에總會를東門外明進學校內에서開ᄒᆞ고副會長金□□씨와副校長洪月初가出席ᄒᆞ야會員百餘人이會議ᄒᆞᆫ內容인즉十三道각寺의公函ᄒᆞ야每寺의知事人一名式을請邀ᄒᆞ야本月廿八日로特別總會를定ᄒᆞ고今에內部學部에서佛敎를善爲保護ᄒᆞ라ᄒᆞ고十三道로訓令ᄒᆞᆫ事件으로說明ᄒᆞ고本校擴張ᄒᆞᆯ方針을定ᄒᆞᆯ지ᄒᆞ얏ᄂᆞᆫ대該校長魚瑢善씨가公函을郵便으로각寺에發送ᄒᆞ얏다더라

●平民可哀　本月십一일下午五時頃에平壤外川방民人等이會集ᄒᆞ야軍用地事件으로意鬧ᄒᆞ다가십三名이該警務署에被捉되얏더라

●占地何限　內部에서農商工部에照會ᄒᆞ되現接中和郡守金然□報告內開에本郡下道面二里에日本人仲又七郞等八人이來到ᄒᆞ야四面십里爲限ᄒᆞ고揷標定界이옵기問其裡由즉該地內金銀炭三種을採掘計料而承認於農商工部ᄒᆞ야將次開礦이다이온바事係徵稅에民情이洶々에擧懷衛擔故로玆에報等因이온바此을准査ᄒᆞ온즉民心이因此驚動ᄒᆞ야棲遑未定이옵고采礦弊瘼이亦不無關慮이옵기玆以照會ᄒᆞ오니照亮ᄒᆞ와該地採掘事에對ᄒᆞ야該日人仲又七郞等이貴部에請願ᄒᆞ야承認ᄒᆞᆷ이有ᄒᆞᆫ지事係民情에不可遲緩이온즉卽速示明ᄒᆞ라ᄒᆞ얏더라

●挾雜收稅　西署阿峴宋花亭居朴舜煥等名人이同署社稷洞居金인成에代理로宮內府認許를得ᄒᆞ엿다ᄒᆞ고龍山下約五리距陽川附近으로金浦間에小松七八個를立樹認籍ᄒᆞ고船稅를徵船에七錢九厘로乃至십五錢式徵收ᄒᆞ며船舶無持繩이면米곡與其他所持物을强奪ᄒᆞᄂᆞᆫ故로警務廳에서巡檢及補助員等을派送調査ᄒᆞ야內部로報告ᄒᆞᆷ이該部에서宮內府에照會ᄒᆞ고許可狀有無를回示ᄒᆞ라ᄒᆞ얏더니答覆ᄒᆞ되金인成에게認可만許給ᄒᆞ얏고船稅徵收ᄂᆞᆫ全然挾雜이니該立松直認싸지還收勿施ᄒᆞᆯ지다ᄒᆞ얏더라

●三人執刑　曩者에五大臣謀殺事로被捉ᄒᆞ얏다가及其所供이强盜에犯ᄒᆞᆫ故로處絞에宣告ᄒᆞᆫ李鍾學崔相五朴應七等三人을昨日平理院에서執刑하얏다더라

▲雜 歌 雜 和▼

▲近日에總理大臣李完用氏가무숨事端인지伊藤統監의게大責을遭ᄒᆞ야困在ᄒᆞᆫ心이라ᄒᆞ니聞者가伊藤統監의게日々訪問ᄒᆞ야百方獻諂ᄒᆞ다가逢彼之怒ᄒᆞ얏스니無顔을버노라고大端히이써고

▲度支部에서ᄂᆞᆫ官制를將次變更ᄒᆞᆫ다ᄂᆞᆫ대時任書記郞六十人을五十餘人으로減置ᄒᆞᆫ다ᄒᆞ고稅務主事ᄂᆞᆫ現今試取ᄒᆞ야七十餘員을增設ᄒᆞᆫ다ᄒᆞ니該部官制ᄂᆞᆫ加減이無常이로고

▲農商工部工務局에서起墾局을設置ᄒᆞᆫ다ᄂᆞᆫ되礦山局에模範을依ᄒᆞ야實施ᄒᆞᆫ다ᄒᆞ오所管官制ᄂᆞᆫ現今修正中이라ᄒᆞ니該部大臣은日人이나雇聘ᄒᆞ고官制나變更ᄒᆞ기로爲一事業ᄒᆞᄂᆞᆫ지

▲여보日前郡守奏本에도庬聲이또狼藉ᄒᆞ니누가主張ᄒᆞ기에그러ᄒᆞ오主務大臣이깃지아녀오內大가무삼權利로그러ᄒᆞ깃소그리ᄒᆞ면뉘所爲오內閣首揆大臣의權利가아니면ᄒᆞᆯ사ᄅᆞᆷ업소

▲智島郡漁場에서日人六名이忽然淑泊ᄒᆞ야不問曲直ᄒᆞ고拔劒亂打ᄒᆞᆫ대韓人二名은立死ᄒᆞ고二名은重傷ᄒᆞ얏다니犧牲을刺殺ᄒᆞ야도不忍之心이有ᄒᆞ거든況同是人種乎아日人은韓人을虐待하ᄂᆞᆫ것시犧牲보다尤甚ᄒᆞ도다

▲墨西哥에移民ᄒᆞᆫ目的으로써韓國移民保護法을依ᄒᆞ야韓國移民合資會社에서農商工部에請願承認ᄒᆞ엿다니日人이韓國人을異域에買去ᄒᆞ야奴隸를作ᄒᆞ며서移民을保護ᄒᆞᆫ다니保護ᄂᆞᆫ잘ᄒᆞ겟고

▲日本人武田範之와乙川文鄕와大陸大定氏가日昨에一進會中侍天敎에入敎ᄒᆞ얏다니近日該會가勢力이掀天ᄒᆞ미日人도유勢ᄒᆞ야該會에入參ᄒᆞ니日人一進會가또성겻고

▲近日에開化군만ᄒᆞ더고노릿이洋服에短杖집고參葉子숨여쓰고구두바람번적버적가ᄂᆞᆫ거시閑暇ᄒᆞᆫ兩班갈가보더니그게閑暇이라ᄒᆞ랑이면一進會員은모도閑暇ᄒᆞᆫ사ᄅᆞᆷ이라ᄒᆞ겟지이거슨薩摩化군의원숭이로다

▲度支部에서己往에犯逋ᄒᆞᆫ郡守을調査ᄒᆞᆫ다ᄂᆞᆫ說이閭巷間에傳播되미或撤家逃走ᄒᆞᄂᆞᆫ者도有ᄒᆞ고或以面으로請囑ᄒᆞᄂᆞᆫ者도有ᄒᆞ니國庫金을犯용하고無事了ᄒᆞ기로知ᄒᆞ엿ᄂᆞᆫ지尤甚痛惜ᄒᆞᆫ事로다

▲統監府에서日人高田陽一의請願을因ᄒᆞ야農商工部로照會ᄒᆞ고除陳請願ᄒᆞ야蔚珍長水浦에播□ᄒᆞᄂᆞᆫ라址를認許ᄒᆞ엿ᄂᆞᆫ데아니ᄒᆞᆯ入韓國水陸要地은皆占奪코저ᄒᆞ니片土가無餘ᄒᆞᆯ터로다

▲一進會에서각地方人士가本報를購覽ᄒᆞᆷ을禁欲阻遏ᄒᆞᆫ다ᄒᆞ니噫彼一進會ᄂᆞᆫ本報의正論을含憾ᄒᆞ야此等兒戱的手段을擬行ᄒᆞ나邪不犯正이라豈可得乎아還付一笑ᄒᆞᆯ뿐이로다

●本社廣告

東署分院人裴金孫이無故逃躲ᄒᆞ야該分院人의게搆覺ᄒᆞ시든金君子의게來報ᄒᆞ야極涉踈忽故로玆特廣告ᄒᆞ오니恕諒後ᄒᆞ옵소셔統戶ᄂᆞᆫ昭詳錄送ᄒᆞ시와郵送ᄒᆞ심을切望ᄒᆞᆷ

鍾竹洞院前主事金濟安氏를本社社員으로認定ᄒᆞ얏기玆以社務ᄒᆞ오니該附近地에本社申報購覽ᄒᆞ실僉彦은右氏게請求ᄒᆞ심을希望ᄒᆞᆷ

●本社補助錄　自光武十一年一月一日

六月　一日　俞致頊　五십錢
六日　張世지　一圜
십日　金容孝　一圜
十七日　申彭烈　二圜
廿八日　림景實　五십錢
廿九日　김雲柱　一圜
同日　國債報償時寄付金　一圜五십錢

謹告

●新■城　本月九日에國債報償總合所長尹雄烈씨와該所評議員安重식兩씨가[illegible]郡에往ᄒᆞ야該道內십一郡國債報償會長을會集ᄒᆞ야開定ᄒᆞᆫ對言事를演說ᄒᆞ고십一日에上京ᄒᆞ얏ᄂᆞᆫ대該道십一郡에募集額이二萬三千二百二十五圜이라더라

廣告

黃海道白川西村三里居徐聖塡은敗家亂類니內外國은誤勿見欺ᄒᆞ시옴　徐致遠　告白

本人이阿峴東德孝一萬八千九百七十三兩七月初四日於音을見失故로玆以廣告ᄒᆞ오니內外國人間拾得ᄒᆞ와도休紙施行ᄒᆞᆷ　居間人　徐光[illegible]　告白

國債報償志願金總合所금八千一百八十五圜七拾一전을領置ᄒᆞᆷ事　[illegible]氣會社內銀行

本人舍兄錫璟씨出遊七年에一無信音ᄒᆞ고上[illegible]變拭淚依閭之東西尋訪無處矣自[illegible]速歸家慰親懇母論某씨速寄有處則厚恩　平北定州古[illegible]　舍弟　田錫健　白告

各支所來納금廣告　大韓每日申報社第七回금八千圜과永興郡第二回금一百二圜과[illegible]合八千一百八십五圜七십一錢을[illegible]에貯置ᄒᆞᆷ事　國債報償志願金總合所

濟州郡守尹元求氏가不法行爲ᄒᆞᆷ이貪虐財物件으로屢[illegible]於前報어니와本人等이呼訴于部ᄒᆞ야期欲質辦則該氏가自知理曲에百般避身ᄒᆞᆷ如鼠眼觀望ᄒᆞ고乃許狀尾滑脫而永不對質故로數日前에本人에齒牙折傷而流血ᄒᆞ고巡檢四名을派送ᄒᆞ야示威逃去ᄒᆞ니本人이不勝抑鬱ᄒᆞ야更訴于本部ᄒᆞ기로玆에廣告ᄒᆞᆷ　濟州郡民人　[illegible]　告白

同郡居朴總本人世庶姪家所有十萬餘금을今兩年에據蕩敗家祖父臨終時本人에給吾九斗落畓ᄒᆞ고放賣買挾陽日人及佔文券ᄒᆞ야西挾僞人外國人勿見欺　定州德達　趙慶석　告白

本人이西署東幕高景九許의正租四십四石七斗積置標를見失故로玆以廣布ᄒᆞ오니誰某拾得ᄒᆞ야도休紙로施行ᄒᆞ오니內外國人은以此照亮ᄒᆞ시옴　[illegible]　告白

本人의堂姪仁明이年今二十七이온대性本浮浪而協同雜類ᄒᆞ야今往平壤에欲以僞券出債云ᄒᆞ오니內外國人은切勿見欺ᄒᆞᆷ　定州伊彦三里宋吉叟　告白

本人等이與동支所越便에서各資典舖이옵ᄂᆞ가今에合資設舖營業ᄒᆞ오니典執ᄒᆞ실僉員은陸續來臨ᄒᆞ심爲要　中署典동영信號與舖　金영秀　車基倫　金榮觀　告白

務安府参書官朴星煥의貪虐行政事로一府之民이不勝虐政ᄒᆞ야屢次呈于內部法部平理院則題內에旣有查報에當有處辦일지니退待事이오나参書之行惡이去益滋甚이라終無如何之處分ᄒᆞ니居民이控訴無處ᄒᆞ옵기玆에廣告ᄒᆞᆷ　務安民人　林로登　로龍基　박相玉等　告白

謹告

國債報償金義捐諸氏

自本所로京城內各收金所를次第調查中至若期成會ᄒᆞ야ᄂᆞᆫ莫重義金을貯置不明ᄒᆞ고文簿眩惑ᄒᆞ야難以明查故로玆에廣布ᄒᆞ오니該會로納金諸氏ᄂᆞᆫ無一遲滯ᄒᆞ고領收証号數와金額과氏名과日字를昭詳히本所로錄送ᄒᆞ야勿失務ᄒᆞ심을敬要

大韓每日申報社內　國債報償志願金總合所　白

一卷二冊三百六十頁　定價金一圜

[illegible]

本會에서本月십六日（日曜）下午一時에故志士정재홍의追도會를東門外영도寺에서開催ᄒᆞ오니本會員과其他同情ᄒᆞ시ᄂᆞᆫ僉位ᄂᆞᆫ屆期來參ᄒᆞ심을務望　大韓自强會　告白

本館에서所備書籍을大發售ᄒᆞ오니有志僉彦은陸續購覽ᄒᆞ심을望　銅峴屛門下古今書海館　白

本塾에日語速成科를六箇月卒業으로設立ᄒᆞ고敎師ᄂᆞᆫ日人聘ᄒᆞ고月謝금每月七十五錢入學금一원二拾五錢이고陽七月十五日開學右日內來請ᄒᆞ시옴　北署中學橋中橋義塾　告白

本人이私故가有ᄒᆞ야國債報償期成會發起及評議員의任務를承當키難ᄒᆞ야辭職不退ᄒᆞ얏습기玆에布告ᄒᆞᆷ　玄公廉　告白

大安寄宿館

本館에서漢城內에留接ᄒᆞᄂᆞᆫ諸學生과寄宿便利를爲ᄒᆞ야大安동에二層半洋屋을建築ᄒᆞ고居處飲食其他凡節을一々히便宜ᄒᆞ기로極力設備ᄒᆞ오니遊學諸生은陸續來臨ᄒᆞ시와貴臨于本館事務所에와詢議ᄒᆞ심을敬要

北署大安洞別宮　寄宿館長　鄭熙燦　白告

寄宿人證書ᄂᆞᆫ本館에서經與ᄒᆞᆷ

寄宿費ᄂᆞᆫ每朔에新貨四圜八十錢으로定ᄒᆞᆷ

寄宿館　廣告

●일본遊覽者募集

一 遊覽會員募集　人員은五十名으로一團을成ᄒᆞ니한일인[illegible]速히請入ᄒᆞ시옴　在京博覽會[illegible]
一 [illegible]　遊覽費及手數料은合ᄒᆞ야總計四十八圜
一 [illegible]　十七일間
一 出發期日　[illegible]
一 出發三일前에直接히通知ᄒᆞᆷ
一 請入所　在京성各신聞社及十八銀行경성支店　天一銀行
一 會員은遊覽을終ᄒᆞ야開散ᄒᆞᆷ
一 [illegible]釜山으로直行ᄒᆞᄂᆞᆫ者[illegible]
[illegible]行請人을應諾ᄒᆞᆷ
[illegible]遊覽協會事務所　[illegible]

원산과성진간에서본인이살진소（肥牛）를만이ᄉᆞ깃스니쇼파ᄂᆞᆫ제군은다수이팔너오시옵　최봉즙　고빅

●增修無冤錄大全

[illegible]　定價金七十錢　[illegible]發售所

學徒裝히當用

學徒被服과[illegible]

羅紗各種

美國金鷄納

衣服裁縫其他雜貨도廉價放賣ᄒᆞ오니諸君子ᄂᆞᆫ來臨ᄒᆞ심을바라나이다

仁川港[illegible]

本人이日本大阪[illegible]西洋各種物品[illegible]大韓에輸入ᄒᆞ야[illegible]約ᄒᆞ얏ᄉᆞ오니商工業에有意ᄒᆞ신僉君子ᄂᆞᆫ[illegible]

興業社本店　[illegible]

仝仁港내동廣濟　培養會社

越南亡國史　[illegible]　告白

[illegible]

國債報償義捐金 收入廣告

●富平毛月串연希里
리인熙 二圓 리宣相
一원五拾전 張斗植 一圓
장龍九 六拾錢 리允煥
七十전 김龜植 리成熙
安인化 童蒙리奇童
각五拾전 리덕培 리明準
각亽拾전 鄭萬永 졍여七
金東山 각卅錢 졍일永
鄭리永 김元실 鄭聖영
리伯敎 김선근 安인보
安殷道 張坦敏 張世元
安順七 리學祚 리연相
張聖俊 리允根 리庸奎
申官應 孔光연 최卄전
박春權 拾五錢 리建信
리聖元 리興敏 리순興
張인國 각十전
合十三圓七十五錢

●抱川外北面漢流里西齋동
량龜協 前主事리章夏
鄭亨鎭 韓益鎭 각五十錢
前盛目 趙寶植 六圓
前參奉 徐廷學 김榮澤
각一圓 韓豊鎭 양秉庸
徐丙珠 각二十錢 정殷重
양龜憲 徐廷泰 리本述
徐丙玉 최永舜 리成升
각십전 趙鍾稷 리賢模
리忠模 金善默 각二십錢
양병영 리학敎 丞在元
양영夏 金順千 각십錢
김洪默 金錫環 三十전
朴진玉 김윤默 김元濟
김지信 金俊默 韓履鎭
각二십錢 김顯默 亽拾뎐
김영先 金三千 白지鑑
金千쇠 김乙쇠 白光一
권萬石 양秉順 韓지龍
각십錢
합십五圓七십전

●通津所伊浦面柯작동
金商穆 六拾錢 김商亘
김利濟 각五拾錢 김觀濟
一원五拾錢 김殷樂 김商伯
各二拾錢 홍敏鶴 六拾錢
尹 墉 五拾전 尹 坼
四十전 尹 埴 三拾전
辛福여 鄭學瑞 리祥珠
각拾전 鄭寅達 卄전
합五圓八拾전

●通津所伊浦面後坪里
金商綺 三십전 정斗永
晉圓 金商衡 홍璜公
각五十전 최承台 金商協
각亽拾전 崔承興 윤최榮
黃仁周 리璨龍 黃셩穆
최承浩 홍錫우 최文植
홍文奎 崔承道 각二십錢
閔士一 崔承達 金允常
尹熙錫 최一用 각십전
김貴셕 윤用셕 최昭龍
각二拾錢
합六圓二拾전

●忠北陰城沙多山面五中里
朴濟勳五원 박괴鉉 박寬五
각五십錢 박寬一 니命돌
최雲明 리千五 림萬陸
김味力 각卄錢 黃우鉉
亽十전 박千用卄錢 리鍾영
십五錢 주子益 십錢

●鷄頭里
五衛將김지寬 金영福
金지우 각五十錢 김赫鉉
卄錢 리圭三 김永吉
리承덕 각拾錢

●檢城里
신리元 리承弼 홍今錫
각卄錢 리株文 貳拾젼

●內동里
리周鎬 金奎壁 朴重吉
宋奎景 各卄뎐 權鎭大
김敎應 金正鳳 各拾면

●미山里
南廷셜一圓 오伯泳 亽拾전
김家圭卅錢 徐丙稷 리주봉
각二拾五전 오英善 二拾전
柳斗升 柳興錫 鄭聖徵
洪金西 각십전 柳興雲
리敬五 각五전 박君實
십전

●豊동里
최秉來 五錢 신錫철
崔翼雲 각사십전 리宣주
신錫國 각三십錢 박理浩
정始男 각二십전 셕龍均
시錫知 각십錢

●該面沙山里善中諸氏 五圓
합計拾貳圓捌拾伍錢

●中署太廟署三統亽戶私塾內
九歲 梁壽萬 二十전
十三歲 鄭興福 二十錢
九歲 김老味 二亽錢
拾三歲 石錫万 십錢
拾二歲 崔南山 十錢
십二歲 김巨북 十錢
十歲 丁乙龍 十錢
拾歲 리吉成 십전
九歲 졍用成 셜전
敎師 정文鎬 三拾錢
합一圓五拾錢

●抱川外北面高日里
議官김周龍拾圓 母親廉氏
長子鍾元각五錢 次子鍾善
三子鍾榮 亽子鍾華 각卄錢
김周麟 니주夏 각六十錢
리奎億 參奉元升常 각五拾錢
妻 柳氏拾錢 리주션
리병翼 成時鏞 각亽拾전
셩晉용 리元翼 리주福
각皿錢 리箕翼 리奎絃
劉錫주 劉錫天 劉錫敎
田溶華 鄭喜烈 柳基文
安인植 安宜瑞 成大용
成洛鴻 成영五 安유秀
崔興리 權興秀 裵啓식 김義洙
韓庠敎 각卄전 安영錫

경지煥 各卅전 安炳烈
金덕奎 셔락鳳 니觀承
安錫煥 韓山보 리주遠
리有보 리주祚 니佐翼
리宗呂 리주龍 니주윤
김元植 리萬宰 김云天
김낙奎 黃근培 劉錫윤
김興權 金麟權 각一전
합廿二圓五십錢

●抱川西淸凉面廳田里
리思復 元公義 리思恒
각五十전 元之善 리弘지
리哲升 리思觀 姜주興
각四십錢 리성在 윤弘模
각卅전 尹錫溥 리承模
김지錫 각五전 리广근
김五同 高忠福 리濟국
尹헌溥 韓高頭쇠 리思明
복白石 김興섭 리應升
김千쇠 邊永升 尹錫模
각十뎐
合六圓

●豊德郡中面龍田里
리明五 김和三 각五拾전
曹萬成卅젼 徐창洙亽十전
宋영 박순鏞 曹萬赫
全斗景 禹金卿 김在榮
윤샹顯 윤샹穆 우金命
주셕永 趙致淳 金善덕
宋셕明 리奎晳 김盛用
각卄전 曹原근 亽拾전
陶漢錫 주明達 우己鼎
박允根 王基章 김敬노
리完영 박창善 주[illegible]
김忠國 韓中善 각十전
우萬旭 六전
合六환

●忠北鎭川郡第二回
최命錫四圓 최奎龍五圓
최文환 拾圓 리우
二圓五十전 오斗泳 三圓
郡內北邊面上里김召史貳圓

朴德賢貳원

●文上面魚龍里
림석鎭 십二圓 林錫鉉七圓
김亨培 최麟철 黃巳奉
리今千 각卄錢 홍三孫
劉鳳烈 각拾전

●思嚴
리正周 리鍾九 리鍾成
각五十전 니鍾憲 니萬주
리鍾完 각亽십錢
柳寅德 리鍾大 각卅전
니鍾福 최榮夏 丞琪顯
니寶榮 리鍾寬 림安금
박春俊 각卄전

●山井面玉洞
최昌榮 閔泰鎬 閔泳院
鄭寅明 주擧奇 각肆십전
金泰환 리敬心 각五십錢
최奎리 최寬셕 최衛셕
최彦셕 김書金 김正보
김士眞 리百賢 김性樂
리德順 김春謙 각卅錢
최弼셕 리啓宇 최상郁
卞興洙 김用甫 宋인洙
金순化 박萬경 복云五
박富傑 各卄전 김德化
십五錢 박學道 김成보
리性化 리公凡 주인先
高明實 嚴萬心 최宗文
송致賢 尹應七 최三孫
김同석 김奎百 蘇萬셕
니萬금 홍顯상 최升益
최升杓 閔泳塾 閔泳達
閔德鎬 閔弼鎬 각十錢

●草坪面陽村
리錦翊 리鍾선 리現雨 김士元
宋化京 金德興 신光日
각一圓五拾전 김元百
리鍾景 각一圓 尹學先
六십전 鄭正順 김순明
金性五 金召史 각五拾전
박文보 金순化 河鶴보
각四十전 廉明賢 張正보
김셩五 김方賢 김敬八

金元八 리奎三 김순녀
기순七 방元凡 니德雨
權水보 各卅뎐

●北面舟坪里
최奎錫 一원五십뎐 安汝三
金明汝 류元보
쥬석元 各五십뎐 任京汝
朴元實 박基先 각卅뎐

●西邊面下沐
박學寬 四십뎐 박聖儀
徐允京 복正云 徐元舍
各面뎐 沈燦淵 리回題
니學云 최永九 각卄뎐

●月精面下장
리鶴수 오徐윤 리鶴孫
최寅介 각五십뎐 鄭甲손
리노壽 각卅뎐 오龍근 卄뎐
徐炳仑 김有石 각拾진

●杏井面吹遂
柳寅學 柳寅哲 劉秉주
劉秉석 각卅진 劉秉德
一秉運 류리麟 각卄진
柳寅恪 류武烈 김基팔
류基鳳 류寅兌 류慶열
金誠源 류紹열 각拾진

●上內
리來의 오십진 리來珪
三十진 리龍煥 리義德
各卄진 리來絡 林명元
각십젼

●上里
류基殷 리漢介 各팔십錢
홍理셥 七十진 류寅철
五十젼 리憲洙 四十진
리來鳳 리俊熙 韓判得
朴億石 류基貞 류光烈
박水奉 각卄진 류寅生
류리철 리鶴吉 류가日
각십진

●下里
黃청 李來덕 각오十전
류기졍 四拾젼 金慶源
김리年 朴商源 朴成萬
김기俊 각卄전 류寅復

리召史 張貴錫 리應지
류福詩 류기셜 각一진

●管里
정衛洋 리七用 朴金吉
金茂慶 각五십전 宋召史
박千萬 정化西 宋仲實
金發蘇 金之源 각卅전
박水奉 박辰石 각十전
合壹百九원五십五전

總合二百九圓八십九전
國文報廣告總合七十九圓[illegible]
전五厘
[illegible]號總合三萬三千九百[illegible]十六
[illegible]十九錢七厘
[illegible]總合三萬[illegible]
四錢二厘

●正誤 本報第五百六十[illegible]號
國債報償金[illegible]合中寧邊
康熙適의二拾圓은二百圓
으로正誤ᄒᆞ고總合金四百九십
五圓卅三뎐으로都總合金三萬
三千九百二십六圓십五뎐七厘
로正誤홈

◎特別廣告◎
國債報償金五日間所捧은姑未
合計이고伊前日의所捧總合
四萬八千六百六十九圓四十五
錢은當日社內銀行에貯置
ᄒᆞ얏슴고其貯置額中
三萬二千三百圓은國債報償志
願金總合所로越交홈
大韓每日申報社

◎本社廣告◎
○申報價金
一張代金 新貨二錢五里
一個月前納 三十錢
六個月 一圓七十錢
十二個月 三圓四十錢
郵稅 一部 一個月 新貨 十二錢
發行兼編輯人英國人 裴說
發行所
京署石井동號外地三層洋屋家
大韓每日申報社

第五卷 第五百六十四號

大韓每日申報

月曜及慶節休日

大韓光武十一年

陰曆丁未六月大初七日丙寅

論說

日美關係

日本히랠드新聞이今月五日紙上에社說一篇을揭載ᄒ엿ᄉ니吾人이對此致賀ᄒ기에果有興味로다同記者가此篇題目으로論辨ᄒ엿ᄉ되日本政府의今者要請은其非誤失이나然이나美國의行動을愛顧ᄒ것도亦多ᄒ다ᄒ야不美ᄒ略干事實을指言ᄒ기에猶豫치아니ᄒ엿스니盖其論述이如左ᄒ도다

갈니포니아에在ᄒ日人은皆是善人이며美人은皆是惡人耶아皆是惡人인즉吾人이不信ᄒ나니皆是善人인즉은豈其信之리오在外日人이自國의利益을行ᄒ이不多ᄒ은可信ᄒ理由가太多ᄒ지라吾人이韓國內日人을談論ᄒ도既多ᄒ거니와近者에此보담도更過ᄒ日人의不外行動이尋識되엿ᄉ니此는非淸日公使가滿洲[illegible]ᄒ고還館ᄒ야淸國內日人의品行을一接見人의自言ᄒ바近者惡漢이白晝에橫行ᄒ다ᄒ이其談話中에一言이라滿韓에移去ᄒ는日人의性質이如此ᄒ더布哇及갈니포니아에往ᄒ는日人은惟獨優等인[illegible]人이可信耶아最多[illegible]로外國에往ᄒ는時其下[illegible]日人의性質이頻雜ᄒ은[illegible]歷을撤ᄒ히受ᄒ되者가[illegible]反動을最大히ᄒ는能動라[illegible]此理由는社會學에自在ᄒ[illegible]指言ᄒ비아니오且欲指明ᄒ노니此는日人이此國에서彼國에至ᄒ기를急速히ᄒ는거시라近者에破夫起援도此의著機요戰爭之後에東京起援도亦可對此諷誠ᄒ바로다出外日人勞働者의性質이如彼ᄒ은其事實을易見이니其人이自國政府의謹愼鎭壓을離去ᄒ고異域風土를姑未馴化ᄒ며拘束되믄思想을全棄ᄒ이라如此結果가滿韓內에셔已有表證ᄒ니如此過失의最大原因은德義上意志의缺乏이是也라可謂ᄒ지로다

官報

第三千八百十八號 光武十一年七月十五日

◎敍任及辭令

知敎寧司事趙漢國

命宮內府特進官

掌禮院卿閔泳[illegible]

宮內府特進官趙同[illegible]

命知敎寧司事

從二品金大鎭

命掌禮院卿

秘書監丞尹甲炳

命奉常司提調

從二品[illegible]容升

命秘書監丞

警務廳監獄署看守長刀台[illegible]

依願免本官

警務廳[illegible]李錫宗

任警務廳監獄署看守長 九品方[illegible]영

任軍部軍務局軍法課理事李[illegible]聲

仝 正[illegible]常

法院理事趙漢淸

依願免本官

任軍部軍務局軍法課理事 六品金定均

任法院理事 九品金文泳 仝 尹益善

外報

◎戰艦急修 去九日華盛頓電을據ᄒ즉華盛頓에在ᄒ프레마손海軍製造所에對ᄒ야至急히戰艦오레곤及우이쓰코온신을修理ᄒ意로命令을ᄒ야십으로[illegible]에同製船所長官은至急히船渠를築設ᄒ準備中이라더라

◎米艦出動 同電을據ᄒ則米國海軍省은來十月에艦隊를動ᄒ旨로宣言ᄒ얏더라

◎留學生의敍用 北京電을據ᄒ則淸國郵傳部에셔航海、郵便、電信、鐵道의專門學卒業留學生을郵傳部官吏로敍用ᄒ기爲ᄒ야外務部를經ᄒ야在外各公使의게訓令ᄒ얏더라

◎艦隊派送의告示 倫敦電을據ᄒ則美國에셔今年秋에예뷔안씨總督이戰鬪艦隊를[illegible]準ᄒ고太平洋으로發行ᄒ[illegible]告示ᄒ얏는대英國[illegible]批評家가此에[illegible]ᄒ이다美國의海軍力이太平洋方面으로擴張되면大西洋方面에防備가虛弱ᄒ則此로由ᄒ야巴拿馬運河[illegible]必要가生ᄒ것인故로此急速ᄒ工役을[illegible]爲ᄒ기爲ᄒ야其所費額을增加ᄒ에至ᄒ리라더라

◎印度黑死病 印度의最近報告를據ᄒ則印度에셔黑死病者의數가愈益增加ᄒ야去五月一日부터十八日에至ᄒ는一週間內에該病으로死亡ᄒ者가八萬二千人이오其前週에比ᄒ면凡五千人이增加ᄒ얏다더라

雜報

咸北道鏡城郡明澗社西面居李弼憲國債報償書

夫國依於民ᄒ고民依於國이如魚之依水와鳥之依林ᄒ야可以依而存焉이라今於國債義捐에雖婦人孺子와發興厲衛이라도皆欲爭先而恐爲人後은況是珞派之遺裔乎아不啻庶氏子來여不日成之오子趨父事에不已有之라家本貧屢ᄒ야鳩財無路而只有如干庄土를不時斥賣ᄒ니不過半價이오나時不可緩ᄒ야沒數盡賣ᄒ條爲紙貨一百拾圜을又畏賊ᄒ와末由從陸ᄒ고水路三千五百里를罔夜奔赴ᄒ옵기ᄂ有[illegible]然後에有[illegible]可矣일식國債ᄂ若不以時淸幌則三千疆土가將歸於債款이오二千萬生靈而未免於奴隸ᄂ現在日擊이온바猶恐後於了債之日ᄒ야以此些少之資ᄂ只表區々之誠ᄒ오니以補充額을切要

德山外面道[illegible]新學校趣旨

夫人材之發達이原在乎學與不學而已故三代盛時自大學至于鄕塾規制浸備敎之以六德六行六藝疏神達思怡情理性[illegible]使人各盡其性ᄒ[illegible]人之上務也故我 朝[illegible]自國都設[illegible]校至于列邑皆有校宮鄕中往々有書院先賢俎豆之禮多士絃誦之習彬々足徵乎三代之盛粹治化隆於上人材蔚乎下三敎備而人道[illegible]矣洪久浸[illegible]敎道不明人之所敎所學只在乎[illegible]業不[illegible]所習務於記誦詞章之不過[illegible]史夏不過唐宋詩律不知[illegible]人所務之大義故時移世變[illegible]使我同胞行將奴隸於彼不[illegible]明而新甘受外侮寧不[illegible]而[illegible]不如與[illegible]而俱[illegible]智[illegible]之[illegible]嘆然人不能用力於此豈不哀哉竊想[illegible]之所然[illegible]々[illegible]原野消々不過終變桑田俺立而思遠不如速行必至[illegible]矯首而俯[illegible]不如循[illegible]之必獲[illegible]孤居而啓智不如務學之必達也故本人自庚子以後築鄕塾于外面石[illegible]敎授學徒三四十人也[illegible]又熱心更設明新學校于本面道谷敎育芳年以舊經爲實爲[illegible]以新學爲文爲用因時制宜日强其志扶植人材將使士氣漸張於異學郡[illegible]橫流之時復振於列强之上此非自强[illegible]恢復我宗主太極之道乎學校通文先此輪之而今又如玆伏願有志僉君子無憚無掬五相勸論[illegible]期齊臨于右地且隨力量[illegible]出義捐以資[illegible]校萬一[illegible]以扶宗敎之沉[illegible]以濟生靈之塗炭勿[illegible]子莫之堅執以效三代之損益自今以後快斷昔日[illegible]江南[illegible]之關浸積初命晉大夫之[illegible]株無有自悔進步使子弟徒守舊日宴安之習知[illegible]而不知敎々[illegible]不度時味於新舊智識漸受侮於競爭之時千萬爲要

校監李寅承 財務崔완

評議李斗[illegible]

◎敎明漸進 忠州郡私立敎明學校에셔今月一日에夏期試驗을經ᄒ얏는대三級優等[illegible]然而[illegible]海商이오優等生[illegible]相[illegible]은國[illegible]免[illegible]鎭이오幼年級優等[illegible]生은得男이다校監[illegible]鵬씨와[illegible]主[illegible]劉錫[illegible]씨가[illegible]洋[illegible]品으로[illegible]

◎[illegible] 本郡汾南學校와江華[illegible]天中作節에校長[illegible]學員을[illegible]ᄒ야[illegible]聯合運動을行ᄒ미三校[illegible]員이四百餘人이오境內私塾學徒가[illegible]百餘人이라當日上午八時에賦伍가整列ᄒ미郡守와校長이登壇演說ᄒ되今此三校가集合運動ᄒ은只爲親睦이오且爲習藝니諸青年은勿以優劣勝負로爲主ᄒ고一走二步에不忘國家思想ᄒ고[illegible]이[illegible]不[illegible]ᄒ니一肩에는千百年宗社요一肩에는二千萬生靈이라ᄒ文과實業을熱心ᄒ야世界上에稱譽를希望ᄒ노라諸名[illegible]ᄒ엿다汾南校長沈啓澤氏가[illegible]ᄒ야[illegible]各校學[illegible]이[illegible]集ᄒ[illegible]光者數百名이[illegible]의熱心勤[illegible]ᄒ[illegible]가無ᄒ더라當日盛況[illegible]活潑氣像은顯著進步[illegible]普[illegible]學校長李東暉[illegible]賞品을[illegible]附가不少ᄒ고經費二百[illegible]守의[illegible]小民이[illegible]ᄒ고一年一次式[illegible]爲定例ᄒ[illegible]고齊聲來[illegible]ᄒ엿다더라

◎湖南會況 湖南學會臨時會를再昨日土曜日에東大門外[illegible]繼設ᄒ[illegible]에開ᄒ고任員을選定ᄒ며會務[illegible]組織ᄒ얏는[illegible]會長[illegible]瞱氏辭免代에[illegible]鼎杜[illegible]가被任ᄒ고總務[illegible]氏辭免代에[illegible]瞱氏가被選ᄒ고其餘各任員도次第選定ᄒ더이오當日捐助금이二十餘원에達ᄒ얏다더라

◎리氏贊成 李中氏가本是有志人士로湖南學會開會에入參ᄒ여義務를贊成ᄒ後금貨십圓五十四錢을傾槖寄付ᄒ얏ᄉ니該氏의熱心은人皆稱讚ᄒ더라

◎敎育同盟 中和郡守金[illegible]氏는敎育上注意로日前에該郡[illegible]光成[illegible]校에臨席ᄒ야一般任員을[illegible]務를討論ᄒ시[illegible]月[illegible]經을[illegible]ᄒ고任員은至[illegible]任員日[illegible]思想에[illegible]能力에結果인즉能力이[illegible]標準가必要라ᄒ고一[illegible]同盟ᄒ얏다더라

雜報

●韓國問題와元老、(日本報知新聞騰載)

平和會議의密使事件은韓國皇帝와及左右策士가演出ᄒᆞᆫ政治的喜劇으로만觀過ᄒᆞᆯ것이아니라事實上에ᄌᆞ지ᄒᆞ야列强面前에셔 帝國을侮辱ᄒᆞ고且至尊陛下를代表ᄒᆞᆫ伊藤統監을侮辱ᄒᆞ얏슨則不可不此에適當ᄒᆞᆫ處置를取ᄒᆞᆯ것이오其意見은昨今에원老들도懷抱ᄒᆞᆷ에至ᄒᆞ얏고某伯爵은此際에韓日協約에大主義를不可不明白히發揮ᄒᆞ라ᄂᆞᆫ意見을有ᄒᆞ얏고伊藤統監은該事件에極히愼重ᄒᆞᆫ態度를把持ᄒᆞ야아조容易히動치아니ᄒᆞ나廟堂諸公은伊藤統監이早晩間何等ᄒᆞᆫ案에及ᄒᆞᆷ을預期ᄒᆞ고統監의態度가如何ᄒᆞᆷ을因ᄒᆞ야重要ᄒᆞᆫ원老會議를見ᄒᆞᆯ넌지도不知ᄒᆞ겟다더라

●密使事件과名士 大石正已시ᄂᆞᆫ云ᄒᆞ되今回事件에我國民의先히看取ᄒᆞᆯ것은韓國皇帝와及其內閣을ᄉᆞ여신用치못ᄒᆞᆯ것이是也라伊藤侯ᄂᆞᆫ近來에 韓皇의信任이加厚ᄒᆞᆷ을誇稱ᄒᆞ고又新內閣은親日派로組織ᄒᆞᆫ故로今後政策은足히信任ᄒᆞᆷ만ᄒᆞ다稱ᄒᆞ나這般出來事ᄂᆞᆫ我統監이 韓皇의信任이無ᄒᆞ고又新內閣이全히新任치못ᄒᆞᆯ事實을表白ᄒᆞᆫ것이라고謂치아니ᄒᆞᆯ수업도다此事件의善後策은如何히ᄒᆞ리오ᄒᆞᆫ진대 韓皇이依例히小策을弄ᄒᆞ야日韓協約은根져에셔蹂躙ᄒᆞ이나此際에最後手段에出ᄒᆞ야廢立을行ᄒᆞᆷ도不可ᄒᆞᆷ이無ᄒᆞ나先히今日에 皇帝로ᄒᆞ야곰行케ᄒᆞᆯ手段은親自我日本에來ᄒᆞ야謝罪之意를表ᄒᆞᆷ에止ᄒᆞ고其以上措處ᄂᆞᆫ새閣으로ᄒᆞ야금此責任을負케ᄒᆞ야此際에總辭職을促ᄒᆞ고其後繼內閣은米國이佑哇를合倂ᄒᆞ기前에行ᄒᆞᆫ事例를效ᄒᆞ야悉히日本人으로以ᄒᆞ야組織ᄒᆞ야萬般政務를日本人手中에셔行케ᄒᆞ야即韓國으로ᄡᅥ名實이共備ᄒᆞᆫ保護國을삼ᄂᆞᆫ것으로此策에最宜ᄒᆞᆷ을得ᄒᆞᆫ줄노信ᄒᆞ며

然而新內閣이組織을際ᄒᆞ야ᄂᆞᆫ軍部大臣은廢止ᄒᆞ고昨今制定ᄒᆞᆫ徵兵令도撤回ᄒᆞ야外交事務와同히軍務도我陸軍省에셔掌握ᄒᆞᆯ것이오又宮內大臣度支大臣은其人을良選ᄒᆞ야宮中에監督을嚴히ᄒᆞ야今回와如ᄒᆞᆫ失態를演ᄒᆞᆯ餘地가復無케ᄒᆞ고共히宮廷及政府의財政을不可不正肅ᄒᆞᆯ措置를執ᄒᆞᆯ것이오今日은實노我對韓政策에一步를進ᄒᆞ야勇斷을行ᄒᆞᆯ好機ᄅᆞ니若事不能出於此ᄒᆞ면韓國은今後에永히厄介物이되야事端이續出ᄒᆞᆯ기가無疑ᄒᆞ도다ᄒᆞ얏ᄂᆞᆫ대其下ᄂᆞᆫ刪而不揭ᄒᆞ노라

●兩大困難 伊藤統監이總理大臣李完用氏와宮內府大臣李載克씨를質責ᄒᆞ되무ᄉᆞᆷ事件을期於히辯明ᄒᆞ라ᄒᆞᆫ다더라

●抑鬱選用 度支次官柳正秀씨가晉往電鄭兩씨에抑鬱이落仕ᄒᆞᆫ人十餘名을稅務主事로選用ᄒᆞ기를協議中이라더라

●李奎鎔씨歸國 李奎鎔씨가再昨日下午에釜山에到泊ᄒᆞ얏ᄂᆞᆫ대該氏家人들이迎接次로昨日京釜鐵路로下往ᄒᆞ얏다더라

●特赦後入城 리俊鎔시가歸國ᄒᆞᆷ은前項과如ᄒᆞ거니와皇上께옵셔日間特赦ᄒᆞ下ᄒᆞ옵신後入城ᄒᆞᆯ預定이라더라

●年高除汰 [illegible]部局長外에書記官書記郞中年高ᄒᆞᆫ官人은一齊히除汰ᄒᆞ고年少者로塡充ᄒᆞᆫ다ᄒᆞ더라

●經理院附屬 經理院을內閣에附屬ᄒᆞᆫ다더라

●권ᄂ犯逋 권直相시가公錢未納이夥多ᄒᆞ다ᄂᆞᆫ說은前報에揭載어니와該시에未納中乙巳條만十一萬圜이라더라

●官制變更 학部에셔官制를한務局編輯局은依舊仍置ᄒᆞ고參事官二人를置ᄒᆞ고書記官은三人이오書記郞은二십二人을置ᄒᆞ고觀象所ᄂᆞᆫ廢止ᄒᆞᆫ다더라

●訴訟鍊習 再昨日에養正義塾學徒들이영道寺에前往ᄒᆞ야訴訟鍊習을擧行ᄒᆞᄂᆞᆫ대平漢兩裁一般官吏가出席參觀ᄒᆞ얏다더라

●敎育書畵館開會 本月拾三日下午四時에敎育書畵館에셔發起會를開ᄒᆞ얏ᄂᆞᆫ대館長김圭鎭씨와양基薰權丙壽趙錫晉安中植李道榮嚴台영김有鐸박瑞陽박胄鎭諸氏가出席ᄒᆞ얏스며館長이開會趣旨를說明ᄒᆞᆫ後實施節次ᄂᆞᆫ左갓치確定ᄒᆞ얏ᄂᆞᆫ대敎授科程은寫字圖畵寫眞音樂이오拾八日以內로入學志願書를提出케ᄒᆞ고拾九日에應試ᄒᆞ되科目은寫字圖畵讀書로ᄒᆞ고學員年齡은十歲로廿五歲ᄭᆞ지定ᄒᆞ얏스며開學은本月廿日下午二時에始作ᄒᆞᆯ터인ᄃᆡ各學徒學員中에志願人은放학間에臨時受業ᄒᆞᆷ을許ᄒᆞ기로酌定ᄒᆞ고同七時에散會ᄒᆞ얏다더라

●買銃守賊 高陽郡來人의傳說을聞ᄒᆞᆫ즉該郡沙里洞面문峯居리敏善氏家에셔昨年以來로賊漢拾餘名이種々放銃突入ᄒᆞ여掠奪錢財ᄒᆞ며勒捧手標하여상미孝子墓로오라ᄒᆞ기동人與該氏가至於渙散之境故로自동中으로각自收錢ᄒᆞ여洋銃四五拾柄을買入ᄒᆞ여晝夜守直ᄒᆞᆫ다더라

●長書無效 正三品服洪와시가時務에適宜ᄒᆞᆫ意見으로十條目을陳述ᄒᆞ야政府에長書를呈ᄒᆞ얏ᄂᆞᆫ대政府에셔所答이無ᄒᆞ다더라

●追悼會況 再昨日東門外영道寺에셔鄭지홍시의追悼會를設行ᄒᆞ얏ᄂᆞᆫ대有志紳士가多數往參ᄒᆞ얏다더라

●刺人逃라 日人迫水吉之助와田中久太郞이가定州郡에셔刺人奪財ᄒᆞᆫ後龍川府로逃라ᄒᆞᆫ故로定州分署에셔龍川分署로照會ᄒᆞᆫ故로該分署에셔四處搜探中이라더라

●卒業錄名 內部경務局에셔各地方有闕ᄒᆞᆫ總巡을塡充ᄒᆞ기爲ᄒᆞ야普成專門學校卒業生의姓名을錄去ᄒᆞ얏다더라

●韓氏勸學 昨日上午十点鐘에前日本留學生監督韓致愈氏가警察專門학校를訪問ᄒᆞ고一般학生에게對ᄒᆞ야激烈ᄒᆞᆫ辭意로隨時勸勉ᄒᆞ며一般학生이倍加注意ᄒᆞ야熱心勤做ᄒᆞ기로同盟ᄒᆞ얏다더라

●一進廣布 황海道一進會員等이本社에寄函ᄒᆞ되一進다가當初拾二道四拾餘萬人을募集하야四大綱領과新發明에目的을爲ᄒᆞᆷ이라ᄒᆞ기로或家屋과田土를放賣ᄒᆞ야會費를充納ᄒᆞᆫ者도有ᄒᆞ고每朔月捐金二拾전式京本部에收送하야同甘苦ᄒᆞ자고盟誓ᄒᆞ얏더니及其得勢ᄒᆞ야ᄂᆞᆫ頭領諸人만高官大爵을圖得하고退舊會員은初不擧論ᄒᆞ니彼京會員만才質이獨優ᄒᆞᆫ가하識有餘耶야如此행爲ᄂᆞᆫ野蠻도未有라從今以後로ᄂᆞᆫ退鄕會員은一齊退會ᄒᆞ기로廣布ᄒᆞ오니京鄕間會員은更勿見欺ᄒᆞ라ᄒᆞ엿더라

●是可忍乎 平壤民人等이軍용地段事와贈학庫屯土放賣事가蒼光山下治도損害地坪事에對ᄒᆞ야該觀察府에齊聲呼訴하ᄂᆞᆫ대觀察은頻處高樓ᄒᆞ야聽若不聞ᄒᆞ고。總巡一人를代立ᄒᆞ야不問事由之如何ᄒᆞ고勒稱亂民ᄒᆞ야爲先總代幾人를捉囚後에其餘지庭人民은日巡與韓巡이ᄀᆞ其所帶杖劍으로毆之打之하야被傷者不知其數오頻々者亦不知其數ᄋᆞ就囚人은김升식홍학鎭羅학觀曹命圭金明植홍乃錫니華鎭최華錫홍용彬조奎鳳扁得柱장鳳輪황達원鮮于垢諸시오此外就囚시名不可詳錄이오將不知幾千名就囚오外城人民은沒囚乃已라하니同觀察은원來日人의爪牙가되야韓民을賊害ᄒᆞᄂᆞᆫ手段으로觀察之任을得ᄒᆞᆫ者라到任之後에非常ᄒᆞᆫ擧措가必有ᄒᆞᆯ줄노一般公衆이擧皆注目하더니今乃國民의土地를外人의게賣渡ᄒᆞ기爲ᄒᆞ야外城全區士民을沒數히勒행捉囚ᄒᆞ니天下之最可哀憐者ᄂᆞᆫ韓民이오最甚凶惡者ᄂᆞᆫ韓國官吏라ᄒᆞ더라

●申白呼訴 白南奎申鉉惠兩씨가前叅尉孫義明씨의게錢萬餘兩을見奪ᄒᆞᆫ事ᄂᆞᆫ前報에揭載ᄒᆞ얏거니와當初孫義明씨가欺騙奪食ᄒᆞᆫ錢을陸軍法院前理事鄭恒謨씨가歸之於國屬이라ᄒᆞ고黜公ᄒᆞᆫ지라白南奎申현惠兩씨가不勝抑冤ᄒᆞ야軍部에또呼訴ᄒᆞ얏다더라

●共救事務 有志紳士가共救會를組織ᄒᆞᆫ다ᄂᆞᆫ說은前報에揭載ᄒᆞ얏거니와再昨日에桂동리李俊씨家에臨時事務所를設ᄒᆞ고該務方針을爛商協議ᄒᆞ얏ᄂᆞᆫᄃᆡ該會處所ᄂᆞᆫ水標橋等地로移設ᄒᆞ고本日부터任員이會集ᄒᆞ야事務를分掌ᄒᆞᆫ다더라

●日賊逐捕 再昨日上午拾二時에남署刑事巡檢이日人賊漢一名을補捉하얏ᄂᆞᆫᄃᆡ該賊이有名大賊인ᄃᆡ該巡檢이泥峴셔該賊을誘引ᄒᆞ야及到南署門前에셔見機逃타ᄒᆞᄂᆞᆫ것을卽時逐捕ᄒᆞ얏다더라

東京電報

●日露協約의內容 七月十三日發 日露協約은外蒙古一帶를露國의勢力範圍로ᄒᆞ고日本은韓國에셔絕對的經營을ᄒᆞ기를承認ᄒᆞ얏고又南北滿洲에셔彼我의勢力範圍를說明ᄒᆞᆷ이라더라

●猶興會와密使問題 七月十三日發 猶興會의議員會ᄂᆞᆫ今回海牙密使問題에關ᄒᆞ야協議ᄒᆞᆫ結果로근本的廓淸을望ᄒᆞᄂᆞᆫ旨로伊藤統監의게打電ᄒᆞ고또委員三名을渡韓케ᄒᆞᆫ다더라

●密使問題 十四日着 同志記者俱樂部ᄂᆞᆫ昨夜에會合하야對韓問題를計議ᄒᆞ얏ᄂᆞᆫ대密使事件ᄂᆞᆫ日韓協約을蹂躪하ᄂᆞᆫ것이오 韓皇帝ᄭᅦ셔其責에任ᄒᆞᆷ이라事至於此ᄒᆞᆫ은伊藤統監이指導의遺漏ᄒᆞᆷ인則統監의威신과帝國의面目을完全케ᄒᆞ기爲ᄒᆞ야禍근을一掃ᄒᆞ기를希望ᄒᆞᆷ을決議ᄒᆞ얏더라

●外大渡韓 十五日着 平和會議密使事件에就ᄒᆞ야林外務大臣이本日下午三時半에渡韓次로發程ᄒᆞ얏더라

▲硯北奇話

▲近日각大臣의行動이繁煩ᄒᆞ야自相奔忙ᄒᆞ나무슴事端인지耳語가密勿ᄒᆞ야外人이莫知ᄒᆞ니必然조치못ᄒᆞᆫ事件이것지

▲度支部所管水道局에셔事務가去益浩繁ᄒᆞᆷ으로日本書記新庄武平氏를雇聘ᄒᆞ얏ᄂᆞᆫ데月俸은四十元이오舍宅料ᄂᆞᆫ十五圜이라ᄒᆞ니각部大臣이日人雇聘ᄒᆞ기로爲一事業ᄒᆞ니畢竟은大臣의地位ᄭᆞ지讓與ᄒᆞᆯ張本이로고

▲여보舊政府에政治와現內閣의政治에比ᄒᆞ면何如타ᄒᆞ깃소舊政府도誤着ᄒᆞᆫ事가多ᄒᆞ야世界에批評을難免ᄒᆞ더니新內閣은舊政府에不及ᄒᆞᆯ뿐不啻라事之崇業이去々益甚ᄒᆞ니運也라奈何오

▲京鄕間富饒客이금氣가撑腸ᄒᆞ야運動을做出ᄒᆞ니運動이非別事라一叅奉一郡守에不過ᄒᆞᆯ지라當此崇業時代ᄒᆞ야蠅營狗苟가亦一可笑로다

▲郡守趙武乃大臣으로買去人들이及其赴任ᄒᆞ면月俸以外에ᄂᆞᆫ隱結等名色은着手處가無ᄒᆞ야虐民思想이胸中에往來ᄒᆞ나地方에도ᄌᆞ會가成立ᄒᆞ야如意치못ᄒᆞ깃스니本전을엇지充數ᄒᆞ나

▲總理大臣니完用사가각觀察郡守의受勅ᄒᆞᆫ節次에對ᄒᆞ야從今以後로ᄂᆞᆫ후록코투를被케ᄒᆞ라命令을下ᄒᆞ엿다니受勅ᄒᆞᆯ時에후록코투를必着ᄒᆞᄂᆞᆫ것시章程에所재인지洋服商店에후록고투가大端히有勢ᄒᆞ깃고

▲湖南關東은開明時代를當ᄒᆞ야維新思想이寥々無聞ᄒᆞ더니湖南학會와東道興학會를組織ᄒᆞᆫ다ᄒᆞ니東南曙色이兩道가將明ᄒᆞ니知識之發達을從此可期로다

▲平壤郡內外川坊人民은墳墓家屋田沓이鐵道犯入ᄒᆞᆷ으로一并撤去ᄒᆞᆷ에對ᄒᆞ야四五千名이會集ᄒᆞ다가拾二名이被捉ᄒᆞ에被囚ᄒᆞ야總代二人을選擇上京ᄒᆞ야內部에說明ᄒᆞ되軍용地調査委員장朴義秉의處事가公을逐條論駁ᄒᆞ엿다니박義秉시ᄂᆞᆫ調査時效勞金을請撥ᄒᆞᆯ만ᄒᆞ고

▲日人이韓人을對ᄒᆞ야言論ᄒᆞ면東洋에同種人物인즉愈益親睦ᄒᆞ자ᄒᆞ면서田土家舍와其他利益에ᄂᆞᆫ奪蓋無餘ᄒᆞ니이것시同種人物에親睦ᄒᆞᄂᆞᆫ本意인지

◎本社廣告

東署分傳人裴金基가無故逃躱ᄒᆞ야該分傳人의게掛覽ᄒᆞ시든僉君子의게未能傳ᄒᆞ야函涉踈忽故로玆特廣告ᄒᆞ오니 想諒後에姓名과統戶를昭詳錄送ᄒᆞ시와即速分傳케ᄒᆞ심을切望홈

陰竹長湖院商主事金濟安氏를本社員으로認定ᄒᆞ얏기玆以 社告ᄒᆞ오니該附近地에本社申報購覽을실僉彦은右씨에게請求ᄒᆞ심을希望홈

廣告

本郡郡主事李昌근이自叙任以來로勵勤公事ᄒᆞ며人咸稱頌이러니意外에不良者리載照가搆揑賣報上이기兹以卞明而本郡守上京後三週日間署理時에因民訴ᄒᆞ여四種契冊에捺印ᄒᆞ고驛土秋稅預奪은初無ᄒᆞ고只因収租官申飭ᄒᆞ야公土作人勸不動을糾察而已요道主人等料排은報道承認이나尙未排歛이요國問室費と數次官川照會之下에預算中이요書記押道費と書寫長時에民隱戶口調査時에里任이保擔其費ᄒᆞ고實非朴昌근侍事오召宅龍訟辭於書遺給事と其人이嘗奸을喝退者요齋任差出事と舊官時所差에非但一鄕之看証이라成案冊이昭則오此是郡主事圖得하と何人陷咦에人ᄒᆞ야俱係證譜이기玆以公佈卞明홈

郭山民人等 金啓主
李汝일 金大振 崔正倫
오인贊 金聲렴 告白

本人이陽曆今月十一日에時計와姓名圖章을失ᄒᆞ얏삽기廣告ᄒᆞ오니誰某拾得ᄒᆞ시거든侍從武官府로傳致하시면厚謝ᄒᆞ깃숌 魚潭

漆谷郡主事蘇輝茂시가去年九月日에試才公選ᄒᆞ야今年三月分에叙任ᄒᆞ와不過三四朔에奉公선績이實庶호故로茲以廣告홈
리완錫 沈호택 告白

金安多面新成里에서去陰五月十四日에偶然失火ᄒᆞ야延燒九家인바家藏衣穀物과畜等屬이沒入火中ᄒᆞ야九家人口가至於流離之境이러니本郡守兵錫爾시가聞知此擧ᄒᆞ고躬踏卒察後에憐其慘況ᄒᆞ야以其小邑薄俸으로恤금五圜을即出ᄒᆞ며邑中人民들이感服ᄒᆞ야爭出恤금이總合四십五圜五십전을分給리民ᄒᆞ야使此赤立之民으로更爲安堵케ᄒᆞ니其山海之澤을圖報無策故此에仰讃ᄒᆞ고旦顯于本道觀察使ᄒᆞ며且一般同胞의게通知ᄒᆞ기爲ᄒᆞ야如是廣布홈
九家被燒民等 尹コ文告白

光武十一年七月六日國民新報第三百七十一號欄內에一進會總代金錫淵氏가以本郡一進支部로[illegible]景春事件으로法部에請願意를揭布ᄒᆞᆫ바該顚末이如此ᄒᆞ니去壬寅年에本港에設客主會社ᄒᆞ야繼過一周에變爲紳商會社이옵다가其後甲辰年分에本港監理玄學杓氏下因ᄒᆞ야此會社가於客主商民에有害無益이라ᄒᆞ야論報于部而終爲革罷이온지라盖其社中物이皆是客主與南北商二都中取口文措備者也라旣爲罷社則其家與汁物을宜乎斥賣三分이어날被南北商幾人이初不通知於客主ᄒᆞ고擅自盜賣에從中分食이옵고此社革罷之功이專在案이옵고展次請推에不得斷鑑理ᄒᆞ德濟이라ᄒᆞ야至有竪碑之論이옵거理所固然ᄒᆞ고不無去思之義ᄒᆞ야自客主都中으로嶋聚二百五十兩하야獨當竪碑이온바其碑陰에客主에誰某라南商에誰某라北商에誰某라列名刻字이옵거니其後碑陰에見則客主之名은消磨去除ᄒᆞ얏기로探探根因則由於金錫之欲推之嫌이라旣削名去除則獨當竪碑之誠이竟歸金沒ᄒᆞ고賛附錄名者ᄂᆞᆫ奪其功ᄒᆞ니雖有爭角相치나安能若是之無廉作梗이리오彼社物價三分之一推이온지라其翌年乙巳分에前監理趙鍾玄代에時客主等이具由鳴冤ᄒᆞ야社價三分之一과竪碑錢並合百六십七兩一錢七分을推尋於南北商中이러니噫彼南北商幾人이與一進會員리景春으로緣何紹介이던지同年陰十一月二拾六日夜에同景春이率數십一進會員ᄒᆞ고投入監署ᄒᆞ야叫厉莫甚ᄒᆞ고詰辭不順이며同有紀極이오客主推去錢五百餘兩을謂以誤政이라ᄒᆞ며監理를替徵還出給ᄒᆞ라ᄒᆞ고達夜作梗인바其翌日에日韓兩國官憲이會集本署ᄒᆞ야一進數百人과與客主南北商民으로共開裁判之場에景春之不法行爲와所犯情節을彼旣自服日今此擧措가非我本心自由라南北商幾人이囑托爲言ᄒᆞ되還推其五百六십餘兩已奪之錢則實與금三百兩出給ᄒᆞᆯ意로繕給錄紙의게果起是事라가以致今日之敗露라ᄒᆞ온바此等自服은非但兩國官憲之對坐目擊이라于時參席音州一進部會長全某와各郡數百一進이咸目景春之所犯罪狀을非徒認을라在法當懲이요今於各處一進數百人人請招來集이라終彼景春之所欺以往路を거대同黨之一進이自覺犯罪念慮云故로無疑借券而出彼之ᄒᆞ고抱頭潛形에乘隙逃타이온지라監理李範益氏가具將景春之不法行爲ᄒᆞ야報于法部ᄒᆞ야多少와용전之誰某ᄂᆞᆫ自官不問ᄒᆞᆫ대不意日人이督발이기拿送至承捕捉之訓飭하야散四詗探ᄒᆞ와終不就捉ᄒᆞ고遁爲轉任他郡에已息ᄒᆞ고黙雲이自滅이러니前接國民新報則同景春法部ᄒᆞ揭布新報ᄒᆞ야吹起旣이使一進總代金錫淵으로爲告宿之厌ᄒᆞ니此所謂毁足이自足이요神目을難掩而自非其罪之講勸ᄒᆞ야夫一進之四大綱領目的이於景春에休矣오會長之資格이非爲人이면無之엿詔托綱領의目的이反以爲禍挾雄己至看作能事ᄒᆞ니壯哉라會長之資格이여可謂善哉로다會學之資格이여是以足正誤홈

昌原港米商客主 朴啓秀
崔度賢 黃鶴老 최인則
림ᄉᆞ홍 오啟선 金成八
陳瑞右 오仲汝 呂문翊
崔亨贊等 告白

昨年五月에리圭昊가本宮에來ᄒᆞ야言曰김션圭家에서國富銀行會社를剏設ᄒᆞ고資本金一千萬圜을借款於英國人쓰리고부氏許ᄒᆞ야方將持來而其社實가窮塞ᄒᆞ니宮券을限십日借給ᄒᆞ라ᄒᆞ며聯名標를出示ᄒᆞᄂᆞᆫ데該標에書김션圭閔達식갑教宜리學宰김宅洙리圭昊하고其名下에捺章한지라初以却之러니再三懇請故로送人探標에金션圭ᄂᆞᆫ不遂ᄒᆞ고詐人은奔路에學宰ᄂᆞᆫ無家之人이라仍即罷之ᄒᆞ고該標를영爲退却이러니其後에리圭昊가又爲來言ᄒᆞ되金선圭ᄂᆞᆫ홍州內已宮라標中人선圭一人으로라ᄒᆞ기使人探之則果然富人이오신實之人이라其은置之勿問ᄒᆞ고김선圭가期擔김션圭家러니該家에서邊條를幾日後備報之意로繕標捺殺新章ᄒᆞ야出給債主에게居間人ᄒᆞ고該家會社諸人은擧皆逃避而債主則巫次逐督ᄒᆞ더니惟獨리학宰가所用전을與선邊加邊을昭詳錄之ᄒᆞ야備納本宮故로因報幾剩邊條ᄒᆞ고往督김선圭則渠非獨擔云而宮券을진不推納이기로官幹一人으로代書起訟於漢城ᄒᆞ야毆打가爲落科인바該屈落科어날彼乃不服ᄒᆞ고申訴于平理院하야亦爲落科인바該裁判ᄒᆞ야壓標書辦而金선圭가理院判決에漢裁判決이妥當ᄒᆞ다하고遷交漢裁하얏슨則渠若有冤이면은彼宣之人을當推督捧ᄒᆞ든지此非本宮所關이어늘了債ᄒᆞ리라ᄒᆞ니本宮이不關한閔達植을搆捏建訟ᄒᆞ며橫竪之說로妄揭雜報及廣告ᄒᆞ얏스니誠不近理하기置之勿論이러니今又南相원者가ᄉᆞ知事豚之如何ᄒᆞ고遺言廣ᄒᆞ야於新聞而本宮을謂之韓召史라ᄒᆞ며閔達植을附同이라하니是何境界乎本宮에서與閔達식金선圭로素無愛惜이라閔ᄂᆞᆫ가若有關則何以拾閔取금乎噫彼南상원이莫重本宮으로歸之噬無之說ᄒᆞ야無體廣告ᄒᆞ니상원은務當嚴懲ᄒᆞ여ᄒᆞ려니와彼等之所爲가可痛可駭故爲선廣告홈

宮동宮 告白

同郡居朴穆東人妻庶姪家産十萬餘금昨今兩年에幾盡蕩敗渠租父臨終時本人에게給畓九斗落零欲奪放賣挾屬日人武智正胤이가僞造문券ᄒᆞ야挾雜內外國人切勿見欺

定州德達居趙廣셔 告白

本會에서本月십今日(日曜)下午一時에故志士정지홍씨의追도會를東門外영도寺에서開催ᄒᆞ오니本會員과其他同情ᄒᆞ시ᄂᆞᆫ僉位ᄂᆞᆫ屆期來參ᄒᆞ심을務望

大韓自强會 告白

警告 **國債報償金收合諸氏**

自本所로京城內義捐收金所를次第調查中至若期成會ᄒᆞ야積重金을貯置不明ᄒᆞ고文簿眩惑ᄒᆞ야難以明査故로玆에廣布ᄒᆞ오니該會로納金諸氏ᄂᆞᆫ無一遲滯ᄒᆞ고領收証과數와金額과氏名과日字를昭詳히本所로錄送ᄒᆞ야勿失務ᄒᆞ심을敬要

大韓每日申報社內
國債報償志願金總合所 白

務安府參書官朴星환貪虐行政事로一府之民이不勝虐歐ᄒᆞ야屢次呈于內部法部平理院則題內에旣有查報에當有懲辦일지니退待事이오나參書之行惡이去益滋甚이되終無如何之處分ᄒᆞ니居民이控訴無處ᄒᆞ옵기玆에廣告홈

務安民人 林로登
로龍基 박相玉等 告白

本人이西署東幕高景九許의正租四십四石七斗積置標를서失ᄒᆞᆫ故로玆以廣布ᄒᆞ오니誰某拾得ᄒᆞ야도休紙로施行ᄒᆞᆯ터오니內外國人은以此照亮ᄒᆞ시옵

審동金應培 告白

本人等이典동支所越便에서各資典舖이옵다가今에合資設舖營業ᄒᆞ오니典執하실僉員은陸續來臨爲要

中署典동영信號典舖 金경秀
車基倫 金榮觀 告白

本館에서新舊書籍을大發售ᄒᆞ오니有志僉彦은陸續購覽ᄒᆞ심을望

銅峴屛門下古今書海館 白

[illegible] 西洋各種[illegible]物을大韓에輸入ᄒᆞ야[illegible]便利케契約ᄒᆞ얏스오니工業에有意ᄒᆞ신僉君子ᄂᆞᆫ[illegible]本社에來議ᄒᆞ시고本社에셔ᄂᆞᆫ[illegible]

[illegible]
開城[illegible]
支店京城[illegible]門內[illegible]十一號六戶
仁港內동廣濟 培養會社

◎活動寫眞廣告◎

今番에始作ᄒᆞᆫ活動寫眞은法국巴里京에서有名ᄒᆞᆫ거시오또ᄒᆞᆫ大英국 皇室에셔면져看ᄒᆞ셧고始作ᄒᆞᆫ지幾日에遊覽ᄒᆞ시ᄂᆞᆫ첨君子가多數枉臨ᄒᆞ시와坐處가넘쳐서說到ᄒᆞ시면不便ᄒᆞ오니速々枉臨홈

今番에또서로이活動寫眞이多數來到하야每夜에僉位觀覽에新面目을供ᄒᆞ오니速々來臨ᄒᆞ시옵

活動은自下午八点半至十点半

寶泉寺 [illegible]

入場料 上等 [illegible] 中等 [illegible] 小童 [illegible]

新門외식글이목東便벽돌집

法人 馬田 告白

원산과성진간에서본인이살진소(肥牛)를만이ᄉᆞ깃스니쇼파ᄂᆞᆫ제군은다수이팔너오시옵

최봉쥰 고빅

國債報償義捐金

收入廣告

●黃海道新溪郡마방
金泰喜拾圓 김士喜 鄭已奉
각五拾전 韓先交 一圓
韓奉秋貳圓 김윤석 梁元遇
各卄전 朴守吉拾錢 복命서
朴明心 黃道成 明光보
鄭윤煥 김京三 각五錢
金君西 최영右 리來儀
김京淳 김기憲 리希達
金吉濟 김坤濟 리德儀
리希京 리희儀 리秉深
리起彔 리秉振 리원瑞 金希準
각五十전 嚴日玄 김石喜
리光儀 각卄전 리昌儀
郭漢杓 신召史 각十전
나찬儀 정世창 각八십전
리鳳儀貳圓 리鎬儀 신덕하
張鎭海 丘萬玉 나致業
리元得 최龍云 각一환
黃學인 김學濟 리윤三
具경여 리起錫 각卄전
오正珏 全泰煥 리希先
梁지福 리成遠 各卄전
申命吉 리永希 각십전
리鼎儀三圓 최尙淳 최成海
최鳳明 리鳳來 나奉彬
김用齊 김창淳 김達영각卅전
나元보 申宅立 최丁必
朴京文 申敎官 최緒海
辛順집 曹石萬 나덕元
각卄전 리齋徹 홍致淳
김用五각一圓 리道大 최用奎
각십전 리浩吉 김石인
리丁학 申元達 각卅錢
高洛淳 리智化 리致근
김인聖 홍丁祿 黃奎경
이수보 홍文八 宋光玉
송京化 각卄전 申聖寬
尹尙奎 裵순奎 各卅錢
姜命福拾전 金如尙 河석鍾
나玉水 金鳳三 각卄전
兪히完 四十錢 나성淑一圓
나명模 이完圭 각五拾전

金日보五젼 이秉遇 柳君서
이秉正 최京윤 최영之
박근成 나孝근 尹元叔
김宅三 各卅전 申義貫
義충一 나秉烈 최致默
리東業 최萬俊 尹主信
최순玉 각卅錢 郭用손
韓윤宅 吳才守 尹尙巾
金영석 정學萬 리尙萬
金興國 尹萬亨 김尙락
安石奎 鄭學윤 곽萬손
各十錢 崔윤基二원 高덕律
一원 高正烈 崔斗煥
各七십錢 安석彦 六十젼
崔厚之卄전 高文厚 全應立
고守奉 崔윤학 安明瑞
各五십전 최銀돌 陳鳳善
金明甫 각卅전 韓千汝
韓千石 정先弼 리상信
김在用 高石숭 각ㅁ전
文億之 리用云 오致德
崔致化 崔春宅 고洛日
리達水 金成默 각십전
嚴在문 五十전

●赤坊禾鳥洞
김斗衡一원 김振成 오吉福
鄭學壽 각五十전 金斗杓
박鴻奎 김鳳奎 리成三
리德化 鄭甫여 리永漢각卄전
김尙律 김尙응 김應升
오永之 全致賢 리德壽
홍京云 金泰攝 張齊煥
각卄전 김두衍 김斗運
오京城 오寬弼 全致복
全殷錫 리德龍 홍경三
韓京水 安重明 박奎升
김윤萬 韓ㅁ峯 김宗錫
각十錢

●赤방大井洞
최明源 五십錢 子燦奎
拾전 오日祿五拾전 리希東
ㅅ拾錢 子영錫 二十錢
김良우 三十錢 子龍源
卄錢 金良伯 卄錢 子滄業
崔明信 최奇창 각卄전

弟奇學拾錢 杜永보卄전
崔奇錫 安承학 安澤淳
嚴윤秀 安찬榮 裵成燁
리甲得 김學成 金九鼎
최弘已 盧平山 安道淵
安충셥 각卅錢 최奇壽
宋正默 나경先 김應九
김宗立 高덕河 황君三
리영西 리永文 오忠信
魚明烈 宋奇보 오尙彬
安光德 杜여慶 林윤興
姜封國 최奇徹각십전

●赤坊黑川동
리여西二원 子雙奎 一圓
최錄기一원五拾錢 子七瀷
五십전 최士有 三십錢
최達海 崔處기 최形恪
최貞心 최學海 최용佑
최在舜 최용寬 崔白三
최용大 各卄전 弟용晃
弟용旭 각十五錢 최日여
최稍說 최相希 최日海
박贊珏 各五십錢 尹應진
康錫權 金學여 朴영根
金學奉 강昌云 宋晋덕
千주佑 최文三 김澤龍
崔용奎 최舜海 崔之창
崔윤경 김成模 方命九
최好已 姜주煥 각卄錢
崔用典 김元奉 金奉림
趙云必 최炳吉 廉창先
嚴長好 김澤行 各十전
최용希 최用六 각十伍전
리우夏 리在夏 각卄전
리凡鶴 貳十전 凡용 凡奉
각십전
리영夏 任命化 各卅錢
리凡호 리凡麟 각五十錢
리致彭 四십錢 趙錫之
二十전 리凡지 韓忠신
각十錢

●太三
任命玉 리在贊 黃國賢
김元三 리時奎 리德老

리敬주 각十錢

●木坊白巖동
리孝淳 박弘鉉 뎡化甫
각一원 김在欽 뎡存庶
뎡翔연 리瓛國 각卅錢
리奎栢 申興瑞 리海龍
뎡지淳 림영善 각卄錢
리鍾奎 리奎鴻 뎡여奎
리殷瑞 신載瑞 리 鉉
李 鎭 윤信五 崔應交
리源業 리貴國 뎡希萬
각十錢 박致寬 車용南
각五十錢 元廣善 拾五錢

●水방歌舞里
리瓛萬二圓 리瓛찬五拾전
리瓛弼 리瓛鳳 각卄전
리瓛旭 리炳七 리晟道
馬宗舜 馬宗彬 리時道
리瓛係 張开伯 김錫立
리京三 김元善 최吉賢
丕경培 趙元여 趙元泰
최士益 趙勝文 리炳國
金奎석 김 당 홍聖보
홍學成 리聖權 리允善
리宅用 리明瑞 羅철지
리友경 리學元 리一元
리炳都 리炳烈 成宗文
최창여 최宅信 진宗先
김濟學 林興吉 김致夏
承萬石 리□弼 각十전
리應升 최士善 成東建
김文玉 김元弼 김又경
각卅전 김永立 신윤玉
복深여 김相國 리錫인
리將軍 리元영 리炳善
리炳權 나炳권 각卄錢
丘東旭 李聖一 리致寬
羅允玉 각십五錢 최基보
리萬守 각七전五厘 리春化
五전

●水방芙蓉당里
리奎창 羅基주 羅基敏
羅창彦 李聖鐸 各卅전
羅基隆 羅奉영 각五십전

羅경찬 四십면 羅時찬
羅智영 命영晋 리敬渠
各십錢 리奎찬 羅義영
羅宗찬 리李元 뎡君보
權경先 권致凡 權命道
권致嗣 뎡인보 羅경彦
각卄錢

●余방
리哲宰二원 리會면 뎡道송
黍奉박大규 朴지헌 張仁根
張大奎 張漢鎭 박鴻陽
黍奉김錫權 徐景淳 최윤섭
閔鎬信 최達淳 權應善
박殷陽 각五十錢 리最洛
五전 장원奎 최命旭
각四십전 黍奉柳鎔鎮
柳澤鎭 黍奉장學舜 각一圓
리會榮 뎡道恒 뎡인錫
뎡道南 任命석 任明煥
각卅전 都正任處淳 卅전
子弘臣卄전 次子창臣一환
孫命鎬 五拾錢 曾孫達承
任白臣 각卅전 子命壽
十錢 朴勝燁 高弼善
柳炳룡 장漢佐 張淳弼
장淳吉 리충奎 朴周陽
최命식 洪鍾元 김行玉
權영彩 최희섭
송行吉 리영化 뎡命三
최達景 김景錫 장元鎭
리君明 구行權 리致화
정道益 張奎煥 뎡萬식
나영환 朴勝五 박勝業
金炳義 각卅전 뎡道濟
뎡석鎬 강敬天 각卄五錢
任福臣 黃敬근 류창權
류良權 리長孫 밍人박敬文
張淳奎 張光夏 나召史
張建升 金龍仲 나元瑞
나正發 黃明煥 최華默
劉用豊 奈漢각 金寬福
리景云 나成玉 崔用문
각卄錢 최達成 金聖賢
김聖복 박순京 李君二

문成仑 신尙均 朴品陽
朴康緒 羅濟찬 鄭萬永
문士淳 朴相陽 최명一
리亨龍 리덕升 林병학
각卄전 김璣年 리信得
황壽根 각십錢 박인현
朴敏恒 박敏燁 朴敏寬
金인숨 白성玉 張齊活
李士仲 최景才 崔鎭奎
金正根 崔東信 최龍주
李인聚 李正升 리承天
李東凡 金守鍊 文成弼
尹致國 신允和 任明心
각十전 박성三 崔光善
각七錢五厘 김聖淳 池行기
각三十錢 鄭□生 二圓

●栗방九瀞里
리成泊 리儀섭 朴□丘
리명根 愼甲晟 리성哉
황達秀 ㄹ 誅 리학淳
각십錢 李寅相 리元섭
종성河 玄允현 劉明玉
朴明보 朴承譜 박수元
南應運 南邦培 南以主
朴一權 리성凡 박□덕
宋順복 리석조 金致奎
임덕茂 리命石 박命坤
金鎭보 朴用儀 리문석
리永泊 리영夏 나락薰
나東俊 나東萬 나倫섭
나東선 각卄전 박寬兼
나東守 나東佑 각五十錢
玄윤琪 최錫默 玄鳳宗
玄鼎俊 나吉섭 나우섭
나東弼 宋云龍 각三拾전
朴주煥 南鳳學 朴吉복
나用瑞 南致손 朴근培
박用凡 박漢복 金世在
나락瑞 나유석 박齊석
박成보 나達守 宋達元
盧明凡 나□섭 나永國
나영奎 나東祜 나영祐
나東赫 황ㄱ奎 각십전
박尙權 현윤祥 현昌德
정致賢 朴斗協 각五십전

●栗방班市里
최奎八 리락顯 최勞默
리熙淳 각卌錢 리락休
리行權 최奎漢 리寬섭
리熙哲 리泰陽 리泰慶
리희根 리發昌 리찬주
리리전 나락鎬 최命錫
각拾五전 나萬鍋 十二젼五厘
리時權 나術孫 리東七
리一權 리東吉 리春섭
리낙根 金湘升 나達深
리達權 이鳳權 金應석
金致伯 김東日 김東哲
이나祚 沈景□ 리仁諸
이根洲 리泰龍 김允□
각十錢

合一百八拾九圓二拾五전

國文報廣告總合九十四圓三十六전五厘

前號總合二萬四千二百十五圓拾四錢二厘

都總合三萬四千四百九十四圓七十五錢七厘

◎特別廣告◎

國債報償金昨日間所捧은始末合計이고伊今日의所捧總合五萬○○五圓九十五錢은標氣會社內銀行에貯置之중合고其貯置額中三萬二千三百圓은國債報償志願金總合所로越交홈

大韓每日申報社

◎本社廣告
○申報價
一個月前納 新貨三十錢
三個月 九十錢
六個月 一圓七十錢
一個年 三圓四十錢
郵稅 一個月 新貨五厘 了二錢
發行兼編輯人英國人 裵說
發行所
南署石井洞號外地三層洋屋家
大韓每日申報社

第五卷

大韓每日申報

第五百六十五號

月曜及慶節 歲時日休刊

[illegible]四千二百四十年
[illegible]
日本明治四十年
淸國光緒三十三年
◉陰曆丁未六月大初八日丁卯

論說

日美關係 (前號續)

在外日人의如彼行爲가德義上意志의缺乏훈理由인지其或他理由인지ᄂᆞᆫ韓國內吾人의게特別히關係가無ᄒᆞ되但吾人의所知ᄂᆞᆫ殘暴凶悍훈數千人이此不幸훈邦國에侵入ᄒᆞ며韓人은自然히困難을受ᄒᆞᄂᆞᆫ거시로다本報가事實을重疊論陳ᄒᆞ야由是로諸般論責을受ᄒᆞ엿미니허렌드新報가此事實를今乃探悉ᄒᆞ야適宜히指言훈거슬據ᄒᆞᆫ건대在外日人이與列國人으로競爭을直接홀時에ᄂᆞᆫ人의極甚훈憎嫌을受ᄒᆞᄂᆞ니是何緣由오外他國民도相與競爭이로ᄃᆡ敦睦을尙保ᄒᆞ니此緣由가豈在於猜忌리오但十居八九인理由ᄂᆞᆫ지外日人이多變無信ᄒᆞ야商業上에確無義理홈이是也로따日本元老가滿韓內自國人民을自賢홈도觀之컨ᄃᆡ桑港事의幾多部分도如彼日人의移人을不顧ᄒᆞᄂᆞᆫ거스로表義됨이可至證明이라彼處에移住훈多數日人도韓國及滿洲에注入훈者들과同地에ᄂᆞᆫ권力이無ᄒᆞ야吾人이容忍ᄒᆞ거니와合衆國은其事勢가與此確異ᄒᆞ도다同報기發言ᄒᆞ엿스되日人이갈니포니아洲及布哇에서ᄂᆞᆫ滿韓內에서와如훈自由手段을未有ᄒᆞ엿스니行動을豈不尤甚謹愼이리오然이나갈니포니아內에져훈日人을談論훈言辭中에實情을包含훈거수疑慮가不多ᄒᆞ다ᄒᆞ엿스니此報導가果是明確이오自滿洲로東亞에至훈諸人이此를確證ᄒᆞ엿도다諸人이此問題를他人의게公然的으로確言홀식幾乎衆口一言이維何오갈니포니아洲에日人이純然不善ᄒᆞ니事實上으로ᄂᆞᆫ支那人보다不善홈이百倍尤甚이라ᄒᆞᄂᆞᆫ도다實情이如此ᄒᆞ니敎育을受훈日人은公憤을發ᄒᆞ기前에深度홈이可也오且深度훈後에此問題를自當ᄒᆞ야若數千惡行之人이自倫敦巴里及紐育等地로日本에移人ᄒᆞ면自己思想은何如홀지試思홀지여다形態를反思홈이其乃嚮明이라하노라

官報

第三千八百十九號 光武十一年七月十六日

◎敍任及辭令

前技手김상翊
任度支部水道局書記官
南陽郡主事朴來煥
喬桐郡主事金秉瑾
振威郡主事金元植
全羅北道觀察道警務署總巡陳호철
免本官
任制度局繙譯生 九品申昇均
內閣書記郞金均禎
命臨時帝室有及國有財産調査局書記郞
任內閣書記長 九品金東규
平安北道裁判所主事金薰
依願免本官
咸鏡北道裁判所主事李應洛
免本官

外報

●淸廷의戒嚴 上海電을據훈則某外國公使가淸廷에對ᄒᆞ야外國無政府黨員이秘密히孫일仙의게資금을供給훈다훈故로淸國政府에서革命黨員에對ᄒᆞ야十分戒嚴홀意로각總督의게訓令ᄒᆞ얏다더라

●貯炭場請求 華盛頓電을據훈則美國政府에서墨西哥마삼다래나灣을貯炭場으로使用ᄒᆞ기爲ᄒᆞ야方今墨西哥와交涉中이라더라

●海軍力調査 美國海軍諜報局에서本年六月一日現在에外國海軍力比較훈調査書를編製ᄒᆞ야秘密히海軍大臣의게提出ᄒᆞ얏ᄂᆞᆫ디該調査書를據훈則英國은第一位에法國은第二位에美國은第三位에置ᄒᆞ고德國은第四位오日本은第五位에在ᄒᆞ다더라

●歐亞交通 伯림電을據훈則萬國寢臺滊車會社ᄂᆞᆫ今回에歐洲에서合爾賓과奉天과釜山에至ᄒᆞᄂᆞᆫ列車를發ᄒᆞ고更히下關과東京에聯絡列車를發홀터이라더라

●露帝遊航 露國皇帝ᄂᆞᆫ一族으로셀지카海에遊航ᄒᆞ기를試홀터이라더라

寄書

北美大韓人大同保國會趣旨書

今에我大韓同胞가美國에在留ᄒᆞ야學問을勉착홈은다만個人身上의私益을圖홈이아니오決코全國同胞의公益을爲ᄒᆞ야國家興復의一部機關을自任훈지라故國을回望ᄒᆞ미時事에急迫홈이一日을可緩치못홀지며悲憤熱血이一時를可忍치못ᄒᆞ리니엇지區々細小훈會務로써我等의相救之方만圖ᄒᆞ고二千萬生靈의危亡을不顧ᄒᆞ야國破家亡을徒然太息홈이何益이有할이오況我父母妻子와親戚故舊ᄂᆞᆫ如此困難中에지ᄒᆞ야吾儕海外派를希望ᄒᆞ기日甚훈則遊하에本志를實踐ᄒᆞ고本國의衆情을不負ᄒᆞ야祖國을救保홀方略을圖得홈이天然훈本分이라誰가亡國의罪人을永作ᄒᆞ야無君無國과無父無家와如훈羞辱을甘受홀者有홀이오所以로爲선海外同志를糾合ᄒᆞ야萬事를상期ᄒᆞ고保國에方法을講求홀식玆에國脈를組織ᄒᆞ야大會를創起하고名曰大同保國會라홈은凡上下內外와男婦老幼가大同合力ᄒᆞ야君國을保全코ᄌᆞ홈으로二大主義와三大綱領을建立하니外으로天下에共論을喚起ᄒᆞ야東洋의平和를保有케ᄒᆞ며內으로同胞의衆心을結合ᄒᆞ야韓國에安寧을保全하기로主義를建ᄒᆞ고人民의敎育을擴張ᄒᆞ며人民의實業을興起하고人民의自治를創設ᄒᆞ기로綱領을立ᄒᆞ야保國에目的을期達코ᄌᆞᄒᆞ고會規를議定ᄒᆞ야會躰를成立ᄒᆞ미同志團躰者五百餘人이旣至ᄒᆞ얏고會費捐금이數千餘圓에已達훈지라一邊으로趣旨를世界各國에公布ᄒᆞ야本會에正大훈目的과光明훈行動으로大韓에平和維持ᄒᆞ며一邊內地同胞의게仰告ᄒᆞ홈을言ᄒᆞ야萬國에同情을廣求야本會主義로셔本會를國內에廣說ᄒᆞ야內外二千萬國民이一國躰一精神을組成코ᄌᆞ하오니伏願同胞ᄂᆞᆫ共鑑公勉홀지어다惟祝ᄒᆞ오나我等에熱誠忠義를皇天神明이助佑하샤四千年邦國에二千萬烝民이減國中에自立홈을大望이有ᄒᆞ노이다

大同保國會總務員安定介
柳成春 張景 謹

平安南道영柔郡國債報償協成會發起文、

嗚呼라我大韓時勢之岌岌이國非今斯今而至有以一千三百萬國巨額外債之憂가莫今日若則此誠三千里疆土保完不得之日이오二千萬生靈珍滅乃己之秋也라噫噫慘矣라有田我田이며有屋我屋가財寶盈箱이用將無處이오穀栗如山이亦足何貴리오父母妻子ᄂᆞᆫ未知顚連於何處이오姻亞ᄃᆞ忍見奴隸於他人가思之胸塞이오言之淚下라嗚呼同胞여自祖先以來六百年食君衣君ᄒᆞ야化育於此ᄒᆞ며遊於此者孰非其罔極之恩이리오天大地重而我生不時에際此危急則尙欲於此에因循姑息而不思所以扶植極濟之方也哉아然이나此非箇人箇家之力의所能容易淸償者則此又我全國二千萬中多少忠義之人의只切于滚室이婦之痛而未知所以計果安出이러니今何幸大邱廣文社長金光濟徐相敦氏等의一篇斷烟文이隱若自天ᄒᆞ야一人이唱之에百人이和之ᄒᆞ고百人이布에千人이應之ᄒᆞ야以至一國二千萬同胞無不樂應之一大義擧ᄒᆞ니壯哉奇哉라國之可以爲國도其지於斯오民之可以爲民도其[illegible]何完命脈於全局幾危於斯오播揚光輝於世界其지於斯則凡我大韓之[illegible]不蹈舞於此ᄒᆞ며感發於[illegible]有粟者捲其粟ᄒᆞ고有布[illegible]布ᄒᆞ야雖傾家蕩產일지[illegible]欲淸今日之國債而但粟[illegible]之所以食也오布者ᄂᆞᆫ民之所以衣也라使民而廢食이固不可오使脫衣가亦不可이어니와至若烟草一物ᄒᆞ얀非飽非煖而盡日坐吸에徒消了好箇有用之材而已則今此斷烟之擧가其果非今日救弊補用之一大妙策也耶아鄙等이雖愚且微나其爲國民之義에不敢泯默일식妓庸以敷行措槪之문으로敢謝我全國一千萬同胞ᄒᆞ고兼告我境內男女老少ᄒᆞ노니凡我忠君愛國之衆發累性者庶有以同此熱血而思所以協贊團結之方也리라噫라父有困難而子不爲之竭力則爲不孝之子오國有危急而民不爲之效死則爲不忠之民이니惟願我同胞ᄂᆞᆫ母若越視하고其各奮熱血使發氣ᄒᆞ야一人而出一人之力ᄒᆞ며一家而出一家之力ᄒᆞ야以至人々家々로斷々無他오惟以國債報償的으로爲目下義務를誠區々所血祝

會長羅錫찬 副會長金찬起
書務員김상鉉

●리氏興학 全州郡私立普通敎育학校ᄂᆞᆫ昨年十月에該郡有志紳士정碩謨리元相白庸熙等諸氏가刱立ᄒᆞ고靑年子弟를敎育ᄒᆞ야校況이益盆隆旺ᄒᆞ熱心ᄂᆞᆫ디就中에리元相씨ᄂᆞᆫ時局을慨歎ᄒᆞ고愛國思想이皷發ᄒᆞ야不顧家業ᄒᆞ고晝夜로학校에仕進視務ᄒᆞ며校內諸般經費를太半이나擔當ᄒᆞ며月終及학期試驗與優等者의게賞品付與가不計其數오兼하야慈善心이存宮으로家勢不贍ᄒᆞ야工夫에有意不得ᄒᆞᄂᆞᆫ학徒의게ᄂᆞᆫ特히衣食을供給ᄒᆞ며학資를自當홈으로境內人士가莫不稱誦훈다고南來人의倫說이諧藉ᄒᆞ더라

雜報

●海牙의韓人消息 十四日東京電報를據ᄒᆞᆫ則海牙에在ᄒᆞᆫ韓國派遣員等은日本이條約을破ᄒᆞ고韓皇을幽閉ᄒᆞᆫ다非難ᄒᆞᆫ바인대彼等은다시運動ᄒᆞ기爲ᄒᆞ야米國에往赴ᄒᆞᆫ다ᄂᆞᆫ報道가有ᄒᆞ더라

●米國委員의表意 海牙에韓國派遣員은去土曜日「十三日」米國委員시옷트氏의게韓國의抗議書를寄ᄒᆞ얏ᄂᆞᆫ대시옷트氏ᄂᆞᆫ韓國에對ᄒᆞ야美國의好意를表ᄒᆞ고若此抗議書에對ᄒᆞ야何等改定ᄒᆞᆯ것을求ᄒᆞ기爲ᄒᆞ야華盛頓政府에問ᄒᆞᆫ것이可ᄒᆞ다ᄒᆞ엿더라

●會議事件 再昨日內閣에서會議ᄒᆞ얏다ᄂᆞᆫ데其案件을探聞ᄒᆞᆫ즉度支部建築所事務官兪承兼氏로參書官을轉任ᄒᆞ고水原稅務官韓相鶴氏로該部參書官을內移ᄒᆞᆫ事이라더라

●特進云遞 金允植氏ᄂᆞᆫ爲先特進官을日間叙任ᄒᆞ얏다가他職으로轉任ᄒᆞᆫ다더라

●리씨回國期 日本博覽會觀察次로前往ᄒᆞ얏든리址鎔시一행이本月內로回國ᄒᆞᆫ다더라

●勳院質問 內閣에서表勳院官制를改定ᄒᆞ야總務局長一窠를增置ᄒᆞ고該院에서製造ᄒᆞ던勳章을度支部印刷局에서製造ᄒᆞᆯ事件을中樞院에諮詢ᄒᆞ엿더니該院에서內閣에質問하되勳章은依例히表勳院에서製造ᄒᆞ야機械도비치ᄒᆞ고技手도有ᄒᆞᆫ대無故廢置ᄒᆞ고度支部印刷局으로委托製造ᄒᆞᆷ은何事이며事務ᄂᆞᆫ減省ᄒᆞ고局長一窠를增設ᄒᆞᆷ은亦何意인지未知ᄒᆞ겟다고逐條質問하얏더니內閣에서尙無如何回答이라더라

●宴待流配 法部大臣趙重應氏가流配宴을設ᄒᆞ고流配ᄒᆞᆫ諸犯을招集宴待ᄒᆞ고一場演說ᄒᆞᆫ後一齊히發送ᄒᆞᆫ다ᄂᆞᆫ說이有ᄒᆞ더라

●服裝事件의留案 女子敎育會에서服裝事件을內閣에承認ᄒᆞ기를請願ᄒᆞᆫ事ᄂᆞᆫ已爲報道ᄒᆞ엿거니와該事件을內閣에서兩次中樞院으로諮詢하엿더니該院에서否決ᄒᆞᆫ故로內閣에서留案ᄒᆞ얏다더라

●李氏保放 諸犯中前承旨李서鍾氏도再昨日에爲先保放ᄒᆞ얏다더라

●第三回試驗 度支部에서稅務主事第二回入格人이一百七十一人인대昨日第三回試驗을該部內에서行ᄒᆞ얏더라

●法訓각道 法部에서「三道에訓令ᄒᆞ되土地家屋証明規則實施事로已爲訓飭이不啻申復이거ᄂᆞᆯ竊聞ᄒᆞᆫ즉郡에서無論內外國人하고當事者가該証明을請이如係正當이라도自郡으로莫念法令之愼重ᄒᆞ고無理由而拒絕云하니誠切慨然이라嗣後에復或漫확이면責有所歸니到卽將此飭칙于管下각府郡ᄒᆞ야務圖實施이되另加注意ᄒᆞ야毋或錯誤케하라ᄒᆞ얏더라

●憲兵行悖 三昨夜南門外萬里峴에서憲兵조인榮爲名人이被酒ᄒᆞ고光興學校學童數人을無端히毆打ᄒᆞ미該校에서聞知ᄒᆞ고事務員이急速前往ᄒᆞ야毆打ᄒᆞᆫ理由를問ᄒᆞᆫ즉又是亂打ᄒᆞ니該憲兵에悖習을人皆忿歎ᄒᆞ더라

●獵丸傷指 龍川府居留人日濱井김太郞이가該府梅동等地에出獵ᄒᆞ다가該동居리時會에妻를誤中右手장지ᄒᆞᆫ故로該府日本경察署에서捉囚ᄒᆞ얏더라

●度支揭榜 此次稅主事試驗에落第ᄒᆞᆫ者라도日本書문을能解하ᄂᆞᆫ이ᄂᆞᆫ本日午前九時에本部로來ᄒᆞ라고度支部에서揭방ᄒᆞ얏더라

●椒民難保 豐川郡椒島ᄂᆞᆫ居民이惟以漁業資生ᄒᆞᄂᆞᆫ데近者에日本漁船이多數來到ᄒᆞ야幾百名式逗留ᄒᆞ면서婦女를劫姦ᄒᆞ며鷄種을掠奪ᄒᆞ고韓人이或有捉魚者면日人이勒奪曰此漁괴址ᄂᆞᆫ漢陽리書房處에所得ᄒᆞᆫ거시니汝等은捉魚치못ᄒᆞᆯ이라ᄒᆞ고毆打莫甚ᄒᆞᄂᆞᆫ故로該島人民은必至餓死之境이라더라

●官立普通학校의試驗 校동官立普通學校內夜學日語課에서夏期試驗을經ᄒᆞ고再昨夜에賞品과茶果를盛設ᄒᆞ고優等生의게賞品을授與ᄒᆞ얏다더라

●平民下淚 平壤軍用地民事로總代黃性濂黃甲永氏가內部에서調査委員長朴義秉氏의不法行爲와五방人民에慘狀을說明ᄒᆞ여日統監府에卽速交涉歸正ᄒᆞ되若至延拖ᄒᆞ면幾萬生靈에祖先白骨은暫之何處며家屋田土ᄂᆞᆫ歸之何處오ᄒᆞ고悲淚가交下ᄒᆞᆫ즉座上諸員이爲之感泣ᄒᆞ얏다더라

●靑年講習 尙洞靑年學院內에서今年夏期에國語를講習ᄒᆞᄂᆞᆫ대聽講生이三十餘名인대講師ᄂᆞᆫ주時經金炳鉉兩氏요月謝金은밧지안이ᄒᆞᆫ다더라

●華校施賞 日昨月曜日華東學校에서夏期試驗을經ᄒᆞ얏ᄂᆞᆫ대甲班優等生은申千萬朴小成李完奎姜泰順乙班優等生은李範珪李俊石李順珪丙班優等生은趙得男金順吉朴大福金平山인대校長金重煥氏가放學趣旨를說明ᄒᆞ고來賓閔泳韶韓圭설趙同熙李容觀諸氏ᄂᆞᆫ諸학徒의게優數ᄒᆞᆫ賞品을施給ᄒᆞ고韓致僉氏ᄂᆞᆫ勸勉演說ᄒᆞ야一大盛況을呈ᄒᆞ얏다더라

●攻玉校況 尙동攻玉男女小學校에서再昨日下午二時에夏期放學式과男女一學年進級式을行ᄒᆞ얏ᄂᆞᆫ데男女學生의父兄들도다參席하고來賓學務局長尹致旿博士施蘭敦丞元時河夫人諸氏가次第勸說ᄒᆞ고男女學生이英語로唱歌ᄒᆞ고賞品과進級証書를授與ᄒᆞ얏ᄂᆞᆫ대優等生은男一學年에金興允崔壽鳳丞相万女一학年에최德珍係用業丞福址諸氏요賞品寄付ᄂᆞᆫ施蘭敎大夫人六圓김熙川夫人四圓최지學二圓진慶瑞三圓係儀翔一圓徐相揆鉛筆五打石板十二箇김用奎石筆一箱余秩禮黃삼유엘긔二拾卷國문捷經八卷이라더라

●吳씨納票 期成會에國債報償錢을犯用ᄒᆞᆫ오英근씨가家庄盡賣라도ᄒᆞ야充數ᄒᆞ기로納票ᄒᆞ얏다더라

●反上落下 今番에叙任된稅務官十四人이度支部에多年視務ᄒᆞ든書記官三人과書記郞十一人인데等級이極高ᄒᆞᆫ故로高級을減하기爲ᄒᆞ야諸氏를叙任ᄒᆞ얏다더라

●巡校盛況 私立巡동學校情況은校舍가狹窄ᄒᆞ고財政의窘絀로每多困難ᄒᆞ더니該校長김鼎우氏와校監李炳甲氏의熱誠으로漸次就緖되야去日曜日에第一回卒業式을設行ᄒᆞ얏ᄂᆞᆫ대夜學日語科卒業生은리漢世氏요二班優等生은申덕容黃德奎氏요進級生은리鍾영成等三人이요三班優等生은김完珪李炳遠씨요進級生은리鍾樂等五人이요四班優等生은조鍾宣씨요進級生은尹祥升씨等八人이요晝學漢문科各級優等生은리壽康홍鍾萬氏等七人이요進級生림炳般씨等拾三人인대來賓은學部視학官윤世鏞씨와其他內外國紳士가多數參會ᄒᆞ야次第勸선ᄒᆞᆫ后進級式을設行ᄒᆞ얏ᄂᆞᆫ데賞品도厚給ᄒᆞ고盛況을呈ᄒᆞ얏다더라

●民沓付宮 海州參書官朴義노시가數年前에金城等地에築洑作沓ᄒᆞ야伊來秋收ᄒᆞ더니何許挾雜輩가義親王宮에付屬ᄒᆞ얏던지該宮下隷輩가捕繩을腰佩ᄒᆞ고金城郡에下去ᄒᆞ야農民을一幷捕縛ᄒᆞ다고無數惹鬧ᄒᆞᄂᆞᆫ故로民情이嗷々ᄒᆞ다더라

●盧시勸면 尙동攻옥男女學校敎師盧炳善시가學徒父母의게勸說하기를男女間學徒를使役식히거나擔兒식히여欠席日이多하거나時間에晩到ᄒᆞ야學業에妨害치말것이오二ᄂᆞᆫ衣服飮食居처를適當케하야身體를康健케ᄒᆞᆯ것이오三은男女學徒를已往學校에入學식힌以上에ᄂᆞᆫ嫁娶식키기에關係되야學問을中途而廢케말고期於히卒業ᄒᆞ기ᄭᆞ지待ᄒᆞᆯ것이오四ᄂᆞᆫ子女들을入學식힌後에ᄂᆞᆫ其所用書冊紙筆等費를學徒父兄은頓不顧見ᄒᆞᄂᆞᆫ故로학校에서往々이困難을當케ᄒᆞ니학徒父兄이엇지義務를다ᄒᆞ다ᄒᆞ리오以後로ᄂᆞᆫ家庭과학校가同心合力ᄒᆞ야敎育一層더發達ᄒᆞ게ᄒᆞᄌᆞᄒᆞ얏다라

●明進校況 東門外明進學校에서日昨에第二回夏期試驗을經ᄒᆞ고進級式을設行ᄒᆞ얏ᄂᆞᆫ대校長魚용善시와幹事리敏설학監尹錫準校監리實담講師리完應金與命金元근시가勸학演說ᄒᆞ고학員中에朴리煥閔桂담시가答辭ᄒᆞᆫ後愛國歌를齊唱하야一場盛況을呈ᄒᆞ얏ᄂᆞᆫ대一年級優等生은김振정等二十八人인데進級證書를授與ᄒᆞ얏고進就에爲急ᄒᆞ야夏期라도放學지아니ᄒᆞᆫ다더라

●威行一省 京畿觀察使崔錫敏시가管下각郡守에게辭職勸告가比々有之ᄒᆞᆫ故로該道각郡守가該觀察使를畏之如虎ᄒᆞᆫ다ᄂᆞᆫ說이有ᄒᆞ더라

●豐巡行悖 豐川郡分派所巡檢이新差ᄒᆞ면依例히椒島로往ᄒᆞ여每戶五兩式別差라稱ᄒᆞ고乾沒ᄒᆞ며不然則人民을乱打ᄒᆞᄂᆞᆫ故로民不安堵ᄒᆞᆫ다더라

●麵社漸旺 咸南來信據ᄒᆞᆫ즉北靑郡南陽面居리와한氏等이麵子會社를組織하고其新貨四百圓式醵出ᄒᆞ야立其資本ᄒᆞ고多數製곡ᄒᆞ야賣買上에先占時直ᄒᆞ야廉價로放賣ᄒᆞᄂᆞᆫ故로利益이頗多하다더라

▲倚劍冷笑▼

▲日昨에總理大臣以下各部大臣이內閣에會同ᄒᆞ야一大議案을提出ᄒᆞ엿다니該問題ᄂᆞᆫ무슴事件인지知치못ᄒᆞ거니와近日政界에一層疑懼ᄒᆞ야如坐針席이라더구

▲각部官制를變更ᄒᆞᄂᆞᆫ데局長以下書記官과書記郞中에年高官人은一並除汰ᄒᆞ고年少者로塡充ᄒᆞᆫ다니近日에ᄂᆞᆫ老成ᄒᆞᆫ官人은知識이全昧ᄒᆞ고年淺ᄒᆞᆫ官人은知識이有餘ᄒᆞᆫ지未久에各部官人은更少年이되겟고

▲學部에서官制를變更ᄒᆞ얏ᄂᆞᆫ대學務局과編輯局은仍存ᄒᆞ고觀象所ᄂᆞᆫ廢止ᄒᆞ엿다니其存其廢가關係가焉지오觀象所官人이또沙汰를맛낫고

▲農商工部에서起墾課를增設하고事務員一人과技師一人과技手二人과書記二人을設置ᄒᆞ다니從今以後로大韓天地도陳荒地를起墾하야田野가闢ᄒᆞ고人民이給ᄒᆞᆯ時代가되겟고

▲南北村금옥貴人과貢금富客들이香山에九老會와洛陽에耆英會에太平盛事를模倣ᄒᆞ야老人契을設立하미靑春少年이라도年齒ᄂᆞᆫ不計ᄒᆞ고富客만兼備ᄒᆞ면該會에入參ᄒᆞ더니日前紫芝동에서該契員들이妓樂을盛設ᄒᆞ고風流가跌宕ᄒᆞ다가一二志士에게攻駁도當ᄒᆞ고一箇妓生에嘲笑도當ᄒᆞ엿스니老人兩班들이老妄하엿소

▲國民新報에宮中雜輩가錦陵尉朴泳孝氏을歡迎하엿다고揭載ᄒᆞ엿스니一進會ᄂᆞᆫ錦陵尉을大端히矣ᄂᆞᆫ거시로고

▲度支部에서稅務主事二回試驗을昨日에掛榜하얏ᄂᆞᆫ대入格者가一百七十一名이라ᄒᆞ더니갓든豐科에落榜擧者에身世가可觀이로다前日會試落榜에飮墨之歎이令人羞愧ᄒᆞ깃지

▲二昨日南署刑事巡檢이日人賊漢을捕捉ᄒᆞ얏ᄂᆞᆫ대泥峴等地에出沒ᄒᆞ야韓國商民家에서萬餘금財産을奪取ᄒᆞ얏다니日人이韓人田土家舍ᄂᆞᆫ壓制로勒奪ᄒᆞ고財產은日賊이虜去ᄒᆞ니韓國人民은升天入地ᄒᆞ여야生活ᄒᆞᆯᄂᆞᆫ지

▲度支部에서權直相氏公錢欠逋를調査ᄒᆞᆫ즉乙巳條十一萬圓이라ᄒᆞ니該郡守지在時幾年犯逋를統計ᄒᆞ면幾百萬圓에達ᄒᆞᆯᄂᆞᆫ지該氏의비ᄂᆞᆫ금庫보다더크깃고

▲近日地方一進會員들이京會頭領이得勢ᄒᆞ미官職을獨擅ᄒᆞ고前日功勞를頓不顧念ᄒᆞᆫ즉同甘苦ᄒᆞᄂᆞᆫ義理가아니라ᄒᆞ야退會ᄒᆞ기를廣佈ᄒᆞ얏스니寂々貞敎夫人이大失所望이로고

本社廣告

東署分傳人姜金基가無故逃躲ᄒᆞ야該分傳人의게購覽ᄒᆞ시든僉君子의게未能傳致ᄒᆞ야極涉踈忽故로玆特廣告ᄒᆞ오니 想諒後동名과統戶를昭詳錄送ᄒᆞ시와即速分傳케ᄒᆞ심을切望홈

陰竹장湖院所在事金濟安氏를本社社員으로認定ᄒᆞ얏기玆以社告ᄒᆞ오니該附近地에本社甲報購覽ᄒᆞ실僉彥은右씨에게請求ᄒᆞ심을希望홈

雜報

장端大南面國債報償趣旨書 書에曰民惟邦本이니本固라ᄉᆞ邦寧이라ᄒᆞ니本固之原이豈不지於邦寧乎아惟我 大皇帝陛下는二千萬同胞之父母시니父母之樂은卽子之樂也오父母之憂는卽子之憂也라今當 國步斯艱之日ᄒᆞ야鄰邦之債가至爲一千三百万圓之多ᄒᆞ야 宵旰不寧ᄒᆞᄉᆞ淸勘末由ᄒᆞ옵시ᄆᆡ內而宰輔와外而士庶가莫不出力ᄒᆞ야以輔萬一ᄒᆞ니土壤成大ᄒᆞ고細流就深이寔此之謂也라噫라民人이酷被鄰邦之壓制는專由於是債인즉是債를脫却이라야 國可以爲國이오民可以爲民이니顧我本里도亦是同胞之赤子로安得無熱心憂其憂之誠乎리오出金多寡는量力이可也어니와誠之奮發은男女一般이니將此辭意ᄒᆞ야戶喩人說ᄒᆞ야期圖涓埃報效之地千万幸甚

發起人金濟弼　金漢源

（閔氏助校）前判書閔內爽氏가安東光東學校에校費가窘拙ᄒᆞᆷ을特念ᄒᆞ야新貨百圓을捐助ᄒᆞ얏는ᄃᆡ該씨가學界에熱心ᄒᆞᆷ을人皆稱頌ᄒᆞ더라

（警吏勸學）皇城警務廳巡檢朴齊勳씨는遊覽日本라가生徒에課工前進之望을欽賞說明ᄒᆞ고至於校費窘艱ᄒᆞ야維持키難ᄒᆞᆷ을痛歎ᄒᆞ야不顧窮經之乏囊ᄒᆞ고一圓금을勸勉ᄒᆞ얏다더라

廣告

本郡에셔創立ᄒᆞᆫ中學校가已屆數載의學徒가日치하ᄒᆞ야熱心勸課는極佳ᄒᆞ나房屋이협窄ᄒᆞ야因病休學이種々有之로되財政이窘乏ᄒᆞ야實爲難處러니今爲建屋經營而以本會捐금으로는實難成樣이옵기請助次委員을派送ᄒᆞ오니遠近有志君子는特爲本校建築ᄒᆞ와義捐讚助ᄒᆞ심을伏望

樂州中學會任員　張有寬　金긔昌　告白

會員捐助

傍聽李甲 拾圓五十四전　姜曄　강雲섭　최우洛　박海昌　구경中　李石峴　吳지昇　박南현 각壹百圓　朴榮철　高鼎柱 각三百圓　白寅基 四百圓　김祺煥　李綺榮　李愚션　李根容　吳政善　鄭鉉九　류時東　鄭冀容　李敦儀 각拾圓　傍聽김星植 貳拾던　정奎三　김洛鐵　李偉　尹柱赫　박準弼　張斗식　林량온　林文奎 각五圓　朴鳳來 五拾圓　閔丙直 二圓　金병 一圓　최秉 七拾五圓

已上合貳千八圓七拾四젼

湖南學會總務姜　曄　告白

本人의陰陽刻圖章을陰今月二日에水原府中에셔遺失故로勿施次로玆以廣告홈

交河郡守尹變섭　告白

今週金曜日（陰六月初十日下午二時）에本會第二回通常會를大東父友會內에開ᄒᆞ오니京同道人士는皆日參會ᄒᆞ시옵

湖南學會總務姜　曄　告白

慶南昌原郡西面中里居김宅瑞가小興室李姓女로同居十餘年矣不意陰五月日에背夫逃他ᄒᆞ야本家田畓이在本郡中里員及虎溪員龍담員威安郡新塘員山翼員文券四十餘張도亦爲逃去故로呈于本郡完文立旨를得置ᄒᆞ오나難測厥女之凶計故에廣告ᄒᆞ오니內外國人은切勿見欺買得홈

昌原郡金宅瑞　告白

本人이陽曆今月十一日에時計와姓名圖章을셔失ᄒᆞ얏삽기廣告ᄒᆞ오니誰某拾得ᄒᆞ시거든侍從武官府로傳致ᄒᆞ시면厚謝ᄒᆞ깃슴

魚　源

警告　國債報償金義捐諸氏

自本所로京城內各收金所를次第調查中至若期成會ᄒᆞ야는莫重義金을貯置不明ᄒᆞ고文簿眩惑ᄒᆞ야難以明查故로玆에廣布ᄒᆞ오니該會로納金諸氏는無一遲滯ᄒᆞ고領收証号數와金額과氏名과日字를昭詳히本所로錄送ᄒᆞ야勿失務ᄒᆞ심을敬要

大韓每日申報社內　國債報償志願金總合所　白

務安府參書官朴星환이貪虐行政事로一府之民이不勝虐政ᄒᆞ야屢次呈于內部法部平理院則週內에旣有查報에當有處辦일지니退待事이오나參書之行惡이去益滋甚이오니如何之處分ᄒᆞ니居民이控訴無處ᄒᆞ옵기玆에廣告홈

務安民人　林로登　盧龍基　박相玉等　告白

大安洞寄宿館

本館에셔漢城內에留接ᄒᆞ는學生의寄宿便利를爲ᄒᆞ야大安洞에二層半洋屋을建築ᄒᆞ고居處飲食其他凡節을一々히便宜ᄒᆞ기로極力設備ᄒᆞ오니遊學諸生은照亮ᄒᆞ시와賁臨于本館事務所ᄒᆞ야詢議ᄒᆞ심을敬要

北署大安洞別宮南便寄宿館長　鄭熙燦　告白

寄宿館　留連費는每朔에新貨四圓八十錢으로定홈　廣告

本館에셔新舊書籍을大發售ᄒᆞ오니有志僉彥은陸續購覽ᄒᆞ심을望

銅峴屛門下古今書海館　白

本人이日本大阪商業家와特約ᄒᆞ고日本內地產出各種物品과西洋各種物品及機械等物을我大韓에輸入과委托을便利케契約ᄒᆞ얏사오니商工業에有意ᄒᆞ신僉君子는某物이든지請求코져ᄒᆞ시거든本社로來議ᄒᆞ시오本社에셔는手數料金만受領홈

興業社本店　開城北部祥洞
支店　京城南門內水橋五十一號

六戶　培養會社　仝仁港內동廣濟

本人等이典동支所越便에셔各貰典舖이옵다가今에合資設舖營業ᄒᆞ오니典執ᄒᆞ실僉員은陸續來臨爲要

中署典동영信號典舖　車基倫　金榮觀　金경秀　告白

大韓新地誌

一秩二冊三百六十頁　定價金一圓

[illegible]

學徒裝히書冊　學徒運銃과諸具　羅紗各種　美國金鷄納　衣服裁縫其他雜貨도廉價放賣ᄒᆞ오니諸君子는來臨ᄒᆞ심을바라나이다

仁川港考峴開新册肆

원산파셩진잔에셔본인이살진쇼(肥牛)를만이소깃스니쇼파는제군은다수이팔너오시옵

최봉준　고빅

◉增修無冤錄大全

壹秩壹百七十頁　定價金新貨七拾五錢

此增修無冤錄大全은法律家의最緊要ᄒᆞᆫ書籍이온대年來現本이殆히絶種에至ᄒᆞᆫ지라故로法部에請ᄒᆞ야可得ᄒᆞ옵고此를新刊ᄒᆞ야삽샤대國漢文으로解釋ᄒᆞ야讀者의便利ᄒᆞ도록附節ᄒᆞ오니法律學에有志ᄒᆞ신이와牧民之任을居ᄒᆞ신이는不得不一覽ᄒᆞ실事이오니[illegible]

中署布屛下　廣學書舖　김相萬　發售所

● 일본遊覽者募集

一 遊覽會員募集　人員은五十名으로一團을成ᄒᆞ니老不問ᄒᆞ고速히請入ᄒᆞ시옵
一 遊覽場　東京博覽會與其他東京大阪神戶
一 往復日數　十七日間
一 浮費　遊覽費及手數料을合ᄒᆞ야總計四十八圓
一 出發일　請入順次를從ᄒᆞ야出發三日前에直接히通知홈
一 請入所　在京성各신聞社及十八銀行경성支店　天一銀行
一 會員은遊覽을終ᄒᆞ야開散ᄒᆞᆫ後는本會와關係가小無홈
一 南대門서釜山으로直行ᄒᆞ든지或은東경으로直行ᄒᆞ는者의對ᄒᆞ야도同一便法으로同行請入을應諸홈

日本人遊覽協會事務所　남대門通　東亞商會

越南亡國史　國漢文

定價貳拾伍錢

發賣所　京城廣橋高裕相書舖　南部川郡禹時夏　布屛下김相萬　告白

發行所　中署罷朝橋 中央書館　京鄉各有名書店

菊初先生李人稙氏著

表紙寫眞印刷菊版洋裝（紙數四百十八頁　正價金卅錢）

[illegible]

◎活動寫眞廣告◎

今番에始作ᄒᆞᆫ活動寫眞은法국巴里京에셔有名ᄒᆞᆫ거시오또ᄒᆞᆫ大韓국 皇室에셔먼져看ᄒᆞ셧고始作ᄒᆞᆫ지數日에遊覽ᄒᆞ시는첨君子가多數枉臨ᄒᆞ시와坐處가넘쳐셔晩到ᄒᆞ시면不便ᄒᆞ오니速々枉臨홈

今番에또시로이活動寫眞이多數來到ᄒᆞ야每夜에僉位觀賞에新面目을供ᄒᆞ오니速々來臨ᄒᆞ시옵

活動은自下午八点半至十点半

賣票時　七点半始爲

入場票　上等新貨三十錢　中等新貨十五錢　小童十錢

新門외셔달이목東便벽돌집

法人　馬田　告白

國債報償義捐金收入廣告

●新溪郡栗坊宋陵里
리낙헌 五십錢 弟낙麟
弟낙鳳 각卅錢 韓昌大십전
黃道秀 이陽선 정元泰
各卅전
●栗방九谷里
리能선 一원 이鳳섭 이亨섭
이達淵 리순섭 리東여
各卅년 리趙섭 五십전
이東석 리東화 리東淳
이仁여 각二전 리武淳
이鶴섭 이東範 이東善
각卅전
●水방武侍郎里
이城恒一원 이相鎬 이昌奎
리尙玉 김汝一 김윤集
정윤여 金順興 신치弘
文元凡 文守萬 各五拾전
김龍熙 이西湖 각四十전
신敬叔 윤學成 김應吾
이學才 文元七 宋鎭先
宋낙賢 리仁俊 리敏鎬
이明根 각卅전 김士仲
최덕守 리完宅 리應元
리성律 林致상 림丙喆
宋在문 김致成 이京實
각卅년
●芝방胎峰 今川劉一權十圓
●麻방新寺동
리碧彦 정景和 각二원
김萬濟 이鳳培 각一圓
이仁國 具龍準 김重모
이時彬 金道行 김여達
리日환 鄭여善 리東主
各五십錢 黃德淳 최東祿
윤貫현 各卅錢 陳成烈廿錢
●麻방德동
金仁國 이靖喜 김弼仲
리문喜 각五十전 리士學
최德培 김在玉 김弼先
각卅전 리成祿 卅전

이云喜 四十錢
●麻방芝草동
洪記섭一원 이致文 이영엽
각五十錢 김在振 김淳리
閔大윤 各卅錢
●마좌리동
朴命吉一圓 리 鉦 정元보
각五십전 리지夏 金元福
朴成五 各卅전 복來元
卅전 김석柱 四拾錢
●赤방射亭洞
金鎭善 金斗찬 金鍾七
各二圓 김行鉉 김鍾國
金斗衡 김學善 各一圓
김鍾哲一원五십전 김興國
김行億 김行銖 김鎬善
김升선 金漢선 각五十전
김學石十五전 김時仲 金玖善
金斗景 金明福 韓泰益 이景日
이景烈 각卅전 김상賢
廿七錢五厘 金明珏 金경선
김좌환 김學金 金興석
김 氏 김興복 김 씨
김行석 김行萬 김行金
김行복 金行三 韓尙甫
각拾전 김元白 金行哲
金行楠 文太乙 각卅전
김현선 金鍾夏 각六十전
김行珏 김창善 각四十전
우衡謨 이석宋 이時伯
각五십전
●中部
이宅煥二圓 이泰영三십錢
康化三 許作山 김五十전
●栗방千年동
장聖祚二圓 장行權 張日창
張日청 각一圓 정箕西
륙십錢 張日成 張致先
정行석 張致丌 張寧丌
張鉉丌 각五십전 장行淵
장宋丌 각四십전 張其學
張學丌 정致京 각卅錢
張相丌 張寬益 정其先
정元主 장行빈 장文丌

장仲吉 各卄전 정行齊
張寬보 張丌贊 각拾錢
●栗방点点里
리永鎬 黃義性 黃석秀
黃석烈 리希淳 각一圓
黃丌秀 이병석 각五十전
黃植淵 황道淵 황希秀 황恒秀
리인섭 이奉섭 이東艮 이達有
이東明 리丙섭 徐丙烈
이元松 趙成甫 각ㅅ십전
김丙凡 六拾전 이東炯
장應巖 최丌七 리誓석
김山峯 리用石 徐貞烈
徐武京 徐成主 니ㄱ보
김成日 이周鎬 니光丕
림千萬 각二십전
合一百七圓三拾五錢
●廣州中臺面可樂동
홍鍾觀一圓 崔振用 홍聖云
리昇淵 신正泊 劉龍伊
리萬鍾 신奉瑞 량云보
리化선 曹景有 리泰淵
각二拾전 홍計先 리寅星
리豊淵 申학先 宋元植
리寅穆 任ㅈ갑 김덕山
吳聖連 申元敎 申靑雲
申明先 劉國선 趙完壁
정賢甲 박聖己 최덕實
리寅大 박千秋 리落振
申春先 신聖보 洪永石
리致道 吳선日 이應龍
鄭正甲 윤道여 梁亨順
김明金 리雲敎 리景순
申永俊 각拾錢 신又先
리景植 梁元順 신元日
劉順여 각三拾錢
합八圓
●恩津木谷石西山老三里
리康旭五圓 林道鉉 二圓
白南圭 白南翼 白樂순
黃致享 林福鉉 리鍾九
박啓鳳 김ㅓ廷 복慶鎬
김福鉉 宋憲哲 金義純

김禮純 柳寅섭 丕漢秀
최聖三 각二拾면 김相旭
金영實 리起리 柳學鎭 柳相철
각五십전 김璣鉉 林胄鉉
金相근 寄人권泳壽
厲實리用섭 리丁吉 김東植
全相文 리鍾珖 林義鉉
림其烈 리석純 林永萬
리承玉 寄居丕鎭영 림우현
寄居리萬權 行乞金五達
皇甫及 尹滋元 윤相千
尹相守 宋憲益 徐仲勳
徐石勳 리敏德 박受種
朴成勳 박暐鎮 崔병煥
리龍宇 리寅宇 鄭憲湖
金九鉉 金仲鉉 厲實홍二万
진순學 각십전 徐啓勳
四십錢 徐基인 徐丌玉
徐인博 박台勳 林병主
槐 木 尹任號 韓容大
金永胄 金영直 김聃休
각卅전 宋ㅎ万 宋今博
金壽性 각五전 徐啓勳
四十錢 리聚二 십五錢
趙完植 一圓五拾전
丕允植 河一淸 각一圓
●石西里
崔文영 金源濟 신鉉敎
우水觀 리각淳 각卄錢
리樂善 십五錢 김漢哲五전
송창老 申창均 각卅錢
최영기 五십전 韓석鎭
김우鉉 南容元 南奎元
南秉元 김영道 각십면
合二十六환八십錢
●釜山本支社社員
叅奉徐棟魯 前教官李翔孝
叅奉張箕相 侍從김在熙
洪千齡 叅奉복在영 김亨九
최麟主 金明見 孔址沫
리元八 각卅전
●釜山佐川里第二回
秋聖雲一원 子六歲敬守卄전
成在鎬 김炯齊 림泰勳

각卅錢
合五圓四십錢
●釜山夫人減膳會第二回
辛翔孝夫人리씨
리圭一夫人裵氏
김仲主夫人박시
리武玉夫人文시
徐棟魯夫人金시
김지熙夫人김시
김聲ㅁ夫人림시
박吉化夫人박시
강允錫夫人리시
리謙甫夫人정시 각二십전
秋聖雲夫人박시 四십二錢
회영海母親강시 八拾錢
●第一回
박晶奎夫人강시 三圓
박守리母親金시 각四十錢
趙觀식母親金시
姜權執夫人권시 六十錢
合七환六십二錢
●東萊東平面가야洞
리洪民 趙致邦 리文實
鄭德玖 徐成鎭 량允여
각四十錢 徐좌寬 김德守
徐平五 徐림七 정自有
리ㅇ瑞 량性仲 梁性彙
梁性五 류成五 김元一
문明彦 리英石 徐性伯
秋士允 문石元 徐水主
문喜伯 각一十전 리근實
김琪노 徐知선 趙致若
徐주毅 徐相五 徐相守
孫守홍 정인淑 崔先寬
徐庚佑 홍允和 卞분一
문相路 徐性學 각十錢
合七원九십錢
●東萊沙下面嚴南里
秋秉英 문영俊 秋敎環
韓덕學 문琮煥 趙作之
田인석 각四십錢 秋尙元
議官姜鶴인 각一圓 秋敎좌
秋在石 각六拾錢 문琮極
강영晟 김得基 秋秉윤

秋秉散 崔學九 김弘丌
림澔주 韓영佑 김 弘
張仲낙 김成主 김ㅏ낙
金윤旭 리明守 김鎭哲
宋문起 김문善 金經守
韓國인 張達五 金般俊
韓建주 김學律 金학述
曹性근 金萬容 尹漢成 權明守
田귀先 박昌運 秋成좌
秋敎度 각卄전 김成律卄전
合拾二圓九拾전
●江原道洪川郡北方面花楓里
리承福 리廷桂 리회烈
高性金 각五십전 리德求
四圓 리源ㅏ一圓 慶 원
최주化 慶直東 리敎열 金春三
최영三 각卄전 김正七
拾錢 高由西四拾錢 高汝玉
二원 高殷福卅전 高箕림
三圓 니澤求母親慶시二圓
姉子김蟾 九십전
合십六원五십전
●全北여山茂坪常山義塾
恭奉宋丌瑞 五원 좌상근
회觀金 송炳鉦 김龍현
각ㄲ拾전 宋金達 權 정
宋炳一 각卅錢
학員송선상 六拾錢 송병丌
송虎萬 박돌伊 각五십전
김지玉三拾전 장俊문 金덕興
각ㅁ五錢 송禮相 송智相
려正作 盧箕封 각卅전
송병吉 십五전 鄭甲得
송병韶 송大식 송完相
리正쇠 전漢相 박命덕
확正男 金진옥 김判순
趙泰근 각拾전 송大興
八전五厘 송炯燁
一圓九拾六錢五厘
●茂坪동中 五원拾전
●茂坪耶蘇教禮拜堂 拾圓
合三拾圓
●영興鎭坪社城鎭里
복正謙 第二回 第三回
각九拾전 合一圓

總合二百二十三圓○七전
國文報廣告總合一百拾六圓二十전
前實總合三萬四千四百九十四圓七十五錢七厘
都總合三萬四千八百三十四圓○二錢七厘

◎特別廣告◎

國債報償金兩日間所捧은姑未合計이고伊前日의所捧總合五萬○○○五圓九十五錢은韓氣會社內銀行에貯置ㅎ얏ㅅ고其駿置額中三萬二千三百圓은國債報償志願金總合所로移交홈

大韓每日申報社

發行兼編輯人英國人 裵說
發行所
南署石井동號外地三層洋屋家
大韓每日申報社

第五卷 第五百六十六號

大韓每日申報

月曜及慶節歲時日休刊

檀君開國四千二百四十年
箕子元年三千二十九年
大韓開國五百十六年
日本明治四十年
大淸光緒三十三年
◉陰曆丁未六月大初九日戊辰

論說

駁報知新聞之無禮

海牙平和會議에韓國派遣員事件으로日本內閣과議院과各社會의論議紛々ᄒᆞ야電信及報紙가連續到來ᄒᆞᆫ바至若報知新聞之所論ᄒᆞ야ᄂᆞᆫ尤是痛々可駭며句々可痛이라噫라日人이對此韓國ᄒᆞ야驕傲無禮ᄒᆞ고縱恣無忌이胡至此極고向日早稻田學校討論會에 韓國皇帝를日本華族에列置ᄒᆞ자ᄂᆞᆫ問題가有ᄒᆞᆫ으로一般世人이無不驚嘆ᄒᆞ더니繼而二六新聞에根本的對韓策이라題ᄒᆞ고有云ᄒᆞ되 韓皇을日本에移ᄒᆞᆫ다ᄒᆞ며內閣은日本歸化人으로組織ᄒᆞᆫ다ᄒᆞ얏스니然則日本社會에此等言論이所由來者ㅣ久矣니其處心積慮가呑倂以外에更有何計리오特藉此事件ᄒᆞ야爲其口實而已矣로다

蓋平和會議에韓國派遣員은吾儕도固所不許어니와若日本이此를機會로認ᄒᆞ야直取其呑倂手段은又何殘虐不人道之甚也오日本이以此事實로列强面前에自國을모辱ᄒᆞ얏다하나當初日本이韓國을對ᄒᆞ야協約을取締ᄒᆞᆯ時에强逼脅勒的行動이豈韓人之所服從者이며亦豈世界輿論之所容許라平아彼日人報筆도對此事實하야ᄂᆞᆫ所謂其國惡者也라令以韓人之訴其殘虐于列强面前으로責其損傷自國之面目이라ᄒᆞ나使此韓人으로抱其痛恨冤憤者ᄂᆞᆫ非日人之所爲乎아若日本이今回事件으로以ᄒᆞ야一層暴烈手段을更加ᄒᆞ면其在列强之公眼에日本面目이尤當何如며아日本政府에셔如何히論議를決ᄒᆞ얏스며伊藤統監이如何ᄒᆞᆫ態度를取ᄒᆞᆯᄂᆞᆫ지姑未確知어니와以報知新聞所論者로觀之ᄒᆞ면 皇位의廢立을行ᄒᆞ야도未爲不可라ᄒᆞ얏스니天下에有無君之國乎아大抵君親之尊은一也오綱常之重은一也니稍有倫理上分義者야豈敢以此等說話로肆然發諸口而無所憚乎아又曰 韓皇으로ᄒᆞ야금親自東渡ᄒᆞ야謝罪之意를表케ᄒᆞᆯ리라ᄒᆞ니事若出於此者면豈可曰 韓皇此擧가不由於日人之强逼乎아然則日人之爲此運動이適足以著其暴戾也오愈惛韓國臣民之痛恨而已라又曰其責은現任內閣大臣으로負케ᄒᆞ야總辭職을促ᄒᆞ고日本人으로內閣을組織ᄒᆞ야萬般政務를皆日人手中에셔行케ᄒᆞ며軍部大臣을廢止ᄒᆞ야外交事務와同히日本陸軍省에셔掌握케ᄒᆞ며宮內府大臣과度支大臣을愼選ᄒᆞ야宮廷及政府의財政을正肅ᄒᆞᆫ措置로執行ᄒᆞᄂᆞᆫ것에對韓政策에一步를更進ᄒᆞᄂᆞᆫ機會라ᄒᆞ얏스니是ᄂᆞᆫ日本의乘機規利ᄒᆞᄂᆞᆫ野心驟慾이寄之不盡이면不自饜足이라所謂保護韓國ᄒᆞ고開導韓人云者ᄂᆞᆫ抛之於天外萬里也니尙可以此等外飾으로瞞過世界之耳目乎아美國이布哇를合倂ᄒᆞ기前에行ᄒᆞᆫ事例를倣做ᄒᆞ고자ᄒᆞ얏스니是ᄂᆞᆫ日本이韓國을自已領土로認ᄒᆞᆷ이오又曰事若不出於此ᄒᆞ면韓國은永히厄介物이되야事端이續出ᄒᆞ리라ᄒᆞ얏스니所謂厄介이라ᄒᆞᆷ은日本方言에내게ᄂᆞᆫ이로옴이업고항상성가시롭게ᄒᆞᄂᆞᆫ물건이니審其語意ᄒᆞ면日人之經營於韓國者를不問可悉이라雖然이나日人의强逼 皇室ᄒᆞ며奴使大臣ᄒᆞ며犧牲人民ᄒᆞᆫ諸般行動이極度에已達ᄒᆞ얏거날又一層凌壓을更加ᄒᆞ면此國內潰決之象이當至何境이며世界列强之注觀에必有容忍不得者니竊恐東洋大局之缺裂이終無收拾之望일가ᄒᆞ노라

官報

●第三千八百二十號 光武十一年七月十七日

◉宮廷錄事

昭日罪人李載先事ᄂᆞᆫ旣屬過境ᄒᆞ고且念親親之義ᄒᆞ야特量不無ᄒᆞ니罪名을原案에並用ᄒᆞ고職牒을還授ᄒᆞ야써欽恤之典을示케ᄒᆞ노라

◉敍任及辭令

農商工部書記郎尹柱찬
免本官
右ᄂᆞᆫ該員의勸罪處流ᄒᆞ얏기로以로免本官

外報

●秋期演習 北京電을據ᄒᆞᆫ則陸軍部에셔再次秋期大演習을執行ᄒᆞ기로定ᄒᆞ고度支部에經費百五十萬兩을要求ᄒᆞ얏다더라

●登庸制限 同電을據ᄒᆞᆫ則部尙書榮慶氏가外國에在ᄒᆞᆫ支那學生을爲ᄒᆞ야學堂을特設ᄒᆞ고卒業ᄒᆞᆫ學生은官吏登庸의試驗을受케ᄒᆞ기로 上奏ᄒᆞ야裁可ᄒᆞᆷ을得ᄒᆞ고各國公使의게通知ᄒᆞ얏다더라

●布哇와比律賓의防備 華盛頓電을據ᄒᆞᆫ則美國陸軍省에셔目下布哇及比律賓에向ᄒᆞ야銃砲及水雷를輸送ᄒᆞᆫ다더라

●日人驅逐命令 奉天交涉局에셔盖平에在留ᄒᆞᄂᆞᆫ日本人에對ᄒᆞ야速히驅逐ᄒᆞ라ᄂᆞᆫ命令을發ᄒᆞ얏다더라

●平和會議의期限 海牙의平和會議ᄂᆞᆫ來九月頭에畢了ᄒᆞᆫ說이有ᄒᆞ더니近來該會議의貌樣을觀察ᄒᆞᆫ則各國이各其議案或修正案을提出ᄒᆞᆷ으로該會議가本年內에畢了되지못ᄒᆞᆯᄂᆞᆫ지도不知라더라

雜報

郭山私立興襄中學校寄書

大凡識時務ᄂᆞᆫ無如人傑이라閔輔國泳徽氏가十餘年前에西按時에注意興學에自捐巨數金額ᄒᆞ야邇內州郡에刱設鄕約契ᄒᆞ고大張興學에儒風이一振이러니昨年에本郡有志士人金昌爵氏가敎育上에熱心ᄒᆞ야特捐新貨二百圜ᄒᆞ고申明觀氏ᄂᆞᆫ五十圜을出捐ᄒᆞ며其餘諸氏도隨力義捐ᄒᆞᆫ金額이一千四百餘圜에達ᄒᆞᆫ지라刱立學校이오되每繼財力之不贍ᄒᆞ야惟恐中途而廢러니何幸閔輔國이本郡所지以約契畓九斗落과錢四百兩을移付ᄒᆞ고本校ᄒᆞ며儒々支遑이더니本郡守李啓爾氏가莅任以後에敎育熱心으로本郡鄕廳柴油畓八拾四斗落과官畓五十斗落과官屯田十日耕을還付學校ᄒᆞ며勸告一邑士民ᄒᆞ야組織學會에會員이一百二十餘人에達ᄒᆞᆫ지라每朔에各出月捐金二拾錢하야以補校費에漸賴維持中閔輔國이今者에下送名啣ᄒᆞ며多般贊成ᄒᆞ시니任員與學徒가因此鼓奐ᄒᆞ야尤加激勵하니閔輔國은不啻望重大臣이라可謂識時人傑이라고一郡士民이成戴其恩ᄒᆞ야如是仰佈ᄒᆞᆷ

校監李國順 事務金相우
事務吳仁찬

●女子敎育의視察 平壤地方에女子敎育을視察次로 皇室에셔京城進明女學校總敎師黃夫人袂禮氏를特派ᄒᆞ신바光武十一年七月八日에本地明倫堂內에셔女子敎育硏究會를開ᄒᆞ얏ᄂᆞᆫ대各學徒ᄂᆞᆫ放學의時를當하야七八百名이叅會ᄒᆞ얏고敎會婦人及閭閻婦人四五百名은西便으로叅席ᄒᆞ얏고一般社會ᄂᆞᆫ一千八九百名이東便으로傍聽ᄒᆞᄂᆞᆫ대 大皇帝陛下萬歲와 皇太子殿下千歲와 嚴貴妃殿下千歲를三呼ᄒᆞᆫ後에進明女學校生徒ᄂᆞᆫ愛國歌로祝辭를爭唱ᄒᆞ고次第로列坐ᄒᆞᆫ後婦人演說員은黃婦人袂禮氏와金婦人혈넌氏와十二歲女子玉於鎭氏오男子演說員은安昌浩金義庚氏인대拍手喝采ᄒᆞᆷ은難可盡言이고當席에補助金六百三十六圜二錢五厘에達ᄒᆞ얏다더라

●金씨頌聲 南來人에傳說을聞ᄒᆞᆫ則水原郡晴湖面鳥山里居金先達明鉉氏ᄂᆞᆫ窮交貧族의게每年歲時則各種餓物과至於錢穀도각其封送ᄒᆞ고其外春夏窮節에도隨事救濟ᄒᆞ기를非止一再ᄒᆞᄂᆞᆫ故로人皆稱頌ᄒᆞᆫ다더라

●隣人濟財 南署明洞居留ᄒᆞᄂᆞᆫ日本人中村이가其隣人金與法이敎睦ᄒᆞ야以家에酒肴를盛設ᄒᆞ고北署壯洞居內官申某김某를請來ᄒᆞ야酒至半醉後에紙貨百餘圜을出ᄒᆞ고又小紙片에十圜이라ᄒᆞ고多數히書出ᄒᆞ야技局을設ᄒᆞ고申金兩人의게不餘圓을負債ᄒᆞᆫ以物捧手票ᄒᆞ며督促이星火와如ᄒᆞᆫ故로甲金兩人의父親이年少沒覺之人을日本理事廳에起訴ᄒᆞᆫ다더라

●水校盛況 本月十日開城私立水昌學校에셔第一回學年進級例式을擧行ᄒᆞ얏ᄂᆞᆫ대最優等生宋光濟趙鳳襄金弘点三人이오優等生宋泰成宋順得李鈞鎬裴學翊四人이오及第生黃河福金義卿朴仁用等四十六人이라校長兪星濬氏가進級生五拾三人의게進級證書와賞品을施與ᄒᆞ고校下學發起人과敎師와學員及學徒父兄의게現今子弟敎育의將來成功될만ᄒᆞᆫ諸般方針을數時間을切々히說明ᄒᆞ야熱誠으로勸勉ᄒᆞ얏다더라

●南山設校 恩津郡南面[illegible]弼朴와前五衛將정東夏前參奉鄭元근宋喆熙손창鉉[illegible]益相諸氏가靑年子弟敎育을爲ᄒᆞ야該郡南山洞李鎬弼氏門中講堂에學校를設始ᄒᆞ얏ᄂᆞᆫ디學徒가日加月增ᄒᆞ야擴張之境에漸進ᄒᆞ얏고該郡守李尙萬氏로贊成長을推薦ᄒᆞ얏다더라

●三校決心 水原三一學校生徒ᄂᆞᆫ熱心勤課ᄒᆞᄂᆞᆫ티近日該校生徒들이合席決議ᄒᆞ기를維我書生의早婚ᄒᆞᆷ은非但敎規의違反될뿐아니라實노敎育上에大段妨害가된則吾儕ᄂᆞᆫ卒業ᄒᆞ기前에ᄂᆞᆫ決斷코娶室치아니ᄒᆞ기ᄂᆞᆫ것이可라ᄒᆞ고決心ᄒᆞᆫ後에已娶ᄒᆞᆫ學徒ᄂᆞᆫ自己의先已娶妻ᄒᆞᆷ을恨嘆ᄒᆞ며定婚만ᄒᆞᆫ者ᄂᆞᆫ亦成禮치아니ᄒᆞᆫ學徒ᄂᆞᆫ即時破約ᄒᆞ고進上做課에만一心ᄒᆞᆫ다더라

●姜氏助校 水原郡居前知事강錫龍氏가本郡三一學校의經費窘絀ᄒᆞᆷ을聞ᄒᆞ고新貨百餘圜을捐助ᄒᆞᆫ後에且學徒의實地修業ᄒᆞᆷ을參觀ᄒᆞ고新貨十圜을又捐ᄒᆞ야紙墨之資에補用ᄒᆞᆷ을勸諭ᄒᆞ얏다더라

雜報

●內閣會議 再昨十六日午後二時에內閣會議를開ᄒᆞ야約四時間餘에亘ᄒᆞ도록秘密協議를成ᄒᆞ엿ᄂᆞᆫ대內閣은時局에對ᄒᆞ야斷乎決心ᄒᆞ기로ᄒᆞ엿더라

總理大臣李完用시가內閣會議의決議를持ᄒᆞ고八時에入闕ᄒᆞ야 皇上陛下ᄭᅴ時局의艱危를具奏ᄒᆞ고內閣의決議를容受ᄒᆞ시기로奏陳ᄒᆞ미 韓皇陛下ᄭᅦ옵셔尙數日을熟考ᄒᆞ야批答ᄒᆞ실旨를下ᄒᆞ시니리總理가午後十時에退闕ᄒᆞ니각大臣이總理邸에集ᄒᆞ야更히協議ᄒᆞ고深夜一時에漸次散會ᄒᆞ얏고

昨日午後二時에內閣會議를開ᄒᆞ고리總理가當夜에叅內ᄒᆞ엿다더라

●宮大修任 宮內府大臣李載克氏가修學院長을被任ᄒᆞ엿다더라

●義王云任 宮內府大臣正任은義親王殿下가被任ᄒᆞᆫ다ᄂᆞᆫ說이有ᄒᆞ더라

●朴氏陛見 錦陵尉朴泳孝氏가再昨日下午四時에陛見ᄒᆞ얏다더라

●日兵緊把 漱玉軒左右에日兵數十名이緊々把守ᄒᆞᆫ다ᄂᆞᆫ說이有ᄒᆞ더라

●日人無嚴 日昨闕內에셔日人이至敬壓近ᄒᆞᆫ大廳에把守코ᄌᆞᄒᆞ거ᄂᆞᆯ侍從院卿리道宰氏가其無職ᄒᆞᆷ을喝責退斥ᄒᆞ얏다더라

●什物調査 軍部大臣命令으로該部內각局課諸般什物을一々調査ᄒᆞᆫ다더라

●閑官廢止 宮內府官制에閑官을一併減額ᄒᆞ고禮式課도廢止ᄒᆞᆫ다ᄂᆞᆫ說이有ᄒᆞ더라

●仕退辭院 現今에각部大臣이每日內閣仕進을下午一点에ᄒᆞᄂᆞᆫ대近日에ᄂᆞᆫ同時仕進ᄒᆞ야下午六七時頃에仕退ᄒᆞᆫ다더라

●移櫃質問 英親王殿下ᄭᅴ셔同友會總裁가되신後에該會總裁印章櫃를造納ᄒᆞ얏ᄂᆞᆫ대該櫃가 皇上咫尺에在ᄒᆞ얏던지侍從院에下教ᄒᆞ샤深秘處에移置ᄒᆞ얏더니闕內에把守ᄒᆞᄂᆞᆫ日巡査가其印章櫃移置ᄒᆞᆷ을侍從院에質問ᄒᆞᄂᆞᆫ지라侍從院에셔答ᄒᆞ되櫃之所儲ᄂᆞᆫ何物인지未知ᄒᆞ나移置ᄒᆞ리신 處分만奉承ᄒᆞᆯ뿐이라ᄒᆞ얏다더라

●法院質稟 陸軍法院에셔軍部에質稟ᄒᆞ되罪犯을審査ᄒᆞᄂᆞᆫᄃᆡ對ᄒᆞ야普通法律은笞刑을廢止ᄒᆞ얏스니該犯이呑吐不服ᄒᆞᄂᆞᆫ境遇에ᄂᆞᆫ不可無笞刑이니何以處置ᄒᆞᆷ을回教ᄒᆞ라ᄒᆞ얏다더라

●會頭更差 日昨에鍾路商業會議所에셔각商民會同協議ᄒᆞᆫ事인즉該所頭領趙鎭탁씨가金五萬원을犯用ᄒᆞ고勵勸ᄒᆞᆯ無路가된故로該所를目賀田씨에게典執出債ᄒᆞᆫ다ᄒᆞ미각商이反對ᄒᆞ야會頭를改遞ᄒᆞ고趙秉澤氏로新差ᄒᆞ고商界를完全이組織ᄒᆞ기로ᄒᆞ얏ᄂᆞᆫ대趙鎭泰씨名譽損이되미각團體에自己姓名을拔去ᄒᆞ야달나ᄒᆞᆫ다ᄂᆞᆫ대第一銀行實業硏究會에會長도辭免ᄒᆞ얏다더라

●徐시云歸 徐栽弼시와리承晩시가陰本月섭日에入京ᄒᆞᆫ다ᄂᆞᆫ說이有ᄒᆞ더라

●衆心不離 東萊府尹[illegible]秋獻시가日昨에歸由上京ᄒᆞ기로附定ᄒᆞ얏더니日本外務大臣이日間에釜山에到着ᄒᆞᆯ預定인故로迎接ᄒᆞ기爲ᄒᆞ야姑爲停止ᄒᆞ얏다더라

●內閣奏本 內閣에셔奏本을上奏ᄒᆞ되流終身罪人리承五庚子八月身故而名載罪案이온바際玆百度一新之會ᄒᆞ야其在導迎祥和之地에不可無斟量者存焉이오니該罪名은原案에爻周ᄒᆞ고其官爵은仍前還授事와流終身罪人安구大邊錫鵬박淮相을幷放釋事로奉旨依奏ᄒᆞ라ᄒᆞ셧다더라

●畿察電部 京畿觀察使崔錫敏시가內部에質稟ᄒᆞᆯ事이有ᄒᆞ야上京하깃다고昨日內部로電報ᄒᆞ얏더라

●田畓調査 南來人의傳說을聞ᄒᆞᆫ즉忠南ᄀᆞᆺ郡에一郡境內田답總合石數와ᄀᆞᆺ作人의多少石數와斗數를一々調査ᄒᆞᆫ다더라

●二人增設 軍部에셔課員一人과書記官一人과主事二人을增置ᄒᆞ기로度支部에照會ᄒᆞ얏더니度支部에셔答照하되書記官課員은勿施ᄒᆞ고主事二人만增設ᄒᆞ라ᄒᆞ얏다더라

●三守免官 長단尹宗求와竹山南廷冕과陽智리承玉三氏가免官되얏더라

●九守依免 江陵리台珏抱川金영儀陽川安中植振威白南규安城리鎬集金堤리時宰蔚珍尹榮免富平니海창鐵城白冀洙諸시가依免되얏더라

●安倅請願 新任安州郡守니圭璿시가再昨日內部에請願辭免ᄒᆞ얏다더라

●蔚守移任 蔚珍郡守윤영兌시가稅務官을叙任ᄒᆞ다더라

●三시往叅 昨日上午십一時에官立漢語學校에卒業式을擧行ᄒᆞᄂᆞᆫ대學部大臣리載崑次官리圭桓局長尹致오三시가往叅ᄒᆞ얏다더라

●赦典將布 釜山에來留ᄒᆞᄂᆞᆫ리준鎔시赦典이日間頒布된다더라

●度部揭榜 稅務主事第三期試驗을本日에出榜ᄒᆞᆯ터니退延ᄒᆞ라고昨日度支部에셔揭榜ᄒᆞ얏다더라

●正於初檢 法部에셔各地方裁判所에訓令ᄒᆞ되殺人正犯에對ᄒᆞ야初檢만ᄒᆞ고再檢은廢止ᄒᆞ되不得已ᄒᆞᆫ境遇에ᄂᆞᆫ再檢을行ᄒᆞ라ᄒᆞ얏다더라

●桂校放學 桂山學校에셔昨日에夏期放學禮式을擧行ᄒᆞ얏다더라

●成守內移 前成川郡守조鼎윤시의遞任된內容을得聞ᄒᆞᆫ즉該시가平安北道所在經理院所管을帶任ᄒᆞ얏ᄂᆞᆫᄃᆡ成川郡은平南인故로該院上納等事에便利치못ᄒᆞ미此由를조鼎윤시가其弟로懇請ᄒᆞ니윤用시가平北에某郡이든지移職케되면該院上納이淸帳無難ᄒᆞᆯ줄노ᄒᆞ미윤用시가許諾ᄒᆞ더니及其副贊議로內移ᄒᆞ고成川郡守만遞任되얏다더라

●雷火傷命 本月二日上午십一時에聞慶郡居金尙用이가雷火에觸死ᄒᆞ얏다고該觀察使리忠求시가內部로報告ᄒᆞ얏다더라

●諸시請願 綾州郡守權寅冕安州郡守리圭北靑郡守洪淳元谷城郡守金鐵賢草溪郡守리奎煥忠州警務官黃鍾俊諸시가辭職請願ᄒᆞ얏더라

●宋씨開養 內部書記官權[illegible]宋之憲시가親庭回還後십日을得由ᄒᆞ야方今開養中이라더라

●同友會同 同友會에셔무삼緊急ᄒᆞᆫ事를討論ᄒᆞ기爲ᄒᆞ야昨日에特別會를開催ᄒᆞ고任員諸시가一齊히會同ᄒᆞ얏다더라

●一不接見 리준鎔시의迎接次로該시門生故舊와其他諸시가釜山까지多數往ᄒᆞ얏ᄂᆞᆫᄃᆡ一人도接見치안ᄂᆞᆫ다더라

●大韓新聞更起 萬歲報主筆ᄒᆞ던人지시ᄂᆞᆫ학識이超明ᄒᆞ고文法이簡潔ᄒᆞ야國中人士의愛讀을資ᄒᆞᆷ으로一般報界에聲譽가日著ᄒᆞ더니但該社의經用이窘乏ᄒᆞᆷ을以ᄒᆞ야畢竟閉業ᄒᆞᄂᆞᆫ境遇에至ᄒᆞ미吾輩同業者가均爲之嘆惜不已ᄒᆞ니該시의誠心熱力이百折不撓ᄒᆞᆷ으로近復大韓新聞을設立ᄒᆞ야從速發行ᄒᆞᆯ터인則非但同業者之慶이라實是大韓문明機關에重要ᄒᆞᆫ利益을供ᄒᆞ리로다

●新聞廣布의意見 西友學會々員김有澤시가意見書를該會에提出ᄒᆞ얏ᄂᆞᆫ데現今國勢가日益危殆ᄒᆞ야若朝夕莫保ᄒᆞᆯ이거ᄂᆞᆯ噫彼北村愚夫ᄂᆞᆫ能喫一盂粥ᄒᆞ고閉臥蔘蘆席ᄒᆞ야自謂羲皇葛天시之民이라ᄒᆞ야不知釜魚俎肉ᄒᆞ니誰將雷霆之威와霹靂之聲ᄒᆞ야猛破昏夢乎아此ᄂᆞᆫ無他라目不見新聞紙一張ᄒᆞ고耳不聽演說一句故로不知時勢ᄒᆞ며不省國事之所以也라村民之自覺을難期오志人之勸勉을亦難暇及이니郡々不若廣布新聞하야以牖民智之外에三無他方策이라ᄒᆞ노라晉州西友學會中一人也라日前에內部에委任하야黃平兩道각郡戶籍을調査ᄒᆞᆫ즉平安南道가二千二百六十三동(平壤事實은調査表에未詳故로除ᄒᆞᆷ)이오平安北道가三千九百三十七洞(慈城은除ᄒᆞᆷ)이오黃海道가五千一千五동(兎山甕津平山延安은除ᄒᆞᆷ)인則未詳ᄒᆞᆫ七郡을除ᄒᆞ고도一萬二千二百二十九동에達ᄒᆞ엿스니每동에廣設ᄒᆞᆫ新聞縱覽所를定ᄒᆞ고夕食後에一동男女老少가각持一片席ᄒᆞ고環坐或堂中ᄒᆞ야或吸烟草ᄒᆞ며或抱幼兒ᄒᆞ고或捆屨織席하며或裁衣紉縫ᄒᆞ되有識ᄒᆞᆫ幾人은高坐椅子ᄒᆞ야期讀新聞後에意味를說明ᄒᆞ면內外國事情과古今形便을無不通知ᄒᆞ야普通智識과忠愛精神이自可發達ᄒᆞ깃고 未完

●傳聞難信 新任砥平郡守김泰植시의別經으로주旋ᄒᆞ얏다ᄂᆞᆫ事ᄂᆞᆫ更聞ᄒᆞᆫ則該시ᄂᆞᆫ積仕久勤으로陞任ᄒᆞᆫ비라더라

東京電報 十六日發

●有何善策 密使問題ᄂᆞᆫ韓皇帝의責任인ᄃᆡ一點의異議를不容ᄒᆞ고新聞及國民은內閣의決議와伊藤侯의方針을信賴ᄒᆞ야議論이稍히鎭靜되엿더라

▲寒中山水▼

▲漢城風雲이忽地飜覆ᄒᆞ야危險風潮가一層激烈ᄒᆞ니疑懼人情이愁雲이萬疊에面々驚訝ᄒᆞ야各相偶語ᄒᆞ니情態가不穩이로다

▲總理大臣李完用氏가三昨日에內閣顧問須知分氏私邸에訪問ᄒᆞ고十二時에內閣에仕進ᄒᆞ야下午三時에統監官邸에訪問ᄒᆞ엿다ᄒᆞ니同氏의行動이무슨事端으로이ᄀᆞᆺ치煩劇ᄒᆞᆫ지아마도胸中에焦鬱ᄒᆞᆫ일이잇ᄂᆞᆫ가

▲度支顧問目賀田氏가三昨夜에自家私邸에셔晩餐會를設ᄒᆞ얏ᄂᆞᆫ대總理大臣以下각部大臣과前參政朴齊純氏와宮內府大臣리載克ㅅ도一體往叅ᄒᆞ얏다니同諸氏ᄂᆞᆫ時局便[illegible]

▲三昨日에統監府에셔宮內體式官의禮儀로新聞記者를晩餐에招請ᄒᆞ얏다니[illegible]該新聞紙幾張을出給ᄒᆞ얏나니新聞報知每日每報記事에不外ᄒᆞᆷ인則此等示ᄒᆞᆷ이抑何意思오一兒戲에不過ᄒᆞ도다

▲龍川郡渤海山以南一部分과海州郡에鎭衛兵營과理事廳의支廳舍와高等官舍建築ᄒᆞ기爲ᄒᆞ야該兩地段을無代金으로貸付ᄒᆞ라고統監府에셔內部에照會ᄒᆞ엿다니韓國土地를軍用地와鐵道所用으로奪收ᄒᆞ다못ᄒᆞ야또官廳建築ᄒᆞᆫ址로勒奪ᄒᆞ니土地奪取ᄒᆞᄂᆞᆫ條件이層生疊出ᄒᆞ도다

▲日前黃영氏가內部에平壤軍用地에人民慘狀을說明ᄒᆞ다가忿氣가上冲ᄒᆞ야高聲大呼ᄒᆞ여日觀察委員長브ᄅᆞ며姦猾ᄒᆞᆫ手段으로人民을謀害ᄒᆞ니鋼頭鐵身이라도其身을難保라ᄒᆞ엿다니同氏가冤痛所到에語似妄率ᄒᆞ나朴氏에所爲ᄂᆞᆫ이같은所遭ᄂᆞᆫ當ᄒᆞ여싸지

▲學部에셔國文研究會를設ᄒᆞ고委員을選擇ᄒᆞ야研究ᄒᆞᄂᆞᆫ대其意見을聞ᄒᆞᆫ즉假量가行이면아리ᄋᆞ字를去ᄒᆞ기로만研究ᄒᆞᆫ다ᄒᆞ니大韓國語를研究치아니ᄒᆞ고아리ᄋᆞ字로去ᄒᆞ면國文과國語가均一히校正되ᄂᆞᆫ지

▲農商工部大臣宋秉畯시의子宋敎敬시가日本서製紙ᄒᆞᆫ法을卒業ᄒᆞ야製紙會社를設立ᄒᆞ기로稱ᄒᆞ고補助[illegible]를請ᄒᆞ니大官의子弟로求乞ᄒᆞᆫ身[illegible]

▲度部에셔稅務主事第三次試取를再昨日에設行ᄒᆞᆫ대試驗科目은大韓律及公法會通이오京城鄕間의雄文巨儒들이雖一行이나도不能通讀ᄒᆞᆷ으로自然懸額ᄒᆞᆷ이太多ᄒᆞ며[illegible]文을一行도[illegible]愧로다

東京電報

座를破碎ᄒᆞ되美國警吏ᄂᆞᆫ一毫도保護가無ᄒᆞ다더라

◉排日益甚　美國桑港에在한日人을尤極虐待하야料理店五

◉本社廣告

東署分傳人姜金甚가無故逃竄하야該分傳人의게購覽하시든僉君子의게若能傳치하야極涉踈민故로玆에廣告하오니諒後등名과統戶를昭詳錄送하시와卽速分傳케하심을切望함

陰竹郡謝院에居하는金濟安氏를本社員으로認定하얏기玆以社告하오니該附近地에本社申報購覽하실僉彦은右人의게請求하심을希望함

雜俎

◉女子敎育會　女子敎育會에서今月十九日(陰六月十日)에第二十五回通常會를開하고言論이不如實行이란問題로討論한다더라

◉果無犯贓　前碧潼郡守리濬하씨가免官을當한事로訴平理院하야責官을押上하고査辦을押收하야無有贓犯한果無所犯이온以技證으로處置하얏스나該事務오不爲利己인즉國씨免官이實爲抑鬱이라하얏더라

◉金氏熱心　東萊府尹金敎獻氏子某씨가自己私第에學校를設立하고作文算術地誌로晝夜學生를分課하야熱心敎育한다더라

◉安氏寄函　宣川郡에社長安濬氏가寄函하되本報를愛讀하시는僉君子는桂主事鶴瑞桂彬계道一계處雲時恒계熙善계昌瑛와主事은琫李主事世正李王事鳳赴李丽果昌錫李時恒李鳳赫李得河昌德一李孝필李寔榮金議官一현김主事致亮金致元김瀛奎김主事리薰김衡錫

廣告

겸鶴主김容憲김元熙김爲龍김國承김若영김承賢錫元김錦熙田熙範崔浚定崔浚心최希後許歸박한宋朴영宋朴公立김文鎬朴元祚박鳳奎吳進士起赫金學奎吳瓘柱甲김根哲秉準車元慶諸氏以下四十八人이라하얏더라

廣通館告白

本館에서大廣橋北川邊前紙廛小部家舍와洋製로一新修改하옵고精潔한浴沐湯과五色料理를新鮮케備하와陰曆六月初十日爲始하야開業하옵더이오니僉君子는陸續來臨하시옵
內外沐浴湯　大韓料理各色　西洋正等酒菓각色及此外에또各樣烟草食料를覽求廉賣하옵더이와다

本冊肆에敎科書籍과各學校敎科書와各種新書冊이俱備하오니有志하신僉君子는陸續購覽하시옵
平壤鍾路耶穌敎冊肆　尹衡邵　告白

本廠에서工匠三十人을募集하깃스니工業에嫻熟한人은本月內로龍山軍器廠으로來함
軍器廠　告白

本會에서創立한中學校가已屆數載의學徒가日치하야熱心勸課는極佳하나房屋이窄狹하야因病休學이種々有之로되財政이窘乏하야實爲難處러니今爲建屋經營而以本會捐補으로는實難成樑이옵기謹助次委員을派送하오니遠近有志君子는特爲本校建築하와義捐讚助하심을伏望
義州中學會任員　張有寬　金리昌　告白

今週金曜日(陰六月初十日下午二時)에本會第二回通常會를大東父友會內에開하오니지京同道人士는豐日衆會하시옴
湖南學會總務委　告白

慶南昌原郡西面中里居김宅瑞가小與室李姓女로同居十餘年矣不意陰五月日에背夫逃他虎漢員龍담員咸安郡新塘員山翼員文券四十餘張을亦爲搜去故로于本郡完文立旨를得置하오나難測厥女之凶計故로廣告하오니內外國人은切勿見欺買得함
昌原郡金宅瑞　告白

本人이陽曆今月十一日에時計와姓名圖章을셔失하얏삽기廣告하오니誰某拾得하시거든侍從武官府로傳致하시면厚謝하깃솜
魚源

警告國債報償金義捐諸氏
自本所로京城內各收金所를次第調査中인바至若期成會하야는與重要金을貯置不明하고文簿眩惑하야難以明查故로玆에廣布하오니該金領收諸氏는無一遲滯하고領收証号數와金額과氏名과日字를昭詳히本所로錄送하야勿失事務를伏要함
大韓每日報社內國債報償志願金總合所　白

務安府參書官朴星乾이虐行政事로一府之民이不勝虐政하야屢次呈于內部法部平理院而一不見施로되旣有查報에나實有冤抑이라當付處之宣니退待事이오니參告之行濫이去益滋甚이이終無如何之處分하니居民이控訴無處하와기玆에廣告함
務安民人　林로燮　朴龍基　박相玉等　告白

大安同寄　本館에서漢城內에宿舍接待와學生의寄宿便利를爲하야六안二層半洋屋을建築하야宿處飮食其他凡節을一々히便宜하기로極力設備하오니遊學諸生은照亮하시와貴臨于本館事務하야詢議하심을敬要
北署大安洞別宮南便宿館長　劉熙燦　白告
寄宿願人은證書를本館에셔與함

留連費는每朔에新貨四圓八十錢으로定함

宿館廣告

本館에셔新舊書籍을大發售하오니有志僉彦은陸續購覽하심을望
銅峴屛門下古今書海館　白

本人이日本大阪商業家와特約하고日本內地產出各種物品과西洋各種物品及機械等物을我大韓에輸入하와委托은便利케賣約을앗소오니商工業에有意하신僉君子는某物이든지請求하시면本社에셔는手數料를만受領하고
興業社本店　開城北部祥洞　支店京城南門內水橋五十一統六戶　培養會社　仝仁港內동廣濟

本人等이典當支所越便에셔各典舖이유다가今에合資設舖營業하오니典執하실僉員은陸續來臨함을爲要
中署典동여信與典館　金경秀　車基會　金秉觀　告白

大韓新地誌　一秩二冊三百六十頁　定價金一圜
右新地誌는遠近遍邑에道里와總口戶田結에沿革과山川과市場과郵便驛院과名勝古跡을詳載하여完全한地理書오니敎科에便宜하오니
中署鍾路大東書市　金相萬書舖　小寺洞廣學書館　朱翰榮書舖　高裕相書舖　寺洞匯東書館

學徒裝衡書冊　絹紗各種　美國金鷄納　衣服裁縫其他雜貨도廉價放賣하오니諸君子는來臨하심을바라나이다
仁川港寺隅開新冊肆

원산과성진에셔본인이살진쇼(肥牛)를만이수깃스니쇼파는제군은다수이팔니오시옵
최봉준　고빅

◉增修無冤錄大全　壹秩壹日　七十貳頁　定價金新貨七拾五錢
此增修無冤錄大全은法律家의最緊要한書籍이온지年來現本이殆히絶種으로至한지라故로法部에認可를得하옵고此를新刊하얏삽든대國漢文으로解釋하야模範될句節이有하오니法律學에有志하신이와學校에從事하시는僉君子는注意購覽하심을望요
中署布屛下　廣學書舖　김相萬　發售所

◉일본遊覽者募集
一遊覽會員募集　人員은五十名으로一限하고達하는時에는不問하고速히請入하시옴
一遊覽地　東京博覽會及東京大阪等
一往復일數　旬日十七日間
一浮費　遊覽費及手數料를合하야總計四十八圓
一出發일　請入順次를從하야出發三일前에直接히通知함
一請入所　在京성各신聞社五十八銀行경성支店　天一銀行
一會員은遊覽을終하야開散한後는本會와關係가小無함
一南대門서釜山으로直行하되或은東경으로直行하는者는對하야도同一便法으로同行請入을應諾함
日本人遊람協會事務所남大門通
東亞商會

越南亡國史　國漢文　定價貳拾伍錢
發賣所京城廣橋高裕相書舖　南門內偏川郡禹時夏書舖　布屛下김相萬　告빅

菊初先生李人稙著

表紙價金二十八錢(錢四十百四)
發行所　京城各書舖(中央書館)

◉活動寫眞廣告◉
今番에始作한活動寫眞은法國巴里京에서有名한거시오大韓국皇室에서먼저看覽하셧고始作한지數日에遊覽하시는첨君子가多數枉臨하시와處가넘처셔晩到하시면不便하오니速々枉臨함
今番에또새로이活動寫眞數次到하야每夜에僉位觀覽에新面目을供하오니速々來臨하시옵
活動은自下午八点半至十点半
賣票時　七点半始賣
入場料上等新貨三十錢中等新貨十五錢小童半
新門외서달이목東便벽돌집
法人　馬田　告빅

國債報償義捐金 收入廣告

●江華郡仙源面畑동 子寧世
前郡守권泰亨四圓
五拾전 許 鎭 二圓
권重寶一圓 尹병烈 八拾錢
권泰國 六拾錢 金殷植
閔得인 趙히鳳 권重會
유遇식 許 寯 류福連
리주星 高敬俊 류석天
許 鉉 劉潤植 각四十錢
각五十전 尹여道 권大中
金炳益 김連식 각卄錢
권重謙 권重哲 리觀인
리觀義 沈景淳 劉奉交
유斗섭 金文玄 尹병철
권重鄒 유炳德 유星植
최制應 유병규 허 鎭
徐基承 권大謙 柳機섭
권重日 리星鎭 尹文植
尹健석 리慶鎬 권寧철
권되還 許 坪 許 공
金德守 각卄전 최성煒
리宜鉉 허 培 허 견
허 鎬 윤忠식 각十五전
권泰云 권重競 車성織
尹경玄 허 宙 金永淳
최治근 허善回 각十錢
合二십二圓二拾전

●江華郡仙源面錦月동
金弘섭 니成春 강윤하
국二圓 조世鎬 宋尙春
金重賢 국一圓 니遠益
文신模 姜윤三 金寅섭
니元寅 金重섭 국五十전
金憲섭 이德祚 各八拾전
이학인 니聖天 金寅섭
金亨섭 이汝善 各卄전
南宮稷 黃 발 학성魯
권重成 이景仲 曹복현
姜유복 文熙元 정尙헌
이文시 申석仲 박인陽
김展섭 김淳섭 박履陽
鄭奎成 김인鎬 俞병헌
韓元식 韓錫天 김致默
韓孝錫 曹동완 姜日錫
高錫기 각卄錢 鄭지헌
신良헌 니景伯 김지선
曹永春 柳明錫 姜今俊
최인敎 김殷섭 김성九
김謂默 김觀섭 니성益
김顯賢 김鍾윤 金成龍
김淳景 김重哲 권重經
김성敏 문亨模 文能模
니성三 池석奎 趙 璧
김銀龍 니永東 趙今秀
복문若 張召史 국拾전
合二拾二圓三十錢

●大門동
癸奉脈鎬完二圓 니建默
曹창極 조寅煥 具昶祖
一圓五十錢 丁用賢 리元順
각一圓 니윤선 八拾錢
廉順여 니善하 趙致元
니亨하 金창玄 劉億보
박容範 具然화 각五十錢
조應會 四十錢 박덕인
方君謙 김昌현 니덕壽
니주賢 曹상旭 具謙祖
곽덕근 각卄전 선喜슈
이寬在 沈崇基 각卄五전
俞윤원 任召史 니윤여
니辰元 劉근三 니延헌
니太岩 니守元 具齡祖
김성安 具然경 具然曄
趙成植 具성祖 국卄錢
童蒙신興金 十五錢 리永萬
리영實 니元吉 리성春
니지賢 金哲今 曹昌煥
리元西 니周玄 韓性賢
각十전
合二十圓八十전

●浴井동
니鍾섭 이貞鎬 沈相欽
각一圓 劉永與 리鍾樂
劉인祚 리聖日 리鍾聲
니鍾萬 각五十전 유聖吉
유永道 리鍾倫 리德信
리錫우 黃殷益 김玉鎭
유長彦 유松秉 국卄전
정希台 리昌淳 유석奎
리鍾翊 유大先 박기壽
리鍾철 리貫淳 유景佑
리昌淳 俞鎭宅 김濟九
各卄전 리東淳 리炳殷
김成辰 국十五錢 송七星
유漢植 리曜文 유長心
리奎淳 유永彦 韓進敎
리仁學 김영辰 유石玄
유基業 유相彦 유德三
리錫綿 리德淳 유상業
리錫萬 유영業 니仁先
리聖賢 유山玉 리在道
니鍾千 유道日 유春三
유錫信 鄭云지 리炳辰
유萬모 유德七 유德用
국十전
합십四원六十五전

●南山洞
高麟中 金永昌 高勉淳
安相均 국五拾錢 리基豐
沈完기 沈亨기 沈현中
김日中 高舜中 黃仁守
김영錫 유漢祐 각卄전
高禹中 四十전 高在南
卅전 沈석기 沈현南
沈興基 沈億基 高在昱
安鎬赫 高應中 高勉采
니鍾秀 김鳳玄 高晋中
고右中 고札中 리淳默
고在元 고華中 고在弼
고在成 고聖中 고在謙
국十錢
합六원五十錢

●梨井동
리星鎬 二원 김奎錫
一원五十錢 리元鎬 고鎭尙
高在泳 각五十전 고九七
리敎錫 高奎佐 리連鎬
국五十전 고奎弼 리君眞
고弼진 김治明 各四十錢
閔영田 俞春元 리奎善
고君明 고俊哲 리化元
유漢水 고奎七 각卄錢
馬禮善 유陽門 고官보
고順九 고順五 崔元三
리京조 高士弼 리 弘
리쬬조 리善弼 리敎大
리延弼 리化경 리致奎
黃春凡 리興太 김士陳
高진道 고俊보 리聖元
黃인凡 김治允 고永順
고凡善 고命根 고凡在
각卄錢 리成實 五錢
合十八圓

●信智洞
유得星二圓 朴경淳
一圓五十錢 獨秉勛 유戰석
鄭완 조敏煥 유致伏 유창호
조永煥 趙在호 趙根培
각五십전 유文交 조在榮
고京先 各四十전 河一滿
유德여 신鶴培 명萬業
河기弘 河性玄 河性玉
趙元煥 각卄錢 河龍德
河守凡 국十錢
合十一圓五十錢

●信塘동
馬衡鎭 咸원 柳範烈 柳秉烈
국壹원 柳致인 우彦鎭 김奎영
류致順 具連七 류希民
각五拾전 柳지鳳 六拾전
우遠淵 류春一 각四十錢
류得龍 우景鎭 리文奎
유文實 嚴順五 高士守
尹인實 조京三 柳文玉
김光云 具然直 高士叔
各卄錢 辛重鉉 柳士인
각卄五錢 柳文京 韓春生
尹泰복 尹士弘 류성根
張주玄 羅昌元 柳正道
尹경化 우九鎭 柳希天
류貫玄 류문吉 류致化
柳문七 徐中지 회성伯
류文지 柳春五 俞昌인
曹경五 김壽天 우治功
權治조 강泰永 韓春實
鄭金五 리吉順 趙東식
柳致守 류文道 류銀化
우皐淵 각廿錢 우東元
우舜鎭 우福成 우京先
俞士明 박인亦 유順龍
河守凡 高元奎 朴지先
국拾錢
合二十一圓

●倉동
박良玄 韓道玄 金성玄
裵在實 유化京 韓太岩
김弘石 국四十錢 曹時弘
許應圭 김致玄 각卄錢
김順九 김根必 김有天
리五俊 韓春植 김여七
김化成 김興守 김昌實
허수보 림根守 方致三
문學先 리지永 董萬孫
회成默 김義春 박성손
韓문守 延用근 田윤實
韓春三 각卄錢 金巳先
金義先 김奉模 김点石
각拾전
合八圓五十전

●仙杏동
金영奎一圓 유元奎 류基喩
각五十전 金영世 유東奎
김顯復 유良玉 리伊先
리元植 각卅전 유允西
유吉演 리相호 김지弘
리儀철 리과錫 유時中
김景植 林良渉 金弘조
朴春성 유인澤 국卄錢
김應泰 김完植 리行칠
박順萬 김祥玉 류괴習
리洙蓮 리致涉 姜再成
리性心 徐괴鉉 김良식
류 演 辛덕守 韓경弼
金문興 리윤守 김顯玉
金濟憲 류順益 魯윤日
김 씨 김永信 辛益鉉
김영化 류三鉉 류春容
崔明元 南宮柱玄 리宗大
경根祥 朴昌石 회順男
국拾錢 김성得 유星奎
리元男 국卄전
合拾圓拾錢

●黃海道延安郡今巖東三里
耶蘇敎堂
姜明淑 리景安 姜子能
鄭興石 각二원 魯주絃
姜行淑 姜弘淑 조春日
김哉근 김順集 강聲淑
魯賓支 니근培 金奉煥
강泰石 崔天支 崔덕春
名一원 金덕인 홍윤五
강성弼 韓舜瑞 김興烈
신明守 김덕釆 강德哉
국五십전 강인 강仲協
朴並業 각四拾전 김八星
김仲보 강萬協 강乃洪
鄭永二 강보汝 국卄錢
강仲淑 강保鍵 김윤섭
김正岩 회仲吾 朱원상
金相千 노영奎 신경敎
萬春卿 姜문二 강원奎
신玄年 신銀國 김錫奎
宋明吾 최明來 朱문哉
김양섭 朴明郁 胡씨夫人
조亨식 廬지문 국卄錢
강日會 魯주玄 김子益
강士範 김致西 千敬善 魯윤良
김錫化 郭선益 국六拾錢
경德吾 신현경 鄭落洪
閔시夫人 金시夫人 金致三
김京호 김富君 국十전
강半七 姜氏夫人 각五면
三十八圓九十錢

●始興南面廣大리동中 四圓
●安東西門外옥동리
김璟煥二圓全夫人權시一圓
●영柔郡中部面龍田里
天主敎神父法國人明若日十원
天主敎堂雇人리지근 二원
리花盤校敎師日本人

正誤 류好彬 二圓
合二十一圓
總合二百十五圓四十五전
國文報廣告總合 二百廿四圓三十七전
前號總合三萬四千八百三十四圓◎二錢七厘
都總合三萬五千三百七十三圓 八十四錢七厘

◎特別廣告◎

國債報償金三日間所捧은姑未合計이고伊前日의所捧總合五萬◎◎◯五圓九十五錢七厘은氣會社內銀行에貯置ᄒᆞ얏슴 고其貯置額中三萬二千三百圓은國債報償志願金總合所로越交홈

大韓每日申報

發行兼編輯人英國人 裵說
發行所 南署石井동號外地三層洋屋家
大韓每日申報社

●號　外　(七月十八日木曜日)

●閣議上奏件

內閣大臣八員이會同하야昨夜七時부터十時ᄭᆞ지
皇上陛下ᄭᅴ謁見ᄒᆞ고奏達ᄒᆞ기ᄅᆞᆯ今番海牙平和會議에韓國委員을派送ᄒᆞᆷ으로當ᄒᆞᆫ
困難을免ᄒᆞ실方策은左와如ᄒᆞ오니
一은光武九年十一月十七日의新條約에御璽ᄅᆞᆯ押ᄒᆞᆯ事
二ᄂᆞᆫ皇帝陛下에攝政을推薦ᄒᆞᆯ事
三은皇帝陛下ᄭᅴ셔東京에親幸ᄒᆞ샤日本皇帝陛下ᄭᅴ謝過ᄒᆞᆯ事
이올시다ᄒᆞ얏ᄂᆞᆫ데
皇上陛下ᄭᅴ셔ᄂᆞᆫ右三件을允許치아니ᄒᆞ셧다더라

●宮相新任　錦陵尉朴泳孝氏가昨夜에宮內府大臣을任命ᄒᆞ엿더라

●義士自裁　前平理院檢事李儁氏가現今萬國平和會議에韓國派遣員으로赴往ᄒᆞᆫ事ᄂᆞᆫ一般世人이共知하ᄂᆞᆫ바어니와昨日東京電報ᄅᆞᆯ據ᄒᆞᆫ즉該氏가忠憤ᄒᆞᆫ志氣ᄅᆞᆯ不勝ᄒᆞ야因以自決ᄒᆞ야萬國使臣之前에熱血을一灑ᄒᆞ야萬國을驚動ᄒᆞ엿다더라

大韓每日申報

●호　외

대한ᄆᆡ일신보

광무십일년칠월십팔일　(목요일)

●각의의상주ᄒᆞᆫᄉᆞ건

ᄂᆡ각대신 여덟분이 회동ᄒᆞ야 작일 하오칠시부터 십이시ᄭᆞ지
황상폐하ᄭᅴ 폐현ᄒᆞ고 주달ᄒᆞ기ᄅᆞᆯ 이번 헤아에 위원을 파송ᄒᆞᆷ으로 당ᄒᆞ시ᄂᆞᆫ
곤난을 면ᄒᆞ옵실 방칙은 아래와 ᄀᆞᆺᄉᆞ오니
뎨일은 광무구년 십일월 십칠일에 뎡ᄒᆞᆫ 신됴약에 어보를 치실일이오
뎨이ᄂᆞᆫ 황뎨폐하의 셥졍ᄒᆞ심을 츄쳔ᄒᆞᆯ 일이오
뎨삼은 황뎨폐하ᄭᅴ셔 친히 동경에 가셔셔 일황뎨폐하ᄭᅴ 샤과ᄒᆞ실일
이올시다ᄒᆞ엿ᄂᆞᆫ듸
황상폐하ᄭᅴ옵셔ᄂᆞᆫ 이 세가지ᄅᆞᆯ 다 윤허치아니ᄒᆞ옵셧다더라

●궁대신임 작야에 금릉위박영효씨ᄂᆞᆫ 궁ᄂᆡ부대신을 임명ᄒᆞ엿더라

●의ᄉᆞ가ᄌᆞ결 젼 평리원검ᄉᆞ 리쥰씨가 현금 만국평화회의에 한국 파견원으로 갓던일은 세상사ᄅᆞᆷ이 다 알거니와 작일에 밧은 동경뎐보를 거ᄒᆞᆫ즉 리씨가 충분ᄒᆞᆫ ᄆᆞ음을 이긔지못ᄒᆞ야 ᄌᆞ결ᄒᆞ야 만국ᄉᆞ신압헤 피를ᄲᅮ려셔 만국을 경동케ᄒᆞ엿다더라

발ᄒᆡᆼ겸편즙인　영국인　배셜
●발ᄒᆡᆼ소
남셔 [illegible]
대한ᄆᆡ일신보샤

雜報

●國位已定 皇太子殿下게오셔代理되신후는世人이共知혼바어니와 大皇帝陛下께오셔 太皇上帝가되시고 皇太子殿下께셔 大皇帝로禪位하셧다더라

●三氏拘拿 警務使丁在燮과軍務局長李熙斗와軍部教務課長李甲과侍從武官魚潭과侍衛三隊長林在德은並免本官す고平理院으로拘拿嚴辦事를奉旨依奏す라하셧더라

●警使新任 鬱島郡守具然壽氏를警務使로任命되얏더라

●閣內參事 內閣에셔奏本을上奏하얏는대內大朴泳孝와侍從卿李道宰와前弘文學士南廷哲은合法部會同事를旨依奏す라하셧더라

●宮大解署 內閣總理大臣李完用氏는臨時署理宮內府大臣을解任되얏더라

●[illegible]電筒 再昨夜에軍部大臣李秉武氏가泥峴等地에在す야[illegible]電話す야[illegible]二隊를派送把守す라す고[illegible]國兵이把守す는[illegible]軍律의無意事인則不可奉行이라す미軍大가又詰[illegible]世界日中에指揮인즉有何他言[illegible]憤氣所激에[illegible]電話筒을破碎す얏다더라

●[illegible] 內部에셔各[illegible]

●訪問 李僕鎔氏가日昨[illegible]

[illegible]

[illegible]大臣이[illegible]九用[illegible]가任命되얏더라

●諸大臣恐怯 新內閣諸大臣에셔는家産과內眷을移置す얏거니와各政府大臣들도無勝恐怯す야家産什物을沒數移去す고家舍를盡空す얏다더라

●兩家衝火 中樞院顧問李址鎔氏가自己家産什物과內眷을城北洞亭子로移置す얏더니再昨夜八時에後洞人民이衝火沒燒す고龍山江亭도沒燒す고城北洞所在李根澤李根澔氏亭子도同夜九時에衝火燒盡す얏다더라

●隊長被捉 去十七日夜에各大臣이代理事를上奏할時에侍衛三大隊領官林在德씨가闕內에入直하얏는대軍大李秉武씨가該씨에게指揮す여日憲兵七拾名이闕門外에來到す엿스니即爲開門す라혼즉同씨가反對曰兵丁이武器를持す고闕內에入홈은已成邦憲이라 大皇帝陛下게勅敎를不承す고大監命令으로는闕門을不開す겟노라[illegible]日一個拳銃으로[illegible]何敢抗拒나냐す고排門入來[illegible]憲兵이平服에六穴砲를각持す고[illegible]

[illegible]大官이以兵丁亂動을不能禁衛事로責[illegible]無異聞이나然이나亂動事는兵丁이志氣所激인則於兵丁에는罪責이리오す고一擧降服す얏다더라

●被捉理由 宮內府大臣朴泳孝씨가警務廳의被捉홈은別項과如す거니와再昨日에日本皇帝게셔 皇太子代理承命す신致賀를新 皇帝되신처와如[illegible]電報가來す얏는대總理大臣李完用씨는新皇帝되신즉答[illegible]하심뿐이오受禪은아니라す셧스니어지新 皇帝로答電하리오す고萬々不可す다す미李完用시가期於히固執頑拒혼지라[illegible]勝憤然す야退闕還第す얏더니居末幾에日巡査幾名이來到す야該시를捉去す얏다더라

●闕門鎖閉 元來闕內에無論何公故す고夜間에擧行되여도公故時면闕門을閉하얏다가公故時限이되면閉門す고[illegible]에는陳賀公故가有す다하야出入시키는例인대去拾九日夜[illegible]문이不成す야今初十日부터留[illegible]하얏더니仍日下午[illegible]布德門으로日兵二百餘名이直[illegible]公使廳에或臥或坐す야[illegible]

●[illegible] 再昨日[illegible]入商店에셔韓人이[illegible]

[illegible]同日下午二時頃에鍾路近地에셔何許兒童이日巡査를向허여[illegible]

[illegible]該日巡査가帶銃[illegible]日人이[illegible]該日人이卽斃허고韓兒는他日人이捕捉而去허엿다더라

●兩處撤市 西來人에傳說을聞혼則平壤城內와開城에셔人民等이忠憤所激에一齊撤市허야大鬧히沸騰허다더라

●諸犯被配 去番平理院에셔流配宣告된三十八名을昨日上午五時에日巡査와憲兵이不時眼同す야京仁鐵路로下去す야配所로發送す는대其家人들이追後聞之す고仁川으로追去を얏다더라

●把守益緊 闕內와闕外와宮墻左右에日兵의把守가去益緊密す야鐵網과如혼故로闕內出入이甚爲不便す다더라

●地方人民憤慨說 平壤人民等이內部에電報す얏다는說은昨報에揭載す얏거니와更聞혼則該郡人民屢千名이上京홀次로京義鐵路를搭乘코ᄌ홀ᄯᆡ에日兵이泊退不許す는지라陸路로一齊히發程上京혼다す며또入[illegible]多數上京혼다는說이有す더라

●兵丁痛哭 日昨에同許兵丁數名이平服을換着코三淸洞等地로向去す며痛哭曰我等이身爲兵丁す야日日鍊武홈[illegible]用之無處す니不如死라す고痛哭す더라

●一切謝客 [illegible]金鐘錫이가即人[illegible]閣官則白衣로[illegible]라신。魂分도[illegible]勸勉도稱す[illegible]舍廊中문은而[illegible]라揭付す고謝客す더라

●大官旅宿 近日各大臣이退闕後에는泥峴旅館에셔留宿す는대內大任善準氏는該印章[illegible]비지泥峴旅館에다留置す얏는대昨日十時中에該部次官俞星濬氏를前來す는暫字가有す미該次官이秘書課長吳在豊氏와該課主事一人을帶同す고泥峴으로前往す얏다더라

●罷巢之餘 三昨日總理大臣李完용氏家를火災當홀時에該시에寡居子婦가避身次로乘轎而去하다가阿峴셔衆民이該轎를打碎하미리시에寡居子婦를女비가負去하얏다더라

●軍部把守 軍部門外左右에回旋砲를設置す고該部에는韓兵一名과日兵이把守하더라

●至親營葬 日昨鍾路騷擾時에北署死洞居趙斗夏시가決死會에參觀홀際에銃丸을被하야致命す얏는대시의家計가甚貧하야葬備를措辦홀道가無홀中에該시의隣黨姓前威悅鄭序趙景善시가衾裝什物을放買하야葬埋費를專擔す야葬殮을經過허얏다더라

●埋장安之 內部地方局長張仲모시가三四日會仕進치아니す얏는대該시家에도稱す다더라

●到處驚겁 去金曜日下午십時頃에總理以下各部大臣이退闕す야너官邸으로會同す야무삼事를秘密提議허고下午二時頃에統監邸로會同前往す엿다出來홀際에死化문外에셔人民數千名이出來호ᄋᆞ허거늘總理大臣리完용시가蒼黃罔措허야警務官某시를前遊허야關문을閉鎖케허거날警務官이答허되下令이有す야官이야大衆의命分을不可施行이니主殿院卿의게電話허야同卿가有허면閉鎖을것다혼대總理리完용시가主殿院卿의게通令혼後關문을一時間閉鎖す고司令部에指揮허야憲兵을多數히保護出문허야統監官邸로即向허얏다더라

●年號改定說 昨日에各大臣이會同허야年号을改正허기로提議혼다더라

●砲致設砲 闕내望臺에日兵이機關砲를設置示威힛다더라

●一進飮跡 一進會들이日昨에驚겁을當혼後로麥帽子를脫허고或着笠홀뿐더러數日間은路上에一進會員影跡이永絕허얏다더라

●達夜上奏 昨日下午四時에總理大臣이詣闕허야終夜토록무삼事件을奏稟허는지輪回入奏허다가昨日上午四時에泥峴으로退去를얏다더라

●仁港火光 再昨日下午酉時頃에인港에셔韓民七八百名이三四次를日人에家屋에冲火허얏다더라

●德人被傷 再昨日에덕國總領事館書記官불의마여氏에子가四學等等地에過去허는대日人이放銃허여左臂을受傷허엿다더라

東京電報

七月二十一日着

●讓位聲明 韓國政府에셔 皇帝讓位에就す야締盟列國에聲明허여달나혼旨를日本政府에셔依賴す얏더라

▲[illegible]絲快談▼

▲日人이海牙問題로韓國 皇帝의試罰혼事實이有す다す야 皇位에廢立을强逼す더니及其[illegible]完成以後에는密使問題를[illegible]於不實하나若以此로謂非實事인대 韓皇이不當任其責也오若謂實事인대決非三人之[illegible]命이니又[illegible]三人處罰之擧也오以此後에都是日人之所喜心術외强迫手段으로以홈이니世界耳目所지에豈可[illegible]掩得이리오

▲原老大臣들이拾七日夜代理事로召命이有す시미入參하는原老는但唯々而退す얏고不參혼大臣은如天廈屋에飽食高臥す야忽地稱病에堅臥不起す니原老大臣은此時局을當す야大端히養望만す고저す나三千里江산이片土가無餘케되여도高臥閒養에身後만顧惜す는지

▲現今內閣七大臣이人民이起鬧す야或家舍를소火하며吾自畏겁하야自己家에不能退歸す고抱頭鼠竄에置身無處하야泥峴農大宋秉畯시家에會同留宿혼다す니宋秉畯시家가內閣이되얏고

▲日前日임스報에今回韓民暴動事件을朴泳孝시의게歸咎혼句語가有す니此何義理之叢乎아必是何邊에서構揑煽動이로다

▲全國이鼎沸す고萬衆이呼哭之日을當す야所謂北村大官에簪纓金玉之人이團恭度日하야恬不動念曰朕之世々의何如是安坳고す니稍有人性이면胡然如是리오何日에나淸潔法을擴張하야如此汚穢之物을東海之濱으로

▲北村宰相某氏는昨日을當す여도案도에문八世譜를披す고門閥論下를紛紜批評す니風塵局上에도門閥[illegible]向班[illegible]彈丸이不犯す리來避亂方針을自己中에홈뎐

▲完[illegible]君李[illegible]완은日昨日砲聲에驚겁す야女婦를隨す고女婢를帶率す니假作す고逃走す엿다니皇室의至親으로陸軍副將의官位으로一斬에出國大人의行色이가機出す니是何思想이[illegible]平生에무삼[illegible]得罪혼事가有す엿기에[illegible]아오

雜報

(昨日號外再謄)

●閣議上奏件

內閣大臣八員이會同ᄒᆞ야昨夜七時브터十時ᄭᆞ지 皇上陛下ᄭᅴ謁見ᄒᆞ고奏達ᄒᆞ기를今番海牙平和會議에韓國委員을派送홈은重大ᄒᆞᆫ問題를免ᄒᆞ실方策은左와如ᄒᆞ오니

一은光武九年十一月十七日의新條約에御璽를押ᄒᆞ실事

二ᄂᆞᆫ皇帝陛下의攝政을推薦ᄒᆞᆯ事

三은皇帝陛下ᄭᅴ셔東京에親幸ᄒᆞ샤日本皇帝陛下ᄭᅴ謝過ᄒᆞᆯ事ᄒᆞ기를請ᄒᆞ얏ᄂᆞᆫ대 皇上陛下ᄭᅴ셔ᄂᆞᆫ右三件을允許치아니ᄒᆞ셧다더라

●宮相新任 錦陵尉朴泳孝시가昨夜에宮內府大臣을任命ᄒᆞ얏더라

●義士自裁 前平理院檢事李儁시가現今萬國平和會議에韓國派遣員으로前往ᄒᆞᆷ은一般世人이共知ᄒᆞᄂᆞᆫ바어니와昨日東京電報를據ᄒᆞᆫ則該시가忠憤ᄒᆞᆫ志氣를不勝ᄒᆞ야因以自決ᄒᆞ야萬國使臣之前에熱血을一灑ᄒᆞ야萬國을聳動ᄒᆞ얏다더라

●旰食靡寧 皇上陛下ᄭᅴ옵셔數日來로水刺를進御치못ᄒᆞ셧다더라

●錦陵尉上奏 皇上陛下ᄭᅴ옵셔再昨日에錦陵尉朴泳孝씨를對ᄒᆞ사下詢ᄒᆞ시기를今番事件이何如ᄒᆞ냐ᄒᆞ신즉上奏ᄒᆞ기를皇室에ᄂᆞᆫ少無關係라ᄒᆞ얏다더라

●井上揚說 京城日報의記載ᄒᆞᆫ東京電報의日井上伯이向人揚道ᄒᆞ되海牙問題에對ᄒᆞ야韓國 皇帝ᄭᅴ셔日本에渡來ᄒᆞ야謝過치아니ᄒᆞ면못쓰깃다ᄒᆞ얏더라

●自現審辦 再昨日內閣에서會議를開ᄒᆞ고李完鎔시의特赦問題를提出ᄒᆞ야爛商協議ᄒᆞᆫ즉되學部大臣李載崑시가反對ᄒᆞ야日李完鎔시가有何罪案ᄒᆞ야以特赦奏本을平理院에自現ᄒᆞᆫ後審辦ᄒᆞᆷ이可ᄒᆞ다ᄒᆞᄂᆞᆫ故로以此可決ᄒᆞ얏다더라

●三시强硬 軍隊奏本이日間되ᄂᆞᆫ데趙李盧三시의手段이强硬ᄒᆞ야軍相이不能任意ᄒᆞᄂᆞᆫ故로方在閣審中이라더라

●普學院視察 再昨日錦陵尉박泳孝시가普學院을視察ᄒᆞ고任員錄을考覽ᄒᆞ얏다더라

●電促入城 伊藤統監이再昨日에李完鎔시의게昨日入城ᄒᆞ라고電報ᄒᆞ얏다더라

●閣議更開 內閣大臣이昨日午後二時에更히會議를開ᄒᆞ고當日四時에各大臣이一齊히入闕拜謁ᄒᆞ얏다더라

●日外相着京 林外務大臣은昨日午後七時半에着京ᄒᆞ엿더라

●日本外大迎接 日本外務大臣림董씨一行이入城ᄒᆞᄂᆞᆫ데迎接ᄒᆞ기로伊藤統監과長谷川大將과総理大臣以下各部大臣과一進會會長以下諸會員이一齊히南門外停車場에出迎ᄒᆞ얏다더라

●被災減稅 度支部에셔忠淸南道拾三郡昨年水災를被ᄒᆞᆫ結卜二千七百二拾九結四十五負七束을還墾에永히全減ᄒᆞ기로內閣에請議ᄒᆞ얏다더라

●參事增設 各部에參事官二人式增置ᄒᆞᆫ다더라

●彰信解約 合名彰信會社에셔日本富士紡績株式會社와物品直接貿易ᄒᆞ던契約을무삼委折이有ᄒᆞᆫ지解約ᄒᆞ얏다더라

●反刺債主 礡洞居金某가何許人의多數負債ᄒᆞ고진不報償ᄒᆞᆫ故로該錢主가來督ᄒᆞᆫ즉金某가當報之物을報給ᄒᆞ기ᄂᆞᆫ姑舍ᄒᆞ고刀를拔ᄒᆞ야該人을反刺ᄒᆞ야衣服이裂破ᄒᆞ고肥膚가微傷ᄒᆞ야血痕이流出ᄒᆞ얏ᄂᆞᆫ대壹場風波가大起ᄒᆞ얏다더라

●或任或補 稅務主事第三期試驗八格人을昨日에出榜ᄒᆞ다說은已揭前報어니와昨日에出榜ᄒᆞ얏ᄂᆞᆫ대入格者가一百人인되五拾九点以上은卽叙稅務主事ᄒᆞ고五十九点以下ᄂᆞᆫ付之後補生으로ᄒᆞ더인데該人格ᄒᆞᆫ一百人을再明日度支部로來會ᄒᆞ라ᄒᆞ얏다더라

●强盜執刑 昨日下午六時에漢城裁判所에셔審ᄒᆞᆫ强盜七名을執刑ᄒᆞ얏더라

●非恐動乎 昨日本社에韓人의名을假冒ᄒᆞ야寄書ᄒᆞᆫ바其筆跡은日人之手오作文이亦是日文인則此ᄂᆞᆫ不過是何許無賴日人이做作浮言ᄒᆞ야韓人을恐動ᄏᆞᆷ인ᄃᆞᆺ이過ᄒᆞᆫ지라日人의巧猾홈於此可知라聽覽僉員의笑柄을供코ᄌᆞ야玆에其全문을譯載ᄒᆞᆷ前年王妃暗殺時에韓國을震動ᄒᆞ든東光岡本卿之助가昨夜에壯士拾名을引率入城ᄒᆞ야巴城에投宿ᄒᆞ고壯士ᄂᆞᆫ其附近에散宿ᄒᆞ니彼가何策을弄ᄒᆞᆯ지注意ᄒᆞᆯ事라ᄒᆞ얏더라

●以貌取人 尙州郡主事宋基祚氏가叙任三四朔에尙不赴仕ᄒᆞ고晏然在京ᄒᆞ야臥料만取ᄒᆞᆫ다고該郡來人의傳說이沸騰ᄒᆞ더라

●權시遺惨 北今峴邏領事丙寧시가年今三十一歲인데才예特異ᄒᆞ야德語漢語俄語日語를能通ᄒᆞ야向於稅務主事試取時에人其優而外掌觀ᄒᆞ야觀務八郡에因ᄒᆞ야急疾이되자再昨夜亥時量에長逝ᄒᆞ얏다고該觀察使가電報於其本家ᄒᆞᆫ지라其父親丙壽시에毒慘抑塞ᄒᆞ야見若失眞을亦無還喪 費ᄒᆞ야舉家相扶呼哭ᄒᆞ니慘不忍見이러라

●인港火災 昨日午前九時半부터인港에셔大火가忽起ᄒᆞ야각國居留地八號九號地가燒燼ᄒᆞ엿다더라

●商界煽動 商業會議所에셔五萬圜事로目賀田顧問과相議ᄒᆞ고該會議所를典執이란事ᄂᆞᆫ更聞ᄒᆞᆫ則新選任員이攜絲做言ᄒᆞ야萬商을煽動시켜가지고舊任員을退送ᄒᆞᆫ後任員을圖得ᄒᆞ라고做出ᄒᆞᆷ이라더라

●自强開會 本月廿日七曜(一陰六月ㄷ一日)下午一時에通常會를開ᄒᆞ고事務를處理ᄒᆞᆫ後左開三題로演說ᄒᆞᆫ다더라

虛文의弊害　鄭雲復

英雄의心膽　朴治勳

政府와社會　大垣丈夫

●尹童呼泣 社동居金괴宅氏가本以尙州居生으로其本郡居尹參奉綱烈氏다려郡守一窠를圖給ᄒᆞ마百般誘說ᄒᆞ즉尹시가墮其術中ᄒᆞ야葉錢二萬三千兩을得給ᄒᆞ엿ᄂᆞ니金시가特젼ᄒᆞ京ᄒᆞ야旋ᄒᆞ다ᄒᆞ고ᄂᆞᆫ聞乾沒ᄒᆞᆫ지라尹시ᄂᆞᆫ因此飮恨長逝ᄒᆞ얏ᄂᆞᆫ되其長孫童蒙尹인쟈이가該道觀察使의게呼訴ᄒᆞᆫ즉김시干弘鎭을捉囚道獄ᄒᆞ고至有當報之判決이나屈於金시之勢力ᄒᆞ야竟未推捧故로日前 尹童인番이가漢城裁判所에呈訴ᄒᆞ얏더니金시가何樣圖囑이든지自外私和之意로幷爲放送ᄒᆞᆫ故로尹동ᄋᆞᆫ末由推捧에道路에呼泣ᄒᆞᆫ다더라

●賊兵押付 呂州郡 英陵守護駐站隊兵丁趙二石이가該附近村閭에擔銃横行ᄒᆞ며民財ᄅᆞᆯ强奪ᄒᆞᄂᆞᆫ故로該郡警務分署에서捉囚ᄒᆞ야該贓物銀簪及銀指環布屬等物을被害人處에還遣還付後該兵丁은江原道鎭衛隊로押付ᄒᆞ얏다더라

●夫人說明 再昨日同友會況을得聞ᄒᆞᆫ則當日進明女學校에셔總代一夫人을派送參席ᄒᆞ얏ᄂᆞᆫ되該夫人某시가前席說明ᄒᆞ되貴會員이如是會동ᄒᆞᆷ은感謝하거니와海牙事件을何樣歸正ᄒᆞᆯ方針이有ᄒᆞ며日人도參會하얏스나該人은有何目的而來ᄒᆞ얏ᄂᆞ냐ᄒᆞ얏다더라

●雜誌請願 警務廳에서內部로報告하되女子教育會總務리鈺卿等請願內槩에本人等이昨年四月分에女子教育會를剏設ᄒᆞ옵고一般婦人에智德을教導培養ᄒᆞ기爲ᄒᆞ야女子雜誌를刊行ᄒᆞᆯ意로已爲請願於內部이옵더니図書內에警務廳에請願ᄒᆞᆯ事이옵기玆에請願ᄒᆞ오니特爲認許하시와使我國婦女로誘被導化ᄒᆞ야亦于문明之域케ᄒᆞ시믈伏望이라ᄒᆞ얏더라

●문友演會 再昨日문友會원老諸시가會同ᄒᆞ야開會ᄒᆞ고海아問題로演說ᄒᆞ다가未了ᄒᆞᆫ故로昨日該元老諸시가更히開會演說ᄒᆞᆫ대至於伊藤統監에게長書ᄒᆞ기로決定ᄒᆞ얏다더라

●興校試驗 陰竹郡興隆學校夏期試驗에襲級式을設行ᄒᆞᄂᆞᆫ대教師竝水枝황괴永兩시가學徒를對ᄒᆞ야夏期後에勸々復習ᄒᆞ고勿怠渡度ᄒᆞ라ᄂᆞᆫ演說로主誠勸勉ᄒᆞᆫ後에本郡守박주憲氏가賞品을優給ᄒᆞ얏ᄂᆞᆫ되甲乙班優等生에金갑卿等人人이오及第下에林殷鉉等八人인대禮式을畢ᄒᆞᆫ後에愛國歌를齊唱ᄒᆞ얏다더라

●灒稅離收 金州郡南一北一等六面이昨年地方區域改定ᄒᆞᆯ時에益山郡에移付ᄒᆞ얏ᄂᆞᆫ대昨秋結稅收捧時에益山郡에ᄂᆞᆫ白銅貨八拾兩例로紙貨八圜式收捧ᄒᆞ고該新付六面에ᄂᆞᆫ紙貨拾二圜式督納ᄒᆞᆫ故로一郡之內에稅政이不均ᄒᆞ다ᄒᆞ야該六面人民等이該道稅務官에게와度支部에屢次呼訴ᄒᆞᆫ즉所答이今年은拾二圜式納ᄒᆞ고來年봇터ᄂᆞᆫ八圜式納ᄒᆞ라ᄒᆞᆫ미該人民이結稅를抵死不納ᄒᆞ야六面結稅ᄂᆞᆫ一分도收捧치못ᄒᆞ얏ᄂᆞᆫ대該面人民等拾餘名이度支部에更爲呼訴ᄒᆞ얏더라

東京電報

●獻身報國 平和會議에顯出ᄒᆞᆫ韓國密使李儁시ᄂᆞᆫ死亡ᄒᆞ얏다ᄂᆞᆫ報가有ᄒᆞᆫ대韓帝의內命을依ᄒᆞ야毒殺ᄒᆞᆷ이아닌가疑ᄒᆞᆫ다하얏더라

▲擊劍而歌▼

▲大韓天地에東風이吹撼ᄒᆞ야三千蝶域이一夜에浮沉ᄒᆞ니志士ᄂᆞᆫ痛哭ᄒᆞ고烈ᄂᆞᆫ喪魂ᄒᆞ야傑각腔血을何處에瀉盡ᄒᆞᆯ이오

▲和平晩餐事리傳씨가海牙府會議場에서自殺ᄒᆞ얏다ᄂᆞᆫ電報가來到ᄒᆞ얏스니氏ᄂᆞᆫ大韓世界에熱血男兒다獨家의獨立을隻手挽回코져ᄒᆞ다가時機가未熟ᄒᆞᆷ에大事를未就ᄒᆞ니畢竟滿腔赤血을萬國會同之席에快一灑之ᄒᆞ얏스니同氏의忠節은萬古無雙이오

▲今回海牙會議에韓國人數三名이現出ᄒᆞ야演說ᄒᆞᆫ事件으로日本外務大臣林董氏一行이京城에到着ᄒᆞ미漢城人士가一層注意ᄒᆞ야同氏게如何行動을万目所觀로다

▲近日각大臣이統監府에逐日密議ᄒᆞ고內閣에會同ᄒᆞ야耳語頻數ᄒᆞ더니再昨夜의三大問題을提出ᄒᆞ엿스니舊政府ᄂᆞᆫ新條約을協議ᄒᆞ더니新內閣은三條件을提出ᄒᆞ니近來大臣에事業이靑史에有光ᄒᆞ것

▲中樞院顧問閔泳綺리李址鎔權重顯三씨가視察로東京에前往ᄒᆞ얏ᄂᆞᆫ대釜山서韓人에게困難을當ᄒᆞ얏ᄂᆞᆫ데 東京에到着ᄒᆞᆫ則街上兒童들이以石投罵ᄒᆞ여日韓國에亡國大夫라ᄂᆞᆫ故로狀이大僞甚皮ᄒᆞ야不得多日留連ᄒᆞ고日間歸國ᄒᆞᆫ다ᄒᆞ니諸시ᄂᆞᆫ動者得謗에行止를不能自由ᄒᆞ니天地가雖寬이나一身이難容이로다

▲近日各社會에有志人士가頻頻會集ᄒᆞ야說道時局에悲淚가交下ᄒᆞ야握手痛哭에斗血이輪囷ᄒᆞ니燕趙碩士에悲歌ᄒᆞᆫ曲을有誰和ᄒᆞᆯ이오

▲近日各郡守가內部에辭職請願이遝日還至ᄒᆞᄂᆞᆫ데郡守들圖囑ᄒᆞᄂᆞᆫ人이藥峴의越嶺에密々穿穴ᄒᆞ야金神이暗動ᄒᆞ니當此時局ᄒᆞ야郡守를辭ᄒᆞᄂᆞᆫ人은何等人物이며郡守를圖囑ᄒᆞᄂᆞᆫ人은何等人物인지三千里江山이浮去ᄒᆞ여도郡守만圖得ᄒᆞ면身家를保有ᄒᆞᆯᄂᆞᆫ지

▲여보宰相兩班들어보시오如此時局을當ᄒᆞ여도逅天廈屋과如水枕簟에岡中扇를頻搖ᄒᆞ면셔近日政界消息이如何ᄒᆞᆫ지談笑消遣ᄒᆞ니耳聾金貧子是是誰乙晩오좀ᄭᆡ覺ᄒᆞ여보시오

▲近日南北村에紫眼閣된兩班들이綾羅紬衣에街路上에往來ᄒᆞ면서之字步에兩班態度ᄂᆞᆫ前日某判書某承旨行號施令보다尤甚ᄒᆞ미廟門更盡가鼻笑ᄒᆞ니舊班은漸衰ᄒᆞ고新班은突出이로고

後四時의 陛見을 蒙ᄒ얏더라

政大臣박齊純시로宮相署理를 命하셧더라

本社廣告

陰竹장湖院前主事金濟安氏를本社員으로認定을앗기茲以社告ᄒ오니該附近地에本社申報購覽을設ᄒ실僉彦은右씨에게請求ᄒ심을希望홈

廣告

濟州郡守尹[illegible]求氏가毆打冤民ᄒ고威脅辱說ᄒ야脫身逃去ᄒᆫ事는前報에揭載어니와本人等이冒辯ᄒ야挽止之際에該氏가[illegible]裵讓ᄒ야今日下去가[illegible]有所政府之分이다云ᄒ니貪贓事件에屢蹟新聞을ᄒ고呼訴各部則如此狀況之官을初不獎諭ᄒ고必無勸送之理이거날[illegible]訴而不下ᄒ고縱務而恣行ᄒ니曲折을難知오者無所措면何生爲리ᄒ야至於인港사지ᄒ롤率遊檢而去ᄒ야稱云自效로爲我保護而派遣이라ᄒ며且電信于木港警務署ᄒ야期爲保護ᄒ니於此一款又有無弊를可辨故로玆以廣告홈

濟州郡 [illegible]大圭 等 告白

昌原府尹리琦ᄂ을何許乱民이리炳酒리갑철等의僞名으로構罪呈訴ᄒ야內部이옵기本人等이說明呈訴于馬港日籍署ᄒ옵고玆에廣告ᄒ오니內外國人은照亮ᄒ심

리炳弘 리尙철 告白

[illegible]

東萊權益三處推次於音[illegible]坪三千八百四十九兩標를셔失ᄒ얏스니內外國人은休紙施行홈

玄湖徐頤文 告白

本人은舊[illegible]字[illegible]券或[illegible]伯現性水浮渠將欲[illegible]賣宗中田畓故玆以廣告ᄒ오니內外國人은切勿見欺

[illegible]山郡모韓里金時建 告白

本人이新門外京口尹始存處에[illegible]給今月初五日에서失ᄒ얏ᄉ오니誰某든지拾得ᄒ여도休紙施行홈

蓄동四十九統十戶 尹頤根 告白

陸軍正尉徐環煥은兒九로副尉徐挺煥은鼎九로幼學徐珪煥은綏九로徐瑋煥은徽九로徐瑛煥은明九 徐진煥은진九로徐[illegible]駿은商胤으로改名홈

利川徐氏宗中 告白

陰竹郡[illegible]隆學校贊成금員七面各處捐助금 壹百圓 權丙秀 拾五圓 金濟安 [illegible]錫濟 리九植 三十圓 [illegible]
손聖化 各拾圓 李聖雨 五圓 리秉희 八圓 리談來 리錫佑 리雨植 리斑欽 崔德水 趙雲瑞 리德興 尹永求 張準 趙昌根 리圭完 각五원 李容九 四圓 金允彬 柳建호 각三원 李昇稙 金鶴柱 리圭夏 金敬祿 각二圓五十錢 金弘鎭 三圓 南濟熙 리天雨 리陽徹 리興來 [illegible]直和 崔永基 金元培 安勳京 [illegible]國 金[illegible]獻 리[illegible]汝 리[illegible] 金[illegible]璧 金英圭 文泰星 金相胤 尹[illegible]德 리君[illegible] [illegible]欽 朴[illegible]數 [illegible] [illegible]國 복[illegible]彩 [illegible]원 李數 [illegible]원 리化成 [illegible] 각[illegible]원

財務官 金濟安 [illegible]錫治 等 白

金弼用 姓名以金斗萬矣니知舊間照亮ᄒ시옵

金斗萬 告白

本館에서大廣橋北川邊前紙廠小部家를半洋製로一新修改ᄒ옵고精결ᄒᆫ浴沐湯과各色料理와新鮮[illegible]饌ᄒ와陰曆六月初十日爲始ᄒ야開業ᄒ겟ᄉ오니僉君子는陸續來臨ᄒ심을伏望

內外沐浴湯

大韓料理各色 西洋上等酒菓각色及此外에도각樣烟草食料를隨求酬應홀터이오다

廣通館 告白

本廠에서工匠三十人을募集ᄒ깃ᄉ니工業에嫻熟ᄒᆫ人은來月內로龍山軍器廠으로來審홈

軍器廠 告白

慶南昌原郡[illegible]面中里居김宅瑞가與小室李姓女로同居十餘年矣ㅏ意陰五月日에背夫逃他ᄒ에家庄汁物을沒數放賣ᄒ엿더러本[illegible]田畓이在於本部中里員及虎溪員龍담員咸安郡新塘員山壞員文券四丁餘張은亦爲搜去故로呈于本郡ᄒ야完文立旨를得置ᄒ오나難測厥女之凶計故에廣告ᄒ오니內外國人은切勿見欺買得홈

昌原郡 金宅瑞 告白

本館에서新舊書籍을大發售ᄒ오니有志僉彦은陸續購覽ᄒ심을望

洞峴屛門下古今書海館 白

本冊肆에敎育書籍과各學校敎科書와各種新舊書冊이俱備ᄒ오니有志ᄒ신僉君子는陸續購覽ᄒ시옵

不墜 鍾路 廣蘊書冊肆

尹衡弼 告白

國債報償金義捐諸氏告

自本所로京城內各收金所를次第調查中至若期成會ᄒ야는莫重義金을貯置不明ᄒ고文簿眩惑ᄒ야難以明查故로玆에廣佈ᄒ오니該所에收金諸氏는無一遲滯ᄒ고領收証号數와金額과氏名과日字를照詳히本所로錄送ᄒ야勿失務ᄒ심을敬要

大韓每日申報社內國債報償志願金總合所 白

務安府參書官朴星煥이[illegible]行政事로一府之民이不勝冤欲ᄒ야屢次呈于內部法部平理院則迺內에既有査報에當有處辨일지니退待事이오나參書之行惡이去益滋甚이다終無如何之處分ᄒ니府民이控訴無處ᄒ옵기玆에廣告홈

務安民人 林로登 로龍基 박相玉等 告白

本會에서創立ᄒᆫ中學校가已屆數載의學徒가日치ᄒ야熱心勤課는嘉佳ᄒ나房屋이狹窄ᄒ야因爲休學이種々有之로되財政이窮乏ᄒ야實爲難處러니今爲建屋捐義而以本會捐금으로ᄂ實難成樣이옵기捐助次委員을派送ᄒ오니遠近有志君子는特爲不棄建築ᄒ와義捐贊助ᄒ심을伏望

[illegible]州中學會任員 張有寬 金기昌 告白

本人이日本大阪商業家와特約ᄒ고日本內地에産出各種物品과西洋各種物品及機械等物을我大韓에輸入ᄒ야委托을便利케契約ᄒ얏ᄉ오니商工業에有意ᄒ신僉君子는其物이든지請求ᄒ시거든本社로來議ᄒ시오本社에서는手數料만受領홈

興業社本店 漢城北部[illegible]洞
支店京城南門內水標五十一統
仁川港內[illegible]廣濟 增[illegible]社

大韓新地誌

一秩二冊三百六十頁 定價金一圓

[illegible]上古[illegible]完全ᄒ[illegible]

[illegible]

[illegible]洞口[illegible] 寺동[illegible]書館 [illegible] 鍾路[illegible]書舖 大東書市 [illegible]屛下金相萬書舖

今週日曜日(陽六月初十日下午二時)에本會第二回通常會를大東父老會內에開하오니在京同道人士는臨時參會하시옴

湖南學會總務 [illegible] 告白

원산파셩신간에서본인이살진소(肥牛)를파이스깃스니쇼파는재군은다수이팔니오시옵

최봉[illegible] 고백

學徒裝히書冊 學徒運動과諸具 羅紗各種 美國金鷄納 衣服裁縫其他雜貨도廉價放賣ᄒ오니僉君子는來臨ᄒ심을바라나이다

仁川港奇峴[illegible]新冊肆

越南亡國史 國漢文

定價貳拾伍錢

發賣所 京城廣橋高裕相書舖 鍾路[illegible] 匯東書館[illegible]

[illegible]屛下김相萬 告백

本人等이典동支所越便에서各貰典舖이옵다가今에合資設舖營業ᄒ오니典執ᄒ실僉員은陸續來臨ᄒ심

中署典동信號典舖 金경秀 車[illegible]倫 金榮觀 告白

●일본遊覽者募集

一遊覽會員募集 人員은五十名으로一團을成ᄒ고遠히請入ᄒ시옵不問內外國人ᄒ고遊覽地 東京大阪京都橫濱과神戶
一往復日數 十七日間
一浮費 遊覽費及手數料合ᄒ야總計四十八圓
一出發日 請入順次를從ᄒ야出發ᄒ오니에直接ᄒ야通知홈
一請入所 京城各新聞社及十八銀行경셩支店 天一銀行
一會員은遊覽을終ᄒ야開散ᄒᆫ後에는本會와關係가小無홈
一南大門서釜山으로直行ᄒ[illegible]지或은東京으로直行하는者에對ᄒ야도同一便法으로同行請入을應諾홈

[illegible]大人旅館協會事務所[illegible] 門通
東亞商會

◉增修無冤錄大全

壹秩壹百七十貳頁 定價金新貨七拾五錢

此增修無冤錄大全은法律家의最緊要ᄒᆫ書籍이온데年來現本이殆히絶種에至ᄒᆫ지라故로法部에認可를得ᄒ옵고此를新刊ᄒ얏삽ᄂ대國漢文으로解釋ᄒ야模糊ᄒᆫ句節이無ᄒ오니法律學에有志ᄒ신니와字牧之任에居ᄒ신니ᄂ不得不覽홀冊子이오니注意購覽ᄒ시옵

中署布屛下 廣學書舖 김相萬 發售所

譯劍 先生 李人稙 著

家庭小說 血의淚

表紙寫眞銅印刷 發行[illegible]菊版 (全一冊正價金[illegible]八十四百[illegible]頁)

[illegible]

發行所 (中央書館)[illegible]

京鄕各書舖 所賣發

第五卷 五百六十七號

月曜及慶節
歲時日休刊

檀君開國四千二百四十年
箕子元年三千二十九年
大韓開國五百十六年
日本明治四十年
淸國光緖三十三年
◎陰曆丁未六月大初十日己巳

論說

國際協會의大韓靑年

危乎殆哉라今日之韓國이여其將終於無望而已乎아抑亦前塗之有望乎아其無望也有望也ㅣ於其人物之產에可以卜之矣라古人이云ᄒᆞ되家將昌에子孫이賢ᄒᆞ고國將興에人才가出이라ᄒᆞ니苟其人物之產이不至缺乏이면雖其國運이中微ᄒᆞ야現勢가危急이나其必有興復之機會ᄂᆞᆫ古今歷史에不易之理라

今以韓國之現狀觀之ᄒᆞ면果然一點生機가無ᄒᆞ도다三千里錦繡江山은盡被外人之蹂躪ᄒᆞ고二千萬生命의慘舒ᄂᆞᆫ一任外人之操縱일ᄉᆡ寃恨之氣가上干雲霄ᄒᆞ고哀號之聲이深徹重泉ᄒᆞ니悲哉憐哉라古今天下에奴隷之辱과犧牲之慘이豈有如今日韓國之甚者乎아以是觀之ᄒᆞ면謂其命運之無望也ㅣ決矣라然이나吾儕가對此韓國ᄒᆞ야其前塗之足可希望者ᄅᆞᆯ有以觀測矣로다何也오多數ᄒᆞᆫ靑年이其思想의優美와氣象의活潑이將來回復國勢ᄒᆞᆯ大事業을建立ᄒᆞᆯ者가種々發現ᄒᆞᄂᆞᆫ대尤其多得於海外學生矣라

以近日所覩ᄂᆞᆫ記之컨ᄃᆡ日昨에海牙發電을據ᄒᆞᆫ則當地國際協會에韓人李瑋鍾氏가登壇演說ᄒᆞᄂᆞᆫ대日韓條約의無効ᄒᆞᆫ理由와日本에虐政不道德을指摘ᄒᆞ야도々數萬言을佛語로述ᄒᆞ되三時間에亘ᄒᆞ얏다니是果何人耶아吾儕가聞之ᄒᆞ니氏ᄂᆞᆫ故大將李景夏氏의令손이오前駐俄公使範晉氏의第二子라七歲에從其父親入露京이라가多年足跡이殆遍歐米ᄒᆞ야英美法俄四國語를通解ᄒᆞᆫ지라

今此海牙國際協會에各國의高等使節과社會上雄辯家와各報館에執筆者가如雲聚集ᄒᆞ야演說人의氣象如何와辭令如何를莫不注視ᄒᆞᄂᆞᆫ대氏ᄂᆞᆫ東洋一隅에幾乎名字가不存ᄒᆞᆫ韓國의一箇靑年으로挺立於壇上ᄒᆞ야도々雄辯이滿腔熱血을痛瀉一場ᄒᆞ야數萬言에至ᄒᆞ얏스니此果愛國志士며血性男子며有爲人才로다

昔에意太利의中興大勳臣嘉富耳가法國巴里會에在하야能히三寸舌로與國大臣을壓屈ᄒᆞ고列國人의同情을得ᄒᆞ야恢復國權ᄒᆞᆯ機關을挽回하엿더니今者大韓靑年이亦非其人歟아蓋此平和會議에韓國問題가難得其公判은勢固然矣어니와在於韓人ᄒᆞ야ᄂᆞᆫ事之成否를何可較計리오

但此列國齊會之席에壹箇大韓靑年이此萬言의演述로震驚世界之耳目者가實歷史上罕有之奇蹟이니豈可輕視乎哉아大抵今日韓國은靑年時代라個個靑年이擔荷大韓國土者ㅣ其爲幾千百人은實未可知也니國之命運이從此振興ᄒᆞᆯ것을執契以俟之ᄒᆞ노라

官報

◎第三千八百二十二號 光武十一年七月十八日

◎敍任及辭令

農林學校敎授補卞國선
依願免本官

經理院卿陸軍副將沈相薰
解臨時署理陪從武官長事務

忠淸北道觀察使尹吉炳
解兼任忠淸北道稅務監

忠淸北道觀察使李鎬成
命兼任忠淸北道稅務監

慶尙南道前觀察使趙民熙
解兼任慶尙南道稅務監

慶尙南道觀察使김思默
命兼任慶尙南道稅務監

咸鏡南道前觀察使정鳳時
解兼任咸鏡南道稅務監

咸鏡南道觀察使韓南奎
命兼任咸鏡南道稅務監

昆陽郡主事李光種
依願免本官

學部學務局長尹致旿
學部編輯局長장憲植
官立漢城法語學校長李能和
正三品 玄은
內部書記官 權輔相
周時經
學部事務官 上村正已
命國文硏究所委員

秘書監丞李必柱
依願免本官

正三品洪性友
任秘書監丞敍奏任官三等

秘書監丞李文求
兼任掌禮院掌禮

（未完）

外報

●大統領의卞明 伯林電을據ᄒᆞᆫ則美國大統領루스벨트氏가美國艦隊派遣ᄒᆞᆷ에對ᄒᆞ야卞明ᄒᆞ야曰今番美國艦隊가太平洋으로派往ᄒᆞᆷ은但艦隊에進力과防禦力을試驗ᄒᆞ기爲ᄒᆷ이오決코開戰ᄒᆞᆯ意가有ᄒᆷ이아니라ᄒᆞ고又美國은列國과平和를保有ᄒᆞ다ᄒᆞ얏더라

●法國大統領狙擊 法國大統領팔리에ㅣᄂᆞᆫ民가七月十四日共和祭觀兵式에臨ᄒᆞ얏다가롱상으로부터歸還ᄒᆞᄂᆞᆫ途中에一凶漢의게短銃으로二發狙擊을被ᄒᆞ얏스나何人도受害ᄒᆞᆫ者ㅣ無ᄒᆞ고加害者ᄂᆞᆫ精神에異狀이有ᄒᆞ다더라

●俄國南部暴動 俄國南部에[illegible]ㅣ손洲에서重大ᄒᆞᆫ農民의暴動이起ᄒᆞ야幾多의家屋을燒毁ᄒᆞ얏다더라

●資金特助 美國紐育에在ᄒᆞᆫ韓人李承鎬氏ᄂᆞᆫ新聞社에對ᄒᆞ야資本金을供給ᄒᆞᆷ으로因ᄒᆞ야該新聞社員을將次李鍾氏等을作伴ᄒᆞ야英國으로發行ᄒᆞᆫ다ᄂᆞᆫ風說이有ᄒᆞᆫ대近頃에該社員이法國巴里京으로부터海牙에到ᄒᆞ얏다더라

●俄兵의特派 上海電을據ᄒᆞᆫ則俄兵五千名이哈爾賓에到着ᄒᆞ엿ᄂᆞᆫ데此ᄂᆞᆫ滿洲에駐屯ᄒᆞᆫ淸國北洋軍에對ᄒᆞ야特派ᄒᆞᆫ者라더라

寄書

賀湖西興學會文

夫賀者ᄂᆞᆫ用於慶者也오吊者ᄂᆞᆫ用於哀者也라鄙等이組織此二字之義故로慘然欲哭에將吊西湖同胞者ㅣ即吊全國同胞也러니조往히來ᄒᆞ고測而復而ᄂᆞᆫ天理之情이라爽然叫快ᄒᆞ야不禁獻賀于我湖西同胞ᄒᆞ노니此即賀于全國同胞也로다然則先欲哭而今快賀者ᄂᆞᆫ有何等機緣而[illegible]嗚呼라[illegible]大振天生之民智ᄒᆞ며賦智識之機能[illegible]感觸也오內而[illegible]其所使用開發ᄒᆞᆷ始於家族ᄒᆞ고社會達于國家ᄒᆞ야[illegible]度而後에야不負天生之職矣어ᄂᆞᆯ米洲之美利堅과歐羅巴之英法과亞細亞之日本은善於使用其天賦之肉體ᄒᆞ고開發其天賦之精神ᄒᆞ야博覽記에通古今ᄒᆞ고事理之上等人種으로不失活潑氣像ᄒᆞ야六大洲에自由獨立을能히保全ᄒᆞ고米洲之紅人과阿洲之黑奴ᄂᆞᆫ不此之爲而[illegible]

賀吊之義가豈不顯殊哉아惟我大韓이素稱禮義ᄒᆞ야智識이非不足矣로되夫何近日에天下之大勢를不通ᄒᆞ야株守古閙ᄒᆞ고茫昧外情ᄒᆞ다가國防이外綻ᄒᆞ고人權이淪倒ᄒᆞ야汲々遑々에朝不謀夕에至ᄒᆞ니ᄂᆞᆫ檀箕四千年歷史上에德化의美를將使億萬年에永遠無疆ᄒᆞᆫ國家와土地와人民精神界에一大缺點이러니何幸義聲이倡於嶺南而國債償之會를ᄒᆞ고先倡이起於西北而有敎學之擧ᄒᆞ며府而州村而有學校而敎育에從事ᄒᆞ야人文이日闢ᄒᆞ고程度가漸進ᄒᆞ야將有轉危爲安ᄒᆞ며携暗就明之機會ᄂᆞᆫ라夫以我同胞兄弟로何事有較於熟先熟後리오마ᄂᆞᆫ顧我湖西ᄂᆞᆫ素稱多士로寥々無聞者ㅣ今爲十數稔矣라鄙等이窮首俯欷于心者ᄂᆞᆫ以若僉君子之高明博見으로抑有志於是而[illegible]

今日國家的思想을人々이擴著ᄒᆞ고發達的義務를面々이開導ᄒᆞᄂᆞᆫ時代에一省之不圖營이即一國之不圖營也니是謂先欲哭而吊者也라故로吾者ᄂᆞᆫ敢陳愚見ᄒᆞ야敬告湖西國僚[illegible]

●咸校漸旺 咸興郡朱璋[illegible]任百우氏ᄂᆞᆫ敎育에熱心ᄒᆞ야一郡有志紳士를協議捐助ᄒᆞ야一校를設立ᄒᆞ고[illegible]學徒가四十餘人에達ᄒᆞ고日益稍進ᄒᆞ야頗有成就之望ᄒᆞ더라

國債報償義捐金

收入廣告

◉義州府商議社

리東献百圜 림義京拾二圜
白義興 各一圜 리龍雲
양通源 각拾圜 金괴和七圜
김吉鎬六圜 主事최得守
尹平국 김天鳳 金孝源
김廷札 田龍希 各五圜
리용기 四원 主事崔錫夏
김仁晃 각三圜 韓正升
鄭孫金영환 리좌明 高昇日
主事리삼역 김윤希 조天守
叅奉김應根 主事류泰根
리[illegible] 崔應祿 主事리明煥
[illegible] 조昇리 최時興
[illegible]麟 金天則 리學麟
王官成 各二원 김弘善
尹正龜 金기錫 리光丘
김尙祖 金應鉉 叅奉김利涉
叅奉朴기華 김尙곤 吳廷九
崔致俊 리秀德 白학奉
박胤雲 白時彬 림瑞京
김允正 [illegible]萬 김池賢
崔錫奉 金지경 리澤占
리祉衡 리鳳信 韓기守
김俊和 鄭汝尙 김瑞奉
趙廷炳 김用禮 朴昌主
崔[illegible] 리允德 리國珍
김秀廷 김良선 리창鉉
黃영華 黃濬汝 金時沃
白亨鉉 김從連 沈龍赫
金應守 김道吉 金龍凡
김영화 崔昌祿 김致九
南門外居年九歲朴창奉
叅奉김윤成 任承主 신承升
崔錫泰 조鉉기 韓기珍
林宗植 石鳳日 金宅곤
文炳麟 정桂雲 복炳主
趙日鉉 유영昌 리俊根
卞根信 吉仁순 유成豐
리成模 최謙主 리瑞福
黃윤五 김仁弼 張尙奉

文明奎 鄭學奎 김道彬
리昌連 리益根 김기玉
張성弼 리學九 김京興
각一圜 조應三 張昌化
리景漢 盧重涉 김泰麟
金連興 郭志明 張석과
김윤澤 리得선 김官守
김太平 리泰國 장成祿
각五십던 김利經 宋윤亨
金용珍 金承明 각卅젼
김道正 二十젼
扈夫等리奉文 趙致成
鄭得용 趙永河 리正根 五人합拾円

◉光城面鱗市

崔尙노 姜與元 각三환
金得衡 김呂守 리泰祜
姜汝창 각二圜 車濟煥
張漢슈 강履황 金敬鉉
金重鍵 장履슈 康明哲
김貞鏞 趙信龍 韓成식
張京心 박履奎 朴鎭樹
金用涉 金鎭河 金麟善
각一圜 정과源 鄭南祖
리志선 김昌民 최永祐
김尙念 김萬衡 김吉錫
金仲玉 리윤日 리成道
韓尙殷 김기奉 리陽숨
강局明 張春和 姜志좌
金京道 杏信곤 崔云主
복弘守 金成基 김京天
白洛守 各五十전 최承五
리昌玉 리형禎 車道煥
盧賢福 리思沃 徐永順
王世國 강如周 강基奉
김行元 張元玉 리辰道
장呂布 김奉云 康明奎
崔天복 리基燁 각卅錢
玄文五 楊春五 趙昌命
리容九 洪元明 金仁守
최孝行 張永亨 최志孝
김윤玉 鄭福山 金利希
강龍云 이洛守 黃厚根
金龍文 吳承希 김世珍

각卅젼

◉多智島

신正奉 黃恩寶 黃[illegible]源
황瑞河 黃學源 各一원
金尙欽 徐應선 黃潤源
황思敬 각一원 黃思敏
黃思明 黃思曾 黃濟源
黃禮源 金윤建 김思鎭
신正九 嚴用昌 金지鎭
리尙俊 박영곤 각五拾젼
金尙亨七十錢 김在현 金遠潤
김陽律 각卅젼 金孝一
黃석主 김孝京 각卅젼
合四百八圜六十젼

◉忠淸南道[illegible]

趙相기 趙[illegible] 각五십던
趙徽图 朴鍾淳 각一圜
박鍾淵 四십젼 子영淳
二十젼 李致淳 好戎淳
各拾錢 徐英淳 趙天絃
趙敬영 각五十전 弟敎喆
二십젼 全더重 趙鎭升
리榮根 복光奎 趙中[illegible]
각卅錢 리秉宇 拾歲리進釗
김性寬 김寅植 최영穆
權병哲 리恒宇 리容大
各卅전 김緖欽 金덕培
김주性 김敎聖 趙鏞禹
金인培 김鍾烈 趙大熙
리東化 尹 鍾 김炳義
리泰和 羅甲奉 김錫九
회承喜 九歲리天奉 김敎元
각十젼 九歲趙時釗 五錢

◉黑巖洞

김應敎 二圜 沈하成
一圜八십젼 박忠夏 趙漢復
박圭鉉 각五십젼 趙衡植
一圓五십젼 櫛지道 四십젼
죠元植 宋種鎬 정夔敎
박喜恒 각卅전 죠漢璋
리承馨 韓곤植 趙一文
兪致雲 都二得 林奇成

각卅젼 리轍鉉 沈學洙
沈雨玉 沈雨余 沈雨彬
김釣亨 朴喜榮 리濟天
리秉秀 박宗愚 각十젼 沈雨吉
河濟泓 각십五錢 리承羽
一원

◉八松洞

鄭창敎 韓慶敎 각一圜
徐丙식 五십錢 張東麟
명漢敎 각四十젼 韓延敎
徐春三 辛壽默 오成善
명永錫 정進敎 趙天祐
각卅錢 鄭東寅 리春和
金곤培 三錢 徐丙轍 각十錢

◉龍塘[illegible]

김采福 一圜 리성吾
리冀哲 각五십錢 김秉濟
리秀忠 리秀鳳 박현道
宋鎬彬 각卅錢 陳秉德
拾七젼 金顯文 金顯喆
리星宇 십五錢 各十전
리煥명 殷興셔 嚴柱黃
三拾錢

◉鳳凰里

沈學弼 沈學主
각五拾錢 김永義 리東곤
박鳳用 각拾전

◉慶坪里

趙鏞元 五拾젼 趙鏞溯
죠鎭漢 朴順一 각四拾젼
죠鎭潤 리長卜 각卅錢
김秉俊 趙鎭河 姜天秀
김巨福 각卅錢 정其永
김正衡 오達善 宋東元
各십錢 洪윤憲

◉院대

리熙明 각卅錢

◉신尼面崇善洞

嚴柱儼 一圜 金濟鉉 一圜
리承喆 리곤東 嚴明섭
정順敎 리鳳性 嚴友섭
孫곤達 각五십錢 리 檀
四十錢 정樂倫 리寶善
嚴柱稷 嚴柱[illegible] 嚴柱一 安永順

朴徽奇 박世진 김곤식
卅五전 리應善 金春식
리鍾彦 金應鶴 정安敎
리히成 張思영 김성熙
孫應福 리귀與 정지곤
正德福 慶錫영 元寶常
박奇重 박漢俊 韓聖圭
경光玉 각卅錢 리永弼
金永萬 柳 창 孫興周
宋濬道 慶奎道 安九重
리致弼 각성젼 정丙敎
김勝弘 리元植 慶鎭福
선기연 리연植 三십젼
宋吉 孫錫九 五十젼
合五십二圓五錢

◉鎭衛步兵第三大隊第二中隊

士卒
正校[illegible] [illegible]道 副校[illegible]海允
張斗化 각一圓 尹達殷
七십錢 金奇슈 白喆秀
각卅拾錢 叅校우鳳振
偵校리[illegible] 각一圓 文道玉 십錢
八십젼 上等兵리春植
김[illegible] 二십錢 림상道
우창곤 金聲洙 각四십젼
鄭윤赫 河益京 白한道
玄奉俊 沈達千 리창植
정乃榮 각卅錢 우丙昌
尹完吉 김海成 김千石
權重곤 洪善五 각五拾젼
尹其홍 六十錢 韓守業
兪丙슈 하大允 각十錢
김應洙 조應민 石丙伯
각卅錢 金슈용 五젼
一等卒리石柱 김漢조
김明선 정邦佑 徐相卿
오岑得 金在숨 김得水
박尙先 黃春五 卞基조
박守景 김基植 閔 德
白益得 하圭賢 金在一
최영敎 金成賢 리하達
김益조 김萬조 우東守
리相石 정善우 조邦佑
徐信敎 朴尙億 박喬슈

權仁植 니應하 孫佑善
梁寬同 金石伊 정聖조
복太守 최信敎 朴南石
리敬淑 文振潚 車用石
각십錢 복南辰 權圭복
洪士곤 니덕守 정佑善
許成洙 오東局 송用守
신영곤 니인守 裵性곤
共尙조 洪萬淑 최인卜
니奉春 裵甲喆 각卄전
劉甲伊 安興奎 니在奉
정와일 김成彦 리在翼
수奈조 金영石 金健雨
김주化 權聖조 김부萬
오應東 박창和 강三조
수성業 김奉순 이곤伊
각십五전 高洪千 니돌明
金聖明 裵성學 송好先
김덕化 成大万 이大彦
정德수 최大用 方士弘
강致三 송同슈 許致寬
니化奎 림甲用 각十錢
박正奉 최鍾海 김윤덕
白益業 朴景순 이用조
各卅전 裵漢용 五十錢
裵成集 尹相우 김주化
박창和 강三조 김京達
확景호 김大鳳 김奉化 林化仙
박道楷 孔用必 각 전五厘
장圭와 니健雨 金丙化
金영植 각四拾젼 金성하
文성호 각卅七錢 리明實
십三면 림영洙七전
大隊正校정슈演
副護長니元雨 각五拾젼
一等計手徐星圭 二원六拾젼
副校전룡瑾 五拾전
合三拾五圓三拾五전
총合四百九十六圜
國文報廣告總合一百十九圓十젼五厘
前號總合三萬五千三百七十三圜八十四錢七厘
都總合三萬五千九百八十八圓九十五錢二厘

發行兼編輯人英國人 裵說
發行所 南署石井동號外地三層洋屋家
大韓每日申報社

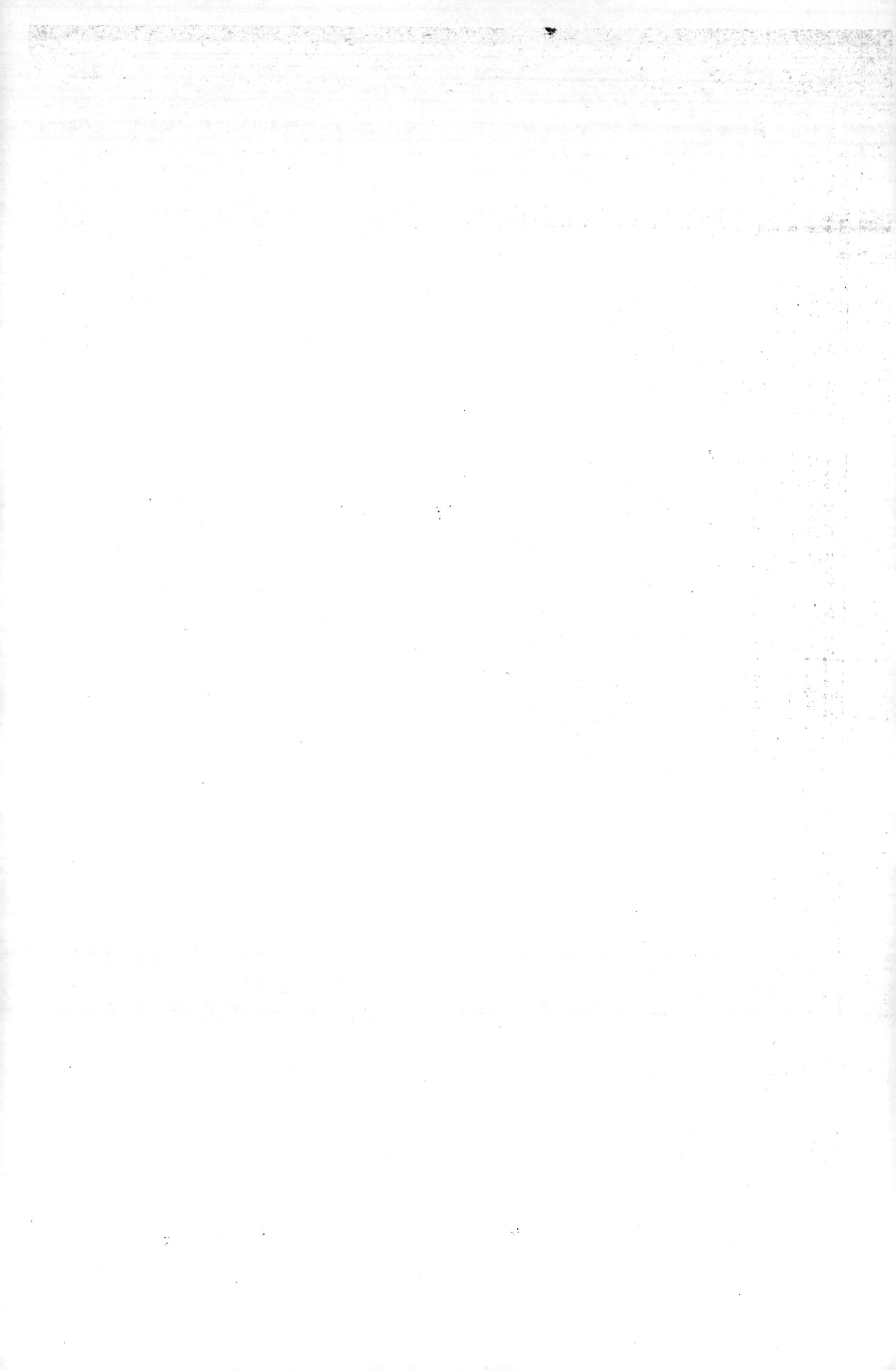

第五卷

月曜及慶節歲時日休刊

陰曆丁未六月十一日庚午

大韓每日申報

論說

伊藤侯

近一週間에形態가沉潛ᄒᆞ더니日本의請求가忽著矣로다日昨에內閣諸大臣이統監府에如常히會集ᄒᆞ야多端商議後에上奏ᄒᆞᆫ三大條件을決定ᄒᆞ기에同意ᄒᆞ엿스니此決案이伊藤侯의命令으로從生ᄒᆞᆫ인줄을推測ᄒᆞᄂᆞᆫ거시不其然乎아再昨夜七点半에內閣諸大臣이陛見ᄒᆞ고此三件을上奏ᄒᆞᆫ바其事項은昨日本報에已揭ᄒᆞ엿스니更報ᄒᆞᆯ必要가無ᄒᆞ거니와其陛見이二点時間을經過ᄒᆞ얏고諸大臣이上奏ᄒᆞ얏스니

但如此決案이海牙事件을因ᄒᆞᆷ이라ᄒᆞ얏스니 皇帝께셔ᄂᆞᆫ不允ᄒᆞ샤可否間批答을拒絕ᄒᆞ신지라事緊이如彼未決ᄒᆞᆷ으로大臣들은각自退闕ᄒᆞ얏도다 皇帝의天意ᄂᆞᆫ探知키不能ᄒᆞᆷ이依例어니와何如턴지其三件을[illegible]決키俱是不能이니第一條御璽로言之컨대旣至不信된公文에御璽를今置ᄒᆞᆫ거시有何效用이리오其條約을 皇帝께公然拒否ᄒᆞ심이已至三次라如今政局에御璽만但押ᄒᆞ면豈使他人信之리오

第二第三兩件은[illegible]爲乖異ᄒᆞ니 皇帝께셔如此ᄒᆞᆫ件을暫時라도商量ᄒᆞ실지[illegible]可信ᄒᆞᆯ原因이少無ᄒᆞᆫ지라何人의게던지讓過ᄒᆞᆫ[illegible]逃ᄒᆞ시면此ᄂᆞᆫ韓國 皇帝께셔日本使節의게[illegible] 皇帝께셔旣行ᄒᆞ신[illegible]

ᄂᆞᆫ確保權限이라 皇帝及人民이日本操縱者에게誤行ᄒᆞᄂᆞᆫ壓迫을受ᄒᆞᄂᆞᆫ것만論非ᄒᆞ셧도다向如턴지吾人이大懼ᄒᆞᆯ것은若誤行을更新ᄒᆞ면伊藤侯만固執ᄒᆞᆫ地位에至ᄒᆞᆯ것시[illegible]以日際和約으로[illegible]之ᄒᆞ면韓國이日本手中에陷ᄒᆞᆯ줄노度ᄒᆞᄂᆞᆫ日人의誤想을贊論ᄒᆞᆯ機會가特有ᄒᆞ니[illegible]日本人[illegible]이如此誤解를避ᄒᆞ기에執ᄒᆞ되伊藤侯가日本政府나新聞[illegible]이此誤想을解除ᄒᆞ기에嚴重ᄒᆞᆫ方策을採用ᄒᆞᆷ이一無ᄒᆞ니[illegible]乃可歎之事라

今者海牙事를因ᄒᆞ야日本人民의발怒ᄒᆞᆷ은非不眞實이나然이나日本官憲은何如國眼目을致不說明ᄒᆞᆷ이로다伊藤侯의將行之路가有二ᄒᆞ니其一은[illegible]公正ᄒᆞᆫ法律에依倣ᄒᆞ야韓國이多[illegible]困惱를旣受ᄒᆞᆫ不公威嚇을輕減ᄒᆞᆯ것시오其他ᄂᆞᆫ誤導된民을滿足케ᄒᆞᆯ設策을計圖ᄒᆞ야身上에[illegible]不顧ᄒᆞᆯ것시로다形態에關係되ᄂᆞᆫ[illegible]分子가亦有ᄒᆞ나確辨키不能ᄒᆞᆫ故로今但指言ᄒᆞᆷ이오不必論陳ᄒᆞ나[illegible]數箇邦國은日本施設ᄒᆞᆫ獻從ᄒᆞᆷ이確然ᄒᆞ나 皇帝께셔如彼要求[illegible]不許ᄒᆞ심에[illegible]ᄒᆞ야伊藤侯가[illegible]能行ᄒᆞ기에容許ᄒᆞᆷ을得ᄒᆞᆷ[illegible]可信ᄒᆞᆯ理由가[illegible]ᄒᆞ도다

官報

●第三千八百二十一號 光武十年七月二十二日 續

任章陵參奉 六品韓基봉

命宮內府所管鑛山各礦稅納未收捧委員補佐員 度支部書記郞趙[illegible]益

仝 김東昇

依願免本官 리東求 宋璇在 睦榮大

任度支部主記郞敍判任官

江陵郡守리台斑 陽川郡守安中植 安城郡守리範집 [illegible]珍郡守尹榮允 穩城郡守白翼洙 抱川郡守김永儀 振威郡守박南奎 金堤郡守李時宰 富平郡守李海昌

依願免本官

長단郡守尹宗求 竹山郡守南廷蒐 陽智郡守李承玉

免本官

度支部稅務官韓相鶴 度支部建築所技務官金永兼

任度支部書記官 正三品박正선

任度支部建築所事務官 度支部書記官김教聲

任度支部稅務官 度支部稅務主事具滋權

●宮廷錄事 第三千八百二十二號 光武十一年七月二十三日

宮內府特進官리載克辭職疏批旨省疏具悉特遞之任依施

敍任及辭令

研成學校步兵正尉金文植 步兵參尉孫義明

免本官

依願免本官 寧陵參奉韓明根

任主殿院屬衛局長 侍從院左侍御柳鍾昌

任侍從院左侍御 前侍御丞鍾夏

任章陵參奉 經理院技師리封烈 李錫九

章陵參奉李錫九

依願免本官 尙方司提調閔泳徽 奎章閣學士閔泳韶

命宮內府特進官 宮內府特進官洪淳馨

命奎章閣學士 修學院長리根湘

命宮內府特진官 侍從院侍從李晟若

任經理院技師 學部書記郞金永甲

任侍從院侍從

任章陵參奉 思陵參奉趙[illegible]

任思陵參奉 社稷署令리舜應

任社稷署令 六品趙明根

主殿院[illegible]衛局長崔[illegible]修

免本官

右ᄂᆞᆫ該員의所犯을勘罪處流ᄒᆞ얏기是以免本官

度支部書記郞申昌鎬 度支部書記郞洪祐定 度支部書記郞李敬식 度支部書記郞리啓善

依願免本官

九品申昌鎬 九品洪祐定 九品리敬식 九品리啓善 九品리弼雨 前主事尹成熙 퇴炳瓚 리仁用

任度支部書記郞

任軍器廠主事 김秉連

雜報

●日本大雨 日本東海道沿海數處에日前에大雨가降ᄒᆞ야輪車가交通치못ᄒᆞ더니再昨日부터開通되나稻田과蔬菜園에ᄂᆞᆫ아죽도通치못ᄒᆞ다ᄒᆞ며破壞附近地方에ᄂᆞᆫ림雨를因ᄒᆞ야死傷ᄒᆞᆫ者가一百三十餘名에過ᄒᆞ고漂流ᄒᆞᆫ家屋이五六百餘戶에達ᄒᆞ야光景이極히慘憺ᄒᆞ다더라

●砲臺撮影의非認 [illegible]據ᄒᆞᆫ則米國陸[illegible]代理ᄒᆞᆫ日人이砲臺를撮影ᄒᆞ다가捕縛된說은非認ᄒᆞ더라

●反對決議 [illegible]에美國商人이取引所에日本人排斥反對의決議를ᄒᆞ얏다더라

[illegible]日俄協約의[illegible] 今[illegible]에成立된日俄協約은三通으로成ᄒᆞ얏ᄂᆞᆫ데其中一通은[illegible]

一々推給於該民處ᄒᆞ라ᄒᆞ고內部에서平理院에照會ᄒᆞ얏더니該民이ᄂᆞᆫ係是何人의行문乎陸軍法院[illegible]致ᄒᆞ라ᄒᆞ고平理院에서照復ᄒᆞ얏더라

●擇用日語 稅務主事第三回落第ᄒᆞᆫ人은來二十日度支部에會集ᄒᆞ라ᄒᆞ얏ᄂᆞᆫ대落第人中에日語를試驗ᄒᆞ야稅務通譯으로使用ᄒᆞᆯ터이라더라

●日人行悖 平壤[illegible]趙鳳鎬씨가二層樓閣을構成ᄒᆞ고料理店을設ᄒᆞ얏ᄂᆞᆫ대名曰明天館이라近日에樂工과妓生이博集ᄒᆞ야習歌ᄒᆞ며衆有唱夫의唱歌ᄒᆞ야無代金으로公衆의觀覽[illegible]供ᄒᆞ더니今五日夜에妓樂을方성ᄒᆞ고來客이滿座ᄒᆞ얏ᄂᆞᆫ대日本人三四名이忽突入ᄒᆞ야[illegible]亂打ᄒᆞᄂᆞᆫ故로衆客이魂飛魄散ᄒᆞ야[illegible]奔走ᄒᆞ며或이被傷ᄒᆞ며或受損害ᄒᆞ얏스니自稱문明國人으로有此蠻行은不勝慨歎이라더라

●新刊報紙 日本人白川正治氏ᄂᆞᆫ本來有志ᄒᆞᆫ紳士라平壤에來住ᄒᆞ야[illegible]實業으로經營ᄒᆞᄂᆞᆫ대新聞을發刊ᄒᆞ야實業을勸獎ᄒᆞ더니近日에韓國民智를開發ᄒᆞᆯ目的으로韓字新聞을發刊ᄒᆞ기로已準備ᄒᆞ야來月初旬內로其新聞에一報紙를見ᄒᆞᆯ에至ᄒᆞ리라더라

●[illegible]志勸學 平壤府[illegible]氏ᄂᆞᆫ此時局을當ᄒᆞ야民智啓[illegible]ᄒᆞᆷ을爲ᄒᆞ야學校를[illegible]助ᄒᆞᄂᆞᆫ대[illegible]培英學校를委訪ᄒᆞ야[illegible]

◉號外 (光武十一年七月十九日金曜日)

本日上午四時에
皇上陛下께옵서
皇太子殿下께 代理를 命ᄒᆞ옵시고 大詔를 渙發ᄒᆞ셧스니

詔曰嗚呼라 朕이 列祖丕基를 嗣守ᄒᆞ야 于今四十有四載라 屢經多亂에 治不혜志ᄒᆞ야 進庸이 或非其人에 騷訛日甚ᄒᆞ고 施措가 多乖時宜ᄒᆞ야 艱虞方急ᄒᆞ니 民命之困瘁와 國步之岌業이 未有甚於此時ᄒᆞ야 慄々危懼에 若涉淵氷이라 幸賴元良이 德器가 天成ᄒᆞ고 令譽가 夙彰ᄒᆞ야 問寢視膳之暇의 裨益弘多ᄒᆞ고 施政改善之方은 付托有人이라 朕이 窃惟倦勤傳禪은 自有歷代已行之例ᄒᆞ고 亦粤我先王朝盛禮도 正宜紹述이니 朕이 今玆軍國大事를 令皇太子로 代理하노니 儀節은 令宮內府掌禮院으로 磨鍊擧行ᄒᆞ라

此詔勅이 頒布됨은 皇上陛下 聖意에 由ᄒᆞ심인지 不由ᄒᆞ심인지 一般注目處이라 此事件이 外人의 强逼所使와 內ᄂᆞᆫ 諸大臣의 脅制로 된것은 世人에 皆知ᄒᆞᆯ바오 萬一 聖意에 由ᄒᆞ얏다ᄒᆞᆯ진ᄃᆡ 皇上의 勇斷으로 光武九年 新條約에 御押ᄒᆞᆫ 아니ᄒᆞ실 決心으로 此에 至ᄒᆞ심이라ᄒᆞ노라

本日上午十時에 代理儀節을 擧行하얏다더라

發行兼編輯人 英國人 裴說
발 行 所
南署石井洞號外地三層洋屋家
大韓每日申報

대 한 ᄆᆡ 일 신 보

◉호 외 광무십일년칠월십구일 (금요일)

◉조칙과 대리

본일상오ᄉᆞ시에 황뎨 폐하씌옵서 황태ᄌᆞ뎐하씌 대리를 명ᄒᆞ옵시고 죠칙을 반포ᄒᆞ엿스니

죠서ᄒᆞ여 ᄀᆞᆯᄋᆞ샤ᄃᆡ 슯흐다 짐이 렬셩조의 큰 긔업을 니어 직힌지가 우금 ᄉᆞ십ᄉᆞ년이라 자조 환란을 지내ᄆᆡ 다ᄉᆞ리ᄂᆞᆫ 거시 ᄯᅳᆺ과ᄀᆞᆺ지못ᄒᆞ야 혹사ᄅᆞᆷ을 잘못써셔 쇼동이 날노심ᄒᆞ고 졍ᄉᆞ가 만히 어그러져 어려운 근심이 급박ᄒᆞ야 ᄇᆡᆨ셩의 곤난과 나라에 위ᄐᆡᄒᆞᆫ거시 이ᄯᅢ에셔 더 심ᄒᆞᆷ이 업스니 두려운 ᄆᆞᄋᆞᆷ이 깁흔물을 건너고 엷흔 어름을 ᄇᆞᆲᄂᆞᆫ듯 ᄒᆞᆫ지라 다ᄒᆡᆼ이 황태ᄌᆞ의 덕이 완젼히 일우고 명예가 일즉이 드러낫스니 시졍ᄒᆞᄂᆞᆫ 일은 부탁ᄒᆞᆯ 사ᄅᆞᆷ이 잇ᄂᆞᆫ지라 짐이 ᄉᆡᆼ각건ᄃᆡ 나히 늙으ᄆᆡ 위를 션ᄒᆞᄂᆞᆫ 거시 력ᄃᆡ에 젼례가 잇고 우리 션왕조의 례법을 맛당히 좃차ᄒᆡᆼᄒᆞᆯ지니 이제 군국대ᄉᆞ를 황태ᄌᆞ로 ᄒᆞ여곰 ᄃᆡ리케ᄒᆞ노니 의졀은 궁ᄂᆡ부와 쟝례원으로 마련거ᄒᆡᆼᄒᆞ라 ᄒᆞ옵셧더라

이 죠칙이 반포됨은 황샹폐하의 셩의로 말미암인지 아님인지 일반인민의 쥬목ᄒᆞᆯ곳이라 이 ᄉᆞ건이 외인의 강핍ᄒᆞᆷ과 ᄂᆡ각 모든대신의 위협으로 된거슨 셰상사ᄅᆞᆷ의 다 알바ㅣ어니와 황뎨폐하의 셩의신츅 출하리 션위 ᄒᆞ실지언뎡 광무구년 신됴약에 어보를 치지아니실 결심으로 이러케ᄒᆞ심이라ᄒᆞ노라

본일상오십시에 ᄃᆡ리ᄒᆞᄂᆞᆫ 의졀을궁ᄂᆡ부 쟝례원으로 마련ᄒᆞ여거ᄒᆡᆼᄒᆞ엿다더라

발힝겸편즙ᄋᆞᆫ 영국인 ᄇᆡ셜
◉발 힝 소
남셔셕졍동호외디삼층양옥집
대한ᄆᆡ일신보사

(昨日號外再謄)

昨日上午四時에 皇上陛下께옵셔 皇太子殿下께代理를命ᄒᆞ옵시고 詔勅을渙發ᄒᆞ셧스니 詔曰嗚呼라朕이列祖丕基를嗣守ᄒᆞᆫ지于今四十有四載라屢經多亂ᄒᆞ야治不稱志ᄒᆞ야進庸이或非其人ᄒᆞ며騷訛日甚ᄒᆞ고施措가多乖時宜ᄒᆞ야艱虞方急ᄒᆞ니民命之困瘁와國步之危岌이未有甚於此時ᄒᆞ야慄々危懼에若涉淵氷이라幸賴元良이德器가天成ᄒᆞ고令譽가夙彰ᄒᆞ야問寢視膳之暇의裨益弘多ᄒᆞ며施政改善之方을可托有人이라朕이窃惟倦勤傳禪은自有歷代已行之例오고亦惟我先王朝盛禮도丕宜紹述이니 朕의今玆軍國大事를令皇太子로代理ᄒᆞ노니儀節을令宮內府掌禮院으로磨鍊擧行ᄒᆞ라

此詔勅이頒布됨은 皇上陛下의聖意를由ᄒᆞ심인지不由ᄒᆞ심인지一般注目處이라此事件이夫人이强逼ᄒᆞ야使ᄒᆞᆫ內閣諸大臣의所爲ᄒᆞ야制로된것을世人이皆知ᄒᆞᄂᆞᆫ바이며一聖心에由ᄒᆞ얏다ᄒᆞᆯ진대 皇上의禪位詔勅은光武九年新條約에御押을아니ᄒᆞ신決心으로此에至ᄒᆞ심이라ᄒᆞ노라

昨日上午에皇帝代理儀節을擧行ᄒᆞ얏다더라

●百官庭請 皇太子殿下께옵서各百官庭請을再次ᄒᆞ신後에百官에陳賀를受ᄒᆞ고特赦ᄒᆞ신다더라

●陛見景況 再昨日에 皇上陛下께오셔伊藤統監을屢次召見ᄒᆞ사昨日下午五時에伊藤統監이詣闕陛見ᄒᆞᆫ되新任宮內府大臣錦陵尉朴泳孝가親任式을旣一치아니ᄒᆞᆫ故로此楓流顯職官朴齊純씨가該大臣署理를被命ᄒᆞ야伊藤統監과帶同陛見을ᄒᆞ얏다더라

●總理歷奏 再昨夜에總理大臣李完用씨以下各部大臣이詣闕ᄒᆞ야 皇太子殿下의게傳位ᄒᆞ실事를終夜도록上奏ᄒᆞᄂᆞᆫ대徽五軒內에該各大臣만秘密伏奏ᄒᆞ고門外에ᄂᆞᆫ日巡査가緊々把守ᄒᆞ야近侍臣ᄒᆞ나一人이라도嚴禁ᄒᆞ야不得通涉케ᄒᆞ며屢々陳奏ᄒᆞ야自上으로셔傳位ᄒᆞ시ᄂᆞᆫ 詔勅을下ᄒᆞ옵신後上午三時量에諸大臣이退闕ᄒᆞ얏다더라

●三次陛見 再昨日에元老閔泳韶閔泳徽申箕善三씨가 陛見ᄒᆞ얏ᄂᆞᆫ대外傳에元老ᄂᆞᆫ不爲詣闕ᄒᆞ얏다더라

●丙枕觀宵 皇上陛下께오셔各大臣奏請事件에對ᄒᆞ야達夜도록丙枕에暫寢ᄒᆞ시지못ᄒᆞ시고一國이侍臣班과各掖庭所屬이徹夜ᄒᆞ야甚爲惶悶無措ᄒᆞ얏다더라

●八人叅 總理大臣以下各部大臣이歷奏傳位ᄒᆞ고別頃外知ᄒᆞ니와當夜에自上으로元老大官某々八人을召命ᄒᆞ야新內閣八臣과同參協議ᄒᆞ셧ᄂᆞᆫ대八人中四人만入參ᄒᆞ얏다더라

●리八京 日後藤이再昨日에自仁川驛발ᄒᆞ야大邱停車場에來到ᄒᆞ야昨日에入京ᄒᆞ얏다더라

●一寶撤市 昨日上午四時에各市民이於激ᄒᆞ야日國事가危急ᄒᆞᆫ대對ᄒᆞ야決死會를組織ᄒᆞ고一律撤市ᄒᆞᆫ대于於商草廳에開會ᄒᆞ얏다더라

●一進把守 一進會員數百名이自數日前으로闕後에宮城에匿立ᄒᆞ야ᄒᆞ니其注意ᄂᆞᆫ莫測이라ᄒᆞ더라

●訟費實施 法部에셔ᄂᆞᆫ訟費規를發訟之人에게徵給ᄒᆞᄂᆞᆫ거슬實施ᄒᆞ기로內閣에請議ᄒᆞ얏다더라

●各部停務 昨日은各部에셔一齊히停務되얏더라

●情理固然 今番海牙平和會에셔不勝憤氣ᄒᆞ야自裁ᄒᆞᆫ李儁씨의夫人이聞訃ᄒᆞ고昨今兩日에絶穀ᄒᆞ고擗踊痛哭ᄒᆞ다가一身에流血狼藉ᄒᆞ야命재頃刻이라더라

●休道風說 自外風說을聞ᄒᆞᆫ則 皇上陛下께옵셔來십七日幾点鐘에東渡ᄒᆞ옵시기로完定이라ᄒᆞ야人心이恟々ᄒᆞ야ᄒᆞ니 皇上의決意ᄂᆞᆫ此에至ᄒᆞ기가萬無ᄒᆞᆷ을로認ᄒᆞ며本社에셔ᄂᆞᆫ的確ᄒᆞᆫ處에探聞이有ᄒᆞ기로此等風說에對ᄒᆞ야一般疑點을니케ᄒᆞ노라

●韓民忠憤 再昨夜十一点鐘에鍾路에셔人民이會集ᄒᆞ야國事가危急ᄒᆞᆷ을憂慮ᄒᆞ야決死會를組織ᄒᆞᆫ다ᄂᆞᆫ디總代八員을選定ᄒᆞ야爲先七大臣의게質問ᄒᆞᆯ次로總代七員이出席ᄒᆞ얏더니日巡이가沮遏ᄒᆞ야不得往質ᄒᆞ고萬人疏를奉ᄒᆞ기로ᄒᆞ더니邊은에ᄂᆞᆫ答辭ᄒᆞ얏ᄂᆞᆫ日疏ᄂᆞᆫ이雖不得已ᄒᆞ대로抗議허여日總代의質問ᄒᆞᆫ日人이總代와萬人流를奉ᄒᆞᆯ대도必不得ᄒᆞ대 邊事가危急ᄒᆞ야新條約보다可ᄒᆞ니現今二年事가新條約보다尤甚ᄒᆞ니我韓人이一心同力ᄒᆞ야人民의義務를表示ᄒᆞ야ᄒᆞ며世耳의나廢ᄒᆞ야盟ᄒᆞ야熱血을灑ᄒᆞ자ᄒᆞ고流會ᄒᆞ야疏委員六員을選定ᄒᆞ야今治장의製ᄒᆞ라ᄒᆞ고疏中에ᄂᆞᆫ到曉頭에日巡査憲兵이又到恐迫ᄒᆞ야卽爲解散ᄒᆞ라ᄒᆞᆫ則日吾輩가今爲人民義務而會依하얏스나鍾을打殺이라ᄒᆞ不可解散이라ᄒᆞᆫ則日巡査ᄂᆞᆫ民이銃劍으로無數亂打ᄒᆞ야或衣巾을破傷ᄒᆞ고或折臂傷脚ᄒᆞ얏ᄂᆞᆫ대破傷人은學徒가最多ᄒᆞ시라二百餘人이又爲同盟ᄒᆞ여曰雖爲被殺ᄒᆞ여도不可擾動이라ᄒᆞ야坐而不遷ᄒᆞᆷ으로日人이亦爲退去ᄒᆞ더라

●書籍館開學 苑동西友學會內에權設ᄒᆞᆫ敎育書籍館에셔多數ᄒᆞᆫ學員을募集하야今廿日(陰拾壹日土曜)下午二時에開學ᄒᆞᆫ다ᄂᆞᆫᄃᆡ本館贊成員諸씨와有志人士ᄂᆞᆫ光臨勸勉하시기를希望ᄒᆞᆫ다더라

●流配還囚 今番에流配ᄒᆞᆫ諸氏가請願保放ᄒᆞᆫ事ᄂᆞᆫ已爲前報어니와諸人을昨日에還囚於監獄ᄒᆞ얏다더라

●日師歸國 日本學校敎師兒島元一郞氏가歸國ᄒᆞ기로學部에請由하얏더라

●羅씨病患 羅寅영씨 方저委席ᄒᆞ여流配郡에棄世ᄒᆞᆫ變가有ᄒᆞ다더라

●以死決心 滿城人民이不勝憤歎ᄒᆞ야以死自誓ᄒᆞ기로決心之人도多數ᄒᆞ고 皇帝陛下의옵셔若不幸行ᄒᆞ실境遇에至ᄒᆞ면遵從ᄒᆞ기로決心ᄒᆞᆫ者不可勝數라더라

●流配消壞 珍島郡珍島流配罪人閔炯植等八人·諸智島流配罪人李容珪等九名과鐵島流配罪人閔衡植等二名을拾九名을特赦配ᄒᆞ셧스오該罪人及押去巡檢拾九名旅使五名旅費六百九圓四拾七錢五里를度支部外로認承ᄒᆞ야撥ᄒᆞ라고法部에서度支部로照會ᄒᆞ얏더라

●建築無期 洪州居民들이新到兵隊의棲屑ᄒᆞᆷ을見ᄒᆞ고謂ᄒᆞ되必也日本少佐가到隊後에야家舍買도出給ᄒᆞ고建築費도支撥ᄒᆞ리라ᄒᆞ더라

●韓日人接戰 昨日下午四時에韓國兵丁幾十名이人民과會同ᄒᆞ야日巡査로더부러放銃接戰ᄒᆞ얏ᄂᆞᆫ대日人三名이卽斃ᄒᆞ고韓人幾名도致斃ᄒᆞ고淸人一名은傷臂ᄒᆞ얏다더라

●計지嫁禍 京城商業會議所가今日저만침成立되며商品陳列舘ᄭᆞ지創立ᄒᆞᆷ은會頭郭린현趙鎭린兩씨와其他任員諸시가自己財産을不少히費用ᄒᆞ면서熱心ᄒᆞᆷ으로稍稍進步ᄒᆞᆷ이어ᄂᆞᆯ該進任員이平日에私嫌을抱含ᄒᆞ야會頭가五萬圓을乾沒이니犯用ᄒᆞᆫ니ᄂᆞᆫ諸般荒說로萬商을煽動ᄒᆞ여任員을改選ᄒᆞ고趙秉澤시로下新任員이當選ᄒᆞ여ᄂᆞ萬圓條件ᄂᆞᆫ繼續擔當ᄒᆞᆯ터인대事係難處ᄒᆞᆷ으로天一銀행重役에게로嫁禍코ᄌᆞ허여詰難中이라該所維持ᄂᆞᆫ若非舊任員이면不可ᄒᆞ다ᄒᆞ야新舊의合意協同을懇願ᄒᆞ나舊任員이應從치아니ᄒᆞ야致ᄒᆞᆫ事務가積滯ᄒᆞ야萬不成樣이라ᄒᆞ더라

●日巡放銃 昨日下午二時頃에決死會員들이再昨夜에該會員一人이日憲兵의게被傷ᄒᆞᆷ을憤激ᄒᆞ야大漢門前에復集ᄒᆞ얏ᄂᆞᆫ대日巡査가排逐ᄒᆞ며日巡査一名이逃之已去ᄒᆞᆫ지라會員一人이以石猛投가不過一番에日巡査가幾至死境ᄒᆞᆫ則日巡査가會人을向ᄒᆞ야二次放銃ᄒᆞ더니少頃에日巡ᄉᆞ坊방曲曲에把守ᄒᆞ야砲聲이不絶ᄒᆞ고逢人輒放ᄒᆞ더라

●憲兵日人 憲兵隊長李龍漢시ᄂᆞᆫ是李總理의爪牙로現職을擁得ᄒᆞᆫ者라大漢門前에會集ᄒᆞᆫ人民을憲兵六七名을領率ᄒᆞ고人을喝逐ᄒᆞ며鍾路로向去ᄒᆞᄃᆞ라

●演說被捉 昨日에종路에셔司書제강泳시가現今國家에危急ᄒᆞᆷ을對ᄒᆞ야아모조록全國同胞가決死同盟ᄒᆞ야 皇上陛下께옵셔危殆ᄒᆞᆫ地境에일으지안케ᄒᆞ기로慷慨演說ᄒᆞᄂᆞᆫ대日本警官이無理ᄒᆞᆫ壓制로該시를警務署로捉去ᄒᆞ얏다가仍卽放送ᄒᆞ얏스나시ᄂᆞᆫ本是平壤人으로留學漢城ᄒᆞᆫᄂᆞᆫ대果是靑年志士오血性男者라더라

●日外相의陛見 日本外部大臣林董시가昨日午後七時半에入城ᄒᆞ야卽時 陛見하얏다더라

●靑年興學 報寧邑內에樵夫牧童이會集ᄒᆞ야熱心學課ᄒᆞᄂᆞᆫ줄ᄂᆞᆫ一境이所共知어니와本邑內에有志靑年들이見於牧童之學課하고多數會集허야自歎曰如彼牧童도能히時勢變히야爲國之心으로不憚勢苦히고晝夜工夫허ᄂᆞᆫ대我靑年들은白ᄋᆞᆯ을虛度가不啻ᄉᆞ格貽ᄒᆞ러決不免於蟲國一民이라허고二十餘名으로허야會志人士의게相議허고今月十八日에開學式을牧동自立學校內의設立되고贊成員夢學…官吏나各觀光…

▲靑 萍 高 ▼

▲…閣大臣은頂踵毛髮…非人恩인대…外人에奴隸가되여脅迫君父을…能ᄒᆞ니千秋萬世에逃不得ᄒᆞᆯ名이잇기지

▲世變이層生에志士ᄂᆞᆫ熱淚가横流ᄒᆞ고烈士ᄂᆞᆫ忠憤激起ᄒᆞ야相對無言에愁雲이凝眉하니劍歌一曲이며者有誰오鴻毛泰山이一擲輕重이로다

▲這事에危急을痛迫ᄒᆞ야決死會가成立ᄒᆞ니國民에義務를腦髓에注入ᄒᆞᆫ…가强士ᄂᆞᆫ一失一身을何處에處置ᄒᆞᆯ이오決死目的은國民에義務를盡ᄒᆞᆷ도다

▲滿城人心이憤激ᄒᆞ야大漢門前에人山人海를成ᄒᆞ얏ᄂᆞᆫ되日憲兵巡査가驅逐ᄒᆞ야騎馬로橫馳ᄒᆞ야人民을凌踏ᄒᆞ니日人이韓人을壓制ᄒᆞᆷ을盡ᄒᆞᆷ도다

▲一進會員들이再昨夜에各持一燭籠ᄒᆞ고宮城을衛立ᄒᆞ엿다니該會에셔何處에命令을承ᄒᆞᆷ인지該會의非常ᄒᆞᆫ行動에日人의命令을服從ᄒᆞᆫ것이奴隸를作ᄒᆞ여ᄂᆞᆫ今番에ᄂᆞᆫ日兵丁으로使用ᄒᆞᆫ뎌도

▲嚴柱益氏ᄂᆞᆫ國恩을偏被ᄒᆞ고前日勢力이擲動一世ᄒᆞ더니時局이危急ᄒᆞᆷ을當ᄒᆞ야東峽山中에鹿遁ᄒᆞ야로下去ᄒᆞ야靑山綠水에興味가自若ᄒᆞ니該氏ᄂᆞᆫ可謂善避時機이로다

▲再昨夜에漢城人士가憤沸ᄒᆞ야宮城衛立ᄒᆞᆫ一進會를大打殺ᄒᆞ고高聲大呼ᄒᆞᆫ則一進이恐怯ᄒᆞ야國民新報社內로隱避ᄒᆞ야該報社를圍繞ᄒᆞ얏더니何許一進一隊가各自逃散ᄒᆞᆫ대開戶를不暇ᄒᆞ야破窓逃走ᄒᆞᆫ者가多ᄒᆞ다ᄒᆞ니可謂自相攻擊이로다

▲時局에對ᄒᆞ야社會와各學徒와至於商民까지義氣가發沸ᄒᆞ야各自會集ᄒᆞᄂᆞᆫ대南北村宰相兩班들은寥々無聞ᄒᆞ니春夢이方深ᄒᆞ야耳後金玉이還爲可惜이로다

國債報償義捐金收入廣告

●鎭衛第三大隊第一中隊士卒
正校尹補鉉 一圜五십전
副校宋明玄 김舜泳 나윤
許致옥 각五십전 김禮雲
裴治珍 各一원 參校손啓鎬
上等兵윤三錢 김遜洙
三拾젼 許汝 馬驥直
鄭鳳瑞 김錫允 各廾젼
崔奎善 四十전 윤鎭옥
五拾錢 許在洙 大십錢
리甲得 김舜현 강邦佑
[illegible]錢 니成春 尹기俊
[illegible] 하萬슈 박奎彥
[illegible] 朴應용 윤光洙
[illegible]鍾成洛 오창順
[illegible]우俊伊 정應玄
[illegible] 崔昇海
[illegible] 김春煥 金德슈
[illegible] 一圜
[illegible] 박泰來
[illegible]一錢 一等卒김용슈
[illegible] 權任述
[illegible] 김강슈 김性道
박成叔 讀道洙 김萬得
徐在元 潘明煥 兪同云
曹영道 金在甲 김凡伊
니敬슈 김斗奎 김景局
니成九 정局殷 니연實
鄭成옥 정巳奎 申濟
니邦우 김돌釗 趙敬伯
韓奉述 金武奎 兪敬道
黃鍾복 裵有述 오性寬
김영슈 림春敬 洪貫逵
강文圭 김永叔 장箕同
김敬슈 각卄錢 황在鉉
처기호 각五拾錢 林在述
六십錢 하奎澤 卄五錢
文奉周一圓 洪述伊 朴主俊
리世錫 二等卒林夏徵
趙用述 김在俊 송聞同
김德述 兪영達 각卄전
하萬옥 張인澤 裴學道

文明直 니炯支 陰明奎
金光碩 奉云西 金奉조
김性明 김在石 安순조
김太化 具明述 朴相柱
金春玄 朴相德 高贊
김영슈 최인덕 니萬슈
兪致洪 朴武弘 김性덕
박啓祿 하宗海 許용伊
金善日 박奉石 니敬伯
安寧用 박영齡 金영鎭
림지春 비敬玄 薛敬슈
金리슈 김與直 姜七用
니成五 玄石祚 김順一
비十炳 具七成 강英建
니起슈 니奉千 니凡九
許乙用 하덕今 김學슈
金슈곤 孫東烈 林用述
리春發 최大用 韓明돌
朴成春 오述伊 김同今
김지明 니덕조 金撒옥
리長伯 全基玄 리敬五 김用涉
김順明 徐正元 沈相順 최用조
方啟化 薛寧文 복元현
각卄전 羅成옥 김丙守
리同漢 呂玄用 고운述
복同곤 신以조 김昌옥
玄用石 하玄用 복万조
성긔得 비運학 崔奉조
셔凡伊 權一昌 尹奉述
ㅅ丙圭 高在用 각拾錢
복振鎬 拾五錢 尹性玄
四拾錢 黃鍾律 五拾전
使喚童拾二歲安슌伯 拾錢
合四拾九圓二十錢

●黃海道金川江北面大明동
主事愼리晟 壹圜拾錢 子容範
于爲鎬 각卄전 子童蒙月範
三十전 愼鳳晟 七십錢
子箕範 五拾던 愼德晟
二拾錢 申櫄 仝夫人
리世錫 童蒙張鳳奎 拾던
리命근 六拾錢 子京道
子영孫 각卄錢 童蒙孫春成
五拾전 리命五 三十전
子仲孫 리命瑞 각卄전
子元순拾錢 리命奎 [illegible]圓
子동蒙東春卅전 니命셥
四拾전 子동蒙興순 卄전
池영斗 五십錢 朴應寬
四십錢 子斗成 姜僖善
니仲寶 김致淳 胡鵬大
김元一 具弼瑞 고인學
徐元伯 曹京瑞 子동蒙石壘
車긔年 각卄전 홍지寬
[illegible]寶 各卅전 申京보
田成보 각拾錢
合拾一圓卄전

●安岳郡영春社
敎官車鼎喆 최敏重 黃璣湛
각五圜 [illegible]親[illegible] [illegible]驥湛
連湜各一圓 子伯萬 各十전
司果金學鉉 三圜 [illegible]
姜김씨 각五拾錢 子元夏
一圓 收養子崔夢[illegible] 四十전
申희一 二圓五十전 [illegible]
二圓 主事[illegible]
讃官黃鍚 進士[illegible]
강炳주 [illegible]현 [illegible]瑞彥
申영五 신冰鎭 [illegible]源
각一圓 姜鳳노 姜宗涉
鄭又根 복齊夏 김淵奉
김桂先 朴麟夏 金鳳俊
嚴龍洙 鄭用[illegible] 嚴龍문
各五十전 主事朴時秉[illegible]
子동蒙容치 五십전
리明石 金昇漢 崔鳳조
각五拾전 社建 리明奎
社尊金弘默 각一圓
동蒙尹學[illegible] 弟학成 학奐
各五拾전 居人金成곤一圓
黃鎭相 五拾전 乞婦許召史
二拾전

▲世淸社
故郡守崔鏞석夫人金씨卅八圓
監察김鎭鎬 一원五十전
韓龍鎭 二圓五拾錢
司果金學淳 손子寬一
각二圓 妻金氏 孫婦김씨
각一圓 外손朴吉孫五拾五전
김致弘 김大涉 각五十전
김基文卄전 [illegible]炳奎
[illegible] 子正熙 一圓
[illegible] 김濟敏 一圓
衛益[illegible] 前敎寧니若림三圓
朴敏斗 韓應淳 각卄錢

▲下道社立石동
參奉박鎔선五圓 김承선
申永均 文秉조 尹龍澤
각一圓 김承麟 김炳云
김成三 김昌先 崔석斗
김창湜 각六十전 김永和
김萬[illegible] 리淳根 각五十錢
[illegible] 金[illegible] 비用根
비鎬[illegible] 韓永敎 김창奎
김泰奉 玄在玄 최正斗
文[illegible] [illegible]鎭益 金應涉
尹奉민 각四拾전 김師丌
리伯[illegible] 徐派[illegible] 朴龍[illegible]
각卄錢 [illegible] 一圓

▲上道社[illegible] 參奉김[illegible] 五圓

▲中五洞
리穀相 四圓 이炳運二圓
進士리鳳相一圓 니炳선
六十전 김漢能 리雨相
리炳헌 各四十錢 리之항
리致相 리찬相 이炳億
이之玄 각卄전
합一百五十四圓六十七錢

●安東駐隊長士卒
參尉李용圭 五十錢.
副校김璟煥卅전 參校高학현
김鳳玄 兵卒沈相德 김大圭
최道彥 金敏민 김永均
黃相日 김璟煥 鄭인奐
崔興振 김錫潤 이和淳
리順奉 김斗根 鄭斗先
박守奉 權인榮 리元夏
[illegible]錫煥 崔창善 張규夏
張錫達 千一淸 權학雲
田相玉 박萬守 黃興瑞
비東柱 金鳳洛 이斗洪

擺元玄 權德化 림萬千
白元섭 김舜日 [illegible]哲
鄭萬先 孫大日 張明和
김在先 鄭錫奉 김順奉
리順甲 金학先 김泰先
申相允 오一섭 金良弼
각卄전
合十圓六十전

●大邱鎭衛步兵第三大隊餉官
尉官
參領梁在藏십원 副官元般常
餉官羅鍾培 각二환
正尉羅鎬 정熙봉 각三원
醫官박東實 副尉박티영
馬景煥 參尉리근默 각一圓
特務正校洪爾杰 섭원
合三십四원

●瑞興中部坊四里水踰村
이학西 이澤乃 각一圓
김在玄 박인模 鄭경三
朴昌辰 金致秉 韓致淳
최漢西 각五拾錢 劉근三
金發吉 崔成云 복明玄
복德培 각卅錢 복儀信
김爾西 복成實 림春成
각卄전
合七圓八十錢

●坡州馬井面上夜味里
윤在祿 一원 尹權泳
리承純 각六拾錢 尹리憲
四十전 尹聚承 윤弼憲
尹秉協 尹龜憲 尹常憲
尹政憲 朴德華 복鼎翰
각卄錢 尹性圭 辛奇조
오啓善 朴啓憲 박啓善
각拾錢 朴爲星 一圓
복노儀 四十전
合五원九十錢

●水川郡一東面廣德里
主事리殷默 이宗默 각三圓
高始鉉 리競默 리在河
각二圓 리秉默 리東熙
敎官김思惠 각一圓 리東暘

리憲默 리在寬 리世宜
리應默 유重熙 각五十錢
리冕默 尹相穆 리忠默
각卅錢 리義鎬 卄三錢
리敏容卄錢 리相默 金思玉
리翰默 리廣鎭 리在晟
리壯默 리在倫 鄭[illegible]
리璟默 리東奎 韓用良
리存根 박奇[illegible] 각十五錢
리奇善十錢 김濟大 김七龍
김成玉 徐範容 김集龍
신萬成 김順龍 各十五錢
合十二원四十三전

●延安邑耶蘇敎堂
黃元五四원 夫人宋氏一원
宋鍾元[illegible] 리興淳 [illegible]
정주淳 康[illegible]玄 각一圓
김京先 [illegible]문 各五十전
丁般奎 六十錢 최[illegible]鎭
신[illegible] 리衡淳 五圜
[illegible] 김[illegible]나二圓 趙德日
黃致萬 리致般 高[illegible]신덕
최[illegible]夫人 김씨夫人
각卄전 리氏夫人 拾전
張[illegible]九원 明[illegible]四拾전
夫人韓氏 늬되여 卄전
服氏스라[illegible]錢 崔氏[illegible]八면
리[illegible] 원나이사 中[illegible]실여
김씨일나 각五錢
千만이母親 四錢
장돌이母親 二錢五厘
合三十四圜八十九錢五厘

●忠淸南道洪州[illegible]村
參奉리興[illegible]一圓 리泓世
윤덕熙 김德[illegible] 김在根
김化선 廉千淳 各卄전
김용雲 三십전
合二圓五拾전

總合三百三十三圜七十九錢五厘
國文報廣告總合二百三十圜六十三전
前號總合三萬五千九百八十八圓九十五錢二厘
都總合三萬六千五百五十三圓三十七전七厘

◎特別廣告◎
國債報償金[illegible]日間所捐金[illegible]
合計이[illegible]前日의所捐[illegible]總合
五萬○○○五圓九十五錢[illegible]
[illegible]銀行에貯置[illegible]
[illegible]貯置額中
三萬二千三百圓은國債報償志
願金總合所로越交함
大韓每日申報

●大韓每日申報各處支社廣告
中署[illegible]
平壤上水口門內 [illegible]
全[illegible]
仁川[illegible]
[illegible]
釜山港[illegible]
三和港[illegible]
咸興[illegible]
開城[illegible]
大邱市[illegible]
載寧邑[illegible]
鐵山邑[illegible]
元山[illegible]
[illegible]州南門外[illegible]
[illegible]
定州[illegible]
[illegible]城[illegible]
[illegible]
大韓每日申報社

第五卷 第五百六十九號

大韓每日申報

月曜及慶節 歲時日休刊

檀君開國四千二百四十年 箕子元年三千二十九年 大韓開國五百十六年 日本明治四十年 淸國光緒三十三年
◉陰曆丁未六月大十二日辛未

論說

代理歷史

西曆一千九百七年大韓光武十一年七月十八日에大韓 皇帝陛下께옵셔下詔ᄒᆞ신ᄉᆞ대 皇太子殿下로代聽萬幾ᄒᆞ시니恭惟 皇帝陛下ㅣ寶齡이婉晩ᄒᆞ시고 皇太子ㅣ春秋鼎盛이실ᄉᆡ是擧也ㅣ卽歷代已行之例오亦學 祖宗朝成憲이炳然自在ᄒᆞ니 皇統이由是而有托ᄒᆞ고政務가由是而更新焉則宜其天心이悅豫ᄒᆞ고民志가懽抃ᄒᆞ야三呼萬歲에祝國家無疆之休者가上自官위와下至閭巷에和氣融々ᄒᆞ고懽聲이殷々이거날奈之何數日之間에國論이沸騰ᄒᆞ고人心이激昂ᄒᆞ야爭日抛擲其生命으로結心同盟ᄒᆞ고或仰天疾呼ᄒᆞ며或據地痛哭ᄒᆞ야景狀이愁慘ᄒᆞ고局勢가危懍이라終乃軍刀가揮霍於闕門之外ᄒᆞ고砲聲이轟發於鍾路之上ᄒᆞ야僵屍相枕ᄒᆞ고流血이狼藉ᄒᆞ야便經壹場戰刼ᄒᆞ얏스니是曷故焉고吾儕ᄂᆞᆫ秉天下之公筆者라不得不據實直書ᄒᆞ야以爲萬世之證案이로다 噫大韓 皇位廢立之說이始唱于日人報紙ᄒᆞ야喧藉不已ᄒᆞ더니曾不逾日에韓廷諸大臣이密議紛々ᄒᆞ다가連日參內에如何ᄒᆞᆫ批鱗狀態를呈ᄒᆞ얏스되 皇帝陛下께옵셔嚴辭峻拒ᄒᆞ신다더니畢竟七月十七日夜에諸大臣이一齊參內ᄒᆞ고伊藤統監도承命入闕ᄒᆞ지라當夜四時에日兵巡이布滿宮庭ᄒᆞ고甚至日警官某가直上大殿ᄒᆞᆫ事도有ᄒᆞ다ᄒᆞ며旣而오綸旨가亮下ᄒᆞ미諸大臣이更有如何奏稟이던지元老幾人이 召命을承ᄒᆞ야參內ᄒᆞᆫ즉諸大臣은摠別室로隱避ᄒᆞ고兵巡도斂跡ᄒᆞ니闕내가寂然이라 皇上陛下께옵셔謂元老曰朕이時勢所以로이미 皇太子의게代理를命ᄒᆞ얏노라ᄒᆞ시니元老ㅣ只得唯々而退ᄒᆞᆯ뿐이더라 翌日 詔勅이頒布되미滿城人民이如沸如羹ᄒᆞ야暴竟流血ᄒᆞᄂᆞᆫ光景까지有ᄒᆞ얏스니凡世界各國人士와萬代史家의公筆이大韓 皇室의今日此擧를評ᄒᆞ야如何히公評ᄒᆞᆯ가若其 皇上의聖意로由ᄒᆞ얏스면上下內外가擧皆懽聲協氣中에서蹈舞抃躍ᄒᆞᆯ터인대今乃如此히民志가憤激ᄒᆞ고交象이慘憺ᄒᆞᆫ것은此擧가外人의强逼所致와內閣諸大臣의迫請ᄒᆞᆫ擧措로以ᄒᆞᆷ이오且來頭事變이將次不忍視不忍言ᄒᆞᆯ境遇에至ᄒᆞᆯ가萬分危懍ᄒᆞ고一齊憤奮ᄒᆞ야如彼暴發ᄒᆞᆫ行動을著顯ᄒᆞᆷ이니豈不大可憐歎哉아

以韓廷諸大臣言之ᄒᆞ면今日此擧가爲宗社計乎아爲生民計乎아直是外人에指使를甘心服從ᄒᆞ야終乃逼君父에行此非常之擧ᄒᆞᆷ으로萬衆에憤怒가叢集ᄒᆞ고史家에聲討가激烈ᄒᆞ야遺臭萬年에無所逃罪矣니其人은誰오曰總理大臣李完用內部大臣任善準法部大臣趙重應度支大臣高영喜軍部大臣李秉武學部大臣李載崑農商工部大臣宋秉畯

官報

◉號外 光武十一年七月十九日

◉敍任及辭令

中樞院顧問박齊純 解臨時署理宮內府大臣事務

內閣總理大臣李完용 命臨時署理宮內府大臣事務

◉第三千八百二十三號 光武十一年七月二十日

敍任及辭令

主殿院贊務官

主殿院贊衛局總巡 金錫胤 免本官

經理院技手 文敬淳 任主殿院贊務官

任主殿院경務局總巡

宮內府大臣 李載克 任修學院長

外報

◉會議終了 海牙電을據ᄒᆞᆫ則海牙에서第二回의平和會議終了期ᄂᆞᆫ십一月前後로豫定ᄒᆞ면大差가無ᄒᆞ깃다더라

◉迫害日誌 桑港來電을據ᄒᆞᆫ則섣三日부터每夜에日本料理店은米國人民의게迫害를被ᄒᆞ얏다더라

◉俄著總任說 支那電을據ᄒᆞᆫ則岑春煊氏의辭職ᄒᆞᆷ은統局에聽許되깃고趙爾巽氏가其後任을繼ᄒᆞ리라ᄒᆞ고且農商工部尙書溥頲氏ᄂᆞᆫ四川總督으로郵傳部尙書陳璧氏ᄂᆞᆫ農工商部尙書로被擢公은郵傳部尙書를辭任ᄒᆞ다더라

◉公使更迭說 上海電을據ᄒᆞᆫ則駐日淸公使楊樞氏가辭職ᄒᆞ고其後代에ᄂᆞᆫ學部右丞李家駒或吳郁生이被任ᄒᆞᆫ다더라

◉二國同盟延長 倫敦電을據ᄒᆞᆫ則英日二國同盟을今에更히千九百四十年六月까지繼續ᄒᆞ기로ᄒᆞ얏다더라

雜報

◉兵必生變 南來人의傳說을聞ᄒᆞᆫ則淸州兵丁一小隊가洪州로派送ᄒᆞ야駐隊를新設ᄒᆞᆫ대該各公廨ᄂᆞᆫ日外國官吏의占處ᄒᆞᆫ비되고住接ᄒᆞᆯ處所가無ᄒᆞ야該隊尉官以下兵丁이東門外各店房에三々五々히分置ᄒᆞ야每日每兵食費ᄂᆞᆫ白銅貨五枚式이라ᄒᆞᄂᆞᆫ대三時에排食ᄒᆞ고食價ᄂᆞᆫ每日經〃撥下後에야計給ᄒᆞ니兵의飢困ᄒᆞᆷ과店主의厥苦ᄒᆞᆷ이極히苟且ᄒᆞᆫ貌樣이오每日幾次式兵丁이街路上에셔後喇叭을吹ᄒᆞ며府官이住接ᄒᆞᆫ店門엔兵丁이把守ᄒᆞᄂᆞᆫ대行客이不入ᄒᆞᆷ으로店主가呼訴ᄒᆞ야把兵을撤去ᄒᆞ얏스며兵丁二名이行作難ᄒᆞᆷ으로店房一間을貰得ᄒᆞ야捉囚ᄒᆞ얏스며營舍를建築次로東門外에民家一座를興成ᄒᆞ고ᄌᆞ今三朔에價額을不給ᄒᆞ야家主의損害가不少ᄒᆞ다더라

◉開郡明士 洪州南산居李南奎氏ᄂᆞᆫ本來家勢도不贍ᄒᆞ고學問에有志ᄒᆞ신名士인대該郡東門外에朝陽學校를刱立ᄒᆞ고內外國敎師를雇聘ᄒᆞ며將年을募集ᄒᆞ야熱心敎授ᄒᆞ고各項經費를該氏가自擔ᄒᆞ야該年維持ᄒᆞ얏ᄂᆞᆫ대該郡이점々世界에著名ᄒᆞ고一般贊成ᄒᆞᄂᆞᆫ者ㅣ多ᄒᆞ야該氏의獨力이甚히困難ᄒᆞ다이라더라

◉金氏專力 洪州芳谷居民김乘稷시ᄂᆞᆫ現今敎育時代인줄感覺ᄒᆞ여湖西一郡의僻陋ᄒᆞᆷ을키數히너여同郡居ᄌᆞ重獻金始元兩시로더부러本郡月峴地에洪明학校를設立ᄒᆞ고內外國高明ᄒᆞ신敎師를重幣延聘ᄒᆞ며附近地多數靑年을勸勉募集ᄒᆞ야尋常高等兩科로分四班敎授ᄒᆞᄂᆞᆫ대ᄌᆞ重獻시ᄂᆞᆫ金五十圜을捐助ᄒᆞ고金始元시ᄂᆞᆫ自已家舍를寄付ᄒᆞ얏ᄂᆞᆫ대尙且永久히維持ᄒᆞᆯ方針이尙不完全ᄒᆞ다더라

◉三시愛國 平北朔州水石面濟峴에居ᄒᆞᄂᆞᆫ文明金信섭三시가以國債報償은國民의當然ᄒᆞᆫ義務라ᄒᆞ야一面의家喩戶說ᄒᆞ야義金을熱心募集ᄒᆞᆫ다더라

◉朴氏熱心 結城郡城대居박晟氏ᄂᆞᆫ本以商業資生ᄒᆞᄂᆞᆫ대無苦유ᄒᆞ고口不絶ᄒᆞ여入市中君子ㅣ러니昨次國債義務募集ᄒᆞᆷ에對ᄒᆞ야同氏ㅣ冒雨風ᄒᆞ고不計遠市近村ᄒᆞ고洒勸說ᄒᆞ하야該地人士가感發出捐ᄒᆞᄂᆞᆫ者ㅣ多ᄒᆞ다더라

◉賊漢打人 陰本月初一日에賊漢數十名이忠淸道結城富昌店에突入ᄒᆞ하야店主李哥老翁을無數亂打ᄒᆞ하야全身流血이오幾至死境이라ᄒᆞ더라

北美紐育留韓人國債報償趣旨書

俗語云負債者奴也誠確語一人負人之債只一個人爲奴已也一國負外國之債則全國之人共爲奴也而鑑不遠見埃及亡國史則可知矣埃及負英國之債而[illegible]終以國土當債乃亡[illegible]手捐云使此旅外之人不勝欣抃蹈舞之至自此義擧以後歐美各新報上多讚韓人之發達我韓獨立之期指日可待也弟等另有一言敬告于十三道列郡僉尊前之諸君子夫爲國出義者富一也貧則一元不爲少富則千金不爲多也昔辦一元富辦千金較之則難孰易乎弟等日前聞京鄕間許多著名之富翁與貴人而今閱數月來新報則湖幅芳名盡是貧寒男婦之捐出義也라곳變富貴人之優數捐補寥々無幾令人可歎也諸公或意謂諸貧人之零星捐助終難充鉅債之數也慨先出金恐歸虛地而然耶余曰不然衆皆合心事無不成也諸公或袖觀他人之有始而欲成其終而然耶余又曰不然々々義貴勇爲何待來日與來年乎況國之亡繼云末至爲上楚早之鳥猶識二年不鳴諸公從如越人之視秦瘠主數年則利息之數浮於原本誠難償完其時也雖鄰債主乘機强索於我弱之我政府則束手無策當以四千二百四十年傳來之從某至某三千里ᄀᆞ土爲一劵而償擲不待智者而可料也然則前日之債主忽爲土主矣彼必驅我土主卽移其民幾萬於靑邱全域卽自占奪其好家好田矣 未完

◉尹氏服從 南來人의傳說을聞ᄒᆞᆫ則陰三月分國債報償事로光州郡校에서該郡紳士가발起通會ᄒᆞ고校中樂會源氏가動議ᄒᆞ야國債報償前에ᄂᆞᆫ각項例扶ᄒᆞ야姑爲停止ᄒᆞ기로公議酬同ᄒᆞ야明倫堂에揭付ᄒᆞ얏더니殉忠建議所幹議윤弘求等三氏가謂有碍忠所反對云而爲開ᄒᆞ기를首唱ᄒᆞᆫ紳士諸氏가以理曉諭則尹等三人이節々自服ᄒᆞ얏다ᄒᆞ니必然事必歸正이더라

●本社廣告

東學分停人姜金甚이無故逃躲ᄒᆞ야該分停人의게構覺ᄒᆞ시든金甘子의게未能傳치ᄒᆞ야抵涉ᄒᆞᆫ陜민故로送待ᄒᆞ오니 怨諒ᄒᆞ심을務望ᄒᆞ며統戶를昭詳錄送ᄒᆞ시와即速分傳케ᄒᆞ심을切望홈

除竹장湖院面七里金濟安氏를本社社員으로認定ᄒᆞ얏기茲以社告ᄒᆞ오니該附近地에本社申報購覽ᄒᆞ실僉彦은右氏에게請求ᄒᆞ심을希望홈

雜報

●同友演說 再昨日同友會에셔特別會를開ᄒᆞ얏다ᄂᆞᆫ說은昨報에掲載ᄒᆞ엿거니와當日會員이一千餘名에達ᄒᆞ엿ᄂᆞᆫ대海牙事件에對ᄒᆞ야說明ᄒᆞ되或은會員리윤용氏를鍾路移座演說ᄒᆞ고ᄌᆞᄒᆞ며或은國을爲ᄒᆞ야此境에至ᄒᆞ엿스니不可獨生이오諸會員이死爲一黨이라ᄒᆞ며或은總理大臣과宮內府大臣의게總代二人式派送ᄒᆞ야該事를質問ᄒᆞ자ᄒᆞ야當時景光이頗有抑鬱之狀ᄒᆞ대會員리윤용氏ᄂᆞᆫ面如土色하여不敢發言ᄒᆞ고贊成員김嘉鎭氏가演說ᄒᆞ되만일二千萬同胞가以死로爲善後策이면有何益於國이며또盡死無餘면大皇帝陛下께셔ᄂᆞᆫ誰與爲治리오余之意見에ᄂᆞᆫ則日本外部大臣이入京ᄒᆞᆫ後에ᄒᆞ나會員哀心盡乞ᄒᆞᄂᆞᆫ거시妥當ᄒᆞ다ᄒᆞᆫ대該會員諸씨와無論反對ᄒᆞ야日寧死언정不可聽從이라ᄒᆞ얏다더라

●賦役犧牲 北米人에傳說을聞ᄒᆞᆫ則咸南咸興郡稅務官金貫현氏ᄂᆞᆫ依例納稅ᄒᆞ야取納ᄒᆞᆫ結가自家에義ᄒᆞ여어置其度支部而懸徵百斤에葉錢이라ᄒᆞ고督捧次 囑於地察ᄒᆞ야累下戢

訓ᄒᆞ며派送道屬則鹽민이生疑ᄒᆞ야不卽應納ᄒᆞ니該氏가揮動警務廳兵隊ᄒᆞ야日巡查一名과巡檢二名을派送ᄒᆞ야縛捉鹽民二百名ᄒᆞ야擅民이一齊挽執ᄒᆞ니又送巡檢八名ᄒᆞ야拔劍放銃而亂打鹽民케ᄒᆞ니時天은當暑ᄒᆞ야致死ᄒᆞ고其餘被傷者도將至死境인대翌日에又囑送日兵隊ᄒᆞ야六十名ᄒᆞ야或銃或砲ᄒᆞ니人民이失魂喪魄ᄒᆞ야奔走東西어날縛捉三十五人ᄒᆞ야拘囚警署ᄒᆞ고于今月餘에尙未放送ᄒᆞ니稅務監官目的이果지於置鹽民ᄒᆞ며該郡守ᄂᆞᆫ以民之父母로知此情況ᄒᆞ고晏然坐視ᄒᆞ니爲民父母之道가果安乎 一郡人民이方지오ᄋᆞᆫ다더라

惡民可斬 不安道殷山郡化防居김창ᄋᆞᆫ原來土豪로武斷으로家產을致富ᄒᆞ고教育事에反對爲主ᄒᆞ야該郡人民의國債報償金所貨一百五圓을自擔京社以送ᄒᆞ니已爲三朔에終無消息ᄒᆞ니必是厥也之潛食이라ᄒᆞ고民論이藉藉ᄒᆞ다더라

廣告

本會에셔議定ᄒᆞᆫ來日曜日(二十一日)의納京도事ᄂᆞᆫ準備가못되야셔姑爲延期ᄒᆞ오니僉會員은照亮ᄒᆞ시옵

同志親睦會 告白

中署典洞坊中谷二十五統一戶韓氏鉉家ᄂᆞᆫ本會員께셔本人이當爲寓에셔賃入ᄒᆞ얏더니立冒ᄒᆞ고失故로玆에廣告ᄒᆞ오니誰某給得ᄒᆞ와도休紙施行홈

張永煥 告白

작야대안문압에셔유양립에죽령단갓슬웃엇스니차ᄌᆞ가양동리종철미엉으로와셔ᄎᆞᄌᆞ시오

리종철 고빅

東幕權益三處推次於音當坪二千八百四十九兩票를見失ᄒᆞ얏스니內外國人은休紙施行홈

玄湖徐顯文 告白

本館에셔大廣橋北川邊前紙廛小部에西洋製도一新修改ᄒᆞ옵고淸潔ᄒᆞᆫ浴沐湯과各色料理를新鮮精備ᄒᆞ와陰曆六月初十日爲始ᄒᆞ야開業ᄒᆞ엿사오니僉君子ᄂᆞᆫ陸續來臨ᄒᆞ심을伏望

內外沐浴湯

大韓料理各色 西洋上等酒菓各色及此外에도各樣飮食料를隨求酬應ᄒᆞᆸᄂᆞ이다

廣通館 告白

本廠에셔工匠三十人을募集ᄒᆞ깃스니工業에嫻熟ᄒᆞᆫ人은本月內로龍山軍器廠으로來ᄒᆞᆷ

軍器廠 告白

務安府奉書官朴星환氏가務安民人事로一府之民이不勝虔敬ᄒᆞ야褒贊을千內部法部平理院明照ᄒᆞ시와旣有查覆에當ᄒᆞᆫ處辨이니退待事이오나參書之行이去益滋甚이니終如何之處分ᄒᆞ니居民이控訴無處ᄒᆞᆫ기玆에廣告홈

務安民人 林之發 李龍基 박相玉等 告白

本會에셔創立ᄒᆞᆫ中學校가已屆數朔의學徒가日加ᄒᆞ야熱心勤課ᄂᆞᆫ依ᄒᆞ나房屋이狹窄ᄒᆞ야因病休學이種種有之로財政이窘乏ᄒᆞ야實爲難處이ᄂᆞᆫ爲建學校舍而以會捐金으로ᄂᆞᆫ實難成就이옵기請助次委員을派送ᄒᆞ오니遠近有志君子ᄂᆞᆫ特爲本校建築ᄒᆞᄂᆞᆫ義捐讚助ᄒᆞ심을伏望

公州中學會任員 張有息 金기昌 告白

國債報償金義捐諸氏告白

本所로京城內各收金所를次第調查中至若期成會ᄒᆞ야ᄂᆞᆫ更重金ᄒᆞᆫ貯置不明ᄒᆞᆫ文簿眩惑ᄒᆞ야難以明查故로玆廣布ᄒᆞ오니該會로納金諸氏ᄂᆞᆫ無一遲滯ᄒᆞ고領收証号數와金額과氏名과日字를昭詳히本所로錄送ᄒᆞ야勿失事務ᄒᆞ심을敬要

大韓每日申報社內

國債報償志願金總合所 白

本館에셔新舊書籍을大發售ᄒᆞ오니有志僉彦은陸續購覽ᄒᆞ심을望

銅峴屛門下古今書海館 白

本館에셔漢城內에留接ᄒᆞᆫ諸學生의寄宿便利를爲ᄒᆞ야大安洞二層洋屋ᄋᆞᆯ建築ᄒᆞ고居處와食其他節節을一々히便宜ᄒᆞ도록極力設備ᄒᆞ오니遊學諸生은照亮ᄒᆞ시와貴臨于本館事務所ᄒᆞ야妥議ᄒᆞ심을敬要

北署大安洞別宮寄宿舘長 鄭熙燦 白

寄宿願人은証書를本館에셔發與홈

留連費ᄂᆞᆫ每朔에新貨四圓八十錢으로定홈

大安寄宿舘 廣告

本人의日本大阪商業家와特約ᄒᆞ고日本內地産出各種物品과西洋各種物品及機械等物을輸入ᄒᆞ야大韓에輸入ᄒᆞ와委托을便利케契約ᄒᆞ얏스오니商工業에有意ᄒᆞ신僉君子ᄂᆞᆫ本號에와서諸求ᄒᆞ시면隨宜辦理ᄒᆞ겟ᄉᆞ오니本社에셔江手數料金만受ᄒᆞᆷ

興業社本店 開城北部新洞 支店京城南門內水潑五十一統六戶 全巳承興行 金尙誠等 告白

敎育界新誌

定價金一圓

郵稅二錢三百六十頁 一冊

學生界의至寶

發行所 各書舖

本冊肆에敎育書籍과各學校敎科書와各種新舊書冊이俱備ᄒᆞ오니有志ᄒᆞ신僉君子ᄂᆞᆫ陸續購覽ᄒᆞ시옵

不遠鍾路 耶穌教冊肆 尹衡弼 告白

本人等이典동支所를便에셔各貸典舖이옵다가今에合資設舖營業ᄒᆞ오니典執ᄒᆞ실僉員은陸續來臨ᄒᆞ심

中部典동연信號典舖 金경秀 申基倫 金榮觀 告白

●일본遊覽者募集

一 遊覽會募集人員五十名으로一圓을先納ᄒᆞ고請入ᄒᆞ시옵

一 往復日數七日間

一 出發은八月一日에仁川港에셔出發홈

一 浮費 遊覽及手數料合ᄒᆞ야總計四十八圓

一 請入所 仁川홍삼各店 天一銀行 十八銀行 경성各店

一 會員은遊覽을終ᄒᆞ야開散ᄒᆞ되각도와外國遊覽을ᄒᆞ 仁川에셔釜山으로直行ᄒᆞᆯ지며各地로가ᄂᆞᆫ이ᄂᆞᆫ一便法으로可期

一 請入ᄒᆞ실者ᄂᆞᆫ事務所에問議

東亞商會

學徒裝束書類

學徒運動과諸具

羅紗各種

美國金鷄納

衣服裝飾其他雜貨도廉價放賣ᄒᆞ오니僉君子ᄂᆞᆫ來臨ᄒᆞ심을바라나이다

仁川港本峴啣新冊肆

本日下午一時에本會通常會ᄂᆞᆫ延期ᄒᆞ얏사오니會員은照亮ᄒᆞ시옵

大韓自强會 告白

中國人中等學新冊 發行所 京城 ... 書館

朝鮮刑法總覽 冊判表紙(仁觀)冊裝 菊判 一冊 定價金一圓

增修無冤錄大全

定價金七十錢

此書ᄂᆞᆫ韓國法律의最要緊ᄒᆞᆫ書籍이온ᄃᆡ年來現本이殆히絶種에至ᄒᆞ엿ᄉᆞ은ᄌᆞ法部認可ᄅᆞᆯ得ᄒᆞ와增補刊行ᄒᆞ얏스ᄃᆡ國漢文으로解釋ᄒᆞ야各種法律學에有志ᄒᆞ신이ᄂᆞᆫ不可不購覽ᄒᆞ시오

中署布屛下 廣學書舖 發售所

越南亡國史

定價金十錢

發行所 京城 廣學書舖

布屛下 김相萬 告白

雜報

◉東宮疏批 皇太子殿下께옵서上疏ᄒ셧ᄂᆞᆫ대批旨를下ᄒ셔曰省疏具悉爾懇今此盛典寔述列聖朝故事而迫此發衰之際維持大局鞏固宗방垂於無疆實汝爲孝之道其於退讓美飾今不暇論爾其深諒勿復煩請ᄒ라ᄒ셧더라

◉再次 皇太子殿下께옵서再疏를上ᄒ셧ᄂᆞᆫ대批旨를下ᄒ셔曰省疏具悉爾懇孝莫先於順志義莫大於濟艱己有心腹之喩宜具體諒而又此申複於孝於義未知其宜萬無聽施之理更勿煩提ᄒ라ᄒ셧더라

◉攝政內定說 皇太子殿下께셔軍國大事代理를受命ᄒ옵신事난己爲公布ᄒ얏거니와攝政一事ᄂᆞᆫ姑未頒布ᄒ얏스나某氏로內定이되얏다더라

◉代理進賀 皇太子殿下께셔再昨日에代理詔勅을奉承ᄒ야寶位에蒞ᄒ신後當夜에百官이進賀를擧行ᄒᄂᆞᆫ대新內閣大臣과其他大官數人이參賀ᄒ얏다더라

◉權停行禮 昨報와如히皇太子殿下께오셔再昨日에率百官庭請을當日에連疏ᄒ옵셔優批가下ᄒ시미同日下午十時에陳賀가設行이되얏다하야各部官人이進參次로詣闕ᄒ얏ᄂᆞᆫ대終夜도록擧行이되지못ᄒ야開東ᄒ도록過ᄒ얏다가昨日上午七時에中和殿實殿에셔權停例로行禮되얏다더라

◉告由祭設行 再昨日宗廟景孝殿圜丘壇에不日卜日ᄒ야陳賀告由祭를設行ᄒᄂᆞᆫ대圜丘壇에ᄂᆞᆫ再昨日下午十二時ᄭᆞ지獻官과祭物이來到치아니ᄒ얏다더라

◉內閣新任說 總理大臣은김允植外部大臣은兪吉濬度支大臣은鄭正秀法部大臣은張博學部大臣은소命審著氏가被任ᄒ기로內定되고軍大臣李秉武農大臣宋秉畯兩氏ᄂᆞᆫ仍任ᄒᆫ다더라

◉李씨陛見 李俊鎔氏가巴城館에留宿ᄒ고昨日上午六時量에雲峴本宮으로入來ᄒ야其祖父興宣大院君祠宇에拜謁ᄒ고下午一時에陛見ᄒ얏다더라

◉伊藤과長谷川陳賀 昨日下午四時에伊藤統監과長谷川大將以下高等官吏가陳賀홀次로陛見ᄒ얏ᄂᆞᆫ대日兵一小隊와步兵四五拾名이擁衛ᄒ얏더라

◉不敢歸第 新內閣大臣들이再昨夜에各其私第로出치못하고內閣에셔留宿ᄒ얏다더라

◉朴詣闕 錦陵尉박泳孝氏가昨日上午九時에詣闕ᄒ얏다더라

◉二氏回國 日本博覽會視察로前往ᄒ얏던閔泳綺李址鎔重顯三씨가日本外務大臣림董씨一行과帶同渡來ᄒ야再昨日에同爲入城ᄒ얏다더라

◉李家恐겁 總理大臣李完用시家에셔ᄂᆞᆫ滿城人民이毁撤ᄒ다ᄂᆞᆫ說이狼藉ᄒ미該氏가勝恐劫ᄒ야自數日前으로該家內舍를一并空置ᄒ얏다더라

◉日人移居 城內各坊曲에雜居ᄒ던日人商民이齊히日本人居留地로沒數移去ᄒ얏다더라

◉日巡循行 城內各坊曲에日巡査二名式作隊하야帶銃佩刀하고循行示威ᄒ다더라

◉曉諭市民 再昨日皇上陛下께셔城內人民이撤市會集ᄒ다ᄂᆞᆫ事를聞ᄒ시고警務官一人과總巡一人과權任三人을命送ᄒ옵샤人民解散하기를曉諭ᄒ옵셧다더라

◉日人示威 昨日大漢門前에日兵이大砲와彈丸을積置하고宮城前後에日巡査가羅立하야來往人을禁止ᄒ며闕內에도日兵이多數入來ᄒ야緊々把守ᄒᆫ다더라

◉日人塞路 昨日에日巡査와日憲兵이各坊曲通衢大路에羅立把守ᄒᄂᆞᆫ데通內路上에日人이空石에泥土를盛置ᄒ야幾百石을橫塞ᄒ야行人이不通케ᄒ다더라

◉韓시慈悲 再昨日鐘路上風塵에何許韓人이中丸致斃ᄒ얏ᄂᆞᆫ대其尸躰를無人覓去ᄒᄂᆞᆫ故로該地隣近居韓愛桐氏가同胞之情에慈悲之心이特發ᄒ야屢軍幾名을募ᄒ야移ᄒ야安直ᄒ얏ᄂᆞᆫ대此尸體를若無覓去之人이면該氏가葬埋를擔當ᄒ다ᄒ다더라

◉李氏被捉 日昨에稽制課長리哲宇를自上으로召命이有하사詣闕ᄒ얏ᄂᆞᆫ데 皇上陛下께옵셔玉手로리哲宇의手를握ᄒ셔日我今精神이昏迷ᄒ야辨誰某ᄒ니爾是誰也오ᄒ신ᄃᆡ參日小臣은리哲宇로소이다然則代理節次를磨鍊以入ᄒ라ᄒ시ᄂᆞᆫ지라리哲宇가天顔에悲戚之色이有하심을痛迫ᄒ야卽爲退闕ᄒ야辭職請願ᄒ얏더니自宮內府로代理節次를卽速磨鍊以入ᄒ라ᄒ신대該씨가答ᄒ야日臣職을已爲請願ᄒ얏스니不可奉行이라ᄒᆫ대又爲催促ᄒ야日若不卽爲磨鍊ᄒ면自警務廳으로捉囚ᄒ다ᄒ니該氏答曰雖爲被捉이라도不可磨鍊이라ᄒ얏더니再昨日에警務廳에셔捉囚ᄒ얏다더라

◉欲其餓死耶 現今監獄署에在囚가四百十餘人인데再昨日부터該罪囚人等家에傳致ᄒᄂᆞᆫ朝夕之飯을警官等이拒而不納ᄒ니罪囚人等을一井餓死케ᄒ고져ᄒᄂᆞᆫ지其故를莫知라ᄒ더라

◉獄囚痛哭 監獄署에滯囚ᄒᆫ某々氏가再昨日事狀을聞ᄒ고放聲大哭ᄒ얏다더라

◉平民憤激 再昨日에平壤人民들이니部에電報ᄒ얏ᄂᆞᆫ대皇上陛下께옵셔傳位하셧나야아니ᄒ셧나야ᄒ고人心이大騷히沸騰ᄒ니卽時回電ᄒ라ᄒ얏다더라

◉兩씨重傷 再昨日大漢門前人民會同處에셔前令秉昌씨와니官李晩鎬씨가日巡査와披을決死라가重傷을被ᄒ얏다더라

◉宮人呼哭 新內閣大臣이激玉軒에秘密奏請을ᄒ던當夜에日巡査가闕內各處所에橫行恣闖ᄒ야宮人들이卜助困迫ᄒ야哭聲이狼藉ᄒ얏다더라

◉軍器沒收 宿衛所領尉官兵丁의生命之弊가有ᄒᆯ가ᄒ야軍器를沒收ᄒ야營廟에積置ᄒ고封鎖ᄒ얏다더라

◉依賴巡 三昨夜에一進會員이驚怯ᄒ야宮으로侍大殺에셔保護를請ᄒ야日巡査二人이國民新報社에往護ᄒ다더라

◉嶢峴火光 昨日下午二時人民一千餘名이嶢峴에出往ᄒ야總理大臣李完用의家에冲火하야 大宅家가燒진無餘ᄒ고該家下隸一名이爛斃하얏고該火가交涉所가連燒하미隣近人民이避亂ᄒᄂᆞᆫ者가多ᄒ다더라

◉日兵入城 平壤에派駐ᄒᆫ日兵一大隊가再昨夜에入城ᄒ고龍山에駐箚ᄒᆫ砲兵隊가亦爲入來ᄒ얏다더라

◉總理帝免 昨日下午四時에總理大臣李完用시가仕退歸路에黃土峴을經過ᄒᄂᆞᆫ대多數人民이同시를見ᄒ고憤氣가暴發ᄒ야 齊呼喚에當場加害코ᄌᄒᄂᆞᆫ風色이危急ᄒᆫ대同시가營衛司로馳入ᄒ야僅以身免ᄒ엿고日兵이同時에放砲ᄒ미人民이驟散ᄒ얏다더라

◉社會借用 同友會에셔東亞開進教育會位置를借用하고教育會會員은南署支會進明學校로臨時開會ᄒ얏다더라

◉領事進賀 昨日下午四時에各國領事가闕에進賀ᄒ얏다더라

◉無端放銃 昨日下午四時에鍾路에셔日兵이來往ᄒᄂᆞᆫ人民을向ᄒ야無端히放銃ᄒᄂᆞᆫ故로負傷者何하다ᄒ며或民家을向ᄒ야放銃하미擧皆逃避ᄒ얏다더라

◉三시特任 特進官박容大시ᄂᆞᆫ掌禮卿을任ᄒ엿고弘文學士남廷哲시ᄂᆞᆫ特進官을任ᄒ엿고特進官申箕善은弘문學士를任ᄒ엿더라

◉洋服解脫 再昨日街路上兒童들이韓人의洋服喜着ᄒ고過ᄒᄂᆞᆫ者ᄒ게成群ᄒ야裂破詬辱하ᄂᆞᆫ故로洋服을解脫逃走ᄒᄂᆞᆫ人이多ᄒ얏다더라

◉一進逃亡 再昨日滿城人々가大漢門前에聚集ᄒ얏會時에美동屏門等地에셔一進會員一人이衆民을向ᄒ야說明ᄒ되詔勅之下에人民이如是會集ᄒᄂᆞᆫ거시道理가아니니各自解散ᄒᄂᆞᆫ거시妥當ᄒ다ᄒ니날衆民이齊聲으로喝曰爾이所謂新內閣人臣의恐動으로奏請홈이오實非聖意어ᄂᆞᆯ요마ᄒᆫ一進會人이能히망言이라ᄒ고一齊히衆足으로蹴殺코져ᄒᆫ대該人이脫免逃走ᄒ얏다더라

◉日報騰歲 韓鮮타임스報의昨日號外로發佈ᄒ얏스되前皇帝ᄂᆞᆫ謹慎이라됨하고其大概ᄂᆞᆫ日朕은皇太子의게讓位홈이아니오代理케ᄒᆫ뿐이라고放言ᄒ시고加之에新帝陛下ᄂᆞᆫ依然히皇太子의待遇를受ᄒ옵시고彼之詔勅도前皇이自爲署名ᄒ오시니讓位ᄂᆞᆫ有名뿐이오其實은毫無ᄒ니實로不謹慎之極이로다外務省에셔旣히踐祚事를諸外國에通知ᄒ고今日에如斯不謹慎ᄒᆫ行動에出ᄒᆫ前皇의게對ᄒ야ᄂᆞᆫ統監府에셔斷々處置를希望ᄒ다이라하얏더라

◉中丸重傷 昨日鍾路에셔韓日兵이再戰홀事ᄂᆞᆫ別項과如거니와日人一名은中丸重傷ᄒ고年可十餘歲兒一名이兩脚에中丸重傷ᄒ야廣濟院으로擔舁而去ᄒ엿다더라

◉韓日兵再戰 昨日午後에日本騎兵이市中巡羅ᄒᄂᆞᆫ際에韓兵數名이突出ᄒ야日兵을向ᄒ야放銃ᄒ미日과兵도應砲ᄒ야一場을交戰ᄒ미砲聲이大震하더라

◉警務支署破壞 西小門外石橋警務支署ᄂᆞᆫ人民이破壞ᄒ엿다더라

◉出兵拒絶 작日下午一時量決死隊中約六百名이石門內兵營前에到ᄒ야出兵ᄒ기를强迫ᄒ則該隊에셔拒絶ᄒ엿ᄂᆞᆫᄃᆡ該人民은리總理大臣家을放火ᄒᆫ者이다더라

◉砲擊巡署 韓兵이中署을砲擊ᄒ얏ᄂᆞᆫ대日巡査가擊退ᄒ얏다더라

◉處處起鬧 작日午後二時에總理大臣家을放火ᄒ든衆民이諫동軍部大臣家을襲擊ᄒ랴ᄂᆞᆫ說이有ᄒ미警視廳에셔警部와神佐官等을派遣ᄒ얏ᄂᆞᆫ대衆民이該家門前에民徒隨ᄒ다라고入書ᄒ厲을延ᄒ고將欲儀入ᄒᄂᆞᆫ대日巡査가放銃威嚇ᄒᄂᆞᆫ故로齋洞方面으로退去ᄒ얏더라

◉兵丁動 작日午後四時에伊藤統監이參內ᄒ려ᄒᆫ時에侍衛隊第一聯隊第三中隊兵々等이暴擧ᄒ야警務署를襲ᄒ야盛히射擊ᄒ얏고又一邊으로셔營내에兵々가各自裝銃ᄒ고行人을射擊ᄒ얏ᄂᆞᆫ대장安城내城外의韓民은殺氣가沖天ᄒ고血淚ᄂᆞᆫ灑地에日人을逢ᄒ면加害코ᄌᄒ니當日光景이極히慘담ᄒ더라

◉狙擊統監 伊藤統監이작日下午五時에參내홀여홀際에通路을거ᄒ야數百米突處民家小로等間에民徒가多數潛伏ᄒ얏다가統監을狙擊홀야홈으로써日本과兵二箇小隊가武裝ᄒ고今時에掃蕩ᄒ下에從事ᄒ얏다더라

▲一笑鄕盃▼

▲政海波濤가近又不穩ᄒ야新內閣이組織된다고某報에說道ᄒ얏스니現今內閣七大臣이今回에日人에命令을服從ᄒ야難洗大功을樹立ᄒ더니忽地에飜覆된다니可謂兎死狗烹이로고

▲國事가此境에至ᄒ여도南北村猶官者流ᄂᆞᆫ局勢를窺察ᄒ야某々處에勢力을挽回ᄒ기爲ᄒ야一層注目ᄒ야要路를欲穿ᄒ야兩脚이如浮하니火々楝량에喃々ᄒᄂᆞᆫ燕雀과同ᄒ도다

▲所謂남村行世客을進會가甘誘하야日此日板局 堅如盤石ᄒ니今日入會ᄒ면明日은某觀察某郡守가掌握中에在하다ᄒ야創變入會ᄒᄂᆞᆫ者가比々有之ᄒ니此等人斯에志趣ᄂᆞᆫ不足言論이어니와可謂措守乞客이로고

▲近日南北村金玉貫子兩班들이此日를當ᄒ야도花紋步褥에偃然頹臥ᄒ야時局을早觀ᄒ고閑等說道와視若他人家事ᄒ니皇上恩露에富貴가已極ᄒ다가危急之秋를當ᄒ야無一籌策ᄒ니三千里강土가浮去ᄒ여도高臥閑養ᄒᄂᆞᆫ지

國債報償義捐金 收入廣告

●忠淸南道鴻山郡第一回
鄭洛鎔 一百圜 成樂奎
三拾圜 리範紹 俞啓煥
각卄圜 洪赫奎 成徵鎬
최圭鎬 각拾圜 리承爲五원
정奎鎔 白誠欽
각二圜五拾전 리景珪
洪赫庠 成致永 김赫喜
장基源 丁正默 각露圓
리範직 成沃圭 리殷永
각一圜
▲郡內面泰泉洞
成佐永 六圜 리松齡
田君明 리鍾宇 리寅식
方仁煥 각一圜 權德汶
五拾錢 安顯心 三十錢
丘君心卄錢 정正日 박만甫
權正道 權仲燮 문聖우
각十전
▲梧亭里
白南基拾圜 白南欽三圜
王영實一圓 리奉龍五拾錢
嚴柱元 徐致先 오正秀
金德三 각卄錢 裴晉燮
玄景奎 김斗환 姜永淑
각卄전 리順보 徐奎寶
林召史 각섭전
洞中 八拾錢
▲蓮門里
王吉斗 郭지仁 각五圓
김昌식一圓 김德仲五十전
徐致三 嚴학인 각卄錢
盧明先 박致皓 각卄전
▲廣安동
金副西 김英三 각卄錢
김平雲 리聖玄 俞澤영
郭都冠 沈인기 盧之遠
리英道 각십전
▲五里亭
최鍾謙 五拾錢 리景洵
리奎哲 禹正七 安奎明

각卄錢 김富雲 김致先
각卄錢 박和先 安所爲
각拾五錢 許文先 梁鎭介
각十전
▲大同동
田景始 二圜 田應聖
一圜五拾錢 田弼聖 田慶善
各一圓 田台圭 田益聖
田一聖 각五拾전
▲下馬동
表龍錫一圓 高지烈五拾錢
高時明 四拾전 김元植
高濟弼 각卄전 최明淑
高時奎 高時亭 장元錫
김분伯 高지逸 김召史
김○弘 韓奎夏 각卄전
金英杭 장胤明 각拾五錢
金召史 김應濟 김東根
장成七 리乃伯 白正實
조必秀 오召史 각拾전
陳華瑞 五전
▲巖下里
리근介 五拾전 장옥煥
장連식 徐相皓 각卄錢
장喆煥 장東식 김成云
卞成三 각卄錢 장玩식
장기鎬 김相吉 徐春日 金春日
徐寬여 龐遠鉉 宋鳳淵 각拾錢
▲檢谷
韓章鎬卄전 현明奎 이道영
梁인秀 崔明五 龐士先
니民燮 龐士鎭 각卄錢
宋鍾烈 金遠興 각拾전
▲山城里
고문鶴 고益鎭 白南薰
각壹圜 고濟民 八拾전
鄭기順 秋永식 박南烈
리正喜 權容鱗 각五拾전
김柄노 諸長五 니仕根
각卄錢 니奎景 박應順
鄭明秀 리成薰 安聖云
박孝順 박南畝 김商烈
石和春 리仕仲 니致道
徐용喜 梁云서 장奎泰
白南喆 김正先 박正先

이德在 리明도 김正서
최萬서 리德立 리成甫
김應賢 各卄전 문仲心
김奇好 각拾五錢 니보一
박日三 김興서 우光連
우致順 고永鎭 盧俯根
崔致先 崔致凡 최致權
니又景 김君日 박南淳
石和心 石銀萬 김應七
김여凡 趙德實 니明云
장義鎬 김一용 이보景
니덕日 김문景 고영鎭
리正實 각拾전 최萬鎬五錢
▲鏡蓮里
니昌來 리益性 각一圜
리昌性 五十전 柳泰奎
리根友 趙聖誠 각卄錢
윤顯儀 김海鎭 각卄錢
조원三 白正도 金興卜
신玉敎 각拾錢
▲社稷洞
장基益五圜 니成震 문仲賢
각六拾錢 정成五 河元一
金昌秀 김成보 각五拾전
안用三 문仲會 金興서 이聖보
각卄전 金春景 량윤五
니景七 김成玉 조正덕
각卄전 김元京 十錢
▲山直村
최順京 니문伯 각卄전
박君先卄전 安殷國 趙永有
고貞八 김順汝 김四賢
宋木成 니덕三 각拾錢
▲豆村面桂村
조錫奎 四圜 姜영岳
壹圜五拾전 니면珪 니갑淳
金商五 김憲濟 김영식
崔聖祚 丁元心 각壹圓
김光식 姜大룡 劉致成
印士先 각七拾錢 박聖三
洪春景 각六拾錢 이宰珪
김商璉 金弼濟 劉영鎭
김友식 金明七 니應順
김興相 김영甫 김奎三
이덕보 김윤五 김成老

니仲玄 이汝良 김玄景
각五拾전 金봉濟 朴聖良
장윤華 元九西 최正弼
박彥景 各四拾錢 김鵬濟
김順濟 김癸濟 김英植
崔正實 南宜先 리聖道
羅奎七 趙命瑞 리仲先
최明根 감九敬 姜雙龍
金寬心 姜洛信 洪在典
丁順氏 각卄錢 김商豐
成毛釗 리敬純 玄黃瑞
丁致三 金商淑 리千安
韓性七 白上奉 리昌岳
陳甲成 리昌西 최益西
朴聖化 安영秀 金商義
유致成 金萬甫 각卄전
姜○○ 리元瑞 姜元之
각拾錢 리召史 십五錢
▲禮洞
車元甫 박致완 方春化
각卄 장煥文 段春實
리順보 각卄錢
▲杜谷
姜永直 康花善 康우善
각五拾전 申泰淳 金喜植
리範우 각四拾錢 尹性求
오一선 金景西 리君吾
洪淳華 박勝國 洪秉植
리秀東 각卄전 尹今哲
오行奎 김寅식 安召史
최成伯 尹鼎善 김商億
김萬水 申泰善 오用西
김商玄 박舜實 曹張煥
김圭용 박聖凡 康錫善
朴宜周 각卄錢 黃鳳
拾五전 尹秀一 송然章
尹公善 尹在民 陳鳳來
각十전
▲石洞洞中 一圓십錢
▲新浦洞中 五십錢
▲宗敬里
姜達永 七십錢 洪鍾龍
姜宜秀 박泰和 朴元汝
白景行 尹性宏 림聖云
金達鉉 리名碩 각四拾전

韓敎東 김敎德 리正甫
車芝煥 정九七 고云先
金기보 리成允 박相노
각卄전 김春先 尹錫應
고炳台 辛五良 曹泰順
김輔益 洪正보 김聖云
辛始默 柳性老 정敎伯
宋得壽 金春三 리成五
각卄전 박春明 金鳳奎
각拾전
▲巨九火面木谷
박聖三 김기洪 최元보
文錫玄 朴영奎 고錫萬
金亨培 리應圭 최聖植
최錫寬 崔○ 각卄錢 春元 최鶴秀
劉지東 白格賢 具然善
崔相胤 최仁與 尹樂爽
각卄錢 김召史 리正旨
文학大 김亂培 각十전
▲佐川里
韓化敬一圜五拾전 金性圭
一원 權寬益 五十전
金賢기 四十錢 김鎭龜
三一전 김鐘히 김致東
韓正雷 각卄전 김炳柔
오長善 安惟植 金英煥
田洪규 權東碩 림建鎬
김화運 정士彥 강成보
林相賢 박元根 梁元景
金보根 오成默 金元濟
각拾전 김和心 五錢
▲津里
리鎭賢 윤台弼 각五十전
복弼奎 權鍾治 趙應敎
리凡주 박凡壽 盧在熙
各卄전 최주化 최春甫
각十錢 리기玄 유錫萬
박元宗 김元明 김昌祿
리起淇 현啓日 최春京
리순보 각십錢
▲稀동
오容默一圜 崔箕顯 五拾錢
金영根卄錢 김東雲 金성濟
오廣泳 오濂默 崔濂國

各십전
▲農所里
박봉來 복鵬來 각五拾錢
金東燮 김起환 金泰連
金商璉 김在京 方春燮
田允敬 김卄전 昔花實
崔致日 김성日 車光淑
林學서 楊濟우 崔云三
각卄전 리大汝 白樂서
리正三 田春成 최光秀
강相根 柳鳳三 각拾전
▲内洞
金덕熙一圜 박官弼 김錫熙
리章환 리斗榮 각五十錢
량錫煥 리敬運 각四십錢
김顯道 각錢 김瑛熙 리廷極
方雄三 리廷禹 각卄錢
안召史 오明弼 方性彬
리召史 김召史 朴成玉
각拾錢
▲汾川
金八淳 오龜善 김우煥 각一圜
김秉淳 金東彬 각五拾錢
김昌德 김炳璇 김弼煥 각卄전
▲芳橋
任元鎬 五원 최기發 二圜
박여信一圜五拾전 리유彬
一圜 成徹와 朴여水
각七拾전 박仲燮 김德水
박仲哲 각六拾면 기化信
복여實 宋成好 각五拾면
申元日 김道원 각ㅅ十전
박仲七 徐덕信 각卄전
박仲凡 리先鳳 김召史
안正明 각卄전 박永根
拾五전 장善여 박道年
정元산 卞상鳳 각拾전
▲開良里
리進榮一圜 니鍾敎八拾전
량民周 七십전 리기인
六十전 니基亨 최濮起
니持榮 니東宇 각五拾전
니鍾奎 ㅅ拾전 박참식卄錢

黃召史 김召史 이益榮
니周기 원여善 리기貞
최昌鉉 秋된敬 이鍾燮
金召史 이得榮 이존祿
각卄전 洪顯식 趙漢興
최召史 김俊顯 각拾五전
鄒敬五 卜贊彬 리龍雲
김東濟 니召史 김成培
곽召史 최召史 각拾전
合四百卅六圜五十錢

國文報廣告總合二百三十八圜
○五전
前號總合三萬六千五百五十三
圜三十七전七厘
都總合三萬七千二百二十七圜
九十二錢七厘

◎特別廣告◎

國債報償金五百圜所捧은姑未
合計이고伊前日의所捧總合
五萬○○○五圜九十五錢은德
氣會社內銀行에貯置하얏슴
고其貯置額中
三萬二千三百圜은國債報償志
願金總合所로移交홈

大韓每日申報社

發行兼編輯人英國人 裴說
發行所
南署石非洞外地三層洋屋家
大韓每日申報社

第五百七十號

大韓每日申報

第五百七十號

月曜及慶節歲時日休刊

大韓開國五百十六年
日本明治四十年
清國光緖三十三年
陰曆丁未六月十四日癸酉

寄書

對海牙事件敬告日本勸同胞 日本東京留 觀天生

今番海牙에셔開設된萬國平和會議에我大韓이叅入지못홈을自歎含愧러니幸히我同胞가同時를乘ᄒᆞ야日本의殘虐을聲討ᄒᆞ랴다가未遂에歸ᄒᆞ엿다홈은一般內外報紙上에揭布되엿거니와此를密使라고指稱ᄒᆞ나眞實히我 皇室에셔密派ᄒᆞ엿다고ᄂᆞᆫ確認치못홀거시며또期必코ᄂᆞᆫ此等事가決無ᄒᆞ리라고ᄂᆞᆫ斷言키不能ᄒᆞ도다其人格은何如ᄒᆞᆫ지此一擧가將來國事上에重要ᄒᆞᆫ補益이될지나但히如意치못홈으로一般吾人이如何히悲憤홈을一毫에盡任홀기實難ᄒᆞ거날

噫彼日本은此에對ᄒᆞ야方今官民間에셔反히重大問題를釀出ᄒᆞᆫ도다彼日我 皇上陛下씌셔新條約을違背ᄒᆞ셧다日本을侮辱ᄒᆞ셧다ᄒᆞ니大抵條約이라홈은個人國際를勿論ᄒᆞ고互相協贊ᄒᆞ야成立된者를可히完全ᄒᆞᆫ條約이라認定홀거시오後日에効成가有홀거날此韓日條約이란거슨日本의强逼으로勒結ᄒᆞᆫ거신則此ᄂᆞᆫ日本에셔獨裁ᄒᆞ엿다고도홀만ᄒᆞ며此事實이世界耳目에照然ᄒᆞ거나此를엇지完全ᄒᆞᆫ條約이며有効ᄒᆞ다고謂홀리오國際上은姑舍ᄒᆞ고個人間으로例言홀진대一强暴者이腕力을特施ᄒᆞ고純良人의게何等實上一條約이란거슬結得ᄒᆞ고猶히條約範圍外에不法行動을無難擅爲ᄒᆞ엿ᄂᆞᆫ지라此純良者가此條約의勒結홈과範外暴行ᄒᆞᆫ事實노控訴ᄒᆞ면日本官憲은其條約性質의如何와格外行動을不問ᄒᆞ고條約만施行ᄒᆞ라고判決홀만홀지니此를엇지開明國法律이라ᄒᆞ리오

日本童謠와如히(日本童謠에日本이라ᄒᆞ나表面만으로ᄂᆞᆫ不知云々)表面上으로ᄂᆞᆫ器械等類가或發達ᄒᆞ엿다謂홀지나內部에心腸을觀察홀진대前後에無比ᄒᆞᆫ野蠻的種族을尙히不免ᄒᆞ도다假使渠等言과如히條約이互相協締ᄒᆞᆫ者인則此를相戒ᄒᆞᆯ지라도日本이先히違約ᄒᆞ엿고格外行動이一再에不止ᄒᆞ얏도다試思ᄒᆞ라

皇室을尊嚴ᄒᆞᆫ다ᄒᆞ면셔押近不恭홈을猶過茶飯ᄒᆞ며在左悖說을亦作ᄒᆞ얏스며宮禁을肅淸ᄒᆞᆫ다ᄒᆞ며셔眞實ᄒᆞᆫ賢良ᄂᆞᆫ逐之遠之ᄒᆞ고無變ᄒᆞᆫ奸細輩만納之近之ᄒᆞ고所謂門票ᄂᆞᆫ如경官奸猾者가受錢賣卸ᄒᆞ다가乃至大韓日報의論駁을遭ᄒᆞ얏스며且一進會가向日勸約時에宣言書를發ᄒᆞ야對ᄒᆞ야ᄂᆞᆫ一大黑黨類이거ᄂᆞᆯ敢自妄作ᄒᆞ얏스니此ㅣ日本에셔竹帛에垂名홀만ᄒᆞ나我韓에ᄂᆞᆫ官史를擅任ᄒᆞ야無餘ᄒᆞ얏스며四千載傳來ᄒᆞ던寶塔을威之脅之ᄒᆞ야暗夜盜收ᄒᆞ얏고無知同胞를誘致ᄒᆞ야博覽會에出品ᄒᆞ고相히觀覽料를徵收ᄒᆞ야人種을動物로待遇ᄒᆞ얏고地方에館舍官衙ᄂᆞᆫ渠兵의占據를被ᄒᆞ얏고軍用地와鐵道用地라ᄒᆞ고原所犯人外猶爲加占ᄒᆞ야蚕食의詭計를施之不足ᄒᆞ야軍港ᄭᆞ지奪占ᄒᆞ엿고悖類惡種외民族을每日幾拾百式輸入ᄒᆞ야全國內에任意로散在居生케ᄒᆞ야壹植民地로視認ᄒᆞ며且府部院의所謂顧問補佐者ㅣ不請自來ᄒᆞ야渠自擅權이나上於政府엔換界官制로爲一能事ᄒᆞ야一無刷新에漸入衰頹ᄒᆞ고下至人民엔壓制生命으로謂長技ᄒᆞ야擧막이附生에堵業를俱失ᄒᆞ엿스며電郵事務를稱曰引繼ᄒᆞ고肥己의食料로充ᄒᆞ되小無進與ᄒᆞ얏고其他許多些小蠻行를盡記ᄒᆞ기實難ᄒᆞ야省略ᄒᆞ거니와

以上數件만據論홀지라도日本의行動如何를可히知得홀지며右件을擧ᄒᆞ야日本의게質問ᄒᆞ면渠가答이라도出口치못홀거슨吾人의定想이로다然이나渠輩ᄂᆞᆫ猶爲不足ᄒᆞ야今此海牙問題로執揪ᄒᆞ야强逼을尤甚恣施코ᄌᆞᄒᆞ니賊反荷杖도廉恥가有ᄒᆞ거늘此事를何處에伸訴홀고悠々蒼天이上臨ᄒᆞ셧도다噫라今日此事에對ᄒᆞ야셩宗社靈士의存亡命脈이危極緊切ᄒᆞ니吾人의尙今默在ᄒᆞ야欲起而不振ᄒᆞ고欲言而不出홈은須兵砲艦이彼만不如ᄒᆞᆫ所以러니今에彼日本의格外行動을擧ᄒᆞ야口舌로競爭홀公理가確有ᄒᆞ니惟我愛國同胞여

官報

◎敍任及辭令 內閣總理大臣李完用 解臨時署理宮內府大臣事務

◎第三千八百二十四號 光武十一年七月二十二日

◎宮廷錄事 掌禮院卿趙同熙辭職疏 批旨省疏具悉所請依施 侍講院詹事閔泳瓚辭職疏 批旨省疏具悉卿其勿辭

◎號外 光武十一年七月二十日

宮廷錄事 本月二十日에宮內府大臣朴泳孝의게 親任式을擧行

外報

◎領事館設置 安東縣에셔ᄂᆞᆫ美國領事館을舊市街에設置ᄒᆞ고去十五日부터事務를開始ᄒᆞ얏다더라

◎俄領移住者의團束 北京電을據ᄒᆞᆫ則駐俄淸公使胡惟德氏가淸廷에報請ᄒᆞ되近來職業이無ᄒᆞᆫ支那人等이俄境을越ᄒᆞ야饑死或虐死를被ᄒᆞᄂᆞᆫ者가多ᄒᆞ니設法團束ᄒᆞ야國境을出ᄒᆞᄂᆞᆫ者에ᄂᆞᆫ交涉局에셔旅行券을繕給ᄒᆞ라ᄒᆞ얏다더라

◎美術館建築 目下美國에셔華盛頓에一大美術館을建築홀計劃이有ᄒᆞ미同國需要ᄒᆞᆫ美術國粹에셔特開意를表ᄒᆞ고今年同國議會에셔該建築案을提出ᄒᆞᆫ다ᄂᆞᆫ대其建築費가少不下二千萬圓의預定이라더라

◎海軍擴張 美國政府에셔議會에協贊을經ᄒᆞ야本月一日부터經營홀海軍擴張費가如左ᄒᆞ니

一 船體及機關 一二、七二三、九一万弗
一 裝甲及兵器 一二、○○○、○○○、
一 艤裝 五○○○、○○○、○○○

爲先本年度에戰艦이나오와號에備砲를收用ᄒᆞ고砲塔에照準器及砲火指揮器를設置를畢了홀터이오頂備水雷ᄂᆞᆫ今後今年間에每年設備홀터이라ᄒᆞ고又兵器局장미손將의明言ᄒᆞᆫ바를據ᄒᆞᆫ즉本年度에就役艦이戰鬪艦廿四隻一等巡洋艦十二隻二三等巡洋艦九隻、水雷艇廿二隻이라ᄒᆞ고又本年度에水兵三千名을補充ᄒᆞ며運送船의不足에對ᄒᆞ야航路補助에法으로써補充의道를講究ᄒᆞ야有事之日에遺憾이無케ᄒᆞᆫ다더라

雜報

◎皇太子上疏

伏以小子忝居儲貳三十餘年未有令聞令譽可以維繫人心而問寢膳之가亦不能親正士讀經傳年踰而童心尙存日用之間惟望 父皇陛下之敎誨而已連値陽九之運歷險艱而曾未有發一籌思一策以分 宵旰之憂其於政務機務茫然不省爲何樣乃者千萬夢寐之外忽伏承代理之勅小子聞可驚惶五內震悚直欲鑽地以入而不可得也大事雖曰經 稟一日萬機無非民國安危之攸係雖承平之時猶不取承當況値萬々艱危之會而委畀於蒙騃之小子將如國事何 父皇陛下獨不念五百年宗社之重二千萬民命之寄乎小子決不以承遵 勅教玆敢忙陳短章恭여仰籲伏乞 父皇陛下亟寢 成命以幸國事安私分焉謹拜疏以 聞

◎再次

伏以小子冒陳難容之情企仄汗之音而反奉批旨未蒙 俞允小子允迫隘罔措竊不能無憾於天地之大也夫叅決庶務非曰無我家故擧而皆지於倦勤之後今我 父皇陛下則春秋雖躋耆而聰明睿武不少減於平日小子固年雖壯而顓蒙無異乎童穉其何以代聽萬幾之繁乎實是念慮無以承之望玆敢控暴衷曲伏乞 父皇陛下念 宗社人計收還小常之 命亻任千萬懇祈之至謹拜以疏 聞

六月十二日詔勅

詔曰李相설李瑋鍾李儁等가賦何凶性이며包何陰謀이던지詐稱投港外ᄒᆞ야僞稱密使ᄒᆞ고恣行眩惑ᄒᆞ야幾使邦交로乖捐ᄒᆞ니究厥所爲ᄒᆞ면合置重辟이니法部에令ᄒᆞ야依律嚴勘ᄒᆞ라

十二日詔勅

詔曰咨爾大小臣民은朕이明德으로嗣服ᄒᆞᆫ지라朕이大朝의明命을敬奉ᄒᆞ야庶政을代理ᄒᆞᆫ지라値此維新之時ᄒᆞ야國是를不定ᄒᆞ고時勢를諉稱ᄒᆞ면逆黨의羣凶과忠逆이錯雜홀쑨더러貽害宗國이亦不尋常ᄒᆞ나寧不懼哉아挽近以來로或稱憤槪ᄒᆞ고或稱忠義ᄒᆞ야々騷訛가在々駭聽이거날勝惱奇이라謠鎭爲有衆우國獨頑不亡哉하고一向迷誤ᄒᆞ야不屢降勅諭ᄒᆞ사敷示衷曲ᄒᆞ시되處하든舊習은膠守치勿ᄒᆞ고考其天時ᄒᆞ고稽其人事ᄒᆞ야宇內萬國時措之義를適合케ᄒᆞ야中興鴻業을準開홀지니爾有衆은朕이아니면誰를仰ᄒᆞ며爾有衆이아니면誰를使ᄒᆞ리오爾衆은定此辭是ᄒᆞ고[illegible]ᄒᆞ야更勿妄動ᄒᆞ고[illegible]自今으로朝廷之上에[illegible]國之政을實行ᄒᆞ야[illegible]ᄂᆞᆫ殖産興業敎育之[illegible]야我赤子로共躋[illegible]承享昇平之福[illegible]은克體朕意ᄒᆞ야[illegible]너라曉諭有衆아

東京電報

●時局落着 七月十九日 韓皇帝讓位로我政府도其罪를追窮홀것업고時局은是로落着이된다고外務當局者ᄂᆞᆫ語ᄒᆞ얏더라

●協約改訂 二十日着 大同俱樂部에셔ᄂᆞᆫ韓帝의讓位로써滿足지안코日韓協約을改訂ᄒᆞ야行政權大部의委任을受ᄒᆞ기로主張ᄒᆞᆫ다더라

雜報

●獻議書 伏以佛之爲道也慈悲好施淸淨寡慾其於警愚蒙懲部吝未嘗爲之助而但學佛者離群絶俗割辭親遯跡山中棲心物外ᄒᆞ나所究竟不過乎明妙寂滅而止厥初生民之意徒然有夫婦然後有父子有父子然後有君臣故로曰婦夫二姓之合百福之源聖人在上牀天地財成之澤而何可使一視之赤子로有曠男曠女不思所以導率得正以迎和氣也見ᄒᆞᆫ男女僧徒가幾千之衆而株守膠習漏ᄒᆞᆫ民職曰以耗餘無暇進就者使其徒廬其廬食其食宗敎而實化任其嫁娶而生成則不出數十年生聚敎養不富閣ᄒᆞ會稽未始不爲富強之一策伏願閣下建議廟堂上奏天陛而施令飭國實幸甚 李敏설 尹錫準 李花榮

●議會盛況 大邱府下에셔本月九日에慶北四十一郡紳士들이國債報償義務의劃策ᄒᆞ야會를開設ᄒᆞᆫ故로京城總務所장尹雄烈、가評議員安重植氏를帶同赴會ᄒᆞᆫ時에道內各郡員七十餘名이等候停車場ᄒᆞ야迎人士가恰爲四五百員인대會規를斷烟會所ᄒᆞ고其經設會ᄒᆞ니紹創立ᄒᆞ고各道義金을集成京部ᄒᆞᆫ事와京鄉義會所之經費ᄂᆞᆫ각自辦出ᄒᆞ야永求維持方針과京會所道會所가一遵規則ᄒᆞ야次第組織ᄒᆞᆫ事를一場演說ᄒᆞᆫ後萬歲를三呼ᄒᆞ니血性을勝이興感忠愛에각爭義捐ᄒᆞ야大邱郡牧使이爲先十餘萬圓이오除外각部은次第로義金을優倍捐出ᄒᆞ야千死萬死라도期於償債乃已로血心同盟을ᄒᆞ얏더라

●金씨熱心 大安洞金承鎭赫시가學校設立ᄒᆞ고自己가敎授ᄒᆞᆫ문前報에已爲揭載ᄒᆞ얏거니와該시父親奎弘 在世時에居保於日本ᄒᆞ고人退世ᄒᆞᆫ지라該日本人이裁判에呈訴ᄒᆞ야家舍와汁物을執行ᄒᆞ미學徒들이其景光을慕看ᄒᆞ고上興ᄒᆞᄂᆞᆫ거시於心不安ᄒᆞ다ᄒᆞᆫ대該시가答ᄒᆞ되家舍執行은箇人事요諸生工夫ᄂᆞᆫ全國大事라엇지箇人事로全國事를廢止ᄒᆞ리오卽時敎授ᄒᆞ며夜學生徒等이感泣受學ᄒᆞ니ᄒᆞ시의全國를爲ᄒᆞᄂᆞᆫ思想과敎授ᄒᆞᄂᆞᆫ誠은人所難及이라ᄒᆞ더라

●本社廣告

東署分部人姜金基가無故逃躲ㅎ야該分部人의페端이不少ㅎ온즉僉君子의게未能付托ㅎ야輸送事由로故玆廣告ㅎ오니 想諒ㅎ시옵고本社中事務에關ㅎ야는照詳錄送ㅎ심을切望홈

各校關係人秘密發賣買口문中百餘圜不正當ㅎ야此校經營ㅎ는仝人等이勸助ㅎ야張龍식兩人이中間混亂ㅎ야此校가廢至又爲廢校之境이라더라

●告係犯罪 大邱西山居朴元釗가素以暴行으로名이有ㅎ야因諸言頭折腰縮ㅎ고吐血不止ㅎ는者拾餘日에不知ㅎ야歐打外叔母ㅎ야이라는事로警署에서捕捉中이더니逃避ㅎ얏다더라

●神主燒진 三昨日總理家燒진時에李完用氏의先祖神主를搬出치못ㅎ고燒진ㅎ얏다더라

●彈藥押收 軍部大臣이各大隊長의請命을依ㅎ야彈藥을調查ㅎ고押收ㅎ얏는대監守케ㅎ고且一方으로는兵士以下로携帶ㅎ彈藥도押收ㅎ얏는대不足이頗少ㅎ다더라

●光興試驗 私立光興特別英語夜學校에셔今番卒業與進級試驗을經ㅎ얏는대卒業優等生은鄭建千東喞兩人이오及第生은黃錫淵李圭成兩人이오進級優等生은趙殷鎬朴相瑞一睦金相睦一相諸시인대教師韓百源시校監相澤廉시가賞品을優數히頒給ㅎ얏다더라

●師範講習 安岳郡守金昞臺씨가本郡에有志紳士宋鍾昊씨와郭鎭商金鎭成諸씨와敎育을發達ㅎ야林澤權諸씨가敎育産業을發達ㅎ기爲ㅎ야學會를組織ㅎ고師範講習所를設立ㅎ고博士를招聘ㅎ야國에小學校敎師가完全ㅎ을畢務ㅎ야邑熱心注意ㅎ니와國民之義務를盡ㅎ더라

寄書

北美紐育留學人國債報償趣旨書(續)

鳴及其時諸公素有之潤屋廣宅謂與爲店素有之良田美畓終末僉爲財爲習用豈不寒心誠意彼猶爲世界之嘲笑我國之債欵未滿國債百分之一也若以言士爲族人之債數旣太多終以國爲債百餘二千万同胞當爲愧死耶且富家諸公亦無少愧於心耶言念到此不覺心膽氣激也但恨手中無金未能盡揮涕帳惟望諸君子早各爲捐速完外債則國民從國民之義務忘却旅費之不贍而素其弟等之在美洲紐育者亦願爲義捐若干幾幣遠寄幸須領收以補於國債万分之一焉 完

●惜哉此校 楊州玄石里에셔昨年에一學校를設立ㅎ야洞中兒童을敎育ㅎ다가冊子에以財政窘艱으로暫爲廢止ㅎ얏더니洞中有志人士幾員이共議ㅎ고以永保爲期ㅎ야興成之際에以口앞中百圓除로各出捐助ㅎ야此學校를아모조록實施ㅎ랴으로請ㅎ고且以各出捐助之際에玄石里에一學富名者爲名李演贊이의주우며分義助하고教師의冊에兒童을大役及對ㅎ야兒童을敎育ㅎ야主ㅎ니於敎育可不惜學校乎아

續論ㅎ얏는대傍聽人數百名이莫不涕淚扣掌ㅎ며萬歲를三唱ㅎ고閉會ㅎ얏다더라

廣告

月前에本人圖章遺失故로先廣告ㅎ니誰某던지有持此行用者어든內外國人은切勿施行

平壤南水口內金炳옥 告白

本人弟明七年貳拾四歲에性本浮浪ㅎ야雜類虛誕用債欺人甚多故로玆以廣告ㅎ오니內外國人은切勿見欺ㅎ심

釜山鎭草梁김璧玉 告白

京北松峴金城容九氏甲辰分에木浦南橋金榮鎭에게家舍를典執ㅎ고其文券을本港客主崔汝彦氏게任置ㅎ엿던바今於放賣之意로本文券을本人處의셔給ㅎ라는편지를本人이三昨日東關路中의셔셔失ㅎ얏스오니雖某던지得拾則本人家로居傳ㅎ믈望

木浦南橋동居 金伊淳 告白

本館에셔大廣橋北川邊前紙廛小部家를半洋製로一新修改ㅎ옵고精潔ㅎ浴沐湯과各色料理를新鮮準備ㅎ와陰曆六月初十日爲始ㅎ야開業ㅎ엿ㅅ오니僉君子는陸續來臨ㅎ심을伏望

內外沐浴湯

大韓料理各色 西洋上等酒菓각色及此外에도각樣烟草食料를隨求酬應ㅎ더이외다

廣通館 白

務安府雜書官朴星煥이行政事로一府之民이不勝擾攘ㅎ야屢次呈于內部法部平理院則題內에既有查報에當有處辦일지니退待ㅎ라ㅎ오나事涉之行退이去益滋甚이ㅁ終無如何之處分ㅎ니居民이控訴無處ㅎ옵기玆에廣告홈

務安民人 로龍甚 박相玉等 告白

告國債報償金義捐諸氏

自本所로京城內各收金所를次第調查中至若期成會ㅎ야는與重義金을貯置不明ㅎ고文簿眩惑ㅎ야難以明查故로玆에廣布ㅎ오니該會로納金諸氏는無一遲滯ㅎ고領收証号數와金額과氏名과印字를昭詳히本所로錄送ㅎ야勿失務ㅎ심을敬要

大韓每日申報社內 國債報償志願金總合所 白

本館에셔新舊書籍을大發售ㅎ오니有志僉彦은陸續來覽ㅎ심을望

銅峴屏門下古今書海館 白

大安寄宿館

本館에셔漢城內에留接ㅎ는諸學生의寄宿便利를爲ㅎ야大安동계二層半洋屋을建築ㅎ고居處飲食其他凡節을一々히便宜ㅎ기로極力設備ㅎ오니遊學諸生은照亮ㅎ시와賞臨于本館事務所ㅎ야論議ㅎ심을敬要

北署大安洞別宮南便寄宿館長 鄭熙燦 白

告 寄宿願人은證書로本館에셔授與홈

寄宿費는每朔에新貨四圜八十錢으로定홈

廣告 寄宿館

本人이日本大阪商業家와特約ㅎ고日本內地에出産各種物品과西洋各種物品及機械等物을我大韓에輸入ㅎ야委托을便利케契約ㅎ얏스오니商工業에有意ㅎ신僉君子는何物品이든지請求ㅎ고本社로來議ㅎ시오 本社에셔手數料을만受領홈

漢城北部 開城北部 文店京城南門內水標五十一統六戶

全仁港口 培養會社

大韓新地誌

一秩二冊三百六十頁 定價金一圜

本冊肆에教會書籍과各學校教科書와各種新舊書冊이俱備ㅎ오니有志ㅎ신僉君子는陸續購覽ㅎ시옵

平壤 鍾路 耶穌教冊肆 尹衡弼 告白

本人等이典洞文所越便에셔各貨典舖이옵다가今에合資設舖營業ㅎ오니典執ㅎ실僉員은陸續來臨ㅎ심을敬要

中署典동영信號典舖 金경秀 車基倫 金榮觀 告白

●일본遊覽會社廣告

一 遊覽者募集人員은五十名으로一團ㅎ야

一 往復일정 十七일間

一 浮費 遊覽費及手數料를合ㅎ야總計四十八圜

一 出發일

一 請入所 十八銀行경셩支店 天一銀行

一 會員은遊覽을終ㅎ야開散후後에關係가小無홈

一 南대門서釜山으로直行ㅎ는者

行請人은應諾홈

열本人遊覽協會事務所 남대문

東亞商會

學徒裝히書冊 學徒運動파諸具 羅紗各種 美國金鷄納 衣服裁縫其他雜貨도廉價放賣ㅎ오니諸君子는來臨ㅎ심을바라나이다

仁川港杏峴開新冊肆

원산파셩진간에셔본인이살진소(肥牛)를만이사깃스니쇼파는제군은다수이팔너오시옵

최봉준 고빅

增修無冤錄大全

定價

越南亡國史

國文

定價

發賣所 鍾路 김相萬 告白

新聞社義捐金 收入廣告

◉忠淸南道禮산郡今坪面上旺
조徹선 박鍾夏 각五拾전
김영寬 ㅅ拾전 車원仲
池金원 니敬鎭 각卄면
池致守 오榮煥 鄭致순
김成五 최文七 신奇보
김致玉 각拾전
▲芳藥리
박應順 朴應璜 박道秀
各卄錢 鄭鑄永 박영秀
각卄전 玄永台 孟信植
高時重 정昌영 리喜日
鄭道賢 니順義 김仁智
각十錢
▲鳳棲里
김영和 池學文 申鶴均
김應秀 崔德泰 각卄錢
▲官坪
박在璣 七十錢 南延億
김應烈 俞吉日 각五拾錢
▲新豐院
權寬老 복文五 각十전
리性老 卄錢 任守明 卄錢
리化一 二圓 리相根 조基善
梁덕元 김弘文 南廷斗
申宗均 각一圓 韓德汝
리德근 崔洛西 김영善
金敬回 金順一 신肋種
신性均 田仲化 각五十錢
朴仁表 리時祿 조承보
각四십전 高炳奎 김聖文
각卄五전 張性道 리明叔
김性근 리允凡 洪春五
박學근 신應集 張性和
崔正현 각卄錢 박知化
박俊明 김啓문 김德秀
金百福 張正叔 方陳涉
安元보 안永石 리祚永 김덕在
각卄錢 金明集 十六錢五厘
구聖德 김允敬 김召史
▲淵陽洞
박晴和 六十錢 任公哲

五十錢 박應贊 박進喆 오奎섭
각四十錢 李相成 金기瑞
各卄錢 복應銓 卄五전
白樂公 박學天 朴鎭福
복象珪 복應奎 김濟善
朴成珪 복在珪 박應황 박龍珪
朴準祐 각卄전 박노和
박建和 박龜和 朴元和
리石來 崔奇洙 박玉鳳
박鳳觀 박玄命 복奇鳳
南徵八 朴炳思 박德和
각七錢 박花天 七전五厘
최頭宮 朴應朝 각오錢
▲博達里
박成和 김應相 박準西
복應성 박南珪 박恩仁
김玄圭 각십錢
▲락浦
리祥珍 一원 리浣明 리憲奎
韓昌敎 각五十전 김영泰
四十전 劉正탐 三拾전
張元賓 金祭俊 김龍三
각卄전 문敬先 김漢之
진성日 田學보 리安여
김金日 田正心 田正三
최致三 張瓊培 각卄전
서祐영 각五십錢 김昌西
廉영寬 金敬洵 廉영俊
▲内所
조希晉 각십錢 오鳳敬五전
韓寬여 리慶巨 리翊汝
리尙秉 [illegible] 許聖弼
김在洵 方貞哲 각卄전
盧三龍 조聖九 安기萬
車덕영 宋遂성 金黃龍
최聖業 각십錢
▲水鐵里
복成員 六拾전 곽致爽
五十錢 곽리升 박미培
최善ㅁ 郭林賢 곽致德
각四拾錢 박浚三 郭夏默
곽順賢 郭應鉉 각卄錢
박容鎭 安慶千 郭림範
각卄전 朴泰鎭 박浚成
곽致遠 리正文 박인보

최金보 蘇成근 박召祿
김千石 김成寶 池德三
각拾錢
▲龍宮里
신命均 金昌國 신성均 七拾錢
金興西 신化心 각五十錢 신學均
조應守 리春瑞 김近壽
신明三 김正보 각卄전
신서均 卄五전 김金日
柳道三 신德在 조元吾
林明현 김寬業 신化보
최春先 박道근 張寬日
각十錢 張寬吾 十五錢
박守보 리致萬 신白賢
조春實 신益富 조正현
裵富巳 각拾전
▲堂后洞
박道秀 曹國 박鼎天 八拾錢
鄭達永 五拾七전五厘 복羅熙
朴楠秀 鄭在好 정亨勳
각四십錢 리炳烈 박인秀
각卄錢 정德好 俞鎭淑
각卄錢 정元勳 리漢汝
명世熙 金春三 孟衡淳
각十錢
▲倉村
박大祥 朴胤덕 각一圓
신圭熙 六拾전 崔학水
ㅅ拾전 윤明先 리召史
김학三 리明淳 鄭元國
文國永 買德근 김應先
각卄錢 복星보 복안字
白奎賢 최水京
韓치弘 림聖化 김星근
리明根 呂士弘 리正先
崔應西 리成奎 김成勳
황花선 김學道 김聖烈
리인西 金元五 리元克
리治明 리元交 卓永보
리正三 각十錢
▲新宗面新宗里
조鍾昌 二壹卄錢 조錫顯
김鍾禧 리裕禧 김鍾龜
高道三 김翰培 박榮來
각七拾錢 尹道鎭 尹英鎭

尹學圭 박泳休 리히岩
洪元亨 各五拾錢 김胤培
김光洪 김春培 金鍾培
金鎭叔 각四十錢 김鐘建
김自道 복思熙 廉應水
김石銀 김영五 김成培
卞興叔 김正安 金成보
白樂書 曹成五 趙春和
각卅던 崔箕연 리裕應
洪殷元 金云京 리汝毓
安致中 羅殷弼 朴春明
박文보 김與叔 朴成鎭
각卄錢 高應三 卞興西
김允成 權周京 郭承才
각十전
▲上新里
洪岐植 一원五拾전 조致道
四十전 신明老 김花春
姜云集 리덕조 申正보
각卅전 洪泳植 洪台植
조致雲 조致弘 조元보
朴道汝 閔春京 閔樂河
各卄전 김致伯 卄五전
김仲寬 趙致彦 각卄五錢
卞化서 조晩서 리金日
최永서 朴達先 리사七
각十錢
▲下坪里
리海鵬 九十五錢 최昭和
五십錢 리海鯨 金泰淳
高允東 김濟殷 각卄五전
盧鎭成 朴昌來 각卅전 리春實
김봉善 리寬秀 리賢秀
韓麟敎 복선弼 朴덕民
각卄五錢 柳在근 김致弘
김百源 金命근 羅原敬
羅與實 白敬先 리光秀
정鍾淳 각卄전 朴命順
십五錢 김春日 김淳善
車敬선 각拾錢
▲下新里
洪忠植 一圓五十전 리宜秀
一圓 리寬秀 六十전
趙병德 五拾錢 朴春근
四拾錢 洪남植 리士선
김順三 리樂秀 高恭有

金仲[illegible] 各卄전 리春植
高사근 高用春 복榮譜
최近日 金順伯 박彦用
최明先 김학鉉 리鳳秀
조晩秀 박致範 박章여
경順京 韓石보 고逸선
각卄전 박聖用 최召史
沈召史 각十전 尹밍人五전
▲宅동
전義良 二원 崔應문 조치水
金건才 김鳳여 金命敎
金樂善 張錫道 羅여伯
白道先 각八拾錢 金여安
김承祚 최致西 盧十進
全건식 김化成 김明西
白正玉 각五十錢 韓春明
박경二 최치權 李壽西
김應玄 최建植 림準元
羅瑞仲 김道二 劉成必
張鎭赤 전應建 최順日
朴致昌 曹元心 김文敎 각卄전
김明培 최치俊 최인亨
徐승心 安春京 전成玉
韓性三 崔인叔 엄鍾植
倣道弼 盧漢西 韓聖奎
김與先 姜元弼 각卄錢
김時俊 전順化 최先童
揚英必 각拾전
▲平川산面竹谷
김鎭龍 一원 김明伍 崔命植
최理植 曹禹承 각五十錢
김윤서 四十錢 김寶奎
柳夏伍 김明先 리道先
각卄錢 張치三 卄五전
리秀보 柳英先 장치巡
김正선 리치元 김元文
白今奉 각卄면 任平心 十전
▲新後리
김顯殷 리聖集 김敬天
각卄전 리成老 김碩鉉
徐廷夏 尹 泳 각卄錢
박明서 徐成元 각拾전
▲新孝里 張基萬
林인水 최元知 박明心
리學보 五人合 七圓

▲石關里
張基鶴七圓 黃敬性 七拾전
리奎榮 張民환 張긔憲
김문七 각卅錢 張기鎬
김긔鳳 張긔明 秋永춘
김道京 각卄전 김云서
신ㅁ전 김선伍 俞守奉
김明伍 각십전
▲白石洞
金奉여 김應喜 복上知
박치선 각四拾전 최元三
韓春根 김性좌 김춘日
박金京 박학凡 각卄전
김召史 김顯五 각十五전
▲上後里
車德敏 유英根 陳鳳伍
車衡驪 각四拾전 김光弼
김士章 각卅던 김士一 김道連
유賢根 김문하 김윤信
姜元仲 張壽湖 리應寬
각卄전 俞奎學 오定壽
金壽初 최云西 姜元伍
김여옥 각拾五전 曹봉煥
김元表 최鳳貴 각十전
▲新대
김영培 십圓 복胤三 壹圓
복윤卿 五十전 박成時
四十錢 김時化 金世敬
김正춘 김明叔 金元實
김치明 각卅錢 김鶴奉
金召史 김明心 丁聖三
김元伍 金元心 김치萬
김正호 복치極 박義鎬
복元兼 金士照 각ㅁ전 김祥業
김培雲 복윤보 김碩보
박永三 韓윤培 김春明
박成옥 金元敎 각拾錢
▲新村
金千보 김學水 金聖西 각卄전
김云西 송光五 리京在
김奇奉 최召史 각拾五錢
김和實 徐元必 金덕元
각拾錢
▲葛林

任箕夏 [illegible]
각五拾전 [illegible]
天奎錫 任[illegible]
리英선 金柱培 [illegible]英培
각卅전 리光洙 任[illegible]
김成五 金奎培 任憲寶
각卄전 문禮錫 尹正五
각拾五전
▲月산 張錫疇 六원
▲新後동中 一圓二拾錢
합二百〇貳圓七십錢전五厘
國文報廣告總合八十圓四십六
전
前號總合三萬七千二百二十七
圓九十二錢七厘
都總合三萬七千五百十圓십
전二厘

◎特別廣告

國債報償金을[illegible]을姑未
合計이고[illegible]所收總合
五萬〇〇〇五圓九十九錢은龍
洞[illegible]西銀行에貯置ᄒ얏슴
고其貯置額中
三萬二千三百圓은國債報償志
願金總合所로越交ᄒ
大韓每日申報社

廣告料
四号活字十三字詰
每日每英尺一寸에新貨廿五錢
(每日每行六錢에相當ᄒ)
二週日에 二圓五十錢
(每日每行四錢五厘에相當ᄒ)
一箇月에 五圓
(一每日每行四錢一厘에相當ᄒ)
其期限의長短과字行의多寡
를依ᄒ야增減이有ᄒ

發行兼編輯人英國人 裵 說
發行所
南署石井동號外地三層洋屋家
大韓每日申報社

西曆一千九百七年七月二十四日 水曜日 （二）

第五卷 第四百七十一號

大韓每日申報

月曜及慶節翌日休刊

西曆一千九百七年七月二十四日
光武十一年
大韓開國五百十六年
日本明治四十年
淸國光緖三十三年
陰曆丁未六月十五日甲戌

論說

暴動의實因

日昨早朝에京城日本理事가本記者를尋訪ᄒᆞ고其尋訪이京城暴動의公格인거ᄉᆞᆯ同씨가證明ᄒᆞᆫ바以余所見으로ᄂᆞᆫ其尋訪이日本軍律의理由로大韓每日申報를威脅홈이로ᄃᆡ在京ᄒᆞᆫ지라同씨가明言ᄒᆞ엿스되大韓每日申報와英文大韓日報가日本이韓國皇帝를讓位케ᄒᆞᆫ提議를ᄒᆞ엿다ᄂᆞᆫ說을揭載ᄒᆞ야日昨擾亂에直接關係를作ᄒᆞ엿스니三十八人의長命을賣ᄒᆞᆫ責任이此報에全係라稱ᄒᆞ엿도다

如此無根ᄒᆞᆫ歸罪ᄂᆞᆫ不必公然拒否이나然이나日本에詭計機關에의新報와及其從犯者의態度를因ᄒᆞ야ᄂᆞᆫ日昨暴動의責任이日人과及其機關을作ᄒᆞᆫ韓國婦人의게不保ᄒᆞᆫ니吾人이指言ᄒᆞᆫ바其原因을必ᄒᆞ니此日昨擾에日本巡査의刑殺ᄒᆞᆫ韓國人衆의게驕傲ᄒᆞᆫ日本官人의擊鬪ᄒᆞᆫ故로ᄒᆞ야其結果로此大暴動이起ᄒᆞ엿도다

日本에서가伊藤侯爵의公所遇事變을對ᄒᆞ야深恨ᄒᆞ다ᄒᆞ니伊藤侯爵의才能과元老의同僚들의及公格上勢力ᄒᆞᆫ理事의出席ᄒᆞᄂᆞᆫ것韓國人民에國民의뜻의要領으로關係ᄒᆞᆫ行事日本에서前에所之ᄒᆞ엿스有何紀律政府로韓國人民이結之後ᄒᆞ야日本國日語에서其言을信認ᄒᆞ나니如此信認이其將繼續홀거시오信認ᄒᆞᄂᆞᆫ거ᄉᆞᆫ亦係權限이로다

日昨闕門前路가日巡査把守에此巡査一哨ᄂᆞᆫ街路者를嚴斷ᄒᆞ엿스니數千韓人이因此憤怒ᄒᆞ야도다日人이已之恐鈍所以의結果를豈不預知리오由是로本記者ᄂᆞᆫ日昨所遇事의實任이全係於日人이라고明言ᄒᆞ노라

官報

號外 光武十一年七月二十二日

敍任及辭令

鬱島郡守具然命 任警務使

耆老所秘書長閔丙漢 解職

時署理宮內府大臣事務 宮內府特進官李允用

命臨時署理侍從院卿兼內大臣

◉宮廷錄事

◎第三千八百二十五號 光武十一年七月二十三日

◎敍任及辭令

公立仁川普通學校敎員李承默 申寧均

依願免本官

命掌禮院卿 宮內府特進官尹容大

弘文館學士閔廷哲

命宮內府特進官 宮內府特進官申箕善

命弘文館學士 特務使金在豐

任軍部軍務局馬政課長

免本官 侍從院武官府務官砲兵正領魚潭

命停職 軍部敎育局敎務課장步兵參領李甲

侍衛步兵第一聯隊第二大隊장步兵正尉林在德

免本官

外報

●立憲有望 淸國軍機處大臣瞿鴻機씨ᄂᆞᆫ立憲에對ᄒᆞ야從中組抗ᄒᆞ고慶親王우立憲으로써富强의要着을삼은故로瞿씨가大局을敗壞홀가恐ᄒᆞ더니現在에瞿씨가遷任되매北京人士가咸皆稱快ᄒᆞ야從此立憲之事가大有可望이라ᄒᆞᆫ다더라

●在外武官 北京電을據ᄒᆞᆫ즉淸國은今回에英獨日米佛露與各國公使館附武官을置ᄒᆞ기로決ᄒᆞ얏다더라

●外國記者渡韓 在東京和蘭記者헤라감푸씨ᄂᆞᆫ和蘭國에命을受ᄒᆞ고渡韓홀터인대此外에도渡韓코자ᄒᆞᄂᆞᆫ外國通信員이頗多ᄒᆞ다더라

●大官暗殺에警告 支那觀察據ᄒᆞᆫ즉駐日公使楊樞氏에게서革命黨ᄂᆞᆫ양州灣에上陸ᄒᆞ야大官을暗殺ᄒᆞ기로天津武昌及南京等地에潛入ᄒᆞ엿더이라ᄂᆞᆫ通報를接ᄒᆞ얏다ᄂᆞᆫ說이有ᄒᆞ더라

●奉天派兵 北京電을據ᄒᆞᆫ則保定府衛戍의北洋陸軍第三鎭이本月二十日부터奉天으로派行ᄒᆞ얏다더라

●鐵道接受 寬城子信을據ᄒᆞᆫ則本月十五日에日俄兩國委員이俄國鐵道停車場列車內에서會議ᄒᆞ고鐵道接受의節次를ᄒᆞ얏다더라

●法國大統領에遇難 紐育電을據ᄒᆞᆫ則無政府黨一名이射銃을發射ᄒᆞ야法國大統領을暗殺코져ᄒᆞ다가其目的을未達ᄒᆞ얏ᄂᆞᆫ대大統領은危難을幸免ᄒᆞ고該凶漢은卽時逮捕되얏다더라

●地方長官被殺 同電을據ᄒᆞᆫ則俄國에아레기산도로보地方장官아리하노후將軍이虛無黨의게暗殺되얏다더라

寄書

元山乞人等

大抵天地之間에ᄂᆞᆫ無依無家ᄒᆞ고無衣無食ᄒᆞ여可憐ᄒᆞᆫ者ᄂᆞᆫ以食으로爲天ᄒᆞ고行乞於市ᄒᆞ다가忽聞每日申報에外債一千三百萬圓을爲ᄒᆞ여全國同胞가競出義捐之句ᄒᆞ고反以思之ᄒᆞ니外債를不報之日에ᄂᆞᆫ何處에셔皇室을保存ᄒᆞ며우리留宿ᄒᆞᆫ한죽막도隣人債主의手中ᄒᆞ면엇지ᄒᆞᆯ고寒心ᄒᆞᆫ生覺을ᄒᆞᆯ슈록가슴만답답ᄒᆞ도다畢竟은우리魂魄도大韓彊土의依托ᄒᆞ지못홀모양인즉참미惜ᄒᆞ고哀痛ᄒᆞ도다國之盛衰ᄂᆞᆫ勿論ᄒᆞ고우리身勢를엇지ᄒᆞ고此所謂水火相極에殃及池魚로다嘶彼中上兩班에高樓廣廈에客主兩班들과人力車上에天上郞又치來往ᄒᆞ시ᄂᆞᆫ저富客들은不當不幾万元과幾千元에義捐치안은人物이업슬터인대우리ᄂᆞᆫ韓信과又치殿必ᄒᆞᆫ兵法도不學ᄒᆞ고大祖承相升괴와如ᄒᆞᆫ智略이無ᄒᆞ나皇室의形便과二千万生靈의魚肉이될거슬生覺ᄒᆞ면有死之心이오無生之氣로다然이나우리가맘을ᄒᆞ고歎息만ᄒᆞ면무ᄉᆞᆷ일이될고ᄒᆞ고際에傍在ᄒᆞᆫ一乞兒가미련ᄒᆞᆫ말ᄒᆞ기를여보여보슬ᄲᆡ안ᄂᆞᆫ말ᄉᆞᆷ그만ᄒᆞ시오本村에寡婦宅ᄂᆞᆫ집나이셔가시다飽食ᄒᆞ고在後ᄒᆞ다ᄒᆞᄂᆞᆫ데먹어야ᄒᆞ지國債報償에熱心ᄒᆞᄂᆞᆫ中人官全演說ᄒᆞᄂᆞᆫ대비어먹ᄂᆞᆫ놈의게國債報償이다무어시오어서가셔막걸네나한잔엇더먹을세다야ᄉᆞ이엿적놈아越王句踐ᄂᆞᆫ懸膽於廢ᄒᆞ고번오긔ᄂᆞᆫ멀이을앗기지아니ᄒᆞ고형경의게주어거든네몸에현되보고漆身爲奴ᄒᆞ던忠節을싱각지아니ᄒᆞᄂᆞ냐兒孩에되답이當然한칙망이로소이다만老爺官大爵富國肥己ᄒᆞ여스니말삼이오이兒孩야忠君愛國이富貴有ᄒᆞ지오一ᄒᆞ다急々히가셔同胞들과會集ᄒᆞ야一場說明ᄒᆞ고當日에分錢合米을빌어다國債報償에熱力ᄒᆞ기을可決ᄒᆞ고十九人에數日乞김이新貨四圓인故로貴申報社로仰呈ᄒᆞ여一片丹心을表ᄒᆞ옵나이다

達巴人 김元明 朴元서

●西北人等 共立新報를據ᄒᆞᆫ則韓人千餘名이居留ᄒᆞᄂᆞᆫ바困苦히生活ᄒᆞᆷ은皆知ᄒᆞᄂᆞᆫ바어니와其中一個李光俊氏가脫身逃竄ᄒᆞ야徒步로三年을經ᄒᆞ야本國으로쓰인곳에到達ᄒᆞ얏라

成三이ᄂᆞᆫ모퉁이모퉁이욕만ᄒᆞ고손가락질에잘이날모양이고무삼郡守라든지監理라든지무삼府使무슴主事라든지玉관자金관자藤ᄉᆞ箕으번뚝번뚝전복자락은팔낙팔낙ᄒᆞ며서어막구문에만눈이멀ᄀᆡ서돌아가면마지못ᄒᆞ야한五圓式되ᄂᆞᆫ것보나露積에불이나ᄂᆞᆫ대동구아라셔쌀알만줍ᄂᆞᆫ다무어시ᄂᆞᆫ嶺東에上番ᄂᆞᆫ其ᄉᆞ롬되거시라ᄂᆞᆫ대紙貨百圓ᄒᆞᆫᄂᆞᆫ엿더니日露戰爭時에日人의軍費補助ᄂᆞᆫ不惜千金ᄒᆞᆫ다더니國債報償ᄂᆞᆫ以錢遁目ᄒᆞᄂᆞᆫ거시分明ᄒᆞ고卷烟ᄂᆞᆫ禁ᄒᆞᆫ다더니府尹과參書官은人力車타고기면서吸烟ᄒᆞᄂᆞᆫ烟氣가코구멍으로무럭무럭나오ᄂᆞᆫ거시火輪船煙筒에石炭烟氣가彷彿ᄒᆞ대日人衙門은달ᄭᅵ려거에제ᄂᆞᆫ百姓들의卷烟장ᄉᆞᄒᆞ다고

ᄂᆞᆫ대其辛萬苦ᄒᆞᆫ情況은慘不忍聞이라ᄒᆞ얏더라

●養蠶校況 本月陰初七日에東大門外彰義私立養蠶學校에서開校式을擧行ᄒᆞ야ᄂᆞᆫ대該校校長權輔子시가出席ᄒᆞ고來賓은六七人이오校장이演說ᄒᆞ고女子敎育會會장김雲谷시와該會總務秦學新시가次第演說ᄒᆞᆫ後本校幹事최淑卿시가趣旨書을朗讀ᄒᆞ얏다더라

●會長推薦 同友會에셔會長李允用氏가辭免ᄒᆞ얏다ᄂᆞᆫ대其實ᄂᆞᆫ該會에셔八號을聲討ᄒᆞᄂᆞᆫ故로辭免ᄒᆞᆫ故로雖安ᄒᆞ야辭免ᄒᆞᆫ代에副會장尹始炳氏로會장을推薦ᄒᆞ얏다더라

●兩氏黜會 同友會副會장李範圭氏가今番重大事件에言辭悖妄ᄒᆞᆫ故로黜會ᄒᆞ고理事李傚兩氏ᄂᆞᆫ議會規定을私自掾之ᄒᆞ고總代名色을派送ᄒᆞ야補助金을某々家에請求ᄒᆞ다가奸狀이綻露되야總會에셔公布ᄒᆞ고李傚兩氏ᄂᆞᆫ爲先黜會ᄒᆞ고所收ᄒᆞᆫ金額은調査하야推覓還給ᄒᆞᆫ다더라

●兩氏證約 安洞別宮前에鄭熙찬氏가寄宿館을建築ᄒᆞ고廣告ᄒᆞᆫ뭇ᄂᆞᆫ本報에已揭ᄒᆞ얏거니와其內容을探聞ᄒᆞᆫ則該基地ᄂᆞᆫ元來宮內府所有地인대去度에參與官李鍾穆가該家宅을生ᄒᆞ기로謂附承認ᄒᆞ얏ᄂᆞᆫ대鄭氏가訪問ᄒᆞ여日該址가稍廣ᄒᆞ야新建家屋을建築ᄒᆞ기爲借ᄒᆞ니該址를許ᄒᆞ게委任ᄒᆞ면建築ᄒᆞᆫ後東路上으로十數間을給與ᄒᆞ리니何必與財勞ᄒᆞ리오ᄒᆞᆫ즉鄭氏의立約證書ᄒᆞ야歷々懇乞ᄒᆞᄂᆞᆫ故로不得已許諾ᄒᆞ얏더니該處가大路에沿ᄒᆞᆫ故로ᄂᆞᆫ李氏가漢城府에出告ᄒᆞ야分界ᄒᆞ야出給ᄒᆞ고又證約ᄒᆞ얏다더라

雜報

●官制改定 度支部檢査局의 官制를 現今改定ᄒᆞᆫ다는ᄃᆡ 局장一員과 課장三員과 書記郎십五名을 設置ᄒᆞ고 第一第二第三部를 分設ᄒᆞ야 각府部院과 각道의 稅額相關되는 事를 調査ᄒᆞᆫ다더라

●暫仕旋退 昨日에 度支顧問部의 事務官一名이 暫時仕進ᄒᆞ야 重要ᄒᆞᆫ 文簿를 懷持ᄒᆞ고 卽時仕退ᄒᆞ얏다더라

●宸闕移御說 某報를 據ᄒᆞᆫ則 韓皇陛下ᄭᅴ셔는 洞口內에 德宮으로 移御ᄒᆞ시고 皇帝代理ㅣ 皇太子殿下ᄭᅴ셔는 因ᄒᆞ야 貞洞慶運宮에 隔御ᄒᆞ실러인ᄃᆡ 昌德宮을 將次修理ᄒᆞᆫ다더라

●大號進稱 總理大臣以下각部大臣이 上奏ᄒᆞ되 伏奉本月拾八日에 太皇帝詔旨ᄒᆞ야 我陛下ᄭᅴᄋᆞᆸ서 代理軍國庶政ᄒᆞ사 已稱朕ᄒᆞ며 詔케ᄒᆞ옵시고 太皇帝尊奉儀節은 今已磨鍊矣라 大德은 必得其名ᄒᆞ나니 從今 詔勅與奏御文字에 代理稱號를 以皇帝大號로 進稱ᄒᆞ심이 允合天意民情이라ᄒᆞ얏는대 奉承大朝處分勉從이더라

●改元儀節 改元儀節을 現將磨鍊ᄒᆞᆫ다 ᄒᆞᆷ은 已爲揭報어니와 宮內府에셔 今將已例를 ᄒᆞ야 內閣諸公이 會議擬定ᄒᆞ엿는대 光興景興兩字에 選用ᄒᆞ시기로 上奏ᄒᆞ얏는대 御批에 不滿ᄒᆞ샤 更히 掌禮院에 命ᄒᆞ샤 選ᄒᆞ라ᄒᆞ시고 閣議에 付ᄒᆞ겨다더라

●私邸移寓 內部顧問室에 壹時顧問官吏가 仕進ᄒᆞᆯ 路에 便利치못ᄒᆞᆷ이 多ᄒᆞᆷ으로 ᄒᆞ야 丸山顧問私邸에 臨時顧問室을 權定ᄒᆞ고 諸般文簿及器具를 沒數移去ᄒᆞ얏다더라

●度支調査 度支部에 儲置ᄒᆞ엿든錢을 昨日에 日人이 調査ᄒᆞ야 沒數移去ᄒᆞ는ᄃᆡ 六萬八千餘圜이라더라

●悲憤則然 近日人心이 非常히 激昂ᄒᆞ야 連日騷擾가 極度에 達ᄒᆞᆫ것은 內閣諸大臣의 威脅君父ᄒᆞᆫ 擧措로 由ᄒᆞ야 發生ᄒᆞᆷ인ᄃᆡ 現狀이 稍히 鎭靜ᄒᆞᆫ 듯ᄒᆞ나 人心이 尙在疑懼中이니 則至今이라도 日本이 韓國大官을 命令ᄒᆞ야 韓皇에게 無理不法ᄒᆞᆫ 請求를 不爲ᄒᆞ면 自然鎭靜되리라고 閭巷間物議가 有ᄒᆞ더라

●宣敎師自裁 양州居基督敎牧師洪太順氏가 再昨日午後四時에 大漢門前에서 韓 皇의 禪位를 憤慨ᄒᆞ야 毒藥을 呑ᄒᆞ고 自殺ᄒᆞ얏다고 某報에 揭載ᄒᆞ얏더라

●一校破壞 平壤來電을 據ᄒᆞᆫ則 該郡人民數拾名이 三昨夜에 會集ᄒᆞ야 一進會學校에 一齊히 投石ᄒᆞ야 窓戶를 打破ᄒᆞ얏다더라

●公民不穩 公州地方은 昨日붓터 人民들이 門戶를 閉鎖ᄒᆞ고 곳々로 會集ᄒᆞ야 情態가 甚히 不穩ᄒᆞ다더라

●炮聲連出 去二十日에 總理大臣家에 放火ᄒᆞ든 人民一部는 麻浦方面으로 出往ᄒᆞ야 同夜十一時頃에 砲聲이 連出ᄒᆞ얏다더라

●喫겁廢務 漢城銀行總務韓相龍氏는 昨日에 黃土峴으로 過去ᄒᆞᆯ시 何處로 放來ᄒᆞᆫ 彈丸이든지 日本人의 帽頭를 中丸顚倒ᄒᆞ는지라 韓相龍씨가 喫겁ᄒᆞ야 本第로 還來ᄒᆞ고 銀行所에 通奇ᄒᆞ야 一日을 廢務ᄒᆞ얏다더라

●各大行動 三昨夜에 皇上陛下ᄭᅴᄋᆞᆸ셔 傳位ᄒᆞ실ᄯᅢ에 漱玉軒內에셔 總理以下각部大臣이 慶履奏請ᄒᆞ는ᄃᆡ 리完用과 宋秉畯은 不恭ᄒᆞᆫ語로 無數直犯ᄒᆞ고 軍大리秉武는 甚至於帶劍侍立ᄒᆞ얏다더라

●叅領痛哭 淸州隊叅領류寅元시가 去十九日에 大皇帝陛下의 代理ᄒᆞ신 事를 聞知ᄒᆞ고 痛哭ᄒᆞ되 曰 當此國家存亡之秋하야 生亦何爲오ᄒᆞ고 軍刀을 拔ᄒᆞ야 卽欲自裁ᄒᆞᆫ대 在傍人이 挽止하야 曰 國恩을 未報ᄒᆞ고 身且先死ᄒᆞ면 有何益焉고ᄒᆞ고 軍刀을 欲奪ᄒᆞ되 同시가 堅執不聽ᄒᆞ는 故로 兩相詰難ᄒᆞ다가 同시의 手指가 被傷ᄒᆞ여 流血이 狼藉ᄒᆞ나 幸而免危ᄒᆞ엿다더라

●日打酒婆 再昨日下午八時量에 水標橋等地에 日本人 氷水店에셔 日人一名이 突出ᄒᆞ야 有何事端이든지 韓人酒店에 잇는 年老ᄒᆞᆫ 黃召史를 一擧打殺ᄒᆞᆫ 故로 所犯日人은 該地交番所巡檢이 卽時南署로 押去하얏스나 老婆의 慘狀은 目不忍見이더라

●顧問移舍 小安洞內閣顧問加藤增雄씨의 舊屋은 家垈ᄭᅡ지 沒數히 泥峴等地로 移去ᄒᆞ고 該家는 閉鎖ᄒᆞ얏다더라

●각道報聞 內部에셔 大皇帝陛下ᄭᅴᄋᆞᆸ셔 皇太子殿下로 軍國事務代理를 命ᄒᆞ옵신 詔勅辭意로 각道에 傳訓ᄒᆞ엿더니 각 觀察使가 答電ᄒᆞ되 詔勅辭意를 管下 각郡에 發訓ᄒᆞ얏거니와 現今人民의 情況이 大端不穩ᄒᆞᆫ則 行政上에 極히 困難하다하얏다더라

●曉諭開業 內部次官兪星濬시가 警務廳에 請牒ᄒᆞ되 現今 都市에 壹般商民이 多日撤廛ᄒᆞ야 人民에 困難과 其所影響에 末由駭端이 不至何境矣이니 卽時각坊曲에 揭示ᄒᆞ야 齊齊開市營業케ᄒᆞ라ᄒᆞ얏더라

●恠說種々 現內閣大臣幾人이 日本國記者를 對ᄒᆞ야 凶暴ᄒᆞᆫ手段을 行使코ᄌᆞᄒᆞᆫ다는 說을 直接으로 警告를 受ᄒᆞ얏거니와 該大臣들이 此等凶說을 發出ᄒᆞᆫ 主義를 난測이며 此亦是三浦理事에 虛談과 無異ᄒᆞ도다

●一次審問 再昨日警務廳에서 被拿된 前大박泳孝리道宰前弘文館學士南廷哲三시를 該廳에셔 一次審問ᄒᆞ얏다더라

●押去不意 今番流配罪人의 旅費請求를 度支部에셔 姑未給與ᄒᆞ얏고 押配ᄒᆞᆯ 巡檢廳使를 派遣치안코 三십餘名를 日巡査가 未明에 押去發程ᄒᆞ얏는대 法部와 平理院에셔 發配하는거슬 未知ᄒᆞ얏다더라

●原係民有 平壤停車場附近地還付事件에 對하야 該地는 官有地로 定置ᄒᆞ야 家屋建築者에게 最宜定給ᄒᆞ고 軍用地內街定界는 與民國장과 協商妥定이라ᄒᆞ온바 當初軍用地가 俱是民有地也라 若官有地로 預定ᄒᆞ면 必有民冤뿐더러 代價도 不給ᄒᆞ고 官有地라 預先定標가 恐未如何오ᄒᆞ야 照處分ᄒᆞ라고 平南觀察使가 內部로 報告ᄒᆞ얏더라

●鐵牒上京 再昨日에 京畿觀察使최錫敏시가 得由上京ᄒᆞ얏더라

●次官兼辦 學部大臣리載崑시가 該部公務를 該部次官[illegible]에게 兼任ᄒᆞᆫ故로 凡於公務를 該部次官이 兼辦ᄒᆞᆫ다더라

●乃是虛報 再昨日에 官報는跡을 分傳ᄒᆞ는 人이 鍾路等地로 過去ᄒᆞ는대 日巡査가 其手中에 所持ᄒᆞᆫ 官報를 搜去ᄒᆞᆷ을 觀ᄒᆞᆫ즉 有何疑端이 有ᄒᆞᆫ지 경務廳ᄭᅡ지 捉去ᄒᆞᆫ지라 該廳에셔 該人의 所持ᄒᆞᆫ 手本을 開見ᄒᆞᆫ則 乃是官報文蹟이라 卽爲放送하얏다더라

●統監帆務 伊藤統監이各地方人民과 派駐ᄒᆞᆫ兵丁이 一제히 京城으로 上來ᄒᆞᆫ다는 風說을 聞ᄒᆞ고 再昨日上午十時量에 各部顧問의게 電請ᄒᆞ야 文簿를 收合以來ᄒᆞ야 統監府에셔 姑爲視務ᄒᆞ라ᄒᆞᆫ 故로 各部日人들이 今時에 文簿를 搜索以去ᄒᆞ얏다더라

●風聲鶴唳 각國領事館에 保護日兵을 派送ᄒᆞ야 再昨日 新門外와 西小門外人民이 虛驚ᄒᆞ얏고 昨夜에는 淸國巡사가 各處에 在ᄒᆞᆫ 淸商을 緊合ᄒᆞᆫ다는 說이 有ᄒᆞ야 伊日深夜에 城內人民이 虛驚ᄒᆞ얏다더라

●文簿更査 更張以後로 軍部經理局에셔 軍隊一般經費用度를 初無決算ᄒᆞ되 前軍大臣重顯시가 經理局에 訓令ᄒᆞ야 該局文簿를 調々ᄒᆞ라ᄒᆞ얏다가 金二千圜을 乾沒ᄒᆞ고 該調々令을 停止ᄒᆞ얏더니 現今該部大臣李秉武시도 有何思想이든지 該局文簿를 關々ᄒᆞ라 ᄒᆞᆫ다더라

●民丁行賊 여州郡에 派駐ᄒᆞᆫ 兵丁趙三石이가 村閭에 携銃潛行ᄒᆞ야 人民財産을 掠取ᄒᆞ다가 情跡이 綻露ᄒᆞ야 該地分派所巡檢에게 被捉ᄒᆞ야 一々納供後에 該鎭衛隊로 押送ᄒᆞ얏는대 該隊叅領이 本部에 報告ᄒᆞ얏다더라

●兩시辭職 靑陽郡守南宮억鉉과 鎭川郡守尹영錄영中郡守리敎承과 山郡守리中헌 兩시가 內部에 辭職請願ᄒᆞ얏더라

●疏本進而身自裁 齋洞居前中樞院議官李春應씨가 近日事變에 對ᄒᆞ야 現內閣諸賊臣을 聲討코ᄌᆞᄒᆞ야 疏本을 搆就하고 終夜痛哭ᄒᆞ다가 昨日下午六時에 爲岸性服ᄒᆞ고 仍爲致命하얏는대 其疏本이 如左하니

伏以臣才識淺氣賦稟不足通乎事理不過一愚夫耳然而三十年讀書常存心於忠孝 字每見夷齊之節非阜之事未嘗不廢書발嘆忠憤激烈不覺失聲痛哭矣近者國勢財炭柔邦憲顚敗暨夏之臣在野姦細之輩滿朝壅散聰明擅弄政柄以猥之心狗彘之行凌蔑紀綱徒貪榮祿以賣君賣國爲一能事甚至於依藉外兵之勢威脅君父、尊、皆一再甲申之변追御駕乙未之加害國母此千萬古所無之大變也況乙巳之新條約五百年當社三千里疆土殄滅垂亡之秋臣於此時豈有一點生心哉아尙今忍辱含憤苟延殘命者以偶昧之見有所推度國讐可報國權可復庶幾有其時矣噫不天佑我韓又降不測之禍今番海牙事强迫主尊五已心膽俱裂血淚泉身罔知所措然明臣有死而已新條約御璽不可許押攝政代理不可推薦其京視幸不可允許伏乞 陛下勵精明斷千萬幸甚

東京電報

七月廿二日午後발

●讓位問題 對於日本當局者는 韓國問題에 對ᄒᆞ야 韓帝의 今回에 讓位 本問題에 限ᄒᆞ는 的確한 解決이 되지아니ᄒᆞᆷ으로 吾人은 此際에 吾當局者에게 果決을 ᄒᆞ야 禍根을 一掃ᄒᆞ기로 決議ᄒᆞ얏더라

▲淸後觀歌▼

▲內閣에는 日本各新聞에 國韓皇帝가 東遊之說이 喧藉하나니 昨日朝鮮타임스報에는 太皇帝와 新 皇帝ᄭᅴ셔 共히 宮闕에 在ᄒᆞ야는 御父子에 關係로 政治區劃을 可히 不能ᄒᆞ야 自然政令이 二道에 出ᄒᆞᆯ까 恐ᄒᆞ야 殊히 宮闕地는 騷擾之街가 되여 日夜에 御心을 勞ᄒᆞ옵실가 大皇帝에셔 對ᄒᆞ야 奉畏가 多ᄒᆞᆷ으로 龍駕ᄒᆞ 安靜之地에 왕ᄒᆞᆫ다는 說이 有ᄒᆞ다하엿스니 現니閣諸員이至尊之位를 自意로 遁避ᄒᆞ얏스니 詔令之出於自意는 更無可論이니何必曰 詔令이 出於二道乎아 此는 不過是托辭之伏線이로다

▲內閣각大臣은 每日統監府에 前往會議하기로 事務가 繁劇ᄒᆞ여니 近日은 泥峴旅館에셔 會同留宿하나 統監府來往之勞는 無ᄒᆞᆯ것스니 可謂坐而治之로고

▲각大臣은 再昨日ᄭᅡ지 각部에 仕進치아니ᄒᆞᆷ으로 內部와 度支部에는 顧問所屬官吏로 一제 仕進ᄒᆞ야 務치아니ᄒᆞᆫ다하니 各大臣은 近日에 戒嚴ᄒᆞᆫ 事가 有하야그러ᄒᆞ거니와 各部顧問은 仕進치아니ᄒᆞ거시무삼事端인지亦一疑訝處로다

▲日前烟塵에 世態가 忽變ᄒᆞ야 千種萬物에 價値가 刀상을 뿐더러 米價가 尤高ᄒᆞ야 漢城內民情이 嗷々ᄒᆞ니 近日 金융이 고渴ᄒᆞ야 人民情況이 困難이 莫甚ᄒᆞ더니 又當此日ᄒᆞ야 엿스니 此所謂雪下加霜이로다

▲總理大臣李完用씨 以下各大臣의 昏劣이 三四日前에 一제히 泥峴日本俱樂部로 聚ᄒᆞ엿다니 近日七大臣에 聚은 成功一脈인지 其家眷도 俱樂部에 聚ᄒᆞ엿스니 其國合情誼는 참可樂이되것고

▲日 漢城內食宮客이 금옥貴人은 當局에 危險을 免코ᄌᆞ 掩門高臥ᄒᆞ야 自己一身과 妻孥의 [illegible] 一岸安靜을 圖ᄒᆞ나 [illegible]

▲警務使[illegible] 受勅[illegible] 고警察[illegible] 다。巷說이紛紜ᄒᆞ니警務廳이 [illegible] 兆府가되얏고

本社廣告

東署分傳人姜金洪가無故逃躱ᄒᆞ야該分傳人의게購覽ᄒᆞ시든僉君子의게該能傳치ᄒᆞ야極涉諒인故로玆特廣告ᄒᆞ오니 恕諒後동名과統戶를昭詳錄送ᄒᆞ시와即送讀分排ᄒᆞ심을切望홈

雜報

●京鄕同情 楊州郡人民들은去廿一日에 大皇帝讓位事實을聞知ᄒᆞ고或은讓位ᄒᆞ신일은本歷代의恭홈이오擧皆의出ᄒᆞ심이안이라ᄒᆞ며或은 皇帝게셔日本外務大臣과同件ᄒᆞ야東渡ᄒᆞᆫ다ᄒᆞ며或은皇太子게셔即位ᄒᆞ시문韓國의獨立이無實됨이라ᄒᆞ야此等悲說을信ᄒᆞ고京城決死會에行動이ᄒᆞ야同情을表ᄒᆞ다더라

●人民投石 皇帝陛下에讓位ᄒᆞ신電報가不日에到達ᄒᆞ매該警察박시ᄂᆞᆫ[illegible]率ᄒᆞ고種路에出ᄒᆞ야先選에[illegible]ᄒᆞᄂᆞᆫ[illegible]日을閉業ᄒᆞ고新聞에對ᄒᆞ야忠實을深케ᄒᆞ라演說ᄒᆞ더니鍾路에五百餘人과大門門外에一百餘名이會集ᄒᆞ얏ᄂᆞᆫ人民中에石을投ᄒᆞ야巡檢玉[illegible]奎이가誤中ᄒᆞ야頭部가破碎ᄒᆞ얏다더라

●時事演說 去廿一日安城市中大道上에셔時事을演說ᄒᆞᄂᆞᆫ者가有ᄒᆞ얏ᄂᆞᆫ데傍聽ᄒᆞᄂᆞᆫ人數百餘名에達ᄒᆞ얏ᄂᆞᆫ대該地居留日人은不穩之態를感ᄒᆞ야卒[illegible]日人駐在所에[illegible]援ᄒᆞ얏다더라

●須知分시避亂 內閣外部局[illegible]屬[illegible]分시ᄂᆞᆫ[illegible]峴[illegible]部로[illegible]次前往ᄒᆞ얏다더라

[illegible]農商部勸業模範所[illegible]工商이是也

라士以政法으로經其綱紀하고農以稼穡으로供其衣食하고工以製造로需其器用ᄒᆞ고商以運輸로通其有無하니각其本業ᄒᆞ야或以勞心ᄒᆞ며或以勞力ᄒᆞ야資其生活이라於此四者에不可廢一則宜無彼此에尊卑區別之分이어날我韓制度에貴士而賤農商工ᄒᆞ야出於內本外末之意나然末流弊가階役이太嚴ᄒᆞ야勞心者流ᄂᆞᆫ欽모恭敬을恰如天神하며勞力者流ᄂᆞᆫ下與虐待를無異畜[illegible]ᄒᆞ야全國習慣이莫不以士爲영ᄒᆞ고以農商工爲辱ᄒᆞ야避영而趨辱ᄒᆞᄂᆞᆫ人之常情이라遂至粗解文字하고遊衣遊食之奸巧黠者一皆稱爲士ᄒᆞ야漸致壓制成風ᄒᆞ며懶怠成俗ᄒᆞ야習讓이日卑ᄒᆞ고産業이日耗ᄒᆞ니國之所以貧弱與[illegible]者一職此之由라 自通商以來로輸出이不足以配輸入而況復政治也産業也諸般權利가盡歸外人之掌握者乎아元氣耗損ᄒᆞ고血脈이枯竭ᄒᆞ야雖無兵革疾疫之患이라도難免滅種殄族이니 豈非心寒 聽者哉아 本郡이雖在海濱ᄒᆞ야滷地가居多故로居民資生이太半是蕢壚爲業而此亦農者之一流也로되但拘於習慣ᄒᆞ고且昧於知識ᄒᆞ야器機耕具ᄂᆞᆫ未知何代創造而不思ᄒᆞ고製造方法은未知何人之研究而不務精巧ᄒᆞ니其在盡地利實利之道에誠可欠缺이오重以相從으로乃國民之[illegible]務라ᄒᆞ야期納入이亦古今之常理나然每多奸細輩가因緣爲市ᄒᆞ야正供之外에誅求無厭ᄒᆞ야中間消融이殆過其中이라理今柴薪이踊貴ᄒᆞ야[illegible]無利ᄒᆞ야窮鄕生涯가[illegible]凋殘ᄒᆞ니哀我[illegible] [illegible]

이라 今爲計之컨ᄃᆡ莫如組織社會ᄒᆞ야講究方便ᄒᆞ야一以導人民之開明ᄒᆞ고一以增實業之發達ᄒᆞᄂᆞᆫ須携手ᄒᆞ고一齊聯合ᄒᆞ야各薦竟見ᄒᆞ야從圖生活之方ᄒᆞ면千萬幸甚

發起人 崔成大 洪은厚

咸興[illegible]派報[illegible]會[illegible]

敬啓者ᄂᆞᆫ日者에國債償之論이倡自嶺湖而八域同胞가波奔溯倒ᄒᆞ야無論富貴賤男女童叟ᄒᆞ고多少[illegible]捐ᄒᆞ니如恐後人ᄒᆞ니可想其人心之天而實 大韓宗社凝命之漸也라[illegible]

이니[illegible]

國債報償義捐金收入廣告

●鐵산郡喜현리면綠野리
吳濶默 一圜五拾전 김商영
一圜 리建喜 김眞五
吳和泳 각二拾五전 오윤泳
崔用七 리敬仙 리聖澤
김金益 박今用각廿전 權英善
리건德 梁成齊 嚴致成
崔性深 金快奉 각十五전
●花泉
김[illegible]益 六圜 張지龜 一圜
김正鉉 五拾錢 金貞澤
三拾錢 金과完 리尙桂
경嘉敎 오武선 오五선
경金[illegible] 리仁輔 姜여昆
리匡範 오문[illegible] 김相浩
김상得 印光鳳 강과成
각二拾錢 리正와 孫상喆
丁영根 丁配룡 김瑞龍
崔元相 尹秀榮 김문實
朴윤輔 金亨澤 趙喜甲
김지學 高舜叙 김지孝
각拾전
●五리池
辛翊煥 辛洛鉉 각一圜
辛학敎 辛九鉉 梁機煥
각四拾전 辛變泰 김洙洪
兪有孫 윤춘九 각三拾錢
辛契리 辛有數 辛徹敎
辛원敎 辛斗鉉 김과원
전용成 리치영 송보賢
각二拾전 孫霞룡 洪祐鍵
각拾錢
●外泉
東리인圭 一圜 申학根
任憲品 김昌益 최德齊
각五拾錢 金濟益 四拾전
신德三 김周八 곽인淑
韓學濱 權學여 최孟玉
최成옥 정주鎬 김賢培
각三十전 김善道 權演학
南明根 柳만복 각廿五전

김義강 리作서 張和先
申[illegible] 김[illegible]헌 각廿전
[illegible] [illegible] 각십五전
●其士리
유承燕 三圜 리敏述
一圜五십전 리仁圭 一圜
安炳善 七십전 安경植
崔仲옥각五十뎐 崔 진
安용식 安宗식 윤公선
金子보 최문瑞 丁千孫
各二十전 趙與[illegible] 김과煥
리문信 박為同 각신五전
安윤식 [illegible] 任[illegible]民
安炳[illegible] 김[illegible] 姜지特
리伊保 박[illegible]서 양지원
丁千吉각十전
●驛村
姜復圭 一圜
●灘洞洞中 二圜
●大支東면花亭[illegible]
김持宛 四십錢 白雨그
白興그 송士先 각三十錢
沈 傳 沈 佑 沈 偉
리上孫 權二문 鄭원興
오仁默 리우承 각廿뎐
沈동식 김치[illegible] 許 稷
각拾뎐
●丹芝洞
최기錫 리鉉世 각三십錢
韓昌東廿錢 최龜錫 洪良吉
리匯복 金壽원 각十뎐
●위谷
강鎬영 一圜八십二錢五厘
김君心 壹圜 리服식
김在嶋 각廿전 김예옥
拾五錢 김今孫십二錢五厘
玄영達 김孝成 박선봉
각十錢
●石積리
辛昌敎 壹圜五十錢 白千孫
五拾면 최俊興 김壽鳳
각三十錢 鄭寧學 二拾錢
●白寺洞
許 稙 유덕煥 김문喜

各二拾錢 沈 황 許 裕
沈 경 金蓮煥 兪景煥
兪致[illegible] 許 [illegible] 禹命錫
沈[illegible] 禹[illegible] 沈基鉉
張[illegible] 각十錢
●孫곤里
김海濟 김商우 김商仁
각三拾錢 김商윤 김商穆
각二십錢 김商哲 김商濟
김德濟 김義濟 김有濟
金憲濟 김鐘濟 각拾전
●花山洞中 五圜
●龍洞洞中 五十五전
●中家동中 八十錢
●長鳳洞許[illegible]宗中一圜五十전
●道峯동김元植 四十전
●[illegible]池동權今[illegible] 二十전
●立巖面禮坪
金錫勳 五圜 김鍾근 一圜
●中龍
康應錫 康有善 각六十전
方璞信 리池然 康應夏
康漢鳳 각五十전 량得花
四十錢 姜化성 康과豐
康主榮 康甚元 각二십전
박承寬 方南숙 李赫珪
康기明 康복善 各二拾전
梁在河 [illegible]履成 康養善
康昌善 康과八 康化仲
김性모 신元根 各拾錢
●上里
김洙學 김洙鳳 韓지東
韓日東 韓[illegible]東 韓德熙
김根鉉 김天鉉 김永旭
金太熙 朴宜永 李 穆
鄭祖實 玄光모 각五전
●鳥谷食[illegible] 五십뎐
●上別동中 三圜
●遠谷面熊[illegible]
박齊식 三원 복齊慶
박齊衡 각一圜 리義德
朴齊徹 박齊晦 각五拾전
朴齊龍 四拾전 복洛壽
박文陽 각三拾전 박齊豊

박[illegible] 복道壽 박齊[illegible]
박芝陽 趙用榮 각二拾전
韓明殷 박재煥 복[illegible]
박魯益 박贊壽 安[illegible]
각十전
●興佛
리士明 김成玉 각二拾錢
徐彦和 리히와 각拾전
●牛鳴里
리殷初 三십전 리思夏
리殷모 각二십錢 리元夏
리應周 각拾錢
●[illegible]三
김敬勳 각三拾전 韓[illegible]
韓東殷 韓[illegible]殷
韓亨殷 韓孟敎 韓[illegible]
張弼根 姜善五 김敎汝
리明夏 각二십전 丁八[illegible]
方致五 각拾전
●이峙
김烟敎 김洛夏 김烟정
각二拾전
김洛友 리圭三 김[illegible]
崔鍾壽 각拾錢
●冠村 리경雨 一圜
合一百○二圜七拾뎐
●交河郡瓦洞面瓦洞里
前僉正尹弼永 五십전
尹貴間 리敏容 각四십전
유裁永 윤[illegible] [illegible]윤甲秀
리喜道 尹완秀 리과鉉
윤大永 尹[illegible]秀 尹[illegible]赫
각三십전 尹[illegible]인 尹우永
리昌秀 윤孝永 崔[illegible]
黎奉高承복 尹惠영 리[illegible]
박台鎭 李敏克 [illegible]
兪炳哲 尹晋永 윤憲永
尹綺秀 尹殷영 복之鉉 각廿전
리殷秀 尹會영 각십五전
尹[illegible]十二전五厘 윤[illegible]
十二면 [illegible]리鍾[illegible] 尹喜기
김天분 崔順奉 尹[illegible]永
尹遠영 박順興 尹[illegible]
黃영秀 黃순玉 黃有인
최鶴선 尹相慶 林同釗

尹[illegible]영 尹[illegible]영 尹[illegible]
최[illegible] 리[illegible]秀 尹[illegible]
尹[illegible]秀 [illegible] [illegible]
尹[illegible]영 리용문 리[illegible]
박[illegible]明 리인[illegible] 리鍾우
尹[illegible]영 [illegible] 洪在明
洪在[illegible] 鄭[illegible] 리[illegible]
각十錢 尹習영八전 윤태秀
七전五厘 洪在[illegible] [illegible]
각六전 [illegible]윤殷秀 윤[illegible]夏
각五錢 윤[illegible]秀 三錢
[illegible]勝秀 二전五厘
윤夏永 黃[illegible]仁 윤[illegible]
각五錢 윤[illegible]영 윤敎영
윤[illegible] 柳炳德 각拾錢
合十二圜七十二錢五厘
●安殷洞上里
리[illegible]根 一圜 孫[illegible]
六十전 朴殷奎 五십錢
吳完돌 金三哲 리化實
각卄뎐 복興吉 김[illegible]山
윤漢局 金應[illegible] 김自化
姜致云 각二十錢 吳命돌
신壽永 白殷[illegible] 김吉용
文興石 염[illegible]成 [illegible]順萬
吳[illegible]복 지용石 兪[illegible]史
김順용 각十錢
合五圜三十錢
●加平西面外坊洞
玄 欽 二원 리興丁
一圜五십錢 安하承 [illegible]
趙[illegible]奎 리[illegible] 각一圜
安宅承 안[illegible]承 윤우
玄 노 정[illegible]돌 黃[illegible]운
각五十錢 김百[illegible] 四十전
류[illegible]均 [illegible] 박[illegible]
安民善 리心여 安[illegible]承
각三십錢 安玉承 黃만用
리夏宇 리[illegible]民 延[illegible]
柳[illegible]龍 安[illegible]承 문신通
安佑承 리[illegible] 리[illegible]
박[illegible]敎 복應臣 尹圭

김[illegible] 鄭[illegible] 鄭完吉
정春吉 각二拾錢
[illegible]十八 각拾錢
合二十圜
●楊州[illegible]川面八[illegible]里
洪[illegible]선 洪淳[illegible] 各五十錢
洪淳[illegible] 洪천섭 洪[illegible]섭
각三十전 洪[illegible] 洪淳徹
[illegible] 洪淳吉 洪淳[illegible] 金수산
[illegible] [illegible]子斤喆 趙仁영
洪지[illegible] [illegible] 각二十전
[illegible] 김甲[illegible] 김甲龍
[illegible] [illegible] 林天[illegible]
洪[illegible] [illegible] 成孝七
文[illegible]卜 리[illegible] 黃[illegible]壽
金大吉 洪[illegible]德 白正[illegible]
洪淳[illegible] 김武[illegible] 孫인吉
白殷[illegible] 孫[illegible]吉 洪[illegible]
각십전
合六圜
●[illegible]산會[illegible]坊[illegible]村
정[illegible]敎 一圜 子大서
五十전 孫[illegible]우각 十전
[illegible] 七十錢 [illegible]
五十전 [illegible] 三拾전
[illegible]서 拾錢 [illegible]三
三拾전 [illegible] 弟命旭
리[illegible] 박成弼 정[illegible]연
각一圜 宋[illegible]萬 최복[illegible]
김[illegible] 각九拾錢 吳宗坤
四십錢 지成河 [illegible]豊
류봉業 김[illegible]鉉 박承吳
方行龍 張[illegible]成 김[illegible]鉉
김昌坤 朱承元 김龍서
각三十錢 김과호 孔振玉
[illegible]宗洛 宋[illegible]서 김在淳
方行建 徐[illegible] 김[illegible]
趙弼슈 弟弼성 [illegible]淳
리[illegible] 각二拾전 [illegible]
김[illegible] 韓[illegible] 洪太[illegible]
각十錢
合십六圜五拾전

總[illegible]一百[illegible]圜二十[illegible]
國文[illegible] 二十[illegible]五厘
前號總合三萬七千五百[illegible]一圜 십전二厘
都總合三萬七[illegible]八百[illegible]圜五十五錢二厘

◎特別廣告◎

國債報償金[illegible]
合計이[illegible]拾總合
五萬一[illegible]八百[illegible]四十五錢은
[illegible]中
三萬二千三百圜은國債報償志願金總合所로越交홈
大韓每日申報社

發行兼編輯人英國人 裵說
發行所
皇城石井洞號外地三層洋屋家
大韓每日申報社

光武十一年七月廿五日 木曜日 (一)

第五卷

大韓每日申報

第五百七十二號

月曜及慶節 歲時日休刊

檀君開國四千二百四十年
箕子元年三千二十九年
大韓開國五百十六年
日本明治四十年
淸國光緖三十三年
◉陰曆丁未六月十六日乙亥

論說

禪位

日昨號外官報에 皇帝께셔 皇太子로代理를命하신特詔가降ᄒᆞᆫ바此ᄂᆞᆫ向日本紙에旣報하엿스니愛讀僉員이想必知悉矣로다

詔書中에셔探出ᄒᆞᆫ悲憤之旨이頗多하나慘劇은其必勢矣로다

韓國 皇帝陛下께셔常在幽居하ᄉᆞ其政策이附日及排日派의無責任ᄒᆞᆫ勸告를常從하엿더니今日伊藤候爵의顯著及秘密ᄒᆞᆫ威勢에反對가되미不利之機를自見하셧스니對此에有何驚異리오

皇太子의代理가幾許時日이나장久홀지ᄂᆞᆫ本記者ㅣ不欲預言하노니此ᄂᆞᆫ政策을不變하고責任만遷移ᄒᆞᆫ如此變改가韓國保護者의貪慾에或未滿홀거슬因홈이로라

何如던지此變更에確著ᄒᆞᆫ一端事ᄂᆞᆫ日本의老成ᄒᆞᆫ大人伊藤候爵의不得辯明ᄒᆞᆫ威力으로韓國內閣諸人中에懦弱ᄒᆞᆫ大臣의게셔勸索ᄒᆞ야如彼不美條約을다皇帝께셔順從하시ᄂᆞᆫ것보다早速禪位를採用하신거시로 皇帝께셔此方策을喜心으로不行하신바수百人의所信이어니와日本이二十行一朝에나有效公文으로賜依하든條約에 御押을圖得코ᄌᆞ用力ᄒᆞ다가進退自難之勢에今에自身하엿스니押救키困難하리로다

官報

號外 光武十一年七月二十三日

◉宮廷錄事

詔日追封純明妃閔씨爲皇后進封妃尹씨爲皇后諸儀節令宮內府掌禮院稟旨擧行

光武十一年七月二十三日

內閣總理大臣李完用
內部大臣任善準
度支部大臣勳二等高永喜
軍部大臣陸軍副將勳三等李秉武
法部大臣趙重應
學部大臣勳二等李載崑
農商工部大臣宋秉畯

內閣總理大臣勳二等臣李完用謹
奏年號今旣改定矣令宮內府溯考已例ᄒᆞ야內閣與館閣諸臣이會議選進이如何謹上
奏 奉
旨依奏

勅第三千八百二十六號 光武十一年七月二十四日

◉敍任及辭令

秘書監丞李文求
依願免兼任掌禮院掌禮
秘書監丞趙民熙
兼任掌禮院掌禮
秘書監丞趙民熙
依願免兼任掌禮院掌禮
秘書監丞洪性友
兼任掌禮院掌禮
軍部參謀局長趙性根
命臨時署理軍部經理局長事務

外報

◉英國의新式戰艦 英國에著名ᄒᆞᆫ維加斯와馬克西磨ㅣ兩人造船廠에셔數年來造船試驗을因ᄒᆞ야戰鬪艦製造에一種改良方法을新求하얏스니將來世界海軍에與大ᄒᆞᆫ影響이有ᄒᆞᆯ지라其改良의重要ᄒᆞᆫ점은瓦斯를使用하고汽罐과烟筒을不置하고館히船員을減少하고燃料를節省ᄒᆞ야可히此等鐵甲艦으로하여금烟焰이不出케하니距離稍遠者ᄂᆞᆫ皆不能測望이오又甲板之上은無論何處하고均可隨意ᄒᆞ야大砲를配列하며無論何地方하고亦可自由發砲ᄒᆞᆯ지라艦中에可히拾二吋大砲十門을列ᄒᆞ니長이約四百三十五尺이오寬이約九十七尺이오噸數ᄂᆞᆫ約一萬六千五百噸이라더라

◉大聲霹靂 支那兩京兩江師範學堂大講堂에셔巨大之聲이突發ᄒᆞ야棟折樑崩之勢가有ᄒᆞᆫ듯ᄒᆞ니諸生이奔走避에傾跌벼撞ᄒᆞ야受傷之人이甚多ᄒᆞᆫ지라或은講堂의工料가不堅하야將次傾倒하리라하더니越日에大聲이又발하고又越日에亦然하야凡四次라其故를細査ᄒᆞᆫ즉實起於地下ᄒᆞᆫ지라於時에地質學의敎師이謂ᄒᆞ되地下에五金礦質이有하야電氣를觸動ᄒᆞ면無常巨聲이有ᄒᆞ다云ᄒᆞ나是否確實은尙未有憑證이라ᄒᆞ더라

◉北氷洋의新航路 俄國海軍이今番에白令海峽에遂ᄒᆞᆫ北氷양의水路를調査하기로決定ᄒᆞ얏다ᄂᆞᆫ대該航路가開通되면歐俄에셔極東領地에至ᄒᆞᄂᆞᆫ距離가短縮ᄒᆞᆯ지니今에新舊航路를比較ᄒᆞ면北氷洋新航路ᄂᆞᆫ四千海里、蘇士를經由하면一萬二千海里、喜望峯을迂回ᄒᆞ면一萬六千海里라故로新航路를因ᄒᆞ야戰略上及貿易上에重大ᄒᆞᆫ利益이有ᄒᆞ리라ᄒᆞ고又其探險隊ᄂᆞᆫ海上沿岸陸上의三隊으로人員이七十三名이오經費ᄂᆞᆫ四十二萬八千留라더라

◉徐總督에苦心 奉天電을據ᄒᆞᆫ則徐總督이到任以後로利權還收를圖ᄒᆞ나强하면國交를妨ᄒᆞ고弱ᄒᆞ면還取키不能ᄒᆞ야處理가困難ᄒᆞᆫ故로訓示ᄒᆞᆷ을希望ᄒᆞᄂᆞᆫ意로淸廷에電報ᄒᆞ얏다ᄒᆞ니라

寄書

全羅南道興陽郡義興會발起文

夫人之爲人은以其有五倫也니父子之親과君臣之義와夫婦之別과長幼之序와朋友之信은此天之經地之緯民之彝라歷觀載籍에千聖相傳之法과諸子群起之說가充棟汗牛에孰非發明遣理리오固不容末學膚淺之猥陳贅說이거니와苟或値國艱虞에民生困瘁ᄒᆞ야父子不得保其親하고夫婦不得安其別ᄒᆞ고長幼不得順其序하고朋友不得守其信ᄒᆞ야握火蹈水ᄒᆞ니其在金湯中ᄒᆞ야身塡溝壑게命懸頃刻ᄒᆞ면欲尋生路ᄒᆞ야復得父子夫婦長幼朋友之關란인대不日保吾國安吾君乎아是則君臣之義ㅣ允當急講而勿失焉이可也라ᄒᆞ노니噫乎痛哉라我國今日之勢여可謂殆哉岌岌矣로다凡我三千里강土인二千萬同胞孰不欲碎首粉骨ᄒᆞ야思所報效리오마ᄂᆞᆫ赤國이徒勞의芹獻이無術ᄒᆞ야眑々然饑胃及溺ᄒᆞ더니何幸同胞僉君子啓廸天衷의發起國債ᄒᆞ야有斷烟報國債之會稱하니其國債者ᄂᆞᆫ卽我韓受病之源也라今有貧民이乞貸於人ᄒᆞ야積歷不能償ᄒᆞ면受侮見辱에搜粟攫雞을有不敢辭리니焉有國而負債ᄒᆞ고借而未報而其國이晏然ᄒᆞ고其民이帖然之理리오今玆報債之會가誠爲對證方인대民之秉彝好是懿德이라一自玆會之起로上自政府大臣으로下至窮閻匹庶酒媼樵夫히隨力多寡에각捐義金ᄒᆞ야十錢이聚成多額ᄒᆞ고一蹴이積爲巨欸ᄒᆞ야新聞揭載가指不勝누ᄒᆞ니從此以往에國債를可以報며國權을可以復이라我帝國萬億年無강之基가更繫於此ᄒᆞ니聞此發者雖은頑甚蚩이라도猶當瞿然起聽ᄒᆞ고油然興感이온바竊伏念吾州가雖僻陋나亦王土也며天民也라同一愛國之誠이오同一職忠之心이기로敢不규踈賤하고挑起義捐報償會ᄒᆞ야聚陳愚見이오니義捐이豈論多少리오要當稱其力而盡其義ᄒᆞ야上以保吾國安吾君하고下以成父子夫婦長幼朋友天倫之樂이니거其照亮義捐ᄒᆞ시와俾此遐陬偏邦으로ᄒᆞ야금永有辭於天下萬世之地를爲要

發起人前議官金禎玹 前通政申忠求

◉江民不穩 日昨龍山兵營間에日人을殺害ᄒᆞ얏다ᄂᆞᆫ報가有ᄒᆞ고人民數百名이彰산印刷局을襲擊ᄒᆞᆫ다ᄂᆞᆫ說이有홈으로日兵二個小隊을派遣하야警備ᄒᆞ다ᄒᆞ얏고또人民數百名이漢江沙場에셔集合ᄒᆞ야慷慨히演說ᄒᆞ고市中으로亂入ᄒᆞᆯ形勢가有ᄒᆞ더라

◉西民騷擾 昨日午後에中和郡方浦間에韓人五六十名이鐵築列車及貨物列車에向ᄒᆞ야投石ᄒᆞ얏ᄂᆞᆫ대民情이大端騷擾ᄒᆞ다더라

◉安民憤激 去廿一日에安城

三一學校에셔志士李柱煥元宜傳ᄒᆞ야가 大皇帝陛下代理事에對ᄒᆞ야憤激히演說ᄒᆞ얏고廿二日에與國宣敎師吳應씨及該校敎員과其他人民五十名이同伴上京ᄒᆞ얏다더라

慶北國債報償道總會任員規程이如左ᄒᆞ니

道會長 □華植
副會長 □成伯
評議員 □□東楷
總務員 徐相敦

一 使之각郡紳士로道總會員及각任員을公薦選定ᄒᆞᆯ事
一 義金則以名下六十錢으로一定規式ᄒᆞ되隨力多寡ᄒᆞ야數百數千之別加義金은勿論ᄒᆞᆯ事
一 각郡義金은從今以後로ᄂᆞᆫ京城의信實ᄒᆞᆫ處로合寘ᄒᆞᆯ事
一 각郡義금은京所에納ᄒᆞᆫ後領證을道總會所에考準ᄒᆞᆯ事
一 道總會經費ᄂᆞᆫ各其人이自辦支用ᄒᆞ고義金中에ᄂᆞᆫ無敢犯用ᄒᆞᆯ事
一 各郡義金成册과姓名並報告實數와金額을佈告ᄒᆞᆯ事
一 각郡守로ᄒᆞ야금其郡會成員을京總合所로薦定ᄒᆞᆯ事

◉一進制殺 日昨에巡番兵丁一名이梨太院에셔一進會員一名이樹陰下에聽息ᄒᆞ거날該兵丁이以槍으로刺殺ᄒᆞ고一進會에來訊帽子를鎗頭에掛ᄒᆞ고高聲大呼曰亡國賊巴斬이라ᄒᆞ고洞口로入ᄒᆞᆷ이洞中에居ᄒᆞᄂᆞᆫ一進會員이聞風逃走ᄒᆞ얏다더라

◉總巡聲績 慶北總巡具鐘鳴씨가昨年木浦港在任時에我監敵民을竭力憐心홈으로退歸後該港人民이石碑를竪立ᄒᆞ얏고現今慶北에셔도警察上公明ᄒᆞᆫ聲譽가藉々ᄒᆞ더라

雜報

●御擬議 太皇帝陛下께셔昌德及宣德兩宮闕로臨御ᄒ시기로現今擬議中이라더라

●封后儀節 純明妃閔시ᄂ皇后로追封ᄒ시고進封妃尹시ᄂ 皇后를封ᄒ실터인ᄃ諸般儀節은令宮內府掌禮院으로稟旨擧行ᄒ라ᄒ셧더라

●尊奉儀節 太皇帝尊奉儀節은令宮內府掌禮院으로該都監을擧行ᄒ라ᄒ셧더라

●奏本未呈 太皇帝陛下尊奉之節을擧行ᄒ터인ᄃ現掌禮院卿박容大시ᄂ在外故로改遞ᄒ고李重夏시가被任ᄒ얏ᄂᄃ該시ᄂ身病으로視務치못ᄒ야尊奉禮節奏本을奉呈치못ᄒ다더라

●廢帝問題 廿二日發桑港電을據ᄒ즉韓國廢帝問題ᄂ海牙平和會議에셔各國代表間의話柄이되여各相批評ᄒ나最近法式을依ᄒ야同國을開發ᄒᆯ야면障害物을排除ᄒᆯ必要가有ᄒ니廢帝ᄂ日本이韓國을經營ᄒᄆ障害物로알고排除에不過ᄒ다ᄂ說이多數를占ᄒ엿스나平和會議에셔云ᄒ난效力을抱ᄒ야某某大使ᄂ批評ᄒ여日韓國廢帝問題ᄂ平和會議에惟壹事業이다ᄒ엿고海牙에在ᄒᆫ韓國代表ᄂ廢帝ᄒᆫ事를聞ᄒ고大[illegible]ᄒ야韓國이日本에對ᄒ야復讎ᄒᆯ日이有ᄒ다ᄒ엿더라

●選任不及 李容泰等數拾人을不日發配ᄒ얏다ᄂ說이屢報ᄒ얏거니와閔泳楨維寅영兩氏ᄂ尙今保放ᄒ야舍館에在ᄒ고리商鎰一人은只今ᄭ지囚禁에在ᄒ고其外數十人만向日仁川鐵路로搭乘而去ᄒ야當日下午二時에輪船을搭乘ᄒ고木浦로발向ᄒ지라該犯의家人들이追性不良ᄒ고其日下午六時에또輪船便이適有ᄒ故로該船을搭乘ᄒ고木浦로追往ᄒ얏ᄂᄃ尙無回報ᄒ야該犯諸氏家에셔甚히燥鬱ᄒ다더라

●請願還 侍從윤炳浩氏도請願ᄒ얏ᄂ니自 上으로該請願書를繳還ᄒ라신處分을下ᄒ옵신故로윤氏ᄂ還爲仕進ᄒ다더라

●閔氏揚々 閔丙漢씨가宮內府大臣署理를被命ᄒᆫ後에意氣揚々ᄒ야如得時機에對人接語를喜笑가倍加於平日이라더라

●警察尤密 近日巡檢이厖履를換着ᄒ고夜間이면閭巷間에潛行ᄒ야人民의警察이頗甚嚴密ᄒ다더라

●四씨被捉 再昨日下午四時에電務課技師김철榮沈雨澤兩씨와技手崔熙貞鼎具시某ᄂ를警務廳으로被捉ᄒ얏다더라

●都監新設 奉常部提調리根命시ᄂ尊奉都監都提調를任命ᄒ얏고總理大臣리完用學部大臣리載崑掌禮院卿리重夏三시ᄂ都監提調를任命ᄒ얏다더라

●兩시任命 耆老所秘書장閔丙漢시ᄂ臨時署理宮內大臣事務를任命ᄒ얏고特進官리允用시ᄂ臨時署理侍從卿事務를任命ᄒ얏 라

●私邸公印 總理大臣以下각部大臣의印章을再昨日夜의農大송秉畯씨私邸로沒數移置ᄒ얏다더라

●송邸仕進 內部地方局상應仲讃씨가該部에仕進치아니ᄒᆫ다ᄂ說을각新聞에揭載ᄒ얏거니와該氏가송農大의參謀官으로송氏私邸에각部大臣과同留ᄒ야諸般事務를相議ᄒ다더라

●國民ᄂ國民 一進會機關國民新報ᄂ統監部에셔大韓政府機關이로발行케ᄒ다더라

●漢判有人 內部編輯局장張憲植시가漢城判尹을被任ᄒ다ᄂ說이有ᄒ더라

●自還其殃 內部書記官趙漢錯氏가自己家產과同城北洞亭子로移置ᄒ얏다가日昨夜回祿中에沒入ᄒ얏다더라

●看作機會 日本各政黨과各社會에槪要를得聞ᄒ즉日本이先刻에韓國의政策을注目ᄒ야預備行爲로日本政客數人을韓國에派送ᄒ야各社會有志人士를結聯ᄒ야會를組織ᄒ고韓國의志士를網羅ᄒ야其勢力을失케ᄒ야日本이韓國의施政方針에對ᄒ야障礙가無케ᄒ고現今皇位를讓授ᄒᆷ이人民의憤鬱ᄒᆫ思想이激발ᄒ야機會를乘ᄒ야何樣陰計가有ᄒᆯᄂ지未知ᄒ겟다더라

●水電발見 度支部에셔水電발見ᄒᆫ日人野坂又一씨의게賞與金壹百圓을支給ᄒ기로內閣에請議ᄒ얏다더라

●軍艦入港 日本軍艦笠置新高千早ᄂ昨朝에北韓方面으로仁港에入ᄒ얏다더라

●軍隊入京 昨朝에北韓方面으로日兵若干이入京ᄒ얏다더라

●憲兵入城 平壤及內地에憲兵若干이昨夜에入城ᄒ얏다더라

●三씨請願 侍從院侍從李喬榮박貞和李용재三씨가請願辭免ᄒ얏더라

●盜兵押上 呂州郡巡檢兵丁三石이가行盜ᄒ다가被捉ᄒ얏ᄂ바에揭載ᄒ엿거니와軍部에셔陸軍法院으로訓飭ᄒ여該兵盜를押上ᄒ라ᄒ얏다더라

●章程何論 警務廳에셔無論某犯ᄒ고捕捉ᄒᆫ後에二十四時間을越過치아니ᄒ고一次신問ᄒᆫ後平理院이나漢城裁判所에押交ᄒᆷ은元來章程所在인ᄃ今番北派李씨及李道宰氏와南廷哲시를該廳에押囚ᄒ지已過數日로尙今囚禁ᄒ니有何章程인지未知ᄒ겟다고巷說이喧藉ᄒ더라

●損害云徵 總理大臣리完用시가自己家屋燒火ᄒᆫ事에對ᄒ야政府에가로損害를徵出ᄒ깃다ᄒ다더라

●不法綻露 南原郡分駐總巡陳主簿시ᄂ不法行爲가綻露ᄒ故로該道觀察使가免官ᄒ라고內部로報告ᄒ얏더라

●伊守犯贓 伊川郡守石明瑄시ᄂ人民의賭博事件에干與ᄒ야金三百兩을收捧ᄒ고又毆打事件의治療料로四百兩을贖食ᄒᆫ事로將次法司의付ᄒ다더라

●朴시免官 漢城府尹박義秉시의免官ᄒᆫ理由ᄂ身爲地方장官ᄒ야都下民情이騷訛胥動에內外國民이互相殺傷ᄒ고甚至有投石ᄒ大官에燒집ᄒ宅宮이幾日暴발ᄒ되不思曉鎭ᄒ定ᄒ고務常看過ᄒ니事體所任에誠甚駭歎이라ᄒ야仍置ᄒ기不可ᄒ야免本官되얏다더라

●夜間巡警 再昨ᄂ下午二時頃에東大門外民人等數百名이會集入城ᄒ얏ᄂ說이有ᄒ다고東署에셔內部로電話ᄒ얏ᄂ바因ᄒ야一般官憲들이大段驚겁ᄒ얏다더라

●江民悲憤 西江民人等이悲憤ᄒᆷ을不忍ᄒᆷ을因ᄒ야每戶一名式會集ᄒ야再昨日西門外에셔慷慨ᄒᆫ言辭로演說도ᄒ며或痛哭ᄒᄂ者도有ᄒ얏다더라

●暫時困境 日本博覽會員視察中에閔泳綺씨가向時에八板洞에到達ᄒ야人民에게暫時困境을當ᄒ얏다더라

●多數被捉 今番總理大臣리完用씨의衝火主모ᄒ던者와其外他暴動의關係가有ᄒᆫ者들이昨日警務廳에多數被捉ᄒ얏다더라

●內訓各道府 內部에셔十三道及拾一府에訓令ᄒ되近日都下에無嚴無稽ᄒᆫ訛說이流行ᄒᆷ으로時勢를未解ᄒᄂ緣由를不分ᄒᄂ愚蠢輩가互相煽動ᄒ야一時騷擾인바其訛說이無稽ᄒᆷ을旋卽覺悟ᄒ야今已靜謐ᄒ엿스나國內에交通이不便ᄒᆷ으로都下의事情을地方人民은不爲詳知ᄲ더러以訛傳訛ᄒ道聽塗說이漸次流布ᄒ면地方에人民이煽動ᄒᆯ慮가不無ᄒ기로玆又발訓ᄒ니飭칙管下각郡ᄒ야一般人民으로傳無迷惑케ᄒ라ᄒ얏더라

●仍置理由 闕內闕外에館尉以下各卒入直을每日替直ᄒᄂ대本月十九日入直ᄒᆫ將卒은于今替直지못ᄒᄂᄃ替直아니ᄒᄂ事由인則近日危險之時에行軍ᄒᆷ이不可ᄒᆷ을노 洞燭ᄒ시고仍直ᄒ라ᄒ셧다더라

●催促赴任 昨日下午二時에內部에셔在京ᄒᆫ郡守를會同ᄒ야曉칙ᄒ거ᄂ當此有事之時ᄒ야不留壹日ᄒ고刻卽赴任ᄒ야騷訛ᄒᄂ民情을鎭撫ᄒ라ᄒ얏다더라

●兩시新任 新任警務使具연壽시가昨日의李巡査員權任壹員과巡檢八名을叙任次로修정ᄒ얏ᄂ대某會中에셔多數差出ᄒ다ᄂ說이有ᄒ더라

●無犯必放 警務廳에被囚ᄒᆫ宮內府大臣박泳孝시를再昨日에豈次審問ᄒ얏ᄂᄃ別無犯科ᄒ야日間放釋이된다더라

●日巡招上 地方各警務署의日巡査를壹切招上ᄒ다며

●嚴시傷脚 宮內府禮式官嚴達煥시가昨日에入闕ᄒ난대議政府新建築ᄒ난前에經過ᄒ다가日人이韓兵으로誤認ᄒ고投石ᄒ야셔脚部가被傷ᄒ얏다더라

●仁港無事 仁川府尹김潤晶시가與警官으로晝巡夜察에家諭戶說ᄒ여壹境이晏然ᄒ다더라

●移產奔忙 再昨日에學部大臣리載崑시家에人民이放火ᄒᆫ다ᄂ說이有ᄒ여該家에셔家產汁物을他處로移送ᄒ노라고大端奔忙ᄒ엿더니幸히無事ᄒ엿다더라

東京電報

●統治問題 廿一日發 西園寺首相은本月廿日午後一時에參內ᄒ야天皇陛下씌拜謁ᄒ고韓國統治問題에關ᄒ야一時間奏上ᄒ얏고種々閣下間에對ᄒ야奉答도有ᄒ얏다더라

●[illegible] 二拾四日着 進步黨常議員은統監의게電報ᄒ기를韓國[illegible]分을速速ᄒ기를切望ᄒ노라ᄒ엿다라

▲一打玉壺▼

▲今閣에셔무슴事件을因緣ᄒᆷ인지서閣을布德門內로移接ᄒ다ᄒ니[illegible]각大臣이泥峴宋秉畯氏家로會同留宿ᄒ며諸般公務를商辦ᄒ다ᄒ니政府를何必宋邸로[illegible]이오宋氏家가종치

▲中樞院顧問리址鎔權重顯閔泳綺三氏ᄂ日本셔渡來ᄒ야今番人民의鬧閧ᄒᆷ을畏겁ᄒ야自已家에不得還歸ᄒ고泥峴日本俱樂部에留連ᄒ다ᄒ니舊政府와新內閣은至於家眷ᄭ지ᄇ集留宿ᄒ니俱樂部가ᄃ지고말깃고

▲日本外相林董氏가日間에內閣大臣과合同ᄒ야談辦ᄒ다ᄒ니日人이韓國에對ᄒ야恣其所慾에無所不爲ᄒ다가今에또무삼事件으로談辦을ᄒᄂ지言壹出口ᄒ면事々如意ᄒ려니와閔氏의有名ᄒᆫ外交手段으로在此韓國ᄒ야ᄂ可謂勝之不武로다

▲昨日日本理事廳公文으로此時에銃砲彈藥爆발刀劍을韓人의게賣渡ᄒ거나貸與치아니ᄒ기로諭示ᄒ엿다ᄒ니만일失德ᄒᆫ境遇에至ᄒ면天下兵器를盡燒ᄒ여도無效ᄒᆯ이로다

▲內閣外事局顧問官須知分씨가韓民이起鬧ᄒᆷ을畏겁ᄒ야泥峴日本俱樂部로避亂ᄒ엿다ᄒ니該씨ᄂ元來英國人이라於韓國에恩怨이必無ᄒ터인ᄃ무삼畏懼ᄒᆫ事가有ᄒ야避亂ᄒ엿ᄂ지不知ᄒᆯ바로다

▲近日各部에서大臣과大官과書記郎一人이泥峴某處에會ᄒ여각項[illegible]ᄒ대書記官以下각각[illegible]每日各部에如前히仕進[illegible]장官과他處에서[illegible]官人은事務ᄒᆫ바가[illegible]泥山을坐對ᄒ다가無聊ᄒ면[illegible]無味ᄒ莫甚ᄒ깃고

▲再昨夜北署[illegible]에서人民이多數[illegible]巡檢과日巡査[illegible]十名이각持銃劍ᄒ[illegible]該所에[illegible]跡ᄒᆫ故로該署吏[illegible]ᄒ다ᄒ니八空山草木[illegible]皆是兵이로다

▲漢城府[illegible]가自己總位를鞏固코저ᄒ여統監府와有勢ᄒᆫ日人[illegible]甚히出入ᄒ며晝夜哀乞ᄒ더니今番에人民이騷擾ᄒᆫ事에對ᄒ여禁戢치못ᄒᆷ으로免官이되엿스니可謂逸時不幸이로고

◉社告

布哇에셔本社ᄅ送付ᄒᆞᆫ美金壹百弗拾弗二拾九弗二張에分ᄒᆞᆫ 郵便爲替ᄅ受ᄒᆞ얏스나 何許人이何許事件으로送付ᄒᆞ얏ᄂᆞᆫ지姓字가無ᄒᆞ야疑訝이오니郵便에交涉ᄒᆞ야錢額은已爲推尋이온布哇留因찬鑑에셔證得ᄒᆞᆫ나何許事件으로送金인지逐々詳示ᄅᆞᆯ切望ᄒᆞᆷ

大韓每日申報

◉本社廣告

京鄕分傳人姜金基가無故逃躱ᄒᆞ야該分傳人의게購覽ᄒᆞ시ᄂᆞᆫ僉君子의게不能傳致ᄒᆞ야極涉訝惑ᄒᆞᆫ故로姓名과統戶를昭詳錄送ᄒᆞ시와直接分傳케ᄒᆞ심을切望ᄒᆞᆷ
本社에셔...認定ᄒᆞ얏기玆以...主事金齊安으로...本社의...購覽ᄒᆞ시ᄂᆞᆫ僉彦은右씨에게請求ᄒᆞ심을希望ᄒᆞᆷ

廣告

本人이陰六月拾四日下午十點時量에南大門外장橋等地의셔紙匣壹箇를路上셔失ᄒᆞ얏ᄂᆞᆫ대지갑속에紙貨拾圓과新貨雜錢壹圓...布屛布木鹽草數...許推次...三千六百 一十...片를셔失ᄒᆞ얏스오...休紙施行ᄒᆞᆷ

一統一戶 金... 白

...一千五百三십九...
...之題下의趙...
...에가某某入官家에物請補...
...의初無是事...
...如ᄒᆞ給錢이어...
...明을爲要

同友會告白

大東寄宿館 館長 鄭熙燦 廣告

大東寄宿館 廣告

鄭漢植

...旣漁ᄀ民員ᄀ鳳洙가不遵詔勅ᄒᆞ고有...私條ᄅᆞᆯ...數千餘民이仍此失業에...死境故로...京部...

本館에셔...發售ᄒᆞ오니有志僉彦은...覽ᄒᆞ심을望

銅峴屛門下古今書海館 白

濟州成德甲김子成과旌義로山里김仁石叔姪以雜技魁首巧誘有父兄子弟ᄒᆞ야蕩敗家產者不可勝數且詐還甲康龍九誘引雜技之場以二三兩錢負債八百餘兩ᄒᆞ고以物件買得錢出給樣執打捧標ᄅᆞ가現露法庭刀在查實中ᄂᆞ應彼兩人不良이여...技負債ᄒᆞ야人產蕩亡ᄒᆞ고...捧標事로內外國人中...依...欲...ᄒᆞ다고島中人心多端分擾ᄒᆞ기로玆廣告ᄒᆞᆷ

康鳳... 告白

皇城居李活...가此...來留라가以咽喉之症으로...月初九日上午二點에...世ᄒᆞ얏시니亡人父母...友間以此照亮하시옵

...山... 韓昌教 告白

本館에셔大板橋北川邊...紙廛小部家를牛洋製로一新修改ᄒᆞ옵고精潔ᄒᆞᆫ浴沐湯과各色料理를新設備ᄒᆞ와陰曆六月初ᄂᆞ日爲始ᄒᆞ야開業ᄒᆞ더이오니僉君子ᄂᆞᆫ陸續來臨ᄒᆞ심을伏望

內外沐浴湯

大韓料理各色 西洋上等酒菓각色及此外에도각樣烟草食料를隨求應ᄒᆞ더이외다

廣通館 告白

務安府...官朴...幹...行政事로一府之民이不勝...政ᄒᆞ야...內部法部平理院則...內에既有...去...移無如何之處分이오니...居民이控訴無處ᄒᆞ옵기玆에廣告ᄒᆞᆷ

務安民人 林로登 朴相玉等 告白

本人이日本大阪商業家와特約ᄒᆞ고日本內地...出各種物品과西洋各種物品及機械等物을我大韓에輸入과委托을便利케契約ᄒᆞ얏ᄉᆞ오니商工業에有意ᄒᆞ신僉君子ᄂᆞᆫ某物이던지請求코저ᄒᆞ시거든本社로來議ᄒᆞ시오本社에셔ᄂᆞᆫ手數料만受領...

興業社本店 開城北部鮮...
支店京城南門內水標五十一統六戶
仁川港內동...

本人等이典동支所越便에셔各貨典舖이옵다가今에合資營業ᄒᆞ오니典執하실僉員은續來臨ᄒᆞᆷ

中署典동영信號典舖 金... 車基倫 金榮觀 告白

大韓新地誌

定價金一圓

...一新修改...完全ᄒᆞᆫ土地...

發售所 ...大東書市 ...冊肆...

本冊肆에教會書籍과各學校教科書와各種新書冊이俱備ᄒᆞ오니有志ᄒᆞ신僉君子ᄂᆞᆫ陸續購覽ᄒᆞ시옵

平壤鍾路 耶穌教冊肆 尹衡... 告白

一會員은遊覽을終ᄒᆞᆫ야開散ᄒᆞᆷ
一南大門셔釜山으로直行ᄒᆞ던지或은東京으로直行하ᄂᆞᆫ者ᄂᆞᆫ...의對ᄒᆞ야도同一便法으로同行請人을...應諾ᄒᆞᆷ

日本人遊覽協會事務所

西門通 東亞商會

學徒裝ᄒᆞᆫ帽
學徒...銃과諸具
羅紗各種
美國金鷄納
衣服裁縫其他雜貨도廉價放賣ᄒᆞ오니諸君子ᄂᆞᆫ來臨ᄒᆞ심을바라나이다

仁川港...新冊肆

원산과성진간에셔본인이살진소(肥牛)를만이ᄉᆞᆺᄉᆞ니쇼파ᄂᆞᆫ제군은다수이팔너오시옵

최봉준 고백

◉增修無冤錄大全

定價...

此增修無冤錄大全은法律家의最緊要ᄒᆞᆫ書籍이온ᄃᆡ年來現...이殆히絶種케至ᄒᆞᆫ지라故로法部에認可를得ᄒᆞ옵고此를新刊ᄒᆞ얏삽ᄂᆞᆫ대國漢文으로解釋ᄒᆞ야模糊ᄒᆞᆫ句節이...ᄒᆞ오니法學에有志ᄒᆞ신니와字牧之任에居ᄒᆞ신니ᄂᆞᆫ不得不覽ᄒᆞᆯ冊子이오니注意購覽ᄒᆞ시옵

中署布屛下 廣學書舖 김相萬 發售所

越南亡國史 國漢文

定價貳拾伍錢

發賣所 京城廣橋 ...書舖 鍾路...

布屛下 김相萬 告白

國債報償義捐金

收入廣告

儒산
正三品前郡守安기濬 五圜
前농業敎官김守헌 二圜
前五衛將김周鉉 二拾전
前主事김東純 拾圜
前副尉朴來儀 二圜
安公善 三圜
리히俊 五圜
김明濟
洪
李興九 四圜
朱之秦 五拾錢
김雲云 각壹圜
五拾錢 河容九
김應규 二圜
각三십錢 김聖서
元伯 각卄전 리一
貳圜 前主事 白宗
崔雲五 송雲
前主事 金지善
三十 韓致守 白心
각五十錢 崔雲濟 十錢
박實實 壹圜 金致박
五拾錢 趙鵬九 貳圜
金현 三拾錢 金여賢
兪泰潔 김應고
리潤 리창溯 각十전
安元中 貳圜 리寅潤 壹圜
김信 李德炯 李寅好
각三拾錢 윤煥 李斗炳
니鍾撤 니時炯 니一權
졍佛官 愼千石 林復긔
니海秀 니히山 金聖健
각십전 安鳴舜 金仁炯
각貳拾전 니道炯 五拾錢
신영根 拾면 安영
三十전 趙相淳 白樂盛
각십전 김聖周 니相규
安봉여 각십錢 丁應永
十五錢 卞之淵 崔容玉
각廿錢 金東烈 白樂淳

김大식
强여辰
道東섭
류
黃海
張彦
김應鎬
류
각三拾전
각五十전
鄭致
김炳孝
리윤成 손윤호 신國先
니夫손 류讚熙 박윤玉
姜春化 박寶泰 신順化
각卄錢 韓瑞元 리남여
各십전 신상烈 卄壹전
片順五 一圜 具仲玉
六十전
合九圜三十六전
●金北珍山郡北面觀坪
리容恪 二圜 子正均
二拾전 弟容敏 三拾전
●雲林동

●白岩
김永杰 一圜 崔永
三拾錢 니元
우洪命
趙沆深
최容
韓敎
●振威余坊
●黃海道載寧郡
박제淵 오仁善 壹圜
박제화 박제善 박재염
손德모 각五十전
淸水里西동村
강鍾규 강영三 강鍾日
강壹圜 강泰河 五십전
崔鳳鎬 四十錢 강宅河
六拾五전 강用제 貳십錢
德熙심圜 강元河 七십錢
강영守 강鍾호 各五拾전
강영九 八拾五전 강東晉
二拾錢 강九叅 강山石

●東部
方영
김晉洪 朴大元
具鵬均 二십錢
合八圜
中央義務社收入第一回
義산大師
惠湳大師 영煥大師
仁嵓大師
각十錢 長孝大師
각五전
각卄錢
▲南廳堂中
道植僧 省寛僧
道喜僧 脫卄僧 각拾錢
良淑僧 卄전 倫五僧 희덕僧
道軍僧 星曄僧 決鑫僧
太順僧 각五錢 合六圜
●利川郡長面平章里
中央義務社第二回
朴政淳 二圜 박祥淳 六十錢
朴海淳 朴인淳 林仁龍

張基赫 박元泰
金斗必
沈命道 각拾錢
合卄圜五拾錢

合拾圜

發行兼編輯人 英國人 裵說
大韓每日申報社

第五百七十三號

月曜及慶節
歲時日休刊

● 檀君開國四千二百四十年
箕子元年三千二十九年
大韓開國五百十六年
日本明治四十年
淸國光緒三十三年
●陰曆丁未六月大十七日丙子

論說

大韓三十年間變亂歷史

否泰가相禪ᄒ고治亂이相因ᄒ고禍福이相倚ᄒ이國家의興替存亡과人民의安危休戚이未嘗有一定而不變者ᄅ上下萬古ᄒ며縱橫萬國에史册所載가歷々可證이라盖其氣數之變遷으로國家의命運과人民의生活이不能常治常安일시當其擾亂危急之際ᄒ야能因亂爲治ᄒ고轉禍爲福ᄒ야亡而復存ᄒ고衰而更盛者ㅣ有之ᄒ니湍下深淵이豈不平穩이며寒後陽春이豈不喜悅이리오

若其不幸하야其國其民이終於衰滅ᄒ야國號가抹去ᄒ고種族이漸盡되면山岳이峨々에長帶愁慘之色이오江河가滔々에空訴嗚咽之聲이라千載之下에讀其歷史者가孰不爲之悲哀哭吊리오然則値其非常之變局ᄒ야能因亂爲治ᄒ고轉弱爲强ᄒ야爲英爲法爲德意志爲義大利者도有ᄒ고終於危亂衰滅ᄒ야爲猶太爲波蘭爲埃及爲安南者도有ᄒ니是與故爲고寔由人爲之如何耳라

噫라今日之大韓이果値何等變局耶아旣往幾百年을勿論하고但其三拾年間歷史를擧而論之라도遺前變亂之作이凡幾次矣오壬午之變가起而淸日兩國之兵이駐屯於境上ᄒ얏고甲申之變이作而御駕의播遷이有ᄒ얏고甲午之東學이倡亂而東洋之大局이擾攘ᄒ얏고乙未之變之禍作而國母被弑之變이有하얏고甲辰之韓日議定書와乙巳之勒成新條約이最ㅣ事變之大者ㅣ라一切國權之次第讓渡於外人者ᄂ式日斯生ᄒ야史不勝書러니乃至今日에竟有 皇位讓立之擧ᄒ엿스니凡此七八大變이皆歷史上非常之命運이라

嗟乎大韓同胞여將此間歷之前鑑ᄒ야克念米頭之境遇하라若使大韓人民으로懲於第一變하야收拾精神에발憤自强ᄒ얏스면必無第二變이오若其懲於第二變하야痛切儆戒에誓雪羞恥ᄒ고培養實力하얏스면必無第三變이거날乃韓人이藉其累世升平之業ᄒ야恬嬉姑息이成其習性ᄒ고放逸怠惰가爲其痼疾ᄒ야値第一變而不知惕ᄒ고値第二第三之變이亦不動念ᄒ야雖天翻地覆ᄒ고江海漂蕩이나猶是白眼無視하며耳若無聞ᄒ야處危如安ᄒ며認亡爲存라가畢竟如此奇變이生ᄒ야如此極度에達ᄒ얏스니苟有血氣心志者야豈無感覺者ㅣ存이리오盖ㅂ推想韓人之情컨대前此에ᄂ雖値變難而초不覺悟ᄒ얏고到于今日하야ᄂ雖日覺悟나大勢已去에必無及矣라ᄒ니이나雖然이나亂不極則治不生이오困不極則亨不來라天下之勢가達於極度然後에方有轉機하나니嗚呼韓人은幸無以無可奈何之語로置諸念頭하고十分儆惕ᄒ며一層奮勵하야凡係關於民智ᄒ고養成國力之方에一心進就ᄒ고百難不撓하야回國脈於斷絶ᄒ고救民命於塗炭ᄒ야世界歷史에一新大韓이巍然特起홈을切々顒祝ᄒ노라

官報

●號外 光武十一年七月二十四日

◉宮廷錄事

內部書記郎李浩升
內部書記郎洪承衡
內部書記郎鄭誠時
度支部書記郎南贊熙
度支部書記郎金炳璿
度支部書記郎鄭寅昉
農商工部書記郎柳吉秀
農商工部書記郎朴明緖
尊奉都監郎廳 命

宮內府大臣臨時署理 耆老所秘書長臣閔丙漢謹奏即伏見內閣總理大臣臣李完用 奏本 批下者則以爲年號今當改定矣令宮內府溯考已例內閣與館閣諸臣會議擇進何如云矣諸般節次令掌禮院擇日擧行何如謹上奏 奉旨依奏

●第三千八百二十七號 光武十一年七月二十五日

◉敍任及辭令

農林學校副敎授補卞國璿
解兼任農林學校司監
免本官 漢城判尹朴義秉
右ᄂ該員이身爲地方長官ᄒ야都下民情이騷訛得動에內外國人이互相殺傷ᄒ고甚至投石大官에燒燬家宅홈이式日閒發ᄒ되不思曉諭鎭定ᄒ고尋常看過ᄒ니事體所在에誠極駭歎이라此不可仍置이옵기是以로免本官
任漢城判尹叙勅任官二等 學部編輯局長 張憲植

外報

●平和會歷史 平和會라ᄂ名稱이一千八百十六年에歐羅巴洲에始作이되얏ᄂᆫ데一千八百四十九年八月二十二日에法國巴里城에서一次大會ᄒ얏고또一千八百六十七年에지나바에서會同하얏고一千八百七十二年에로인ᄂ에서會同ᄒ얏고一千八百九十年에英國倫敦에서會同ᄒ엿더니海牙萬國平和會ᄂ壹千八百九十九年에俄皇이發起하얏ᄂᆫ대今番會同은第二次로되거시더라

●皇帝語學 英國皇帝ᄂ法語와德語를能히ᄒ시고俄國皇帝ᄂ自國에諸種辭를通하시고德國皇帝ᄂ英語와法語를通ᄒ거니와리팅文字도解ᄒ시고西班牙皇帝ᄂ英法德三國語를解하시고葡萄皇帝ᄂ英法德語와又西班牙語를能히ᄒ시며意太利皇帝ᄂ法德語의大部分과시리안多般土語를解ᄒ신다더라

●廣東善後策 北京電을據ᄒ즉廣東匪類에善後策을講ᄒ기과孫逸仙의野心을防止ᄒ기爲하야岑春煊氏가其責任者로赴任을促하얏다더라

●日人氣勝 巴里電을據ᄒ則日本東京에法國公使로二年間이나駐在하던하마ᄃ가말ᄒ기를日本이俄國에勝ᄒ後에氣運이益世ᄒ것ᄒ야德國과一次交戰하기를願ᄒ다ᄒ얏다라

●政變影響 天津電을據ᄒ則當地淸國官憲들이 韓皇의讓位報를聞ᄒ고非常히大事件으로思惟ᄒ야韓國에深히同情을表ᄒ고同時에一方利權回收가益益必要라고喧傳ᄒ다더라

雜報

●哲學三訴 日本東京에在ᄒ苦學生李鍾學氏等拾一人이日本留學生監督申海永氏의非禮ᄒ얏다ᄃ本學生等이現今一館에團聚ᄒ야前途을同盟ᄒ고方苦를不避홈은其目的이單一ᄒ고其情勢가同然ᄒ대由하온바 陛下에學業成就ᄒ야在平朝家之願恤이온ᄃ昨日我 皇上陛下에인ᄒ옵신 聖恩로內下ᄒ신一萬圓에對ᄒ야該部에셔依 詔勅而爲支給ᄒ심을經聞ᄒ옵ᄂᆫ意로已有兩次請願이온바古過數朔에尙未承如何處分이옵고時下月終이又過에宿料를未辦ᄒ야宿主의困迫를日被홈에本學生等이方今戶外에彷徨이此境에至ᄒ昌故로自思之情勢ㅣ末由ᄒ야玆又冒悚顔에齊聲三訴ᄒ오니洞亮ᄒ신後學部에文報ᄒ시와使之斯速期完成就케ᄒ라ᄒ얏ᄂᆫ대日本留學生監督申海永씨가該請願書를捨聯ᄒ야學部에報告ᄒ얏다더라

●大部疏決 法部에서平漢兩裁及拾三道각裁判所에訓令ᄒ되本年陰六月初拾日欽奉頒詔文中一京外裁判所淹滯罪囚淹滯時日實爲矜悶小大罪重審決無留事 命下矣시온바追此再敎之餘ᄒ야其在對揚之道여實心欽遵은不容小緩이니到卽另鳴恤ᄒ이年久未斷之案件과疑晦未決ᄒ야蓄ᄒ未勘之類를稍々詳查ᄒ야刻日疏決하야俾卽無遺滯하고用副 聖念之氣ᄒ고兩宜欽恤遵理ᄒ야以盡導和之方하오미可ᄒ니此를依하야施行하라하얏다더라

●實心設校 全北金堤郡ᄒ面不過十七이오戶不過五千이대境內有志諸氏가現在學問世界를際ᄒ야一校一塾의設이方今未遑홈을慨然ᄒ야前五衛將趙東宇趙東夏前主事趙斗輪洪基俊趙翰誠趙斗行前通政宣亭前主事鄭友鐵과智銘某과김翊선氏等十一人이發起ᄒ야中和學校를設立ᄒ기로決議ᄒ고각其資金과境內義捐을協力ᄒ것시合爲一千三百二十圓二十錢也義捐각氏姓과其金額은皇城新聞社의揭載ᄒ얏다ᄒ거니와校舍ᄂ該郡館舍東大廳으로處理하고敎師一員은延聘ᄒ야依規程調度使之開學之意請願於該郡守라니該郡守가一邊은報于觀察道開指令內開在于學部使之認許ᄒ事ᄒ엿고一邊은報于學部矣指令內開該認이바該校規程에依ᄒ야稟明承認ᄒ後校務를恢部修理케ᄒ지ㅓ敎師ᄂ該校에서量宜延聘ᄒ고報明認准케ᄒ事이기로館舍東大廳을八百圓금額을預算하여方今修理이고校長은本郡守權任케하ᄒ고敎師ᄂ京인峴居李敎一氏로延聘ᄒ야將次開學敎授홀터인대當初此學校設立ᄒ기前에郡內居某氏가學校設立ᄒ로義금을請願ᄒ다가何故인지因홈이든지事不如意ᄒ야다ᄂᆫ대同此조東宇시가以발起首頭하校設立이完全成樹됨을慾ᄒ야曰學校設立ᄒᄂ我의事業을奪取ᄒ야名譽를得ᄒ고ᄌ홈이라ᄒ고趙東宇게悖談이無雙이나趙東宇시ᄂ一毫도釣名求聚의心이아니오 端ᄉ人民을智識開導하기로注意홈인故로其悖談을聽而不聞하고學校를今旣成立ᄒ後ᄂ謝시가首頭ㅣ名과學監之任을辭하얏다더라

雜報

●日韓新協約成立 各大臣이宋農相私邸에會同ᄒ야秘密會議ᄒ結果로李總理와李軍大가再昨日午後四時에參內ᄒ얏ᄂ대謁見은二十分에不過ᄒ엿고七時에退闕ᄒ야會議을更設ᄒ後十一時에李總理와宋農相이再次 陛見ᄒ엿고十二時에退闕ᄒ야卽時統監邸로往ᄒ엿고內部度支部法部軍部學部各大臣은統監邸에先往ᄒ야兩大臣을善待中이러니十二時에閣員이圍ᄒ하얏고日本側에셔ᄂ長谷川軍司令官과日外務大臣林董氏가會同ᄒ야日韓新協約을調印하얏다ᄂ대要領이如左ᄒ니

一 韓國政府ᄂ施政改善에關ᄒ야統監의指導를受홀事

二 韓國政府의法令의制定及重要ᄒ行政上의處分은預히統監의承認을經홀事

三 韓國의司法事務ᄂ普通行政事務와此를區別홀事

四 韓國高等官吏의任免은統監의同意로써此를行홀事

五 韓國政府ᄂ統監의推薦ᄒ日本人을韓國官吏에任命홀事

六 韓國政府ᄂ統監의同意업시外國人을傭聘아니홀事

七 明治三十七年八月廿二日調印ᄒ韓日協約第一項을廢止홀事

第一項廢止件 大韓政府ᄂ大日本政府가推薦ᄒᄂ바日本人一名을財政顧問으로ᄒ야大韓政府에傭聘ᄒ야財政에關ᄒᄂ事項은一切其意見을詢ᄒ야施行홀事

右爲證據홈으로下名은各本國政府에서相當ᄒ委任을受ᄒ야本協約에記名調印홈이라

光武십一年七月二십四日

內閣總理大臣李完用印

統監侯爵伊藤博文印

●兩朝臨御所 皇太帝께셔ᄂ慶運宮에依舊臨御ᄒ시고新皇帝께셔ᄂ昌福宮으로移御ᄒ신다ᄂ說이有하더라

●內閣移設 內閣을日前慶運宮內로移設ᄒ얏더니侍從院이나審查局이나兩處中으로定ᄒ다더라

●度照農部 度支部에셔農商工部로移照ᄒ야其前農商工部所管驛賭租를遞次郵司收入金額과典舖稅와庖肆稅金額을詳細調査送交ᄒ야財政整理에防碍가無케ᄒ라ᄒ얏다더라

●印紙徵交 度支部印刷局에셔訴訟印紙拾圓자리萬枚와五圓자리萬枚와一錢자리七萬枚를發行ᄒ다더라

●林董歸國 今番에渡韓ᄒ얏던林董氏ᄂ來二拾八日에歸國ᄒ다더라

●宋邸仕進 內閣書記官長韓昌洙씨以下書記官諸氏도每日宋秉畯氏私邸로仕進ᄒ다더라

●結局事案 각大臣이統監府에會議ᄒ事ᄂ別項과如ᄒ거니와其案件을漏泄ᄒ則新條約改正以外에後弊될條件을防備히結局ᄒ事案이라더라

●內閣定所 內閣을惇德門內舂桂坊으로臨時權定ᄒ고今日부터總理大臣以下各部大臣이該處로仕進ᄒ다더라

●紛何不協 尹始炳氏가農大宋秉畯氏와有何不相備意ᄒ든지宋農大가尹氏를薦用치안키로決心ᄒ얏다더라

●徐氏上京 安東縣警林廠事務官徐相冕氏가二週日을請由上京ᄒ얏다더라

●郡奏辭呈 郡守奏本을內部에셔日間奉呈ᄒ다ᄂ說이有ᄒ더라

●兩氏被任說 一進會副會장洪肯섭씨ᄂ平理院首班判事를被任ᄒ고俞鶴柱씨ᄂ平理院裁判長을被任ᄒ다ᄂ說이有ᄒ더라

●金씨仕進 內部文書課장金裕晉씨가被任ᄒ後其父親解配上京前에ᄂ出仕치아니ᄒ더니三昨日부터仕進視務ᄒ다더라

●餽藥不受 錦陵尉朴泳孝씨가警務廳에囚中에帝崇ᄒ關發ᄒ얏더니伊藤統監이醫藥을委送ᄒ야治療ᄒ기를懇請ᄒ거날朴泳孝씨가該醫藥을不受日韓國醫藥을試用ᄒ깃다ᄒ얏다더라

●因病闕仕 昨日에內部大官俞星濬씨가身病으로仕進치아니ᄒ얏더라

●提議達曙 再昨日下午七時頃에總理大臣以下각部大臣이內閣에會同ᄒ야一大問題를提議ᄒ야議決이못됨으로徹夜를達曙ᄒ얏다더라

●內大臣新任 表勳院總裁閔丙奭씨가侍從院卿을兼任ᄒ고內大臣을兼任ᄒ얏더라

●緣何被捉 玉關居內官리裕鼎시ᄂ何事件인지昨日上下午七時에警務廳에被捉ᄒ얏다더라

●七人叙任 內部에書記郞七人을增置ᄒ다ᄒ은巳爲揭載어니와韓今찬李般영金鶴龍씨等七人을擇差叙任ᄒ다더라

●麥藁勸着 農大송秉畯씨가一進副會장洪肯섭씨를對ᄒ야日近日會員들이麥藁子을脫去ᄒ야人民의疑惑을生케ᄒ니會員을伸勸ᄒ야麥藁子를一齊히復着케ᄒ라ᄒ던洪肯섭씨가答ᄒ되大監네ᄂ保護가緊密ᄒ야被害홀念慮가無ᄒ거니와會員들은散在閭巷에人民의逢척打殺코ᄌ혼다니麥藁子를何爲急着이리오ᄒ얏다더라

●再玫二玫 各部官吏가무슨公文上事爲로該部大臣을往見ᄒ든지該大臣이指揮홀事가有ᄒ야該部官吏를招待홀야면該官吏가宋秉畯氏私邸에至ᄒ야入門홀時에名帖을依例히再三領受ᄒ後에許入ᄒ다더라

●禍反爲福 總理大臣리完用씨의家舍回祿ᄒ間赦와燒燼ᄒ汁物을錄上ᄒ라고 自上으로서 處分이下하셧다더라

●溺死可怪 再昨夕에北營樓閣골樓井에該洞居ᄒᄂ二十歲男子가溺死ᄒ얏다더라

●普校학期 普成學校에서夏期에학ᄒ後학徒의浪遊홈을悶慮ᄒ야來月十日부터開학ᄒ고間日上학케ᄒ다더라

●郡守拿致 固城郡守최範錫시가以該郡民擾事로刑事上審查次로平理院에拿致ᄒ얏다ᄒ더라

●館宇定爲校舍 尙州郡館宇수부를該郡公立普通학校校舍로充用하기로決定하고該郡工事에不日着手ᄒ라고학部에셔該郡守에게訓令ᄒ얏다더라

●文簿搜去 再昨日上午九時頃에內部參與官塩川氏가顧問野津씨가內閣에出往ᄒ야監要ᄒ문簿를調査以去ᄒ얏다더라

●都監設行 慰奉都監을設置홈은已爲頒布어니와追聞ᄒ則太皇帝奉擧都監과淳妃追封皇后都監과進封妃封后都監은將次設置ᄒ다더라

●外局廢止 內閣所管外事局은存置ᄒ必要가無ᄒ다ᄒ야該局을將次廢止ᄒ다더라

●公州不穩의理由 公州來信을據ᄒ則該郡人民이今番沸鬱ᄒ情狀은無他라該道觀察使梁在翼시가內部電訓의辭意를未解ᄒ얏던지人民에게告示ᄒ기를 皇帝陛下께셔東京에親幸ᄒ신다ᄂ辭意로揭示홈이라더라

●風說可懼 全義ᄂ신箕巷시本鄕인데同시ᄂ陽으로ᄂ愛國ᄒᄂ心을有ᄒ나陰으로ᄂ親日ᄒᄂ形跡을不能蔽掩하야若自京城으로歸鄕ᄒ면卽時殺害홀야ᄂ陰謀가有ᄒ다ᄂ風說이盛行하다라

●地方情況

去二十三日太田新市場開市日에리康應等이演說하미聽衆이六十餘名이오其大旨ᄂ今回에皇帝讓位ᄂ日本政府强迫의出홈이라ᄒ엿고

鳳巖地方에셔ᄂ有志ᄒ人士들이會同ᄒ야處々大道上에셔新聞紙를朗讀演說하며形勢가漸漸非常ᄒ情態가有ᄒ엿고

東萊郡에ᄂ學徒三百餘名이去二十二日에親睦會라稱ᄒ고城外에集合ᄒ야翌日洗兵橋附近에更會ᄒ야附書檄문을作ᄒ야連署ᄒ고不穩ᄒ狀이有ᄒ고日本人을接近치못하게ᄒ미詳情을探키難ᄒ니想像컨ᄃ時局에對ᄒ야陰謀를做出하ᄂ貌樣이다하고…

草량驛學校에셔ᄂ 皇帝卽位를祝賀ᄒ다稱하고二십三日부터同盟休業ᄒ얏스나實情인則亦是時局에對ᄒ야慷慨ᄒ회抱ᄒ야激起ᄒ얏고

公州地方에도情形이不穩ᄒ매居留하ᄂ日本人도烏致院으로避乱ᄒ얏고

安城地方에셔ᄂ向日에民徒數百名이蜂起ᄒ야一進會支部와前宮內府大臣劉庄을破毁ᄒ야形勢가不穩ᄒ고同地鎭衛隊에態度난晏靜ᄒ야警官을應援홀ᄂ貌樣이無ᄒ더라

●天人慈善 韓國婦人會장리卿鉉시가昨日에金九圓ᄒ大韓醫院으로寄付하얏ᄂ데今番時擾中에被傷ᄒ야該院에셔治療ᄒᄂ三人의게金三圓式分給ᄒ라고特表하얏다니文明의進步와其義感謝홈은無人不稱일뿐더러該三人은感頌不已ᄒ다며라

●教師外除 私立光興學校體操教師沈宜赫씨가今番麥本에錦郡守를被任ᄒ얏ᄂ데該校教師諸시ᄂ原來名譽로教授ᄒ지라校장申斅堂시가體操教師을更聘홀터인대大段心慮ᄒ다더라

●妨校可歎 玄成학校찬成員張龍植시와評議員리演品시가校務를熱心擔着ᄒ야極力做去ᄒᄂ데何許無賴輩가妨害學校心이有ᄒ든지挨兩시가學校를大端反對ᄒ樣으로狀韓ᄒ故로該校會員이大憤鬱ᄒ다더라

●正誤 昨日本報에進往不及이라ᄂ題下에閔衡植시의衡字는誤植이기改正홈

▲酒肆餘歌▼

▲一夜之間에大風이東吹ᄒ야韓日新協約이成立이라橘평을相對에一點을先着ᄒ니孤雲이翻覆ᄒ야輸贏局勢는白變爲黑이로다

▲近日에總理大臣以下各大臣이泥峴等地에潛伏ᄒ야日人에命令을猶恐不及ᄒ온즉其地位을鞏固코져ᄒ야種々密議에禍胎를釀成ᄒ더니及其協約이成立되미日本人으로官吏를任命ᄒ다ᄒ니각大臣의地位를初頭에見奪을當ᄒ면엇지ᄒᆯ고可謂自手削발이로고

▲日本에新往ᄒ엿든李址鎔의孫綺權軍顯씨가日本外務大臣林董의渡韓ᄒ事를막然不知ᄒ엿다가一朝新聞紙上에傳播ᄒ國際上重要문題를見ᄒ고宮相田中씨에게探問ᄒ則同씨가不知라答ᄒ則尤益疑惧ᄒ야仍卽歸國ᄒ엿다니該三씨ᄂ日本에前往ᄒ야時局을全昧ᄒ엿스니可謂陛下下問이로고

▲韓國에駐留ᄒᄂ日本人中에該國後備兵에게近來戰時로認定ᄒ야韓國軍規를依ᄒ야去二십壹日붓터每日々당으로六錢式支給ᄒᆫ다니近日에韓國人民의騷擾가卽時鎭靜되여萬一無事ᄒ면日人이何時로認定ᄒᄂ무슨事端ㅣ지

▲今番七條協約은각大臣이農大송秉畯氏私家에서會同議決ᄒ엿스니四千年大韓國이一箇송秉畯手中에顚覆될줄을誰가測量ᄒ엿스리오

▲警務使具然壽氏ᄂ一進會出身으로忽地에警使를圖得ᄒ더니卽日에總巡一人權任一人巡檢八人을額外로差出ᄒ얏ᄂ데皆是一進會員ᄒ야同人이介會員區處ᄒᄂ手段이可謂宏壯ᄒ나許多ᄒ會員을엇지ᄒ여야면隅之歎이一無케ᄒ료

▲近日에各大臣家을溲敵에冲火ᄒ다ᄂ風說이傳播되며각大臣家附近居人들이汁物을他處로移去ᄒᄂ이多數ᄒ고夜則夜睡치못ᄒ야大端히騷擾ᄒ다ᄒ니貧不近이八不近에第一不幸ᄒ일이로고

▲閔사漢씨向日에警務使를圖得ᄒ야登到하야暗行ᄒ다가因以狼狽ᄒ더니今番에宮內府大臣署理을被命ᄒ엿스니當此時局에一番出脚이可謂所願成就로고

▲近日에所謂官人들이各山寺泉에避暑ᄒ成ᄒ야佳者美稀으로危急時事을談笑自若ᄒ니此時局을昇平日月로知ᄒᄂ지河朔避暑會가今果安樂乎아

社告

本社에서 本社에 送付ᄒᆞᆫ 美金壹百弗拾弗과 二拾九弗二張에 分ᄒᆞᆫ 郵便爲替를 受하얏스나 何許人의 何許件으로 送付하얏는지 無하야 疑訝이며 郵便은 涉하야 錢額은 已爲推尋이나 其人은 布哇留居찬 鎭으로 認ᄒᆞ나 何許事件으로 送금인지 詳示를 切望홈

大韓每日申報社

廣告

本人이 小名 桂秦을 改名ᄒᆞ야 萬을 萬永으로 改名ᄒᆞ얏스니 僉君子 照亮홈

萬永 白告

本人이 圖籍 發行ᄒᆞ는 事業을 經營ᄒᆞ와 典執 信用無한 人의 見欺를 施行ᄒᆞᆯ 故로 前 金漢植 告白

本館은 大廣橋北川邊前紙廛에 移設ᄒᆞ얏삽고 沐浴湯과 各色料理를 新設ᄒᆞ와 陰曆六月初十日부터 開業ᄒᆞ오니 僉君子는 陸續來臨ᄒᆞ심을 伏望

內外沐浴湯
大韓料理各色　西洋上等酒
菓子各色과 外에 도각 紙烟草
食料를 廉價로 ᄒᆞ옵ᄂᆞ이다

漢通館 告白

咸鏡南道 咸興郡 西원 私立典東學校 補助金

前令	崔永仁	田壹日耕
	朴□□	田壹日耕
	康河□	田壹日耕
幼學	박용온	田四息耕
	崔호섭	瓦家五間
	박장觀	貳拾圜
前教員	韓晩의	貳십圜
	박장駿	田四息耕
正三品	朴根晦	貳십圜
幼學	崔致鳳	貳십圜
	金鴻鎭	貳십圜
前主事	羅漢龜	三拾圜
	崔吉源	三十圜
	庸學壹秩	
	吳啓일	貳拾圜
	박孝眞	十四圜
	朴泳祚	십四圜
	韓晩命	[illegible]圜
	文錫貞	십圜
前敎官	文錫烈	拾圜
前議官	崔致鴻	十圜
幼學	朴□欽	十圜
	李昌封	十圜
	박□나	十圜
	李昌協	拾圜
	朴寬占	拾圜
	羅西慶	拾圜
幼學	朱宗□	六圜
前參奉	韓駿淵	四圜
前主事	金稷源	四圜
前參奉	李선鎭	四圜
前令	리경準	四圜
前令	韓昌□	四圜
前主事	韓홍龍	四圜
幼學	宋明介	四圜
	박근俊	四圜
前主事	朱禎선	貳圜
進士	李션奎	貳圜
前主事	朱 형	貳圜
前主事	박熙豊	貳圜
	韓弼濟	貳圜
前令	박□鎬	貳圜
幼學	韓□敎	貳圜
	崔吉鳳	貳圜
	金熙止	貳圜
	朴希烈	貳圜
	任天함	貳圜
	韓鉄貫	貳圜
前令	李容弼	壹圜
前主事	韓寬攸	壹圜
	南相찬	壹圜
教員	□典里	田四息耕
	長下里	貳拾圜
	興□契	六圜

廣南漁□派員 ... 民이 仍此失業 ... 京部이 ...

承化洞 ... 千佛寺 ...

大東寄宿舘

大東寄宿舘舘長 鄭熙燦 廣告

大東寄宿舘 事務員 趙漢楨 告白

本店에셔 敎科書籍과 各學校敎科書와 各種新聞雜誌를 ... 覽하시압

平壤鍾路 □稀敎册肆 衡 告白

本人等이 典當舖를 ... 合資設舖 營業하오니 典執하실 僉員은 陸續來臨하심을 望홈

中署 典當舖 金경秀　東崇 金榮觀 告白

大人이 日本大阪 ... 西洋各國物品 ... 大韓에 ... 本社로 來議하시오

興業社本店 京城南門內 水標五十一號

國債報償義捐金

收入廣告

▲ 慶尙南道晋州邑山面第一洞

▲ 面外北里

이圭亨 五십젼 崔榮善 이文桂 이圭貞 각卅젼 박皮贊 韓聖徹 윤奎炳 李致奇 각卅錢 劉문弼拾錢

▲ 上面甲

徐相哲 宋時雨 朴在鏑 方成鎭 박成勳 박憲均 朴元圭 金斗玄 鄭勳 김준學 崔영터 각卅錢 俞鎭喜 十젼

▲ 廠田里

鄭東奎 五십錢 鄭東敏 정東述 林學日 金文喜 각卅錢 尹泰 오昌玄

▲ 驛村

洪大壽 신正天 각十젼 박淵元 壹원五拾錢 韓殷東 七拾젼 김文옥 강漢圭 馬지天 김樂集 리敏植 니倫求 朴弘來 박炳周 리明來 文問鉉 각五拾錢 리公日 박問先 김聖根 각四拾젼 卅五젼 김化先 鄭漢水

劉운水 신元三 김元서 리正百 김正文 각拾五젼

▲ 元亨里

리용셥 成命鎬 嚴柱遠 殷柱哲 各五十젼 各十錢 박聖七 宋鳳鎭 弁元鳳 김成喜 鄭商烈 김同鉉 任석準 玄永直 김孝源 玄元甲 尹奇三 김順만

▲ 爲谷

劉興烈 一圓五十젼 俞秀 리元煥 각一圓 리台煥 리相周 각廿젼 辛元默 李庭燮 이德煥 각拾錢

▲ 中野

金春執 림인澈 각四拾먼 이彰珪 尹星七 각십젼

▲ 下洲谷

▲ 上野洞中 三圓

▲ 大安東面古洞

리五珪 五圓 리承申 五拾젼

▲ 九龍洞中四人 貳圓八十젼

尹元지 박영水 이漢璉 박獻化 각廿젼

尹成雲 김浩月 嚴영則 각五십錢 최燦水 申正天 朱正化 정有玄 각卅錢 徐性九 리正汗 이用奇 高致先 정八善 정윤玉

徐萬齋 五拾젼 리化心 卅젼

▲ 下冠

劉致凡 김基調 각拾면 김秉辛 김東福 박東규 金殷煥 金인敏 김基煥 金東天 黃士선 김殷齊 金東杰 각一圓 김元伯 김東本 金東뎌 각廿錢

國文報廣告總合一百八十六圓六十二錢

合一百七十七圓七十七錢五厘

前號總合三萬八千一百七十二圓二十二젼二厘

部總合三萬八千五百卅六圓七十一젼七厘

合計이五萬一千八百餘圓이오 國債報償會에서 內銀行에 貯置하얏고 今日 其貯置額中 三萬二千三百圓은 國債報償金總合所로 交付함

大韓每日申報社

一箇月에 五圓 一週日에 一圓四十錢 毎日 四號活字 十三字

發行兼編輯人 英國人 裵說

發行所 南署 石井洞 大韓每日申報社

第五卷

大韓每日申報

第五百七十四號

月曜受讀餘 時日休

檀君開國四千二百四十年
箕子元年三千二十九年
大韓開國五百十六年
日本明治四十年
[illegible]二十三
陰曆丁未六月大十八日丁丑

論說

新協約

京城日報와셔울프레스新報가昨朝에號外를俱發ᄒᆞ야伊藤及李完用兩氏가再昨夜에調印ᄒᆞᆫ日韓新協約의條件을揭佈ᄒᆞ엿스니此全紙에詳載ᄒᆞᆫ바라不必更揭어니와實此協約之人이先銘於心ᄒᆞᆯ거슨此約이日本統監에게此帝國內에셔無限ᄒᆞᆫ權을付與ᄒᆞᆫ거시오其次ᄂᆞᆫ是韓人의게制限ᄒᆞᆫ權力을任ᄒᆞᆫ이니其擇定된人(意統監)이合國之ᄒᆞ能及人格을兼備ᄒᆞ야所當職務를以其寬容及眞實愛韓ᄒᆞᄂᆞᆫ性質로行ᄒᆞᆯᄂᆞᆫ지以其態度로ᄂᆞᆫ現今內閣이再昨日에自下로至夕토록此事項을全然히相議ᄒᆞ다가竟會于內閣ᄒᆞ야更加論議ᄒᆞ고上奏ᄒᆞ야皇帝의裁可를得ᄒᆞᆫ後에伊藤及李完用兩氏가最終으로調印ᄒᆞ엿다ᄒᆞ니如此히韓國의獨立形痕이去矣라此國이名雖不然ᄒᆞ나實際로ᄂᆞᆫ日本에依賴ᄒᆞᆷ을作ᄒᆞ도다旣往之事ᄂᆞᆫ論ᄒᆞᆯ바이無用이어날此已讓矣ㅣ此已畢矣ㅣ今日韓人의州條存ᄒᆞᆫ所仍ᄒᆞᆫ世人진情에韓人도亦ᄒᆞᆫ人格이有ᄒᆞᆫ거ᄉᆞ著ᄒᆞ야學及事業을黽勉ᄒᆞ야政府를組成ᄒᆞᄂᆞᆫ能力을有ᄒᆞ여腐敗之積을洗脫ᄒᆞᆯ지니다天演의仁慈愛蒙ᄒᆞ야復權之日이豈無ᄒᆞ리오日本統監이統治之位에躬當ᄒᆞᆫ此不幸之國을矜憐하야或使韓人으로本土人民의利益을爲ᄒᆞ야自治케ᄒᆞ리로다

此條約이中獨立ᄒᆞᆫ印度內에英國이指導ᄒᆞᄂᆞᆫ되도頒布치去를야든規例을使吾人으로당然留心케ᄒᆞᄂᆞᆫ지라權力及權限을必要ᄒᆞᆫ境遇에ᄂᆞᆫ可히着手나然이나若其統監이感覺ᄒᆞ나外交手段及强硬을兼備ᄒᆞᆫ人이면英國의治術을依ᄒᆞ야大權力을著示ᄒᆞᆯ이有何必要리오統監이韓國內에셔何等機會를今有하갓스ᄂᆞ材能과信實을兼有ᄒᆞᆫ韓人을保求ᄒᆞ야若得其人이어든使其人으로自表實證ᄒᆞᆯ機會를給ᄒᆞᆯ지며統監ᄒᆞ고第一條에供ᄒᆞᆫ權限홈을因ᄒᆞ야普通官職에日人으로만勿置ᄒᆞᆯ지어다權限을有ᄒᆞᆷ은或爲利於日本이나此ᄂᆞᆫ實行ᄒᆞᆷ은其爲不利於韓人矣로다

實有希望ᄒᆞᆫ一改良은第三條에司法事務를行政과區分ᄒᆞᄂᆞᆫ바시로다至于今日토록一警察이武官과行政官及裁判官과其他各樣을兼帶ᄒᆞᆫ者等가太多ᄒᆞᆫ바此ᄂᆞᆫ腐敗之原인바이라改良이進爲必要ᄒᆞ니今此新規ᄂᆞᆫ適宜히進行ᄒᆞ면韓人의게有益ᄒᆞ리로다

條約에ᄂᆞᆫ不載ᄒᆞ엿스나作事ᄂᆞᆫ特ᄒᆞ니若伊藤侯ㅣ[illegible]의平穩忠實ᄒᆞᆫ[illegible]事에向ᄒᆞᆫ心으로[illegible]此一件事ᄂᆞᆫ維비오郡公正ᄒᆞᆫ人或國民의共ᄒᆞᆫ尊敬인ᄂᆞᆫ會記憶ᄒᆞᆯ거시라今者日本이韓國의全部責任을擔ᄒᆞ엿스니若其犯科者가韓人이면必嚴懲刑ᄒᆞ더인데同一罪過에犯ᄒᆞᆫ日人을無刑케歸ᄒᆞᆯ지어다過去二年之際에ᄂᆞᆫ統監府官僚가韓人의게施하ᄂᆞᆫ一法을有ᄒᆞ고日人의게施ᄒᆞᄂᆞᆫ他法을有하야日人은非行을能爲하되韓人은寸手를ᄒᆞ기前에罪過로斷定홈을被ᄒᆞ엿도다

官報

◎號外 光武十一年七月二十五日

◎宮廷錄事

本月二十五日에侍從院卿兼內大臣閔丙奭의게 新任式을擧行ᄒᆞᆷ

本月二十五日에宮內府大臣李允用의게 親任式을擧行ᄒᆞᆷ

敍任及辭令

表勳院總裁 閔丙奭

任侍從院卿兼內大臣

宮內府特進官 李允用

解兼任臨時侍從院卿兼內大臣事務

任宮內府大臣

耆老所[illegible] [illegible]淵

解臨時署理宮內府大臣事務

宮內府大臣 朴泳孝

命宮內府特進官

◎第三千八百二十八號 光武十一年七月二十六日

◎敍任及辭令

任度支部書記郞 [illegible]昌鉉

依願免兼任太醫院副卿 秘書監丞尹悳榮

依願免本官 掌禮院掌禮 박[illegible]大

命宮內府特進官 宮內府特進 李重夏

命掌禮院卿 侍從院副卿宋台觀

命侍從院副卿 從二品洪淳厚

命奉常司提調 秘書監丞徐相大

命秘書監丞 從二品리恒九

秘書監丞리文求

兼任太醫院副卿

任秘書監丞 正三品박디熙

外報

◎比國中立說 紐育某新聞의特派員通信을據ᄒᆞᆫ則美國에서比律賓群島를中立地로成ᄒᆞ려ᄂᆞᆫ意見이有ᄒᆞ야上議院議員中에ᄂᆞᆫ此意見을議會에提出ᄒᆞ야目下調査中이라더라

◎鴉片禁止의方針 上海電을據ᄒᆞᆫ則荷蘭政府에셔海峽植民地에鴉片貿易을調査ᄒᆞᆫ後에吸煙을漸次減少ᄒᆞ야其근除를去ᄒᆞᄂᆞᆫ方法을講究케ᄒᆞᆯ次로委員을任命ᄒᆞ얏더라

◎兩帝會見 伯림電을據ᄒᆞᆫ則德帝께서ᄂᆞᆫ八月十五日께우어루헤루무스헤쎄宮에서英帝와會견ᄒᆞ신다더라

◎陸軍減員 伯林電을據ᄒᆞᆫ則佛國政府陸軍參謀副議長하싸론將軍은陸軍減員의結果로軍隊에有效ᄒᆞᆷ에關ᄒᆞ야責任을負ᄒᆞ기가不能이라하야辭職ᄒᆞ고後任은리구아大將이라더라

詞藻

血竹歌 附絶 癸童의血誌

一 蒼天의덥힌구름日月蔽聰가렷스나忠正公푸른대에瀟瀟淸풍불너치면아마도一千里강산에撥雲靑天

二 爽颯의四叢竹은世界上傳播ᄒᆞ네一生寄死ᄒᆞᆫ소롬마다常ᄒᆞᆫ것만自古로爲國盡忠은流芳百世

三 開城의善竹橋를思慕ᄒᆞ여들엇더니오날々忠節竹의大韓同胞警戒로다우리도이일을效則ᄒᆞ여期於壹心

四 壯哉라忠正公이竭忠報國ᄒᆞ셧스니生命은버렷스나名節은永年이라우리도ᄒᆞᆫ問을熱心ᄒᆞ여萬壹이나

五 點々히흩친피ᄂᆞᆫ文明의꽃이피ᄒᆞ고蒼々히소슨대ᄂᆞᆫ忠愛의싹이로다아마도이꽃과이싹은不落不衰

六 聖德이인愛하ᄉᆞ忠孝烈이一ᄀ萬古ᄒᆞ피푸른대ᄂᆞᆫ閔忠正분일넌가아모ᄂᆞᆫ國權을復犯커든ᄂᆞᆫ一斷

七 國恩竹林庭竹은議言이라옷지마쇼世界萬國업것ᄂᆞ도大韓의節分明하ᄃᆞ아마도精忠節ᄂᆞᆫ皇天感

八 可이업다三十歲를갖되이지닛니閔忠正血竹歌를눈물석거불너보니아모리ᄒᆞᆯ少書ᄂᆞᆫ달맘다르라

九 國勢ᄂᆞᆫ炭ᄒᆞ고同胞ᄂᆞᆫ塗炭이라救濟도役業ᄒᆞ 아니救치못ᄒᆞ니皇大이멀도머니號怨ᄒᆞᆯ곳이바이업ᄂᆞ哭恩이깁고깁허圖報ᄒᆞᆯ길어려워라차라리月夜蒼夜二事에이몸죽어獨立堅固

十 楊石然조네ᄂᆞᆫ畵彩仙靈으로綠竹葬ᄒᆞ擔當ᄒᆞ고朴謙谷조네ᄂᆞᆫ章鳴ᄒᆞ고詞藻製述擔當ᄒᆞ고皇城의各新聞은忠節을讚揚ᄒᆞ야世界廣佈擔當ᄒᆞ고史記로筆者ᄂᆞᆫ行蹟을記錄ᄒᆞ야千々万々世로竹帛流傳擔當ᄒᆞ쇼그남아지明進步ᄒᆞ야自主獨立을낭우리擔當

擬[illegible]胞之民[illegible]報之表

后[illegible]如入之[illegible]高仰王道不蕩之效 民心猶水之就下察觀國債報償 功在億蒼生 一寸丹悃 欽惟我 皇帝陛下 恭己南面 如辰北居 堯舜至仁莫非百姓乎章之化 宣光緖業政當中興문明之休 言念國步艱難危急之秋 而百衆心悅服報答之日 財多負重ᄒᆞ야被縛邦歷侮之凌 勢弱力殘쭈발忠士憤泣之嘆 竊五百年宗社本自先王之舊邦 以六千萬貨金幾爲他人之所有 這玆八域同胞之黎首 迺見齊聲集義之赤心 式少式微誠미確於一髮之將滅 ᄒᆞ强ᄒᆞ勉者明從者說蘭之其肆告秦ᄂᆡ之婦孺能知小戎 賦例我韓ᄂᆞᆫ之ᄉᆞ子孫ᄋᆞ九鼎之扶果於有舊義[illegible]財 洗ᄋᆞ誠熱心ᄋᆞ酬[illegible] 雖貧賃日雙誇衣裳而來ᄂᆞ 亦有ᄒᆞ紅裙脫封釧人貢 樵薪採藥之各允助衣背之誠 屠販賣漿之兒皆有左袒之義 長髮豪富不惜千金萬古之虞 飲水貧家莫拒一日二日之眼 是所以[illegible]昌之奇驗 亦可謂百世初覩之曠光 於宋非國庶之於文ᄉᆞ之視僕 如是無己而忠乎積債之如山 百萬雄[illegible]竭存此民之義援 三千강土完見道日之運回 猗歟盛哉 曷不休矣 伏念臣等 俱以노質 幸際鴻休 斷々無匪縱乏贊襄之攜 欣々有喜忱殫嚮忭之忱

咸興府西村前주사金鏞律

◎寫眞業 김圭鎭氏가英國[illegible]寫眞撮影ᄒᆞᆷ을外國에遊學ᄒᆞ야[illegible]年前에 御眞과攝ᄒᆞᆫ것도撮영ᄒᆞ엿ᄂᆞ니와현下自己ᄒᆞᆫ舍廊에庭에寫眞館을建ᄒᆞ고[illegible]壤居박[illegible]鐵氏[illegible]寫業[illegible]寫眞[illegible]方[illegible]管理ᄒᆞᆫ[illegible]氏ᄂᆞᆫ不撥서三[illegible]開館營業든ᄉᆞ이라寫眞手段이能ᄒᆞ다며라

雜報

◎尊號陳賀 太皇帝尊號를陰曆七月二十五日誕辰에上호고百官進賀를兼爲擧行호다더라

◎三氏轉任 宮內大臣박泳孝氏는特進官을任호고特進官李允用氏는宮內大臣을任호고秘書卿趙民熙氏는平理院裁判長을任호얏다더라

◎奏事時間 總理大臣以下各府部大臣이 皇帝陛下씌奏事時間을決定호얏는대自下午一時로同四時까지奏達호기로호고緊急호事件이有호면先次奏達後에奉旨奏達케호다더라

◎韓國密使 二十三日東京電報를據호則海牙에赴호韓國密使一行은近頃同府에서발言호야曰韓 皇은伊藤侯爵間에對호야는全然히不知로答호시것소當然호事요若自巳의使節을派遣치아니호얏다고明言호면 皇帝位가危險호더며甚호면殺害라도當호것이라但米國과歐洲列强이一同一히賢明하게되면韓皇帝는伊藤侯의게答호것과不同호事ㅣ니要컨대極東에秩序와平和保持는米國과歐洲列國이韓國을局外中立으로선言호야獨立되게호는대지호다云호얏다더라

◎日人總長 각部局課에日人事務官一人式着手視務케호고總長一人式또薦任호다더라

◎日任韓官 年前韓日新條約第一項을廢止홈으로度支部顧問目賀田氏는自然解雇되고[illegible]任官吏로만叙任호기로擬議호다는說이有호더라

◎十五郡守 再昨日內部에서郡守變革을請呈호얏는대陽川[illegible]安城金榮鎭竹山趙[illegible]陰城沈宜碩[illegible]金斗天김堤[illegible]松悅富平金國煥利川趙熙淳洪川南龍熙抱川韓晩容通川金孝益江陵池[illegible]趙[illegible]振威김[illegible]鎭[illegible]李啓悳諸氏라더라

◎林氏回國 日本外務大臣林董氏가昨日上午에京釜鐵路第一列車로발程歸國하얏다더라

◎內賜家屋 總理大臣李完用氏가其家舍를燒火호後에處所가無호故로自 上으로嚴奎源氏家舍를下賜호옵신다더라

◎豈有所犯 警務廳에서錦陵尉朴泳孝氏를訊問호되初無所犯호고向日에總理大臣李完용氏와相詰호時에李完用氏를對호야逆賊이라고大談호事而已라더라

◎郡守被程 去番奏本에叙任된十五郡守가大臣을不得接見하야多日留連호더니陰本月念後一齊發程호더라

◎遊[illegible] 今番 皇帝陛下傳位하신事와韓日協約事件에對하야[illegible]

◎總理手段 再昨日郡守奏本을內閣에서奉呈하는대總理大臣李完用氏가[illegible]

◎日兵派駐 日兵一旅團이渡韓호야[illegible]

◎水役乏水 [illegible]水道工役을[illegible]水源이不足호야[illegible]

◎始還其第 內閣大臣들이衆農大私邸에서多日留連호더니再昨日下午五時量에비로소각其私第로還歸호얏다더라

◎兩大視務 內部大臣任善準氏와度支部大臣高永喜씨가昨日부터仕進視務호얏다더라

◎獄亦引繼 각地方道獄과郡獄을分派警察署日人이引繼하기로內部令이日間頒布된다더라

◎物品移 [illegible]

◎自辭廢止 [illegible]

◎印章歸部 內部印章을泥峴該大臣留館으로持去호얏다는[illegible]

◎霜災甚大 [illegible]

◎日人還來 [illegible]

◎貪賊貪糧 [illegible]

◎鎭守請願 再昨日鎭安郡守安基宅氏가[illegible]部에辭職請願호[illegible]

◎咸北採檄 咸北各郡守가[illegible]

◎兩氏被捉 再昨日에侍從院[illegible]

地方情況

[illegible]

◎社告

本社에셔本社에送付흔美金壹百弗拾弗二拾九弗三張에分흔郵便爲替를受하얏스나同爲替가何許事件으로送付하엿는지書字가無하야疑訝이더니郵便에交涉하야錢額은已爲支拂이고出付人은布哇留學生인바此事件으로 送付하얏는지速々詳示흠을望흠

大韓每日申報

雜報

[illegible]

水産株式會社員等이請願흔槪要가如左하니[illegible]…

廣告

五六年에尙無慶辦이온바道間漁具之朽敗와社費之損害를不容枚擧이오며緣此社事하야千百社員이擧皆廢業하고散之境이옴기出萬死一生之計하와玆에請願書及定欵을特爲處辦하시고返還於農商工部하시와使此數千人民으로依前營業케하심을伏望

水産會社員　張[illegible]
　　　　　　任命[illegible]等二十七人

本館에셔大廣橋北川邊前紙廛小都家를洋製로一新修改하옵고精潔흔浴沐湯과各色料理를新鮮準備하와陰曆六月初十日爲始하야開業하오니僉君子는陸續來臨하심을伏望

內外沐浴湯

大韓料理各色　西洋上等酒菓各色及此外에도各樣烟草食料를圓來應하오니다

廣通館告白

本冊肆에敎會書籍과各學校敎科書와各種新舊書冊이俱備하오니有志하신僉君子는陸續購覽하시옵

中部寺洞路　耶穌敎冊肆

尹衡弼　告白

一秩二冊三百六十頁　定價金一圜

[illegible]冊肆

本人이日本大阪[illegible]…西洋各種物品及[illegible]…大韓商人[illegible]…約을얏소오니商工業[illegible]…신[illegible]君子는[illegible]…

漢城北部[illegible]
支店京城南門內水標五十一統六戶
仁川港內[illegible]
培養會社

本人等이典洞支所越便에셔各貨典舖이옵다가今에合資設舖營業하오니典執하실僉員은陸續來臨하심을

中部典洞[illegible]信[illegible]典舖　金경秀
　　　　　　　　　　　　車[illegible]倫　金[illegible]觀　告白

◉일본遊覽者募集

一遊覽會員은[illegible]人員은五十名으로一組를成하니참일인[illegible]不問하고添히請人하시옵

一[illegible]　[illegible]紙十七원圜

一[illegible]　[illegible]手數料를合[illegible]四十八圜

一[illegible]發인[illegible]請入願次를從하야[illegible]

一[illegible]　[illegible]　天一

一會員은遊覽을終하야解散할[illegible]

一南大門[illegible]으로直行하는者[illegible]

一[illegible]으로直行하는者[illegible]一便法으로[illegible]

[illegible]

원산과성진간에셔본인이살진소(肥牛)몰만이스깃스니쇼파는제군은다수이팔너오시옵

최봉즙　고백

[illegible]　[illegible]

◎增修無寃錄大全

[illegible]　七十[illegible]

[illegible]

越南亡國史

[illegible]　告白

慶尙道 國債報償義捐金

收入廣告

●咸山新宗面下琴里
金炳恚 閔岐鎬 權喜慶
各 崔云成 七拾錢
리宗根 鄭允西 각四十錢
김亡悳 리致文 김應五
최玉현 安敎永 우윤八
金下鉉 康成云 洪存燁
孫白喜 元谷喜 김在順
리元伯 각十전 리正寬
金正彦 金尙云 金德三
김敬秀 김水化 우召史
宋九二 羅云先 우윤敎
尹德秀 우允當 朴基宗
韓學보 馬윤瑞 리召史
朴明順 鄭景九 각廿錢
▲于可山面下伐里
정宅西 安윤西 安周景
각卅九錢 安九興 안윤五
安正奉 安古連 강學連
리聖七 韓順七 鄭宅珠
姜興員 리聖根 高願保
리京云 각卅錢 安般七
安白道 安春三 安貞三
安윤中 최영先 최順三
최順京 姜正山 리聖문
신奇貴 金윤武 김璋根
池順三 鄭正二 각廿전
安學三 박南三 장石辰
각十錢 崔汝長 리正化
安基元 安正化 각十전
▲新土
오南京 三십전 張汝心
김元宗 曹應八 韓應凡
각廿전 최永西 徐壽天
林時化 池영吾 崔仁壽
각십錢
▲孝里 양錫吉 拾圓
▲石隅 張基日 三拾원
▲鄭內面 柳대
趙炳翊 拾圓 河元京 四원
沈遠稷 강世永 각二圓

南宮森 一원
▲동中 七圓八拾二錢 五厘
▲復泉里
河洛賢 최春日 各廿전
權學甫 二十錢
▲香泉洞
림鳳來 一원 韓應明 卅전
강文先 尹南起 각十전
方상日 박化執 韓明九
各십전
▲竹稷동
方光彩 三十錢 金德在
金千甫 각廿전 貳圓
▲斜陽洞中
合九拾四圓 四拾一錢 五厘
●開城人延安行商義務金
金允中 우相慶 각二圓
韓順元 黃世淵 김弘泰
黃柱鶴 陳盛彬 黃弼龍
각一圓 리東根 리靖林
王舜七 具本翼 申英來
김永鎬 김炳乂 金在升
김儒乘 우相欽 김秀章
金顯洪 韓순日 閔泳우
閔泳成 金秀熙 金命鎭
각一원 黃衡中 六拾錢
김在順 黃珠彦 최壽德
黃海澤 韓영錄 洪鍾萱
김洪洛 리윤熙 리敬熙
리永在 박敬益 각五十전
최柄勳 柳根宅 各三전
姜升鳳 二拾전 金영憲
최柄涉 각拾전
合四十二圓 拾錢
●慶北知禮郡南面中山里
文箕鉉 五拾圓 弟東鉉
四圓 文允鉉 十圓 子洪湜
姪洪德 각二圓 文應穆
四十전 리明升 三圓
童蒙 리乙成 六십錢
乞人 鄭榮根 二十전
合七拾二환二拾전
●慶北善山郡西內面完田

前參奉 리承億 六원
子 師主 晩和 一원
子 重和 二圓
合拾圓
●충북진천군
신숙원 김덕완
리한응 쇼부인변씨
임정완 각이환
십삼세아리상길 일환오십젼
됴종우 부인변씨
리상우 부인박씨
김진관 조부리시
됴창호 모부인
정츄헌 쇼부인퇴시
각일환 정순회 김순완
리상희 조근만겨
각팔십젼 김슌팡 육십錢
남치원 일부인리시
이부인김시
민정식부인유시
심정필부인박시
리성七 부인박시
정도원부인김시
김태원묘부인박시
차ㅁ홍일부인안시
이부인리시
채규봉부인리시
리약우부인김시
김션양부인김시
강영호부인셔시
신승휴부인 리치일부인
이부인 최규셕부인
최문환부인 치공욱부인
민병승부인 팔세아 박션창
박셩오부인 리명한부인
김숭경부인 쥬취규부인
정티국부인 구세아 김정희
임셕규부인 각오십젼
유원화부인 채홍셔부인
유원일부인 최원보부인
권군신부인 한용셔모부인
임셕범부인원시
비조츈셤 정교원부인

조부 임정렬부인
신셕ㅁ부인
리진달형슈긴시
리윤조모부인
창시 각숨십젼
황ㅁ윤부ㅁ김시
긴경집부인김사
리셕희부인정시
리연만부인윤시
정슈봉부인뉸시
반영현부인최시
채규즁부인 신상욱부인
채규룡부인 김중히부인
리믄오부인 셔운영모부인
김슈진모부인
한용셔부인리시
리 우 부인 눈장군모부인
됴경히부인 리영운부인
유익슈부인 박장히모부인
채형묵부인 리상귀부인
각이십錢 손셩근모부인
리셔오부인됴시
임셩기부인 리성원부인
김셔빈부인 정도영모부인
박봉운부인 각십錢
합ㅅ십역환육십면
總合二百六十圓 二十二錢 五厘
新號總合三萬八千五百三十六
圓七十一전七厘
都總合三萬八千七百九十七圓
四전二厘
◎特別廣告◎
國債報償金五百圓을 本社에 捧呈한 姑未
合計이고 其中日의 所捧總合
五萬一千八百十圓四十五錢을
備氣會社內銀行에 貯置ᄒᆞ얏
슴고 其貯置額中
三萬二千三百圓은 國債報償志
願金總合所로 越交ᄒᆞᆷ
大韓每日申報社

●國債報償志願金義助人姓名
慶北 顯良
平壤 府 鐵 郡公立普通學校
內教員所
發起人 本郡守洪鵬觀 십원
金在協 강大順 박ㅁ陽
최昇 김昌胤 각ㅁ원
稅務主事 尹炳식 리宰植
崔鳳淳 각二원 김榮奐
學員최 陽 김定鎬 김完鎬
각一圓 박勝默 黃영老
朴奉珪 최九淳 朴守東
최延壽 박弘緒 리鶴均
各五십전 崔百윤 玄億俊
각卅전 韓澤昇 ㄱ義植
각廿錢 韓南錫 심五鉉
박鳳九 石장山 김順天
김 각십錢 尹鍾億
尹鍾鳳 各五十錢
合五십 원九십五전
▲郡下舟田里
리鍾奎 一圓五十전 方聖升
리鍾楠 韓正錫 각一圓
리用化 리鍾郁 각一원
金成五 申成文 奉成五 高ㅁ伯
康成玉 石培 黃淳西 尹秉稷
김尙淳 오ㅁ億 玄石泰
각五십전 리鍾근 리鍾善
徐處連 鄭學化 정承祚
김七보 金有化 金桂仲
金錫周 최元直 金在範
송여賢 각卅전 리延壽
리인복 趙完守 박영植
鄭元鉉 申成문 權장植
박光郁 黃石吉 리亨淳
高ㅁ秀 리在昌 辛영守
許得奎 黃永化 崔春先
지隆培 朴鳴鉉 박여順
박命吉 각卄錢 吉永尙
申淳근 邊永근 盧益西
각廿錢 김永식 玄學順 盧有元
方용보 林奎學 安順命
김덕之 梁淳복 이永辰
각拾錢 合卄圓九十전

▲郡下宗洞里
박齊 五圓 리源植 윤瑛
오ㅁ先 各二圓 白남순
一圓 拾전 ㄱ慶 리元섭
尹錫懋 曹錢福 ㅁ連守
尹召史 리廷培 各一圓
尹ㅁ여 리潤근 韓ㅁ鑄
정致弘 오ㅁ才 박成옥
孫鳳瑞 박ㅁ會 各五拾전
鄭ㅁ보 리敬西 각卅錢
宋仲一 ㅁ德行 리億實 宋興伊
나亨珍 宋ㅁ完 우相순
申致喜 박殷學 吳光淳
리ㅁ洙 각廿전 吳然厚
拾五전 余奉吉 나廣淳
金宅善 김夢보 金九보
咸春근 각십전
合二拾七圓四십五전
▲郡下中里
朴琪陽 김麟慶 ㅆ二圓
高昌河 二圓五拾錢 朴壽혁
宋熙重 김奇奎 각一圓
김道若 金在衡 나ㅁ奎
김慶淳 高學奎 최鳳升
김命濟 任成 辰 妻 安시
각ㅁ연 ㅁ東哲 尹옥鉉
金順泳 宋상섭 박보然
오ㅁ錫 金순煥 각五拾錢
金應덕 吳永호 任成辰
우순成 나鍾才 張ㅁ우
宋ㅁ[illegible] 박[illegible] 리光보
노[illegible]
김伯[illegible]
박ㅁ보 나致西 최致得
權ㅁ一 金伯九 나昌보
박明西 河命복 仝 妻
韓ㅁ石 趙正섭 仝一用
강슌西 韓性求 각拾전
合二拾二圓一연

▲新西面大光里
김尙秀 김貫秀 각四拾錢
김덕秀 三십전 金麟秀
박勝鎬 金建秀 金源達
각卅전 박勝錡 朴健陽
박達陽 朴여복 權志영
權鍾哲 나敎應 김卜釗
申有복 김學伊 김源入
김源巨 김源근 나東鉉
나大鉉 김순鎭 나仲鉉
各拾전
合三圓六十전
(未完)

◎本社廣告
○中 價 價
一張代金 新貨二錢五厘
一個月前納 三十錢
三個月 九十錢
六個月 一圓七十錢
一箇年 三圓四十錢
郵稅 一部 新貨五里
一箇月 十三錢

發行兼編輯人 英國人 裵說
發行所
南署石井洞 號外地 [illegible]
大韓每日申報社

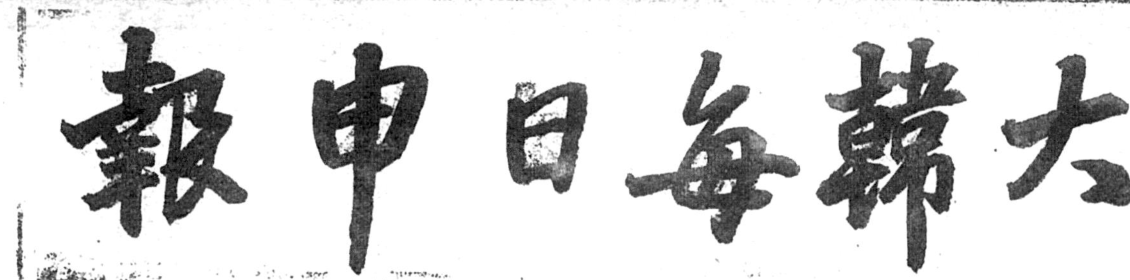

第五卷 大韓每日申報 第五百七十九號

月曜及慶節翌日休刊

日本明治四十年
淸國光緖三十三年
◉陰曆丁未六月大十九日戊寅

論說

禪位續論

夫皇位傳禪은天下之大事라凡東西各國의古今歷史가關此大事ᄒ야ᄂ尤其謹嚴ᄒ筆法으로據實直書ᄒ야以存天下之公理ᄂ니即是史家之正當義務라嗚呼라世變이多故ᄒ야今日大韓皇家의傳禪之擧가有ᄒ얏스니一日二日에遽爾過去境遇이나係是天下之大事인즉擧世之注目과萬世之公議가自在라對此事變ᄒ야秉春秋之筆者가敢不據實直書ᄒ야以爲天下後世之證案乎아

蓋大韓 皇室의代理와禪位의兩大事件이不過一週日에次第結果된事實은外人의强逼과內閣諸大臣의迫請으로以ᄒ것은擧世人이普通知悉ᄒᄂ바어니와尤其禪位之擧에對ᄒ야ᄂ內閣大臣의壹府奇怪ᄒ行動이自多漏闕ᄒ얏스니凡世界人士와大韓臣民은不容默認ᄒ고銘心不忘ᄒ지어다

蓋某某大臣이禪位를通謀ᄒ際에多少不詳不詳的行爲ᄅ致ᄒ것은且勿更論ᄒ고異哉라禪位之擧가但揭官報而已오未有詔勅之頒於天下ᄒ니何也오閣臣某人이某元老에게[illegible]ᄒ야謂及ᄒ야ᄂ大臣曰此擧ᄂ須先有詔勅之宣布ᄒ後이야可以擧行이라ᄒ니閣臣大呆ᄒ야唆이隱辭怒喝曰如此ᄒ면何如하고如彼ᄒ면何如ᄒ야ᄀ면서當場捕縛之擧가有ᄒ憲貌樣엔則其人이惶겁恐怖ᄒ야足不暇履ᄒ고直爲走出이라ᄒ며

錦陵尉와沐孝民은李總理를對ᄒ야頗히激切ᄒ反對가有ᄒ故로翌日捕縛을被ᄒ얏고內府大臣李載克은面責李總理曰大監이立朝事君三十餘年에義則君臣이오恩猶父子러니今日此擧가乃大監之成功乎아ᄒ얏더니또ᄒ警廳에捉囚를被ᄒ얏다더라凡此事實이皆其昭昭至著ᄒ야掩諱不得者니世界人士之당然注目이當何如也며大韓臣民之心痛切齒가當何如也며史家之秉筆者가可不大書特書ᄒ야力持天下之公議哉아但此數三件힝動으로視之ᄒ면當日禪位의眞相內容을自可觸類而潛知故로吾儕ᄂ更不欲詳探而悍辨之ᄒ노라

官報

◉號外 光武十一年七月二十六日

◉**宮廷錄事**

宮內府特進官리근命乞賜遞通衙

批旨省衙具悉卿懇之義恰居恒觀節非不奉虞而已任無甚有致循節[illegible]且卿於此時實亦難勉[illegible]不合推辭卿其勿辭[illegible]宮內府傳諭

◉第三千八百二十九號 光武十一年七月二十七日

◉**敍任及辭令**

任비部治道局技手敍判任官 리호榮 안用瑞 김德洙 박廷植 리庚在

任警務顧問總巡敍判任官

法律第九號

新聞紙法

第一條 新聞紙를發行코ᄌᄒᄂ者ᄂ發行地를管轄ᄒᄂ觀察使(京城에在ᄒ야ᄂ警務使)를經由ᄒ야內部大臣에게請願ᄒ야許可를受홈이可홈

第二條 前條의請願에ᄂ左開事項을記載홈이可홈

一 題號
二 記事의種類
三 발行時期
四 발行所及印刷所
五 발行人、編輯人、及印刷人의姓名居住年齡

第三條 발힝人編輯人及印刷人은年齡二十歲以上의男子로國內에居住ᄒᄂ者에限홈

第四條 發行人은保證金으로金三百圓을請願書에添付ᄒ야內部에納홈이可홈

保證금은確實ᄒ銀行의任置金證書로써代納홈을得홈

第五條 學術技藝或物價報告에關ᄒᄂ事項만記載ᄒᄂ新聞紙에在ᄒ야ᄂ保證금을納付홈을不要홈

第六條 第二條第一號第二號又ᄂ第五號의事項을變更코저ᄒᄂ時ᄂ豫先請願ᄒ야許可를受홈이可ᄒ되其他各號의事項을變更코저ᄒᄂ時ᄂ發行日以前에申告홈이可홈

발行人編輯人或印刷人이死亡ᄒ거나若第三條의要件을失ᄒ時ᄂ一週日以內에後繼者를定ᄒ야請願ᄒ야許可를受홈이可ᄒ되其許可를受ᄒ기까지ᄂ擔任者를假定ᄒ야申告ᄒ後에발힝을繼續홈을得홈

第七條 발힝을停止ᄒᄂ境遇에ᄂ期限을定ᄒ야신告함이可ᄒ되發힝停止期間은一個年을過홈을不得홈

第八條 前二個條의請願及신告ᄂ第一條의節次를依홈이可홈

第九條 발힝許可의日又ᄂ신告에係ᄒ발힝停止의最終日로부터二個月을過ᄒ야발힝치아니ᄒᄂ時ᄂ발힝許可의效力을失홈

신告가無ᄒ고발힝을停止ᄒ야일週日을과ᄒ時도亦同홈

未完

外報

◉革命幇助 紐育電音을據ᄒ則美國社會黨이今後俄國의革命을幇助ᄒ기爲ᄒ야其資金을募集ᄒ次로一個團體를組織ᄒ얏다더라

◉英露協約 聖彼得堡來電을據ᄒ則英露協約의各條項은悉히決定ᄒ야조노認ᄒ다더라

◉[illegible]獵取調 華盛頓電을據ᄒ즉日本駐美大使館付官員[illegible]은海豹密獵者로捕者된日本人事件에就ᄒ야取調ᄒ기爲ᄒ야國務卿을訪問ᄒ얏다더라

◉夫人多產 美國뉘계쓰셔연빌이라ᄒᄂ地에조월ᄂ의夫人이年纔三十인ᄃ十일年間에子息십二名을生產ᄒ얏ᄂᄃ三胎와雙胎로產ᄒ中에鰥貌가相符ᄒ으로父母도分別ᄒ기가難ᄒ다더라

◉常備軍의輸送 [illegible]報를據ᄒ則淸國의滿洲常備軍六鎭中에直隸保定府에서吉林으로移送ᄒᄂ北洋第三鎭은目下關外鐵道로輸送中인ᄃ日本의南滿洲鐵路에서ᄂ其囑托을受ᄒ야本月十[illegible]부터[illegible]天以北에列車二三座式增發ᄒ야該軍隊를輸送ᄒ야來八月십日에畢了을ᄒ더니軍隊ᄂ步騎砲工約九千人이니馬匹彈藥兵器等이甚多ᄒ더라

雜報

普學院旨趣書

今之談時務者必曰廣設學校教育靑年子弟此法未始不善而唯其入學有年限故凡二拾五歲以上人無所於學自歸棄暴京鄉間以士見稱者率皆受讀漢文經史以及儒家者[illegible]而往往有有志之士或洪覽各國歷史與國涉雜誌欲研究新學問而無從問津當局者[illegible]不用獨此乃上之人致之不以其方耳豈上之過歟夙有憂者略加研究於新學則譬如煆煉之鐵一經淬礪便成利刃事半而功倍矣況欲敎育子弟必其父兄先知之然後에使其子弟則由之也就使擧國爵平子弟盡入學校待其卒業遲至十年乃可收效曷若前學之士盡變爲新學之易乎故玆所以設立普學院年十五歲以上或壬班毛明才力可以能學而堪者悉許入學不數年將見識時務之人車載斗量矣然則人無大小之憂國無乏才之歎嗟我同志盍於普學院歸來乎

발起人 李源兢 李鍾[illegible] 閔[illegible]鎬 李熙[illegible]

◉內訓各道府 內部에서十三道에訓令ᄒ고民心의誤解를曉諭하라ᄒ얏ᄂ대其諭旨ᄂ이如左ᄒ니

一太皇帝陛下게옵서皇太子殿下씌傳位ᄒ옵심은我國列聖朝의典禮例에則從受禪하옵신 皇帝陛下씌全國人民이 皇室에隆視하ᄂ誠意를表ᄒ事

一內外國新聞紙上에揭載ᄒ無嚴無稽ᄒ說으로斷然準信치[illegible]고武器行動을ᄒ며一現ᄒ[illegible]國交好[illegible]時代에當하여[illegible]排外思想으로外國人을[illegible]殺害ᄒ면[illegible]外行動을[illegible]惹起ᄒ고外國人을誠意實心으로親睦敦交를[illegible]니爲一妄議ᄒ며[illegible]謗ᄒ야外人을一名이라도如或殺害ᄒ면國家에多大損害를自貽ᄒ뿐아니라世界에恥辱을難免ᄒ이니另加注意ᄒ라ᄒ얏더라

◉老寡愛國 南署人의傳說을聞ᄒ則[illegible]郡兵營西洞居하ᄂ[illegible]에母라ᄒᄂ이가靑年寡居로家勢가甚貧ᄒ야紡績針線을晝夜勤工ᄒ야以爲資生ᄒ니其操心貞節은不可不慕이라身無養育之子ᄒ야路傍棄兒를女子二人과丐乞男子一人을收以養之을如已之所生ᄒ야及其長成ᄒ야女子ᄂ分產出嫁ᄒ야[illegible]隣里ᄒ고男子ᄂ年今十五에成娶同居ᄒ고[illegible]四百兩을付之ᄒ니[illegible]을年々殖利ᄒ야[illegible]雜役에需用ᄒ야使一洞大小民으로安堵케ᄒ라ᄒ고今番國債報償에對ᄒ야曰我雖無比貧賤之物이나國民之一分子라ᄒ고所有[illegible]ᄒ야紙貨二百圓을納于本郡ᄒ얏스니其平生所行은誠真可慈善而字라ᄒ고一境人이嘉歎頌ᄒ더라

◉典校設立 [illegible]郡에서元仁植[illegible]洞에有一校ᄒ니乃鄉紳士之所成立也라典校이라[illegible]ᄒ고自本年七月에開學ᄒ니一郡特設洞人之血心이[illegible]長은[illegible]氏로敎師ᄂ[illegible]延聘ᄒ니校況이漸就ᄒ다더라

[illegible]北京電報 [illegible]ᄒ야速 [illegible]ᄒ고大臣 [illegible]位問題를 [illegible]訓練ᄒ야 [illegible]上으로探偵隊 [illegible]派遣ᄒ라고 [illegible]

[illegible]氏에入番ᄒᄂᆞᆫ[illegible]依例히日日交番[illegible]日本歷代ᄒ야日人[illegible]ᄒᄂᆞᆫ故로交番치아[illegible]侍衛ᄒ다더라

[illegible]少將大臣이今番[illegible]ᄒ야日總理[illegible]統監이條[illegible]訓示[illegible]

[illegible]

波航ᄒ다ᄒ여리璋鍾ᄂᆞᆫ路透通信ᄂᆞᆫ의偏語ᄒ야日吾人은米國大統領과會見ᄒ고又米國에主張ᄒᄂᆞᆫ部會를歷訪ᄒᆫ後에英國에遣歸ᄒ다ᄒ며彼ᄂᆞᆫ又氏使命에就ᄒ야日吾人은今에讓位와儀로써신皇帝로부터派遣ᄒ신거이오皇帝께셔吾人을命ᄒ샤日若朕이將手를擧ᄒ면여等은必리朝五百年獨立保持를爲ᄒ야使命을繼續ᄒ라ᄒ셧다ᄒ며彼等은讓位로以ᄒ야日本이韓國叛逆者를買收ᄒ얏다ᄒ더라

●報告不接　憲兵隊長이軍部大臣의게報告ᄒ야면司令官의게先報ᄒ야軍部大臣의게로轉報ᄒᄂᆞᆫ規則이自任ᄒ던대憲兵隊ᄂᆞᆫ擧用[?]氏가格例에合昧ᄒ더니近日捕捉事件에對ᄒ야軍部大臣의게直接報告ᄒᆫ지라軍務課에서[?]報告를接受치아니ᄒ얏다더라

●[?]氏外移　平理院判事朴有閔氏ᄂᆞᆫ大邱裁判所檢事로轉任ᄒ고安致閔氏ᄂᆞᆫ江原道裁判所[?]檢事로轉移ᄒ얏다더라

●物品保管　新醫學校所在ᄒ던物品을大韓醫院에서調査保管ᄒ얏다더라

●日兵排置　日本의憲兵下三千名이再昨日로부터流伊渡韓ᄒᄂᆞᆫ대一千五百名은龍山及太田等地에排置ᄒ얏더이오一千五百名은京城及平壤兩處에排置ᄒ얏다더라

●法部大[?]　法部大臣趙重應氏가昨日부터法部에仕進視務ᄒᄂᆞᆫ대仕進ᄒᆯ時에警備가嚴密ᄒ야巡査[?]名과各國巡査四名合拾六名이擔銃佩劍ᄒ고人力車를搭乘ᄒ야前後로警衛ᄒ고憲兵二名은左右로羅列ᄒ야其威儀가宏壯ᄒ다더라

●南方旱騷　南來人의傳說을聞ᄒᆫ則忠南新昌牙山兩郡과公州幾面과溫陽幾面에旱災가尤甚ᄒ야全不移種　赤地가된지라民情이嗷々ᄒ다더라

●參領被捉　侍衛대參領리基豹씨가무삼事件인지日兵司令部에被捉ᄒ얏다더라

●爲父請願　今番流配ᄒᆯ리與鎔氏의子리撥氏가其父親이連州朝拘幽監獄ᄒ야滯淚이더니擧發이나無以調理러니流配선告後僅得一二日調攻ᄒ야藥이을方試에不意還囚가已至一旬에病勢가漸益危重ᄒ야食飮을全廢ᄒ오니即便仍舊保放ᄒ야發配前治療케ᄒ라고法部에請願ᄒ얏더라

●兩氏招人　昨日內部大臣任善準씨가內閣에서該府次官兪星濬秘書課長吳在豊兩씨를內閣으로招人ᄒ얏ᄂᆞᆫ대兩氏가身病으로仕進치아니ᄒ야가不得已人去ᄒ얏다더라

●漢江濁赤　漢江水가渾濁하얏다ᄒᆷ은昨報에已揭어니와追後確報를據ᄒᆫ則[?]渾濁이야本月廿四日下午四時로부터同八時頃까지濁赤ᄒ얏다더라

●詬婦被捉　昨日上午九時에塔洞公園附近에서男子五六名이何許女人一名으로詰難을際에把守ᄒ던日兵瀨瀾次氏가禁止解送하얏어며該女人이卒辱ᄒᆷ으로該兵丁외게毆打重傷ᄒ얏다더라

●同僚下待　昨日內部記官某氏가該部判任[?]을됨ᄒ야半語로待ᄒ얏ᄂᆞᆫ대奏任官은判任同僚에게下待하라ᄂᆞᆫ當時이有하며開化하면下待하나야하고言論이紛々하더라

●被捉理由　侍衛二聯대參리基豹씨가被捉되얏다ᄒᆷ은別項과如하거니와更聞ᄒᆫ則其理由인則行爲乖當ᄒᆫ事이有하다ᄂᆞᆫ所以라더라

●法訓各裁　法部에서平漢兩裁及拾三道에訓令하되凡百裁律에ᄂᆞᆫ勅令을勿論ᄒ고頒佈하면반ᄃ시此를實行ᄒᆯ것이고此와抵觸되ᄂᆞᆫ慣例ᄂᆞᆫ當然히廢止ᄒᆯ것시어니와或은舊慣이有ᄒ며或은本大臣에게特別命令이無ᄒ다憑藉ᄒ야拒絶ᄒᆷ과如히實施ᄒᆷ에注意치아니ᄒᆷ은法官의不當行爲而嚴ᄒᆫ懲罰이니嗣後以後로ᄂᆞᆫ另念注意ᄒ야免致此等償誤케ᄒ되將此轉飭于管下各郡ᄒ야一切遵行ᄒᆷ이可ᄒ거로此에訓令이라ᄒ엿더라

●旅費添撥　學部에서本年度豫算이無剩餘ᄒ야旅費四千八百二십四圜니십錢을度支部에請求ᄒ얏더니學部擴張費中支用ᄒ라ᄂᆞᆫ照會를故로學部에서照復ᄒ되學事擴張費[?]旅費로支用ᄒ라ᄒ엿스나擴張費[?]不[?]非ᄒᆯ時에必用ᄒᆯ經費을適當히增練ᄒ야已爲始役ᄒ얏ᄉ온즉逆違ᄒᆯ道가無ᄒ와並史仰復ᄒ오ᄂ이特爲支出ᄒ시와以免[?]窘ᄒ라ᄒ얏더라

●偽다執留　近日에各隊兵丁이出番치못ᄒᆯ뿐더러兵丁가無단兵丁이路上에來往치못ᄒᄂᆞᆫ대昨日水原兵丁一名이上京ᄒ야南大門으로入ᄒ다가日兵丁의標를詳考ᄒ이認標가無ᄒ여執留ᄒᄂᆞᆫ故로鄕대兵丁으로上來ᄒᆫᄂᆞᆫ대標之有無ᄂᆞᆫ初不知라고懇乞ᄒ며解送ᄒᄂᆞᆫ대此境을四五次를經ᄒ고畢竟에ᄂᆞᆫ日兵에게執留ᄒ얏다더라

●無犯必放　日昨에警務廳에被捉되電務課技師김철영氏ᄂᆞᆫ其實身病으로得由在家하야別[?]犯인故로[?]部昨日부터巡檢處所에서[?]ᄒ얏ᄂᆞᆫ대日間[?]放[?]ᄒ리라더라

●[?]措　學部에서韓山郡芝田學校[?]事件에對ᄒ야指令ᄒᆫ[?]該部[?]ᄒᆫ대該校와商民이協議措處ᄒ야校費을補用케ᄒ라ᄒ얏다라

●鎭壓之計　日本兵丁이流伊渡ᄒᆫ[?]加ᄒ거니와其理由인則各地方의民心이搖動ᄒᆫ處가有ᄒᆷ으로鎭壓ᄒᆯ計劃이라더라

●仍存視務　內閣에서各府部院에通牒ᄒ되景福宮內에在ᄒ든세閣을廢還ᄒ고惟德門內侍講院으로移接ᄒ고記錄課及會計課와事局은仍存視務ᄒ니照亮ᄒ라ᄒ엿더라

●內閣云給　昨日內部大臣任善準氏가內閣에서該部로電話ᄒ되惟德門出入門牌를出給ᄒ더니局課長과判任官도姓名居住을錄入ᄒ라ᄒ얏더라

●慶南消息

二拾六日發晉州電報를據ᄒᆫ則二十五日에鎭衛隊에서韓兵과日人이衝突ᄒᆫ結果로韓兵七八[?]名이[?]ᄒ야形勢가[?]ᄒᄂᆞᆫ故로出張ᄒ야應援ᄒ기를要ᄒᄂᆞᆫ지라日本警部以下巡檢巡査拾二名을派送ᄒ엿고

同[?]同電을據ᄒᆫ則[?]에萃衆數百名이韓兵과和合ᄒ야日人의家屋을投石毁破ᄒ얏ᄂᆞᆫ대日人負傷者가五名이오尙此危險之慮가有ᄒᆷ으로일人은逃避ᄒ고日兵拾名과巡査拾名은此를應援ᄒ기爲ᄒ야馬山浦에서同地로往ᄒ엿고

二拾六일발釜山電을據ᄒᆫ則統營에서昨夜에韓兵과일人間에衝突이生ᄒ여일本人家屋을打破ᄒ엿으며[illegible]要塞兵十五名과馬山[?]巡査十名을今日에該地로派遣ᄒ엿다더라

[illegible]

●正撰 [illegible]

▲都市雜話▼

▲總理大臣[?]完用氏에게機密費三千圓을再昨日度支部에서支出ᄒ얏다[illegible]手段으로[illegible]計劃을讓成ᄒ야[illegible]約[illegible]成ᄒ얏고今番[illegible]協約을成立ᄒ얏스니[illegible]本에[illegible]功臣에不世勳을[illegible]三千圓이[illegible]

▲[illegible]

▲內閣[illegible]

▲新宮內大臣리九用씨ᄂᆞᆫ三昨日에宮內大臣이被任ᄒᆫ다ᄂᆞᆫ機微을預知ᄒ고闕內에先入ᄒ야待榜ᄒ다가[illegible]卽時[illegible]任式[illegible]더仕進視務ᄒ얏다[illegible]

▲地方各郡守가[illegible]

▲漢城府尹박[?]가三昨日下午三時에警務[illegible]

▲三昨日[illegible]路沙[illegible]

▲東大門東小門[illegible]과巡檢十人式加派ᄒ야[illegible]더緊緊把守ᄒᆫ다니[illegible]무삼[illegible]傳이有ᄒ야이긋치把守ᄒᄂᆞᆫ지終日把守ᄒ야도길이석기하을보지못ᄒᆫ걸

▲近日각大臣이今番協約에大事業을成ᄒᆫ줄노向人語ᄂᆞᆫ혼다너국大臣은心腸이異常ᄒ야忠逆是否를心頭에不分ᄒᄂᆞᆫ지其亦ᄉᆞ룸인즉面皮가갈엽지안이ᄒᆫ지

告白

本社에서大社에送付호美金壹百兆拾弗二拾九弗三張에分호

郵便爲替을受하얏스나

但錢이라許하야도送付하얏다기에無하야疑訝이오니當交涉하야錢額을已爲推尋이오니右本社에留置호바錢이有호人은何時던지此事件으로本社에來臨하시압

大韓每日申報

廣告

本館에서大廣橋北川邊前紙廛小部家을牛洋製로一新修改하고各色料理와浴沐湯과各色料理를新鮮準備하와陰曆六月初十日爲始하야開業하오니僉君子는陸續來臨하심을伏望

內外沐浴湯

大韓料理各色　西洋上等酒

菓子各色及此外에도각樣煙草

食料를隨求酬應호오니이외다

廣通館告白

告

…韓國紅十字社義捐金額如左…一拾圓式萬…一善…各…

大東旅館長　鄭…

大東旅館

株式會社 漢城銀行第四期貸借對照表 光武十一年六月三十日

資産科目	金額
未收入資本金	二二〇、〇〇〇圓〇〇錢
定期貸給金	一三九、六二六圓九一錢
當座預金過撥	九、七二三圓五五錢
割引手形	八[illegible]、四八五圓〇〇錢
約束手形	五二、八五〇圓〇〇錢
諸會社株券	一一、五〇〇圓〇〇錢
土地建物什器	一五、四三二圓〇六錢
取組爲替手形	四四〇圓〇〇錢
撥基金	八〇、〇〇〇圓〇〇錢
通知貸金	四一、[illegible]三〇圓〇〇錢
當座任出金	四七、六八一圓七三錢
金銀	
合計	七〇四、八六九圓二五錢

負債科目	金額
資本金	三〇〇、〇〇〇圓〇〇錢
積立金	一一、〇〇〇圓〇〇錢
度支部貸下金	一〇〇、〇〇〇圓〇〇錢
定期預金	七四、八五四圓〇〇錢
當座預金	一八三、九〇七圓四五錢
諸預金	一三、一九六圓八九錢
支撥送金手形	五、三二一圓六八錢
他店에서借金	八一錢
前半期推移金	二、五六七圓〇二錢
當半期純益金	一四、〇三一圓四〇錢
合計	七〇四、八六九圓二五錢

損益計算

一金壹萬四千貳拾壹圓四拾錢　當半期純益金

一金貳千五百六拾七圓貳錢　前半期推移金

合壹萬六千五百八拾八圓四拾貳錢

內

金壹千四百圓　役員賞與金

金六千圓　積立金

金貳千圓　別途積立金

金貳千八百拾貳圓五拾錢　舊株配當金 …

金壹千四百六圓五拾錢　新株配當金 …

金貳千九百六拾九圓六拾七錢　後半期推移金

右定期總會에承認을經하야玆에公佈홈

株式會社漢城銀行

長　李載完

副長　李允用

…

本人等이典동支所越便에서各資典舖이옵다가今에合資設舖營業하오니典執하실僉員은陸續來臨爲要

中署典동信號典舖　金경秀

車基倫　金榮觀　告白

一遊覽會員募集　人員은五十名으로一團을成하니한일인 … 遊 … 京城 …

一往復일數　十七일間

一浮費　遊覽浮費料金 …

一出發일　…

一 … 十八銀行경성支店

一會員은 …

血의淚

…

國債報償義捐金收入廣告

●元山港
前議官조亨여 一百圓
前온城郡守김병彦 百圓
前令남延春 一百圓
前主事崔正學 拾圓
前議官정道亨 拾五圓
前議官黃七宗 十圓
前司果史泰均 二拾圓
니여天五圓 신錫富 二圓
具台옥一원 三歲兒歲拜전
具德圓 五拾전 居間
成信會 二拾圓 김秉洙
六歲兒 니七星 십一歲兒
안百年 각一圓 八歲兒
선利喚 四십전 宣?
박召史 五拾전 瀚衣賣生
박召史 一圓 具여天
니道明 박正浩 김源나
박근학 박貴淳 임근秀
黃雲荷 張守賓 김昊識
각五圓 募軍 昌設契
牌群廳 각拾圓 좌廳契
二圓 近設契 五원 船頭契
紙設契 국壹원 朋產契
三圓 阜頭契 十圓 최明선
一원 위忠淳 金問七
박元여 김學鉉 니養熊
崔壬吉 각五圓 尹貫一
拾五圓 全成三三圓 高秉益
二圓 高秉奎 堂陽張召史
각一圓 商議所使喚兒金振옥
五拾전 定平前令김鉉鳳
十五圓 文川木桂商윤昌숙
茂山人박致俊 국壹圓
甲山人김明珍 五十전
北靑人朴秉律 五十전
鶴浦人강得주 三圓
皇城南門外人片用基廿전
仝 孫景模 五拾전
張益齡壹圓 吉仁和三圓
김鳳湖二圓 白樂熙壹圓

김여五二圓 蘇子天五拾전
김源轉二십圓 리秉均拾圓
趙秉주壹圓 池應奎二圓
吉州客박致行 五拾전
成興客김瑞述 壹圓
元山港募軍輪船契 오圓
前監察최鳳來 貳圓
김景春五圓 리基憲廿圓
김彰泳三圓 김學鉉五圓
汀界白召史 五十전
宋柱煥二圓 權泳善三圓
리敬善 四十錢 南敬熙三圓
崔昌鳳 五拾전 尹瑞煥
三圓 趙亨俊 二圓
南相福 崔子京 국十圓
리尙煒 五拾전 朴창鉉
리봉燮 김義俊 姜주行
高丙哲 劉창化 김永澤
郭창麟 리德鄕 俞用洙
리창弘 리인成 趙윤禧
陳炳奎 安德守 申召史
趙基亨 尹陽基 김精洙
曺秉浩 金思錫 김成壹
각一圓 文學元 金永淳
최秉俊 김仕圓 김蒼鉉
리기鉉 嚴瑞봉 리光國
각二圓 奇芸開 楊淳許
김演洙 각五拾錢
徐駿瑞四圓 張敏善三圓
開城客趙秉煥 장自三
俞万永 崔錫渾 각廿錢
복元慶 開城客馬東主
白麟升 리寧주 각五十면
潘炯根 三圓
合七빅二拾六圓八십전

●三和港平常契家舍放賣出捐
尹鳳一 林鮎敎 鄭其淅
盧亨濟 김貞瑞 林인爽
니景松 리容璇 金鳳雄
劉昌鉉 金正極 니得龍
박禮秀 金鍾聲 朴秉슈
량貞涉 니時昌 宋서現
張應翰 오廷敏 김致환
金俊和 黃致洛 조致璜
任利行 장숭吉 오爽元

리用鉉 복基永 金永노
趙元和 림弘麟 洪삼植
文尙俊 金潤근 趙漢永
朴宗煥 김圓鎭 洪益成
령敏輿 뫼영守 龔泰璜
김昌植 니憲運 김尙炫
康啓식 文章煥 니尉인
金允謙 韓東潤 鄭世주
니謙養 邊時鵬 니鳳涉
金基호 김瑞쳔 洪性信
田윤夏 尹致默 南용곤
尹鳳후 리영鮎 송引俊
김得勳 김俶俊 安亨濟
盧 鉉 尹敬섭 康翊鴻
任恒수 韓用健 비革浥
김貞찬 崔志範 니命國
高斗용 윤致權 龔德永
니基引 吳元수 安引濟
장炳寬 裴斗一 金在鉉
김養노 南大鎬 노德元
리應鶴 니銀浮 邊世南
盧正晳 金錫禧 오延노
리周哲 尹景鎬 오寬경
劉泰一 오鳳翼 윤衷益
安영基 金基淵 安영燮
윤永鎭 盧윤元 김?
皇甫正杰 任基準 최炳叔
오龍川 金泰然 金時謙
리圭노 郭南秀 뫼윤益
盧大乾 윤셕觀 劉引鴻
조秉奎 金臨錫 劉泰薰
俞贊國 박鍾쯔 金道善
길在允 朱陽麟 崔賢益
최鳳春 秋成淳 김翊煥
吳인根 朱柄三 楊龍九
卓노龍 趙潤瑞 니元보
김明元 김仁奉 최윤乾
金容鎭 安斗璽 박基成
白南哲 김昌鎬 오建用
金潤春 리廷錄 김貞식
洪引勳 盧宜璜 김翼穆
盧斗찬 張鳳來 崔德允
金주鉉 니인祚 니낙서
홍基찬 김養坤 김윤信

史秉憲 김致守 鄭?麟
崔?淳 김貞洙 김昌鉉
복鍾설 양利奎 김昌憲
니錫裕 니鎭洙 오成鎭
崔昌鎭 韓匡善 趙駿奎
洪顯禹 니恒욱 박基호
曺鳳奎 崔영熙 최基德
徐基興 김承鐸 박弘奎
尹基元 白孝信 南觀和
김啓心 김弘重 각五拾錢
合一百圓

●三和港信義社
韓宗奎拾圓 金尙慼 니三甫
니인祚 任履恒 劉貞淳 各五圓
김在鉉 니亨식 오在淳
韓昇전 徐德行 嚴仲甫
邊用晳 김鳳雄 김秉璜
김致守 림뒤英
김昌憲 김錫麟 니基引
郭泰식 림志化 鄭台錫
玄得勳 田東根 劉基錫
김윤길 朱炳三 니容璇
金奎國 양麟株 金潤根
盧斗찬 具堂會 리任鳴
郭泰安 오鳳翼 韓士宗
각一圓 金貞찬 張인永
리德서 리景麟 박賢有
馬駿坤 金建鉉 김應集
田인奎 劉亨湜 량禎涉
嚴龍善 崔학서 秋吉호
조挺燮 국五圓 朴奎三
박徠溫 韓鳳주 국三圓
리敏寬一원六拾전 卓인혁
四圓八拾전 노德元 趙泳引
四圓 李찬杰 우상能 金根철
국五十錢 徐利根一원八拾전
리德淳 六拾錢
朴秉秀夫人方씨 銀簪一件六전重
림珍麟卄전 康柔履五拾錢
合一百拾三圓拾전

●양根西始面盆店里第三回
呂益鉉一圓 許 질 方近福
각六十전 方지憲 四十전
許 坤 林和順 국卄錢
오正善 림春成 許 圭
方元成 崔영學 朴瑞相
呂國鉉 崔順福 邊引鉉
呑卄錢 림奉石 方與先
림寧옥 林春서 崔士集
方長福 林銀石 국拾錢
崔聖天 五전

▲南始面하谷里
主事리鍾奎 正三品尹稷善
국一圓 宋光立 六拾錢
正三品리鍾憲卄전 리鳳承
卄一전 리南承 辛英求
리주承 각卄전 리鍾訓
拾五錢 리鍾河 拾四전
리鍾根 리鍾哲 安庇식
리顧영 리貴同 리德承
御在德 리奎承 리귀錢
辛善求 呂斗鉉 리基星
리종大 리종奎 각拾면
리종주 四십전 리敬春
리於인 希暸 리종總 리종般
각五전

▲南始面津邊里中 五圓

▲양根東終面大谷洞
徐相國二圓五십면 리熙晴
子基弘 각二圓 次子기東
김敎承 김景信 김應培
각一원 김忠信 六拾錢
김尙恩 김敎善 송宅善
국十십錢 복泰윤 박聖玉
리尙吉 국四拾전 朴尙윤
徐丙섭 張石복 니복釗
김奉岳 국卄錢 高一成
복公弼 김漢石 김聖葉
姜平之 김奉안 김奉돌
지景石 김聖民 姜六之
정奉云 김덕吉 박七用
박龍成 朴奎成 張石奎
姜太云 니千九 정亥吉
박致實 張順石 지億萬
김石萬 尹壽복 니喜龍
박복萬 니石吉 林윤石
니장敎 尹順達 林영目

徐由돈
국卄전
▲東終面道谷洞中지乾 卄전
▲東終面總巖里南鳳熙卄錢
▲砥平芝德里 김在勤
니好善 各십전
▲西始面大雅洞塔谷里
니奎문 四십錢 니秉修
리秉順、김時容 沈相學
니宗文 이秉悌 鄭義和
鄭행晉 뫼觀憲 국廿전
合四拾一圓六拾五전

總合九百八ㅏ一圓五十五錢
兩文報廣告兩ㅣ總合四百二十九圓七十六전九厘
前號總合三萬八千七百九十七圓四전二厘
都總合四萬○二百○八圓三十五전七厘

◎特別廣告◎

國債報償金六百圓所捧은姑未合計이고伊前日의所捧總合五萬一千八百十圓四十五錢은韓氣會社內銀行에貯置ᄒᆞ얏슴고其貯置額中三萬二千三百圓은國債報償志願金總合所로越交홈

大韓每日申報社

●國債報償志願金義助人姓名與錢額表

●江原道鐵原郡公立普通學校內收聚所 續

▲新西面奮洞
리應和 五십면 尹우善
任基爽 각卄전 리우鎭
리翌鎭 리慶和 국卄전
리雲和 拾五錢 리호二
리봉和 리寅相 리호開
리熙鍾 리斗鎭 니호健
리호吉 리호常 金三孫
국拾전
合二圓八拾五錢

▲畝長面下土洞中一圓八拾전

宣인淳
니應善 국卄九錢 宣鍾?
申泰윤 宣龍均 安鼎鎬
니秉夏 니秉九 鄭道帽
국卄五전 宣鍾? 鄭英均
宣萬均 鄭학潤 니秉殷
니秉根 국卄錢 宣鍾鉉
宣鍾參 리秉叙 니秉卓
니容敎 니尙在 鄭鎬淳
국십五전 선弘奎 리秉建
각卄면 선鍾奭 리丁在
各拾전 선鍾爽 卄錢
合六圓一十錢

▲新西面上新洞里
김恆秀 金학道 金學선
각卄전 김國秀 金학甫
各卄錢 김영觸 金인秀
김道秀 金敏秀 김翠秀
김學문 김學珪 김學禮
김學淵 任基準 니德謙
리珠鎬 김聖孫 각拾錢
김亨秀 五錢
合二圓六拾五전
니善益 박勝奎 각一圓
김知善 尹 진 국二圓
命致江卄전 밍民문억能
五拾진
合六圓七拾진

▲郡下中里김命濟 卄錢
都合一百四拾五圓九拾壹錢

◎本社廣告
○申報價
一張代金 新貨二錢五里
一個月前納 三十錢
三箇月 九十錢
六箇月 一圓七十錢
一箇年 三圓四十錢
郵稅一部 新貨五里
一箇月 十三錢
發行兼編輯人英國人 裵說
發行所
南署石井동號外地三層洋屋家
大韓每日申報社

第五百七十六號 大韓每日申報 第[illegible]卷

大韓每日申報

月曜及慶節
歲時休日

檀君開國四千二百四十年
[illegible]
[illegible]
日本明治四十年
淸國光緖三十三年
陰曆丁未六月大二十一日庚辰中伏

寄書

日本東京留學生

今日은何日고顧念國勢之岌業ᄒᆞ니不但以臥薪嘗膽으로論斷이라正値危急存亡之秋也로다痛憤哉慘酷哉라陷人不義ᄒᆞ從古何限而豈有如此極惡且譎哉아接閱日本東京麴町區有樂町二丁目一番地에셔刊行ᄒᆞᄂᆞ報知新聞第一萬八百七십五號十四日夕刊則白日韓國學生의痛歎이라題下에「韓國密使의事實暴露됨으로本邦留학의韓國학生間의ᄂᆞ一大恐慌이生ᄒᆞ야急히故國의電문往返도ᄒᆞ며或相與鳩首ᄒᆞ야何事를凝議ᄒᆞᄂᆞ지痛心홈이一端뿐아닌模樣이나彼等은大槪韓 皇帝의行動을歎息ᄒᆞ야一部靑年間에ᄂᆞ現 皇帝의讓位를재促ᄒᆞ야써日本政府의怒解홀것이라고唱ᄒᆞᄂᆞ것뿐이나昨今은諸學校에셔도임의暑中休暇期됨으로각々歸國ᄒᆞ야同志와ᄒᆞ게相當ᄒᆞ運動方法을講ᄒᆞ려ᄒᆞ야歸國에途에就ᄒᆞᄂᆞ者도不尠」ᄒᆞ다ᄒᆞ얏스니讀至此篇에熱血이中ᄒᆞ고忿激塡胸ᄒᆞ야抑彌彼疆之一塊肉而以盡我臣民之道ᄒᆞ고堂々我大韓帝國에獨立國權을亟日同復ᄒᆞ야對揚我 大皇帝陛下如傷若保之聖恩ᄒᆞ고拯救我二千萬同胞塡溝壑之慘境ᄒᆞ야光武日月에太極旗章으로爭呼萬歲하고共樂昇平ᄒᆞ必有其日이러니와彼所謂密使問題暴露에一大恐慌이라하얏스니惟我在東京ᄒᆞ生이若當獨立權回復之機會면雖赴湯蹈火ᄒᆞ고劍山刀水라도爭先樂從ᄒᆞ지ᄂᆞ獻身的思想을注入腦髓ᄒᆞ야刃劍不屈은人人皆然에摩掌擦而正待其時이거날豈有一毫恐慌之理리오彼所謂恐慌이不過滑稽兒戲에不足長辨이오急히故國의電文往返이라ᄒᆞ니何不明言其事實ᄒᆞ고糊塗說去인지設此詭譎小計ᄒᆞ야使之致疑於內外列邦이니無憑可據게萬々巧惡이라不足取信이오何事를鳩首凝議ᄒᆞᄂᆞ지不但一端痛心之模樣이라하니可笑哉라此論也요或當각學會演說時則巡査數가從外面査探이나擧皆以國語說去而語到獨立回復ᄒᆞ야ᄂᆞ滿座가奮發에意氣輪困ᄒᆞ니彼數ᄂᆞ不知言語ᄒᆞ고但認痛哭之狀ᄒᆞ야抑或持此訛傳인지不過求聽於聲게不足與辨이오至於這般行動에歎息ᄒᆞ야재促○○와解怒日政府云云之說ᄒᆞ야ᄂᆞ目不敢見ᄒᆞ고筆不敢記ᄒᆞ야背脇膽寒ᄒᆞ고兩眸駭당ᄒᆞ야莫知攸措게但指蒼天ᄒᆞ야歎此罔極之痛而已오無他辨明ᄒᆞ나包藏禍心ᄒᆞ야倡도千萬不當之無根ᄒᆞᄂᆞ凶謀毒計가胡至於此며嗚呼休暇期에觀親次還國者往往ᄒᆞ非不近日聯絡而指此[illegible]相當運動方法을講ᄒᆞ려ᄒᆞ야歸國이라ᄒᆞ니就此而取信은萬無[illegible]이라鄙瑣淺計를不足與辨이로다彼所謂輯筆에須辭耗攪ᄒᆞ如是飾詐故로一々辨明ᄒᆞ야謹告我全國同胞ᄒᆞ노라

官報

◉號外 光武十一年七月二十七日

◉宮廷錄事

本月二十七日에奉常司都提調李근命의게 親任式을擧行ᄒᆞᆸ심

事

宮內府大臣副將勳一等臣李允用謹

奏

皇后父母封爵之節載在國典矣故忠文公閔台鎬府院君追封之節依例擧행何如謹上

奏 奉

旨依奏

宮內府大臣副將勳一等臣李允用謹

奏

皇后父母封爵之節載在國典矣副將尹택榮府院君封爵之節依例擧행何如謹上

奏 奉

旨依奏

◉敍任及辭令

勅第三千八百三十號 光武十一年七月二十九日

命宮內府特進官 侍從院卿李道宰

命宮內府特進官 掌禮院卿李重夏

命宮內府特進官 奎章閣학ᄉᆞ洪淳馨

命宮內府特進官 宮內府特進官閔泳徽

命奎章閣學士兼任侍講院日講官

命掌禮院卿弘문館學ᄉᆞ申箕善

命弘文學ᄉᆞ 從一品趙秉弼

命宮內府特進官 侍講院詹事閔경식

命宮內府特進官 侍講院侍讀李栗韶

任秘書監丞

命奉常司提調奉常司長李鼎明

宮內府秘書官김昞濟

命奉常司長 宮內府秘書官김鳳啓

兼任大臣官房秘書課장 宮內府大臣官房主事박叙陽

任宮內府秘書官 九品出浣淳 六品김商翊

任宮ᄂᆡ府大臣官房主事 秘書監卿趙民熙

任平理院裁判長 利川郡守李昌鎔

通川郡守沈在昇

依願免本官

任陽川郡守 前叅書官徐丙業

任安城郡守 洪川郡守김榮鎭

任竹山郡守 前書記生趙용夏

任陽智郡守 陸軍叅尉沈宜혁

任穩城郡守 六品김斗天

任金堤郡守 前主事殷松悅

任富平郡守 全國煥

任利川郡守 前書記生趙勉淳

任洪川郡守 南龍熙

任抱川郡守 正三品韓晩容

任通川郡守 正三品김孝益

任江陵郡守 幼年學校教官池邊燦

未完

◉法律

法律第五號

新聞紙法 續

第十條 新聞紙ᄂᆞᆫ每回발行에預先ᄒᆞ야內部及其管轄官廳에各二部를納付홈이可홈

第十一條 皇室의尊嚴을冒瀆ᄒᆞ거나國憲을紊亂ᄒᆞ거나或國際交誼를阻害ᄒᆞᄂᆞᆫ事項을記載홈을不得홈

第十二條 機密에關ᄒᆞᄂᆞᆫ官廳의文書及議事ᄂᆞᆫ當該官廳의許可를得지아니ᄒᆞ면詳略을不拘ᄒᆞ고記載홈을不得홈

特殊ᄒᆞᆫ事項에關ᄒᆞ야當該官廳에서記載를禁止ᄒᆞᆫ時도亦同홈

第十三條 罪犯을曲庇ᄒᆞ거나又ᄂᆞᆫ刑事被告人或犯罪人을救護ᄒᆞ거나又ᄂᆞᆫ賞恤을爲ᄒᆞᄂᆞᆫ事項을記載홈을不得홈

第十四條 公判에移付以前若公開치아니ᄒᆞᆫ裁判事件을記載홈을不得홈

第十五條 人을誹毀ᄒᆞ기爲ᄒᆞ야虛僞의事項을記載홈을不得홈

第十六條 或事項을記載與否와若訂正又작消與否로條件을作ᄒᆞ야報酬를約ᄒᆞ거나又ᄂᆞᆫ受領홈을不得홈

第十七條 新聞지ᄂᆞᆫ每號에該號발행의時와발행人編輯人印刷人의姓名과印刷所를記載홈이可홈

第十八條 記事에關ᄒᆞ야裁判을受ᄒᆞᆫ時ᄂᆞᆫ次回에발행ᄒᆞᄂᆞᆫ지上에션告ᄉᆞ문을記載홈이可홈

第十九條 官報로셔抄錄ᄒᆞᆫ事項에關ᄒᆞ야ᄂᆞᆫ官報에셔正誤ᄒᆞᆫ時ᄂᆞᆫ次回에발행ᄒᆞᄂᆞᆫ지上에此를記載홈이可홈

第二十條 記事에關ᄒᆞ야關係者가正誤를請求ᄒᆞ거나或正誤書或辨駁書의揭載를請求ᄒᆞᆫ時ᄂᆞᆫ次回에발행ᄒᆞᄂᆞᆫ지上에기載홈이可홈 未完

外報

◉立憲預備의會議 北京電을據ᄒᆞᆫ則淸國각大臣等이政務處에會集ᄒᆞ야立憲預備의會議를開ᄒᆞ얏ᄂᆞᆫ데缺席者ㅣ多홈으로一週間에一次開會ᄒᆞ기로決定ᄒᆞ얏더라

◉艦隊壯觀 倫敦電을據ᄒᆞᆫ則英國은[illegible]國海軍을創設以來로[illegible]召集을행하미頗히壯觀이有ᄒᆞᆫ대艦隊以下로潛행艇에至ᄒᆞ야總히數百六십隻이라海峽에셔演習ᄒᆞᆫ後에소렌트海峽에集ᄒᆞ야延長이二십四哩의列을作하얏더라

◉空中飛힝機試乘 同電을據ᄒᆞᆫ則佛國首相코레만스ㅅ와陸相피갈씨ᄂᆞᆫ[illegible]在ᄒᆞᄂᆞᆫ空中飛힝機를試乘하얏ᄂᆞᆫ대其構造의安全ᄒᆞᆫ事를非常히稱揚ᄒᆞ얏다더라

雜報

海南郡國債報償[illegible]

夫貧弱ᄒᆞᆫ國家이富强ᄒᆞᆫ邦國에巨額을負ᄒᆞᆫ後에償還의義務를履行치아니ᄒᆞ면ᄂᆞᆫ結果로獨立을侵害ᄒᆞ며財産을占領ᄒᆞ야波蘭파埃及의悲境에陷ᄒᆞ야主權이毁損ᄒᆞ고命脈이斷絶ᄒᆞᄂᆞᆫ危險이生ᄒᆞ나니且外債의募集이自國[illegible]에出ᄒᆞ야其使用方法이錯誤ᄒᆞ면此等恐懼을難免케ᄂᆞᆫ況如此ᄒᆞᆫ不注意不完全ᄒᆞᆫ巨額乎아是故로國債之論이一出에勿論男女ᄒᆞ고少ᄒᆞ고不謀同志게爭先出義ᄒᆞ니可見愛國之天良이오可見發憤之輿情이라況我郡은素稱湖南遺習之鄕으로際玆國步艱難之會ᄒᆞ야此保存祖國之大義에曷不勉勵羣率哉아今此一義捐으로作步武之初程ᄒᆞ야期圖是成ᄒᆞ노니僉望

前宗正卿李敎亮 贊成員崔漢榮

◉警廳告示 警務廳에셔各坊曲에揭示ᄒᆞ되日昨[illegible]軍隊[illegible]小대가入城ᄒᆞ야각處를[illegible]衛에把守홈은帙字安寧을維持ᄒᆞ기爲ᄒᆞ야不虞를警備홈이요斷無他疑이기爲此告示ᄒᆞ노니[illegible]八民은別勿驚動ᄒᆞ고安堵如常이되若或[illegible]隨現騷擾ᄂᆞᆫ斷不可已라ᄒᆞ얏더라

◉三도敗報 本年夏季[illegible]各郡守의殿最ᄂᆞᆫ각도에가赴任이不過幾日인故로[illegible]北도全羅北도黃海도三도ᄂᆞᆫ[illegible]褒貶報고가來到ᄒᆞᆫ다더라

●雜報

●[illegible] [illegible]太皇帝陛下 [illegible]二十五日誕辰에上ᄒ다ᄂᆞᆫ說[illegible]報에揭載하엿거니와該理由ᄂᆞᆫ德闕ᄒ옵自 上으로處分을下ᄒ옵시되國勢가岌業ᄒ境遇에至ᄒ얏스니奚暇에上壽ᄒ며進賀를受ᄒ고誕辰進賀를受ᄒ리오誕辰日에幷罷行ᄒ라ᄂᆞᆫ거시[illegible]然ᄒ다ᄒ옵신다더라

●勅裁兼任 侍從院副卿閔丙奭氏ᄂᆞᆫ[illegible]勳務總裁事務를兼任ᄒ얏더라

●[illegible]遞任 陸軍監獄署長鄭恒謨氏ᄂᆞᆫ解任ᄒ고代에[illegible]院理事尹[illegible]氏가被任ᄒ얏더라

●兩氏委員 [illegible]府尹趙秉敎氏와文川郡守李範稷氏ᄂᆞᆫ[illegible]防禦[illegible]用地調査委員을任命ᄒ얏더라

●私宿官廳 [illegible]部大臣이近日來로公務私第에遂歸ᄒ얏스되[illegible]大臣ᄂᆞᆫ完用氏만[illegible]宿ᄒ다더라

●會員被捉 再昨日에同友會[illegible]李根[illegible]李根雨李[illegible]等二十九人이警務廳에被捉ᄒ고該會文簿도一幷搜索以去ᄒ얏다더라

●內賜衣服 自上으로總理大臣李完用氏의衣服이去番衛火中에消燒됨을下聞ᄒ시고大小禮服十件을下賜ᄒ옵시고貴妃殿下께셔도同服十件을惠賜ᄒ셧다더라

●衛生實施 內部大臣任善準氏가三昨日에該部秘書課長兪[illegible]氏와衛生課長[illegible]兩氏를內閣으로招待ᄒ야衛生淸潔法을[illegible]施케ᄒ라고ᄒ얏다더라

●[illegible]廢止 [illegible]孝殿과懿孝殿祭禮를一切廢止ᄒ다더라

●把令尙殿 闕內漏傳을得聞ᄒ즉徽王府前後左右에日兵의把令가尙此嚴密ᄒ야近侍人이不得通涉ᄒ다더라

●內大仕進 內部大臣任善準氏ᄂᆞᆫ今番事件以後에ᄂᆞᆫ昨日에야該部에始爲仕進ᄒ얏더라

●木造搜去 義親王宮木造印章과英親王太造을更切施用ᄒ기로一幷搜索以去ᄒ얏다더라

●住宿請求 本月二十七日에日本兵丁一中隊가京畿觀察道에來到ᄒ야無所可接하야水原副理事가該郡公立學校를暫借ᄒ라ᄒ고[illegible]請求ᄒ얏더라

●遞職[illegible]京 [illegible]南觀察[illegible]다더라

●晋令辛致 晋州郡守林炳[illegible]氏가有州事上書[illegible]觀道警務署에傘致하얏더라

●三氏移囚 警務廳被囚ᄒ朴泳孝南廷哲리[illegible]三氏를昨日該廳內警務[illegible]로移囚하얏난ᄃᆡ其理由ᄂᆞᆫ衛生의關ᄒ事를特念ᄒ이라더라

●義王避署 義親王殿下께셔避暑次로今日上午八時五拾分에京釜鐵道第一番列車를搭乘ᄒ고日本으로發行ᄒ션ᄃᆡ[illegible]察課長리[illegible]가族姪一名을帶同ᄒ고保護次로釜山까지下去하얏다더라

●泰觀放釋 再昨日警務廳에셔同友會員數拾名을捉去ᄒ야一次審査後에泰觀者幾名은無事放釋하얏다더라

●兩氏處笞 陸軍法院에被囚혼리熙와林在德兩氏ᄂᆞᆫ刑法照律하야笞八拾에宣告ᄒ얏다더라

●公器爲私 日前에一進會本部에셔警務使具然壽씨의게電話ᄒ되會員[illegible]氏等三人을敍任警務官ᄒ라하얏더니答電話ᄒ기를現無窠闕[illegible]隨闕需用ᄒ겟다하얏다더라

●官制變改 宮內府官制를多少間變改ᄒ다ᄂᆞᆫᄃᆡ侍講院、侍從院、奎章閣等[illegible]次廢止혼다더라

●一警一免 龜城郡守尹錫[illegible]ᄂᆞᆫ巡檢[illegible]章程外加設ᄒ고其事李春秀氏ᄂᆞᆫ貪贓民財가[illegible]至千餘金ᄒ故로內部에셔該郡守ᄂᆞᆫ[illegible]免官ᄒ엿이라더라

●[illegible]貪贓 [illegible]州郡守[illegible]氏ᄂᆞᆫ[illegible]貪贓公錢이一千八百八拾五兩六錢[illegible]이라더라

●[illegible]死 本月二[illegible]日[illegible]郡[illegible]三歲兒가役[illegible]얏다더라

●三郡論散 淸道大邱金山等郡에聚集ᄒ人民을曉諭解散케하얏다고[illegible]道警務官朴[illegible]가內部로[illegible]하얏더라

●[illegible]破郡 安城郡[illegible]人民이會集ᄒ야[illegible]進會와一進支會를[illegible]破碎ᄒ엿다고該郡守가內部大臣의게報告하얏더라

●公州談論 公州來信을據ᄒ則該道觀察使[illegible]가管下각地方郡守會를開催ᄒ고談論ᄒ기를각郡東軒에書記[illegible]務所를設置[illegible]케하얏다더라

●晋郡無事 晋州郡民八等이國事에[illegible]喜[illegible]하야大端沸騰하다더니該道觀察使金思黙씨가一幷訓飭ᄒ고一幷告示ᄒ으로民각安業ᄒ다고內部에報告하얏다더라

●潛礦禁止 載寧甲山兩郡에日本人이鐵礦을潛採ᄒ니該警務署警視의게訓令하야禁止케하라고農部에셔內部로照會ᄒ얏더라

●假巡對財 雲山郡居裵成[illegible]爲名者이假稱巡檢ᄒ고民間에討財ᄒ다더라

●리氏殊完 侍衛三隊三中大將리錫祺씨가向日韓日兩國의兵丁亂砲中에被傷ᄒ얏다가現今殊完하얏다더라

●計出於死 警務廳에被捉ᄒ宮府[illegible]發砲하든兵丁을[illegible]則自供ᄒ기를當初擧措가以死自處ᄒ計策으로妄動此行ᄒ얏스니卽接擬刑ᄒ라하얏더라

●[illegible]發 黃州郡[illegible]郡人閔衛植씨가昨日上午八時에京義鐵道第一番列車를搭乘發行ᄒ얏다더라

●参書免官 表勳院参書官리鍾倬씨가免本官됨은[illegible]其理由를得聞ᄒ則日本外務大臣林董씨에게瑞星大綬章을贈與하라ᄒ얏ᄂᆞᆫᄃᆡ该参書가說明하기를勳章法例가리花大綬章을贈與ᄒ에瑞星章이ᄒ當ᄒ것인ᄃᆡ此에違背하얏다더라

●[illegible]宜[illegible] 日本留學生監督申海永씨가學部에報告하되本月拾日에發行ᄒ日本東京地各新聞에留學生事件과韓國學生이라云ᄒ文字에對ᄒ야本國人으로서本監督管轄下에在ᄒ야東京地及各地方에留學ᄒᄂᆞᆫ學生은官費生及私費生을勿論ᄒ고其身分이元來學問從事ᄒ에止ᄒ뿐이오政治上直接問題에關ᄒ야會集及言論ᄒᄂᆞᆫ事ᄂᆞᆫ初無ᄒ옵고하물며至尊至重ᄒ옵신我皇室에對하야ᄂᆞᆫ學生等에不敬容喙ᄒ옵바이옵거늘近來各新報에學生身分以外에事即無根抵ᄒ文字를揭載ᄒ으로一般學生이其誣妄ᄒ을憤慨ᄒ야公會本部에連日討論이오中其言論이韓益激烈ᄒ야自不能按撫이옵기茲에[illegible]生等에對ᄒ야[illegible]我學生은從來如ᄒ히學生身分을各守ᄒ야學問에專心ᄒ오ᄂᆞᆫ重自處하면該報紙에誣妄ᄒ事實이世人耳目에自然表白될事로慰撫順諭ᄒᆫ後該事件에至然無根ᄒ을各新聞社에宣布ᄒ야[illegible]新報에謀載ᄒ을[illegible]左呈報라ᄒ얏더라

●排日傳檄 廿七日春川來信을據ᄒ則京城居其鄕에[illegible]來到ᄒ야[illegible]

●[illegible]排日 米國宣敎師[illegible]이라써ᄂᆞᆫ京城靑年會의支部를公州의設立ᄒ여ᄒ야會員을募集ᄒᆫᄃᆡ日人側의셔ᄂᆞᆫ此를指ᄒ야日同會ᄂᆞᆫ排日主義를標榜ᄒ고公州地方에서排日熱을鼓吹라ᄒ엿더라

●鐵路置石 去廿四日의南城西門公園地紀念碑前五拾間의石子를積置허[illegible]防害코져허ᄂᆞᆫ通行人의게認[illegible]兵에게被捉되[illegible]

●不徒其人 日昨本報에說난內에李總理를面責ᄒ者ᄂᆞᆫ提問ᄒ則李炳鼎氏가아니오[illegible]務廳에被捉되[illegible]라더라

桑港通信 七月廿九日着

●會議渡韓 갈리포니아에서韓國保護協約을[illegible]ᄂᆞᆫ昨日集會를開ᄒ야韓國新政府를反對ᄒ고軍隊를募ᄒ야日本人을韓國八道에逐放ᄒ고前 皇帝를再立ᄒ目的으로同會長이渡韓하기로決定ᄒ얏다더라

[illegible]通信 七月廿九日着

●[illegible] [illegible]新聞社ᄂᆞᆫ[illegible]民은人種的[illegible]ᄒ고日本人[illegible]陸와北米[illegible]

▲夕陽寸心▼

▲[illegible]日本[illegible]大韓全部를日本에[illegible]ᄒ야[illegible]一動[illegible]을成ᄒ얏ᄂᆞᆫᄃᆡ무상緣故로猶[illegible]之[illegible]가[illegible]ᄒ야反目相視ᄒ다니[illegible]模樣이로고

▲警務顧問制를變更ᄒ얏다더니警務廳은[illegible]으로警務는警視總監으로警務官은警視로[illegible]改稱ᄒ고[illegible]總監次에警視[illegible]一人을[illegible]任或警視으로添人ᄒ얏다니其職名을改定ᄒᄂᆞᆫ것시[illegible]地事務시자變遷되갯지

▲地方官制中觀察次에事務官一人을添人ᄒ얏다니元來韓國에官員이數小ᄒ야시政改務이못되얏든지有限ᄒ國庫금으로[illegible]ᄒ면國庫금은韓日官人에月俸支撥에枯渴無餘ᄒ갯고

▲日[illegible]務가閑寂ᄒ며너日人、[illegible]官에事務가滋忙ᄒ고[illegible]部에서通[illegible]校에日人教師가事務가煩ᄒ다ᄒ니[illegible]人이多數히渡來ᄒ은[illegible]可知로고

▲水原鎭衛隊兵丁一名이公事上緊急ᄒ가有ᄒ야上來ᄒ다가각處把守日兵이[illegible]고無數詰難ᄒ얏[illegible]時가안인즉[illegible]是韓人으로[illegible]相ᄒᄂᆞᆫ것슨世[illegible]國[illegible]ᄂᆞᆫ지

▲日昨[illegible]을授ᄒ고[illegible]ᄂᆞᆫ動六[illegible]林外[illegible]에今番에[illegible]已成ᄒ것은[illegible]授ᄒ려ᄂᆞᆫ[illegible]韓[illegible]被禁ᄒ고動[illegible]스니以德報怨이안인가

▲日昨水標橋[illegible]이被酔ᄒ야韓人[illegible]刺殺ᄒ얏다니今番[illegible]日人氣焰이尤熾하야[illegible]挫으로知ᄒ는지殺伐之[illegible]比有之하니韓國人民은魚肉乃已홀이로다

▲城內居하ᄂᆞᆫ前進士[illegible]氏가自稱有志라ᄒ고時局을[illegible]論이慷慨ᄒ며너무심[illegible]ᄒ야干事一窺[illegible]任[illegible]氣가揚揚ᄒ야激切言[illegible]夢자ᄒ고施政改善[illegible]式을不可不實施라하[illegible]미미不已하니近來所謂有志士도미름수업고

▲再昨日에國民新報社[illegible]二層洋屋上에[illegible]會가會ᄒ야侍天教를[illegible]何處에飛入하야[illegible]ᄒ즉一進會가[illegible]니侍天教道化定이當卅에捲닉ᄒ얏고

◉社告

布哇에셔本社에送付ᄒᆞᆫ美金壹百弗拾弗二拾九弗三張에分ᄒᆞᆫ郵便爲替를受ᄒᆞ얏스나何許人이何許事件으로送付ᄒᆞ얏다ᄂᆞᆫ지書字가無ᄒᆞ야疑訝이며니郵便에交涉ᄒᆞ야錢額은已爲推尋ᄒᆞ고出付人은布哇留閔社錫씨로認得이나何許事件으로送ᄒᆞᆫ이지速々詳示를切望홈

大韓每日申報

斷酒ᄒᆞ며去華滅貧홈이次第現發에傳播遠邇ᄒᆞ야각處義捐者ㅣ擧欲爭先ᄒᆞ고猶恐或後云矣雖未知爲何事業이며有何情形ᄒᆞ야致此巨款之國債나不報則埃及之前轍을復蹈ᄒᆞᆯ지니其在國民義務에隨力合助ᄒᆞᆯ不容暫緩故로與此事由야佈于本面ᄒᆞ오니卒業性所感에擧黙義捐이오나窮鄕僻邑이不能優助ᄒᆞ와新貨一百십三원四十전을傳鳩仰呈ᄒᆞ오니照亮ᄒᆞ신후別錄々名錢額을並記報紙之末ᄒᆞ시와以爲庶副之地를爲要

平尙華　崔在하

雜報

陰竹設隆興校趣旨書

夫殖產興業人才固治平之關鍵也三代以來率循斯轍皆以敎育爲急務之要而其國與隆不徒學古抑更通今不知關文與謀吸取文明之空氣然後읍可日上才者崩興焉我東世尙문獻金科玉條社然極備而世降풍委漸成故紙所以有志之士與歎久矣現今一改維新之治ᄒᆞ고自　皇都下逮省郡在々起學人々敎育此誠大韓自强之기礎也顧此尋城最爾小區非無賢英之人而乏指南之針比之木則若無栽培之力何以成屋之樑據比之穀則初無耕種之功何以醫國之窮根本郡紳士李允楨김鎬濟김濟安謀于衆曰我邦古稱문鄕今爲衰落北正谷而復泰之理也有[illegible]義捐合資設學校[illegible]是以命名日興隆學校云爾

發起人　李鳳雨　朴彰河

敬啓者本人等이生長於兩州에閱覽이已幅ᄒᆞ고生活이亦窮ᄒᆞ와不敢與知於時事得失이오나迫此國勢岌업之時ᄒᆞ야只切買生之哭而急燃之灰러니竊聞以國債報償事로國親방起ᄒᆞ야斷烟

김敎卿

◉還米補校　學部에서內部로照會ᄒᆞ되現接江原도觀察使黃鐵에報告ᄒᆞ온內開에本道社還米를空然히消融홈이事不穩當이오니當此敎育擴張之時ᄒᆞ와補用於校費가事甚安當이옵기玆以照會ᄒᆞ오니照亮遵施ᄒᆞ라ᄒᆞ얏더라

廣告

本人名秦爀의爀字以燮字로改定知舊間照諒

六品前議官吳燮允　告白

本人名秦爀을以燮改定知舊間照諒

六品前主事吳秦燮　告白

本舖에서大廣橋北川邊前紙廛小部家를牛洋製로一新修改ᄒᆞ옵고精潔ᄒᆞᆫ浴沐湯과각色料理를新鮮準備ᄒᆞ와陰曆六月初十日爲始ᄒᆞ야開業ᄒᆞ겟사오니僉君子ᄂᆞᆫ陸續來臨ᄒᆞ심을伏望

內外沐浴湯

大韓料理各色　西洋上等酒

葉茶色及此外에도각樣烟草食料를隨求酬應ᄒᆞᆯ터이오니다

廣通舘告白

株式會社漢城銀行第四期貸借對照表（光武十一年六月三十日）

資產科目	金額
未收入資本金	二二五、〇〇〇圓〇〇錢
定期貸給金	一三九、六二六圓九一錢
當座預金過撥	九、七二三圓五五錢
割引手形	八一、四八五圓〇〇錢
約束手形	五二、八五〇圓〇〇錢
諸會社株劵	一一、五〇〇圓〇〇錢
土地建物汁器	一五、四三二圓〇六錢
取組爲替手形	四四〇圓〇〇錢
撥基貸金	
通知貸金	八〇、〇〇〇圓〇〇錢
當座任出金	四一、一三〇圓〇〇錢
金銀	四七、六八一圓七三錢
合計	七〇四、八六九圓二五錢

負債科目	金額
資本金	三〇〇、〇〇〇圓〇〇錢
積立金	一一、〇〇〇圓〇〇錢
度支部貸下金	一〇〇、〇〇〇圓〇〇錢
定期預金	七四、八五四圓〇〇錢
當座預金	一八三、九〇七圓四五錢
諸預金	一三、一九六圓八九錢
支撥送金手形	五、三二一圓六八錢
他店에서借	八一錢
前半期推移金	二、五六七圓〇二錢
當半期純益金	一四、〇二一圓四〇錢
合計	七〇四、八六九圓二五錢

損益計算

一金壹萬四千貳拾壹圓四拾錢　當半期純益金

一金貳千五百六拾七圓貳錢　前半期推移金

合壹萬六千五百八拾八圓四拾貳錢

內

金壹千四百圓　役員賞與金

金六千圓　積立金

金貳千圓　別途積立金

金貳千八百拾貳圓五拾錢　舊株配當金　每壹株九拾參錢七厘　卽年壹割五分

金壹千四百六圓貳拾五錢　新株配當金　每壹株四拾六錢八厘　卽年一割五分

金貳千九百六拾九圓六拾七錢　後半期推移金

右定期總會에承認을依ᄒᆞ야玆에公告홈

株式會社漢城銀行

長　李載完

副長　李允用

總務長　韓相龍

監査役　金宗漢

前記各項을調査ᄒᆞ야其正確홈을保證홈

本冊肆에敎會書籍과各學校敎科書와各種新舊書冊이俱備ᄒᆞ오니有意ᄒᆞ신僉君子ᄂᆞᆫ陸續購覽ᄒᆞ시옵

平壤鍾路　耶穌敎冊肆

尹衡弼　告白

本人子潤秀年淺浮悖謬[illegible]僞造家庄文劵欲爲典執信用無論內外國人切勿見欺施行

阿峴勒橋金漢植　告白

本人이日本大阪商業家와特約ᄒᆞ고日本內地産出各種物品과西洋各種物品及機械等物을我大韓에輸入ᄒᆞᄂᆞᆫ委托을便利케ᄒᆞ기로約ᄒᆞ얏사오니商工業에有意ᄒᆞ신僉君子ᄂᆞᆫ其物이무슨지請求ᄒᆞ시고지ᄒᆞ시거든本社로來議ᄒᆞ시오本社에셔ᄂᆞᆫ手數料金만受領홈

實業社本店　開城北部肄洞

支店京城南門內水橋五十一統六戶　培養會社

慶南漁리派員김鳳洙가不遵詔勅與訓칙ᄒᆞ고有文卷確有民私條를肆自放賣ᄒᆞ기로數千餘民이仍此失業에幾至死境故로條主더리裹足千里ᄒᆞ야呼訴于京部이기玆以廣佈홈

鎭南郡紙島七條條主김泰振

鄭周서　李讚賢　告白

원산파셩진간에셔본인이샬진소(肥牛)를만이ᄉᆞ깃ᄉᆞ니쇼파는제군은다수이팔너오시옵

仝仁港內동廣濟　최봉쥰　고빅

本人等이典當支所趙使에셔各資典舖이옵더니今에合資設舖營業ᄒᆞ오니典執ᄒᆞ실僉員은陸續來臨ᄒᆞ심을爲要

中署典洞信義典舖　金경秀

車基倫　金在觀　告白

◉遊覽[illegible]

一遊覽[illegible]人員은五十名으로[illegible]

一[illegible]部大邱停車

一往復日數ᄂᆞᆫ十七日間

一淨費[illegible]手數料를合ᄒᆞ야[illegible]十八圓

一出發日은[illegible]

一請人所[illegible]第十八銀行京城支店　天一銀行

一會員은遊覽을終ᄒᆞ야[illegible]

一南大門에셔[illegible]

[illegible]

行請人을[illegible]

東[illegible]商[illegible]會

學徒[illegible]

[illegible]

仁川[illegible]

本人에姓名日角圖章을셔失ᄒᆞ얏비玆以廣佈ᄒᆞ오니知照[illegible]

永同　□通運社[illegible]　告白

家庭小說 [illegible]

[illegible]

◉增修無寃錄大全

壹秩壹百七十頁

定價金新貨七拾五錢

此增修無寃錄大全은法律家의最緊要ᄒᆞᆫ書籍이온ᄃᆡ年來現本이殆히絶種에至ᄒᆞᆫ지라故로法部에認可를得ᄒᆞ옵고此를新刊ᄒᆞ얏삽ᄂᆞᆫᄃᆡ國漢文으로解釋ᄒᆞ야模糊ᄒᆞᆫ句節이無ᄒᆞ오니法律學에有志ᄒᆞ신이와學校之任에居ᄒᆞ신이ᄂᆞᆫ不得不購覽ᄒᆞᆯ冊子이오니注意購覽ᄒᆞ시옵

中署布屛下

廣學書舖　김相萬　發售所

越南亡國史　國漢文

定價貳拾伍錢

發賣所京城廣學書舖　仁川[illegible]書舖

布屛下김相萬　告백

[illegible]

平□□□□□□□□□里龍虎 洞□□□□□□□□□ 子東熙 [illegible] 二圓 孫□□ 五십전 前司勇劉學涉 通德郞박準夏 각一圓 前通政鄭濟商七十錢 최宗模一圓 子重錫五十전 박禎히 申용섭 김학得 王起순 각一圓 張윤濟 七拾전 량학□ 양信渼 申明첨 최희現 朴禎和 宋柱邦 양益□ 卓遠 김廷히 김□祚 조命均 김창默 □河胤 子榮國 리成柱 각五십전 량東熙 車應漸 량弘何 各卄전

合二十四圓八十전

●平安南道□□郡內面落金里 오되 各五圓 김丙奎三圓 朴志□ 리憙준 김지奎 리두敎 각二圓 김윤貞 각六□□ □龍文 申致근 조□□ [illegible] 김□成 [illegible] 리福守 [illegible] 宋丙□ 김利涉 [illegible] □一圓 康夏辰 [illegible] 朱근弘 니奉□ □□十전 韓應□十전

▲北□□ 김京□一圓 □□□五拾錢 康元涉 □日□ 김영贊 曹윤國 각卄전 니學順 김成□ □丙烈 김國玄 각卄錢 金弘烈 十전

▲軍上里 오창謙 韓致模 각五圓 김인杓 二圓 박成辰一圓 김京宅 박淳영 최禧錫 安윤俠 千日呈 張永복 金奎德 각六拾전 최元京 三십錢

▲鄕校里 김贊文 二십원 中京稽五圓 정雲燁二圓 조□涉 리창桂 리用근 [illegible] 張信儉 [illegible] 朴淳行 박履□ 각一□ 박□弘 申利吉 徐信복 최致오 吉창雨 盧志云 黃春巳 니龍成 박信國 吉창화 박奉윤 최得涉 리奉敏 박찬守 니德成 각六拾전 車啟衛 량기天 오致翰 각五십錢 량成海 조병호 張元衡 朴萬日 니京周 박平謙 김允國 최濟日

▲倉上里 각卄전 림用元 조成□ 각一圓 余錦□ 六십전 김明珍 니영守 니子和 劉八興 車止模 각九십전 이炳□ 이成根 [illegible] 오九甲 尹尙元 이치銓 金聖模 김益贊 각卄전 宋玄模 金丙國 劉碩濟 金□호 각卄전

▲倉下里 박容淳九원 林用□三圓 김喜염 오奉□ 金□□ 각二圓 余相國 吉承道 許永찬 [illegible] 김敏□ 문□□ [illegible] 元谷奎 韓□□ [illegible] 림辰日 니興涉 明信默 각六拾선 車明玉 □拾전 吉信玉 鄭창日 康春午 오成奎 오奎ㅣ 각卄전 朱奉國 박來興 각卄전

▲營上里 劉炳采 張洛希 각一원 오道信 八십錢 吉丙得 六십먼 吉子承 洪贊石 김學道 박尙珍 각五拾錢 김尙龍 金元吉 김京雲 孫處九 니信道 咸召史 劉龍碩 각卅錢 최元植

朴東奎 각五십전

▲外統里 김致억 貳십圓 오下淳 김낙요 각二圓 김在□ 韓□鎭 高인彻 니□□ 박處호 吉玄星 각一圓 오京允 二元四拾전

▲紅門里 康見相 金奎濟 卓계章 니信華 니俊요 김□□ 각一원 김雲과 오國玄 각二圓 김用呂 리碩祖 각五圓 박吉男 洪致□ 니尙근 김召史 각욱十錢

▲東門里 朱應龍一圓五十전 리應奎 朴信模 各壹圓 朴□□ □中謙 최永煥 각七십면 김□珍 三拾전

合二百圓

●□□郡東面領井里 監察김聖權六圓 李□□ 二圓九拾錢 리창薰 □興雨 각一圓七十五전 리秀旭 김鼎金 니智石 각□圓 池順明 朴承□ 林炳□ 김□淵 都事申□□ 조錫夏 니□□ 前官傳□□ 최□혁 각五拾□ [illegible] 三拾전 송鳳輝 [illegible] 徐□俊 □문伯 [illegible] 金□□ 최□陽 [illegible] 卜洙弘 呂奎大 [illegible] 김士謙 각卄전 [illegible] 성致淳 姜永□ [illegible] 각拾전 車享根 五拾錢

▲飯井浦 監察金□珍 五圓 九衛將尹滋夏 一圓

▲興敎里 리鳳秀 六拾전

合二拾九圓七十錢

●元山耶蘇敎人等 京城人□時□壹圓 趙昌憲 湯尙鳳 林昌於 최□柱 김永淳 리道元夫人 黃召史 각一圓 金士謙五圓

리이시대 三圓 리鍾冕 二圓拾二전 리建株一圓 劉泰□ 四十전 김淳元 최應珠 각卄전 김光倫 김淳진 각卄전 高原김其선 五拾전 朴昇□ 拾전 김봉吉婦人銀指環壹雙 壹량五전重 無名씨 壹圓五十전 乞人학 四圓

合二拾九圓六十二전

●南陽□鴨汀面朝岩洞 니完鎭 리奉주 리建섭 리新立 리新道 오性天 崔平西 니陽萬 각ㅁ전 金又興 김敬八 리先奉 尹成九 崔致며 리山汝 리俊汝 리영玄 각十錢 리錫汝 니奎五 니奎八 니順玉 安順五 각卄전 崔善□ 니德順 各卄전

合四圓

●京畿道廣州郡實村面三里登谷 前九衛將김□濟二圓 金昌濟 壹圓 김인濟 委員김東賢 각五拾전

▲砥□郡上西面星川洞月溪里 前九衛將□영秀 五拾錢

▲安岳邑內板橋面八里洞 □孝英 五百圓

▲慶尙道醴城郡□面坊梁洞中 三圓팔십전

▲南부大觀洞 리敬□ 裴□□ 각卄전

▲□□南面上松直 李□玉 五拾전

合九百○九元二拾전

●侍衛步兵第一聯隊第二大隊 第二中隊 高圭瀚 九拾錢 김俊明 박永주 김玄守 김元成 윤昌玄 리德根 洪順明 徐□植 김幸天 安興德 오奉仁 김守卜 趙凡山

黃用云 김益宗 각金五 김完在 각金瑞 김壽萬 尹貴成 洪吉用 리聖奎 박建玄 車贊히 鄭点用 리□植 강□돌 리德順 김□用 김仁守 太錫鎭 김眞元 신玄景 리東奎 니□明 박應培 김元常 姜在元 김大善 朴順明 김云日 鄭成福 니秉徹 박元히 李明植 金相云 리與九 김相鎭 림奉用 김景順 각四拾錢 김永호 尹□吉 鄭元得 정장出 □용金 羅甲得 각卄五전 曹간植 리□옥 윤奉伊 림汶圭 崔貴成 曹七奉 權□□ 洪奎旺 玄殷놀 [illegible] 각三拾錢 朴現榮 박□贊 문□九 馬今石 각□□ 金□云拾二전五전 鄭□한 리元興 이存旭 [illegible] 최金니 [illegible] 니聖호 [illegible] 徐八星 [illegible] 김奎二 [illegible] 박□煥 [illegible] 金奎貞 [illegible] 丘□煥 [illegible] 許□□ [illegible] □興복 [illegible] 孔云集 文□□ [illegible] 박히식 [illegible] 니□祿 [illegible] 曹호用 리□□ 리八成 [illegible] 洪□□ [illegible] 오仁用 각台鐵 韓在九 최奉用 崔□□ 池□成 孔仲善 朴存植 김□男 리云선 박啟成 尹亨□ 복卜成 梁漢成 김□卜 김在圭 孔春石 각십먼

合三拾七圓八十二錢五厘

●여州興谷面下多洞

[illegible] 發擧之應給 八十전 長孫韓命履 次孫韓鳳履 [illegible] 韓啟裕 韓□□ 韓敬裕 [illegible] 韓明敎 丁奎□ [illegible] □佑默 [illegible] 趙致玄 □入卜 鐵刀柱 리□如 [illegible] 吉岡石 閔□鎬 각십錢 韓□□ 韓中弼 □重敎 鄭□彬 각卄錢 리容運

김□□ 合□□ 六錢 今四圓二十二錢

●忠淸道□□郡長久동面新대 都□□宗烈 十五圓 박泰封一圓 박八封五拾錢 [illegible] 趙少成 최인淑 玄□□ □五奎 정萬成 최相五 鄭貴模 [illegible] 각七拾전 정□□ 최奉學 각□십선 [illegible] 최금用 각□점 박□□ 최黃用 金□□ 리□石 □八用 정知□ [illegible] 金□□ 申占□ 정□用 [illegible] 金복益 각□錢 리□□卄전

[illegible]

合□圓 一拾전

總合八百七十八圓八十六錢五厘

國文報廣告總合一百三十七圓七十錢

前號總合四萬○二百○八圓三十五전七厘

都總合四萬一千二百十六圓七拾二전二厘

國債報償金七□圓 [illegible] 合計이 五萬一千八百□□□□ [illegible] 償還會□ [illegible] 合고 其貯置額이 三萬二千三百[illegible] 願金總合所[illegible]

正誤 本報第五百七十五號 第四面國債報償[illegible] 州面鶴谷里主[illegible] 誤植[illegible]

本所와 本社 [illegible] 償義捐諸氏 [illegible] 成冊이 [illegible] 漢文 [illegible] 續編報[illegible] 報外□一[illegible]

[illegible] 一每日發行 [illegible] 一箇月 [illegible] 其期限의長短 [illegible]

發行兼編輯人英國人 裴說
發行所 南署石井洞號外地三層洋屋家
大韓每日申報社

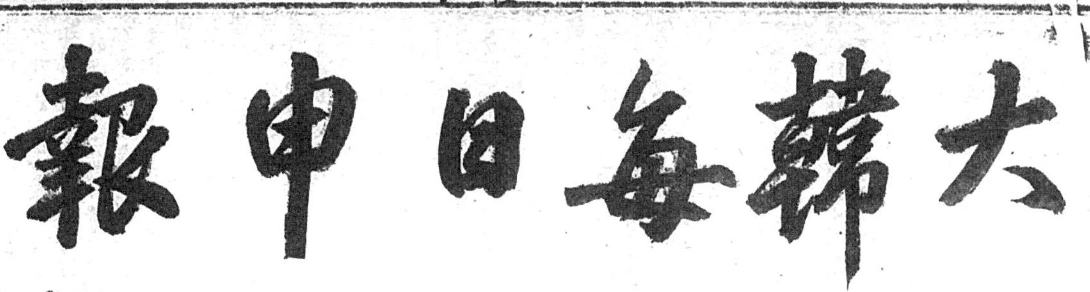

大韓每日申報

月曜及慶節
歲時日休刊

檀君開國四千二百四十年
箕子元年三千二十九年
大韓開國五百十六年
日本明治四十年
淸國光緖三十三年
陰曆丁未六月大二十二日辛巳

論說

保種策

本記者는歐洲人也라航海萬里ᄒᆞ야來此韓國이已經多年이라覽其地質則山川이明秀ᄒᆞ고接其人士則性度가溫厚ᄒᆞ니果是有道之國民이라論其原質ᄒᆞ면可히東洋黃種中第一等人種이謂ᄒᆞᆯ지며若其新鮮ᄒᆞᆫ文化를輸入ᄒᆞ야國民의智識이발達되면自强自主의基礎를建立키不難ᄒᆞᆯ지라是以로開此報館ᄒᆞ야欲其爲全國同胞之警鍾일서一則不避艱辛ᄒᆞ고力持公論ᄒᆞ야世界上人道를扶植코ᄌᆞᄒᆞᆷ이오一則文明을導達ᄒᆞ며衆智를啓發ᄒᆞ야大韓獨立精神을培養코ᄌᆞᄒᆞᆷ이니風雨如晦에鷄鳴不已가固亦天理之存焉者耳라愛讀僉員이亦諒此苦心ᄒᆞ는故로本紙之발行이逐漸推廣ᄒᆞ야大約七千枚以上의達ᄒᆞ얏스니以此觀之라도本지가大韓人士의同情을多得ᄒᆞᆷ이不其明乎아然則本記者가大韓人民의生滅機關을對ᄒᆞ야엇지直言復論과大聲疾呼로警醒을更加치아니ᄒᆞ리오嗚呼라今日에大韓國權이既已全然墜失하야略無餘地ᄒᆞ오惟其所存者는二千萬人衆之生命也라盖國家가不存이면人種이隨以滅絶은世界歷史에前轍이自在ᄒᆞ니此等境遇를多言을不俟ᄒᆞ고亦可洞悉ᄒᆞᆯ지라夫天下之興亡은匹夫之微도與有責焉이니今日大韓國勢之大去가伊誰之責고即是二千萬人衆이同受其責而不得辭避者라噫라大韓人士여以其閉鎖風氣와恬嬉習慣으로保國之圖는旣失之於前日ᄒᆞ얏거니와至于今日ᄒᆞ야保種之策도思想치아니ᄒᆞ는가吾儕가二千萬同胞의生命을爲ᄒᆞ야盡宵思度에覺條生路를指示ᄒᆞ노니此乃二千萬同胞의生滅機關이니幸勿泛聽ᄒᆞ고銘心踐行ᄒᆞᆯ지어다

所謂一條生路者는何也오耶蘇敎一門이是耳라何以言之오今日識時宜談時務者가莫不日國民의社會團體를結合ᄒᆞ야諸般事業을同心同力으로着々做去하여야國權을可復이라ᄒᆞ며又日敎育과殖産을奬勵하야民智를開발ᄒᆞ고實力을養成ᄒᆞ여야國權을可復이라ᄒᆞ니此等事業이果是救時之急務요復國之良方이라捨此以外에更有何計리오然이나社會團合과敎育殖産의振起ᄒᆞᆫ目的을到達코ᄌᆞᄒᆞ면必先有根本田地之依據者라야可히進步上障碍가無ᄒᆞᆯ지라以社會團합으로言之ᄒᆞ면全國內男女老幼와智愚貴賤이通同歸一코ᄌᆞᄒᆞ면其國情이信賴ᄒᆞ고人心이維繫ᄒᆞ는維一無二의宗敎가標準을建立ᄒᆞᆫ然後에岐異渙散ᄒᆞ는弊가無ᄒᆞᆯ것이오且團體結合도我의自由權이無ᄒᆞ고他人의妨害를被ᄒᆞ면決難成立ᄒᆞ오敎育과殖産의事業도我의自由權이無ᄒᆞ고他人의妨害를受ᄒᆞ면발達키難ᄒᆞᆯ지니今에大韓人民이國權을失之餘에지ᄒᆞ야一부分이라도自由權을占得ᄒᆞᆯ것은耶蘇敎一門에지ᄒᆞ니全國二千萬人衆으로ᄒᆞ야금一致同道로於此歸依ᄒᆞ면社會團合과敎育殖産의事業에對ᄒᆞ야可히障碍를不被ᄒᆞ고着々進就ᄒᆞᆯ機關이自在ᄒᆞᆯ지라使此二千萬衆으로果然一體團合ᄒᆞ면彼外人이雖有强兵百万과大砲千門이라도施威行暴를不得ᄒᆞᆯ것이오團體가旣成ᄒᆞ면敎育과殖産에萬般事業이皆蒸然日進ᄒᆞ야沛然莫禦ᄒᆞᆯ効力이自生ᄒᆞᆯ지라大韓二千萬衆에一條生路는惟此而已라ᄒᆞ노니嗚呼라同胞는陷此悲慘之境ᄒᆞ야生活을維持ᄒᆞᆯ思想이有ᄒᆞᆫ가窮到極處에更無他岐ᄒᆞ니諒之哉念之哉어다

官報

◉第三千八百三十一號 光武十一年七月三十日

◉宮廷錄事

掌禮院卿臣申箕善謹
奏因宮內府
奏本年號改定儀節令掌禮院擇日擧行事
奏下矣吉日以何間推擇乎敢
奏 奉
旨念後擇入

掌禮院卿臣申箕善謹
奏年號改定時原任議政內閣大臣宮內府大臣協辦各部次官館閣堂下本院堂上同參會議何如
謹上
奏 奏
旨依奏

掌禮院卿臣申箕善謹
奏年號改定吉日念後擇入事
命下矣今日官김東杓擇則陰曆六月二十四日爲吉云以此日定行乎敢
奏 奉
旨依奏

◉敍任及辭令

劉章寶 宋升源 曹秉升
柳始澤
任度支部書記郎

免本官 度支部書記郎尹泰榮
右는該員이財務協贊으로派지順天郡인바當行事務를怠惰欠勤ᄒᆞ야有駭聽聞이기是以免本官

日本國外務大臣子爵林董
敍大勳賜瑞星大綬章

日本國外務省秘書官 小西孝太郞
敍勳四等賜太極章

日本國外務大臣隨員外務省屬 武田正誠
敍勳六等賜八卦章

◉法律

法律第五號
新聞紙法 續

正誤書又는辨駁書의字數가原記事의字數에二비를超過ᄒᆞ는時는其超過字數에對ᄒᆞ야普通廣告料와同一ᄒᆞᆫ금額을要求ᄒᆞᆷ을得ᄒᆞᆷ

正誤又辨駁의或還旨辭句가本法으로記載를禁ᄒᆞᆫ者或要求者의名姓居住를明記치아니ᄒᆞᆫ者의要求는不應ᄒᆞᆷ을得ᄒᆞᆷ

第二십一條 內部大臣은新聞紙가安寧秩序를妨害ᄒᆞ거나風俗을壞亂ᄒᆞᆫ者로認ᄒᆞ는時는其발賣頒布를禁止ᄒᆞ야此를押收ᄒᆞ며又는발行을停止或禁止ᄒᆞᆷ을得ᄒᆞᆷ

第二拾二條 保證金은新聞紙의발行을廢止ᄒᆞ야發行許可의效力을失ᄒᆞ거나又는發行을禁止ᄒᆞᆫ時는還付ᄒᆞᆷ

第二十三條 記事에關ᄒᆞ야裁判에附ᄒᆞ고裁判確定日로부터一週日以內에裁判費用及罰金을完納치아니ᄒᆞ는時는保證金으로써此에充ᄒᆞ고不足금은刑法徵償處分에依ᄒᆞᆷ

第二十四條 保證金으로써裁判費用及罰金에充ᄒᆞᆫ時는발行人은其通知를受ᄒᆞᆫ日로부터壹週日以내에保證金을補塡ᄒᆞᆷ이可ᄒᆞᆷ者期日內에補塡치아니ᄒᆞ는時는此를補塡ᄒᆞ기까지新聞紙의발行을繼續ᄒᆞᆷ을不得ᄒᆞᆷ

第二十五條 第拾四條에違反ᄒᆞᆫ境遇에는발行人編輯人印刷人을三年以下役刑에處하야其犯罪에供ᄒᆞᆫ器械을沒收ᄒᆞᆷ

第廿六條 社會의秩序又는風俗壞亂ᄒᆞᆫ事項을記載ᄒᆞᆫ境遇에는發行人編輯人을拾個月以下에禁獄又는五十圓以上二百圓以下에罰金에處ᄒᆞᆷ 未完

外報

◉輕氣球의成功 伯林電을據ᄒᆞᆫ즉獨逸陸軍의輕氣球를數時間에運轉을試ᄒᆞ야操縱自在ᄒᆞᆷ을說明ᄒᆞ얏더라

◉상務卿渡布 桑港電을據ᄒᆞᆫ則商務卿시도라우스씨는布哇로向ᄒᆞ야出發ᄒᆞ얏더라

◉留學生叙用禁止 上海電을據ᄒᆞᆫ則淸國安徽巡撫恩銘氏가暗殺된故로陸軍部에서該國留學生에叙用을禁止ᄒᆞ고又學部에서도留學生事件으로秘密히獻議ᄒᆞ얏다더라

◉[illegible]請由의不許 同電에[illegible]總督이請由[illegible]으로三箇月請由ᄒᆞ고又[illegible]ᄒᆞᆫ目的으로請由中에代理總督을任命ᄒᆞᆷ을請願ᄒᆞ얏으나一箇月間만請由를許可ᄒᆞ얏스나天津에서발ᄒᆞᆷ은許可치아니ᄒᆞ얏더라

◉梁啓超의擧動 同電에淸國亡命客梁啓超씨가上海에來ᄒᆞ얏다가膠州灣으로前往ᄒᆞ얏고該一行中에서漢口로前往ᄒᆞᆫ者도有ᄒᆞ는대該地에서北京으로발ᄒᆞ얏다더라

雜報

遊覽會 樂觀居夢人

嘆時事之變遷

一定ᄒᆞᆫ日月下天地中에無常ᄒᆞᆫ時事는變遷不已ᄒᆞ도다變而上者는無窮ᄒᆞᆫ福을得ᄒᆞ고變而下者는無望에滅亡을當ᄒᆞ나니同是人也而何其結果之天壤耶지於一臂之勤與懈오尺步之退與進이니可恨者로다古人云十年壹小變百年壹大變云者는此是未開時代之遲緩也而今日四年之變遷을試記ᄒᆞᆫ대北與에商業豊富와水陸軍增設과飛艇발明ᄒᆞ며消防機를新造ᄒᆞ며地震燒燼된慘酷ᄒᆞᆫ桑港市가數三十月家屋壯麗ᄒᆞᆫ新港이되이에可謂變而上者而孰不信美人之方言將來必有不死之法云哉同觀寓美之他種권디국國自人種은不能枚擧而就於黃人種則淸人保皇會之발達은四五新銀行四處大旅館商武學校其他國際敎育의昔ㅅ愚昧者今日大學卒業士오昨日貧商小賈는今日大商富賈라

然本以衆人種과豊富財産으로豈도變遷之速耶云於日人則有進無退의商業學數會社商體는彷彿上等人種이나是利息貸以銀易妻ᄒᆞᆷ은天道人倫豈有容耐哉可憐ᄒᆞ다韓人이여華盛頓의太極旗界우公使館ᄋᆡ撤廢ᄒᆞᆷ이의一朝之變이使旅外者何其切迫慘感之極이며韓國人民으로日本旗幟를施行ᄒᆞᆷ이의使遊外者何其慘憺落淚之字耶 未完

雜報

●加隆慶節　詔曰洪惟我太皇帝陛下盛德鴻功이巍蕩無能名正而이옵시느今當尊奉之日하야朕小子所述之誠이自不能已하와已稟承處分矣라將欲以貳字殊稱으로加隆於太字上하야庶圖萬一之奉揄하느니儀号儀節은令宮內府稟處하고上号都監當合設於尊奉都監하라

●平和俱樂部의同情　二拾六日東京電에云하얏스되韓國密使首領李儁氏가本月上旬에海牙萬國平和俱樂部에서一場演說을하얏난대하國評論의主筆가되야其演說은徹頭徹尾히日本人이韓國人을對하는態度가殘虐冷酷하다批難하미右平和俱樂部는滿場一致로韓國의懇切훈同情을表하기로決議하얏더라

●論市不穩　群山電을據훈즉二十七日論山市場에서出市하는韓人이集合하미不穩훈情態가發現하는대日本人을襲擊燒打하다고揚言하는지라日本人은門戶를閉鎖하고警備가緊急하며一面으로江景浦에報知하야警官數名이應援홀次로來赴하얏다하더라

●赴任觀望　近日郡守를一進會員으로叙任以去하는郡守는곳該郡人民等이入境치못하게한다는說이有훈故로一進會로郡守叙任훈人들이赴任之行을못하고觀望훈다는說이有하더라

●兩氏移任　學部書記官柳基泳氏는該部視學官으로轉任하고視學官尹世용氏는該部計課長으로移任하기를請議決定하얏다더라

●龍尹內移　龍川府尹魚允迪氏로學部編輯局長으로內移하기로再昨日內閣에서經議하얏다더라

●권氏入城　內部土木課長권輔相氏가三南等地行政視察次로前往훈事는已載前報어니와該一힝이再昨日釜一番鐵路로入城하얏다더라

●學大視務　學部大臣리載崑氏는今番事件以後에는再昨日에始爲仕進하다더라

●視察派送　西北營림廠과北墾島陳荒地를視察次로內部에서書記官三人과書記郎五人과總巡三人과巡檢九人을今日에派送하다더라

●年號改定의會議　陰曆六月二十四日年號改定할時에原任議政과宮內府大臣이協辦과各部次官과館閣堂上과掌禮院堂上이同參會議훈次로　勅教를下하옵셧다더라

●祭官廢止　內閣에서宮內府에照會하되각部官吏中으로祭官差出하는것이妨碍政多하니各部官吏도祭官一欵은廢止하ㅈ하얏다더라

●義王東渡에餞別　義親王殿下께옵서日本에渡去하신다홈은昨報에已揭어니와總理大臣以下各部大臣이南大門外停車場에齊進餞別하얏다더라

●月俸倍加　明年度爲始하야勅奏判任及內外職을勿論하고月俸을倍加支給훈다는說이有하더라

●日疑韓兵　釜山電을據훈즉貳拾九日夜에大邱鎭衛隊兵士拾名이東萊釜山鎭에지훈火藥庫를保護하기爲하야來到하얏는대當地理事廳에서此時를當하야韓兵이火藥庫를保護하는거시危險훈憂慮가有훈故로守備隊에서保護하기로統監府에交涉中이라더라

●雲礦設巡　內部에서平南警務署報告를因하야雲山金礦에分派所를設施하고권任一人巡檢五人을置하게하얏더라

●韓兵被招說　再昨日下午六時頃에日本尉官一名이兵丁六七名을領率하고典洞侍衛隊營門에把守하는兵丁一名을招去하얏다는說이有하더라

●濫刑被囚　영興郡守리鼎煥시가該郡居朱呂史을濫刑折脚事로該道裁判所에서即欲審查하며令前上京하얏는故로該裁判所에서平理院으로報告하얏는대니鼎煥시가平理院에自現하야因以拘囚하얏다더라

●刺臂勉學　鐵山郡新明學校의來函을據훈則本郡新明普通學校成立이于玆兩載에聽從ㅈ弟가負笈漸進하야熱心受業하미生徒中金永厚鄭道俊兩시가英年慷慨之心으로愛國熱誠이積中하야若無教育이면國權挽回키ㅣ能이라하고各其左臂上에工夫二字을刺字로刻臂深刻하야以示不怠라하얏더라

●光校試驗　[?]月卄九日에伊川郡私立光興學校에서第一回學年試驗를經하얏는대校長本郡守石明선씨와贊成員郡主事李昌燁、[?]監督金道煥최鳳翼兩氏가鉛筆洋紙空冊으로優數施賞하고教師정與근씨가賞品을分給훈後校長石明선씨가熱心을換、寒心이는問題로一場勸勉하얏다더라

●學照度部　私立[?]東新塾에학徒가增進홈에校舍도增建하고運動場도新築하야校規을擴장코ㅈ하나基址가無하온ㅁ爲念教育에極爲悶然하니前東營긔址餘存壹千七百餘米突를許借하야教育擴장케하라고學部에서度支部로照請하얏더라

●衛生幻燈會　內部衛生課에서來금曜日爲始하야衛生幻燈會를東門內光武臺에設行하야上下人民의衛生事項을說明홀다더라

●平商開店　平壤城內鍾路에韓國商民의部는尙未開店터니觀察使가商業會議所會長을設喩훈結果로開店이되얏더라

●地　方　息　消

黃州郡은去二십四日以來로人民이壹般罷業을고日本人과賣買를絕斷하야稍々不穩홈으로戕嚴훈다하고

義州人民은決死會라는團體를組織하야京城에부하야國難에殉하다는激越之說를唱하는者가有하야人心이凶々하더니面長及解事를說喩하고戒칙하얏다라

●郡守創變　內部에서각郡守의게中訓을하야職變치아닌郡守는壹切創變赴任하라하얏는디潭陽郡守리虎榮氏는該申칙을遵行치아니하고부任章을關持以去하얏더니地方에長乘仲模씨가該부任章을還爲覓來하라하얏다더라

●統監歸國說　伊藤統監이日間發程歸國혼다는說이有하더라

●原州不穩　原州郡에民人等이沸鬱훈情狀을該道觀察使가內部로報告하되移照東部하야預防케하라하얏다더라

●鎭南稍靜　慶南觀察使가內部로電報하되鎭南郡人民이與日人으로起擾하더니即爲止戢하라하얏더라

●夏服僞賣　平壤豐慶宮警務官延時泰씨가昨年度餘在巡檢夏服十五件을每件에壹圓九十錢과洋鞋九足을每足에八拾전式에該郡朱雀門內居留하는日本人田中爲名人에게暗買혼事實이綻露된故로內部에서該道警務官리政秀씨에報告을因하야免官하얏다더라

●漢南試驗　本月拾七日私立漢南學校에서小學高等尋常兩科第壹回卒業試驗을已經設行하얏는대高等科에는박元信以下八人이오尋常科에는리利福等七人이라더라

●墾島視察　今番에內部書記官三窠을加設叙任된리大珪김海龍최基男三씨가北墾島에視察次로派送하기로하여去十一日에該三씨에旅費을支給하얏다더라

●悖巡查拔　醴[?]郡警務分派所巡檢최[?]濟가飮酒泥醉하고該郡氏二名을行刺하얏스니查照處成하라고該郡守김炳璜씨가內部로報告하얏더라

●舊獄伸冤　昨日一進會에서年前獄事에伏法훈安鑽영等諸씨에伸冤홀事로法部大臣趙重應씨의게公函하얏다더라

●爲此之故　警務使를警視總監이라改稱하고副監壹窠를設置훈다는것은人所共知어니와警視總監이나副監이나兩窠中에日人이壹과를被任된다는說이有하더라

●收捧未由　咸北裁判所主事李應낙씨가赴十旅費를法部에서며去가于於數朔已久도대尙不赴任하미有違正章으로法部에서已爲免官하얏스미該旅費를不容不推인故로該氏所住平南裁判所로捉囚하고該旅費를督捧上送하라고訓令하얏는대該所檢事所[?]에李應낙이已於月前에咸北赴任次로率眷上京에尙不還來하야收捧이末由라하얏더라

●日巡部長　鴻山郡守리中鉉시가內部에報告하되本郡警務分遣所巡查部長伊集院榮太郎의面談훈內閣에無論民刑事하고答刑以上은本員의게通知하라하옵기何以措處이올지하얏더라

●兩시熱心　東署梨峴居靑年數三十人이新興學校를設施하고校舍는下米廛都家로臨時指定하얏는대本동饒戶全昌烈시는教育에熱誠이有홈으로捐助금五千圓을出하고片城煥시도亦爲三千圓을出하야該校에捐助하얏는대全昌烈시는兼하야該校校長을任하얏다더라

東京電報

二十九日發

●條約調印　露都에駐箚훈本野公使의公電을依훈則日露通商條約及日露漁業協約은二十八日에調印이妥하얏다라

▲居門長歌▼

▲內閣大臣이連日會議를開設하는대其事項은詳細치못하거니와今番騷擾에損害賠償에關훈事件도內議에提出하얏다니損害賠償은韓國損害을日本서徵出하는지日本損害를韓國서徵出하는지現今七大臣은日本에功臣인즉畢竟日本損害를徵給하는議案이겟지

▲各府部院의官吏의俸給은倍增하고官吏의員數는減省하기로昨作閣議에提出하얏다니近日宦海에東풍이吹到하야波濤가飜覆에舟楫이漂蕩하여官制만變更하면施政改善이절노되는지官員은減하고俸은加하면어느사람은죠켓지

▲今回에림董氏의게瑞星勳章을賜給훈事에對하야總理大臣이製章課長李秉穆씨의게指揮하되該氏가反對하야日림董씨의게一等勳章을賜給하면日後에그보다더敘勳할事가有하면무슨勳章을賜給홈이요훈더냐總理가怒氣가大發하더ㅣ首揆大臣을對하야言辭가不恭하다하고免官奏本을上奏하얏다니總理는日本에大勳勞가樹立하고林董ㅁ의勳章을極力圖給하니참一等功臣이로고

▲송秉畯氏가農商工部大臣을被任훈以後로日本人의게陳荒地起墾認許狀을繕給하기로該部官人에事務가浩繁하다하니三千里疆土에許多훈陳荒地를日人이一齊起墾하면大韓山川은片土가不空하겟고

▲二昨日午後에北署樓閣동後麓에人民이多數會集하얏다하기로日巡査가巡檢十餘人을領率前往하는데巡檢一人이先往探問훈즉皆是避暑하는人이라하니近日에日人은무슨生覺으로　疑懼하는지韓國人民은避暑도못하깃고

▲宮內府官制를將次變改훈다는데侍講院及春桂방은廢止훈다니惜哉라此村兩班이인제야亡하얏네나玉堂이廢止하미侍讀으로代用하고科擧가廢止하미大家ㅈ弟가春계방으로筮仕하야淸宦를繼續하더니只今에一並히罷하미淸宦을오대가찻나

▲이進會에서警務使具然壽氏의게請話하되會員三人를警務官으로陽薦하라하얏대該廳에서一進會員을에게額外로警吏를差任하미니此隨缺需用훈다고答하얏다니警務廳은一進會의請囑을應하얏도고

▲咸南觀察使韓南奎씨가日前에京하야마동旅館에서留連하며大臣의進會의十名이門前에緊接把守하야來賓이稀小훈다하고大臣은日巡查와憲兵이保護하더니觀察使는壹進會가保護하는고

◎社告

布哇에셔本社에送付훈美金壹百弗拾弗二拾九弗三張에分훈郵便爲替을受하얏스나何許人이何許事件으로送付하얏눈지書字가無허야疑訝이어니郵便에交涉허야錢額은已爲推尋이고出付人은布哇留閔찬鎬씨로認得이나何許事件으로送금인지速々詳示홈을切望홈

大韓每日申報

雜報

李永春韓忠國郭㙶東等謹上書于

內閣諸大臣閣下嗚呼痛矣亂臣賊子何代無之而一何多於今我國乎只緣於苟患失之而專昧內修外交徒以尸位竊祿爲事至於自侮自亡之境其誰怨尤也世變多故噫彼日邦今忽以海牙之事爲藉口作壹大問題姑未知我韓數三人以何措辭演說於海牙然毋論某國人見自國之被人壓制垂亡之境其無一言於萬國平和會議耶 且以日本言之則曾以大韓獨立扶植강士保証 皇室尊嚴改善忠告之前後約條不啻丁寧신復而一無所施事々違反而反生乖當之擧然則失信違約在我韓乎在彼日乎其於早稻田大學校反對韓討論會詬大罵日々辱何如六二新報移置云々窮凶極惡之辱何如也易地處之則其能含默因循專無藉口之端耶侮辱人主之太甚在我韓乎在彼日乎결侵無禮專失自國之道而無一言先謝反爲威嚇爲我國之大臣者必以相當之義務善爲交涉而若不得相容則當以身待命以免父君之辱者是乃爲人臣當行遵道理而不此之爲反以俯首聽命於外舘而脅迫 君父至於傳禪代理之境夫 皇位者天下之大事也古今東西歷史關此大事尤其謹嚴筆法據實直書以天下秉史筆之公正義務論之則誰不謂彼人之强制由賊臣之迫請而成之 所謂農商工部大臣宋秉畯其以新約勒締之時做宣言書爲日之大戰功者也固不足責이어니와總理大臣李完用往在乙未與其兄允用附俄刼播 乘輿於俄館欺弊 宸聽而憤誤國事又於乙巳年約時書可附日掩覆前過亦爲五賊之壹而向者新內閣革新之時首行凶賊之所不忍爲而肆然首揆今以無據不測之說恐動脅迫 君父늬成代理爲日之大勳臣而圖得兄允用之宮大者也學部大臣리載崑平生履歷之殘忍薄行欺名窃財猶不暇論而以若 皇室至親宜同休戚而反行賣國之事與完用爲一而二者而助虐左右之者也軍部大臣리秉武素是愚蚕鄙陋之質以完用之所拔薦欲爲圖報之計承順聽命於完用爲逼 君父之尤甚極惡者ㅣ오其於協謀之法度兩大醜不足論이어니와所謂元老大臣之某々承 召命入闕當迫請之際不能一言以義抗 隱然有阿附諸賊臣之意唯々協從而攢事耳邦이雖日편小豈無尚方之劍耶於乎痛矣今此代理若以 聖上之所乾斷則半天下信春秋之大義 先王朝已行之盛禮然旣違於此又未幾而調印七條者諸賊臣輩之心中有君乎有臣乎 噫嘻痛矣惟我五百年 宗社二千萬生靈那知遽入於五賊七賊之手而亡乎哉아今此諸賊輩猶不知恐子反省肆然對人揚言曰若非吾輩之如是交涉惟我國廢爲郡縣專無 皇室存字而幸賴統監府之厚德乂我新內閣之有功也諸賊輩之厭掩極惡尤極衰心也使外兵從旁而守 皇室擁護大官之前後而有生之樂者是可忍也孰不可忍也然而天若有定而勝人則必有後悔之日不如推實讓能抱頭竄身免致國破身戮爲盼

廣告

本人身病이有하와敎務를難堪故로牧師之職을辭免ᄒᆞ오니至愛敎會會員은以此照亮ᄒᆞ심을敬要홈

基督敎會 理會牧師 李殷升 告白

本人名泰燁을燁字以燮字로改定知舊間照諒

六品前議官吳泰燮 告白

本人名泰奎를以奎燮改定知舊間照諒

六品前主事吳奎燮 告白

本舘에셔大廣橋北川邊前紙廛小都家를半洋製로一新修改ᄒᆞ옵고精결훈浴沐湯과各色料理를新鮮準備ᄒᆞ와陰曆六月初十日爲始ᄒᆞ야開業ᄒᆞᆯ터이오니僉君子ᄂᆞᆫ陸續來臨ᄒᆞ심을伏望

內外沐浴湯

大韓料理各色 西洋上等酒

菓子各色及此外에도각樣烟草食料를隨求酬應ᄒᆞᆯ터이외다

廣通舘告白

大東寄宿舘

宿泊을便리ᄒᆞ게ᄒᆞ기爲ᄒᆞ야本館을設立ᄒᆞ고 [illegible]

大東寄宿舘長 鄭熙燦 廣告

旅客의衣籍을左右에 [illegible] 但本館中에 [illegible]

大東寄宿舘事務員 鄭漢植 告白

本人이日本大阪商業家와特約ᄒᆞ고日本內地産出各種物品과西洋各種物品及機械等物을我大韓에輸入ᄒᆞ와便利케ᄒᆞ기로契約ᄒᆞ얏사오니商工業에有意ᄒᆞ신僉君子ᄂᆞᆫ其物이든지請求ᄒᆞ시거든本社로來訪ᄒᆞ시면本社에셔ᄂᆞᆫ手數料만受領홈

興業社本店 開城北部鮮洞

支店京城南門內水橋五十一統六戶 培養會社

仁川港內동廣濟

本冊肆에敎會書籍과各學校敎科書와各種新舊書冊이俱備ᄒᆞ오니有志ᄒᆞ신僉君子ᄂᆞᆫ陸續購覽ᄒᆞ시옵

平壤鍾路 耶穌教冊肆 尹衡弼 告白

大韓新地誌

一帙二冊三百六十頁 定價金一圜

[illegible]

右發售所 [illegible] 大東書市 [illegible]

慶南漁긔派員김鳳洙가不遵詔勅與訓칙ᄒᆞ고有交卷備有民私條를肆自放賣ᄒᆞ기로數千條民이仍此失業에幾至死境故로條主머리裹足千里ᄒᆞ야呼訴于京部이기玆以廣布홈

慶南部紙島七條條主김繼振 鄕淸서 李鏞贊等 告白

위산과셩진잔에셔본인이살진소(肥牛)를만이스깃스니쇼파ᄂᆞᆫ제군은다수이팔너오시옵

최봉춘 고백

本人等이典동支所越便에셔各貰典舖이옵다가今에合資設舖營業하오니典執하실僉員은陸續來臨爲要

中署典동영信號典舖 金경秀 車基倫 金榮觀 告白

◉일본遊覽者募集

一 遊覽會員募集 人員은五十名으로一團을成ᄒᆞ니한일인을不問ᄒᆞ고速히請入ᄒᆞ시옵

一 遊覽地 東京博覽會橫濱西京大阪神戶

一 往復일數 더抵十七일間

一 浮費 遊覽費及手數料을合ᄒᆞ야總計四十八圜

一 出發일 請入順次를從ᄒᆞ야出發三일前에直接히通知홈

一 請入所 在京성各신聞社五十八銀行경셩支店 天一銀行

一 會員은遊覽을終ᄒᆞ야開散ᄒᆞᆫ後에本會와關係가小無홈

一 南대門셔釜山으로直行ᄒᆞᆫ다지或은東경으로直行하ᄂᆞᆫ者의게對ᄒᆞ야도同一便法으로同行請入을應諾홈

일本人遊람協會事務所 남대門通 東亞商會

學徒裝히書冊

學徒運銃과諸具

羅紗各種

美國金鷄納

衣服裁縫其他雜貨도廉價放賣ᄒᆞ오니僉君子ᄂᆞᆫ來臨ᄒᆞ심을바라나이다

仁川港李峴開新冊肆

本人에姓名曰角圓圖章을셔失ᄒᆞ얏게玆廣告ᄒᆞ오니知舊照亮홈

永同 通運社吳麟根 告白

未安の恨

著初 先生 李人稙氏著

(表紙畫 ○○ 十ㅣ四百八十頁 正價金 [illegible])

本小說은 [illegible]

發行所 中署 [illegible]

京鄕各書舖에發售

◉增修無冤錄大全

定價 新貨 [illegible]

增修無冤錄大全은法律家의最緊要ᄒᆞᆫ書籍이온데年來現本이殆히絶種에至ᄒᆞᆫ지라故로法部에認可를得ᄒᆞ옵고此를新刊ᄒᆞ야삽ᄂᆞᆫ대國漢文으로解釋ᄒᆞ야復制ᄒᆞᆫ他節이無ᄒᆞ오니法律學에有志ᄒᆞ신이와字牧之任에居ᄒᆞ신이ᄂᆞᆫ不得不覽ᄒᆞᆯ冊子이오니注意購覽ᄒᆞ시옵

中署布屛下 廣學書舖 김相萬 發售所

越南亡國史

定價貳拾伍錢

發賣所 京城廣橋 [illegible] 書舖

布屛下김相萬 告白

國債報償義務金收入廣告

▲江原道麟蹄郡南面加路里
吉弘錫 廿七錢 金仲도
廿五錢 ?今弘 四拾전
金俊敬 金春化 각拾五錢
金永集 金有成 각拾전
리景헌 四십錢 金有亨
廿五전 김희石 廿五錢
김振璧五돈 김윤之 張順서
리치敎 金영交 니윤明
各拾錢 김自賢八전 김敬春
拾五전 김聖仕 廿五錢
김應西 二拾전
▲作鄕里 니寅先 五십錢
里中 三圜七拾전
▲赤조동
金斗榮 박容達 이基鳳
각九拾전 沈相仁 三십전
沈宜鉉 四拾전 沈一澤
二拾전 박英秀 一圜十전
니鉉秀壹圜 沈宜윤 五拾전
박노鉉 박準基 각廿五전
吳成根 김병德 金병善
各四拾錢 邊承化 김東珠
각拾錢 沈俊澤 정文先
각卅錢 니時憲 二拾전
姜윤瑞壹圜四십전 姜季勳
壹圜 叅奉이鉉三 九十전
通政니晋玉五십錢 니錫彦
拾전 박容寬九십전 박容國
四十五전 이기彦 六十錢
魏龐源 九拾錢 박應立
進士이慶周 각卅전 이寅섭
이都彦 韓鼎찬 姜景七
이榮春 김容淳 沈在鳳
박해京 崔여도 崔병模
崔明化 金春五 김聖必
김치문 각拾전 沈美公
나우 각卅錢
▲栢정洞
許雲善 九拾전 龍昌顯
金用守 각四十錢 韓龍洙
金仁守 尹安烈 각卅전

金?守 六拾錢 박應西拾전
韓기錫 六十전 김致守
廿五전 黃春化 四十五전
박万春 九十전 黃丙龍
리聖?十전 정昌彦卄錢
李치龍 金錫漢 金知彦
각卅전 金?有 리星都拾전
尹?烈 ?? 韓영交
金河? 리?化 各卅錢
韓成信 金?三 各拾전
龍南守 ?? 각卅전
양洛영 ?? 각拾전
白洛彦 ?? 각卅전
金元弼 白?? 卅전
▲金富등
權祥云一원四十전 朴化春
朴正輔 각九拾전
監察朴창淑 通政朴노철
壹圜六십錢 裵道子 ??
各卅전 최?? 六십전
리德三卅전 윤和春 리??
邊在호 朴承元 김인善
각十전 ?? 崔?伯
四십五錢 량景九 崔景문
申白烈 박元七 崔善西
각卅錢 金치문 김용호
리문先 김치希 신聖三
崔聖根 리봉化 리학信
각십錢 邊景集 五전
朴金七 三십전 吉윤九
二拾전 黃君보 尹여중
張礪化 리金成 沈景三
趙元直 각拾전
▲甲市里
許金문 三十錢 김濟時
四십五錢 리思益一원十錢
리成有 九십전 金道경
張正敍 金文敎 김錫元 각卅전
金치玉 朴正八 威成有
韓伯春 金문道 리成一
리成塔 金敬보 黃치보
박春元 魯希一 張金문
최光先 黃치先 박聖有
김景先 김?學 黃己先
손千億 김문一 吳士善

각십전 韓윤보 金윤玄
許聖三 김치도 리君業
리聖寬 張士云 오士成
吳士明 각卅전 조샤義
張公三 리문實 張貫淑
각廿五전 리仲문 정春보
각八십전
리學西 沈문七 김永元
리여三 김守業 각卅전
吳正學 리學보 朴윤五
김여實 沈成七 南치伯
張正七 리연三 張今亨
辛君西 리致三 吉여實
각十錢 김도云 卄五전
▲靑邸里
박近白 각卅五錢 김春先
▲主事리희澤一원 金金化
三拾전 김奇化 김도先
김윤之 각卅錢 朴寧서
박령實 박여七 尹기然
리春五 沈仲기 沈善根
韓聖春 金丁植 徐應淳
各십전 崔太久 김君益
김正日 각卅錢 文興淳
▲薩田동
沈스光 許 僕 沈德섭
각八십전 沈肇섭 沈在鎬
沈應윤 각四십錢 沈應洛
沈乃善 각卅전
▲大興里
최乘德 沈相奎 각九십錢
김치元 박玄瑞 정糖朝
각四십전 박白俊 五십전
沈公汝 卅五錢 尹奇보
黃금石 沈學秀 鄭스여
沈聖烈 金石善 沈乃元
沈仲鶴 각卅七전 金學道
沈여주 朴守寓 沈明철
黃白心 黃文학 沈永七
沈仲善 沈永集 리주景
각卅전 沈德亨 박金佐
沈景實 沈聖實 沈在乾
沈允行 沈佐卿 李化先
최경化 朴金益 金興도

沈寬ヵ 각십전 김用七
白興瑞 박云명 沈云集
각五전
▲閑雲里
박承九 최錫주 ??
金慶俊 각四十五전 정春能
卅五錢 南宮하 三拾전
정宗夏 史宗八 朴여주
리應문 김윤섭 리天?
張志石 殷石憲 高金?
박여三 각卅錢 吉玄石
김치雲 韓用호 殷應?
최寅在 高문三 金?守
최聖선 각십전
▲不吞里
嘉善리민호 一圜四拾전
安문源 박承서 각九십전
김益瑞 四拾전 김경化
卅五錢 咸在夏 安奇彦
金仲天 각卅五전 박用相
김秉益 박雲先 尹秉之
韓道여 각拾七錢 尹경元
박承奕 尹德化 池用琨
김경호 尹金西 박成五
박承奎 金致順 이根成
崔正甫 김德守 張奉益
김云서 박永澤 殷奉生
각十錢 김永守 龍士三
鄭洛西 각五전
▲於論里
前司果安光奎 김益서
各八십전 前都事朴聖鶴
김德長 리春彦 각四十五전
김白春 安化善 각十五전
元正三 각四十전 김正道
최德兼 池台경 각卅전
리元弼 咸金九 金正周
金殷佐 각卅五전 殷春三
김道允 池春여 萬正弘
鄭春玄 池成道 각卅錢
김昌煥 鄭元경 리元여
安右善 김仲서 박春善
安致寬 各十七錢 리九瑞
金聖三 元聖文 김正琡

金君五 邊天有 邊道範
각拾五전 金德三 辛경三
리근弼 김錫交 吳永善
鄭世之 리益西 리道여
姜德敏 金聖보 孫知明
최應호 池學老 朴振슈
邊大有 각十錢
▲沙時里
許 僕 通政咸鐵俊
각一圓四拾전 崔夏白
九拾錢 殷柱成 김敎淳
黃河益 崔正默 각四十전
卄五錢 김周玄 都士賢 許윤
卄五錢 崔在玄 최萬九
金益슈 김昌交 각십五전
尹源叔 김永玄 咸大寶
金正律 高齊演 金宗九
殷化西 閔致敏 閔春三
??? 김致祥 김鳳吉
吉致弘 朴右鉉 김伯應
朴여煥 각四拾전 林?一
三拾錢 吉文己 權錫熙
崔俊培 吉鎬碩 朱弼鉉
각卅전 金應祚 許여道
崔俊培 김公善 金金七
金益化 各拾오錢 尹自云
리春西 최乃順 崔九如
吉道卿 朱殷實 金君佐
韓正道 權大賢 림若業
鄭希云 경文보 림石三
各十전
▲外武洞
김喜卿一圜 김聖문 八十전
리元明 七拾전 김宗和
리文 각六十五錢 尹寬甫
박云景 崔弘奎 김聖業
吳應瑞 鄭元善 김觀義
각卅錢 김致西 정윤執
김致交 리啟文 김聖烈
各四拾錢 張自문三拾전
崔奉九 정元道 리元弼
金俊五 崔윤實 리應模

趙衡玉 각卄전 金有敎
김仲호 김正叔 리윤善
元憲說 리致문 沈成호
崔應一 尹윤문 김成白
리成顯 김大旭 尹君五
김치化 崔士호 김윤甫
各十錢
▲松谷里
金明彦 張承交 宋元成
黃正보 박도亨 沈元業
박云西 강元燮 각십전
▲所峙里
박周西 五拾錢 朴?슈
김학슈 張敎淳 각四十돈
吳貞穆 張恒淳 各卅전
朴春郁 박士存 각卄五전
김仲烈 박學道 박學吉
김春心 박치보 張義淳
리成伯 각卅錢 劉士順
朴千서 박洛西 박士여
박윤明 박在明 김春보
박春三 김賢祿 김春明
박正서 리보景 김光閔
張德中 張和叔 姜인슈
金千여 吉여淳 리元墨
김明보 박仲千 各십錢
▲外館達里
김창헌 五십錢 ?九義應?
二拾전 정치호 五十전 宋紀호
宋奎호 리裕爽 池在龍
鄭海道 宋益錫 각四十전
김恒현 김炳중 檀鎭珠
각卅錢 沈春澤 金順西
김弘현 송치德 尙應三
各卅전 송化先 宋榮一
박春一 각十五전 韓창友
宋슈明 각卅전 姜玩植
沈宜철 元世台 南宮千釗
宋在弘 八歲祖顯鳳 각십錢
▲新村里
김璉熙 김卿助 沈相玄
金亨禮 각五拾전 金炳奎
沈相徹 各卅전 沈夏澤拾전
合一百四十四圜八十五錢

대한매일신보 3

인쇄일: 2023년 06월 15일
발행일: 2023년 06월 25일
지은이: 편집부
발행인: 윤영수
발행처: 한국학자료원
서울시 구로구 개봉본동 170-30
전화: 02-3159-8050 팩스: 02-3159-8051
문의: 010-4799-9729
등록번호: 제312-1999-074호

잘못된 책은 교환해 드립니다.
정가 350,000원